THE URANTIA BOOK

URANTIA FOUNDATION
CHICAGO, ILLINOIS
1955

유란시아 재단

Australia/New Zealand/Asia: URANTIA Foundation, 7 Walsh Street, North Narrabeen 2101 NSW, AUSTRALIA Tel: +61 (2) 9970 6200

Chile: URANTIA Foundation, Ingeniero Pedro Gallo 5161, Maipú-Santiago CHILE Tel: +56 (2) 257 0039

Great Britain/Ireland: URANTIA Foundation, 2 Wanbourne Lane, Nettlebed, Oxfordshire RG9 5AH, ENGLAND Tel.: +44 (1491) 641 922

Canada (English): URANTIA Foundation, 2150 Bellevue Avenue, West Vancouver BC, V7V 1C3 CANADA Tel: +1 (604) 926-5836

Finland/Estonia/Sweden: URANTIA Foundation, Runeberginkatu 54a A 5, 00260 Helsinki, FINLAND Tel: +358 (9) 49 65 61

Russia: URANTIA Foundation, Solidarnosti av 12-2-526, St. Petersburg 193312, RUSSIA Tel.: +7 (812) 580 3018

Canada (French): URANTIA Foundation, 707, route 138, Cap-Santé (Québec) G0A 1L0, CANADA Tel: +1 (418) 285-3333

France/Belgium/Switzerland: URANTIA France, S.A., 48, rue Douy Delcupe, 93100 Montreuil su Bois, FRANCE Tel: +33 (1) 41 58 15 15

Headquarters: URANTIA Foundation, 533 Diversey Parkway, Chicago, IL 60614, USA Tel: 773-525-3319 Fax: 773-525-7739

유란시아서

발 행 일 : 서기 2000년 1월 5일
발 행 인 : 유란시아 재단
판권소유 : 유란시아 재단
http://www.urantia.org
http://www.urantia.org/korea/(한국어)
E-mail : urantia@urantia.org
korea@urantia.org (한국어)
공 급 처 : 종합출판
서울시 서대문구 북아현 3동 187-10 혜전빌딩 3층
Tel 365-1246 Fax 365-1248
E-mail : chonghab@chonghab.co.kr
정 가 30,000원

ISBN 0-911560-40-8

URANTIA®

유란시아서

유란시아 재단

대 략

제 1 부

중앙 우주와 초우주

오르본톤의 옛적부터 늘 계신 이들의 권한을 받아 활동하는
유버르사의 초우주 성격자 군단의 후원을 받았다

제 2 부

지역 우주

구원자 별의 가브리엘에서 권한을 받아 활동하는
네바돈 지역 우주 성격자 군단의 후원을 받았다

제 3 부

유란시아의 역사

구원자 별의 가브리엘의 권한으로 활동하는
지역 우주 성격자 군단이 이 논문집을 후원하였다

제 4 부

예수의 일생과 가르침

이 논문집은 멜기세덱 계시 지휘자의 감독 밑에서 행동하는
유란시아의 열두 중도자로 구성된 위원회의 후원을 받았다.
이 이야기의 근거는 한때 사도 안드레를
초인간적으로 보호하는 데 배치된
한 2차 중도자가 제공하였다.

논 문 제 목

논문 저자 페이지

제 1 부. 중앙 우주와 초우주

제 2 부. 지역 우주

제 3 부. 유란시아의 역사

논문	저자	페이지

제 4 부. 예수의 일생과 가르침

논문	저자	페이지

목 차

제 1 부. 중앙 우주와 초우주

페이지

페이지

제 2 부. 지역 우주

페이지

제 3 부. 유란시아의 역사

제 4 부. 예수의 일생과 가르침

페이지

머리말

유란시아—이는 너희 세계의 이름이니—거기에 사는 필사자(必死者)들의 머리속에는 하나님, 신성(神性), 신과 같은 용어의 뜻에 관하여 큰 혼란이 존재한다. 수많은 호칭으로 부르는 신성한 성격 소유자들의 관계에 대하여, 인간은 한층 더 혼동하고 의문을 품는다. 숱한 관념의 혼란에 관련된 이 개념의 빈곤 때문에, 나는 이 서론을 쓰라고 지시를 받았으며, 이것은 오르본톤의 진리 계시 군단이 유란시아의 영어로 옮기도록 인가받은 여러 글에서 지금부터 쓰일까 싶은 어떤 낱말 표현들에 붙여야 하는 뜻을 설명하기 위한 것이다.

우리가 이 영역의 한정된 언어를 쓰도록 제한을 받고 있는 가운데, 우주 의식(意識)을 크게 하고 영적 깨우침을 높이려고 우리가 노력하면서, 확대된 여러 개념과 상급의 진리를 발표하기가 극도로 어렵다. 그러나 우리가 받은 명령은, 영어의 낱말 표현을 사용하여 우리의 뜻을 전하는 데 모든 노력을 기울이라고 타이른다. 묘사할 개념에 어울리게 그러한 개념을 부분적으로 전하는 데, 아니 얼마큼 뜻을 왜곡하더라도 쓸 수 있는 용어를 영어에서 하나도 찾아내지 못할 경우에만, 새 용어를 소개하라고 우리는 지시를 받았다.

이 여러 글을 정독할까 싶은 모든 필사자[1]의 편에서 이해하는 것을 돕고 혼란을 막고 싶은 마음에서, 신(神)을 호칭하는 데, 그리고 우주 실체에서 사물·의미·가치에 대한 어떤 관계된 여러 개념에서 써야 할 수많은 영어 단어가 있는데, 그에 붙일 뜻의 윤곽을 이 서언에서 제시하는 것이 현명하다고 우리는 판단한다.

그러나 여러 용어의 뜻과 한계를 적은 이 머리말을 적기 위해서, 이러한 용어들이 다음에 발표되는 글에서 쓰이는 용법을 예상하는 것이 필요하다. 그러므로 이 머리말은 자체로서 끝난 글이 아니라, 다만 신과 온 우주에 관한 뒤따르는 여러 논문을 읽을 사람들을 도우려고 고안된, 낱말 뜻의 안내서이며, 이 목적으로 유란시아에 파송된 오르본톤 위원회가 이 논문집을 작성하였다.

너희 세계 유란시아는 네바돈 지역 우주를 구성하는 혹성, 사람이 사는 비슷한 많은 혹성 가운데 하나이다. 이 네바돈 우주는 다른 비슷한 창조들과 함께, 오르본톤 초우주(超宇宙)를 구성하며, 우리 위원회는 그 서울 유버르사에서 왔다. 오르본톤은 시간과 공간에서 진화하는 일곱 초우주의 하나이다. 이 일곱 초우주는 결코 시작이 없고 끝이 없는, 신성하게 완전한 창조—하보나[2] 중앙 우주—를 돌고 있다. 이 영원한 중앙 우주에는 움직이지 않는 파라다이스 섬이 있는데, 이는 무한의 지리적 중심이요, 영원한 하나님이 계신 곳이다.

중앙에 있는 신성한 우주와 진화하는 일곱 초우주를 한데 모아, 우리는 보통 대우주라고 말하는데, 지금 조직되어 있고, 사람이 사는 창조물이다. 이것들은 모두 모우주(母宇宙)의 일부이고, 모우주는 또한 사람이 살지 않지만 외계 공간에서 형성되는 우주들도 포함한다.

I. 신과 신성

우주 실체, 지성의 의미, 영적 가치의 다양한 수준에서, 온 우주는 신이 활동하는 현상을 제시한다. 그러나 이 모든 봉사는—개인적이거나 아니거나—신성하게 조정된다.

신은 사람이 도대체 이해할 수 없는 방법을 통해서, 하나님으로 성격화할 수 있고, 성격 앞에 있으며, 성격을 초월한다. 신은 실체의 모든 초물질 수준에서, 통일하는 성질—실재하는 성질이나 잠재하는 성질—의 특징을 가진다. 하나로 만드는 이 성질을 신성(神性)이라고 피조물은 가장 쉽게 이해한다.

신은 성격, 전 성격(前性格), 또는 초월 성격의 수준에서 활동한다. 총체적 신은 다음 일곱 수준에서 기능을 가진다.

1. 정적(靜的) 수준—스스로 충분하고 스스로 존재하는 신.

2. 잠재 수준—스스로 의지(意志)하고 스스로 뜻하는 신.

3. 친교 수준—스스로 성격이 되고 신답게 친교하는 신.

4. 창조 수준—스스로 분배하고 신답게 계시하는 신.

5. 진화 수준—스스로 확장하고 피조물과 동일시하는 신.

6. 최상 수준—스스로 체험하고 피조물과 창조자를 하나로 만드는 신. 대우주에서 시간과 공간을 두루 통제하는 이로서 피조물과 동일시하는 제1 수준에서 활동하는 신, 때로는 신의 최상위라고도 부른다.

7. 궁극 수준—스스로 계획하고 시간과 공간을 초월하는 신. 전능하고 전지하고 두루 계시는 신.[3] 모우주 전체를 효과적으로 통제하고 초한(超限) 방법으로 지원하는 이로서, 통일하는 신성 표현의 제2 수준에서 활동하는 신. 신들이 대우주에 베푸는 봉사와 비교하건대, 모우주에서 이 초한 활동은 우주의 전반적 통제와 초월 지원에 상당하며, 때로는 신의 궁극위라고 부른다.

실체의 유한 수준은 피조물의 생명과 시공 제한의 특징을 가지고 있다. 유한한 실체는 끝이 없을지 모르지만, 반드시 처음이 있다—그들은 지음을 받는다. 최상위의 신 수준은 유한한 존재들과 관계되는 기능으로 생각해도 좋다.

실체의 초한 수준은, 처음도 끝도 없는 사물과 존재들이 있고, 시간과 공간을 초월하는 특징을 가진다. 초한자(超限者)들은 창조되지 않으며, 궁극에 이른다—그들은 다만 그럴 따름이다. 궁극위의 신 수준은 초한 실체들과 가지는 관계에서 활동함을 뜻한다. 모우주의 어느 부분에 있거나 상관 없이, 시공(時空)을 초월할 때는 언제나, 그러한 초한 현상은 신의 궁극위의 행위이다.

절대 수준은 처음과 끝이 없고, 시간과 공간이 없다. 예를 들면, 파라다이스에는 시간과 공간이 존재하지 않는다. 파라다이스의 시공 지위는 절대적이다. 파라다이스 신들이, 실존적으로 삼위 일체로 이 수준을 성취하였다. 그러나 통일하는 신 표현의 이 제3 수준은, 체험으로 완전히 하나가 되지 않았다. 절대 수준의 신이 활동하는 데는 언제 어디서나, 어떻게든지, 파라다이스의 절대 가치와 의미가 분명히 나타난다.

신은, 영원한 아들의 경우처럼 실존하고, 최상 존재와 같이 경험적이며, 칠중 하나님처럼 친교하고, 파라다이스 삼위 일체에서 보다시피, 갈라지지 않을 수도 있다.

신은 모든 신다운 것의 근원이다. 신은 특징으로 볼 때, 또 변함없이 신성하지만, 신성한 것이 모두 반드시 신은 아니다. 하지만 신성한 것은 신과 함께 조정되고, 신과 하나가 되는 어떤—영, 지성 또는 성격—단계로 지향할 것이다.

신성(神性)은 신의 특징을 나타내는 성질, 하나로 만들고 조정하는 성질이다.

피조물은 신성을 진리·아름다움·선함으로 이해할 수 있고, 성격에서는 사랑·자비·봉사와 연결되며, 비성격 수준에서는 정의(正義)·힘·통치권으로 나타난다.

신성은, 파라다이스의 완전함을 갖춘 실존 수준과 창조자 수준에서 보다시피, 완전—완벽—할 수 있다. 신성은 시공에서 진화를 거치는 체험적 생물 수준에서 보다시피 불완전할 수도 있고, 또한 실존·체험적 관계가 있는 어떤 하보나 수준처럼, 상대적일 수도 있다, 다시 말해서, 완전하지도 불완전하지도 않을 수 있다.

상대성의 모든 단계와 형태에서 완전을 파악하려고 애쓸 때, 우리는 생각할 수 있는 일곱 가지 종류에 부딪치게 된다:

1. 모든 면에서 절대로 완전함.

2. 어떤 단계에서 절대로 완전하고, 모든 다른 면에서 상대적으로 완전함.

3. 다양한 여러 관계에서, 절대적이고 상대적이며 불완전한 모습.

4. 어떤 면에서 절대로 완전하고, 기타 모든 면에서 불완전함.

5. 어떤 방향에서도 절대로 완전하지 않고, 모든 명시에서 상대적으로 완전함.

6. 어떤 단계에서도 절대로 완전하지 않고, 어떤 면에서는 상대적으로 완전하고, 다른 면에서 불완전함.

7. 어떤 속성에서도 절대로 완전하지 않고, 모든 면에서 불완전함.

II. 하나님

진화하는 필사자는, 하나님에 관한 그들의 유한한 개념을 상징으로 나타내려는 견딜 수 없는 충동을 체험한다. 사람이 도덕적 의무를 의식하는 것과 사람의 영적 이상주의는, 하나의 가치 수준—체험적 실체—를 대표하며, 이것은 상징으로 나타내기 어렵다.

우주를 의식함은, 하나의 첫째 근원, 곧 유일하게 원인 없는 실체를 헤아림을 가리킨다. 하나님, 곧 우주의 아버지는 무한 아래의 가치와 상대적 신성의 표현에서, 세 가지 신 성격 수준에서 활동한다:

1. 전 성격(前性格)—생각 조절자들처럼, 아버지의 분신(分身)들이 베푸는 봉사의 경우.

2. 성격—창조되고 출산된 존재들이 겪는 진화적 체험의 경우.

3. 초월 성격—어떤 초한자들 및 그에 관계된 자들이 궁극에 이른 존재의 경우.

하나님은 신의 모든 성격화를 가리키는 낱말 표현이다. 이 용어는 신 기능의 각 성격 수준에 따라서 다르게 정의(定義)할 것을 요구하고, 이들 각 수준 안에서도 더 자세히 규명되어야 한다. 왜냐하면 이 용어가, 예를 들면, 파라다이스 아들 창조자, 곧 지역 우주의 아버지에서 보다시피, 신의 다양한 동등 및 차위 성격화를 가리키는 데 쓰여질까 하기 때문이다.

하나님이란 용어는, 우리가 쓰다시피, 다음과 같은 뜻으로 이해해도 좋다:

호칭으로—아버지 하나님으로서.

문맥에 따라—어느 한 신 수준 또는 관계를 이야기할 때 쓰듯. 하나님이란 말의 정확한 풀이에 관하여 의심이 들 때, 그 말을 우주의 아버지의 성격으로 생각하는 것이 바람직하겠다.

하나님이라는 낱말은 언제나 성격을 표시한다. 신이라는 말은 신성 성격자[4]를 가리키거나 그렇지 않을 수도 있다.

하나님이라는 낱말은 이 논문집에서 다음과 같은 뜻으로 쓰인다.

1. 아버지 하나님—창조자·통제자·지원자. 우주의 아버지, 신의 처음 분.

2. 아들 하나님—동등 창조자, 영 통제자, 영 관리자. 영원한 아들, 신의 둘째 분.

3. 영 하나님—합동 행위자, 우주 통합자, 지성 수여자. 무한한 영, 신의 셋째 분.

4. 최상위 하나님—사실화하거나 진화하는, 시간과 공간의 하나님. 친교를 통해서 피조물과 창조자의 동일성을 시공(時空)에서 체험으로 이루는, 성격을 가진 신. 최상 존재는 시간과 공간의 진화하는 피조물에게 진화하는, 체험의 하나님으로서, 신의 통일성을 성취하는 일을 몸소 경험하고 있다.

5. 칠중 하나님—시간과 공간에서, 어디에나 실제로 활동하는 신 성격자. 성격을 가진 파라다이스 신들과 그 창조 동료들은 중앙 우주의 테두리 안과 그 바깥에서 활동하며, 시공 세계에서 통일하는 신을 드러내는 제1 피조물 수준에서 최상 존재로, 권능으로 성격화된다. 이 수준, 즉 대우주는, 진화하는 피조물이 시공에서 올라가는 것과 반대 관계에서, 파라다이스 성격자들이 시간과 공간으로 내려오는 분야이다.

6. 궁극위 하나님—시간과 공간을 초월하는, 궁극에 이르는 하나님. 통일하는 신이 나타나는 제2 체험 수준이다. 궁극위 하나님은, 초한하고 성격을 초월하는 가치, 시공을 초월하는 가치, 궁극에 이른 체험적 가치, 이 세 가지의 합성을 실현하고, 이것이 신 실체의 마지막 창조 수준에서 조정되어 있음을 암시한다.

7. 절대자 하나님—초월 성격의 초월 가치와 신성의 의미를 체험으로 만드는 신은 지금 신 절대자로서 실존적이다. 이것은 통일하는 신이 표현하고 확장하는 제3 수준이다. 이 초월 창조 수준에서, 신은 성격화할 수 있는 잠재성이 소모됨을 체험하고 신성의 완성에 부딪치며, 기타 성격화의 연속되고 진보하는 수준에 대하여 자아를 드러내는 능력이 소모됨을 겪는다. 이제 신 절대자는 무제한 절대자를 만나고, 그에 부딪치고, 그와 동일함을 체험한다.

III. 첫째 근원 중심

총체적이며 무한한 실체는 일곱 단계에서, 그리고 나란히 있는 일곱 절대자로서 실존한다:

1. 첫째 근원 중심.

2. 둘째 근원 중심.

3. 셋째 근원 중심.

4. 파라다이스 섬.

5. 신 절대자.

6. 우주 절대자.

7. 무제한 절대자.

하나님은 첫째 근원 중심으로서, 총 실체와 가지는 관계에서 조건 없이 으뜸이다. 첫째 근원 중심은 영원할 뿐 아니라 무한하며, 따라서 오직 의지(意志)함으로 제한과 제약을 받는다.

하나님—우주의 아버지—는 첫째 근원 중심의 성격이요, 그것만으로, 모든 동등 및 종속 근원과 중심에 대해서 무한히 통제하는 성격 관계를 유지한다. 그러한 통제 잠재성은 몸소 지닌 것이요 무한하다. 하지만 동등 및 종속 근원·중심·성격자들의 활동이 완벽하기 때문에, 그런 통제가 결코 실제로 작용하지 않을지 모른다.

그러므로 첫째 근원 중심은 모든 영토, 신화(神化)되거나 신화되지 않거나, 성격이거나 비성격이거나, 실재하거나 잠재하거나, 유한하거나 무한한 영토에서 근원적이다. 첫째 근원 중심의 수위성(首位性)과 직접·간접으로 관련 없이, 또 그에 의존하지 않고서 어떤 사물이나 존재도 어떤 상대성이나 최후성도 있지 않다.

첫째 근원 중심은 다음과 같이 우주에 관계된다.

1. 물질 우주의 인력(引力)의 힘은 아래 파라다이스의 인력 중심에서 모인다. 이것이 바로 어째서, 그분의 지리적 위치가 파라다이스의 아래 평면, 곧 물질 평면이 물력 에너지 중심과 가지는 절대 관계에서, 영원히 고정되어 있는가 하는 까닭이다. 그러나 신의 절대 성격은 파라다이스의 위 평면, 곧 영적 평면에 존재한다.

2. 지성 세력은 무한한 영 안에서 모인다. 차별되고 갈라지는 우주 지성은 일곱 으뜸 영 안에서, 최상위의 현실화되는 지성은 하나의 시공 체험으로서 장려자 안에서 모인다.

3. 우주의 영(靈) 세력은 영원한 아들 안에서 모인다.

4. 신이 행동하는 무제한 능력은 신 절대자 안에 거한다.

5. 무한히 반응하는 무제한 능력은 무제한 절대자 안에 존재한다.

6. 두 절대자—제한 절대자와 무제한 절대자—는 우주 절대자 안에서, 또 그의 조정을 받고 하나가 된다.

7. 진화하는 도덕적 존재나 어떤 다른 도덕적 존재라도, 그 잠재 성격은 우주의 아버지의 성격에 집중된다.

실체는, 유한한 존재들이 이해하다시피, 부분적, 상대적이고, 그림자와 같다. 진화하는 유한 생물이 넉넉히 이해할 수 있는 최대한의 신 실체는 최상 존재 안에 담겨 있다. 그런데도, 선행(先行)하는 영원한 실체, 유한을 뛰어넘는 실체도 있으며, 이들은 시공에서 진화된 피조물의 이 최상 신에게 조상이 된다. 보편적 실체의 기원과 본질을 그리려고 시도하면서, 유한한 지성 수준까지 미치기 위하여, 우리는 시공 논리의 기법을 쓰도록 강요를 받는다. 따라서 동시에 생긴 영원의 사건들을 우리는 이어진 거래로서 제시해야 한다.

시공의 피조물이 실체의 기원과 분화를 보건대, 영원하고 무한한 스스로 계신 이는 본래부터 있고 영원한 자유 의지를 행사하여, 제한 없는 무한의 사슬로부터 신의 해방을 얻었다. 제한 없는 무한으로부터 이렇게 분리된 것은, 처음으로 절대 신성의 긴장을 일으켰다. 우주 절대자가 이러한 무한한 차별의 긴장을 풀었고, 우주 절대자는 총체 신의 동적(動的) 무한과 무제한 절대자의 정적(靜的) 무한을 통일하고 조정하려고 작용한다.

이 최초의 거래에서 이론적인 스스로 계신 이는 최초의 아들의 영원한 아버지가 되어 성격의 실현을 마쳤고, 그와 동시에 파라다이스 섬의 영원한 근원이 되었다. 아들을 아버지와 구별할 때부터 공존하는 것으로, 파라다이스가 있는 가운데, 무한한 영의 몸과 하보나 중앙 우주가 나타났다. 공존하며 성격을 가진 신, 즉 영원한 아들과 무한한 영이 나타남과 함께, 아버지는 하나의 성격자로서, 총체 신의 잠재성 전역에 걸쳐서, 다른 방법으로는 불가피한 분산을 피하셨다. 아버지는 그 때부터, 오로지 그 두 신 대등자와 삼위 일체 교제를 가지는 가운데 모든 신 잠재성을 채우시며, 한편 최상·궁극·절대의 신성 수준에서, 체험적 신이 점점 더 현실화된다.

스스로 계신 이의 개념은, 시간에 묶이고 공간에 매인, 인간의 유한한 지성에게, 그리고 영원한 존재—비롯하지 않고 그치지 않는 실체 및 관계—들을 피조물이 이해하기 불가능한 것에 대하여, 우리가 철학적으로 양보하는 것이다. 시공의 피조물이 보기에는, 원인 없이 계신 이—원초적 원인 중의 원인—만 제쳐 놓고, 모든 사물에는 처음이 있어야 한다. 그러므로 우리는 이 철학적 가치 수준을 스스로 계신 이로서 개념화하고, 아울러 영원한 아들과 무한한 영은 스스로 계신 이와 함께, 공동으로 영원하다, 다시 말해서, 스스로 계신 이가 아들의 아버지가 아니고, 영원한 아들과 함께 무한한 영의 아버지가 아니었던 때가 결코 없었다고 우리는 모든 피조물에게 가르친다.

무한자는 첫째 근원 중심의 수위성이 의미하는 충만—최종—을 나타내기 위하여 쓰인다. 이론적인 스스로 계신 이는 "의지의 무한"이 피조물의 철학으로 연장된 것이지만, 무한자는 우주의 아버지의 절대적이고 묶이지 않는 자유 의지의 참된 무한을 영원 속에 품는 것을 나타내는 실제의 가치 수준이다. 이 개념을 때때로 아버지 무한이라고 부른다.

높고 낮은 모든 계급의 존재들이 아버지의 무한성을 발견하려고 노력하면서 생기는 많은 혼동은, 그들이 이해하는 한계에 본래부터 있다. 우주의 아버지의 절대 수위성은 무한 아래 수준에서는 명백하지 않다. 그러니까 아마도 오직 영원한 아들과 무한한 영이 아버지를 하나의 무한으로서, 참으로 알 것이다. 모든 다른 성격자에게 그러한 개념은 신앙 연습에 지나지 않는다.

IV. 우주의 실체

실체는 다채로운 우주 수준에서 서로 다르게 현실화된다. 실체는 우주의 아버지 안에서, 그의 무한한 의지에 따라서 생겨나며, 우주가 현실화되는 여러 다른 수준에서, 세 가지 주요한 단계로 이루어질 수 있다.

1. 신화되지 않은 실체는 우주 존재의 비성격 에너지 영토에서부터, 성격화할 수 없는 가치의 실체 분야까지, 심지어 무제한 절대자의 계심에까지도 미친다.

2. 신화된 실체는, 가장 낮은 유한자로부터 가장 높은 무한자에 이르기까지 성격의 모든 영역을 통해서, 위로 미치는 무한한 신 잠재성 전부를 담으며, 따라서 성격화할 수 있는 모든 존재 영토, 그리고 그보다 더한 모든 존재의 영토를—신 절대자의 계심까지도—둘러싼다.

3. 서로 결합된 실체. 우주 실체는 신이 되든지, 아니면 신이 되지 않는 것으로 생각된다. 그러나 신화(神化) 밑에 있는 존재들에게는, 잠재적이고 현실화되는 실체, 확인하기 어렵고 서로 결합된 실체의 광대한 영토가 존재한다. 나란히 있는 이 실체의 많은 부분은 우주 절대자의 영역에 들어간다.

다음이 기원이 되는 실체의 근원적 개념이다: 아버지는 실체를 비롯하고 유지한다. 실체의 근원적 분화는 신화된 자와 신화되지 않는 자—신 절대자와 무제한 절대자이다. 근원적 관계는 이들 사이의 긴장이다. 아버지가 비롯한 이 신성의 긴장을 우주 절대자가 완전히 풀어 주고 그것은 우주 절대자로서 영원하게 된다.

시간과 공간의 관점에서 볼 때, 실체는 다음과 같이 더 세분될 수 있다:

1. 실재와 잠재. 완전하게 표현되어 존재하는 실체, 이와 대조해서 감춰진 성장 능력을 지니는 실체. 영원한 아들은 절대적인 영적 사실성이며, 필사 인간은 대체로 아직 이루어지지 않은 영적 잠재성이다.

2. 절대와 절대 아래. 절대 실체들은 영원의 존재이다. 절대 아래의 실체는 두 수준에서 투영된다: 초한자—시간과 영원, 이 두 가지에 상대적인 실체. 유한자—공간 속에서 투영되고 시간 속에서 현실화되는 실체.

3. 실존과 경험. 파라다이스 신은 실존적이지만, 솟아오르는 최상위와 궁극위는 체험적이다.

4. 성격과 비성격. 신의 확장, 성격의 표현, 우주의 진화는 언제까지나 아버지의 자유 의지에 따라 조절된다. 아버지의 자유 의지는, 영원한 아들에 집중되는 지성·영·성격의 의미, 그리고 사실성과 잠재성의 가치를 영원한 파라다이스 섬에 모이고 본래부터 생기는 것들로부터 영원히 분리하였다.

파라다이스는 모든 단계에 있는 우주 실체의 성격과 비성격 초점의 절대를 에워싸는 용어이다. 파라다이스는 엄밀하게 규명했을 때, 실체의 어떤 형태라도, 그리고 모든 형태, 신·신성·성격·에너지—영·지성·물질 실체—를 뜻하는가 한다. 가치와 뜻과 사실적 존재에 관계되다시피, 근원·활동·운명의 장소로서 모두가 파라다이스를 공유(共有)한다.

파라다이스 섬—달리 제한되지 않을 경우에 파라다이스—는 첫째 근원 중심이 가진 물질 인력(引力) 통제의 절대이다. 파라다이스는 가만히 있고, 온 우주에서 유일하게 움직이지 않는 물체이다. 파라다이스 섬은 우주에서 위치가 있지만, 공간 속에 자리가 없다. 이 영원한 섬은 과거·현재·미래의 물리적 우주들의 실제 근원이다. 그 핵심에 있는 빛의 섬은 신으로부터 파생된 물건이지만, 도저히 신이라 할 수 없다. 물질적 창조들도 신의 일부가 아니요, 하나의 결과이다.

파라다이스는 창조자가 아니다. 파라다이스는 여러 우주 활동을 독특하게 통제하며, 반응하기보다는 통제하는 물건에 훨씬 더 가깝다. 물질 우주에 두루, 파라다이스는 물력·에너지·힘과 상관 있는 모든 존재의 반응과 행위에 영향을 미친다. 그러나 우주들 가운데 파라다이스 자체는 독특하고, 배타적이고 고립되어 있다. 파라다이스는 아무 것도 대표하지 않고, 아무 것도 파라다이스를 대표하지 않는다. 물력도 계심도 아니요, 파라다이스일 따름이다.

V. 성격 실체

성격은 신화(神化)된 실체의 한 수준이며, 예배와 지혜의 상급 지성을 활성화하는 필사자 및 중도자(中道者)의 수준을 비롯해서, 상물질(上物質)과 영의 지위를 거쳐서, 성격 지위의 최종을 달성하는 데까지 미친다. 이것이 필사자와 그 친척 생물 성격자가 진화해서 올라가는 과정이지만, 수많은 다른 계급의 우주 성격자가 있다.

실체는 우주의 팽창에 지배되고, 성격은 무한한 다변화에 지배된다. 이 둘에는 거의 한없이 신의 조정과 영원한 안정이 가능하다. 비성격 실체가 변화하는 테두리는 뚜렷이 한정되어 있어도, 우리가 알건대, 성격 실체들이 점진적으로 진화하는 데는 아무런 한계가 없다.

도달한 체험 수준에서, 모든 성격 계급이나 가치는 결합할 수 있고, 공동 창조성이 있기도 하다. 그리스도 미가엘—사람의 아들이며 하나님의 아들—의 현재 지위에서 아주 지극하게 나타난 바와 같이, 하나가 된 성격 안에서는 하나님과 사람도 함께 있을 수 있다.

무한 아래 성격자들의 모든 계급과 단계는, 결합으로 달성이 가능하고, 공동으로 창조하는 잠재성을 가진다. 전 성격(前性格)인 자, 성격인 자, 초월 성격을 가진 자들은, 서로 가진 동등한 달성, 진보하는 성취, 공동으로 창조하는 능력의 잠재성 때문에 모두 함께 연결된다. 그러나 비성격자는 결코 성격자로 바로 변화되지는 않는다. 성격은 결코 저절로 생겨나지 않으며, 파라다이스 아버지의 선물이다. 성격은 에너지 위에 겹쳐 놓은 것이요, 오직 살아 있는 에너지 체계와 결합된다. 신분은 살아 있지 않은 에너지 종류들과 결합될 수 있다.

우주의 아버지는 성격의 실체, 성격의 수여, 성격 운명의 비밀이다. 영원한 아들은 절대 성격자요, 곧 영적 에너지, 상물질계 영들, 완전하게 된 영들의 비밀이다. 합동 행위자는 영(靈) 지성을 가진 성격자요, 지능과 이성(理性)과 보편적 지성의 근원이다. 그러나 파라다이스 섬은 비성격이고 영의 테두리를 벗어나며, 파라다이스는 우주 몸의 핵심이요, 물리적 물질의 근원과 중심이요, 우주의 물질 실체의 절대 기본 원형이다.

우주 실체의 이러한 성질은 다음 수준에서 유란시아의 인간 체험에서 뚜렷이 나타난다:

1. 몸. 사람의 물질적 또는 육체적 유기체. 동물의 성질과 기원을 가진, 살아 있는 전기 화학 작용.

2. 지성. 인간 유기체의 생각하고 파악하고 느끼는 작용. 의식·무의식의 총 경험. 예배와 지혜를 통해서 위로 영 수준까지 이르는 감정 생활과 결합된 지성.

3. 영. 사람의 지성 속에 깃드는 신다운 영(靈)—생각 조절자. 이 불멸의 영은 성격 이전(以前)이다—성격이 아니다. 하지만 살아남는 필사 인간 성격의 일부가 될 운명을 가졌다.

4. 혼. 사람의 혼은 체험으로 얻는 것이다. 필사 인간이 "하늘에 계신 아버지의 뜻을 행하기"를 택하는 것과 같이, 깃드는 그 영은, 인간의 체험에서 새로운 실체의 아버지가 된다. 필사자의 물질 지성은, 바로 이 떠오르는 실체의 어머니가 된다. 이 새로운 실체의 알맹이는 물질도 영도 아니다—상물질이다. 이것은 떠오르는

불멸의 혼이며, 필사자의 죽음을 거치고 살아남아서 파라다이스로 승천을 시작할 운명을 가졌다.

성격. 필사 인간의 성격은 몸도 지성도 영도 아니며, 혼도 아니다. 성격은 다른 면에서 늘 변하는 생물의 체험 속에서 하나의 변함없는 실체이고, 개성의 모든 다른 관련된 요소를 하나로 만든다. 성격이란 우주의 아버지가 물질·지성·영의 살아 있고 연결된 에너지 위에 주시는 특유한 선물이요, 상물질 혼이 살아날 때 함께 살아난다.

상물질은 물질인 것과 영적인 것 사이에 개재하는, 광대한 수준을 표시하는 용어이다. 이것은 성격이나 비성격 실체들, 살아 있거나 살아 있지 않은 에너지를 가리킬 수도 있다. 상물질의 날줄은 영이요 씨줄은 물질이다.

VI. 에너지와 원형

아버지의 성격 회로(回路)에 반응하는 것은 무엇이나 다 우리는 성격이라 한다. 우리는 아들의 영 회로에 반응하는 것은 무엇이나 다 영이라 부른다. 합동 행위자의 지성 회로에 반응하는 것은 무엇이나 다 지성이라 부른다. 곧 무한한 영의 한 속성인 지성, 그 모든 단계의 지성을 말한다. 아래 파라다이스에 집중하는 물질 인력 회로에 반응하는 것은 무엇이나 다, 우리는 물질—그 모든 변화 상태에 있는 에너지 물질—이라 부른다.

우리는 에너지를 영·지성·물질의 영역에 적용되는, 모든 것을 담는 용어로서 쓴다. 물력(物力)도 또한 이처럼 넓은 뜻에서 쓰인다. 동력(power)은 대우주 안에서 물질, 또는 직진 인력(直進引力)에 민감한 물체의 전자(電子) 수준을 표현하는 데 보통 한정된다. 권능(power)은 또한 통치권을 가리키기 위해서도 사용된다. 너희가 두루 쓰는 물력·에너지·동력이라는 말의 정의를 우리는 따를 수 없다. 언어가 너무 빈약해서, 우리는 이 용어들에 여러 가지 뜻을 부여해야 한다.

물리적 에너지는 모든 단계와 형태의 현상적 움직임·활동·잠재성을 나타내는 용어이다.

물리 에너지가 명시되는 것을 말할 때, 우리는 우주 물력, 태동 에너지, 우주 동력, 이 세 가지 용어를 널리 쓴다. 이것들은 흔히 다음과 같이 쓰인다:

1. 우주 물력은 무제한 절대자로부터 나오지만 아직까지 파라다이스 인력에 민감하지 않은 모든 에너지를 에워싼다.

2. 태동 에너지는 파라다이스 인력에 민감하나, 지역 인력, 곧 직진 인력에 아직 민감하지 않은 에너지를 포함한다. 이것은 에너지 물질의 전자 이전 수준이다.

3. 우주 동력은 파라다이스 인력에 아직도 반응하면서, 직진 인력에 바로 반응하는 모든 형태의 에너지를 넣는다. 에너지 물질의 전자 수준과 그 이후에 그로부터 생기는 모든 진화를 포함한다.

지성은 달라진 에너지 체계에 덧붙인, 살아 있는 봉사의 계심이나 활동을 가리키는 현상이고, 이것은 모든 수준의 지능에게 참말이다. 성격자의 경우에, 지성은 늘 영과 물질 사이에 개재한다. 따라서 우주는 물질적 빛, 지적 통찰력, 영적 빛, 이 세 종류의 빛으로 밝게 된다.

빛—영적 빛—은 다채로운 계급의 영 존재의 특징을 가진 성격이 명시됨을 가리키는 낱말 표현이요, 비유하는 표현법이다. 이 빛나는 방출은 지적 통찰력이나 물리적 빛이 나타나는 것과 어떤 면에서도 관계가 없다.

원형은 물질 에너지, 영 에너지, 지성 에너지, 또는 심지어 이 여러 에너지의 어떤 조합으로도 투영될 수 있다. 원형은 성격자, 신분, 통일체, 또는 무생물에 스며들 수 있다. 그러나 원형(原形)은 원형이요, 원형으로 남아 있고, 오로지 복사판이 늘어난다.

원형은 에너지를 넣어서 지을 수 있지만, 원형이 에너지를 통제하지는 않는다. 인력이 에너지 물질을 유일하게 통제한다. 공간이나 형태는 인력에 민감하지 않지만, 공간과 형태 사이에는 아무 관계가 없다. 원형은 이미 인력의 빚을 다 갚은 실체의 배치이다. 어떤 원형이든지 그 실체는 그 에너지, 지성, 영, 또는 물질 부분으로 이루어진다.

전체의 모습과 대조해서, 원형은 에너지 및 성격의 개별 모습을 드러낸다. 성격이나 신분 형태는 (물리, 영, 또는 지성) 에너지로부터 생기는 원형이지만, 이러한 에너지에 본래부터 있지는 않다. 원형이 나타나게 만드는 에너지나 성격의 질은 하나님—신—의 탓, 파라다이스 물력을 부여한 탓, 성격과 힘이 공존하는 탓으로 돌려도 좋다.

원형은 원본 설계이며, 그로부터 복사판이 만들어진다. 영원한 파라다이스는 원형의 절대요, 영원한 아들은 원형 성격자요, 우주의 아버지는 이 둘의 직계 조상 근원이다. 그러나 파라다이스는 원형을 수여하지 않고, 아들은 성격을 수여할 수 없다.

VII. 최상 존재

모우주에서 신의 작용은 영원의 여러 관계에서 두 가지이다. 아버지 하나님, 아들 하나님, 영 하나님은 영원하고—실존적 존재이고—한편 최상위 하나님, 궁극위 하나님, 절대자 하나님은, 모우주가 진화로 확대되는, 시공 세계와 시공을 초월한 구체(球體)들에서, 하보나 이후 시기에 현실화하는 신 성격자들이다. 현실화하는 이 신 성격자들은, 성장하는 우주에서 그들이 권능을 가진 성격이 될 때부터, 그리고 그렇게 하면서 미래 영원자가 되며, 이것은 영원한 파라다이스 신들의 결합적 창조 잠재성을 체험으로 현실화하는 기법을 따른다.

따라서 신의 계심은 2중이다:

1. 실존적—과거·현재·미래의 영원한 존재들.

2. 경험적—하보나 이후의 현재에 현실화하지만 모든 미래 영원을 통해서 죽, 끝없이 있는 존재들.

아버지 하나님, 아들 하나님, 영 하나님은 실존적이다—사실로 실존한다. (하지만 모든 잠재성은 생각하건대 경험적이다.) 최상위와 궁극위는 전적으로 체험적이다. 신 절대자는 현실화에서 경험적이지만, 잠재성에서는 실존적이다. 신의 요소는 영원하지만, 오직 처음 신 세 분이 조건 없이 영원하다. 모든 다른 신 성격자는 기원이 있지만, 그 운명이 영원하다.

스스로를 나타내는 실존적 신의 표현을 아들과 영 안에서 이루었기 때문에, 아버지는 이제까지 비성격이고 밝혀지지 않은 신 수준에서, 최상위 하나님, 궁극위

하나님, 절대자 하나님으로서, 이제 체험적 표현을 이루고 계신다. 그러나 경험하는 이 신들은 지금 온전하게 존재하지 않는다. 그들은 현실화하는 과정에 있다.

하보나에 계신 최상위 하나님은 삼자 일체 파라다이스 신을 몸소 영으로 비친 것이다. 이 결합하는 신 관계는 이제 칠중 하나님 안에서 바깥으로 창조성이 커지고 있으며, 대우주에서 전능 최상위의 체험적 권능 안에서 합성되고 있다. 세 분으로서 실존하는 파라다이스 신은, 최상위의 두 단계에서 이처럼 체험으로 진화하고 있으며, 한편 이 2중 단계는 하나의 주, 최상 존재로서, 권능과 성격을 통일하고 있다.

우주의 아버지는 삼자 일체화(三者一體化) 기법, 곧 세 신으로 성격화함으로, 무한의 굴레와 영원의 사슬로부터 자유 의지로 해방을 이룩하신다. 대우주의 시공 구역에서, 영원 아래 성격자가 신의 일곱 가지 명시를 통일하는 것으로서, 최상위는 지금도 진화하고 있다.

장려자의 아버지라는 것을 제쳐 놓고, 최상 존재는 직접 창조자는 아니다. 그러나 그는 피조물과 창조자 사이에 생기는 모든 우주 활동을 합성하여 조정하는 분이다. 최상 존재는 이제 진화하는 우주들에서 현실화하고 있고, 시공의 최상 창조자들과 체험으로 결합하면서 삼자 일체 파라다이스 신의 시공 신성을 상관하고 합성하는 신이다. 마침내 현실화되었을 때, 이 진화된 신은 유한자와 무한자의 영원한 융합—체험적 권능과 영 성격의 영원하고 끊을 수 없는 연합—이 될 것이다.

진화하는 최상 존재의 지도하는 충동에 따라, 시공의 모든 유한한 실체는 유한한 실체의 모든 단계와 가치의 동원을 항상 높이고 그 통일을 완전하게 하는 일에 (권능과 성격을 합성하는 데) 종사하고 있다. 이것은 파라다이스 실체의 다양한 단계와 관련하여, 피조물을 초월하는 초한 수준까지 미치려는 노력을 나중에 개시하려는 목표와 목적을 위한 것이다.

VIII. 칠중 하나님

지위의 유한함을 보상하고 피조물의 개념 한계를 보완하기 위해서, 우주의 아버지는 다음과 같이, 진화하는 피조물이 신에 이르는 일곱 가지 접근법을 마련하셨다:

1. 파라다이스 아들 창조자.
2. 옛적부터 늘 계신 이.
3. 일곱 으뜸 영.
4. 최상 존재.
5. 영 하나님.
6. 아들 하나님.
7. 아버지 하나님.

시간과 공간에서, 그리고 일곱 초우주에 대하여 신이 이렇게 일곱 가지로 성격화하는 것은 필사 인간으로 하여금 영이신 하나님 앞에 이를 수 있게 한다. 유한한 시공 생물에게 언젠가 최상 존재로서 권능으로 성격화하는 이 칠중의 신은 파라다이스로 올라가는 생애를 살며 진화하는 필사자에게 기능적 신이다. 하나님을 깨닫는, 체험으로 발견하는 생애는, 지역 우주 아들 창조자의 신성을 인식함으로 비롯하여, 초우주의 옛적부터 늘 계신 이들을 통해서 올라가고, 일곱 으뜸 영 가운데 한 분의 몸을 거쳐서, 파라다이스에 계신 우주의 아버지의 신다운 성격을 찾아내고 헤아리는 데까지 이른다.

대우주는 최상 삼위 일체, 칠중 하나님, 최상 존재에게 3중으로 신의 영토이다. 최상위 하나님은 파라다이스 삼위 일체 안에서 잠재하며, 삼위 일체로부터 그의 성격과 영적 속성을 끌어낸다. 그러나 그는 이제 아들 창조자, 옛적부터 늘 계신 이, 으뜸 영들 안에서 현실화하고 있고, 이들로부터 시공의 초우주들에 대하여 전능자로서 힘을 얻어낸다. 진화하는 생물과 가까운 하나님의 이러한 힘의 명시(明示)는 실제로 그들과 함께 시공에서 진화된다. 전능 최상위는 비성격으로 활동하는 가치 수준에서 진화하고, 최상위 하나님의 영적 몸과 더불어 <u>하나의 실체</u>이다—최상 존재이다.

칠중 하나님과 신 관계에 있는 아들 창조자들은 필사자가 불멸자가 되고 유한자가 무한자의 품에 이르게 하는 장치를 마련해 준다. 최상 존재는 권능과 성격자를 동원하는 기법, 이 <u>모든</u> 다양한 거래를 신성하게 합성하는 기법을 마련해 준다. 이처럼 최상위는 유한자로 하여금 초한자에 이르게 하고, 앞날의 다른 가능한 현실화를 통해서, 궁극위에 이르려고 시도하게 만든다. 아들 창조자 및 관계된 신성한 봉사자들은 이 최상의 동원에 참여하지만, 옛적부터 늘 계신 이들과 일곱 으뜸 영은 대우주에서 영구 행정자로서 아마도 영원히 고정되어 있을 것이다.

칠중 하나님의 기능은 일곱 초우주가 조직될 때부터 비롯하며, 그 기능은 그 외계 공간에 있을 창조들이 앞날에 진화하는 것과 관련하여 아마 확대될 것이다. 점진적으로 진화하는 제1, 제2, 제3, 제4 공간 수준에서 이 미래 우주들이 조직되면, 의심할 여지 없이, 신에 이르는 초월적 초한 접근법이 비롯되는 것을 구경하게 될 것이다.

IX. 궁극위 하나님

둘러싸인 대우주의 에너지 및 성격 잠재성이 가진 선행하는 신성(神性)의 재산으로부터 최상 존재는 점진적으로 진화한다. 마찬가지로 궁극위 하나님은 시공을 초월한 모우주의 영토에 거하는 신성의 잠재성으로부터 궁극에 이른다. 궁극 신이 현실화하는 것은, 제1 체험적 삼위 일체가 초한성에서 하나가 됨을 신호하며, 창조적 자아 실현이 있는 제2 수준에서, 통일하는 신이 확장됨을 뜻한다. 이것은 시공을 초월한 가치가 궁극에 이르는 수준에서, 파라다이스의 초한 실체들이 우주에서 체험적 신으로 현실화하는 것과 성격 권능 면에서 대등하다. 이러한 체험적 전개가 끝나는 것은 최상 존재가 현실화를 마침으로, 그리고 칠중 하나님이 베푸는 봉사로 말미암아 초한 수준에 이른 모든 시공(時空) 피조물에게, 궁극에는 봉사하는 운명을 주도록 고안되어 있다.

<u>궁극위 하나님</u>은 초한자의 신성 수준에서, 그리고 초시(超時)와 초공(超空)의 우주 분야에서 활동하는, 성격을 가진 신을 가리킨다. 궁극위(窮極位)는 최상을 초월하여, 신이 궁극에 이르는 것이다. 최상위는 유한한 존재들이 이해하는 삼위 일체의 통일이요, 궁극위는 초한 존재들이 이해하는, 파라다이스 삼위 일체의 통일이다.

진화하는 신의 작용을 통해서, 우주의 아버지는 유한한 것, 초한한 것, 심지어 절대적인 것들의 신성한 실체 가치를 각자의 우주 의미가 있는 수준에서, 성격에 집중하고 힘을 동원하는, 엄청나고 놀라운 행위에 실제로 종사하신다.

영원한 과거를 가진 처음 세 분의 파라다이스 신—우주의 아버지, 영원한 아들, 무한한 영—은 영원한 미래에, 진화하는 동료 신들이—최상위 하나님, 궁극위 하나님, 그리고 아마 절대자 하나님도—체험으로 현실화함으로 성격 면에서 보완되도록 정해져 있다.

최상위 하나님과 궁극위 하나님은 현재 경험적 우주들에서 진화하고 있으며, 실존적이 아니다—이들은 과거 영원자가 아니라, 오직 미래 영원자, 시공에 제한을 받고 초월성에서 제약을 받는 영원자이다. 최상, 궁극, 아마도 최상 궁극의 자질을 가진 신들이지만, 역사적으로 우주에서 기원을 겪었다. 이들은 결코 끝이 없겠지만, 성격의 시초가 있다. 참으로 영원 무한한, 신 잠재성이 현실화한 것이지만, 이들 스스로는 조건 없이 영원하지도 무한하지도 않다.

X. 절대자 하나님

신 절대자의 영원한 실체에는, 시공의 유한한 지성에게 넉넉히 설명할 수 없는 여러 특성이 있다. 그러나 절대자 하나님이 현실화하는 것은 제2 경험적 삼위 일체, 절대 삼위 일체가 통일되는 결과일 것이다. 이것은 절대 신성의 경험적 실현, 즉 절대 수준에서 여러 절대 의미의 통일이 될 것이다. 그러나 우리는 결코, 제한 절대자가 무한자와 대등하다는 정보를 받은 적이 없으니까, 모든 절대 가치의 가장 자리에 관하여 확실하지 않다. 궁극을 초월하는 운명들은 절대 의미와 무한한 영성(靈性)에 관계되며, 아직 이루어지지 않은 이 두 실체가 없이, 우리는 절대 가치를 정할 수 없다.

절대자 하나님은 초한을 뛰어넘는 모든 존재가 실현하고 달성하는 목표이다. 그러나 신 절대자의 권능과 성격 잠재성은 우리 개념을 뛰어넘으며, 우리는 체험으로 현실화되기에 아주 멀리 떨어진 그러한 실체들에 대하여 논하기를 꺼린다.

XI. 세 절대자

우주의 아버지와 영원한 아들의 통합된 생각이 행위의 하나님 안에서 활동하면서, 신성한 중앙 우주의 창조가 이루어졌을 때, 아버지는 그의 하보나 계심을 무한한 잠재성으로부터 구별하심으로, 아들의 말씀과 합동 행위자의 행동 안으로, 아버지의 생각이 표현되는 대로 따라가셨다. 드러나지 않은 이 무한 잠재성은 무제한 절대자의 품에 공간적으로 감춰져 있고, 신 절대자 안에 거룩하게 가려져 있다. 한편 이 둘은 우주 절대자의 활동 안에서 하나가 되며, 이 우주 절대자는 파라다이스 아버지의 밝혀지지 않은 무한이 통일된 것이다.

체험으로 성장함으로, 우주 절대자가 경험적인 것과 실존적인 것을 서로 연결지음을 통해서 모든 실체가 강화되는 동안에, 우주 세력의 잠재력과 영적 세력의 잠재력(潛在力)은 모두 점진적으로 계시·실현되는 과정에 있다. 균형을 이루게 하는 우주 절대자가 계시는 덕분으로 말미암아, 첫째 근원 중심은 체험적 권능을 연장하고, 그의 진화하는 피조물과 동일시함을 누리며, 최상·궁극·절대의 수준에서 경험적 신을 확대한다.

신 절대자를 무제한 절대자와 완전히 구별하는 것이 가능하지 않을 때, 이들이 통합해서 활동하거나 나란히 계심으로 생각되는 것은 우주 절대자의 행동으로 지정된다.

1. 신 절대자는 전능한 시동자인 듯하며, 한편 무제한 절대자는 최상으로 통일되고 궁극에 조화된 온 우주를, 아니 이미 지음을 받았거나 짓는 중이거나 아직 지을 허다한 우주들까지도, 전적으로 유능하게 기계화하는 자로 보인다.

신 절대자는 어떤 우주 상황에 대해서도, 절대 아래의 방법으로 대처할 수 없고, 적어도 그렇게 하지 않는다. 어떤 주어진 상황에 대한 이 절대자의 모든 반응은, 언제나 그 지금 존재 상태에서 뿐 아니라, 모든 미래 영원의 무한한 가능성에 비추어서, 모든 창조의 사물 및 존재들의 복지를 따져서 이루어지는 듯하다.

신 절대자는 우주의 아버지가 자유 의지로 선택하심으로 말미암아 총체적 무한 실체로부터 분리된 잠재성이며, 또 그 안에서 신의 모든 활동—실존 및 경험적 활동—이 일어난다. 이는 무제한 절대자와 반대로 제한 절대자이다. 그러나 모든 절대적 잠재성을 둘러싸는 면에서, 우주 절대자는 이 둘을 더한 것보다 크다.

2. 무제한 절대자는 성격이 아니요, 신다운 것 바깥에 있고, 신화되지 않았다. 그러므로 무제한 절대자는 성격과 신성, 그리고 모든 창조자 특권이 결여되어 있다. 사실이나 진리도, 체험이나 계시도, 철학이나 초한성도, 우주의 자격 제한을 받지 않는 이 절대자의 성질과 됨됨이를 꿰뚫어볼 수 없다.

무제한 절대자는 대우주를 채우는 분명한 실체라는 것을 뚜렷하게 밝혀두자. 이 실체는 일곱 초우주 바깥에 어지럽게 뻗어 있는 공간 지역에서, 공간에 한결같이 계시면서, 물력의 활동과 물질 이전의 진화가 생기는 쪽으로 확장하는 듯하다. 조건 받지 않는 것과 제한 받지 않는 것들의 보편성·지배성·수위성에 관하여 형이상학의 궤변이 있다시피, 무제한 절대자는 그러한 가정(假定)에 기초를 둔 철학 개념을 단순히 부정한 것은 아니다. 무제한 절대자는 무한 속에서, 분명한 전반적 우주 통제이다. 이러한 전반적 통제는 공간 물력 면에서 한이 없지만, 생명·지성·영·성격의 계심에 따라 분명히 조절되고, 파라다이스 삼위 일체의 의지와 반응, 그리고 목적이 있는 명령에 따라서 더욱 조절된다.

무제한 절대자는 형이상학에서 범신(汎神) 개념, 또는 한때 있던 과학의 에테르설과 견줄 수 있는, 차별되지 않고 만물에 스며드는 영향력은 아니라 우리는 확신한다. 무제한 절대자는 한이 없는 물력, 신의 조절을 받는 물력이다. 그러나 이 절대자와 우주의 영 실체들 사이의 관계를 우리는 충분히 깨닫지 못한다.

3. 우리가 논리적으로 추론하건대, 우주의 실체들을 신화(神化)된 가치와 신화되지 않은 가치로—성격화할 수 있는 것과 없는 것으로—구별하는 아버지의 절대 자유 의지 행위 안에서, 우주 절대자는 불가피하였다. 우주 절대자는 우주의 실체를 이처럼 구별하는 자유 의지 행위에 따라 생기는 긴장이 해결됨을 가리키는 신의 현상이며, 이 절대자는 이 실존적 잠재성의 총합을 결합하여 조정하는 자로서 활동한다.

우주 절대자의 긴장과 계심은 신(神) 실체와 신화되지 않은 실체 사이의 차이가 조정됨을 뜻한다. 이러한 차이는 자유 의지를 가진 신성의 동태성을, 제약받지 않는 무한의 정태성(靜態性)으로부터 분리할 때 본래부터 생긴다.

잠재 무한은 절대적인 것이요, 영원으로부터 떼어 낼 수 없다는 것을 늘 기억할지어다. 시간 속에서 실제 무한은 결단코 부분적일 수밖에 없고, 따라서 절대가 아님이 틀림없다. 무제한 신의 경우를 빼고, 실제 성격의 무한도 절대일 수 없다. 무제한 절대자와 신 절대자에게 있는 무한의 잠재성의 차이가 바로 우주 절대자를 영원하게 하며, 이로서 물질 우주들을 공간에 두는 것을 우주에서 가능하게 하고, 또한 시간 속에 유한한 성격자들을 두는 것을 영적으로 가능하게 한다.

유한자가 무한자와 함께 우주에서 공존할 수 있음은 오직 우주 절대자의 결합하는 계심이, 시간과 영원, 유한과 무한, 실체의 잠재성과 실체의 사실성, 파라다이스와 공간, 사람과 하나님 사이의 긴장을 아주 완전히 평준화하기 때문이다. 결합하는 방법으로, 우주 절대자는 시공 우주들, 그리고 무한 아래로 신이 나타나는 시공 초월 우주들에 존재하는 진화하는 실체를 진보시키는 지대를 확인하는 것이다.

우주 절대자는 정적(靜的)이고 동적(動的)인 신의 잠재성이다. 이 잠재성은 시간과 영원의 수준에서 유한하고 절대적인 가치로서, 또 경험·실존적 접근법이 가능한 것으로서, 기능적으로 실현될 수 있다. 이처럼 이해할 수 없는 신의 모습은 정적이고 잠재하고 결합성이 있을지 모르지만, 모우주에서 지금 활동하는 지적 성격자들이 관심을 가지다시피, 경험으로 창조성이 있거나 진화하지 않는다.

<u>절대자</u>. 두 절대자—제한된 절대자와 제한되지 않은 절대자—는 지성을 가진 생물이 지켜보다시피, 겉보기에는 그 기능이 아주 갈라지지만, 우주 절대자 안에서, 또 그로 말미암아 완전히 신성하게 하나가 된다. 마지막까지 분석하고, 끝까지 이해했을 때, 모두 셋이 하나의 절대자이다. 그들은 무한 아래 수준에서 기능이 달라지지만, 무한 속에서는 하나이다.

무엇의 반대로서, 또는 어떤 것을 부인하는 것으로도, 우리는 절대자라는 용어를 결코 쓰지 않는다. 우리는 우주 절대자를 자율성이 있는, 일종의 범신적이고 비성격인 신으로 여기지도 않는다. 우주 성격자에 관한 모든 면에서, 이 절대자는 삼위 일체에게 엄격히 제한받고 신에게 지배된다.

XII. 여러 삼위 일체

최초의 영원한 파라다이스 삼위 일체는 실존적이며 불가피했다. 결코 시작이 없는 이 삼위 일체는 아버지의 구속받지 않은 의지로 말미암아, 성격인 것과 비성격인 것을 구별하는 사실에 본래부터 있었고, 그의 성격 의지가 지성으로 이 두 가지 실체들을 조정할 때 사실화되었다. 하보나 이후의 삼위 일체들은 경험적이다—이들은 모우주에서 권능과 성격자가 나타나는 절대 아래의 두 가지 진화 수준을 창조하는 데 본래부터 있다.

<u>파라다이스 삼위 일체</u>—우주의 아버지, 영원한 아들, 무한한 영이 이룩한 영원한 신 연합—은 사실성에서 실존하지만, 모든 잠재성은 경험적이다. 그러므로 이 삼위 일체는 무한을 품는 유일한 신이라는 실체를 이루며, 따라서 최상위 하나님, 궁극위 하나님, 절대자 하나님이 현실화하는 우주 현상이 생긴다.

제1 및 제2 경험적 삼위 일체, 곧 하보나 이후에 생긴 삼위 일체들은 <u>파생된 신들</u>을 포함하기 때문에 무한할 수 없다. 이 신들은 실존하는 파라다이스 삼위 일체에게 지음을 받거나, 궁극에 이른 실체들이 체험으로 현실화함으로 진화된다.

생물이 겪는 체험의 유한성과 창조자가 겪는 체험의 초한성 때문에, 신성의 무한은 커지지는 않더라도, 늘 강화된다.

삼위 일체들은 신이 나란히 나타나는 여러 관계와 사실의 진리이다. 삼위 일체의 기능은 신 실체들을 둘러싸며, 신 실체들은 언제나 성격화하는 과정에서 실현과 명시(明示)를 찾는다. 그러므로 최상위 하나님, 궁극위 하나님, 그리고 절대자 하나님조차도 신성한 불가피성이다. 체험적인 이 세 신은 실존적 삼위 일체, 곧 파라다이스 삼위 일체 안에서 잠재성이었으나, 이들이 권능 성격자로서 우주에서 솟아나는 것은, 일부는 권능과 성격이 있는 여러 우주에서 그들 자신이 체험으로 활동하는 데 달려 있고, 일부는 하보나 이후의 창조자들과 삼위 일체들이 체험으로 이룬 업적에 달려 있다.

하보나 이후의 두 삼위 일체, 곧 경험적 궁극 삼위 일체와 절대 삼위 일체는 지금 충분히 뚜렷하게 나타나 있지 않는데, 우주에서 실현되는 과정에 있기 때문이다. 이 여러 신 결합을 다음과 같이 묘사해도 좋다:

1. <u>궁극 삼위 일체</u>는 지금 진화하고 있고, 궁극에는 최상 존재, 최상 창조 성격자들, 초한의 모우주 건축가들로 구성될 것이다. 이 건축가들은 창조자도 피조물도 아닌, 독특한 우주 설계자이다. 궁극위 하나님은 거의 한없는 모우주의 확대되는 영역에서, 이 경험적 궁극 삼위 일체가 통일되는 결과, 신의 결과로서, 궁극에, 또 불가피하게, 권능을 얻고 성격화할 것이다.

2. <u>절대 삼위 일체</u>—제2 경험적 삼위 일체—는 지금 현실화하는 과정에 있고, 최상위 하나님, 궁극위 하나님, 밝혀지지 않은 우주 운명 종결자로 구성될 것이다. 이 삼위 일체는 성격 및 초월 성격, 두 수준에서, 아니 비성격의 경계에서도 활동하며, 보편성에서 삼위 일체의 통일은 절대 신을 체험으로 만들 것이다.

궁극 삼위 일체는 완성되었을 때 경험적으로 하나가 되지만, 그러한 절대 삼위 일체가 완전히 통일되는 가능성에 대하여 우리는 참으로 의심이 든다. 그러나 우리의 영원한 파라다이스 삼위 일체 개념은, 달리 성취할 수 없는 것을 신의 삼자 일체화가 이룰 수도 있음을 늘 생각나게 한다. 따라서 우리는 <u>최상 궁극위</u>가 언젠가 출현하고 절대자 하나님이 삼자 일체화로 생기고 현실화할 것이라고 가정해 본다.

여러 우주에 있는 철학자들은 <u>삼위 일체들의 삼위 일체</u>, 곧 실존·경험적 무한 삼위 일체를 가정해 보지만, 그것이 성격화되는 일을 상상해 볼 수 없다. 아마도 스스로 계신 이의 개념 수준에서 우주의 아버지의 몸과 대등하게 될 것이다. 그러나 이 모든 것에 상관 없이, 우주의 아버지가 실제로 무한하니까, 처음 파라다이스 삼위 일체는 잠재성에서 무한하다.

인정하는 말씀

완전한 중앙 우주와 그 둘레를 도는 일곱 초우주에 관하여 기술하려는 시도와 함께, 우주의 아버지의 신격 및 그의 파라다이스 동료들의 성품을 묘사하는 것과 상관되는 뒤따르는 발표문을 작성하면서, 우리는 초우주 통치자들의 지침을 따라야 한다. 이 지침은, 진리, 그리고 그와 나란히 필수 지식을 계시하려고 우리가 온갖 노력을 기울이면서, 발표되는 주제와 관련되는 개념, 사람의 가장 높은 기존 개념들에 특혜를 주라고 지시한다. 제시되는 개념을 인간의 지성이 알맞게 표현한 전례가 없을 경우에 한하여, 우리는 순전한 계시에 의존해도 좋다.

신성한 진리를 잇달아 혹성에 계시하는 것은, 혹성의 지식을 새롭고 향상되게 조정하는 방안의 일부로서, 반드시 영적 가치를 가진 가장 높은 기존 개념들을 담는다. 따라서 하나님과 그 우주 동료들에 대하여 이 발표문을 작성하면서, 이 논문집의 기초로서, 우리는 인간의 개념을 1천 가지가 넘게 골랐는데, 이것들은 영적 가치와 우주 중요성이 있는, 가장 높고 가장 진보된 혹성 지식을 대표한다. 하나님을 아는, 과거 및 현재의 사람들로부터 모은 이 인간 개념들이, 우리가 드러내라고 지시 받은 대로 진리를 묘사하기에 알맞지 않은 경우에, 이 목적을 위하여, 파라다이스 신들의 실체와 신성(神性), 그들이 거하는 초월 우주에 대하여 우리 자신이 가진 상급 지식을 이용하여, 서슴지 않고 그러한 개념들을 보충하겠다.

우리의 과제가 얼마나 어려운가 우리는 넉넉히 헤아린다. 신성과 영원의 개념들을 담은 언어를, 필사자 지성의 유한한 개념들을 담는 언어의 기호(記號)로 제대로 옮기는 것이 불가능함을 깨닫는다. 그러나 우리는 인간의 지성 속에 하나님의 분신(分身)이 계시고, 사람의 혼과 함께 진리의 영이 머무름을 안다. 더 나아가서, 우리는 이 영적 세력이 물질 인간으로 하여금 영적 가치가 있는 실체를 움켜잡고, 우주 의미의 철학을 이해하도록 서로 도움을 안다. 하지만 개인의 종교적 체험—하나님을 의식함—의 실체, 늘 전진하는 실체를 높이는 데 이바지하는 모든 진리를 영적으로 사용하도록, 신성한 계심의 이 영들이 사람을 도울 수 있음을 우리는 더욱 확실히 안다.

[오르본톤의 한 신성한 조언자가 구술하였다. 그는 파라다이스 신들과 온 우주에 관하여 진리를 유란시아에서 묘사하려고 배치된 초우주 성격자 군단의 우두머리이다.]

주: 1. 이 책에서는 죽을 수 밖에 없는 인간을 특히 강조하기 때문에, 그냥 인간이라고 하기보다, 필사자(mortal)로 번역한다. 2. 하보나는 하늘나라(heaven)에서 나온 듯. 3. 두루 계심은 동시에 어디에나 계실 수 있는 능력을 말하며, 편재(遍在)라고도 하지만, 동음 이어(同音異語)인 편재(偏在)가 정반대의 뜻을 가지고 있으므로, 귀로 알아들을 수 없는 한자말을 피한다. Omnipotence, omniscience, omnipresence를 중국어로 각각 無所不能, 無所不知, 無所不在라고도 하지만, 도저히 이를 우리말로 사용하기가 어렵다. 4. 인격과 인물 또는 인격자는 각각 사람의 됨됨이와 그 사람을 말하는데, 우리말에는 여러 등급의 천사, 신 및 신에서 파생된 분들, 즉 사람 위에 있는 이들에게 적용되도록 "인격"과 "인물"에 상당하는 낱말이 없다. 따라서 이런 뜻을 이들에게 적용하려고 성격과 성격자라는 표현을 쓰기로 한다.

제 1 부

중앙 우주와 초우주

오르본톤의 옛적부터 늘 계신 이들의 권한을 받아
활동하는 유버르사의 초우주 성격자 군단의
후원을 받았다.

제 1 부

중앙 우주와 초우주

제 1 편

우주의 아버지

우주의 아버지는 모든 창조의 하나님이요, 모든 사물과 존재의 첫째 근원 중심이다. 먼저 하나님을 창조자로, 다음에 통제자로, 그리고 마지막으로 하나님을 무한한 지원자로 생각하여라. "하나님, 주는 홀로 계시며, 주 외에 아무도 없나이다. 주는 하늘을 지으시고, 가장 높은 하늘과 거기에 있는 모든 무리를 지으셨나이다. 주는 저희를 보존하고 통제하시나이다. 하나님의 아들들이 우주들을 만드셨나이다. 창조자는 옷을 입듯 빛으로 스스로를 덮고, 하늘을 장막처럼 펼치시나이다" 하고 어느 선지자가 말했을 때, 우주의 아버지에 대한 진리의 빛이 인류에게 밝아 오기 시작했다. 오로지 우주의 아버지—여러 신 대신에, 유일한 하나님—의 개념이 필사 인간으로 하여금 아버지를 신성한 창조자요 무한한 통제자임을 이해할 수 있게 하였다.

허다한 혹성 체계들 모두가 궁극에는, 많은 다른 종류의 지적(知的) 생물, 곧 하나님을 알고 신의 사랑을 받으며 그에 응답하여 하나님을 사랑할 수 있는 존재들이 살기 위하여 지어졌다. 온 우주는 하나님의 작품이요, 그의 다채로운 피조물이 사는 곳이다. "하나님은 하늘을 지으시고 땅을 빚으셨도다. 우주를 세우고 이 세상을 헛되이 창조하지 않았고, 사람이 살라고 우주를 빚으셨도다."

깨우친 모든 세계가 우주의 아버지, 모든 창조의 영원한 조물주, 무한한 지원자를 헤아리고 예배한다. 수많은 우주에 사는 의지(意志) 생물은 파라다이스로 가는 기나긴 나그네 길을 시작하였으니, 이것은 황홀한 투쟁이요, 아버지 하나님에게 도달하는 영원한 모험이다. 시간 속에 사는 아이들의 초월 목표는 영원한 하나님을 찾아내고, 신의 성품을 이해하고, 우주의 아버지를 헤아리는 것이다. 하나님을 아는 피조물은 최고의 포부를 오직 하나, 온 몸을 불태우는 소망을 꼭 하나 가졌으니, 즉 하나님이 파라다이스처럼 완전한 그의 성격 안에서, 또 최상으로 올바른 그의 우주 구체에서 완전한 것 같이, 그들이 사는 구체에서 그들의 상태대로 하나님처럼 되는 것이다. 영원에 거하시는 우주의 아버지로부터 최상의 명령이 떨어졌다, "내가 완전한 것 같이 너희도 완전하라." 사랑과 자비 속에서 파라다이스의 사자(使者)들은, 오랜 세월 동안, 우주를 통해서 바깥으로, 아니 유란시아의 인류와 같이 비천한 동물 기원을 가진 생물에게까지도 이 신의 가르침을 전해 왔다.

신의 완전함을 얻으려고 애쓰라고 하는, 훌륭하고 보편적인 이 명령은 완전의 하나님이 지으신, 투쟁하는 모든 생물 창조의 첫째 가는 의무요, 가장 높은 포부가 되어야 한다. 신의 완전함에 이르는 이 가능성은, 모든 사람이 영원히 영적으로 진보하는 운명, 마지막이자 확실한 운명이다.

유란시아의 필사자들은 무한한 의미에서, 도저히 완전하기를 바랄 수 없다. 그러나 이 혹성에서 하는 것처럼 시작해서, 무한한 하나님이 필사(必死) 인간을 위하여 예비한 숭고하고 신성한 목표를 이루는 것은 인간에게 전적으로 가능하다. 하나님 자신이 무한하고 영원한 세계에서 그런 것 같이, 이 운명을 달성할 때, 필사자들은 자아의 실현과 지적(知的) 달성의 모든 면에서, 신답게 완전한 그들의 영역에서 똑같이 충만하게 된다. 그러한 완전은 물질적 의미에서 보편성이 있거나, 지적 이해에 한계가 없거나, 영적 체험에서 최종은 아닐지 모르지만, 의지의 신성함, 인격자의 동기의 완전함, 하나님을 의식하는 이 모든 유한한 모습에서, 인간의 완전은 최종이요 완벽하다.

이것이 "내가 완전한 것 같이 너희도 완전하라"는 신의 명령의 참 뜻이다. 이 말씀은 자꾸 더 높아지는 수준의 영적 가치와 참된 우주 의미를 달성하기 위한 길고도 황홀한 그 싸움에서, 필사자를 전진하라고 늘 재촉하고, 안으로 손짓하여 부른다. 우주들을 지은 하나님을 이렇게 숭고하게 탐색하는 것은, 모든 시공 세계의 거주민이 겪는 최상의 모험이다.

1. 아버지의 이름

우주에 두루, 아버지 하나님은 온갖 이름으로 알려져 있으며, 그 가운데 하나님을 첫째 근원이요 우주 중심이라고 지칭하는 이름을 가장 많이 본다. 처음 아버지는 다른 우주들에서, 또 같은 우주의 다른 지역에서, 여러 가지 이름으로 알려져 있다. 피조물이 창조자에게 붙이는 이름은, 피조물의 창조자 개념에 많이 달려 있다. 첫째 근원 우주 중심은 스스로를 이름으로 나타낸 적이 없고, 오직 성품으로 나타낼 뿐이다. 우리가 이 창조자의 아이들이라는 것을 믿는다면, 궁극에는 우리가 그를 아버지라 불러야 하는 것이 자연스러울 따름이다. 그러나 아버지는 우리 자신이 고르는 이름이요, 첫째 근원 중심과 우리의 개인적 관계를 깨달음으로 생겨난다.

우주의 아버지는 우주의 총명한 의지 생물에게, 어떤 형태로든지, 멋대로의 인식이나 형식적 예배나 노예 같은 봉사를 결코 강요하지 않는다. 시간과 공간의 세계에서 사는 진화하는 주민들은 저절로—마음 속에서 우러나서—아버지를 알아보고 사랑하며, 자원해서 예배해야 한다. 창조자는 물질 생물에게 영적 자유 의지를 바치는 것을 강제하거나 강요하려 하지 않는다. 아버지의 뜻을 행하는 데 인간의 의지를 사랑에 넘쳐 바치는 것은, 사람이 하나님께 드리는 최고의 선물이다. 사실은, 피조물이 이렇게 의지를 거룩히 바치는 것은 사람이 파라다이스 아버지께 드릴 수 있는 선물, 참된 가치가 있는 유일한 선물이다. 하나님 안에서, 사람은 살고, 움직이고, 제 존재를 가질 수 있다. 아버지의 뜻을 따르겠다는 이 선택 외에는 사람이 하나님께 드릴 것이 하나도 없다. 우주에서 총명한 의지 생물이 내리는 그러한 결정은 사랑에 지배된 창조자 아버지 성품에 아주 흐뭇한, 그 참된 예배의 실체를 이룬다.

일단 너희가 참으로 하나님을 의식하게 되고 나서, 너희가 위엄 있는 창조자를 정말로 발견하고 비로소 신다운 통제자의 깃드는 계심을 깨달은 뒤에, 그 때 너희의 깨우침에 따라서, 신의 아들들이 하나님을 드러내는 그 절차와 방법에 따라서,

너희의 위대한 첫째 근원 중심 개념을 알맞게 표현하는, 우주의 아버지의 이름을 찾아낼 것이다. 그래서 다른 세계와 여러 우주에서, 창조자는 수많은 명칭으로 알려진다. 이러한 명칭들은 그 관계를 나타내는 정신으로 보면 다 같은 뜻을 가졌지만, 그 단어와 상징 면에서, 각 이름은 어떤 주어진 영역에서 피조물의 가슴 속에 자리잡은 그의 보좌의 정도와 깊이를 나타낸다.

온 우주의 중심 가까운 데서, 우주의 아버지는 대체로, 첫째 근원이라는 뜻으로 여겨도 좋은 이름으로 알려져 있다. 공간 우주에서 바깥으로 더 멀리 나가면, 우주의 아버지를 가리키는 데 쓰이는 호칭은 더 흔하게 우주 중심을 뜻한다. 별들이 있는 창조에서 더욱 멀리 나가면, 너희 지역 우주의 본부 세계에서 보다시피, 우주의 아버지는 첫째 창조 근원 신성 중심으로 알려져 있다. 근처의 한 별자리에서는 하나님을 우주들의 아버지라 부른다. 또 다른 별자리에서는 무한한 지지자로, 동쪽에서는 신성한 통제자로 알려져 있다. 그는 또한 빛의 아버지, 생명의 선물, 전능하신 분이라고도 부른다.

파라다이스 아들이 자신을 수여(授與)한 생애를 산 적이 있는 세계들에서, 하나님은 개인적인 관계, 부드러운 사랑, 아버지답게 헌신함을 가리키는 어떤 이름으로 대체로 알려져 있다. 너희의 별자리 본부에서 하나님은 우주의 아버지로서 언급되고, 너희 지역 체계에서, 사람 사는 여러 세계의 다른 혹성들에서 하나님은 여러 가지로, 할아버지, 파라다이스 아버지, 하보나 아버지, 영 아버지로서 알려져 있다. 파라다이스 아들이 수여되는 계시를 통해서 하나님을 아는 혹성들은, 피조물과 창조자의 친교를 나타내는, 마음에 닿는 관계의 감상적 매력에 결국은 손들고, 하나님을 "우리 아버지"라 부른다.

남녀가 구분되는 피조물이 사는 혹성, 그 총명한 존재들의 가슴 속에서 부모 감정의 충동이 본래부터 있는 세계에서, 아버지라는 호칭은 영원한 하나님을 잘 나타내는 적절한 이름이 된다. 너희 혹성 유란시아에서, 그는 <u>하나님</u>이라는 이름으로 잘 알려져 있고, 가장 널리 인정받는다. 그에게 붙인 이름 자체는 중요성이 거의 없다. 중요한 것은 너희가 그를 알고 그처럼 되고 싶어해야 한다는 것이다. 옛날 너희의 선지자들은 참으로 그를 "영원한 하나님"이라 불렀고, "영원에서 사시는 분"이라 언급하였다.

2. 하나님의 실체

하나님은 영 세계에서 제일 가는 실체이다. 하나님은 지성 세계들에서 진리의 근원이다. 하나님은 물질 영역에 두루, 만물을 능가한다. 지음받은 모든 지성 존재에게, 하나님은 성격을 가진 분이요, 온 우주에게 하나님은 영원한 실체의 첫째 근원 중심이다. 하나님은 사람 같지도 않고, 기계 같지도 않다. 처음 아버지는 우주의 영, 영원한 진리, 무한한 실체, 아버지 성격자이다.

영원한 하나님은 이상이 된 실체, 또는 성격화된 우주보다 무한하게 크다. 하나님은 단지 사람이 품는 최고의 소망, 필사자의 추구를 목적으로 만든 것이 아니다. 하나님은 단지 하나의 개념, 올바른 권능 잠재성도 아니다. 우주의 하나님은 자연과 비슷한 말도 아니요, 자연 법칙이 성격화한 것도 아니다. 하나님은 초월 실체요, 단지 최상의 가치에 대하여 사람이 가진 전통적 개념이 아니다. 하나님은 영적 의미의 심리적 집중이 아니요, "사람의 가장 고귀한 작품"도 아니다. 하나님은 사람들의 머리 속에서, 이 개념들 가운데 무엇이나, 또 모두일까 하지만, 그보다 더 크다. 땅에서 영적 평화를 누리는 모든 사람에게, 죽음 속에서 성격이 살아남는 것을 간절히 체험하고 싶어하는 자들에게, 하나님은 구제하는 이요 사랑의 아버지이다.

하나님이 존재하는 사실성은, 인간의 체험 속에서, 신성한 존재의 깃드심으로 말미암아 입증된다. 이 존재는 사람의 필사 지성 속에 살면서, 거기서 영원히 살아남는 불멸의 혼이 생성되는 것을 도우라고, 파라다이스로부터 파송된 영 감시자이다. 이 신다운 조절자가 인간 지성 속에 계신 것은 세 가지 경험적 현상으로 말미암아 드러난다.

1. 하나님을 아는 지적 능력—하나님을 의식하는 것.

2. 하나님을 찾으려는 영적 욕구—하나님을 추구하는 것.

3. 하나님을 닮으려는 인격자의 갈망—하나님의 뜻을 행하려고 마음을 다하여 바라는 것.

하나님이 존재하는 것은, 과학적 실험이나 논리를 따져 추론하는 순수 논리로 결코 증명될 수 없다. 오로지 인간이 체험하는 영역에서 하나님을 깨달을 수 있다. 그런데도 하나님 실체의 참된 개념은, 논리적으로 합당하고, 철학적으로 신빙성이 있고, 종교에 기본이며, 성격이 살아남는 희망을 조금이라도 가지는 데 필수이다.

하나님을 아는 자들은 그가 계시는 사실을 체험하였다. 하나님을 아는 그러한 필사자들은 자기 개인의 체험 속에서, 살아 계신 하나님이 존재한다는 증거, 한 사람이 다른 사람에게 내밀 수 있는 유일하게 확실한 증거를 지닌다. 하나님이 존재하는 것은 인간의 지성 속에서 생기는 하나님 의식(意識)과 생각 조절자가 하나님으로 계심 사이에 생기는 접촉 외에는, 도무지 보여 줄 가능성이 없다. 생각 조절자는 필사자의 지성에 깃들고, 우주의 아버지가 사람에게 거저 주는 선물로서 수여된다.

이론적으로 너희는 하나님을 창조자로 생각해도 좋으며, 하나님은 파라다이스와 완전한 중앙 우주를 친히 지으신 분이다. 그러나 시공(時空)의 우주들은 모두, 파라다이스 군단의 아들 창조자들에게 지음받고 조직된다. 우주의 아버지는 네바돈 지역 우주를 친히 지으신 분이 아니다. 너희가 살고 있는 우주는 그의 아들 미가엘이 지은 것이다. 아버지는 진화 우주들을 손수 짓지 않아도, 여러 우주 관계에서, 또 그 우주들의 물질·지성·영 에너지의 어떤 표현에서, 진화하는 우주들을 통제한다. 아버지 하나님은 파라다이스 우주를 손수 지으신 분이요, 영원한 아들과 결합하여, 다른 우주들을 몸소 지은 창조자들의 창조자이다.

물질적인 온 우주에서 물리적 통제자로서, 첫째 근원 중심은 영원한 파라다이스 섬의 원형(原形)들 안에서 작용한다. 이 절대 인력의 중심을 통해서, 영원한 하나님은 중앙 우주에서, 그리고 온 우주에 두루, 물리적 수준에서 똑같이 전반적으로 우주를 통제한다. 지성으로서, 하나님은 무한한 영의 신 안에서 일한다. 영으로서 하나님은 영원한 아들의 몸에, 또 영원한 아들의 신성한 아이들의 몸에 나타난다. 이 첫째 근원 중심이 파라다이스에 계시는 동등한 성격자 및 절대자들과 가지는 상호 관계는 모든 창조에 두루, 거기 있는 모든 수준에, 우주의 아버지가 직접 친히 활동하시는 것을 조금도 막지 않는다. 그의 분신이 된 영의 계심을 통해서, 창조자 아버지는 생물인 아이들과 그가 지은 우주들과 직접 연락을 유지한다.

3. 하나님은 보편적 영

"하나님은 영이라." 하나님은 보편적 영의 계심이다. 우주의 아버지는 무한한 영적 실체이다. 그는 "지고하고 영원하고 불멸하고 눈에 보이지 않는, 유일하게 참된 하나님이라." 너희가 "하나님의 자손"이라 하더라도, "그의 모습을 따라" 지어졌다—영원하게 계신 그의 중앙 거처로부터 파송된 신비의 감시자가 너희에게 깃든다—는 말이 있다고 해서, 아버지가 형태나 모습이 너희와 같다고 생각해서는 안 된다. 인간의 눈에 보이지 않더라도, 살과 피를 가지고 있지 않더라도, 영 존재들은 실재한다.

옛 예언자가 말했다: "보라, 그가 내 옆을 지나가도, 나는 그를 보지 못하고, 그가 또한 떠나도 나는 그를 깨닫지 못하노라." 항상 하나님이 하시는 일을 지켜보고, 그의 장엄한 행위의 물질적 증거를 상당히 의식할지 모르지만, 우리는 그의 신성(神性)이 눈에 띄게 나타나는 것을 보기 드물고, 사람 속에 깃드는, 그가 맡긴 영의 계심조차 구경할 수 없다.

물질적 장애나 제한된 영적 자질을 가진 낮은 피조물로부터 그가 숨기 때문에 우주의 아버지가 눈에 보이지 않는 것이 아니다. 오히려 그 상황을 말하자면, "너희는 내 얼굴을 볼 수 없으니, 이는 어느 필사자도 나를 보고 나서 살 수 없음이라." 어떤 물질 인간도, 영 하나님을 뵙고 나서, 필사 인간의 존재를 버틸 수 없다. 신다운 성격자의 계심의 영광과 영적 눈부심은, 그보다 낮은 무리의 영 존재나 어떤 계급의 물질 성격자들도 가까이 가기가 불가능하다. 아버지가 몸소 계신 데서 나오는 영적 빛은 "어떤 필사 인간도 가까이할 수 없는 빛, 어떤 물질 생물도 본 적이 없고, 볼 수도 없는 빛이라." 그러나 영답게 변화된 지성의 믿는 시력을 가지고 하나님을 헤아리기 위해서는, 육체의 눈으로 하나님을 볼 필요가 없다.

우주의 아버지의 영 성품은, 공존하는 자신, 곧 파라다이스의 영원한 아들과 완전히 함께 나누어 가진다. 마찬가지로 아버지와 아들은 그들의 합동 성격 동위자인 무한한 영과 함께, 보편적이고 영원한 영을 충분하고 아낌없이 나누어 가진다. 하나님의 영은, 그 자체로서 저절로 절대적이다. 그 영은 아들 안에서 제한이 없고, 영 안에서 보편적이요, 이들 모두 안에서, 또 모두로 말미암아 무한하다.

하나님은 보편적 영이요, 하나님은 보편 성격자이다. 유한한 창조에서 최상의 성격 실체는 영이며, 성격을 가진 우주의 궁극 실체는 초한(超限) 영이다. 오로지 무한의 수준이 절대적이고, 오로지 그런 수준에서만 물질·지성·영이 하나가 되는 최종성이 존재한다.

여러 우주에서 아버지 하나님은 잠재적으로, 물질·지성·영을 두루 통제하는 분이다. 오로지 그의 널리 미치는 성격 회로의 수단으로, 하나님은 의지 생물이 있는 광대한 창조에서 성격자들을 직접 다루신다. 그러나 (파라다이스 바깥에서) 오로지 그의 분신이 된 존재의 계심 속에서 하나님을 접근하는 것이 가능하며, 그러한 존재들은 바깥 우주들에서 하나님의 뜻이다. 시간 속에 사는 필사자들의 지성 안에 깃들고, 거기서 살아남는 피조물의 불멸하는 혼의 진화를 보살피는 이 파라다이스 영은 우주의 아버지의 성품과 신성(神性)으로부터 나온다. 그러나 이러한 진화하는 생물의 지성은 지역 우주에서 비롯하고, 영적으로 달성하는 체험적 변화를 겪음으로 신의 완전함을 얻어야 한다. 이러한 변화는 피조물이 하늘에 계신 아버지의 뜻을 행하기를 선택함으로 반드시 생기는 결과이다.

사람의 속 경험에서, 지성(知性)은 물질에 붙어 있다. 이렇게 물질과 연결된 지성은 사람이 죽은 뒤에 살아남을 수 없다. 살아남는 기법은 하나님을 의식하는 지능이 차츰 영의 가르침을 받고 궁극에는 영의 인도함을 받음으로 인간의 의지를 조정하는 것, 그리고 사람의 지성 속에서 생기는 변화에 둘러싸여 있다. 물질과 결합된 것으로부터 영과 뭉치기까지 사람의 지성이 이렇게 진화하는 것은, 필사 지성의 잠재하는 영 단계를 불멸하는 혼의 상물질(上物質) 실체로 바뀌게 한다. 물질에 굴종하는 사람의 지성은 갈수록 더 물질적이 되며, 그 결과로 궁극에는 성격이 소멸될 운명을 가진다. 영에게 굴복한 지성은 갈수록 더 영답게 되고, 살아남는 안내하는 신다운 영과 하나가 됨을 궁극에 이룩하고 이 방법으로 성격 존재가 살아남고 영원을 얻을 운명을 가진다.

나는 영원자로부터 왔고, 우주의 아버지가 계신 앞에 거듭해서 돌아갔다. 나는 첫째 근원 중심, 영원한 우주의 아버지의 사실성과 성격을 알고 있다. 나는 위대한 하나님이 절대적이고 영원하고 무한한 한편, 하나님은 또한 선하고 신성하고 인자하심을 알고 있다. "하나님은 영이라," 그리고 "하나님은 사랑이라"는 위대한 두 선언이 진리임을 나는 알고 있으며, 이 두 속성은 우주에게, 영원한 아들 안에서 아주 완벽하게 드러난다.

4. 하나님의 신비

하나님이 무한히 완전함은, 하나님을 영원히 신비로 만드는 그러한 것이다. 깊이를 잴 수 없는 하나님의 신비 가운데 가장 큰 것은 필사 지성 속에 신이 깃드는 현상이다. 우주의 아버지가 시간의 생물과 함께 머무르는 그 방식은 모든 우주 신비 가운데 가장 깊은 것이다. 사람의 지성 속에 신이 계시는 것은 신비 중의 신비이다.

필사자의 육체는 "하나님의 성전(聖殿)"이다. 군주 아들 창조자들이 사람이 사는 그들 세계의 피조물에게 가까이 와서, "모든 사람을 자신에게로 끌어당기는데도," 그들이 의식의 "문 앞에 서서," "두드리며," "마음 문을 열려는" 모든 사람에게 들어가기를 기뻐하고, 아들 창조자들과 그 필사 인간 사이에 깊은 이 개인적 교통이 있더라도, 그런데도, 또한 필사 인간은 하나님 자신으로부터 온 무엇인가를 받는데, 이것은 그들 안에 실제로 살며, 사람의 몸은 그 성전이다.

너는 여기 아래에서 인생이 끝나고, 땅에서 임시 형태를 입고 너의 과정을 다 마치고, 육체를 입은 연습 여행이 끝나고, 필사자의 천막을 구성하는 티끌이 "온 곳으로 되돌아갈 때," 계시된 바와 같이, 그제야 깃드는 "영은 주신 하나님한테로 돌아갈지니라." 이 혹성에서 태어난 도덕적 인간 각자 안에는, 하나님의 분신, 신성의 부분이자 소포(小包)가 머무른다. 소유권으로 따지면, 아직 네 것이 아니다. 그러나 네가 필사 존재에서 살아남으면, 그 분신은 너와 하나가 되려고 계획으로 의도한 것이다.

우리는 늘 하나님의 이 신비에 부딪친다. 그의 무한한 선, 끝없는 자비, 비할 데 없는 지혜, 숭고한 신격이 담긴, 끝없는 진리의 파노라마가 더욱 펼쳐져 우리는 어쩔 줄 모른다.

신성한 신비는 유한한 것과 무한한 것, 현세의 것과 영원한 것, 시공 생물과 우주 창조자, 물질인 것과 영적인 것, 사람의 불완전과 파라다이스 신의 완전, 이들 사이에 존재하는 본래의 차이에 있다. 피조물 각자에게, 신성한 진리, 아름다움, 선함의 질을 영적으로 파악하는 생물의 능력이 충분히 닿는 데까지, 보편적으로 사랑하는 하나님은 스스로를 어김없이 나타내신다.

온 우주의 모든 구체(**球體**), 모든 세계에 사는 어떤 영 존재나 어떤 필사 인간에게, 우주의 아버지는 그러한 영 존재들과 그러한 필사자가 헤아리고 이해할 수 있는, 인자하고 신성한 자아의 전부를 나타내신다. 영적이든 물질적이든, 하나님은 성격자를 차별하는 분이 아니다. 우주의 어떤 아이가 어떤 주어진 시각에 신성한 계심을 겪더라도, 그것은 그러한 생물이 물질을 초월하는 세계의 영적 사실성을 받아들이고 헤아리는 능력에 따라서만 한정된다.

인간의 영적 체험에 있는 실체로서, 하나님은 신비가 아니다. 영 세계의 실체들을, 물질 계급의 물리적 지성에게 쉽게 설명하려고 시도할 때, 신비가 생긴다. 신비가 아주 미묘하고 깊어서, 하나님을 아는 필사자의 믿음의 힘은 유한자가 무한자를 인식하는 기적(**奇蹟**), 시공의 물질 세계에서 진화하는 필사자들이 영원한 하나님을 헤아리는 철학적 기적을 성취할 수 있다.

5. 우주의 아버지의 성격

하나님의 크심, 그의 무한성이 그의 성격을 가리거나, 빛을 잃게 만들지 말지어다. "귀를 만들려고 계획하신 분이, 또한 듣지 아니하실까? 눈을 지으신 분이, 또한 보지 아니하실까?" 우주의 아버지는 신다운 성격의 절정이다. 그는 모든 창조 전역에 걸쳐, 성격의 기원(**起源**)이요 운명이다. 하나님은 무한하고 성격을 가졌으며, 무한한 성격자이다. 그 몸의 무한성이, 물질이고 유한한 존재들이 언제까지나 충분히 이해할 수 없는 지경에 스스로 계시게 만드는데도, 아버지는 참으로 성격자이다.

하나님은 인간의 지성이 이해하는 바와 같은 성격자보다 훨씬 크다. 어떤 가능한 초월 성격자 개념보다도 훨씬 더 크다. 그러나 물질 생물의 지성과 함께 그러한 이해할 수 없는 신다운 성격자 개념을 이야기하는 것은 도무지 헛일이니, 이는 존재의 실체에 대한 그들의 가능한 최고 개념이, 성격 아이디어와 그 이상(**理想**)으로 이루어졌기 때문이다. 물질 생물이 가질 수 있는 가장 높은 우주 창조자 개념은, 신성한 성격자에 관한 높은 관념의 영적 이상에 담겨 있다. 그러므로 하나님은 인간의 성격자 개념보다 훨씬 높음이 틀림없다는 것을 너희가 알까 하지만, 우주의 아버지는 영원·무한하며, 참되고 선하고 아름다운 성격자 아래에 있는 어떤 것도 도저히 될 수 없음을 너희는 똑같이 잘 안다.

하나님은 피조물 가운데 누구로부터도 숨어 있지 않다. 수많은 계급의 존재들이 그를 가까이할 수 없는 것은 하나님이 "어떤 물질 생물도 가까이할 수 없는 빛 안에 거하기" 때문이다. 진화하는 필사자들의 완전하게 되지 않은 지성은 신성한 성격자의 엄청나고 장대함을 움켜쥘 수 없다. 하나님은 "그 손바닥으로 물을 재고, 그의 뼘으로 우주를 재시나이다. 그는 지구의 둥근 천장[1] 위에 앉으시고, 하늘을 커튼처럼 늘이고 거하실 우주로서 하늘을 펼치는 분이로다." "하늘 높이 네 눈을 들지어다. 누가 이 모두를 지으셨고, 누가 저희의 세계를 번호에 따라 가져오며, 저희 모두를 그 이름으로 부르시는가 볼지어다." 그래서 "지음받은 것들은 하나님의 불가시(**不可視**)한 것들을 부분적으로 이해한다"는 것이 정말이다. 오늘날, 너희 신분 그대로, 하나님의 다양하고 다채로운 창조를 통해서, 그리고 그의 아들들 및 그들의 수많은 부하의 계시와 봉사를 통해서, 너희는 볼 수 없는 조물주를 깨달아야 한다.

물질인 필사자들은 비록 하나님의 몸을 볼 수 없더라도, 그가 성격 소유자임을 확신하는 가운데 기뻐해야 하며, 우주의 아버지가 이 세상을 너무 사랑해서 그 비천한 거주민에게 영원한 영적 진보의 길을 마련하셨고, "그의 자녀들을 매우 기뻐하신다"는 진리를 믿음으로 받아들여야 한다. 완전하고 영원하며, 사랑이 깊고 무한한 창조자 성격을 구성하는, 인간을 초월하는 그 신다운 속성 가운데 하나도 하나님은 모자라지 않는다.

(초우주 요원들을 빼놓고) 여러 지역 창조에서, 사람이 사는 세계의 아버지요 지역 우주의 군주인 파라다이스 아들 창조자들은 별도로 하고, 하나님은 몸소, 또는 거주함으로 나타나지 않는다. 피조물의 믿음이 완전하다면, 아들 창조자를 보았을 때 그가 우주의 아버지를 보았음을 확실히 알 것이다. 아버지를 찾으면서, 아들 외에 다른 분을 보려고 요구하지도 기대하지도 않을 것이다. 필사 인간은 그가 영의 변화를 완전히 마치고 실제로 파라다이스에 다다를 때까지 하나님을 볼 수 없을 따름이다.

파라다이스 아들 창조자들의 성품은 첫째 근원 중심의 무한한 성품이 가진, 보편적 절대성의 무제한 잠재성을 다 둘러싸지 않는다. 그러나 우주의 아버지는 모든 면에서 아들 창조자들 안에 신성하게 계신다. 아버지와 그의 아들들은 하나이다. 미가엘 계급의 이 파라다이스 아들들은 완전한 성격자요, 밝은 새벽별로부터 진보하는 동물의 진화를 거치는 가장 낮은 인간 생물에 이르기까지, 모든 지역 우주 성격자의 원형이 되기도 한다.

하나님 없이, 그의 큰 중심 성격을 제외하고, 광대한 온 우주 전역에 걸쳐서 성격자가 하나도 없을 것이다. 하나님은 성격자이다.

하나님이 영원한 힘이요, 위엄 있는 계심, 초월 이상(理想), 영화로운 영인데도, 이 모두요, 모두를 무한히 넘는데도, 그는 참으로 영원히, 완전한 창조자인 성격자이다. 곧 하나님은 "이해할 수 있고 또한 이해될 수 있으며," "사랑할 수 있고 사랑을 받을 수 있으며," 우리에게 친구가 될 수 있는 분이다. 한편 다른 인간들이 하나님의 친구임이 알려진 것처럼, 너희도 그렇게 인정받을 수 있다. 하나님은 참 영이요 영적 실체이다.

우주의 아버지가 그의 우주에 두루 나타나심을 볼 때, 그가 무수한 생물 안에 깃드심을 우리가 헤아릴 때, 그의 군주 아들들의 몸 안에 계시는 하나님을 바라볼 때, 여기저기, 가까이, 멀리, 그의 신성한 계심을 우리가 계속 느낄 때, 하나님이 성격의 최초임을 의심하거나 의문을 가지지 말자. 이렇게 멀리 미치도록 온통 분산되는데도 하나님은 참 성격자로 남아 계시며, 온 우주에 흩어진 수없이 많은 무리의 피조물과 친히 연락을 유지하신다.

우주의 아버지가 성격이라는 관념은 주로 계시를 통해서 인류에게 전해져 내려온, 좀더 참다운 하나님 개념이다. 이성(理性), 지혜, 종교적 체험은 모두 하나님이 성격임을 가리키고 암시하지만, 이를 전적으로 정당화하지 못한다. 안에 깃드는 생각 조절자조차도 전 성격(前性格)이다. 어떤 종교라도, 그 진리와 성숙도는 하나님의 무한한 성격에 대한 그 종교의 개념, 그리고 신의 절대적 통일성을 이해하는 그 정도에 정비례한다. 그러면 종교가 하나님의 통일성 개념을 처음으로 형성한 뒤에, 성격을 가진 신 아이디어는 종교의 성숙도를 재는 자가 된다.

원시 종교는 성격을 가진 신이 많이 있었고, 이들은 인간의 모습을 따라 만들어졌다. 계시(啓示)는 하나님이 성격이라는 개념이 정당함을 확인한다. 이 개념은 첫째 근원을 과학적으로 가정해야만 가능하며, 우주의 하나라는 철학 관념 속에 겨우 잠정적으로 암시되어 왔다. 오로지 성격자 접근법을 써서 누구나 하나님의 하나됨을 비로소 이해할 수 있다. 첫째 근원 중심이 성격 소유자임을 부인하는 것은, 사람에게 유물론(唯物論)과 범신주의, 이 두 가지 철학적 딜레마 가운데 선택을 강요한다.

신을 깊이 생각할 때, 성격자 개념은 유형체(有形體) 개념을 벗어 버려야 한다. 물질인 몸은, 사람이나 하나님의 성격에 반드시 필요하지는 않다. 유형성의 잘못은 인간 철학의 두 극단에서 나타난다. 유물론에서는, 사람이 죽음에 이를 때 몸을 잃어버리니까, 사람은 성격자로서 존재하기를 그친다. 범신주의에서는, 하나님은 육체가 없으니까, 따라서 성격자가 아니다. 초인간 종류의 진보하는 성격자는 지성과 영의 연합 안에서 활동한다.

성격은 다만 하나님의 속성이 아니다. 성격은 조정된 무한한 성품을 가진 총체, 그리고 통일된 신의 뜻을 대표하며, 그 뜻은 완전한 표현의 영원성과 보편성에서 드러난다. 최상의 의미에서, 성격은 온 우주에게 하나님이 주는 계시이다.

하나님은 영원하고 보편적이며, 절대적이고 무한하니까, 하나님은 지식이 자라거나 지혜가 늘지 않는다. 하나님은 유한한 인간이 추측하거나 이해하는 것처럼 경험을 얻지 않는다. 그러나 자신의 영원한 성격 테두리 안에서, 하나님은 자아 실현의 계속된 확장을 누리시고, 이것은 어떤 면에서, 진화 세계들에서 유한한 생물이 새로운 경험을 겪는 것에 견줄 만하고 그와 비슷하다.

신의 도움을 얻어서 하늘에 영적으로 완전한 높은 세계들로 올라가기를 추구하는, 너른 우주에 모든 불완전한 혼이 겪는 성격 투쟁에 우주의 아버지가 직접 참여하는 사실이 아니라면, 무한한 하나님의 절대 완전은 그로 하여금, 완전성이 가진 무조건적 최종에 끔찍한 제약을 받게 할 것이다. 온 우주에 두루, 모든 영 존재와 필사 인간이 겪는 이 진보하는 체험은, 끊임없이 자아를 실현하는 수준, 결코 그치지 않는 신성한 수준에서 아버지의 늘 확대되는 신 의식(意識)의 일부이다.

이것은 글자 그대로 참말이다, “너희의 모든 고통 속에 그가 고통을 받으며,” “너희의 승리 속에, 그도 너희 안에서 너희와 함께 승리를 거두느니라.” 하나님의 전 성격인 신성한 영은 너의 실재하는 일부이다. 파라다이스 섬은 온 우주에서 생기는 모든 물리적 변화에 반응한다. 영원한 아들은 모든 창조의 영적 충동을 담고, 합동 행위자[2]는 커지는 우주의 모든 지성 표현을 둘러싼다. 우주의 아버지는 신성한 의식이 충만한 가운데, 진화하는 시공 창조 전체에서 모든 통일체·존재·성격자의 확대되는 지성과 하늘 가는 영들의 진보하는 투쟁에서 모든 개체의 경험을 실감하신다. “우리 모두가 그분 안에서 살고 움직이고, 우리의 존재를 가지기” 때문에 이 모두가 글자 그대로 참말이다.

6. 우주의 성격자

인간의 성격은, 신성한 창조자 성격이 시간과 공간에 던지는 형상이요 그림자이다. 어떠한 사실성도 그 그림자를 검사해서는 충분히 이해할 수 없다. 참 알맹이에 따라서 그림자를 풀이해야 한다.

하나님은 과학에 대하여 원인이요, 철학에 대하여 아이디어요, 종교에 대하여 성격자요, 아니 사랑의 하늘 아버지이기도 하다. 하나님은 과학자에게 시원적 물력이요, 철학자에게 통일의 가정(假定)이요, 종교가에게 살아 있는 영적 체험이다. 우주의 아버지의 성격에 대해서 사람이 가진 부적당한 개념은 우주에서 사람이 영적으로 전진해야 개선될 수 있고, 오로지 시간과 공간의 순례자들이 파라다이스에서 살아 계신 하나님의 신성한 품에 마침내 이를 때에야 참으로 적절하게 될 것이다.

하나님과 사람이 파악하는 정반대 되는 성격의 관점들을 결코 간과하지 말라. 인간은 유한한 것으로부터 무한한 것을 바라보면서 성격을 보고 이해하며, 하나님은 무한으로부터 유한을 바라본다. 사람은 가장 낮은 종류의 성격을, 하나님은 가장 높은 성격, 아니 최상의 성격, 궁극·절대인 성격을 소유한다. 그러므로 신다운 성격에 대한 상급 개념은, 인간 성격에 대한 개선된 관념들이, 특히 아들 창조자 미가엘이 유란시아에 자신을 수여한 생애에서, 인간답고 신다운 성격이 보여 준 향상된 계시가 나타나기까지, 참을성 있게 기다려야 했다.

필사자의 지성에 깃드는 전 성격(前性格)인 신다운 영은, 바로 그 계심 속에서, 영이 실제로 존재한다는 타당한 증명을 지니고 있지만, 신의 성격에 대한 개념은 오직 개인의 진정한 종교적 체험에서 생기는 영적 통찰력으로 말미암아 겨우 파악될 수 있다. 인간이든 신이든, 어떤 성격이라도, 그 성격자의 대외 반응이나 물질적 계심과 아주 별도로, 남에게 알려질 수 있고 파악될 수 있다.

어느 정도의 도덕적 유사성과 영적 조화는 두 사람 사이의 친구 관계에 필수이다. 사랑을 가진 성격자는 사랑이 없는 자에게 도저히 스스로를 드러낼 수 없다. 신다운 성격자를 아는 데 접근하는 것조차 사람의 모든 성격 자질을 그 노력에 온통 거룩하게 바쳐야 한다. 마음 내키지 않게 부분적으로 헌신함은 소용이 없을 것이다.

사람이 더욱 철저히 스스로를 이해하고 그 동료들의 성격 가치를 헤아리게 될수록 사람은 더욱 최초의 성격자를 알기를 몹시 바라고, 하나님을 아는 그러한 인간은 갈수록 더 진지하게 최초의 성격자처럼 되려고 애쓸 것이다. 너희는 하나님에 대한 견해를 놓고서 논의할 수 있지만, 하나님과 가지는 체험, 하나님 안에 있는 체험은, 인간의 모든 논쟁과 단순한 지적(知的) 논리를 넘어서, 또 그 바깥에 존재한다. 하나님을 아는 사람은, 불신자에게 확신을 주려는 것이 아니라, 믿는 자들을 교화시키고 서로 만족을 얻기 위해서, 그의 영적 체험을 묘사한다.

우주를 알 수 있다, 우주가 이해될 수 있다고 가정하는 것은 곧 지성이 우주를 만들고, 성격자가 우주를 관리함을 가정하는 것이다. 사람의 지성은 오로지 다른 지성들의 지성 현상을, 인간적이든 초인간적이든, 이해할 수 있다. 사람의 인격이 우주를 체험할 수 있다면, 그 우주에 어딘가, 신성한 지성과 실제 성격자가 감추어져 있다.

하나님은 영이요, 영 성격자이다. 사람도 영이다—잠재 영 성격자이다. 나사렛 예수는 인간의 체험 속에서, 영 성격자의 이 잠재성을 충분히 실현했다. 그러므로 아버지의 뜻을 이루는 그의 일생은, 사람에게 하나님 성격을 가장 생생하게 이상적으로 계시한 것이 된다. 우주의 아버지의 성격은 오로지 실제로 겪은 종교적 체험 안에서 이해될 수 있어도, 예수의 지상(地上) 생활에서 참으로 인간다운 체험 속에, 그가 하나님의 성격을 그렇게 실현하고 계시하는 완전한 시범을 보인 것에 우리는 영감을 받는다.

7. 성격 개념의 영적 가치

예수가 “살아 계신 하나님”에 관하여 이야기했을 때, 그는 성격을 가진 신—하늘에 계신 아버지—를 언급했다. 신이 성격자라는 개념은 친교를 수월하게 만들고 현명한 예배를 쉽게 만들며, 신선한 신뢰를 조장한다. 성격이 아닌 사물 사이에는 상호 작용이 있을 수 있어도 친교가 있을 수 없다. 아버지와 아들 사이의 친교는, 하나님과 사람 사이처럼, 둘이 성격자가 아니면 누릴 수 없다. 오로지 성격자들이 서로 사귈 수 있다. 하지만 생각 조절자와 같은, 바로 그런 비성격 통일체가 계심으로 말미암아, 이 성격 교통이 대단히 용이하게 될 수도 있다.

물 한 방울이 대양(大洋)과 하나가 되는 것처럼, 사람이 하나님과 연합을 성취할 수는 없다. 점진적이고 서로 주고받는 영적 교통으로 말미암아, 성격을 가진 하나님과 성격 교류를 가짐으로, 신의 뜻에 마음을 다하고 총명하게 순응함을 통하여 갈수록 더 신다운 성품을 얻음으로, 사람은 신과 연합을 얻는다. 그러한 숭고한 관계는 오직 성격자들 사이에서만 존재할 수 있다.

진리의 개념은 아마도 성격과 따로 생각해 볼 수도 있고, 아름다움의 개념은 성격 없이 존재할 수도 있다. 그러나 신이 선하다는 개념은 성격자와 가지는 관계에서만 이해할 수 있다. 오로지 성격자만 사랑을 주고 사랑을 받을 수 있다. 아름다움과 진리가 성격을 가진 하나님, 곧 사랑을 주는 아버지의 속성이 아니라면, 그것들조차 살아남는 희망과 멀어질 수 있다.

하나님이 근원적이고, 변함없고, 전능하고 완전하면서, 어떻게 동시에 늘 변하며, 겉보기에 법에 제한받는 듯한 우주, 상대적으로 불완전한 진화 우주에 둘러싸일 수 있는지, 우리는 충분히 이해할 수 없다. 그러나 우리 자신의 개인적 체험 속에서 그러한 진리를 알 수 있으며, 이는 우리 자신과 우리의 환경이 항상 변하는데도, 우리 모두가 성격 신분과 의지(意志)의 통일성을 유지하기 때문이다.

궁극의 우주 실체는, 수학이나 논리나 철학을 통해서가 아니라, 오로지 성격을 가진 하나님의 신성한 뜻에 점진적으로 순응함을 몸소 체험함으로 이해할 수 있다. 과학이나 철학이나 신학(神學)도 하나님이 성격임을 정당화할 수 없다. 오로지 하늘 아버지의 믿음의 아들들이 몸소 겪는 체험이, 하나님의 성격을 실제로 영적으로 깨닫게 만들 수 있다.

우주 성격자에 관한 상급 개념들은, 신분, 자의식, 자아의 의지, 자아 계시의 가능성을 의미한다. 이 여러 특징은 더 나아가서, 파라다이스 신들의 성격 결합에 존재하다시피, 다른 대등한 성격자들과 친교가 있음을 암시한다. 그리고 이러한 결합의 절대적 통일성이 너무나 완전해서, 신성(神性)은 불가분성, 단일성으로 알려지게 된다. “주 하나님은 하나이라.” 성격의 불가분성은, 필사 인간의 마음 속에서 살라고 하나님이 그의 영을 수여하심을 막지 않는다. 한 인간 아버지의 인격의 불가분성은 필사자인 아들딸을 낳지 못하게 막지 않는다.

통일의 개념과 관련하여 이 불가분성의 개념은 신의 궁극위가 시간과 공간 모두를 초월함을 뜻한다. 따라서 공간도 시간도 절대적이거나 무한할 수 없다. 첫째 근원 중심은 모든 지성과 물질과 영을 무조건 초월하는 그 무한이다.

파라다이스 삼위 일체가 계신 사실은 신이 통일되어 있다는 진리를 어떠한 방법으로도 어기지 않는다. 모든 우주 실체의 반응과 모든 피조물과 가지는 관계에서, 세 파라다이스 신 성격자는 하나와 같다. 영원한 이 세 성격의 존재는 신이 불가분하다는 진리를 어기지도 않는다. 이 우주 문제들이 우리에게 어떻게 보이는가 필사자의 지성에게 분명히 설명하기에 적절한 언어가 손아귀에 하나도 없음을 나는 충분히 알고 있다. 그러나 너희는 낙심해서는 안 된다. 이것들 전부가, 내 집단의 파라다이스 존재들에 속하는 높은 성격자들에게도 통째로 뚜렷하지는 않다. 너희가 파라다이스까지 필사자로서 오랫동안 승천하는 연속된 여러 시대에, 너희의 지성이 점진적으로 영답게 변화됨에 따라서 신에 관계된 이 깊은 진리가 갈수록 뚜렷해지리라는 것을 늘 기억하여라.

[한 신성한 조언자가 발표하였다. 그는 다가오는 이 계시 가운데, 네바돈 지역우주의 경계 바깥에서 생기는 사무와 상관되는 부분을 감독하기 위해서, 제7 초우주 본부 유버르사의 옛적부터 늘 계신 이들로부터 배치받은 하늘 성격자 집단의 일원이다. 나는 하나님의 성품과 특성을 그리는 여러 글을 후원하라고 위임받았는데, 이는 사람이 사는 어떤 세계에서도 그러한 목적에 소용되는 정보의 가장 고급 근원을 내가 대표하기 때문이다. 나는 모두 일곱 초우주에서 신성한 조언자로서 봉사해왔고, 만물의 파라다이스 중심에서 오랫동안 살아 왔다. 우주의 아버지가 친히 계신 바로 그 앞에서 머무르는 최고의 기쁨을 여러 번 누려 보았다. 어느 누구도 도전할 수 없는 권위를 가지고, 나는 아버지의 성품 및 속성의 실체와 진리를 묘사한다. 무엇에 관해 말하는지 나는 사정을 알고 있다.]

주: 1. 천동설을 믿던 시대에 하늘 천장에 별들이 붙어 있다고 생각되어 나온 표현 (circle of the earth). 2. 우리말에 합동(conjoint)과 공동(co-)은 흔히 비슷한 말로 쓰인다. 여기서 공동 창조자(cocreator)의 예와 같이, 아버지와 아들이 같이 일할 경우에 공동이라고 쓰고, 합동 행위자(Conjoint Actor), 또는 합동 창조자(Conjoint Creator)의 예처럼, 아버지·아들·영이 다 같이 일할 경우에는 합동이라 쓰기로 한다.

서, 하나님을 의식할 능력이 있거나 그러한 잠재성이 있는 필사자들의 겸허한 지성을 꾸미고 거기에 깃든다.

이와 같은 길과 기타 여러 방법으로, 너희가 알지 못하고 유한자가 도무지 이해할 수 없는 방법을 통해서, 그의 아이들의 유한한 지성에게 더 가까이 가려고, 파라다이스 아버지는 사랑하는 마음으로 기꺼이 내려오거나, 또는 그의 무한성을 수정하고, 묽게 하고, 희박하게 만드신다. 그래서 절대성이 줄어드는 일련의 성격 분산을 통해서, 무한한 아버지는, 방대한 우주의 여러 영역에 다양한 지성들과 가까운 접촉을 즐길 수 있게 된다.

자기의 무한·영원·수위성(首位性)의 사실과 실체를 조금도 다치지 않으면서, 하나님은 이 모든 것을 이제까지 해 오셨고, 이제도 하시며, 앞으로도 언제까지나 계속하실 것이다. 알아듣기 어렵고 신비 속에 가려 있더라도, 유란시아에 사는 부류의 생물이 충분히 이해하기가 불가능한데도, 이러한 일들은 절대로 참말이다.

처음 아버지의 계획이 무한하고 그의 목적이 영원하기 때문에, 어떤 유한한 존재도 이 신성한 계획과 목적을 언제라도 충분히 파악하거나 이해하기가 본래부터 불가능하다. 우주가 진보하는 연속된 단계에서, 피조물의 승천(昇天) 계획이 진행되는 것과 관련하여, 아버지의 여러 목적이 노출되는 데 따라서 필사 인간은 그 목적을 이따금, 여기저기에 얼핏 볼 수 있다. 사람은 무한의 의미를 둘러쌀 수 없지만, 무한한 아버지는 온 우주에 있는 모든 아이의 유한성을 아주 확실히, 충분히 이해하고, 사랑으로 둘러싼다.

아버지는 신성(神性)과 영원을 많은 상급 파라다이스 존재와 나누어 가지지만, 자기와 동위에 있는 파라다이스 삼위 일체 동료들을 제외하고, 무한과 그에 따르는 보편적 수위성을 아버지가 누구하고라도 나누어 가지는지 우리는 의문을 품는다. 성격의 무한성은, 어쩔 수 없이, 성격의 모든 유한성을 둘러싼다. 따라서 "아버지 안에서 우리가 살고 움직이며, 우리의 존재를 가지니라" 선언하는 가르침은 진리요, 글자 그대로 진리이다. 필사 인간에게 깃드는, 우주의 아버지의 순전한 분신, 신의 그 분신은, 위대한 첫째 근원 중심, 곧 가장 높은 아버지의 무한성의 일부이다.

2. 아버지의 영원한 완전

오래 전 너희의 선지자들조차 우주의 아버지의 성품, 영원하고, 시작과 끝이 없는 둥그런 성품을 알아차렸다. 하나님은 글자 그대로, 영원히 온 우주에 계신다. 모든 절대 위엄과 영원한 위대함을 가지고, 아버지는 현재의 순간에 거하신다. "아버지는 자신 안에 생명을 가지고 계시니, 이 생명은 영생이라." 영원한 세월 전체를 통해서, "모든 생명에게 주시는" 분은 아버지였다. 신성한 그 고결함에는 무한한 완전이 있다. "나는 주요, 변하지 않노라." 온 우주에 관한 우리의 지식은, 그가 빛의 아버지일 뿐만 아니라, 혹성 사이의 사무를 집행하는 데서 "변동이 없고 변화의 그림자도 없음"을 드러낸다. 그는 "처음부터 끝을 선언하시니라," 아버지가 말씀하신다. "나의 권고는 유효하며," "내 아들 안에서 내가 뜻한 모든 영원의 목적에 따라서" "내가 기뻐하는 모든 일을 실행하리라." 그러므로 첫째 근원 중심의 계획과 목적은 하나님 자신처럼, 영원하고 완전하며, 언제까지나 변함이 없다.

아버지의 명령에는 최종의 완벽함과 완전한 충만이 있다: "무엇이든지 하나님이 하시는 일은 영원하리라, 거기에 아무 것도 더할 수도 뺄 수도 없느니라." 우주의 아버지는 지혜롭고 완전한 최초의 목적을 뉘우치지 않는다. 그의 계획은 견고하고, 그의 권고는 바뀔 수 없으며, 그의 행동은 신답고, 잘못이 있을 수 없다. "그의 눈에는 천년이, 지나버린 어제 같고 밤 중에 한 시간과 같으니라." 신성의 완전과 영원의 막대함은, 언제까지라도 필사 인간의 한정된 머리가 충분히 파악하는 지경 바깥에 있다.

그의 영원한 목적을 수행하는 과제에서, 변함없는 하나님의 반응은 피조 지성들의 바뀌는 태도와 변하는 마음에 따라서 달라지는 듯 보일지 모른다. 다시 말해서 하나님의 반응이, 겉으로 피상적으로 바뀔지 모르지만, 그 표면 밑에, 바깥으로 나타나는 모든 표현 밑에, 영원한 하나님의 변함없는 목적, 영구한 계획이 여전하 있다.

바깥 우주들에서, 완전이란 반드시 상대적 용어임이 틀림없다. 그러나 중앙 우주, 또 특히 파라다이스에서, 완전은 묽어지지 않고, 어떤 단계에서는 절대적이기까지 하다. 삼위 일체의 명시는 신의 완전함을 다르게 펼쳐 보이지만, 묽게 만들지 않는다.

하나님의 시원적 완전함은 가정된 올바름에 있는 것이 아니라, 그의 신다운 성품이 본래부터 완전히 선한 데 있다. 그는 마지막이고, 완벽하고 완전하다. 그의 올바른 성격의 아름다움과 완전함에는 아무 것도 모자라지 않는다. 공간 세계의 살아 있는 존재들에 대한 계획 전체가, 아버지의 완전함, 파라다이스의 완전함을 나누는 체험을 겪는 높은 운명으로, 의지를 가진 모든 생물을 들어올리는 신성한 목적에 중점을 둔다. 하나님은 자기 중심이지도 않고, 홀로 충분하지도 않다. 그는 광대한 온 우주에서 자의식을 가진 생물 모두에게, 결코 그치지 않고 스스로를 주신다.

하나님은 영원히, 무한히 완전하며, 자신의 체험으로 불완전을 몸소 겪을 수 없지만, 모든 파라다이스 아들 창조자의 진화 우주에서 투쟁하는 모든 피조물이 겪는 온갖 불완전한 체험을 하나님은 함께 의식하신다. 완전한 하나님의 개인적이고 해방하는 손길은, 도덕적으로 분별하는 우주 수준까지 올라간 모든 필사 인간의 마음을 능가하고 그들의 성품을 둘러싼다. 이 방법으로, 또 신성한 계심의 접촉을 통해서, 우주의 아버지는 우주 전체에서 모든 도덕적 존재가 겪는 진화 생애에서, 미숙하고 불완전한 특징을 <u>가진</u> 체험에 실제로 참여하신다.

인간의 한계, 악(惡)의 잠재성은, 신의 성품의 일부가 아니다. 그러나 필사 인간이 악을 겪는 체험, 그리고 악에 대하여 사람이 가지는 모든 관계는, 아주 확실히, 시간 속에 사는 아이들—파라다이스로부터 나가는 모든 아들 창조자가 창조하거나 진화시킨 생물, 도덕적 책임을 가진 생물—안에서, 하나님의 늘 확대되는 자아 실현의 일부이다.

3. 응보와 공정

하나님은 올바르시며, 따라서 공평하시다. "주는 모든 일에 올바르시니라." "'내가 한 모든 일을 하나도 까닭 없이 하지 않았노라' 주가 말씀하시니라." "주의 판단은 진실하고 아주 올바르니라." 우주의 아버지의 응보는 피조물의 행동과 실적에 영향을 받을 수 없으니, 이는 "주 하나님은 불의가 없으며, 사람을 차별하지 않고, 선물을 받지 않음이라."

그러한 하나님께, 그의 변함없는 법령을 고치라고, 그래서 그의 현명한 자연 법칙, 그리고 올바른 영적 명령이 작용하여 나타나는 마땅한 결과를 우리가 피할 수 있게 해 달라고 철없이 호소하는 것은 얼마나 쓸데없는 일인가! "속지 말라. 하나님을 조롱하지 못하나니, 사람이 무엇을 뿌리든지 그것을 사람이 또한 거둘 것임이라." 잘못의 열매를 거두게 하는 응보의 경우에도, 이 신의 응보는 언제나 자비로 말미암아 무디어진다. 무한한 지혜는 어떤 주어진 경우에 내려질 응보와 자비의 비율을 결정하는 영원한 중재자이다. 하나님의 정부에 대항하여 잘못하는 것과 계획하여 반항하는 것에 대한 가장 큰 벌은 (실제로는 불가피한 결과인데) 그 정부의 개별 백성으로서 존재를 잃는 것이다. 마음을 다하여 지은 죄의 마지막 결과는 소멸이다. 결국에는, 죄의 편을 드는 그런 사람들은, 불의를 품어서 온통 비현실적이 되어, 스스로를 파괴해 왔다. 그러나 그 우주에서 통용되는 예정된 사법(司法) 질서가 충분히 이행될 때까지, 그러한 피조물이 사실로 실종되는 일은 언제나 늦춰진다.

존재의 정지(停止)는 보통 그 영역, 또는 여러 영역에 있는 섭리 시대나 새 시대의 판결이 있을 때 공포된다. 유란시아와 같은 세계에서, 이 판결은 혹성의 한 섭리 시대의 끝에 온다. 사법권을 가진 모든 법정이 나란히 행동함에 따라서, 존재의 정지가 그런 때 공포될 수 있고, 그 법정은 혹성 회의로부터 아들 창조자의 법정을 거쳐서, 옛적부터 늘 계신 이들의 재판소까지 이른다. 사멸(死滅)하라는 명령은, 죄인이 거주하는 구체에서 시작되는 고발을 잇달아 확인하고 나서, 초우주 고등 법원에서 비롯된다. 그리고 나서, 상부에서 소멸 선고가 확인될 때, 초우주 본부에서 거주하고 거기서부터 활동하는 판사들의 직접 행위에 따라서 그 집행이 일어난다.

이 선고가 마지막으로 확인될 때, 죄의 편을 들었던 자는, 순간적으로 마치 존재해 오지 않았던 것처럼 된다. 그러한 운명으로부터는 부활이 없고, 그것은 영구하고 영원하다. 신분의 산 에너지 요소들은 시간에 따라 변화하고 공간에서 변형되어 그 요소들이 언젠가 출현했던 그 우주 잠재성으로 분해되어 버린다. 불의한 자의 성격에 관해서 말하면, 영생(永生)을 보장했을 뻔한 선택과 최종 결정을 그 피조물이 내리지 못했기 때문에, 계속하는 생명 수송 수단을 잃어버린다. 관계된 지성이 줄곧 죄를 품는 것이 마침내 완전히 부정(不正)과 스스로 동일시함으로 끝날 때, 생명이 정지되고 나서, 우주에서 해체되고 나서, 그러한 분리된 성격은 창조의 대혼(大魂) 속으로 빨려 들어가고, 최상 존재의 진화하는 체험의 일부가 된다. 그것은 결코 다시 성격자로서 나타나지 않는다. 그 신분은 마치 태어난 적이 없었던 것처럼 된다. 조절자가 깃들었던 성격자의 경우에, 경험적인 그 영적 가치는 계속하는 조절자의 실체 속에서 살아남는다.

실체의 여러 실제 수준 사이에서 생기는 어떠한 우주 경쟁에서도, 궁극에는 높은 수준의 성격자가 낮은 수준의 성격자를 이긴다. 피할 수 없는 이 우주 투쟁의 결과는, 질이 높은 신성(神性)이 의지 생물의 실체나 사실성의 정도에도 필적한다는 사실에서 본래부터 생긴다. 순전한 악, 철저한 잘못, 고의(故意)로 짓는 죄, 수그러지지 않은 불의는 본래부터, 자동으로 자살이다. 우주에서 비현실적인 그러한 태도가 남아 있을 수 있는 것은 오로지, 올바르게 판결하는 우주 법정의 장치, 응보를 결정하고 공평을 찾는 장치가 작용할 때까지, 일시적인 자비와 관대 때문이다.

지역 우주에서 아들 창조자들의 통치는, 창조하고 영답게 변화시키는 통치이다. 이 아들들은 점진적으로 필사자가 올라가는 파라다이스 계획을 효과적으로 집행하고, 반역자 및 그릇되게 생각하는 자들을 회복시키는 데 전념한다. 그러나 이러한 사랑의 노력이 모두 마침내 영원히 거부될 때, 옛적부터 늘 계신 이들의 사법권 밑에서 행동하는 세력이 소멸하라는 최종 선포를 집행한다.

4. 신의 자비

자비는 다만, 유한한 피조물의 자연스런 약점과 환경의 장애를 완전히 숙지하고 충분히 인식하는 데서 생겨나는 그 지혜로 부드러워진 응보이다. "우리의 하나님은 동정심이 가득하고 품위가 있으며, 오래 참고 자비가 풍성하시니라." 그러므로 "누구든지 주를 부르는 자마다 구원을 받으리니," "그가 넘치게 용서하실 것임이라." "주의 자비는 영원부터 영원까지라." 그렇다, "그의 자비는 언제까지나 이어지도다." "나는 땅에서, 자애(慈愛)와 판단과 올바름을 집행하는 주라, 내가 이것들을 기뻐하는 까닭이라." "나는 사람의 자손을 일부러 괴롭히거나 가슴 아프게 하지 않으니," "내가 자비의 아버지요, 모든 위로를 주는 하나님"이기 때문이다.

하나님은 본래 친절하고 자연히 동정심이 많고, 언제까지나 자비롭다. 결코 그의 자애심을 불러일으키려고 하나님한테 어떤 영향을 미칠 필요가 없다. 피조물의 필요는 아버지의 부드러운 자비와 그의 유익한 은혜가 가득 흘러내림을 보장하기에 온통 충분하다. 하나님은 그의 아이들에 관하여 모든 것을 아시니까, 하나님은 쉽게 용서하신다. 사람이 이웃을 잘 이해하면 할수록, 이웃을 용서하는 것, 아니 사랑하는 것까지도, 더욱 쉬워진다.

오로지 무한히 지혜로운 분별력이, 올바른 하나님으로 하여금, 동시에 또 어떤 주어진 우주 환경에서도, 응보와 자비의 시행을 가능하게 한다. 하늘의 아버지는 결코 우주 아이들에 대하여 모순되는 태도를 가짐으로 마음의 갈등을 겪지 않는다. 하나님은 결코 상반되는 태도에 희생되지 않는다. 그의 모든 신다운 속성과 그의 영원한 성품의 무한한 질이 요구하는 것을 완전히, 동시에, 똑같이 채우는 우주 행위를 선택하도록, 하나님의 전지(全知)하심은 그의 자유 의지를 틀림없이 인도한다.

자비는 선과 사랑으로부터 자연스럽고 불가피하게 생기는 산물이다. 사랑의 아버지의 좋은 성품은, 우주 아이들 가운데 어느 집단의 어떤 구성원에게나 지혜롭게 자비 베푸는 것을 도저히 아낄 수 없다. 영원한 응보와 신의 자비는 함께, 인간의 체험에서 <u>공정</u>이라 부를 무엇을 구성한다.

신의 자비는 완전과 불완전의 우주 수준 사이에서, 공정하게 조정하는 기법을 나타낸다. 자비는 진화하는 유한자의 형편에 최상위의 응보가 적응된 것이요, 시간 속에 사는 아이들의 가장 고귀한 관심과 우주 복지를 만족시키려고 영원한 올바름이 수정된 것이다. 자비는 응보를 어기는 것이 아니라, 진화 우주들에서 하위 영적 존재들과 물질 생물에게 공정하게 적용되다시피, 자비는 오히려 최상의 응보를 내릴 요구를 이해심을 가지고 풀이하는 것이라 할 수 있다. 자비가 우주의 아버지, 그리고 그와 관계된 창조자들의 신다운 지혜를 따라 고안되고 그들의 전지하는 지성과 통치하는 자유 의지에 따라서 형성되다시피, 자비는 시공 창조의 다양한 지성 존재들에게, 지혜롭게, 사랑하는 마음으로, 파라다이스 삼위 일체의 응보를 내리는 것이다.

5. 하나님의 사랑

"하나님은 사랑이라." 따라서 우주 사무에 대하여 하나님이 유일하게 친히 가지는 태도는, 언제나 신다운 사랑으로 반응하는 것이다. 아버지는 그의 생명을 우리에게 주실 만큼 우리를 넉넉히 사랑한다. "그는 악한 자와 선한 자 위에 태양을 떠오르게 하시고, 올바른 자와 그릇된 자에게 비를 보내시니라."

아들들이 희생되거나 하급 생물이 중재한다고 해서 너희가 하나님이 그의 아이들을 사랑하도록 달랜다고 생각하는 것은 그릇되니, 이는 "아버지 자신이 너희를 사랑하시는 까닭이라." 이 아버지 사랑에 반응하여, 하나님은 놀라운 조절자들을 인간의 지성에 깃들라고 보내신다. 하나님의 사랑은 보편적이며, "누구든지 원하는 자는 와도 좋으니라." 그는 "진리의 지식을 얻게 함으로 모든 사람이 구원받게 하고자 하시니," 그는 "누구도 멸망하기를 원치 않으시니라."

창조자들은 신의 법칙을 어리석게 어겨서 생기는 재난의 결과로부터 사람을 구하려고 제일 먼저 애쓰시는 분들이다. 하나님의 사랑은 천성으로 아버지다운 애정이다. 그러므로 가끔 그는 "우리의 이익을 위하여 우리를 꾸짖어서, 우리가 그의 거룩함을 함께 가질 수 있게 하시니라." 너희의 불 같은 시련 속에서도, "우리의 모든 고통 속에서 그도 같이 고통을 받으시리라"는 것을 기억하여라.

하나님은 죄인들에게 신답게 친절하다. 반역자들이 올바름으로 돌아설 때, 이들을 자비롭게 받아들이며, 이는 "우리의 하나님은 풍성하게 용서하시기 때문이라." "나는 자신을 위하여 너희의 범죄를 지워 버리는 자이니, 너희 죄를 기억하지 아니하리라." "우리가 하나님의 아들이라 일컬음을 받다니, 아버지가 우리에게 어떠한 사랑을 주셨는가 보라."

결국은, 하나님의 선하심을 나타내는 가장 큰 증거요 하나님을 사랑할 최고의 이유는 우리에게 깃드는 아버지의 선물—조절자—이며, 그는 둘이 영원히 하나가 되는 그 시각을 아주 참을성 있게 기다린다. 네가 찾으려 해도 하나님을 찾아낼 수 없지만, 깃드는 영의 이끄심에 순종하면, 파라다이스에 우주의 아버지의 성격이 계신 앞에 네가 마침내 서게 될 때까지, 한 걸음 한 걸음, 한 생명 한 생명, 우주에 우주를 거쳐서, 한 시대 한 시대, 너는 어김없이 안내를 받는다.

인간 본성의 한계와 물질 창조의 장애물이 네가 하나님을 보는 것을 불가능하게 만든다고 해서 네가 하나님을 예배하지 않는 것은 얼마나 부당한 일인가. 너와 하나님 사이에는, 끔찍한 거리를 (물리적 공간을) 가로질러야 한다. 마찬가지로, 영적으로 차이 나는 큰 간격이 있고, 그것을 좁혀야 한다. 그러나 파라다이스에 몸소 계신 하나님의 면전(面前)으로부터 물리적·영적으로 너를 떼어놓는 모든 것이 있는데도, 하나님이 네 안에 사신다는 이 엄숙한 사실을 멈춰서 깊이 생각해 보아라. 하나님은 그분 나름대로 그 사이에 이미 다리를 놓으셨다. 네가 영원한 우주 생애를 추구하는 동안, 네 안에 살고 너와 함께 고생하라고 하나님은 스스로, 그의 영을 보내셨다.

그토록 위대하고, 동시에 비천한 피조물을 향상시키는 봉사에 그렇게 사랑으로 헌신하는 분을 예배하는 것이 나는 쉽고도 즐겁다. 창조하고, 또 창조된 것을 통제하는 일에 그처럼 막강한데도, 완전히 선하신 분, 그토록 충실하게 자애로움이 우리보다 항상 뛰어나신 분을 나는 자연히 사랑하게 된다. 그렇게 위대하고 막강하지 않다 하더라도, 하나님이 선하고 자비롭기만 하다면, 나는 아마 똑같이 하나님을 사랑하리라 생각한다. 하나님의 놀라운 속성을 인식하기 때문이 아니라, 그의 성품 때문에 우리 모두가 아버지를 더욱 사랑한다.

공간 우주의 진화에 본래 있는 여러 가지 시간적 어려움을 이기려고 아주 용감히 투쟁하는 아들 창조자들과 그 하위(下位) 행정자들을 관찰할 때, 우주의 이 작은 통치자들에게 내가 크고 깊은 애정을 가졌음을 나는 발견한다. 결국은, 그 영역의 필사자들을 포함해서 우리 모두가, 우주의 아버지와 모든 다른 존재를, 신이든 인간이든, 사랑한다고 생각하는데, 이는 이 성격자들이 참으로 우리를 사랑함을 우리가 헤아리기 때문이다. 사랑하는 체험은, 대체로, 사랑받는 체험에 대한 직접 반응이다. 하나님이 나를 사랑함을 알고 있으니, 비록 하나님이 최상·궁극·절대, 이 모든 속성을 벗어 버린다 하더라도, 나는 그를 줄곧 지극히 사랑할 것이다.

현재, 그리고 영원한 시대의 끝없는 테두리 전역에 걸쳐서, 아버지의 사랑은 우리를 따라온다. 너희가 하나님의 사랑하는 성품을 깊이 생각할 때, 그 사랑에 대하여 당연하고도 자연스러운 성격 반응은 하나 밖에 없다: 너희는 더욱 조물주를 사랑하게 되겠고, 어린아이가 땅에 있는 어버이에게 주는 것과 비슷한 사랑을 하나님께 바치게 될 것이다. 왜냐하면, 참 아버지, 진정한 아버지는, 아버지로서 아이들을 사랑하며, 마찬가지로 우주의 아버지는 그가 창조한 아들과 딸들을 사랑하고, 언제까지나 그들의 복지를 추구하기 때문이다.

그러나 하나님의 사랑은, 총명하고 멀리 내다보는, 부모다운 사랑이다. 우주의 아버지의 완전한 성품의 신다운 지혜, 그리고 모든 다른 무한한 특징과 통일된 관계에서 신의 사랑이 작용한다. 하나님은 사랑이지만, 사랑이 하나님은 아니다. 필사 존재들에게 주는 신의 사랑의 가장 큰 표현을 생각 조절자들의 수여에서 지켜볼 수 있지만, 너희가 받는 아버지 사랑을 가장 크게 계시한 것은, 미가엘 아들이 땅에서 이상적인 영적 일생을 살았던 수여 생명에서 나타난다. 하나님의 사랑을 각 인간 혼에게 개별화하는 분은 바로 안에 깃드는 조절자이다.

사랑이라는 인간의 낱말 표현을 이용하여, 하늘 아버지가 우주 아이들에게 주는 신다운 애정을 묘사하라고 강요받는 것이 나는 이따금 거의 비명(悲鳴)이 나올 지경이다. 이 용어는 존경하고 헌신하는 필사자 관계를 나타내는, 사람의 가장 높은 개념이기는 하지만, 온통 저열하고 전혀 부적당한 허다한 인간 관계를 아주 빈번히 표시하기 때문에, 어떤 표현을 빌리더라도, 살아 계신 하나님이 우주 생물에 대하여 가진 비할 수 없는 애정을 가리키는 데, 같은 표현이 또 쓰일 수 없다! 파라다이스 아버지의 신다운 애정의 참된 그 성질과 지극히 아름다운 의미를 인간의 머리에 전할 낱말, 더할 나위 없고 꼭 맞는 몇 가지 낱말을 내가 쓸 수 없으니 얼마나 딱한 일인가!

성격을 가진 하나님의 사랑을 사람이 보지 못하면, 하나님의 나라는 단지 선한 나라가 될 뿐이다. 신의 성품이 무한히 통일되어 있는데도, 사랑은 하나님이 피조물과 친히 가지는 모든 거래에서 지배적 특징이다.

6. 하나님의 선하심

우리는 물리적 우주에서 신성한 아름다움을 볼 수도 있고, 지적 세계에서 영원한 진리를 헤아릴까 싶지만, 하나님의 선하심은 개인이 종교적 체험을 가지는 영적 세계에서 발견된다. 종교의 참 알맹이는 하나님이 선하심을 믿고 기대는 것이다. 철학(哲學)에서는 하나님이 위대하고 절대적이며, 아니 어떻게든 총명하고 성격을 가진 분일까 싶지만, 종교에서 하나님은 또한 도덕적이고 선해야 한다. 사람은 크신 하나님을 두려워할지 모르지만, 선한 하나님이라야 믿고 사랑한다. 하나님의 이 선하심은 하나님 성격의 일부이고, 그 충만한 계시는, 오로지 믿는 하나님의 아들들이 몸소 겪는 종교적 체험에서 나타난다.

종교는, 영적 성질을 가진 초월 세계가 인간 세계의 근본 필요를 인식하고 그에 민감하다는 것을 암시한다. 진화된 종교에는 윤리가 있을지 모르지만, 오직 계시된 종교가 참으로 영적으로 도덕성이 있게 된다. 하나님이 임금다운 도덕에 지배를 받는 신이라는 오래 된 개념을, 예수는 부모-자식 관계에서 생기는 친밀한 가족 도덕의 수준, 깊이 감동적인 수준까지 올려놓았으며, 필사자의 체험에서 이 부모-자식 관계보다 더 부드럽고 아름다운 관계는 없다.

“하나님의 선이 넘쳐흐름은 잘못하는 자를 뉘우침으로 이끄느니라.” “모든 좋은 재능, 모든 완전한 재능은 빛의 아버지로부터 내려오느니라.” “하나님은 선하시며, 그는 사람의 혼이 영원히 쉴 안식처이로다.” “주 하나님은 자비롭고 은혜로우며, 오래 참고, 선과 진리가 풍부하시도다.” “주의 선함을 맛보고 눈으로 볼지어다! 그를 신뢰하는 사람은 복이 있도다.” “하나님은 은혜롭고 동정심이 가득하며, 그는 구원의 하나님이로다.” “마음이 상한 자를 치료하고, 혼의 상처를 고치시도다. 그는 사람에게 전능한 후원자이로다.”

하나님을 왕이나 재판관으로 보는 개념은 높은 도덕 기준을 육성하고 한 집단으로서 법을 존중하는 한 민족을 만들었지만, 이 개념은 시간과 영원 속에서 갖는 지위에 관하여, 개별 신자를 딱한 불안한 처지에 동댕이쳐 버렸다. 후기의 히브리 선지자들은 하나님이 이스라엘의 아버지라고 선포했고, 예수는 하나님이 각 사람의 아버지임을 드러냈다. 예수의 일생은 하나님에 대한 필사자의 개념 전체를 초월하여 비추었다. 자기를 잊는 것은 부모의 사랑에 본래부터 있다. 하나님은 <u>아버지처럼</u> 사랑하는 것이 아니라, <u>아버지로서</u> 사랑한다. 모든 우주 성격자에게 파라다이스 아버지이다.

올바름은 하나님이 우주의 도덕 법칙의 근원임을 암시한다. 진리는 하나님이 계시자(啓示者), 선생임을 보여 준다. 그러나 사랑은 애정을 주고 사랑을 갈망하며, 부모와 아이 사이에서 존재하는 것처럼 분별 있는 친교를 찾는다. 올바름은 신다운 생각일지 모르지만, 사랑은 아버지의 태도이다. 하나님의 올바름이 하늘 아버지의 사심 없는 사랑과 대립된다는 그릇된 추측은, 신의 성품에 통일성이 없다는 전제(前提)를 낳았고, 직접 속죄(贖罪) 교리를 공들여 다듬게 만들었는데, 이 교리는 하나님이 통일성과 자유 의지를 가졌다는 것, 이 두 가지에 대한 철학적 공격이다.

애정이 많은, 하늘 아버지의 영은 땅에 있는 아이들 안에 깃들며 그는—응보를 찾는 성격과 자비로운 성격을 가진—분열된 성격자가 아니다. 그의 은혜나 용서를 얻으려고 중재자가 필요하지도 않다. 신의 올바름은, 엄중히 처벌하는 응보에 지배되지 않는다. 아버지인 하나님은 재판관인 하나님을 초월한다.

하나님은 결코 격노하거나, 복수심이 가득하거나, 성을 내지 않는다. 하나님의 자비가 거부되었을 때 응보가 그 자비를 조절하고, 지혜가 흔히 그의 사랑을 절제하는 것이 참말이다. 그가 올바름을 사랑하는 것은, 그만큼 죄를 미워하는 것으로 나타날 수밖에 없다. 아버지는 모순된 성격이 아니며, 신의 통일성은 완전하다. 하나님과 동위에 있는 자들은 영원한 신분이 있는데도, 파라다이스 삼위 일체 안에는 절대 통일이 있다.

하나님은 죄인을 사랑하고 죄를 <u>미워하신다</u>. 이러한 말은 철학적으로 참말이지만, 하나님은 초월 성격자요, 한 성격자는 다른 성격자를 사랑하고 미워할 수 있을 따름이다. 죄는 성격자가 아니다. 하나님이 죄인을 사랑하는 것은, 그가 (영원의 잠재성을 가진) 성격 실체이기 때문이요, 한편 죄에 대해서 하나님이 성격자로서 태도를 취하지 않는 것은, 죄가 영적 실체가 아니요, 죄는 성격이 없기 때문이다. 따라서 하나님의 응보는 죄의 존재를 인식할 뿐이다. 하나님의 사랑은 죄인을 구원하고, 하나님의 법은 죄를 없애 버린다. 필사자의 지성이 그에게 깃드는 영 조절자의 편을 완전히 들지 모르는 바와 같이, 죄인이 또한 마지막으로 온통 죄의 편을 들 때, 신다운 성품의 이 태도가 변하는 듯이 보인다. 이렇게 죄와 동일시하는 필사자는 전적으로 비영적 성품이 되고 (따라서 성격이 비현실이 되고), 존재가 궁극에 말살됨을 맛보게 된다. 점진적으로 현실이 되고 더욱 영답게 변화되는 우주에서, 비현실성, 아니 피조물 성질의 불완전조차도 언제까지나 존재할 수는 없다.

성격자의 세계와 얼굴을 마주 대하면, 하나님이 사랑하는 성격임이 밝혀진다. 영적 세계를 마주 보면, 하나님은 친히 대하시는 사랑이요, 종교적 체험에서 하나님은 이 두 가지이다. 사랑은 하나님이 뜻하시는 의지를 확인한다. 하나님의 선하심은 신의 자유 의지성, 곧 사랑하고 자비를 베풀고, 참을성을 나타내고 용서를 베푸는 보편적 성향의 밑바닥에 기초를 둔다.

7. 신성한 진리와 아름다움

모든 유한한 지식과 피조물의 이해(理解)는 상대적이다. 지식과 정보는 그 출처가 높더라도, 기껏해야 상대적으로 완벽하고, 지역적으로 정확하고, 개인적으로 참일 뿐이다.

물리적 사실은 꽤 한결같지만, 진리는 우주의 철학에서 살아 있고 유연한 요소이다. 진화하는 성격자들은 의사(意思)를 소통할 때 겨우 부분적으로 현명하고, 상대적으로 참될 뿐이다. 그들은 오직 체험이 미치는 데까지 확신할 수 있다. 한 곳에서 전적으로 참인 듯한 것이 다른 창조 구역에서는 겨우 상대적으로 참일 수도 있다.

신성한 진리, 최종의 진리는, 한결같고 보편성이 있지만, 여러 구체(球體)에서 온 수많은 성격자가 말하다시피, 영적 일에 관한 이야기는, 지식의 완벽함에서, 그 개인 체험의 길이와 범위 뿐 아니라 그 체험의 충만에서 나타나는 이 상대성에 따라서, 때때로 그 세부가 다를 수 있다. 위대한 첫째 근원 중심의 법칙과 법령, 그 생각과 태도는 영원히, 무한히, 보편적으로 참이다. 동시에 각 우주, 체계, 세계, 피조 지성에 대하여 이것들을 적용하고 또 이를 위한 조정은, 아들 창조자들이 각자의 우주에서 활동하는 대로 그들의 계획과 기법에 따르며, 무한한 영과 기타 관련된 모든 하늘 성격자가 마련한 지역의 계획 및 절차와 조화된다.

유물론(唯物論)이란 허위 과학은 필사 인간을 우주에서 추방된 자가 되도록 선고(宣告)를 내리려 한다. 그러한 부분적 지식은 악의 잠재성이 있으며, 선과 악, 두 가지로 이루어진 지식이다. 진리가 아름다운 것은 진리가 충만하고 균형이 있기 때문이다. 진리를 찾을 때, 사람은 신성하게 실재하는 것을 추구한다.

추상의 허위, 즉 실체의 한 모습에만 집중하고 그러한 고립된 모습이 진리 전체라고 선언하는 이 버릇에 빠질 때, 철학자들은 가장 끔찍한 잘못을 저지른다. 현명한 철학자는 언제나 모든 우주 현상 뒤에 있는, 선재(先在)하는 창조적 설계를 찾아볼 것이다. 창조자의 생각은 반드시 창조 활동보다 앞서 간다.

지적 자의식(自意識)은 진리의 아름다움, 곧 그 영적 품질을 그 개념의 철학적 일관성 뿐 아니라, 상존하는 진리의 영의 어김없는 반응으로 말미암아 더욱 확실하고 분명하게 발견할 수 있다. 행복은 진리를 인식함으로부터 생기는데, 이는 진리를 실행에 옮길 수 있고 진리를 실천할 수 있기 때문이다. 잘못에는 실망과 슬픔이 뒤따른다. 실체가 아닌 까닭에, 잘못은 체험 속에서 실체가 될 수 없다. 신성한 진리는 그 영적 향기에 따라서 가장 잘 분별된다.

영원한 추구는 통일, 곧 신의 응집성을 얻는 것이다. 방대(尨大)한 물리적 우주는 파라다이스 섬 안에서 응집하고, 지적 우주는 지성의 하나님, 곧 합동 행위자 안에서 응집하며, 영적 우주는 영원한 아들의 성격 안에서 단합한다. 그러나 시공 세계에서 격리된 필사자는, 깃드는 생각 조절자와 우주의 아버지 사이의 직접 관계를 통해서, 아버지 하나님 안에서 밀착한다. 사람의 조절자는 하나님의 분신이며, 언제까지나 신과 하나가 되기를 추구한다. 조절자는 첫째 근원 중심의 파라다이스 신과 함께, 또 그 안에서 밀착한다.

최고의 아름다움을 식별함은 실체를 발견하고 통합하는 것이다: 영원한 진리 안에서 신의 선하심을 분별하는 것, 그것이 궁극의 아름다움이다. 인간 예술의 매력조차도 그 통일성의 조화에 있다.

히브리 종교의 큰 잘못은, 하나님의 선하심을 과학의 사실적 진리, 예술의 매력있는 아름다움과 연결짓지 못한 것이다. 문명이 진보함에 따라서, 그리고 종교가 하나님의 선하심을 지나치게 강조함으로부터 진리를 상대적으로 제외하고 아름다움을 소홀히 여기기까지, 지혜롭지 않은 똑같은 길을 줄곧 추구해 왔기 때문에, 어떤 부류의 사람들에게는 고립된 선의 추상적이고 단절된 개념을 멀리하는 경향이 갈수록 더 생기게 되었다. 현대 종교에서 지나치게 강조되고 고립된 도덕(**道德**)은 많은 20세기 인간의 헌신과 충성을 붙잡지 못하고 있는데, 그 도덕적 명령에 덧붙여, 과학, 철학, 영적 체험의 진리, 물리적 창조의 아름다움, 지적 예술의 매력, 진정한 인격 성취의 고결함을 똑같이 중요하게 여긴다면, 그 도덕은 스스로 회복할 것이다.

이 시대의 종교적 도전은, 영적 통찰력을 가진, 멀리 보고 앞을 내다보는 남녀, 곧 우주의 진리, 우주의 아름다움, 신의 선하심에 대한 확대되고 지극하게 통합된 현대 개념으로부터 새롭고 흥미 있는 생활 철학을 감히 세우려는 사람들을 향한 것이다. 이처럼 도덕에 대한 새롭고 올바른 선견은 사람의 머리 속에서 모든 선한 것을 끌어당기고, 인간 혼 속의 최선에 도전할 것이다. 진리·아름다움·선은 신성한 실체들이요, 사람이 영적 생활의 눈금을 올라감에 따라서, 영원자의 이 최상의 품질은, 사랑인 하나님 안에서 점점 더 조정되고 통일된다.

모든 진리—물질적 진리, 철학의 진리, 또는 영적 진리—는 아름답고도 선하다. 모든 참 아름다움—물질 예술이나 영적 균형미—는 참되고 선하다. 모든 진정한 선은—개인의 도덕이든, 사회의 형평이든, 또는 신성한 봉사이든—똑같이 참되고 아름답다. 건강, 건전한 정신, 행복은, 진리와 아름다움과 선이 인간의 체험 속에서 섞임에 따라서, 이 셋이 통합된 것이다. 효율적으로 사는 이 수준은 에너지 체계, 아이디어 체계, 영 체계, 이 셋을 통일함으로 생긴다.

진리는 일관성이 있고, 아름다움은 사람을 끌어당기며, 선은 안정을 가져온다. 실체인 것의 이러한 가치가 성격자의 체험 속에 조정될 때, 그 결과는 지혜로서 조절되고 충성으로 자격을 갖춘, 높은 등급의 사랑이 된다. 모든 우주 교육의 참 목표는, 여러 세상에서 고립된 아이가 확대되는 체험에서 나타나는 더 큰 실체들에 더 낫게 순응하게 만드는 것이다. 실체는 인간 수준에서 유한하고, 더 높은 신 수준에서는 무한하고 영원하다.

[유버르사에서 옛적부터 늘 계신 이들의 권한을 받아 행동하는 한 신성한 조언자가 발표했다.]

제 3 편

하나님의 속성

하나님은 어디에나 계시며, 우주의 아버지는 영원의 동그라미를 다스린다. 그러나 파라다이스 아들 창조자들을 통해서 생명을 수여하는 바와 같이, 하나님은 지역 우주에서 아들들의 몸 속에서 다스린다. "하나님은 우리에게 영생을 주셨고, 이 생명은 그의 아들들 안에 있도다." 하나님의 이 아들 창조자들은 시간의 구역에서, 공간에서 진화하는 우주의 소용돌이치는 혹성들에서 사는 아이들에게 베푸는, 하나님 자신의 성격 표현이다.

높이 성격화된 하나님의 아들들은 그보다 낮은 계급의 피조(被造) 지성들에게 똑똑히 탐지될 수 있으며, 그래서 아들들은 무한하고, 따라서 더 알아보기 어려운 아버지의 불가시성을 보상한다. 우주의 아버지의 파라다이스 아들 창조자들은, 다른 방법으로 눈에 보이지 않는 존재를 보여 주는 계시이며, 영원의 동그라미에, 그리고 파라다이스 신 성격자들 안에, 본래부터 있는 절대성과 무한 때문에, 아버지는 눈에 보이지 않는다.

창조자 신분은 도저히 하나님의 속성이라 할 수 없다. 오히려 하나님의 행동하는 성품의 집합이다. 창조자 신분의 이 우주 기능은, 첫째 근원 중심의 무한하고 신성한 실체의 모든 조정된 속성에 조건을 받고 통제되는 그대로 영원히 명시된다. 신성한 성품 중 어느 한 특징이 다른 것보다 먼저 있었다고 여길 수 있는지 우리는 진지하게 의문을 품는다. 그러나 만약에 그렇다면, 신의 창조자 성품이 모든 다른 성품·활동·속성에 우선할 것이다. 신의 창조자 신분은 궁극에는 하나님이 아버지라는 보편적 진리가 된다.

1. 하나님이 어디에나 계심

우주의 아버지가 어디에나, 동시(同時)에 계실 수 있는 능력은, 그의 두루 계심을 이룬다. 하나님 혼자서 두 곳에, 셀 수 없이 많은 장소에, 동시에 계실 수 있다. 시편(詩篇)의 저자가 "내가 주의 영으로부터 어디로 가리이까? 주가 계신 앞에서 어디로 달아나리이까?" 외쳤듯이, 하나님은 "위로 하늘과 아래로는 땅에" 동시에 계신다.

"'나는 멀리 있을 뿐 아니라 가까이도 있는 하나님이라,' 주가 말씀하시니라. '내가 하늘과 땅을 채우지 아니하느냐?'" 우주의 아버지는 방대한 창조에서 모든 구석, 모든 사람의 가슴 속에 늘 계신다. 그는 "만물을 채우고, 만물 안에서 채우시는 충만"이요, "모든 사람 안에서 모든 일을 하시고," 더 나아가서, 그 성격의 개념은, "하늘과 온 하늘이 (우주와 온 우주가) 그를 담을 수 없도다"하는 것과 같다. 하나님이 모두이고, 그가 모두 안에 계신다는 것은 글자 그대로 참말이다. 그러나 이것조차도 하나님의 <u>전부</u>는 아니다. 무한자는 오직 무한 속에서 마침내 드러날 수 있고, 원인(原因)은 결코 그 결과를 분석함으로 이해될 수 없다. 그의 속박되지 않는 자유 의지 창조 활동의 결과로 생긴, 그 창조의 총합보다도 살아 계신 하나님은 측량할 수 없이 크다. 하나님은 우주에 두루 노출되지만, 그 우주는 결코 하나님의 무한성 전체를 담거나 둘러쌀 수 없다.

아버지의 계심은 끊임없이 모우주(母宇宙)를 순회한다. "주는 하늘 한 끝으로부터 출발하시고, 하늘 저 끝까지 순회하시니라. 아무 것도 그의 빛으로부터 감춰지지 않도다."

피조물은 하나님 안에 존재할 뿐 아니라, 하나님은 또한 피조물 안에서 사신다. "그가 우리 안에서 사시므로 우리가 주 안에서 사는 것을 우리가 알며, 그는 우리에게 그의 영을 주셨도다. 파라다이스 아버지로부터 온 이 선물은 사람에게 떨어질 수 없는 동반자로다." "그는 늘 계시고, 만물에 스며드는 하나님이라." "영구한 아버지의 영은 모든 사람 아이의 지성 속에 감추어져 있느니라." "사람이 친구를 찾으러 떠나지만, 바로 그 친구는 그의 마음 속에 사느니라." "참된 하나님은 멀리 계시지 않으니, 그는 우리의 일부요, 그의 영은 우리 안에서 말씀하시니라." "아버지는 아이 안에서 사시며, 하나님은 언제나 우리와 함께 계시도다. 그는 영원한 운명을 안내하는 영이로다."

인류에 대해서는 참으로 이런 말이 있다: "너희는 하나님으로부터 나왔느니라." 이는 "사랑 안에 거하는 자는 하나님 속에 거하고, 하나님이 그 사람 안에 거하기" 때문이다. 죄를 저지를 때조차, 너희는 깃드는 하나님의 선물을 괴롭히는데, 그가 인간 지성 속에 갇혀 있고, 생각 조절자가 악한 생각의 결과를 반드시 겪어야 하기 때문이다.

하나님의 두루 계심은, 실제로 그의 무한한 성품의 일부이다. 공간은 신에게 장벽이 되지 않는다. 하나님은 오직 파라다이스와 중앙 우주에서만 완전히, 아무 제한 없이 알아볼 수 있게 계신다. 따라서 하보나를 도는 창조들에서 하나님은 이처럼 지켜볼 수 있게 계시지 않는다. 이는 동위 창조자들, 그리고 시공 우주 통치자들의 통치권과 신성한 특권을 인정하려고, 하나님이 그의 직접 및 실제 계심을 제한했기 때문이다. 따라서 신의 계심의 개념은 영원한 아들, 무한한 영, 파라다이스 섬이 존재하는 회로를 포함하여, 명시되는 방식과 경로의 넓은 범위를 고려해야 한다. 우주의 아버지의 계심과 그의 영원한 동위자 및 대리자들의 활동을 반드시 구별할 수 있지는 않으며, 그들은 하나님의 불변하는 목적의 무한한 요구 조건을 너무나 완벽하게 수행한다. 하지만 성격 회로와 조절자들의 경우에는 그렇지 않다. 여기서 하나님은 독특하게, 직접, 혼자서 활동한다.

우주 통제자는 우주의 어느 부분에나 있는 파라다이스 섬 인력(引力) 회로 안에, 항상 같은 정도로, 질량에 따라서, 이 계심의 물리적 요구에 반응하여, 또한 만물을 응집하게 하고 하나님 안에 존재하는 모든 창조의 본래 성질 때문에 잠재적으로 계신다. 마찬가지로, 첫째 근원 중심은 무제한 절대자 안에 잠재적으로 계시며, 후자는 영원한 미래의 우주, 아직 빚어지지 않은 우주의 저장소이다. 그래서 잠재적으로, 하나님은 과거·현재·미래의 물리적 우주를 덮으신다. 그는 이른 바 물질 창조 응집성의 시원적 기초이다. 우주에서 활동하는 단계에서 신의 독점 대리자들 가운데 누군가가 해명할 수 없이 간섭함으로 말미암아, 이 비영적 신 잠재성은 물리적 존재 수준에 두루, 여기저기 사실화된다.

하나님이 지성 안에 계심은 합동 행위자, 곧 무한한 영의 절대 지성과 서로 관계가 있다. 그러나 하나님의 이러한 계심은, 유한한 창조에서, 파라다이스의 으뜸 영들의 우주 지성이 어디서나 활동하는 데서 더 잘 파악된다. 첫째 근원 중심이 합동 행위자의 지성 회로에 잠재적으로 계신 것 같이, 그는 우주 절대자의 긴장 속에 잠재적으로 계신다. 그러나 인간 서열의 지성은 합동 행위자의 딸, 곧 진화하는 우주의 신성한 봉사자들이 수여한 것이다.

어디에나 계시는 우주의 아버지의 영은, 영원한 아들의 보편적 영 계심의 작용, 그리고 신 절대자의 영구한 신다운 잠재성과 함께 조정된다. 그러나 영원한 아들 및 그의 파라다이스 아들들의 영적 활동이나 무한한 영의 지성 수여도 생각 조절자들이 직접 활동하는 것을 배제하지 않는 듯하며, 조절자는 피조물 아이들의 가슴 속에 깃드는 하나님의 분신이다.

한 혹성, 체계, 별자리, 또는 우주에 하나님이 계심에 관하여 말하면, 어떤 창조 단위에서도 그러한 계심의 정도는 최상 존재의 진화하는 계심의 정도를 재는 척도가 된다: 이것은 체계와 혹성들 자체에까지 이르는 광대한 우주 조직의 편에서, 집단으로 하나님을 인식하고 하나님께 충성을 드리는 데 따라서 결정된다. 그러므로 어떤 때는 하나님의 고귀한 계심의 이 단계를 아끼고 보호하려는 희망으로, 어떤 혹성들이 (또는 체계들조차도) 영적 암흑에 푹 깊이 굴러 떨어졌을 때, 이들이 더 큰 창조 단위와 교제함으로부터 어떤 의미에서 차단되거나 부분적으로 고립된다. 이 모든 것은, 유란시아에서 작용하는 바와 같이, 고집 세고 사악하고 반란을 일으키는 소수(小數)의 멀리하는 행동에서 생기는 고립시키는 결과를 가능한 한 당하지 않도록, 대다수의 세계들이 자체를 구제하는 영적 방어 작용이다.

아버지는 부모로서 그의 아들, 성격자들을 모두 회로로 연결하지만, 그들에게 미치는 하나님의 영향은, 신의 둘째 분과 셋째 분으로부터 그들의 기원이 얼마나 먼가에 따라서 한정되며, 그들의 운명 달성이 그러한 수준에 가까이 감에 따라서 그 영향은 확대된다. 생물의 지성 속에 하나님이 계신 사실은, 그들에게 신비의 감시자와 같은 아버지의 분신들이 안에 깃드는가에 따라 결정된다. 그러나 하나님의 효과적인 계심은, 그들이 머무르는 지성이, 깃드는 이 조절자에게 얼마나 협조하는가에 따라서 좌우된다.

아버지의 계심이 변동하는 것은 하나님이 바뀌기 쉬운 성질이 있기 때문이 아니다. 아버지는 소홀히 여김을 받는다고 해서, 격리되어 물러나 계시지 않는다. 피조물이 죄를 짓는다고 해서 하나님의 사랑이 멀어지지는 않는다. 그보다는 (자신에 관해) 선택하는 힘을 가졌기 때문에, 그 선택권을 행사함으로, 하나님의 자녀들은 자신의 가슴과 혼 속에서 아버지의 신성한 영향이 미치는 정도와 한계를 직접 좌우한다. 아버지는 제한이나 편애가 없이, 자신을 우리에게 아낌없이 주셨다. 아버지는 사람이나, 혹성이나, 체계나, 우주를 차별하는 분이 아니다. 시간 구역에서, 아버지는 오직 칠중 하나님의 파라다이스 성격자들에게 차별되는 영예를 수여하며, 그들은 유한한 우주들을 지으신, 나란히 있는 창조자들이다.

2. 하나님의 무한한 힘

"전능한 주 하나님이 군림하심"을 모든 우주가 알고 있다. 이 세계와 기타 세상들의 사무는 신성하게 감독을 받는다. "그는 하늘 군대 속에서, 땅의 거주민 사이에서 그의 뜻대로 행하시니라." 이것은 영원히 참말이다, "하나님의 권능 외에 아무 권능이 없느니라."

신다운 성품과 일치하는 한계 안에서 이것은 글자 그대로 진리이다, "하나님에게 모든 것이 가능하도다." 민족과 혹성과 우주들이 오랜 세월에 걸쳐 겪는 진화 과정은, 우주 창조자 및 행정자들의 완전한 통제를 받으며, 우주의 아버지의 영원한 목적에 따라 전개되고, 조화와 질서 속에, 하나님의 전적으로 슬기로운 계획에 따라서, 진행된다. 입법자는 오직 한 분이 계신다. 그는 공간 속에서 세계들을 떠받들고, 영원한 회로의 끝없는 동그라미 둘레에 우주들을 빙그르르 돌린다.

신의 모든 속성 가운데, 특히 그의 전능하심이 물질 우주를 지배하니까, 사람들이 전능(全能)을 가장 잘 이해한다. 비영적 현상으로 볼 때, 하나님은 에너지이다. 물리적 사실을 이렇게 선언하는 것은 첫째 근원 중심이 모든 공간에서 우주 물리 현상의 시원적 원인이라는, 이해할 수 없는 진리에 기초를 둔다. 이 신의 행동으로부터 모든 물리적 에너지와 기타 물질적 명시가 파생된다. 빛, 즉 열이 없는 빛은, 신들의 또 다른 비영적 표현이다. 그리고 유란시아에서 거의 알려지지 않은 또 다른 형태의 비영적 표현이 있고, 그것은 아직까지 인지되지 않았다.

하나님은 모든 힘을 통제하신다. 그는 "번개가 갈 길"을 만드셨고, 모든 에너지의 회로(回路)들을 예정하셨다. 모든 형태의 에너지-물질이 나타나는 그 시간과 방법을 선포하셨다. 그리고 이 모두가 언제까지나 하나님의 영구한 손아귀에, 아래 파라다이스에 집중하는 인력 통제에 붙들려 있다. 영원한 하나님의 빛과 에너지는 이처럼 그의 웅장한 회로, 곧 온 우주를 구성하는 별 무리의 행렬, 끝이 없지만 질서 있는 행렬의 둘레를 언제까지나 돈다. 모든 만물과 존재의 파라다이스 성격 중심의 둘레에서 모든 창조가 영원히 돈다.

아버지의 전능하심은, 절대 수준을 어디서나 지배하는 성질과 관련된다. 그 절대 수준에서 물질 에너지, 지성 에너지, 영 에너지, 이 세 가지는 아버지와—만물의 근원과—가까운 거리에서 구별할 수 없다. 피조물의 지성은, 파라다이스의 일력(一力)도, 파라다이스의 영도 아니니까, 우주의 아버지에 대하여 직접 민감하지 않다. 하나님은 불완전한 지성에 맞게, 유란시아 필사자들과 생각 조절자를 통해서 적응하신다.

우주의 아버지는 일시적 힘이나 바뀌는 힘, 또는 파동하는 에너지가 아니다. 아버지의 힘과 슬기는 우주의 어떤 긴급 사태도, 또 그 모두를 이겨 나가기에 전적으로 넉넉하다. 인간의 체험에서 긴급 사태가 생기다시피, 아버지는 그 사태를 모두 예견했고, 따라서 초연하게 우주 사무에 반응하는 것이 아니라 오히려 영원한 지혜의 지시에 따라서, 무한한 판단의 명령에 따라서, 반응한다. 겉모습에 상관 없이, 하나님의 힘은 눈먼 물력으로서 작용하지 않는다.

긴급 판결이 내리고, 자연 법칙이 중단되고, 그릇된 적응이 인지되고, 그 상황을 시정하려고 어떤 노력이 있는 것처럼 보이는 상황이 일어나기는 한다. 하지만 그렇지 않다. 하나님에 대한 그런 개념은, 네 시야의 테두리가 제한되어 있고, 너의 이해가 유한하고, 너의 조사가 한정된 규모를 가진 데서 생긴다. 하나님에 대한 그러한 오해는, 그 영역에서 더 높은 법칙의 존재, 아버지의 품위의 크심, 그의 속성의 무한, 그가 자유 의지를 가진 사실에 대하여, 네가 깊은 무지(無知)에 빠져 있기 때문이다.

하나님의 영이 깃드는 혹성 생물은 여기저기, 공간 우주에 두루 흩어져 있고, 그 수와 계급이 거의 무한하다. 그들의 지능은 너무 다양하고, 지성은 너무 제한되어 있고 때로는 너무 거칠며, 시력은 너무 단축되고 지역화되어 있다. 그래서 아버지의 무한한 속성을 적절히 표현하면서, 동시에 이 피조 지성들이 어느 정도라도 이해할 수 있는 그러한 법칙을 일반화하는 것이 거의 불가능하다. 따라서 피조물인 너에게는, 전능한 창조자의 여러 활동이 멋대로 생기고, 초연하고, 때로는 무정하고 모질게 보인다. 그러나 이것이 참말이 아님을 나는 너에게 다시 보증한다. 하나님이 하시는 일은 모두 목적이 있고 총명하며, 현명하고 친절하며, 영원히 최선을 고려한다. 언제나 한 개인 존재나, 개별 민족이나, 개별 혹성, 또는 심지어 개별 우주의 최선을 위하는 것이 아니라, 가장 낮은 자로부터 가장 높은 자에 이르기까지, 관계된 모든 자의 복지와 최선을 위한다. 시간의 시대에는 한 부분의 복지가 때로는 전체의 복지와 다른 듯 보일지 모르지만, 영원의 동그라미에서는 그렇게 명백한 차이가 존재하지 않는다.

우리는 모두 하나님의 가족의 일부이며, 따라서 가끔 가족 훈련을 같이 해야 한다. 우리를 아주 불안하게 하고 혼란에 빠지게 하는, 자연 발생하는 많은 사고는 총 지혜의 결정과 최종 판결의 결과이며, 이것은 무한한 지성의 결코 그르침 없는 의지가 선택한 것을 집행하기 위하여, 완전한 성격자가 내린 결정을 실행하기 위하여, 합동 행위자에게 권한을 부여한다. 완전한 성격자의 조사·선견·염려는 광범위하고 방대한 모든 창조의 가장 높고 영원한 복지를 알아차린다.

그래서 초연하고, 지역에 국한되고, 유한하고 거칠며, 다분히 물질적인 너의 관점, 네 존재의 성품에 본래부터 있는 한계가 너무 장애가 되니까, 너는 신의 많은 행위의 지혜와 친절을 보거나, 이해하거나, 깨달을 수 없다. 너에게는 신의 행위가 사람을 짓밟는 잔인함으로 가득 차 있고, 네 동료 생물의 위안과 복지, 혹성의 행복, 개인의 번영에 아주 철저히 무관심한 특징이 있는 듯이 보인다. 네가 하나님의 동기를 오해하고 그 목적을 왜곡하는 것은 인간 시력(視力)의 한계 때문이요, 너의 제한된 견문과 유한한 이해력 때문이다. 그러나 우주의 아버지가 친히 행하지 않는 많은 일이 진화 세계에서 일어난다.

신의 전능은 하나님 성격의 다른 속성과 함께 완전히 조정된다. 보통 세 가지 조건이나 상황에 따라서, 하나님의 힘은 우주에서 영적으로 명시되는 데 제한을 받는다:

1. 하나님의 성품에 따라서, 특히 그의 무한한 사랑에 따라서, 진리·아름다움·선함에 따라서.

2. 하나님의 뜻에 따라서, 자비를 베푸는 데 따라서, 우주 성격자들에게 아버지 같은 관계에 따라서.

3. 하나님의 법칙에 따라서, 영원한 파라다이스 삼위 일체의 공정함과 응보에 따라서.

하나님은 권능이 한없고, 성품은 신성하며, 의지가 최종이고, 속성이 무한하고, 지혜가 영원하고, 그 실체는 절대적이다. 그러나 우주의 아버지의 이 모든 특성은 신 안에서 통일되고, 파라다이스 삼위 일체 안에서, 삼위 일체의 신다운 아들들 안에서, 보편적으로 표현된다. 그 외에 파라다이스와 하보나 중앙 우주의 바깥에서, 하나님에 관한 모든 것은 최상위의 진화적 계심에 제한을 받으며, 궁극위의 궁극에 이르는 계심에 따라서 조절되고, 실존하는 세 절대자—신 절대자, 우주 절대자, 무제한 절대자—에게 조정을 받는다. 그리고 하나님의 계심은 이처럼 제한되어 있으니, 하나님의 뜻이 그러하기 때문이다.

3. 하나님의 보편적 지식

"하나님은 모든 것을 아신다." 신의 지성은 모든 창조의 생각을 의식하고 또한 알고 계신다. 사건들에 관한 하나님의 지식은 보편적이고 완전하다. 그로부터 나가는 신다운 통일체들은 그의 일부분이며, "구름을 저울로 다는" 하나님은 또한 "지식도 완전하시니라." "주의 눈은 어디에나 있도다." 하찮은 참새에 대하여, 너희의 위대한 선생은 말했다. "저희 가운데 하나도 내 아버지가 모르고서는 땅에 떨어지지 아니하리라," 또한 "네 머리에 있는 바로 그 머리털의 수도 계산되었도다." "그는 별들의 수를 이르시고, 저희 모두를 이름으로 부르시니라."

우주의 아버지는 공간에 있는 별과 혹성의 수(數)를 실제로 아는, 온 우주에서 유일한 분이다. 모든 우주의 모든 세계는 항상 하나님의 의식 가운데 있다. 그는 또한 말씀하신다: "나는 분명히 내 민족의 고난을 보았고 저희의 외침을 들었으며, 저희의 서러움을 아노라." 왜냐하면 "주는 하늘에서부터 보시고, 모든 사람의 자식들을 보시며, 그의 거처에서 땅에 사는 모든 거주민을 내려다보시니라." "그는 내가 가는 길을 아시며, 그가 나를 단련하고 나서 내가 정금 같이 나오리라"하고 생물인 아이들이 모두 말할 수 있다. "하나님은 우리가 앉고 일어서는 것을 아시며, 멀리서 우리의 생각을 이해하고, 우리의 모든 길을 아시니라." "만물이 벌거벗었고, 우리가 상관해야 하는 분의 눈에 열려 있도다." 그리고 "그는 너의 뼈대를 알고, 네가 티끌인 것을 기억하시니라," 이를 이해하면, 모든 인간에게 위로가 될 것이다. 살아 계신 하나님을 언급할 때, 예수는 말씀했다: "너희의 아버지는 너희가 청하기 전에 무엇이 필요한지 아시니라."

하나님은 만물을 아는 무제한 능력을 소유하며, 그의 의식은 우주를 덮는다. 그의 성격 회로는 모든 성격자를 둘러싸고, 낮은 피조물에 관한 그의 지식도, 내려오는 서열의 신다운 아들들을 통해서 간접으로, 그리고 깃드는 생각 조절자들을 통해서 직접, 보완된다. 더군다나 무한한 영은 항상 어디에나 계신다.

하나님이 죄의 사건들을 미리 알기를 선택하는지 그렇지 않은지, 우리는 온통 확신하지는 않는다. 그러나 비록 자기 아이들의 자유 의지 행동을 하나님이 미리 아신다 하더라도, 그러한 선견은 그들의 자유를 조금이라도 취소하지 않는다. 한가지 확실한 것이 있다: 하나님은 결코 놀라시지 않는다.

전능은 할 수 없는 것, 즉 신답지 않게 행위하는 힘을 의미하지 않는다. 전지(全知)도 알 수 없는 것을 앎을 의미하지 않는다. 그러나 이러한 말은, 도저히 유한한 지성이 알아듣게 만들 수 없다. 피조물은 창조자의 의지가 미치는 테두리와 한계를 도저히 이해할 수 없다.

4. 하나님은 한계 없으심

우주들이 생겨남에 따라서 거기에 자신을 연달아 수여하는 것은, 그 우주들이 계속 신의 중심 성격 안에서 거하고 쉬는 데 따라서 조금도 권능의 잠재성이나 지혜의 저장을 줄이지 않는다. 파라다이스 아들들, 그 하위 창조들, 거기에 있는 다양한 피조물에게 아낌없이 수여한 결과로서, 물력·지혜·사랑의 잠재성에서 아버지는 재산을 결코 조금도 줄인 적이 없고, 그의 영화로운 성격의 어떤 속성도 벗어버린 적이 없다.

새 우주를 창조하는 것은 새롭게 인력(引力)의 조정을 요구한다. 그러나 창조가 무기한으로 영원히, 아니 무한까지 이어져 궁극에는 물질 창조가 제한 없이 존재한다 하더라도, 파라다이스 섬에 쉬는 통제하고 조정하는 힘은, 그렇게 무한한 우주를 통달하고 통제하고 조정하기에 넉넉하고 적절함이 발견될 것이다. 그리고 테두리 없는 우주에 그지없는 물력과 힘을 이처럼 부여한 다음에, 무한자는 여전히 똑같은 정도의 물력과 에너지로 넘치게 충전되어 있을 것이다. 무제한 절대자는 여전히 줄어들지 않은 채로 있을 것이요, 마치 물력과 에너지와 힘을 결코 허다한 우주의 재산을 부여하는 데 쏟은 적이 없는 것처럼, 하나님은 여전히 똑같이 무한한 잠재성을 가지고 계실 것이다.

지혜도 마찬가지다: 지성이 그 영역의 생각 과정에 아주 자유롭게 분배된다는 사실은, 신의 지혜의 중심 근원을 조금도 빈곤하게 만들지 않는다. 우주의 수가 늘어나고, 그 영역에 사는 존재의 수가 이해할 수 있는 한계까지 늘어남에 따라서 높고 낮은 지위를 가진 이 존재들에게 지성이 줄곧 끝없이 수여된다면, 여전히 하나님의 중심(中心) 성격은 바로 그 영원 무한하고 전적으로 지혜로운 지성을 품을 것이다.

너희의 세상 및 기타 세계들에서 남녀의 지성 안에 깃들라고 하나님이 영 사자들을 자신으로부터 보낸다는 사실은, 신성하고 전능한 영 성격자로서 활동하는 그의 능력을 조금도 줄이지 않는다. 하나님이 보낼 수 있고 보낼지도 모르는 그러한 영 감시자의 범위나 숫자에도 절대로 아무 제한이 없다. 자신을 이처럼 피조물에게 주시는 것은, 신성하게 자질을 받은 이 필사자들을 위해서 그들이 진보하고 연속으로 존재할 수 있는, 한없고 거의 상상할 수 없는 미래 가능성을 만들어 낸다. 봉사하는 이 영 통일체로서, 자신을 이처럼 헤프게 분배하는 것은, 온통 슬기롭고 전지·전능한 하나님의 몸 안에 쉬는 슬기, 완전한 진리와 지식을 어떤 방법으로도 줄이지 않는다.

시간 속에 사는 필사자들에게는 앞날이 있지만, 하나님은 영원 속에 거하신다. 나는 신이 거하는 바로 그 자리에서 가까운 곳으로부터 왔지만, 신의 여러 속성이 무한한 것에 관하여, 나는 주제넘게 완전히 이해하고 말할 수는 없다. 오직 무한한 지성만, 무한한 존재와 영원한 행위를 넉넉히 이해할 수 있다.

필사 인간은 하늘 아버지의 무한하심을 도저히 알 수 없다. 유한한 지성은 그러한 절대 진리나 사실을 꿰뚫어 생각해 볼 수 없다. 그러나 바로 이 유한한 인간은, 그러한 무한한 아버지 사랑의 충분하고 줄어들지 않은 영향을 실제로 <u>느낄</u> 수 있다—글자 그대로 맛볼 수 있다. 그러한 사랑을 참으로 체험할 수 있다. 하지만 체험의 질이 무한한 한편, 그러한 체험의 양은, 인간의 영적 감수(感受) 능력, 그에 응답하여 아버지를 사랑하는 관련된 능력에 따라서 엄격하게 제한을 받는다.

유한자가 무한한 질을 이해하는 것은, 논리 면에서 한정된 피조물의 능력을 훨씬 뛰어넘는다. 이것은 필사 인간이 하나님의 모습을 따라서 만들어졌기 때문이다—안에 무한의 분신(分身)이 살기 때문이다. 그러므로 하나님에게 다가가는 가장 가깝고 귀중한 방법은, 사랑으로, 사랑을 통한 접근이니, 하나님이 사랑인 까닭이다. 그러한 독특한 관계는 모두 우주 사회학에서 사실적 체험, 창조자와 피조물의 관계이다—아버지와 자식 사이의 사랑이다.

5. 아버지의 최상 통치

하보나 이후의 창조들과 연락하면서, 우주의 아버지는 직접 전달하여 그의 무한한 힘과 최종 권한을 행사하는 것이 아니라, 그의 아들들과 그 부하 성격자들을 통해서 하신다. 그리고 하나님은 이 모두를 자신의 자유 의지로 하신다. 아버지가 맡긴 어떤 권한도, 또 모든 권한이, 필요가 생긴다면, 신의 지성이 그것을 택한다면, 직접 행사될 수 있다. 그러나 대체로, 위임받은 성격자가 신이 맡긴 일을 이루지 못하는 결과로서, 그러한 행위가 일어난다. 그런 때에, 그러한 태만에 부닥쳐서, 유보된 신성한 권능과 잠재성의 한계 안에서, 아버지는 따로 행동하고, 스스로가 선택한 지시에 따른다. 그 선택은 언제나 어김없이 완전하고, 무한히 슬기로운 선택이다.

아버지는 그의 아들들을 통해서 다스리고, 우주 조직을 통해서 밑에까지 끊어지지 않은 통치자의 사슬이 있는데, 이것은 혹성 영주에서 끝나고, 이들은 아버지의 광대한 영토에서 진화하는 구체들의 운명을 지도한다. “땅과 그 안에 가득한 것이 주의 것이요,” “그는 왕들을 제거하고 왕들을 세우시니라.” “최고자들은 사람의 나라에서 다스리도다”하고 외침은 단지 시(詩) 같은 표현만은 아니다.

사람의 마음 속에서 일어나는 사건의 경우에 우주의 아버지는 반드시 뜻대로 하지 못할지 모르지만, 한 혹성의 운영과 운명의 경우에는 신의 계획이 지배하며, 지혜와 사랑을 이루는 영원한 목적은 승리를 거둔다.

예수는 이렇게 말씀했다: “저희를 내게 주신 내 아버지는 누구보다 크시며, 아무도 아버지의 손에서 저희를 탈취할 수 없음이라.” 너희가 하나님의 거의 끝없는 창조의 다양한 작용을 얼핏 보고 그것이 어지러이 광대함을 바라봄에 따라서, 너희는 하나님의 수위성(首位性) 개념을 잘못 알아들을지 모르지만, 하나님이 만물의 파라다이스 중심에서 확실하고 영구하게 보좌에 앉아 계시고 모든 총명한 존재의 은혜로운 아버지인 것을 너희가 받아들이지 못해서는 안 된다. 오직 “한 분의 하나님, 모든 이의 아버지”가 계시고, 그는 “만물 위에, 만물 안에 계시니라,” “그리고 그는 모든 것보다 먼저 계시고, 그분 안에 모든 것이 존재하느니라.”

생명의 불확실성과 존재의 변천은, 어떤 방법으로도, 하나님이 우주의 군주라는 개념과 모순되지 않는다. 진화하는 모든 피조물의 생명은 어떤 불가피한 것들에 시달린다. 다음을 생각해 보아라:

1. 용기—인격의 튼튼함—은 바람직한가? 그렇다면 어려움에 부딪치고, 실망에 대한 반응을 필요하게 하는 환경 속에서 사람을 길러야 한다.

2. 이타심—동료들에게 봉사하는 것—은 바람직한가? 그렇다면 생활 체험은 사회에서 불공평한 상황과 마주치게끔 만들어야 한다.

3. 희망—신뢰의 절정—은 바람직한가? 그렇다면 인간의 존재는 불안과 되풀이해서 일어나는 불확실성에 늘 부딪쳐야 한다.

4. 믿음—인간의 생각을 최고로 주장하는 것—은 바람직한가? 그렇다면 사람의 지성은, 믿을 수 있는 것보다 아는 범위가 항상 작은 어려운 곤경에 빠져야 한다.

5. 진리를 사랑하고 진리가 이끄는 데로 어디든지 기꺼이 가려는 마음은 바람직한가? 그렇다면 사람은 잘못이 있고 거짓이 언제나 가능한 세상에서 자라야 한다.

6. 이상주의—신다운 것에 가까이 가는 개념—은 바람직한가? 그렇다면 사람은 상대적으로 선하고 아름다운 환경 속에, 더 나은 것을 향하는 억누를 수 없는 추구를 촉진하는 환경 속에서 싸워야 한다.

7. 충성—가장 높은 의무에 헌신하는 것—은 바람직한가? 그렇다면 사람은 배반당하고 버림받을 가능성이 있는 가운데에서 견디어야 한다. 의무에 헌신하는 용기는 불이행의 위험이 암시되는 데 있다.

8. 사심(私心) 없는 태도는—자기를 잊는 정신은—바람직한가? 그렇다면 필사 인간은 피할 수 없는 자아가 인정받고 명예를 얻으려고 끊임없이 외치는 소리를 귀가 따갑게 듣고 살아야 한다. 버려야 할 자기 생활이 없다면, 사람은 신다운 생활을 힘차게 택할 수 없다. 선을 높이고 그와 대조해서 구별할 악의 잠재성이 없다면, 사람은 올바름을 결코 유익하게 움켜쥘 수 없다.

9. 기쁨—행복의 만족감—은 바람직한가? 그렇다면 사람은 고통스러운 다른 길과 고통받을 확률이 늘 체험 가능성으로 존재하는 세계에서 살아야 한다.

우주 전역에 걸쳐서, 모든 단위는 전체의 일부분으로 여겨진다. 한 부분이 살아남는 것은 전체의 계획과 목적에 협조하는 데, 곧 아버지의 신성한 뜻을 행하려고 마음을 다하여 바라고, 기꺼이 그렇게 하려는 완벽한 태도에 달려 있다. 잘못이 (지혜롭지 못한 판단을 내릴 가능성이) 없는 진화 세계가 있다면, 그것은 자유로운 지능이 없는 세계일 것이다. 하보나 우주에는 완전한 거주민이 사는 완전한 세계가 10억 개 있다. 그러나 진화하는 인간은 틀릴 가능성이 있어야 자유롭게 된다. 자유롭고 경험이 없는 지성 존재는 처음에 도저히 한결같이 지혜로울 수 없다. 오로지 인간의 의지가 일부러 비도덕적 판단을 의식해서 지지하고, 알면서 고를 때, 잘못된 판단을 내릴 (악을 택할) 가능성이 죄가 된다.

진리와 아름다움과 선을 충분히 이해하는 마음은 신성한 우주의 완전성에 본래부터 있다. 하보나 세계들의 거주민에게는 선택의 자극으로서, 상대적인 여러 가치 수준의 잠재성이 필요 없다. 그러한 완전한 존재들은, 대조되고 생각을 강요하는 모든 도덕적 상황이 없는 곳에서도 선을 찾아내고 선을 고를 수 있다. 그러나 그러한 완전한 존재들은 모두, 그렇게 존재하는 사실의 덕분으로, 도덕적 성품과 영적 지위 면에서 신분이 그렇다. 오직 그들의 선천적 지위 안에서, 그들은 체험으로 승진해 왔다. 필사 인간은, 승천하는 후보자라는 지위조차도, 자신의 믿음과 소망에 따라 얻는다. 인간 지성이 파악하고 인간의 혼이 얻는 신다운 것은 모두 체험적 성취이다. 그것은 몸소 체험하는 실체이며, 따라서 잘못 없는 하보나 성격자들의 선천적 선과 올바름과 대조해서, 독특한 재산이다.

하보나의 피조물은 천성이 용감하지만, 인간다운 의미에서 용감한 것은 아니다. 날 때부터 친절하고 생각이 깊지만, 인간다운 방법으로 도저히 이타심이 있다 할 수 없다. 즐거운 앞날을 기대하지만, 불확실한 진화 세계에서 믿음 있는 필사자처럼 아름다운 방법으로 희망에 부풀지는 않는다. 그들은 우주가 안정되어 있음을 믿지만, 필사 인간을 동물의 지위로부터 파라다이스 문 앞까지 올라가게 하는 유익한 신앙을 도무지 모른다. 진리를 사랑하지만, 혼을 구원하는 진리의 성질에 관하여 아무 것도 모른다. 그들은 이상주의자이지만, 그렇게 태어났다. 환희에 이르는 선택으로 이상주의자가 되는 최고의 기쁨을 도무지 알지 못한다. 충성스럽지만, 불이행의 유혹에 부딪쳐서, 의무에 마음을 다하여 영리하게 헌신하는 떨리는 그 기쁨을 결코 맛본 적이 없다. 사욕(私慾)이 없지만, 싸우기 좋아하는 자아를 당당하게 정복함으로, 그런 수준의 체험을 결코 얻은 적이 없다. 쾌락을 즐기지만, 고통의 가능성으로부터 기쁨으로 달아나는 단맛을 알지 못한다.

6. 아버지의 수위성

신다운 비이기심과 절정에 이른 관용으로, 우주의 아버지는 권한을 버리고 권력을 넘겨 주신다. 그러나 아버지는 그래도 가장 높으니, 그의 손은 우주 영역의 상황을 조종하는 강력한 지렛대에 가 있다. 하나님은 모든 마지막 결정권을 쥐고 계시며, 바깥으로 뻗고 소용돌이치는, 항상 돌고 있는 창조의 복지와 운명에 대하여 어느 누구도 도전할 수 없는 권한을 가지고, 그의 영원한 목적을 위해서, 전능한 거부권을 어김없이 휘두르신다.

하나님의 통치권은 제한이 없고, 그것은 모든 창조의 근본적 사실이다. 우주가 불가피해서 생기지는 않았다. 우주는 어쩌다가 생기지 않고, 스스로 존재하지도 않는다. 우주는 지은 작품이요, 따라서 창조자의 뜻에 통째로 지배된다. 하나님의 뜻은 신성한 진리요, 살아 있는 사랑이다. 따라서 진화하는 우주들에서 완전하게 되는 창조들은 선—신에 가까움—그리고, 악의 잠재성—신으로부터 멀어짐—이 두 가지 특징을 가진다.

모든 종교 철학은, 시간이 지나면, 유일한 하나님이 우주를 통일하여 다스린다는 개념에 도달한다. 우주의 원인은 우주의 결과보다 낮을 수 없다. 우주의 생명과 우주 지성의 흐름의 근원은 그것이 명시되는 수준보다 높아야 한다. 인간의 지성은 그보다 하위 계급의 존재를 가지고 일관성 있게 설명할 수 없다. 사람의 지성은, 오로지 상급의 생각, 그리고 목적 있는 의지(意志)의 실체를 인식함으로 참으로 이해할 수 있다. 우주의 아버지의 실체를 인정하지 않고는 도덕적 존재인 사람을 설명할 수 없다.

기계론적 철학자는 보편적인 통치 의지가 있다는 관념을 거부한다고 공언하며, 우주 법칙을 정교하게 설명하면서 통치하는 바로 그 의지의 활동을 깊이 숭배한다. 그러한 법칙이 스스로 행동하고 자명하다고 생각하다니, 그 기계론자는 그 법의 창조자에게 뜻하지 않게 얼마나 존경을 표하는가!

사람에게 깃드는 생각 조절자의 개념을 제외하고, 하나님을 인간화하는 것은 큰 잘못이다. 그러나 이것조차도 첫째 근원 중심의 개념을 철저히 기계화하는 것처럼 미련하지는 않다.

파라다이스 아버지는 고통을 받는가? 나는 모른다. 아들 창조자들은 필사자들처럼 고통받을 수 있는 것이 아주 확실하고, 때로는 고통받는다. 영원한 아들과 무한한 영은 수정된 의미에서 고통을 받는다. 나는 우주의 아버지도 고통을 받는다고 생각하지만, 어떤 방법으로 고통을 받는지 이해할 수 없다. 아마 성격 회로를 통하든지, 또는 생각 조절자들의 개성을 통해서, 그의 영원한 성품의 다른 수여에서 그럴 것이다. 그는 필사 민족들에 관하여 말씀하셨다, "너희의 모든 고통 속에서 내가 고통을 받노라." 의문할 여지 없이, 그는 아버지다운 이해심, 공감하는 이해심을 체험한다. 그는 참으로 고통받는가 싶지만, 나는 그 고통의 성질이 무엇인지 이해하지 못한다.

무한하고 영원한 통치자, 온 우주의 통치자는 힘·형태·에너지·과정·원형(原形)·원칙·계심, 이상화된 실체이다. 그러나 이 모든 것을 넘는다. 그는 성격 존재이며, 군주의 의지를 행사하고, 신(神)의 자의식을 체험하며, 창조 지성이 내리는 명령을 실행하고, 영원한 목적을 이루는 만족감을 추구하며, 우주에 있는 그의 아이들에게 아버지의 사랑과 애정을 나타내신다. 그리고 성격을 더욱 나타내는 아버지의 이 특성은, 미가엘, 곧 너희 세계의 아들 창조자가 유란시아에서 육신화했을 때 그의 수여 생애에서 드러난 바와 같이, 그 특성을 살펴봄으로 더 잘 이해할 수 있다.

아버지 하나님은 사람을 사랑하고, 아들 하나님은 사람에게 봉사한다. 영 하나님이 베푸는 은총을 통해서 아들 하나님들이 예정하신 방법으로 아버지 하나님을 찾는 모험, 늘 올라가는 모험을 하라고 영 하나님은 우주의 아이들에게 영감을 불러일으킨다.

[우주의 아버지를 계시하는 발표에 배치된 신성한 조언자이므로, 나는 이어서 신의 속성에 관하여 이 글을 썼다.]

제 4 편

하나님과 우주의 관계

우주의 아버지는 온 우주의 물질·지성·영 현상에 대하여 영원한 목적을 가지고 계시고, 만세(萬歲)에 걸쳐서 그 목적을 집행하신다. 하나님은 자신의 자유로운 통치 의지로 우주들을 창조했고, 온통 슬기롭고 영원한 그의 목적에 따라서 우주들을 창조하셨다. 파라다이스 신들과 가장 높은 그 동료들을 빼고, 누가 참으로 하나님의 영원한 목적을 그다지 많이 이해하는가 의심스럽다. 파라다이스의 높은 시민들조차, 신들의 영원한 목적의 본질에 관하여 아주 다양한 의견을 가지고 있다.

하나님이 완전한 하보나 중앙 우주를 창조하신 목적은, 순전히 신의 성품을 만족시키는 것이었다고 추론하기는 쉽다. 하보나는 모든 다른 우주 창조의 원형인 창조로서, 또 파라다이스로 가는 길에 있는 시간 순례자들을 위하여 최종 학교로서 쓰이는지 모른다. 그러나 그러한 더할 나위 없는 창조는 완전하고 무한한 창조자들의 기쁨과 만족을 위해서 1차적으로 존재함이 틀림없다.

진화하는 필사자들을 완전하게 만드는 놀라운 계획, 그리고 그들이 파라다이스와 최후 군단에 이른 뒤에, 밝혀지지 않은 어떤 앞날의 과업을 위해서 그들을 줄곧 훈련하는 계획은, 현재 일곱 초우주와 그 여러 종속 부서에서 주요한 관심거리의 하나이다. 시공 세계의 필사자들을 영답게 변화시키고 훈련하는 이 승천 계획은, 결코 우주 지성 존재들의 유일한 직업이 아니다. 정말로 하늘 무리들의 시간을 차지하고 그 에너지를 요구하는, 매력 있는 다른 일거리가 많이 있다.

1. 우주에 대한 아버지의 태도

오랜 세월에 걸쳐서, 유란시아 거주민은 하나님의 섭리를 잘못 알고 있었다. 너희 세계에 신성하게 해결되는 섭리가 있지만, 여러 필사자가 추측해 왔던 것처럼 유치하고 멋대로 하는 물질적 봉사는 아니다. 하늘 존재와 신성한 영들이 이가 꼭 맞물리게 활동하는 데 하나님의 섭리가 있다. 그들은 우주 법칙에 따라서, 하나님의 명예와 우주에 있는 아이들의 영적 진보를 위하여 끊임없이 수고한다.

하나님이 사람을 다루는 것에 대한 개념에서, 너희는 우주의 표어가 <u>진보</u>인 것을 깨닫는 수준까지 나아갈 수 없는가? 오랜 세월을 통해서 인류는 현재 위치에 이르기 위해서 투쟁해 왔다. 이 모든 세월을 통해서 섭리는 점진적으로 진화하는 계획을 실행하고 있었다. 이 두 가지 생각은 실제로 서로 반대되지 않지만, 사람의 잘못된 개념 안에서 그렇게 된다. 신의 섭리는 결코, 세속적이거나 영적인, 인간의 참된 진보에 대립하여 정렬되어 있지 않다. 섭리는 최고의 입법자의 변함없고 완전한 성품과 항상 양립한다.

"하나님은 충실하시고," "그의 모든 계명은 정당하니라." "그의 충실하심은 바로 그 하늘에서 확정되었도다." "아 주여, 언제까지나 주의 말씀은 하늘에 정착되었고, 주의 성실함은 모든 세대에 베풀어지나이다. 주가 땅을 세우신즉 그대로 버티고 있나이다." "그는 충실한 창조자이로다."

아버지가 그의 목적을 지원하고 피조물을 부양하려고 써도 좋은 세력과 성격자에는 제한이 없다. "영원한 하나님은 우리의 피난처요, 그 밑에는 영구한 팔이 있도다." "최고자의 은밀한 곳에서 사는 자는, 전능자의 그늘 아래에서 머무르리로다." "볼지어다. 우리를 지키는 분은 졸지도 자지도 아니하리라." "하나님을 사랑하는 자에게는 모든 것이 합하여 선을 이룸을 우리가 아노라." "주의 눈이 올바른 자들 위에 머무르고, 그의 귀는 저희의 기도를 들으려고 열려 있음이라."

하나님은 "모든 것을 권능의 말씀으로" 떠받드신다. 새로운 세계가 태어날 때, "그는 아들들을 보내시며, 세상들이 창조되도다." 하나님은 지으실 뿐 아니라, "모든 것을 보호하시니라." 하나님은 모든 물질과 모든 영적 존재를 항상 떠받드신다. 우주들은 영원히 안정되어 있으며, 겉보기에 불안정한 와중에 안정이 있다. 별들이 있는 영역에서 생기는 에너지 파동과 물리적 대변동 가운데 바닥에 있는 질서와 안전이 있다.

우주의 아버지는 우주들을 관리하는 일에서 물러나지 않았고, 그는 활동하지 않는 신이 아니다. 하나님이 모든 창조를 현재 지원하는 자로서 물러나신다면, 즉시 우주의 붕괴가 일어날 것이다. 하나님이 아니라면, 실체 같은 것이 하나도 있을 수 없다. 지금 이 순간에도, 아득한 지난 시대와 영원한 앞날과 마찬가지로, 하나님은 줄곧 떠받드신다. 신의 힘은 영원의 동그라미 둘레에 미친다. 우주는 시계처럼 태엽이 감겨서, 얼마큼 가다가 그만 작동을 멈추지 않으며, 만물이 항상 새롭게 되고 있다. 아버지는 끊임없이 에너지와 빛과 생명을 부어 넣으신다. 하나님의 일은 영적일 뿐 아니라 실질이다. "그는 북(北)을 빈 공간에 늘여 펴시고, 지구를 허공에 걸어 놓으시니라."

내 서열의 존재는, 우주 행정의 일상 사무에서 궁극의 조화를 발견하고, 널리 미치는 뜻깊은 조정이 있음을 탐지할 수 있다. 필사 지성이 보기에 연결되지 않고 우연처럼 보이는 많은 것은, 내가 보건대, 질서 있고 건설적이다. 그러나 내가 충분히 이해하지 못하는 많은 일이 우주에서 일어나고 있다. 지역 우주와 초우주에서 이미 인지(認知)된 물력·에너지·지성·상물질·영·성격자들에 관하여 나는 오랫동안 공부해 왔고, 이들에 대하여 나는 얼마큼 정통하다. 이 대리자와 성격자들이 어떻게 활동하는가 대체로 이해하고, 대우주에서 인가받은 영(靈) 지성 존재들이 하는 일을 소상하게 알고 있다. 우주들의 현상에 관하여 지식이 있는데도, 내가 넉넉히 헤아리지 못하는 우주 반응에 나는 늘 부딪친다. 물력·에너지·지성·영의 상호 결합이 우연히 들어맞는 듯한 일에 줄곧 부닥치는데, 나는 이것들을 흡족하게 설명할 수 없다.

우주의 아버지, 영원한 아들, 무한한 영의 활동, 그리고 대체로 파라다이스 섬의 기능의 결과로 직접 생기는 모든 현상의 작용을 찾아내고 분석하는 일에 나는 전적으로 유능하다. 그들의 신비스러운 동등자, 곧 잠재 절대자 세 분의 솜씨로 보이는 것과 마주칠 때, 나의 어려움이 생긴다. 이 절대자들은 물질을 갈아치우고, 지성을 초월하고, 영을 무효로 만드는 듯하다. 이 까다로운 거래들을 이해하는 능력이 없기 때문에, 나는 항상 헛갈리고 자주 당황하는데, 이것을 나는 무제한 절대자, 신 절대자, 우주 절대자의 계심과 행위의 탓으로 돌린다.

이 절대자들은 우주에 널리, 충분히 밝혀지지 않은 존재임이 틀림없으며, 이 절대자들의 계심은 공간 잠재력의 현상에서, 그리고 기타 궁극 초월자들의 활동에서, 물력, 개념, 또는 영의 시초 형태가, 최상의 적응과 궁극의 가치를 포함하는, 복잡한 현실 상황에서 일어나는 요구에 도대체 어떻게 반응할 것인가에 관하여 물리학자, 철학자, 또는 종교가조차 확실히 예측하는 것을 불가능하게 만든다.

시공의 우주들에는 또한 유기적 통일성이 있고, 그것은 우주 사건들의 무늬가 짜인 천 전체의 기초에 있는 듯하다. 진화하는 최상 존재의 이 살아 있는 계심, 곧 투영된 불완전의 두루 계심은, 겉보기에 관계 없는 우주 사건들이 놀랍게도 우연히 조정되어 보이는 일 때문에, 때때로 설명할 수 없이 나타난다. 이것은 섭리의 작용—최상 존재와 합동 행위자의 분야—임이 틀림없다.

우주 활동의 모든 단계·형태에서 조정과 상호 관계를 통제하는 힘, 널리 미치고 대체로 파악할 수 없는 통제가 있는데, 이것이 아주 잡다하고, 겉보기에 희망 없이 혼란에 빠진, 물리·정신·도덕·영적 현상의 잡동사니가, 한 치도 어김없이, 하나님의 영광을 위하여, 또 사람과 천사의 이익을 위하여, 해결되어 나가게 만든다고 나는 믿고 싶다.

크게 보아서, 우주에서 생기는 겉보기에 "우연한 사건들"은 의심할 여지 없이, 절대자들을 영원히 조종하면서, 무한자가 겪는 시공 세계 모험에서 유한한 드라마의 일부이다.

2. 하나님과 자연

좁은 의미에서, 자연은 하나님의 물리적인 버릇이다. 하나님의 행위나 행동은 한 지역 우주, 별자리, 체계, 또는 혹성의 실험 계획과 진화 형태에 따라서 제한되고, 임시로 조정된다. 널리 퍼지는 모우주 전체를 통해서 하나님은, 잘 규명되어 있고 변하지 않고 바꿀 수 없는 법칙에 따라서 행동하신다. 그러나 진화로 펼쳐지는 유한한 사업들의 지역 목적, 목표, 계획에 따라서, 각 우주·별자리·체계·혹성·성격자가 나란히 균형되어 행위하는 데 이바지할 수 있도록, 하나님은 그의 행동 형태를 수정하신다.

그러므로 필사 인간이 이해하는 바와 같이, 자연은 변함없는 신과 그의 바꿀 수 없는 법칙의 밑바닥에 기초와 기본 배경을 제시한다. 이러한 법칙은 지역 우주, 별자리, 체계, 혹성의 물력 및 성격자들이 개시하고 실행해 온 지역 계획, 목적, 형태, 조건의 작용에 따라서 수정되고, 그 때문에 바뀌며, 그를 통해서 대격변을 겪는다. 예를 들면, 하나님의 법칙이 네바돈에서 예정된 바와 같이, 이러한 법칙은 이 지역 우주의 아들 창조자와 창조 영이 세운 계획에 따라서 수정된다. 이 모든 것 외에도, 너희의 혹성에 살고, 너희의 바로 위 사타니아 혹성 체계에 속하는 어떤 존재들의 실수와 태만과 불복종 때문에, 이 법칙의 작용은 더욱 영향을 받고 있다.

자연은 두 가지 우주 요인(要因)이 시공에서 일으키는 결과이다. 첫째는 파라다이스 신의 불변·완전·올바름이며, 둘째는 가장 높은 데서부터 가장 낮은 데까지, 파라다이스 바깥에 있는 피조물의 실험 계획, 집행에서 생기는 실수, 반란하는 잘못, 불충분한 발육, 불완전한 지혜이다. 따라서 자연은, 한결같고 불변하고 훌륭하고 놀라운 완전의 끈을 영원의 동그라미로부터 가져온다. 그러나 각 우주, 각 혹성, 각 개인의 생활에서 이 자연은 수정(修正)되고 제한되며, 진화하는 체계 및 우주의 피조물이 저지르는 행위·실수·불충 때문에 어쩌다가 상처를 입는다. 그래서 자연은 늘 변하는 기분에 젖어 있고, 한 지역 우주의 운영 절차에 따라서, 그 밑에는 안정되어 있어도, 동시에 변덕스럽고 달라야 한다.

자연이란 파라다이스의 완전을 완성되지 않은 우주들의 불완전, 악, 죄로 나눈 결과이다. 따라서 이 몫은 완전한 것과 부분적인 것, 영원한 것과 현세의 것, 양쪽을 표현한다. 지속되는 진화는 파라다이스 완전의 내용을 늘이고, 상대적 실체의 악·죄·부조화의 내용을 줄여서 자연을 수정한다.

하나님은 자연이나, 자연의 어느 힘 속에도, 몸소 계시지 않는다. 이는 자연 현상이 하나님이 세운 우주 법칙의 파라다이스 기초 위에, 점진적 진화를 겪는 불완전한 것들, 그리고 때로는 항거하는 반란의 결과를 겹쳐 놓은 것이기 때문이다. 유란시아와 같은 세계에서 보이는 것처럼, 자연은 전적으로 슬기롭고 무한한 하나님의 적절한 표현, 참된 대표, 충실한 묘사가 절대로 될 수 없다.

너희 세계에서 자연은, 지역 우주의 진화 계획으로 말미암아 완전한 법칙이 제한된 것이다. 한정되고 제한된 의미에서 하나님이 자연에 스며드니까, 자연이 보편적 권능, 따라서 신의 권능의 한 단계이니까, 자연을 예배하는 것은 얼마나 엉터리 시늉인가! 자연은 또한 우주의 진화에서, 한 우주 실험의 발전, 성장, 진보가 마무리되지 않고 불충분하고 어설프게 작용함을 나타내는 현상이다.

자연 세계의 결점으로 보이는 것들은 하나님의 신격에 그에 상당하는 티가 있음을 가리키지 않는다. 그러한 관찰된 결점은 차라리, 늘 돌아가는 바퀴가 무한을 그림으로 보여 주는 데 불가피하게 생기는, 중지된 순간에 불과하다. 물질 인간의 유한한 지성으로 하여금 시공에서 신다운 실체를 얼핏 보게 만드는 것은, 완전의 연속 가운데 있는 바로 이 결점이요 중지(中止)이다. 인간의 진화된 지성에게, 신성의 물질적 명시가 결함이 있어 보이는 것은, 오로지 필사 인간이 자연 현상을 자연의 눈을 통해서 보기 때문이요, 상물질(上物質)의 상지혜나 계시, 곧 시간 세계에서 보충하는 그 대용물의 도움을 받지 않고 인간의 시력을 통해서, 계속 보기 때문이다.

자연의 일부였고, 시간이 되자 자연의 얼굴을 보기 싫게 만들어 버린 수많은 피조물의 반란, 그릇된 행위, 잘못된 생각으로 말미암아 자연은 다쳤으며, 그 아름다운 얼굴은 상처를 입고 그 모습은 그슬렸다. 아니, 자연은 하나님이 아니다. 자연은 예배를 받을 대상이 아니다.

3. 하나님의 변치 않는 신격

너무나 오랫동안, 사람은 하나님을 자신과 비슷한 자로 생각해 왔다. 하나님은 사람이나 온 우주에 있는 어느 다른 존재도 시샘하지 않고, 시샘한 적도 없고, 앞으로도 결코 시샘하지 않을 것이다. 아들 창조자는 사람이 혹성 창조에서 걸작이 되고 온 땅을 다스리는 자가 되도록 의도하셨다. 이를 알기 때문에, 사람이 자신의 저열한 격정에 지배되어 있는 모습, 그리고 나무, 돌, 금, 이기적 포부 앞에 사람이 절하는 광경—이 더러운 장면들이 하나님과 그 아들들을 자극하고 사람을 위하는 마음에서 경계하게 만들지만, 결코 사람을 시샘하게 만들지 않는다.

인간다운 감정의 의미에서, 또 사람이 그런 반응을 이해하는 것처럼, 영원한 하나님은 진노와 분노(憤怒)의 감정을 느낄 수 없다. 이런 감정은 저열하고 비웃을 만하고, 신답기는커녕, 도저히 사람답다고 할 수도 없다. 그러한 태도는 우주의 아버지의 완전한 성품과 인자한 신격에 도무지 어울리지 않는다.

유란시아의 필사자들이 하나님을 이해하는 데 겪는 어려움의 아주 큰 부분은, 루시퍼 반란과 칼리가스티아 배반이 가져온 널리 미치는 결과 때문이다. 죄로 말미암아 격리되지 않은 세계들에서, 진화하는 민족들은 우주의 아버지에 대하여 훨씬 좋은 관념을 형성할 수 있다. 그들은 개념의 혼동·왜곡·곡해로부터 덜 고생한다.

하나님은 그가 일찍이 하신 일, 이제 하시는 일, 앞으로 하실 일 가운데 아무것도 뉘우치지 않는다. 하나님은 전능할 뿐 아니라 온통 슬기롭다. 사람의 지혜는 인간 체험의 시행 착오에서 생겨나지만, 하나님의 지혜는, 그의 무한한 우주 통찰력이 조건 없이 완전한 데 있다. 이 신의 선견(先見)은 효과적으로 창조적 자유 의지를 지도한다.

우주의 아버지는 결코 나중에 슬픔이나 후회의 원인이 되는 것은 무엇이나 하지 않는다. 그러나 바깥 우주들에서 창조자인 성격자들이 계획하고 만드는 의지(意志) 생물은 불행하게 선택함으로, 그들의 창조자인 부모의 성격에 신으로서 슬픈 느낌이 생기게 한다. 그러나 아버지는 잘못하거나 뉘우치거나 슬픔을 느끼지 않더라도, 아버지의 사랑을 가진 분이다. 우주의 영적 성취 계획과 필사자를 승천시키는 정책에 따라서 아주 값없이 마련해 준 도움을 받고서, 미칠 수 있는 영적 수준까지 그의 자녀들이 미치지 못할 때, 의심할 여지 없이 아버지의 마음은 슬퍼진다.

아버지의 무한한 선은 시간 속에 사는 유한한 지성의 이해 한계를 넘는다. 따라서 상대적으로 선한 모든 단계를 효과적으로 보여 주기 위해서, (죄가 아니라) 비교가 되는 악과 늘 어떤 대조가 있어야 한다. 신의 완전한 선은 인간의 불완전한 통찰력으로 식별될 수 있으며, 이는 오로지 공간 운동에 있는 시간과 물질의 관계에서, 그 선이 상대적 불완전과 대조되는 관계에 있기 때문이다.

하나님의 신격은 무한히 인간을 초월한다. 따라서 사람의 유한한 지성이 미처 믿음으로 깨닫기도 전에, 그러한 신다운 아들들의 경우처럼, 신성의 성품이 성격화되어야 한다.

4. 하나님을 깨닫는 것

하나님은 온 우주 전체에서 정지해 있고, 스스로 충분하고, 변함없는 유일한 존재이다. 하나님에게는 바깥이 없고, 그를 지나는 것이 없으며, 또한 과거도 미래도 없다. 하나님은 목적이 있는 에너지(창조적 영)이자 절대 의지이며, 이 둘은 스스로 존재하며 보편성이 있다.

하나님은 스스로 존재하니까, 절대로 독립되어 있다. 하나님의 바로 그 신분은 변화와 거리가 멀다. "나, 주는 변하지 않노라." 하나님은 변할 수 없다. 그러나 네가 파라다이스 지위를 얻기까지, 하나님이 어떻게 단순에서 복잡성으로, 동일성에서 변화로, 고요함에서 움직임으로, 무한에서 유한으로, 신다운 것으로부터 사람다운 것으로, 통일에서 이중성과 삼자 일치로 지나갈 수 있는가 너희는 이해할 엄두도 내지 못한다. 신의 불변성이 움직일 수 없음을 뜻하지는 않기 때문에, 하나님은 이처럼 그의 절대성의 표현을 수정할 수 있다. 하나님은 의지가 있다—하나님은 바로 <u>의지이다</u>.

하나님은 절대로 스스로 결정하는 존재이다. 스스로 제한하는 것 외에, 그의 우주 반응에는 제한이 없으며, 오직 본래부터 영원한 그의 성품의 특징을 나타내는 신다운 질과 완전한 속성에 따라서 하나님의 자유 의지 행동이 조절된다. 그러므로 최종의 선에, 창조적으로 무한한 자유 의지를 더한 존재로서, 하나님은 우주와 관계된다.

아버지 절대자는 중앙의 완전한 우주를 지으신 분이고, 모든 다른 창조자의 아버지이다. 하나님은 성격, 선, 그리고 다른 수많은 특징을 사람과 기타 존재들과 함께 나누어 가지지만, 의지의 무한은 하나님 홀로 지니신다. 오직 그의 영원한 성품의 감정에 따라서, 그의 무한한 지혜가 내리는 명령으로 말미암아, 하나님은 그의 창조 활동에 제약을 받는다. 하나님은 무한히 완전한 것만 친히 고르며, 따라서 중앙 우주는 더할 나위 없이 완전하다. 아들 창조자들은 하나님의 신성, 아니 그의 절대성 단계까지도 충분히 나누어 가지지만, 아들들은 아버지의 의지(意志) 무한을 지도하는 최종 지혜에 온통 제약을 받지는 않는다. 따라서 미가엘 계급의 아들 신분에서는 창조하는 자유 의지가 더욱 활발하고, 온통 신답고, 절대는 아니라도 거의 궁극성에 이른다. 아버지는 무한하고 영원하지만, 의지로 자아를 제한하는 가능성을 부인하는 것은 아버지 의지의 절대성, 바로 이 개념을 부인하는 것과 마찬가지이다.

하나님의 절대성은 우주 실체의 일곱 수준 전부에 스며든다. 이 절대 성품 전체는 창조자가 그의 우주 생물 가족과 가지는 관계에 지배된다. 정밀성은 온 우주의 삼위 일체가 내리는 응보의 특징일지 모르지만, 시간의 생물과 가지는 광범위한 모든 가족 관계에서, 우주의 하나님은 신다운 느낌에 지배를 받는다. 통틀어서—영원히—무한한 하나님은 아버지이다. 하나님을 알맞게 부를 만한 모든 가능한 칭호 가운데, 나는 모든 창조의 하나님을 우주의 아버지로 그리라고 지시를 받았다.

아버지 하나님 안에서, 자유 의지 행위는 힘으로 다스려지지 않으며, 지성에만 안내를 받지도 않는다. 신다운 성격은, 영으로 이루어지고 우주에게 사랑으로서 스스로를 나타낸다고 정의된다. 따라서 우주의 생물 성격자들과 가지는 모든 성격 관계에서, 첫째 근원 중심은 언제나, 한결같이 사랑의 아버지이다. 하나님은, 가장 고귀한 의미에서 아버지이다. 하나님은 신다운 사랑의 완전한 이상주의에 영원히 자극을 받으며, 그 부드러운 성품의 가장 강한 표현과 가장 큰 만족은 사랑을 하고 사랑을 받는 데서 발견된다.

하나님은 과학에서 첫째 근원이요, 종교에서는 보편적이고 사랑하는 아버지요, 철학에서는 혼자 힘으로 계시는 한 분이며, 존재하려고 누구에게도 매달리지 않으나, 만물과 모든 다른 생명에게 너그럽게 존재의 실체를 부여한다. 그러나 과학에서 첫째 근원과 철학에서 스스로 존재하는 하나가, 종교의 하나님, 곧 자비와 선이 가득하고 땅에 있는 자녀들이 영원히 살아남게 만들기를 서약한 하나님인 것을 보여 주는 데는 계시가 필요하다.

우리는 무한자 개념을 몹시 바라지만, 하나님을 체험한다는 관념, 곧 우리의 가장 높은 신 개념의 성격 및 신성 요소를 우리가 언제 어디서나 움켜잡을 능력이 있다는 관념을 존중한다.

땅에서 승리에 넘친 인간 생활을 의식하는 것은, 존재에서 삽화 같은 사건이 되풀이될 때마다, 그에 감히 도전하는 그 피조물의 믿음에서 생겨난다. 인간적 한계의 불쌍한 광경에 부딪쳤을 때, 그 믿음은 "나는 이것을 할 수 없어도, 이것을 할 수 있고, 또 하실 분, 온 우주의 아버지 절대자의 일부가 내 안에 사신다" 하고 틀림없이 외친다. 바로 이것이 "세상을 이기는 승리, 너희의 믿음조차 이기는 승리"이다.

5. 하나님에 관한 그릇된 관념

종교적 전통은 지난 시대에 하나님을 알았던 사람들이 겪은 체험이 어설프게 보존된 기록이다. 그러나 이러한 기록은 종교 생활의 안내서나, 혹은 우주의 아버지에 관한 참된 정보의 원천으로는 믿을 만하지 않다. 원시인이 신화(神話)를 지어낸다는 그 사실 때문에, 그러한 고대의 관념은 변함없이 개조되어 왔다.

하나님의 성품에 관하여 유란시아에서 생긴 혼동의 가장 큰 근원의 하나는, 너희의 거룩한 책들이 파라다이스 삼위 일체 성격자들을 뚜렷이 구분하지 못하고, 또 파라다이스 신과 지역 우주의 창조자 및 관리자들을 뚜렷이 구별하지 못해서 생겨난다. 부분적으로 이해하던 과거의 섭리 시대에는, 너희의 사제와 선지자들이 혹성 영주, 체계 군주, 별자리 아버지, 아들 창조자, 초우주 통치자들, 최상 존재, 우주의 아버지를 뚜렷하게 구별하지 못했다. 생명 운반자 및 여러 천사 계급과 같은 하위 성격자들이 준 많은 메시지는, 너희의 기록에 하나님 자신으로부터 온 것처럼 쓰여 있다. 유란시아의 종교 사상(思想)은 신의 동료 성격자들과 우주의 아버지 자신을 아직도 혼동하고 있고, 그래서 모두가 한 이름 안에 포함되어 있다.

유란시아 민족들은 하나님에 대한 원시 개념의 영향에 계속 시달린다. 폭풍 속에서 날뛰는 신들, 성이 나서 땅을 흔들고, 노한 가운데 사람을 치고, 기근과 홍수가 있을 때 불만의 심판을 내린다—이들은 원시 종교의 신들이요, 살아 있고 우주들을 다스리는 신들이 아니다. 그러한 개념은 우주가 그와 같은 가상(假想)하는 신들의 안내와 그 변덕에 지배를 받는다고 사람들이 생각하던 시절의 유물이다. 그러나 최상 창조자와 최상 통제자들의 행정 정책과 운영에 관한 한, 필사 인간은 그가 비교적 질서 있는 영역에서 산다는 것을 깨닫기 시작한다.

성난 하나님을 구슬리고, 기분 상한 주를 달래며, 희생 제물과 고행(苦行)을 통해서, 또 피까지 흘려서, 신의 은혜를 얻으려는 야만스런 생각은 통째로 미숙하고 원시적인 종교를 대표하며, 또한 과학과 진리의 시대, 깨우친 시대에 어울리지 않는 철학을 나타낸다. 그러한 관념은 우주에서 봉사하고 다스리는 하늘 존재와 신다운 통치자들에게 온통 혐오감이 일게 한다. 하나님의 은혜를 얻으려고, 또는 가상하는 신의 노여움을 다른 데로 돌리기 위해서, 죄 없는 자의 피를 흘려야 한다고 믿거나, 우기거나, 가르치는 것은 하나님에 대한 모욕이다.

히브리인들은 "피를 흘리지 않고는 죄가 용서될 수 없다"고 믿었다. 그러나 히브리인들은 피를 구경하지 않고는 신들을 달랠 수 없다는 낡은 이교도 관념으로부터 해방되지 못했다. 하지만 모세가 사람을 제물로 바치는 것을 금하고, 어린아이 같은 그 베두인 추종자들의 원시 지성이 보기에, 예식에서 대신에 동물 잡아바치기로 갈아치웠을 때, 모세는 눈에 띄게 발전을 이룩했다.

너희가 사는 세계에 파라다이스 아들을 수여하는 것은, 혹성에서 한 시대의 막을 내리는 상황에 본래 있다. 그것은 피할 수 없었고, 하나님의 은혜를 얻으려는 목적에 필요하지 않았다. 이 수여는 자기 우주의 체험적 군주 자격을 얻는 긴 모험에서, 우연하게 한 아들 창조자가 마지막으로 친히 하신 활동이었다. 하나님의 무한한 성품에 얼마나 먹칠을 하였는가! 온통 준엄하게 차갑고 딱딱한 차림을 하고 피조물이 겪는 불운과 서러움을 보고도, 아버지다운 마음이 조금도 움직이지 않아서 티없는 아들이 갈보리의 십자가에서 피 흘리고 죽어 가는 것을 볼 때까지 하나님이 부드러운 자비를 베풀지 않았다고 이렇게 가르치다니!

그러나 유란시아의 주민들은 우주의 아버지의 성품에 관한 이러한 옛 시대의 잘못과 이교도의 미신으로부터 구원을 얻을 것이다. 하나님에 관한 진리의 계시가 다가오고 있다. 인류는 유란시아에서 사람의 아들과 하나님의 아들로서 머물렀던 아들 창조자가 그렇게 훌륭하게 묘사한, 모든 아름다운 특성과 사랑스러운 속성을 가진 우주의 아버지를 이해하도록 운명이 정해져 있다.

[유버르사의 한 신성한 조언자가 발표했다.]

제 5 편

하나님과 개인의 관계

우주의 아버지처럼 그렇게 크고 훌륭한 하나님이, 무한히 완전한 그의 영원한 거처로부터 어떻게 개별 인간 생물과 사귀려고 내려올 수 있는지 사람의 유한한 지성은 이해할 수 없다면, 정상의 정신을 가지고 도덕 의식을 가진 모든 유란시아 필사자의 지능 안에, 살아 계신 하나님의 실제 분신(分身)이 거한다는 사실이 진실함에 근거를 두고, 그러한 유한한 지능은 신이 사귐을 안심하고 믿어야 한다. 사람에게 깃드는 생각 조절자는 파라다이스 아버지의 영원한 신의 일부이다. 하나님을 발견하고 그와 교통하기 위해서 사람은, 이 영적 실체의 개념을 혼이 숙고하는, 자신의 속 체험보다 더 멀리 나가야 할 필요가 없다.

하나님은 여섯 절대 동등자의 실존하는 실체들을 통해서, 그의 영원한 성품의 무한성을 분배하였다. 그러나 하나님은 전 성격(前性格) 분신들의 대리 행위를 통해서, 창조의 어느 부분이나 단계나 종류와도 언제나 직접 친히 연락할지 모른다. 그리고 영원한 하나님은, 온 우주의 신다운 창조자들과 살아 있는 피조물에게 성격을 수여하는 특권도 따로 남겨 두었고, 나아가서 하나님은 성격 회로를 통해서, 이 모든 성격자와 직접, 부모로서 연락을 유지하는 특권도 남겨 놓았다.

1. 하나님께 다가가는 법

유한한 생물이 무한한 아버지한테 가까이 갈 수 없음은 아버지의 초연함이 아니라, 지음받은 존재들의 타고난 유한성과 물질적 한계에 본래부터 따른다. 우주에 존재하는 가장 높은 성격자들과 하등 집단의 피조 지성들 사이에 큰 영적 차이는 상상할 수 없다. 아버지 자신이 계신 앞으로, 하급 지성들을 한 순간에 수송하는 것이 가능하다면, 그들은 자기가 그 자리에 서 있는 줄도 모를 것이다. 지금 있는 곳과 꼭 마찬가지로, 우주의 아버지가 자리에 계심을 알아차리지 못하고 거기에 있을 것이다. 한결같이, 가능한 영역 안에서, 파라다이스의 우주의 아버지 앞으로 안전히 안내받기를 요구할 수 있기 전에, 필사자의 앞에는 머나먼 길이 놓여 있다. 일곱 으뜸 영 가운데 어느 한 분이라도 보게 만드는 영적 시력(視力)이 생기는 수준에 다다를 수 있기 전에, 사람은 영적으로 여러 번 모습이 바뀌어야 한다.

우리 아버지는 숨어 있지 않으며, 멋대로 은둔하지 않는다. 그의 우주 영토에 있는 아이들에게 자신을 나타내는 결코 그치지 않는 노력으로 그는 신다운 지혜의 자원을 동원하셨다. 무한한 웅대함과 말할 수 없는 관용이 그의 사랑의 훌륭함과 연결되어 있으며, 하나님의 사랑은 하나님을 이해하거나, 사랑하거나, 그에게 가까이 올 수 있는 모든 창조된 존재와 사귐을 하나님이 동경하게 만든다. 따라서 네가 필사자로 올라가는 여행 목적지에 이르고, 만물의 중심에서 아버지 앞에 서는 그 시간과 장소와 경우를 정하는 것은, 네 안에 있는 타고난 한계요, 그것은 너의 유한한 성격과 물질 존재로부터 뗄 수 없다.

파라다이스에 아버지가 계신 앞으로 가까이 가는 것은, 네가 영적 진보의 가장 높은 유한 수준에 다다를 때까지 기다려야 하지만, 네 안의 혼, 그리고 영답게 변하는 너의 자아와 아주 밀접히 관련된 영, 아버지가 수여한 영과 즉시 교통하는 상존하는 가능성을 깨닫고 너는 기뻐해야 한다.

시공 영역에서 필사자들은 타고난 능력과 지능 자질이 크게 다를 수 있다. 사회의 진전과 도덕적 진보에서 예외적으로 유리한 환경을 누릴 수도 있거나, 아니면 문명의 예술에서 문화, 그리고 기대된 진보를 돕는 거의 모든 인간적 혜택이 모자라서 고생할 수도 있다. 그러나 올라가는 생애에서, 영적 진보의 가능성은 만민에게 평등하다. 진화 세계에서 다양하게 된 물질 환경에서 보는 모든 그러한 사회 도덕의 차이와 아주 별도로, 영적 통찰력과 우주 의미의 높아지는 수준이 달성된다.

유란시아의 필사자들이 그 지능·사회·경제적 기회, 심지어 도덕적 기회와 자질에서 어떤 차이가 있더라도, 그들의 타고난 영적 재산은 한결같고 독특하다는 것을 잊지 말라. 그들은 모두 똑같이, 아버지가 선물한 신성한 계심을 누리고 있다. 그들은 신성한 기원을 가진, 안에 깃드는 이 영과 가까이 몸소 교통하는 특권을 똑같이 누리며, 또한 그들 모두가 이 신비의 감시자의 한결같은 영적 인도를 똑같이 받아들이기를 택할 수도 있다.

필사 인간이 진심으로 영적으로 자극받고 아버지의 뜻을 행하는 데 아낌없이 헌신하면, 그 사람은 깃드는 신다운 조절자를 영적으로 아주 확실하게, 아주 효과적으로 받았으니까, 하나님을 갈수록 더 닮아 가는 진취적 체험으로 말미암아, 하나님을 아는 숭고한 의식이, 그리고 하나님을 찾아내는 목적으로 살아남는다는 더할 나위 없는 확신이, 그 개인의 체험에서 일어나지 않을 수 없다.

사람 안에는 살아남는 생각 조절자가 영적으로 깃든다. 그러한 인간의 지성이 진지하게 영적 면에서 자극받으면, 그러한 인간 혼이 하나님을 알고 하나님 닮기를 바라고 정직하게 아버지의 뜻을 행하기 바라면, 인간의 결핍이 가져오는 어떤 부정적 영향도, 간섭이 가능한 긍정적 세력도, 그렇게 신성하게 자극받은 혼이 파라다이스 입구까지 안전히 올라가는 것을 막을 수 없다.

아버지는 모든 생물이 그와 몸소 교통하기를 바라신다. 생존(生存)의 지위와 영적 성품으로 보아서 그런 달성이 가능한 모든 사람을 받아들일 자리를 아버지는 파라다이스에 가지고 계신다. 그러므로 지금부터 영원히 너희의 철학 속에 잠겨 안심하여라: 너희 하나하나에게, 우리 모두에게, 하나님은 가까이할 수 있는 분이다. 우리는 아버지를 만나 뵐 수 있고, 그 길은 열려 있다. 우주마다 자격 있는 모든 지성 존재가 파라다이스의 우주의 아버지가 계신 앞까지 올라가는 것을 쉽게 만들려는 노력으로, 신의 사랑의 세력, 신성한 행정의 수단과 방법이 모두 서로 얽혀 있다.

하나님께 도달하는 데 방대한 시간이 든다는 사실은, 무한자의 계심과 성격의 현실성을 조금도 줄이지 않는다. 너의 승천은 일곱 초우주 회로의 일부요, 너는 그 둘레를 수없이 돌게 될 터이지만, 영과 신분의 면에서, 너는 언제나 안쪽을 향하여 도는 것을 기대해도 좋다. 이 구체(球體)에서 저 구체로, 바깥 회로에서 안쪽의 중심으로 늘 가까이 옮겨진다는 것을 너는 믿어도 좋다. 그리고 어느 날인가 네가 신성한 중심 앞에 서서, 상징으로 말하면, 얼굴을 마주하고, 하나님을 만나게 되리라는 것을 의심하지 말라. 그것은 실제로, 글자 그대로 영 수준에 도달하는가 하는 문제이다. 신비의 감시자가 안에 거한 적이 있는 존재, 그리고 그 생각 조절자와 나중에 영원히 합친 자마다, 이 영적 수준에 다다를 수 있다.

아버지는 영적으로 숨어 있지 않다. 그러나 아주 많은 피조물이 스스로 외고집으로 내린 결정의 안개 속에 숨어 버렸다. 자신들의 비뚤어진 길을 고르고, 참을성 없는 지성과 비영적 성품을 가진 자기 주장에 빠짐으로써, 그들은 아버지 영과 그 아들 영과 교통함으로부터 당분간 자신들을 차단해 버렸다.

필사 인간은 하나님께 가까이 다가갈 수도 있고, 선택의 힘이 남아 있는 한, 신의 뜻을 거듭해서 저버릴 수도 있다. 사람이 아버지의 뜻을 택할 힘을 잃어버릴 때까지 사람의 마지막 멸망은 정해지지 않았다. 아버지의 마음이, 자식들의 필요와 탄원하는 소리에 문을 닫는 적은 한 번도 없다. 신의 뜻을 실행하려는—하나님을 알고 그와 같이 되려는—바람을 마지막으로 영원히 잃어버릴 때, 이 아이들은 아버지의 당기는 힘에 대하여 영원히 마음 문을 닫는다. 마찬가지로, 그러한 승천자가 아버지의 뜻을 실천하겠다고 마침내 돌이킬 수 없이 선택했다고 조절자 융합이 우주에 선포할 때, 사람의 영원한 운명이 보장된다.

크신 하나님은 필사 인간과 직접 접촉하며, 무한하고 영원하고 헤아릴 수 없는 자아의 일부를 그 사람 안에서 살고 머무르라고 주신다. 하나님은 사람과 함께 영원한 모험을 떠났다. 네 안에, 너의 둘레에 있는 영력(靈力)이 인도하는 데 네가 굴복하기만 하면, 공간의 진화 세계로부터 하늘로 올라가는 그의 생물이 다다를 우주 목표로서 사랑의 하나님이 확정하신 운명을 달성하는 데 너는 실패할 수 없다.

2. 하나님의 계심

무한자가 물리적으로 계신 것은 물질 우주의 현실이다. 지성 속에 신의 계심은 개인의 지적 체험의 깊이와 진화하는 성격자의 수준에 따라서 결정되는 것이 틀림없다. 신의 영적 계심은 마땅히 우주에서 달라야 하며, 영적 감수 능력에 따라서, 또한 신의 뜻을 행하려는 피조물의 의지를 거룩히 바친 정도에 따라서 결정된다.

하나님은 영에게서 태어난 아들 각자 안에 살아 계신다. 파라다이스 아들들은 하나님 앞에, 곧 "하나님 바른 편"에 언제나 다가갈 수 있고, 모든 생물 성격자는 "아버지의 품"에 다가갈 수 있다. 이것은 언제 어디서 어떻게 접촉되든지, 아니면 중앙 거처나, 다른 지정된 장소, 예를 들면, 파라다이스의 거룩한 일곱 구체 중 어느 한 곳과 같은 장소에서, 우주의 아버지와 몸소 자의식하는 접촉과 교통이 따르는 성격 회로를 말한다.

그러나 신의 계심은, 자연의 어디서나 또는 심지어 하나님을 아는 필사자들의 삶에서 발견되기보다, 안에 깃드는 신비의 감시자, 파라다이스의 생각 조절자와 네가 교통을 시도할 때, 아주 넉넉히, 아주 확실히 발견될 수 있다. 우주의 아버지의 영이 너 자신의 지성 속에 사는데, 창공에 멀리 떨어져 있는 하나님을 꿈꾸는 것은 얼마나 큰 잘못인가!

네 안에 깃드는 바로 이 하나님의 분신 때문에, 네가 조절자의 영적 인도와 조화를 이루며 진보하는 동안, 너를 둘러싸고 너와 마주치지만 너를 구성하는 일부로서 활동하지 않는 다른 영적 영향의 존재와 변화시키는 힘을 너는 더욱 잘 식별하기를 바랄 수 있다. 깃드는 조절자와 가깝고 밀접하게 연락하는 것을 네가 지적으로 의식하지 않는다는 사실은, 조금도 그러한 숭고한 체험이 그릇되다고 반증하지 않는다. 신다운 조절자와 사귄다는 증명은, 전적으로 개별 신자의 생활 체험에서 맺는 영의 열매의 성질과 테두리에 있다. "너희는 열매로서 저희를 알지니라."

필사 인간의 지성, 빈약하게 영적으로 변화된 물질 지성은, 파라다이스 조절자와 같이 그렇게 신다운 통일체의 영적 활동을 뚜렷이 의식하기가 지극히 힘들다. 지성과 조절자가 함께 빚어낸 혼의 존재가 더욱 뚜렷해짐에 따라서, 새 단계의 혼 의식이 또한 진화되는데, 이것은 신비의 감시자의 영적 인도하심과 기타 초물질 활동이 있음을 체험하고 알아보는 능력이 있다.

조절자와 교통하는 체험 전체는 도덕적 지위, 정신의 자극, 영적 체험이 따르는 체험이다. 그러한 성과를 자아가 이룩하는 것은, 순전히 그렇지는 않아도, 주로 혼 의식의 영역에 국한된다. 하지만 그 증거는 내부의 영과 연락하는 그런 모든 사람의 생활에서, 영의 열매의 표현에서 앞으로 나타나며 풍부하게 있다.

3. 참된 예배

우주의 관점에서 볼 때 파라다이스 신들은 비록 하나와 같지만, 유란시아에서 사는 부류의 존재와 가지는 영적 관계에서 이들은 또한 서로 다르고, 따로 있는 세 분의 성격자이다. 성격의 매력과 교통의 문제에서, 그리고 기타 밀접한 관계에서 신위(神位) 사이에는 차이가 있다. 가장 높은 의미에서, 우리는 우주의 아버지, 오직 그분을 예배한다. 그의 아들 창조자들 안에서 드러나는 그 아버지를 우리가 예배할 수 있고, 또 예배하는 것이 참말이지만, 직접 또는 간접으로 예배와 찬미를 받는 분은 아버지이다.

모든 종류의 간청(懇請)은 영원한 아들과 그 아들의 영적 조직의 분야에 속한다. 기도, 모든 정식 교통은, 우주의 아버지를 찬미하고 예배하는 것을 빼고, 지역 우주의 관심거리이다. 이런 기도(祈禱)는 보통 한 아들 창조자의 관할 영역을 벗어나지 않는다. 그러나 의심할 여지 없이, 예배는 아버지의 성격 회로의 작용으로 말미암아 창조자의 몸으로 연결되고 전해진다. 우리는 더욱 나아가서, 조절자가 깃드는 한 피조물이 표현하는 경의(敬意)를 기록하는 것은 아버지 영의 계심으로 말미암아 쉬워진다고 믿는다. 이러한 믿음을 보여 줄 증거는 엄청나게 많이 있고, 모든 계급의 아버지 분신들은 그 백성의 진정한 찬미를 우주의 아버지가 계신 앞에서 알맞게 기록하라고 권한을 받는다는 것을 나는 알고 있다. 의심할 여지 없이, 조절자들은 하나님과 전 성격으로 직접 교통하는 경로도 또한 이용하며, 이들은 영원한 아들의 영 인력 회로도 마찬가지로 쓸 수 있다.

예배는 그 자체를 위한 것이다. 기도는 자신이나 생물의 이익(利益) 요소를 담고 있으며, 이것이 예배와 기도의 큰 차이이다. 참된 예배에는, 자신을 위한 요청이나 기타 개인 이익의 요소가 아예 없다. 우리가 하나님을 헤아리는 그대로 하나님을 예배할 뿐이다. 예배는 아무 것도 요구하지 않고, 예배하는 사람을 위해서 아무 것도 기대하지 않는다. 그러한 존경으로부터 우리가 무언가 얻을까 싶어서 우리가 아버지를 예배하지는 않는다. 아버지의 비할 데 없는 성격을 깨달음에 따라서 자연스럽고 저절로 우러나오는 반응으로서, 또 하나님의 사랑스러운 성품과 찬미할 속성 때문에, 우리는 그렇게 교통하고 예배에 참여한다.

자기 이익의 요소가 예배에 끼어드는 그 시각, 그 순간에, 교통은 예배에서 기도로 바뀌고 더욱 적절하게 영원한 아들이나 아들 창조자의 몸에 지향되어야 한다.

그러나 실제 종교적 체험에서, 진정한 예배의 일부로서 아버지 하나님한테 기도하지 말아야 할 이유는 없다.

일상 생활의 실무를 다룰 때 너는 셋째 근원 중심에 기원을 가지는 영 성격자들의 손에 맡겨지며, 너는 합동 행위자의 대리자들과 협조하고 있다. 그래서 이렇게 말할 수 있다: 너는 하나님을 예배하고, 그 아들에게 기도하고 그와 교통하며, 네가 사는 세계에서, 너의 우주에 두루 작용하는 무한한 영의 지성 존재들과 연락하여, 네가 땅에서 머무르는 동안에 생기는 자세한 일을 풀어 나간다.

지역 우주의 운명을 주관하는 아들 창조자나 군주 아들은 파라다이스에 계신 우주의 아버지와 영원한 아들, 이 두 분을 대신한다. 이 우주 아들들은 아버지의 이름으로 그들 각자의 창조 전역에 걸쳐서 예배 성질의 찬미를 받고, 탄원하는 백성의 간청에 귀를 기울인다. 한 지역 우주의 아이들에게는, 모든 실질 의도와 목적에서 볼 때, 미가엘 아들 한 분이 하나님이다. 그는 우주의 아버지와 영원한 아들이 지역 우주에서 성격화된 것이다. 무한한 영은 우주 영들을 통해서 이 영역의 아이들과 개인적 접촉을 유지하며, 이들은 파라다이스 아들 창조자들에게 행정 및 창조에 동료이다.

진지한 예배는, 진화되는 혼의 지배 밑에서, 관계된 생각 조절자의 신성한 방향 지도를 받고, 인격의 모든 힘을 동원함을 뜻한다. 물질적 한계를 가진 지성은, 참 예배의 진정한 뜻이 무엇인지 결코 깊이 의식할 수 없다. 예배하는 체험의 현실을 사람이 깨닫는 것은, 진화되는 그 불멸의 혼의 발육 상태에 따라서 주로 좌우된다. 혼의 영적 성장은, 지적 자의식과 전혀 따로 일어난다.

예배하는 체험은 약혼한 조절자가 인간 혼의 말할 수 없는 바람과 입밖에 낼 수 없는 희망을 신성한 아버지께 전하려고 숭고하게 시도하는 데 있으며, 하나님을 찾는 필사 지성과 하나님을 계시하는 불멸의 조절자가 공동으로 이 혼을 창조한다. 그러므로 예배는 관계된 영의 인도하심 밑에서, 영답게 변하는 자아가 우주의 아버지의 아들, 믿음의 아들로서 하나님과 교통하려고 애쓰는 데 그 물질 지성이 찬성하는 행동이다. 필사자의 지성은 예배 드리는 데 찬성하고, 불멸의 혼은 예배를 갈망하고 개시한다. 신다운 조절자의 계심은 필사자의 지성과 생성되는 불멸의 혼을 위하여 그러한 예배를 지휘한다. 최종으로 분석해 보면, 참된 예배는 지성, 상물질, 영, 성격, 이 네 가지 우주 수준에서 이루어지는 체험이 된다—지성과 혼과 영의 의식(**意識**), 그리고 성격 안에서 이 세 가지가 하나가 되는 것이다.

4. 종교에서 하나님

하나님을 추구하는 여행에서, 진화 종교들이 지닌 도덕은 두려움의 원동력으로 사람을 앞으로 <u>민다</u>. 사람이 하나님처럼 되기를 몹시 바라니까, 계시 종교는 사랑의 하나님을 찾으라고 사람을 <u>유혹한다</u>. 그러나 종교는 단지 "절대로 의존"하고 "영생을 보장"하는 피동적 느낌이 아니다. 종교는 인류에 봉사하는 데 기초를 두고 신성에 다다르는, 생생하고 동태적인 체험이다.

참 종교가 크게 즉시 베푸는 봉사는, 인간의 체험 속에서 지속되는 통일성, 곧 오래 가는 평화와 깊은 확신이 서는 것이다. 원시인에게는, 다신교조차도 신에 대한 진화하는 개념이 상대적으로 통일된 것이며, 다신교는 싹트는 일신교이다. 머지않아 하나님이 가치 있는 실체, 의미의 알맹이, 진리의 생명이라고 사람들이 이해하도록 운명이 정해져 있다.

하나님은 운명을 결정하시는 분일 뿐 아니라, 사람의 영원한 목적지이다. 인간의 모든 비종교 활동은, 우주를 굽혀서 자신의 비뚤어진 용도에 쓰기를 추구한다. 참으로 종교적인 사람은 자아를 우주와 동일시하기를 구하며, 그리고 나서 이렇게 통일된 자아의 활동을, 우주 가족의 인간 및 초월 인간 동료 존재들에게 봉사하는 데 바치려고 애쓴다.

철학과 예술의 분야는, 인간 자아의 비종교 활동과 종교 활동 사이에 낀다. 예술과 철학을 통해서, 물질적 머리를 가진 사람은 영원한 의미를 담은 영적 실체와 우주의 가치를 숙고하라고 유혹을 받는다.

모든 종교는 신을 예배하기를 가르치고 인간이 구원된다는 어떤 교리를 가르친다. 불교(佛教)는 고통으로부터 구원받는 것, 끝없는 평화를 약속한다. 유대교는 어려움으로부터 구원받는 것, 올바름에 기초를 둔 번영을 약속한다. 그리스인의 종교는 아름다움을 실현함으로, 부조화와 더러움으로부터 구원을 약속했다. 그리스도교는 죄로부터 구원, 거룩함을 약속하고, 모하메드교는 유대교와 그리스도교의 준엄한 도덕 기준으로부터 구제를 마련해 준다. 예수의 종교는 자아로부터 구원이요, 곧 시간과 영원 속에서 피조물이 떨어져 있는 악으로부터 구원받는 것이다.

히브리인들은 종교의 기초를 선에 두고, 그리스인들은 아름다움에 두었으며, 두 종교가 진리를 추구했다. 예수는 사랑의 하나님을 보여 주었고, 사랑은 진리·아름다움·선을 모두 둘러싼다.

조로아스터 교인들은 도덕성을 가진 종교가 있고, 힌두 교인들은 형이상학의 종교가 있으며, 공자(孔子)의 가르침을 따르는 자들은 윤리의 종교가 있었다. 예수는 봉사하는 종교를 실천했다. 이 모든 종교가 예수의 종교에 이르는 바른 접근법이라는 점에서 가치가 있다. 종교는 인간의 체험에서 좋고 아름답고 참된 모든 것을 영적으로 통일하는 실체가 되는 운명을 가졌다.

그리스인의 종교에는 "너 자신을 알라"는 표어가 있었고, 히브리인들은 "너의 하나님을 알라"는 가르침에 집중했으며, 그리스도 교인들은 "주 예수 그리스도를 아는 것"에 목표를 둔 복음을 전파했다. 예수는 "하나님을 알고, 자신이 하나님의 아들임을 알라"는 복음을 선포했다. 종교의 목적에 대하여 이처럼 다른 개념들은 다른 생활 상황 속에서 개인의 태도를 결정하고, 예배의 깊이, 그리고 사람이 개인적으로 기도하는 습관의 성질을 예시한다. 어떤 종교라도 그 영적 지위는 그 기도의 성질에 따라 좌우되는가 싶다.

반(半) 인간답고 시샘하는 하나님의 개념은, 다신교에서 숭고한 일신교(一神教)로 넘어가는 사이에 불가피한 과도기 현상이다. 신을 인격화하는 사상을 높인 것은, 순전한 진화 종교가 다다를 수 있는 가장 높은 수준이다. 그리스도교는 신을 인격화하는 사상을, 인간의 이상으로부터 영화롭게 된 그리스도 인격의 초월하는 신성한 개념까지 높이 들어올렸다. 이것이 사람이 상상할 수 있는 가장 높은 수준으로 신을 인격화한 것이다.

그리스도교에서 하나님 개념은 세 가지 다른 가르침을 통합하려는 시도이다:

1. 히브리 개념—도덕적 가치의 옹호자인 하나님, 올바른 하나님.
2. 그리스 개념—통일자인 하나님, 지혜의 하나님.

3. 예수의 개념—살아 계신 친구, 사랑의 아버지요, 신성한 존재인 하나님.

따라서 그리스도교의 복합된 교리는 일관성을 얻는 데 큰 어려움을 겪고 있음이 뻔하다. 이러한 어려움은, 초기 그리스도교의 교리가 알렉산드리아의 필로, 나사렛 예수, 타르수스의 바울, 다른 이 세 사람이 몸소 겪은 종교적 체험에 대체로 기초를 두었다는 사실 때문에 더욱 악화되었다.

예수의 종교적 일생을 연구하면서, 예수를 긍정적으로 보라. 그가 죄 없다는 사실보다 그의 올바름, 사랑의 봉사를 생각하라. 예수는 하늘 아버지에 관한 히브리인의 개념에서 나타나는 피동적 사랑을, 죄짓는 사람조차도 포함해서 모든 사람의 아버지인 하나님의 더 높은 사랑, 적극적이고 피조물을 사랑하는 애정의 높이까지 들어올렸다.

5. 하나님을 의식함

도덕은 스스로 의식하는 이성(理性)에 그 기원이 있다. 도덕은 동물 성향을 초월하지만 순전히 진화된 것이다. 인간의 진화는 그것이 전개되면서, 조절자들이 수여되고 진리의 영이 퍼부어지기 전에 있던 자원을 모두 포함한다. 그러나 도덕 수준에 다다르는 것은 필사자의 삶에서 생기는 진짜 투쟁으로부터 사람을 구원하지 않는다. 사람의 물리적 환경은 살기 위한 싸움을 수반하고, 사회의 배경은 윤리적 조정을 필요하게 한다. 도덕적 상황은 이성의 가장 높은 분야에서 선택하기를 요구하며, 영적 체험(하나님을 깨달은 것)은 사람이 하나님을 찾고 그처럼 되도록 진지하게 애쓰기를 요구한다.

종교는 과학의 사실, 사회에 대한 책임, 철학의 가정(假定), 또는 도덕이 암시하는 의무에 기초를 두지 않는다. 종교는 생활 형편에 대하여 인간이 반응하는 독립된 분야이며, 도덕이 생긴 뒤 인간이 성장하는 모든 단계에서, 종교는 어김없이 드러난다. 종교는 가치를 실현하고 우주 친교를 누리는 모두 네 수준에 침투한다: 자아를 보호하는 물리적 수준, 곧 물질 수준. 친교하는 사회 수준, 곧 감정의 수준. 이성이 작용하는 도덕 수준, 곧 의무 수준. 신성한 예배를 통하여 우주 친교를 의식하는 영적 수준.

사실을 추구하는 과학자는 하나님을 첫째 근원, 물력의 하나님이라고 생각한다. 감정적인 예술가는 하나님이 아름다움의 이상(理想), 미학의 하나님이라고 본다. 이치를 따지는 철학자는 때때로, 우주를 통일하는 하나님, 아니 범신적 신조차 가정해 보고 싶어한다. 믿음을 가진 종교가는 살아남는 것을 보살피는 하나님, 하늘에 계신 아버지, 사랑의 하나님을 믿는다.

도덕적 행위는 언제나 진화된 종교에 앞서며, 계시된 종교의 일부가 되는 일도 있지만, 결코 종교적 체험의 전부는 아니다. 사회에 봉사하는 것은 도덕적 생각과 종교적 생활이 낳는 결과이다. 도덕은 종교적 체험을 가지는 더 높은 영적 수준까지 생물학적으로 이끌지 않는다. 추상적 아름다움을 찬미함은 하나님을 예배하는 것이 아니다. 자연을 격찬하는 것도 통일성을 경외하는 것도 하나님을 예배하는 것이 아니다.

진화된 종교는 과학·예술·철학의 어머니요, 이것은 조절자가 수여되고 진리의 영의 오심까지 넣어서, 계시된 종교를 받아드리는 수준까지 사람을 높여 주었다. 인간 존재의 진화적 그림은, 종교에서 시작하고 종교에서 끝난다. 종교의 질에서 아주 다르지만, 하나는 진화적·생물학적 종교요, 다른 하나는 계시적이고 주기성이 있는 종교이다. 그래서 종교가 사람에게는 정상이고 자연스러운 한편, 또한 사람이 선택하는 것이다. 사람은 자기 뜻을 거역하여 종교적일 필요가 없다.

종교적 체험은 그 본질이 영적 체험이니까, 결코 물질 지성이 완전히 이해할 수 없다. 따라서 신학, 종교의 심리학이 생긴다. 인간이 하나님을 깨닫는다는 기본 교리는 유한하게 이해했을 때 역설(**逆說**)을 만들어 낸다. 인간의 논리와 유한한 추리는 신이 안에 계신다는 개념, 하나님이 모든 개인 안에 계시고 그 일부라는 개념을 하나님의 초월 관념, 신이 온 우주를 지배한다는 관념과 조화시키기가 거의 불가능하다. 지적 예배를 정당화하고 성격이 살아남을 희망을 확인하기 위해서, 성격을 가진 하나님의 초월성 개념을 믿음으로 이해하고, 바로 그 하나님의 분신(**分身**)이 깃드는 계심을 깨닫는 가운데, 이 두 가지 주요한 신 개념이 통일되어야 한다. 종교의 실체를 필사자가 지적으로 이해할 능력이 도무지 없다는 사실에, 종교의 어려움과 역설이 본래부터 생긴다.

필사자는 땅에서 현세에 머무르는 동안에도, 종교적 체험에서 세 가지 큰 만족을 확보한다:

1. 지적으로 사람은 더욱 통일된 인간 의식의 만족함을 얻는다.

2. 철학적으로 사람은 도덕적 가치에 관한 그의 이상이 구체화되는 것을 즐긴다.

3. 영적으로 신의 동반자가 되는 체험을 맛보면서, 참된 예배에서 얻는 영적 흐뭇함 속에서 사람은 잘 자란다.

그 영역의 진화하는 필사자가 체험하다시피, 하나님을 의식하는 것은 세 가지 다른 요소, 곧 실체를 의식하는 세 가지 차별 수준으로 구성되어야 한다. 첫째로, 지성 의식—하나님 관념을 이해하는 것이다. 다음에는, 혼 의식—하나님의 이상을 깨달음이 따른다. 마지막으로, 영 의식—하나님이 영 실체라는 깨달음이 떠오른다. 아무리 어설프더라도 신을 깨닫는 데 필요한 이 요소들을 통일함으로, 사람의 인격은 하나님의 성격을 깨달으면서, 항상 모든 의식 수준을 덮는다. 최후 군단에 도달한 필사자의 경우에는, 시간이 지나면 이 모두가 하나님이 최상위임을 깨닫도록 이끌고, 그 뒤에는 하나님이 궁극위임을 깨닫는 단계에 궁극에 이르게 될지 모르며, 이것은 파라다이스 아버지를 초한하게 초월 의식하는 어떤 단계이다.

하나님을 의식하는 체험은 대대로 똑같지만, 인간의 지식이 향상되는 새 시대마다 하나님에 대한 철학적 개념과 신학적 정의가 바뀌어야 한다. 하나님을 아는 것, 종교적 의식(**意識**)은 한 우주 현실이다. 그러나 종교적 체험이 아무리 옳다(진실)하더라도, 그것은 총명한 비평과 이치에 맞는 철학적 해석에 기꺼이 복종해야 한다. 종교적 의식은 인간 체험의 총체로부터 동떨어진 물건이 되기를 추구해서는 안 된다.

성격이 영원히 살아남는 것은 전적으로 필사자의 지성이 선택하는 데 달려 있고, 그 지성의 결정은 불멸의 혼이 살아남는 잠재성을 좌우한다. 지성이 하나님을 믿고 혼이 하나님을 알 때, 양육하는 조절자와 함께 지성과 혼 모두가 하나님을 바랄 때, 그 때 살아남는 것이 보장된다. 지능의 한계, 교육의 부족, 교양의 결핍, 사회적 지위의 빈약, 아니 교육 및 교양의 이점과 사회적 이점이 불행히 없어서 생기는 인간의 도덕 수준의 열등함조차, 그렇게 불운하고 인간적으로 불리해도 믿는 사람들 속에 신의 영이 계신 것을 무효로 만들 수 없다. 신비의 감시자가 깃드는 것은 시작이며, 그것은 불멸의 혼이 자라고 살아남는 잠재 가능성을 보장한다.

필사자인 부모의 출산하는 능력은 그들의 교육, 문화, 사회 또는 경제적 지위에 달려 있지 않다. 자연의 조건 밑에서 부모 요인들의 결합은 자식을 낳기에 아주 넉넉하다. 신다운 조절자와 결합해서, 옳고 그른 것을 헤아리고 하나님을 예배하는 능력을 가진 인간의 지성은, 그 사람 안에서 살아남을 자질을 가진 불멸하는 혼의 생산을 시작하고 기르는 데 필요한 전부이며, 그러한 영을 받은 사람은 하나님을 찾고, 하나님처럼 되기를 참으로 바라고, 하늘에 계신 하나님의 뜻을 행하기를 정직하게 택하기만 하면 된다.

6. 성격자의 하나님

우주의 아버지는 성격자들의 하나님이다. 성격자 지위를 가지고 필사자인 가장 낮은 물질 생물부터 창조자의 위엄과 신의 지위를 가진 가장 높은 성격자에 이르기까지, 우주 성격자의 분야는 그 중심과 테두리가 우주의 아버지 안에 있다. 아버지 하나님은 모든 성격을 주고 보존하는 분이다. 마찬가지로, 파라다이스 아버지는 마음을 다하여 신의 뜻을 행하기를 택하는 모든 유한한 성격자, 하나님을 사랑하고 그처럼 되기를 몹시 바라는 자들의 운명이다.

성격은 우주에서 풀리지 않은 신비 가운데 하나이다. 여러 계급과 수준의 성격을 구성하는 데 들어가는 요소에 대하여 우리는 알맞는 개념을 지어낼 수 있지만, 성격 자체의 참 본질을 넉넉히 알지 못한다. 한데 모았을 경우에 인간 성격의 수송 수단을 이루는 수많은 요소를 우리는 뚜렷이 파악하고 있지만, 그러한 유한한 성격의 본질과 중요성을 우리는 넉넉히 이해하지 못한다.

자의식하는 최소한으로부터 하나님을 의식하는 최대한까지, 지성 자질을 소유하는 모든 피조물 안에 성격은 잠재한다. 그러나 지성 자질만으로는 성격이 아니요, 영이나 물리적 에너지도 성격이 아니다. 성격이란 물질·지성·영 에너지가 결합되고 조정된 이 살아 있는 조직에 아버지 하나님이 혼자 수여한, 우주 실체 안에 있는 그 질과 가치이다. 성격은 점진적으로 성취하는 것도 아니다. 성격은 물질적이거나 영적일 수 있지만, 성격은 있든지 아니면 없든지, 둘 중의 하나이다. 성격이 아닌 다른 것들은, 파라다이스 아버지가 직접 행위하시는 경우를 빼고, 결코 성격을 가진 자의 수준에 다다르지 못한다.

성격의 수여는 오로지 우주의 아버지의 독점(獨占) 기능, 곧 살아 있는 에너지 조직을 성격화하는 것이며, 그 조직에 우주의 아버지는 상대적 창조 의식의 속성과 그것을 자유 의지로 통제하는 속성을 준다. 아버지 하나님으로부터 따로 떨어진 성격자는 아무도 없고, 아버지 하나님이 아니면 아무 성격자도 있을 수 없다. 인간의 성격에 있는 절대 조절자 알맹이와 마찬가지로, 인간의 자아의 근본적 속성은, 우주에게 베푸는 봉사에서 우주의 아버지가 독점인 성격 영토에서 활동하면서 주신 것이다.

전(前) 성격 지위를 가진 조절자들은 수많은 종류의 필사 인간에게 깃들며, 그처럼 바로 이 존재들이 죽음을 겪고 다시 살아나서, 궁극에는 영에 도달하는 잠재성을 가진 상물질 생물로 성격화되는 것을 보장한다. 왜냐하면, 그러한 성격을 받은 생물의 지성에, 성격자인 아버지의 전 성격 선물, 영원한 하나님 영의 분신이 깃들 때, 그 때 이 유한한 성격은 신답고 영원한 자의 잠재성을 소유하고, 궁극위와 비슷한 운명을 바라고, 아니 절대자를 깨달으려고 손을 뻗기까지 하기 때문이다.

신이 준 성격을 받아들이는 능력은 전 성격인 조절자에게 본래부터 있다. 인간 성격을 받아들이는 능력은, 인간이 받은 우주 지성 자질에 잠재한다. 그러나 필사 인간의 물질 생명을 수송하는 수단이, 우주의 아버지의 해방시키는 신성의 손길을 받고, 이처럼 자의식을 가지고 (상대적으로) 스스로 결정하고 스스로 창조하는 성격자로서 체험의 바다로 나가기까지, 필사 인간의 체험적 성격을 활동적·기능적 실체로서 관찰할 수 없다. 물질적 자아는 참으로 또 제한 없이 성격을 가진다.

물질적 자아는 성격과 신분, 현세의 신분이 있으며, 전 성격인 영 조절자도 신분, 영원한 신분이 있다. 이 물질 성격과 영(靈)인 이 전 성격은 그들의 창조 속성을 모아서, 불멸하는 혼의 살아남는 신분을 빚어낼 수 있다.

이처럼 불멸의 혼이 자라도록 마련하고, 사람의 속 자아를 선행(先行) 원인에 절대로 의존하는 사슬로부터 풀어 놓았기 때문에, 아버지는 옆으로 비켜 서신다. 이제 적어도 영원한 운명에 관한 한, 원인에 대한 반응의 사슬로부터 사람이 이처럼 풀려나고, 불멸의 자아, 곧 이 혼이 성장하도록 준비되었기 때문에, 사람 자신은 살아남는 영원한 자아의 창조를 의지(意志)하거나 그 창조를 억제하기만 하면 되고, 이 영원한 자아는 택하는 대로 자기 것이 된다. 넓은 온 우주에서 어떤 다른 존재, 물력, 창조자, 또는 대리자도, 필사자가 가진 자유 의지의 절대 주권에 어느 정도라도 간섭할 수 없으며, 이는 선택하는 사람 인격의 영원한 운명에 관하여, 선택 영역 안에서 그 자유 의지가 작용하기 때문이다. 영생에 관해서 말하면, 하나님은 물질적 필사자의 의지가 주권을 가졌음을 선포했고 이 선포는 절대적이다.

피조물에게 성격을 수여하는 것은, 선행하는 원인에 대하여 노예처럼 반응함으로부터 상대적 해방을 부여한다. 그러한 모든 도덕 존재의 성격은, 진화하든 그렇지 않든, 우주의 아버지의 성격에 집중된다. 영원한 하나님의 광대하고 우주적인 가족 사회와 친교 집단을 구성하는, 존재의 그 친족 관계로 말미암아, 그들은 파라다이스 아버지의 계심 앞으로 늘 이끌린다. 모든 성격 안에는 신성한 자발성의 친족 관계가 있다.

온 우주의 성격 회로는 우주의 아버지의 몸에 집중된다. 파라다이스 아버지는 자의식하며 존재하는, 모든 수준의 성격자를 모두 친히 의식하고 그들과 친히 연락하신다. 그리고 모든 창조의 이 성격 의식은 생각 조절자의 임무와 별도로 존재한다.

모든 인력이 파라다이스 섬에 회로가 연결되며, 모든 지성이 합동 행위자에, 모든 영이 영원한 아들 안에서 연결되다시피, 모든 성격은 우주의 아버지가 몸소 계신 앞으로 연결되어 있다. 이 회로는 모든 성격자의 예배를 최초의 영원한 성격자에게 어김없이 전해 준다.

조절자가 깃들지 않는 성격자들에 관하여 말하면, 우주의 아버지가 선택하는 자유의 속성도 수여했으며, 그러한 사람들은, 마찬가지로 신의 사랑의 큰 회로, 곧 우주의 아버지의 성격 회로에 둘러싸인다. 하나님은 모든 참 성격자가 주권을 가지고 선택하게 한다. 어떠한 성격 생물도 영원한 모험을 하라고 강제될 수 없다. 오로지 자유 의지 하나님의 아들들, 자유 의지를 가진 아들들이 자유 의지로 선택하는 데 반응하여 영원의 입구(入口)가 열린다.

이것이 살아 계신 하나님이 시간의 아이들과 가지는 관계를 발표하려는 나의 노력을 나타낸다. 모든 것을 종합해 보건대, 하나님이 너희의 우주 아버지요, 너희는 모두 혹성에서 그의 자식임을 되풀이하는 것보다 더 유익한 아무 일도 나는 할 수 없다.

[이 글은 유버르사의 한 신성한 조언자가 우주의 아버지에 대한 이야기를 발표한 시리즈의 다섯째이자 마지막 글이다.]

제 6 편

영원한 아들

영원한 아들은 우주의 아버지의 "처음" 성격 개념이자 절대 개념의 완전한 마지막 표현이다. 따라서 자신을 친히, 절대로 표현할 때는 언제 어떻게 하든지, 아버지는 영원한 아들을 통해서 하신다. 영원한 아들은 언제나 살아 있는 신성한 말씀이었고, 이제도 그렇고, 앞으로도 늘 그럴 것이다. 이 영원한 아들은 영원한 우주의 아버지와 함께, 그리고 그 성격의 계심을 바로 덮으며, 만물의 중심에서 거하신다.

인간의 지능이 생각하는 길에 접근하려는 목적으로 우리는 하나님의 "처음" 생각에 대하여 말하며, 영원한 아들의 불가능한 시간 기원을 빗대어 이야기한다. 이러한 언어의 왜곡은, 필사 인간의 지성, 시간에 제약받는 지성과 스치고 절충하려는 우리의 최선(最善)의 노력을 나타낸다. 차례를 따지는 감각에서 본다면, 우주의 아버지는 처음 생각을 하셨을 수 없고, 영원한 아들도 계시기 시작한 때가 있을 수 없다. 그러나 나는 그러한 생각의 상징으로, 시간에 제한을 받는 필사자들의 지성에게 영원의 실체들을 묘사하고 그러한 차례의 시간 개념으로 영원한 관계들을 표현하라는 지시를 받았다.

영원한 아들은 파라다이스 아버지의 신다운 실체, 무제한의 영, 그리고 절대성격의 개념, 보편적이며 무한한 개념이 영으로 성격화된 것이다. 이로서 아들은 우주의 아버지의 창조자 신분을 신성하게 계시한 것이다. 아들의 완전한 성격은 아버지가 영적인 것, 의지한 것, 목적에 맞고 성격인 것들의 모든 의미와 가치의 근원, 실제로 영원하고 보편적인 근원임을 드러낸다.

시간 속에 사는 유한한 지성이, 파라다이스 삼위 일체의 영원하고 무한한 존재들의 관계에 대하여 어떤 차례 개념을 가질 수 있도록 만들려는 노력으로, "아버지의 개념, 성격을 가지고 보편적이고 무한한 처음 개념"이라고 표현하는 것처럼, 우리는 개념을 함부로 사용한다. 신들의 영원한 관계에 대하여 어떤 적당한 아이디어라도 인간의 지성에게 전달하는 것이 나에게 불가능하다. 그래서 나중 시대에 이 영원한 존재들의 관계에 대하여, 유한한 지성에게 얼마큼의 관념이라도 허락할 그러한 용어들을 사용한다. 우리는 아들이 아버지로부터 솟아 나왔다고 믿는다. 아무 조건 없이 두 분은 영원하다고 우리는 가르침을 받았다. 따라서 아버지로부터 생겨나고, 아버지 자신과 함께 나란히 영원한, 아들의 이 신비를 시간 속에 사는 어떤 피조물도 결코 넉넉히 깨달을 수 없음이 명백하다.

1. 영원한 아들의 신분

영원한 아들은 하나님이 최초에 하나만 얻은 아들이다. 그는 아들 하나님, 신의 둘째 분이며, 만물의 부(副)창조자이다. 아버지가 위대한 첫째 근원 중심인 것처럼, 아들은 둘째 근원 중심이다.

영원한 아들은 온 우주의 영적 정부에서 영적 중심이요 신다운 행정자이다. 우주의 아버지는 처음에 창조자이고 다음에는 통제자이다. 영원한 아들은 처음에는 공동 창조자이고, 나중에는 영적 행정자이다. "하나님은 영이시며," 아들은 그 영을 성격으로 계시한 것이다. 첫째 근원 중심은 의지의 절대이며, 둘째 근원 중심은 성격의 절대이다.

우주의 아버지는 아들과 함께 하거나 아들이 나란히 행동하지 않고는 결코 창조자로서 몸소 활동하지 않는다. "태초에 말씀이 계셨으니, 그 말씀은 하나님과 함께 계셨고, 그 말씀은 하나님이었더라. 만물을 그가 만드셨고, 창조된 아무 것도 그가 아니고는 창조되지 않았더라" 했을 때 신약의 저자(著者)가 영원한 아들을 언급했더라면 진실을 말했을 것이다.

영원한 아들의 한 아들이 유란시아에 나타났을 때, 사람의 모습을 입은 이 신다운 존재와 사귄 사람들은, 그가 "처음부터 계셨고, 우리가 그의 말을 들은 적이 있고, 우리의 눈으로 본 적이 있으며, 우리가 우러러보았고, 우리의 손으로 만져 본 적이 있는 분, 아니 생명의 말씀까지도 되시는 분"이라고 언급했다. 최초의 아들과 마찬가지로, 이 수여 아들은 아버지로부터 왔고, 이것은 그가 땅에서 하신 기도 가운데 하나에 비춘 바와 같다. "자 이제, 아 내 아버지여, 아버지 자신을 가지고, 이 세계가 생기기 전에 내가 아버지와 함께 누렸던 영광으로 나를 영화롭게 하소서."

영원한 아들은 여러 우주에서 다른 이름으로 알려져 있다. 중앙 우주에서 그는 동등한 근원, 공동 창조자, 부(副)절대자로 알려져 있고, 초우주 본부 유버르사에서 우리는 아들을 동등한 영 중심, 영원한 영 행정자로 부른다. 너희 지역 우주 본부 구원자별에서 이 아들은 영원한 둘째 근원 중심이라 기록되어 있다. 멜기세덱들은 그를 아들 중의 아들이라고 말한다. 사람이 사는 너희 체계의 구체들에서는 그렇지 않지만, 너희 세계에서 이 최초의 아들은 한 동격의 아들 창조자, 네바돈의 미가엘과 혼동되어 왔는데, 그는 유란시아의 필사 민족들에게 자신을 수여했다.

파라다이스 아들들 가운데 누구라도 하나님의 아들이라 적절히 불러도 좋다. 그러나 우리는 "영원한 아들"이라는 칭호를 이 최초의 아들, 둘째 근원 중심을 부르는 데 쓰도록 남겨 놓는 습관에 젖어 있다. 이분은 우주의 아버지와 함께, 힘차고 완전한 중앙 우주를 공동으로 창조하신 분이며, 이 무한한 신들로부터 솟아 나오는 다른 모든 신다운 아들을 공동으로 창조하신 분이기도 하다.

2. 영원한 아들의 성품

영원한 아들은 우주의 아버지와 똑같이, 변치 않고 무한히 믿을 만하다. 아버지와 마찬가지로 영적이고, 똑같이 참으로 제한 없는 영이다. 낮은 기원을 가진 너희에게는, 아들이 우주의 아버지보다 접근 가능성에서 너희에게 한 걸음 더 가까우니까, 그는 성격을 더 가진 듯 보일 것이다.

영원한 아들은 하나님의 영원한 말씀이다. 그는 온통 아버지와 같다. 사실, 영원한 아들은 온 우주에게 성격으로 나타나는 아버지 하나님이다. 그래서, "아들을 본 자는 아버지를 보았도다"하는 것은 영원한 아들, 그리고 그와 동격인 모든 아들 창조자에 대하여 진실이었고, 이제도 진실이요, 언제까지나 진실일 것이다.

아들의 성품은 영 아버지와 온통 같다. 우주의 아버지를 예배할 때, 우리는 실제로 아들 하나님과 영 하나님을 동시에 예배한다. 아들 하나님은 아버지 하나님과 마찬가지로 신성하게 실재하며 성품이 영원하다.

아들은 아버지의 무한하고 초월하는 올바름을 모두 가졌을 뿐 아니라, 아버지의 거룩한 성질도 또한 반영한다. 아들은 아버지의 완전성을 함께 나누며, 모든 불완전한 생물이 신의 완전함을 성취하려고 기울이는 영적 노력을 돕는 책임을 공동으로 나누어 가진다.

영원한 아들은 아버지의 신성의 특징과 영성(靈性)의 속성을 모두 소유한다. 아들은 성격과 영 면에서 하나님의 충만한 절대성이며, 아들은 온 우주의 영적 정부를 친히 관리할 때 이 성질을 드러낸다.

하나님은 정말로 보편적 영이다. 하나님은 영이며, 하나님의 이 영적 성품은 영원한 아들의 신 안에 집중되고 성격화된다. 모든 영적 특성은 첫째 근원 중심의 보편성과 구별함으로, 아들 안에서 크게 돋보인다. 아버지가 그의 영 성품을 아들과 함께 나누는 것 같이, 두 분은 함께 신성한 영을 넉넉하게, 그리고 아낌없이 합동 행위자, 곧 무한한 영에게 나누어 준다.

아들이 보편적 가치를 가진 순전히 영적 아름다움을 실현하는 데 더 헌신하는 듯이 보이는 것을 빼고, 진리를 사랑하고 아름다움을 창조하는 일에 아버지와 아들은 똑같다.

신답게 선한 면에서, 아버지와 아들 사이에 나는 아무런 차이를 식별하지 못한다. 아버지는 아버지로서 그의 우주 아이들을 사랑하고, 영원한 아들은 아버지로서 또한 형으로서, 모든 생물을 바라본다.

3. 아버지의 사랑이 베푸는 봉사

아들은 삼위 일체의 정의와 올바름을 나누어 가지지만, 아버지의 사랑과 자비를 무한히 성격화함으로, 신의 이 두 특성이 빛을 잃게 만든다. 아들은 우주에게 신의 사랑을 계시한 것이다. 하나님이 사랑인 것처럼, 아들은 자비이다. 아들은 아버지보다 더 사랑할 수 없지만, 한 가지 다른 방법으로 피조물에게 자비를 베풀 수 있으니, 이는 그가 아버지처럼 시원적 창조자일 뿐 아니라, 또한 바로 그 아버지의 영원한 아들이며, 이로서 우주의 아버지의 다른 모든 아들이 가지는 아들 체험을 나누기 때문이다.

영원한 아들은 모든 창조에게 자비를 베푸는 큰 봉사자이다. 자비는 아들의 영적 신격의 알맹이이다. 영원한 아들의 명령이 둘째 근원 중심의 영 회로 위로 떠나감에 따라서, 그 명령은 자비의 음정을 띤다.

영원한 아들의 사랑을 헤아리기 위하여 너희는 먼저 그 신다운 근원, 사랑인 아버지를 파악해야 하고, 다음에 무한한 영과 거의 한없는 그의 봉사 성격자들의 무리가 베푸는 널리 미치는 봉사에서, 이 무한한 사랑이 펼쳐짐을 보아야 한다.

영원한 아들의 봉사는 온 우주에게 사랑의 하나님을 드러내는 데 바쳐진다. 신다운 이 아들은, 인자하신 아버지에게 비천한 피조물을 사랑하라고, 시간 속에 사는 죄인들에게 자비를 보이라고 설득하려 애쓰는 천한 일에 종사하지 않는다. 공간의 물질 세계에서 사는 신분 낮은 생물에게 자비를 보이라고 우주의 아버지에게 호소하는 영원한 아들을 상상하는 것은 얼마나 잘못인가! 그러한 하나님의 개념이야말로 촌스럽고 괴상하다. 오히려 하나님의 아들들이 베푸는 모든 자비로운 봉사가, 보편적 사랑과 무한한 동정심을 가진 아버지의 마음을 직접 드러낸다는 것을 너희는 깨달아야 한다. 아버지의 사랑은 아들이 베푸는 자비의 진정하고 영원한 근원이다.

하나님은 사랑이요, 아들은 자비이다. 자비는 사랑을 응용한 것이며, 영원한 아들의 몸 안에서 활동하는 하나님의 사랑이다. 이 우주의 아들의 사랑은 마찬가지로 보편적이다. 남녀의 구별이 있는 혹성에서 사랑을 이해하는 바와 같이, 하나님의 사랑은 아버지의 사랑과 더 견줄 만하고, 영원한 아들의 사랑은 어머니의 애정과 더 비슷하다. 그러한 실례(實例)는 정말로 투박하지만, 내가 이 예를 드는 것은, 아버지의 사랑과 아들의 사랑에는 신다운 알맹이가 다르다는 것이 아니라, 표현의 질과 기법에 차이가 있음을 인간의 지성에게 전달하기를 바라기 때문이다.

4. 영원한 아들의 속성

영원한 아들은 우주 실체의 영적 수준을 자극한다. 모든 우주의 실재 사물과 가지는 관계에서, 아들의 영적 힘은 절대적이다. 차별되지 않은 모든 영 에너지의 상호 관계, 그리고 현실화된 모든 영 실체에 대하여 영 인력(引力)을 절대로 장악함으로, 아들은 완전히 통제한다. 순수하고 조각나지 않은 모든 영, 모든 영적 존재와 가치는, 1차 파라다이스 아들의 무한한 인력에 민감하다. 만약에 영원한 미래가 한없는 우주의 출현을 구경하게 된다면, 최초의 아들의 영 인력과 영의 힘은, 그러한 한없는 창조의 영적 통제와 효율적 관리에 전적으로 적절하다는 것이 드러날 것이다.

아들은 오로지 영의 분야에서만 전능하다. 우주 행정을 처리하는 영원한 경제에서, 헤프고 필요 없이 기능을 중복하는 일은 결코 부닥치지 않는다. 신들은 우주에게 봉사를 베풀면서 쓸모 없이 되풀이하는 사치에 빠지지 않는다.

최초의 아들의 두루 계심은 온 우주의 영적 통일을 구성한다. 모든 창조의 영적 응집은, 영원한 아들의 신다운 영의 계심, 어디서나 활약하는 계심에 달려 있다. 아버지의 영적 계심을 상상할 때, 우리의 생각 속에서 그것을 영원한 아들의 영적 계심과 구별하기 힘들다. 아버지의 영은 영원히 아들의 영 안에 거하신다.

아버지는 영적으로 두루 계신 것이 틀림없으나 그러한 두루 계심은 영원한 아들이 어디서나 하는 영 활동과 뗄 수 없는 듯하다. 그러나 2중의 영적 성질을 가진, 아버지-아들이 계시는 모든 상황에서 우리는 아들의 영이 아버지의 영과 나란히 있다고 믿는다.

성격자들과 연락할 때, 아버지는 성격 회로에서 활동하신다. 영적 창조와 개인적이며 탐지할 수 있는 연락을 가질 때, 아버지는 그의 신 총체의 분신에서 나타나며, 이 아버지 분신(分身)들은, 우주에서 언제 어디서 나타나든지, 홀로 행하는 독특한 독점 기능을 가지고 있다. 모든 그러한 상황에서, 아들의 영은 분신이 된 우주의 아버지의 계심의 영적 기능과 나란히 있다.

영원한 아들은 영적으로 두루 계신다. 영원한 아들의 영은 너와 함께, 너의 둘레에 있는 것이 아주 확실하지만, 신비의 감시자처럼, 네 안에, 너의 일부로서 있지는 않다. 안에 깃드는 아버지의 분신은 그 인간 지성을 점진적으로 신다운 태도에 맞추어 조절하고, 그리고 나서, 하늘 가는 그런 지성은 둘째 근원 중심의 전능한 영 인력 회로의 당기는 영적 힘에, 점점 더 민감하게 된다.

영원한 아들은 보편적으로, 영적으로 자의식을 가진다. 지혜 면에서 아들은 아버지와 완전히 동일하다. 지식, 곧 전지(全知)의 분야에서, 우리는 첫째 근원과 둘째 근원을 가릴 수 없다. 아버지처럼 아들은 다 아신다. 그는 어떠한 우주 사건에도 결코 놀라지 않고, 처음부터 끝을 이해하신다.

아버지와 아들은 온 우주의 모든 영, 그리고 영답게 변화된 존재들의 수와 장소를 정말로 아신다. 두루 계시는 자신의 영 덕택으로 아들은 모든 것을 알 뿐 아니라, 아버지와 합동 행위자와 똑같이, 아들은 최상 존재의 광대한 반영 지능을 충분히 인식하고 있다. 최상 존재의 지능은 일곱 초우주의 모든 세계에서 벌어지는 모든 일을 항상 의식하고 있다. 그리고 파라다이스 아들이 모든 것을 아는 또 다른 방법이 있다.

인자하고 자비롭고 봉사하는 영적 성격자로서, 영원한 아들은 우주의 아버지와 온통, 무한히 대등하다. 한편 하급 영역의 승천 존재들과 가지는, 자비롭고 애정 깊은 모든 개인적 접촉에서, 영원한 아들은 여러 지역 우주에 있는 그의 파라다이스 아들들과 똑같이 친절하고, 생각 깊고, 참을성 있고 오래 견딘다. 이 파라다이스 아들들은 진화하는 시간 세계에 아주 빈번히 자신을 수여한다.

영원한 아들의 속성에 관하여 이제 더 늘어놓는 것은 쓸모 없는 일이다. 예외를 이미 언급했으니, 아들 하나님의 속성을 이해하고 올바르게 평가하기 위해서는 다만 아버지 하나님의 영적 속성을 연구할 필요가 있다.

5. 영원한 아들의 한계

영원한 아들은 물리적 영토에서 친히 활동하지 않으며, 합동 행위자를 통할 경우를 빼고, 생물 존재에게 베푸는 지성 봉사 수준에서도 활동하지 않는다. 그러나 이러한 자격 제한은, 영적 전지(全知), 두루 계심, 전능, 이 모든 신다운 특성을 충분하고 자유롭게 표현하는 데 영원한 아들을 어떤 방법으로도 달리 제한하지 않는다.

영원한 아들은 신 절대자의 무한에 본래 있는 영 잠재성을 몸소 침범하지 않는다. 그러나 이 잠재성이 현실화될 때, 그것은 아들의 영 인력 회로의 전능한 손아귀로 들어온다.

성격은 우주의 아버지가 홀로 주시는 선물이다. 영원한 아들은 아버지로부터 성격을 얻지만, 아버지 없이는 다른 존재에게 성격을 수여하지 않는다. 아들은 광대한 영의 무리를 낳지만, 그러한 파생물은 성격이 아니다. 아들이 성격자를 창조할 때, 그는 아버지와 함께 창조하든지, 아니면 그러한 관계에서 아버지를 위해서 행동해도 좋은 합동 창조자와 함께 창조한다. 그러므로 영원한 아들은 성격자들을 공동으로 창조하는 분이지만, 그는 아무 존재에게도 성격을 주지 않고, 결코 스스로, 혼자서, 성격 존재들을 창조하지도 않는다. 그러나 이러한 행동의 제한은 성격이 아닌 어떤 실체, 또는 모든 그런 실체를 창조하는 능력을 아들에게서 빼앗지 않는다.

영원한 아들은 창조자의 특권을 물려주는 데 제한이 있다. 최초의 아들을 영원하게 만들 때, 아버지는 창조하는 속성을 가진 아들들을 나중에 더 생산하는 신의 행위에 아버지와 함께 참여하는 권능과 특권을 아들에게 주었고, 이러한 일을 두 분은 해 왔고 지금도 하신다. 그러나 이 동격의 아들들이 출산되고 나서, 창조성의 특권은 더 자손에게 물려줄 수 없는 듯하다. 영원한 아들은 처음 성격화, 곧 직접 성격화할 경우에만 창조 능력을 물려준다. 따라서 아버지와 아들이 공동으로 한 아들 창조자를 성격화하려고 뭉칠 때 두 분은 목적을 이루지만, 가장 높은 지역 우주 아들들 안에서 한 아들 창조자의 창조 속성이 아주 제한되게 반영되는 듯한데도, 그렇게 생겨난 아들 창조자는 그 창조의 특권을, 뒤에 그가 창조할지 모르는 여러 계급의 아들들에게 결코 전해 주거나 넘겨 줄 수 없다.

무한하고 순전히 성격인 존재로서, 영원한 아들은 그의 성품을 조각낼 수 없고, 우주의 아버지와 무한한 영이 하시는 것처럼, 그의 자아의 개별화된 부분을 다른 통일체나 성격자들에게 분배하거나 수여할 수 없다. 그러나 아들은 한없는 영으로 모든 창조를 비추도록 스스로를 수여할 수 있고, 또 그렇게 하며, 모든 영 성격자와 영적 실체를 끊임없이 자신에게로 끌어당긴다.

영원한 아들은 모든 창조에 대하여 영 아버지 성격의 초상(肖像)이라는 것을 언제나 기억하여라. 아들은 성격자이며, 신의 의미에서 성격인 외에 아무 것도 아니다. 그처럼 신답고 절대적인 성격자는 부서지거나 조각날 수 없다. 아버지 하나님과 영 하나님은 진실로 성격을 가졌지만, 그들은 그러한 신 성격자인 외에, 모든 다른 것이기도 하다.

영원한 아들은 생각 조절자를 수여하는 데 친히 참여할 수 없다. 그렇지만 그는 영원한 과거에 우주의 아버지와 함께 의논하였고, 생각 조절자의 수여를 기획하면서 아버지가 아들에게 "우리의 모습을 따라서 필사 인간을 만들자"고 제안했을 때, 그 계획을 승인하고 끝없이 협조할 것을 다짐하였다. 그리고 아버지 영의 분신이 네 안에 사는 것처럼, 아들의 영 계심도 너를 감싸고, 한편 이 둘은 하나가 되어 너의 영적 전진을 위해서 언제까지나 일한다.

6. 영 지성

영원한 아들은 영이요 지성을 가졌지만, 필사 지성이 이해할 수 있는 지성이나 영은 아니다. 유한 수준, 우주 수준, 물질 수준, 성격 수준에서 필사 인간은 지성을 깨닫는다. 사람은 또한 성격 아래 (동물) 수준에서 활동하는 살아 있는 유기체에서 지성 현상을 지켜보지만, 초물질 존재들과 결합되었을 때, 그리고 순전한 영 성격자들의 일부로서 지성의 본질을 파악하기는 힘들다. 그러나 지성이 영 수준의 존재를 언급할 때, 지능의 영적 활동을 표시하려고 쓰일 때, 지성은 달리 구별되어야 한다. 영과 직접 뭉친 지성 종류는, 영과 물질을 조정하는 지성이나 또는 오로지 물질과 뭉친 지성과도 비교할 수 없다.

영은 신분의 여러 단계를 늘 의식하고, 그것을 염두에 두며, 그에 열중한다. 어느 단계에서 지성이 없다면, 영 존재들의 단체에는 영적 의식이 있을 수 없다. 지성에 상당하는 것, 즉 인식할 수 있고 남에게 인식될 수 있는 능력은, 신에게 절로 생긴다. 신은 성격이거나, 전 성격, 초월 성격, 또는 비성격일 수 있지만, 신은 결코 지성 없이 계시지 않는다. 다시 말해서, 결코 적어도 비슷한 통일체나 존재나 또는 성격자들과 교통하는 능력이 없이 지내지 않는다.

영원한 아들의 지성은 아버지의 지성과 같지만, 우주에서 어떤 다른 지성과도 다르며, 아버지의 지성과 함께, 합동 행위자의 다양하고 광범위한 지성들의 조상이다. 셋째 근원 중심의 절대 지성의 조상인 지능, 아버지와 아들 지성의 가장 좋은 예는 아마 생각 조절자의 전 지성(前知性)인데, 이는 이 아버지 분신들이 전적으로 합동 행위자의 지성 회로 바깥에 있어도 그들이 어떤 형태의 전 지성을 가졌기 때문이다. 그들은 그들의 신분이 알려진 그대로 알고 있고, 또한 인간의 생각 과정에 해당하는 것을 누린다.

영원한 아들은 온통 영답다. 사람은 아주 거의 통째로 물질이다. 따라서 영원한 아들의 영 성격, 파라다이스를 도는 일곱 개의 영적 구체(球體), 그리고 파라다이스 아들의 비성격 창조의 본질에 관한 많은 것은, 너희가 네바돈 지역 우주에서 상물질(上物質) 승천을 마치고 나서, 영 지위를 얻을 때까지 기다려야 할 것이다. 그리고 나서, 초우주를 거쳐서 하보나까지 계속 가는 동안에, "영의 지성"—영적 통찰력—을 비로소 부여받음에 따라서, 영이 감춘 많은 이러한 신비가 밝혀질 것이다.

7. 영원한 아들의 성격

영원한 아들은 무한한 성격자이며, 우주의 아버지는 삼자 일체화 기법으로, 바로 그 무제한 성격의 사슬로부터 피하셨다. 이 기법의 덕택으로 그 뒤로 죽, 창조자와 피조물로 가득 찬 항상 확대되는 우주 위에, 아버지는 한없이 풍부하게 자신을 줄곧 수여해 오셨다. 아들은 절대 성격이요, 하나님은 아버지 성격이다—성격의 근원이요, 성격을 수여한 분, 성격의 원인이다. 최초의 아들이 파라다이스 아버지로부터 그의 성격을 영원히 얻은 것 같이, 모든 성격 존재는 우주의 아버지로부터 성격을 얻는다.

파라다이스 아들의 성격은 절대적이고 순전히 영답다. 이 절대 성격자는 또한 신답고 영원한 원형(原形)이니, 처음에 우주의 아버지가 합동 행위자에게 성격을 수여할 때 원형이고, 그 뒤에 방대한 우주에 두루 존재하는 수많은 피조물에게 성격을 수여할 때 그 원형이다.

영원한 아들은 참으로 자비로운 봉사자요, 신다운 영이며, 영적 힘, 참 성격자이다. 아들은 하나님의 영적 성격 본질이 우주들에게 명시된 것이다—비성격이고 신답지 않은 것, 비영적이고 순전한 잠재성인 모든 것을 다 벗어 버린 첫째 근원 중심의 그 총합과 알맹이이다. 그러나 영원한 아들의 하늘 같은 성격이 아름답고 장려한 것을 말로 표현한 그림을 인간 지성에게 전달하기는 불가능하다. 우주의 아버지를 가려서 잘 보이지 않게 만드는 경향이 있는 모든 것이 거의 똑같은 영향력을 가지고, 영원한 아들을 개념적으로 인식하는 것을 막는다. 너희는 파라다이스에 다다르기를 기다려야 하며, 그 때 어째서 이 절대 성격자의 특징을 유한한 지성이 이해하도록 내가 그려 보일 수 없었는가 너희는 깨닫게 될 것이다.

8. 영원한 아들의 현실화

성격의 신분, 성품, 기타 특성에 관하여 말하면, 영원한 아들은 우주의 아버지와 완전히 대등한 분이요, 완전한 보완자, 영원한 짝이다. 하나님이 우주의 아버지인 것과 마찬가지 의미에서, 아들은 우주의 어머니이다. 그리고 우리 모두가, 지위가 높던 낮던, 그들의 우주 가족을 이룬다.

아들의 됨됨이를 이해하려면, 너희는 아버지의 신격이 계시된 것을 연구해야 한다. 두 분이 언제까지나 뗄 수 없이 하나이기 때문이다. 낮은 계급의 지능은, 신다운 성격자로서 두 분을 거의 구별할 수 없다. 신 자신들의 창조 활동에서 비롯된 자들에게는 두 분을 따로 식별하는 것이 그다지 어렵지 않다. 중앙 우주에서 태어난 존재와 파라다이스에 있는 존재들은, 아버지와 아들을 우주를 통제하는 하나인 성격 통일로 볼 뿐 아니라, 우주 행정의 명백한 분야에서 활동하는 분리된 두 성격자로서 인식한다.

성격자인 너희는 우주의 아버지와 영원한 아들을 분리된 개성이라 파악해도 좋은데, 그들이 정말로 그렇기 때문이다. 그러나 우주 행정에서는, 두 분이 한데 얽혀 있고 서로 연관이 있으니까, 두 분을 구별하는 것이 반드시 가능하지는 않다.

우주 사무에서, 헛갈리는 상호 관계에서 아버지와 아들과 마주칠 때, 두 분의 활동을 분리하려는 시도가 반드시 유익하지는 않다. 다만 하나님은 창시하는 생각이고, 아들은 표현이 풍부한 말씀이라는 것을 기억하여라. 각 지역 우주에서 이 불가분성은 아들 창조자의 신성에서 성격화되고, 그 아들은 사람이 사는 1천만 세계의 피조물에 대하여 아버지와 아들을 두 분을 대표한다.

영원한 아들은 무한하지만, 파라다이스 아들들의 몸을 통해서, 무한한 영의 참을성 있는 봉사를 통해서, 우리는 영원한 아들에게 접근할 수 있다. 파라다이스 아들들이 수여하는 봉사와 무한한 영의 생물이 베푸는 사랑이 담긴 봉사가 없이, 물질 기원을 가진 존재들은 도저히 영원한 아들에게 도달할 희망이 없다. 이것은 똑같이 참말이다: 하늘 대리자들의 도움과 안내가 있으면, 하나님을 의식하는 필사자는 분명히 파라다이스에 다다르고, 언젠가는 훌륭한 이 아들 중의 아들이 몸소 계신 앞에 설 것이다.

영원한 아들은 비록 필사 성격자들이 도달해야 하는 원형(原形)이지만, 너는 아버지와 영의 실체를 파악하기가 더 쉬움을 알아차릴 것이다. 이는 아버지가 너의 인격을 실제로 수여하는 분이고, 무한한 영은 너의 필사 지성의 절대 근원인 까닭이다. 그러나 영적으로 진보하는 파라다이스 길에서 네가 올라감에 따라서, 영원한 아들의 성격은 너에게 더욱 현실이 되고, 점진적으로 영답게 변화되는 너의 지성은 무한히 영다운 그의 지성의 실체를 더욱 분별할 수 있게 될 것이다.

영원한 아들의 개념은 결코 너의 물질 지성이나, 그 뒤에 상물질 지성 안에서 밝게 빛날 수 없다. 네가 영(靈)이 되고 네 영의 승천을 시작하기까지, 영원한 아들의 성격을 이해하는 것은 파라다이스의 기원을 가진 아들 창조자의 성격에 대하여 네가 가진 개념만큼 눈에 선할 수 없다. 이 아들 창조자는 몸소, 한 성격자로서, 한때 유란시아에서 육신화하고 사람들 사이에 한 사람으로서 살았다.

사람들은 아들 창조자의 성격을 이해할 수 있고, 순수하게 영답지만 조금도 성격이 줄어들지 않은, 파라다이스의 영원한 아들의 충분한 의미를 너는 깨닫지 못하는데, 네가 지역 우주에서 겪는 체험 전체를 통해서 그러한 너의 무능을 아들 창조자가 보충해야 한다. 네가 오르본톤과 하보나를 거쳐서 진보함에 따라서, 너의 지역 우주 아들 창조자의 모습, 눈에 선한 그 모습과 뜻깊은 기억을 남겨두고 떠날 때, 이 물질 및 상물질 체험을 거치는 것은, 파라다이스의 영원한 아들에 대하여 늘 개념이 확대되고 이해가 강화됨으로 말미암아 보충될 것이다. 네가 파라다이스를 향하여 진보함에 따라서, 영원한 아들의 실체와 친밀감은 언제나 커질 것이다.

영원한 아들은 위대하고 영화로운 성격이다. 그렇게 무한한 존재의 성격이 사실임을 파악하는 것이 비록 필사자의 물질 지성의 능력을 넘더라도, 의심하지 말라, 영원한 아들은 성격자이다. 내가 무엇에 관해서 말하는지 나는 사정을 알고 있다. 거의 셀 수도 없이 여러 번 나는 이 영원한 아들의 신성한 계심 앞에 서 보았고, 그리고 나서 그의 인자한 명령을 집행하려고, 우주에서 여행 길을 떠났다.

[파라다이스의 영원한 아들을 묘사하는 이 글을 작성하라고 배치된 한 신성한 조언자가 진술하였다.]

제 7 편

영원한 아들과 우주의 관계

최초의 아들은 다양한 무리의 산 존재들을 품는 진화 우주의 현상에서, 아버지의 영원한 목적이 점진적으로 펼쳐짐에 따라서 그 목적의 영적 모습을 집행하는 데 늘 관심을 가진다. 우리는 이 영원한 계획을 넉넉히 헤아리지 못하지만, 의심할 여지 없이, 파라다이스 아들은 헤아리신다.

동격의 아들들과 그에 종속되는 아들들에게, 가능한 자신의 모든 것을 주려고 애쓴다는 점에서, 아들은 아버지와 같다. 두 분의 합동 집행자, 무한한 영에게 자신을 아낌없이 수여하는 데서, 아들은 아버지와 함께 스스로를 분배하는 성품을 나누어 가진다.

영 실체들을 떠받드는 자로서, 둘째 근원 중심은 파라다이스 섬과 영원한 평형을 이루며, 파라다이스 섬은 모든 물질적인 것을 훌륭하게 떠받든다. 그래서 가운데 섬의 절묘한 원형들의 물질적 아름다움에서, 또한 영원한 아들의 더할 나위 없는 성격의 영적 가치에서 첫째 근원 중심이 언제까지나 드러난다.

영원한 아들은, 영적 실체와 영적 존재들이 거하는 광대한 창조를 실제로 지원하는 분이다. 영 세계는 아들의 버릇, 개인적인 행위이며, 영적 성질을 가진 비성격 실체들은 절대 아들의 완전한 성격의 뜻과 목적에 언제나 민감하다.

그러나 아들은 모든 영 성격자의 행위에 몸소 책임을 지지 않는다. 성격 생물의 의지는 비교적 자유롭고, 따라서 의지를 가진 그런 존재들의 행동을 좌우한다. 그러므로 유란시아에서 자연이 파라다이스와 신의 완전함과 불변성을 참되게 드러내지 않는 것처럼, 자유 의지를 가진 영 세계는 영원한 아들의 신격을 반드시 참되게 나타내지는 않는다. 그러나 사람이나 천사가 자유 의지로 하는 행동의 특징을 무엇이 표현하든지 상관 없이, 아들의 영원한 손아귀는 모든 영 실체에 대한 우주 인력을 계속 절대로 통제한다.

1. 영 인력 회로

하나님의 우주 내재성(內在性), 두루 계심, 전능, 전지(全知)에 관하여 가르쳐 온 모든 것이 영적 분야에서 아들에게 똑같이 참말이다. 모든 창조의 순수하고 보편적 영 인력, 순전히 영적인 이 회로는, 파라다이스에서 둘째 근원 중심의 몸으로 직접 인도한다. 그는 모든 참된 영 가치에 대하여, 상존하며 틀림없이 영적으로 장악하는 힘과 작용을 주관한다. 그래서 영원한 아들은 절대 영적 통치권을 행사한다. 글자 그대로, 모든 영 실체와 영적 성질을 띤 모든 가치를, 말하자면, 그의 손안에 쥐고 계신다. 우주의 영 인력을 통제하는 것이 우주의 영적 통치권이다.

영적 사물에 대한 이 인력 통제는 시간과 공간에 상관 없이 작용한다. 따라서 영 에너지는 전달할 때 줄어들지 않는다. 영 인력은 결코 시간의 지연을 받지 않고, 공간 때문에 줄어들지도 않는다. 전달하는 거리의 제곱과 비례해서 줄어들지 않으며, 이는 물질 창조의 질량이 순전한 영 동력의 회로를 늦추지 않기 때문이다. 순전한 영 에너지가 이렇게 시간과 공간을 초월하는 것은 아들의 절대성에 본래 있으며, 이것은 셋째 근원 중심의 반인력(反引力)의 힘이 사이에 끼어 생기는 것이 아니다.

영 실체들은 그 질적 가치에 따라, 그들의 영적 성품의 실제 정도에 따라서, 영적 인력 중심의 당기는 힘에 반응한다. 조직된 물질 에너지(양)가 물리적 인력에 민감한 것처럼, 영 알맹이(질)는 영 인력에 민감하다. 영적 가치와 영 물력은 실재한다. 성격자의 관점에서 보면, 영은 창조에 담긴 혼이요, 물질은 그림자 같은 육체이다.

영 인력의 반응과 변동은 한 치도 틀림없이, 영적 가치의 알맹이, 곧 한 개인이나 한 세계의 영적 지위의 질을 늘 가리킨다. 이 당기는 힘은 어느 우주 상황이나 혹성 조건에서도, 영 사이의 가치와 영 안에 있는 가치에 순간적으로 반응한다. 영적 실체가 우주에서 사실화될 때마다, 이 변화는 즉시 순간적으로 영 인력의 재조정을 필요하게 한다. 그러한 새 영(靈)은 실제로 둘째 근원 중심의 일부이다. 필사 인간이 영적으로 변화된 존재가 되는 것과 똑같이 확실하게, 그는 영적 아들, 영 인력의 중심과 근원에 도달할 것이다.

아들의 영적 인력은 많은 파라다이스 아들 계급에 덜한 정도로 본래부터 있다. 이는 절대적 영 인력 회로 안에, 그보다 작은 창조 단위에서 작용하는 영 인력을 가진 지역 체계가 존재하기 때문이다. 영 인력이 그렇게 절대 아래로 집중되는 것은 시공의 창조자인 성격자들의 신성의 일부이며, 최상 존재의 태동하는 체험적 전반적 통제와 서로 관계된다.

영 인력의 당기는 힘과 그에 대한 반응은, 그 우주 전체에 작용할 뿐 아니라, 또한 개인 사이에, 개인의 집단 사이에서도 작용한다. 어느 세계, 민족, 국가, 또는 믿는 인간 집단에도, 영적 성격자와 영이 된 성격자들 사이에는 영적 응집성이 있다. 같은 취향과 소망을 가지고 영적 생각을 가진 성격자들 사이에는, 영적 성질을 띤 직접 끄는 힘이 존재한다. 친척 영[1]이라는 용어는 전적으로 비유적 표현은 아니다.

파라다이스의 물질 인력과 마찬가지로, 영원한 아들의 영 인력은 절대적이다. 죄와 반란은 지역 우주 회로의 작용에 간섭할지 모르지만, 아무 것도 영원한 아들의 영 인력을 중지하지 못한다. 루시퍼 반란은 사람이 사는 너희 체계에 속하는 세계들과 유란시아에서 많은 변화를 가져왔다. 그러나 그 결과로서 생긴 너희 혹성의 영적 격리가 영원한 아들의 두루 계시는 영이나, 관련된 영 인력 회로의 존재와 작용에 티눈만큼이라도 영향을 미쳤다는 증거를 우리는 보지 못한다.

대우주의 영인력 회로의 모든 반응은 예측이 가능하다. 우리는 영원한 아들의 두루 계시는 영의 작용과 반작용을 인식하며, 이것들이 믿을 만하다는 것을 발견한다. 사람이 유한한 물질 인력의 작용을 계산하려 하는 것 같이, 잘 알려진 법칙에 따라서 우리는 영적 인력을 잴 수 있고, 또 재기도 한다. 아들의 영은 모든 영적 사물과 존재와 성격자에게 변함없이 반응하며, 이 반응은 반드시 모든 그러한 영적 가치의 사실성의 정도에 (실체의 질적 정도에) 따른다.

그러나 영원한 아들의 영적 계심의 기능, 아주 믿을 수 있고 예측할 수 있는 이 기능과 함께, 그 반응에서는 쉽게 예측할 수 없는 현상도 마주치게 된다. 그러한 현상은 아마 솟아나는 영적 잠재성의 영역에서 신 절대자의 나란한 활동이 있음을 가리킨다. 우리는 영원한 아들 영의 계심이 훌륭하고 무한한 성격의 영향인 것을 알지만, 신 절대자가 한다고 추측되는 행위와 관련된 반응을 우리는 좀처럼 성격 반응이라고 간주하지 않는다.

성격자의 관점에서, 성격자들이 보건대, 영원한 아들과 신 절대자는 다음과 같이 관계된 듯하다. 영원한 아들은 실제의 영적 가치 분야를 지배하는 한편, 신 절대자는 광대한 잠재하는 영 가치의 영토를 채우는 듯하다. 영적 본질의 모든 실재 가치는 영원한 아들의 인력 손아귀에 던져지지만, 그것이 잠재 가치라면, 신 절대자의 앞에 던져진다.

영(靈)은 신 절대자의 잠재성으로부터 솟아나는 듯하다. 생성되는 영은 최상위와 궁극위의 체험적이고 불완전한 손아귀에서 상관 관계를 찾는다. 결국 영은 영원한 아들의 영적 인력의 절대적 손아귀에서 마지막 운명을 찾는다. 이것이 체험적 영의 주기(週期)로 보이지만, 실존하는 영은 둘째 근원 중심의 무한에 본래부터 있다.

2. 영원한 아들의 행정

파라다이스에서 최초의 아들의 계심과 성격 활동은 깊고, 영적 의미에서 절대적인 것이다. 파라다이스로부터 바깥으로, 하보나를 거쳐서, 일곱 초우주 영역으로 지나감에 따라서, 영원한 아들이 몸소 활동하는 일이 자꾸 적어지는 것을 우리는 탐지한다. 하보나 이후에 창조된 우주들에서, 영원한 아들의 계심은 파라다이스 아들들 안에서 성격화되고, 최상위와 궁극위의 체험적 실체에 따라 조건을 받으며, 또한 신 절대자의 한없는 영 잠재성과 함께 조정된다.

중앙 우주에서 최초의 아들이 개인적으로 행하는 활동은, 그 영원한 창조의 지극히 아름다운 영적 조화에서 탐지될 수 있다. 하보나는 아주 놀랍게도 완전해서 원형(原形)인 이 우주의 영적 지위와 에너지 상태는 완전하고 영구하게 균형을 이루고 있다.

아들은 초우주에 몸소 계시거나 살지 않는다. 이 여러 창조에서 그는 오로지 초월 성격 대표를 유지할 뿐이다. 아들이 이렇게 영으로 명시된 것들은 성격이 아니며, 우주의 아버지의 성격 회로 안에 있지 않다. 이들을 부르는 데 <u>초월 성격자</u>라는 낱말보다 더 좋은 것이 없다. 이들은 유한한 존재이며, 초한자도 절대자도 아니다.

초우주에서 영원한 아들의 행정은 순전히 영적이며 성격을 초월하니까, 생물 성격자들이 이를 식별할 수 없다. 그런데도 옛적부터 늘 계신 이들의 영토, 각 단계의 모든 구역 활동에서, 아들의 성격 영향이 주는, 만물에 스며드는 영적 욕구와 마주치게 된다. 그러나 지역 우주에서, 우리는 영원한 아들이 파라다이스 아들들의 몸 안에 친히 계신 것을 지켜본다. 여기서 무한한 아들은, 웅장한 군대를 이루는 동격의 아들 창조자들의 몸 안에서, 영적으로, 창조적으로 활동한다.

3. 영원한 아들과 개인의 관계

지역 우주에서 올라갈 때, 시간 속에 사는 필사자들은 영원한 아들의 성격을 대표하는 아들 창조자에 의존한다. 그러나 초우주 훈련 체제로 상승이 시작될 때, 시간 순례자는 영감을 주는 영원한 아들 영의 고귀한 계심을 더욱 탐지하게 되며, 영적 에너지를 주는 그의 봉사를 받아들임으로 이득을 얻을 수 있다. 하보나에서는 만물에 스며드는 최초의 아들 영이 사랑으로 감싸는 것을 승천자들이 점점 더 의식하게 된다. 필사자의 승천 전체의 어느 단계에서도, 영원한 아들 영은 시간 순례자의 지성이나 혼에 깃들지 않는다. 그러나 그의 은혜는 늘 가까이 있고, 언제나 승진하는, 시간 속에 사는 아이들의 복지와 영적 안전에 관심을 가진다.

영원한 아들의 영적 인력의 당기는 힘은 살아남는 인간의 혼이 파라다이스로 올라가는 데 본래부터 있는 비밀이다. 모든 참된 영 가치, 그리고 영답게 변화된 진정한 개인들은 영원한 아들의 어김없는 영 인력의 손아귀에 붙들려 있다. 예를 들면, 필사 지성은 하나의 물질적 기계 장치로서 생애를 비롯하며, 이 체험 전체 동안에 물질 인력에 점진적으로 적게 지배되고, 그에 따라서 영 인력의 힘, 안으로 향한 당기는 힘에 갈수록 더 민감하게 되면서, 궁극에는 거의 완전하게 된 영 존재가 되어 최후 군단에 소집된다. 이 영 인력 회로는 사람의 혼을, 글자 그대로, 파라다이스로 잡아당긴다.

영 인력 회로는 인간 의식의 수준으로부터 실제 신을 의식하는 수준까지, 믿는 인간의 가슴에서 우러나오는 참 기도를 전달하는 기본 경로이다. 너희의 간구 가운데 참된 영적 가치를 나타내는 것은, 영 인력을 가진 우주 회로가 잡아내고, 관심을 가진 모든 신성한 성격자에게 즉각 동시에 전달된다. 각자는 그의 분야에 속하는 것에 전념할 것이다. 따라서 너의 실질적 종교 체험에서, 간청을 드릴 때, 너희 지역 우주의 아들 창조자를 마음에 그리는가, 아니면 만물의 중심에 계시는 영원한 아들을 그리는가는 중요하지 않다.

영 인력 회로의 차별하는 작용은 아마도 물질적 인체에서 신경 회로의 기능과 견줄까 싶다. 오감(五感)은 신경(神經)의 길을 타고 안으로 여행한다. 어떤 감각은 묶여 있다가, 하부의 자동 척추 중심에서 반응을 받고, 다른 감각은 자동성이 덜하지만 뇌 하부에 버릇으로 훈련된 중심에 전달되며, 한편 가장 중요하고 핵심적인 들어오는 정보는 이러한 하부 중심들을 획 지나서, 인간 의식의 가장 높은 수준에 즉시 기록된다.

그러나 영 세계의 훌륭한 기법은 얼마나 더욱 뛰어난가! 최상의 영적 가치를 실은 어떤 것이라도 너의 의식에서 생기면, 일단 네가 표현하면, 모든 창조를 다스리는 절대 영 성격자에게 직접 번개처럼 전해지는 것을 우주에서 아무 힘도 막을 수 없다.

거꾸로, 너의 기도가 순전히 물질적이고 전적으로 자기에게 집중하면, 그렇게 자격 없는 기도를 영원한 아들의 영 회로에 투입할 수 있는 계획은 하나도 없다. "영적으로 짓지 않은" 어떤 기도의 내용도, 우주의 영적 회로에서 자리를 차지할 수 없다. 순전히 이기심으로 물질적으로 드리는 그런 요구는 죽어 버린다. 이런 기도는 참된 영 가치의 회로를 타고 올라가지 못한다. 그러한 말은 "소리나는 징과 울리는 심발"과 같다.

동기가 되는 생각, 영적 알맹이가 바로 필사자의 간청을 정당하게 만든다. 말은 하나도 가치가 없다.

4. 완전하게 만드는 신의 계획

신의 진보 계획을 성공적으로 집행하는 과제에서, 영원한 아들은 아버지와 영구한 연락을 유지한다. 그것은 의지를 가진 피조물을 창조하고, 진화시키고, 승천시키고 완전하게 만드는 우주 계획이다. 신답게 충실한 가운데, 아들은 아버지와 영원히 대등한 분이다.

시간 속에 사는 물질 존재를 영원한 완전까지 승진시키기 위하여 이 거대한 달성 계획을 작성하고 집행하는 데 아버지와 아들은 하나와 같다. 공간에서 하늘 가는 혼들을 영적으로 들어올리려는 이 사업은 아버지와 아들 두 분이 공동으로 만드신 것이다. 무한한 영의 협조를 얻어서, 이 두 분은 그 거룩한 목적을 함께 집행하는 데 종사하신다.

완전을 이룩하는 이 신의 계획은, 독특하지만 놀랍게 서로 관계된 사업, 우주에서 모험하는 세 가지 사업을 포함한다:

1. 점진적 달성 계획. 이것은 우주의 아버지가 세운, 진화로 승천하는 계획이며, "우리 자신의 모습을 따라 필사 인간을 만들자"는 아버지의 제안에 찬성했을 때 영원한 아들이 무조건 받아들인 계획이다. 시간의 생물을 향상시키려는 이 준비에는 아버지가 생각 조절자들을 수여하고 물질 생물에게 성격의 특권을 부여하는 일이 뒤따른다.

2. 수여 계획. 그 다음 우주 계획은, 영원한 아들과 그의 동격인 아들들이 아버지를 계시하는 큰 사업이다. 이것은 영원한 아들의 제안이었고, 이 계획은 그가 하나님의 아들들을 진화하는 창조에 수여하고, 그들이 거기서 성격화하고 사실화하고 육신화하여, 모든 우주 생물에게 아버지의 사랑과 아들의 자비를 현실로 만드는 일로 이루어져 있다. 그 수여 계획에 본래부터 있고 사랑을 베푸는 이 일에 잠정적인 조치로서, 파라다이스 아들들은 잘못된 생물 의지가 영적 위험으로 몰아넣은 것을 회복하는 자로서 활약한다. 달성 계획의 작용에서 지연이 있을 때는 언제 어디서나, 만일에 반란이 이 사업을 해치거나 까다롭게 만든다면, 수여 계획의 긴급 조치가 당장에 활성화된다. 파라다이스 아들들은 반란이 일어난 바로 그 지역으로 들어가서, 거기서 그 구체들의 영적 지위를 회복하는 구출자로 활약할 것을 서약하며, 또 준비가 되어 있다. 그리고 통치권을 얻는 체험적 수여 생애와 관련하여, 동격의 한 아들 창조자가 유란시아에서 그렇게 영웅다운 봉사를 베풀었다.

3. 자비를 베푸는 계획. 달성 계획과 수여 계획이 작성되고 선포되고 나서, 무한한 영은 혼자서, 또 스스로, 자비를 베푸는 엄청난 우주 사업을 기획하고 운영하였다. 이것은 달성 사업과 수여 사업을 실질적으로 효과 있게 운영하는 데 아주 요긴한 봉사이다. 셋째 근원 중심의 영적 성격자들은 모두 자비를 베푸는 봉사 정신을 가지며, 이것은 신의 셋째 분의 성품에 자연스러운 일부이다. 창조 뿐 아니라 행정에서도, 무한한 영은 참으로, 글자 그대로, 아버지와 아들의 합동 행정자로서 활동한다.

영원한 아들은 생물을 승천시키려는 아버지의 우주 계획을 몸소 맡은 수탁자요 신성한 관리자이다. "내가 완전한 것 같이 너희도 완전하라"는 우주 지시를 공포하고 나서, 아버지는 이 엄청난 사업의 집행을 영원한 아들에게 맡기셨다. 영원한 아들은 이 고귀한 사업을 돌보는 것을 신다운 동위자, 무한한 영과 나누어 맡으신다. 그래서 신들은 창조·통제·진화·계시·봉사 작업은 물론이고—필요하다면 회복과 구제에서도—효과적으로 협동한다.

5. 수여하는 영

"하보나에 계신 너희 아버지가 완전한 것 같이, 너희도 완전하라"는 이 엄청난 명령이 모든 창조에 방송될 때, 영원한 아들은 아무 조건 없이 참여했다. 그 뒤로 이 초청이자 명령은 영원한 아들, 그리고 그와 동격이며 관련된 아들들의 광대한 집단이 세운 생존 계획과 수여 계획을 모두 북돋아 주었다. 바로 이 수여에서 하나님의 아들들은 모든 진화 생물에게 "길이요, 진리요, 생명"이 되었다.

아버지가 전 성격인 생각 조절자를 선사함을 통하여 하시는 것 같이 영원한 아들은 인간들과 직접 연락할 수 없다. 그러나 사람 앞에 서게 될 수 있기까지, 신의 아들이 되는 정도를 단계적으로 차츰 연속으로 낮춤으로, 가끔 그 자신이 사람이 되어, 영원한 아들은 지음받은 성격자들에게 가까이 간다.

영원한 아들의 본질, 순전히 성격인 본질은 조각낼 수 없다. 영원한 아들은 영적 영향이나 성격자로서 봉사하며, 결코 다른 방법으로 하지 않는다. 아들은 아버지인 조절자가 피조물의 체험에 참여한다는 뜻에서, 생물이 겪는 체험의 일부가 되기가 불가능하다는 것을 발견한다. 그러나 영원한 아들은 수여 기법을 통해서 이 한계를 보충한다. 분신이 된 통일체의 체험이 우주의 아버지에 대하여 가지는 의미는, 파라다이스 아들들의 육신화 체험이 영원한 아들에 대하여 가지는 의미와 같다.

영원한 아들은 신의 뜻으로서, 인간의 지성에 깃드는 생각 조절자로서 필사 인간에게 오지 않는다. 그러나 그의 아들, 네바돈의 미가엘이 신다운 <u>성격자</u>로서, 나사렛 예수라는 사람의 성품을 타고 육신화했을 때, 영원한 아들은 유란시아 필사 인간에게 오셨다. 창조된 성격자들의 체험을 나누기 위해서, 하나님의 파라다이스 아들들은 그러한 생물의 바로 그 성품을 입고, 그들의 신다운 성격을 실제로 스스로 피조물로 육신화해야 한다. 육신화는 아들별의 비밀이며, 만물을 둘러싸는 성격 절대성의 사슬로부터 아들이 달아나는 기법이다.

아주 오래 전, 영원한 아들은 하늘 가는 시간 순례자도 포함해서, 하보나의 모든 거주자와 순례자를 계몽하고 발전시키기 위하여, 중앙 창조의 회로 하나하나에 자신을 수여하였다. 이 일곱 수여 가운데 어디서도 그는 승천자나 하보나 주민으로서 활동하지 않았다. 그는 자신으로서 존재했다. 그의 체험은 독특했다. 그 체험은 사람이나 다른 순례자와 <u>함께</u> 한 것도 아니요, 또한 사람이나 다른 순례자<u>로서</u> 한 것도 아니지만, 초월 성격 의미로 어떤 면에서 친교성이 있었다.

그는 하보나 내부 회로와 파라다이스의 언저리 사이에 끼는 나머지 지역을 지나가지도 않았다. 절대 존재인 그는 성격의 의식을 그치는 것이 불가능하며, 이는 모든 영 인력선이 그분 안에 집중하기 때문이다. 그리고 이 수여 기간에 영적으로 빛나는 중앙 파라다이스의 숙소는 흐려지지 않았고, 우주의 영 인력을 쥐는 아들의 힘은 줄어들지 않았다.

하보나에서 영원한 아들이 여러 번 자신을 수여한 것은 인간이 상상하는 한계를 벗어나며 초월성이 있었다. 그는 그 때, 그리고 나중의 모든 하보나 체험에 이바지했지만, 그의 실존적 성품이 가졌다고 짐작되는 체험 능력이 늘어났는지 우리는 모른다. 이것은 파라다이스 아들들의 수여 신비에 속할 것이다. 그러나 이 여러 수여 임무에서 무엇을 얻었든지, 영원한 아들이 그것을 그 뒤로 죽 지니고 있다고 우리는 믿는다. 그래도 우리는 그것이 무엇인지 모른다.

신의 둘째 분의 수여를 이해하는 데 우리가 무슨 어려움을 겪든지 상관 없이, 우리는 영원한 아들의 한 아들이 하보나에 수여한 생애를 이해한다. 그는 실지로, 중앙 우주의 회로들을 거쳤고, 어느 승천자가 신에 도달하기 위한 준비 체험을 나누셨다. 이분은 최초의 미가엘, 곧 처음으로 낳은 아들 창조자이며, 그는 한 회로에서 다른 회로로, 하늘 가는 순례자들의 생활 체험을 거치고, 모든 필사자 가운데 처음으로 하보나에 도달한 그랜드판다가 살던 시절에, 필사자들과 함께, 각 영역의 한 단계를 몸소 여행했다.

이 최초의 미가엘이 그밖에 무엇을 계시했는가에 상관 없이, 그는 최초의 어머니인 아들의 초월 수여가 하보나 생물에게 현실임을 보여 주었다. 그 수여가 너무 현실적이어서, 하나님의 영원한 아들은 점진적으로 하보나에 이르는 일곱 회로에서 시공 순례자들의 체험에 참여하려고 파라다이스의 권력과 영화로움을 일곱 번이나 버렸다는 것을 확실히 앎으로, 하보나 회로를 순회하는 모험에서 수고하는 각 시간 순례자가 언제까지나 기운을 내고 힘을 얻는다.

영원한 아들은 시공 우주에 두루, 수여 봉사를 베푸는 모든 하나님의 아들에게 모범인 영감(靈感)이 된다. 동격의 아들 창조자들 및 그 동료 아들 행정관들은, 아직 밝혀지지 않은 아들 계급과 함께 여러 계급의 피조 생명에게, 그리고 자신들이 피조물이 되어서 자신을 기꺼이 수여하려는 이 놀라운 태도를 모두 함께 가진다. 따라서 하나님의 아들 각자가 공간 세계에 자신을 수여할 때, 이러한 수여 안에서, 그 수여를 통해서, 그 수여로 말미암아, 영원한 아들이 정신적으로, 기원의 사실뿐 아니라 성품이 가까운 이유로, 우주에서 총명한 의지(意志) 생물에게 자신을 수여했다는 것이 참말이 된다.

모든 속성은 아니라도, 영과 성품 면에서 파라다이스 아들 하나하나가 최초의 아들을 묘사하는 신답게 완전한 초상이다. 파라다이스 아들을 본 자는 누구든지, 하나님의 영원한 아들을 보았다는 것이 글자 그대로 참말이다.

6. 하나님의 파라다이스 아들

하나님의 아들이 여러분 있다는 지식의 부족은 유란시아에서 큰 혼란의 근원이다. 이 신성한 성격자들의 집회 기록으로서, "하나님의 아들들이 경축을 선포하고, 모든 새벽별이 함께 노래하였도다"와 같은 말씀이 있는데도, 이와 같은 무지(無知)가 계속 남아 있다. 구역의 표준 시간으로 1천 년에 한 번씩, 여러 계급의 신다운 아들들은 정기 집회를 위하여 모인다.

영원한 아들은 찬미할 만한, 자비와 봉사 속성의 성격 근원이다. 이 속성은, 내려오는 하나님의 아들들의 모든 서열이 창조 전역에 두루 활동함에 따라서, 풍부하게 아들들의 특징을 나타낸다. 영원한 아들은, 모든 속성을 무한하게는 아니라도 모든 신다운 성품을 어김없이 파라다이스 아들들에게 전해 주며, 이 아들들은 영원한 아들의 신격(神格)을 보여 주려고 영원한 섬으로부터 온 우주로, 바깥으로 나간다.

최초의 영원한 아들은 우주의 아버지의 완벽하고 무한한 "처음" 생각에서 생긴, 자식 성격자이다. 우주의 아버지와 영원한 아들이, 새롭고 독창적이고, 동일하고 독특한 절대 성격 관념을 공동으로 투영하실 때마다, 바로 그 순간에, 이 창조적 생각은 새롭고 독창적인 <u>아들 창조자</u>의 존재와 성격 안에서 완전하게, 마침내 성격화된다. 영 본질, 신성한 지혜, 동등한 창조 능력 면에서, 이 아들 창조자들은 아버지 하나님과 아들 하나님과 잠재성이 대등하다.

아들 창조자들은 파라다이스로부터 시간 우주로 나가서, 셋째 근원 중심의 대리자, 통제하고 창조하는 대리자들의 협조를 얻어, 점진적으로 진화하는 지역 우주의 조직을 마친다. 이 아들들은 물질·지성·영에 대하여 중앙에서 보편적으로 통제하는 데 소속되어 있지 않으며, 그에 아랑곳하지도 않는다. 그래서 첫째 근원 중심과 그와 동격인 절대자들이 선재하고, 우선하고, 우위에 있기 때문에 이 아들들은 창조 행위에 제한을 받는다. 이 아들들은 그들이 만들어 내는 것만 관리할 수 있다. 절대로 관리하는 권한은 존재의 우선권에 본래 있으며, 그것은 계심의 영원성으로부터 뗄 수 없다. 아버지는 우주에서 계속 첫째 자리로 남는다.

아버지와 아들이 아들 창조자들을 성격화하는 것과 마찬가지로, 아들과 영이 <u>아들 행정관</u>들을 성격화한다. 그들은 피조물로 육신화하는 체험 속에서, 시공 창조에서 생존을 좌우하는 재판관으로 일할 권리를 얻는 아들이다.

아버지·아들·영은 또한 다능한 삼위 일체 아들 교육자들을 성격화하기 위하여 뭉친다. 이 아들들은 모든 성격자, 인간 및 신다운 성격자들을 가르치는 더할 나위 없는 교육자로서 대우주에 걸쳐 발견된다. 그리고 아직 유란시아의 필사자들이 주의해 보지 않은, 다른 수많은 파라다이스 아들 계급이 있다.

최초의 어머니인 아들과 모든 창조에 두루 흩어져 있는 이 파라다이스 아들들의 무리 사이에는 직통으로 전용(專用) 통신 경로가 있다. 이 경로의 기능은 영적 친척 관계의 질에 본래 있고, 이 관계는 절대에 가까운 영적 관계의 끈으로 그들을 뭉치게 한다. 이 아들들 사이의 회로는 영 인력(引力)을 가진 우주 회로와 전혀 다르며, 영 인력도 둘째 근원 중심의 몸에 집중된다. 파라다이스 신들의 몸에 기원을 가지는 모든 하나님의 아들은 영원한 어머니인 아들과 직접, 항상 교통하고 있다. 그리고 이러한 교통은 순간적이며, 때때로 공간에 제약을 받기는 하지만, 시간에 의존하지 않는다.

영원한 아들은 모든 계급의 파라다이스 아들들의 지위, 생각 및 다채로운 활동에 관하여 완전한 지식을 항상 가졌을 뿐 아니라, 영원한 1차 중앙 창조에 있는 모든 생물의 마음 속에 존재하고, 동격의 아들 창조자들의 2차 시간 창조에 존재하는, 그러한 영적 가치를 가진 모든 것에 관해서 아들은 항상 완전히 알고 있다.

7. 아버지를 최상으로 계시하는 것

영원한 아들은 우주의 아버지의 영과 성격을 보여 주는, 완벽하고 순전하고, 보편적인 최종 계시이다. 아버지에 대한 지식과 아버지에 관한 정보는 모두 영원한 아들과 그의 파라다이스 아들들로부터 나오는 것이 틀림없다. 영원한 아들은 영원부터 계시며, 전적으로, 영적 제한 없이, 아버지와 하나이다. 신다운 성격에서 이 두 분은 동위이며, 영적 성질 면에서 두 분은 대등하고, 신성에서 두 분은 동일하다.

하나님의 신격은 본질적으로, 아들의 몸 안에서 도저히 더 나아질 수 없다. 이는 신성한 아버지가 무한히 완전하지만, 생물 존재들에게 계시하기 위하여 비성격인 것과 비영적인 것을 벗어 버림으로, 하나님의 그 신격과 성격이 커지기 때문이다. 첫째 근원 중심은 성격자를 훨씬 뛰어넘지만, 그가 가진 아버지 성격의 모든 영적 품질은 영원한 아들의 절대 성격 안에 영적으로 존재한다.

시초의 아들과 그의 아들들은 아버지의 영적이고 성격인 본질을 모든 창조에게 보편적으로 계시하는 일에 종사한다. 중앙 우주에서, 초우주, 지역 우주, 또는 사람이 사는 혹성에서, 사람과 천사들에게 우주의 아버지를 드러내는 분은 파라다이스 아들이다. 영원한 아들과 그의 아들들은, 피조물이 우주의 아버지에게 가까이 가는 길을 드러낸다. 높은 기원을 가진 우리조차도 영원한 아들, 그리고 영원한 아들의 아들들에게서 계시되는 아버지의 성질과 성격을 연구함으로써, 아버지를 훨씬 더 잘 이해한다.

오직 영원한 아들의 신다운 아들들을 통해서 아버지는 너에게 한 성격자로서 내려오신다. 그리고 바로 이 생명의 길을 거쳐 너는 아버지께 도달한다. 이 신다운 아들들 무리의 안내를 받고서 너는 아버지한테로 올라간다. 너의 바로 그 성격이 우주의 아버지가 직접 수여한 것인데도, 이것은 계속 참말이다.

영원한 아들의 널리 미치는 영적 행정의 광범위한 이 모든 활동에서 아버지가 성격인 것 같이, 아들도 참으로, 실제로 성격임을 잊지 말지어다. 정말로 한때 인간 계급이었던 존재들에게는, 우주의 아버지보다 영원한 아들에게 가까이 가는 것이 더 쉬울 것이다. 하보나 회로를 거치는 시간 순례자들이 진보하는 과정에서, 너희가 아버지를 알아볼 준비가 되기 훨씬 전에, 너희에게는 아들에게 도달할 능력이 생길 것이다.

바로 너희의 아들 창조자는 사랑으로 베푸는 봉사로서 이 신의 속성을 계시했다. 이를 명상하면서, 너는 영원한 아들의 신격과 자비로운 성품을 더욱 이해해야 한다. 이 아들 창조자는 한때 땅에서 사람의 아들이었고, 이제는 너희 지역 우주의 통치자, 높이 올라간 통치자이다—사람의 아들이요 하나님의 아들이다.

[파라다이스의 영원한 아들을 그리는 이 글을 작성하라고 임명받은 한 신성한 조언자가 썼다.]

주: 1. 친척 영은 마음이 맞는 사람, 취미가 같은 사람이라는 뜻이 있다.

제 8 편

무한한 영

영원히 오래 전에, 우주의 아버지의 "처음" 생각, 무한하고 절대적인 생각은 그 신다운 표현에 아주 완전하고 적당한 말씀을 영원한 아들 속에서 발견하신다. 그 때 생각 하나님과 말씀 하나님에게는 서로 뜻을 표현하고 통합해서 행동할 대리자, 보편적이며 무한한 대리자를 바라는 최상의 소망이 뒤따른다.

영원이 동틀 때, 아버지와 아들 두 분은, 그들이 서로 기대고, 영원히 절대로 하나임을 무한히 의식하신다. 따라서 두 분은 신으로서 협력하기 위하여 무한하고 영구한 서약을 하신다. 영원의 동그라미 전역에 걸쳐서 그들의 통일된 생각을 집행하기 위하여 결코 그치지 않는 이 협정이 이루어진다. 이 영원의 사건 뒤로, 아버지와 아들은 이 신다운 연합 속에서 계속 지내신다.

이제 우리는 무한한 영, 신의 셋째 분의 영원한 기원과 얼굴을 마주한다. 아버지 하나님과 아들 하나님이 합동으로, 동일하고 무한한 행동—절대적 생각 계획을 집행할 것—을 마음에 품는 바로 그 순간, 무한한 영이 완전히 성숙한 모습을 갖추고 솟아난다.

신들의 기원의 순서를 이렇게 늘어놓으면서, 나는 다만 너희가 그들의 관계를 알아들을 수 있게 하려고 그렇게 할 따름이다. 실제로, 이 세 분 모두가 영원부터 존재하고 계시며, 그들은 실존적이다. 비롯하거나 끝나는 날이 없는 분들이다. 그들은 동격이며 최상·궁극·절대성을 가졌고 무한하다. 지금 계시고, 언제나 계셔 왔고, 또 앞으로도 늘 계실 것이다. 그들은 뚜렷하게 개별화되었지만, 영원히 결합된 세 분, 즉 아버지 하나님, 아들 하나님, 영 하나님이다.

1. 행동의 하나님

영원한 과거에 무한한 영이 성격화되면서, 신성한 성격의 주기(週期)가 완전하고 완벽하게 된다. 행동의 하나님이 존재하며, 공간의 광대한 무대가 방대한 창조 드라마—우주의 모험—곧 영원한 세월 속에 펼쳐질 신의 파노라마를 위하여 마련된다.

무한한 영이 처음으로 한 행위는 그의 신성한 부모, 아버지인 아버지와 어머니인 아들을 살펴보고 알아보는 것이다. 그, 곧 영은 조건 없이 두 분의 신분을 확인한다. 그는 두 분의 통합된 성품과 연합된 기능은 물론, 그들의 분리된 성격과 무한한 속성을 넉넉히 인식하고 있다. 다음에 초월적 자진성과 영감을 불러일으키는 자발성을 가지고, 자청해서, 신의 셋째 분은 처음 분과 둘째 분과 동등한데도, 아버지 하나님에게 영원한 충성을 기쁘게 서약하고 아들 하나님에게 언제까지나 의존함을 인정한다.

이 거래의 성질에, 그리고 각자가 성격으로 독립된 것과 세 분 모두가 집행의 단결을 서로 인정하는 데 본래부터 있는 영원의 주기가 확립된다. 파라다이스 삼위 일체는 실존한다. 영원한 아들의 성격을 통해서, 행동의 하나님의 집행으로 말미암아, 우주의 아버지의 목적을 창조로 펼치는, 다채롭고 결코 그치지 않는 파노라마를 위하여 우주 공간의 무대가 마련되며, 이 행동의 하나님은 아버지와 아들 사이에 창조자의 협동 관계를 현실로 연출하는 집행 대리자이다.

행동의 하나님이 움직이며, 잠잠하던 공간 저장소가 술렁인다. 10억의 완전한 구체가 번쩍 생긴다. 가정된 이 영원의 순간에 앞서, 파라다이스에 본래부터 있는 공간 에너지는 실존하고 작용할 잠재성이 있지만, 존재로서 사실성이 없다. 끊임없는 인력에 대하여 물질 실체들이 반응하는 것으로 재지 않으면, 물리적 인력도 잴 수 없다. (가정된) 영원히 아득한 이 시각에는 아무런 물질 우주도 없지만, 10억 세계가 물질화되는 바로 그 순간에, 이것들을 파라다이스의 영구한 손아귀에 붙들어 두기에 넉넉하고 적당한 인력이 존재한다는 증거가 있다.

이제 신들이 창조한 것을 통해서, 둘째 형태의 에너지가 번쩍 생긴다. 넘쳐흐르는 이 영은 순간적으로 영원한 아들의 영적 인력에 붙잡힌다. 그래서 2중 인력으로 둘러싸인 우주는 무한의 에너지와 스치며, 신의 영 속에 잠긴다. 이 방법으로 무한한 영의 관계된 지성 회로에 나타나는 지성이 의식(意識)하도록 생명의 흙이 마련된다.

신들의 중앙 창조에 두루 뿌려진 이러한 존재 잠재성을 가진 씨앗들 위에 아버지가 행동하시고, 생물 성격자들이 나타난다. 그리고 나서, 파라다이스 신들의 존재는 모든 조직된 공간을 채우며, 모든 사물과 존재를 파라다이스 방향으로 비로소 실질적으로 끌어당긴다.

무한한 영은 하보나 세계들이 탄생함과 동시에 영원하게 된다. 아버지와 아들의 통합된 생각과 뭉친 뜻에 복종하여, 영이, 영과 함께, 영 안에서 중앙 우주를 창조한다. 합동으로 창조하는 바로 이 활동으로 말미암아, 셋째 분은 신이 되며, 이렇게 그는 언제까지나 합동 창조자가 된다.

이 때는 합동 동료이자 독점 집행자, 곧 셋째 근원 중심의 행위로 말미암아, 그의 행위 안에서, 아버지와 아들이 창조적으로 팽창하는 거창하고 두려운 시대이다. 이 술렁이는 시절에 대하여는 아무런 기록이 없다. 우리는 이 막대한 거래들을 입증하기 위하여 무한한 영이 준 빈약한 자료를 가졌을 따름이다. 무한한 영은 다만, 그가 성격과 의식하는 존재를 얻게 됨과 동시에, 중앙 우주와 그에 관련된 모든 것이 영원하게 되었다는 사실을 확인할 뿐이다.

간추려 말하면, 무한한 영은, 자기가 영원하니까, 중앙 우주도 영원하다고 증언한다. 그리고 이것이, 온 우주 역사(歷史)의 전통적 출발점이다. 만물의 중심에 존재하며, 아주 절묘하게 활동하는 광대한 우주를 구체화하게 만든 그 창조 에너지와 행정의 지혜가 이렇게 엄청나게 터지기 전에 어떤 사건이나 거래에 대해서는, 절대로 아무 것도 알려지지 않았고, 아무 기록도 존재하지 않는다. 이 사건 건너에는, 탐구할 수 없는, 영원의 거래와 무한의 깊은 연못—절대 신비—가 깔려 있다.

그리고 시간에 묶이고 공간에 제약을 받는 필사 인간의 지성에게 친절히 베푸는 해석으로서, 우리는 차례에 따른 셋째 근원 중심의 기원을 이렇게 묘사한다. 우주의 역사를 마음에 그려 보기 위해서 사람의 머리는 출발점을 가져야 한다. 그래서 나는 영원의 역사적 개념에 접근하는 이 방법을 마련하라고 지시를 받았다. 물질 지성의 경우에 일관성은 첫째 근원을 요구한다. 따라서 우리는 모든 창조의 첫째 근원이며 절대 중심으로서 우주의 아버지를 가정하며, 동시에 우주 역사의 모든 단계에서, 창조 활동의 모든 영역에서, 아들과 영은 아버지와 공동으로 영원하다고 모든 생물 지성에게 가르친다. 파라다이스 섬, 그리고 무제한 절대자, 우주 절대자, 신 절대자가 실재하고 영원함을 우리가 어떤 의미에서도 무시하지 않고서, 우리는 이렇게 가르친다.

영원 속에 계신 아버지를 이해하는 것은 시간 속에 사는 아이들의 물질 지성에게 충분히 벅찬 일이다. 먼저 부모-자식 상황의 관계를 통달하고, 그리고 나서 이 개념을 확대하여 가족 전체를 받아들임으로, 어떤 아이라도 현실과 가장 쉽게 연결지을 수 있다는 것을 우리는 알고 있다. 나중에 그 아이의 자라는 지성은 가족 관계의 개념, 공동 사회, 민족, 세계의 관계에 적응할 수 있고, 다음에 우주, 초우주, 아니 온 우주의 관계에도 적응할 수 있을 것이다.

2. 무한한 영의 성품

합동 창조자는 영원부터 계시며, 온통, 아무 제한 없이, 우주의 아버지와 영원한 아들과 하나이다. 완전한 가운데 무한한 영은 파라다이스 아버지의 성품 뿐 아니라 최초의 아들의 성품도 반영한다.

셋째 근원 중심은 수많은 명칭으로 알려져 있다: 우주의 영, 최상 안내자, 합동 창조자, 신다운 행정자, 무한한 지성, 영 중의 영, 파라다이스 어머니 영, 합동 행위자, 최종 조정자, 두루 계시는 영, 절대 지능, 신의 행위. 그리고 유란시아에서 그는 우주 지성과 가끔 혼동되고 있다.

셋째 근원 중심을 무한한 영이라고 지명하는 것은 아주 적절한데, 이는 하나님이 영이기 때문이다. 그러나 물질 생물은 물질을 기본 실체로 보며, 영과 함께 지성은 물질에 뿌리를 둔 가설(假說)이라고 여기는 잘못을 저지르는 경향이 있다. 무한한 실체, 우주의 조직자, 또는 성격 조정자라는 이름으로 그를 부른다면, 물질 생물은 무한한 영을 더 잘 이해할 것이다.

무한한 영은 신성(神性)이 우주에 계시된 것으로서, 탐구될 수 없으며, 인간이 이해하는 지경을 철저하게 벗어난다. 영의 절대성을 느끼려면, 너희는 오로지 우주의 아버지의 무한성을 깊이 생각하고, 최초의 아들의 영원성을 경외할 필요가 있다.

무한한 영의 몸에는 정말로 신비가 있지만, 아버지나 아들만큼 신비가 많지는 않다. 합동 창조자는 아버지 성품의 모든 모습 가운데, 무한을 아주 놀랍게 드러낸다. 궁극에 모우주가 무한히 확장된다 하더라도, 합동 행위자의 영적 계심, 에너지 통제, 지성 잠재성은 그처럼 한없는 창조의 요구를 채우기에 적당함이 발견될 것이다.

무한한 영은 모든 면에서 우주의 아버지의 완전, 올바름, 사랑을 같이 나누어 가지지만, 무한한 영은 영원한 아들의 자비로운 속성의 방향으로 기울며, 따라서 대우주에 대하여 파라다이스 삼위 일체의 자비를 베푸는 분이 된다. 늘, 언제나—보편적으로 영원히—영은 자비를 베푸는 분이니, 이는 신의 아들들이 하나님의 사랑을 드러내는 것 같이, 신성한 영은 하나님의 자비를 나타내기 때문이다.

모든 선(善)이 아버지 안에서 기원을 가지니까, 영이 아버지보다 더 선을 가지는 것은 불가능하다. 그러나 영의 활동을 보면, 우리는 그러한 선을 더욱 잘 이해할 수 있다. 무한한 영이 거느리는 성격자들의 자애로운 직분과 끊임없는 봉사로 말미암아, 아버지의 충실함과 아들의 불변함은 구체들에 사는 영 존재들과 물질 생물에게 아주 생생하게 된다.

합동 행위자는 아버지가 가진 생각의 아름다움과 진실한 특성을 모두 물려받는다. 신성의 이 모든 숭고한 특성은, 셋째 근원 중심의 제약 없고 한없는 지성의 무한하고 영원한 슬기에 복종하면서, 최상에 가까운 우주 지성 수준에서 조정된다.

3. 영과 아버지와 아들의 관계

영원한 아들은 우주의 아버지의 생각, 절대적이고 무한한 "처음" 생각이 말씀으로 표현된 것이다. 이와 같이, 합동 행위자도, 절대적 생각과 말씀이 뭉친 아버지-아들 성격의 협동 관계로 말미암아, 통합된 활동을 위하여 완성된 "처음" 창조 개념, 곧 창조 계획이 완전히 집행된 것이다. 셋째 근원 중심은 중앙 창조, 다시 말해서 명령으로 지어진 창조와 동시에 영원하게 되며, 우주들 가운데 오로지 이 중앙 우주만 영원히 존재한다.

셋째 근원이 성격화한 뒤로 죽, 첫째 근원은 더 우주 창조에 친히 참여하지 않는다. 우주의 아버지는 될 수 있는 대로 모든 것을 영원한 아들에게 맡긴다. 마찬가지로 영원한 아들은 될 수 있는 대로 모든 권한과 권능을 합동 창조자에게 수여한다.

협동자로서, 동격의 성격자들을 통해서, 영원한 아들과 합동 창조자는 하보나 이후에 존재하게 된 모든 우주를 계획하고 형성했다. 처음 중앙 창조에서 아들이 아버지에 대하여 유지하는 것과 똑같은 성격 관계를 그 뒤의 모든 창조에서 영이 아들에 대하여 유지한다.

영원한 아들의 한 아들 창조자와 무한한 영의 한 창조 영은 너희, 그리고 너희의 지역 우주를 지었다. 아버지는 그들이 조직한 것을 충실하게 지원하지만, 그들의 작품을 기르고 유지하며 또한 그들 자신이 지은 생물에게 봉사하는 일은 이 우주 아들과 이 우주 영에게 맡겨진다.

무한한 영은 만물을 사랑하는 아버지와 온통 자비로운 아들의 유능한 대리자이며, 모든 시공 세계에서, 진리를 사랑하는 모든 혼을 자신들에게로 이끄는 그들의 합동 사업을 집행하는 일을 맡는다. 우주의 생물을 완전에 이르게 만드는 아버지의 계획을 영원한 아들이 받아들인 바로 그 순간, 그 시각에, 승천 계획은 아버지와 아들의 계획이 되었고, 그 순간에 그들의 통일된 영원한 목적을 집행하기 위해서, 무한한 영은 아버지와 아들에게 합동 행정자가 되었다. 그렇게 하면서, 무한한 영은 그의 모든 자원, 곧 그의 거룩한 계심과 영 성격자들을 아버지와 아들에게 바치기로 서약하였다. 의지를 가진 살아남는 생물을 파라다이스처럼 완전한 수준, 신성한 수준으로 올리려는 엄청난 계획에 무한한 영은 모든 것을 바쳐 왔다.

무한한 영은 우주의 아버지와 영원한 아들을 완벽하게, 독점으로, 보편적으로 계시한 것이다. 아버지-아들의 협력 관계에 대한 모든 지식은, 무한한 영, 곧 생각과 말씀의 신성한 연합을 나타내는 합동 대리자(代理者)를 통해서 얻어지는 것이 틀림없다.

영원한 아들은 우주의 아버지에게 다가가는 유일한 길이며, 무한한 영은 영원한 아들을 도달하는 유일한 수단이다. 오로지 영의 참을성 있는 봉사로 말미암아, 시간 속에서 승천하는 자들은 아들을 발견할 수 있다.

하늘 가는 순례자들은, 만물의 중심에서 파라다이스 신들 가운데 무한한 영에 먼저 도달하게 된다. 셋째 분은 둘째 분과 처음 분을 덮는다. 따라서 아들과 그의 아버지께로 나아갈 후보자들은 모두, 반드시 셋째 분을 먼저 알아보아야 한다.

그리고 다른 여러 방법으로, 영은 아버지와 아들을 똑같이 대표하며, 두 분에게 비슷하게 봉사한다.

4. 신성한 봉사의 영

물질 세계에서는 파라다이스 인력이 만물을 함께 붙들어 둔다. 이와 평행하는 것은 영적 세계이니, 그 안에서 아들의 말씀은 하나님의 생각을 풀이하며, "육체가 되었을" 때, 그 말씀은 관계된 창조자들의 통합된 성품이 아낌없이 베푸는 자비를 보여 준다. 그러나 물질이고 영적인 이 모든 창조 안에서, 그 창조를 통해서, 하나의 광대한 무대가 있으며, 거기서 무한한 영과 그의 영 자손은 신(神) 부모가 협동하여 설계하고 창조한 총명한 자손에게, 그들의 자비와 인내, 영구한 사랑의 총체를 보여 준다. 지성에게 베푸는 영구한 봉사는, 영의 신격의 알맹이이다. 그리고 합동 행위자의 영 자손은 모두 섬기려는 욕구, 봉사하고 싶은 이 신다운 욕망을 함께 가진다.

하나님은 사랑이요, 아들은 자비, 영은 봉사이다—모든 지적 창조에게 신의 사랑과 끝없는 자비를 베푸는 것이다. 영은 아버지의 사랑과 아들의 자비가 성격화된 것이다. 우주에게 봉사하려고 이분들은 이 영 안에서 영원히 뭉친다. 영은 생물 창조에게 <u>적용된 사랑</u>, 곧 아버지와 아들의 사랑이 통합된 것이다.

유란시아에서 무한한 영은 두루 계시는 영향, 우주의 계심으로 알려져 있지만, 하보나에서 너희는 무한한 영이 실제로 봉사를 베풀며 몸소 계신 것을 알게 된다. 여기서 파라다이스 영이 베푸는 봉사는 그와 동등한 영들, 그리고 시공 세계에서 창조된 생물에게 봉사하는 부하 성격자들에게, 본보기가 되고 영감을 주는 원형이 된다. 이 신성한 우주에서, 무한한 영은 영원한 아들이 일곱 번 초월 방법으로 나타나신 일에 충분히 참여했다. 마찬가지로 최초의 미가엘 아들이 하보나 회로들에서 일곱 번 수여할 때 무한한 영이 함께 하였고, 이로서 하늘의 완전한 이 영역을 횡단하는 모든 시간 순례자에게, 공감하고 이해심 있는 영 봉사자가 되었다.

하나님의 한 아들 창조자가, 계획된 한 지역 우주를 책임지는 창조자 직분을 받아들일 때, 이 미가엘 아들이 창조 모험의 사명을 띠고 떠날 때, 무한한 영의 성격자들은 그에게 지치지 않고 봉사하는 자로서 일하기를 서약한다. 특히, 딸 창조자, 지역 우주의 어머니 영의 신분에서, 우리는 물질 생물이 자꾸 높아지는 영적 달성 수준으로 올라가기를 후원하는 과제에 무한한 영이 헌신함을 발견한다. 이 지역 우주 아들 창조자들의 목적과 완전히 조화를 이루면서, 또 그들을 위해 일하는 성격자들과 긴밀하게 관계를 가지면서, 생물에게 베푸는 이 봉사 작업이 모두 진행된다.

하나님의 아들들은 아버지가 가진 사랑의 성격을 한 우주에 계시하는 거창한 일에 힘쓴다. 이와 같이 무한한 영은 각 우주에 사는 모든 자손의 개별 지성에게, 아버지와 아들의 합친 사랑을 계시하는 끝없는 봉사에 헌신한다. 이 지역 창조에서 어떤 하나님의 아들들이 하는 것처럼, 영은 필사자 육체의 모습을 띠고 물질적 민족들에게 내려오지 않는다. 그러나 무한한 영, 그리고 동격의 영들은 스스로를 낮추어서, 그들이 너희 옆에 서고, 땅에서 사는 낮은 길을 통해서 너희를 안내하는 천사로 나타날 때까지, 신성을 묽게 하는, 일련의 놀라운 과정을 기꺼이 겪는다.

바로 이 일련의 감소 과정을 밟음으로, 무한한 영은 실제로, 하나의 성격자로서, 동물 기원을 가진 구체에 있는 모든 존재에게 아주 가까이 다가간다. 만물의 중심에서 신의 셋째 분으로서 자기가 존재함을 조금도 부인하지 않으면서, 영은 이 모든 일을 하신다.

합동 행위자는 참으로, 또 언제까지나, 위대한 봉사 성격자요, 보편적으로 자비를 베푸는 분이다. 영이 베푸는 봉사를 이해하려면, 그가 아버지의 끝없는 사랑과 아들의 영원한 자비를 합쳐 놓은 그림이라는 진리를 깊이 생각해 보아라. 그러나 영이 베푸는 봉사는 영원한 아들과 우주의 아버지를 대표하는 데만 국한되지 않는다. 무한한 영은 또한 자신의 이름과 권한으로, 그 영역의 생물에게 봉사하는 능력을 가지고 있다. 셋째 분은 신다운 위엄으로부터 생겨났고, 자신을 위하여 자비로운 우주 봉사를 베푸신다.

이 무한한 영의 하급 피조물 가족이 애정으로 지칠 줄 모르고 봉사하는 것을 더욱 알게 됨에 따라서, 사람은 우주의 아버지와 영원한 아들의 이 통합된 행위의 초월 성품과 견줄 데 없는 신격에 더군다나 감탄하고 그들을 찬미하게 될 것이다. 정말로 이 영은 "올바른 자에게 늘 머무르는 주의 눈"이요, "저희의 기도에 언제나 열려 있는 신의 귀"이다.

5. 하나님의 계심

무한한 영의 뛰어난 특징은 두루 계심이다. 온 우주에 두루, 만물에 스며드는 이 영이 어디에나 있고, 그것은 보편적이고 신다운 지성의 계심과 아주 비슷하다. 신의 둘째 분과 셋째 분의 상존하는 영들은 두 분을 모든 세계에서 대표한다.

아버지는 <u>무한하다</u>. 따라서 그는 오직 의지함으로 제한을 받는다. 조절자들을 수여하고 성격을 회로로 연결하는 일에 아버지는 홀로 행동하지만, 영 세력이 지적 존재와 접촉할 때, 아버지는 영원한 아들과 무한한 영의 영 및 성격자들을 이용한다. 그는 뜻대로, 아들 또는 합동 행위자와 함께 영적으로 똑같이 계신다. 아들과 <u>함께</u>, 영 <u>안에</u> 계신다. 아버지는 아주 확실히 어디에나 계시며, 다채롭지만 관련된 이 물력·영향·존재 가운데 어느 것이나 또는 이 모두로 말미암아, 이를 통해서, 우리는 아버지의 계심을 알아본다.

너희의 신성한 기록에는, <u>하나님의 영</u>이라는 용어가 파라다이스에 계시는 무한한 영과 너희 지역 우주의 창조 영, 이 둘을 표시하고 서로 바꿔 쓰일 수 있는 듯하다. 성령은 무한한 파라다이스 영의 이 딸 창조자가 계시는 영적 회로이다. 성령은 각 지역 우주에 토착(土着)으로 생기는 회로이며, 그 창조의 영적 분야에만 국한된다. 그러나 무한한 영은 두루 계신다.

여러 가지 영적 영향이 있는데, 이것들은 모두 <u>하나</u>와 같다. 생각 조절자들이 하는 일도 모든 다른 영향과 별도이지만, 무한한 영과 지역 우주 어머니 영의 합쳐진 영향을 나타내는 영 봉사와 변함없이 일치한다. 이 여러 영적 계심이 유란시아 사람들의 생활에서 작용하는 동안에, 이것들은 뗄 수 없다. 그들은 기원이 다채로운데도, 너희의 지성 속에, 너희의 혼 위에, 하나의 영으로서 활동한다. 이 연합된 영적 봉사를 체험할 때, 그것이 너희에게 최상위의 영향이 되며, 최상위(最上位)는 "늘 너희가 실패하지 못하게 막고, 하늘에 계시는 너희 아버지 앞에 너희를 티없이 내놓을 수 있는 분이라."

무한한 영이 합동 행위자라는 것을 늘 기억하여라. 아버지와 아들 두 분은 그 안에서, 그를 통해서 활동하신다. 그는 자신으로서 계실 뿐 아니라, 또한 아버지로서, 아들로서, 또 아버지-아들로서 계신다. 이 이유, 그리고 다른 여러 가지 이유로, 무한한 영의 영 계심은 흔히 "하나님의 영"이라 언급된다.

모든 영적 봉사의 연락을 하나님의 영이라 말하는 것도 일관성이 있다. 이는 그러한 연락이 참으로 아버지 하나님, 아들 하나님, 영 하나님, 그리고 칠중의 하나님—심지어 최상위 하나님—의 영들이 연합된 것이기 때문이다.

6. 무한한 영의 성격

셋째 근원 중심이 널리 수여되고 멀리 미치게 분산되는 것이, 그가 성격자인 사실을 가리거나, 다른 방법으로 그 값을 떨어뜨리게 하지 말지어다. 무한한 영은 우주의 계심이요, 영원한 행위, 우주의 힘, 거룩한 영향, 우주 지성이다. 그는 이 모두이고, 이보다 무한히 더 크지만, 또한 참되고 신다운 성격자이다.

무한한 영은 완벽하고 완전한 성격자요, 우주의 아버지와 영원한 아들과 신답게 대등한 분, 나란히 계신 분이다. 합동 창조자는 우주의 상급 지성들에게는, 아버지와 아들과 마찬가지로 실체이며 눈에 보인다. 정말로 더욱 그러하니, 이는 아들을 통해서 아버지께 다가가기 전에, 모든 승천자가 먼저 만나야 하는 분은 영이기 때문이다.

무한한 영, 셋째 근원 중심은 너희가 성격자와 연결짓는 그 모든 속성을 소유한다. 영은 절대 지성을 가지고 있다: "영은 모든 것, 하나님의 깊은 것들조차도 살피시니라." 영은 지성 뿐 아니라 의지도 가지고 계신다. 그의 선물을 수여하는 일에 대하여 이렇게 기록되었다, "그러나 이 모든 일을 똑같은 영이 하시고, 각 사람에게 따로, 영이 바라는 대로 나누어 주시니라."

"영의 사랑"은 실재하며, 그의 슬픔도 마찬가지다. 그러므로 "하나님의 영을 슬프게 하지 말지어다." 우리가 무한한 영을 파라다이스 신으로 보든, 지역 우주의 창조 영으로 보든, 우리는 합동 행위자가 셋째 근원 중심일 뿐 아니라 신다운 분임을 발견한다. 이 신성한 성격은 또한 하나의 성격자로서 우주에 반응한다. "귀가 있는 자는 영의 말씀을 들을지어다," "영 스스로가 너를 위하여 중재하시니라." 영은 창조된 존재들에게 직접 개인적인 영향을 미치니, 이는 "하나님의 영의 인도하심을 받는 자마다 하나님의 아들인 까닭이라."

우리는 온 우주에 멀리 떨어져 있는 세계들에서도 무한한 영이 봉사하는 현상을 바라본다. 셋째 근원 중심에 기원을 가진 수없이 많은 군대 안에서, 또 그들을 통해서 활동하는, 바로 이 조정하는 신을 우리는 마음 속에 그려 본다. 영이 두루 어디에나 계심을 우리는 인식한다. 이런데도 우리는 마찬가지로, 바로 이 셋째 근원 중심이 성격자요, 모든 사물, 모든 존재, 모든 우주의 합동 창조자임을 여전히 확인한다.

우주 행정에서, 아버지·아들·영은 완전히, 영원히 서로 결합되어 있다. 비록 모든 창조에게 각자가 몸소 봉사를 베풀고 계시지만, 세 분 모두가 창조하고 통제하는 봉사 안에서 신성하게, 절대로 얽혀 있고, 이것이 세 분을 언제까지나 하나로 만든다.

무한한 영의 몸 안에서, 아버지와 아들이 언제나, 조건 없는 완전 속에 서로 계시니, 이는 영이 아버지와 같고 아들과도 같으며, 두 분이 언제까지나 하나인 것같이 또한 영이 아버지와 아들과 같기 때문이다.

[무한한 영의 성품과 그 하시는 일을 묘사하라고 옛적부터 늘 계신 이들로부터 임명받은, 유버르사의 한 신성한 조언자가 유란시아에서 발표했다.]

제 9 편

무한한 영과 우주의 관계

우주의 아버지와 영원한 아들이, 파라다이스가 있는 가운데 자신들을 성격화하기 위하여 뭉칠 때, 이상한 일이 일어났다. 아무 것도 이 영원의 상황에서, 절대 지성과 조정되어 있고 에너지를 조종하는 고유한 특권을 부여받은 제한 없는 영성(靈性)으로서 합동 행위자가 성격화하리라 예시하지 않는다. 그의 출현은, 집중된 완전의 사슬로부터, 성격 절대성의 속박으로부터, 아버지의 해방을 끝마친다. 이 해방은 나중에 진화하는 우주들의 물질 생물에게도 봉사하는 영으로서 일하기에 잘 적응된 존재들을 합동 행위자가 창조하는 놀라운 능력에서 증거가 드러난다.

아버지의 사랑과 의지, 영적 생각과 목적은 무한하며, 그는 우주를 떠받드는 분이다. 아들의 지혜와 진리, 영적 표현과 해석은 무한하며, 그는 보편적으로 계시(啓示)하는 분이다. 파라다이스는 물력 재산의 잠재성, 에너지를 다스리는 능력이 무한하며, 파라다이스는 우주를 안정시킨다. 합동 행위자는 합성하는 독특한 특권, 곧 존재하는 모든 우주 에너지, 모든 실제 우주 영, 실재하는 모든 우주 지능을 조정하는 무한한 능력을 소유한다. 셋째 근원 중심은 우주의 아버지의 신성한 계획과 영원한 목적의 결과로 나타난 다양한 에너지와 다채로운 창조들을 보편적으로 통일하는 분이다.

무한한 영, 곧 합동 행위자는 보편적이고 신성한 봉사자이다. 파라다이스 삼위일체의 안정되고 변함없는 올바른 정의(正義)와 조화를 이루면서도, 영은 그치지 않고 아들의 자비와 아버지의 사랑을 베푼다. 그의 영향과 성격자들은 언제나 너희와 가까이 있다. 너희를 정말로 알고 참으로 이해한다.

우주 전체에 두루, 합동 행위자의 대리자들은 모든 공간의 물력과 에너지를 끊임없이 조종한다. 첫째 근원 중심과 마찬가지로, 셋째 근원 중심은 영적인 것과 물질인 것, 양자(兩者)에 민감하다. 합동 행위자는 하나님의 통일성이 계시된 것이요, 만물이—사물·의미·가치·에너지·지성·영이—그분 안에 존재한다.

무한한 영은 모든 공간에 침투한다. 영원의 동그라미에서 살고, 아버지와 아들처럼 영은 완전하고 변화가 없다—절대적이다.

1. 셋째 근원 중심의 속성

셋째 근원 중심은 여러 이름으로 알려져 있고, 모두가 관계를 가리키고 기능을 인정하는 이름이다. 영 하나님으로서, 아들 하나님과 아버지 하나님과 성격이 동위이고, 신성하게 대등하다. 무한한 영으로서, 두루 계시는 영적 영향이다. 우주의 조종자로서, 동력을 통제하는 생물의 시조(始祖)이며, 공간의 우주 물력을 활성화하는 분이다. 합동 행위자로서, 아버지-아들의 합동 대표이며, 조합의 행정자이다. 절대 지성으로서, 우주에 두루, 지능 재산의 근원이다. 행위의 하나님으로서, 운동·변화·관계의 명백한 시조이다.

셋째 근원 중심의 어떤 속성은 아버지로부터, 어떤 것은 아들로부터 얻으며, 한편 더러는 아버지나 아들에게 활발하게, 개별적으로 있음이 관찰되지 않았다—파라다이스 절대성의 영원한 사실과 조화되어서, 이를 인정함으로, 셋째 근원 중심을 영원하게 하는 아버지-아들의 조합 관계가 한결같이 작용한다고 가정하는 것 외에는, 이 속성을 도저히 설명하기 어렵다. 합동 행위자는 신의 첫째 분과 둘째 분의 통합되고 무한한 개념을 충만하게 구체화한다.

너희는 아버지를 최초의 창조자로서, 아들을 영적 행정자로서 상상하는 한편, 셋째 근원 중심을 하나의 보편적 조정자, 곧 무한히 협조하는 봉사자로 생각해야 한다. 합동 행위자는 실재하는 모든 실체를 서로 상관시키는 분이다. 아버지의 생각과 아들의 말씀을 두는 신의 저장소이며, 활동하면서 가운데 섬의 물질적 절대성을 영원히 주목한다. 파라다이스 삼위 일체는 진보하는 우주 질서를 예정하였고, 하나님의 섭리는 합동 창조자와 진화하는 최상 존재의 영토이다. 실재하거나 현실화되는 어떤 실체도 셋째 근원 중심과 궁극의 관계를 피할 수 없다.

우주의 아버지는 전(前) 에너지, 전영(前靈), 성격의 분야를 주관하고, 영원한 아들은 영적 활동의 분야를 지배하며, 파라다이스 섬의 존재는 물리 에너지와 물질화하는 동력의 영토를 통일한다. 합동 행위자는 아들을 대표하는 무한한 영일 뿐 아니라, 파라다이스의 물력과 에너지를 보편적으로 조종하는 분으로서 일하며, 이로서 보편적 절대 지성이 생겨나게 한다. 합동 행위자는 대우주에 두루, 특히 영적 가치, 물리 에너지 관계, 참된 지적 의미의 상급 영역에서, 분명하고 독특한 성격자로서 활동한다. 구체적으로, 에너지와 영이 결합하고 서로 작용하는 데는 언제 어디서나 활동한다. 지성으로 모든 반응을 지배하고, 영적 세계에서 위력을 떨치며, 에너지와 물질에 대하여 막대한 영향력을 미친다. 셋째 근원은 항상 첫째 근원 중심의 성품을 표현한다.

셋째 근원 중심은 첫째 근원 중심의 두루 계시는 성질을 완전히, 아무 제한 없이 공유하며, 때때로 두루 계시는 영이라 부른다. 특이하고 아주 개별적 방법으로, 지성의 하나님은 우주의 아버지와 영원한 아들의 전지(全知)함을 공유한다. 영이 가진 지식은 깊고 완벽하다. 합동 행위자는 우주의 아버지의 전능하심의 어떤 단계를 명시하지만, 실제는 오직 지성의 영토에서만 전능하다. 신의 셋째 분은 지성 영역의 지적 중심이요, 보편적 행정자이다. 거기서 그는 절대적이다—그 통치권은 무제한이다.

합동 행위자는 아버지-아들의 조합(組合) 관계에 자극을 받는 듯이 보이지만, 그의 모든 활동은 아버지와 파라다이스의 관계를 인식하는 듯하다. 때때로 어떤 활동에서, 체험적인 신들—최상위 하나님과 궁극위 하나님—의 불완전한 발육을 보충하는 듯하다.

여기에 무한의 신비가 있다. 무한자는 아들 안에서, 파라다이스로서, 동시에 그의 무한성을 드러내셨다. 그리고 나서, 신성이 하나님과 똑같고 아들의 영적 성품을 반영하며 파라다이스 원형(原形)을 활성화시키는 능력이 있는 존재, 통치권에서는 임시 종속되어 있으나, 여러 방법으로, 활동 면에서 가장 다능한 듯한 존재가 솟아난다. 그렇게 활동 면에서 겉으로 나타나는 우월성은 셋째 근원 중심의 한 속성에서 드러나며, 물리적 인력보다—파라다이스 섬이 우주에서 명시되는 것보다—더 우월하다.

에너지와 물질적 사물을 이처럼 초월하여 통제하는 것 외에, 무한한 영은 인내·자비·사랑의 속성을 뛰어나게 지니며, 이 속성들은 영적 봉사에서 아주 지극하게 나타난다. 영은 사랑을 베풀고, 자비로 응보를 부드럽게 만드는 데 뛰어나게 유능하다. 영 하나님은 최초의 영원한 아들의 하늘 같은 친절과 자비로운 애정을 모두 소유한다. 너희가 기원을 가진 우주는 응보라는 모루와 고통의 망치 사이에서 단련을 받는다. 그러나 망치를 쓰는 분들은 자비의 아이들이요, 무한한 영의 영 자손이다.

2. 두루 계시는 영

하나님은 세 가지 의미에서 영이다. 하나님 자신이 영이며, 하나님은 아들 안에서 제한 없이 영으로서, 합동 행위자 안에서는 지성과 연합한 영으로서 나타난다. 이러한 영적 실체 외에도, 우리는 체험적 영 현상의 여러 단계—최상 존재, 궁극신, 신 절대자의 영들—을 분별한다고 생각한다.

아들이 우주의 아버지의 보충자인 것처럼, 무한한 영은 영원한 아들의 보충자이다. 영원한 아들은 아버지가 영적으로 성격화된 것이다. 무한한 영은 영원한 아들과 우주의 아버지가 성격화하여 영답게 된 것이다.

유란시아 사람들을 파라다이스 신들과 연결하는, 방해받지 않는 영적 세력의 줄과 초물질 동력의 근원이 많이 있다. 생각 조절자들을 우주의 아버지께 직통으로 잇는 연결이 존재하고, 영원한 아들의 영적 인력의 충동이 미치는 광범위한 영향, 합동 창조자의 영적 계심이 있다. 아들의 영과 영의 영은 기능 면에서 차이가 있다. 영적 봉사에서, 셋째 분은 지성과 영의 합으로서 활동하든지, 또는 영 혼자서 활동해도 좋다.

이러한 여러 파라다이스 계심 외에도, 유란시아 사람들은 지역 우주와 초우주의 영적 영향과 활동의 혜택을 받으며, 이 우주들에는 목적이 참된 자와 마음이 곧은 자들을, 신의 이상과 최상 완전의 목표를 향하여 위로, 안으로 늘 이끄는, 거의 끝없이 충성스러운 성격자들이 줄지어 있다.

우리는 영원한 아들의 보편적 영의 계심을 알고 있다—어김없이 알아볼 수 있다. 무한한 영, 곧 신의 셋째 분의 계심은 필사 인간조차 알아볼 수 있으니, 지역 우주에서 인류에게 수여한 성령으로서 활동하는 이 신(神) 영향의 은혜를 물질 생물이 실제로 맛볼 수 있기 때문이다. 인간은 또한 우주의 아버지의 비성격(非性格) 존재인 생각 조절자를 어느 정도 의식할 수 있다. 사람을 향상시키고 영답게 변화시키기 위해 일하는 이 신다운 영들은 모두 한 목소리로 완전히 협조해서 활동한다. 사람을 승천하게 하고 완전에 이르게 하는 계획의 영적 작용에서 이들은 하나와 같다.

3. 우주의 조종자

파라다이스 섬은 물리적 인력의 근원이자 본질이다. 이것은 물리적인 온 우주 전체에서 인력이 가장 실재하며 영원히 의존할 수 있는 사물 중의 하나임을 너희에게 알리기에 충분할 것이다. 아버지와 아들이 공동으로 후원하는 물력과 에너지를 쓰지 않고는, 인력을 수정하거나 취소할 수 없다. 이것들은 셋째 근원 중심의 몸에 맡겨졌고, 그와 기능적으로 관련이 있다.

무한한 영은 독특하고 놀라운 힘—반인력(反引力)—을 가지고 있다. 이 힘은 아버지나 아들에게 기능적으로 (관측할 수 있도록) 존재하지 않는다. 물질 인력의 당기는 힘을 저항하는 능력은 셋째 근원에 본래부터 있고, 어떤 단계의 우주 관계에 대하여 합동 행위자가 몸소 반응할 때 드러난다. 이 독특한 속성을 무한한 영의 어떤 고급 성격자들에게 전달해 줄 수 있다.

반인력은 한 지역 구조 안에서 인력을 지워 버릴 수 있고, 똑같은 물력의 존재를 운동시켜서 그렇게 한다. 물질 인력에 관해서만 작용하며, 지성의 활동이 아니다. 자이로스코프가 인력에 저항하는 현상은 반인력의 효과를 보여 주는 좋은 예이지만, 반인력의 원인을 설명하는 데는 쓸모가 없다.

이밖에도 합동 행위자는 물력을 초월하고 에너지를 중화(中和)하는 능력을 나타낸다. 그러한 능력은 물질화되는 점까지 에너지를 늦추고 너희에게 아직 알려지지 않은 다른 기법을 써서 작용한다.

합동 행위자는 에너지가 아니며, 에너지의 근원도 운명도 아니다. 에너지를 조종하는 분이다. 합동 행위자는 행동이다—운동과 변화, 수정과 조정, 안정과 균형이다. 파라다이스의 직접 또는 간접 통제 밑에 있는 여러 에너지는, 본질적으로 셋째 근원 중심과 그의 다양한 대리자들의 행위에 민감하다.

온 우주는 셋째 근원 중심의 생물, 동력을 통제하는 생물로 가득 차 있다: 물리 통제자, 동력 지휘자, 동력 중심, 그리고 물리 에너지의 조절과 안정에 관계하는, 행위의 하나님의 다른 대표자들이 있다. 물리적 기능을 가진 독특한 이 여러 생물은 반인력과 같이 동력을 통제하는 정도가 다른 속성을 모두 소유하며, 대우주의 물질과 에너지의 물리적 균형을 이루려고 노력하는 데 반인력을 활용한다.

행위의 하나님의 이 모든 물질 활동은, 그의 기능을 파라다이스 섬에 연결짓는 듯하다. 정말로, 동력 대리자들은 영원한 섬의 절대성을 모두 존중하며, 아니 그에 의존하기까지 한다. 그러나 합동 행위자는 파라다이스를 위해서나 그에 반응해서 행동하지 않는다. 아버지와 아들을 위해서 성격으로서 행동한다. 파라다이스는 성격이 아니다. 셋째 근원 중심의 활동, 성격이 없고 비성격이고 그밖에 성격으로 하지 않는 활동은 모두 합동 행위자 스스로 의지하는 행위이며, 어느 사물이나 누구에 대한 반영도, 파생물도, 반향도 아니다.

파라다이스는 무한의 원형(原形)이다. 행위의 하나님은 그 원형을 활성화시키는 분이다. 파라다이스는 무한의 물질적 지레받침이요, 셋째 근원 중심의 대리자들은 지능 있는 지렛대요, 물질 수준을 움직이고 물리적으로 창조된 기계 속에 자발성을 불어넣는다.

4. 절대 지성

셋째 근원 중심에게는 물리적·영적 속성과 뚜렷이 다른 지적 성품이 있다. 그러한 성품을 도저히 만져볼 수 없지만, 그 성품과—몸소는 아니라도 지적으로—사귈 수 있다. 기능의 지성 수준에서, 이 지적(**知的**) 성품은 셋째 분의 물리적 속성 및 영적 특징과 구별할 수 있지만, 성격자들이 식별하기에, 이 성품은 결코 물리적 명시나 영적 명시와 따로 활동하지 않는다.

절대 지성은 셋째 분의 지성이며, 영 하나님의 성격과 뗄 수 없다. 활동하는 존재들의 경우에, 지성은 에너지나 영, 또는 이 두 가지로부터 떨어지지 않는다. 지성은 에너지에 본래부터 있지 않다. 에너지는 지성을 받아들이고 지성에 민감하다. 지성을 에너지 위에 겹쳐 놓을 수 있으나, 의식(**意識**)은 순전한 물질 수준에 본래부터 있지는 않다. 지성을 순전한 영 위에 덧붙여 놓을 필요는 없는데, 이는 영이 날 때부터 의식을 가지고 있고 사물을 확인하기 때문이다. 영은 언제나 총명하며, 어떤 면에서 정신을 쓰고 있다. 영은 이런 지성 또는 저런 지성일 수 있고, 전 지성(**前知性**) 또는 초월 지성일 수도, 아니 영 지성일 수도 있지만, 영은 생각하고 아는 것에 상당하는 일을 한다. 영의 통찰력은 지성의 의식을 초월하고, 수반하며, 이론적으로 그에 앞서 간다.

합동 행위자는 지성의 영토, 우주 지능의 영역에서만 절대적이다. 셋째 근원 중심의 지성은 무한하며, 그는 온 우주에서 활성적이고 작용하는 지성 회로를 철저히 초월한다. 일곱 초우주의 지성 재산은 합동 행위자의 1차 성격자인 일곱 으뜸 영으로부터 파생된다. 우주 지성으로서, 이 으뜸 영들은 지성을 우주 지성으로서 대우주에 분배하며, 너희의 지역 우주는 오르본톤 부류의 우주 지성의 하나인 네바돈 변종으로 가득 차 있다.

무한한 지성은 시간을 무시하고, 궁극의 지성은 시간을 초월하며, 우주 지성은 시간에 제약을 받는다. 공간도 또한 그러하니, 무한한 지성은 공간으로부터 독립되어 있지만, 무한한 수준으로부터 지성의 조수(**助手**) 수준까지 내려감에 따라서, 지능은 공간이 있다는 사실과 그 한계를 더욱 고려해야 한다.

우주 지성이 영에 반응하는 것과 같이, 우주 물력은 지성에 반응한다. 영은 신성한 목적이며, 영 지성은 활동하고 있는 신성한 목적이다. 에너지는 사물이요, 지성은 의미, 영은 가치이다. 시공 세계에서도, 지성은 영원 속에서 서로 친척 관계가 있음을 가리키는, 에너지와 영 사이의 상대적 관계를 확립한다.

지성은 영의 가치를 지능의 의미로 바꾼다. 의지는 물질과 영의 분야에서 지성의 의미가 열매 맺게 하는 힘을 가졌다. 파라다이스로 올라가는 것은, 영·지성·에너지 면에서 상대적이고 차별되는 성장에 관계된다. 성격은 이러한 체험적 개성을 이루는 구성 요소들을 통일하는 무엇이다.

5. 지성이 베푸는 봉사

셋째 근원 중심은 지성 면에서 무한하다. 우주가 무한까지 자란다 하더라도, 그의 지성 잠재력은 한없는 수의 생물에게 적당한 지성, 지능의 기타 필수 조건을 부여하기에 넉넉할 것이다.

창조된 지성의 영토에서, 셋째 분은 동격 및 부하 동료들과 함께 최상으로 다스린다. 생물의 지성은 셋째 근원 중심에 순전한 기원을 가지고 있으며, 그는 지성을 수여하는 분이다. 무한한 영의 지성 행위와 영적 활동으로 말미암아 길이 적당히 준비될 때까지는 아버지의 분신들조차 사람의 지성 안에 깃들기가 불가능함을 발견한다.

지성(知性)의 독특한 모습은 아주 넓은 범위에 걸친 생명에게 지성이 수여될 수 있다는 것이다. 창조 동료와 피조물 동료들을 통해서, 셋째 근원 중심은 모든 분야의 온갖 지성에게 봉사한다. 지역 우주에 있는 보조자들을 통해서 인간 및 인간 아래의 지능에게 봉사하며, 물리 통제자들의 작용을 통해서, 살아 있는 것 가운데 가장 원시 형태인 가장 낮은 비체험 통일체에게도 봉사한다. 지성의 지도는 반드시 지성 영이나 지성 에너지를 가진 성격자들에게 베푸는 봉사이다.

신의 셋째 분이 지성의 근원이니까, 영원한 아들이나 우주의 아버지보다 무한한 영에 대하여, 진화하는 의지 생물이 이해할 만한 개념을 더 쉽게 형성하는 것은 아주 자연스럽다. 합동 창조자의 실체는, 인간 지성의 바로 그 존재에서 불완전하게 드러난다. 합동 창조자는 우주 지성의 조상이며, 사람의 지성은 개별화된 회로, 곧 셋째 근원 중심의 딸 창조자가 지역 우주에서 수여하는 그 우주 지성의 비성격 부분이다.

셋째 분이 지성의 근원이라고 해서 모든 지성 현상이 신성하다고 상상하지 말지어다. 인간의 지능은 동물 종족의 물질적 기원에 뿌리를 가지고 있다. 물질적 자연이 파라다이스의 아름다움과 조화를 참되게 표현하지 못하는 것처럼, 우주 지성은 지성인 하나님을 참되게 계시한 것이 아니다. 완전은 자연 속에 있지만 자연은 완전하지 않다. 합동 창조자는 지성의 근원이지만, 지성은 합동 창조자가 아니다.

유란시아에서, 지성은 완벽한 생각의 본질과 너희의 미숙한 인간 성품의 진화하는 정신을 절충한 것이다. 너희를 지적으로 진화시키는 계획은 정말로, 숭고하게 완전한 계획이지만, 너희는 육체의 천막 안에서 활동하는 동안에 그 신성한 목표에 훨씬 못 미친다. 지성은 참으로 신성한 기원을 가졌고 신성한 운명을 가졌기는 하지만, 너희의 필사 지성은 아직까지 신다운 기품이 없다.

너무나 빈번하게, 참으로 너무나 자주, 너희는 불성실 때문에 너희의 지성을 다치며, 불의(不義)로 너희의 지성을 그슬리게 한다. 너희는 지성이 동물적 두려움에 질리게 하고, 쓸데없는 걱정으로 지성을 비뚤어지게 만든다. 그러므로 지성의 근원은 신성하지만, 너희가 승천하는 세계에서 아는 지성은, 찬미나 숭배는커녕, 도저히 크게 칭찬받을 대상이 될 수도 없다. 미숙하고 비활동적인 인간 지능에 관하여 숙고하는 것은, 오로지 사람에게서 겸손한 반응을 낳아야 한다.

6. 지성 인력의 회로

셋째 근원 중심, 곧 우주 지성은 모든 창조에 있는 각 지성과 각 지능을 친히 의식하고 있으며, 방대한 우주에서 지성을 부여받은 모든 육체·상물질·영적 생물과 친히 완전한 연락을 유지한다. 이 모든 지성 활동은, 셋째 근원 중심에 집중하는 절대 지성 인력의 회로에 붙잡히며, 무한한 영의 친히 의식하는 것의 일부이다.

아버지가 모든 성격자를 자신에게로 잡아당기는 것 같이, 또 아들이 모든 영적 실체를 끌어당기는 것 같이, 합동 행위자는 모든 지성에게 인력(引力)을 행사한다.

우주의 지성 회로를 무제한으로 지배하고 통제한다. 모든 참다운 진정한 지적 가치, 모든 신성한 생각과 완전한 생각은, 어김없이 이 절대 지성 회로로 끌려 들어온다.

지성 인력은 물질 및 영적 인력과 상관 없이 작용할 수 있으나, 언제 어디서 이 두 인력이 부딪치든지 지성 인력이 반드시 활동한다. 셋이 모두 관계될 때, 성격 인력은 물질 생물을—물리적이거나 상물질이거나, 유한하거나 초한하거나—포함할 수도 있다. 그러나 이에 관계 없이, 비성격 존재의 경우에도, 지성의 부여는 생각할 자격을 주며, 성격이 통째로 없는데도 의식(意識)을 부여한다.

그러나 성격 위엄을 가진 자아는, 인간이든 신이든, 불멸하든 불멸 잠재성이 있든, 영이나 지성이나 물질에서 비롯하지 않으며, 우주의 아버지가 그런 자아를 수여한다. 영, 지성, 물질 인력의 상호 작용도 성격 인력의 출현에 전제 조건은 아니다. 아버지의 회로는 영 인력에 민감하지 않은 지성과 물질을 겸한 존재를 용납할 수도 있고, 물질 인력에 민감하지 않은 지성 영의 존재를 포함할 수도 있다. 성격 인력의 작용은 언제나 우주의 아버지가 의지하는 행위이다.

지성은 순전한 물질 존재에서는 에너지와 결합되어 있고, 순전한 영적 성격에서는 영과 결합되어 있지만, 사람을 포함하여 수많은 성격자 계급은, 에너지와 영, 양자와 결합된 지성을 가지고 있다. 생물 지성의 영적 면은 어김없이 영원한 아들의 영 인력의 당김에 반응하며, 물질 모습은 물질 우주의 인력 자극에 반응한다.

우주 지성은 에너지나 영과 결합되지 않을 때, 물질 회로나 영 회로의 인력 요구에 지배되지 않는다. 순수한 지성은 합동 행위자의 보편적 인력의 손아귀에만 지배된다. 순수한 지성은 무한한 지성과 가까운 관계에 있고, 무한한 지성은 (이론적으로, 영 및 에너지 절대자들과 동등한데) 겉보기에 그 자체로서 하나의 법이다.

영과 에너지의 분산이 커질수록, 지성의 관측 가능한 기능은 더 커진다. 에너지와 영의 차이가 적을수록, 지성의 관측 가능한 기능은 적어진다. 우주 지성의 최대 기능은 공간에 존재하는 시간 우주에 있는 듯하다. 여기서 지성은 에너지와 영 사이의 중간(中間) 지역에서 활동하는 듯하다. 하지만 상급 수준의 지성에서는 그렇지 않다. 파라다이스에서는 에너지와 영이 본질적으로 하나이다.

지성 인력 회로는 믿을 만하다. 이 회로는 파라다이스에 계신 신의 셋째 분으로부터 방사되어 나오지만, 관측이 가능한 지성 기능을 모두 예측할 수는 없다. 지금까지 알려진 창조 전체에 걸쳐서, 지성 회로와 평행하는 거의 알려지지 않은 어떤 계심이 있는데, 그 기능은 예측할 수 없다. 우리는 이 예측 불능이 어느 정도 우주 절대자의 기능의 탓으로 돌릴 수 있다고 믿는다. 우리는 이 기능이 무엇인지 모른다. 무엇이 이 기능을 자극하는지 겨우 추측만 할 수 있을 뿐이다. 이 기능이 생물과 가지는 관계에 대해서, 겨우 짐작만 할 수 있을 따름이다.

유한한 지성의 예측할 수 없는 어떤 면은 최상 존재의 불완전 때문인지도 모른다. 합동 행위자와 우주 절대자가 아마도 서로 스칠까 싶은 넓은 활동 지역이 있다. 지성에 관하여 알려지지 않은 부분이 많지만, 우리는 다음에 대하여 분명하다: 무한한 영은 모든 생물에 대하여 창조자의 지성을 완전히 표현한 것이며, 최상 존재는 모든 생물의 지성이 그 창조자에게 보이는 진화하는 표현이다.

7. 우주의 반영

정신적인 것, 물질적인 것, 영적인 것들을 동시에 인식함을 가능하게 하는 방법으로, 합동 행위자는 우주 사실성의 모든 수준을 조정할 수 있다. 이것은 우주 반영(**反映**) 현상이며, 초우주 전역에 걸쳐서 사건이 벌어짐에 따라서, 만물을 보고, 듣고, 느끼고, 이해하며, 이 모든 정보와 지식을 어떤 원하는 초점에 모으는, 독특하고 풀이할 수 없는 능력이다. 반영 활동은 일곱 초우주의 각 본부 세계에서 완전히 전시된다. 또한 초우주들의 모든 지역에 걸쳐서, 지역 우주의 테두리 안에서 작용한다. 마지막으로 반영은 파라다이스에서 초점을 이룬다.

초우주 본부 세계에서 머무르는 반영 성격자들의 놀라운 연기(**演技**)에서 나타나다시피, 거기서 반영 현상은, 모든 창조에서 발견되는 모든 존재 단계에서 가장 까다로운 상호 관계를 나타낸다. 영의 줄은 아들한테로, 물리 에너지의 줄은 파라다이스로, 지성의 줄은 셋째 근원으로 유래를 추적할 수 있다. 특별한 우주 반영 현상에서는 모두 세 가지가 독특하고 드물게 통일되고 결합되어 있으며, 그래서 우주 통치자들로 하여금 멀리 떨어진 곳의 상황을 순간적으로, 그런 상황이 일어남과 동시에 알게 해 준다.

우리는 반영 기법을 많이 이해하지만, 우리를 참으로 어리둥절하게 하는 여러 단계가 있다. 우리는 합동 행위자가 지성 회로의 우주 중심이요 우주 지성의 조상이며, 우주 지성은 셋째 근원 중심의 절대 지성 인력의 지배 밑에서 작용한다는 것을 알고 있다. 더 나아가서, 우주 지성의 회로는 모든 알려진 존재의 지적 수준에 영향을 미치며, 그 회로가 우주의 공간 보고서를 포함하고, 똑같이 확실하게 이 회로가 일곱 으뜸 영 안에 모이며, 셋째 근원 중심에서 만난다는 것을 안다.

유한한 우주 지성과 신의 절대 지성의 관계는 최상위의 체험적 지성 안에서 진화하는 듯하다. 세월이 동틀 때, 무한한 영이 최상위에게 이 체험적 지성을 수여했다고 우리는 가르침을 받아 왔다. 반영 현상의 어떤 모습은 오로지 최상 지성 활동을 가정(**假定**)함으로 설명할 수 있다고 추측한다. 최상위가 반영과 관계 없다면, 이 우주 의식(**意識**)의 복잡한 거래와 어김없는 작용을 어떻게 설명할까 우리는 갈피를 잡지 못한다.

체험적으로 유한한 것들의 한계 안에서 반영은 전지(**全知**)로 보이며, 반영은 최상 존재의 계심과 의식이 솟아나는 것을 나타낼 수도 있다. 이 가정이 참말이라면, 어느 단계에서도 반영의 활용은 최상위의 의식과 부분적으로 접촉함에 상당한다.

8. 무한한 영의 성격자

무한한 영은 많은 능력과 특권을 동등 및 하위(**下位**) 성격자와 대리자들에게 전해 주는 충분한 능력이 있다.

삼위 일체와 따로, 아버지와 아들과 함께 어떤 밝혀지지 않은 관계에서 활동하면서, 무한한 영이 처음으로 신을 창조하는 행위는 파라다이스의 일곱 으뜸 영의 존재 속에서 성격화되었는데, 이들은 무한한 영을 우주에 분배하는 분들이다.

초우주 본부에는 셋째 근원 중심을 직접 대표하는 이가 아무도 없다. 이 일곱 창조는 각각 파라다이스의 으뜸 영들 가운데 한 분에게 의존하고, 그는 초우주 서울에 자리잡은 일곱 반영 영을 통해서 활동한다.

무한한 영이 다음에 계속하여 하는 창조 활동은 때때로, 창조 영들의 생산에서 나타난다. 우주의 아버지와 영원한 아들이 한 아들 창조자의 부모가 될 때는 언제나 무한한 영은 지역 우주 창조 영의 조상이 되며, 창조 영은 다음에 일어나는 모든 우주 체험에서 그 아들 창조자의 가까운 동료가 된다.

영원한 아들과 아들 창조자들의 구별이 필요한 것 같이, 무한한 영과 창조 영들을 구분할 필요가 있다. 지역 우주에서, 창조 영은 아들 창조자와 동위에 있는 분이다. 무한한 영과 창조 전체의 관계는, 한 창조 영과 한 지역 우주의 관계와 같다.

물리적 성품, 상물질 성품, 영적 성품을 가진 특정 회로의 감독자들과 함께, 광범위한 대열의 봉사 영, 사자(使者), 교육자, 판관, 조수, 고문들은 대우주에서 셋째 근원 중심을 대표한다. 엄밀한 의미에서, 이 존재들 모두가 성격자는 아니다. 유한한 생물 부류의 성격자는 다음의 특징을 가지고 있다:

1. 주관적 자의식.
2. 아버지의 성격 회로에 대한 객관적 반응.

창조하는 성격자와 창조된 성격자들이 있고, 이 두 가지 기본형 외에도 <u>셋째 근원 중심 성격자들</u>이 있다. 그들은 무한한 영에 대해서 성격이지만, 생물 존재들에 대하여 제한 없는 성격은 아니다. 이 셋째 근원 성격자들은 아버지 성격 회로의 일부가 아니다. 첫째 근원 성격과 셋째 근원 성격은 서로 접촉할 수 있는데, 이는 모든 성격이 접촉 가능하기 때문이다.

아버지는 자유 의지로 친히 성격을 수여한다. 아버지가 왜 그렇게 하시는지 우리는 다만 추측만 할 수 있을 따름이고, 그가 어떻게 하시는지 모른다. 어째서 무한한 영이 아버지가 주시는 성격과 다른 성격을 수여하는지 모르지만, 무한한 영은 자신을 위해서, 영원한 아들과 창조적으로 연결하여, 너희에게 알려지지 않은 수많은 방법을 이용해서, 이 일을 한다. 무한한 영은 또한 첫째 근원의 성격이 수여될 때에도 아버지를 위해서 활동할 수 있다.

셋째 근원 성격자들에는 수많은 종류가 있다. 어떤 동력 지도자들처럼, 아버지의 성격 회로에 포함되지 않은 수많은 무리에게 무한한 영은 셋째 근원 성격을 수여한다. 마찬가지로, 무한한 영은 수많은 무리의 존재들을 성격자로 대우한다. 창조 영들이 그 예이며, 이들은 아버지와 회로 연결된 생물과 가지는 관계에서, 혼자 독립된 계급이다.

첫째 근원 성격자와 셋째 근원 성격자들은 모두, 사람이 성격 관념에 붙이는 모든 것, 그리고 그보다 더 많이 부여받는다. 이들은 기억·논리·판단, 창조적 상상력, 관념 연결, 결정, 선택을 비롯하여, 필사자들에게 도무지 알려지지 않은, 기타 수많은 지능 능력을 포함하는 지성을 소유한다. 거의 예외 없이, 너희에게 드러난 계급들은 형태와 뚜렷한 개성이 있으며, 실재하는 존재이다. 대다수는 모든 계급의 영적 존재의 눈에 보인다.

너희가 현재 가진 물질적 눈의 제한된 시력으로부터 풀려나고, 영적 사물의 실체에 더 민감한 상물질(上物質) 형태를 부여받게 되자마자, 너희도 하등 계급에 있는 영적 동료들을 볼 수 있게 될 것이다.

이 여러 이야기에서 밝히다시피, 셋째 근원 중심의 기능 집단은 다음 세 무리로 나누어진다:

I. 최상 영. 다른 자들 가운데도, 다음 계급을 포함하는, 복합 기원을 가진 집단:

1. 파라다이스의 일곱 으뜸 영.
2. 초우주의 반영 영.
3. 지역 우주의 창조 영.

II. 동력 지휘자. 모든 조직된 공간에서 두루 활동하는, 통제하는 생물 및 대리자들의 무리.

III. 무한한 영의 성격자. 이들의 일부는 의지를 가진 생물로서 독특하지만, 이 명칭은 이 존재들이 반드시 셋째 근원 성격자임을 암시하지는 않는다. 보통 3대 등급으로 갈라진다:

1. 무한한 영의 상급 성격자.
2. 공간의 사자 무리.
3. 시간 속에서 봉사하는 영.

이 무리들은 파라다이스에서, 중앙 우주, 곧 거주(居住) 우주에서, 그리고 초우주에서 봉사하며, 지역 우주에서, 아니 별자리, 체계, 혹성에서도 활동하는 계급들을 포함한다.

신성한 무한한 영의 광대한 가족에 속하는 영 성격자들은, 하나님의 사랑과 아들의 자비를 시공의 진화 세계에 있는 모든 지적 생물에게 베푸는 봉사에 언제까지나 헌신한다. 이 영 존재들은 살아 있는 사다리이며, 이것을 타고 필사 인간은 혼돈으로부터 영광으로 올라간다.

[무한한 영의 성품과 하시는 일을 묘사하라고 옛적부터 늘 계신 이들로부터 임명받고서, 유버르사의 한 신성한 조언자가 유란시아에서 계시하였다.]

제 10 편

파라다이스 삼위 일체

파라다이스에서 영원한 신들의 삼위 일체는 아버지가 성격의 절대성으로부터 피하는 것을 용이하게 만든다. 삼위 일체는 하나님의 무한한 성격 의지의 한없는 표현을 신의 절대성과 완전히 결합한다. 영원한 아들과 신성한 기원을 가진 다양한 아들들은, 합동 행위자 및 그 우주 자손과 함께, 다른 방법으로는 수위성, 완전, 불변, 영원, 보편, 절대, 무한에 본래부터 있을 한계로부터 실질적으로 아버지를 해방시켜 준다.

파라다이스 삼위 일체는 신의 영원한 성품을 충만하게 표현하고 완전히 계시하는 일을 효과적으로 해 준다. 마찬가지로, 삼위 일체의 고정된 아들들은 신의 응보를 충분하고 완전하게 계시할 수 있게 한다. 삼위 일체는 신이 하나가 되는 것이며, 이 통일은 동위에 있고 공존(共存)하는 최초의 세 성격자, 곧 아버지 하나님, 아들 하나님, 영 하나님이 신답게 하나가 되는 절대 기초에 영원히 의존한다.

영원의 동그라미에서, 현재 상황에서 끝없는 과거를 돌아보면, 우리는 우주의 사무 가운데 유일하게 피할 수 없는 필연성을 발견할 수 있으니, 바로 파라다이스 삼위 일체이다. 나는 삼위 일체가 불가피했다고 판단한다. 시간의 과거·현재·미래를 보건대, 나는 온 우주에서 그 외에 아무 것도 불가피했다고 생각하지 않는다. 뒤를 돌아보거나 앞을 내다보거나, 삼위 일체가 없이는 현재 모우주를 생각할 수 없다. 삼위 일체가 일단 계시면, 우리는 만사(萬事)를 이루는 다른 방법, 아니 여러 방법까지도 가정해 볼 수 있다. 그러나 아버지·아들·영의 삼위 일체가 없다면, 어떻게 무한자가 신의 절대 단일성과 마주쳐서, 세 겹으로 동위 성격화를 이룰 수 있을까 우리는 상상할 수 없다. 어떤 다른 창조 개념도, 신이 세 겹으로 성격화되는 데 본래 있는, 의지의 충만한 해방과 함께, 신의 통일성에 본래부터 있는 완벽한 절대성, 이러한 삼위 일체의 기준을 흡족히 따라가지 못한다.

1. 첫째 근원 중심의 자기 분배

영원한 과거에, 아버지는 심오한 자아 분배 정책을 개시한 듯 보일 것이다. 우주의 아버지의 성품, 사심 없고 사랑하며 사랑스러운 성품 안에는, 오직 그가 양도하거나 수여하기 불가능해 보이는 권능과 권한의 행사만 자신에게 남겨 놓도록 만드는 무엇이 본래부터 있다.

우주의 아버지는 지금까지 어떤 다른 창조자나 피조물에게 수여할 수 있는 자신의 각 부분을 다 벗어 버렸다. 아버지는 신다운 아들들과 그 동료 지성들에게 양도(讓渡)할 수 있는 모든 권능과 권한을 넘겨 주셨다. 실제로, 각자의 우주에서 사는 군주 아들들에게, 전해 줄 수 있는 행정 권한의 모든 특권을 넘겨 주셨다. 최초의 중앙 우주에서 최초의 아들이 그렇다시피, 지역 우주 사무에서 각 군주 아들 창조자를 똑같이 완전하고, 유능하고, 권위 있게 만드셨다. 아버지는 성격을 소유하는 위엄과 신성함을 가지고, 온갖 방법으로, 어느 시대에나, 어디서나, 모든 성격자에게, 그리고 그가 중앙에 깃드는 우주만 제외하고 모든 우주에서, 자신의 모든 것과 모든 속성, 벗을 수 있는 가능한 모든 것을 나누어 주고 실제로 수여하셨다.

신성한 성격자는 자기 중심이 아니다. 성격을 스스로 분배하고 나누어 주는 것은 신성한 자유 의지를 가진 자아의 특징이다. 생물은 다른 성격 생물과 몹시 사귀고 싶어한다. 창조자들은 우주 자손에게 신성을 나누어 주도록 마음이 움직인다. 무한자의 성격은 우주의 아버지로서 드러나며, 동위 성격자 두 분, 영원한 아들과 합동 행위자와 함께, 존재의 실체, 또 자신과 동등함을 함께 나누신다.

아버지의 성격과 신의 속성에 관한 지식을 얻으려면, 우리는 언제나 영원한 아들의 계시에 의존하겠는데, 이는 합동으로 창조 활동이 일어났을 때, 신의 셋째 분이 성격 존재로 솟아나서 신다운 부모의 통합 개념을 집행했을 때, 아버지가 무제한 성격자로 존재하기를 그쳤기 때문이다. 합동 행위자가 존재하게 되고 창조의 중앙 핵심이 모습을 갖추자, 어떤 영원한 변화가 일어났다. 하나님은 절대 성격자로서 자신을 영원한 아들에게 주셨다. 이렇게 아버지는 "무한한 성격"을 하나만 얻은 아들에게 수여하며, 또한 두 분은 무한한 영에게 영원히 연합한 그들의 "합동 성격"을 수여한다.

이러한 까닭으로, 또 유한한 지성이 이해할 수 없는 다른 여러 이유로, 하나님의 성격이 영원한 아들 안에서 우주에 드러나고, 아들과 함께 무한한 영 안에서 보편적으로 활동할 때를 제쳐 놓고, 인간은 하나님의 무한한 아버지 성격을 이해하기가 극도로 힘들다.

하나님의 파라다이스 아들들은 진화 세계들을 찾아오며, 때로는 거기서도 필사 육체의 모습을 입고 살기 때문에, 또 이 수여가 필사 인간에게 신다운 성격의 성품과 특징에 대하여 무언가 알 수 있게 하기 때문에, 혹성 구체들에서 피조물은 아버지·아들·영에 관하여 믿고 신빙성 있는 정보를 얻기 위하여 이 파라다이스 아들들의 수여를 고대(苦待)해야 한다.

2. 신의 성격화

삼자 일체화(一體化) 기법으로 아버지는 무조건의 영 성격을 벗어 버리는데, 그 영 성격이 아들이다. 그러나 그렇게 함으로 자신을 바로 이 아들의 아버지로 만들고, 이로서 자신이, 나중에 창조되거나, 궁극에 이르거나, 또는 다른 성격화된 종류의 지적 의지(意志) 생물의 신다운 아버지가 되는 한없는 능력을 소유한다. 절대적인 무조건 성격자로서, 아버지는 오직 아들로서, 아들과 함께 활동할 수 있다. 그러나 성격을 가진 아버지로서 그는 다른 수준에 있는 지적 의지 생물의 다양한 무리에게 성격을 줄곧 수여하며, 방대한 이 우주 아이들 집단과 사랑으로 친교하는 개인적 관계를 언제까지나 유지한다.

아버지가 아들의 성격 위에 자신을 충만히 수여한 뒤에, 이 자기 수여 행위가 완료되고 완전할 때, 아버지-아들 연합에 이처럼 존재하는 무한한 능력과 성품 가운데서, 영원한 동업자들은 합동으로 자신들과 같은 또 다른 존재를 구성하는 질과 속성을 수여한다. 이 합동 성격자, 무한한 영은 신의 실존적 성격화를 마친다.

아들은 하나님이 아버지가 되는 데 꼭 필요하다. 영은 둘째 분과 셋째 분의 친교에 불가결하다. 세 분은 최소의 사회 집단이지만, 이것은 합동 행위자가 필연임을 믿는 여러 이유 가운데 아주 작은 것이다.

첫째 근원 중심은 무한한 아버지 성격자, 무제한 근원 성격자이다. 영원한 아들은 제한 받지 않는 절대 성격자, 곧 하나님 성격의 성질을 완전히 계시한 것으로서, 모든 시간과 영원에 걸쳐서 지속하는 신성한 존재이다. 무한한 영은 합동 성격자, 곧 영구한 아버지-아들 연합이 일으키는 독특한, 성격 결과이다.

첫째 근원 중심의 성격은 무한한 성격에서 영원한 아들의 절대 성격을 뺀 것이다. 셋째 근원 중심의 성격은 해방된 아버지 성격과 절대 아들 성격의 연합보다 더 큰 결과이다.

우주의 아버지, 영원한 아들, 무한한 영은 독특한 성격들이다. 아무도 중복되지 않으며, 모두 고유(固有)하고 모두 하나가 되어 있다.

영원한 아들 홀로, 신성한 성격 관계, 곧 아버지의 아들인 것과 영에게 아버지인 것, 그리고 조상인 아버지와 동료인 영과 신으로서 대등함을 충만히 의식한다. 아버지는 자기와 대등한 아들을 가지는 체험을 알지만, 아버지는 그에게 조상인 선행자(先行者)가 아무도 없다. 영원한 아들은 아들이 되는 체험을 가지며, 성격의 조상을 인식하고, 동시에 아들은 무한한 영에게 공동으로 어버이인 것을 의식한다. 무한한 영은 두 성격 조상을 의식하지만, 동위의 어떤 신 성격자에게도 부모가 되지 않는다. 영과 함께, 신 성격화의 실존적 주기(週期)가 완료된다. 셋째 근원 중심으로부터 나온 1차 성격자들은 체험적이며 그 수는 일곱이다.

나는 파라다이스 삼위 일체에 기원을 가지고 있다. 나는 삼위 일체가 하나가 된 신임을 알고 있다. 아버지·아들·영이 존재하며, 그들의 뚜렷한 성격 능력 안에서 활동함을 알고 있다. 세 분이 개별로, 또 집합해서 활동할 뿐 아니라, 여러 조합을 지어 행동을 조정함으로, 마지막에는 세 분이 일곱 가지로, 혼자이든지 여럿의 다른 자격으로 활동하는 것을 분명히 알고 있다. 이 일곱 가지 결합이 그러한 신성의 조합 가능성을 모두 소모하니까, 우주의 실체들이 가치·의미·성격에서 일곱 가지 다양한 변화로 나타날 것은 불가피하다.

3. 세 분의 신

오로지 하나의 신이 있는데도, 신의 분명하고 신성한 성격화는 세 가지가 있다. 사람에게 신다운 조절자를 부여하는 것에 관하여 말하면, "우리가 우리의 모습대로 필사 인간을 만들자"하고 아버지가 말씀하셨다. 유란시아의 기록들을 보면, 여럿인 신의 활동과 행적에 관하여 이러한 언급이 되풀이되는데, 뚜렷하게 세 근원 중심이 존재하고 활동함을 인정했다는 것을 보여 준다.

삼위 일체의 결합에서, 아들과 영은 아버지에 대해 똑같이 대등(對等)한 관계를 유지한다고 우리는 가르침을 받아 왔다. 영원 속에서, 세 분은 신으로서 의심할 바 없이 그런 관계를 가진다. 그러나 시간 속에서, 성격자로서, 세 분은 대단히 다양한 성질의 관계를 분명히 드러낸다. 파라다이스에서 바깥으로 우주들을 내다보면,

이 관계는 아주 비슷해 보이지만, 공간의 영토에서 관찰할 때, 이 관계는 아주 다른 듯하다.

신성한 아들들은 정말로 "하나님의 말씀"이지만, 영의 아이들은 참으로 "하나님의 행위"이다. 하나님은 아들을 통해서 말씀하고, 아들과 함께 무한한 영을 통해서 행위하신다. 한편 모든 우주 활동에서 아들과 영은 지극하게 친하며, 또한 명예롭고 신성하게 존경받는 공동의 아버지를 위해, 찬미와 사랑을 가지고 대등한 두 형제로서 일하신다.

아버지·아들·영은 성품이 확실히 동일하며, 동위 존재이다. 그러나 그들의 우주 활동에는 명백한 차이가 있다. 혼자서 활동할 때, 신은 저마다 절대성이 제한된 듯하다.

아들과 영을 구성하는 성격·권능·속성을 스스로 뜻하여 벗어 버리기 전에, 우주의 아버지는 (철학적으로 보건대) 무제한이고 절대적이고 무한한 신이었던 듯하다. 그러나 아들이 없이, 그러한 이론적 **첫째 근원 중심**은 어떤 말뜻에서도 우주의 아버지라고 생각할 수 없으니, 아들 없이 아버지가 되는 것은 현실이 아니다. 더군다나, 총체적 의미에서 절대적인 때가 있었다면, 아버지는 영원히 오래 전 어느 순간에 혼자 계셨어야 한다. 그러나 아버지는 결코 그렇게 혼자 계셨던 적이 없다. 아들과 영, 두 분은 아버지와 함께 공동으로 영원하다. 첫째 근원 중심은 최초의 아들의 영원한 아버지였을 뿐 아니라, 아들과 함께 무한한 영의 영원한 조상이었고, 또 언제까지나 그럴 것이다.

우리는 아버지가 절대 부성(**父性**)과 절대 의지만 빼고, 절대성의 모든 직접 명시를 벗어 버렸음을 관찰한다. 의지가 아버지로부터 떼어 낼 수 없는 속성인지 우리는 모른다. 오로지 아버지가 자신에게서 의지를 벗어 버리지 않은 것을 지켜볼 수 있을 따름이다. 그러한 의지의 무한성은 **첫째 근원 중심**에 본래, 영원히 본래부터 있었음이 틀림없다.

영원한 아들에게 성격의 절대성을 수여하면서 우주의 아버지는 성격 절대주의의 사슬로부터 피한다. 그러나 그렇게 함으로써, 아버지는 절대 성격으로서 혼자 행동하는 것을 영원히 불가능하게 만드는 첫 걸음을 내디딘다. 공존하는 신—합동 행위자—가 마침내 성격화하면서, 절대 신 기능의 총체에 관련하여, 세 분의 신다운 성격자 사이에 중대한 삼자 일체의 상호 의존성이 따른다.

하나님은 온 우주에서 모든 성격자에게 아버지-절대자이다. 아버지는 몸소, 행동의 자유를 절대로 가지고 있다. 그러나 이미 만들어졌고, 만들어지고 있고, 아직 만들어야 할 시공 우주에서, 파라다이스 삼위 일체의 경우를 빼고, 아버지는 총체적 신으로서 분별할 수 있게 절대성을 가지지 않는다.

첫째 근원 중심은 하보나 바깥의 엄청난 우주들에서 다음과 같이 활동한다:

1. 창조자로서, 손자인 아들 창조자들을 통해서.

2. 통제자로서, 파라다이스의 인력 중심을 통해서.

3. 영으로서, 영원한 아들을 통해서.

4. 지성으로서, 합동 창조자를 통해서.

5. 아버지로서, 성격 회로를 통해서, 어버이로서 모든 생물과 연락을 유지한다.

6. 성격자로서, 창조 전체에 걸쳐서 그의 유일한 분신으로 말미암아—필사 인간 속에 있는 생각 조절자를 이용하여—그는 직접 활동한다.

7. 총체적 신으로서, 오로지 파라다이스 삼위 일체 안에서만 활동한다.

우주의 아버지가 권한을 이렇게 모두 버리고 넘겨 주는 것은 온통 자진(自進)하고 스스로 부과한 것이다. 전능한 아버지는 일부러 이 우주 권한의 제약을 받아들인다.

하나님의 분신을 수여하는 것과 기타 전 성격으로 활동하는 경우를 빼고, 모든 영적 면에서, 영원한 아들은 아버지와 하나가 되어서 활동하는 듯하다. 아들은 물질 생물의 지적 활동이나 물질 우주의 에너지 활동과 밀접하게 동일시하지 않는다. 아들은 한 성격자로서, 절대로 영적 우주 분야에서만 활동한다.

무한한 영은 놀랍게도 보편적이고, 모든 활동에서 믿을 수 없이 다능하다. 그는 지성·물질·영의 분야에서 행동한다. 합동 행위자는 아버지-아들 결합을 대표하지만, 또한 자신으로서 활동한다. 물리적 인력, 영적 인력, 또는 성격 회로에 직접 아랑곳하지 않지만, 다른 모든 우주 활동에 다소 참여한다. 무한한 영은 세 가지 실존적이며 절대적인 인력 통제에 의존하는 듯한 한편, 세 가지 초월 통제 방법을 쓰는 듯하다. 이 세 겹의 자질은 여러 방법으로 이용되어서, 절대성의 초궁극 한계에 바짝 이르기까지, 1차 물력과 에너지의 표현조차도 뛰어넘고 겉보기에 중화하는 듯하다. 어떤 상황에서, 이 초월적 통제는 우주 실체의 1차적 표현도 절대로 초월한다.

4. 신의 삼위 일체 연합

모든 절대 결합 가운데, 파라다이스 삼위 일체(제1 삼자 일치)는 성격을 가진 신의 순전한 결합으로서 독특하다. 하나님은 오직 하나님과 가지는 관계에서, 또 하나님을 알 수 있는 자들과 가지는 관계에서, 하나님으로서 활동한다. 그러나 하나님은 오직 파라다이스 삼위 일체 안에서, 우주 총체와 가지는 관계에서, 절대 신으로서 활동한다.

영원한 신은 완전히 하나가 되어 있다. 그런데도 완전히 개별화된 신 세 분이 계신다. 파라다이스 삼위 일체는 첫째 근원 중심, 그의 영원한 동등자들의 성품 특성 및 무한한 능력의 온갖 다양성, 그리고 갈라지지 않은 신의 우주 기능의 모든 신다운 통일성을 동시에 표현할 수 있게 만든다.

삼위 일체는 비성격 자격으로, 그러나 성격에 반대하지 않고서 활동하는 무한한 성격자들의 결합이다. 예는 서툴지만, 아버지·아들·손자가 함께, 비성격이지만, 그런데도 각자의 개인 의지에 지배되는 법인(法人) 존재를 만들 수 있을 것이다.

파라다이스 삼위 일체는 <u>실재</u>한다. 삼위 일체는 아버지·아들·영의 신 연합으로서 존재하며, 그래도 아버지, 아들, 또는 영이나, 이 가운데 어느 두 분도, 이 동일한 삼위 일체와 관련되어 활동할 수 있다. 아버지·아들·영은 삼자 일체가 아닌 방법으로 협동할 수 있지만, 세 분의 신으로서 하는 것은 아니다. 성격자로서, 세 분은 뜻하는 대로 협동할 수 있지만, 그것은 삼위 일체가 아니다.

무한한 영이 하는 일은 합동 행위자의 기능이라는 것을 늘 기억하여라. 아버지와 아들 두 분은 모두 영 안에서, 영을 통해서, 영으로서 활동하고 있다. 그러나 삼위 일체의 신비를 밝히려 애쓰는 것은 무익할 것이다: 한 분으로서, 또한 한 분 안에 계시는 세 분이며, 두 분으로서, 또한 두 분을 위해서 활동하는 한 분이다.

삼위 일체는 우주 사무 전체에 밀접히 관련이 있고, 그래서 어느 고립된 우주 사건이나 성격 관계의 총체를 설명하려고 애쓸 때, 삼위 일체를 계산에 넣어야 한다. 삼위 일체는 우주의 모든 수준에서 활동하며, 필사 인간은 유한 수준에 한정되어 있다. 따라서 사람은 유한한 개념의 삼위 일체를 삼위 일체로 보는 것으로 만족해야 한다.

너는 육체를 타고난 사람으로서, 개별적으로 깨우침 받은 데 따라서, 너의 지성 및 혼의 반응과 조화를 이루면서 삼위 일체를 보아야 한다. 삼위 일체의 절대성에 관하여 너는 거의 아무 것도 알 수 없지만, 파라다이스를 향해 올라가는 동안, 절대성은 아니라도, 삼위 일체의 최상성과 궁극성이 연달아 계시되는 것에, 또 뜻하지 않은 발견에, 너는 여러 번 놀라게 될 것이다.

5. 삼위 일체의 기능

성격 있는 신들은 속성이 있지만, 삼위 일체가 속성이 있다고 말하는 것은 도저히 일관성이 없다. 신다운 존재들의 이 관계는, 응보의 시행, 전체의 태도, 나란한 행동, 우주의 전반적 통제와 같은 기능을 가진다고 보는 것이 더욱 적당하다. 이 기능은 활동 면에서 최상이요 궁극적이며, (신의 한계 안에서) 성격 가치를 가진 모든 살아 있는 실체가 관련된 한, 절대적이다.

파라다이스 삼위 일체의 기능은, 겨우 아버지의 신성 자질로 보이는 것에 아들과 영의 성격 존재에 고유한 특화된 속성을 합친 것이 아니다. 세 파라다이스 신이 삼위 일체로 결합하는 것은 우주의 계시·활동·행정을 위하여, 새로운 의미·가치·권능·능력을 진화하고 궁극에 이루고 신성하게 만드는 결과를 낳는다. 살아 있는 결합, 인간 가족, 사회 집단, 또는 파라다이스 삼위 일체는 단순한 산술적 합계로 늘어나지 않는다. 집단의 잠재성은 언제나 구성원들 속성의 단순 합계보다 크다.

삼위 일체는 과거와 현재와 미래의 우주 전체에 대하여 삼위 일체로서 독특한 태도를 가진다. 삼위 일체의 기능은 삼위 일체가 우주를 대하는 태도와 관련하여 고려하는 것이 최선이다. 그러한 태도는 동시에 나타나며, 어느 독립된 상황이나 사건에 관해서는 몇 가지일 수 있다:

1. 유한자에 대한 태도: 삼위 일체가 최대로 자체를 제한한 것은 유한자에 대한 태도이다. 삼위 일체는 성격이 아니며, 또한 최상 존재는 삼위 일체의 유일한 성격화도 아니다. 그러나 권능을 가진 성격자로 삼위 일체가 집중되는 것을 유한한 생물이 이해하는 데는 최상위가 가장 가까운 길이다. 따라서 유한자와 가지는 관계에서, 삼위 일체를 가끔 최상 삼위 일체라고 말한다.

2. 초한자에 대한 태도: 파라다이스 삼위 일체는, 유한을 초월하지만 절대 아래에 있는 존재 수준을 존중하며, 이 관계를 때때로 궁극 삼위 일체라고 부른다. 궁극위도 최상위도 파라다이스 삼위 일체를 온전히 대표하지 않는다. 그러나 제한된 의미에서, 각자의 수준에 대하여, 체험적 권능이 개발되는 전 성격(前性格) 시대에, 두 분은 각자 삼위 일체를 대표하는 듯하다.

3. 파라다이스 삼위 일체의 절대적 태도는 총체 신의 절대 존재와 연관되어 있고, 궁극에는 총체 신의 활동을 낳는다.

무한한 삼위 일체는 첫째 근원 중심—신화(神化)된 것과 신화되지 않은 것—의 모든 삼자 일치 관계가 나란히 활동하는 것을 포함하며, 따라서 성격자들이 파악하기가 아주 힘들다. 삼위 일체를 무한하게 생각할 때, 일곱 가지 삼자 일치를 무시하지 말라. 이로서 이해하기 어려운 어떤 점들을 피할까 싶고, 어떤 역설이 어느 정도 해결될까 한다.

그러나 파라다이스 삼위 일체의 완전한 진리와 영원한 의미, 무한히 완전한 세 분의 끝없는 상호 관계의 성질을 제한된 인간 지성에게 전달하기에는 내 말재주가 충분하지 않다.

6. 삼위 일체의 고정된 아들

모든 법칙은 첫째 근원 중심에 기원을 가지며, 그는 법칙이다. 영적 법칙의 행정은 둘째 근원 중심에 자생한다. 법칙의 계시, 곧 신의 법령을 선포하고 해석하는 것은 셋째 근원 중심의 기능이다. 법의 응용, 곧 재판은 파라다이스 삼위 일체의 섭리에 속하며, 삼위 일체의 어떤 아들들이 재판을 집행한다.

응보는 파라다이스 삼위 일체의 우주 통치권에 본래부터 생긴다. 그러나 선·자비·진리는 신성한 성격자들이 우주에 베푸는 봉사이며, 그 신의 연합은 삼위 일체를 이룬다. 응보는 아버지나, 아들이나, 또는 영의 태도가 아니다. 응보는 사랑·자비·봉사를 베푸는 이 성격자들이 삼위 일체로서 가지는 태도이다. 파라다이스 신들 가운데 어느 한 분도 재판을 집행하라고 재촉하지 않는다. 응보(應報)는 결코 개인의 태도가 아니며, 언제나 여럿의 기능이다.

증거는 공정(자비와 조화를 이룬 응보)의 기초이며, 셋째 근원 중심의 성격자들이 증거를 제공한다. 셋째 근원 중심은 모든 영역에 대해서, 모든 창조에 있는 지적 존재들의 지성에 대하여, 아버지와 아들을 합동으로 대표하는 자이다.

심판은 무한한 영의 성격자들이 내놓은 증거에 따라서 마지막으로 재판을 시행하는 것이고, 삼위 일체의 고정된 아들들이 하는 일이며, 이들은 아버지·아들·영이 뭉친 삼위 일체 성질을 가진 존재이다.

이 집단의 삼위 일체의 아들들은 다음 성격자들을 포함한다:

1. 삼위 일체를 체험한 최상위의 비밀.
2. 늘 영원한 이.
3. 옛적부터 늘 계신 이.
4. 늘 완전한 이.
5. 요즘부터 늘 계신 이.
6. 늘 연합한 이.
7. 늘 충실한 이.
8. 지혜 완성자.
9. 신성한 조언자.
10. 우주 검열자.

우리는 삼위 일체로서 활동하는 세 파라다이스 신의 자손이다. 왜냐하면, 나는 마침 이 집단의 제10 계급, 우주 검열자에 속하기 때문이다. 이 계급들은 보편적 의미에서 삼위 일체의 태도를 대표하지는 않는다. 행정 판결의 분야에서만 신의 이 집단 태도—재판—을 대표한다. 배치받은 데 꼭 맞는 일을 하기 위해서, 삼위 일체가 구체적으로 그들을 고안하였고, 그들은 오직 특정한 활동에서만 삼위 일체를 대표하며, 그것을 위해서 성격화된다.

옛적부터 늘 계신 이들, 그리고 삼위 일체 기원을 가진 그 동료들은 일곱 초우주에 대하여 최상으로 공정한 판결을 내린다. 중앙 우주에서 그런 기능은 이론으로만 존재한다. 이는 거기에서 완전한 가운데 공정이 자명하며, 하보나의 완전함이 모든 불화의 가능성을 물리치기 때문이다.

재판은 올바름에 관한 집단의 생각이며, 자비는 올바름을 개인적으로 표현한 것이다. 자비는 사랑의 태도이며, 정확성은 법 운영의 특징을 나타낸다. 신의 판결은 공정의 혼이요, 항상 삼위 일체의 판결에 따르며 늘 하나님의 신다운 사랑을 성취한다. 충분히 파악하고 완전히 이해했을 때, 삼위 일체의 올바른 재판과 우주의 아버지의 자비로운 사랑은 일치한다. 그러나 사람은 신성한 재판을 넉넉히 이해하지 못한다. 그러므로 사람이 보다시피, 체험적인 시간 우주에서 사랑과 율법을 베푸는 것을 조절하기 위해, 삼위 일체 안에서, 아버지·아들·영의 성격자들이 조정된다.

7. 최상위의 전반적 통제

신의 처음 분, 둘째 분, 셋째 분은 서로 대등하며, 세 분은 하나이다. "우리의 주 하나님은 유일한 하나님이로다." 영원한 신들의 신성한 삼위 일체 안에서 목적은 완전하고 집행은 통일된다. 아버지와 아들과 합동 행위자는 참으로 신답게 하나이다. 한 진리에 관하여 이렇게 기록되었다. "나는 처음이고 마지막이니, 나 외에는 아무 하나님이 없느니라."

유한 수준에서 사람의 눈에 사물이 비치다시피, 파라다이스 삼위 일체는 최상 존재와 마찬가지로, 오로지 총체에—혹성 전체, 우주 전체, 초우주 전체, 대우주 전체에—관심을 가진다. 이 총체적 태도가 존재하는 것은 삼위 일체가 신의 총체이며, 또 기타 여러 이유 때문이다.

최상 존재는 유한한 여러 우주에서 활동하며, 삼위 일체보다 작은 무엇, 삼위 일체와 다른 무엇이다. 그러나 어떤 한계 안에서, 권능의 성격화가 불완전하게 이루어지는 현 시대에, 진화하는 이 신은 최상 삼위 일체의 태도를 비치는 듯하다. 아버지와 아들과 영은 몸소 최상 존재와 함께 활동하지 않는다. 그러나 현 우주 시대에 이분들은 삼위 일체로서, 최상위와 협력한다. 비슷한 관계를 궁극위와 유지하는 것을 우리는 알고 있다. 최상위 하나님이 마침내 진화를 마쳤을 때, 파라다이스 신들과 최상위 하나님의 성격 관계는 무엇일까 가끔 추측해 보지만, 우리는 정말 모른다.

우리는 최상위의 전반적 통제가 전적으로 예측 가능하다고 보지 않는다. 게다가, 예측할 수 없는 이 성질은 어떤 발육 불완전의 특징을 가진 듯한데, 의심할 여지 없이 최상위의 불완전, 파라다이스 삼위 일체에 대해서 최상위가 나타내는 유한한 반응이 불완전함을 나타내는 표시이다.

사람의 지성은 수많은 일—물리적인 큰 이변, 소름끼치는 사건, 무서운 재난, 고통스러운 병, 세계적 징벌—을 즉시 생각할 수 있다. 최상 존재가 할 듯한 활동이 알려지지 않고 펼쳐지는 과정에서, 찾아오는 그러한 재앙들이 서로 관련 있는가 물어 볼 수 있다. 솔직히 말해서, 우리는 모르고 정말로 확실치 않다. 그러나 시간이 흐름에 따라서, 어렵고 얼마큼 신비한 이 모든 상황이 우주들의 복지와 진보를 위해서 언제나 풀려나가는 것을 우리는 지켜본다. 최상위의 활동과 삼위 일체의 전반적 통제로 말미암아, 존재의 여러 상황, 생명의 설명할 수 없는 변천이 모두 서로 얽혀서 의미 깊은 귀중한 무늬를 만드는가 한다.

너는 하나님의 아들로서, 아버지 하나님의 모든 행적 속에서 친히 사랑하는 태도를 헤아릴 수 있다. 그러나 파라다이스 삼위 일체의 우주 활동 가운데 얼마나 많은 것이 진화하는 공간 세계에서 각 사람의 복지에 이바지하는지 반드시 이해할 수는 없을 것이다. 영원히 진보하면서, 삼위 일체의 행위는 전적으로 의미 있고 생각이 깊다는 것이 판명될 것이다. 그러나 시간의 제한을 받는 생물에게는 삼위 일체의 행위는 반드시 그렇게 보이지는 않는다.

8. 유한을 넘는 삼위 일체

파라다이스 삼위 일체에 관계되는 많은 진리와 사실은, 유한한 것을 초월하는 기능을 인식해야 일부라도 이해할 수 있다.

궁극 삼위 일체의 기능을 이야기하는 것이 유익하지 않겠지만, 궁극위 하나님은 초월자들이 이해하는 그러한 삼위 일체의 명시라는 것을 밝혀도 좋다. 모우주의 통일은 궁극위가 궁극에 이르는 행위이며, 아마도 파라다이스 삼위 일체의 전반적 초한 통제가 (다는 아니라도) 있는 어떤 단계를 반영한다고 우리는 믿고 싶다. 유한자와 가지는 관계에서 최상위는 삼위 일체를 부분적으로 대표한다. 같은 의미에서, 궁극위는 초한자와 가지는 관계에서, 삼위 일체가 제한되어 명시된 것이다.

우주의 아버지, 영원한 아들, 무한한 영은 어떤 의미에서, 총체적 신을 구성하는 성격자들이다. 파라다이스 삼위 일체 안에서 그들의 연합과 삼위 일체의 절대 기능은, 총체적 신의 기능에 상당하게 된다. 그러한 신의 완성은 유한자와 초한자를 초월한다.

파라다이스 신들 가운데 어느 한 분도 신의 모든 잠재성을 실제로 채우지 않지만, 집단으로 세 분은 그렇게 한다. 무한한 세 분은, 총체적 신—신 절대자—의 전 성격이고 실존하는 잠재성을 활성화하는 데 필요한 최소의 수인 듯하다.

우리는 우주의 아버지, 영원한 아들, 무한한 영이 <u>성격자</u>인 것을 알지만, 나는 신 절대자를 개인적으로 모른다. 나는 아버지 하나님을 사랑하고 예배하며, 한편 신 절대자를 존경하고 그에게 경의를 표한다.

나는 한때 어느 우주에 살았는데, 거기에는 어떤 무리의 존재들이, 영원 속에서 최후자들이 궁극에는 신 절대자의 자녀가 되리라고 가르쳤다. 그러나 최후자들의 미래를 가리는 신비를 풀어 보려는 이 설명을 나는 기꺼이 받아들이고 싶지 않다.

최후 군단은 다른 존재들 가운데, 하나님의 뜻에 관계된 모든 것에서 완전을 성취한 시공의 필사자들을 포함한다. 생물로서, 생물 능력의 한계 안에서, 그들은 하나님을 충분하고 참되게 이해한다. 그렇게 모든 생물의 아버지가 되는 하나님을 찾았으니까, 이 최후자들은 유한을 초월하는 아버지를 찾는 일을 언젠가 시작해야 된다. 그러나 이 원정에는 파라다이스 아버지의 궁극 속성 및 특징의 초한 본질에 대하여 이해하는 것이 필요하다. 그러한 도달이 가능한가는 영원이 밝혀 줄 것이다. 그러나 최후자들이 이 신성의 궁극을 파악한다 하더라도, 절대 신의 수준, 궁극을 뛰어넘는 수준에 아마 이르지 못하리라 우리는 확신한다.

최후자들은 신 절대자에게 부분적으로 도달하기가 가능할지도 모른다. 그러나 비록 그렇게 한다 하더라도, 온 영원에 걸쳐서 우주 절대자의 문제는, 승천하고 진보하는 최후자들의 흥미를 끌고, 신비감에 휩쓸리게 하며, 또한 어쩔 줄 모르게 만들고 도전할 것이다. 왜냐하면 물질 우주와 그 영적 행정이 계속 확대됨에 따라서,

우주 절대자의 우주 관계가 깊이를 알 수 없이 비례해서 커지는 방향으로 가리라는 것을 우리가 파악하기 때문이다.

오로지 무한이 아버지 무한자를 밝혀 줄 것이다.

[유버르사에 거하는 옛적부터 늘 계신 이들로부터 권한을 받아서 활동하는 한 우주 검열자가 후원했다.]

제 11 편

영원한 파라다이스 섬

파라다이스는 온 우주의 영원한 중심이며, 우주의 아버지, 영원한 아들, 무한한 영을 비롯하여, 그들의 신다운 동등자와 동료들이 거주하는 곳이다. 이 가운데 섬은 모우주 전체에서 우주 실체 가운데 가장 거대한 조직체이다. 파라다이스는 영적 거처일 뿐 아니라 물질 구체이기도 하다. 우주의 아버지의 모든 지적 창조는 물질적 주거에서 거한다. 따라서 절대적 통제의 중심도 또한 물질, 실질이어야 한다. 그리고 영 사물과 영적 존재는 실재한다는 것을 다시 되풀이해야 한다.

파라다이스의 물질적 아름다움은 물리적으로 완전한 장려함에 있다. 하나님의 섬의 위대함은 그 주민들의 뛰어난 지적 업적과 지성의 발전에서 나타난다. 가운데 섬의 영화로움은 신다운 영 성격자의 무한한 자질—생명의 빛—에서 나타난다. 그러나 물질 생물의 유한한 지성은 그 영적 아름다움의 깊이와 장엄한 이 총체의 놀라움을 도무지 이해할 수 없다. 필사자는 신의 거처의 영광과 영적 눈부심을 이해하기 불가능하다. 파라다이스는 영원으로부터 있다. 이 핵심의 빛과 생명의 섬의 기원에 관해서는 기록도 없고 전통도 없다.

1. 신성한 거소

파라다이스는 우주 영역의 행정에서 여러 가지 목적에 쓰인다. 그러나 피조물에게 파라다이스는 1차적으로, 신이 사는 장소로서 존재한다. 우주의 아버지는 아주 거의 둥글지만 구체는 아닌, 신들의 거소 위쪽 표면 한 가운데에 친히 계신다. 파라다이스에 우주의 아버지 계심의 바로 그 둘레에 영원한 아들이 친히 계시며, 두 분은 무한한 영의 말할 수 없는 영광으로 덮여 있다.

하나님은 바로 이 중심의 영원한 거처에서 거하며, 지금까지 거했고, 또 언제까지나 거할 것이다. 우리는 언제나 하나님을 거기서 발견했고, 언제나 거기서 만나뵐 것이다. 우주의 아버지는 우주에서 집중되어 있고, 영적으로 성격화되어 있고, 지리적으로 온 우주의 이 중심에서 거한다.

우리는 모두 우주의 아버지를 추적하는 직통 경로를 안다. 너는 신의 거처에 대하여 많이 이해할 수 없는데, 이는 그 거처가 너한테서 멀리 떨어져 있고 그 사이에 개재하는 공간이 막대하기 때문이다. 그러나 이 엄청난 거리의 의미를 이해할 수 있는 자들은, 유란시아에 분명히 지리적으로 위치를 가진 도시, 뉴욕, 런던, 로마, 또는 싱가포르를 네가 알다시피, 똑같이 확실하게, 글자 그대로, 하나님이 계신 위치와 거처를 알고 있다. 네가 선박과 지도와 나침반을 가진 총명한 항해사라면, 이 도시들을 곧 찾을 수 있을 것이다. 마찬가지로, 네가 시간과 여행 수단이 있고, 영적 자격을 갖추고, 필요한 안내를 받는다면, 너는 많고 많은 우주들을 통해서 안내받고, 이 회로에서 저 회로를 거쳐, 마침내 우주의 아버지의 영적 영광이 중앙에서 빛나는 앞에 설 때까지, 별이 많은 지역을 지나 늘 안으로 여행할 것이다. 이 여행을 위하여 모든 필수품이 마련된다면, 너희 혹성에서 먼 도시들을 찾는 것처럼, 너는 만물의 중심에 하나님이 친히 계신 면전을 똑같이 찾아낼 수 있다. 네가 이 장소들을 찾아본 적이 없다고 해서, 그 장소들이 현실이거나 사실로 존재함을 반증하지 않는다. 파라다이스에 계신 하나님을 찾아낸 우주 생물이 거의 없다는 것이 하나님이 계시다는 현실이나, 만물의 중심에 그의 영적 몸이 사실로 있다는 것을 결코 반증하지 않는다.

아버지는 이 중앙 위치에서 언제나 발견될 것이다. 그가 움직이면, 우주가 대혼란에 빠질 터인데, 창조의 끝으로부터 우주의 인력선(引力線)들이 이 주거 중심에 계신 하나님 안에서 모이기 때문이다. 우리가 우주를 통해서 성격 회로를 거꾸로 추적하든지, 아니면 하늘 가는 성격자들이 아버지를 향해 안으로 여행하는 동안 그들을 따라가든지, 아래 파라다이스에 이르는 물질 인력선들을 추적하든지, 아니면 우주 물력의 밀려오는 주기를 따르든지, 영원한 아들의 영적 인력선들을 추적하든지, 아니면 하나님의 파라다이스 아들들이 안으로 향하는 행렬을 따라가든지, 지성 회로를 추적하든지, 아니면 무한한 영으로부터 솟아난 몇 조(兆)의 하늘 존재들을 따라가든지—이 가운데 어떤 관측이나, 또는 모든 관측 결과를 가지고, 우리는 아버지 앞으로, 중심 거처로 직접 이끌려 간다. 여기에 하나님은 친히, 글자 그대로, 실제로 계신다. 이 무한한 존재로부터, 생명과 에너지와 성격의 홍수 물줄기가 모든 우주로 흘러나간다.

2. 영원한 섬의 본질

너희의 천문학적 위치, 별 있는 체계들에 너희 우주 위치에서도, 물질 우주가 거대하다는 것을 너희가 비로소 어렴풋이 보게 되었다. 그러므로 엄청난 큰 물질 우주가 적당하고 마땅한 서울, 곧 물질 세계들과 살아 있는 존재들로 가득한, 광대하고 방대한 이 모든 창조를 다스리는 우주 통치자의 위엄과 무한함에 걸맞는 본부가 틀림없이 있다는 것이 명백할 것이다.

파라다이스의 형태는 사람이 사는 공간 물체들과 다르며, 파라다이스는 구체가 아니다. 분명히 타원체이며, 남북 지름이 동서(東西) 지름보다 6분의 1이 길다. 가운데 섬은 본질적으로 납작하며, 위 표면과 아래 표면 사이의 거리는 동서 지름의 10분의 1이다.

이 규격의 차이는, 파라다이스의 고정된 지위와 섬 북쪽 끝에 있는, 물력 에너지의 더 큰 외향 압력과 관련하여, 모우주에서 절대 방향을 잡을 수 있게 한다.

가운데 섬은 지리적으로 세 가지 활동 영토로 나누어져 있다.

1. 위 파라다이스.
2. 가장자리 파라다이스.
3. 아래 파라다이스.

성격자의 활동에 사용되는 파라다이스 표면을 위쪽이라 하고, 그 반대쪽을 아래쪽이라고 한다. 파라다이스의 가장자리는 엄밀한 의미에서 성격이 아닌 활동, 곧 비성격 활동을 위해서 마련되어 있다. 삼위 일체는 성격, 곧 위 평면을 지배하며, 무제한 절대자는 아래, 곧 비성격 평면을 지배하는 듯하다. 우리는 도저히 무제한 절대자를 성격자로 상상하지 않지만, 이 절대자의 기능적 공간 존재가 아래 파라다이스에 집중되어 있다고 생각한다.

영원한 섬은 한 가지 형태의 물질화—정지된 체계의 실체—로 이루어져 있다. 파라다이스의 이 실질 내용은 넓은 온 우주 전체에 다른 데서 발견되지 않는 공간 잠재력을 지닌, 동질 조직이다. 다른 우주에서 이것은 여러 가지 이름을 받았고, 네바돈의 멜기세덱들은 절대 원소라 부른 지 오래다. 이 파라다이스의 근원 물질은 죽지도 살아 있지도 않으며, 첫째 근원 중심의 최초의 비영적 표현이다. 이것은 파라다이스이며, 파라다이스는 복사품이 없다.

무한의 한계로부터 자신을 해방하는 기법의 일부로서, 또한 무한 아래의 창조, 아니 시공 창조까지도 가능하게 만드는 수단으로, 첫째 근원 중심은 우주 실체의 모든 절대 잠재성을 파라다이스에 집중한 것처럼 우리에게 보인다. 그러나 온 우주가 시공의 제한을 받는다고 해서 파라다이스도 이 성질을 나타낸다고 말할 수 없다. 파라다이스는 시간 없이 존재하며, 공간 속에서 위치가 없다.

대체로, 겉으로 보기에 공간은 아래 파라다이스 바로 밑에서 생겨나며 시간은 위 파라다이스 바로 위에서 생겨나는 듯하다. 너희가 이해하는 시간은 파라다이스 존재의 특성이 아니다. 하지만 가운데 섬의 시민들은 비시간적 사건의 순서를 충분히 의식한다. 운동은 파라다이스에 본래부터 있지 않으며, 의지로 생긴다. 그러나 거리의 개념은, 절대 거리조차, 파라다이스에서 상대적 위치에 적용되어도 좋으니까 대단히 의미가 많다. 파라다이스는 비공간적이다. 그러니까 그 면적은 절대적이며, 따라서 사람의 지성이 미칠 수 없는 여러 방법으로 쓸모가 있다.

3. 위 파라다이스

위 파라다이스에는 거대한 활동 지역이 셋 있는데, 신의 면전과 가장 거룩한 지역과 거룩한 지역이다. 신들이 계신 곳을 바로 둘러싸는 광대한 지역은 가장 거룩한 지역으로 정해져 있고, 이것을 예배, 삼자 일체화, 높은 영적 달성의 활동을 위하여 자리를 따로 예비해 놓았다. 이 지대에는 물질 건축물이나 순전히 지적 창조는 하나도 없고, 그런 것들은 거기에 존재할 수 없다. 신의 성품과 파라다이스의 가장 거룩한 지역의 아름다운 장려함을 인간 지성에게 그리려고 내가 시도해 보았자 쓸데없는 일이다. 이 영역은 온전히 영적이며, 너희는 거의 전적으로 물질이다. 순전한 물질 존재에게는 순전히 영적 실체가 존재하지 않는 듯이 보인다.

가장 거룩한 지역에는 물리적으로 물질화된 것이 하나도 없지만, 성지(聖地) 구역들에는 너희의 물질 시절의 기념품이 풍부하게 있고, 가장자리 파라다이스에, 옛날을 회상하게 하는 역사적 지역에는 더욱 많이 있다.

바깥, 곧 주택 지역인 성역은 일곱 동심(同心) 지대로 나누어진다. 파라다이스를 가끔 "아버지의 집"이라 부르는데, 거기가 아버지의 영원한 거처이기 때문이다. 이 일곱 지대를 "아버지의 파라다이스 저택"이라 부른다. 안쪽, 곧 첫째 지역은 파라다이스 시민들과 파라다이스에 어쩌다가 살게 되는 하보나 원주민이 차지하고 있다. 그 다음에, 둘째 지역은 시공의 일곱 초우주 원주민의 주거 지역이다. 이 둘째 지대는 굉장한 일곱 분할 구역(區域)으로 나누어져 있고, 이것은 진화하면서 진보하는 우주 출신의 영 존재들과 하늘 가는 생물의 파라다이스 집이다. 이 각 지역은 오로지 단일 초우주에서 온 성격자들의 복지와 승진에 순전히 바쳐진다. 그러나 이 시설은 현재 일곱 초우주의 필요 조건보다 거의 무한히 크다.

파라다이스의 일곱 지역은 각각, 10억 개의 영화롭게 된 개인 작업 집단의 숙박 본부로서 쓰기에 적당한 주거 단위로 다시 분할된다. 이 단위 1천 개가 하나의 지구(地區)를 이룬다. 10만 지구가 한 회중(會衆)이 된다. 1천만 회중이 하나의 집회가 된다. 10억의 집회가 하나의 대단위(大單位)가 된다. 이 상승하는 시리즈 제2 대단위를 지나, 제3 대단위 식으로, 제7 대단위까지 계속된다. 일곱씩 대단위가 하나의 모(母)단위를 이루며, 일곱 모단위가 하나의 상(上)단위를 이룬다. 그리고 이렇게 일곱으로 상승하는 시리즈는 상단위, 초상(超上)단위, 천상(天上) 단위, 초천상(超天上) 단위를 지나서 최상 단위까지 커진다. 그러나 이것도 비어 있는 모든 장소를 다 쓰지 못한다. 파라다이스에 있는 주거 명칭의 어지러운 숫자, 너희의 개념을 뛰어 넘는 숫자는, 성지로 지정된 지역의 1퍼센트보다 훨씬 작게 차지한다. 안으로 향하는 도중에 있는 자들, 영원한 미래 시절까지 파라다이스로 상승을 시작하지 못할 자들을 위해서도, 충분히 자리가 아직도 있다.

4. 가장자리 파라다이스

가운데 섬은 가장자리에서 갑자기 끝나지만, 그 크기가 너무 거창해서 둘레의 어느 지역 안에서도 이 끝나는 지점의 각(角)을 비교적 헤아리기 힘들다. 파라다이스의 가장자리 표면의 일부는 여러 집단의 영 성격자들을 위하여 착륙하는 들과 파송하는 들이 차지한다. 무물(無物) 공간 지대가 가장자리에 거의 부딪치니까, 파라다이스로 향하는 모든 성격자 수송기는 이 지역에서 착륙한다. 위 또는 아래 파라다이스는 수송 상천사(上天使)나 다른 종류의 공간 횡단자들이 가까이할 수 없다.

일곱 으뜸 영은 영의 일곱 구체(球體)에서 그들 개인의 권능과 권한의 자리가 있다. 이 구체들은 아들의 빛나는 천체들과 하보나 세계들의 안쪽 회로 사이의 공간에서 파라다이스를 돈다. 그러나 그들은 파라다이스 언저리에서 물력 초점 본부를 유지한다. 여기서 천천히 도는 일곱 최상 동력 지휘자의 계심은, 일곱 초우주로 떠나가는 어떤 파라다이스 에너지를 위해서 일곱 신호(信號) 역의 위치를 가리킨다.

여기 가장자리 파라다이스에는 아들 창조자들에게 할당된 거대한 지역, 역사적이고 예언적인 전시 지역이 있고, 이 전시는 시공의 지역 우주들을 위한 것이다. 꼭 7조(兆)의 역사 보류지가 이미 세워져 있거나 따로 예비되어 있지만, 이 시설들은 모두 합쳐서, 이렇게 지정된 언저리 지역 부분에서 약 4퍼센트를 차지할 뿐이다. 우리가 추측하기에 이러한 광활한 보류지는, 현재 알려진, 사람 사는 일곱 초우주의 테두리 바깥에 자리잡을, 언젠가 생길 창조들에 속한다.

지금 있는 우주들이 쓰도록 할당된 파라다이스의 부분은 겨우 1퍼센트에서 4퍼센트만 입주되어 있지만, 이 활동에 배당된 지역은 그러한 목적을 위해 실제로 필요한 것보다 최소한 1백만 배는 된다. 파라다이스는 거의 무한한 창조에서 생기는 활동을 수용하기에 충분히 크다.

그러나 파라다이스의 영광을 너희에게 보여 주려고 더 애쓰는 것은 헛일이다. 너희는 기다려야 하고, 기다리는 동안에 올라가야 한다. 왜냐하면 참으로 "시공 세계에서 육체를 입은 생애를 마치고 살아남는 자들을 위하여 우주의 아버지가 마련하신 것들을 눈은 본 적이 없고 귀는 들은 적이 없으며, 필사 인간의 머리 속에 떠오른 적도 없기 때문이라."

5. 아래 파라다이스

아래 파라다이스에 관해서, 우리는 밝혀진 것만 알고 있다. 성격자들은 거기서 머무르지 않는다. 영 지성 존재들이 하는 일과 아무 관계도 없고, 신 절대자도 거기에서 일하지 않는다. 모든 물리 에너지와 우주 물력 회로는 아래 파라다이스에 기원이 있으며, 다음과 같이 이루어진다고 우리는 들었다:

1. 아래 파라다이스의 가운데 부분에서, 삼위 일체의 위치 바로 밑은, 미지이고 아직 밝혀지지 않은 무한의 지대이다.

2. 이 지대는 이름 없는 지역에 바로 둘러싸여 있다.

3. 아래 표면의 바깥 테두리는 주로 공간 잠재력과 물력 에너지에 상관되는 지역이 차지한다. 타원형으로 생긴 이 광활한 물력 중심의 활동은 어느 삼자 일치의 알려진 기능인지 확인할 수 없으나, 공간의 원초적 물력 전하(電荷)가 이 지역에 집중하는 듯하다. 이 중심은 3개의 동심(同心) 타원 지대로 구성되어 있다. 가장 안쪽은 파라다이스 자체의 물력 에너지 활동의 초점이며, 맨 바깥쪽은 아마도 무제한 절대자의 활동과 동일시될까 하지만, 우리는 이 중간 지대의 공간 기능에 관해서 확실치 않다.

이 물력 중심의 <u>내부 지대</u>는 그 맥박이 물리적 공간의 가장 바깥 테두리까지 전류를 지휘하는 거대한 심장으로서 활동하는 듯하다. 이 지대는 물력 에너지의 방향을 돌리고 수정하지만, 그 에너지를 운전한다고 할 수 없다. 이 원초적 물력이 가진 실체 압력의 존재는 파라다이스 중심의 남쪽 지역보다 북쪽 끝에서 분명히 크며, 이것은 한결같이 기록된 차이이다. 이 기본형의 물력 에너지 분산과 관계된 어떤 알려지지 않은 순환 체계의 작용을 통해서, 공간의 모체 물력은 남쪽에서 흘러 들어오고 북쪽으로 흘러 나가는 듯하다. 때때로 동서 압력에서도 눈에 띄게 차이가 있다. 이 지대에서 방사되어 나오는 물력은 관측할 수 있는 물리적 인력에 민감하지 않지만, 언제나 파라다이스 인력에 복종한다.

물력 중심의 <u>중간 지대</u>가 이 지역을 바로 둘러싼다. 이 중간 지대는 세 가지 활동의 주기를 통해서 커지고 줄어드는 것 외에는 정지된 듯하다. 이 맥박 가운데 가장 작은 것은 동서 방향에 있고 그 다음은 남북 방향이다. 가장 큰 파동은 각 방향으로 퍼지며, 일반적으로 확장하고 축소한다. 이 중간 지대의 기능은 한 번도 정말로 정체가 확인된 적이 없지만, 물력 중심의 안과 바깥 지대 사이의 상호 조정과 무언가 상관 있음이 틀림없다. 중간 지대는 모우주의 이어지는 공간 수준을 떼어놓는 중부 공간, 곧 조용한 지대를 통제하는 장치라고 다수가 믿는다. 그러나 아무 증거나 계시도 이것을 확인하지 못한다. 이 추론은 이 중간 지역이 어떤 방법으로 모우주의 무물(無物) 공간 장치의 작용과 관련된다는 지식으로부터 유래한다.

<u>바깥 지대</u>는 확인되지 않은 공간 잠재성을 가진 3개의 동심 타원 지대 가운데 가장 크고 활동적이다. 이 지역은 상상하지 못한 활동이 있는 장소, 곧 중앙 회로에서 방사물이 나오는 점이며, 이 방사물은 공간을 향해서 모든 방향으로, 일곱 초우주의 가장 바깥 테두리까지 진행하며, 거기를 지나서, 모든 외계 공간의 거창하

고 이해할 수 없이 너른 영역까지 흩어진다. 무한한 신들이 삼위 일체로서 활동할 때, 밝혀지지 않은 어떤 방법을 통해서 공간의 존재가 그들의 의지와 명령에 간접으로 반응하는 듯한데도, 이 공간 존재는 온통 비성격이다. 이것은 무제한 절대자가 공간적으로 계시는 중앙 초점, 파라다이스 중심이라고 믿어진다.

모든 형태의 물력과 모든 단계의 에너지는 회로로 연결된 것처럼 보인다. 이것들은 우주를 통해서 퍼지며 분명한 통로로 되돌아온다. 그러나 무제한 절대자의 활성화된 지대에서 나오는 방사물의 경우에, 바깥으로 나가든지 아니면 들어오기만 한다—결코 한꺼번에 두 가지가 일어나지 않는다. 엄청나게 큰 규모로, 오랜 세월에 걸친 주기를 통해서 이 바깥 지대가 맥박친다. 유란시아 시간으로 10억 년이 조금 넘는 동안에 이 중심의 공간 물력은 바깥으로 나간다. 그리고 나서 비슷한 기간에 안으로 들어올 것이다. 이 중심의 공간 물력의 명시는 보편적이며, 침투할 수 있는 모든 공간에 뻗는다.

모든 자연력과 에너지와 물질은 하나이다. 모든 물력 에너지는 최초에 아래 파라다이스에서부터 진행했고 그 공간 회로를 마치고 나서 궁극에는 거기로 돌아올 것이다. 그러나 온 우주의 에너지와 물질 조직은 오늘날의 그 현상 상태로 아래 파라다이스로부터 모두 나오지는 않았다. 공간은 몇 가지 형태의 물질과 전(前) 물질이 생겨난 자궁(子宮)이다. 파라다이스 물력 중심의 바깥 지대는 공간 에너지의 근원이지만 공간은 거기서 생기지 않는다. 공간은 물력도, 에너지도, 힘도 아니다. 이 지대에서 생기는 파동은 공간의 호흡을 설명하지도 않는다. 그러나 들어오고 나가는 이 지대의 위상(位相)은 20억 년에 걸쳐 늘어나고 줄어드는 공간의 주기와 동시에 생긴다.

6. 공간의 호흡

우리는 공간 호흡이 어떻게 실제로 작용하는가 모른다. 단지 온 공간이 번갈아서 줄어들고 늘어나는 것을 관찰할 뿐이다. 이 호흡은 유물(有物) 공간의 수평 연장(延長)과 무물(無物) 공간의 수직 연장에 영향을 미치며, 무물 공간은 파라다이스 위와 아래에 있는 광대한 공간 저장소에 존재한다. 이 공간 저장소 부피의 윤곽을 상상하려 할 때, 너희는 모래 시계를 생각해도 좋다.

유물 공간의 수평 연장에 있는 우주들이 커짐에 따라서, 수직 연장에 있는 무물 공간의 저장소는 줄어들며, 반대의 경우도 마찬가지다. 아래 파라다이스 바로 밑에는 유물 공간과 무물 공간이 함께 만나는 점이 있다. 거기서 두 종류의 공간은 변질시키는 조정 경로를 흘러 지나가며, 이 경로에는 우주가 축소하고 확장하는 주기 안에서, 유물 공간을 무물 공간으로 만드는 변화, 또 그 반대의 변화가 생긴다.

"무물" 공간은 유물 공간에 존재하는 것으로 알려진 물력·에너지·동력·존재들로 채워져 있지 않음을 뜻한다. 수직 (저장소) 공간이 언제나 수평 (우주) 공간의 균형 추로서 활동하도록 예정되어 있는지 우리는 모른다. 무물 공간에 관해서 창조 의도가 있는지 우리는 모른다. 공간 저장소에 대해서 정말로 아는 것이 거의 없다. 오직 그것이 존재하며, 온 우주의 공간이 확장하고 축소하는 주기를 균형하는 듯하다는 것만 알 뿐이다.

공간 호흡의 주기는 유란시아 시간으로 각 단계에 10억 년 조금 넘는 동안 계속된다. 한 단계에 우주들이 늘어나고 다음 단계에는 우주들이 줄어든다. 유물 공간은 이제 확장하는 단계의 중간 지점에 가까이 가고 있으며, 한편 무물 공간은 축소 단계의 중간 지점에 다가가고 있다. 그리고 양쪽 공간 연장의 가장 바깥 한계는 이론적으로, 현재 파라다이스로부터 대체로 같은 거리에 있다고 우리는 들었다. 우주의 유물 공간이 가장자리 파라다이스로부터 제4 외계 공간까지 바깥으로, 거기를 지나서 밖으로, 수평으로 뻗는 거리만큼, 무물 공간의 저장소는 지금 위 파라다이스의 위와 아래 파라다이스의 밑에 수직으로 뻗는다.

유란시아 시간으로 10억 년 동안 공간 저장소는 줄어들고, 한편 모우주와 모든 수평 공간의 물력 활동은 늘어난다. 그러니까, 확장하고 축소하는 전체 주기를 마치려면, 유란시아 시간으로 20억 년보다 조금 더 걸린다.

7. 파라다이스의 공간 기능

파라다이스 표면 어디에도, 공간은 존재하지 않는다. 파라다이스의 위 표면에서 똑바로 위를 "쳐다본다면," 무물 공간이 지금 들어오고 있는데, 무물 공간이 나가거나 들어오는 것밖에는 아무 것도 "구경할" 수 없을 것이다. 공간은 파라다이스에 스치지 않는다. 겨우 고요한 중부 공간 지대가 가운데 섬에 닿는다.

파라다이스는 실제로, 유물 공간과 무물 공간 사이에 존재하는 비교적 고요한 지대의 움직이지 않는 핵심이다. 지리적으로, 이 지대는 파라다이스의 상대적 연장인 것으로 보이지만, 그 안에 아마 조금 움직임이 있을 것이다. 우리는 이 지대에 대하여 아는 것이 거의 없지만, 약화된 이 공간 운동이 있는 지역이 유물 공간과 무물 공간을 차단하는 것을 주목한다. 한때는 비슷한 지대들이 유물 공간 수준 사이에 존재했지만, 이 지대들은 이제 덜 고요하다.

전체 공간의 수직 단면(斷面)은, 몰타인의 십자가와 좀 비슷하며, 수평의 팔이 유물 (우주) 공간을 대표하고 수직의 팔이 무물 (저장소) 공간을 대표한다. 중부 공간 지대가 유물 공간과 무물 공간을 갈라 놓는 것과 얼마큼 비슷하게, 네 팔 사이의 지역은 네 팔을 갈라 놓는다. 잠자는 이 중부 공간 지대들은 파라다이스로부터 멀어짐에 따라 더욱 커져서, 궁극에는 모든 공간의 경계를 둘러싸며, 공간 저장소와 유물 공간의 수평 연장 전체를 완전히 캡슐처럼 싼다.

공간은 무제한 절대자 안에 있는 절대 아래의 조건도 아니고 그의 계심도 아니며, 궁극위의 기능도 아니다. 공간은 파라다이스의 선물이며, 대우주의 공간과 모든 외계 공간은 그 시조인 무제한 절대자의 공간 잠재력으로 실제로 차 있다고 믿어진다. 가장자리 파라다이스에 이르는 가까운 길에서부터, 이 유물 공간은 수평으로 바깥으로, 제4 공간 수준을 통해서 모우주의 테두리를 지나 연장되지만, 이 가장자리를 얼마나 지나는지 우리는 모른다.

유한하지만 상상할 수 없이 큰 V자 모습의 평면이, 파라다이스의 위와 아래 표면에 모두 직각으로 처해 있으며, 그 정점이 가장자리 파라다이스에 거의 닿아 있는 것을 네가 상상한다면, 다음에 이 평면이 파라다이스 둘레를 타원형으로 도는 것을 상상해 보아라. 그 회전이 유물 공간이 가진 부피의 윤곽을 대강 나타낼 것이다.

우주의 어떤 특정한 장소를 기점으로 해도, 수평 공간에는 하한(下限)과 상한(上限)이 있다. 누가 오르본톤 평면에 직각으로 위쪽이나 아래쪽으로 충분히 멀리 갈 수 있다면, 결국 유물 공간의 위나 아래 한계와 마주치게 될 것이다. 알려진 모우주의 차원 안에서 이 테두리는 파라다이스로부터 떨어질수록, 서로 거리가 더욱 멀어진다. 공간은 짙어지며, 공간은 창조 평면, 곧 우주들의 평면이 짙어지는 것보다 얼마큼 빨리 짙어진다.

일곱 초우주와 제1 외계 공간 수준을 갈라 놓는 지대처럼, 공간 수준 사이에 있는 비교적 고요한 지대는, 공간 활동이 정지된 거대한 타원형 지역이다. 이 지대는 질서 있는 행렬을 지어 파라다이스 둘레를 달리는 광대한 은하들을 갈라 놓는다. 너희는 지금 무수한 우주들이 형성되는 과정에 있는 제1 외계 수준을 마음 속에 그려 보아도 좋다. 이 우주들은 파라다이스 둘레를 빙그르르 도는 광대한 은하들의 행렬로서, 잠자는 중부 공간으로 말미암아 위로도 아래로도 막혀 있고, 또한 비교적 고요한 공간 지대로 말미암아 안과 바깥 테두리에서 막혀 있다.

이처럼 한 공간 수준은, 모든 방향에서 비교적 정지된 상태에 둘러싸여 있는 타원형의 운동 지역으로서 작용한다. 운동과 정적(靜寂)의 그러한 관계는, 운동에 저항이 약화된, 곡선의 공간 행로를 이루며, 우주 물력과 태동하는 에너지가 언제나 파라다이스 섬 둘레를 돌면서 그런 길을 보편적으로 밟는다.

은하들이 시계 바늘 방향과 그 반대 방향으로 번갈아 흐르는 것과 관련해서, 모우주에서 엇갈리는 이러한 띠의 형성은 물질 인력을 안정시키는 요소이다. 이것은 파괴하고 분산하는 활동이 생기는 점까지 인력의 압력이 가속되는 것을 막도록 고안되어 있다. 이러한 배치는 반인력(反引力) 영향을 미치며, 그렇지 않으면 위험할 속도에 브레이크로서 작용한다.

8. 파라다이스 인력

인력의 피할 수 없는 당기는 힘은 온 공간에서 모든 우주, 모든 세계를 실질적으로 붙잡는다. 인력은 파라다이스의 물리적 존재의 전능한 움켜잡는 힘이다. 인력은 전능한 새끼줄이며, 그 위에 빛나는 별, 타오르는 태양, 소용돌이치는 구체들이 매달려 있다. 이 천체들은 영원한 하나님의 장식, 우주의 물리적 장식이니, 하나님은 만물이요, 만물을 채우시며, 만물이 하나님 안에 존재한다.

절대 물질 인력의 중심이자 초점은 파라다이스 섬이며, 하보나를 도는 검은 인력체가 이것을 보완해 주고, 위와 아래의 공간 저장소가 그 균형을 잡아 준다. 아래 파라다이스에서 나오는 모든 알려진 방사물은, 모우주의 타원형 공간 수준의 끝없는 회로 위에 작용하는 중앙 인력의 당기는 힘에, 변함없이, 어김없이 반응한다. 알려진 모든 형태의 우주 실체는 오랜 세월에 걸친 굴곡, 동그라미 경향, 큰 타원형의 움직임이 있다.

공간은 인력에 반응하지 않지만, 인력에 대하여 평형력으로서 작용한다. 공간 쿠션이 없다면, 폭발하는 행위는 둘러싼 공간 물체를 획 잡아챌 것이다. 또한 유물 공간은 물질 인력, 곧 직진 인력에 대하여 반인력(反引力)의 영향을 미친다. 공간은 그런 인력 행위를 늦출 수 없지만, 실제로 중화할 수 있다. 절대 인력은 파라다이스의 인력이다. 지역 인력, 곧 직진 인력은 에너지나 물질의 전기(電氣) 단계에 관련된다. 적당히 물질화된 곳은 어디에나, 중앙 우주, 초우주, 바깥 우주 안에서, 직진 인력이 작용한다.

수많은 형태의 우주 물력, 물질 에너지, 우주 동력, 다양한 물질화는, 완전히 명백하지 않아도, 파라다이스 인력에 대하여 세 가지 일반 단계의 반응을 나타낸다:

1. 인력 이전 단계 (물력). 공간 잠재력을 우주 물력의 에너지 이전(以前) 형태로 개별화하는 처음 단계이다. 이 상태는 공간의 원초적 물력 전하(電荷)의 개념과 비슷하며, 때로는 순수 에너지 또는 분리력이라 부른다.

2. 인력 단계 (에너지). 공간 물력 전하의 이러한 수정은 파라다이스의 물력 조직자의 활동으로 말미암아 생긴다. 이것은 파라다이스 인력의 당기는 힘에 민감한 에너지 조직이 나타남을 알린다. 이 솟아나는 에너지는 처음에는 중립이지만 더 변신을 겪은 뒤에, 이른바 음성과 양성의 질을 나타낼 것이다. 이 단계들을 우리는 극력(極力)이라 부른다.

3. 인력 이후 단계 (우주 동력). 이 단계에서, 에너지 물질은 직진 인력의 통제에 대한 반응을 드러낸다. 중앙 우주의 이러한 물리적 체계는 삼력(三力)이라고 알려진 세 겹 조직이다. 이들은 초월 동력을 가진, 시공 창조의 어미 체계이다. 우주 동력 지휘자들과 그 동료들이 초우주의 물리적 조직을 동원한다. 이 물질 조직은 구성이 2중이며 우주력(宇宙力)이라고 알려져 있다. 하보나를 도는 검은 인력체들은 삼력도 아니고 우주력도 아니다. 이들의 당기는 힘은 물질 인력의 두 가지 형태, 곧 직진 인력과 절대 인력을 모두 나타낸다.

공간 잠재력은 어떤 형태의 인력 상호 작용에도 지배되지 않는다. 파라다이스의 이 1차 재산은, 실체의 사실 수준은 아니지만 모든 상대적 기능을 가진 비영(非靈) 실체들—물력 에너지와 동력 및 물질 조직이 낳는 모든 명시—에 선조가 된다. 공간 잠재력은 규명하기 힘든 용어이다. 공간의 선조가 되는 어떤 것을 의미하는 것이 아니라, 그 의미는 공간 안에 존재하는 효력과 잠재력의 관념을 전달해야 한다. 파라다이스에서부터 방사되어 나오고 무제한 절대자의 공간 계심을 구성하는 모든 절대 영향과 잠재성을 포함한다고 대체로 생각해도 좋다.

파라다이스는 온 우주에서 모든 에너지 물질의 절대 근원이며 영원한 초점이다. 무제한 절대자는 계시자·통제자이며, 근원과 기원을 파라다이스에 둔 것들의 저장소이다. 무제한 절대자의 우주 계심은 인력을 잠재적으로 무한히 연장하는 개념, 곧 파라다이스 존재의 탄력성 있는 긴장에 상당하는 듯하다. 이 개념은 만물이 파라다이스를 향하여 안으로 당겨지고 있다는 사실을 우리가 이해하도록 돕는다. 이 예는 투박하지만, 그래도 쓸모가 있다. 이 예는 질량에 직각을 이루는 평면에서 어째서 인력이 언제나 먼저 작용하는가 또한 설명한다. 이 현상은 파라다이스와 그를 둘러싼 창조들의 차별되는 규격을 가리킨다.

9. 파라다이스의 독특성

파라다이스는 모든 영 성격자에게, 1차 기원이 있는 영역이자 운명의 마지막 목표라는 점에서 독특하다. 지역 우주의 하급 영 존재들 모두가 즉시 파라다이스로 가도록 정해지지 않은 것이 참말이지만, 그래도 파라다이스는 모든 초물질 성격자가 소망하는 목표가 된다.

파라다이스는 무한의 지리적 중심이요, 우주 창조의 일부가 아니며, 영원한 하보나 우주의 참 일부도 아니다. 우리는 가운데 섬이 신성한 우주에 속하는 것으로 보통 말하지만, 정말로 그렇지 않다. 파라다이스는 영원하고 유일한 존재이다.

영원한 과거에, 우주의 아버지가 영 자아의 무한한 성격을 영원한 아들의 존재 안에서 표현했을 때, 아버지는 동시에 비성격 자아의 무한한 잠재성을 파라다이스로 나타냈다. 비성격이고 비영인 파라다이스는 최초의 아들을 영원하게 만든 아버지의 뜻과 행위에 따라 불가피하게 생긴 반향이었던 듯하다. 그래서 아버지는 두 가지 실제 국면에—성격·비성격 국면과 영적·비영적 국면에—실체를 투영하였다. 이들 사이의 긴장은, 아버지와 아들의 행동하는 의지와 마주쳐서, 합동 행위자 뿐 아니라, 물질 세계와 영적 존재들이 있는 중앙 우주를 낳게 되었다.

실체가 성격인 것과 비성격인 것으로 (영원한 아들과 파라다이스로) 구별될 때, 어떻게 제한이 없으면, 비성격인 것을 "신"이라 부르는 것은 도저히 마땅치 않다. 신의 행위가 일으키는 에너지와 물질적 반향을 도저히 신이라 부를 수 없다. 신은 신이 아닌 많은 것을 일으키며, 파라다이스는 신이 아니다. 필사 인간이 이러한 표현을 언젠가 이해할 수 있겠지만, 파라다이스는 의식하지 못한다.

파라다이스는 어떤 존재나 살아 있는 통일체에게 선조가 되지 않으며, 파라다이스는 창조자가 아니다. 성격과 지성 영의 관계들은 물려줄 수 있지만, 형태는 그렇지 않다. 형태는 결코 반영이 아니고, 형태는 복사이다—재생한 것이다. 파라다이스는 절대 원형이며, 하보나는 이 잠재성을 사실로 전시한 것이다.

하나님의 거처는 가운데 있고 영원하며, 영화롭고 이상적이다. 하나님의 집은 모든 우주의 본부 세계를 위하여 아름다운 원형이다. 그리고 하나님이 가까이 거하시는 중앙 우주는 이상(理想), 조직, 궁극의 운명에서 볼 때 모든 우주를 위한 원형이다.

파라다이스는 모든 성격자 활동의 우주 본부이며, 모든 물력 공간과 에너지 명시의 근원이자 중심이다. 지금까지 있어 왔던 것, 지금 있는 것, 앞으로 생길 것, 이 모두가 영원한 신들이 계신 이 중앙 거소에서 나왔고, 지금 나오며, 앞으로도 나올 것이다. 파라다이스는 모든 창조의 중심이요, 모든 에너지의 근원이요, 모든 성격자의 최초 기원이 있는 곳이다.

결국은, 영원한 파라다이스에 관해서 필사자들에게 가장 중요한 것은, 이 우주의 아버지의 완전한 거처는 필사이자 물질인 하나님의 아들들, 곧 시공의 진화 세계에서 하늘 가는 생물의 불멸하는 혼이 찾아가는 운명, 실재하는 머나먼 운명이라는 사실이다. 하나님의 뜻을 실천하는 생애를 지지한, 하나님을 아는 모든 필사자는 신성을 추구하고 완전에 다다르는 여행, 파라다이스로 가는 기나긴 나그네 길을 이미 떠났다. 그리고 동물 기원을 가진 그런 존재가 파라다이스에서 신들 앞에 설 때, 지금도 수없이 많은 사람이 서 있다시피, 공간의 낮은 구체들에서 올라 왔으니까, 그러한 업적은 최상의 한계에 다가가는 영적 변화의 현실을 가리킨다.

[유버르사에서 옛적부터 늘 계신 이들로부터 이렇게 일하도록 임명받은 한 지혜의 완전자가 진술하였다.]

제 12 편

온 우주

우주의 아버지의 방대한 창조의 거대함은 유한한 상상력을 가진 자의 이해를 철저히 뛰어넘는다. 모우주(母宇宙)의 거창함은 나의 계급 존재가 가진 개념조차 휘청거리게 만든다. 그러나 사람의 지성은 우주들의 계획과 배열에 대하여 많이 가르침을 받을 수 있다. 너희는 우주들의 물리적 조직과 놀라운 행정에 관하여 무언가 알 수 있다. 시간 속에 일곱 초우주, 그리고 영원 속에 중앙 우주에 거하는 여러 무리의 지성 존재들에 대하여 너희가 많은 것을 배울까 한다.

원칙으로, 다시 말해서, 영원한 잠재성으로 보아서, 우리는 물질 창조가 무한하다고 상상하는데, 아버지가 실제로 무한하기 때문이다. 그러나 우리가 물질 창조 전체를 연구하고 관찰함에 따라서, 너희의 유한한 지성에게 그것이 비교적 제한이 없고 거의 테두리가 없지만, 우리는 어떤 일정한 시점에서도 물질 창조가 유한하다는 것을 알고 있다.

자연 법칙을 연구하고 별이 있는 지역을 관찰함으로, 무한한 창조자의 우주 표현이 아직도 최종으로 나타나지 않았다는 것, 무한자의 우주 잠재성의 상당한 부분은 아직도 자신 속에 담겨 있고 드러나지 않았다는 것을 우리는 확신한다. 지음받은 존재들에게는 모우주가 거의 무한한 것처럼 보일지 모르지만, 완성되려면 아직 멀었다. 물질 창조에는 아직도 물리적 한계가 있고, 영원한 목적의 체험적 계시는 아직도 진행되는 과정에 있다.

1. 모우주의 여러 공간 수준

온 우주는 무한한 평면이 아니요, 한없는 입방체도, 한계 없는 동그라미도 아니며, 분명히 규격이 있다. 물력 에너지와 물질 동력을 가진 광대한 집합 전체는 궁극에는 하나의 공간 단위로서 조직되고 조정된 전체로서 활동한다는 것을 물리적 조직 및 관리의 법칙이 확고하게 증명한다. 물질 창조의 관측할 수 있는 행위는 물리적 우주가 분명한 한계를 가진다는 증거가 된다. 우주가 둥그렇고 제한되어 있다는 마지막 증명은 우리에게 잘 알려진 사실, 기본 에너지의 모든 형태가 끊임없고 절대적인 파라다이스 인력의 당기는 힘에 복종해서, 모우주 공간 수준의 곡선 행로를 늘 돈다는 사실이 마련해 준다.

모우주의 연속되는 공간 수준은 유물(有物) 공간—이미 조직되어 있고 일부 사람이 살거나, 아직 조직되고 사람이 살아야 할, 전체 창조—의 대단위들을 구성한다. 모우주는 동작에 저항이 줄어든, 일련의 타원형 공간 수준이며, 비교적 고요한 지대들이 번갈아 있다. 모우주가 그렇지 않다면, 우주 에너지의 얼마큼은, 무한한 범위에서 치솟아, 일직선의 길을 밟으며, 자국 없는 공간으로 튀어나가는 것이 관측되리라 우리는 생각한다. 그러나 이렇게 행동하는 물력이나 에너지나 물질을 우리는 한 번도 찾아내지 못한다. 이것들은 거대한 공간 회로의 경주로에서, 언제나 소용돌이치며 줄곧 돌고 있다.

파라다이스에서부터 유물 공간의 수평 연장을 통해서 바깥으로 나가면서, 모우주는 가운데 섬을 도는 공간 수준, 여섯 개의 동심(同心) 타원으로 존재한다:

1. 중앙 우주—하보나.
2. 일곱 초우주.
3. 제1 외계 공간 수준.
4. 제2 외계 공간 수준.
5. 제3 외계 공간 수준.
6. 제4 외계 수준, 맨 바깥 공간 수준.

하보나 중앙 우주는 시간 창조가 아니요, 영원한 존재이다. 결코 시작이 없고 끝이 없는 이 우주는 10억의 훌륭하고 완전한 구체들로 이루어져 있고, 거창한 검은 인력체들에 둘러싸여 있다. 하보나 중심에는 고정되고 절대로 안정된 파라다이스 섬이 있고, 그것은 21개의 위성에 둘러싸여 있다. 중앙 우주의 테두리 근처에, 검은 인력체들의 굉장한 회전하는 질량 덕분에, 이 중앙 창조의 질량 내용은 대우주의 모두 일곱 구역의 알려진 총 질량보다도 훨씬 더 크다.

파라다이스-하보나 체계, 영원한 섬을 도는 영원한 우주는 모우주의 완전하고 영원한 핵심을 이룬다. 모두 일곱 초우주와 외계 공간의 모든 지역은 확정된 궤도에서 파라다이스 위성과 하보나 구체들의 거창한 중앙 집합체 둘레를 돈다.

일곱 초우주는 1차적 물리 조직이 아니다. 아무 데서도 초우주들의 테두리가 성운 집단을 분단하지 않으며, 또한 기본 창조 단위인 지역 우주를 가로지르지도 않는다. 각 초우주는 겨우, 조직되고 부분적으로 생명이 사는, 하보나 이후 창조에서 약 7분의 1인 지리적 공간 밀집체일 뿐이고, 각 초우주는 포함하는 지역 우주들의 수와 둘러싸는 공간의 면에서 대체로 같다. 너희의 지역 우주 네바돈은 일곱째 초우주 오르본톤에서 요즈음에 생긴 창조들 가운데 하나이다.

대우주는 현재 조직되어 있고 사람이 사는 창조이다. 중앙 창조의 영원한 구체들은 물론이고, 총 진화 잠재성에서 사람 사는 혹성을 약 7조 개 가진 일곱 초우주로 구성되어 있다. 이 잠정적 추정치는 건축된 행정 구체들을 계산에 넣지 않았고, 또한 조직되지 않은 바깥 집단의 우주들을 넣지도 않는다. 대우주(大宇宙)에서 현재 울퉁불퉁한 변두리, 고르지 않고 마무리되지 않은 가장자리는, 전체 천문학적 구상의 엄청나게 불안정한 조건과 함께, 별을 공부하는 우리 학자들에게 일곱 초우주조차 아직 완성되지 않았음을 가리킨다. 우리가 안으로부터, 신성한 중심으로부터, 바깥으로 어느 한 방향으로 움직이든지, 결국 우리는 조직되고 사람이 사는 창조의 바깥 테두리에 다다른다. 우리는 대우주의 바깥 테두리에 이르게 된다. 그리고 이 바깥 가장자리 가까이, 아주 장엄한 창조의 아주 먼 구석에서 너희 지역 우주는 파란 많은 존재를 가진다.

외계 공간 수준. 공간에서 멀리 바깥에, 사람 사는 일곱 초우주에서부터 굉장히 떨어진 거리에, 광대하고 믿을 수 없이 막대한 물력과 물질화되는 에너지 회로들이 집합하고 있다. 일곱 초우주의 에너지 회로와 물력 활동이 있는 이 거창한 바깥 지대 사이에는 비교적 고요한 공간 지대가 있는데, 이것은 그 넓이가 다르지만 평균 약 40만 광년이 된다. 이 공간 지대들에는 별 먼지—우주 안개—가 없다. 이 현상을 연구하는 우리 학자들은 일곱 초우주를 둘러싸는 비교적 고요한 이 지대에 존재하는 공간 물력의 정확한 상태에 대하여 의심을 품는다. 그러나 현재 대우주 가장자리를 지나서 약 50만 광년 거리에, 우리는 믿을 수 없는 에너지 활동의 지대가 시작되는 것을 지켜보는데, 이 에너지 활동은 그 부피와 강도에서 2천5백만 광년이 넘기까지 늘어난다. 충전하고 있는 이 엄청난 물력의 바퀴들은 제1 외계 공간에 자리잡고 있고, 이것은 이미 알려지고 조직된, 사람 사는 창조 전체를 돌며 우주 활동이 있는 연속된 지대이다.

이 지역을 지나서, 더 큰 활동이 일어나고 있다. 왜냐하면, 유버르사 물리학자들은 제1 외계 공간 수준에서 생기는 현상의 가장 바깥 한계를 넘어서, 약 5천만 광년이 넘는 거리에 물력이 명시되는 초기 증상을 탐지했기 때문이다. 이 활동은 의심할 여지 없이, 모우주의 제2 외계 공간 수준에 물질 창조들이 조직되고 있음을 예시한다.

중앙 우주는 영원에 창조된 것이며, 일곱 초우주는 시간 속에 창조된 것이다. 4개의 외계 공간 수준은 의심할 여지 없이, 결국 창조의 궁극성까지 이르고 진화할 운명을 가졌다. 그리고 무한자는 무한에 이르지 않고는 충분한 표현을 결코 이룰 수 없다고 주장하는 자들이 있다. 그러니까 이들은 넷째이자 가장 바깥 공간을 지나 또 다른 밝혀지지 않은 창조, 다시 말해서 아마 늘 확장하며 결코 끝없는 무한한 우주를 가정한다. 이론적으로, 우리는 창조자의 무한이나 잠재적 창조 무한성을 어떻게 제한하는지 모른다. 그러나 모우주가 존재하고 관리되다시피, 우리는 모우주가 한계를 가졌고, 분명히 제한되어 있고, 그 바깥 테두리는 열린 공간에 막혀 있다고 본다.

2. 무제한 절대자의 영토

점점 더 강력한 망원경으로 외계 공간의 신비스러운 지대를 살피고, 거기서 거의 수없는 물리적 우주들이 놀랍게 진화하는 것을 볼 때, 모우주 건축가들의 탐지할 수 없는 계획이 힘차게 진행되는 것을 바라보고 있음을 유란시아 천문학자들이 깨달아야 한다. 현재 이 바깥 지역의 특징을 나타내는 광대한 에너지 명시 전체에 걸쳐서, 여기저기에 특정한 파라다이스 성격자의 영향이 존재함을 가리키는 증거를 우리는 참으로 가지고 있다. 그러나 더 큰 관점에서 볼 때, 일곱 초우주의 바깥 테두리를 지나서 이어지는 공간 지역들은 대체로 무제한 절대자의 영토로 인정된다.

맨눈으로는 오르본톤 초우주의 테두리 바깥에, 겨우 두세 성운을 볼 수 있지만, 너희의 망원경은 형성되는 과정에 있는 이 물리적 우주들을 글자 그대로 수백만 개 드러낸다. 오늘날의 너희 망원경을 가지고 조사할 때, 눈에 보이게 나타나는, 별이 가득한 영역의 대부분은 오르본톤에 있다. 그러나 사진 기술을 가지고, 더 큰 망원경은 대우주의 테두리를 훨씬 지나서 외계 공간 영토를 침투하며, 거기에는 셀 수 없이 많은 우주가 조직되는 과정에 있다. 너희의 현재 도구가 미칠 수 있는 범위를 지나서, 수백만의 다른 우주들이 또 있다.

멀지 않은 장래에, 새 망원경들은 놀라워하는 유란시아 천문학자들의 눈앞에, 외계 공간의 먼 지대에 3억7천5백만 이상의 새 은하계들을 드러낼 것이다. 동시에 더 강력한 이 망원경들은 이전에 외계 공간에 있다고 믿었던 많은 섬 우주들은 정말로 오르본톤 은하 체계의 일부분이라는 것을 나타낼 것이다. 일곱 초우주는 아직도 자라고 있다. 각 초우주의 둘레가 차츰 커지고 있고, 새로운 성운들이 항상 안정되고 조직되고 있다. 유란시아 천문학자들이 은하계 바깥의 것으로 보는 어떤 성운들은 실제는 오르본톤의 가장자리에 있고, 우리를 따라 여행하고 있다.

유버르사의 천문학자들은 대우주가 일련의 별과 혹성 집단의 조상들에게 둘러싸여 있는 것을 관측하는데, 이것들은 수많은 외계 우주들의 동심원으로서, 사람이 사는 현재의 창조를 둘러싼다. 유버르사의 물리학자들은 지도(**地圖**)에도 없는 이 외계 지역의 총 물질 질량이 이미 일곱 초우주 모두에 포함된 총 물질 질량과 에너지 전하의 여러 배가 된다고 계산한다. 우리는 이 외계 공간 수준에서 생기는 우주 물력의 변형은 파라다이스 물력 조직자들의 활동이라고 들었다. 또한 이러한 물력이 현재 대우주를 활성화하는 물리적 에너지의 선조임을 알고 있다. 그러나 오르본톤 동력 지휘자들은 멀리 떨어진 이 영역과 아무 상관이 없고, 거기에 있는 에너지의 움직임은, 조직되어 있고 사람이 사는 창조들의 동력 회로와 식별할 수 있을 정도로 연결되어 있지 않다.

외계 공간의 엄청난 이 현상의 중요성을 우리는 조금도 모른다. 앞날의 더 큰 창조가 형성되는 과정에 있다. 우리는 그 거대함을 지켜볼 수 있고, 그 범위를 식별하고, 그 웅장한 규모를 느낄 수 있다. 그러나 그밖에 유란시아 천문학자들보다 이 영역에 대하여 더 아는 것이 거의 없다. 우리가 알기로는, 이 바깥 동그라미의 성운·태양·혹성들에 인간 서열의 물질 존재나, 천사나, 다른 영 생물이 하나도 존재하지 않는다. 아득한 이 영토는 초우주 정부의 관할과 행정 바깥에 있다.

오르본톤 전체에 걸쳐서, 새로운 종류의 창조, 곧 집결하고 있는 최후 군단의 미래 활동 장면이 되기로 예정된, 그런 서열의 우주가 형성되는 과정에 있다고 믿어진다. 우리의 예측이 맞는다면, 끝없는 과거가 너희의 연장자와 선배들을 위해 간직했던 것과 똑같이 황홀한 광경을, 끝없는 미래가 너희 모두를 위해서 간직할지 모른다.

3. 우주의 인력

모든 형태의 물력 에너지는—물질이든, 지성이든, 영이든—움켜쥐는 힘, 보편적 존재의 지배 밑에서 비슷하며, 바로 이것을 우리는 인력(引力)이라 부른다. 성격도 또한 인력—아버지의 독점 회로—에 민감하다. 그러나 비록 아버지가 이 회로를 독점하지만, 아버지는 다른 회로에서 제외되지 않는다. 우주의 아버지는 무한하며, 모우주의 네 가지 절대 인력 회로 <u>모두</u>에서 활동한다:

1. 우주의 아버지의 성격 인력.
2. 영원한 아들의 영 인력.
3. 합동 행위자의 지성 인력.
4. 파라다이스 섬의 우주 인력.

이 네 가지 회로는 아래 파라다이스의 물력 중심과 관계가 없다. 이 회로들은 물력도 에너지도 동력 회로도 아니다. 이 회로들은 절대로 <u>자리에 있는</u> 회로들이며, 하나님과 같이, 시간과 공간에 의존하지 않는다.

이러한 맥락에서 볼 때, 인력 연구단이 요즈음 몇천 년 동안에 얻은 어떤 관찰 결과를 기록하는 것이 흥미가 있다. 이 전문 작업자들의 무리는 모우주의 다른 인력 체계에 관해서 다음 결론을 내렸다:

1. 물리적 인력. 대우주의 물리적 인력이 가진 전체 수용 능력의 총합을 추산한 뒤에, 그들은 고심하여 이 결과를 지금 작용하는 절대 인력 존재 추정치의 총합과 비교했다. 이 계산은 대우주에서 총 인력의 활동이, 우주 물질의 기본 물리적 단위의 인력 반응에 근거를 두고 계산된, 파라다이스 인력 힘 추정치의 아주 작은 일부라는 것을 가리킨다. 이 연구자들은 중앙 우주와 그 둘레에 있는 일곱 초우주는 현재 시점에서 파라다이스의 절대 인력 힘의 활동 기능의 약 5퍼센트만 쓰고 있다는 놀라운 결론에 다다랐다. 다시 말하면, 이 총체 이론(理論)에 근거를 두고 계산해서, 지금 시점에서 파라다이스 섬의 활동하는 우주 인력 기능의 약 95퍼센트는, 현재 조직된 우주들의 테두리 바깥에 물질 체계들을 통제하는 데 붙잡혀 있다. 이러한 계산들은 모두 절대 인력을 말한다. 직진 인력은 실제 파라다이스 인력을 알아야만 계산할 수 있는 상호 작용의 현상이다.

2. 영적 인력. 똑같은 비교 추정(推定)과 계산 방법에 따라서, 이 연구자들은 영 인력의 현재 반작용 용량을 탐구해 왔는데, 외톨 사자를 비롯하여 다른 영 성격자들의 협조를 얻어서, 둘째 근원 중심의 활동하는 영 인력의 총합을 얻었다. 작용하는 영 인력의 현재 총합에 대해서 가정한 것과 대략 똑같은 값을, 그들이 대우주에서 실재하고 작용하는 영 인력의 존재에 대해서도 얻는다는 사실을 주목하는 것은 교훈이 된다. 다시 말하면, 현재 시점에서, 총체(總體) 이론에 기초를 두고 계산해서, 영원한 아들의 전체 영 인력은 실질적으로, 대우주에서 활동하는 것으로 관측될 수 있다. 이 발견이 믿을 만하다면, 우리는 외계 공간에서 현재 진화하는 우주들은 현재 시점에서, 전적으로 영적인 것이 아니라 결론을 내려도 좋다. 이것이 참말이라면, 그들이 물리적으로 존재한다는 사실을 아는 것을 별도로 하고, 영 자질을 부여받은 존재들이 어째서, 이 광대한 에너지 명시에 대하여 거의 또는 도무지 정보가 없는가 만족하게 설명한다.

3. 지성 인력. 비교해서 계산하는 바로 이 여러 원칙에 따라서, 이 전문가들은 지성 인력이 존재하고 반응하는 문제에 착수했다. 지성 인력을 추정하기 위한 기본 단위를 구하려는 노력에는 동력 지휘자들과 그 동료들에서 발견되는 지성 형태가 방해 요인이라는 것이 판명되었지만, 세 가지 물질 형태와 세 가지 영적 형태의 정신력을 평균해서, 추정할 지성 단위를 얻었다. 이 총체 이론에 따라서, 지성 인력의 활동을 위하여 셋째 근원 중심의 현재 용량의 추정을 방해하는 것은 거의 없었다. 물리적 인력과 영적 인력의 추정치의 경우처럼 아주 확고하지는 않지만, 비교해서 생각할 때, 이 경우의 조사 결과는 몹시 유익하며, 아니 흥미를 자아내기까지 한다. 이 연구자들은 합동 행위자의 당기는 지적 힘에 대한 지성 인력 반응의 약 85퍼센트는 이미 있는 대우주에서 나온다고 추정한다. 이것은, 외계 공간 영역 전체에 걸쳐서 지금 진행 중인 관측할 수 있는 물리적 활동과 관련하여, 지성 활동이 관련되는 가능성을 비칠 것이다. 이 추정치가 아마도 정확하다고 하기는 어렵지만, 원칙적으로 대우주의 현재 바깥 테두리를 지나서 펼쳐지는 공간 수준에서 총명

한 물력 조직자들이 우주의 진화를 현재 지휘하고 있다는 우리의 믿음과 일치한다. 이 가정된 지능의 본질이 무엇이든, 영 인력에는 민감하지 않은 듯하다.

그러나 이 모든 계산은, 기껏해야 가정된 법칙에 기초를 두고 얻은 추정치일 따름이다. 우리는 이 추정치가 꽤 믿을 만하다고 생각한다. 외계 공간에 몇몇 영적 존재가 있다고 해도, 그들 집합의 존재는 이렇게 거대한 측량에 관계되는 계산에 뚜렷하게 영향을 미치지 않을 것이다.

성격 인력은 계산할 수 없다. 우리는 이 회로를 인식하지만, 그에 민감한 질적 실체나 양적 실체를 잴 수 없다.

4. 공간과 운동

모든 우주 에너지 단위는 우주 궤도를 빙그르르 돌면서, 1차 회전을 하며 그 임무를 집행하는 데 종사한다. 공간의 우주들 및 그 구성 체계와 세계들은 모두 회전하는 구체들이며, 모우주 공간 수준의 끝없는 회로를 따라 움직이고 있다. 하보나 한 가운데, 인력의 중심인 영원한 파라다이스 섬을 빼고, 모우주 전체에서 절대로 아무 것도 가만히 있지 않다.

무제한 절대자는 기능적으로 공간에 한정되어 있지만, 이 절대자와 운동의 관계에 대하여 우리는 그다지 확실치 않다. 운동이 그 관계에 본래부터 있는가? 우리는 모른다. 운동이 공간 속에 본래부터 있지 않음을 우리는 알고 있다. 공간의 움직임도 타고난 것이 아니다. 그러나 우리는 무제한자와 운동의 관계에 대하여 그다지 확실치 않다. 현재 일곱 초우주의 테두리를 지나서, 바깥에서 지금 진행되는 물력 에너지 변화의 거대한 활동을 누가, 또는 무엇이 일으키는가? 운동의 기원에 관해서 우리는 다음 의견을 가지고 있다:

1. 합동 행위자가 공간 속에서 운동을 비롯한다고 우리는 생각한다.
2. 합동 행위자가 공간의 움직임을 낳는다면, 우리는 이를 증명할 수 없다.
3. 우주 절대자가 시초의 운동을 일으키지 않지만, 운동 때문에 생기는 모든 긴장을 평준화하고 통제한다.

외계 공간에서, 물력 조직자들은 지금 별의 진화 과정을 겪고 있는 거대한 우주 바퀴들을 생산하는 데 책임이 있는 듯하다. 그러나 이들이 그렇게 활동할 수 있는 능력은 무제한 절대자의 공간 존재를 더러 수정함으로 가능하게 되었음이 틀림없다.

공간은, 사람의 관점에서 본다면, 무(無)이다—부정적이다. 오로지 긍정적이고 비공간인 어떤 것과 관계를 가짐으로 공간이 존재한다. 그러나 공간은 실재한다. 공간은 운동을 담고 조절한다. 공간은 움직이기도 한다. 공간의 움직임은 대략 다음과 같이 분류되어도 좋다:

1. 1차 운동—공간 호흡, 공간 자체의 움직임.
2. 2차 운동—연속되는 공간 수준에서 방향이 번갈아 바뀌는 회전.
3. 상대적 운동—파라다이스를 기점으로 해서 평가되지 않는다는 의미에서 상대적이다. 1차 운동과 2차 운동은 절대적이며, 움직이지 않는 파라다이스와 가지는 관계에서 본 운동이다.
4. 모든 다른 운동을 조정하려고 고안된, 보상하거나 상관하는 움직임.

너희의 태양과 그에 관련된 혹성들의 현재 관계는, 공간에서 여러 가지 상대 운동과 절대 운동을 드러내는 한편, 천문학을 연구하는 관찰자들에게, 너희가 비교적 공간에서 가만히 있고, 공간 바깥으로 너희의 계산이 진행됨에 따라서 둘러싼 별 집단과 별 흐름이 늘 속도가 높아지면서 바깥으로 비행하고 있다는 인상을 주는 경향이 있다. 그러나 그렇지 않다. 너희는 모든 유물 공간에 있는 물리적 창조들이 지금 바깥쪽으로 한결같이 확장하고 있음을 깨닫지 못한다. 너희 자신의 지역 우주(네바돈)는 보편적으로 바깥으로 퍼지는 이 운동에 참여한다. 일곱 초우주 전체가 모우주의 외계 지역과 함께, 20억 년의 공간 호흡 주기에 참여한다.

우주들이 늘어나고 줄어들 때, 유물(有物) 공간에 있는 물질의 질량은 파라다이스 인력의 당기는 힘에 맞서서 움직이다가, 그와 함께 움직이는 일을 되풀이한다. 창조에 있는 물질 에너지의 덩어리를 움직일 때 행해지는 작업은 공간 작업이지, 동력 에너지의 일이 아니다.

천문학상의 속도에 대하여 너희가 얻는 분광학 추정치는, 너희 초우주와 그에 관계된 초우주들에 속하는, 별이 있는 지역에 적용될 때 꽤 믿을 만하지만, 외계 공간 영역의 경우에 그런 계산은 도무지 신빙성이 없다. 분광선들은 다가오는 별 때문에, 정상으로부터 보라 쪽으로 옮겨진다. 마찬가지로, 이 선들은 물러나는 별 때문에 붉은 빛으로 옮겨진다. 여러 가지 영향이 가운데 끼어들어, 거리가 1백만 광년이 늘어날 때마다, 바깥 우주들의 후퇴 속도가 1초에 160킬로미터 넘는 비율로 높아지는 것처럼 보이게 만든다. 이 방법으로 계산하면, 더 강력한 망원경이 완성된 뒤에, 아주 먼 거리에 있는 이 체계들이 우주의 이 부분으로부터 1초에 4800킬로미터 넘게 믿을 수 없는 속도로 비행하는 것처럼 보일 것이다. 그러나 겉으로 보이는 이 후퇴 속도는 현실이 아니다. 그런 후퇴 속도는 관측하는 각도와 기타 시간과 공간의 왜곡을 포함하여 수많은 잘못된 요인 때문에 생긴다.

그러나 그러한 모든 왜곡 가운데 가장 큰 왜곡은, 일곱 초우주 영토 다음 영역에 있는 외계 공간의 광대한 우주들은 대우주가 도는 방향과 반대로 돌고 있는 것처럼 보이기 때문이다. 다시 말하면, 무수한 이 성운들, 거기에 딸린 태양과 구체들은 현재 시점에서 중앙 창조의 둘레를 시계 바늘 방향으로 돌고 있다. 일곱 초우주는 파라다이스 둘레를 시계 바늘의 반대 방향으로 돌고 있다. 제2 외계 우주의 은하들은, 일곱 초우주와 마찬가지로, 파라다이스 둘레를 시계 바늘의 반대 방향으로 돌고 있는 듯하다. 천문학을 연구하는 유버르사 관찰자들은 아주 멀리 떨어진 제3 외계 지대에서 회전 운동이 있다는 증거를 탐지한다고 생각하며, 이 지대는 시계 바늘 방향의 성질을 비로소 나타낸다.

우주들의 연속되는 공간 행렬이 방향을 이렇게 번갈아 바꾸는 것은 우주 절대자가 가진, 모우주 안의 우주 인력 기법과 아마 무언가 상관이 있을 듯하다. 이 기법은 물력을 조정하고 공간의 긴장을 평준화시키는 것으로 이루어져 있다. 공간 뿐 아니라, 운동은 인력을 보충하는 힘, 즉 균형하는 힘이다.

5. 공간과 시간

공간과 마찬가지로, 시간은 파라다이스의 선물이지만, 같은 의미가 아니라, 다만 간접으로 그렇다. 운동의 덕분으로, 또 지성이 본래부터 연속성을 의식하니까, 시간이 온다. 실질적 관점에서 운동은 시간에 기본이다. 파라다이스-하보나 표준일이 임의로 그렇게 인정된 경우를 빼고, 운동에 기초를 둔 우주 시간 단위는 하나도 없다. 공간 호흡 전부가 시간의 근원으로서 그 단위의 지역적 가치를 파괴한다.
공간은 파라다이스에 기원이 있지만, 무한하지 않다. 공간은 절대적이 아니며, 공간이 무제한 절대자로 채워지기 때문이다. 우리는 공간의 절대 한계를 모르지만, 시간의 절대가 영원이라는 것을 알고 있다.

오로지 시공 창조인 일곱 초우주에서, 시간과 공간은 뗄 수 없다. 비시간 창조는 (시간이 없는 공간은) 이론으로 존재하지만, 유일하게 진짜 비시간적 장소는 파라다이스 지역이다. 비공간적 시간은 (공간이 없는 시간은) 파라다이스 수준에서 활동하는 지성 안에서 존재한다.

파라다이스에 부딪치며 유물 공간과 무물(無物) 공간을 분단하는, 비교적 움직임이 없는 중부 공간 지대는 시간으로부터 영원에 이르는 과도기 지대이다. 따라서 파라다이스 순례자들이 이렇게 이동 중에 무의식이 될 필요가 생기며, 그 때 이 이동은 마침내 파라다이스 시민권을 획득함으로 끝난다. 시간을 의식하는 방문자들은 이렇게 잠들지 않고 파라다이스로 갈 수 있지만, 시간의 생물로 남는다.

시간에 대한 관계는 공간에서 움직임 없이 존재하지 않지만, 시간 의식은 존재한다. 연속성은 운동이 없을 경우에도 시간을 의식하게 할 수 있다. 사람의 지성은, 지성의 선천적 성질 때문에, 공간보다 시간에 덜 묶여 있다. 육체를 입고 땅에서 사는 동안에도, 사람의 지성은 엄격하게 공간에 묶여 있지만, 인간의 창조적 상상력은 비교적 시간에 매이지 않는다. 그러나 시간 자체는, 유전(遺傳)으로 볼 때, 지성의 질이 아니다.

세 가지 다른 수준의 시간 의식이 있다:

1. 지성이 의식하는 시간—연속, 운동을 의식하는 것과 지속 기간의 감각.
2. 영이 의식하는 시간—하나님을 향한 움직임을 보는 통찰력, 그리고 높아지는 신성 수준으로 올라가는 움직임을 의식하는 것.
3. 실체에 대한 통찰력으로부터, 성격은 독특한 시간 감각, 그리고 현재 있다는 의식과 지속함을 아는 의식을 창조한다.

비영적 동물은 오로지 과거만 알고 현재에서 산다. 영이 깃드는 사람은 미리 보는 눈(통찰력)이 있으며, 앞날을 볼지 모른다. 앞을 내다보는 진취적인 태도만 개인에게 실재한다. 고정된 윤리와 전통적 도덕은 동물을 조금 넘을 뿐이다. 금욕주의는 상급의 자아 실현이 아니다. 오로지 동태성과 진취성이 있고, 우주 실체와 함께 살아 있을 때, 윤리와 도덕은 참으로 사람답게 된다.

인간의 성격은 겨우 시간과 공간의 사건들이 동시화된 것이 아니다. 인간의 성격은 또한 그러한 사건들의 우주 원인으로 작용할 수 있다.

6. 우주의 전반적 통제

우주는 가만히 있지 않다. 안정은 무기력의 결과가 아니라, 균형된 에너지, 협동하는 지성, 조정된 상물질, 영의 전반적 통제, 성격 통일의 산물(産物)이다. 안정은 전적으로, 언제나 신성의 정도에 비례한다.

모우주를 물리적으로 통제하는 일에 우주의 아버지는 파라다이스 섬을 통하여 우선권과 수위성(首位性)을 주장한다. 영원한 아들 몸 안에서, 하나님은 우주의 영적 행정 면에서 절대적이다. 지성 분야에 관해서 말하면, 아버지와 아들은 합동 행위자 안에서 나란히 활동한다.

셋째 근원 중심은 그의 우주 지성을 절대로 쥠으로, 그에게 본래 있는 우주의 물리적 인력과 영 인력의 보충 부분을 행사함으로, 통합된 물리 에너지와 영 에너지를 조정하고 조직의 균형을 유지하도록 돕는다. 물질인 것과 영적인 것이 연결될 때는 언제 어디서나, 그러한 지성 현상은 무한한 영의 행위이다. 지성 혼자서, 물질 수준의 물리적 힘과 에너지를 영 수준의 영적 권능 및 존재들과 서로 연결할 수 있다.

어떤 우주 현상을 곰곰이 생각하더라도, 물리 에너지, 지성 에너지, 영적 에너지의 상호 관계를 반드시 고려하라. 또한 성격이 이 여러 에너지를 통일할 때 따르는 예기치 못한 현상과 체험적 신 및 절대자들이 행위하고 반응하는 결과로 생기는 예측할 수 없는 현상을 마땅히 참고해야 한다.

우주는 오로지 양적 의미, 곧 인력을 측정하는 의미에서만 대단히 예측하기 쉽다. 원시의 물리적 힘조차도 직진 인력에 민감하지 않고, 궁극의 우주 실체들이 가진 상급 지적 의미와 참된 영 가치도 그렇지 않다. 물리적, 지적, 또는 영적 물력의 새로운 관계에 대하여 말하면, 우주는 질적으로 쉽게 예측할 수 없다. 하지만 비판적으로 관찰했을 때 에너지와 물력의 여러 조합은 부분적으로 예측이 가능하다. 물질·지성·영을 생물의 성격이 하나로 만들면, 그러한 자유 의지 존재가 결정하는 것들을 우리는 완전히 예측할 수 없다.

원초적 물력, 초기의 영, 기타 비성격 궁극 존재들의 모든 단계는 비교적 안정되어 있지만 미지의 어떤 법칙에 따라서 반응하는 듯하며, 한정되고 고립된 상황의 현상에서 마주쳤을 때 흔히 기대에 어긋나게, 폭 넓은 성과와 탄력성을 가지고 반응하는 특징이 있다. 솟아나는 이 우주의 사실성이 드러내는, 예측할 수 없는 이 반응의 자유를 무엇이 설명하는가? 알지 못하고 측량할 수 없게 예측이 불가능한 이것들은—원초적 물력 단위나, 지성의 확인되지 않은 수준의 반응이나, 또는 외계 공간 영토에서 생기는 광대한 우주 이전(以前) 현상에 관련이 있거나—아마 궁극위의 활동과 절대자들의 계심과 행위를 나타내며, 이 절대자들은 모든 우주 창조자의 활동에 선행한다.

우리는 정말 모르지만, 그렇게 놀라운 신축성과 그렇게 깊은 조정은 절대자들의 계심과 행위를 의미한다고 추측한다. 겉보기에 한결같은 원인으로부터 그렇게 다채로운 반응이 생기는 것은, 가까운 상황적 원인에 대해서 뿐 아니라, 모우주 전체에 걸쳐서 모든 다른 관계된 원인에 대한 절대자들의 반응을 나타낸다고 우리는 추측한다.

개인들은 자기의 운명 보호자가 있다. 혹성, 체계, 별자리, 우주, 초우주는 각각 그 영토의 이익을 위하여 수고하는 통치자가 있다. 하보나를, 아니 대우주조차도, 이렇게 높은 책임을 맡은 분들이 주시(注視)하고 있다. 그러나 파라다이스로부터 넷째이자 가장 바깥의 수준에 이르기까지, 누가 모우주 전체를 육성하며, 그 기본적 필요를 보살피는가? 실존적으로 그러한 책임은 아마도 파라다이스 삼위 일체에게 있다. 그러나 경험적 관점에서 볼 때, 하보나 이후에 우주의 모습은 다음에 달려 있다:

1. 잠재성에서 절대자에게.
2. 방향 면에서 궁극위에게.

3. 진화적 조정 측면에서 최상위에게.

4. 특정한 통치자들이 나타나기에 전에, 행정 면에서는 모우주 건축가들에게.

무제한 절대자는 모든 공간에 스며든다. 신 절대자와 우주 절대자의 정확한 지위에 관해서 우리는 완전히 뚜렷하게 알지 못한다. 그러나 신 절대자와 무제한 절대자가 활동할 때는 어디서나, 우주 절대자도 활동함을 알고 있다. 신 절대자는 보편적으로 계실지 모르지만, 도저히 공간을 차지한다고 할 수 없다. 궁극위는 제4 공간 수준의 바깥 테두리에까지, 공간 속에 계시거나, 또는 언젠가 계실 것이다. 궁극위가 과연 모우주 가장자리를 지나서 공간에 계심을 가질까 의문을 가진다. 그러나 이 한계 안에서 궁극위는 세 절대자의 잠재성을 창조적으로 조직하는 일을 점진적으로 통합하고 있다.

7. 부분과 전체

모든 시공에 걸쳐서, 무슨 성질을 가졌든지, 모든 실체에 작용하는 용서 없는 비성격 법칙이 있으며, 그것은 우주 섭리의 기능에 상당한다. 자비는 개인에 대하여 하나님의 사랑하는 태도의 특징을 나타내지만, 공정은 전체에 대한 하나님의 태도를 움직인다. 하나님의 뜻은 한 부분에서—어느 한 성격자의 가슴 속에서—반드시 이기지는 않지만 하나님의 뜻은 전체를, 온 우주를 실제로 다스린다.

모든 존재와 가지는 온갖 거래에서 하나님의 법칙은 본래부터 임의로 만들어지지 않았다. 제한된 시력과 유한한 관점을 가진 너희에게, 하나님의 행위는 가끔 독재적이고 멋대로 된 듯 보임이 틀림없다. 하나님의 법칙은 다만 하나님의 버릇, 하나님이 되풀이해서 일하는 방법이며, 하나님은 항상 모든 일을 잘 하신다. 하나님이 같은 일을 거듭해서 같은 방법으로 하심을 너희가 지켜보는데, 그것이 주어진 상황에서 바로 그 특별한 일을 하기에 최선의 방법이기 때문이다. 최선의 방법은 옳은 방법이다. 따라서 무한한 지혜는 빈틈없고 완전한 바로 그 방법으로 그 일이 행해질 것을 명령한다. 자연은 순전히 신의 행위가 아니라는 것을 너희는 또한 기억해야 한다. 사람이 자연이라고 부르는 현상에는 다른 영향이 존재한다.

어떤 종류의 질의 저하를 겪거나, 또는 순수하게 개인적인 어떤 활동의 집행을 열등한 방법으로 한 번이라도 허락하는 것은 신의 성품에 싫은 느낌을 일으킨다. 그러나 <u>만약</u> 어느 신성한 상황에서, 어느 극도의 상황에서, 최상으로 지혜로운 과정이 다른 행위의 필요성을 가리키는 어떤 경우에도—다시 말해서, 완전에 대한 요구가 어떠한 이유에서든 다른 방법으로, 더 좋은 방법으로 반응하도록 명령할 때, 그 때 그 자리에서 온통 지혜로운 하나님은 더 좋고 더 적당한 바로 그 방법으로 활동한다는 것을 똑똑히 밝혀야 한다. 이것은 더 높은 법칙의 표현이요, 더 낮은 법칙을 취소하는 것이 아니다.

하나님은 자신의 자원하는 행위를 되풀이하는 고질(痼疾)에 버릇된 노예가 아니다. 무한자의 법칙 사이에는 아무 대립이 없다. 이 법칙은 모두, 결코 틀릴 수 없는 성품의 완성이요, 티없는 결정을 표현하는 도전받지 않는 행위이다. 법은 무한하고 완전하고 신성한 지성의 한결같은 반응이다. 겉으로는 이렇게 같아 보이는데도, 하나님의 행위는 모두 뜻한 것이다. 하나님 안에는 "아무 변동도 변화의 그림자도 없느니라." 우주의 아버지에 관하여 참으로 말할 수 있는 이 모두를, 모든 하위 지성 존재나 모든 진화하는 생물에 대해서도 똑같은 확실성을 가지고 그렇다고 말할 수는 없다.

하나님이 변하지 않으니까, 모든 보통 상황에, 하나님이 같은 일을, 바로 그 동일한 보통 방법으로 하는 것을 너희는 믿을 수 있다. 하나님은 모든 창조된 사물과 존재에게 안정의 보장이다. 그는 하나님이요, 따라서 변하지 않는다.

이렇게 행위가 확고하고 행동이 한결같은 것은 모두 개인적이고 의식하는 것, 상당히 의지에 따른 것이니, 이는 크신 하나님이 자신의 완전과 무한에 무력한 노예가 아니기 때문이다. 하나님은 스스로 행동하는 자동 물력이 아니며, 하나님은 노예처럼 법에 묶인 힘이 아니다. 하나님은 수식(數式)도, 화학 공식도 아니다. 하나님은 자유 의지를 가진 근원 성격자이다. 우주의 아버지, 성격으로 지나치게 충전된 존재요, 모든 생물 성격자에게 우주의 샘물 근원이다.

하나님을 찾는, 물질 필사자의 가슴 속에서, 하나님의 뜻이 한결같이 이기지는 않는다. 그러나 시간의 틀이 순간을 지나서, 처음 생애 전체를 포함하도록 커진다면, 영에게 인도받는, 하나님의 자녀들의 일생에서 열리는 영의 열매에서, 하나님의 뜻을 갈수록 더 식별할 수 있게 된다. 그리고 나서, 인생이 더 확장되어 상물질 체험을 포함하면, 사람의 성격과 우주의 아버지 성격 사이의 관계를 체험하는 신성한 기쁨을 비로소 맛본 시간 생물의 영적으로 변화되는 행위에서, 신의 뜻이 더욱 밝게 빛남을 관찰하게 될 것이다.

하나님이 아버지이고 인간이 형제라는 것은 성격 수준에서 부분과 전체의 역설(逆說)을 제시한다. 하나님은 각 개인을, 하늘 가족의 한 개별 아이로서 사랑한다. 따라서 하나님은 모든 개인을 사랑해도, 성격자들을 차별하지 않으며, 그 사랑의 보편성은 전체의 관계, 보편적 형제 관계가 생기게 한다.

아버지의 사랑은 각 성격자를 우주의 아버지의 독특한 아이, 무한 속에서도 되풀이되지 않는 아이, 모든 영원을 통해서 갈아치울 수 없는 의지(意志) 생물로서, 절대로 개별화한다. 아버지의 사랑은 하나님의 아이 하나하나를 영화롭게 만들며, 하늘 가족 각 구성원을 비추면서, 만물의 아버지의 친교 회로 바깥에 있는 비성격 수준에, 각 성격 존재의 독특한 성품을 날카롭게 그림자로 묘사한다. 하나님의 사랑은 각 의지 생물의 초월적 가치를 놀랍게 묘사하며, 파라다이스 지위를 가진 가장 높은 창조 계급 성격자로부터, 어떤 진화하는 시공 세계에서 인류가 비롯할 때 나타나는 야만족 가운데 의지의 위엄을 가진 가장 낮은 성격자에 이르기까지, 그의 자녀들 하나하나에게, 모두에게, 우주의 아버지가 부여한 높은 가치를 어김없이 드러낸다.

하나님이 개인을 사랑하는 바로 이 사랑은, 모든 개인으로 이루어진 신의 가족, 곧 파라다이스 아버지의 자녀, 자유 의지를 가진 아이들 사이에 보편적 형제 관계가 생기게 한다. 이 형제 정신은 보편적이니까, 전체의 관계이다. 보편적일 때, 형제 정신은 각자의 관계가 아니라, 전체의 관계를 나타낸다. 형제 정신은 전체의 한 현실이며, 따라서 부분의 질과 대조해서, 전체의 질을 나타낸다.

형제 정신은 우주에 존재하는 모든 성격자 사이에 있는 관계의 사실이다. 어느 성격자도, 다른 성격자들과 가지는 관계에서 생기는 이득(利得)이나 손해에서 벗어날 수 없다. 전체와 맞추어서 부분은 이득이나 손해를 본다. 각 사람의 훌륭한 노력은 모든 사람에게 이득을 주며, 각 사람의 잘못이나 악은 모든 사람의 시련을 더해 준다. 부분이 움직이는 대로, 전체가 움직인다. 전체의 진보가 어떠하면, 부분의 진보도 그러하다. 부분과 전체의 상대 속도는 그 부분이 전체의 관성(慣性) 때문에 늦어지든지, 우주 형제 정신의 운동량 때문에 앞으로 밀려 가든지를 결정한다.

하나님은 상당히 개인적으로 대하고, 스스로 의식하며, 거주 본부를 가진 존재이며, 동시에 아주 광대한 우주에 몸소 계시고, 거의 무한한 수의 존재들과 직접 연락하는 것은 신비이다. 그러한 현상이 인간의 이해를 뛰어넘는 신비라는 사실이 조금이라도 너희의 믿음을 약화시켜서는 안 된다. 하나님의 비할 수 없는 성품이 무한히 크고 엄청나게 영원하며 웅대하고 영화로움이 너희를 압박하거나, 어지럽게 하거나, 낙심하게 하지 말라. 왜냐하면, 아버지는 너희 가운데 어느 누구로부터도 그리 멀리 계시지 않기 때문이다. 너희 안에 계시고, 그분 안에서 우리 모두가, 글자 그대로 움직이고, 실제로 살며, 진실로 우리의 존재를 가지기 때문이다.

파라다이스 아버지는 신다운 창조자 및 창조된 자식들을 통하여 활동하지만, 아버지는 또한 너희와 가장 밀접하게 마음 속의 연락을 즐기신다. 이러한 연락은 아주 숭고하고, 상당히 개인적이니까, 아버지의 분신이 사람의 혼, 그리고 실제로 그 분신이 깃드는 필사자의 지성과 가지는 신비한 교통은, 내가 이해하는 한계도 초월한다. 하나님의 이 선물을 가지고 너희가 무엇을 하는지 아니까, 따라서 너희는 아버지가 신성한 동료들 뿐 아니라, 시간 속에서 진화하는 필사 자식들하고도 밀접히 연락하는 것을 안다. 아버지는 정말로 파라다이스에 거하지만, 그의 신성한 계심은 사람의 지성 속에서도 거한다.

비록 한 아들의 영이 모든 육체에 퍼부어지고, 한 아들이 사람의 살로 된 모습을 입고 너희와 함께 한때 거했고, 세라핌이 너희를 지키고 안내하더라도, 둘째 근원 중심과 셋째 근원 중심의 이 신다운 존재들 가운데 누구라도 아버지처럼 어떻게 너희에게 가까이 오고, 너희를 완전히 이해하기를 바랄 수 있는가? 이 아버지는 너의 참되고 신성한 자아, 아니 너의 영원한 자아가 되라고 자신의 일부분을 너희 안에 거하라고 주셨다.

8. 물질과 지성과 영

"하나님은 영"이지만, 파라다이스는 영이 아니다. 물질 우주는 언제나 모든 영적 활동이 일어나는 무대이다. 영 존재와 영 승천자들은 물질 실체로 이루어진 물리적 구체(球體)에서 살며 일한다.

우주 인력의 분야인 우주 물력을 수여하는 것은 파라다이스 섬의 기능이다. 모든 최초의 물력 에너지는 파라다이스로부터 나오며, 수많은 우주를 만드는 물질은 유물(有物) 공간의 물력 전하를 구성하는 초월 인력 존재의 형태로서, 모우주 전체에 두루, 지금 순환하고 있다.

바깥에 놓인 우주들에서 생기는 물력의 변화가 무엇이든지 상관 없이, 그것은 파라다이스로부터 나가 버렸으니까, 계속 여행하며, 결코 그치지 않고 상존하는, 영원한 섬의 어김없는 인력의 지배를 받으면서, 충실하게 선천적으로, 우주들의 영원한 공간 행로를 언제까지나 돌고 있다. 물리적 에너지는 참되고 끈질기게 우주 법칙에 복종하는 한 실체이다. 생물 의지의 분야에서만, 신의 길과 최초의 계획으로부터 벗어난 일이 있었다. 동력과 에너지는 중앙 파라다이스 섬의 안정, 불변, 영원을 나타내는 보편적 증거이다.

영을 수여하고 성격자들을 영적으로 변화시키는 것, 곧 영 인력의 분야는 영원한 아들의 영역이다. 언제나 모든 영적 실체를 자신에게로 끌어당기는 아들의 이 영 인력은, 파라다이스 섬의 전능한 물질 장악과 마찬가지로, 실재하며 절대적이다. 그러나 물질에 머리를 쓰는 사람은, 혼의 영적 통찰력으로만 구별되는, 영적 성품의 작용, 똑같이 실재하는 막강한 작용보다, 물리적 성품을 가진 물질적 명시에 자연히 더 익숙하다.

우주에서 어느 성격자의 지성은 영성(靈性)이 더 높아짐—하나님처럼 됨—에 따라서, 물리적 인력에 덜 민감해진다. 물리적 인력의 반응으로 측정하는 실체는, 영적 내용의 질에 따라서 결정되는 실체와 정반대이다. 물리적 인력의 활동은 비영 에너지의 양적 결정 요인이며, 영 인력의 행위는 신성한 산 에너지를 재는 질적 척도이다.

파라다이스와 물리적 창조의 관계, 그리고 영원한 아들과 영적 우주의 관계는, 합동 행위자와 지성 영역—물질·상물질·영적 존재와 성격자들이 있는 지적(知的) 우주—의 관계와 같다.

합동 행위자는 물질 실체와 영적 실체 모두에 반응하며, 따라서 모든 지성 존재, 곧 창조의 물질 단계와 영적 단계, 이 둘의 연합을 대표할 수 있는 존재들에게, 본래부터 보편적 봉사자가 된다. 지능의 부여, 곧 지성 현상에서 물질적이고 영적인 것에게 베푸는 봉사는 합동 행위자의 독점 분야이다. 따라서 합동 행위자는 영적 지성의 동반자가 되며, 이 영적 지성은 상물질 지성의 핵심이요, 진화하는 시간 생물의 물질 지성의 알맹이이다.

지성이라는 기법으로 말미암아 영적 실체는 생물 성격자들에게 체험적인 것이 된다. 결국에는, 인간 지성의 통일하는 가능성, 곧 사물·관념·가치를 조정하는 능력조차도 물질을 초월한다.

필사 지성이 상대적 우주 실체의 일곱 수준을 이해하는 것은 도저히 가능하지 않지만, 인간의 지능은 유한한 실체에서 세 가지 활동 수준의 의미를 많이 파악할 수 있어야 한다:

1. <u>물질</u>. 운동으로 말미암아 수정되거나 지성에게 조절되는 경우를 빼고, 직진 인력의 지배 밑에 있는 조직된 에너지.

2. <u>지성</u>. 통째로 물질 인력에 지배되지는 않지만, 영이 수정했을 때, 참으로 해방되는, 조직된 의식 상태.

3. <u>영</u>. 가장 높은 성격 실체. 참된 영은 물질 인력에 지배되지 않지만, 궁극에는 성격 존엄을 가진 모든 진화하는 에너지 체계를 자극하는 영향이 된다.

모든 성격자의 존재 목표는 영이다. 물질적 명시는 상대적인 것이요, 우주 지성은 우주의 이 반대물 사이에 낀다. 지성의 수여와 영의 봉사는 신의 동료 성격자들, 곧 무한한 영과 영원한 아들이 하는 일이다. 총체적 신 실체는 지성이 아니요, 영 지성—성격으로 말미암아 하나가 된 영 지성이다. 그런데도 영과 사물, 이 둘의 절대는 모두 우주의 아버지의 몸에서 수렴한다.

파라다이스에서 세 가지 에너지, 물질·지성·영 에너지는 나란히 있다. 성격의 경우에는, 지성의 중재를 통해서 영이 지휘권을 얻으려고 애쓴다. 이 경우를 빼고, 진화하는 우주에서는 에너지 물질이 지배한다. 모든 생물의 성격 체험에서 영은 근본적 실체이며, 이는 하나님이 영이기 때문이다. 영은 바뀌지 않으며, 따라서 모든 성격 관계에서 영은 지성과 물질을 모두 초월하며, 이것들은 진보하는 성취에서 체험적 변수이다.

우주의 진화에서, 물질은 신이 준 깨우침을 비추는 영의 빛 앞에서 지성이 던지는 철학적 그림자가 되지만, 이것은 물질 에너지의 실체를 부정하지 않는다. 지성·

물질·영은 똑같이 실재하지만, 신성에 이르는 데 성격자에게 똑같은 가치를 가지지 않는다. 신성을 의식하는 것은 차츰 진행하는 영적 체험이다.

영화(靈化)된 성격자(우주에 계신 아버지, 곧 개별 생물 안에 있는 잠재 영 성격자의 분신)의 빛이 밝으면 밝을수록, 사이에 끼는 지성이 그 물질적 옷에 던지는 그림자는 더 커진다. 시간 속에서, 사람의 몸은 지성이나 영과 마찬가지로 현실이다. 그러나 죽을 때 지성(신분)과 영은 살아남고, 한편 육체는 살아남지 못한다. 한 우주 실체는 성격의 체험에서 부재(不在)할 수 있다. 그래서—물질이 그보다 더 현실인 영 알맹이의 그림자라 하는—너희 그리스인의 비유적 표현은 과연 철학적 의미가 있다.

9. 성격 실체

영은 우주에서 기본적 성격 실체이며, 성격은 영적 실체를 가진 모든 진보하는 체험에 기초적이다. 우주가 진보하는 모든 연속된 수준에서, 모든 국면의 성격 체험은 매혹하는 성격 실체들을 발견하게 하는 실마리로 가득 차 있다. 사람의 참된 운명은 새로운 영적 목표를 만들고, 다음에 비물질 가치를 가진 그런 훌륭한 목표로 인도하는 우주 유혹물에 반응하는 데 있다.

사랑은 성격자들 사이에서 유익한 관계의 비밀이다. 너희는 꼭 한 번 접촉한 결과로서 한 사람을 정말로 알 수 없다. 음악이 일종의 수학적 리듬이기는 하지만, 너는 수학적 추론을 통해서 음악을 음미할 수 없다. 전화(電話)가 있는 사람에게 배당된 번호는 어떤 면에서도 그 사람의 성격을 확인하거나, 그 인품에 관하여 아무런 의미를 갖지 않는다.

물질 과학인 수학은 우주의 물질 면에 대하여 지적으로 토론하는 데 필수이지만, 그러한 지식은 진리의 상급 깨우침이나, 영적 실체들을 몸소 이해하는 데 반드시 상관이 있지는 않다. 생활의 영역 뿐 아니라 물리 에너지의 세계에서도, 둘 이상의 사물의 합계는 그러한 연합이 초래하는 예측할 수 있는 덧셈의 결과<u>보다</u> 더 큰 무엇, 또는 다른 것이 되는 일이 아주 흔하다. 수학 전체나, 철학 전체 분야나, 최상급의 물리나 화학도, 가스 상태에 있는 두 수소 원자(原子)와 한 산소 원자가 뭉치면 새롭고 질적으로 덧셈을 능가하는 물질—액체인 물—이 생기게 하리라는 것을 예측하거나 알 수 없다. 이 한 가지 물리 화학의 현상을 이해하는 지식은, 물질적 철학과 기계론적 우주론의 성장을 막았어야 했다.

기술적 분석은 한 성격자나 한 물건이 무슨 일을 할 수 있는가 드러내지 않는다. 예를 들면, 물은 불을 끄는 데 효과 있게 쓰인다. 물이 불을 끄리라는 것은 일상 생활에서 체험하는 사실이지만, 물을 아무리 분석해도 결코 그러한 물의 성질을 밝힐 수 없다. 분석은 물이 수소와 산소로 이루어짐을 결정할 뿐이다. 이 원소들을 더 분석하면 산소는 연소(燃燒)를 진정하게 지원하며, 수소 자체는 자유롭게 타리라는 것을 드러낸다.

너희의 종교는, 두려움에 노예가 된 상태와 미신의 사슬로부터 뛰쳐나오고 있으니까, 현실적이 되고 있다. 너희의 철학은, 독단과 전통으로부터 해방되려고 애쓴다. 너희의 과학은 오랜 세월에 걸쳐 계속된 싸움, 진리와 오류 사이의 싸움에 말려들어 있고, 한편으로 추상(抽象)의 사슬, 수학(數學)에 노예가 된 상태, 기계론적 유물론의 상대적 맹목 상태로부터 구원받으려고 싸운다.

필사 인간은 영 핵심을 가지고 있다. 지성은 신성한 영 핵심 둘레에 존재하며 물질 환경 안에서 활동하는 성격 에너지 체계이다. 성격을 가진 지성과 영 사이에 그러한 생생한 관계는 영원한 성격이 되는 우주 잠재성을 구성한다. 자아 개념이 가운데 영 핵심의 통치하는 힘을 완전히 주제넘게 갈아치우고, 그로서 성격 신분을 주는 우주 계획을 뒤엎어 버린 뒤에야, 진정한 문제, 오래 가는 실망, 심각한 패배, 또는 필연적 죽음이 올 수 있다.

[옛적부터 늘 계신 이들의 권한을 받아서 활동하는 한 지혜 완성자가 발표하였다.]

제 13 편

파라다이스의 신성한 여러 구체

가운데 파라다이스 섬과 가장 안쪽의 하보나 혹성 회로들 사이의 공간에는 특별 구체들로 이루어진 3개의 작은 회로가 있다. 가장 안쪽 회로는 우주의 아버지의 일곱 비밀 구체로 이루어져 있다. 둘째 집단은 영원한 아들의 빛나는 일곱 세계로 이루어져 있다. 가장 바깥에는 무한한 영의 거대한 일곱 구체가 있는데, 이것들은 일곱 으뜸 영의 행정 본부 세계이다.

각각 일곱 세계로 구성된, 아버지와 아들과 영의 세 겹 회로는, 비할 데 없이 웅장하고 상상할 수 없이 영광스러운 천체(天體)들이다. 이 천체들의 물질 건축, 곧 물리적 건축조차, 너희에게 아직 밝혀지지 않은 체제에 속한다. 각 회로는 물질 면에서 다채롭고, 물리적 구성 면에서 서로 같은 아들의 일곱 세계를 제쳐 놓고, 각 회로, 각 세계마다 다르다. 21세계 모두가 거대한 천체이며, 일곱 천체로 이루어진 각 회로는 달리 영구하게 되었다. 우리가 알기로는, 이 천체들은 늘 있어 왔고, 파라다이스와 마찬가지로 영원하다. 이 세계들의 기원에 대해서는 기록도 없고 전통도 없다.

우주의 아버지의 일곱 비밀 세계는 영원한 섬 가까이 파라다이스를 돌고 있고, 영원한 신들의 중심 광원에서 나오는 영적 빛을 상당히 반사하며, 파라다이스에 두루, 아니 하보나의 일곱 회로에까지 이 신성한 영광의 빛을 뿌린다.

영원한 아들의 신성한 일곱 세계에는, 영적 빛을 가진 비성격 에너지가 기원을 가진 듯하다. 성격 존재들은 아무도 이 빛나는 일곱 세계 어디에도 머무르면 안 된다. 이 세계들은 파라다이스와 하보나 전체를 영적 영화로움으로 비추며, 순수한 영 빛을 일곱 초우주로 방향을 돌려 준다. 마찬가지로, 둘째 회로에 있는 빛나는 이 구체들은 파라다이스 쪽으로, 또 일곱 회로를 가진 중앙 우주의 10억 세계로 자체의 빛(열이 없는 빛)을 보낸다.

무한한 영의 일곱 세계는 일곱 으뜸 영이 차지하고 있는데, 이들은 일곱 초우주의 운명을 주관하고, 이 시공 창조들에게 신의 셋째 분의 영적 빛을 보낸다. 파라다이스 섬을 빼고, 온 하보나가 영적으로 변화시키는 이 영향 속에 젖는다.

아버지의 세계들은 아버지가 부여한 모든 성격에게 궁극의 지위를 가진 구체이지만, 이것이 이 구체들의 순전한 기능은 아니다. 성격이 아닌, 많은 존재와 통일체가 이 세계에서 머무른다. 아버지 회로와 아들 회로의 각 세계에는 뚜렷한 종류의 영구 시민(市民)이 있다. 그러나 아들의 세계들에는 균일한 형태의 존재, 성격이 아닌 존재들이 살고 있다고 우리는 생각한다. 아버지 분신들은 신(神)별의 원주민에 속하며, 다른 서열의 영구 시민은 너희에게 밝히지 않는다.

21개의 파라다이스 위성은 중앙 우주와 초우주에서, 이 이야기에서 밝히지 않는 여러 가지 목적에 쓰인다. 이 천체들에 사는 생명들에 관하여 너희가 아주 조금밖에 이해할 수 없으니까, 성질이든 기능이든, 그들에 관하여 일관적 견해 비슷한 무엇도 너희는 얻기를 바랄 수 없다. 너희에게 밝히지 않는 수천 가지 활동이 거기에서 벌어진다. 이 21 구체는 모우주 기능의 잠재성을 포함한다. 이 논문들은 대우주—아니 대우주의 일곱 지역 중 어느 지역—에서, 현재 우주 시대에 관련하여, 어떤 제한된 활동을 얼핏 훑어보게 할 뿐이다.

1. 아버지의 신성한 일곱 세계

아버지의 신성한 생명 구체들의 회로는 온 우주에서 유일하게 선천적 성격 비밀을 담고 있다. 세 회로 가운데 가장 안쪽에 이 파라다이스 위성들은, 중앙 우주에서 성격자와 관련하여 유일하게 금지된 구역이다. 아래 파라다이스와 아들의 세계들도 마찬가지로 성격자들에게 문이 닫혀 있지만, 이 영역들 가운데 어느 것도, 어떤 면에서도 성격자와 직접 관련이 없다.

아버지의 파라다이스 세계들은 가장 높은 서열인 삼위 일체의 고정된 아들들, 곧 삼위 일체를 체험한 최상위의 비밀들의 지휘를 받는다. 나는 이 세계들에 관해서 별로 할 말이 없고, 그 다양한 활동에 대해서는 더군다나 그렇다. 그러한 정보는 오로지 거기서 활동하고 거기에서 출발하는 존재들의 관심거리이다. 나는 이 특별 세계들 가운데 여섯을 얼마큼 알고 있지만, 한 번도 신별에 내려 본 적이 없고, 이 세계가 전적으로 나에게 금지되어 있다.

이 세계들이 비밀에 싸인 이유 가운데 하나는, 이 신성한 세계들 각자가 파라다이스 삼위 일체를 이루는 신들의 특화된 표현이나 명시를 누리기 때문이다. 성격자가 아니라, 그 특별한 구체에 살거나 거기에 입장할 수 있는 특별한 지성 존재들의 무리가 존중하고 이해할 수 있는, 신의 독특한 계심을 말한다. 삼위 일체를 체험한 최상위의 비밀들은 이러한 특화되고 비성격인, 신의 계심을 나타내는 성격 대표자이다. 최상위의 비밀들은 상당히 성격을 가진 존재이며, 훌륭한 자질을 가졌고, 고상하고 힘드는 일에 놀랍게도 적응되어 있다.

1. 신(神)별. 이 세계는 독특한 의미에서, "아버지의 품", 곧 우주의 아버지가 친히 교통하는 구체(球體)이며, 거기에 그 신성의 특별한 명시가 있다. 신별은 생각 조절자들이 파라다이스에서 집결하는 곳이지만, 또한 우주의 아버지로부터 기원을 가지는 수많은 다른 통일체, 성격자, 기타 존재들의 집이기도 하다. 영원한 아들밖에도 많은 성격자가 우주의 아버지의 단독 활동으로 말미암아 직접 기원을 가진다. 이 거처에서, 아버지 분신들, 그리고 우주의 아버지로부터 직접, 순전한 기원을 가지는 성격자와 기타 존재들이 사귀며 활동한다.

신별의 신비는 생각 조절자들의 수여와 임무의 비밀을 간직한다. 그들의 성품과 기원, 그리고 진화 세계의 하등 생물과 연락하는 기법은 이 파라다이스 구체의 비밀이다. 이러한 놀라운 거래는 나머지 우리가 개인적으로 상관할 바는 아니다. 그러므로 위대하고 신성한 이 봉사의 어떤 모습을 우리에게 주지 않고 간직하는 것이 마땅하다고 신들이 판단한다. 신성한 활동의 이 단계에 우리가 접촉하는 한, 우리는 이러한 거래에 대하여 충분한 지식이 허락되지만, 이 위대한 수여의 세부에 대하여, 충분히 정보를 받지 않았다.

이 구체는 또한 다른 모든 형태의 아버지 분신, 인력 사자, 그리고 너희에게 밝히지 않은 다른 존재 무리의 성질·목적·활동에 관한 비밀도 간직한다. 나에게 허락되지 않은 신별에 관한 진실이 만일 밝혀진다면, 이것은 나의 현재 과제를 수행하는 데에, 기껏해야 나를 혼란케 하고 방해할 가능성이 아주 높다. 그뿐 아니라, 이러한 지식은 내 계급 존재가 가진 개념 능력을 아마 뛰어넘을 것이다.

2. 아들별. 이 구체는 "아들의 품," 영원한 아들의 개인적인 접대 세계이다. 내려오는 하나님의 아들과 올라가는 하나님의 아들들이 완전히 인가받고 마침내 인정받은 순간, 그리고 그 후에 그들의 파라다이스 본부가 된다. 이 세계는 영원한 아들의 모든 아들, 또 그와 동격이며 동료인 아들들을 위한 파라다이스 집이다. 수많은 신성한 아들 계급이 이 하늘 거처에 속하며, 이 계급들이 필사자들에게 밝혀지지 않는 것은, 우주들을 거쳐서 계속 파라다이스까지, 인간이 영적으로 진보하는 승천 계획에 관계되지 않기 때문이다.

<u>아들별의 신비</u>는 신의 아들들이 육신화하는 비밀을 포함한다. 하나님의 아들 하나가 사람의 아들이 될 때, 1천9백 년 전에 너희 세계에서 일어났다시피 글자 그대로 여자에게서 태어날 때, 이것은 우주의 신비이다. 이러한 일은 우주에 두루, 끊임없이 일어나며, 아들별의 비밀, 신다운 아들 신분에 관한 비밀이다. 조절자들은 아버지 하나님의 신비이다. 신다운 아들들의 육신화는 아들 하나님의 신비이다. 이것은 아들별의 제7 구역에 잠가 놓은 비밀이며, 이 구역은 몸소 이 독특한 체험을 거친 자들 외에 아무도 침투할 수 없다. 다만 너희의 하늘 가는 생애와 관련되는 육신화 단계만 너희의 눈앞에 제시되었을 뿐이다. 너희에게 밝히지 않은 우주 봉사 임무를 띠고 내려오는, 아직 밝혀지지 않은 부류의 파라다이스 아들들이 가진 다른 여러 단계의 육신화 신비가 있으며, 아들별의 또 다른 신비들도 있다.

3. 영(靈)별. 이 세계는 "영의 품," 순전히 무한한 영을 대표하는 높은 존재들이 파라다이스에서 지내는 집이다. 여기서 일곱 으뜸 영과 모든 우주에서 온 그들의 어떤 자손이 모인다. 이 하늘 거처에서는, 수많은 밝혀지지 않은 계급의 영 성격자를 발견할 수 있고, 그들은 시간 속에 사는 필사 인간을 파라다이스의 영원 수준까지 끌어 올리는 계획과 관계 없이, 다양한 우주 활동에 배치된 존재들이다.

<u>영별의 신비</u>는 꿰뚫을 수 없는, 반영(反映) 신비를 포함한다. 우리는 광범위하고 보편적인 반영 현상, 특히 일곱 초우주의 본부 세계에서 작용하는 반영 현상에 대하여 말한다. 그러나 결코 이 현상을 충분히 설명하지 않는데, 우리가 충분히 이해하지 못하기 때문이다. 우리는 많은 것, 허다한 것을 이해하지만, 많은 기초적 세부 내용이 아직도 우리에게 신비스럽다. 반영은 영 하나님의 비밀이다. 필사자를 살아남게 하는 승천 계획과 관련된 반영 현상에 대하여 너희는 가르침을 받아 왔고, 그렇게도 작용하지만, 반영은 또한 수많은 다른 단계의 우주 직종이 정상으로 작용하는 데 필수 특징이다. 무한한 영의 이 재산은 또한 정보를 수집하고 정보를 분배하는 외에 다른 경로에도 쓰인다. 그리고 영별의 다른 비밀들이 있다.

4. 대관(代官)별. 이 혹성은 "아버지와 아들의 품"이며, 아버지와 아들의 행위에서 기원을 가지는, 밝혀지지 않은 어떤 존재들의 비밀 구체(球體)이다. 또한 복합 조상을 가진 영화롭게 된 많은 존재가 파라다이스에서 있는 집이며, 일곱 초우

주에서 작용하는 많은 다채로운 기법 때문에, 그들의 기원이 복합적이다. 유란시아의 필사자들에게 신분이 알려지지 않은, 많은 무리의 존재가 이 세계에서 모인다.

대관별의 신비는 삼자 일체화의 비밀을 포함하는데, 삼자 일체화는 삼위 일체를 대표하는, 신들의 대관(代官)으로서 활동하는 권한의 비밀이다. 삼위 일체를 대표하는 권한은 삼위 일체의 어느 두 분이나 세 분 모두로 말미암아, 삼자 일체 체험을 겪거나, 지음 받거나, 궁극에 이르거나, 또는 영원하게 된, 알려진 존재와 알려지지 않은 존재들에게만 부여된다. 어떤 부류의 영화롭게 된 생물의 삼자 일체 체험으로 태어난 성격자들은 그 삼자 일체화 과정에서 동원된 개념의 잠재성보다 더 많이 대표하지는 않는다. 하지만 그러한 생물은 그들 부류 모두에게 열려진, 신의 품에 안기는 길로 올라갈지 모른다.

삼자 일체 체험을 겪지 않은 존재들은, 어느 둘이나 세 창조자, 또는 특정한 생물의 삼자 일체화 기법을 넉넉히 이해하지 못한다. 아주 먼 앞날에 너의 영화롭게 된 생애에서, 삼자 일체화하는 모험을 시도하고 성공하지 않으면, 너는 결코 이러한 현상을 충분히 이해하지 못할 터인데, 그렇지 않으면 이 대관별의 비밀이 너에게 언제나 금지될 것이기 때문이다. 그러나 높은 삼위 일체 기원을 가진 나에게는, 대관별의 모든 구역이 열려 있다. 나는 내 기원과 운명의 비밀을 충분히 이해하고, 똑같이 이 비밀을 충분하게 신성하게 지킨다.

유란시아 민족들이 주목하지 않았던 또 다른 형태와 단계의 삼자 일체화가 있다. 그들의 성격 모습에서, 이러한 체험은 대관별의 비밀 구역에서 마땅히 지켜지고 있다.

5. 외톨이별. 이 세계는 "아버지와 영의 품"이며, 우주의 아버지와 무한한 영의 공동 활동에 기원을 가진, 밝혀지지 않은 훌륭한 존재 무리가 집결하는 곳이다. 이들은 영의 자질 뿐 아니라 아버지의 특성도 나눠 가지는 존재이다.

여기는 또한 외톨 사자를 비롯하여 다른 초월 천사 서열의 성격자들이 있는 집이다. 너희는 이들 존재에 대하여 아는 것이 아주 없으며, 유란시아에 밝혀지지 않은 광대한 수의 계급들이 있다. 이들이 제5 세계에서 정주하니까, 아버지가 외톨 사자들과 그 초월 천사 동료들을 창조하는 데 무슨 상관이 있으리라고 반드시 잘라 말할 수는 없다. 그러나 현재 우주 시대에, 아버지는 이들의 활동과 관련이 있다. 지금 우주 시대에, 외톨이별은 우주 동력 지휘자들이 지위를 가진 구체이다.

기타 수많은 계급의 영 성격자들, 필사 인간에게 알려지지 않은 존재들이 있는데, 외톨이별을 그들의 파라다이스 집 구체로서 우러러본다. 필사 인간을 신성한 파라다이스 운명으로 올라가도록 도와 주는 일에 관계하는 분야에 영 봉사자들이 예비된 것처럼, 모든 부문과 단계의 우주 활동을 위해서도 영 봉사자들이 똑같이 충분히 마련되어 있다는 것을 기억해야 한다.

외톨이별의 비밀. 삼자 일체 체험의 어떤 비밀을 빼고, 이 세계는 셋째 근원 중심의 어떤 높은 자손과 무한한 영이 몸소 가지는 관계의 비밀을 간직한다. 외톨이별에서는 알려지지 않은 수많은 계급이 아버지·아들·영의 영들과 가지는 관계, 삼위 일체의 세 겹 영과 가지는 관계, 그리고 최상위, 궁극위, 최상 궁극위의 영들과 가지는 밀접한 관계의 신비가 간직된다.

6. 천사별. 이 구체는 "아들과 영의 품"이며, 아들과 영이 창조한, 밝혀지지 않은 광대한 존재 집단의 집이 되는 세계이다. 여기는 또한 상천사, 2품 천사, 세라핌을 포함하여, 봉사하는 계급의 모든 천사 무리가 가는 운명 구체이다. 중앙 우주

와 바깥 우주들에는, "구원의 상속자가 될 자들에게 봉사하는 영"이 아닌, 많은 계급의 훌륭한 영들이 봉사한다. 모든 수준과 분야의 우주 활동에서, 이 모든 봉사영들은 천사별을 그들의 파라다이스 집으로 우러러본다.

천사별의 신비는 세 겹의 신비를 포함하는데, 나는 그 중에 한 가지, 천사 수송의 신비만 언급해도 좋다. 여러 계급의 세라핌 및 연합한 영 존재들은, 그들의 영 모습 안에 모든 계급의 비물질 성격자를 둘러싸고, 먼 혹성간 여행에 싣고 가는 능력이 있는데, 이것은 천사별의 신성한 구역에 잠겨 있는 비밀이다. 수송 세라핌은 이 신비를 이해하지만, 그들 외에 우리에게 그 신비를 일러 주지 않든지, 아니면 아마도 일러 줄 수 없는 듯하다. 천사별의 다른 신비는, 필사자들에게 아직 밝히지 않은 영 봉사자 부류가 몸소 겪는 체험에 관련된 것들이다. 너희가 그렇게 가까운 존재 계급들을 거의 이해할 수 있으니까, 또 그런 현상에 대하여 우리의 부분적 지식을 발표하는 것조차도 신뢰를 저버림에 가까울 터이니, 우리는 그렇게 가까운 관계를 가진 존재들의 비밀을 삼가 논하지 않는다.

7. 승천자별. 이 독특한 세계는 "아버지와 아들과 영의 품"이며, 공간에서 하늘 가는 생물의 집결지, 곧 파라다이스로 가는 길에 하보나 우주를 거쳐 가는 시간 순례자들을 받아들이는 구체이다. 시공 세계의 하늘 가는 혼들이 파라다이스 지위를 얻을 때까지, 승천자별은 이들에게 실제로 파라다이스 집이다. 너희 필사자들은 승천자별에서 너희의 하보나 "휴가"의 대부분을 보낼 것이다. 너희가 지역 우주와 초우주에서 올라가는 동안에 복귀 지휘자들이 하던 기능을, 너희가 하보나 생활을 하는 동안 승천자별이 너희에게 해 줄 것이다. 여기서 너는 수천 가지의 활동에 종사하게 되는데, 이것은 사람의 상상력을 뛰어넘는다. 하나님을 향하여 올라가는 길에서 모든 이전 단계에 진급할 경우처럼, 여기서 너의 인간 자아는 신다운 자아와 새로운 관계에 들어갈 것이다.

승천자별의 신비는 물질적인 사람의 지성 속에서, 영적이며 잠재적으로 불멸하는 부분, 인격과 신분에 상당하는 부분이, 차츰차츰 확실히 자라는 그 신비를 포함한다. 이 현상은 가장 알기 어려운 우주 신비 가운데 하나—필사이자 물질인 생물의 지성 안에서 불멸하는 혼이 진화하는 신비—를 구성한다.

너희는 승천자별에 이를 때까지, 결코 이 신비스러운 거래를 넉넉히 이해할 수 없다. 이것이 어째서 승천자별 전체가, 놀라워하는 너희 눈앞에 열려질 것인가 하는 이유이다. 승천자별의 7분의 1은 나에게 금지되어 있고, 그 구역은 너희 부류 존재들의 독점 체험과 소유물인 (또는 앞으로 그렇게 될) 바로 이 비밀과 관련된 구역이다. 이 체험은 너희 사람 계급의 존재에 속한다. 나의 계급 성격자는 그러한 거래에 직접 관계되지 않는다. 따라서 이 구역은 내게 금지되어 있고, 결국에는 너희에게 밝혀진다. 그러나 너희에게 밝혀진 다음에도, 어떤 이유 때문에 언제까지나 너희의 비밀로 남게 된다. 너희는 우리에게, 또 기타 어느 다른 계급의 존재에게도 밝히지 않는다. 신다운 조절자와 인간 기원을 가진 불멸의 혼이 영원히 융합하는 것에 대해서 우리는 알고 있지만, 하늘 가는 최후자들은 바로 이 체험을 절대 현실로 알고 있다.

2. 아버지 세계들의 관계

다양한 계급의 영적 존재들의 이 고향 세계들은 엄청나고 굉장한 구체이다. 이들은 비할 수 없이 아름답고 화려하게 영화로움이 파라다이스에 필적한다. 이 구체들은 집결 세계, 곧 재회하는 구체이며, 영구한 우주 주소로서 쓰인다. 최후자로서, 너희는 파라다이스에 정주하겠지만, 외계 공간에서 근무에 들어갈 때조차도, 승천자별은 언제나 너희의 집 주소가 될 것이다. 모든 영원을 통해서, 너희는 승천자별을 감상적인 기억과 돌이켜 회상하는 집으로 여길 것이다. 너희가 제7 단계의 영 존재가 되면, 아마 파라다이스에서 거주 지위를 버릴 것이다.

외계의 우주들이 생성 중이고, 승천 잠재성을 가진 시간 생물이 살도록 정해져 있다면, 우리는 이 미래의 아이들도 역시 승천자별을 파라다이스 고향 세계로 우러러보도록 운명이 정해지리라 추측한다.

승천자별은 파라다이스에 이른 자로서, 네가 살펴보도록 아낌없이 열려 있을 유일하고 신성한 구체이다. 대관별은 내가 살펴볼 수 있도록 전적으로 아낌없이 열려 있는 유일하고 신성한 구체이다. 그 비밀은 나의 기원에 관계되지만, 지금 우주 시대에, 나는 대관별을 내 집으로 여기지 않는다. 삼위 일체 기원을 가진 존재와 삼위 일체를 체험한 존재들은 같지 않다.

삼위 일체 기원을 가진 존재는 아버지의 세계들을 완전히 공유하지는 않는다. 그들은 파라다이스 섬에, 가장 거룩한 지역에서 가까운 거리에, 그들이 전용하는 집들이 있다. 그들은 가끔 "아버지와 아들과 영의 품"인 승천자별에 나타나며, 거기서 낮은 공간 세계로부터 올라온 형제들과 사귄다.

아들 창조자들은 아버지와 아들한테서 기원을 가졌으니까, 대관별을 자기 집으로 여기리라 너희가 가정할까 싶지만, 칠중 하나님이 활동하는 이 우주 시대에는 그렇지 않다. 너희를 어리둥절하게 하는 비슷한 문제들이 많이 있는데, 이는 파라다이스에 아주 가까이 있는 이 사물을 이해하려 애쓰면서 너희가 많은 어려움에 부닥칠 것이 뻔하기 때문이다. 이러한 질문을 너희가 성공적으로 추리할 수도 없다. 너희는 아는 것이 거의 없다. 그리고 너희가 아버지 세계들에 관하여 더 안다고 해보았자, 너희가 그 전부를 알기까지, 다만 문제를 더욱 겪을 것이다. 이 비밀 세계들 어디에서도, 지위는 기원의 본질 뿐 아니라 봉사함으로 얻게 된다. 연속되는 여러 우주 시대에 이 성격자들의 어떤 집합을 다시 분배할지도 모르며, 그렇게 하기도 한다.

안쪽 회로의 세계들은, 실제로 거주하는 구체라기보다는 친교 세계, 곧 지위 세계이다. 필사자들은 한 세계만 빼고, 아버지 세계들의 각 곳에서 어떤 지위를 얻게 될 것이다. 예를 들면, 너희 필사자들이 하보나에 다다를 때, 너희는 승천자별에 가도록 허락되며, 거기서 너희는 크게 환영받는다. 그러나 다른 신성한 여섯 세계를 찾아보도록 허락되지 않는다. 파라다이스 체제를 너희가 거친 뒤에, 그리고 최후 군단에 입회 허가가 내린 뒤에, 너희가 승천자일 뿐 아니라 하나님의 아들이니까—그보다 더하니까—너희는 아들별에 입국 허가를 받는다. 그러나 아들별의 7분의 1, 신다운 아들들의 육신화 비밀을 가진 구역이 언제나 남아 있을 터이고, 거기는 너희에게 둘러보라고 열려 있지 않을 것이다. 결코 이러한 비밀은 하늘 가는 하나님의 아들들에게 밝혀지지 않을 것이다.

결국 너는 승천자별에 완전한 출입권을 가지고, 신별을 빼고 다른 아버지 구체들에서 부분 출입권을 가질 것이다. 그러나 최후자가 되고 나서, 나머지 다섯 비밀 구체에 내릴 허가를 받을 때에도, 너는 그런 세계들의 모든 구역을 찾아보는 허가를 받지 않을 것이다. 너는 분명히 "아버지의 바른 편"에 여러 번 서게 되겠지만, "아버지의 품"인 신별의 바닷가에 내릴 허가가 내리지 않을 것이다. 모든 영원을 통해서, 네가 생각 조절자 세계에 발을 들일 필요는 결코 생기지 않을 것이다.

이 구체들에서 통째로 우리의 체험 영역 바깥에 있는 이 단계로 입장하는 것을 타협하지 말라고 우리가 요청받은 한, 이 영 생명의 집결 세계들은 금지(禁止) 구역이다. 우주의 아버지가 신으로서 완전한 것 같이, 너희는 생물로서 완전하게 될지 모른다. 그러나 너희가 모든 다른 계급의 우주 성격자들이 가진 체험의 비밀을 모두 알아도 좋은 것은 아니다. 창조자가 피조물과 어떤 체험적 성격을 띤 비밀을 가질 때, 창조자는 영원한 믿음 속에 그 비밀을 지킨다.

이 모든 비밀이, 추측하건대, 삼위 일체를 체험한 최상위의 비밀들의 집합체에게 알려져 있다. 이 존재들은 오로지 그들의 특별한 세계 집단에게 완전히 알려져 있고, 다른 계급에게는 거의 알려져 있지 않다. 파라다이스에 다다른 뒤에, 너희는 승천자별을 지휘하는 최상위의 비밀 10명을 알고 열심을 내고 좋아할 것이다. 신별을 빼고, 승천자별의 경우처럼 완전하게는 아니라도, 아버지의 다른 세계들에서 최상위의 비밀들에 대하여, 너희는 또한 일부 이해하게 될 것이다.

삼위 일체를 체험한 최상위의 비밀들은, 그 이름이 넌지시 비치는 바와 같이, 최상위와 관련되어 있다. 마찬가지로 그들은 궁극위, 그리고 미래의 최상 궁극위와 관련이 있다. 이 최상위의 비밀들은 최상위의 비밀이요, 또한 궁극위의 비밀이요, 아니 최상 궁극위의 비밀이기도 하다.

3. 영원한 아들의 거룩한 여러 세계

영원한 아들의 빛나는 일곱 구체는 순수한 영 존재의 일곱 단계 세계이다. 빛나는 이 공들은 파라다이스와 하보나의 세 가지 빛의 근원이며, 이 공들의 영향은 다 그렇지는 않아도, 대체로 중앙 우주에 국한된다.

이 파라다이스 위성(衛星)들에는 성격자가 존재하지 않는다. 따라서, 순수한 영의 거처에 관해서, 필사의 물질 성격자들에게 제시할 수 있는 것이 거의 없다. 이 세계들은 영원한 아들의 존재, 성격 아닌 생명으로 붐빈다고 우리는 가르침을 받았다. 우리는 이 통일체들이 외계 공간에서 계획된 새 우주들에서 봉사하기 위하여 집합하고 있다고 추측한다. 유란시아 시간으로 약 20억 년이 되는 파라다이스 주기마다, 영원한 아들의 비밀 세계들에서 이 계급들의 추가 예비군이 창조되는 것을 구경한다고 파라다이스의 철학자들이 주장한다.

내가 들은 바로는, 어느 성격자도 영원한 아들의 이 구체들 가운데 어느 한 군데도 가 본 적이 없다. 파라다이스에 출입하는 오래 된 경험을 통해서도, 나는 이 세계들 가운데 어느 한 군데라도 방문하라고 결코 배치된 적이 없다. 영원한 아들이 공동으로 창조한 성격자들도 이 세계들로 가지 않는다. 모든 부류의 비성격 영들은—조상에 상관 없이—이 영의 집들에 입장(入場)이 허가된다고 우리는 추측한다. 나는 성격자이고 영 형태를 가지고 있으니까, 내가 이곳을 찾아보는 것이 허락된다 하더라도, 나에게는 그러한 세계가 빈 버려진 땅으로 보일 것이다. 높은 영 성격자들은 목적 없는 호기심을 채우는, 순전히 쓸모 없는 모험에 한눈팔지 않는다. 쓸모 없거나 비현실인 사업에 큰 관심을 가지도록 허락하기에는, 흥미를 많이 자아내고 의미 있는 모험이 항상 아주 너무나 많다.

4. 무한한 영의 여러 세계

하보나의 안쪽 회로와 영원한 아들의 빛나는 구체들 사이에는 무한한 영의 일곱

공이 돌고 있다. 이 세계들에는 무한한 영의 자손, 영화롭게 된 지음받은 성격자들이 삼자 일체 체험으로 낳은 아들들, 그리고 다양한 분야의 우주 활동을 하는 많은 사업체를 효과적으로 운영하는 데 관련하여, 밝혀지지 않은 다른 부류의 존재들이 살고 있다.

일곱 으뜸 영은 무한한 영의 최상·궁극의 대표자이다. 그들은 파라다이스 가장자리에, 개인 부서와 동력의 초점을 둔다. 그러나 대우주의 관리와 지도에 관한 모든 작업은 무한한 영의 특별한 일곱 행정 구체에서, 거기서부터 처리된다. 일곱 으뜸 영은 실제로, 온 우주의 지성 영의 균형 바퀴, 곧 모두를 감싸고 모두를 둘러싸며 모두를 조정하는, 중앙에 자리잡은 동력이다.

이 일곱 특별 구체로부터 으뜸 영들은 대우주의 우주 지성 회로를 평준화하고 안정시키려고 일한다. 그들은 또한 대우주에 두루, 신들의 차이 나는 영적 태도 및 계심과 상관이 있다. 물리적 반응은 한결같고, 불변하며, 언제나 즉시 일어나고 자동이다. 그러나 체험적인 영적 계심은 그 영역에 있는 개별 지성들에 본래 있는 영적 감수성의 기본 조건이나 상태에 따라서 생긴다.

물리적 권한·계심·기능은, 크던 작던, 모든 우주에서 변하지 않는다. 영적 계심이나 반응에서 차이 나는 요소는 의지 생물이 그것을 인식하고 받아들이는 데서 달라지는 차이이다. 절대적이고 실존하는, 신의 영적 계심은, 지음받은 존재 편에서 나타내는 충성이나 불충의 태도에, 절대로 어떤 방법으로도 영향을 받지 않는다. 동시에, 절대 아래의 체험적 신의 활동하는 계심은 분명히, 직접, 그러한 유한한 생물 존재들의 결심과 선택과 의지하는 태도에—개별 존재, 혹성, 체계, 별자리, 또는 우주의 충성과 헌신에—영향을 받는다. 그러나 신의 이 영적 계심은 변덕스럽거나 멋대로 일어나지 않는다. 그 체험적 변화는 성격 생물의 자유 의지 재산에 본래부터 있다.

영적 계심의 차이를 결정하는 요인은 너희 자신의 마음과 지성에 존재하며, 너희 자신이 선택하는 방법, 너희 지성이 내리는 결정, 자기 의지가 보이는 각오에 있다. 이러한 차이는 지적 성격 존재의 자유 의지 반응에 본래부터 있고, 우주의 아버지가 예정하신 존재들은 이러한 선택의 자유를 행사할 것이다. 생물이 선택하는 이 차이에서 생기는 조건과 요구를 충족하고 채울 때, 신들은 그들 영의 썰물과 밀물을 보내는 데 언제나 정확하다. 한때는 신의 계심을 간절히 바라는 데 반응하여 계심을 더욱 퍼붓기도 하고, 그들에게 신성하게 주어진 선택의 자유를 행사하면서 피조물이 거슬러 결정하는 데 따라서 그 마당에서 다시 물러나기도 한다. 이처럼 신성의 영은 그 영역의 생물의 선택에 겸손히 복종한다.

일곱 으뜸 영의 집행부 거처는 실제로, 일곱 초우주, 그리고 외계 공간에 있는 관련된 지역들의 파라다이스 본부이다. 각 으뜸 영은 한 초우주를 주관하고, 이 일곱 세계는 각각 으뜸 영들 가운데 한 분에게 순전히 배치되어 있다. 일곱 초우주의 행정, 파라다이스 아래 행정에서 이 집행부 세계가 보살피지 않는 단계는 글자 그대로 하나도 없다. 이 세계들은 아버지나 아들의 구체들처럼 그렇게 독점적인 것은 아니다. 거주 자격이 본토 존재들과 거기에서 일하는 자들에게 국한되어 있지만,

이 일곱 행정 혹성은 언제나, 이 혹성들을 찾아보고 싶어하는 자들과 필요한 수송 수단을 이용할 수 있는 모든 존재에게 열려 있다.

나에게는, 이 행정부 세계들이 파라다이스 바깥에서, 가장 흥미 있고 호기심을 끄는 장소이다. 아주 많은 다양한 수준에서 하는 작업, 곧 동시에 물질적·지적·영적 직종들과 관련이 있고 그렇게 많은 다른 계급의 생물 존재들을 포함하는 다채로운 활동을 넓은 우주에 다른 어디에서도 찾아볼 수 없다. 직책으로부터 쉬는 기간을 얻을 때, 어쩌다가 파라다이스나 하보나에 있게 된다면, 나는 일곱 으뜸 영의 이 바쁜 세계들 가운데 한 곳으로 보통 찾아간다. 거기서 그러한 사업·헌신·충성·지혜·효율성이 있는 그런 광경을 보고, 나의 지성에 영감을 주기 위해서 그렇게 한다. 우주 실체의 모두 일곱 수준에서, 성격자들이 직무를 수행하는 아주 놀라운 상호 작용을 다른 아무 데서도 볼 수 없다. 자기의 일을 어떻게 처리하는가 잘 아는 자들과, 그렇게 속속들이 즐기면서 일하는 자들의 활동을 보면 나는 언제나 자극을 받는다.

[유버르사의 옛적부터 늘 계신 이들에게 이렇게 활동하라고 위임받은 한 지혜의 완성자가 발표하였다.]

제 14 편

신성한 중앙 우주

완전하고 신성한 우주는 모든 창조의 중심을 차지한다. 영원한 핵심이요, 광대한 시공 창조가 그 둘레를 돈다. 파라다이스는 웅장하고 영원한 우주의 한 가운데서 움직이지 않고 쉬며, 절대로 안정된 거대한 핵심의 섬이다. 가운데 있는 이 혹성 가족을 하보나라고 부르는데, 네바돈 지역 우주로부터 아주 멀리 떨어져 있다. 하보나는 거대한 규모와 거의 믿을 수 없는 질량을 가졌고, 상상해 보지 못한 정도로 아름답고 뛰어나게 화려한 10억 구체들로 이루어져 있다. 그러나 이 광활한 창조의 참 크기는 정말로 인간 지성의 이해력이 미치지 못한다.

하보나는 정착되고, 완전하고, 확립된 세계들의 유일한 집합체이다. 하보나는 온전하게 창조된 완전한 우주이며, 진화로 발전한 것이 아니다. 하보나는 완전의 영원한 핵심이다. 굉장한 진화 실험을 구성하는 끝없는 우주 행렬이 그 둘레를 빙그르르 돌고 있다. 이 실험은 하나님의 아들 창조자들의 대담한 모험이요, 그들은 원형(原形) 우주를 시간 속에서 모방하고 공간 속에서 다시 만드는 포부를 가지고 있다. 이 원형 우주는 신다운 완벽함, 최상의 최후, 궁극적 실체, 영원한 완전의 이상(理想)이다.

1. 파라다이스-하보나 체계

파라다이스의 가장자리로부터 일곱 초우주의 안쪽 테두리까지, 다음 일곱 가지 공간 조건과 운동이 있다:

1. 파라다이스에 부딪치는 고요한 중부 공간 지대.

2. 세 파라다이스 회로(回路)와 일곱 하보나 회로에 시계 바늘 방향으로 움직이는 행렬.

3. 하보나 회로들을 중앙 우주의 검은 인력체들로부터 분리하는, 반 고요한 공간 지대.

4. 시계 바늘 반대쪽으로 움직이는, 검은 인력체들의 안쪽 지대.

5. 검은 인력체들의 두 공간 행로를 가르는 독특한 둘째 공간 지대.

6. 파라다이스 둘레를 시계 바늘 방향으로 도는 검은 인력체들의 바깥 지대.

7. 검은 인력체들의 바깥 지대와 일곱 초우주의 가장 안쪽 회로를 분리하는 셋째 공간 지대—반 고요한 지대.

하보나의 10억 세계는 파라다이스 위성들의 세 회로를 바로 둘러싸는 7개의 동심 회로에서 줄지어 있다. 가장 안쪽의 하보나 회로에는 약 3천5백만 세계들이 있고, 맨 바깥 회로에는 2억 4천5백만이 넘는 세계들이 있으며, 비례되는 수의 세계들이 그 사이에 있다. 각 회로는 다르지만, 모두가 완전히 균형되고 절묘하게 조직되어 있으며, 무한한 영의 특별 대표, 곧 일곱 회로의 영 가운데 한 분이 각 회로를 가득 채운다. 다른 기능 외에도, 이 비성격 영은 각 회로 전체에 걸쳐서 하늘 사무의 집행을 조정한다.

하보나 혹성 회로들은 겹쳐 있지 않다. 이 회로의 세계들은 질서 있는 직선 행렬을 서로 따른다. 중앙 우주는 동심(同心)을 가진 10개의 안정된 단위로—파라다이스 구체들의 세 회로와 하보나 세계들의 일곱 회로로—구성되며, 하나의 광대한 평면에서 고정된 파라다이스 섬 둘레를 소용돌이치며 돌고 있다. 물리적으로 보면, 하보나와 파라다이스 회로들은 모두 동일한 체계이다. 이러한 구분은 기능과 행정의 분리를 인정하기 때문이다.

시간은 파라다이스에서 계산되지 않는다. 이어지는 사건들의 차례는 가운데 섬에서 태어난 자들의 관념에 본래부터 있다. 그러나 시간은 하보나 회로에, 거기서 머무르는 존재, 하늘이나 땅에서 기원을 가진 수많은 존재에게 상관이 있다. 하보나의 각 세계는 그 회로에서 결정되는, 자체의 지역 시간이 있다. 어느 일정한 회로에 있는 세계들은 모두 같은 길이의 한 해를 가졌는데, 이 세계들이 한결같이 파라다이스 둘레를 돌기 때문이다. 혹성의 이러한 한 해는 가장 바깥에서부터 가장 안쪽의 회로에 이르면서 줄어든다.

하보나 회로 시간 외에도 파라다이스-하보나 표준일이 있고 다른 시간 명칭이 있는데, 이 시간들은 무한한 영의 일곱 파라다이스 위성에서 결정되고, 거기로부터 시간이 전달된다. 파라다이스-하보나 표준일은 첫째 회로, 곧 안쪽의 하보나 회로에서, 거처인 혹성들이 파라다이스 섬 둘레를 한 바퀴 도는 데 걸리는 시간에 기초를 둔다. 그 속도가 굉장하지만, 검은 인력체들과 거대한 파라다이스 사이에 자리잡은 덕분에, 이 구체들은 그 회로를 한 바퀴 도는데 거의 1천 년이 걸린다. 너희의 눈이 "하나님에게는 하루가 천 년 같고, 밤 중에 한 시간과 같도다"하는 기록을 보았을 때, 너희는 알지 못하면서 진리를 읽었다. 파라다이스-하보나의 하루는 지금 윤년이 있는 유란시아의 달력으로 따져서, 1천 년에서 7분, 3초와 8분의 1일이 모자란다.

각 초우주는 자체 내부의 시간 기준을 유지하지만, 이 파라다이스-하보나의 하루는 일곱 초우주에게 표준 시간 측정법이다.

이 광대한 중앙 우주 변두리에는, 하보나 세계들의 일곱째 지대를 훨씬 멀리 지나서, 믿을 수 없이 많은 굉장한 검은 인력체들이 소용돌이친다. 이 무수한 검은 무리들은 여러 특성에서 볼 때 다른 공간 물체들과 아주 다르고, 그 모습조차 아주 다르다. 이 검은 인력체(引力體)들은 빛을 반사하지도 흡수하지도 않는다. 이 검은 인력체들은 물리 에너지 빛에 반응하지 않으며, 하보나를 완전히 둘러싸고 가리니까, 가까이 있는 사람 사는 시공 우주들에서조차 하보나를 가려서 보이지 않게 만든다.

이 검은 인력체들이 있는 큰 지대(地帶)는, 독특한 공간이 침입하기 때문에, 두 개의 대등한 타원 회로로 나누어져 있다. 내부 지대는 시계 바늘 반대쪽으로 돌고, 외부 지대는 시계 바늘 방향으로 돈다. 번갈아 바뀌는 이 운동 방향은 검은 인력체들의 특별한 질량과 함께, 하보나 인력선들을 아주 효과 있게 균형시켜서 중앙 우주로 하여금 물리적으로 균형되고 완전히 안정된 창조가 되게 만든다.

검은 인력체들의 내부 행렬은 튜브처럼 배열되어 있고, 세 개의 둥그런 집단으로 되어 있다. 이 회로의 단면은 밀도가 대체로 같은 세 개의 동심원을 나타낼 것이다. 검은 인력체들의 외부 회로는 수직으로 배열되어 있고, 내부 회로보다 1만 배가 높다. 외부 회로의 아래 위 지름은 가로 지름의 5만 배가 된다.

인력체들의 이 두 회로 사이에 있는 공간은 넓은 우주 전체에 다른 어디서도 그와 같은 것이 하나도 발견되지 않는다는 의미에서 독특하다. 이 지대는 오르내리는 경향을 가진 굉장한 파동의 특징이 있고, 알려지지 않은 체제의 엄청난 에너지 활동이 거기에 침투한다.

우리의 의견에는, 중앙 우주의 검은 인력체들과 같은 것은 아무 것도, 외계 공간 수준에서 있을 미래 진화의 특징이 되지 않을 것이다. 우리는 이 엄청난 인력 균형체들의 엇갈리는 행렬은 모우주에서 독특하다고 생각한다.

2. 하보나의 구조

영 존재들은 어렴풋한 공간에서 거하지 않는다. 에테르 같은 세계에서 거하지 않는다. 물질의 성질을 가진 실제 구체들, 필사자들이 사는 것과 똑같이 실재하는 세계들에 주거가 있다. 하보나 세계들은 실제로 있고 실질을 가졌다. 하지만 하보나 세계들의 실질 내용물은 일곱 초우주의 혹성들을 이루는 물질 조직과 다르다.

하보나의 물리적 실체는, 공간에서 진화하는 우주에 있는 어떤 것과도 근본적으로 다른 계열의 에너지 조직을 대표한다. 하보나 에너지는 세 겹이다. 초우주 에너지 물질의 단위는, 한 형태의 에너지가 음성과 양성 단계로 존재하지만, 2중 에너지 전하를 포함한다. 중앙 우주의 창조는 3중(삼위 일체)이다. 지역 우주에 있는 창조는 (직접) 아들 창조자와 창조 영이 만든 것이고, 2중이다.

하보나의 물질은 정확히 1천 개의 기본 화학 요소의 조직과, 일곱 가지 형태의 하보나 에너지가 균형되게 활동하는 것으로 이루어져 있다. 이 기본 에너지는 각각 일곱 가지 흥분 상태를 나타내며, 그래서 하보나 원주민들은 49가지 다른 감각 자극에 반응한다. 다시 말해서, 순전히 물리적 관점에서 보면, 중앙 우주의 원주민은 49가지의 특화된 형태의 감각을 가지고 있다. 상물질 감각은 70개이며, 상위 영적 서열의 반작용 반응은 다른 부류의 존재에 따라 다르고, 70가지에서 210가지에 이른다.

중앙 우주에 있는 어떤 물리적 존재도 유란시아 사람들의 눈에는 보이지 않을 것이다. 그렇게 머나먼 세계들에 있는 어떤 물리적 자극도 너희의 괴상한 감각 기관(器官)의 반응을 자극하지 않을 것이다. 유란시아의 한 필사자가 하보나에 옮겨질 수 있다면, 거기서 귀가 먹고 눈이 멀겠고, 모든 다른 감각의 반응이 도무지 없을 것이다. 이 사람은 모든 환경의 자극과 그에 대하여 모든 반응을 빼앗긴, 제한되고 자의식하는 존재로서만 활동할 수 있다.

중앙 창조에는, 유란시아와 같은 세계들에서 알려지지 않은, 수많은 물리 현상과 영적 반응이 일어나고 있다. 3중 창조의 기본 조직은 시간과 공간에서 창조된 우주의 2중 구성과 도무지 다르다.

모든 자연 법칙은 진화하는 창조의 2중 에너지 체계와 전혀 다른 기초에서 조정된다. 중앙 우주 전체는 완전하고 대칭(對稱)되게 통제하는 3중 체계에 따라서 조직되어 있다. 파라다이스-하보나 체계 전체에 걸쳐서, 모든 우주 실체와 모든 영적 물력 사이에는 완전한 균형이 유지된다. 물리적 창조를 절대로 움켜쥐면서 파라다이스는 이 중앙 우주의 물리적 에너지를 완전히 규제하고 유지한다. 만물을 감싸는 영적 손아귀의 일부로서, 영원한 아들은 하보나에 사는 모든 자의 영적 지위를 아주 완전히 지탱한다. 파라다이스에는 실험적인 것이 하나도 없고, 파라다이스-하보나 체계는 완전하게 창조된 단위이다.

중앙 우주에 두루, 영원한 아들의 보편적 영 인력이 놀랍게 활발하다. 모든 영 가치와 영 성격자는 끊임없이 신들의 거처를 향하여 안으로 이끌린다. 하나님을 향한 이 욕구는 강렬하고 피할 수 없다. 하나님에게 도달하려는 포부는 중앙 우주에서 더 강하다. 영 인력이 바깥에 있는 우주들에서보다 더 강하기 때문이 아니라, 하보나에 도달한 존재들은 더 충만하게 영적으로 변화되었고, 따라서 영원한 아들이 가진 보편적 영 인력의 행위, 상존하는 당기는 행위에 더 민감하기 때문이다.

마찬가지로, 무한한 영은 모든 지적 가치를 파라다이스 쪽으로 이끈다. 중앙 우주에 두루, 무한한 영의 지성 인력은 영원한 아들의 영 인력과 연결하여 작용하며, 이것들은 함께 하나님을 발견하고 신에 도달하며 파라다이스에 이르고 아버지를 알려고 하는 승천하는 혼들의 통합된 욕구를 구성한다.

하보나는 영적으로 완전하고 물리적으로 안정된 우주이다. 중앙 우주의 통제와 균형된 안정은 완전한 듯하다. 물질이거나 영적인 모든 것은 완전히 예측이 가능하지만, 지성 현상과 성격자의 의지는 그렇지 않다. 죄는 일어날 수 없다고 추측하지만, 우리는 하보나에서 태어난 자유 의지 생물이 한 번도 신의 뜻을 어기는 죄를 저지른 적이 없는 것에 근거를 두고, 그렇게 한다. 모든 영원을 통해서 이 하늘 존재들은 늘 영원한 이들에게 한결같이 충성해 왔다. 순례자로서 하보나에 발을 디딘 어느 생물에게도 결코 죄가 나타난 적이 없다. 중앙의 하보나 우주에서 일찍이 창조되었거나 거기에 입국(入國) 허락을 받은 어떤 무리의 성격자들 가운데 어느 누구도 부당한 행위를 저지른 경우가 결코 없다. 시간 우주에서 선택하는 방법과 수단이 너무 완전하고 신답기 때문에, 하보나의 기록에 따르면 잘못이 일어난 적이 없다. 아무 실수도 생긴 적이 없다. 하늘 가는 어떤 혼도 결코 때 이르게 중앙 우주에 발을 디디도록 허락된 적이 없다.

3. 하보나의 여러 세계

중앙 우주의 정부에 관해서 말하면, 아무 정부도 없다. 하보나는 너무나 지극히 완전해서, 어떤 지적(知的) 정부 체계가 필요 없다. 때마다 형성되는 법정도 없고, 입법 회의도 없다. 하보나는 오로지 행정 지침이 필요하다. 여기서 참된 자치의 이상(理想)이 절정에 이른 것을 지켜볼 듯하다.

그렇게 완전한 지성과 거의 완전한 지성들 사이에는 정부가 필요 없다. 아무 규제가 필요 없으니, 그들이 완전하게 태어난 존재이고, 그 사이에 섞여 있는 진화 생물은 초우주 최고 법정의 검사에 합격한 지 오래 되었기 때문이다.

하보나의 행정은 자동은 아니지만, 놀랍게 완전하고 신성하게 효율이 있다. 그 행정은 주로 혹성 단위이며, 거주하는 늘 영원한 이에게 행정권이 주어진다. 각 하보나 구체는 삼위 일체 기원을 가진 이 성격자들 가운데 한 분의 지휘 밑에 있다. 늘 영원한 이들은 창조자가 아니라, 완전한 행정가이다. 그들은 최상의 기술로 가르치며 절대에 가까운 완전한 지혜를 가지고 혹성 아이들을 지도한다.

중앙 우주의 10억 구체는 파라다이스와 하보나에서 태어난 높은 성격자들을 훈련하는 세계들이며, 또한 진화하는 시간 세계들로부터 올라가는 생물을 위하여 마지막 시험 장소로서 사용된다. 우주의 아버지의 위대한 계획, 생물을 승천시키는 계획을 집행하는 과제에서, 시간 순례자들은 바깥 회로, 곧 제7 회로의 접대 세계에서 착륙한다. 증가된 훈련과 확대된 체험을 겪고 나서, 순례자들은 마침내 신들을 만나 뵙고 파라다이스에서 거주 자격을 얻을 때까지, 안을 향하여 점진적으로, 한 혹성 한 혹성, 한 회로 한 회로, 승진한다.

현재, 일곱 회로의 구체들은 하늘 같은 영화로움을 갖추어 유지되지만, 혹성들의 총 수용 능력에서 겨우 약 1퍼센트가 필사자의 승천을 위해 마련된 아버지의 우주 계획을 추진하는 일에 쓰인다. 이 거대한 세계들에서 약 1퍼센트의 10분의 1 되는 지역은 최후 군단의 생활과 활동에 바쳐진다. 그들은 하보나 세계들에서 흔히 머무르고 봉사하는 자이며, 영원히 빛과 생명 안에 안주한 존재이다. 이 고귀한 존재들은 파라다이스에 개인 주거를 유지한다.

하보나 구체들의 혹성 구조는 공간에 있는 진화 세계와 체계들의 구조와 전혀 다르다. 대우주 전체의 어느 다른 데서도, 그렇게 거대한 구체들을 생명 세계로 쓰는 것은 불편하다. 삼력(三力)으로 된 물질 구성은, 굉장한 검은 인력체들이 균형시키는 효과와 더불어, 이 엄청난 창조의 물리적 힘을 아주 완전히 평준화시키고, 아주 절묘하게 여러 가지 인력의 균형을 이루는 것을 가능하게 한다. 이 굉장한 세계들의 물질적 기능과 영적 활동을 조직하는 데는 반인력도 또한 이용된다.

하보나 구체들의 생물학적·예술적 치장 뿐 아니라 건축·조명·난방은, 인간의 상상을, 가능한 최대로 늘인다고 해도, 훨씬 뛰어넘는다. 너희에게는 하보나에 대해서 별로 일러 줄 수 없으며, 그 아름다움과 웅장함을 이해하려면 너희가 하보나를 꼭 보아야 한다. 그러나 이 완전한 세계들에는 진짜 강과 호수가 있다.

영적 면에서 이 세계들은 이상적으로 시설이 갖추어져 있고, 중앙 우주에서 활동하는 수많은 계급의 다른 존재들을 기르는 목적에 알맞게, 이 세계들이 적응되어 있다. 이 아름다운 세계들에서 인간의 이해를 훨씬 능가하는 다채로운 활동이 진행된다.

4. 중앙 우주에서 사는 생물

하보나 세계들에는 일곱 가지 기본형의 살아 있는 물건과 존재가 있고, 이 기본형은 각자 세 가지 다른 단계에서 존재한다. 이 세 단계는 각각 다시 70 대부문으로 나누어지고, 각 대부문은 1천 소부문으로 구성되며, 그것은 다시 종속 부문, 이런 식으로 계속된다. 이 기본적 생명 집단은 다음과 같이 분류해도 좋다:

1. 물질 집단.
2. 상물질 집단.
3. 영적 집단.
4. 초한 집단.
5. 궁극 집단.
6. 공동 절대 집단.
7. 절대 집단.

하보나 세계들에서는, 부패와 죽음은 생명 주기의 일부분이 아니다. 중앙 우주에서 하등 생명체들은 물질화의 변화를 겪는다. 형태와 표현이 바뀌지만, 썩거나 세포의 죽음으로 분해되지 않는다.

하보나 원주민은 모두 파라다이스 삼위 일체의 자손이다. 생물 부모가 없고, 자식을 낳지 않는 존재이다. 우리는 중앙 우주에서 사는 이 시민들, 결코 창조된 적이 없는 존재들의 창조를 묘사할 수 없다. 하보나 창조 이야기 전체가, 사람이 이해하는 시간이나 공간과 도무지 관계 없는, 한 영원의 사실을 시공화(時空化)하려는 시도에 불과하다. 그러나 우리는 인간의 철학에 출발점을 허용해야 한다. 인간 수준을 훨씬 넘는 성격자들조차도 "시작"이라는 개념을 필요로 한다. 그런데도 파라다이스-하보나 체계는 영원하다.

영구 시민권을 가진 다른 계급들이 각자의 본토 구체에서 산다. 같은 의미에서, 하보나 원주민은 중앙 우주의 10억 구체에서 살고 있다. 한 초우주에서 물질 계열의 자손이 10억 지역 체계의 물질적·지적·영적 경제를 끌어나가는 것처럼, 크게 보아서, 하보나 주민들은 중앙 우주의 10억 세계에서 살며 활동한다. "물질"이라는 낱말이 신성한 우주의 물리적 실체들을 묘사하도록 확대될 수 있다는 의미에서, 너희는 아마도 이 하보나 주민을 물질 생물로 보아도 좋다.

하보나에 토착이며 원래 그 자체로 중요성을 가진 생명이 있다. 하보나 주민은 여러 방법으로 파라다이스에서 내려가는 자들과 초우주에서 올라오는 자들을 보살피지만, 그들은 또한 중앙 우주에 고유하며, 파라다이스나 초우주들과 아주 달리, 상대적 의미가 있는 생애를 산다.

진화 세계에서 믿음의 아들들의 예배가 우주의 아버지의 사랑을 만족시키는 데 이바지하는 것 같이, 하보나 생물이 드리는 고귀한 찬미는 신성한 아름다움과 진리로 이루어진 완전한 이상을 만족시킨다. 사람이 하나님의 뜻을 실천하려고 애쓰는 것 같이, 중앙 우주의 이 존재들은 파라다이스 삼위 일체의 이상을 이루려고 산다. 타고난 바로 그 성품 면에서, 그들은 하나님의 <u>뜻이다</u>. 사람은 하나님의 선하심을 기뻐하지만, 하보나 원주민은 신의 아름다움에 기뻐 날뛰며, 한편 너희 양자가 살아 있는 진리의 해방하는 봉사를 누린다.

하보나 주민은 선택하는 현재 운명과 알려지지 않은 미래 운명을 가지고 있다. 중앙 우주에만 특별히 있는, 원주민 생물의 진보, 곧 파라다이스로 올라가지도 않고 초우주를 지나가지도 않는 진보가 있다. 하보나에서 상급 지위로 향하는 이 전진을 다음과 같이 제시해도 좋다:

1. 제1 회로로부터 제7 회로까지 바깥을 향하는 체험적 진보.
2. 제7 회로로부터 제1 회로까지 안을 향하는 진보.
3. 회로 안의 진보—일정한 회로의 세계들 안에서 있는 진보.

하보나 원주민 외에도, 중앙 우주의 거주자들은 다채로운 우주 집단—창조 전체를 통해서, 그들 부류에 속하며 그들 부류에게 고문·지도자·선생인 자들—에게 수많은 등급의 원형(原形) 존재들을 포함한다. 모든 우주의 온갖 존재는, 하보나의 10억 세계 가운데 어느 한 세계에서, 어느 한 계급의 원형 생물의 줄기를 따라서 모습을 만들었다. 시간 속에 사는 사람조차도 하늘에 있는 이 원형 구체들의 바깥 회로들에서, 생물 존재의 목표와 이상을 가지고 있다.

그 다음에, 우주의 아버지에 도달한 존재들이 있고, 출입 자격을 가진 자들이 있으며, 특별한 봉사의 임무를 띠고 여러 우주에 여기저기 배치된 자들이 있다. 어떤 하보나 세계에도 도달 후보자들을 발견할 수 있는데, 이들은 중앙 우주에 물리적으로 도착했지만 파라다이스 거주 자격을 청구할 수 있도록 영적 성장을 아직 이룩하지 못한 자들이다.

한 무리의 성격자들, 품위 있고 영광스러운 존재들이 하보나 세계들에서 무한한 영을 대표하며, 중앙 우주의 복잡한 지적·영적 사무의 세부를 관리한다. 신성하게 완전한 이 세계들에서, 이 광대한 창조를 정상으로 운영하는 데 자생하는 일을 수행하며, 그밖에도 어두운 공간 세계들로부터 영광으로 올라 온, 굉장한 수의 승천 생물을 가르치고, 훈련하고, 그들에게 봉사하는 다채로운 과업을 수행한다.

파라다이스-하보나 체계에서 출생하고, 피조물을 완전에 이르게 만드는 승천 계획에 어떤 면에서도 직접 관계 없는 수많은 집단의 존재들이 있다. 그러므로 필사 민족들에게 제시하는 성격자 분류에서 이들은 제외된다. 오직 인간을 초월하는 존재들의 주요한 집단과 너희의 살아남는 체험에 직접 연결된 계급들만 여기에 발표된다.

하보나에는 모든 단계의 지성 존재들의 생명으로 붐비며, 그들은 거기서 상급 수준으로 신성의 실현을 이루고, 최상의 의미, 궁극의 가치, 절대적 실체를 더욱 깨달으려는 노력으로, 낮은 회로에서 높은 회로로 승급하려고 애쓴다.

5. 하보나 생활

유란시아에서 물질 존재로 초기 생명을 사는 동안에, 너는 짧고도 격렬한 시험을 거친다. 저택 세계들과 너희의 혹성 체계, 별자리, 지역 우주를 거치기까지, 하늘 가는 상물질 단계를 거친다. 초우주의 훈련 세계들에서 너는 진보하는 참된 영적 단계들을 지나가며, 궁극에 하보나로 이동하기 위하여 준비된다. 하보나의 일곱 회로에서, 너의 달성은 지적·영적·체험적인 것이다. 이들 각 회로의 각 세계에서 성취해야 할 분명한 과제가 있다.

중앙 우주의 신성한 세계들에서 생활은 너무 값지고 충만하며 아주 완전하고 충실하니까, 그 생활은 창조된 존재가 아마 체험할 수 있는 어떤 것이라도, 그에 대한 인간의 관념을 통째로 뛰어넘는다. 이 영원한 창조에서 일어나는 사회 및 경제 활동은 유란시아와 같은 진화 세계들에서 물질 생물이 하는 직업과 온통 다르다. 하보나에서 생각하는 기법(技法)조차도 유란시아에서 생각하는 과정과 같지 않다.

중앙 우주의 규칙은 알맞게, 본래부터 자연스러우며, 행동 규율은 멋대로 정해진 것이 아니다. 하보나의 모든 요구 사항에는 올바름의 논리와 정의의 법칙이 드러나 있다. 그리고 이 두 요소는 합하여, 유란시아에서 <u>공정</u>이라고 부르는 것에 맞먹는다. 너희는 하보나에 도착할 때, 처리되어야 하는 방법대로 사물을 처리하는 것을 자연히 즐기게 될 것이다.

중앙 우주에 처음 도착할 때, 지성 존재들은 제7 하보나 회로(回路)의 시범 세계에서 환영받고 거기서 정주한다. 새로 온 자들이 영적으로 진보하고, 그들 초우주 으뜸 영의 신분을 이해하게 되면, 제6 회로로 옮겨진다. (인간의 지성에서 진보하는 여러 수준을 이름지은 것은 중앙 우주에서 이 준비로부터 유래한다.) 최상위를 깨닫고, 그로서 신을 만나는 모험을 위하여 준비된 뒤에 하늘 가는 자들은 제5 회로로 옮겨진다. 무한한 영에 도달한 뒤에, 제4 회로로 이동된다. 영원한 아들에 다다르고 나서, 제3 회로로 옮겨진다. 우주의 아버지를 인식하고 나서, 제2 회로의 세계들로 가서 머무르며, 거기서 파라다이스 무리들에 대하여 더 익숙해진다. 하보나의 제1 회로에 도착하는 것은, 시간 후보자들을 파라다이스의 봉사에 받아들이는 것을 의미한다. 무기한으로, 생물이 승천하는 길이와 성질에 따라서, 그들은 진보해서 영적으로 성장하는 내부 회로에서 머무를 것이다. 이 내부 회로로부터, 하늘 가는 순례자들은 파라다이스에 거주하고 최후 군단에 입대(入隊)하려고 안쪽으로 간다.

하늘 가는 순례자로서 하보나에 머무르는 동안, 배치된 회로의 세계들 사이에서 너는 마음대로 방문하도록 허가를 받을 것이다. 또한 이전에 지나간 회로의 혹성들로 되돌아가는 것도 허락될 것이다. 그리고 이 모두가, 상천사에게 포장되지 않고서, 하보나의 여러 궤도에 머무는 자들에게 가능하다. 시간 순례자들은 "도달한" 공간을 지나갈 수 있도록 자신을 준비할 수 있지만, "도달하지 못한" 공간을 타협하는 데는 예정된 기법에 의존해야 한다. 수송하는 상천사의 도움 없이, 순례자는 하보나를 떠나거나, 자기가 배치된 회로를 넘어서 앞으로 나아갈 수 없다.

이 광대한 중앙 창조에는 새롭게 하는 독창성이 있다. 물질의 물리적 조직과, 기본 서열의 지성 존재와 기타 살아 있는 것들의 근본적 구성을 제쳐 놓고, 하보나 세계들 사이에는 아무 공통점이 없다. 이 혹성들은 각자 모두 독창적이고, 독특하고 독점인 창조이며, 각 혹성은 비할 데 없이 훌륭하고 완전한 작품이다. 이 다채로운 개성은 혹성 존재의 물리적·지적·영적 국면의 모든 모습에 이어진다. 완전한 이 10억 구체는 각각 거주하는 늘 영원한 이의 계획에 따라서 개발되고 꾸며졌다. 바로 이것이 어느 두 구체도 비슷하지 않은 까닭이다.

네가 하보나의 최종 회로를 지나서 마지막 세계를 방문하기까지, 모험의 강장제와 호기심의 자극은 너의 생애에서 사라지지 않을 것이다. 그 때 그 욕구, 곧 영원을 향하여 전진하려는 충동이, 그 선구자, 곧 시간 속에서 모험하는 유혹을 갈아치울 것이다.

단조로움은 창조하는 상상력이 미숙하고, 영적 자질과 지적으로 조정하는 일이 활발하지 않음을 가리킨다. 하늘 가는 사람이 이 하늘 세계들의 탐험을 시작할 때가 되면, 영적으로 성숙하지 않더라도, 감정과 지능과 사회 면에서 성숙(成熟)에 이미 이르렀다.

너는 하보나에서 이 회로 저 회로 올라가면서 꿈도 꾸어 보지 못한 변화에 부닥치는 것을 발견할 뿐 아니라, 각 회로 안에서 이 혹성 저 혹성으로 진보하면서, 너의 놀라움은 말로 표현할 수 없을 것이다. 10억의 이 연구 세계들은 각자 놀라움으로 가득한 참된 대학(大學)이다. 계속되는 놀라움, 끝없는 경이는 이 회로들을 거치고 이 거대한 구체들을 여행하는 자들이 겪는 체험이다. 단조로움은 하보나 생애와 거리가 멀다.

모험을 좋아하는 성향, 호기심, 단조로움을 싫어하는 것—이 특성들은 날 때부터, 진화하는 인간 성품에 있다. 땅에서 짧게 머무르는 동안, 너를 성나게 하고 골탕먹이려고 이 특성을 인간 성품에 투입하지는 않았다. 오히려, 죽음은 다만 끝없이 모험하는 생애, 언제까지나 기대에 찬 생활, 탐험하는 영원한 항해(航海)의 시작이라는 것을 너에게 넌지시 비치려 한 것이다.

호기심—조사하는 정신, 탐구하는 욕구, 탐험하는 정력—은 진화하는 공간 생물에게 선천적이며 신이 준 자질의 일부이다. 자연스러운 이 충동은 기껏해야 좌절되고 억제되라고 주지 않았다. 포부가 큰 이러한 욕망을 네가 땅에서 짧게 사는 동안 흔히 자제해야 하고, 실망을 자주 겪어야 하는 것은 참말이다. 그러나 먼 후일에, 그 소망은 충분히 이루어지고 영광스럽게 채워질 것이다.

6. 중앙 우주의 목적

일곱 회로를 가진 하보나의 활동 범위는 엄청나다. 일반적으로, 이 활동은 다음과 같이 기술해도 좋다:

1. 하보나 활동.
2. 파라다이스 활동.
3. 승천하는 유한 활동—최상·궁극의 진화적 활동.

지금 우주 시대에 하보나에는 수없이 다채로운, 초한(超限) 단계와 기타 지성 및 영 활동을 포함하는, 유한을 초월하는 여러 활동이 일어난다. 창조된 지성이 이해할 수 없는 수많은 방법으로 중앙 우주가 작용하다시피, 중앙 우주는 나에게 밝혀지지 않은 여러 목적에 쓰이는 것이 가능하다. 그런데도 이 완전한 창조가 어떻게 일곱 서열의 우주 지성들의 필요를 보살피고 충족하는 데 이바지하는가 묘사하려고 노력해 보겠다.

1. <u>우주의 아버지</u>—첫째 근원 중심. 아버지 하나님은 중앙 창조의 완전으로부터 어버이로서 최상의 만족감을 느낀다. 그는 거의 대등한 수준에서 사랑이 충족되는 체험을 누린다. 완전한 창조자는 완전한 피조물의 찬미에 신답게 기쁨을 느낀다.

하보나는 아버지에게 최상으로 달성하는 기쁨을 허락한다. 하보나에서 완전의 실현은 무한히 커지는 영원한 욕구가 시공에서 늦어지는 것을 보상한다.

아버지는 하보나가 신의 아름다움에 답례함을 즐긴다. 모든 진화하는 우주에게 아름다운 조화의 완전한 원형을 마련해 주는 일은 신의 지성을 흐뭇하게 한다.

중앙 우주가 온 우주에 있는 모든 성격자에게 영적 실체의 가치 있는 계시이니까, 우리 아버지는 충만한 기쁨으로 중앙 우주를 바라본다.

우주들의 하나님은, 시간과 공간에서 생기는 모든 차후의 우주 확장을 위하여 영원한 권능의 핵심으로서, 하보나와 파라다이스를 좋게 여긴다.

영원한 아버지는 시간 속에서 승천하는 후보자들을 위하여 가치 있고 유혹하는 목표로서, 하보나 창조를 끊임없이 만족스럽게 바라본다. 이 후보자들은 창조자인 아버지의 영원한 집에 이르는, 공간에서 사는 필사 손자들이다. 신과 그 가족의 영원한 집으로서, 하나님은 파라다이스와 하보나 우주를 기뻐하신다.

2. <u>영원한 아들</u>—둘째 근원 중심. 영원한 아들에게, 훌륭한 중앙 창조는 신의 가족—아버지·아들·영—의 조합(組合) 효율성을 영원히 증명한다. 중앙 창조는 우주의 아버지를 절대로 신뢰하는 데에 영적·물질적 기초가 된다.

하보나는 영원한 아들에게 늘 확대되는 영력(靈力)을 실현하기 위해서, 거의 무제한한 기초를 마련해 준다. 중앙 우주는 동료 파라다이스 아들들을 가르치기 위하여 자신을 수여해서 봉사하는 정신과 기법을 안전하고 확실하게 보여줄 수 있는 무대를 영원한 아들에게 마련해 주었다.

하보나는 영원한 아들이 온 우주의 영 인력을 통제하는 데 실체인 기초가 된다. 이 우주는 아들에게 그의 어버이 욕구, 영적으로 자식을 낳는 욕구를 만족시킨다.

하보나 세계들과 거기에 있는 완전한 거주민은, 아들이 아버지의 말씀이라는 것을 보여 주는, 처음이자 영원히 마지막 시범이다. 이로서 아버지의 무한한 보완자인 아들의 의식은 완전히 만족된다.

이 우주는 우주의 아버지와 영원한 아들 사이에 동등하게 친교하는 기회를 마련해 주며, 이것은 각자가 무한한 성격이라는 영원한 증명이 된다.

3. <u>무한한 영</u>—셋째 근원 중심. 하보나 우주는 무한한 영에게 그가 합동 행위자, 곧 통일된 아버지-아들의 무한한 대표자라는 증거를 마련해 준다. 하보나에서는 무한한 영이, 하나의 창조 행위로서 활동하는 통합된 만족을 느끼며, 한편 이 신성한 성취와 함께 절대로 공존하는 흐뭇함을 누린다.

무한한 영은 그가 잠재적 자비를 베푸는 자로서 수고할 능력과 기꺼이 일할 마음을 보여 줄 수 있는 무대를 하보나에서 발견했다. 이 완전한 창조에서, 영은 진화 우주에서 봉사하는 모험을 위하여, 예비 연습을 하였다.

이 완전한 창조는 무한한 영에게 두 분의 신성한 부모와 함께 우주 행정에 참여할 기회—부(副)창조자인 자식으로서 한 우주를 관리할 기회—를 마련해 주었고, 이로서 아들 창조자들의 창조 영인 동료로서, 지역 우주를 합동으로 관리하기 위하여 준비하였다.

하보나 세계들은 우주 지성의 창조자들, 그리고 존재하는 모든 생물 지성에게 봉사하는 자들에게 지성 실험실이다. 지성은 각 하보나 세계에서 다르고, 모든 영적 지능과 물질 생물 지능에게 원형으로서 쓰인다.

완전한 이 세계들은 파라다이스 사회로 가기로 예정된 모든 존재에게 지성의 대학원이다. 이 세계들은 안전한 상담 성격자들에게 지성 봉사를 베푸는 기법을 시험할 기회를 영에게 풍부히 마련해 준다.

하보나는 공간의 우주들에서 광범위하게 사심 없이 무한한 영이 일하는 것에 대한 보상이다. 하보나는 시공에서 지칠 줄 모르는 지성 봉사자에게 완전한 집이요 피난처이다.

4. <u>최상 존재</u>—체험적 신이 진화로 통일된 것. 하보나 창조는 최상 존재가 영적 실체라는 영원하고 완전한 증명이다. 이 완전한 창조는, 시공의 경험적 우주들에서 파라다이스 신들의 유한한 반영을 힘과 성격으로 합성하는 일이 시작되기 전에, 최상위 하나님의 완전하고 균형된 영 성품을 계시한 것이다.

하보나에서 전능자의 권능 잠재성은 최상위의 영적 성품과 하나가 된다. 이 중앙 창조는 최상위가 미래 영원에 통일됨을 나타내는 한 본보기이다.

하보나는 최상위의 보편 잠재성의 완전한 원형이다. 이 우주는 최상위의 미래 완전성을 완벽하게 나타낸 묘사이며, 궁극위의 잠재성을 넌지시 비친다.

하보나는, 최상으로 완전한 자제력을 가진 살아 있는 의지 생물로서 존재하는 영 가치, 궁극에 영에 상당하는 것으로 존재하는 지성, 무제한 잠재성을 가진 지능의 실체 및 통일, 이 세 가지의 최종을 나타낸다.

5. <u>동등한 아들 창조자</u>. 하보나는 우주 창조에서 나중에 있을 모험을 위해서, 파라다이스 미가엘들이 준비되는, 교육하는 훈련 장소이다. 신성하고 완전한 이 창조는 모든 아들 창조자를 위하여 본보기이다. 아들 창조자는 자신의 우주를 궁극에는 이 파라다이스-하보나 수준의 완전에 이르도록 만들려고 애쓴다.

아들 창조자는 자신의 필사 자녀들과 영 존재들을 위해서, 성격자의 원형 가능성으로서 하보나 생물을 이용한다. 미가엘을 비롯하여 다른 파라다이스 아들들은, 파라다이스와 하보나를 시간 속에 사는 자녀들의 신성한 운명으로 본다.

아들 창조자들은 중앙 창조가 그들의 지역 우주를 안정시키고 통일하는 근원, 꼭 필요한 우주 통제의 진짜 근원임을 안다. 최상위와 궁극위의 상존하는 영향이 하보나에 몸소 계심을 알고 있다.

하보나와 파라다이스는 미가엘 아들의 창조하는 힘의 근원이다. 여기에 그와 함께 우주 창조에 협동하는 존재들이 살고 있다. 파라다이스로부터 우주 어머니 영, 곧 지역 우주의 공동 창조자들이 온다.

파라다이스 아들들은 중앙 창조를 신성한 부모의 집으로—그들의 집으로—생각한다. 그들이 때때로 즐겁게 돌아가는 곳이다.

6. <u>동위의 봉사하는 딸</u>. 우주 어머니 영들, 곧 지역 우주를 공동으로 창조하는 자들은 회로의 영들과 밀접한 관계를 가지면서 하보나 세계들에서 전 성격(前性格) 훈련을 확보한다. 중앙 우주에서 지역 우주의 영 딸들은 늘 아버지의 뜻에 지배를 받으면서, 파라다이스 아들들과 협동하는 방법을 마땅히 훈련받았다.

하보나 세계들에서 영과 그 딸들은 영적·물질적 지자(知者)들의 모든 집단을 위하여 지성의 원형을 발견한다. 이 중앙 우주는 한 우주 어머니 영 및 관계된 한 아들 창조자가 공동으로 후원하는 생물이 언젠가 갈 운명이다.

우주 어머니 창조자는 파라다이스와 하보나를 태어난 출생지로서, 무한한 어머니 영의 집, 곧 무한한 지성의 성격이 계시는 거처로서 기억한다.

이 중앙 우주로부터 성격을 가진 창조 특권이 왔고, 신성한 우주 봉사자는 살아 있는 의지 생물을 창조하는 작업에서 한 아들 창조자를 보조하기 위하여 이 특권을 사용한다.

마지막으로, 무한한 어머니 영의 이 딸 영들은 파라다이스에 있는 그들의 집으로 결코 돌아갈 듯하지 않으니까, 우주 반영 현상으로부터 크게 만족을 얻는다. 이 현상은 하보나에서 최상 존재와 관련이 있고, 파라다이스에서는 장려자로서 성격화되었다.

7. <u>승천 생애를 가진 진화 필사자</u>. 하보나는 모든 필사 종류의 원형 성격의 고향이며, 필사자들과 친교를 가지면서 시간 창조에서 태어나지 않은 모든 초인간 성격자의 집이기도 하다.

이 세계들은 상상할 수 있는 가장 높은 실체 수준에서 참된 영 가치를 달성하는 방향으로, 모든 인간적 충동의 자극을 마련해 준다. 하보나는 승천하는 모든 필사자에게, 파라다이스로 가기 전에 훈련 목표이다. 여기서 필사자들은 파라다이스 이전의 신—최상 존재—를 만난다. 하보나는 의지를 가진 모든 생물에게 파라다이스와 하나님에게 도달하는 입구로서 존재한다.

최후자들에게는 파라다이스가 집이며, 하보나는 작업장이요 놀이터이다. 그리고 하나님을 아는 모든 필사자는 몹시 최후자가 되고 싶어한다.

중앙 우주는 사람에게 확정된 운명일 뿐 아니라, 최후자들의 영원한 생애가 시작되는 장소이다. 그들은 우주의 아버지의 무한성을 탐구하는 체험에서, 밝혀지지 않은 우주 모험을 하려고 언젠가 떠나게 될 것이다.

하보나는 미래 우주 시대에도, 의심할 여지 없이, 초한(超限) 의미를 가지고 줄곧 활동할 것이다. 이 미래 시대는 유한을 초월하는 수준에서 하나님을 발견하려고 애쓰는 공간 순례자들을 구경할지도 모른다. 하보나는 초한 존재들을 위하여 훈련 우주로 쓰일 수용 능력이 있다. 일곱 초우주가 외계(外界)의 초등 학교 졸업자들을 위하여 중등 학교로서 작용할 때, 하보나는 아마도 최종 학교가 될 것이다. 영원한 하보나의 잠재성은 정말 무제한이며, 하보나는 모든 과거, 현재, 또는 미래 부류의 창조된 존재들을 위하여 체험으로 훈련하는 우주로서 쓰일 영원한 수용 능력이 있다는 의견을 우리는 믿고 싶다.

[유버르사에서 옛적부터 늘 계신 이들로부터 이렇게 활동하라고 지시받은 한 지혜 완성자가 발표했다.]

제 15 편

일곱 초우주

우주의 아버지가—아버지로서—관련된 한, 우주들은 거의 존재하지 않는다. 아버지가 성격자들을 상대하고 성격자들의 아버지이기 때문이다. 영원한 아들과 무한한 영이—창조자인 협동자로서—관련된 한, 우주들은 아들 창조자와 창조 영들의 합동 통치 밑에서 지역화되고 개별성을 띤다. 파라다이스 삼위 일체가 관계된 한, 하보나 바깥에는 사람 사는 우주가 꼭 일곱 있는데, 이 일곱 초우주는 하보나 이후 제1 공간 수준의 궤도에 대하여 관할권을 가진다. 일곱 으뜸 영은 가운데 섬으로부터 바깥으로 영향력을 방출하며, 이로서 광대한 창조를 하나의 거대한 바퀴로 만든다. 그 바퀴의 중심은 영원한 파라다이스 섬이요, 바퀴의 일곱 살은 일곱 으뜸 영의 빛이요, 가장자리는 대우주의 외계(外界) 지역이다.

우주의 창조가 물질화하는 초기에, 초우주를 조직하고 다스리는 일곱 계획이 세워졌다. 하보나 이후의 제1 창조는 굉장한 일곱 구역으로 나누어졌고, 이 초우주 정부들의 본부 세계가 설계되고 지어졌다. 현재의 행정 계획은 거의 영원부터 있어 왔고, 이 초우주의 통치자들을 마땅히 옛적부터 늘 계신 이라 부른다.

초우주들에 관한 광대한 지식 덩어리에 관해서 나는 너희에게 별로 일러 주기를 바랄 수 없지만, 이 영역들에 두루 물질적, 영적 힘을 총명하게 통제하는 한 기법이 작용하며, 거기서 우주 인력의 존재는 장엄한 힘과 완전한 조화 속에서 작용한다. 먼저 초우주 영토의 물리적 구조와 물질 조직에 관하여 적당한 관념을 얻는 것이 중요하다. 그렇게 하면, 너희는 의지를 가진 생물의 영적 정부, 그리고 지적 승진을 위하여 마련된 놀라운 조직의 중요성을 파악하기에 더 낫게 준비될 것이기 때문인데, 이 의지(意志) 생물은 이 일곱 초우주 전체에 걸쳐서 여기저기 흩어져 있는, 사람 사는 수많은 혹성에 거하고 있다.

1. 초우주 공간 수준

너희의 짧은 해로 따져서 1백만 년이나 10억 년 동안의 세대들이 얻은 기록·관측·기억의 제한된 범위 안에서 보면, 유란시아와 그것이 속하는 우주는 모든 실질 의도와 목적에서 볼 때, 새 공간 속으로, 하나의 긴 모험, 지도(地圖)에도 올라 있지 않은 채로 텀벙 빠지는 모험을 겪고 있다. 그러나 우리가 아는 것은 유버르사의 기록에 따르고 더 오래 된 관측과 일치하며, 우리 서열이 얻은 더 넓은 경험 및 계산과 조화되고, 이것들을 비롯하여 다른 연구에 기초를 두고 얻은 결론의 결과이다. 이로서 우리는 우주들이 질서 있고 훤히 알려진 완전히 통제된 행렬 속에 끼어 있고, 이 우주들이 위대한 첫째 근원 중심과 그가 거주하는 우주의 둘레를 당당한 위엄 속에 돌고 있다는 것을 알고 있다.

일곱 초우주가 커다란 타원, 거대하고 길쭉하게 된 동그라미를 거쳐 가는 것을 우리가 발견한 지 오래 된다. 너희 태양계를 비롯하여 다른 시간 세계들은, 지도도 나침반도 없이, 지도에 그려지지 않은 공간으로 곤두박질하지 않는다. 너희 체계가 속하는 지역 우주는 중앙 우주를 둘러싸는 광범위한 길 둘레에, 분명하고 잘 알려진, 시계 바늘과 반대되는 방향의 행로를 따르고 있다. 너희 태양계를 구성하는 혹성들의 궤도가 유란시아 천문학자들에게 알려진 것과 똑같이, 이 우주의 길은 도표에 잘 표시되어 있고, 초우주의 별 관측자들에게 샅샅이 알려져 있다.

유란시아는 한 지역 우주에, 완전히 조직되지 않은 한 초우주 안에 자리잡고 있다. 너희의 지역 우주는 부분적으로 완성된 수많은 창조 바로 곁에 있다. 너희는 비교적 요즈음에 생긴 우주들 가운데 하나에 속한다. 그러나 오늘날 너희는 미지의 지역으로, 지도에 없는 공간으로 사납게 곤두박질하거나, 눈감고 휙 뛰쳐나가지 않는다. 너희는 초우주 공간 수준에서 질서 있고 예정된 길을 따르고 있다. 너희의 혹성 체계나 그 전신(前身)이 오랜 세월 전에 지나갔던 바로 그 공간을 너희가 지금 지나고 있다. 먼 장래에 언젠가, 너희의 혹성 체계, 아니면 그 후계자들이, 너희가 지금 아주 빨리 돌진하고 있는 것과 똑같은 공간을 다시 지나갈 것이다.

이 시대에, 유란시아에서 보는 방향으로 따지면, 제1 초우주는 위대한 근원 중심들의 파라다이스 거처 및 중앙 우주의 거의 맞은 편에, 동쪽 방향에서, 거의 정북(正北) 방향으로 빙 돌고 있다. 이 위치는, 서쪽에서 그와 대칭되는 위치와 함께, 시간의 구체들로부터 영원한 섬에 이르는, 물리적으로 가장 가까운 접근이 된다. 제2 초우주는 북쪽에 있고, 서향 회전을 위하여 준비하고 있으며, 제3 초우주는 남향의 돌진을 인도하는 굽은 부분을 이미 돌았고, 현재 큰 공간 행로의 가장 북쪽 지역을 차지하고 있다. 제4 초우주는 비교적 곧게 남쪽으로 비행하고 있고, 그 전진 지역은 지금 위대한 중심들에 대하여 충(衝)이 되기에 가까워진다. 제5 초우주는 가장 높은 중심의 건너편에서 그 자리를 거의 떠나고 있고, 동향 회전을 하기 직전에 곧은 남향 행로를 계속하고 있다. 제6 초우주는 남쪽 곡선의 대부분을 차지하고 있고, 거기를 너희 초우주는 거의 지나가 버렸다.

너희의 네바돈 지역 우주는 제7 초우주 오르본톤에 속하고, 그것은 초우주 1번과 6번 사이에 도는데, 초우주 공간 수준의 남동쪽 굽은 곳을 돈 지 (우리가 시간을 따지는 대로) 얼마 되지 않는다. 오늘날 유란시아가 속하는 태양계는 남쪽의 커브 둘레를 돌아서 지나간 지 몇십억 년이 되며, 그래서 너희는 지금 막 남동쪽 굽은 곳을 지나서, 길고도 비교적 곧은 북쪽 행로를 통하여 빠르게 움직이고 있다. 셀 수 없이 긴 세월 동안, 오르본톤은 거의 곧은 이 북향 행로를 따를 것이다.

유란시아는 너희 지역 우주의 경계지를 향하여 썩 바깥에 나와 있는 한 체계에 속한다. 너희 지역 우주는 현재 오르본톤 가장자리를 거쳐 가고 있다. 너희를 지나면 또 다른 우주들이 있지만, 위대한 근원 중심에 비교적 가까이서 큰 동그라미 둘레를 도는 물리 체계들로부터 너희는 공간 속에 멀리 떨어져 있다.

2. 초우주의 조직

오직 우주의 아버지만 공간에서 사람이 사는 세계들의 위치와 실제 숫자를 알고, 이들 모두를 이름과 번호로 부르신다. 나는 이미 사람이 살거나 살 수 있는 혹성들을 어림한 수만 말할 수 있는데, 이는 어떤 지역 우주에는 지성 생명이 살기에 적당한 세계들을 다른 지역 우주보다 더 가지고 있기 때문이다. 계획한 지역 우주들이 모두 조직되지도 않았다. 따라서 내가 제시하는 어림수는 오로지 물질 창조의 거대함에 대하여 얼마큼 관념을 주기 위한 것이다.

대우주에는 일곱 초우주가 있고, 대체로 다음과 같이 구성되어 있다:

1. 체계. 초우주 정부의 기본 단위는 사람이 사는 세계, 또는 살 수 있는 세계, 약 1천 개로 이루어진다. 타오르는 태양, 추운 세계, 뜨거운 태양에 너무 가까이 있는 혹성, 피조물이 살기에 적당하지 않은 다른 구체들은 이 집단에 들어가지 않는다. 생명을 부양하는 데 적응된 이 1천 세계를 한 체계라 부른다. 그러나 젊은 체계들에는 이렇게 사람 사는 세계들의 수가 비교적 적다. 사람이 사는 각 세계를 한 혹성 영주가 다스리고, 각 지역 체계는 본부로 쓰이는 건축된 구체가 있으며, 한 체계 군주가 그것을 다스린다.

2. 별자리. 1백 체계가 (사람이 살 수 있는 혹성 약 100,000개) 한 별자리를 이룬다. 각 별자리는 건축된 본부 구체가 있고, 최고자인 보론다덱 아들 세 분이 주관한다. 각 별자리는 또한 관찰하는 늘 충실한 이가 한 분 있으며, 그는 파라다이스 삼위 일체의 대사이다.

3. 지역 우주. 1백 별자리가 (사람이 살 수 있는 혹성 약 10,000,000개) 한 지역 우주를 구성한다. 각 지역 우주는 웅장한 건축된 본부 세계가 있고, 미가엘 서열의 동등한 창조자인 하나님의 아들 한 분이 다스린다. 각 우주는 늘 연합한 이 한 분이 계시는 축복을 받고 있으며, 그는 파라다이스 삼위 일체의 대표이다.

4. 소구역. 1백 지역 우주는 (사람이 살 수 있는 혹성 약 1,000,000,000개) 초우주 정부의 한 소구역을 구성한다. 소구역은 놀라운 본부 세계를 가지고 있고, 거기서부터 그 통치자, 요즘부터 늘 계신 이들이 소구역의 사무를 돌본다. 각 소구역 본부에는, 요즘부터 늘 계신 이가 세 분 계시며, 이들은 최상 삼위 일체 성격자이다.

5. 대구역. 1백 소구역이 (사람이 살 수 있는 세계 약 100,000,000,000개) 한 대구역을 구성한다. 각 대구역에는 화려한 본부 세계가 마련되어 있고, 최상 삼위 일체 성격자인 늘 완전한 이 세 분이 주관한다.

6. 초우주. 10 대구역이 (사람이 살 수 있는 혹성 약 1,000,000,000,000개) 한 초우주를 구성한다. 각 초우주에는 거대하고 영화로운 본부 세계가 있고, 옛적부터 늘 계신 이 세 분이 다스린다.

7. 대우주. 일곱 초우주는 현재, 조직되어 있는 대우주를 이루며, 대우주는 사람이 살 수 있는 세계 약 7조 개, 그리고 건축된 구체들과 하보나 세계 10억 개로 구성되어 있다. 일곱 으뜸 영이 초우주들을 파라다이스로부터 간접으로, 반영으로, 통치하고 관리한다. 늘 영원한 이들이 하보나에 있는 10억 세계를 직접 관리하고, 그러한 최상 삼위 일체 성격자 한 분이 이 완전한 구체들 가운데 하나를 주관한다.

파라다이스-하보나 구체들을 제쳐 놓고, 우주 조직의 계획은 다음 단위들을 고려한다:

초우주 7
대구역 70
소구역 7,000
지역 우주 700,000
별자리 70,000,000
지역 체계 7,000,000,000
사람이 살 수 있는 혹성 7,000,000,000,000

일곱 초우주는 각자 대체로 다음과 같이 이루어져 있다.
한 체계가 포함하는 숫자는 대략 ....1,000 세계.
한 별자리 (100 체계) ....100,000 세계.
한 우주 (100 별자리) ....10,000,000 세계.
한 소구역 (100 우주) ....1,000,000,000 세계.
한 대구역 (100 소구역) ....100,000,000,000 세계.
한 초우주 (10 대구역) ....1,000,000,000,000 세계.

이 모든 추정치는 기껏해야 어림한 값이니, 새로운 체계들이 늘 진화하며, 그 동안에 다른 조직들은 일시적으로 물질 존재를 지나 버리기 때문이다.

3. 오르본톤 초우주

유란시아에서 육안으로 보이는, 별 있는 지역들의 거의 대부분은 대우주의 제7 지역, 오르본톤 초우주에 속한다. 광대한 은하수의 별 체계는 오르본톤의 중앙 핵심을 대표하고, 대체로 너희 지역 우주의 테두리 바깥에 있다. 태양, 공간의 흑도(黑島), 2중성(二重星), 공 모양의 성단(星團), 별 구름, 나선형과 기타 성운으로 이루어진 이 큰 집합은, 수많은 개별 혹성들과 함께, 시계(時計)와 같이, 길어진 동그라미 집합을 이루며, 이것은 사람이 사는 진화 우주들의 약 7분의 1이다.

유란시아의 천문학적 위치로부터, 큰 은하수에 가까이 있는 체계들의 단면을 꿰뚫어보면, 너희는 광대한 길쭉한 평면, 넓이가 두께보다 훨씬 더 크고, 길이는 넓이보다 훨씬 큰 평면에서 오르본톤의 구체들이 여행하는 것을 관찰한다.

이른바 은하수를 지켜보면, 하늘이 한 방향에서 볼 때, 오르본톤의 별의 밀도가 비교해서 높아지지만, 한편 양 옆 어느 쪽에서든지 그 밀도가 낮아짐이 드러난다. 우리의 물질적 초우주의 주요 평면에서 멀어지면, 별과 기타 구체들의 수는 줄어든다. 관찰하는 각도가 좋을 때, 최대 밀도를 가진 이 영역의 몸통을 꿰뚫어보면서, 너희는 거주 우주와 만물의 중심을 향하여 바라보고 있는 것이다.

유란시아의 천문학자들은 오르본톤의 10개 분할 구역 가운데 여덟을 대체로 확인하였다. 나머지 둘은 따로 구분하기 힘든데, 너희가 이 현상을 어쩔 수 없이 옆에서 보아야 하기 때문이다. 멀리 떨어진 공간 위치에서 오르본톤 초우주를 볼 수 있다면, 너희는 제7 은하의 10개 대구역을 즉시 알아볼 것이다.

너희 소구역의 회전 중심은 사수(射手) 자리의 엄청나고 짙은 별 구름 속에, 멀리 떨어져 있다. 너희 지역 우주 및 그와 관련된 창조들이 모두 이 둘레를 움직이며, 이 광대한 사수 자리의 은하 종속 체계의 맞은 편들로부터 너희는 굉장한 별의 소용돌이에서 솟아 나오는 두 개의 큰 별 구름의 냇물을 관찰할지 모른다.

너희의 태양과 그에 관련된 혹성들이 속하는 물리적 체계의 핵심은 옛날 안드로노버라는 성운(星雲)의 중심이다. 한때 나선형이었던 이 성운은 너희 태양계의 출산에 따르는 사건과 관련해서 인력이 교란되었기 때문에 조금 일그러졌는데, 이 사건은 한 커다란 이웃 성운이 가까이 다가오면서 일어났다. 거의 충돌이 일어날 뻔했는데 이것은 안드로노버를 어느 정도 공 모양의 집합체로 만들었지만, 태양들 및 그와 관련된 물리적 집단의 두 줄의 행렬을 전적으로 파괴하지는 않았다. 너희 태양계는 지금 일그러진 이 소용돌이의 한 팔에서 상당히 가운데 자리를 차지하며, 그 중심으로부터 바깥으로 별 냇물의 가장자리를 향하여 거의 가운데 지점에 자리잡고 있다.

사수 자리 구역과 오르본톤의 모든 다른 구역 및 분할 지역들은 유버르사 둘레를 돌고 있다. 유란시아의 별 관측자들이 겪는 혼란의 얼마큼은 다음의 몇 겹의 회전 운동으로 생기는 착시(錯視)와 상대적 왜곡 때문에 일어난다.

1. 유란시아가 그 태양 둘레를 도는 것.

2. 예전의 안드로노버 성운의 핵심 둘레를 도는 너희 태양계의 회로.

3. 안드로노버 별 집단, 그리고 관련된 성단이 네바돈 별 구름의 회전 및 인력의 복합 중심 둘레를 도는 것.

4. 네바돈의 지역 별구름 및 그에 관련된 창조들이 그 소구역의 사수 자리 중심의 둘레를 빙 도는 것.

5. 사수 자리를 포함하여 1백 소구역이 그 대구역 둘레를 도는 것.

6. 오르본톤의 유버르사 본부 둘레를 10 대구역이 소용돌이치며 도는 것, 이것을 이른바 별들의 떠돌이라 한다.

7. 오르본톤과 또한 관련된 여섯 초우주가 파라다이스와 하보나 둘레를 움직이는 것, 초우주 공간 수준에서 시계 바늘 방향과 반대로 도는 행렬.

이 몇 겹의 운동은 몇 가지 질서에서 생긴다. 너희 혹성과 너희 태양의 공간 행로는 유전으로 물려받은 것이며 그 기원(起源)에 태어날 때부터 있다. 오르본톤이 시계 바늘의 반대 방향으로 절대로 움직이는 것도 유전이며, 모우주의 건축 계획에 본래부터 있다. 그러나 그 사이에 개재하는 운동은 복합 기원이 있고, 일부는 물질과 에너지를 초우주들로 만드는 구조적 분열로부터 유래하며, 일부는 파라다이스의 물력 조직자들의 총명하고 목적 있는 활동 때문에 생겨난다.

하보나에 가까이 다가감에 따라서, 지역 우주들은 더욱 서로 가까워진다. 회로의 수는 점점 더 늘어나고, 이 회로들은 갈수록 더, 겹겹이 쌓인다. 그러나 영원한 중심으로부터 바깥으로 멀리 나가면 나갈수록, 체계, 혹성 층, 회로, 우주들의 수는 자꾸 줄어든다.

4. 성운—우주들의 선조

창조와 우주의 조직은 언제까지나 무한한 창조자들과 그 동료들의 통제 밑에 있지만, 그 현상 전체는 예정된 기법에 따라서, 물력·에너지·물질의 인력 법칙에 순응하면서 진행된다. 그러나 우주 공간의 물력 전하에 관련하여, 어떤 신비와 비슷한 것이 있다. 우리는 극자(極子)의 단계 이후로 물질 창조의 조직을 잘 알지만, 극자의 우주 조상을 충분히 이해하지 못한다. 조상이 되는 이 물력이 파라다이스의 정확하고 거대한 테두리에 있는 유물(有物) 공간을 통해서 언제까지나 빙 도니까, 그것이 파라다이스에 기원을 가진다고 우리는 확신한다. 파라다이스 인력에 반응하지 않아도, 공간의 이 물력 전하, 곧 모든 물질화의 조상은, 아래 파라다이스의 존재에 언제나 반응하며, 아래 파라다이스의 중심으로 들어오고 거기서 나가도록 순회하는 듯하다.

파라다이스의 물력 조직자들은 공간의 잠재력을 원초 물력으로 바꾸고, 이 전(前) 물질 잠재성을 물질 실체의 1차 및 2차 에너지 명시로 진화시킨다. 이 에너지가 인력에 반응하는 수준에 이를 때, 초우주 체제의 동력 지휘자와 그 동료들이 그 장면에 나타나서 끝없는 조종을 시작하며, 이것은 시공 우주들의 다채로운 동력 회로와 에너지 경로를 확립하도록 고안되어 있다. 이처럼 물리적 물질이 공간에 나타나며, 그래서 우주 조직을 개시하기 위하여 무대가 마련된다.

이 에너지의 분할은 네바돈의 물리학자들이 결코 해답을 얻지 못한 현상이다. 그들의 주요한 문제점은 파라다이스 물력 조직자들을 비교적 접근하기 힘든 데 있는데, 이는 살아 있는 동력 지휘자들이 공간 에너지를 다루는데 유능하지만, 그렇게 솜씨 있게, 총명하게 조종하는 에너지의 기원에 대해서 한 푼어치도 개념을 가지지 않았기 때문이다.

파라다이스 물력 조직자들은 성운(星雲) 창시자이다. 자기들이 있는 공간 둘레에 그들은 엄청난 물력의 회오리바람을 일으킬 수 있는데, 이것이 일단 비롯되면, 만물에 스며드는 물력이 동원되어서, 궁극에 우주 물질의 극자 단위가 나타나기까지 결코 그치거나 제한될 수 없다. 이렇게 해서 나선형을 비롯하여 다른 성운들이 생기게 되며, 이것들은 직접 기원을 가지는 태양과 그 다양한 체계들에게 모체가 되는 바퀴이다. 외계 공간에서는, 10가지 다른 모양의 성운, 곧 1차적 우주 진화의 단계를 볼지 모른다. 광대한 이 에너지 바퀴들은 일곱 초우주에 있는 에너지 바퀴들과 똑같은 기원을 가졌다.

성운들은 크기, 또 그 결과로 생기는 별 및 혹성 자손의 수와 총 질량 면에서 크게 다르다. 오르본톤 테두리의 바로 북쪽에 있지만 초우주 공간 수준에서 태양을 만드는 한 성운은 이미 4만 개의 태양을 생산했고, 그 어미 바퀴는 아직도 태양들을 내던지고 있는데, 이 태양들의 대다수는 너희 태양의 몇 배나 된다. 외계(外界) 공간에서 더 큰 어떤 성운들은 10만 개나 되게 많은 태양을 생산하고 있다.

어떤 지역 우주들은 단일 성운의 산물(產物)로서 조직되지만, 성운들은 소구역이나 지역 우주와 같은 어떤 행정 단위와도 직접 관련이 없다. 성운의 관계에 상관없이, 각 지역 우주는 그 초우주의 총 에너지 전하(電荷)의 꼭 10만분의 1을 담는데, 이는 에너지가 성운에 따라 조직되지 않기 때문이다—에너지는 보편적으로 분산된다.

나선형 성운들이 모두 태양을 만드는 일에 말려들지는 않는다. 더러는 그들에게서 떨어져 나간 많은 별 자식에 대하여 고삐를 유지했다. 나선형 모습은 그 태양들이 가까이 대형(隊形)을 이루어 성운의 팔을 떠났지만, 다양한 길로 돌아온다는 사실 때문에 생기며, 이처럼 이 성운들을 한 점에서는 관찰하기 쉽게 만들지만, 성운의 팔로부터 더 멀리 바깥으로 떨어진 다른 귀로(歸路)에 널리 흩어져 있을 때, 이 성운들을 보기 더 어렵게 만든다. 현재 시점에서 오르본톤에는 태양을 형성하는 활발한 성운들이 많이 없다. 하지만 사람이 사는 초우주 바깥에 있는 안드로메다는 아주 활발하다. 멀리 떨어진 이 성운은 육안으로 보이며, 그것을 바라볼 때, 네가 보는 그 빛은 그 먼 태양들을 거의 1백만 년 전에 떠났다는 것을 잠시 멈춰 생각해 보아라.

은하수는 막대한 수에 달하는 성운(星雲), 예전의 나선형이나 다른 형태의 성운들로 이루어져 있고, 많은 성운이 아직도 어릴 때 모습을 간직하고 있다. 그러나 내부의 대이변과 외부 인력의 결과로서, 많은 성운이 크게 일그러지고 재편성을 겪어서, 이 굉장한 집합체들은, 마젤란 구름의 경우처럼, 불타는 태양들로 이루어진 거대한 빛의 덩어리처럼 보이게 만든다. 오르본톤의 바깥 테두리 가까이에서는 공 모습의 별 무리가 주류를 이룬다.

오르본톤의 광대한 별구름은 은하수 바깥의 공간 지역에서 지켜볼 수 있는 분리된 성운들과 견줄 만한, 별개의 물질 집합체로 여겨야 한다. 그러나 공간에 이른바 별구름이라는 것들의 다수는 기체(氣體) 물질로만 이루어져 있다. 이러한 기체 별구름의 에너지 잠재성은 믿을 수 없을 만큼 굉장하며, 그 중의 일부는 근처의 태양들에게 잡혔다가 태양의 방사물로서 공간에 다시 던져진다.

5. 공간 물체의 기원

초우주에서 태양 및 혹성들에 포함되는 물질의 대부분은 성운의 바퀴에서 생긴다. 항상 변동하는 양의 물질이 열린 공간에서 생기지만, (건축한 구체들의 구성과 같이) 동력 지휘자들이 직접 행위하여 조직되는 초우주 물질은 거의 없다.

기원에 대해서 말하면, 태양과 혹성 및 다른 구체들의 대다수는 다음 10 집단 가운데 하나로 분류될 수 있다:

1. 축소하는 동심 고리. 성운들이 모두 나선형은 아니다. 다수의 굉장한 성운들은 2중성으로 갈라지거나 나선형으로 진화하지 않고, 몇 겹의 고리 형태로 압축을 겪는다. 오랫동안 그러한 성운은 하나의 거대한 중심의 태양이, 회전하는 고리 같이 보이는 물질 형태를 가진 거대한 수많은 구름에 둘러싸여 있는 듯하다.

2. 소용돌이 별들은 고열(高熱)의 기체로 이루어진 거대한 어미 바퀴로부터 던져진 태양들을 포함한다. 이 별들은 동그라미로서 던져지는 것이 아니라, 우행렬과 좌행렬로 던져진다. 소용돌이치는 별들은 나선형 성운이 아닌 다른 기원에서 생기기도 한다.

3. 인력 폭발 혹성. 나선형이나 막대기 형의 성운에서 태양이 하나 태어날 때, 뜸하지 않게 그것은 상당히 멀리 던져진다. 그러한 태양은 상당히 가스이고, 그 뒤에 어느 정도 식어서 응축되고 나서, 거대한 태양이나 공간의 흑도(黑島)와 같은 어떤 거대한 물질 덩어리 근처에 어쩌다 휙 던져질 수도 있다. 이러한 접근은 충돌을 일으킬 만큼 가깝지 않을지 모르지만, 그래도 충분히 가까워서, 둘 가운데 큰 물체의 인력의 힘으로 하여금 작은 물체에서 파도치는 경련을 비롯하도록 만든다. 이로서 일련의 파도치는 대변동이 비롯되며, 이것은 경련하는 태양의 마주 보는 양

쪽에서 동시에 일어난다. 폭발하는 이 분출은 절정에 오를 때, 크기가 다른 일련의 물질 집합체를 생산한다. 분출하는 태양을 인력으로 다시 회수할 수 있는 지대 바깥에 이것들이 던져질 수도 있으며, 이렇게 이 사건에 관계된 두 물체들 중 하나의 둘레에, 그들의 궤도에서 안정된다. 나중에 좀더 큰 물질의 집합체는 뭉치며, 둘레의 작은 물체들을 차츰 자체에게로 끌어당긴다. 이 방법으로, 작은 체계들에서 많은 고체(固體) 혹성이 태어난다. 너희의 태양계도 바로 그러한 기원을 가졌다.

4. 원심적 혹성 자손. 거대한 태양들은 어느 성장 단계에서, 회전 속도가 크게 가속되면 대량의 물질을 던지기 시작하는데, 이것들은 나중에 뭉쳐서 부모 태양을 계속 도는 작은 세계들을 형성할지 모른다.

5. 인력 부족 구체. 개별 태양의 크기에는 임계적 한계가 있다. 한 태양이 이 한계에 다다르면, 그 회전 속도를 줄이지 않으면, 갈라지게 되어 있다. 태양 분열이 일어나고, 이 종류의 2중성이 태어난다. 이 거대한 분열의 부산물로서, 나중에 수많은 작은 혹성이 형성될 수도 있다.

6. 수축(收縮)하는 별. 작은 체계에서는, 태양에 가까운 혹성들이 태양을 향하여 마지막 돌진을 시작하는 동안에, 변두리의 가장 큰 혹성은 어떤 때 그 이웃 세계들을 자체에게로 끌어당긴다. 너희 태양계에서, 그러한 종말은 안쪽의 네 혹성들이 태양에게 회수되고, 한편 큰 혹성, 목성이 나머지 세계들을 사로잡아서 몹시 커지게 되리라는 것을 뜻한다. 한 태양계의 그러한 종말은 크기가 다른 두 개의 인접한 태양들을 생산하며, 이것은 2중성이 형성되는 한 형태이다. 바깥에 별이 많은 초우주 집합체의 변두리를 빼고 그러한 이변은 흔치 않다.

7. 누적된 구체. 공간에서 떠도는 광대한 양의 물질로부터 작은 혹성들이 천천히 누적될 수도 있다. 이 혹성들은 운석의 부착과 사소한 충돌로 말미암아 커진다. 어느 공간 구역에서는 이렇게 혹성이 태어나는 데 조건이 좋다. 사람이 사는 많은 세계가 그러한 기원을 가졌다.

밀도가 높은 어떤 흑도(黑島)들은 공간에서 변형하는 에너지가 누적되어 직접 생기는 결과이다. 이 흑도들의 또 다른 집단은 차가운 물질, 곧 공간을 통해서 떠도는 단순한 조각과 운석들이 대량으로 축적되어 생겨 왔다. 이러한 물질 집합체들은 한 번도 뜨거운 적이 없으며, 밀도(密度)를 빼고 그 구성이 유란시아와 아주 비슷하다.

8. 타 버린 태양. 공간에 있는 어떤 흑도들은 타 버린 고립된 태양이며, 가지고 있던 공간 에너지가 다 발산되어 버렸다. 조직된 물질 단위는 완전 응축, 사실상 완전히 고체화된 것에 가깝다. 이렇게 대단히 응축된 물질의 거대한 덩어리가 공간 회로에서 다시 충전되어서, 충돌이나 그와 비슷하게 다시 활력을 불어넣는 우주 사건을 겪고 나서, 새로 우주에서 활동하는 주기(週期)를 위해 준비되는 데는 기나긴 세월이 필요하다.

9. 충돌 구체. 두텁게 모여 있는 성단의 지역에서는, 충돌이 심심찮게 일어난다. 그러한 천문학적 재조정에는 엄청난 에너지 변화와 물질의 변질이 뒤따른다. 죽은 태양들과 충돌하는 것은 널리 미치는 에너지 변동에 특별히 영향력을 미친다. 충돌로 생기는 조각들은, 흔히 필사자가 거주하기에 적응된 혹성 덩어리를 나중에 형성하는 데 필요한 물질 핵심을 구성한다.

10. 건축된 세계. 너희의 지역 우주 본부인 구원자별과 우리의 초우주 정부 자리가 있는 유버르사처럼, 이것들은 어떤 특별한 목적을 위하여, 계획과 규격에 따라서 지은 세계이다.

태양들을 생성시키고 혹성들을 분리하는 수많은 다른 방법이 있다. 그러나 위의 과정은 대다수의 별 체계와 혹성 가족들이 생겨나는 방법을 가리킨다. 별이 변형하고 혹성이 진화되는 데 관계되는 모든 다양한 기법을 적으려는 시도는 거의 1백 가지 다른 방법으로 태양이 형성되고 혹성이 기원을 가짐을 이야기하는 것이 필요하다. 너희의 천문학자들이 하늘을 둘러보면서, 별이 진화하는 이 모든 형태를 가리키는 현상을 관찰하겠지만, 작고 빛나지 않는 물질 덩어리들이 형성되는 증거는 거의 탐지하지 못할 것이다. 이것들은 사람이 사는 혹성으로서 쓰이며, 광대한 물질 창조 가운데, 가장 중요하다.

6. 공간의 구체

기원에 상관 없이, 공간의 다양한 구체들은 다음 대분과로 분류될 수 있다:

1. 태양—공간의 별.
2. 공간에 있는 흑도.
3. 작은 공간 물체—혜성·운석·미행성.
4. 혹성, 사람이 사는 세계들을 포함한다.
5. 건축 구체—주문에 맞춰서 만든 세계.

건축된 구체들을 제쳐 놓고, 모든 공간 물체는 진화에 기원이 있으며, 신의 명령에 따라 생겨나지 않았다는 의미에서 진화적이고, 신이 창조한 많은 지자와 궁극에 다다른 지자(知者)들의 작업을 통하여, 시공 기법에 따라서 하나님의 창조 활동이 펼쳐졌다는 의미에서 진화적이다.

태양. 이것은 모든 다양한 존재 단계에 있는 공간의 별이다. 더러는 혼자 진화하는 공간 체계이고, 더러는 2중성, 수축하거나 사라지는 혹성 체계이다. 너희는 열을 수반하면서 빛을 내는 태양들에 익숙하지만, 열이 없이 빛나는 태양들도 있다.

하나의 보통 태양이 몇조(兆) 년 동안 줄곧 열과 빛을 낸다는 것은 각 물질 단위가 얼마나 광대한 에너지 저장을 담고 있는가 잘 설명해 준다. 물질의 이 불가시한 분자들 속에 저장된 실제 에너지는 거의 상상할 수 없다. 타오르는 태양들 내부에 존재하는 굉장한 열 압력과 그에 관계된 에너지 활동의 지배를 받는 가운데, 이 에너지는 거의 모두 빛으로서 쓰일 수 있다. 또 다른 조건들은 이 태양들로 하여금, 확정된 공간 회로에서 자기들의 길로 오는 공간 에너지의 상당 부분을 변형시키고 내보내게 만든다. 여러 단계의 물질 에너지와 온갖 형태의 물질은 태양 발전기에 이끌리고, 나중에는 그로 말미암아 분산된다. 이 방법으로 태양들은 에너지를 순환하는 지방(地方) 가속기로서 수고하며, 자동으로 동력을 통제하는 정거장으로 행동한다.

오르본톤 초우주는 10조 개가 넘는 타오르는 태양들로 말미암아 빛을 받고 따듯하게 된다. 이 태양들은 너희가 지켜볼 수 있는 천문 체계의 별들이다. 2조 개가 넘는 태양들은 너무 멀고 너무 작아서 유란시아에서는 언제까지라도 볼 수 없다.

그러나 너희 세계의 대양(大洋)에 있는 물을 컵으로 센다면, 그 만큼 많은 태양들이 모우주에 있다.

공간의 흑도. 죽은 태양과 기타 빛과 열이 없는 큰 물질 집합체들이다. 흑도는 때때로 그 질량이 굉장히 크며, 우주의 균형과 에너지의 조종에 막대한 영향력을 미친다. 어떤 커다란 이 덩어리들의 밀도는 거의 믿을 수 없이 높다. 이 커다란 질량의 집합체는 이 흑도(黑島)들로 하여금, 이웃의 큰 체계들을 실질적 끈으로 묶어 놓는 강력한 균형 바퀴로서 활동할 수 있게 만든다. 이 흑도들은 많은 별자리에서 동력의 인력 균형을 유지한다. 이것들이 없으면 이웃의 태양들 속으로 빠르게 파멸로 굴러 떨어질 많은 물리 체계가, 보호자인 이 흑도들의 인력 손아귀에 단단히 잡혀 있다. 이 기능 때문에, 우리는 흑도들의 위치를 정확하게 파악할 수 있다. 우리는 빛을 내는 물체들의 인력을 재어 왔고, 따라서 공간에 있는 흑도들의 정확한 크기와 위치를 계산할 수 있으며, 이것들은 주어진 체계를 그 행로에 단단히 잡아 두도록 아주 효과적으로 활동한다.

작은 공간 물체. 공간에서 떠돌며 진화하는 운석(隕石)을 비롯하여 다른 작은 물질 분자들은 굉장한 에너지와 물질 내용을 가진 집합체를 이룬다.

많은 혜성(彗星)은 태양의 어미 바퀴가 낳은, 길들지 않은 야생 자식들이며, 차츰 중심에서 지배하는 태양의 통제 밑에 들어온다. 혜성들도 수많은 다른 기원을 가진다. 혜성의 꼬리는 잡아당기는 물체나 태양의 반대 방향을 가리키는데, 이것은 상당히 팽창된 가스의 전기 반응 때문이며, 또 태양에서 방사되어 나오는 빛과 기타 에너지의 실제 압력 때문이다. 이 현상은 빛의 실체와 그에 관련된 에너지를 분명히 증명한다. 그 현상은 빛이 무게가 있음을 보여 준다. 빛은 실재하는 물질이고, 단지 가상된 에테르의 물결이 아니다.

혹성. 혹성들은 한 태양이나 어떤 다른 공간 물체 둘레의 궤도를 따르는, 좀더 큰 물질 집합체이다. 혹성의 크기는 미행성(微行星)으로부터 굉장히 큰 기체, 액체, 또는 고체로 된 구체들에 이른다. 떠다니는 공간 물질의 집합으로 만들어진 추운 세계들은, 어쩌다가 가까이 있는 태양과 적당한 관계에 있을 때, 지적인 주민을 품기에 더 이상적인 혹성이다. 죽은 태양들은, 대체로, 생명이 살기에 적당하지 않다. 살아 있는 불타는 태양으로부터 너무 멀리 떨어져 있고, 게다가 너무 부피가 크며, 표면에 인력이 엄청나다.

너희 초우주에는 추운 혹성 40개 중 하나에도 너희 계급의 존재가 살 수 없다. 물론, 과열된 태양과 가장자리의 얼어붙은 세계들은 고등 생물을 품기에 적당하지 않다. 너희 태양계에는 지금 세 혹성만 생명의 보금자리가 되기에 적당하다. 유란시아는 크기·밀도·위치 면에서, 여러 모로 사람이 살기에 이상적이다.

물리적 에너지의 행동 법칙은 기본적으로 보편성이 있으나, 지역 영향은 개별 혹성 및 지역 체계를 지배하는 물리적 조건과 많은 상관이 있다. 거의 끝없이 다채로운 생물 생명 및 다른 생물이 나타나는 것이 셀 수 없이 많은 공간 세계의 특징을 나타낸다. 그러나 한 주어진 체계 안에서, 관계 있는 세계들의 집단에는 어떤 유사성이 있고, 한편 지적(知的) 생명의 우주 원형이 있기도 하다. 같은 물리적 회로에 속하고 우주들의 궤도 둘레에 끝없이 휙 돌면서 서로를 가깝게 따르는 혹성 체계들 사이에는 물리적 관계가 있다.

7. 건축된 구체

각 초우주 정부는, 그 공간 구역의 진화 우주들 중심 가까이에서 주관한다. 그 정부는 주문받아서 만든 세계를 차지하며, 인가받은 성격자들로 채워져 있다. 이 본부 세계들은 건축된 구체(球體), 곧 특별한 목적을 위해서 특정하게 지어진 천체들이다. 근처에 있는 태양들의 빛을 나눠 받기는 하지만, 이 구체들은 따로 조명되고 따듯하게 된다. 각 구체는 파라다이스의 위성들처럼, 열이 나지 않는 빛을 비춰주는 태양이 있고, 또한 각자에게 구체의 표면 가까이 있는 어떤 에너지 전류의 순환이 열을 공급된다. 이 본부 세계들은 각 초우주의 천문학적 중심 가까이 자리잡은, 좀더 큰 체계들 중 하나에 소속된다.

시간은 초우주의 본부에서 표준화되어 있다. 오르본톤 초우주의 표준일은 유란시아 시간으로 거의 30일이며, 오르본톤의 1년은 1백 표준일이다. 이 유버르사의 한 해는 제7 초우주에서 표준이고, 유란시아 시간으로 3천 일에서 22분이 모자라며, 너희의 햇수로 따져서, 약 8과 5분의 1년이 된다.

일곱 초우주의 본부 세계들은, 중심에 있는 완전한 원형, 곧 파라다이스의 성질과 위엄을 따른다. 실제로, 본부 세계들은 모두 천국 같다. 본부 세계들은 정말로 하늘 같은 거처이며, 예루셈으로부터 가운데 섬에 이르기까지, 물질적 크기, 상물질 아름다움, 영적 영화로움이 더해진다. 이 본부 세계들의 위성들도 모두 건축된 구체이다.

여러 본부 세계에는 물질 창조와 영적 창조의 모든 단계가 마련되어 있다. 모든 종류의 물질·상물질·영적 존재들이 우주의 이 재회 세계들에서 편안히 지낸다. 사람은 우주를 올라갈 때, 물질 영역으로부터 영적 세계로 지나가면서, 예전의 존재 수준에 대한 이해심이나 즐거움을 결코 잃지 않는다.

예루셈은 너희 사타니아 지역 체계의 본부이고, 일곱 과도기 문화 세계가 있다. 이 세계들은 각자 일곱 위성에 둘러싸여 있고, 이 위성들 중에 상물질로 구류되는 일곱 저택 세계가 있는데, 이곳은 사람이 죽은 뒤에 첫 거처이다. 하늘이라는 용어가 유란시아에서 쓰이다시피, 처음 저택 세계는 처음 하늘이라 부르고, 그런 식으로 일곱째까지 계속하여, 하늘은 때때로 이 일곱 저택 세계를 의미해 왔다.

에덴시아는 너희 놀라시아덱 별자리의 본부이며, 문화의 교류와 훈련이 있는 70개 위성을 가지고 있다. 승천자들은 성격을 동원하고 통일하고 실현하는 예루셈 체제를 마치고 난 뒤에 거기에 머무른다.

구원자별은 너희 지역 우주 네바돈의 서울이고, 각자 49 구체로 이루어진 10개 대학 집단에 둘러싸여 있다. 사람은 자기 별자리에서 사교(社交) 과정을 마치고 난 뒤에, 여기서부터 영적 자질을 얻는다.

제3 U-소서울은 너희 엔사 소구역 본부이고, 승천 생애의 상급 물리적 연구를 맡는 일곱 구체에 둘러싸여 있다.

제5 U-대서울은 너희 스플랜돈 대구역의 본부이고, 초우주의 진보하는 지적 훈련을 담당하는 70 구체에 둘러싸여 있다.

유버르사는 너희 초우주 오르본톤의 본부이며, 하늘 가는 의지(意志) 생물을 위하여 상급 영적 훈련을 시키는 일곱 대학에 바로 둘러싸여 있다. 놀라운 일곱 구체 집단은 각각 70 특별 세계로 구성되어 있고, 이 세계들은 우주 훈련과 영적 교양에 바쳐진, 수천에 이르는 충만한 단체와 조직을 포함한다. 여기서 시간 순례자들은 하보나로 가는 긴 비행(飛行)에 대비하기 위하여, 다시 교육받고 다시 검사받는다. 도착하는 시간 순례자들을 언제나 관련된 이 세계들에서 받아들이지만, 떠나는 졸업생들은 언제나 유버르사 바닷가에서 하보나로 직접 파송된다.

유버르사는 대략 1조(兆)에 이르는 세계, 이미 사람이 살거나 살 수 있는 세계들의 영적 본부요 행정의 본부이다. 오르본톤 서울의 영광과 장려함과 완전함은 어떤 시공 창조의 경이도 뛰어넘는다.

기획된 지역 우주와 그 구성 부분들이 모두 확립되면, 일곱 초우주에는 5천억보다 조금 적은 수의 건축된 세계들이 있게 될 것이다.

8. 에너지의 통제와 조절

초우주의 본부 구체들은 구성 분자인 지역 우주들로 에너지를 향하게 하는 초점으로 일하면서, 그 여러 구역을 위해서, 동력 에너지를 규제하는 효과적인 장치로 활동할 수 있도록 지어져 있다. 본부 구체들은 조직된 공간을 순환하는 물리 에너지를 균형시키고 통제하는 데 막강한 영향력을 미친다.

더 규제하는 기능은 초우주의 동력 중심과 물리 통제자들이 담당하는데, 이들은 각자 명백히 이 목적으로 만들어진, 생명 있는 지적 존재와 반(半)생명의 지적 존재들이다. 이 동력 중심과 통제자들은 이해하기 힘들다. 낮은 계급들은 의지를 나타내지 않는데, 그들은 의지를 가지지 않았고, 선택하지도 않으며, 그들의 기능은 아주 영리하지만, 겉보기에는 자동이며 상당히 전문화된 조직에 본래부터 있다. 초우주의 동력 중심과 물리 통제자들은 우주력(宇宙力) 분야를 구성하는 30 에너지 체계를 지휘하고 어느 정도 통제하는 일을 맡는다. 유버르사의 동력 중심들이 관리하는 물리 에너지 회로는 초우주를 한 바퀴 도는 데 9억 6천8백만 년보다 조금 더 걸린다.

생성되는 에너지는 내용이 있고, 무게가 있다. 하지만 무게는 회전 속도·질량·반인력에 따라서, 언제나 상대적이다. 물질의 질량은 에너지의 속도를 늦추는 경향이 있고, 어디에나 있는 에너지 속도는 다음을 나타낸다: 초기의 주어진 속도에서, 이동 중에 부딪치는 질량으로 생기는 지연을 빼고, 초우주의 살아 있는 에너지 통제자의 규제하는 기능, 그리고 근처의 고열화되거나 무거운 전하(電荷)를 가진 물체들의 물리적 영향을 더한 것이다.

물질과 에너지 사이의 균형을 유지하는 우주 계획은 작은 물질 단위들을 늘 만들고 파괴하는 것이 필요하다. 우주 동력 지휘자들은 다른 양의 에너지를 응축하고 억류하거나, 또는 확대하고 방출시키는 능력을 가지고 있다.

지연하는 영향이 충분히 오래 지속될 경우에, 다음의 두 가지 요인이 없다면, 인력은 결국 모든 에너지를 물질로 바꿀 것이다. 그렇게 되지 않는 것은, 첫째, 에너지 통제자들의 반인력(反引力) 영향 때문이고, 둘째, 아주 뜨거운 별에서 발견되는 어떤 조건 밑에서, 또 응축된 물질로 이루어지고 큰 에너지를 가진 추운 물체 근처의 공간에 있는 어떤 특별한 조건 밑에서, 조직된 물질은 부서지는 경향이 있기 때문이다.

물질이 지나치게 집합하고, 에너지의 균형을 깨뜨리고 물리적 동력 회로를 소모하려고 위협할 때, 공간에 있는 죽은 거성(巨星)들 사이에 충돌이 생겨서, 누적된 인력의 집합을 한 순간에 완전히 분산함으로 에너지를 지나치게 물질화하는 인력 자체의 계속된 경향이 무효가 되지 않는 한, 물리 통제자들이 개입한다. 이러한 충돌 사건에서 막대한 질량의 물질은 갑자기 가장 보기 드문 형태의 에너지로 변형되며, 우주 균형을 위한 투쟁이 새로 시작된다. 결국에는, 큰 물리 체계들은 안정되고, 물리적으로 정착되며, 초우주의 균형되고 확정된 회로에 던져진다. 이 사건이 일어난 뒤에, 그러한 확정된 체계에서는 더 이상 충돌이나 황폐하게 만드는 다른 대변동이 일어나지 않을 것이다.

양(陽) 에너지 기간에는 동력이 교란되며 열이 변동하는 일이 있고 전기(電氣)의 명시가 뒤따른다. 음(陰) 에너지 기간에는 물질이 집합하고 응축하며, 아주 절묘하게 균형된 회로들에서는 통제를 벗어나는 경향이 늘어난다. 그 결과로 물결 같거나 충돌하는 조정이 따르며, 이것은 순환하는 에너지와 더 실질적으로 안정된 물질 사이의 균형을 재빨리 회복시킨다. 불타는 태양과 공간에 있는 흑도(黑島)들이 일으킬 듯한 그러한 작용을 예측하고 그밖에 이해하는 것은 하늘의 별 관측자들이 맡는 임무의 하나이다.

우리는 우주의 균형을 다스리는 법칙의 대부분을 인식할 수 있고, 우주의 안정에 관하여 많은 것을 예측할 수 있다. 실용적으로 우리의 예측은 믿을 만하지만, 우리에게 알려진 에너지 통제와 물질 작용의 법칙에 온전히 복종하지 않는 어떤 물력에 우리는 늘 부딪친다. 모든 물리 현상의 예측은, 우리가 파라다이스로부터 우주에서 바깥으로 나감에 따라서, 갈수록 더 힘들어진다. 파라다이스 통치자들이 친히 관리하는 테두리를 지나감에 따라서, 확립된 표준, 그리고 근처에 있는 천문 체계의 물리 현상에 순전히 관계된 관찰과 관련하여 얻어진 체험에 따라서 우리가 계산할 수 없는 그런 현상과 마주친다. 일곱 초우주의 영역에서도, 우리는 물력 활동과 에너지 반응이 있는 가운데서 살고 있으며, 이것은 통일된 균형 상태에서 우리의 모든 영토를 침투하고 외계 공간 지역 전체를 통해서 뻗는다.

더 바깥으로 멀리 나가면, 더욱 확실하게, 우리는 변동하고 예측할 수 없는 현상에 부닥치는데, 이것은 절대자와 체험적 신들의 측량할 수 없는 계심과 활동의 어김없는 특징을 나타낸다. 그리고 이 여러 현상은 만물에 대한 어떤 보편적·전반적 통제가 있음을 가리킴이 틀림없다.

겉으로 보기에 오르본톤 초우주는 쇠약해지고 있고 외계의 우주들은 전례 없는 미래의 활동을 위하여 긴장하고 있는 듯하다. 중앙의 하보나 우주는 영구하게 안정되어 있다. 인력과 열의 부재(추위)는 물질을 조직하고 한데 뭉치게 만든다. 열과 반인력은 물질을 뒤집어엎고 에너지를 분산시킨다. 살아 있는 동력 지휘자와 물력 조직자들은, 우주를 만들고, 부수고, 다시 만드는 끝없는 변질을 특별히 통제하고 영리하게 지휘하는 비결이다. 성운들은 흩어지고, 태양들은 타 버리고, 체계들은 사라지고, 혹성들은 없어질지 모르지만, 우주는 쇠약해지지 않는다.

9. 초우주의 회로

파라다이스의 우주 회로들은 일곱 초우주 영역을 실제로 침투하지 않는다. 이 계심의 회로들은 다음과 같다: 우주의 아버지의 성격 인력, 영원한 아들의 영적 인력, 합동 행위자의 지성 인력, 영원한 섬의 물질 인력이다.

보편적인 파라다이스 회로, 그리고 절대자와 체험적 신들의 계심과 행동 외에도, 초우주 공간 수준에는 두 가지 에너지 회로 부문, 곧 동력의 분리가 작용하는데, 초우주 회로와 지역 우주 회로이다.

초우주 회로:

1. 파라다이스의 일곱 으뜸 영 가운데 한 분의 통일하는 지성 회로. 그러한 우주 지성 회로는 단일 초우주에 국한된다.

2. 각 초우주에 있는 일곱 반영 영이 반영(反映) 봉사를 베푸는 회로.

3. 신비의 감시자들의 비밀 회로. 어떤 방법으로, 신별이 이것을 파라다이스에 계신 우주의 아버지와 서로 관련시키고 연결해 준다.

4. 영원한 아들이 그의 파라다이스 아들들과 서로 교통하는 회로.

5. 무한한 영의 순간적 계심.

6. 파라다이스의 방송, 하보나의 공간 보고서.

7. 동력 중심과 물리 통제자들의 에너지 회로.

지역 우주 회로:

1. 파라다이스 아들들이 수여하는 영, 수여 세계의 위로자. 진리의 영, 유란시아에서 미가엘의 영.

2. 신성한 봉사자, 곧 지역 우주의 어머니 영, 너희 세계의 성령이 쓰는 회로.

3. 다채롭게 활동하는 보조 지성 영들의 계심을 포함하여, 지성으로 봉사하는 지역 우주 회로.

한 지역 우주에 영적 조화가 생겨서 그 안의 개별 회로와 통합된 회로가 초우주의 것들과 구별이 불가능할 때, 그러한 동일한 기능과 통일된 봉사가 실제로 행해질 때, 그 지역 우주는 안정된 빛과 생명의 회로에 즉시 던져지며, 초월 창조의 완전해진 연합으로 구성된 영적 연방(聯邦)에 가입할 자격이 당장에 생긴다. 옛적부터 늘 계신 이들의 회의에 가입하는 필수 조건, 곧 초우주 연방의 회원이 되는 조건은 다음과 같다:

1. 물리적 안정. 한 지역 우주의 별과 혹성들은 균형 상태에 있어야 한다. 즉시 별이 변형하는 시기는 지나야 한다. 그 우주는 뚜렷한 행로에서 진행하고 있어야 한다. 그 궤도는 안전하게, 마침내 안정되어 있어야 한다.

2. 영적 충성. 그러한 지역 우주의 사무를 주관하는, 하나님의 군주 아들을 우주에서 인정하고 그에게 충성하는 상태가 존재해야 한다. 그 지역 우주 전체의 개별 혹성, 체계, 별자리들 사이에 조화되는 협동 상태가 생겼어야 한다.

너희의 지역 우주는, 초우주 정부의 알려진 영적 가족에서 회원 자격을 가지기는커녕, 초우주에서 물리적으로 안정된 서열에 속한다는 인정조차도 받지 못한다.

네바돈은 아직도 유버르사에 대표가 없지만, 내가 유버르사로부터 유란시아로 직접 온 것처럼, 초우주 정부에서 우리는 때때로 특별 임무를 띠고 네바돈의 세계들에 파송된다. 너희들의 어려운 문제를 해결하는 과제에서, 우리는 너희의 지도자와 통치자들에게 될 수 있는 대로 모든 도움을 준다. 우리는 너희 우주가 초우주 가족의 관계된 창조들 안에 완전히 가입하도록 자격 갖추는 것을 보고 싶다.

10. 초우주 통치자

초우주 본부는 시공 영토의 높은 영적 정부가 있는 자리이다. 초우주 정부의 집행부는 삼위 일체 회의에서 기원을 가지며, 최상의 감독을 맡는 일곱 으뜸 영 가운데 한 분이 직접 지휘한다. 그들은 파라다이스 권한의 자리에 앉아서, 무한한 영의 일곱 특별 세계에 머무르는 일곱 최상 집행자를 통하여 초우주들을 관리한다. 이 특별 세계들은 파라다이스의 가장 바깥에 있는 위성들이다.

초우주 본부들은 반영 영과 반영 영상 보조자들이 거하는 곳이다. 이 중간 위치로부터 이 놀라운 존재들은 엄청난 반영 작업을 행하며, 이렇게 위로는 중앙 우주와 아래로는 지역 우주들에게 봉사한다.

옛적부터 늘 계신 이 세 분이 각 초우주를 주관하며, 그들은 합동으로 초우주 정부의 최상 집행자이다. 그 집행 부서에서, 초우주 정부의 직원은 일곱 가지의 다른 집단으로 구성되어 있다:

1. 옛적부터 늘 계신 이.
2. 지혜 완성자.
3. 신성한 조언자.
4. 우주 검열자.
5. 막강한 사자.
6. 고등 권한자.
7. 무명 무수자.

옛적부터 늘 계신 이 세 분은 10억 명의 지혜 완성자의 군단에게서 직접 도움을 받으며, 이들은 30억 명의 신성한 조언자와 관련되어 있다. 10억 명의 우주 검열자는 각 초우주의 행정에 소속된다. 이 세 집단은 동등한 삼위 일체 성격자이고, 파라다이스 삼위 일체에 직접, 신성하게 기원이 있다.

나머지 세 계급, 곧 막강한 사자, 고등 권한자, 무명 무수자들은 영화롭게 된 하늘 가는 필사자이다. 이 여러 계급에서 처음 된 자들은 그랜드판다 시절에 승천 제도를 통해서 올라오고 하보나를 거쳐 갔다. 파라다이스에 이르고 나서, 그들은 최후 군단에 소집되었고, 파라다이스 삼위 일체의 품에 안겼으며, 나중에 옛적부터 늘 계신 이들의 고귀한 근무에 임명되었다. 이 세 계급은 한 등급으로서, 2중 기원을 가졌지만, 지금은 삼위 일체를 위해 근무하는, 삼위 일체를 체험한 달성의 아들로 알려져 있다. 이처럼 초우주 정부의 집행부는 영화롭고 완전하게 된 자녀, 진화 세계 출신의 자녀를 포함하도록 확대되었다.

초우주에서 나란히 있는 회의는 앞에 말한 일곱 집행부 집단과 다음의 구역 통

치자 및 다른 지역 감독자들로 구성되어 있다:

1. 늘 완전한 이—초우주 대구역의 통치자.

2. 요즘부터 늘 계신 이—초우주 소구역의 지휘자.

3. 늘 연합한 이—지역 우주 통치자에게 조언하는 파라다이스 고문.

4. 늘 충실한 이—별자리 정부의 최고 통치자들의 파라다이스 상담자.

5. 임무를 띠고 초우주 본부에 우연히 있는 삼위 일체 아들 교육자.

6. 초우주 본부에 우연히 있는 늘 영원한 이.

7. 일곱 반영 영상 보조자—일곱 반영 영의 대변자이며, 이들을 통하여 파라다이스의 일곱 으뜸 영의 대표인 자들.

반영 영상 보조자들은 또한, 초우주 정부에서 영향력이 있지만 현재 여러 가지 이유로 개인 자격으로 완전히 활동하지 않는 수많은 존재 무리의 대표로서 활동한다. 이 집단에 포함되는 자들은 다음과 같다: 초우주에서 최상 존재의 진화하는 성격 명시, 그리고 최상위의 무제한 감독자, 궁극위의 제한된 대관, 장려자의 무명(無名) 연락 반영자, 영원한 아들의 초월 성격 영 대표자들이다.

초우주의 본부 세계에서는, 거의 언제나, 모든 집단의 창조된 존재를 대표하는 이들을 발견할 수 있다. 막강한 2품 천사들, 그리고 무한한 영의 광대한 가족의 다른 구성원들이 초우주에서 일상적인 봉사 작업을 행한다. 초우주의 행정·통제·봉사 및 행정 판결을 담당하는 이 놀라운 중심들이 하는 과제에서, 우주 생명을 가진 모든 구체의 지성들은 효과적인 봉사, 현명한 관리, 사랑의 봉사, 정당한 판결을 위하여 섞인다.

초우주들은 어떤 종류의 대사(大使) 대표부도 두지 않는데, 그들이 완전히 서로 동떨어져 있기 때문이다. 일곱 으뜸 영이 유지하는 파라다이스 정보 교환소를 통해서, 그들은 겨우 서로의 업무에 관하여 소식을 듣는다. 우주 창조의 다른 구역에서 벌어지는 일에 상관 없이, 자체 초우주의 복지를 위하여, 초우주 통치자들은 신다운 지혜를 가진 자문 회의에서 일한다. 진화하는 체험적 최상 존재의 성격과 통치권이 완전히 현실화되어서 초우주 사이의 조정이 이루어질 때까지, 초우주들의 이러한 고립은 계속될 것이다.

11. 심의하는 집회

완전한 독재 정치와 진화된 민주주의를 대표하는 자들이 얼굴을 마주 보는 것은 유버르사와 같은 세계들에서 일어난다. 초우주 정부의 집행부는 완전의 영역에서 기원을 가진다. 입법부는 진화하는 우주들이 꽃처럼 피어나면서 싹튼다.

초우주의 심의 집회는 본부 세계에 국한된다. 이 입법 회의, 곧 자문 회의는 일곱 의회(議會)로 구성되어 있고, 각 의회에 대하여, 초우주 회의에 가입된 모든 지역 우주는 본토 대표자 하나를 뽑는다. 이 대표자들은, 하보나로 이동하도록 인가를 받고 유버르사에 머무르는 졸업생, 오르본톤에서 하늘 가는 순례 졸업생들 가운데서 그러한 지역 우주의 고등 회의가 선출한다. 평균 근무 기간은 초우주 표준 시간으로 약 1백 년이다.

나는 오르본톤 집행자들과 유버르사 집회 사이에 한 번이라도 의견 차이가 생겼다는 말을 들은 적이 없다. 우리 초우주의 역사(歷史)에서, 초우주의 집행부가 수행하기 꺼려하는 추천 항목조차, 심의하는 이 회의가 가결한 적이 아직 한 번도 없다. 언제나 가장 완전한 조화와 실용적 협정이 지배했고, 이 모든 것은 진화하는 존재들이 정말로 완전하게 된 지혜의 높이까지 다다를 수 있다는 사실을 증명하며, 완전하게 된 지혜는 이들에게 완전한 기원과 신다운 성품을 가진 성격자들과 사귈 자격을 준다. 초우주 본부에 심의하는 여러 회의가 있는 것은 우주의 아버지와 그의 영원한 아들의 광대한 진화 개념 전체에 담긴 슬기를 나타내며, 그것이 궁극에 승리할 것을 예시한다.

12. 최고 재판소

유버르사 정부의 집행 및 심의 기관에 대하여 말할 때, 어떤 형태의 유란시아 국가 정부와 비슷한 점에 비추어서, 너희는 우리가 셋째 기구(機構), 곧 사법부를 가졌음이 틀림없다고 추측할까 싶은데, 우리는 그 기구를 가졌다. 그러나 사법부(司法府)는 독립된 직원이 없다. 우리의 법정은 다음과 같이 이루어져 있다: 사례(事例)의 성질과 중요성에 따라서, 옛적부터 늘 계신 이나, 지혜 완성자나, 또는 신성한 조언자 한 분이 주관한다. 검열자들이 한 개인, 혹성, 체계, 별자리, 또는 우주에 유리하거나 불리한 증거를 제시하고 풀이한다. 막강한 사자들이 시간의 아이들과 진화하는 혹성들의 변론을 제공하는데, 그들은 지역 우주와 체계들에 대하여 초우주의 공식(公式) 관찰자이다. 고등 권한자들이 상급 정부의 태도를 설명한다. 그리고 무명 무수자(無名無數者)들과 심의하는 회의에서 뽑은 이해심 있는 성격자들의 무리가 절반씩 차지하는, 크기가 다른 위원회에서 보통 판결문을 작성한다.

옛적부터 늘 계신 이들의 법정은 구성하는 모든 우주의 영적 판결을 내리기 위하여 재심(再審)하는 고등 재판소이다. 지역 우주의 군주 아들들은 자신의 영토 안에서 제일 높으며, 의지 생물을 소멸하는 데 관계되는 일을 빼고, 군주 아들들은 옛적부터 늘 계신 이들에게 상담과 판결을 받으려고 문제를 자진해서 제출할 경우에만 초우주 정부의 지배를 받는다. 판결하는 명령은 지역 우주에서 시작되지만, 의지 생물을 소멸하는 데 관계되는 선고(宣告)는 언제나 초우주 본부에서 작성되고 거기서부터 집행된다. 지역 우주의 아들들은 사람이 살아남는 것을 선포할 수 있지만, 오로지 옛적부터 늘 계신 이들이 영원한 생사(生死) 문제에서 집행적 판단을 내려도 좋다.

재판, 증거의 제시를 요하지 않는 모든 문제에서, 옛적부터 늘 계신 이들이나 그 동료들이 결정을 내리며, 이러한 판결은 언제나 모두 만장 일치이다. 여기서 우리는 완전한 회의를 다루고 있다. 이 최상·최고의 법정이 내리는 선고에는 의견의 불일치도 소수(小數)의 의견도 없다.

거의 예외 없이, 초우주 정부들은 각자의 영토에 있는 모든 사물과 존재에 대하여 사법권을 행사한다. 초우주 당국의 판결과 결정이 있을 경우에는 항소(抗訴)가 생기지 않는데, 이는 이러한 결정이 옛적부터 늘 계신 이들, 그리고 파라다이스로부터 관계된 초우주의 운명을 주관하는 으뜸 영이 찬성한 의견을 대표하기 때문이다.

13. 구역 정부

대구역은 한 초우주의 10분의 1이며, 1백 소구역, 1만 지역 우주, 사람이 살 수 있는 약 1천억 세계로 이루어진다. 늘 완전한 이 세 분이 대구역을 관리하는데, 그들은 최상 삼위 일체 성격자이다.

늘 완전한 이들의 법정은, 그들이 그 영역에 대하여 영적 심판을 내리지 않는다는 것을 제외하고, 옛적부터 늘 계신 이들의 법정과 마찬가지로 조직되어 있다. 이 대구역 정부의 일은 주로, 방대한 창조의 지적(知的) 상태와 관계된다. 그 영역의 영적 행정이나 파라다이스 통치자들이 사람을 승천시키는 계획을 수행하는 데 바로 관련되지 않고 일상적이며 행정의 성질을 가지고 초우주 중요성을 가진 모든 일을 대구역들은 옛적부터 늘 계신 이들의 법정에 보고하기 위하여, 유보하고 판결하고 처리하고 요약한다. 대구역 정부의 인사(人事)는 초우주 정부의 인사와 별다르지 않다.

유버르사의 웅장한 위성들이 하보나로 가기 위한 너희의 마지막 영적 준비에 관여하는 바와 같이, 제5 U-대서울의 70 위성은 너희 초우주의 지적 훈련과 개발에 전념한다. 오르본톤 전체로부터, 영원의 생애를 향하여 더욱 진보하려는, 시간 속에 사는 필사자들을 준비시키기 위하여 지칠 줄 모르고 일하는 현자들이 여기에 함께 모인다. 하늘 가는 필사자들이 겪는 이 훈련의 대부분은 70개 연구 세계에서 행해진다.

요즘부터 늘 계신 이 세 분이 소구역 정부를 주관한다. 그들의 행정은 주로 구성하는 지역 우주들의 물리적 통제·통일·안정, 그리고 일상적 행정의 조정에 관계된다. 각 소구역은 1백 소우주, 1만 별자리, 1백만 체계, 곧 사람이 살 수 있는 약 10억 세계를 포함한다.

소구역 본부 세계들은 물리 주통제자(主統制者)들의 거대한 회합 장소이다. 이 본부 세계들은 초우주에 입장(入場)하는 학교에 상당하는, 일곱 교육 구체에 둘러싸여 있고, 이 구체들은 온 우주에 관하여 물리적 지식과 행정 지식을 훈련시키는 중심이다.

소구역 정부의 행정자들은 대구역 통치자들의 직계 관할 밑에 있다. 요즘부터 늘 계신 이들은 모든 관측 보고서를 받고, 지역 우주의 본부 구체에서 삼위 일체 관찰자나 고문으로서 주둔하는 늘 연합한 이들로부터, 그리고 별자리 본부에서 최고자들의 자문 회의에 비슷하게 부속된 늘 충실한 이들로부터 초우주까지 올라오는 모든 추천을 조정한다. 그러한 보고서들은 모두, 대구역에 계시는 늘 완전한 이들에게 전달되며, 나중에 옛적부터 늘 계신 이들의 법정에 전달된다. 그래서 삼위 일체 체제는 지역 우주의 별자리들로부터 초우주 본부까지 연장된다. 지역 체계의 본부들은 삼위 일체 대표들이 없다.

14. 일곱 초우주의 목적

일곱 초우주의 진화에는 일곱 가지 큰 목적이 펼쳐지고 있다. 초우주 진화에서 각 주요 목적은 일곱 초우주 가운데 오직 한 군데에서 완전한 표현을 이루며, 따라서 각 초우주는 특별한 기능과 특유한 성질을 가지고 있다.

제7 초우주 오르본톤은 너희 지역 우주가 속하는 초우주이며, 주로 그 영역의 필사자들에게 엄청나게 아낌없이 자비로운 봉사를 베푸는 것 때문에 이름이 알려져 있다. 이 초우주는 영원한 안정을 확보하기 위해서 시간이 아낌없이 희생되는 한편, 자비로 부드러워진 응보(應報)가 지배하고, 인내(忍耐)로 조절된 권력이 다스리는 그 방법 때문에 이름이 나 있다. 오르본톤은 사랑과 자비가 우주에서 전시된 것이다.

그러나 오르본톤에서 펼쳐지는 진화의 목적이 가진 참 성질에 대하여 우리의 개념을 설명하기 아주 어렵지만, 다음과 같은 말로 넌지시 비칠까 싶다. 우리는 이 초월 창조에서, 관련된 여섯 초월 창조에서 나타난 우주 진화의 여섯 가지 특유한 목적이, 여기서 전체의 의미로서 서로 연결되어 있다고 느낀다. 바로 이 때문에, 진화되고 완전히 성격화된 최상위 하나님이 먼 앞날에, 유버르사로부터, 그 때에 성취된 전능한 통치권의 모든 체험적 장려함을 가지고, 완전하게 된 일곱 초우주를 다스릴 것이라 우리는 가끔 추측해 왔다.

오르본톤이 성질 면에서 특유하고, 그 운명이 개별적인 것처럼, 그와 관계된 다른 여섯 초우주도 각자 그렇다. 그러나 오르본톤에서 일어나고 있는 아주 많은 일이 너희에게 밝혀지지 않는다. 오르본톤 생명에서 밝혀지지 않은 이러한 모습 가운데, 허다한 것은 어떤 다른 초우주에서 아주 완전한 표현을 찾도록 되어 있다. 초우주를 진화시키는 일곱 가지 목적은 일곱 초우주 모두에서 작용하지만, 각 초월 창조는 이 가운데 오직 한 가지 목적만 완전히 표현할 것이다. 이 초우주의 목적을 더욱 이해하려면, 너희가 알아듣지 못하는 많은 것이 노출되어야 하겠고, 그렇게 했을 때에도, 너희는 별로 깨닫지 못할 것이다. 이 이야기 전체가 거대한 창조를 얼핏 훑어보는 것에 지나지 않으며, 너희 세계와 지역 체계는 그 창조의 일부분이다.

너희의 세계는 유란시아라고 부르고, 사타니아 혹성 집단, 곧 혹성 체계에서 606번째이다. 이 체계는 현재 사람 사는 세계를 619개 가지고 있고, 2백이 넘는 다른 혹성들이 미래 시대에 언젠가 사람 사는 세계가 되는 방향으로 순조롭게 진화하고 있다.

사타니아는 예루셈이라고 부르는 본부 세계를 가졌고, 사타니아는 놀라시아덱 별자리에서 24번 혹성 체계이다. 너희의 놀라시아덱 별자리는 1백 지역 체계로 이루어져 있고, 에덴시아라고 부르는 본부 세계를 가지고 있다. 네바돈 지역 우주는 1백 별자리로 구성되어 있고, 구원자별이라고 알려진 서울을 가지고 있다. 네바돈 우주는 엔사 소구역에서 84번이다.

엔사 소구역은 1백 지역 우주로 구성되어 있고, 제3 U-소서울이라고 부르는 수도(首都)가 있다. 이 소구역은 스플랜돈 대구역에서 3번이다. 스플랜돈은 1백 소구역으로 구성되어 있고, 제5 U-대서울이라고 부르는 본부 세계가 있으며, 대우주에서 일곱째 부분인 오르본톤 초우주에서 다섯째 대구역이다. 이처럼 너희는 온 우주의 조직과 행정 계획에서 너희 혹성의 위치를 찾을 수 있다.

너희 세계 유란시아의 대우주 번호는 5,342,482,337,666이다. 이것이 유버르사와 파라다이스에 있는 등록 번호, 사람이 사는 세계들의 목록에서 너희의 번호이다. 나는 그 물리적 구체의 등록 번호도 알고 있지만, 그 규모가 특별히 크니까, 필사 지성에게 실용적 의미가 거의 없다.

너희의 혹성은 거대한 우주의 일원(一員)이다. 너희는 거의 무한한 세계들의 가족에 속하지만, 마치 너희의 구체가 모든 존재 가운데 사람 사는 유일한 세계인 듯, 정밀하게 관리되고 사랑스럽게 양육되고 있다.

[유버르사에서 온 한 우주 검열자가 진술하였다.]

제 16 편

일곱 으뜸 영

파라다이스의 일곱 으뜸 영은 무한한 영의 1차 성격자이다. 자아를 복사(複寫)하는 이 일곱 가지 창조 행위에서, 무한한 영은 신 세 분이 사실로 실존하는 데 수학적으로 본래 있는 결합 가능성을 다 써 버렸다. 으뜸 영들을 더 많이 생산하는 것이 가능했더라면 그렇게 되었을 터이나, 꼭 일곱 가지 결합 가능성이 있을 뿐이며, 세 신에게는 오로지 일곱 가지 가능성만 본래 있다. 그리고 이것이 어째서 우주가 일곱 대부문으로서 운영되는가, 어째서 일곱이라는 수가 그 조직과 행정에서 기본적으로 바탕이 되는가 설명해 준다.

이처럼 일곱 으뜸 영은 다음 일곱 가지 유사성으로부터 기원을 가지며, 그로부터 개별적 특징을 뽑아 낸다:

1. 우주의 아버지.
2. 영원한 아들.
3. 무한한 영.
4. 아버지와 아들.
5. 아버지와 영.
6. 아들과 영.
7. 아버지와 아들과 영.

으뜸 영들의 창조에서 아버지와 아들의 활동에 관하여 우리는 거의 아는 것이 없다. 그들은 무한한 영이 친히 하신 활동으로 말미암아 생긴 듯하지만, 아버지와 아들 두 분이 모두 그들의 기원에 참여했다고 우리는 분명히 가르침을 받아 왔다.

영 특성과 성질 면에서 이 파라다이스의 일곱 영은 하나와 같지만, 신분의 모든 다른 특성에서 그들은 서로 아주 다르고, 초우주에서 그들이 활동하는 결과는 각자의 개별 차이점이 뚜렷이 구별될 정도이다. 대우주의 일곱 구역의 모든 사후(事後) 계획은—그리고 외계 공간에 서로 상관되는 구역들조차—최상으로, 궁극에 감독하는 이 일곱 으뜸 영의 비영적 다양성에 따라서 조절되었다.

일곱 으뜸 영은 많은 기능이 있지만, 현재 그들의 특유한 분야는 일곱 초우주를 중심에서 감독하는 것이다. 각 으뜸 영은 거대한 물력 초점 본부를 유지한다. 이 본부는 파라다이스 가장자리를 천천히 돌며, 언제나 직접 감독하는 초우주의 맞은편에서, 특화된 그 동력을 통제하고 구역 에너지를 분배하는 파라다이스 초점에서 자리를 유지한다. 어느 한 초우주의 방사(放射)하는 경계선도 감독하는 으뜸 영의 파라다이스 본부에서 실제로 한 점에 모인다.

1. 삼자 일체 신과 가지는 관계

합동 창조자, 곧 무한한 영은 갈라지지 않은 신의 삼자 성격화를 마치는 데 필요하다. 이렇게 세 겹으로 신이 성격화하는 것은, 개별로, 또 결합해서 표현하는 가능성으로 볼 때 본래부터 일곱 가지이다. 따라서 아버지·아들·영을 마땅히 표현하는 존재, 총명하고 영적 잠재성을 가진 존재들이 거하는 우주들을 창조하려고 차후에 세운 계획은 일곱 으뜸 영의 성격화를 불가피하게 만들었다. 우리는 신이 세 가지로 성격화하는 것을 절대 필연성이라 부르게 되었고, 한편 일곱 으뜸 영이 나타나는 것을 절대 아래의 필연성으로 보게 되었다.

일곱 으뜸 영은 도저히 세 겹 신을 표현하지 못하지만, 칠중 신의 영원한 초상이며, 이 칠중 신은 늘 계시는 세 분 신의 기능, 활발하고 결합하는 기능이다. 이 일곱 영으로 말미암아, 그들 안에서, 그들을 통해서, 우주의 아버지나 영원한 아들이나 무한한 영, 아니면 어떤 2중 결합도 그렇게 활동할 수 있다. 우주의 아버지와 영원한 아들과 무한한 영, 세 분이 함께 행동할 때, 그들은 으뜸 영 7번을 통해서 활동할 수 있고, 또 그렇게 하지만, 삼위 일체로서 활동하지는 않는다. 단독으로 또는 집합으로, 으뜸 영들은, 단독이며 각자의 가능한 모든 신 활동 가운데 어떤 것이나, 또 모든 것을 대표하지만, 집합의 활동, 삼위 일체를 대표하지는 않는다. 으뜸 영 7번은 파라다이스 삼위 일체에 대해서는 성격으로서 기능이 없는데, 바로 이것이 그가 최상 존재를 위해서 친히 활동할 수 없는 이유이다.

그러나 일곱 으뜸 영이 그들 개인의 권능과 초우주 권한을 가진 개체의 자리를 비우고, 파라다이스 신의 삼자 일체 계심 앞에서 합동 행위자 둘레에 모이면, 그 때 거기서, 진화하는 우주들에게, 그 우주들 안에서, 그들은 나누어지지 않은 신—삼위 일체—기능의 권능, 슬기, 권한을 집단으로 대표한다. 신의 원초적 일곱 가지 표현에서 파라다이스에서 이렇게 연합하는 것은, 최상위와 궁극위에 있는 영원한 세 신의 모든 속성과 태도를 실제로 포함하며, 글자 그대로 둘러싼다. 모든 실용적 의도와 목적에서 볼 때, 일곱 으뜸 영은 그 때 거기서, 모우주에 대하여, 모우주 안에서, 최상 궁극위의 기능적 영토를 둘러싼다.

우리가 헤아릴 수 있는 한, 이 일곱 영은 영원한 세 분 신의 신성한 활동과 결합되어 있다. 절대자의 영원한 세 국면에서 작용하는 계심과 직접 관련이 있다는 증거를 우리는 탐지하지 못한다. 결합될 때 대체로 유한한 행동 분야라고 생각해도 좋은 범위 안에서, 으뜸 영들은 파라다이스 신들을 대표한다. 이 영역은 궁극의 것을 많이 품을지 모르지만, 절대적인 것을 품지는 않는다.

2. 무한한 영에 대한 관계

항상 수가 늘어나는 신다운 아들들의 몸을 통해서 영원한 최초의 아들이 드러나는 것과 꼭 마찬가지로, 무한하고 신성한 영은 일곱 으뜸 영과 그들의 관련된 영 집단의 경로를 통해서 드러난다. 가장 가운데서, 무한한 영을 접근하는 것이 가능하지만, 파라다이스에 다다르는 자들 모두가 그의 성격과 차별화된 계심을 즉시 분별할 수 있지는 않다. 그러나 중앙 우주에 도달하는 자는 모두 일곱 으뜸 영 가운데 한 분, 곧 새로 도착한 공간 순례자의 고향인 초우주를 주관하는 분과 즉시 교통할 수 있고, 또 그렇게 한다.

파라다이스 아버지는 온 우주에게 오직 아들을 통해서 말씀하고, 한편 아버지와 아들은 오직 무한한 영을 통해서 합동으로 활동한다. 파라다이스와 하보나 바깥에서, 무한한 영은 오직 일곱 으뜸 영의 목소리를 통해서 말씀한다.

무한한 영은 파라다이스-하보나 체계의 울타리 안에서 몸소 계시는 영향을 미친다. 다른 곳에서 그가 몸소 영으로 계심은 일곱 으뜸 영 가운데 한 분의 힘을 입어서, 그를 통해서 일어난다. 따라서 어느 세계에서나 어떤 개인 안에 셋째 근원 중심이 초우주 영으로 계신 것은 그 창조 부분을 감독하는 으뜸 영의 독특한 성품에 따라 조절된다. 거꾸로 말하면, 통합된 영 세력과 지성의 줄은 일곱 으뜸 영을 거쳐서, 신의 셋째 분에게 안으로 전달된다.

일곱 으뜸 영은 집단으로 셋째 근원 중심의 최상·궁극의 속성을 부여받았다. 각자가 개별로 이 자질을 취하는 한편, 오로지 집단으로 그들은 전능, 전지(全知), 두루 계심, 이와 같은 속성을 나타낸다. 이들 가운데 어느 누구도 그렇게 보편적으로 활동할 수 없다. 개체로서, 이 최상·궁극의 능력을 행사하는 과제에서 각자는 직접 감독하는 초우주에 몸소 국한되어 있다.

합동 행위자의 신성과 성격에 관해서 너희에게 일러 준 모든 것이, 일곱 으뜸 영에게 똑같이, 충분히 적용된다. 그들의 신(神) 재산에 따라서, 다르고 개별적으로 독특한 그들 성품의 방식으로, 그들은 아주 효과적으로 무한한 영을 대우주의 일곱 부분에 분배한다. 그러니까 일곱 분의 집합체에게 무한한 영의 어떤 이름이나, 모든 이름을 적용하는 것이 마땅하겠다. 모든 절대 아래 수준에서, 집단으로 그들은 합동 창조자와 하나이다.

3. 으뜸 영들의 신분과 다양성

일곱 으뜸 영은 표현하기 불가능한 존재이지만, 뚜렷하게, 명백히 성격이 있다. 그들은 이름이 있지만, 우리는 번호로 소개하려고 한다. 무한한 영의 1차 성격화로서, 그들은 비슷하다. 그러나 삼자 일체 신의 일곱 가지 가능한 결합의 1차 표현으로서, 그들의 성품은 근본적으로 다양하다. 이 성품의 다양성은 초우주 경영(經營)의 차이를 결정한다. 이 일곱 으뜸 영을 다음과 같이 설명해도 좋다:

으뜸 영 1번. 특별한 방식으로, 이 영은 파라다이스 아버지의 직접 대표이다. 그는 우주의 아버지의 권능·사랑·지혜의 독특하고 유능한 명시이다. 신비의 감시자들의 우두머리에게 가까운 동료이자 고귀한 조언자이며, 이 우두머리는 신별에서 성격화된 조절자 학부를 주관하는 존재이다. 일곱 으뜸 영의 모든 관계에서, 우주의 아버지를 대변(代辯)하는 분은 언제나 으뜸 영 1번이다.

이 영은 제1 초우주를 주관하며, 무한한 영의 1차 성격화의 신다운 성품을 어김없이 나타내는 한편, 그 자질은 우주의 아버지를 더욱 특별히 닮은 듯하다. 제1 초우주 본부에서 일곱 반영 영과 언제나 몸소 연락을 가진다.

으뜸 영 2번. 이 영은 영원한 아들, 모든 창조의 첫 아들의 비할 데 없는 성품과 매력 있는 됨됨이를 알맞게 나타낸다. 모든 계급의 하나님의 아들들이 개인으로서 또는 즐거운 집회에서 거주(居住) 우주에 어쩌다가 있게 될 때는 언제나, 그는 이들과 늘 밀접한 관계를 가진다. 일곱 으뜸 영의 모든 집회에서, 언제나, 영원한 아들을 대변하고, 그를 위해서 말씀한다.

이 영은 제2 초우주의 운명을 지휘하며, 영원한 아들이 하고자 하는 것과 아주 비슷하게 이 광대한 영역을 다스린다. 제2 초우주의 서울에 자리잡은 일곱 반영 영과 언제나 연락을 가진다.

으뜸 영 3번. 이 영 성격자는 특별히 무한한 영을 닮았고, 무한한 영의 많은 높은 성격자들의 움직임과 일을 지휘한다. 이들의 집회를 주관하며, 셋째 근원 중심에 순전한 기원을 가진 모든 성격자와 밀접하게 관계가 있다. 일곱 으뜸 영이 회의할 때, 무한한 영을 언제나 대변하는 분은 으뜸 영 3번이다.

이 영은 제3 초우주를 책임지며, 무한한 영이 하고자 하는 것과 아주 비슷하게 이 지역의 사무를 처리한다. 제3 초우주 본부에서 반영 영들과 언제나 연락을 가진다.

으뜸 영 4 번. 아버지와 아들의 통합된 성품을 취하면서, 이 으뜸 영은 일곱 으뜸 영 회의에서 아버지-아들의 정책과 과정에 관하여 결정적인 영향력이다. 이 영은 무한한 영에 다다르고, 따라서 아들과 아버지를 만날 후보자가 된, 하늘 가는 존재들의 우두머리 지도자요 조언자이다. 아버지와 아들에 기원을 가지는 성격자들의 거대한 무리를 보살핀다. 일곱 으뜸 영의 관계에서 아버지와 아들을 함께 대표할 필요가 있을 때, 말씀하시는 분은 언제나 으뜸 영 4번이다.

우주의 아버지와 영원한 아들의 속성을 특별히 결합함에 따라서, 이 영은 대우주의 넷째 부분을 보살핀다. 제4 초우주 본부에 있는 반영 영들과 언제나 몸소 연락을 유지한다.

으뜸 영 5번. 우주의 아버지와 무한한 영의 성품을 지극하게 혼합하는 이 신다운 성격자는, 동력 지휘자, 동력 중심, 물리 통제자로 알려진 거대한 무리의 존재들에게 조언하는 분이다. 이 영은 또한 아버지와 합동 행위자에 기원을 가지는 모든 성격자를 보살핀다. 일곱 으뜸 영의 회의에서, 아버지와 영이 공동으로 가지는 태도에 대해 물음이 생길 때, 말씀하시는 분은 언제나 으뜸 영 5번이다.

이 영은 우주의 아버지와 무한한 영의 통합된 행동을 제시하는 방법으로, 제5 초우주의 복지를 지도한다. 제5 초우주 본부에서 반영 영들과 언제나 연락을 가지고 있다.

으뜸 영 6번. 이 신다운 존재는 영원한 아들과 무한한 영의 통합된 성품을 나타내는 듯하다. 아들과 영이 공동으로 창조한 생물이 중앙 우주에서 모일 때, 그들의 조언자는 이 으뜸 영이다. 그리고 일곱 으뜸 영의 회의에서, 영원한 아들과 무한한 영이 공동으로 말씀하실 필요가 있을 때는 언제나, 대답하는 분은 으뜸 영 6번이다.

이 영은 영원한 아들과 무한한 영이 하고자 하는 것과 아주 비슷하게, 제6 초우주의 사무를 지도한다. 제6 초우주 본부에서 반영 영들과 언제나 연락을 가지고 있다.

으뜸 영 7번. 제7 초우주를 주관하는 영은 우주의 아버지, 영원한 아들, 무한한 영을 독특하게 골고루 나타내는 초상(肖像)이다. 일곱째 영은 삼위 일체 기원을 가진 모든 존재를 돌보는 조언자이며, 또한 승천하는 모든 하보나 순례자, 곧 아버지·아들·영의 통합된 봉사를 통해서 영광의 뜰에 다다른 낮은 존재들에게 조언자요 지도자이기도 하다.

일곱째 으뜸 영은 파라다이스 삼위 일체를 유기적으로 대표하지 않는다. 그의 성격과 영적 성품은, 무한한 세 분을 똑같은 비례로 나타낸 합동 행위자의 초상이며, 세 분의 신 연합은 바로 파라다이스 삼위 일체요, 그와 같은 그들의 기능은 최상위 하나님의 성격 및 영적 성품의 근원이라는 것은 알려진 사실이다. 따라서, 일곱째 으뜸 영은 진화하는 최상위의 영적 몸에 대하여 성격 및 유기적 관계를 드러낸다. 그러니까 하늘에서 으뜸 영들의 회의에서, 아버지·아들·영, 세 분의 통합된 성격의 태도를 나타내는 투표를 하거나, 최상 존재의 영적 태도를 설명할 때, 활동하는 분은 으뜸 영 7번이다. 이처럼 일곱 으뜸 영의 파라다이스 회의를 본래부터 주관하는 우두머리가 된다.

일곱 으뜸 영 가운데 어느 누구도 유기적으로 파라다이스 삼위 일체를 대표하지 않는다. 그러나 그들이 칠중의 신으로 뭉칠 때, 이 뭉침은, 신의 의미에서—성격 의미가 아니라—삼위 일체의 활동과 관계할 수 있는 활동 수준에 상당하게 된다. 이러한 의미에서, "칠중 영"은 기능 면에서 파라다이스 삼위 일체와 교제할 수 있다. 또한 이런 의미에서, 으뜸 영 7번은 가끔 삼위 일체의 태도를 확인하여 말씀하시거나, 아니면 오히려 삼중 신의 연합한 태도, 곧 파라다이스 삼위 일체의 태도에 관하여 칠중 영 연합의 태도를 대변(代辨)하는 이로서 말씀하신다.

따라서, 제7 으뜸 영의 여러 가지 기능은 아버지·아들·영, 이 세 분의 개인적 성품을 통합한 초상(肖像)으로부터, 최상위 하나님의 성격 태도를 나타내는 대표를 거쳐서, 파라다이스 삼위 일체가 신으로서 가진 태도를 노출하기까지 이른다. 그리고 어떤 면에서, 주관하는 이 영은 비슷하게, 궁극위와 최상 궁극위의 태도를 나타낸다.

그의 여러 자격을 가지고, 시간 세계로부터 온 승천 후보자들이 갈라지지 않은 최상위 신을 이해하려고 노력하는 가운데, 그들이 진보하는 것을 친히 후원하는 분은 으뜸 영 7번이다. 그러한 이해는 최상 삼위 일체의 실존적 통치권의 파악을 포함하며, 이것은 최상위의 통일성을 피조물이 깨닫도록 최상 존재의 성장하는 체험적 통치권의 개념과 조정된다. 이 세 가지 요인을 피조물이 깨닫는 것은 삼위 일체의 실체를 하보나에서 이해하는 것과 같고, 시간 순례자들에게 궁극에는 삼위 일체를 알아차리고, 무한한 세 분의 신을 발견하는 능력을 부여한다.

하보나 순례자들이 최상위 하나님을 충분히 찾아낼 능력이 없는 것을 제7 으뜸 영이 보완해 준다. 아주 특이한 방법으로, 그의 삼자 일체 성품은 최상위의 영적 몸을 드러낸다. 최상위의 몸과 연락이 불가능한 현재 우주 시대에, 으뜸 영 7번은 개인적 관계를 다루는 문제에서 하늘 가는 생물의 하나님을 대신하여 활동한다. 그는 하늘 가는 모든 자가 영광의 중심에 다다를 때, 승천자들이 분명히 알아보고 얼마큼 이해하는 하나의 높은 영 존재이다.

이 으뜸 영은 우리 자신의 창조 부분, 제7 초우주의 본부 유버르사에 있는 반영 영들과 언제나 연락을 가진다. 오르본톤에 있는 그의 행정부는 아버지·아들·영, 세 분의 신성한 성품을 나란히 섞은 놀라운 아름다움을 드러낸다.

4. 으뜸 영의 속성과 기능

일곱 으뜸 영은 진화 우주에 대하여 무한한 영을 충분히 대표한다. 에너지·지성·영의 관계에서 셋째 근원 중심을 대표한다. 그들은 합동 행위자의 우주 행정 통제에서 조정하는 우두머리로서 활동하는 한편, 파라다이스 신들의 창조 활동에서 기원을 가진다는 것을 잊지 말라. 이 일곱 영이 삼자 일체 신의 성격화된 물리적 권능, 우주 지성, 영적 계심이라는 것, "온 우주에 파송된 하나님의 일곱 영"이라는 것은 문자 그대로 참말이다.

절대 수준을 빼고, 으뜸 영들은 우주의 모든 실체 수준에서 활동하기 때문에 독특하다. 그러니까 모든 수준의 초우주 활동에서, 모든 단계의 행정 사무를 유능하고 완전하게 감독하는 분들이다. 필사 지성이 으뜸 영들에 관해서 많이 이해하기는 어려운데, 이는 그들이 하는 일이 대단히 전문화되어 있어도 모든 것을 포함하고, 아주 예외적으로 물질적이고, 동시에 아주 지극하게 영적이기 때문이다. 우주 지성을 만든 이 다능한 창조자들은 우주 동력 지휘자들의 조상이요, 그들 자신은 광대하고 방대한 영 생물의 창조를 최상으로 지휘하는 자이다.

일곱 으뜸 영은 우주 동력 지휘자와 그 동료들의 창조자이며, 그 동료들은 대우주의 물리 에너지를 조직하고 통제하고 조절하는 데 필요 불가결한 통일체이다. 바로 이 으뜸 영들은 지역 우주를 형성하고 조직하는 작업에서, 매우 물질적으로 아들 창조자들을 돕는다.

우리는 으뜸 영들의 우주 에너지 작업과 무제한 절대자의 물력 활동 사이에 성격 연락이 있다는 흔적을 조금도 찾을 수 없다. 으뜸 영들의 관할 밑에서 에너지의 명시는 모두 파라다이스 가장자리에서부터 지휘를 받는다. 이것은 파라다이스의 아래 표면에서 생기는 것으로 확인된 물력 현상과 직접, 어떤 방법으로도 관계가 없는 듯하다.

물어 볼 여지 없이, 다양한 상물질 동력 감독자들의 기능적 활동과 마주칠 때, 우리는 으뜸 영들의 어떤 밝혀지지 않은 활동과 얼굴을 마주하고 있다. 물리 통제자와 영 봉사자들의 조상을 제쳐 놓고, 지금까지 존재하지 않았던 단계의 우주 실체—상물질계의 물질과 상물질 지성—을 만들려고 어느 누가 물질 에너지와 영 에너지를 그렇게 합하고 섞느라고 머리를 짤 수 있었을까?

영적 세계에 있는 많은 실체는 상물질 서열이며, 이것은 유란시아에서 전혀 알려지지 않은 우주 실체의 한 단계이다. 성격이 존재하는 목표는 영적인 것이다. 그러나 상물질 창조들이 언제나 사이에 개재하며, 이 창조들은 필사의 기원을 가진 물질 영역과 전진하는 영적 지위를 가진 초우주 구체들 사이의 간격에 다리를 놓는다. 바로 이 영역에서, 으뜸 영들은 사람을 파라다이스로 승천시키는 계획에 크게 이바지한다.

일곱 으뜸 영은 대우주에서 두루 활동하는 성격 대표자들을 가지고 있다. 그러나 이 부하 존재들의 대부분은 파라다이스의 완전한 길에서 필사자가 진보하는 승천 계획에 직접 관련되지 않기 때문에, 그들에 관해서 거의 또는 아무 것도 알려져 있지 않다. 일곱 으뜸 영의 활동 가운데 많은 것, 허다한 것이, 인간이 이해하지 못하도록 가려져 있는데, 이는 그것이 결코 너희가 파라다이스로 올라가는 문제와 직접 관계되지 않기 때문이다.

우리가 분명한 증거를 내놓을 수 없지만, 오르본톤의 으뜸 영이 다음 분야의 활동에서 결정적인 영향을 미칠 가능성이 아주 높다:

1. 지역 우주 생명 운반자들이 생명을 창시하는 과정.

2. 지역 우주의 창조 영이 세계들에 수여한 보조 지성 영들이 생명을 활성화시키는 것.

3. 직진(直進) 인력에 반응하는 조직된 물질 단위가 드러내는 에너지 명시의 변동.

4. 무제한 절대자의 손아귀에서 완전히 풀려날 때 솟아 나오는 에너지의 행동. 이것은 직진 인력의 직접 영향과 우주 동력 지휘자 및 그 동료들의 조종에 민감하게 된다.

5. 지역 우주 창조 영이 봉사하는 영을 수여하는 것. 이 창조 영은 유란시아에서 성령(聖靈)으로 알려져 있다.

6. 수여 아들들이 나중에 영을 주는 것. 이 영을 유란시아에서는 위로자 또는 진리의 영이라 부른다.

7. 지역 우주와 초우주의 반영 작용. 합동 행위자와 최상 존재와 관련하여, 으뜸 영들이 활동한다는 것을 가정(假定)하지 않고는, 이 특별한 현상에 관련된 많은 특성을 도저히 합당하게 설명하거나, 합리적으로 이해하기 힘들다.

일곱 으뜸 영의 여러 작업을 우리가 적절히 이해하지 못하는데도, 광대한 우주 활동의 범위 안에서 그들이 아무 상관하지 않는 두 가지 영역이 있다고 우리는 확신한다. 이는 곧 생각 조절자들의 수여와 봉사, 그리고 무제한 절대자의 헤아릴 수 없는 기능이다.

5. 생물에 대한 관계

대우주의 각 부분, 각 개별 우주와 세계는 모두 일곱 으뜸 영의 일치하는 상담과 지혜의 혜택을 받지만, 그 가운데 오직 한 분의 개인적 손길과 빛깔을 받는다. 각 으뜸 영 성격의 성품은 그 초우주 전체에 미치며 그것을 독특하게 조절한다.

일곱 으뜸 영이 몸소 미치는 이 영향을 통해서, 모든 지적 존재 계급의 모든 생물은 파라다이스와 하보나 바깥에서, 이 일곱 파라다이스 영 가운데 어느 한 분의 조상 성품을 가리키는 도장(圖章), 개성의 특징을 나타내는 도장을 지녀야 한다. 일곱 초우주에 관하여 말하면, 각 본토 생물은, 사람이든 천사이든, 출생을 증명하는 이 표지를 언제까지나 달고 있을 것이다.

일곱 으뜸 영은 진화하는 시공 세계에서 개별 생물의 물질 지성을 직접 침범하지 않는다. 유란시아의 필사자들은 오르본톤 으뜸 영의 지성 영 영향이 몸소 계신 것을 체험하지 않는다. 사람이 사는 한 세계에서 진화하는 초기 시대에, 이 으뜸 영이 개별 필사 지성과 어떤 종류의 연락이라도 취한다면, 그 지역 우주 창조 영의 봉사를 통해서 그런 일이 생김이 틀림없다. 이 창조 영은 각 지역 우주의 운명을 주관하는, 하나님의 아들 창조자의 배우자요 동료이다. 그러나 바로 이 어머니 창조 영은 그 성질과 성품이 오르본톤의 으뜸 영과 상당히 비슷하다.

한 으뜸 영의 물리적 도장(圖章)은 사람의 물질 기원의 일부이다. 바로 이 으뜸 영의 지속되는 영향 밑에서, 상물질 생명 전체를 사는 것이다. 그러한 하늘 가는 사람이 다음에 거치는 영 생애가, 감독하는 바로 그 영의 특징을 나타내는 자국을 결코 완전히 지워 버리지 못하는 것은 좀처럼 이상한 일이 아니다. 으뜸 영의 날인은 사람이 승천하는 모든 하보나 이전(以前) 단계에서 바로 그 존재에 기본이다.

진화하는 필사자들의 생활 체험에서 전시되는 뚜렷한 성격의 경향은 각 초우주의 특징을 나타내며, 지배하는 으뜸 영의 성품을 직접 표현한다. 이 경향은 그러한 승천자들이 하보나의 10억 교육 구체에서 마주치는 긴 훈련과 통일하는 단련을 받고 난 뒤에도, 결코 완전히 지워지지 않는다. 나중에 집중적인 파라다이스 문화조차도 초우주 기원을 나타내는 표시를 없애는 데 충분하지 않다. 온 영원에 걸쳐서 하늘 가는 사람은 그가 출생한 초우주를 주관하는 영을 가리키는 특성을 나타낼 것이다. 최후 군단에서도, 진화된 창조와 완벽한 삼위 일체의 관계를 얻거나 묘사하는 것이 바람직할 때는, 언제나 각 초우주에서 한 명씩, 일곱 최후자로 이루어진 한 집단이 소집된다.

6. 우주 지성

으뜸 영들은 우주 지성의 일곱 가지 근원이요, 대우주의 지적 잠재성이다. 이 우주 지성은 셋째 근원 중심의 지성이 절대 아래에 명시된 것이며, 어떤 면에서, 진화하는 최상 존재의 지성과 기능적으로 관련된다.

유란시아와 같은 세계에서, 우리는 인류의 사무에서 일곱 으뜸 영의 직접 영향에 부딪치지 않는다. 너희는 네바돈 창조 영의 직접 영향을 받으면서 살고 있다. 그런데도 바로 이 으뜸 영들은 모든 생물 지성의 기본 반응을 지배하는데, 이는 그들이 지적·영적 잠재성의 실제 근원이기 때문이다. 이러한 잠재성은 진화하는 시공 세계에 사는 개인들의 생활에서 작용하도록 지역 우주에서 특화되었다.

우주 지성이 있다는 사실은 여러 형태의 인간 및 초인간 지성 사이에 친척 관계가 있음을 설명한다. 친척 영들이 서로 이끌릴 뿐 아니라, 친척 지성들도 또한 아주 사교성이 있고, 하나가 다른 하나와 협동하는 경향이 있다. 인간의 지성은 때로는 놀라운 유사성(類似性)을 가지고 설명할 수 없이 찬성하는 경로에서 작용하고 있는 것이 관찰된다.

우주 지성의 모든 성격자 관계에는 "실체 반응"이라고 이름지을까 싶은 그러한 성질이 존재한다. 과학·철학·종교에서 암시된 선험적 가정(假定)에 힘없는 희생자가 되지 않도록 의지 생물을 구원하는 것은, 그들이 가진 바로 이 보편적 우주 재산이다. 에너지 물질이 인력에 반응하는 것과 마찬가지로, 우주 지성이 실체에 대하여 가지는 이 민감성은 어떤 국면(局面)의 실체에 반응한다. 그래도 이 초물질 실체들이 우주의 지성에 대하여 그렇게 반응한다고 말하는 것이 더 정확하겠다.

우주 지성은 어김없이 세 가지 수준에서 우주 실체에 반응한다 (반응을 인식한다). 이러한 반응은 분명히 추리하고 깊이 생각하는 지성에게 자명하다:

1. 원인 작용—육체적 감각의 실체 분야, 논리적 균일성이 있는 과학적 영역, 사실과 비사실(非事實)의 구분, 우주의 반응에 바탕을 두고 숙고하여 얻는 결론. 이것이 우주에서 분별하는 수학(數學) 형태이다.

2. 의무—철학 분야에서 도덕의 실체 영역, 이성이 활동하는 무대, 상대적으로 옳고 그른 것들을 인식하는 것. 이것이 우주에서 분별하는 사법(司法) 형태이다.

3. 예배—종교적으로 체험하는 실체의 영적 분야, 신과 친교함을 몸소 깨닫는 것, 영적 가치의 인식, 영원히 살아남는다는 확신, 하나님의 종 위치로부터 하나님의 아들이 되는 기쁨과 자유로 올라가는 것. 이것이 우주 지성의 가장 높은 통찰력이요, 우주에서 분별하는 경건하고 숭배할 형태이다.

이 과학적·도덕적·영적 통찰력, 이 우주 반응은 우주 지성 속에 타고난 것이며, 우주 지성은 모든 의지 생물에게 부여된다. 사는 체험은 결코 이 세 가지 우주 직관을 개발하지 못하는 일이 없는데, 이것들이 돌이켜 생각하는 자의식의 구성 요소이기 때문이다. 그러나 유란시아에서는 거의 아무도 용감하게 따로 우주를 생각하는 이 성질의 개발을 기뻐하지 않는다고 기록하자니 딱하다.

지역 우주 지성을 수여하는 과제에서, 우주 지성의 이 세 가지 통찰력은, 사람으로 하여금 과학·철학·종교의 분야에서, 합리적이며 자의식을 가진 성격자로서 활동하는 것을 가능하게 하는 선험적 가정(假定)을 이룬다. 달리 말하면, 무한자가 나타나는 이 세 가지 명시가 현실임을 인식하는 것은 스스로 계시하는 우주 기법을 따른다. 물질 에너지는 감각의 수학 논리로 말미암아 인식된다. 지성과 논리는 직관으로 그 도덕적 의무를 안다. 영의 믿음(예배)은 영적 체험의 실체로 이루어진 종교이다. 비쳐보는 사고(思考)에서, 이 세 가지 기본 요소는 성격의 개발에서 통일되고 조정될 수도 있고, 아니면 균형을 잃고 각자의 기능에서 거의 무관하게 될 수도 있다. 그러나 이것들은 통일될 때, 사실에 근거를 둔 과학, 도덕적 철학, 진정한 종교적 체험을 상관시키면서 튼튼한 성품을 만들어 낸다. 사물·의미·가치를 겪고, 이것들과 함께 겪는 인간의 체험에 객관적 타당성, 실체를 부여하는 것은 바로 이 세 가지 우주 직관이다.

인간 지성의 이 타고난 자질을 개발하고 날카롭게 만드는 것이 교육의 목적이요, 그 자질을 표현하는 것이 문명의 목적이며, 그를 실현하는 것이 생활 체험의 목적이요, 그를 고귀하게 하는 것이 종교의 목적이며, 그를 통일하는 것이 성격의 목적이다.

7. 도덕과 미덕과 성격

지능만으로는 도덕적 성품을 설명할 수 없다. 도덕, 미덕은 인간 성격에 토착으로 생긴다. 도덕적 직관, 곧 의무를 깨닫는 것은, 인간 지성 자질의 한 구성 요소이며, 인간 성품 가운데 빼앗을 수 없는 다른 것들, 곧 과학적 호기심과 영적 통찰력과 관계된다. 사람의 정신력은 그 동물 사촌의 정신력을 훨씬 능가하지만, 동물 세계로부터 사람을 특히 구별하는 것은 사람의 도덕적·종교적 성품이다.

한 동물의 선택하는 반응은 행동의 운동 수준에 제한을 받는다. 고등 동물이 가졌다고 생각되는 통찰력은 운동 수준에 있고, 보통은 운동의 시행 착오(施行錯誤)를 경험한 뒤에 나타난다. 사람은 모든 탐험이나 실험에 앞서, 과학적, 도덕적, 영적 통찰력을 사용할 수 있다.

오로지 성격자만 자기가 무엇을 하는지, 하기 전에 알 수 있다. 오로지 성격자들만 체험에 앞서 통찰력을 가진다. 성격자는 뛰기 전에 살펴볼 수 있고, 따라서 뛰는 것 뿐 아니라 살펴봄으로 배울 수 있다. 성격이 없는 동물은 보통, 뛰어야만 배운다.

체험을 한 결과로서, 동물은 한 목표를 달성하는 다른 방법들을 살펴보고, 쌓인 체험에 기초를 두고 한 접근법을 고를 수 있다. 그러나 성격자는 또한 그 목표 자체를 살펴볼 수 있고, 그것이 보람이 있는가, 그 가치에 대하여 판단을 내릴 수 있다. 지능 혼자서 무차별한 목적을 달성하는 최선의 방법을 분별할 수 있다. 그러나 도덕적 존재는 수단 뿐 아니라, 목적도 헤아릴 수 있게 하는 통찰력을 가졌다. 그런데도 미덕을 고를 때, 도덕적 존재는 영리하다. 무엇을 하고 있는지, 어째서 그것을 하는지, 어디로 가는지, 어떻게 거기로 갈 것인지 알고 있다.

사람이 필사자로서 투쟁하는 목적을 분별하지 못하면, 자신이 동물 수준의 존재에서 활동함을 발견하게 된다. 하나의 성격 존재로서 사람은 그의 우주 지성 자질의 필수 부분인, 바로 그 물질적 총명, 도덕적 분별, 영적 통찰력의 우수한 장점을 이용하는 데 실패한 것이다.

미덕(美德)은 올바름이다—우주에 순응하는 것이다. 미덕을 이름짓는 것은 미덕을 규명하는 것이 아니요, 미덕을 실천하는 것이 미덕을 아는 것이다. 미덕은 단순한 지식이 아니요, 아직 지혜도 아니며, 오히려 올라가는 수준의 우주 업적을 이룩함으로 얻는 진보하는 체험의 실체이다. 필사 인간의 일상 생활에서, 미덕은 악보다 선을 한결같이 선택함으로 실현되며, 그러한 선택 능력은 도덕적 성품을 지닌다는 증거이다.

사람이 선과 악을 선택하는 것은 그의 도덕적 성품의 날카로움 뿐 아니라, 무지와 미숙(未熟)과 망상에도 영향을 받는다. 비례 감각은 또한 미덕의 실천과 관련되는데, 이는 왜곡과 속임의 결과로서, 큰 악 대신에 작은 악을 선택할 때, 악이 영속될 수도 있기 때문이다. 도덕 영역에 속하는 미덕을 실천하는 데는 상대적 평가, 곧 비교해서 측정하는 기술이 들어간다.

측정하는 기술, 곧 의미를 헤아리는 사람의 능력에 담긴 분별력 없이, 사람의 도덕적 성품은 무능력할 것이다. 마찬가지로, 영적 가치를 의식하게 하는 우주 통찰력 없이, 도덕적 선택은 쓸모 없을 것이다. 지능의 관점에서 볼 때, 사람은 성격을 부여받기 때문에 도덕적 존재 수준까지 올라간다.

결코 법이나 힘으로 도덕을 향상시킬 수는 없다. 도덕은 개인적인 것이고 자유의지의 문제이며, 도덕적으로 향기 있는 성격자가, 도덕 감각이 덜하지만 또한 어느 정도 아버지의 뜻을 실천하고 싶어하는 그러한 자들과 접촉하여 전염시킴으로 전파되어야 한다.

우수한 목적을 선택하는 일 뿐 아니라 그 목적을 달성하는 도덕적 수단을 고르는 일에서도, 도덕적 행위는 선택하는 분별력에 지도를 받는 행위, 가장 높은 지능의 특징을 가진 인간 행위이다. 그러한 행위는 미덕이다. 최상의 미덕은, 그렇다면, 마음을 다하여 하늘에 계신 아버지의 뜻 행하기를 택하는 것이다.

8. 유란시아 성격

수많은 계급의 존재들이 우주 사실성의 다채로운 수준에서 활동하는 바와 같이, 우주의 아버지는 그들에게 성격을 수여한다. 유란시아의 인간들은 승천하는 하나님 아들 수준에서 활동하는, 유한 필사 종류의 성격을 부여받았다.

우리가 도저히 성격의 정의(定義)를 시도할 수 없어도, 물질 에너지, 정신 에너지, 영적 에너지의 총체를 이루는 데 들어가는, 알려진 요소에 관하여 우리가 이해하는 바를 말해 보아도 좋다. 이러한 에너지의 상호 관계는 한 기계 장치를 구성하며, 그 안에서, 그 위에, 그것을 가지고, 우주의 아버지는 그가 수여한 성격이 활동하게 만든다.

성격은 독창적 성품을 가진 독특한 자질이며, 그 성품의 존재는 생각 조절자의 수여와 상관이 없고, 그에 선행(先行)한다. 그런데도 조절자의 계심은 성격의 질적 표현을 크게 만든다. 아버지로부터 올 때, 생각 조절자들의 성품은 동일하다. 그러나 성격은 다채롭고 독특하고 유일하다. 성격이 명시되는 유기체의 수송 수단을 구성하는, 물질·지성·영적 성품과 관련된 에너지의 성질과 품질에 따라서, 성격의 명시는 더욱 조절되고 제한을 받는다.

성격자들은 비슷할지 모르지만, 결코 같지는 않다. 일정한 계열, 부류, 계급, 또는 형태는 서로 닮을 수도 있고, 닮기도 하지만, 결코 동일하지 않다. 성격은 우리가 <u>아는</u> 바, 한 개인의 모습이며, 형태, 지성, 또는 영적 지위가 변화하는 그 성질과 범위에 상관 없이, 어떤 미래 시기에 그러한 존재를 우리가 확인할 수 있게 한다. 성격은, 어떤 개인이라도, 그의 성격을 나타내고 표현하는 수송 수단의 변경 때문에 그가 얼마나 많이 변했는가에 상관 없이, 우리로 하여금 우리가 이전에 알았던 자로서, 그 성격자를 알아보고 분명히 확인하게 만드는 그의 일부이다.

필사 인간이 반응하는 행위를 저절로 나타내고 그 특징을 나타내는 두 가지 현상이 있으니, 곧 자의식, 그리고 관련된 상대적 자유 의지, 이 두 가지에 따라서, 생물의 성격이 구별된다.

자의식은 성격의 사실성을 지적(知的)으로 인식하는 데 있다. 자의식은 다른 성격자들의 실체를 인식하는 능력을 포함한다. 그것은 우주 실체들 안에서, 그 실체들과 함께, 개별로 체험할 능력이 있음을 가리키며, 우주의 성격 관계에서 신분의 지위를 얻는 것에 상당한다. 자의식은 지성 봉사가 사실임을 인식하고, 창조적이고 결정하는 자유 의지가 비교적 독립을 얻었음을 의미한다.

상대적 자유 의지는 인간 성격의 자의식이 가진 특징을 나타내며, 다음에 관여된다:

1. 도덕적 결정, 가장 높은 지혜.

2. 영적 선택, 진리를 분별하는 것.

3. 사심(私心) 없는 사랑, 형제 정신에 봉사하는 것.

4. 의도해서 협동하는 것, 집단에 충성하는 것.

5. 우주를 보는 통찰력, 우주 의미를 파악하는 것.

6. 성격자의 헌신, 아버지의 뜻을 행하는 데 마음을 다하여 헌신하는 것.

7. 예배, 신성한 가치를 추구하고 마음을 다하여 신성한 가치 수여자를 사랑하는 것.

유란시아 부류의 인간 성격은, 생명의 활성화에서 전기 화학 계열에 속하며, 부모가 출산하는 형태로 오르본톤 시리즈, 네바돈 계급의 우주 지성을 부여받고, 네바돈 부류의 유기체에, 혹성에서 수정(修正)을 거친 물리적 장치 안에서 활동하는 것으로 보아도 좋다. 신성한 선물, 곧 성격을 수여하는 것은 지성을 받은 그러한 필사 장치에 우주 시민이라는 위엄을 부여하며, 그러한 필사 인간에게 당장에 우주의 세 가지 기본적 지성 실체를 구조적으로 인식하는 데 반응하도록 만든다:

1. 물리적 원인 작용이 한결같음을 수학으로, 곧 논리적으로 인식하는 것.
2. 도덕적으로 행위할 의무를 이성(理性)으로 인식하는 것.
3. 신과 사귀는 예배를 믿음으로 깨닫고, 이와 관련하여, 인류에게 사랑의 봉사를 베푸는 것.

이러한 성격 자질이 제대로 활동하는 것은 신과 친척 관계가 있음을 비로소 깨닫는 것이다. 아버지 하나님의 전(前) 성격 분신이 깃드는 그러한 자아는 진실로, 사실로, 하나님의 영적 아들이다. 그러한 생물은 신성한 계심의 선물 받을 능력이 있음을 드러낼 뿐 아니라, 모든 성격자의 파라다이스 아버지 성격의 인력 회로에도 민감하게 반응함을 나타낸다.

9. 인간 의식의 실체

우주 지성을 부여받고, 조절자가 깃드는 성격 생물은 에너지 실체, 지성 실체, 영 실체를 인식하고 깨닫는 능력을 날 때부터 지닌다. 따라서 의지를 가진 생물은 하나님의 사실·법칙·사랑을 헤아릴 준비가 되어 있다. 인간의 의식에서 빼앗을 수 없는 이 세 가지를 제쳐 놓고, 모든 인간 체험은 정말로 주관적이다. 다만 타당성을 직관(直觀)으로 깨닫는 것은, 우주를 인식하는 이 세 가지 우주 실체 반응의 <u>통일</u>에 달라붙는다.

하나님을 깨닫는 사람은, 살아남는 혼이 진화하는 과정에서 이 세 가지 우주 품질의 통일하는 가치를 느낄 수 있다. 이 혼은 육체의 임시 거처(居處)에서 사람이 시작하는 최고의 사업이며, 거기서 필사의 지성은 불멸하는 혼을 2중으로 만들기 위하여, 깃드는 신다운 영과 함께 일한다. 아주 일찍 싹틀 때부터, 혼은 <u>실재</u>한다. 혼은 우주에서 살아남는 질을 지닌다.

사람이 자연사(自然死) 뒤에 살아남지 못하면, 그의 인간 체험의 참 영적 가치는 생각 조절자의 연속되는 체험의 일부로서 남는다. 그러한 비생존자가 가졌던 성격 가치는, 현실화하는 최상 존재의 성격에서 한 요소로 남는다. 그렇게 지속하는 성격의 질은 신분을 빼앗기지만, 육체를 입은 필사 생애 동안에 쌓인 체험적 가치를 잃지는 않는다. 신분이 살아남는 것은 상물질 지위, 그리고 더욱 신다운 가치를 가진 불멸의 혼이 살아남는가에 달려 있다. 성격 신분은 혼이 살아남으면서, 또 그로 말미암아, 살아남는다.

인간의 자의식은 의식하는 자아 외에 다른 자아들의 실체를 알아보는 것을 의미하며, 더 나아가서 그러한 의식이 공통되는 것, 그 자아가 아는 대로 그 자아가 또한 인식되는 것을 뜻한다. 이것은 사람의 사회 생활에서, 순전히 인간다운 방법으로 나타난다. 그러나 네 안에 사는 하나님의 계심의 실체를 네가 확신할 수 있는 것처럼, 그렇게 한 동료 존재의 실체를 네가 절대로 확신하게 될 수는 없다. 사회

의식은 하나님 의식(意識)처럼 사람에게서 빼앗을 수 없는 것은 아니다. 사회 의식은 문화적으로 개발되는 것이며, 지식과 상징에 달려 있고, 또한 인간을 구성하는 자질—과학·도덕성·종교—의 기여에 달려 있다. 이렇게 사회화된 우주의 선물은 문명을 이룬다.

문명은 우주 규모가 아니니까, 불안정하다. 문명은 민족의 개인들에게 타고난 것이 아니다. 인간을 구성하는 요소—과학·도덕성·종교—의 통합된 기여로 문명이 육성되어야 한다. 문명은 오고 가지만, 과학·도덕성·종교는 언제나 붕괴에서 살아 남는다.

예수는 사람에게 하나님을 계시했을 뿐 아니라, 사람을 자신에게, 그리고 다른 사람들에게 새롭게 보여 주었다. 예수의 일생에서 너는 최선에 다다른 사람을 본다. 이처럼 사람은 아주 아름답게 현실이 되며, 이는 예수가 일생에 하나님을 아주 가득히 지녔고, 하나님을 깨달음(인식함)은 모든 사람에게 빼앗을 수 없고 체질적인 것이기 때문이다.

부모의 본능을 제쳐 놓으면, 사심(私心) 없는 마음은 아주 자연스러운 것은 아니다. 다른 사람들은 자연히 사랑을 받거나 사회적으로 보살핌을 받지 않는다. 사심 없고 이타적인 사회 질서를 세우려면, 이성(理性), 도덕성, 종교의 재촉, 하나님을 아는 정신이 필요하다. 사람이 자신의 성격을 의식하는 것, 곧 자의식은 또한 타고난 타의식(他意識)의 바로 이 사실에 직접 의존하며, 이것은 사람으로부터 신에 이르기까지, 다른 성격자의 실체를 인식하고 파악하는 타고난 능력이다.

사심 없는 사회 의식은 그 밑바닥에 종교 의식임이 틀림없다. 사회 의식이 객관적이면 그렇다는 말이다. 객관성이 없으면, 사회 의식은 순전히 주관적 철학에서 생기는 추상(抽象)이며, 따라서 사랑이 모자란다. 오로지 하나님을 아는 개인이, 제 몸을 사랑하는 것 같이, 다른 성격자를 사랑할 수 있다.

자의식의 본질은, 하나님과 사람, 아버지와 아들, 창조자와 피조물 사이에 있는 공동체 의식이다. 인간의 자의식에서, 네 가지 우주 실체를 깨닫는 것은 잠재적이며 본래부터 있다:

1. 지식의 추구, 과학의 논리.

2. 도덕적 가치의 추구, 의무 감각.

3. 영적 가치의 추구, 종교적 체험.

4. 성격 가치의 추구, 곧 하나님의 실체가 성격자임을 인식하는 능력, 동시에 동료 성격자들과 우리가 친교하는 관계를 깨닫는 것.

네가 사람이 너의 생물 형제임을 의식하게 되는 것은 네가 이미 하나님을 너의 창조자 아버지로서 의식하기 때문이다. 아버지라는 관계로부터 형제 정신을 깨닫도록 우리는 자신을 설득한다. 아버지 자격은 모든 도덕적 생물에게 한 우주 실체가 되거나, 될지도 모른다. 이는 아버지 자신이 모든 그러한 존재에게 성격을 수여했고, 보편적 성격 회로의 손아귀에 그들을 연결했기 때문이다. 우리가 하나님을 예배하는 것은, 먼저, <u>하나님이 계시니까</u>, 다음에 <u>하나님이 우리 안에 계시고</u>, 마지막으로, <u>우리가 하나님 안에 있기</u> 때문이다.

우주 지성이 그 자체의 근원, 곧 무한한 영의 무한한 지성을 자의식하여 깨닫고, 동시에, 방대(尨大)한 우주들의 물리적 실체, 영원한 아들의 영적 실체, 우주의 아버지의 성격 실체를 의식하다니, 이것이 이상한 일인가?

[유버르사에서 온 한 우주 검열자가 후원하였다.]

제 17 편

일곱 최상의 영 무리

일곱 최상의 영 무리는 일곱 부분으로 나누어진 대우주 행정에서 보편적인 조정하는 지휘자들이다. 모두가 무한한 영의 기능적 집단 사이에 분류되기는 하지만, 다음 세 집단은 보통 파라다이스 삼위 일체의 자식으로서 분류된다:

1. 일곱 으뜸 영.
2. 일곱 최상 집행자.
3. 반영 영.

나머지 네 집단은 무한한 영의 창조 활동이나, 또는 창조 지위를 가진, 무한한 영의 동료들로 말미암아 출생한다.

4. 반영 영상 보조자.
5. 일곱 회로의 영.
6. 지역 우주 창조 영
7. 보조 지성 영.

이 일곱 계급은 유버르사에서 일곱 최상의 영 집단으로 알려져 있다. 그들이 활동하는 영역은 영원한 섬 가장자리에 일곱 으뜸 영이 몸소 계신 것으로부터, 영의 일곱 파라다이스 위성, 하보나 회로, 초우주 정부, 지역 우주의 행정과 감독을 포함하여, 시공 세계에서 진화하는 지성 영역에 수여된 보조자들이 베푸는 비천한 봉사에까지 미친다.

일곱 으뜸 영은 방대한 이 행정 영역에서 조정하는 지휘자이다. 조직된 물리적 동력, 지성 에너지, 비성격 영이 베푸는 봉사에서 생기는 행정 규제에 관한 어떤 문제에서, 그들은 몸소, 직접 활동한다. 기타 문제에서는 다방면의 동료를 통해서 활동한다. 집행의 성질을 가진 모든 문제—판결·통제·조절 및 행정 결정—에서 으뜸 영들은 일곱 최상 집행자의 몸 안에서 행동한다. 중앙 우주에서 으뜸 영들은 하보나 회로의 일곱 영을 통해서 활동할 수도 있다. 일곱 초우주의 본부에서 으뜸 영들은 반영 영들의 경로를 통해서 스스로를 드러내고, 옛적부터 늘 계신 이들의 몸을 통해서 행동하며, 으뜸 영들은 반영 영상 보조자들을 통해서 그들과 개인적 교통을 유지한다.

일곱 으뜸 영은 옛적부터 늘 계신 이들의 법정 밑에 있는 우주 행정부와 친히 직접 연락을 취하지 않는다. 오르본톤 으뜸 영이 너희 지역 우주를 우리 초우주의 일부로서 관리하지만, 네바돈에서 출생한 존재들과 가지는 관계에서 이 으뜸 영의 기능은 너희 지역 우주 본부, 구원자별에 거주하는 창조 어머니 영이 즉시 수행하고 친히 지도한다.

1. 일곱 최상 집행자

으뜸 영들의 집행 본부는 무한한 영의 일곱 파라다이스 위성(衛星)을 차지하며, 이 위성들은 영원한 아들의 빛나는 구체들과 가장 안쪽 하보나 회로 사이에서 가운데 섬의 둘레를 빙 돌고 있다. 이 집행 구체들은 최상 집행자들의 지도 밑에 있는데, 일곱 으뜸 영의 우주 대표로 활동할 수 있는 부류의 존재로서, 일곱 으뜸 영이 준 명세에 따라서, 아버지·아들·영, 세 분이 이 일곱 분의 집단을 삼자 일체화로 낳았다.

으뜸 영들은 이 최상 집행자들을 통해서, 초우주 정부의 여러 부서와 연락을 유지한다. 바로 그들이 일곱 초우주의 기본적 구성의 경향을 대체로 결정한다. 그들은 한결같이, 신답게 완전하지만, 또한 성격의 다양성을 가지고 있다. 그들은 주관하는 우두머리가 없다. 만날 때마다, 그들 가운데 한 분을 골라서 그 합동 회의를 주관하도록 한다. 정기적으로, 그들은 일곱 으뜸 영과 회의하려고 파라다이스로 여행한다.

일곱 최상 집행자는 대우주의 행정 조정자로서 활동한다. 그들은 하보나 이후 창조에서 전무(專務) 이사회라고 부를 수도 있다. 파라다이스 내부의 사무에는 관여하지 않고, 일곱 회로의 영을 통해서, 하보나 활동을 맡는 그들의 제한된 구체들을 지도한다. 이밖에는 감독하는 범위에 거의 제한이 없다. 그들은 물리적·지적·영적인 것들을 지휘하는 데 종사하며, 일곱 초우주에서, 또 하보나에서 벌어지는 모든 것을 보고, 들으며, 느끼고, 아니 모두 알기까지 한다.

이 최상 집행자들은 정책을 세우지 않고, 우주 절차를 바꾸지도 않으며, 일곱 으뜸 영이 선포한 신성한 계획을 집행하는 데 관여한다. 초우주에서 옛적부터 늘 계신 이들의 통치나, 지역 우주에서 아들 창조자들의 통치권에도 간섭하지 않는다. 그들은 조정하는 행정자이며, 그 기능은 대우주에서 정식으로 수립된 모든 통치자의 통합 정책을 수행하는 것이다.

각 집행자와 그의 구체(球體)의 시설은 단일 초우주를 효율적으로 관리하는 데 전념한다. 행정 구체 1번에서 활동하는 최상 집행자 1번은 전적으로 제1 초우주의 사무에 몰두한다. 그런 식으로 최상 집행자 7번까지 이르는데, 그는 영의 일곱째 파라다이스 위성(衛星)에서 일하며, 제7 초우주를 관리하는 데 에너지를 쏟는다. 이 제7 구체의 이름은 오르본톤이니, 영의 파라다이스 위성들은 관계된 그 초우주와 같은 이름을 가지고 있기 때문이다. 사실은, 초우주들의 이름은 그들을 따라서 지었다.

제7 초우주의 행정 구체에서 오르본톤의 사무를 똑바로 유지하는 직원의 수는 인간의 이해를 뛰어넘으며, 실지로 모든 계급의 하늘 지성을 포함한다. 성격자를 파송하는 모든 초우주 서비스는 (영감을 받은 삼위 일체 영과 생각 조절자들을 제쳐 놓고) 파라다이스로 오가는 우주 여행에서 이 일곱 행정 세계 가운데 하나를 거친다. 그리고 초우주에서 활동하며 셋째 근원 중심이 창조한 모든 성격자의 중앙 등록부가 여기에 유지된다. 영의 이 집행 세계들 가운데 하나에서 물질 기록, 상물질 기록, 영적 기록을 남기는 체계는 나의 계급 존재조차도 놀라게 한다.

최상 집행자들의 직속 부하들은, 상당히 큰 부분이 파라다이스-하보나 성격자들이 삼자 일체 체험으로 낳은 아들들, 그리고 시공의 승천 계획에서 오랜 세월에 걸친 훈련을 마치고 영화롭게 된 필사 졸업생들이 삼자 일체 체험으로 낳은 자손들로 구성되어 있다. 파라다이스 최후 군단의 최고 회의 우두머리가 삼자 일체 체험으로 태어난 이 아들들을 최상 집행자들과 근무하도록 지정한다.

각 최상 집행자는 조언하는 두 내각(內閣)이 있다. 각 초우주 본부에 있는 무한한 영의 아이들은, 최상 집행자의 제1 자문 내각에서 1천 년 동안 봉사할 대표들을 그들의 계급 가운데서 뽑는다. 하늘 가는 시간 필사자에 영향을 미치는 모든 사무에는 제2 내각이 있고, 이것은 파라다이스에 다다른 필사자들, 그리고 영화롭게 된 필사자들이 삼자 일체 체험으로 낳은 아들들로 이루어진다. 일곱 초우주 본부에 일시 거하는, 완전하게 되는 승천 존재들이 이 단체를 선택한다. 최상 집행자들이 다른 사무를 담당하는 모든 우두머리를 임명한다.

영의 이 파라다이스 위성들에서 때때로 큰 집회가 열린다. 이 세계들에 배치된, 삼자 일체 체험을 거친 아들들은, 파라다이스에 다다른 승천자들과 함께, 하늘 가는 생애에서 투쟁하고 승리한 것을 기념하는 재회에서 셋째 근원 중심의 영 성격자들과 함께 모인다. 최상 집행자들은 언제나 그러한 친교 모임을 주관한다.

파라다이스 시간으로 1천 년에 한 번, 일곱 최상 집행자는 그들의 권한의 자리를 비우고 파라다이스로 가며, 거기서 창조에서 지적인 무리들에게 보편적으로 인사하고 성공을 비는, 1천 년마다 있는 집회를 연다. 이 중대한 행사는 모든 반영 영 무리의 우두머리인 장려자(壯麗者)가 계신 바로 앞에서 행해진다. 우주 반영의 독특한 기능을 통해서, 최상 집행자들은 대우주에 있는 모든 동료와 이렇게 동시에 교통할 수 있다.

2. 장려자—반영의 우두머리

반영 영들은 신성한 삼위 일체에 기원이 있다. 독특하고 어느 정도 신비스러운 이 존재들은 50명이 있다. 이 비범한 성격자들은 한 번에 7명씩 창조되었고, 파라다이스 삼위 일체와 일곱 으뜸 영 가운데 한 분이 그러한 각 창조적 사건을 일으켰다.

시간이 동틀 때 생긴 이 막중한 거래는 파라다이스 삼위 일체와 공동 창조자로서 활동하기 위하여, 으뜸 영들이 대표하는 최상 창조 성격자들이 처음으로 기울인 노력을 나타낸다. 최상 창조자들의 창조 능력과 삼위 일체의 창조 잠재력이 이렇게 뭉치는 것은 최상 존재의 사실성의 바로 그 근원이다. 그러니까 반영으로 창조하는 주기(週期)가 그치고, 일곱 으뜸 영 각자가 파라다이스 삼위 일체와 완전한 창조적 동시성을 찾고, 49번째 반영 영이 성격화되었을 때, 그 때 새롭고도 멀리 미치는 반응이 신 절대자 안에서 일어났다. 그것은 최상 존재에게 새로운 성격 특권을 부어 주었고, 결국에는 장려자의 성격화를 초래하였다. 이 장려자는 온 우주에 걸쳐서 반영의 우두머리이며, 반영 영 49명과 그 동료들이 하는 모든 일에 파라다이스에서 중심이 된다.

장려자는 참된 성격자이며, 시공의 모든 일곱 초우주에서 반영 현상의 성격 중심, 틀림없는 중심이다. 만물의 중심 가까이, 일곱 으뜸 영의 회합 장소에서, 영구한 파라다이스 본부를 유지한다. 그는 광범위한 창조에서, 오로지 반영(反映) 서비스를 조정하고 유지하는 데만 아랑곳하고, 우주 사무의 행정에는 달리 관여하지 않는다.

장려자는 파라다이스 성격자들의 목록(目錄)에 들어가 있지 않는데, 이는 그가 신 절대자와 기능적 연락이 있는 가운데 최상 존재가 창조한, 유일하게 존재하는 신성한 성격자이기 때문이다. 그는 성격자이지만, 이 한 단계의 우주 경제에만, 순전히, 겉보기에는 자동으로, 관심을 가지고 있다. 그는 기타 (반영이 아닌) 계급의 우주 성격자들과 관련하여, 현재는 어떤 개인 자격을 가지고도 활동하지 않는다.

장려자의 창조는 최상 존재가 처음으로 하신 최상의 창조 활동임을 신호하였다. 행동하려는 이 의지(意志)는 최상 존재 안에서 의도한 것이었지만, 신 절대자의 엄청난 반응은 미리 알려지지 않았다. 하보나가 영원에 출현한 뒤로, 권능이 그렇게 거대하고 방대하게 정렬되고 기능적 영 활동의 조정이 그렇게 굉장하게 현실화하는 것을 우주가 구경한 적이 없다. 최상 존재와 그 동료들이 창조 의지에 대하여 신으로서 반응한 것은, 그들이 목적한 의도를 크게 뛰어넘고, 그들의 개념적 예측을 크게 뛰어넘었다.

미래 시대에는, 최상위와 궁극위가 새로운 신성(神性) 수준에 다다르고, 성격 활동의 새로운 영토로 올라갈지 모른다. 우주의 조정을 향상하는, 상상하지 못한 힘을 가지고, 예상하지도 않고 꿈도 꾸어 보지 않은 또 다른 존재들이 신답게 되는 영역에서, 이러한 미래(未來) 시대가 무엇을 구경할 것인가, 우리는 그 가능성에 대하여 두려운 마음이 든다. 체험적 신과 실존적 파라다이스 삼위 일체 사이의 관계를 그렇게 통일하는 데 대하여 신 절대자가 반응하는 잠재성에는 한계가 없는 듯하다.

3. 반영하는 영

반영 영 49명은 삼위 일체에 기원을 가지고 있다. 그러나 그들이 출현한 일곱 번의 창조 사건들은 각각 그 성질 면에서, 공동으로 조상인 그 으뜸 영의 특징을 닮은 한 부류의 존재를 생산하였다. 그래서 그들은 우주의 아버지, 영원한 아들, 무한한 영, 이 세 신성의 특징을 결합하는 일곱 가지 가능한 조합(組合)의 성품과 됨됨이를 여러 가지로 나타낸다. 이 때문에, 각 초우주 본부에는 이 반영 영들이 7명 계시는 것이 필요하다. 파라다이스 신 세 분이 가진 모든 가능한 명시의 모든 단계를 완전히 반영하기 위해서는, 그러한 현상이 일곱 초우주 어느 부분에서나 생길지 모르는 바와 같이, 일곱 종류 가운데, 각 종류마다 한 분씩 필요하다. 따라서 각 종류 가운데 한 분이 각 초우주에서 봉사하도록 배치된다. 서로 다른 일곱 반영 영으로 이루어진 이 무리들은, 초우주의 서울에, 각 영역의 반영하는 초점에서 본부를 유지하며, 이것은 영적 극점(極點)과 동일하지 않다.

반영 영들은 이름이 있지만, 이 명칭은 공간 세계에서 공표되지 않는다. 이 이름은 이 존재들의 성품과 됨됨이에 관계되며, 파라다이스의 비밀 구체들에 있는 일곱 가지 우주 신비 가운데 하나의 일부분이다.

반영의 속성은, 합동 행위자, 최상 존재, 으뜸 영들의 지성 수준에서 생기는 현상이며, 이 광대한 우주 정보 계획이 작용하는 데 관련된 모든 존재에게 전달될 수 있다. 그리고 여기에 큰 신비가 있다. 으뜸 영들이나 파라다이스 신들도, 혼자서나 집합으로, 장려자의 이 연락 성격자 49명에게 나타난 것과 똑같이, 나란히 우주에 반영하는 이 힘을 드러내지 않는다. 그래도 그들은 놀랍게 자질을 부여받은 이 모든 존재를 창조한 분들이다. 신이 물려주는 유전(遺傳)은 창조자에게 찾아볼 수 없는 어떤 속성을 피조물 안에서 때때로 나타낸다.

장려자와 반영 영들을 빼고, 반영 봉사를 베푸는 직원들은 모두, 무한한 영과 그의 직계 동료 및 부하들이 만든 생물이다. 각 초우주의 반영 영들은 자기의 반영 영상 보조자들을 창조하며, 이 보조자들은 옛적부터 늘 계신 이들의 법정에서 그들 개인의 목소리가 된다.

반영 영들은 그저 전달하기만 하는 대리자가 아니다. 그들은 또한 보존하는 성격자이기도 하다. 그들의 자손, 2품 천사들도 보존하거나 기록하는 성격자이다. 참된 영적 가치가 있는 것은 모두 2중으로 기록되고, 한 벌은 반영 영들의 광대한 직원에 속하는 수많은 계급의 2품 천사 성격자들 가운데 한 계급에서, 어떤 구성원의 개인 장비에 보존된다.

우주의 공식 기록은 천사 기록자들이 전하고, 또 그들을 통해서 전달되지만, 참된 영적 기록은 반영으로 수집되고, 무한한 영의 집단에 속하는 알맞고 적당한 성격자들의 지성 안에 보존된다. 우주의 <u>죽은</u> 공식(公式) 기록과 대조해서, 그들은 <u>살아 있는</u> 기록이며, 이러한 기록은 무한한 영의 기록 성격자들의 살아 있는 지성 속에 완전하게 보존된다.

반영하는 조직은 또한 모든 창조에서 뉴스를 수집하고 법령을 널리 퍼뜨리는 장치이다. 여러 방송 업무가 정기적으로 활동하는 것과 대조해서, 이것은 항상 작용한다.

한 지역 우주 본부에서 벌어지는 중요한 모든 것이 본래부터 그 초우주 서울에 비친다. 또 거꾸로, 지역 우주에 중요한 것은 무엇이나, 그 초우주 본부에서부터 바깥으로, 지역 우주 서울로 비쳐진다. 시간 우주들로부터 초우주까지 반영하는 서비스는 겉으로 보기에 자동이며 저절로 작용하는 듯하지만, 그렇지 않다. 이것은 모두 아주 개인적으로 행해지고, 머리를 써서 하는 것이다. 그 정확성은 성격자의 협동이 완전한 데서 생기는 결과이며, 따라서 도저히 이것을 절대자들의 비성격 계심과 성과로 돌릴 수 없다.

생각 조절자들은 우주의 반영 체계의 운영에 참여하지 않는 한편, 아버지 분신들은 모두 이 거래를 충분히 인식하고, 그 내용을 이용할 수 있다고 믿을 만한 충분한 이유를 우리는 가지고 있다.

현재 우주 시대에, 파라다이스 바깥으로 나가는 반영 서비스가 미치는 공간 범위는 일곱 초우주의 테두리에 제한을 받는 듯하다. 이 외에 이 서비스의 기능은 시간과 공간과 상관 없는 듯하며, 모든 알려진 절대 아래의 우주 회로와 관계 없는 듯하다.

각 초우주의 본부에서, 반영 조직은 하나의 분리된 단위로서 활동한다. 그러나 어떤 특별한 경우에는, 한 지역 우주 전체가 빛과 생명에 안주하게 됨으로 벌어지는 기념제의 경우와 일곱 최상 집행자가 1천 년마다 인사할 때처럼, 장려자의 지시 밑에서 모두 일곱 단위가 우주에서 한 목소리로 행동할 수도 있고, 또 그렇게 한다.

4. 반영 영상 보조자

반영 영들이 반영 영상(映像) 보조자 49명을 창조하였고, 각 초우주 본부에는 보조자가 꼭 7명 있다. 유버르사에서 일곱 반영 영의 첫 창조 행위는 일곱 영상 보조자를 낳는 것이었고, 각 반영 영은 자신의 보조자를 창조한다. 영상 보조자들은 어떤 속성과 특징에서, 반영 어머니 영을 완전히 재현한 것이다. 그들은 실질적 복사판에서 비치는 속성을 뺀 것이다. 그들은 진정한 영상이며, 늘 반영 영들과 초우주 당국 사이에 교통하는 경로로서 활동한다. 영상 보조자들은 그저 보조자이기만 한 것이 아니라, 각자의 영 조상을 실제로 대표하는 자이다. 그들은 영상이며, 그 이름에 어긋나지 않는다.

반영 영들 자신은 참된 성격이지만, 물질 존재들이 이해할 수 없는 그러한 서열에 속한다. 한 초우주의 본부 구체에서도, 그들은 옛적부터 늘 계신 이들 및 그 동료들과 가지는 모든 개인적 교류에서, 영상 보조자들의 도움이 필요하다. 영상 보조자와 옛적부터 늘 계신 이들 사이에 접촉이 있을 때, 때로는 한 보조자가 쓸 만하게 활동하며, 다른 경우에는 그들에게 전달하라고 맡겨진 통신문을 충분하고 적절하게 전하기 위해서, 둘, 셋, 넷, 아니 모두 일곱까지도 요구된다. 마찬가지로, 통신의 내용이 요구하는 대로, 영상 보조자들의 소식을 다양하게, 옛적부터 늘 계신 이 한 분, 두 분, 또는 모두 세 분이 받는다.

영상 보조자들은 언제까지나 조상인 영의 곁에서 시중들며, 믿을 수 없이 큰 무리의 천사, 보조하는 2품 천사들을 마음대로 쓸 수 있다. 영상 보조자들은 하늘 가는 필사자들을 훈련하는 세계들과 관련하여 직접 활동하지 않는다. 그들은 필사자를 진보시키는 우주 계획의 정보 서비스와 밀접히 관련되어 있지만, 너희는 유버르사 학교에서 머무르는 동안 그들과 개인적으로 접촉하게 되지 않을 것이다. 이는 겉보기에 성격을 가진 이 존재들에게 의지(意志)가 빠져 있기 때문이다. 그들은 선택하는 힘을 행사하지 않는다. 그들은 참된 영상이요, 개별 영 조상의 성격과 지성을 온전히 반영한다. 한 등급으로서, 하늘 가는 사람들은 반영과 밀접하게 접촉하지 않는다. 비치는 성품을 가진 어떤 존재가 언제나 너희와 그 서비스의 실제 작용 사이에 낄 것이다.

5. 일곱 회로의 영

하보나 회로(回路)의 일곱 영은 중앙 우주의 일곱 회로에 대하여, 무한한 영과 일곱 으뜸 영의 합동 비성격 대표이다. 그들은 으뜸 영들의 하인이며, 집단으로 으뜸 영들의 자손이다. 으뜸 영들은 일곱 초우주에서 뚜렷하고 다양화된 행정적 개성을 마련해 준다. 한결같은 이 하보나 회로의 영들을 통해서, 중앙 우주를 위하여, 통일되고 한결같고 조정된 영적 감독을 제공할 수 있게 된다.

일곱 회로의 영은 각자 단일 하보나 회로에 스며들도록 제한된다. 그들은 개별 하보나 세계를 통치하는 늘 영원한 이들의 체제에 직접 관여하지 않는다. 그러나 일곱 최상 집행자와 연락을 가지며, 최상 존재의 중앙 우주 계심과 시간을 같이 맞춘다. 그들의 일은 전적으로 하보나에 국한되어 있다.

이 회로의 영들은 그들 개인의 자손, 곧 3차 상천사(上天使)들을 통해서, 하보나에 머무르는 자들과 접촉을 가진다. 회로 영들은 일곱 으뜸 영과 공존하지만, 3차 상천사들을 창조할 때 그들이 하는 역할은, 그랜드판다 시절에 시간의 순례자들이 처음으로 하보나의 바깥 회로에 도착했을 때까지, 큰 중요성을 차지하지 않았다.

너희는 하보나에서 이 회로에서 저 회로로 승진하는 동안에, 회로의 영들에 대하여 듣게 될 터이나, 개인적으로 그들의 영적 영향의 비성격 계심을 누리고 인식할까 싶어도, 그들과 개인적으로 교통할 수 없을 것이다.

회로의 영들과 하보나의 본토 거주민의 관계는, 생각 조절자들과 진화하는 우주의 세계들에 사는 필사 인간의 관계와 아주 비슷하다. 생각 조절자들과 마찬가지로, 회로의 영들은 비성격이며, 하보나 존재들의 완전한 지성과 사귄다. 이는 우주의 아버지의 비성격 영들이 필사 인간의 유한한 지성에 깃드는 것과 같다. 그러나 회로의 영들은 결코 하보나 성격자의 영구한 일부가 되지 않는다.

6. 지역 우주의 창조 영

지역 우주 창조 영들의 성품과 기능에 관한 많은 것은, 지역 창조를 조직하고 관리하는 데 그들과 아들 창조자들의 관계에 대한 이야기에 속하는 것이 마땅하다. 그러나 이 놀라운 존재들이 지역 우주 이전(以前)에 겪는 체험 가운데 많은 특징을 일곱 최상의 영 집단에 관한 이 이야기의 일부로 이야기해도 좋다.

우리는 한 지역 우주 어머니 영의 생애에서 여섯 단계에 관하여 정통하며, 일곱째 단계 활동의 가능성에 관하여 많이 추측해 본다. 다른 이 존재 단계들은 다음과 같다:

1. <u>파라다이스에서 초기의 구별</u>. 한 아들 창조자가 우주의 아버지와 영원한 아들의 합동 행위로 말미암아 성격화될 때, 동시에 무한한 영의 몸에, 이른바 "최상의 보충 반작용"이 일어난다. 우리는 이 반작용의 성질이 무엇인지 모르지만, 그것이 합동 행위자의 창조 잠재성 안에 포함된, 성격화할 수 있는 가능성이 원천적으로 수정(修正)됨을 가리킨다는 것을 알고 있다. 동위의 한 아들 창조자가 출생하는 것은 무한한 영의 몸 안에, 이 파라다이스 아들에게 앞날에 지역 우주 배우자가 될 잠재성이 태어남을 알린다. 우리는 새로운 이 전(前) 성격 통일체의 신분을 알아보지 못하지만, 이 사실이 그러한 아들 창조자의 생애에 관하여 파라다이스 기록에 언급된다는 것을 알고 있다.

2. <u>창조 자격 예비 훈련</u>. 우주의 조직과 행정 면에서 한 미가엘 아들이 긴 예비 훈련을 받는 동안, 그의 미래 배우자는 존재의 성장을 줄곧 겪고, 운명에 대하여 집단 의식을 가지게 된다. 우리는 모르지만, 추측하건대, 그러한 집단 의식을 가진 통일체는 공간을 인식하게 되고, 우주 창조와 행정 면에서 보충하는 미가엘과 함께 공동으로 앞날에 행할 과제에서 영적 기술을 얻는 데 필수인 그 예비 훈련을 시작한다.

3. 물리적 창조 단계. 영원한 아들이 한 미가엘 아들에게 창조자의 책임을 지울 때, 이 새 아들 창조자가 가기로 예정된 초우주를 지휘하는 으뜸 영은, 무한한 영이 계신 앞에서, "신분을 확인하는 기도"를 말씀하신다. 나중에 창조 영이 될 통일체는 처음으로 무한한 영의 몸과 구별되어 보인다. 탄원하는 으뜸 영의 몸까지 바로 다가가면서, 이 통일체는 이내 우리의 인식(認識)에서 사라져 버리며, 겉보기에는 이 으뜸 영 몸의 일부분이 된다. 새로 신분이 확인된 창조 영은, 공간의 모험을 하려고 아들 창조자가 떠나는 순간까지 그 으뜸 영과 함께 머무른다. 그리고 나서 그 으뜸 영은 이 새 영 배우자(配偶者)를 그 아들 창조자의 보호에 맡기며, 동시에 그 영 배우자에게 영원히 충실하고 끝없이 충성할 책임을 지워 준다. 그리고 나서 파라다이스에서 일찍이 생기는 가장 깊이 감동을 주는 사건들 가운데 하나가 일어난다. 우주의 아버지가 그 아들 창조자와 그 창조 영이 영원히 연합한 것을 인정하고, 초우주를 관할하는 으뜸 영이 어떤 합동 관리 권력이 수여됨을 확인하는 말씀을 하신다.

다음에 아버지가 연합한 아들 창조자와 창조 영은 우주를 창조하는 모험을 하려고 떠난다. 그들의 우주의 물질을 조직하는 길고도 벅찬 기간을 통해서, 그들은 이 형태의 관계에서 같이 일한다.

4. 생명 창조 시대. 아들 창조자가 생명을 창조하려는 의사(意思)를 선포하고 나서 파라다이스에서는 "성격화 예식"이 뒤따르는데, 여기에 일곱 으뜸 영이 참여하며 감독하는 으뜸 영이 몸소 그것을 체험한다. 이것이 그 아들 창조자의 영 배우자의 개성에 파라다이스 신이 이바지하는 것이며, 이는 무한한 영의 몸에서 생기는 "1차 분출" 현상에서 우주에 대하여 명백히 나타난다. 파라다이스에서 이 현상이 생김과 동시에, 아들 창조자의 영 배우자, 이제까지 비성격이었던 영 배우자는 모든 실질 의도와 목적으로 보아서, 진정한 성격자가 된다. 앞으로, 언제까지나, 바로 이 지역 우주 어머니 영은 성격자로 여겨질 터이고, 뒤따르는 생명 창조에서 생기는 모든 성격자 무리와 성격 관계를 유지할 것이다.

5. 수여 이후 시대. 결코 끝나지 않는, 한 창조 영의 생애에서 또 하나의 큰 변화가 일어나는 것은 그 아들 창조자가 일곱째 수여를 마친 뒤, 완전한 우주 통치권을 얻고 난 뒤에, 그가 우주 본부로 돌아올 때이다. 그 기회에 모인 우주 행정자들 앞에, 승리한 아들 창조자는 우주 어머니 영을 공동(共同) 통치자로 높이 올리고, 그 영 배우자를 자기와 대등한 자로 인정한다.

6. 빛과 생명의 시대. 빛과 생명의 시대가 확립되고 나서, 그 지역 우주의 공동(共同) 군주는 창조 영의 생애에서 여섯째 단계에 들어간다. 그러나 우리는 이 위대한 체험의 성질을 설명해서는 안 된다. 그러한 것들은 네바돈에서 앞날의 진화 단계에 관한 것이다.

7. 밝혀지지 않은 생애. 우리는 한 지역 우주 어머니 영의 생애에서, 이 여섯 단계를 알고 있다. "일곱째 단계가 있는가?" 우리가 물어 보지 않을 수 없다. 필사자의 승천에서 마지막 운명으로 보이는 것에 다다를 때, 최후자들이 여섯째 단계의 영(靈) 생애로 들어간다는 기록이 있음을 우리는 염두에 둔다. 우주의 배치에서 아직도 또 하나의 밝혀지지 않은 생애가 최후자들을 기다린다고 우리는 추측한다. 마

찬가지로, 우주 어머니 영들이 앞으로 어떤 밝혀지지 않은 생애를 가졌고, 이것은 그들이 우주에서 봉사하는 일을 친히 체험하고 창조자 미가엘의 서열과 함께 충성스럽게 협동하는 일곱째 단계를 이룰 것이라 우리가 간주하고 싶어하는 것을 기대해야 하겠다.

7. 보조 지성 영

이 보조영들은 한 지역 우주의 어머니 영이, 한 아들 창조자와 그런 창조 영이 합동으로 창조한, 살아 있는 생물에게 일곱 가지로 지성을 수여하는 것이다. 이 수여는 그 영이 성격 특권을 가지는 지위로 승진할 때 가능하게 된다. 일곱 보조 지성 영의 성질과 기능에 관한 이야기는 너희의 네바돈 지역 우주의 이야기에 속하는 것이 더 마땅하겠다.

8. 최상 영들의 기능

최상 영들의 일곱 집단은, 무한한 영으로서, 또 합동 행위자로서 활동하는 셋째 근원 중심의 기능적 집단의 핵심을 구성한다. 최상 영들의 범위는 파라다이스의 삼위 일체 앞으로부터, 공간의 혹성에서 진화하는 필사자 계급의 지성 작용에까지 미친다. 그러니까 그들은 내려오는 행정 수준을 통일하며, 그 직원의 다양한 기능을 조정한다. 한 반영 영 무리가 옛적부터 늘 계신 이들과 연락하든지, 한 창조 영이 한 미가엘 아들과 어울려서 활동하든지, 또는 일곱 으뜸 영이 파라다이스 삼위 일체 둘레를 회로로 연결하든지 상관 없이, 중앙 우주, 초우주, 지역 우주 어디에나 최상 영들의 활동과 마주치게 된다. 이들은 "늘" 서열의 삼위 일체 성격자들, 그리고 "아들" 서열의 파라다이스 성격자들과 비슷하게 활동한다.

무한한 어머니 영과 함께, 최상 영들의 집단은 셋째 근원 중심의 광대한 집단을 직접 창조한 자들이다. 모든 계급의 봉사하는 영들은 이 결합으로부터 태어난다. 1차 상천사들은 무한한 영에서 기원을 가지고, 이 계급의 2차 존재들은 으뜸 영들이, 그리고 3차 상천사들은 일곱 회로의 영이 창조한다. 반영 영들은 집단으로, 놀라운 계급의 천사 무리, 곧 초우주에서 근무하는 막강한 2품 천사들의 어머니인 창조자이다. 창조 영은 한 지역 창조에서 천사 계급의 어머니이다. 그러한 천사 봉사자들은 중앙 우주에 있는 원형을 따라서 만들었지만, 그들은 각 지역 우주에서 독창적이다. 무한한 영의 중앙 거점은 봉사하는 영들을 지은 이 모든 창조자를 오직 간접으로 원조하며, 무한한 영은 모든 천사 봉사자에게 최초의 어머니요, 영원한 어머니이다.

일곱 최상의 영 집단은 사람이 사는 창조를 조정하는 자들이다. 그들을 지휘하는 우두머리인 일곱 으뜸 영의 모임은 칠중 하나님의 광범위한 활동을 조정하는 듯하다:

1. 집단으로, 으뜸 영들은 파라다이스 신들의 삼위 일체 신성(神性) 수준과 거의 대등하다.

2. 개별적으로, 그들은 삼자 일체 신의 1차 결합 가능성을 모두 소모한다.

3. 합동 행위자의 다양화된 대표로서, 그들은 최상 존재가 아직 친히 행사하지 않는 바로 그 영·지성·동력 통치권을 저장한 분들이다.

4. 반영 영들을 통해서, 그들은 옛적부터 늘 계신 이들의 초우주 정부를 장려자와 동시화하는데, 그는 우주 반영의 파라다이스 중심이다.

5. 지역 우주의 신성한 봉사자들이 개별화되는 과정에 참여할 때, 으뜸 영들은 칠중 하나님의 마지막 수준, 곧 지역 우주의 아들 창조자와 창조 영의 연합에 이바지한다.

합동 행위자 안에 본래부터 있는 기능적 통일성은 그의 1차 성격자인 일곱 으뜸 영 속에서, 진화하는 우주들에게 드러난다. 그러나 완전하게 된 앞날의 초우주에서, 의심할 여지 없이 이 통일성은 최상위의 체험적 통치권과 분리할 수 없을 것이다.

[유버르사의 한 신성한 조언자가 발표하였다.]

제 18 편

최상 삼위 일체 성격자

최상 삼위 일체 성격자들은 모두 특정한 봉사를 위하여 창조되었다. 어떤 특정한 임무를 마치기 위하여 신성한 삼위 일체가 그들을 고안하였고, 그들은 완전한 기술과 단호한 헌신으로 봉사할 자격을 갖추었다. 최상 삼위 일체 성격자에는 일곱 계급이 있다:

1. 삼위 일체를 체험한 최상위의 비밀.
2. 늘 영원한 이.
3. 옛적부터 늘 계신 이.
4. 늘 완전한 이.
5. 요즘부터 늘 계신 이.
6. 늘 연합한 이.
7. 늘 충실한 이.

행정적으로 완전한 이 존재들의 수는 일정하고 최종에 이르렀다. 그들이 창조된 것은 지난 일이며, 아무도 더 성격화되지 않는다.

대우주 전체에 걸쳐서 이 최상 삼위 일체 성격자들은 파라다이스 삼위 일체의 행정 정책을 대표한다. 그들은 정의(正義)를 대표하며, 파라다이스 삼위 일체의 집행적 판결이다. 아버지의 파라다이스 구체들로부터 지역 우주의 본부 세계까지, 그리고 그 구성 분자인 별자리의 서울까지 미치는, 행정 면에서 완전한 서로 연결된 줄을 형성한다.

삼위 일체 기원을 가진 존재들은 모두 파라다이스처럼 완전한 속에서 모든 신다운 속성을 입고 창조된다. 오로지 체험의 영역에서, 우주에 봉사하기 위하여 그들의 장비에 시간의 경과가 더해졌을 뿐이다. 삼위 일체 기원을 가진 존재들에게는 결코 아무런 이탈의 위험이나 모반의 가능성이 없다. 그들은 신성의 본질을 지녔고, 신답고 완전하게 행동하는 성격자의 길에서 결코 벗어난 적이 없다고 알려져 있다.

1. 삼위 일체를 체험한 최상위의 비밀

파라다이스 위성들의 가장 안쪽 회로에는 일곱 세계가 있는데, 각각 삼위 일체를 체험한 최상위의 비밀 10명의 단체가 이 높은 세계들을 주관한다. 그들은 창조자는 아니지만, 최상·궁극의 행정자이다. 이 일곱 형제 구체의 사무를 운영하는 것은 전적으로 이 최상 지도자 70명의 단체에게 맡겨진다. 삼위 일체의 자손이 파라다이스에 가장 가까운 이 신성한 일곱 구체를 감독하지만, 이 집단의 세계들은 우주의 아버지의 성격 회로로 널리 알려져 있다.

삼위 일체를 체험한 최상위의 비밀들은 10명씩 무리를 이루어, 각자의 구체에서 동등한 합동 지도자로서 활동하지만, 또한 특별한 책임 분야에서 개별적으로 활동한다. 이 특별 세계들의 일은 각각 7 대분과로 나누어지고, 동등한 이 통치자들 가운데 한 분이 특화된 활동을 맡는 그러한 각 부서를 주관한다. 나머지 세 분은 다른 일곱 분과 가지는 관계에서, 삼자 일체 신의 개인 대표로서, 한 분은 아버지, 한 분은 아들, 한 분은 영을 대표하여 행동한다.

삼위 일체를 체험한 최상위(最上位)의 비밀을 상징하는 분명한 등급 유사성이 있지만, 그들은 또한 일곱 가지 뚜렷한 집단의 특징을 드러낸다. 신별의 사무를 맡는 최상 지도자 10명은 우주의 아버지 성격의 특징과 성품을 반영하며, 이 일곱 구체도 각각 이런 식이다: 곧 10명으로 된 각 집단은 그들 분야의 특징을 나타내는 신이나 또는 신 결합을 닮는다. 승천자별을 다스리는 지도자 10명은 아버지·아들·영의 통합된 성품을 반영한다.

아버지의 신성한 일곱 세계에서 이 높은 성격자들이 하는 일에 관하여 나는 별로 밝힐 수 없는데, 그들이 참으로 최상위의 비밀이기 때문이다. 우주의 아버지, 영원한 아들, 또는 무한한 영에 이르는 접근법과 관련하여, 멋대로 정해진 비밀이 하나도 없다. 신의 완전함에 도달하는 모든 자에게 신들은 펼쳐진 책과 같지만, 모든 최상위의 비밀은 결코 충분히 도달할 수 있는 것이 아니다. 우리는 창조된 존재들의 일곱 가지 배합과 신이 결합하는 성격의 비밀(秘密)을 포함하는 분야를 언제나 완전히 침투할 수 없을 것이다.

이 최상 지도자들이 하는 일은, 이 일곱 가지 기본 배합(配合)에서 생기는 우주 존재들이 이 일곱 특별 세계에 주소를 가지거나 대우주 전역에 걸쳐 활동하는 동안, 신들이 그들과 친밀하게 몸소 접촉하는 것과 관련된다. 그러니까 이러한 아주 개인적 관계와 특별한 접촉을 신성하게 비밀로 지켜야 하는 것이 마땅하다. 파라다이스 창조자들은 비천한 생물의 경우에도, 성격자의 사생활과 거룩함을 존중한다. 이것은 개인에게, 또 다양한 독립된 계급의 성격자들에게도 참말이다.

우주에서 높이 달성한 존재들에게도 이 비밀 세계들은 언제나 충성의 시험으로 남아 있다. 영원한 신들을 충분히 몸소 알고 그들의 신성과 완전의 특징을 숨김없이 아는 것은 우리에게 주어지지만, 파라다이스 통치자들이 모든 창조된 존재와 가지는 모든 개인적 관계를 침투하는 것은 우리에게 넉넉히 허락되지 않는다.

2. 늘 영원한 이

하보나의 10억 세계는 각각 최상 삼위 일체 성격자 1명이 지휘한다. 이 통치자들은 늘 영원한 이로 알려져 있고, 그들의 수는 정확히 10억, 각 하보나 구체에 하나씩이다. 그들은 파라다이스 삼위 일체의 자손이지만, 최상위의 비밀처럼, 그 기원에 관하여 아무런 기록이 없다. 전적으로 지혜로운 아버지들의 이 두 집단은 파라다이스-하보나 체계에 있는 아름다운 세계들을 언제까지나 다스려 왔고, 갈리거나 다시 배치되지 않고 활동한다.

늘 영원한 이들은 그들의 영토에서 사는 모든 의지(意志) 생물의 눈에 보인다. 그들은 정규 혹성 회의를 주관한다. 정기적으로, 돌아가면서, 일곱 초우주의 본부 구체들을 찾아본다. 그들은 일곱 초우주 정부의 운명을 주관하는, 옛적부터 늘 계신 이들과 가까운 친척 관계에 있고, 또 이들과 대등한 신다운 자이다. 늘 영원한 이가 그의 구체에서 자리를 비울 때, 한 삼위 일체 아들 교육자가 그의 세계를 지도한다.

하보나 주민과 중앙 우주의 다른 생물과 같이, 확정된 계급의 생명을 제외하고, 거주하는 늘 영원한 이들은 전적으로 자기 개인의 생각과 이상에 따라서, 각자의 구체를 발전시켜 왔다. 서로의 혹성들을 찾아보기도 하지만, 베끼거나 흉내내지 않으며, 그들은 언제나, 전적으로 독창성이 있다.

건축물, 자연스런 꾸밈, 상물질 구조, 영적 창조는 각 구체에 한정되며 독특하다. 모든 세계가 영구히 아름다운 곳이며, 중앙 우주에 있는 어느 다른 세계와도 전혀 다르다. 너희가 하보나를 거쳐서 파라다이스까지 안으로 가는 길에, 독특하고 흥분을 자아내는 이 구체(球體)들 하나하나에서 너희는 각자, 길건 짧건 시간을 보내게 될 것이다. 너희 세계에서는, 파라다이스를 향하여 위쪽으로라 말하는 것이 자연스럽지만, 신성한 승천 목표를 안으로라 말하는 것이 더욱 정확할 것이다.

3. 옛적부터 늘 계신 이

시간의 필사자(必死者)들이 한 지역 우주의 본부를 둘러싸는 훈련 세계들에서 졸업하고 초우주의 교육 구체들까지 승진할 때, 그들의 영적 성장은, 옛적부터 늘 계신 이들을 포함하여, 이 상급 영역의 높은 영적 통치자와 지도자들을 인식하고 그들과 교통할 수 있는 데까지 진보한 것이다.

옛적부터 늘 계신 이들은 모두 기본적으로 동일(同一)하다. 삼위 일체의 통합된 신격과 통일된 성품을 드러내기 때문이다. 개성이 있고 성격이 다양하지만, 그들은 일곱 으뜸 영이 다른 것처럼, 서로 다르지는 않다. 기타 면에서 다른 일곱 초우주에 대하여 그들은 한결같은 지도력을 베푼다. 이 초우주들은 각자 뚜렷하고 따로된 독특한 창조이다. 일곱 으뜸 영은 성품과 속성이 서로 다르지만, 초우주를 몸소 통치하는, 옛적부터 늘 계신 이들은 모두 한결같고 완전을 뛰어넘는, 파라다이스 삼위 일체의 자손이다.

높은 곳에 계시는 일곱 으뜸 영은 각자 초우주의 성질을 좌우하지만, 옛적부터 늘 계신 이들은 바로 이 초우주의 행정을 지시한다. 그들은 창조의 다양성에 행정의 균일성을 부과하며, 대우주의 일곱 구역 집단에 근본적 창조의 차이가 있는 가운데, 전체가 조화되는 것을 보장한다.

옛적부터 늘 계신 이들은 모두 같은 때에 삼자 일체화로 태어났다. 그들은 온 우주에서 성격자 기록에서 처음을 대표한다. 따라서 이름이 옛적부터 늘 계신 이이다. 너희가 파라다이스에 이르러서 만물(萬物)의 처음에 관한 문서 기록을 찾을 때, 성격자 부문에 나타나는 맨 처음 기록은 이 옛적부터 늘 계신 이 21명이 삼자 일체화로 태어난 것을 열거했음을 발견할 것이다.

이 높은 존재들은 언제나 세 분씩 무리를 지어 통치한다. 그들이 개인으로서 일하는 여러 활동 단계가 있고, 어느 두 분이 일할 수 있는 다른 단계도 있다. 그러나 행정의 높은 영역에서, 그들은 함께 활동해야 한다. 그들은 결코 거주하는 세계를 몸소 떠나지 않지만, 게다가 그럴 필요가 없는데, 이는 이 세계들이 광범위한 반영 체계의 초우주 초점이기 때문이다.

옛적부터 늘 계신 이들의 각 삼원조(三員組)가 개별로 계시는 거처는 그들의 본부 구체의 영적 극점(極點)에 있다. 그러한 구체는 70 행정 구역으로 나누어져 있고, 옛적부터 늘 계신 이들이 때때로 거주하는, 분할 지구 서울이 70개 있다.

권력 면에서, 권한의 규모에서, 사법권의 범위에서, 옛적부터 늘 계신 이들은 시공 창조를 직접 통치하는 자들 가운데 가장 강력하고 막강하다. 광대한 온 우주에서 그들에게만, 의지(意志) 생물을 영원히 소멸하는 것에 관하여, 최종의 집행 판결을 내릴 높은 권력이 주어진다. 그리고 옛적부터 늘 계신 이 세 분 모두가 한 초우주의 최고 법정이 내리는 마지막 선포에 참석해야 한다.

신들과 그 파라다이스 동료들을 제쳐 놓고, 옛적부터 늘 계신 이들은 모든 시공 존재 가운데 아주 완전하고, 가장 다능하며, 가장 신다운 자질을 부여받은 통치자이다. 겉보기에, 초우주의 최상 통치자이지만, 다스릴 이 권리를 체험으로 얻지 않았고, 따라서 언젠가는 최상 존재에게 대체될 운명을 가지고 있다. 최상 존재는 체험적 군주이며, 옛적부터 늘 계신 이들은 의심할 여지 없이 그의 대관(代官)이 될 것이다.

한 아들 창조자가 체험으로 그의 지역 우주의 통치권을 얻는 것 같이, 최상 존재는 체험으로 봉사함으로 일곱 초우주의 통치권을 달성하고 있다. 그러나 최상위가 진화를 마치지 않은 지금 시대에는, 옛적부터 늘 계신 이들이 진화하는 시공 우주에게, 조정되고 완전한 전반적 통제를 마련해 준다. 독창적 지혜와 개성 있는 주도권이 옛적부터 늘 계신 이들의 모든 법령과 판결의 특징을 나타낸다.

4. 늘 완전한 이

늘 완전한 이는 꼭 210명이 있으며, 각 초우주의 10개 대구역의 정부를 주관한다. 그들은 초우주 지도자들을 보조하는 특별한 일을 위하여 삼자 일체화로 태어났으며, 옛적부터 늘 계신 이들에게 직속이고 개인적인 대관으로서 다스린다.

늘 완전한 이 세 분이 각 대구역의 서울에 배치되지만, 옛적부터 늘 계신 이들과 달리, 세 분 모두가 늘 자리에 있을 필요는 없다. 이따금 이 삼원조의 한 분이 그의 영역의 복지에 관하여 옛적부터 늘 계신 이들과 친히 의논하기 위하여 자리를 비울 수도 있다.

대구역의 이 삼자 일치(三者一致) 통치자들은 행정 세부를 통달하는 데 특별히 완전하며, 따라서 이름이 늘 <u>완전한 이</u>이다. 영적 세계에 있는 이러한 존재들의 이름을 기록할 때, 우리는 너희의 언어로 옮기는 문제에 부딪치며, 마음에 들게 번역하기가 극도로 힘든 경우가 아주 빈번하다. 우리는 너희에게 의미가 없을, 멋대로 지어진 호칭을 쓰기 싫다. 따라서, 적당한 이름, 곧 너희에게 뜻이 분명하고, 동시에 원명(原名)을 어느 정도 나타내는 이름을 고르기가 어렵다는 것을 때때로 발견한다.

늘 완전한 이들은 그들의 정부에 부속된 군단(軍團), 신성한 조언자, 지혜 완성자, 우주 검열자들로 이루어진 중간 크기의 군단을 가지고 있다. 그들은 막강한 사자, 고등 권한자, 무명 무수자를 더욱 많이 가지고 있다. 그러나 대구역 사무에서 일상적인 많은 일은 천상의 보호자와 높은 아들 조수들이 수행한다. 이 두 집단은 파라다이스-하보나 성격자나 또는 영화롭게 된 필사 최후자들의 자손, 곧 삼자 일체 체험으로 태어난 자손으로부터 뽑는다. 생물이 삼자 일체화로 낳은 존재들의 이 두 계급에 속하는 어떤 자들은 파라다이스 신들에게서 다시 삼자 일체화를 겪으며, 다음에 초우주 정부의 행정에서 보조하라고 파송된다.

천상의 보호자와 높은 아들 조수들의 대부분은 대구역(大區域)과 소구역 근무에 배치되지만, 삼위 일체를 체험한 관리자(삼위 일체의 품에 안긴 세라핌과 중도자)들은 세 분과 전체의 법정에 있는 관리(官吏)이며, 옛적부터 늘 계신 이, 늘 완전한 이, 요즘부터 늘 계신 이들의 법정에서 활동한다. 초우주에 어디서나 삼위 일체를 체험한 대사(아들이나 영과 융합된 성질을 가졌고 삼위 일체의 품에 안긴, 하늘 가는 필사자)들과 마주칠 수 있으나, 그 대다수는 소구역에서 일하고 있다.

일곱 초우주의 정부 계획이 완전히 펼쳐지는 시대가 오기 전에는, 옛적부터 늘 계신 이들을 빼고, 이 정부의 여러 부서에서 일하는 거의 모든 행정자는, 완전한 하보나 우주의 여러 세계에서 늘 영원한 이들 밑에서 일정하지 않은 기간에 견습 훈련을 거쳤다. 나중에 삼위 일체 품을 거친 존재들도 마찬가지로, 옛적부터 늘 계신 이, 늘 완전한 이, 요즘부터 늘 계신 이들의 근무에 부속되기 전에, 늘 영원한 이들 밑에서 한 계절 동안 훈련을 거쳤다. 그들은 모두 노련하며, 시험을 거치고, 경험을 쌓은 행정자이다.

소구역 세계들에서 체류를 마치고 난 뒤에 스플랜돈 본부로 나아갈 때, 너희는 일찍 늘 완전한 이들을 만나 볼 터인데, 이는 이 고결한 통치자들이 승천하는 시간 생물을 위하여 고등 훈련을 시키는 대구역의 70 세계와 밀접하게 관련되기 때문이다. 늘 완전한 이들은 대구역 학교들에서 하늘 가는 졸업생들에게 친히 집단 서약을 시행한다.

대구역 본부를 둘러싸는 세계들에서 시간 순례자들이 하는 일은 주로 지적 성질을 가진다. 이것은 소구역의 일곱 교육 구체에서 행해지는 좀더 물리적이고 물질적 특징을 가진 훈련, 그리고 초우주 본부의 490개 대학 세계에서 행해지는 영적 사업과 대조가 된다.

비록 너희는 스플랜돈 대구역의 기록부에만 기입되지만, 스플랜돈은 너희가 기원을 가진 지역 우주를 포함하며, 너희는 우리 초우주의 10개 대부서를 모조리 거쳐야 할 것이다. 유버르사에 다다르기 전에, 너희는 오르본톤의 늘 완전한 이 30명을 모두 만날 것이다.

5. 요즘부터 늘 계신 이

요즘부터 늘 계신 이들은 초우주의 최상 지도자들 가운데 가장 젊은 분들이며, 3명씩 무리를 지어 소구역 사무를 주관한다. 그들의 성품은 늘 완전한 이들과 동등하지만, 행정의 권한으로 따져서 그들은 밑에 있다. 성격이 영화롭고 신답게 유능한 이 삼위 일체 성격자들은 꼭 21,000명 있다. 동시에 창조되었고, 그들은 함께 늘 영원한 이들 밑에서 하보나 훈련을 거쳤다.

요즘부터 늘 계신 이들은 늘 완전한 이들의 경우와 비슷하게, 한 군단의 동료와 조수(助手)들을 가지고 있다. 게다가 그들은 굉장한 수에 달하는, 여러 종속 계급의 하늘 존재들을 자신에게 배치하였다. 소구역의 행정에서 그들은 큰 무리의 거주하는 승천 필사자, 여러 우대 거류지의 직원, 무한한 영에 기원이 있는 여러 집단을 이용한다.

소구역 정부들은, 순전히 그렇지는 않지만 대체로, 초우주의 큰 물리적 문제들에 관심을 가진다. 소구역 구체들은 물리 주통제자들의 본부이다. 이 세계들에서, 하늘 가는 필사자들은 제3 계급의 최상 동력 중심과 모두 일곱 계급의 물리 주통제자들이 하는 활동을 검사하는 것과 상관되는 연구와 실험을 수행한다.

한 소구역 체제가 아주 널리 물리적 문제에 관여하니까, 요즘부터 늘 계신 이 세 분이 서울 구체에서 같이 계시는 일은 드물다. 대부분의 경우에, 한 분이 감독하는 대구역의 늘 완전한 이들과 의논하려고 떠나 있거나, 또는 높은 삼위 일체 기원을 가진 존재들이 파라다이스에서 집회할 때 옛적부터 늘 계신 이들을 대표하는 동안에 자리를 비운다. 그들은 파라다이스의 최고 회의에서 옛적부터 늘 계신 이들을 대표하면서 늘 완전한 이들과 교대한다. 그 동안에, 다른 요즘부터 늘 계신 이가 그의 관할에 속하는, 지역 우주의 본부 세계들을 검열하는 여행으로 떠나 있을 수도 있다. 그러나 이 통치자들 가운데 적어도 한 분은 한 소구역 본부에 언제나 당직(當直)으로 머문다.

너희는 모두 언젠가 엔사 소구역을 담당하는, 요즘부터 늘 계신 이 세 분을 알게 될 터인데, 이는 너희가 대구역의 훈련 세계들까지 안으로 가는 길에, 그들의 손을 거쳐야 하기 때문이다. 유버르사로 올라갈 때, 소구역 훈련 구체들 가운데 꼭 한 집단만 통과할 것이다.

6. 늘 연합한 이

"늘" 계급의 삼위 일체 성격자들은 초우주 정부 수준 밑에서, 행정 자격을 가지고 활동하지 않는다. 진화하는 지역 우주에서, 그들은 오로지 조언자나 고문으로서 활약한다. 늘 연합한 이들은 파라다이스 삼위 일체의 인가를 받고서, 지역 우주의 2중 통치자들에게 연락을 취하는 성격자의 집단이다. 조직되어 있고 사람이 사는 각 지역 우주는 이 파라다이스 조언자들 가운데 한 분을 배당받는데, 그는 삼위 일체의 대표로서, 어떤 면에서는, 지역 창조에 대하여 우주의 아버지의 대표로서 행동한다.

모두가 다 임명받지는 않았지만, 그들은 700,000명이 존재한다. 늘 연합한 이들의 예비군은 파라다이스에서 우주 조절 최고 회의로서 활동한다.

특별한 방법으로, 이 삼위 일체 관찰자들은, 지역 우주의 일로부터 구역 정부를 거쳐서 초우주의 일에 이르기까지, 우주 정부의 모든 지부(支部)의 행정 활동을 조정한다. 따라서 이름이 늘 <u>연합한 이</u>이다. 그들은 상관들에게 3중으로 보고서를 작성한다: 자기 소구역의 요즘부터 늘 계신 이들에게 물리적이고 반(半)지적 성질을 가진 관계된 자료를 보고하며, 자기 대구역의 늘 완전한 이들에게 지적 사건과 준(準)영적 사건들을 보고한다. 그들의 초우주 서울에 있는 옛적부터 늘 계신 이들에게 영적 문제와 반(半)파라다이스 같은 문제를 보고한다.

그들이 삼위 일체 기원을 가진 존재이니까, 모든 파라다이스 회로가 교신하기 위하여 그들에게 쓰일 수 있다. 따라서, 그들은 언제나 서로 연락이 되며, 파라다이스 최고 회의에 이르기까지, 다른 필요한 모든 성격자와 연락이 된다.

늘 연합한 이는 배치된 지역 우주의 정부와 유기적으로 연결되지 않는다. 관찰자로서 맡은 임무를 제쳐 놓으면, 그는 지역 당국의 요청을 받고 나서야 행동한다. 지역 창조의 모든 기본 회의와 모든 중요한 집회에 직권상 일원이지만, 그는 행정 문제의 기술적 고찰에는 참여하지 않는다.

한 지역 우주가 빛과 생명 속에 정착할 때, 거기에 있는 영화롭게 된 존재들은 늘 연합한 이와 자유롭게 사귀는데, 그는 진화로 완전한 그러한 영역에서 확대된 자격으로 활동한다. 그러나 그는 여전히 1차적으로 삼위 일체 대사(大使)요 파라다이스 조언자이다.

2중의 신 기원을 가진 한 신다운 아들이 한 지역 우주를 직접 다스리지만, 그는 항상 곁에 파라다이스 형제, 곧 삼위 일체 기원을 가진 한 성격자를 가지고 있다. 한 아들 창조자가 그의 지역 우주 본부로부터 잠깐 자리를 비우는 경우에, 임시 통치자들은 큰 결정을 내릴 때, 대체로 늘 연합한 이의 조언으로 지도를 받는다.

7. 늘 충실한 이

삼위 일체의 기원을 가진 이 높은 성격자들은 각 지역 우주에서 1백 별자리의 통치자들에게 조언하는 파라다이스 고문이다. 늘 충실한 이는 7천만 명 있는데, 늘 연합한 이들처럼, 모두 근무하지는 않는다. 그들의 파라다이스 예비군은 우주간 윤리 및 자치 자문 위원회이다. 늘 충실한 이들은 그들 예비군의 최고 회의의 판결에 따라서 번갈아서 봉사한다.

늘 연합한 이와 지역 우주의 아들 창조자의 모든 관계는, 늘 충실한 이와 그 지역 창조의 별자리를 다스리는 보론다덱 아들의 관계와 같다. 그들은 배치된 별자리의 복지에 지극히 헌신적이고 신답게 충실하다. 따라서 이름이 늘 충실한 이이다. 그들은 오로지 상담자로서만 행동하고, 별자리 당국의 초청을 받을 경우를 제외하고, 결코 행정 활동에 참여하지 않는다. 한 별자리의 본부를 둘러싸는 건축된 훈련 구체들에서, 승천하는 순례자들에게 베푸는 교육적 봉사에 직접 아랑곳하지도 않는다. 그러한 사업은 모두 보론다덱 아들들의 감독 밑에 있다.

한 지역 우주의 별자리에서 활동하는 늘 충실한 이는 모두 늘 연합한 이의 관할 밑에 있고, 직접 그에게 보고한다. 그들은 광범위한 상호 통신 체계를 가지지 않았고, 보통 한 지역 우주 테두리 안에서 서로 교류하는 데 스스로를 국한시킨다. 네바돈에서 근무하는 어느 늘 충실한 이도 이 지역 우주에서 근무하는, 같은 계급에 속하는 모든 다른 분과 통신할 수 있고, 그렇게 한다.

우주 본부에 있는 늘 연합한 이와 마찬가지로, 늘 충실한 이들은 그러한 영역의 행정 지도자들의 주소와 따로, 별자리 서울에 개인 주소를 유지한다. 그들의 거처는, 별자리의 보론다덱 통치자들의 집과 비교해서, 정말로 수수하다.

만물의 중심 가까이에 우주의 아버지의 신성한 구체들로부터 지역 우주의 1차 부문에 이르는 행정적 자문의 사슬에서, 늘 충실한 이들은 마지막 고리이다. 삼위 일체 기원을 가진 체제는 별자리에서 끝나며, 그러한 파라다이스 고문들은 아무도 그 구성 분자인 체계나 사람 사는 세계에 영구하게 자리잡지 않는다. 이 후자의 행정 단위들은 전적으로 지역 우주에서 태어난 존재들의 관할 밑에 있다.

[유버르사의 한 신성한 조언자가 발표하였다.]

제 19 편

삼위 일체 기원을 나란히 가진 존재

삼위 일체 기원을 나란히 가진 존재라 지칭되는 이 파라다이스 집단은, 삼위 일체 아들 교육자들 (이들은 또한 하나님의 파라다이스 아들 등급에도 속한다), 세 집단의 높은 초우주 행정자들, 그리고 얼마큼 비성격인 영감 받은 삼위 일체 영들의 부류를 포함한다. 하보나 원주민도, 파라다이스에 거주하는 수많은 무리의 존재들과 함께, 이 삼위 일체 성격자 분류 속에 적절하게 들어가도 좋다. 이 이야기에서 다루는 삼위 일체의 기원을 가진 존재들은 다음과 같다:

1. 삼위 일체 아들 교육자.
2. 지혜 완성자.
3. 신성한 조언자.
4. 우주 검열자.
5. 영감 받은 삼위 일체 영.
6. 하보나 원주민.
7. 파라다이스 시민.

삼위 일체 아들 교육자와 아마 영감 받은 삼위 일체 영들을 제외하고, 이 무리들의 구성원 수는 일정하며, 그들의 창조는 끝났고 지나간 일이다.

1. 삼위 일체 아들 교육자

너희에게 밝혀진 모든 높은 계급의 하늘 성격자들 가운데, 삼위 일체 아들 교육자만 홀로 2중 자격을 가지고 행동한다. 삼위 일체 성품에 기원을 가졌기 때문에, 그들은 기능 면에서 신다운 아들 신분으로 베푸는 봉사에 거의 온통 헌신한다. 그들은 삼위 일체 기원을 가진 성격자와 2중 기원의 성격자들 사이의 우주 간격에 다리를 놓는, 연락하는 존재들이다.

삼위 일체의 고정된 아들들은 완성된 수에 이르렀지만, 아들 교육자들은 항상 늘어난다. 아들 교육자들의 최종 수가 얼마나 될지 나는 모른다. 그러나 최근의 유버르사에 보낸 정기(定期) 보고서에 따르면, 파라다이스의 기록은 21,001,624,821 명에 달하는 이 아들들이 근무함을 가리킨다고 말할 수 있다.

이 존재들은, 기원이 파라다이스 삼위 일체에 있는 하나님의 아들들 가운데 너희에게 밝히는 유일한 집단이다. 그들은 중앙 우주와 초우주를 다니며, 한 엄청난 군단이 각 지역 우주에 배치된다. 그들은 또한, 하나님의 다른 파라다이스 아들들처럼, 개별 혹성에 봉사를 베푼다. 대우주의 계획이 완전히 개발되지 않았으니까, 큰 무리의 아들 교육자들이 파라다이스에서 예비군(豫備軍)에 머물러 있으며, 대우주의 모든 부문에서, 공간의 외로운 세계들에서, 지역 우주와 초우주에서, 하보나 세계들에서, 긴급 임무나 특별 봉사에 자원한다. 그들은 또한 파라다이스에서도 활약하지만, 우리가 하나님의 파라다이스 아들들에 관한 이야기에 이르기까지 그들에 대한 자세한 고려를 미루는 것이 유익하겠다.

그러나 이러한 맥락에서, 아들 교육자들이 삼위 일체의 기원을 가진, 최고의 조정 성격자라는 것을 적어도 좋다. 방대한 그러한 온 우주에 한정된 관점의 잘못, 그리고 실체와 신성(神性)을 부분적으로 갈라서 파악하는 데 본래부터 생기는 악에 굴복하는 큰 위험이 언제나 있다.

예를 들면 인간의 지성은 보통, 간단하고 유한한 데서 까다롭고 무한한 데까지, 인간의 기원으로부터 신성한 운명까지 나아감으로, 이 계시들에 묘사된 우주 철학에 몹시 접근하고 싶어한다. 그러나 그 길은 영적 지혜로 이끌지 않는다. 그러한 과정은 어떤 형태의 유전적 지식에 이르는 가장 쉬운 길이지만, 기껏해야 사람의 기원을 드러낼 수 있을 뿐이고, 그의 신성한 운명에 대하여 거의, 또는 아무 것도 밝혀 주지 않는다.

유란시아에서 인간의 생물학적 진화를 연구하는 데서도, 오늘날의 인간 지위와 현재 문제에 관한 순전히 역사적 접근 방법에 대하여 극심한 반대가 있다. 어떤 실체의 문제라도—인간적이거나 신성하거나, 세속이거나 우주에 관한 것이거나—그것을 보는 참된 시각(視覺)은 우주 실체의 세 가지 국면, 곧 기원, 역사, 운명에 관하여 완전하고 편견 없이 연구하고 상관 관계를 지어야만 얻을 수 있다. 이 세 가지 체험적 실체에 관한 적절한 이해는 현재 상태에 관하여 지혜롭게 측정하는 기초를 마련해 준다.

인간의 지성이 생물학에서나 신학(神學)에서나, 낮은 데서 출발하여 더 높은 데로 접근하는 철학적 수법을 따르려고 시도할 때, 그 지성은 언제나 다음 네 가지 논리적 잘못을 저지를 위험을 안고 있다:

1. 개인적 성취나 우주의 운명에 대하여, 지성은 최종의 완성된 진화 목표를 깨닫는 데 철저히 실패할지 모른다.

2. 우주의 진화적 (체험적) 실체를 지나치게 단순화함으로, 사실을 왜곡하고 진리를 곡해하고 운명을 착각하는, 최대의 철학적 실수를 저지를지 모른다.

3. 원인의 연구는 역사(歷史)를 살펴보는 것이다. 그러나 한 존재가 어떻게 되는가를 아는 것은 그러한 존재의 현재 지위와 참된 인격에 대해서 반드시 총명하게 이해하도록 만들지 않는다.

4. 역사만 가지고는 앞날의 발전—운명—을 적절히 계시하지 않는다. 유한한 기원은 유익하지만, 오로지 신의 원인이 마지막 효과를 보여 준다. 영원한 목표는 시간의 시초(始初)에서 보이지 않는다. 오직 서로 관련지어진 지난날과 앞날에 비추어서 오늘을 참되게 해석할 수 있다.

그러므로 이러한 까닭과 기타 이유로 말미암아, 모든 성격자 실체와 모든 우주 존재의 무한하고 영원하고 신성한 파라다이스 근원 중심으로부터 시공(時空) 여행을 시작함으로, 우리는 사람과 그 혹성 문제들에 접근하는 수법을 이용한다.

2. 지혜 완성자

지혜 완성자들은 초우주에서 신의 지혜를 성격으로 나타내려고 고안된, 파라다이스 삼위 일체의 특화된 창조이다. 이러한 존재가 꼭 70억 명이 있으며, 10억 명이 각 초우주에 배치되어 있다.

동격자인 신성한 조언자와 우주 검열자들과 공통으로, 지혜 완성자들은 파라다이스와 하보나의 지혜를 거쳤고, 또한 신별을 제외하고, 아버지의 파라다이스 구체들의 지혜를 거쳤다. 이러한 체험을 겪은 뒤에, 지혜 완성자들은 옛적부터 늘 계신

이들의 근무에 영구하게 배치된다. 그들은 파라다이스에서나, 파라다이스-하보나 회로에서 근무하지 않으며, 초우주 정부의 행정을 돌보는 데 온통 분주하다.

한 지혜 완성자가 활동할 때는 언제 어디서나, 그 때 그 자리에서, 신의 지혜가 활동한다. 막강하고 훌륭한 이 성격자들이 하는 일에 나타나는 지식과 지혜에는 계심의 사실성이 있고 명시(明示)가 완전하다. 파라다이스 삼위 일체의 지혜를 반영하는 것이 아니라, 그들은 바로 그 지혜이다. 우주 지식을 응용하는 과제에서 모든 교육자에게 지혜의 근원이며, 모든 우주에서 학문과 통찰력의 기관들에게 분별의 샘물이요 헤아림의 우물이다.

지혜의 근원은 2중이니, 지혜는 완전한 존재에 본래 있는 신다운 통찰력의 완전함에서, 또한 진화 생물이 몸소 얻는 체험으로부터 나온다. 지혜 완성자들은 신의 통찰력을 파라다이스답게 완전하게 만든 신다운 지혜이다. 유버르사에 있는 행정 동료들, 곧 막강한 사자, 무명 무수자(無名無數者), 고등 권한자들은, 함께 행동할 때, 경험을 쌓은 우주 지혜이다. 한 신다운 존재는 신다운 지식 면에서 완전할 수 있다. 진화하는 필사자는 언젠가 승천 지식의 완벽함에 도달할 수 있다. 그러나 이 두 존재들 가운데 어느 누구도 혼자서는 모든 가능한 지혜의 잠재성을 소모할 수 없다. 따라서, 초우주의 운영에서 최대의 행정 지혜를 성취하는 것이 바람직할 때는 언제나, 신다운 통찰력을 가진 이 지혜의 완성자들이, 진화해서 진보하는 체험적 시련을 거쳐서 초우주 권한의 높은 책임에 이른, 하늘 가는 성격자들과 반드시 손잡는다.

지혜 완성자들은 그들의 행정적 슬기를 완벽하게 만들기 위하여, 체험적 지혜인 이 보충물이 반드시 필요할 것이다. 그러나 파라다이스 최후자들이 언젠가 제7 단계의 영적 존재로 진입하고 난 뒤에, 그들은 높고도 이제까지 다다르지 못했던 수준의 지혜에 아마 도달할지 모른다고 추측되어 왔다. 만약 이 추측이 맞는다면, 진화해서 올라온 그런 완전하게 된 존재들은, 의심할 여지 없이, 모든 창조에서 이제까지 알려진 가운데 가장 효과적인 우주 행정자가 될 것이다. 나는 이것이 최후자들의 고귀한 운명이라고 믿는다.

지혜 완성자들의 다능함은 그들로 하여금 하늘 가는 생물을 위하여 거의 모든 천상 근무에 참여할 수 있게 한다. 지혜 완성자와 나의 계급 성격자인 신성한 조언자들은, 우주 검열자들과 함께, 개별 혹성과 체계들이 그 초기 시대에 있거나 아니면 빛과 생명 속에 안주(安住)하거나, 그들에게 진리를 드러내는 일에 종사해도 좋으며, 또 그렇게 하는 가장 높은 계급의 존재들을 구성한다. 이따금 초기의 생명을 기르는 혹성으로부터, 지역 우주와 초우주, 특히 후자에 이르기까지, 우리는 모두 하늘 가는 필사자들에게 베푸는 봉사와 접촉을 가진다.

3. 신성한 조언자

삼위 일체의 기원을 가진 이 존재들은 일곱 초우주의 영역에게 주는 신의 조언(助言)이다. 삼위 일체의 신성한 조언을 반영하는 것이 아니라, 그들은 바로 그 조언이다. 2백10억의 조언자들이 복무하고 있으며, 30억이 각 초우주에 배치되어 있다.

신성한 조언자들은 우주 검열자와 지혜 완성자의 동료요 대등한 자이며, 하나에서 일곱에 이르는 조언자들이 이 나머지 성격자들 각자에게 배치된다. 세 계급 모두가, 대구역과 소구역을 포함하여 옛적부터 늘 계신 이들의 정부에, 지역 우주와 별자리에, 또 지역 체계 군주의 회의에 참여한다.

내가 이 발표문을 쓰면서 하는 것처럼 우리는 개인으로서 행동하지만, 또한 필요한 경우에는 언제나, 우리는 삼원조(三員組)로서 활동하기도 한다. 우리가 집행 자격으로 행동할 때는 언제나, 지혜 완성자 1명, 우주 검열자 1명, 그리고 하나에서 일곱에 이르는 신성한 조언자들이 함께 결합된다.

지혜 완성자 1명, 신성한 조언자 7명, 우주 검열자 1명은, 삼위 일체 신성을 가진 법정을 구성하는데, 이것은 여러 시공 우주에서 가장 발이 빠른 고문단(顧問團)이다. 이러한 9명의 집단은 사실을 확인하거나 진리를 밝히는 법정으로 알려져 있다. 이 법정이 한 문제에 관하여 심의하고 판결을 내릴 때, 그것은 마치 옛적부터 늘 계신 이 한 분이 그 문제를 판결한 것과 같으니, 이는 모든 초우주 연대기에서 그러한 재판 결과를 옛적부터 늘 계신 이들이 한 번도 뒤집어엎은 적이 없기 때문이다.

옛적부터 늘 계신 이 세 분이 활동할 때는 파라다이스 삼위 일체가 활동한다. 연합 심의를 거친 뒤에 9명으로 이루어진 법정(法廷)이 한 결정에 도달할 때, 모든 의도와 목적에서 보면, 옛적부터 늘 계신 이들이 말씀하신 것이다. 이 방법으로, 파라다이스 통치자들은 행정 문제와 정부의 규제에서, 개별 세계, 체계, 우주와 친히 연락을 가진다.

신성한 조언자들은 파라다이스 삼위 일체가 베푸는 신성한 조언(助言)이 완전하게 된 것이다. 우리는 완전한 조언을 대표하며, 사실 우리는 완전한 <u>조언이다</u>. 또 진화로 승천해서 완전하게 되었고 삼위 일체가 품에 안은 존재인 동료들이 체험적 조언으로 우리를 보조했을 때, 우리의 통합된 결론은 완벽할 뿐 아니라 충분하다. 우리의 합친 조언이 참작되고, 평결되고, 확인되고, 한 우주 검열자가 그것을 선포했을 때, 그 결과는 보편적 총체성의 문턱에 접근할 가능성이 아주 높다. 그러한 재판 결과는 관계된 상황과 관련된 문제의 시공적 한계 안에서, 신의 절대적 태도에 가장 가까운, 가능한 접근법을 대표한다.

삼위 일체가 품에 안았던 진화의 삼원조—막강한 사자, 고등 권한자, 무명 무수자—와 연결하여, 신성한 조언자 일곱 명은 영적 의미와 실체 가치의 준(準)파라다이스 수준에서, 사람의 관점과 신의 태도를 뭉치는 가장 가까운 초우주 접근법을 대표한다. 오로지 파라다이스 수여 아들들이 피조물과 창조자의 연합된 우주 태도에 그렇게 가까이 접근하는 것을 능가하며, 그들은 성격자가 겪는 체험의 모든 단계에서, 하나님이자 사람이다.

4. 우주 검열자

정확히 80억의 우주 검열자가 존재한다. 이 독특한 존재들은 신의 <u>판단이다</u>. 단지 완전한 결정을 반영하는 것이 아니라, 파라다이스 삼위 일체의 <u>판단이다</u>. 옛적부터 늘 계신 이들조차 우주 검열자들과 관계하지 않고는 판결을 내리지 않는다.

중앙 우주에 10억 개의 각 세계마다 한 검열자가 임명되며, 거주하는 늘 영원한 이의 혹성 행정에 부속된다. 지혜 완성자도 신성한 조언자도, 하보나 행정에 이처럼 영구하게 소속되지 않는다. 우리는 어째서 우주 검열자들이 중앙 우주에 주둔하는지 도무지 이해하지 못한다. 그들의 현재 활동은 그들이 어째서 하보나에 배치되는가 도저히 설명하지 못한다. 따라서, 하보나 인구가 부분적으로 바뀔지도 모르는 어느 미래 시대에 생길 필요를 예상하여, 그들이 거기에 있는가 우리는 의문을 가진다.

일곱 초우주에는 각각 10억의 검열자가 배치된다. 개인 자격으로, 지혜 완성자 및 신성한 조언자들과 손잡고, 그들은 일곱 초우주의 모든 부문에 걸쳐서 활동한다. 따라서 검열자들은 완전한 하보나 세계들로부터 체계 군주들의 회의에 이르기까지, 대우주의 모든 수준에서 활동하며, 진화 세계들에서 일어나는 모든 섭리 시대 심판의 유기적인 일부이다.

한 우주 검열자가 계실 때는 언제 어디서나, 그 때 그 자리에서 신의 재판이 있다. 검열자들이 언제나 지혜 완성자와 신성한 조언자들과 연결하여 평결을 선고하니까, 그러한 결정은 파라다이스 삼위 일체의 연합한 지혜·조언·판단을 포함한다. 이 사법권의 삼원조에서, 지혜 완성자는 "지난날"이고, 신성한 조언자는 "앞날"이겠지만, 우주 검열자는 언제나 "지금"일 것이다.

검열자들은 우주에서 합계하는 성격자이다. 증인 1천—또는 1백만—명이 증언했을 때, 지혜의 목소리가 말씀하고 신성한 조언이 기록되었을 때, 승천에서 완전한 증언이 보태졌을 때, 그 때 검열자가 활동하며, 그 때까지 벌어졌던 모든 일의 합계, 어김없는 신의 합계(合計)가 이내 나타난다. 그러한 발표는 신의 결론, 곧 마지막이자 완전한 결정의 총합과 알맹이를 대표한다. 그러니까 한 검열자가 말씀하고 나서, 아무 다른 이도 입을 열어서는 안 된다. 검열자가 앞에 생겼던 모든 일의 참되고 어김없는 총합을 표현했기 때문이다. 검열자가 말씀할 때는, 아무런 상고(上告)가 없다.

아주 충분히 나는 지혜 완성자의 지성 작용을 이해한다. 그러나 우주 검열자의 판결하는 지성의 작용을 내가 충분히 이해하지 못하는 것이 뻔하다. 우주 사건들을 조사하는 과정에서, 그들에게 제시된 사실, 진실 및 조사 결과를 연결함으로, 검열자들은 새로운 의미를 형성하고 새로운 가치를 만들어 내는 것처럼 나에게 보인다. 우주 검열자들은 아마도, 창조자의 완전한 통찰력과 완전하게 된 피조물 체험의 조합에 대하여, 독창적 해석을 제시할 수 있다는 것이 가능성이 있다. 파라다이스의 완전함과 우주 체험을 이렇게 결합한 것은 의심할 여지 없이, 궁극의 것들 안에서 새로운 가치에 이른다.

그러나 이것이 우주 검열자들의 지성 작용에 관하여 우리가 마주치는 마지막 어려움이 아니다. 어떤 주어진 우주 상황에서, 한 검열자의 활동에 관해서 우리가 알거나 짐작하는 모든 것을 마땅히 참작하고 나서, 그래도 우리는 결정을 내다보거나 판결을 예측할 수 없음을 발견한다. 창조자의 태도와 피조물 체험의 결합이 가져오는, 있음직한 결과를 우리는 아주 정확하게 결정할 수 있다. 그러나 그러한 결론이 반드시 검열자의 발표를 정확하게 예상하지는 못한다. 검열자들은 어떤 방법으로 신 절대자와 연락이 있는 듯하다. 그렇지 않다면 검열자들의 많은 결정과 판결을 우리는 설명할 수 없다.

지혜 완성자, 신성한 조언자, 우주 검열자들은 일곱 계급의 최상 삼위 일체 성격자들과 더불어, 때로는 <u>삼위 일체의 고정된 아</u>들이라 부르는 10 집단을 구성한다. 그들은 함께, 삼위 일체 행정자, 통치자, 집행자, 고문, 조언자, 재판관으로 이루어진 대군단을 구성한다. 그들의 수는 370억을 조금 넘는다. 20억 70명이 중앙에, 각 초우주에는 50억이 조금 넘게 주둔한다.

삼위 일체의 고정된 아들들의 기능적 한계를 묘사하기는 매우 힘들다. 그들의 행동이 유한하고 제한되었다고 말하면 틀리겠는데, 그렇지 않음을 가리키는 초우주 기록 회보(會報)가 있기 때문이다. 그들은 시간과 공간의 조건에 따라서 요구될까 싶고 모우주의 과거·현재·미래의 진화에 관계되는 어떤 수준의 우주 행정이나 판결에서도 행동한다.

5. 영감 받은 삼위 일체 영

영감 받은 삼위 일체 영들에 관하여 나는 너희에게 일러 줄 것이 거의 없으니, 그들이 극소수로 존재하는 온통 비밀스런 계급 존재들 가운데 하나이기 때문이다. 그들이 비밀 속에 있는 것은, 의심할 여지 없이, 우리들 가운데 기원이 그들의 창조 근원과 아주 가까운 자들에게조차 그들이 자신을 충분히 드러내기가 불가능하기 때문이다. 그들은 파라다이스 삼위 일체의 행위로 말미암아 존재하게 되며, 신들의 어느 한 분이나, 두 분, 또는 세 분 모두에게 이용될 수 있다. 우리는 이 영들이 완결된 수에 이르렀는지, 아니면 항상 늘어나는지 모른다. 그러나 그들의 수가 고정되지 않았다고 믿고 싶다.

우리는 영감 받은 영들의 성품도 행위도, 완전히 이해하지 못한다. 아마도 그들은 초월 성격 영의 부류에 속할지 모른다. 그들은 모든 알려진 회로에서 활약하며, 시간과 공간에 거의 상관 없이 활동하는 듯하다. 그들이 하는 활동의 성질로부터 그 됨됨이를 어림하는 외에, 우리는 그들에 관하여 거의 알지 못한다. 우리는 그들의 활동으로 생기는 결과를 분명히 우주 여기저기에서 관찰한다.

어떤 조건 밑에서, 이 영감 받은 영들은 삼위 일체 기원을 가진 존재들이 인식하도록, 스스로를 충분히 개별화할 수 있다. 나는 그들을 본 적이 있지만, 더 낮은 계급의 하늘 존재들은 결코 이들 가운데 하나도 알아볼 수 없다. 진화하는 우주들의 경영에서, 이따금 삼위 일체 기원을 가진 어떤 존재라도 자기의 과제를 수행하기 위하여 이 영들을 직접 고용해도 좋은 어떤 상황이 생긴다. 그러니까 그들이 존재한다는 것, 어떤 조건 밑에서 우리가 그들의 도움을 요청해도 좋고 또 도움 받음을 우리가 알며, 어떤 때는 그들이 있음을 식별한다. 그러나 그들은, 물질 창조가 빛과 생명에 안주할 때까지, 그러한 시공 우주의 경영을 맡은 조직, 명시되고 분명히 드러난 조직의 일부는 아니다. 진화하는 일곱 초우주의 현재 경제(經濟)나 행정에서, 그들은 뚜렷하게 식별될 수 있는 자리를 가지지 않았다. 그들은 파라다이스 삼위 일체의 한 비밀이다.

네바돈의 멜기세덱들은 영감 받은 삼위 일체 영들이 언젠가 영원한 앞날에, 외톨 사자들을 대신해서 활동하도록 정해졌다고 가르치는데, 삼위 일체가 품었던 어떤 종류의 아들들의 동료로서 활약하는 과제 때문에, 외톨 사자들의 등급은 느리지만 확실하게, 줄어들고 있다.

영감 받은 영들은 온 우주에서 홀로 있는 영이다. 그들은 영으로서, 외톨 사자들이 뚜렷한 성격자라는 것을 빼고, 이 사자들과 아주 비슷하다. 영감 받은 영들에 관하여 우리가 가진 지식의 상당 부분은 외톨 사자들로부터 얻는다. 외톨 사자들은 영감 받은 영들의 존재에 대하여 본래부터 가진 민감성 덕분에 그들이 가까이 있음을 탐지하며, 이 민감성은 마치 자석 바늘이 자력(磁力)의 극(極)을 가리키는 것과 똑같이 어김없이 작용한다. 외톨 사자는 영감 받은 삼위 일체 영에 가까이 있을 때, 그러한 신다운 존재의 질적 표시와 또한 아주 분명한 양적 기록을 의식하는데,

이것은 외톨 사자로 하여금 실제로 영의 존재나 존재들의 등급과 수를 알 수 있게 한다.

나는 더욱 재미있는 사실을 이야기해도 된다. 유란시아에서처럼, 생각 조절자들이 거주자 안에 깃드는 혹성에 외톨 사자가 있을 때, 그는 영 존재를 탐지하는 민감도에서 질적(質的) 흥분을 의식한다. 그러한 경우에, 아무런 양적 흥분이 없고, 다만 질적 동요가 일어난다. 조절자들이 오지 않는 혹성에서 원주민과 접촉하는 것은 이러한 반응을 도무지 일으키지 않는다. 이것은 생각 조절자들이 어떤 방식으로, 파라다이스 삼위 일체의 영감 받은 영들과 관련이 있거나 연결되어 있음을 가리킨다. 어떤 방법으로, 생각 조절자들은 아마 그들이 하는 일의 어떤 단계에 관계되는가 싶다. 그러나 정말로 우리는 모른다. 그들은 만물의 중심과 근원 가까이에서 태어나지만, 같은 계급의 존재는 아니다. 생각 조절자들은 아버지로부터만 생겨난다. 영감 받은 영들은 파라다이스 삼위 일체의 자손이다.

영감 받은 영들은 겉보기에 개별 혹성이나 우주의 진화 계획에 속하지 않는 듯하다. 그래도 거의 어디에나 있는 것 같다. 내가 이 글을 쓰는 일에 몰두하는 사이에도, 나와 관계된 동료 외톨 사자가 이 계급 영의 존재에 대하여 나타내는 개인적 민감성은 바로 이 순간에 우리와 함께, 8미터 넘지 않는 거리에, 영감 받은 계급, 그리고 셋째 수준의 동력(動力) 존재를 가진 영이 있음을 가리킨다. 셋째 수준의 동력 존재는 아마도 영감 받은 영 3명이 연결하여 활동하는 가능성을 우리에게 비친다.

이 시간에 나와 관계하는 12 계급이 넘는 존재들 가운데, 외톨 사자가 유일하게, 신비스러운 이 삼위 일체 존재들이 자리에 있음을 느끼고 있다. 더군다나, 이 신성한 영들이 가까이 있음을 이렇게 통지받지만, 우리는 모두 그들의 임무에 대하여 똑같은 정도로 무지(無知)하다. 그들이 다만 우리가 하는 일을 흥미 있게 보는 관찰자인지, 아니면 우리에게 알려지지 않은 방법으로, 실제로 우리가 시도하는 일이 성공하도록 기여하는지, 우리는 정말로 모른다.

삼위 일체 아들 교육자들이 우주 생물이 <u>의식하면서</u> 깨우침을 얻는 데 헌신함을 우리는 알고 있다. 나는 영감 받은 삼위 일체 영들이, <u>초의식</u>(超意識) 기법을 써서, 그 영역의 교육자로서 또한 활동하고 있다는 확실한 결론에 이르렀다. 기본이 되는 광대한 집합의 영적 지식, 곧 높은 영적 수준에 이르는 데 필수인 진리가 있고, 이러한 지식을 의식하면서 받을 수 없다고 나는 확신한다. 자의식은 확실히 받아들이는 것을 실질적으로 위태롭게 만들 것이다. 우리가 이 개념에 대하여 옳고 내 존재 계급이 다 그러한 의견을 가졌다면, 도덕적 깨우침과 영적 진보를 추진하는 우주 계획에서 이 문제를 극복하는 것, 이 결함을 메우는 것이 이 영감 받은 영들의 임무인가 싶다. 삼위 일체 기원을 가진 이 두 종류의 교육자들이 활동하면서 어떤 연락을 취한다고 생각하지만, 우리는 정말 모른다.

초우주 훈련 세계와 영원한 하보나 회로에서, 완전하게 되는 필사자들—진화 세계로부터 영성(靈性)을 얻어 하늘 가는 혼들—과 나는 사귀어 보았다. 그러나 외톨 사자에 거하는 탐지력이 영감 받은 영들이 때때로 우리와 가까이 있음을 가리키는데도, 이 필사자들은 한 번도 그들을 의식하는 적이 없다. 나는 높고 낮은 모든 계급의 하나님의 아들들과 자유롭게 이야기를 나누어 왔는데, 그들도 마찬가지로 영감 받은 삼위 일체 영들의 훈계를 의식하지 못한다. 그들은 자기들의 체험을 돌이켜볼 수 있고, 또 그렇게 하며, 이러한 영들의 활동을 고려하지 않으면 설명하기 힘드는 사건들을 되새긴다. 그러나 외톨 사자들, 그리고 때로는 삼위일체의 기원을 가진 존재들을 제외하고, 하늘 가족에서 아무도 영감 받은 영들이 가까이 있음을 느낀 적이 없다.

나는 영감 받은 삼위 일체 영들이 나와 숨바꼭질을 한다고 보지 않는다. 내가 그들과 교통하려고 애쓰는 것과 마찬가지로, 그들도 아마 내게 자신을 나타내려고 애쓸 것이다. 우리의 어려움과 한계는 공통된 것이고, 타고난 것이 틀림없다. 우주에서 멋대로 생긴 비밀이 아무 것도 없다는 것에 나는 마음이 흡족하다. 따라서 내 계급의 창조에 속하는 이 영들이 고립되어 있는 신비를 풀려는 노력을 나는 결코 그만두지 않겠다.

이 모든 것으로부터, 영원한 여행에서 첫걸음을 이제 내딛고 있는 너희 필사자들은, "시력"과 "물질적" 보장으로 말미암아 승진하기 전에, 너희는 먼 거리를 진보해야 한다는 것을 잘 알 수 있다. 빠르고 안전하게 진보하기를 바란다면, 너희는 오랫동안 믿음을 이용하고 계시(啓示)에 의존할 것이다.

6. 하보나 원주민

파라다이스 삼위 일체가 하보나 원주민을 직접 창조하며, 그들의 수는 너희의 제한된 지성(知性)의 개념을 뛰어넘는다. 영원한 우주에서 살며 삼위 일체 기원을 가진 이 민족들처럼 그렇게 신답게 완전한 생물이 본래부터 지닌 자질을 유란시아 사람이 이해하는 것도 불가능하다. 너희는 결코 이 영화로운 생물을 참으로 상상할 수 없다. 하보나에 다다르기까지 기다려야 하며, 그 때 너희는 그들에게 영 동지(同志)로서 인사를 나눌 것이다.

하보나 문화를 가진 10억 세계에서 오래 머무르는 동안, 너희는 이 훌륭한 존재들에 대하여 영원한 우정을 개발할 것이다. 공간 세계들에서 올라온 가장 낮은 성격 생물과 중앙 우주의 완전한 구체들에서 태어난 이 높은 성격 존재들 사이에 자라는 우정(友情)이 얼마나 깊은지! 하늘 가는 필사자들이 하보나 원주민과 오랫동안 사랑에 넘쳐 사귀면서, 그들은 사람으로서 승진하는 초기 단계의 영적 영양 부족을 많이 보충해 줄 것이다. 동시에, 하늘 가는 순례자들과 접촉함을 통해서, 하보나 주민들은 신성하게 완전한 삶을 늘 살아 온 체험적 장애를 적잖게 극복하는 경험을 얻는다. 하늘 가는 필사자와 하보나 원주민에게 생기는 이득은 크며, 서로 주고받는다.

삼위 일체 기원을 가진 모든 다른 성격자와 마찬가지로, 하보나 원주민은 신성한 완전 속에 계획되었고, 삼위 일체 기원을 가진 다른 성격자의 경우처럼, 시간의 경과는 그들의 체험적 자질의 축적(蓄積)을 늘인다. 그러나 삼위 일체의 고정된 아들들의 경우와 달리, 하보나 주민은 지위가 진화할 수도 있고, 아직 밝혀지지 않은 미래 영원의 운명을 가질지도 모른다. 조절자가 아닌 아버지 분신과 융합하는 능력을 봉사로 현실화하고, 그렇게 필사 최후 군단의 회원이 될 자격을 갖추는 하보나 주민이 이것을 보여 준다. 그리고 중앙 우주의 이 원주민에게 열린 다른 최후자 군단들이 있다.

하보나 원주민(原住民) 지위의 진화는 유버르사에서 많은 추측을 낳았다. 그들이 여러 파라다이스 최후 군단으로 항상 침투하고 있고 이제 더 창조되지 않으니까, 하보나에 남아 있는 원주민의 수가 항상 줄어드는 것이 뻔하다. 이 거래의 궁극의 결과는 결코 우리에게 밝혀진 적이 없지만, 우리는 하보나가 언젠가 그 원주민을 전부 잃어버릴 것이라 믿지는 않는다. 외계 공간 수준에서 연속되는 창조 시대에 언젠가, 우리는 하보나 주민이 아마 최후자 군단에 가입하기를 그만두리라는 이론을 생각해 보기도 했다. 또한 이러한 차후의 우주 시대에, 중앙 우주가 혼합된 거주민의 무리로 가득 차고, 최초의 하보나 원주민이 겨우 시민의 일부를 이룰지도 모른다는 생각도 품어 보았다. 그래서 어떤 계급이나 형태의 생물이 미래의 하보나에서 거주 지위를 얻는 운명을 가지게 될까 모르지만, 우리는 다음과 같이 생각해 보았다:

1. 일생자(一生者), 이들은 현재 지역 우주 별자리의 영구 시민이다.

2. 빛과 생명의 시대가 꽃필 때, 사람이 사는 초우주의 구체들에서 태어날지 모르는 미래 종류의 필사자들.

3. 연속되는 여러 외계 우주에서 들어오는 영적 귀족 계급.

우리는 이전 우주 시대에 하보나는 현재 우주 시대의 하보나와 얼마큼 달랐다는 것을 알고 있다. 이것이, 앞으로 다가올 시대를 예시하는 그러한 느린 변화를 중앙 우주에서 우리가 구경하고 있다고 가정하는 것보다 조금도 더 일리(一理)가 있다고 보지 않는다. 한 가지 확실한 것이 있으니, 우주는 정적(靜的)이지 않다. 오로지 하나님만이 변화가 없다.

7. 파라다이스 시민

파라다이스에는 수많은 무리의 훌륭한 존재, 곧 파라다이스 시민들이 거한다. 그들은 하늘 가는 의지(意志) 생물을 완전하게 만드는 데 직접 관계되지 않고, 따라서 유란시아 필사자들에게 완전히 밝혀지지 않는다. 3천 계급이 넘게 이러한 하늘 지성 존재들이 있으며, 최근의 집단은 시공의 일곱 초우주를 창조하는 계획을 선포한 삼위 일체의 명령과 동시에 성격화되었다.

파라다이스 시민과 하보나 원주민을 가끔 통틀어서 <u>파라다이스-하보나 성격자</u>라고 부른다.

이것이 파라다이스 삼위 일체가 생기게 한 존재들의 이야기를 마친다. 그들 가운데 아무도 길을 벗어난 적이 없다. 그래도 여전히, 가장 높은 의미에서, 그들은 모두 자유 의지를 부여받았다.

삼위 일체 기원을 가진 존재들은 수송 특권을 가졌고, 이것은 그들을 세라핌과 같은 수송 성격자들로부터 독립되게 한다. 우리는 모두, 온 우주에서 자유롭게 빨리 움직이는 힘을 가지고 있다. 영감 받은 삼위 일체 영들을 제외하고, 우리는 외톨 사자들이 가진, 거의 믿을 수 없는 속도에 다다를 수 없다. 그러나 공간에 있는 총 수송 시설을 이용할 수 있으니까, 우리는 한 초우주의 어느 곳이라도, 그 본부로부터 유란시아 시간으로 1년 안에 다다를 수 있다. 내가 유버르사로부터 유란시아까지 여행하는 데 너희 시간으로 109일이 걸렸다.

바로 이 길을 통해서, 우리는 순간적으로 통신할 수 있도록 만들어졌다. 우리의 창조 계급 전부가, 영감 받은 영들만 제외하고, 파라다이스 삼위 일체의 자손의 모든 부서 안에 포함된 개인들과 다 연락이 된다.

[유버르사의 한 신성한 조언자가 발표하였다.]

제 20 편

하나님의 파라다이스 아들

오르본톤 초우주에서 활동하는 바와 같이, 하나님의 아들들은 세 항목으로 분류된다:

1. 내려오는 하나님의 아들.
2. 하늘 가는 하나님의 아들.
3. 삼위 일체를 체험한 하나님의 아들.

내려오는 계열의 아들 신분은 직접 신답게 창조된 성격자들을 포함한다. 필사자들과 같이 하늘로 가는 아들들은, 진화로 알려진 창조 기법에 체험으로 참여해서 이 지위를 얻는다. 삼위 일체를 체험한 아들들은 복합 기원을 가진 무리이며, 이는 삼위 일체에 직접 기원을 가지지 않더라도, 파라다이스 삼위 일체의 품에 안긴 존재를 다 포함한다.

1. 내려오는 하나님의 아들

내려오는 하나님의 아들들은 모두 높고 신다운 기원을 가진다. 그들은 시공 세계와 체계들에서, 내려가는 봉사 직분에 헌신하며, 거기서 진화의 기원을 가진 비천한 생물—하늘 가는 하나님의 아들들—이 파라다이스로 오르는 길에서 승진하는 것을 쉽게 해 준다. 수많은 계급의 내려오는 아들들 가운데, 일곱 계급이 이 이야기에서 묘사된다. 가운데 빛과 생명의 섬에 계신 신들로부터 오는 아들들은 하나님의 파라다이스 아들이라 부르고, 다음 세 계급이 들어간다:

1. 아들 창조자—미가엘.
2. 아들 행정관—아보날.
3. 삼위 일체 아들 교육자—데이날.

나머지 네 계급의 내려오는 아들 신분은 지역 우주 하나님의 아들로 알려져 있다:

4. 멜기세덱 아들.
5. 보론다덱 아들.
6. 라노난덱 아들.
7. 생명 운반자.

멜기세덱은 한 지역 우주의 아들 창조자, 창조 영, 아버지 멜기세덱이 합동으로 만든 자식이다. 보론다덱과 라노난덱들은 한 아들 창조자와 그의 동료 창조 영이 출산한다. 보론다덱은 최고자, 곧 별자리 아버지로서, 라노난덱은 체계 군주로서, 또 혹성 영주로서, 가장 잘 알려져 있다. 3중 계급인 생명 운반자는 아들 창조자와 창조 영이 담당 초우주의 옛적부터 늘 계신 이 세 분과 결합하여 생긴다. 그러나 이러한 지역 우주 하나님의 아들들의 성품과 활동은 지역 창조의 일을 다루는 논문에서 기술하는 것이 더 적절하다.

하나님의 파라다이스 아들들은 세 가지 기원을 가진다. 1차 아들, 곧 아들 창조자들은 우주의 아버지와 영원한 아들이 존재하게 만든다. 2차 아들, 곧 아들 행정관들은 영원한 아들과 무한한 영의 아이들이다. 삼위 일체 아들 교육자들은 아버지·아들·영, 세 분의 자식이다. 봉사·예배·간청의 관점에서 보면, 파라다이스 아들들은 하나와 같은데, 그들의 영이 하나이고, 하는 일의 질과 완벽함이 동일하기 때문이다.

파라다이스의 "늘" 계급이 신다운 행정자임이 판명된 바와 같이, 마찬가지로 파라다이스 아들 계급은 자신들이 신다운 봉사자—창조자, 시중드는 자, 수여자, 재판관, 교육자, 진리 계시자—임을 드러냈다. 그들은 온 우주에 걸쳐서, 영원한 섬의 바닷가에서부터 사람이 사는 시간과 공간의 세계들까지, 이 이야기에서 밝혀지지 않는 여러 가지 봉사를 중앙 우주와 여러 초우주에서 베푼다. 베푸는 봉사의 성질과 장소에 따라서 그들은 여러 가지로 조직되지만, 한 지역 우주에서, 아들 행정관과 아들 교육자들은 모두 그 영토를 주관하는 아들 창조자의 지휘 밑에서 봉사한다.

아들 창조자들은 몸 안에 집중하는 영적 자질을 소유하는 듯하다. 바로 너희 아들 창조자가 유란시아에 있는 모든 필사 육체에게 그의 영을 퍼부었을 때 하신 바와 같이, 그들은 이 자질을 통제하고 수여할 수 있다. 아들 창조자 각자는 자신의 영역 안에서 영적으로 당기는 이 힘을 부여받았고, 그의 영토 안에서 봉사하는 내려오는 하나님의 아들들 모두의 행동과 감정을 다 친히 의식한다. 영원한 아들의 바로 그 절대 영적 인력(引力)을 신성하게 반영하고 지역 우주에서 복사(複寫)한 분이 여기 있다. 영원한 아들의 영적 인력은, 그의 파라다이스 아들들 모두가 이 온 우주 어디에 있든지, 그로 하여금 그들과 연락하고 연락을 유지하도록 손을 뻗게 한다.

파라다이스의 아들 창조자들은 봉사하고 자신을 수여(授與)하는 직분, 내려오는 직분에서 아들로서 일할 뿐 아니라, 수여 생애를 마쳤을 때 각자 자신이 창조한 세계에서 우주의 아버지로서 활동한다. 한편, 다른 계급의 하나님의 아들들은 우주의 아버지가 사랑으로 통치함을 기꺼이 인정하기까지, 혹성들을 하나하나 쟁취하도록 고안된 봉사, 자신을 수여하고 영적으로 향상시키는 봉사를 계속한다. 이러한 쟁취는 마침내 생물이 파라다이스 아버지의 뜻에 성스럽게 헌신하고, 혹성이 아들 창조자의 우주 통치권에 충성하기에 이른다.

칠중(七重)의 아들 창조자 경우에는, 창조자와 피조물이 이해하고 공감하며 자비로운 관계에서 언제까지나 섞인다. 미가엘, 곧 아들 창조자 계급 전체는 아주 독특하니까 그들의 성품과 활동에 관한 고려는 이 시리즈의 다음 논문에서 다루도록 남겨 두겠다. 한편 이 이야기는 주로 나머지 두 계급의 파라다이스 아들 신분, 곧 아들 행정관과 삼위 일체 아들 교육자에 관심을 가질 것이다.

2. 아들 행정관

영원한 아들이 표현한 독창적이고 절대적인 존재 개념이, 무한한 영이 품은, 사랑으로 봉사하는 새롭고 신성한 이상과 뭉칠 때마다, 새롭고 독창적인 하나님의 아들, 곧 파라다이스 아들 행정관 한 분이 생산된다. 이 아들들은 미가엘, 곧 아들 창조자 서열과 대조해서, 아보날 서열을 이룬다. 성격 의미에서 창조자는 아니지만 그들이 하는 모든 일에 미가엘과 밀접하게 관련이 있다. 아보날들은 혹성에서 봉사하는 자요, 재판관, 다시 말해서, 시공 영역—모든 민족, 모든 세계, 모든 우주—의 행정관이다.

우리는 대우주에 아들 행정관들의 수가 약 10억이라고 믿을 만한 까닭이 있다. 그들은 자치하는 계급이며, 파라다이스에 있는 그들의 최고 회의의 지도를 받는다. 이 최고 회의는 모든 우주의 근무에서 선택된 노련한 아보날들로 구성된다. 그러나 한 지역 우주에 배치되고 거기에 임명되고 나서, 그들은 그 영토의 아들 창조자 지휘 밑에서 봉사한다.

아보날은 지역 우주의 개별 혹성에게 봉사하고 자신을 수여하는 파라다이스 아들이다. 각 아보날 아들이 독특한 성격을 가졌고, 어느 두 분도 비슷하지 않으니까, 그들이 하는 일은 머무르는 영역에서 개별적으로 독특하다. 거기서 그들은 흔히 필사 육체의 모습을 입고 육신화되며, 어떤 때는 진화 세계에서 땅에 있는 어머니에게 태어난다.

상급의 행정 수준에서 베푸는 봉사 외에도, 아보날들은 사람이 사는 세계에서 세 가지 역할을 한다:

1. <u>사법(司法) 행위</u>. 이들은 혹성의 여러 섭리 시대가 끝날 때 행동한다. 시간이 되면, 수십—수백—의 그러한 임무가 각 개별 세계에서 집행될 수도 있고, 그들은 섭리 시대의 종결자로서, 잠자는 생존자들을 해방하는 자로서, 수없이 여러 번, 같은 세계나 다른 세계들에 가도 좋다.

2. <u>행정관 임무</u>. 이 종류의 혹성 방문은 보통 한 수여 아들이 도착하기 전에 일어난다. 그러한 임무가 있을 경우에 한 아보날이 필사자로서 출생하지 않고 육신화하는 기법에 따라서, 그 영역에 어른으로 나타난다. 이 행정관이 처음으로 보통 방문을 한 뒤에, 아보날들은 같은 혹성에 행정관 자격으로, 수여 아들이 나타나기 전과 후에, 거듭 봉사해도 좋다. 이러한 추가 행정관 임무가 있을 때, 아보날은 물질적이며 눈에 보이는 형태로 나타날 수도 있고 그렇지 않을 수도 있지만, 이 중에서 어떤 임무에도 하나의 무력한 어린아이로서 그 세계에 태어나지는 않을 것이다.

3. <u>수여(授與) 임무</u>. 아보날 아들들은 모두 적어도 한 번, 어떤 진화 세계의 어떤 필사 민족에게 자신을 수여한다. 사법(司法) 방문은 수없이 있고 행정관 임무는 여러 번일지 모르지만, 각 혹성에는 단 하나의 수여 아들이 나타난다. 수여 아보날들은, 네바돈의 미가엘이 유란시아에서 육신화한 것처럼, 여자에게서 태어난다.

행정관 임무와 수여 임무에 아보날 아들들이 몇 번 봉사해도 좋은가에 제한이 없지만, 보통 그 경험을 일곱 번 거치면, 그런 봉사를 적게 받은 혹성들에게 혜택을 주기 위하여 수여가 중지된다. 그러면 여러 번 수여 체험을 겪은 이 아들들은 한 아들 창조자의 높은 개인 회의에 배치되고, 이렇게 그들은 우주 사무의 관리에 참여한다.

사람이 사는 세계들을 위해서, 또 거기서 하는 모든 일에 아들 행정관들은 두 계급의 지역 우주 생물, 곧 멜기세덱과 천사장들의 보조를 받는다. 한편 수여 임무의 경우에는, 마찬가지로 지역 창조에서 기원을 가진 찬란한 저녁별들도 그들을 따라온다. 혹성의 모든 노력에서, 2차 파라다이스 아들, 곧 아보날들은 그들이 근무하는 지역 우주 아들 창조자인 한 1차 파라다이스 아들의 충만한 권력과 권한으로 지원을 받는다. 모든 의도와 목적으로 보아서, 필사자가 사는 그러한 세계에서 아들 창조자가 베푸는 봉사와 마찬가지로, 사람이 사는 구체에서 그들이 하는 일은 똑같이 효율이 있고 흡족하다.

3. 사법 행위

아보날들은 아들 행정관으로 알려져 있는데, 이는 그들이 그 영역의 높은 행정관, 곧 시간 세계들에서 연속되는 섭리 시대의 재판관이기 때문이다. 그들은 잠자는 생존자들을 깨우는 것을 주관하고, 그 영역을 재판하며, 응보(應報)가 중지된 섭리 시대를 끝내고, 시험적인 자비 시대의 명령을 집행하며, 혹성에서 봉사하는 공간 생물을 새 섭리 시대의 과제에 다시 배치하고, 임무가 끝나면 그들의 지역 우주 본부로 돌아간다.

한 시대의 운명을 재판할 때, 아보날들은 진화 민족들의 운명을 선포한다. 비록 성격을 가진 생물의 신분을 말소하는 판결을 내리더라도, 그들은 그러한 선고를 집행하지 않는다. 초우주 당국을 제외하고, 아무도 이 성질을 가진 선고를 집행하지 않는다.

한 섭리 시대를 끝마치고 혹성의 진보에서 한 새 기원(紀元)을 비롯하는 목적으로 진화 세계에 파라다이스 아보날이 도착하는 것은 반드시 행정관 임무나 수여 임무는 아니다. 행정관 임무는 가끔, 수여 임무는 반드시, 육신화(肉身化)하는 것이다. 다시 말해서, 그러한 임무의 경우에, 아보날들은 물질 형태를—글자 그대로—입고 한 혹성에서 봉사한다. 그들의 다른 방문은 "기술적"인 것이며 이러한 자격으로 오는 아보날은 혹성에서 봉사하려고 육신화하지 않는다. 오직 섭리 시대의 재판관으로서 온다면, 아들 행정관은 한 영적 존재로서 혹성에 도착하며, 그 영역의 물질 생물의 눈에 보이지 않는다. 그러한 기술적 방문은 사람이 사는 한 세계의 긴 역사에서 되풀이해서 일어난다.

행정관 및 수여 체험에 앞서, 아보날 아들들은 한 혹성의 재판관으로서 행동할 수도 있다. 그러나 행정관이나 수여 임무의 경우에, 육신화된 아들은 지나가는 혹성 시대를 재판할 것이다. 필사(必死) 육체의 모습을 입고 수여 임무로 육신화한 경우에는 아들 창조자도 그렇게 한다. 아들 창조자가 진화 세계를 방문하고 그 사람들 가운데 하나처럼 될 때, 그의 계심은 한 섭리 시대를 마치고 그 영역을 재판하는 것이 된다.

4. 행정관 임무

수여 아들이 혹성에 나타나기 전에, 사람이 사는 세계는 보통, 행정관 임무를 띠고 오는 파라다이스 아보날의 방문을 받는다. 그것이 처음 행정 방문이라면, 그 아보날은 반드시 한 물질 존재로서 육신화된다. 그는 배치된 혹성에, 필사 민족 가운데 완전히 성장한 남자, 곧 그 시대와 세대의 필사자들에게 완전히 눈에 보이고, 그들과 육체로 접촉을 가지는 존재로서 나타난다. 행정관으로 육신화하는 동안 내내, 아보날 아들과 그 지역 및 우주의 영적 세력과 갖는 연락은 완벽하며 단절되지 않는다.

수여 아들이 나타나기 전과 후에, 한 혹성은 행정관의 방문을 여러 번 받을 수도 있다. 섭리 시대의 재판관으로서 행동하는, 똑같은 아보날이나 다른 아보날들이 그 혹성(惑星)을 여러 번 찾아볼 수도 있지만, 그러한 기술적 재판 임무는 수여도 아니고 행정도 아니며, 아보날들은 그러한 때에 결코 육신화되지 않는다. 한 혹성이 거듭해서 행정관 임무의 축복을 받을 때에도, 아보날이 반드시 필사자로 육신화를 받아들이지는 않는다. 필사 육체의 모습을 입고 봉사할 때, 그들은 언제나 그 지역의 어른으로서 나타나고, 여자에게서 태어나지 않는다.

수여 임무나 행정 임무를 띠고 육신화할 때, 파라다이스 아들들은 경험 있는 조절자를 소유하며, 이 조절자들은 육신화할 때마다 다르다. 육신화한 하나님의 아들의 지성을 차지하는 조절자들은 그들이 깃드는, 사람답고 신다운 존재와 융합함으로 결코 성격 얻기를 바랄 수 없다. 그러나 흔히 우주의 아버지의 명령에 따라서 성격화된다. 그러한 조절자들은 사람이 사는 영역에게 신비의 감시자들의 관리, 신분 확인, 파송을 지도하는, 신별의 최고 회의를 형성한다. 땅에서 그들의 거처가 필사의 분해를 겪고 나서, 그들은 또한 "아버지의 품"으로 돌아오는 조절자들을 받아들이고 인가한다. 이 방법으로, 그 세계 재판관들의 충실한 조절자들은 그들 부류의 높은 우두머리가 된다.

유란시아는 행정관 임무를 띠고 오는 아보날 아들을 맞아들이는 주체가 된 적이 한 번도 없다. 사람이 사는 세계들의 일반 계획을 유란시아가 따랐더라면, 아담 시절과 그리스도 미가엘이 자신을 수여하던 시절 사이에 언젠가, 행정관 임무의 축복을 받았을 것이다. 그러나 1천9백 년 전에, 최종으로 수여하는 임무를 띠고 너희의 아들 창조자가 나타남으로, 너희 혹성에서 파라다이스 아들들의 정상 순서는 완전히 궤도에서 벗어났다.

유란시아는 행정관 임무로 육신화하라고 임명받은 아보날 한 분이 아직도 찾아올까 싶지만, 파라다이스 아들들이 앞으로 나타나는 것에 관해서는, "하늘의 천사들도 그러한 방문이 있을 시간과 방법을 모르나니," 이는 미가엘이 자신을 수여한 세계가 주 아들이 개별적으로, 친히 돌보는 행정 구역이 되기 때문이며, 그것만으로 미가엘 자신의 계획과 판결에 전적으로 지배된다. 너희 세계에서 아보날의 방문은 미가엘이 돌아온다는 약속 때문에 더욱 까다롭게 되었다. 네바돈의 미가엘이 유란시아에 머무른 것에 관한 오해(誤解)와 상관 없이, 한 가지—너희 세계로 돌아오겠다는 그의 약속—은 분명히 진정하다. 이 전망에서 볼 때, 유란시아에서 하나님의 파라다이스 아들들이 찾아오는 앞날의 순서는 오로지 시간이 밝혀 줄 수 있다.

5. 하나님의 파라다이스 아들들의 수여

영원한 아들은 영원한 하나님의 말씀이다. 영원한 아들은 영원한 아버지의 절대적이고 무한한 "처음" 생각의 완전한 표현이다. 이 최초의 아들을 몸소 복사하거나 신답게 연장한 분이 필사자로 육신화하는 수여 임무를 시작할 때, 신성한 "말씀이 육체가 되고" 그 말씀이 이처럼 동물 기원을 가진 비천한 존재들 사이에 산다는 것이 글자 그대로 진리가 된다.

한 아들이 자신을 수여한 목적은, 어떤 면에서 우주의 아버지의 태도에 영향을 미치려는 것이라는 믿음이 유란시아에 널리 퍼져 있다. 그러나 너희의 깨우침은 이것이 거짓이라는 것을 지적해야 한다. 아보날 및 미가엘 아들들의 수여는, 그들을 시공의 민족과 혹성들에게 안전하고 동정심 있는 행정관과 통치자로 만들도록 고안된 체험 과정에서 필수 부분이다. 일곱 번 자신을 수여하는 생애는 모든 파라다이스 아들 창조자의 최상의 목표이다. 그리고 모든 아들 행정관은 1차 아들 창조자들과 파라다이스에 계신 영원한 아들의 특징을 아주 풍부히 나타내는, 바로 이 봉사 정신에 마음이 움직인다.

사람이 사는 각 세계에는 어떤 계급의 파라다이스 아들들이 수여되어야 하며, 이것은 생각 조절자들이 그 구체에 사는 모든 정상 인간의 지성 안에 깃드는 것을 가능하게 한다. 이는 모든 육체 위에 진리의 영이 부어질 때까지, 조절자들이 <u>모든</u> 진정한 인간에게 오지 않기 때문이다. 그리고 진리의 영을 보내는 것은, 진화 세계에서 사람으로 자신을 수여하는 임무를 성공적으로 마친 파라다이스 아들이 우주 본부로 돌아오는 데 달려 있다.

사람이 사는 한 혹성의 긴 역사 과정에서, 섭리 시대의 판결은 여러 번 생길 터이고, 행정관 임무는 한 번을 넘을 수도 있지만, 수여 아들은 보통 그 구체에서 꼭 한 번 봉사한다. 사람이 사는 각 세계에 한 수여 아들이 와서, 나서부터 죽을 때까지 사람의 생애를 끝까지 사는 것이 요구될 뿐이다. 머지 않아, 영적 지위에 상관없이, 각 지역 우주에서 한 아들 창조자가 사람으로 자신을 수여하려고 택하는 혹성 하나를 제외하고, 사람이 사는 세계마다 수여 임무를 띤 아들 행정관을 맞아들이는 세계가 되도록 정해져 있다.

수여 아들들에 관하여 너희가 더욱 알게 되었으니까, 네바돈 역사에서 어째서 그렇게 지대한 관심이 유란시아에 모이는가 너희는 깨달을 것이다. 작고도 하찮은 너희 혹성이 지역 우주의 관심거리가 되는 것은, 다만 유란시아가 나사렛 예수가 필사자로 살던 고향(故鄕) 세계이기 때문이다. 거기는 너희 아들 창조자의 마지막이자 승리한 수여 생애가 펼쳐진 무대, 미가엘이 네바돈 우주를 친히 다스리는 최상 통치권을 얻어낸 경기장이었다.

한 아들 창조자는 그의 지역 우주 본부에서, 특히 자신을 사람으로 수여하는 일을 마치고 난 뒤에, 부(副)아들, 곧 아들 행정관과 다른 자들의 전문 대학에서 상담하고 가르치는 데 많은 시간을 쓴다. 사랑과 헌신 속에서, 부드러운 자비와 사랑에 넘치는 헤아림으로 이 아들 행정관들은 자신을 공간 세계에 수여한다. 그러나 혹성들에게 베푸는 이 봉사는 미가엘이 사람으로 자신을 수여하는 것보다 어떤 면에서도 못하지 않다. 너희의 아들 창조자가 생물의 체험을 겪는 마지막 모험 지역으로서, 두드러지게 불운을 겪은 세계를 고른 것은 참말이다. 그러나 영적 회복을 성취하기 위하여 어떤 혹성도 결코 아들 창조자의 수여가 필요할 정도로 나쁜 조건 밑에 있을 수는 없다. 수여 집단에서 어느 아들도 똑같이 충분했을 터이니, 한 지역 우주의 세계들에서 아들 행정관들이 하는 모든 일에, 그들은 파라다이스 형인 아들 창조자와 똑같이, 신답게 효과적이고 온통 지혜롭기 때문이다.

육신화해서 자신을 수여하는 기간에, 재난의 가능성은 언제나 이 파라다이스 아들들을 따라다니지만, 아들 행정관이나 아들 창조자가 자신을 수여하는 임무에 실패하거나 태만했다는 기록을 나는 아직도 보지 못했다. 이 둘의 기원이 절대 완전에 너무 가까워서 실패할 수 없다. 그들은 정말로 위험을 무릅쓰고, 정말로 피와 살을 가진 필사 인간처럼 되고, 그래서 독특한 생물 체험을 얻기는 하지만, 내가 관찰한 테두리 안에서 보건대, 그들은 반드시 성공한다. 결코 수여 임무의 목적을 이루는 데 실패하지 않는다. 네바돈 전역에서, 그들이 자신을 수여하고 혹성에서 봉사를 베푸는 것에 관한 이야기는 너희 지역 우주의 역사에서 가장 고귀하고 황홀한 장(章)을 꾸민다.

6. 필사자로 수여하는 생애

파라다이스 아들이 수여 아들로서 사람으로 육신화(肉身化)하기 위하여 준비되고 그 수여 혹성에서 잉태되는 방법은 우주의 신비이다. 그리고 이 아들별 기법의 작용을 탐지하려는 어떠한 노력도 분명히 실패하도록 운명이 정해져 있다. 나사렛 예수의 필사 생애에 관한 숭고한 지식이 너희의 혼 속으로 가라앉게 하여라. 그러나 네바돈 미가엘의 신비로운 이 육신화가 어떻게 이루어졌는가 쓸데없이 추측하는 데 생각을 낭비하지 말지어다. 그러한 성취가 신성한 성품에게 가능하다는 지식과 확신을 가지고 우리가 모두 기뻐하고, 그러한 현상을 일으키려고 신의 슬기가 이용한 기술에 대하여 무익하게 추측하는 데 시간을 헛되이 쓰지 말자.

사람으로 자신을 수여하는 임무에서 예수가 유란시아에서 했던 것처럼, 파라다이스 아들은 언제나 여자에게서 태어나고, 그 영역에서 사내아이로 자란다. 최고의 봉사를 베푸는 이 아들들은 모두, 인간이 하는 것과 똑같이, 유년기부터 소년기를 거쳐서 어른이 된다. 모든 점에서, 그들이 태어난 종족의 필사자처럼 된다. 그들이 봉사하는 영역의 아이들처럼, 그들은 아버지께 간청을 드린다. 물질적 관점에서 보면, 사람이자 신인 이 아들은, 꼭 한 가지만 제쳐 놓고, 보통 생애를 산다: 머무르는 세계에서 그들은 자식을 낳지 않는다. 이것은 모든 계급의 파라다이스 수여 아들들에게 지워진 보편적 제약(制約)이다.

예수가 목수(木手)의 아들로서 너희 세계에서 일했던 것 같이, 다른 파라다이스 아들들도 여러 가지 직책을 가지고 자신을 수여하는 혹성에서 수고한다. 어느 파라다이스 아들이 시간 속에 어느 진화 혹성에서 수여 임무를 수행하는 동안 가져보지 않은 직업을 너희는 도저히 생각해 낼 수 없다.

한 수여 아들이 사람의 생애를 사는 체험을 통달하고, 그가 깃드는 조절자와 완전한 조화를 이루었을 때, 그렇게 하고 나서, 그는 육체를 입은 형제들의 지성에 빛을 던져 주고 그 혼에 영감을 주도록 고안된 부분, 혹성 임무의 바로 그 부분을 시작한다. 선생으로서, 이 아들들은 그들이 머무르는 세계에서 필사 민족들의 영적 깨우침에 순전히 몸을 바친다.

미가엘과 아보날들이 사람으로 자신을 수여하는 생애는 대부분의 면에서 비할 만하지만, 다 똑같지는 않다. 아들 행정관은, 너희의 아들 창조자가 유란시아에서 육체를 입고 있을 때 한 것처럼, "아들을 본 자는 누구나 그 아버지를 보았도다"하고 결코 선포하지 않는다. 그러나 수여된 아보날은 "나를 본 자는 하나님의 영원한 아들을 보았다"하고 선포한다. 아들 행정관들은 우주의 아버지의 직계 후손이 아니고, 아버지의 뜻에 복종해서 육신화하지도 않으며, 그들은 언제나 파라다이스의 영원한 아들의 뜻에 복종해서, 자신을 파라다이스 아들로서 수여한다.

창조자나 행정관인 수여 아들들이 죽음의 문에 들어설 때, 그들은 셋째 날에 다시 나타난다. 그러나 1천9백 년 전에 너희 세계에 머무른 아들 창조자가 겪은 비극의 최후를 그들이 반드시 만날 것이라는 생각을 품어서는 안 된다. 나사렛 예수가 특별하고 두드러지게 잔인한 체험을 겪은 것은 유란시아가 "십자가의 세계"로 그 지역에서 알려지게 만들었다. 하나님의 아들 한 분에게 그처럼 사람 아닌 대접을 할 필요는 없다. 대다수의 혹성들은 이 아들들을 더 생각 깊게 받아들였고, 비명(非命)에 죽지 않고서 필사자의 생애를 마치고, 한 시대를 마치고, 잠자는 생존자들을 판결하고, 새로운 섭리 시대를 개시하도록 허락하였다. 수여 아들은 죽음을 거쳐야 하고, 그 영역 필사자들의 실제 체험을 다 겪어야 한다. 그러나 신의 계획은 이러한 죽음이 비명이거나 예외가 되어야 한다고 요구하지 않는다.

수여 아들들은 비명에 죽지 않으면 자진해서 자기 생애를 그만두고 죽음의 문을 거친다. 이것은 "엄격한 응보"의 요구나 "신의 진노"를 충족하려는 것이 아니라, 차라리 자신 수여하는 일을 마치려고, 필사자로 존재하는 혹성에서 생물이 사는 것처럼, 한 생물의 생애를 이루는 모든 면에서, 육신화하는 생애와 개인 체험의 "잔을 마시기 위해서"이다. 수여는 혹성과 우주의 필요 조건이고, 육체의 죽음은 수여 임무에서 필요한 일부에 지나지 않는다.

필사자로 육신화가 끝날 때, 봉사하던 아보날은 파라다이스로 가서 우주의 아버지의 접대를 받으며, 배치된 지역 우주로 돌아가서 그 아들 창조자에게 승인을 받는다. 그리고 나서 수여 아보날과 아들 창조자는 그들의 합동 진리의 영을, 그 수여 세계에 사는 필사 민족들의 마음 속에서 일하라고 보낸다. 한 지역 우주에서 군주 시대 이전에, 이것은 두 아들의 합동 영(靈)이며, 창조 영이 그것을 구체화한다. 이것은 미가엘이 일곱째 수여를 마치고 난 뒤에 지역 우주 시대의 특징을 나타내는 진리의 영과는 얼마큼 다르다.

아들 창조자의 마지막 수여가 끝나고 나서, 이전에 그 지역 우주의 모든 아보날 수여 세계에 보낸 진리의 영은 성품이 달라지며, 더욱 엄밀하게 말하면 군주 미가엘의 영이 된다. 이 현상은 미가엘이 필사자로 자신을 수여한 혹성에서 봉사하도록 진리의 영이 해방되는 것과 동시에 일어난다. 그 뒤에는, 아들 행정관이 찾아오는 명예를 받는 각 세계는, 그 아들 행정관과 관련되어, 칠중의 아들 창조자로부터 똑같은 영 위로자를 받을 터이고, 그 세계는 지역 우주의 군주가 수여 아들로서 몸소 육신화했다면 이 위로자를 받았을 것이다.

7. 삼위 일체 아들 교육자

상당히 사사롭게 대하고 상당히 영적인 이 파라다이스 아들들을 파라다이스 삼위 일체가 존재하게 만든다. 그들은 하보나에서 데이날 계급으로 알려져 있다. 오르본톤에서 그들은 삼위 일체 아들 교육자로 기록되어 있으며, 혈통 때문에 그렇게 부른다. 구원자별에서 그들은 가끔 파라다이스의 영적 아들이라 지칭된다.

아들 교육자들의 수는 줄곧 늘어나고 있다. 최근의 우주 인구 조사 방송은 중앙 우주와 초우주에서 활동하는 이 아들 교육자들의 수가 210억이 조금 넘는다고 했다. 이것은 파라다이스 예비군을 뺀 것이며, 이 예비군은 존재하는 모든 삼위 일체 아들 교육자의 3분의 1을 넘는다.

데이날 계급의 아들 신분은 지역 우주나 초우주 행정의 유기적(有機的) 일부가 아니다. 그 구성원들은 창조자도 구출자도 아니요, 재판관도 통치자도 아니다. 그들은 우주 행정에 그다지 관심이 없고, 오히려 도덕적 깨우침과 영적 성장에 관심을 가진다. 그들은 보편적 교육자이며, 모든 영역에서 영적 깨우침을 주고 도덕적으로 인도하는 데 헌신한다. 그들의 성직(聖職)은 무한한 영의 성격자들의 성직과 밀접하게 서로 연관이 있고, 생물 존재들이 파라다이스로 올라가는 것과 가깝게 관계된다.

이 삼위 일체 아들들은 파라다이스 신 세 분의 통합된 성품을 취하지만, 하보나에서는 우주의 아버지의 성품을 더욱 비치는 듯하다. 초우주에서 그들은 영원한 아들의 성품을 나타내는 것처럼 보이며, 한편 지역 우주에서는 무한한 영의 특성을 드러내는 듯하다. 온 우주에서 그들은 봉사의 화신(化身)이요 지혜의 분별이다.

파라다이스 형제인 미가엘과 아보날과 달리, 삼위 일체 아들 교육자들은 중앙 우주에서 아무런 예비 교육을 받지 않는다. 그들은 초우주 본부에 직접 파송되며, 거기서부터 어떤 지역 우주에서 봉사하라고 임명된다. 이 진화 영역에 베푸는 직책에서, 그들은 한 아들 창조자 및 관련된 아들 행정관들의 통합된 영적 영향을 이용하는데, 이는 데이날이 자신 안에 저절로 영적 인력(引力)을 가지지 않았기 때문이다.

8. 데이날의 지역 우주 직분

파라다이스의 영적 아들들은 독특한 삼위 일체 기원을 가진 존재이며, 2중 기원을 가진 우주들의 운영과 완전히 결합된 유일한 삼위 일체 생물이다. 그들은 필사 인간과 낮은 계급의 영적 존재들을 교육하는 직분에 사랑으로 헌신한다. 지역 체계에서 경험과 업적에 따라서 수고를 시작하며, 별자리 근무를 거쳐 지역 창조의 가장 높은 일까지, 안쪽으로 올라간다. 승인을 받고 나서, 봉사하는 지역 우주를 대표하는 영적 대사(大使)가 될 수도 있다.

나는 네바돈에 있는 아들 교육자들의 정확한 수를 모른다. 그들은 수천 명 있다. 멜기세덱 학교들에서 여러 학과의 우두머리는 이 계급에 속하며, 한편 정규적으로 구성된 구원자별 대학의 통합 직원은 이 아들들을 넣어서 10만 명이 넘는다. 큰 무리가 여러 상물질 훈련 세계들에 주둔하지만, 필사 인간의 영적·지적 진보에만 온통 전념하지 않는다. 그들은 지역 창조의 천사 존재들과 기타 원주민을 가르치는 데 똑같이 관심을 가진다. 그들의 조수들 가운데 다수는 생물이 삼자 일체 체험으로 낮은 존재들의 등급에서 선택된다.

아들 교육자들은, 전초(前哨) 기지의 파수병 임무로부터 별을 연구하는 자의 임무에 이르기까지 모든 시험을 관리하고, 모든 하등 단계의 우주 봉사에서 자격과 인가를 위한 모든 시험을 시행하는 직원을 구성한다. 그들은 혹성 과목들로부터 구원자별에 자리잡은 높은 지혜 학부에 이르기까지, 오랜 세월에 걸친 훈련을 실시한다. 노력과 성취를 가리키는 인정(認定)이, 지혜와 진리 속에 이 모험을 마치는 모든 하늘 가는 필사자나 포부가 큰 케루빔에게 허락된다.

온 우주에서 하나님의 아들들은 모두, 늘 충성스럽고 널리 유능한 이 삼위 일체 아들 교육자들에게 신세를 진다. 그들은 모든 영 성격자를 가르치는 높은 선생이며, 아니 바로 하나님의 아들들을 가르치는, 노련하고 참된 선생이기도 하다. 그러나 아들 교육자들의 임무와 활동에 관한 끝없는 세부(細部)를 나는 너희에게 도저히 가르칠 수 없다. 너희의 지능이 더 진급하고, 너희 혹성의 영적 고립이 끝난 뒤에, 데이날 아들들이 활동하는 광대한 분야를 유란시아에서 더 잘 이해할 수 있다.

9. 데이날이 혹성에 베푸는 봉사

한 진화 세계에서 벌어지는 사건들의 진행이 영적 시대를 개시할 때가 무르익었음을 가리킬 때, 삼위 일체 아들 교육자들은 언제나 이 봉사를 베풀려고 자원한다. 너희는 이 아들 계급에 관하여 익숙하지 않은데, 이는 유란시아가 영적 시대, 곧 우주의 계몽이 있는 1천 년을 한 번도 겪은 적이 없기 때문이다. 그러나 너희 구체에서, 예상하는 체류에 대하여 계획을 세울 목적으로 아들 교육자들은 지금도 너희 세계를 찾아본다. 그들은 유란시아의 거주민이 동물 같은 생활의 쇠고랑과 물질주의의 사슬로부터 비교적 구원을 얻은 뒤에 유란시아에 나타날 것이다.

삼위 일체 아들 교육자들은 혹성 시대를 종결(終決)하는 것과 아무 상관이 없다. 그들은 죽은 자를 심판하지도 산 자를 옮기지도 않지만, 각 혹성 임무마다 이 직책을 수행하는 아들 행정관이 그들을 따라온다. 아들 교육자들은 영적 시대를 개시하는 데, 진화하는 혹성에서 영적 실체의 시대가 밝아오는 데에 전적으로 관심이 있다. 그들은 물질적 지식 및 현세의 지혜에 영적 면에서 해당하는 것들을 현실로 만든다.

아들 교육자들은 혹성의 시간으로 보통 1천 년 동안 방문하는 혹성에서 머무른다. 아들 교육자 한 분이 혹성의 1천 년 통치를 주관하며, 그는 같은 계급의 동료 70명으로부터 도움을 받는다. 데이날들은 필사 존재에게 보일 수 있도록 육신화하거나, 다른 방법으로 자신을 물질화하지 않는다. 따라서 방문하는 세계와 연락하는 것은 찬란한 저녁별들의 활동을 통해서 유지되며, 이들은 삼위 일체 아들 교육자들과 관계하는 지역 우주 성격자이다.

데이날들은 사람이 사는 한 세계에 여러 번 돌아와도 좋다. 그들의 마지막 임무가 끝나고 나서 그 혹성은 빛과 생명의 구체로서 안정된 지위로 안내되며, 이것이 현재 우주 시대에, 필사자들이 사는 모든 세계의 진화적 목표이다. 필사 최후 군단은 빛과 생명에 정착한 구체들과 상관이 많고, 그들이 혹성에서 하는 활동은 아들 교육자들의 활동에 접근한다. 정말로, 데이날 아들 계급 전체가 시공의 진화 창조에서 모든 단계의 최후자 활동과 밀접하게 연결된다.

삼위 일체 아들 교육자들은 초기에 진화로 승천하는 단계를 통하여 필사자의 진보하는 체제와 아주 완벽하게 동일시하는 듯하다. 그래서 미래 우주들의 아직 밝혀지지 않은 발전 과정에서, 그들이 최후자(最後者)들과 아마도 가질 듯한 관계에 대하여 우리는 가끔 추측하게 된다. 초우주 행정자들의 일부는 삼위 일체 기원을 가진 성격자이고, 일부는 삼위 일체가 품은, 하늘 가는 진화 생물임을 우리는 눈여겨본다. 지금 아들 교육자와 최후자들은 시간 관계의 체험을 얻는 데 바쁘며, 이것은 어떤 밝혀지지 않은 앞날의 운명에서 생기는 밀접한 관계를 위하여 그들을 준비시키는 예비 훈련일 수 있다고 우리는 굳게 믿는다. 초우주들이 빛과 생명 속에 완전히 정착하고 나서, 그렇게 철저히 진화 세계의 문제에 익숙하게 되었고, 그렇게 오랫동안 진화하는 필사자들의 생애와 관계해 오던 이 파라다이스 아들 교육자들은 아마도 파라다이스 최후 군단과 영원한 관계로 옮겨질 것이라고 유버르사에서 우리는 믿는다.

10. 파라다이스 아들들의 연합된 직책

하나님의 파라다이스 아들들은 모두 그 기원과 성품이 신성하다. 각 세계를 위하여 파라다이스 아들 각자가 하는 일은, 봉사하는 그 아들이 마치 처음이자 하나뿐인 하나님의 아들인 것처럼 한다.

파라다이스 아들들은 시공의 영토에 대하여 세 분 신의 활동하는 성품을 신답게 표현한 것이다. 아들 창조자, 아들 행정관, 아들 교육자들은 사람의 아이들과 하늘 가는 잠재성을 가진 모든 다른 우주 생물에게 영원한 신들이 주는 선물이다. 이 하나님의 아들들은 시간 생물로 하여금, 영원의 높은 영적 목표에 이르도록 돕는 일에 그칠 줄 모르고 헌신하는 신성한 봉사자이다.

아들 창조자들의 경우에는, 우주의 아버지의 사랑이 영원한 아들의 자비와 섞이며, 그것은 미가엘의 창조적 힘, 사랑의 봉사, 이해심 있는 통치권에서 지역 우주에게 드러난다. 아들 행정관들의 경우에는, 영원한 아들의 자비가 무한한 영의 봉사와 뭉쳐서, 재판·봉사·수여를 담당하는 이 아보날의 생애에서, 진화하는 지역들에게 계시된다. 삼위 일체 아들 교육자들의 경우에는, 파라다이스 신 세 분의 사랑과 자비와 봉사가 가장 높은 시공 가치 수준에서 조정되며, 우주들에게 살아 있는 진리, 신의 선함, 참 영적 아름다움으로 제시된다.

지역 우주에서 이 여러 아들 계급은 공간의 생물에게 파라다이스 신들의 계시를 수행하려고 협조한다. 한 지역 우주의 아버지로서, 아들 창조자는 우주의 아버지의 무한한 특징을 묘사한다. 자비로운 수여 아들로서, 아보날은 무한한 동정심을 가진 영원한 아들의 비할 데 없는 성품을 보여 준다. 하늘 가는 성격자들의 참 교육자로서, 삼위 일체 데이날 아들은 무한한 영의 선생(先生) 성격을 드러낸다. 신답게 완전히 협동하는 가운데, 미가엘·아보날·데이날은 시공 우주에서, 시공 우주에 대하여, 최상위 하나님의 성격과 통치권을 현실화하고 계시하는 데 이바지하고 있다. 영구한 파라다이스 섬으로부터 알려지지 않은 공간의 깊은 곳으로 첫째 근원 중심이 언제나 끝없는 신성을 넓히는 것을 따를 때, 하나님의 이 파라다이스 아들들은 삼자 일체의 활동에서 조화를 이루면서, 신 성격자들의 선두(先頭)에서 늘 활동한다.

[유버르사에서 온 한 지혜 완성자가 발표하였다.]

제 21 편

파라다이스 아들 창조자

아들 창조자들은 시간과 공간에서 지역 우주의 창조자요 통치자이다. 우주를 창조하는 이 통치자들은 2중 기원을 가졌고, 아버지 하나님과 아들 하나님의 특징을 몸으로 나타낸다. 그러나 아들 창조자는 각자 서로 다르고, 각자 성격 뿐 아니라 성품이 독특하다. 각자가 기원이 있는 완전한 신의 이상(理想)이 "하나만 얻은 아들"이다.

한 지역 우주를 조직하고, 진화시키고, 완성하는 광대한 작업에서, 이 높은 아들들은 언제나 우주의 아버지의 지속된 승인을 얻는다. 아들 창조자들이 파라다이스 아버지와 가지는 관계는 감동적이며 최상급이다. 의심할 여지 없이, 신 어버이가 신다운 자손에게 품는 깊은 애정은, 심지어 필사자 부모가 아이들에게 품는, 아름답고 거의 신다운 그 사랑의 샘 근원이 된다.

이 1차 파라다이스 아들들은 미가엘로서 성격화된다. 파라다이스로부터 자기의 우주를 지으려고 떠나갈 때, 그들은 창조자 미가엘로서 알려진다. 최상의 권한 속에 안정되었을 때, 그들을 주 미가엘이라 부른다. 어떤 때 우리는 너희 네바돈 우주의 군주를 그리스도 미가엘이라 부른다. 언제나, 언제까지나, 그들은 "미가엘의 서열"을 좇아서 군림하며, 이것은 그들의 계급과 성품을 가진, 첫째 아들의 명칭이다.

최초의 미가엘, 곧 처음 낳은 미가엘은 결코 하나의 물질 존재로서 육신화를 경험한 적이 없다. 그러나 중앙 창조의 바깥 구체들로부터 가장 안쪽 회로까지 진행하면서, 하보나의 일곱 회로에서 영적 생물이 올라가는 체험을 일곱 번 거쳤다. 미가엘 서열은 한 끝에서부터 다른 끝까지 대우주를 알고 있다. 시공의 어느 아이가 겪은 기본 체험도 미가엘들이 몸소 참여해 보지 않은 것이 없다. 사실 그들은 신다운 성품 뿐 아니라 너희의 성품을 가진 분, 다시 말해서 가장 높은 자로부터 가장 낮은 자에 이르기까지 모든 성품을 취한 분이다.

최초의 미가엘은 1차 파라다이스 아들들이 만물의 중심에서 협의하려고 모일 때 주관하는 우두머리이다. 영원한 섬에서, 부모가 계신 가운데 모여서, 온 우주의 통일과 안정의 진보에 관하여 심의하는 아들 창조자 15만의 특별 집회를 우주에 방송하는 것을 우리가 유버르사에서 기록한 지 오래지 않다. 이것은 군주 미가엘, 곧 일곱 번 수여한 아들들로 이루어진 선택된 집단이었다.

1. 아들 창조자들의 기원과 성품

영원한 아들 안에 있는 절대 영적 관념 작용이 무르익어서 우주의 아버지 안에 충만한 절대 성격자 개념과 마주칠 때, 그러한 창조적 연합이 마침내, 충분히 이루어졌을 때, 영의 그러한 절대 신분과 성격 개념이 그렇게 무한한 하나가 될 때, 그 때, 바로 그 때 거기서, 어느 쪽 무한한 신의 성격이나 특권에 아무 손실이 없이, 새롭고 독창적인 한 아들 창조자가 충분히 자란 존재로서 번쩍 나타난다. 이 아들 창조자는 완전한 이상과 강력한 아이디어가 하나만 얻은 아들이며, 이러한 연합은 힘차고 완전한, 이 새로운 창조 성격자를 생산한다.

아들 창조자는 각자 온 우주에 늘 존재하는 창조자들의 무한하고 영원하고 완전한 두 지성이 품은 독창적 개념의 완전한 연합으로부터, 하나만 얻은 자식, 하나밖에 얻을 수 없는 자식이다. 결코 그와 같이 또 다른 아들이 생길 수 없으니, 이는 이 미가엘 아들을 만들기 위하여 뭉쳐진 그 신성한 창조 잠재성에서, 온 영원에 걸쳐서 언젠가 발견되고, 그로서 표현되고, 그로부터 진화될 수 있는, 모든 신다운 실체의 총 가능성, 그 모든 모습의 총 국면을 남김없이, 각 아들 창조자가 조건 없이 완벽하게, 마지막으로 표현하고 몸으로 나타낸 것이기 때문이다. 아들 창조자는 각자 그의 신다운 기원을 구성하는, 뭉쳐진 신 개념을 지닌 절대자이다.

이 아들 창조자들의 신다운 성품은, 원칙적으로, 파라다이스 부모의 속성으로부터 똑같이 얻는다. 모두가 우주의 아버지의 신성한 성품과 영원한 아들의 창조 특권을 넘치게 가져간다. 그러나 우주에서 미가엘 기능의 실질 작용을 지켜보건대, 우리는 겉으로 나타나는 차이를 식별한다. 어떤 아들 창조자들은 아버지 하나님을 더 닮았고, 다른 아들들은 아들 하나님을 더 닮았다. 예를 들면, 네바돈 우주에서 행정의 경향은 그 창조자이자 다스리는 아들이, 그 성품과 특징 면에서 어머니인 영원한 아들을 더 닮은 아들임을 가리킨다. 아버지 하나님과 아들 하나님을 똑같이 닮아 보이는 파라다이스 미가엘들이 어떤 우주들을 주관한다는 것을 덧붙여야 하겠다. 이러한 관찰은 어떤 의미에서도 암시로 비판하는 것이 아니라, 다만 사실을 기록하는 것이다.

나는 이미 계시는 아들 창조자들의 정확한 수를 모르지만, 70만이 넘게 있다고 믿을 만한 충분한 이유를 가지고 있다. 현재, 늘 연합한 이는 정확히 70만이 있고 그들은 더 창조되지 않는다는 것을 우리는 알고 있다. 또한 우리가 지켜보건대, 현재 우주 시대에 예정된 계획은, 늘 연합한 이 한 분이 각 지역 우주에, 삼위 일체의 상담하는 대사(大使)로서 주둔하기로 예정되어 있음을 가리키는 듯하다. 게다가, 항상 늘어나는 아들 창조자들의 수는 이미 늘 연합한 이들의 고정된 수를 넘는다는 것을 우리는 눈여겨본다. 그러나 70만을 넘는 미가엘들의 운명에 관하여, 우리는 결코 정보를 받은 적이 없다.

2. 지역 우주의 창조자

1차 서열의 파라다이스 아들들은 각자의 영토를 설계하고 창조한 자요, 건축자, 행정자이다. 이 영토는 시공의 지역 우주, 곧 진화하는 일곱 초우주의 기본 창조 단위이다. 아들 창조자는 앞날의 우주 활동을 펼칠 공간 위치를 고르는 것이 허락된다. 그러나 그가 자기 우주의 물리적 조직을 미처 시작하기 전에, 그가 활동하려고 계획한 초우주에 자리잡은 여러 창조에서 형들이 노력한 것을 연구하는 데 오랫동안 관찰하는 시간을 써야 한다. 그리고 이 모든 것에 앞서, 미가엘 아들은 파라다이스를 관찰하고 하보나 훈련을 받는 체험, 길고도 독특한 체험을 마쳤을 것이다.

한 아들 창조자가 우주를 창조하고, 자신이 조직하는 지역 우주에서 우두머리가 되는—사실상의 하나님이 되는—모험을 시작하려고 파라다이스를 떠날 때, 그 때,

그는 자신이 셋째 근원 중심과 밀접한 연락이 있고, 여러 면에서 그에게 의존함을 처음으로 발견한다. 만물의 중심에서 아버지와 아들과 함께 거하지만, 무한한 영은 각 아들 창조자에게 실제적이고 효과적인 조수로서 활동하도록 정해져 있다. 그래서 무한한 영의 딸 창조자 하나가 각 아들 창조자를 따라오는데, 그는 신성한 봉사자, 곧 새 지역 우주의 어머니 영이 되도록 운명이 정해진 존재이다.

이 기회에 미가엘 아들의 출발은, 파라다이스 근원 중심들이 선재(先在)하는 데에 본래 따르는 어떤 제한, 그리고 어떤 다른 선행(先行)하는 힘과 계심에 복종한다는 조건 밑에서, 이 근원 중심들로부터 언제까지나 미가엘의 창조자 특권을 해방시킨다. 다른 면에서는 전능한, 지역 우주 아버지의 창조자 특권에는 다음의 제한이 지워진다:

1. 에너지 물질은 무한한 영에 지배된다. 크던 작던, 사물의 어떤 새로운 형태가 창조되기에 앞서, 에너지 물질의 어떤 새 변화를 시도하기 전에, 아들 창조자는 무한한 영의 찬성과 기초적 협조를 확보해야 한다.

2. 생물의 설계와 형태는 영원한 아들의 통제를 받는다. 한 아들 창조자는 어떤 새 부류의 존재, 새로 고안(考案)한 어떤 생물의 창조에 착수하기 전에, 어머니인 영원한 최초의 아들의 찬성을 얻어야 한다.

3. 성격은 우주의 아버지가 고안하고 수여한다.

지성의 종류와 형태는 생물이 되기 전의 존재 요소에 따라서 결정된다. 지성은 이것들이 한 생물을 (성격이든 아니든) 구성하도록 결합된 뒤에, 셋째 근원 중심이 부여하는 것이며, 그는 파라다이스 창조자들 수준 밑에 있는 모든 존재에게 베푸는 지성 봉사의 보편적 근원이다.

영의 고안과 종류를 통제하는 것은 이것들이 명시되는 수준에 달려 있다. 결국, 영적 설계는 삼위 일체의 통제를 받거나, 삼위 일체 성격자들—아버지, 아들, 영—이 부여한 삼위 일체 이전(以前)의 영적 자질에 따라서 통제된다.

그러한 완전하고 신다운 아들이 그가 선택한 우주가 있을 공간 위치를 차지했을 때, 우주를 물질화하고 전체의 균형을 얻는 초기 문제들이 풀렸을 때, 그가 무한한 영의 보완하는 딸과 효과적이며 협동하는 안정된 연합을 이루었을 때—그 때 이 우주 아들과 우주 영이 결합을 개시하며, 이것은 수없는 지역 우주 아이들 무리를 낳도록 고안되어 있다. 이 사건과 관련해서, 파라다이스에 계신 무한한 영의 창조 영 초점은 성질이 달라지며, 한 지역 우주 어머니 영의 성격 기품을 갖게 된다.

모든 아들 창조자가 파라다이스 부모와 신답게 비슷한데도, 아무도 남을 똑같이 닮지는 않는다. 저마다 성격 뿐 아니라 성품도 독특하고 다양하며, 유일하고 고유하다. 그들이 각자의 영역에서 생명 계획을 세운 설계자요 창조자이기 때문에, 그 안에서 창조되거나 나중에 진화될지도 모르는 생명, 미가엘에게서 파생된 생명 존재의 모든 형태와 단계에서, 바로 이 다양성(多樣性)이 그들의 영토가 또한 다채로우리라는 것을 보장한다. 따라서 지역 우주에서 태어난 생물 계급들은 아주 다채롭다. 어느 두 우주도, 모든 면에서 동일한 존재, 2중 기원을 가진 토착 존재의 관리를 받지 않고, 거기에 그러한 존재들이 살지도 않는다. 어떤 초우주 안에서도, 그들의 타고난 속성의 절반은 아주 비슷한데, 이 속성이 한결같은 창조 영들에게서 파생되기 때문이다. 나머지 반은 다양화된 아들 창조자들한테서 유래하니까 다르다. 그러나 그러한 다양성은 창조 영에게서 순전한 기원을 가진 생물이나, 중앙 우주나 초우주에서 태어나고 수입(輸入)된 존재들의 특징은 아니다.

미가엘 아들이 그의 우주에서 자리를 비울 때, 처음에 태어난 토착 존재, 곧 지역 우주 행정의 우두머리인 밝은 새벽별이 그 정부를 지휘한다. 그러한 때, 늘 연합한 이의 조언과 상담은 가치를 따질 수 없다. 이렇게 자리를 비웠을 때, 아들 창조자는 사람이 사는 세계들에서, 필사 자녀들의 가슴 속에 그의 영적 계심의 전반적 통제를 관계된 어머니 영에게 맡길 수 있다. 그리고 한 지역 우주의 어머니 영은 언제나 그 본부에 남고, 그러한 진화 영토의 가장 멀리 떨어진 구석까지 보살피는 손길과 영적 봉사를 베푼다.

안정된 물질 창조를 순조롭게 운영하는 데는 아들 창조자가 그의 지역 우주에 친히 계실 필요가 없다. 그러한 아들들은 파라다이스로 여행해도 좋고, 그래도 여전히 그들의 우주는 공간을 통해서 빙그르르 돈다. 그들은 시간의 아이로서 육신화하기 위하여 자기 권력의 줄을 내려놓아도 좋다. 그래도 여전히 그들의 세계는 각자의 중심 둘레를 소용돌이치며 돈다. 어떤 물질 조직도 파라다이스의 절대 인력(引力)의 힘으로부터, 또는 무제한 절대자의 공간 계심에 본래 있는, 우주의 전반적 통제력으로부터 독립되지는 않는다.

3. 지역 우주의 통치권

파라다이스 삼위 일체의 찬성을 얻고, 관련된 초우주를 감독하는 으뜸 영의 확인을 받고서, 아들 창조자에게 한 우주 테두리가 주어진다. 그러한 행위는 물리적 소유 권리, 곧 우주의 임차권(賃借權)을 이룬다. 그러나 스스로 제한한 이 초기의 통치 단계로부터, 스스로 벌어들인 경험적 최상 통치권으로 미가엘 아들이 올라가는 것은, 우주를 창조하고 육신화로 자신을 수여하는 작업에서 몸소 겪는 체험의 결과로서 생긴다. 수여로 얻는 통치권을 성취하기 전까지, 그는 우주의 아버지의 대관(代官)으로서 다스린다.

아들 창조자는 언제라도 친히 지은 창조에 대하여 완전한 통치권을 주장할 수 있지만, 슬기롭게도 그렇게 하지 않는다. 만일에 피조물로 자신을 수여하는 일을 마치기 전에 벌어들이지 않은 최상 통치권을 차지하면, 그의 지역 우주에 주둔하는 파라다이스 성격자들이 물러날 것이다. 그러나 이런 일은 시공의 창조 전체에서 한 번도 일어난 적이 없다.

창조자인 사실은 완전한 통치권을 뜻하지만, 미가엘들은 그것을 체험으로 <u>얻기를</u> 선택하며, 이로서 지역 우주 행정에 딸린 모든 파라다이스 성격자의 완전한 협조를 얻는다. 우리는 이렇게 하지 않은 미가엘을 하나도 모르지만, 그들은 모두 그렇게 할 수 있고, 참으로 자유 의지를 가진 아들이다.

한 지역 우주에서 아들 창조자의 통치권은 여섯 단계, 아마도 일곱 단계의 체험적 명시를 거친다. 이 단계들은 다음 순서로 나타난다:

1. 초기의 대리(代理) 통치권—관계된 창조 영이 성격의 기품을 얻기 전에, 아들 창조자가 혼자 행사하는 임시 권한.

2. 합동 대리 통치권—우주 어머니 영이 성격을 얻고 난 뒤에 그 파라다이스 쌍이 합동으로 통치하는 것.

3. 확대되는 대리 통치권—한 창조자가 일곱 번 생물로서 자신을 수여하는 기간에 행사하는 높아지는 권한.

4. 최상 통치권—일곱째 수여를 마치고 나서 얻는 안정된 권한. 네바돈에서 최상 통치권은 유란시아에서 미가엘의 수여가 끝난 때부터 시작된다. 이 단계는 너희 혹성 시간으로 1천9백 년이 조금 넘게 존재해 왔다.

5. 확대되는 최상 통치권—대다수의 생물 영토가 빛과 생명에 정착해서 생겨나는 상급 관계. 이 단계는 너희 지역 우주가 아직 이르지 못한 앞날에 관련된다.

6. 삼자 일체의 통치권—지역 우주 모두가 빛과 생명에 정착하게 된 뒤에 행사된다.

7. 밝혀지지 않은 통치권—미래 우주 시대의 알려지지 않은 관계.

계획된 한 지역 우주를 초기에 대관(代官)으로서 통치하는 권한을 받아들일 때, 창조자 미가엘은 일곱 번 생물로 자신을 수여하는 일이 끝나고 초우주 통치자들에게 인가받기 전에 최상 통치권을 쥐지 않겠다고 삼위 일체에게 서약한다. 그러나 미가엘 아들이 벌어들이지 않은 그러한 통치권을 멋대로 주장하여 가질 수 없다면, 그렇게 하지 않겠다고 맹세하는 데 아무 의미가 없을 것이다.

자신을 수여하기 전 시대에도, 어느 구석에서도 아무 이견(異見)이 없으면, 아들 창조자는 거의 최상으로 그의 영토를 다스리는 것이다. 통치권이 한 번도 도전되지 않는다면, 제한된 통치는 도저히 겉으로 나타나지 않을 것이다. 반란이 없이, 한 우주에서 자신 수여가 있기 전에 아들 창조자가 행사하는 통치권은, 반란이 있는 우주에서보다 조금도 크지 않다. 그러나 첫째 경우에는 통치권의 제한이 명백하지 않은데, 둘째 경우에는 명백하다.

아들 창조자의 권한이나 행정이 언제라도 도전받거나, 공격받거나, 위태롭게 되면, 그는 몸소 창조한 것을 지원하고 보호하고 지키고, 필요하다면 회복할 것을 영원히 서약한다. 그러한 아들들은, 오직 자신이 만든 생물이나 자신이 고른 높은 존재들한테서만 고통을 받거나 괴롭힘을 받을 수 있다. "더 높은 존재들," 곧 한 지역 우주보다 높은 수준에 기원이 있는 존재들이 아들 창조자를 성가시게 하는 일은 없을 듯하다는 것이 짐작될 터이고, 이것은 참말이다. 그러나 그들은 선택하면, 그렇게 할 수 있다. 미덕은 성격자에게는 의지(意志)이며, 올바름은 자유 의지를 가진 생물에게 자동으로 생기지 않는다.

수여 생애를 마치기 앞서, 아들 창조자는 스스로 짊어진 어떤 통치권의 제한을 가지고 다스린다. 그러나 자신을 수여하는 봉사를 마치고 난 뒤에, 그는 다채로운 생물의 형태와 모습을 입고서 그가 실제로 체험한 덕분으로 다스린다. 한 창조자가 그의 생물 가운데 일곱 번 머무르고 나서, 그 수여 생애가 끝났을 때, 그 때 우주 권한에서 최상으로 안정된다. 그는 주 아들, 곧 군주이자 최상의 지배자가 된 것이다.

한 지역 우주에 대하여 최상 통치권을 얻는 기법은 다음 일곱 가지로 체험하는 걸음을 포함한다:

1. 관계된 수준에서 생물과 똑같은 그 모습을 하고서, 육신화로 자신을 수여하는 기법을 통해서 일곱 가지 생물로 존재하는 수준을 체험으로 거칠 것.

2. 파라다이스 신의 일곱 가지 의지(意志)의 각 단계가 일곱 으뜸 영에서 성격화된 것 같이, 각 단계에 체험으로 헌신할 것.

3. 생물 수준에서 일곱 가지 체험을 하나하나 거침과 동시에, 파라다이스 신의 뜻에 일곱 가지로 헌신하는 것 가운데 하나를 실행할 것.

4. 각 생물 수준에서, 생물 생명의 절정(絶頂)을 파라다이스 신과 모든 우주 지성 존재에게 체험으로 보여 줄 것.

5. 각 생물 수준에서, 신의 일곱 가지 뜻의 한 국면을 그 수여 수준과 온 우주에게 체험으로 나타낼 것.

6. 일곱 번의 생물 체험을, 신의 성품과 뜻을 계시하는 데 헌신하는 일곱 가지 체험과 경험으로 통일할 것.

7. 최상 존재와 새로운 상급 관계를 이룩할 것. 이 창조자 생물이 겪는 체험의 총체가 일으키는 반향은 초우주에서 최상위 하나님의 실체와 전능 최상위의 시공 통치권을 확대하며 파라다이스 미가엘의 지역 우주 최상 통치권을 사실로 만든다.

한 지역 우주에서 통치권의 문제를 풀면서, 아들 창조자는 자신이 다스릴 체력(體力)이 있음을 보여 줄 뿐 아니라, 파라다이스 신들의 성품을 드러내고 그들의 일곱 가지 태도를 전시하고 있다. 아버지의 수위성(首位性)에 대한 유한자의 이해와 생물의 인식은, 한 아들 창조자 자신이 황송하게도 그가 만든 생물의 모습을 입고 그 체험을 겪을 때 그 아들이 부딪치는 모험에 관련된다. 이 1차 파라다이스 아들들은 아버지의 사랑하는 성품과 자비로운 권한을 참으로 계시하는 분이며, 바로 이 아버지는 아들과 영과 결합해서, 모든 우주 영역에 두루, 모든 권능과 성격자와 정부의 우주 우두머리이다.

4. 미가엘의 수여

자신을 수여하는 아들 창조자들에는 일곱 무리가 있고, 그들은 자기 영역에 사는 생물에게 자신을 수여한 회수(回數)에 따라서 그렇게 분류된다. 아들 창조자들은 초기의 체험으로부터, 그 뒤에 진보해서 자신을 수여하는 다른 다섯 구체를 지나서 생물이 되는, 창조자 체험의 일곱째이자 마지막 에피소드를 달성하기에 이른다.

아보날 수여는 반드시 필사자 육체의 모습을 입는다. 그러나 아들 창조자의 일곱 수여는 일곱 가지 생물 존재의 수준에서 나타나는 것을 포함하며, 신의 뜻과 성품의 일곱 가지 1차 표현을 계시하는 데 관한 것이다. 예외 없이, 모든 아들 창조자는 자신이 창조한 우주에 대하여 안정된 최상 관할권을 떠맡기 전에, 그들이 창조한 아이들에게 스스로를 일곱 번 주는 체험을 거친다.

이 일곱 번의 수여는 다른 구역과 우주에서 달라지지만, 반드시 필사자로 수여하는 모험을 포함한다. 마지막 수여에서 아들 창조자는 사람이 사는 어떤 세계에서, 한 상급 필사 민족의 한 사람으로서, 보통은 동물 기원을 가진 민족들의 신체적 지위를 향상시키려고 이전에 수입(輸入)된 아담 혈통의 유전 흔적을 가장 많이 품는 민족 집단의 한 사람으로서 나타난다. 수여 아들로서 일곱 생애에서 꼭 한번, 파라다이스 미가엘은 여자에게서 태어나는데, 이는 베들레헴의 아기에 대하여 너희가 기록을 가지고 있는 바와 같다. 그는 꼭 한번, 진화하는 의지 생물의 가장 낮은 계급의 한 사람으로 살다가 죽는다.

각 수여가 있은 뒤에, 아들 창조자는 "아버지의 오른 편"으로 나아가서, 거기서 그 수여에 대하여 아버지의 인가를 얻고, 우주에서 봉사하는 다음 에피소드를 준비하기 위하여 지침을 받는다. 일곱째이자 마지막 수여가 있고 나서, 아들 창조자는 우주의 아버지로부터 그의 우주에 대하여 최상의 권한과 관할권을 받는다.

너희의 혹성에 지난번에 나타난 신다운 아들이, 수여 생애의 여섯 단계를 마친 파라다이스 아들 창조자였다는 기록이 있다. 그 결과로, 유란시아에서 육신화한 일생에서 의식하는 힘을 버렸을 때, 그는 참으로 "다 이루었다"하고 말할 수 있었고, 또 그렇게 말했다—글자 그대로 다 마쳤다. 유란시아에서 그의 죽음은 수여 생애를 끝냈고, 파라다이스 아들 창조자의 신성한 서약을 지키는 마지막 걸음이었다. 이 체험을 얻었을 때, 그러한 아들들은 최상의 우주 군주가 된다. 그들은 이제 더 아버지의 대관(代官)이 아니라, 자신의 권한과 이름을 가지고 "가장 높은 임금이요, 가장 높은 주"로서 다스린다. 진술된 어떤 예외를 빼고, 일곱 차례 자신을 수여하는 일을 마친 이 아들들은 그들이 사는 우주에서 아무 제한 없이 최상위이다. 그의 지역 우주에 관하여 말하자면, 승리를 거두고 보좌에 앉은 이 주 아들에게 "하늘과 땅의 모든 권력"이 넘겨진 것이다.

아들 창조자들은, 수여 생애를 마치고 난 뒤에, 따로 된 계급, 곧 칠중의 주 아들로 여겨진다. 몸으로 보아서 주 아들은 아들 창조자와 동일하다. 그러나 아주 독특한 수여 체험을 겪었기 때문에, 보통 다른 계급으로 여겨진다. 창조자가 황송하게도 자신 수여를 실행할 때, 진정하고 영구한 변화가 생기도록 정해져 있다. 그런데도, 수여 아들은 아직도 창조자인 것이 참말이지만, 한 생물의 체험을 그의 성품에 보탰고, 이것은 언제까지나 그를 아들 창조자의 신성한 수준에서 제쳐 놓고, 한 우주를 다스리고 그 안에 있는 세계들을 관리할 권한을 충분히 얻은 주(主) 아들의 체험 수준으로 들어올린다. 그러한 존재들은 신성한 부모로부터 따낼 수 있는 모든 것의 화신(化身)이 되고, 완전하게 된 생물의 체험으로부터 얻을 수 있는 모든 것을 에워싼다. 바로 그 신들도 자기의 우주 영토를 마지막으로 완전히 다스리기에 체험적으로 자격 있고 유능하다고 생각되기 전에 대등한 체험을 겪어야 하는 마당에, 사람이 어째서 그의 기원이 비천한 것과 진화 생애가 집행되는 것을 슬퍼해야 하는가!

5. 주 아들과 우주의 관계

주 미가엘의 권력은 제한이 없는데, 그것이 파라다이스 삼위 일체와 숙달된 관계에서 얻어졌기 때문이며, 도전을 받지 않으니, 그러한 권한에 지배를 받는 바로 그 생물로서 사는 실제 체험으로부터 얻었기 때문이다. 칠중의 아들 창조자가 가진 통치권의 성질은 최상급이니, 그 이유는 그 통치권이:

1. 파라다이스 신의 일곱 가지 관점을 포함하고,
2. 시공(時空) 생물의 일곱 가지 태도를 구체화하며,
3. 파라다이스의 태도와 생물의 관점을 완전히 합성하기 때문이다.

이처럼 이 체험적 통치권은 최상 존재에서 절정에 이르는, 칠중의 하나님의 신성을 다 포함한다. 칠중의 아들 창조자의 개인 통치권은, 언젠가 완성될 최상 존재의 미래 통치권과 같으며, 후자와 마찬가지로, 관계된 시공 한계 안에서 표현될 수 있는 파라다이스 삼위 일체의 힘과 권한의 가능한 최대의 내용을 포함한다.

지역 우주의 최상 통치권을 성취하는 것과 함께, 그 미가엘 아들에게서 현재 우주 시대에 전혀 새로운 종류의 생물 존재를 창조할 권력과 기회가 사라져 버린다.

그러나 한 주 아들이 전혀 새로운 계급의 존재들을 창시(創始)할 권력을 잃는 것은, 이미 확립되고 펼쳐지는 과정에 있는 생명을 다듬는 일을 조금도 막지 않는다. 우주를 진화시키는 이 광대한 계획은 간섭이나 단축 없이 진행된다. 한 주 아들이 최상 통치권을 얻는 것은, 이미 고안되고 창조된 것, 그리고 그렇게 고안되고 창조된 자들이 차후에 생산할 것을 기르고 관리하는 데 몸소 헌신할 책임이 있음을 가리킨다. 시간이 지나면, 다양한 존재들의 거의 끝없는 진화가 일어날지 모르지만, 그 때부터 전혀 새로운 원형(原形)이나 형태의 지적 생물이 주 아들로부터 직접 기원을 가지지는 않을 것이다. 이것은 어느 지역 우주에서도 안정된 행정의 첫 걸음이요 시작이다.

일곱 번 자신을 수여한 아들이 그의 우주에서 도전받지 않는 통치권의 수준으로 올라가는 것은, 오랜 세월에 걸친 불확실성과 상대적 혼란의 끝이 시작됨을 뜻한다. 이 사건이 있은 뒤에, 언젠가 영답게 변화될 수 없는 것은 궁극에 해체될 터이고, 언젠가 우주 실체와 조정될 수 없는 것은 궁극에 없어질 것이다. 그 영역에 있는 의지 생물의 충성과 헌신을 얻으려는 노력으로, 끝없는 자비와 말할 수 없는 참을성의 저장이 소모되고 나서, 응보와 공정(公正)이 지배할 것이다. 자비가 구제할 수 없는 것을 응보가 궁극에는 말살할 것이다.

주 미가엘들은, 군주 통치자로 일단 취임하고 나서, 자신의 지역 우주에서 최상위이다. 그들의 통치에 대한 몇 가지 제약은 어떤 세력과 성격자들이 우주에 선재(先在)하는 데 본래 있는 것들이다. 이 외에, 이 주 아들들은 권한, 책임, 행정 권력 면에서 각자의 우주에서 최상위이다. 그들은 창조자요 하나님으로서, 거의 모든 일에 최상위이다. 한 주어진 우주의 작용에 관해서, 그들의 지혜를 꿰뚫을 수 없다.

한 지역 우주에서 안정된 통치권에 오른 뒤에, 파라다이스 미가엘은 그의 영토에서 활동하는 다른 하나님의 아들들을 모두 완전히 장악하며, 그 영역의 필요에 관한 자기 개념에 따라서 자유롭게 다스려도 좋다. 주 아들은 사람이 사는 혹성에서 영적 판결의 차례와 진화적 조정을 뜻대로 바꾸어도 좋다. 그리고 그러한 아들들은 혹성의 특별한 필요에 관한 모든 문제에서, 특히 그들이 생물로 머물렀던 세계들에 관하여, 더군다나 최종으로 자신을 수여한 영역, 곧 필사 육체의 모습으로 육신화한 혹성에 관해서, 자신이 선택한 계획을 세우고 실행한다.

주 아들들은 자신을 수여한 세계, 곧 그들이 몸소 머무른 세계 뿐 아니라 아들 행정관이 자신을 수여했던 모든 세계와도 완전히 교통이 있는 듯하다. 그들 자신의 영적 계심, 곧 진리의 영으로 이러한 연락을 유지하는데, 그들은 이 영을 "모든 육체에 퍼부을" 수 있다. 이 주 아들들은 또한 만물(萬物)의 중심에 계신 어머니, 영원한 아들과도 끊임없는 연결을 유지한다. 그들은 위로 우주의 아버지로부터, 시간의 영역에서는 혹성 생명의 비천한 민족들까지 뻗는, 동정의 손길을 지닌다.

6. 주 미가엘들의 운명

지역 우주를 다스리는 칠중의 주 군주들의 성품이나 운명에 관하여 아무도 최종 권한을 가지고 주제넘게 논할 자격이 없다. 그런데도 이 문제에 관하여 우리는 모두 추측이 많다. 각 파라다이스 미가엘이 그의 기원이 있는 2중 신 개념의 절대자라고 우리는 가르침을 받았고, 그렇게 믿는다. 따라서 그는 우주의 아버지와 영원한 아들의 무한성의 여러 실제 국면의 화신(化身)이 된다. 미가엘들은 총체적 무한과 비교해서 부분적임이 틀림없지만, 그 기원에 관련된 그 부분의 무한에 관해서, 아마도 절대적이다. 그러나 현재 우주 시대에 그들이 하는 일을 지켜보건대, 우리는 유한을 넘는 활동을 하나도 찾지 못한다. 어떤 예상된 유한을 뛰어넘는 능력도 몸 속에 담겨 있고, 아직 드러나지 않았음이 틀림없다.

생물로 자신을 수여하는 생애를 마치고 최상의 우주 통치권으로 승진하는 것은 미가엘의 유한한 활동 능력의 해방이 끝나고, 그에 뒤따라 유한이 넘는 봉사를 베풀 수 있는 능력이 나타남을 뜻하는 것이 틀림없다. 왜냐하면 이러한 맥락에서, 그러한 주 아들들은 그 때 새로운 부류의 생물 존재를 생산하는 것이 금지됨을 우리가 눈여겨보기 때문이며, 의심할 여지 없이, 이 제한은 유한을 뛰어넘는 잠재성을 해방함으로 필요하게 된다.

아직 밝혀지지 않은 이 창조자 권능은 지금 우주 시대를 통하여 죽, 자신 속에 남아 있으리라는 것은 상당히 있음직하다. 그러나 아주 먼 앞날에 언젠가, 지금 외계 공간에서 동원되는 여러 우주에서, 칠중의 주 아들과 일곱째 단계에 있는 창조영의 결합은 초한(超限) 수준의 봉사에 이르고, 궁극적 우주 중요성을 가진 초월 수준에서, 새로운 사물·의미·가치의 출현이 뒤따를 수도 있다고 우리는 믿는다.

체험으로 봉사하는 덕택으로 최상위 신이 현실화하는 것과 마찬가지로, 아들 창조자들은 깊이를 알 수 없는 그들의 성품에 단단히 싸여 있는 파라다이스 신성 잠재성을 몸소 실현하는 일을 해내고 있다. 유란시아에 있을 때, 그리스도 미가엘은 한때, “나는 길이요, 진리요, 생명이라”고 말했다. 그리고 영원 속에서, 최상의 신성(神性)으로부터 궁극의 초한을 거쳐서, 영원한 신 최후성까지 이끄는 길을 모든 우주 성격자를 위하여 언제나 불빛으로 비추면서, 미가엘들은 글자 그대로 “길이요 진리요 생명”이 되도록 정해져 있다고 우리는 믿는다.

[유버르사에서 온 한 지혜 완성자가 발표하였다.]

제 22 편

삼위 일체를 체험한 하나님의 아들

하나님의 아들로 부르는 세 무리의 존재들이 있다. 내려오는 계급과 하늘 가는 계급의 아들 신분밖에도, 삼위 일체를 체험한 하나님의 아들이라 알려진 셋째 무리가 있다. 삼자 일체를 체험한 계급의 아들 신분은 그 여러 부류의 밝혀진 성격자와 밝혀지지 않은 성격자들의 기원에 따라서, 세 가지 1차 부문으로 다시 분류된다. 이 1차 부문은 다음과 같다.

1. 신이 삼자 일체화한 아들.
2. 삼위 일체가 품었던 아들.
3. 생물이 삼자 일체 체험으로 낳은 아들.

기원에 상관 없이, 삼위 일체를 체험한 하나님의 아들들은 모두, 기원의 일부로서, 또는 나중에 삼위 일체의 품에 안기는 경험으로서, 삼자 일체화 경험을 공통으로 가지고 있다. 신이 삼자 일체화한 아들들은 이 이야기에서 밝혀지지 않는다. 따라서 이 발표는 나머지 두 집단, 특히 삼위 일체가 품었던, 하나님의 아들들을 묘사하는 데 국한될 것이다.

1. 삼위 일체가 품었던 아들

삼위 일체가 품었던 아들들은 모두 처음에는 2중, 또는 단일 기원을 가지고 있다. 그러나 삼위 일체의 품에 안긴 뒤에, 그들은 언제까지나 삼위 일체를 위한 봉사와 임무에 헌신한다. 초우주 근무를 위하여 밝혀지고 조직된 바와 같이, 이 군단은 일곱 계급의 성격자들을 포함한다:

1. 막강한 사자.
2. 고등 권한자.
3. 무명 무수자.
4. 삼위 일체를 체험한 관리자.
5. 삼위 일체를 체험한 대사.
6. 천상의 보호자.
7. 높은 아들 조수.

이 일곱 무리의 성격자들은 기원·성품·기능에 따라서, 다시 3대 부문, 곧 삼위 일체를 체험한 달성의 아들, 삼위 일체를 체험한 선택의 아들, 삼위 일체를 체험한 완전의 아들로 갈라진다.

삼위 일체를 체험한 달성의 아들—막강한 사자, 고등 권한자, 무명 무수자—들은 모두 파라다이스와 최후 군단에 다다르고, 조절자와 융합한, 올라가는 필사자이다. 그러나 그들은 최후자(最後者)가 아니다. 삼위 일체의 품에 안기고 나서, 그들의 이름은 최후자의 출석 점호에서 빠진다. 이 계급의 새 아들들은 비교적 짧은 동안, 늘 영원한 이들의 지휘 밑에서 하보나 회로에 있는 회로 본부 혹성들에서 특정한 훈련 과정을 거친다. 그 뒤에 일곱 초우주에서 옛적부터 늘 계신 이들의 근무에 배치된다.

삼위 일체를 체험한 선택의 아들들은 삼위 일체를 체험한 관리자와 삼위 일체를 체험한 대사(大使)들을 포함한다. 그들은 하보나를 거치고 파라다이스에 다다른, 어떤 진화하는 세라핌과 옮겨진[1] 중도인(中道人)들, 그리고 마찬가지로 가운데 빛과 생명의 섬에 올라가고 영이나 아들과 융합한 필사자들로부터 모집한다. 파라다이스 삼위 일체의 품에 안긴 뒤, 그리고 하보나에서 짧은 훈련을 받은 뒤에, 삼위 일체를 체험한 선택의 아들들은 옛적부터 늘 계신 이들의 법정에 배치된다.

삼위 일체를 체험한 완전의 아들. 천상의 보호자들 및 그들과 동등한 높은 아들 조수들은 두 번 삼자 일체 체험을 거친 성격자라는 독특한 무리를 이룬다. 그들은 파라다이스-하보나 성격자들, 또는 최후 군단에서 오랫동안 두각을 나타낸, 완전하게 된 승천 필사자들이 생물로서 삼자 일체 체험으로 낳은 아들들이다. 생물이 삼자 일체 체험으로 낳은 이 아들들 가운데 더러는 일곱 으뜸 영의 최상 행정자 근무를 끝내고, 삼위 일체 아들 교육자들 밑에서 근무한 뒤에, 파라다이스 삼위 일체에게 다시 삼자 일체 체험을 거치고 (품에 안기고), 다음에 천상의 보호자나 높은 아들 조수로서, 옛적부터 늘 계신 이들의 법정에 임명된다. 삼위 일체를 체험한 완전의 아들들은 더 훈련을 거치지 않고 초우주 근무에 바로 배치된다.

삼위 일체 기원을 가진 우리 동료들—지혜 완성자, 신성한 조언자, 우주 검열자들—의 수는 고정되었지만, 삼위 일체가 품에 안은 아들들의 수는 항상 늘어난다. 삼위 일체가 품에 안은, 모두 일곱 계급의 아들들은 일곱 초우주 정부 중 한 곳의 구성원으로 임명되며, 각 초우주에서 봉사하는 수는 정확히 같은데, 이 가운데 하나도 결코 길을 잃은 적이 없다. 삼위 일체가 품었던 존재들은 한 번도 길을 벗어난 적이 없으니, 잠시 넘어질지 모르지만, 하나도 초우주 정부를 모욕했다는 판결을 받은 적이 없다. 달성의 아들과 선택의 아들들은 오르본톤 근무에서 한 번도 넘어진 적이 없지만, 삼위 일체를 체험한 완전의 아들들은 가끔 판단의 잘못을 저질렀고, 그렇게 해서 일시(一時) 혼란을 일으킨 적이 있다.

옛적부터 늘 계신 이들의 지휘 밑에서, 일곱 계급 모두가 상당히 자치하는 무리로서 활동한다. 그들의 봉사 규모는 넓다. 삼위 일체를 체험한 완전의 아들들은 배치받은 초우주를 떠나지 않지만, 삼위 일체를 체험한 그들의 동료들은 대우주를 돌아다니며, 시공의 진화 세계들로부터 영원한 파라다이스 섬까지 여행한다. 그들은 어느 초우주에서 활동해도 좋지만, 언제나 처음에 지정받은 초우주 정부의 구성원으로서 활동한다.

삼위 일체가 품었던 아들들은 영구히 일곱 초우주의 근무에 배치된 듯하다. 분명히 이 배치는 지금 우주 시대가 지속되는 동안이지만, 이것이 영원하리라는 말을 우리는 들은 적이 없다.

2. 막강한 사자

막강한 사자들은 삼위 일체를 체험한 아들들 가운데 하늘 가는 무리에 속한다. 그들은 반란의 시험을 거치거나, 다른 방법으로 똑같이 개인의 충성에 관하여 증명이 된, 완전해진 필사자 등급이다. 모두 우주 단결을 위한 어떤 분명한 시험을 거쳤다. 그들이 파라다이스로 올라가는 길에서 어느 때, 상급자들의 불충(不忠)에 부닥치고도 굳게 버티고 충성했으며, 더러는 그렇게 부실한 지도자들을 대신하여 적극적으로 충성스럽게 활동하기도 했다.

이렇게 충실하고 헌신한 개인 기록을 가지고, 하늘 가는 이 필사자들은 시간 순례자들의 인파와 함께 하보나를 거쳐 가며, 파라다이스에 다다르고, 거기서 졸업하고, 최후 군단으로 소집된다. 그리고 나서 파라다이스 삼위 일체의 신비스런 품 안에서 삼위 일체 체험을 거치며, 그 뒤에 일곱 초우주 정부의 행정부에서, 옛적부터 늘 계신 이들과 관계되도록 임명된다.

반란에 부닥쳐서 충성스럽게 활동하는, 항거의 체험을 겪은 승천 필사자마다 궁극에는 초우주에서 근무하는 막강한 사자가 되도록 정해져 있다. 그러한 잘못, 악, 또는 죄의 대소동을 효과 있게 막는 어떤 승천 생물도 마찬가지이다. 한 우주의 위기에 부닥쳐서, 반란(反亂)을 막거나 상급 형태의 충성을 일으키려고 고안된 행동은 실제 반란과 마주친 경우의 충성보다 훨씬 더 값지게 여겨지기 때문이다.

선임인 막강한 사자들은 오래 전에 파라다이스에 도착한 시공의 승천 필사자 가운데서 뽑혔는데, 다수가 그랜드판다 시절에 하보나를 거쳐 갔다. 그러나 후보자 군단이 일곱 초우주에서 각 곳의 대표들을 포함하기까지, 막강한 사자들을 처음으로 삼위 일체를 거치게 하는 일은 시행되지 않았다. 그리고 파라다이스에서 자격을 갖춘, 이 계급에서 최근의 집단은 네바돈 지역 우주에서 올라온 승천자들을 포함했다.

막강한 사자들은 각 초우주마다 10만 명씩 배치하기 위해서, 70만 명의 학급 단위로 파라다이스 삼위 일체의 품에 안긴다. 유버르사에는 거의 1조의 막강한 사자가 임관되어 있고, 일곱 초우주 각 곳에서 근무하는 수는 모두 똑같다고 믿을 만한 충분한 이유가 있다.

나는 막강한 사자이다. 유란시아인에게 재미있는 일인가 싶지만, 나의 필사 체험의 동반자였던 동료도 이 큰 시험에 합격했다. 하보나까지 오랜 세월에 걸쳐 안으로 올라가는 길에 여러 번, 또 오랫동안 헤어져 있었지만, 우리는 같은 70만의 무리 속에 품에 안겼고, 대관별을 거치면서 가깝고 사랑에 겨운 관계에서 시간을 보냈다. 마침내 우리는 임관(任官)되었고 오르본톤에서 유버르사에 함께 배치되었으며, 두 사자의 봉사를 요구하는 과제를 집행하기 위해서 우리는 자주 함께 파송된다.

막강한 사자들은, 삼위 일체의 품에 안긴 모든 아들과 공통으로, 초우주 활동의 모든 단계에 배치된다. 초우주 반영 서비스를 통해서, 그들의 본부와 늘 연락을 유지한다. 막강한 사자들은 한 초우주의 모든 구역에서 근무하며, 지역 우주에 대해, 아니 개별 세계들에 대하여, 내가 지금 이 경우에 하는 것처럼 자주 임무를 수행한다.

초우주 법정에서 개인과 혹성들이 재판에 오를 때, 막강한 사자들은 그 대변자로서 행동한다. 그들은 또한 대구역의 사무를 지도하는 일에 늘 완전한 이들을 보조한다. 한 무리로서, 그들의 주요한 책임은 초우주 관찰자가 되는 책임이다. 그들은 여러 본부 세계와 중요한 개별 혹성에서 옛적부터 늘 계신 이들의 공식 관찰자로서 주둔한다. 그렇게 배치되었을 때, 또한 머무르는 구체들의 사무를 지도하는 당국에 고문으로서 봉사한다. 사람을 진보시키는 승천 계획의 모든 단계에서 사자들은 적극 참여한다. 그들은 필사 기원을 가진 동료들과 함께, 초우주 정부로 하여금, 내려오는 하나님의 아들들의 계획이 되어 가는 상태 및 진보와 가깝고 개인적인 접촉을 유지하게 만든다.

막강한 사자들은 그들의 승천 생애 전부를 완전히 의식하고 있다. 이것이 어째서 그들이 어느 공간 세계, 어떤 시간 생물에게도 봉사하는, 아주 유용하고 동정심 있는 봉사자요 이해심 있는 사자(使者)인가 하는 까닭이다. 육체에서 구원되자마자, 너희는 우리와 자유롭게, 공감하면서 교통할 수 있다. 이것은 진화하는 모든 공간 세계에 있는 모든 민족으로부터, 다시 말해서, 생각 조절자가 깃들고 나중에 그와 융합한 필사 민족들로부터 우리가 생겼기 때문이다.

3. 고등 권한자

고등 권한자들은 삼위 일체를 체험한 달성의 아들들의 제2 집단이며, 모두 사람으로 기원을 가지고 생각 조절자와 융합한 존재이다. 이들은 긴 승천 생애를 통해서 죽, 탁월한 행정 능력을 나타내고 특별한 집행의 재능을 보인, 완전하게 된 사람이다. 그들은 공간에서 살아남는 사람들로부터 뽑아낸, 통치 능력의 노른자이다.

삼위 일체가 연결할 때마다 고등 권한자 7만 명이 삼자 일체 체험을 겪는다. 네바돈 지역 우주는 비교적 연륜이 짧은 창조이지만, 요즈음에 이 계급에서 삼자 일체 체험을 겪은 학급 안에 대표들이 있다. 오르본톤에는 지금 노련한 이 행정자들이 1백억 명이 넘게 임관되었다. 따로 된 서열의 모든 천상 존재와 마찬가지로, 그들은 자기네 본부를 유버르사에 유지하며, 삼위 일체가 품은 다른 아들들처럼, 유버르사에서 그들의 예비군은 오르본톤에 있는 그들 계급의 중앙 지도(指導) 기관으로서 행동한다.

고등 권한자들은 제한이 없는 행정자이다. 그들은 어디에나 있고 언제나 유능한 집행자, 옛적부터 늘 계신 이들의 집행자이다. 어떤 구체(球體)에서나, 사람이 사는 어떤 세계에서도, 일곱 초우주 가운데 어디서나, 어떤 단계의 활동에서도 봉사한다.

훌륭한 행정의 지혜와 드문 집행 기술을 가지고 있으니까, 이 명석한 존재들은 초우주 법정을 위해서 응보의 원인을 제시하는 일을 맡는다. 그들은 진화하는 우주에서 응보를 집행하고 부적응을 시정하는 일을 돌본다. 그러니까 우주에서 진보하는, 너희의 예정된 세계와 구체들로 올라가는 동안에, 언젠가 판단의 잘못으로 주의를 받는다면, 너희가 부당한 대우를 받는 일은 도저히 있을 듯하지 않다. 이는 너희를 고소하는 자들이 너희가 이미 거쳤고, 또 거치고 있는 생애의 모든 단계를 몸소 잘 아는, 한때 승천하던 생물이었을 것이기 때문이다.

4. 무명 무수자

무명 무수자들은 삼위 일체를 체험한 달성의 아들들에서 셋째이자 마지막 무리이다. 그들은 시공 세계들로부터 온 진화 민족들의 모든 아들딸의 기술을 뛰어넘어, 예배하는 능력을 개발한, 하늘 가는 혼들이다. 그들은 우주의 아버지의 영원한 목적에 대하여 영적 개념을 얻었고, 그것은 이름이 있거나 번호가 있는 진화 생물의 이해 한계를 상대적으로 뛰어넘는다. 따라서 그들은 무명 무수자(無名無數者)라 부른다. 더 엄밀하게 옮긴다면, 그들의 이름은 "이름과 수 위에 있는 자"이겠다.

이 계급의 아들들은 7천 명씩 무리를 지어 파라다이스 삼위 일체의 품에 안긴다. 오르본톤에서 임명된 이 아들들의 수가 1억이 넘는다는 기록이 유버르사에 있다.

무명 무수자들은 살아남는 민족들 가운데 우월한 영적 지성이기 때문에, 영적 견해가 바람직할 때, 또 판결되어야 할 문제들에 관계된 질문을 적절히 이해하는 데 승천 생애의 체험이 필수일 때, 그들은 특별히 재판석에 앉고 의견을 내놓을 자격을 가졌다. 그들은 오르본톤에서 최고 배심원이다. 잘못 운영되는 배심원 제도는 어떤 세계에서 얼마큼 정의(正義)를 엉터리로 시늉한 것이지만, 유버르사와 그 연장된 법정에서, 우리는 가장 높은 부류의 진화된 영적 지능을 배심원이자 판사로 이용한다. 판결은 어떤 정부에서도 가장 높은 활동이며, 판결 내리는 일을 맡은 자들은 가장 경험 있고 이해심 있는 개인, 가장 높고 고귀한 부류의 개인들로부터 뽑아야 한다.

막강한 사자, 고등 권한자, 무명 무수자들로 이루어진, 삼위 일체를 체험하는 학급의 후보자들을 선택하는 것은 선천적이고 자동이다. 파라다이스에서 선택하는 방법은 어떤 의미에서도 멋대로가 아니다. 몸소 겪는 체험과 영적 가치가 삼위 일체를 체험한 달성의 아들들의 직원을 좌우한다. 그러한 존재들은 그 권한이 같고 행정 지위가 한결같지만, 모두 개성과 다채로운 특징을 가졌으며, 표준화된 존재가 아니다. 그들은 모두, 승천하는 생애의 차이점에 따라서, 다른 특징을 가지고 있다.

이 체험 자격에 보태서, 삼위 일체를 체험한 달성의 아들들은 파라다이스 신들의 신성한 품 속에서 삼위 일체를 체험하였다. 그 결과로 그들은 삼위 일체의 고정된 아들들과 나란히 있는 동료로서 활동한다. 이것은 삼위 일체의 포옹이, 생물 존재의 이루어지지 않은 많은 잠재성(潛在性)을 미래 시간의 흐름으로부터 뛰쳐나오게 하는 듯하기 때문이다. 그러나 이것은 지금 우주 시대에 관계된 것에 한해서만 참말이다.

다 그렇지는 않지만, 이 집단의 아들들은 주로, 시공 필사자들의 승천하는 생애의 근무에 관계된다. 한 필사 인간의 관점이 언제라도 의심을 받으면, 그 문제는 한 승천 위원회에 상고해서 풀리는데, 이 위원회는 막강한 사자, 고등 권한자, 무명 무수자로 이루어진다.

이 소식을 읽는 너희 필사자 자신이 파라다이스로 올라가고, 삼위 일체의 품에 다다르고, 먼 미래 시대에 일곱 초우주 가운데 한 곳에서 옛적부터 늘 계신 이 근무에 소속되고, 지금 내가 유란시아에서 활동하는 것처럼, 진리의 계시를 확대하기 위해 언젠가는 사람이 사는 어떤 진화 혹성에 배치될지 모른다.

5. 삼위 일체를 체험한 관리자

삼위 일체를 체험한 관리자들은 삼위 일체를 거친 선택의 아들이다. 너희 민족을 비롯하여 살아남을 가치를 가진 다른 필사자들은 하보나를 거쳐 가고, 파라다이스에 다다르고, 때로는 삼위 일체의 고정된 아들들을 위해서 자신이 초우주에서 근무하도록 예정된 것을 발견한다. 그뿐 아니라, 너희의 충실한 천사 보호자, 그리고 똑같이 충실한 중도자 동료들도 또한 같은 삼위 일체 인정(認定)을 받고 훌륭한 성격 운명의 후보자가 될 수도 있다.

삼위 일체를 체험한 관리자들은 하보나를 거쳐서 파라다이스와 최후 군단에 이른, 하늘 가는 세라핌과 옮겨진 중도인(中道人)이다. 그 뒤에 그들은 파라다이스 삼위 일체의 품에 안기고, 옛적부터 늘 계신 이들의 근무에 배치되었다.

하늘 가는 세라핌 가운데 삼위 일체의 품에 안길 후보자들은, 최후 군단에 다다르고 그 뒤에 삼위 일체를 체험한 어떤 승천 생물과 용감하게 협동했기 때문에, 이러한 인정을 받는다. 필사 생애에서 나 자신의 세라핌 보호자는 함께 끝까지 견디었고, 나중에 삼위 일체 체험을 거쳤으며, 지금은 삼위 일체를 체험한 관리자로서 유버르사 정부에 소속되어 있다.

중도인의 경우도 마찬가지이다. 다수가 옮겨지고 파라다이스에 이르고, 세라핌들과 함께, 같은 이유로, 삼위 일체의 품에 안기며, 초우주에서 관리자로 임명된다.

삼위 일체를 체험한 관리자들은 7만 명씩 무리를 이루어 파라다이스 삼위 일체의 품에 안기며, 각 무리에서 7분의 1은 한 초우주에 배치된다. 신임받는 이 높은 관리자들이 1천만 명이 조금 넘게 오르본톤에서 지금 근무하고 있다. 그들은 유버르사에서, 그리고 대구역과 소구역의 본부 구체들에서 일한다. 그들이 노동할 때 몇십억에 이르는 2품 천사 및 기타 유능한 초우주 성격자의 군단의 도움을 받는다.

삼위 일체를 체험한 관리자들은 그 생애를 관리자로서 시작하고, 초우주 정부의 사무에서 그렇게 계속한다. 어떤 면에서 그들은 초우주 정부의 관리(官吏)이지만, 천상의 보호자들이 하는 것처럼, 개인을 다루지는 않는다. 삼위 일체를 체험한 관리자들은 집단의 사무를 처리하고 집합적 사업을 돌본다. 그들은 기록·계획·기구(機構)를 관리하는 자이며, 사업, 성격자 집단, 승천 계획, 상물질 계획, 우주 예측, 그리고 수없이 많은 다른 기업의 수탁자(受託者)로서 행동한다.

6. 삼위 일체를 체험한 대사

삼위 일체를 체험한 대사들은 삼위 일체를 체험한 선택의 아들에서 둘째 계급이며, 그 동료인 관리자들과 마찬가지로, 두 종류의 하늘 가는 생물로부터 뽑는다. 하늘 가는 필사자들이 모두 조절자, 곧 아버지와 융합하지는 않는다. 더러는 영과 융합하고, 더러는 아들과 융합한다. 영이나 아들과 융합한 이 사람들 가운데 어떤 이들은 하보나에 이르고 파라다이스에 다다른다. 이 파라다이스 승천자들로부터, 삼위 일체의 포옹을 받으려고 후보자들이 뽑히고, 때때로 그들은 7천 명 학급을 지어 삼위 일체를 체험한다. 그리고 나서 옛적부터 늘 계신 이들의 삼위 일체를 체험한 대사(大使)로서 초우주에서 임관된다. 거의 5억 명이 유버르사에 등록되어 있다.

삼위 일체를 체험한 대사들은 하보나 선생들의 조언에 따라서 삼위 일체의 품에 안기기 위하여 선택된다. 그들은 각자 무리의 상급 지성을 대표하며, 따라서 영과 융합한 사람의 출신 세계들의 이익을 이해하고 관리하는 일에 초우주 통치자들을 돕기에 가장 적합하다. 아들과 융합한 대사들은 아들과 융합한 계급의 성격자에 관계된 문제를 우리가 처리하는 데 큰 도움이 된다.

삼위 일체를 체험한 대사들은 그들이 배치받은 초우주 안에 있는 어느 세계나 우주에도, 어떤 목적이라도, 옛적부터 늘 계신 이들의 밀사(密使)가 된다. 그들은 소구역 본부에서 특별하고 중요한 봉사를 베풀며, 한 초우주의 수없는 잡다한 과제를 수행한다. 그들은 초우주 정부의 삼위 일체를 체험한 아들들의 긴급 군단, 곧 예비 군단이며, 따라서 광대한 범위의 임무에 소용된다. 그들은 초우주 사무 가운데 수천 가지 사업에 종사하는데, 유란시아에서 벌어지는 아무 일도 이 활동과 어떤 면에서도 비슷하지 않으니까, 인간의 지성에게 그려 보이기가 불가능하다.

7. 삼자 일체화 기법

완전한 존재와 완전하게 된 영적 존재들이 겪는 최상의 창조적 성취를 맛보는 체험—삼자 일체(三者一體) 행위—를 나는 물질 지성에게 넉넉히 펼쳐 보여 줄 수 없다. 삼자 일체 기법은 대관별과 외톨이별의 비밀이고, 이 독특한 체험을 거친 자들 외에, 아무한테나 밝힐 수 없고 아무나 이해할 수 없다. 그러니까 어떤 존재도 이 특별한 거래의 성질과 취지를 인간 지성에게 묘사하는 데 성공하기가 불가능하다.

신들은 별도로 하고, 오로지 파라다이스-하보나 성격자들, 그리고 각 최후자 군단의 어떤 구성원들만 삼자 일체 체험에 들어간다. 파라다이스처럼 완전한 특화된 조건 밑에서, 이 훌륭한 존재들은 개념 신분의 독특한 체험을 시작해도 좋고, 그들은 새로운 존재(存在), 곧 생물로서 삼자 일체화된 아들을 낳는 데 여러 번 성공한다.

그러한 삼자 일체화 모험에 들어가는 영화롭게 된 생물은 그런 체험에 꼭 한 번 참여해도 좋다. 한편 파라다이스 신들에게는 삼자 일체화 에피소드를 줄곧 연출하는 데 아무 제한이 없다. 오직 한 가지 면에서 신은 제한이 있는데, 최초의 무한한 영이 오직 한 분, 곧 아버지-아들의 뭉친 의지의 무한한 집행자가 꼭 하나밖에 있을 수 없다는 것이다.

어떤 수준의 파라다이스 문화와 영적 성장에 도달하고 조절자와 융합한, 하늘가는 필사 최후자들은, 한 생물을 삼자 일체화로 낳으려고 시도할 수 있는 자들에 속한다. 필사 최후자들의 군대가 파라다이스에 주둔할 때, 하보나 시간으로 1천 년마다 쉬는 시간이 주어진다. 그러한 최후자들은 책임에서 풀려난 이 시간을 일곱 가지 다른 방법으로 보내도 좋다. 이 가운데 하나는 어떤 동료 최후자, 또는 어떤 파라다이스-하보나 성격자와 결합하여, 생물의 삼자 일체 체험을 겪으려고 시도하는 것이다.

모우주 건축가들 앞에 가서, 두 필사 최후자가 삼자 일체 체험을 위하여 그들이 자유롭게 동일한 개념을 골랐다는 것을 보여 주면, 건축가들은 자기들의 판단 아래, 영화롭게 된 이 필사 승천자들에게 휴가를 보내 주고, 이들을 파라다이스 시민들의 삼자 일체화 구역으로 한동안 이동하도록 허가하는 명령을 선포할 권한이 있다. 이렇게 배치된 휴식의 끝에, 그 때까지 삼자 일체화를 거치지 않은 선택된 독창적 개념을 영적으로 변화시키고 이상화(理想化)하고 현실화하려는 천국 같은 노력을 그들이 따로따로, 그리고 합동으로 하기로 했다고 말씀드리면, 그 때 으뜸 영 7번이 그러한 특별 시도를 허가하는 명령을 내린다.

때로는 이 모험에 믿을 수 없이 긴 세월이 걸린다. 충실하고 결의가 굳은 왕년(往年)의 필사자들이—그리고 때로는 파라다이스-하보나 성격자들이—마침내 목적을 이루고, 그들이 고른 보편적 진리의 개념을 실제 존재로 생겨나게 하는 데 정말로 성공하기까지 한 시대가 지나가는 듯하다. 이 헌신하는 쌍들이 반드시 성공하지는 않는다. 여러 번 그들은 실패하고, 게다가 그들에게 아무런 잘못이 발견되지 않아도 그렇게 된다. 그렇게 실패하는 삼자 일체 체험 후보자들은, 최상의 노력을 하고도 최상의 실망을 견딘 존재로 부르는, 특별한 무리의 최후자들 속에 가입이 허락된다. 파라다이스 신들이 삼자 일체화하려고 뭉치면, 반드시 성공한다. 그러나 한 쌍의 동질(同質) 생물의 경우, 같은 계급 존재의 두 구성원이 뭉치려고 시도한 경우에 반드시 성공하지는 않는다.

신들이 새롭고 독창적인 한 존재를 삼자 일체화로 낳을 때, 신성한 부모는 신 잠재성에 변화가 없다. 그러나 높이 된 생물 존재들이 그러한 창조 에피소드를 연출할 때, 계약하고 참여하는 개인들 가운데 하나가 독특한 성격 수정(修正)을 겪는다. 생물이 삼자 일체 체험으로 낳은 아들의 두 조상(祖上)은 어떤 의미에서, 영적으로 하나와 같이 된다. 우리는 최상 존재가 대우주에서 성격의 충만하고 완전한 명시를 이룩할 때까지, 성격의 어떤 영적 단계에서 두 가지를 통일하는 이 상태가 아마 지속하리라고 믿는다.

생물의 삼자 일체 체험으로 새로운 존재가 나타남과 동시에, 두 조상의 이러한 기능의 영적 연합이 생긴다. 궁극의 기능 수준에서, 삼자 일체를 겪는 두 부모는 하나가 된다. 우주에 있는 창조된 존재들 가운데 아무도 이 놀라운 현상을 충분히 설명할 수 없으며, 이것은 신성에 가까운 체험이다. 아버지와 아들이 무한한 영을 영원화하려고 뭉쳤을 때, 목적이 성취되고 나서 그들은 하나와 같이 되었고 그 뒤로 언제나 하나였다. 그리고 두 생물의 삼자 일체화 연합이 우주의 아버지와 영원한 아들이 이룬 완전한 신 연합의 서열, 무한한 규모의 서열을 좇지만, 생물의 삼자 일체화가 일으키는 반향(反響)의 성질은 영원하지 않다. 체험적 신들의 현실화가 끝나고 나서, 그 반향이 그칠 것이다.

생물의 삼자 일체 체험으로 생긴 아들들의 이 부모는 그들의 우주 과제에서 하나처럼 되지만, 최후 군단과 모우주 건축가들의 구성 및 출석 점호에는 계속 두 성격자로 간주된다. 현재 우주 시대에, 삼자 일체화로 연합한 부모들은 배치와 활동면에 뗄 수 없다. 하나가 가면 다른 하나가 따르며, 하나가 하는 것을 다른 하나도 한다. 부모의 양자(兩者) 통일이 한 필사 (또는 기타) 최후자와 한 파라다이스-하보나 성격자를 포함할 때, 연합한 부모 존재들은 파라다이스 시민이나, 하보나 주민이나, 최후자들과 함께 활동하지 않는다. 그렇게 섞인 연합은 비슷한 존재들로 이루어진 한 특별 집단에서 사귄다. 그리고 섞였든 그렇지 않든, 모든 삼자 일체화 연합에서 부모 존재들은 서로를 의식하고 서로와 교통할 수 있고, 그들은 어느 쪽도 전에는 이룰 수 없었던 의무를 해낼 수 있다.

일곱 으뜸 영은 최후자와 파라다이스-하보나 성격자들이 삼자 일체화로 연합하는 것을 인가할 권한을 가졌고, 그러한 혼합된 연결은 반드시 성공한다. 생물의 삼자 일체화로 생긴 훌륭한 아들들은 파라다이스의 영원한 생물이나 시공의 생물이 이해하기에 부적당한 개념을 대표한다. 그래서 그들은 모우주 건축가들의 피보호자가 된다. 미래 우주에 관계되는 듯하고 따라서 초우주나 중앙 우주 행정에 즉시 아무런 실용적 가치가 없는 아이디어·이상·체험을, 삼자 일체화로 생긴 이 운명의 아들들이 구체화한다. 이 독특한 시간의 아이들과 영원의 시민들이 낳은 자손은 모두 대관별에서 예비군에 남아 있으며, 그들은 거기에 아들 창조자 군단의 비밀 학부가 차지하는 구체(球體)의 특별 구역에서, 시간의 개념과 영원의 실체를 연구하는 데 종사한다.

최상 존재는 신 실체에서 세 단계의 통일이다. 최상위 하나님은 파라다이스 삼위 일체의 어떤 유한한 모습을 영적으로 통일한 것이며, 전능 최상위는 대우주 창조자들의 권능을 통일한 것, 최상 지성은 셋째 근원 중심과 그 동격자들이 최상 존재의 실체에 개별적으로 공헌하는 것이다. 중앙 우주와 파라다이스의 훌륭한 생물은, 삼자 일체화 모험을 겪으면서 최상위 신의 세 가지 모험에 참가하며, 이것은 생물의 삼자 일체 체험으로 세 계급 아들들의 생산을 초래한다:

1. <u>승천자가 삼자 일체 체험으로 낳은 아들</u>. 창조적 노력을 기울일 때, 최후자들은 시공을 거쳐서 파라다이스로 올라가면서 체험으로 얻은, 전능 최상위의 어떤 개념 실체를 삼자 일체화하려고 시도한다.

2. <u>파라다이스-하보나 주민이 삼자 일체 체험으로 낳은 아들</u>. 파라다이스 시민과 하보나 주민들의 창조적 노력은 최상 존재의 어떤 높은 영적 모습의 삼자 일체화를 일으키며, 이 영적 모습은 그들이 궁극위와 영원자에 가까이 가는, 최상을 초월하는 배경에서 체험으로 얻는다.

3. <u>삼자 일체 체험으로 낳은 운명의 아들</u>. 최후자 하나와 파라다이스-하보나 주민 하나가 함께 새 생물을 삼자 일체화로 낳을 때, 이 합동 노력은 최상 궁극 지성의 어떤 단계에 반향을 일으킨다. 그 결과로 생기는, 생물의 삼자 일체 체험으로 낳은 아들들은 창조를 초월한다. 그들은 달리 체험적으로 얻지 못했던 최상 궁극 신의 사실성을 대표한다. 따라서 이것은 자동으로 모우주 건축가들의 분야에 속하며, 그들은 현재 우주 시대의 창조 한계를 초월하는 것들을 관리한다. 삼자 일체화로 생긴 운명의 아들들은 최상 궁극위의 아직 밝혀지지 않은 모우주 활동의 어떤 모습을 구체화한다. 시간과 영원이 합동으로 낳은 이 자손에 대하여 우리는 많이 모르지만, 밝히도록 허락받은 것보다 우리는 훨씬 많이 알고 있다.

8. 생물이 삼자 일체 체험으로 낳은 아들

이 이야기에서 고려되는, 생물이 삼자 일체 체험으로 낳는 아들들 외에도, 생물이 삼자 일체 체험으로 낳는 존재들의 수많은 밝혀지지 않은 계급이 있다—일곱 최후자 군단과 파라다이스-하보나 성격자들의 복수(複數) 연결로 낳은 다양한 후손이 있다. 이미 밝혀졌든 그렇지 않든, 생물이 삼자 일체 체험으로 낳는 이 존재들은 모두 우주의 아버지한테서 성격을 부여받는다.

하늘 가는 자가 삼자 일체 체험으로 낳거나 파라다이스-하보나 시민이 삼자 일체 체험으로 낳는 새 아들들이 어리고 훈련되지 않았을 때, 그들은 보통 무한한 영의 일곱 파라다이스 구체에서 오랫동안 근무하도록 파송되며, 거기서 일곱 최상 집행자의 보호 밑에서 일한다. 그 뒤에 그들은 지역 우주에서 삼위 일체 아들 교육자들에게서, 연장된 훈련을 받도록 입양될 수도 있다.

높고 영화롭게 된 생물에서 기원을 가진 이 양자(養子)들은 아들 교육자들의 도제(徒弟), 곧 학생 조수이며, 분류에 관해서 말하면, 그들은 흔히 일시 이 아들들과 함께 계산된다. 극기(克己)하는 가운데 그들이 택한 봉사 영역의 이익을 위하여, 그들은 많은 고귀한 과제를 실행할 수 있고 또 실행하기도 한다.

지역 우주에 있는 아들 교육자들은, 생물이 삼자 일체 체험으로 낳은 피보호자들을 파라다이스 삼위 일체의 품에 안기도록 지명할 수 있다. 이 포옹에서 삼위 일체를 체험한 완전의 아들로 솟아나서, 그들은 일곱 초우주에서 옛적부터 늘 계신 이들을 위한 근무에 들어가며, 이것은 이제 알려진 바, 두 번 삼자 일체 체험을 거친 이 독특한 존재 무리의 운명이다.

생물이 삼자 일체 체험으로 낳은 아들들이 모두 삼위 일체의 품에 안기지는 않는다. 다수가 파라다이스의 일곱 으뜸 영, 초우주의 반영 영들, 지역 창조 어머니 영들의 동료와 대사(大使)가 된다. 더러는 영원한 섬에서 특별한 과제를 받아들일 수도 있다. 더러는 아버지의 비밀 세계에서, 영의 파라다이스 구체들에서 특별한 근무에 들어갈 수도 있다. 결국에는, 다수가 하보나의 내부 회로에서 삼자 일체를 체험한 아들들의 합동 군단으로 찾아간다.

삼위 일체를 체험한 완전의 아들과 대관별에서 모이는 자들을 제외하고, 생물이 삼자 일체 체험으로 낳은 모든 아들의 최상 운명은 삼자 일체를 체험한 최후자 군단에 가입하는 것인 듯하며, 이것은 일곱 파라다이스 최후 군단 가운데 하나이다.

9. 천상의 보호자

생물이 삼자 일체 체험으로 낳은 아들들은 7천 명씩 학급을 지어 파라다이스 삼위 일체의 품에 안긴다. 완전하게 된 인간들의 자손과 파라다이스-하보나 성격자들의 자손, 삼자 일체 체험으로 낳은 이 자손들은 모두 똑같이 신들의 품에 안기지만, 그들의 예전의 강사(講師), 삼위 일체 아들 교육자들의 조언에 따라서 초우주에 배치된다. 더 흡족하게 근무한 자들은 높은 아들 조수로 임명되고, 성적이 덜 특출한 자들은 천상의 보호자로 지정된다.

독특한 이 존재들은 삼위 일체의 품에 안기고 나서, 초우주 정부에서 가치 있는 보조자가 된다. 이들은 승천 생애의 사무에 관해서 통달하게 되는데, 몸소 승천을 거치기 때문이 아니라, 공간 세계들에서 삼위 일체 아들 교육자들과 함께 근무하는 결과로서 그렇게 된다.

오르본톤에는 거의 10억의 천상의 보호자가 임관되었다. 이들은 주로 대구역의 본부에서 늘 완전한 이들의 행정에 배치되며, 아들과 융합한 승천 필사자 집단으로부터 유능하게 보조를 받는다.

천상의 보호자들은 옛적부터 늘 계신 이들의 법정의 관리이며, 법정의 사자로서, 또한 초우주 정부의 여러 재판소의 소환장과 판결문을 소지(所持)한 자로서 활동한다. 그들은 옛적부터 늘 계신 이들의 체포 대리자이며, 유버르사로부터 나가서 초우주 판사들 앞에 출석이 요구되는 존재들을 데리고 돌아온다. 그들은 초우주에서 어떤 성격자를 잡아 가두라는 명령도 집행한다. 그들은 또한 지역 우주에서, 영과 융합한 필사자들이, 어떤 이유에서든, 유버르사에 출석이 필요할 때 이들을 따라간다.

천상의 보호자 및 그 동료, 높은 아들 조수들에게는 조절자가 한 번도 깃든 적이 없다. 그들은 영이나 아들과 융합하지도 않는다. 그러나 파라다이스 삼위 일체의 포옹은 삼위 일체를 체험한 완전의 아들들의 비융합 지위를 보상해 준다. 삼위 일체의 포옹은, 품에 안긴 아들을 달리 변화시키지 않고서, 생물이 삼자 일체 체험으로 낳은 아들 안에 성격화된 그 아이디어에 대해서만 행위하는지 모른다. 그러나 이러한 제한은 그렇게 계획했을 경우에만 일어난다.

두 번 삼자 일체 체험을 거친 아들들은 놀라운 존재이지만, 하늘 가는 동료들처럼, 다능하지도 믿을 만하지도 않다. 공간의 어두운 지역으로부터 영광(榮光)으로 실제로 올라감으로 이 무리에 속하는, 나머지 아들들이 얻은 엄청난 체험, 몸소 겪은 깊은 체험이 그들에게 빠져 있다. 하늘 가는 생애를 가진 우리는 그들을 사랑하고, 힘이 자라는 데까지 그들의 부족한 점을 메워 주려고 하지만, 그들은 우리의 낮은 기원과 우리의 체험할 수 있는 능력에 대하여, 언제나 우리로 하여금 고마운 느낌이 들게 한다. 우주로 올라가면서 체험할 수 있는 실체들에서 부족한 점을 그들이 자진해서 헤아려 보고 인정하는 것은 초월적으로 아름답고, 어떤 때는 마음을 움직일 정도로 아주 애처롭다.

삼위 일체가 품은 다른 아들들과 대조해서, 삼위 일체를 체험한 완전의 아들들은 제한되어 있는데, 그들의 체험 능력이 시간과 공간에서 억제되었기 때문이다. 최상 집행자 및 아들 교육자들과 함께 오랜 훈련을 거치는데도, 그들은 체험이 모자란다. 그리고 이렇지 않다면, 체험의 포화(飽和)는 어느 미래 우주 시대에 체험을 얻도록 그들을 예비로 남아 있지 못하게 할 것이다. 모든 우주 존재에서, 실제로 몸소 체험을 맛보는 것과 바꿀 수 있는 것은 정말로 하나도 없다. 그리고 생물이 삼자 일체 체험으로 낳은 이 아들들은 어떤 앞날의 우주 시기에 체험하는 활동을 위하여 예비로 남아 있다.

초우주의 높은 법정에서 일하는 위엄 있는 이 관리들이, 부러워하며 호소하는 눈으로, 심지어 요즘에 다다른 자들을 바라보는 것을 저택 세계들에서 나는 이따금 보아 왔다. 그래서 체험이 없이 이러한 삼자 일체화를 겪은 자들이, 진정한 체험과 실제로 사는 걸음을 거쳐서 우주의 길을 올라가는, 운이 나쁘다고 생각된 형제들을 정말로 부러워한다고 누구라도 느끼지 않을 수 없다. 그들이 장애와 한계가 있는데도, 초우주 정부의 까다로운 행정 계획을 집행하는 일이 닥칠 때, 그들은 놀랍게도 유용하고, 늘 기쁘게 일하는 집단의 일꾼이다.

10. 높은 아들 조수

높은 아들 조수들은 필사 최후 군단에 속하는 영화롭게 된 승천자들, 그리고 그들의 영원한 동료 파라다이스-하보나 성격자들이 삼자 일체 체험으로 낳은 아들들 가운데 다시 삼위 일체를 체험한 우수한 집단이다. 그들은 초우주 근무에 배치되며, 옛적부터 늘 계신 이들의 정부에서 높은 아들들의 개인 보조자로서 활동한다. 그들은 개인 비서라 부르는 것이 더욱 적절할까 싶다. 때때로 그들은 높은 아들들의 특별 위원회와 기타 집단 관계의 서기(書記)로 활동한다. 그들은 지혜 완성자, 신성한 조언자, 우주 검열자, 막강한 사자, 고등 권한자, 무명 무수자들에게 봉사한다.

천상의 보호자들을 논하면서 내가 두 번 삼자 일체 체험을 겪은 이 아들들의 한계와 장애에 눈길을 끄는 듯했다면, 온통 공평하게, 내가 그들의 큰 장점, 그들을 우리에게 거의 값을 따질 수 없게 만드는 속성을 지금 지적해 보자. 그들이 한 가지 최상 개념을 성격화한 것이라는 사실에 바로 그들의 존재 이유가 있다. 그들은 어떤 신다운 아이디어, 어떤 우주의 이상이, 이전에 결코 생각해 보지도 표현하지도 삼자 일체화 과정을 거치지도 않았기 때문에 성격자로 구체화되었다. 그리고 그 뒤로 그들은 삼위 일체의 품에 안겼고, 따라서 그들의 성격 존재에 관한 아이디어와 이상에 관한 신성한 삼위 일체의 바로 그 지혜를, 그들이 보여 주고 실제로 구체화한다. 우주들에 대하여 그 특별한 개념이 드러날 수 있는 한, 이 성격자들은 어떤 생물이나 창조자의 지성이 아마 생각해 보거나, 표현하거나, 모범이 될 수 있는 모든 것을 구체화한다. <u>그들은 그 아이디어가 성격화한 것이다</u>.

너희는 우주 실체의 한 가지 최상의 개념이 이렇게 집중된 살아 있는 존재들이, 초우주 행정을 맡는 이들에게 말할 수 없이 쓸모 있다는 것을 깨달을 수 없는가?

나는 오르본톤 남쪽에 있는 새 우주들의 집단에 관해서 세 가지 문제를 연구하는 데 배치된, 여섯—높은 아들들 한 명씩—으로 이루어진 한 위원회를 주관하라는 지시를 받은 지 오래지 않다. 그러한 비서(秘書)들을 내 위원회에 임시 배치하도록 유버르사에 있는 그들 계급의 우두머리에게 요청했을 때, 나는 높은 아들 조수들의 가치를 뼈저리게 깨닫게 되었다. 우리의 아이디어 가운데 첫째는 유버르사에 있는 한 높은 아들 조수가 대표하였고, 그는 이내 우리 무리에 부속되었다. 우리의 둘째 문제는 제3 초우주에 배치된 어느 높은 아들 조수 안에서 구체화되었다. 필수 지식을 조정하고 나누어 주는 일에, 중앙의 우주 교환소를 통해서 이 근원으로부터 우리는 많은 도움을 얻을 수 있었지만, 최상으로 생물이 삼자 일체화하고 마지막으로 신이 삼자 일체화한 그 개념이 되는 한 성격자가 실제로 자리에 있어서 주는 도움에 견줄 만한 것은 하나도 없다. 우리의 셋째 문제에 관해서는, 파라다이스의 기록이 그러한 아이디어를 결코 생물이 삼자 일체 체험으로 만든 적이 없음을 드러냈다.

높은 아들 조수들은 엄청난 개념과 굉장한 이상을 독특하고 고유하게 성격화한 것이다. 그것만으로 그들은 때때로 우리가 심의(審議)할 때 말할 수 없는 빛을 비춰 줄 수 있다. 공간 우주에서 내가 바깥에서 어떤 장거리 임무를 띠고 활동할 때, 나에게 착수하고 해결하라고 파송된 바로 그 문제에 대하여 충만한 신다운 개념이 되는 높은 아들 조수를 내가 운 좋게 내 임무에 배치받았다면, 이것이 원조(援助) 면에서 어떤 의미가 있는가 생각해 보라. 나는 바로 이러한 체험을 여러 번 겪었다. 이 계획에 유일한 문제는, 어떤 초우주도 이러한 삼자 일체 체험으로 낳은 여러 아이디어의 완전한 한 벌을 갖추지 않은 것이다. 우리는 겨우 이 존재들의 7분의 1을 가지며, 한 아이디어가 삼자 일체 체험으로 존재가 되었다는 기록이 있더라도, 우리가 이 존재들과 친히 교제를 누리는 것은 겨우 일곱 번에 한 번쯤이다.

우리는 유버르사에서 이 존재를 훨씬 많은 수로, 크게 유리하게 쓸 수 있다. 초우주 행정에서 그들이 쓸모 있기 때문에, 될 수 있는 대로 우리는 공간 순례자들, 그리고 파라다이스 거주민에게도, 그들이 그러한 창조 모험을 실행하는 데 필수인 체험적 실체들을 서로 기여한 뒤에 삼자 일체 체험을 시도하라고 권한다.

우리는 지금 우리 초우주에 높은 아들 조수를 약 125만 명 가졌고, 유버르사에서 활동하는 것처럼, 그들은 대구역과 소구역에서도 근무한다. 우리가 먼 우주들까지 임무를 받고 떠날 때 그들은 가끔 우리를 따라온다. 높은 아들 조수들은 어떤 아들이나 어떤 위원회에 영구하게 배치되지 않는다. 그들은 항상 돌아가면서, 바로 그들의 신분인 아이디어나 이상(理想)이 파라다이스 삼위 일체의 영원한 목적을 가장 잘 진전시킬 수 있는 곳은 어디에나 봉사하며, 그들은 삼위 일체의 아들이 되었다.

그들은 감동을 주도록 사랑이 넘치며, 더할 나위 없이 충성스럽고, 지극하게 총명하고—한 가지 아이디어에 관해서—최상으로 지혜롭고, 초월적으로 겸손하다. 자기들의 한 가지 아이디어나 이상에 관해서 가진 지식을 너희에게 나눠 줄 수 있는 한편, 여러 다른 주제에 관하여, 하다 못해 하늘 가는 필사자들한테서도 그들이 지식과 정보를 찾는 것을 지켜보기가 아주 애처롭다.

이것이 삼위 일체를 체험한 하나님의 아들이라 부르는 어떤 자들, 특히, 파라다이스 삼위 일체의 신성한 품을 거치고, 그리고 나서 초우주에서 옛적부터 늘 계신 이들의 행정자들에게 지혜롭고 이해심 있게 협조하려고 초우주에 근무하도록 배치된 자들의 기원·성품·활동에 관한 이야기이다. 당장에 하보나 목적지까지, 궁극에는 파라다이스 목표를 향하여 가는, 승천하는 시간 필사자들이 안으로 향하여 걷는 발걸음을 돕기 위하여 그들은 지치지 않고 노력한다.

[오르본톤의 계시 군단의 한 막강한 사자가 이야기하였다.]

주: 1. 여기서 옮겨짐은 죽음을 거치지 않는 이동을 말한다.

제 23 편

외톨 사자

외톨 사자들은 합동 창조자의 개인적·보편적인 군단이다. 그들은 무한한 영의 고등 성격자들 중에서 첫째이자 선임 계급이다. 그들은 홀로 사는 성격 영들을 만들려는 목적으로, 혼자 활동한 무한한 영의 초기 창조 행위를 대표한다. 아버지도 아들도 이 굉장한 영적 변화에 직접 참여하지 않았다.

이 영(靈) 사자들은 한 번의 창조 사건에서 성격화되었고, 그들의 수는 고정되어 있다. 이 현재 임무에, 이 특별한 존재들 가운데 하나가 나와 관계되어 있지만, 나는 온 우주에 그러한 성격자들이 얼마나 존재하는지 모른다. 나는 때때로 얼마나 많은 영 사자들이 우리 초우주의 관할 밑에서 당분간 활동하는 것으로 등록부에 기입되어 있는가 겨우 알 뿐이다. 최근의 유버르사 보고서로부터, 오르본톤의 테두리 안에, 그 때 외톨 사자가 거의 7690조 명이 활동하고 있었다는 것을 나는 주목한다. 그리고 이 숫자는 그들 총수(總數)의 7분의 1보다 훨씬 적다고 나는 추측한다.

1. 외톨 사자의 성품과 기원

하보나 회로의 영 일곱 분을 창조하고 나서 바로 뒤에, 무한한 영은 광대한 외톨 사자 군단을 만들었다. 파라다이스와 하보나 회로들을 제쳐 놓고, 우주 창조의 어느 부분도 외톨 사자들보다 앞서 존재하는 것이 없으며, 그들은 거의 영원의 때부터 대우주 전역에서 활동해 왔다. 시공의 광범위한 창조들에게 자기 계시를 위해서, 그들과 개인적 연락을 취하기 위해서, 그들은 무한한 영이 쓰는 신성한 기법에 근본적이다.

이 사자들이 거의 영원의 시절부터 존재하는데도, 그들은 모두 자아의 시초를 의식한다. 그들은 시간을 의식하며, 무한한 영이 창조한 가운데 그러한 시간 의식을 가진 처음 존재이다. 시간 속에서 성격화되고 공간 속에서 영화(靈化)된 생물, 무한한 영이 처음 낳은 생물이다.

홀로 사는 이 영들은 충분히 발육되고 완전하게 갖춰진 영 존재로서, 시간이 밝아올 때 나타났다. 그들은 모두 같고, 개인적 차이에 기초를 둔 아무 등급이나 세분이 없다. 그들의 분류는 전적으로 그들이 때때로 배치되는 일의 종류에 근거를 둔다.

필사자들은 공간 세계에서 거의 물질 존재로 시작해서, 위대한 중심들을 향하여 안으로 올라간다. 홀로 사는 이 영들은 만물의 중심에서 출발하며, 멀리 떨어진 창조들까지, 아니 가장 바깥의 지역 우주들에 있는 개별 세계들과 그 너머까지 가는 임무를 몹시 바란다.

외톨 사자라고 부르기는 해도, 그들은 외로운 영이 아니니, 참으로 혼자 일하는 것을 좋아하기 때문이다. 그들은 모든 창조에서 혼자 사는 생활을 즐길 수 있고,

또 즐기는 유일한 존재이다. 그렇지만 사귈 수 있는 극소수 계급의 우주 지성과 교제하기를 똑같이 좋아한다.

외톨 사자들은 근무할 때 고립되어 있지 않으며, 머무르는 지역의 모든 방송을 "듣는" 능력이 있어서, 그들은 모든 창조의 풍부한 지능과 항상 연결이 된다. 또한 자체 직속 군단의 구성원들, 곧 같은 초우주에서 비슷한 종류의 일을 하는 존재들과 서로 통신할 수 있다. 그들 무리 가운데 다른 이들과 교통할 수 있지만, 일곱 으뜸 영 회의로부터 그렇게 하지 말라고 지시를 받았다. 그들은 충성스러운 집단이며, 거역하거나 과실을 저지르지 않는다. 언제라도 외톨 사자가 어둠에 빠졌다는 기록이 없다.

우주 동력 지휘자들과 마찬가지로, 외톨 사자들은 그 영역에서 두루, 시공 법정에게 체포되거나 구금되는 일에서 면제받고 활동하는 극소수의 존재에 속한다. 그들은 일곱 으뜸 영을 제외하고, 아무 앞에도 나타나라고 소환될 수 없다. 그러나 모우주의 연대기(年代記)를 통틀어서, 이 파라다이스 회의가 어느 외톨 사자의 사례(事例)를 판결하라고 요청받은 적이 한 번도 없다.

혼자 배치되는 이 사자들은 셋째 근원 중심에서 파생되었으며, 믿을 수 있고, 자립해 있고 다능하며, 철저히 영답고 널리 동정심을 가진 집단의 창조된 존재이다. 그들은 가운데 파라다이스 섬에 거하는 무한한 영의 권한을 가지고, 지역 우주의 본부 구체들에서 성격화된 그대로 활동한다. 그들은 지역 창조에서 지역 우주 어머니 영들의 직접 영향 밑에서 활동할 때에도, 무한한 영으로부터 방출되어 나오는 직접 회로를 항상 섭취한다.

이 외톨 사자들이 혼자 여행하고 일해야 하는 데는 기술적 이유가 있다. 짧은 기간 동안, 고정되어 있을 때, 그들은 한 무리를 이루어 협동할 수 있다. 그러나 이렇게 모여 있을 때, 파라다이스 회로의 영향과 지도(指導)로부터 온통 단절된다. 그들은 전적으로 고립된다. 이동 중에 있을 때나 공간 회로와 시간의 전류 속에서 활동할 때, 이 계급에서 둘 이상이 가까운 거리에 있으면, 둘 또는 모두가 더 높은 회전하는 세력과 가지는 연락에서 동댕이쳐진다. 실례(實例)의 상징으로 너희가 표현하는 바와 같이, 그들은 "합선"이 된다. 따라서 그들은 몸 속에 자동 경보, 일종의 경고 신호를 본래 가지고 있다. 이것은 그들에게 다가오는 충돌을 어김없이 알려 주며, 그들이 적절하고 효과 있게 활동하는 것을 방해하지 않도록 틀림없이 그들을 넉넉히 떼어놓는다. 그들은 또한 영감 받은 삼위 일체 영과 신다운 생각 조절자들이 가까이 있는 것을 탐지하고 그것을 가리키는 선천적이고 자동인 힘도 소유한다.

이 사자들은 성격을 연장하거나 생산하는 능력이 없지만, 우주에서 그들이 종사할 수 없는 일은 실질적으로 하나도 없고, 무슨 일에나 그들은 무엇인가 핵심이며 유익한 것을 이바지할 수 있다. 특히, 우주 사무의 행정에 관여하는 자들에게, 크게 시간을 벌어 주며, 가장 높은 자로부터 가장 낮은 자에 이르기까지, 우리 모두를 도와 준다.

2. 외톨 사자의 임무

외톨 사자들은 하늘 성격자들 가운데 어느 개인이나 집단에게 영구하게 배치되지 않는다. 그들은 언제나 배치에 따라서 근무하며, 그렇게 근무하는 동안에 그들이 부속된 집단의 영역을 지휘하는 자들의 직접 감독 밑에서 일한다. 그들 사이에는 어떠한 종류의 조직이나 정부도 가지고 있지 않으며, 그들은 혼자 있는 사자이다.

무한한 영이 외톨 사자들을 다음 일곱 분과(分課)의 근무에 배치한다:

1. 파라다이스 삼위 일체의 사자.
2. 하보나 회로의 사자.
3. 초우주 사자.
4. 지역 우주 사자.
5. 지시받지 않은 임무로 탐험하는 자.
6. 특무 대사와 밀사.
7. 진리 계시자.

이 영 사자들은 한 종류의 근무에서 다른 종류로, 어떤 의미에서도, 서로 바꿀 수 있다. 그러한 이동은 항상 일어난다. 따로 된 외톨 사자 계급이 하나도 없다. 그들은 영적으로 비슷하고, 어떤 의미에서도 같다. 대체로 그들을 숫자로 부르지만, 무한한 영에게 그들은 개별 이름으로 알려져 있다. 나머지 우리에게 그들은 현재 임무를 가리키는 이름이나 숫자로 통한다.

1. 파라다이스 삼위 일체의 사자. 삼위 일체에게 배치받은 사자들 집단이 하는 일에 관하여, 나는 많이 밝히도록 허락을 받지 못했다. 그들은 신들이 의지하는 비밀 하인이며, 신들의 발표되지 않은 정책과 앞날의 운영에 관계되는 특별한 소식을 맡았을 때, 그들은 한 번도 비밀을 새게 하거나, 그들 계급에게 맡겨진 신뢰를 저버린 적이 없다고 알려져 있다. 이러한 맥락에서, 이 모두가 그들이 완전함을 자랑하려는 듯 보이려는 것이 아니라, 신들은 완전한 존재를 창조할 수 있고, 또 그렇게 함을 지적하려는 것이다.

유란시아에서 생긴 혼란과 소동은 파라다이스 통치자들이 사무를 다르게 처리할 관심이나 능력이 없다는 것을 가리키지 않는다. 창조자들은 유란시아를 진정한 천국으로 만들기에 넉넉한 힘을 가지고 있다. 그러나 그러한 에덴은 필요의 모루와 고통의 망치 사이에서, 신들이 너희 세계에서 아주 확실히 단련해내는 강하고 고귀하고 노련한 인격(人格)을 개발하는 데 기여하지 않을 것이다. 완전한 중앙 우주의 세계들에서 만물이 말할 수 없이 완전하고 그들의 최상의 목적에 무한히 적응한 것과 마찬가지로, 너희의 걱정과 슬픔, 너희의 시련과 실망은, 너희의 구체에서 신의 계획의 일부이다.

2. 하보나 회로의 사자. 하늘 가는 생애를 통해서 너희는 어렴풋이, 그러나 갈수록 더 외톨 사자들의 존재를 탐지할 수 있겠지만, 너희가 하보나에 다다르기까지 그들을 틀림없이 알아보지 못할 것이다. 너희가 얼굴을 맞대고 처음 보는 사자들은 하보나 회로들의 사자일 것이다.

외톨 사자들은 하보나 세계들의 원주민과 특별한 관계를 누린다. 이 사자들은, 서로 관련을 가질 때 기능적으로 그렇게 장애를 받지만, 하보나 원주민들과 아주 가깝고 개인적인 교통을 가질 수 있고 또 그렇게 한다. 그러나 신답게 완전한 이 존재들의 지성이 그러한 준(準) 초월 성격자들의 영과 접촉하고 나서 얻는 최상의 흐뭇함을 인간 지성에게 전달하기는 아주 불가능하다.

3. 초우주의 사자. 옛적부터 늘 계신 이들, 곧 일곱 초우주의 운명을 주관하고 삼위 일체의 기원을 가진 성격자들, 신성한 힘과 행정 지혜를 가진 삼원조(三員組)는 외톨 사자들을 풍부하게 공급받고 있다. 오로지 이 계급의 사자들을 통해서, 한 초우주의 삼자 일체 통치자들은 직접, 개인적으로 다른 초우주의 통치자들과 교통할 수 있다. 외톨 사자들은—아마도 영감 받은 삼위 일체 영들은 별도로 하고—한 초우주 본부에서 직접 다른 초우주 본부로 보낼 수 있는, 유일하게 소용되는 종류의 영 지성이다. 모든 다른 성격자는 하보나와 으뜸 영들의 행정 세계들을 거쳐서 그러한 여행을 해야 한다.

인력 사자들이나, 반영, 또는 방송을 이용해서 얻을 수 없는 어떤 종류의 정보가 있다. 옛적부터 늘 계신 이들이 이러한 일을 확실히 알고 싶을 때, 그들은 지식의 근원으로 한 외톨 사자를 보내야 한다. 지금 나와 같이 일하는 사자(使者)는 유란시아에서 생명이 생기기 훨씬 전에, 유버르사에서부터 중앙 우주로 가는 임무에 배치되었다—오르본톤의 출석 점호에서 거의 1백만 년 동안 빠졌지만, 제 시간이 되자 바라던 정보를 가지고 돌아왔다.

초우주에서 외톨 사자들의 근무에는 아무런 제한이 없으며, 그들은 고등 재판소의 집행자로서, 또는 그 영역의 복지를 위해서 정보를 수집하는 자로서 활동할 수도 있다. 모든 초월 창조 가운데, 그들은 오르본톤에서 근무하는 것을 가장 기뻐하는데, 여기에 필요가 가장 크고, 영웅답게 노력할 기회가 크게 늘어나기 때문이다. 더 빈곤한 지역에서, 우리는 모두 더욱 충만히 활동하는 흐뭇함을 즐긴다.

4. 지역 우주의 사자. 한 지역 우주에서 근무할 때, 외톨 사자들의 기능에는 아무런 제한이 없다. 군림하는 주 아들의 완전한 사법권 밑에 있어도, 그들은 그 지역 우주 어머니 영의 동기와 의도를 충실하게 드러낸다. 이것은 그들이 우주 본부로부터 바깥으로 직접 여행을 떠나든지, 아니면 별자리 아버지, 체계 군주, 또는 혹성 영주들과 연락하여 임시 활동하든지 상관 없이, 한 지역 우주에서 활동하는 모든 사자에게 참말이다. 한 아들 창조자가 자기 우주의 군주 통치자로 승격될 때, 그의 손에 모든 권력이 모아지기 전에, 지역 우주의 이 사자들은 옛적부터 늘 계신 이들의 일반 지휘 밑에서 활동하며, 그들의 거주 대표인 늘 연합한 이에게 직접 책임을 진다.

5. 지시받지 않은 임무로 탐험하는 자. 외톨 사자 예비군이 넘치게 모집되었을 경우에, 일곱 최상 동력 지휘자 가운데 한 분으로부터 탐험하는 자원자를 찾는 요청이 발표된다. 그리고 자원자들이 모자라는 경우는 한 번도 없는데, 새로운 세계와 우주에서 형성되고 있는 핵심들을 찾아내는 짜릿함을 맛보기 위하여, 그들이 자유롭고 구속받지 않는 탐험자로서 파송되기를 기뻐하기 때문이다.

그들은 그 영역의 공간을 잘 들여다보는 자들이 제공한 실마리를 조사하려고 떠나간다. 의심할 여지 없이, 파라다이스 신들은 공간에 발견되지 않은 에너지 체계들이 있음을 알고 있지만, 결코 그러한 정보를 밝히지 않는다. 새로 조직되고 있는 에너지 중심들을 외톨 사자들이 탐험하고 지도(地圖)를 그리지 않는다면, 그러한 현상은 근처 영역의 정보부한테도 오랫동안 눈을 끌지 않은 채로 남아 있을 것이다. 하나의 등급으로서, 외톨 사자들은 인력(引力)에 대단히 민감하다. 따라서 그들은 아주 작고 어두운, 있음직한 혹성들의 존재를 가끔 찾아낼 수 있고, 바로 이런 혹성들이 생명 실험에 가장 알맞다.

지시받지 않은 임무를 띤 이 탐험 사자들은 모우주(母宇宙)를 순찰한다. 그들은 모든 외계 공간에서 지도가 그려지지 않은 지역으로 탐험하는 원정(遠征)에 항상 나가 있다. 외계 공간의 영역에서 생기는 거래들에 관하여 우리가 소유하는 정보의 상당히 많은 부분은 외톨 사자들이 탐험한 덕택인데, 그들이 하늘의 천문학자들과 함께 가끔 일하고 연구하기 때문이다.

6. <u>특무 대사 및 밀사</u>. 같은 초우주 안에 자리잡은 지역 우주들은 관습으로 그들 본토 계급의 아들로부터 뽑은 대사들을 교환한다. 그러나 지연을 막기 위해서, 외톨 사자들은 빈번하게 한 지역 창조에서 다른 지역 창조로 대사로서 가 달라고 부탁을 받는다. 예를 들면, 사람이 사는 새 영역이 발견될 때, 그것이 공간에 너무 멀리 떨어져서, 세라핌에 쌓인 대사가 멀리 떨어진 이 우주에 도착하는 데 오랜 세월이 걸릴 수도 있다. 세라핌에 쌓인 존재는 너희 시간으로 1초에 유란시아의 899,174킬로미터의 속도를 도저히 넘을 수 없다. 거대한 별들, 역류(逆流), 우회로, 잡아당기는 접선(接線)들은 모두 이러한 속도를 늦출 테니까, 먼 여행에서는 평균 속도가 1초에 약 880,000킬로미터가 될 것이다.

원주민 대사가 아주 먼 지역 우주에 이르는 데 수백 년이 걸리는 일이 생길 때, 한 외톨 사자가 거기에 이내 가서, 잠정적인 대사로 활동하라고 흔히 부탁을 받는다. 외톨 사자들은 재빨리 갈 수 있고, 인력 사자들처럼 시간과 공간에 독립되지는 않지만, 거의 그렇다. 그들은 또한 다른 경우에 특별한 임무를 띤 밀사로 쓰인다.

7. <u>진리 계시자</u>. 외톨 사자들은 진리를 계시하는 임무를 그들 계급에게 가장 높은 신뢰를 주는 것으로 여긴다. 그들은 때때로, 초우주에서부터 공간의 개별 혹성들에 이르기까지, 이 자격으로 일한다. 그들은 세계와 체계들에 진리의 계시를 확대하기 위해 파송되는 위원회에 빈번하게 소속된다.

3. 외톨 사자의 시공 근무

외톨 사자들은 방송 서비스나 반영 장치를 이용하는 것이 불편할 때, 중요하고 긴급한 메시지를 빨리 전하는 데 모든 영역에서 쓸모 있는, 가장 높은 종류의 완전한 기밀(機密) 성격자이다. 그들은 끝없이 다채로운 임무에 봉사하며, 특히 시간 요소가 들어갈 때, 그 영역의 영적 존재와 물질 존재들을 돕는다. 초우주 영토의 근무에 배치된 모든 계급 가운데, 그들은 시간과 공간을 거의 무시할 수 있는, 가장 높고 다능한 성격화된 존재이다.

우주에는 이동하는 목적으로 인력을 이용할 수 있는 영들의 공급이 넉넉하다. 그들은 어디에나 어느 때나 갈 수 있지만—순간자(瞬間者)이지만—성격자가 아니다. 인력 사자와 초월 기록자들처럼, 인력을 가로지르는 어떤 다른 자들은 성격 존재이지만, 그들은 초우주 및 지역 우주 행정자들에게 소용되지 않는다. 세계들은 천사와 사람, 그리고 기타 상당히 성격을 가진 존재들로 가득 차 있지만, 그들은 시간과 공간에 장애를 받는다. 세라핌에 싸이지 않은 대부분의 존재들의 속도 한계는 너희 시간으로 1초에 너희 세계의 299,780 킬로미터이다. 중도인(中道人)들과 다른 어떤 자들은 2배 속도—1초에 599,561킬로미터—에 이를 수 있고, 자주 그 속도에 이르며, 한편 세라핌과 기타 존재들은 3배 속도, 1초에 약 899,341킬로미터 속도로 공간을 가로지를 수 있다. 그러나 외톨 사자들을 제외하고, 인력을 가로지르는 자들의 순간 속도와 비교적 느린 세라핌 속도 사이의 중간 속도로 활동하는 이동 성격자나 사자(使者)인 성격자는 없다.

따라서 외톨 사자들은 대체로, 임무를 달성하는 데 성격자가 필수인 상황, 그리고 어떤 다른 형태로 즉시 준비된 개인 사자를 보내서 생기게 될 시간의 손실을 피하는 것이 바람직한 경우에, 파송하고 봉사하기 위하여 쓰인다. 그들은 대우주의 통합된 우주 전류와 동시화(同時化)할 수 있고 유일하게 분명히 성격화된 존재들이다. 그들이 공간을 가로지르는 속도는, 아주 다양한 간섭하는 영향에 따라 변하지만, 이 임무를 완수하는 여행에서 나의 동료 사자는 너희 시간으로 1초에 너희 거리로 1,346,594,600,000킬로미터의 속도로 나아갔다는 것을 기록이 보여 준다.

어떻게 한 영이 참된 성격자이고 동시에 이렇게 엄청난 속도로 공간을 가로지를 수 있는가 물질 종류의 지성에게 설명하는 것은 완전히 내 능력을 뛰어넘는다. 그러나 바로 이 외톨 사자들은 이렇게 상상할 수 없는 속도로, 유란시아로 실제로 오고가고 한다. 이것이 사실이 아니라면, 정말로 우주 행정의 경제 전체가 성격 요소를 대체로 잃어버릴 것이다.

멀리 떨어진 공간 지역, 곧 대우주의 확정된 회로 안에 들지 않은 지역 도처에서, 외톨 사자들은 긴급히 통신하는 선(線)으로서 활동할 수 있다. 이렇게 활동할 때는, 유란시아 천문학자들이 별 사이의 거리를 측정하는 바와 같이, 한 사자가 약 1백 광년(光年) 떨어져 있는 동료 사자에게 소식을 전달하거나 충격 전파를 보낼 수 있다.

초우주 사무의 운영에서 우리와 협동하는 수많은 존재들 가운데, 실질적 효용과 시간을 절약(節約)하는 도움을 주는 면에서, 아무도 그들보다 더 중요하지 않다. 공간 우주에서 우리는 시간의 장애를 주의해야 한다. 따라서 외톨 사자들이 베푸는 큰 봉사는, 그들이 몸소 통신하는 특권의 수단으로 말미암아 어느 정도 공간에 독립되며, 굉장하게 이동하는 속도(速度)의 덕택으로, 시간에 거의 영향을 받지 않는다.

외톨 사자들이 어떻게 형태가 없으면서도 실재하는 분명한 성격을 소유할 수 있는가, 유란시아 필사자들에게 설명하기가 나는 난처하다. 성격과 자연스럽게 연결될 형태를 가지지 않았지만, 그들은 모든 상급 부류의 영 존재들이 알아볼 수 있는 영의 풍채를 가지고 있다. 외톨 사자들은 충분히 발육된 성격자의 모든 특권과 함께, 형태가 없는 영의 장점(長點)을 거의 모두 가지고 있는 듯한 유일한 등급의 존재이다. 그들은 참 성격자이며, 그래도 비성격 영이 명시되는 속성을 거의 모두 부여받았다.

일곱 초우주에서, 보통은—반드시 그렇지는 않지만—시간과 공간의 장애로부터 어떤 생물의 자유를 늘이는 경향이 있는 것은 무엇이나 비례해서 성격 특권을 줄인다. 외톨 사자들은 이 일반 법칙에 하나의 예외(例外)이다. 그들의 활동에서, 영적 표현, 신다운 봉사, 개인의 봉사, 우주 통신에서 어떤 방법을 이용하든지, 그 모든 한없는 방법을 이용할 때도, 그들에게 거의 제한이 없다. 나의 우주 행정 경험에 비추어서 너희가 이러한 특별한 존재들을 볼 수 있다면, 그들의 다능한 협조가 없으면 초우주 사무를 조정하는 것이 얼마나 어려울까 너희가 이해할 것이다.

아무리 많이 우주가 확대하더라도 상관 없이, 외톨 사자들은 아마 더 창조되지 않을 것이다. 우주들이 자라면, 다른 부류의 영 봉사자들이, 그리고 군주 아들과 지역 우주 어머니 영들이 창조하는 생물처럼, 새로운 이 창조들에서 기원을 가지는 존재들이 확장된 행정 사무를 점점 더 담당해야 한다.

4. 외톨 사자의 특별한 봉사

외톨 사자들은 모든 부류의 영 존재들을 위하여, 성격 조정자인 듯하다. 그들의 봉사는 방대한 영적 세계들의 모든 성격자를 비슷하게 만드는 데 도움이 된다. 모든 영 존재에서, 그들은 집단 신분 의식을 개발시키는 데 크게 이바지한다. 모든 부류의 영 존재들은 특별한 외톨 사자 집단의 시중을 받으며, 외톨 사자들은 그러한 존재들이, 아무리 서로 다르더라도, 모든 기타 부류와 계급을 이해하고 그들과 사귀는 능력을 갖도록 육성한다.

외톨 사자들은 모든 형태와 계급의 유한한 성격자들을 조정하는 능력—아니 모우주를 전반적으로 통제하는 자들의 초한(超限) 체제와 연락을 취하기까지—놀라운 능력을 보여 준다. 그래서 무한한 영이 이 사자들을 창조한 것은, 어떤 면에서 합동 행위자가 최상 궁극 지성을 수여하는 것과 관계가 있다고, 우리들 가운데 더러는 가정해 본다.

최후자와 파라다이스 시민이 "시간과 영원"의 아이를 삼자 일체 체험으로 낳는 데 협동할 때—이것은 최상 궁극위의 밝혀지지 않은 지성 잠재성을 끌어들이는 거래이다—그러한 분류되지 않은 성격자가 대관별로 파송될 때, 한 외톨 사자가 (그는 그러한 신 지성의 수여가 일으키는 것으로 짐작되는 성격 반향이다) 생물이 삼자 일체 체험으로 낳는 그런 아들에게 반드시 보호하는 동반자로 배치된다. 이 사자는 새 운명의 아들을 그가 배치받은 세계로 따라가며, 대관별을 결코 떠나지 않는다. 시간과 영원의 아이의 운명에 이렇게 소속되었을 때, 외톨 사자는 영원히 모우주 건축가들의 독점 감독 밑으로 옮겨진다. 그렇게 특별한 교제의 앞날이 무엇일지, 우리는 모른다. 오랜 세월 동안, 이렇게 협조하는 독특한 성격자들은 대관별에 줄곧 모여 왔고, 한 쌍도 거기를 떠난 적이 없다.

외톨 사자들은 고정된 숫자이지만, 운명의 아들들을 삼자 일체 체험으로 낳는 것은 무제한 기법인 듯하다. 삼자 일체 체험으로 생기는 운명(運命)의 아들 각자가 그에게 배치된 외톨 사자 하나를 가졌으니, 우리가 보기에는 아주 먼 앞날 어느 시점에, 사자(使者)들의 공급이 바닥이 날 것이다. 누가 대우주에서 그들의 일을 맡을 것인가? 영감 받은 삼위 일체 영들 사이에서 새로 생길 사태가 그들의 봉사를 대신할 것인가? 어느 먼 후일에, 삼위 일체 기원을 가진 존재들이 대우주를 거의 관리하고, 한편 단일 기원이나 2중 기원을 가진 생물은 외계 공간의 영역으로 전진할 것인가? 만약에 사자들이 예전의 근무로 돌아온다면, 이 운명의 아들들은 사자들을 따라올 것인가? 외톨 사자들의 공급이 이 운명의 아들들을 보호하는 동반자로서 흡수되어 버릴 때, 최후자들과 파라다이스-하보나 주민 사이에 삼자 일체 체험이 그칠 것인가? 우리의 유능한 외톨 사자들이 대관별에 집중될 것인가? 특별한 이 영 성격자들이 아직 운명이 밝혀지지 않은, 삼자 일체 체험으로 생긴 이 아들들과 영원히 결합될 것인가? 대관별에 모여드는 이 쌍들이, 막강한 신비의 존재, 모우주 건축가들의 독점 지휘 밑에 있다는 사실에 우리는 무슨 의미를 부여해야 하는가?

이것들을 비롯하여 비슷한 여러 질문을 우리 자신이 내놓고, 또 수많은 다른 계급의 하늘 존재들에게 물어 보지만, 그 답을 모른다.

우주 행정에서 많은 비슷한 사건과 함께, 이 거래는 틀림없이 대우주의 직원이, 아니 하보나와 파라다이스의 직원조차도, 분명하고 확실한 재편성을 겪고 있으며, 이것은 외계 공간의 영역 전체에 걸쳐서 지금 벌어지고 있는, 광대한 에너지의 진화와 함께 조정되고, 그에 관계된다는 것을 가리킨다.

영원한 지난날이 경험한 모든 것을 훨씬 뛰어넘을 그러한 우주 진화의 현상을 영원한 앞날이 볼 것이라 우리는 믿고 싶다. 그리고 너희가 마찬가지로 그래야 하다시피, 우리도 날카로운 흥미와 항상 높아지는 기대를 가지고 그러한 엄청난 모험을 기다린다.

[유버르사에서 온 한 신성한 조언자가 발표하였다.]

제 24 편

무한한 영의 고등 성격자

유버르사에서 우리는 합동 창조자의 모든 성격자와 통일체를 3대 부문으로 나누는데, 곧 무한한 영의 고등 성격자들, 공간의 사자 무리, 시간 속에 봉사하는 영들이다. 이들은 사람으로 진보하는 승천 계획을 따르는 의지(意志) 생물을 가르치고, 그들에게 봉사하는 데 관여하는 영 존재들이다.

이 여러 글에서 언급되는 무한한 영의 고등 성격자들은 대우주 전체에 걸쳐서 다음 일곱 부문에서 활동한다:

1. 외톨 사자.
2. 우주 회로 감독자.
3. 인구 조사 지도자.
4. 무한한 영의 개인 보조자.
5. 부검열자.
6. 지정된 파수.
7. 졸업생 안내자.

외톨 사자, 회로 감독자, 인구 조사 지도자, 개인 보조자들은 엄청난 반인력 자질을 소유하는 특징이 있다. 외톨 사자들은 알려진 일반 본부가 없고, 온 우주를 돌아다닌다. 우주 회로 감독자와 인구 조사 지도자들은 초우주 서울에 본부를 둔다. 무한한 영의 개인 보조자들은 가운데 빛의 섬에 주둔한다. 부(副)검열자와 지정된 파수들은 각자, 지역 우주의 서울과 그 구성 분자 체계의 서울에 주둔한다. 졸업생 안내자들은 하보나 우주에 거하고, 그 모든 10억 세계에서 활동한다. 이 상급 성격자들의 대부분은 지역 우주에 주둔지가 있지만, 진화 영역의 행정에 유기적으로 부속되지 않는다.

이 무리를 구성하는 일곱 등급 가운데, 오직 외톨 사자와 아마도 개인 보조자들이 온 우주를 다닌다. 파라다이스에서 바깥으로, 다시 말해서, 하보나 회로를 거쳐서, 초우주 서울로, 거기서부터 바깥으로, 구역들, 그리고 하위 분과를 가진 지역 우주들을 지나서, 아니 사람 사는 세계들에서도 외톨 사자들과 마주치게 된다. 외톨 사자들은 무한한 영의 고등 성격자에 속하지만, 그들의 기원과 성품과 봉사를 앞에 있는 글에서 이미 다루었다.

1. 우주 회로 감독자

공간에 있는 광대한 동력 전류와 영(靈) 에너지 회로는 자동으로 작용하는 듯 보일지 모른다. 이것들이 아무런 방해 없이 활동하는 것처럼 보일지 모르지만, 그렇지 않다. 이 모든 거대한 에너지 체계는 통제되고, 영리하게 감독을 받고 있다. 우주 회로 감독자들은, 순전히 물리적 에너지나 물질 에너지의 영역—우주 동력 지도자들의 분야—에 관여하는 것이 아니라, 비교적 영적 회로에, 또 상당히 발달된 영적 존재들과 상물질이나 과도기 부류의 지적(知的) 생물을 유지하는 데 필수인 수정(修正)된 회로에 관여한다. 감독자들은 신성의 에너지 회로 및 초월 핵심의 기원이 되지 않지만, 일반적으로 그들은 시간과 영원의 모든 상급 영 회로, 그리고 대우주 구성 분자들의 행정에 관계되는 모든 상대적 영 회로와 상관이 있다. 그들은 파라다이스 섬 바깥에 있는 모든 그러한 영 에너지 회로를 지도하고 조종한다.

우주 회로 감독자들은 무한한 영이 독립하여 창조한 것이며, 그들은 오로지 합동 행위자의 대리자로서 활동한다. 그들은 근무를 위하여 다음 네 계급으로 성격화된다:

1. 최상 회로 감독자.
2. 회로 부감독자.
3. 2차 회로 감독자.
4. 3차 회로 감독자.

하보나의 최상 감독자와 일곱 초우주의 부(副)감독자들의 수는 완성되었고, 이 계급들은 더 창조되지 않는다. 최상 감독자들의 수는 일곱이며, 일곱 하보나 회로의 시범 세계들에 주둔하고 있다. 일곱 초우주의 회로는 일곱 부감독자의 놀라운 집단의 책임 밑에 있고, 그들은 무한한 영의 일곱 파라다이스 구체에, 곧 일곱 최상 집행자의 세계들에 본부를 둔다. 여기서 그들은 공간의 초우주 회로들을 감독하고 지휘한다.

영의 이 파라다이스 구체들에서, 일곱 회로 부감독자와 최상 동력 중심들의 제1 계급은 최상 집행자들의 지시 밑에서 연락을 가지며, 이것은 일곱 초우주에 전해지는, 파라다이스 아래의 모든 물질 및 영적 회로의 조정을 일으킨다.

각 초우주의 본부 세계에는, 시간과 공간의 지역 우주들을 위하여 2차 감독자들이 주둔한다. 대구역과 소구역들은 초우주 정부의 행정 분과이지만, 영 에너지를 감독하는 이 문제에 아랑곳하지 않는다. 나는 대우주에 2차 회로 감독자들이 얼마나 많이 있는지 모르지만, 유버르사에는 이 존재가 84,691명 있다. 2차 감독자들은 끊임없이 창조되고, 때때로 그들은 70명씩 무리를 지어 최상 집행자들의 여러 세계에 나타난다. 우리의 관할 구역 안에 새로이 생성되는 우주들에 영 에너지와 연락 동력을 가진, 분리된 회로를 설치하는 일을 주선하는 대로, 우리는 요청해서 그들을 확보한다.

3차 회로 감독자들은 지역 우주마다 그 본부 세계에서 활동한다. 2차 감독자들처럼 이 계급은 계속 창조되며, 7백 명씩 무리를 지어 창조된다. 옛적부터 늘 계신 이들이 그들을 지역 우주에 배치한다.

회로 감독자들은 특정한 임무를 위하여 창조되고, 처음에 배치된 집단에서 영원히 근무한다. 번갈아 근무하지 않으며, 따라서 그들이 처음에 배치받은 영역에서 발견되는 문제들에 관하여 오랜 세월에 걸쳐 연구한다. 예를 들면, 3차 회로 감독자 572,842번은 너희 지역 우주를 초기에 착상할 때부터 구원자별에서 활동해 왔으며, 네바돈 미가엘의 개인 참모진의 일원이다.

지역 우주에서나 또는 더 높은 우주에서 활동하든지 상관 없이, 회로 감독자들은 모든 영적 소식의 전달과 모든 성격자의 이동을 위해서 사용되는 적절한 회로에 관하여 모든 것을 지휘한다. 회로를 감독하는 작업에서, 유능한 이 존재들은 온 우주에 있는 모든 대리자와 세력과 성격자를 이용한다. 그들은 아직 밝혀지지 않은 "높은 회로 통제 성격자들"을 고용하며, 무한한 영의 성격자들로 이루어진 수많은 직원으로부터 유능하게 도움을 받는다. 한 혹성 영주가 우주의 아버지와 그의 대관(代官)인 아들에 맞서서 반란을 일으킬 경우에, 바로 그들이 그 진화 세계를 격리시키는 자이다. 그들은 상위 영적 계급의 특정한 우주 회로로부터 어떤 세계라도 몰아낼 수 있지만, 동력 지도자들의 물질 전류를 취소할 수는 없다.

우주 동력 지휘자들이 물질 회로와 가지는 것과 얼마큼 비슷한 관계를, 우주 회로 감독자들은 영 회로와 가진다. 두 계급은 서로 보충하며, 생물이 통제하고 주무를 수 있는 모든 영 회로와 모든 물질 회로를 함께 감시한다.

동력 지휘자들이 물리 에너지와 결합된 지성 단계—기계적 지성—에 대하여 어떤 관할권을 가지는 것과 비슷하게, 회로 감독자들은 영과 결합된 지성 회로에 대하여 어떤 감시를 행한다. 일반적으로, 각 계급의 기능은 다른 계급과 연락함으로 확대된다. 그러나 순수한 지성의 회로들은 이 중에 어느 쪽의 감독도 받지 않는다. 이 두 계급은 동등하지도 않다. 그들의 다채로운 모든 수고에서 우주 회로 감독자들은 일곱 최상 동력 지휘자와 그 부하들의 지배를 받는다.

회로(回路) 감독자들은 각자의 계급 안에서 전적으로 비슷하지만, 모두 독특한 개인이다. 참으로 성격을 가진 존재이지만, 모든 우주 존재 가운데 어떤 다른 부류의 생물에게서도 볼 수 없는, 아버지가 부여하지 않은 부류(部類)의 성격을 가지고 있다.

파라다이스를 향해서 안으로 여행하면서 너희는 그들을 식별하고 알게 되겠지만, 그들과 아무런 개인적 관계를 가지지 않을 것이다. 그들은 회로 감독자이며, 엄밀하고 유능하게 업무를 처리한다. 그들은 자기네 감독 밑에 있는 회로에 관련되는 활동을 감시하는 성격자와 통일체들만 상대한다.

2. 인구 조사 지휘자

우주 지능이 가진 우주 지성은 모든 <u>생각하는</u> 생물의 풍채와 그 거처를 의식한다. 그런데도, 온 우주에는 모든 <u>의지</u>(意志) 생물의 수를 계산하는 독자적인 방법이 작용한다.

인구 조사 지휘자들은 무한한 영의 특별하고도 완성된 창조이며, 그들의 수는 우리에게 알려지지 않았다. 그들은 초우주의 반영(反映) 기법과 완전한 동시성을 유지할 수 있도록 창조되었고, 동시에 지적 <u>의지</u>에 개인적으로 예민하고 민감하다.

이 지휘자들은, 아직 충분히 이해되지 않은 기술로, 대우주의 어느 부분에서도 의지가 태어나는 것을 즉시 의식하게 된다. 따라서 그들은 언제나 중앙 창조와 일곱 초우주의 어느 부분에서도, 거기에 있는 모든 의지 생물의 수, 성품, 거처를 우리에게 알려 줄 능력이 있다. 그러나 파라다이스에서는 활동하지 않는다. 거기에 있을 필요가 없다. 파라다이스에서 지식은 본래부터 있고, 신들은 모든 것을 알고 있다.

인구 조사 지휘자 일곱 명이 하보나 회로에서 활동하고, 각 하보나 회로의 시범 세계에 하나가 머무른다. 이 일곱 명, 그리고 영의 파라다이스 세계들에 있는 그 계급의 예비군을 제외하고, 모든 인구 조사 지휘자는 옛적부터 늘 계신 이들의 관할 밑에서 활동한다.

인구 조사 지휘자 하나가 각 초우주 본부에서 주둔하며, 그러한 우두머리 지휘자 밑에 지역 우주마다 그 서울에 하나씩, 수천 명이 있다. 하보나의 시범 세계들에 있는 자들과 일곱 초우주의 우두머리들을 제외하고 이 계급의 모든 성격자는 똑같다.

제7 초우주에는 인구 조사 지휘자가 10만 명 있다. 이 수는 온통 지역 우주에 배치될 수 있는 자들로만 이루어지며, 이것은 모든 오르본톤 지휘자의 초우주 우두머리인 유사시아의 개인 참모진을 포함하지 않는다. 다른 초우주 우두머리들과 마찬가지로, 유사시아는 지적 의지를 등록하는 데 직접 조율되어 있지 않다. 그는 오로지 오르본톤 우주에 주둔하는 부하들에게만 소리를 맞추고 있다. 따라서 지역 창조들의 서울로 들어오는 그들의 보고서를 위하여 총계(總計)를 내는 훌륭한 성격자로서 행동한다.

때때로 유버르사의 공식 기록자들은 유사시아의 성격 안에, 그 성격에 기록된 것이 가리키는 대로, 초우주의 상태를 그들의 기록부에 남긴다. 그러한 인구 조사 자료는 초우주에 토착이며, 이 보고서들은 하보나나 파라다이스에 전달되지 않는다.

인구 조사 지휘자들은 의지가 활동하는 사실을 적는 범위까지만, 인간에 대하여 —다른 의지 생물의 경우와 마찬가지로—관심을 가진다. 너희의 생애와 그 업적을 적는 데 관여하지 않으며, 어떤 의미에서도 기록하는 성격자는 아니다. 네바돈의 인구 조사 지휘자, 오르본톤의 81,412번은, 지금 구원자별에 주둔하며, 바로 지금 이 순간에 여기 유란시아에 너의 살아 있는 존재를 의식하며 알고 있다. 그리고 네가 의지(意志)를 가진 생물로서 활동을 멈추는 그 순간, 기록부에 너의 죽음을 확인해 준다.

인구 조사 지휘자들은 처음 의지 행위가 일어났을 때, 한 새로운 의지 생물의 존재를 등록한다. 그들은 마지막 의지 행위가 생길 때, 한 의지 생물의 죽음을 표시한다. 어떤 고등 생물의 반응에서 관찰되는 부분적 의지의 출현은 인구 조사 지휘자들의 분야에 속하지 않는다. 그들은 진정한 의지 생물 외에는 아무 것도 세지 않으며, <u>의지 활동</u> 외에 아무 것에도 민감하지 않다. 정확히 어떻게 그들이 의지 활동을 기록하는지 우리는 모른다.

이 존재들은 언제나 인구 조사 지휘자였고, 언제나 그러할 것이다. 그들은 어떤 다른 분야의 우주 노동에도 비교적 쓸모가 없겠다. 그러나 기능 면에서 잘못할 수 없고, 결코 태만하지 않으며, 거짓으로 기록하지도 않는다. 놀라운 힘과 믿을 수 없는 특권을 가졌는데도, 그들은 성격자이다. 알아볼 수 있는 영 풍채와 형태를 가졌다.

3. 무한한 영의 개인 보조자

개인 보조자들이 창조된 그 때나 방법에 대해서는 믿을 만한 지식이 우리에게 없다. 그들의 수가 아주 많은 것이 틀림없지만, 유버르사에는 그 기록이 없다. 그들이 하는 일에 관하여 우리가 가진 지식에 바탕을 둔 신중한 추측으로부터, 그들의 수가 몇조에 이른다고 나는 감히 어림한다. 무한한 영이 이 개인 보조자들을 창조하는 수에는 제한이 없으리라 우리는 의견을 모은다.

무한한 영의 개인 보조자들은 순전히 신의 셋째 분이 파라다이스에 계심을 돕기 위하여 존재한다. 무한한 영에 직접 소속되고 파라다이스에 있지만, 그들은 창조의 가장 먼 곳까지 이리저리 번쩍 다닌다. 합동 행위자의 회로가 뻗는 곳은 어디나, 무한한 영의 명령을 집행할 목적으로 이 개인 보조자들이 나타날지 모른다. 그들은 외톨 사자들과 아주 비슷하게 공간을 가로지르지만, 사자들과 같은 의미에서 성격자가 아니다.

개인 보조자들은 모두 똑같고 동일하며, 개성의 차이를 나타내지 않는다. 합동 행위자는 그들을 참 성격자처럼 보지만, 남들이 그들을 참 성격자로 보기는 어렵다. 그들은 다른 영 존재들에게 영의 계심을 나타내지 않는다. 파라다이스에 기원을 가진 존재들은 언제나 이 보조자들이 가까이 있음을 의식하지만, 우리는 한 성격이 자리에 있음을 알아보지 못한다. 의심할 여지 없이, 그러한 계심 형태의 결핍은 그들을 신의 셋째 분에게 더욱 쓸모 있게 만든다.

무한한 영 안에서 기원을 가지는, 모든 밝혀지지 않은 계급의 영 존재 가운데, 개인 보조자들은 너희가 파라다이스까지 안으로 올라가는 길에 마주치지 않을 거의 유일한 자일 것이다.

4. 부검열자

일곱 최상 집행자는 무한한 영의 일곱 파라다이스 구체에서, 일곱 초우주를 위한 초월 관리자들의 행정 위원회로서, 집단으로 활동한다. 부(副)검열자들은 시공의 지역 우주들에 대하여 최상 집행자들의 권한이 성격으로 표현된 것이다. 지역 창조 사무를 관찰하는 이 높은 이들은, 무한한 영과 파라다이스의 일곱 으뜸 영이 합동으로 낳은 자손이다. 영원에 가까운 시절에, 70만 명이 성격화되었고, 그들의 예비군은 파라다이스에 거한다.

부검열자들은 일곱 최상 집행자의 직접 감독을 받으면서 일하고, 이 부검열자들은 시공의 지역 우주들에 대해서 그들의 강력한 개인 대표자이다. 한 검열자는 각 지역 창조의 본부 구체에 주둔하며, 거기에 거주하는 늘 연합한 이의 가까운 동료이다.

부검열자들은 오직 부하들, 곧 사람 사는 세계의 지역 체계 서울에 주둔하는 지정된 파수들로부터 보고서와 추천을 받으며, 한편 부검열자들은 오직 직속 상관, 곧 관계된 초우주의 최상 집행자에게 보고한다.

5. 지정된 파수

지정된 파수들은 일곱 최상 집행자의 조정하는 성격자요 연락하는 대표이다. 파라다이스에서 무한한 영이 그들을 성격화하였고, 그들은 행할 임무의 특수한 목적을 위하여 창조되었다. 그들의 수는 고정되었고, 꼭 70억 명이 존재한다.

한 부검열자가 한 지역 우주 전체에게 일곱 최상 집행자를 대표하는 것과 비슷하게, 그 지역 창조에 있는 1만 체계 하나하나에 지정된 파수가 1명 있으며, 그는 모든 일곱 초우주의 사무를 위해서, 멀리 떨어져서 초월 통제를 맡는 최상 위원회의 직접 대표로서 행동한다. 오르본톤의 지역 체계 정부에서 근무하는 파수들은 제7 초우주의 조정자인 최상 집행자 7번의 직속 권한 밑에서 행동하고 있다. 그러나 그들의 행정 조직에서, 한 지역 우주에 임명된 모든 파수는 우주 본부에 주둔하는 부검열자에 종속된다.

한 지역 창조 안에서 지정된 파수들은, 한 체계에서 다른 체계로 이동되며, 돌아가면서 근무한다. 그들은 보통 지역 우주 시간으로 1천 년마다 갈린다. 한 체계의 서울에 주둔하는 가장 높은 지위의 성격자들에 속하지만, 그들은 체계 사무에 관계된 심의에는 결코 끼어 들지 않는다. 지역 체계에서, 그들은 그 진화 세계의 출신인 24 행정자의 직권상 의장(議長)으로서 근무하지만, 이밖에 하늘 가는 필사자들은 그들과 아무 접촉이 없다. 파수들은 그들이 배치받은 체계들의 복지와 지위에 관한 모든 문제에 대하여, 그들 우주의 부검열자들이 넉넉히 정보를 받도록 하는 데만 거의 온통 관심을 기울인다.

지정된 파수와 부검열자들은 초우주 본부를 통해서 최상 집행자들에게 보고하지 않는다. 그들은 오직 관계된 초우주의 최상 집행자에게만 책임을 진다. 그들의 활동은 옛적부터 늘 계신 이들의 행정과 구별된다.

최상 집행자, 부검열자, 지정된 파수들은 전(全)천사 및 밝혀지지 않은 성격자 무리와 함께, 효율이 있고 직접적이며 집중된 체계이지만, 이것은 또한 방대한 체계이며, 사물과 존재로 이루어진 대우주 전체의 자문 및 행정 조정을 맡는다.

6. 졸업생 안내자

하나의 집단으로서 졸업생 안내자들은, 기술 교육과 영적 훈련을 담당하는 높은 대학을 후원하고 운영한다. 이것은 필사자들이 오랜 세월의 목표, 곧 하나님과 휴식, 그리고 나서 완벽한 봉사를 영원히 성취하는 데 아주 꼭 필요하다. 상당히 성격을 가진 이 존재들은 그들이 하는 일의 성질과 목적으로부터 이름을 따온 것이다. 그들은 시간의 초우주들로부터 온 필사 졸업생들을 하보나 교육 및 훈련 과정을 거치는 것을 안내하는 과업에 순전히 전념하며, 이 과정은 파라다이스와 최후 군단까지 들어가도록 하늘 가는 순례자들을 준비시키는 데 소용된다.

내가 이 졸업생 안내자들이 하는 일에 관하여 너희에게 일러 주는 일에 손대는 것이 금지되지는 않았다. 그러나 이것이 지극히 영적이기 때문에, 그들의 다채로운 활동에 관한 개념을 물질 지성에게 적당히 그려 보일 수 있을까 나는 절망이 된다. 저택 세계에서, 너희 시야(視野)가 넓어지고 물질로 비교하는 쇠고랑으로부터 너희가 풀려난 뒤에, "눈이 본 적도 없고 귀가 들은 적도 없고, 사람의 마음 속에 들어가 본 적도 없는" 실체들, 아니 "그러한 영원한 진실을 사랑하는 자들을 위하여 하나님이 예비하신" 실체들이라도 그 의미를 너희가 비로소 이해할 것이다. 너희의 시력과 영적 이해의 테두리 안에서 언제나 너희가 그렇게 제한되도록 정해지지는 않았다.

졸업생 안내자들은 시간 순례자들을 하보나 세계들의 일곱 회로를 통해서 안내하는 데 종사한다. 네가 하보나 바깥 회로의 접대 세계에 도착하고 나서 너희에게 인사하는 안내자는, 하늘의 여러 회로에서 너의 생애를 통하여 내내 너와 함께 남아 있을 것이다. 10억 세계에서 머무르는 동안 너는 수없는 다른 성격자들과 사귀겠지만, 너의 졸업생 안내자는 네가 하보나에서 진보하는 끝까지 너를 따라다니고, 네가 시간의 마지막 잠으로 들어가는 것을 구경할 것이다. 이것은 파라다이스 목표까지 영원으로 이동하는 잠이며, 잠에서 깨어났을 때, 파라다이스 동반자가 너에게 인사하겠고, 그는 거기서 너를 반기고 네가 필사 최후 군단의 일원으로 가입될 때까지, 아마 너와 함께 남아 있도록 배치된다.

졸업생 안내자들의 수는 인간의 지성이 파악하는 능력을 지나치며, 그들은 계속해서 나타난다. 그들의 기원은 얼마큼 신비이다. 그들은 영원부터 존재해 오지는 않았고, 필요한 대로 신비하게 나타난다. 온 세월에 걸쳐서 첫 필사 순례자가 중앙 창조의 바깥 지대에 이르렀던 아주 까마득한 날까지, 중앙 우주의 모든 영역에서 졸업생 안내자에 관한 기록이 없다. 바깥 회로의 시범 세계에 처음 순례자가 다다른 순간, 친절하게 인사하는 말보리안을 만났는데, 그는 첫째 졸업생 안내자이며, 지금은 그들 최고 회의의 우두머리이고, 그들의 광대한 교육 조직의 지도자이다.

하보나에 관한 파라다이스 기록부에는, "졸업생 안내자"라고 부르는 부분에, 이 첫 기록이 나타난다:

"그리고 이 계급의 첫째, 말보리안은 하보나를 순례하는 발견자를 맞이하고 가르쳤고, 초기의 체험을 겪는 바깥 회로에서부터, 한 걸음 한 걸음, 한 회로 한 회로, 모든 성격자의 근원 운명이 계신 바로 그 앞에 서기까지 그를 안내했으며, 나중에 이 순례자는 파라다이스에 이르는 영원의 문턱을 건너갔다."

그 아득한 시대에, 나는 유버르사에서 옛적부터 늘 계신 이들의 근무에 소속되어 있었고, 우리 초우주로부터 온 순례자들이 결국에는 하보나에 다다르리라는 확신을 가지고 우리 모두가 기뻐했다. 오랜 세월 동안, 우리는 공간의 진화 생물이 파라다이스에 도착하리라고 가르침을 받았다. 첫 순례자가 실제로 도착했을 때, 만세(萬歲)를 통해서 가장 큰 오싹함이 하늘 궁정을 휩쓸었다.

하보나를 발견한 이 순례자의 이름은 <u>그랜드판다</u>이며, 그는 1번 초우주에 자리 잡은, 1131번 지역 우주, 62번 별자리, 84번 체계, 341번 혹성의 출신이다. 그의 도착은 온 우주의 방송 서비스를 설립하는 신호가 되었다. 그 때까지는 초우주와 지역 우주들의 방송만 운영되고 있었지만, 그랜드판다가 하보나의 입구(入口)에 도착했다는 발표는 "영광의 공간 보고서"가 개시됨을 알렸는데, 그렇게 이름지어진 것은 첫 우주 방송이 하늘 가는 존재의 목적지로 들어가려고 첫 진화 존재가 하보나에 이르렀음을 보고했기 때문이다.

졸업생 안내자들은 결코 하보나 세계들을 떠나지 않으며, 시간과 공간을 졸업한 순례자들에게 봉사하는 데 헌신한다. 너의 생존과 승천을 이루기 위해 고안된 계획, 확실하고 전부 완전하게 된 계획을 네가 물리치지 않는다면, 너는 언젠가 이 고귀한 존재들과 얼굴을 마주하고 만나 볼 것이다.

7. 졸업생 안내자의 기원

진화는 중앙 우주의 질서가 아니지만, 우리는 졸업생 안내자들이 다른 계급의 중앙 우주 생물, 곧 하보나 일꾼들 가운데 완전하게 되거나 경험을 쌓은 구성원이라고 믿는다. 졸업생 안내자들은 하늘 가는 생물에 대하여 아주 큰 동정심과 이해하는 능력을 보이기 때문에, 우주에 봉사하는 일에 종사하는 하보나 일꾼으로서 초우주 영역에서 실제로 봉사함으로 그들이 이러한 교양을 얻었다고 우리는 확신한다. 이 견해가 틀린다면, 선임 일꾼, 곧 경험을 쌓은 일꾼들이 줄곧 사라지는 것을 우리가 어떻게 설명할 수 있는가?

한 일꾼은 초우주 임무를 띠고 오랫동안 하보나에서 자리를 비우고, 그러한 임무에 여러 번 전에 종사하고 나서, 집으로 돌아올 것이다. 파라다이스 중심 광채와 "몸소 접촉하는" 특권이 주어지고, 빛나는 분들의 품에 안기겠고, 그의 영 동료들의 인식으로부터 사라지고, 결코 그의 부류에 속하는 자들 사이에 다시는 더 나타나지 않을 것이다.

초우주 근무로부터 돌아와서, 하보나 일꾼은 수많은 신성한 포옹을 누리며, 그는 다만 승격된 종으로 솟아날 수도 있다. 빛나는 포옹을 체험하는 것은 반드시 그 종이 졸업생 안내자로 변화한다는 것을 뜻하지 않지만, 신성한 품에 안기는 자들 가운데 거의 4분의 1은 다시 그 영역의 근무로 돌아오지 않는다.

높은 기록부에 다음과 같이 연속되는 기입이 나타난다:

"그리고 하보나의 일꾼 842,842,682,846,782번의 이름은 수드나이며, 초우주 근무로부터 옮겨 왔고, 파라다이스에서 접수되었으며, 아버지를 알았고, 신성한 품에 들어갔는데, 이제는 없다."

그러한 기입이 기록부에 나타날 때, 그러한 일꾼의 생애는 막을 내린다. 꼭 세 순간 안에 (너희 시간으로 사흘이 조금 안 되는 시간에) 갓난 졸업생 안내자가 "저절로" 하보나 우주의 바깥 회로에서 나타난다. 의심할 여지 없이, 이동 중에 있는 자들 때문에 생기는 사소한 차이를 살피면, 졸업생 안내자들의 수는 사라진 일꾼들의 수와 꼭 같다.

졸업생 안내자들이 하보나 일꾼들로부터 진화된다고 상상할 이유가 또 있는데, 그것은 이 안내자들, 그리고 관계된 일꾼들이 어김없이 그렇게 특별한 애착을 가지는 경향이다. 따로 된 계급으로 생각되는 이 존재들이 서로 이해하고 동정하는 모양은 도무지 설명할 수 없다. 그들이 서로 위함을 구경하는 것은 기분을 좋게 하며 영감을 준다.

일곱 으뜸 영 및 관련된 일곱 최상 동력 지휘자는 각자 최상 존재가 아직 몸소 활용하지 않는 그의 지성 잠재성과 동력 잠재성을 몸소 저장한 장소이다. 그리고 이 파라다이스 동료들이 하보나 일꾼들을 창조하기 위해 협동할 때, 후자는 선천적으로 최상위의 어떤 국면과 관계한다. 그래서 하보나 일꾼들은 실제로, 시공 영토의 어떤 진화 잠재성이 완전한 중앙 우주에 비친 것이며, 이 모두가 한 일꾼이 변화와 재창조를 겪을 때 나타난다. 의심할 여지 없이, 최상위를 위해서 행동하는 무한한 영의 뜻에 반응하여 이 변화가 생긴다고 우리는 믿는다. 최상 존재가 졸업생 안내자들을 창조하지 않지만, 체험적 신이 이 존재들을 만들어 내는 거래에, 어떤 방법으로 관심을 가진다고 우리는 모두 추측한다.

하늘 가는 필사자들이 지금 거쳐 가는 하보나는 여러 면에서 그랜드판다 시절 이전의 중앙 우주와 다르다. 하보나 회로들에 필사 승천자들이 다다른 것은 중앙의 신성한 창조의 조직에서 대규모의 수정(修正)을 개시하였고, 의문의 여지 없이 이러한 수정은 최상 존재가—진화 생물의 하나님이—일곱 초우주에서 온 체험적인 첫 아이가 도착하는 데 반응하여 시작되었다. 졸업생 안내자들의 출현은, 3차 상천사들의 창조와 함께, 최상위 하나님의 이 업적을 가리킨다.

[유버르사의 한 신성한 조언자가 발표하였다.]

제 25 편

공간의 사자 무리

무한한 영의 집단에서 중간에 자리잡은 자들은 공간의 사자(使者) 무리이다. 다능한 이 존재들은 고등 성격자와 봉사하는 영들 사이에 연결하는 고리로서 활동한다. 사자 무리는 다음 계급의 하늘 존재들을 포함한다:

1. 하보나 일꾼.
2. 우주 화해자.
3. 기술 고문.
4. 파라다이스의 기록 관리자.
5. 하늘 기록자.
6. 상물질계 동반자.
7. 파라다이스 동반자.

열거한 일곱 무리 가운데 세 계급—일꾼, 화해자, 상물질계 동반자들—만 그렇게 창조되었고, 나머지 넷은 도달하는 수준의 천사 계급이다. 본래의 성품과 성취한 지위에 따라서, 사자 무리들은 온 우주에서 다양하게 섬긴다. 그러나 그들은 언제나 배치받은 영역을 다스리는 자들의 지휘 밑에 있다.

1. 하보나 일꾼

일꾼이라고 이름지었지만, 중앙 우주의 이 "중도인들"은 조금도 그 낱말이 가지는 비천한 뜻에서 일꾼이 아니다. 영적 세계에는 비천한 일 같은 것이 없으니, 모든 봉사가 거룩하고 활력을 주며, 높은 계급의 존재가 그보다 낮은 계급의 존재를 업신여기지도 않는다.

하보나 일꾼들은 일곱 으뜸 영과 그 동료인 일곱 최상 동력 지휘자가 함께 창조한 작품이다. 창조에 이렇게 협동하는 것은 진화 우주에서 긴 목록의 2중 계급들을 번식하기 위한 원형(原形)에 가장 가깝고, 이것은 아들 창조자와 창조 영이 결합하여 생기는 밝은 새벽별의 창조를 비롯하여 유란시아와 같은 세계들에서 성(性)으로 번식하는 것까지 포함한다.

일꾼들의 수는 막대하며, 항상 더 창조된다. 으뜸 영과 최상 동력 지휘자들의 집회가 끝나고 나서, 파라다이스의 먼 북쪽 구역에 그들의 합동 지역에서, 셋째 순간에 일꾼들이 1천 명씩 무리를 이루어 나타난다. 네 명에 하나는 남보다 더 물리적인 형태를 가진다. 다시 말하면, 1천 명마다, 750명은 정확히 영(靈) 형태인 것이 뚜렷하지만, 250명은 반(半)물리적 성질을 가진다. 이 넷째 생물은 얼마큼 물질

(하보나 의미에서 물질) 존재의 계급이며, 으뜸 영들보다 물리적 동력 지휘자들을 더 닮는다.

유란시아에서는 지금 그렇게 보이지 않지만, 성격 관계에서 영적인 자는 물질인 자들을 지배한다. 하보나 일꾼들의 생산에는 영 지배의 법칙이 작용한다. 영적 존재와 반물리적 존재들의 확정된 비율은 셋에 하나이다.

새로 창조된 일꾼들은, 새로 나타나는 졸업생 안내자들과 함께 모두 훈련 과정을 겪으며, 일곱 하보나 회로의 각 곳에서 상급 안내자들이 줄곧 그 과정을 지도한다. 그리고 나서 일꾼들은 가장 적합한 활동에 배치되며, 그들이 두 가지 부류—영적 부류와 반물리적 부류—이니까, 다능한 이 존재들이 할 수 있는 일의 범위에는 별로 제한이 없다. 상급 집단, 곧 영적 집단은 선택하여 아버지·아들·영의 근무와 일곱 으뜸 영의 일에 배치된다. 때때로 그들은 일곱 초우주의 본부 세계를 돌고 있는 연구 세계들에서 근무하도록 큰 무리를 지어 파송된다. 이 세계들은 하보나 회로까지 진급하기 위하여 준비하는 혼, 시간 세계의 승천하는 혼들이 겪는 마지막 훈련과 영적 교양에 전념한다. 영 일꾼들 및 그들보다 더 물리적인 동료들은, 하보나에 이미 다다르고 파라다이스에 이르려고 애쓰는 다양한 계급의 하늘 가는 생물을 돕고 가르치는 일에 졸업생 안내자들의 조수(助手)와 동료로서 임명된다.

하보나 일꾼과 졸업생 안내자들은 그들의 일에 초월하여 헌신하는 태도와 서로를 위한 감동적인 애정을 뚜렷하게 드러낸다. 이러한 사랑은 영적이지만, 오직 인간의 사랑 현상과 견주어야 너희는 이해할 수 있다. 일꾼들을 안내자들과 떼어놓는데 신다운 연민이 있는데, 일꾼들이 중앙 우주의 한계 바깥에 임무를 띠고 파송될 때 이런 일이 자주 일어난다. 그러나 그들은 슬픔이 아니라 기쁨으로 떠난다. 높은 임무로부터 오는 흐뭇한 기쁨은 영적 존재들에게는 앞서는 감정이다. 충실하게 마친 신성한 의무를 의식하는 마당에 슬픔이 있을 수 없다. 사람의 하늘 가는 혼이 최상의 재판관 앞에 설 때, 영원한 중요성을 가진 판결은 물질적 성공이나 양적 성과에 좌우되지 않는다. 고등 법정을 통해서 메아리치는 판결문은 선포한다: "잘했도다, 착하고 <u>충실한</u> 일꾼아. 네가 몇 가지 필요한 일에 충실했으니, 네가 우주 실체들을 다스리는 통치자가 될지니라."

초우주 근무에서 하보나 일꾼들은, 일반 및 특별한 영적 특권에서 그들과 가장 비슷한 으뜸 영이 주관하는 영역에 반드시 배치된다. 그들은 일곱 초우주의 서울을 둘러싸는 교육 세계들에서만 일하며, 최근의 유버르사 보고서는 거의 1380억의 일꾼들이 490 위성(衛星)에서 봉사하고 있음을 가리킨다. 오르본톤 초우주의 초월 대학을 구성하는 이 교육 세계의 일과 관련하여, 그들은 끝없이 다양한 활동에 종사한다. 여기서 그들은 너희의 동반자이다. 너희를 연구하며, 시간 우주들로부터 영원의 동그라미까지, 너희가 궁극에는 졸업한다는 현실과 확실성을 가지고 너희에게 영감을 주려고 너희의 다음 생애로부터 내려온다. 이렇게 접촉하면서, 일꾼들은 승천하는 시간 생물에게 시중드는 예비 체험을 얻는데, 이것은 졸업생 안내자의 동료로서, 또는 자신들이 졸업생 안내자로서—옮겨진 일꾼으로서—그들이 하보나 회로에서 나중에 하는 일에 아주 유익하다.

2. 우주 화해자

하보나 일꾼이 하나 창조될 때, 각 초우주에 하나씩, 우주 화해자 일곱이 창조된다. 이 창조적 연기(演技)는 파라다이스에서 일어나는 거래에 대하여, 반영으로 반응하는 분명한 초우주 기법을 필요로 한다.

일곱 초우주의 본부 세계들에서는, 일곱 으뜸 영의 일곱 가지 반영(反映)이 작용한다. 이러한 반영 영들의 성품을 물질 지성에게 그리려고 시도하기는 쉽지 않다. 그들은 참 성격자이다. 그래도 한 초우주 집단의 각 구성원은 일곱 으뜸 영 가운데 꼭 한 분을 완전히 반영한다. 한 집단의 하보나 일꾼들을 창조하는 목적으로 으뜸 영들이 동력 지휘자들과 결합할 때마다, 각 초우주 집단에 있는 반영 영들 가운데 하나에게 동시 집중이 일어나며, 초월 창조의 본부 세계들에, 당장에 똑같은 수의 우주 화해자들이 완전히 자란 상태로 나타난다. 일꾼들을 창조할 때 으뜸 영 7번이 주도한다면, 제7 계급의 반영 영들 외에 아무도 화해자들을 잉태하지 않을 것이다. 오르본톤을 닮은 일꾼 1천 명을 창조하는 것과 동시에, 제7 계급 화해자 1천 명이 각 초우주 서울에 나타날 것이다. 으뜸 영들의 일곱 가지 성품을 나타내는 이 사건 속에서, 각 초우주에서 봉사하는, 일곱 계급의 창조된 화해자들이 생긴다.

파라다이스 이전(以前) 지위를 가진 화해자들은 초우주들 사이에 서로 바꾸어서 봉사하지 않으며, 그들이 태어난 창조 구역에 제한되어 있다. 따라서 창조된 각 계급의 7분의 1을 포함하는 각 초우주 군단은, 으뜸 영들 가운데 다른 분들을 제외하고, 한 분의 영향 밑에서, 아주 오랜 시간을 보낸다. 초우주 서울에서는 일곱 분 모두가 <u>반영되지만</u>, 오직 한 분이 각 초월 창조에서 <u>지배적</u>이다.

일곱 초월 창조에는 각각 그 운명을 주관(主宰)하는 으뜸 영 한 분이 실제로 스며든다. 이렇게 각 초우주는 감독하는 으뜸 영의 성품과 됨됨이를 반영하는 거대한 거울처럼 된다. 창조하는 어머니 영들의 계심과 활동으로 말미암아, 부속된 각 지역 우주에서 이 모든 것이 더 계속된다. 그러한 환경이 진화로 성장하는 데 아주 깊은 영향을 미치기 때문에, 초우주 이후 생애에서 화해자들은 집단으로 49가지의 체험적 관점 또는 식견(識見)을 드러내며, 이것은 하나하나 모나고—따라서 불완전하지만—모두가 서로 보충하고, 함께 최상위의 영역을 둘러싸는 경향이 있다.

각 초우주에서 우주 화해자들은 자신들이 야릇하게, 날 때부터 네 집단으로 갈라지고, 그러한 관계에서 줄곧 봉사하는 것을 발견한다. 각 집단에서 셋은 영 성격자이고, 하나는, 넷째 일꾼들처럼 반(半)물질 존재이다. 이 사원조(四員組)가 화해 위원회를 이루며 다음과 같이 구성되어 있다:

1. <u>판사인 중재자</u>. 그 집단에서 법적 우두머리로 행동하기에 가장 능력 있고 자격 있는 자로서, 다른 삼자가 만장 일치로 지명한 자.

2. <u>영 변호사</u>. 화해(和解) 위원회가 판결하라고 위탁된 어떤 문제에서도, 증거를 제시하고, 그에 관련된 모든 성격자의 권한을 보호하라고 판사 중재자에게 지명받은 자.

3. 신성한 집행자. 본래의 성질로 말미암아, 그 영역의 물질 존재들과 연락하고 그 위원회의 결정을 집행할 자격이 있는 화해자. 신성한 집행자들은, 넷째 생물—준(準)물질 존재—이니까 필사 민족들의 단거리 시력(視力)에 거의 보일 듯하지만, 그래도 보이지 않는다.

4. 기록자. 그 위원회의 나머지 구성원은 자동으로 기록자, 법정의 서기(書記)가 된다. 그는 모든 기록이 초우주의 기록 보관소와 지역 우주의 기록을 위해 알맞게 준비되도록 확인한다. 그 위원회가 한 진화 우주에서 근무하고 있으면, 집행자의 도움을 받아 제3 보고서가 그 체계 사법부의 물리적 기록을 위하여 준비된다.

심리(審理) 중에 한 위원회는 3자의 집단으로서 활동하며, 이는 변호사가 재판중에 분리되고, 청문회의 마지막에만 판결을 작성할 때 참여하기 때문이다. 따라서 이 위원회들은 때때로 심판 삼원조라 부른다.

화해자들은 온 우주가 부드럽게 운영되도록 유지하는 데 크게 소용된다. 3배인 천사 속도로 공간을 가로지르면서, 그들은 세계들의 이동 법정, 곧 사소한 어려움을 빨리 해결하는 데 전념하는 위원회로서 봉사한다. 발이 빠르고 탁월하게 공정한 이 위원회가 없다면, 여러 구체의 법정은 그 영역의 하찮은 오해로 희망 없이 넘쳐흐르게 될 것이다.

이 심판 삼원조는 영원한 중요성을 가진 문제를 판결하지 않는다. 혼, 곧 시간 생물의 영원한 가망성은 결코 그들의 행위 때문에 위태롭게 되지 않는다. 화해자들은 시간 생물의 현세의 존재와 우주의 복지를 뛰어넘는 문제를 다루지 않는다. 그러나 한 위원회가 일단 한 문제의 사법권을 받아들였을 때, 그 판결은 최종이고 언제나 만장 일치이며, 그 판사 중재자의 결정에 대하여는 상고(上告)가 없다.

3. 화해자의 두루 미치는 봉사

화해자들은 그들의 초우주 서울에 집단 본부를 유지하며, 거기에 그들의 1차 예비군이 주둔한다. 그들의 2차 예비군은 지역 우주의 서울에 주둔한다. 젊고 경험이 적은 위원장들은 유란시아처럼 낮은 세계들에서 근무를 시작하고, 숙달된 체험을 얻은 뒤에 더 큰 문제들을 판결하는 일로 진급된다.

화해자 계급은 전적으로 의지할 수 있고, 하나도 결코 타락한 적이 없다. 지혜와 판단에서 절대로 잘못이 없지 않지만, 그들은 의문의 여지없는 신뢰를 받고 있고, 충실성에서는 틀림이 없다. 그들은 한 초우주 본부에 기원을 가지고, 다음과 같은 우주 봉사의 수준을 거쳐 승진하면서, 결국에는 거기로 돌아간다.

1. 세계에 대한 화해자. 개별 세계를 감독하는 성격자들이 기존 상황 밑에서 적절한 절차에 관하여 크게 당황하거나 실제로 벽에 부딪칠 때는 언제나, 그리고 그 문제가 정식으로 구성된 그 지역 법정 앞으로 가져갈 정도로 충분히 중요하지 않으면, 그 때 다투는 편에서 하나씩, 두 성격자의 탄원을 받고 나서, 화해 위원회가 당장에 활동하기 시작할 것이다.

이러한 행정 및 사법의 문제가 조사와 판결을 받으려고 화해자들의 손에 넘어갔을 때, 그들은 최상의 권한을 가진다. 그러나 증언을 모조리 듣기 전에는 판결문을 작성하지 않으며, 그들은 어디서도, 그리고 모든 곳에서 증인들을 부를 수 있고, 이 권한에는 절대로 제한이 없다. 그들의 판결은 상소(上訴)될 수 없지만, 가끔 그 위원회는 일정한 시점에서 기록을 마치고, 그들의 의견에 결론을 내리며, 그 문제 전체가 그 지역의 더 높은 법정에 옮겨지도록 발전되기도 한다.

위원장들의 판결은 혹성의 기록부에 남겨지며, 필요하면 신성한 집행자가 그 판결을 집행한다. 그의 권력은 몹시 크고, 사람이 사는 한 세계에서 그의 활동 범위는 아주 넓다. 신성한 집행자들은 마땅히 되어야 할 일에 이익이 되는 것들을 솜씨있게 조종하는 자들이다. 그들이 하는 일은 가끔 그 영역의 외관상 복지를 위하여 집행되며, 시공 세계에서 그들의 행위는 때때로 설명하기 힘들다. 자연 법칙이나 그 영역의 정해진 관습에 어긋나지 않게 법령을 집행하지만, 그들은 흔히 체계 행정의 상급 법규에 따라서, 그들의 이상한 할 일을 수행하며 화해자들의 명령을 집행한다.

2. <u>체계 본부에 대한 화해자</u>. 진화 세계에서 봉사하는 것으로부터 이 4자 위원회는 체계 본부의 임무로 진급된다. 여기서 그들은 할 일이 많고, 사람과 천사와 기타 영 존재들에게 이해심 있는 친구가 된다. 심판 삼원조는 개인의 차이보다는, 집단의 주장, 그리고 다른 계급의 생물 사이에서 벌어지는 오해에 오히려 관심이 있다. 체계 본부에서는 영적 존재와 물질 존재들 뿐 아니라, 물질 아들들처럼 통합된 존재들도 살고 있다.

창조자들이 선택하는 힘을 가진 진화하는 개인들을 만드는 순간, 바로 그 때, 신성하게 완전한 순조로운 작용으로부터 일이 빗나간다. 오해는 분명히 생기고, 이 정직한 관점의 차이에 대해서 공정(公正)한 조정이 마련되어야 한다. 전적으로 슬기롭고 전능한 창조자들은 하보나와 똑같이 완전하게 지역 우주들을 만들 수 있었음을 우리 모두가 기억해야 한다. 중앙 우주에서는 아무런 화해 위원회가 활동할 필요가 없다. 그러나 창조자들은 온통 지혜로운 가운데 이렇게 하지 않기로 하였다. 그들은 차이가 많고 어려움이 가득한 우주들을 만들어 냈지만, 마찬가지로 이 모든 차이를 수습하고 이 모든 외관상의 혼란을 조화시키는 장치와 수단을 마련했다.

3. <u>별자리 화해자</u>. 화해자들은 체계 근무로부터 한 별자리의 문제들을 재판하는 일로 진급되어, 사람이 사는 세상들의 1백 체계 사이에서 일어나는 사소한 문제들을 맡는다. 별자리 본부에서 일어나는 문제들이 그들의 사법권에 속하는 경우는 많지 않지만, 한 체계에서 다른 체계로 증거를 수집하고 예비 진술을 준비하느라고 그들은 바쁘게 지낸다. 그 주장이 정직하고, 그 문제가 진정한 의견 차이와 정직한 관점의 다양성으로부터 생겨나면, 아무리 소수의 사람들이 관계되었다 하더라도, 그 오해가 아무리 하찮게 보이더라도, 그 논쟁의 옳고 그름에 대해 평결을 내리도록 화해 위원회가 열릴 수 있다.

4. <u>지역 우주에 대한 화해자</u>. 한 우주의 더욱 큰 이 일에서, 위원장들은 멜기세덱들과 아들 행정관들에게, 그리고 1백 별자리의 조정과 행정에 관여하는 별자리

통치자들 및 성격자 집단에게 크게 도움이 된다. 지역 우주의 본부 구체에 있는 다른 계급의 세라핌들과 기타 거주민도 심판 삼원조에게 소용이 되고 그들의 결정에 도움이 된다.

체계나 별자리나 또는 우주의 상세한 사건들에서 생길 수도 있는 그러한 차이의 본질을 설명하기는 거의 불가능하다. 문제들이 생기지만, 이것은 진화 세계들에서 사는 것과 같은 물질 존재의 하찮은 시련과 산고(産苦)와 아주 다르다.

5. 초우주 소구역에 대한 화해자. 지역 우주의 문제들로부터, 위원장들은 그들의 초우주 소구역들에서 생기는 문제를 연구하도록 진급된다. 개별 혹성들로부터 안으로 멀리 그들이 올라갈수록, 신성한 집행자의 물질적 의무는 적어진다. 차츰 그는 자비와 응보를 해석하는 자로서 새로운 기능을 맡으며, 동시에—준물질이니까—그 조사의 물질적 면에 대해서, 그 위원회가 전체로서 동정적 손길을 유지하게 한다.

6. 초우주 대구역에 대한 화해자. 위원장들이 하는 일의 특징은 그들이 진급함에 따라서 계속 바뀐다. 판단해야 될 오해는 자꾸 줄어들고, 설명하고 해석해야 될 신비한 현상들이 자꾸 늘어난다. 한 무대에서 다른 무대로, 그들은 차이를 중재하는 자의 위치로부터 신비를 설명하는 자로 진화한다—판사들이 해석하는 선생으로 진화한다. 그들은 한때, 무지(無知) 때문에 어려움과 오해가 생기게 하는 자들을 중재하는 자였으나, 이제는 지성의 충돌과 의견의 싸움을 피할 만큼 충분히 영리하고 관대한 자들의 선생이 되고 있다. 한 생물의 교육이 높으면 높을수록, 남들이 가진 지식·경험·의견을 더욱 존경하게 된다.

7. 초우주에 대한 화해자. 여기서 화해자들은 서로 이해하고 완전히 활동하는 4명의 중재자요 교육자로서 나란하게 된다. 신성한 집행자는 벌주는 권력을 벗어 버리고, 영 삼원조의 육체적 목소리가 된다. 이 때가 되어서 이 상담자인 선생들은 초우주 사무를 운영하면서 부딪치게 되는 대부분의 실제 문제와 어려움에 전문가처럼 통달하게 된다. 그래서 그들은 초우주의 본부 세계들을 둘러싼 교육 구체들에 사는 하늘 가는 순례자들에게 놀라운 고문(顧問)과 현명한 선생이 된다.

모든 화해자는 파라다이스로 진급할 때가 오기까지, 옛적부터 늘 계신 이들의 일반 감독 밑에서, 영상 보조자들의 직접 지도를 받으며 근무한다. 파라다이스에서 머무르는 동안, 그들은 자기들이 기원을 가진 초우주를 주관하는 으뜸 영에게 보고한다.

초우주 기록부는 그 사법권을 거쳐 간 화해자들을 열거하지 않으며, 그러한 위원회는 대우주에 널리 흩어져 있다. 유버르사 기록부의 최근 보고서는 오르본톤에서 활약하는 수가 거의 18조 위원회—70조가 넘는 개인들—이라고 기록한다. 그러나 그들은 오르본톤에서 창조된 화해자들 무리의 아주 극히 작은 부분이다. 이 수는 아주 훨씬 더 크고, 졸업생 안내자로 변화한 것을 참작할 경우에, 하보나 일꾼들의 총수와 맞먹는다.

초우주의 화해자들의 수가 늘어남에 따라서, 때때로 그들은 파라다이스에 있는 완전의 회의로 옮겨지며, 거기서부터 그들은 나중에 무한한 영이 온 우주를 위해서 진화시키는, 조정하는 군단으로서 솟아난다. 그들은 수와 효율성이 항상 늘어나는 놀라운 무리의 존재이다. 체험으로 승천하고 파라다이스 훈련을 받음으로, 그들은 최상 존재의 태어나는 실체를 독특하게 이해했으며, 특별한 임무를 띠고 온 우주를 돌아다닌다.

화해 위원회의 구성원들은 결코 분리되지 않는다. 4명의 무리는 처음에 관계된 그대로, 언제까지나 함께 일한다. 그들의 영화롭게 된 근무에서도, 쌓인 우주 체험과 완전하게 된 체험적 지혜의 사원조로서 계속 활동한다. 시공에서 최상의 정의의 화신(化身)으로서 그들은 영원히 결합되어 있다.

4. 기술 고문

영 세계의 법적 지성과 기술적 지성들은 그렇게 창조되지 않았다. 무한한 영이 초기의 상천사(上天使)와 전천사(全天使)로부터, 가장 잘 순종하는 1백만 지성을 광대하고 다능한 이 무리의 핵심으로서 선택한다. 그리고 아주 까마득한 그 시절부터, 완전한 법을 진화적 창조 계획에 응용하면서 얻은 실제 체험이 기술 고문이 되려는 포부를 가진 모든 자에게 요구되었다.

기술 고문들은 다음 성격자 계급의 계층에서 모집한다:

1. 상천사.
2. 2품 천사.
3. 3품 천사.
4. 전천사.
5. 세라핌.
6. 특정 부류의 하늘 가는 필사자.
7. 특정 부류의 하늘 가는 중도자.

현재, 일시 소속된 모든 필사자와 중도자를 세지 않으면, 유버르사에 등록되고 오르본톤에서 활약하는 기술 고문들의 수는 61조를 얼마큼 넘는다.

기술 고문들은 빈번하게 개인으로서 활동하지만, 근무를 위해서 조직되며, 7명으로 무리를 이루어, 배치된 구체들에서 공동의 본부를 유지한다. 각 무리에서 적어도 다섯은 영구(永久)한 지위를 가져야 하고, 한편 둘은 임시 관계로 있을 수 있다. 하늘 가는 필사자와 하늘 가는 중도인들은 파라다이스로 올라가기를 추구하면서 이 여러 자문 위원회에서 근무하지만, 그들은 기술 고문을 위한 정규 훈련 과정을 밟지 않고, 결코 그 계급의 영구 회원이 되지도 않는다.

고문들과 함께 일시 근무하는 필사자와 중도자(中道者)들은 우주 법칙과 최상 정의의 개념에 관하여 그들이 가진 전문 지식 때문에, 그러한 일을 위해서 뽑힌다. 늘어난 지식과 향상된 기술을 항상 습득하면서, 너의 파라다이스 목표를 향하여 여행하는 동안에 네가 이미 쌓은 지혜와 경험을 남들에게 나누어 줄 기회가 너에게 계속 주어진다. 하보나까지 가는 동안 내내, 너는 생도인 선생 노릇을 연출한다. 이 광대한 체험 대학의 여러 승천 수준을 통해서, 바로 네 밑에 있는 자들에게 너의 전진하는 생애에서 새로 발견한 지식을 나누어 줌으로써, 너는 고학(苦學)하여 네 길을 갈 것이다. 우주의 체제에서, 네가 남에게 지식과 진리를 나누어 줄 능력과 자진성을 보여 주기까지, 너 자신이 이러한 지식과 진리를 가졌다고 간주되지 않는다.

긴 훈련과 실제 체험을 겪은 뒤, 케루빔 지위 위에 있는 어떤 봉사 영도 기술 고문으로서 영구히 임명받는 것이 허락된다. 모든 후보자는 자원해서 이 계급의 근무에 들어가지만, 일단 그러한 책임을 맡고 나서, 그 책임을 벗어서는 안 된다. 오로지 옛적부터 늘 계신 이들만 이 고문들을 다른 활동으로 옮길 수 있다.

지역 우주의 멜기세덱 대학에서 시작된 기술 고문들의 훈련은 옛적부터 늘 계신 이들의 법정까지 계속된다. 이 초우주 훈련으로부터, 그들은 하보나 회로의 시범 세계들에 자리잡은 "일곱 궤도 학교"로 나아간다. 그들은 시범 세계들로부터, "최상위의 법 윤리 및 기술 학부(學部)"로 입학하는데, 이것은 기술 고문들을 완전하게 만드는 파라다이스 훈련 학교이다.

이 고문들은 법률 전문가를 넘는다. 그들은 응용 법칙, 곧 널리 펼쳐진 창조의 광대한 영토에 거주하는 모든 자의 생명과 운명에 적용되는 우주 법칙을 공부하는 학생이자 선생이다. 시간이 지남에 따라서, 그들은 시공의 살아 있는 법률 도서관이 되며, 영원(永遠)의 통치자들이 가장 수긍할 수 있는 과정의 형태 및 절차에 관해서 시간 성격자들을 가르쳐서 끝없는 어려움과 필요 없는 지연을 막는다. 그들은 공간의 노동자들과 상담을 통해서, 이들로 하여금 파라다이스의 요구에 조화되게 활동하도록 만들 수 있다. 그들은 창조자들의 기법에 관하여 모든 생물을 가르치는 선생이다.

그러한 응용 법칙을 간직하는 살아 있는 도서관은 창조될 수 없다. 그러한 존재는 실제로 체험해서 진화되어야 한다. 무한한 신들은 실존적이다. 따라서 신들은 체험의 결핍을 보상받는다. 만사를 미처 체험하기도 전에, 만사(萬事)를 알고 있지만, 이 비체험 지식을 부하 생물에게 나누어 주지 않는다.

기술 고문들은 지연을 방지하고, 진보를 촉진하며, 성취하도록 조언해 주는 일에 전념한다. 사물을 처리하는 데는 언제나 한 가지 가장 좋고 옳은 방법이 있다. 반드시 완전한 기법, 신다운 방법이 하나 있고, 이 고문들은 어떻게 더 좋은 이 길을 찾도록 우리 모두를 이끄는가 알고 있다.

뛰어나게 지혜롭고 실용적인 이 존재들은 언제나 우주 검열자들의 근무와 일에 가깝게 관련되어 있다. 멜기세덱들에게 한 유능한 군단이 제공된다. 체계, 별자리, 우주, 초우주 구역의 통치자들은 모두 영적 세계의 이러한 기술적 참조나 법적 참조가 되는 지성들을 터지게 공급받고 있다. 한 특별한 무리는 생명 운반자들에게 법률 상담자로서 행동하고, 확정된 계급의 생명을 파종하는 것으로부터 이탈이 허용되는 범위에 관하여 이 아들들에게 조언하며, 기타 그들의 특권 및 활동 범위에 관하여 이 아들들을 가르친다. 그들은 모든 영 세계 거래의 적당한 용법과 기술에 관하여 모든 등급의 존재들에게 고문이 된다. 그러나 그들은 그 영역의 물질 생물을 직접 몸소 다루지는 않는다.

법적 통례(通例)에 관해서 조언하는 외에, 기술 고문들은—육체·지성·영적—생물 존재에 관한 모든 법칙을 유능하게 해석하는 데 똑같이 전념한다. 그들은 우주 화해자들에게, 또한 법의 진실을 알기 바라는 모든 다른 자, 다시 말해서, 확립된 육체 계급, 지성 계급, 영적 계급의 요인을 가진 어떤 주어진 상황 밑에서 신의 최상위가 어떻게 반응하리라 믿어도 좋은가 알고 싶어하는 모든 다른 자에게 소용된다. 그들은 궁극위의 기법을 설명하는 것도 시도한다.

기술 고문들은 선택받고 시험을 거친 존재이다. 그들 가운데 하나도 이탈했다는 이야기를 나는 결코 들은 적이 없다. 그들이 아주 효과적으로 해석하고 우렁차게 해설하는 신성한 법칙을 그들이 언제라도 무시(無視)했다는 판결을 받았다는 기록이 유버르사에는 없다. 그들이 근무하는 영토에 관하여 아무런 제한이 알려지지 않았고, 그들의 진보에 아무 제한도 부과되지 않았다. 그들은 파라다이스 입구에 이를 때까지도 고문으로서 활동하며, 법과 체험이 가득 찬 온 우주가 그들 앞에 열려 있다.

5. 파라다이스의 기록 관리자

하보나에 있는 3차 상천사들 가운데, 어떤 선임 우두머리 기록자들은 기록 관리자, 곧 빛의 섬의 공식 기록 보관소의 관리자로 뽑힌다. 이 기록 보관소는, 지식 관리자들의 지성 등록부에 있는 산 기록과 대조가 되며, 후자는 가끔 "파라다이스의 살아 있는 도서관"이라 부른다.

사람이 사는 혹성들에서 기록하는 천사들은 모든 개인 기록의 근원이다. 여러 우주에 두루, 다른 기록자들은 공식 기록과 산 기록, 이 둘에 관하여 활동한다. 유란시아에서부터 파라다이스까지, 이 두 가지 기록과 마주친다. 지역 우주에는 문서로 된 기록이 더 많고, 산 기록은 적다. 파라다이스에는 산 기록이 더 많고, 공식(公式) 기록이 적다. 유버르사에서는 두 가지가 똑같이 소용된다.

조직되어 있고 사람이 사는 창조에서 생기는 중요한 일은 모두 기록할 문제이다. 지역의 중요성을 넘지 않는 사건들은 지역 기록에만 남지만, 더 널리 중요성을 가지는 것은 그에 따라서 처리된다. 네바돈의 혹성, 체계, 별자리에서부터, 우주 중요성을 가지는 것은 모두 구원자별에 공시(公示)된다. 이러한 지역 우주의 서울로부터 그 사건들은 구역과 초우주 정부의 사무에 관계되는 상위의 기록으로 올라간다. 파라다이스도 또한 적절한 초우주 요약과 하보나 자료를 가지고 있다. 온 우주에 관한 역사적이고 누적된 이 이야기는 이러한 높은 3차 상천사들의 관리 밑에 있다.

이 존재들 가운데 더러는 하늘 기록자들의 활동을 지도하는 기록장으로서 일하도록 초우주에 파송되어 왔는데, 아직 하나도 그들 계급의 영구 점호에서 다른 곳으로 전근되지 않았다.

6. 하늘 기록자

이들은 모든 기록을 2중으로 만드는 기록자이며, 원본인 영(靈) 기록과—사본(寫本)이라 불러도 좋은—반(半)물질 기록을 만든다. 그들이 이렇게 할 수 있는 것은 그들이 동시에 영적 에너지와 물질 에너지를 모두 다룰 능력이 있기 때문이다. 하늘 기록자들은 그렇게 창조되지 않았다. 그들은 지역 우주 출신의 하늘 가는 세라핌이다. 일곱 초우주 본부에서 기록장들의 회의가 그들을 접수하고, 분류하며, 그들의 작업 분야로 배치한다. 거기에는 또한 하늘 기록자들을 훈련하는 학교들도 있다. 유버르사의 학교는 지혜 완성자들과 신성한 조언자들의 지도를 받는다.

우주의 근무에서 승진하는 동안, 기록자들은 2중 기록(記錄) 체계를 계속하고, 물질 계급에서부터 높은 빛나는 영들에 이르기까지, 모든 등급의 존재들에게 언제나 기록을 제공한다. 네가 이 물질 세계로부터 올라감에 따라서 과도기 체험을 겪으면서, 너는 언제나 너의 지위 구체의 역사와 전통에 관한 기록을 참조할 수 있고, 달리 그에 통달하게 될 수 있을 것이다.

기록자들은 시험을 거치고 단련된 군단이다. 하늘 기록자가 이탈했다는 말을 나는 결코 들은 적이 없고, 그들의 기록에서 날조가 발견된 적도 없다. 그들은 2중 검사를 받고, 그들의 기록은 유버르사에서 온 그들의 높은 동료와 막강한 사자들에게 정밀 검사를 받는데, 후자는 원본 영 기록의 준(準)물리적 사본이 정확한가 확인한다.

오르본톤의 우주들에 있는 하위 기록 구체에서 주둔하는, 승진하는 기록자들의 수는 몇조에 이르지만, 유버르사에서 도달한 지위를 가진 자들의 수는 8백만 명이 채 되지 않는다. 이 선임 기록자, 곧 졸업한 기록자들은 초우주 관리자이고, 후원받은 시공 기록을 발송하는 자이다. 그들의 영구 본부는 유버르사에 있는 기록 지역을 둘러싸는 둥그런 처소에 있다. 그들은 결코 이 기록들의 관리를 남에게 맡기지 않는다. 개인으로서 자리를 비울지 모르지만, 결코 큰 무리가 자리를 비우지는 않는다.

기록 관리자들이 된 상천사들처럼, 하늘 기록자 군단은 영구한 배치를 받는다. 세라핌과 상천사(上天使)들이 일단 이 근무에 소집되면, 완전히 성격화된 최상위 하나님의 새롭고 변화된 행정의 날이 오기까지, 각자 하늘 기록자와 기록 관리자로 남는다.

유버르사에서는 옛적부터 늘 계신 이들이 오신 아주 아득한 시절 이후에 오르본톤 전체에서 우주 중요성을 가진 모든 것의 기록을 이 선임 하늘 기록자들이 보여줄 수 있다. 한편 영원한 섬에는 무한한 영이 성격화된 시절 뒤에 파라다이스의 거래를 증거하는, 그 영역의 기록 보관소를 기록 관리자들이 지킨다.

7. 상물질계 동반자

지역 우주 어머니 영들의 이 아이들은 하늘 가는 상물질계 생애를 사는 모든 자의 친구요 동료이다. 그들은 승천자가 생물로서 진보하는 진정한 작업에 필수이지 않으며, 필사 동료들을 가끔 파라다이스 여행에 따라가는 천사 보호자들이 하는 일을 어떤 의미에서도 대신하지 않는다. 상물질계 동반자들은 다만, 안으로 향한 긴 승천을 막 시작하는 자들을 접대하는 품위 있는 주인이다. 그들은 또한 솜씨 있는 놀이 후원자요, 이 작업에 복귀 지도자들에게서 유능하게 도움을 받는다.

너희는 네바돈의 상물질 훈련 세계들에서 수행할 중대하고 점점 더 어려운 과제를 받겠지만, 너희에게는 언제나 휴식하고 되돌아가는 정규적인 시간이 주어질 것이다. 파라다이스에 가는 여행 동안 죽, 언제나 쉬고 영적으로 노는 시간이 있을 것이다. 그리고 빛과 생명의 생애에서는 언제나 예배와 새로운 성취의 시간이 있다.

이 상물질계 동반자들은 너무 친절한 동료이기 때문에, 네가 상물질 체험의 마지막 단계를 마침내 떠날 때, 초우주의 영적 모험을 시작하려고 준비할 때, 이 붙임성 있는 생물이 너희를 따라올 수 없다는 것을 너희는 참으로 섭섭히 여길 터이지만, 그들은 순전히 지역 우주에서 근무한다. 승천 생애의 각 단계마다, 모든 접촉 성격자는 친절하고 붙임성이 있을 것이다. 그러나 파라다이스 동반자들을 만날 때까지, 너희는 그렇게 우정과 동반에 헌신하는 다른 집단을 발견하지 못할 것이다.

상물질계 동반자들이 하는 일은 너희 지역 우주의 사무를 다루는 이야기에 더욱 자세히 묘사된다.

8. 파라다이스 동반자

파라다이스 동반자들은 세라핌, 2품 천사, 상천사, 전천사(全天使)의 계층에서 모집한 복합이거나 조립된 무리이다. 터무니없이 긴 동안이라고 너희가 생각할 만큼 오랫동안 봉사하지만, 그들은 영구한 지위를 갖지는 않는다. 이 직책이 끝나고 나서, 보통 (항상 그렇지는 않다), 파라다이스 근무에 소집되었을 때 수행하던 임무로 되돌아간다.

지역 우주의 어머니 영들, 초우주의 반영 영들, 파라다이스의 장려자가 천사 무리의 구성원들을 이 근무에 지명한다. 그들은 가운데 섬으로 소집되고, 일곱 으뜸 영 가운데 한 분에게서 파라다이스 동반자로 임명받는다. 파라다이스에서 얻는 영구한 지위를 별도로 하고, 파라다이스에서 동반자가 되는 이 일시 근무는 봉사 영들에게 수여되는 가장 높은 명예이다.

선택된 이 천사들은 동반하는 봉사에 헌신하고, 파라다이스에 어쩌다 혼자 있을까 싶은 모든 등급의 존재들에게, 주로 하늘 가는 필사자들이지만, 또한 가운데 섬에서 혼자 지내는 모든 다른 자에게, 동료로서 배치된다. 파라다이스 동반자들은 사귀는 자들을 위해서 특별히 이루어야 할 일이 하나도 없고, 다만 동반자일 따름이다. 너희가 파라다이스에서 머무르는 동안, 너희 필사자들이 만나는 거의 모든 다른 존재는—너희 동료 순례자들을 빼고—무언가 분명히, 너희와 상관 있거나 너희를 위해 할 일이 있을 것이다. 그러나 이 친구들은 오로지 너희와 같이 있고, 성격자 동료로서 너희와 사귀라고 배치된다. 그들은 흔히 자기 직책에서 품위 있고 빛나는 파라다이스 시민들에게서 도움을 받는다.

필사자들은 아주 사회적인 민족들의 출신이다. 창조자들은 "사람이 혼자 있는 것이 좋지 않음"을 잘 알며, 따라서 파라다이스에서도 동무에 대한 배려가 되어 있다.

네가 하늘 가는 필사자로서, 너의 지상 생애의 동반자나 또는 가까운 동료와 함께 파라다이스에 다다르거나, 너의 운명 수호 천사가 너와 함께 어쩌다가 도착하게 되든지 또는 너를 기다리고 있다면, 너에게 아무런 영구 동반자가 배치되지 않을 것이다. 그러나 네가 혼자 도착하면, 시간의 마지막 잠으로부터 빛의 섬에서 깨어날 때, 한 동반자가 분명히 너를 반길 것이다. 하늘 가는 관계에 있는 누군가가 너를 따라오는 사실이 알려진다고 하더라도, 임시 동반자들이 영원의 바닷가로 너를 환영하고, 너와 너의 동료들을 접대하기 위하여 예비된 장소에 너를 바래다주라고 지정될 것이다. 네가 영원한 파라다이스 바닷가에서, 영원으로 부활함을 체험할 때 따뜻하게 환영받으리라는 것을 너는 굳게 믿어도 좋다.

접대하는 동반자들은 하보나의 마지막 회로에서 승천자가 체류하는 마지막 시절에 배치된다. 그들은 필사의 기원을 비롯하여, 공간의 세계와 하보나 궤도들을 거치는 파란 많은 승천의 기록을 주의 깊게 조사한다. 시간의 필사자들에게 인사할 때, 그들은 도착하는 이 순례자들의 생애에 관하여 이미 통달해 있으며, 그들이 동정심을 갖고 흥미를 자아내는 동반자인 것이 즉시 판명된다.

파라다이스에서 네가 최후자가 되기 전 체류 기간에, 어떠한 이유에서든, 승천 생애에서 너의 동료였던 자로부터 잠깐이라도 떨어지게 되면—그가 필사자이든 천사이든—파라다이스 동반자 하나가 즉시 상담하고 동반해 주려고 배치될 것이다. 파라다이스에서 혼자 사는 승천 필사자에게 일단 배치되고 나서, 이 성격자가 그의 승천 동료와 다시 합쳐지던지, 아니면 최후 군단에 정식으로 소집될 때까지, 그 동반자는 함께 남아 있다.

승천자는 그의 초우주 부류와 다른 성품을 가진 동반자의 책임 밑에 결코 맡겨지지 않는다. 이것을 제외하고, 기다리는 순서대로 파라다이스 동반자들이 배치된다. 유란시아 필사자 하나가 오늘 파라다이스에 다다른다면, 오르본톤에서 기원을 가졌거나 아니면 제7 으뜸 영의 성품을 가진, 첫 번째로 기다리는 동반자가 그에게 배치될 것이다. 따라서 전천사는 일곱 초우주에서 오는 승천 생물과 함께 봉사하지 않는다.

파라다이스 동반자들은 기타 여러 가지 서비스를 수행한다. 하늘 가는 한 필사자가 중앙 우주에 혼자 다다르고, 하보나를 거치는 동안 신을 만나는 모험의 어떤 국면에 실패한다면, 그를 적당한 시기에 시간의 우주들로 돌려보내며, 이내 파라다이스 동반자들의 예비군에게 요청이 나간다. 실패한 순례자가 파라다이스로 승천을 다시 시작하기 위하여 중앙 우주로 돌아올 때까지, 이 계급 가운데 하나가 그를 따르고, 그와 함께 있고, 그를 위로하고 기운을 북돋아 주고, 그와 남아 있으라고 배치된다.

하늘 가는 한 세라핌, 곧 필사 생애 동안의 수호(守護) 천사와 동무해서 하보나를 거쳐 가면서 하늘 가는 한 순례자가 신을 만나는 모험에서 실패에 부딪치면, 그 천사는 그 필사 동료의 동반을 선택하고 싶어한다. 이 천사들은 언제나 자원하며, 오랫동안 동료였던 필사자를 동반해서 시공 근무로 돌아가도록 허락된다.

그러나 가깝게 사귀던 두 필사 승천자의 경우에는 그렇지 않다. 하나가 하나님에 도달하고 다른 하나가 일시 실패하면, 성공한 자는 실망한 성격자와 함께 진화 창조로 돌아가기를 항상 택하지만, 그렇게 허락되지 않는다. 그 대신에, 파라다이스 동반자들의 예비군에게 요청이 가며, 자원자들 가운데 하나가 실망한 순례자를 따라가도록 뽑힌다. 그러면 자원하는 파라다이스 시민 하나가 성공한 필사자와 사귀게 되며, 성공한 자는 실패한 동료가 하보나에 돌아오기를 기다리면서 가운데 섬에서 머문다. 그 동안에 그는 특정한 파라다이스 학교에서 가르치고, 진화로 승천하는 모험 이야기를 발표한다.

[유버르사에서 온 한 고등 권한자가 후원했다.]

제 26 편

중앙 우주에서 봉사하는 영

상천사(上天使)들은 파라다이스와 중앙 우주에서 봉사하는 영이다. 그들은 무한한 영의 가장 낮은 집단의 자손—천사 무리—가운데서 가장 높은 계급이다. 너희는 파라다이스 섬에서부터 시공 세계들까지, 그러한 봉사 영들과 마주치게 된다. 조직되고 사람이 사는 창조의 어떤 중요한 부분에도, 그들의 봉사가 빠지는 일이 없다.

1. 봉사하는 영

천사들은 모든 공간에서, 진화하며 하늘 가는 의지 생물에게 봉사하는 영 동료이다. 그들은 또한 그 구체들에서 상급 집단의 신다운 성격자들의 동지(同志)이며 일하는 동료이다. 모든 계급의 천사들은 뚜렷이 다른 성격자이며, 상당히 개별화되어 있다. 그들은 모두 복귀(復歸) 지도자가 베푸는 봉사를 이해하는 큰 능력이 있다. 공간의 사자 무리들과 함께, 봉사하는 영들은 휴식과 변화가 있는 계절을 즐긴다. 그들은 매우 사교적인 성품을 소유하며, 인간을 훨씬 뛰어넘는 교제 능력을 가졌다.

대우주의 봉사하는 영들은 다음과 같이 분류된다:

1. 상천사.
2. 2품 천사.
3. 3품 천사.
4. 전천사.
5. 세라핌.
6. 케루빔과 사노빔.
7. 중도인.

천사 계급의 개별 구성원들은, 우주에서 개인 지위가 도무지 고정되어 있지 않다. 어떤 계급의 천사들은 한 계절 동안 파라다이스 동반자가 되고, 더러는 하늘 기록자가 되며, 더러는 기술 고문의 등급으로 올라간다. 어떤 케루빔은 세라핌의 지위와 운명을 바랄 수도 있고, 한편 진화 세라핌은 하늘 가는 하나님의 아들들의 영적 수준에 이를 수 있다.

일곱 계급의 봉사하는 영들은, 드러난 바와 같이, 승천 생물에게 가장 중요한 그들의 기능에 따라서 발표를 위하여 분류된다:

1. <u>중앙 우주의 봉사 영</u>. <u>상천사</u>의 세 계급은 파라다이스-하보나 체계에서 봉사한다. 무한한 영이 1차 상천사, 곧 파라다이스 상천사들을 창조한다. 하보나에서

근무하는 2차와 3차 계급들은 각자 으뜸 영 및 회로 영들의 자손이다.

2. 초우주의 봉사 영—2품 천사, 3품 천사, 전천사. 2품 천사, 곧 반영 영들의 자손은 여러 가지로 일곱 초우주에서 근무한다. 3품 천사는 무한한 영에서 기원을 가지며, 궁극에는 아들 창조자들과 옛적부터 늘 계신 이들 사이에 연락하는 서비스에 전념한다. 전천사는 무한한 영과 일곱 최상 집행자의 협력으로 창조되며, 그들은 순전히 후자의 일꾼이다. 이 세 계급에 대한 논의는 이 시리즈에서 다음 이야기의 주제가 된다.

3. 지역 우주의 봉사 영은 세라핌 및 그 조수인 케루빔을 포함한다. 필사 승천자들은 우주 어머니 영의 이 자손과 처음 접촉을 가진다. 사람이 사는 세계들에서 태어난 중도인(中道人)은, 가끔 봉사하는 영들과 함께 기능적으로 분류되지만, 엄밀한 의미에서, 정말로 천사 계급은 아니다. 세라핌과 케루빔에 관한 설명과 함께, 그들의 이야기는 너희 지역 우주의 사무를 다루는 글에서 발표된다.

모든 계급의 천사 무리들은 여러 가지 우주 봉사에 헌신하고, 이렇게 하든 저렇게 하든, 상급의 하늘 존재들에게 봉사한다. 그러나 시간 속에 사는 아이들을 위하여 진보로 완전하게 되는 승천 계획을 추진하는 데 다수로 고용되는 자는 상천사와 2품 천사와 세라핌이다. 중앙 우주, 초우주, 지역 우주에서 활동하면서, 영원한 아들을 통해서 우주의 아버지에 도달하기를 구하는 모든 자를 돕고 안내하기 위하여, 그들은 무한한 영이 마련한 영 봉사자들의 연속된 사슬을 형성한다.

상천사들은 오직 한 행동 단계에 관하여, 곧 우주의 아버지와 가지는 단계에서, "영의 극성(極性)"에 제한을 받는다. 아버지의 독점 회로를 직접 이용할 때를 제외하고, 그들은 혼자서 일할 수 있다. 아버지가 직접 베푸는 봉사에서 동력을 공급받고 있을 때, 상천사는 활동할 수 있도록 자진해서 쌍으로 손잡아야 한다. 2품 천사들도 마찬가지로 제한되어 있고, 게다가 영원한 아들의 회로와 동시화하기 위해서 쌍으로 일해야 한다. 세라핌은 구별되고 지역화한 성격자로서 혼자서 활동할 수 있지만, 연락하는 쌍으로서 분극화되었을 때에만 회로에 연결할 수 있다. 그러한 영 존재들이 쌍으로 결합되어 있을 때, 하나를 다른 하나의 보충자라고 한다. 보충적 관계는 잠깐일지 모르고, 반드시 영구한 성질을 가지지는 않는다.

눈부신 이 빛의 생물은 우주의 1차 회로의 영적 에너지를 흡수함으로 직접 기운을 얻는다. 유란시아 필사자들은 식물(植物)로 구체화된 빛 에너지를 얻어야 하지만, 천사 무리들은 회로로 연결되어 있다. 그들은 "너희가 모르는 음식을 섭취하느니라." 또한 놀라운 삼위 일체 아들 교육자들의 순회하는 가르침을 섭취한다. 생명 에너지를 동화하는 기술과 아주 비슷하게, 지식을 받아들이고 지혜를 섭취한다.

2. 막강한 상천사

상천사들은 파라다이스와 중앙 우주에서 머무르는 모든 종류의 존재들을 보살피는 숙련된 봉사자이다. 이 높은 천사들은 크게 1차, 2차, 3차, 이 3대 계급으로 창조된다.

1차 상천사는 합동 행위자의 순전한 자손이다. 그들은 어떤 무리의 파라다이스 시민들과 항상 커지는 승천하는 순례자 군단 사이에, 봉사를 대체로 같게 나누어 베푼다. 영원한 섬의 이 천사들은 두 집단의 파라다이스 거주민이 받는 기본 훈련을 촉진하는 데 상당히 효율적이다. 두 가지 독특한 계급의 생물이—하나는 가장 높은 부류의 신성하고 완전한 의지 생물이고, 다른 하나는 온 우주에서 가장 낮은 부류의 완전하게 진화된 의지(意志) 생물인데—서로 이해하는 데 유익한 많은 것을 이 천사들이 이바지한다.

1차 상천사들이 하는 일은 아주 독특하고 달라서, 뒤잇는 이야기에서 따로 다루겠다.

2차 상천사는 하보나의 일곱 회로에서 올라가는 존재들의 사무를 지도한다. 그들은 중앙 창조의 세계 회로들에서 오랫동안 머무르는 수많은 계급의 파라다이스 시민의 교육 훈련에 봉사하는 데 똑같이 관심을 가진다. 그러나 우리는 그들이 근무하는 이 단계에 대하여 입을 열어서는 안 된다.

이 높은 천사들에는 일곱 종류가 있는데, 각 종류는 일곱 으뜸 영 가운데 한 분에게서 기원을 가지며, 따라서 그 성품을 닮는다. 집단으로, 일곱 으뜸 영은 많은 다른 무리의 독특한 존재와 통일체들을 창조한다. 그리고 각 계급의 개별 구성원들은 그 성품이 비교적 한결같다. 그러나 바로 이 일곱 으뜸 영이 개별적으로 창조할 때, 거기서 생기는 계급들은 언제나 성품 면에서 일곱 가지이다. 각 으뜸 영의 아이들은 그 창조자의 성품을 취하며, 따라서 서로 다르다. 2차 상천사들의 기원이 그러하며, 모두 일곱 종류의 창조된 천사들이 그들 계급 전체에게 열린 모든 활동 경로에서, 주로 가운데 신성한 우주의 일곱 회로에서 활동한다.

하보나의 일곱 혹성 회로는 각각 일곱 회로 영 가운데 한 분의 직접 감독을 받고, 그들 자체가 일곱 으뜸 영의 집합—따라서 한결같은—창조이다. 셋째 근원 중심의 성품을 가지기는 하지만, 보조하는 이 일곱 하보나 영은 최초의 원형 우주의 일부가 아니었다. 그들은 최초의 (영원한) 창조가 있은 뒤에, 그러나 그랜드판다 시절보다 훨씬 앞서 활동하고 있었다. 의심할 여지 없이, 그들은 최상 존재의 태동하는 목적에 으뜸 영들이 창조적으로 반응함으로 나타났고, 대우주가 조직되고 나서 활동하고 있는 것이 발견되었다. 무한한 영과 그의 모든 창조 동료는 보편적 동격자로서, 체험적 신들에서, 그리고 진화하는 우주들에서, 동시에 생기는 발전에 대하여 알맞게 창조적으로 반응하는 능력을 풍부하게 타고난 듯하다.

3차 상천사는 이 일곱 회로 영에서 기원(起源)을 가진다. 그들은 각각, 다른 하보나 궤도에서, 중앙 우주의 필요를 채우기 위하여, 충분한 수의 높은 3차 계급 상천사 봉사자들을 창조하도록, 무한한 영에게서 권한을 받는다. 시간의 순례자들이 하보나에 다다르기 전에는 회로 영들이 이 천사 봉사자를 비교적 적게 생산했지만, 일곱 으뜸 영은 그랜드판다가 착륙하기 전에는, 2차 상천사들의 창조를 미처 시작하지도 않았다. 따라서, 두 계급 가운데 연장자로서, 3차 상천사가 먼저 고려될 것이다.

3. 3차 상천사

일곱 으뜸 영의 이 일꾼들은 하보나의 여러 회로의 전문가인 천사이며, 그들의 봉사는 하늘 가는 시간 순례자들과 내려오는 영원의 순례자들에게 연장된다. 완전한 중앙 창조의 10억 연구 세계에서는, 모든 계급의 너희 상천사 동료들이 충분히 눈에 보일 것이다. 가장 높은 의미에서, 너희는 모두 거기서 서로 접촉하고 공감하는 존재, 친교하고 이해하는 존재가 될 것이다. 너희는 또한 내려오는 순례자들을 충분히 알아보고 지극하게 사귈 것이다. 그들은 안에서 바깥으로 이 회로들을 거쳐 가는 파라다이스 시민이며, 첫째 회로의 시범 세계를 통해서 하보나에 들어가고, 일곱째까지 바깥으로 진행한다.

일곱 초우주에서 온 승천하는 순례자들은, 일곱째 회로의 시범 세계를 거쳐서 안으로 진행하면서, 하보나를 반대 방향으로 거쳐 간다. 한 세계에서 다른 세계로, 한 회로에서 다른 회로로, 하늘 가는 생물의 진보에 아무런 시간 제한이 없다. 이것은 상물질 세계들에 거주하는 데 멋대로 고정된 시간이 할당되지 않은 것과 같다. 그러나 적당히 발육된 개인들은 하나나 또는 그 이상의 지역 우주 훈련 세계들에 머무르는 것이 면제될 수도 있지만, 어느 순례자도 점진적으로 영성(靈性)을 얻는 일곱 하보나 회로를 모두 거치는 것을 피해서는 안 된다.

3차 상천사 군단은 시간의 순례자들에게 봉사하는 데 주로 배치되며, 다음과 같이 분류된다:

1. 조화 감독자. 완전한 하보나에서도, 다음 단계의 파라다이스 성취를 위하여 시간의 순례자들을 준비시키는 모든 작업에서, 체계를 유지하고 조화(調和)를 보장하기 위하여 일종의 조정하는 영향이 요구된다는 것이 명백하다. 이것—만사가 부드럽고 신속하게 움직이도록 만드는 것—이 조화 감독자들의 진짜 임무이다. 첫째 회로에서 기원을 가졌으니까 그들은 하보나에 두루 근무한다. 그들이 회로에 있다는 것은 아무 것도 잘못될 수 없음을 뜻한다. 그들이 다른 계급—아니 여러 수준—의 성격자들을 포함하는 다채로운 활동을 조정하는 큰 능력은, 이 상천사들로 하여금 필요할 때 언제 어디서나 도움을 줄 수 있게 만든다. 그들은 시간의 순례자와 영원의 순례자들이 서로 이해하는 데 엄청나게 이바지한다.

2. 우두머리 기록자. 이 천사들은 둘째 회로에서 창조되지만, 중앙 우주 어디에서나 작업한다. 그들은 세 벌로 기록하며, 하보나에 있는 실제 서류철을 위해서, 그들 계급의 영적 서류철을 위해서, 그리고 파라다이스의 공식 기록을 위해서 기록부를 만든다. 게다가, 그들은 참된 지식의 중요성을 가진 거래들을 파라다이스의 살아 있는 도서관, 곧 1차 계급 상천사인 지식 관리자들에게 자동으로 전달한다.

3. 방송자. 그들의 공식 주둔지는 가장 바깥 회로의 70번 혹성에 있지만, 셋째 회로 영의 아이들은 하보나에서 두루 활동한다. 이 전문 기술자들은 중앙 창조에서 방송을 수신(受信)하고 송신하는 자이고, 파라다이스에 있는 모든 신 현상에 관한 공간 보고서들의 지도자이다. 그들은 공간의 모든 기본 회로를 운영할 수 있다.

4. 사자들은 4번 회로에서 기원을 가진다. 그들은 몸소 전달을 요구하는 모든 소식을 지참하는 자로서 파라다이스-하보나 체계를 돌아다닌다. 그들은 동료, 하늘

성격자, 파라다이스 순례자에게, 또 하늘 가는 시간 순례자들에게도 봉사한다.

5. 정보 조정자. 이 3차 상천사들은 다섯째 회로 영의 아이들이며, 하늘 가는 순례자와 내려오는 순례자들 사이의 친교 관계를 언제나 지혜롭게 동정심을 가지고 추진한다. 그들은 하보나의 모든 거주자에게, 특히 승천자들에게, 온 우주의 사무에 관하여 그 때의 동향을 알려 줌으로써 봉사한다. 방송자와 반영자들과 몸소 접촉하는 덕택으로, 하보나의 이 "살아 있는 신문들"은 중앙 우주의 광범위한 뉴스 회로에서 전달되는 모든 정보를 순간에 통달한다. 그들은 하보나 도표(圖表) 방법으로 정보를 확보하는데, 이것은 그들로 하여금, 너희의 가장 빠른 전신(電信) 기술로 기록하기에 1천 년이 걸릴 만큼 많은 정보를 유란시아 시간으로 한 시간 안에 자동으로 동화(同化)할 수 있게 만든다.

6. 수송 성격자. 이 존재들은 6번 회로에 기원이 있고, 가장 바깥 회로의 40번 혹성에서부터 보통 활동한다. 그들은 바로, 신에 도달하는 모험에 일시 실패하는 실망한 후보자들을 데려가는 자이다. 하보나 근무에서 오고가야 하는 모든 자와 공간 여행자가 아닌 자들에게 봉사할 준비가 되어 있다.

7. 예비군. 하늘 가는 존재, 파라다이스 순례자, 하보나에 머무르는 다른 계급의 존재들과 함께 하는 일의 변동은 일곱째 궤도의 시범 세계에서 상천사 예비군의 유지를 필요하게 만들며, 상천사들은 거기에서 기원을 가진다. 그들은 특별한 설계 없이 창조되고, 3차 계급의 상천사 동료들이 하는, 힘이 덜 드는 단계의 어떤 임무에도 봉사를 맡을 능력이 있다.

4. 2차 상천사

2차 상천사들은 중앙 우주의 일곱 혹성 회로에 봉사하는 자이다. 일부는 시간 순례자들에게 봉사하는 데 전념하고, 그 전체 계급의 반은 파라다이스의 영원한 순례자들의 훈련에 배치된다. 이 파라다이스 시민들은 또한 하보나 궤도들을 지나는 순례에서, 필사 최후 군단으로부터 온 자원자들의 시중을 받는데, 이것은 처음 최후자 무리가 완성된 뒤로 죽 있어 온 제도이다.

하늘 가는 순례자들의 봉사에 정기적으로 배치받는 데 따라서, 2차 상천사들은 다음 일곱 집단을 이루어 일한다:

1. 순례자 조수.
2. 최상위 안내자.
3. 삼위 일체 안내자.
4. 아들 탐지자.
5. 아버지 안내자.
6. 상담자와 고문.
7. 휴식 보충자.

이 기초 집단들은 각자 모두 일곱 부류의 창조된 천사들을 포함한다. 공간의 순례자는 언제나, 그가 태어난 초우주를 주관하는 으뜸 영에 기원을 가지는 2차 상천사에게 개인 지도를 받는다. 너희 유란시아 필사자들이 하보나에 이를 때—너희 자신의 진화된 성품처럼—오르본톤의 으뜸 영으로부터 파생된 성품을 가진 상천사들에게 너희는 확실히 안내를 받는다. 그리고 너희의 개인 교사들이 너희의 초우주 으뜸 영으로부터 생겨나기 때문에, 파라다이스의 완전함을 이루려고 너희가 온갖 노력을 기울일 때, 너희를 이해하고, 위로하고, 도와 줄 자격을 특별히 갖추고 있다.

일곱 초우주의 본부로부터 활동하는, 1차 계급의 2품 천사인 수송 성격자들이 하보나의 검은 인력체들을 지나서, 바깥의 혹성 회로까지 시간의 순례자들을 수송한다. 모두가 그렇지는 않지만, 파라다이스로 승천하도록 인가받은, 혹성과 지역 우주에서 근무하는 대다수의 세라핌은 하보나로 가는 긴 비행(飛行)에 앞서 그들의 필사 동료와 작별할 것이다. 하늘의 배치를 받기 위해서, 당장에 그들은 오랜 집중 훈련을 시작하고 세라핌으로서 완전한 존재와 최상의 봉사를 성취하기를 기대한다. 그들은 시간 순례자와 다시 만나기를 희망하면서 훈련을 시작하며, 우주의 아버지에 이르고 최후 군단의 밝혀지지 않은 근무에 배치받은 그러한 필사자들의 길을 언제까지나 따를 자들 가운데 그들이 간주되기를 바란다.

순례자들은 오직 한 가지 완전, 목적 완전의 자질을 가지고 하보나의 접대 혹성, 곧 일곱째 회로의 시범 세계에 착륙한다. 우주의 아버지는 선포하였다: "내가 완전한 것 같이, 너희도 완전하라." 이것은 공간 세계의 유한한 아이들에게 놀라운 초청이자 명령인 방송이다. 위대한 첫째 근원 중심의 그 엄청난 명령을 달성하고 실현하도록 돕는 하늘 존재들의 협조하는 노력으로, 그 명령의 선포는 모든 창조를 술렁거리게 만들었다.

사람을 살아남게 하는 우주 계획에 참여하는 모든 조수 무리의 봉사를 통해서, 또 그러한 봉사로 말미암아, 너희가 마지막으로 하보나의 접대 세계에 접수될 때, 너희는 오직 한 종류의 완전—<u>목적의 완전</u>—을 가지고 도착한다. 너희의 목적은 이미 철저하게 증명되었고, 너희의 믿음은 시험을 거쳤다. 너희는 실망에 대해 방비가 된 것으로 알려진다. 우주의 아버지를 식별하는 데 실패하는 것조차, 하보나의 완전한 구체들에 이르기 위해서 모두가 거쳐야 하는 체험을 통과한 승천 필사자의 믿음을 흔들거나 신뢰를 심각하게 흔들 수 없다. 하보나에 이를 때가 되어 너희의 성실성은 숭고하게 되었다. 목적(目的)이 완전하고 소망이 신성한 것은, 굳건한 믿음과 함께, 안정된 영원의 처소에 너희가 들어가는 것을 확보해 놓았다. 시간의 불확실성으로부터 너희가 구원받는 것은 완성되고 끝난 일이다. 이제 너희는 하보나의 문제들과 파라다이스의 거창함과 얼굴을 마주하고 부딪쳐야 하며, 이것들에 부닥치기 위해서, 너희는 공간의 세계 학교들에서 체험의 시대에, 그렇게 오랫동안 훈련을 받았던 것이다.

믿음은 하늘 가는 순례자에게 목적 완전성을 얻게 해 주었고, 그것은 영원의 입구까지 시간의 아이들을 들여보낸다. 순례자를 돕는 자들은, 성격을 파라다이스처럼 완전하게 만드는 데 그렇게 불가결한 완전한 이해와 이해(理解) 기법을 개발하는 일을 이제 시작해야 한다.

<u>이해하는 능력은 파라다이스에 이르는 필사자의 여권이다</u>. 기꺼이 믿으려는 태도는 하보나에 이르는 열쇠이다. 아들 신분을 받아들이는 것, 깃드는 조절자와 협동하는 것은 진화로 살아남기 위하여 치르는 값이다.

5. 순례자 조수

2차 상천사의 일곱 무리 가운데 처음 마주치게 되는 집단은 순례자 조수(助手)이다. 그들은 재빨리 알아차리고 널리 공감하는 존재, 많이 여행한 공간 승천자들을 중앙 우주의 안정된 세계들과 정착한 경제로 환영하는 존재이다. 높은 이 봉사자들은 파라다이스의 영원 순례자들을 위해서 할 일을 동시에 시작한다. 이들 가운데 처음 순례자는, 바깥 회로의 시범 세계에 그랜드판다가 착륙한 것과 동시에, 하보나 내부 회로의 시범 세계에 도착했다. 아득히 먼 그 시절에, 파라다이스에서 온 순례자와 시간 순례자들은 4번 회로의 접대 세계에서 처음으로 만났다.

하보나 세계들의 일곱째 궤도에서 활동하는, 이 순례자 조수들은 3대 부문에서 하늘 가는 필사자들을 위하여 할 일을 수행하는데, 즉 첫째, 파라다이스 삼위 일체를 최상으로 이해하는 것, 둘째, 아버지-아들의 협동 관계를 영적으로 이해하는 것, 셋째로, 무한한 영을 지적으로 인식하는 것이다. 이 여러 교육 단계는 각각 일곱 지부로, 각 지부는 열두 소분과로, 각 소분과는 70개 부속 집단으로 나누어진다. 이 70 부속 교육 집단은 각각 1천 등급으로 제시된다. 더 자세한 가르침은 나중의 여러 궤도에서 마련되지만, 파라다이스의 각 필요 사항의 요약을 순례자 조수들이 가르친다.

그러면 이것이 믿음의 시험을 받고, 많이 여행한 공간 순례자들을 직면하는 1차 교과, 기본 교과(教科)이다. 그러나 하보나에 이르기 훨씬 전에, 승천하는 이 시간의 아이들은 불확실성을 마음껏 즐기고, 실망에 살찌고, 명백한 실패를 당면하여 열을 올리며, 어려움 가운데서 활력을 얻고, 엄청난 것에 부닥쳐도 굽히지 않는 용기를 보이며, 설명할 수 없는 것에 도전받았을 때 꺾을 수 없는 믿음을 실천하기를 배워 왔다. 그 뒤에 오랫동안, "하나님과 결합해서는 아무 것도—절대로 아무 것도—불가능하지 않다"는 것이 이 순례자들의 투쟁 구호가 되었다.

하보나의 각 궤도에는 시간 순례자들에 대하여 분명한 요구 사항이 있다. 모든 순례자는 그 특별한 종류의 하늘 가는 생물을 돕기에 성질이 적응된 상천사들의 보호 밑에서 계속 있으며, 한편 통달해야 되는 과정은 중앙 우주에 다다르는 모든 승천자에 대하여 상당히 일관성이 있다. 이 성취 과정은 양적, 질적, 체험적인 것이다—지적, 영적이고 최상급이다.

하보나 궤도에서 시간은 아무 중요성이 없다. 제한된 방법으로, 시간은 진급 가능성에 계산되지만, 성취가 마지막이자 최상의 시험이다. 네가 안쪽으로 다음 궤도로 갈 능력이 있다고 너의 상천사 동료가 판단을 내리는 바로 그 순간, 너는 일곱째 회로 영의 열두 조수 앞에 출두하게 된다. 여기서 네가 기원을 가진 초우주, 그리고 네가 태어난 체계가 지정한, 그 궤도의 시험에 합격(合格)하는 것이 너에게 요구될 것이다. 이 궤도에서 신성에 도달하는 것은 시범 세계에서 일어나며, 그것은 하늘 가는 순례자의 초우주 으뜸 영을 영적으로 인식하고 깨닫는 것이다.

하보나의 바깥 궤도의 일이 끝나고 제시된 과정을 통달하면, 순례자 조수들은 피보호자를 다음 궤도의 시범 세계로 데리고 가서, 최상위 안내자들의 보호 밑에 맡긴다. 순례자 조수들은 그 이동이 유쾌하고 유익하게 만들도록 거들려고 언제나 한 철 동안 머무른다.

6. 최상위 안내자

공간의 승천자들은 일곱째 궤도에서 여섯째 궤도로 옮겨질 때, "영적 졸업생"이라 부르고 최상위 안내자들의 직접 감독 밑에 맡겨진다. 이 안내자들은—무한한 영의 고등 성격자들에 속하는—졸업생 안내자와 혼동해서는 안 된다. 후자는 그 일꾼 동료들과 함께, 하보나의 모든 회로에서, 하늘 가는 순례자와 내려오는 순례자들 모두에게 봉사한다. 최상위 안내자들은 중앙 우주의 여섯째 궤도에서만 활동한다.

이 궤도에서 승천자들은 최상 신성(神性)을 새로이 깨닫는다. 진화하는 우주에서 있었던 긴 생애를 통해서, 시간 순례자들은 시공 창조들이 전능하게 전반적으로 통제되는 현실을 점점 더 의식해 왔다. 여기, 이 하보나 회로에서, 그들은 시간과 공간을 통일하는 중앙 우주 근원—최상위 하나님의 영적 실체—와 마주치는 일이 가까워진다.

나는 이 궤도에서 벌어지는 것을 설명하기가 얼마큼 곤란하다. 승천자들은 최상위의 아무런 성격화된 계심을 식별하지 못한다. 어떤 면에서는, 제7 으뜸 영과 가지는 새로운 관계가 이러한 최상 존재의 접촉 불가능성을 보충한다. 그러나 그 기법을 이해하지 못하는 우리의 무능함에 상관 없이, 각 승천 생물은 사람을 변화시키는 성장, 의식의 새로운 통합, 목적의 새로운 영적 변화, 신성에 대한 새로운 민감성을 체험하는 듯하다. 이것들은 최상 존재의 밝혀지지 않은 활동을 가정하지 않으면 도저히 만족스럽게 설명할 수 없다. 이 신비스러운 거래들을 관찰해 온 우리에게는, 최상위 하나님이 체험적인 자녀에게 사랑으로, 체험 능력이 자라는 바로 그 한계까지, 지적 이해, 영적 통찰력, 성격의 범위를 향상시키는 것처럼 보인다. 영원하고 실존하는 파라다이스 신들에 도달하기 위해서, 최상 삼위 일체의 신성 수준을 파고들려고 그들이 온갖 노력을 기울일 때, 이것들이 아주 필요하다.

자기 생도가 진급할 만큼 성숙하다고 판단할 때, 최상위 안내자들은 70자 위원회에 그 생도(生徒)들을 데리고 오는데, 이 위원회는 6번 회로의 시범 세계에서 검사자로서 봉사하는 혼합 집단이다. 최상 존재와 최상 삼위 일체에 대하여 이해하는 정도가 이 위원회를 만족시킨 뒤에, 순례자들은 다섯째 회로로 이동하라고 인가를 받는다.

7. 삼위 일체 안내자

삼위 일체 안내자들은, 시공의 전진하는 순례자들에게 하보나 훈련을 시키는 다섯째 궤도에서, 지칠 줄 모르고 일하는 봉사자이다. 여기서 영적 졸업생들을 "신(神) 모험 후보자"로 부른다. 이는 이 궤도가 삼위 일체 안내자들의 지도 밑에서, 무한한 영의 성격을 인식하려는 시도에 대비해서, 순례자들이 신성한 삼위 일체에 관하여 상급의 가르침을 받는 곳이기 때문이다. 여기서, 하늘 가는 순례자들은 더욱 부담되고 훨씬 더 벅찬 영적(靈的) 노력의 성질을 비로소 깨달으면서, 진정한 연구와 참된 정신적 노력이 무엇을 의미하는가 발견한다. 이 회로의 세계들에서 그들이 성취하도록 세워진 높은 목표의 요구를 충족하기 위해서, 이러한 노력이 필요할 것이다.

삼위 일체 안내자들은 아주 충실하고 유능하다. 각 순례자는 이 계급에 속하는 한 2차 상천사의 집중된 주목(注目)을 받으며, 온전한 사랑을 누린다. 앞으로 다가

오는, 신을 발견하는 모험의 성질과 기법에 관하여 하늘 가는 자들을 가르치는 데 종사하는 이 안내자들과 기타 영적 존재 무리의 도움과 조력이 없다면, 시간 순례자는 결코 파라다이스 삼위 일체 가운데서 먼저 접근이 가능한 성격도 찾지 못할 것이다.

이 회로에서 훈련 과정을 마친 뒤에, 삼위 일체 안내자들은 생도들을 그곳의 시범 세계로 데리고 가서, 신 모험을 하려는 후보자들을 검사하고 인가하는 자로서 활동하는 여러 3자 위원회 중 하나 앞에 그들을 내놓는다. 이 위원회들은 최후자 1명, 1차 상천사들 계급에서 행위 지도자 1명, 공간의 외톨 사자나 파라다이스의 삼위 일체를 체험한 아들 1명으로 구성된다.

하늘 가는 혼이 실제로 파라다이스를 향해 떠날 때, 오직 수송 삼원조, 곧 상천사 수준의 동료, 졸업생 안내자, 그리고 후자에게 언제나 붙어 있는 일꾼 동료만 그를 따른다. 하보나의 궤도들로부터 파라다이스까지 가는 소풍은 시험 여행이다. 승천자들은 아직 파라다이스 지위를 가지지 않았다. 우주의 아버지께 도달하고 하보나 회로들에서 마지막 허가를 받고 난 뒤에, 시간의 마지막 휴식을 거치기까지, 그들은 파라다이스에서 거주 지위를 얻지 못한다. 거룩한 휴식이 있은 뒤에, "신성(神性)의 본질"과 "최상의 영"을 취하고, 그래서 영원의 수준에서, 삼위 일체가 계신 앞에서, 정말로 비로소 활동하기까지는 그렇게 되지 않는다.

하늘 가는 자의 수송 삼원조인 동반자들은 그가 삼위 일체의 영적 빛의 지리적 계심을 찾아낼 수 있게 만들라고 요구되지 않는다. 차라리, 성격 인식에 해당할 만큼 넉넉하게, 순례자가 무한한 영을 인식하고 알아보며 이해하는 어려운 과제에서 그에게 모든 가능한 도움을 주는 것이 요구된다. 파라다이스에 있는 어떤 승천 순례자도 삼위 일체의 지리적 계심, 곧 위치에 계심을 알아볼 수 있고, 대다수는 신들, 특히 셋째 분의 지적(知的) 실체와 스칠 수 있다. 그러나 모두가 아버지와 아들의 영적 계심의 실체를 인식하거나, 일부라도 이해할 수 있지는 않다. 우주의 아버지를 최소로 영적으로 이해하는 것조차 더욱 어렵다.

무한한 영의 추구를 성취하는 데는 실패하는 일이 드물다. 피교육자가 이 단계의 신 모험에 성공했을 때, 삼위 일체 안내자들은 하보나의 넷째 궤도에 있는 아들 탐지자들의 봉사에 그들을 이동시키려고 준비한다.

8. 아들 탐지자

넷째 하보나 회로는 가끔 "아들들의 회로"라고 부른다. 이 회로의 세계들로부터 영원한 아들과 분별 있는 접촉을 가지기 위하여, 하늘 가는 순례자들은 파라다이스로 간다. 한편 이 회로의 세계들에서 내려오는 순례자들은 시공의 아들 창조자들의 성품과 임무에 관하여 새로운 이해가 생긴다. 이 회로에는 일곱 세계가 있다. 거기서 파라다이스 미가엘들의 예비군이, 하늘 가는 순례자와 내려오는 순례자들에게 서로 봉사하는 특별 서비스 학교를 운영한다. 그리고 바로 이 미가엘 아들들의 세계들에서, 시간의 순례자와 영원(永遠)의 순례자들이 처음으로 진정하게 서로에 대하여 이해하게 된다. 여러 면에서, 이 회로에서 겪는 체험은 하보나 체류 전체에서 가장 흥미를 자아낸다.

아들 탐지자들은 넷째 회로의 승천하는 필사자들에게 시중드는 상천사이다. 영원한 아들의 삼위 일체 관계를 후보자가 깨닫도록 준비시키는 일반 작업 외에도 피교육자가 세 가지 일에 온전히 성공하도록 이 아들 탐지자들은 충분히 가르쳐야 한다. 첫째로, 아들을 알맞게 영적으로 인식하는 것, 둘째로, 아들의 성격을 만족스럽게 인식(認識)하는 것, 셋째로, 무한한 영의 성격과 아들을 적절히 구분하는 것이다.

무한한 영에 다다른 뒤에, 아무 시험도 더 시행되지 않는다. 안쪽 여러 궤도에서 있던 시험의 수단은, 신들을 가린 것의 품에 안겨 있을 때 그 순례 후보자들의 성적이다. 진급은 순전히 그 개인의 영적 성향에 따라서 결정되며, 신들 외에 아무도 주제넘게 이것을 소유한다고 단정하지 않는다. 실패할 경우에 아무런 이유도 찾지 않고, 후보자 자신이나, 그들의 개인 교사와 안내자들도 결코 꾸지람을 받거나 비판을 받지 않는다. 파라다이스에서 실망(失望)은 결코 실패로 여기지 않는다. 뒤로 미루는 것을 한 번도 굴욕으로 여기지 않고, 시간 속에서 명백한 실패는 결코 영원 속에서 심각한 지연과 혼동되지 않는다.

신에 도달하는 모험에서, 겉보기에 실패하는 지연(遲延)을 많은 순례자가 겪지는 않는다. 거의 모두가 무한한 영에 도달하지만, 제1 초우주에서 온 순례자들이 가끔 처음 시도에서 성공하지 못한다. 영에 도달한 순례자들은 아들을 발견하는 데 실패하는 일이 드물다. 첫 모험에서 실패하는 자들 가운데 거의 모두가 제3 및 제5 초우주에서 온다. 영과 아들을 발견한 뒤에, 아버지에게 이르는 처음 모험에서 실패하는 자들의 대다수가 제6 초우주에서 오고, 제2와 제3 초우주에서 온 소수도 마찬가지로 실패한다. 이 모든 것이 이 명백한 실패에, 좋고도 충분한 이유가 있음을 가리키는 듯하지만, 실제로 이것은 피할 수 없는 지연이다.

신에 도달하는 모험에 실패한 후보자들은 배치장, 곧 1차 상천사들의 무리의 관할에 맡겨지며, 적어도 1천 년 동안, 공간 영역의 과업으로 돌아간다. 그들이 출생한 초우주로는 결코 돌아가지 않으며, 두 번째 신 모험을 준비하는 재훈련에 가장 형편이 좋은 초월 창조로 간다. 이 근무를 마치고 나서, 자신들이 제안해서 그들은 하보나의 바깥 궤도로 돌아오며, 중단된 생애의 궤도로 즉시 호송되고, 당장에 신에 도달하는 모험을 하려고 다시 준비를 시작한다. 2차 상천사들은 피교육자를 2차 시도에서 성공적으로 안내하는 일을 결코 그르치지 않는다. 바로 이 상천사 봉사자와 기타 안내자들도 이 둘째 모험에서 이 후보자들을 반드시 따라다닌다.

9. 아버지 안내자

순례하는 혼이 하보나의 셋째 궤도에 이를 때, 그는 아버지 안내자들의 보호 밑으로 들어오는데, 이 안내자들은 상천사 봉사자들 가운데 나이가 더 지긋하고, 상당히 노련하고, 가장 경험이 많다. 이 회로의 세계들에서, 아버지 안내자들은 지혜 학교와 기술 학부들을 유지하며, 거기에는 중앙 우주에서 거주하는 모든 존재가 선생으로 근무한다. 영원에 도달하는 이 초월 모험에서, 시간의 생물에게 소용될 만한 것은 하나도 방치되지 않는다.

거쳐야 될 회로들이 남아 있는데도, 우주의 아버지에 도달하는 것은 영원에 이르는 여권이다. 따라서 시간의 마지막 모험이 바야흐로 시작되고, 또 하나의 공간 생물이 영원의 입구를 통해서 파라다이스 입장(入場)을 추구한다고 수송 삼원조가 발표할 때는 3번 궤도의 시범 세계에서 중대한 때이다.

시간의 시험은 거의 끝났고, 영원을 향한 달리기는 거의 끝난 것이나 다름없다. 불확실한 시절은 끝나고 있고, 의심의 유혹은 사라지고 있으며, 완전하라는 명령은 지켰다. 지성 존재의 맨 밑바닥에서부터, 시간 생물이자 물질 성격자가 공간의 진화 구체들을 올라왔다. 이것은 승천 계획이 가능함을 증명하며, 또한 우주의 아버지가 여러 세계에 있는 비천한 생물에게 주신 명령의 정의(正義)와 올바름을 언제까지나 보여 준다: "내가 완전한 것 같이 너희도 완전하라."

한 걸음 한 걸음, 한 생명 한 생명, 한 세계 한 세계, 하늘 가는 생애를 통달했고, 신에 이르는 목표는 이루어졌다. 살아남는 일은 완전히 마무리되고, 완전은 최상의 신성 속에 넘친다. 시간은 영원 속에서 자취를 감춘다. 우주의 아버지와 경건하게 일치하고 조화를 이룬 가운데, 공간은 삼켜져 버린다. 하보나의 방송은 영광스러운 공간 보고서, 곧 참으로 진화로 승천함을 통해서, 동물의 성질과 물질 기원을 가진 양심적인 생물이, 실제로, 영원히, 하나님의 완전하게 된 아들이 되었다는 좋은 뉴스를 번개처럼 보낸다.

10. 상담자와 고문

둘째 궤도에 있는 상담 및 고문 상천사들은, 시간의 아이들에게 영원의 생애에 관하여 가르치는 교육자이다. 파라다이스에 도달하면 새롭고 더욱 높은 수준의 책임이 따르며, 둘째 궤도에서 머무르는 것은 이 헌신하는 상천사들의 유익한 상담을 받을 기회를 충분히 준다.

신에 도달하는 첫 시도에서 성공하지 못하는 자들은, 초우주 근무로 돌아가기 전에, 실패한 궤도에서 바로 둘째 궤도로 올라간다. 따라서 상담자와 고문들은 또한 실망한 이 순례자들에게 상담자와 위로자로서 봉사한다. 그들은 가장 큰 실망에 막 부닥쳤고, 이 실망은 사다리의 경우처럼, 혼돈에서 영광으로 올라갔던, 목록이 긴 그러한 체험과—크기만 빼고—조금도 다르지 않다. 그들은 체험의 잔을 찌꺼기까지 마셨다. 시간 속에서 일시적 실망을 겪는 아이들에게 사랑으로 봉사하는 가장 높은 부류의 봉사자로서, 그들이 초우주 근무로 일시 돌아가는 것을 나는 보아 왔다.

2번 궤도에서 오래 머무른 뒤에, 실망한 주체들은 이 궤도의 시범 세계에 있는 완전 회의의 검사를 받고, 하보나 시험에 합격한 것으로 인정을 받는다. 그리고 이것이, 비영적 지위에 관한 한, 그들이 실제로 신에 이르는 모험에 성공한 것과 똑같은 지위를 시간 우주에서 그들에게 부여한다. 그러한 후보자들의 영은 전적으로 받아들일 만했다. 그들의 실패는 접근 기법의 어떤 국면이나, 그들의 체험적 배경의 어느 부분에 선천적이었기 때문이다.

그리고 나서 회로의 상담자들이 그들을 파라다이스에 있는 배치장들 앞으로 인도하며, 그들은 공간 세계들에서 시간의 근무를 하도록 되돌아가게 된다. 그들은 기쁨과 반가움으로 지난 시절과 시대의 과제로 돌아간다. 어느 다른 날에 그들이 가장 실망했던 회로(回路)로 돌아와서, 그들은 신에 이르는 모험을 새롭게 시도할 것이다.

둘째 회로에서 성공한 순례자들에게는, 진화적 불확실성의 자극이 이미 끝났지만, 영원한 임무로 떠나는 모험은 아직 시작되지 않았다. 이 회로에서 머무름이 온통 쾌적하고 상당히 유익하기는 하지만, 앞의 여러 궤도에 있었던, 기대에 부푼 정열이 얼마큼 모자란다. 그런 때에, 어떻게 해서든지 시간의 세계들로 돌아가서 다다시 시작할 수 있지 않을까 정말로 바라면서, 즐거운 시샘으로 기나 긴 투쟁을 뒤돌아보는 순례자가 많다. 이것은 황혼기에 접어들면서, 너희 필사자들이 젊은 날과 초기 시절의 고생(苦生)을 가끔 뒤돌아보면서, 너희의 생애를 다시 한 번 살 수 있을까 참으로 바라는 것과 같다.

그러나 가장 안쪽 회로를 횡단하는 일은 바로 눈앞에 놓여 있고, 그 뒤에 곧 마지막으로 이동하는 잠이 끝나고 영원한 생애의 새로운 모험이 시작될 것이다. 둘째 궤도에서 상담자와 고문들은 큰 이 마지막 휴식을 위해서 피교육자의 준비를 시작하며, 이것은 하늘 가는 생애의 시대적 단계들 사이에 언제나 끼는 불가피한 잠이다.

우주의 아버지에 도달한 승천 순례자들이 둘째 궤도의 체험을 마칠 때, 늘 따라다니는 졸업생 안내자들이 그들을 마지막 궤도에 입장시키는 명령을 내린다. 이 안내자들은 내부 회로로 피교육자들을 몸소 안내하며, 거기서 휴식 보충자들의 보호 밑에 맡긴다. 이 휴식 보충자들은 하보나 세계 회로들에서 시간의 순례자에게 봉사하는 데 배치된 2차 상천사의 마지막 계급이다.

11. 휴식 보충자

마지막 회로에서 하늘 가는 자가 보내는 시간의 상당 부분은 다가오는 문제, 파라다이스에 거주하는 문제의 연구를 계속하는 데 바쳐진다. 광대하고 다채로운 무리의 존재들은, 그 대다수가 밝혀지지 않는데, 하보나 세계들의 이 안쪽 고리에서 영구하게, 그리고 일시, 거주하는 자들이다. 이 다양한 부류의 혼합은 상천사인 휴식 보충자들에게 상황 면에서 풍부한 환경을 마련해 준다. 하늘 가는 사람들의 교육을 증진시키기 위해서, 특히 파라다이스에서 곧 마주치게 될 많은 무리의 존재들에게 적응하는 문제에 관하여, 그들은 그 환경을 효과 있게 사용한다.

이 안쪽 회로에서 사는 자들 가운데는 생물이 삼자 일체 체험으로 낳은 아들들이 있다. 1차 및 2차 상천사들은 이 아들들의 합동 군단의 일반 보호자이며, 이 군단은 필사 최후자들이 삼자 일체 체험으로 낳은 자손, 그리고 파라다이스 시민들의 비슷한 후손을 포함한다. 이 아들들 가운데 더러는 삼위 일체의 품에 안기고 초우주 정부에 임명되며, 더러는 여러 가지로 배치되지만, 대다수는 안쪽 하보나 회로의 완전한 세계들에서 합동 군단에 함께 집합된다. 여기서, 상천사들의 감독 밑에, 특별하고 이름 없는 높은 파라다이스 시민의 군단이, 어떤 미래의 일을 위하여 그들을 준비시킨다. 이 파라다이스 시민들은 그랜드판다 시절 이전에, 늘 영원한 이들에게 첫 행정 조수였다. 독특한 이 두 집단, 삼자 일체 체험으로 생긴 존재들이 먼 앞날에 함께 일하리라고 추측하는 데는 여러 가지 이유가 있다. 삼위 일체를 체험한 최후자들의 파라다이스 군단의 예비군에서 그들이 공통 운명을 가진다는 것이 그 가운데 가장 작은 이유는 아니다.

이 가장 안쪽 회로에서, 올라가는 순례자와 내려오는 순례자들이 다 서로 사귀고, 또한 생물이 삼자 일체 체험으로 낳은 아들들하고도 사귄다. 그들의 부모와 마찬가지로, 이 아들들은 서로 교제(交際)함으로부터 큰 소득을 얻고, 필사 최후자들이 삼자 일체 체험으로 낳은 아들들, 파라다이스 시민들이 삼자 일체 체험으로 낳은 아들들이 서로 친교하는 것을 촉진하고 보장하는 것이 상천사들의 특별 임무이다. 상천사인 휴식 보충자들은 훈련보다 그들이 다양한 집단과 분별 있는 관계를 갖도록 조장하는 데 더 관심을 가진다.

필사자들은 "너희의 파라다이스 아버지가 완전한 것 같이, 너희도 완전하라" 하는 파라다이스 명령을 받았다. 합동 군단에서 삼자 일체 체험으로 태어난 이 아들들에게, 감독하는 상천사들은 결코 그치지 않고 선포한다: "파라다이스 아들 창조자들이 너희의 하늘 가는 형제들을 이해하고 사랑하는 것 같이, 저희를 이해하라."

필사 인간은 하나님을 발견해야 한다. 아들 창조자는 그가 사람—가장 낮은 의지 생물—을 찾아내기까지 결코 멈추지 않는다. 의심할 여지 없이, 아들 창조자들과 그의 필사 자녀들은 어떤 앞날에 미지의 우주 봉사를 위하여 준비하고 있다. 양자(兩者)가 체험적 우주의 영역 전체를 거쳐 가며, 그들의 영원한 임무를 위해서 그렇게 교육과 훈련을 받는다. 우주에 두루, 사람다운 것과 신다운 것의 독특한 이 배합, 곧 피조물과 창조자의 혼합이 일어나고 있다. 생각 없는 사람들은, 특별히 약한 자에 대해서, 또 가난한 자를 위하여, 신의 자비와 부드러움이 나타나는 것은 하나님이 사람을 닮았음을 가리킨다고 말해 왔다. 이것은 얼마나 큰 잘못인가! 오히려, 인간이 자비와 인내심을 그렇게 나타내는 것은, 필사 인간에게 살아 계신 하나님의 영이 깃들며, 생물은 결국 신성에 자극받는다는 증거로 여겨야 한다.

첫째 궤도에서 체류가 거의 끝날 때, 하늘 가는 순례자들은 처음으로 1차 서열 상천사인 휴식 선동자들을 만난다. 그들은 영원의 문턱에 서 있는 자들에게 인사하고, 마지막으로 부활하는 이동 잠을 위해서 준비를 마치려고 오는 파라다이스 천사이다. 네가 안쪽 궤도를 거치고 시간의 마지막 잠에서 영원으로 부활하는 것을 체험하기까지, 너는 참으로 파라다이스의 아이가 아니다. 완전하게 된 순례자들은 이 휴식을 시작하고 하보나의 첫째 궤도에서 잠에 들어가지만, 파라다이스 바닷가에서 깨어난다. 영원한 섬으로 올라가는 모든 자 가운데, 이렇게 도착하는 자들만 영원의 아이이다. 다른 자들은 방문객으로서, 거주 지위가 없는 손님으로서 간다.

이제, 하보나 생애의 절정에서, 안쪽 회로의 시범 세계에서 너희 필사자들이 잠에 들어가면서, 필사자가 죽는 자연스런 잠 속에서 눈을 감았을 때 너희의 기원 세계에서 했던 것처럼, 또 하보나로 가는 여행을 위해서 준비하는 오랜 이동의 꿈결에 들어갈 때 했던 것처럼, 너희는 혼자서 휴식에 들어가지 않는다. 이제, 도달의 휴식을 위해 준비할 때, 첫째 궤도에서부터 같이 있던 너의 오랜 동료가 네 옆에서 움직인다. 그는 너의 이동이 완결되었고, 네가 오직 완전의 마지막 손길을 기다린다는 하보나의 서약으로서, 너와 하나가 되어 휴식에 들어가려고 준비하는 훌륭한 휴식 보충자이다.

너의 처음 이동은 정말로 죽음이었고, 둘째는 이상적인 잠이었으며, 이제 셋째 변화는 참된 휴식, 오랜 시대만에 있는 휴양이다.

[유버르사에서 온 한 지혜 완성자가 발표했다.]

제 27 편

1차 상천사의 봉사

1차 상천사들은 영원한 파라다이스 섬에서 신들을 섬기는, 하늘의 일꾼이다. 그들이 한 번이라도 빛과 올바름의 길에서 벗어났다는 소식이 들린 적이 없다. 그 점호는 완전하며, 영원으로부터 이 훌륭한 무리 가운데 하나도 타락한 적이 없다. 높은 이 상천사들은 완전한 존재요 최상으로 완전하지만, 그들은 초한하지 않고, 절대적이지도 않다. 완전의 본질이니까, 무한한 영의 이 아이들은 서로 바꾸어서, 그리고 다채로운 임무의 모든 단계에서 뜻대로 일한다. 중앙 우주에서 1천 년마다 모이는 여러 집회와 집단 재회에 참여하지만, 그들은 파라다이스 바깥에서는 두루 활동하지 않는다. 그들은 또한 신들의 특별 사자로서 여행하고, 기술 고문이 되려고 큰 무리를 지어 올라간다.

1차 상천사들은 반란 때문에 고립된 세계들에서 봉사하는 천사 무리들을 지휘하는 책임을 맡기도 한다. 한 파라다이스 아들이 그러한 세계에 수여되고, 그 임무를 완수하고, 우주의 아버지께로 올라가서 영접받고, 이 고립된 세계의 인가된 구원자로 돌아올 때, 1차 상천사(上天使) 하나가 새로 회수한 이 구체에서 근무하는 봉사 영들의 지휘를 맡으라고 반드시 배치장들의 지명을 받는다. 이 특별 근무에 종사하는 상천사는 정기적으로 갈린다. 유란시아에서 현재 "세라핌 우두머리"는 그리스도 미가엘이 수여된 시절 뒤로, 이 계급에서 두 번째로 근무하는 자이다.

영원으로부터 1차 상천사는 빛의 섬에서 봉사해 왔고, 공간 세계들까지 지휘하는 임무를 띠고 떠나갔다. 그러나 시간 세계에서 온 하보나 순례자들이 파라다이스에 다다른 뒤에, 그들은 오직 현재 분류된 대로 활동해 왔다. 이 높은 천사들은 주로 다음 일곱 가지 봉사 계급에서 지금 봉사를 베푼다:

1. 예배 인도자.
2. 철학 대가.
3. 지식 보관자.
4. 행동 지도자.
5. 윤리 해석자.
6. 배치장.
7. 휴식 선동자.

하늘 가는 순례자들이 실제로 파라다이스 거주 자격을 얻기까지, 순례자들은 이 상천사들의 직접 영향 밑에 들어오지 않는다. 그리고 나서 천사들 이름이 적힌 순서의 반대로 순례자들은 이 천사들의 지휘 밑에서 훈련 경험을 쌓는다. 다시 말해서, 너는 휴식 선동자들의 보호 밑에 파라다이스 생애에 입문(入門)하고, 중간에 끼는 계급들과 연속되는 계절들을 보낸 뒤에, 이 예배 인도자들과 함께 훈련 기간을 마친다. 그리고 나서 너는 최후자의 끝없는 생애를 시작할 준비가 된다.

1. 휴식 선동자

휴식 선동자들은 파라다이스의 검열자이며, 가운데 섬으로부터 하보나의 안쪽 회로에 가서, 거기서 그들의 동료, 곧 2차 계급 상천사인 휴식 보충자들과 협력한다. 파라다이스를 즐기는 데 한 가지 필수인 것은 휴식, 신성한 휴식이다. 이 휴식 선동자들은 시간 순례자들이 영원으로 입문하도록 준비시키는 최종 교육자이다. 선동자들은 중앙 우주에서 마지막으로 도달하는 궤도에서 일을 시작하고, 순례자가 마지막 이동의 잠에서 깨어날 때 그 일을 계속하며, 이 잠은 한 공간 생물을 졸업시켜서 영원의 나라로 보낸다.

휴식은 일곱 가지 성질이 있다. 낮은 생명의 서열에는 잠자는 휴식과 놀이의 휴식이 있고, 더 높은 존재들에게 발견이 있고, 가장 높은 부류의 영 성격자에게는 예배가 있다. 또한 에너지 흡수, 곧 존재들을 물리 에너지나 영적 에너지로 채우는 정상 휴식이 있다. 그리고 이동하는 잠, 곧 천사에 둘러싸일 때, 한 구체에서 다른 구체로 통과할 때 겪는 무의식(無意識)의 잠이 있다. 이 모든 것과 전혀 다른 것은 변형하는 깊은 잠, 곧 한 존재 단계로부터 다른 단계로, 한 생명에서 다른 생명으로, 한 존재 상태로부터 다른 존재 상태로 가는 이동(移動) 휴식이 있다. 이러한 잠은 어느 한 지위의 여러 <u>단계</u>를 거치는 진화와 대조해서, 실제 우주 <u>지위</u>로부터 이동하는 데 언제나 따르는 잠이다.

그러나 마지막으로 변형(變形)하는 잠은, 승천 생애의 이어지는 지위의 획득을 표시해 왔던 이전의 이동하는 잠보다 더 큰 무엇이다. 이로서 시공 생물은 시간과 공간이 없는 파라다이스 거처에서 거주 자격을 얻으려고, 일시적·공간적인 것의 맨 안쪽 테두리를 거쳐 간다. 필사 인간이 죽음에서 살아남는 데 세라핌 및 관련된 존재들이 필수인 것과 똑같이, 휴식 선동자와 보충자들은 이 초월적 변형에 필수이다.

너는 마지막 하보나 회로에서 휴식에 들어가고, 파라다이스에서 영원히 부활한다. 거기서 영적으로 다시 성격화하면서, 너는 이내 휴식 선동자를 알아볼 터인데, 그는 하보나의 맨 안쪽 회로에서 마지막 잠에 빠지게 한 바로 그 1차 상천사로서, 너를 영원한 바닷가로 반가이 맞는다. 그리고 네 신분의 보관을 우주의 아버지의 손에 맡기려고 네가 다시 한 번 준비하면서, 마지막으로 큰 믿음의 경주(競走)를 너는 기억할 것이다.

시간 속에서 마지막 휴식은 이미 가졌고, 마지막으로 이동하는 잠도 맛보았다. 이제 너희는 영원한 거처의 바닷가에서 영구한 생명으로 깨어난다. "더 이상 잠이 없으리로다. 하나님의 계심과 그의 아들은 너희 앞에 있고, 너희는 영원히 그의 일꾼이로다. 너희는 그의 얼굴을 보았으니, 그의 이름은 너희의 영이로다. 거기에는 밤이 없을지며, 저희는 햇빛이 필요 없으니, 위대한 근원 중심이 빛을 주심이라. 저희는 영원토록 살리라. 하나님은 저희 눈에서 눈물을 다 닦아 주시리라. 더 이상 죽음이 없고, 슬픔도 울음도 없으며, 아픔도 더 없으리니, 예전의 것들이 지나가 버렸음이라."

2. 배치장

이들은 모두 세 계급의 이 천사—1차·2차·3차 상천사—들의 조직을 주관하기 위하여, 우두머리 상천사, 곧 "최초의 원형(原形) 천사"가 때때로 고르는 무리이다. 그들의 공통된 우두머리, 곧 이 모든 영 성격자를 늘 주관하는 파라다이스의 처음 천사의 기능을 제외하고, 하나의 집단으로서 상천사들은 온전히 자치하며 자율성이 있다.

파라다이스의 영화롭게 된 필사 거주자들이 최후 군단에 가입하기 전에, 배치 천사들은 그들과 많이 상관이 있다. 연구와 교육은 파라다이스에 도착한 자들의 유일한 직업이 아니다. 파라다이스에서 최후자가 되기 전 교육받는 체험에서, 봉사도 또한 필수(必須) 부분이다. 그리고 하늘 가는 필사자들은 한가한 시간이 있을 때, 상천사 배치장의 예비군과 사귀는 성향을 나타내는 것을 나는 보아 왔다.

너희 필사 승천자들이 파라다이스에 이를 때, 너희의 사회 관계에는, 신분이 높고 신다운 존재들의 무리, 그리고 영화롭게 된 낯익은 동료 필사자 무리와 가지는 접촉보다 훨씬 많은 것이 따른다. 너희는 3천쯤 되는 다른 계급의 파라다이스 시민들, 여러 집단의 초월자들, 수많은 다른 종류의 영구 및 일시 파라다이스 거주자들과 또한 사귀어야 하는데, 그들은 유란시아에서 아직 밝혀진 적이 없다. 이러한 막강한 파라다이스 지성 존재들과 지속된 접촉을 가진 뒤에, 천사 부류의 지성과 이야기하는 것은 아주 편안하다. 그들은 시간 속에 사는 사람들에게, 그렇게 오래 접촉해 왔고 유쾌하게 사귀었던 세라핌들을 생각나게 한다.

3. 윤리 해석자

생명의 눈금에서 너희가 높이 올라가면 갈수록, 우주 윤리를 더욱 눈여겨보아야 한다. 윤리(倫理) 의식은 단지 한 개인이, 어떤 다른 개인, 모든 다른 개인의 존재에 본래부터 있는 권리를 깨닫는 것이다. 그러나 영적 윤리는 개인 및 집단 관계에 대한, 필사자 및 상물질 개념조차도 훨씬 뛰어넘는다.

시간 순례자들은 파라다이스의 영광까지 오랫동안 올라가는 동안에 마땅히 윤리를 가르침 받고 적절히 배워 왔다. 공간의 출생 세계로부터 안으로 올라가는 생애가 펼쳐짐에 따라서, 승천자들은 항상 넓어지는 우주 동료 모임에 많은 집단을 계속 더했다. 새로운 동료 무리마다, 인식하고 좇아야 할 윤리의 한 수준에 더 부딪쳤고, 이것은 하늘 가는 자들이 파라다이스에 이를 때가 되어, 윤리적 해석에 관하여 정말로 유익하고 친절하게 조언해 줄 누군가가 필요할 때까지 계속된다. 그들에게 윤리를 가르칠 필요는 없지만, 아주 많은 새로운 것을 접촉하는 특별한 과제에 부닥치는 대로, 그렇게 땀흘리며 배운 것을 그들에게 적절히 <u>해석해</u> 주는 것이 필요하다.

거주 지위를 얻는 때로부터 필사 최후자 군단에 정식으로 입단하기까지 이어지는 파란 많은 기간에, 윤리 해석자들은 파라다이스에 도착하는 자들이 수많은 무리의 훌륭한 존재들에게 적응하도록 돕는 데 그들에게 귀중한 원조가 된다. 하늘 가는 순례자들은 수많은 부류의 많은 파라다이스 시민을 하보나의 일곱 회로에서 이미 만난 적이 있다. 영화롭게 된 필사자들은 또한 하보나 안쪽 회로의 합동 군단에 소속된, 생물이 삼자 일체 체험으로 낳은 아들들과 밀접한 접촉을 즐겼고, 여기서 이 존재들은 그들의 교육에서 상당 부분을 받고 있다. 그리고 다른 회로에서, 하늘 가는 순례자들은 파라다이스-하보나 체계에 속하는 밝혀지지 않은 수많은 거주자를 만났고, 그들은 거기서, 아직 밝혀지지 않은 앞날의 임무에 대비해서 집단 훈련을 추구하고 있다.

이 모든, 하늘의 사귐은 항상 서로 주고받는 것이다. 하늘 가는 필사자로서, 너희는 잇따라 만나는 이 우주 동반자들, 그리고 그렇게 수많은 계급의 더욱 신다운 동료들로부터 이익을 얻을 뿐 아니라, 너희도 이 친교하는 존재들 각자에게 너 자신의 성격과 체험으로부터 무엇을 준다. 시공의 진화 세계들에서 온 하늘 가는 사람과 사귀었기 때문에, 이것은 그들 각자를 다르고 더 낫게 만든다.

4. 행동 지도자

파라다이스 관계에 있는 윤리는 의미 없는 형식이 아니요, 부자연한 계급 제도를 강요하는 것도 아니지만, 차라리 본래부터 있는 특성이다. 이에 대하여 이미 넉넉히 가르침을 받았으니, 하늘 가는 사람들은 상천사인 행동 지도자들의 조언을 받는 것이 유익하다. 이 지도자들은 파라다이스 사회의 새 회원들에게, 가운데 빛과 생명의 섬에서 머무르는 높은 존재들이 완전하게 행동하는 관습에 관하여 가르친다.

조화(調和)는 중앙 우주의 기본음이며, 탐지할 수 있는 질서가 파라다이스를 지배한다. 적당한 행동은, 지식의 길을 거치고 철학을 통해서, 자연히 우러나오는 예배의 영적 경지에 이르도록 진보하는 데 필수이다. 신에게 이르는 접근법에는 신다운 기법이 있고, 이 기법을 터득하는 것은 순례자들이 파라다이스에 도착하기까지 기다려야 한다. 그 정신은 여러 하보나 궤도에서 전해졌지만, 시간 순례자들의 훈련에서 마지막 손질은 오로지 실제로 빛의 섬에 이른 뒤에야 할 수 있다.

파라다이스의 모든 행동은 온전히 저절로 일어나고, 어떤 의미에서도 자연스럽고 자유롭다. 그러나 여전히, 영원한 섬에서는 사물을 처리하는 적당하고도 완전한 길이 있으며, 행동 지도자들은 언제나 "문 안에 있는 낯선 자들" 옆에서 그들을 가르치고 발걸음을 안내해서 그들이 완전히 편안하도록 해 주고, 동시에 다른 방법으로는 불가피한 그 혼란과 불확실성을 순례자들이 피하게 해 준다. 오로지 이렇게 주선함으로 끝없는 혼란을 피할 수 있고, 혼란은 결코 파라다이스에서 나타나지 않는다.

이 행동 지도자들은 영화롭게 된 선생과 안내자로서 정말로 봉사한다. 주로, 거의 끝없는 배열의 새로운 상황과 낯선 관습에 관하여 새로 온 필사 거주자들을 가르치는 데 관여한다. 파라다이스는, 그 여행을 위하여 온갖 준비가 있었고 거기까지 여행이 길었는데도, 마침내 거주 지위를 얻는 자들에게 아직도 말할 수 없이 이상하고 뜻밖에도 새롭다.

5. 지식 보관자

상천사인 지식 보관자들은 파라다이스에서 사는 모든 자에게 알려지고 읽혀지는 아주 높은 "살아있는 편지"이다. 그들은 진리의 신성한 기록이요, 참 지식을 가진 살아 있는 책이다. 너희는 "생명 책"에 담긴 기록에 관하여 들은 적이 있다. 지식 보관자들은 꼭 그러한 살아 있는 책, 신성한 생명과 최상의 확실성을 가진 영원한 서판에 적힌, 완전한 기록이다. 실제로 그들은 살아 있는, 자동 도서관이다. 우주의 여러 사실은 이 1차 상천사들에게 선천적인 것이요, 실제로 이 천사들 안에 기록되어 있다. 그들은 이 영원의 진리와 시간의 정보를 담은 완전하고 충만한 저장소이며, 그들의 지성 안에 비진리(非眞理)가 거하는 것은 또한 본래부터 불가능하다.

이 보관자들은 영원한 섬의 거주자들을 위하여 비공식 교육 과정을 가르친다. 그러나 그들의 주요 기능은 참조와 확인이다. 파라다이스의 어떤 체류자도 알고 싶은 특별한 사실이나 진리가 담긴 살아 있는 창고를 뜻대로 자기 옆에 두어도 좋다. 섬의 맨 북단에는 살아 있는 지식 발견자들이 예비되어 있고, 그들은 구하는 정보를 가진 무리의 지도자를 지명할 것이다. 너희가 알고 싶어하는 바로 그것이 <u>되는</u> 명석한 존재가 당장에 나타날 것이다. 너희는 몰두하고 있는 페이지로부터 이제 더 깨우침을 추구하지 않아도 된다. 이제 너희는 살아 있는 정보와 얼굴을 맞대고 벗한다. 지식의 최종 보관자인 살아 있는 존재들로부터 최고의 지식을 이렇게 얻는다.

정확히 너희가 확인하고 싶어하는 것, 바로 그 상천사를 찾아낼 때, 너희는 모든 우주의 알려진 사실을 <u>다</u> 발견할 것이다. 이는 지역 우주 및 초우주의 세라핌 및 2품 천사들로부터, 하보나에 있는 3차 상천사의 우두머리 기록자들에 이르기까지, 이 지식 보관자들은 기록하는 천사들의 광대한 연락망에서 마지막이요 살아 있는 요약이기 때문이다. 그리고 이러한 살아 있는 지식의 축적은 파라다이스의 공식 기록과 다르며, 이것은 우주 역사를 누적해서 요약(要約)한 것이다.

진실한 지혜는 중앙 우주의 신성에서 기원을 가지지만, 지식, 곧 경험적 지식은 대체로 시간과 공간의 영토에서 시작된다—따라서 하늘 기록자들이 후원하는 기록 세라핌과 상천사들의 광대한 초우주 조직을 유지하는 것이 필요하다.

우주의 지식을 선천적으로 소유하는 이 1차 상천사들은 또한 그 지식을 조직하고 분류하는 것도 책임을 진다. 자신들을 온 우주의 살아 있는 참고 도서관으로 만들면서 그들은 지식을 일곱 가지 큰 체제로 분류했고, 각 체제에는 약 1백만 소부문이 있다. 파라다이스 거주자들이 이 광대한 지식의 저장을 쉽게 참조할 수 있는 것은 오로지 지식 보관자들의 자원하는 지혜로운 노력 때문이다. 보관자들은 또한 중앙 우주의 높은 선생이며, 어느 하보나 회로에 있든지 모든 존재에게 그들의 살아 있는 보물을 아낌없이 나누어 준다. 그들은 옛적부터 늘 계신 이들의 법정에서 간접으로, 그렇지만 널리 이용된다. 그러나 중앙 우주와 초우주에서 이용할 수 있는 이 살아 있는 도서관을 지역 창조들은 가까이할 수 없다. 오로지 간접으로, 반영해서, 파라다이스 지식의 혜택을 지역 우주에서 확보한다.

6. 철학의 대가

예배로 최고의 만족을 얻는 것 다음에는 철학의 유쾌함이 있다. 시도한 해결책에 철학의 이용을 요구하는 1천 가지 신비가 남아 있지 않을 정도로 네가 너무 높이 올라가거나 멀리 나아가는 일은 결코 없다.

파라다이스의 철학 대가(大家)들은 우주의 문제들을 풀려고 애쓰는 마음 설레는 추구에서 본토 및 올라가는 거주자의 지성을 인도하는 일을 기뻐한다. 상천사인 이 철학 대가들은 "하늘의 현자"요, 미지를 통달하려는 노력에서, 지식의 진리와 경험의 사실을 이용하는 지혜로운 존재이다. 그들이 있으면, 지식은 진리에 이르고 체험은 지혜로 올라간다. 공간에서 온 하늘 가는 성격자들은 파라다이스에서 존재의 높이를 체험한다. 지식이 있고 진리를 알고 있으니, 그들은 철학적으로 생각해도—진리를 생각해도—좋다. 궁극위의 개념을 에워싸려고 애쓰고, 심지어 절대자들의 기법을 잡으려고 시도해도 좋다.

광대한 파라다이스 영토의 남단(南端)에서, 철학 대가들은 지혜의 70 기능 분과에서 정교한 과목을 가르친다. 여기서 그들은 무한자의 계획과 목적을 토론하며, 그들의 지혜를 이용하는 모든 자의 체험을 조정하고 그 지식을 합성(合成)하려고 애쓴다. 그들은 여러 우주 문제에 관하여 상당히 전문화된 태도를 개발해 왔지만, 그들의 마지막 결론은 언제나 한결같이 일치한다.

이 파라다이스 철학자들은 모든 가능한 교육 방법으로 가르치며, 이것은 하보나의 상급 도표(圖表) 기법과 어떤 파라다이스 정보 통신 방법을 포함한다. 지식을 배포하고 아이디어를 전달하는 이 모든 상급 기법은, 가장 잘 개발된 인간 지성의 이해력도 아득하게 뛰어넘는다. 파라다이스에서 1시간의 교육은 유란시아에서 1만 년 동안 낱말을 기억하는 방법과 맞먹을 것이다. 너희는 이러한 통신 기법을 알아들을 수 없다. 솔직히 말해서 사람의 체험에서 아무 것도 이 기법과 견줄까 싶지 않고, 이에 비할 수 있는 것이 하나도 없다.

철학 대가들은 공간 세계들로부터 올라온 존재들에게 온 우주에 대한 그들의 해석을 전해 주는 데 최고의 기쁨을 느낀다. 지식의 사실과 체험의 진리처럼, 철학에서는 그 결론을 내릴 수 없다. 그래도 풀리지 않은 영원의 문제들과 절대자들의 연출에 대하여 이 1차 상천사들의 강연을 듣고 나서, 통달되지 않은 이 문제들에 관하여 너희는 확실하고 오래 가는 흐뭇함을 느낄 것이다.

파라다이스의 이 지적(知的) 추구는 방송되지 않는다. 완전한 철학은 몸소 자리에 있는 자들에게만 소용된다. 회전하는 창조들은 오로지 이 체험을 겪은 자들, 그리고 나중에 이 지혜를 바깥으로 공간 우주로 가지고 간 자들로부터만 이 가르침을 배운다.

7. 예배 지휘자

예배는 모든 창조된 지성의 가장 높은 특권이요 첫째 의무이다. 예배는 창조자들이 피조물과 가지는 밀접하고 개인적인 관계의 진리와 사실을 알아보고 인정하는, 의식하는 행동, 기쁨에 넘친 행동이다. 예배의 질은 생물이 이해하는 깊이에 따라서 결정된다. 신들의 무한한 신격에 관한 지식이 진보함에 따라서, 창조된 존재들에게 알려진, 가장 높은 체험적 기쁨과 가장 아름다운 쾌락을 얻는 영광으로 궁극에 다다를 때까지, 예배 행위는 점점 더 모든 것을 둘러싸게 된다.

파라다이스 섬에는 어떤 예배하는 장소들이 있지만, 그 섬은 차라리 신성한 예배가 있는 하나의 광대한 성전에 가깝다. 예배는 더없이 행복한 바닷가까지 올라가는 모든 자의 첫째 가는 지배적 정열이다—하나님의 계심 앞에 이르도록 하나님을 넉넉히 배운 존재들에게서 저절로 끓어오르는 감정이다. 한 궤도 한 궤도, 하보나를 통해서 안으로 가는 여행 중에, 파라다이스에서 그 표현을 지휘하고 달리 통제하는 것이 필요하게 될 때까지, 예배는 자라는 정열이다.

정기적으로, 저절로, 집단으로, 그리고 달리 특별히 터져 나오는, 파라다이스에서 즐기는 최상의 찬미와 영적 찬양은 1차 상천사 특별 군단의 지휘 밑에서 행해진다. 이 예배 지휘자들의 지도 밑에서, 그러한 경의(敬意)는 피조물이 가진 최상의 기쁨을 얻는 목적을 이루고, 숭고한 자아 표현과 개인적 즐거움의 완전한 절정에 이른다. 1차 상천사들은 모두 예배 지휘자가 몹시 되고 싶어한다. 배치장들이 정기적으로 이 집회를 해산하지 않으면, 하늘 가는 존재들은 모조리 언제까지나 예배하는 자세로 즐겁게 남아 있을 것이다. 하늘 가는 어떤 존재라도 예배 속에서 완전한 흐뭇함을 얻기까지는, 결코 영원히 봉사하는 근무에 들어가는 것이 요구되지 않는다.

하늘 가는 생물에게 어떻게 예배하는가를 가르쳐서, 그들로 하여금 자아를 표현하는 이 만족감을 얻게 하고, 동시에 파라다이스 체제의 기본 활동을 눈여겨볼 수 있게 만드는 것이 예배 지휘자들의 과제이다. 예배(禮拜) 기법의 발전이 없이는, 파라다이스에 도착하는 보통 필사자가 지적 이해와 승천의 감사를 느끼는 감정을 충분하고 만족스럽게 표현하려면 몇백 년이 걸릴 것이다. 예배 지휘자들은 새롭고 이제까지 알려지지 않은 표현 수법을 열어 주고, 그래서 공간의 자궁과 시간의 산고(産苦)를 거친 이 놀라운 아이들은 훨씬 짧은 시간 안에 예배하는 완전한 만족감을 얻을 수 있게 된다.

자아를 표현하고 감사함을 전달하는 능력을 강화하고 높여 주는, 우주 전체의 모든 존재의 온갖 예술은, 파라다이스 신들을 예배하는 데 그들의 능력 한계까지 고용된다. <u>예배는 파라다이스에 존재하면서 누리는 가장 높은 기쁨이다</u>. 예배는 신선한 느낌을 주는 파라다이스 놀이이다. 놀이가 땅에서 지친 너희 지성에게 하는 일을, 파라다이스에서는 예배가 너희의 완전한 혼에게 해 준다. 파라다이스에서 예배하는 형식을 사람이 도저히 이해할 수 없지만, 여기 아래, 유란시아에서도 그 정신을 이해할 수 있으니, 신들의 영이 바로 지금 너희 안에 깃들고, 너희 위에 떠돌며, 너희를 북돋아서 참된 예배로 이끈다.

파라다이스에는 예배하기 위한 시간과 장소가 정해져 있지만, 이것은 영원의 섬까지 체험으로 승천하는 눈부신 존재들의 성장하는 지성의 영적 감정이 항상 늘어나게 넘쳐 흐르고 신성 인식이 확대되는 것을 감당하기에는 적당하지 않다. 그랜드판다 시절 뒤로, 파라다이스에서 상천사들은 결코 예배 정신을 충분히 감당할 시설을 제공할 수 없었다. 예배를 위한 준비로 측정하다시피, 언제나 경건이 넘쳐흐른다. 그리고 이것은, 낮은 시공 세계의 깊은 영적 어두움으로부터 천천히 애써서, 위로 파라다이스의 영광으로 올라온 존재들이 보이는 영적 감정의 엄청난 반응을 본래부터 완전한 성격자들이 결코 넉넉히 헤아릴 수 없기 때문이다. 시간으로부터 온 그러한 천사나 필사자들이 파라다이스의 세력 앞에 이를 때, 오랜 세월 동안 쌓인 감정의 표현이 북받쳐 올라오며, 이것은 파라다이스의 천사들을 놀라게 하고, 파라다이스 신들을 신성하게 만족시키는, 최고의 기쁨을 주는 광경이다.

어떤 때는 파라다이스 전체가 영적이고 경건한 표현의 물결, 휩쓰는 물결 속에 삼켜진다. 가끔 예배 지휘자들은 신의 거처에서 세 가지 빛의 변동이 일어날 때까지 그러한 현상을 통제할 수 없는데, 이것은 신들의 신성한 마음이 파라다이스 거주자, 곧 영광스러운 완전한 시민들과 올라가는 시간 생물이 드리는 진실한 예배로 넉넉하고 완벽하게 채워졌음을 뜻한다. 얼마나 놀라운, 기법의 극치인가! 생물인 아이의 총명한 사랑이 창조자 아버지의 무한한 사랑을 완전히 채워 주다니, 신들의 영원한 계획과 목적이 얼마나 좋은 열매를 맺었는가!

넘치는 예배로부터 최고의 흐뭇함을 얻은 뒤에, 너희는 최후 군단에 들어갈 자격을 가진다. 하늘 가는 생애는 거의 끝났고, 일곱째 기념제가 경축을 위하여 준비된다. 첫째 기념제(記念祭)는 살아남으려는 목적이 확인되었을 때, 생각 조절자와 사람이 찬성한 것을 기념한다. 둘째는 상물질 생명으로 깨어나는 것이요, 셋째는 생각 조절자와 융합한 것이었다. 넷째는 하보나에서 눈을 뜬 것이요, 다섯째는 우주의 아버지를 찾아낸 것을 축하했으며, 여섯째 기념제는 시간의 마지막 이동하는 잠으로부터 파라다이스에서 깨어나는 계제였다. 일곱째 기념제는 사람이 최후자 군단에 들어가는 것과 아울러, 영원한 근무가 시작됨을 기념한다. 최후자가 일곱째 단계의 영적 깨달음에 이르는 것은 아마도 영원의 첫째 기념제를 축하함을 알릴 것이다.

이렇게 파라다이스 상천사들, 모든 봉사 영 가운데 가장 높은 계급에 관한 이야기가 끝난다. 한 우주 등급으로서 이들은, 너희가 영원한 삼위 일체 선서를 하고 필사 최후 군단에 소집되면서, 예배 지휘자들이 너희에게 마지막으로 작별을 알릴 때까지, 너희의 기원 세계에서부터 늘 너희를 따라다닌다.

파라다이스 삼위 일체에게 끝없이 봉사하는 일이 바야흐로 시작되려 한다. 이제 최후자는 궁극위 하나님의 도전과 얼굴을 마주한다.

[유버르사에서 온 한 지혜 완성자가 발표했다.]

제 28 편

초우주의 봉사하는 영

상천사들이 중앙 우주의 천사 무리요, 세라핌이 지역 우주의 천사 무리인 것처럼, 2품 천사들은 초우주(超宇宙)에서 봉사하는 영이다. 그러나 신성의 정도와 최상의 잠재성에서, 이 반영 영의 아이들은 세라핌보다는 상천사와 훨씬 더 비슷하다. 그들은 여러 초월 창조에서 혼자 일하지 않으며, 그들의 밝혀지지 않은 동료들이 후원하는 거래는 허다하고 흥미를 자아낸다.

이 이야기에서 발표되는 바와 같이, 초우주의 봉사하는 영들은 다음 세 계급을 포함한다:

1. 2품 천사.
2. 3품 천사.
3. 전(全)천사.

마지막 두 계급은 사람을 진보시키는 승천 계획과 바로 관련되지 않으니까, 2품 천사에 관하여 연장해서 고려하기 전에, 먼저 그들에 관하여 간단히 논하기로 한다. 엄밀하게는, 3품 천사나 전천사는 모두 초우주 영토 안에서 근무하지만, 그들은 초우주의 봉사 영이 아니다.

1. 3품 천사

이 높은 천사들은 초우주 본부에 기록되어 있고 지역 창조에서 근무하는데도, 엄밀하게 말하면, 지역 창조에서 태어나지 않는 한, 그들은 이 초우주 서울의 거주민이다. 3품 천사들은 무한한 영의 자식이며, 1천 명씩 무리를 지어 파라다이스에서 성격화된다. 신다운 기원을 가지고 거의 최상으로 다능한 이 천상의 존재들은 무한한 영이 하나님의 아들 창조자들에게 주는 선물이다.

한 미가엘 아들이 부모의 파라다이스 체제에서 떨어져 나와 공간의 우주 모험을 떠날 준비가 될 때, 무한한 영은 이 동반(同伴)하는 영 1천 명의 무리를 낳는다. 그리고 훌륭한 이 3품 천사들은 이 아들 창조자가 우주를 조직하는 모험을 시작할 때 그를 따라간다.

우주를 건축하는 초기를 통하여 죽, 이 3품 천사 1천 명은 아들 창조자의 유일한 개인 참모진이다. 우주를 조립하고 기타 천문학적으로 조종하는 이 풍운의 시대 동안에, 그들은 아들의 조수로서 막대한 체험을 얻는다. 그들은 밝은 새벽별, 곧 그 지역 우주의 첫 아들이 성격화되는 날까지 그 아들 창조자의 옆에서 일한다. 그리고 나서 3품 천사들의 공식 사임서가 제출되고 받아들여진다. 본토 천사 생명의 처음 계급들이 나타나면, 그들은 그 지역 우주의 현역 근무에서 물러나며, 전에 부속되었던 아들 창조자, 그리고 관련된 초우주의 옛적부터 늘 계신 이들 사이에서 연락하는 봉사자가 된다.

2. 전천사

일곱 최상 집행자와 결합하여 무한한 영이 전(全)천사들을 창조한다. 그들은 바로 이 최상 집행자들의 전속(專屬) 일꾼이요 사자이다. 전천사들은 대우주에 배치되고, 오르본톤에서 그들의 군단은 유버르사의 북쪽 부분에 본부를 두며, 거기서 그들은 특별한 우대 거류민으로서 거주한다. 그들은 유버르사에 등록되지 않고, 우리 행정부에 딸리지도 않는다. 그들은 필사자를 진보시키는 승천 계획에 직접 관여하지도 않는다.

전천사들은 일곱 최상 집행자의 관점에서 행정을 조정하기 위하여, 초우주들을 감독하는 일에 온전히 몰두한다. 유버르사에 있는 우리의 전천사 거류민은 오로지 오르본톤의 최상 집행자로부터 지시를 받고 그에게 보고하는데, 그는 파라다이스 위성들의 바깥 고리에서 합동 행정 구체 7번에 자리잡고 있다.

3. 2품 천사

각 초우주 본부에 배치된 일곱 반영 영이 2품 천사 무리를 생산한다. 일곱씩 무리를 이루어 이 천사들을 창조하는 것과 관련하여, 파라다이스에 반응하는 분명한 기법이 있다. 일곱 명마다 언제나 1차가 1명, 2차가 3명, 3차 2품 천사가 3명이 있으며, 그들은 언제나 정확한 이 비례로 성격화한다. 그러한 2품 천사가 7명이 창조되었을 때, 1차 2품 천사 하나는 옛적부터 늘 계신 이들의 근무에 부속된다. 2차 천사 3명은 초우주 정부에서 파라다이스 기원을 가진 세 집단의 행정자들, 곧 신성한 조언자, 지혜 완성자, 우주 검열자들과 관련된다. 3차 천사 3명은 초우주 통치자들에 속한, 삼위 일체를 체험한 승천하는 동료들, 곧 막강한 사자, 고등 권한자, 무명 무수자들에게 부속된다.

초우주의 이 2품 천사들은 반영 영의 아이들이며, 따라서 반영은 그들의 성품에 선천적이다. 그들은 셋째 근원 중심과 파라다이스 아들 창조자들한테서 기원을 가지는 온갖 생물의 모든 단계에 대하여 반영 면에서 민감하다. 그러나 그들은 첫째 근원 중심에서 유일한 기원을 가지는 존재와 통일체에게는, 이들이 성격이든 아니든, 직접 반영하지 않는다. 우리는 무한한 영의 우주 정보 회로가 사실인 것에 대하여 증거가 많이 있다. 그러나 비록 우리가 아무 다른 증명이 없다 하더라도, 2품 천사들의 반영(反映) 행위는 합동 행위자의 무한한 지성이 보편적으로 계신 현실을 입증하기에 아주 넉넉할 것이다.

4. 1차 2품 천사

옛적부터 늘 계신 이들에게 배치되는 1차 2품 천사들은 이 삼자 일체 통치자들을 위한 근무에서 살아 있는 거울이다. 말하자면, 살아 있는 거울에 의존할 수 있기 때문에, 1천 광년 또는 10만 광년이나 멀리 떨어진 다른 존재의 어떤 반응을 그 거울 안에서 보고, 거울을 가지고 들을 수 있다는 것, 그리고 이 모두를 즉시, 틀림없이 한다는 것이 한 초우주 경제에서 무엇을 뜻하는가 생각해 보아라. 우주를 경영하는 데 기록은 필수이고, 방송은 쓸모 있으며, 외톨 사자 및 다른 사자들은 아주 유익하다. 그러나 사람이 사는 세계들과 파라다이스 사이—사람과 하나님 사이—에, 가운데 있는 그들의 위치로부터, 옛적부터 늘 계신 이들은 순간적으로 양쪽을 다 보고, 양쪽을 다 듣고, 양쪽을 다 <u>알 수 있다</u>.

이 능력—말하자면 만물을 보고 듣는 능력—은 초우주에서 오로지 옛적부터 늘 계신 이들이, 오직 그들 각자의 본부(**本部**) 세계에서만 완전히 실현할 수 있다. 거기서도 한계에 부딪친다. 유버르사에서부터, 그러한 통신은 오르본톤의 세계와 우주들에만 국한되며, 초우주들 사이에는 작용하지 않아도, 바로 이 반영 기법은 각 초우주로 하여금 중앙 우주, 그리고 파라다이스와 밀접한 접촉을 유지하게 한다. 일곱 초우주 정부는, 하나하나 떨어져 있지만, 이렇게 위의 권한을 완전히 반영하고, 아래의 필요에 완전히 정통할 뿐 아니라, 온전히 동정심을 가진다.

1차 2품 천사는 본래부터 가진 성품 때문에 일곱 부류의 봉사를 하고 싶어한다는 것이 발견된다. 이 계급의 첫째 계열이 영의 지성을 옛적부터 늘 계신 이들에게 풀이하도록 선천적으로 자질을 부여받은 것은 적절하다:

1. <u>합동 행위자의 목소리</u>. 각 초우주마다, 첫째 1차 2품 천사, 그리고 그 계급에서 나중에 창조된 일곱째마다 무한한 영의 지성을 이해하고, 초우주 정부에서 옛적부터 늘 계신 이들과 그 동료들에게 해석하도록 높은 수준의 적응 능력을 나타낸다. 이것은 초우주 본부에서 큰 가치가 있는데, 이는 신성한 봉사자들을 가진 지역 창조와 달리, 초우주 정부의 자리는 무한한 영의 특별한 성격화가 없기 때문이다. 따라서, 이 2품 천사의 목소리는 그러한 서울 구체에게 셋째 근원 중심의 개인 대표가 되는 것이나 거의 마찬가지다. 일곱 반영 영이 거기에 계시는 것은 참말이지만, 2품 천사들의 이 어머니들은 합동 행위자보다 일곱 으뜸 영을 더욱 참되게 자동으로 반영한다.

2. <u>일곱 으뜸 영의 목소리</u>. 둘째 1차 2품 천사, 그리고 나중에 창조된 일곱째마다 일곱 으뜸 영의 집합 성품과 반응을 묘사하는 방향으로 기울어진다. 초우주 서울에서, 배치된 일곱 반영 영 가운데 하나가 각 으뜸 영을 이미 대표하지만, 그러한 대표는 개별적이며, 집단의 대표는 아니다. 집단으로, 그들은 겨우 반영을 이용하여 자리에 있다. 따라서 으뜸 영들은 상당히 개인적인 이 천사들의 봉사를 환영하며, 이 1차 2품 천사들의 둘째 계열은 옛적부터 늘 계신 이들 앞에서 으뜸 영들을 대표할 만큼 아주 유능하다.

3. <u>아들 창조자의 목소리</u>. 무한한 영은 미가엘 계급의 파라다이스 아들들을 창조하거나 훈련시키는 데 무슨 상관이 있었음이 틀림없다. 왜냐하면 셋째 1차 2품 천사와 그 뒤 계열의 일곱째마다 이 아들 창조자들의 지성을 반영하는 놀라운 재능을 소유하기 때문이다. 고려하는 어떤 문제에 관하여 옛적부터 늘 계신 이들이 네바돈 미가엘의 태도를 알고 싶으면—정말로 알고 싶으면—그들은 공간의 줄에서 그를 부르지 않아도 된다. 그들은 다만 네바돈 목소리의 우두머리를 부르기만 하면

된다. 그는 요청을 받고 나서 기록에 있는 미가엘 2품 천사를 내세우며, 바로 그 때 거기서 옛적부터 늘 계신 이들은 네바돈 주 아들의 목소리를 파악할 것이다.

다른 아들 계급은 이렇게 "반영될" 수 없고, 어떤 다른 계급의 천사도 이렇게 활동할 수 없다. 이것이 도대체 어떻게 이루어지는지 우리는 완전히 이해하지 못하며, 아들 창조자들 자신도 이해하는지 나는 아주 의심이 간다. 그러나 우리는 그것이 작용함을 확실히 알고, 또한 그것이 수긍할 만하게 틀림없이 작용함을 알고 있는데, 유버르사 역사 전체를 통해서 2품 천사의 목소리들은 발표할 때 한 번도 잘못한 적이 없기 때문이다.

여기서 너희는 신이 시간에 있는 공간을 둘러싸고 공간에 있는 시간을 통달하는 방식에 관하여 무언가 비로소 보고 있다. 너희는 영원의 주기(週期)의 기법을 처음으로 얼핏 획 보고 있으며, 공간의 어려운 장애물을 숙달하는 과제에서 시간의 아이들을 도우려고 이 주기가 잠시동안 갈라진다. 그리고 이 현상은 반영 영들의 확정된 우주 기법과는 별도이다.

위로 으뜸 영들과 아래로 아들 창조자들이 몸소 계시는 혜택을 비록 잃은 듯하지만, 옛적부터 늘 계신 이들은 그들의 지휘 아래, 반영 면에서 완전하고 궁극적으로 정밀한 우주 작용에 조율된 살아 있는 존재들을 거느리고 있으며, 그러한 작용으로 말미암아 옛적부터 늘 계신 이들은 몸소 출석하지 못하는 고귀한 모든 존재가 반영으로 자리에 계심을 누릴 수 있다. 이러한 수단과 너희에게 알려지지 않은 다른 수단으로, 또 이를 통해서, 하나님은 초우주 본부에 잠재적으로 계신다.

옛적부터 늘 계신 이들은 위로는 영의 목소리를 속사(速射)한 것과 아래로는 미가엘의 목소리를 속사한 것을 등식으로 처리함으로 아버지의 뜻을 완전히 짐작한다. 따라서, 그들은 지역 우주 행정 사무에 관하여 아버지의 뜻을 계산할 때 틀림없이 확신할 수 있다. 그러나 신들 가운데 두 분의 뜻을 알고서 다른 한 분의 뜻을 추측하려면, 옛적부터 늘 계신 이 세 분이 함께 행동해야 한다. 두 분만 가지고는 그 대답을 얻을 수 없다. 그리고 이 이유 때문에, 다른 이유가 없다고 하더라도, 한 분이나 두 분조차도 안되고, 언제나 옛적부터 늘 계신 이 세 분이 초우주를 주관한다.

4. <u>천사 무리의 목소리</u>. 넷째 1차 2품 천사, 그리고 일곱째 계열마다, 위로 상천사로부터 아래로 세라핌에 이르기까지, 모든 계급의 천사들의 감정에 특별히 민감한 것이 판명된다. 그래서 옛적부터 늘 계신 이들의 어떤 회의에서도, 어떤 지휘하거나 감독하는 천사의 태도라도 즉시 고찰하도록 준비되어 있다. 너희 세계에서 하루도 빠짐없이, 유란시아의 세라핌 우두머리는 반영으로 이전(移轉)하는 현상, 유버르사로부터 어떤 목적을 위하여 이용되는 현상을 의식하게 된다. 그러나 외톨사자에게 미리 경고를 받지 않으면, 그 우두머리는 무엇이 추구되는가, 그것이 어떻게 얻어지는가에 대해서 도무지 모른다. 봉사하는 이 시간 영들은, 옛적부터 늘 계신 이들과 그 동료들의 눈길과 상담을 요하는 끝없이 줄지은 문제들에 관하여, 늘 이 종류의 증언, 무의식이고, 따라서 확실히 편견 없는 증언을 제공한다.

5. <u>방송 수신자</u>. 오직 이 1차 2품 천사들만 수신(受信)하는 특급 방송 통신문이 있다. 그들은 유버르사의 정규 방송자가 아니지만, 옛적부터 늘 계신 이들의 반영 화면(畵面)을 기존 우주 통신 회로에서 들어오는 어떤 실제 통신문과 동시화할 목적으로, 그들은 반영하는 목소리를 가진 천사들과 연결해서 일한다. 방송 수신자들은 다섯째 계열, 곧 다섯째 1차 2품 천사와 그 뒤에 일곱째마다 창조되는 자들이다.

6. 수송 성격자. 이들은 시간 순례자들을 초우주 본부 세계로부터 하보나의 바깥쪽 궤도로 나르는 2품 천사이다. 그들은 초우주의 수송 군단이며, 안으로는 파라다이스까지, 바깥으로는 그들 각자 구역의 세계들에까지 활동한다. 이 군단은 여섯째 1차 2품 천사와 그 뒤에 창조된 모든 일곱째 2품 천사로 구성된다.

7. 예비군. 아주 큰 무리의 2품 천사들, 1차의 일곱째 계열은 그 영역에서 분류되지 않은 임무와 긴급한 배치를 위해서 예비로 남아 있다. 고도로 전문화되지 않았으니까, 그들은 다양한 동료들의 어떤 자격으로도 꽤 잘 활동할 수 있지만, 그러한 특화된 일은 긴급시에만 착수한다. 그들의 보통 과제는, 특별 임무를 띤 천사들의 범위에 소속되지 않는, 한 초우주의 일반 임무이다.

5. 2차 2품 천사

2차 계급의 2품 천사들은 1차 계급의 동료들보다 조금도 반영력이 못하지 않다. 1차·2차·3차로 분류되는 것은 2품 천사의 경우에, 지위나 기능의 차이를 가리키지 않고, 다만 절차의 순서를 나타낸다. 그들이 활동할 때 세 집단은 모두 동일한 품질을 드러낸다.

일곱 가지 반영 종류의 2차 2품 천사들은 옛적부터 늘 계신 이들의 동료, 삼위일체 기원을 가진 동등한 동료들의 근무에 다음과 같이 배치된다:

지혜 완성자들에게—지혜의 목소리, 철학의 혼, 혼의 연합.

신성한 조언자들에게—조언의 가슴, 존재의 기쁨, 봉사의 만족.

우주 검열자들에게—영 분별자.

1차 서열과 마찬가지로, 이 무리는 일련으로 창조된다. 다시 말해서, 처음 낳은 자는 지혜의 목소리이고, 그 뒤 일곱째마다 비슷했으며, 이런 식으로 다른 여섯 형태로 이 반영 천사들이 생겼다.

1. 지혜의 목소리. 이 2품 천사들 가운데 더러는 파라다이스의 살아 있는 도서관, 곧 1차 상천사에 속하는 지식 보관자들과 영구하게 연결되어 있다. 전문화된 반영 서비스에서 지혜의 목소리는, 온 우주에서 조정된 지혜가 생생하고, 때에 맞고, 충만하고, 철저히 믿을 만하게 집중되고 초점을 맞춘 것이다. 초우주의 주회로들에서 순환되는 거의 무한한 양의 정보에 대하여, 이 훌륭한 존재들은 무척 반영성질이 있고, 아주 까다롭게 선택하고 민감하며, 그래서 지혜의 알맹이를 분리하고 받을 수 있고, 정신 작용의 이러한 보석들을 상관인 지혜 완성자들에게 어김없이 전달한다. 그들이 그렇게 활동함으로써, 지혜 완성자들은 이 지혜를 실제로 원문(**原文**)으로 표현한 것을 들을 뿐 아니라, 또한 목소리로 나타낸 바로 그 존재들을, 그 기원이 높건 낮건, 반영해서 볼 수 있다.

"누구든지 지혜가 모자라면, 구할지어다"하고 기록되었다. 유버르사에는 초우주 정부의 복잡한 사무에서, 까다로운 상황에 지혜로운 결정을 내리는 것이 필요하게 될 때, 완전하고 실용적인 지혜가 나타나야 할 때, 그 때 지혜 완성자들은 지혜의 목소리 한 집단을 호출한다. 그들 계급의 완벽한 기술에 따라서, 지성에 들어가고 처리되고 유통되는 온 우주의 지혜를 받는, 살아 있는 이 수신자들을 지혜 완성자들이 적응시키고 방향을 정해 주기 때문에, 이 2품 천사들의 목소리로부터, 즉시, 위의 우주로부터 신다운 지혜의 물줄기가, 아래에서는 여러 우주의 고등 지성들로부터 실용적 지혜의 홍수가 터진다.

이 두 가지 견지에서 생긴 지혜를 조화시키는 일에 관하여 혼동이 생기면, 신성한 조언자들에게 이내 상소가 올라가고, 그들은 절차의 적절한 통합에 관하여 즉시 판결한다. 반란이 무르익은 영역으로부터 들어오는 어떤 것의 신빙성에 관하여 어떤 의문이 생기면, 검열자들에게 상소가 올라가고, 그들은 자기의 영 분별자들과 함께 "도대체 어떤 모양의 영"이 그 조언자를 움직였는가에 대해서 이내 판정을 내릴 수 있다. 이렇게 오랜 시대에 걸친 지혜와 순간의 지능은, 옛적부터 늘 계신 이들이 인자하게 보시는 앞에 열려진 책처럼, 그들과 언제나 함께 있다.

너희는 초우주 정부의 운영을 책임지는 자들에게 이 모두가 무엇을 뜻하는지 겨우 어렴풋이 이해할 수 있다. 이 거래들의 거창하고 포괄적인 성질은 유한하게 개념화할 수 없다. 내가 여러 번 한 것처럼, 너희가 유버르사에서 지혜의 전당(殿堂)의 특별 접대실에 서서, 이 모든 것이 실제로 작용하는 것을 볼 때, 우주의 혹성간 통신이 극도로 복잡하고 그 작용이 확실하기 때문에, 너희는 찬미하도록 마음이 움직일 것이다. 아주 훌륭한 기법으로 계획하고 집행하는 신들의 신다운 지혜와 선하심에 대해서 경의(敬意)를 표할 것이다. 그리고 이 일은 내가 묘사한 그대로, 실제로 일어난다.

2. <u>철학의 혼</u>. 이 놀라운 선생들도 지혜 완성자들에게 소속되어 있다. 다르게 지향되어 있지 않으면, 그들은 파라다이스에 있는 철학 대가들과 동시화하는 초점을 맞춘 채로 있다. 말하자면, 거대한 살아 있는 거울 앞으로 걸어가서, 너의 유한하고 물질인 자신의 모습을 보는 대신에, 신성한 지혜와 파라다이스의 철학이 비친 그림자를 깨닫는 것을 상상해 보라. 그리고 이 완전한 철학을 "육신화"해서, 낮은 세계들에서 비천한 민족들에게 그 철학의 적용과 동화(同化)를 실용성이 있게 하려고 그것을 묽게 함이 바람직하다면, 살아 있는 이 거울들은 그 얼굴을 아래로 돌려서, 또 다른 세계나 우주의 표준과 필요를 비치기만 하면 된다.

바로 이 기법으로 지혜 완성자들은 고려되는 민족과 세계들의 현실적 필요와 실제 상태에 관한 결정과 추천을 적응하며, 언제나 그들은 신성한 조언자와 우주 검열자들과 발걸음을 맞추어서 행동한다. 그러나 이런 거래의 숭고한 충만성은 나의 이해 능력조차 뛰어 넘는다.

3. <u>혼의 연합</u>. 지혜 완성자들에게 부속된 삼자 일치의 직원을 완성하는 것은 윤리 관계의 이상(理想)과 상태를 비치는 이 반영자(反映者)들이다. 우주에서 체험과 적응 능력의 지극한 지혜를 이용하는 것이 요구되는 모든 문제 가운데, 아무 것도 지적 존재들의 관계와 결합에서 생겨나는 것보다 더 중요하지는 않다. 상업과 무역, 우정(友情)과 결혼에서 생기는 인간적 교제에서나 또는 천사 무리의 연락에서, 화해자들의 눈길을 끌기에는 너무 하찮은 일이지만, 만약 커지고 계속하도록 버려둔다면 우주의 순조로운 작용을 망칠 정도로 충분히 염증을 일으키고 어지럽게 하는 작은 마찰, 사소한 오해가 계속 일어난다. 그러므로 지혜 완성자들은 한 초우주

전체를 위해서, 그들 계급이 얻은 지혜로운 체험을 "화해의 기름"으로 쓸모 있게 한다. 이 모든 작업에서 반영 동료인 혼의 연합들이 초우주의 이 현자들을 유능하게 지지해 준다. 혼의 연합들은 우주 상태에 관한 시사(時事) 정보를 제공하며, 동시에 이 곤란한 문제들에 최선으로 적응하는 데 대하여 파라다이스의 이상을 보여 준다. 다른 곳에서 특정하게 지향되어 있지 않을 때, 이 2품 천사들은 파라다이스에 있는 윤리 해석자들과 반영으로 연결한 채로 남아 있다.

오르본톤 전체의 협동 작업을 육성하고 촉진하는 천사들이 있다. 너의 필사 생애 기간에 배워야 할 가장 중요한 교훈 가운데 하나는 협동하는 작업이다. 완전한 구체들은 다른 존재들과 함께 일하는 이 예술을 터득한 자들로 채워져 있다. 우주에서 홀로 있는 일꾼이 할 임무는 거의 없다. 너희가 높이 올라가면 갈수록, 너희 동료와 사귐이 일시 없을 때, 너희는 더욱 외로워진다.

4. 조언의 가슴. 이는 신성한 조언자들의 감독 밑에 있게 된, 이 반영 천재들의 첫째 무리이다. 이 부류의 2품 천사들은 공간의 사실을 소유하며, 시간의 회로에서는 그런 자료를 선택한다. 특별히, 그들은 상천사인 정보 조정자들을 비치지만, 그들은 또한 신분이 높든 낮든, 모든 존재의 회의를 선택해서 비친다. 신성한 조언자들이 중요한 조언이나 결정을 위해서 부름받으면, 그들은 즉시 조언의 가슴 한 집단을 징발하며, 당장에 한 판결이 내려지는데, 이것은 그 초우주 전체에서 가장 유능한 지성들의 조정된 지혜와 조언을 실제로 종합한 것이다. 그것은 모두 하보나, 아니 파라다이스에까지 계신 높은 지성들의 조언에 비추어서 검열받고 고쳐진 것이다.

5. 존재의 기쁨. 천성으로 이 존재들은, 위로 상천사인 조화 감독자들에게, 아래로는 어떤 세라핌들에게, 반영으로 조율되어 있다. 그러나 재미있는 이 무리의 구성원들이 정말로 도대체 무엇을 하는지 설명하기는 힘들다. 그들의 주요 활동은, 다양한 계급의 천사 무리와 하급 의지 생물 사이에서 기쁨의 반응을 촉진하는 쪽으로 지향된다. 그들은 신성한 조언자들에게 소속되며, 조언자들은 특정한 기쁨을 찾는 데 그들을 거의 쓰지 않는다. 그보다 일반적 방법으로, 복귀 지도자들과 협력하여, 그들은 기쁨 교환소로서 활동하며, 유머의 취향(趣向)을 개선하고 사람과 천사 사이에서 초월 유머를 개발하도록 애쓰는 한편, 그 영역에서 쾌락 반응의 증진을 추구한다. 모든 바깥 영향과 상관 없이, 그들은 자유 의지 존재에 원천적 기쁨이 있음을 보여 주려고 수고한다. 원시인들의 지성에서 이 진리를 깨우치는 데 큰 어려움에 부딪치기는 하지만, 그들은 옳다. 상급 영 성격자와 천사들은 교육하는 이러한 노력에 훨씬 빨리 반응한다.

6. 봉사의 만족. 이 천사들은 파라다이스에 있는 행동 지도자들의 태도를 상당히 반영한다. 존재의 기쁨이 하는 것과 상당히 비슷하게 활동하면서, 그들은 봉사의 가치를 높이고 그로부터 생기는 만족을 크게 만들려고 애쓴다. 그들은 사심 없는 봉사, 곧 진리의 나라를 확장하는 봉사에 본래 있는, 뒤로 미룬 보상을 조명하기 위하여 많이 일해 왔다.

이 계급은 신성한 조언자들에게 소속되며, 이 조언자들은 영적 봉사로부터 얻게 될 이익을 한 세계에서 다른 세계로 비치려고 그들을 이용한다. 그리고 평범한 자에게 영감을 주고 그를 격려하기 위해서 가장 나은 자의 성과를 이용해서 이 2품 천사들은 초우주에서 헌신적 봉사의 질을 높이는 데 엄청나게 이바지한다. 어느 세계에게라도 다른 세계들이, 특히 가장 잘하는 세계들이 무엇을 하는가에 관한 정보를 퍼뜨려서, 우호적 경쟁 정신은 효과 있게 쓰인다. 상쾌하고 건전한 경쟁은 천사무리 사이에서도 권장된다.

7. 영 분별자. 둘째 하보나 궤도의 조언자 및 고문들과 이 반영 천사들 사이에는 특별한 연락이 있다. 그들은 우주 검열자들에게 부속되는 유일한 2품 천사이지만, 아마도 그들의 모든 동료 가운데 가장 독특하게 특화된 자들이다. 정보의 근원이나 경로에 상관 없이, 손에 쥔 증거가 아무리 극미해도, 그들의 반영 검사를 거치면, 이 분별자들은 즉시 참 동기, 실제 목적, 그 기원의 진짜 본질에 관하여 우리에게 알려 준다. 나는 이 천사들의 훌륭한 활동에 감탄하며, 어떤 당사자가 초점에 노출되더라도, 그의 실제 도덕적, 영적 됨됨이를 그들은 아주 어김없이 비친다.

이 반영 천사들이 이렇게 직관(直觀)으로, 본래부터, 어김없이 활동한다는 생각을 인간의 지성에게 전하려는 노력으로, 내가 이런 표현을 써도 좋다면, 타고난 이 “영적 통찰력” 덕분에, 영 분별자들은 이 까다로운 봉사를 해낸다. 우주 검열자들이 이 발표를 볼 때, 그들은 비친 개인의 벌거벗은 혼과 얼굴을 마주친다. 그리고 초상이 바로 이렇게 확실하고 완전한 것은 어째서 검열자들이 올바른 재판관으로서 언제나 아주 정당하게 활동할 수 있는가를 어느 정도 설명한다. 분별자들은 언제나 유버르사로부터 떠나서 행하는 어떤 임무에서도 검열자들을 따라가며, 유버르사 본부에서 그렇다시피, 그들은 우주들에서 똑같이 효과적이다.

영 세계의 이 모든 거래가 실재한다는 것, 우주 영토의 확립된 관례에 따라서, 변경할 수 없는 법과 조화를 이루면서, 이 거래들이 이루어진다는 것을 나는 너희에게 보장한다. 새로 창조된 계급의 존재들은 다, 생명의 입김을 받는 즉시, 순간적으로 위로 비쳐진다. 생물의 성품과 잠재성의 생생한 그림이 초우주 본부로 번쩍 전해진다. 그래서, 분별자의 수단을 통해서, 검열자들은 정확하게 “어떤 모양의 영”이 공간 세계들에 태어났는가 충분히 의식하게 된다.

필사 인간에게는 이렇다. 너희 세계에서 성령이 “만물을 살피기” 때문에, 구원자별의 어머니 영은 너를 넉넉히 알고 있다. 너에 관한 영의 지식에 대해서 2품 천사 분별자들이 영과 함께 반영할 때는 언제나, 너에 대하여 신성한 영이 아는 것은 무엇이든지 즉시 소용된다. 그러나 아버지 분신들의 지식과 계획은 비칠 수 없다는 것을 언급해야 한다. 분별자들은 조절자가 계심을 비칠 수 있고, 또 비친다. (그리고 검열자들은 조절자가 신성함을 선언한다.) 하지만 그들은 신비의 감시자들의 의도(意圖)의 내용을 풀이할 수 없다.

6. 3차 2품 천사

이 천사들은 동료들과 같은 방식으로, 일련으로, 일곱 반영(反映) 부류로 창조되지만, 이 부류들은 초우주 행정자들의 분리된 근무에 개별로 배치되지 않는다. 3차 2품 천사들은 모두 집단으로 삼위 일체를 체험한 달성의 아들들에게 배치되며, 올라가는 이 아들들은 그들을 서로 바꾸어 쓸 수 있다. 다시 말하면, 막강한 사자들은 3차 부류에서 누구라도 이용할 수 있고, 또 이용하며, 동격자인 고등 권한자

와 무명 무수자들도 그렇게 한다. 이 일곱 종류의 3차 2품 천사는 다음과 같다:

1. 기원의 의미. 초우주 정부에서 삼위 일체를 체험한 승천하는 아들들에게는 어떤 개인이나 민족이나 세계라도, 그 기원에서 생겨나는 모든 논점을 다루는 책임이 지워진다. 그리고 기원의 의미(**意味**)는 그 영역에 살아 있는 피조물을 우주에서 진보시키려는 우리의 모든 계획에서 가장 중요한 문제이다. 윤리의 모든 관계와 그 적용은 근본적 기원의 사실에서 생겨난다. 기원은 하나님들의 관계 반응에서 기초이다. 언제나 합동 행위자는 "사람을, 그가 어떤 모양으로 태어났는가를, 눈여겨본다."

내려오는 상급 존재들의 경우에, 기원은 다만 확인되어야 할 사실이다. 그러나 낮은 계급의 천사들을 포함하여, 하늘 가는 존재들의 경우에 그 기원의 성질과 주위 상황은 우주 사무에서 거의 어디에나 똑같이 필수이기는 하지만, 반드시 그렇게 뚜렷하지는 않다—따라서 중앙 우주에서나 한 초우주의 전체 영역에 두루, 어떤 존재의 창조에 관하여 요구되는 어떤 것이라도 순간적으로 그릴 수 있는, 일련의 반영하는 2품 천사를 마음대로 쓰는 것이 가치가 있다.

기원의 의미는 일곱 초우주에 사는 광대한 무리의 존재들—사람·천사 및 다른 자들—이 즉시 참조할 수 있는 살아 있는 족보(**族譜**)이다. 그들 각자 초우주의 어느 세계에서 어느 개인이라도, 그 조상 요소와 현재의 실제 지위에 관하여 그들은 충분하고 믿을 만한 최신의 평가를 상관들에게 제공할 준비가 언제나 되어 있다. 그리고 소지한 사실에 관하여, 언제나 분(**分**)마다 그들의 계산이 새롭게 되어 있다.

2. 자비의 기억. 기원의 의미가 묘사한 것이 노출하다시피, 그 영역들의 상태에 올바른 응보를 적응하는 임무에서, 자비의 기억은 무한한 영의 도구들이 부드럽게 보살핌으로 개인과 종족들에게 주는 기록, 실제적이고, 충분하고, 충만하고, 살아 있는 기록이다. 자비의 기억은 하나님의 아들들이 정해 놓은 구제하는 준비 자산(**資産**)과 대비해서, 자비를 받는 아이들의 도덕적 빚—그들의 영적 부채(**負債**)—를 드러낸다. 아버지의 선재하는 자비를 드러내면서, 하나님의 아들들은 모든 사람이 살아남는 것을 보장하기에 필요한 신용(**信用**)을 확정한다. 그리고 나서, 기원의 의미가 조사한 결과에 따라, 합리적인 생물 각자가 살아남도록 자비의 신용이 정해지며, 이것은 아낌없는 양의 신용, 신성한 시민권을 정말로 바라는 모든 혼이 살아남는 것을 보장하기에 충분한 은총의 신용이다.

자비의 기억은 살아 있는 시산표(**試算表**), 그 영역의 초자연 물력에 대한 너의 계정(**計定**)의 현재 계산서이다. 이것은 베풀어진 자비에 관한 산 기록이며, 끝없는 생명에 대하여 각 개인이 가진 권리가 판결에 오를 때, 유버르사 법정의 증언 속으로 낭독된다. 그 때에 "보좌가 세워지고 옛적부터 늘 계신 이들이 앉으시도다. 유버르사 방송이 저희 앞에서부터 시작되고 공표되도다. 수천 명이 저희에게 시중들며, 수억 명이 저희 앞에 서니라. 재판이 준비되고, 책들이 열려지니라." 그렇게 중대한 계제에 펼쳐지는 책들은 초우주의 3차 2품 천사인, 살아 있는 기록이다. 필요하다면, 자비의 기억들이 하는 증언을 확인하기 위하여, 공식 기록은 철이 되어 있다.

하나님의 아들들이 정해 놓은 구제하는 신용이, 셋째 근원 중심의 참을성 있는 성격자들이 사랑으로 봉사를 베풀어서 충분하고 충실하게 지불(**支拂**)되었다는 것을 자비의 기억이 보여야 한다. 그러나 자비가 소모되었을 때, 그에 대한 "기억"이 그 자비가 소모되었음을 증언할 때, 그 때 정의가 지배하고 공정이 선포된다. 왜냐하면, 자비를 비웃는 자들에게 자비를 떠밀어 주어서는 안 되기 때문이다. 자비는 시간 속에 사는 끈질긴 반역자들의 발길 아래서 짓밟혀야 하는 선물이 아니다. 그런데도, 자비를 이렇게 값지고 귀하게 베풀지만, 너의 목적이 성실하고 마음이 정직하면, 너 개인이 인출(引出)할 수 있는 신용은 언제나 네가 그 비축량을 쓸 수 있는 능력보다 훨씬 크다.

자비 반영자들은 3차 동료들과 함께, 수많은 초우주 봉사에 종사하며, 이것은 하늘 가는 생물의 교육을 포함한다. 많은 다른 것 가운데, 기원의 의미는 이 승천자들에게 어떻게 영 윤리를 적용하는가 가르치며, 그러한 훈련이 있은 다음에 자비의 기억들이 어떻게 참으로 자비롭게 되는가를 가르친다. 자비를 베푸는 영적 기법이 너희의 개념을 뛰어넘지만, 자비가 성장하는 질이라는 것을 너희는 이제라도 이해해야 한다. 처음에는 정당하고, 다음에 공평하고, 다음에 참으며, 다음에 친절한 데서 개인적으로 만족하는 큰 보상이 있음을 너희가 깨달아야 한다. 그리고 나서, 그 기초 위에, 너희가 선택하고 마음 속에 열심이 있으면, 너희는 그 다음 걸음을 밟고 정말로 자비를 보일 수 있다. 그러나 너희는 자비를 그 자체로서 저절로 나타낼 수 없다. 이 여러 걸음을 거쳐야 하고, 그렇지 않으면 진정한 자비가 있을 수 없다. 후원이나 생색(生色)이나 혹은 자선이—아니 불쌍히 여기는 마음도—있을까 싶지만, 자비는 아니다. 집단을 이해하고, 서로를 고맙게 여기고, 형제 같은 친교, 영적 교통, 신다운 조화가 있고 나서, 이것들에 부속되어, 앞에 적은 것들의 아름다운 절정으로서, 참된 자비가 생긴다.

3. <u>시간의 중요성</u>. 시간은 모든 의지 생물에게 주는 하나의 보편적 재산이다. 모든 지적 존재에게 맡겨 놓은 "한 달란트"[1]이다. 너희는 모두 너희의 생존을 확보해 놓을 시간이 있다. 오로지 업신여기는 가운데 시간이 파묻혀 있을 때, 너희 혼이 살아남는 것을 확실히 해 놓도록 시간을 이용하지 못할 때, 시간이 치명적으로 낭비된다. 시간을 최대한으로 활용하지 못하는 것은 치명적인 벌을 내리지 않으며, 다만 시간 순례자의 하늘 가는 여행을 더디게 할 뿐이다. 일단 살아남으면, 모든 다른 손해를 회복(回復)할 수 있다.

책임 할당의 경우에, 시간의 중요성들의 조언은 그 가치를 따질 수 없다. 하보나와 파라다이스의 이쪽에서는 시간이 모든 일에 사활(死活)을 가리는 요소이다. 옛적부터 늘 계신 이들 앞에서 마지막 판결이 있을 때, 시간은 증거의 요소이다. 시간의 중요성들은 언제나 모든 피고가 결정을 내리고 선택을 하기에 넉넉한 시간이 있었다는 것을 보이는 증언을 해야 한다.

이 시간 평가자들은 또한 예언(豫言)의 비밀이다. 그들은 어떤 사업이라도 그것을 마치는 데 필요할 시간 요소를 보여 주며, 다른 살아 있는 계급인 프란달랑크나 크로놀덱과 똑같이, 그들을 지표(指標)로서 믿을 수 있다. 신들은 미리 보시며, 따라서 미리 아신다. 그러나 시간 우주의 승천 당국은 앞날의 사건을 예측할 수 있으려면 시간의 중요성들과 의논해야 한다.

너희는 저택 세계들에서 이 존재들과 처음으로 마주칠 것이다. 거기서 그들은 너희가 "시간"이라고 부르는 것의 유익한 이용, 양성적 이용인 노동과 음성적 사용인 휴식에 관해서 너희를 가르칠 것이다. 이 두 가지 시간 이용은 중요하다.

4. <u>신뢰의 엄숙</u>. 신뢰는 의지 생물의 결정적인 시험이다. 신뢰도는 자아의 통달, 곧 인격의 참된 측정이다. 이 2품 천사들은 초우주 경제에서 2중의 목적을 이룩한다. 그들은 모든 의지 생물에게 신뢰의 의무·신성·존엄성의 감각을 보여 준다.

동시에 이들은 통치하는 당국에게, 신용이나 신뢰에 관하여, 어떤 후보자라도 그의 정확한 신뢰도를 어김없이 비쳐 준다.

유란시아에서, 너희는 인격을 판독(判讀)하고 특정한 능력을 어림하려고 괴상하게 시도하지만, 유버르사에서 우리는 실제로 이 일을 완전히 처리한다. 이 2품 천사들은 틀림없이 인격을 평가하는 저울, 살아 있는 저울에 신뢰도의 무게를 잰다. 그들이 너를 보고 나서, 네가 책임을 마치고 맡긴 일을 집행하고 임무를 달성하는 능력의 한계를 알기 위해서, 우리는 그들만 쳐다보면 된다. 너의 신뢰도를 재는 자산(資産)은 네가 불이행하거나 배반하는 가능성을 재는 부채와 나란히, 함께 뚜렷하게 진술된다.

이 늘어난 책임을 품위 있게 맡도록 너의 인격이 충분히 개발되는 것만큼 빨리, 신뢰를 키워서 너를 진급시키는 것이 네 상관들의 계획이다. 그러나 개인에게 지나친 짐을 지우는 것은 오직 재난을 부르고 실망을 보장할 뿐이다. 사람이나 천사에게 때 이르게 책임을 지우는 잘못은 시공에서 개인의 신뢰 능력을 틀림없이 재는 이들의 봉사를 이용해서 피할 수 있다. 이 2품 천사들은 늘 고등 권한자들을 따라다니며, 후보자들이 이 2품 천사의 저울에 달려서 "부족함이 없다"하고 선포되기까지, 이 행정자들은 결코 임무를 나눠 주지 않는다.

5. <u>봉사의 고결</u>. 신뢰할 만한 것이 발견되면 봉사할 특권이 즉시 따른다. 너 자신의 신뢰성이 부족한 것, 곧 네가 신뢰의 엄숙함을 존중하는 능력의 부족 외에, 아무 것도 네가 더 크게 봉사할 기회를 얻는 것을 가로막지 않는다.

봉사는—노예 상태가 아니라, 목적이 있는 봉사는—가장 고귀한 만족을 낳고 가장 신다운 위엄을 표현한다. 봉사—계속된 봉사, 늘어난 봉사, 어려운 봉사, 모험적인 서비스, 그리고 마지막으로, 신성하고 완전한 봉사—는 시간 속에서 목표이고 공간에서 목적지이다. 그러나 시간 속에 노는 주기(週期)는 진보하는 봉사의 주기와 언제나 교대할 것이다. 시간 속에서 봉사한 뒤에, 영원 속에서 초월적 봉사가 따른다. 영원 속에 봉사하는 기간에 너희가 시간 속에서 놀던 것을 회상하리니, 그처럼 시간 속에서 노는 가운데, 너희는 영원의 일을 상상해야 한다.

우주의 경제는 투입과 생산에 기초를 둔다. 영원한 생애를 통하여 죽, 너희는 결코 무위(無爲)의 단조로움이나 인격의 침체에 부닥치지 않을 것이다. 선천적 운동 때문에 진보가 가능하게 되고, 향상은 신다운 활동 능력으로부터 생겨나며, 성취는 상상력 있는 모험의 소산(所産)이다. 그러나 이 성취하는 능력에 본래 있는 것은 윤리의 책임이며, 이것은 세계와 우주가 많은 다른 종류의 존재들로 채워져 있음을 깨닫는 데 필요하다. <u>너 자신을 넣어서</u> 이 모든 웅장한 창조는, 꼭 너만 위하여 창조되지는 않았다. 이 우주는 자기 중심인 우주가 아니다. 신들은 "주는 것이 받는 것보다 복이 있도다"하고 선포하셨고, 너희의 주 아들은 "너희 가운데 가장 크게 되고자 하는 자는 누구든지 모두를 섬기는 자가 될지어다"하고 말씀하셨다.

어떤 봉사라도 그 진짜 성질은, 사람이 하든 천사가 하든, 봉사의 지표인 이 2품 천사, 봉사의 고결들의 얼굴에 충분히 드러난다. 참된 동기와 감추어진 동기의 완전한 분석이 뚜렷하게 나타난다. 이 천사들은 정말로 우주에서 머리 속을 읽는 자요, 심중(心中)을 탐색하는 자요, 혼을 드러내는 자들이다. 필사자들은 자기 생각을 감추려고 말을 이용할지 모르지만, 높은 이 2품 천사들은 인간의 마음과 천사의 머리 속에 있는 깊은 동기를 발가벗긴다.

6과 7. 위대함의 비결과 선한 혼. 하늘 가는 순례자들이 시간의 중요성에 대하여 깨우침을 받고 나서, 신뢰의 엄숙성을 깨닫고 봉사의 고결함을 이해하도록 길이 예비된다. 이것들은 위대함의 도덕적 요소이기는 하지만, 또한 위대함의 비결도 있다. 위대함을 재는 영적 시험이 적용될 때, 도덕 요소는 무시되지 않는다. 그러나 땅에 있는 자기 동료들, 특히 가난과 어려움에 빠진 귀중한 존재들의 복지를 위하여 사욕 없이 수고하는 데서 나타나는 비이기적 기품, 이것이 혹성에서 위대함을 재는 참다운 척도이다. 유란시아와 같은 세계에서 위대함의 명시는 자제를 나타내는 것이다. 위대한 사람은 "한 도시를 정복"하거나, "한 나라를 뒤집어엎는" 자가 아니라, 오히려 "자기 혀를 복종시키는 자"이다.

위대함은 신성(神性)과 비슷한 말이다. 하나님은 최고로 위대하고 선하다. 위대함과 선함은 다만 떼어놓을 수 없다. 이 둘은 언제까지나 하나님 안에서 하나가 된다. 위대함의 비결과 선한 혼이 반영하여 서로 의존하는 것이 이 진리를 글자 그대로, 놀랍게 보여 주는데, 이는 둘 가운데 누구도 다른 쪽이 없이 활동할 수 없기 때문이다. 신성의 다른 품질을 비치는 과제에서 초우주의 2품 천사들은 혼자 활동할 수 있고 또 그렇게 하지만, 위대함과 선함을 비치는 측정치는 분리할 수 없는 듯하다. 따라서, 어떤 우주의 어느 세계에서도, 위대함과 선함을 비치는 그들은 함께 일하며, 언제나 그들이 집중하는 모든 존재에 대하여 2중이자 서로 의존하는 보고서를 보여 준다. 선한 알맹이를 알지 않고는 위대함을 어림할 수 없고, 한편 선함은 그 본래부터 가진 신다운 위대함을 나타내지 않고는 묘사될 수 없다.

위대함의 측정은 구체(球體)마다 다르다. 위대한 것은 하나님 같이 되는 것이다. 위대함의 질이 전적으로 선한 알맹이로 결정되니까, 너의 현재 인간 지위에서도, 네가 은총(恩寵)을 통해서 착해질 수 있다면, 너는 그로서 위대하게 되고 있다. 네가 신다운 선의 개념을 굳세게 보면 볼수록, 그것을 끈질기게 추구하면 할수록, 더욱 확실하게 위대함, 곧 진정한 살아남는 인격의 참 위대함 속에서 너는 자랄 것이다.

7. 2품 천사의 봉사

2품 천사들은 초우주의 서울에 기원이 있고, 거기에 본부가 있다. 그러나 그들의 연락하는 동료들과 함께, 2품 천사들은 파라다이스의 바닷가로부터 공간의 진화 세계들까지 돌아다닌다. 초우주 정부에서 심의하는 집회의 구성원들에게 귀중한 조수로서 봉사하며, 유버르사의 우대받는 거류민에게, 곧 별 학자, 1천 년마다 다니는 여행자, 천상의 관측자들, 그리고 하보나로 수송을 기다리는 하늘 가는 존재들을 포함하여 다른 무리에게 큰 도움이 된다. 옛적부터 늘 계신 이들은 유버르사를 둘러싸는 490 연구 세계에 거주하는 승천 생물을 돕도록, 어떤 1차 2품 천사들을 기쁘게 배치하며, 또한 여기서 2차와 3차 계급들의 다수가 선생으로 봉사한다. 이 유버르사 위성들은 시간 우주에서 최종 학교이며, 하보나의 일곱 회로의 대학을 위하여 예비 과정을 제공한다.

세 계급의 2품 천사들 가운데, 3차 집단은 승천 당국에 부속되어 있고, 하늘 가는 시간 생물에게 아주 널리 봉사한다. 너희가 오르본톤의 대기(待機)하는 세계들에 다다를 때까지 너희는 그들의 봉사를 자유롭게 이용하지 않겠지만, 유란시아를 떠난 뒤에 곧, 너희는 이따금 그들을 만날 것이다. 너희가 유버르사의 학교 세계들에서 머무르는 동안 그들과 충분히 얼굴을 익히게 될 때, 너희는 그들의 동반을 즐길 것이다.

이 3차 2품 천사들은 시간을 절약하고 공간을 단축하는 자요, 오류를 탐지하는 자, 충실한 선생, 영구한 파수(把守)—신이 확실함을 보여 주는 살아 있는 표시—이니, 크게 당황하고 영적으로 불안한 순간에 초조한 순례자들의 발길을 안내하기 위해서, 그들은 시간의 십자로(十字路)에 자비롭게 배치되었다. 완전의 입구에 다다르기 훨씬 전에, 너희는 신성한 연장에 비로소 다가가고 신의 기법과 접촉하게 될 것이다. 처음 저택 세계에 다다를 때부터, 너희가 파라다이스로 이동하는 것을 준비하려고 하보나의 잠 속에서 눈을 감을 때까지, 점점 더 너희는 이 놀라운 존재들의 긴급 도움을 이용할 것이다. 그들은 완전의 입구에 이르는 긴 여행에서 너희 앞에 간 순례자, 안전하고 믿을 만한 순례자들의 확고한 지식과 확실한 지혜를 아주 넉넉히, 아낌없이 반영한다.

우리에게는 유란시아에서 이 반영 계급 천사들을 쓰는 완전한 특권이 허락되지 않는다. 그들은 배치된 성격자들을 따라서, 너희 세계에 자주 오는 방문객이지만, 여기서 그들은 자유롭게 활동할 수 없다. 이 구체는 아직도 일부 영적으로 격리되어 있고, 그들의 서비스에 필수인 어떤 회로들이 현재 여기에 없다. 관계된 반영 회로들로 너희 세계가 다시 한 번 회복(回復)될 때, 혹성간 및 우주간 통신 작업의 상당한 부분은 크게 간소화되고 신속히 처리될 것이다. 유란시아에서는 하늘 일꾼들이 많은 어려움에 부딪치는데, 이는 반영 동료들이 이러한 기능의 축소를 겪기 때문이다. 그러나 공간의 살아 있는 거울이며, 시간 속에서 계심을 투영하는 이 놀라운 존재들의 많은 서비스를 우리가 지역에서 빼앗겼는데도, 우리는 손에 잡히는 연장을 가지고 우리의 사무를 즐겁게 계속 수행한다.

[유버르사의 한 막강한 사자가 후원하였다.]

주 1. 주인이 하인에게 맡긴 거액의 돈, 또는 하나님이 사람에게 맡긴 재능 (마태복음 3장 14-30절).

제 29 편

우주 동력 지휘자

혹성간 및 우주간 사무를 규제하는 데 관련된 모든 우주 성격자 가운데, 동력 지휘자와 그 동료들을 유란시아에서 사람들이 가장 적게 이해하였다. 너희 민족들이 천사 및 비슷한 하늘 존재 계급들이 있다는 것을 안 지 오래 되지만, 물리적 영토를 통제하는 자와 규제하는 자들에 관한 정보는 거의 전파되지 않았다. 지금도 나는 모우주의 물력을 통제하고 에너지를 규제하는 데 상관이 있는 다음 세 집단의 살아 있는 존재들 가운데, 마지막 계급만 완전히 밝히도록 허락을 받았다:

1. 궁극에 이른 1차 물력 주조직자.
2. 초월 물력 부조직자.
3. 우주 동력 지휘자.

여러 집단의 우주 동력 지휘자, 중심, 통제자들의 개성을 묘사하기는 불가능하다고 판단하지만, 나는 그들이 활동하는 영토에 관하여 무언가 설명할 수 있기를 바란다. 그들은 대우주 전역에서 에너지를 영리하게 규제하는 것과 상관되는, 독특한 무리의 살아 있는 존재들이다. 최상 지휘자들까지 합쳐서, 그들은 다음 대분과를 포함한다:

1. 일곱 최상 동력 지휘자.
2. 최상 동력 중심.
3. 물리 주통제자.
4. 상물질계 동력 감독자.

최상 동력 지휘자 및 중심들은 영원에 가까운 시절부터 존재해 왔고, 우리가 아는 한, 이 계급들의 존재는 더 창조되지 않았다. 일곱 으뜸 영이 일곱 최상 지휘자를 성격화하였고, 그리고 나서 이들은 자기의 부모와 함께 1백억이 넘는 동료들을 생산하는 데 협력했다. 동력 지휘자들의 시절 이전에는, 중앙 우주 바깥에 있는 공간의 에너지 회로는 파라다이스의 물력 주조직자들의 총명한 감독을 받고 있었다.

물질 생물에 관한 지식이 있으니까, 너희는 적어도 영적 존재들에 관한 대조되는 개념을 가지고 있다. 그러나 필사 지성이 동력 지휘자들을 상상하기는 아주 어렵다. 상급 수준의 존재로 올라가는 진보 계획에서, 너희는 최상 지휘자나 동력 중심들과 직접 아무 상관이 없다. 어떤 드문 경우에, 너희는 물리 통제자들과 거래가 있겠지만, 저택 세계에 도착하고 나서 상물질 동력 감독자들과 함께 너희는 자유롭게 일할 것이다. 이 상물질 동력 감독자들은 순전히 지역 창조들의 상물질 체제에서 활동하니까, 지역 우주를 다루는 부분에서 그들의 활동에 관하여 이야기하는 것이 최선이라고 판단된다.

1. 일곱 최상 동력 지휘자

일곱 최상 동력 지휘자는 대우주의 물리 에너지를 규제하는 자들이다. 일곱 으뜸 영이 그들을 창조한 것은 참 영 조상으로부터 반(半)물질 자손이 파생된 것을 처음 기록한 경우이다. 일곱 으뜸 영이 개별적으로 창조할 때, 그들은 천사 계급에서 상당히 영적인 성격자를 생산한다. 그들이 집단으로 창조할 때, 그들은 때때로 높은 부류의 이 반물질 존재를 생산한다. 그러나 이 준(準)물리적 존재조차 유란시아 필사자들의 짧은 시계(視界)에는 보이지 않을 것이다.

최상 동력 지휘자들의 수는 일곱이며, 모습과 기능 면에서 동일하다. 저마다 직접 관련된 으뜸 영에게, 각자 완전히 기능적으로 복종하며, 이 으뜸 영을 제외하고, 아무도 하나를 다른 하나와 구별할 수 없다. 으뜸 영들은 각자 그들의 집합 자손 가운데 하나와, 이렇게 영원히 뭉쳐 있다. 같은 지휘자는 언제나 같은 영과 결합되어 있고, 그들이 일하는 협동 관계는 물리 에너지와 영 에너지, 반물리적 존재와 영 성격자 사이에 독특한 결합을 초래한다.

일곱 최상 동력 지휘자는 가장자리 파라다이스에 주둔하며, 거기서 천천히 도는 그들의 계심은 으뜸 영들의 물력 초점(焦點)의 본부가 어디에 있는가를 가리킨다. 이 동력 지휘자들은 초우주의 동력 에너지를 규제하는 데 혼자 활동하지만, 중앙 창조의 행정에서는 집단으로 활동한다. 그들은 파라다이스에서부터 활동하지만, 대우주의 모든 분과에서 효과적인 동력 중심으로서 자신들을 유지한다.

이 강력한 존재들은 광대한 무리의 동력 중심들, 그리고 이 중심들을 통해서, 일곱 초우주 전체에 흩어진 물리 통제자들의 물리적 조상이다. 물리적으로 통제하는 그러한 하급 유기체들은 기본적으로 한결같고, 각 초우주 군단의 차별되는 빛깔 외에는 동일하다. 초우주 근무를 바꾸는 경우에, 그들은 다만 다시 조율하려고 파라다이스로 돌아가야 할 것이다. 물리적 창조의 행정은 근본적으로 한결같다.

2. 최상 동력 중심

일곱 최상 동력 지휘자는 개별적으로 자식을 낳을 수 없지만, 집단으로 일곱 으뜸 영과 결합하여, 그들은 자신과 비슷한 다른 존재들을 낳을 수 있다—창조할 수 있다. 대우주의 최상 동력 중심들의 기원이 그러하며, 그들은 다음 일곱 집단에서 활동한다:

1. 최상 중심 감독자.
2. 하보나 중심.
3. 초우주 중심.
4. 지역 우주 중심.
5. 별자리 중심.
6. 체계 중심.
7. 분류되지 않은 중심.

이 동력 중심들은 최상 동력 지휘자들과 함께, 높은 의지의 자유를 가진 활동적인 존재이다. 그들은 모두 셋째 근원 성격을 부여받았고, 도전받지 않는 높은 서열의 의지 능력이 있음을 드러낸다. 우주 동력 체계를 지휘하는 이 중심들은 지극한 지능 재산을 소유한 자들이다. 그들은 대우주 동력 체계의 지적 존재이며, 물리 주통제자와 상물질 동력 감독자들의 널리 미치는 활동의 망, 그 모든 광대한 망의 지성을 통제하는 기법의 비결이다.

1. <u>최상 중심 감독자</u>. 최상 동력 지휘자들의 동료인 이 일곱 동격자는 대우주의 주요 에너지 회로를 규제한다. 각 중심 감독자는 일곱 최상 집행자의 특별 세계들 중 하나에 본부를 두며, 그들은 이 일반 우주 사무를 조정하는 이들과 밀접한 관련을 가지고 일한다.

최상 동력 지휘자와 최상 중심 감독자들은 "인력 에너지" 수준 아래의 모든 우주 현상에 관하여, 개인으로서, 그리고 합동으로 활동한다. 결합해서 활동할 때 이 존재 14명과 우주 동력의 관계는 일곱 최상 집행자와 일반 우주 사무의 관계, 그리고 일곱 으뜸 영과 우주 지성의 관계와 같다.

2. <u>하보나 중심</u>. 시공 우주들이 창조되기 전에는 동력 중심들이 하보나에 필요하지 않았다. 그러나 아주 아득한 이 시절 뒤로, 1백만 중심이 중앙 창조에서 죽 활동해 왔고, 각 중심은 1천 하보나 세계들을 감독한다. 여기 신성한 우주에서는 에너지 통제가 완전하며, 이 조건은 다른 데서 존재하지 않는다. 에너지를 완전히 규제하는 것은 모든 동력 중심과 공간의 물리 통제자가 궁극에 바라는 목표이다.

3. <u>초우주 중심</u>. 일곱 초우주의 각 서울 구체에서 거대한 지역을 차지하는 것은 제3 계급의 1천 동력 중심이다. 10개 분리 집단의 1차 에너지의 세 가지 전류가 각각 이 동력 중심들로 들어온다. 불완전하게 통제되지만, 특화되고 잘 지휘된 일곱 동력 회로가, 뭉쳐서 행동하는 그들의 자리로부터 떠나간다. 이것은 우주 동력의 전자(電子) 조직이다.

모든 에너지는 파라다이스 주기 안에서 순환되지만, 우주 동력 지휘자들은 중앙 우주와 초우주의 공간 기능에서, 아래 파라다이스의 물력 에너지가 수정되는 것을 발견하는 대로 이 에너지를 <u>지휘하며</u>, 이 에너지를 유익하고 건설적으로 적용하는 경로로 바꾸고 지도한다. 하보나 에너지와 초우주 에너지 사이에는 차이가 있다. 초우주의 동력 전하(電荷)는 각각 10개 분리 집단으로 이루어진 3단계 에너지로 구성되어 있다. 이 3중 에너지 전하는 대우주의 공간에 두루 퍼지며, 그것은 일곱 초월 창조를 각각 통째로 삼키고 적시는 에너지, 광대한 움직이는 에너지의 대양과 같다.

우주 동력의 전자 조직은 일곱 단계에서 작용하며, 지역 인력, 곧 직진(直進) 인력에 대하여 다른 반응을 나타낸다. 이 일곱 가지 회로는 초우주 동력 중심들로부터 나가서, 각 초월 창조에 스며든다. 그러한 특화된 시공 회로들은 특정한 목적을 위해서 개시되고 지휘를 받는, 분명하고 지역화된 에너지 움직임이며, 이것은 대서양 한 가운데에 국한된 현상으로서 걸프 해류(海流)가 작용하는 것과 비슷하다.

4. <u>지역 우주 중심</u>. 각 지역 우주 본부에는 제4 계급 동력 중심이 1백 명 주둔한다. 그들은 초우주 본부로부터 방사되어 나오는 일곱 동력 회로를 낮추고, 그 외

에 수정하려고 활동하며, 이렇게 그것을 별자리와 체계의 서비스에 적용할 수 있게 만든다. 공간에서 지역의 천문학적 이변은 이 동력 중심들에게 일시적 관심거리이다. 그들은 효율적 에너지를 하위 별자리와 체계들로 질서 있게 보내는 일에 종사한다. 후일에 우주를 조직하고 에너지를 동원하는 시절에, 아들 창조자들에게 크게 도움이 된다. 이 중심들은 사람이 사는 중요한 점들 사이에 혹성간의 통신을 위하여, 유익한 집중된 에너지 통로를 마련해 줄 수 있다. 그러한 에너지 통로나 선은 가끔 또한 에너지 길이라고도 부르고, 한 동력 중심으로부터 다른 동력 중심으로, 또는 한 물리 통제자로부터 다른 통제자에게 전하는 직통 에너지 회로이다. 그것은 개별화된 동력의 흐름이며, 분화(分化)되지 않은 에너지의 자유로운 공간 운동과 대조가 된다.

5. 별자리 중심. 살아 있는 이 동력 중심 10명은 각 별자리에 주둔하며, 1백 종속 지역 체계에 대하여 에너지를 투영하는 자로서 활동한다. 통신과 수송을 위해서, 생명을 유지하려고 어떤 형태의 물리 에너지에 의존하는 살아 있는 피조물에게 에너지를 주입하기 위하여, 이 존재들로부터 동력선(動力線)이 떠나간다. 그러나 동력 중심이나 하위 물리 통제자들도 기능적 조직인 생명에는 달리 관심을 가지지 않는다.

6. 체계 중심. 최상 동력 중심 1명이 영구하게 각 지역 체계에 배치된다. 이 체계 중심들은 동력 회로를 시공의 사람 사는 세계들에 보낸다. 그들은 하위 물리 통제자들의 활동을 조정하고, 그밖에 지역 체계에서 동력의 바람직한 분배를 보장하기 위하여 활동한다. 혹성 사이의 회로를 중계하는 것은 어떤 물질 에너지를 완벽하게 조정하고 물리적 동력을 효과적으로 규제하는 데 달려 있다.

7. 분류되지 않은 중심. 이들은 특별한 지역 상황에서 활동하지만, 사람 사는 혹성에서 활동하지 않는 중심들이다. 개별 세계들은 물리 주통제자들의 책임 밑에 있고, 그들 체계의 동력 중심이 보낸, 연결된 동력선을 받는다. 아주 보기 드문 에너지 관계를 가진 구체들만, 우주의 균형 바퀴로서, 또는 에너지를 규제하는 자로서 활동하는 제7 계급의 동력 중심을 가진다. 각 활동 단계마다, 이 동력 중심들은 상급의 통제 단위에서 활동하는 자들과 완전히 대등하지만, 1백만 천체에 하나도 그러한 살아 있는 동력 조직을 품지 않는다.

3. 동력 중심의 영토

초우주들에 두루 흩어져 있는 최상 동력 중심들과 그 동료 및 부하들의 수는 1백억쯤 된다. 그들은 모두 파라다이스 선조인 일곱 최상 동력 지휘자와 완전히 동시화되고 완벽하게 연결되어 있다. 이렇게 대우주의 동력 통제는 일곱 최상 동력 지휘자를 창조한 일곱 으뜸 영의 보호와 지도에 맡겨진다.

일곱 최상 동력 지휘자와 그 동료·조수·부하들은 모두 언제까지나, 온 공간의 모든 법정의 체포나 간섭으로부터 면제된다. 그들은 또한 옛적부터 늘 계신 이들의 초우주 정부, 또는 아들 창조자들의 지역 우주 행정부의 행정 지시에도 예속되지 않는다.

무한한 영의 아이들이 이 동력 중심과 지휘자들을 만든다. 비록 우주 물질 조직의 후기에 아들 창조자들과 제휴하지만, 그들은 하나님의 아들들의 행정에 관계되지 않는다. 그러나 동력 중심들은 어떤 면에서 최상 존재의 전반적 우주 통제와 밀접히 관계되어 있다.

동력 중심과 물리 통제자들은 아무런 훈련을 받지 않는다. 그들은 모두 완전하게 창조되었고, 날 때부터 활동이 완전하다. 그들은 결코 한 기능에서 다른 기능으로 이동하지 않고, 언제나 처음에 배치된 그대로 근무한다. 그들의 계층에는 아무런 진화가 없고, 이것은 두 계급의 일곱 분과(分課) 모두에 참말이다.

기억을 돌이켜보도록 승천하던 과거가 없으니까, 동력 중심과 물리 통제자들은 결코 놀지 않는다. 모든 활동에서 철저하게 사무적이다. 언제나 근무하고 있으며, 물리적 에너지 선이 중지되는 것에 대하여 우주 계획에는 아무런 준비가 없다. 1초의 몇 분의 1이라도 이 존재들은 시공의 에너지 회로(回路)들을 감독하는 일을 그만둘 수 없다.

동력 지휘자, 동력 중심, 동력 통제자들은, 동력, 곧 물질 에너지나 반(半)물리적 에너지를 제외하고, 온 창조에서 어떤 것과도 아무 상관이 없다. 그들은 동력을 창출하지 않지만, 동력을 수정하고, 주무르고, 방향을 정해 준다. 물리적 인력의 당기는 힘에 저항하는 것 외에, 그들은 그것과 아무 상관이 없다. 인력에 대한 그들의 관계는 온통 부정적이다.

다양한 분리된 에너지 집합체들의 살아 있는 작용과 연결하여, 동력 중심들은 물질 체제의 광범위한 작용과 조정을 이용한다. 개별 동력 중심은 각자 정확히 1백만의 기능적 통제 단위로 이루어져 있고, 사람의 육체 안에 있는 중요한 여러 기관(器官)처럼, 에너지를 수정하는 이 단위들은 고정되어 있지는 않다. 동력을 규제하는 이 "중요한 기관들"은 움직일 수 있고, 결합 가능성의 변화는 참으로 다채롭다.

살아 있는 이 존재들이 우주 에너지의 주요 회로들을 작동하고 규제하는 방법을 설명하는 것은, 도무지 나의 능력을 지나친다. 거대하고 거의 완전히 유능한 이 동력 중심들의 크기와 활동에 관하여 너희를 더 가르치려는 시도는, 너희의 혼동과 당황을 더할 뿐이다. 그들은 살아 있고 "성격"을 가졌지만, 너희가 이해하는 한계를 뛰어넘는다.

하보나 바깥에서 최상 동력 중심들은 특별히 지어진 (건축된) 구체나 또는 달리 알맞게 구성된 천체들에서만 활동한다. 건축된 세계들은, 살아 있는 동력 중심들이 공간 에너지가 이 구체들 위에 넘쳐흐르는 동안, 그 방향을 정해 주고 에너지를 수정하고 집중하는, 선택하는 스위치로서 활동할 수 있도록 지어져 있다. 그들은 진화하는 보통 태양이나 혹성에서는 그렇게 활동할 수 없다. 어떤 무리들은 또한 이 특별한 본부 세계들의 난방과 기타 물질적 필요에 관심을 가진다. 유란시아 지식의 테두리를 넘지만, 이 계급의 살아 있는 동력 성격자들은 열을 내지 않고 빛나는 빛의 분산과 크게 상관이 있다는 것을 내가 말해도 좋다. 그들은 이 현상을 일으키지는 않지만, 열이 없는 빛의 분산과 방향을 정해 주는 데 관여한다.

동력 중심과 그 하위 통제자들은 조직된 공간의 모든 물리적 에너지의 작동에 배치된다. 그들은 각각 10가지 에너지로 이루어진 3가지 기본 기류(氣流)를 가지고 일한다. 이것이 조직된 공간의 에너지 전하이고, 조직된 공간은 그들의 영토이다. 우주 동력 지휘자들은 일곱 초우주의 현재 테두리 바깥에서 지금 벌어지고 있는 엄청난 물력 행위와 아무 상관이 없다.

동력 중심과 통제자들은, 각 기본 우주 기류(氣流)에 포함된 10가지 형태의 에너지 가운데, 오로지 일곱에 대해서만 완전한 통제를 행사한다. 그들의 통제로부터 일부 또는 전적으로 면제된 형태는 무제한 절대자가 지배하는 에너지가 명시되는, 예측할 수 없는 영역을 대표하는 것이 틀림없다. 만약 그들이 이 절대자의 원초 물력에 영향력을 미친다면, 우리는 그러한 활동을 인식하지 못한다. 하지만 어떤 물리 통제자들이 가끔 자동으로 우주 절대자의 어떤 충동에 반응한다는 의견을 정당하게 만들 미약한 증거가 얼마큼 있다.

살아 있는 이 동력 장치들은 무제한 절대자가 모우주의 에너지를 통제하는 데 의식해서 관계되지는 않는다. 그러나 그들의 전반적이고 거의 완전하게 동력을 지휘하는 계획이, 어떤 알 수 없는 방법으로 이 초월 인력이 있는 데 복종한다고 우리는 추측한다. 어떤 지역 에너지 상황에서도, 중심과 통제자들은 준(準)최상권을 행사하지만, 그들은 언제나 무제한 절대자의 초월 에너지 존재와 그의 헤아릴 수 없는 행위를 의식하고 있다.

4. 물리 주통제자

이 존재들은 최상 동력 중심들의 부하(部下)이며 기동성이 있다. 물리 통제자들은 놀라운 종류의 자기 수송을 할 수 있는 그러한 성질의 개성 변형 능력을 부여받았고, 그들은 외톨 사자의 비행에 접근하는 속도로 지역의 공간을 가로지를 수 있다. 그러나 모든 다른 공간 횡단자처럼, 그들은 물질 구체를 떠날 때, 인력의 작용과 관성(慣性)의 저항을 극복하는 데, 그 동료들과 특정한 다른 종류 존재들의 도움을 요한다.

물리 주통제자들은 대우주 전체에 걸쳐 근무한다. 일곱 최상 동력 지휘자가 파라다이스로부터 초우주의 본부들까지 멀리, 그들을 직접 다스린다. 여기서부터 그들은 균형 회의, 곧 일곱 으뜸 영이 물리 부통제자들의 직원으로부터 뽑아서 파송하는 높은 위원들의 지휘를 받고 분산된다. 이 높은 위원들에게는 주(主)프란달랑크들의 기록과 등록을 해석할 권한이 주어지며, 후자는 한 초우주 전체의 동력 압력과 에너지 전하를 가리키는 살아 있는 도구이다.

파라다이스 신들의 계심은 대우주를 에워싸고 영원의 동그라미를 휙 둘러싸지만, 일곱 으뜸 영 가운데 어느 한 분의 영향도 단일 초우주에 국한된다. 각 초우주 사이에는 분명히 에너지가 분리되고 동력 회로가 격리된다. 따라서 개별화된 통제 방법이 지배해야 하고, 또 지배한다.

물리 주통제자들은 최상 동력 중심들의 직계 자손이며, 그들의 무리는 다음을 포함한다:

1. 동력 부지휘자.

2. 기계적 통제자.

3. 에너지 변압자.

4. 에너지 발송자.
5. 1차 결합자.
6. 2차 분리자.
7. 프란달랑크와 크로놀덱.

이 계급들이 모두, 개별적으로 선택하는 힘을 가진다는 의미에서, 성격자는 아니다. 특히, 마지막 넷은 그들의 상관의 충동에 대한 반응, 그리고 기존 에너지 조건에 대한 반응이 온통 자동이며 기계적인 듯하다. 비록 그러한 반응이 온통 기계적으로 보이지만, 그렇지는 않다. 자동(自動) 기계로 보일지 모르지만, 그들은 모두 구별되는 지능 작용을 드러낸다.

성격은 반드시 지성과 동시에 일어나는 물건이 아니다. 수많은 하등 동물, 그리고 어떤 이 하위 물리 통제자들에서 보다시피, 선택의 힘이 모두 빼앗긴 때도 지성은 생각할 수 있다. 물리적 동력을 더 자동으로 규제하는 많은 자는 어떤 의미에서도 성격자가 아니다. 그들은 의지, 그리고 결정하는 독립성을 부여받지 않았고, 그들이 배치받은 과제를 수행하기 위해서, 기계적으로 완전한 설계에 전적으로 복종한다. 그런데도 그들은 모두 상당히 총명한 존재이다.

물리 통제자들은 유란시아에서 발견되지 않은 기본 에너지를 조절하는 데 주로 종사한다. 알려지지 않은 이 에너지는 혹성간 수송(輸送) 체계와 어떤 통신 기법에 아주 필수이다. 소리에 해당하는 것들을 전달하거나 시력을 넓히려는 목적으로 우리가 에너지 선들을 내려놓을 때, 발견되지 않은 이 형태의 에너지를 살아 있는 물리 통제자와 그 동료들이 이용한다. 또한 가끔 중도인(中道人)이 일상적인 일에 바로 이 에너지를 쓴다.

1. <u>동력 부지휘자</u>. 영역에서 항상 바뀌는 에너지 상태의 늘 변하는 필요에 따라서, 놀랍게 유능한 이 존재들에게 모든 계급의 물리 주통제자들을 배치하고 파송하는 일이 맡겨진다. 물리 통제자들의 광대한 예비군은 소구역 본부 세계에서 유지되며, 이 집중된 점들로부터 정기적으로, 동력 부지휘자들이 그들을 우주·별자리·체계의 본부에, 그리고 개별 혹성으로 파송한다. 이렇게 배치되었을 때, 물리 통제자들은 화해 위원회의 신성한 집행자가 내리는 명령에 잠정적으로 지배되지만, 그밖에 오직 그들의 부지도자와 최상 동력 중심에게만 순종해야 한다.

동력 부지휘자 3백만 명이 오르본톤의 각 소구역에 배치되어 있고, 놀랍게 다능한 이 존재들을 초우주에서 할당받은 수는 총 30억이다. 그들 자체의 예비군이 바로 이 소구역 세계에서 유지되고, 거기서 그들은 또한 총명하게 에너지를 통제하고 변화시키는 기법의 과학을 연구하는 모든 자에게, 강사로서 봉사한다.

이 지휘자들은 소구역에서 집행 근무를 하는 기간과 공간 영역에서 검사 근무를 하는 데 같은 기간을 번갈아 보낸다. 적어도 한 대리 검사자가 언제나 각 지역 체계에 있고, 그 서울 구체에서 본부를 둔다. 그들은 광대한 살아 있는 에너지의 총집합체를 조화된 동시성 속에 유지한다.

2. <u>기계적 통제자</u>. 이들은 뛰어나게 다능하고 기동성 있는, 동력 부지휘자의 조수이다. 그들 몇조(兆)가 너희 소구역 엔사에 임관되었다. 이 존재들을 기계적 통

제자라 부르는 것은 그들이 자기 상관에게 아주 완전히 지배되고, 동력 부지휘자의 뜻에 아주 충분히 복종하기 때문이다. 그런데도 그들 자신은 아주 총명하며, 그들이 하는 일은, 그 성질이 기계적이고 사무적이지만, 솜씨 있게 수행된다.

사람이 사는 세계들에 배치된 모든 물리 주통제자 가운데, 기계적 통제자들은 월등하게 가장 강력하다. 모든 다른 존재를 능가하는 팔팔한 반인력(反引力) 자질을 소유하기 때문에, 각 통제자가 가진 인력 저항에는 오직 엄청난 속도로 회전하는 거대한 구체들만 필적한다. 이 통제자 10명이 지금 유란시아에 주둔하고 있으며, 그들의 가장 중요한 혹성 활동 가운데 하나는 천사 수송 수단의 출발을 돕는 것이다. 그렇게 활동하면서, 에너지 전송자 1천 명이 한 중대(中隊)를 이루어 천사의 출발을 위한 시초(始初) 운동력을 마련하는 동안, 기계적 통제자 10명 모두가 일치하여 행동한다.

기계적 통제자들은 에너지 흐름의 방향을 정해 주고 특화된 전류나 회로로 그 에너지의 집중을 수월하게 만드는 일에 유능하다. 이 강력한 존재들은 물리 에너지를 분리하고 방향을 정해 주고 강화하는 데, 혹성간 회로의 압력을 평준화하는 데 크게 상관이 있다. 그들은 초우주 동력 전하를 구성하는, 공간에 있는 30가지 물리 에너지 가운데 21가지를 다루는 일에 숙달되어 있다. 또한 물리 에너지의 더 미묘한 9가지 형태 가운데 6가지를 관리하고 통제하는 데 상당한 성과를 거둘 수 있다. 이 통제자들을 서로에 대해서, 그리고 어떤 동력 중심들에 대하여 적당한 기술적 관계에 배치함으로, 동력 부지휘자들은 동력을 조정하고 에너지를 통제하는 데, 믿을 수 없을 변화를 일으킬 수 있게 된다.

물리 주통제자들은 흔히 수백·수천, 아니 수백만까지도 군대를 이루어 활동하고, 그들의 위치와 대형(隊形)을 변화시켜서, 개별 자격 뿐 아니라, 집합 자격으로도 에너지를 통제할 수 있다. 필요가 변함에 따라서, 그들은 에너지의 분량과 운동을 증폭하고 가속하거나, 에너지의 흐름을 억류하고 응축하며 지연시킬 수 있다. 이른바 촉매제가 화학 반응을 크게 만드는 것과 얼마큼 비슷하게, 에너지와 동력의 변화에 영향을 미친다. 그들은 타고난 능력에 따라서, 최상 동력 중심들과 협동하여 활동한다.

3. <u>에너지 변압자</u>. 한 초우주에서 이 존재들의 수는 믿을 수 없이 많다. 사타니아에만 거의 1백만 명 있고, 보통 할당수는 사람이 사는 각 세계에 1백 명이다.

일곱 최상 동력 지휘자와 일곱 중앙 감독자가 합동으로 에너지 변압자들을 창조한다. 그들은 성격이 더 뚜렷한 계급의 물리 통제자들 사이에 있고, 동력 부지휘자가 사람 사는 세계에 있을 때를 빼고, 변압자들이 지휘권을 가진다. 그들은 출발하는 모든 천사(天使) 수송기를 혹성에서 검사하는 자이다. 모든 등급의 하늘 생명은, 오직 성격이 뚜렷한 계급의 부지휘자 및 에너지 변압자들과 연락하여, 성격이 덜한 계급의 물리 통제자들을 이용할 수 있다.

이 변압자(變壓者)들은 강력하고 유능한 살아 있는 스위치이며, 특정한 동력을 처분하거나 방향을 지정하기 위해서, 또는 그에 반대하여, 처신할 수 있다. 그들은 또한 거대한 혹성이나 별 이웃 사이를 지나가는 강력한 에너지 흐름에 저항해서 혹성들을 격리하는 노력에 숙달되어 있다. 에너지를 변화시키는 그들의 속성은 보편적 에너지 평형이나 동력의 균형을 유지하는 중요한 과업에 그들을 가장 쓸모 있게 만든다. 그들은 한때 에너지를 소비하거나 저장하는 듯하고, 다른 때는 에너지를 발산하거나 해방시키는 듯하다. 변압자들은 각자의 영역에서 산 에너지와 죽은 에너지를 "저장하는 건전지" 잠재성을 늘이거나 줄일 수 있다. 그러나 그들은 오로지 물리 에너지와 반물질 에너지만 다룬다. 생명의 영토에서는 직접 활동하지 않고, 살아 있는 존재들의 형태를 바꾸지도 않는다.

어떤 면에서, 에너지 변압자들은 모든 살아 있는 반(半)물질 생물 가운데 가장 두드러지고 신비스럽다. 이들은 어떤 미지의 방법으로 물리적으로 분화되었고, 그들의 연락 관계를 다르게 함으로, 그들의 결합된 계심을 통과하는 에너지에 깊은 영향을 미칠 수 있다. 물리적 영역의 상태는 그들의 숙련된 조종 밑에서 변화를 겪는 듯하다. <u>그들은 공간 에너지의 물리적 형태를 바꿀 수 있고, 또 바꾼다</u>. 동료 통제자들의 도움을 받아, 그들은 초우주 동력 전하의 30가지 물리적 에너지 가운데 27가지의 형태와 잠재성을 실제로 바꿀 수 있다. 이 에너지 가운데 세 가지가 그들의 통제 바깥에 있다는 것은 그들이 무제한 절대자의 연장이 아니라는 것을 증명한다.

나머지 4 집단의 물리 주통제자들은 어떤 용납할 만한 정의로도, 도저히 성격자라고 할 수 없다. 에너지 발송자, 결합자, 분리자, 프란달랑크들의 반응은 온통 자동이다. 그런데도 그들은 어떤 의미에서도 지능이 있다. 우리가 그들과 교통할 수 없기 때문에, 이 놀라운 통일체에 관한 지식 면에 우리는 크게 제한되어 있다. 그들은 그 영역의 언어를 이해하는 듯하지만, 우리는 그들과 교통할 수 없다. 그들은 우리의 통신을 충분히 받을 수 있는 듯하지만, 도무지 반응할 능력이 없다.

4. <u>에너지 발송자</u>. 이 존재들은, 전적으로 그렇지는 않지만, 주로 혹성 안의 자격에서 활동한다. 그들은 개별 세계에서 명백히 드러나는 것처럼, 경이로운 에너지 파송자이다.

에너지를 새로운 회로로 빼돌려야 할 때, 발송자들은 바라는 에너지 행로에 한 줄로 자신들을 배치하며, 에너지를 당기는 그들의 독특한 속성의 덕택으로, 바라는 방향으로 늘어난 에너지 흐름을 실제로 유인할 수 있다. 어떤 금속 회로가 어떤 형태의 전기 에너지 흐름의 방향을 정하는 것처럼, 그들은 실제로 이렇게 한다. 그리고 그들은 30가지 가운데 반이 넘는 물리 에너지 형태에 대하여 살아 있는 초전도체(超傳導體)이다.

발송자들은 숙련된 연락을 형성하며, 이것은 한 혹성에서 다른 혹성으로, 개별 혹성의 한 정거장에서 다른 정거장으로 이동하는 특화된 에너지의 약화되는 전류를 회복하는 데 효과적이다. 그들은 어느 다른 부류의 산 존재가 식별하기에 너무 약한 전류를 탐지할 수 있고, 이 에너지를 확대해서 거기에 담긴 통신문을 완전히 알아볼 수 있게 만든다. 그들의 서비스는 방송 수신자들에게 가치를 따질 수 없이 귀중하다.

에너지 발송자들은 통신할 수 있는 모든 형태의 지각(知覺)에 대해서 작용할 수 있다. 그들은 먼 거리에 있는 소리를 "들을 수 있게" 할 뿐 아니라, 멀리 있는 광경도 "볼 수 있게" 만든다. 그들은 지역 체계와 개별 혹성에서 긴급 통신선을 마련해 준다. 정상으로 설립된 회로 바깥에서는, 통신하려는 목적으로 거의 모든 생물이 이 서비스를 사용해야 한다.

이 존재들은, 에너지 변압자와 함께, 희박해진 공기를 가진 세계들에서 필사 인간의 존재를 유지하는 데 불가결하고, 호흡하지 않는 혹성들에서 생명의 기법에 필수인 부분이다.

5. 1차 결합자. 흥미 있고 귀중한 이 통일체들은 숙달된 에너지 보존자요 관리자이다. 식물이 태양 빛을 저장하는 것과 얼마큼 비슷하게, 살아 있는 이 유기체들은 플러스로 나타나는 기간에 에너지를 저장한다. 그들은 거대한 규모로 일하고, 공간의 에너지를 유란시아에서 알려지지 않은 물리적 상태로 바꾼다. 또한 물질 존재의 어떤 원시 단위를 생산하는 점까지, 이 에너지의 변형을 진행할 수 있다. 이 존재들은 오로지 자리에 있음으로 행위한다. 이 활동으로 조금도 지치거나 소모되지 않으며, 살아 있는 촉매제처럼 행동한다.

마이너스로 나타나는 시절에, 그들은 이 축적된 에너지를 방출하는 능력이 있다. 그러나 에너지와 물질에 관하여 너희의 지식이 충분히 발전하지 않았기 때문에, 이 단계에서 그들이 작업하는 기술의 설명을 불가능하게 만든다. 그들은 언제나 우주 법칙에 순응해서 일하며, 같은 알파벳 글자가 방대하게 다른 이야기를 엮도록 만들려고 너희가 조절 가능한 활자를 조종하는 것과 아주 비슷하게, 그들은 원자·전자·극자(極子)를 다루고 주무른다.

결합자들은 조직되고 있는 물질 구체에서 처음으로 나타나는 생명 집단이며, 그들은 너희가 생물의 존재와 전혀 모순된다고 여길 그러한 물리적 온도(溫度)에서 일할 수 있다. 단지 그들은 인간이 상상하는 범위를 초월하는 계급의 생명을 대표한다. 그들과 공동으로 작업하는 분리자들과 함께, 그들은 모든 지적 생물 가운데 가장 노예 같다.

6. 2차 분리자. 1차 결합자들과 비교해서, 엄청난 반인력 자질을 받은 이 존재들은 반대 작업자이다. 지역 세계나 지역 체계에서 특별하거나 수정된 형태의 물리적 에너지가 소모될 위험은 결코 없으며, 살아 있는 이 조직체들은 한없는 에너지 공급을 생성시키는 독특한 힘을 부여받았다. 그들은 유란시아에서 거의 알려지지 않은 형태의 에너지를 그보다 훨씬 적게 인식된 형태의 물질로부터 생성시키는 데 주로 관여한다. 그들은 참으로 공간의 연금술사이며 시간 속에서 이적(異蹟)을 행하는 자이다. 그러나 온갖 이적을 행하면서, 그들은 결코 우주 최상위의 명령을 어기지 않는다.

7. 프란달랑크. 이 존재들은 1차와 2차 물력 조직자, 그리고 동력 지휘자, 모두 세 계급의 에너지 통제자들이 합동으로 창조한 것이다. 프란달랑크들은 모든 물리 주통제자 가운데 가장 수가 많다. 사타니아에서 활동하는 수는 너희의 수 개념을 초과한다. 그들은 사람이 사는 모든 세계에 주둔하며, 언제나 상급의 물리 통제자들에게 소속된다. 그들은 중앙 우주, 초우주, 외계 공간에서 서로 바꾸어 일할 수 있게 활동한다.

프란달랑크는 기본 우주 물력의 각 형태에 하나씩, 30 분과로 창조되며, 순전히 살아 있는 자동적 계심, 압력, 속도계로서만 활동한다. 이 살아 있는 기압계는 오직 모든 형태의 물력 에너지의 상태를 자동으로 어김없이 등록하는 데만 아랑곳한다. 그들과 물리적 우주의 관계는, 광대한 반영 작용과 지성을 가진 우주의 관계와 같다. 질적·양적 에너지 존재에 보태서 시간을 기록하는 프란달랑크를 크로놀덱이라 부른다.

프란달랑크가 지적(知的) 존재인 것을 나는 인정한다. 그러나 살아 있는 기계라고 밖에는 그들을 분류할 수 없다. 살아 있는 이 기계 장치를 너희가 이해하도록 도울 수 있는 거의 유일한 방법은, 거의 지적인 듯한 정밀성과 정확성을 가지고 작용하는, 너희 자신의 기계적 고안과 그들을 비교하는 것이다. 그래서 이 존재들을 너희가 상상하고자 하면, 정확성을 훨씬 더 섬세히 가지고, 아니 극도의 정밀성을 가지고 엄청난 계산을 요하는 더 까다로운 과제들을 수행할 수 있는 장치, 지적이며 살아 있는 기계 장치(통일체)를 우리가 실제로 대우주에서 가진 것을 인식할 때까지, 상상을 이용해 보라.

5. 물력 주조직자

물력 조직자들은 파라다이스에 거주하지만, 그들은 모우주 전체에 걸쳐서, 특히, 조직되지 않은 공간 영토에서 활동한다. 이 특별한 존재들은 창조자도 아니요 피조물도 아니며, 그들은 서비스에서 2대 분과를 이룬다:

1. 궁극에 이른 1차 물력 주조직자.
2. 초월 물력 부조직자.

원시 물력을 조종하는 이 두 계급은 순전히 모우주 건축가들의 감독 밑에서 일하며, 현재 그들은 대우주의 테두리 안에서는 널리 일하지 않는다.

1차 물력 주조직자들은 무제한 절대자의 시원적 물력, 곧 기초적 공간 물력을 조종하는 자이다. 그들은 성운(星雲)을 창조하는 자이다. 공간의 에너지 회오리바람을 일으키는 살아 있는 선동자요, 이 거대한 명시를 초기에 조직하고 방향을 지정해 주는 자이다. 이 물력 조직자들은 시원적 물력을 (파라다이스의 직접 인력에 민감하지 않은 전 에너지를) 1차 에너지, 곧 유력 에너지로 변질시키는데, 이것은 무제한 절대자의 독점하는 손아귀로부터 파라다이스 섬의 인력 장악으로 변질하는 에너지이다. 그리고 나서 물력 부조직자들이 그들을 이어받으며, 이 부조직자들은 1차 단계서부터 2차, 곧 인력 에너지 단계를 거쳐서 에너지 변질 과정을 계속한다.

한 아들 창조자가 도착하는 것은 지역 우주를 창조하는 계획이 완성되었음을 알리며, 그리고 나서 물력 부조직자들은 천문 관할권을 가진 초우주에서 활동하는 동력 지휘자들의 명령에 복종한다. 그러나 그러한 계획이 없는 경우에, 물력 부조직자들은, 지금도 그들이 외계 공간에서 활동하다시피, 무기한으로 줄곧 이 물질 창조들에 대하여 책임을 진다.

물력 주조직자들은 오르본톤의 다능한 동력 중심과 물리 통제자들도 견딜 수 없을 그러한 물리적 조건 밑에서, 온도를 견디며 활동한다. 이 외계 공간 영역에서 활동할 수 있는 존재, 밝혀진 유일한 다른 존재들은 외톨 사자와 영감 받은 삼위일체 영이다.

[유버르사에 있는 옛적부터 늘 계신 이들의 권한으로 활동하는 한 우주 검열자가 후원하였다.]

제 30 편

대우주의 성격자

파라다이스와 대우주에서 지금 활동하는 성격자 및 성격 아닌 다른 존재들은 거의 한없는 수의 살아 있는 존재들을 구성한다. 수없는 종속 부류와 변종은 말할 것도 없고, 주요 계급과 종류의 수조차 인간의 상상력을 어지럽게 한다. 그러나 살아 있는 존재의 두 가지 기본 분류에 관하여 무언가—파라다이스 분류의 제안과 유버르사 성격자 등록부의 개략을—발표하는 것이 바람직하다.

포괄적이고 통째로 일관성이 있는 대우주 성격자 분류법을 작성하는 것은 가능하지 않은데, 이는 총 집단이 밝혀지지 않았기 때문이다. 모든 집단을 체계 있게 분류하는 데 필요한 연장된 계시(啓示)를 다루기 위해서 수많은 추가 논문이 요구될 것이다. 그렇게 개념을 확장하는 것은 도저히 바람직하지 않으니, 이것은 부분적으로 드러난 이 개념들이 공급하는 자극, 창조적 추측을 일으키는 자극을 다음 천년 동안, 생각하는 사람들로부터 빼앗을 터이기 때문이다. 사람이 지나친 계시를 받지 않는 것이 최선이다. 상상력을 억누르기 때문이다.

1. 살아 있는 존재들에 관한 파라다이스 분류

파라다이스에서, 살아 있는 존재들은 파라다이스 신들과 본래부터 가진 관계 및 얻은 관계에 따라서 분류된다. 중앙 우주와 초우주들의 대집회 기간에는, 출석한 자들은 흔히 기원에 따라서, 삼자의 기원을 가지거나 삼위 일체에 도달한 자들, 2중 기원을 가진 자들, 단일 기원을 가진 자들로 분류된다. 살아 있는 존재들에 대한 파라다이스 분류를 필사 지성에게 풀이하기는 힘들지만, 우리는 다음을 발표하도록 허가를 받았다:

I. 삼위에 기원을 가진 존재. 신으로서 혹은 삼위 일체로서, 파라다이스 신 세 분 모두가 창조한 존재들, 그리고 이들과 함께, 삼위 일체를 체험한 군단. 후자의 명칭은 밝혀진 집단 및 밝혀지지 않은 집단을 포함하여, 삼위 일체를 체험한 모든 집단의 존재들을 언급한다.

가. 최상의 영.

1. 일곱 으뜸 영.
2. 일곱 최상 집행자.
3. 일곱 계급의 반영 영.

나. 삼위 일체의 고정된 아들.

1. 삼위 일체를 체험한 최상위의 비밀.
2. 늘 영원한 이.
3. 옛적부터 늘 계신 이.
4. 늘 완전한 이.

5. 요즘부터 늘 계신 이.
6. 늘 연합한 이.
7. 늘 충실한 이.
8. 지혜 완성자.
9. 신성한 조언자.
10. 우주 검열자.

다. <u>삼위 일체 기원을 가진 존재 및 삼자 일체 체험으로 생긴 존재</u>.

1. 삼위 일체 아들 교육자.
2. 영감 받은 삼위 일체 영.
3. 하보나 원주민.
4. 파라다이스 시민.
5. 밝혀지지 않은 삼위 일체 기원 존재.
6. 밝혀지지 않은, 신이 삼자 일체화한 존재.
7. 삼위 일체를 체험한 달성의 아들.
8. 삼위 일체를 체험한 선택의 아들.
9. 삼위 일체를 체험한 완전의 아들.
10. 생물이 삼자 일체 체험으로 낳은 아들.

II. 2중 기원 존재. 파라다이스 신들 가운데 어느 두 분에 기원을 가지는 존재들이나, 그밖에 파라다이스 신들의 직접 자손이나 간접 자손인 어느 두 존재가 창조한 존재들.

가. <u>내려오는 서열</u>.

1. 아들 창조자.
2. 아들 행정관.
3. 밝은 새벽별.
4. 아버지 멜기세덱.
5. 멜기세덱.
6. 보론다덱.
7. 라노난덱.
8. 찬란한 저녁별.
9. 천사장.
10. 생명 운반자.
11. 밝혀지지 않은 우주 보조자.
12. 밝혀지지 않은 하나님의 아들.

나. <u>고정된 서열</u>.

1. 아반돈터.
2. 수사시아.
3. 일생자.
4. 영 일꾼.
5. 밝혀지지 않은 2중 기원 존재.

다. <u>하늘 가는 서열</u>.

1. 조절자가 융합한 필사자.
2. 아들이 융합한 필사자.
3. 영이 융합한 필사자.
4. 옮겨진 중도자.
5. 밝혀지지 않은 승천자.

III. 단일 기원 존재. 파라다이스 신들 가운데 어느 한 분에게서 기원을 가진 자들이나, 그렇지 않으면 파라다이스 신들의 직접 또는 간접 자손인 어느 한 존재가 창조한 자들.

가. <u>최상의 영</u>.

1. 인력 사자.
2. 일곱 하보나 회로 영.
3. 하보나 회로의 12 보조자.
4. 반영 영상 보조자.
5. 우주의 어머니 영.
6. 일곱 보조 지성 영.
7. 신의 기원을 가진 밝혀지지 않은 존재.

나. <u>하늘 가는 서열</u>.

1. 성격화된 조절자.
2. 하늘 가는 물질 아들.
3. 진화하는 세라핌.
4. 진화하는 케루빔.
5. 밝혀지지 않은 승천자.

다. <u>무한한 영의 가족</u>.

1. 외톨 사자.
2. 우주 회로 감독자.
3. 인구 조사 지휘자.
4. 무한한 영의 개인 보조자.
5. 부검열자.
6. 지정된 파수.
7. 졸업생 안내자.
8. 하보나 일꾼.
9. 우주 화해자.
10. 상물질계 동반자.
11. 상천사.
12. 2품 천사.
13. 3품 천사.
14. 전천사.
15. 세라핌.
16. 케루빔과 사노빔.
17. 밝혀지지 않은 영 기원 존재.
18. 일곱 최상 동력 지휘자.
19. 일곱 동력 중심.
20. 물리 주통제자.
21. 상물질계 동력 감독자.

IV. 궁극에 이른 초월 존재. 빛과 생명에 안주할 때까지 시공 우주들에 보통 그 기원이 밝혀지지 않는 광대한 무리의 초월 존재들이 파라다이스에 발견될 것이다. 이 초월자들은 창조자도 생물도 아니니, 그들은 신성·궁극·영원의 성질을 가진 <u>궁극에 이른</u> 아이들이다. 이 "궁극에 이르는 자들"은 유한하지도 무한하지도 않다—초한이다. 초한성(超限性)은 무한도 절대성도 아니니다.

창조되지 않은 이 비창조자들은 늘 파라다이스 삼위 일체에게 충성하며, 궁극위에게 복종한다. 그들은 성격 활동이 있는 네 가지 궁극 수준에서 존재하고, 12 대분과에서 초한자들의 일곱 초한 수준에서 활동하며, 대분과는 각각 일곱 등급의 1천 주요 작업 집단으로 이루어진다. 궁극에 이른 이 존재들은 다음 계급을 포함한다:

1. 모우주 건축가.
2. 초월 기록자.
3. 기타 초월자.
4. 궁극에 이른 1차 물력 주조직자.
5. 초월 물력 부조직자.

하나님은 하나의 초월 성격으로서 궁극에 이르며, 하나님은 하나의 성격으로서 창조하신다. 하나님은 하나의 전 성격(前性格)으로서 조각이 된다. 그리고 자신의 그러한 조절자 분신은, 아버지인 하나님의 어버이다운 행위로 말미암아 그러한 필사 인간에게 수여된 성격이 자유 의지로 선택하는 데 따라서, 물질 필사자의 지성 위에 영혼을 생성하게 한다.

V. 신의 분신이 된 통일체. 이 계급의 살아 있는 존재 형태는 우주의 아버지로부터 기원을 가지며, 생각 조절자들이 그 전형(典型)을 잘 나타낸다. 그러나 이 통일체들은 결코 첫째 근원 중심의 전 성격 실체의 유일한 분신은 아니다. 생각 조절자와 다른 분신들이 하는 활동은 다채롭고 거의 알려지지 않았다. 조절자 융합이나 기타 그러한 분신들은 그 생물을 <u>아버지 융합 존재</u>로 만든다.

셋째 근원 중심의 전 지성(前知性) 영의 분신은, 도저히 아버지의 분신과 견주기 어렵지만, 여기에 기록되어야 할 것이다. 그러한 통일체들은 조절자와 아주 크게 다르다. 그들은 그런 자격으로 영별에서 거주하지도 않고, 그런 신분으로 지성 인력 회로를 거치지도 않으며, 육체를 입은 생명 동안에 필사 인간 안에 깃들지도 않는다. 그들은 조절자와 같은 의미에서 전 성격이 아니지만, 전 지성 영의 그러한 분신은 살아남는 어떤 필사자에게 수여되며, 그와 융합하는 것은, 조절자가 융합하는 필사자와 대조가 되게, <u>영 융합 필사자</u>로 만든다.

아들 창조자의 개별화된 영은 더욱 설명하기 힘들며, 이 영과 뭉치는 것은 그 생물을 <u>아들 융합 필사자</u>로 만든다. 그리고 신의 다른 분신들이 더 있다.

VI. 초월 성격 존재. 온 우주에는 신다운 기원을 가지고, 다채롭게 봉사하는 광대한 무리의 존재, 성격이 아닌 존재들이 있다. 이 존재들 가운데 더러는 아들의 파라다이스 세계들에서 거주하며, 더러는 영원한 아들의 초월 성격 대표들처럼, 다른 데서도 부딪치게 된다. 그들은 대체로 이 이야기에서 언급되지 않으며, <u>성격을 가진</u> 존재들에게 그들을 설명하려고 시도하는 것은 아주 무익할 것이다.

VII. 분류되지 않은 서열과 밝혀지지 않은 서열. 현재 우주 시대 동안에는, 성격이거나 아니거나, 모든 존재를 현재 우주 시대에 관계된 분류 안에 넣기가 가능하지 않을 것이다. 이 이야기에서 그러한 종류가 다 밝혀지지도 않았다. 따라서 수많은 계급이 이 목록에서 빠졌다. 다음을 생각해 보아라:

우주 운명 성취자.
궁극위의 제한된 대관.

최상위의 무제한 감독자.
옛적부터 늘 계신 이들의 밝혀지지 않은 창조 대리자.
파라다이스의 장려자.
장려자의 이름 없는 연락 반영자.
지역 우주의 미초한(未超限) 계급.

이들 가운데 아무도 여기에 밝혀진 대로 파라다이스 분류에 나타나지 않는다는 것 외에, 이 계급들이 함께 열거된 목록에 아무 특별한 의미를 붙일 필요가 없다.

영들이 있다. 영 통일체, 영 계심, 성격을 가진 영, 전 성격의 영, 초월 성격의 영, 영 존재, 영 성격자들이 있다—그러나 사람의 언어도, 사람의 지능도 적당하지 않다. 하지만 우리는 "순수 지성"을 가진 성격자가 없다고 말해도 좋다. 영이신 하나님으로부터 부여받지 않는 한, 어떤 통일체도 성격을 가질 수 없다. 영적 에너지나 물리 에너지와 결합되지 않은 어떤 지성 통일체도 성격자가 아니다. 그러나 지성을 가진 영 성격자들이 있는 것과 같은 의미에서, 영을 가진 지성 성격자들이 있다. 장려자와 그 동료들은 지성에 지배되는 존재의 상당히 좋은 예이지만, 너희에게 알려지지 않은 이 형태 성격자에는 더 좋은 예들이 있다. 너희에게 알려지지도 않은, 한 전체 계급의 그러한 <u>지성 성격자들</u>도 있지만, 그들은 언제나 영과 결합되어 있다. 밝혀지지 않은 어떤 다른 생물은 <u>지성 에너지 및 물리 에너지 성격자</u>라고 불러도 좋을까 한다. 이 형태의 존재는 영 인력에 반응하지 않지만, 그런데도 참된 성격자이다—아버지의 회로 안에 있다.

이 논문집은 시간 속에서 우글거리는 우주들과 영원한 중앙 우주에서 살고 예배하고 봉사하는, 살아 있는 생물, 창조자, 궁극에 이르는 자, 그리고 여전히 다르게 존재하는 것들에 관하여 샅샅이 이야기하는 일을 엄두도 내지 못한다—그렇게 할 수 없다. 너희 필사자들은 성격자이며, 따라서 <u>성격화된</u> 존재들을 우리가 묘사할 수 있다. 그러나 어떻게 <u>초한화(超限化)된</u> 존재를 언제라도 너희에게 설명할 수 있으랴?

2. 유버르사 성격자 등록

살아 있는 존재들의 신성한 가족은 일곱 대분과로 유버르사에 등록되어 있다:

1. 파라다이스 신.
2. 최상의 영.
3. 삼위 일체 기원의 존재.
4. 하나님의 아들.
5. 무한한 영의 성격자.
6. 우주 동력 지휘자.
7. 영구 시민 군단.

이 집단의 의지 생물은 수많은 등급과 작은 하위 분과로 나누어진다. 그러나 이 대우주 성격자의 분류를 발표하는 것은 이 이야기에서 밝혀진 계급의 지적 존재들을 설명하는 데 주로 관여된다. 이들 가운데 대부분은 파라다이스까지 점진적으로 올라가는 길에, 시간 속에 사는 필사자들의 승천 체험 속에서 만나게 될 것이다. 다음 목록은 사람의 승천 계획과 동떨어져서 자기 일을 수행하는 광대한 계급의 우주 존재들에 관해서 언급하지 않는다.

I. 파라다이스 신.
1. 우주의 아버지.
2. 영원한 아들.
3. 무한한 영.

II. 최상의 영.
1. 일곱 으뜸 영.
2. 일곱 최상 집행자.
3. 일곱 무리의 반영 영.
4. 반영 영상 보조자.
5. 일곱 회로의 영.
6. 지역 우주의 창조 영.
7. 보조 지성 영.

III. 삼위 일체 기원의 존재.
1. 삼위 일체를 체험한 최상위의 비밀.
2. 늘 영원한 이.
3. 옛적부터 늘 계신 이.
4. 늘 완전한 이.
5. 요즘부터 늘 계신 이.
6. 늘 연합한 이.
7. 늘 충실한 이.
8. 삼위 일체 아들 교육자.
9. 지혜 완성자.
10. 신성한 조언자.
11. 우주 검열자.
12. 영감 받은 삼위 일체 영.
13. 하보나 원주민.
14. 파라다이스 시민.

IV. 하나님의 아들.
가. 내려오는 아들.
1. 아들 창조자—미가엘.
2. 아들 행정관—아보날.
3. 삼위 일체 아들 교육자—데이날.
4. 멜기세덱 아들.
5. 보론다덱 아들.
6. 라노난덱 아들.
7. 생명 운반 아들.

나. 하늘 가는 아들.
1. 아버지가 융합한 필사자.
2. 아들이 융합한 필사자.
3. 영이 융합한 필사자.
4. 진화하는 세라핌.
5. 하늘 가는 물질 아들.
6. 옮겨진 중도자.
7. 성격화된 조절자.

다. <u>삼위 일체를 체험한 아들</u>.

1. 막강한 사자.
2. 고등 권한자.
3. 무명 무수자.
4. 삼위 일체를 체험한 관리자.
5. 삼위 일체를 체험한 대사.
6. 천상의 보호자.
7. 높은 아들 조수.
8. 승천자가 삼자 일체 체험으로 낳은 아들.
9. 파라다이스-하보나 주민이 삼자 일체 체험으로 낳은 아들.
10. 삼위 일체를 체험한 운명의 아들.

V. 무한한 영의 성격자.

가. <u>무한한 영의 고등 성격자</u>.

1. 외톨 사자.
2. 우주 회로 감독자.
3. 인구 조사 지도자.
4. 무한한 영의 개인 보조자.
5. 부검열자.
6. 지정된 파수.
7. 졸업생 안내자.

나. <u>공간의 사자 무리</u>.

1. 하보나 일꾼.
2. 우주 화해자.
3. 기술 고문.
4. 파라다이스의 기록 관리자.
5. 하늘 기록자.
6. 상물질계 동반자.
7. 파라다이스 동반자.

다. <u>봉사하는 영</u>.

1. 상천사.
2. 2품 천사.
3. 3품 천사.
4. 전천사
5. 세라핌.
6. 케루빔과 사노빔.
7. 중도자.

VI. 우주 동력 지휘자.

가. <u>일곱 최상 동력 지휘자</u>.

나. <u>최상 동력 중심</u>.

1. 최상 중심 감독자.
2. 하보나 중심.
3. 초우주 중심.
4. 지역 우주 중심.
5. 별자리 중심.
6. 체계 중심.
7. 분류되지 않은 중심.

다. <u>물리 주통제자</u>.

1. 동력 부지휘자.
2. 기계적 통제자.
3. 에너지 변압자.
4. 에너지 발송자.
5. 1차 결합자.
6. 2차 분리자.
7. 프란달랑크와 크로놀덱.

라. <u>상물질계 동력 감독자</u>.

1. 회로 규제자.
2. 체계 조정자.
3. 혹성 관리자.
4. 통합 통제자.
5. 연락 안정자.
6. 선택 분류자.
7. 부등록자.

VII. 영구 시민 군단.

1. 혹성의 중도자.
2. 체계의 아담 아들.
3. 별자리의 일생자.
4. 지역 우주의 수사시아.
5. 지역 우주의 영 융합 필사자.
6. 초우주의 아반돈터.
7. 초우주의 아들 융합 필사자.
8. 하보나 원주민.
9. 영의 파라다이스 구체의 원주민.
10. 아버지의 파라다이스 구체의 원주민.
11. 파라다이스의 창조된 시민.
12. 조절자와 융합한, 파라다이스의 필사 시민.

유버르사 본부 세계의 기록에 있다시피, 이것이 우주들에 있는 성격자들의 기초적 분류이다.

복합 성격자 무리. 유버르사에는 추가해서 수많은 무리의 지적 존재들이 있다는 기록이 있고, 그들도 대우주의 조직과 행정에 밀접하게 관련되어 있다. 그러한 계급 가운데 다음 세 가지 복합 성격자 무리가 있다:

가. <u>파라다이스 최후 군단</u>.

1. 필사 최후자 군단.
2. 파라다이스 최후자 군단.
3. 삼위 일체를 체험한 최후자 군단.
4. 삼위 일체를 체험한 합동 최후자 군단.
5. 하보나 최후자 군단.
6. 초월 최후자 군단.
7. 밝혀지지 않은 운명의 아들 군단.

필사 최후 군단은 이 시리즈의 다음이자 마지막 논문에서 다루어진다.

나. <u>우주 보조자</u>.
1. 밝은 새벽별.
2. 찬란한 저녁별.
3. 천사장.
4. 최고자 조수.
5. 고등 위원.
6. 하늘의 감시자.
7. 저택 세계 선생.

지역 우주와 초우주의 모든 본부 세계에는, 지역 우주의 통치자인 아들 창조자들을 위하여 특정한 임무에 종사하는 이 존재들을 위하여 준비가 되어 있다. 유버르사에서 우리는 이 <u>우주 보조자</u>들을 환영하지만, 그들에 대해서 아무 관할권이 없다. 그러한 특사(特使)들은 아들 창조자들의 권한 밑에서 자기 일을 처리하고 관찰 업무를 수행한다. 그들의 활동은 너희 지역 우주 이야기에서 더 자세히 기술된다.

다. <u>일곱 가지 우대 거류민</u>.
1. 별 연구자.
2. 하늘 예술가.
3. 복귀 지도자.
4. 연장 학교 강사.
5. 다양한 예비군.
6. 학생 방문자.
7. 하늘 가는 순례자.

이 일곱 무리의 존재들은 지역 체계에서부터 초우주의 서울까지, 특히 후자에서, 모든 본부 세계에서 이렇게 조직되고 다스려짐이 발견될 것이다. 일곱 초우주의 서울은 거의 모든 등급 및 계급의 지적 존재들이 모이는 장소이다. 수많은 무리의 파라다이스-하보나 주민들을 빼고, 여기서 모든 존재 단계에 있는 의지 생물을 관찰하고 연구할 수 있다.

3. 우대 거류민

우대받는 일곱 가지 거류민은 그들의 임무를 추진하고 특별 과제를 수행하는 데 종사하면서, 길거나 짧은 시간 동안, 건축 구체들에서 머무른다. 그들의 작업은 다음과 같이 기술되어도 좋다:

1. <u>별 연구자</u>들은 하늘의 천문학자이며 유버르사와 같은 구체들에서 일하기를 택한다. 이는 그렇게 특별히 지어진 세계들이 그들이 관찰하고 계산하는 데 특별히 유리하기 때문이다. 유버르사는 이 거류민의 작업에 유리하게 자리잡고 있으며, 이것은 그 중심 위치 뿐 아니라, 에너지 기류를 교란할 거대한 활발한 태양이나 죽은 태양들이 가까이 없기 때문이다. 이 연구자들은 초우주 업무와 어떤 면에서도 유기적 연락이 없으며, 다만 손님이다.

유버르사의 천문학(天文學) 거류민은 근처의 많은 나라로부터, 중앙 우주로부터, 심지어 놀라시아덱으로부터 오는 개인들을 포함한다. 어느 우주의 어느 체계, 어느 세계에 사는 어떤 존재도 별 연구자가 되어도 좋으며, 어떤 하늘 천문학자 군단에 가입을 바랄 수 있다. 유일한 필요 조건은, 생애를 계속하고, 공간 세계에 관한 충분한 지식, 특히 그들의 물리적 진화 및 통제하는 법칙에 관하여 넉넉한 지식을 가져야 한다. 별 연구자들은 이 군단에서 영원히 일하도록 요구되지는 않지만,

이 무리에 가입한 자는 아무도, 유버르사 시간으로 1천 년 안에 물러나서는 안 된다.

유버르사의 별 관측자 거류민은 인구(人口)가 지금 1백만을 넘는다. 더러가 비교적 오랫동안 남아 있지만, 이 천문학자들은 오고가고 한다. 그들은 수많은 기계 도구와 물리적 장치의 도움을 받아서 작업을 수행한다. 또한 외톨 사자와 기타 영 탐구자들에게서 크게 도움을 받는다. 이 하늘 천문학자들은 별을 연구하고 공간을 조사하는 일에서, 반영 성격자 뿐 아니라, 살아 있는 에너지 변압자와 발송자들을 항상 이용한다. 그들은 모든 형태와 단계의 공간 물질과 에너지 명시를 연구하며, 별의 현상만큼 물력의 활동에도 똑같이 관심을 가진다. 모든 우주에서 아무 것도 그들의 정밀 조사에서 벗어나지 않는다.

비슷한 천문학자 거류민이 지역 우주의 건축된 서울과 그 행정의 하위 분과 뿐 아니라 초우주의 구역 본부 세계들에서도 발견될 것이다. 파라다이스에서 그런 것을 제외하고, 지식(知識)은 본래부터 있지 않다. 물리적 우주에 관한 이해는 대체로 관찰하고 연구한 것에 의존한다.

2. <u>하늘 예술가들</u>은 일곱 초우주에서 두루 일한다. 하늘 가는 사람들은 지역 우주의 상물질계 생애에 있는 이 무리들과 처음으로 접촉을 가지며, 이와 관련하여 이 예술가들에 관하여 더욱 많이 논의될 것이다.

3. <u>복귀 지도자들</u>은 휴식과 유머—지난날의 기억으로 돌아가기—를 권장하는 자들이다. 그들은 사람을 진보시키는 승천 계획의 실용적 운영에, 특히 상물질계 과도기 및 영 체험을 겪는 초기 단계에, 크게 소용된다. 그들의 이야기는 지역 우주에서 필사자의 생애에 관한 이야기에 속한다.

4. <u>연장 학교 강사</u>. 하늘 가는 생애에서 다음 단계의 높은 거주 세계는 언제나 바로 밑의 세계, 곧 그 구체의 진보하는 거주자들을 위한 일종의 준비 학교에서 강력한 교육자 군단을 유지한다. 이것은 시간 순례자들을 진급시키는 승천 계획의 한 단계이다. 이 학교들과 그 교육 및 시험 방법은 유란시아에서 너희들이 실행하려고 애쓰는 어떤 것과도 전혀 다르다.

필사자를 진보시키는 승천 계획 전체가, 새로운 진리와 체험을 얻자마자 다른 존재들에게 나눠 주는 실습의 특징이 있다. 진보의 눈금에서 바로 너희 뒤에 있는 생도들에게 선생으로 봉사함으로, 파라다이스에 이르는 오랜 학교 생활을 너희는 고학하여 마칠 것이다.

5. <u>다양한 예비군</u>. 우리의 직접 감독 밑에 있지 않은 광대한 예비군의 존재들은 유버르사에서 예비군 거류민으로서 동원된다. 유버르사에는 이 거류민의 70개 기본 사단(師團)이 있고, 특별한 이 성격자들과 한 계절을 보내라고 허락되는 것은 자유로운 교육 기간이다. 비슷한 일반 예비군이 구원자별과 기타 우주 서울에서 유지된다. 그들은 각자의 집단 지도자들의 청구에 응하여 현역 근무에 파송된다.

6. <u>학생 방문자</u>. 모든 우주로부터 하늘 방문객의 한결같은 흐름이 여러 본부 세계를 통해서 쏟아진다. 개인으로서, 그리고 등급으로서, 이 다양한 종류의 존재들은 관찰자, 교환 생도, 학생 조수로서 우리에게 모여든다. 유버르사에는 현재, 이

우대 거류지에 10억 명이 넘는 성격자가 있다. 이 방문자들 가운데 더러는 하루 동안 머무를 수도 있고, 더러는 1년 동안 남을 수도 있으며, 모든 것이 그들이 맡은 임무의 성질에 따라 다르다. 이 식민지는 창조자인 성격자와 상물질계 필사자들을 빼고, 거의 모든 등급의 우주 존재들을 포함한다.

상물질계 필사자들은 오로지 그들이 기원이 있는 지역 우주의 테두리 안에서만 학생 방문자가 된다. 영의 지위를 얻은 뒤에야 그들은 초우주 자격을 가지고 방문해도 좋다. 우리를 방문하는 거류민의 꼭 절반은 "도중에 멈추는 자들"이니, 그들은 다른 데로 가는 길에 오르본톤의 서울을 찾아보려고 머무른다. 이 성격자들은 우주 임무를 집행하고 있는지도 모르고, 아니면 여가—책임으로부터 벗어나는 자유—를 즐기고 있는지도 모른다. 우주 사이에 여행하고 관찰하는 특권은 모든 하늘 가는 존재의 생애의 일부이다. 여행하고 새로운 민족과 세계들을 구경하려는 인간의 소망은 지역 우주, 초우주, 중앙 우주를 통해서 파라다이스까지 오래고 파란 많은 상승 동안에 충분히 채워질 것이다.

7. <u>하늘 가는 순례자</u>. 하늘 가는 순례자들이 파라다이스를 향하여 진보하는 것과 관련하여 다채로운 근무에 배치되니까, 그들은 여러 본부 구체들에 있는 우대 거류지로 주소가 정해진다. 여기저기 한 초우주에 두루 활동하면서, 그러한 무리들은 대체로 자치(自治)한다. 그들은 늘 변동하는 거류민이고, 모든 계급의 진화하는 사람 및 하늘 가는 동료들을 포함한다.

4. 하늘 가는 필사자

진보해서 파라다이스로 올라가기 위하여 인가받을 때, 시공의 필사 생존자를 <u>하늘 가는 순례자</u>라고 부르는데, 진화하는 이 생물은 이 여러 이야기에서 아주 중요한 위치를 차지하니까, 우리는 여기서 하늘 가는 우주 생애에서 다음 일곱 단계의 대략을 제시하기 바란다:

1. 혹성의 필사자.
2. 잠자는 생존자.
3. 저택 세계 학생.
4. 상물질계 진보자.
5. 초우주의 피보호자.
6. 하보나 순례자.
7. 파라다이스에 도착한 자.

다음 이야기는 조절자가 깃드는 필사자의 우주 생애를 제시한다. 아들 및 영이 융합한 필사자들은 이 생애의 여러 부분을 같이 하지만, 우리는 조절자가 융합한 필사자에 관련되는 대로 이 이야기를 전개하기로 작정했으니, 이는 유란시아의 온 인류가 그러한 운명을 기대해도 좋기 때문이다.

1. <u>혹성의 필사자</u>. 필사자들은 모두 하늘 가는 잠재성이 있고 동물 기원을 가진 진화 존재이다. 기원·성품·운명으로 볼 때, 이 다채로운 집단과 부류의 인간들은 유란시아의 민족들과 전혀 다르지는 않다. 각 세계의 인종들은 하나님의 아들들의 똑같은 보살핌을 받고, 시간 속에서 봉사하는 영들의 계심을 누린다. 자연사 뒤에, 모든 종류의 승천자는 저택 세계들에서 하나의 상물질계 가족으로서 사귄다.

2. 잠자는 생존자. 개인 운명 수호자의 관리 밑에서, 살아남는 지위를 가진 모든 필사자는 자연사의 문을 거치고, 셋째 기간에 저택 세계들에서 성격화된다. 어떤 이유에서든, 개인 보호자를 가질 자격을 갖추게 하는 수준의 지적 숙련과 영성(靈性)의 자질을 얻을 수 없이 인가된 자들은, 이렇게 즉시, 바로, 저택 세계까지 갈 수 없다. 그러한 살아남는 혼들은 신기원(新紀元), 새로운 섭리 시대의 심판 날까지, 오랜 시대의 점호를 부르고 그 영역을 판결할 하나님의 아들이 오기까지, 무의식의 잠 속에서 기다려야 한다. 이것이 온 네바돈에 두루, 일반적 관례이다. 그리스도 미가엘이 땅에서 일을 마치고 높이 올라갔을 때, 그에 관하여 이렇게 언급되었다, "그는 큰 무리의 포로들을 거느렸더라." 이 포로들은 아담의 시절부터 유란시아에서 주가 부활할 때까지 잠자던 생존자들이었다.

시간이 흐르는 것은 잠자는 필사자들에게 아무 의미가 없는데, 그들이 휴식하는 길이를 도무지 의식하지 못하고, 잊고 있기 때문이다. 한 시대의 끝에 성격이 다시 조립되고 나서, 5천 년 동안 잠자던 자들은 닷새 동안 휴식하던 자들과 조금도 다르게 반응하지 않을 것이다. 이 시간 지연 외에, 이 생존자들은 길던 짧던, 죽음의 잠을 피하는 자들과 동일하게, 승천하는 체제를 거친다.

세계 순례자들의 이 시대별 학급은 지역 우주의 일에서 상물질계의 집단 활동을 위하여 이용된다. 그렇게 굉장한 무리를 동원하는 데는 큰 이점(利點)이 있다. 오랜 기간의 효과적인 근무를 위하여, 그들을 이렇게 함께 둔다.

3. 저택 세계 학생. 저택 세계들에서 다시 깨어나는 살아남는 필사자들은 모두 이 학급에 속한다.

필사자의 살로 된 육체는, 잠자는 생존자를 다시 짜 맞출 때 그 일부가 되지 않는다. 육체는 티끌로 돌아가 버렸다. 책임 맡은 세라핌은, 불멸의 혼을 위해서, 돌아온 조절자가 깃들기 위한 새 생명의 수송 수단으로서, 새 몸, 상물질 형태를 지원한다. 조절자는 잠자는 생존자 지성의 영적 성적표를 간직한다. 배치된 세라핌은 살아남는 신분—불멸의 혼—을 그것이 진화한 데까지 간직하는 자이다. 조절자와 세라핌, 이 둘이 그들의 성격에 위탁받은 것을 뭉칠 때, 그 새로운 개인이 옛 성격의 부활이다, 즉 그 혼의 진화하는 상물질 신분이 살아남은 것이다. 혼과 조절자를 이렇게 다시 결합하는 것은 부활이라, 성격 요소의 재조립이라 부르는 것이 꼭 알맞다. 그러나 이것조차도 살아남는 성격이 다시 출현하는 것을 전부 설명하지 못한다. 이러한 설명할 수 없는 거래의 사실을 아마 너희는 결코 이해하지 못하겠지만, 필사자를 살아남게 하는 계획을 물리치지 않는다면, 너희는 언젠가 그것이 진리임을 체험으로 알게 될 것이다.

진보하는 훈련을 거치는 일곱 세계에서 처음에 필사자를 억류하는 계획은 오르본톤에서는 거의 보편적이다. 사람이 사는 약 1천 혹성으로 구성된 각 지역 체계마다 일곱 저택 세계가 있고, 보통은 체계 서울의 위성이거나 부속된 위성들이다. 이것들은 대다수의 하늘 가는 필사자들을 접대하는 세계이다.

어떤 때는 사람이 거주하는 모든 훈련 세계를 우주의 "저택"이라고 부르며, "내 아버지 집에는 많은 저택이 있도다"하고 말씀했을 때 예수가 비쳐서 언급한 것은 바로 그러한 구체들이었다. 여기서부터 줄곧, 저택 세계들과 같은 일정한 집단의 구체들 안에서, 승천자들은 개별적으로 한 구체에서 다른 구체로, 생명의 한 단계에서 다른 단계로 진보할 것이다. 그러나 그들은 언제나 한 단계의 우주 연구로부터 다른 단계로, 학급을 지어 진보한다.

4. 상물질계 진보자. 저택 세계들에서부터 위로 줄곧, 체계·별자리·우주의 구체들을 거쳐서, 필사자들은 상물질계 진보자로 분류된다. 그들은 필사자가 승천하는 과도기 구체들을 거치고 있다. 상물질 세계들의 낮은 곳에서 높은 곳으로 하늘 가는 필사자들이 진보함에 따라서, 그들은 자기 선생들과 관련하여, 더 진보한 상급 형제들과 더불어, 수없이 많은 임무에 봉사한다.

상물질계의 진보는 지능, 영, 그리고 성격 형태의 계속된 진급에 관계된다. 생존자들은 아직도 세 가지 성질을 가진 존재이다. 상물질계의 체험 전체를 통해서 그들은 지역 우주의 피보호자이다. 영 생애가 시작할 때까지, 초우주 체제는 작용하지 않는다.

초우주 소구역의 접대 세계들을 향하여 지역 우주 본부를 떠나기 바로 전에, 필사자들은 진정한 영(靈) 신분을 얻는다. 마지막 상물질 단계로부터 첫째 영 지위, 곧 가장 낮은 영 지위까지 지나는 것은 하찮은 변화일 뿐이다. 지성과 성격과 됨됨이는 그러한 진급 때문에 변하지 않는다. 오로지 모습이 수정(修正)을 거칠 뿐이다. 그러나 영 모습은 상물질 몸과 마찬가지로 실체이며, 똑같이 분별이 가능하다.

각자가 태어난 지역 우주로부터 초우주 접대 세계들로 떠나기 전에, 시간 속에 사는 필사자들은 아들 창조자와 지역 우주 어머니 영으로부터 영 확인을 받는 자가 된다. 이 시점부터 줄곧, 하늘 가는 필사자의 지위는 언제까지나 안정된다. 초우주의 피보호자들은 결코 타락한 적이 없다고 알려져 있다. 하늘 가는 세라핌도 그들이 지역 우주를 떠날 때, 천사 지위에서 또한 진급된다.

5. 초우주의 피보호자. 초우주의 훈련 세계들에 다다르는 모든 승천자는 옛적부터 늘 계신 이들의 피보호자가 된다. 그들은 지역 우주의 상물질계 생활을 거쳤고, 이제는 인가받은 영이다. 어린 영으로서 그들은 훈련과 교양을 거치는 초우주 체계의 상승을 시작하고, 이것은 그들의 소구역 접대 구체로부터, 10개 대구역의 연구 세계들을 통해서, 계속 초우주 본부의 상급 문화 구체들까지 연장된다.

영적으로 진보하는 소구역·대구역·초우주의 본부 세계들에서 체류에 따라서, 세 계급의 학생 영들이 존재한다. 상물질계 승천자들이 지역 우주 세계들에서 공부하고 일한 것처럼, 영 승천자들은 체험적 지혜의 샘물에서 습득한 것을 남에게 주는 것을 연습하면서, 새 세계들을 계속해서 통달한다. 그러나 초우주 생애에서 하나의 영 존재로서 학교에 가는 것은 사람의 물질 지성이 일찍이 꿈꾸어본 어떤 것과도 아주 다르다.

하보나를 향해서 초우주를 떠나기 전에, 하늘 가는 이 영들은, 지역 우주의 감독 밑에서 상물질 체험을 거치는 동안에 받은 것과 똑같이 철저하게, 초우주 경영 과정을 밟는다. 영 필사자들이 하보나에 이르기 전에, 유일한 직업은 아니지만 그들의 주요한 연구(研究)는 지역 우주 및 초우주 행정을 통달하는 것이다. 이 모든 체험을 겪는 까닭은 지금 완전히 뚜렷하지 않지만, 의심할 여지 없이, 최후 군단의 구성원으로서 가능한 미래 운명의 관점에서 볼 때, 그러한 훈련은 현명하고 필요하다.

초우주 체제는 모든 승천 필사자에게 똑같지 않다. 그들은 똑같은 일반 교육을 받지만, 특별한 집단과 학급은 특별 교육 과정을 거치며, 특정한 훈련 과정에 투입된다.

6. 하보나 순례자. 충만하지는 않더라도 영의 성장이 끝나면, 살아남는 필사자는 진화하는 영들의 안식처인 하보나까지 긴 비행(飛行)을 위하여 준비한다. 땅에서 너는 살과 피를 가진 생물이었고, 지역 우주를 통해서 너는 상물질계 존재였으며, 초우주를 통해서 너는 생성되는 영이었다. 하보나의 접대 세계들에 네가 도착하면서 너의 영적 교육은 정말로, 진지하게 시작되며, 궁극에 너는 파라다이스에서 하나의 완전하게 된 영으로서 나타날 것이다.

초우주 본부로부터 하보나의 접대 구체들까지 가는 여행은 언제나 혼자 한다. 이제부터는 아무런 학급이나 집단 교육이 실시되지 않을 것이다. 너는 시공 진화 세계들의 기술 및 행정 훈련을 마쳤다. 이제는 너의 개인적 교육, 너의 개별 영적 훈련이 시작된다. 처음부터 끝까지, 온 하보나에 두루, 가르침은 개인적으로 행해지고 그 성질이 세 가지이니, 지적·영적·체험적 성질을 가진다.

너의 하보나 생애에서 처음 행위는 수송하는 너의 2품 천사를 알아보고, 길고도 안전한 여행에 대하여 감사를 표시하는 것이다. 그리고 나서 너의 초기 하보나 활동을 후원해 줄 존재들에게 소개된다. 다음에 네가 도착한 것을 등록하고 너희 지역 우주의 아들 창조자에게 파송한 것에 대하여 감사하고 찬미하는 메시지를 준비하는 것이며, 그는, 아들로서 너의 생애를 가능하게 한, 우주의 아버지이다. 이것이 하보나에 도착한 절차를 마친다. 이것이 끝나면, 자유롭게 관찰하라고 긴 여가가 너에게 허락되는데, 이것은 오랜 승천 체험에서 너의 친구와 동무와 동료들을 찾아볼 기회를 준다. 네가 유버르사를 떠난 뒤로, 동료 순례자들 가운데 누가 하보나를 향해 떠났는가를 확인하기 위해서, 너는 또한 방송을 참조해도 좋다.

하보나의 접대 세계들에 네가 도착했다는 사실은 마땅히 너희 지역 우주 본부에 전달되고, 너의 천사 보호자에게, 그 세라핌이 어쩌다가 어디에 있든지 상관 없이, 친히 전해질 것이다.

하늘 가는 필사자들은 공간의 진화 세계들의 사무를 철저히 훈련을 받아 왔다. 이제 그들은 창조된 완전한 구체들과 길고도 유익한 접촉을 시작한다. 독특하고 특별한 이 총 체험으로 말미암아, 어떤 앞날의 일을 위하여 얼마나 큰 준비가 마련되는가! 그러나 나는 하보나에 관해서 너희에게 일러 줄 수 없다. 그 영광을 음미하거나 그 웅장함을 이해하려면, 이 세계들을 보아야 한다.

7. 파라다이스에 도착한 자. 거주 지위를 가지고 파라다이스에 도착하고 나서, 너는 신성(神性)과 초한성에서 진보하는 과정을 시작한다. 파라다이스에서 네가 사는 것은 네가 하나님을 발견했고 네가 필사 최후 군단에 소집되리라는 것을 뜻한다. 대우주의 모든 생물 가운데서, 오직 아버지가 융합한 자들만 필사 최후 군단에 소집된다. 오로지 그러한 개인들만 최후자의 선서를 한다. 파라다이스의 완전성을 가지거나 거기에 다다른 다른 존재들은 일시 이 최후 군단에 소속될지 모르지만, 그들은 시공에서 진화하고 완전하게 된 노병(老兵)들의 누적되는 이 무리가 맡는 임무, 미지의 밝혀지지 않은 임무에 영원히 배치되지 않는다.

파라다이스에 도착한 자에게는 자유로운 기간이 주어지고, 그 뒤에 그들은 일곱 무리의 1차 상천사들과 사귀기 시작한다. 예배 지도자들과 과정을 마치고 나서, 그들은 파라다이스 졸업생이라 지칭된다. 그리고 나서 최후자로서, 그들은 관찰하고 협동하는 서비스에, 광대한 창조의 끝까지 배치된다. 필사 최후자 군단은 빛과 생명에 안주한 세계들에서 여러 자격으로 근무하지만, 아직까지 그들을 위해서 특별하거나 정해진 일자리가 없는 듯하다.

필사 최후 군단을 위하여 아무런 앞날의 운명이나 밝혀지지 않은 운명이 없다면, 하늘 가는 이 존재들의 현재 배치는 아주 알맞고 영화로울 것이다. 그들의 현재 운명은 진화로 승천하는 우주 계획을 통째로 정당화한다. 그러나 외계 공간의 구체들이 진화하는 앞날의 시대는 의심할 여지 없이, 인간이 살아남고 필사자를 승천시키는 신의 계획을 집행하는 과제에서, 신들의 지혜와 자애로움을 더욱 설명하고, 더욱 충만하고 신성하게 비출 것이다.

너희에게 밝혀진 것, 너희 자신의 세계에 관한 가르침과 관련하여 너희가 얻을까 싶은 것과 아울러, 이 이야기는 하늘 가는 필사자 생애의 대강을 제시한다. 그 이야기는 다른 초우주들에서 상당히 차이가 나지만, 네바돈 지역 우주에서, 그리고 대우주의 일곱째 부분, 곧 오르본톤 초우주에서 운영되는 바와 같이, 이 발표는 필사자를 진급시키는 보통 계획을 얼핏 훑어보게 한다.

[유버르사에서 온 막강한 사자가 후원하였다.]

제 31 편

최후 군단

필사 최후자 군단은 조절자가 융합한, 시간 속에 사는 승천 필사자들의 현재 알려진 운명이다. 그러나 이 군단에 또한 배치된 다른 무리들이 있다. 1차 최후자 군단은 다음으로 구성되어 있다:

1. 하보나 원주민.
2. 인력 사자.
3. 영화롭게 된 필사자.
4. 입양된 세라핌.
5. 영화롭게 된 물질 아들.
6. 영화롭게 된 중도인.

영화롭게 된 이 여섯 집단의 존재들은 영원한 운명을 가진 이 독특한 단체를 구성한다. 우리는 그들이 앞날에 할 일을 안다고 생각하지만, 확실하지 않다. 필사 최후 군단이 파라다이스에서 동원되고 있고, 그들이 공간의 우주들에게 두루 봉사하며 빛과 생명에 안주(安住)한 세계들을 관리하는 한편, 그들의 미래 운명은 외계 공간에서 이제 조직되고 있는 우주들인 것이 틀림없다. 적어도 이것이 유버르사에서 추측하는 것이다.

이 집단은 공간 세계들의 실용적 관계에 따라서, 길고도 파란 많은 하늘 가는 생애를 통하여 죽 얻은, 친교하는 체험과 걸음을 맞추어서 조직되어 있다. 이 집단에 가입한 하늘 가는 생물은 모두 평등하게 접대되지만, 이 높아진 평등은 어떤 면에서도 개성을 없애거나 성격 신분을 파괴하지 않는다. 우리는 최후자와 교통할 때, 그가 하늘 가는 필사자인가, 하보나 원주민인가, 입양된 세라핌인가, 중도인(中道人)인가, 또는 물질 아들인가 즉시 분별할 수 있다.

현재 우주 시대에 최후자들은 시간의 우주들에서 근무하려고 돌아간다. 그들은 잇따라서 다른 초우주들에서 수고하도록 배치되고, 모든 다른 여섯 초월 창조에서 근무를 마칠 때까지, 결코 그들이 태어난 초우주에 배치되지 않는다. 이처럼 그들은 최상 존재의 일곱 가지 개념을 얻을까 싶다.

하나 또는 몇 중대(中隊)의 필사 최후자들이 항상 유란시아에서 근무하고 있다. 우주 근무에서 그들이 배치되지 않은 분야는 없다. 그들은 보편적으로, 배치된 임무와 자유로운 근무에서, 번갈아서 같은 기간 동안 활동한다.

이 특별한 무리의 미래 조직의 성질에 관하여 우리는 전혀 아는 것이 없지만, 최후자들은 지금 전적으로 자치하는 무리이다. 그들은 자신의 영구, 정기(定期) 및 배치하는 지도자와 지휘자들을 뽑는다. 그들의 정책에 영향을 줄 아무런 외부 압력이 주입되지 않고, 그들은 오로지 파라다이스 삼위 일체에게 충성하는 서약을 할 뿐이다.

최후자들은 파라다이스에, 초우주에, 지역 우주에, 모든 분과(分課) 서울에 자신들의 본부를 둔다. 그들은 진화적 창조에서 따로 된 계급이다. 우리는 그들을 직접 관리하거나 통제하지 않는다. 그래도 우리의 모든 계획에 관하여 그들은 절대로 충성하며, 언제나 협조한다. 정말로 그들은 시공에서 시험을 마치고 참된 누적되는 혼—우주에서 진화적 소금—이며, 언제까지나 그들은 악에 물들 수 없고, 죄에 대하여 안전하다.

1. 하보나 원주민

중앙 우주의 순례자 훈련 학교들에서 선생으로 근무하는 많은 하보나 원주민은 하늘 가는 필사자들에게 크게 애착을 갖게 되며, 필사 최후자 군단의 미래 작업과 운명에 관하여 갈수록 더 흥미를 가진다. 파라다이스에는, 그 군단의 행정 본부에, 그랜드판다의 부관이 주관하는 하보나 자원자들의 등록부가 유지된다. 오늘날, 이 대기자 목록에 수백만의 하보나 원주민이 있음을 너는 발견할 것이다. 직접, 신성하게 창조된 이 완전한 존재들은 필사 최후 군단에게 크게 도움되며, 의심할 여지 없이, 아주 먼 앞날에 더욱 쓸모가 있겠다. 그들은 완전하고 신답게 충만한 가운데 태어난 자들의 관점을 제공한다. 따라서 최후자들은 체험적 존재의 두 가지 단계—완전한 단계와 완전하게 된 단계—를 포함한다.

하보나 원주민은 우주의 아버지 영 분신의 수여를 받아들이는 능력을 갖출 진화 존재들과 연락하여, 어떤 체험적 성장을 이룩해야 한다. 필사 최후자 군단은 오로지 첫째 근원 중심의 영과 융합한 그러한 존재들이지만, 인력 사자들처럼, 날 때부터 아버지 하나님의 이 영을 구현하는 자들을 영구 회원으로서 가지고 있다.

중앙 우주의 거주민은 1천 명—1개 최후자 중대—에 하나의 비율로 그 군단에 접수된다. 이 군단은 1천 명의 중대(中隊) 단위로, 임시로 근무하려고 조직되고, 이 중대에는 하보나 원주민 1명, 인력 사자 1명에, 하늘 가는 생물이 997명이 있다. 이렇게 최후자들은 중대 단위로 동원되지만, 최후자 선서는 하나씩 실시된다. 이것은 광범위하게 미치는 함축성과 영원한 중요성을 가진 선서이다. 하보나 원주민은 똑같은 선서를 하고, 언제까지나 그 군단에 부속된다.

하보나 신입생들은 그들이 배치된 중대를 따라다닌다. 그 무리가 어디로 가든지 따라간다. 그리고 최후자들이 새로 하는 일에 대하여 그들이 가진 열심을 너희가 보아야 한다. 최후 군단에 이르는 가능성은 하보나에서 화려한 기쁨 가운데 하나이며, 최후자가 되는 가능성은 이 완전한 민족들이 겪는 최고의 모험 가운데 하나이다.

대관별에서 삼위 일체를 체험한 합동 최후자 군단, 그리고 파라다이스에 있는 초월 최후자 군단에서, 하보나 원주민을 또한 같은 비율로 받아들인다. 하보나 시민은 하보나 최후자 군단에 가입하는 가능성과 함께, 이 세 가지 운명을 그들의 하늘 생애 최상의 목표인 것으로 여긴다.

2. 인력 사자

인력 사자들이 활동하고 있는 곳은 언제 어디서나, 최후자들이 지휘한다. 인력 사자들은 모두 그랜드판다의 독점 관할 밑에 있고, 그들은 오로지 1차 최후 군단에만 배치된다. 지금도 그들은 최후자들에게 소중하며, 영원한 미래에 전적으로 쓸모 있을 것이다. 다른 어느 무리의 지적 생물도, 시공을 초월하는 능력을 가진 그러한 성격화된 사자 군단을 소유하지 못한다. 다른 최후자 군단에 부속된, 비슷한 형태의 기록자들은 성격화되지 않았고, 그들은 초한화(超限化)되었다.

인력 사자들은 신별에서 온다. 그들은 수정되고 성격화된 조절자이지만, 우리 유버르사 무리에서 아무도 이 사자들 중 하나의 본질의 설명을 시도하려 하지 않는다. 우리는 그들이 상당히 성격인 존재, 곧 신답고 총명하고 감동적으로 이해심 있는 존재임을 알고 있다. 그러나 우리는 그들이 시간을 쓰지 않고 공간을 횡단하는 기법을 이해하지 못한다. 그들은 어떤 에너지와 회로도, 아니 인력까지도 이용하는데 유능한 듯하다. 필사 군단의 최후자들은 시간과 공간을 무시할 수 없지만, 그렇게 할 수 있는 거의 무한한 성격자들과 관계를 가졌고, 그들을 자기들의 지휘 밑에 두었다. 우리는 인력 사자들을 감히 성격자라 부르지만, 사실은 그들은 초월 영 존재요, 제한 없고 속박받지 않는 성격자이다. 그들은 외톨 사자들과 비교해서, 전혀 다른 계급의 성격자이다.

인력 사자(使者)들은 수에 제한 없이 최후자 중대에 소속되어도 좋으나, 겨우 한 사자, 그 동료들의 우두머리만, 필사 최후 군단에 소집된다. 그러나 이 우두머리는 자기에게 동료 사자 999명으로 이루어진 영구 직원을 배치해 두었고, 필요한 경우에 따라서, 수에 제한 없이, 그 계급의 예비군에게 조수들을 청구해도 좋다.

인력 사자와 영화롭게 된 필사 최후자들은 서로, 감동적이며 깊은 사랑에 이르는데, 그들이 서로 같은 것이 많기 때문이다. 하나는 우주의 아버지의 분신이 직접 성격화한 것이며, 다른 하나는 바로 이 우주의 아버지의 분신, 곧 영인 생각 조절자와 융합한 성격, 살아남는 불멸의 혼 속에 존재하는 생물 성격이다.

3. 영화롭게 된 필사자

조절자가 융합한 하늘 가는 필사자들은 1차 최후 군단의 대부분을 이룬다. 입양된 세라핌 및 영화롭게 된 세라핌과 함께, 그들은 보통 각 최후자 중대에서 990명이다. 사람이 천사의 수를 훨씬 넘지만, 어느 한 무리에서도 사람과 천사의 비율은 다르다. 하보나 원주민, 영화롭게 된 물질 아들, 영화롭게 된 중도인, 인력 사자, 그리고 알려지지 않고 빠진 대원들은 그 무리의 1퍼센트밖에 되지 않는다. 1천 최후자로 이루어진 각 중대는 필사자가 아니고 천사가 아닌 성격자를 위하여 꼭 10자리가 있다.

유버르사에서 우리는 하늘 가는, 시간 필사자들의 "최후 운명"을 모른다. 현재 그들은 파라다이스에서 거주하고, 빛과 생명의 군단에서 일시 근무하지만, 그렇게 엄청난 하늘 가는 훈련 과정과 그렇게 긴 우주 단련을 받는 것은 더욱 큰 의무를 지는 시험을 위하여, 그리고 더욱 고귀한 책임을 지는 근무에, 그들이 합당한 자격을 갖추도록 고안되었음이 틀림없다.

이 승천 필사자들이 파라다이스에 도달하고, 최후 군단에 소집되고, 큰 무리를 이루어 지역 우주의 운영에 참여하고 초우주 사무의 행정에 도움을 주도록 다시 파송되었는데도—아니 이 명백한 운명에 부닥쳐서—그들이 오로지 제6 단계 영이라 기록되어 있다는 중요한 사실이 남아 있다. 의심할 여지 없이, 필사 최후 군단의 생애에 한 걸음이 더 남아 있다. 우리는 그 걸음의 본질이 무엇인가 모르지만 우리

는 세 가지 사실을 인식해 왔고, 여기서 이 사실에 주의를 불러일으킨다:

1. 필사자들은 소구역에서 머무르는 동안 제1 계급의 영이라는 것, 대구역으로 이동될 때 제2 계급으로, 그들이 초우주의 중앙 훈련 세계들로 나아갈 때 제3 계급으로 진급한다는 것을 우리는 기록으로부터 알고 있다. 하보나의 여섯째 궤도에 이른 뒤에, 필사자들은 제4의 영, 곧 졸업하는 영이 되고, 우주의 아버지를 발견할 때 제5 계급의 영이 된다. 그 뒤에 필사 최후 군단의 영원한 임무로 언제까지나 그들을 소집하는 선서를 하고 나서, 그들은 제6 단계의 영 존재에 도달한다.

영의 분류나 명칭은 우주 근무의 한 영역으로부터 다른 영역으로든지, 아니면 한 우주에서부터 다른 우주까지 실제로 진급함에 따라서 결정되어 왔다는 것을 우리는 관찰한다. 필사 최후 군단에 대하여 제7 영으로 분류를 지정하는 것은, 지금까지 기록되지 않았고 밝혀지지 않은 구체들에서 근무하기 위하여 영원한 배치로 진급하는 것과 동시에 일어나고, 그들이 최상위 하나님에 도달하는 것과 동시에 생기리라고 우리는 추측한다. 그러나 이 대담한 추측을 빼고, 이 모든 것에 대하여 우리는 너희보다 조금도 더 알지 못한다. 사람의 생애에 관한 우리의 지식은 현재 파라다이스 운명을 넘지 못한다.

2. 필사 최후자들은 "너희는 완전하라"는 오랜 세월의 명령에 충분히 순응해 왔다. 그들은 필사자가 도달하는 우주 행로를 올라갔고, 하나님을 발견했으며, 최후 군단에 정식으로 입단되었다. 그러한 존재들은 영이 진보하는 현재의 한계에 이르렀지만, <u>궁극의 영 지위의 최후</u>를 도달하지는 않았다. 그들은 생물이 완전하게 되는 현재의 한계를 성취했지만, <u>생물에게 봉사하는 최후</u>에 이르지는 않았다. 그들은 신을 충만히 예배함을 체험했지만, <u>체험적 신에 도달하는 최후</u>를 경험하지는 않았다.

3. 파라다이스 최후 군단의 영화롭게 된 필사자들은, 지적 존재의 가능한 가장 충만한 생활의 사실성과 철학의 모든 단계에 관하여 체험적 지식을 가진 하늘 가는 존재이며, 한편 가장 낮은 물질 세계로부터 파라다이스의 영적 높이까지 올라가는 이 승천 시대에, 살아남는 이 생물은 시공의 모든 우주 창조를 공평하고 효과 있게, 자비롭고 참을성 있게 관리하는 모든 신성한 원칙의 온갖 세부에 관하여 능력이 닿는 데까지 훈련을 받아 왔다.

인간들은 우리의 의견을 나눠 가질 자격이 있고, 너희는 파라다이스 최후 군단의 궁극 운명의 신비에 관하여 우리와 함께 추측할 자유가 있다고 우리는 판단한다. 완전하게 된 진화 생물의 현재 배치가 우주를 이해하고 초우주의 관리를 공부하는, 대학원 과정의 성질을 띤다는 것이 우리에게 분명하다. "어째서 신들이 살아남는 필사자들을 우주 관리 기법에 관하여 그렇게 철저히 훈련시키는 데 그토록 관심을 가져야 하는가?"하고 우리 모두가 묻는다.

4. 입양된 세라핌

필사자의 충실한 천사 보호자들 가운데 다수는 인간 피보호자와 함께 하늘 가는 생애를 거치는 것이 허락되며, 이 수호 천사들의 다수는, 피교육자가 아버지와 융합한 뒤에, 영원한 최후자 선서(宣誓)를 하는 데 끼어서, 필사 동료의 운명을 영원히 받아들인다. 필사 존재들의 하늘 가는 체험을 거치는 천사들은 인간 성품의 운명을 함께 나눌 수도 있고, 이 최후 군단에 똑같이, 영원히 소집될 수도 있다. 큰 무리의 입양된 세라핌과 영화롭게 된 세라핌은 필사자가 아닌, 다채로운 최후자 군단에 부속된다.

5. 영화롭게 된 물질 아들

시간과 공간의 우주들에서, 혹성으로 배치받는 데 오래 지체될 때, 지역 체계의 아담 시민들이 영구 시민의 지위로부터 풀려나기 위하여 탄원을 시작해도 좋다는 규정이 있다. 만일 허락을 받으면, 그들은 우주 서울에서 하늘 가는 순례자들과 합세하며, 그 때부터 줄곧 파라다이스와 최후 군단으로 진행한다.

진보된 진화 세계가 빛과 생명의 시대 후기에 다다르면, 물질 아들들, 곧 혹성 아담과 이브는 인간이 되기를 택하고, 조절자를 받고, 필사 최후자 군단으로 이끄는, 우주를 올라가는 진화 과정을 시작해도 좋다. 이 물질 아들들 가운데 더러는 유란시아에서 아담이 한 것처럼, 생물학상의 가속자(加速者)로서 임무에 부분적으로 실패하거나, 엄밀하게 보아서 태만하였다. 그리고 나서 그들은 그 영역 민족들의 자연스러운 과정을 밟고, 조절자를 받고, 죽음을 거치고, 승천 체제를 통해서 믿음으로 진보하도록 강요되며, 나중에는 파라다이스와 최후 군단에 이른다.

많은 최후자 중대에서 이 물질 아들들은 발견되지 않을 것이다. 그들의 존재는 그러한 집단이 높게 봉사할 전망에 큰 가능성을 부여한다. 에덴의 쌍이 같은 무리에 부속되면, 그들은 보통 공동으로, 한 성격자로서 활동하는 것이 허락된다. 그러한 하늘 가는 쌍들은 하늘 가는 필사자들보다, 삼자 일체화 모험에서 훨씬 더 성공하기 쉽다.

6. 영화롭게 된 중도인

여러 혹성에는 중도인(中道人)이 큰 무리로 생산되지만, 그들이 태어난 세계가 빛과 생명에 안주(安住)하고 난 뒤에, 거기에 남아 있는 일이 드물다. 그 때, 아니면 조금 뒤에 그들은 영구 시민의 지위로부터 풀려나며, 시간과 공간의 필사자들과 일행이 되어 파라다이스로 승천을 시작하고, 상물질 세계들, 초우주, 하보나를 통과한다.

여러 우주에서 온 중도인들은 그 기원과 성품이 크게 다르지만, 그들은 모두 어느 파라다이스의 한 최후 군단으로 가도록 예정되어 있다. 2차 중도자들은 모두 궁극에는 조절자와 융합하며, 필사 군단으로 소집된다. 많은 최후자 중대는 이 영화롭게 된 존재들 가운데 하나를 그들의 집단 안에 가지고 있다.

7. 빛의 전도사

현재 시점에서 모든 최후자 중대는 선서 지위를 가진 999명의 성격자, 곧 영구 회원이 있다. 빈 자리는 어느 단일 임무에 배치되는, 부속된 빛의 전도사들의 우두머리가 차지한다. 그러나 이 존재들은 단지 그 군단의 임시 회원이다.

어느 최후자 군단의 근무에 배치된 어떤 하늘 성격자도 빛의 전도사(傳道師)라고 부른다. 이 존재들은 최후자 선서를 하지 않으며, 군단 조직에 예속되기는 하지만, 영구하게 소속되지 않는다. 이 집단은 외톨 사자, 상천사, 2품 천사, 파라다이스 시민, 또는 삼자 일체 체험으로 낳은 그들의 자손을—임시 최후자 과제를 집행하는 데 필요한 어떤 존재라도—포함해도 좋다. 이 군단이 이 존재들을 영원한 임무에 소속하게 할지 우리는 모른다. 임시 소속이 끝나면, 이 빛의 전도사들은 이전의 지위를 다시 시작한다.

현재 필사 최후 군단이 구성된 바와 같이, 꼭 여섯 등급의 영구 회원들이 있다. 짐작되는 바와 같이, 최후자들은 그들의 미래 동료의 신분에 관해서 많은 추측에 빠지지만, 그들 가운데 의견이 일치되는 일이 거의 없다.

유버르사에서 우리는 제7 집단 최후자들의 신분에 관하여 흔히 추측을 해 본다. 파라다이스와 대관별과 하보나 내부 회로에서, 수많은 삼자 일체 체험으로 태어난 집단의 어떤 늘어나는 군단이 맡을 가능한 임무를 포함해서, 우리는 여러 생각에 귀를 기울인다. 지금 형성되고 있는 우주들에서 근무하도록 그들이 예정되는 경우에 대비하여, 심지어 최후 군단이 우주 행정의 작업에서 그들의 많은 조수를 삼자 일체 체험으로 낳도록 허락될지 모른다는 추측이 있었다.

우리 가운데 하나는, 이 군단에서 빈 자리는 그들의 미래 근무지인 새 우주에서 기원을 가지는 어떤 존재들이 채우리라는 의견을 가진다. 다른 자는 이 자리가, 아직 창조되거나, 궁극에 이르거나, 삼자 일체 체험으로 태어나지 않은 어떤 부류의 파라다이스 성격자가 채우리라고 믿는 방향으로 기운다. 그러나 우리가 정말로 알게 되기 전에, 최후자들이 영적 달성의 제7 단계로 들어감을 우리가 기다리는 것이 가장 가능성이 있다.

8. 초월자

하나의 최후자로서, 완전하게 된 필사자가 파라다이스에서 겪는 체험의 일부는, 1천 집단이 넘는 파라다이스의 초월적 초시민(超市民), 초한(超限) 속성을 가진 궁극에 이른 존재들의 성품과 활동을 이해하려고 노력을 기울이는 데 있다. 이 초월 성격자들과 가지는 관계에서, 하늘 가는 최후자들은 수많은 계급의 초월 봉사자들의 유익한 안내로부터 큰 도움을 받는데, 이 초월자들은 진화된 최후자들을 새로운 파라다이스 형제들에게 소개하는 일에 배치된다. 초월자들 계급 전체가 파라다이스의 서부에, 그들이 독점으로 차지하는 광대한 지역에서 산다.

초월자들에 관하여 이야기하면서, 우리는 인간이 이해하는 한계 뿐 아니라, 파라다이스 성격자들에 관하여 이 발표를 통제하라고 명령하는 조건에도 제한을 받는다. 이 존재들은 필사자가 하보나로 올라가는 데 조금도 관련되어 있지 않다. 광대한 무리의 파라다이스 초월자들은 하보나나 일곱 초우주의 사무와 아무 상관이 없으며, 모우주(母宇宙) 사무의 초월 행정에만 아랑곳할 뿐이다.

너는 생물이니까, 한 창조자를 상상할 수 있다. 그러나 창조자도 피조물도 아닌, 엄청나고 다양화된 집합의 총명한 존재들이 있다는 것을 너는 도저히 이해할 수 없다. 이 초월자들은 아무 존재도 창조하지 않고, 그들도 결코 창조되지도 않았다. 그들의 기원에 관해서 말하자면, 새 용어—멋대로 짓고 의미 없는 명칭—의 사용을 피하기 위해서, 우리는 초월자들이 다만 <u>궁극에 이른다</u>고 하는 것이 최선이라고 판단한다. 신 절대자가 그들의 기원에 아마 아랑곳했을지 모르며, 그들의 운명에 관련되어 있을지도 모른다. 그러나 이 독특한 존재들은 지금 신 절대자에게 지배를 받지는 않는다. 그들은 궁극위 하나님의 지배 밑에 있고, 그들이 현재 파라다이스에 머무르는 것은 모든 면에서 삼위 일체의 감독과 지도를 받는다.

파라다이스에 이르는 모든 필사자가, 파라다이스 시민과 하는 것처럼 초월자들과도 자주 사귀지만, 사람이 초월자와 처음 심각하게 접촉하는 것은 어느 중대한 경우에 생기는데, 그 때 초월자들의 우두머리, 곧 주관하는 모우주 건축가들의 우두머리가 영원한 삼위 일체 서약을 시행하는 동안에, 필사 승천자는 새로운 최후자 무리의 일원으로서, 최후자를 접대하는 동그라미 안에 선다.

9. 모우주 건축가

모우주 건축가들은 파라다이스 초월자들을 다스리는 무리이다. 이 통치 군단은 주지휘자, 훌륭한 영, 천상의 초한자들을 포함하여, 그 성격자의 수는 28,011에 이른다. 이 우람찬 집단을 주관하는 관리, 곧 원로 주건축가는 신 수준 밑에 있는 모든 파라다이스 지성 존재를 조정하는 우두머리이다.

이 이야기를 인가하는 지침에서 열여섯째 금지 항목은 이렇게 말한다. “현명하다고 판단되면, 모우주 건축가들과 그 동료들이 존재하는 것을 밝혀도 좋으나, 그들의 기원·성품·운명을 완전히 밝혀서는 안 된다.” 그러나 이 주건축가들은 초한자의 일곱 수준에서 존재한다는 것을 너희에게 알려도 좋다. 이 일곱 무리는 다음과 같이 분류된다:

1. <u>파라다이스 수준</u>. 오직 원로(元老), 곧 처음으로 궁극에 이른 건축가만 가장 높은 이 초한 수준에서 활동한다. 이 궁극의 성격자는—창조자도 아니고 피조물도 아니며—영원이 동틀 때 궁극에 이르렀고, 지금은 파라다이스 및 그와 관계된 활동이 있는 21 세계의 섬세한 조정자로서 활동한다.

2. <u>하보나 수준</u>. 건축가가 두 번째로 궁극에 이른 것은 주계획자이자 초한 행정자 세 분을 생산했는데, 그들은 언제나 중앙 우주의 완전한 10억 구체를 조정하는 데 헌신해 왔다. 파라다이스의 전통은, 이 세 건축가가, 이전에 궁극에 이른 원로 건축가의 조언을 받아서, 하보나를 계획하는 데 이바지했다고 주장하지만, 우리는 정말로 모른다.

3. <u>초우주 수준</u>. 제3 초한 수준은 일곱 초우주의 일곱 주건축가를 포함하며, 그들은 지금 하나의 무리로서, 파라다이스에 계신 일곱 으뜸 영과 함께, 그리고 무한한 영의 일곱 특별 세계에서 일곱 최상 집행자와 함께, 같은 비율로 시간을 보낸다. 그들은 대우주의 초월 조정자이다.

4. <u>1차 공간 수준</u>. 이 집단은 70명의 건축가를 포함하며, 현재 일곱 초우주의 테두리 바깥에서 동원되고 있는, 외계 공간에서 처음 우주를 위하여 궁극의 계획에 그들이 아랑곳한다고 우리는 짐작한다.

5. <u>2차 공간 수준</u>. 제5 집단의 이 건축가들은 490명이며, 우리는 다시 그들이 외계 공간의 둘째 우주에 관여하고 있음이 틀림없다고 추측한다. 거기에는 이미 우리의 물리학자들이 분명한 에너지 움직임이 있다는 것을 탐지했다.

6. 3차 공간 수준. 제6 집단의 이 주건축가들의 수는 3,430명에 달하며, 마찬가지로 우리는 그들이 외계 공간의 셋째 우주를 건설하기 위하여 거대한 계획에 몰두할까 한다고 짐작한다.

7. 4차 공간 수준. 마지막이며 가장 큰 이 군단은 24,010명의 주건축가로 구성되어 있고, 우리가 이전에 추측한 것이 정당하다면, 이 군단은 외계 공간에서 항상 커지는, 넷째이자 마지막 우주들에 관련되어 있음이 틀림없다.

이 일곱 집단의 주건축가들은 모두 28,011명의 우주 계획자에 이른다. 파라다이스에는 아득히 영원한 과거에, 28,012번째 주건축가를 궁극에 이르게 하려는 시도가 있었지만, 그 존재는 초한화하는 데 실패했고, 우주 절대자에게 성격이 몰수되는 일을 체험했다는 파라다이스의 전통이 있다. 주건축가들의 상승 시리즈가 28,011번째 주건축가에서 초한의 한계에 도달하고, 28,012번째의 시도는 절대자가 계시는 수학의 수준과 마주쳤을 가능성이 있다. 다시 말하면, 28,012번째 궁극에 이르는 수준에서, 초한성의 질은 우주자(宇宙者)의 수준과 동등하게 되고, 절대자의 가치에 이른 것이다.

감독하는 세 분의 하보나 건축가는, 그들의 기능 조직 면에서, 혼자인 파라다이스 건축가에게 동료인 조수로서 행동한다. 초우주의 일곱 건축가는 하보나의 세 감독자와 동격자로서 행동한다. 1차 외계 공간 수준 우주들에서 계획자 70명은 현재, 일곱 초우주의 일곱 건축가에게 동료 조수로서 봉사하고 있다.

모우주 건축가들은 광대한 두 계급의 물력 조직자, 곧 1차로 궁극에 이른 자와 부초월자들을 포함하여, 수많은 무리의 조수와 돕는 자들을 뜻대로 쓸 수 있다. 이 물력 주조직자들을 대우주에 관계된 동력 지휘자들과 혼동해서는 안 된다.

최후자 및 파라다이스 시민이 삼자 일체 체험으로 낳은 자손들처럼, 시간과 영원의 아이들이 뭉쳐서 생산되는 모든 존재는 주건축가들의 피보호자가 된다. 그러나 현재 조직된 우주들에서 활동하는 것으로 밝혀진 모든 다른 생물이나 통일체 가운데, 오로지 외톨 사자와 영감 받은 삼위 일체 영들이 초월자 및 모우주 건축가들과 어떤 유기적 관계라도 유지한다.

주건축가들은 지역 우주를 조직하기 위하여 아들 창조자를 그 공간 위치에 배정하는 것을 기술적으로 인가한다. 주건축가와 파라다이스 아들 창조자들 사이에는 아주 밀접한 관련이 있고, 이 관계가 밝혀지지는 않지만, 제1 체험적 삼위 일체의 관계에서 주건축가와 대우주의 최상 창조자들의 관계에 대하여 너희는 들은 바 있다. 이 두 집단은 진화하는 체험적 최상 존재와 더불어, 초월 가치와 모우주 의미를 가진 궁극 삼위 일체를 구성한다.

10. 궁극의 모험

원로 주건축가는 일곱 최후 군단을 감독하는데, 그들은 다음과 같다:

1. 필사 최후자 군단.
2. 파라다이스 최후자 군단.
3. 삼위 일체를 체험한 최후자 군단.

4. 삼위 일체를 체험한 합동 최후자 군단.

5. 하보나 최후자 군단.

6. 초월 최후자 군단.

7. 밝혀지지 않은, 운명의 아들 군단.

이 운명의 군단들은 각기 주관하는 우두머리가 있고, 이 일곱 군단은 파라다이스에서 운명의 최고 회의를 구성한다. 현재 우주 시대에는, 그랜드판다가 궁극의 운명을 가진 아이들을 우주에 배치하는 이 최고 집단의 우두머리이다.

이 일곱 최후자 군단이 함께 모이는 것은, 잠재성, 성격자, 지성, 영, 초한자, 체험적 사실물이 실체로 동원되는 것을 의미하며, 이것은 최상 존재의 미래 모우주 활동조차도 아마 뛰어넘을 것이다. 이 일곱 최후자 군단은 아마 궁극 삼위 일체가 현재 활동함을 의미하는데, 궁극 삼위 일체는 외계 공간의 우주들에서 생기는 상상할 수 없는 발전에 대비해서 유한자와 초한자의 세력을 소집하는 데 몰두하고 있다. 영원에 가까운 시절에 파라다이스 삼위 일체는 당시에 있었던 파라다이스 및 하보나 성격자들을 동원했고, 계획하던 시공의 일곱 초우주의 행정자와 통치자로서 그들을 임명했으며, 그 이후로 이와 같은 동원은 아무 것도 없었다. 일곱 최후자 군단은, 영원한 미래의 활동이 있을 외계 우주들에서, 발육이 덜 된 잠재성의 미래 필요성에 대하여, 대우주가 신성하게 반응하는 것이다.

우리는 사람 사는 세계들로 이루어진, 미래의 더 큰 외계 우주들, 새로운 계급의 지극하고 독특한 존재들이 사는 새 구체들, 궁극성에서 숭고한 한 물질 우주를 감히 예측한다. 이 광대한 창조에서 오직 한 가지 중요한 세부가 모자란다—하늘 가는 존재의 우주 생활에서 실제로 겪는 <u>유한한 체험</u>이 부재(不在)하는 것이다. 그러한 우주는 엄청난 체험적 장애, 바로 전능 최상위의 진화에 참여할 기회를 빼앗기는 장애를 가지고 생기게 될 것이다. 이 외계 우주들은 모두 최상 존재가 베푸는 비할 바 없는 봉사와 높은 전반적 통제를 누리겠지만, 그가 활발하게 계시다는 바로 그 사실은 최상 신의 현실화에 그들이 참여함을 막는다.

최상위 하나님의 통치권이 불완전하게 현실화되기 때문에, 현재 우주 시대에는 대우주의 진화하는 성격자들이 많은 어려움을 겪는다. 그러나 우리는 모두 그의 진화하는 독특한 체험을 나누어 가진다. 우리는 그 안에서 진화하며, 그는 우리 안에서 진화한다. 미래 영원에 언젠가, 최상 신의 진화는 우주의 역사에서 끝난 사실이 되고, 이 놀라운 체험에 참여할 기회는 우주 행동의 무대에서 사라져 버렸을 것이다.

그러나 우리 가운데 우주의 청춘 기간에 독특한 이 체험을 얻은 자들은, 모든 미래 영원에 걸쳐서 그것을 소중히 간직할 것이다. 그리고 최상 존재의 시공적 진화에 참여해 보지 않은 체험적 결함을 보충하려는 노력으로, 비슷한 다른 여섯 징집 군단과 손을 잡고 이 외계 공간을 관리하는 것이, 최후 군단의 필사자, 승천하며 완전하게 된 필사자들의 자꾸 누적되는 예비군의 임무일지 모른다고 우리 중에 다수가 추측한다.

이 결함은 모든 수준의 우주 존재에서 불가피하다. 현재 우주 시대에, 높은 수준의 영적 존재를 가진 우리는 지금, 진화하는 우주들을 관리하고 하늘 가는 필사자들에게 봉사하기 위해서 내려오며, 이처럼 더 높은 영적 체험의 실체에서 그들의 결함을 보상해 주려고 애쓰고 있다.

이 외계 창조들에 관한 모우주 건축가들의 계획에 대하여 우리는 정말로 아무것도 모르지만, 그런데도 다음 세 가지에 대하여 우리는 확실하다:

1. 외계 공간의 영토에서 차츰 조직되는 광대하고 새로운 체계의 우주들이 실제로 있다. 사람이 살고 조직된 창조들의 현재 테두리 바깥에 아주 멀리, 새 계급의 물리적 창조, 떼지은 수많은 우주로 이루어진 엄청나고 거대한 동그라미들이 너희의 망원경을 통해서 실제로 보인다. 현재, 이 외계의 창조들은 완전히 물리적이고 이 창조들에 생명이 살지 않는 것이 명백하며, 피조물의 행정이 결여된 듯하다.

2. 오랜 세월에 걸쳐 다른 여섯 최후자 군단과 관련하여, 완전하게 되고 승천하는 시공 존재들을 파라다이스에서 동원하는 일이, 설명 없이 온통 신비스럽게 계속된다.

3. 이 거래들과 동시에, 신의 최상위는 초월 창조들의 전능한 통치자로서 힘을 기르고 있다.

생물, 우주들, 신을 포함하는 이 세 가지 발전을 보건대, 새롭고 밝혀지지 않은 어떤 것이 모우주에서 절정에 가까이 가고 있다고 기대하는 것 때문에 우리가 비난을 받을 수 있는가? 이제까지 알려지지 않은 규모로, 오랜 세월에 걸쳐 물리적 우주들이 동원되고 조직되며, 최상 존재의 성격이 태동하고 있다. 이것을 시간 필사자들을 신다운 완전으로 들어올리는 이 엄청난 계획, 그리고 차후에 파라다이스 최후 군단—우주의 신비 속에 가려진 이름과 운명—에 필사자들이 동원되는 것과 우리가 관련짓는 것이 자연스럽지 않은가? 집합하고 있는 최후 군단이 외계 공간의 우주들에서 어떤 미래 근무로 예정되어 있다고 온 유버르사에서 점점 더 믿고 있다. 우리는 이 외계 우주에서 적어도 7만개 물질 집합체들이 밀집하는 것을 이미 확인할 수 있는데, 이것들은 각자 현재 어느 초우주보다도 더 크다.

진화하는 필사자들은 공간의 혹성들에서 태어나고 상물질 세계들을 통과하며, 영 우주들을 올라가고 하보나 구체들을 거치며, 하나님을 발견하고 파라다이스에 이르며, 1차 최후 군단에 소집되고, 거기서 우주에서 봉사하는 다음 배치를 기다린다. 집합되고 있는 다른 여섯 최후 군단이 있지만, 첫 필사 승천자 그랜드판다가 모든 계급의 최후자들의 파라다이스 우두머리로서 주관한다. 그리고 이 숭고한 광경을 보면서, 우리는 다 외친다 "동물의 기원을 가진 시간의 자손, 공간의 물질 아들들에게 얼마나 영광스러운 운명인가!"

[유버르사의 옛적부터 늘 계신 이들로부터 이렇게 활동하라고 권한을 받은 한 신성한 조언자와 한 무명 무수자가 합동으로 후원하였다.]

* * * *

신의 성품, 파라다이스의 실체, 중앙 우주 및 초우주의 조직과 작용, 대우주의 성격자들, 진화하는 필사자들의 고귀한 운명을 묘사하는 이 31편의 논문을 한 높은 위원회가 후원하고 작성하여 영어로 번역하였다. 이 위원회는 유버르사의 옛적부터 늘 계신 이들이 내린 명령에 따라 활동하는 오르본톤 행정자 24명으로 이루어져 있는데, 이 명령은 네바돈의 놀라시아덱 별자리, 사타니아 체계의 606번 혹성 유란시아에서 서기 1934년에 우리에게 이렇게 해야 한다고 지시하였다.

제 2 부

지역 우주

구원자별에서 가브리엘의
권한을 받아서 활동하는
네바돈 지역 우주 성격자 군단의 후원을 받았다.

제 2 부

지역 우주

제 32 편

지역 우주의 진화

한 지역 우주는 파라다이스 미가엘 서열의 한 아들 창조자의 작품이다. 1백 별자리로 구성되어 있고, 각 별자리는 사람이 사는 세계들로 구성된 1백 체계를 포함한다. 궁극에는 각 체계가 사람 사는 구체를 대략 1천 개 포함할 것이다.

시간과 공간에 있는 이 우주들은 모두 진화한다. 파라다이스 미가엘들의 창조 계획은, 그러한 지역 우주를 구성하는 다채로운 체제의 구체들에 사는 다양화된 생물의 육체적·지적·영적 성품과 능력이 차츰차츰 진화하고 점진적으로 발전하는 경로를 따라서, 늘 진행된다.

유란시아는 한 지역 우주에 속하고, 그 군주는 네바돈의 하나님인 사람, 곧 나사렛 예수요, 구원자별의 미가엘이다. 이 지역 우주를 위한 미가엘의 계획은 전부, 그가 공간에서 최고의 모험을 일찍이 시작하기 전에 파라다이스 삼위 일체에게 완전히 인가받았다.

하나님의 아들들은 그들이 창조하는 활동의 영역을 선택해도 좋다. 그러나 이 물질 창조들은 모우주의 파라다이스 건축가들이 최초에 투영하고 계획한 것이다.

1. 우주들의 물리적 출현

공간의 물력과 원초적 에너지를 우주가 생기기 전 단계에 조종하는 것은 파라다이스의 물력 주조직자들이 할 일이다. 그러나 초우주 영토에서, 태동하는 에너지가 지역 인력, 곧 직진(直進) 인력에 민감하게 될 때, 그들은 관계된 초우주의 동력 지휘자들에게 유리하도록 물러난다.

이 동력 지휘자들은 지역 우주 창조의 물질 이전 및 물력 이후 단계에서 혼자 활동한다. 출현하는 우주를 위하여 물질적 기초—실질로 태양과 물질 구체들—을 마련할 만큼 충분히 공간 에너지를 동력 지휘자들이 동원할 때까지, 아들 창조자는 우주 조직을 개시할 기회가 전혀 없다.

지역 우주들은 물리적 규격이 크게 다르고, 때때로 눈에 보이는 물질 내용 면에서 차이가 있을 수도 있지만, 모두가 대체로 같은 에너지 잠재성을 가지고 있다.

한 지역 우주의 동력 전하(電荷)와 잠재 물질의 재산은 아들 창조자의 활동, 그리고 그의 창조 동료가 소유한, 본래부터 물리적으로 통제하는 자질 뿐 아니라 동력 지휘자와 그 전임자들의 조종에 따라서 결정된다.

한 지역 우주의 에너지 전하는 그 초우주의 물력 재산의 약 10만분의 1이다. 너희 지역 우주 네바돈의 경우는, 그 질량의 물질화가 약간 적다. 물리적으로 말하면, 네바돈은 오르본톤의 어느 지역 창조에서도 발견될 수 있는 에너지 및 물질의 물리적 재산을 모두 소유한다. 네바돈 우주가 발전해서 확장하는 데 지워진 유일한 물리적 한계는, 통합된 우주 작용을 맡은 관련된 세력과 성격자들의 인력 통제에 붙잡혀 있는 공간 에너지의 양적 전하에 있다.

에너지 물질이 질량으로 물질화하면서 어떤 단계에 도달할 때, 파라다이스 아들 창조자가 그 장면에 나타나며, 무한한 영의 딸 창조자가 그를 동반한다. 아들 창조자가 도착함과 동시에, 건축 구체를 짓는 작업이 시작되며, 이것은 계획된 지역 우주의 본부 세계가 될 것이다. 오랜 세월에 걸쳐 그러한 지역 창조는 진화하며, 태양들이 안정되고, 혹성들이 형성되고 그 궤도에 던져지며, 한편 별자리 본부와 체계의 서울로 쓰일 건축 세계들을 짓는 일이 계속된다.

2. 우주 조직

우주를 조직하는 과제에서, 셋째 근원 중심에 기원을 두는 동력 지휘자 및 다른 존재들은 아들 창조자보다 앞서 간다. 이렇게 미리 조직된 공간의 에너지로부터, 너희의 아들 창조자 미가엘은 네바돈 우주에서 사람 사는 영역을 확정하였고, 그 뒤로 언제나 그것을 관리하는 데 고심하고 몰두해 왔다. 선재(先在)하는 에너지로부터 이 신다운 아들들은 눈에 보이는 물질이 생기게 하며, 살아 있는 생물을 기획하고, 무한한 영이 우주에 계시는 협조를 얻어서 다양한 영 성격자 일행을 창조한다.

우주를 조직하는 물리적인 예비 작업에서, 아들 창조자를 훨씬 앞섰던 이 동력 지휘자와 에너지 통제자들은 나중에 이 우주 아들과 함께 훌륭하게 연락을 가지고 봉사하며, 그들이 최초에 조직하고 회로(回路)를 놓은 그 에너지를, 줄곧 관계를 가지고 통제하는 상태로 언제까지나 남아 있다. 구원자별에는 이 지역 우주를 최초로 형성하는 데 너희의 아들 창조자와 협동한 바로 이 동력 중심 1백 명이 지금 활동한다.

네바돈에서 처음 완성된 물리적 창조 행위는 본부 세계, 곧 구원자별의 건축 구체와 그 위성(衛星)들을 함께 조직하는 것이었다. 동력 중심과 물리 통제자들이 처음 이동한 때부터, 활기 있는 참모진이 구원자별의 완성된 구체들에 도착할 때까지, 현재 너희 혹성의 시간으로 10억 년이 조금 넘게 소요되었다. 구원자별이 건설된 뒤에 즉시, 기획된 별자리들의 1백 본부 세계, 그리고 혹성을 통제하고 관리하는, 기획된 지역 체계들의 1만 본부 구체 및 그 건축 위성들을 창조하는 일이 뒤따랐다. 그러한 건축 세계들은 물리적 성격자와 영적 성격자들 뿐 아니라, 그 사이에 개재하는 상물질 단계, 곧 과도기 단계의 존재들을 수용(收容)할 수 있도록 고안되어 있다.

네바돈의 본부인 구원자별은 지역 우주의 정확한 에너지 질량의 중심에 자리잡고 있다. 그러나 너희의 지역 우주는 그 물리적 중심에 하나의 큰 체계(體系)가 있지만, 단일 천문 체계는 아니다.

구원자별은 네바돈의 미가엘이 몸소 계시는 본부이지만, 그를 거기서 언제나 찾지는 못한다. 너희 지역 우주를 순조롭게 운영하는 것은 그 서울 구체에서 아들 창조자가 고정되어 계심을 이제 더 요구하지 않지만, 물리적으로 조직하는 초기 시절에는 이것이 참말이 아니었다. 서로의 물질 인력으로 말미암아, 여러 회로(回路)와 체계들이 서로 균형을 이루게 하는 충분한 에너지가 물질화됨으로 말미암아 그 영역에 인력(引力)의 안정이 얻어질 때까지, 아들 창조자는 그의 본부 세계를 떠날 수가 없다.

즉시, 한 우주의 물리적 계획이 완성되고, 창조 영과 결합하여 아들 창조자가 생명을 창조하는 일을 계획한다. 그리고 나서 무한한 영의 이 대표는 뚜렷한 창조 성격자로서 그의 우주 활동을 시작한다. 이 처음 창조 활동이 형성되고 집행될 때, 밝은 새벽별이 솟아 나오는데, 그는 신성의 신분과 이상(理想)으로 이루어진, 이 초기의 창조 개념이 성격화된 것이다. 이 분은 그 우주의 최고 집행자, 곧 아들 창조자의 개인적인 동료이며, 신성(神性)의 속성에서 두드러지게 제한되어 있지만, 성품의 모든 면에서 아들과 같다.

아들 창조자의 오른팔이 되는 조수(助手)이자 최고 집행자가 마련되었으니까, 광대하고 놀라운 행렬의 다양한 생물을 생산하는 일이 따른다. 지역 우주의 아들딸들이 나타나고, 그 뒤에 곧 그러한 창조를 다스리는 정부(政府)가 마련되며, 이것은 그 우주의 최고 회의로부터 별자리 아버지와 지역 체계의 군주들까지 연장된다—지역 체계는 나중에 의지 생물의 다양한 필사 민족들이 사는 집이 되도록 고안된 세계들의 집합이다. 그리고 이 세계들을 각각 한 혹성 영주가 주관한다.

다음에, 그러한 우주가 아주 완전히 조직되고 아주 충만하게 직원 배치가 이루어지고 나서, 아들 창조자는 그들의 신다운 모습을 따라 필사 인간을 창조하라는 아버지의 제안에 들어간다.

혹성의 거처들을 조직하는 일은 네바돈에서 아직도 진행되고 있는데, 이는 이 우주가 정말로 오르본톤의 별과 혹성의 영역에서 연륜이 짧은 덩어리이기 때문이다. 최근의 등록부에는 네바돈에 사람 사는 혹성이 3,840,101개 있었고, 너희 세계의 지역 체계 사타니아는 다른 체계들의 상당히 좋은 전형(典刑)이다.

사타니아는 한결같은 물리적 체계, 단일 천문(天文) 단위나 조직은 아니다. 그에 속하는 사람 사는 세계 619개는 5백이 넘는 다른 물리 체계들에 자리를 잡고 있다. 오직 다섯 체계만 사람 사는 세계가 둘이 넘게 있으며, 이 가운데 겨우 하나만 사람 사는 세계를 넷이나 가지고 있고, 한편 46 체계는 사람 사는 세계가 둘이 있다.

사람 사는 세계들로 이루어진 사타니아 체계는 유버르사로부터, 그리고 일곱째 초우주의 물리적 중심, 곧 천문학적 중심으로 작용하는 큰 태양 집단으로부터 멀리 떨어져 있다. 사타니아의 본부 예루셈으로부터, 은하수의 밀집한 지름 안에, 아득하게 멀리 떨어진 오르본톤 초우주의 물리적 중심까지는 20만 광년(光年)이 넘는다. 사타니아는 지역 우주의 변두리에 있으며, 네바돈은 지금 오르본톤의 가장자리를 향해서 썩 바깥에 나가 있다. 사람 사는 세계들의 가장 바깥 체계로부터 초우주의 중심까지는 25만 광년보다 조금 덜 되는 거리이다.

네바돈 우주는 지금 오르본톤 우주 순회로의 남동쪽으로 멀리서 돌고 있다. 가장 가까운 이웃 우주들은 아발론·헨셀론·산셀론·포르탈론·울버링·파노빙·알보링이다.

그러나 한 지역 우주의 진화는 긴 이야기이다. 초우주를 다루는 논문들이 이 주제를 소개하며, 지역 창조들을 다루는 이 부분의 논문들이 이 글을 뒤잇고, 그 다음에 나오는 논문들은 유란시아의 역사와 운명에 관하여 언급하면서 이야기를 마친다. 그러나 너희의 아들 창조자가 너희 진화 세계에서 필사 육체의 모습을 입고 한때 사람의 생애를 산 그대로, 오로지 그의 일생과 가르침에 관한 이야기를 정독함으로 너희는 그러한 지역 창조의 필사자들의 운명을 적절히 이해할 수 있다.

3. 진화 관념

완전하게 안정된 유일한 창조는 하보나 중앙 우주이다. 이것은 우주의 아버지의 생각과 영원한 아들의 말씀에 따라서 직접 지어졌다. 하보나는 실존적이고 완전하고 충만한 우주이며, 영원한 신들의 집, 곧 만물의 중심을 둘러싼다. 일곱 초우주에 있는 창조들은 유한하고 진화하며, 변함없이 진취적이다.

시공의 물리 체계들은 모두 진화적 기원을 가지고 있다. 이 체계들이 그 초우주의 안정된 회로에 던져질 때까지는, 물리적으로도 안정되어 있지 않다. 한 지역 창조가 확장하고 성장하는 물리적 가능성이 다 소모되기 이전에, 그리고 그 안에 사람이 사는 모든 세계의 영적 지위가 영원히 정착되고 안정되기까지, 그 지역 창조는 빛과 생명 속에 안주(安住)하지 않는다.

중앙 우주에서 그런 경우를 빼고, 완전은 점진적으로 달성하는 것이다. 중앙 창조에서 우리는 완전의 원형(原形)을 가지고 있지만, 모든 다른 영역은 그 특정한 세계나 우주들이 진전하도록 확정된 방법에 따라서 그 완전함을 달성해야 한다. 거의 무한한 다양성이, 아들 창조자들이 각자의 지역 우주의 조직과 진화, 훈련과 안정을 위하여 세운 계획의 특징을 나타낸다.

아버지가 신으로서 계신 것을 제쳐 놓고, 모든 지역 우주는 어떤 면에서 중앙 창조, 곧 원형(原形) 창조의 행정 조직을 복사한 것이다. 우주의 아버지는 거주 우주에 몸소 계시지만, 시공 필사자들의 혼과 글자 그대로 함께 사는 것처럼 아버지가 중앙 우주에서 생기는 존재들의 지성에 깃들지는 않는다. 광범위한 창조의 영적 사무를 조절하고 규제하는 데에는 전적으로 지혜로운 보상이 있는 듯하다. 중앙 우주에서 아버지는 그처럼 친히 계시지만, 그 완전한 창조에서 사는 아이들의 지성에는 계시지 않는다. 공간의 우주들에는 아버지는 몸소 계시지 않으며 그의 군주 아들이 그를 대표한다. 한편 아버지는 필사 자녀들의 지성 속에 가까이 계시며, 이의지 생물의 지성 속에 사는 신비의 감시자가 전(前) 성격으로 계심으로 그를 영적으로 대표한다.

한 지역 우주 본부에는 창조자와 창조하는 성격자들이 모두 살며, 그들은 우주의 아버지가 친히 계신 것을 제외하고, 자체로서 충분한 권한과 행정적 자치를 대표한다. 우주의 아버지를 제외하고, 중앙 우주에서 존재하는 모든 존재의 무엇이라도, 그리고 거의 모든 등급의 총명한 존재들 가운데 누군가가, 지역 우주에서 발견될 것이다. 우주의 아버지는 지역 우주에 친히 계시지 않지만, 그 아들 창조자가 아버지를 친히 대표하며, 그는 한때 하나님의 대관(代官)으로서, 나중에는 자신의 권한으로, 최상의 통치하는 군주가 된다.

우리가 생명의 눈금에서 더 밑으로 내려가면 갈수록, 믿음의 눈을 가지고, 눈에 보이지 않는 아버지를 찾아내기가 더욱 힘들어진다. 하위의 생물은—그리고 때때로 상급 성격자들조차—아들 창조자 안에 계신 우주의 아버지를 상상하기가 언제나 힘들다. 그래서, 완전한 발육이 그들로 하여금 하나님 자신을 보게 할 그 때, 그들이 영적으로 승진할 그 때까지, 그들은 진보하는 데 지치고 영적 의심을 품고 혼란에 빠지며, 그래서 그들의 시대와 우주의 진보하는 영적 목표로부터 고립된다. 아들 창조자를 바라볼 때, 이런 방법으로 그들은 아버지를 보는 능력을 잃어버린다. 아버지에게 도달하는 오랜 투쟁을 통해서 내내, 본래의 조건들이 그러한 달성을 불가능하게 만드는 이 기간에, 피조물에게 가장 안전한 보호 조치는 아버지가 그의 아들들 안에 계신다는 진리와 사실에 집요하게 매달리는 것이다. 글자 그대로, 또 상징으로, 영적으로, 또 성격 면에서, 아버지와 아들들은 하나이다. 이것은 사실이다: 아들 창조자를 본 자는 아버지를 보았다.

한 주어진 우주의 성격자들은, 처음에는 오로지 신과 그들이 얼마나 가까운 관계에 있는가에 따라서, 안정되어 있고 믿을 만하다. 생물의 기원이 최초의 신성한 근원들로부터 충분히 떨어져 있을 때, 우리가 하나님의 아들들을 상대하거나 아니면 무한한 영에 속하는 봉사하는 생물을 상대하는가에 상관 없이, 부조화와 혼란, 그리고 어떤 때는 반란—죄—의 가능성이 늘어난다.

신에 기원을 가진 완전한 존재들을 빼고, 초우주에 있는 모든 의지 생물은 진화된 성품을 가지고 있으며, 비천한 지위에서 시작하여, 늘 위로, 실제는 안으로, 올라간다. 상당히 영적인 성격자들조차, 한 생명에서 다음 생명으로, 한 구체에서 다른 구체로 점진적으로 이동함으로, 생명의 눈금을 줄곧 올라간다. 신비의 감시자를 환대하는 자들의 경우에, 그들이 영적으로 상승하고 우주에서 도달하는 가능한 높이에는 아무 한계가 없다.

시간 생물의 완전(完全)은, 마침내 성취했을 때, 전적으로 벌어들인 것이며 성격의 진정한 소유물이다. 은혜의 요소가 아낌없이 섞여지지만, 그런데도 생물의 달성은 몸소 노력하고 실제로 살아서 얻은 결과이며, 기존 환경에 성격이 반응한 것이다.

동물로 진화하는 기원을 가졌다는 사실은 우주의 견지에서 어떤 성격자에게도 낙인을 찍지 않는데, 이는 그것이 두 가지 기본형의 유한한 총명한 의지(意志) 생물 가운데 하나를 창조하는 한정된 방법이기 때문이다. 완전과 영원의 절정에 도달했을 때, 밑바닥에서 시작하여 즐겁게 생명의 사다리를 한 단계 한 단계 올라간 자들에게 더욱 큰 명예가 주어지며, 영광의 높이까지 이를 때, 그들은 밑바닥에서부터 꼭대기까지 생명의 모든 국면에 관하여 실제 지식을 구현하는 체험을 몸소 얻었을 것이다.

이 모두가 창조자들의 지혜를 보여 준다. 우주의 아버지는 모든 필사자를 완전한 존재로 만드는 것, 그의 신성한 말씀으로 완전을 나눠 주는 것이 마찬가지로 쉬울 것이다. 그러나 이렇게 한다면, 길게 차츰차츰 안으로 올라가는 것과 관련된 모험과 훈련을 겪는 놀라운 체험을 그들로부터 빼앗을 터인데, 이것은 아주 운이 좋아서 생명 존재의 맨 밑바닥에서 시작하는 자들만 얻을 수 있는 체험이다.

하보나를 돌고 있는 우주들에는, 생명의 진화 단계를 올라가는 자들을 가르치는 원형(原形) 선생 안내자들에 대한 필요를 채우기 위해서, 겨우 충분한 수의 완전한 생물만 마련된다. 진화하는 부류 성격자의 체험적 성품은 파라다이스-하보나 생물의 늘 완전한 성품에 대하여 우주에서 자연스러운 보충물이다. 실제로, 완전한 생물과 완전하게 된 피조물은 모두, 유한한 총체성에서 볼 때 미완성이다. 파라다이스-하보나 체계에 있는 실존적으로 완전한 생물, 그리고 진화하는 우주로부터 올라가고 체험으로 완전하게 된 최후자들의 보충하는 관계에서, 두 부류는 본래부터 있는 한계로부터 해방을 얻으며, 따라서 그들은 생물 지위의 궁극, 숭고한 절정에 이르려고 합동으로 시도해도 좋다.

생물의 이 거래들은 칠중의 신 안에서 행동과 반응이 우주에 반향(反響)을 일으키는 것이며, 그 안에서 파라다이스 삼위 일체의 영원한 신성이, 권능으로 현실화되는 최상 존재의 신 안에서, 그로 말미암아, 그를 통해서, 시공 우주의 최상 창조자들의 진화하는 신성과 합쳐진다.

신답게 완전한 생물과 완전하게 된 진화 생물은 신성(神性)의 잠재성 정도에서 같지만, 그 종류가 다르다. 최상의 봉사에 도달하기 위하여, 하나가 다른 하나에게 의존해야 된다. 진화하는 초우주들은 거기서 하늘 가는 시민을 위해서 최종 훈련을 마련하는 데 완전한 하보나에 의존하지만, 완전한 중앙 우주도 내려가는 그 주민이 완전히 성장하는 것을 마련해 주려고, 완전하게 되는 초우주들이 존재하는 것이 필요하다.

유한한 실체의 이 두 가지 1차 명시, 곧 타고난 완전과 진화된 완전은, 성격자이든 우주이든, 동격이며, 의존하고, 통합된다. 기능·봉사·운명을 완성하기 위해서 하나는 다른 하나를 필요로 한다.

4. 하나님과 지역 우주의 관계

우주의 아버지가 자신의 상당 부분과 그의 권능을 다른 자들에게 이양했다고 해서, 아버지가 신 조합에서 말이 없거나 활동하지 않는 구성원이라는 생각을 갖지 말지어다. 성격의 영토와 조절자 수여를 제외하면, 아버지가 신 동위자들, 곧 그의 아들들을 비롯하여 수많은 창조된 지성 존재에게 그의 영원한 목적을 수행하는 과제에서 그렇게 많은 것을 실행하라고 허락하기 때문에, 아버지는 파라다이스 신들 가운데, 겉보기에 가장 적게 활동한다. 아버지가 그의 동료나 하위 동료들이 할 수 있는 것을 결코 하나도 하지 않는다는 의미에서만, 아버지는 창조 삼원조에서 말없는 회원이다.

하나님은 모든 총명한 생물이 활동하고 체험할 필요를 충분히 이해한다. 따라서, 모든 상황에서, 그것이 한 우주의 운명이나, 생물 가운데 가장 비천한 자들의 복지에 관련된다 하더라도, 그 자신과 어떤 주어진 우주 상황이나 창조적 사건 사이에 본래부터 개재하는 생물 및 창조 성격자들의 이익을 위하여, 하나님은 활동으로부터 물러나신다. 그러나 이렇게 물러나고, 무한한 조정을 이렇게 나타내는데도, 하나님 편에서는 이 예정된 대리자 및 성격자들로 말미암아, 그들을 통해서, 이 사건들에 실제로, 글자 그대로, 친히 참여한다. 아버지는 모든 광범위한 창조의 복지를 위하여 이 모든 경로 안에서, 이를 통해서, 일하신다.

한 지역 우주의 정책과 운영과 행정에 관해서 말하면, 우주의 아버지는 그의 아들 창조자의 몸 안에서 행동하신다. 하나님의 아들들의 상호 관계에서, 셋째 근원 중심에 기원이 있는 성격자들의 집단 관계에서, 또는 인간들처럼 어느 다른 생물 사이의 관계에서—그러한 관계에 대해서—우주의 아버지는 결코 개입하지 않는다. 아들 창조자의 법칙, 그리고 별자리 아버지, 체계 군주, 혹성 영주들의 통치—그 우주를 위하여 예정된 정책과 절차—는 언제나 지배한다. 아무런 권한의 분산이 없고, 신성한 힘과 목적이 엇갈리는 작업은 결코 없다. 신들은 완전하고 영원하게 의견이 일치된다.

아들 창조자는 윤리적인 교제, 곧 어느 분과의 생물이 어느 다른 등급의 생물과 가지는 관계, 또는 어느 특정한 집단 안에서 둘 이상의 개인들의 관계에서 생기는 모든 문제에서, 최상으로 다스린다. 그러나 그러한 계획은 우주의 아버지가 모든 창조 전역에 두루 어느 개별 생물에게, 그 개인의 현재 지위나 앞날의 전망에 대하여, 아버지의 영원한 계획과 무한한 목적에 관련하여, 자신의 방법으로 간섭해서는 안 되고 신의 지성을 기쁘게 하는 어떤 일도 해서는 안 된다는 것을 의미하지 않는다.

의지를 가진 필사 인간의 경우에, 아버지는 깃드는 조절자 안에 실제로 계시며, 이것은 그의 전 성격(前性格) 영의 분신이다. 그리고 아버지는 또한 의지가 있는 그러한 필사 인간의 성격 근원이다.

우주의 아버지가 수여한 이 생각 조절자들은 비교적 고립되어 있다. 그들은 인간의 지성 속에 깃들지만, 한 지역 창조의 윤리적 사무와 눈에 뜨일 만한 아무런 연관이 없다. 그들은 천사의 서비스나, 체계, 별자리, 또는 지역 우주의 행정과도 직접 조정되지 않는다. 아들 창조자의 통치와도 그렇지 않으며, 그의 뜻은 그의 우주에서 최고의 법이다.

깃드는 조절자들은 거의 무한한 창조에 있는 생물과 연락하는 방식, 따로 되어 있지만 통일된 하나님의 방식이다. 그래서 필사 인간의 눈에 보이지 않는 그는 그의 계심을 명백히 나타내며, 할 수 있다면, 하나님은 또 다른 방법으로도 자신을 보여 주려 하시겠지만, 그 이상의 그러한 계시는 신답게 가능하지 않다.

우리는 아들들이 자기가 관할하는 우주에 대하여 깊고도 완벽한 지식을 가지는 작용을 보고 이해할 수 있다. 그러나 하나님이 온 우주의 세부에 관하여 그렇게 충분히 친히 통달한 방법을 우리는 충분히 이해할 수 없다. 하지만 적어도 우주의 아버지가 그의 거대한 창조에 있는 존재들에 관하여 정보를 받고, 또 그들에게 그의 계심을 드러낼 수 있는 길을 우리는 인식할 수 있다. 성격 회로를 통해서, 아버지는 모든 창조, 우주, 체계에 있는 모든 존재의 온갖 생각과 행동을 인식한다—친히 알고 계신다. 하나님이 그의 아이들과 교통하는 이 기법을 우리가 충분히 파악할 수 없어도, "주가 그의 아이들을 아신다"는 확신과 "우리가 어디서 태어났는지 그가 눈여겨보신다"는 우리 각자가 가진 확신 속에서, 우리는 강해질 수 있다.

너희의 우주에서, 너희 마음 속에서, 우주의 아버지는 영적으로 말하면, 중앙 거처의 일곱 으뜸 영 중의 하나를 통하여 계시며, 구체적으로, 필사 지성의 깊은 데서 살고 일하고 기다리는 신다운 조절자를 통하여 계신다.

하나님은 자기 중심인 성격자가 아니며, 아버지는 그의 창조에게, 피조물에게 아낌없이 자신을 분배한다. 그는 신들 속에서 뿐 아니라, 그의 아들들 속에서 살고 행동하며, 아들들이 신답게 할 수 있는 모든 것을 그들에게 맡긴다. 우주의 아버지는 다른 존재가 행할 수 있는 모든 기능을 참으로 자신에게서 벗어 버렸다. 이것은 한 지역 우주 본부에서 하나님 대신에 다스리는 아들 창조자의 경우와 똑같이, 필사 인간에게도 참말이다. 그래서 우리는 우주의 아버지의 이상과 무한한 사랑이 풀려나가는 것을 바라본다.

이렇게 자신을 보편적으로 수여하시는 데서 우리는 아버지의 신다운 성품이 크고 위대하다는 풍부한 증거를 발견한다. 하나님이 우주의 창조로부터 자신의 어느 것이라도 남겨 놓았다면, 그 나머지 중에서, 아낌없이 관대하게 그 영역의 필사자들에게 생각 조절자를 수여하며, 그들은 영원한 생명을 받을 필사 후보자들에게 아주 참을성 있게 깃든다.

우주의 아버지는, 말하자면, 성격의 재산 면에서, 영적 달성의 잠재성에서, 모든 창조를 부유하게 만들려고 자신을 쏟아 부었다. 하나님은 우리가 하나님과 같이 될 수 있도록 자신을 우리에게 주었고, 그는 사랑하는 것들을 유지하는 데 필요한 힘과 영광만 자신을 위해 남겨 놓고, 그 사랑 때문에 모든 다른 것을 이렇게 벗어 버리셨다.

5. 영원하고 신성한 목적

공간을 통해서 가는 우주들의 행진에는 크고 영화로운 목적이 있다. 너희 필사자의 모든 투쟁은 헛수고가 아니다. 우리 모두가 엄청난 계획, 거대한 사업의 일부이며, 그 사업이 광대하기 때문에 어느 한 시점이나 어느 일생 동안에 그것을 많이 보기가 불가능하다. 우리 모두가 신들이 감독하고 해결하는 영원한 사업의 일부분이다. 경이롭고 보편적인 작용 전체가, 위대한 첫째 근원 중심의 무한한 생각과 영원한 목적을 담은 박자의 음악에 맞추어, 공간을 통해서 당당하게 계속 움직인다.

영원한 하나님의 영원한 목적은 높은 영적 이상이다. 시간 속의 사건들과 물질 존재에서 생기는 투쟁은 일시적 발판이며, 이것은 다른 쪽까지, 영적 실체와 하늘 존재가 있는 약속의 땅까지 다리를 놓는다. 물론, 너희 필사자들은 영원한 목적을 가진 관념을 파악하기가 힘드는데, 너희는 영원의 생각, 결코 시작이 없고 끝이 없는 어떤 것을 거의 알아들을 수 없기 때문이다. 너희에게 익숙한 모든 것은 종말이 있다.

한 개인의 생애, 한 영역이 지속하는 기간, 또는 어떠한 연결된 시리즈의 사건들이라도 그 선후(先後) 관계에 대하여 말하면, 우리는 격리된 시간의 길이를 다루는 듯 보일 것이다. 모든 것에 시작이 있고 끝이 있어 보인다. 일련의 그러한 체험이나 생애나 세월이나 시대는, 연속으로 배열되었을 때 한 직선 도로가 되며, 이것은 영원(永遠)의 무한한 표면에 순간적으로 번쩍 가로지르는, 시간 속의 격리된 사건이다. 그러나 우리가 이 모든 것을 장면 뒤에서 볼 때, 더 포괄적 관점에서 보고 더 완전히 이해하면, 시간 속의 거래들을 적절히 규명하기에, 그리고 다른 방법으로 이 거래들과 밑바닥에 있는 목적 및 영원의 기본 반응을 서로 연결짓기에는 그러한 설명이 부적당하고, 앞뒤가 맞지 않고, 도무지 적합하지 않다는 것을 제시한다.

필사의 지성에게 설명하려는 목적으로, 영원을 하나의 주기(週期)로 생각하고 영원한 목적을 하나의 끝없는 동그라미로서 상상하는 것이 내게는 더욱 적절해 보인다. 어떤 면에서, 그것은 일시적이며 물질적인, 시간의 주기들과 동시화된 영원의 주기이다. 영원의 주기와 연결되고 또한 그 일부를 형성하는 시간 구역에 대하여 말하면, 일시적인 시간 존재들이 태어나서 살다가 죽는 것과 마찬가지로, 그러한 일시적 시대는 태어나고, 살다가 없어지는 것을 우리가 인정할 수밖에 없다. 대부분의 인간들은 조절자와 융합하는 영적 수준에 도달하지 못했기 때문에 죽는다. 죽음으로 모습이 변하는 것은 그들이 시간의 속박과 물질 창조의 사슬로부터 달아날 수 있는 유일하게 가능한 절차이며, 그렇게 함으로써 진보하는 영원의 행렬과 영적으로 발걸음을 맞출 수 있게 된다. 시간의 시험적 생애와 물질적 존재로부터 살아남은 뒤에, 영원한 시대의 동그라미 둘레에 있는 공간 세계들과 함께 언제까지나 빙 돌면서, 영원과 접촉하면서, 아니 그 일부로서, 네가 계속하는 것이 가능하게 된다.

시간의 구역들은 성격자가 일시적 형태를 입고 번쩍 나타나는 것과 같다. 그들은 한 철 동안 나타나며, 그리고 나서 인간의 시야에서 사라지고, 영원한 동그라미 둘레에 끝없이 회전하는 고등 생명에서 새로운 배우로서, 계속하는 요소로서, 다시 나타날 뿐이다. 우주의 아버지의 중앙 거처 둘레에 광대하고 길쭉하게 된 동그라미 위에서 움직이는 제한된 우주를 믿는 우리 관점에서 보면, 영원을 도저히 직선 도로라고 생각할 수 없다.

솔직히 말해서, 영원은 시간 속에 사는 유한한 지성에게는 알아차릴 수 없는 것이다. 너희는 단지 영원을 파악할 수 없고, 이해할 수 없을 따름이다. 나는 영원을 완전히 투시하지 못하며, 내가 그렇게 했다 하더라도, 내가 가진 개념을 인간의 지성에게 전하는 것이 불가능할 것이다. 그런데도 우리의 관점에서 얼마큼을 묘사하기 위해서, 영원한 사물에 관하여 우리가 이해하는 것을 얼마큼이라도 너희에게 일러 주려고, 나는 최선을 다 했다. 무한한 성질과 영원한 중요성을 가진 이러한 가치에 대하여 너희 생각을 구체화하는 과정에서 나는 너희를 도우려고 애쓰고 있다.

하나님의 지성 속에는 그의 광대한 영토 전체에 있는 모든 생물을 포함하는 한 계획이 있으니, 이 계획은 한없는 기회, 제한 없는 진보, 끝없는 생명을 주는 영원한 목적이다. 그리고 노력하기만 하면 그러한 비할 데 없는 생애의 무한한 보물이 너희의 것이다!

영원의 목표가 앞에 있다! 신성(神性)에 도달하는 모험이 너희 앞에 놓여 있다! 완전을 향한 달리기가 진행되고 있다! 원하는 자는 누구든지 참가해도 좋다. 달리는 길에 걸음걸음마다 깃드는 조절자의 인도에, 그리고 모든 육체에게 아주 아낌없이 퍼부어진 우주 아들의 그 선한 영의 안내하심에 의존하면서, 믿음과 신뢰의 달리기를 할 모든 인간의 노고에 확실한 승리의 화관(花冠)이 주어질 것이다.

[네바돈 최고 회의에 임시 부속되어 있고, 구원자별의 가브리엘에게서 이 임무에 배치받은 어느 막강한 사자가 발표하였다.]

제 33 편

지역 우주의 행정

우주의 아버지는 그의 광대한 창조를 다스리는 것이 아주 확실하지만, 한 지역 우주의 행정에서 아버지는 아들 창조자의 몸을 통해서 활동하신다. 아버지는 한 지역 우주의 행정 사무에 다른 방법으로는 친히 활동하지 않는다. 이 일은 아들 창조자에게, 지역 우주의 어머니 영에게, 그들의 다채로운 아이들에게 맡겨진다. 이 아들이 지역 우주의 계획, 정책, 행정 법령을 수립하고 집행하며, 그는 영 동료와 함께, 집행 권력을 가브리엘에게, 그리고 사법 권한을 별자리 아버지, 체계 군주, 혹성 영주들에게 이양한다.

1. 네바돈의 미가엘

우리의 아들 창조자는 우주의 아버지와 영원한 아들에게서 동시에 기원이 있는 무한한 신분의 개념, 611,121번째 독창적 개념이 성격화한 것이다. 네바돈의 미가엘은 신성과 무한의 이 611,121번째 우주 개념을 성격화하는, "하나만 얻은 아들"이다. 그의 본부는 구원자별에 빛나는 세 겹의 저택에 있다. 이 거처가 이렇게 배치된 것은 미가엘이 영·상물질·물질, 모두 세 단계의 지적 생물 존재로 삶을 체험했기 때문이다. 유란시아에서 일곱째이자 마지막으로 자신을 수여한 데 관련된 이름 때문에, 그를 때때로 그리스도 미가엘이라고 부른다.

우리의 아들 창조자는 영원한 아들이 아니며, 후자는 우주의 아버지와 무한한 영과 파라다이스에서 실존적 동료이다. 네바돈의 미가엘은 파라다이스 삼위 일체의 한 분이 아니다. 그런데도 만약에 영원한 아들 자신이 실제로 구원자별에 계시고 네바돈에서 활동한다면 그가 드러냈을 모든 신다운 속성과 권능을 우리 주 아들은 그의 영역 안에서 소유한다. 미가엘은 추가되는 권능과 권한도 소유하며, 이는 그가 영원한 아들의 성격화일 뿐 아니라, 이 지역 우주에 대해서, 거기에서 우주의 아버지 성격의 계심을 충분히 대표하고 실제로 구현(具現)하기 때문이다. 그는 아버지-아들까지도 대표한다. 이 여러 관계는 진화하는 우주들을 직접 관리하고 미숙한 생물 존재들과 성격으로 접촉할 능력이 있는 모든 신다운 존재 가운데, 아들 창조자를 가장 강력하고, 다능하고, 영향력이 있는 자가 되게 한다.

우리의 아들 창조자는 파라다이스의 영원한 아들이 구원자별에 몸소 계시다면 그가 행사할 것과 똑같이, 영적으로 당기는 힘, 곧 영 인력(引力), 그리고 그보다 더한 것을 지역 우주의 본부로부터 미친다. 이 우주 아들은 또한 네바돈 우주에 대하여 우주의 아버지를 성격화한 것이다. 아들 창조자들은 파라다이스 아버지-아들의 영적 세력을 위한 성격 중심이 된다. 아들 창조자들은 칠중 하나님의 막강한 시공 속성을 최종으로 권능 성격으로 집중한 것이다.

아들 창조자는 우주의 아버지가 대관(代官)으로 성격화된 것이며, 우주의 아버지는 영원한 아들과 신성(神性) 면에서 동격자요, 무한한 영과 창조 동료이다. 우리의 우주와 그 안에 있는 사람 사는 모든 세계에 대하여, 군주 아들은 모든 실질적 의도와 목적에서 볼 때, 하나님이다. 그는 진화하는 필사자들이 식별할 정도로 이해하는, 파라다이스 신들의 모든 것을 인격화한다. 이 아들과 그의 영 동료는 너희의 부모인 창조자이다. 너희에게, 아들 창조자 미가엘은 최상의 성격자이며, 너희에게 영원한 아들은 최상을 초월하는—무한한—신 성격자이다.

아들 창조자의 몸에, 우리는 통치자인 신성한 부모를 가지고 있다. 그는 우주의 아버지와 영원한 아들 두 분이 구원자별에 계셔서 네바돈 우주 사무의 관리를 담당할 경우와 똑같이, 강력하고 유능하며 은혜롭다.

2. 네바돈의 군주

아들 창조자들을 관찰하면, 어떤 분은 아버지를 더 닮고, 어떤 분은 아들을 더 닮았으며, 한편 다른 분들은 무한한 부모를 섞어 닮았음을 드러낸다. 우리의 아들 창조자는 아주 분명하게, 영원한 아들을 더 닮은 특징과 속성을 나타낸다.

미가엘은 이 지역 우주를 조직할 것을 선택했고, 그 안에서 그는 지금 최상으로 군림한다. 그의 개인 권력은 파라다이스에 집중하는 선재(先在)하는 인력 회로에 제한을 받고, 또한 성격의 소멸에 관하여 모든 마지막 집행 판결을 담당하는 초우주 정부에서 옛적부터 늘 계신 이들 편에서 유보한 것에 제한을 받는다. 성격은 아버지가 홀로 수여한 것이나, 영원한 아들의 승인을 받아서 아들 창조자들은 새로운 생물의 고안(考案)을 개시하며, 영 동료의 실질적 협조를 받고서 에너지 물질의 새로운 변화를 시도해도 좋다.

미가엘은 네바돈 지역에 대하여, 거기에서, 파라다이스 아버지-아들이 성격이 된 것이다. 따라서, 그리스도 미가엘이 유란시아에서 마지막 자신 수여(授與) 생애를 마치고 돌아와서, 지역 우주에서 무한한 영을 대표하는 어머니 창조 영이 그에게 복종했을 때, 주 아들은 이로서 "하늘과 땅에 있는 모든 권력"에 대하여 관할권을 얻었다.

신성한 봉사자들이 지역 우주의 아들 창조자에게 이처럼 복종하는 것은 이 주 아들을 아버지·아들·영의 신성, 유한하게 명시할 수 있는 신성(神性)을 저장하는 몸으로 만든다. 한편 미가엘들이 피조물로서 자신을 수여하는 체험은 그들에게 최상 존재의 체험적 신성을 묘사하는 자격을 부여한다. 우주에서 어느 다른 존재도, 현재의 유한한 체험의 잠재성을 이처럼 몸소 소모하지 않았고, 우주에서 어느 다른 존재들도 홀로 통치하는 그러한 자격을 소유하지 않는다.

미가엘의 본부는 네바돈의 서울인 구원자별에 공식으로 자리를 잡고 있지만, 그는 별자리와 체계 본부, 그리고 개별 혹성까지 방문하는 데 시간을 상당히 소모한다. 정기적으로, 그는 파라다이스로, 그리고 가끔 유버르사까지 여행하며, 거기서 그는 옛적부터 늘 계신 이들과 의논한다. 그가 구원자별을 떠나 있을 때, 그의 자리를 가브리엘이 대신하며, 그 때 가브리엘은 네바돈 우주의 대리(代理) 통치자로서 활동한다.

3. 우주 아들과 우주 영

모든 시공의 우주에 스며들면서 무한한 영은 특화된 집중으로서 각 지역 우주의 본부에서부터 활동하며, 아들 창조자와 창조적 협동 기법을 써서 온전한 성격의 질(質)을 얻는다. 한 지역 우주에 관해서 말하면, 한 아들 창조자의 행정 권한은 지극히 높다. 신성한 봉사자로서 무한한 영은 전적으로 협조하지만, 완전히 동등하다.

구원자별에 계신 우주 어머니 영은 네바돈의 통제와 행정 면에서 미가엘의 동료요, 최상 영의 여섯째 집단에 속하며, 그 계급에서 611,121번째이다. 미가엘이 파라다이스 직책으로부터 해방될 때 그를 동반하기를 자원했고, 그 뒤로 미가엘이 그의 우주를 창조하고 다스리는 데 함께 활동해 왔다.

주 아들 창조자는 자기 우주를 친히 다스리는 군주이지만, 그 관리의 모든 세부에서 우주 영은 아들과 함께 공동 지도자이다. 영이 언제나 아들을 군주로서, 통치자로서 인정하는 한편, 아들은 그 영역의 모든 사무에서 영에게 동등한 위치와 대등한 권한을 부여한다. 전적으로 현명하고 언제나 충실한 우주 영, 그리고 그의 다양한 모든 천사 성격 수행원은 언제나, 언제라도, 아들 창조자가 사랑으로 하는 일, 그리고 생명을 수여하는 모든 일에 그를 완전히 지지하고 유능하게 보조한다. 그러한 신성한 봉사자는 실제로 영과 영 성격자들의 어머니요, 아들 창조자에게는 늘 있고 전적으로 현명한 조언자이며, 파라다이스의 무한한 영을 충실하고 진실하게 나타낸다.

아들은 그의 지역 우주에서 아버지로서 활동한다. 필사 인간이 이해하는 바와 같이, 영은 어머니 노릇을 하며, 언제나 아들을 보조하고, 그 우주의 행정에 영구하게 불가결하다. 반란(反亂)에 부닥칠 때, 오로지 아들 및 그와 관련된 아들들이 구원자로서 활동할 수 있다. 영은 결코 반란에 항쟁하거나 권한을 지키려고 시도할 수 없으나, 악에 물들거나 죄에 지배된 세계들에서 정부를 안정시키고 권한을 유지하려고 아들이 노력할 때, 그가 체험할 필요가 있을까 싶은 모든 일에 영은 언제나 아들을 지지한다. 오직 아들이 그들이 함께 창조한 것을 구제할 수 있다. 그러나 신성한 봉사자와 그의 광대한 집합의 영 조수들이 끊임없이 협동하지 않고는 어떤 아들도 마지막 성공을 바랄 수 없다. 이 조수들은 하나님의 딸이며, 그들은 필사 인간의 복지와 그들의 신성한 부모의 영광을 위해서, 아주 충실하고 용감하게 투쟁한다.

아들 창조자의 일곱째이자 마지막 자기 수여가 끝난 뒤에, 정기적으로 고립되는 불확실성은 신성한 봉사자에게 종결되며, 아들의 우주 조력자는 보장과 통제가 있는 가운데 영원히 안주하게 된다. 집합한 무리들 앞에서, 우주 영이 처음으로 성실하고 복종할 것을 서약하고 아들에게 종속됨을 공식으로, 우주에서 승인하는 것은 아들 창조자가 주 아들로 즉위할 때, 축제 중의 축제 때에 일어난다. 이 사건은 네바돈에서 유란시아 수여를 마치고 미가엘이 구원자별로 돌아올 때 일어났다. 이 중대한 계제 이전에, 우주 영은 결코 우주 아들에게 종속된다고 인정한 적이 없고, 영이 권력과 권한을 자진해서 이처럼 포기하기까지, 아들에 대하여 "하늘과 땅의 모든 권력이 그의 손에 맡겨졌도다"하고 진실하게 선언할 수 없었다.

어머니 창조 영이 이렇게 복종하는 서약을 마친 뒤에, 네바돈의 미가엘은 그가 영 동반자에게 영원히 의존함을 고귀하게 인정하였고, 그의 우주 영토에서 영을 공동 통치자로 세우고, 아들에게 한 것처럼 모든 생물이 영에게 충성을 서약할 것을 요구하였으며, 최종의 "동등 선언"이 나가고 공포되었다. 그가 이 지역 우주의 군주이기는 했어도, 아들은 모든 성격의 자질과 신격의 속성에서 영이 그와 동등하다는 사실을 온 세계에 발표했다. 이것은 공간 세계들에서 사는 비천한 생물에게도 그 가족의 조직과 정부를 위하여 초월하는 모범이 된다. 이것이 실제로 진실로, 가족, 그리고 자원해서 결혼하는 인간 제도의 높은 이상이다.

아들과 영은 이제 아버지와 어머니가 지키는 것과 비슷하게 우주를 주관하며, 그들 집단의 아들과 딸들에게 봉사한다. 우주 영을 아들 창조자의 창조 동반자라고 부르고, 그 영역의 피조물(被造物)을 그 아들딸로 여기는 것이 아주 부당하지는 않다—그것은 크고도 영화롭지만, 말할 수 없는 책임과 끝없는 보살핌이 있는 가족이다.

아들은 특정한 우주 아이들을 창조하는 일을 개시하고, 한편 영은 수많은 계급의 영 성격자들을 출산하는 것을 홀로 책임지며, 이들은 바로 이 어머니 영의 지도와 안내를 받고서 봉사하고 수고한다. 다른 부류의 우주 성격자들을 창조할 경우에는 아들과 영이 함께 활동하며, 어떤 창조 행위에서도 하나가 다른 하나의 조언과 승인 없이 아무 일도 하지 않는다.

4. 가브리엘—최고 집행자

밝은 새벽별은 아들 창조자와 무한한 영의 지역 우주 명시가 잉태한, 성격의 신분과 이상을 나타내는 첫 개념이다. 지역 우주의 초기 시절로 거슬러 올라가서, 창조하는 결합의 유대 속에 아들 창조자와 어머니 영이 결합하기 전, 그들의 다능한 아들딸로 이루어진 가족의 창조를 시작하기 전 시절로 돌아가서, 신다운 이 두 성격자가 자유롭게 초기에 이렇게 결합한 것은 아들과 영의 가장 높은 영 성격자, 곧 밝은 새벽별의 창조를 초래한다.

각 지역 우주마다 지혜롭고 위엄 있는 그런 존재가 오직 하나만 생겨난다. 우주의 아버지와 영원한 아들은 신성 면에서 그들과 동등한 아들들을 한없이 창조할 수 있고, 또 실제로 창조한다. 그러나 그러한 아들은 무한한 영의 딸과 결합하여, 각 우주에서 밝은 새벽별을 하나만 창조할 수 있는데, 밝은 새벽별은 그들과 같으며 그들의 창조 특권을 제외하고, 그들의 통합된 성품을 자유롭게 가진다. 구원자별의 가브리엘은 그 성품의 신성이 우주의 아들과 같지만, 신의 속성에서는 상당히 제한되어 있다.

새 우주 부모가 낳은 이 첫 아이는 독특한 성격자요, 부모의 어느 쪽에서도 눈에 띄게 보이지 않는 놀라운 여러 특성을 소유하며, 전례 없이 다능하고 상상하지 못한 명석한 존재이다. 이 하늘 성격자는 영의 창조하는 상상력과 합쳐진 아들의 신다운 뜻을 품는다. 밝은 새벽별의 생각과 행위는 언제나 아들 창조자와 창조 영 두 분을 충분히 대표한다. 그러한 존재는 또한 영적인 천사 무리와 물질적이고 진화하는 의지(意志) 생물, 이 둘을 널리 이해하고 그들과 공감하면서 접촉할 능력이 있다.

밝은 새벽별은 창조자가 아니지만, 경이로운 행정자요, 아들 창조자를 친히 대표하는 행정자이다. 창조와 생명을 분배하는 일을 제외하고, 아들과 영은 가브리엘이 자리에 있지 않으면 중요한 우주 절차에 관해서 결코 의논하지 않는다.

구원자별의 가브리엘은 네바돈 우주의 최고 집행자이며, 그 행정에 관하여 모든 집행의 상고(上告)를 중재하는 자이다. 이 우주 집행자는 그의 일에 적합하게 충분한 자질을 받고 창조되었지만, 우리 지역 창조가 성장하고 진화하는 것과 함께 경험을 쌓아 왔다.

가브리엘은 지역 우주에서 비성격 사무에 관하여 초우주 명령을 집행하는 우두머리 관리이다. 옛적부터 늘 계신 이들이 평결한, 집단 판결 및 섭리 시대의 부활에 관한 대부분의 일도 또한 가브리엘과 그의 직원에게 집행하라고 이양된다. 이처럼 가브리엘은 초우주 통치자와 지역 우주 통치자들 모두에게 통합하여 최고 집행자이다. 그는 자기의 지휘 밑에 한 군단의 유능한 행정 조수들을 두고 있는데, 그들은 특별히 하는 일을 위하여 창조되었고, 진화하는 필사자들에게는 밝혀지지 않는다. 이 조수들 외에도, 가브리엘은 네바돈에서 활동하는 어느 계급의 천상 존재들도 모두 고용할 수 있고, 그는 또한 "하늘 군대", 곧 하늘 무리의 총사령관이기도 하다.

가브리엘과 그의 직원은 교육자가 아니다. 그들은 행정자이다. 미가엘이 피조물로 자신을 수여하면서 육신화했을 때를 빼고, 그들은 결코 정상(正常) 직무로부터 떠난 적이 없다고 한다. 그러한 수여가 있는 동안에, 가브리엘은 육신화된 아들의 뜻을 언제나 살피며, 늘 연합한 이의 협조를 얻어서, 후기의 여러 수여에서 우주 사무를 실제로 지휘하는 자가 되었다. 미가엘이 필사자로 자신을 수여한 뒤로 가브리엘은 유란시아의 역사와 발전에 밀접히 관련되어 왔다.

수여 세계들에서, 그리고 일반 점호와 특별 부활 점호가 있을 때 가브리엘을 만나는 것을 제쳐 놓으면, 지역 창조의 행정 사무에 소집될 때까지, 필사자들은 지역 우주를 통해서 올라가는 동안 가브리엘과 마주치는 일이 드물 것이다. 행정자로서, 어느 계급이나 등급에 속하든지, 너희는 가브리엘의 지휘 밑에 들어올 것이다.

5. 삼위 일체 대사

삼위 일체 기원을 가진 성격자들의 행정은 초우주 정부에서 끝난다. 지역 우주는 2중으로 감독을 받는 특징이 있으며, 이것이 어머니-아버지 개념의 시초이다. 우주의 아버지는 아들 창조자이며, 우주의 어머니는 신성한 봉사자, 곧 지역 우주의 창조 영이다. 그러나 각 지역 우주는 중앙 우주와 파라다이스로부터 온 어떤 성격자들이 계시는 축복을 받는다. 네바돈에 있는 이 파라다이스 집단의 우두머리는 파라다이스 삼위 일체의 대사(大使)—구원자별의 이마누엘—인데, 그는 네바돈 지역 우주에 배치된 늘 연합한 이이다. 어떤 의미에서, 이 높은 삼위 일체 아들은 아들 창조자의 법정에 대하여 우주의 아버지를 몸소 대표하는 자이기도 하다. 따라서 이름이 이마누엘이다.

구원자별의 이마누엘, 곧 최상 삼위 일체 성격자의 제6 계급에서 611,121번은 숭고하게 위엄을 갖추고, 모든 살아 있는 생물의 예배와 찬미를 물리칠 정도로, 더할 나위 없이 겸손을 갖춘 존재이다. 네바돈 전체에서 그는 형제인 미가엘에게 종속됨을 결코 인정하지 않은 유일한 성격자라는 특징을 지닌다. 그는 군주 아들에게 조언자로서 활동하지만, 오직 요청받을 경우에만 상담해 준다. 아들 창조자가 자리를 비울 때 그는 어떤 높은 회의를 주관해도 좋지만, 그 외에 요청받지 않고서 우주의 집행 사무에 참여하고 싶어하지 않는다.

네바돈에 주둔하는 이 파라다이스 대사는 지역 우주 정부의 사법권 밑에 있지 않다. 별자리 본부들에서 근무하는, 연락하는 그의 형제, 곧 늘 충실한 이들을 감독하는 경우를 빼고, 진화하는 지역 우주의 집행 사무에서 그는 권위 있는 사법권을 행사하지도 않는다.

늘 연합한 이와 마찬가지로, 늘 충실한 이들은 요청을 받지 않으면 별자리 통치자들에게 충고하거나 도움을 제의하지도 않는다. 별자리에 파송되는 이 파라다이스 대사들은 여러 지역 우주에서 자문(諮問) 역할을 하는 삼위 일체의 고정된 아들들이 최종으로 몸소 계심을 대표한다. 별자리들은 지역 체계보다 초우주 행정에 더 가깝게 연결되어 있고, 순전히 지역 우주에서 태어난 성격자들이 지역 체계들을 관리한다.

6. 일반 행정

가브리엘은 네바돈의 최고 집행자요 실제 행정자이다. 미가엘이 구원자별에서 자리를 비우는 것은 우주 사무를 질서 있게 운영하는 데 조금도 차질을 가져오지 않는다. 최근에 파라다이스에서 있었던 오르본톤 주 아들들이 재회하는 모임의 임무에서 그런 것처럼, 미가엘이 자리를 비운 동안 가브리엘은 우주의 대리 통치자이다. 그러한 때에 가브리엘은 언제나 모든 주요한 문제에 관해서, 구원자별의 이마누엘에게 상담을 구한다.

아버지 멜기세덱은 가브리엘의 제1 조수이다. 밝은 새벽별이 구원자별에서 자리를 비울 때, 그의 책임은 이 최초의 멜기세덱 아들이 대신 담당한다.

우주의 다양한 하위 행정 단위들은 그에 배당된 특별한 책임 분야가 있다. 일반적으로, 한 체계의 정부(政府)는 그에 속한 혹성들의 복지를 돌보며, 살아 있는 존재들의 신체적 상태, 생물학적 문제에 관하여 각별히 관심을 가진다. 그 다음, 별자리의 통치자들은 다른 혹성 및 체계들의 사회 및 정부의 조건에 특별히 주의를 기울인다. 별자리 행정권은 주로 통일과 안정에 대하여 행사된다. 그보다 위에서, 우주 통치자들은 그 영역의 영적 지위에 더 몰두한다.

대사들은 사법(司法) 명령에 따라서 임명되며, 그들은 우주를 다른 우주에 대표한다. 영사(領事)들은 별자리를 서로, 그리고 우주 본부에 대표한다. 그들은 입법 명령에 따라서 임명되고, 한 지역 우주의 테두리 안에서만 활동한다. 관찰자들은 한 체계 군주의 집행 명령에 따라서 그 체계를 다른 체계들에게 대표하기 위하여, 별자리 서울에서 임명되며, 그들도 역시 지역 우주의 테두리 안에서만 활동한다.

방송은 구원자별로부터 동시에, 별자리 본부, 체계 본부, 개별 혹성들로 향한다. 모든 고등 계급의 하늘 존재들은 우주에 두루 흩어져 있는 동료들과 통신하기 위하여 이 서비스를 이용할 수 있다. 우주 방송은 사람이 사는 모든 세계에 그들의 영적 지위와 상관 없이 연장된다. 혹성의 상호 교신은 영적 검역 밑에 있는 세계들에게만 금지된다.

별자리의 방송은 정기적으로 별자리 아버지들의 우두머리가 별자리 본부로부터 내보낸다.

구원자별에서 특별한 집단의 존재들이 연대(年代)를 계산하고, 산출하고, 수정한다. 네바돈의 표준일은 유란시아 시간으로 18일, 6 시간, 2.5분이다. 네바돈의 1년은 유버르사 회로에 관련하여, 우주가 회전하는 시간의 일부분으로 이루어져 있고, 1백 표준 우주일, 곧 유란시아 시간으로 약 5년과 같다.

네바돈 시간은 구원자별에서 방송되며, 이 지역 우주에서 모든 별자리 및 체계를 위한 표준이다. 각 별자리는 네바돈 시간에 맞추어서 그 사무를 운영하지만, 개별 혹성들과 마찬가지로, 체계들은 자체의 연대(年代)를 유지한다.

예루셈에서 계산되다시피, 사타니아에서 하루는 유란시아 시간으로 사흘보다 약간 (1 시간, 4분 15초가) 적다. 이러한 시간들은 구원자별 시간, 곧 우주 시간, 그리고 사타니아 시간, 곧 체계 시간이라고 일반적으로 알려져 있다. 표준 시간은 우주 시간이다.

7. 네바돈의 법정

주 아들인 미가엘은 오직, 창조, 유지(維持), 봉사, 이 세 가지에 최상으로 관심이 있다. 그는 우주의 사법적인 일에 친히 참여하지 않는다. 창조자들은 그들이 만든 생물을 결코 재판하지 않는다. 그것은 고급 훈련을 받고 실제로 생물 체험을 겪은 자들이 독점하는 기능이다.

네바돈의 사법 기구(機構) 전체는 가브리엘의 감독 밑에 있다. 구원자별에 있는 고등 법원들은 일반적 우주 중요성을 가진 문제와 체계의 법정으로부터 올라오는 상소(上訴) 사례에 전념한다. 이 우주 법정에는 70 지부가 있으며, 이것들은 일곱 분과로 나누어져 활동하고, 각 분과는 10구역으로 되어 있다. 판결하는 모든 문제에서 2중 판사제가 주관하며, 이것은 완전한 경력을 가진 판관 하나와 승천 경험이 있는 판사 하나로 구성된다.

사법권에 관하여 말하자면, 지역 우주 법정은 다음 문제에 제한되어 있다:

1. 지역 우주의 행정은 창조·진화·유지·봉사에 관심을 가진다. 따라서, 우주 법정은, 영생과 죽음의 문제에 관계되는 사례(事例)에 대하여 판결하는 권한이 주어지지 않는다. 이것은 유란시아에서 생기는 것과 같은 자연사(自然死)와 아무런 관련이 없으나, 계속 존재할 권리, 곧 영생(永生)할 권리에 관한 문제가 재판에 오르면, 그것을 오르본톤 법정으로 넘겨야 한다. 개인에게 불리하게 결정되면, 모든 소멸 선고는 초우주 통치자들의 명령을 받고 나서, 그 대리 기관을 통해서, 집행된다.

2. 어느 지역 우주 하나님의 아들이라도, 그들의 지위와 권한을 위태롭게 만드는 불이행이나 배신은 결코 아들의 법정에서 판결되지 않는다. 그러한 오해는 즉시 초우주 법정으로 회부된다.

3. 영적으로 고립되고 나서, 한 지역 우주의 어느 구성 부분을—한 지역 체계와

같이—지역 창조에서 완전한 영적 지위를 가진 모임으로 다시 가입시키는 문제는 초우주의 고등 집회에서 동의를 받아야 한다.

모든 다른 문제에서, 구원자별의 법정은 최종이요 최고이다. 그들의 결정과 선포로부터 아무런 상고(上告)가 없고, 회피가 없다.

유란시아에서 인간의 논쟁이 가끔 아무리 부당하게 판결되는 듯 보여도, 우주에서는 정의(正義)와 신성한 공평이 지배한다. 너희는 잘 정돈된 우주에서 살고 있으며, 너희가 정당하게, 아니 자비롭게까지 대우를 받으리라는 것을 머지 않아 너희는 믿어도 좋다.

8. 입법 및 집행 기능

네바돈의 본부인 구원자별에는 참된 입법 기관이 없다. 우주의 본부 세계들은 대체로 판결에 관심을 가진다. 지역 우주의 입법 회의는 1백 별자리의 본부들에 자리가 있다. 체계들은 주로 지역 창조의 집행 및 행정 사무에 관심을 가진다. 체계 군주들과 그 동료들은 별자리 통치자의 입법 명령을 집행하며, 우주의 고등 법정의 사법 명령을 처리한다.

우주 본부에서는 참된 입법이 행해지지 않지만, 구원자별에는 다양한 자문 및 연구 집회가 활동하며, 이것들은 그 규모와 목적에 따라서, 다르게 구성되고 운영된다. 더러는 영구적이고, 더러는 그 목적이 성취되고 나서 해체된다.

지역 우주의 최고 회의는 각 체계로부터 온 회원 3명, 그리고 각 별자리에서 온 대표 7명으로 구성된다. 고립된 체계들은 이 집회에 대표가 없지만, 이 모든 심의를 참석하고 연구하는 관찰자들을 보내는 것이 허락된다.

최고 제재(制裁) 1백 회의도 구원자별에 자리가 있다. 이 회의의 의장들은 가브리엘의 직속으로 활동하는 내각을 구성한다.

자문하는 고등 우주 회의가 조사한 결과는 모두 구원자별의 사법 기구나 별자리의 입법 집회로 넘겨진다. 이 고등 회의는 그들의 추천을 집행할 권한이나 힘이 없다. 그들의 조언이 우주의 기본 법칙에 기초를 두면, 네바돈 법정이 집행하는 판결을 내린다. 그러나 그들의 추천이 지역 조건이나 긴급 조건에 상관되면, 심의해서 입법하기 위하여 별자리의 입법 회의로, 그리고 나서 집행하라고 체계 당국까지 내려보내야 한다. 사실, 이 고등 회의는 우주의 초월 입법 기관이지만, 그들은 법을 제정하는 권한이 없이, 집행하는 권력이 없이, 활동한다.

"법정"과 "집회"라는 용어로 우리가 우주 행정을 언급하지만, 이 영적 거래들은, 같은 이름을 지닌 활동, 유란시아의 더 원시적이고 물질적인 활동과 대단히 다르다는 것을 알아야 한다.

[네바돈 천사장들의 우두머리가 발표하였다.]

제 34 편

지역 우주의 어머니 영

우주의 아버지와 영원한 아들이 한 아들 창조자를 성격화할 때, 공간의 영역까지 이 아들 창조자를 따라가고, 거기서 처음에 물리적으로 조직하는 데, 그리고 나중에는 새로 계획된 우주의 생물을 창조하고 그들에게 봉사하는 데 그의 동반자가 되라고 무한한 영은 자신의 새롭고 독특한 대표를 개별화한다.

창조 영은 물리적 실체와 영적 실체에 모두 반응하며, 아들 창조자도 그렇다. 따라서 시공의 지역 우주 행정에서 그들은 동등하고 동료이다.

이 딸 영들은 무한한 영의 본질로부터 생겨났으나, 동시에 물리적 창조와 영적 봉사 작업에 활동할 수 없다. 물리적 창조에서 우주 아들은 원형(原形)을 마련해 주며, 한편 우주 영은 물리적 실체의 물질화를 시작한다. 아들은 동력을 설계하는 면에서 활동하지만, 영은 이 에너지 창조들을 물리적 내용으로 변형시킨다. 무한한 영의 이러한 초기의 우주 계심을 성격으로서 묘사하기가 얼마큼 힘들지만, 그런데도 아들 창조자에게 영 동료는 성격이 있으며, 언제나 따로 된 개체로서 활동해 왔다.

1. 창조 영의 성격화

초우주 동력 중심들이, 별과 혹성 덩어리의 물리적 조직과 에너지 회로의 설치를 마치고 난 뒤에, 무한한 영이 지역 우주에서 창조성의 집중을 통해서, 그리고 그 지도 밑에서 활동하는 무한한 영의 대리 기관들이 이 예비 창조 작업을 하고 나서, 다음에 새로 조직된 우주에서 생명이 기획되리라는 미가엘 아들의 선포가 나간다. 이 의도(意圖)의 선포가 파라다이스에서 인식되고 나서, 파라다이스 삼위 일체의 승인하는 반응이 일어나며, 뒤이어서 이 새 창조가 조직되고 있는 초우주 으뜸 영의 신들의 영적 광채가 사라진다. 그 동안에 다른 으뜸 영들은 파라다이스 신들이 계신 이 중앙 거처에 가까이 다가온다. 그 뒤에 신의 포옹을 받은 으뜸 영이 그의 동료들이 식별하도록 솟아 나올 때, "1차 분출"이라고 알려진 현상이 일어난다. 이것은 엄청난 영적 섬광(閃光)이며, 관계된 초우주의 본부만큼 먼 곳에서도 명백하게 알아볼 수 있는 현상이다. 거의 아무도 이해하지 못하는 이 삼위 일체의 명시가 일어남과 동시에, 관계된 지역 우주에 거주하는 무한한 영의 창조적 영 계심 및 힘의 성질에 두드러진 변화가 일어난다. 이 파라다이스 현상에 응답하여, 아들 창조자가 계신 바로 앞에서, 무한한 영의 새로운 성격 대표가 즉시 성격화한다. 이분이 신성한 봉사자이다. 아들 창조자의 조수, 곧 개별화된 창조 영은 그의 개인적 창조 동료, 곧 지역 우주의 어머니 영이 된 것이다.

합동 창조자의 이 새로운 성격의 분리로부터, 또 그것을 통하여, 영력(靈力)의 확립된 흐름과 예정된 회로, 그리고 그 지역 우주의 모든 세계 및 존재를 침투하도록 정해진 영적 영향력이 나간다. 실제로, 새롭고 성격을 가진 이 계심은 단지, 아들이 초기에 물리적 우주를 조직하는 작업에서, 전에 존재하고 성격이 덜한 그의 동료가 변화한 것일 뿐이다.

이것이 몇 마디로 엄청난 드라마를 진술한 것이지만, 이 중대한 거래에 관하여 말할 수 있는 거의 전부를 대표한다. 이 거래는 순간적이며, 자세히 훑어볼 수 없고, 이해할 수 없다. 그 기법과 과정의 비밀은 파라다이스 삼위 일체의 가슴 속에 거한다. 오로지 한 가지에 관해서 우리는 확실하다. 순전히 물리적으로 창조하거나 조직하는 기간에, 지역 우주에서 영의 계심은 파라다이스의 무한한 영의 영과 불완전하게 구별되었다. 반면에, 신들의 비밀스런 포옹(抱擁)으로부터 감독하는 으뜸 영이 다시 나타난 뒤에, 그리고 영적 에너지의 섬광이 번쩍한 뒤에, 무한한 영이 지역 우주에서 나타나는 모습은 무한한 영과 변화시키는 연결을 유지하던, 그 으뜸 영 몸의 모습으로 갑자기, 완전히 바뀐다. 이처럼 지역 우주의 어머니 영은 천문 관할권을 가진 초우주 으뜸 영의 성질에 물들은 성격의 성품을 얻는다.

무한한 영이 성격화한 이 계심, 곧 지역 우주의 어머니 창조 영은 사타니아에서 신성한 봉사자로 알려져 있다. 모든 실제 의도와 영적 목표에서 볼 때, 신이 이렇게 명시된 것은 신다운 개체요, 영 성격이다. 아들 창조자는 그를 그렇게 인식하고 간주한다. 우리 지역 우주에서 바로 이 셋째 근원 중심의 지역화와 성격화를 통하여 영이 차후에 아들 창조자에게 아주 완전히 복종할 수 있게 되었기 때문에, 이 아들에 관하여 참으로 이렇게 말하게 되었다, "하늘과 땅의 모든 권력이 그에게 맡겨졌도다."

2. 신성한 봉사자의 성품

생명이 창조되는 시절에 두드러진 성격 변화를 겪었기 때문에, 신성한 봉사자는 그 뒤에 하나의 성격자로서 활동하며, 지역 창조의 광범위한 사무를 계획하고 관리하는 데 아들 창조자와 대단히 성격인 방법으로 협동한다. 미가엘이 최종으로 자신을 수여하기 전 시대에는, 무한한 영의 이 대표조차도 많은 우주 존재의 부류에게는, 도무지 성격(性格)이 아닌 듯 보일지 모른다. 그러나 아들 창조자가 주 아들의 통치권으로 승진한 뒤에, 어머니 창조 영은 성격의 질이 아주 확대되며, 그래서 모든 접촉하는 개인에게 성격자로 인식된다.

아들 창조자와 아주 일찍부터 가진 관계로부터, 우주 영은 완전한 반인력 자질을 포함하여, 무한한 영의 모든 물리적 통제 속성을 소유한다. 성격의 지위를 얻고 난 뒤에, 무한한 영이 친히 계실 경우처럼, 우주 영은 지역 우주에서 지성 인력에 대하여 충분하고 완전한 통제력을 행사한다.

각 지역 우주에서 신성한 봉사자는 파라다이스의 일곱 으뜸 영의 한 분 속에 구현된 대로 무한한 영의 성품과 본래 가진 특징에 따라서 활동한다. 모든 우주 영에는 특징의 기본적 균일성이 있지만, 또한 기능의 다양성이 있으며, 이것은 일곱 으뜸 영 중의 한 분을 통한 그들의 기원에 따라서 정해진다. 이 기원의 차이는, 다른 초우주에서 지역 우주 어머니 영들이 활동할 때 그 기법이 다양함을 설명한다. 그러나 핵심이 되는 모든 영적 속성에서 이 영들은, 초우주의 차이에 상관 없이, 동일하고, 똑같이 영적이며, 온전히 신답다.

창조 영은 세계들의 생물을 생산하는 데 아들 창조자와 공동으로 책임이 있으며, 이 창조들을 지원하고 보존하려는 모든 노력에서 아들에게 결코 실망을 주지 않는다. 창조 영의 작용을 통해서, 생명은 보살핌을 받고 유지된다. "주가 주의 영을 보내시니, 저희가 창조되나이다. 주는 땅의 표면을 새롭게 하나이다."

총명한 생물이 사는 우주를 창조하면서, 어머니 창조 영은 처음에 우주 완전의 분야에서 활동하며, 밝은 새벽별을 생산하는 데 아들과 협력한다. 그 뒤에, 멜기세덱으로부터 그 영역에 있는 사람들과 실제로 접촉하는 물질 아들에 이르기까지 아들들이 밑으로 내려오는 것 같이, 영의 자손은 혹성에서 창조된 존재들의 계급에 더욱 접근한다. 필사 인간이 후기에 진화할 때 생명 운반 아들들은 육체를 마련해 주며, 이것은 그 영역에 존재하는 조직된 물질로부터 조립된다. 한편 우주 영은 "생명의 호흡"을 기여한다.

대우주의 제7 부분은 여러 면에서 발전이 느릴지 모르지만, 우리 문제를 연구하는 생각 깊은 학자들은 다가오는 시대에 특별히 잘 균형된 창조로 진화되기를 기대한다. 우리는 오르본톤에서 이 고도(高度)의 균형미를 예측하는데, 이는 이 초우주를 주관하는 영이 하늘에서 으뜸 영들의 우두머리이며, 모두 세 분의 영원한 신의 특성과 특징이 균형되도록 연합되고 완전히 조정된 것을 구현하는 영 지능이기 때문이다. 우리는 다른 부분들에 비해서 느리고 뒤져 있다. 그러나 의심할 여지 없이, 앞날의 영원한 시대에 언젠가, 초월적 발전과 전례 없는 성취가 우리를 기다린다.

3. 시간과 공간에서 아들과 영

영원한 아들이나 무한한 영은 시간이나 공간에 제한되거나 제약을 받지 않지만, 그들의 후손은 대부분 제약을 받는다.

무한한 영은 모든 공간에 스며들고 영원의 동그라미에 깃든다. 여전히, 시간의 아이들과 친히 접촉하면서, 무한한 영의 성격자들은 공간을 크게 염려하지 않아도 흔히 시간 요소를 염두에 두어야 한다. 지성의 많은 봉사는 공간을 무시하지만 다양한 수준의 우주 실체들을 조정하는 데 시간의 지연(遲延)을 겪는다. 외톨 사자는, 한 위치에서 다른 위치로 여행하는 데 시간이 실제로 걸린다는 것을 제쳐 놓고, 공간으로부터 거의 독립되어 있다. 그리고 너희에게 알려지지 않은 비슷한 존재들이 있다.

성격 특권에서 볼 때 창조 영은 온전히, 전적으로 공간으로부터 독립되어 있지만, 시간으로부터 독립되지는 않는다. 별자리나 체계 본부에는 그러한 우주 영이 특별하게 친히 계시는 일은 생기지 않는다. 그는 자기 지역 우주에 두루, 똑같이 분산되어 존재하며, 따라서, 한 세계에서, 어느 다른 세계와 똑같이, 글자 그대로, 친히 계신다.

시간 요소에 관해서만 창조 영은 우주에서 봉사하는 데 늘 제한을 받는다. 아들 창조자는 그의 우주 전역에서 한 순간에 행동하지만, 의식해서 일부러 우주 아들의 성격 특권을 이용할 때를 제외하고, 우주 지성의 봉사를 베풀면서 창조 영은 시간을 고려해야 한다. 우주 반영(反映)의 신비로운 기능과 협동할 때 뿐 아니라, 순수 영의 기능에서도, 창조 영은 시간에 상관 없이 행동한다.

영원한 아들의 영 인력 회로는 시간과 공간에 의존하지 않고 작용하지만, 아들 창조자의 모든 활동은 공간의 제한으로부터 면제되지 않는다. 진화 세계들에서 생기는 거래를 제외한다면, 이 미가엘 아들들은 비교적 시간에 상관 없이 활동할 수 있는 듯하다. 아들 창조자는 시간에 장애를 받지 않지만, 공간에 제약을 받는다. 즉 그는 동시에, 두 곳에 몸소 계실 수 없다. 네바돈의 미가엘은 자신의 우주 안에서 시간을 초월해서 행동하며, 초우주에서는 반영을 이용하여 실질적으로 그렇게 한다. 그는 영원한 아들과 직접, 시간을 쓰지 않고 교통한다.

신성한 봉사자는 아들 창조자에게 이해심을 가지고 돕는 분이며, 그로 하여금 공간에 관하여 본래부터 가진 그의 한계를 극복하고 보상할 수 있게 만든다. 이는 이 두 분이 행정 면에서 연합하여 활동할 때, 그들의 지역 창조 테두리 안에서 그들이 시간과 공간에 실질적으로 의존하지 않기 때문이다. 그러므로, 한 지역 우주 전역에서 실질적으로 관찰된 바와 같이, 아들 창조자와 창조 영은 보통, 시간과 공간에 상관 없이 활동한다. 이는 하나가 다른 하나의 시공(時空) 해방을 이용할 수 있기 때문이다.

오직 절대 존재들만 절대적 의미에서 시공을 초월한다. 영원한 아들과 무한한 영보다 밑에 있는 성격자들의 대다수는 시간과 공간, 이 둘에 제약을 받는다.

한 창조 영이 "공간을 의식하게" 될 때, 그는 한정된 "공간 영토"를 자기 땅으로 인정하려고 준비하며, 이것은 그가 제약을 받는 모든 다른 공간과 대조해서, 그가 공간적으로 자유롭게 되는 영역이다. 한 존재는 오로지 그가 의식하는 영역 안에서만 선택하고 행동할 자유가 있다.

4. 지역 우주 회로

네바돈 지역 우주에는 다음 세 가지의 다른 영 회로가 있다:

1. 아들 창조자가 수여하는 영, 곧 위로자, 진리의 영.

2. 신성한 봉사자의 영 회로, 곧 성령.

3. 지능 봉사의 회로, 이것은 일곱 보조 지성 영의 활동, 얼마큼 통일되지만 다채로운 활동을 포함한다.

아들 창조자들은 파라다이스의 일곱 으뜸 영이 가진 것과 여러 면에서 비슷한, 우주에 계시는 영을 부여받았다. 이것은 수여 아들이 한 세계의 영적 소유권을 받은 뒤에, 그에 따라서 그러한 구체에 부어지는 진리의 영이다. 수여된 이 위로자는 모든 진리 추구자를 그에게 향하도록 늘 끌어당기는 영적 힘이며, 그는 그 지역 우주에서 진리가 성격화한 것이다. 이 영은 아들 창조자가 본래부터 가진 재산이며, 대우주의 주회로(主回路)들이 파라다이스 신들이 성격으로 계심으로부터 유래하는 것과 마찬가지로, 그의 신다운 성품에서 솟아난다.

아들 창조자는 오고 가도 좋다. 그의 몸소 계심은 지역 우주에, 또는 다른 데 있어도 좋다. 그래도 진리의 영은 방해받지 않고 활동하는데, 이는 아들 창조자의 성격으로부터 유래하지만 이 신다운 계심은 기능적으로 신성한 봉사자의 몸에 중심하기 때문이다.

그러나 우주의 어머니 영은 지역 우주의 본부 세계를 결코 떠나지 않는다. 아들 창조자의 영은 아들의 몸소 계심과 상관 없이 활동할 수 있고, 또 그렇게 하지만, 창조 영의 개인적 영은 그렇지 않다. 신성한 봉사자의 성령은 그 몸소 계심이 구원자별로부터 이동한다면 활동하지 못하게 될 것이다. 그의 영적 계심은 그 우주 본부 세계에 고정되어 있는 듯하며, 아들 창조자의 영으로 하여금 아들의 행방에 상관 없이 활동하게 하는 것은 바로 이 사실 때문이다. 우주 어머니 영은 자신의 성격 영향, 곧 성령의 중심 뿐 아니라, 진리의 영의 우주 초점과 중심으로서 행동한다.

아버지인 아들 창조자와 어머니인 창조 영, 이 두 분은 지역 우주 아이들의 지성 자질에 다양하게 이바지한다. 그러나 창조 영은 자기가 성격 특권을 가지기까지는 지성을 수여하지 않는다.

한 지역 우주에서 진화를 초월하는 성격자 서열은 초우주의 지성 원형(原形)에서 생긴 지역 우주 종류를 부여받는다. 진화하는 생명 가운데 인간 및 인간 아래의 계급은 지성에 봉사하는 보조 영 종류를 부여받는다.

일곱 보조(補助) 지성 영은 한 지역 우주에서 신성한 봉사자가 창조한 것이다. 이 지성 영들은 그 특징이 비슷하지만 능력이 다양하며, 모두가 우주 영의 성품을 비슷하게 가진다. 하지만 그들은 도저히 어머니 창조자와 따로 된 성격자로서 간주되지 않는다. 일곱 보조자에게는 다음 이름이 주어진다. 지혜의 영, 예배의 영, 상담의 영, 지식의 영, 용기의 영, 이해의 영, 그리고—빨리 깨치는—직관의 영이다.

이들은 "하나님의 일곱 영"이요, "보좌 앞에서 타는 등불과 같으며," 선지자가 이것을 환상의 상징에서 보았다. 그러나 그는 이 일곱 보조 지성 영 둘레에 있는 24 파수의 자리는 보지 못했다. 이 기록은 두 가지 발표가 혼동된 것을 말해 주는데, 하나는 우주 본부에 관한 것이고, 다른 하나는 체계 서울에 관한 것이다. 24 장로의 자리는 예루셈에 있고, 여기는 사람이 사는 너희 지역 체계의 본부이다.

그러나 "번개와 천둥과 목소리가"—지역 체계에 보내는 우주 방송이—"보좌로부터 나갔도다"하는 요한의 기록은 구원자별에 관한 것이었다. 그는 또한 지역 우주에서 방향을 통제하는 생물을 환상으로 보았는데, 그들은 본부 세계의 살아 있는 나침반이다. 네바돈에서 이 방향 통제는 구원자별의 통제하는 생물 네 명이 유지하는데, 그들은 우주 전류에 대하여 활동하며, 처음으로 활동하는 지성 영, 곧 직관의 보조자, "빨리 이해하는" 영의 유능한 도움을 받는다. 그러나—짐승이라고 부른—이 네 생물에 관한 설명은 딱하게도 옥에 티였다. 그들은 비할 바 없이 아름답고 절묘한 모습을 가졌다.

나침반의 네 점은 우주에 국한되며 네바돈의 생명에 본래부터 있다. 살아 있는 모든 생물은 지향하는 이 전류에 민감하고 반응하는 신체 단위를 가지고 있다. 이렇게 생물을 창조하는 것은 우주를 통해서 개별 혹성에까지 복사되고, 그 세계들의 자력(磁力)과 함께, 동물의 유기체에 있는 다수의 극소형 물체를 활성화시키기 때문에, 이 방향 세포들은 언제나 남북을 가리킨다. 이처럼 방향 감각은 언제나 우주의 살아 있는 존재들 안에 고정되어 있다. 인류가 의식해서 가진 소유물로서, 이 감각이 온통 모자라지는 않다. 이 물체는 이 이야기를 할 무렵에 처음으로 유란시아에서 관찰되었다.

5. 영의 봉사

신성한 봉사자는 생명을 형성하고 새 계급의 존재들을 창조하면서, 일곱째 수여가 있을 때까지 아들 창조자와 협동하며, 나중에 그가 우주의 완전한 통치권으로 승급한 뒤에, 세계에 봉사하고 혹성을 진보시키는 계속된 사업에서 아들과, 아들이 수여한 영과 함께, 줄곧 공동으로 일한다.

사람이 사는 세계들에서, 영은 그 영역에 생명이 없는 물질로부터 시작해서, 처음에는 식물 생명을 부여하고, 다음에 동물 유기체(有機體), 그리고 나서 인간 존재의 처음 계급을 부여하면서, 진화로 진보시키는 작업을 시작한다. 초기의 원시 단계로부터 의지를 가진 생물이 나타날 때까지, 뒤이어 생기는 분배마다 혹성 생명의 진화하는 잠재성을 더욱 펼치는 데 이바지한다. 영이 이렇게 수고하는 것은 대체로 일곱 보조자, 곧 약속의 영들을 통해서 진행된다. 이들은 진화하는 혹성에서 통일하고 조정하는 영 지성이며, 늘 뭉쳐서 인간 민족들을 상급 아이디어와 영적 이상으로 인도한다.

진화하는 생물이 가진 순전히 동물적 지성이 예배 및 지혜 보조자들을 받는 능력을 개발할 때, 필사 인간은 지성과 연결하여 영의 봉사를 처음 맛본다. 제6 보조자와 제7 보조자가 이렇게 봉사하는 것은 영적 봉사의 문턱을 넘도록 지성이 진화되었음을 가리킨다. 예배와 지혜 작용이 있는 그런 지성들은 즉시 신성한 봉사자의 영적 회로에 포함된다.

이처럼 지성(知性)에게 성령의 봉사가 부여될 때, 지성은 (의식하거나 의식하지 않고서) 우주의 아버지의 영적 계심—생각 조절자—를 선택할 능력을 가진다. 모든 필사자에게 혹성의 봉사를 베풀기 위하여 수여 아들이 진리의 영을 해방할 때까지, 모든 정상의 지성이 생각 조절자를 받아들이도록 자동으로 준비되지는 않는다. 진리의 영은 신성한 봉사자의 영 계심과 하나가 되어 일한다. 이러한 2중 영 연락은 세계들 위에 떠돌면서, 진리를 가르치고 사람의 지성을 영적으로 깨우치며, 하늘 가는 민족들의 피조물 혼을 북돋아 주고, 진화 혹성에서 사는 민족들을 언제나 신성한 운명으로, 파라다이스 목적지로 이끌기를 추구한다.

진리의 영이 모든 육체에 퍼부어지지만, 수여 아들의 임무의 총합과 알맹이를 구성하는 것을 사람이 몸소 받아들이는 데 따라서, 이 아들 영은 거의 전적으로, 기능과 권능 면에 제한을 받는다. 성령(聖靈)은 인간의 태도로부터 얼마큼 독립되며, 사람의 의지·결정·협동에 따라서 어느 정도 조절된다. 그런데도 성령의 보살핌은 신성한 인도하심에 더 충만히 복종하는 필사자들의 정신 생활을 거룩하게 만들고 영답게 만드는 일에 점점 더 효과 있게 된다.

개인으로서, 너희는 아버지인 아들 창조자의 영, 또는 어머니인 창조 영의 분리된 부분이나 통일체를 몸소 소유하지 않는다. 이 봉사는 신비의 감시자들이 하는 것처럼, 개인의 지성의 생각하는 중심과 접촉하거나 거기에 깃들지 않는다. 생각 조절자들은 우주의 아버지의 전 성격 실체를 분명히 개별화한 것이며, 그 지성의 바로 한 부분으로서 실제로 필사 지성에 깃든다. 그들은 늘 아들 창조자와 창조 영의 통합된 영들과 완전히 조화를 이루어 일한다.

무한한 영의 우주 딸이 베푸는 성령, 영원한 아들의 우주 아들이 부어 주는 진리의 영, 그리고 파라다이스 아버지의 조절자 영이 진화하는 필사자 안에, 또는 그와 함께 계심은 영적 자질과 봉사가 균형됨을 의미하며, 그러한 필사자가 하나님의 아들이 되는 믿음의 사실을 의식해서 깨닫도록 자격을 준다.

6. 사람 안에 있는 영

사람이 사는 혹성에서 진화가 진전되고 그 거주민이 더 영답게 됨에 따라서, 그러한 성숙한 성격자들은 추가로 영적 영향을 받을 수도 있다. 지성의 통제와 영적 파악 면에 필사자들이 진보함에 따라서, 몇 겹의 이 영 봉사는 기능 면에서 점점 더 조정되고, 갈수록 더 파라다이스 삼위 일체의 전반적 봉사와 섞이게 된다.

신성(神性)은 여럿으로 나타날지 모르지만, 인간의 체험에서 신은 단수(單數), 반드시 <u>하나</u>이다. 영적 봉사도 인간의 체험에서 여럿이 아니다. 기원이 복수인 것에 상관 없이, 모든 영이 미치는 영향의 기능은 하나이다. 정말로 그들은 하나이며, 대우주의 생물 안에서, 그들에게 칠중 하나님이 베푸는 영 봉사이다. 영의 이러한 통일하는 봉사를 이해하고 받아들이는 데 생물이 성장함에 따라서, 이것은 그들의 체험 안에서 최상위 하나님이 베푸는 봉사가 된다.

신성한 영은 영원히 영광스러운 높은 곳에서부터 일련의 긴 단계를 거쳐서, 너희 그대로 너희를, 너희가 있는 곳에서 만나려고 내려오며, 그리고 나서 믿음과 협조하여, 필사 기원을 가진 혼을 사랑으로 품에 안고, 그 겸손한 발걸음을 분명하고 확실하게 거슬러 올라가는 일을 시작한다. 자비와 봉사의 임무를 띠고 최초에 출발한 바로 그 지복(至福)의 높이로 진화하는 혼이 안전히 오를 때까지 신성한 영은 결코 멈추지 않는다.

영적 세력들은 어김없이 자체의 최초의 수준을 추구하고 거기에 다다른다. 영원자로부터 떠났으니까, 그들은 거기로 돌아가는 것이 확실하며, 깃드는 조절자의 인도함과 가르침을 지지한 시공(時空)의 모든 사람, 참으로 "영에게서 태어난" 자들, 믿음이 있는 하나님의 아들들을 데리고 온다.

신성한 영은 사람의 아이들에게 계속해서 베푸는 보살핌과 격려의 근원이다. 너희의 힘과 성취는 "그의 자비에 따라서, 영이 새롭게 함을 통해서" 이루어진다. 영적 생명은, 물리적 에너지와 마찬가지로 소모된다. 영적 노력은 상대적으로 영적 피곤을 초래한다. 하늘 가는 체험 전체는 영적인 것일 뿐 아니라 현실이다. 그러므로 "활기를 주는 것은 영이라," "영이 생명을 주시니라"하고 진실로 기록되었다.

가장 높은 종교 교리에서도 그 죽은 이론(理論)은 사람의 됨됨이를 변화시키거나 필사자의 행동을 통제하는 데는 무력하다. 오늘날의 세계가 필요한 것은 너희의 옛 선생이 선언한 진리이다: "말씀만이 아니라 또한 권능과 성령 안에서." 신성한 영이 진리의 형태에 입김을 불어넣고, 올바름의 공식에 활기를 불어넣지 않으면, 그렇게 할 때까지, 이론적 진리의 씨앗은 죽었고, 가장 높은 도덕적 개념은 효과가 없다.

하나님의 깃드심을 받고 그것을 인식한 자들은 영에게서 태어났다. "너희는 하나님의 성전이라, 하나님의 영이 너희 안에 거하시니라." 이 영이 너희에게 퍼부어지는 것으로 충분하지 않다. 신성한 영이 인간 체험의 모든 단계를 지배하고 고삐를 쥐어야 한다.

필사자의 불만으로 생기는 온 몸을 태우는 갈증, 그리고 영답게 변화되지 않은 인간 지성의 말할 수 없는 갈급함을 방지하는 것은, 신성한 영의 계심, 생명의 물이다. 영에게 자극받은 자들은 "결코 목마르지 아니하나니, 이 영의 물이 저희 안에서, 영원한 생명 안으로 솟아나는 만족한 샘물이 될 것임이라." 생활의 기쁨과 땅에 존재하는 만족감에 관하여 말하면, 그렇게 신성하게 물을 머금은 혼들은 물질 환경에 거의 의존하지 않는다. 그들은 영적 빛을 받고 새롭게 되며, 도덕적으로 강화되고 자격이 갖춰진다.

모든 필사자에는 2중의 성질이 있으니, 이는 동물 경향의 유산(遺産)과 영적으로 부여받은 고귀한 욕구이다. 유란시아에서 너희가 사는 짧은 일생 동안에, 갈라지고 상반되는 이 두 가지 욕구는 충분히 화해되는 일이 드물며, 이것들은 도저히 조화되고 하나가 될 수 없다. 그러나 너희 일생을 통해서, 통합된 영은 육체를 점점 더 영의 인도하심에 복종시키는 데 너희를 도우려고 늘 보살핀다. 물질 생애를 너희가 끝까지 살아야 하더라도, 너희가 몸과 그에 필요한 것들을 피할 수 없더라도, 그런데도 목표와 이상(理想) 면에서, 동물 성질을 영의 지휘 밑에 복종시키는 능력이 더욱더 너희에게 주어진다. 진실로 너희 안에는 영적 세력들이 공모(共謀)하고 신성한 권능들이 동맹하며, 그들의 순전한 목적은 물질적 사슬과 유한한 장애로부터 너희를 마침내 구원한다.

이 모든 보살핌의 목적은 "그의 영을 통하여 너희가 속에서 권능으로 강화되기 위한 것"이다. 이 모두는 다만 완전한 믿음과 봉사를 마침내 달성하는 데 이르는 예비 걸음만을 대표하며, 그 체험 속에서 너희는 "하나님의 모든 충만함으로 가득 채워지리니," "하나님의 영의 이끄심을 받은 자들이 모두 하나님의 아들인 까닭이라."

영은 결코 조종하지 않는다. 다만 인도할 뿐이다. 네가 기꺼이 배우려 하는 사람이고, 네가 영의 수준에 도달하고 신성한 높이에 이르기 바라고, 진심으로 네가 영원한 목표(目標)에 도달하기 원하면, 신성한 영은 부드럽게 사랑으로, 아들이 되고 영적으로 나아가는 길을 따라 너를 이끌 것이다. 네가 딛는 걸음마다 기꺼이 내딛는 걸음, 총명하고 즐겁게 협동하는 걸음이어야 한다. 영의 지배는 결코 강요에 물들지 않고, 강제로 타협되지 않는다.

그리고 영이 안내하는 그러한 생활을 자유롭게 영리하게 받아들일 때, 인간의 지성 속에 신이 접촉한다는 확실한 의식과 영이 교통한다는 확신이 차츰 생긴다. 머지않아 "네가 하나님의 아이라는 것을 너의 영과 (조절자와) 함께 영이 증언한다." 이미 너 자신의 생각 조절자는 하나님과 너의 관계에 대하여 일러 주기 때문에, 너의 영에게가 아니라, 영이 "너의 영과 함께" 증언한다고 기록은 간증한다.

인간 생활에서 이 영이 지배함을 의식한 뒤에, 영이 이끄는 그러한 필사자의 생활 반응에 당장에 영의 특징이 갈수록 더 나타나는 일이 뒤따른다. "이는 영의 열매는 사랑과 기쁨과 평화요, 오래 참음과 부드러움이요, 선과 믿음, 온유함과 절제인 까닭이라." 영의 이끄심을 받고 신성하게 빛을 받는 그러한 필사자들은, 아직도 수고하는 비천한 길을 걷고, 인간으로서 충실하게 그들이 땅에서 배치받은 임무를 수행한다. 그러나 그들은 다른 세계에 아득히 먼 바닷가에서 반짝이는, 영생의 빛을 이미 알아보기 시작했다. 그들은 영감과 위로를 주는 그 진리의 실체를 이미 이해하기 시작했다. "하나님의 나라는 먹고 마시는 것이 아니라, 성령 안에서 공정과 평화와 기쁨을 얻는 것이라." 모든 시련을 통해서, 모든 어려움에 부닥쳐서, 영에게서 태어난 혼들은 모든 두려움을 초월하는 그 희망으로 영양을 공급받으니, 이는 하나님의 사랑이 신성한 영의 계심으로 말미암아 모든 가슴 속에 널리 뿌려지기 때문이다.

7. 영과 육체

육체는 동물의 기원을 가진 민족들로부터 유래하는 본래부터 가진 성품이며, 자연히 신성한 영의 열매를 맺지 않는다. 하나님의 물질 아들들의 체질을 첨가함으로 필사자의 체질(體質)이 강화되었을 때, 아담의 수여로 말미암아 유란시아 민족들이 어느 만큼 나아졌다시피, 영이 맺는 인격 열매의 아름다운 수확을 내놓기 위해서, 진리의 영이 깃드는 조절자와 협동하도록 길이 더 낫게 준비된다. 너희가 이 영을 물리치지 않으면, 그 임무를 완수하는 데 영원이 요구될지 몰라도 "그가 모든 진리로 너를 인도하리라."

영적으로 진보하는 정상(正常) 세계에서 진화하는 필사자들은 영과 육체 사이에 날카로운 대립을 겪지 않는데, 바로 이 대립이 오늘날의 유란시아 민족들의 특징을 나타낸다. 그러나 가장 이상적인 혹성에서도, 순전히 동물 같은 존재의 수준으로부터, 더욱더 지적인 의미와 상급의 영적 가치에 이르기까지 연속되는 수준을 거쳐서 올라가기 위해서, 아담이 오기 전의 사람은 적극적인 노력을 기울여야 한다.

정상 세계의 사람들은 육체의 성품과 영적 성품 사이에 끊임없는 투쟁을 겪지 않는다. 그들은 동물 존재의 수준으로부터 영답게 사는 상급 수준으로 올라가는 필요성에 부닥친다. 그러나 물질 성품과 영적 성품이 갈라져 진행하는 이 영역에서 유란시아 필사자들이 겪는 맹렬한 갈등과 비교했을 때, 이러한 상승은 오히려 교육하는 훈련을 받는 것에 가깝다.

유란시아 민족들은 점진적으로 혹성이 영적으로 도달하는 이 과제에서 2중으로 도움이 결핍된 결과로 시달리고 있다. 칼리가스티아 동란은 세계적 혼동을 촉진했고, 질서가 잘 잡힌 사회가 마련해 주었을 도덕적 도움을 그 뒤의 모든 세대로부터 빼앗았다. 그러나 더욱 큰 재난은 아담의 과실(過失)이었으니, 이는 그것이 영적 포부와 더 조화되었을 우수한 종류의 육체적 체질을 그 민족들로부터 빼앗았기 때문이다.

유란시아 필사자들이 영과 육체 사이에 그러한 두드러진 싸움을 겪도록 강요된 것은 에덴에 수여함으로 말미암아 그들의 먼 조상이 더 충만하게 아담화되지 않았기 때문이다. 유란시아의 필사 민족들이 자연스럽게 영에 더 민감한 체질을 가졌어야 하는 것이 신의 계획이었다.

인간의 성품과 그의 환경에 관하여 이 2중의 재난(災難)이 있었는데도, 영의 나라에 들어가려고 한다면, 오늘날의 필사자들은 육체와 영 사이에 이 명백한 싸움을 더 적게 겪을 것이다. 거기서 하나님의 믿음의 아들들은, 하늘에 계신 아버지의 뜻을 행하는 데 마음을 다하여 헌신하는 봉사, 사람을 깨우치고 자유롭게 만드는 봉사를 베풀면서, 육체의 노예가 되는 사슬로부터 비교적 구원을 받게 된다. 예수는 인류에게 사람이 사는 새 길을 보여 주었으니, 그로서 인간들은 칼리가스티아 반란의 무서운 결과를 대체로 피하고, 아담의 실수로 생긴 결핍을 아주 효과 있게 메울 수도 있다. "그리스도 예수의 일생의 정신은 동물 같이 사는 법칙, 그리고 죄악의 유혹으로부터 우리를 자유롭게 하였느니라." "이것이 육체, 아니 너의 믿음조차도 극복하는 승리이라."

하나님을 알고 영에게서 태어난 남녀들은 가장 정상인 세계들, 곧 죄에 물든 적이 없고 반란에도 영향을 받은 적이 없는 혹성들의 거주자들보다, 그들의 필사 성품과 갈등을 더 많이 겪지는 않는다. 믿음의 아들들은 자제하지 않거나 부자연스러운 육체적 욕구 때문에 생기는 갈등보다 훨씬 위에, 지적 수준에서 일하고 영적 평면에서 산다. 동물 존재들의 정상 욕구, 육체의 성질을 가진 자연스러운 식욕과 충동은, 무지(無知)하거나, 잘못 가르침을 받거나, 불행하게도 지나치게 조심스런 사람들의 지성에서 그럴 경우를 빼고, 가장 높은 영적 도달과도 대립되지 않는다.

너희는 영원한 생명의 길을 떠났고, 과제를 받아들이고 나아가라는 명령을 받았으니까, 인간의 잊어버리는 위험과 사람의 한결같지 않음을 두려워하지 말라. 실패할까 하는 의심이나 난처하게 하는 혼란 때문에 괴로워하지 말라. 비틀거리며 너의 상태나 지위에 대하여 의문을 갖지 말라. 이는 어두운 시간마다, 전진(前進)하는 투쟁에 놓여 있는 길목마다, 진리의 영이 언제나, "이것이 길이라"하고 일러 줄 것이기 때문이다.

[유란시아에서 근무하도록 임시 배치된 한 막강한 사자가 발표했다.]

제 35 편

하나님의 지역 우주 아들

앞에 소개한 하나님의 아들들은 파라다이스에 기원을 가진 적이 있다. 그들은 우주 영토를 다스리는 신성한 통치자들의 자손이다. 1차 파라다이스 아들 계급, 곧 아들 창조자들 가운데 네바돈에는 오직 한 분, 미가엘이 계시며, 그는 우주의 아버지요 군주이다. 2차 파라다이스 아들 계급, 아보날, 곧 아들 행정관들 중에서, 네바돈은 그 완전한 할당분—1,062명—을 가지고 있다. 이 "작은 그리스도들"은 유란시아에서 창조자인 주 아들처럼, 혹성에 자신을 수여할 때 효과적이며 전능하다. 3차 계급은, 삼위 일체의 기원을 가지고 있으니까, 지역 우주에서 등록하지 않는다. 그러나 나는 1만 5천에서 2만 명의 삼위 일체 아들 교육자가 네바돈에 있다고 추정하며, 이것은 기록에 있는 바, 피조물이 삼자 일체화한 조수 9,642명을 제외한 것이다. 이 파라다이스 데이날들은 행정관도 행정자도 아니다. 그들은 초월 선생이다.

이제 고찰하려고 하는 아들들의 부류는 지역 우주에 기원을 가지고 있다. 그들은 파라다이스 아들 창조자의 자손이며, 보완하는 어머니 우주 영과 다양하게 결합하여 태어난다. 다음 계급의 지역 우주 아들 신분이 이 이야기에서 언급된다.

1. 멜기세덱 아들.
2. 보론다덱 아들.
3. 라노난덱 아들.
4. 생명 운반 아들.

삼자 일체인 파라다이스 신은 미가엘·아보날·데이날, 이 세 계급의 아들을 창조하기 위하여 활동한다. 지역 우주에서 2중의 신, 곧 아들과 영이 또한 멜기세덱·보론다덱·라노난덱, 이 세 계급의 아들들을 창조하기 위하여 활동한다. 이 세 가지 표현을 성취하고 나서, 그들은 다능한 계급, 생명 운반자를 생산하는 일에 그 다음 단계인 칠중 하나님과 합동으로 일한다. 이 존재들은 내려가는 하나님의 아들들과 함께 분류되지만, 그들은 독특하고 독창적인 형태의 우주 생명이다. 그들에 대한 고려는 다음 논문 전체를 차지한다.

1. 아버지 멜기세덱

한 주어진 우주의 신성한 목적과 창조 계획에 따라서, 밝은 새벽별 및 기타 행정 성격자들과 같이 개인적으로 돕는 존재들을 만든 뒤에, 아들 창조자, 그리고 창조 영, 곧 무한한 영의 지역 우주 딸 사이에, 새로운 형태의 창조 연합이 형성된다. 이 창조하는 협동으로부터 생겨나는 성격자 자손이 최초의 멜기세덱—아버지 멜기세덱—인데, 그는 나중에 아들 창조자 및 창조 영과 합작하여, 그 이름을 가진 집단 전체를 생산해 내는 독특한 존재이다.

네바돈 우주에서 아버지 멜기세덱은 밝은 새벽별의 제1 행정 동료로서 행동한다. 가브리엘은 우주 정책에, 멜기세덱은 실용적인 과정에 더 몰두한다. 가브리엘은 정식으로 구성된 네바돈 법정과 회의를, 멜기세덱은 특별하고 드문 긴급(緊急) 위원회와 자문하는 단체들을 주관한다. 가브리엘과 아버지 멜기세덱은 결코 동시에 구원자별을 떠나 있지 않는다. 이는 가브리엘이 자리를 비울 때, 아버지 멜기세덱이 네바돈의 최고 행정자로 활동하기 때문이다.

아들 창조자와 창조 영은, 아버지 멜기세덱과 결합하여, 우리 우주의 멜기세덱들을 표준 시간으로 1천 년 안에 모두 창조하였다. 자신들 가운데 하나가 동등한 창조자로 노릇한 아들 계급이니까, 멜기세덱들은 그 구성 면에서 부분적으로 자기 기원을 가졌고, 따라서 하늘 같은 자치 정부의 실현에 후보자가 된다. 그들은 표준 시간으로 임기가 7년이 되게, 그들 자체의 행정 우두머리를 정기적으로 선출하고, 그 외에는 자치(自治)하는 계급으로서 활동한다. 하지만 최초의 멜기세덱은 본래부터 가진 공동 부모의 특권을 행사한다. 이따금 이 아버지 멜기세덱은 자기 계급의 특정한 개인들을 미초한(未超限) 세계들에 대하여 특별한 생명 운반자로서 활동하도록 임명하는데, 이 세계들은 유란시아에서 여태까지 밝혀지지 않은 부류의 생명 거주 혹성이다.

멜기세덱들은, 초우주의 법정 앞에 미결인 문제에서 증인으로 부름받을 때, 그리고 그들이 가끔 대사(大使)가 되다시피 같은 초우주 안에서 한 우주를 다른 우주에 대표하는 특별 대사로 임명받을 때를 제외하고, 지역 우주 바깥에서 널리 활동하지 않는다. 각 우주에서 최초의 멜기세덱, 곧 처음 태어난 멜기세덱은 이웃 우주들로, 또는 그의 계급의 관심거리와 의무에 상관 있는 임무를 띠고 파라다이스로, 언제나 마음대로 여행할 수 있다.

2. 멜기세덱 아들

멜기세덱들은 사람을 향상시키는 봉사에 직접 활동할 수 있기 위하여, 육신화할 필요 없이 진화하는 종족들을 보살피려고 하등 생물의 생명에 충분히 가깝게 접근하는 신의 아들들 가운데 처음 계급이다. 이 아들들은 자연히, 위대한 성격 하강의 중간(中間) 지점에 있으며, 기원으로는 가장 높은 신, 그리고 의지를 부여받은 가장 낮은 피조물 생명 사이에 거의 중간점에 있다. 따라서 그들은 상급의 신다운 수준의 살아 있는 존재, 그리고 진화 세계에서 하급 생명, 아니 물질적 생명 형태 사이에 자연스러운 중재자가 된다. 세라핌 계급, 곧 천사들은 멜기세덱들과 함께 일하기를 즐거워한다. 사실은, 모든 형태의 총명한 생명들이, 이 아들들이 이해심 있는 친구요, 공감하는 선생이요, 지혜로운 조언자임을 발견한다.

멜기세덱들은 자치하는 계급이다. 이 독특한 계급에서 우리는 지역 우주 존재들 편에서 자결(自決)하려는 최초의 시도에 부닥치며, 가장 높은 부류의 참된 자치 정부를 관찰한다. 이 아들들은 그들의 집단 및 고향 혹성의 행정을 위하여, 그리고 관계된 여섯 구체와 그 종속 세계들의 행정을 위하여, 자체의 기구(機構)를 조직한다. 그리고 그들은 자신의 특권을 결코 남용한 적이 없다는 것이 기록되어야 한다.

오르본톤 초우주 전역에서 한 번도 이 멜기세덱 아들들은 신뢰를 저버린 적이 없다. 그들은 자치(自治)를 꿈꾸는 모든 우주 집단의 희망이며, 모든 네바돈 구체에 대하여 자치 정부의 모범이며 선생이다. 모든 계급의 지적 존재들은, 위로는 상관으로부터 아래로 부하들에 이르기까지, 멜기세덱들의 정부를 진심으로 찬양한다.

멜기세덱 아들 계급은 한 큰 집안에서 맏아들의 위치를 차지하고 그 책임을 맡는다. 그들이 하는 일의 대부분은 규칙적이고 얼마큼 일상적이지만, 그 상당한 부분은 자원하고 전적으로 스스로 짊어진 것이다. 이따금 구원자별에서 열리는 대다수의 특별 회의는 멜기세덱들의 제안을 받고 나서 소집된다. 자신들이 주도권을 쥐고 이 아들들은 그들이 태어난 우주를 순찰한다. 그들은 우주 정보에 전념하는 독립된 조직을 유지하며, 그 영역의 일상 행정에 관계되는 정상 부서를 통해서 우주 본부로 올라오는 모든 정보와 상관 없이, 아들 창조자에게 정기적으로 보고를 드린다. 그들은 천성(天性)으로 편견이 없는 관찰자이며, 모든 등급의 지적 존재들의 완전한 신뢰를 받고 있다.

멜기세덱들은 영역에서 기동성 있고 자문 노릇을 하는 재심 법정으로 활동한다. 이 우주 아들들은 작은 집단을 이루어 세계들로 가서, 자문 위원회로서 봉사하고 증언을 청취하며, 제안을 받아들이고 조언자로서 행동하며, 이렇게 진화하는 영토의 사무에서 이따금 일어나는 큰 어려움을 해소하고 심각한 차이를 해결하려고 돕는다.

가장 위인 이 우주 아들들은 아들 창조자의 명령을 수행하는 일에 밝은 새벽별에게 우두머리 조수이다. 한 멜기세덱이 가브리엘의 이름으로 먼 세계에 갈 때, 그 특별 임무의 목적을 위하여, 파송한 자의 이름으로 대리하도록 임명될 수 있으며, 그 경우에 밝은 새벽별의 전권(全權)을 가지고 배치된 혹성에 나타날 것이다. 이것은 특히, 더 높은 아들이 그 영역에 있는 생물의 모습을 입고 나타나지 않은 구체들에서 참말이다.

아들 창조자가 한 진화 세계에서 수여 생애에 들어갈 때, 그는 혼자 간다. 그러나 그의 파라다이스 형제들 가운데 하나, 곧 아보날 아들이 자신 수여에 들어갈 때, 그에게는 멜기세덱 지원자 12명이 따르며, 그들은 수여 임무가 성공하도록 아주 유능하게 이바지한다. 그들은 또한 사람이 사는 세계들에 행정관 임무로 가는 파라다이스 아보날들을 지원하며, 이런 임무에서 아보날 아들이 명백히 눈에 보인다면, 멜기세덱들도 그처럼 필사자의 눈에 보인다.

혹성이 영적으로 필요한 단계에서 그들이 봉사하지 않는 단계는 하나도 없다. 그들은 아들 창조자와 파라다이스 아버지에게 최종으로 완전한 인가를 받기까지, 진보된 생활을 하는 모든 세계를 흔히 쟁취하는 선생들이다.

멜기세덱들은 지혜가 거의 완전하지만, 판단 면에 절대로 오류가 없지는 않다. 혹성 임무에서 동떨어지고 홀로 있을 때, 그들은 가끔 사소한 문제에서 실수한 적이 있다. 다시 말해서, 그들은 나중에 상관들이 인가하지 않은 어떤 일을 하려고 선택한 적이 있다. 그러한 판단의 잘못은 일시 한 멜기세덱의 자격을 정지시킨다. 이 자격 정지는 그가 구원자별로 가서, 아들 창조자가 방청하는 가운데, 그의 동료들과 대립하게 만드는 불화(不和)를 그에게서 사실상 지워 버리는 지시를 받을 때까지이며, 그리고 나서 징계하는 휴식이 있은 다음, 근무로 복직하는 것은 사흘째에 뒤따른다. 그러나 멜기세덱의 활동에서 이렇게 사소하게 잘못 적응하는 일은 네바돈에서 일어난 적이 드물다.

이 아들들은 수가 늘어나는 계급이 아니며, 그들의 수는 각 지역 우주마다 다르지만, 고정되었다. 네바돈에서 그들의 본부 혹성에 있는 기록에 따르면 멜기세덱의 수는 약 1천만이다.

3. 멜기세덱의 세계

멜기세덱들은 우주 본부인, 구원자별 근처에 자신들의 세계를 차지한다. 멜기세덱이라 부르는 이 구체는 70 주요 구체로 이루어진 구원자별 회로의 시범 세계이며, 이 구체들은 각각 특화된 활동에 전념하는 여섯 종속 구체에 둘러싸여 있다. 이 경이로운 구체—70 주요 구체와 420 종속 구체—들은 흔히 멜기세덱 대학이라고 언급한다. 온 네바돈의 별자리들에서 오는 승천 필사자들은 구원자별에서 거주 자격을 획득하면서 모두 490 세계에서 훈련을 거친다. 그러나 승천자들의 교육은 구원자별 집단의 건축 구체들에서 일어나는 다채로운 활동에서 겨우 한 국면일 뿐이다.

구원자별 회로에 있는 490 구체는 10 집단으로 나누어지며, 각자는 일곱 주요 구체와 42 종속 구체를 포함한다. 이 집단들은 각자가 우주 생명의 주요 계급들 가운데 하나에게 일반 감독을 받고 있다. 돌고 있는 혹성 행렬의 시범 세계와 그 다음 여섯 주요 구체를 포함하는 제1 집단은, 멜기세덱들의 감독 밑에 있다. 이 멜기세덱 세계들은 다음과 같다.

1. 시범 세계—멜기세덱 아들들의 고향 세계.
2. 육체 생명의 여러 학교 및 살아 있는 에너지 실험실 세계.
3. 상물질 생명 세계.
4. 초기 영 생명의 구체.
5. 중간 영 생명의 세계.
6. 상급 영 생명의 구체.
7. 동등하게 최상으로 자아를 실현하는 영토.

이 멜기세덱 구체들 각자에 속하는 여섯 종속 세계는 결합된 주요 구체의 일에 관한 활동에 전념한다.

시범 세계, 곧 멜기세덱 구체는 시공에서 하늘 가는 필사자들을 교육하고 영답게 변화시키는 데 종사하는 모든 존재를 위하여 공통된 회합 장소이다. 승천자에게는 이 세계가 아마도 온 네바돈에서 가장 흥미 있는 곳이다. 자기 별자리의 훈련을 마치는 모든 진화하는 필사자는 멜기세덱 구체에 착륙하도록 예정되어 있고, 거기서 구원자별 교육 체계에서 훈련 및 영 진보를 담당하는 체제에 가입된다. 너희가 파라다이스 목적지에 도착한 뒤에도, 너희는 이 독특한 세계에서 사는 첫날에 대한 너희의 반응을 결코 잊지 않을 것이다.

하늘 가는 필사자들은 특화된 교육을 맡는, 회전하는 여섯 혹성에서 훈련을 추구하면서, 멜기세덱 세계에서 거처를 잡는다. 70 문화 세계, 곧 구원자별 회로의 주요 구체들에서 그들이 체류하는 기간 전체를 통해서, 바로 이 방법을 준수한다.

멜기세덱 구체의 여섯 종속 세계에 거주하는 수많은 존재의 시간을 많은 다채로운 활동이 차지한다. 그러나 하늘 가는 필사자들이 관심을 가지다시피, 이 위성들은 다음의 특별한 연구 단계에 전념한다.

1. 1번 구체는 하늘 가는 필사자들의 초기 혹성 생애를 복습하는 데 전념한다. 이 작업은 필사자의 기원이 있는, 일정한 세계로부터 온 자들로 이루어진 학급에서 진행된다. 유란시아에서 온 자들은 그러한 체험 복습을 함께 추구한다.

2. 2번 구체의 특별한 작업은 지역 체계 본부의 제1 위성을 도는 저택 세계들에서 겪은 체험을 비슷하게 복습하는 것으로 구성된다.

3. 이 구체에서 하는 복습은 지역 체계의 서울에 머무른 것에 관하여 행해지며, 체계 본부 집단의 나머지 건축 세계들에서 있던 활동을 포함한다.

4. 제4 구체는 별자리의 70 종속 세계 및 관계된 구체들에서 가진 체험을 복습하는 데 몰두한다.

5. 제5 구체에는 별자리 본부 세계에서 승천자가 체류한 것의 복습이 진행된다.

6. 6번 구체에서 보내는 시간은 이 다섯 시대를 서로 연관지으려는 시도에 바쳐지며, 그로서 우주 훈련을 담당하는 멜기세덱 기초 학교에 들어가는 준비로서, 체험의 조정을 마친다.

우주 행정과 영적 지혜를 가르치는 학교들은 멜기세덱 고향(故鄕) 세계에 자리를 잡으며, 거기에는 또한 에너지·물질·조직·통신·기록·윤리, 그리고 비교 생물 존재와 같은 단일 분야의 연구에 전념하는 학교들도 발견될 것이다.

멜기세덱 영적 자질 학부에서는, 우주의 먼 세계들까지도 영적 자유와 신다운 아들임을 선포하는 운명의 전도사로 떠나가는 무리들을 훈련시키는 일에, 모든 계급의 하나님의 아들들이—파라다이스 계급조차—멜기세덱 및 천사인 선생들과 협동한다. 이 멜기세덱 대학의 특별 학부(學部)는 고급 대학 기관이며, 다른 영역으로부터 오는 학생 방문자들은 입학되지 않는다.

멜기세덱들은 우주 행정에서 가장 높은 훈련 과정을 그들의 고향 세계에서 가르친다. 최초의 아버지 멜기세덱이 고등 윤리 학부를 주관한다. 여러 우주가 이 학교에 교환 학생을 보낸다. 영적 성취와 높은 윤리의 개발에 관해서 말하면, 젊은 네바돈 우주는 우주들의 등급에서 지위가 낮지만, 그런데도 우리의 행정 문제들이 그 우주 전체를 근처의 다른 창조들을 위하여 광대한 진료소로 바꾸어 놓았기 때문에, 여러 멜기세덱 학부는 다른 영역으로부터 온 학생 방문자 및 관찰자들로 붐빈다. 굉장한 집단의 지역 등록자들 외에도, 멜기세덱 학교를 다니는 외래(外來) 학생들이 10만 명 가량 언제나 있는데, 이는 네바돈에 있는 멜기세덱 계급은 스플랜돈 전체를 통해서 이름을 날리기 때문이다.

4. 멜기세덱의 특별 임무

멜기세덱 활동에서 상당히 전문화된 지부(支部)는 하늘 가는 필사자들의 진보하는 상물질계 생애를 감독하는 것과 상관이 있다. 참을성 있고 현명한 천사 봉사자들이 이 훈련의 상당 부분을 운영하며, 그들은 우주 성취에서 비교적 높은 수준으로 올라간 필사자들의 도움을 받는다. 그러나 이 교육 작업 전체는 삼위 일체 아들 교육자들과 제휴하는 멜기세덱들의 일반 감독을 받고 있다.

멜기세덱 계급은 주로 지역 우주의 광대한 교육 체계와 체험으로 훈련하는 체제에 전념하는 한편, 그들은 또한 독특한 임무와 특별한 상황에도 활동한다. 종국에 사람이 사는 세계를 약 1천만 개 포함하는 진화하는 우주에는 평상이 아닌 일들이 일어나게 마련이며, 그러한 긴급시에 멜기세덱들이 행동한다. 너희의 별자리 본부 에덴시아에서 그들은 긴급시 아들로 알려져 있다. 그들은 모든—물리적, 지적, 혹은 영적—비상(非常) 사태에, 어느 혹성이나 체계나 별자리에서, 또는 우주에서, 언제라도 일할 준비가 되어 있다. 언제 어디서나 특별한 도움이 필요할 경우에, 거기서 너희는 멜기세덱 아들을 하나나 여럿을 발견할 것이다.

아들 창조자의 계획에서 어떤 요점이 위협받을 때, 당장에 멜기세덱 하나가 도움을 주려고 갈 것이다. 그러나 사타니아에서 일어난 것처럼, 그들이 죄 많은 반란을 직면하여 활동하라고 호출받는 일은 흔치 않다.

멜기세덱들은 의지(意志) 생물이 사는 모든 세계에서, 어떤 성질의 비상 사태에서도 제일 먼저 행동하는 자이다. 그들은 어떤 때 방자한 혹성에서 임시 관리자로서 활동하며, 잘못하는 혹성 정부의 관리자로서 근무한다. 혹성의 위기가 있을 때 이 멜기세덱 아들들은 많은 독특한 자격으로 봉사한다. 그러한 아들은 필사 존재들에게 자신을 쉽사리 눈에 보이게 할 수 있고, 어떤 때는 이 계급 중의 하나가 필사 육체의 모습을 입고 육신화하기까지 하였다. 일곱 번이나 네바돈에서 한 멜기세덱은 진화하는 세계에서 필사 육체의 모습을 입고 봉사했고, 수많은 경우에 이 아들들은 다른 계급의 우주 생물의 모습을 하고 나타났다. 그들은 모든 계급의 우주 지성에게, 그리고 모든 세계, 체계에 속한 세계들에게, 정말로 다능하고 자원해서 일하는 비상시 봉사자이다.

아브라함 시절에 유란시아에서 살았던 멜기세덱은 살렘의 왕으로 그 지역에서 알려졌는데, 이는 살렘이라 부르는 곳에 거주하는 진리 추구자들의 작은 거류민을 그가 주관했기 때문이다. 그는 필사 육체의 모습을 입고 자원해서 육신화했고, 혹성의 멜기세덱 관리자들의 승인을 받고서 그렇게 했다. 그들은 영적으로 갈수록 더 어두워 가는 그 기간에, 생명의 빛이 꺼질까 두려워했다. 그는 당대(當代)의 진리를 보전하고, 그 진리를 안전하게 아브라함과 그 동료들에게 전해 주었다.

5. 보론다덱 아들

개인 보조자들과 제1 집단의 다능한 멜기세덱들을 창조한 뒤에, 아들 창조자와 지역 우주 창조 영은 위대하고 다양한 제2 계급의 우주 아들, 곧 보론다덱을 계획하고 생산하였다. 그들은 별자리 아버지로서 더 널리 알려져 있는데, 이 계급의 한 아들이 지역 우주마다 한결같이, 각 별자리 정부의 꼭대기에서 발견되기 때문이다.

보론다덱의 수는 각 지역 우주마다 다르며, 네바돈에는 꼭 1백만이 기록된 수이다. 이 아들들은, 그들과 동등한 멜기세덱처럼, 번식하는 능력이 없다. 그들이 자신들의 수를 늘릴 수 있는 방법은 하나도 알려지지 않았다.

여러 면에서 이 아들들은 자치하는 단체이다. 그들은 멜기세덱과 상당히 비슷하게, 개인으로서, 집단으로서, 아니 전체로서도, 대체로 스스로 결정한다. 그러나 보론다덱들은 그다지 넓은 범위의 활동을 하지 않는다. 그들은 눈부시게 다능한 면에서 멜기세덱 형제와 견주지 못하지만, 통치자로서, 멀리 내다보는 행정자로서, 훨씬 더 믿을 만하고 유능하다. 그들은 행정 면에서 부하인 라노난덱 체계 군주들에 필적하지 못한다. 그러나 그들은 안정된 목적과 신다운 판단 면에서 모든 계급의 우주 아들을 뛰어넘는다.

이 계급 아들들이 내리는 결정과 판결은 언제나 신다운 아들의 정신을 따르고 아들 창조자의 정책과 조화되지만, 그들은 잘못으로 인하여 아들 창조자에게 주의를 받은 적이 있으며, 기술의 세부에서 그들의 결정은 가끔 우주의 고등 법정에 상고(上告)되어 번복된 적이 있다. 그러나 이 아들들은 실수하는 일이 드물고, 결코 반란에 참가한 적이 없다. 네바돈의 역사를 통틀어서 결코 어떤 보론다덱 아들도 우주 정부를 모욕한 죄가 발견된 적이 없다.

지역 우주에서 보론다덱들의 근무는 광범위하고 다양하다. 그들은 다른 우주에 보내는 대사(大使)로, 그들이 태어난 우주 안에서 별자리를 대표하는 영사(領事)로서 근무한다. 모든 계급의 지역 우주 아들 가운데 그들은 결정적인 우주 상황에서 행사하도록 가장 흔히 통치 권한을 완전히 위임받는 자들이다.

영적 어두움에 빠져 분리된 세계, 곧 반란과 과실을 통해서 혹성의 고립을 겪은 구체들에는, 정상 지위를 되찾을 때까지 관찰자인 한 보론다덱이 보통 계신다. 어떤 비상시에 이 최고자의 관찰자는 그 혹성에 배치된 모든 하늘 존재에게 임의적 절대 권한을 행사할 수 있다. 보론다덱들이 그러한 혹성의 최고자 대리로서 그런 권한을 가끔 행사했다는 것이 구원자별의 기록에 있다. 이것은 또한 반란의 손길이 닿지 않은, 사람 사는 세계들에서도 참말이었다.

가끔 12명 이상의 보론다덱 아들로 이루어진 한 군단이, 한 혹성이나 체계의 지위에 연관되는 특별한 사례에 관하여, 재심(再審)과 상고를 맡는 고등 법정으로서 전원이 출석한 가운데 재판한다. 그러나 그들이 하는 일은 별자리 정부에 토착인 입법 활동에 대체로 관계된다. 이 모든 봉사의 결과로서, 보론다덱 아들들은 지역 우주의 역사가(歷史家)가 되었다. 그들은 사람이 사는 세계들의 모든 정치적 투쟁과 사회적 봉기에 관하여 개인적으로 정통하다.

6. 별자리 아버지

적어도 보론다덱 세 명이 한 지역 우주에서 1백 별자리의 각 곳을 통치하는 자격에 배치된다. 아들 창조자가 이 아들들을 선택하며, 1만 년—10,000 표준년, 유란시아 시간으로 약 50,000년—동안 별자리의 <u>최고자</u>로서 근무하라고 가브리엘이 그들을 임명한다. 군림하는 최고자, 곧 별자리 아버지는 두 명의 동료, 선임자 하나와 후임자 하나를 거느리고 있다. 행정부가 바뀔 때마다, 선임 동료는 정부의 우두머리가 되고, 후임 동료는 선임자의 임무를 맡으며, 한편 구원자별 세계들에 거주하고 배치받지 않은 보론다덱들은 후임 동료의 책임을 맡을 선택 후보자로서, 그들 가운데 하나를 지명한다. 이렇게 최고 통치자들은 각자 현재 정책에 따라서, 별자리 본부에서 3만 년, 유란시아 시간으로 약 150,000년 동안 근무하는 기간을 가진다.

별자리 아버지 1백 명은 별자리 정부들을 실제로 주관하는 우두머리이며, 아들 창조자의 최고 자문 내각(內閣)을 구성한다. 이 회의는 우주 본부에서 빈번히 심의에 들어가며, 그 심의하는 규모와 범위에 제한이 없지만, 주로 별자리의 복지에, 그리고 지역 우주 전체의 행정을 통일하는 데 관심을 가진다.

한 별자리 아버지가 빈번히 하다시피, 우주 본부에 임무를 띠고 참석할 때, 선임 동료가 별자리 사무의 임시 지도자가 된다. 선임 동료의 정상 기능은 영적 사무를 감독하는 것이며, 한편 후임 동료는 별자리의 물리적 복지에 몸소 몰두한다. 그러나 모두 세 최고자가 그 집행의 세부에 관하여 찬성하지 않고는, 별자리에서 아무런 중요한 정책도 결코 집행되지 않는다.

영 정보와 통신 경로의 작용 전체는 별자리의 최고자들의 재량에 달려 있다. 그들은 구원자별에 있는 상관들, 그리고 지역 체계의 군주인 직속 부하들과 완벽한 연락을 가진다. 그들은 별자리의 상태에 관하여 심의하려고 이 체계 군주들과 빈번히 회의를 연다.

최고자들은 조언자 무리에 둘러싸이며, 이 무리는 별자리 본부에 있는 여러 집단의 출석에 따라서, 지역의 요구가 변함에 따라서, 때때로 그 수와 직원이 달라진다. 긴장이 쌓일 때에는 행정 일을 돕기 위하여, 최고자들은 보론다덱 계급의 아들들을 추가로 요구하며, 또 조속히 받는다. 현재 보론다덱 아들 12명이 너희의 별자리 놀라시아덱을 관리한다.

7. 보론다덱 세계

구원자별을 둘러싸는 70 주요 구체의 회로에서 제2 집단의 일곱 세계는 보론다덱 혹성들로 구성되어 있다. 이 구체들 각자는 그에 속한 회전하는 여섯 위성과 함께, 보론다덱 활동의 특별한 국면에 바쳐진다. 이 49 세계에서, 하늘 가는 필사자들은 우주 입법에 관하여 그들 최고의 교육을 확보한다.

입법 집회가 별자리의 본부 세계들에서 활동하는 동안, 하늘 가는 필사자들은 이 집회를 관찰해 왔다. 그러나 여기 이 보론다덱 세계들에서, 선임 보론다덱들의 보호 밑에서 그들은 지역 우주에서 실제의 일반 입법 행위에 참여한다. 그러한 입법 행위는 1백 별자리에서 자치하는 입법 집회의 다양한 선포를 조정하도록 설계되어 있다. 여러 보론다덱 학교에서 받아야 하는 교육을 유버르사에서도 능가하지 못한다. 이 훈련은 점진적으로 행해지며, 첫째 구체로부터 시작해서, 그 여섯 위성에서 보충적인 일과 함께, 나머지 여섯 주요 구체와 그 관계된 위성 집단에까지 미친다.

하늘 가는 순례자들은 연구와 실용적 일을 맡는 이 여러 세계에서 수많은 새로운 활동에 입문할 것이다. 우리는 새롭고 꿈꾸어 보지 못한 이 여러 사업을 밝히려고 시도하는 것이 금지되지 않았다. 그러나 이 사업을 필사 존재의 물질 지성에게 묘사할 수 있을까 절망이 된다. 우리는 이 천상의 활동의 뜻을 전할 낱말이 없고, 하늘 가는 필사자들이 이 49 세계에서 탐구하는 동안, 그들의 이 새 직종을 실례(實例)로 들 수 있는, 비슷한 인간 일거리가 하나도 없다. 그리고 승천 체제의 일부가 아니면서 많은 다른 활동이 구원자별 회로에 있는 이 보론다덱 세계들에 집중된다.

8. 라노난덱 아들

보론다덱들을 창조하고 난 뒤에, 아들 창조자와 우주 어머니 영은 제3 계급의 아들, 곧 라노난덱을 출산하려는 목적으로 뭉친다. 체계 행정과 연결된 다채로운 과제에 몰두하지만, 그들은 체계 군주, 곧 지역 체계의 통치자, 그리고 사람이 사는 세계의 우두머리인 혹성 영주로서, 가장 잘 알려져 있다.

아들 창조에서 후기이며—신성 수준에 관계되다시피—낮은 계급이기 때문에, 이 존재들은 나중에 근무하는 것에 대비해서, 멜기세덱 세계들에서 어떤 훈련 과정을 거치는 것이 요구되었다. 그들은 멜기세덱 대학의 처음 학생이며, 능력·성격·성취에 따라서, 그들의 멜기세덱 선생과 검사자들에게 분류되고 인가받는다.

네바돈 우주가 존재하기 시작할 때, 라노난덱은 정확히 1천 2백만 명 있었다. 그들이 멜기세덱 구체를 거쳤을 때, 그들은 최종 시험에서 다음 세 등급으로 분류되었다.

1. 1차 라노난덱. 가장 높은 계급에는 709,841명이 있었다. 그들은 체계 군주, 별자리의 최고 회의에 조수(助手)로서, 그리고 우주의 상급 행정 작업에서 조언자로서 지명된 아들들이다.

2. 2차 라노난덱. 멜기세덱에서부터 졸업한 이 계급에는 10,234,601명이 있었다. 그들은 혹성 영주로서, 그리고 그 계급의 예비군에 배치된다.

3. 3차 라노난덱. 이 집단은 1,055,558명을 포함했다. 이 아들들은 하위의 조수·사자(使者)·관리자·위원·관찰자로서 활동하며, 체계와 그 구성 세계들의 잡다한 임무를 수행한다.

이 아들들은 진화하는 존재들의 경우처럼, 한 집단에서 다른 집단으로 진급하는 것이 가능하지 않다. 멜기세덱의 훈련을 받을 때, 일단 검사되고 분류되고 나서, 그들은 배치된 등급에서 줄곧 근무한다. 이 아들들은 번식에 들어가지도 않으며, 우주에서 그들의 수는 정해져 있다.

반올림한 수로, 라노난덱 계급의 아들들은 구원자별에서 다음과 같이 분류된다.

우주 조정자와 별자리 조언자 100,000
체계 군주와 조수 600,000
혹성 영주와 예비군 10,000,000
사자 군단 400,000
관리자와 기록자 100,000
예비 군단 800,000

라노난덱이 멜기세덱과 보론다덱보다 약간 낮은 계급의 아들 신분이니까, 그들은 우주의 하부 단위에서 더욱 크게 쓸모가 있는데, 이는 그들이 지적 민족들의 하급 생물에게 더 가까이 갈 수 있기 때문이다. 그들은 또한 잘못에 빠질 위험, 우주 정부가 용납할 만한 기법으로부터 이탈하는 위험이 더 크다. 그러나 이 라노난덱, 특히 1차 계급은 모든 지역 우주 행정자 중에서 가장 능력이 있고 다재(多才)하다.

집행 능력에서 오로지 가브리엘과 그의 밝혀지지 않은 동료들만이 그들을 능가한다.

9. 라노난덱 통치자

라노난덱은 혹성을 지속해서 통치하는 자이며, 번갈아서 근무하는 체계 군주이다. 그러한 아들 하나가 사람이 사는 너희 체계의 서울, 예루셈에서 이제 다스린다.

체계 군주들은 사람이 사는 세계들의 각 체계 본부에서 두세 명의 위원회를 이루어 통치한다. 별자리 아버지는 1만 년마다 이 라노난덱들 가운데 하나를 우두머리로 지명한다. 어떤 때는 삼원조의 우두머리가 갈리지 않으며, 이 문제는 전적으로 별자리 통치자들의 재량에 맡겨진다. 체계 정부는 어떤 종류의 비극이 일어나지 않는 한 직원을 갑자기 바꾸지 않는다.

체계 군주나 조수들이 소환될 때, 그들의 자리는 별자리 본부에 자리잡은 최고 회의가 그 계급의 예비군으로부터 뽑힌 자들로 채우는데, 이 예비군 집단은 보통 지적된 것보다 에덴시아에서 더 크다.

최고 라노난덱 회의는 여러 별자리 본부에 주둔한다. 별자리 아버지의 선임 최고자 동료가 그러한 단체를 주관하며, 한편 후임 동료는 2차 계급의 예비군을 감독한다.

체계 군주들은 그들의 이름에 충실하며, 사람이 사는 세계들의 지역 사무에서 거의 군주이다. 혹성 영주, 물질 아들, 봉사하는 영들을 지도하는 데 그들은 거의 아버지답다. 군주가 친히 파악하는 정도는 거의 완벽하다. 이 통치자들은 중앙 우주로부터 온 삼위 일체 관찰자들의 감독을 받지 않는다. 그들은 지역 우주의 집행 부서이며, 입법 명령을 집행하는 관리자로서, 그리고 사법(司法) 판결을 적용하는 집행자로서, 미가엘 아들의 뜻에 대항하여 개인적인 불충이 아주 쉽게, 재빨리 숨었다가 자기 주장을 추구할 수 있는, 모든 우주 행정에서 유일한 곳이다.

7백 명이 넘는 라노난덱 계급 아들들이 우주 정부에 대항해서 반란을 일으키고, 그렇게 함으로써 몇 체계와 수많은 혹성을 발칵 뒤집어 놓았으니까, 우리의 지역 우주는 불행했다. 실패한 이 총 숫자에서 겨우 셋이 체계 군주였으며, 이 아들들의 거의 전부는 2차와 3차 계급, 곧 혹성 영주와 3차 라노난덱에 속했다.

이 아들들의 큰 무리가 정직에서 벗어난 것은 창조권에 어떤 흠이 있음을 가리키지 않는다. 그들은 신답게 완전히 만들어질 수도 있었으나, 그들이 시공 세계에서 사는 진화 생물을 더욱 잘 이해하고, 그들에게 가까이 갈 수 있도록 그렇게 만들어졌다.

오르본톤에 있는 모든 지역 우주 가운데 헨셀론을 빼고, 우리 우주가 이 계급의 아들을 가장 많이 잃어버렸다. 우리 라노난덱 계급의 아들들이, 선택하고 계획하는 데 그처럼 큰 정도로 개인의 자유(自由)를 지니고 창조되었기 때문에, 우리가 네바돈에서 아주 많은 행정 문제를 가졌다는 것이 유버르사의 여론이다. 나는 비판할 생각으로 이런 관찰을 하는 것이 아니다. 우리 우주의 창조자는 이렇게 할 충분한 권한과 능력을 가지고 있다. 자유로이 선택하는 그런 아들들이 우주의 초기 시대에 지나친 문제를 일으키는 반면에, 만사가 충분히 추려지고 마침내 안정될 때, 철저하게 시험받은 이 아들들 편에서, 더 높이 충성하고 더욱 충만히 의지하여 봉사함으로부터 생기는 이익이, 초기의 혼란과 시련을 메우고도 남으리라는 것이 우리의 높은 통치자들의 주장이다.

한 체계 본부에서 반란(反亂)이 생길 경우에, 보통은 새 군주가 비교적 짧은 시일 안에 임명되지만, 개별 혹성에서는 그렇지 않다. 그들은 물질 창조의 구성 단위이며, 모든 그러한 문제의 최종 판결에서, 생물의 자유 의지는 한 요인이 된다. 뒤를 잇는 혹성 영주들은 고립된 세계, 권한을 가진 왕이 그릇된 길로 빠졌을지도 모르는 세계에 임명된다. 그러나 멜기세덱 및 기타 봉사하는 성격자들이 채택한 치료 조치로 말미암아, 반역의 결과를 어느 정도 극복하고 제거할 때까지, 그들은 그러한 세계들의 현역 통치 자격을 받아들이지 않는다. 한 혹성 영주가 일으키는 반란은 순간적으로 그 혹성을 고립시킨다. 그 지역의 영적 회로는 즉시 단절된다. 오로지 수여 아들이 영적으로 고립된 그런 세계에서 혹성간 통신선을 다시 설치할 수 있다.

방자하고 지혜롭지 못한 이 아들들을 구제하는 계획이 있으며, 다수가 자비로운 이 조치를 이용해 왔다. 그러나 이탈한 직위에서 그들은 결코 다시 활동해서는 안 된다. 명예가 회복된 뒤에 그들은 관리직과 물리적 행정 분과로 배치된다.

10. 라노난덱 세계

70 혹성으로 이루어진 구원자별 회로에서 제3 집단의 일곱 세계는 관련된 42 위성과 함께, 라노난덱 집단의 행정 구체들을 구성한다. 이 영역에서 전직(前職) 체계 군주의 군단에 속하는, 경험 있는 라노난덱들은 하늘 가는 순례자와 천사 무리에게 행정 면에 선생 노릇을 한다. 진화하는 필사자들은 체계 서울에서 체계의 행정자들이 일하는 것을 지켜보지만, 여기서 그들은 1만 지역 체계의 행정 선포를 실제로 조정하는 데 참여한다.

지역 우주의 이 행정 학교들은, 체계 군주로서, 별자리의 조언자로서 오랜 경험을 가진 일단의 라노난덱 아들들이 감독한다. 오직 엔사의 행정 학교들이 이 집행학부(學部)들을 능가한다.

하늘 가는 필사자들을 위한 훈련 구체로 쓰이면서, 라노난덱 세계들은 우주의 정상이며 일상적인 행정 운영과 상관이 있는 광범위한 사업을 위한 중심이 된다. 파라다이스까지 가는 동안 내내, 하늘 가는 순례자들은 응용하는 지식—그들이 가르침받고 있는 일을 정말로 행하는 실제 훈련—을 가르치는 여러 실용적 학교에서 그들의 연구에 힘을 쏟는다. 멜기세덱들이 후원하는 우주의 교육 체계는 실용적이고 진취적이며, 의미 있고 체험적이다. 물질, 지성, 상물질, 영적 사물에서 훈련받는 것을 포함한다.

라노난덱의 이 행정 구체들과 연관하여, 그 계급에서 구원받은 아들들의 대부분이 혹성 사무의 관리자와 지도자로서 근무한다. 그리고 반란에 가담했다가 제공된 명예 회복을 받아들이기로 한, 근무에서 이탈한 이 혹성 영주와 그 동료들은 이 일상적 자격으로, 적어도 네바돈 우주가 빛과 생명 속에 안주할 때까지, 줄곧 근무할 것이다.

그러나 오래 된 체계들의 라노난덱 아들들 가운데 다수는 봉사, 행정, 영적 성취 면에서 놀라운 기록을 세웠다. 개인 자유의 오류, 그리고 자치라는 허구(虛構)를 통해서 그들이 잘못에 빠지는 경향이 있는데도, 그들은 고귀하고 충실하며, 충성스러운 집단이다.

[구원자별의 가브리엘의 권한으로 행동하는 천사장 우두머리가 후원하였다.]

제 36 편

생명 운반자

생명은 저절로 생기지 않는다. 생명은 (밝혀지지 않은) 존재 건축가들이 작성한 계획에 따라서 지으며, 직접 수입(輸入)하거나 지역 우주의 생명 운반자들이 운영한 결과로서, 사람이 사는 혹성들에 나타난다. 이 생명 운반자들은 우주 아들들 가운데 가장 흥미 있고 다능한 신다운 집단에 속한다. 그들에게 생물 생명을 고안하고 생명을 혹성 구체들에 나르는 책임이 맡겨진다. 그러한 새 세계에 이 생명을 심은 뒤에, 그들은 그 발달을 육성하기 위하여 오랫동안 거기에 남아 있다.

1. 생명 운반자의 기원과 성품

신다운 아들 집단에 속하지만, 생명 운반자들은 특별하고 뚜렷한 종류의 우주 아들이며, 초우주의 통치자들이 그 창조에 참여하는, 지역 우주에서 유일한 집단의 지적 생명이다. 생명 운반자들은 아들 창조자, 우주의 어머니 영, 그리고 명칭으로는, 관계된 초우주의 운명을 주관하는 옛적부터 늘 계신 이 세 분 가운데 하나, 이렇게 선재(先在)하는 세 성격자의 자식이다. 이 옛적부터 늘 계신 이들만 지적 생명의 말소(抹消)를 선포할 수 있으며, 그들이 생명 운반자를 창조하는 데 참여한다. 진화하는 세계에서 물리적 생명을 정착시키는 책임이 생명 운반자들에게 맡겨진다.

네바돈 우주에서 1억의 생명 운반자가 창조되었다는 기록을 우리는 가지고 있다. 유능한 이 생명 파종자 군단은 참으로 자치하는 집단은 아니다. 그들은 생명을 결정하는 삼원조의 지시를 받는다. 이 삼원조는 가브리엘, 아버지 멜기세덱, 그리고 네바돈에서 최초이며 처음에 난 생명 운반자 남비아이다. 그러나 분과 행정의 모든 단계에서 그들은 자치한다.

생명 운반자들은 3대 분과로 등급이 정해진다. 제1 분과는 선임 생명 운반자들이고, 제2 분과는 조수, 제3 분과는 관리자들이다. 1차 분과는 생명이 표현되는 여러 형태에서 12 집단의 전문가들로 다시 나누어진다. 멜기세덱들이 이 3 분과로 분리하는 일을 했고, 그들은 생명 운반자들의 본부 구체에서 그러한 목적을 위하여 시험(試驗)을 시행한다. 그 뒤로 죽, 멜기세덱들은 생명 운반자들과 밀접하게 관련되었으며, 그들이 새로운 혹성에 생명을 정착시키려고 떠날 때 언제나 그들을 따라간다.

진화하는 혹성이 마침내 빛과 생명 속에 안주할 때, 생명 운반자들은 그 세계 및 거기 있는 영화롭게 된 존재들의 계속된 행정과 발전을 돕도록 고문 자격을 가진 고등 심의 기관으로 조직된다. 진화하는 우주에서 후기의 안정된 시대에, 이 생명 운반자들에게 많은 새 임무가 맡겨진다.

2. 생명 운반자의 세계

멜기세덱은 구원자별 회로에서 제4 집단의 일곱 주요 구체의 전반적 감독을 담당한다. 이 생명 운반자 세계들은 다음과 같이 지정된다.

1. 생명 운반자 본부.
2. 생명 계획 구체.
3. 생명 보존 구체.
4. 생명 진화 구체.
5. 지성과 결합된 생명의 구체.
6. 산 존재들에 있는 지성과 영의 구체.
7. 밝혀지지 않은 생명의 구체.

이 주요 구체들은 각자 여섯 위성에 둘러싸여 있고, 우주에서 모든 생명 운반자가 활동하는 특별한 단계가 거기에 집중된다.

제1 세계는 본부 세계이며, 이 세계는 그 여섯 종속 위성과 함께, 우주 생명, 모든 알려진 명시 단계에 있는 생명을 연구하는 데 바쳐진다. 여기에 생명 계획 학부(學部)가 있고, 유버르사와 하보나에서, 아니 파라다이스에서 온 선생과 조언자들까지도 거기서 활동한다. 그리고 보조 지성 영들의 일곱 중앙 배열이 이 생명 운반자 세계에 자리잡고 있다는 것을 밝히도록 나는 허락을 받았다.

10이라는 수—십진법—은 물리적 우주에 본래부터 있지만, 영적 세계에서는 그렇지 않다. 생명의 영토는 3, 7, 12, 또는 이 기본 수의 배수(倍數)나 조합의 특징을 가지고 있다. 세 파라다이스 근원 중심의 서열을 좇아서, 세 가지 1차이며 본질적으로 다른 생명 계획이 있고, 네바돈 우주에는 3대 기본 생명 형태가 세 가지 다른 종류의 혹성들에 분리되어 있다. 최초에는, 전달할 수 있는 생명에 관하여 열두 가지 다른 신다운 개념이 있었다. 이 12라는 수는, 그 분수(分數) 및 배수와 함께, 모두 일곱 초우주에 있는 기본 생명 원형에 두루 나타난다. 또한 일곱 가지 건축된 종류의 생명 계획, 즉 살아 있는 물질의 번식을 형성하는 근본적 배치가 있다. 오르본톤 생명 원형(原形)은 열두 가지 유전 운반자로서 배치되어 있다. 다른 계급의 의지(意志) 생물은 12, 24, 48, 96, 192, 384, 768로 배치되어 있다. 유란시아에는 인간이 생식(生殖)하는 성(性)세포 안에 48개의 원형 통제 단위—특성을 결정하는 인자(因子)—가 있다.

제2 세계는 생명을 설계하는 구체이다. 여기서 생명 조직의 모든 형태가 작성된다. 아들 창조자가 최초의 생명 계획을 마련하지만, 이 계획의 실제 운영은 생명 운반자들과 그 동료들에게 맡겨진다. 새로운 세계를 위하여 일반 생명 계획이 입안(立案)되고 나서, 그것은 본부 구체로 전달되며, 거기서 자문하는 멜기세덱 집단과 합작하여, 선임 생명 운반자들의 최고 회의에서 샅샅이 검토된다. 그 계획이 이전에 승인된 공식을 벗어나면, 그것은 아들 창조자에게 인가받고 지지를 받아야 한다. 멜기세덱들의 우두머리는 가끔 이러한 심의에서 아들 창조자를 대표한다.

따라서, 혹성의 생명은 어떤 면에서 비슷한 반면에, 각 진화 세계마다 여러 면에서 다르다. 단일 집단 세계들 가운데 균일한 생명 시리즈에서도, 생명은 어느 두 혹성에서도 반드시 같다고 할 수 없다. 언제나 혹성 종류가 있는데, 생명 운반자들이 그들에게 보관하라고 맡긴 생명 공식(**公式**)을 개량하려는 노력으로 늘 일하기 때문이다.

생명이 나타나는 부모 원형(**原形**)과 수많은 기본 기능의 변종을 구성하는 기초 공식, 곧 우주의 화학 공식은 1백만이 넘는다. 생명을 계획하는 구체의 1번 위성은 생명 운반자들의 기술 조수로서 근무하는 우주 물리학자와 전기 화학자들이 일하는 분야이며, 그들은 생명을 전달하는 물질적 수송 수단, 이른바 생식질(**生殖質**)을 만드는 데 고용되는 기본 에너지 단위를 포착하고, 조직하고, 주무르는 일에 종사한다.

혹성의 생명 계획 실험실들은 이 2번 세계의 둘째 위성에 자리잡고 있다. 이 실험실에서 생명 운반자들과 그 모든 동료는 네바돈의 십일 혹성에 이식(**移植**)하려고 고안한 생명을 수정하고 아마도 개량하려는 노력으로, 멜기세덱들과 합동으로 일한다. 열 혹성마다 한 혹성에서, 표준 생명을 설계하는 데 다른 (비실험) 세계들보다 더 큰 변화가 허락된다.

제3 세계는 생명의 보존에 몰두한다. 여기서 생명 운반자 군단의 조수 및 관리자들이, 생명을 보호하고 보존하는 다양한 방식을 연구하고 개발한다. 모든 새 세계의 생명 계획을 언제나 생명 보존 위원회가 일찍 정착시키도록 마련해 주는데, 이 위원회는 기본 생명 원형을 솜씨 있게 주무르는 관리 전문가들로 구성되어 있다. 유란시아에는 생명 물질의 건축 조직의 기본 원형, 곧 부모 원형마다 둘씩, 그러한 관리자 위원이 24명 있었다. 너희 것과 같은 혹성들에서 가장 높은 형태의 생명은 24 원형 단위를 소유하는 생명 운반 다발로 재생산된다. (그리고 지적 생명이 육체의 생명으로부터, 그리고 그 위에 기초를 두고 자라니까, 정신 조직의 24 가지 기본 계급이 생기게 된다.)

제4 구체와 그 종속 위성들은 일반적으로 생물 생명의 진화를 연구하는 데, 특히 어느 한 생명 수준의 진화적 선행(**先行**) 조건에 전념한다. 한 진화 세계에서 최초의 생명 원형질(**原形質**)은 모든 미래의 발전하는 변종, 그리고 모든 차후의 진화적 변화와 수정을 위하여 충분한 잠재성을 포함해야 한다. 생명을 변형시키는 그러한 원대한 사업 계획을 위한 대책은, 쓸모 없이 보이는 동물 및 식물 생명 형태가 많이 나타나는 것을 필요하게 만들지 모른다. 예상되었든 그렇지 않았든, 혹성의 진화에서 생기는 그런 부산물(**副産物**)은 활동 무대에서, 오로지 나타났다가 사라질 뿐이다. 그러나 이 긴 과정 전체에서, 그를 통해서, 혹성의 생명 계획과 종자 계획을 최초로 설계한 자들이 현명하고도 총명하게 고안한 줄이 이어진다. 하등 종류의 생명을 정복하려는 고등 생물의 길고도 벅찬 투쟁에서 이따금, 겉보기에 큰 부조화가 지배하기는 하지만, 그런데도, 생물학상의 진화에서 생기는 다채로운 부산물은 모두, 상급의 총명한 형태의 생명이 마침내, 완전히 활동하는 데 꼭 필요하며, 많은 하등 종류는 진화하는 의지(**意志**) 생물의 평화와 위안과 이따금 아주 대립된다.

제5 세계는 지성과 결합된 생명에 온통 관심을 둔다. 그 위성들은 각각, 생물의 생활과 서로 관련된, 한 가지 단계의 생물 지성을 연구하는 데 전념한다. 사람이 이해하는 것과 같은 지성은, 가르칠 수 없는 수준, 곧 기계 수준의 지성(知性) 위에, 무한한 영이 작용하고, 일곱 보조 지성 영의 부여가 더해진 것이다. 생명 원형들은 이 보조자들에 대하여, 시공 우주 전체를 통해서 작용하는 다른 영 봉사에 다양하게 반응한다. 물질 생물이 영 반응을 일으키는 능력은 전적으로 그 결합된 지성 자질에 달려 있고, 이것은 뒤이어 바로 이 필사 인간이 생물학적으로 진화하는 과정의 방향을 정해 왔다.

제6 세계는 지성과 영이 살아 있는 형태 및 유기체들과 결합되다시피, 지성과 영의 상관 관계에 바쳐진다. 이 세계와 그 여섯 종속 위성은 생물 조정 학교들을 포함하며, 여기서 중앙 우주와 초우주에서 온 선생들이, 시공에서 가장 높은 수준의 생물 달성을 제시하는 일에 네바돈 강사(講師)들과 협동한다.

생명 운반자들의 제7 구체는 진화하는 생물 생명이 최상 존재의 현실화가 확대된다는 우주 철학에 관계되다시피, 그런 생명의 밝혀지지 않은 영토에 전념한다.

3. 생명의 이식

생명은 우주에서 저절로 나타나지 않는다. 생명 운반자들이 불모의 혹성에서 생명을 비롯해야 한다. 그들은 공간의 진화 세계에서 출현하는 생명을 나르고, 씨뿌리고, 보호하는 자이다. 유란시아에서 알려진 모든 계급과 형태의 생명은 이 아들들과 함께 일어난다. 하지만 모든 형태의 혹성 생명이 유란시아에 존재하지는 않는다.

새로운 세계에 생명을 심으라고 위임받은 생명 운반자 군단은 보통 선임 운반자 1백 명, 조수 1백 명, 관리자 1천 명으로 구성되어 있다. 생명 운반자들은 가끔 새로운 세계에 실제 생명 원형질을 나르지만, 반드시 그렇게 하지는 않는다. 생명을 정착시키는 새 모험을 위하여, 앞서 승인된 공식(公式)에 따라서, 그들은 배치받은 혹성에 도착하고 난 뒤에 때때로 생명 원형들을 조직한다. 유란시아에서 혹성 생명의 기원이 그러했다.

승인된 공식에 따라서, 물리적 원형들이 마련되고 나서, 생명 운반자들은 이 생명 없는 물질을 자극하며, 그들의 몸을 통해서 생명에 필요한 영의 불꽃을 뿌려 준다. 그러면 당장에 활기 없는 원형(原形)들이 살아 있는 물질이 된다.

생명에 필요한 불꽃—생명의 신비—는 생명 운반자들이 수여하는 것이 아니라, 그들을 통해서 수여된다. 그들은 정말로 그러한 거래를 감독하며, 생명 원형질 그 자체를 작성하지만, 살아 있는 원형질의 필수 요인을 공급하는 이는 우주 어머니 영이다. 무한한 영의 딸 창조자로부터, 몸에 생기를 불어넣고 지성을 예시(豫示)하는 에너지 불꽃이 온다.

생명을 수여하면서 생명 운반자들은, 새 계급의 생명이 기획되는 구체들에서도, 그들의 개인 성품을 하나도 전달하지 않는다. 그러한 때에 그들은 다만 생명의 불꽃을 시작하고 전달하며, 예정된 계획 및 원형의 물리·화학·전기적 명세에 따라서, 요구된 물질 순환을 시작한다. 생명 운반자들은 살아 있는 촉매 같은 존재이며, 다른 방법으로는 생기 없는 물질 계급 존재의 요소들을 휘젓고, 조직하고, 활기 있게 만든다.

한 혹성 군단의 생명 운반자들에게는 새 세계에서 생명을 정착시키는 데 일정한 기간, 그 혹성 시간으로 약 50만 년이 주어진다. 혹성 생명의 어떤 발전을 이룩하는 것은 이 기간이 종료됨을 가리키는데, 이 때 그들은 이식(**移植**)하는 노력을 그만두고, 그 뒤에 그 혹성의 생명에 새롭거나 보완하는 어떤 것도 추가해서는 안 된다.

생명이 정착하는 것과 도덕적 지위를 가진 인간 생물이 나타나는 사이에 끼는 시대에 생명 운반자들은 생활 환경을 조종하고 그 밖에도 생물학적으로 진화하는 과정의 방향을 유리하게 정해 주는 것이 허락된다. 그리고 그들은 오랜 세월에 걸쳐 이렇게 한다.

새로운 세계에서 작업하는 생명 운반자들이 의지(**意志**), 곧 도덕적 결정을 내리고 영적으로 선택하는 힘을 가진 존재를 생산하는 데 일단 성공하고 나서, 그 때 거기서, 그들이 하는 일은 종료된다—그들의 일은 끝났다. 진화하는 생명을 이제 더 조종해서는 안 된다. 이 시점부터 죽, 살아 있는 존재들의 진화는 혹성 생명의 공식 및 원형에 이미 심어지고 정착된, 선천적 성질 및 경향이 부여된 데 따라서 진행되어야 한다. 생명 운반자들은 의지를 실험하거나 간섭하는 것이 허락되지 않으며, 그들은 도덕적 생물을 지배하거나, 그들에게 멋대로 영향을 미치는 것이 허락되지 않는다.

혹성 영주가 도착하고 나서, 그들은 떠나려고 준비한다. 그러나 선임 운반자 2명과 관리자 12명은 임시로 포기하겠다고 맹세함으로, 생명 원형질을 계속 개발하고 보존하는 문제에서, 조언자로서 그 혹성에 무기한으로 남기를 자원해도 좋다. 그러한 두 아들과 그 동료 12명이 지금 유란시아에서 근무하고 있다.

4. 멜기세덱 생명 운반자

네바돈 전체를 통해서 사람이 사는 세계들이 있는 지역 체계마다, 멜기세덱이 생명 운반자로서 활동한 구체가 하나 있다. 이 거처들은 체계의 미초한(**未超限**) 세계로 알려져 있으며, 각 세계에는 물질적으로 수정된 멜기세덱 아들이 물질 계급 아들 가운데서 뽑힌 딸과 짝을 지었다. 그러한 미초한 세계의 어머니 이브는 관할하는 체계 본부로부터 파송되며, 체계 군주가 자기 구체의 물질 딸들에게 보낸 요청에 응답하는 수많은 자원자 가운데서, 지정된 멜기세덱 생명 운반자가 어머니 이브를 선택한다.

멜기세덱 생명 운반자와 물질 딸의 후손은 미초한자(**未超限者**)로 알려져 있다. 그러한 더할 나위 없는 생물 종족의 멜기세덱 아버지는 그가 독특한 생명 노릇을 한 혹성을 결국 떠나며, 이 특별 계급의 우주 존재들의 어머니 이브도 혹성 자손의 제7 세대가 나타나면 떠난다. 그리고 나서 그러한 세계의 지휘는 그 여자의 큰아들에게 돌아간다.

미초한 생물은 표준년으로 1천 살이 될 때까지 그들의 장려한 세계에서 생식하는 존재로 살고 활동하며, 1천 살이 되고 나서, 그들은 천사 수송으로 옮겨진다. 미초한자들은 그 뒤에 비생식(**非生殖**) 존재인데, 천사에게 둘러싸이는 준비로 그들이 거치는 비물질화 기법이 생식 특권을 영원히 빼앗기 때문이다.

이 존재들이 현재 가진 지위는 도저히 필사나 불멸(**不滅**)이라고 여기기 어렵고, 그들은 인간이나 신으로 분명하게 분류될 수도 없다. 이 생물에게는 조절자가 깃들지 않으며, 따라서 불멸이라고 하기 어렵다. 그러나 그들이 반드시 죽는 듯하지도 않다. 아무 미초한자(未超限者)도 죽음을 겪은 적이 없다. 네바돈에서 태어난 모든 미초한자가 오늘날도 살아 있고, 그들이 태어난 세계나, 중간에 개재하는 어떤 구체에서나, 아니면 최후자 집단의 세계에서, 그리고 구원자별의 미초한자 구체에서 활동하고 있다.

구원자별의 최후자 세계. 멜기세덱 생명 운반자 및 그와 관계된 어머니 이브들은 체계의 미초한 구체로부터 구원자별 회로의 최후자 세계들로 가며, 거기서 그들의 자손이 또한 집결하기로 정해져 있다.

이러한 맥락에서, 구원자별 회로에서 일곱 주요 세계 가운데 제5 집단은 네바돈의 최후자 세계들이라는 것을 설명해야 한다. 멜기세덱 생명 운반자와 물질 딸들의 자손은 제7 최후자 세계, 곧 구원자별의 미초한자 구체에 주소를 가진다.

최후자들의 일곱 주요 세계의 위성들은, 네바돈에서 임무를 수행할지도 모르는, 초우주 및 중앙 우주 성격자들이 만나는 장소이다. 승천 필사자들은 멜기세덱 대학을 구성하는 490 세계의 모든 문화 세계와 훈련 구체에서 자유로이 돌아다니는 반면에, 그들이 들어가도록 허락되지 않은 어떤 특별 학교와 수많은 금지된 지대가 있다. 이것은 특히, 최후자의 관할 밑에 있는 49 구체에서 참말이다.

미초한(未超限) 생물의 목적은 현재 알려져 있지 않지만, 우주 진화에서 이 성격자들이 어떤 미래 결말을 위한 준비로 제7 최후자 세계에서 집합하는 듯 보일 것이다. 미초한 종족에 관하여 우리가 가진 의문은 언제나 최후자들에게 넘겨지는데, 최후자들은 언제나 그들의 피보호자의 운명에 관하여 논하려 하지 않는다. 미초한자들의 미래에 관하여 우리가 확실치 않은 것에 상관 없이, 오르본톤의 지역 우주마다 신비스런 이 존재들의 누적되는 군단을 두고 있음을 우리는 알고 있다. 멜기세덱 생명 운반자들은 그들의 미초한 아이들이 언젠가 궁극위 하나님에게 초월적이고 영원한 초한(超限)의 영을 부여받으리라고 의견을 모은다.

5. 일곱 보조 지성 영

유기체의 진화 과정을 조절하는 것은 원시 세계에 있는 일곱 보조 지성 영의 계심이다. 이것이 왜 진화가 목적이 있으며, 우연(偶然)히 생기지 않는다는 것을 설명한다. 이 보조자들은, 지역 우주 어머니 영의 작용을 통해서, 하등 계급의 지적 생명에게 무한한 영이 베푸는 지성 봉사의 기능을 의미한다. 이 보조자들은 우주 어머니 영의 자식들이요, 그 영역의 물질 지성에게 그가 몸소 베푸는 봉사이다. 그러한 지성이 나타나는 곳은 어디서나, 언제라도, 이 영들이 여러 가지로 활동하고 있다.

일곱 보조 지성 영을 다음 명칭에 해당하는 이름으로 부른다: 직관·이해·용기·지식·상담·예배·지혜. 이 지성 영들은 차별되는 욕구로서 그들의 영향을 사람이 사는 모든 세계에 보내며, 동료들을 받아들이고 활동하게 하는 기회를 발견하는 정도와 아주 별도로, 각자가 명시의 감수(感受) 능력을 추구한다.

생명 운반자의 본부 세계에서 보조 영들의 중앙 거처는 어느 세계나, 지능 지위를 가진 어떤 일정한 살아 있는 유기체라도, 거기에 있는 보조자들의 지성이 활동하는 범위와 질을, 감독하는 생명 운반자들에게 표시한다. 이 생명 지성의 배치는 처음 다섯 보조자의 살아 있는 지성 활동을 가리키는 완전한 지표(指標)이다. 그러나 제6 및 제7 보조 영—예배와 지혜—에 관해서 말하면, 이 중앙 거처는 다만 질적 활동만 기록한다. 예배 보조자와 지혜 보조자의 양적(量的) 활동은 구원자별에서 신성한 봉사자가 계신 바로 그 앞에 기록되며, 그것은 우주의 어머니 영이 몸소 겪는 체험이 된다.

일곱 보조 지성 영은 새 혹성까지 언제나 생명 운반자들을 따라가지만, 그들을 통일체로 간주해서는 안 된다. 그들은 오히려 회로(回路)에 더 가깝다. 일곱 우주 보조자의 영들은 신성한 봉사자의 우주 계심과 동떨어진 성격자로서 활동하지는 않는다. 사실, 그들은 신성한 봉사자의 한 의식 수준이며, 언제나 그들을 창조한 어머니의 행동과 계심에 지배된다.

우리는 이 일곱 보조 지성 영을 적절히 부를 말이 없어 지장을 받고 있다. 그들은 하위 수준의 체험적 지성에게 봉사하는 자이며, 진화로 달성하는 순서에 따라서 다음과 같이 묘사해도 좋다.

1. <u>직관(直觀)의 영</u>—모든 지성 창조가 재빠르게 파악하는 성질, 신체적이고 본래부터 가진 원시 반사(反射) 본능, 방향성이 있고 그 외에 자기를 보존하는 자질. 하등 계급의 동물 생활에서 아주 널리 활동하는 유일한 보조자이며, 가르칠 수 없는 기계적 지성의 수준과 광범위하게 기능적으로 접촉하는 유일한 보조자.

2. <u>이해의 영</u>—조정하려는 충동, 저절로 그리고 겉보기에 자동으로 관념을 연결하는 것. 이것은 얻은 지식을 조정하는 재능, 즉 빠른 추리, 재빠른 판단, 즉시 결정을 내리는 현상이다.

3. <u>용기의 영</u>—충실의 자질—은 성격 존재에서, 인격을 획득하는 기초요, 도덕적 체력과 영적 용기의 지적인 뿌리이다. 사실에 깨우침을 받고, 진리에 영감을 받을 때, 이것은 총명하게, 양심적으로, 스스로를 지도하는 경로를 거쳐서 진화로 승천하는 욕구의 비결이 된다.

4. <u>지식의 영</u>—모험하고 발견하려는 호기심의 어머니, 곧 과학의 정신. 용기와 상담의 영들의 안내자이며 충실한 동료이다. 용기의 자질을 유익하고 진취적인 성장의 길로 지도하는 욕구.

5. <u>상담의 영</u>—사회적 욕구, 종(種)이 협동하는 자질, 의지(意志) 생물이 동포와 조화하는 능력, 하등 생물 사이에서 사교(社交)하는 본능의 기원.

6. <u>예배의 영</u>—종교적 충동, 차별하는 이 첫째 욕구는 지성 생물을 두 가지 기본 등급의 필사 존재로 분리한다. 예배의 영은 그와 결합된 동물을, 지성 자질이 있으나 혼이 없는 생물과 영원히 구별한다. 예배는 영적으로 올라가는 후보자의 자격이 있다는 상징이다.

7. <u>지혜의 영</u>—모든 도덕적 생물이 질서 있게, 점진적으로 진화하여 승진하는 선천적 경향. 이것은 보조자들 가운데 가장 높으며, 모든 다른 자의 일을 조정하고

표현하는 영이다. 이 영은 높아지는 존재 단계에서 실용적이고 효과적인 프로그람을 시작하고 유지하는 욕구, 지성 생물이 날 때부터 가진 바로 그 욕구의 비밀이다. 살아 있는 것의 이 재능은, 그들의 설명할 수 없는 생존 능력, 그리고 살아남아서, 고려되는 유기체의 지성에서 모든 다른 여섯 정신 봉사자가 동원할 수 있는 모든 것을 얻기 위하여, 그들의 모든 과거의 체험과 현재의 기회를 조정하는 능력을 설명한다. 지혜는 지적 성취의 절정(絶頂)이다. 지혜는 순전히 정신적이고 도덕적인 존재의 목표이다.

보조 지성 영들은 체험으로 성장하지만, 결코 성격을 가지지는 않는다. 그들은 기능 면에서 진화하며, 동물 계급에 있는 처음 다섯 기능은, 모두 일곱이 인간의 지능으로서 활동하는 데 어느 범위까지 필수이다. 이 동물 관계는 보조자들로 하여금 인간 지성으로서 실용적으로 더 효과 있게 만든다. 따라서 동물은 어느 정도, 사람의 신체의 진화 뿐 아니라, 지적 진화에 불가결하다.

동력 중심 및 물리 통제자들이 우주의 살아 있지 않은 물력에 관계된 것과 비슷하게, 지역 우주 어머니 영의 이 지성 보조자들은 지적(知的) 지위를 가진 생물 생명에 관계된다. 그들은 사람이 사는 세계들의 지성 회로에서 귀중한 봉사를 수행하며, 물리 주통제자들과 유능하게 공동으로 작업하는 자들이다. 이 물리 주통제자들은 또한 보조자 이전의 지성 수준, 가르칠 수 없는 지성, 곧 기계적 지성의 수준에서 통제자와 지휘자로서 일한다.

체험으로부터 배우는 능력이 나타나기 전에, 살아 있는 지성은 물리 주통제자들이 봉사하는 영토이다. 피조물의 지성은, 신성을 인식하고 신을 예배하는 능력을 얻기 전에 보조 영들이 독점하는 영토이다. 생물 지능이 영적 반응을 나타내면, 그러한 창조된 지성들은 당장에 초월 지성을 가지며, 순간적으로 지역 우주 어머니 영의 영적 주기(週期) 안에서 회로가 연결된다.

보조 지성 영들은, 신성한 봉사자, 곧 사람이 사는 세계들에 있는 성령의 몸소 계시는 영의 다양하고 상당히 영적인 기능과 어떤 면에서도 직접 관련이 없다. 그러나 그들은 진화하는 사람 안에서, 바로 이 영이 출현하는 것보다 기능 면에서 선행(先行)하며, 그 출현을 위하여 준비한다. 보조자들은 우주 어머니 영으로 하여금 한 지역 우주의 살아 있는 물질 생물과 다양한 접촉을 가지게 하며, 그들을 통제하게 한다. 그러나 전 성격(前性格) 수준에서 활동할 때, 그들은 최상 존재의 반향을 일으키지 않는다.

비영적 지성은 영 에너지의 명시이든지 아니면 물리적 에너지 현상이다. 인간의 지성, 성격을 가진 지성도, 영 신분과 따로 아무런 살아남는 품질이 없다. 지성은 신이 수여한 것이지만, 영 통찰력이 없이 활동할 때, 예배하고 살아남기를 갈망하는 능력이 결여될 때, 그것은 불멸(不滅)하지 않는다.

6. 살아 있는 물력

생명은 기계론과 활력론(活力論)을 따른다—물리적이고 영적이다. 유란시아 물리학자와 화학자들은 식물과 동물 생명의 원형질 형태를 이해하는 데 늘 진보하겠지만, 그들은 결코 살아 있는 유기체를 만들어 낼 수 없다. 생명은 모든 에너지 명시와 다른 어떤 것이다. 육체적인 생물의 물질 생명도 물질에 본래부터 있지 않다.

물질적인 사물은 독립된 존재를 누릴지 모르지만, 생명은 오로지 생명으로부터 솟아 나온다. 지성은 오로지 선재(先在)하는 지성으로부터만 파생될 수 있다. 영은 오로지 영 조상으로부터 기원을 가진다. 생물은 생명의 형태를 생산할지 모르지만, 오로지 창조하는 성격자나 창조적 물력이, 활성을 주는 살아 있는 불꽃을 공급할 수 있다.

생명 운반자들은 살아 있는 존재의 물질 형태, 혹은 물리적 원형을 조직할 수 있으나, 영은 생명의 처음 불꽃을 마련해 주며, 지성의 자질을 부여한다. 생명 운반자들이 구원자별 세계들에서 조립하여 실험하는 생명의 산 형태조차 반드시 생식(生殖) 능력이 결핍되어 있다. 생명의 공식과 생체의 원형이 바르게 조립되고 적당히 조직될 때, 한 생명 운반자의 계심은 생명을 시작하기에 충분하다. 그러나 그러한 살아 있는 모든 유기체는 두 가지 필수 속성이 결핍되어 있다—지성의 재산과 생식 능력이다. 동물의 지성과 인간 지성은 일곱 보조 지성 영을 통해서 활동하는 지역 우주 어머니 영의 선물이다. 반면에 생물의 번식하는 능력은 생명 운반자들이 개시한, 시조(始祖)인 생명 원형질에 우주 영이 특유하게 친히 나누어 준 것이다.

에너지 체계를 조립한 뒤에, 생명 운반자들이 생명의 원형을 설계했을 때, 추가 현상이 하나 일어나야 한다. "생명의 입김"을 생명이 없는 이 형태에 주어야 한다. 하나님의 아들들은 생명의 형태를 만들 수 있지만, 생명에 필수인 불꽃을 정말로 기여하는 것은 하나님의 영이다. 그리고 이렇게 주어진 생명이 소모될 때, 남아 있는 그 물질 육체는 다시 죽은 물질이 된다. 수여된 생명을 써 버렸을 때, 몸은 물질 우주의 품으로 돌아간다. 그것은 물질 우주로부터 그러한 에너지 물질의 가시적(可視的) 결합에 생명 운반자들이 전해 준 그 생명 자질을 위하여 일시적 수송 수단으로서 쓰이도록, 생명 운반자들이 빌려 온 것이다.

생명 운반자들이 식물과 동물에게 준 생명은 그 식물이나 동물이 죽고 나서 생명 운반자들에게로 돌아가지 않는다. 그러한 산 물건을 떠나는 생명은 신분(身分)도 성격도 없다. 그것은 죽은 뒤에 개별적으로 남지 않는다. 물질의 몸 속에서 존재하고 머무르는 동안에, 변화를 겪었다. 그것은 에너지 진화를 거쳤으며, 우주에서 우주 물력의 일부로서만 살아남고, 개별 생명으로서 살아남지 않는다. 필사 인간이 살아남는 것은 필사 지성 안에 있는 불멸(不滅)의 혼이 진화하는가에 온전히 달려 있다.

우리는 생명을 "에너지"라, "물력"이라 언급하지만, 그것은 정말로 어느 쪽도 아니다. 물력 에너지는 다방면으로 인력에 민감하지만, 생명은 그렇지 않다. 원형(原形)도 또한 인력에 민감하지 않으며, 인력에 민감한 모든 부채(負債)를 이미 치른 에너지를 배열한 것이다. 생명은 그 자체로서 어떤 원형에 따라 배열되거나, 아니면 분리된 에너지—물질, 정신, 또는 영적—체계에 활기를 주는 것이다.

진화하는 혹성들에는 생명을 다듬는 것과 연결된 무엇이 있는데, 이것은 우리에게 온전히 명료하지 않다. 생명 운반자들이 가진 전기 화학 공식의 물리적 조직을 우리는 완전히 이해한다. 그러나 생명을 활성화시키는 불꽃의 성질과 근원을 우리는 전부 이해하지는 못한다. 생명이 아버지로부터 아들을 통해서, 영으로 말미암아 흐르는 것을 우리는 알고 있다. 으뜸 영들이, 모든 창조에게 쏟아지는 생명의 강의 일곱 경로라는 것은 가능성이 있고도 남는다. 그러나 감독하는 으뜸 영이 새로운 혹성에서 생명을 수여하는 초기 에피소드에 참여하는 그 기법을 우리는 이해하지 못한다. 옛적부터 늘 계신 이들도 새 세계에서 생명을 비롯하는 이 일에 어떤 노릇을 한다고 확신하지만, 우리는 그 성질에 관하여 전혀 무지하다. 우주 어머니 영이 생명 없는 원형들에 실제로 활기(活氣)를 불어넣으며, 그러한 활성화된 원형질에 유기적으로 생식하는 특권을 나누어 주는 것을 우리는 알고 있다. 이 세 가지가 이따금 시간과 공간의 최상 창조자로서 호칭되는 칠중 하나님의 수준이라는 것을 우리는 관찰한다. 그러나 그밖에 우리는 유란시아 필사자들보다 더 아는 것이 없다—다만 개념은 아버지 안에, 표현은 아들 안에, 생명의 실현은 영 안에 본래부터 있다는 것을 알 뿐이다.

[관찰자로서, 감독하는 계시 군단의 멜기세덱 우두머리의 요청에 따라서, 이 자격으로 활동하며 유란시아에 주둔하는 한 보론다덱 아들이 구술하였다.]

제 37 편

지역 우주의 성격자

네바돈에서 모든 성격자의 꼭대기에는 창조자인 주 아들, 곧 우주의 아버지이자 군주인 미가엘이 있다. 신성(神性)에서 동등하고 창조 속성에서 보완하는 분은 지역 우주 어머니 영, 곧 구원자별의 신성한 봉사자이다. 이 창조자들은 아주 글자 그대로의 의미에서, 네바돈의 모든 토착 생물의 아버지인 아들이며 어머니인 영이다.

앞에 있는 여러 논문은 창조된 아들 계급들을 다루었다. 뒤잇는 이야기는 봉사하는 영과 하늘 가는 계급의 아들들을 묘사할 것이다. 이 논문은 주로 그 사이에 있는 집단, 우주 보조자들에 관한 것이지만 네바돈에 주둔하는 특정한 고급 영들과 지역 우주에서 영구 시민권을 가진 어떤 계급들도 간단히 고려할 것이다.

1. 우주 보조자

이 분류에 일반적으로 한데 모은 독특한 계급들 가운데 다수는 밝혀지지 않지만, 이 논문에서 발표된 바와 같이, 우주 보조자들은 다음 일곱 계급을 포함한다.

1. 밝은 새벽별.
2. 찬란한 저녁별.
3. 천사장.
4. 최고자 조수.
5. 고등 위원.
6. 천상의 감독자.
7. 저택 세계 선생.

우주 보조자들의 제1 계급인 밝은 새벽별에 관하여 말하면, 각 지역 우주마다 꼭 하나씩 있고, 그는 한 지역 우주에서 토착인 모든 생물 가운데 처음 태어난 자이다. 우리 우주의 밝은 새벽별은 구원자별의 가브리엘로 알려져 있다. 그는 온 네바돈에서 최고 집행자이며, 군주 아들을 몸소 대표하는 자로서, 그의 창조 배우자를 위한 대변자(代辯者)로서 활동한다.

네바돈의 초기 시절에 가브리엘은 미가엘과 창조 영과 더불어 아주 외롭게 일했다. 우주가 성장하고 행정 문제가 늘어나면서, 밝혀지지 않은 조수들로 구성된 개인 참모진이 그에게 주어졌고, 결국 이 집단은 네바돈의 저녁별 군단의 창조로 말미암아 확대되었다.

2. 찬란한 저녁별

멜기세덱들이 이 눈부신 생물을 계획하였고, 그리고 나서 아들 창조자와 창조영이 그들을 생기게 하였다. 그들은 여러 자격으로 일하지만, 주로 지역 우주의 최고 집행자 가브리엘의 연락 장교로서 일한다. 이 존재들이 한 명 이상 네바돈에 모든 별자리와 체계의 서울에서, 그의 대표로서 활동한다.

네바돈의 최고 집행자로서, 가브리엘은 구원자별에서 대부분의 비밀 회의에서 직권상 의장이나 관찰자인데, 이 회의는 흔히 1천 개나 동시에 열린다. 찬란한 저녁별들은 이 경우에 가브리엘을 대표하는데, 그가 동시에 두 군데 있을 수 없기 때문이며, 이 초월 천사들은 이 한계를 보충한다. 그들은 삼위 일체 아들 교육자 군단을 위하여 비슷한 일을 수행한다.

몸소 행정 임무에 전념하지만, 가브리엘은 찬란한 저녁별들을 통해서 모든 다른 단계의 우주 생명 및 사무와 접촉을 유지한다. 그가 혹성을 여행할 때 그들은 언제나 그를 동반하며, 빈번히 그의 개인 대표로서 개별 혹성에 특별 임무를 띠고 간다. 그러한 임무에 그들은 가끔 "주의 천사"로서 알려져 왔다. 그들은 옛적부터 늘 계신 이들의 법정과 집회 앞에 밝은 새벽별을 대표하려고 유버르사로 빈번히 가지만, 오르본톤의 테두리를 넘어서 여행하는 일은 드물다.

찬란한 저녁별들은 독특한 2중 계급이며, 그처럼 창조된 위엄을 가진 자들을 얼마큼 포함하고, 나머지는 도달해서 봉사하는 계급이다. 네바돈의 이 초월 천사 군단은 이제 13,641명에 이른다. 창조된 위엄을 가진 자가 4,832명 있고, 한편 8,809명은 높이 봉사하는 이 목표에 도달한 승천 영이다. 이 승천하는 저녁별들의 다수는 그들의 우주 생애를 세라핌으로서 시작했고, 나머지는 밝혀지지 않은 수준의 생물 생명으로부터 올라갔다. 하나의 달성 목표로서, 한 우주가 빛과 생명에 안주하지 않는 한, 이 높은 군단은 승천하는 후보자들에게 결코 문이 닫혀 있지 않다.

두 종류의 찬란한 저녁별들은 상물질계 성격자 및 어떤 종류의 필사를 초월하는 물질 존재들에게 쉽사리 눈에 뜨인다. 흥미 있고 다능한 이 계급 중에서 창조된 존재들은, 그들 개인의 계심과 상관 없이 명시되는 영력을 소유한다.

이 초월 천사들의 우두머리는 가발리아인데, 그는 네바돈에서 이 계급 중에 처음으로 태어났다. 그리스도 미가엘이 유란시아에서 승리한 수여로부터 돌아온 뒤로, 가발리아는 하늘 가는 필사자 봉사에 배치되었다. 유란시아 시간으로 최근 1천9백 년 동안 그의 동료 갈란시아가 예루셈에서 본부를 유지했으며, 거기서 그는 자기 시간의 약 절반을 보낸다. 갈란시아는 이 높은 지위를 처음으로 얻은 하늘 가는 초월 천사이다.

여러 임무에 쌍을 이루어 관습으로 결합하는 외에, 찬란한 저녁별들의 분류나 중대(中隊) 조직은 존재하지 않는다. 그들은 필사자의 승천 생애에 관련된 임무에 광범위하게 배치되지 않지만, 그렇게 임명될 때, 결코 혼자 활동하지 않는다. 언제나 쌍을 이루어서 일한다—하나는 창조된 존재이며, 다른 하나는 올라가는 저녁별이다.

저녁별들의 높은 의무의 하나는, 미가엘이 유란시아에 자신을 수여할 때 가브리엘이 그를 동반한 바와 같이, 아보날 수여 아들들이 혹성 임무를 받을 때 그들을 동반하는 것이다. 시중하는 두 초월 천사는 그러한 임무를 받는 높은 성격자이며,

천사장들, 그리고 이 사업에 배치된 모든 다른 자의 사령관으로서 근무한다. 중요한 시간과 시대에 아보날 수여 아들에게, "당신의 형의 일을 돌보소서"하고 말하는 것은, 이 초월 천사 사령관 중의 선임자이다.

비슷한 이 초월 천사 쌍들이, 사람 사는 한 세계에서 수여 이후 시대를 정착시키거나 영적 시대가 동트는 것을 위해서, 삼위 일체 아들 교육자들의 혹성 군단에 배치된다. 그러한 임무에 저녁별들은 그 땅의 필사자들과 눈에 보이지 않는 아들 교육자 군단의 연락관으로서 근무한다.

저녁별의 세계. 제6 집단의 일곱 구원자별 세계와 그에 속한 42 종속 위성은 찬란한 저녁별들의 행정에 배치된다. 이 초월 천사들 가운데 창조된 계급이 일곱 주요 세계를 주관하며, 한편 올라가는 저녁별들이 종속 위성들을 관리한다.

처음 세 세계의 위성들은 지역 우주의 영 성격자들에게 헌신하는 아들 교육자와 저녁별들의 여러 학교에 전념한다. 다음 세 집단은 하늘 가는 필사자들의 훈련에 몰두하는 비슷한 합동 학교들이 차지한다. 일곱째 세계의 위성들은 아들 교육자, 저녁별, 최후자들의 삼자 일치 심의를 위해서 남겨 둔다. 최근에 이 초월 천사들은 최후 군단의 지역 우주 작업과 밀접하게 동일시되어 왔고, 그들은 오랫동안 아들 교육자들과 관계를 가져 왔다. 최후자 작업 집단에 부속된 저녁별과 인력 사자들 사이에는 엄청난 힘과 중요성을 가진 연락이 존재한다. 일곱째 주요 세계 자체는 아직 밝혀지지 않은 문제들을 위하여 쓰지 않고 그냥 두었는데, 이 문제들은 최상위 하나님 성격의 초우주 명시(明示)가 완벽하게 출현하고 난 결과로서, 아들 교육자, 최후자, 저녁별들 사이에 생길 미래 관계에 관한 것이다.

3. 천사장

천사장들은 아들 창조자와 우주 어머니 영의 자손이다. 그들은 한 지역 우주에서 대량으로 생산되는 높은 영 존재 가운데 가장 높은 종류이며, 최근에 등록할 당시에 거의 80만이 네바돈에 있었다.

천사장들은 보통 가브리엘의 관할 밑에 있지 않은, 지역 우주 성격자들의 몇 집단 가운데 하나이다. 그들은 어떤 면에서도 우주의 일상 행정에 아랑곳하지 않으며, 생물을 살아남게 하는 작업에, 그리고 시공 필사자들의 하늘 가는 생애를 촉진하는 데 헌신한다. 보통은 밝은 새벽별의 지휘 밑에 있지 않아도, 천사장들은 가끔 그의 권한으로 활동한다. 너희 세계에서 생명을 이식(移植)하는 이야기에 묘사된 어떤 거래에서 보이는 바와 같이, 그들은 또한 저녁별과 같은 다른 우주 보조자들과 공동으로 일한다.

네바돈의 천사장 군단을 이 계급에서 처음 태어난 자가 지휘하며, 최근에는 천사장들의 분과 본부가 유란시아에서 유지되어 왔다. 네바돈 바깥에서 온 학생 방문자들의 눈길을 곧 끄는 것은 이 보기 드문 사실 때문이다. 그들이 초기에 우주 안의 거래들을 관찰하는 것 중에서, 찬란한 저녁별들의 많은 승천 활동을 지역 체계 사타니아의 서울에서 지휘한다는 것을 이 방문자들은 발견한다. 더 자세히 들여다보고 나서, 그들은 어떤 천사장 활동은, 작고도 겉보기에 중요치 않은 유란시아라고 부르는, 사람 사는 세계에서 지휘된다는 것을 발견한다. 그리고 나서 유란시아에서 미가엘이 자신을 수여했다는 것이 드러나고, 즉시 그들은 너희에게, 그리고 너희의 비천한 구체에 관하여, 흥미를 가지게 된다.

비천하고 혼란에 빠진 너희의 혹성이, 파라다이스 승천 계획과 상관을 가진 어떤 천사장 활동의 우주 행정과 지휘를 위하여 분과 본부가 되었다는 사실이 중요함을 너희가 깨닫는가? 이것은 의심할 여지 없이, 미가엘의 수여 세계에 다른 승천 활동이 미래에 집중된다는 전조(前兆)가 되며, "나는 다시 오리라"하고 미가엘이 친히 약속한 것에 엄청나고 엄숙한 의미를 부여한다.

대체로, 천사장들은 아보날 계급 아들의 근무와 봉사에 배치되지만, 이것은 봉사하는 여러 영이 하는 작업의 모든 단계에서 천사장들이 광범위한 예비 훈련을 거치기 전에는 안 된다. 사람이 사는 세계로 가는 모든 파라다이스 수여 아들에게 1백 명으로 이루어진 군단이 따라가며, 그들은 그러한 수여가 지속되는 동안 그에게 임시로 배치된다. 아들 행정관이 그 혹성의 임시 통치자가 된다면, 이 천사장들은 그 구체에서 모든 하늘 생명을 지휘하는 우두머리로서 행동할 것이다.

모든 혹성 임무에서, 그것이 사법 행위, 행정관 임무, 혹은 수여 육신화를 포함하는가에 상관 없이, 두 명의 선임 천사장이 파라다이스 아보날의 개인 조수로서 언제나 배치된다. 이 파라다이스 아들이 그 땅의 심판을 마치고, 죽은 자가 등록하도록 부름받을 때 (이른바 부활), 잠자는 성격자들의 수호 천사들이 "천사장의 목소리"에 응답한다는 것은 글자 그대로 참말이다. 수행하는 천사장이 한 섭리 시대를 마치는 점호를 공포한다. 이 분은 부활의 천사장이며, 때때로 "미가엘의 천사장"이라 언급된다.

천사장 세계. 둘러싸는 구원자별 세계들의 제7 집단은, 관계된 그 위성들과 함께, 천사장들에게 배정된다. 1번 구체와 그 여섯 종속 위성을 모두 성격자 기록을 보관하는 자들이 차지한다. 이 엄청난 기록자들의 군단은, 필사자가 출생하는 순간부터 우주 생애를 거쳐서, 각 개인이 초우주 체제를 향하여 구원자별을 떠나든지 아니면 옛적부터 늘 계신 이들의 명령에 따라서 "기록된 존재로부터 이름이 지워질" 때까지, 그러한 시간 속에 사는 사람의 기록을 정리하느라고 분주하다.

바로 이 세계들에서, 필사자가 죽고 다시 성격화하는 사이, 곧 죽는 때부터 부활하는 시각 사이에 낀 기간에, 성격자의 기록과 신분 보증서들이 분류되고, 철이 되고, 보관된다.

4. 최고자 조수

최고자 조수들은 지역 우주 바깥에서 기원을 가진, 자원하는 존재들의 집단이며, 그들은 지역 창조들에게 중앙 우주와 초우주를 대표하는 자로서, 또는 지역 우주 관찰자로서 임시 배치된다.

지혜 완성자, 신성한 조언자, 우주 검열자, 영감 받은 삼위 일체 영, 삼위 일체를 체험한 아들, 외톨 사자, 상천사, 2품 천사, 3품 천사들, 그리고 기타 인자한 봉사자들과 같이, 파라다이스 기원을 가진 존재들의 봉사와 도움으로부터 때때로 우리는 이득을 본다. 그들은 네바돈 전체를 오르본톤의 아이디어 및 파라다이스의 이상과 더욱 충만히 조화되게 만들려는 노력으로, 우리 본토 성격자들을 도울 목적으로 우리와 함께 머무른다.

이 존재들 가운데 누구라도 네바돈에서 자원해서 근무하고 있을지 모르며, 따라서 엄밀하게는 우리의 관할권 바깥에 있다. 그러나 배치를 받아 활동할 때, 초우주와 중앙 우주에서 온 그러한 성격자들은 그들이 머무르는 지역 우주의 규제로부터 전적으로 면제되지는 않는다. 하지만 그들은 더 높은 우주의 대표로서 계속 활동하고, 우리 영역에서 그들의 임무를 구성하는 지시에 따라서 일한다. 그들의 일반 본부는 늘 연합한 이의 구원자별 구역에 자리잡고 있고, 그들은 이 파라다이스 삼위일체 대사의 전반적 감독을 받으면서 네바돈에서 활동한다. 소속되지 않은 집단에서 근무할 때, 높은 영역으로부터 온 이 성격자들은 보통 자치하지만, 요청을 받아서 근무할 때, 그들은 흔히, 배치되어 활동하는 영역을 감독하는 지휘자들의 전적인 관할 밑으로 자진해서 들어온다.

최고자 조수들은 지역 우주에서, 그리고 별자리 자격을 가지고 근무하지만, 체계나 혹성의 정부에 직접 소속되지 않는다. 그러나 그들은 지역 우주에 어디서나 활동해도 좋으며 네바돈 활동의 어느 단계에도—행정·집행·교육 및 기타 분야에—배치되어도 좋다.

이 군단의 대부분은 네바돈의 파라다이스 성격자들—늘 연합한 이, 아들 창조자, 늘 충실한 이, 아들 행정관, 삼위 일체 아들 교육자들—을 돕는 일에 모집된다. 이따금 한 지역 창조의 사무를 처리하면서, 그 지역 우주에서 거의 대부분 토착 성격자들이 알지 못하도록 어떤 세부를 임시 보류하는 것이 현명하게 된다. 어떤 진척된 계획과 까다로운 판결도 또한, 더 성숙하고 멀리 내다보는 최고자 조수 집단이 더욱 잘 파악하고 더욱 자세히 이해한다. 그러한 상황과 기타 여러 상황에서 그들은 우주 통치자와 행정자들에게 아주 상당히 쓸모가 있다.

5. 높은 위원

높은 위원들은 영이 융합한 필사자이다. 그들은 조절자와 융합되지 않는다. 너희는 조절자와 융합하는 필사 후보자가 우주에서 승천하는 생애에 관하여 잘 알고 있다. 이 융합은 그리스도 미가엘이 자신을 수여하는 일이 있은 뒤에, 모든 유란시아 필사자가 기대하는 높은 운명이다. 그러나 이것은 너희 세계와 같은 세계들에서, 수여가 있기 전 시대에 모든 필사자가 가진 유일한 운명은 아니다. 생각 조절자들이 그 거주민에게 결코 영구하게 깃들지 않는, 다른 종류의 세계가 있다. 그러한 필사자들은 파라다이스에서 수여된 신비의 감시자와 결코 영구하게 뭉치지 않는다. 그런데도 조절자들은 잠시 그들에게 깃들고, 육체를 입은 생명이 지속되는 동안에 안내자와 원형으로서 봉사한다. 일시(一時) 이렇게 머무르는 동안, 그들이 융합하기를 희망하는 존재들의 경우와 마찬가지로, 그들은 불멸하는 혼의 진화를 촉진한다. 그러나 필사자의 달리기가 끝났을 때, 그들은 일시 관계를 가졌던 생물을 영원히 떠난다.

이 계급에서 살아남는 혼들은 지역 우주 어머니 영의 개별화된 영 분신과 영원히 융합함으로 불멸을 얻는다. 적어도 네바돈에서, 그들은 수가 많은 집단은 아니다. 영이 융합한 필사자들이 구원자별까지 너희와 함께 파라다이스로 길을 올라가는 동안, 너희는 저택 세계들에서 그들을 만나고 사귈 터인데, 그들은 구원자별에서 멈춘다. 그들 중에 더러는 나중에 더 높은 우주 수준으로 올라가지만, 대다수는 언제까지나 지역 우주의 근무에 남아 있을 것이다. 하나의 등급으로서, 그들은 파라다이스에 이르도록 예정되어 있지 않다.

조절자와 융합되지 않았기 때문에, 결코 최후자가 되지 않지만, 그들은 결국 지역 우주의 완전 군단에 등록된다. 그들은 "너희는 완전하라"는 아버지의 명령에 정신적으로 복종했다.

네바돈 완전 군단에 이른 뒤에, 영과 융합한 승천자들은 우주 보조자로서 임무를 받아도 좋은데, 이것은 그들에게 열려 있는 바 계속해서 체험으로 성장하는 길 중의 하나이다. 이처럼, 그들은 물질 세계들에서 진화하는 생물의 관점을 지역 우주의 하늘 당국에 풀이해 주는, 높은 직책을 가진 여러 위원회의 후보자가 된다.

높은 위원들은 민족 위원으로서, 혹성에서 그들의 근무를 시작한다. 이 자격으로 그들은 여러 인간 종족의 관점을 풀이하고 그들의 필요를 보여 준다. 이 위원들은 그들이 대변하는 필사 민족들의 복지에 최고로 헌신하며, 그들을 위하여, 다른 민족들과 가지는 모든 관계에서 언제나 자비, 정의, 공정한 대우를 얻으려고 애쓴다. 민족 위원들은 끝없이 연속되는 혹성 위기에 활동하며, 투쟁하는 필사자 집단 전체의 분명한 표현으로서 봉사한다.

사람이 사는 세계들에서 문제 해결에 오랜 경험을 쌓은 뒤에, 이 민족 위원들은 더 높은 수준의 기능으로 진급되며, 결국에는 지역 우주의 높은 위원 지위를 지역 우주에서 얻는다. 최근의 등록은 네바돈에 15억이 약간 넘는 이 높은 위원이 있다고 기록하였다. 그들은 최후자가 아니지만, 오랜 경험을 쌓은 승천 존재이며, 출생한 지역에서 크게 쓸모가 있다.

재판하는 모든 법정에서, 가장 낮은 데서부터 가장 높은 데까지, 변함없이 우리는 이 위원들을 발견한다. 그들이 재판 절차에 참여하기 때문이 아니다. 법정에서 친구로서 행동하며, 판결에 관련된 자들의 선행 조건, 환경, 선천적 성품에 관하여 주관하는 행정관들에게 조언한다.

높은 위원들은 공간의 여러 사자 무리에게, 그리고 시간 속에서 봉사하는 영들에게 늘 소속된다. 여러 우주 집회의 프로그램에서 그들과 마주치게 되며, 필사자의 형편에 밝은 바로 이 위원들은 언제나 공간 세계에 대하여 하나님 아들들의 임무에 부속된다.

공정과 정의(正義)의 정신이, 고려되고 있는 정책이나 절차가 시간 속에 진화하는 민족들에게 어떻게 영향을 주는가에 대한 이해를 요구할 때는 언제나, 이 위원들은 추천하는 것을 제시하려고 가까이 있다. 그들은 언제나 자신을 위해 말할 수 없는 자들을 대변(代辯)하기 위하여 언제나 자리에 있다.

<u>영이 융합한 필사자의 세계</u>. 구원자별 회로에서 제8 집단의 일곱 주요 세계와 그 종속 위성들은 영이 융합한 네바돈 필사자들이 독점으로 소유하는 곳이다. 영이 융합한 거주민에게 초대받은 손님으로서 유쾌하고 유익한 많은 체류를 빼고, 조절자가 융합한 승천 필사자들은 이 세계들에 관여하지 않는다.

유버르사와 파라다이스에 이르는 소수(小數)를 빼고, 이 세계들은 영이 융합한 생존자들의 영구한 거주지이다. 필사자의 승천에 그러한 고안된 한계를 지우는 것은 진화된 영구 인구(人口)의 보유를 보장함으로써 지역 우주의 이익에 반응하며, 그들의 늘어나는 체험은 지역 우주 행정의 미래 안정과 다변화를 계속 향상시킬 것

이다. 이 존재들은 파라다이스에 이르지 못할지 모르지만, 잠깐 있다가 가는 승천자들이 성취한 어떤 것도 철저히 초과하는 네바돈 문제들을 통달하는 일에 그들은 체험적 지혜를 얻는다. 인간다운 것과 신다운 것의 독특한 조합으로서 살아남는 이 혼들은 계속 있으며, 널리 벌어진 이 두 수준의 관점을 더욱 뭉치고, 항상 높아지는 지혜로 그러한 2중의 관점을 제시할 수 있다.

6. 천상의 감독자

삼위 일체 아들 교육자들과 멜기세덱 교육 군단이 합동으로 네바돈의 교육 체계를 관리하지만, 이를 유지하고 설립하기 위하여 고안된 작업의 상당한 분량은 천상의 감독자들이 수행한다. 이 존재들은 하나의 모집된 군단이며, 하늘 가는 필사자들을 교육하고 훈련하는 계획에 연관된 모든 종류의 개인들을 포함한다. 네바돈에는 그들의 수가 3백만쯤 되는데, 그들은 모두 영역 전체에 교육하는 조언자로서 근무하도록 경험으로 자격을 갖춘 자원자이다. 멜기세덱의 구원자별 세계들에 있는 그들의 본부로부터, 하늘 가는 생물에게 지성을 훈련시키고 영적 교육을 실시하도록 설계된 네바돈 학교 기술을 검사하는 자로서, 이 감독자들은 지역 우주를 돌아다닌다.

이 지성 훈련과 영 교육은 인간이 기원을 가진 세계들에서부터, 체계의 저택 세계, 예루셈과 연결된 다른 진보 구체들을 거쳐서, 에덴시아에 부속된 사교하는 70 영역에서, 그리고 구원자별을 둘러싸는 490 구체에서 수행된다. 우주 본부 자체에는 수많은 멜기세덱 학교, 우주 아들들의 학부, 천사 대학, 그리고 아들 교육자들 및 늘 연합한 이의 학교들이 있다. 다양한 우주 성격자들이 승진하는 근무와 개선된 역할을 위하여 자격을 갖추게 하려고 모든 가능한 준비가 마련된다. 우주 전체가 하나의 광대한 학교이다.

다수의 상급 학교에서 고용되는 방법은 진리를 가르치는 예술에 대하여 인간이 가진 개념을 능가하지만, 교육 체계 전체의 기조(基調)는 바로, 깨우친 체험으로 얻는 인격이다. 선생들은 깨우침을 마련해 주며, 우주 정거장과 승천자의 지위는 체험을 얻을 기회를 허락하고, 이 둘을 지혜롭게 이용하는 것은 인격을 자라게 한다.

근본적으로, 네바돈 교육 체계는 한 과제에 네가 배치되는 것을 준비하며, 그리고 나서 그 과제를 최선으로 수행하는 이상(理想)과 신다운 방법에 관하여 교육받을 기회를 너에게 준다. 너에게는 수행할 분명한 과제가 주어지고, 동시에 너의 임무를 수행하는 최선의 방법을 가르칠 자격이 있는 선생들이 너에게 마련된다. 신의 교육 계획은 작업과 교육의 밀접한 관계를 마련해 준다. 우리가 너에게 명령하는 일을 어떻게 가장 잘 수행하는가 우리는 너에게 가르친다.

이 모든 훈련과 체험을 거치는 목적은, 네가 초우주의 더 높고 더 영적인 훈련 구체들에 들어가기 위하여 너를 준비시키는 것이다. 한 주어진 영역에서 진보는 개별적으로 이루어지지만, 한 단계에서 다른 단계로 이동하는 것은 보통, 학급 단위로 실시된다.

영원 속에서 진보하는 것은 오로지 영적 발전으로만 구성되어 있지 않다. 지적 획득도 우주 교육의 일부분이다. 지성의 체험은 영적 시계(視界)가 확대되는 것과 똑같이 넓어진다. 지성과 영에게, 훈련받고 승진하기 위하여 비슷한 기회가 주어진다. 그러나 지성과 영이 이 모든 훌륭한 훈련을 받는 가운데, 너는 필사 육체의 장애로부터 언제까지나 자유롭다. 너는 상반되는 너의 영적 성품과 물질 성품의 서로 대립되는 주장을 늘 심판하는 일을 이제 더 하지 않는다. 물질적 사물을 향하는 원시적 동물 성향을 빼앗긴 지 오랜 후에, 너는 마침내 영화롭게 된 지성의 통일된 욕구를 누릴 자격이 갖추어진다.

네바돈 우주를 떠나기 전에, 대부분의 유란시아 필사자들은 천상의 감독자의 네바돈 군단의 구성원으로서, 길거나 짧은 기간에 근무할 기회가 주어질 것이다.

7. 저택 세계 선생

저택 세계 선생들은 모집되었고 영화롭게 된 케루빔들이다. 네바돈에 있는 대부분의 다른 강사들처럼, 멜기세덱이 그들을 임명한다. 그들은 상물질계 생활의 대부분의 교육 사업에서 활동하며, 그들의 수는 필사 지성이 이해하는 한계를 아주 뛰어넘는다.

저택 세계 선생들은 케루빔과 사노빔이 도달하는 수준으로서, 다음 논문에서 더 자세히 다루겠고, 한편 상물질계 생활에서 중요한 노릇을 하는 선생으로서, 그들은 그 명칭을 가진 논문에서 더 널리 논의될 것이다.

8. 배치되는 고등 영 계급

동력 중심과 물리 통제자들 외에도, 무한한 영의 집단에서 고등 기원을 가진 어떤 영 존재들은 지역 우주에 영구하게 배치된다. 무한한 영 집단에서 고등 영 계급 가운데 다음이 그렇게 배치된다.

외톨 사자들은 지역 우주 행정에 기능적으로 배치되었을 때, 우리가 시공의 장애를 극복하려고 애쓸 때, 우리에게 귀중한 봉사를 베푼다. 그들이 이렇게 배치되지 않았을 때, 지역 우주에서 우리는 그들에 대하여 절대로 아무 권한이 없다. 그러나 그런 때에도 이 독특한 존재들은 우리의 문제를 해결하고 우리가 받은 명령을 집행하는 데 언제나 우리를 기쁘게 도와 주려 한다.

안도본시아는 우리 지역 우주에 머무르는 3차 우주 회로 감독자의 이름이다. 그는 오로지 영 및 상물질계 회로에만 아랑곳하며, 동력 지휘자들의 관할 밑에 있는 회로에는 관심이 없다. 루시퍼 반란에서 시련을 받던 시절에, 칼리가스티아의 혹성 배반이 있던 때, 바로 그가 유란시아를 고립시켰다. 유란시아 필사자들에게 안부를 전하면서, 그는 감독하는 우주 회로로 언젠가 너희가 회복될 것을 기대하는 기쁨을 표시한다.

네바돈의 인구 조사 지휘자 살사시아는 구원자별의 가브리엘 구역 안에 본부를 유지한다. 그는 의지(意志)의 출생과 사망을 자동으로 의식하며, 지역 우주에서 활동하는 의지 생물의 정확한 수를 지금 기록한다. 그는 천사장의 기록 세계들에서 거주하는 성격자를 기록하는 자들과 밀접한 관계를 가지고 일한다.

한 부검열자가 구원자별에 거주한다. 그는 오르본톤의 최상 집행자를 몸소 대표한다. 지역 체계에 있는 그의 동료, 지정된 파수들도 또한 오르본톤의 최상 집행자의 대표이다.

우주 화해자들은 시공 우주에서 여행하는 법정이며, 진화 세계들로부터 지역 우주의 모든 구역을 통해서, 그리고 거기를 지나서, 활동한다. 이 심판들은 유버르사에 등록되어 있는데, 네바돈에서 작업하는 정확한 수는 기록에 없지만, 나는 우리 지역 우주 안에 화해 위원회가 약 1억이 있다고 추정한다.

기술 고문들은 그 영역의 법적 지성인데 그 중에서, 우리는 네바돈에 할당받은 수, 약 5억을 가지고 있다. 이 존재들은 모든 공간에 있는, 살아 있고 순환하는 체험적 법률 도서관이다.

하늘 기록자들은 올라가는 세라핌인데 그 중에서, 우리는 네바돈에 75명을 가지고 있다. 그들은 선임 기록자, 곧 감독하는 기록자이다. 훈련을 받는, 이 계급에서 진보하는 학생들은 거의 40억에 달한다.

7백억 명의 상물질계 동반자가 네바돈에서 베푸는 봉사는 시간 순례자들이 거치는 과도기 혹성들을 다루는 이야기에서 설명된다.

각 우주는 그 자체의 토착인 천사 군단을 거느리고 있다. 그런데도 지역 창조 바깥에서 기원을 가진 고등(高等) 영들의 도움이 매우 유익할 경우가 있다. 상천사들은 어떤 드물고도 독특한 서비스를 해낸다. 유란시아 세라핌의 현재 우두머리는 파라다이스의 1차 상천사이다. 초우주 직원이 활동하고 있는 곳은 어디서나 반영하는 2품 천사와 마주치게 되며, 아주 많은 3품 천사들이 최고자 조수로서 임시 근무에 종사한다.

9. 지역 우주의 영구 시민

초우주 및 중앙 우주에서와 마찬가지로, 지역 우주는 영구 시민권을 가진 계급이 있다. 그들은 창조된 다음 종류를 포함한다.

1. 수사시아.
2. 일생자.
3. 물질 아들.
4. 중도인.

지역 창조의 이 원주민은 영이 융합한 승천자, 그리고 (다르게 분류되는) 영 일꾼들과 함께, 비교적 영구한 시민 계급을 구성한다. 이 계급의 존재들은 대체로 올라가지도 내려가지도 않는다. 그들은 모두 체험하는 생물이지만, 확대되는 체험은 그들의 기원이 있는 수준에서 우주에 계속 소용된다. 이것은 아담의 아들들과 중도인(中道人)들에게 전적으로 참말은 아니지만, 이 여러 계급에는 비교적 진실이다.

수사시아. 이 놀라운 존재들은 이 지역 우주 본부인 구원자별에서 영구 시민으로 거주하고 활동한다. 그들은 아들 창조자와 창조 영의 빛나는 자손이며, 지역 우주의 하늘 가는 시민, 곧 네바돈 완전 군단의 영 융합 필사자들과 밀접히 연결되어 있다.

일생자. 건축 구체인 1백 별자리 본부의 집단은 각각 일생자(一生者)로 알려진, 거주하는 계급 존재들의 계속 베푸는 봉사를 누린다. 아들 창조자와 창조 영이 낳은 이 아이들은 별자리 본부 세계의 영구한 인구를 구성한다. 그들은 체계 본부에 기거하는 물질 아들들의 반(半)물질 지위, 그리고 더 분명히 영적 수준에 있는 영 융합 필사자들 및 구원자별의 수사시아들 사이에, 대략 중간점의 생명 수준에 있는 비생식(非生殖) 존재이다. 그러나 일생자들은 상물질계 존재는 아니다. 하보나 원주민이 중앙 창조를 거쳐 가는 순례하는 영들에게 이바지하는 어떤 것을, 그들은 하늘 가는 필사자들을 위하여 이들이 별자리 구체들을 거쳐 가는 동안에 이룬다.

<u>하나님의 물질 아들</u>. 아들 창조자와 우주 어머니 영 (무한한 영의 우주 대표) 사이에 창조적 연락이 그 주기(週期)를 마치고 나서, 통합된 성품을 가진 자손이 더 이상 나타나지 않을 때, 그 때 아들 창조자는 그의 마지막 존재 개념을 2중 형태로 성격화하며, 이처럼 마침내 자신이 최초에 2중 기원을 가졌음을 확인한다. 자신 안에서 스스로, 그는 물질 계급의 우주 아들 신분을 가진, 아름답고 훌륭한 아들과 딸들을 창조한다. 이것이 네바돈의 각 지역 체계에서 최초의 아담과 이브의 기원이다. 그들은 생식하는 계급의 아들 신분이며, 남자와 여자로서 창조된다. 그들의 자손은 체계 서울에서 비교적 영구한 시민으로서 활동한다. 그러나 더러는 혹성 아담으로 임명된다.

혹성의 임무를 띤 경우에 물질 아들과 딸은 그 세계의 아담 민족을 기초하기 위하여 임명되며, 이 민족은 결국 그 구체의 필사 거주자들과 혼합하도록 설계되어 있다. 혹성 아담들은 내려오기도 하고 올라가기도 하는 아들들이지만, 우리는 보통 그들을 올라가는 자로 분류한다.

<u>중도인(中道人)</u>. 사람이 사는 대부분의 세계에서 초기 시절에, 초인간이지만 육체화된 어떤 존재들이 배치된다. 그러나 보통 그들은 혹성 아담들이 도착한 뒤에 물러난다. 그러한 존재들의 거래와 진화하는 종족들을 개량하려는 물질 아들들의 노력은, 흔히 수가 제한되지만 분류하기 힘든 생물의 출현을 초래한다. 독특한 이 존재들은 흔히, 물질 아들과 진화하는 생물 사이의 중간에 있다. 그래서 그들의 명칭이 중도인이다. 비교적 의미에서, 이 중도자들은 진화 세계의 영구 시민이다. 혹성 영주가 도착하는 초기 시대부터 그 혹성이 빛과 생명에 안주하는 그 아득한 시절까지, 그들은 그 구체에 줄곧 남아 있는 유일한 집단의 지적 존재이다. 유란시아에서 중도 봉사자들은 정말로, 혹성을 실제로 관리하는 자이다. 사실을 말하자면, 그들은 유란시아의 시민이다. 필사자들은 진화하는 세계에서 육체가 있고 물질적인 거주자이지만, 너희는 모두 너무나 짧게 산다. 너희는 태어난 혹성에서 아주 짧게 머무른다. 너희는 태어나서, 살다가 죽고, 진화로 진보하는 다른 세계들로 가 버린다. 하늘의 봉사자로서 혹성에서 근무하는 초인간 존재들도 일시적으로 배치를 받으며, 그들 중 거의 아무도 일정한 구체에 오래 소속되지 않는다. 그러나 중도인은 언제나 변하는 천상의 봉사와 늘 바뀌는 필사 거주자들이 있는 가운데 혹성 행정에 연속성을 마련해 준다. 결코 그치지 않는 이 변화와 변동 전체를 통하여, 중도인은 그 혹성에 남아서, 끊임없이 할 일을 수행한다.

마찬가지 방법으로, 지역 우주 및 초우주 행정 조직의 모든 분과는 그들의 얼마큼 영구한 인구, 곧 시민권 지위를 가진 거주자들을 가지고 있다. 유란시아가 중도자들을 가진 것 같이 너희 체계의 서울 예루셈은 물질 아들과 딸들을 가졌다. 너희

의 별자리 본부 에덴시아는 일생자들을 가졌으며, 한편 구원자별의 시민은 두 가지인데, 창조된 수사시아와 진화된 영 융합 필사자들을 가지고 있다. 초우주의 소구역 및 대구역의 행정 세계들은 영구(永久) 시민이 없다. 그러나 유버르사 본부 구체들은 아반돈터로 알려진 한 놀라운 무리의 존재들의 보살핌을 줄곧 받는데, 그들은 옛적부터 늘 계신 이들의 밝혀지지 않은 대리자요, 오르본톤 서울에 거주하는 일곱 반영 영이 창조한 것이다. 유버르사에서 거주하는 이 시민들은 현재 아들이 융합한 필사자들의 유버르사 군단에게 직접 감독을 받으면서 그들 세계의 일상 사무를 관리한다. 하보나도 거기서 태어난 존재들이 있으며, 중앙에 빛과 생명의 섬은 여러 집단의 파라다이스 시민의 고향이다.

10. 다른 지역 우주 집단

차후의 여러 논문에서 고려될 천사 및 필사 계급 외에, 네바돈 우주처럼 거대한 우주를 유지하고 완성시키는 데 관여하는 수많은 존재가 더 있으며, 네바돈은 지금도 사람이 사는 세계들이 3백만이 넘게 있고, 1천만 세계가 될 전망이다. 다양한 네바돈 종류의 생명은 너무 수가 많아서 이 논문에서 목록을 작성할 수 없다. 그렇지만 지역 우주의 647,591개 건축 구체에서 광범위하게 활동하는 두 가지 특별한 계급이 있는데, 이들은 언급되어도 좋다.

영 일꾼들은 밝은 새벽별과 아버지 멜기세덱의 영 자손이다. 그들은 성격 말소에서 면제되지만, 진화하거나 하늘 가는 존재가 아니다. 그들은 진화가 있는 승천 체제와도 기능적으로 연관이 없다. 그들은 지역 우주의 영 조수이며, 네바돈의 일상적인 영 과제를 집행한다.

씨앗 일꾼. 지역 우주의 건축된 본부(本部) 세계들은 실재하는 세계이다—물리적 창조이다. 이 세계들의 물리적 관리와 연결된 일이 많이 있는데, 여기서 우리는 씨앗 일꾼이라고 부르는 집단, 육체를 가진 생물 집단의 도움을 받는다. 그들은 예루셈으로부터 구원자별에 이르기까지, 이 본부 세계들의 물질 단계를 보존하는 일과 그 문화에 전념한다. 씨앗 일꾼들은 영도 성격자도 아니며, 그들은 동물 계급의 존재이지만, 너희가 그들을 볼 수 있다면, 그들이 완전한 동물로 보인다고 동의할 것이다.

여러 우대 거류지는 구원자별과 기타 장소에서 주소를 가진다. 별자리에서 하늘 예술가들이 베푸는 봉사로부터 우리는 특별히 혜택을 받으며, 복귀 지도자들의 활동으로부터 이득을 얻는데, 그들은 지역 체계 서울에서 주로 활동한다.

영화롭게 된 중도인들을 포함하여, 하늘 가는 필사자 집단이 언제나 우주 봉사에 부속된다. 이 승천자들은, 구원자별에 도착한 뒤로, 우주 사무를 운영하는 데 거의 끝없는 종류의 활동에서 이용된다. 각 수준의 성취로부터 승진하는 이 필사자들은 뒤와 밑으로 손을 뻗어서, 위를 향한 상승에서 그들을 따라오는 동료들에게 도움의 손길을 내민다. 구원자별에서 임시 머무르는 그러한 필사자들은 요청을 받고 나서, 거의 모든 군단의 천상 성격자들에게 조수, 학생, 관찰자, 선생으로서 배치된다.

지역 우주의 행정에 관여하는 다른 부류의 총명한 생명이 더 있지만, 이 이야기의 계획은 이 계급들의 창조에 대하여 더 밝히는 것을 허락하지 않는다. 필사의 지성에게 살아남는 존재의 실체와 장려함을 파악하도록 하기 위해서, 이 우주의 생명과 행정은 충분히 여기에 묘사되었다. 너희의 승진하는 생애에서 연장된 체험은 흥미와 매력이 있는 이 존재들을 점점 더 드러낼 것이다. 이 이야기는, 엄청난 훈련 학교들로서 이 창조들을 관리하는 공간 우주로 모여드는 다양한 성격자들의 성품과 하는 일에 관하여 간략한 줄거리보다 더한 것이 될 수 없다. 이 여러 학교에서는 시간 순례자들이, 그들의 기원이 있는 우주의 경계로부터 초우주의 더 높은 교육 체제로, 거기서부터 계속 하보나의 영 훈련 세계로, 궁극에는 파라다이스로, 그리고 최후자들의 높은 운명으로 그들이 사랑 속에 파송될 때까지, 한 생명에서 다른 생명으로, 한 세계에서 다른 세계로 진급한다. 이 높은 운명은 시공의 우주들까지 가는 아직 밝혀지지 않은 임무에 영원히 배치받는 것이다.

[네바돈의 한 찬란한 저녁별, 창조된 군단의 1146번이 구술하였다.]

제 38 편

지역 우주의 봉사하는 영

무한한 영의 성격자들에는 세 가지 뚜렷한 계급이 있다. 성급한 사도가 예수에 관하여 "그가 하늘에 올라가셨고, 하나님 바른 편에 계시며, 천사와 권위자와 능력들이 그에게 굴복하더라"하고 말했을 때, 그는 이것을 이해했다. 천사들은 시간 속에서 봉사를 베푸는 영이며, 권위자들은 공간의 사자(使者)요, 능력들은 무한한 영의 고등 성격자이다.

중앙 우주에 있는 상천사들 같이, 초우주에 있는 2품 천사들 같이, 세라핌은 관련된 케루빔 및 사노빔과 더불어, 지역 우주의 천사 군단을 구성한다.

세라핌의 고안은 모두 상당히 한결같다. 우주마다, 일곱 초우주 전체를 통해서, 그들은 최소한의 변화를 보인다. 모든 영 종류의 성격 존재들 가운데 그들은 가장 표준화되어 있다. 그들의 다양한 계급들은 지역 창조에서 숙련된 평범한 봉사자 군단을 구성한다.

1. 세라핌의 기원

우주 어머니 영이 세라핌을 창조하며, 네바돈의 초기 시절에 "원형(原形) 천사"와 어떤 천사 모형들이 창조된 뒤에, 그들은 단위를 이루어—일시에 41,472명씩—계획된다. 아들 창조자, 그리고 무한한 영의 우주 대표가 큰 무리의 아들 및 기타 우주 성격자들을 생산하기 위하여 공동으로 일한다. 이 연합된 노력이 끝난 뒤에, 아들은 물질 아들들, 곧 첫 유성(有性) 생물을 창조하는 데 종사하고, 한편 우주의 어머니 영은 동시에 영 생식(生殖)을 위하여 혼자서 처음 노력을 시작한다. 이처럼 한 지역 우주의 천사 무리의 창조가 시작된다.

이 천사 계급들은 의지를 가진 필사 인간의 진화를 계획할 때 설계된다. 후에 주 아들과 동등한 분으로서가 아니라, 초기에 아들 창조자에게 창조 조수로서, 우주 어머니 영이 상대적 성격을 얻을 때부터, 세라핌의 창조가 시작된다. 이 사건 이전에는, 네바돈에서 근무하는 세라핌을 이웃 우주에서 임시로 빌려 왔다.

세라핌은 아직도 정기적으로 생산된다. 네바돈 우주는 아직도 형성되는 과정에 있다. 우주 어머니 영은 성장하고 완전하게 되는 우주에서 결코 창조 활동을 그치지 않는다.

2. 천사의 성품

천사들은 물질 몸이 없지만, 분명한 별개의 존재이며, 영 성품과 기원을 가지고 있다. 필사자들의 눈에 보이지 않지만, 변압자나 해석자의 도움이 없이, 육체를 입은 너희 그대로를 파악한다. 그들은 필사 생명의 형태를 지적으로 이해하며, 사람의 육욕 아닌 감동과 감정(感情)을 모두 가지고 있다. 그들은 음악, 예술, 참 유머의 면에서 너희의 노력을 이해하고 크게 즐긴다. 그들은 너희의 도덕적 투쟁과 영적 어려움을 충분히 의식한다. 그들은 인간을 사랑하며, 너희가 그들을 이해하고 사랑하는 노력으로부터 오직 좋은 결과만 생길 수 있다.

세라핌은 대단히 애정이 많고 동정심 있는 존재이지만, 성(性) 감정을 가진 생물이 아니다. 그들은 저택 세계에서 너희가 될 존재와 아주 비슷하니, 거기서 너희는 "장가도 시집도 가지 않으며, 하늘의 천사와 같으리라." 이는 "저택 세계들에 이를 자격이 있다고 간주될 자는 모두 장가도 시집도 가지 않기" 때문이며, "저희가 이제 더 죽지도 아니하니, 저희가 천사와 같음이라." 그렇기는 해도 유성(有性) 생물과 상대하면서 아버지와 아들로부터 직접 내려온 존재들을 하나님의 아들이라 하고, 한편 영의 아이들을 하나님의 딸이라 언급하는 것이 우리의 관습이다. 따라서, 성의 구별이 있는 혹성들에서 천사들은 보통 여성 대명사로 지칭된다.

세라핌은 영과 물질, 두 수준에서 활동하도록 창조된다. 그들의 직책에 개방되지 않는 상물질이나 영 활동 단계는 거의 없다. 성격 지위에서 천사는 인간으로부터 그리 멀리 떨어져 있지 않는 반면에, 어떤 기능의 성과에서 세라핌은 인간을 훨씬 초월한다. 그들은 인간이 이해하지 못하는 능력을 많이 소유한다. 예를 들면, "너희의 머리털도 모두 수를 세었다"고 너희는 들었는데, 그것은 참말로 계산되었지만, 세라핌은 머리털 수를 세고, 순간마다 그 수를 바로 잡느라고 시간을 쓰지 않는다. 천사들은 그러한 것을 아는 능력, 본래부터 가진 자동 (다시 말해서, 너희가 파악하는 한 자동) 능력을 가지고 있다. 너희는 참으로 세라핌을 수학(數學)의 천재로 보려 하겠다. 따라서, 필사자들에게는 엄청난 과제인 수많은 임무를 세라핌은 아주 거뜬히 수행한다.

천사들은 영적 지위에서 너희보다 우수하지만, 너희를 재판하거나 고발하는 자가 아니다. 너희의 잘못이 무엇이든, "능력과 힘이 더 크지만, 천사들은 너희를 전혀 고소하지 않느니라." 천사들은 인류를 재판하지 않으며, 개별 필사자도 동료 생물을 미리 판단해서는 안 된다.

너희가 그들을 사랑하는 것은 좋지만 숭배해서는 안 되며, 천사들은 예배를 받을 대상이 아니다. 너희의 예언자가 "천사의 발 앞에 예배하려고 무릎을 꿇었을 때" 위대한 세라핌 로얄라시아는 말했다. "너는 그러지 않도록 명심하라. 나는 너와 네 민족과 함께 동료 일꾼이니, 너희 모두가 하나님을 경배하라고 명령을 받았느니라."

성품과 성격 자질 면에서 세라핌은 필사 민족보다 생물 존재의 눈금에서 아주 조금 앞섰다. 정말로, 너희가 육체에서 벗어날 때, 너희는 그들과 상당히 비슷하게 된다. 저택 세계들에서, 너희는 세라핌을 비로소 이해하게 되고, 별자리 구체들에서 그들을 만나는 것을 즐거워하겠고, 반면에 구원자별에서 그들은 너희와 함께 쉬고 예배하는 장소를 같이 사용할 것이다. 상물질계 전체와 나중에 영 승천을 통해서 내내, 세라핌과 너희가 가지는 친교는 이상적이고 너희의 교제는 훌륭할 것이다.

3. 밝혀지지 않은 천사

지역 우주의 영토 전역에서 활동하는 수많은 계급의 영 존재들이 필사자에게 밝혀지지 않는데, 그들이 파라다이스로 올라가는 진화 계획과 어떤 방법으로도 연결되지 않기 때문이다. 이 논문에서 "천사"라는 말은, 대체로 사람을 살아남게 만드는 계획을 운영하는 데 관여하는, 우주 어머니 영의 천사 자손 및 관계된 자손을 지칭하는 데 일부러 국한된다. 지역 우주에는 다른 여섯 계급의 관계된 존재, 곧 밝혀지지 않은 천사들이 봉사하는데, 그들은 어떤 특정한 방법으로도 진화하는 필사자들이 파라다이스로 승천하는 데 관한 우주 활동에 연결되지 않는다. 이 여섯 집단의 천사 동료들은 결코 세라핌이라 부르지 않고, 그들은 봉사하는 영으로 언급되지도 않는다. 이 성격자들은 네바돈의 행정 및 기타 사무에 온통 전념하며, 이 업무는 영적으로 상승하고 완전에 도달하는, 사람의 진보하는 생애와 도무지 관련되지 않는다.

4. 천사의 세계

구원자별 회로에서 제9 집단의 일곱 주요 구체는 세라핌의 세계들이다. 이 세계들은 각각 여섯 종속 위성을 가졌고, 거기에는 특별 학교들이 모든 단계의 천사 훈련에 전념한다. 세라핌은 이 구원자별 구체 집단을 구성하는 49 세계를 모두 드나들 수 있는 한편, 일곱 구체로 이루어진 첫째 무리만 독차지한다. 나머지 여섯 무리는 유란시아에 밝혀지지 않는 여섯 계급의 천사 동료들이 차지하고 있다. 그러한 각 집단은 여섯 주요 세계 중 하나에 본부를 유지하며, 그 여섯 종속 위성에서 특화된 활동을 수행한다. 각 천사 계급은 다양한 이 일곱 집단의 모든 세계에 자유로이 드나들 수 있다.

이 본부 세계들은 네바돈의 장려한 영역에 속한다. 천사들의 단지(團地)는 아름답고도 광대한 특징을 가지고 있다. 여기서 세라핌은 저마다 진짜 집이 있으며, "집"은 두 세라핌의 주거를 말하는데, 그들은 쌍을 이루어 산다.

물질 아들과 필사 민족들처럼 남자와 여자는 아니라도, 세라핌은 양성(陰性)과 음성(陽性)이다. 대다수의 임무에서 과제를 성취하는 데는 두 천사가 요구된다. 회로에 연결되어 있지 않을 때, 그들은 혼자서 일할 수 있다. 움직이지 않을 때, 그들은 존재의 보완자가 필요하지도 않다. 보통 그들은 자기 최초의 보완자를 간직하지만, 반드시 그렇지는 않다. 그러한 결합은 1차적으로 기능에 따라서 필요하게 된다. 그들은 성(性) 감정의 특징이 없다. 그러나 그들은 아주 성격을 가졌으며, 참으로 애정이 깊다.

지정된 집 외에도, 세라핌은 소대(小隊)·중대(中隊)·대대(大隊), 그리고 단위의 본부가 있다. 그들은 1천 년마다 재회하기 위하여 모이며, 그들이 창조된 시간에 따라서 모두 출석한다. 한 세라핌이 임무로부터 빠지는 것을 금하는 책임이 있으면, 보완자와 출석을 교대하며, 다른 생일을 가진 세라핌이 해방시켜 준다. 각 천사의 짝은 이렇게 해서 적어도 두 번에 한 번, 재회에 출석한다.

5. 천사의 훈련

세라핌은 구원자별 및 그 관련된 세계 학교들에서, 임명받지 않은 관찰자로서 처음 1천 년을 보낸다. 둘째 1천 년은 구원자별 회로의 천사 세계들에서 보낸다.

그들의 중앙 훈련 학교를 지금 네바돈의 첫 세라핌 10만 명이 주관하며, 그 정상(頂上)에는 이 지역 우주 최초의 천사, 곧 처음 낳은 천사가 있다. 네바돈 세라핌 가운데 처음 창조된 집단은 아발론에서 온 세라핌 1천 명의 군단으로부터 훈련을 받았다. 그 뒤에 우리 천사들은 자기 선배들로부터 가르침을 받았다. 멜기세덱들도 모든 지역 우주 천사—세라핌·케루빔·사노빔—의 교육과 훈련에 큰 역할을 한다.

구원자별의 천사 세계들에서 이 훈련 기간이 종료될 때, 세라핌은 전통적 집단과 천사 조직의 단위로 동원되며, 별자리들 중 어느 하나에 배치된다. 그들은 아직 봉사하는 영으로 임관되지 않는다. 그렇지만 천사 훈련에서 임관 이전(以前) 단계에 한창 들어가 있다.

세라핌은 가장 낮은 진화 세계들에서 관찰자로 근무하면서, 봉사하는 영으로 시작한다. 이 체험 뒤에, 상급 과정을 시작하고, 더 분명하게 어떤 특별한 지역 체계에 근무하는 것을 준비하기 위해서, 그들은 배치된 별자리 본부의 관련된 세계들로 돌아간다. 이 일반 교육을 받은 뒤에, 그들은 지역 체계들 가운데 어느 한 곳에서 근무하도록 진급된다. 어느 네바돈 체계의 서울과 연관된 건축 세계들에서, 우리 세라핌은 자기의 훈련을 마치고, 시간 속에서 봉사하는 영으로서 임관된다.

세라핌이 일단 임관(任官)되고 나서, 그들은 네바돈 전체, 아니 오르본톤까지도, 임무를 띠고 돌아다녀도 좋다. 우주에서 그들이 하는 일에는 경계가 없고 제한이 없다. 그들은 세계들에 있는 물질 생물과 밀접히 관련이 있고, 하등 계급의 영적 성격자들에게 언제나 봉사하며, 영 세계의 이 존재들과 물질 영역의 필사자들 사이에서 연락을 취한다.

6. 천사의 조직

천사 본부에서 둘째 1천 년 동안 머무른 뒤에, 세라핌은 열둘로 (12 쌍, 24 세라핌으로) 이루어진 소대로 우두머리 밑에 조직된다. 그러한 12 소대(小隊)가 한 중대(中隊)를 (144 쌍, 288 세라핌을) 구성하며, 한 지도자가 이를 지휘한다. 한 대대장 밑에 12 중대가 한 대대를 (1728 쌍, 곧 3456 세라핌을) 이루며, 한 지휘자 밑에 12 대대(大隊)가 한 천사 단위를 (20,736 쌍, 곧 41,472명을) 이룬다. 반면에 한 감독자의 명령 밑에 12 단위가 한 군단을 이루며, 이 수는 248,832 쌍, 곧 497,664명이다. 예수가 "나는 지금도 내 아버지께 요청할 수 있으니, 그는 당장에 12 군단이 넘는 천사들을 내게 주시리라"하고 말했을 때, 그는 겟세마네 동산에서 그 날 밤에 그런 집단의 천사들을 언급한 것이다.

12 군단의 천사들은 한 대군(大軍)을 이루고 이것은 2,985,984쌍, 곧 5,971,968명인데, 그러한 12 대군은 (35,831,808 쌍, 곧 71,663,616명) 세라핌의 가장 큰 작업 조직, 곧 천사 군대이다. 천사장, 또는 그와 동등한 지위를 가진 다른 어떤 성격자가 한 천사 대군을 지휘하며, 반면에 찬란한 저녁별이나 가브리엘의 다른 직속 부관이 천사 군대들을 지휘한다. 가브리엘은 "하늘 군대의 최고 사령관," 곧 "만군의 주 하나님," 네바돈 군주의 최고 집행자이다.

구원자별에서 성격화된 무한한 영의 직접 감독 밑에서 근무하지만, 세라핌과 모든 다른 지역 우주 계급은, 미가엘이 유란시아에 자신을 수여한 뒤로, 주 아들 통치권의 지배 밑으로 들어오게 되었다. 미가엘이 유란시아에서 육체로부터 태어났을 때에도, 온 네바돈으로 "모든 천사가 그를 경배할지어다"하고 선포하는 초우주 방송이 나갔다. 모든 계급의 천사들이 그의 통치권 밑에 있으며, 그들은 "그의 막강한 천사"라고 지칭되어 온, 바로 그 집단의 일부이다.

7. 케루빔과 사노빔

모든 필수 자질 면에서, 케루빔과 사노빔은 세라핌과 비슷하다. 그들은 같은 기원을 가지고 있지만 반드시 같은 운명을 갖지는 않는다. 경이롭게 총명하고 놀랍게 유능하며, 감동을 주도록 애정이 깊고 거의 인간답다. 그들은 천사(天使) 중에 가장 낮은 계급이며, 따라서 진화 세계들에서 진취적인 부류의 인간에 더군다나 가깝다.

케루빔과 사노빔은 선천적으로 결합되어 있고, 기능 면에서 뭉쳐 있다. 하나는 양성 에너지 성격자이며, 다른 하나는 음성 에너지이다. 바른편 편향자(偏向者), 곧 양성 전하(電荷)를 가진 천사는 케루빔이다—선임 성격자, 곧 통제하는 성격자이다. 왼편 편향자, 곧 음성 전하를 가진 천사는 사노빔이다—존재의 보충자이다. 각 종류의 천사는 혼자 하는 활동이 아주 제한되어 있으며, 따라서 그들은 보통 쌍을 이루어 근무한다. 그들의 지휘하는 천사와 상관 없이 근무할 때, 그들은 보통 때보다 더욱 서로의 접촉에 의존하며, 언제나 함께 활동한다.

케루빔과 사노빔은 봉사하는 세라핌들에게 충실하고 유능한 보조자이며, 모두 일곱 계급의 세라핌에게 이 부하 조수들이 주어진다. 케루빔과 사노빔은 이 자격으로 오랜 세월 동안 근무하지만, 지역 우주의 테두리를 넘는 임무에는 세라핌을 따라가지 않는다.

케루빔과 사노빔은 체계의 개별 세계들에서 일상적인 영 노동자이다. 비성격 임무와 비상시에 그들은 세라핌 쌍을 대신하여 일해도 좋지만, 그들은 잠시라도, 인간에게 시중드는 천사로서 결코 활동하지 않는다. 이것은 세라핌이 독점하는 특권이다.

한 혹성에 배치되었을 때, 케루빔은 지역 훈련 과정에 들어가며, 그것은 혹성의 관습과 언어들을 포함한다. 봉사하는 시간의 영들은 모두 두 가지 말을 쓰는데, 그들의 기원이 있는 지역 우주의 언어(言語)와 그들이 출생한 초우주의 언어를 사용한다. 영역의 여러 학교에서 공부함으로 그들은 다른 언어를 더 획득한다. 세라핌과 모든 다른 계급의 영 존재들처럼, 케루빔과 사노빔은 계속해서 자기를 개선하는 노력에 힘쓴다. 동력을 통제하고 에너지 지향을 담당하는 그러한 하위 존재들만 진보할 능력이 없다. 실제 또는 잠재 성격 의지(意志)를 가진 모든 생물은 새로운 달성을 추구한다.

케루빔과 사노빔은 천성으로 상물질 수준의 존재에 아주 가깝고, 그들은 물리·상물질·영적 영토의 경계 지역에서 생기는 작업에 가장 유능한 것이 판명된다. 이 지역 우주 어머니 영의 아이들은, 하보나 일꾼 및 화해 위원회들과 아주 비슷하게, "넷째 생물"이 그 특징을 나타낸다. 넷째 케루빔과 넷째 사노빔은 모두, 준(準)물질적이며, 아주 분명히 상물질 수준의 존재를 닮는다.

이 넷째 천사 생물은 세라핌에게, 그들의 우주 및 혹성 활동의 실질성이 더한 단계에서 큰 도움이 된다. 그러한 상물질 케루빔은 또한 상물질계의 훈련 세계들에서, 경계선에 있는 불가결한 과제를 많이 수행하며, 큰 무리를 지어, 상물질계 동반자 근무에 배치된다. 중도인(中道人)과 진화 혹성들의 관계는 대체로 그들과 상물질 구체들의 관계와 같다. 사람이 사는 세계들에서 이 상물질 케루빔은 빈번히 중도인과 연락하여 일한다. 케루빔과 중도인은 뚜렷하게 별도의 존재들이며, 그들은 다른 기원을 가졌어도, 성품과 활동이 크게 비슷함을 드러낸다.

8. 케루빔과 사노빔의 진화

지위의 향상으로 이끄는 길, 승진하여 근무하는 수많은 길이 케루빔과 사노빔에게 열려 있으며, 이것은 신성한 봉사자의 품에 안김으로 더욱 확대될 수도 있다. 진화 잠재성에서, 3대 등급의 케루빔과 사노빔이 존재한다.

1. <u>승천 후보자</u>. 이 존재들은 천성(天性)에 따라서 세라핌 지위를 얻을 후보자이다. 이 계급의 케루빔과 사노빔은 명석하지만, 본래부터 가진 자질로 보면 세라핌과 대등하지는 않다. 그러나 신청하고 체험함으로, 그들은 완전한 세라핌 지위에 도달하는 것이 가능하다.

2. <u>중간 단계 케루빔</u>. 모든 케루빔과 사노빔은 승천 잠재성이 같지 않으며, 그들은 천사 창조에서 본래부터 제한된 존재이다. 그들의 대부분은 케루빔과 사노빔으로 남을 것이다. 하지만 재능 있는 개인들은 제한된 세라핌 근무를 획득할 수도 있다.

3. <u>상물질계 케루빔</u>. 천사 계급에서 이 "넷째 생물"은 언제나 그들의 준(準)물질 특징을 간직한다. 중간 단계에 있는 그 형제들의 대다수와 함께, 최상 존재가 완전히 사실화할 때까지, 그들은 케루빔과 사노빔으로서 계속할 것이다.

둘째와 셋째 집단은 성장 잠재성이 얼마큼 제한되어 있지만, 승천 후보자들은 우주에서 세라핌으로 봉사하는 높이에 도달할 수도 있다. 이 케루빔 중에서 경험이 많은 다수는 운명 수호 세라핌에게 소속되며, 따라서 그들의 세라핌 선배가 버리고 떠날 때, 저택 세계 선생의 지위로 승진하는 직통선에 놓여진다. 운명 수호자들은 필사 피보호자가 상물질 생명에 도달할 때, 케루빔과 사노빔을 조수로 거느리지 않는다. 다른 종류의 진화 세라핌이 천사별과 파라다이스로 가는 입장 허가가 내릴 때, 네바돈 테두리를 빠져 나갈 때, 그들은 예전의 부하들을 버려야 한다. 그러한 버림받은 케루빔과 사노빔은 보통 우주 어머니 영의 품에 안기며, 이렇게 세라핌 지위 도달에서 저택 세계 선생의 것에 상당하는 수준을 성취한다.

저택 세계 선생으로서, 한번 품에 안긴 케루빔과 사노빔이 상물질계 구체들에서, 가장 낮은 곳에서부터 가장 높은 곳까지 오래 근무했을 때, 그리고 구원자별에 있는 그들의 집단이 정원(定員) 초과일 때, 밝은 새벽별은 시간 생물을 돌보는 이 충실한 일꾼들을 앞에 출두하라고 호출한다. 성격을 변화시키는 선서가 시행되며, 그리고 나서 7천 명씩 집단을 이루어, 이 상급의 선임 케루빔과 사노빔은 우주 어머니 영의 품에 다시 안긴다. 이 둘째 포옹으로부터 그들은 완전히 발육된 세라핌으로 나타난다. 그 때부터, 세라핌의 충만하고 완전한 생애가, 그 모든 파라다이스 가능성과 더불어, 그렇게 다시 태어난 케루빔과 사노빔에게 열린다. 그러한 천사들은 어떤 필사 존재에게 운명의 수호자로 배치되어도 좋다. 그리고 그 필사 피보호자가 살아남으면, 그들은 천사별, 그리고 천사가 달성하는 일곱 영역까지, 아니 파라다이스와 최후 군단까지 승진할 자격을 갖추게 된다.

9. 중도인

중도인은 세 가지로 분류된다. 그들은 하늘 가는 하나님의 아들이라고 분류되는 것이 적절하다. 그들은 사실로 영구 시민 계급과 함께 취급되며, 한편 기능 면에서 봉사하는 시간 영들과 함께 간주되는데, 이것은 공간의 개별 세계들에서 필사 인간에게 봉사하는 작업에서, 그들이 천사 무리와 함께 친밀하고 능률적인 관계를 가지기 때문이다.

이 독특한 생물은 사람이 사는 대다수의 세계들에 출현하며, 유란시아와 같은 십일 혹성, 곧 생명을 실험하는 혹성들에서 반드시 발견된다. 중도자들은 두 종류—1차와 2차—가 있고, 그들은 다음 기법에 따라서 나타난다.

1. 1차 중도자, 둘 중에서 더 영다운 집단은 얼마큼 표준화된 계급의 존재이며, 그들은 한결같이 혹성 영주들의 참모, 수정된 하늘 가는 필사 참모들로부터 생겨난다. 1차 중도인의 수는 반드시 5만 명이며, 그들의 보살핌을 누리는 어느 혹성도 더 큰 집단을 가지지 않는다.

2. 2차 중도자들은 이 생물 중에 좀더 물질적인 집단이며, 그 수는 다른 세계들에서 크게 다르다. 하지만 평균은 약 5만 명이다. 그들은 혹성의 생물학적 개량자, 곧 아담과 이브, 또는 그들의 직계 후손으로부터 다양하게 유래한다. 공간의 진화 세계들에서 이 2차 중도인을 생산하는 데는 24 가지 이상의 다양한 기법이 있다. 유란시아에서 이 집단이 기원을 가진 형태는 보기 드물고 특별하다.

이 중에 어느 집단도 진화에서 우연히 생긴 것은 아니다. 두 집단이 우주 건축가들의 예정된 계획에 필수인 특징이며, 진화하는 세계들에서 적절한 시점에 그들이 출현하는 것은, 감독하는 생명 운반자들의 최초의 설계와 개발 계획에 따른 것이다.

1차 중도자들은 천사의 기법에 따라서 지적, 영적으로 에너지를 공급받으며, 지적 지위에서 한결같다. 일곱 보조 지성 영은 그들과 아무런 접촉을 갖지 않는다. 오로지 여섯째와 일곱째, 즉 예배의 영과 지혜의 영이 2차 집단에게 봉사를 베풀 수 있다.

2차 중도자들은 아담의 기법으로 물리적으로 에너지를 받으며, 세라핌 형태로 영적으로 회로가 연결되고, 상물질계의 과도기 형태의 지성을 지적으로 부여받는다. 그들은 네 가지 물리적 부류, 영적으로 일곱 계급, 그리고 마지막 두 보조 영 및 상물질 지성이 합동으로 봉사하는 데 대하여 12 수준의 지적 반응을 보이는 것으로 분류된다. 이 다양성은 그들의 활동과 혹성 배치의 차이를 결정한다.

1차 중도자들은 사람보다 천사를 더 닮았고, 2차 계급은 훨씬 더 인간과 비슷하다. 각자가 다른 종류에게 그들의 다채로운 혹성 임무를 집행하는 데 귀중한 도움을 준다. 1차 봉사자들은 상물질 에너지 및 영 에너지 통제자와 지성 순회자들 모두와 연락하는 협동 관계를 얻을 수 있다. 2차 집단은 오로지 물리 통제자 및 물질 회로 조종자들과 기초적 연결을 지을 수 있다. 그러나 각 계급의 중도자가 다른 자와 접촉할 때 완전히 동시화할 수 있으므로, 각 집단은 이로서 물질 세계들의 총 물리적 동력으로부터 우주 에너지의 과도기 단계를 거쳐서 천상 영역의 상급 영 실체 물력에 이르기까지, 전 에너지 범위를 실용적으로 쓸 수 있다.

물질 세계와 영적 세계 사이의 간격에 필사 인간, 2차 중도자, 1차 중도자, 상물질계 케루빔, 중간 단계 케루빔, 세라핌이 완전히 다리를 놓는다. 한 개별 필사자가 몸소 겪는 체험에서 이 다양한 수준은, 의심할 여지 없이, 신다운 생각 조절자의 관측되지 않는 신비스러운 작용으로 말미암아, 얼마큼 통일되고 개인적으로 의미 있게 된다.

정상 세계들에서, 1차 중도자들은 혹성 영주를 위하여 정보 군단으로서, 그리고 하늘의 접대자로서 서비스를 유지한다. 한편 2차 봉사자들은 진화하는 혹성 문명의 운동을 촉진하는 아담 체제와 협동을 계속한다. 유란시아에서 일어난 것처럼, 혹성 영주의 배반과 물질 아들의 실패가 있을 경우에 중도인들은 체계 군주의 피보호자가 되며, 혹성의 대리 관리자의 지휘와 안내 밑에서 근무한다. 그러나 유란시아의 연합 중도 봉사자들이 하는 것처럼, 사타니아에서 겨우 다른 세 세계에서, 이 존재들은 연합된 지도자 밑에 한 집단으로서 활동한다.

1차 및 2차 중도자들이 혹성에서 하는 일은 한 우주의 수많은 개별 세계에서 다르고 다채롭지만, 정상인 보통 혹성들에서, 그들의 활동은 유란시아처럼 고립된 구체들에서 시간을 차지하는 의무와 대단히 다르다.

1차 중도자들은 혹성의 역사가(歷史家)이며, 혹성 영주가 도착한 시절부터 빛과 생명 속에 안주하는 시대까지, 체계 본부 세계들에서 혹성들을 전시하기 위해서 혹성 역사의 연극을 출연하고 그 묘사를 설계한다.

중도자들은 사람이 사는 세계에서 오랫동안 남아 있지만, 맡긴 책임에 충실하면, 궁극에는, 아주 확실하게, 아들 창조자의 통치를 유지하는 데, 오랜 세월에 걸쳐 봉사한 것 때문에 인정을 받을 것이다. 시공에 있는 그들의 세계에서 물질 필사자들에게 참을성 있게 봉사를 베푼 것 때문에 그들은 마땅히 보상을 받을 것이다. 조만간에, 인가받은 모든 중도인은 하늘 가는 하나님의 아들 등급으로 소집될 것이다. 혹성에서 오래 머무르는 동안 그들이 아주 조심스럽게 지키고 아주 유능하게 보살핀 필사자, 동물 기원을 가진 바로 그 필사자들, 곧 땅에서 그들의 형제와 일행을 이루어, 파라다이스로 올라가는 긴 모험에 마땅히 가입될 것이다.

[네바돈 천사 대군 우두머리의 요청을 받아서 행동하는 한 멜기세덱이 발표하였다.]

제 39 편

천사 무리

우리가 인식하는 한, 지역 우주에서 성격화된 무한한 영은 한결같이 완전한 세라핌을 생산하려고 의도하지만, 어떤 미지의 이유로, 이 천사 자손은 대단히 다채롭다. 이 다양성은 진화하는 체험적 신이 알지 못하게 개입함으로 생기는 결과일 수도 있다. 만약에 그렇다면, 우리는 증명할 수 없다. 그러나 세라핌들[1]이 교육에 관한 시험과 훈련 과정을 받고 나서, 그들은 어김없이, 뚜렷하게 다음 일곱 집단으로 분류된다.

1. 최상 세라핌.
2. 우수 세라핌.
3. 감독 세라핌.
4. 행정 세라핌.
5. 혹성 조수.
6. 과도기 봉사자.
7. 미래의 세라핌.

어느 한 세라핌이 어느 다른 집단의 한 천사보다 열등하다고 말하는 것은 도저히 참말일 수 없다. 그런데도 천사마다 처음에는 최초에 선천적으로 분류된 집단에 봉사하도록 제한을 받는다. 이 글을 준비하는 과제에서 나의 천사 동료 마노시아는 최상 세라핌이며, 한때는 오직 최상 세라핌으로서 활동했다. 신청하고 헌신해서 봉사함으로, 그는 하나하나 모두 일곱 가지 천사 봉사를 성취했으며, 세라핌에게 열린 거의 모든 활동 분야에서 일해 왔고, 지금은 유란시아에서 세라핌 부(副)우두머리로 임명받았다.

상급 수준의 봉사를 위하여 창조된 자격은, 상대적으로 더 낮은 봉사 수준에서 활동하는 능력이 있음을 반드시 의미하지는 않는다는 것을 인간은 가끔 이해하기 어려워한다. 사람은 무력(無力)한 아기로서 일생을 시작한다. 따라서 필사자의 모든 성취는 모든 체험적 전제 조건을 포함해야 한다. 세라핌은 그러한 어른 이전 시기—소년기—가 없다. 그러나 그들은 체험하는 생물이며, 체험으로, 추가 교육을 통해서, 하나 이상의 천사 봉사에서 기능적 기술을 체험으로 얻음으로 그들의 신다운 선천적 능력의 자질을 확대할 수 있다.

임관된 뒤에, 세라핌은 그들 본래 집단의 예비군에 배치된다. 혹성 및 행정 지위에 있는 자들은 흔히 최초에 분류된 대로 오랜 세월 동안 근무하지만, 선천적 기능 수준이 높으면 높을수록 이 천사 봉사자들은 더 끈질기게 하급 수준의 우주 봉사에 배치받기를 추구한다. 특히, 그들은 혹성 조수 예비군에 배치되고 싶어하며,

성공하면, 어떤 진화 세계에서 혹성 영주의 본부에 부속된 천상의 학교들에 등록한다. 여기서 그들은 인류 민족들의 언어, 역사, 지역 습관에 관하여 연구를 시작한다. 세라핌들은 인간과 아주 비슷하게 지식을 얻고 체험을 겪어야 한다. 그들은 어떤 성격 특성에서 너희로부터 멀리 떨어져 있지 않다. 그들은 모두 밑바닥에서, 가능한 가장 낮은 수준의 봉사에서 시작하기를 몹시 바란다. 이렇게 해서 그들은 가능한 가장 높은 수준의 체험하는 운명을 성취하기를 희망한다.

1. 최상 세라핌

이 세라핌들은 지역 우주 천사에서 밝혀진 일곱 계급 중에서 가장 높다. 그들은 일곱 집단으로 활동하며, 각각 완결 천사 군단에 속한 천사 봉사자들과 밀접하게 연결되어 있다.

1. 아들 및 영 봉사자. 최상 세라핌의 첫째 집단은 지역 우주에서 거주하며 활동하는 높은 아들들, 그리고 영에 기원을 가진 존재들을 위하여 근무하는 데 배치된다. 이 집단의 천사 봉사자들은 또한 우주 아들과 우주 영에게 시중들며, 아들 창조자와 창조 영의 연합한 의지를 시행하는 우주 최고 집행자, 곧 밝은 새벽별의 정보(情報) 군단과 밀접히 관련되어 있다.

높은 아들과 영들에게 배치되었기 때문에, 이 세라핌들은 파라다이스 아보날들을 위한 광범위한 근무에 자연히 관련되는데, 이들은 영원한 아들과 무한한 영의 신다운 자손이다. 파라다이스 아보날들의 모든 행정관 및 수여 임무에, 높고 노련한 이 계급의 세라핌들이 따라가며, 그들은 그런 때에 혹성의 한 섭리 시대를 마치고 새 시대를 개시하는 데 연결된 특별한 작업을 조직하고 관리하는 일에 전념한다. 그러나 그들은 그러한 시대의 변화에 따를 수 있는 판결 작업에는 관여하지 않는다.

수여 수행원. 아들 창조자는 그렇지 않지만, 파라다이스 아보날들이 수여 임무로 갈 때 반드시 144명의 수여 수행원으로 구성된 한 무리가 따라간다. 이 천사 144명은 수여 임무에 관계될 수도 있는 모든 다른 아들 및 영 봉사자의 우두머리이다. 혹성 수여에는 육신화된 하나님의 아들의 지휘 밑에, 천사 군단이 아마 있을지 모르지만, 수여 수행원 144명이 이 모든 세라핌을 조직하고 지휘할 것이다. 더 높은 천사들, 곧 상천사와 2품 천사들도 또한 수행하는 무리의 일부가 될 수도 있다. 그들의 임무가 세라핌의 임무와 다르더라도, 수여 수행원들이 이 모든 활동을 조정한다.

이 수여 수행원들은 완결 세라핌이다. 그들은 천사별의 영역을 모두 거쳤고, 완결 천사 군단에 도달했다. 시간의 아이들의 진보를 위해서 하나님의 아들들이 자신을 수여하는 데 관련된 어려움을 극복하고 비상 사태를 해결하려고, 그들은 특별히 더 훈련을 받았다. 그러한 세라핌은 모두 파라다이스와 둘째 근원 중심, 곧 영원한 아들의 품에 도달한 적이 있다.

세라핌은 육신화된 아들들의 임무에 배치되는 것과 그 영역의 필사자들에게 운명 수호자로 부속되기를 간절히 바란다. 후자는 파라다이스에 이르는 가장 확실한 천사 여권이며, 한편 수여 수행원은 파라다이스에 도달한 완결 세라핌으로서 지역 우주에서 가장 높은 봉사를 성취하였다.

2. 법정 고문. 화해자들로부터 그 영역의 가장 높은 법정에 이르기까지, 이들은 모든 서열의 재판에 부속된 천사 고문이요 조수이다. 징벌하는 언도를 결정하는 것이 그러한 법정의 목적이 아니라, 정직한 의견 차이를 판정하고, 하늘 가는 필사자들의 영원한 생존을 선포하는 것이다. 여기에 법정 고문들의 임무가 있는데, 이는 필사 인간에 대한 모든 혐의가 정당하게 진술되고 자비롭게 판결되는가 확인하는 것이다. 이 작업에서 그들은 높은 위원들, 곧 지역 우주에서 봉사하는, 영과 융합한 승천 필사자들과 밀접하게 관련된다.

법정의 고문 천사들은 필사자의 변호사로서 광범위하게 근무한다. 그 땅의 비천한 생물에게 어떤 불공평한 결정이 있다는 것이 아니라, 정의(正義)는 신다운 완전을 향하여 올라가는 길에 생기는 모든 이탈이 판결되기를 요구하는 한편, 자비는 모든 그러한 잘못된 걸음이 생물의 성품과 신다운 목적에 따라서 공정하게 판결되기를 요구하기 때문이다. 이 천사들은 신의 응보에—개인의 동기 및 종족 성향의 기초적 사실에 관한 지식에 근거를 둔 공정한 응보에—원래 있는 자비 요소를 지지하는 자요 모범이 된 자이다.

이 계급의 천사들은 혹성 영주들의 회의로부터 지역 우주의 가장 높은 법정에 이르기까지 봉사하며, 반면에 완결 천사 군단에 있는 그들의 동료들은 오르본톤의 좀더 높은 영역에서, 아니 유버르사에 옛적부터 늘 계신 이들의 법정에서도 활동한다.

3. 우주 예비 교육자. 광대한 오르본톤 초우주에서 승천 생물이 그들 앞에 펼쳐지는 영적 모험에 발을 내딛기 직전에, 자기의 기원이 있는 우주에서, 마지막으로 구원자별에서 멈추는 모든 승천 생물에게 이 교육자들은 참 친구이며, 과정 졸업 이후에 상담자이다. 그러한 때에 많은 승천자가, 인간의 향수(鄕愁) 감정과 비교해야 겨우 필사자가 이해할 수 있는 그러한 느낌을 가진다. 뒤에는 성취한 영역, 곧 오랜 서비스와 상물질계 달성으로 친숙해진 땅이 있고, 앞에는 더 크고 더 넓은 우주의 도전하는 신비가 깔려 있다.

달성한 수준에서부터 우주에 봉사하는 아직 미치지 못한 수준까지, 하늘 가는 순례자들의 통과를 용이하게 하는 것이 우주 예비 교육자들의 과제이다. 지역 우주 상물질계에서 상승의 끝과 절정이 아니라, 오히려 파라다이스에 계신 우주의 아버지께로, 영적으로 올라가는 긴 사다리의 맨 밑바닥에 제1 단계의 영 존재가 서 있다. 이것을 깨달음에 본래 있는 의미와 가치를 이해하면서 끊임없이 변하여 적응하도록 교육자들은 이 순례자들을 돕는다.

천사별의 많은 졸업생은 이 세라핌들과 관련된 완결 천사 군단의 구성원이며, 다음 우주 시대의 관계를 위하여 네바돈 생물을 준비시키는 데 관여하는 어떤 구원자별 학교에서 널리 교육에 종사한다.

4. 교육 상담자. 이 천사들은 지역 우주의 영적 교육 군단에게 귀중한 조수이다. 교육 상담자들은, 멜기세덱 및 삼위 일체 아들 교육자들로부터 승천 생애 단계에서 바로 뒤에 있는 동료들에게 조수로서 배치된 상물질계 필사자들에 이르기까지, 모든 계급의 선생들에게 비서(秘書)가 된다. 예루셈을 둘러싸는 일곱 저택 세계 중 어느 한 곳에서, 너희는 가르치는 이 동료 세라핌을 처음 볼 것이다.

이 세라핌들은 지역 우주의 수많은 교육 및 훈련 기관에서 분과 우두머리들의 동료가 되고, 그들은 큰 무리를 지어 지역 체계의 일곱 훈련 세계 및 별자리의 70

교육 구체의 직원에 부속된다. 이러한 시중은 밑으로 개별 세계들에까지 연장된다. 참되고 성스럽게 몸 바친 시간 교육자들조차 도움을 받고, 가끔 이 최상 세라핌인 상담자들의 보살핌을 받는다.

네 번째로 아들 창조자가 생물로 자신을 수여한 것은 네바돈의 최상 세라핌으로서, 교육 상담자의 모습을 입은 것이었다.

5. 배치 지도자. 생물이 거주하는 진화 구체와 건축 구체들에서 근무하는 천사들이 때때로, 최상 세라핌 144명의 집단을 선출한다. 이것은 어느 구체에서도 가장 높은 천사 회의이며, 천사 근무 및 배치에서 자치하는 단계를 조정한다. 이 천사들은 근무나 예배로 부르는 요청에 관계되는 모든 천사 집회를 주관한다.

6. 기록자. 이들은 최상 세라핌을 위한 공식 기록자이다. 이 높은 천사들의 다수는 재능을 완전히 갖춘 채로 태어났다. 더러는 더 낮거나 책임이 가벼운 계급에 소속되었을 때 부지런히 공부에 전념하고, 비슷한 임무를 충실하게 수행함으로써 그들의 신뢰와 책임의 자리에 맞는 자격을 갖추었다.

7. 무소속 봉사자. 아무 데도 소속되지 않은 다수의 최상 계급 세라핌은 건축 구체와 사람 사는 혹성들에서 자치하는 봉사자이다. 그러한 봉사자들은 최상 세라핌의 봉사에 대한 차별되는 요구를 자원해서 충족하며, 이처럼 이 계급의 일반 예비군을 구성한다.

2. 우수 세라핌

우수 세라핌은 어떤 의미에서도 다른 계급의 천사들보다 질적으로 우수하기 때문이 아니라, 한 지역 우주의 고급 활동을 책임지기 때문에 그런 이름을 받는다. 이 천사 군단의 처음 두 집단에서 허다한 자는 도달한 세라핌이며, 그들의 초기 활동이 있던 구체들에서 모든 단계의 훈련에 봉사했고, 그들 종류의 지도자로서 영화로운 임무로 돌아온 천사들이다. 네바돈은 젊은 우주이니까, 이 계급에 속한 천사들이 많이 없다.

우수 세라핌은 다음 일곱 집단에서 활동한다.

1. 정보 군단. 이 세라핌들은 밝은 새벽별 가브리엘의 개인 참모진에 속한다. 그들은 네바돈 회의에서 가브리엘의 지도에 필요한 그 영역의 정보를 수집하면서 지역 우주를 돌아다닌다. 그들은 막강한 무리의 정보 군단이며, 가브리엘이 주 아들의 대관으로서 그 군단을 주관한다. 이 세라핌들은 체계나 별자리들과 직접 관련되지 않으며, 그들의 정보는 연속되고 독립된 직접 회로에서, 구원자별로 바로 흘러 들어간다.

여러 지역 우주의 정보 군단은 서로 교신할 수 있고, 또 교신하기도 하지만, 다만 주어진 초우주 안에서만 그렇게 한다. 여러 초우주 정부의 사무와 거래를 효과있게 분리하는 에너지의 차별이 있다. 한 초우주는 파라다이스 교환소의 물자와 시설을 통해서만, 보통 다른 초우주와 교통할 수 있다.

2. 자비의 목소리. 자비는 천사의 근무와 천사의 봉사에서 기본음이다. 따라서, 특별한 방법으로 자비를 묘사하는 천사 군단이 있어야 마땅하다. 이 세라핌들은 지역 우주에서 참된 자비를 베푸는 자이다. 그들은 사람과 천사의 고급 충동과 좀더 거룩한 감정을 촉구하는, 영감을 받은 지도자이다. 이 군단의 지도자들은 또한 현재, 필사자의 운명을 수호하는 일을 마친, 완결 세라핌이다. 다시 말해서, 각 천사 쌍은 동물 기원을 가진, 적어도 하나의 혼을 육체로 사는 일생 동안에 안내하고, 그 뒤에 천사별의 영역을 거치고, 완결 천사 군단에 소집되었다.

3. 영 조정자. 셋째 집단의 우수 세라핌들은 구원자별에 근거를 두지만, 지역 우주에서 그들이 유익하게 쓰일 수 있는 데는 어디에서나 활동한다. 그들의 과제는 본래 영적이며, 따라서 인간의 지성이 정말로 그것을 이해하지 못하는 반면에, 구원자별에서 승천 체류자들이 지역 우주에서 그들의 마지막 이동을 위해서—가장 높은 상물질계 수준에서부터 새로 태어난 영 존재의 지위로—준비시키는 과제가 이 천사들에게 맡겨졌다고 설명한다면, 너희는 그들이 필사자들에게 베푸는 봉사에 관하여 아마 무언가 깨달을 것이다. 살아남는 생물이 상물질계 지성의 잠재성에 적응하고, 그것을 효과 있게 쓰도록 지성 계획자들이 저택 세계들에서 돕는 것과 마찬가지로, 이 세라핌들은 구원자별에서 상물질계 졸업생들에게 영이 새로 얻은 지성 능력에 관하여 가르친다. 그리고 그들은 다른 여러 방법으로 하늘 가는 필사자에게 봉사한다.

4. 조교. 조교(助教)들은 동포 세라핌, 곧 교육 상담자들의 조수이자 동료이다. 그들은 또한 지역 우주의 광범위한 교육 사업, 특히 지역 체계의 저택 세계들에서 적용되는 일곱 가지 훈련 계획과 개별적으로 연결되어 있다. 이 계급의 세라핌 중에서 한 놀라운 집단이 유란시아에서 진리와 공정의 운동을 지원하고 촉진하는 목적으로 활동한다.

5. 수송자. 모든 집단의 봉사하는 영들은 그들의 수송단을 가지고 있는데, 이는 스스로 한 구체에서 다른 구체로 여행할 수 없는 성격자들을 수송하는 직무에 헌신하는 천사 계급이다. 다섯째 계급의 우수 세라핌들은 구원자별에 본부를 두며, 지역 우주 본부로부터 왕복하는 공간 횡단자로서 근무한다. 우수 세라핌의 다른 종속 부서들과 마찬가지로, 더러는 그렇게 창조되고, 한편 더러는 더 낮거나 자질이 적은 집단으로부터 올라왔다.

세라핌의 "에너지 한계"는 지역 우주를 위해서, 아니 초우주의 필요에도 전적으로 충분하지만, 그들은 결코 유버르사로부터 하보나까지 가는 여행과 같이 그런 긴 여행에 따르는 에너지 요구를 견딜 수 없다. 그렇게 피곤한 여행은 수송 자질을 가진 1차 2품 천사의 특별한 동력을 요구한다. 수송자들은 이동 중에 비행(飛行)을 위한 에너지를 취하며, 그 여행 끝에 개인의 동력을 회복한다.

구원자별에서도 하늘 가는 필사자들은 손수 이동하는 형태를 소유하지 않는다. 승천자들은 한 세계에서 다른 세계로 승진할 때 천사의 수송에 의존해야 한다. 즉 하보나의 안쪽 궤도에서 마지막으로 잠자는 휴식에 들어가고 파라다이스에서 영원히 깨어나기 전까지 그렇고, 그 뒤에 한 우주에서 다른 우주로 교통하는 데 너희는 천사들에 의존하지 않을 것이다.

세라핌에 둘러싸이는 과정은, 이동하는 잠에서 자동인 시간 요소가 있다는 것을 제쳐 놓고, 죽음이나 잠자는 체험과 다르지 않다. 천사 안에서 쉬는 동안, 너는 의식하여 무의식이 된다. 그러나 생각 조절자는 전적으로, 충분히 의식이 있으며, 사실은 창조적이고 변화시키는 작업을 네가 반대하거나, 저항하거나, 아니면 방해할 수 없기 때문에, 특별히 효율이 있다.

세라핌에 둘러싸였을 때, 너는 지정된 시간 동안 잠에 들어가며, 지정된 순간에 깨어난다. 이동하는 잠에 빠져 있을 때, 여행의 길이는 의미가 없다. 너는 시간이 지나는 것을 직접 의식하지 않는다. 이것은 마치, 네가 한 도시에서 수송 차량 안에서 잠들고, 밤새 평화로운 잠에서 쉬고 난 뒤에 다른 먼 대도시에서 깨어나는 것과 같다. 너는 잠든 동안에 여행한 것이다. 너는 휴식하는—잠자는—동안, 세라핌에 둘러싸여 공간을 통해서 비행한다. 조절자와 천사 수송자 사이에 연락하여, 이동하는 수면을 유도한다.

천사들은 너희가 지금 가진 것과 같이 연소(燃燒)하는 몸을—살과 피를—나를 수 없지만, 가장 낮은 상물질 형태로부터 더 높은 영 형태까지, 모든 다른 것을 수송할 수 있다. 그들은 자연사의 경우에 활동하지 않는다. 네가 땅에서 생애를 마칠 때, 너의 몸은 이 혹성에 남는다. 너의 생각 조절자는 아버지 품으로 나아가며, 이 천사들은 신분을 확인하는 저택 세계에서 차후에 너의 성격을 다시 조립하는 데 직접 관여하지 않는다. 거기서 너의 새 몸은 상물질 형태이며, 세라핌 속에 들어갈 수 있는 형태이다. 너는 무덤에서 "필사 육체를 심으며," 저택 세계들에서 "상물질 형태를 거둔다."

6. <u>기록자</u>. 이 성격자들은 구원자별 및 거기에 관계된 세계들의 기록을 접수하고, 철하고, 다시 운반하는 일에 특히 관여한다. 그들은 또한 거주하는 초우주 성격자 및 고등 성격자들의 집단을 위한 특별 기록자로서, 구원자별 법정의 서기로서, 그리고 그 통치자들의 비서(秘書)로서 근무한다.

<u>방송자</u>—수신자와 파송자—는 천사 기록자들 중에서 특화된 종속 부서이며, 기록을 배달하고 중요한 정보를 배포하는 데 관심을 가진다. 그들이 하는 일은 높은 등급에 속하고, 아주 여러 겹으로 회로가 연결되어서 144,000개 통신문이 동시에 같은 에너지 선을 거쳐 갈 수 있다. 그들은 상천사 우두머리 기록자들의 상급 표의(表意) 기록 기법을 고치고, 이 공통된 표현을 가지고 3차 상천사의 정보 조정자들, 그리고 완결 천사 군단에 속하는 영화롭게 된 정보 조정자들, 이 두 쪽과 서로 접촉을 유지한다.

우수 계급의 천사 기록자들은 자체 계급의 정보 군단 및 모든 종속 기록자와 밀접한 연락을 가지며, 한편 방송은 그들로 하여금 초우주의 고등 기록자들 뿐 아니라, 이 경로를 통해서 하보나의 기록자, 그리고 파라다이스에 있는 지식 관리자들과 늘 통신을 유지하게 만든다. 우수 계급 기록자들의 다수는 우주의 낮은 구역에서 비슷한 임무에서부터 승진한 세라핌이다.

7. <u>예비군</u>. 온갖 종류의 우수 세라핌으로 이루어진 큰 예비군이 구원자별에서 유지되는데, 배치 지도자들이 그들에게 요청하는 대로, 또는 우주 행정자들의 요청을 받고 나서, 네바돈의 가장 먼 세계들까지 파송되도록 즉시 소용된다. 우수 세라핌의 예비군은 또한 찬란한 저녁별들의 우두머리의 요청을 받고 나서 사자(使者)의 도움을 제공하는데, 이 우두머리에게는 모든 개인 통신을 관리하고 배달하는 책임이 맡겨져 있다. 한 지역 우주에는 서로 통신하는 적절한 수단이 충분히 마련되지

만, 개인적인 사자의 파송을 요구하는 잔여 통신문이 언제나 있다.

지역 우주 전체를 위한 기본 예비군은 구원자별의 천사 세계들에서 유지된다. 이 군대는 모든 집단 천사의 온갖 종류를 포함한다.

3. 감독 세라핌

이 다능한 계급의 우주 천사들은 별자리의 전용(專用) 근무에 배치된다. 이 유능한 봉사자들은 별자리 서울에서 본부를 만들지만, 그들이 배치된 영역의 권익을 위해서 네바돈 전역에서 활동한다.

1. <u>감독하는 조수</u>. 감독하는 세라핌들의 첫 계급은 별자리 아버지들의 집합 작업에 배치되며, 최고자들에게 언제나 유능한 조수이다. 이 세라핌들은 1차적으로 한 별자리 전체의 통일과 안정에 관심이 있다.

2. <u>법률 예측자</u>. 응보의 지적 기초는 법이며, 한 지역 우주에서 법은 별자리의 입법 집회에서 생겨난다. 이 심의하는 단체들은 네바돈의 기본법을 법전(法典)으로 만들고 공식으로 선포한다. 이 법들은 성격 생물의 도덕적 자유 의지를 침해하지 않는 고정된 정책과 일관성 있게, 한 별자리 전체에서 가능한 최대한도로 조정을 허락하도록 설계되어 있다. 어떤 제안된 법의 제정이 어떻게 자유 의지 생물의 생활에 영향을 미칠 것인가 하는 예측을 별자리의 입법가들 앞에 제출하는 것이 둘째 계급 감독 세라핌들의 의무이다. 지역 체계와 사람 사는 세계들에서 가졌던 오랜 체험의 덕택으로, 그들은 이 봉사를 해내기에 충분한 자격을 갖추고 있다. 이 세라핌들은 한 집단이나 다른 집단을 위하여 아무런 특별 혜택을 추구하지 않지만, 자신을 위해서 말하도록 자리에 있을 수 없는 자들을 대변하기 위하여 하늘 입법자들 앞에 출두한다. 필사 인간조차도 우주 법칙의 진화에 이바지할까 싶은데, 이는 바로 이 세라핌들이, 반드시 사람의 일시적이고 의식하는 욕망이 아니라, 속 사람이 참으로 몹시 바라는 것을 충실하고 충분하게 묘사하기 때문이다. 이 속 사람은 공간 세계들에서 사는 물질 필사자가 가진 진화하는 상물질 혼이다.

3. <u>사회 조성자</u>. 개별 혹성들로부터 위로 상물질계 훈련 세계들을 통해서, 이 세라핌들은 모든 진지한 사회 접촉을 향상시키고, 우주 생물의 사회적 진화를 촉진하기 위하여 수고한다. 그들은 지적 존재들의 관계에서 모든 인위성을 벗기려고 애쓰고, 한편 참된 자아의 이해와 진정한 상호 이해의 바탕 위에, 의지 생물의 상호 관계를 수월하게 만들려고 애쓴다.

사회 조성자(造成者)들은 자기 분야와 권력 안에서 적절한 개인들을 한데 모으려고 온갖 수고를 아끼지 않으며, 이렇게 해서 그들이 땅에서 유능하고 잘 어울리는 작업 집단을 구성하도록 만든다. 어떤 때는 그런 집단이 저택 세계들에서 결실이 많은 근무를 계속하도록 자신들이 다시 결합됨을 발견한다. 그러나 이 세라핌들은 목적을 반드시 이루지는 않는다. 주어진 목적을 달성하거나 어떤 과제를 수행하기 위해서 가장 이상적인 집단을 형성할 자들을 반드시 한데 모을 수 있지는 않다. 이러한 조건 밑에서 그들은 소용되는 최선의 물질을 이용해야 한다.

이 천사들은 저택 세계 및 고등 상물질 세계들에서 그들의 성직을 계속한다. 상물질 세계의 진보와 상관 있고, 세 사람 이상에 관계되는 어떤 사업에도 관심을 가진다. 두 존재는 짝짓거나, 보충하거나, 협동하는 근거를 두고 활동하는 것으로 간주되지만, 세 사람 이상이 봉사하려고 한데 모일 때, 그들은 하나의 사회 문제를 구성하며, 따라서 사회 조성자들의 관할로 넘어간다. 유능한 이 세라핌들은 에덴시아에서 70 분과로 조직되며, 이 분과들은 본부 구체를 도는 상물질계의 진보하는 70 세계에서 봉사한다.

4. 윤리 감각 향상자. 생물이 인간 관계의 도덕성을 이해하는 데 성장하도록 육성하고 촉진하는 것이 이 세라핌들의 임무이다. 이는 그러한 것이, 인간적이든 초인간적이든, 사회와 정부의 계속적이고 의도한 성장의 씨앗이며 비결이기 때문이다. 윤리의 이해를 향상시키는 이 세라핌들은, 혹성 통치자들에게 자원하는 상담자로서, 체계의 훈련 세계들에서 교환 선생으로서, 그들이 쓰일까 싶은 곳은 어디서나 활동한다. 그러나 너희가 에덴시아에 있는 형제 정신 학교들에 이르기 전에, 너희는 그들의 완전한 지도 밑으로 들어오지 않을 것이다. 거기서 그들은 바로 그 친교의 진리를 너희가 이해하도록 촉진할 것이다. 에덴시아의 여러 사회 실험실, 곧 놀라시아덱 서울의 70 위성에 있는 일생자(一生者)들과 함께 실제로 사는 체험을 겪음으로, 그 때에도 너희는 아주 열심히 이 진리를 탐구할 것이다.

5. 수송자. 다섯째 집단의 감독 세라핌들은 성격자를 수송하는 자로서 활동하며, 별자리 본부로부터 오가는 존재들을 실어 나른다. 그러한 수송 세라핌들은, 한 구체에서 다른 구체로 가는 비행 중에, 그들의 속도, 방향, 천문학적 위치를 완전히 의식하고 있다. 그들은 생명이 없는 탄환처럼 공간을 가로지르지 않는다. 충돌할 위험이 조금도 없이 공간을 비행하는 중에 서로에 가까이서 추월할 수도 있다. 그들은 진행 속도를 변화시키고, 비행 방향을 충분히 바꿀 수 있으며, 우주 정보 회로의 어느 공간 교차로에서도 상관들이 지시한다면, 목적지를 바꾸기까지 할 수도 있다.

이 이동 성격자들은 아주 잘 조직되어 있으며, 그래서 보편적으로 분배된 세 에너지 선을 동시에 모두 이용할 수 있는데, 각 선은 1초에 299,780킬로미터의 명료한 공간 속도를 가지고 있다. 오랫동안 여행할 때 너희 시간으로 1초에 893,162킬로미터에서부터 거의 899,599킬로미터 사이에 어디까지라도 변하는 평균 속도를 얻을 때까지, 이 수송자들은 이처럼 동력 속도 위에 에너지 속도를 겹쳐 놓을 수 있다. 속도(速度)는 근처에 있는 물질의 질량과 거리, 그리고 근처에 있는 우주 동력의 기본 회로의 강도 및 방향에 영향을 받는다. 공간을 가로지르고, 또한 적절히 준비된 다른 존재들을 수송할 수 있는 존재, 세라핌과 비슷한 수많은 종류의 존재들이 있다.

6. 기록자. 여섯째 계급의 감독 세라핌들은 별자리 사무의 특별 기록자로서 행동한다. 크고 유능한 한 집단이 에덴시아에서 활동하는데, 여기는 너희 체계와 혹성이 속하는 놀라시아덱 별자리의 본부이다.

7. 예비군. 감독 세라핌의 일반 예비군이 별자리의 본부에서 유지된다. 그러한 예비군 천사들은 어떤 의미에서도 비활동적이 아니다. 다수가 별자리 통치자들에게 사자 보조자로서 근무하며, 더러는 배치되지 않은 보론다덱들의 구원자별 예비군에 소속된다. 더러는 보론다덱 관찰자, 그리고 가끔 유란시아의 최고자 대리처럼, 특별 임무를 받은 보론다덱들에게 배치될 수도 있다.

4. 행정 세라핌

넷째 계급의 세라핌들은 지역 체계의 행정 의무에 배치된다. 그들은 체계 서울에 토착 천사이지만, 큰 무리를 이루어 저택 구체와 상물질 구체들에, 그리고 사람 사는 세계들에 주둔한다. 넷째 계급의 세라핌들은 천성으로 비상한 행정 능력을 부여받았다. 아들 창조자의 우주 정부의 하위 부서 지도자들에게 유능한 조수이며, 지역 체계 및 그 구성 분자 세계들의 사무에 주로 전념한다. 그들은 다음과 같은 서비스를 위하여 조직되어 있다.

1. 행정 조수. 이 유능한 세라핌들은 체계 군주, 곧 1차 라노난덱 아들의 직속인 조수(助手)이다. 그들은 체계 본부의 행정 작업의 까다로운 세부를 집행하는 데 귀중한 보조자이다. 또한 체계 통치자들의 개인 대리자로서 봉사하고, 큰 무리를 이루어 다양한 과도기 세계와 사람 사는 세계들로 오가며, 체계의 복지를 위하여, 그에 속하는 사람 사는 세계들의 육체적 이익과 생물학적 이익을 위하여 많은 임무를 집행한다.

바로 이 천사 행정자들은 또한 세계 통치자, 곧 혹성 영주들의 정부에 부속된다. 일정한 우주에 있는 혹성들의 대다수는 2차 라노난덱 아들의 관할 밑에 있으나 유란시아와 같은 어떤 세계들에서는 신성한 계획이 유산(流産)되었다. 혹성 영주가 배반할 경우에, 이 세라핌들은 혹성 권한에서 멜기세덱 관리자들과 그 계승자들에게 소속된다. 현재 유란시아의 임시 통치자는 이 다능한 계급의 세라핌 1천 명으로 된 군단에게 지원을 받는다.

2. 응보 안내자. 이들은 사람과 천사의 영원한 복지에 관하여, 그러한 문제들이 한 체계나 혹성의 법정에서 재판에 오를 때, 증거의 요약을 제시하는 천사이다. 필사자의 생존을 포함하는 모든 예비 청문회를 위하여 진술서를 작성하고, 이 진술서는 그러한 사례들의 기록과 함께, 우주와 초우주의 고등 법정으로 넘겨진다. 이 세라핌들은 생존이 의심되는 모든 사례의 변론을 준비하며, 그들은 우주의 응보를 맡은 행정자들이 작성한 기소(起訴)의 모든 항목, 모든 특성의 세부를 모두 완전히 이해한다.

응보를 막거나 지연하는 것이 아니라, 오히려 모든 생물에게 공평하게, 어김없는 응보가 관대한 자비와 함께 배분됨을 보장하는 것이 이 천사들의 임무이다. 이 세라핌들은 흔히 지역 세계들에서 활동하며, 화해 위원회—사소한 오해를 다루는 법정—의 심판 삼원조 앞에 보통 출두한다. 한때 하급 지역에서 응보 안내자로 근무한 자들의 다수는, 상급 구체들과 구원자별에서 자비의 목소리로서 나중에 출현한다.

사타니아에서 생긴 루시퍼 반란에서 응보 안내자들은 거의 분실되지 않았으나 다른 행정 세라핌, 그리고 더 낮은 계급의 천사 봉사자들의 4분의 1이 넘게, 굴레없는 개인의 자유라는 궤변에 잘못 인도되었고 착각에 빠졌다.

3. 우주 시민권 해석자. 하늘 가는 필사자들이 저택 세계의 훈련, 곧 우주 생애에서 첫 학생 견습을 마쳤을 때, 그들은 상대적 성숙이 주는 일시적 만족—체계 서

울의 시민권—을 즐기도록 허락된다. 각 승천 목표를 달성하는 것은 사실인 성취이지만, 더 큰 의미에서 그러한 목표들은 다만 파라다이스로 가는 긴 승천 행로에 있는 이정표일 뿐이다. 그러나 그러한 성공이 얼마나 상대적인 것인가에 상관 없이, 진화하는 어떤 생물에게도 목표를 달성하는 만족, 일시라도 완전한 만족을 느끼는 것이 부인되지 않는다. 때때로 파라다이스로 향하여 올라가면서 잠시 멈추는 시간, 숨 돌릴 짧은 겨를이 있고, 그 동안에 우주 지평선은 가만히 서 있고, 생물의 지위는 고정되며 성격자는 목적을 성취한 단맛을 즐긴다.

필사 승천자의 생애에서 그러한 첫 기간은 한 지역 체계의 서울에서 생긴다. 멈추는 이 기간에, 너는 예루셈의 한 시민으로서—유란시아와 일곱 저택 세계를 포함하는—여덟 가지 전생(前生)의 체험 동안에 네가 얻은 것들을 생물의 생애에서 표현하려고 애쓸 것이다.

우주 시민권을 해석하는 천사들은 체계 서울의 새 시민들을 안내하고, 우주 정부의 책임을 빨리 이해하게 만든다. 이 세라핌들은 또한 체계의 행정에서 물질 아들들과 밀접히 연결되어 있고, 한편 그들은 사람이 사는 세계들에서 물질 필사자들에게 우주 시민권의 책임과 도덕성을 보여 준다.

4. <u>도덕성 촉진자</u>. 너는 저택 세계들에서, 관련된 모든 자의 이익을 위하여 자치(自治)하는 것을 비로소 배운다. 너의 머리는 협동을 배우고, 다른 더 지혜로운 존재들과 어떻게 계획하는가 배운다. 체계 본부에서, 선생 천사들은 우주 도덕성—자유와 충성의 상호 관계—에 대한 너의 이해를 더욱 촉진한다.

무엇이 충성인가? 이것은 우주 형제 정신을 영리하게 인식함으로 생기는 열매이다. 한 성격자는 아주 많이 받고서 남에게 전혀 주지 않을 수가 없다. 성격자 눈금에서 올라감에 따라서, 처음에 너는 충성하기를 배우고, 다음에 사랑하기를 배우며, 다음에 자식다워지기를 배우며, 그리고 나서 너는 자유롭게 될까 한다. 그러나 네가 최후자가 되기까지, 완전한 충성에 이르기까지, 너는 자유의 최종을 스스로 실현할 수 없다.

이 세라핌들은 참을성이 열매를 풍부히 맺음을 가르친다. 침체는 확실한 죽음이지만, 지나치게 빠른 성장은 똑같이 자살이라는 것, 물 한 방울이 높은 수준에서 낮은 수준으로 떨어지며, 줄곧 흘러가서, 일련의 짧은 낙하를 통해서 언제나 밑으로 가는 것처럼—마찬가지로 천천히, 그러한 똑같은 점진적 단계를 거쳐서—상물질계와 영 세계에서, 진보는 늘 위를 향한다.

사람이 사는 세계들에게, 도덕성 촉진자들은 필사자의 생애를 여러 마디가 있는 잘라지지 않은 사슬로서 묘사한다. 필사자가 어린 시절을 보내는 이 구체 유란시아에서, 너의 짧은 체류는 겨우 한 마디요, 여러 우주를 거쳐 가고 영원한 시대를 통해서 뻗어나가는 긴 사슬의 맨 처음 마디이다. 이 처음 생명에서 네가 배우는 것은 그리 대단치 않다. 중요한 것은 이 생명을 사는 체험이다. 이 세계의 <u>일조차도</u>, 중대하기는 하지만, 네가 이 일을 하는 그 <u>방법</u>만큼 중요하지는 않다. 바르게 사는 데는 아무런 물질적 보상이 없지만, 깊은 흐뭇함—성취하는 의식—이 있으며, 이것은 상상할 수 있는 어떤 물질적 보상도 초월한다.

하늘 나라의 열쇠는 성실(成實)하게, 더욱 성실하게, 그리고 더욱 성실하게 사는 것이다. 모든 사람은 이 열쇠를 가지고 있다. 사람은 결심하고, 더욱 결심하고, 더욱 결심함으로써, 이 열쇠를 쓰고 영적 지위가 올라간다. 가장 도덕적인 선택은 가능한 가장 높은 가치가 있는 것을 고르는 것이요, 언제나—어느 구체에서나, 모든 구체에서—이것은 하나님의 뜻 실행하기를 택하는 것이다. 사람이 이렇게 하기로 하면, 비록 예루셈에서 가장 비천한 시민이라도, 아니 유란시아에서 가장 적은 사람일지라도, 그는 위대하다.

5. 수송자. 이들은 지역 체계에서 활동하는 수송 세라핌이다. 너희의 체계 사타니아에서 그들은 예루셈으로부터 오가는 승객들을 나르며, 그 외에 혹성간 수송자로서 근무한다. 사타니아의 수송 세라핌이 어떤 학생 방문자나, 영이나 준영(準靈) 성질을 가진 어떤 다른 여행자를 유란시아 해안에 투입하지 않고서 하루가 지나는 일은 드물다. 바로 이 공간 횡단자들은 언젠가 체계 본부 집단의 여러 세계로 너희를 싣고 오고갈 터이고, 너희가 예루셈의 과제를 마치고 나서, 너희를 앞으로 에덴시아로 나를 것이다. 그러나 어떤 상황에서도, 인간의 기원이 있는 세계로 너희를 뒤로 나르지 않을 것이다. 사람은 그가 일시 존재하는 섭리 시대에 결코 태어난 혹성으로 돌아가지 않고, 만일 나중 섭리 시대에 돌아간다면, 그는 우주 본부 집단의 한 수송 세라핌의 호송을 받을 것이다.

6. 기록자. 이 세라핌들은 지역 체계의 3중 기록을 보관하는 자들이다. 한 체계 서울에서 기록부 전당(殿堂)은 독특한 구조이다. 3분의 1은 물질이며, 빛나는 금속과 수정(水晶)으로 건축되었다. 3분의 1은 상물질이며, 영적 에너지와 물질 에너지를 연결해서 제조되었지만, 필사자의 시력의 범위를 벗어나며, 3분의 1은 영적이다. 이 계급의 기록자들은 이 3중 기록 체계를 주관하며 유지한다. 하늘 가는 필사자들은 처음에 물질 기록 보관소를 참조하며, 물질 아들과 고등 과도기 존재들은 상물질계 회관에서 기록 보관소를 참조하고, 한편 그 영역의 세라핌과 고등 영 성격자들은 영 구역의 기록을 훑어본다.

7. 예비군. 예루셈에서 이 예비군 부대(部隊)의 행정자인 세라핌들은, 영 동반자로서, 체계의 여러 세계로부터 새로 도착한 승천 필사자—저택 세계들에서 인가받은 졸업생—들과 사귀느라고, 기다리는 시간의 상당한 부분을 보낸다. 예루셈에 너희가 머무르는 동안 얻는 기쁨 가운데 하나는, 많이 여행하고 체험을 많이 겪은 세라핌, 기다리는 예비군의 이 세라핌들과 휴식하는 기간에 이야기하고 사귀는 것이다.

하늘 가는 필사자들에게 체계 서울을 아주 소중하게 만드는 것은 바로 그러한 친근한 관계이다. 예루셈에서 너희는 물질 아들, 천사, 하늘 가는 순례자들이 처음으로 서로 섞임을 발견할 것이다. 온전한 영적 존재, 반(半)영적 존재, 그리고 물질 존재로부터 막 솟아나는 개인들이 여기서 사귄다. 사람의 형태는 거기서 아주 수정되고, 빛에 대하여 인간이 반응하는 범위가 아주 확대되어서, 모두가 서로를 인식하고 공감하면서 성격을 이해할 수 있다.

5. 혹성 조수

이 세라핌들은 체계 서울에서 본부를 유지한다. 거주하는 아담 시민과 밀접히 관련되지만, 주로 혹성 아담, 곧 진화 세계에서 물질 민족들의 생물학상의 개량자나 또는 신체 개량자들을 위한 근무에 배치된다. 천사들의 봉사하는 작업은 사람이 사는 세계들에 가까워짐에 따라서, 영원의 목적을 달성하려는 시도를 위하여 준비하는, 시간에 실려 있는 남녀가 부딪치는 실제 문제에 가까워짐에 따라서, 더욱 흥미롭게 된다.

유란시아에서 혹성 조수들의 대다수는 아담 체제가 붕괴하고 나서 제거되었고, 너희 세계의 천사 감독은 대체로, 행정자, 과도기 봉사자, 운명 수호자들에게 돌아갔다. 그러나 너희의 이탈한 물질 아들들을 보조하는 이 천사들은 다음 집단에서 유란시아에서 아직도 근무한다.

동산의 목소리. 혹성에서 인간의 진화 과정이 가장 높은 생물학적 수준에 도달했을 때, 물질 아들딸, 곧 아담과 이브가, 그들의 우수한 생명 원형질을 실제로 기여함으로 종족들의 진화를 한층 더 강화하려고 반드시 나타난다. 그러한 아담과 이브의 혹성 본부는 보통 에덴 동산이라고 부르며, 그들의 개인 세라핌은 흔히 "동산의 목소리"로 알려져 있다. 이 세라핌들은 진화 종족들의 육체와 지능의 향상을 위하여 벌이는 모든 사업에서 혹성 아담들에게 귀중하게 쓰인다. 유란시아에서 아담의 실수가 있은 뒤에, 이 세라핌들 가운데 더러는 혹성에 남아서, 권한을 가진, 아담의 후계자들에게 배치되었다.

형제 정신의 영. 아담과 이브가 진화하는 한 혹성에 도착할 때, 그 다양한 종족들 사이에 종족의 조화와 사회적 협동을 성취하는 과제는 상당한 비중을 차지한다. 피부 빛이 다르고 성품이 다른 이 종족들은 인간의 형제 정신 계획을 달갑게 여기는 일이 드물다. 이 원시인들은 성숙한 인간 체험을 겪는 결과로서, 그리고 천사인 형제 정신의 영들이 충실하게 베푸는 봉사를 통해서, 평화로운 상호 관계를 가지는 지혜를 겨우 깨닫게 된다. 이 세라핌들이 일하지 않으면, 진화 세계의 종족들을 조화시키고 향상시키려는 물질 아들들의 노력은 크게 지연될 것이다. 너희의 아담이 유란시아를 발전시키는 최초의 계획을 고수(固守)했더라면, 이 때쯤 되어서 이 형제 정신의 영들이 인류에서 믿을 수 없는 변화를 일으켰을 것이다. 아담의 과실에 비추어 볼 때, 이 천사 계급들이 유란시아에서 너희가 가진 형제 정신만큼이라도 육성하고 실현할 수 있었다는 것이 정말로 놀랍다.

3. 평화의 혼. 진화하는 사람들이 전진하려고 싸운 초기의 몇천 년은 많은 투쟁으로 얼룩져 있다. 평화는 물질 영역에서 자연스런 상태가 아니다. 세계들은 천사인 평화의 혼들이 베푸는 봉사를 통해서, 처음으로 "땅에서 평화와 사람들 사이에 선의"를 실현한다. 이 천사들이 유란시아에서 초기에 수고할 때 대체로 방해를 받았지만, 아담 시절에 평화의 혼들의 우두머리 베보나는 유란시아에 남았고, 지금 거주하는 총독의 참모진에 소속되어 있다. 미가엘이 태어났을 때, 천사 무리의 지도자로서, "하보나에는 하나님께 영광이요, 땅에는 사람들 사이에 평화와 선의라" 하고 세계들에 알린 자는 바로 이 베보나였다.

혹성의 진화에서 좀더 진보된 시대에 이 세라핌들은 사람의 생존에 관한 철학으로서, 속죄(贖罪)[2] 사상을 신의 소리에 조율하는 개념으로 갈아치우는 데 도움이 되었다.

4. 신뢰의 영. 의심은 원시인이 본래부터 가진 반작용이다. 초기 시대에 살아남기 위한 투쟁은 자연스럽게 신뢰를 길러 주지 않는다. 신뢰는 아담 체제의 이 혹성 세라핌들이 베푸는 봉사로, 인간이 새로 얻은 소득이다. 진화하는 사람들의 머리에 신뢰를 주입하는 것이 그들의 임무이다. 신들은 신뢰가 아주 넘친다. 우주의 아버지는 자유로이 자신—조절자—를 사람과 교제하도록 기꺼이 맡긴다.

이 세라핌 집단 전체는 아담의 실수가 있은 뒤에 새 체제로 이전되었고, 그 뒤로 죽 유란시아에서 줄곧 수고해 왔다. 그들은 전적으로 실패하지는 않았는데, 그들이 확신하고 신뢰했던 그들의 이상을 상당히 구현하는 문명이 지금 진화하고 있기 때문이다.

더 진보한 혹성 시대에 이 세라핌들은 불확실성이 만족스러운 연속성을 얻는 비결이라는 진리에 대한 사람의 깨달음을 향상시킨다. 이것은 무지(無知)가 성공에 필수일 때, 생물이 미래를 아는 것이 엄청난 실수이리라는 것을 필사 철학자들이 깨닫도록 도와 준다. 그들은 불확실성의 달콤함, 그리고 막연하고 알려지지 않은 앞날이 가진 사랑과 매력에 대하여 사람의 입맛을 돋구어 준다.

5. <u>수송자</u>. 혹성의 수송자들은 개별 세계들에게 봉사한다. 이 혹성에 데려온, 천사에 둘러싸이는 존재들의 대다수는 이동 중에 있으며, 그들은 다만 가는 길에 멈출 뿐이다. 그들은 자기의 특별한 수송 천사의 보호 밑에 있다. 그러나 그러한 세라핌들의 큰 무리가 유란시아에 주둔한다. 그들은 유란시아로부터 예루셈까지 갈 경우처럼, 지역 혹성에서 활약하는 수송 성격자이다.

천사에 관한 너희의 전통적 관념은 다음과 같이 생겼다. 육체가 죽기 바로 전 순간에, 인간의 머리 속에 돌이켜보는 현상이 가끔 일어나는데, 이 흐려지는 의식은 시중드는 천사 형태와 같은 무엇을 눈에 선하게 보는 듯하며, 이것은 즉시 그 사람의 머리가 지녔던 습관적 천사 개념으로 변경된다.

천사들이 날개를 가졌다는 그릇된 생각은 전적으로, 공중을 날아다니기 위해서 날개가 있어야 한다는 낡은 관념 때문은 아니다. 인간들은 수송 서비스를 위해서 준비되는 세라핌을 가끔 지켜보는 것이 허락되었고, 이 체험에 대한 전통이 유란시아에서 천사 개념을 대체로 고정시켰다. 혹성 사이에 이동하는 한 승객을 받으려고 준비되는 수송 세라핌을 지켜볼 때, 천사의 머리로부터 발까지 뻗는 두 벌의 날개와 같은 것이 보일 수도 있다. 실제로, 이 날개는 에너지 절연체이다—마찰을 막는 방패(防牌)이다.

하늘 존재들이 한 세계에서 다른 세계로 옮겨 가려고 세라핌에 둘러싸여야 할 때, 그들은 그 구체의 본부로 인도되고, 정식으로 등록한 뒤에, 이동하는 잠으로 유도된다. 그 동안에 수송 세라핌은 그 혹성의 우주 에너지 극(極) 바로 위 수평 위치로 이동한다. 에너지 방패들이 활짝 열린 동안, 주관하는 천사 조수들이 잠자는 성격자를 수송 천사 바로 위에, 교묘하게 투입한다. 그리고 나서 위쪽 쌍과 아래쪽 쌍의 방패가 모두 조심스럽게 닫히고 조정된다.

그리고 이제, 변압자와 송신자들의 영향 밑에서, 세라핌이 우주 회로의 에너지 흐름으로 휙 들어가려고 준비되는 동안, 이상한 변형이 시작된다. 겉보기에 그 세라핌은 양쪽 끝에서 뾰족하게 되며, 호박색을 띤 기묘한 빛 속에 아주 가려져서, 금방 천사에 둘러싸인 성격자를 구별하기가 불가능하다. 모든 것이 출발을 위하여 준비될 때, 수송 부장이 생명이 실린 차량(車輛)을 적절히 검사하고, 천사가 적절히 회로에 연결되었는가 되지 않았는가 확인하려고 일상적인 검사를 행한다. 그리고 나서, 그 여행자가 적절히 세라핌 속에 들어 있다, 에너지가 조정되었다, 그 천사가 절연되었다, 출발 신호를 위해 모든 것이 준비되었다고 선언한다. 기계 통제자 둘이서 자기 자리를 잡는다. 이 때쯤 되어서, 수송 세라핌은 거의 투명하고 진동하는 어뢰(魚雷) 모양으로 반짝이는 빛의 윤곽이 되어 버린다. 이제 그 영역의 수송기 파송자는 살아 있는 에너지 송신자의 보조 중대(中隊)들을 호출하는데, 그들은 보통 1천 명이다. 수송기(輸送機)의 목적지를 발표하면서, 그는 손을 뻗어서 천사 차량의 가까운 점에 손을 댄다. 천사 차량은 번개 같은 속도로 앞으로 튀어나가며, 그 혹성의 대기권이 연장되는 데까지 하늘의 빛 줄기를 남긴다. 10분도 채 안 되어, 이 놀라운 광경은 세라핌의 강화된 시야로부터도 사라져 버릴 것이다.

혹성의 공간 보고서는 지정된 영적 본부의 자오선(子午線)에서 정오에 수신되는 반면, 수송자들은 바로 이 자리에서 자정(子正)에 파송된다. 이 때가 출발을 위해서 가장 유리한 시간이며, 별도로 명시되지 않을 때 그 때가 표준 시간이다.

6. <u>기록자</u>. 혹성이 체계의 일부로서 작용하고, 혹성이 우주 정부에 관계되고, 또 그에 관여하는 바와 같이, 이들은 혹성의 주요 사무를 관리하는 자이다. 그들은 혹성 사무를 기록하는 일에 활동하지만, 개인의 생명이나 생존 문제에는 아랑곳하지 않는다.

7. <u>예비군</u>. 혹성 세라핌의 사타니아 예비군은, 물질 아들 예비군과 밀접한 관련을 가지고 예루셈에서 유지된다. 풍부한 이 예비군은 이 천사 계급의 다양한 활동의 온갖 단계를 충만히 마련해 준다. 이 천사들은 또한 지역 체계의 개인 메시지를 지참하는 자이다. 그들은 체계 본부에 주소를 둔 다른 자들은 물론이고, 이동 중에 있는 사람, 천사, 물질 아들들에게 봉사한다. 현재 유란시아는 사타니아와 놀라시아덱의 영적 회로 바깥에 있지만, 그 외에 너희는 혹성간 사무와 긴밀한 접촉을 가지고 있다. 이는 예루셈에서 온 이 사자들이, 체계의 모든 다른 구체에 가는 것과 같이, 빈번히 이 세계로 오기 때문이다.

6. 과도기 봉사자

그 이름이 넌지시 가리키다시피, 과도기에 봉사하는 세라핌은 물질 지위에서 영적 지위로 생물이 전환하는 데 이바지할 수 있는 곳은 어디에나 봉사한다. 이 천사들은 사람이 사는 세계들로부터 체계 서울에까지 봉사하지만, 사타니아에 있는 천사들은 현재 일곱 저택 세계에서 살아남는 필사자들을 교육하는 데 힘을 가장 많이 쏟는다. 이 봉사는 다음 일곱 계급의 배치에 따라서 다양해진다.

1. 천사 전도자.
2. 종족 해석자.
3. 지성 계획자.
4. 상물질계 조언자.
5. 기술자.
6. 기록 교육자.
7. 봉사 예비군.

저택 세계들과 상물질계 생활을 다루는 이야기와 관련해서, 너희는 과도기의 승천자들을 보살피는 이 천사 봉사자들에 대하여 더 많은 것을 배울 것이다.

7. 미래의 세라핌

네바돈에서 오래 된 나라, 그리고 문명이 진보한 혹성들에서 봉사하는 것을 제쳐 놓고, 이 천사들은 광범위하게 봉사하지 않는다. 그들의 큰 무리가 구원자별에서 가까운 천사 세계들에서 예비군으로 남아 있으며, 거기서 네바돈에서 빛과 생명의 시대가 언젠가 동트는 데 관련된 추구에 종사한다. 이 세라핌들은 승천하는 사람의 생애와 연관되어 활동하지만, 수정된 승천 계급 가운데 누군가를 유족(遺族)으로 가진 사람들에게 거의 순전히 봉사한다.

이 천사들이 지금 유란시아나 유란시아 사람들에 직접 관여하지 않으니까, 그들의 황홀한 활동에 관한 설명을 그만두는 것이 최선이라 판단된다.

8. 천사의 운명

세라핌들은 지역 우주에 기원이 있으며, 더러는 그들이 출생한 바로 그 땅에서 봉사하는 운명을 성취한다. 선임 천사장들의 도움과 조언을 받고서 어떤 세라핌들은 찬란한 저녁별들의 높은 임무로 승급될 수도 있고, 한편 더러는 저녁별들의 밝혀지지 않은 동격자의 지위와 봉사에 다다르기도 한다. 지역 우주 운명에서 또 다른 모험을 시도해도 좋지만, 천사별은 언제나 모든 천사의 영원한 목표로 남는다. 천사별은 천사에게 파라다이스와 신에 도달하는 문턱이며, 시간의 봉사로부터 영원 속에 고귀한 근무로 이르는 사이의 과도기 구체이다.

세라핌은 수십—수백—가지 방법으로 파라다이스에 도착해도 좋지만, 이 이야기에서 상술(詳述)한 바와 같이 가장 중요한 것은 다음과 같다.

1. 개인 자격으로, 하늘의 예술가, 곧 기술 고문이나 하늘 기록자로서 특화된 근무에서 완전을 성취함으로, 파라다이스의 천사 거처에 입장 허가를 받는 것. 파라다이스 동반자가 되고, 이렇게 만물의 중심에 이르고 나서, 아마도 천사 계급 및 다른 자들에게 영원한 봉사자와 고문이 되는 것.

2. 천사별로 호출받는 것. 어떤 조건 밑에서, 세라핌은 위에서 지휘를 받는다. 다른 상황에, 천사들은 때때로 사람보다 훨씬 짧은 시간에 파라다이스에 이른다. 그러나 어떤 천사 한 쌍이 아무리 적격이라 하더라도, 천사별이나 다른 데로 출발을 개시할 수 없다. 성공한 운명 수호자들 외에 아무도, 진화로 승천하는 진보 행로를 거쳐서 파라다이스로 나아가는 것을 확신할 수 없다. 모든 다른 자는 그들에게 하늘로 출두하라고 명령하는 호출장을 가지고 오는 3차 상천사인 파라다이스 사자가 도착하기를 참을성 있게 기다려야 한다.

3. 진화하는 필사자의 기법을 이용하여 파라다이스에 도달하는 것. 시간 속의 일생에서 세라핌의 최상의 선택은 수호 천사의 자리이며, 그로서 그들이 최종의 생애에 도달하고, 천사로 근무하는 영원한 구체로 배치되는 자격을 갖추게 된다. 시간의 아이들을 몸소 이끄는 그런 안내자들을 운명의 수호자라고 부르며, 그것은 신성한 운명의 길에서 필사 인간을 지키고, 그렇게 함으로써 자신의 높은 운명을 그들이 결정한다는 것을 의미한다.

운명 수호자들은 이 근무를 위해서 자격을 갖춘 모든 계급의 세라핌들 가운데, 좀더 경험 있는 천사 성격자의 등급에서 뽑는다. 조절자와 융합할 운명을 가진 모든 살아남는 사람에게 일시 수호자가 배치되며, 이 동료들은 필사 생존자가 필요한 지적·영적 성장을 이룩할 때 영구하게 소속될 수도 있다. 필사 승천자들은 저택 세계들을 떠나기 전에 모두 영구한 천사 동료를 가진다. 이 집단의 봉사하는 영들은 유란시아 이야기와 관련해서 논의된다.

"너희보다 조금 높게" 창조되었기 때문에, 천사들은 인간 수준의 기원으로부터 하나님에 도달하는 것은 가능하지 않다. 도저히 맨 밑바닥에서, 사람이 존재하는 영적 저지(低地)에서 시작할 수 없지만, 그들은 밑바닥에서 시작하는 자들에게로 내려가서, 한 걸음 한 걸음, 한 세계 한 세계, 하보나의 입구까지 그러한 피조물을 안내해도 좋다. 필사 승천자들이 하보나 궤도들을 시작하려고 유버르사를 떠날 때, 육체를 입은 생명 이후에 부속된 이 수호자들은 순례하는 동료에게 일시 작별을 알린다. 그 동안에 그들은 천사별로 여행하는데, 여기는 대우주에서 천사의 목적지이다. 여기서 이 수호자들은 천사 빛의 일곱 궤도(軌道)를 시도하고, 의심할 여지 없이 성취한다.

물질적 일생 동안에 운명 수호자로 배치된 세라핌들 중에, 모두는 아니지만, 다수가 하보나 궤도들을 통해서 자기 필사 동료를 동반하고, 어떤 다른 세라핌들은 필사자의 승천과 전혀 다른 방법으로 중앙 우주의 회로들을 통과한다. 그러나 하늘 가는 길과 상관 없이, 모든 진화하는 세라핌은 천사별을 거치고, 대다수는 하보나 회로들 대신에 이 체험을 거친다.

천사별은 천사들에게 운명의 구체이며, 그들이 이 세계에 도달하는 것은 필사 순례자들이 승천자별에서 겪는 체험과 아주 다르다. 천사들은 천사별에 이르기까지, 그들의 영원한 미래에 관하여 절대로 확신하지 못한다. 천사별에 도달한 어떤 천사도 잘못에 빠졌다고 보고된 적이 없다. 죄는 결코 완결 세라핌의 마음 속에서 반응을 얻지 못할 것이다.

천사별 졸업자들은 여러 가지로 배치된다. 하보나 궤도의 체험을 겪은 운명 수호자들은 보통 필사 최후자 군단에 들어간다. 다른 수호자들은 하보나 분리 시험에 합격했으니까, 흔히 파라다이스에서 필사 동료와 합세한다. 더러는 필사 최후자의 영구한 동료가 되며, 한편 더러는 필자자가 아닌 여러 최후자 군단에 들어가고, 다수는 완결 천사 군단으로 소집된다.

9. 완결 천사 군단

영들의 아버지에게 도달하고, 완성된 천사 근무에 들어간 뒤에, 천사들은 때때로 빛과 생명에 안주한 세계들에서 봉사하는 데 배치된다. 그들은 우주에서 삼위일체 체험을 거친 높은 존재들에게, 그리고 파라다이스와 하보나에서 일하는 고귀한 봉사에 소속된다. 이 지역 우주 세라핌들은, 이전에 그들을 중앙 우주와 초우주에서 봉사하는 영들로부터 구별했던, 신성 잠재성에 있는 차이를 경험으로 보상하였다. 완결 천사 군단의 천사들은 초우주의 2품 천사들의 동료로서, 그리고 높은 파라다이스-하보나 계급 상천사들의 조수로서 근무한다. 그러한 천사들에게는 시간 생애가 끝났다. 그 때부터, 영원히 그들은 하나님의 일꾼이요, 신다운 성격자들의 일행이며, 파라다이스 최후자들과 대등한 자이다.

큰 무리의 완결 세라핌들은 그들이 출생한 우주로 돌아가고, 거기서 체험으로 완전한 봉사로서 신다운 자질을 받은 봉사를 보완한다. 비교해서 말하면, 네바돈은 젊은 우주들 가운데 하나이다. 따라서 더 오래 된 영역에서 발견되는 것처럼, 네바돈에는 돌아온 이 천사별 졸업생이 많이 없다. 그런데도 우리 지역 우주는 완결 세라핌의 공급을 적절히 받고 있는데, 진화하는 영역이 빛과 생명의 지위에 가까워짐에 따라서 그들이 봉사할 필요가 늘어남을 드러내는 것이 중요하기 때문이다. 완결 세라핌들은 지금 최상 계급의 세라핌들과 함께 더욱 널리 근무하지만, 더러는 다른 각 천사 계급과 함께 근무한다. 너희 세계조차도 완결 천사 군단의 특화된 12 집단의 광범위한 봉사를 누린다. 혹성을 감독하는 이 노련한 세라핌들은 새로 임명받은 각 혹성 영주를 사람이 사는 세계들까지 동반한다.

봉사하는 많은 황홀한 길이 완결 세라핌에게 열려 있다. 그러나 파라다이스 이전 시절에 운명 수호자로 배치받기를 모두 열망한 것과 똑같이, 그들은 파라다이스 이후 체험에서 육신화된 파라다이스 아들들의 수여 수행원으로서 근무하기를 가장 바란다. 진화하는 세계들의 필사 인간이 신성과 영원을 얻는 파라다이스 목표를 향하여 길고도 흥미 있는 나그네 길을 떠나게 하는 우주 계획에, 그들은 여전히 최고로 헌신한다. 하나님을 발견하고 신다운 완전함에 이르는 사람의 모험 전체를 통해서, 완결 천사인 이 영 봉사자들은, 시간 속에서 봉사하는 충실한 영들과 함께, 언제나, 언제까지나 너희의 참다운 친구요 지칠 줄 모르는 조수이다.

[네바돈 천사 무리의 우두머리의 요청을 받아 행동하는 한 멜기세덱이 발표하였다.]

주: 1. 세라핌은 단수와 복수로 천사를 부르는 데 쓰이기 때문에, 보통 세라핌이라 쓰고 꼭 복수를 나타내는 것이 필요할 때 세라핌들이라 표현한다. 2. 속죄(atonement)와 조율(attunement)이 발음이 비슷함을 이용하여 재치 있게 말한 것.

제 40 편

하늘 가는 하나님의 아들

많은 주요 집단의 우주 존재들의 경우처럼, 하늘 가는 하나님의 아들들에는 다음 일곱 가지 일반 등급이 밝혀졌다:

1. 아버지가 융합한 필사자.
2. 아들이 융합한 필사자.
3. 영이 융합한 필사자.
4. 진화 세라핌.
5. 하늘 가는 물질 아들.
6. 옮겨진 중도자.
7. 성격화된 조절자.

진화 세계들에서 비천한 동물 기원을 가진 필사자로부터 우주의 아버지의 성격화된 조절자에 이르기까지, 이 존재들에 관한 이야기는 파라다이스 신들의 광범위한 창조에서 만세(萬歲)와 모든 우주를 통해서, 아낌없이 신성한 사랑을 수여하고 인자하게 지체를 낮추심에 관하여 영광스러운 이야기를 엮는다.

이 여러 발표는 신들의 묘사로 시작했고, 불사(不死)의 잠재성을 부여받은 가장 낮은 계급의 생명에 미칠 때까지, 이야기는 한 집단 한 집단, 살아 있는 존재들의 우주 단계를 내려왔다. 이제 나는—한때 공간의 진화 세계에서 기원을 가진 사람이었는데—하늘 가는 아들 계급에 관하여, 더 자세히 말하면 시공의 필사 인간에 관하여, 신들의 영원한 목적에 관한 이야기를 다듬고 계속하기 위하여, 구원자별로부터 파송되었다.

이 이야기의 반이 넘는 부분이 3대 기본 계급의 승천하는 필사자들에 관하여 논하는 데 바쳐질 터이니까, 비(非)필사 승천 계급의 아들 신분이—세라핌, 아담, 중도자, 조절자—가 먼저 고려될 것이다.

1. 진화 세라핌

동물 기원을 가진 필사 인간은 아들 신분을 누리는 특혜를 받은 유일한 존재가 아니다. 천사 무리도 또한 파라다이스에 이르는, 하늘이 준 기회를 나눠 가진다. 하늘 가는 시간 필사자들과 함께 체험과 봉사를 통해서, 수호 세라핌도 또한 하늘 가는 아들 지위를 얻는다. 그러한 천사들은 천사별을 통해서 파라다이스에 이르고, 다수는 필사 최후 군단에 소집되기도 한다.

하나님의 최후자 아들이 되는, 더할 나위 없는 높이까지 올라가는 것은 천사로서 훌륭한 성취이며, 영원한 아들의 계획과 깃드는 조절자의 상존하는 도움을 통해서 너희가 영원한 생존을 얻는 것을 훨씬 능가하는 업적이지만, 수호 세라핌, 그리고 이따금 다른 자들이 실제로 그러한 승천을 달성한다.

2. 하늘 가는 물질 아들

하나님의 물질 아들들은 멜기세덱과 그 동료들과 함께 지역 우주에서 창조되었고, 그들은 모두 내려가는 아들로 분류된다. 정말로, 혹성 아담—진화 세계의 물질 아들과 딸—들은 내려오는 아들이며, 그들의 기원이 있는 구체, 곧 지역 체계의 서울에서, 사람이 사는 세계들로 내려온다.

그러한 아담과 이브가 생물학상의 개량자로서 합동 혹성 임무에 온전히 성공하면, 그들 세계의 거주자들과 같은 운명을 가진다. 그러한 세계가 빛과 생명의 상급 단계에 안주할 때, 이 충실한 물질 아들과 딸은 혹성의 모든 행정 임무로부터 물러나는 것이 허락되고, 내려가는 모험으로부터 이처럼 해방된 뒤에 지역 우주 기록부에서, 완전하게 된 물질 아들로서 자신을 등록하는 것이 허락된다. 마찬가지로, 혹성의 과제가 오래 지연될 때, 고정된 지위를 가진 물질 아들—지역 체계들의 시민—들은 그들의 지위 구체에서 하던 활동으로부터 물러나고, 완전하게 된 물질 아들로서 비슷하게 등록한다. 이러한 절차를 밟은 뒤에, 그러한 해방된 아담과 이브들은 하늘 가는 하나님의 아들로 인정받고, 그 당시의 지위와 영적으로 도달한 정확한 시점에서 출발함으로, 즉시 하보나와 파라다이스로 가는 긴 여행을 시작해도 좋다. 그리고 그들은 필사 아들 및 하늘 가는 다른 아들들과 일행을 이루어 이 나그네 길을 떠나며, 하나님을 발견하고, 파라다이스 신들을 섬기는 영원한 봉사에서 필사 최후 군단을 성취할 때까지 계속한다.

3. 옮겨진 중도자

내려오는 하나님의 아들들이 혹성에 자신을 수여함으로부터 바로 얻는 이익을 빼앗기고, 파라다이스를 향한 승천이 오랫동안 미루어지더라도, 그런데도 진화하는 혹성이 빛과 생명의 중간 시대에 도달한 뒤에 (만약 그전이 아니라면), 중도인의 두 집단은 혹성 임무로부터 풀려난다. 어떤 때는 인간 사촌들과 더불어, 빛의 성전이 내려오고 혹성 영주가 혹성 군주의 위엄으로 승진하는 날, 그들의 대다수가 옮겨진다. 혹성 근무로부터 해방되고 나서, 두 계급은 지역 우주에서 하늘 가는 하나님의 아들로 등록되고, 물질 세계의 필사 종족들이 진보하도록 예정된 바로 그 길을 밟고서 파라다이스를 향한 긴 승천을 즉시 시작한다. 1차 집단은 여러 최후자 군단으로 가도록 예정되어 있지만, 2차 중도자, 아담의 중도자들은 모두 필사 최후 군단에 등록하도록 길이 정해진다.

4. 성격화된 조절자

시간 속에 사는 필사자들이 우주의 아버지가 주시는 영 선물과 혹성에서 관계를 가지고서 혼이 영원히 살아남지 못할 때, 그러한 실패는 결코 어떤 면에서도 조절자 편에서 의무나 직분이나 봉사나 헌신을 게을리 했기 때문이 아니다. 필사자가 죽을 때, 그러한 버림받은 감시자들은 신별로 돌아가고, 살아남지 못한 자의 판결이 있고 나서, 나중에 시공(時空) 세계들에 다시 배치될지 모른다. 이 종류의 근무를 되풀이한 뒤에, 아니면 육신화된 수여 아들에게 깃드는 조절자로 활동하는 것처럼 어떤 특별한 체험을 겪은 뒤에, 어떤 때 우주의 아버지가 이 유능한 조절자들을 성격화한다.

성격화된 조절자들은 독특하고 깊이를 헤아릴 수 없는 계급의 존재이다. 최초에는 실존적 전 성격(**前性格**) 지위를 가졌고, 물질 세계의 비천한 필사자의 생활과 생애에 참여함으로 체험을 얻었다. 그리고 노련한 이 생각 조절자들에게 수여된 성격은 우주의 아버지가 생물 창조에게 체험적 성격을 수여하는, 몸소 계속 베푸는 봉사에 기원이 있고 그 수원(**水源**)이 있다. 그런 까닭에, 이 성격화된 조절자들은 하늘 가는 하나님의 아들로서, 모든 그러한 아들 계급 중에서 가장 높은 계급으로 분류된다.

5. 시간과 공간의 필사자

필사자는 하나님의 아들이라 부르는 존재들의 사슬에서 마지막 고리를 대표한다. 신다운 면이 자꾸 적어지고 점점 더 인간답게 되는 일련의 성격화를 통해서, 너희 자신과 아주 비슷한 존재, 너희가 보고, 듣고, 만질 수 있는 존재가 나타날 때까지, 최초의 영원한 아들의 개인적 손길이 옮겨 간다. 그리고 나서 너희의 믿음이 움켜쥘 수도 있는 위대한 진리—영원한 하나님의 아들임—을 너희가 영적으로 의식하게 된다!

마찬가지로, 최초의 무한한 영은 신다운 면이 더욱 적고 더욱 인간다운 계급의 긴 줄을 거쳐서, 그 영역의 투쟁하는 생물에게 차츰차츰 가까이 다가가며, 천사들에서 표현의 한계에 이르는데—그들보다 너희는 조금만 못하게 창조되었다—그들은 시간의 필사자 생애에서 일생의 여행 동안 너희를 몸소 보호하고 안내한다.

아버지 하나님은 온 우주 전역에서 거의 한없는 수의 승천하는 생물과 그러한 거의 개인적 접촉을 가지려고 이렇게 자신이 내려오지 않으며, 그렇게 할 수도 없다. 그러나 아버지는 비천한 생물과 친히 접촉하는 길을 잃지 않는다. 너는 신성한 계심이 없이 지내지 않는다. 아버지 하나님이 직접 성격을 나타냄으로 너와 같이 있을 수 없지만, 깃드는 생각 조절자, 신성한 감시자의 신분으로 네 안에 있으며 그는 너에게 속한다. 이처럼 성격 면에서, 영적으로 너로부터 가장 먼 곳에 계신 아버지는 성격 회로에서, 필사 아들딸의 바로 그 혼과 마음으로 교통하는 영적 접촉을 가지면서, 너에게 아주 가까이 다가간다.

영 신분(**身分**)은 성격이 살아남는 비결을 구성하며, 영적으로 승천하는 운명을 결정한다. 생각 조절자들이 육체를 입고 사는 일생 동안 사람과 동일시되는 영, 융합 가능성을 지닌 유일한 영이니까, 시공의 필사자들은 그들이 이 신성한 선물, 깃드는 신비의 감시자들과 가지는 관계에 따라서 1차적으로 분류된다. 이 분류는 다음과 같다.

1. 조절자가 일시 또는 경험으로 머무르는 필사자.
2. 조절자가 융합하지 않는 종류의 필사자.
3. 조절자가 융합하는 잠재성을 가진 필사자.

<u>제1 계열—조절자가 일시 또는 경험으로 머무르는 필사자</u>. 이 시리즈의 명칭은 어떤 진화하는 혹성을 위해서도 잠시 뿐이고, 제2 계열에 속하는 자들을 제외한, 사람이 사는 모든 세계의 초기 단계 동안에 사용된다.

제1 계열의 필사자들은 인류가 진화하는 초기 시대에 공간 세계들에 거주하며 가장 원시 종류의 인간 지성을 포함한다. 아담 이전의 유란시아와 같은 많은 세계

에서, 좀더 진보된 상급 부류 원시인의 큰 무리가 살아남는 능력을 얻지만 조절자와 융합을 이룩하지 못한다. 오랜 세월 동안, 상급의 영적 의지를 가지는 수준으로 사람이 올라가기 전에, 육체를 입은 짧은 생애 동안에 조절자들은 투쟁하는 이 생물의 지성을 차지한다. 조절자들이 그러한 의지(意志) 생물 안에 사는 순간, 집단으로 수호하는 천사들이 비로소 활동한다. 제1 계열의 이 필사자들은 개인 수호자가 없지만, 집단 관리자들을 가지고 있다.

경험적인 조절자는 한 원시인의 육체적 생애 전체를 통해서 함께 남는다. 조절자들은 원시인의 발전에 크게 이바지하지만, 그러한 필사자와 영원한 연합을 이룰 수 없다. 조절자들의 이 일시적 직분은 두 가지를 성취한다. 첫째로, 그들은 진화된 지능의 성질과 작용에서 가치 있는 실제 체험을 얻으며, 더 발달된 존재들이 있는 다른 세계들에서 차후에 생길 접촉과 관련하여 이 체험은 소중할 것이다. 둘째로, 조절자들의 일시 체류는 가능한 후일의 영 융합을 위하여, 필사 피보호자를 준비시키는 방향으로 크게 이바지한다. 하나님을 추구하는 이 부류의 모든 혼은 지역 우주 어머니 영의 영적 포옹을 통해서 영생을 얻고, 이처럼 지역 우주 체제에서 올라가는 필사자가 된다. 아담 이전에 유란시아로부터 온 많은 사람이 이렇게 사타니아 저택 세계들까지 진행하였다.

오랜 세월에 걸친 진화적 고난과 시련을 통하여, 상급 수준의 영적 지성으로 필사 인간이 올라가도록 예정하신 신들은, 승천하는 각 단계마다 그의 지위와 필요를 눈여겨본다. 진화하는 종족들의 초기 시절에 투쟁하는 이 필사자들에게 최종 판결을 내릴 때, 언제나 그들은 신답게 공평하고 정당하고, 매력이 넘쳐흐르도록 자비롭기까지 하다.

<u>제2 계열—조절자와 융합하지 않는 종류의 필사자</u>. 이들은 깃드는 조절자와 영원한 연합을 이룰 수 없는, 특별한 종류의 인간들이다. 한 골, 두 골, 세 골을 가진 종족들 사이에 종류를 분류하는 것은 조절자 융합에 요인이 아니다. 모든 그러한 필사자는 비슷하지만, 조절자와 융합하지 않는 이 부류는 전적으로 다르고 두드러지게 수정된 계급의 의지(意志) 생물이다. 비호흡자들 가운데 다수가 이 계열에 속하고, 보통 조절자와 융합하지 않는 수많은 다른 집단이 있다.

제1 계열과 마찬가지로, 이 집단의 구성원은 각자 육체를 입은 일생 동안에 꼭 한 조절자의 봉사를 누린다. 현세의 생명 동안 이 조절자들은 그들이 일시 깃드는 주체를 위하여, 필사자가 융합 잠재성을 가진 다른 세계들에서 행해지는 모든 것을 행한다. 이 제2 계열의 필사자들에게는 흔히 처녀 조절자가 살지만, 상급 인간들은 흔히 솜씨 있고 경험 있는 감시자와 연락한다.

동물 기원을 가진 생물을 향상시키는 승천 계획에서, 이 존재들은 유란시아 부류의 필사자들에게 베풀어지는 것과 똑같이, 하나님의 아들들의 헌신적 봉사를 누린다. 융합 잠재성이 있는 세계들의 경우처럼, 비융합 혹성에서 천사와 조절자들의 협동이 똑같이 충분하게 마련된다. 운명 수호자들은 유란시아에서와 똑같이 그러한 구체들에서 봉사하고, 사람이 살아남을 때 비슷하게 활동하며, 그 때 살아남는 혼은 영과 융합된다.

저택 세계들에서 이 수정(修正)된 필사 부류들과 마주칠 때, 너희는 그들과 교통하는 데 아무런 어려움이 없을 것이다. 거기서 그들은 같은 체계의 말을 하지만 수정된 기술을 쓴다. 이 존재들은 영과 성격의 명시에서 너희 계급의 생물 생명과 동일하며, 어떤 신체적 모습에서, 그리고 생각 조절자와 융합할 수 없다는 사실이 다르다.

나는 어째서 이 부류의 생물이 우주의 아버지의 조절자와 결코 융합할 수 없는가에 대하여 말할 수 없다. 특별한 혹성 환경에서 생명을 유지할 수 있는 존재를 만들려는 노력으로, 생명 운반자들이 총명한 의지(意志) 생물을 만드는 우주 계획에 그러한 극단적 수정을 더할 필요에 부딪쳤기 때문에, 조절자와 영구한 연합을 이루기가 선천적으로 불가능하게 된다는 견해로, 우리 가운데 더러가 기운다. 우리는 흔히 물어 왔다. 이것이 승천 계획에서 의도한 부분인가 의도하지 않은 부분인가? 그러나 우리는 답을 찾지 못했다.

제3 계열—조절자와 융합할 잠재성을 가진 필사자. 아버지가 융합한 모든 필사자는 유란시아 종족들과 똑같이, 동물의 기원을 가지고 있다. 그들은 조절자와 융합하는 잠재성을 가진 한 골, 두 골, 세 골 부류의 필사자들을 포함한다. 유란시아 사람들은 중간 종류, 곧 두 골 종류이며, 여러 면에서 인간적으로 한 골 집단보다 우수하지만, 세 골 계급과 비교해서 분명히 제한되어 있다. 이 세 부류의 육체적 머리의 자질은 조절자 수여, 천사의 봉사, 또는 어느 다른 단계의 영적 봉사에서 요인이 아니다. 세 가지 골 종류 사이에 지적·영적 차이는 그 외에 지성 자질과 영적 잠재성에서 아주 비슷한 개인들의 특징을 나타내며, 이 차이는 현세의 생활에서 가장 크고, 저택 세계들을 하나하나 거침에 따라서 줄어드는 경향이 있다. 체계 본부에서부터 계속, 이 세 종류의 진보는 같고, 그들이 궁극에 마주치는 파라다이스 운명은 동일하다.

무번호 계열. 이 이야기는 진화 세계들에서 생기는 황홀한 차이점을 다 도저히 담을 수 없다. 너희는 10 세계마다 하나는 십일(十一) 혹성, 곧 실험 혹성인 것을 알지만, 진화 구체들의 행렬을 명확히 해 주는 기타 변수를 도무지 모른다. 같은 집단의 혹성들의 경우처럼, 밝혀진 계급의 산 생물 사이에서도 차이가 너무 많아서 설명할 수 없지만, 이 발표는 승천 생애에 대한 관계에서 기본 차이점을 규명한다. 그리고 시공의 필사자에 대한 어떤 고찰에서도 승천 생애는 가장 중요한 요인이다.

필사자가 살아남을 확률에 관해서 말하면, 영원히 분명히 해둘지어다. 깃드는 조절자와 협동할 자진성을 보이고, 하나님을 찾아내고 신다운 완전에 이르려는 소망을 드러낸다면, 이 소망이 비록 "세상으로 오는 모든 사람을 비추는 참 빛"을 원시적으로 깨닫는 희미한 첫 불빛이더라도, 사람으로 존재하는 모든 가능한 단계에 있는 혼들은 모두 살아남을 것이다.

6. 하나님의 믿음의 아들

필사 민족들은 총명하고 성격을 가진 창조에서 가장 낮은 계급을 대표하는 자의 처지이다. 너희 필사자들은 신성하게 소중하며, 너희 모두가 영화로운 체험을 얻는 확실한 운명을 받아들이기를 택해도 좋다. 그러나 너희는 아직 천성으로 신다운 계급이 아니며, 너희는 온전히 필사자이다. 융합이 일어나는 순간에, 너희는 하늘 가는 아들로 간주될 것이다. 그러나 시공 필사자들의 지위는, 살아남는 필사자의 혼이 어떤 부류의 영원하고 불멸인 영과 최종으로 융합하는 사건이 일어나기 전에는 믿음의 아들의 지위를 가진다.

유란시아 인간들과 같은 비천하고 물질적인 생물이 하나님의 아들이요, 가장 높은 분의 믿음의 자녀라는 것은 엄숙하고 숭고한 사실이다. "우리가 하나님의 아들이라 칭함을 받다니 어떤 모양의 사랑을 아버지가 우리에게 주셨는가 볼지어다." "그를 받아들인 많은 사람에게, 그는 저희가 하나님의 아들임을 인식하는 힘을 저희에게 주셨도다." "너희가 무엇이 될 것인가 아직 나타나지 않지만", 이제도 "너희는 하나님의 믿음의 아들이라." "너희가 다시 두려워 할, 속박하는 영을 받은 것이 아니라, 아들의 영을 받았은즉, 이로서 너희가 '우리 아버지'라 외침이라." 영원한 하나님의 이름으로 옛 선지자가 말했다. "저희에게도 나의 집에서 아들보다 더 좋은 자리와 이름을 주리니, 나는 저희에게 영구한 이름을 줄 것이요, 그 이름은 끊어지지 아니하리라." "그리고 너희는 아들이므로, 하나님이 그의 아들의 영을 너희 가슴 속에 보내셨도다."

필사자들이 거하는 모든 진화 세계는 하나님의 이 믿음의 아들, 인자와 자비의 아들, 곧 신의 가족에 속하고, 따라서 하나님의 아들이라 부르는 필사 존재들을 품고 있다. 유란시아 필사자들은 자신을 하나님의 아들로 여길 자격이 있으니, 그 이유는 다음과 같다.

1. 너희는 영적으로 약속된 아들, 믿음의 아들이다. 너희는 아들의 지위를 받아들였다. 너희의 아들 신분이 현실임을 너희가 믿으며, 따라서 너희가 하나님의 아들인 것은 영원히 현실이 된다.

2. 하나님의 아들 창조자가 너희 가운데 하나가 되었고, 사실 그는 너희의 형이다. 정신적으로 너희가 그리스도, 곧 승리한 미가엘과 참으로 관련된 형제가 되면, 정신적으로 너희는 또한 너희가 공동으로 가진 그 아버지—만민의 우주의 아버지—의 아들임이 틀림없다.

3. 아들의 영이 너희에게 퍼부어졌고, 아낌없이 확실하게 모든 유란시아 민족에게 수여되었으니까, 너희는 아들이다. 이 영은 언제나 너희를 그 근원인 신다운 아들에게로, 그 신다운 아들의 근원인 파라다이스 아버지께로 끌어당긴다.

4. 우주의 아버지는 신성한 자유 의지로, 너희에게 피조물의 성격을 주셨다. 너희는 자유 의지로 행동하는 신이 준 그 자발성을 어느 만큼 부여받았고, 하나님은 그것을 아들이 될까 싶은 모든 사람에게 나눠 주신다.

5. 너희 안에 우주의 아버지의 한 분신(分身)이 존재하고, 따라서 너희는 모든 하나님의 아들의 신성한 아버지와 직접 관계가 있다.

7. 아버지가 융합한 필사자

조절자들을 보내는 것, 그들이 사람 안에 깃드는 것은 정말로, 아버지 하나님의 헤아릴 수 없는 신비의 하나이다. 우주의 아버지의 신다운 성품을 가진 이 분신들은 생물의 불멸 가능성을 지닌다. 조절자들은 불멸하는 영이며, 그들과 뭉치는 것은 융합된 필사자의 혼에 영생을 부여한다.

너희 자신의 민족에서 살아남는 필사자들은 이 집단의 하늘 가는 하나님의 아들들에 속한다. 너희는 지금 혹성에 있는 아들이요, 생명 운반자들이 씨뿌린 데서 유래하고 아담 생명을 주입(注入)하여 수정된 진화 생물이니까, 아직까지는 도저히 하늘 가는 아들은 아니다. 그러나 너희는 정말로 (영광과 신성을 달성하는 가장 높은 데까지) 올라가는 가능성을 지닌 아들이요, 믿음으로, 깃드는 조절자의 활동, 영답게 변화시키는 활동에 자유 의지로 협동함으로, 너희는 이 하늘 가는 아들의 영적 지위를 얻을 수 있다. 너와 너의 조절자가 마침내, 영원히 융합했을 때, 너희 둘이 하나가 되었을 때, 그리스도 미가엘 안에서 하나님의 아들과 사람의 아들이 하나인 것 같이, 그 때 너희는 사실로 하늘 가는, 하나님의 아들이 된 것이다.

보호 관찰 밑에 있는 진화 혹성에서, 사람에게 깃드는 봉사를 베푸는 조절자 생애의 세부를 설명하는 것은 내 임무의 일부가 아니다. 이 위대한 진리를 자세히 설명하는 것은 너희 일생 전체를 포함한다. 조절자가 융합한 필사자들에 관하여 충분히 진술하려고, 나는 어떤 조절자 활동을 언급한다. 하나님의 이 깃드는 분신들은 육체로 존재하는 초기부터, 네바돈과 오르본톤에서 승천하는 생애 전체를 통하여, 그리고 계속해서 하보나를 거쳐서 파라다이스 자체에 이를 때까지, 너희 계급의 존재와 함께 있다. 그 뒤로, 영원한 모험에서, 바로 이 조절자는 너와 하나이며, 그는 너로부터 나온다.

이들은 우주의 아버지로부터 "내가 완전한 것 같이 너희도 완전하라"는 명령을 받은 필사자이다. 아버지는 자신을 너에게 수여했고, 자신의 영을 네 안에 두셨다. 따라서 너에게서 그는 궁극의 완전을 요구한다. 시간 속에 사는 필사자의 구체로부터 영원한 신의 영역까지 인간이 올라가는 이야기는, 내 임무에 포함되지 않는, 흥미를 자아내는 발표가 되지만, 이 숭고한 모험은 필사 인간에게 최고의 연구 대상이어야 한다.

우주의 아버지의 분신과 융합하는 것은 궁극에 파라다이스에 도달함을 신이 인가하는 것에 상당한다. 조절자가 융합한 그런 필사자들은 모두 하보나 회로들을 거치고 파라다이스에 계신 하나님을 찾아내는, 유일한 등급의 인간이다. 조절자가 융합한 필사자에게는 우주에서 봉사하는 생애가 널리 펼쳐져 있다. 얼마나 존귀한 운명과 영화로운 달성이 너희 하나하나를 기다리는가! 너희를 위하여 무엇이 행해졌는지 너희가 충분히 이해하는가? 너희—아니 생명의 비천한 길에서, 소위 너희의 "눈물의 장막"을 통해서, 터벅터벅 걷는 너희도—앞에 펼쳐진 영원한 성취의 절정이 장려함을 너희가 이해하는가?

8. 아들이 융합한 필사자

살아남는 거의 모든 필사자가 저택 세계들 중 하나에서, 아니면 상급 상물질계 구체들에 도착한 직후에, 그들의 조절자와 융합한다. 한편 융합이 늦어지는 어떤 사례들이 있는데, 더러는 우주 본부의 최종 교육 세계들에 이를 때까지, 살아남는 다는 이 최종의 확신을 체험하지 못한다. 그리고 결코 끝이 없는 생명을 얻을 이 필사 후보자들 가운데 몇은 자기의 충실한 조절자와 신분의 융합을 달성하는 데 철저히 실패한다.

그러한 필사자들은 판결 당국에게 살아남을 자격이 있다고 판정을 받았고, 그들의 조절자조차도 신별로부터 돌아옴으로, 저택 세계들까지 그들이 올라가는 데 찬성했다. 그러한 존재들은 체계와 별자리를 통해서, 구원자별 회로의 교육 세계들을 통해서 올라갔다. 그들은 "일흔 번씩 일곱 번" 융합할 기회를 누렸지만, 여전히 자기 조절자와 하나됨을 달성할 수 없었다.

어떤 동시화의 어려움이 아버지의 융합을 억제하는 것이 분명해질 때, 아들 창조자의 생존 심판자들이 소집된다. 그리고 옛적부터 늘 계신 이들의 한 개인 대표가 인가한, 이 문의(問議)하는 법정이, 하늘 가는 필사자가 융합을 달성하는 데 실패할 만한 아무런 원인을 찾을 수 없다고 최종으로 결정을 내릴 때, 그들은 지역 우주 기록부에 그렇게 증명하고, 이 결과를 옛적부터 늘 계신 이들에게 공식으로 통보한다. 그리고 나서 깃드는 조절자는 당장에 성격화된 감시자들에게서 확인을 받으려고 신별로 돌아간다. 이 작별이 있고 나서 그 상물질계 필사자는 즉시 아들 창조자 영의 개별화된 선물과 융합한다.

네바돈의 상물질계 구체들을 영 융합 필사자들과 함께 나누어 쓰는 것과 비슷하게, 아들이 융합한 생물은 아득히 먼 파라다이스 섬을 향하여 안으로 여행하는, 조절자가 융합한 형제들과 함께, 오르본톤의 봉사를 나누어서 한다. 그들은 참으로 너희의 형제이니, 초우주의 훈련 세계들을 통과하는 동안 너희는 그들과 교제하기를 크게 즐거워할 것이다.

아들이 융합한 필사자들은 수가 많은 집단이 아니며, 오르본톤 초우주에서 그들의 수는 1백만이 채 되지 않는다. 파라다이스에서 거주하는 운명을 제쳐 놓으면, 그들은 조절자가 융합한 동료들과 모든 면에서 대등한 자이다. 그들은 파라다이스까지 초우주 임무를 띠고 빈번히 여행하지만, 거기서 영구히 거주하는 일이 드물고, 하나의 등급으로서 그들이 태어난 초우주에 국한되어 있다.

9. 영이 융합한 필사자

하늘 가는 영 융합 필사자들은 셋째 근원 성격자가 아니다. 그들은 아버지의 성격 회로에 포함되지만, 셋째 근원 중심의 전 지성(前知性) 영이 개체화한 것과 융합하였다. 그러한 영 융합은 자연 생명 동안에 결코 일어나지 않는다. 저택 세계들에서 상물질 존재를 입고 필사자가 깨어날 때만 일어난다. 융합하는 체험에서 중복은 없으며, 의지를 가진 생물은 영과 융합하든지, 아들과 융합하든지, 아니면 아버지와 융합한다. 조절자, 곧 아버지와 융합하는 자들은 결코 영이나 아들과 융합하지 않는다.

이 부류의 필사 인간이 조절자와 융합하는 후보자가 아니라는 사실은 육체를 입은 일생 동안에 조절자들이 그들에게 깃드는 것을 막지 않는다. 물질적 일생 동안에 그러한 존재들의 지성 속에서 조절자가 일하기는 하지만, 결코 그들의 생도인 혼과 영구하게 하나가 되지 않는다. 일시 이렇게 체류하는 동안 그들이 조절자와 융합하는 후보자 안에서 하는 것과 똑같이, 조절자들은 필사 성품을 가진 바로 그 영 해당물—혼—을 효과적으로 강화한다. 필사자가 죽는 그 시간까지 조절자가 하는 일은 전적으로 너희 자신의 민족들에서 하는 활동과 비슷하지만, 필사자가 분해되고 나서, 조절자들은 영과 융합하는 이 후보자들을 영원히 떠나며, 모든 신다운 감시자의 본부인 신별로 직접 나아가서, 거기서 그들 계급의 새로운 배치를 기다린다.

그러한 잠자는 생존자들이 저택 세계에서 다시 성격화될 때, 떠나버린 조절자의 자리를 신성한 봉사자 영의 한 개체가 차지하는데, 그는 관계된 지역 우주에서 무한한 영의 대표이다. 이 영이 주입되는 것은 살아남는 이 생물을 영과 융합한 필사자로 만든다. 그러한 존재들은 모든 면에서, 그 지성과 영이 너희와 대등한 자이다. 그리고 그들은 정말로 너희와 동시대 사람이고, 너희 계급의 융합 후보자들, 그리고 아들이 융합할 자들과 함께, 저택 및 상물질계 구체들을 나눠 쓴다.

그러나 영이 융합하는 필사자들이 하늘 가는 형제들과 다른 점이 하나 있다. 물질 기원이 있는 세계들에서 필사자가 가진 인간 체험의 기억은 육체로 죽은 뒤에 살아남는데, 이는 깃드는 조절자가 인간 생활에서 영적 의미를 가진 사건들의 영 사본(寫本), 곧 성적표를 얻었기 때문이다. 그러나 영이 융합하는 필사자들의 경우에는, 인간의 기억이 영속할 수 있는 그러한 작용이 도무지 존재하지 않는다. 조절자의 기억 성적표는 완전하고 손대지 않은 채로 있지만, 이 취득물은 떠나 버린 조절자의 체험적 소유물이고, 그들이 예전에 깃든 생물에게 소용되지 않는다. 따라서 이 생물은 네바돈 상물질 구체의 부활 회관에서, 마치 새로 창조된 존재, 예전의 존재에 관하여 의식이 없는 생물인 것처럼 깨어난다.

지역 우주의 그러한 아이들은, 관계된 세라핌과 케루빔에게 이야기를 다시 들음으로, 기록하는 천사들이 철해 놓은 필사 생애의 기록을 훑어봄으로, 예전의 인간이 기억하는 체험의 상당 부분을 다시 소유할 수 있게 된다. 그들은 의심할 여지 없이, 확신을 가지고 이렇게 할 수 있는데, 이는 물질적인 필사 생명에서 체험적 기원을 가진 살아남는 혼이 필사자의 사건들에 관하여 아무런 기억이 없는 반면에, 과거의 체험에서 기억하지 못하는 이 사건들에 대하여 체험으로 인식하는 반응이 남아 있기 때문이다.

영이 융합하는 필사자가 기억하지 못하는 과거의 사건들에 관하여 이야기를 들을 때, 그러한 생존자의 혼 (신분) 안에 체험으로 인식하는 그 즉시의 반응이 있고, 그것은 한 순간에 이야기를 들은 사건에 감정적 실체의 빛깔과 사실의 지적 품질을 부여한다. 이 2중 반응은 필사자의 체험에서 기억하지 못하는 면을 다시 구성하고 인식하고 정당화하는 것이 된다.

조절자와 융합하는 후보자들의 경우에도, 영적 가치를 가진, 인간의 체험만, 살아남는 사람과 돌아오는 조절자가 공동으로 가진 재산이며, 따라서 필사자가 살아남은 뒤에 그것을 즉시 기억한다. 영적 의미가 없는 사건들에 관해서 말하면, 조절자가 융합한 이 사람들도 살아남는 혼 안에서 인식 반응의 속성에 의존해야 한다. 그리고 어떤 사건도 한 사람에게 영적 의미가 있지만 남에게는 그렇지 않다. 따라서 같은 혹성에서 온 집단, 동시대에 승천하는 한 집단의 사람들이 조절자가 기억한 사건들의 저장을 한데 모으고, 이처럼 그들이 공통으로 가졌던 어떤 체험도, 그들 가운데 누구의 생애에서 영적 가치를 가졌던 어떤 체험이라도, 복구하는 것이 가능하다.

우리는 기억을 복구하는 그러한 기법을 상당히 잘 이해하는 한편, 성격이 인식하는 기법을 파악하지 못한다. 한때 관계를 가졌던 성격자들은 기억(記憶) 작용과 아주 상관 없이, 서로 반응한다. 하지만 그렇게 서로의 성격 반응에 충분한 인식을 부여하는 데는 기억 자체, 그리고 기억을 복구하는 기법이 필요하다.

영이 융합한 생존자도 또한, 그가 살던 혹성의 섭리 시대 뒤에, 그가 태어난 세계를 다시 찾아봄으로, 육체를 입고 살던 생애에 관하여 많은 것을 배울 수 있다. 영이 융합한 그러한 아이들은, 일반적으로 지역 우주의 근무에 국한되기 때문에, 그들의 인간 생애를 조사하는 이 기회를 즐기는 것이 가능하게 된다. 그들은 파라다이스 최후 군단에서 너희가 가진 높고도 고귀한 운명을 같이 나누지 못한다. 오로지 조절자가 융합한 필사자나 기타 특별히 포옹을 받은 승천 존재들만, 신에게 도달하는 영원한 모험을 기다리는 자의 계층에 소집된다. 영이 융합한 필사자들은 지역 우주의 영구한 시민이다. 그들은 파라다이스 운명을 마음에 품을지 모르지만, 그것을 확신할 수 없다. 네바돈에서 그들의 우주 고향은 구원자별을 회전하는 여덟째 집단의 세계들이고, 여기가 유란시아의 혹성 전통이 상상해 왔던 것과 상당히 비슷한 성질과 위치를 가진, 운명이요 하늘이다.

10. 승천자의 운명

영이 융합한 필사자들은, 일반적으로 말해서, 한 지역 우주에 국한된다. 아들이 융합한 생존자들은 초우주에 한정된다. 조절자가 융합한 필사자들은 온 우주를 침투하도록 운명이 정해져 있다. 필사자와 융합하는 영들은 반드시 기원이 있는 수준으로 올라간다. 그러한 영 통일체들은 어김없이 원초적 근원이 있는 구체로 돌아간다.

영이 융합한 필사자들은 지역 우주 출신이다. 그들은 보통 태어난 영역의 테두리를 지나서, 그들을 채우는 영의 공간 한계의 테두리를 지나서 올라가지 않는다. 아들이 융합한 승천자들도 마찬가지로 영적 자질이 있는 근원으로 올라가는데, 아들 창조자의 진리의 영이 관계된 신성한 봉사자에 집중하는 것과 상당히 비슷하게, 그의 "융합하는 영"은 상급 우주의 반영 영들 안에서 구체화된다. 칠중 하나님의 관계, 지역 우주와 초우주 수준 사이에 있는 그러한 영 관계는 설명하기 힘들지만 헤아리기 힘들지는 않으며, 반영 영들의 아이—아들 창조자들의 2품 천사 목소리—들 안에서 어김없이 드러난다. 생각 조절자들은 파라다이스에 계신 아버지로부터 오니까, 필사 아들이 영원한 하나님과 얼굴을 마주하고 설 때까지, 결코 멈추지 않는다.

한 필사 존재가 그에게 깃드는 생각 조절자와 영원히 융합하지 않거나 융합될 수 없도록 만드는, 결합 기법에 있는 신비한 변수는 승천 계획에서 하나의 흠을 드러내는 것처럼 보일지 모른다. 아들 융합과 영 융합은, 표면으로는, 파라다이스에 도달하는 계획의 어떤 세부에서 설명되지 않은 실패에 대하여 보상하는 것과 비슷하다. 그러나 모든 그러한 결론은 잘못되었다. 이 모든 사건은 최상 우주 통치자들이 확정한 법칙에 복종해서 펼쳐진다고 우리는 가르침을 받았다.

우리는 이 문제를 분석해 보았고, 모든 필사자를 궁극의 파라다이스 운명으로 위탁하는 것은, 아들 창조자들과 옛적부터 늘 계신 이들의 법정이 상급 영역으로 이동 중에 있는 자들의 봉사에 온통 의존할 터이니까 시공 우주들에게 불공평하리라는, 의심할 수 없는 결론(結論)에 우리는 이르렀다. 지역 우주와 초우주 정부에는 각각 영구한 집단의 상승하는 시민들이 마련되어야 한다는 것, 이 행정부의 활동은 영구한 지위를 가진, 어떤 집단의 영화롭게 된 필사자들, 곧 아반돈터와 수사시아의 진화적 보충자들의 노력으로 강화되어야 한다는 것은 적절한 듯하다. 현재의 승천 계획은 시공의 행정부에게 바로 그러한 집단의 상승하는 생물을 효과적으로 마련해 준다는 것이 이제는 아주 분명하다. 그리고 우리는 여러 번 궁금히 여겨왔다. 이 모든 것이, 아들 창조자와 옛적부터 늘 계신 이들에게 영구한 상승 인구를 마련해 주도록 고안된 계획, 모우주 건축가들의 전적으로 지혜로운 계획이 의도한 부분을 대표하는가? 다가올 우주 시기에 이 영역의 사무를 추진하도록 점점 더 유능하게 될, 진화된 계급의 시민을 마련해 주는가?

사람의 운명이 이렇게 다르다는 것은 절대로 하나가 다른 하나보다 반드시 크거나 작다는 것이 아니라, 다만 운명이 다름을 증명한다. 조절자와 융합하는 승천자들은 정말로, 영원한 미래에 장대하고 영화로운 생애, 최후자로서 사는 생애가 그들 앞에 펼쳐져 있다. 그러나 이것은 상승하는 형제들보다 그들이 우대받음을 의미하지 않는다. 사람을 살아남게 하는 신성한 계획의 선택 운영에는 아무런 편애가 없으며, 아무 것도 멋대로 일어나지 않는다.

조절자와 융합하는 최후자들은 분명히 전체에서 가장 널리 봉사하는 기회를 누린다. 그 반면에, 이 목표의 달성은, 어떤 한 우주나 초우주에서, 초기의 채 안정되지 않은 시대부터 상대적 완전에 도달하는 후기의 확정된 시기까지, 오랜 세월에 걸친 투쟁에 참여할 기회로부터 그들을 자동으로 차단(遮斷)한다. 최후자들은 대우주의 일곱 구역 전체에서 일시 근무하는 놀랍고 광범위한 체험을 얻지만, 보통 어느 한 우주에 관해서 자세한 지식을 얻지 못하며, 이런 지식은 지금도 네바돈 완결군단에서 영이 융합한 고참들의 특징을 나타낸다. 사람이 사는 1천만 세계에서 혹성의 시대가 하나하나 펼쳐질 때, 이 개인들은 그 여러 시대의 상승하는 행렬을 구경할 기회를 누린다. 그러한 지역 우주 시민에게 베푸는 충실한 봉사에서, 집중된 체험으로 생기는 바로 그 높은 품질의 지혜—권위 있는 지혜—를 충만한 시간이 무르익게 할 때까지 체험에 체험이 겹쳐지며, 이것은 그 자체로서 어느 지역 우주에서도 그 안정에 사활을 가리는 요인이다.

영이 융합한 자의 경우와 같이, 유버르사에서 거주 지위를 얻은 아들 융합 필사자의 경우도 마찬가지다. 이 존재들 가운데 더러는 오르본톤의 가장 이른 시기로부터 왔다. 그들은 통찰력을 깊게 만드는 지혜를 가진, 서서히 누적되는 단체를 대표하며, 이것은 일곱째 초우주의 복지와 궁극의 안정에 항상 늘어나는 봉사를 기여한다.

지역 우주 및 초우주 시민권을 가진 이 고정된 계급들이 궁극에 부딪치는 운명이 무엇일지 우리는 모른다. 그러나 지금은 지도(地圖)도 없고 사람이 살지도 않는 외계 공간의 은하들로부터 그 아득한 날에 영을 추구하는 광대한 격류로서, 오르본톤과 그 자매 창조들로부터 쏟아질지 모르는, 들어오는 파라다이스 순례자의 물결을 환영할 준비를 갖춘 한편, 파라다이스 최후자들이 제1 외계 공간 수준의 혹성 체계들에서 확장되는 신성(神性)의 미개척지를 개척하고 있을 때, 승천하는 진화적 투쟁에 들어간 아들 및 영이 융합한 그 형제들은 완전하게 된 초우주들의 체험적 균형을 유지하는 데 쓸 만하게 이바지하리라는 것이 아주 가능하다.

영이 융합한 자들의 대다수는 지역 우주 시민으로서 영구하게 봉사하지만, 모두가 그렇지는 않다. 그들이 베푸는 우주 봉사의 어떤 단계가 초우주에서 그들이 몸소 자리에 있기를 요구할 때, 그들을 더 높은 우주로 올라가게 만들도록 그러한 존재의 변화가 이 시민들에게 일어날 것이다. 영이 융합한 그러한 필사자들을 옛적부터 늘 계신 이들의 법정에 출두시키라는 명령을 받은 천상의 보호자들이 도착하고 나서, 그들은 그렇게 올라가고, 결코 돌아오지 않는다. 초우주의 피보호자가 되고, 다시 파라다이스와 하보나 근무를 위해 호출되는 극소수를 빼고, 천상의 보호자들의 조수로서 영구하게 봉사한다.

영이 융합한 형제들처럼, 어떤 수정하는 변화를 겪지 않으면, 아들이 융합한 자들은 하보나를 거치거나 파라다이스에 이르지 않는다. 좋은 충분한 까닭이 있어서, 그러한 변화가 아들이 융합한 어떤 생존자들에게 일어났고, 너희는 때때로 중앙 우주의 일곱 회로에서 이 존재들과 마주치게 될 것이다. 그래서 특정한 수의 아들 및 영이 융합한 필사자들이 실제로 파라다이스로 올라가며, 아버지가 융합한 필사자들을 기다리는 것과 여러 면에서 같은 목적을 달성한다.

아버지가 융합한 필사자들은 잠재 최후자이다. 그들의 목적지는 우주의 아버지이고, 아버지께 도달하지만, 현 우주 시대의 시계(視界) 안에서, 최후자들은 그런 상태로, 운명을 달성한 자는 아니다. 그들은 미완성의 생물로서—제6 단계의 영으로서—남아 있고, 따라서 빛과 생명 이전의 지위를 가진 진화 영토에서 활동하지 않는다.

필사 최후자가 삼위 일체의 품에 안길 때—막강한 사자처럼 삼위 일체 품을 거친 아들이 될 때—적어도 지금 우주 시대 동안에, 그 최후자는 운명을 달성한 것이다. 막강한 사자와 그 동료들은 정확한 의미에서 제7 단계 영이 아니지만, 다른 것들에 추가해서 삼위 일체의 품에 안기는 것은, 최후자가 언젠가 제7 단계 영으로서 성취할 모든 것을 그들에게 부여한다. 영이 융합하거나 아들이 융합한 필사자들이 삼자 일체 체험을 맛본 뒤에, 그들은 조절자가 융합한 승천자들과 함께 파라다이스 체험을 거치며, 그러면 이들과 초우주 행정에 관한 모든 문제에서 동일하다. 이 삼위 일체를 체험한 선택의 아들이나 달성의 아들들은 적어도 지금은 완성된 생물이며, 이와 대조해서 필사자들은 현재 완성되지 않은 생물이다.

따라서, 결국에는, 승천 계급 아들의 운명을 대조하면서, "더 크다" 또는 "더 작다"는 말을 쓰기가 도저히 적당하지 않을 것이다. 그러한 하나님의 아들마다 공통으로 아버지가 하나님이며, 하나님은 피조물인 아들들을 마찬가지로 사랑한다. 하늘 가는 운명에 도달할지 모르는 생물을 차별하지 않다시피, 그는 하늘 가는 운명을 차별하지 않는다. 아버지는 그의 아들 <u>하나하나</u>를 사랑하며, 그 사랑은 진실하고, 거룩하고, 신답고, 한없고, 영원하고, 독특함에 모자람이 없다—이것은 <u>이</u> 아들에게, <u>저</u> 아들에게, 개별적으로 수여되는 사랑이다. 그러한 사랑은 모든 다른 사실이 전적으로 빛을 잃게 만든다. 아들 신분은 피조물이 창조자와 가지는 최상의 관계이다.

사람으로서, 너희는 신성한 아들로 구성된 가족 안에서 너희의 위치를 이제 깨달을 수 있고, 사람을 살아남게 하는 파라다이스 계획에서, 그에 따라서, 아주 거저 마련된 장점을 이용할 의무를 비로소 느낄 수 있다. 이 계획은 한 수여 아들의 생활 체험으로 말미암아 아주 향상되고 조명되어 왔다. 신의 완전에 이르는 파라다이스 목표를 너희가 궁극에 달성하는 것을 보장하려고 모든 시설과 모든 권력이 마련되었다.

[구원자별의 가브리엘의 참모진에 일시 부속된 한 막강한 사자가 발표하였다.]

제 41 편

지역 우주의 물리적 모습

각 지역 창조를 모든 다른 창조 가운데서 돋보이게 하는 현상, 특징을 나타내는 공간 현상은 창조 영의 계심이다. 네바돈 전체가 구원자별의 신성한 봉사자의 공간 계심으로 분명히 가득 차 있고, 그러한 계심은 우리 지역 우주의 바깥 테두리에서 마찬가지로 분명히 그친다. 우리 지역 우주의 어머니 영이 채우는 것이 바로 네바돈이다. 그의 공간 계심을 지나서 뻗는 것은 네바돈 바깥이고, 이것은 오르본톤 초우주에서 네바돈 바깥의 공간 지역, 곧 다른 지역 우주들이다.

대우주의 행정 조직은 중앙 우주, 초우주, 지역 우주 정부 사이에 뚜렷한 구분을 드러내며, 이 구분은 천문학적으로, 하보나와 일곱 초우주의 공간 분리와 평행하지만, 그러한 명확한 물리적 분계선은 지역 창조들을 갈라 놓지 않는다. 오르본톤의 대구역·소구역들조차 (우리에게) 분명히 구별이 가능하지만, 지역 우주들의 물리적 경계선을 확인하기는 그리 쉽지 않다. 이것은 지역 창조들이, 한 초우주의 총 에너지 전하(電荷)의 분할을 지배하는 어떤 창조 원칙에 따라서 행정적으로 조직되어 있고, 한편 그 물리적 구성 분자, 곧 공간의 구체들은—태양·흑도(黑島)·혹성들 따위는—1차적으로 성운(星雲)에서 기원을 가지고, 이 구체들이 모우주 건축가들의 어떤 창조 이전 (초월) 계획에 따라서, 천문학적으로 출현하기 때문이다.

네바돈이 안드로노버와 기타 성운들의 별 및 혹성 자식들로부터 물리적으로 조립된 것처럼, 하나 이상—아니 많은—그러한 성운이 단일 지역 우주 영토 안에 포함될 수도 있다. 네바돈의 구체들은 다채로운 성운 조상을 가졌지만, 모두 공간 운동에서 어떤 최소한의 공통점을 가지고 있었다. 이것은 우리의 현재 공간 물체들의 집합을 만들도록 동력 지휘자들의 총명한 노력으로 조정되었고, 이 물체들은 초우주의 여러 궤도에서 하나의 이어진 단위로서 함께 여행한다.

네바돈의 지역 별구름의 구성이 이러하니, 네바돈은 우리 지역 창조가 속하는, 오르본톤의 한 소구역에서, 사수좌(射手座) 중심의 둘레를 점점 더 안정된 궤도에서 오늘도 돈다.

1. 네바돈의 동력 중심

나선형 및 다른 성운들은 공간에 있는 구체들의 어머니 바퀴이며, 파라다이스 물력 조직자들이 그것을 시작한다. 그리고 인력(引力) 반응에서 성운을 일으키는 진화가 있고 나서, 초우주 활동에서 동력 중심 및 물리 통제자들이 그들을 대체하며, 그리고 나서 통제자들은 뒤따르는 별 및 혹성 자식 세대의 물리적 진화를 지도하는 총 책임을 맡는다. 네바돈의 전신(前身)인 우주를 이렇게 물리적으로 감독하는 것은, 우리의 아들 창조자가 도착하고 나서, 즉시 그의 우주 조직 계획과 조정되었다. 하나님의 이 파라다이스 아들의 영토 안에서, 최상 동력 중심과 물리 주통제자들은 나중에 나타나는 상물질계 동력 감독자 및 다른 자들과, 통신선, 에너지 회로, 동력선으로 이루어진 그 광대한 복합체를 생산하려고 공동으로 일했으며, 이것은 네바돈의 다양한 천체(天體)들을 하나의 통합된 행정 단위로 단단히 묶어 놓는다.

제4 계급의 최상 동력 중심 1백 명이 영구하게 우리 지역 우주에 배치되어 있다. 이 존재들은 유버르사의 제3 계급 중심들로부터 들어오는 동력선들을 받으며, 전압을 내리고 수정한 회로들을 우리 별자리 및 체계들의 동력 중심들에게 전달한다. 이 동력 중심들은 결속하여, 통제하고 평준화시키는 생생한 체계를 만들려고 활동하며, 이것은 달리 오르내리고 변할 수 있는 에너지의 균형과 분산을 유지하도록 작용한다. 그러나 동력 중심들은, 흑점, 그리고 체계의 전류 교란과 같은, 일시적이고 지역에 국한되는 에너지 격변에는 아랑곳하지 않는다. 빛과 전기는 공간의 기초 에너지가 아니며, 이것들은 2차적이고 종속되는 명시이다.

1백 지역 우주 중심이 구원자별에 주둔하며, 거기서 그 구체의 정확한 에너지 중심에서 활동한다. 구원자별, 에덴시아, 예루셈과 같이, 건축된 구체들은 공간의 태양들로부터 그들을 아주 독립되게 만드는 방법으로 빛을 받고, 따뜻하게 되고, 에너지를 공급받는다. 이 구체들은 동력 중심과 물리 통제자들이 건축하였고—주문을 받아 만들었고—에너지 분배에 강력한 영향력을 행사하도록 고안되었다. 에너지를 통제하는 그러한 초점에 그들의 활동의 기초를 두고서, 동력 중심들은 살아 있는 풍채로, 공간의 물리적 에너지를 지향하고 연결한다. 이 에너지 회로들은 모든 물리적 물질 현상과 상물질계의 영적 현상에 기본이다.

제5 계급의 최상 동력 중심 10명이 네바돈의 1차 종속 구분, 곧 1백 별자리의 각 곳에 배치되어 있다. 너희의 별자리 놀라시아덱에서, 그들은 본부 구체에 주둔하지 않지만, 별자리의 물리적 핵심을 구성하는 거대한 별 체계의 중심에 자리를 잡고 있다. 에덴시아에는 관계된 기계 통제자 10명과 프란달랑크 10명이 있고, 이들은 부근의 동력 중심들과 완전하게, 항상 연락을 가진다.

제6 계급의 최상 동력 중심 한 명이 각 지역 체계의 정확한 인력 초점에 주둔한다. 사타니아 체계에서는, 배치된 동력 중심이 그 체계의 천문 중심에 자리잡은, 공간의 흑도(黑島)를 차지한다. 다수의 이 흑도들은, 어떤 공간 에너지를 동원하고 지향해 주는 광대한 발전기이다. 사타니아 동력 중심은 이 자연 상황을 효과 있게 이용하며, 그의 살아 있는 덩어리는 더 높은 중심들의 연락원으로 활동하고, 더 물질화된 동력 전류를 공간의 진화하는 혹성들에 있는 물리 주통제자들을 향하게 한다.

2. 사타니아의 물리 통제자

물리 주통제자들은 대우주 전역에서 동력 중심들과 함께 일하지만, 사타니아와 같은 한 지역 체계에서, 그들의 기능은 더 이해하기 쉽다. 사타니아는 놀라시아덱 별자리의 행정 조직을 구성하는 1백 지역 체계 가운데 하나이며, 바로 이웃에 산드마시아, 아순시아, 포로지아, 소르토리아, 란툴리아, 글란토니아 체계들을 가지고 있다. 놀라시아덱의 체계들은 여러 면에서 다르지만, 사타니아와 아주 비슷하게 모두가 진화하고 진취적이다.

사타니아 자체는 7천이 넘는 천문 집단, 곧 물리적 체계로서 구성되어 있고, 이들 가운데 거의 아무 것도 너희 태양계의 것과 비슷한 기원을 가지지 않았다. 사타니아의 천문학적 중심은 공간의 거대한 흑도인데, 이것은 그에 속한 구체들과 더불어, 체계 정부의 본부에서 멀지 않은 곳에 자리를 잡고 있다.

배치된 동력 중심들의 존재를 제외하면, 사타니아의 총 물리 에너지 체계의 감독은 예루셈에 집중된다. 이 본부 구체에 주둔하는 물리 주통제자는 체계의 동력 중심과 조정해서 일하고, 예루셈에 본부를 둔 동력 검열자들의 연락하는 우두머리로서 봉사하며, 지역 체계에 두루 활동한다.

에너지의 회로를 연결하고 경로를 만드는 것은, 사타니아에 두루 흩어진, 살아 있고 총명한 에너지 조종자 50만 명의 감독을 받는다. 그러한 물리 통제자들의 행위를 통해서, 감독하는 동력 중심들은 상당히 가열된 공, 그리고 에너지 전하를 띤 검은 구체들에서 나오는 방사물을 포함해서, 대다수의 기본 에너지를 완벽하고 완전하게 다스린다.

생명은 우주의 에너지를 동원하고 변화시키는 선천적 능력을 가지고 있다. 빛의 물질 에너지를 식물 세계의 다양한 명시로 변화시키면서 식물 생명이 하는 작용을 너희는 잘 알고 있다. 이 식물 에너지가 동물 활동의 현상으로 전환될 수 있는 방법에 관하여 너희는 또한 무언가 알고 있다. 그러나 동력 지도자와 물리 통제자들의 기법에 관하여 너희는 거의 아무 것도 모르는데, 그들은 공간의 다양한 에너지를 동원하고, 변화시키며, 지향해 주고, 집중하는 능력을 부여받았다.

에너지 영역에 있는 이 존재들은 살아 있는 피조물의 구성 요소인 에너지에, 아니 생리 화학의 영토에도 직접 아랑곳하지 않는다. 그들은 가끔, 생명의 물리적 예비 조건, 기본적 물질 유기체의 살아 있는 에너지를 위하여 물리적 수송 수단으로 쓰일 수 있는 에너지 체계를 다듬는 일에 관심을 가진다. 보조 지성 영들이 물질 지성의 영 이전(以前) 활동에 관련되는 것처럼, 어떤 면에서 물리 통제자들은 물질 에너지의 생명 이전의 명시에 관련된다.

동력을 통제하고 에너지를 지휘하는 이 총명한 생물은 각 혹성의 물리적 구성과 건축에 따라서, 그 구체에서 그들의 기법을 조절해야 한다. 그들 각자의 물리학자 참모진 및 기타 기술 고문들이 상당히 가열된 태양과 기타 종류의 지나치게 충전된 별들의 지역 영향에 관하여 계산하고 추론한 것을 그들은 어김없이 이용한다. 심지어 공간에 있는 거대한 춥고 어두운 거성들, 그리고 떼지어 모이는 별 먼지 구름도 계산에 넣어야 한다. 이 물질적인 것들은 모두 에너지를 조종하는 실지 문제에 관련된다.

사람이 사는 진화하는 세계들의 동력 에너지를 감독하는 것은 물리 주통제자들의 책임이지만, 이 존재들은 유란시아에서 생기는 모든 에너지의 비행(非行)에 책임이 없다. 그러한 소란에는 몇 가지 이유가 있고, 그 중에 더러는 물리적 관리자들의 분야와 손아귀를 벗어난다. 유란시아는 엄청난 여러 에너지 선에 놓여 있고, 거대한 질량을 가진 회로에 있는 작은 혹성이다. 지역 통제자들은 때때로 이 에너지 선들을 평준화하려는 노력으로, 그들 계급에서 엄청난 수를 고용한다. 그들은 사타니아의 물리 회로에 관해서는 썩 잘하는 편이지만, 강력한 놀라시아덱 전류를 차단하는 데에 어려움을 겪고 있다.

3. 우리의 별 이웃

사타니아에는 빛과 에너지를 내뿜는 빛나는 태양이 2천 개쯤 있고, 너희 자신의 태양은 보통의 타오르는 공이다. 너희 태양에 가장 가까운 30개 태양 중에서, 오직 셋만 더 밝다. 우주 동력 지휘자들은 개체의 태양들과 그들 각자 체계 사이에 작용하는 특화된 에너지 흐름을 개시한다. 이 태양 화로(火爐)들은 공간의 검은 거성들과 함께, 물질 창조의 에너지 회로를 효과적으로 집중하고 지향하는 일을 하는 중간역으로서, 동력 중심과 물리 통제자들에게 봉사한다.

네바돈의 태양들은 다른 우주의 태양들과 다르지 않다. 모든 태양, 흑도(黑島), 혹성, 위성, 아니 운석들조차 그 물질 구성은 상당히 동일하다. 이 태양들은 평균 지름이 약 1천6백만 킬로미터이고, 너희 태양 공의 지름은 약간 작다. 우주에서 가장 큰 태양, 별 구름 안타레스는 너희 태양 지름의 450배가 되고, 그 부피의 6천만 배이다. 그러나 이 거대한 태양들을 모두 담을 만큼 풍부한 공간이 있다. 이 태양들은 오렌지 12개가 유란시아 내부 전역에서 돌고 있고, 그 혹성이 속이 빈 공이라면 그 오렌지들이 가질 것과 똑같은 상대적 행동 반경(半徑)을 가지고 있다.

너무 큰 태양들이 성운의 어머니 바퀴로부터 던져질 때, 그 태양들은 즉시 부서지거나 2중성(二重星)을 형성한다. 모든 태양은 최초에 참으로 가스이다. 하지만 태양들은 나중에 일시 반(半)액체 상태로 존재할 수도 있다. 너희의 태양은 이 준(準)액체 상태의 초월 가스 압력에 이르렀을 때, 적도(赤道)에서 갈라질 만큼 크지 않았으며, 이것은 2중성이 형성되는 한 가지 종류이다.

너희 태양의 10분의 1 크기보다 작을 때, 불타는 이 구체들은 급격히 줄어들고, 응축하고, 식는다. 태양 크기의 약 30 배—차라리 실제 물질의 총 내용의 30배—가 될 때, 태양들은 쉽게 두 개의 분리된 물체로 갈라지고, 새로운 체계들의 중심이 되든지, 아니면 서로의 인력 손아귀에 남아서, 2중성의 한 형태로서, 공통된 중심 둘레를 돈다.

오르본톤에서 주요한 우주 분출(噴出) 가운데 가장 최근의 것은 보기 드문 2중성의 폭발이었는데, 이 빛은 유란시아에 서기 1572년에 도착했다. 이 대화재는 너무나 강렬해서 밝은 대낮에도 그 폭발을 뚜렷이 볼 수 있었다.

태양들이 다 고체는 아니지만, 오래 된 많은 태양이 그렇다. 불그스름하고 희미하게 깜박이는 어떤 태양들은 그들의 거대한 덩어리의 중심에, 그러한 별의 1 평방 센티미터가 만약 유란시아에 있다면 그 무게가 165킬로그람이 될 것이라고 표현할 밀도에 이르렀다. 그 거대한 압력은, 열 및 회전하는 에너지의 손실과 함께, 기본 물질 단위의 궤도들이 이제 전자(電子)를 응축시키는 상태에 바짝 가까워질 때까지, 궤도들을 점점 가까이 가져오는 결과를 초래하였다. 냉각하고 수축하는 이 과정은 극자가 응축되는, 제한하는 임계(臨界) 폭발점까지 계속될 수 있다.

대부분의 거대한 태양들은 비교적 젊다. 대부분의 왜소한 별들은 나이가 들었지만 다 그렇지는 않다. 충돌하는 왜성(矮星)들은 아주 젊을 수도 있고, 젊게 빛나는 초기의 붉은 단계를 결코 겪는 일이 없이, 강렬한 흰 빛을 내면서 이글거릴 수도 있다. 아주 젊은 태양과 아주 늙은 태양들은 모두, 보통 불그스름한 색을 띠고 빛난다. 노란 빛깔은 중간 청년기나 노년기에 가까움을 가리키지만, 찬란한 흰 빛은 튼튼하고 오래 버티는 성년기 생애를 의미한다.

청년기에 있는 모든 태양이 박동하는 단계를 거치지는 않으며, 적어도 눈에 보이게 그렇게 하지 않는 반면에, 공간으로 바깥을 내다볼 때, 거대한 호흡의 부풀어 오름이 한 주기를 마치는 데 2일에서 7일이 걸리는, 다수의 젊은 별들을 너희가 관찰할까 싶다. 너희의 태양은 그 젊은 시절에 강력히 팽창해서 생긴 후유증을, 줄어들기는 하지만, 아직도 지닌다. 그러나 그 기간은 한때 사흘 반의 맥박으로부터 오늘날 11년 반이 되는, 태양 흑점의 주기로 길어졌다.

변광성들은 수많은 기원을 가진다. 어떤 2중성에서는 두 물체가 자기들의 궤도를 돌 때, 급속히 변하는 거리로 인해 생기는 조수(潮水)같은 흐름도 또한 정기적으로 빛의 변동을 일으킨다. 이 인력의 변동은 정기적이며 재발하는 불꽃을 일으킨다. 이것은 마치 표면에서 에너지 물질이 부착되어 생기는 운석(隕石)의 생포가 비교적 갑작스런 섬광을 일으키는 것과 같고, 이 섬광은 그 태양의 정상의 밝기로 급속히 줄어든다. 때때로 태양은 인력의 저항이 약화된 선에서 한 줄기의 운석들을 생포하며, 충돌이 가끔 별의 화염을 일으키지만, 그러한 현상의 대다수는 전적으로 내부의 변동에 기인한다.

한 집단의 변광성에서 빛이 변동하는 기간은 밝기에 직접 의존하며, 이 사실을 아는 것은 천문학자들로 하여금 멀리 있는 성단(星團)을 더욱 탐구하기 위해서, 그러한 태양을 우주 등대(燈臺), 곧 정확히 측정하는 위치로서 이용할 수 있게 만든다. 이 기법으로 1백만 광년이 넘기까지 별 사이의 거리를 아주 정밀하게 재는 것이 가능하다. 공간을 측정하는 더 좋은 방법과 개량된 망원경 기술은 언젠가 오르본톤 초우주의 10개 대부문을 더 자세히 드러낼 것이다. 너희는 이 거대한 구역들 가운데 적어도 여덟이 상당히 대칭인 성단임을 인식할 것이다.

4. 태양의 밀도

너희 태양의 질량은 너희 물리학자들이 측정한 값보다 조금 크며, 그들은 그 질량이 약 2×10^{27} 톤이라고 계산하였다. 그것은 지금 가장 밀도가 짙은 태양과 가장 옅은 태양들 사이의 약 중간점에 존재하고, 물의 1.5배 되는 밀도를 가졌다. 그러나 너희 태양은 액체도 고체도 아니며—기체이다—어떻게 가스 물질이 이 밀도(密度), 아니 훨씬 더 높은 밀도에도 이를 수 있는가 설명하기에 어려움이 있는데도, 이것은 참말이다.

기체·액체·고체 상태는 원자(原子)와 분자(分子) 관계의 문제이지만 밀도는 공간과 질량의 관계이다. 밀도는 공간에 있는 물질의 양에 정비례하여 변하며, 물질 안에 있는 공간의 양에 반비례하여 변한다. 이 공간은 물질의 중앙 핵심과 이 중심을 빙빙 도는 입자(粒子)들 사이의 공간, 그리고 그러한 물질 입자들 안에 있는 공간을 말한다.

식어 가는 별들은 물리적으로 기체이며, 동시에 밀도가 굉장히 높다. 너희는 태양 초월 가스에 관하여 익숙하지 않지만, 이를 비롯하여 다른 드문 형태의 물질은 어떻게 고체가 아닌 태양들조차 쇠와 같은—대체로 유란시아의 밀도와 같은—밀도에 이를 수 있는가, 그러면서도 몹시 가열된 가스 상태에 있고 계속 태양으로 활동하는가 설명한다. 밀도가 높은 이 초월 가스 안에서 원자들은 예외로 작으며, 거의 전자들을 품지 않는다. 그러한 태양들은 또한 자유로운 극자(極子) 에너지의 저장을 대체로 써 버렸다.

너희 근처의 태양들 가운데 하나는 너희 태양과 대체로 같은 질량을 가지고 일생을 시작했는데, 지금은 거의 유란시아 크기로 줄어들었고, 너희 태양의 4만 배만큼 밀도가 높다. 이 뜨거운 가스와 찬 고체의 무게는 1 평방 센티미터에 약 155킬로그람이다. 아직도 이 태양은 희미한 불그스름한 광채를 띠고 빛나는데, 이것은 죽어 가는 빛의 군주가 발산하는 쇠약한 미광(微光)이다.

그러나 대부분의 태양들은 그렇게 조밀하지 않다. 더 가까이 있는 너희 이웃 중 하나는 해면에서 너희 대기(大氣)의 밀도와 똑같은 밀도를 가졌다. 만일 너희가 이 태양의 내부에 있다면, 너희는 아무 것도 알아볼 수 없을 것이다. 그리고 기온이 허락한다면, 밤 하늘에 반짝이는 대다수의 태양들을 꿰뚫고 지나갈 수 있다 하더라도 땅에서 너희 거실의 공기(空氣)에서 네가 파악하는 것보다 물질을 더 많이 볼 수 없다.

무거운 벨룬시아 태양은 오르본톤에서 가장 큰 태양들 중 하나인데, 겨우 유란시아 대기의 1천분의 1의 밀도를 가지고 있다. 조직 면에서 그것이 너희의 대기와 비슷하고 초고열 상태에 있지 않다면, 그것은 너무나 진공(眞空)이라서 인간들이 그 속이나 그 위에 있다면 급속히 질식할 것이다.

오르본톤에서 또 하나의 거성은 그 표면 온도가 3천 도가 약간 안 된다. 그 지름은 4.8억 킬로미터가 넘는다—너희 태양과 현재 지구의 궤도를 담을 만큼 충분한 공간이 있다. 그래도 너희 태양의 4천만 배가 넘는, 이 모든 엄청난 크기에 비해서, 그 질량은 겨우 약 30배가 더 크다. 이 거대한 태양들은 한 태양에서 다른 태양에 거의 미칠 정도로 뻗는 테두리를 가지고 있다.

5. 태양의 방사

공간의 태양들이 그다지 조밀하지 않다는 것은 도망하는 빛 에너지의 꾸준한 흐름이 증명한다. 밀도가 너무 높으면 빛 에너지 압력이 폭발하는 점에 이를 때까지, 불투명 때문에 빛이 보존될 것이다. 멀리 있는 혹성들에게 에너지를 공급하고, 빛을 주고, 열을 주기 위해서 수백만 킬로미터의 공간을 꿰뚫고 가도록 태양이 에너지 흐름을 쏘아 내게 할 만큼, 한 태양 안에 엄청난 빛이나 가스 압력이 있다. 원자 분열의 결과로 생기는, 누적되는 에너지의 끓어오르는 내부 압력이 바깥으로 엄청나게 폭발해서 인력을 이길 때까지, 유란시아의 밀도를 가진 표면의 4.6미터는 모든 X선과 빛 에너지가 태양으로부터 도망치는 것을 효과적으로 막을 것이다.

고온에서 불투명한 보존 벽에 갇혀 있을 때, 추진력을 가진 가스가 있는 가운데 빛은 상당히 폭발성이 있다. 빛은 실재한다. 너희 세계에서 에너지와 동력을 평가하다시피, 1킬로그람에 220만 달라이면 태양 빛은 경제적일 것이다.

너희 태양의 내부는 광대한 X선 발생기이다. 태양들은 이 강력한 방사물의 끊임없는 폭격으로 인하여 내부로부터 유지된다.

보통 태양의 한 가운데에서 태양 표면까지, X선에 자극받은 한 전자(電子)가 그 길을 애써 찾아가는 데는 50만 년이 넘게 걸린다. 태양의 표면에서 전자는 그 우주 모험을 시작하고, 혹시 사람이 사는 혹성을 따듯하게 만들거나, 운석에게 생포되거나, 한 원자의 출생에 참여하거나, 공간에서 높은 전하를 가진 흑도에 흡수되거나, 아니면 우주 비행을 발견하며, 이것은 그 기원이 있는 태양과 비슷한 어느 태양의 표면에 최종으로 투신함으로 끝난다.

태양 내부의 X선은 상당히 가열된 흥분한 전자들을 충분한 에너지로 충전시켜서, 공간을 통해서 바깥으로, 중간에 개재하는 물질의 여러 가지 억제하는 영향력을 지나쳐서, 그리고 갈라지는 인력의 당김이 있는데도, 외딴 체계들의 먼 구체들로 보낸다. 한 태양 인력의 손아귀로부터 도망하는 데 필요한 큰 속도 에너지는 그 태양 빛이 상당한 물질 덩어리와 마주칠 때까지 속도가 줄어들지 않은 채로 줄곧 여행할 것을 보장하기에 충분하며, 그런 덩어리에 부딪치고 나서 태양 빛은 다른 에너지를 해방시킴과 함께, 급히 열로 변화된다.

빛으로서, 또는 다른 형태로, 공간을 통해 비행할 때 에너지는 똑바로 앞으로 움직인다. 물질 존재의 실제 입자들은 연속 사격처럼 공간을 질러간다. 우월한 물력이 작용할 때를 제외하고, 물질 덩어리에 본래 있는 직진(直進) 인력의 당김, 그리고 파라다이스 섬의 둥그런 인력의 존재에 늘 복종하는 것을 제쳐 놓고, 이 입자들은 곧고 단절되지 않은 선이나 행렬로 진행한다.

태양 에너지는 물결 모양으로 추진되는 것처럼 보일지 모르지만, 이것은 공존(共存)하는 다양한 영향력의 작용 때문이다. 일정한 형태의 조직된 에너지는, 파장을 이루지 않고 직선으로 진행한다. 2차 또는 3차 형태의 물력 에너지가 있으면 관찰되는 흐름이 물결을 지어 여행하는 것처럼 <u>보이게</u> 만들 수 있다. 이것은 마치 눈을 뜰 수 없이 세찬 폭풍우 속에서, 강풍이 동반되었을 때, 때때로 물이 억수처럼 떨어지거나 혹은 물결을 이루어 내려오는 듯 보이는 것과 마찬가지다. 빗방울은 단절되지 않은 행렬의 직선으로 내려오고 있지만, 바람의 작용은 눈에 억수비 또는 빗방울의 물결처럼 보이게 한다.

너희 지역 우주의 공간 구역에 존재하는 어떤 2차 에너지와 기타 발견되지 않은 에너지의 작용은 태양 빛의 방사(放射)로 하여금, 분명한 길이와 무게를 가진 극미(極微)한 분량으로 잘라질 뿐 아니라, 어떤 물결의 현상을 일으키는 것처럼 보이게 만든다. 그리고 실지로 고려하면, 바로 이것이 일어난다. 네바돈 공간 지역에서 작용하는 여러 가지 공간 물력과 태양 에너지의 상호 작용 및 상호 관계에 대하여 너희가 더 뚜렷한 개념을 얻을 때가 오기까지, 너희는 빛의 행동에 대해서 더 이해하기를 도저히 바랄 수 없다. 현재 너희가 가진 혼동은 또한 이 문제에 관하여 불완전하게 파악하는 데 기인한다. 이것은 이 문제가 모우주의 성격 통제와 비성격 통제—합동 행위자와 무제한 절대자의 계심·행위·조정—의 서로 연결된 활동을 포함하기 때문이다.

6. 칼시움—공간의 방랑자

분광(分光) 현상을 풀이할 때, 공간이 비어 있지 않다는 것, 그리고 공간을 질러가면서 모든 조직된 공간에서 순환하는 여러 형태의 에너지와 물질로 말미암아 빛이 때때로 약간 수정된다는 것을 기억해야 한다. 너희 태양의 스펙트럼에서 보이는 미지의 물질을 가리키는 어떤 선들은, 부서진 형태로 공간 전역에서 떠도는 잘 알려진 원소들이 수정(修正)되는 것에 기인하며, 이 원소들은 태양의 원소(元素) 전쟁에서 맹렬한 충돌로 희생되는 원자(原子)들이다. 공간은 떠다니는 이 부랑자, 특히 나트리움과 칼시움으로 가득 차 있다.

칼시움은, 사실, 오르본톤 전역에서 공간을 침투하는 물질의 주요한 원소이다. 우리 초우주 전체가 미세하게 빻아진 돌로 뿌려져 있다. 돌은 글자 그대로, 공간의 혹성과 구체들을 짓는 기본 건축 재료이다. 우주 구름, 곧 큰 공간 담요는 대체로 수정된 칼시움 원자로 구성되어 있다. 돌 원자는 가장 널리 퍼지고 영속하는 원소들 가운데 하나이다. 이것은 태양의 이온화—원소 쪼개기—를 견딜 뿐 아니라, 파괴하는 X선에게 얻어맞고 높은 태양 온도로 말미암아 부서진 뒤에도, 결합된 신분 속에서 버틴다. 칼시움은 더 흔한 물질 형태로 있는 모든 것을 능가하는 개성과 수명을 가지고 있다.

너희 물리학자들이 추측해 왔다시피, 불구(不具)가 된 이 태양 칼시움 찌꺼기는 다른 거리에 미치기까지, 글자 그대로 광선을 타고 간다. 그래서 공간 전역에서 칼시움의 광범위한 분산이 엄청나게 수월하게 된다. 어떤 수정을 거치면, 나트리움 원자도 빛과 에너지로 이동하는 능력을 가지고 있다. 칼시움의 재주는 더군다나 두드러진데, 이 원소가 나트리움 질량의 거의 2배이기 때문이다. 칼시움이 지역 공간을 투과하는 것은, 수정된 형태로서, 글자 그대로, 바깥으로 나가는 광선을 올라탐으로, 태양의 광구(光球)로부터 달아난다는 사실 때문이다. 태양의 모든 원소 가운데, 칼시움은—회전하는 전자 20개를 포함하다시피—비교적 부피가 큰데도, 태양의 내부로부터 공간 영역으로 달아나는 데 가장 성공적이다. 이것이 어째서 태양에 1만 킬로미터나 두텁게 칼시움 층, 곧 가스 상태의 돌 껍질이 있는가를 설명한다. 더 가벼운 원소 19개와, 더 무거운 수많은 원소가 그 밑에 있는 것이 사실인데도 그렇다.

칼시움은 태양 온도에서 활발하고 다능한 원소이다. 돌 원자는 바깥의 두 전자 회로에, 민첩하고 느슨히 붙어 있는 전자 2개를 가지고 있고, 이 회로들은 아주 가까이 함께 있다. 원자의 투쟁에서 일찍부터, 그것은 맨 바깥의 전자를 잃어버린다. 이렇게 되고 나서, 전자가 순환하는 19번째와 20번째 회로 사이에, 19번째 전자를 앞뒤로 던지고 받는 솜씨 있는 연기(演技)에 들어간다. 1초에 25,000번이 넘게, 그 자체의 궤도와 사라진 그 동반자의 궤도 사이에 이 19번째 전자를 왔다갔다 던져서, 불구가 된 돌 원자는 어느 정도 인력을 물리치고, 따라서 해방과 모험을 향하여, 솟아오르는 빛과 에너지의 냇물, 곧 태양 빛을 성공적으로 올라탈 수 있다. 이 칼시움 원자는 1초마다 약 25,000번 태양 빛을 붙잡았다 놓았다 하면서, 번갈아서 덜컥덜컥 앞으로 추진함으로써 바깥을 향하여 움직인다. 이것이 어째서 돌이 공간 세계들에서 주요한 구성 분자인가 하는 이유이다. 칼시움은 가장 솜씨 있게 태양 감옥을 탈출하는 원소이다.

곡예하는 이 칼시움 전자의 민첩성은, 고온과 X선의 태양 물력으로 말미암아 더 높은 궤도의 동그라미에 던져졌을 때, 그 전자는 그 궤도에서 1초의 약 1백만분의 1 동안만 머무른다는 사실에서 나타난다. 그러나 원자핵의 전기(電氣)와 인력의 힘이 전자를 그 옛 궤도로 잡아당기기 전에, 그 전자는 원자 중심의 둘레를 1백만 번 회전하는 일을 마칠 수 있다.

너희의 태양은 굉장한 양의 칼시움을 떨쳐 버렸는데, 태양계의 형성과 관련하여 경련하면서 분출하는 시기에 엄청난 양을 잃어버렸다. 태양 칼시움의 상당한 부분은 지금 태양의 바깥 껍질에 있다.

분광의 분석은 오로지 태양 껍질의 구성을 보여 준다는 것을 기억해야 한다. 예를 들면, 태양의 스펙트럼은 철선(鐵線)을 여러 개 드러내지만, 쇠는 태양에서 주요 원소가 아니다. 이 현상은 거의 전적으로 태양 표면의 현재 온도 때문인데, 이것은 6000도보다 약간 낮고, 이 온도는 철 스펙트럼 등록에 대단히 유리하다.

7. 태양 에너지의 근원

너희의 태양은 물론이고, 많은 태양의 내부 온도는 보통 추측하는 것보다 훨씬 높다. 한 태양의 내부에서, 온전한 원자는 실지로 도무지 존재하지 않는다. 이 원자들은 모두, 그러한 고온에 본질적으로 있는 강렬한 X선의 폭격 때문에 다소 부서진다. 한 태양의 바깥 층에서 무슨 물질 원소들이 나타나는가에 상관 없이, 내부에 있는 원소들은 파괴하는 X선의 분열 행위 때문에 대단히 비슷하게 되어 버린다. X선은 원자의 존재에서 평준화시키는 좋은 도구이다.

너희 태양의 표면 온도는 거의 6000도이지만, 태양의 온도는 그 내부를 파고드는 데 따라서, 중심 지역에서 약 35,000,000도의 믿을 수 없는 고온에 이르기까지 재빨리 높아진다. (이 온도는 모두 너희의 화씨 온도를 말한다.)

이 모든 현상은 엄청난 에너지가 소비됨을 가리키며, 태양 에너지의 근원은 그 중요성에 따라 열거하면 다음과 같다:

1. 원자, 그리고 궁극에 전자(電子)들이 멸망하는 것.

2. 이렇게 해방된 방사성 에너지 집단을 포함하여, 원소들이 변질하는 것.

3. 어떤 우주 공간 에너지가 누적되고 전달되는 것.

4. 불타는 태양 속으로, 끊임없이 뛰어드는 공간 물질과 운석.

5. 태양의 수축. 태양의 냉각과 그에 따르는 수축은, 공간 물질이 공급하는 것보다 때때로 더 큰 에너지와 열을 생산한다.

6. 고온에서 인력의 작용은 순환된 어떤 힘을 방사성 에너지로 바꾼다.

7. 태양 바깥에서 기원을 가진 다른 에너지와 함께, 태양을 떠난 뒤에 다시 태양으로 이끌리는 회수된 빛과 기타 물질.

뜨거운 (때로는 온도가 수백만 도가 되는) 가스로 이루어진 규제하는 담요가 존재하는데, 이것은 태양을 둘러싸고, 열 손실을 안정시키는 작용을 하며 그 밖에 열이 분산되는 위험한 변동을 방지한다. 한 태양이 활발한 생애 동안에, 외부 온도가 점진적으로 떨어지는 것에 아주 상관 없이, 35,000,000도에 이르는 내부 온도는 대체로 같은 수준에 머무른다.

너희는 35,000,000도의 열을, 어떤 인력의 압력과 연관하여, 전자가 끓는 점이라고 상상해 보아도 좋다. 그러한 압력 밑에서, 그러한 온도에서, 모든 원자는 비하(卑下)되며, 그 전자 및 조상이 되는 기타 구성 분자로 부서진다. 전자와 기타 극자 결합들도 부서질 수 있다. 그러나 태양은 극자를 비하시킬 수 없다.

이 태양 온도는 극자(極子)와 전자들을 엄청나게 가속하도록, 적어도 이 조건 밑에서 후자가 그 존재를 계속할 정도로 작용한다. 너희가 보통 물 한 방울이 10억조(億兆)의 원자를 포함한다는 것을 멈추어 생각할 때, 극자와 전자 활동을 가속하는 길로 고온이 무엇을 의미하는가 깨달을 것이다. 이것은 1백 마력(馬力)을 2년 동안 줄곧 쓴 것보다 더 큰 에너지이다. 현재 태양계의 태양에서 매초 발산되는 총

열량은 꼭 1초 안에, 유란시아의 모든 대양에 있는 물을 다 끓이기에 충분하다.

우주 에너지의 주류가 흐르는 직통 경로에서 활동하는 태양들만 언제까지나 계속 빛날 수 있다. 그러한 태양 화로들은 무기한으로 타오르며, 공간 물력, 그리고 순환하는 비슷한 에너지를 흡수함으로, 물질적 손실을 메울 수 있다. 그러나 주요한 이 재충전 경로에서 멀리 떨어져 있는 태양들은 에너지 소모를 겪도록—차츰 식어가고 궁극에는 타 버리도록—정해져 있다.

죽었거나 죽어 가는 그런 태양들은 충격의 영향으로 청춘을 회복할 수 있든지, 아니면 공간에서 빛나지 않는 어떤 에너지 섬으로 말미암아, 또는 근처의 더 작은 태양이나 체계들을 인력으로 탈취함으로 다시 충전될 수 있다. 죽은 태양의 대다수는 이 방법이나 다른 진화 기법으로 다시 활성화될 것이다. 이렇게 궁극에 다시 충전되지 않은 것들은, 인력의 응축이 에너지 압력으로 극자가 응축되는 임계 수준에 도달할 때, 물질이 폭발함으로 붕괴되는 운명을 가지고 있다. 그러한 사라지는 태양들은 이처럼 아주 드문 형태의 에너지가 되고, 더 유리하게 자리잡은 다른 태양들에게 활력을 불어넣기에 기특하게 적절하다.

8. 태양 에너지 반응

공간 에너지의 경로에서 회로가 이어진 태양들의 경우에, 태양 에너지는 여러 가지 복잡한 연쇄 핵반응으로 말미암아 해방된다. 이 가운데 가장 흔한 것은 수소-탄소-헬리움 반응이다. 이 변태에서, 탄소는 에너지 촉매로서 행동하는데, 이는 수소를 헬리움으로 전환시키는 이 과정이 탄소를 실제로 도무지 변화시키지 않기 때문이다. 어떤 고온 조건 밑에서, 수소는 탄소의 핵들을 관통한다. 탄소가 그러한 양성자(陽性子)를 4개보다 더 가지고 있을 수 없으니까, 이 포화 상태에 이를 때, 새로운 양성자들이 도착하는 것과 똑같이 빠르게 양성자들을 발산한다. 이 반응에서 들어가는 수소 입자들은 하나의 헬리움 원자가 되어 나온다.

수소(水素) 내용의 감소는 태양의 밝기를 높인다. 타 버릴 운명을 가진 태양들의 경우에, 수소가 소모되는 점에서 밝기가 절정에 이른다. 이 점이 지난 뒤에, 그에 따라 인력이 수축하는 과정으로 밝기가 유지된다. 궁극에는, 그러한 별은 이른바 백왜성(白矮星), 상당히 응축된 구체가 된다.

큰 태양—작은 동그란 성운—에서, 수소가 소모되고 인력으로 인한 수축이 따를 때, 그러한 물체가 바깥의 가스 지역을 지탱할 내부 압력을 유지할 만큼 충분히 불투명하지 않으면, 갑작스러운 붕괴가 일어난다. 인력과 전기(電氣)의 변화는, 전기 잠재성이 없는, 광대한 양의 작은 입자들을 낳는다. 그러한 입자들은 쉽게 태양의 내부로부터 도망치고, 이처럼 며칠 사이에 거대한 태양의 붕괴를 일으킨다. 약 50년 전에 안드로메다 성운에서 거대한 신성(新星)의 붕괴를 일으킨 것은 바로 이 "도망하는 입자들"이 그렇게 이주한 것이었다. 이 광대한 별 덩어리는 유란시아 시간으로 40분 안에 붕괴했다.

대체로, 물질의 광대한 분출은 식어 가는 남은 태양 근처에, 방대한 성운 가스의 구름으로서 계속 존재한다. 이 모든 것이, 게 성운과 같은 여러 종류의 불규칙한 성운들의 기원을 설명하는데, 게 성운은 그 기원이 약 9백 년 전에 있었고, 아직도 어미 구체가 이 불규칙한 성운 덩어리의 중심 가까이 혼자 있는 별이라는 것을 보여 준다.

9. 태양의 안정성

비교적 큰 태양들은, 빛이 강력한 X선들의 도움을 얻어야 겨우 도망칠 만큼 자체의 전자들에 대하여 상당한 인력 통제를 유지한다. 원조하는 이 X선은 모든 공간을 꿰뚫고, 에너지의 기본적 극자 결합을 유지하는 데 관여한다. 태양이 그 최대 온도—약 35,000,000도—에 이른 뒤에, 태양의 초기 시절에 생기는 큰 에너지 손실은 빛의 도망보다, 극자의 유출에 기인한다. 이 극자 에너지는 공간으로 달아나서, 태양의 청춘기 동안 하나의 진정한 에너지 폭발로서, 전자의 결합과 에너지의 물질화 모험에 참여한다.

원자와 전자는 인력에 지배를 받는다. 극자(**極子**)는 지역 인력, 즉 물질의 끄는 상호 작용에 지배되지 않는다. 그러나 극자들은 절대 인력, 곧 파라다이스 인력에, 온 우주의 보편적이고 영원한 동그라미 성향과 회전에 충분히 복종한다. 극자 에너지는 가까이 혹은 멀리 있는 물질 덩어리의 직진 인력, 곧 직접 인력의 당기는 힘에 복종하지 않지만, 그것은 방대한 창조의 큰 타원형 회로에 늘 어긋나지 않게 돈다.

너희 자체 태양의 중심은 해마다 거의 1천억 톤의 실제 물질을 방출한다. 한편 거대한 태양들은 성장하는 초기에, 즉 처음 몇십억 년 동안 막대한 비율로 물질을 잃어버린다. 한 태양의 생명은 최고의 내부 온도에 이른 뒤에 안정되며, 원자 아래의 에너지가 비로소 방출된다. 그리고 바로 이 임계점에서, 비교적 큰 태양들은 경련하는 박동에 들어간다.

태양의 안정성은 인력(**引力**)과 열의 싸움—상상하지 못할 온도로 말미암아 균형을 이루는 엄청난 압력—에 온통 의존한다. 태양의 내부에서 가스 탄력성은 위에 놓인 다양한 물질 층을 지탱하며, 인력과 열이 균형을 이룰 때, 바깥 층 물질의 무게는 밑에 있는 내부 가스의 온도 압력과 정확히 같다. 비교적 젊은 다수의 태양 경우에, 계속된 인력의 응축은 내부 온도를 늘 높게 만든다. 내부의 열이 올라감에 따라서, 초월 가스의 내부 X선 압력이 아주 커져서, 원심(**遠心**) 운동과 연관하여, 태양은 비로소 그 바깥 층을 공간으로 던지기 시작하고, 이처럼 인력과 열의 불균형을 시정한다.

너희 자신의 태양은 확장하고 축소하는 그 주기 사이에 상대적 균형을 이룬 지 오래 되었다. 이러한 소동은 비교적 젊은 다수의 별에서 거대한 박동을 일으킨다. 너희의 태양은 지금 그 60억년대를 지나고 있다. 현재 시점에서, 태양은 최대 경제의 기간을 통하여 활동하고 있다. 현재의 효율로서 태양은 250억 년이 넘게 빛날 것이다. 아마도 그 청춘과 안정되어 활동하는 기간을 통합한 것만큼 길게, 어느 정도 효과적인 쇠퇴 기간을 겪을 것이다.

10. 사람이 사는 세계의 기원

어떤 변광성들은, 최대의 박동 상태에 있거나 그에 가까이 있을 때, 종속 체계들을 낳는 과정에 있고, 이들 가운데 다수는 결국 너희 자신의 태양 및 그를 회전하는 혹성들과 상당히 비슷하게 될 것이다. 너희 태양은 육중한 앙고나 체계가 가까운 길에 던져졌을 때, 마침 그러한 강력한 박동 상태에 있었고, 태양의 바깥 표면은 진정한 물질 흐름을—이어지는 폭포수 같이—내뿜기 시작했다. 가장 가까운 병렬(竝列)에 이를 때까지, 항상 더욱 맹렬하게 이것이 지속되었고, 이 때 태양이 응축하는 한계에 이르고 광대한 물질의 절정, 곧 태양계의 조상이 토해졌다. 비슷한 상황에서, 끌어당기는 물체가 아주 가까이 다가가는 것은 때때로 전체 혹성들을, 심지어 한 태양의 4분의 1이나 3분의 1을 끌어내기까지 한다. 이러한 대분출은 어떤 특이한 세계, 구름에 쌓인 종류의 세계, 곧 목성과 토성과 상당히 비슷한 구체들을 형성한다.

하지만 대다수의 태양 체계는 너희 것과 도무지 다른 기원을 가지고 있고, 인력 조수(潮水)의 기법으로 생산되는 것들의 경우에도 이것이 참말이다. 그러나 어떤 세계 건축 기법이 지배하는가에 상관 없이, 인력은 언제나 태양계 부류의 창조, 다시 말해서, 혹성, 위성, 종속 위성, 운석들과 더불어, 중심에 있는 태양이나 흑도(黑島)를 생산한다.

개별 세계들의 물리적 모습은 대체로 기원의 형식, 천문학적 상황, 물리적 환경에 따라서 결정된다. 나이, 크기, 회전율, 그리고 공간을 지르는 속도도 또한 결정 요인이다. 가스가 응축하고 고체가 누적되어 생긴 세계들은 산이 있고, 초기 생애 동안, 너무 작지 않을 때, 물과 공기를 가지는 특징이 있다. 녹아서 갈라진 세계와 충돌로 생긴 세계들은 때때로 광범위한 산맥이 없다.

이 모든 새 세계의 초창기에는 지진이 빈번하고, 모두 큰 물리적 소란을 겪는 특징을 가진다. 특히 가스가 응축되어 생긴 구체에서 이것이 참말이며, 이들은 어떤 개별 태양들의 초기에 응축하고 수축하는 흔적을 따라서 뒤에 남은 거대한 성운 고리에서 태어나는 세계들이다. 유란시아처럼 2중의 기원을 가진 혹성들은 그보다 덜 격심하고 시끄러운 청년기 생애를 거친다. 그렇기는 해도, 너희 세계는, 화산, 지진, 홍수, 그리고 굉장한 폭풍의 특징을 가진, 강력한 대격변이 일어나는 초기 단계를 체험했다.

유란시아는 사타니아 교외에 비교적 고립되어 있고, 너희의 태양은, 하나의 예외를 빼고, 예루셈으로부터 가장 멀리 떨어져 있다. 한편 사타니아 자체는 놀라시아덱의 가장 바깥 체계 옆에 있고, 이 별자리는 지금 네바돈의 바깥 테두리를 질러가고 있다. 미가엘의 수여가 너희 혹성을 명예롭고 크게 우주의 관심을 끄는 지위로 올리기까지, 너희는 참으로 모든 창조 가운데 가장 하찮은 것들 축에 끼어 있었다. 때로는 마지막이 첫째이고, 한편 참으로 가장 작은 자가 가장 크게 된다.

[네바돈 동력 중심들의 우두머리와 협력하여, 한 천사장이 발표하였다.]

제 42 편

에너지—지성과 물질

에너지가 모든 존재의 기본이라는 의미에서, 우주의 바탕은 물질이며, 순전한 에너지는 우주의 아버지의 통제를 받는다. 물력, 곧 에너지는 우주 절대자의 존재와 계심을 보여 주고 증명하는 영구한 기념비로서 서 있는 유일한 것이다. 파라다이스 존재들로부터 진행하는 광대한 에너지의 흐름은 결코 저하된 적이 없고, 결코 실패한 적이 없다. 결코 무한한 지지가 단절된 적이 없다.

우주 에너지의 조종은 언제나 우주의 아버지 자신의 뜻과 전적으로 지혜로운 명령에 따른다. 명시된 동력과 순환하는 에너지를 이렇게 몸소 통제하는 것은 영원한 아들이 나란히 행위하고 결정하는 데 따라서, 또한 합동 행위자가 집행하는, 아들과 아버지의 하나된 목적에 따라서 수정된다. 이 신성한 존재들은 친히, 그리고 개체로서 행위한다. 그들은 또한 거의 한없는 수의 부하들의 몸과 힘 속에서 활동하며, 이들 각자는 온 우주에서 영원하고 신성한 목적을 다양하게 표현한다. 그러나 신성한 힘을 이렇게 기능적으로 또 임시로 수정하거나 변화시키는 것은, 만물의 중심에 거하는, 성격을 가진 하나님이 궁극에는 모든 물력 에너지를 통제한다는 진술의 진실성을 조금도 약화시키지 않는다.

1. 파라다이스 물력과 에너지

우주의 바탕은 물질이지만, 생명의 본질은 영이다. 영들의 아버지는 또한 우주들의 조상이다. 최초의 아들의 영원한 아버지는 또한 최초의 원형, 곧 파라다이스 섬의 영원한 근원이다.

물질—에너지—는 오직 똑같은 우주 실체가 다양하게 명시된 것이니까, 물질은 하나의 우주 현상으로서 우주의 아버지 안에 본래부터 있다. "그분 안에 만물이 존재하도다." 물질은 선천적 에너지를 나타내고, 독립된 힘을 전시하는 것처럼 보일지 모른다. 그러나 이 모든 물리 현상에 관여하는 에너지에 연결된 인력선들은 파라다이스로부터 유래하며, 파라다이스에 의존한다. 극자는 측정할 수 있는 처음 형태의 에너지이며, 파라다이스를 그 핵심으로서 가지고 있다.

물질 안에, 그리고 우주 공간에는, 유란시아에서 아직 알려지지 않은 형태의 에너지가 선천적으로 있다. 이 발견이 마침내 이루어질 때, 물리학자들은 그들이 물질의 신비(神秘)를, 적어도 거의 해결했다고 느끼게 될 것이다. 그래서 그들은 창조자에게 한 걸음 더 가까이 다가갔을 것이다. 그래서 신의 기법을 한 단계 더 통달했을 것이다. 그러나 어떤 의미에서도, 하나님을 발견하지는 못했을 것이다. 그들이 파라다이스의 우주 기법과 우주의 아버지의 유도하는 목적과 동떨어져서, 물질의 존재나 자연 법칙의 작용을 입증하지도 못했을 것이다.

더욱 큰 진보와 계속된 발견이 있고 나서, 유란시아가 현재의 지식과 비교해서 헤아릴 수 없이 진보한 뒤에, 물질의 전기(電氣) 단위의 물리적 명시를 수정할 정도까지, 너희는 그 에너지 회전을 통제하는 힘을 장악해야 하지만—모든 그러한 가능한 진보가 있은 뒤에도—과학자들은 한 물질 원자를 창조하거나, 에너지가 번쩍 생기게 하거나, 아니면 언제라도 물질에 우리가 생명이라고 부르는 것을 더할 힘이 영원히 없을 것이다.

에너지를 창조하고 생명을 수여하는 것은 우주의 아버지와 그 동료 창조 성격자들이 가진 특권이다. 에너지와 생명의 강은 신들로부터 잇따라 쏟아져 나오는 것이요, 모든 공간으로 진행하는 파라다이스 물력의 흐름, 보편적이고 통일된 흐름이다. 신으로부터 나오는 이 에너지는 모든 창조에 스며든다. 물력 조직자들은 궁극에 에너지가 되는 공간 물력의 변화를 개시하고 그러한 수정을 시작한다. 동력 지휘자들은 에너지를 물질로 변질시키고, 이처럼 물질 세계들이 태어난다. 생명 운반자들은 우리가 생명이라고 부르는 과정, 곧 물질 생명을 죽은 물질 안에서 개시한다. 상물질계 동력 감독자들은 물질 세계와 영적 세계 사이에 과도기 영역 전체를 통해서, 마찬가지로 활동한다. 상급 영인 창조자들은 신다운 형태의 에너지에서 비슷한 과정을 개시하며, 상급 영 형태의 총명한 생명이 뒤따라 생긴다.

신의 질서를 따라서 빚어진 에너지는 파라다이스로부터 진행한다. 에너지—순수한 에너지—는 신의 조직의 성질을 띤다. 세 분의 하나님이 온 우주의 본부에서 활동하는 것 같이, 에너지는 하나 속에 포함된 세 하나님을 본따서 빚어진다. 모든 물력은 파라다이스 안에서 순회되며, 파라다이스 존재들로부터 나와서 거기로 돌아가고, 본질상 그것은 원인 없는 원인—우주의 아버지—가 명백히 나타나는 일이다. 그리고 아버지 없이는, 존재하는 어떤 것도 존재하지 않을 것이다.

스스로 존재하는 신으로부터 나온 물력은 그 자체로서 늘 존재한다. 물력 에너지는 썩을 수 없고 파괴될 수 없다. 무한자의 이러한 명시는 한없는 변질, 끝없는 변형, 영원한 변태를 겪을지 모르지만, 어떤 의미나 정도에서도, 조금이라도 상상할 수 있는 범위까지도, 이 명시는 사라질 수 없고 결코 사라지지도 않을 것이다. 그러나 비록 에너지가 무한자로부터 솟아 나와도 무한하게 명시되지는 않으며, 현재 파악된 모우주에는 바깥 한계가 있다.

에너지는 영원하지만 무한하지 않다. 에너지는 모든 것을 둘러싸는 무한자의 손아귀 힘에 언제나 반응한다. 영원토록 물력과 에너지는 계속한다. 파라다이스로부터 나갔으니까, 예정된 회로를 마치는 데 오랜 세월이 걸린다 하더라도, 물력과 에너지는 거기로 돌아가야 한다. 파라다이스 신에게서 기원을 가진 것은 오로지 파라다이스 목적지나 신의 운명을 가질 수 있다.

이 모든 것이, 온 우주가 둥그렇고, 얼마큼 제한되었지만 질서 있고 널리 퍼져 있다는 우리의 믿음을 확증한다. 이것이 사실이 아니라면, 어느 시점에서 에너지가 고갈되는 증거가 머지않아 나타날 것이다. 모든 법칙, 조직, 행정, 우주 탐험자들의 증언—이 모두가 무한한 하나님이 존재하지만 아직까지 하나의 유한한 우주를 가리킨다. 이것은 끝없이 존재하고 거의 한계가 없는, 하나의 동그라미 모양이지만, 그런데도 무한과 대조해서 유한한 우주이다.

2. 우주의 비영 에너지 체계 (물리적 에너지)

여러 수준의 물력과 에너지—물리 에너지, 정신 에너지, 영적 에너지—를 가리키고 설명하기에 알맞는 낱말을 영어에서 찾기가 정말로 어렵다. 이 이야기는 너희가 널리 사용하는 물력, 에너지, 동력, 이것들의 정의(定義)를 도무지 따를 수 없다. 언어가 너무나 부족해서 우리는 이러한 용어들을 여러 가지 뜻으로 써야 한다. 이 논문에서, 예를 들면, 에너지란 낱말은 모든 단계와 형태의 현상적 움직임, 행동, 잠재성을 나타내는 데 쓰이며, 한편 물력은 에너지의 인력 이전(以前) 단계, 동력은 에너지의 인력 이후 단계에 적용된다.

그러나 우주 물력, 태동 에너지, 우주 동력—물리적 에너지—를 위하여 다음 분류를 채택하는 것이 좋으리라 제안함으로, 나는 개념의 혼란을 줄이려고 노력하겠다.

1. 공간 잠재력. 이것은 무제한 절대자의 도전받지 않은, 자유로운 공간 계심이다. 이 개념을 연장하는 것은 무제한 절대자의 기능적 총체에 원래 있는, 우주 물력의 공간 잠재성을 뜻하고, 한편 이 개념이 내포(內包)하는 것은 우주 실체의 총체—우주들—을 의미하며, 이 총체는 영원의 방법으로 결코 시작과 끝이 없고 결코 움직이지 않고 변함없는 파라다이스 섬으로부터 방사되었다.

파라다이스 아래쪽에 토착인 현상은 아마도 절대 물력이 존재하고 활동하는 세 지대(地帶)를 포함한다. 즉 무제한 절대자의 지레 받침 지대, 파라다이스 섬 자체의 지대, 그리고 어떤 확인되지 않은, 평준화하고 보충하는 작용이나 기능을 가진 중간 지대이다. 이 세 동심원 지대는 우주 실체의 파라다이스 주기(週期)의 중심체이다.

공간 잠재력은 하나의 전(前) 실체인데, 그것은 무제한 절대자의 영토이고, 1차 물력 주조직자들의 계심으로 말미암아 겉으로 수정할 수 있는 듯 보이는데도, 우주의 아버지의 친히 움켜쥐는 손에만 민감하다.

유버르사에서, 공간 잠재력을 절대력이라고 언급한다.

2. 원초 물력. 이것은 공간 잠재력에서 처음 생기는 기본적 변화를 나타내며, 무제한 절대자가 아래 파라다이스에서 하는 활동의 하나일지 모른다. 아래 파라다이스로부터 나가는 공간 존재는 들어오는 것과 어떤 면에서 다르게 된다는 것을 우리는 알고 있다. 그러나 그러한 어떤 가능한 관계와 상관 없이, 널리 인식된 바 공간 잠재력이 원초 물력으로 변질하는 것은, 살아 있는 파라다이스 물력 조직자들의 긴장과 계심이 일으키는 1차 차별 작용이다.

궁극에 이른 1차 물력 주조직자들의 공간 계심이 제공하는 저항에 반응하여, 수동적 잠재 물력은 활발한 원초 물력이 된다. 물력은 이제 무제한 절대자의 독점 영토로부터 몇 겹으로 반응하는 영역으로 솟아 나온다—이것은 행위의 하나님이 개시한 어떤 1차 운동에 대하여, 또한 그리고 나서 우주 절대자로부터 방출되는 어떤 보상 운동에 대하여, 생기는 반응이다. 원초 물력은 절대성에 비례하여 초월 원인에 반응하는 것처럼 보인다.

원초 물력을 때로는 순수 에너지라고 언급하며, 유버르사에서 우리는 그것을 분리력이라 말한다.

3. 태동 에너지. 1차 물력 조직자들의 수동적 계심은 공간 잠재력을 원초 물력으로 바꾸기에 충분하다. 그러한 활성화된 공간 분야 위에, 바로 이 물력 조직자들이 처음으로 적극적 활동을 시작한다. 원초 물력은 우주 동력으로 나타나기 전에, 에너지가 명시되는 영역에서 두 가지 뚜렷한 단계의 변질을 거치도록 정해져 있다. 태동하는 에너지의 이 두 수준은 다음과 같다.

가. 유력 에너지. 이것은 강력한 방향이 있고 대규모로 움직이며, 강력한 긴장을 받고 힘있게 반응하는 에너지이다—1차 물력 조직자들의 활동으로 말미암아 움직이기 시작한 거대한 에너지 체계들이다. 이 1차 에너지, 곧 유력(有力) 에너지는 처음에 파라다이스 인력의 당김에 분명히 민감하지는 않다. 하지만 이것은 아마 파라다이스 아래쪽으로부터 작용하는, 절대 영향력의 집합에 대하여 총 질량의 반응, 곧 공간 방향이 있는 반응을 낳는다. 파라다이스의 둥그런 절대 인력 장악에 에너지가 처음으로 반응하는 수준까지 솟아 나올 때, 1차 물력 조직자들은 2차 동료들이 활동하도록 길을 비킨다.

나. 인력 에너지. 이제 나타나는, 인력에 반응하는 에너지는 우주 동력의 잠재성을 지니며, 모든 우주 물질의 활발한 조상이 된다. 이 2차 에너지, 곧 인력 에너지는 초월 물력 부조직자들이 일으킨 압력의 존재와 긴장의 경향으로부터 생기는 에너지를 다듬은 산물이다. 이 물력 조종자들의 작업에 반응하여, 공간 에너지는 유력(有力) 단계로부터 인력 단계까지 급속히 지나가고, 이처럼 파라다이스 (절대) 인력의 둥그런 붙잡는 힘에 직접 민감하게 되며, 한편 에너지와 물질의 전자(電子) 및 전자 이후 단계에서, 곧 출현하는 물질 덩어리에 본래 있는 직진 인력의 당김에 대하여 어떤 잠재 민감성을 드러낸다. 인력 반응이 나타난 뒤에, 우주 동력 지휘자들이 그 활동 분야에 배치될 수 있다면, 물력 부조직자들은 공간의 에너지 회오리바람으로부터 물러나도 좋다.

초기 단계에 물력 진화의 정확한 원인에 관하여 우리는 아주 불확실하지만, 태동 에너지가 명시되는 두 수준에서 우리는 궁극위의 지적 활동을 인식한다. 유력 에너지와 인력 에너지는, 통합해서 볼 때, 유버르사에서 궁극력(窮極力)이라 말한다.

4. 우주 동력. 공간 물력은 공간 에너지로, 그리고 나서 인력(引力)이 통제하는 에너지로 바뀌었다. 이렇게 물리 에너지는, 동력의 경로로 지향되고, 우주 창조자들의 다채로운 목적에 쓰일 수 있는 점까지 무르익었다. 대우주—조직되어 있고 사람이 사는 여러 창조—에서 물리 에너지의 다능한 지휘자·중심·통제자들이 이 작업을 수행한다. 이 우주 동력 지휘자들은 일곱 초우주의 현재 에너지 체계를 구성하는 30 단계의 에너지 가운데 21 단계를 다소 완벽하게 통제하는 책임을 진다. 이 동력-에너지-물질의 영토는 최상위의 시공 통제 밑에서 활동하는 칠중자의 지적 활동 영역이다.

유버르사에서 우리는 우주 동력의 분야를 우주력이라 언급한다.

5. 하보나 에너지. 변질하는 공간 물력을 따라서, 한 수준 한 수준, 시공 우주들의 에너지 및 동력이 작용하는 수준까지, 개념 면에서 이 이야기는 파라다이스 방향으로 움직여 왔다. 파라다이스 쪽으로 계속 가면, 다음에는 중앙 우주의 특징을 나타내는, 선재(先在)하는 단계의 에너지와 마주친다. 여기서 진화의 주기는 그

자체를 향하여 돌아가는 것처럼 보인다. 에너지 및 동력은 이제 물력을 향하여 비로소 획 돌아가는 것처럼 보인다. 그러나 이것은 공간 잠재력과 원초 물력의 성질과 대단히 다른 성질을 가진 물력이다. 하보나 에너지 체계는 2중이 아니라, 세 가지이다. 이것은 파라다이스 삼위 일체를 위하여 활동하는, 합동 행위자의 실존적 에너지 영토이다.

유버르사에서 이 하보나 에너지는 삼력(三力)으로 알려져 있다.

6. 초월 에너지. 이 에너지 체계는 파라다이스 상위 수준에서, 거기서부터, 오직 초한(超限) 민족들과 연결해서 작용한다. 유버르사에서 이것은 초력(超力)이라고 부른다.

7. 일력. 에너지는 파라다이스 에너지일 때 신성(神性)에 가깝다. 일력(一力)은 파라다이스의 살아 있는 비영적 에너지—최초의 아들의 살아 있는 영 에너지의 해당물, 영원에 해당하는 물건—이라, 따라서 우주의 아버지의 비영적 체계라고 우리는 믿고 싶다.

우리는 파라다이스 영의 본질과 파라다이스 일력을 구별할 수 없고, 이 두 가지는 겉보기에 비슷하다. 이들은 다른 이름을 가지고 있지만, 그 영적 명시와 비영적 명시가 겨우 이름으로만 구별할 수 있는 그러한 실체에 대하여 너희에게 도저히 많이 일러 줄 수 없다.

유한한 생물이 칠중 하나님과 생각 조절자들의 봉사를 통해서 우주의 아버지를 예배하는 체험에 이를 수 있음을 우리는 알고 있다. 그러나 우리는 절대 아래의 어떤 성격자도, 아니 동력 지휘자도 위대한 첫째 근원 중심의 에너지 무한을 이해할 수 있는가 의심한다. 공간 물력이 변형하는 기법에 관하여 동력 지휘자들이 정통하다면, 그들은 나머지 우리에게 그 비밀을 폭로하지 않는다는 것, 이것 하나는 분명하다. 내 소견에는, 그들은 물력 조직자들의 기능을 충분히 이해하지 못한다.

이 동력 지휘자들 자체는 에너지 촉매이다. 다시 말해서, 그들은 자신의 계심으로 말미암아, 단위 형태를 이루어 에너지가 갈라지거나, 조직하거나, 집합하게 만든다. 이 모든 것은, 이 동력 통일체들이 있는 가운데, 에너지가 그렇게 활동하게 만드는 무엇이 본래부터 에너지 속에 틀림없이 있다는 것을 의미한다. 네바돈의 멜기세덱들은 우주 물력이 우주 동력으로 변질하는 현상을 일곱 가지 "신성의 무한"의 하나로 부른 지 오래다. 너희의 지역 우주에서 상승하는 동안, 너희는 이 점에서 여기까지만 나아갈 것이다.

우주 물력의 기원, 성질, 변질을 우리가 충분히 이해할 수 없는데도, 파라다이스 인력 행위에 대하여 우주 물력이 직접 어김없이 반응하던 시절—대체로 초우주 동력 지휘자들이 활동을 시작하던 때—부터 우리는 태동 에너지 행위의 모든 국면에 관하여 익히 알고 있다.

3. 물질의 분류

중앙 우주의 경우를 빼고, 모든 우주에 있는 물질은 동일하다. 물리적 성질 면에서 물질은, 유란시아에서 아직 발견되지 않은 어떤 물력의 존재 뿐 아니라, 그 구성 분자들의 회전율, 회전하는 구성원들의 수와 크기, 그들과 핵심까지의 거리, 또는 물질의 공간 내용에 달려 있다.

다양한 태양, 혹성, 공간 물체들에는 물질의 열 가지 대구분이 있다:

1. 극자 물질—물질 존재의 물리적인 근본 단위, 전자를 만드는 데 들어가는 에너지 입자들.

2. 전자 아래 물질—태양 초월 가스가 폭발하고 반발하는 단계.

3. 전자 물질—물질을 차별하는 전기 단계—전자(電子), 양성자(陽性子), 전자 집단의 다양한 구성에 들어가는 여러 가지 다른 단위.

4. 원자 아래 물질—뜨거운 태양의 내부에서 널리 존재하는 물질.

5. 부서진 원자—식어 가는 태양에서, 그리고 공간 전역에서 발견된다.

6. 이온화된 물질—전기, 열, 혹은 X선 활동으로 말미암아, 그리고 용매 때문에 자체의 바깥 전자들을 벗어 버린 (화학적으로 활성적인) 개별 원자들.

7. 원자 물질—원소 조직의 화학 단계, 분자(分子) 또는 가시(可視) 물질의 구성 단위들.

8. 물질의 분자 단계—보통 조건 밑에서, 비교적 안정된 물질화 상태에서 유란시아에 존재하는 것과 같은 물질.

9. 방사성 물질—적당한 열과 인력의 압력이 감소된 조건 밑에서, 무거운 원소들이 분열하는 경향과 활동.

10. 붕괴한 물질—식거나 죽은 태양의 내부에서 발견되는 비교적 고정된 물질. 이 형태의 물질은 정말로 가만히 있지 않는다. 아직도 극자, 아니 전자 활동조차 얼마큼 있지만, 이 단위들은 아주 가까운 거리 안에 있고, 그 회전율은 크게 줄어들었다.

앞에 있는 물질 분류는 창조된 존재들의 눈에 보이는 형태보다 그 조직에 관한 것이다. 이것은 또한 에너지가 태동하기 전 단계나, 또는 파라다이스에서, 중앙 우주에서 생기는 영원한 물질화를 고려하지도 않는다.

4. 에너지와 물질의 변질

빛, 열, 전기, 자력(磁力), 화학 작용, 에너지, 물질은—기원과 본질과 운명으로 볼 때—유란시아에서 아직 발견되지 않은 다른 물질 실체들과 함께, 하나이며 동일하다.

물리적 에너지가 겪을 수 있는 거의 끝없는 변화를 우리는 충분히 이해하지 못한다. 물리적 에너지는 한 우주에서 빛으로, 다른 우주에서는 열을 수반하는 빛으로, 또 다른 우주에서는 유란시아에서 알려지지 않은 형태의 에너지로 나타난다. 백만 년이 무수하게 지난 뒤, 그것은 가만히 있지 못하고 솟아오르는 어떤 형태의 전기 에너지로서, 또는 자력으로서 다시 나타날지 모른다. 또 그 뒤에 다음 우주에서, 일련의 변태를 겪는 어떤 형태의 변하는 물질로 다시 나타났다가, 그 영역에서 어떤 큰 격변 속에, 겉보기에 물리적으로 사라지는 일이 따를지 모른다. 그리고 나서, 셀 수 없이 긴 세월, 수없이 많은 우주를 통해서 거의 끝없이 방랑한 뒤에, 바로 이 에너지가 또 다시 솟아나서 여러 번 그 형태와 잠재성을 바꿀지 모른다. 이렇게 이 변형은 이어지는 세월을 통해서 수없는 영역에 두루 계속된다. 그래서 시간의 변천을 겪으면서, 늘 영원의 궤도에 맞추어 돌면서, 물질은 계속 지나간다. 그 근원으로 돌아가는 것이 오랫동안 저지된다 하더라도, 물질은 그 근원에 늘 민감하며, 그것을 내보낸 무한한 성격자가 예정한 길에서 늘 진행한다.

동력 중심들과 그 동료들은 극자를 전자의 회로와 순환으로 변화시키는 일에 많이 관심을 가진다. 이 독특한 존재들은 물질화된 에너지의 기본 단위인 극자를 솜씨 있게 주물러서 동력을 통제하고 늘어나게 한다. 그들은 에너지가 이 원시 상태에서 순환하는 동안, 에너지의 대가(大家)이다. 에너지가 전기(電氣) 수준, 소위 전자 단계까지 변화한 뒤에도, 물리 통제자들과 연결하여, 그들은 에너지를 효과있게 통제하고 지휘할 수 있다. 그러나 전자적으로 조직된 에너지가 원자 체계의 소용돌이 속으로 던져질 때, 그들의 활동 범위는 엄청나게 축소된다. 그러한 물질화가 있고 나서, 이 에너지는 직진 인력의 당기는 힘의 완벽한 손아귀에 굴러 떨어진다.

동력 중심과 물리 통제자들의 동력선과 에너지 경로에서, 인력은 양성(陽性)으로 작용하지만, 이 존재들은 인력에 대하여 오로지 음성적(陰性的) 관계—그들의 반인력(反引力) 자질을 행사하는—관계를 가지고 있다.

모든 공간을 통해서, 추위와 기타 영향은 창조적으로 극자를 전자로 조직하는 일을 한다. 열은 전자 활동을 측량하고, 한편 추위는 다만 열이 없음—상대적 에너지 휴식—을 의미한다. 공간의 우주 물력 전하 상태는 태동 에너지를 마련해 주지 않으며, 조직된 물질이 존재해서 인력에 반응하지도 않는다.

인력의 존재와 행동은 이론적 절대 영(零)의 출현을 방지하는 것이니, 이는 별 사이의 공간이 절대 0도의 기온을 갖지 못하기 때문이다. 조직되어 있는 모든 공간 전역에 걸쳐서, 조직되는 전자 에너지 뿐 아니라, 인력에 반응하는 에너지 흐름, 동력 회로, 극자 활동이 있다. 실지로 말하면, 공간은 비어 있지 않다. 유란시아의 대기조차도, 약 5천 킬로미터 거리까지 더욱 엷어지고, 거기서 대기는 비로소 우주의 이 구역에서 평균 공간 물질 속으로 희미하게 된다. 네바돈에서 알려진 바 가장 가깝게 비어 있는 공간은 1 평방 인치에 약 100개의 극자를 산출할 것이다—이것은 하나의 전자와 대등하다. 그렇게 물질이 희박한 것은 실지로 빈 공간으로 간주된다.

에너지와 물질이 진화하는 영역에서 온도—더위와 추위—는 오로지 인력에만 2차적이다. 극자들은 극단의 온도에 겸손히 복종한다. 낮은 온도는 어떤 형태의 전자의 건축과 원자의 조립을 유리하게 만들며, 한편 높은 온도는 온갖 종류의 원자 분해와 물질의 붕괴를 용이하게 만든다.

태양의 어떤 내부 상태의 열과 압력 밑에 있을 때, 가장 원시적 물질 결합을 빼고, 모든 것이 부서질 수 있다. 이처럼 열은 대체로 인력의 안정을 극복할 수 있다. 그러나 알려진 어떤 태양열이나 압력도 극자를 유력(有力) 에너지로 전환시킬 수 없다.

타오르는 태양은 물질을 여러 형태의 에너지로 변화시킬 수 있다. 그러나 어두운 세계들과 모든 외계 공간은, 이 에너지를 그 영역의 물질로 전환시키는 점까지 전자(電子)와 극자의 활동을 느리게 만들 수 있다. 가까운 성질을 가진 어떤 전자 결합, 그리고 핵 물질의 많은 기본 결합은 열린 공간에서 극도로 낮은 온도에서 형성되고, 나중에 물질화하는 에너지를 가진 더 큰 성장물과 결합해서 덩어리가 커진다.

우리는 결코 그치지 않는, 이 에너지와 물질의 변화 전체를 통해서, 인력 압력의 영향 뿐 아니라, 어떤 온도와 속도와 회전 조건 밑에서 생기는 극자 에너지의 반인력(反引力) 행위를 고려해야 한다. 온도, 에너지의 흐름, 거리, 그리고 살아 있는 물력 조직자 및 동력 지도자들의 계심도 또한 에너지와 물질이 변형하는 모든 현상에 영향을 미친다.

물질에 있는 질량의 증가는 에너지의 증가를 빛 속도의 제곱으로 나눈 것과 같다. 동태적 의미에서, 쉬고 있는 물질이 성취할 수 있는 작업은 파라다이스로부터 그 부분들을 함께 가져오는 데 쓰여진 에너지에서, 이동하는 중에 극복한 물력의 저항, 그리고 물질 부분들이 서로 행사하는 당기는 힘을 뺀 것이다.

납의 두 가지 원자 무게가 전자(電子)가 되기 전 형태의 물질이 존재함을 가리킨다. 최초에 형성된 납은, 라디움을 방사하는 방법으로 유라니움의 분열을 통해서 생산된 것보다 조금 더 무겁다. 이 원자 무게의 차이는 원자 분열에서 생기는 실제 에너지 손실을 대표한다.

유란시아 과학자들이 콴툼이라고 불러 온 정확한 양으로만 에너지가 흡수되거나 방출될 수 있다는 사실로 말미암아, 물질의 상대적 총체성이 보장된다. 물질 영역에서 이 현명한 대책은 우주들을 계속 존재하는 사업으로서 유지하는 데 도움이 된다.

전자의 위치나 다른 위치가 변경되었을 때 흡수되거나 방출되는 에너지의 양은 언제나 1 "콴툼"이거나 그 몇 배이다. 그러나 그러한 에너지 단위의 진동하거나 물결 같은 행동은 관계된 물질 구조의 규격에 따라서 전적으로 결정된다. 그러한 파상(波狀) 에너지 물결은 그렇게 행동하는 극자, 전자, 원자 또는 다른 단위들의 지름의 860배가 된다. 콴툼 행위의 파동 역학(力學)을 관찰하는 데 따르는 끝없는 혼란은 에너지의 파장이 중복되는 데 기인한다. 파장 봉우리 두 개가 합쳐서 두 배로 높은 하나의 절정을 만들 수 있고, 반면에 한 봉우리와 한 골짜기는 합쳐서, 서로 상쇄될 수 있다.

5. 파동 에너지의 명시

오르본톤 초우주에는 100 옥타브의 파동 에너지가 있다. 에너지가 나타나는 이 100 집단 가운데, 64 집단은 유란시아에서 전적으로 또는 부분적으로 알려져 있다. 태양 빛은 초우주의 눈금에서 4 옥타브를 구성하고, 가시(可視) 광선들은 단일 옥타브를 포함하며, 이것은 이 시리즈에서 46번이다. 자외선 집단이 다음에 오고, 그 위로 10 옥타브는 X선들이고, 라디움의 감마 선이 뒤따른다. 태양의 가시 광선 위에 32 옥타브는 외계 공간의 에너지 선이며, 이것들은 강력한 에너지를 가진, 관계된 미세한 물질 입자들과 아주 빈번히 섞인다. 눈에 보이는 태양 빛 밑으로 다음에는 적외선들이 나타나고, 30 옥타브 밑은 라디오 송신 집단이다.

물결 같은 에너지 명시는—20 세기 유란시아 과학의 깨우친 관점에서 볼 때—다음 10 집단으로 분류될 수 있다.

1. <u>극자 아래 선</u>—극자들이 분명한 형태를 가지기 시작할 때, 경계지에서 극자들의 회전. 이것은 물결 같은 현상이 탐지되고 측정될 수 있는, 태동 에너지의 첫 단계이다.

2. <u>극자선</u>. 미세한 극자 구체들 속으로 에너지가 집합하는 것은 공간 내용에서 식별하고 측정할 수 있는 진동을 일으킨다. 물리학자들이 극자를 발견하기 오래 전에, 의심할 여지 없이 그들은 유란시아에 소나기처럼 이 선들이 쏟아지는 현상을 탐지할 것이다. 짧고 강력한 이 선들은, 극자들이 물질의 전자 조직을 향하여 방향

이 틀어지는 점까지 늦추어지는 바와 같이, 극자들의 초기 활동을 대표한다. 극자들이 전자로 뭉쳐짐에 따라서, 그에 따르는 에너지의 저축과 함께 응축이 생긴다.

3. 짧은 우주 광선. 이것들은 모든 순전한 전자 진동 가운데 가장 짧은 것들이고, 이 형태 물질의 원자 이전 단계를 대표한다. 이 선들을 생산하기 위해서는 극도로 높거나 낮은 온도가 필요하다. 이 우주 광선에는 두 종류가 있다. 하나는 원자의 출생을 따르며, 다른 하나는 원자의 분열을 가리킨다. 이것들은 초우주의 가장 밀집한 평면, 곧 은하수로부터 아주 대량으로 방사되고, 그것은 또한 외계 우주들 가운데 가장 밀도가 높은 평면이다.

4. 전자 단계. 이 에너지 단계는 일곱 초우주에서 모든 물질화의 기초이다. 전자들이 궤도 회전에서 높은 에너지 수준으로부터 낮은 수준으로 지나갈 때, 콴툼이 언제나 방출된다. 전자들의 궤도 변경은 아주 분명하고 한결같은, 측정할 수 있는 빛 에너지 입자(粒子)의 분출이나 흡수를 일으킨다. 한편 개별 전자는 충돌을 당할 때 언제나 빛 에너지 입자를 내놓는다. 물결 같은 에너지 명시도, 전자 단계에서 양성(陽性) 물체와 다른 구성원들의 행동에 뒤따라 생긴다.

5. 감마선—원자 물질이 저절로 분열하는 특징을 나타내는 방사(放射). 이 형태의 전자 활동에서 가장 좋은 예는 라디움 붕괴와 관련된 현상에 있다.

6. X선 집단. 전자의 감속에서 다음 단계는, 인위적으로 발생된 X선과 함께, 여러 형태의 태양 X선을 산출한다. 전하(電荷)는 전자장(電子場)을 만들고, 운동은 전류를 일으키며, 전류는 자장(磁場)을 생산한다. 하나의 전자가 갑자기 멈출 때, 그에 따라 생기는 전자기(電磁氣)의 동요는 X선을 생산한다. X선은 바로 그 소동이다. 태양의 X선은 인체의 내부를 탐구하기 위하여 기계적으로 발생된 것보다 조금 길다는 점 외에, 두 가지가 동일하다.

7. 자외선, 곧 태양의 화학선과 여러 가지 기계적 산물.

8. 흰 빛—태양의 가시(可視) 광선 전체.

9. 적외선—감지할 수 있는 열 단계에 좀더 가까운, 전자 활동의 감속.

10. 헤르츠 파장—유란시아에서 방송에 이용되는 에너지.

이 10 단계의 모든 에너지 활동 중에서, 사람의 눈은 꼭 한 옥타브, 곧 보통 태양 광선의 빛 전체에만 반응한다.

이른바 에테르라 하는 것은 단지 공간에서 생기는 한 집단의 물력과 에너지 활동을 가리키는 집합적 이름이다. 극자, 전자, 기타 에너지 집합체들은 한결같은 물질 입자이며, 공간을 통하여 이동하면서 참으로 곧게 진행한다. 빛, 그리고 식별이 가능한 모든 다른 형태의 에너지 명시는 분명한 에너지 입자들의 연속으로 이루어져 있고, 이것은 인력과 기타 중간에 개재하는 물력에 수정되는 것을 제외하면, 똑바로 진행한다. 어떤 관찰 조건 밑에서, 에너지 입자들의 이 행렬이 파장 현상으로 보이는 것은 모든 공간에 있는 차별되지 않은 물력의 담요, 곧 가상적 에테르의 저항, 그리고 관계된 물질 집합체들의 인력(引力) 사이의 긴장 때문이다. 물질의 입자 사이의 공간은, 에너지 빛줄기의 시초 속도와 함께, 여러 형태 에너지 물질의 물결치는 모습을 입증한다.

마치 배가 물을 지나가는 것이 폭과 간격이 다른 물결을 시작하는 것처럼, 공간 내용을 흥분시키는 것은 급속히 움직이는 물질 입자들이 통과하는 데 대하여 물결 같은 반응을 낳는다.

원초 물력의 행위는 여러 면에서 너희가 가정(假定)한 에테르와 비슷한 현상을 일으킨다. 공간은 비어 있지 않으며, 모든 공간에 있는 구체들은 소용돌이치고, 펼쳐진 공간 에너지의 광대한 대양 속으로 급히 뛰어든다. 한 원자의 공간 내용도 비어 있지 않다. 그런데도 아무런 에테르가 없고, 바로 이 가상한 에테르의 부재는 바로 사람이 사는 혹성들이 태양 속으로 떨어지는 것을 피하게 하고, 회전하는 전자로 하여금 핵 안으로 굴러 떨어지는 데에 저항하게 만든다.

6. 극자와 전자와 원자

우주 물력의 공간 전하(電荷)는 한결같고 차별되지 않은 반면에, 생성된 에너지를 물질로 조직하는 것은 분명한 규격과 확정된 무게—정밀한 인력 반응—을 가진 따로 된 덩어리들 속으로 에너지를 집중하게 한다.

지역 인력, 곧 직진 인력은 물질의 원자 조직이 나타남과 함께, 제대로 작용한다. X선과 기타 비슷한 에너지로 말미암아 활성화되었을 때, 원자 이전의 물질은 인력에 조금 반응한다. 그러나 자유롭고 매이지 않은, 전하 없는 전자 에너지 입자나 결합되지 않은 극자들에게는, 아무런 측량할 만한 직진 인력의 힘이 작용하지 않는다.

극자들은 오직 둥그런 파라다이스 인력의 힘에 반응하면서, 서로 끄는 힘으로 활동한다. 직진 인력의 반응이 없이 극자들은 이처럼 보편적 공간 표류에 붙들려 있다. 극자들은 부분적 반인력 행위가 생기는 점까지 회전 속도를 가속할 수 있다. 그러나 극자들은 물력 조직자나 동력 지휘자들로부터 독립하여, 비개별화를 피하는 임계(臨界) 속도에 도달해서 유력(有力) 에너지 단계로 돌아갈 수 없다. 사실로, 극자들은 식고 죽어 가는 태양의 최종 분열에 참여할 때만, 물리적 존재의 지위를 벗어난다.

유란시아에서 알려지지 않은 극자들은 전자 조직에 필요한 회전 에너지의 선행(先行) 조건에 이르기 전에, 여러 단계의 물리적 활동을 통하여 늦춰진다. 극자들은 우주 물력에 대한 공통된 저항, 반인력 잠재성을 가진 개별적 회전, 그리고 전자 안에서 서로 결합된 100 극자가 가진 위치, 이 세 종류의 운동을 한다.

전자의 구성에서 서로 끄는 힘은 100 극자를 함께 묶어 둔다. 그리고 전형적인 전자 안에는 결코 100보다 많거나 작은 수의 극자들이 있지 않다. 극자를 하나 또는 더 잃어버리는 것은 전형적인 전자의 신분을 파괴하고, 이렇게 10 가지 수정된 전자 형태 중의 하나를 낳는다.

전자 안에서, 극자들은 궤도를 그리거나 회로에서 빙빙 돌지 않지만, 그 축 회전 속도에 따라서 극자들은 퍼지거나 뭉치고, 이처럼 차별적 전자 규격을 결정한다. 이 극자의 축(軸) 회전 속도는 또한 몇 종류 전자 단위의 음성(陰性)이나 양성(陽性) 반응을 결정한다. 전자 물질의 분리와 집합은 전부, 에너지 물질의 음성 및 양성 물체를 전기적으로 차별하는 것과 함께, 구성 분자인 극자가 서로 결합하는 이러한 여러 작용으로부터 생긴다.

각 원자는 지름이 25/1,000,000,000 센티미터를 조금 넘고 한편 전자는 가장 작은 원자인 수소(水素)의 1/2000보다 조금 더 무겁다. 양성을 가진 양성자(陽性子)는 원자핵의 특징이며, 음성인 전자보다 더 크지는 않은데, 거의 2천 배나 더 무겁다.

한 전자(電子)의 덩어리가 2.8그람이 될 때까지 물질 덩어리가 커지고 그 크기가 비례해서 확대된다면, 그러한 전자의 부피는 지구의 부피만큼 크게 될 것이다. 양성자는—전자의 1800배만큼 무거운데—그 부피가 핀의 머리 크기만큼 커진다면, 비교해서, 핀의 머리는 태양 둘레에 있는 지구 궤도의 지름과 같은 크기에 도달할 것이다.

7. 원자 물질

모든 물질의 형성은 태양계의 체제를 좇는다. 에너지를 가진 모든 미세한 우주의 중심에는 상대적으로 안정되고 비교적 고정된, 물질 존재의 핵심 부분이 있다. 이 중심 단위는 세 가지로 명시되는 가능성을 부여받는다. 에너지 단위들이 이 에너지 중심 둘레에, 끝없이 풍부하게, 그러나 변동하는 회로에서 빙빙 돌며, 이 단위들은 너희 자신의 태양계와 같은 어떤 별 집단에 속하는 태양을 도는 혹성들과 희미하게 견줄 수 있다.

태양계의 공간에서 혹성들이 태양 둘레를 돌 때 혹성들이 가진 공간과 대체로 비슷한 상대적 공간을 가지고, 원자 안에서 전자들이 중앙의 양성자 둘레를 돈다. 실제 크기와 비교해서, 지구보다 안쪽에 있는 수성(水星)과 너희 태양 사이에 있는 것과 똑같은 상대적 거리가 원자핵과 안쪽의 전자 회로 사이에 있다.

전자를 구성하는 극자들의 속도는 말할 것도 없고, 전자의 축 회전, 그리고 원자핵 둘레에서 전자가 궤도를 도는 속도는 모두 사람의 상상력을 뛰어넘는다. 라디움의 양성(陽性) 입자들은 1초에 1만 6천 킬로미터의 속도로 공간으로 날아가 버리며, 반면에 음성 입자들은 빛의 속도에 가까이 가는 속도에 이른다.

지역 우주는 십진법의 구조를 가지고 있다. 2중인 우주에는 꼭 100 가지로 식별할 수 있는 우주 에너지의 원자 물질화가 있는데, 이것이 네바돈에서 최대한으로 가능한 물질 조직이다. 이 100 가지 형태의 물질은 정규 시리즈로 이루어져 있고, 그 안에는 하나에서 100개의 전자가 중앙에 있는, 비교적 조밀한 핵 둘레를 돈다. 물질을 구성하는 것은 바로 이 다양한 에너지의 질서 있고 믿을 만한 결합이다.

식별할 수 있는 100 가지 원소를 모든 세계가 그 표면에서 보여 주지는 않을 터이나, 이 원소들은 어디에 있거나, 있어 왔거나, 아니면 생성되는 과정에 있다. 한 혹성의 기원과 나중의 진화를 둘러싸는 조건들은 100개 원자 형태 중에서 얼마나 많이 관찰될 수 있는가를 결정한다. 무거운 원자들은 많은 세계의 표면에서 발견되지 않는다. 유란시아에서도 알려진 무거운 원소들은, 라디움 행동이 보여 주다시피, 산산조각 나는 경향을 드러낸다.

원자의 안정성은 중심체에 있는, 전기 활동이 없는 중성자(中性子)의 수에 달려 있다. 화학적 행위는 자유롭게 도는 전자들의 활동에 전적으로 달려 있다.

오르본톤에서는 한 원자 체계 안에서 궤도를 도는 전자를 100개가 넘게 자연스럽게 모으는 것이 한 번도 가능하지 않았다. 101개를 인위적으로 궤도의 장(場)에 들여보냈을 때, 그 결과로 전자들과 기타 해방된 에너지가 사납게 분산됨과 함께, 언제나 중앙의 양성자(陽性子)가 거의 한 순간에 분열되었다.

원자들은 궤도를 도는 전자를 하나에서 100개 포함할 수 있는 한편, 큰 원자들의 바깥 층에 있는 10개의 전자만, 정밀하고 분명한 궤도에서 다치지 않고 조밀하게 휙 지나면서, 뚜렷하고 분리된 물체로서 중앙의 핵 둘레를 돈다. 중심에서 가장 가까운 전자 30개는 따로 조직된 물체로서 지켜보거나 탐지하기가 어렵다. 품고 있는 전자의 수와 상관 없이, 핵까지 이르는 거리에 관련된 전자 행위의 바로 이 상대적 비율이 모든 원자에서 지배한다. 핵이 가까이 있을수록, 전자의 개성이 적어진다. 한 전자의 물결 같은 에너지의 연장(延長)은 작은 원자의 궤도 전체를 차지할 만큼 널리 퍼질 수도 있다. 특히 원자핵에서 가장 가까운 전자들에게 이것이 참말이다.

가장 안쪽 궤도에 있는 30개의 전자는 개성이 있지만, 한 전자로부터 다른 전자로, 거의 한 궤도에서 다른 궤도로 뻗으면서, 그 에너지 체계들은 서로 섞이는 경향이 있다. 그 다음 30개의 전자는 제2 집단, 곧 에너지 지대(地帶)를 이루며, 개성을 더 가지고 있고, 자체에 속하는 에너지 체계를 더 철저하게 통제하는 물질 덩어리들이다. 그 다음 30개의 전자, 곧 제3 에너지 지대는 더욱더 개별화되었고, 더 뚜렷하고 분명한 궤도 안에서 돈다. 마지막 10개의 전자는, 가장 무거운 10개 원소에만 있으며, 독립된 위엄을 가졌고, 따라서 어머니 핵의 손아귀로부터 얼마큼 자유롭게 도망칠 수 있다. 온도와 압력에서 최소한의 변화를 받으면, 넷째이자 가장 바깥에 있는 이 전자 집단의 구성원들은, 유라니움과 친척 원소들의 자발적 붕괴에서 드러나다시피, 중앙 핵의 손아귀로부터 달아날 것이다.

궤도를 도는 전자를 하나에서 27개 포함하는 처음 27개의 원자는, 나머지보다 더 이해하기 쉽다. 28개 위로, 우리는 무제한 절대자의 가정된 계심으로부터 생기는 예측 불가능성과 점점 더 마주치게 된다. 그러나 이 전자의 예측 불가능성에서 더러는 극자의 차별적 축 회전 속도, 그리고 설명되지 않은 바, 극자들의 "떼짓는" 경향 때문이다. 다른 영향—물리·전기·자력(磁力)·인력의 영향—은 또한 변할 수 있는 전자 행동을 낳도록 작용한다. 따라서 예측성에 관해서 볼 때, 원자들은 사람들과 비슷하다. 통계학자들은 많은 원자나 사람을 다스리는 법칙을 외칠지 모르지만, 하나의 개별 원자나 사람의 경우는 그렇게 하지 못한다.

8. 원자의 밀착

인력은 조그마한 원자 에너지 체계를 함께 붙들어 놓는 데 관련된 몇 가지 요소 가운데 하나이며, 이 기본 물리적 단위들 안에, 그리고 그 사이에는 또한 강력한 알려지지 않은 에너지가 있는데, 이것은 원자의 기본 구성과 궁극적 행동의 비밀, 곧 유란시아에서 아직도 발견되어야 할 물력이다. 이 보편적 영향은 이 조그마한 에너지 조직 안에 포함된 모든 공간에 스며든다.

한 원자에서 전자 사이의 공간은 비어 있지 않다. 한 원자 전체를 통해서 이 전자 사이의 공간은 물결 같은 명시로 말미암아 활성화되는데, 이것은 전자 속도 및 극자의 회전과 완전히 동시화되어 있다. 이 물력은 너희가 깨달은 법칙, 양성과 음성이 끌어당기는 법칙에 전적으로 지배되지 않는다. 따라서 그 행동은 때때로 예측할 수 없다. 이름지어지지 않은 이 영향은 무제한 절대자의 공간 물력 반응인 것으로 보인다.

원자핵 안에서 전하를 가진 양성자(**陽性子**)와 전하를 띠지 않은 중성자(**中性子**)는 중간자의 교호(**交互**) 작용으로 말미암아 함께 붙들려 있는데, 이 중간자는 전자의 180배만큼 무거운 물질 입자이다. 이런 주선이 없었다면, 양성자가 지니는 전하는 원자핵을 뒤흔들 것이다.

원자들이 구성된 바와 같이, 전기도 인력의 힘도 핵을 붙잡아 놓을 수 없다. 핵의 총체성은 중간자의 서로 밀착하는 기능으로 말미암아 유지되는데, 이것은 우세한 물력과 질량의 힘 때문에, 그리고 더 나아가서 양성자와 중성자들이 늘 자리를 바꾸게 만드는 기능으로 말미암아, 전하를 가진 입자와 전하를 가지지 않은 입자들을 함께 붙잡아 놓을 수 있다. 중간자는 핵 입자의 전하가 양성자와 중성자 사이에 끊임없이 오락가락 던져지게 만든다. 1초의 극소(**極小**) 부분의 시점에서, 한 주어진 핵 입자는 전하를 띤 양성자이고, 다음에는 전하가 없는 중성자가 된다. 그리고 이 에너지 상태가 번갈아 바뀌는 것이 너무 믿을 수 없이 빨라서, 전하는 하나의 분열하는 영향력으로서 작용할 기회를 모두 빼앗긴다. 그래서 중간자는 원자의 핵 안정에 크게 이바지하는, 하나의 "에너지 보유자"인 입자로서 활동한다.

중간자(**中間子**)의 존재와 기능은 또 다른 원자의 수수께끼를 설명한다. 원자들이 방사성을 띠고 활동할 때, 원자들은 생각되는 것보다 훨씬 더 에너지를 발산한다. 이 방사의 과잉은 중간자인 "에너지 보유자"가 부서짐으로부터 생기고, 이로서 그것은 단순히 전자가 된다. 중간자가 부서질 때 또한 전하를 띠지 않은 어떤 작은 입자들의 방출이 따른다.

중간자는 원자핵의 어떤 붙어 있는 성질을 설명하지만, 중간자는 양성자끼리 밀착하는 것이나, 중성자끼리 붙어 있는 것을 설명하지 않는다. 원자의 밀착하는 총체성이 가진 역설적(**逆說的**)이고 강한 힘은 유란시아에서 아직 발견되지 않은 형태의 에너지이다.

이 중간자는 너희 혹성에 끊임없이 충돌하는 우주 광선 안에서 풍부하게 발견된다.

9. 자연 과학

종교만 홀로 독단이 아니며, 자연 과학도 똑같이 독단으로 변하는 경향이 있다. 어느 유명한 종교 선생이 사람의 머리에 구멍이 일곱이기 때문에, 7이라는 수가 자연에는 근본이라고 말했는데, 그가 화학을 더 알았다면, 그는 물리 세계의 참 현상에 근거를 두고 그러한 믿음을 주장했을지도 모른다. 시공의 모든 물리적 우주에 에너지의 십진법 구성이 보편적으로 드러나는데도, 전(**前**) 물질의 일곱 가지 전자 조직의 실체를 늘 생각나게 해 주는 것이 있다.

7이라는 수는 중앙 우주에게, 그리고 특징을 본래부터 전달하는 영적 체계에 기본적이다. 그러나 10이라는 수, 십진법은 에너지와 물질과 물질 창조에 선천적이다. 그런데도 원자 세계는 어떤 주기적 특징을 나타내며, 이 특징은 일곱씩 무리를 지어 다시 일어난다—이것은 바로 이 물질 세계가 지닌, 그 아득한 영적 기원을 가리키는 출생 반점(**斑點**)이다.

창조적 구성의 이 일곱 가지 지속성은, 기본 원소들이 그 원자 무게의 순서로 배열되었을 때, 따로따로 일곱으로 된 주기에서 비슷한 물리·화학적 성질이 다시 일어나는 것으로서 화학 분야에서 나타난다. 유란시아의 화학 요소들이 이렇게 한 줄로 섰을 때, 어느 주어진 품질이나 성질은 일곱씩 집단으로 다시 나타나는 경향이 있다. 일곱째마다 생기는 주기적 변화는 화학표 전체를 통해서, 줄어드는 경향을 가지고 변화 있게 다시 나타나며, 초기에, 곧 가벼운 편에 있는 원자 집합에서 가장 뚜렷하게 볼 수 있다. 어느 한 원소로부터 비롯해서, 어떤 한 성질을 주목한 뒤에, 그러한 성질은 연속으로 여섯 원소까지 변할 것이다. 그러나 여덟째에 이르고 나서, 그것은 다시 나타나는 경향이 있다. 다시 말해서, 화학적으로 활성적인 여덟째 원소는 첫째를, 아홉째는 둘째를 닮고, 이렇게 이어진다. 물리 세계의 그러한 사실은 조상이 되는 에너지의 일곱 가지 구성을 뚜렷이 가리키며, 시공 창조들의 일곱 가지 다양성이 기본 현실임을 가리킨다. 사람은 또한 자연의 스펙트럼에는 일곱 가지 빛깔이 있음을 눈여겨보아야 한다.

그러나 자연 과학의 가정(假定)이 모두가 옳지는 않다. 예를 들면, 가상(假想)된 에테르는 우주 현상에 대하여 사람이 그의 무지를 통일하려는 영리한 시도를 나타낸다. 우주에 관한 철학은 이른바 과학에서 말하는 관찰에 근거를 둘 수 없다. 만일 나비가 애벌레로부터 발달하는 변형을 볼 수 없다면, 과학자는 그러한 가능성을 부인하고 싶어할 것이다.

생물학적 탄력과 연결되어, 자연 속에 물리적 안정성이 있는 것은 오로지 창조에서 주건축자들이 소유하는 거의 무한한 지혜 때문이다. 초월 지혜보다 못한 어떤 것도 동시에 그처럼 안정되고 그처럼 효과 있게 신축성 있는 물질 단위들을 결코 설계할 수 없다.

10. 우주의 비영적 에너지 체계 (물질 지성 체계)

파라다이스 일력(一力)의 절대성으로부터 공간 잠재력의 절대성에 이르기까지, 상대적 우주 실체의 끝없는 범위는 첫째 근원 중심의 비영적 실체들에서 생기는 관계의 어떤 진화를 넌지시 가리킨다—이 실체들은 공간 잠재력에 감추어져 있고, 일력에서 드러나며, 사이에 개재하는 여러 우주 수준에서 임시로 노출된다. 에너지의 이 영원한 주기는, 우주들의 아버지 안에서 연결되며 절대적이다. 절대적이니까, 사실이나 가치 면에서 팽창할 수 없다. 그런데도 최초의 아버지는 지금도—언제나 그랬던 것처럼—시공 의미, 시공을 초월하는 의미의 무대, 늘 확장하는 무대를 스스로 실현하고 계시니, 이것은 변하는 관계의 무대이며, 그 안에서 살아 있고 성격을 가진 지성의 체험하는 투쟁을 통해서, 에너지 물질은 살아 있는 신다운 영의 전반적 통제에 점진적으로 지배된다.

우주의 비영적 에너지는 여러 수준에서 창조자가 아닌 지성들의 살아 있는 체계 속에서 다시 결합되며, 이들 가운데 더러는 다음과 같이 묘사될 수 있다:

1. 보조 영 이전의 지성. 이 수준의 지성은 체험하지 않으며, 사람이 사는 세계에서는 물력 주통제자들의 보살핌을 받는다. 이것은 기계적 지성이며, 물질 생명에서 가장 원시 형태가 가진, 가르칠 수 없는 지능이다. 그러나 가르칠 수 없는 지성은 원시 식물(植物) 생명 외에도 많은 수준에서 작용한다.

2. 보조 영 지성. 이것은 가르칠 수 있는 (기계가 아닌) 수준의 물질 지성에서 일곱 보조 지성 영을 통해서 작용하는, 지역 우주 어머니 영이 베푸는 봉사이다. 이 수준에서 물질 지성은, 처음 다섯 보조자 안에서 사람 밑의 (동물) 지능으로서, 일곱 보조자 안에서 사람의 (도덕적) 지능으로서, 마지막 두 보조자 안에서 초인간 (중도자) 지능으로서, 체험을 겪고 있다.

3. 진화하는 상물질계 지성—상승하는 지역 우주 생애에서 진화하는 성격자들이 가진 확대되는 의식(意識). 이것은 아들 창조자와 연락하는 지역 우주 어머니 영이 수여한 것이다. 이 지성 수준은 상물질 종류의 생명 수송 수단이 조직됨을 뜻하며, 이것은 지역 우주의 상물질계 동력 감독자들이 수행하는, 물질인 것과 영적인 것의 합성이다. 상물질 지성은 570 수준의 상물질 생명에 반응하여 다르게 활동하고, 더 높은 달성 수준에서 우주 지성과 결합하는 커지는 능력을 드러낸다. 이것은 필사 인간의 진화 과정이지만, 또한 우주 아들과 우주 영은 비상물질(非上物質) 서열의 지성을 지역 창조에서 상물질이 아닌 아이들에게 수여한다.

우주 지성. 이것은 일곱 가지로 다양화된, 시간과 공간의 지성이며, 이 중에서 한 단계를 일곱 으뜸 영 각자가 일곱 초우주 가운데 한 곳에 베푼다. 우주 지성은 모든 유한한 지성 수준을 둘러싸고, 체험으로 최상 지성의 진화적 신(神) 수준, 그리고 초월적으로 절대 지성—합동 행위자의 직통 회로—의 실존 수준과 조정한다.

지성은 파라다이스에서 절대적이요, 하보나에서는 초한(超限)하며, 오르본톤에서는 유한하다. 지성은 언제나 달라진 에너지 체계들에 생생한 봉사의 존재 및 활동이 더해짐을 뜻하며, 이것은 모든 수준과 모든 종류의 지성에 참말이다. 그러나 우주 지성을 지나서, 지성이 비영적 에너지와 가지는 관계를 그리기가 더욱 어렵게 된다. 하보나 지성은 절대 아래이지만, 진화를 초월한다. 실존·체험적이니까, 그것은 너희에게 밝혀진 어느 다른 개념보다도 초한한 것에 더 가깝다. 파라다이스 지성은 인간의 이해를 뛰어넘으며, 실존적이고 비공간·비시간적이다. 그런데도 이 수준의 지성은 모두 합동 행위자의 우주 계심으로—파라다이스에 계신, 지성의 하나님의 지성 인력이 장악하는 힘으로—말미암아 빛을 잃게 된다.

11. 우주의 기계적 작용

지성을 평가하고 인식하면서, 우주는 기계도 요술도 아니라는 것을 기억해야 한다. 우주는 지성이 창조한 것이요, 법칙의 기계 작용이다. 그러나 실지로 적용할 때 자연 법칙은 물리적인 것과 영적인 것, 이 2중 영역으로 보이는 것 안에서 작용하지만, 그 실체로 볼 때 이 두 가지는 하나이다. 첫째 근원 중심은 모든 물질화의 1차 원인이요, 동시에 모든 영에게 처음이자 마지막 아버지이다. 파라다이스 아버지는 하보나 바깥의 우주들에서는 오로지 순수 에너지와 순수 영으로서—생각 조절자 및 기타 비슷한 분신으로서—몸소 나타난다.

기계 작용은 창조 전체를 절대로 지배하지는 않는다. 온 우주를 전적으로 지성이 계획하고, 지성이 만들고, 지성이 관리한다. 그러나 온 우주의 신성한 작용이 온통 너무 완전해서, 사람의 유한한 지성이 쓰는 과학적 방법은 무한한 지성이 지배하는 자취조차도 눈치챌 수 없다. 창조하고 통제하고 유지(維持)하는 이 지성은 물질 지성도 아니요, 생물 지성도 아니기 때문이다. 그것은 신성한 실체인 창조자 수준에서, 그리고 거기서부터 활동하는 영 지성이다.

우주의 기계 작용에 있는 지성을 알아보고 발견하는 능력은 그러한 관찰하는 과제에 종사하여 조사(調査)하는 지성의 능력·규모·자격에 전적으로 달려 있다. 시간과 공간의 에너지로부터 짜 맞춘, 시공의 지성들은 시간과 공간의 기계 작용에 지배된다.

운동과 우주 인력 작용은 온 우주에서 비성격 시공 작용의 두 얼굴이다. 영과 지성과 물질이 인력에 반응하는 수준은 아주 시간으로부터 독립되어 있지만, 오직 참 영 수준에 있는 실체만 공간(空間)으로부터 독립되어 있다 (비공간적이다). 우주에서 상급의 지성 수준—영 지성 수준—도 비공간적일지 모르지만, 사람의 지성과 같은 물질 지성의 수준은 우주 인력의 상호 작용에 민감하고, 오직 이 반응을 영 신분에 비례해서 잃어버린다. 영 실체의 수준은 그 영 알맹이로 말미암아 인식되고, 시간과 공간에서 영적 성향은 직진 인력 반응에 반비례하여 측정된다.

직진 인력 반응은 비영(非靈) 에너지의 양을 재는 것이다. 모든 물질—조직된 에너지—는 운동과 지성이 그에 작용할 때를 빼고, 이 힘에 지배를 받는다. 마치 원자 안의 응집력이 소우주(小宇宙)의 단거리 물력인 것과 비슷하게, 직진 인력은 큰 우주의 단거리 응집력이다. 소위 물질로서 조직된, 물질화된 물리적 에너지는, 직진 인력 반응에 영향을 주지 않고는 공간을 가로지를 수 없다. 그러한 인력 반응은 질량에 정비례하지만, 중간에 개재하는 공간에 수정되기 때문에 그 최종 결과는, 거리의 제곱에 따라서 역수(逆數)로 표현되었을 때 대충 어림한 값에 지나지 않는다. 공간은 궁극에는 직진 인력을 이겨 내는데, 이는 그 안에 수많은 초물질 물력의 반인력 영향이 존재하기 때문이고, 이것은 인력 활동과 그에 대한 모든 반응을 중화하도록 작용한다.

극도로 복잡하고 상당히 자동으로 보이는 우주의 기계적 작용은, 그 작용 자체의 성질과 능력의 우주 수준보다 아주 밑에 있는 어떤 지성한테도, 독창성이나 창조성을 가진 깃드는 지성이 계심을 반드시 감추는 경향이 있다. 따라서 우주에서 상위의 기계적 작용은 하등 계급의 생물에게 지성이 없는 것처럼 보인다. 그러한 결론에 유일하게 가능한 예외는 <u>스스로 유지하는 것처럼 보이는 우주</u>라는 놀라운 현상에서 지성 상태가 의미하는 것이리라—그러나 그것은 실제로 체험하는 문제이기보다는 철학의 문제이다.

지성이 우주를 조정하니까, 기계적 작용의 경직성은 존재하지 않는다. 우주의 자체 유지와 관계되어, 점진적으로 진화하는 현상은 보편적이다. 우주의 진화하는 능력은 자발성이 무한할 때 소모될 수 없다. 오로지 목적이 있고 지배하는 지성이, 조화된 통일을 향한 진보를 이룩할 수 있고, 이것은 여러 관계의 늘 확대되는 복잡성 위에 성장하는 체험적 합성을 겹쳐 놓은 것이다.

어느 우주 현상에 결합된 우주 지성이 높으면 높을수록, 하등 지성은 그것을 발견하기가 더욱 어렵다. 우주의 기계적 작용을 만든 지성은 창조적 영 지성(아니 무한자 지성의 계심)이니까, 모든 지성 가운데 <u>가장 낮은</u> 지성, 사람의 지성은 물론, 낮은 수준의 우주 지성들에게는 한 번도 발견되거나 식별될 수 없다. 진화하는 동물 지성은 자연히 하나님을 추구하지만, 혼자서, 저절로, 선천적으로 하나님을 알지는 못한다.

12. 원형과 형태—지성의 지배

기계적 작용의 진화는, 창조하는 지성이 숨어 계시고 지배함을 의미하고 가리킨다. 사람의 지능이 자동 기계들을 생각하고, 설계하고, 창조하는 능력은, 혹성에서 지배하는 영향력으로서, 인간 지성이 우수하고, 창조성이 있고, 목적이 있는 성질을 가졌음을 보여 준다. 지성은 언제나 다음을 향해서 손을 뻗는다:

1. 물질적 기계 작용을 창조하는 것.
2. 감추어진 신비를 발견하는 것.
3. 멀리 있는 상황의 탐구.
4. 정신(**精神**) 체계들을 형성하는 것.
5. 지혜 목표에 이르는 것.
6. 영 수준을 성취하는 것.
7. 신다운—최상·궁극·절대—운명을 이룩하는 것.

지성은 언제나 창조성이 있다. 한 개별 동물, 사람, 상물질자, 영 승천자, 또는 최후성을 달성한 자는 언제나 그 살아 있는 생물 신분에 알맞고 쓸모 있는 몸을 만들 능력이 있다. 그러나 한 성격자의 존재하는 현상이나 한 신분의 원형(**原形**)은, 그것만으로 물리, 지성, 또는 영적 에너지의 명시는 아니다. 성격 형태는 살아 있는 존재의 원형의 모습이다. 그것은 에너지의 배열을 의미하고, 이것에 생명과 운동을 더한 것이 생물 존재의 기계적 작용이다.

영 존재들조차 형태가 있고, 이 영 형태는 (원형은) 실재한다. 가장 높은 부류의 영 성격자들조차 형태—유란시아 필사자의 몸과 어떤 의미에서도 비슷한 성격 풍채—를 가지고 있다. 일곱 초우주에서 마주치는 거의 모든 존재가 형태를 소유한다. 그러나 이 일반 법칙에 몇 가지 예외가 있다. 생각 조절자들은 그 필사 동료의 살아남는 혼과 융합하기까지 형태가 없는 듯하다. 외톨 사자, 영감 받은 영, 무한한 영의 개인 보조자, 인력 사자, 초월 기록자, 그리고 어떤 다른 자들도 찾아낼 수 있는 형태가 없다. 그러나 이들은 예외인 소수(**小數**)의 전형이다. 대다수는 진정한 성격 형태, 곧 개별적으로 특징이 있고, 알아볼 수 있고, 개인적으로 구별할 수 있는 형태를 가지고 있다.

우주 지성의 연락과 보조하는 지성 영들이 베푸는 봉사는 진화하는 인간을 위하여 적당한 육체로 된 천막을 만들어 낸다. 마찬가지로 상물질 지성은 모든 필사 생존자를 위하여 상물질 형태를 개별적으로 만들어 준다. 필사자의 몸이 모든 사람에게 개인적이고 그 특징을 나타내는 것처럼, 상물질 형태도 상당히 개별적이며, 그것을 다스리는 창조적 지성의 특징을 알맞게 나타낸다. 어떤 두 사람의 몸이 다른 것처럼 어떤 두 상물질 형태도 같지 않다. 상물질 동력 감독자들은 차별되지 않은 상물질계의 물질을 후원하고, 시중드는 세라핌들은 그것을 마련하고, 이것을 가지고 상물질 생명은 비로소 일할 수 있다. 상물질 생명 뒤에는, 영 형태가 꼭 마찬가지로 다채롭고, 성격이 있고, 그들 각자의 영 지성에 깃드는 자의 특징을 나타낸다는 것이 발견될 것이다.

물질 세계에서 너희는 몸이 영(**靈**)을 가졌다고 생각한다. 그러나 우리는 영이 육체를 가졌다고 생각한다. 물질인 눈은 참으로 영에게서 태어난 혼의 창문이다.

영은 설계자요, 지성은 건축자요, 육체는 물질인 건물이다.

물리 에너지, 영적 에너지, 지성 에너지는, 그것만으로, 그 순전한 상태에서, 자연 우주에서 실재물로서 충분히 서로 작용하지 않는다. 이 세 가지 에너지는 파라다이스에서 나란히 있고, 하보나에서 조정되며, 한편 유한한 활동의 우주 수준에서는 물질과 지성과 영이 지배하는, 모든 범위에 부닥치게 됨이 틀림없다. 시간과 공간에서 생기는 비성격 상황에서는 물리적 에너지가 우세해 보인다. 그러나 또한 영 지성 활동이 신성한 목적과 최상의 행동에 더 가까이 가면 갈수록, 영 단계가 더욱 지배하게 되고, 궁극 수준에서 영 지성은 거의 완벽하게 지배할 수도 있다. 절대 수준에서는 영이 확실히 지배한다. 거기서부터 계속, 시간과 공간의 영역을 통해서 바깥으로, 신다운 영 실체가 계신 곳에는 어디나, 진짜 영 지성이 활동할 때는 언제나, 반드시 그 영 실체의 물질 부본(副本), 곧 물리적 부본이 만들어지는 경향이 있다.

영은 창조하는 실체요, 그 물리적 부본은 영 실체가 시공에서 반영된 것이요, 곧 영 지성의 창조 행위에 대한 물리적 반향이다.

지성은 보편적으로 물질을 지배하고, 이것은 그 다음에 지성이 영의 궁극적 전반 통제에 민감한 것과 같다. 그리고 필사 인간의 경우에는, 오직 영의 지휘를 자유롭게 따르는 그러한 지성이, 최상위, 궁극위, 절대자, 곧 무한자의 영원한 영 세계에 사는 불멸(不滅)의 아이로서, 필사자의 시공 존재를 거치고 살아남기를 바랄 수 있다.

[네바돈에서 근무하는 한 막강한 사자가 가브리엘의 요청을 받아 발표했다.]

제 43 편

별자리

유란시아는 네바돈의 놀라시아덱에서, 사타니아의 606번으로 보통 언급되는데, 이것은 사타니아 지역 체계에서 606번째로 사람이 사는 세계임을 뜻하며, 이 체계는 네바돈 지역 우주의 1백 별자리 중 하나인 놀라시아덱 별자리에 자리잡고 있다. 별자리는 한 지역 우주의 1차 구분이니까, 그 통치자들은 사람이 사는 세계들의 지역 체계를 구원자별에 있는 지역 우주의 중앙 행정과, 또 반영을 이용하여 유버르사에 옛적부터 늘 계신 이들의 초우주 행정과 연결한다.

너희 별자리의 정부는 771 건축 구체의 집단 안에 자리잡고 있으며, 그 중에서 가장 중앙에 있고 큰 것은 에덴시아이다. 이것은 별자리 아버지들, 곧 놀라시아덱 최고자들의 행정부가 있는 자리이다. 에덴시아 자체는 대략 너희 세계의 1백 배만큼 크다. 에덴시아를 둘러싸는 70 주요 구체는 유란시아의 약 10배 크기이고, 한편 이 70 세계의 각자를 도는 10 위성은 대략 유란시아 만한 크기이다. 이 771 건축 구체는 다른 별자리들의 건축 구체와 크기가 아주 견줄 만하다.

에덴시아의 시간 계산과 거리 측정은 구원자별의 것들을 쓰고, 우주 서울에 있는 구체들과 마찬가지로, 별자리 본부 세계는 모든 계급의 하늘 지성 존재들을 충분히 공급받고 있다. 대체로, 이 성격자들은 우주 행정과 연관하여 서술된 자들과 크게 다르지 않다.

지역 우주 천사에서 셋째 계급인 감독 세라핌은 별자리 근무에 배치된다. 그들은 자기네 본부를 서울 구체에서 만들고, 돌고 있는 상물질 훈련 세계들에 널리 봉사한다. 놀라시아덱에서 70 주요 구체에는, 7백 개의 작은 위성들과 함께, 별자리의 영구 시민인 일생자(一生者)들이 산다. 모두 여러 집단의 토착 생명이 이 건축 세계들을 충분히 관리하며, 그들 가운데 반이 넘게 밝혀지지 않지만, 유능한 영 일꾼과 아름다운 씨앗 일꾼을 포함한다. 상물질계 훈련 체제에서 가운데 지점이니까, 너희가 헤아릴까 싶지만 별자리의 상물질계 생명은 전형적이고 이상적이다.

1. 별자리 본부

에덴시아는 황홀한 산지(山地), 상물질계 생명으로 가득하고 영적 영광으로 펼쳐진 고지, 자연 물질인 넓은 고지(高地)가 많이 있지만, 유란시아에서 보이는 것과 같은 험한 산맥은 없다. 수만의 빛나는 호수들과 수천의 서로 이어진 냇물이 있지만, 큰 대양이나 급히 흐르는 강이 하나도 없다. 산지에만 지표에서 흐르는 이냇물이 없다.

에덴시아 및 비슷한 건축 세계들에 있는 물은 진화하는 혹성들의 물과 조금도 다르지 않다. 그러한 구체들의 물 체계는 지표의 물과 지하수이고, 습기는 항상 돌고 있다. 이 여러 수로(水路)를 거쳐서 에덴시아를 배로 한바퀴 돌 수 있다. 하지만 주요한 수송 경로는 항공 경로이다. 영 존재들은 자연히 구체의 표면 위에서 여행하며, 한편 상물질 및 물질 존재들은 항공 경로를 지나기 위하여 물질 수단과 반(半)물질 수단을 이용한다.

에덴시아 및 그와 관련된 세계들은 참 공기를 가지고 있다. 이것은 그러한 건축된 창조들의 특징을 나타내는 흔한 세 가스의 혼합물이며, 유란시아 공기의 두 원소에, 상물질계 생물이 숨쉬도록 적절한 상물질 가스를 더한 것이다. 그러나 이 공기가 물질이자 상물질이지만, 아무런 폭풍이나 폭풍우가 없다. 여름이나 겨울도 없다. 공기의 변동과 계절의 변화가 없는 것은 특별히 만들어진 이 세계들에서 야외를 모두 꾸밀 수 있게 만든다.

에덴시아의 산지들은 웅장한 물리적 지형이며, 그 아름다움은 그 길이와 폭 전체를 통해서 널려 있는 끝없이 풍부한 생명 때문에 돋보인다. 좀 동떨어진 몇 개의 구조를 빼면, 이 산지들은 생물의 손으로 된 작품이 하나도 없다. 물질이고 상물질인 장식은 거주 지역에만 국한되어 있다. 작은 고지들은 특별한 거처들이 있는 자리이고, 생물학적 예술과 상물질 예술로 아름답게 꾸며져 있다.

일곱째 산지 지역의 꼭대기에 자리잡은 것은 에덴시아의 부활실이고, 이 안에서 수정된 2차 승천 계급의 하늘 가는 필사자들이 깨어난다. 생물을 다시 조립하는 이 방들은 멜기세덱의 감독 밑에 있다. 에덴시아의 첫째 접대 구체도 (구원자별 가까이 있는 멜기세덱 혹성처럼) 특별 부활실들이 있고, 거기서 수정된 계급의 하늘 가는 필사자들이 다시 조립된다.

멜기세덱들은 또한 에덴시아에서 두 개의 특별 학부를 유지한다. 하나는 비상 학교이고, 사타니아의 반란으로부터 생기는 문제들을 연구하는 데 바쳐진다. 다른 하나는 수여 학교이며, 미가엘이 그의 최종 수여를 놀라시아덱 세계들 가운데 한 곳에서 했다는 사실로부터 생기는 새로운 문제들을 통달하는 데 바쳐진다. 이 수여 학부는 거의 4만 년 전, 유란시아가 미가엘의 최종 수여를 위한 세계로서 선택되었다고 미가엘이 발표한 직후에 세워졌다.

에덴시아의 접대 지역인 유리 바다는 행정 중심 가까이에 있고, 본부 원형 극장에 둘러싸여 있다. 별자리 사무를 맡은 70 부서를 위하여, 통치하는 중심들이 이 지역을 둘러싼다. 에덴시아의 반은 70개의 삼각형 구역으로 나눠지고, 이들의 테두리는 각자 구역 본부 건물에서 만난다. 이 구체의 나머지는 하나의 광대한 공원, 하나님의 동산이다.

네가 정기적으로 에덴시아를 방문하는 동안에, 그 혹성 전체가 네가 훑어보도록 열려 있지만, 너는 시간의 대부분을 그 행정 삼각형에서 보낼 터이고, 그 삼각형의 번호는 네가 현재 거주하는 세계의 번호와 맞는다. 너는 관찰자로서 언제나 입법 집회에서 환영받을 것이다.

에덴시아에서 거주하는 하늘 가는 필사자들에게 배치된 상물질 지역은, 35번째 삼각형의 중간 지대에 놓여 있고, 이것은 36번째 삼각형에 자리잡은 최후자들 본부에 인접한다. 일생자들의 일반 본부는, 상물질 시민이 거주하도록 지정된 구역과 바로 닿는 34번째 삼각형의 중앙 지역에서 거창한 자리를 차지한다. 이 배열로부터, 적어도 70개 대군단의 천상 생명을 받기 위하여 시설이 마련되어 있고, 이 70개 삼각 지역은 각각 상물질 훈련을 담당하는 70개 주요 구체 가운데 어느 하나와 서로 관계를 가지고 있음을 알 수 있다.

에덴시아의 유리 바다는 둘레가 약 160킬로미터, 깊이가 약 48킬로미터 되는 하나의 거대한 둥그런 수정(水晶)이다. 이 웅장한 수정은 구체의 바깥 지점으로부터 도착하는 모든 수송 세라핌과 기타 존재들을 받아들이는 들판으로서 쓰인다. 그러한 유리 바다는 수송 세라핌의 착륙을 대단히 쉽게 만든다.

이 서열의 수정은 거의 모든 건축 세계에서 발견되고, 장식 가치를 빼놓고도 많은 목적에 쓰이는데, 모인 집단들에게 초우주의 반영을 묘사하는 데, 그리고 공간의 전류를 고쳐서, 들어오는 다른 물리 에너지 흐름에 적응시키려고 에너지를 변화시키는 기술에서 한 요소로 쓰인다.

2. 별자리 정부

별자리들은 한 지역 우주의 독립된 단위이고, 각 별자리는 그 자체의 입법 행위에 따라서 관리된다. 네바돈 법정이 우주 사무를 판결할 때, 모든 내부의 문제는 관계된 별자리에서 통용되는 법에 따라 판결된다. 지역 체계의 행정자들이, 별자리의 입법 행위와 함께, 구원자별의 이 사법 선포를 집행한다.

따라서 별자리들은 입법 단위, 곧 법을 세우는 단위로서 활동하고, 한편 지역 체계는 집행부, 곧 집행하는 단위로서 쓰인다. 구원자별 정부는 사법을 담당하고 조정하는 최고의 권한이다.

최고의 사법(司法) 활동은 한 지역 우주의 중앙 행정에 맡겨지는데, 종속되지만 주요한 두 재판소, 멜기세덱 회의와 최고자의 법정이 각 별자리 본부에 있다.

모든 사법 문제는 먼저 멜기세덱 회의가 검토한다. 진화하는 혹성과 체계의 본부 세계들에서 어떤 필수 경험을 겪은, 이 계급에서 12명이 증거를 검토하고, 탄원을 소화하고, 잠정적 판결을 작성하는 권한을 받으며, 이 판결은 최고자, 곧 통치하는 별자리 아버지의 법정에 전달된다. 이 후자 법정의 필사자 부서는 일곱 판사로 이루어져 있고, 그들은 모두 하늘 가는 필사자이다. 우주에서 너희가 높이 올라가면 갈수록, 너희 자신과 같은 종류의 사람들에게 너희가 판결을 받으리라는 것이 더욱 뻔하다.

별자리의 입법 기관은 세 집단으로 나누어진다. 한 별자리의 입법 계획은 승천자의 하원(下院)에서 시작되는데, 한 최후자가 이것을 주관하며, 대표하는 필사자 1천 명으로 이루어져 있다. 각 체계는 이 심의 집회에서 자리를 차지하는 회원 10명을 지명한다. 에덴시아에서 이 단체는 현재 시점에서 완전히 자리를 채우지 않았다.

입법자들의 중원(中院)은 천사 무리와 그 동료들, 곧 지역 우주 어머니 영의 다른 자손들로 구성된다. 이 집단은 1백 명이며, 그러한 존재들이 별자리 안에서 활동하는 동안, 그들의 여러 가지 활동을 주관하는 감독 성격자들이 그들을 지명한다.

별자리 입법자들 가운데 자문(諮問) 단체, 곧 가장 높은 단체는 상원(上院) 의원들의 집—신다운 아들들의 집—으로 이루어져 있다. 최고 아버지들이 이 집단을 선택하며, 그 수는 10명이다. 오로지 특별한 체험을 가진 아들들만 이 상원에서 일해도 좋다. 이것은 사실을 확인하고 시간을 절약하는 집단이고, 입법 집회의 두 하위 부서에게 효과적으로 쓰인다.

입법자들의 통합 회의는 별자리 심의 집회의 분리된 이 각 지부로부터 3명씩 뽑은 회원들로 이루어지며, 통치하는 후임 최고자가 그것을 주관한다. 이 집단은 모든 법령의 최종 형태를 재가(裁可)하고 방송자들의 선포를 허가한다. 이 최고 위원회의 승인은 법령이 그 영역의 법이 되게 하며, 그들의 행위는 최종이다. 에덴시아의 입법 선포는 온 놀라시아덱의 기본법을 이룬다.

3. 놀라시아덱의 최고자

별자리의 통치자들은 보론다덱 계급의 지역 우주 아들 신분이다. 우주에서 현역 근무로 별자리의 통치자나 기타 자리로 임명될 때, 이 아들들은 최고자로 알려지는데, 이는 그들이 모든 계급의 지역 우주 하나님의 아들들 가운데, 가장 멀리 앞을 내다보고 총명하게 충성함과 함께, 그들이 가장 높은 행정의 지혜를 구현하기 때문이다. 그들의 개인적 성실성과 집단 충성심은 한 번도 의심받은 적이 없고, 보론다덱 아들들의 불만은 네바돈에서 결코 일어난 적이 없다.

적어도 보론다덱 아들 세 명을 가브리엘이 네바돈의 각 별자리의 최고자로서 임명한다. 이 삼원조에서 주관하는 회원은 별자리 아버지로, 그리고 두 동료는 선임 최고자와 후임 최고자로 알려져 있다. 별자리 아버지는 1만 표준년 (유란시아 시간으로 약 50,000년) 동안 군림하고, 그 이전에 똑같은 기간에 후임 동료, 그리고 선임 동료로서 근무했다.

시편(詩篇)의 저자는 별자리 아버지 세 분이 에덴시아를 다스림을 알고 있었고, 따라서 그들의 거처를 여럿으로 언급하였다: "한 강이 있으니, 그 강물은 하나님의 도시, 곧 최고자들의 여러 장막에서 가장 거룩한 자리를 기쁘게 하리라."

오랜 세월에 걸쳐 유란시아에는 여러 우주 통치자에 관하여 큰 혼동이 있었다. 후기의 숱한 선생들은 흐릿하고 분명치 않은 부족 신들을 최고 아버지와 혼동하였다. 그 뒤에도, 히브리인들은 이 모든 하늘 통치자를 하나의 복합된 신으로 합쳐 버렸다. 어느 선생은 최고자들이 최상 통치자들이 아니라는 것을 이해했는데, 그가 이렇게 말했기 때문이다, "최고자의 비밀한 곳에서 거하는 자는 전능자의 그늘에서 살리로다." 유란시아의 기록에는, 때때로 "최고자"라는 용어에서 누가 언급되는지 똑똑히 알기가 아주 어렵다. 그러나 다니엘은 이 문제를 충분히 알고 있었다. 그는 말했다, "최고자는 사람의 나라에서 다스리며, 그 나라를 그가 뜻하는 누구에게도 주시니라."

별자리 아버지들은 사람 사는 혹성의 개인들에게 몰두하는 일이 거의 없지만, 별자리의 입법부 및 법을 제정하는 기능에 밀접히 연관되어 있고, 이 기능은 사람 사는 세계들의 모든 필사 종족과 민족 집단에 크게 관계된다.

별자리 체제는 너희와 우주 행정 사이에 있지만, 개인으로서 보통, 너희는 별자리 정부에 거의 아랑곳하지 않을 것이다. 너희의 큰 관심은 보통 지역 체계인 사타니아에 쏟아질 것이다. 그러나 임시로, 유란시아가 별자리 통치자들과 밀접히 관련된 것은 루시퍼 반란에서 생겨난 어떤 체계 및 혹성의 조건 때문이다.

에덴시아 최고자들은 루시퍼 탈퇴가 있던 시절에 반란하는 세계들에서 혹성 권한의 어떤 국면을 빼앗았다. 그들은 계속해서 이 권력을 행사해 왔고, 옛적부터 늘 계신 이들은 제멋대로 행한 이 세계들에 대하여 통제권을 맡는 것을 인가한 지 오래다. 의심할 여지 없이, 루시퍼가 사는 한, 그들은 떠맡은 이 사법권을 계속 행사할 것이다. 이 권한의 상당한 부분은 보통, 충실한 체계에서 체계 군주에게 맡겨진다.

그러나 또 한 가지 면에서, 유란시아는 최고자들과 각별히 관계를 가지게 되었다. 아들 창조자인 미가엘이 최종 수여 임무로 왔을 때, 루시퍼의 후계자가 지역 체계에서 총 권한이 없었기 때문에, 놀라시아덱의 최고자들이 미가엘 수여에 관계된 모든 유란시아 사무를 직접 감독하였다.

4. 산상 집회—늘 충실한 이

가장 거룩한 집회가 있는 산은 늘 충실한 이의 거처인데, 그는 에덴시아에서 활동하는, 파라다이스 삼위 일체의 대표이다.

이 늘 충실한 이는 파라다이스 삼위 일체 아들이며, 본부 세계가 창조된 뒤로, 임마누엘의 개인 대표로서 에덴시아에 계셔 왔다. 언제라도 늘 충실한 이는 별자리 아버지들의 바른 편에서 그들에게 조언하려고 서 있지만, 요청받지 않고는 결코 조언을 제공하지 않는다. 높은 파라다이스 아들들은 지역 우주의 임시 통치자들의 탄원을 받을 경우를 제쳐 놓고, 그러한 영토의 사무 운영에 결코 끼어 들지 않는다. 그러나 늘 연합한 이가 아들 창조자와 가지는 모든 관계는, 늘 충실한 이가 별자리의 최고자와 가지는 관계와 같다.

에덴시아의 늘 충실한 이의 거처는 우주 바깥 통신 및 정보를 맡는 파라다이스 체계의 별자리 중심이다. 이 삼위 일체 아들들은, 그들의 하보나 및 파라다이스 성격자들로 이루어진 참모진과 함께, 감독하는 늘 연합한 이와 연락해서, 모든 우주 전역에 걸쳐, 아니 하보나와 파라다이스까지도, 그들의 계급과 직접 항상 교통하고 있다.

가장 거룩한 산은 지극하게 아름답고 설비가 놀랍게 갖추어져 있지만, 최고자들의 중앙 거처들, 그리고 보론다덱 아들들의 거주 단위를 이루는 둘러싸는 70개 구조물에 견주어 볼 때, 파라다이스 아들의 실제 거처는 수수하다. 이 시설은 순전히 주택이며, 별자리 사무가 처리되는 넓은 행정 본부 건물과 전혀 따로 되어 있다.

에덴시아에 있는 늘 충실한 이의 거처는 이 최고자들 주택의 북부에 있고, "파라다이스 집회의 산"으로 알려져 있다. 거룩하게 바쳐진 이 산지에서 하늘 가는 필사자들은 정기적으로 모여서, 완전한 10억의 하보나 세계를 통해서, 그리고 계속 파라다이스의 말할 수 없는 높이까지 가는, 진보하는 필사자들의 길고도 흥미를 자아내는 여행에 관하여 이 파라다이스 아들이 이야기하는 것을 듣는다. 바로 집회산에서 열리는 이 특별 모임에서, 상물질 필사자들은 중앙 우주에서 기원을 가지는 여러 집단의 성격자들에 관하여 더 자세히 알게 된다.

한때 사타니아의 군주였던, 반역한 루시퍼는 높아진 관할권을 요구하는 주장을 발표할 때, 지역 우주의 정부 계획에서 모든 상관 계급의 아들들을 갈아치우려고 애썼다. "나는 나의 보좌를 하나님의 아들들보다 위로 높이리라. 나는 북쪽에 있는 집회의 산에 앉으리라. 나는 최고자와 같이 되리라"하고 말하며 그는 가슴 속에서 뜻을 품었다.

체계 군주 1백 명은 정기적으로 에덴시아 비밀 회의에 오며, 이것은 별자리의 복지에 관하여 심의한다. 사타니아 반란이 있은 뒤에, 예루셈의 대반역자들은 그들이 이전 경우에 했던 것처럼, 이 에덴시아 회의에 올라오곤 했다. 유란시아에서 미가엘의 수여가 있은 뒤에, 그가 나중에 온 네바돈에 두루, 무제한 통치권을 쥐기까지, 이 건방진 뻔뻔한 태도를 막을 길이 도무지 없었다. 그 날 이후로, 결코 죄를 선동한 이 자들이 충성스러운 체계 군주들의 에덴시아 회의에 앉는 것이 허락되지 않았다.

옛 시절의 선생들이 이 일을 알았다는 것은 이 기록에서 나타난다: "그리고 어느 날 하나님의 아들들이 최고자들 앞에 문안하러 왔고, 사탄도 와서 그들 가운데서 문안하였다." 어쩌다가 이것이 씌어진 부분이 어떤 맥락을 가졌는가에 상관 없이, 이것은 사실을 진술한 것이다.

그리스도가 승리한 뒤로, 온 놀라시아덱에서 죄와 반역자들이 청소되고 있다. 미가엘이 육신을 입고 죽기 얼마 전에, 몰락한 루시퍼의 조수 사탄은 그러한 에덴시아 비밀 회의에 참석하려고 애썼다. 그러나 대반역자들을 반대하는 감정이 굳어진 것은, 동정(同情)의 문이 거의 우주적으로 닫혀지는 지경에 이르렀고, 그래서 사타니아 적들은 설 땅을 찾을 수 없었다. 악을 받아드릴 열린 문이 존재하지 않을 때, 죄를 생각해 볼 기회가 도무지 없다. 온 에덴시아의 마음 문이 사탄에게 닫혔을 때, 그는 모인 체계 군주들한테서 만장 일치로 거절당했고, 바로 이 때 사람의 아들은 "사탄이 하늘로부터 번개처럼 떨어지는 것을 보았다."

루시퍼 반란이 있은 뒤에, 늘 충실한 이의 거처 가까운 곳에 새로운 구조물이 마련되었다. 이 임시 건축물은 최고자 연락원의 본부이며, 그는 죄와 반란에 대한 늘 계급의 정책과 태도에 관한 모든 문제에서 별자리 정부에게 고문으로서, 파라다이스 아들과 긴밀한 접촉을 가지고 활동한다.

5. 루시퍼 반란 뒤에 에덴시아 아버지

에덴시아에서 최고자들이 갈리는 일은 루시퍼 반란이 있을 당시에 중지되었다. 우리는 지금 그 때 근무하고 있었던 바로 그 통치자들을 가지고 있다. 루시퍼와 그 동료들이 마지막으로 처분되기까지, 이 통치자들에게 아무런 변화가 없으리라 우리는 추측한다.

그러나 별자리의 현재 정부는 보론다덱 계급의 12 아들을 포함하도록 확대되었다. 이 12명은 다음과 같다.

1. 별자리 아버지. 놀라시아덱의 현재 최고 통치자는 네바돈의 보론다덱 시리즈에서 617,318번이다. 그는 에덴시아 책임을 맡기 전에, 우리 지역 우주 전역에 걸쳐서 많은 별자리에서 근무했다.

2. 선임 최고자 동료.

3. 후임 최고자 동료.

4. 최고자 고문, 곧 미가엘이 주 아들의 지위를 얻은 뒤에 미가엘의 개인 대표.

5. 최고자의 집행자, 루시퍼 반란 뒤로 죽 에덴시아에 머물러 있는, 가브리엘의 개인 대표.

6. 최고자의 혹성 관찰자 우두머리, 곧 사타니아의 고립된 세계들에 머물러 있는 보론다덱 관찰자들의 지도자.

7. 최고자의 심판, 별자리 안에서 반란 때문에 생기는 모든 문제를 조절하는 의무를 맡은 보론다덱 아들.

8. 최고자의 비상 행정자, 반란으로 고립된 사타니아 세계들에게 놀라시아덱 입법 기관의 긴급 법령을 적응하는 과제를 맡는 보론다덱 아들.

9. 최고자의 중재자, 유란시아에서 특별 수여 조정을 별자리의 일상 행정과 조화하는 데 배치된 보론다덱 아들. 유란시아에서 어떤 천사장 활동이 있는 것과 수많은 다른 불규칙한 봉사는, 예루셈에서 찬란한 저녁별의 특별 활동과 아울러, 이 아들이 활동하는 것을 필요하게 만든다.

10. 최고자의 판사·대변자, 사타니아 반란에 따른 혼동으로부터 생긴 놀라시아덱의 특별한 문제를 조정하는 데 전념하는 긴급 법정의 우두머리.

11. 최고자의 연락관, 에덴시아 통치자들에게 소속되었지만, 반란과 생물의 불충에 관한 문제를 다루면서 추구할 최적의 과정에 관하여, 늘 충실한 이에게 특별 조언자로서 임명되었다.

12. 최고자의 지휘자, 에덴시아의 긴급 회의 회장. 사타니아 동란 때문에 놀라시아덱에 배치된 모든 성격자는 긴급 회의를 구성하며, 그들을 주관하는 지휘관은 특별한 체험을 가진 보론다덱 아들이다.

이것은 또한 수많은 보론다덱, 네바돈 별자리들의 여러 사절, 그리고 에덴시아에 거주하는 다른 자들을 계산에 넣지 않은 것이다.

루시퍼 반란이 있은 뒤로 계속, 에덴시아 아버지들은 유란시아, 그리고 사타니아에 있는 다른 고립된 세계들을 특별히 보살폈다. 오래 전에 선지자는 열강들의 국사(國事)에서 별자리 아버지들의 통제하는 손이 있음을 깨달았다. "최고자가 열강에게 저희의 유산을 나누어 주고 아담의 아들들을 갈라 놓았을 때, 그는 민족의 경계들을 정하였더라."

격리되거나 고립된 세계들은 모두, 관찰자로서 행동하는 보론다덱 아들을 하나 가지고 있다. 그는 국가들의 사무에 간섭하라고 별자리 아버지에게서 명령받을 때를 제외하고 혹성 행정에 참여하지 않는다. 사실은, "사람의 나라에서 다스리는" 분은 이 최고자의 관찰자이다. 유란시아는 놀라시아덱의 고립된 세계들 가운데 하나이며, 칼리가스티아 배반 이후로 죽, 한 보론다덱 관찰자가 이 혹성에서 주둔해 왔다. 마키벤타 멜기세덱이 유란시아에서 반(半)물질 형태를 입고 봉사했을 때, "그리고 살렘의 왕 멜기세덱은 최고자의 제사장이었더라" 하고 기록된 바와 같이, 그는 당시에 근무하던 최고자의 관찰자에게 경의를 표하였다. "그리고 최고자는 복이 있으니, 그는 너의 적들을 네 손에 인도하였도다" 하고 말했을 때, 멜기세덱은 이 최고자의 관찰자와 아브라함의 관계를 드러냈다.

6. 하나님의 동산

체계 서울은 물질적이고 광물인 구조로 각별히 아름답게 꾸며져 있고, 한편 우주 본부는 영적 영광을 더 비친다. 그러나 별자리의 서울은 상물질계 활동과 살아 있는 장식(裝飾)의 절정이다. 별자리의 본부 세계에서는 살아 있는 장식이 더 널리 이용되고, 이 세계들을 "하나님의 동산"이라 부르게끔 만드는 것은 생명의 이 압도적 현상—식물 예술성—때문이다.

에덴시아의 약 절반은 최고자들의 아름다운 여러 동산에 바쳐지며, 이 동산들은 지역 우주에서 가장 황홀한 상물질 창조들 축에 속한다. 이것이 어째서 놀라시아덱의 사람 사는 세계들에서 뛰어나게 아름다운 곳을 흔히 "에덴의 동산"이라 부르는가 설명한다.

이 장려한 동산에서 가운데 자리잡은 것은 최고자들이 예배하는 성당(聖堂)이다. 시편의 저자는 이것들에 관하여 무언가 알았음이 틀림없는데, 이렇게 말했기 때문이다: "누가 최고자들의 언덕에 올라가리요? 누가 이 거룩한 장소에 서리요? 그는 깨끗한 손과 맑은 마음을 가졌고, 그의 혼을 허영까지 높이지 않았으며, 거짓으로 맹세하지도 않았더라." 이 성당에서 최고자들은 10일마다 다가오는 휴일에 최상위 하나님을 예배하는 명상에 잠길 때 온 에덴시아를 이끈다.

건축 세계들은 물질 계급에서 10가지 형태의 생명을 누린다. 유란시아에는 식물과 동물 생명이 있지만, 에덴시아와 같은 세계에는 10 부문의 물질 계급 생명이 있다. 너희가 이 10 부문의 에덴시아 생명을 본다면, 너희는 재빨리 처음 셋을 식물로, 마지막 셋을 동물로 분류하겠지만, 그 사이에 있는 풍성하고 매혹하는 형태의 생명을 가진 4 집단의 성질을 도무지 이해할 수 없을 것이다.

뚜렷이 동물인 생명조차 진화 세계의 동물과 아주 다르다. 아주 달라서, 이 말 없는 생물의 독특한 성격과 사랑스러운 성품을 필사자의 지성에게 묘사하기가 아주 불가능하다. 너희의 상상력이 도저히 그려볼 수 없는 수천 가지의 살아 있는 생물이 있다. 동물 창조 전체가 진화하는 혹성들에 있는 괴상한 동물 종자(種子)들과 도무지 다른 계급이다. 그러나 이 모든 동물 생명은 아주 총명하고, 절묘하게 쓰일 수 있으며, 다채로운 종자들은 모두 놀랍게도 온순하고 감동이 되게 동무가 될 수 있다. 그러한 건축 세계들에는 육식하는 생물은 하나도 없다. 에덴시아 전체에서 살아 있는 존재를 무서워하게 만드는 것은 하나도 없다.

식물 생명도 유란시아의 것과 아주 다르고, 물질 및 상물질 종류로 구성되어 있다. 물질적 성장은 그 특징을 나타내는 녹색 빛을 가지지만, 상물질에서 식물 생명에 해당하는 것은 보라빛이나 연자주 빛의 다양한 색조를 띠고 반사한다. 그러한 상물질계 식물은 순전히 에너지 성장이니, 먹었을 때 아무런 찌꺼기 부분이 없다.

상물질 종류는 말할 것도 없고, 10 부문의 물리적 생명이 부여되어 있으니까, 이 건축 세계들은 풍경과 물질 및 상물질 구조의 생물학적 미화(美化)를 위하여 엄청난 가능성을 제공한다. 하늘 예술가들은 식물로 장식하고 생물학적으로 꾸미는 이 광범위한 작업에서 토착인 씨앗 일꾼들을 지도한다. 너희의 예술가들은 자기의 개념을 묘사하기 위하여 비활성 페인트와 생명이 없는 대리석에 의존해야 하지만, 하늘 예술가와 일생자들은 그들의 생각을 나타내고 이상을 나타내기 위하여 우리보다 더 흔하게 살아 있는 물질을 쓴다.

너희가 유란시아의 꽃과 떨기나무와 나무를 즐긴다면, 에덴시아의 훌륭한 동산에 있는 식물의 아름다움과 꽃의 화려함을 너희 눈이 마음껏 즐기겠다. 그러나 하늘 세계들의 이 아름다움에 대하여 적절한 개념을 필사자의 지성에 전달하려 애쓰는 것은 나의 설명하는 능력을 지나친다. 참으로 필사자가 승천하는 모험을 겪는 이 세계들에서 너희가 도착하기를 기다리는 그러한 영광을 사람의 눈이 본 적이 없다.

7. 일생자

일생자들은 에덴시아 및 그에 관계된 세계들, 곧 그들의 감독 밑에 있는 별자리 본부를 둘러싸는 770 세계 전체에서 영구한 시민이다. 아들 창조자와 창조 영의 이 자손은 물질적인 것과 영적인 것 사이에 존재하는 평면에서 계획되지만, 그들은 상물질 생물이 아니다. 에덴시아의 70 주요 구체의 각 곳에 있는 원주민은 눈에 보이는 다른 형태를 가지고 있다. 상물질계 필사자들은 1번 세계로부터 연속해서 70번 세계까지 지나는 동안에, 한 에덴시아 구체에서 다른 구체로 거주를 바꿀 때마다, 일생자(一生者)의 상승하는 눈금에 맞도록 그들의 상물질 형태를 조율한다.

영적 면에서 일생자들은 비슷하다. 필사자들처럼, 그들은 지능 면에서 다르다. 형태로 볼 때 상물질 상태의 존재를 많이 닮고, 다양한 70 계급의 성격으로 활동하도록 창조되었다. 이 일생자들의 각 계급은, 10대 변종의 지적 활동을 전시하고, 다른 이 지적 종류들은 각각, 에덴시아의 각 주요 세계를 도는 10개 위성 가운데 어느 하나에서, 진취적인 직업 사회화, 또는 실용적 사회화를 가르치는 특별 훈련 및 문화 학교들을 주관한다.

이 700 소(小)세계는 지역 우주 전체의 작용에서 실무 교육을 담당하는 전문 구체들이며, 모든 등급의 지능 존재들에게 공개된다. 특별한 숙련 및 전문 지식을 가르치는 이 훈련 학교들은 순전히 하늘 가는 필사자들을 위해서만 운영되지는 않는다. 하지만 상물질계 학생들이 이 훈련 과정을 다니는 모든 자들 가운데 명백히 가장 큰 무리를 이룬다. 사회 문화를 맡는 70 주요 세계 가운데 어느 하나에서 너희가 접대받을 때, 너희는 즉시 둘러싸는 10개 혹성의 각 곳에 입장(入場) 허가를 받는다.

다채로운 여러 우대(優待) 거류지에서, 하늘 가는 상물질계 필사자는 복귀 지도자들 사이에서 그 수가 많지만, 일생자들은 네바돈 집단의 하늘 예술가들과 관계된 가장 큰 집단을 대표한다. 오르본톤 전체에서, 유버르사의 아반돈터들을 빼고, 하보나 바깥에 있는 어느 존재도 예술적 솜씨, 사회에 적응하는 능력, 조정하는 머리 면에서 일생자들을 따라가지 못한다.

별자리의 이 시민들은 실제로 예술가 군단의 구성원은 아니지만, 그들은 자유롭게 모든 집단과 함께 일하고, 별자리 세계들을 과도기 문화의 멋진 예술적 가능성을 실현하는 주요한 구체들로 만드는 데 크게 이바지한다. 그들은 별자리 본부 세계들의 경계를 지나서 활동하지 않는다.

8. 에덴시아의 훈련 세계

에덴시아와 그 둘레에 있는 구체들의 물리적 재산은 거의 완전하다. 이것은 도저히 구원자별 구체들의 영적 웅장함과 비할 수 없지만, 예루셈 훈련 세계들의 영화로움을 훨씬 뛰어넘는다. 이 모든 에덴시아 구체들은 보편적인 공간 전류로 직접 에너지를 공급받는다. 그들의 엄청난 물질 및 상물질 동력 체계들은, 별자리 중심들에게 솜씨 있게 감독을 받고 분배되는데, 후자는 유능한 집단의 물력 **주조직자**와 **상물질 동력 감독자**들의 도움을 받는다.

필사자가 승천하는 에덴시아 시대와 관련하여 과도기의 상물질 문화를 가르치는 70 훈련 세계에서 보낸 시간은, 최후자의 지위까지 이르는 하늘 가는 필사자 생애에서 가장 안정된 기간이다. 이것은 정말로 상물질계 생활의 전형이다. 한 주요 문화 세계에서 다른 세계로 지나갈 때마다 너희는 다시 조율되지만, 같은 상물질 몸을 지니며, 성격이 의식을 잃는 기간은 조금도 없다.

에덴시아 및 그에 관련된 구체들에서 너의 체재는 주로 집단 윤리, 곧 여러 우주 및 초우주 계급의 지적 성격자들 사이에 즐겁고 유익한 상호 관계를 가지는 비결을 통달하는 데 바쳐진다.

저택 세계들에서 너는 진화하는 필사 성격을 통일하는 일을 마쳤다. 체계 서울에서 너는 예루셈 시민권을 얻었고, 집단 활동 및 조정된 사업이 주는 훈련에 자아를 기꺼이 복종시키는 마음을 얻었다. 그러나 이제 별자리의 훈련 세계들에서 너의 진화하는 상물질 성격의 참된 교제를 성취해야 한다. 이 훌륭한 문화를 습득하는 것은 다음을 배우는 데 있다:

1. 다양한 상물질 동료 10명과 행복하게 살고 효과 있게 일할 것, 한편 그러한 10 집단은 1백 명의 중대 단위로 결합되어 있고, 그리고 나서 1천 명의 군단으로 연방을 이룬다.

2. 일생자(一生者) 10명과 기쁘게 살고 진심으로 협조할 것. 그들은 상물질 존재들과 지능 면에서 비슷하지만, 기타 모든 면에서 아주 다르다. 그리고 나서 너는 이 집단이 다른 10 가족과 조정하는 것처럼, 이 10명의 집단과 활동해야 한다. 이 가족들은 다시 1천 일생자의 집단으로 연방을 이룬다.

3. 상물질 동료와 이 주인 일생자들 모두에게 동시에 적응하는 일을 마칠 것. 얼마큼 질이 다른 집단의 총명한 생물과 밀접한 작업 관계를 가지면서 너 자신 계급의 존재들과 자진해서, 효과적으로 협동하는 능력을 얻을 것.

4. 너 자신과 비슷한 존재 및 비슷하지 않은 존재들과 이렇게 사회적으로 활동하면서, 두 집단의 동료들과 지적으로 조화를 이루고 그들에게 직업적으로 적응할 것.

5. 지적 수준과 직업 수준에서 성격의 흐뭇한 교제를 이루면서, 비슷한 존재 및 약간 다른 존재들과 함께, 늘 짜증스러움을 줄이고 늘 분개심을 가라앉히고 가깝게 접촉하며 사는 능력을 더욱 완전하게 할 것. 복귀 지도자들은 그들의 집단 놀이 활동을 통해서 이 후자를 달성하는 데 많이 이바지한다.

6. 이 여러 가지 교제하는 기법을 파라다이스 승천 생애에서 진취적 조정을 촉진하는 데 모두 적응할 것. 겉보기에 하찮은 이 여러 시공 활동 안에 감추어진 영원한 목표 의미를 깨닫는 능력을 높임으로, 우주 통찰력을 키울 것.

7. 그리고 나서, 이 모든 여러 겹의 교제 과정을 아주 높일 것, 그리고 집단 영적 교제 및 상물질계 조정을 통하여, 모든 국면의 개인적 자질의 증가에 관계되는 대로, 영적 통찰력을 동시에 높일 것. 지적, 사회적, 영적 면에서, 도덕이 있는 두

생물은 협동하는 기술을 써서 우주에서 성취하는 그들의 개인 잠재성을 겨우 2배로 늘이지는 않는다. 달성하고 성취하는 가능성을 거의 4배에 가깝게 만든다.

우리는 에덴시아 교제가, 상물질계 필사자가 지적으로 다른 10명으로 구성된 일생자 가족 집단과 사귀는 것, 그리고 동시에 동료 상물질자 10명과 비슷하게 사귀는 것이라고 묘사했다. 그러나 처음 일곱 주요 세계에서는 겨우 하늘 가는 필사자 1명이 일생자 10명과 함께 산다. 둘째 집단의 주요 세계에서는 사람 2명이 10명으로 된 각 토착 집단과 함께 살고, 이렇게 계속해서, 마지막 집단의 일곱 주요 구체에서는, 상물질 존재 10명이 일생자 10명과 함께 산다. 일생자들과 어떻게 더 낫게 사귀는가를 배움에 따라서, 너희는 동료 상물질 진보자들과 가지는 관계에서 그러한 개량된 윤리를 연습할 것이다.

하늘 가는 필사자로서, 너희는 에덴시아의 이 진보 세계들에서 체재를 즐길 것이다. 그러나 체계 서울에서 너희가 처음으로 우주 사무와 가진 접촉, 또는 우주 서울의 최종 세계들에서 이 실체들과 작별하면서 가진 접촉의 특징을 나타내는, 개인적으로 만족하는 짜릿한 느낌을 맛보지 못할 것이다.

9. 에덴시아 시민권

70번 세계에서 졸업한 뒤에, 하늘 가는 필사자들은 에덴시아에서 정주한다. 승천자들은 이제, 처음으로, "파라다이스의 집회"에 참석하고, 늘 충실한 이가 그들의 널리 미치는 생애 이야기를 묘사하는 것을 듣는데, 늘 충실한 이는 그들이 만난 가운데 처음으로 최상 삼위 일체 기원을 가진 성격자이다.

별자리의 훈련 세계들에서 이렇게 머무른 것은 모두, 에덴시아 시민권을 드디어 얻게 하였고 상물질계 진보자들에게 참되고 하늘 같은 행복을 누리는 기간이다. 체계에 속한 세계들에서 머물렀던 기간을 통하여 내내, 너는 준(準)동물에서 상물질 생물로 진화하고 있었고, 영보다 물질에 더 가까운 편이었다. 구원자별 구체들에서, 너는 상물질계 존재로부터 하나의 참된 영의 지위로 진화할 것이다. 물질보다는 영에 더 가까운 편일 것이다. 그러나 에덴시아에서, 승천자들은 그들의 옛 지위와 미래 지위 사이의 중간점, 진화하는 동물로부터 하늘 가는 영까지 이르는 통로에서 가운데에 있다. 에덴시아와 그에 속한 세계들에서 머물렀던 전체 기간에, 너희는 "천사들과 같으니," 늘 진보하고 있지만, 그 동안 죽 일반적이고 전형적인 상물질계 지위를 유지한다.

하늘 가는 필사자가 이 별자리에서 머무르는 것은 상물질계에서 진보하는 생애 전체에서 가장 한결같고 안정된 시대이다. 이 체험은 승천자들이 영이 되기 전에 거치는 교제하는 훈련이다. 이것은 하보나에서 최후자가 되기 전에 거치는 영적 체험, 그리고 파라다이스에서 겪는 초한(超限) 이전의 훈련과 비슷하다.

에덴시아에서 하늘 가는 필사자들은 진보하는 70 일생자 세계에서 받은 과제들에 주로 몰두한다. 그들은 또한 에덴시아 자체에서 다른 자격으로 주로, 집단·종족·민족 및 혹성의 복지에 관계된 별자리 프로그람에 관련되어 근무한다. 최고자들은 사람 사는 세계들에서 개인의 승진을 촉진하는 데 별로 아랑곳하지 않는다. 그들은 개인의 가슴 속이 아니라 오히려 사람의 나라에서 다스린다.

네가 구원자별 생애를 향하여 에덴시아를 떠날 준비가 된 그 날에, 너희는 멈춰서 파라다이스의 이 편에서 너희가 모든 훈련을 받던 시대 가운데 가장 아름답고 유쾌한 시대를 되돌아볼 것이다. 그러나 너희가 안을 향하여 올라가고, 신성한 의미와 영적 가치를 더욱 크게 이해하는 확대된 능력을 얻음에 따라서, 그 영광 전체가 늘어난다.

[말라바시아 멜기세덱이 후원하였다.]

제 44 편

하늘 예술가

분과 및 우주 본부 세계들의 우대(優待) 거류지 사이에서 하늘의 예술가로 지칭되는 독특한 계급의 복합 성격자들을 발견할 수 있다. 이 존재들은 상물질계 및 하등 영(靈)의 영역에 있는 대예술가요 기술자이다. 그들은 상물질의 치장과 영적 미화에 종사하는 영과 준영(準靈)이다. 그러한 기술자들은 대우주 전체에 걸쳐서—빛과 생명에 안주하는 모든 구체 뿐 아니라, 초우주, 지역 우주, 별자리, 체계의 본부 세계들에도—분포되어 있다. 그러나 그들의 주요한 활동 영역은 별자리, 그리고 특별히 각 본부 구체를 둘러싸는 770 세계에 있다.

물질 지성은 그들이 하는 일을 거의 이해할 수 없을지 모르지만, 상물질 세계와 영 세계들은 높은 예술과 하늘 문화가 없지 않다는 것을 알아야 한다.

하늘 예술가들은 그처럼 창조되지 않았고, 그들은 중앙 우주에서 태어난 어떤 선생 성격자들, 그리고 승천 필사자 및 기타 수많은 하늘 집단으로부터 뽑은 자원한 생도로 이루어진 단체, 선택되고 모집된 존재들의 단체이다. 이 예술가들로 구성된 최초의 교육 집단을 무한한 영이 일곱 으뜸 영과 합작하여 한때 배치하였고, 이것은 일곱 예술가 분과 가운데 각 분과에 1천 명씩, 7천 명의 하보나 강사로 이루어져 있다. 그러한 핵심을 가지고 시작하여, 오랜 세월을 거쳐서, 영 사무와 상물질 사무에서 이 솜씨 있는 일꾼들의 눈부신 단체가 발전되었다.

어떤 상물질 성격자나 영 존재도, 다시 말해서, 선천적으로 신의 아들 등급 밑에 있는 어떤 존재도, 하늘 예술가 단체에 가입할 자격이 있다. 진화하는 구체들에서 올라가는 하나님의 아들들은, 상물질 세계들에 도착한 뒤에 예술가단에 가입을 신청해도 좋으며, 충분히 재능이 있으면, 길거나 짧은 동안 그러한 직업을 택해도 좋다. 그러나 1천 년, 초우주 시간으로 1천 년보다 짧게, 하늘 예술가들 사이에 가입할 수는 없다.

하늘 예술가들은 모두 초우주 본부에 등록되어 있지만, 지역 우주 서울에서 상물질계 감독자들의 지휘를 받는다. 그들은 각 지역 우주의 본부 세계에서 활동하는 상물질계 감독자들의 중앙 군단으로부터 다음 일곱 가지 주요 활동 부문에서 임명된다:

1. 하늘 음악가.
2. 하늘의 재생자.
3. 신성한 건축자.
4. 생각 기록자.

5. 에너지 조종자.

6. 설계자와 치장자.

7. 조화 노동자.

이 일곱 무리의 최초의 선생들은 모두 하보나의 완전한 세계들로부터 왔으며, 하보나는 모든 단계와 형태의 영적 예술성을 위한 원형(原形)들, 원형 연구를 포함한다. 이 하보나 예술을 공간 세계들로 옮기려고 시도하는 것은 거창한 과제이지만, 하늘 예술가들은 대대로, 기술과 집행 면에서 개선되어 왔다. 승천 생애의 모든 다른 단계에서처럼, 어떤 직종의 노력에서도 가장 앞선 자들은 우수한 지식과 기술을 혜택을 덜 받은 동료들에게 항상 나누어 주는 것이 요구된다.

너희는 먼저 저택 세계들에서, 옮겨 심은 이 하보나 예술을 비로소 얼핏 보게 될 것이다. 너희가 구원자별에 있는 영의 방들에 서서, 영 영역에서 영감을 주는 하늘 예술가들의 걸작품들을 바라볼 때까지, 그 예술의 아름다움, 그리고 그 아름다움에 대한 너희의 이해는 높아지고 나아질 것이다.

상물질 및 영 세계들의 이 활동은 다 실재한다. 영 존재들에게 영 세계는 현실이다. 우리에게는 물질 세계가 더 비현실이다. 상급 형태의 영들은 보통 물질을 자유롭게 통과한다. 높은 영들은, 어떤 기본 에너지를 제외하고, 물질인 어떤 것에도 반응하지 않는다. 물질 존재들에게는 영 세계가 다소 비현실이다. 영 존재들에게 물질 세계는 거의 전적으로 비현실이며, 영 실체의 알맹이의 그림자에 불과하다.

나는 순전한 영 시력(視力)을 가지고서, 이 이야기가 번역되고 기록되고 있는 건물을 파악할 수 없다. 어쩌다가 내 옆에 서 있는, 유버르사에서 온 한 신성한 조언자는 순전히 물질인 이 작품을 더군다나 적게 파악한다. 우리에게 시중드는 에너지 변압자들 가운데 하나가 우리의 머리에 제시하는 영 부본(副本)을 봄으로, 우리는 이 물질 구조들이 너희에게 어떻게 보이는가 분별한다. 이 물질적 건물은, 영 존재인 나에게는, 꼭 현실이라고 할 수 없다. 그러나 그것은 물론, 물질적 필사자들에게 대단히 현실이고 대단히 쓸모가 있다.

영 세계와 물질 세계, 이 둘에 있는 생물의 실체를 헤아려 볼 수 있는, 어떤 부류의 존재들이 있다. 이 등급에 속하는 자들은 하보나 일꾼들의 소위 제4 생물, 그리고 화해자들 가운데 제4 생물이다. 육체를 입은 생명으로부터 구원을 받은 뒤에 하늘 가는 필사자들처럼, 시간과 공간의 천사들은 영 존재와 물질 존재들을 모두 헤아려 보는 능력을 받았다. 상급 영 수준에 도달한 뒤에, 승천자들은 물질, 상물질, 영 실체들을 인식할 수 있다.

유버르사에서 온 한 막강한 사자도 여기 내 곁에 있는데, 그는 조절자와 융합하였고, 한때 필사자였던 승천 존재인데, 너희 모습 그대로 너희를 파악하며, 동시에 그는 외톨 사자, 상천사, 그리고 기타 하늘 존재들이 자리에 있는 것을 투시한다. 긴 승천 기간에, 너희는 이전 존재에 있는 너희의 동료들을 알아보는 힘을 결코 잃어버리지 않을 것이다. 언제나, 생명의 눈금에서 안으로 올라감에 따라서, 너희는 예전에 너희의 하급 체험 수준에 있는 동료 존재들을 식별하고 그들과 사귀는 능력을 지닐 것이다. 이전 상태에 있는 너희의 친구와 동료들을 식별하는 능력을 조금도 빼앗지 않고서, 새로운 이동이나 부활 하나하나가 또 다른 집단의 영 존재들을 너희의 시력 범위 안에 더할 것이다.

이 모든 것이, 깃드는 생각 조절자의 행동으로 말미암아, 하늘 가는 필사자들의 체험 속에서 가능하게 된다. 너희 생애 체험 전체의 사본(寫本)을 그들이 간직함으로서, 너희가 한때 가졌던 어떤 참된 속성도 결코 잃어버리지 않는 것이 너희에게 보장된다. 이 조절자들은, 너희의 일부로서, 실제는, 너희로서, 너희와 함께 견딘다.

그러나 하늘 예술가들이 하는 일의 성질을 물질 지성에게 전할 수 있을까 나는 거의 절망에 빠진다. 필사의 지성에게 이 상물질 거래와 영에 가까운 현상의 실체를 펼쳐 보이려는 노력으로, 나는 항상 곡해하는 생각과 왜곡하는 언어의 필요성에 지배를 받는다. 너희의 이해력은 깨우칠 힘이 없고 너희의 언어는 이 준영(準靈) 활동의 의미와 가치와 관계를 전하는 데 부적당하다. 그러한 과제에서 내가 대단히 성공하는 것이 도무지 불가능함을 십분 이해하면서, 이 실체들에 관하여 인간의 지성을 깨우치려고 이 노력을 진행한다.

나는 사람의 물질 행동, 그리고 하늘 예술가들의 다채로운 활동 사이에 서투르게 비교하는 대략을 그리는 시도밖에는 더 할 수 없다. 유란시아 민족들이 예술과 기타 문화의 업적에서 더 진보되어 있다면, 물질 사물로부터 상물질 사물까지 인간의 지성을 밝히는 노력으로 그만큼 더 멀리 나갈 수 있다. 상물질 세계와 영 세계들에서 이 거래들이 실재한다는 사실을 강조하는 것이 내가 성취하기 바랄 수 있는 거의 전부이다.

1. 하늘 음악가

범위가 제한된 필사자의 청력을 가지고, 너희는 상물질계의 멜로디를 도저히 깨달을 수 없다. 파악할 수 없는 규모의 상물질 화음(和音)과 영 화음은 말할 것도 없고, 물질의 범위에서 인간의 청각으로 인식되지 않는 아름다운 소리도 있다. 영 멜로디는 물질적 음파(音波)는 아니지만, 하늘 성격자들의 영이 수신(受信)하는 영 박동이다. 구체들의 멜로디와 관련하여, 실행의 웅대함 뿐 아니라 광대한 범위와 표현하는 혼이 있는데, 이것들은 인간의 이해를 전적으로 뛰어넘는다. 하늘 회로의 영 에너지 위에 그 영역의 멜로디가 굴러 들어오는 동안, 숭고한 희열 속에서 환희에 빠진 수백만의 존재를 나는 보았다. 이 경이로운 멜로디는 한 우주의 가장 먼 구석까지 방송될 수 있다.

하늘 음악가들은 다음 영 물력을 다루어서 하늘의 화음을 만드는 데 몰두한다:

1. 영적 소리—영 흐름의 중지(中止).

2. 영적 빛—상물질계 및 영적 영역에서 빛을 통제하고 집중하는 것.

3. 에너지 충돌—상물질 및 영 에너지를 솜씨 있게 다루어서 생산되는 멜로디.

4. 빛깔 교향곡—상물질계 빛깔의 멜로디. 이것은 하늘 음악가들의 가장 높은 성취에 속한다.

5. 결합된 영들의 화음—다른 계급의 상물질 존재와 영 존재들의 바로 그 배열과 결합은 웅장한 멜로디를 생산한다.

6. 생각의 멜로디—영적 생각을 품는 것은 하보나의 멜로디에서 터져 나올 만큼 아주 완전할 수 있다.

7. 공간의 음악—적절히 조율함으로, 다른 구체들의 멜로디를 우주 방송 회로에서 집어낼 수 있다.

10만 가지가 넘는 다른 모양의 소리와 빛깔과 에너지를 조종하는 방법이 있는데, 이 기법은 사람이 악기(樂器)를 이용하는 것과 비슷하다. 너희의 춤 앙상블은 의심할 여지 없이, 존재를 배치하고 성격자를 배열하는 하늘 화음에 다가가려는 시도, 물질 생물의 서투르고 괴상한 시도를 나타낸다. 다른 다섯 형태의 상물질 멜로디는 물질 육체의 감각 작용에 인식되지 않는다.

화음, 곧 멜로디를 결합하는 일곱 음정에서 생기는 음악은, 영이 통신하는 보편적 규칙이다. 유란시아 필사자들이 이해하는 것과 같은 음악은 체계 서울인 예루셈의 학교에서 최고의 표현에 다다르며, 거기서 반(半)물질 존재들은 소리의 화음에 대해서 가르침을 받는다. 필사자들은 다른 형태의 상물질 멜로디와 하늘 화음에 반응하지 않는다.

유란시아에서는 음악을 물리적, 영적으로 감상한다. 너희 인간 음악가들은, 너희 초기 선조들의 미개하게 단조로운 데서부터 소리를 감상하는 더 높은 수준으로 음악 취미를 높이는 데 크게 이바지하였다. 유란시아 필사자들의 대다수는 물질적 근육으로 대체로 음악에 반응하며, 지성과 영으로 반응하는 일이 너무나 적다. 그러나 3만 5천 년이 넘는 동안에 음악 감상에서 꾸준한 개선이 있어 왔다.

선율이 아름다운 절분음(切分音)은 원시인의 단조로운 음악으로부터 후대 음악가들의 화음, 표현이 풍부한 화음과 의미 있는 멜로디에 이르는 과도기를 대표한다. 이 초기 종류의 리듬은 화음을 감상하는 상급의 지성 능력을 쓰지 않으면서 음악을 좋아하는 감각 반응을 자극하며, 따라서 미숙하거나 영적으로 게으른 개인들에게 더 매력을 느끼게 한다.

유란시아에서 최선의 음악은 너희 음악가들의 하늘 동료들이 듣는 화려한 선율이 휙 지나가는 메아리이며, 그들은 화성학의 음악 멜로디로서 상물질 물력의 이 화음 조각들만 겨우 남겨 놓았다. 영 음악과 상물질 음악은 뜸하지 않게 모두 일곱 형태의 표현과 재생을 이용하며, 따라서 상급 구체들의 이 멜로디를 음악 소리의 단순한 음표로서 축소하려고 어떤 노력을 하더라도, 인간의 지성은 엄청나게 장애를 겪는다. 그러한 노력은 큰 오케스트라의 선율(旋律)을 오직 한 악기를 써서 재생하려고 애쓰는 것과 비슷하겠다.

유란시아에서 너희는 아름다운 멜로디를 얼마큼 모았지만, 사타니아에 있는 많은 이웃 혹성에 가까이 갈 정도로 음악적으로 앞서지는 않았다. 아담과 이브가 살아남기만 했더라면, 너희는 정말로 음악이 있었을 것이다. 그러나 그들의 성품을 많이 차지했던 화음 재질은, 비음악 경향의 핏줄로 말미암아 너무나 묽어졌고, 그래서 1천 필사자 일생에서 겨우 한 번 화성학을 크게 이해한다. 그러나 낙심하지 말지니, 언젠가 유란시아에서 참 음악가가 나타날 수도 있고, 그러면 전체 민족들이 그의 멜로디의 화려한 선율에 넋이 빠질 것이다. 그러한 인간 하나는 한 나라 전체, 아니 한 문명 세계 전체까지도, 그 진로를 영원히 바꿀 수 있다. "멜로디는 온 세상을 바꿀 힘을 가졌다"는 것은 글자 그대로 참말이다. 언제까지나, 음악은 사람과 천사와 영들의 보편적 언어로 남을 것이다. 화음은 하보나의 말이다.

2. 하늘 재생자

필사자들은 하늘 재생자들의 기능에 대해서 빈약하고 뒤틀어진 개념보다 더 나은 것을 도저히 바랄 수 없지만, 너희의 물질적 언어의 괴상하고 제한된 상징을 통해서, 나는 재생자를 설명하려고 애써야 한다. 영 세계와 상물질 세계는 최상의 가치를 가진 수많은 사물이 있는데, 이것들은 재생할 가치가 있지만 유란시아에 알려지지 않은 사물이요, 도저히 "사람의 머리가 생각해 본" 적이 없는 활동 범주에 속하는 체험이요, 육체를 입은 생명에서 살아남는 자들을 위해서 하나님이 대기시키는 실체들이다.

하늘 재생자에는 일곱 무리가 있는데, 다음 분류에 따라서 그들이 하는 일을 설명해 보겠다:

1. 가수(歌手)—지난날의 특정한 화음을 되풀이하고 오늘의 멜로디를 풀이하는 화음가. 그러나 이 모든 것이 상물질 수준에서 이루어진다.

2. 색 작업자—너희가 스케치하는 사람 또는 화가(畵家)라고 부를까 싶은, 빛과 그림자를 다루는 예술가. 앞날의 상물질계 즐거움을 위하여, 지나가는 장면과 일시적 사건들을 보존하는 예술가.

3. 빛으로 그림을 만드는 자—참된 준영(準靈) 현상의 보존품을 만드는 자들. 영화(映畵)는 이것의 아주 서투른 예이다.

4. 역사물 연출가—우주 기록과 역사에서 결정적 사건들을 연극으로 재현하는 자.

5. 예언 예술가—역사의 의미를 앞날로 투영하는 자들.

6. 일생 이야기꾼—생활 체험의 의미와 중요성을 영속하게 하는 자. 오늘의 개인 체험을 미래에 달성하는 가치로 투영하는 것.

7. 행정 연극자—통치하는 철학과 행정 기법의 중요성을 그리는 자들, 통치권을 표현하는 하늘 극작가.

하늘 재생자들은 아주 흔히, 효과적으로, 기억의 재현을 어떤 형태의 지성 휴식 및 성격의 기분 전환과 통합하는 과제에 복귀 지도자들과 공동으로 일한다. 상물질계 집회와 영 집회 앞에서 이 재생자들은 때때로 그러한 모임의 목적을 대표하는, 엄청나게 극적인 광경 속에 협조한다. 최근에 나는 1백만 명이 넘는 배우들이 1천 장면의 연속을 출연한 그러한 엄청난 발표를 구경하였다.

총명한 상급 선생과 과도기 봉사자들은, 그들의 상물질계 교육 활동이 있을 때, 자유롭고 효과있게, 이 여러 무리의 재생자들을 이용한다. 그러나 노력을 모두 일시적 예를 보여 주는 데 바치지는 않는다. 그들이 하는 일에서 허다한 분량은 영구한 성질을 가졌고, 모든 미래 시대에 유물로서 언제까지나 남을 것이다. 이 예술가들은 너무 다능해서, 떼를 지어 활동할 때, 한 시대를 재연(再演)할 수 있고, 천사 봉사자들과 손잡고 시간 속에서 사는 필사 예언자들에게 영 세계의 영원한 가치를 실제로 묘사할 수 있다.

3. 신성한 건축자

"하나님이 건축하고 만드신" 도시들이 있다. 영적 해당물의 경우에 우리는 너희 필사자들에게 낯익은 모든 것, 그리고 말할 수 없이 더 많은 것을 가지고 있다. 우리는 집이 있고, 영적 위로와 상물질계의 필수품을 가지고 있다. 인간이 즐길 수 있는 온갖 물질적 만족 대신에, 우리의 존재를 부유하게 하고 크게 만드는 데 쓰이

는 수천 가지 영적 실체들을 우리는 가지고 있다. 신성한 건축자들은 다음의 일곱 집단에서 활동한다:

1. 집 설계자와 건축자—개인 및 작업 집단에 배정된 거처들을 짓고 개축하는 자들. 이 상물질 주거와 영 주거들은 실재한다. 이 집들은 너희의 단거리 시력에 보이지 않겠지만, 우리에게는 아주 현실적이고 아름답다. 어느 정도까지, 모든 영 존재는 그들의 상물질 또는 영 거처를 계획하고 창조하는 어떤 세부를 건축자들과 교환해도 좋다. 이 집들은 거기에 거주할 상물질 생물이나 영 생물의 필요에 따라서 맞춰지고 꾸며진다. 이 모든 건축물에서 개인적 표현을 하기에 풍부한 변화와 넉넉한 기회가 있다.

2. 직업 건축자—영 및 상물질 영역의 정규 노동자와 일상적 노동자들의 주거를 설계하고 조립하는 데 활동하는 자들. 이 건축자들은 유란시아의 작업장 및 기타 산업 공장을 짓는 자들과 견줄 수 있다. 과도기 세계들은 상호 봉사와 특화된 노동의 분업으로 이루어진, 필요한 경제가 있다. 우리 모두가 온갖 일을 하지는 않는다. 상물질 존재와 진화하는 영들 사이에는 기능의 다양성이 있고, 이 직업 건축자들은 개선된 작업장을 지을 뿐 아니라, 노동자의 직업 향상에도 이바지한다.

3. 놀이 건축자—쉬는 철에는 거대한 건축물이 이용되는데, 이 휴식을 필사자들은 오락이라, 그리고 어떤 의미에서는 놀이라고 부를 것이다. 복귀 지도자들에게 적당한 무대를 위한 시설이 만들어지며, 그들은 상물질 세계의 익살꾼이다. 그 과도기 구체들에는 최근에 진화 혹성들로부터 옮겨진 하늘 가는 존재들의 훈련이 행해진다. 상급 영들조차 영적으로 다시 충전(充電)하는 기간에 지난날을 돌이켜보게 하는 어떤 형태의 유머에 빠진다.

4. 예배 건축자—영 성전과 상물질계 성전을 짓는 노련한 건축가들. 필사자가 올라가는 세계들은 모두 예배하는 성전이 있고, 이 건물들은 상물질 영역과 영 구체들에서 가장 아름다운 작품이다.

5. 교육 건축자—상물질계의 훈련 및 상급의 영적 배움의 본부를 짓는 자들. 언제나 더 많은 지식을 얻고, 보편적 문화 지식 뿐 아니라, 한 개인의 현재와 미래 작업에 관하여 추가 정보를 얻도록 길이 열려 있으며, 이러한 정보는 하늘 가는 필사자들을 상물질 세계와 영 세계에서 더욱 총명하고 유능한 시민으로 만들도록 고안되어 있다.

6. 상물질 계획자—모든 영역에 있는 온갖 성격자가 어느 한 구체에서, 어느 시점에라도 있는 그대로, 그들이 동등하게 교제하도록 건축하는 자들. 이 계획자들은 진보하는 상물질계 생활의 조정을 강화하기 위하여, 상물질 동력 감독자들과 공동으로 일한다.

7. 공공 건축자—예배 장소가 아닌 지정된 집회 장소를 계획하고 건축하는 예술가들. 공공(公共) 집회가 있는 장소들은 크고 웅장하다.

이 여러 구조물이나 그 치장도 물질 필사자들의 감각에는 엄밀하게 말해서 현실이 아니겠지만, 이것들은 우리에게 아주 현실이다. 너희가 육체를 입고 거기에 있을 수 있다 하더라도, 너희는 이 여러 성전을 볼 수 없겠다. 그런데도 이 초물질 창조들은 다 실제로 거기에 있으며, 우리는 뚜렷하게 알아보고, 마찬가지로 충분히 즐긴다.

4. 생각 기록자

이 예술가들은 그 영역의 우수한 생각을 보존하고 재생하는 데 헌신하며, 그들은 일곱 집단으로 활동한다:

1. 생각 보존자. 이들은 그 영역의 상급 생각을 간직하는 데 헌신하는 예술가이다. 상물질 세계에서 그들은 참으로 정신 작용의 보석(寶石)을 값지게 여긴다. 유란시아로 처음 오기 전에, 나는 이 혹성의 어떤 위대한 지성들의 관념 작용의 기록을 보고 그 방송을 들었다. 생각 기록자들은 유란시아 언어에서 그러한 고귀한 관념을 간직한다.

각 초우주는 자체의 언어, 거기 있는 성격자들이 쓰는 언어가 있는데, 그 구역들 전체에 걸쳐서 통용된다. 우리 초우주에서 이것은 유버르사어라고 알려져 있다. 각 지역 우주도 그 자체의 언어가 있다. 네바돈의 고등 계급들은 모두 2중 언어를 하며, 네바돈 언어와 유버르사어를 쓴다. 다른 지역 우주에서 온 두 개인이 만날 때, 그들은 유버르사어로 교통한다. 그러나 그 가운데 하나가 다른 초우주에서 왔으면, 그들은 한 통역자에 의존해야 한다. 중앙 우주에서는 언어의 필요가 거의 없으며, 완전하고 거의 완벽한 이해가 존재한다. 거기서는 오로지 신들만 완전히 이해되지 않는다. 파라다이스에서 어쩌다가 만나는 것은, 1천 년 동안 필사자의 언어로 교통할 수 있는 것보다 더 서로 이해하는 것을 드러낸다고 우리는 가르침을 받아 왔다. 구원자별에서도 우리가 아는 것은 "우리가 알려진 그대로이다."

상물질 구체와 영 구체들에서 생각을 말로 옮기는 능력은 사람의 상상을 초월한다. 우리가 생각을 영구한 기록으로 줄이는 비율을 전문 기록자들이 아주 가속할 수 있기 때문에, 50만 단어나 생각 부호가 넘는 양에 해당하는 것이 유란시아 시간으로 1분에 등록될 수 있다. 이 유버르사 우주 언어는 진화하는 세계들의 말보다 훨씬 더 충만하다. 유버르사의 개념 부호는 10억이 넘는 글자를 포함한다. 하지만 기본 알파벳은 겨우 70개 부호를 포함한다. 네바돈의 언어는 그렇게 정교하지 않으며, 기본 부호, 곧 알파벳의 글자 수는 48이다.

2. 개념 기록자. 이 둘째 무리의 기록자들은 개념의 그림, 곧 관념 형태를 보존하는 데 관심을 가진다. 이것은 물질 영역에서 알려지지 않은, 영구한 기록 형태이며, 보통 기록된 언어를 1백 년 동안 정독해서 너희가 얻을 수 있는 것보다 더 많은 지식을 이 방법으로, 너희 시간으로 1시간 안에 얻을 수 있다.

3. 표의 문자 기록자. 우리는 너희의 글말과 입말, 이 두 가지에 해당하는 것이 있지만, 생각을 보존할 때 우리는 보통, 개념을 그림으로 만들기와 표의(表意) 기술을 이용한다. 표의 문자를 보존하는 자들은 개념 기록자의 작업을 1천 배나 향상할 수 있다.

4. 웅변 추진자. 이 집단의 기록자들은 웅변을 통한 재생을 위하여 생각을 보존하는 작업에 몰두한다. 그러나 네바돈 언어에서, 반시간의 연설로, 한 유란시아 사람의 일생의 주제를 다룰 수 있다. 이 거래를 이해하는 유일한 희망은 잠시 멈춰서, 너희의 어지럽고 뒤죽박죽인 꿈 속 인생의 기술을—어떻게 몇 초 동안에 이 밤의 환상 속에서 몇 년 동안의 체험을 네가 지나갈 수 있는가—생각해 보는 데 있다.

영 세계의 웅변은 유란시아의 서툴고 더듬는 웅변만 들어 온 너희를 기다리는 보기 드문 대접의 하나이다. 구원자별과 에덴시아의 웅변에는, 말할 수 없이 영감을 불러일으키는, 음악의 화음과 좋은 소리의 표현이 있다. 이 타오르는 개념들은 영광스러운 왕관에 박힌 아름다운 보석과 같다. 그러나 나는 차마 못하겠다! 다른 세계에 있는 이 실체들의 넓이와 깊이를 인간의 머리에 전할 수 없다!

5. 방송 지도자. 파라다이스와 초우주와 지역 우주의 방송은 이 생각 보존자 집단의 일반 감독을 받고 있다. 그들은 방송 물질의 조정자 뿐 아니라 검열자와 편집자로서 일하며, 파라다이스의 모든 방송을 초우주에 맞게 적응하고, 옛적부터 늘 계신 이들의 방송을 지역 우주의 개별 언어로 적응하고 번역한다.

지역 우주의 방송도 또한 체계 및 개별 혹성들이 수신하기 위해서 고쳐야 한다. 이 공간 보고서의 전송(傳送)은 면밀하게 감독을 받으며, 주어진 회로 안에 있는 모든 세계에서 모든 보고서가 적절히 수신되는 것을 보장하기 위하여 언제나 역(逆) 등록이 있다. 이 방송 지도자들은 모든 목적의 정보 통신을 위하여 공간의 전류를 이용하는 데 기술적으로 숙련되어 있다.

6. 리듬 기록자. 유란시아 사람들은 의심할 바 없이, 이 예술가들을 시인(詩人)이라 부르겠다. 하지만 그들이 하는 일은, 너희의 시 작품과 아주 다르며, 그것을 거의 무한히 초월한다. 리듬은 상물질 존재와 영 존재들에게 피곤을 덜어 주며, 그래서 리듬 형태로 수많은 활동을 수행함으로, 즐거움을 높일 뿐 아니라 효율을 늘이려고 흔히 노력을 기울인다. 에덴시아 집회의 시(詩) 방송을 얼마큼 너희가 듣고서, 별자리 천재들이 만든 색깔과 음조의 그윽함을 누릴 특권을 너희가 가질까 나는 바랄 뿐이고, 그들은 이 아름다운 형태로 자아를 표현하고 사회를 조화시키는 데 대가이다.

7. 상물질계 기록자. 여러 집합의 상물질 사무와 영적 거래를 총합한 그림을 보존하는 일에 배치된, 중요한 이 생각 기록자 집단의 기능을 물질 지성에게 어찌 묘사할까 몰라서 나는 안타깝다. 어설프게 설명하자면, 그들은 과도기 세계들에서 집단 사진사(寫眞師)이다. 그들은 이 진보하는 시대의 결정적 장면과 관계를 앞날을 위하여 저장하며, 상물질 기록실의 보관소에 간직한다.

5. 에너지 조종자

흥미 있고 효과적인 이 예술가들은 모든 종류의 물리·정신·영적 에너지에 관심을 가진다:

1. 물리 에너지 조종자. 물리 에너지 조종자들은 동력 지휘자들과 함께 오랫동안 근무하며, 많은 단계의 물리 에너지를 주무르고 통제하는 데 전문가이다. 그들은 초우주의 3가지 기본 전류와 30가지 종속 에너지를 분리하는 데 정통하다. 이 존재들은 과도기 세계의 상물질 동력 감독자들에게 측량할 수 없이 귀중한 도움을 준다. 그들은 파라다이스의 우주 투영을 꾸준히 연구한다.

2. 지성 에너지 조종자. 이들은 상물질 종류와 기타 종류의 지성 존재들 사이에 상호 통신을 맡는 전문가이다. 필사자들 사이에서 이 형태의 교통은 유란시아에서 실용적으로 존재하지 않는다. 이들은 하늘 가는 상물질계 존재들이 서로 교통하는

능력을 권장하는 전문가이며, 그들이 하는 일은 물질 지성에게 묘사하는 나의 능력을 훨씬 뛰어넘는 지적 연락 속에서 생기는 수많은 독특한 모험을 포함한다. 이 예술가들은 무한한 영의 지성 회로에서 명석한 학생이다.

3. 영 에너지 조종자. 영 에너지를 조종하는 자들은 흥미를 자아내는 집단이다. 영 에너지는, 물리 에너지와 마찬가지로, 확정된 법칙에 따라서 행동한다. 다시 말해서, 영적 물력은, 그것이 연구되었을 때 믿을 만한 추론을 낳고, 물리 에너지처럼 정밀하게 다룰 수 있다. 물질 영역에서 지배하는 것처럼, 영 세계에는 똑같이 확실하고 믿을 만한 법칙이 있다. 여러 우주에 두루 상물질 및 기타 계급의 하늘 존재들에게 적용되는 바와 같이, 영 에너지를 다스리는, 영원한 아들의 근본 법칙을 연구하는 이 학자들이 요즈음 몇백만 년 동안에, 영 에너지를 흡수하기 위하여 많은 개량된 기법을 이용해 왔다.

4. 복합 조종자. 이들은 잘 훈련받은 모험심이 있는 무리의 존재이며, 물리·정신·영 에너지로서, 우주들에 두루 나타나는 처음 3단계의 신의 에너지를 기능적으로 결합하는 데 헌신한다. 이들은 실제로, 최상위 하나님이 우주에 계심을 발견하려고 애쓰는 날카로운 성격자이니, 이 신 성격 안에서 모든 대우주 신성(神性)의 체험적 통일이 일어나야 하기 때문이다. 어느 범위까지, 이 예술가들은 최근에 얼마큼 성공을 거두었다.

5. 수송 고문. 수송 세라핌들에게 기술 고문인 이 무리는 노선을 찾는 과제에서 별 학자들과 공동으로 일하는 데, 그리고 그밖에 공간 세계에서 수송 우두머리들을 돕는 데 가장 숙달되어 있다. 그들은 구체들의 교통을 감독하는 자이며, 사람이 사는 모든 세계에 있다. 유란시아는 70명으로 이루어진 교통 고문 군단의 보살핌을 받는다.

6. 통신 전문가. 유란시아는 마찬가지로 혹성간 및 우주간 통신을 맡는 기술자 12명의 보살핌을 받는다. 오랜 경험을 가진 이 존재들은 그 영역의 통신에 적용되는 송신 및 간섭 법칙에 관한 지식을 훤히 알고 있다. 이 군단은 인력 사자와 외톨 사자의 것을 제외한 모든 형태의 공간 소식에 관여한다. 유란시아에서 그들이 하는 일의 상당한 부분은 천사장 회로에서 성취해야 한다.

7. 휴식의 선생. 신성한 휴식은 영적 에너지를 흡수하는 기술과 관련된다. 상물질 에너지와 영 에너지는 물리 에너지처럼 확실하게 다시 채워야 하지만, 똑같은 이유로 그렇지는 않다. 무리해서, 너희를 깨우쳐 주려는 시도로 나는 서툰 예를 쓰지 않을 수 없다. 그런데도, 영 세계 출신인 우리는 정기적으로 우리의 정상 활동을 멈추고 적당한 약속 장소로 가야 하며, 거기서 우리는 신성한 휴식에 들어가서 이처럼 우리의 없어지는 에너지를 회복한다.

너희가 상물질 존재가 되고 영 사무의 기법을 비로소 체험하고 나서 저택 세계들에 이르렀을 때, 너희는 이 문제에서 첫 가르침을 받을 것이다. 너희는 하보나에서 가장 안쪽 궤도를 알며, 공간 순례자들이 앞서 말한 궤도들을 거치고 난 뒤에, 그들이 길고도 다시 활력을 불어넣어 주는 파라다이스 휴식으로 안내를 받아야 한다는 것을 안다. 이것은 시간의 생애로부터 영원의 봉사까지 이동하는 데 기술적 요구일 뿐 아니라 또한 필수품이며, 하늘 가는 체험의 마지막 걸음에 따르는 에너지 소모를 다시 채우기 위해서, 그리고 다음 단계의 끝없는 생애를 위하여, 영적 힘의 여분을 저장하는 데 필요한 한 가지 형태의 휴식이다.

이 에너지 조종자들은 또한 목록을 작성하기에 너무 많도록, 몇백 가지 다른 방법으로 활동하는데, 예를 들면, 가장 효율적 에너지 흡수 방식에 관하여, 그리고 능동적 케루빔과 수동적 사노빔 사이에 분산되는 물력의 가장 유리한 균형을 유지하는 데 대하여, 세라핌·케루빔·사노빔과 상담한다. 다른 여러 방법으로, 이 전문가들은 신성한 휴식을 이해하려는 노력으로 상물질 생물과 영 생물에게 도움을 주며, 이 휴식은 공간의 기본 에너지를 효과 있게 이용하는 데 아주 꼭 필요하다.

6. 설계자와 치장자

이 독특한 예술가들의 아름다운 작업을 어떻게 그릴 방법을 알았으면 하고 얼마나 내가 바라는지! 내 편에서 영(靈)으로 치장하는 일을 설명하려는 모든 시도가 물질 지성에게는, 너희의 지성 및 물질 세계에서 이런 일을 하려는 노력, 딱하지만 가치 있는 너희 자신의 노력을 생각나게 할 것이다.

1천이 넘는 하위 부문의 활동을 포함하지만, 이 군단은 다음 일곱 주요 항목 아래에 모을 수 있다:

1. <u>색 기술자</u>. 이들은 영을 반영하는 1만 가지 빛깔로 하여금 조화된 아름다움을 나타내는 그 아름다운 메시지가 울려나오게 하는 자들이다. 빛깔을 인식하는 것 밖에는 인간의 체험에서 이 활동과 비교될까 싶은 것이 하나도 없다.

2. <u>소리 설계자</u>. 너희가 소리라 부를 것을 설계하는 자들이 다양한 신분과 상물질계 이해를 나타내는 영 파장을 묘사한다. 이 충동은 정말로, 하늘 무리들의 꾸밈없고 영화로운 영혼을 훌륭하게 반영하는 것이다.

3. <u>감정 설계자</u>. 느낌을 높이고 보존하는 이 설계자들은 시간 속에 사는 아이들의 연구와 교화를 위하여, 상물질계 진보자와 승진하는 영들의 영감과 미화를 위하여, 상물질계 정서(情緖)와 신의 감정을 보존하는 자들이다.

4. <u>냄새 예술가</u>. 더할 나위 없는 영 활동을, 육체로 화학적 냄새를 맡는 것과 이렇게 견주다니 정말로 유감이다. 그러나 유란시아 필사자들은 이 봉사를 어떤 다른 이름으로는 도저히 인식할 수 없다. 이 예술가들은 승진하는 빛의 아이들의 교화와 기쁨을 위하여 그들의 다채로운 교향곡을 짓는다. 너희는 땅에서 이 부류의 영적 웅장함을 멀리서라도 견줄 수 있는 것이 하나도 없다.

5. <u>풍채 치장자</u>. 이 예술가들은 자기를 치장하는 예술이나 생물을 미화시키는 기술에 몰두하지 않는다. 그들은 이 다양한 존재들의 복합 앙상블에서 다른 상물질 및 영 계급들에게 배정된 위치의 가치를 통하여 관계의 중요성을 연극화함으로, 개별 상물질 및 영 생물한테서 벅적거리고 즐거운 반응을 일으키는 데 전념한다. 너희가 살아 있는 선율·냄새·광경을 정돈하는 것처럼, 이 예술가들은 초물질 존재들을 정돈하며, 그리고 나서 그들을 영광스러운 축가로 섞어 버린다.

6. <u>취향 고안자</u>. 이 예술가들에 대하여 어떻게 너희에게 일러 줄 수 있을까! 그들이 상물질 취향을 개선하는 자이며, 또한 생성되는 영 감각을 날카롭게 함으로 아름다움을 감상하는 능력을 높이려고 애쓴다고 넌지시 비칠까 한다.

7. 상물질계 합성자. 이들은 숙련된 공예가이며, 남들이 모두 각자 공헌한 뒤에 상물질 앙상블에 절정에 이르는 끝손질을 하며, 이처럼 신성하게 아름다운 것을 보는 자에게 격려가 되도록 묘사하는 일을 해낸다. 그러나 상물질 및 영 세계들의 예술적 영광과 미학적 아름다움을 너희가 미처 이해하기 전에, 너희는 동물의 몸에서 구원되기를 기다려야 한다.

7. 조화 작업자

혹시 너희가 그렇게 추측할까 싶지만, 이 예술가들은 음악이나 그림이나, 그와 비슷한 어떤 것에도 아랑곳하지 않는다. 영 세계에 존재하지만 필사자들이 인식하지 못하는, 특화된 물력과 에너지를 주무르고 조직하는 데 그들은 전념한다. 내가 비교하기 위하여 조금이라도 가능한 근거를 가졌다면, 이 독특한 분야에서 영이 성취하는 것을 묘사하려고 애써 보고 싶지만, 나는 절망에 빠진다—이 분야의 하늘 예술을 필사 지성에게 전할 희망이 없다. 그런데도 설명할 수 없는 그것을 여전히 암시할까 한다:

아름다움·리듬·조화는 지적으로 결합되어 있고 정신 면에서 비슷하다. 진리·사실·관계는 지적으로 뗄 수 없고, 이것들은 아름다움에 대한 철학 개념과 관련되어 있다. 선·올바름·정의는 철학 면에 서로 관련되어 있고, 살아 있는 진리와 신성한 아름다움과 정신 면에서 함께 묶여 있다.

참된 철학의 우주 개념이나, 하늘 예술의 묘사나, 또는 신성한 아름다움을 인간이 깨닫는 것을 묘사하려는 필사자의 시도는, 시도된 그러한 생물의 진보가 통일되지 않는다면, 결코 참으로 마음에 흐뭇할 수 없다. 진화하는 생물 안에 있는 이 신다운 욕구의 표현은 지성 면에서 참되고, 감정 면에서 아름답고, 정신적으로 선할지 모른다. 그러나 진리의 이 실체들, 아름다움의 의미, 그리고 선의 가치가 예술가나 과학자나 철학자의 생활 체험에서 통일되지 않으면, 표현의 참된 넋이 빠진 것이다.

이 신성한 품질은 하나님 안에서 완전하게, 절대로 통일되어 있다. 그리고 하나님을 아는 모든 사람이나 천사는, 결코 그침 없이 하나님답게 되는 기술을 이용하여—진화적 체험에서 영원한 진리, 보편적 아름다움, 신다운 선함을 체험으로 섞어서—통일된 자아를 실현하는 항상 전진하는 수준에서, 한없이 자아를 표현하는 가능성을 가진다.

8. 필사자의 소망과 상물질계의 성취

하늘 예술가들은 유란시아와 같은 물질 혹성에서 몸소 일하지 않지만, 때때로 체계의 본부로부터, 필사 민족들 가운데 천성으로 재능이 있는 사람들에게 도움을 제공하려고 온다. 이처럼 배치되었을 때, 이 예술가들은 진보를 맡는 혹성 천사들의 감독 밑에서 일시 일한다. 선천적 자질을 소유하고, 또한 특별한 이전의 체험을 가진 조절자를 소유하는 필사 예술가들을 도우려고 애쓰면서, 천사 무리들은 이 예술가들과 협동한다.

인간의 특별한 능력은 세 가지 가능한 근원이 있다: 밑바닥에는 타고나거나 선천적인 적성(**適性**)이 반드시 존재한다. 특별한 능력은 결코 신들이 멋대로 주는 선물이 아니다. 뛰어난 재능에는 모두 반드시 조상의 기초가 있다. 이 자연 능력에 보태서, 아니 차라리 그것을 보조해서, 생각 조절자의 이끄심이 공헌할 수도 있다. 그러한 개인들 안에 깃드는 조절자는 다른 세계들에서, 다른 필사 인간들 안에서, 그러한 직업을 따라서 실제로 진정한 체험을 가졌을지도 모른다. 인간의 지성과 안에 깃드는 조절자가 모두 특별히 솜씨 있을 경우에, 이 재능을 조화시키는 자로서 행동하려고, 그리고 늘 완전하게 되는 이상을 추구하며, 그 영역의 교화를 위하여 그들의 묘사를 향상하려고 애쓰도록 이 필사자들을 돕고 북돋아 주기 위해서, 영 예술가들이 파견될 수도 있다.

영 예술가들의 등급에는 카스트가 없다. 너의 기원이 아무리 낮더라도, 네가 표현하는 능력과 재능이 있으면, 상물질 체험과 영적 달성의 눈금에서 올라감에 따라서, 너는 적절한 인정을 받고 마땅하게 이해될 것이다. 상물질 생애가 완전히 갚아주고 전적으로 지워 버리지 못할 만큼, 인간이 유전(遺傳)으로 장애를 받거나 필사자의 환경이 결핍될 수는 없다. 예술적 성취, 그리고 표현이 풍부한 자아 실현으로 생기는 그러한 만족은 다 점진적으로 진급하면서 너 자신이 몸소 노력함으로 이루어질 것이다. 마침내, 진화적 평범의 포부가 이루어질지 모른다. 신들은 시간의 아이들에게 내키는 대로 재능과 능력을 주지 않지만, 그들의 모든 고귀한 소망을 만족시키고, 훌륭한 자아 표현을 하고 싶은 인간의 모든 갈망을 채우도록 마련한다.

그러나 모든 인간은 기억해야 한다: 육체를 입은 필사자들을 애타게 만드는, 뛰어나고 싶은 많은 욕구는, 상물질 생애와 영 생애에서 바로 이 필사자들에게 남아 있지 않을 것이다. 하늘 가는 상물질자들은 예전에 가졌던 순전히 이기적 소망과 이기주의의 포부를 사회화하기를 배운다. 그런데도 땅에서 너희가 아주 열심히 하고 싶어했지만 주위 환경이 끈질기게 너희에게 허락하지 않은 그러한 것들을, 상물질 생애에서 참된 상지혜(上知慧)의 통찰력을 얻은 뒤에, 만약에 너희가 아직도 바라면, 오래 간직했던 소망을 넉넉히 채울 모든 기회가 너희에게 아주 확실하게 허락될 것이다.

하늘 가는 필사자들이 영 생애를 개시하려고 지역 우주를 떠나기 전에, 그들의 필사 수준이나 상물질 수준 존재의 특징을 나타냈던 모든 지적·예술적·사회적 소망이나 참된 포부에 관하여 그들의 가슴이 채워질 것이다. 이것은 자아 표현과 자아 실현의 만족을 평등하게 성취한 것이지, 솜씨와 기술과 표현 면에 동일한 체험적 지위에 이르는 것이 아니요, 특징을 나타내는 개성을 완전히 말소하는 것도 아니다. 그러나 너희가 하보나 생애의 마지막 궤도를 마칠 때까지, 개인의 체험적 달성에서 새로운 영적 차별은 이처럼 고르게 되지 않을 것이다. 그 때 파라다이스 거주자들은 개인적 체험의 초한(超限) 차이에 적응할 필요성과 마주치게 되며, 그 차이는 오로지 피조물 지위의 궁극—필사 최후자들의 제7 단계 영 운명—을 집단으로 달성해야만 평준화될 수 있다.

이것이 하늘 예술가들, 파라다이스 창조자들의 신성한 아름다움을 예술적으로 묘사함으로, 건축 구체들을 영화롭게 하기 위하여 아주 크게 수고하는 아름다운 작업자들의 세계주의적 단체에 관한 이야기이다.

[네바돈의 한 천사장이 작성하였다.]

제 45 편

지역 체계의 행정

사타니아의 행정 중심은 57개의 건축 구체 집단으로 이루어져 있는데, 이는 예루셈 자체와 일곱 주요 위성과 49 종속 위성이다. 체계 서울인 예루셈은 유란시아 크기의 거의 1백 배가 되지만, 그 인력은 조금 적다. 예루셈의 주요 위성들은 일곱 과도기 세계이며, 이들은 각자 유란시아의 약 10배만큼 크다. 한편 이 과도기 구체들의 일곱 종속 위성은 거의 유란시아 크기 만하다.

일곱 저택 세계는 과도기 세계 1번의 일곱 종속 위성이다.

57 건축 세계로 이루어진 이 체계 전부는 특별하게 창조된 이 구체들을 물리적으로 조직하고 배열하는 확정된 기법에 따라서, 사타니아 동력 중심과 물리 주통제자들이 조정함으로 따로 조명을 받고, 따듯하게 되고, 물과 에너지의 공급을 받는다. 이 구체들은 또한 물리적으로 보살핌을 받으며, 그밖에 토착인 씨앗 일꾼이 이 구체(球體)들을 유지한다.

1. 과도기 문화 세계

예루셈 둘레를 도는 일곱 주요 세계는 대체로 과도기 문화 구체로 알려져 있다. 그 통치자들은 때때로 예루셈 최고 집행 회의에서 임명받는다. 이 구체들은 다음과 같이 번호와 이름이 주어진다:

1번. 최후자 세계. 이것은 지역 체계의 최후자 군단의 본부이며, 필사자 승천 계획에 아주 완전히 바쳐진 접대 세계들, 곧 일곱 저택 세계에 둘러싸여 있다. 모두 일곱 저택 세계의 거주자들이 최후자 세계에 접근할 수 있다. 이 순례 여행에서 수송 세라핌들은 하늘 가는 성격자들을 왔다갔다 나르며, 이 여행은 과도기 필사자들이 궁극의 운명에 관한 믿음을 키우도록 설계되어 있다. 최후자들 및 그들의 구조물은 보통 상물질계 시력에 잡힐 수 없지만, 이따금, 에너지 변압자와 상물질 동력 감독자들이 순간적으로 너희로 하여금 이 높은 영 성격자들을 얼핏 보게 만들 때, 너희는 흥분하고도 남을 것이다. 그들은 파라다이스로 올라가는 일을 실제로 마쳤고, 너희가 엄청난 사업을 마쳐도 좋고 또 그렇게 할 수 있다는 것을 보장하는 서약으로서, 너희가 이 긴 여행을 시작하는 바로 그 세계들로 돌아 온 자들이다. 저택 세계의 모든 체류자는 최후자를 눈에 보이게 만드는 이 집회를 위하여, 적어도 1년에 한 번씩 최후자 구체로 간다.

2번. 상물질 세계. 이 혹성은 상물질 생명을 감독하는 자들의 본부이고, 일곱 구체에 둘러싸여 있는데, 거기에는 상물질계 우두머리들이 동료와 조수들, 곧 상물질 존재와 하늘 가는 필사자들을 모두 훈련시킨다.

일곱 저택 세계를 지나가면서, 너희는 또한 상물질 접촉이 늘어나는 이 문화 및 사회 구체들을 통해서 나아갈 것이다. 첫째 저택 세계에서 둘째로 진급할 때, 너희는 과도기 본부 2번, 곧 상물질 세계까지, 방문 허가를 받을 자격을 얻을 것이며, 이런 식으로 계속된다. 이 여섯 문화 구체에서 어느 한 곳에 있더라도, 너희는 초청을 받고 나서, 관련된 집단 활동이 있는 둘러싼 일곱 세계의 어디서도 방문자와 관찰자가 되어도 좋다.

3번. 천사 세계. 이것은 체계의 활동에 종사하는 모든 천사 무리의 본부이며, 천사의 훈련과 교육을 맡는 일곱 세계에 둘러싸여 있다. 이 세계들은 천사의 사회 구체이다.

4번. 초월 천사 세계. 이 구체는 찬란한 저녁별들의 사타니아 집이며, 동등한 존재 및 거의 동등한 존재들이 모이는 넓은 광장이다. 이 세계의 일곱 위성은 이름 없는 이 하늘 존재들의 일곱 주요 집단에 배정되어 있다.

5번. 아들들의 세계. 이 혹성은 생물이 삼자 일체 체험으로 낳은 아들들을 포함하여, 모든 계급의 신다운 아들들의 본부이다. 둘러싸는 일곱 세계는 신성하게 관계된 이 아들들의 어떤 개별 집단에 전념한다.

6번. 영의 세계. 이 구체는 무한한 영의 높은 성격자들이 체계에서 회합하는 장소로서 쓰인다. 둘러싼 일곱 위성은 이 다채로운 계급의 개별 집단에 배정되어 있다. 그러나 과도기 세계 6번에는 영의 대표가 없고, 그러한 계심이 체계 서울에서 관찰되어야 하는 것도 아니다. 구원자별의 신성한 봉사자는 네바돈에서 어디에나 있다.

7번. 아버지의 세계. 이것은 체계에서 고요한 구체이다. 어떤 집단의 존재들도 거기에 거주하지 않는다. 큰 빛의 성전이 중심지를 차지하지만, 그 안에는 아무 존재도 식별되지 않는다. 모든 체계 세계에 있는 모든 존재가 다 예배자로서 환영받는다.

아버지의 세계를 둘러싸는 일곱 위성은 다른 체계들에서 여러 가지로 이용된다. 사타니아에서, 이 위성들은 이제 루시퍼 반란에서 감금된 무리들을 위해서 구금하는 구체로서 쓰인다. 별자리의 서울 에덴시아는 이와 비슷한 감옥 세계들이 하나도 없다. 사타니아 반란에서 반란군에 가담한 소수의 세라핌과 케루빔은 예루셈의 격리된 이 세계들에 갇힌 지 오래다.

일곱째 저택 세계에 머무르는 자로서, 너는 일곱째 과도기 세계, 곧 우주의 아버지의 구체에 접근할 수 있고, 또한 이 혹성을 둘러싸는 사타니아 감옥 세계들을 방문하는 것이 허락된다. 여기에는 루시퍼를 비롯하여, 미가엘에 맞서서 그를 따랐던 성격자들의 대다수가 이제 갇혀 있다. 이 딱한 광경이 이 최근 시대에 관찰될 수 있었는데, 이것은 루시퍼를 비롯하여 그의 타락한 동료들의 죄를 옛적부터 늘 계신 이들이 재판할 때까지, 네바돈 전체에게 줄곧 엄중한 경고가 되겠다. 그들은 그 우주의 아버지, 미가엘이 내민 구원을 거절하였다.

2. 체계 군주

사람 사는 세계들의 한 지역 체계에서 최고 집행자는 체계 군주인 1차 라노난덱 아들이다. 우리 지역 우주에서 이 군주들에게 큰 집행 책임, 특별한 개인 특권이 맡겨진다. 오르본톤에서도, 체계 사무의 지도에서 체계 군주들이 그렇게 특별하게 넓은 개인 재량권의 행사가 허락되도록 모든 우주가 조직되지는 않는다. 그러나 네바돈 역사 전체에서 구속받지 않는 이 집행자들은 오직 세 번 불충함을 나타냈다. 사타니아 체계에서 생긴 루시퍼 반란은 그 가운데 마지막이며 가장 널리 퍼진 것이었다.

사타니아에서는 이 비참한 동란이 있은 뒤에도, 체계 행정 기법에서 절대로 아무 변화가 없었다. 지금 별자리 아버지들의 감독 밑에 있고 옛적부터 늘 계신 이들이 루시퍼의 후임자 라나포지에게 아직 완전히 회복해 주지 않은 어떤 문제들을 제쳐 놓고, 현재 체계 군주는 자격 없는 전임자에게 맡겨졌던 모든 권력을 소유하고 모든 권한을 행사한다.

사타니아의 현재 우두머리는 너그럽고 명석한 통치자이며, 그는 반란의 시험을 거친 통치자이다. 체계의 조군주(助君主)로서 근무할 때, 라나포지는 네바돈 우주에서 더 일찍 동란이 있었을 때 미가엘에게 충성했다. 막강하고 명석한 이 사타니아 군주는 단련과 시험을 받은 행정자이다. 네바돈에서 두 번째 체계 반란이 일어난 계제에 체계 군주가 비틀거리고 어둠에 빠졌을 때, 잘못을 저지르는 우두머리의 제1 조수였던 라나포지는 정부의 고삐를 잡아채고, 그 불행한 체계의 본부 세계나 사람 사는 세계들에서 성격자들이 비교적 적게 분실되도록 체계의 사무를 처리하였다. 라나포지는 미가엘에게 봉사하는 데, 그리고 상위의 권한을 가지고 선임 계급이었던 그의 형제의 이탈이 있던 바로 그 마당에, 이렇게 충실히 활동한, 네바돈 전체에서 유일한 1차 라노난덱 아들이라는 명예를 지닌다. 예전의 어리석음으로 생긴 모든 결과를 극복하고 반란의 산물을 사타니아로부터 제거할 때까지, 라나포지는 아마 예루셈으로부터 옮겨지지 않을 것이다.

사타니아의 고립된 세계들의 사무가 모두 그의 관할 밑에 돌아오지 않았지만, 라나포지는 그 세계들의 복지에 대하여 큰 관심을 보이고 유란시아를 빈번히 방문한다. 다른 정상 체계에서처럼, 그 군주는 세계 통치자, 곧 혹성 영주들, 그리고 고립된 세계에 주둔하는 총독들의 체계 회의를 주관한다. 때때로 체계의 본부에서 —"하나님의 아들들이 함께 모일 때"—이 혹성 회의가 열린다.

일주에 한번, 예루셈에서 10일마다, 군주는 본부 세계에 거주하는 다양한 계급의 성격자들의 어느 한 집단과 회의를 연다. 이 회의는 예루셈에서 매력 있고 격식 차리지 않는 시간이며, 결코 잊어버릴 수 없는 행사이다. 예루셈에는 모든 다채로운 계급의 존재들 사이에, 그리고 각 무리와 체계 군주 사이에 지극한 사귐이 있다.

이 독특한 집회는 유리 바다에서 일어나며, 이것은 체계 서울의 큰 집합소이다. 이 집회가 순전히 사회적이고 영적인 행사인데, 혹성 행정에, 아니 승천 계획에 관계된 아무 것도 결코 거론되지 않는다. 하늘 가는 필사자들은 다만 즐기기 위해서, 그리고 동료인 예루셈 사람들을 만나기 위해서 이 시간에 모인다. 주일마다 가지는 이 휴양 시간에 군주에게 접대받지 않는 무리들은 그들 자체의 본부에서 모인다.

3. 체계 정부

한 지역 체계의 최고 집행자, 곧 체계 군주는 반드시 라노난덱 아들 두세 명에게 지원을 받으며, 그들은 제1, 제2 조수로서 활동한다. 그러나 현재 시점에서 일곱 라노난덱의 참모진이 사타니아 체계를 관리한다.

1. 체계 군주—라나포지는 1차 계급의 2709번이며, 배신자 루시퍼를 뒤이었다.

2. 제1 조군주—만수로시아는 3차 라노난덱의 17,841번이다. 라나포지와 함께 사타니아에 파견되었다.

3. 제2 조군주—사딥은 3차 계급의 271,402번이다. 사딥도 라나포지와 함께 사타니아로 왔다.

4. 체계 관리자—홀단트는 3차 군단의 19번이며, 필사 존재 계급 위에 있는 모든 감금된 영을 관리하는 자요 통제하는 자이다. 홀단트도 마찬가지로 라나포지와 함께 사타니아로 왔다.

5. 체계 기록자—빌튼은 사타니아에서 라노난덱 근무를 하는 비서이며, 제3 계급의 374번이다. 빌튼은 최초의 라나포지 집단의 일원이었다.

6. 수여 지도자—포탄트는 2차 라노난덱 예비군에서 319,847번이며, 미가엘이 유란시아에 자신을 수여한 뒤로 예루셈에 옮겨 놓은 모든 우주 활동의 임시 지도자이다. 포탄트는 유란시아 시간으로 1천9백 년 동안 라나포지의 참모진에 소속되어 있었다.

7. 높은 상담자—하나바드는 1차 라노난덱 아들들 가운데 67번이며, 우주 조언자와 조정자들의 높은 군단의 구성원이다. 그는 사타니아 집행 회의에서 임시 의장으로서 활동한다. 하나바드는 루시퍼 반란 뒤로 이 계급에서 열두 번째로 이렇게 근무한다.

이 집행 집단의 일곱 라노난덱은 루시퍼 반란의 비상 사태 때문에 필요하게 된, 확대된 긴급 행정이다. 예루셈에는 오로지 소법정들만 있는데, 이는 체계가 행정 단위요, 재판 단위가 아니기 때문이다. 그러나 라노난덱 행정은 예루셈 집행 회의로부터 지원을 받으며, 이것은 사타니아에서 최고 자문 기관이다. 이 회의는 12 회원으로 구성된다:

1. 하나바드, 라노난덱 의장.
2. 라나포지, 체계 군주.
3. 만수로시아, 제1 조군주.
4. 사타니아 멜기세덱들의 우두머리.
5. 사타니아 생명 운반자들의 임시 지도자.
6. 사타니아 최후자들의 우두머리.
7. 사타니아의 처음 아담, 물질 아들들의 감독하는 우두머리.
8. 사타니아의 천사 무리들의 지도자.
9. 사타니아의 물리 통제자들의 우두머리.
10. 체계의 상물질 동력 감독자들의 지도자.

11. 체계의 중도인들의 임시 지도자.

12. 하늘 가는 필사자 군단의 임시 우두머리.

이 회의는 우주 본부에 있는 최고 회의에서 지역 체계를 대표하는 회원을 3명 정기적으로 뽑지만, 이렇게 대표하는 것은 반란으로 중지되었다. 사타니아는 지금 지역 우주 본부에 한 관찰자가 있지만, 미가엘 수여가 있은 뒤로, 이 체계는 에덴시아 입법 회의에 보낼 회원 10명의 선출을 다시 시작했다.

4. 24 상담자

예루셈에서 천사들이 거주하는 동그라미들의 중심에는 유란시아 자문 회의, 곧 24 상담자 본부의 위치가 있다. 계시자 요한은 그들을 24 장로라고 불렀는데, "그리고 보좌의 둘레에 24 자리가 있고, 그 자리에는 24 장로가 흰 옷을 걸치고 앉은 것을 내가 보았도다." 이 집단의 중심에 있는 보좌는 주관하는 천사장의 재판석, 곧 온 사타니아를 위하여 자비와 응보의 부활 점호를 부르는 보좌이다. 이 재판석은 언제나 예루셈에 있어 왔지만, 그 둘레의 24 자리는 놓여진 지 1천9백 년이 채 되지 않으며, 그리스도 미가엘이 네바돈의 완전 통치권을 얻은 뒤 얼마 되지 않은 때였다. 이 24 상담자는 예루셈에서 그를 개인적으로 대표하는 자들이고, 그들은 사타니아의 출석 점호에 관한 모든 문제에서, 또 그 체계의 고립된 세계들에서 사람을 승천시키는 계획의 많은 다른 단계에서, 주 아들을 대표할 권한을 가진다. 그들은 가브리엘의 특별 요청과 미가엘의 특별 명령을 집행하기 위하여 임명된 대리자이다.

이 24 상담자는 유란시아의 여덟 민족으로부터 모집되었고, 이 집단의 최근 모임은 미가엘이 부활 출석 점호를 부를 때, 1천9백 년 전에 열렸다. 이 유란시아 자문 회의는 다음 회원들로 구성되어 있다:

1. 오나가, 혹성 영주 이전 시대의 뛰어난 지도자이며, "호흡 주시는 분"을 예배하는 일에 동료들을 지휘하였다.

2. 만산트, 유란시아에서 혹성 영주 이후 시대에 큰 선생, 그는 동료들에게 "큰 빛"을 숭앙(崇仰)하도록 방향을 가리켜 주었다.

3. 오나모나론톤, 아득한 시절에 홍인의 지도자요, 이 민족을 다신(多神) 숭배로부터 "위대한 영"의 숭배로 이끈 자.

4. 올란도프, 청인들의 임금이며, "최상 우두머리"의 신성을 인식하도록 그들을 지도하였다.

5. 포슌타, 절멸한 주황 민족의 제사장이며, "위대한 선생"을 예배하는 일에 이 민족의 지도자였다.

6. 싱랑톤, 황인들 가운데 처음으로, 여럿 대신에 "한 진리"를 예배하도록 자기의 민족을 가르치고 이끈 자. 몇천 년 전에 황인은 한 분의 하나님을 알았다.

7. 판탓, 녹인(綠人)들을 어두움으로부터 구원한 자이며, "생명의 유일 근원"을 예배하는 데 그들의 지도자가 되었다.

8. 오르보논, 남색(藍色) 민족의 계몽자이며, 한때 "신 중의 신"을 예배하는 데 그들의 지도자였다.

9. 아담, 신용을 잃었지만 명예를 회복한, 유란시아의 혹성 아버지이며, 필사 육체의 모습으로 밀려난 하나님의 물질 아들, 그러나 나중에 살아남아서 미가엘의 선포로 이 지위까지 승급하였다.

10. 이브, 유란시아에서 보라 민족의 어머니이며, 자기의 배우자와 함께 잘못에 대하여 벌을 받았고, 또한 그와 함께 명예를 다시 찾았으며, 이 무리의 필사 생존자들과 더불어 근무하도록 배치되었다.

11. 에녹, 육체를 입고서 필사 생명을 사는 동안에 생각 조절자와 처음으로 융합한 유란시아 필사자.

12. 모세, 가라앉은 보라 민족 잔재의 해방자이며, "이스라엘의 하나님"이라는 이름 밑에서 우주의 아버지를 예배하는 것을 부활시키려고 충동한 자.

13. 엘리야, 물질 아들 이후 시대에 눈부신 영적 업적을 이룩하고 옮겨진 혼.

14. 마키벤타 멜기세덱, 이 계급 가운데서 유란시아 민족들에게 자신을 수여한 유일한 아들. 아직도 멜기세덱으로 여겨지지만, 그는 "언제까지나 최고자들에게 봉사하는 자"가 되었고, 필사 승천자로서 봉사하는 과제를 영원히 맡고, 아브라함 시절에 살렘에서 필사 육체의 모습을 입고서 유란시아에 머물렀다. 이 멜기세덱은 나중에 예루셈에 본부를 두고 미가엘을 위하여 행동하는 권한을 가진, 유란시아의 혹성 영주 대관(代官)으로 선포되었다. 이 미가엘은 실제로, 인간의 모습을 입고서 마지막 자기 수여를 체험한 그 세계의 혹성 영주이다. 이런 일이 있는데도 잇따라 주둔하는 총독, 곧 24 상담자의 회원들이 아직도 유란시아를 감독한다.

15. 세례자 요한, 유란시아에서 미가엘 임무의 선구자, 그리고 육체를 입었을 때 사람의 아들의 먼 사촌이었다.

16. 처음 1-2-3, 칼리가스티아 배반이 있던 당시에 가브리엘 근무에서 충성했던 중도인(中道人)들의 지도자. 미가엘이 무제한 통치권으로 올라간 뒤에, 미가엘이 그를 곧 이 자리로 진급시켰다.

선택받은 이 성격자들은 가브리엘의 요청을 받고서, 얼마 동안 승천 체제로부터 면제되며, 이 자격으로 얼마나 오랫동안 그들이 근무할까 우리는 도무지 모른다.

17, 18, 19, 20번 자리들은 영구하게 채워지지 않는다. 영구 회원 16명이 만장일치로 찬성함으로 이 자리들을 임시로 채우며, 유란시아에서 현재 수여 아들 이후 시대로부터 하늘 가는 필사자들에게 나중에 배정되도록 자리를 비워 둔다.

21, 22, 23, 24번 자리들도, 의심할 여지 없이, 지금 시대를 뒤잇는, 다른 후일 시대의 큰 선생들을 위하여 자리를 남겨 놓으며, 마찬가지로 임시로 채운다. 일어날 수도 있고 그렇지 않을 수도 있는, 신다운 아들들의 예기치 않은 방문에 상관없이, 아들 행정관의 시대, 아들 교육자의 시대, 빛과 생명의 시대를 유란시아에서 기대해야 한다.

5. 물질 아들

여러 계급의 신다운 아들, 그리고 높은 영, 초월 천사, 천사, 중도인을 포함하여, 하늘 생명의 큰 분과들은 예루셈에서 그들의 본부와 막대한 보호 지역을 가지고 있다. 이 놀라운 구역의 중앙 거처는 물질 아들들의 주요 성전이다.

아담들의 영토는 예루셈에서 새로이 도착한 자들 모두에게 매력의 중심이다. 이것은 1천 중심으로 이루어진 엄청난 지역이다. 하지만 물질 아들과 딸들의 가족은 각자, 그 구성원들이 공간의 진화 세계들에서 근무하려고 떠날 때까지, 또는 파라다이스로 올라가는 생애를 그들이 시작할 때까지, 그 가족 자체의 소유지에서 산다.

이 물질 아들들은 진화하는 우주의 훈련 구체들에서 발견되는 바, 성(性)으로 번식하는 가장 높은 부류의 존재이다. 그리고 그들은 정말로 물질이다. 혹성 아담 및 이브들조차도 사람 사는 세계들에 있는 필사 민족들의 눈에 뻔히 보인다. 이 물질 아들들은 위로 신성과 완전으로부터, 밑으로는 인류와 물질 존재에 이르는 성격자들의 사슬에서 마지막이자 물질적 고리이다. 이 아들들은 사람 사는 세계들에게, 불가시한 혹성 영주와 그 영역의 물질 생물 사이에 서로 접촉할 수 있는 중개자가 된다.

구원자별에서 1천 년마다 하는 등록이 최근에 있었을 때, 네바돈에는 시민 자격을 가진, 물질 아들과 딸 161,432,840명이 여러 지역 체계 서울에 있다고 기록되었다. 물질 아들의 수는 다른 체계마다 다르며, 그들의 수는 자연히 번식함으로 항상 늘어난다. 번식 기능을 행사하면서, 그들은 접촉하는 성격자들의 개인 소망에 전적으로 안내받는 것이 아니라, 또한 상급 통치 단체와 자문 회의의 인도를 받는다.

이 물질 아들과 딸들은 예루셈 및 관계된 세계들에서 영구히 거주한다. 그들은 예루셈에서 광대한 소유지를 차지하고, 서울 구체의 지역 관리에 자유롭게 참여하며, 중도자와 승천자들의 도움을 받아, 실질적으로 모든 일상(日常) 사무를 관리한다.

번식하는 이 아들들은 멜기세덱의 방법을 좇아서, 예루셈에서 자치(自治)하는 이상을 가지고 실험하도록 허락되며, 이들은 아주 높은 부류의 사회를 이룩하고 있다. 상급의 아들 신분은 그 영역의 거부권 기능을 유보하고 있지만, 거의 모든 점에서 예루셈의 아담 사람들은 보통 선거권과 대의 정치로 자치한다. 그들은 언젠가 거의 완벽하게 자치하도록 허가받기를 바란다.

물질 아들들이 베푸는 봉사의 특징은 대체로 그들의 나이에 따라 결정된다. 그들은 구원자별의 멜기세덱 대학에 입학할 자격이 없지만—물질적이며, 보통은 어떤 혹성들에만 국한되어 있으니까—그런데도 물질 아들들의 나이 어린 세대들을 교육하기 위하여, 멜기세덱들은 각 체계의 본부에서 우수한 선생들로 이루어진 교수진을 유지한다. 이 어린 물질 아들과 딸들의 성장을 위하여 마련된 교육 및 영적 훈련 체계는 규모와 기술과 실용성 면에서 완전의 절정이다.

6. 아담의 승천자 훈련

물질 아들과 딸들은 그 자손과 더불어, 하늘 가는 모든 필사자의 호기심을 반드시 일으키고 눈을 끄는, 매력 있는 광경을 연출한다. 그들은 너희 자신의 물질적인 유성(有性) 종족들과 아주 비슷해서, 너희는 생각에 잠기게 하는 많은 공통된 관심거리를 발견하며 또한 친하게 접촉하는 시간을 채운다.

필사 생존자들은 체계의 서울에서, 이 우수한 반(半)육체 생물의 생활 습관과 행동을 지켜보고 연구하면서 여가(餘暇)의 상당한 부분을 보낸다. 이는 이 예루셈 시민들이 본부 세계에서 시민권을 얻은 때부터 에덴시아를 향해 떠날 때까지, 그들이 필사 생존자들을 직접 후원하는 자요 상담해 주는 자이기 때문이다.

일곱 저택 세계에서 하늘 가는 필사자들은 기원이 있던 세계에서 어떤 체험의 결핍을 겪었더라도, 그것이 유산(遺産)이든 환경 때문이든, 아니면 육체를 입은 생애가 불운하게 때 이르게 끝났기 때문이든, 이에 상관 없이 그것을 메울 풍부한 기회가 주어진다. 필사자의 성생활과 그에 따르는 조정을 제외하고, 이것은 어떤 의미에서도 참말이다. 수많은 필사자가 그들이 태어난 구체에서 꽤 평범한 성관계로부터 생기는 단련으로부터 특별히 덕을 보지 못하고 저택 세계들에 다다른다. 저택 세계의 체험은 몹시 개인적인 이 결핍을 메울 기회를 조금도 마련해 줄 수 없다. 육체적 의미에서 성경험은 이 승천자들에게 지난 일이다. 그러나 물질 아들딸들과 가지는 밀접한 관계에서, 개별적으로, 그들 가족의 구성원으로서, 성경험이 모자라는 사람들은 그들의 결핍에서 사회, 지성, 정신, 감정의 면을 메울 수 있게 된다. 따라서 환경이나 그릇된 판단으로 인하여 진화 세계에서 유익한 성관계의 혜택을 빼앗긴 모든 그러한 인간에게, 체계 서울에서 영구히 거주하는 훌륭한 아담 성생물과 가지는 밀접하고 사랑하는 관계에서, 필수인 이 필사자 체험을 얻을 넉넉한 기회가 여기 체계 서울에서 주어진다.

세계에서 진화하는 한 아이에게 부모가 되는 관계를 얻는 숭고한 체험이나, 그에 비슷하고 대등한 어떤 다른 체험이 없이, 살아남는 어떤 필사자나 중도자나 세라핌도 파라다이스로 올라가고, 아버지께 도달하고, 최후 군단으로 소집될 수 없다. 아이와 부모의 관계는 우주의 아버지와 그의 우주 아이들에 관한 핵심 개념에 근본적이다. 따라서, 그러한 체험은 모든 승천자의 체험적 훈련에서 빠질 수 없게 된다.

하늘 가는 중도인(中道人)과 진화하는 세라핌은 체계 본부의 물질 아들딸들과 w 제휴하고 이 부모 체험을 거쳐야 한다. 따라서 번식하지 않는 그러한 승천자들은 예루셈의 아담과 이브들이 그 후손을 기르고 훈련시키는 데 그들을 도와 줌으로써 부모의 체험을 얻는다.

진화 세계에서 부모 경험을 겪지 못한 모든 필사 생존자도 예루셈의 물질 아들들의 집에서 머무르는 동안, 훌륭한 이 아버지와 어머니들에게 부모인 동료로서, 이 필요한 훈련을 받아야 한다. 예루셈의 첫째 과도기 문화 세계에 있는 체계 육아원에서 그러한 필사자들이 그들의 부족한 점을 메울 수 있는 경우를 제쳐 놓는 한, 이것은 참말이다.

최후자들의 세계에 있는 어떤 상물질 성격자들이 사타니아의 이 견습 육아원을 유지하며, 그 혹성의 절반은 아이를 기르는 이 작업에 바쳐진다. 개인으로서 영적 지위를 얻기 전에 진화 세계에서 쓰러진 자손들과 같이, 살아남는 필사자들의 어떤 아이들이 여기서 접수되고 다시 조립된다. 친부모 가운데 하나가 승천하는 것은, 그 영역의 그러한 필사 아이가 그 체계의 최후자 혹성에서 다시 성격화되고, 거기서 나중에 자유 의지로 선택함으로, 그가 필사자로 승천하는, 부모의 길을 따를 것인가 아닌가를 보여 주는 것이 허락됨을 보장한다. 남녀 구별이 없는 것을 제외하고, 여기서 아이들은 출생한 세계에서처럼 보인다. 사람이 사는 세계들에서 생활 체험을 겪은 뒤에, 필사자 종류와 같은 번식은 전혀 없다.

최후자들의 세계에 있는 견습 육아원에 하나 이상의 아이들을 가지고 있고 기본적인 부모 체험이 부족한 저택 세계 학생들은, 멜기세덱의 허가를 받으려고 신청해도 좋은데, 이것은 저택 세계들에서 승천 임무로부터 최후자 세계로 임시 이동하게 만든다. 거기서 그들은 자신의 아이들과 다른 아이들에게 동료 부모로서 활동할 기회가 주어진다. 부모로서 수고하는 이 봉사는, 물질 아들과 딸들의 여러 집단에서 그러한 승천자들이 겪도록 요구되는 훈련의 절반을 마친 것으로 예루셈에서 나중에 인정을 받는다.

견습 육아원 자체는 1천 쌍의 물질 아들과 딸들의 감독을 받는데, 이들은 자기 계급의 예루셈 거류지로부터 온 자원자이다. 그들은 대체로 대등한 수의 자원하는 미초한(未超限) 부모의 집단으로부터 즉시 도움을 받으며, 이 미초한 부모들은 사타니아의 미초한 세계로부터, 구원자별의 최후자 구체들 사이에 있는 그들의 특별 보호 세계들에서 밝혀지지 않은 운명으로 가는 길에, 이 봉사를 베풀려고 여기서 멈춘다.

7. 멜기세덱 학교

멜기세덱들은 그 큰 무리의 교육자—얼마큼 영답게 변화된 의지 생물 및 다른 자—들을 지도하는 자이며, 이 교육자들은 예루셈 및 그에 관련된 세계들에서, 그러나 특히 일곱 저택 세계에서, 아주 괜찮게 활동한다. 이 세계들은 구류 혹성이며, 거기서 육체를 입은 생애 동안에 깃드는 자기 조절자와 융합하지 못한 필사자들이, 더 도움을 받기 위해서, 그리고 영적 달성을 위한 수고, 곧 죽음으로 때 이르게 중단되었던 바로 그 노력을 계속하는 연장된 기회를 가지려고, 일시적 형태를 입고 회복된다. 또는 유전적 장애, 불리한 환경, 혹은 주위 환경이 우연히 겹치는 따위의 어떤 다른 이유로 말미암아 이 혼의 성취가 이루어지지 않으면, 그 이유에 상관 없이, 목적에 충실하고 정신적으로 자격이 있는 자들은 모조리, 자신으로서, 계속하는 혹성들에 자신이 온 것을 발견할 터인데, 거기서 그들은 영원한 생애의 기본을 통달하는 것, 육체를 입은 일생 동안에 얻을 수 없었거나 얻지 못한 특성을 소유하기를 배워야 한다.

찬란한 저녁별들은 (그리고 이름을 밝히지 않은 그 동격자들), 멜기세덱들이 후원하는 것들을 포함해서, 우주의 여러 교육 사업에서, 빈번히 선생으로서 근무한다. 삼위 일체 아들 교육자들도 또한 공동으로 일하며, 점진적인 이 여러 훈련 학교에서 파라다이스 식의 완전한 솜씨를 나누어 준다. 그러나 이 모든 활동은 하늘가는 필사자의 승진에만 순전히 바쳐지지는 않는다. 다수는 네바돈의 본토 영 성격자들을 진보시키는 훈련에 똑같이 몰두한다.

멜기세덱 아들들은 예루셈에서 약 30개의 다른 교육 중심을 지휘한다. 이 훈련 학교들은 자아 평가의 학부(學部)로부터 시작해서 예루셈 시민 학교들에서 끝난다. 거기서 물질 아들과 딸들은 필사 생존자들이 대의 정치의 높은 책임을 맡도록 자격을 갖추게 하는 그들 최고의 노력으로, 멜기세덱 및 다른 자들과 합세한다. 그 우주 전체가, 대표하는 계획 위에 조직되고 관리된다. 대의 정치는 완전하지 않은 존재들 사이에서 자치(自治)하는 신성한 이상이다.

우주 시간으로 1백 년마다 각 체계는 별자리의 입법 회의에서 심의할 대표 10명을 뽑는다. 그들은 1천 명으로 이루어진 예루셈 회의에서 선출되는데, 이것은 이양되거나 지정된 모든 그러한 문제에서 체계 집단을 대표하는 임무가 주어진, 선출되는 단체이다. 대표나 다른 위임자들은 모두 1천 명의 유권자로 이루어진 회의에서 선출되며, 이 무리의 1천 유권자를 구성하는 모든 자와 마찬가지로, 멜기세덱 행정 학부 최고 학교의 졸업생이어야 한다. 이 학교는 멜기세덱들의 보살핌을 받으며, 나중에는 최후자들의 도움을 받는다.

예루셈에는 선출되는 단체들이 많이 있고, 이따금 세 계급의 시민—물질 아들 딸, 중도인을 포함하여 세라핌과 그 동료들, 그리고 하늘 가는 필사자들—이 이 단체들에게 권한을 주려고 투표한다. 대표하는 영예를 얻으려고 지명받기 위해서, 후보자는 멜기세덱의 여러 행정 학교에서 필요한 인정을 받았어야 한다.

예루셈에서 세 무리의 시민 사이에는 보통 선거권이 있지만, 인정받고 공식으로 등록된 바 상지혜(上知慧)—상물질계 슬기—를 몸소 소유하는 데 따라서, 다르게 표를 던진다. 어떤 한 성격자가 예루셈 선거에서 던지는 투표는 1부터 1천까지의 값을 가진다. 예루셈 시민들은 이처럼 상지혜 달성에 따라서 분류된다.

때때로 예루셈 시민들은 멜기세덱 검사자들 앞에 나타나며, 이 검사자들은 그들이 상물질 지혜를 달성한 것을 증명해 준다. 그리고 나서 그들은 검사하는 찬란한 저녁별 군단이나 그들이 지명한 자들 앞에 가며, 이들은 영 통찰력의 정도를 확인한다. 다음에 그들은 24 상담자 및 그 동료들 앞에 나타나는데, 이들은 시민들이 사회화를 체험으로 달성한 상태를 평가한다. 이 세 가지 요소는 다음에 대의 정치 담당의 시민권 등록자들에게 넘겨지며, 그들은 상지혜 상태를 재빨리 셈하고 그에 따라서 투표 자격을 배정한다.

멜기세덱들의 감독 밑에서 하늘 가는 필사자들, 특히 새로운 상물질 수준에서 성격을 통일하는 데 더딘 자들은 물질 아들들에게 맡겨지며, 그러한 부족을 시정하도록 고안된 집중 훈련이 그들에게 주어진다. 이 물질 아들들이 상지혜 성격을 달성했음을 인가할 때까지, 하늘 가는 필사자는 아무도 더 광범위하고 다채로운 생애, 별자리에서 사회화하는 생애를 향해 가려고 체계 본부를 떠나지 못한다. 이 상지혜 성격은 싹트는 상물질 생애와 체험적으로 생기는 관계에서, 완성된 필사 존재를 통합하는 개성이며, 이 두 가지는 생각 조절자의 전반적 영적 통제로 말미암아 마땅히 섞여진다.

[유란시아에 임시로 배치된 한 멜기세덱이 발표하였다.]

제 46 편

지역 체계 본부

사타니아의 본부 예루셈은 한 지역 체계의 평범한 서울이며, 루시퍼 반란, 그리고 미가엘이 유란시아에 자신을 수여함으로 일어난 수많은 불규칙한 점을 별도로 하고, 예루셈은 비슷한 구체들의 전형(典刑)이다. 너희의 지역 체계는 어떤 험난한 체험을 거쳤지만, 현재 아주 효율적으로 관리되고 있고, 시대가 흐름에 따라서, 불화의 결과는 천천히, 그러나 확실히 뿌리가 뽑히고 있다. 질서와 선의가 회복되고 있으며, 예루셈의 조건은 점점 더 너희의 전통에 나오는 하늘 상태에 다가가고 있다. 이는 체계 본부가 참으로 20세기에 종교적인 신자들의 대다수가 마음 속에 그려왔던 하늘이기 때문이다.

1. 예루셈의 물리적 면

예루셈은 1천 위도(緯度) 구역과 1만 경도(經度) 지대로 나누어져 있다. 이 구체에는 주요 서울이 일곱, 소행정 중심이 70개 있다. 7개 구역 서울은 다채로운 활동에 관계하며, 체계 군주는 1년에 적어도 한번 각 서울에 계신다.

예루셈의 표준 마일은 유란시아에서 약 11.2 킬로미터와 대등하다. 표준 무게, "그라단트"는 성숙한 극자(極子)로부터 십진법을 통해서 쌓아올렸고, 너희의 무게로 거의 정확하게 300그람을 대표한다. 사타니아의 하루는 유란시아 시간으로 3일에서 1시간, 4분 15초가 모자라며, 이것은 예루셈이 축을 회전하는 시간이다. 체계의 1년은 예루셈에서 1백 일이다. 으뜸 크로놀덱들이 체계의 시간을 방송한다.

예루셈의 에너지는 훌륭하게 통제되며, 지대(地帶)의 여러 경로에서 그 구체의 둘레를 순환한다. 이 경로는 공간의 에너지 전하로부터 직접 공급받고 물리 주통제자들이 솜씨 있게 그것을 관리한다. 이 에너지가 물리적 전도(傳導) 경로를 통과하는 데 대한 자연 저항은 예루셈의 한결같은 기온을 만드는데 필요한 열을 낸다. 빛이 한창 밝을 때 기온은 화씨로 약 70도에 유지되고, 한편 빛이 약해지는 기간에는 기온이 50도 조금 밑으로 떨어진다.

예루셈의 조명 체계는 너희가 이해하기 그리 어렵지 않을 것이다. 아무런 낮과 밤이 없고, 더운 계절과 추운 계절이 없다. 동력 변압기들은 10만 중심을 유지하며, 거기서부터 묽게 된 에너지가 혹성의 대기(大氣)를 통해서 위로 투영되고, 그 구체의 전기를 띤 공기 천장에 이를 때까지 어떤 변화를 겪는다. 그리고 나서 아침

10시에 태양이 머리 위에서 빛나고 있을 때, 유란시아 태양 빛의 강도쯤 되는 부드럽고 체질하는 고른 빛으로서, 이 에너지는 거꾸로, 밑으로 반사된다.

그러한 조명 조건 밑에서, 광선은 한 곳으로부터 나오는 듯하지 않다. 이 광선은 하늘로부터 새어나오며, 모든 공간 방향으로부터 똑같이 방사되어 나온다. 이 빛이 열을 아주 적게 담고 있다는 것을 제외하고, 그 빛은 자연의 태양 빛과 아주 비슷하다. 따라서 그러한 본부 세계들은 공간에서 빛나지 않는다는 것이 인식될 것이다. 예루셈은 유란시아에 아주 가까이 있더라도, 눈에 보이지 않을 것이다.

예루셈의 상부 이온 층으로부터 거꾸로 땅에 이 빛 에너지를 방사하는 가스는 유란시아의 상부 공기 지대에 있는 가스와 아주 비슷하며, 후자는 너희의 이른바 북극광의 오로라 현상에 관계된다. 하지만 오로라는 다른 원인 때문에 생긴다. 유란시아에서 지표의 방송(放送) 파장이 도망함을 막는 것은 바로 이 가스 방패이며, 이것은 파장이 직접 바깥으로 비행하면서 이 가스 지대를 때릴 때, 그 파장을 땅으로 반사한다. 이 방법으로 방송이 너희 세계를 둘러싼 공기를 통하여 여행하는 동안, 방송은 지표 가까이 붙잡혀 있다.

그 구체의 빛은 예루셈 하루의 75퍼센트 동안 한결같이 유지되고, 그리고 나서 빛이 최소로 있을 때, 맑은 밤에 빛이 너희의 보름달 빛 정도가 될 때까지, 빛이 차츰 약해진다. 이 때는 온 예루셈에서 고요한 시간이다. 휴식하고 회복하는 이 기간에는, 오로지 방송 수신소들만 작용한다.

예루셈은 가까이 있는 몇몇 태양으로부터 희미한 빛—일종의 밝은 별빛—을 받지만, 이에 의존하지 않는다. 예루셈과 같은 세계들은 태양 교란의 변화에 지배되지 않으며, 그런 세계들은 식어가거나 죽어 가는 태양의 문제에 부닥치지도 않는다.

일곱 과도기 연구 세계 및 그에 속한 49 위성은 예루셈 기법으로 가열되고, 조명되고, 에너지와 물을 공급받는다.

2. 예루셈의 물리적 모습

예루셈에서 너희는 유란시아와 진화된 다른 세계들의 험난한 산이 없어 서운할 터이니, 지진도 없고 비도 없기 때문이다. 그러나 너희는 미려한 산지(山地)와 기타 지형과 풍경의 독특한 변화를 즐길 것이다. 예루셈의 거대한 지역이 "자연 상태"로 보존되어 있으며, 그러한 구역(區域)의 웅장함은 인간의 상상력을 아주 뛰어넘는다.

작은 호수가 몇천 개 있지만 거세게 흐르는 강이나 탁 트인 대양이 하나도 없다. 어느 건축 세계에도 비가 전혀 내리지 않고, 폭풍이나 눈보라도 없지만, 빛의 후퇴를 따라서 기온이 가장 낮은 시간에 습기가 응축되어 이슬 맺히는 일이 날마다 일어난다. (세 가스 세계에서 이슬점은 유란시아와 같은 두 가스 혹성에서보다 높다.) 물리적인 식물 생명과 산 것들이 있는 상물질계는 다 물기가 필요하지만, 그 구체 전체에, 아니 산지의 맨 꼭대기까지도 뻗는 지하 순환 체계 때문에, 물기는 대체로 공급된다. 이 물 체계는 전적으로 지표 밑에 있지는 않은데, 예루셈의 반짝이는 호수들을 서로 연결하는 많은 운하가 있기 때문이다.

예루셈의 대기(大氣)는 세 가스의 혼합물이다. 이 공기는 유란시아의 대기와 아주 비슷하지만, 거기에 상물질 계급의 생명이 숨쉬는 데 적응된 가스가 보태진다. 이 셋째 가스는 물질 계급의 동물이나 식물이 호흡하는 데 조금도 부적당하지 않다.

수송 체계는 에너지 운동의 순환하는 흐름과 연합되어 있고, 이 주요 에너지 기류는 16킬로미터 간격으로 자리잡고 있다. 물리적 장치를 조정함으로, 그 혹성의 물질 존재들은 1시간에 3.2킬로미터에서부터 800킬로미터까지 변하는 속도로 나아갈 수 있다. 수송하는 새들은 1시간에 약 160킬로미터 속도로 날아다닌다. 물질 아들들의 공기 장치는 1시간에 약 800킬로미터로 여행한다. 물질 존재와 초기의 상물질 존재들은 이 기계적 수송 수단을 이용해야 하지만, 영 성격자들은 우수한 물력과 에너지의 영 근원과 연락하여 진행한다.

예루셈 및 그와 결합된 세계들은 네바돈의 건축 구체들의 특징을 나타내는 10 표준 분과의 물리적 생명을 부여받고 있다. 예루셈에는 아무런 유기체의 진화가 없으니까 대립하는 형태의 생명이 하나도 없고, 살기 위한 투쟁이 전혀 없으며, 적자생존(適者生存)이 없다. 오히려 중앙의 신성한 우주에 있는 영원한 세계들의 아름다움, 조화, 완전을 예시하는 창조적 적응이 있다. 이 모든 창조적 완전에는 물리적 생명과 상물질 생명이 가장 놀랍게 혼합되어 있고, 이것을 하늘 예술가와 그 동료들이 예술적으로 대조한다.

예루셈은 천국의 영광과 웅장함을 정말로 미리 맛보기로 보인 것이다. 그러나 어떤 설명을 하려 애쓰더라도, 너희는 결코 이 영화로운 건축 세계들에 관하여 적당한 관념을 얻기를 바랄 수 없다. 너희 세계에 있는 어떤 것과도 견줄 수 있는 것이 거의 없고, 게다가 예루셈에 있는 사물은 유란시아의 것들을 아주 뛰어넘기 때문에, 비교가 거의 괴상할 정도이다. 너희가 실제로 예루셈에 다다를 때까지, 너희는 하늘 세계들에 관하여 참 개념에 비슷한 어떤 것도 도저히 상상할 수 없다. 그러나 체계 서울에서 앞으로 있을 너희의 체험을 우주·초우주·하보나의 더욱 먼 훈련 구체들에 너희가 언젠가 도착할 것과 견주어 볼 때, 이것은 그리 먼 앞날이 아니다.

예루셈의 공업 지역, 곧 실험 구역은 광대한 영토이며, 연기 나는 굴뚝이 하나도 없으니까, 유란시아 사람들은 도저히 알아보지 못할 영토이다. 그런데도 이 특별 세계들과 관련된 복잡한 물질 경제가 있고, 가장 경험 있는 너희의 화학자와 발명가들을 놀라게 하고, 아니 경외하도록 만들 만큼, 완전한 기계 기술과 물리적 성취가 있다. 파라다이스로 가는 여행에서 이 첫째 구류 세계가 영적이기보다는 훨씬 더 물질적이라는 것을 잠깐 멈춰 생각해 보아라. 예루셈과 그에 속하는 과도기 세계들에서 너희가 머무르는 동안 내내, 승진하는 영 존재로 사는 너희의 후기 생명보다, 너희는 물질적 사물로 이루어진 너희의 지상(地上) 생명에 훨씬 더 가깝다.

천사 산은 예루셈에서 가장 높은 고지인데 높이가 거의 4600미터가 되며, 모든 수송 세라핌들의 출발점이다. 혹성의 인력(引力)을 피하고 공기의 저항을 이기기 위하여 시발 에너지를 마련하려고 수많은 기계적 개발품이 사용된다. 빛이 있는 동안 죽, 그리고 이따금 빛이 후퇴하는 기간까지 늦도록, 유란시아 시간으로 3초마다 천사 수송기가 떠난다. 수송자들은 유란시아 시간으로 1초에 약 280킬로미터의 속도로 뜨며, 그들이 예루셈으로부터 22,400킬로미터가 넘도록 멀리 있을 때까지는 표준 속도에 도달하지 않는다.

수송기들은 수정(水晶) 들판, 이른바 유리 바다라는 곳에서 착륙한다. 이 지역 둘레에는 천사 수송으로 공간을 질러가는 여러 계급의 존재들을 위하여 접대소들이 있다. 학생 방문자들을 위하여 극(極)의 수정으로 된 접대역 가까이에서 너희는 진주 같은 관측소에 올라가서, 본부 혹성 전체의 엄청난 모형 지도를 보아도 좋다.

3. 예루셈 방송

초우주와 파라다이스-하보나 방송은 구원자별과 연락하여, 극수정(極水晶), 곧 유리 바다를 이용하는 기법으로 예루셈에서 수신된다. 이 네바돈 바깥의 통신을 수신하는 시설 외에도, 세 가지 다른 집단의 수신소(受信所)가 있다. 따로 있지만 세 동그라미 집단의 수신소들은 지역 세계들, 별자리 본부, 그리고 지역 우주의 서울에서부터 오는 방송을 수신하도록 조절된다. 이 모든 방송은 중앙의 방송하는 원형(圓形) 극장에 참석한 모든 종류의 존재들이 알아볼 수 있도록 자동으로 전시된다. 예루셈에서 하늘 가는 필사자가 몰두하는 모든 것 가운데, 끝없이 흐르는 우주 공간 보고서를 듣는 것보다 더 마음을 빼앗고 열중하게 하는 것은 없다.

이 예루셈 방송을 받는 수신소는 한 거대한 원형 극장에 둘러싸여 있는데, 이것은 유란시아에서 대체로 알려지지 않은 반짝이는 물질로 지어졌고, 수많은 영 존재들을 받아들이는 외에도, 50억이 넘는 존재—물질 존재와 상물질 존재—를 앉힐 수 있다. 방송국에서 우주의 복지와 상태에 관하여 소식을 들으면서 여가를 거기서 보내는 것은 온 예루셈이 가장 좋아하는 오락이다. 이것은 빛이 후퇴하는 기간에 줄어들지 않는 유일한 혹성 활동이다.

방송을 수신하는 이 원형 극장에서 구원자별의 소식은 계속해서 흘러 들어온다. 근처에는, 최고자인 별자리 아버지들이 에덴시아에서 하시는 말씀이 적어도 하루에 한 번 수신된다. 정기적으로 유버르사의 정규 방송과 특별 방송은 구원자별을 통해서 중계되며, 파라다이스 통신문이 수신될 때는 전체 주민이 유리 바다 둘레에 모이는데, 유버르사 친구들이 파라다이스의 방송 기술에 반영 현상을 더하기 때문에, 귀에 들리는 것이 모조리 눈에 보이게 된다. 이 방법으로 필사 생존자들이 영원한 모험에서 안으로 여행하는 동안에, 높아지는 아름다움과 웅장함을 계속해서 미리 맛볼 기회가 주어진다.

예루셈 송신소(送信所)는 그 구체의 반대 극에 있다. 개별 세계들에 보내는 모든 방송은, 이따금 천사장의 회로 위로 그 목적지까지 직접 가는 미가엘의 통신문을 빼고, 체계 서울에서 중계된다.

4. 거주 지역과 행정 지역

예루셈의 상당한 부분은 거주하는 지역으로 지정되어 있고, 한편 체계 서울의 다른 부분들은 사람이 사는 619 구체, 56개의 과도기 문화 세계, 그리고 체계 서울 자체의 사무를 감독하는 데 관계되는 필요한 행정 활동에 배정된다. 예루셈과 네바돈에서 이 배치는 다음과 같이 설계되어 있다:

1. <u>동그라미</u>—비원주민이 거주하는 지역.

2. <u>정사각형</u>—체계의 집행 및 행정 지역.

3. <u>직사각형</u>—하등 토착 생명의 회합소.

4. <u>삼각형</u>—지역 행정, 곧 예루셈 행정 지역.

체계의 활동을 동그라미, 정사각형, 직사각형, 삼각형으로 이렇게 배치하는 것은 네바돈의 모든 체계 서울에서 공통된다. 다른 우주에서는 전혀 다른 배치가 지배할 수도 있다. 이것들은 아들 창조자들의 다양한 계획에 따라서 결정된다.

이 거주 지역과 행정 지역에 관한 우리의 이야기는 예루셈의 영구 시민, 곧 하나님의 물질 아들들의 광활하고 아름다운 소유지를 하나도 계산에 넣지 않았고, 다른 수많은 매혹적인 계급의 영 생물과 영에 가까운 생물도 언급하지 않았다. 예를 들면, 예루셈은 체계 활동을 위하여 고안된 영(靈) 일꾼들의 유능한 봉사를 누린다. 이 존재들은 초물질 거주자와 방문객들의 이익을 위하여 영적 봉사에 전념한다. 그들은 놀라운 무리의 총명하고 아름다운 존재이고, 모든 상물질계 창조를 유지하고 꾸미기 위하여 수고하는 상급 상물질 생물 및 상물질계 조수들에게 과도기에 돕는 자들이다. 그들은 중도인(中道人)이 유란시아에서 하는 역할을 예루셈에서 하며, 중도자인 조수들은 물질적인 것과 영적인 것 사이에서 활동한다.

체계의 서울은 물질, 상물질, 영, 모두 세 단계의 우주 존재를 거의 완전하게 전시하는 유일한 세계라는 점에서 독특하다. 네가 물질이나 상물질, 또는 영 성격자인가에 상관 없이, 너는 예루셈에서 편안하게 느낄 것이며, 또한 중도인과 물질 아들과 같은 통합된 존재들도 그렇게 느낀다.

예루셈은 한꺼번에 물질이고 상물질인 형태의 큰 건물들이 있고, 한편 순전히 영적인 지대의 치장은 조금도 아름다움이나 충만함이 못하지 않다. 예루셈의 경이롭고 물질적인 장비에 해당하는 상물질 물건에 관하여 내가 너희에게 말로 표현할 수 있으면 좋으련만! 더 나아가서 이 본부 세계의 영적 시설이 더할 나위 없이 장려하고 지극히 완전한 것을 내가 묘사할 수만 있다면! 완전한 아름다움과 충만한 치장에 관하여 상상력이 가장 풍부한 너희의 개념은 이 장려함에 도저히 가까이 가지 못할 것이다. 그리고 예루셈은 파라다이스의 아름다움의 하늘 같은 완전에 이르는 길에서 겨우 첫 걸음일 뿐이다.

5. 예루셈 동그라미

주요 집단의 우주 생명에게 배치된 거주 지역들을 예루셈 동그라미라고 부른다. 이 이야기에서 언급되는 동그라미 집단은 다음과 같다:

1. 하나님의 아들들의 동그라미.

2. 천사 및 상급 영들의 동그라미.

3. 삼위 일체 아들 교육자들에게 배치되지 않은, 생물이 삼자 일체 체험으로 낳은 아들들을 포함한 우주 조수들의 동그라미.

4. 물리 주통제자들의 동그라미.

5. 중도인들을 포함하여, 배치된 승천하는 사람들의 동그라미.

6. 우대 거류민의 동그라미.

7. 최후 군단의 동그라미.

이 거주 집단들은 각자 동심(同心)을 가지고 연달아 높게 된 일곱 동그라미로 이루어져 있다. 이것들은 모두 같은 방식에 따라서, 그러나 다른 크기로 건축되었고, 다른 물질로 모양을 지었다. 이것들은 모두 멀리 미치는 울타리로 둘러싸여 있고, 일곱 동심원의 각 집단을 완전히 둘러싸는 넓은 산책로를 이루도록 서 있다.

1. 하나님의 아들의 동그라미. 하나님의 아들들은 그들의 사회적 혹성, 곧 과도기 문화 세계들 가운데 하나를 소유하지만, 또한 예루셈에서 이 너른 영토를 차지한다. 하늘 가는 필사자들은 그들의 과도기 문화 세계에서 모든 계급의 신다운 아들들과 자유로이 섞인다. 거기서 너희는 이 아들들을 개인적으로 알고 사랑하겠지만, 그들의 사회 생활은 대체로 이 특별 세계 및 그 위성들에 국한된다. 그러나 예루셈의 여러 동그라미에서 이 집단의 아들들이 일하는 것을 관찰할 수 있다. 그리고 상물질계 시력이 굉장한 범위를 가지고 있으니까, 너희는 아들들의 산책로에서 이리저리 걸어다니고, 그들의 수많은 계급의 흥미 있는 활동을 바라볼 수 있다.

아들들의 이 일곱 동그라미는 동심(同心)을 가지고 있고, 연달아 높게 되어서, 바깥쪽의 큰 동그라미들은 각각 안쪽의 작은 동그라미들을 내려다보며, 각 동그라미는 공용(公用)하는 산책로의 담에 둘러싸여 있다. 이 벽은 어렴풋이 빛나는 수정(水晶) 보석으로 지어졌고, 각자의 거주하는 동그라미를 모두 내려다보도록 높게 되어 있다. 이 벽에 뚫려 있는 많은 문은—5만에서 15만이 되는데—꼭 하나의 진주 모양의 수정으로 이루어져 있다.

아들들의 영토에서 첫째 동그라미는 아들 행정관들과 그 개인 참모진이 차지한다. 이 사법(司法) 아들들이 자신을 수여하고 판결하는 봉사에 관한 계획, 그리고 그에 직결된 활동이 모두 여기에 집중된다. 또한 바로 이 중심을 통해서 체계의 아보날들이 우주와 접촉을 유지한다.

둘째 동그라미는 삼위 일체 아들 교육자들이 차지한다. 이 신성한 영토에서 데이날과 그 동료들은 새로 도착한 1차 아들 교육자들의 훈련을 실시한다. 이 모든 작업에서 그들은 찬란한 저녁별의 어떤 동격자 사단(師團)의 유능한 지원을 받는다. 생물이 삼자 일체 체험으로 낳은 아들들은 데이날 동그라미의 한 구역을 차지한다. 삼위 일체 아들 교육자들은 한 지역 체계에서 우주의 아버지의 개인 대표에 아주 가까우며, 그들은 적어도 삼위 일체 기원을 가진 존재이다. 이 둘째 동그라미는 예루셈의 모든 민족에게 특별히 관심을 끄는 영토이다.

셋째 동그라미는 멜기세덱들에게 바쳐진다. 여기에 체계의 우두머리들이 살고, 이 다능한 아들들의 거의 끝없는 활동을 감독한다. 처음 저택 세계로부터 계속해서, 하늘 가는 필사자들의 예루셈 생애 전체를 통하여 멜기세덱들은 양아버지요 늘 계시는 조언자이다. 물질 아들과 딸들의 상존하는 활동을 제쳐 놓고, 그들이 예루셈에서 지배적 영향이라 말하면 틀리지 않을 것이다.

넷째 동그라미는 보론다덱들, 그리고 다른 방법으로 집이 마련되지 않은 모든 다른 계급의 방문자 및 관찰자인 아들들의 집이다. 최고자인 별자리 아버지들은 지역 체계에 검열 방문으로 올 때, 이 동그라미에서 거처를 정한다. 체계에서 근무할 때, 지혜 완전자, 신성한 조언자, 우주 검열자들은 모두 이 동그라미에서 거주한다.

다섯째 동그라미는 라노난덱, 곧 체계 군주 및 혹성 영주인 아들들의 거처이다. 이 영토에서 집에 있을 때, 이 세 무리는 하나같이 섞인다. 체계의 예비군은 이 동그라미에서 유지되고, 한편 체계 군주는 행정 산에서 통치하는 구조물 집단의 중심에 자리잡은 한 성전을 가지고 있다.

여섯째 동그라미는 체계(體系)의 생명 운반자들이 머무르는 장소이다. 모든 계급의 이 아들들이 여기에 집합하며, 여기서부터 자기들의 세계 임무를 받고서 떠나간다.

일곱째 동그라미는 하늘 가는 아들들, 곧 천사 배우자와 더불어 체계 본부에서 일시 활동할까 싶은, 배치된 필사자들이 모이는 장소이다. 예루셈 시민의 지위 위에, 그리고 최후자의 지위 밑에 있는, 왕년(往年)의 필사자들은 모두 이 동그라미에 본부를 가진 무리에 속하는 것으로 간주된다.

아들들의 이 동그라미 모양의 거주지는 거대한 지역을 차지하며, 1천9백 년 전까지는, 그 중심에 커다란 확 트인 공간이 있었다. 지금은 미가엘 기념관이 이 가운데 지역을 차지하는데, 이것은 약 5백 년 전에 완성되었다. 495년 전에, 이 성전이 봉헌되었을 때, 미가엘이 친히 자리에 계셨고, 온 예루셈은 주 아들이 유란시아, 곧 사타니아에서 가장 작은 혹성에 자신을 수여했던 감동적인 이야기를 들었다. 미가엘 기념관은 이제, 미가엘의 수여로 생겨난, 수정된 체계의 관리에 포함된 모든 활동의 중심이며, 이것은 요즘에 옮겨 심은 구원자별 활동의 대부분을 포함한다. 그 기념관의 직원은 1백만이 넘는 성격자들로 이루어져 있다.

2. <u>천사의 동그라미</u>. 아들들의 거주 지역처럼, 이 천사의 동그라미들은 7개의 동심(同心)을 가진, 연달아 높아지는 동그라미로 이루어져 있고, 이것들은 각자 안의 지역을 내려다본다.

천사들의 첫째 동그라미는 본부 세계들에 주둔할지 모르는 무한한 영의 고등 성격자—외톨 사자와 그 동료—들이 차지한다. 둘째 동그라미는 사자 무리, 기술 고문, 동반자, 검열자, 기록자들이 때때로 예루셈에서 어쩌다 활동할지 모르다시피, 기록자들에게 바쳐진다. 고등 계급과 집단의 봉사하는 영들이 셋째 동그라미를 차지한다.

넷째 동그라미는 행정 세라핌들이 차지하며, 사타니아와 같은 지역 체계에서 일하는 세라핌들은 "수없이 많은 무리의 천사들"이다. 다섯째 동그라미는 혹성의 세라핌들이 차지하고, 한편 여섯째는 과도기 봉사자들의 집이다. 일곱째 동그라미는 어떤 밝혀지지 않은 계급의 세라핌들이 머무르는 구체이다. 이 모든 집단의 천사 기록자들은 자기 동료들과 함께 머무르지 않고, 예루셈 기록 전당(殿堂)에 주소가 있다. 모든 기록은 3중 보관실에 3중으로 간직된다. 체계 본부에서, 기록은 반드시 물질, 상물질, 영, 이 세 가지 형태로 보존된다.

이 일곱 동그라미는 예루셈의 전시하는 파노라마로 둘러싸여 있고, 그 둘레는 56,000킬로미터이다. 이것은 사타니아의 사람 사는 세계들의 승천 지위를 발표하는데 바쳐지며, 개별 혹성의 최신 조건을 참말로 나타낼 수 있도록 늘 수정된다. 너희에게 초기의 방문에서 연장된 여가가 허락될 때, 천사의 동그라미들을 내려다보는 이 광대한 산책로가 너희 눈을 끄는 첫 예루셈 광경이 되리라는 것을 나는 의심하지 않는다.

이 여러 전시(展示)는 예루셈의 토착 생명을 책임지지만, 이것들은 에덴시아로 가는 길에 예루셈에서 머무르고 있는, 사타니아의 여러 세계에서 온 승천자들의 도움을 받는다. 혹성의 조건과 세계의 진보를 묘사하는 것은 여러 방법으로 이루어지며, 더러는 너희에게 알려져 있지만, 대체로 유란시아에서 알려지지 않는 기술로 이루어진다. 이 전시는 이 넓은 벽의 바깥 가장자리를 차지한다. 산책로의 나머지는 거의 완전히 열려 있고, 상당히 또 웅장하게 꾸며져 있다.

3. <u>우주 조수의 동그라미들</u>은 거대한 가운데 공간에 자리잡은 저녁별들의 본부를 가지고 있다. 여기에 갈란시아의 체계 본부가 있는데, 갈란시아는 이 강력한 무리의 초월 천사들의 부회장(副會長)이며, 하늘 가는 모든 저녁별 가운데 처음으로

임명받은 자이다. 이것은 최근에 건축된 것들에 속하지만, 예루셈의 모든 행정 구역에서 가장 장려한 것 가운데 하나이다. 이 중심은 지름이 80킬로미터이다. 갈란시아 본부는 한 기둥으로 된, 부어서 만든 수정(水晶)이며, 통째로 투명하다. 물질이며 상물질인 이 수정들은 상물질 및 물질 존재들이 다 높이 평가한다. 창조된 저녁별들은 예루셈 전체에 영향력을 미치며, 그러한 성격 바깥의 속성을 소유한다. 그들의 활동이 아주 많이 구원자별로부터 여기로 옮겨진 뒤로, 온 세계가 영적 면에서 향기롭게 되었다.

4. <u>물리 주통제자의 동그라미</u>. 다채로운 계급의 물리 주통제자들은 광대한 동력의 전당(殿堂) 둘레에 동심(同心)을 가지고 배치되어 있고, 그 전당 안에서 체계의 동력 우두머리가 상물질 동력 감독자들의 우두머리와 협력을 얻어 주관한다. 이 동력의 전당은 예루셈에서 하늘 가는 필사자와 중도인들에게 금지된 두 구역 가운데 하나이다. 다른 구역은 물질 아들들의 지역에 있는 비물질화 구역인데, 수송 세라핌들이 물질 존재들을 상물질 계급의 존재와 아주 비슷한 상태로 변화시키는 일련의 실험실이다.

5. <u>하늘 가는 필사자의 동그라미</u>. 하늘 가는 필사자의 동그라미에서 가운데 지역은, 체계에서 사람 사는 세계들을 대표하는 619채의 혹성 기념관의 집단이 차지하고 있으며, 이 구조물은 정기적으로 큰 변화를 겪는다. 때때로, 자기네 혹성 기념관들을 특정하게 개조하거나 추가물에 대하여 찬성하는 것은 각 세계로부터 온 필사자들의 특권이다. 유란시아 구조물 안에는 지금도 많은 변화가 일어나고 있다. 이 전당 619채의 중심을 에덴시아와 그에 딸린 많은 승천 문화 세계의 기본 모형이 차지한다. 이 모형은 지름이 64킬로미터이고, 에덴시아 체계를 사실처럼 재생한 것이며, 모든 세부가 원본 그대로이다.

승천자들은 예루셈에서 자기들이 베푸는 봉사를 즐기며, 다른 무리들의 기술을 지켜보는 것을 기뻐한다. 이 여러 동그라미에서 행해지는 모든 것이 온 예루셈이 전부 관찰하도록 열려 있다.

그러한 세계의 활동은, 일과 진보와 놀이, 이 세 가지 다른 종류이다. 다시 말하면, 이 활동은 봉사와 연구와 휴식이다. 복합 활동은 사회 교제, 집단 흥행, 신성한 예배로 구성된다. 다양한 무리의 성격자들, 자신의 동료들과 아주 다른 계급들과 섞이는 데는 큰 교육적 가치가 있다.

6. <u>우대 거류민의 동그라미</u>. 거대한 세 구조물이 우대 거류민의 일곱 동그라미를 장식한다. 이는 예루셈의 광대한 천문 관측소, 사타니아의 거대한 예술 화랑, 그리고 복귀 지도자들의 거창한 집회실, 곧 휴식과 오락에 바쳐지는 상물질계 활동이 있는 극장이다.

하늘 예술가들은 씨앗 일꾼들을 지휘하고, 모든 공공 집회 장소에 널려 있는 창조적 장식과 기념관(記念館) 집단을 마련해 준다. 이 예술가들의 작업장은 이 놀라운 세계에서 비할 데 없는 모든 구조물 가운데 가장 크고 가장 아름다운 것들에 속한다. 다른 여러 우대 거류지는 넓고 아름다운 본부를 유지한다. 이 건물들의 다수는 통째로 수정(水晶) 보석들로 지어져 있다. 모든 건축 세계는 수정, 그리고 이른바 귀금속으로 널려 있다.

7. 최후자의 동그라미들은 그 중심에 독특한 구조물을 가지고 있다. 바로 이 빈 성전은 네바돈 전체에 걸쳐서 어느 체계 본부 세계에나 발견된다. 예루셈에 있는 이 건축물은 미가엘의 휘장(徽章)으로 봉인되어 있고, 그 휘장에는 이 글이 적혀 있다. "제7 단계의 영에게—영원한 배치에—아직 봉헌되지 않았음." 가브리엘은 이 신비의 성전에 봉인을 찍었는데, 밝은 새벽별이 붙여 놓은 군주의 봉인을 미가엘 외에 아무도 깨뜨릴 수 없고, 또 깨뜨리면 안 된다. 너희가 그 신비를 꿰뚫어보지는 못할까 싶지만, 언젠가 너희는 이 고요한 성전을 들여다볼 것이다.

기타 예루셈 동그라미: 이 거주 동그라미들 외에도, 예루셈에는 수많은 다른 지정된 거처가 있다.

6. 집행과 행정을 담당하는 정사각형

체계의 집행 및 행정을 담당하는 여러 부문은 1천 개의 엄청난 분과(分課) 정사각형 안에 자리잡고 있다. 각 행정 단위는 1백 하위 분과로 나누어지고, 이것은 각각 10개의 하위 집단으로 되어 있다. 이 1천 정사각형은 10개의 대부문으로 집단을 이루며, 따라서 다음 10 행정 분과를 이룬다:

1. 물리적 유지와 물질적 개선, 곧 물리적 동력과 에너지의 분야.
2. 중재, 윤리 및 행정 판결.
3. 혹성 및 지역 사무.
4. 별자리 및 우주 사무.
5. 교육과 기타 멜기세덱 활동.
6. 혹성과 체계의 물리적 진보, 사타니아 활동에서 과학적 분야.
7. 상물질계 사무.
8. 순수 영(靈)의 활동과 윤리.
9. 승천자에 대한 봉사.
10. 대우주 철학.

이 구조들은 투명하다. 따라서 모든 체계 활동을 학생 방문자들조차, 구경할 수 있다.

7. 직사각형—씨앗 일꾼

예루셈의 1천 직사각형은 본부 혹성의 하등 토착 생명이 차지하며, 그 중심에는 씨앗 일꾼들의 광대한 둥그런 본부가 자리잡고 있다.

예루셈에서 너희는 경이로운 씨앗 일꾼의 농업 성과에 놀랄 것이다. 거기서 토지는 대체로 미학과 장식의 효과를 위해서 경작된다. 씨앗 일꾼들은 본부 세계의 조경(造景) 정원사이며, 예루셈의 빈 공간을 다루는 데 독창성과 예술성이 있다. 그들은 땅을 가는 데 동물과 기계적 고안을 모두 이용한다. 그들 영역의 동력 장치를 이용하는 데, 그리고 하등 동물 창조인 형제, 그들보다 못한 형제들의 수많은 계급을 이용하는 데 머리를 잘 쓰며, 많은 하등 동물이 이 특별 세계들에서 그들에게 마련된다. 이 계급의 동물 생명은 지금 대체로, 진화 구체들에서 온 하늘 가는 중도인(中道人)들의 지도를 받는다.

씨앗 일꾼에게는 조절자가 깃들지 않는다. 그들은 살아남는 혼을 소유하지 않지만 장수(長壽)를 누리고, 어떤 때는 4만에서 5만 표준년의 범위까지 산다. 그들의 수는 허다하고, 그들은 물질적 봉사를 요구하는 모든 계급의 우주 성격자들에게 물리적 봉사를 베푼다.

씨앗 일꾼들은 살아남는 혼을 소유하지도 진화하지도 않으며, 비록 성격도 없지만, 그런데도 갱생(更生)을 체험할 수 있는 개성을 진화한다. 시간이 지남에 따라서, 이 독특한 생물의 육체가 닳아 버리고 낡아서 나빠지면, 그 창조자들은 생명 운반자들과 공동으로 일하여, 늙은 씨앗 일꾼들이 다시 거주할 수 있는 새로운 몸을 조립한다.

씨앗 일꾼들은 네바돈 우주 전체에서, 이 종류나 어떤 다른 종류의 갱생을 겪는 유일한 생물이다. 그들은 처음 다섯 보조 지성 영에게만 반응하며, 예배와 지혜의 영들에게 민감하지 않다. 그러나 다섯 보조 지성은 총체성, 곧 여섯째 실체 수준과 대등하게 되며, 체험적 신분으로서 지속하는 것은 바로 이 요소이다.

쓸모 있고 특별한 이 생물의 설명을 시작하는 데 나는 도무지 비교할 대상이 없다. 견줄 만한 동물이 진화 세계에 하나도 없기 때문이다. 그들은 진화하는 존재가 아니고, 생명 운반자들이 그들의 현재 형태와 지위로 계획하였다. 그들은 암수로 나누어지며, 늘어나는 인구의 필요를 채우는 데 필요한 대로 번식한다.

그들이 충실한 말과 다정한 개를 통합한 특성을 소유하며, 가장 높은 종류의 침판지를 넘는 지능을 나타낸다고 말함으로, 나는 아마 유란시아 지성들에게 아름답고 쓸모 있는 이 생물의 성품에 대하여 무언가를 최선으로 제시할 수 있다. 그리고 유란시아의 육체적 기준으로 판단하건대, 그들은 아주 아름답다. 이 건축 세계들에서 물질 및 반(半)물질 체류자들에게 주목받는 것을 그들은 아주 고맙게 여긴다. 그들이 가진 시력은 그들에게—물질 존재들 외에도—상물질계 창조물, 하등 천사 계급, 중도인, 그리고 하등 계급의 영 성격자들 가운데 더러를 알아보게 한다. 그들은 무한자를 예배하는 것을 이해하지 못하며, 영원자의 의미도 깨닫지 못한다. 그러나 그들의 주인에 대한 애정을 통하여, 그들의 영역에서 외향적 영적 예배에 참여한다.

우리 가운데에는, 미래 우주 시대에, 이 충실한 씨앗 일꾼들이 그들의 동물 수준 존재를 벗어나서, 진취적인 지성의 성장을 이룩하는 가치 있는 진화 운명, 아니 영적 업적까지도 도달할 것이라 믿는 자들도 있다.

8. 예루셈 삼각형

순전히 지역적이고 일상적인 예루셈 사무는 1백 삼각형으로부터 지시를 받는다. 이 단위들은 예루셈의 지역 행정을 거주하게 하는 10개의 놀라운 구조물 둘레에 뭉쳐 있다. 그 삼각형들은 체계 본부의 역사를 파노라마 그림으로 묘사한 것으로 둘러싸여 있다. 현재 이 동그라미 형태의 이야기는 22.4킬로미터가 넘게 지워져 있다. 이 구역은 사타니아가 별자리 가족에 다시 가입되면 회복될 것이다. 이 사건을 위하여 모든 시설이 미가엘의 선포에 따라서 준비되었지만, 옛적부터 늘 계신 이들의 법정은 아직 루시퍼 반란 사건의 판결을 끝내지 않았다. 사타니아가 반란 주모자들, 곧 빛으로부터 어두움으로 굴러 떨어진, 높은 피조 존재들을 거느리고 있는 한, 사타니아는 놀라시아덱의 완전한 친교 관계로 돌아오지 못할까 싶다.

사타니아가 별자리의 울타리로 돌아올 수 있을 때, 그 때 고립된 세계들을 사람 사는 세계의 체계 집단으로 다시 가입시키는 것이 고려될 터이고, 그 나라들이 영적 교통으로 회복되는 일이 뒤따르른다. 그러나 유란시아가 체계 회로(回路)로 회복된다 하더라도, 너희 체계를 모든 다른 체계로부터 일부 분리하는 놀라시아덱 검역 밑에 너희가 있다는 사실 때문에 너희는 여전히 당황할 것이다.

그러나 오래지 않아, 루시퍼와 그 동료들의 재판은 사타니아 체계를 놀라시아덱 별자리로 회복할 터이고, 그 뒤에, 유란시아와 고립된 다른 구체들은 사타니아 회로로 회복될 것이다. 그러한 세계들은 다시 혹성간 통신과 체계 사이에 교통하는 특권을 누릴 것이다.

모반자들과 반란의 끝이 다가올 것이다. 최상 통치자들은 자비롭고 참을성이 있지만, 계획해서 기른 악을 다스리는 법은 보편적으로, 어김없이 집행된다. "죄의 값은 죽음"이다—영원한 소멸이다.

[네바돈의 한 천사장이 발표하였다.]

제 47 편

일곱 저택 세계

유란시아에 있을 때, 아들 창조자는 "아버지의 우주에 있는 많은 저택"에 관하여 말씀하였다. 어떤 의미에서 예루셈을 도는 56 세계가 모두 하늘 가는 필사자의 과도기 문화에 바쳐진다. 그러나 1번 세계의 일곱 위성은 구체적으로, 저택 세계로 알려져 있다.

과도기 세계 1번 자체는 아주 순전히 승천 활동에 바쳐지며, 사타니아에 배치된 최후자 군단의 본부이다. 이 세계는 지금 10만이 넘는 최후자 중대(中隊)들을 위한 본부로서 쓰이며, 이 중대에는 각각 영화롭게 된 존재가 1천 명 있다.

한 체계가 빛과 생명에 정착할 때, 그리고 저택 세계들이 하나하나 사람의 훈련소로 사용이 중지됨에 따라서, 더 오래 되고 더 높이 완성된 체계들에서 누적되는, 늘어나는 이 최후자 인구가 저택 세계들을 점령한다.

일곱 저택 세계는 상물질계 감독자와 멜기세덱들의 책임 밑에 있다. 각 세계에는 예루셈 통치자들에게 직접 보고하는 임시 총독이 있다. 유버르사 화해자들은 각 저택 세계에 본부를 유지하며, 한편 기술 고문의 지역 회합 장소가 인접해 있다. 복귀(復歸) 지도자와 하늘 예술가들은 이 세계들 각 곳에 집단 본부를 유지한다. 영 일꾼들은 2번 저택 세계로부터 그 뒤로 죽 활동하며, 한편 다른 과도기 문화 혹성들 및 본부 세계와 공통으로, 일곱 세계에는 표준 창조인 씨앗 일꾼들이 풍부하게 마련된다.

1. 최후자의 세계

과도기 세계 1번에는 오로지 최후자들, 그리고 어떤 무리의 구제된 아이와 그 보호자들이 거주하지만, 모든 등급의 영 존재, 과도기 필사자, 학생 방문자들을 대접하기 위해 시설이 되어 있다. 씨앗 일꾼들은 이 세계들 어디에서나 활동하며, 그들이 알아볼 수 있는 모든 존재에게 싹싹한 주인 노릇을 한다. 그들은 최후자들에 대하여 어렴풋한 느낌을 가지고 있지만, 최후자들을 그려볼 수 없다. 그들은 너희의 현재 물리적 상태에서 너희가 천사를 간주하는 것과 비슷하게 최후자를 간주한다.

최후자 세계는 비록 지극하게 물리적으로 아름답고 뛰어나게 상물질 치장이 된 구체이지만, 활동의 중심에 자리잡은 큰 영(靈) 거처, 곧 최후자들의 성전은, 도움받지 않은 물질 시력(視力)이나 초기 상물질계 시력에는 보이지 않는다. 그러나 에너지 변압자들은 이 실체들 가운데 많은 것을 하늘 가는 필사자들의 눈에 보이게 해 줄 수 있고, 이 문화 구체에서 저택 세계 학생들의 학급 집회가 있을 경우처럼, 때때로 그렇게 활동한다.

저택 세계 체험을 통하여 죽, 너희는 파라다이스에 다다른 형제, 영화롭게 된 너희 형제들이 옆에 있다는 것을 어떤 면에서 영적으로 의식하지만, 그들의 본부 거처에서 그들이 활동하는 동안에, 때때로 그들을 실제로 파악하는 것은 아주 유쾌하다. 너희가 참 영 시력을 얻을 때까지 너희는 저절로 최후자들을 눈으로 볼 수 없다.

처음 저택 세계에서 모든 생존자는 그들이 태어난 혹성으로부터 부모(父母) 위원회의 요구 조건에 합격해야 한다. 현재 유란시아 위원회는 최근에 도착한, 12쌍의 부모로 이루어져 있고, 그들은 청춘기까지 셋 이상의 아이들을 기르는 일에 필사자로 체험을 겪은 적이 있다. 이 위원회 근무는 돌아가면서 하는데, 일반적으로 겨우 10년 동안이다. 부모로서 겪는 체험에 관하여, 이 위원들을 만족시키지 못하는 자들은 모조리, 예루셈에 있는 물질 아들들의 집에서, 또는 최후자 세계에 있는 보호 관찰 보육원에서 근무함으로, 부분적으로 자격을 더 갖추어야 한다.

그러나 부모 체험과 상관 없이, 보호 관찰 보육원에서 자라는 아이들을 가진 저택 세계의 부모들은 그러한 아이들의 교육과 훈련에 관하여 그 아이들의 상물질계 관리자들과 공동으로 일할 온갖 기회가 주어진다. 이 부모들은 1년에 4번까지 찾아보도록 거기로 여행하는 것이 허락된다. 저택 세계의 부모들이 최후자 세계로 정기적으로 순례하는 기회에, 그들의 물질 자손을 껴안는 것을 지켜보는 것은 승천 생애 전체에서 가장 감동적으로 아름다운 장면 가운데 하나이다. 한쪽 또는 양쪽 부모가 아이보다 먼저 저택 세계를 떠날 수도 있지만, 한 철 동안 그들은 흔히 같은 시대에 있다.

하늘 가는 필사자는 아무도, 물질 세계에서나, 아니면 나중에 최후자 세계나 예루셈에서, 아이—자신의 아이나 다른 아이—들을 기르는 체험을 벗어날 수 없다. 어머니와 똑같이 확실하게, 아버지도 이 필수 체험을 거쳐야 한다. 아이의 교양은 대체로 어머니가 할 일이라는 것은, 유란시아에서 현대 민족들이 가진 유감스럽고 잘못된 개념이다. 아이들은 어머니만큼 아버지가 필요하며, 어머니만큼 아버지는 이 부모 체험이 필요하다.

2. 보호 관찰 보육원

사타니아에 있는 어린아이 접대 학교들은 최후자 세계, 곧 예루셈 과도기 문화 구체들 가운데 첫째 구체에, 자리잡고 있다. 어린아이를 받는 이 학교들은, 우주 기록부에서 개인 지위를 얻기 전에 공간의 진화 세계에서 죽은 자들을 포함하여, 시간 속에 사는 아이들을 기르고 훈련하는 데 전념하는 사업이다. 그러한 아이 부모의 한쪽이나 양쪽이 살아남는 경우에, 운명 수호자는 자기와 관련된 케루빔을 그 아이의 잠재 신분을 관리하는 자가 되도록 임명하며, 그 케루빔에게 자라지 않은 이 혼을 상물질 세계의 보호 관찰 육아원에 있는 저택 세계 선생들의 손에 인도하는 책임을 맡긴다.

저택 세계 선생으로서, 멜기세덱들의 감독 밑에서, 최후자가 관찰하고 있는 피보호자들을 훈련시키려고 그러한 광범위한 교육 시설을 유지하는 것은 바로 이 버림받은 케루빔이다. 최후자에게 보호받는 이들, 하늘 가는 필사자의 이 어린아이들은 생식(生殖)하는 잠재성을 빼고, 반드시 죽을 때 그들의 바로 그 육체 상태로서 성격화된다. 이렇게 눈뜨는 것은 첫째 저택 세계에 부모가 도착하는 바로 그 시간에 일어난다. 그리고 나서, 이 아이들은, 그들의 상태 그대로, 때아니게 죽음이 그들의 생애를 끝나게 한 세계에서 그들이 선택했을 뻔한 그 하늘의 길을 택할 모든 기회가 주어진다.

보육원 세계에서, 보호 관찰 중에 있는 생물은 그들이 조절자를 가졌는가 아닌가에 따라서 분류되는데, 이는 조절자들이 시간 세계에서와 똑같이, 이 물질 아이들에게 깃들려고 오기 때문이다. 조절자를 받을 나이가 되지 않은 아이들은 다섯 명씩 가족을 이루어서 보살핌을 받고, 이들은 1살부터 대략 5살, 곧 조절자가 도착하는 나이까지이다.

진화하는 세계에서, 생각 조절자를 가지고 있지만 죽기 전에 파라다이스 생애에 관하여 결심하지 않은 아이들도 모두, 그 체계의 최후자 세계에서 다시 성격화된다. 조절자가 없이 도착했지만, 도덕적 선택이 요구되는 나이에 이른 뒤에 신비의 감시자를 나중에 받을 그 어린이들처럼, 거기서 그들은 마찬가지로 물질 아들과 그 동료들의 가족 안에서 자란다.

최후자 세계에서, 조절자가 깃드는 아이와 젊은이들은 또한 다섯 명으로 된 가족 안에서 양육되며, 그들은 6살에서 14살에 이른다. 대체로, 이 가족들은 나이가 6, 8, 10, 12, 14인 아이들로 구성된다. 16살이 된 뒤에 언제라도, 마지막 결심이 서면, 그들은 첫째 저택 세계로 옮겨지고, 파라다이스 상승을 시작한다. 더러는 이 나이가 되기 전에 결정을 내리고 계속해서 승천하는 구체들로 가지만, 유란시아 기준으로 계산해서, 16살 밑의 아이들은 저택 세계들에서 거의 발견되지 않을 것이다.

진화하는 혹성에서 필사자들을 영적으로 보살피는 것처럼, 수호 세라핌들은 최후자 세계의 보호 관찰 보육원에서 이 젊은이들을 따라다니며, 한편 충실한 씨앗 일꾼들은 그들의 육체적 필요를 보살핀다. 이렇게 이 아이들은, 마지막 결정을 내릴 때까지, 과도기 세계에서 자란다.

물질 생명이 그 과정을 마쳤을 때, 승천 생애에 대하여 아무런 결심이 서지 않았거나, 또는 시간 속에 사는 이 아이들이 하보나 모험에 반대하여 분명히 결정을 내리면, 죽음은 자동으로 그들의 보호 관찰 생애를 끝낸다. 그러한 사례에는 아무런 판결이 없다. 그러한 둘째 죽음으로부터는 아무런 부활이 없다. 그들은 다만, 마치 있지 않았던 것처럼 된다.

그러나 완전하게 되는 파라다이스 길을 고르면, 그들은 이내 첫째 저택 세계로 옮길 준비가 되며, 거기서 그들의 다수는 하보나로 올라가는 길에 그들의 부모와 합치기에 시간이 맞게 도착한다. 하보나를 거치고 신들에 도달한 뒤에, 사람의 기원을 가진 이 구제된 혼들은 파라다이스의 영구한 승천 시민 계급을 구성한다. 사람으로 태어난 세계에서 값지고 필수인 진화적 체험을 빼앗긴 이 아이들은 최후 군단에 소집되지 않는다.

3. 제1 저택 세계

여러 저택 세계에서 부활한 필사 생존자들은, 죽음이 덮쳤을 때 그들이 떠난 바로 그 자리에서, 그들의 생애를 다시 시작한다. 네가 유란시아로부터 제1 저택 세계로 갈 때, 너는 상당한 변화를 눈치챌 것이다. 그러나 네가 좀더 정상이고 진취적인 시간 구체의 출신이라면, 네가 다른 몸을 소유하고 있다는 사실을 빼고, 차이점을 거의 눈치채지 않을 것이다. 살과 피로 이루어진 천막은 태어난 세계에 두고 온 것이다.

제1 저택 세계에서 모든 활동의 바로 그 중심은 부활실, 곧 성격을 조립하는 거창한 성전이다. 이 거대한 구조는 운명 수호 천사, 생각 조절자, 그리고 부활을 담당하는 천사장들의 중앙 회합소로 이루어져 있다. 생명 운반자들도 또한 죽은 자가 부활할 때 이 하늘 존재들과 함께 활동한다.

필사자 지성의 성적표, 그리고 물질 수준으로부터 영 수준으로 바뀐 바와 같이, 작용하는 생물 기억의 형태는 떨어져 나간 생각 조절자의 개별 소유물이다. 영이 되어 버린 이 지성 요소, 기억, 그리고 생물의 성격은 언제까지나 그러한 조절자의 일부이다. 생물 지성의 모체와 신분의 수동적 잠재성은 운명 수호 천사가 보관하도록 맡겨진 상물질 혼 안에 존재한다. 세라핌이 받은 상물질 혼 위탁물과 조절자의 영 지성 위탁물을 다시 뭉치는 것은 생물의 성격을 다시 조립하며 잠자는 생존자의 부활인 것이다.

필사의 기원을 가진 일시적 성격이 이처럼 결코 다시 조립되지 않는다면, 살아남지 못하는 필사 인간의 영 요소들은 옛날에 깃들던 조절자의 개별적 체험 재산의 구성 요소로서 언제까지나 계속할 것이다.

새 생명의 성전으로부터, 방사(放射)하는 일곱 날개, 곧 필사 민족들의 부활실들이 뻗어 나간다. 이 구조물은 각각 시간 속에 사는 일곱 민족 가운데 한 모임에 바쳐진다. 둥근 학급 집회실에서 끝나는 이 일곱 날개 안에는 각각 성격 부활실이 10만 채 있으며, 이 방들은 1백만이나 되는 사람들을 위해서 잠에서 깨어나는 방으로 쓰인다. 이 방들은 아담 이후의 정상 세계들에서 온, 혼합 민족들의 성격을 조립하는 방에 둘러싸여 있다. 특별 부활이나 섭리 시대의 부활과 연관되어, 개별 시간 세계들에서 이용될 수 있는 기법에 상관 없이, 완벽한 실제 성격을 정말로 의식하도록 다시 조립하는 것은 저택 나라 1번의 여러 부활실에서 일어난다. 모든 영원을 통해서, 이 부활의 아침을 너희가 처음으로 구경하는 인상, 깊이 기억에 남는 인상을 너희는 회상할 것이다.

부활실로부터 너희는 멜기세덱 구역으로 나아가며, 거기서 영구한 거주가 너희에게 배정된다. 그리고 나서 너희는 10일 동안 개인적으로 자유로운 시간에 들어간다. 너희의 새 집 바로 근처를 마음대로 탐구하고, 너희는 바로 앞에 놓인 프로그램에 익숙해진다. 너희는 기록부를 들여다보고 이 세계들에 너희보다 먼저 왔을까 싶은, 너희가 사랑하던 자들과 땅에서 친구였던 다른 자들을 찾아보려는 소망을 채울 시간도 있다. 10일 동안의 여가 끝에, 너희는 파라다이스 여행에서 둘째 걸음을 시작하는데, 이는 저택 세계들이 그냥 구류하는 혹성일 뿐 아니라, 실제로 훈련하는 구체이기 때문이다.

1번 저택 세계에서 (또는 상급 지위의 경우에는 다른 데서) 너희는 죽음으로 중단된 바로 그 수준에서, 너희의 지성 훈련과 영의 발전을 다시 시작할 것이다. 혹성에서 죽거나 옮겨지던 때와 저택 세계에서 부활하는 때 사이에, 필사 인간은 부활의 사실을 체험하는 것을 제쳐 놓으면, 절대로 아무 것도 얻지 못한다. 그 세계에서 너희는, 여기 밑에서 너희가 떠나는 바로 그 자리에서 시작한다.

저택 세계 1번에서 겪는 체험의 거의 모두가 결핍된 봉사에 관계된다. 구류 구체들 가운데 이 첫째 구체에 도착하는 생존자들이, 생물 인격에서 아주 많고 아주 다채로운 결점과 필사 존재의 부족한 점을 제시하기 때문에, 그 영역의 주요 활동은 시공의 물질적 진화 세계들에서 육체를 입은 생명이 받은 이 잡다한 유산(遺産)을 바로잡고 치유하는 데 몰두한다.

저택 세계 1번에서 머무르는 것은 정상의 진화 세계들에서 적어도 아담 이후 섭리 시대의 지위까지 필사 생존자들을 발전시키도록 고안되어 있다. 영적으로, 물론, 저택 세계 학생들은 그러한 단순한 인간다운 발전의 상태보다는 훨씬 앞서 있다.

너희가 저택 세계 1번에 억류되어서는 안 된다면, 10일이 끝날 때 너희는 이동하는 잠에 들어가서 2번 세계로 나아갈 터이고, 그 뒤에 10일마다, 너희가 배치된 세계에 다다를 때까지 너희는 이처럼 진급할 것이다.

제1 저택 세계 행정에서 일곱 주요 동그라미의 중심은 상물질계 동반자들의 성전이 차지하며, 이들은 하늘 가는 필사자들에게 배치된 개인 안내자이다. 이 동반자들은 지역 우주 어머니 영의 자손이며, 사타니아의 상물질 세계들에는 이들이 몇 백만 명 있다. 집단 동반자로서 배치된 자들을 제쳐 놓고, 너희는 통역자와 번역자, 건물 관리자, 소풍 감독자들과 많이 상관을 가질 것이다. 이 동반자들은 모두 상물질 몸 안에서, 너희 성격의 지성 및 영 요소들을 개발하는 일에 상관이 있는 자들에게 아주 협조적이다.

너희가 제1 저택 세계에서 시작할 때, 하늘 가는 필사자 1천 명으로 이루어진 각 중대(中隊)에 상물질계 동반자 한 명이 배치된다. 그러나 너희가 일곱 저택 구체를 통해서 진보함에 따라서, 너희는 더 큰 무리와 마주칠 것이다. 아름답고 다능한 이 존재들은 사귈 만한 동료요 매력 있는 안내자이다. 위성 세계들을 포함하여, 과도기 문화 구체들 가운데 어디에도, 그들은 개인이나 선택된 무리들을 자유롭게 동반한다. 그들은 승천하는 모든 필사자의 소풍 안내자요 여가 동료이다. 예루셈을 정기적으로 방문할 때 그들은 흔히 생존자 무리를 따라가며, 너희가 어느 날 거기 있더라도, 체계 서울의 등록 구역으로 가서, 모두 일곱 저택 세계에서 온 하늘 가는 필사자들을 만날 수 있는데, 이는 그들의 거처와 체계 본부 사이에 그들이 자유롭게 왔다갔다 여행하기 때문이다.

4. 제2 저택 세계

이 구체에서 너희는 저택 나라 생활 속으로 더욱 충만히 안내된다. 상물질계 생명의 집합들이 비로소 형태를 갖춘다. 작업 집단과 사회 조직들이 활동하기 시작하며, 공동체들은 공식 규모를 갖추고, 진보하는 필사자들은 새 사회 체제와 정부 시설을 개시한다.

영이 융합한 생존자들은, 조절자가 융합한 승천 필사자들과 함께, 저택 세계들을 차지한다. 다양한 계급의 하늘 생명이 다르지만, 그들은 모두 친절하고 사교적이다. 모든 승천 세계에서 너희는 사람의 참지 못하는 성향, 그리고 경솔한 카스트 체계의 차별과 견줄 만한 것을 하나도 발견하지 못할 것이다.

너희가 저택 세계들을 하나하나 올라감에 따라서, 그 세계들은 승진하는 생존자들의 상물질 활동으로 더욱 붐비게 된다. 너희가 앞으로 가는 동안, 너희는 예루셈의 모습이 저택 세계들에 더욱 더해짐을 인식할 것이다. 유리 바다는 제2 저택 나라에서 그 모습을 나타낸다.

한 저택 세계에서 다음 세계로 올라갈 때마다, 새로이 개발되고 알맞게 손질된 상물질 몸을 얻게 된다. 너는 천사 수송자와 함께 잠에 들어가며, 새롭지만 발육되지 않은 몸을 가지고 부활실에서 깨어난다. 이것은 저택 세계들 사이에 이동하는 이 잠 속에서 생각 조절자가 너를 떠나지 않는 것을 제쳐 놓으면, 네가 처음으로 저택 세계 1번에 도착했던 때와 아주 비슷하다. 일단 네가 진화 세계로부터 첫째 저택 세계까지 통과하고 난 뒤에, 너의 성격은 손대지 않은 채로 남아 있다.

네가 상물질 생명으로 올라가는 동안 네 조절자의 기억은 완전히 그대로 남아 있다. 순전히 동물적이고 온통 물질적이었던 정신 관계는 육체의 두뇌와 함께 자연히 없어져 버렸다. 그러나 너의 정신 생활에서 보람 있고 살아남을 가치가 있는 것은 모조리 조절자가 그 부본(副本)을 작성하고, 하늘 가는 생애를 통해서 끝까지 개인 기억의 일부로서 보존된다. 한 저택 세계로부터 다른 세계로, 그리고 우주의 한 구역에서 다른 구역으로—아니 파라다이스까지—네가 나아가는 동안에, 너는 보람 있는 너의 체험을 모두 의식하고 있을 것이다.

너는 상물질 몸들을 가지고 있지만, 이 일곱 세계 모두를 통해서, 너는 계속해서 먹고 마시고 쉰다. 너는 상물질 체제의 먹을 것, 곧 물질 세계에서 알려지지 않은 살아 있는 에너지 분야를 먹는다. 먹을 것과 물은 다 상물질 몸 안에서 완전히 이용되며, 남는 찌꺼기가 하나도 없다. 멈춰서 생각해 보아라: 저택 나라 1번은 대단히 물질적인 구체이며, 상물질 체제 초기의 시작을 제시한다. 너는 아직도 인간에 가깝고, 필사 생명의 제한된 관점으로부터 그다지 멀리 떨어져 있지 않지만, 각 세계는 분명한 진보를 드러낸다. 한 구체에서 다른 구체로, 너는 차츰 물질 성향이 줄어들고, 더 총명하고 조금 더 영답게 변한다. 영적 전진은 진보하는 이 일곱 세계 가운데 마지막 셋에서 가장 크다.

생물학적 결점은 제1 저택 세계에서 대체로 메워진다. 거기서 성생활, 가족 관계, 그리고 부모의 기능에 관한 혹성 체험에서 있었던 결점은 고쳐지든지, 아니면 예루셈에 있는 물질 아들 가족들 사이에서 앞날에 시정(是正)되도록 계획된다.

저택 세계 2번은 특히, 모든 국면의 지성의 갈등을 제거하며, 온갖 종류의 정신의 불화를 고쳐 준다. 제1 저택 세계에서 시작된, 상물질계의 상지혜의 의미를 통달하려는 노력은 여기서 더욱 진지하게 이어진다. 저택 나라 2번에서 생기는 발전은 이상적인 진화 세계에서 아들 행정관 이후 문화의 지성 상태와 비교된다.

5. 제3 저택 세계

셋째 저택 나라는 저택 세계 선생들의 본부이다. 이 선생들은 일곱 저택 구체 어디에서나 활동하지만, 그들은 3번 세계의 학교 동그라미의 중심에서 집단 본부를 유지한다. 저택 세계와 상급 상물질 세계들에는 이 강사(講師)들이 수백만 명 있다. 상급이며 영화롭게 된 이 케루빔들은 저택 세계들로부터 지역 우주 상승 훈련을 맡는 마지막 구체까지, 상물질계 선생으로서 일한다. 작별 시간이 가까워질 때, 너의 기원이 있던 우주에게 네가 작별 인사를 할 때—적어도 몇 시대 동안—초우주 소구역의 접대 세계들로 이동하려고 너희가 천사에게 둘러싸일 때, 그들은 마지막으로 깊은 애정으로 이별을 알리는 자들 사이에 있을 것이다.

제1 저택 세계에서 머무를 때, 너는 첫째 과도기 세계, 최후자의 본부, 그리고 발육되지 않은 진화하는 아이들을 양육하기 위하여, 체계의 보호 관찰 보육원을 찾아보도록 허가를 받는다. 네가 2번 저택 나라에 다다를 때, 너는 과도기 세계 2번을 정기적으로 찾아볼 허가를 받으며, 거기에는 온 사타니아를 위하여 상물질 감독 본부와 여러 상물질 계급을 위하여 훈련 학교들이 자리잡고 있다. 네가 저택 세계

3번에 다다를 때, 너에게는 즉시 셋째 과도기 구체를 방문할 허가가 내리는데, 여기는 천사 계급의 본부요, 그들의 다양한 체계 훈련 학교들의 집이다. 이 세계로부터 예루셈을 찾아보는 것은 점점 더 유익하며, 하늘 가는 필사자들에게 늘 흥미를 돋구어 준다.

셋째 저택 나라는 사람으로 태어난 세계에서 육체로부터 해방되기 전에, 이 문화 사회들에 해당하는 것을 마치지 못한 모든 사람을 위해서 개인적·사회적으로 큰 성취가 있는 세계이다. 이 구체에서 더욱 긍정적 교육 작업이 시작된다. 처음 두 저택 세계의 훈련은, 육체를 입은 생명에서 있던 체험을 보충하는 데 상관이 있다는 점에서, 대부분 결핍의—부정적—성질이 있다. 이 셋째 저택 세계에서 생존자들은 정말로 그들의 진취적 상물질 교양을 시작한다. 이 훈련의 주요한 목적은 상물질계의 상지혜와 필사자의 논리의 상관 관계에 대한 이해, 곧 상물질계의 상지혜와 인간 철학의 조정을 향상하는 데 있다. 살아남는 필사자들은 이제 참된 형이상학을 들여다보는 실용적 통찰력을 가진다. 이것은 우주의 의미와 여러 우주 상호 관계를 총명하게 이해하는 데 참된 첫걸음이다. 제3 저택 세계의 문화는 사람이 사는 정상 혹성에서 수여 아들 후 시대의 성질을 띤다.

6. 제4 저택 세계

네가 제4 저택 세계에 다다를 때, 너는 상물질계 생애에 한창 들어가 있다. 너는 초기의 물질 존재로부터 한참 진보하였다. 이제 너에게는 과도기 4번 세계를 찾아볼 허가가 주어지며, 거기서 찬란한 저녁별들을 포함하여, 초월 천사의 본부와 훈련 학교들에 관하여 익숙하게 된다. 제4 과도기 세계에 있는 이 초월 천사들의 좋은 주선을 통하여, 상물질계 방문자들은 예루셈에 정기적으로 방문하는 동안에 다양한 계급의 하나님의 아들들에게 아주 가까이 갈 수 있게 되며, 이것은 승진하는 필사자들이 본부 세계를 이렇게 거듭 방문함에 따라서, 체계 서울의 새 구역들이 그들에게 차츰 개방되고 있기 때문이다. 이 승천자들의 커져 가는 지성에게 새로운 웅장함이 점진적으로 펼쳐지고 있다.

제4 저택 나라에서 개별 승천자는 상물질 생활의 집단 작업과 학급 활동에서 더욱 알맞게 자기 자리를 찾는다. 하늘 가는 자들은 여기서 방송과 기타 단계의 지역 우주 문화와 진보에 관하여 높은 이해력을 기른다.

바로 4번 세계에서 겪는 훈련 기간에, 하늘 가는 필사자들은 상물질 생물의 참된 사회 생활의 요구와 기쁨에 정말 처음으로 입문한다. 진화하는 생물이, 개인적 확장이나 자기 이익을 추구하는 정복(征服)에 바탕을 두지 않은 사회 활동에 참여하는 것은 정말로 새로운 체험이다. 새로운 사회 질서가 도입되고 있고, 이것은 서로 존중함을 나타내는 분별 있는 동정심, 서로 봉사하는 사심(私心) 없는 사랑, 그리고 공통의 최고 운명을—경건하고 신성한 완전함을 이루는 파라다이스 목표를—실현하려는 동기, 전반적으로 지배하는 동기에 근거를 두었다. 승천자들은 모두 하나님을 알고, 하나님을 드러내고, 하나님을 구하며, 하나님을 찾아내는 것을 모두 자각하게 된다.

이 제4 저택 세계의 지적·사회적 문화는 정상으로 진화하는 혹성들에서 아들 교육자 이후 시대의 정신 및 사회 생활에 비교할 만하다. 영적 지위는 필사자의 그러한 섭리 시대보다 훨씬 앞서 있다.

7. 제5 저택 세계

제5 저택 세계까지 수송되는 것은 상물질 진보자의 생애에서 엄청난 전진의 걸음이다. 이 세계에서 겪는 체험은 참으로 예루셈 생활을 미리 맛보는 것이다. 여기서 충성스러운 진화 세계들의 높은 운명을 너희가 비로소 깨닫는데, 이는 이 세계들이 자연스런 혹성 발전 기간에 이 단계까지 정상으로 진보할 수도 있기 때문이다. 이 저택 세계의 문화는 일반적으로, 정상으로 진화하는 진보를 겪는 혹성에서 빛과 생명의 초기 시대 문화에 해당한다. 그리고 너는 이로부터, 이 상급 진화 세계들에서 때때로 거주하는, 상당히 교양 있고 진취적인 부류의 존재들이 어째서 하나 이상의 저택 구체, 심지어 모든 저택 구체를 거치는 것이 면제되도록 주선되는가 알아차릴 수 있다.

제4 저택 세계를 떠나기 전에 지역 우주 언어를 통달했으니까, 너는 거주 지위를 가지고 예루셈에 도착하기 전에 유버르사의 말을 완전히 익히는 데 이제 더 시간을 바치며, 두 말을 네가 유창하게 쓸 수 있게 되는 것이 목표이다. 체계 본부로부터 하보나까지, 하늘 가는 필사자들은 모두 두 나라 말을 한다. 그리고 나서 오직 초우주 단어(單語)의 수를 늘이는 것이 필요하며, 파라다이스에 거주하기 위해서 더 추가로 늘이는 것이 요구된다.

5번 저택 나라에 도착하고 나서, 순례자는 해당하는 번호의 과도기(過渡期) 세계, 곧 아들들의 본부를 찾아보도록 허락이 내린다. 여기서 하늘 가는 필사자는 신성한 아들들의 여러 집단과 개인적으로 익숙하게 된다. 이 훌륭한 존재들에 관하여 죽 소문을 들어 왔고, 이미 예루셈에서 그들을 만났지만, 이제는 그들을 정말로 알게 된다.

제5 저택 나라에서 너는 비로소 별자리의 연구 세계들에 관하여 배운다. 나중에 별자리에 머무르는 것을 위하여 너를 비로소 준비시키는 처음 강사(講師)들을 여기서 만난다. 연장된 이 준비가 6번과 7번 세계에서 계속되며, 한편 예루셈에 있는 하늘 가는 필사자들의 구역에서 마무리하는 손질이 더해진다.

우주 의식(意識)의 참된 출생은 5번 저택 나라에서 일어난다. 너는 우주에 머리를 쓰게 된다. 이것은 정말로 시야가 커지는 때이다. 아주 힘들었지만 몹시 기쁘게 상서롭게 시작된 진보하는 파라다이스 승천을 마치는 자들을 모두, 어떤 엄청나고 웅장한, 어떤 천상의 신성한 운명이 기다린다는 생각이, 하늘 가는 필사자들의 확대되는 지성 속에 비로소 떠오르고 있다. 대략 이 지점에서, 보통 필사 승천자는 하보나 상승에 대하여 진정한 체험적 열심을 나타내기 시작한다. 연구는 자원해서 이루어지며, 사심 없는 봉사는 자연히 베풀어지고, 예배는 저절로 일어난다. 진정한 상물질 인격이 싹트고 있으며, 진정한 상물질 생물이 진화하고 있다.

8. 제6 저택 세계

이 구체에서 머무르는 자들은 과도기 세계 6번을 찾아보는 것이 허락되며, 거기서 그들은 초우주의 높은 영들에 관하여 더 배운다. 하지만 이 하늘 존재들의 다수를 눈으로 볼 수 없다. 여기서 그들은 또한 장래의 영 생애에서 첫 수업을 받는데, 이것은 지역 우주의 상물질 훈련을 졸업하면서 즉시 뒤따른다.

체계 조군주(助君主)는 이 세계를 자주 방문하며, 여기서 첫 교육은 우주 행정 기법에 관하여 시작된다. 한 우주 전체의 사무를 포함하는 첫 수업이 이제 진행된다.

이 때는 하늘 가는 필사자들에게 빛나는 시대이며, 보통은 인간의 지성과 신다운 조절자의 완전한 융합을 구경하게 된다. 가능성으로 볼 때 이 융합은 이전에 일어날 수도 있었지만, 제5 저택 세계, 아니 심지어 제6 세계에서 머무를 때까지, 흔히 실제의 기초적 신분은 성취되지 않는다.

부활한 생존자들을 위하여 감독하는 초월 천사, 그리고 사흘째 되는 날에 재판에 가는 자들을 위하여 기록하는 천사장, 이 둘을 부르는 천사 호출이 진화하는 불멸의 혼이 영원하고 신다운 조절자와 뭉친다는 것을 알려 준다. 그리고 나서 그러한 생존자의 상물질 동료들 앞에서, 확인하는 이 사자들이 말한다: "이 사람은 내가 아주 기뻐하는 사랑하는 아들이라." 간단한 이 의식(儀式)은 하늘 가는 필사자가 파라다이스에서 봉사하는 영원한 생애로 들어감을 표시한다.

조절자 융합이 확인되고 나서 이내, 새로운 그 상물질 존재는 동료들에게 처음으로 새로운 이름으로 소개되며, 모든 정상 활동으로부터 40일 동안 영적 은거를 허락받는다. 그 동안에 자신과 교통하며, 하보나로 가는 선택하는 길 가운데 하나를 고르고, 파라다이스에 도달하는 차이 나는 기법 중에서 무엇을 선택하려는 것이다.

그러나 아직도 이 눈부신 존재들은 얼마큼 물질이며, 참 영(靈)이 되기에는 아직 멀었다. 그들은 차라리 초월 필사자와 같고, 영적으로 말하면 아직도 천사보다 조금 못하다. 그러나 참으로 놀라운 생물이 되어 가고 있다.

6번 세계에서 머무르는 동안 저택 세계 학생들은, 빛과 생명의 초기 단계를 지나서 정상으로 진보한 진화 세계들의 특징을 나타내는 지위, 그 높은 발전에 견줄 만한 지위에 이른다. 이 저택 나라에서 사회의 조직은 높은 체제이다. 이 세계들을 하나하나 올라감에 따라서, 필사 성품의 그림자는 자꾸 줄어든다. 혹성의 동물 기원의 험한 자국을 벗어 버리고 떠나면서, 너는 갈수록 더 사랑스럽게 되어 간다. "큰 시련을 거치고 올라오는 것"은 영화롭게 된 필사자들을 아주 상냥하고 이해심 있게, 아주 동정심 있고 너그럽게 만드는 데 소용된다.

9. 제7 저택 세계

이 구체에서 겪는 체험은 죽음 직후의 생애에서 절정에 이르는 업적이다. 여기서 너희가 머무르는 동안 너희는 여러 선생의 가르침을 받을 터이고, 그들은 모두 예루셈에 거주하도록 너희를 준비시키는 일에 협조할 것이다. 고립되고 발육이 처진 세계에서 온 필사자들과, 더 앞서 있고 깨우친 구체에서 온 생존자들 사이에 있던 어떤 식별할 만한 차이점도 제7 저택 세계에서는 거의 지워진다. 여기서 불행한 유전(遺傳), 건전하지 않은 환경, 비영적 혹성 경향과 같은 모든 찌꺼기가 너희에게서 깨끗이 씻겨 내린다. "짐승의 표시"의 마지막 찌꺼기가 여기서 뿌리가 뽑힌다.

7번 저택 나라에서 머무르는 동안, 과도기 세계 7번, 곧 우주의 아버지의 세계를 방문하는 허가가 내린다. 여기서 너희는 보이지 않는 우주의 아버지에게 드리는 새롭고 더 영적인 예배를 시작하며, 이것은 너희의 긴 승천 생애를 통하여 내내 너희가 점점 더 추구할 버릇이다. 이 과도기 문화 세계에서 너희는 아버지의 성전을 발견하지만, 아버지를 보지는 못한다.

이제 예루셈으로 가는 졸업 학급이 형성된다. 개인으로서 너희는 한 세계에서 다른 세계로 갔지만, 이제 너희는 무리를 이루어 예루셈을 향하여 떠나려고 준비한다. 하지만 어떤 한계 안에서, 승천자는 땅에서나 저택 나라에서 그의 작업 집단에서 뒤떨어진 회원이 그를 따라잡게 만들려는 목적으로, 제7 저택 세계에서 머물러도 좋다.

제7 저택 나라의 직원들은 너희가 거주 지위를 가지고 예루셈을 향하여 떠나는 것을 구경하려고 유리 바다에서 모인다. 수십 또는 수백 번, 너희는 예루셈을 방문했을지 모르지만, 언제나 손님으로서 그랬다. 하늘 가는 필사자로서 저택 나라 생애 전체에 영원히 작별을 알리는 동료들의 한 무리와 일행을 이루어, 너희가 체계 서울을 향하여 나아간 적은 결코 없었다. 너희는 예루셈의 시민으로서 본부 세계의 접대하는 들에서 곧 환영받을 것이다.

비물질화를 겪는 일곱 세계를 거쳐서 진보함을 너희는 크게 즐길 것이다. 이 세계들은 정말로 필사의 껍질을 벗게 하는 구체들이다. 제1 저택 세계에서 너희는 대체로 인간이었고, 물질 몸을 뺀 필사 존재, 곧 상물질 형태—살과 피로 이루어진 필사의 집이 아니라, 상물질 세계의 물질 몸—속에 들어 있는 인간 지성일 뿐이었다. 조절자와 융합할 때, 너희는 정말로 필사의 상태에서 불멸의 상태로 지나가며, 너희가 예루셈 생애를 마쳤을 때가 되어서, 너희는 완전히 자란 상물질자가 될 것이다.

10. 예루셈 시민권

저택 세계 졸업생들의 새 학급을 접대하는 것은 온 예루셈에게, 환영하는 위원회로서 집합하라는 신호이다. 씨앗 일꾼들조차 진화의 기원을 가지고 승리한 이 승천자들이 도착하는 것을 즐거워하는데, 이들은 혹성에서 달리기를 하였고, 저택 세계의 진보를 마쳤다. 오직 물리 통제자와 상물질계 동력 감독자들만 즐거워하는 이 계제에 참석하지 않는다.

계시자 요한은 제7 저택 세계로부터 예루셈의 영광인 첫째 하늘까지, 승진하는 필사자 학급이 도착하는 환상을 보았다. 그는 기록하였다: "그리고 내가 보니, 마치 불과 섞인 유리 바다 같은 것이 있고, 몸 안에 처음부터 있던 짐승, 저택 세계들을 통해서 남아 있었던 형상, 그리고 마침내 최종의 표시와 자국을 이겨 낸 자들이, 유리 바다에 서서, 하나님의 하프들을 지녔은즉, 사람의 두려움과 죽음으로부터 구원받는 노래를 부르더라." (완전하게 된 공간 통신이 이 모든 세계에 있게 된다. 그러한 통신을 너희가 어디서나 수신하는 것은 "하나님의 하프"를 가지고 다님으로 가능하게 되는데, 이것은 공간 통신을 수신하기에 미숙한 상물질계 감각 작용을 직접 조정할 능력이 없는 것을 메우는 상물질계 고안품이다.)

바울도 또한 예루셈에서 완전하게 되는 필사자들의 승천 시민 군단을 보았는데, 그가 이렇게 기록했기 때문이다, "그러나 너희는 시온 산으로, 살아 계신 하나님의 도시, 하늘의 예루살렘으로, 셀 수 없이 많은 집단의 천사들에게, 미가엘의 대집회까지, 그리고 완전하게 만들어지는 의인들의 영에게 왔도다."

필사자들이 체계 본부에서 거주 자격을 얻은 뒤에, 실질적 부활은 이제 더 겪지 않을 것이다. 저택 세계의 생애를 떠날 때 너희에게 허락된 상물질 형태는 지역 우주 체험의 끝까지 너희가 견디게 할 그러한 것이다. 때때로 변화가 생길 터이나, 승천하는 교양과 영 훈련을 받는 초우주 세계들까지 이동하는 데 대비해서, 제1 단계의 영으로 너희가 솟아날 때, 작별할 때까지 너희는 바로 이 형태를 지닐 것이다.

저택 나라 생애 전부를 거치는 이 필사자들은 일곱 번 조정하는 잠과 부활하는 각성을 겪는다. 그러나 마지막 부활실, 마지막으로 잠을 깨는 방은 제7 저택 세계에 두고 떠났다. 형태의 변화는 이제 더 의식을 잃거나, 개인의 기억 연속성에서 단절하는 일이 필요하게 만들지 않을 것이다.

진화 세계에서 시작되고 육체 속에서 천막 생활을 하던—신비의 감시자가 깃들고 진리의 영이 투입된—필사 성격은, 그러한 예루셈 시민에게 에덴시아로 입국 허가가 내리고, 네바돈의 상물질계 군단의 참 회원이라고—조절자와 결합한 불멸의 생존자요, 파라다이스로 올라가는 자, 상물질 지위를 가진 성격자, 최고자들의 참된 아이라고—선포되는 날 까지, 충분히 동원되고 실현되고 통일되지 않는다.

사람의 죽음은 육체를 입은 물질 생명으로부터 달아나는 기법이며, 시정하는 훈련과 교양 교육이 있는 일곱 세계를 거쳐서, 진보하는 생명을 사는 저택 나라 체험은 필사 생존자들을 상물질 생애로 첫걸음을 내딛게 하는 것에 해당한다. 이 상물질 생애는 진화하는 물질 존재, 그리고 영원의 입구에 이르도록 예정된 시간 승천자들의 더 높은 영적 성취, 이 둘 사이에 끼어 있는 과도기 생명이다.

[한 찬란한 저녁별이 후원했다.]

제 48 편

상물질 생명

신들은 거친 동물 성품을 가진 생물을, 어떤 신비스러운 창조적 요술 행위를 이용하여 완전하게 된 영으로 변화시킬 수 없다—적어도 그렇게 하지는 않는다. 창조자들이 완전한 존재들을 생산하기를 바랄 때, 그들은 직접 최초에 창조함으로 그렇게 한다. 그러나 그들은 결코, 동물 기원을 가진 물질적 생물을 한 걸음에 완전한 존재로 개조하는 일에 손대지 않는다.

지역 우주 생애의 여러 단계에 연장되는 바와 같이, 상물질 생명은 물질 필사자들이 영 세계의 문턱에 이를 수 있는, 유일하게 가능한 접근 방법이다. 죽음, 곧 물질적 육체의 자연스런 분해가, 무슨 요술을 지녔기에, 그렇게 간단한 걸음이 한 순간에 필사의 물질 지성을 불멸하고 완전하게 된 영으로 변화시킬 것인가? 그러한 믿음은 다만 무지한 미신(迷信)이요, 듣기 좋은 꾸민 이야기일 뿐이다.

필사 상태와 살아남는 인간들이 나중에 얻는 영 지위 사이에는 언제나 이 상물질계 과도기가 낀다. 우주 진보에서 이 중간 상태는 여러 지역 창조에서 두드러지게 다르지만, 그 의도와 목적에서 볼 때 이 창조들은 다 아주 비슷하다. 네바돈에 있는 저택 나라와 상급 상물질 세계들의 시설은 오르본톤의 이 부분에서 상물질계 과도기 체제에 상당히 전형적이다.

1. 상물질계 물질

상물질계 영역은 생물이 존재하는 물질 수준과 영적 수준 사이에서 연결하는 지역 우주 구체들이다. 이 상물질 생명은 혹성 영주의 초기 시절부터 유란시아에서 알려졌다. 때때로 이 과도기 상태에 대하여 사람들은 가르침을 받아 왔고, 그 개념은 일그러진 모습으로 오늘날의 여러 종교에서 한 자리를 차지했다.

상물질계 구체들은 지역 우주의 진보하는 세계들을 거쳐서 필사자가 올라가는 과도기 단계이다. 오로지 지역 체계의 최후자 구체를 둘러싸는 일곱 세계만 저택 세계라 부른다. 그러나 별자리들 및 우주 본부를 둘러싸는 상급 구체들과 함께, 체계의 과도기 거처들에 있는 56 세계를 모두 상물질(上物質) 세계라고 부른다. 이 창조들은 지역 우주의 본부 구체들의 물리적 아름다움과 상물질의 웅장함을 함께 가진다.

이 세계들은 모두 건축된 구체이며, 진화 혹성에 있는 원소들의 꼭 2배를 가지고 있다. 주문받아서 지은 그러한 세계들은, 1백 개의 물질 원소가 있으니까 중금속과 수정(水晶)들이 풍부할 뿐 아니라, 상물질계 물질이라 부르는, 꼭 1백 가지 형태의 독특한 에너지 조직을 마찬가지로 가지고 있다. 물리 주통제자와 상물질 동력 감독자들은 이 새로운 실체를 창조하기 위해서, 물질의 기본 단위들의 회전을 수정하고, 동시에 이 에너지 결합을 변화시킬 수 있다.

지역 체계들에서 초기의 상물질계 생명은 너희의 현재 물질 세계의 것과 아주 비슷하며, 별자리의 연구 세계들에서 물질 성향이 줄고 좀더 참되게 상물질이 된다. 그리고 구원자별의 구체들까지 나아감에 따라서, 너희는 점점 더 영적 수준에 이른다.

상물질 동력 감독자들은 물질 에너지와 영적 에너지를 연합시킬 수 있고, 이로서 통제하는 영을 겹쳐 놓도록 허락하는, 한 상물질 형태의 물질화를 일으킨다. 네가 네바돈의 상물질계 생명을 거칠 때, 참을성 있고 솜씨 있는 바로 이 상물질 동력 감독자들은 연달아서 너에게 상물질계 몸을 570개 마련해 줄 터인데, 이것은 각각 네가 진보하는 변화의 한 단계이다. 물질 세계들을 떠날 때부터, 네가 구원자별에서 제1 단계 영으로 구성될 때까지, 너는 승천하는 상물질계 변화를 따로따로 꼭 570번 거칠 것이다. 이 가운데서 8번은 체계에서, 71번은 별자리에서, 그리고 491번은 구원자별의 구체들에서 머무르는 동안에 일어난다.

필사 육체를 가졌던 시절에는 신다운 영이, 거의 동떨어진 물건으로서 네 안에 깃든다—실제로 그것은 우주의 아버지가 주신 영이 사람에게 쳐들어오는 것이다. 그러나 상물질 생명에서 영은 네 성격의 진짜 부분이 될 것이며, 진보하는 변화를 570번 네가 잇따라 거치는 동안, 너는 생물의 생명에서 물질 상태로부터 영의 상태로 올라간다.

바울은 상물질 세계들의 존재와 상물질계 물질이 실재함에 관하여 알았는데, 그가 이렇게 기록했기 때문이다, "하늘에서 저희는 더 좋고 더 오래 견디는 물질을 가지고 있도다." 그리고 "기초가 있고 하나님이 건축하고 만드신 도시"의 경우처럼, 이 상물질계 물질은, 실재하며 실질이다. 이 경이로운 구체들은 각각 "더 좋은 나라, 다시 말해서 하늘의 나라이라."

2. 상물질 동력 감독자

이 독특한 존재들은 영적 에너지, 그리고 물리 에너지나 반(半)물질 에너지의 기초적 조합을 대표하는 활동을 감독하는 데 순전히 관여한다. 그들은 상물질계 진보에 봉사하는 데 전적으로 헌신한다. 과도기 체험 동안에 필사자들을 많이 보살피기 때문이 아니라, 진보하는 상물질계 생물을 위하여 과도기 환경을 가능하게 만들기 때문이다. 그들은 여러 과도기 세계에서 상물질 단계를 지원하고 에너지를 공급하는 상물질 동력의 경로(經路)이다.

상물질 동력 감독자들은 지역 우주 어머니 영의 자손이다. 여러 지역 창조에서 성질이 조금 다르지만, 그들의 설계는 상당히 표준화되어 있다. 그들은 자기들의 특정한 기능을 위하여 창조되었고, 그들의 책임을 시작하는 데 아무런 훈련을 요하지 않는다.

상물질 동력 감독자들을 처음 창조한 것은, 한 지역 우주에서 처음 저택 세계들 가운데 어느 하나의 바닷가에 첫 필사 생존자가 도착하는 것과 동시에 일어난다. 그들은 1천 명의 무리를 이루어 창조되며, 다음과 같이 분류된다:

1. 회로 규제자 400명
2. 체계 조정자 200명
3. 혹성 관리자 100명

4. 통합 통제자 100명

5. 연락 안정자 100명

6. 선택 분류자 50명

7. 부기록원 50명

동력 감독자들은 언제나 그들이 출생한 우주에서 근무한다. 우주 아들과 우주 영의 합동 영 활동이 그들을 독점으로 지시하지만, 그밖에 그들은 온전히 자치하는 집단이다. 그들은 지역 체계의 첫째 저택 세계들 각 곳에 본부를 두며, 거기서 물리 통제자 및 세라핌들과 가까운 관계를 가지고 일하지만, 에너지를 명시하고 영을 적용하는 데 관하여 그들 자체의 세계에서 활동한다.

그들은 또한 진화 세계들에서 일시 임무를 받는 봉사자로서, 가끔 초물질 현상과 연관되어 일하기도 한다. 그러나 사람 사는 혹성에서 근무하는 일은 드물다. 그들은 초우주의 고등 훈련 세계에서 일하지도 않으며, 주로 한 지역 우주에서 상물질계 진보를 맡는 과도기 체제에 전념한다.

1. <u>회로 규제자</u>. 이들은 물리적·영적 에너지를 조정하는 독특한 존재이며, 상물질계 구체의 분리된 경로로 에너지가 흘러가는 것을 규제한다. 이 회로들은 순전히 혹성에 속하며, 단일 세계에 국한된다. 상물질계 회로들은 과도기 세계에 있는 물리적·영적 회로들과 다르고, 그것들을 보충하며, 사타니아 체계와 같은 체계의 경우에도 그 저택 세계들에 에너지를 공급하는 데 이 규제자가 몇백만 명이 필요하다.

회로 규제자들은 물질 에너지 안에서, 그 에너지가 그들의 동료의 통제와 규제에 복종하게 만드는 변화를 시작한다. 이 존재들은 회로 규제자일 뿐 아니라 상물질계 동력 발전자이다. 발전기가 대기(大氣)로부터 전기를 발생하게 하는 듯이 보이는 것과 비슷하게, 살아 있는 이 상물질계 발전기는 어디에나 있는 공간 에너지를 물질로 변화시키는 것처럼 보이며, 상물질계 감독자들은 그 물질을 하늘 가는 필사자의 몸과 생명 활동 속으로 엮어서 넣는다.

2. <u>체계 조정자</u>. 각 상물질 세계가 분리된 계급의 상물질계 에너지를 가지고 있으니까, 인간들은 이 구체들을 눈에 선하게 그려 보기가 극도로 힘들다. 그러나 연속되는 각 과도기 구체에서, 필사자들은 식물(植物) 생명, 그리고 상물질 존재에 관계되는 모든 다른 것이, 하늘 가는 생존자가 영화(靈化)되는 정도가 높아지는 데 맞추어 점진적으로 수정됨을 발견할 것이다. 그리고 각 세계의 에너지 체계가 이처럼 개별화되어 있으니까, 이 조정자들은 특별한 어느 집단의 관련된 구체들을 위하여 작용하는 단위 속으로, 그러한 다른 동력 체계들을 조화시키고 섞으려고 활동한다.

하늘 가는 필사자들은 한 상물질 세계로부터 다른 상물질 세계로 올라감에 따라서, 물리적인 것으로부터 영적인 것으로 차츰차츰 진보한다. 따라서 올라가는 계층의 상물질 구체(球體)들과 올라가는 계층의 상물질 형태를 마련해 주는 필요성이 생긴다.

저택 세계 승천자들이 한 구체에서 다른 구체로 지나갈 때, 수송 세라핌들이 그들을 상급 세계에 있는 체계 조정자의 수령자들에게 인도한다. 방사하는 70 날개의 중심에는 지구에서 기원을 가진 필사자들을 접수하는 초기 세계의 부활실 비슷한 과도기 방들이 있는데, 이 날개들의 중심에 있는, 여기에 독특한 이 여러 전당에서 체계 조정자들은 생물 형태에서 필요한 변화를 솜씨 있게 일으킨다. 이 초기 상물질 형태의 변화를 마치기까지는 표준 시간으로 약 7일이 걸린다.

3. 혹성 관리자. 각 상물질 세계는, 저택 구체들로부터 우주 본부까지—상물질 사무에 관해서 말하면—수호자 70명의 관리 밑에 있다. 그들은 최고의 상물질계 권한을 가진 지역 혹성 회의를 구성한다. 이 회의는 그 구체들에 착륙하는 모든 승천 생물에게 상물질 형태를 지을 물질을 허가해 주고, 생물의 형태에서 한 승천자가 다음 구체로 진행하는 것을 가능하게 만드는 그러한 변화를 허가해 준다. 저택 세계들을 거치고 난 뒤에, 너희는 의식(意識)을 잃을 필요가 없이, 상물질 생명의 한 단계로부터 다른 단계로 옮겨 갈 것이다. 오로지 더 일찍 있었던 변형에, 그리고 한 우주에서 다른 우주로, 하보나에서 파라다이스로 나중에 이동할 때 무의식이 따른다.

4. 통합 통제자. 상당히 기계적인 이 존재들 가운데 하나가 언제나 한 상물질 세계의 각 행정 단위 중심에 주둔한다. 통합 통제자는 물리 에너지, 영 에너지, 상물질 에너지에 민감하고, 이것들과 함께 작용한다. 언제나 이 존재와 체계 조정자 2명, 회로 규제자 4명, 혹성 관리자 1명, 연락 안정자 1명, 그리고 부기록원이나 선택 분류자 1명이 결합되어 있다.

5. 연락 안정자. 이들은 그 영역의 물리적·영적 물력과 결합된 상물질계 에너지를 규제하는 자들이다. 그들은 상물질계 에너지를 상물질계 물질로 바꾸는 것을 가능하게 한다. 상물질계 존재 조직 전체가 안정자들에게 의존한다. 그들은 물리적 형태가 생길 수 있는 점까지 에너지 회전을 늦춘다. 그러나 그러한 존재들의 직책을 내가 견주거나 설명할 수 있는 용어가 내게 없다. 이것은 인간의 상상력을 아주 초월한다.

6. 선택 분류자. 너희가 상물질 세계의 한 등급이나 단계로부터 그 다음으로 진보하는 동안, 다시 조율되거나 높게 맞추어져야 하며, 너희가 상물질 생명과 진보하는 동시성(同時性)을 유지하도록 만드는 것이 선택 분류자들의 과제이다.

기본적 상물질계 형태의 생명과 물질은 처음 저택 세계로부터 마지막 우주 과도기 구체에 이르기까지 동일하지만, 물질적인 것으로부터 영적인 것으로 차츰차츰 뻗는 기능적 진보가 있다. 기본적으로 한결같지만 연달아 진보하고 영으로 변하는 창조에 대하여 너희가 적응하는 것은 이렇게 선택해서 다시 조율함으로 이루어진다. 너희가 똑같은 상물질 형태를 그냥 가지는데도, 성격의 기계 작용에서 그러한 조절은 새로운 창조에 해당한다.

너희는 이 검사자들의 시험을 되풀이해서 받아도 좋다. 너희가 적당한 영적 성과를 기록하자마자, 그들은 기쁘게 너희를 상급 지위로 인가해 줄 것이다. 진보하는 이 변화는 상물질 환경에 대하여, 먹을 것의 필요와 수많은 다른 개인 관습에서 생기는 조정과 같은, 달라진 반응을 일으킨다.

선택 분류자들은 또한 연구, 교육, 기타 사업의 목적을 위하여 상물질계 성격자들을 분류하는 데 크게 쓸모가 있다. 그들은 누가 임시 관계에서 가장 잘 활동할 것인가 자연스럽게 가리킨다.

7. 부기록원. 상물질 세계는 자체의 기록자들이 있는데, 이들은 상물질 창조에 토착인 기록과 기타 자료를 감독하고 관리하는 일에, 영 기록자들과 제휴하고 일한

다. 상물질계 기록은 모든 계급의 성격자들에게 소용이 된다.

모든 상물질계 과도기 영역은 물질 존재와 영 존재들에게 똑같이 이용될 수 있다. 상물질계 진보자로서 너희는 물질 세계 및 물질 성격자들과 충분한 접촉을 유지할 터이고, 한편 너희는 갈수록 더 영 존재들을 알아보고 그들과 사귈 것이다. 상물질 체제를 떠날 때가 되어서, 너희는 외톨 사자와 같은 몇몇 상급 종류를 빼고, 모든 계급의 영들을 보았을 것이다.

3. 상물질계 동반자

저택 세계와 상물질 세계들에 있는 이 무리들은 지역 우주 어머니 영의 자손이다. 대대로 그들은 10만 명씩 무리를 지어 창조되며, 네바돈에는 현재 이 독특한 존재가 7백억이 넘는다.

상물질계 동반자들은 구원자별 가까이 있는 한 특별 혹성에서 근무를 위하여 멜기세덱들에게 훈련을 받는다. 그들은 중앙의 멜기세덱 학교들을 거치지 않는다. 근무 면에서 그들은 체계의 가장 낮은 저택 세계들로부터 구원자별의 가장 높은 연구 구체들까지 미치지만, 사람이 사는 세계들에서 그들과 마주치는 일이 드물다. 그들은 하나님의 아들들의 일반 감독 밑에서, 멜기세덱들의 직접 지휘를 받으면서 근무한다.

상물질계 동반자들은 한 지역 우주에서 1만 본부를—지역 체계들의 제1 저택 세계 각 곳에—둔다. 그들은 거의 온전히 자치(自治)하는 계급이며, 대체로 총명하고 충성스런 무리의 존재이다. 그러나 이따금, 어떤 불행한 하늘 소동과 관련되어, 그들은 잘못에 빠진다고 알려져 있다. 이 쓸모 있는 생물을 몇천 명이나 사타니아에서 루시퍼 반란 시절에 잃어버렸다. 너희의 지역 체계는 지금 이 존재들의 충분한 할당수가 있으며, 루시퍼 반란으로 생긴 손실이 겨우 요즈음에 메워졌다.

상물질계 동반자에는 두 가지 뚜렷한 부류가 있다. 한 종류는 공격적이고, 다른 하나는 수줍음을 타는데, 그밖에 그들은 지위가 동등하다. 유성(有性) 생물이 아니지만, 서로에게 마음을 움직이도록 아름다운 애정을 나타낸다. 그들은 물질적 (인간적) 의미에서 도저히 벗이 되지 않지만, 생물 존재의 서열에서 인류와 아주 촌수가 가깝다. 여러 세계에 있는 중도인이 너희와 가장 가까운 친척이다. 그 다음에 상물질계 케루빔이고, 그 다음에 상물질계 동반자이다.

이 동반자들은 감동할 정도로 애정이 깊고, 매력 있게 사교적인 존재이다. 그들은 뚜렷한 성격을 소유하며, 너희가 저택 세계들에서 그들을 만날 때, 그들을 한 등급으로서 인식하기를 배운 뒤에, 곧 그들의 개성(個性)을 깨달을 것이다. 사람들은 다 서로 닮았다. 동시에 너희는 저마다 뚜렷하고 알아볼 수 있는 성격을 가지고 있다.

한 지역 체계에서 이 상물질계 동반자들이 하는 활동에 관한 다음 분류로부터, 그들이 하는 일의 성질에 대하여 어떤 관념을 얻을 수 있다.

1. <u>순례자를 수호하는 자들</u>은 상물질계 진보자들과 가지는 관계에서 특정한 의무에 배치되지 않는다. 이 동반자들은 상물질계 생애 전체에 대하여 책임을 지며, 따라서 모든 다른 상물질 및 과도기 봉사자가 하는 일을 조정한다.

2. 순례자를 접대하는 자와 자유로운 친교자. 이들은 저택 세계들에서 새로 도착한 자들과 사교하는 동반자이다. 너희가 시간 속에서 처음으로 이동하는 잠으로부터 첫 저택 세계에서 깨어날 때, 너희가 육체의 죽음으로부터 상물질 생명으로 부활(復活)을 겪을 때, 그들 가운데 하나가 너희를 반기려고 분명히 가까이 있을 것이다. 깨어나면서 너희가 이렇게 정식으로 환영받는 그 때부터, 제1 단계 영으로서 너희가 지역 우주를 떠나는 그 날까지, 이 상물질계 동반자들은 늘 너희와 함께 있다.

동반자들은 개인에게 영구히 배치되지 않는다. 저택 세계나 더 높은 세계들 가운데 한 곳에 있는 하늘 가는 필사자는 연달아 생기는 기회마다 다른 동반자를 가질 수도 있고, 또한 동반자 없이 오랫동안 지낼지 모른다. 모두가 필요에 달려 있고, 또한 소용되는 동반자의 공급에 달려 있을 것이다.

3. 천상의 방문자를 접대하는 자. 이 인자한 생물은, 어쩌다 과도기 세계들에서 머무르게 된, 초인간 집단의 학생 방문자 및 기타 천상 존재들을 환대하는 데 전념한다. 체험으로 도달한 어느 영역 안에서도, 너희는 방문할 기회를 넉넉히 가질 것이다. 학생 방문자들은, 사람이 사는 모든 세계에서, 아니 고립된 혹성들에서도 입국이 허락된다.

4. 조정자와 연락 지휘자. 이 동반자들은 상물질계 교류를 수월하게 만드는 데, 그리고 혼란을 방지하는 데 전념한다. 그들은 사회적 행위와 상물질계 진보를 가르치는 교육자이며, 하늘 가는 필사자들 사이에서 학급과 기타 집단 활동을 후원한다. 그들은 너른 지역을 유지하며, 거기서 생도를 모으고, 그들의 프로그람을 꾸미려고 때때로 하늘 예술가와 복귀 지도자들을 요청한다. 너희가 진보함에 따라서 너희는 이 동반자들과 밀접한 접촉을 갖게 될 터이고, 이 두 무리를 지나칠 정도로 좋아하게 될 것이다. 너희가 적극적인 부류나 수줍어하는 부류의 동반자와 사귈 것인가는 우연의 문제이다.

5. 통역자와 번역자. 초기의 저택 나라 생애에서, 너희는 통역자와 번역자들에게 자주 의존할 것이다. 그들은 한 지역 우주의 모든 언어를 알고 그 언어들을 쓰며, 그 영역의 언어학자이다.

너희는 자동으로 새 언어를 획득하지는 않을 것이다. 너희가 여기 밑에서 하는 것과 아주 비슷하게, 거기서 말을 배울 것이다. 이 명석한 존재들은 너희의 언어 선생이 될 것이다. 저택 세계들에서 처음 공부는 사타니아의 말이고, 그 다음에는 네바돈의 말일 것이다. 너희가 이 새 언어들을 통달하는 동안, 상물질계 동반자들은 너희의 유능한 통역자요 참을성 있는 번역자가 될 것이다. 상물질계 동반자들 가운데 누군가가 통역 노릇을 하지 않고는, 너희는 이 세계들 가운데 어디에서도 결코 방문자를 만나지 않을 것이다.

6. 소풍 및 복귀 감독자. 이 동반자들은 본부 구체까지, 그리고 둘러싼 과도기 문화 세계들까지 긴 여행을 할 때, 너희를 따라갈 것이다. 그들은 체계의 여러 훈련 세계와 문화 세계 둘레를 다니는 모든 그러한 개별 및 집단 여행을 계획하고 운영하고 감독한다.

7. 지역과 건물 관리자. 물질 구조와 상물질 구조도 너희가 저택 나라 생애에서 진급함에 따라서 완벽함과 웅장함이 더해진다. 개인으로서, 집단으로서, 너희는 다른 저택 세계들에서 너희가 머무르는 본부로 배치된 거처에서, 어떤 변경을 하도록

허락된다. 이 구체들의 많은 활동은 여러 가지로 지정된 동그라미·정사각형·삼각형으로 된 울타리 친 노천 구역 안에서 일어난다. 대다수의 저택 세계 구조물은 지붕이 없고, 장려하게 지어지고 섬세하게 치장된, 울타리 친 구역이다. 건축 세계들을 지배하는 기후 및 다른 물리적 조건은 지붕이 전혀 필요 없게 만든다.

승천 생명의 과도기 단계를 맡는 이 관리자들은 상물질 사무 관리에서 가장 높다. 그들은 이 일을 위해서 창조되었고, 최상 존재가 사실화할 때까지, 언제나 상물질계 동반자로서 남아 있을 터이고, 결코 다른 임무를 수행하지 않는다.

체계와 우주들이 빛과 생명 속에 안주함에 따라서, 차츰 저택 세계들은 상물질 훈련을 맡는 과도기 구체로서 활동하기를 그친다. 점점 더 최후자들은 그들의 새로운 훈련 체제를 설립하며, 이것은 우주 의식을 현재 대우주 수준으로부터 미래의 외계 우주 수준으로 옮기도록 고안된 듯하다. 상물질계 동반자들은 점점 더 최후자들과 손잡고서, 그리고 유란시아에서 현재 밝혀지지 않은 수많은 다른 영역에서, 활동하도록 예정되어 있다.

너희의 체재가 길든 짧든, 이 존재들이 아마도 저택 세계들에서 너희의 기쁨에 크게 기여하리라 너희는 예측할 수 있다. 너희는 구원자별까지 내내, 그 존재들을 계속 누릴 것이다. 엄밀하게 보면, 그들은 너희의 살아남는 체험의 어느 부분에도 필수이지는 않다. 너희는 그들이 없어도 구원자별에 다다를 수 있지만, 그들이 없음을 크게 서운해 할 것이다. 그들은 지역 우주에서 너희 승천 생애에서 성격자가 누리는 사치품이다.

4. 복귀 지도자

기쁨에 넘친 웃음, 그리고 빙그레 웃음에 해당하는 것은 음악처럼 보편적이다. 웃음과 폭소에 해당하는 상물질 및 영적인 것이 있다. 하늘 가는 생활은 일과 놀이—임무로부터 풀려나는 것—사이에 대체로 같게 나누어진다.

하늘의 휴식과 초인간 유머는 그 인간적 유사물(**類似物**)과 아주 다르지만, 우리 모두가 실제로 이 두 가지의 어떤 형태에 빠진다. 그들은 정말로 우리를 위해서, 우리 상태에서, 유란시아에서 이상적 유머가 너희에게 해 줄 수 있는 것을 거의 모두 성취한다. 상물질계 동반자들은 솜씨 있는 놀이 후원자이며, 복귀 지도자들이 그들을 아주 유능하게 지원해 준다.

복귀 지도자들을 유란시아에서 상급 부류의 익살꾼과 견준다면, 너희는 아마도 그들이 하는 일을 가장 낮게 이해하겠다. 하지만 그것은, 변화를 가져오고 긴장 푸는 일을 맡는 이 지도자들, 상물질계와 영 분야의 높은 유머를 베푸는 자들의 기능에 대한 관념을 전하려는, 지나치게 서툴고 얼마큼 유감스러운 방법일 것이다.

영적 유머를 논하면서, 먼저 영적 유머가 무엇이 아닌가 내 말을 들어 보아라. 영적 농담은 결코 약하고 잘못하는 자의 불운(**不運**)을 강조하는 빛을 띠지 않는다. 결코 신의 올바름과 영광을 모독하지도 않는다. 우리의 유머는 세 가지 일반 수준의 이해를 포함한다.

1. 회상하는 농담. 전투, 투쟁, 어떤 때는 두려움, 흔히 바보 같고 어린아이 같은 걱정, 이것들을 맛본 사람의 체험 속에서, 지난날의 사건의 기억으로부터 우러나오는 놀리는 말. 우리에게, 이 단계의 유머는 기억 자료를 위하여 지난날을 이용하는 능력, 가슴 속 깊이 자리잡고 오래 거하는 능력으로부터 생겨나며, 그 자료를 가지고 현재의 무거운 짐을 기쁘게 만들고, 그밖에 그 짐을 가볍게 만든다.

2. 시사(時事) 유머. 아주 흔히 우리에게 심각한 우려를 끼치는 많은 것의 어리석음, 우리의 심각한 개인적 걱정의 다수가 하찮음을 발견하는 즐거움. 우리가 앞날의 확실한 것에 유리하도록 오늘의 걱정거리를 가볍게 여기는 것이 가장 쉬울 때, 우리는 이 단계의 유머를 가장 고맙게 여긴다.

3. 예언적 기쁨. 사람들이 이 단계의 유머를 상상하는 것은 아마 어려울 것이다. 그러나—사람 뿐 아니라 영과 상물질자들을 위해서도—우리는 "모든 것이 함께 선을 이룬다"는 확신으로부터 우러나오는 특이한 흐뭇함을 얻는다. 하늘 유머의 이 모습은 우리의 상관들이 사랑으로 보살피며, 최상 지휘자들이 신성하게 안정되었음을 우리가 믿는 데서부터 우러나온다.

그러나 영역의 복귀 지도자들은 여러 계급의 지성 존재들의 높은 유머를 그리는 데만 순전히 관여하지는 않는다. 그들은 또한 기분 전환, 영적 오락, 상물질계 여흥을 지도하는 데 몰두한다. 이러한 맥락에서, 그들은 하늘 예술가들로부터 한껏 협조를 받는다.

복귀 지도자들 자체는 창조된 무리가 아니다. 그들은 하보나 원주민으로부터, 밑으로는 공간의 사자 무리와 시간 속에서 봉사하는 영들, 그리고 진화 세계들에서 온 상물질계 진보자에 이르는 존재들을 포함하는, 모집한 군단이다. 모두가 자원자이고, 생각을 변화시키고 정신의 휴식을 얻으려고 자기 동료들을 돕는 일에 헌신하는데, 이는 그러한 태도가 써버린 에너지를 회복하는 데 가장 도움이 되기 때문이다.

달성하는 노력 때문에 어느 정도 지쳤을 때, 새로운 에너지 전하를 받으려고 기다리는 동안, 지난 시절과 시대의 행동을 되새겨 보는 데 유쾌한 즐거움이 있다. 민족이나 계급의 초기 체험을 돌이켜보는 것은 평안을 준다. 이것이 바로 어째서 이 예술가들을 복귀 지도자로 부르는가 하는 이유이다—그들은 예전의 발달 상태나 설익은 존재 상태로 기억을 돌이키는 일에 도움을 준다.

모든 존재는 이 종류의 복귀를 즐긴다. 여기서 예외는, 본래부터 창조자이고, 따라서 자동으로 스스로 원기를 찾는 분들, 그리고 상당히 특화된 어떤 부류의 생물, 곧 동력 중심과 물리 통제자와 같은 자들인데, 이들은 언제나, 영원히 모든 반응에서 철저히 사무적이다. 기능적 의무로 생기는 긴장으로부터 이처럼 정기적으로 해방되는 것은 온 우주에 두루 모든 세계에서 생명의 정상 부분이지만, 파라다이스 섬에서는 그렇지 않다. 중앙 거처에 토착인 존재들은 지칠 능력이 없고, 따라서 에너지를 다시 공급받지 않는다. 영원히 파라다이스에서 완전한 그런 존재들의 경우에는, 그렇게 진화적 체험으로 되돌아가는 일이 있을 수 없다.

우리 가운데 대부분은 하등 존재 단계를 통해서, 또는 우리 계급의 진보하는 여러 수준을 통해서 올라왔는데, 우리의 초기 체험에서 어떤 사건들을 돌이켜보는 것은 기분을 상쾌하게 하며, 어느 정도 흥미가 있다. 자신의 계급에게 오래 된 것, 그리고 지성이 기억하는 소유물로서 남아 있는 것을 숙고하는 데는 평안이 있다. 앞날은 투쟁과 진급을 의미하며, 일과 노력과 성취를 예시(豫示)한다. 그러나 지난날은 이미 통달하고 이룩한 것들의 맛이 난다. 지난날을 숙고하는 것은 휴식과 아주 속 편한 복습을 허락하기 때문에, 영적 웃음, 그리고 흥겨움에 가까운 상물질 지성 상태를 자극한다.

필사자의 유머조차도, 자기의 현재 발전 상태보다 조금만 밑에 있는 자들에게 영향을 주는 사건을 그리거나, 또는 자기보다 낫다고 생각되던 자들이, 밑에 있다고 생각되는 자들과 보통 연결되는 체험에 희생이 되는 것을 묘사할 때, 아주 건전하다. 유란시아 출신인 너희는 한꺼번에 천하고 불친절한 많은 것을 너희의 유머와 헛갈리도록 버려 두었다. 그러나 비교적 날카로운 유머 감각에 대해서 너희는 대체로 칭찬을 받을 만하다. 너희 종족들 가운데 더러는 유머의 풍부한 광맥을 가졌고, 그로서 땅에서 사는 데 크게 도움을 받는다. 너희의 아담 유산으로부터, 유머의 편에서 너희는 많이, 음악이나 예술에서 확보한 것보다 훨씬 많이, 받은 듯하다.

노는 시간에, 곧 그 거주자들이 하급 단계로 존재하던 기억을 유쾌하게 되살릴 때, 온 사타니아가 유란시아에서 온 복귀 지도자 군단의 즐거운 유머를 듣고 감화를 받는다. 가장 어려운 임무에 바쁠 때라도, 언제나 우리는 하늘 유머 감각을 지니고 있다. 자기가 중요하다는 개념이 지나치게 자라도록 두지 않는 것이 유익하다. 그러나 우리 각자 계급의 심각한 임무로부터 쉴 때를 제외하고, 너희가 "신나게 논다"고 말하는 것처럼, 우리는 유머에 고삐를 멋대로 풀어 놓지는 않는다.

우리가 자신의 중요성을 키우려는 유혹을 받을 때, 멈춰서 우리 조물주들이 무한히 위대하고 웅대한 것을 숙고해 본다면, 우리 자신이 스스로를 찬미하는 것은 터무니없이 어리석은 일, 아니 웃음을 자아내는 일에 가깝다. 유머의 한 가지 구실은 우리 모두로 하여금 자신을 그다지 중요하지 않게 생각하도록 도와 준다. 유머는 자아 찬미에 대하여 신성한 해독제이다.

한숨 돌리고 유머로 기분을 전환할 필요는 위를 향한 싸움에서 긴장이 지속되는 승천 존재 계급에서 가장 크다. 생명의 두 극단은 익살로 기분 전환할 필요가 거의 없다. 원시인들은 유머를 소화할 능력이 없고, 파라다이스의 완전함을 지닌 존재들은 유머가 필요 없다. 하보나의 무리들은 자연히, 최상으로 행복한 성격자들의 집합, 기쁘고 유쾌한 집합이다. 파라다이스에서 예배의 질은 복귀 활동의 필요성을 없앤다. 그러나 파라다이스 완전의 목표 밑에서 멀리 떨어져 생애를 시작하는 자들 사이에서, 복귀 지도자들의 봉사가 큰 노릇을 한다.

인종이 높으면 높을수록, 긴장이 더 커지고, 유머의 필요 뿐 아니라 유머를 받아들이는 능력도 더 커진다. 영 세계에서는 그 반대가 사실이다. 우리가 높이 올라가면 갈수록, 복귀하는 체험으로 기분 전환할 필요가 적어진다. 그러나 파라다이스에서부터 천사 무리에 이르기까지 영 생명의 눈금을 내려가면서, 폭소의 사명과 여흥이 베푸는 봉사의 필요가 더 커진다. 옛날 체험의 지성 상태로 때마다 돌아가는 기분 전환이 가장 필요한 자들은, 상급 형태의 인종, 상물질자, 천사, 물질 아들, 그리고 모든 비슷한 종류의 성격자들이다.

발육의 진전과 고귀한 업적을 이루려는 강렬한 싸움과 관련하여, 유머는 지속해서 심각하게 자아를 응시(凝視)하는 단조로움 때문에 지나친 압력이 쌓이는 것을 막는 자동 안전 밸브로서 작용해야 한다. 유머는 또한, 사실이나 진리, 엄격한 움직일 수 없는 사실과 신축성 있고 늘 생생한 진리, 이 둘의 예기치 못한 영향이 주는 충격을 줄이도록 작용한다. 필사 성격자는, 다음에 무엇에 부닥칠지 결코 확실하지 않으니까, 그것이 사실이든 진리이든, 유머를 통해서 그 상황의 예견할 수 없는 성질을 재빨리 알아차린다—요점을 보고 통찰력을 얻는다.

유란시아의 유머는 지나치게 서툴고 예술성이 아주 없지만, 건강 보험으로서, 감정의 압박을 해소하는 약으로서 값진 목적에 쓰이며, 이와 같이 해로운 신경의 긴장과 지나치게 심각한 자아 응시를 막는다. 유머와 놀이—휴식—은 결코 진취적 노력에 대한 반응이 아니요, 반드시 뒤를 한 번 보는 것, 지난날을 되돌아봄으로부터 생기는 메아리이다. 유란시아에서도, 지금 너희 있는 신분대로, 너희가 더 새롭고 더 높은, 머리로 하는 노력을 잠깐 그만두고, 너희 조상들이 하던 좀더 단순한 일로 돌아갈 수 있을 때, 너희가 언제나 활력을 되찾음을 발견할 것이다.

유란시아 사람들의 놀이 생활의 원칙은 철학적으로 건전하며, 너희의 하늘 가는 생활을 통해서, 하보나 회로들을 거쳐서, 파라다이스의 영원한 바닷가까지 줄곧 적용된다. 하늘 가는 존재로서, 너희는 예전에 하등 존재였을 때 가졌던 모든 개인 기억을 소유하며, 지난날에 대한 그러한 신분의 기억이 없이는, 사람의 웃음이든 상물질계 폭소이든, 오늘의 유머에 대한 근거가 도무지 없을 것이다. 현재의 기분 전환과 오락의 기초를 마련하는 것은 바로, 지난날의 체험을 이렇게 돌이켜보는 것이다. 그래서 너희의 긴 상물질계 생애, 그리고 나서 점점 더 영적인 생애를 통해서 끝까지, 너희 지상(地上)의 유머에 해당하는 것들을 하늘에서 너희가 즐길 것이다. 하늘 가는 필사자 성격의 영원한 부분이 되는, 하나님의 바로 그 부분(조절자)은 시공 세계의 하늘 가는 생물의 기쁜 표현, 아니 영적 폭소에도, 신성(神性)의 빛깔을 기여한다.

5. 저택 세계 선생

저택 세계 선생들은, 버림받았지만 영화롭게 된 케루빔과 사노빔의 군단이다. 시간의 순례자가 공간의 시험 세계로부터, 상물질계 훈련을 받는 저택 세계 및 관계된 세계들로 올라갈 때, 그에게는 개인 세라핌이나 집단 세라핌, 곧 운명(運命) 수호자가 따라붙는다. 사람이 존재하는 세계에서 케루빔과 사노빔은 세라핌을 유능하게 보조해 준다. 그러나 그의 필사 피보호자가 육체의 사슬로부터 인도되고, 하늘 가는 생애를 시작할 때, 물질 이후 생명, 곧 상물질계 생명이 시작될 때, 시중드는 세라핌은 예전에 그의 부관(副官)들, 곧 케루빔과 사노빔이 더 이상 필요 없다.

봉사하는 세라핌에게 버림받은 이 조수(助手)들은 흔히 우주 본부에 소집되는데, 거기서 우주 어머니 영의 친밀한 품에 안기며, 그리고 나서 저택 세계 선생으로서, 체계의 훈련 구체들로 떠나간다. 이 선생들은 흔히 물질 세계들을 방문하며, 가장 낮은 저택 세계들에서부터 시작하여, 계속 우주 본부와 연결된 교육 구체들의 가장 높은 곳에까지 활동한다. 자신의 제안에 따라서, 그들은 봉사하는 세라핌과 관련된, 그들의 예전 작업으로 돌아가도 좋다.

사타니아에는 이 선생들이 몇십억 있고, 그들의 수는 항상 늘어나는데, 이는 대다수의 경우에, 한 세라핌이 조절자와 융합한 사람과 함께 안으로 진행할 때 케루빔과 사노빔이 한 명씩 뒤에 남기 때문이다.

멜기세덱들이 저택 세계 선생들을 다른 대부분의 강사(講師)들처럼 임명한다. 그들은 일반적으로 상물질계 동반자들의 감독을 받지만, 개인으로서 또 선생으로서, 그들이 강사로서 활동하고 있는 학교나 구체의 임시 우두머리들의 감독을 받는다.

이 상급 케루빔들은 보통, 세라핌에게 딸려 있을 때 한 것처럼, 쌍을 이루어 일한다. 그들은 천성 때문에 상물질 부류의 존재와 아주 가까우며, 저택 세계와 상물질계 교육 체제의 프로그램을 아주 유능하게 운영한다.

상물질 생명의 여러 학교에서 이 선생들은 개인, 집단, 학급 및 대중(大衆) 교육에 종사한다. 저택 세계들에서 그러한 학교들은, 각기 1백 부서로 이루어진 세 가지 일반 집단으로 조직되어 있는데, 이는 생각 학교, 느낌 학교, 행동 학교이다. 너희가 별자리에 다다를 때, 윤리 학교, 행정 학교, 사회 적응 학교가 첨가된다. 우주 본부 세계들에서 너희는 철학 학교, 신성 학교, 순수 영성(靈性) 학교에 입학할 것이다.

땅에서 배웠을까 싶지만 배우지 못한 것들을, 너희는 충실하고 참을성 있는 이 선생들의 후견(後見) 밑에서 얻어야 한다. 파라다이스로 가는 데에는 아무런 왕도(王道)나 지름길이나 쉬운 길이 없다. 그 길의 개별 차이에 상관 없이, 너희는 한 구체의 교훈을 다른 구체로 가기 전에 통달한다. 출생 세계를 너희가 한번 떠난 뒤에는, 적어도 이것이 참말이다.

상물질계 생애의 목적의 하나는 미루는 버릇, 얼버무리기, 불성실, 문제 회피, 불공평, 안일(安逸)의 추구와 같은, 동물 흔적의 모습을 필사 생존자들로부터 영구하게 뿌리뽑는 것이다. 저택 나라 생활은 일찍부터, 어린 상물질계 생도들에게, 뒤로 미루는 것은 어떤 의미에서도 회피가 아니라는 것을 가르친다. 육체를 입은 생명 뒤에, 시간은 상황을 회피하거나 달갑지 않은 의무를 빠져 나가는 기술로서 소용되지 않는다.

저택 세계 선생들은 가장 낮은 대기 구체에서 근무를 시작하고, 체계와 별자리의 교육 구체들을 거쳐서, 구원자별의 훈련 세계들까지, 경험과 더불어 진급한다. 그들은 우주 어머니 영의 품에 안기기 전이나 후에, 아무런 특별 훈련을 받지 않는다. 저택 세계에 머무르는 그들의 생도(生徒)가 태어난 세계들에서 세라핌의 동료로서 근무하는 동안, 그들은 이미 할 일을 위하여 훈련을 받았다. 사람 사는 세계들에서 진급하는 이 필사자들과 함께, 실제 체험을 겪었다. 그들은 실용적이고 동정심이 있는 선생이요, 현명하고 이해심 있는 강사요, 유능하고 효과적인 안내자이다. 승천 계획에 관하여 전부 익숙하고, 진보하는 생애의 초기 단계에 낱낱이 경험을 가졌다.

이 선생들 가운데 오래 된 자들의 다수, 곧 구원자별 회로의 세계들에서 오랫동안 근무한 자들은 우주 어머니 영의 품에 다시 안기며, 이 둘째 포옹으로부터 이 케루빔과 사노빔은 세라핌 지위로 솟아난다.

6. 상물질 세계의 세라핌—과도기 봉사자

모든 계급의 천사들은, 혹성 조수로부터 최상 세라핌에 이르기까지 여러 상물질 세계에서 봉사하는데, 과도기 봉사자들은 더 집중해서 이 활동에 배치된다. 이 천사들은 제6 계급의 천사 봉사자이다. 그들의 봉사는, 육체를 입은 현세의 생명으로부터 계속 일곱 저택 세계에서 초기 단계의 상물질 존재로, 물질적인 필사 인간이 이동하는 것을 수월하게 만드는 데 바쳐진다.

혼이 잉태될 때, 곧 도덕적 지위를 가진 생물의 지성 안에 영(靈) 조절자가 깃드는 바로 그 때, 하늘 가는 필사자의 상물질 생활이 사람 사는 세계에서 정말로 개시된다는 것을 너희는 알아야 한다. 그 순간부터 죽, 사람의 혼은 필사자를 초월하는 활동 능력, 아니 지역 우주 상물질 구체들의 더 높은 수준에서 인정받는 잠재 능력을 가진다.

그러나 저택 세계들에 이르기까지, 과도기 세라핌들이 베푸는 봉사를 너희는 깨닫지 못할 것이다. 거기서 그들은 필사 생도의 승진을 위하여 지치지 않고 일하며, 다음 일곱 부문에서 근무하도록 배치된다:

1. 천사 전도사. 저택 세계들에서 의식을 찾는 순간, 너희는 체계의 등록부에서 진화하는 영으로 분류된다. 너희가 실제는 아직 영이 아닌 것이 참말이다. 그러나 이제 더 필사 존재나 물질 존재가 아니다. 너희는 영이 되기 전의 생애를 개시했고, 상물질계 생명에 정식으로 입학하였다.

저택 세계들에서 천사 전도사(傳道師)들은 에덴시아, 구원자별, 유버르사, 하보나에 이르는, 선택해도 좋은 여러 길 가운데 네가 지혜롭게 고르도록 도와 줄 것이다. 똑같이 추천할 만한 길이 여럿이 있다면, 이 여러 길이 너희 앞에 제시될 터이고, 너희에게 가장 매력 있는 길을 네가 선택하도록 허락될 것이다. 그리고 나서 이 세라핌들은 하늘 가는 각 혼에게 가장 유리할 과정에 대하여, 예루셈에 있는 24 상담자에게 추천한다.

너희 앞날의 과정에 관하여 너희에게 무제한의 선택이 주어지지는 않는다. 그러나 너희 앞날의 영적 성취에 가장 알맞다고 과도기 봉사자와 그 상관들이 지혜롭게 결정을 내리는 한계 안에서 너희는 선택해도 좋다. 너희가 선택해도 좋은 과정이 너희에게 해독이 되거나 너희 동료들을 다치지 않는 한, 너희의 자유 의지 선택을 존중하는 원칙 위에서, 영 세계가 다스려진다.

이 천사 전도사들은 영원히 진보한다는 복음, 완전을 이룩하는 승리의 선포에 헌신한다. 여러 저택 세계에서 그들은 선이 보존되고 지배한다는 위대한 법칙을 선포한다: 어떤 선한 행위도 결코 전적으로 헛일이 되지 않는다. 선은 오랫동안 방해를 받을지 모르지만, 결코 통째로 취소되지 않으며, 그 동기의 신성함에 비례해서 영원히 효력이 있다.

그들은 유란시아에서도 "회개로 인도하는, 하나님의 선하심"을 전도하는 데 집착하라, "모든 두려움을 쫓아내는, 하나님의 사랑"을 선포하라고, 진리와 올바름을 가르치는 인간 선생들에게 조언한다. 과연 그러하니 이 진리는 너희 세계에서 선언된 적이 있다:

하나님들이 나를 보살피시니, 내가 잘못된 길에 빠지지 않으리로다.
저희가 나란히 나를 아름다운 길과 영생의 영화로운 신선함으로
나를 인도하시도다.
이 신성한 계심 앞에서 나는 배고프지도 목마르지도 아니하리라.
내가 비록 불안의 골짜기로 내려가거나 의심의 세계들까지
올라갈지라도,
외롭게, 또는 내 종류의 친구들과 움직이더라도,
빛의 합창 속에서 승리하거나, 구체들의 외로운 데서
비틀거리더라도,
주의 선한 영이 나를 보살필지며, 주의 영화로운 천사가
나를 위로하리라.
비록 어두움과 죽음 자체의 깊은 데로 내려가더라도,
나는 주를 의심하거나 두려워 아니하리니,
시간의 충만과 주의 이름의 영광 속에서,
높은 데서 성가퀴에 함께 앉도록 주가 나를 들어올리리라.

이것은 목동에게 밤에 속삭여진 이야기이다. 그는 이것을 한 마디 한 마디 마음에 새길 수 없었지만, 오늘날 기록된 것과 아주 비슷하게, 그의 기억을 최대한 살려서 표현하였다.

이 세라핌들은 또한 개별 승천자 뿐 아니라 체계 전체를 위하여 완전을 성취하는 복음을 전하는 자이다. 지금도 사타니아의 젊은 체계에서 그들의 가르침과 계획은, 저택 세계들이 높은 구체에 이르는 디딤돌로서 필사 승천자들에게 더 이상 봉사하지 않을 미래 시대를 위한 준비를 포함한다.

2. 민족 해석자. 모든 민족의 필사 존재들은 같지 않다. 한 주어진 세계에서 여러 민족의 물리적·정신적·영적 성품과 경향을 통해서 연결되는 혹성 원형(原形)이 있다는 것은 참말이다. 그러나 또한 다른 민족 부류들이 있으며, 아주 뚜렷한 사회적 성향이, 다른 이 기본 종류의 인간 자손의 특징을 나타낸다. 시간의 세계들에서 민족 해석을 맡는 천사들은, 민족들의 여러 가지 관점을 조화시키려고 민족 위원들의 노력을 촉진한다. 그들은 저택 세계들에서 계속 활동하며, 거기에는 바로 이 차이가 어느 정도 지속된다. 유란시아와 같이, 혼란이 있는 혹성에서, 이 명석한 존재들이 활동할 마땅한 기회가 거의 없었지만, 그들은 솜씨 있는 사회학자요, 제1하늘의 지혜로운 인종 고문(顧問)이다.

너희는 "하늘"과 "하늘 중의 하늘"에 관한 진술을 생각해 보아야 한다. 너희 선지자들의 대부분이 상상했던 하늘은 지역 체계의 첫 저택 세계였다. 한 사도가 "셋째 하늘에 잡혀 올라간" 것에 대하여 말했을 때, 잠자는 동안에 그의 조절자가 자리를 떠서, 이 특별한 상태에서 일곱 저택 세계 가운데 셋째까지 투영한 체험을 그는 언급하였다. 너희의 현자들 가운데 더러는 더 큰 하늘, "하늘 중의 하늘"의 환상을 보았는데, 그 가운데 일곱 저택 세계의 체험은 단지 첫째였다. 둘째는 예루셈이고, 셋째는 에덴시아와 그 위성들이요, 넷째는 구원자별과 둘러싸는 교육 구체들이며, 다섯째는 유버르사요, 여섯째는 하보나이며, 일곱째는 파라다이스이다.

3. 지성 계획자. 이 세라핌들은 상물질 존재들의 효과적인 집합에, 그리고 저택 세계들에서 그들의 합동 작업을 조직하는 데 헌신한다. 그들은 첫째 하늘의 심리학자이다. 이 특별한 부문의 천사 봉사자들의 대다수는 시간 속에 사는 아이들에게 예전에 수호 천사로서 일한 경험이 있다. 하지만 그들의 피보호자는, 어떤 이유에서 저택 세계들에서 성격화하지 못했거나, 아니면 영이 융합하는 기법으로 살아났다.

저택 세계들을 통해서 이동하고 있는 조절자 혼들의 성품·체험·지위를 연구하고, 배치와 진급을 위하여 그들의 배열을 수월하게 하는 것이 지성 계획자들의 과제이다. 그러나 이 지성 계획자들은 계교를 꾸미거나, 조종하거나, 또는 저택 세계 학생들의 무지나 다른 한계를 이용하지 않는다. 그들은 온통 공평하고 뛰어나게 공정하다. 그들은 너의 새로 태어난 상물질계 의지(意志)를 존중한다. 너를 독립되고 의지를 가진 존재로 여기며, 네가 빨리 발전하고 전진하라고 북돋아 주려고 애쓴다. 여기서 너는 참다운 친구와 이해심 있는 조언자들을 만나며, 그들은 네가 "남들이 너를 보는 그대로 너 자신을 보도록," 그리고 "천사들이 너를 아는 그대로 너 자신을 알도록" 너를 정말로 도울 수 있는 천사이다.

유란시아에서도, 이 세라핌들은 영구한 진리를 가르친다: 네 자신의 지성이 너를 잘 보살피지 못하면 너는 그것을 나사렛 예수의 지성으로 바꿀 수 있으며, 그는 언제나 너에게 잘 봉사한다.

4. 상물질계 상담자. 이 봉사자들은 인간의 기원이 있는 세계로부터 살아남은 필사자들을 가르치고 지도하고 상담하도록 배치되었기 때문에 그들의 이름을 받으며, 이 필사자들은 체계 본부의 상급 학교들까지 이동하고 있는 혼들이다. 그들은 갈라지는 여러 생명 수준의 체험적 통일성을 보는 통찰력을 추구하는 자, 곧 의미를 통합하고 가치를 통일하는 자들에게 선생이다. 이것은 사람의 생명에서 철학의 기능이요, 상물질 구체들에서 상지혜의 기능이다.

상지혜는 우수한 철학보다 더한 것이며, 상지혜와 철학의 관계는, 두 눈과 한 눈의 관계와 같다. 그것은 의미와 가치에 대하여 입체 효과를 가진다. 물질적인 사람은, 말하자면, 우주를 한 눈만 가지고—평평하다고—본다. 저택 세계 학생들은 물리적 생명의 지각(知覺) 위에 상물질 생명의 지각을 겹쳐 놓음으로, 우주 시각(視覺)—깊이—를 얻는다. 대체로 천사 상담자의 지칠 줄 모르는 봉사를 통해서, 그들은 이 물질 및 상물질 관점을 정확한 초점에 맞출 수 있게 되며, 이 상담자들은 아주 참을성 있게 저택 세계 학생과 상물질계 진보자들을 가르친다. 최상 계급 세라핌인 가르치는 상담자들 가운데 다수는 시간 필사자들의 해방된 새 혼의 조언자로서 자기 생애를 시작했다.

5. 기술자. 이들은 새로운 승천자들이 상물질계 구체들의 새롭고 비교적 낯선 환경에 적응하도록 돕는 세라핌이다. 과도기 세계들의 생명에는 물리 수준과 상물질 수준의 에너지와 물질, 그리고 어느 정도까지는 영적 실체들과 참된 접촉이 따른다. 승천자들은 모든 새로운 상물질(上物質) 수준에 적응해야 되며, 이 모든 일에 그들은 천사 기술자들에게 크게 도움을 받는다. 이 세라핌들은 상물질 동력 감독자와 물리 주통제자들 사이에 연락원으로서 행동하며, 과도기 구체들에서 이용되는 에너지의 성질에 관하여 하늘 가는 순례자들의 강사로서 두루 활동한다. 그들은 긴급시에 공간 횡단자로서 봉사하며, 수많은 다른 정상 임무와 특별 임무를 수행한다.

6. 기록자인 선생. 이 세라핌들은 영적인 것과 물리적인 것의 경계 지역에 있는 거래, 사람과 천사들의 관계, 그리고 하등 우주 영역의 상물질 거래들을 기록하는 자이다. 그들은 또한 사실을 기록하는 기술, 능률이 있고 효과적인 기술에 관하여 강사(講師)로서 봉사한다. 관계된 자료를 영리하게 수집하고 조정하는 데는 예술이 있다. 이 예술은 하늘 예술가들과 공동으로 일하면서 높아지며, 하늘 가는 필사자들도 이처럼 기록 세라핌과 관련을 가진다.

모든 천사 계급의 기록자들은 상물질계 진보자의 교육과 훈련에 얼마큼의 시간을 바친다. 시간 속의 사실을 맡은 이 관리 천사들은 모든 사실 추구자에게 이상적인 강사이다. 예루셈을 떠나기 전에, 너희는 사타니아의 역사와 그에 속한, 사람이 사는 619 세계에 관해서 아주 익숙하게 될 터이고, 이 이야기의 상당한 부분을 천사 기록자들이 전해 준다.

이 천사들은 모두, 가장 낮은 관리자로부터 시간의 사실과 영원의 진리를 다루는 가장 높은 관리자에 이르기까지 연장되는, 기록자들의 사슬 사이에 있다. 언젠가 그들은 사실 뿐 아니라 진리를 추구하라고, 너희의 지성 뿐 아니라 혼을 키우라고 너희에게 가르칠 것이다. 지금도 너희는 지식이 있는 마른 모래땅을 추구할 뿐 아니라 너희 마음 속 동산에 물 주기를 배워야 한다. 교훈을 배운 뒤에 형체는 가치가 없다. 어떤 병아리라도 껍질 없이 생길 수 없지만, 어떤 껍질도 그 병아리가 깨인 뒤에는 아무 가치가 없다. 그러나 때로는 잘못이 너무 커서 계시로 그것을 바로잡는 것은 체험으로 그 잘못을 뒤엎는 데 필수인 진리, 천천히 솟아나는 진리에게 치명적일 것이다. 아이들이 자기의 이상을 가질 때, 그것을 쫓아내지 말라. 그 이상(**理想**)이 자라도록 버려 두어라. 너희가 어른으로서 생각하기를 배우는 동안, 너희는 또한 아이로서 기도하는 것을 배우고 있어야 한다.

법칙은 생명 그 자체이며 생명이 행위하는 규칙이 아니다. 생명은 법이니, 악은 생명에 관계된 행동 법칙을 어기는 것이 아니라, 법의 위반이다. 거짓은 이야기하는 기술의 문제가 아니라, 진리의 왜곡으로서 미리 계획한 무엇이다. 오래 된 사실로부터 새로운 그림을 창조하는 것, 자손의 생애에서 부모의 생명을 다시 진술하는 것—이것이 진리의 예술적 승리이다. 거짓된 목적으로 미리 계획해서, 머리카락 하나를 까딱하는 그림자, 원칙인 것을 조금이라도 비틀거나 비꼬는 것—이것이 거짓이다. 그러나 주물로 사실화된 진리, 화석(**化石**)이 된 진리, 이른바 불변하는 진리의 쇠고랑은 냉철한 사실의 막힌 동그라미 안에 사람을 눈먼 채로 붙잡아 둔다. 사람은 사실에 관해서 엄밀하게 옳고, 진리에서는 언제까지나 그릇될 수 있다.

7. 봉사 예비군. 모든 계급의 과도기 세라핌으로 이루어진 큰 군단이 제1 저택 세계에서 유지된다. 운명 수호자 다음에, 이 과도기 봉사자들은 모든 계급의 세라핌 가운데 인간에게 가장 가까이 다가오며, 너희는 여가 시간을 많이 그들과 함께 보낼 것이다. 천사들은 봉사하기를 기뻐하며, 배치받지 않았을 때, 자원자로서 흔히 봉사한다. 천사 예비군의 자원 봉사자들과 가진 개인적 친분을 통하여, 많은 승천 필사자의 혼이 봉사하려는 의지의 신성한 불로 말미암아 처음으로 불이 붙었다.

그들로부터 너희는 압력으로 하여금 안정과 확신을 개발하도록 만드는 것, 충실하고 진지하며 게다가 명랑하게 있는 것, 투덜거리지 않고 도전을 받아들이는 것, 두려움 없이 어려움과 불안과 마주치는 것을 배울 것이다. 그들은 이렇게 물을 것이다: 실패한다면, 너는 다시 해 보려고 굽히지 않고 일어날 것인가? 성공한다면, 영 존재의 자유를 얻기 위해서, 물질적 타성의 사슬을 깨뜨리려는 긴 투쟁 속에 온갖 노력을 통해서, 너는 차분한 자세를—안정되고 영답게 변화된 자세를—유지할 것인가?

사람들과 마찬가지로, 이 천사들도 많은 실망의 아버지가 되었고, 때때로 너희를 가장 서운하게 하는 실망이 너희의 가장 큰 복이 되었음을 그들이 지적할 것이다. 때로는 하나의 씨앗을 심는 것이, 다시 태어나서 새 생명과 새 기회의 열매를 맺을 수 있기 전에, 그 씨앗이 죽음, 너희가 가장 좋아하는 희망의 죽음을 필요하게 만든다. 먼저, 다른 사람들에 관해서 개인적으로 계획하는 일을 줄이고, 그리고 나서 너희의 의무를 충실히 행했을 때 너희의 운명을 받아들임으로, 너희는 슬픔과 실망을 통해서 그들로부터 고통을 적게 받기를 배울 것이다.

너 자신을 너무 심각하게 취급함으로 너는 네 짐을 불리고 성공할 확률을 줄인다는 것을 배울 것이다. 아무 것도 너의 지위 구체—이 세계나 다음 세계—에서 할 일에 우선하지 않는다. 다음의 더 높은 구체를 위한 준비 작업이 대단히 중요하기는 하지만, 네가 실제로 살고 있는 세계에서 할 일의 중요성에는 아무 것도 필적하지 못한다. 그러나 비록 일이 중요하기는 하지만, 자아는 그렇지 않다. 네가 중요하다고 느낄 때, 너는 자아의 위엄이 소모되는 데 에너지를 잃어버려서, 일하는 데 거의 에너지가 남아 있지 않다. 일을 중요하게 여기지 않고, 자신을 중요하게 여기는 것은 덜된 사람을 진이 빠지게 만든다. 닳아 버리는 것은 자아 요소이지, 성취하는 노력이 아니다. 자신을 중요하게 여기지 않으면, 너는 중요한 일을 할 수 있다. 자신을 빼놓으면, 너는 몇 가지 일을 하나 하는 것처럼 쉽게 할 수 있다. 변화는 휴식을 주며, 단조로움은 사람을 닳게 하고 맥이 빠지게 하는 것이다. 날마다 비슷하다—올바른 생명이든지, 아니면 다른 선택, 죽음이다.

7. 상물질계의 상지혜

상물질계에서 상지혜의 하급 단계는 높은 수준의 인간 철학과 바로 맞닿는다. 제1 저택 세계에서는 진보가 더딘 학생들을 평행 기법에 따라서 가르치는 것이 관례이다. 다시 말하면, 한 난(欄)에는 상지혜 의미를 가진 비교적 간단한 개념들이 제시되고, 마주하는 난에는 필사자 철학에서 비슷한 진술이 열거된다.

사타니아의 제1 저택 세계에서 임무를 수행하면서, 나는 이 교육 방법을 지켜볼 기회를 가진 지 오래지 않다. 그 수업의 상지혜 내용을 내가 제시하려 해서는 안 되지만, 나는 인간 철학의 28개 조항을 기록하는 것을 허락받았는데, 상지혜의 중요성과 의미를 깨우치려고 노력할 때 저택 세계의 이 새 체류자들을 도우려고 고안된 설명 자료로서, 이 상물질계 교육자가 이를 이용하고 있었다. 인간 철학의 이 실례(實例)는 다음과 같다.

1. 전문화된 기술을 전시하는 것은 영적 능력의 소유를 가리키지 않는다. 영리함은 참된 인격을 대신하지 않는다.

2. 자기가 정말로 가진 믿음에 부끄럽지 않게 사는 사람들은 거의 없다. 까닭없는 두려움은 진화하는 필사자의 혼에게 쓰이는, 큰 지적 속임수이다.

3. 타고난 능력은 뛰어넘을 수 없다. 한 되는 결코 한 말을 담을 수 없다. 영 개념은 물질적으로 기억하는 틀에 기계적으로 강제될 수 없다.

4. 성품과 은혜의 통합된 봉사로 말미암아 성격자에게 확정된 신용 한계에 가깝게 무엇이라도 감히 빌리려 하는 필사자는 거의 없다. 대다수의 메마른 영들은 참으로 부유한데, 그것을 믿으려 하지 않는다.

5. 어려움은 평범한 자에게 도전하고 무서워하는 자를 이길 수도 있지만, 어려움은 최고자들의 참 자손을 자극할 뿐이다.

6. 악용하지 않고 특권을 즐기며, 방종하지 않고 자유를 가지며, 권력을 소유하고 자아 확대에 쓰기를 완강히 거절하는 것—이것이 높은 문명의 표시이다.

7. 맹목이며 예기치 않은 사고는 우주에서 일어나지 않는다. 하늘 존재들은, 자기가 가진 진리의 빛을 좇아 행동하려 하지 않는 하급 존재를 돕지도 않는다.

8. 수고가 반드시 즐거움을 낳지 않지만, 영리하게 수고하지 않고는 행복이 없다.

9. 행동은 힘을 낳고, 절제는 궁극에 매력으로 변한다.

10. 올바름은 듣기 좋은 진리의 화음을 울리며, 멜로디는 우주 전체에 걸쳐서, 아니 무한자가 알아보기까지 울려 퍼진다.

11. 약한 자는 쉽게 결심하지만, 강한 자는 행동한다. 생명은 겨우 하루의 일이다—그 일을 잘 하여라. 행동은 우리가 하고, 결과는 하나님이 정한다.

12. 우주에서 가장 큰 고통은 결코 고통을 겪어 보지 못하는 것이다. 필사자들은 오로지 시련을 맛봄으로 지혜를 얻는다.

13. 빛나고 기쁨에 넘치는 산 꼭대기가 아니라, 체험의 깊은 데에 외롭게 떨어져 있는 곳에서 별들이 가장 잘 보인다.

14. 진리에 대하여 너희 동료들의 입맛을 돋구어라. 부탁받을 때에만 충고하라.

15. 허식(虛飾)은 무지한 자가 지혜롭게 보이려 하는 어리석은 노력이요, 메마른 혼이 부유하게 보이려고 애쓰는 것이다.

16. 영적 진리는 네가 그것을 손에 만지듯 체험할 때까지 깨달을 수 없고, 곤경에 빠지지 않고는 많은 진리를 정말로 느낄 수 없다.

17. 포부는 그것이 완전히 사회화될 때까지는 위험하다. 어떤 미덕도 너의 행동이 네가 그것을 가질 자격이 있게 만들 때까지, 너는 그 미덕을 얻지 못한 것이다.

18. 성급함은 영에게 독이며, 분노는 벌집에 던진 돌과 같다.

19. 걱정은 버려야 한다. 가장 견디기 어려운 실망은 결코 다가오지 않는 실망이다.

20. 오로지 시인(詩人)이 일상 존재의 보통 산문에서 시(詩)를 발견한다.

21. 어떤 예술이라도 그것의 높은 임무는 그 환영(幻影)을 써서 더 높은 우주 실체를 예시하는 것, 시간의 감정을 영원의 생각으로 구체화하는 것이다.

22. 행위가 아니라, 성취하려고 애쓰는 목표에 따라서, 진화하는 혼은 신성하게 된다.

23. 죽음은 지성의 소유물이나 영의 재산에 아무 것도 보태지 못했지만, 실존하는 지위에 살아남는 의식(意識)을 더한다.

24. 영원한 운명은 날마다 생활 속의 업적에 따라서 순간마다 결정된다. 오늘의 행위는 내일의 운명이 된다.

25. 위대함은 힘을 소유하는 데 있는 것이 아니라, 그러한 힘을 지혜롭고 신성하게 쓰는 데 있다.

26. 지식은 나누어 주어야만 가질 수 있으며, 지혜는 지식을 보호하고 사랑은 지식을 사회화한다.

27. 진보는 개성의 발전을 요구하며 평범은 표준화되어서 영속하기를 추구한다.

28. 어떤 정리(定理)라도 그것을 입증하는 변호는 그에 담긴 진리에 반비례한다.

제1 저택 세계 초심자들의 일이 이러하며, 한편 나중 세계들에 있는 상급 생도들은 더 높은 수준의 우주 통찰력과 상물질계의 상지혜를 통달하고 있다.

8. 상물질계 진보자

저택 세계들에서 졸업하는 때부터 초우주 생애에서 영 지위를 얻기까지, 하늘 가는 필사자들은 상물질계 진보자라 지칭된다. 이 놀라운 경계지(境界地) 생활을 너희가 거치는 것은 잊지 못할 체험, 매력 있는 기억이 될 것이다. 그것은 영 생명에 이르고 궁극에는 생물이 완전을 달성하는 진화의 입구이며, 이로서 승천자들은 세월의 목표—파라다이스에 계신 하나님을 찾아내는 목표—를 달성한다.

사람을 진보시키는 이 모든 상물질 계획과 차후의 영 계획, 하늘 가는 생물을 위한 이 정교한 우주 훈련 학교에는 분명하고 신성한 목적이 있다. 시간 생물에게 대우주의 운영과 행정의 세부를 통달할 점진적 기회를 마련해 주는 것이 창조자들의 설계이며, 살아남는 사람으로 하여금 차츰차츰 올라가게 함으로, 승천하는 걸음마다 실제로 참여함으로, 이 긴 훈련 과정이 가장 잘 진행된다.

필사자가 살아남는 계획은 실용적이고 쓸모 있는 목표를 가지고 있다. 겨우 너희가 그저 끝없는 복과 영원한 평안을 즐기려고 살아남기 위해서 이 모든 신성한 수고와 힘드는 훈련을 받지는 않는다. 현재 우주 시대의 지평선을 지나서, 초월적으로 봉사하는 목표가 감추어져 있다. 신들이 겨우 하나의 길고도 영원히 즐거운 소풍으로 너희를 데려갈 것을 계획했다면, 분명컨대 그분들은 우주 전체를 대체로 하나의 광대하고 복잡한 실용적 훈련 학교로 바꾸어 놓고, 하늘 창조의 상당한 부분을 선생 및 교육자로서 징발하며, 다음에 체험 훈련을 맡는 이 거대한 우주 학교를 통해서 너희를 하나하나 안내하느라고 기나긴 세월을 보내지 않을 것이다. 사람을 진보시키는 계획을 촉진하는 것은 현재 조직된 우주의 주요 사업의 하나인 듯하다. 수많은 계급의 창조된 지성들의 대다수는 진취적인 이 완전 계획의 어떤 국면을 진행시키는 데, 직접 또는 간접으로 종사하고 있다.

필사 인간으로부터 신의 포옹을 받기까지, 살아 있는 존재의 올라가는 눈금을 거치면서, 현재 우주 시대의 한계 안에서, 완전하게 된 생물 존재의 모든 가능한 국면과 단계에 있는 바로 그 생명을 너희가 실제로 산다. 필사 인간으로부터 파라다이스에 이르기까지, 최후자들은 지금 가능한 것을 다 둘러싼다—살아 있는 여러 계급에서 총명하고 완전하게 된 유한한 생물 존재에게 당장 가능한 모든 것을 포함한다. 파라다이스 최후자들의 앞날의 운명(**運命**)이 지금 생성되고 있는 새 우주들에서 일하는 것이라면, 하늘 가는 훈련의 일부로서, 동물로부터 천사까지, 천사로부터 영까지, 영으로부터 하나님에게 이르기까지, 필사 최후자들이 오랜 세월에 걸쳐 진보하는 한 단계로서 어떤 세상에서 살아 온 것과 도무지 다른 생활을 하는 존재, 그러한 창조된 계급의 체험적 존재는 새로운 이 미래 창조에 하나도 없으리라는 것이 확실하다.

[네바돈의 한 천사장이 발표하였다.]

제 49 편

사람 사는 세계

필사자가 사는 세계들은 모두 그 기원과 성질이 진화에 있다. 이 구체들은 시공의 필사 종족들이 번식하는 땅이요, 진화의 요람이다. 하늘 가는 생명의 단위마다 바로 앞에 있는 단계의 존재를 위하여 진정한 훈련 학교이며, 이것은 사람이 진보해서 파라다이스로 올라가는 모든 단계에 참말이다. 이것이 진화하는 혹성에서 초기의 필사 체험에 관하여 참말이요, 멜기세덱들의 최종 우주 본부 학교에 관하여도 그러하며, 이 학교는 초우주 체제로 옮기고 제1 단계 영 존재에 이르기 바로 전까지, 하늘 가는 필사자들이 다니지 않는 학교이다.

사람 사는 세계들은 다 하늘의 행정을 위하여 지역 체계로 기본적으로 분류되며, 이 지역 체계들은 각각 약 1천 진화 세계로 제한되어 있다. 이 제한은 옛적부터 늘 계신 이들의 선포에 따른 것이며, 그것은 생존 지위를 가진 사람들이 살고 있는 실제로 진화하는 혹성들에 관련된다. 마침내 빛과 생명 속에서 정착된 세계들이나, 생명의 발전에서 인간이 생기기 이전 단계에 있는 혹성들도 이 무리에 계산되지 않는다.

사타니아 자체는 미완성 체계이며, 사람 사는 혹성을 겨우 619개 포함한다. 그런 혹성들은 사람 사는 세계로서, 의지(意志) 생물이 사는 세계로 등록된 데 따라서, 일련 번호가 매겨진다. 이처럼 유란시아에는 사타니아 606번이 매겨졌는데, 이는 이 지역 체계에서 오랜 진화적 생명 과정이 마침내 인간의 출현을 가져온 606번째 세계라는 뜻이다. 아직 사람이 살지 않지만 생명을 부여할 단계에 가까워진 혹성이 36개 있고, 몇몇은 이제 생명 운반자들을 위하여 준비되고 있다. 다음 수백만 년 안에 생명의 파종을 위하여 준비가 되도록 진화하고 있는 구체가 거의 2백 개 있다.

모든 혹성이 필사 생명을 품기에 적합하지는 않다. 축(軸) 회전율이 높은 작은 혹성들은 생명의 서식처로 전혀 부적당하다. 사타니아의 몇 물리 체계에서 중앙의 태양 둘레를 돌고 있는 혹성들은 생명이 서식하기에 너무 크며, 그 큰 질량은 억누르는 인력(引力)을 초래한다. 이 거대한 구체들 가운데 다수는 위성이 있고, 때로는 여섯 이상 가지고 있는데, 이 달들은 흔히 유란시아의 달 크기에 가까워서, 사람이 살기에 거의 이상적이다.

사타니아에서 사람이 사는 가장 오래 된 세계, 1번 세계는 아노바인데, 이것은 거대한 어두운 혹성 둘레를 도는 44 위성 가운데 하나이지만, 이웃에 있는 세 태양의 차이 나는 빛에 노출되어 있다. 아노바는 진보하는 문화의 상급 단계에 있다.

1. 혹성의 생명

시공에 있는 여러 우주의 발전은 점진적으로 이루어지며, 생명의 진보는—땅에 있거나 하늘에 있거나—멋대로가 아니요 마술도 아니다. 우주의 진화는 반드시 이해할 (예측할) 수 있지는 않지만, 엄밀하게 말해서 우연이 아니다.

물질 생명에서 생물학적 단위는 원형질 세포이며, 이것은 화학 에너지, 전기 에너지, 기타 기본 에너지가 공동체로 결합된 것이다. 화학 공식들은 체계마다 다르며, 살아 있는 세포가 번식하는 기법은 각 지역 우주에서 조금씩 다르다. 그러나 생명 운반자들은 반드시, 물질 생명의 원초적 반응을 개시하는 살아 있는 촉매이다. 그들은 살아 있는 물질의 에너지 회로를 휘젓는 자이다.

한 지역 체계의 모든 세계는 틀림없는 물리적 유사성을 드러낸다. 그런데도 각 혹성은 자체 생명의 계층이 있고, 어느 두 세계도 그 식물 및 동물 재산이 똑같지 않다. 체계 생명의 종류에서 혹성 사이에 생기는 이 차이는 생명 운반자들의 결정으로부터 생긴다. 그러나 이 존재들은 기분이 급변하거나 변덕스럽지 않다. 우주들은 법과 질서에 따라서 운영된다. 네바돈의 법칙은 구원자별의 신성한 명령이며, 사타니아에서 진화하는 계급의 생명은 네바돈의 진화 원형(原形)들과 비슷한 모습이다.

진화는 인간의 발전에 원칙이지만, 그 과정 자체는 다른 세계들에서 크게 차이가 난다. 생명은 때때로 한 중심에서 개시되며, 때로는 유란시아에서처럼 세 곳에서 개시된다. 대기(大氣)를 가진 세계들에서 생명은 보통 바다에서 기원을 가지지만, 반드시 그렇지는 않다. 많은 것이 혹성의 물리적 상태에 달려 있다. 생명 운반자는 생명을 개시하는 활동에 큰 재량권을 가진다.

혹성에서 생명이 발달할 때 식물(植物) 형태가 언제나 동물에 앞서며, 동물 원형(原形)들이 차별화되기 전에 아주 충분히 발달한다. 모든 동물 종류는 살아 있는 것들의 선행(先行)하는 식물상에서 기본 원형들로부터 발달하며, 따로 조립되지 않는다.

생명의 진화에서 초기 단계는 너희가 오늘날 가진 관점과 전적으로 조화되지는 않는다. 필사 인간은 진화에서 우연히 생긴 것이 아니다. 한 정밀한 체계, 한 우주 법칙이 있고, 이것은 공간의 구체들에서 혹성의 생명 계획이 펼쳐지는 것을 결정한다. 시간, 그리고 한 종자의 대량 생산은 지배하는 영향력이 아니다. 쥐는 코끼리보다 훨씬 빨리 번식하지만, 코끼리는 쥐보다 더 빨리 진화한다.

혹성의 진화 과정은 질서가 있고 통제된다. 하등 생명 집합으로부터 상급 유기체가 발달하는 일은 어쩌다 일어나지 않는다. 때로는 선택된 종자(種子)가 지니는 생명 세포질의 어떤 유리한 계열이 파괴되어서 진화로 진보하는 것이 일시 늦어진다. 인간의 유전(遺傳)에서 하나의 우수한 혈통을 잃어서 생긴 손해를 회복하는 데는 장구한 세월이 걸린다. 살아 있는 원형질에서 선택된 이 우수한 혈통들은, 한번 나타나면 조심스럽게, 영리하게 보호를 받아야 한다. 그리고 사람이 사는 대부분의 세계들에서 이 우수한 생명 잠재물은 유란시아에서보다 훨씬 더 높이 평가를 받는다.

2. 혹성의 물리적 종류

각 체계에는 식물 및 동물 생명의 표준이 되는 기본 원형이 있다. 그러나 생명 운반자들은 흔히, 수많은 공간 세계에서 부닥치는 다양한 물리적 조건에 맞도록 이 기본 원형들을 수정할 필요에 직면한다. 그들은 일반화된 체계 종류의 필사 인간을 육성하지만, 일곱 가지 뚜렷한 물리적 종류가 있고, 또한 일곱 가지 현저한 차별화 가운데 작은 변종들이 수천 개 있다:

1. 대기(大氣) 종류.

2. 원소 종류.

3. 인력(引力) 종류.

4. 기온 종류.

5. 전기(電氣) 종류.

6. 에너지 공급 종류.

7. 이름 없는 종류.

사타니아 체계는 이 종류들과 수많은 중간 집단을 모두 가지고 있다. 하지만 어떤 것은 아주 부족하게 대표된다.

1. 대기 종류. 사람들이 사는 세계들의 물리적 차이점은 주로 대기의 성질에 따라 결정된다. 혹성에 따른 생명의 차이에 이바지하는 다른 영향은 비교적 사소하다.

유란시아의 현재 대기의 상태는 숨쉬는 종류의 사람을 지탱하는 데 거의 이상적이지만, 인간 종류는 짙은 대기를 가진 혹성과 열은 대기를 가진 혹성에서 다 살 수 있도록 조정될 수 있다. 그러한 수정은 또한 동물 생명에 연장되며, 이것은 사람이 사는 다른 구체들에서 크게 다르다. 대기보다 열은 공기와 대기보다 짙은 공기를 가진 세계들에는 동물 계급이 크게 수정된다.

사타니아에 있는 대기 종류들 가운데, 약 2.5퍼센트는 저(低)호흡자이고, 약 5퍼센트는 고(高)호흡자이며, 중간 호흡자는 91퍼센트가 넘는데, 이들 모두가 사타니아 세계들에서 98.5퍼센트를 차지한다.

유란시아 종족들과 같은 존재들은 중간 호흡자로 분류되며, 너희는 보통 계열, 곧 대표적 호흡 계열의 필사 존재이다. 지적(知的) 생물이 너희의 가까운 이웃, 금성(金星)의 것과 비슷한 대기를 가진 혹성에 존재한다면, 그들은 고호흡 집단에 속할 것이다. 한편 너희의 바깥 이웃, 화성의 것처럼 엷은 대기를 가진 혹성에 사는 자들은 저 호흡자로 지칭될 것이다.

너희의 달처럼, 공기가 없는 혹성에 필사자들이 산다면, 그들은 따로 된 계급, 비(非)호흡자에 속하겠다. 이 종류는 혹성의 환경에 대하여 근본적이거나 극단적인 조정을 대표하며, 따로 고려된다. 비호흡자는 사타니아 세계들에서 나머지 1.5퍼센트를 차지한다.

2. 서식처 종류. 이 분화(分化)는 필사자와 물·공기·육지의 관계와 상관이 있고, 이 서식처(棲息處)에 관계된 바와 같이, 지적 생명에는 네 가지 뚜렷한 종(種)이 있다. 유란시아 민족들은 육지 계열이다.

어떤 세계들의 초기 시대를 지배하는 환경을 너희가 상상하기는 아주 불가능하다. 이 특별한 조건은 진화하는 동물 생명이, 쾌적한 육지 환경과 대기(大氣) 환경을 아주 일찍 마련해 주는 혹성에서보다, 더 오랫동안 그 해양에서 번식하는 서식처에 남아 있는 것이 필요하게 만든다. 반대로, 어떤 고호흡자(高呼吸者) 세계에서는, 혹성이 너무 크지 않을 때, 대기에서 통행을 쉽게 극복할 수 있는 필사자 종류를 마련하는 것이 때로는 편리하다. 공중에 날아다니는 이 사람들은 때때로 물 집단과 뭍 집단 사이에 끼며, 그들은 반드시 얼마큼은 땅에서 살고, 결국에는 육지 거주자로 진화한다. 그러나 어떤 세계에서는, 오랜 세월 동안 육지 종류의 존재가 된 뒤에도, 그들은 계속해서 날아다닌다.

원시 민족에서 인간들의 초기 문명이 형성됨을 지켜보는 것은 놀랍고 흥미 있다. 그들은 한 경우에는 공중에서, 나무 꼭대기에서, 다른 경우에는 아늑한 열대 분지(盆地)의 얕은 물가에 싸여, 그리고 그러한 특별한 구체의 시초 민족들이 사는 이 해양 동산의 바닥, 옆, 물가에서 형성된다. 유란시아에서도 일찍부터 나무에서 살던 조상들이 했던 것처럼, 오랜 세월 동안 원시인이 대체로 나무 꼭대기에서 삶으로, 자신을 보존하고 원시 문명을 진보하게 하였다. 유란시아에서 너희는 아직도 공중을 나르는, 한 무리의 왜소한 포유 동물(박쥐 가족)이 있으며, 해양에서 서식하는, 너희의 물개와 고래도 또한 포유 동물목(目)이다.

사타니아에는 서식처 종류들 가운데, 7퍼센트는 물이고, 10퍼센트는 공기이며, 70퍼센트는 육지요, 13퍼센트는 육지와 공기의 통합 종류이다. 그러나 초기에 지성 생물을 이렇게 수정한 것은 인간 물고기도 아니요, 인간 새도 아니다. 그들은 인간 종류 및 인간이 되기 전 종류이며, 초월 물고기도 아니요 영화롭게 된 새도 아니지만, 뚜렷하게 필사자이다.

3. <u>인력 종류</u>. 창조하는 설계를 수정함으로, 지성 존재들은 유란시아보다 작은 구체와 큰 구체에서 자유로이 활동할 수 있도록 지어질 수 있다. 그래서 그들은 어느 정도, 이상적인 크기와 밀도(密度)를 가지지 않은 혹성들의 인력(引力)에 적응된다.

다양한 혹성 종류의 필사자들은 키가 서로 다르며, 네바돈에서 평균은 213센티미터보다 조금 작다. 큰 세계들 가운데 어떤 데서는 키가 겨우 약 76센티미터 되는 존재들이 살고 있다. 사람의 키는 여기서 시작해서, 보통 크기의 혹성에 있는 평균 키를 지나서, 사람이 사는 작은 구체들에서는 약 3미터에 이른다. 사타니아에는 키가 120센티미터보다 작은 민족이 오직 하나 있다. 사람이 사는 사타니아 세계들의 20퍼센트에는 크고 작은 혹성들을 차지하는, 수정된 인력 종류의 필사자들이 살고 있다.

4. <u>기온 종류</u>. 유란시아 종족들의 생명 범위보다 훨씬 높은 기온(氣溫), 그리고 훨씬 낮은 온도를 견딜 수 있는 생물을 창조하는 것이 가능하다. 열을 규제하는 작용을 참조하여 분류된 바와 같이, 다섯 가지 뚜렷한 계급의 존재들이 있다. 이 척도에서 유란시아 종족들은 3번이다. 사타니아 세계들에서 30퍼센트는 수정된 기온 종류의 민족들이 차지한다. 중간 온도 집단에서 활동하는 유란시아 사람들과 견주어서, 12퍼센트는 더 높은 온도 범위에 속하며, 18퍼센트는 더 낮은 범위에 속한다.

5. <u>전기 종류</u>. 여러 세계에서 전기·자력(磁力) 및 전자(電子)의 행동은 크게 다르다. 필사 생명에는 여러 구체의 차이 나는 에너지를 견디도록 다르게 빚어진, 10가지 설계가 있다. 이 10가지 변종은 또한 보통 태양 빛의 화학선에 조금 다른 방법으로 반응한다. 그러나 사소한 이 물리적 변화는 어떤 면에서도, 지적 생명이나 영적 생명에 영향을 미치지 않는다.

필사 생명의 전기 분류 가운데, 거의 23퍼센트는 4번 등급, 곧 유란시아 종류의 존재에 속한다. 이 종류들은 다음과 같이 분포되어 있다: 1번, 1퍼센트. 2번, 2퍼센트. 3번, 5퍼센트. 4번, 23퍼센트. 5번, 27퍼센트. 6번, 24퍼센트. 7번, 8퍼센트. 8번, 5퍼센트. 9번, 3퍼센트. 10번, 2퍼센트이다—정수(整數) 퍼센트로 따져서 그렇다.

6. 에너지 공급 종류. 모든 세계가 에너지를 흡수하는 방법이 비슷하지는 않다. 사람이 사는 세계들이 모두, 유란시아에 있는 것처럼 가스를 숨쉬어 교환하는 데 적당한 대기(大氣)를 가지지는 않았다. 많은 혹성의 초기 및 후기 단계에서, 너희 현재 서열의 사람들은 존재할 수 없다. 한 혹성의 호흡 요소들이 아주 높거나 아주 낮아도 지적 생명에 필요한 모든 다른 조건이 알맞을 때, 생명 운반자들은 흔히 그러한 세상에서 수정된 형태의 필사 존재를 확립하며, 이들은 빛 에너지, 그리고 물리 주통제자들의 직접 동력 변화 수단을 이용해서, 생명 과정의 교환을 직접 행하는 능력이 있는 존재이다.

동물 및 필사자의 영양에는 여섯 가지 다른 종류가 있다. 저호흡자는 제1 종류의 영양을 이용하며, 해양 거주자는 제2 종류, 중간 호흡자들은 유란시아에서 생기는 바와 같이 제3 종류를 이용한다. 고호흡자는 제4 종류의 에너지 흡수를 이용하며, 한편 비호흡자는 제5 체계의 영양과 에너지를 쓴다. 에너지를 공급하는 제6 기술은 중도인(中道人)에 국한된다.

7. 이름 없는 종류. 혹성 생명에는 추가로 수많은 물리적 변화가 있으나, 이 차이는 모두 완전히, 해부학적 수정(修正), 생리학적 차별, 전기화학적 조정의 문제이다. 그러한 구별은 지적 생명이나 영적 생명에 관련되지 않는다.

3. 비호흡자의 세계

사람이 사는 혹성들의 대다수는 숨쉬는 종류의 지성 존재들로 차 있다. 그러나 공기가 거의 또는 도무지 없는 세계에서 살 수 있는 계급의 필사자들도 또한 있다. 오르본톤에서 사람 사는 세계들 가운데 이 종류는 7퍼센트가 채 되지 않는다. 네바돈에서 이 비율은 3퍼센트가 채 되지 않는다. 온 사타니아에서 그러한 세계들이 꼭 아홉 개 있다.

사타니아에는 비호흡자 종류의 사람 사는 세계들이 극히 적은데, 이는 놀라시아덱에서 최근에 조직된 이 구역은 아직도 운석 같은 공간 물체가 많기 때문이다. 마찰로 보호하는 공기가 없는 세계들은 이 방랑자들한테서 끊임없이 폭격을 받는다. 심지어 어떤 혜성들은 운석의 떼로 이루어져 있지만, 일반적으로 이것들은 좀더 작은 파열된 물체이다.

날마다 수백만의 운석이 유란시아의 대기로, 1초에 거의 320킬로미터의 속도로 들어온다. 비호흡 세계들에서 선진 민족들은, 운석을 태우거나 피하도록 작용하는 전기 장치를 만들어서, 운석의 피해로부터 자신들을 보호하느라고 많이 수고해야 한다. 그들은 이 보호 지대(地帶)를 지나서 모험할 때 큰 위험에 부딪친다. 이 세계들은 또한 유란시아에서 알려지지 않은 성질을 가진, 비참한 전기(電氣) 폭풍의 지배를 받는다. 엄청난 에너지가 변동하는 그러한 기간에, 거주자들은 보호하고 절연하는 특별 구조물 안에서 피난해야 한다.

비호흡자의 세상에서 생활은 유란시아의 생활보다 근본적으로 다르다. 비호흡자들은 유란시아의 종족들처럼 먹을 것을 먹거나 물을 마시지 않는다. 이 특화된 민족들의 신경 체계의 반응, 열을 규제하는 장치, 신진 대사(新陳代謝)는 유란시아 필사자들의 그런 활동과 근본적으로 다르다. 생식(生殖)을 제쳐 놓고, 거의 모든 생활 행위가 다르며, 출산하는 방법조차도 얼마큼 다르다.

비호흡 세계들에서 동물 종자들은 대기를 가진 혹성에서 발견되는 것과 근본적으로 다르다. 비호흡 생명의 계획은 대기를 가진 세계에서 존재하는 기법과 차이가 있다. 살아남은 뒤에도, 거기 있는 민족들은 다르며, 그들은 영 융합의 후보자이다. 그런데도 이 존재들은 생명을 즐기며, 대기를 가진 세계에서 있는 필사자들이 겪는 것과 똑같이 상대적 시련과 즐거움을 가지고 그 영역의 활동을 진행한다. 지성과 인격 면에서, 비호흡자는 다른 필사자 종류들과 다르지 않다.

너희는 이 부류의 사람이 혹성에서 하는 행위에 관하여 관심이 있고도 남으리니, 그러한 종족의 존재들이 유란시아에 아주 가까이 있는 한 구체에 거주하기 때문이다.

4. 진화로 생긴 의지 생물

다른 세계들에 있는 필사자들 사이에는, 똑같은 지적·육체적 종류에 속하는 자들 사이에도, 큰 차이가 있다. 그러나 의지의 존엄을 가진 필사자들은 모두 직립(直立) 동물, 두 발을 가진 동물이다.

여섯 가지 기본 진화 종족, 세 1차 종족—홍인, 황인, 청인—그리고 세 2차 종족—주황인, 녹색인, 남색인—이 있다. 사람 사는 세계들의 대부분은 이 종족들을 다 가지고 있지만, 세 골 혹성들 가운데 다수는 세 가지 1차 종류만 가지고 있다. 어떤 지역 체계들은 또한 이 세 종족만 가지고 있다.

인간의 특별한 육체 감각의 재산은 보통 열둘이다. 그러나 세 골을 가진 필사자의 특별 감각은 한 골과 두 골 종류보다 조금 더 연장된다. 그들은 유란시아 민족들보다 훨씬 더 많이 보고 들을 수 있다.

어린것들은 보통 하나씩 태어나며, 여럿을 출산하는 것은 예외이다. 가족 생활은 모든 부류의 혹성에서 상당히 한결같다. 모든 선진(先進) 세계에서 남녀 평등이 지배한다. 남자와 여자는 지성 자질과 영적 지위 면에서 동등하다. 한 성(性)이 다른 성을 학대하려고 하는 한, 우리는 그 혹성이 야만 상태로부터 벗어났다고 여기지 않는다. 생물 체험의 이 특성은 물질 아들과 딸이 도착한 뒤에 반드시 크게 개선된다.

계절, 그리고 기온의 변화는 태양의 빛을 받고 태양으로 가열되는 모든 혹성에서 일어난다. 농업은 대기를 가진 모든 세계에서 보편적이며, 땅을 가는 것은 모든 그러한 혹성에서 진보하는 민족들에게 공통되는 한 가지 직종이다.

사람들은 모두 초기 시절에, 유란시아에서 너희가 겪는 것 같이 미세한 적들과 똑같은 일반적 투쟁을 겪지만, 그 투쟁이 아마도 그렇게 광범위하지는 않다. 생명의 길이는 원시 세계에서 25년으로부터, 더 진보되고 오래 된 구체에서는 거의 5백 년에 이르기까지, 다른 혹성들에서 차이가 있다.

인간 존재들은 모두 부족 안에서, 종족 안에서 사교성이 있다. 집단이 이렇게 분리되는 것은 그들의 기원과 구성에서 선천적이다. 그러한 경향은 오직 전진하는 문명에 따라서, 차츰 영답게 됨으로 고쳐질 수 있다. 사람이 사는 세계들의 사회·경제 및 정부의 문제는 혹성의 나이, 그리고 혹성이 신다운 아들들의 연속되는 체류에 영향을 받은 정도에 따라서 다르다.

지성은 무한한 영이 수여하는 것이며, 다양한 환경에서 아주 같게 작용한다. 필사자들의 지성은, 지역 체계에서 사는 의지 생물의 육체적 성품의 특징을 나타내는 어떤 구조 및 화학적 차이에 상관 없이 비슷하다. 개인의 차이나 혹성의 물리적 차이에 상관 없이, 이 모든 다채로운 계급의 필사자들의 정신 생활은 아주 비슷하며, 죽음 직후에 그들의 생애는 대단히 비슷하다.

그러나 불멸의 영이 없이 필사자의 지성은 살아남을 수 없다. 사람의 지성은 반드시 죽는다. 오로지 수여된 영이 불멸이다. 살아남는 것은 **조절자**의 봉사를 받고 영답게 변하는 데—불멸하는 혼의 출생과 진화에—달려 있다. 적어도 물질 지성의 영적 변화를 일으키는 **조절자**의 임무에 대하여 적의가 생기지 않았어야 한다.

5. 혹성 시리즈의 필사자

혹성 시리즈의 필사자들을 적절히 묘사하기는 좀 어렵겠는데, 이는 너희가 그들에 대해서 아는 것이 거의 없기 때문이고, 또한 아주 많은 변종(**變種**)이 있기 때문이다. 그러나 수많은 관점에서 필사 인간을 연구할 수 있고, 그 가운데 다음 방법이 있다:

1. 혹성 환경에 대한 적응.
2. 두뇌 종류의 시리즈.
3. 영 감수성 시리즈.
4. 혹성 필사자의 시대.
5. 생물 유사성 연속물.
6. **조절자** 융합 시리즈.
7. 땅을 벗어나는 기법.

일곱 초우주에서 사람 사는 구체들은, 진화하는 생물 생명의 이 일곱 가지 일반화된 등급 가운데서 어떤 하나 이상의 항목에 동시에 분류되는 필사자들로 차 있다. 그러나 이 일반 분류조차도, 미초한자(**未超限者**)와 같은 존재나 어떤 다른 형태의 지적 생명을 위해서 아무런 배려를 하지 않는다. 이 이야기에서 발표된 바와 같이, 사람 사는 세계들에는 진화하는 필사 인간이 있지만, 다른 생명 형태들도 있다.

1. <u>혹성 환경에 대한 적응</u>. 혹성 환경에 생물 생명이 적응하는 관점에서 볼 때, 사람이 사는 세계들에는 세 가지 일반 집단이 있는데, 정상(**正常**) 적응 집단, 극단적 적응 집단, 실험 집단이다.

혹성 조건에 정상으로 적응하는 것은 앞서 고려된 바, 일반 물리적 원형(**原形**)을 따른다. 비호흡자의 세계들은 근본적 적응, 곧 극단적으로 적응하는 전형(**典刑**)이지만, 다른 부류도 또한 이 무리에 포함된다. 실험 세계들은 전형인 생물 형태에 보통 이상적으로 적응되어 있고, 이 십일(**十一**) 혹성들에서 **생명 운반자**들은 표준 생명의 설계에서 유익한 변종을 생산하려고 애쓴다. 너희 세계는 실험 혹성이니까, 사타니아에 있는 그 자매 구체들과 두드러지게 다르다. 다른 데서 발견되지 않는, 많은 형태의 생명이 유란시아에서 나타났다. 마찬가지로 많은 보통 종자가 너희 혹성에는 없다.

네바돈 우주에서는, 모든 생명 수정 세계가 함께 연속으로 이어져 있고, 지정된 행정자들이 주목하는 우주 사무의 특별한 분야를 이룬다. 그리고 이 모든 실험 세계는 우주 지도자 군단에게 정기적으로 검열을 받는데, 그 군단의 우두머리는 사타니아에서 타바만시아로 알려진 고참 최후자이다.

2. 두뇌 종류 시리즈. 필사자들에게 한 가지 물리적 균일성은 두뇌와 신경 체계이다. 그런데도 머리의 작용에는 세 가지 기본 조직이 있는데, 한 골, 두 골, 세 골 종류이다. 유란시아 사람들은 두 골 종류이며, 한 골을 가진 필사자보다 얼마큼 더 상상력과 모험심이 있고 철학적이지만, 세 골 서열보다 영성(靈性), 윤리, 경건함이 조금 떨어진다. 이 두뇌의 차이는 인간 이전의 동물 존재들에서도 그 특징을 나타낸다.

유란시아 사람이 가진 두뇌 피질의 두 반구(半球) 종류로부터 유추함으로 너희는 한 골 종류에 대하여 무언가 파악할 수 있다. 세 골 서열이 가진 셋째 골은 너희의 작은 골, 곧 기초 형태의 골이 진화한 것이라 상상하는 것이 가장 좋다. 이것은 주로 신체 활동을 통제하는 기능을 맡는 점까지 발전되며, 상위의 두 골이 더 높은 일에 종사하도록 풀어 주는데, 하나는 지적 활동, 다른 하나는 생각 조절자의 영적 대응 활동을 위한 것이다.

한 골 종족들이 땅에서 성취하는 것은 두 골 서열과 견주어 조금 제한되어 있고, 세 골 집단이 사는 오래 된 혹성들은 유란시아 사람들을 놀라게 할 문명을 나타내며, 그것은 비교할 때 너희의 문명을 얼마큼 부끄럽게 하겠다. 기계의 발전과 물질 문명에서, 아니 지적 진보에서도, 두 골 필사자의 세계들은 세 골 구체들에 필적할 수 있다. 그러나 지성의 상급 통제와 지적·영적 교류의 발달에서, 너희는 약간 열등하다.

어느 세계, 또는 집단 세계들의 지적 진보나 영적 달성에 관한 모든 그러한 비교하는 추정(推定)은, 공정하기 위해서, 혹성의 시대를 고려해야 한다. 허다한 것이 시대, 생물학적 개량자들의 도움, 그리고 다양한 계급의 신다운 아들들이 차후에 맡는 임무에 달려 있다.

세 골 민족들이 한 골이나 두 골 서열보다 조금 높은 혹성 진화를 이룩할 능력이 있지만, 모두 같은 종류의 생명 세포질을 가졌고, 유란시아에서 인간들이 하는 것과 근사하게, 대단히 비슷한 방법으로 혹성 활동을 해 나간다. 이 세 종류의 필사자들은 지역 체계의 세계들에 두루 흩어져 있다. 대다수의 경우에 혹성의 조건은 다른 세계에서 이 다양한 계급의 필사자들을 계획하는 생명 운반자들의 결정과 거의 상관이 없다. 그렇게 계획하고 집행하는 것은 생명 운반자들의 특권이다.

승천 생애에서 이 세 계급은 평등한 지위에 있다. 각자가 똑같이 지적으로 발달하는 단계를 거쳐야 하며, 각자가 진보하는 똑같은 영적 시험을 통달해야 한다. 별자리가 체계 행정과 이 다른 세계들을 전반적으로 통제하는 것은 한결같이 차별이 없고, 혹성 영주의 체제조차도 동일하다.

3. 영(靈) 감수성 시리즈. 영 사무와 접촉하는 것과 관련하여 세 가지 집단의 지성 고안이 있다. 이 분류는 한 골, 두 골, 세 골 서열의 필사자를 언급하지 않는다. 그것은 1차적으로 선(腺) 화학, 더 자세히는 하수체(下垂體)에 견줄 수 있는 어떤 선들의 조직을 언급한다. 어떤 세계에 있는 민족들은 한 선(腺)을 가지고 있고, 다른 데서는 유란시아 사람들처럼 둘이 있으며, 한편 또 다른 구체들에는 민족들이 독특한 이 하수체를 셋 가지고 있다. 타고난 상상력과 영적 감수성은 차이 나는 이 화학적 자질에 분명히 영향을 받는다.

영 감수성 종류 가운데, 65퍼센트는 유란시아 종족들처럼 둘째 집단이다. 12퍼센트는 첫째 종류이고 자연히 민감성이 덜하며, 한편 23퍼센트는 지상 생활 기간에 더 영적 성향이 있다. 그러나 그러한 구별은 자연사 뒤에 남지 않는다. 이 종족의 차이는 모두 육체를 입은 생명에만 관련된다.

4. 혹성 필사자의 시대. 현세의 섭리 시대가, 땅에서 사람의 지위, 그리고 하늘의 봉사를 받아들이는 사람의 태도에 영향을 주다시피, 이 분류는 섭리 시대가 연속되는 것을 인정한다.

생명 운반자들은 혹성에서 생명을 창시하며, 필사 인간이 진화를 거쳐 출현하고 얼마큼 지날 때까지 그 발전을 감시한다. 혹성을 떠나기 앞서, 생명 운반자들은 혹성 영주를 그 영역의 통치자로서 정식으로 임명한다. 이 통치자와 함께, 충분한 할당수의 하위 보조자와 봉사하는 조수(助手)들이 도착하며, 산 자와 죽은 자의 첫 판결이 그가 도착함과 동시에 일어난다.

인간 무리의 출현과 함께, 이 혹성 영주가 인간의 문명을 개시하고, 인간 사회를 집중하려고 도착한다. 혼란한 너희 세계는 도무지 혹성 영주들이 군림하는 초기 시절을 판단할 기준이 되지 않는데, 왜냐하면 그 기간이 유란시아에서 그러한 행정 초기에 가까운 때에, 너희의 혹성 영주 칼리가스티아가 체계 군주 루시퍼의 반란과 운명을 같이 하였기 때문이다. 너희의 혹성은 그 뒤로 죽, 폭풍이 몰아치는 과정을 좇았다.

정상의 진화 세계에서, 혹성 영주의 체제 동안에 종족의 진보는 그 자연스런 생물학적 절정에 이르며, 그 뒤에 곧 체계 군주가 물질 아들과 딸을 그 혹성에 파송한다. 수입(輸入)된 이 존재들은 생물학적 개량자로 소용되며, 유란시아에서 그들의 실수는 너희 혹성의 역사를 더욱 까다롭게 만들었다.

인류의 지성과 윤리의 진보가 진화로 발전하는 한계에 이르렀을 때, 파라다이스의 아보날 아들이 행정관 임무를 띠고 도착한다. 나중에, 그러한 세계의 영적 지위가 자연스럽게 도달하는 그 한계에 가까워질 때, 그 혹성은 파라다이스 수여 아들의 방문을 받는다. 수여 아들의 주요한 임무는 혹성의 지위를 확립하고, 혹성에서 활동하도록 진리의 영을 풀어 놓고, 이처럼 생각 조절자들이 보편적으로 오게 하는 것이다.

여기서 다시 유란시아는 빗나간다: 너희 세계에서는 결코 행정관 임무가 없었고, 너희가 받은 수여 아들도 아보날 계급이 아니었다. 너희 혹성은 군주 아들, 곧 네바돈 미가엘이 필사자로서 산 고향 혹성이 되는 현저한 영예를 누렸다.

연달아 신다운 아들 계급이 모두 봉사한 결과로서, 사람 사는 세계들과 거기서 전진하는 민족들은 혹성 진화의 정점에 비로소 다가간다. 그러한 세계들은 이제 절정에 이르는 임무, 곧 삼위 일체 아들 교육자들의 강림을 위하여 무르익었다. 이 아들 교육자들의 시대는 마지막 혹성 시대—진화적 유토피아—곧 빛과 생명의 시대에 이르는 길목이다.

뒤잇는 한 논문에서 인간의 이 분류를 특별히 주목할 것이다.

5. 생물 친족 연속물. 혹성들은 체계, 별자리와 같은 식으로 수직(垂直)으로만 조직된 것이 아니라, 우주 행정은 또한 부류, 시리즈, 기타 관계에 따라서 수평적 배치를 마련해 준다. 우주의 이 측면 행정은 더욱 특별히, 다른 구체들에서 따로 촉진되어 온, 친척 성질을 가진 활동을 조정하는 데 관련된다. 관계된 이 등급의

우주 생물은, 오랜 체험을 얻은 최후자들이 주관하는 어떤 복합 집단의 높은 성격자들에게 정기적으로 검열을 받는다.

이 친족 요소는 모든 수준에서 명백히 나타나는데, 이는 친족 연속물이 필사 인간 뿐 아니라 비인간 성격자들 사이에서도—아니 인간과 초인간 계급 사이에서도—존재하기 때문이다. 지적 존재들은 각기 일곱 주요 부문으로 구성된, 12 대집단 안에서 수직으로 관계되어 있다. 독특하게 관련된 이 살아 있는 존재 집단을 조정하는 것은 아마도 충분히 이해되지 않는 최상 존재의 어떤 기법에 따라서 이루어진다.

6. 조절자 융합 시리즈. 융합하기 이전의 체험을 겪는 동안에 모든 필사자의 영적 분류나 배치는 전적으로, 성격 지위와 깃드는 신비의 감시자의 관계에 따라서 결정된다. 네바돈에서 사람 사는 세계들의 거의 90퍼센트에는 조절자와 융합하는 필사자가 차지하고 있고, 이와 대조해서 이웃에 있는 한 우주에는 반이 겨우 넘는 세계들이 영원히 융합하기 위해서 조절자가 깃드는 후보자들을 거느리고 있다.

7. 땅을 벗어나는 기법. 근본적으로 오직 한 방법으로, 개별 인간 생명은 사람 사는 혹성에서 비롯될 수 있는데, 그것은 생물의 생식(生殖)과 자연스런 출생을 통한 것이다. 그러나 사람이 땅에서 그의 지위를 벗어나서 안으로 움직이는 파라다이스 승천자들의 물결에 접촉하는, 수많은 기법이 있다.

6. 땅을 벗어나기

필사자의 다른 물리적 부류와 혹성 시리즈는 모두 같이, 생각 조절자와 수호 천사들, 그리고 무한한 영에 속하는 다양한 계급의 사자 집단의 보살핌을 누린다. 모두가 똑같이 자연사로 해방됨으로 육체의 사슬로부터 홀가분하게 되며, 모두가 똑같이 거기서부터 영적으로 진화하고 지성이 진보하는 상물질 세계들로 간다.

혹성 당국이나 체계 통치자들의 제안을 받고 나서, 때때로 잠자는 생존자들의 특별 부활이 실시된다. 그러한 부활은 적어도 혹성 시간으로 1천 년마다 일어나며, 그 때 모두는 아니지만, "티끌 속에서 잠자는 많은 사람이 깨어난다." 이 특별 부활은 사람을 승천시키는 지역 우주 계획에서, 특정한 근무를 위하여 특별 집단의 승천자들을 동원하는 경우이다. 이 특별 부활에는 실용적 이유가 있고, 감상적 관계가 연결되어 있다.

사람이 사는 한 세계의 초기 시대 전체를 통해서, 특별 부활과 천년(千年) 부활이 있을 때 많은 사람이 저택 세계들에 호출된다. 그러나 대부분의 생존자들은, 혹성에서 근무하는 한 신다운 아들의 오심과 관련하여 새로운 섭리 시대가 개시될 때 다시 성격화된다.

1. 시대 서열이나 집단 서열로 살아남는 필사자. 사람 사는 세계에 처음 조절자가 도착하는 것과 함께 수호 세라핌들도 또한 출현하며, 그들은 땅을 벗어나는 데 불가결하다. 잠자는 생존자들의 일생이 경과하는 기간 전체를 통해서, 새롭게 진화한 그들의 불멸하는 혼의 영적 가치와 영원한 실체는, 개인이나 집단의 수호 세라핌이 신성한 신탁물로서 보존한다.

잠자는 생존자들에게 배치된 집단 수호자들은 그들이 세상에 강림할 때 반드시 판결하는 아들들과 함께 활동한다. "그는 그의 천사들을 보내고, 저희는 사방으로부터 그가 선택한 자를 모으리라." 잠자는 생존자를 다시 성격화하는 데 배치된 각 세라핌과 함께, 돌아온 조절자가 활동하며, 그는 육체를 입은 시절에 그 생존자 안에서 살았던 바로 그 불멸의 아버지 분신(分身)이며, 이처럼 신분이 회복되고 성격이 부활된다. 자기의 피보호자가 잠자는 동안에, 기다리던 이 조절자들은 신별에서 일하며, 그들은 이 막간에 또 다른 필사자의 지성에 결코 깃들지 않는다.

필사자들이 존재하는 더 오래 된 세계들은, 실질적으로 상물질계 생활로부터 면제된 인간, 한층 높이 개발되고 지극히 영적인 부류의 인간들을 거느리고 있다. 그 반면에, 동물 기원을 가진 민족들의 초기 시절은, 너무 설익어서 자기 조절자와 융합이 불가능한 원시 필사자들이 그 특징을 나타낸다. 셋째 근원 중심이 가진 불멸하는 영의 개별화된 부분과 손잡고, 수호 세라핌들이 이 필사자들을 다시 깨우는 일을 해낸다.

이와 같이 혹성 시대의 잠자는 생존자들은 섭리 시대의 출석 점호가 있을 때 다시 성격화된다. 그러나 한 영역의 구제 불가능한 성격자들에 관하여 말하면, 아무런 불멸하는 영이 집단의 운명 수호자들과 함께 활동하려고 자리에 있지 않으며, 이것이 생물 존재의 중지(中止)에 해당한다. 너희 기록 가운데 더러는 이 사건이 사람이 죽는 혹성에서 벌어지는 것으로 묘사되었지만, 이 모든 사건은 저택 세계들에서 일어난다.

2. <u>개별로 승천하는 서열의 필사자</u>. 인간들의 개별 진보는 일곱 가지 우주 수준을 그들이 연속으로 달성하고 횡단(통달)하는 데 따라서 측정된다. 필사자가 진보하는 이 여러 수준은 관계된 지성·사회·정신 및 우주 통찰력의 가치 수준이다. 7급 수준에서 출발하여, 필사자들은 1급 수준을 향하여 애쓰며, 3급 수준에 도달한 자들은 모두, 개인 운명 수호자를 즉시 배치받는다. 이 사람들은 섭리 시대나 기타 판결과 상관 없이, 상물질계 생명에서 다시 성격화될 수도 있다.

한 진화 세계의 초기 시대 전체를 통해서 죽, 거의 아무 필사자도 사흘째 되는 날에 심판을 받으러 가지 않는다. 그러나 시대가 경과함에 따라서, 점점 더 개인 운명 수호자가 전진하는 사람들에게 배치되며, 이처럼 수가 늘어나는 이 진화 생물이, 자연사(自然死) 뒤에 사흘째 되는 날에 제1 저택 세계에서 다시 성격화한다. 그러한 경우에, 조절자가 돌아오는 것은 인간의 혼이 깨어남을 알리며, 진화 세계에서 한 섭리 시대의 끝에 집단 점호를 부를 때와 똑같이, 이것이 글자 그대로, 죽은 자의 재성격화이다.

세 집단의 개별 승천자들이 있다: 진보가 덜 된 자들은 처음 세계, 곧 제1 저택 세계에 발을 내딛는다. 더 진보된 무리는 이전에 혹성에서 거친 진보에 따라서, 중급 저택 세계들 가운데 어디에서 상물질계 생애를 시작할지 모른다. 이 계급들 가운데 가장 진보한 자들은 일곱째 저택 세계에서 그들의 상물질계 체험을 정말로 시작한다.

3. <u>보호 관찰 중인 서열과 의존하는 서열의 승천 필사자</u>. 우주의 견지에서 볼 때, 조절자의 도착은 신분을 구성하며, 깃든 경험을 가진 모든 존재는 정의의 점호 명부에 올라 있다. 그러나 진화 세계에서 현세의 생활은 불안하며, 다수가 파라다이스 생애를 택하기 전에, 젊을 때 죽는다. 조절자가 깃든 그러한 아이와 젊은이들은 부모 중에서 가장 진보된 영적 지위를 가진 자의 뒤를 따르며, 이처럼 특별 부활이 있을 때, 또는 정규적으로 천년 출석 점호와 섭리 시대의 출석 점호가 있을 때, 사흘째 되는 날, 체계의 최후자 세계(보호 관찰 보육원)에 간다.

너무 어린 나이에 죽어서 생각 조절자를 받지 못하는 아이들은, 부모의 어느 한 쪽이 저택 세계들에 도착하는 것과 동시에, 지역 체계의 최후자 세계에서 다시 성격화된다. 한 아이는 사람으로 태어날 때 육체적 존재를 얻지만, 살아남는 문제에서 조절자가 없는 아이들은 모두 아직도 그 부모에게 딸린 것으로 간주된다.

때가 되면 생각 조절자들은 이 어린아이들에게 깃들려고 오며, 한편 보호 관찰 중인 서열과 의존하는 서열, 살아남는 양 집단에게 베푸는 천사의 봉사는 일반적으로, 더 진보한 아버지나 어머니의 것과 비슷하든지, 아니면 하나만 살아남을 경우에 그쪽의 것과 대등하다. 자기 부모의 지위에 상관 없이, 3급 수준에 이르는 자들에게는 개인 수호자가 허락된다.

비슷한 보호 관찰 보육원들이 별자리와 우주 본부의 최후자 구체들에서, 수정된 1차와 2차 계급 승천자의 아이들, 조절자 없는 아이들을 위해서 유지된다.

4. <u>수정된 2차 서열의 승천하는 필사자</u>. 이들은 중급의 진화 세계들에서 진보하는 인간이다. 일반적으로, 그들은 자연사에서 면제되지 않지만, 일곱 저택 세계를 통과하는 것이 면제된다.

완전성이 덜한 집단은 지역 체계 본부에서 다시 깨어나며, 저택 세계들만 그냥 지나친다. 중간 집단은 별자리의 훈련 세계들로 가며, 그들은 지역 체계의 상물질 체제 전체를 그냥 지나친다. 영적으로 투쟁하는 여러 혹성 시대에서 더 오래 지나면, 많은 생존자가 별자리 본부에서 깨어나며, 거기서 파라다이스로 상승을 시작한다.

그러나 이 여러 집단 가운데 누구라도 앞으로 나가기 전에, 그들이 놓친 세계들에 교육자로서 뒤로 여행해야 하며, 그들이 학생으로서 그냥 지나쳐 버린 나라들에서 선생으로서 많은 체험을 얻는다. 그들은 모두 나중에, 필사자가 진보하는 예비된 길을 거쳐 파라다이스로 나아간다.

5. <u>수정된 1차 서열의 승천하는 필사자</u>. 이 사람들은 조절자가 융합한 종류의 진화 생명에 속하지만, 그들은 진화하는 세계에서 인간이 발전하는 마지막 단계를 대표하는 일이 아주 흔하다. 영화롭게 된 이 존재들은 죽음의 입구를 거치는 것이 면제되며, 그들은 아들이 잡아채도록 몸을 맡긴다. 그들은 살아 있는 자들 사이에서 옮겨지며, 즉시 지역 우주 본부에서 군주 아들이 계신 앞에 나타난다.

이들은 필사 생애 동안에 자기 조절자와 융합하는 필사자이며, 조절자와 융합한 그런 성격자들은 상물질계 형태를 입기 전에 자유롭게 공간을 가로지른다. 이 융합한 혼들은 직접 조절자가 이동함으로 상급 상물질계 구체의 부활실로 가며, 거기서 진화 세계로부터 도착하는 모든 다른 필사자와 같이, 자기의 처음 상물질계 의상(衣裳)을 받는다.

이 수정된 1차 서열의 필사자 승천은, 조절자가 융합하는 세계들의 가장 낮은 단계로부터 가장 높은 단계까지, 어느 혹성 시리즈에 있는 개인들에게 적용될지 모른다. 그러나 이 구체들 가운데 오래 된 곳에서, 그들이 신다운 아들들의 수많은 수여로부터 이득을 얻은 뒤에, 이 승천이 작용하는 일이 더 흔하다.

빛과 생명의 혹성 시대가 확립되면, 많은 사람이 수정된 1차 서열의 이동을 이용하여 우주의 상물질 세계들로 간다. 상급 단계의 안정된 존재에서 더 나아가서,

한 영역을 떠나는 필사자의 대다수가 이 등급에 포함될 때, 그 혹성을 이 시리즈에 속한다고 간주한다. 빛과 생명 속에 오랫동안 정착한 이 구체들에서, 자연사는 더욱 드물게 된다.

[예루셈 혹성 행정 학교의 한 멜기세덱이 발표하였다.]

제 50 편

혹성 영주

라노난덱 아들의 계급에 속하기는 하지만, 혹성 영주들은 서비스 면에서 아주 전문화되었기 때문에, 그들은 보통 다른 집단으로 간주된다. 2차 라노난덱으로서 멜기세덱의 인가(認可)를 받은 뒤에, 이 지역 우주 아들들은 별자리 본부에서 그들 계급의 예비군에 배치된다. 여기서부터 다양한 임무로 체계 군주에게 배치를 받으며, 결국 혹성 영주로 임명되고, 사람이 사는 세계를 다스리도록 파송된다.

한 주어진 혹성에 통치자를 배치하는 문제에서, 체계 군주의 행동을 요하는 신호는, 생명 운반자들이 생명을 정착시키고 총명한 진화 존재를 발달시킨 이 혹성에서 활동할 행정 우두머리를 파송해 달라는 요청을 그들로부터 받는 것이다. 진화된 필사 인간이 거하는 모든 혹성은 이 계급의 아들인 혹성 통치자를 배치받는다.

1. 영주의 임무

혹성 영주와 그의 조수(助手)인 형제들은 (육신화를 제쳐 놓고) 파라다이스의 영원한 아들이 시간과 공간의 비천한 생물에게 제시할 수 있는, 가장 가까운 성격화된 접근법이다. 아들 창조자가 그의 영을 통해서 그 영역의 피조물과 접촉하는 것이 참말이지만, 혹성 영주는 파라다이스로부터 사람의 자손에게 연장되는, 성격을 가진 아들 계급 가운데 마지막이다. 무한한 영은 운명 수호자와 기타 천사 존재들의 몸을 입고서 아주 가까이 온다. 우주의 아버지는 신비의 감시자의 전 성격 계심을 이용하여 사람 안에 사신다. 그러나 혹성 영주는 영원한 아들과 그의 아들들이 너희에게 가까이 다가가려는 마지막 노력을 나타낸다. 새로 사람이 사는 세계에서, 혹성 영주는 완벽한 신성을 나타내는 유일한 대표이며, 아들 창조자와 (우주의 아버지와 영원한 아들의 자손) 신성한 봉사자(우주에서 무한한 영의 딸)로부터 솟아 나온다.

새로 사람이 사는 세계의 영주(領主)는 한 충성스러운 집단의 조력자와 조수, 그리고 큰 무리의 봉사하는 영들에게 둘러싸인다. 그러나 그러한 새 세계들을 지도하는 군단은, 혹성 문제와 어려움에 선천적으로 동정심이 있고 그에 대하여 이해심을 갖기 위해서는 체계 행정자들 가운데서 하급 출신이어야 한다. 진화 세계에게 공감하는 통치자를 마련해 주려는 이 모든 노력에 늘어난 부채(負債)가 따르는데, 이것은 인간에 가까운 이 성격자들이 그들 자신의 지성을 최상 통치자들의 뜻 위로, 그보다 더 높임으로 잘못에 빠질 수 있다는 부담이다.

개별 혹성에서 신성(神性)의 대표로서 아주 외롭게 있으니까 이 아들들은 심하게 시험받으며, 네바돈은 몇 번에 걸쳐 반란의 불운을 겪었다. 체계 군주와 혹성 영주들을 창조할 때, 우주의 아버지와 영원한 아들로부터 갈수록 더 멀어지는 개념의 성격화가 일어난다. 한 개인이 자신의 중요성에 대하여 비례 감각을 잃을 위험이 늘어나고, 수많은 계급의 신다운 존재들의 가치와 관계, 그리고 그들이 가진 권한의 단계를 알맞게 파악하지 못할 가능성이 더 커진다. 아버지가 지역 우주에서 친히 계시지 않는 것은 또한 이 아들들 모두에게 어떤 믿음과 충성심의 시험을 부과한다.

그러나 이 세계 영주들이 사람 사는 구체를 조직하고 관리하는 임무를 그르치는 일은 흔치 않다. 그들의 성공은 나중에, 세계의 원시인에게 더 높은 형태의 생물 생명을 접목시키려고 오는 물질 아들의 임무를 크게 수월하게 만든다. 그들의 통치는 또한 하나님의 파라다이스 아들들을 위하여 그 혹성을 예비하는 데 많이 기여하며, 이 아들들은 나중에 그 세상을 심판하고, 이어지는 섭리 시대를 개시하려고 온다.

2. 혹성의 행정

혹성 영주들은 모두 가브리엘의 우주 행정 관할 밑에 있고, 가브리엘은 미가엘의 최고 집행자이다. 한편 직속 권한으로 볼 때, 영주들은 체계 군주의 집행 명령에 지배된다.

혹성 영주들은 어느 때라도 예전에 그들의 교육자이며 후원자였던 멜기세덱들의 상담을 구해도 좋다. 그러나 그들은 그러한 도움을 청하는 것이 임의로 요구되지는 않으며, 그러한 도움을 자진해서 요청하지 않으면, 멜기세덱들은 혹성 행정에 간섭하지 않는다. 이 세계 통치자들은 또한 24 장로의 조언을 이용해도 좋은데, 이들은 체계의 수여 세계들로부터 모집된다. 사타니아에는 현재 이 상담자들이 모두 유란시아 토착민이다. 별자리 본부에는 비슷한 70자 회의가 있고, 이들은 또한 그 영역의 진화 존재들로부터 선택된다.

진화하는 여러 혹성에서 초기의 불안한 기간에 통치는 대체로 독재 정치이다. 혹성 영주들은 전문화된 집단의 조수들을 혹성 조수 군단 가운데서 조직한다. 그들은 보통 12자 최고 회의로 자신을 둘러싸지만, 이것은 다른 세계들에서 다르게 선택되고 다양하게 구성된다. 한 혹성 영주는 또한 자기 집단의 아들 가운데 셋째 계급을 하나 이상, 그리고 때때로 어떤 세계들에서는, 자신 계급인 2차 라노난덱 동료 가운데 하나를 조수로서 가져도 좋다.

한 세계 통치자의 참모진 전체는 무한한 영의 성격자, 어떤 부류의 상급 진화 존재, 그리고 다른 세계들로부터 온 승천 필사자로 이루어진다. 그러한 참모진은 평균 약 1천 명에 이르며, 그 혹성이 진보함에 따라서, 이 조수의 무리는 10만까지 또는 그보다 더 늘어나도 좋다. 더 많은 조수의 필요성이 느껴질 때는 언제라도, 혹성 영주들은 그 형제, 체계 군주들에게 요청하기만 하면 되고, 그 탄원은 당장에 허가를 받는다.

혹성들은 성질·조직·행정 면에서 크게 다르지만, 모두가 사법(司法)을 담당하는 법정을 마련한다. 지역 우주의 사법 체계는 혹성 영주의 법정에서 시작되는데, 이것을 그의 개인 참모진의 한 회원이 주관한다. 그러한 법정의 선포는 상당히 아버지답고 자유 재량을 보이는 태도를 반영한다. 혹성 거주자들의 규제를 넘는 모든 문제는 고등 법정에 올리는 상소(上訴)에 지배를 받는다. 그러나 영주의 세계 영토의 사무는 대체로 그의 개인 재량에 따라서 조정된다.

떠돌아다니는 여러 화해자 위원회가 혹성의 법정에 봉사하고 그것을 보조하며, 영 통제자와 물리 통제자들은 이 화해자들의 조사 결과에 지배를 받는다. 그러나 아무런 임의적 집행은 별자리 아버지의 찬성이 없이 결코 일어나지 않는데, 이는 "최고자들이 사람의 나라에서 다스리기" 때문이다.

혹성에 배치받은 통제자와 변압자들도 또한 천사와 기타 계급의 하늘 존재들과 함께, 이 후자인 성격자들을 필사 인간의 눈에 보이게 만드는 일에 공동으로 일할 수 있다. 특별한 경우에는, 천사 조수, 그리고 멜기세덱들조차, 진화 세계의 거주자에게 자신을 눈에 보이게 만들 수 있고, 또 그렇게 한다. 혹성 영주 참모진의 일부로서 필사 승천자들을 체계 서울로부터 데려오는 가장 중요한 이유는 그 영역의 거주자들과 의사 소통을 수월하게 하려는 것이다.

3. 영주의 유형 참모진

연륜이 짧은 세계에 갈 때, 혹성 영주는 보통 지역 체계 본부로부터 한 무리의 자원하는 승천 존재들을 데리고 간다. 이 승천자들은 초기에 종족을 개량하는 작업에서 조언자와 조수로서 그 영주를 따라간다. 이 군단의 물질적 조수들은 그 영주와 그 세계 종족들 사이를 연결하는 고리를 이룬다. 유란시아 영주, 칼리가스티아는 그러한 조수 1백 명으로 이루어진 군단을 하나 거느리고 있었다.

그러한 자원하는 조수들은 체계 서울의 시민이며, 그들 가운데 아무도 그들에게 깃드는 조절자와 융합하지 않았다. 그러한 자원 봉사자들이 가진 조절자의 지위는 이 상물질계 진보자들이 예전의 물질 상태로 임시 돌아가는 동안, 체계 본부에서 거주 지위를 가진 채로 남아 있다.

형체를 짓는 건축가, 곧 생명 운반자들은 그러한 자원자들에게 새로운 육체를 마련해 주며, 혹성에서 머무르는 동안 그들은 이 육체를 차지한다. 이 성격자 형태는 그 영역의 보통 질병에서 면제되지만, 초기의 상물질계 몸처럼, 기계적 성질을 가진 어떤 사고(事故)가 일어날 수 있다.

영주의 유형(有形) 참모진은, 두 번째 아들이 그 구체에 도착할 때, 다음 판결과 연관되어 보통 그 혹성으로부터 옮겨진다. 떠나기 전에 그들은 여러 가지 임무를 그들이 함께 낳은 자손, 그리고 어떤 우수한 토착 자원자들에게 맡기는 것이 관습이다. 영주(領主)의 이 조수들이 여러 토착 종족에서 우수한 집단과 짝짓도록 허락된 세계에서는, 그러한 자손이 보통 그들의 뒤를 잇는다.

혹성 영주의 이 조수들은 그 세계의 종족들과 짝짓는 일이 드물지만, 반드시 자기네끼리 짝을 짓는다. 이 연합으로부터 두 등급의 존재가 생겨난다: 1차 부류의 중도인(中道人)과 어떤 높은 부류의 물질 존재인데, 후자는 아담과 이브가 도착할 때 그들의 부모가 그 혹성으로부터 옮겨진 뒤에, 영주의 참모진에 딸린 채로 남는다. 이 아이들은 어떤 비상시를 빼고, 필사 종족들과 짝짓지 않으며, 그때에도 오직 혹성 영주의 지시에 따라서 그렇게 한다. 그런 경우에, 그 아이들—유형 참모진의 손자들—은 지위 면에서 그들의 시대와 세대의 우수한 민족의 출신과 같다. 혹성 영주의 이 반(半)물질 조수들의 자손에게는 모두 조절자가 깃든다.

영주의 섭리 시대 끝에, 이 "복귀 참모진"이 파라다이스 생애를 다시 시작하기 위하여 체계 본부로 돌아갈 때가 올 때, 이 승천자들은 물질 육체를 돌려 줄 목적으로 생명 운반자들에게 출두한다. 그들은 이동하는 잠에 들어가서, 그들의 필사 옷으로부터 구원되고 상물질 형태를 입은 채로 깨어나며, 체계 서울로 돌아가는 천사 수송을 위하여 준비된다. 거기에는 떨어져 있던 조절자들이 그들을 기다린다. 그들은 자기의 예루셈 학급보다 온전히 한 섭리 시대만큼 뒤떨어지지만, 그들은 독특하고 보기 드문 체험을 얻었고, 이것은 하늘 가는 필사자의 생애에 진귀한 장(章)이 된다.

4. 혹성의 본부와 학교

영주의 유형(有形) 참모진은 훈련과 교양을 맡는 혹성 학교들을 일찍부터 조직하며, 거기서 진화 종족들의 정예가 교육받고, 그리고 나서 그들의 민족에게 더 좋은 이 길을 가르치려고 파송된다. 영주의 이 학교들은 혹성의 물질 본부에 자리잡는다.

유형 참모진은 이 본부 도시의 설립과 연결된 물리적 작업의 많은 부분을 수행한다. 혹성 영주의 초기 시절에 그러한 본부 도시나 촌락들은 유란시아 필사자가 상상할까 싶은 것과 아주 다르다. 후일의 시대와 견주어 보면, 이 도시들은 간단하고, 광물의 치장과 비교적 진보된 물질 구조의 특징을 가지고 있다. 이 모든 것이 동산 본부 둘레에 집중하는 아담 체제와 대조되며, 거기서부터 우주 아들들의 제2 섭리 시대 동안에 그 민족들의 이익을 위하여 그들의 할 일이 수행된다.

너희 세계에 있는 본부 촌락에는, 인간 거주지마다 풍부한 땅이 마련된다. 멀리 떨어진 부족들은 사냥과 먹을거리 뒤지는 일을 계속했지만, 영주 학교들의 학생과 선생은 모두 농업가요 원예가였다. 시간은 다음 직종 가운데 대체로 똑같이 나누어진다:

1. <u>육체 노동</u>. 집을 짓고 꾸미는 것과 관련하여, 땅을 가는 것.

2. <u>사회 활동</u>. 놀이의 연출과 문화적인 사회 배치.

3. <u>교육적 적용</u>. 가족 집단을 가르치는 것과 관련된, 개인의 교육. 이것은 전문화된 학급 훈련으로 보충된다.

4. <u>직업 훈련</u>. 결혼과 가정(家庭) 관리 학교, 예술 및 기술 훈련 학교, 선생을—세속(世俗), 문화 및 종교 면에서—훈련하는 학급.

5. <u>영적 교양</u>. 교육자 단체, 소년 및 청년 집단을 깨우치는 것, 그리고 양자 양녀로 받아들인 토착민 아이들을 그 민족에게 보내는 선교사로서 훈련하는 것.

혹성 영주는 필사 존재의 눈에 보이지 않는다. 따라서 그의 참모진의 반(半)물질 존재인 대표들을 믿는 것은 믿음의 시험이다. 그러나 이 교양과 훈련을 맡는 학교들은 각 혹성의 필요에 잘 적응되어 있다. 이 다채로운 배움의 기관에 들어가려는 노력으로, 사람의 민족들 사이에서 힘들고 칭찬할 만한 경쟁(競爭)이 곧 일어난다.

그러한 교양과 성취가 있는 세계 중심으로부터 모든 민족에게 정신을 높여 주고 교화하는 영향이 차츰 방출되며, 이것은 느리고 확실하게 진화 종족들을 변화시킨다. 그 동안에 둘러싼 민족들 가운데서 영주의 여러 학교에서 양자 양녀가 되고 훈련을 거치고, 교육받고 영적으로 감화받은 아이들은 그들이 태어난 집단으로 돌아가며, 힘이 자라는 데까지, 거기서 새로운 힘찬 배움과 문화의 중심들을 건설하고, 영주 학교들의 계획에 따라서 계속해 나간다.

유란시아에서 혹성의 진보와 문화의 발전을 위한 이 계획은 잘 진척되었고, 아주 흐뭇하게 진행되었는데, 그 때 칼리가스티아가 루시퍼 반란에 가담해서 그 사업 전체가 오히려 갑작스럽고 가장 치욕스러운 종말에 이르렀다.

내 계급의 아들 가운데 하나인 칼리가스티아의 냉담한 배반을 내가 전해 들은 것은 이 반란에서 가장 깊은 충격을 주는 사건 가운데 하나였다. 그는 숙고한 가운데, 미리 사악한 생각을 품고, 그 때 운영되던 모든 유란시아 혹성 학교에서 교육을 체계적으로 왜곡하고 거기에 독(毒)을 섞었다. 이 학교들의 파멸은 빠르고 완벽하였다.

영주의 물질화된 참모진에 있던 승천자들의 자손 가운데 다수는 줄곧 충성한 채로 남았고, 칼리가스티아의 계열에서 탈주했다. 이 충성파는 유란시아의 멜기세덱 관리자들의 격려를 받았고, 후일에는 그들의 자손이 진리와 정의에 관한 혹성의 개념을 떠받들기 위하여 많이 수고하였다. 충성스러운 이 전도사들이 한 일은 유란시아에서 영적 진리가 완전히 말소되는 것을 막는 데 기여하였다. 이 용감한 혼들과 그 자손들은 아버지의 통치에 대한 지식이 얼마큼 살아남도록 지켰고, 세상 민족들을 위하여 다양한 계급의 신다운 아들들이 다스리는 연속된 혹성 시대가 다가온다는 개념을 보존하였다.

5. 진취적 문명

사람 사는 세계들을 다스리는 충성스러운 영주들은 최초에 배치된 혹성에 영구히 소속된다. 파라다이스 아들들과 그들의 섭리 시대는 오고갈지 모르지만, 성공적인 혹성 영주는 그 영역의 통치자로서 계속한다. 그가 하는 일은 더 높은 아들들의 임무와 아주 상관 없으며, 혹성 문명의 발전을 촉진하도록 고안되어 있다.

문명의 진보는 어느 두 혹성에서도 좀처럼 같지 않다. 필사자의 진화가 전개되는 그 세부는 수많은 상이한 세계에서 아주 다르다. 물리적·지적·사회적 노선을 따라서 혹성의 발전이 이렇게 크게 다양화되는데도, 진화하는 구체들은 모두 아주 분명한 어떤 방향으로 진보한다.

물질 아들들은 혹성 영주의 관대한 통치를 확대하고, 파라다이스 아들들의 정기적 임무는 그것을 매듭짓는다. 영주의 통치 밑에서, 시공의 보통 세계에 있는 필사 민족들은 연달아 다음 일곱 가지의 발전하는 시대를 거칠 것이다:

1. <u>영양 시대</u>. 인간이 되기 이전의 동물, 그리고 원시인의 여명기 민족들은 주로 먹을거리 문제에 관심을 가진다. 이 진화 존재들은 깨어 있는 시간을 먹이를 찾거나, 공격하거나 방어하는 싸움에 보낸다. 먹이를 찾는 것은 뒤따르는 문명의 초기 조상의 머리 속에서 가장 우선한다.

2. <u>안전 시대</u>. 원시 사냥꾼이 먹을거리를 찾는 일로부터 얼마큼의 시간이라도 절약할 수 있게 되자마자, 이 여가(餘暇)를 자기의 안전을 높이는 데 쓴다. 전쟁하

는 기술에 점점 더 많은 주의를 기울인다. 집이 강화되며, 씨족들은 공통으로 가진 두려움 때문에, 그리고 외인(外人) 집단에 대한 증오심을 불어넣음으로 단결된다. 자아 보존은 언제나 자아 유지를 따르는 추구이다.

3. 물질적 편안 시대. 먹을거리 문제가 일부 해결되고 어느 정도의 안전이 확보되고 난 뒤에, 추가로 얻는 여가는 개인의 편안을 늘이기 위해서 이용된다. 사치가 필요와 함께 인간의 활동 무대의 중심을 차지하려고 싸움을 벌인다. 그러한 시대는 아주 흔히 폭정·불관용·포식(飽食), 그리고 술에 취하는 특징을 가진다. 종족들의 연약한 요소는 지나침과 잔학의 방향으로 기울어진다. 쾌락을 추구하는 이 약골들은 진보하는 문명에서 더욱 힘세고 진리를 사랑하는 요소에게 차츰차츰 정복된다.

4. 지식과 지혜의 추구. 식량·안전·쾌락·여가는 문화가 발전하고 지식이 보급될 기초를 마련해 준다. 지식을 달성하려는 노력은 지혜를 낳고, 한 문화가 경험으로 어떻게 이익을 얻고 개선하는가를 배웠을 때, 문명이 정말로 다가온 것이다. 식량, 안전, 물질적 편안이 아직도 사회를 지배하지만, 앞을 내다보는 많은 사람이 지식에 대한 갈급함과 지혜를 찾는 목마름을 느낀다. 아이들 모두에게 실습으로 배우는 기회가 주어지며, 교육이 이 시대의 표어이다.

5. 철학과 형제 정신의 시대. 어떻게 생각하는가를 배우고 경험으로 이익을 얻기 시작할 때, 필사자들은 철학을 생각하게 된다—자신 속에서 이치를 따지고, 차별적 판단을 내리기 시작한다. 이 시대의 사회는 윤리를 찾게 되고, 그러한 시대의 필사자들은 참으로 도덕적 존재가 된다. 그러한 진보하는 세계에서 지혜로운 도덕적 존재들은 인간의 형제 정신을 확립할 능력이 있다. 윤리와 도덕성이 있는 존재들은 황금률에 따라서 어떻게 사는가를 배울 수 있다.

6. 영적 분투의 시대. 진화하는 필사자들이 육체적·지적·사회적 발전 단계를 거쳤을 때, 머지 않아 영적 만족감과 우주의 이해를 추구하도록 그들을 재촉하는 개인적 통찰 수준에 다다른다. 종교는 두려움과 미신(迷信)의 감정 분야로부터 우주의 지혜와 개인의 영적 체험의 높은 수준으로 올라가는 일을 마친다. 교육은 의미의 달성을 얻으려 애쓰고, 문화는 우주의 관계와 참된 가치를 움켜잡는다. 그러한 진화하는 필사자들은 진정으로 교양이 있고, 참으로 교육받았고, 지극하게 하나님을 알고 있다.

7. 빛과 생명의 시대. 이 때는 육체의 안전, 지적 확장, 사회적 문화, 영적 성취가 있는 연속되는 시대들이 꽃피는 것이다. 인간의 이런 업적은 우주의 통일과 사심(私心) 없는 봉사 속에서 이제 섞이고, 결합되고, 조정된다. 유한한 성질과 물질 재산의 한계 안에서, 숭고하고 정착된 이 시공 세계들에서 연달아 사는, 진보하는 세대들이 진화로 성취하는 가능성에는 아무런 제한이 정해지지 않았다.

세계 역사에서 연이은 여러 섭리 시대와 혹성이 진보하는 진취적 시대를 통해서 자기의 구체를 섬긴 뒤에, 혹성 영주들은 빛과 생명의 시대가 개시되고 나서 혹성 군주의 자리로 승진된다.

6. 혹성의 문화

유란시아의 고립된 상태는 너희 사타니아 이웃의 생활 및 환경의 많은 세부를 발표하는 일에 착수하는 것을 불가능하게 만든다. 이 발표에서 우리는 혹성이 격리되고 그 체계가 고립된 것에 제한을 받는다. 유란시아의 필사자들을 깨우치려고 우리가 온갖 노력을 기울이면서 우리는 이 금지 사항을 좇아야 한다. 그러나 허락받은 테두리 안에서 너희는 보통 진화 세계의 진보에 관하여 가르침을 받았고, 너희는 그러한 세계의 경력을 유란시아의 현재 상태와 비교할 수 있다.

유란시아에서 문명의 발전은 영적 고립의 불운을 겪어 온 다른 세계들의 발전과 크게 다르지 않았다. 그러나 우주의 충성스러운 세계들과 비교했을 때, 너희의 혹성은 모든 국면의 지적 진보와 영적 성취 면에서 아주 엉망진창이 되고 몹시 뒤떨어진 듯하다.

너희 혹성이 불운을 겪었기 때문에, 유란시아 사람들은 정상 세계들의 문화에 관하여 많이 이해하는 데 방해를 받았다. 그러나 너희는 진화 세계들을, 아니 가장 이상적인 세계들조차, 생활이 꽃으로 뒤덮인 편안한 잠자리인 구체(球體)라고 상상해서는 안 된다. 필사 민족들의 초기 생활에는 언제나 투쟁이 따른다. 노력과 결심은 살아남는 가치를 얻는 데 필수 부분이다.

문화는 지성의 질(質)을 전제(前提)로 한다. 문화는 지성이 높여지지 않으면 향상될 수 없다. 우수한 지능은 고귀한 문화를 추구하며 그러한 목표를 이루는 어떤 길을 찾을 것이다. 열등한 지성은 가장 높은 문화를 금방 쓰도록 눈앞에 내밀었을 때에도 코웃음칠 것이다. 또한 많은 것이 신다운 아들들의 연속되는 사명에, 그리고 그들 각자의 섭리 시대가 깨우침을 받아들이는 정도에 달려 있다.

너희는 루시퍼 반란의 결과로서, 20만 년 동안 사타니아의 모든 세계가 놀라시아덱의 영적 금지령 밑에 쉬고 있었다는 것을 잊어서는 안 된다. 그에 따른 죄와 단절의 장애를 회복하는 데는 오랜 세월이 걸릴 것이다. 너희 세계는 반역한 혹성 영주와 이탈하는 물질 아들, 이 2중 비극의 결과로서, 불규칙하고 얼룩진 길을 아직도 계속 추구한다. 유란시아에서 그리스도 미가엘이 자신을 수여한 것조차, 세상의 초기 행정에 심각한 이 여러 잘못으로 현세에 일어난 결과를 즉시 무효로 만들지 못했다.

7. 고립으로부터 얻는 보상

얼핏 생각하면, 혹성 영주와 물질 아들딸과 같은 초인간 성격자들의 유익한 계심과 영향을 빼앗겼다는 뜻에서, 유란시아 및 관련된 고립된 세계들은 가장 운이 나쁘게 보일지 모른다. 그러나 이 구체들의 고립은 그 민족들에게 믿음을 실습하고, 우주가 믿을 만함에 대하여 시력(視力)이나 어떤 다른 물질적 고려 사항에 의존하지 않는, 특별한 품질의 신뢰를 개발하는 독특한 기회를 마련해 준다. 결국에는, 반란의 결과로서 격리된 세계들에서 온 필사 인간이 지극히 운이 좋은 것으로 판명될 수도 있다. 우리는 우주 사업에 배치되는 수많은 특별 임무가 그러한 승천자들에게 아주 일찍 맡겨진다는 것을 발견했고, 그런 사업의 성취에는 의심받지 않는 믿음과 숭고한 확신이 필수이다.

이 고립된 세계에서 온 승천자들은 예루셈에서 자기들끼리 한 거주 구역을 차지하며, 불굴자(不屈者)로서 알려져 있는데, 이것은 보지 않고 믿을 수 있고, 고립되었을 때 견디며, 홀로 있을 때에도 극복할 수 없는 어려움을 이기는, 진화된 의지(意志) 생물임을 뜻한다. 불굴자들의 이 기능적 분류는 지역 우주에서 승천하고 초우주를 횡단하는 동안 죽 지속된다. 이것은 하보나에서 머무르는 동안에 사라지지만, 파라다이스에 이르고 나서 대번에 다시 나타나며, 필사 최후 군단에서 분명히 지속한다. 타바만시아는 최후자 지위를 가진 불굴자이며, 그는 시공 우주에서 처음 일어난 반란에 관련된, 어느 고립된 구체에서 살아남았다.

파라다이스 생애를 통해서 내내, 원인의 결과로서 보상은 노력을 따라다닌다. 그러한 보상은 개인을 평범(平凡)과 구별하며, 생물의 체험에서 차이를 마련하고, 최후자들의 집합체에서 궁극적 성취의 신축성에 기여한다.

[예비군의 한 2차 라노난덱 아들이 발표하였다.]

제 51 편

혹성의 아담

혹성 영주의 섭리 시대 동안에, 원시인은 자연스러운 진화적 발전의 한계에 이르며, 이 생물학적 달성은 체계 군주에게 그러한 세계에 제2 계급의 아들, 곧 생물학적 개량자들을 파송하라는 신호이다. 이 아들들은, 둘이 있기 때문에—물질 아들과 딸—보통은 한 혹성에서 아담과 이브로서 알려진다. 사타니아 최초의 물질 아들은 아담이며, 체계의 여러 세계에 생물학적 개량자로서 가는 자들은 반드시, 그들의 독특한 계급에서 처음이며 기원인 이 아들의 이름을 가지고 간다.

이 아들들은 아들 창조자가 사람 사는 세계에 주는 물질 선물이다. 혹성 영주와 함께, 그들은 그러한 구체의 진화 과정 전체를 통해서 배치된 혹성에 남아 있다. 혹성 영주가 있는 세계에서 그러한 모험은 크게 위험하지 않다. 그러나 배신(背信)이 있던 혹성, 곧 영적 통치자가 없고, 혹성간 통신을 빼앗긴 영역에서, 그러한 사명은 심각한 위험을 안고 있다.

사타니아의 모든 세계, 그리고 다른 체계들에서 이 아들들이 하는 일에 관하여 모든 것을 너희가 알기를 바랄 수 없지만, 다른 여러 논문이 그 흥미 있는 쌍, 아담과 이브의 생애와 체험을 더 낱낱이 묘사한다. 그들은 예루셈의 생물학적 개량자 군단으로부터 유란시아 민족들을 향상시키려고 왔다. 너희 토착 민족들을 개량하려는 이상적 계획이 유산(流産)되었지만, 그래도 아담의 사명은 헛되지 않았다. 유란시아는 아담과 이브를 선사받아서 헤아릴 수 없이 이익을 보았고, 그들의 동료 사이에서, 그리고 하늘 회의에서는 그들이 한 일을 완전히 헛일이라 여기지 않는다.

1. 하나님의 물질 아들의 기원과 성품

물질, 곧 남녀 구별이 있는, 아들과 딸들은 아들 창조자의 자손이다. 우주 어머니 영은 이 존재들의 생산에 참여하지 않으며, 그들은 진화 세계에서 육체의 개량자로서 활동하도록 예정되어 있다.

물질 아들 계급은 지역 우주 전역에 걸쳐서 한결같지 않다. 아들 창조자는 각 지역 체계에서 이 존재들을 꼭 한 쌍만 생산하는데, 이 최초의 쌍들은 성품이 다채롭고 그들 각자 체계의 생명 형태에 조율되어 있다. 이것은 필요한 준비이니, 그렇지 않으면 아담의 생식(生殖) 잠재력이, 어느 특별한 체계의 세계들에서, 진화하는 필사 존재의 잠재력과 함께 작용하지 않을 터이기 때문이다. 유란시아에 온 아담과 이브는 물질 아들들 가운데 최초의 사타니아 쌍으로부터 내려온 후손이다.

물질 아들들은 2.7미터에서부터 3미터에 이르기까지 키가 다르고, 그들의 몸은 보라색을 띤 찬란한 빛깔로 이글거린다. 물질인 피가 그들의 물질 몸을 통해서 순환하지만, 그들은 또한 신성한 에너지로 넘치게 충전되어 있고, 하늘의 빛으로 젖어 있다. 이 물질 아들(아담)과 물질 딸(이브)은 서로 대등하며, 오직 생식(生殖)하는 성품이, 그리고 어떤 화학 자질이 다르다. 그들은 대등하지만, 남자와 여자로 구별되고—따라서 서로 보완하며—거의 모든 임무에서 쌍으로 일하도록 고안되어 있다.

물질 아들들은 2중의 영양을 누린다. 그들은 정말로 성품과 구조가 2중이며, 그 영역의 육체 존재들이 하는 것과 비슷하게 물질화된 에너지를 취한다. 한편 그들의 불멸하는 존재는 어떤 지속시키는 우주 에너지를, 바로 자동으로 흡수함으로 충분히 유지된다. 배치받은 어떤 임무에서 실패하거나, 아니 의식해서 또는 고의로 반항하면, 이 계급의 아들들은 고립되며 빛과 생명의 우주 근원과 연락이 끊어진다. 그리고 나서 그들은 실지로 물질 존재가 되며, 배치받은 세계에서 물질 생활의 과정을 따르도록 운명이 정해져 있고, 우주 행정관들의 판결을 기대하도록 강요된다. 물질적 죽음은 결국 불행하고 지혜롭지 못한 그런 물질 아들이나 딸의 혹성 생애를 마치게 할 것이다.

최초에, 또는 직접 창조된 아담과 이브는 모든 다른 계급의 지역 우주 아들처럼, 선천적 자질로 말미암아 불멸한다. 그러나 불멸 잠재성의 감소가 그들의 아들딸의 특징을 나타낸다. 이 최초의 쌍은 그들이 낳은 아들과 딸들에게 무조건적 불사(不死)를 전해 줄 수 없다. 그들의 후손은 계속해서 살기 위해서, 영의 지성 인력 회로와 끊임없이 지성의 동시성(同時性)을 유지하는 데 의존한다. 사타니아 체계가 비롯된 뒤로, 혹성 아담 13명이 반란과 이탈의 와중에, 그리고 681,204명이 하위의 신탁 지위에서 길을 잃었다. 이 탈퇴의 대부분은 루시퍼 반란 시절에 일어났다.

체계의 서울에서 영구 시민으로 사는 동안, 아니 진화하는 혹성에 내려가는 임무를 띠고 활동할 때에도, 물질 아들들은 생각 조절자를 소유하지 않는다. 그러나 바로 이 근무를 통하여 조절자의 깃드심과 파라다이스로 올라가는 생애를 받을 체험 능력을 얻는다. 독특하고 놀랍게 쓸모 있는 이 존재들은 영적 세계와 물리적 세계 사이에 연결하는 고리이다. 그들은 체계 본부(本部)에 집중해 있고, 거기서 그 영역의 물질 시민으로서 자식을 낳고 살아 가며, 거기서부터 진화 세계로 파송된다.

혹성에서 근무하는 다른 창조된 아들들과 달리, 물질 계급의 아들은 천성으로 말미암아 유란시아의 거주자와 같은 물질 생물에게 불가시하지 않다. 이 하나님의 아들들을 눈으로 보고, 이해할 수 있다. 다음에 그들은 시간 생물과 실제로 섞일 수 있고, 아니 그들과 함께 자식을 낳을 수도 있다. 하지만 생물학상으로 개량하는 이 구실은 보통 혹성 아담들의 후손에게 돌아간다.

예루셈에서는 어떤 아담과 이브의 충성스러운 아이들이라도 불멸한다. 그러나 물질 아들과 딸이 진화하는 혹성에 도착한 뒤에, 그들의 자손은 이처럼 자연사로부터 면제되지 않는다. 이 아들들이 진화 세계에 생식(生殖) 활동을 위하여 다시 물질화될 때, 생명을 전달하는 작용에서 변화가 일어난다. 생명 운반자들은 혹성 임무로 가는 혹성 아담과 이브에게서 죽지 않는 아들딸을 낳는 힘을 일부러 빼앗는다. 그들이 실수하지 않으면, 혹성 임무에서 아담과 이브는 무기한으로 살 수 있지만, 어떤 한계 안에서 그 아이들은 이어지는 각 세대마다 목숨이 줄어드는 것을 체험한다.

2. 혹성 아담의 이주

사람이 사는 또 하나의 세계가 물리적 진화의 정점에 이르렀다는 소식을 받고 나서, 체계 군주는 체계 서울에서 물질 아들딸 단체의 집회를 연다. 그러한 진화 세계의 필요성을 논의한 뒤에, 자원하는 무리 가운데 두 명—물질 아들들의 선임 집단 가운데 한 아담과 한 이브—가 그 모험을 하도록 선택되며, 관련된 근무를 하던 그들의 집으로부터 새 기회와 새 위험이 기다리는 새 나라로 가기 위해서, 천사 속에 둘러싸이고 수송되는 준비로 깊은 잠에 들어간다.

아담과 이브는 반(半)물질 생물이며, 그대로 세라핌이 수송할 수 없다. 그들이 배치받은 세계로 수송되기 위하여 천사 속으로 둘러싸일 수 있기 전에, 그들은 체계 서울에서 비물질화를 겪어야 한다. 수송하는 세라핌들은 물질 아들 속에서, 그리고 기타 반물질 존재 속에서 그러한 변화를 일으킬 수 있고, 이것은 그들이 천사 속에 둘러싸이고 그처럼 한 세계나 체계에서 다른 데로 공간을 통해서 수송될 수 있게 만든다. 표준 시간으로 약 사흘이 이 수송 준비에 소모된다. 천사가 수송하는 여행 끝에, 도착하고 나서, 그러한 비물질화된 생물을 정상 존재로 회복하는 데는 생명 운반자의 협조가 필요하다.

아담들을 예루셈으로부터 진화 세계로 이주(移住)하도록 준비하는 이 비물질화 기술이 있지만, 그러한 세계로부터 그들을 다른 곳으로 데리고 가는 데는 대등한 방법이 없다. 혹성 전체를 비워야 할 경우는 예외이고, 이 경우에는 구원할 수 있는 인구 전체를 위하여 비물질화 기법의 비상(非常) 설치가 일어난다. 어떤 물리적 대이변이 한 진화하는 민족이 혹성에 거주하는 것을 망하게 한다면, 멜기세덱과 생명 운반자들은 모든 생존자를 위하여 비물질화 기법을 설치하며, 천사의 수송으로 이 존재들은 그들이 계속 존재하도록 준비된 새로운 세계로 옮겨질 것이다. 인류의 진화는, 공간의 한 세계에서 한번 시작되면, 그 혹성이 물리적으로 살아남는 것과 아주 별도로 진행되어야 한다. 하지만, 진화하는 시대 동안에 혹성 아담이나 이브는 그들이 선택한 세계를 떠나도록 달리 예정되지는 않는다.

혹성 목적지에 도착하고 나서, 물질 아들과 딸은 생명 운반자들의 지시를 받고서 다시 물질화된다. 이 과정 전체는 유란시아 시간으로 10일에서 28일이 걸린다. 천사 속에 잠드는 무의식은 다시 조립하는 이 기간 전체를 통해서 계속된다. 물질 유기체의 재조립이 끝날 때, 모든 의도와 목적으로 볼 때, 그들이 예루셈에서 비물질화 과정에 굴복하기 전 그들의 상태 그대로, 이 물질 아들과 딸은 새 집 안에, 새 세계에서 서게 된다.

3. 아담의 임무

사람 사는 세계에서 물질 아들과 딸은 동산 집들을 짓고, 곧 자신들이 낳은 아이들의 도움을 받는다. 보통, 혹성 영주가 동산의 위치를 선택하고, 유형(有形) 참모진은 상급 부류의 토착 민족들 가운데 많은 사람의 도움을 얻어서, 준비하는 기초 작업을 많이 행한다.

이 에덴 동산들은 별자리 서울, 에덴시아를 기념하기 위하여, 그리고 최고 아버지들의 본부 세계에 있는 식물의 장려함을 모방했기 때문에, 그렇게 이름을 지었다. 그러한 동산 집들은 보통 한적한 구역에, 열대에 가까운 지대에 자리잡는다. 그 집들은 보통 세계에서 놀라운 창작품이다. 너희는 아름다운 이 문화 중심들에 대하여, 유란시아에서 그러한 사업의 개발이 중지된 데 대한 단편적 평가를 보고서 아무 것도 판단할 수 없다.

혹성 아담과 이브는 잠재성으로 볼 때, 필사 민족들에게 육체적 은혜를 온전히 선물한 것이다. 그러한 수입(輸入)된 쌍의 주요한 사업은 번식하고 시간의 아이들을 개량하는 것이다. 그러나 동산의 민족과 세상 민족들 사이에 즉시 서로 교배하는 일은 없다. 여러 세대 동안 아담과 이브는 진화하는 필사자들로부터 생물학적으로 분리된 채로 남아 있고, 그 동안에 자기 계급에서 강한 민족을 세운다. 이것이 사람 사는 세계들에서 보라 민족의 기원이다.

혹성 영주와 그 참모진이 종족을 개량하는 계획을 준비하고, 아담과 이브가 그것을 집행한다. 이 일에 너희의 물질 아들과 그 동반자는 유란시아에 도착했을 때 크게 불리한 처지에 놓여 있었다. 칼리가스티아는 아담의 임무에 교묘하고 효과 있게 저항했다. 반역하는 혹성 영주가 있는 데 본래부터 생기는 혹성의 위험에 관하여 유란시아의 멜기세덱 관리자들이 아담과 이브 두 사람에게 마땅히 경고했는데도, 이 반란 주모자는 교활한 계략을 써서 에덴의 쌍을 책략으로 이겼고, 너희 세계에서 눈에 보이는 통치자로서 그들에게 지워 준 약속을 어기도록 그들을 함정에 빠뜨렸다. 이 배신한 혹성 영주는 너희의 아담과 이브를 절충하는 데 성공했지만 루시퍼 반란에 말려들게 하려는 노력에는 실패했다.

제5 계급의 천사, 곧 혹성의 조수들은 아담의 임무에 소속되며, 언제나 혹성 아담들이 세계 모험을 떠날 때 그들을 따라간다. 최초에 배치되는 군단은 보통 약 10만 명이다. 유란시아의 아담과 이브의 작업이 때 이르게 개시되었을 때, 그들이 예정된 계획으로부터 벗어났을 때, 꾸짖을 행위에 관하여 그들을 훈계한 자는 동산의 목소리 천사들 가운데 하나였다. 이 사건에 관한 너희의 이야기는 어떤 방식으로 너희 혹성의 전통이 초자연적인 것을 모조리 주 하나님에게 돌리려는 경향이 있는가 잘 설명해 준다. 이런 이유로, 유란시아 사람들은 우주의 아버지의 성품에 관하여 흔히 갈피를 잡지 못했는데, 모든 그의 동료와 부하들의 언행이 아주 일반적으로 그의 탓으로 돌려졌기 때문이다. 아담과 이브의 경우에 그 동산의 천사는 바로, 당시에 근무 중이던 혹성 조수들의 우두머리였다. 이 세라핌 솔로니아는 신의 계획이 유산되었음을 선언하고, 멜기세덱 관리자들이 유란시아로 돌아올 것을 요청했다.

2차 중도인들은 아담의 임무에 고유하다. 혹성 영주의 유형(有形) 참모진의 경우처럼, 물질 아들과 딸의 후손은 그들의 육체적 자손과 2차 계급의 중도인, 이 두 계급으로 이루어진다. 물질이지만 보통은 눈에 보이지 않는 이 혹성 봉사자들은 문명의 진보에, 그리고 심지어 사회 발전과 영적 전진을 뒤엎으려고 애쓸지도 모르는, 순종하지 않는 소수(小數)를 굴복시키는 데도 크게 기여한다.

2차 중도자들은 1차 계급과 혼동되어서는 안 되며, 후자는 혹성 영주가 도착하던 시절 가까이까지 거슬러 올라간다. 유란시아에서 초기에 있었던 이 대다수의 중도인들은 칼리가스티아와 함께 반란에 가담했고, 오순절 뒤로 구금되었다. 혹성 행정에 계속 충성하지 않은 아담 집단의 다수도 마찬가지로 갇혀 있다.

오순절 날에, 충성스러운 1차 및 2차 중도자들은 자원하는 연합을 결성했고, 그 뒤로 죽 세상사에서 한 단위로서 활동해 왔다. 그들은 두 집단으로부터 번갈아서 선택된, 충성스러운 중도자들의 지휘 밑에서 봉사한다.

너희 세계는 4 계급의 아들의 방문을 받았는데, 곧 혹성 영주 칼리가스티아, 하나님의 물질 아들인 아담과 이브, 아브라함의 시절에 "살렘의 현자"였던 마키벤타 멜기세덱, 파라다이스 수여 아들로서 왔던 그리스도 미가엘이다. 네바돈 우주의 최상 통치자 미가엘이 충성스럽고 유능한 혹성 영주, 그리고 헌신적이고 성공한 물질 아들에게서 너희 세계로 오며 환영을 받았더라면, 얼마나 더욱 효과 있고 아름다웠을 것인가! 그들 모두가 수여 아들이 일생에 할 일과 사명을 향상하기 위하여 무척 많이 일했을 것이다. 그러나 모든 세계가 유란시아처럼 그렇게 불행하지는 않았고, 혹성 아담들의 임무도 언제나 그렇게 어렵거나 그토록 위험하지는 않았다. 그들은 성공할 때 위대한 민족의 발전에 이바지하며, 혹성 사무에서 눈에 보이는 우두머리로서, 그러한 세계가 빛과 생명 속에 안주하는 시대로 깊숙이 들어갈 때까지도 계속한다.

4. 여섯 진화 종족

사람이 사는 세계의 초기 시대에 지배하는 민족은 홍인(紅人)이며, 그는 보통 먼저 인간 수준의 발전을 이룩한다. 홍인이 혹성에서 선임 종족이기는 하지만, 뒤잇는 유색(有色) 민족들은 필사자가 등장하는 시대에 아주 일찍부터 나타나기 시작한다.

초기의 종족들은 후기의 종족들보다 얼마큼 우수하다. 홍인은 남인종(藍人種)—흑인—보다 훨씬 위에 있다. 생명 운반자들은 살아 있는 에너지를 충분히 처음 인종, 곧 홍인종에게 나누어 주며, 다른 필사자 집단이 연달아 진화로 명시되는 것은 최초의 자질을 희생하고 얻는 변화이다. 사람의 키조차도 홍인으로부터 남인종으로 내려가면서 작아지는 경향이 있다. 하지만 유란시아에는 기대하지 않았던 거인증(巨人症)의 경향이 녹색 및 주황 민족 사이에서 나타났다.

모두 여섯 진화 민족을 가진 세계에서, 우수한 민족들은 첫째, 셋째, 다섯째이다—홍인종, 황인종, 청인종이다. 진화 민족들은 머리가 성장하고 영이 발전하는 능력이 이처럼 번갈아 생기며, 둘째, 넷째, 여섯째는 얼마큼 자질을 적게 부여받는다. 이 2차 종족들은 어떤 세계에서는 빠지는 민족이며, 많은 다른 세계에서 절멸한 민족이다. 너희의 우수한 청인(靑人)이, 혼혈이 된 "백인종" 속에 지속한다는 것을 제외하고, 너희가 대체로 청인을 잃어버렸다는 것은 유란시아에서 불운이다. 너희의 주황 및 녹색 혈통을 잃어버린 것은 그다지 심각한 문제가 아니다.

여섯—또는 세—유색 인종의 진화는, 홍인의 최초의 자질을 떨어뜨리는 듯하지만, 필사자의 부류에서 무척 바람직한 변화를 마련해 주며, 그렇지 않으면 얻을 수 없는 다채로운 인간 잠재성의 표현을 허락한다. 이 여러 수정(修正)은 차후에 수입된 아담 민족, 곧 보라 민족이 그것을 개량한다면, 전체로서 인류의 진보에 유익하다. 유란시아에서 이 보통 혼혈 계획은 널리 시행되지 않았고, 종족을 진화시키는 계획을 집행하는 데 이렇게 실패한 것은, 너희 세계에서 이 초기 민족들의 잔재를 관찰함으로써 사람이 사는 보통 세계에서 이 민족들의 지위에 관하여 너희가 도저히 많이 이해하지 못하게 만든다.

종족이 발전하는 초기 시절에는 홍인·황인·청인이 서로 교배(交配)하는 경향이 조금 있고, 이와 비슷하게 주황·녹색·남색 인종들이 서로 섞이는 경향이 있다.

뒤떨어진 인간들은 좀더 진취성이 있는 민족들에게 보통은 노동자로서 고용된다. 이것이 초기 시대에 여러 혹성에서 노예 제도의 기원을 설명한다. 주황인은 보통 홍인에게 정복되고, 하인의 지위로 전락한다—때로는 전멸된다. 황인과 홍인은 흔히 친교하지만, 반드시 그렇지는 않다. 황인종은 보통 녹색인을 노예로 만들고, 청인은 남색인을 굴복시킨다. 이 원시인 민족들은 뒤떨어진 동료들의 서비스를 강제 노동에 이용하는 것을 유란시아 사람들이 말이나 가축을 팔고 사는 것보다 더 대단하게 생각하지 않는다.

대부분의 정상 세계에서 강제된 노예 상태는 혹성 영주의 섭리 시대까지 살아남지 못한다. 하지만 정신 장애자와 사회 비행자(非行者)들은 흔히 아직도 강제 노동을 하도록 강요된다. 그러나 모든 정상의 구체에서 이 종류의 원시 노예 제도는 수입된 보라 민족, 곧 아담 민족이 도착한 뒤에 곧 폐지된다.

이 여섯 진화 민족은 아담 개량자들의 자손과 혼혈로 말미암아 섞이고 향상될 운명을 가지고 있다. 그러나 이 민족들이 섞여지기 전에, 열등하고 부적당한 자들은 대체로 제거된다. 혹성 영주와 물질 아들은 다른 적절한 혹성 당국과 함께, 번식하는 혈통의 적성(適性)에 대하여 판결을 내린다. 유란시아에서 그러한 극단적인 계획을 집행하는 어려움은 너희 세계 민족들 가운데 개인의 생물학적 적성이나 부적성에 대하여 판결을 내릴 유능한 재판관들이 없는 데 있다. 이런 장애가 있는데도, 너희가 가진, 아주 두드러지게 부적당하고, 결함이 있고, 퇴화되고 반(反)사회적인 혈통의 생물학적 자격을 박탈하는 데 너희가 찬성할 수 있어야 하는 듯하다.

5. 종족의 혼합—아담 피의 수여

혹성 아담과 이브가 사람이 사는 세계에 도착할 때, 그들은 기존 종족의 지적 존재들을 개량하는 가장 좋은 방법에 관하여 상관들로부터 충분히 교육을 받았다. 그 절차의 계획은 한결같지 않다. 많은 것이 봉사하는 그 쌍의 판단에 맡겨지며, 특히 유란시아와 같이 어지럽고 반항이 있는 세계에서, 실수는 뜸하지 않게 일어난다.

보라 민족들은 보통, 자체 집단이 1백만 명을 넘을 때까지 그 혹성의 토착민들과 혼합을 시작하지 않는다. 그러나 그 동안에 혹성 영주의 참모진은 신들의 아이들이, 말하자면, 사람의 민족들과 하나가 되려고 내려왔다고 선포한다. 우수한 종족 혈통에 속함으로 자격을 갖춘 자들은 에덴 동산으로 나아가도 좋다, 그리고 거기서 새롭고 혼합된 서열의 인류에게 진화의 아버지와 어머니로서, 아담의 아들딸들에게 택함을 받는다는 발표가 있을 그 날을 사람들은 열심히 고대(苦待)한다.

정상의 세계에서 혹성 아담과 이브는 진화 민족들과 결코 교배하지 않는다. 이 생물학적 개량 작업은 아담 후손의 구실이다. 그러나 이 아담 사람들은 민족들 사이로 나가지 않는다. 영주의 참모진이 아담의 후손과 자원해서 짝짓는 것을 위하여 우수한 남녀를 에덴 동산으로 데리고 온다. 대부분의 세계에서, 동산의 아들딸과 짝지을 후보자로 뽑히는 것을 가장 높은 영예로 여긴다.

처음으로 종족 전쟁과 기타 부족 투쟁이 줄어들고, 한편 세계 민족들은 차츰차츰 동산으로부터 더 인정받고 거기에 들어갈 허가를 받는 자격을 갖추려고 애쓴다. 정상의 혹성에서 이 경쟁하는 싸움이 어떻게 모든 활동의 중심을 차지하게 되는가에 대하여 너희는 기껏해야 아주 미약한 관념을 가질 수 있다. 종족을 개량하는 이 계획 전체가 유란시아에서 일찍부터 망쳐졌다.

보라 민족은 일부 일처(一夫一妻)를 지키는 민족이며, 아담의 아들딸과 연합하는 모든 진화하는 남자와 여자는 다른 짝을 얻지 않고, 단일(單一) 배우자를 가진 가운데 자기의 아이들을 가르칠 것을 서약한다. 이 각각의 결합에서 생긴 아이들은 혹성 영주의 학교에서 교육과 훈련을 받으며, 그리고 나서 진화적 부모인 민족에게로 떠나가서, 거기서 선택된 무리의 우수한 필사자들 가운데서 결혼하는 것이 허락된다.

물질 아들들의 이 혈통이 세계의 진화하는 민족들에게 더해질 때, 진화적으로 나아가는 새롭고 더 큰 시대가 시작된다. 수입된 능력, 그리고 진화를 뛰어넘는 특성이 번식 방법으로 이렇게 퍼부어진 뒤에, 문명과 종족 발전에서 일련의 급속한 진전이 따른다. 1백만 년 동안에 있었던 이전의 투쟁보다 10만 년 안에 더 많은 진보가 이루어진다. 너희 세계에서, 아니 예정된 여러 계획의 유산(流産)에 부닥쳐서도, 아담의 생명 세포질의 선물이 너희 민족들에게 주어진 뒤로, 큰 진보가 이루어졌다.

그러나 혹성의 에덴 동산에서 순수 핏줄을 가진 아이들이 여러 진화 민족의 우수한 구성원들에게 자신을 수여할 수 있고, 그로서 인류의 생물학적 수준을 향상시킬 수 있기는 하지만, 유란시아 필사자들 가운데서 높은 혈통이 그보다 낮은 민족과 짝짓는 것은 이롭다고 판명되지 않을 것이다. 그러한 지혜롭지 않은 과정은 너희 세계에서 모든 문명을 위태롭게 할 것이다. 아담의 기법에 따라서 종족의 조화를 이룩하는 데 실패하였으니까, 너희는 다른 방법, 대체로 적응하고 통제하는 인간적 방법에 따라서, 이제 너희 혹성에서 종족을 개량하는 문제를 풀어 나가야 한다.

6. 에덴의 체제

사람이 사는 대부분의 세계에서 에덴 동산은 훌륭한 문화의 중심으로서 남아 있고, 오랜 세월에 걸쳐 혹성 운영과 관습의 사회적 규범으로서 계속 작용한다. 보라 민족들이 비교적 떨어져 있던 초기에도, 그들의 학교는 세계 민족들로부터 적절한 후보자들을 받으며, 한편 동산의 산업 발전은 상업으로 교류하는 새로운 길을 연다. 이처럼 아담과 이브와 그 후손들은 그들의 세계에서 진화 민족들의 갑작스러운 문화의 팽창과 급속한 발전에 이바지한다. 이 관계는 모두 진화 민족과 아담의 아들들이 섞임으로 확대되고 자리잡으며, 생물학적 지위를 즉시 향상시키고, 지적 잠재성을 자극하고, 영 감수성의 향상을 일으킨다.

정상의 세계에서 보라 민족의 동산 본부는 세계 문화의 제2 중심이 되며, 혹성 영주의 본부 도시와 합동으로, 문명이 발전하는 발걸음을 정한다. 몇 세기 동안 혹성 영주의 도시 본부에 있는 학교와 아담과 이브의 동산 학교들은 현대식이다. 그 학교들은 보통 서로 그다지 멀리 떨어져 있지 않고, 어울려서 협조하는 가운데 함께 일한다.

레반트 지방 어느 곳에서 문명의 세계 중심, 37,000년 동안 그치지 않고 활동해 온 대학, 혹성에서 위대한 문화 대학이 있었다면, 그것이 너희 세계에서 무엇을 뜻할 것인가 생각해 보라. 또 다시, 500,000년 동안 통합된 진화적 영향을 행사할 그러한 전통을 가지고, 하늘의 봉사를 베푸는 또 하나의 더 오래 된 본부가 그리 멀지 않은 곳에 있었더라면, 그러한 고대(古代)의 중심이라도 그 도덕적 권한이 어떻게 강화될 것인가 멈춰서 생각해 보아라. 에덴의 이상을 궁극에 온 세계에 퍼뜨리는 것은 관습이다.

혹성 영주의 학교들은 철학, 종교, 도덕, 그리고 상급의 지적·예술적 성취에 첫째로 관심을 가진다. 아담과 이브의 동산 학교들은 보통 실용 예술, 기초적 지성 훈련, 사회 문화, 경제 발전, 무역 관계, 물리적 효율성, 국가 정치에 바쳐진다. 결국에는 이 세계 중심들이 혼합되지만, 이 실제 제휴 관계는 때때로 첫 아들 행정관이 올 때까지 일어나지 않는다.

혹성 아담과 이브의 계속되는 존재는, 보라 민족의 순수 혈통의 핵심과 더불어, 에덴 문화에 성장의 안정성을 부어 주며, 그 덕택으로 말미암아, 전통의 강제력과 함께, 그 안정성은 한 세계의 문명에 작용하게 된다. 이 불멸의 물질 아들과 딸에서 우리는 하나님을 사람과 연결하는 고리, 필요 불가결한 마지막 고리와 마주치며, 이것은 영원한 창조자와 가장 낮은 유한한 시간 성격자들 사이에 있는 거의 무한한 간격에 다리를 놓는다. 여기에 육체적이고 물질적이며, 아니 유란시아 필사자들처럼 유성(有性) 생물인, 기원이 높은 존재가 있으니, 그는 불가시(不可視)한 혹성 영주를 보고 이해할 수 있으며, 그 땅의 필사 인간에게 그의 뜻을 통역해 줄 수 있는 자이다. 이는 물질 아들과 딸이 모든 하등 계급의 영 존재들을 볼 수 있기 때문이다. 그들은 혹성 영주, 그리고 사람 눈에 보이는 자와 보이지 않는 자, 그의 참모진 전부를 본다.

여러 세기가 흐름에 따라서, 그들의 후손과 사람의 종족들이 혼합함으로, 바로 이 물질 아들과 딸은 인류의 공통된 조상, 곧 이제는 섞여진 진화 민족들의 공통된 부모로서 받아들여지게 된다. 사람이 사는 세계로부터 출발한 필사자들은 일곱 아버지를 인식하는 체험을 가지도록 예정되어 있다:

1. 생물학상의 아버지—육체로서 아버지.

2. 그 영역의 아버지—혹성 아담.

3. 구체들의 아버지—체계 군주.

4. 최고자 아버지—별자리 아버지.

5. 우주 아버지—아들 창조자이며 지역 창조들의 최고 통치자.

6. 초우주 아버지—초우주를 다스리는, 옛적부터 늘 계신 이들.

7. 영 아버지, 곧 하보나 아버지—우주의 아버지, 그는 파라다이스에서 거하며, 온 우주에 사는 비천한 생물의 지성 속에서 살고 일하라고 그의 영을 수여한다.

7. 연합된 행정

때때로 파라다이스의 아보날 아들들이 사법(司法) 행위를 위하여 사람 사는 세계들에 온다. 그러나 행정관 임무로 도착하는 첫 아보날은 시공의 진화 세계에서 제4 섭리 시대를 연다. 이 아들 행정관을 보편적으로 받아들이는 어떤 혹성들에서 그는 한 시대 동안 남아 있고, 이처럼 그 혹성은 혹성 영주, 물질 아들, 아들 행정관, 이 세 아들의 합동 통치를 받으면서 번영하며, 뒤의 두 존재는 그 영역의 모든 거주자의 눈에 보인다.

처음 아들 행정관이 정상의 진화 세계에서 그의 임무를 마치기 전에, 혹성 영주와 물질 아들의 교육 및 행정 작업은 통합되어 버렸다. 한 혹성의 2중 감독이 이렇게 혼합되는 것은 새롭고 효과적인 체제의 세계 행정이 생기게 만든다. 아들 행정관이 은퇴하고 나서, 혹성 아담은 그 구체의 외향적 지도를 맡는다. 물질 아들과 딸은 그 세계가 빛과 생명 속에 정착할 때까지, 이처럼 혹성 행정자로서 합동으로 행동한다. 그리고 나서 혹성 영주는 혹성 군주의 자리로 승급된다. 이 상급의 진화 시대에 아담과 이브는 영화롭게 된 영역의 공동 수상(首相)이라 부를 수 있는 것이 된다.

진화하는 세계의 통합된 새 서울이 자리를 잘 잡고, 유능한 하위 행정자들이 적절히 훈련받을 수 있게 되자마자, 하위의 여러 서울이 먼 땅 덩어리에, 그리고 다른 민족들 사이에 세워진다. 또 다른 섭리 시대의 아들이 도착하기 전에, 50에서 1백 개의 이 하위 중심이 조직되어 있을 것이다.

혹성 영주와 그 참모진은 아직도 영과 철학의 활동 분야를 육성한다. 아담과 이브는 그 영역의 물리·과학·경제 상태에 특별한 주의를 기울인다. 두 집단이 예술, 사회 관계, 지적 업적을 증진시키는 데 에너지를 똑같이 바친다.

세상사의 제5 섭리 시대가 열릴 때가 되어서는, 혹성 활동의 장려한 행정이 이루어진다. 잘 관리된 그런 구체에서 필사자의 존재는 정말로 자극을 주며 유익하다. 그리고 유란시아 사람들이 그러한 혹성의 생활을 지켜볼 수만 있다면, 그들의 세계가 악을 용납하고 반란에 가담함으로 얼마나 귀중한 것들을 잃어버렸는가, 대번에 이해할 것이다.

[예비군의 한 2차 라노난덱 아들이 발표하였다.]

제 52 편

혹성 필사자의 시대

진화하는 한 혹성에서 생명이 비롯할 때부터 빛과 생명의 시대에 그 생명이 마침내 꽃필 때까지, 세상의 행동 무대에 적어도 인간 생명에서 일곱 시대가 출현한다. 연속되는 이 여러 시대는 신다운 아들들이 혹성에서 행하는 사명에 따라서 결정되며, 사람이 사는 보통 세계에서 이 여러 시대는 다음 순서로 나타난다:

1. 혹성 영주 이전의 인간.
2. 혹성 영주 이후의 인간.
3. 아담 이후의 인간.
4. 아들 행정관 이후의 인간.
5. 수여 아들 이후의 인간.
6. 아들 교육자 이후의 인간.
7. 빛과 생명의 시대.

공간의 세계들은 생명이 살기에 물리적으로 적당하게 되자마자 생명 운반자들의 등록부에 올라가며, 시간이 지나면 이 아들들은 생명을 개시할 목적으로 그러한 혹성에 파송된다. 생명이 개시될 때부터 사람이 나타날 때까지 그 기간 전체는 인간 이전 시대로 부르며, 이 이야기에서 고려되는 연속된 여러 필사자 시대에 앞선다.

1. 원시 인간

사람이 동물 수준에서 솟아오르는 시절부터—창조자 숭배를 선택할 수 있을 때부터—혹성 영주가 도착할 때까지, 의지(意志)를 가진 필사 인간을 원시인이라 부른다. 원시인에는 여섯 가지 기본 종류나 종족이 있고, 이 초기 민족들은, 홍인으로부터 시작하여, 분광(分光)의 여러 색 차례대로 연달아 나타난다. 초기에 이 생명의 진화에 걸리는 시간의 길이는 다른 세계들에서 많이 다르며, 유란시아 시간으로 적게는 15만 년에서부터 길게는 1백만 년이 넘기도 한다.

진화하는 유색(有色)—홍인·주황인·황인·녹색인·청인(靑人)·남인(藍人)—민족들은 원시인이 간단한 언어를 개발하고 창조하는 상상력을 쓰고 있을 무렵이 되어 비로소 나타난다. 이 때가 되어서 사람은 똑바로 서는 데 상당히 익숙해 있다.

원시인은 힘센 사냥꾼이요 사나운 투사이다. 이 시대의 법은 적자(適者)가 육체적으로 살아남는 것이며, 이 시절의 정부는 전적으로 부족에 국한된다. 많은 세계에서 초기에 종족이 투쟁하는 기간에, 어떤 진화 민족들은 유란시아에서 그랬던 것처럼 절멸되었다. 살아남는 자들은 보통, 후일에 수입된 보라 민족, 곧 아담 민족들과 나중에 섞인다.

후일의 문명에 비추어 볼 때, 이 원시인 시대는 길고 어둡고, 피로 얼룩진 장

(章)이다. 밀림의 윤리와 원초적 삼림(森林)의 도덕은 계시된 종교와 상급 영적 발전이 있는 후기 섭리 시대의 기준과 걸음이 맞지 않는다. 정상의 비실험 세계들에서 이 시대는, 유란시아에서 이 시대의 특징을 나타냈던, 길게 이어지고 특별히 무자비한 투쟁과 아주 다르다. 너희의 첫째 세상 체험으로부터 솟아날 때, 진화 세계에서 어째서 길고도 쓰라린 이 투쟁이 일어나는가 너희는 비로소 보게 될 것이다. 파라다이스 행로에서 앞으로 나아가는 동안에, 너희는 이상하게 보이는 이 행위의 지혜를 점점 더 이해할 것이다. 그러나 인간이 출현하는 초기 시대에 온갖 변천이 있다 하더라도, 원시인의 업적은 시공의 진화 세계의 연대기(年代記)에서 하나의 훌륭한 장, 아니 영웅다운 장을 대표한다.

초기의 진화 인간은 흥미 있는 생물이 아니다. 대체로 이 원시 필사자들은 동굴이나 절벽에서 거주하는 사람이다. 그들은 또한 큰 나무에서 투박한 오두막을 짓는다. 그들이 높은 수준의 지성을 얻기 전에, 혹성에는 가끔 좀더 큰 종류의 동물이 들끓는다. 그러나 이 시대에 일찍부터 사람들은 불을 지피고 간직하기를 배우며, 발명하는 상상력이 커지고 연장이 개량됨에 따라서, 진화하는 사람은 곧, 크고 다루기 힘든 여러 동물을 이내 정복한다. 초기 민족들은 또한 큰 비행하는 동물을 두루 이용한다. 이 거대한 새들은 800킬로미터가 넘는 무착륙 비행에, 보통 크기의 사람을 하나나 둘 실을 수 있다. 어떤 혹성에서 이 새들은 높은 수준의 지성을 소유하고, 흔히 그 영역의 언어 중에서 많은 낱말을 지껄일 수 있기 때문에, 크게 소용된다. 이 새들은 아주 총명하고, 대단히 유순하며, 믿을 수 없을 만큼 애정이 깊다. 그러한 타는 새들은 유란시아에서 없어진 지 오래지만, 너희의 초기 조상들은 이 새들의 서비스를 즐겼다.

사람이 윤리적 판단, 도덕적 의지(意志)를 얻는 것은 보통 초기 언어가 나타남과 동시에 일어난다. 인간의 수준에 이르고 나서, 필사자의 의지가 이렇게 나타난 뒤에, 이 존재들은 신다운 조절자의 일시적 계심을 받아들이게 된다. 죽고 나서 많은 사람이 생존자로서 마땅히 선택되고, 차후에 부활하고 영과 융합하기 위하여 천사장들의 인가를 받는다. 천사장들은 반드시 혹성 영주들을 따라가며, 그 영역의 섭리 시대의 판결은 영주가 도착하는 것과 동시에 일어난다.

생각 조절자가 깃드는 필사자들은 모두 잠재 예배자이며, "참 빛을 받고 밝아졌고," 신성(神性)과 서로 접촉하는 것을 추구할 능력을 소유한다. 그런데도 원시인의 초기 종교, 곧 생물학적 종교는 대체로, 무지한 경외감과 부족의 미신과 아울러, 동물의 두려움이 지속된 것이다. 유란시아 민족들 가운데서 미신이 남아 있는 것은 너희의 진화적 발전을 도저히 보완하지 않으며, 물질적 진보에서 다른 면에서는 훌륭한 너희의 업적과 양립하지도 않는다. 그러나 이 초기에 있던 두려움의 종교는 이 원시 생물의 불 같은 성질을 억제하는 데 무척 가치 있게 쓰인다. 두려움의 종교는 문명의 선구자이며, 혹성 영주 및 그의 봉사자들이 계시한 종교의 씨앗을 차후에 심을 흙이다.

사람이 똑바로 선 자세를 얻은 때로부터 10만 년 안에, 의지(意志)가 작용한다는 생명 운반자들의 보고를 받고 나서, 비록 비교적 극소수의 사람들이 이처럼 발달한다 하더라도, 혹성 영주가 보통 도착하며 체계 군주가 그를 파송한다. 원시 필사자들은 보통, 혹성 영주와 눈에 보이는 그의 참모진을 환영한다. 사실, 이 필사자들은 경외감과 존경심으로, 제지하지 않으면 거의 경배하는 마음으로, 그들을 바라본다.

2. 혹성 영주 이후의 인간

혹성 영주가 도착하는 것과 함께 새 섭리 시대가 시작된다. 정부가 땅에서 출현하고, 진보된 부족 시대가 다가온다. 이 체제의 몇천 년 동안에 큰 사회적 진전이 이루어진다. 정상 조건 밑에서, 필사자들은 이 시대에 높은 상태의 문명에 도달한다. 그들은 유란시아 민족들이 한 것처럼 그렇게 오랫동안 미개 상태에서 허덕이지 않는다. 그러나 사람 사는 세계에서 반란 때문에 생활이 너무 변화되어서, 정상 혹성에 있는 그러한 체제가 어떠한가 너희는 거의 또는 도무지 알 수 없다.

이 섭리 시대의 평균 길이는 대체로 약 50만 년이고, 더러는 더 길기도 하고 더러는 그보다 짧기도 하다. 이 시대에 혹성은 체계의 회로에서 정착되며, 천사 및 다른 하늘 조수들의 완전한 할당수가 그 행정에 배치된다. 더욱더 늘어나는 무리를 지어서 생각 조절자들이 오며, 수호 천사들은 사람을 감독하는 그들의 체제를 늘인다.

원시 세계에 혹성 영주가 도착할 때, 두려움과 무지로 가득한 진화된 종교가 지배한다. 영주와 그의 참모진은 상급 진리와 우주 조직을 처음으로 계시한다. 계시된 종교를 가르치는 이 초기의 발표는 아주 간단하고, 지역 체계의 사무에 보통 관계된다. 종교는 혹성 영주가 도착하기 전에는 전적으로 진화적 과정이다. 그 뒤에 종교는 진화적 성장 뿐 아니라, 차츰 있는 계시로 말미암아 진보한다. 각 섭리 시대, 사람의 각 기원(紀元)은 영적 진리와 종교적 윤리를 담은 확대된 발표를 받는다. 한 세계의 거주자들이 가진 종교적 감수(感受) 능력의 진화가 대체로 그들의 영적 진보의 속도와 종교적 계시의 테두리를 결정한다.

이 섭리 시대는 영적 새벽이 밝아오는 것을 구경하며, 다른 민족들과 그 여러 부족들은 전문화된 체계의 종교 및 철학 사상(思想)을 개발하는 경향이 있다. 이 모든 민족 종교를 통해서 두 가지 기질이 한결같이 흐르는데, 즉 원시인들이 겪는 초기의 두려움, 그리고 후기에 혹성 영주의 계시이다. 어떤 면에서 유란시아 사람들은 혹성 진화의 이 단계를 완전히 벗어나지 못한 듯하다. 너희가 이 연구를 추구하는 동안, 진화로 진보하고 발달하는 보통 과정으로부터 너희의 세계가 얼마나 벗어나 있는가 더욱 똑똑히 알아볼 것이다.

그러나 혹성 영주는 "평화의 왕"이 아니다. 종족 투쟁 및 부족 전쟁이 이 섭리 시대까지, 그러나 빈도와 정도가 줄어든 채로 계속된다. 이 때는 종족이 분산되는 큰 시대이며, 마침내 맹렬한 민족주의 시기가 된다. 피부색이 부족 및 민족 분류의 기초가 되며, 다른 민족들은 흔히 별도의 언어를 개발한다. 확대하는 각 필사자 집단은 고립을 찾는 경향이 있다. 많은 언어가 존재하는 것이 이 분리를 수월하게 만든다. 몇 민족의 통일이 이루어지기 전에, 그들의 무자비한 전쟁은 가끔 전체 민족들의 절멸을 가져온다. 특히 주황인과 녹색인이 그러한 절멸을 겪는다.

보통 세계에서, 영주 통치의 후기 부분에, 국가 생활이 부족 조직을 비로소 갈아치우거나, 오히려 기존 부족 집단 위에 겹쳐지게 된다. 그러나 영주 시대에 큰 사회적 업적은 가족 생활이 나타나는 것이다. 지금까지, 인간 관계는 주로 부족적이었다. 이제 가정이 비로소 구체화된다.

이 때는 남녀 평등이 실현되는 섭리 시대이다. 어떤 혹성에서는 남자가 여자를 통치할까 싶고, 다른 데서는 반대 현상이 지배한다. 이 시대에 정상 세계들은 완전한 남녀 평등을 정착시키며, 이것은 가정 생활의 이상을 더욱 낫게 실현하는 데 예비 단계이다. 이 때가 가정의 황금 시대의 시작이다. 부족 통치의 관념은 차츰, 국가 생활과 가정 생활, 이 2중 개념에 자리를 양보한다.

이 시대에 농업이 출현한다. 가족 관념의 성장은 방랑하며 정착되지 않은 사냥꾼의 생활과 양립할 수 없다. 정착된 거처를 가지는 관습과 토지의 경작이 차츰 확립된다. 동물 길들이기와 가정(家庭) 기술의 발달이 발걸음을 맞추어 진행한다. 생물학적 진화의 정점에 도달하고 나서, 높은 수준의 문명이 이루어졌지만, 기계적 수준의 발전이 거의 없으며, 발명이 뒤잇는 시대의 특징을 나타낸다.

이 시대가 끝나기 전에, 민족들은 정화(淨化)되고 신체가 완전해지고 지적 힘이 있는 높은 상태로 올라간다. 정상 세계의 초기 발전은 상급 종류 필사자들의 증가와 하급 종류들의 비례적 감소를 촉진하는 계획으로 말미암아 크게 도움을 받는다. 그리고 너희의 초기 민족들이 이런 부류를 이처럼 구별하지 못한 것은 오늘날 유란시아 민족들 사이에서 결함이 있고 퇴보한 아주 많은 사람이 존재하는 것을 설명한다.

영주(領主) 시대의 큰 업적 가운데 하나는 정신적으로 결함이 있는 자와 사회적으로 부적당한 개인들의 번식을 이렇게 제한하는 것이다. 제2 아들, 곧 아담들이 도착하는 시절보다 오래 전에, 대부분의 세계들은 종족을 정화(淨化)하는 과제를 심각하게 다루며, 이것은 유란시아 민족들이 아직도 심각하게 손도 대지 않은 것이다.

이 종족 개량의 문제는, 인간의 진화에서 이 초기에 그 일에 착수했을 때, 그렇게 광범위한 사업은 아니다. 종족의 생존에서 부족의 투쟁과 험한 경쟁이 있던 이전의 시대는, 비정상이고 결함 있는 혈통을 대부분 제거해 버렸다. 원시적이고 싸우는 부족 사회 조직에서, 천치는 살아남을 확률이 별로 없다. 진화하는 인간 종족 가운데서 희망 없고 결함 있는 혈통을 육성하고 보호하고 영속시키는 것은, 부분적으로 완전하게 된 너희 문명의 그릇된 감상(感傷)이다.

변질된 인간 존재, 비정상이고 열등하고 구제할 수 없는 필사자들에게 쓸데없는 동정을 베푸는 것은 부드러움도 이타주의도 아니다. 가장 정상인 진화 세계에서도, 진화하는 인류에서 사회적으로 부적당한 자들과 도덕적으로 퇴화한 혈통을 영속시키지 않고도, 이타적 감정과 사람이 베푸는 사심 없는 봉사와 같은 온갖 고귀한 특성을 충분히 표현하기 위하여, 개인들 사이에, 그리고 수많은 사회 집단 사이에 충분한 차이가 존재한다. 자신의 도덕적 유산(遺産)을 돌이킬 수 없이 잃어버리고 자신의 영적 생득권(生得權)을 영원히 파괴하지 않은 사람, 불행하고 빈궁에 빠진 사람들을 위하여, 관용이 실행되고 이타주의가 활동할 풍부한 기회가 있다.

3. 아담 이후의 인간

진화하는 생명의 최초 운동력이 그 생물학적 과정을 다 마쳤을 때, 사람이 동물의 발달에서 정점에 이르렀을 때, 제2 아들 계급이 도착하며, 은총과 봉사의 제2 섭리 시대가 시작된다. 이것이 모든 진화 세계에서 참말이다. 가능한 가장 높은 수준의 진화 생명이 도달되고, 원시인이 생물학의 눈금에서 가능한 한도까지 높이 올라갔을 때, 체계 군주가 파송하고 나서, 물질 아들과 딸이 반드시 그 혹성에 출현한다.

생각 조절자가 점점 더 아담 이후의 사람들에게 수여되며, 이 필사자들이 나중에 조절자와 융합하는 능력을 얻는 수가 항상 늘어난다. 내려오는 아들로서 활동하는 동안 아담들은 조절자를 소유하지 않지만, 혹성에서 그들의 자손—직계와 혼혈—은 때가 오면, 신비의 감시자를 받을 정당한 후보자가 된다. 아담 이후 시대가 끝날 때가 되어서, 그 혹성은 완전한 할당수의 하늘 봉사자들을 소유하며, 오로지 융합하는 조절자들만 아직 보편적으로 수여되지 않는다.

진화하는 인간을 사냥꾼과 목자(牧者) 단계의 문명으로부터 농업가와 원예가 단계로 넘어가는 것을 마치도록 영향을 주는 것이 아담 체제의 1차 목적이며, 이 단계는 문명에 도시 및 산업 부가물이 출현함으로 나중에 보충된다. 생물학적 개량자가 활동하는 이 섭리 시대 1만 년은 놀라운 변화를 이룩하기에 충분하다. 혹성 영주와 물질 아들들의 합동 지혜로 그런 행정을 2만 5천 년 거치면 보통 그 구체가 아들 행정관의 강림을 위하여 무르익게 만든다.

이 시대에는 부적당한 자들을 제거하는 일을 끝마치고 종족 혈통의 정화(淨化)가 더 계속되는 것을 보통 구경한다. 정상 세계에서는 결함이 있는, 짐승 같은 경향이 그 영역의 번식하는 혈통으로부터 거의 제거된다.

아담의 후손은 진화 민족들의 열등한 혈통과 결코 혼합하지 않는다. 혹성 아담이나 이브가, 친히, 진화 민족들과 짝짓는 것도 신의 계획이 아니다. 이 종족 개량 계획은 그들의 후손이 할 일이다. 그러나 종족을 혼합하는 직무가 개시되기 전에, 물질 아들과 딸의 자손은 몇 세대 동안 동원된다.

아담의 생명 원형질을 필사 민족들에게 선물하는 것은 지성 능력을 즉시 향상시키고 정신의 진보를 가속하는 결과를 낳는다. 보통은 신체적 개량도 얼마큼 따른다. 보통 세계에서 아담 이후의 섭리 시대는 위대한 발명, 에너지 통제, 기계의 발전이 있는 시대이다. 이 때는 여러 형태의 제조업과 자연력의 통제가 나타나는 시대이다. 이 때는 혹성을 탐험하고 마침내 정복하는 황금 시대이다. 한 세계의 물질적 진보의 상당한 부분은, 자연 과학의 발전이 개시되는 이 시기, 유란시아가 바로 지금 겪고 있는 그러한 시대에 일어난다. 너희 세계는 보통 혹성의 계획보다, 온전히 한 섭리 시대가 넘게 뒤떨어져 있다.

정상(正常) 혹성에서 아담의 섭리 시대가 끝날 때가 되어서는, 민족들이 실질적으로 혼합되고, 그래서 "하나님이 한 핏줄로부터 모든 나라를 만드셨고," 그의 아들이 "한 색에서 모든 종족을 만드셨도다"하고 참으로 선포할 수 있다. 그러한 혼합된 민족의 색은 보라 빛을 띤 올리브 빛깔, 곧 그 구체에서 종족의 "흰빛"[1]이 된다.

원시인은 대체로 고기를 먹는다. 물질 아들과 딸들은 고기를 먹지 않지만, 그들의 자손은 몇 세대 안에 보통 잡식(雜食)하는 수준으로 내려간다. 하지만 그들의 자손의 온전한 집단은 때때로 비육식자로 남는다. 아담 이후 민족들의 이 2중 기원은 어떻게 그러한 섞인 인간 혈통이, 채식과 육식을 하는 두 동물 집단에 속하는 해부학상의 흔적을 나타내는가를 설명한다.

종족이 혼합되면서 1만 년 안에 그 결과로 생기는 인종들은 다른 정도의 해부학상의 혼합을 나타낸다. 어떤 혈통은 육식하지 않는 조상의 표시를 더 지니고, 더러는 육식하는 그들의 진화적 선조의 두드러진 특성과 신체의 특징을 더 지닌다. 이 세계 민족들의 대다수는 곧 잡식을 하게 되고, 동물 및 식물 왕국으로부터 광범위한 식품을 먹고 산다.

아담 이후의 섭리 시대는 국제주의 시대이다. 종족을 혼합시키는 과업이 거의 마침과 함께 민족주의는 기울며, 인간의 형제 정신이 정말로 비로소 구체화된다. 대의 정치가 군주 형태나 가족주의 형태의 통치를 비로소 대체한다. 교육 체제는 세계화되고, 차츰 종족들의 언어는 보라 민족의 언어에 길을 비킨다. 민족들이 상당히 잘 섞이기까지, 그들이 공통된 언어를 쓸 때까지, 보편적 평화와 협동이 이루어지는 일이 드물다.

아담 이후 시대가 막을 내리는 몇 세기 동안, 예술·음악·문학에 대하여 새로운 관심이 개발되며, 이 세계적 각성은 아들 행정관이 나타나는 신호가 된다. 이 시대에 최고의 발전은 지적 실체, 곧 참된 철학에 관하여 보편적 관심이 생기는 것이다. 종교는 민족주의 성향이 줄고, 더욱 혹성의 일거리가 된다. 진리의 새로운 계시가 이 시절의 특징을 나타내며, 별자리의 최고자들은 비로소 인간사에서 다스린다. 진리는 별자리의 행정 수준까지 계시된다.

큰 윤리적 진전이 이 시대의 특징을 나타낸다. 인간의 형제 정신이 그 사회의 목표이다. 세계적 평화는—종족의 전쟁과 국가의 적의(**敵意**)가 그치는 것은—제3 서열의 아들, 곧 아들 행정관의 강림을 위하여 혹성이 무르익었음을 나타내는 지표(**指標**)이다.

4. 아들 행정관 이후의 인간

정상이며 충성하는 혹성들에서, 혼합되고 생물학상으로 건전한 필사 민족들과 함께 이 시대가 시작된다. 종족 문제, 곧 인종(**人種**) 문제가 하나도 없다. 글자 그대로, 모든 나라와 민족이 한 핏줄이다. 사람의 형제 정신이 번성하고, 나라들이 땅에서 평화와 고요함 속에 살기를 배운다. 그러한 세계는 위대하고 절정에 이르는 지성의 발전을 이루는 전야(**前夜**)에 있다.

진화 세계가 이처럼 행정관 시대를 위하여 무르익을 때, 높은 계급의 아보날 아들들 가운데 하나가 행정관 임무를 띠고 나타난다. 혹성 영주와 물질 아들들은 지역 우주에서 기원을 가지며, 아들 행정관은 파라다이스로부터 온다.

필사자의 구체들에 사법(**司法**) 행위로서 오로지 섭리 시대의 재판자로서 올 때, 파라다이스 아보날들은 결코 육신화되지 않는다. 그러나 행정관 임무를 띠고 올 때, 적어도 처음 방문에서, 그들은 반드시 육신화된다. 하지만 그들은 출생을 겪지 않으며, 그 영역에서 죽음을 거치지도 않는다. 어떤 혹성에서 통치자로서 남아 있는 경우에, 그들은 여러 세대 동안 살지도 모른다. 임무가 끝날 때, 그들은 혹성에서 사는 것을 포기하고 예전 상태, 신다운 아들 신분으로 돌아간다.

새로운 각 섭리 시대는 계시된 종교의 시야를 연장하며, 아들 행정관들은 지역 우주와 그 모든 종속 지부의 사무를 묘사하려고 진리의 계시를 확대한다.

아들 행정관의 처음 방문이 있은 뒤에, 민족들은 곧 경제적 해방(**解放**)을 이룩한다. 한 사람의 독립을 유지하는 데 소요되는 나날의 작업은 너희 시간으로 두 시간 반으로 대표될 것이다. 윤리가 있고 총명한 그러한 필사자들을 해방하는 것은 절대로 안전하다. 그러한 순화(純化)된 민족들은 자신을 개선하고 혹성을 진보시키는 데 어떻게 여가를 이용하는가 잘 안다. 이 시대는 적성이 덜하고 부족하게 자질을 타고난 사람들 사이에 번식을 제한하여 종족의 혈통을 더욱 깨끗이 하는 것을 보게 된다.

민족들의 정치하는 정부와 사회 행정은 잇달아 개선되며, 이 시대의 끝이 되기까지 자치가 상당히 잘 자리를 잡는다. 우리가 자치 정부라 하는 것은, 가장 높은 종류의 대의 정치를 언급한다. 그러한 세계들은 오직 사회와 정치의 책임을 맡기에 가장 적당한 지도자와 통치자들을 진급시키고 그들에게 명예를 돌린다.

이 시대에 세상 사람들의 대다수에는 조절자가 깃든다. 그러나 아직까지도 신다운 감시자들은 반드시 보편적으로 수여되지는 않는다. 융합할 운명을 가진 조절자들은 아직도 혹성의 모든 필사자에게 수여되지 않는다. 여전히 의지 생물이 신비의 감시자를 선택하는 것이 필요하다.

이 섭리 시대가 끝나는 시기에, 사회는 비교적 단순해진 형태의 생활로 비로소 돌아간다. 진보하는 문명의 복잡한 성질이 그 과정을 마치고, 사람들은 더 자연스럽고 능률 있게 살기를 배운다. 그리고 이 경향은 뒤잇는 각 시대에 늘어난다. 이때는 예술과 음악과 상급의 배움이 꽃피는 시대이다. 자연 과학은 이미 그 발전의 정점에 이르렀다. 이 시대의 종료는, 이상적인 세계에서 큰 종교적 각성이 충만해지는 것을 구경한다. 그리고 민족들의 영적 성품이 이렇게 광범위하게 자극받는 것은 수여 아들이 도착하고 사람의 제5 기원(紀元)이 개시된다는 신호이다.

많은 세계에서, 한 행정관 임무만 가지고 그 혹성이 수여 아들을 위하여 미처 준비되지 않는 일이 생긴다. 그 경우에 둘째, 아니 일련의 아들 행정관들이 올 터이고, 혹성이 수여 아들을 선물로 받을 준비가 될 때까지, 각자가 한 섭리 시대로부터 다음 섭리 시대로 그 민족들을 승진시킬 것이다. 둘째, 그리고 그 뒤의 임무에서 아들 행정관들은 육신화될 수도 있고 그렇지 않을 수도 있다. 그러나 아무리 많은 아들 행정관이 출현하든지 상관 없이—그리고 그들은 또한 수여 아들 뒤에 그런 자격으로 올 수도 있는데—각자의 강림은 한 섭리 시대가 끝나고 다른 섭리 시대가 시작됨을 표시한다.

아들 행정관들의 이 여러 섭리 시대는 유란시아 시간으로 2만5천 년에서 5만 년까지, 얼마만큼의 시간이라도 차지한다. 때때로 그러한 시기는 훨씬 짧거나, 드문 경우에는 더 길기도 하다. 그러나 때가 충만히 차면, 바로 이 아들 행정관들 가운데 하나가 파라다이스 수여 아들로서 태어날 것이다.

5. 수여 아들 이후의 인간

사람 사는 세계에서 지성과 영의 발전에서 어떤 기준이 도달될 때, 파라다이스 수여 아들 한 분이 반드시 도착한다. 정상 세계에서, 민족들이 가장 높은 수준의 지적 발전과 윤리적 달성에 올라갈 때까지, 그는 육신을 입고 나타나지 않는다. 그러나 유란시아에서, 수여 아들이, 아니 너희의 아들 창조자가, 아담의 섭리 시대의 끝에 나타났다. 하지만 그것은 공간 세계에서 사건들이 일어나는 보통 차례가 아니다.

세계들이 영적 변화를 위하여 무르익었을 때, 수여 아들이 도착한다. 이 아들들은 반드시 행정관 계급, 곧 아보날 계급에 속하는데, 예외는 네바돈의 미가엘이 너희 필사 민족들에게 자신을 수여하려고 유란시아에 나타났을 때 일어났던 것처럼, 각 지역 우주에서 한번, 아들 창조자가 어느 진화 세계에서 그의 마지막 자기 수여를 준비할 때이다. 오로지 거의 1천만 세계 가운데 한 세계가 그러한 선물을 누릴 수 있다. 모든 다른 세계는 아보날 계급 파라다이스 아들이 자신을 수여함으로 영적으로 나아간다.

수여 아들은 높은 교육 문화를 가진 세계에 도착하며, 상급의 가르침을 동화시키고 수여 임무를 고맙게 여기도록 영적 훈련을 받고 준비된 민족과 마주친다. 이 때는 도덕적 문화와 영적 진리를 세계에서 널리 추구하는 특징을 가진 시대이다. 이 섭리 시대에 사람의 정열은 우주의 실체를 꿰뚫고 영적 실체와 교통하는 것이다. 진리의 계시는 초우주를 포함하도록 연장된다. 전혀 새로운 교육 및 정부 체계가 지난 시대의 서투른 체제를 갈아치우도록 성장한다. 삶의 즐거움은 새로운 빛깔을 띠고, 생명의 반응은 하늘의 음조와 음색의 경지까지 높아진다.

수여 아들은 한 세계의 필사 민족들의 영적 향상을 위하여 살다가 죽는다. 그는 "새로운 살 길"을 확립한다. 그의 일생은 파라다이스 진리가 필사의 몸을 입고 육신화된 것이요, 바로 그 진리—아니 진리의 영—을 아는 가운데 사람은 자유롭게 될 것이다.

유란시아에서 이 "새로운 살 길"의 확립은 진리의 문제 뿐 아니라 사실의 문제였다. 루시퍼 반란에서 유란시아가 고립된 것은, 필사자들이 죽은 뒤에 저택 세계들의 바닷가로 바로 통과할 수 있는 그 절차를 중지하게 했다. 그리스도 미가엘이 유란시아에서 계시던 시절 이전에는, 섭리 시대의 부활, 또는 1천 년마다 특별 부활이 있을 때까지, 모든 혼이 계속 잠잤다. 특별 부활의 기회가 올 때까지 모세조차도 저편으로 건너가는 것이 허락되지 않았고, 타락한 혹성 영주 칼리가스티아는 그러한 구원에 항의를 제기했다. 그러나 오순절 뒤로 죽, 유란시아 필사자들은 다시 상물질계 구체들로 직접 나아가도 좋다.

육신화된 생명을 버린 뒤 사흘째에 수여 아들이 부활하고 나서, 그는 우주의 아버지의 바른 편으로 올라가고, 수여 임무가 승인된다는 확언을 받고, 지역 우주 본부에 계신 아들 창조자에게로 돌아간다. 그리고 나서 수여되는 아보날과 창조자 미가엘은 그들의 합동 영, 곧 진리의 영을 그 수여 세계로 보낸다. 이 때는 "승리한 아들 영이 모든 육체에게 쏟아지는" 기회이다. 우주 어머니 영도 또한 이렇게 진리의 영을 수여하는 데 참가하며, 이와 동시에 생각 조절자들의 수여 칙령이 떨어진다. 그 뒤에 그 세계에서 정신이 멀쩡한 모든 의지 생물은, 도덕적 책임을 지고 영적 선택을 할 나이에 이르자마자, 조절자를 받을 것이다.

그러한 수여된 아보날이 수여 임무를 마친 뒤에 한 세계로 돌아온다면, 육신화하지 않아도, "천사의 무리와 함께 영광에 싸여" 올 것이다.

수여 아들 이후의 시대는 1만 년에서 10만 년까지 연장될 수 있다. 이 여러 섭리 시대 가운데 어느 시대에도 얼마큼의 시간이 멋대로 배정되지 않는다. 이 때는 윤리적·영적으로 크게 진보가 있는 시절이다. 이 시기의 영적 영향 밑에서, 사람의 인격은 엄청난 변화를 거치며, 진기한 발전을 겪는다. 황금률을 실제로 쓰는 것이 가능하게 된다. 인격을 고귀하게 하고 문화를 증대하는 섭리 시대와 함께, 자신 수여가 있기 전 아들들의 예비 훈련을 받은 그러한 필사자 세계에, 예수의 가르침을 정말로 적용할 수 있다.

이 시기에 병과 범죄의 문제는 거의 해결된다. 선택해서 번식함으로 퇴화는 이미 대체로 근절되었다. 아담 혈통의 높은 저항 성질을 통해서, 그리고 지난 시대에 있던 자연 과학의 발견을 영리하게, 세계에 널리 적용함으로, 질병은 실지로 정복되었다. 이 시기에, 평균 생명의 길이는 유란시아 시간으로 3백 년에 해당하는 것보다 훨씬 길어진다.

이 시기 전체를 통해서, 정부의 감독이 차츰 줄어든다. 참된 자치(自治)가 비로소 작용하고, 제한하는 법규의 필요가 자꾸 줄어든다. 국가의 저항을 담당하는 군사(軍事) 지부들이 사라져 버린다. 국제 조화의 시대가 정말로 다가오고 있다. 많은 국가가 있고, 이들은 대체로 땅의 분배에 따라서 결정되지만, 오로지 한 민족, 한 언어, 한 종교가 있다. 필사자의 사무는 완전히는 아니라도, 거의 유토피아이다. 이 때는 참으로 위대하고 영화로운 시대이다!

6. 유란시아에서 수여 이후의 시대

수여된 아들은 평화의 왕이다. 그는 "땅에는 평화요 사람들 사이에는 선의라"하는 소식을 가지고 도착한다. 정상 세계에서 이 때는 세계적으로 평화로운 섭리 시대이다. 열강은 이제 더 전쟁을 배우지 않는다. 그러나 그러한 유익한 영향은 너희의 수여 아들, 그리스도 미가엘의 오심을 따르지 않았다. 유란시아는 정상 순서대로 나아가고 있지 않다. 혹성의 행렬에서 너희 세계는 발걸음이 맞지 않는다. 너희의 주는, 땅에서 계실 때, 그의 강림이 보통 있는 평화의 통치를 유란시아에 가져오지 않으리라고 제자들에게 경고했다. 그는 "전쟁, 그리고 전쟁의 소문"이 있으리라, 나라가 나라를 대적하여 일어나리라고, 그들에게 분명히 일러 주었다. 또 다른 때에 "내가 땅에 평화를 가져오리라 생각지 말라"하고 말했다.

정상으로 진화하는 세계에서도 인간의 세계적 형제 정신을 실현하는 것은 쉬운 일이 아니다. 유란시아처럼 뒤범벅이 되고 질서가 없는 혹성에서 그러한 성취는 훨씬 더 시간이 오래 걸리고, 훨씬 큰 노력이 필요하다. 도움받지 않고서 생기는 사회의 진화는 영적으로 고립된 구체에서 도저히 그렇게 행복한 결과를 이룰 수 없다. 종교적 계시는 유란시아에서 형제 정신을 실현하는 데 필수이다. 예수가 영적 형제 정신을 이내 이룩하는 길을 보여 주었지만, 너희 세계에서 사회적 형제 정신의 실현은 다음과 같이 개인의 변화와 혹성의 적응을 성취하는 데 크게 달려 있다:

1. <u>사회적 친교</u>. 여행, 상업, 경쟁하는 경기(競技)를 통하여 국가 및 종족 사이의 사회적 접촉과 친교 관계가 증가하는 것. 공통 언어가 발전하고 다국어(多國語)를 쓰는 사람들이 늘어나는 것. 종족과 국가가 학생, 선생, 산업가, 종교 철학가들을 서로 교환하는 것.

2. <u>지적 상호 교류</u>. 거주민이 무척 원시적이어서 완화되지 않은 이기심(利己心)이 어리석음을 깨닫지 못하는 세계에서는 형제 정신이 불가능하다. 국가와 종족의 문헌 교류가 일어나야 한다. 각 종족은 모든 종족의 사고(思考)에 익숙해져야 한다. 각 민족은 모든 민족의 느낌을 알아야 한다. 무지는 의심을 낳고, 의심은 동정심과 사랑의 본질적 태도와 양립하지 않는다.

3. <u>윤리적 각성</u>. 오로지 윤리 의식이, 인간의 불관용이 부도덕하며 형제를 죽이는 싸움이 죄 많음을 폭로할 수 있다. 오로지 도덕 의식이 국가의 시기심과 종족의 질투를 규탄할 수 있다. 오로지 도덕적 존재들이 황금률을 실천하는 데 필수인 바로 그 영적 통찰력을 늘 추구할 것이다.

4. 정치적 지혜. 감정의 성숙은 자제(自制)에 필수이다. 오로지 감정의 성숙이 전쟁의 야만스런 중재, 곧 문명화된 판결을 내리는 국제적 기술로 갈아치울 것을 보장한다. 지혜로운 정치가들이 국가나 종족 집단의 이익을 키우려 애쓰는 마당에도, 그들은 언젠가 인류의 복지를 위하여 일할 것이다. 이기적인 정치적 지혜는 궁극에는 자살(自殺)이다—혹성의 집단 생존을 보장하는 그 모든 지속하는 성질을 파괴한다.

5. 영적 통찰력. 사람의 형제 정신은 결국은 하나님이 아버지임을 깨닫는 데 달려 있다. 유란시아에서 사람의 형제 정신을 실현하는 가장 빠른 방법은 오늘날 인류의 영적 변화를 일으키는 것이다. 사회가 진화하는 자연스런 경향을 가속하는 유일한 기법은 위로부터 영적 압력을 적용하는 기법이며, 이처럼 모든 필사자가 모든 다른 필사자를 이해하고 사랑하는 혼의 능력을 향상하면서, 도덕적 통찰력을 키운다. 서로 이해하는 마음과 형제다운 사랑은 문명화시키는 초월 처방이요, 인간의 형제 정신을 세계에서 널리 실현하는 데 힘찬 요소가 된다.

뒤떨어지고 엉망진창이 된 너희 세계로부터 수여 아들 이후 시대에 있는 어느 정상 혹성으로 지금 너희를 옮겨 심을 수 있다면, 전통에 나오는 천국(天國)으로 너희가 옮겨 갔다고 생각할 것이다. 사람이 거주하는 필사자 구체의 정상 진화 작용을 너희가 지켜보고 있다고 너희는 도저히 믿으려 하지 않을 것이다. 이 세계들은 그들 영역의 영적 회로에 있으며, 그들은 모두 우주 방송과 초우주의 반영 서비스를 누린다.

7. 아들 교육자 이후의 인간

보통의 진화 세계에 도착하기로 된 다음 계급의 아들들은 삼위 일체 아들 교육자, 곧 파라다이스 삼위 일체의 신다운 아들이다. 너희의 예수가 돌아오겠다고 약속했으니까, 다시 우리는 유란시아가 그 자매 구체들과 발걸음이 맞지 않는 것을 발견한다. 그는 그 약속(約束)을 분명히 지키겠지만, 그의 두 번째 강림이 유란시아에서 행정관 또는 아들 교육자들의 출현보다 앞설지, 아니면 뒤따를지 아무도 모른다.

아들 교육자들은 영적 변화를 겪는 세계들에 무리를 지어 온다. 혹성의 한 아들 교육자는 1차 아들 70명, 2차 아들 12명, 그리고 최상 계급의 데이날 가운데 가장 높고 가장 노련한 3명의 도움과 지원을 받는다. 이 단체는 세상에서 한 동안, 진화 시대로부터 빛과 생명의 시기로 넘어가기에 넉넉할 만큼 오랫동안—혹성 시간으로 1천 년보다 짧지 않게, 흔히 그보다 상당히 길게—남아 있을 것이다. 이 사명은 사람 사는 세계에 봉사한 모든 신다운 성격자가 먼저 기울인 노력에 삼위 일체가 이바지하는 것이다.

진리의 계시는 이제 중앙 우주까지, 그리고 파라다이스까지 연장된다. 민족들은 영성(靈性)이 상당히 높아지고 있다. 위대한 민족이 진화했고 큰 시대가 다가오고 있다. 혹성의 교육·경제·행정 체계는 철저한 변화를 겪고 있다. 새로운 가치와 관계가 확립되고 있다. 하늘나라가 땅에서 나타나고 있고, 하나님의 영광이 세계에서 널리 뿌려지고 있다.

이 때는 많은 필사자가 살아 있는 자들 가운데에서 옮겨지는 섭리 시대이다. 삼위 일체 아들 교육자들의 시기가 진행됨에 따라서, 시간 속에 사는 사람들의 영적 충성이 자꾸 보편화된다. 육체를 입은 일생 동안에 조절자들이 점점 더 그 피보호자와 융합함에 따라서, 자연사는 줄어든다. 그 혹성은 결국 필사자가 승천하는, 수정된 1차 계급의 혹성으로 분류된다.

이 시대에 생활은 유쾌하고 유익하다. 퇴화, 그리고 오랜 진화적 투쟁의 반사회적 최종 산물은 거의 뿌리가 뽑혔다. 생명의 길이는 유란시아 시간으로 5백 년에 접근하며, 종족의 증가하는 번식률은 영리하게 통제된다. 전혀 새로운 체제의 사회가 다가온 것이다. 사람들 사이에 아직도 큰 차이가 있지만, 사회의 상태는 사회적 형제 정신과 영적 평등의 이상(理想)에 더욱 가깝게 다가간다. 대의 정치는 사라지고 있고, 개인이 자제하는 규율 밑에서 세상이 지나간다. 정부의 기능은 주로 사회를 관리하고 경제 면에서 조정하는 집단 과제에 지향된다. 황금 시대가 급히 다가오고 있다. 혹성에서 길고도 맹렬한 진화의 투쟁이 바라던 현세의 목표가 시야에 들어온다. 오래도록 기다리던 보상이 곧 실현될 것이요, 하나님들의 지혜가 명백히 드러나려 한다.

이 시대에 한 세계의 물리적 관리는 모든 개별 어른 편에서 하루에 약 한 시간이 요구된다. 즉 유란시아의 한 시간에 해당하는 시간이다. 그 혹성은 우주 사무와 긴밀한 접촉을 가지며, 거기에 있는 사람들은 너희가 일간 신문 최신판에 대하여 보이는 것과 똑같이 날카로운 흥미를 가지고 최신 방송을 훑어본다. 이 민족들은 너희 세상에서 알려지지 않은 1천 가지의 관심거리에 빠진다.

최상 존재에 대하여 혹성에서 참된 충성심이, 갈수록 더 자란다. 대대로 이어서, 종족의 점점 더 많은 부분이 정의를 실천하고 자비를 실행하는 자들과 발걸음을 맞춘다. 느려도 확실하게, 그 세계는 하나님의 아들들의 즐거운 봉사에 설득된다. 물리적 어려움과 물질 문제는 대체로 해결되었고, 그 혹성은 상급의 생활과 좀 더 안정된 존재를 위하여 무르익는다.

아들 교육자들은 그들의 섭리 시대 전체를 통하여, 때때로 이 평화로운 세계들로 잇달아 온다. 그 혹성에 관련되는 진화 계획이 순조롭게 되어 가고 있음을 지켜볼 때까지, 그들은 그 혹성을 떠나지 않는다. 재판하는 한 아들 행정관은 이어지는 임무에 보통 아들 교육자들을 따라가며, 한편 그들이 떠날 때 또 하나의 그러한 아들이 활동한다. 대대로, 시공의 필사자 체제가 지속되는 동안 내내, 이 사법(司法) 행위가 계속된다.

삼위 일체 아들 교육자들의 되풀이되는 임무는 각각 그러한 하늘 같은 세계를, 지혜와 영성이 있고 우주의 조명을 받는, 항상 올라가는 높이까지 잇달아 향상시킨다. 그러나 그러한 구체의 고귀한 원주민은 아직도 유한하고 필사자이다. 아무 것도 완전치 않다. 그런데도 불완전한 세계를 운영하는 데, 거기 있는 인간 거주자들의 생활 속에서, 완전에 가까운 기질이 진화하고 있다.

삼위 일체 아들 교육자들은 같은 세계로 여러 번 돌아올지 모른다. 그러나 머지않아 그들의 임무 가운데 하나가 끝나는 것과 관련하여, 혹성 영주가 혹성 군주의 자리로 승격되고, 그러한 세상이 빛과 생명의 시대로 들어가는 것을 선포하려고 체계 군주가 나타난다.

"왕자를 위하여 꾸민 공주처럼 준비된, 새 하늘과 새 땅과 새 예루살렘이 하늘에서, 하나님한테서 내려오는 것을 내가 보았노라"하고 요한이 기록한 것은, 아들 교육자들의 마지막 임무의 종료에 관한 것이었다. (적어도 그것이 정상 세계에서 연대 순서일 것이다.)

옛 선지자가 환상 속에서 본 것은 회복된 바로 그 지구, 혹성의 상급 단계이니, 그는 이렇게 기록하였다. "주가 말씀하시되, '내가 만들 새 하늘과 새 땅이 내 앞에 남아 있을 것 같이, 너희와 너희의 자녀가 살아남을 것임이라. 새 달부터 다음 달까지, 한 안식일부터 다음 안식일까지, 모든 육체가 내 앞에 경배하러 나오는 일이 이루어질지니라.'"

그러한 시대의 사람들은 이렇게 묘사되었다, "선택된 세대, 임금 같은 성직자, 거룩한 나라, 고귀한 민족이라. 너희를 어두움으로부터 이 놀라운 빛으로 부른 그 분에게 찬양을 보일지어다."

한 개별 혹성의 특별한 자연 역사가 어떻든 상관 없이, 한 영역이 온전히 충성했는지, 악으로 물들거나 죄로 저주를 받았는지 차이가 없이—그 선행(先行) 조건이 어떻든 상관 없이—머지 않아 하나님의 은총과 천사들의 보살핌이 삼위 일체 아들 교육자들이 오는 시절을 안내할 것이다. 그들의 최종 임무가 있은 뒤에, 그들의 출발은 이 훌륭한, 빛과 생명의 시대를 개시할 것이다.

이렇게 기록한 자의 희망에 사타니아의 모든 세계가 마음을 같이 할 수 있다, "그런데도 그분의 약속에 따라서, 우리는 올바름이 거하는 새 하늘과 새 땅을 찾노라. 그러므로 그러한 것들을 너희가 찾음을 보는즉, 그분이 너를 평화 속에서, 티와 흠이 없음을 발견하도록, 사랑하는 이들이여, 부지런하여라."

아들 교육자들의 처음 통치, 아니면 나중에 어느 통치의 끝에, 이 군단이 떠나는 것은 빛과 생명의 시대가 밝아옴을—시간으로부터 영원의 현관으로 넘어가는 문턱을—인도한다. 혹성에서 이 빛과 생명의 시대를 이룩하는 것은 유란시아 필사자들이 마음 속에 가장 좋아하는 기대를 훨씬 뛰어넘는다. 그들은 하늘이 살아남는 필사자들이 즉시 마주치는 운명이요 최종으로 거하는 장소라고 묘사하는 종교적 관념 안에 포함된 것보다, 앞날의 생활에 대하여 더 멀리 내다보지 못하는 개념을 품고 있었다.

[가브리엘의 참모진에 임시 소속된 한 막강한 사자가 후원하였다.]

주: 1. 무지개의 일곱 빛이 섞여 흰 태양 빛을 이루는 것을 말한다.

제 53 편

루시퍼 반란

루시퍼는 네바돈에서 빛나는 1차 라노난덱 아들이었다. 여러 체계에서 근무한 경험이 있고 그의 집단에서 높은 상담자였으며, 지혜와 명철과 유능함 때문에 출중하였다. 루시퍼는 그의 계급에서 37번이었고, 멜기세덱들에게서 임명받았을 때, 그는 70만이 넘는 그의 부류 가운데 가장 유능하고 빛나는 1백 성격자 중의 하나로서 지정되었다. 그렇게 훌륭하게 시작했다가, 악하고 실수함으로 죄를 품었고, 이제는 네바돈에서 자아의 욕구에 굴복하고, 거짓된 개인 자유라는 궤변에 항복한 세 체계 군주 가운데 하나로 여겨진다—이 거짓된 자유는 우주에 충성하기를 거부하고 친교하는 의무를 무시하는 것, 곧 우주의 관계를 보지 못하는 것이다.

네바돈 우주, 곧 그리스도 미가엘의 영토에는, 사람이 사는 세계들로 이루어진 1만 체계가 있다. 라노난덱 아들들의 역사를 통틀어서, 이 수천 체계에 두루, 우주 본부에서 그들이 한 모든 일 중에, 오로지 3명의 체계 군주만 아들 창조자의 정부를 모욕한 적이 있다는 것이 발견되었다.

1. 반란의 주동자

루시퍼는 하늘 가는 존재가 아니었다. 지역 우주에서 창조된 아들이었고, 그에 관해서는 이런 말이 있었다, "네가 지음받은 날부터 불의(不義)가 네 안에서 발견될 때까지, 모든 길에서 너는 완전하였도다." 여러 번 그는 에덴시아의 최고자들과 의논하였다. 루시퍼는 "하나님의 거룩한 산 위에서," 곧 예루셈의 행정 산에서 군림하였는데, 이는 그가 사람이 사는 607 세계로 이루어진, 한 큰 체계의 최고 집행자였기 때문이다.

루시퍼는 훌륭한 존재, 눈부신 성격자였다. 우주 권한의 직계 선에서 별자리의 최고 아버지들 다음에 있었다. 루시퍼가 죄를 지었는데도, 하위 지성 존재들은 미가엘이 유란시아에 자신을 수여하기 이전에는, 그에게 불경(不敬)과 경멸을 삼가하여 보이지 않았다. 모세가 부활할 당시에, 미가엘의 천사장조차도, 루시퍼에 "맞서서 고발하는 판단을 제시하지 않았고, 다만 '재판관이 당신을 꾸짖으시기를' 하고 말하였더라." 그러한 문제에서, 판결은 초우주의 통치자인 옛적부터 늘 계신 이들에 속한다.

루시퍼는 이제 몰락하고 폐위된 사타니아 군주이다. 자아를 깊이 생각하는 것은, 하늘 세계의 고귀한 성격자들에게도 가장 큰 재난을 일으킨다. "너의 아름다움 때문에 너의 마음이 높아졌도다. 너의 밝음 때문에 너의 지혜를 썩게 만들었도다" 하고 루시퍼에 관하여 언급되었다. 너희의 옛 선지자는 그의 딱한 지경을 보았는데, 이렇게 말했다, "아, 아침의 아들 루시퍼여, 네가 어찌하여 하늘로부터 떨어졌는가! 세계들을 감히 혼란케 하려 했던 네가 어찌하여 버림받았는가!"

유란시아에는 루시퍼에 관하여 거의 아무 것도 전해진 바가 없는데, 이는 그가 너희 혹성에서 그의 운동을 옹호하라고 제1 부관, 사탄을 배치한 사실 때문이다. 사탄은 같은 1차 라노난덱 집단의 회원이었으나, 결코 체계 군주로 활동한 적이 없었고, 루시퍼 반역에 십분 참여했다. "악마"는 바로 칼리가스티아, 곧 유란시아의 폐위된 혹성 영주이며, 제2 라노난덱 계급의 아들이다. 미가엘이 육체를 입고 유란시아에 있을 때, 루시퍼와 사탄과 칼리가스티아는 그의 수여 임무를 유산(流産)시키려고 함께 단합하였다. 그러나 두드러지게 실패했다.

아바돈은 칼리가스티아 참모진의 우두머리였다. 그는 자기의 주인을 따라서 반란에 가담했고, 그 이후로 유란시아 반역자들의 최고 집행자로서 행동하였다. 비엘세붑은 반역한 칼리가스티아의 세력과 함께 연합한, 불충한 중도인(中道人)들의 두목이었다.

용(龍)은 결국 이 모든 악한 성격자를 상징하는 표현이 되었다. 미가엘이 승리하고 나서, "가브리엘이 구원자별에서부터 내려와서, 그 용(모든 반역자 두목)을 한 시대 동안 묶어 두었더라." 예루셈의 반역한 천사들에 관해서는 이처럼 기록되었다: "그리고 자기의 처음 지위를 지키지 못하고 자신의 거주지를 떠난 천사들을 큰 날에 재판이 있기까지, 그가 단단한 어두움의 사슬에 채워두었더라."

2. 반란의 원인

루시퍼와 제1 조수, 사탄은 예루셈에서 50만 년이 넘도록 군림했는데, 그 때 그들의 마음 속에서 우주의 아버지와 당시에 그의 대관(代官)인 아들, 미가엘에 맞서서 비로소 대오(隊伍)를 정렬하였다.

반란을 권하거나 유리하게 만든 아무런 특이하거나 특별한 조건이 사타니아 체계에 없었다. 그 생각은 루시퍼의 머리 속에서 기원을 가졌고 형성되었다고, 어디에 주둔했는가에 상관 없이, 그가 그러한 반란을 선동했을까 싶다고 우리는 믿는다. 루시퍼는 처음에 그의 계획을 사탄에게 알렸지만, 유능하고 명석한 동료의 머리를 부패시키는 데는 몇 달이 걸렸다. 그러나 일단 반란 이론에 넘어가자, 그는 "자아 주장과 해방"을 대담하게 열심히 부르짖는 자가 되었다.

아무도 결코 루시퍼에게 반란을 암시한 적이 없다. 미가엘의 뜻, 그리고 미가엘이 대표하는 바, 우주의 아버지의 계획에 대항하여 자아를 주장하는 생각은, 그 자신의 머리 속에서 싹이 텄다. 그가 아들 창조자와 가진 관계는 친밀했고, 언제나 마음에서 우러난 것이었다. 자신의 정신을 높이기 전에 어느 때도 루시퍼는 우주 행정에 대하여 드러내놓고 불만을 털어놓지 않았다. 그가 입을 열지 않고 있었는데도, 표준 시간으로 1백 년이 넘도록, 구원자별의 늘 연합한 이는 루시퍼의 머리 속에서 만사가 평화롭지는 않다고 유버르사에 반영하고 있었다. 이 정보는 또한 아들 창조자와 놀라시아덱의 별자리 아버지들에게 전달되었다.

이 기간을 통해서 내내, 루시퍼는 우주의 행정 계획 전부에 대하여 갈수록 더 비판하게 되었으나, 언제나 최상 통치자들에게 마음을 다하여 충성한다고 공언하였다. 그가 처음으로 불충함을 대담하게 말한 것은 루시퍼 자유 선언을 공개해서 선포하기 바로 며칠 전, 가브리엘이 예루셈을 방문하는 기회에 명백히 드러났다. 가브리엘은 다가오는 봉기(蜂起)가 확실하리라는 것에 아주 깊이 인상을 받았기 때문에, 공개 반란이 일어날 경우에 취해야 할 조치에 관하여 별자리 아버지들과 의논하려고 바로 에덴시아로 갔다.

마침내 루시퍼 반란으로 터진 그 정확한 원인이나 원인을 꼬집어 내기는 아주 어렵다. 우리는 오로지 한 가지에 관해서만 확실한데, 바로 이 처음 시작이 무엇이었든지, 그 시초는 루시퍼의 머리 속에서 싹이 텄다는 것이다. 자기를 속이는 점까지 스스로 키워 온, 자아의 자만심이 있었음이 틀림없다. 그래서 한동안 루시퍼는, 그가 반란을 숙고하는 것은, 그 우주는 아니라도, 실제로 그 체계의 이익을 위한 것이라고 정말로 자신을 설득하였다. 그의 계획이 환멸의 지경까지 발전했을 때가 되자, 그는 의심할 여지 없이 너무 멀리 나아갔고, 그래서 불화를 일으킨 최초의 자만심은 그만둘 수 없었다. 이 체험의 어느 시점에, 그는 불성실하게 되었고, 악은 뜻하고 계획한 죄를 저지르는 것으로 발전했다. 이런 일이 일어났다는 것은 명석한 이 집행자가 차후에 취한 행동이 증명한다. 그에게는 오랫동안 뉘우칠 기회가 주어졌으나, 부하들 가운데 어떤 자들만 제공된 자비를 받아들인 적이 있다. 에덴시아의 늘 충실한 이는 별자리 아버지들의 요청을 받고 나서, 극악한 이 반역자들을 구원하려는 미가엘의 계획을 친히 제시하였다. 그러나 언제나 아들 창조자의 자비는 거절되었고, 갈수록 더 경멸과 멸시를 받으며 거절되었다.

3. 루시퍼 선언문

루시퍼와 사탄의 마음 속에서 문제의 처음 기원이 무엇이었든지 상관 없이, 마지막 봉기는 루시퍼 자유 선언으로서 모습을 갖추었다. 반역자들의 주장은 다음 세 항목으로 진술되었다.

1. <u>우주의 아버지의 실체</u>. 루시퍼는 우주의 아버지는 정말로 존재하지 않는다, 물리적 인력과 공간 에너지는 우주에 본래부터 있다, 아버지는 파라다이스 아들들이 지어낸 신화(神話)요, 이것이 아버지의 이름으로 그들이 우주 통치를 유지하게 만든다고 비난했다. 그는 성격이 우주의 아버지의 선물이라는 것을 부인했다. 최후자들조차도 결코 파라다이스에서 식별할 수 있는 아버지의 실제 성격에 대하여 아주 똑똑한 아이디어를 가져오지 않았기 때문에, 모든 창조에게 사기(詐欺)를 치려고 최후자들이 파라다이스 아들들과 결탁하고 있다고 암시하기까지 하였다. 그는 존경심을 무지(無知)라고 팔아 넘겼다. 그 고발은 모두를 휩쓸었고, 끔찍하고, 신성 모독이었다. 의심할 여지 없이, 최후자들에 대한 이 은근한 공격은 당시에 예루셈에 있던 하늘 가는 시민들이 반역자의 모든 제안에 대항해서, 굳건히 서고 확고히 남아 있도록 영향을 주었다.

2. <u>아들 창조자—미가엘—의 우주 정부</u>. 루시퍼는 지역 체계들이 자치해야 한다고 주장했다. 그는 아들 창조자 미가엘이 가상된 파라다이스 아버지의 이름으로 네바돈의 통치권을 취하고, 보이지 않는 이 아버지에게 충성함을 인정하라고 모든 성격자에게 요구하는 권리에 대하여 항의하였다. 숭배하는 계획 전부가 파라다이스 아들들을 강화하는 영리한 책략이라고 주장했다. 그는 미가엘이 그의 창조자인 아버지라고 기꺼이 인정하지만, 그의 하나님으로, 정당한 통치자로서 인정하려 하지 않았다.

그는 옛적부터 늘 계신 이—"외부 권력가"—들이 지역 체계와 우주 사무에 간섭하는 권리를 가장 신랄하게 공격했다. 이 통치자들이 독재자요 횡령자라고 비난하였다. 그는 추종자들에게, 사람과 천사들이 다만 스스로를 주장하고 대담하게 자기 권리를 주장할 용기만 있다면, 완벽한 지방 자치의 운영에 간섭하려고 이 통치자들 가운데 누구도 어떤 일도 할 수 없다는 것을 믿으라고 타일렀다.

그는 토착 존재들이 다만 독립을 주장하기만 하면, 옛적부터 늘 계신 이들의 사형(死刑) 집행자들이 지역 체계에서 활동하지 못하게 금지될 수 있다고 주장을 폈다. 불멸은 체계 성격자들에게 본래부터 있다, 부활은 자연스럽고 자동이다, 옛적부터 늘 계신 이들의 사형 집행자들이 멋대로 하는 부당한 행위가 아니라면, 모든 존재는 영원히 살리라고 그는 주장했다.

3. 하늘 가는 필사자를 훈련하는 보편적 계획에 대한 공격. 루시퍼는 너무 많은 시간과 에너지가 우주 행정의 원칙을 하늘 가는 필사자들에게 아주 철저히 훈련시키는 계획에 소모된다고 주장했고, 이 원칙은 윤리가 없고 건전하지 않다고 확언하였다. 그는 어떤 미지의 운명을 위하여 공간의 필사자들을 준비시키는 오랜 세월이 걸리는 프로그램에 항의했고, 예루셈에 있는 최후자 군단의 존재는, 이 필사자들이 어떤 순전한 허구의 운명을 위하여 준비하려고 오랜 세월을 보냈다는 증명이라고 지적했다. 최후자들이 기원이 있던 곳과 비슷한 비천한 구체들로 돌아가는 것보다 더 영화롭지 않은 운명에 부닥쳤다고, 그는 비웃으면서 지적했다. 그들이 지나친 훈련과 오래 끈 훈련에 타락되었다고, 하늘 가는 필사자들을 위하여 신화(神話) 같은 영원한 운명의 허구(虛構)에 모든 창조를 노예로 만드는 계획에 지금 협조하고 있으니까, 그들은 실제로 필사 동료들에게 배신자라고 비쳤다. 하늘 가는 자들은 개인이 자결(自決)하는 자유를 누려야 한다고 주장했다. 그는 하나님의 파라다이스 아들들의 후원을 받고 무한한 영의 지지를 받는 필사자 승천 계획 전체에 도전하고 그것을 규탄하였다.

그러한 자유 선언과 함께, 루시퍼는 그의 어두움과 죽음의 대향연을 시작하였다.

4. 반란이 터지다

루시퍼 선언문은 유리 바다에서 사타니아의 연례(年例) 집회가 있을 때, 집합한 예루셈의 무리가 참석한 가운데, 유란시아 시간으로 약 20만 년 전, 그 해의 마지막 날에 발표되었다. 예배는 우주의—물리적, 지적, 영적—물력에게 드릴 수 있다, 그러나 충성의 서약은 오직 실제로 현재 통치자 루시퍼, 곧 "사람과 천사들의 친구"요, "자유의 하나님"에게만 드릴 수 있다고 사탄은 선포했다.

자아 주장이 루시퍼 반란의 구호(口號)였다. 그의 주요한 논점 가운데 하나는, 자치(自治)가 멜기세덱과 기타 집단에게 좋고 올바르다면, 모든 계급의 지능들에게 마찬가지로 좋다는 것이었다. 그는 "지성의 평등"과 "지적 존재의 형제 정신"을 부르짖는 데 대담하고 끈질겼다. 모든 정부가 지역 혹성들, 그리고 그들의 자원하는 연방에 국한되어야 한다고 주장했다. 그는 모든 다른 감독을 금지하였다. 혹성 영주들에게 그들이 최상 집행자로서 그 세계를 다스릴 것이라 약속했다. 그는 입법 활동이 별자리 본부에 있는 것과 사법(司法) 사무의 운영이 우주 서울에 있는 것을 비난했다. 이 모든 정부 기능은 체계 서울에 집중되어야 한다고 주장했고, 그는 자신의 입법 집회를 수립하는 데 착수하고 사탄의 관할 밑에 자신의 법정을 조직하였다. 그리고 배반하는 세계의 영주들에게 똑같이 하라고 지시하였다.

루시퍼의 행정 내각 전체가 한 무더기로 넘어갔고, "해방된 세계와 체계들"의 새 우두머리의 행정을 맡는 관리로서, 선서를 거쳐 공식으로 임명되었다.

네바돈에 전에 반란이 두 번 있었지만, 그 반란들은 먼 별자리들에서 일어났다. 이 반란들이 성공하지 못한 것은 지성 존재들의 대다수가 그 지도자를 따르지 못했기 때문이라고 루시퍼는 주장하였다. "대다수가 지배한다"고, "지성은 틀릴 수 없다"고 주장했다. 우주 통치자들이 그에게 자유를 허락하는 것은 그의 많은 사악한 주장을 입증하는 듯하였다. 그는 상관들 모두에게 반항했다. 그래도 그들은 그가 하는 일에 아무런 주의를 기울이지 않는 듯했다. 아무 방해가 없이 유혹하는 그의 계획을 집행하도록 그에게 자유가 주어졌다.

처벌을 자비롭게 지연하는 것이 모두 파라다이스 아들들의 정부가 반란을 그치게 할 능력이 없다는 증거라고 루시퍼는 지적했다. 그는 미가엘, 이마누엘, 옛적부터 늘 계신 이들에게 드러내놓고 반항하고 거만하게 대들고, 그리고 나서 아무런 조치가 따르지 않았다는 사실은 우주와 초우주 정부들이 무력하다는 분명한 증거라고 지적하곤 하였다.

가브리엘은 이 모든 불충한 회의가 진행되는 동안 내내, 친히 자리에 있었고, 때가 되면, 그가 미가엘을 대변하고 모든 존재가 선택하는 데 자유롭고 방해를 받지 않으리라고, "아버지를 대신하는 아들들의 정부는 오로지, 자원해서 바치며 마음에서 우러나고 궤변에 끄떡하지 않는 그러한 충성과 헌신만 바란다고" 발표했다.

탈퇴하는 권리에 이의(異議)를 제기하거나 모반하는 선전에 찬물을 끼얹으려고 가브리엘이 어떤 노력을 쏟기 전에, 루시퍼는 그의 반역 정부를 세우고 철저히 조직하는 것이 충분히 허락되었다. 그러나 별자리 아버지들은 즉시 불충한 이 성격자들의 활동을 사타니아 체계에 국한시켰다. 그런데도 지연된 이 기간은 온 사타니아의 충성하는 존재들에게 큰 시련과 시험을 받는 시간이었다. 몇 년 동안 만사가 엉망진창이었고, 저택 세계들에는 큰 혼란이 있었다.

5. 대립의 본질

사타니아의 반란이 터지자, 미가엘은 그의 파라다이스 형 이마누엘과 의논했다. 이 중대한 회의가 있고 나서, 미가엘은 과거에 있었던 비슷한 여러 동란에서 그가 일을 처리하는 방법의 특징을 나타냈던 것과 똑같은 정책, 곧 간섭하지 않는 태도를 추구하겠다고 발표하였다.

이 반란, 그리고 그보다 먼저 두 차례 반란이 있던 시절에, 네바돈 우주에는 절대로 친히 통치하는 아무 권한이 없었다. 미가엘은 우주의 아버지의 대관(代官)으로서 신의 권한으로 다스렸지만, 아직까지 자신의 개인적 권한으로 다스리지 않았다. 그는 수여 생애를 마치지 않았다. 아직까지 "하늘과 땅의 모든 권력"이 그에게 맡겨지지 않았다.

반란이 터진 당시부터 네바돈의 군주 통치자로서 보좌에 앉는 날까지, 미가엘은 루시퍼의 반란 세력에 결코 간섭하지 않았다. 유란시아 시간으로 거의 20만 년 동안 그들은 방자하게 굴도록 허락되었다. 그리스도 미가엘은 이제 그러한 불충이 일어나는 것을 신속히, 아니 즉결로, 처리할 충분한 권력과 권한을 가졌다. 그러나 그러한 동란이 또 한번 일어난다 하더라도, 이 군주 권한이 그로 하여금 다르게 행동하도록 유도했을 것인가 우리는 의심을 가진다.

미가엘이 루시퍼 반란의 실제 투쟁으로부터 초연하게 남아 있기로 했기 때문에, 가브리엘은 에덴시아에서 그의 개인 참모진을 소집하고, 최고자들과 의논하고 나서 사타니아의 충성한 무리들의 지휘를 맡기로 작정하였다. 미가엘은 구원자별에 남았고, 한편 가브리엘은 예루셈으로 진행하여 아버지에게 바쳐진 구체에서 자리를 잡았다—바로 그 아버지의 성격에 대하여 루시퍼와 사탄은 의문을 제기했던 것이다. 모여든 충성한 성격자들 무리 앞에서, 그는 미가엘의 깃발, 모든 창조의 삼위 일체 정부의 물질적 상징, 곧 흰 바탕에 푸른 하늘 빛의 세 동심원(同心圓)을 펼쳐 보였다.

루시퍼의 상징은 하나의 붉은 동그라미가 있는 흰 깃발이었고, 그 가운데 하나의 검은 색의 채워진 동그라미가 보였다.

"하늘에 전쟁이 있었더라. 미가엘의 사령관과 그의 천사들이 용(곧 루시퍼, 사탄, 배반한 영주들)에 대항하여 싸웠더라. 용과 반역하는 그의 천사들이 싸웠으나 이기지 못하였더라." 이 "하늘의 전쟁"은 유란시아에서 그러한 투쟁을 상상하는 것처럼, 물리적 전쟁은 아니었다. 투쟁의 초기에 루시퍼는 혹성의 원형(圓形) 극장에서 줄곧 열변을 토했다. 가브리엘은 바로 가까이 자리잡은 그의 본부로부터 반역자의 궤변을 끊임없이 폭로하였다. 자기의 태도에 관하여 의문을 가졌던, 그 구체에 있었던 여러 성격자는 마지막 결심에 이를 때까지, 이 두 토론회 사이에 오락가락하였다.

그러나 하늘에서 있었던 이 싸움은 아주 끔찍하고 현실이었다. 미숙한 세계에서 물리적 전쟁의 특징을 나타내는 잔인한 행위를 하나도 드러내지 않았지만, 이 투쟁은 훨씬 더 치명적이었다. 물질적 전투에서는 물질 생명이 위험에 빠지지만, 하늘에서 생긴 전쟁은 영원한 생명의 조건으로 벌어졌다.

6. 충성한 천사 사령관

적대 행위가 일어난 때와 새 체계 통치자 및 그의 참모진이 도착한 때 사이에 수많은 성격자가 고귀하고 영감을 주는 행위, 헌신과 충성의 행위를 많이 연출하였다. 그러나 이 모든 대담한 헌신 행위 가운데 가장 마음을 짜릿하게 하는 것은, 사타니아 본부 세라핌의 부지휘관, 마노시아의 용감한 행위였다.

예루셈에서 반란이 터졌을 때, 천사 무리의 우두머리는 루시퍼 운동에 가담하였다. 의심할 여지 없이, 이것은 어째서 그렇게 많은 수의 제4 계급, 곧 체계 행정자인 세라핌들이 잘못된 길에 빠졌는가를 설명한다. 그 천사 지도자는 루시퍼의 눈부신 성격에 영적으로 눈이 멀어 버렸다. 그의 매력 있는 몸가짐은 낮은 계급의 하늘 존재들을 매혹시켰다. 그들은 다만 그렇게 눈부신 성격자가 잘못에 빠지는 일이 가능하다는 것을 이해할 수 없었다.

루시퍼 반란의 시작과 관련된 경험을 묘사하면서, 마노시아가 이렇게 말한 지 얼마 안 된다. "그러나 나의 가장 유쾌한 순간은 루시퍼 반란과 결부된, 가슴 떨리는 모험이었다. 그 때 천사 부사령관으로서, 미가엘을 모욕하는 계획에 참여하기를 나는 거부했다. 막강한 반역자들은 그들이 준비한 연락 세력의 수단을 이용하여 나를 파멸하려고 애썼다. 예루셈에는 엄청난 대격변이 있었지만, 충성한 세라핌은 한 명도 다치지 않았다.

"내 직속 상관이 이탈하고 나서, 그 체계에서 혼란에 빠진 천사 사무의 이름 뿐인 지도자로서, 예루셈의 천사 무리의 지휘를 맡는 일이 내게 떨어졌다. 나는 정신적으로 멜기세덱들의 지지를 받았고, 대다수의 물질 아들들한테서 막강하게 지원을 받았으며, 내 계급의 엄청난 집단에게 버림받았지만, 예루셈에서 하늘 가는 필사자들한테서 훌륭하게 지지를 받았다.

"루시퍼의 탈퇴로 말미암아 별자리 회로에서 자동으로 쫓겨났기 때문에, 우리는 우리 정보 군단의 충성에 의존했고, 그들은 원조해 달라는 요청을 이웃의 란툴리아 체계로부터 에덴시아로 전달하였다. 질서 있는 나라, 충성스러운 지능, 진리의 정신은 반란, 자기 주장, 이른바 개인의 자유를 본래부터 이긴다는 것을 우리는 발견했다. 새 체계 군주 루시퍼를 뒤이을, 자격 있는 후계자가 도착할 때까지 우리는 버틸 수 있었다. 그리고 바로 그 뒤에, 나는 유란시아의 멜기세덱 관리 군단에 배치되었고, 배반한 칼리가스티아의 세계에서, 나는 충성하는 천사 계급의 관할권을 맡았다. 칼리가스티아는 루시퍼가 발표한 악명 높은 자유 선언에서 제안된 바와 같이, 그의 구체가 '해방된 세계와 자유롭게 된 성격자들'이 새로 계획한 체계의 구성 분자라고 선포했으며, 이것은 루시퍼가 '잘못 다스려지고 그릇되게 관리된 사타니아 세계들에서, 자유를 사랑하고, 자유롭게 생각하고, 앞을 내다보는 지성 존재들'을 부르기 위하여 발표한 선언이었다."

이 천사는 유란시아에서 아직도 근무하며, 세라핌의 부지휘관으로서 활동한다.

7. 반란의 역사

루시퍼 반란은 체계에 널리 퍼졌다. 탈퇴하는 혹성 영주 37명이 그들의 세계 행정부를 대체로 대반역자의 편으로 밀어붙였다. 겨우 파놉시아에서 혹성 영주가 자기 사람들을 함께 데리고 가는 데 실패했다. 이 세계에서, 멜기세덱들의 지도 밑에서, 사람들은 미가엘을 지지하는 쪽으로 집결했다. 그 필사 영역의 한 젊은 여인 엘라노라는 그 인류의 지도권을 쥐었고, 전쟁에 짓밟힌 그 세계에서 단 한 사람도 루시퍼의 깃발 밑에 지원하지 않았다. 그 뒤로 죽, 충성스러운 이 파놉시아 사람들은 제7 예루셈 과도기 세계에서, 아버지의 구체 및 그 둘레의 일곱 구류 세계에서 관리자와 건축자로서 근무해 왔다. 파놉시아 사람들은 이 세계들을 실지로 관리하는 자로서 행동할 뿐 아니라, 또한 앞날에 어떤 미지의 사용을 위하여 이 구체들을 꾸미려고, 미가엘이 친히 내린 명령을 집행한다. 그들은 에덴시아로 가는 길에 머무르는 동안에, 이 일을 수행한다.

이 기간을 통해서 내내, 칼리가스티아는 유란시아에서 루시퍼 운동을 옹호하였다. 멜기세덱들은 배반한 혹성 영주를 능란하게 반대했으나, 고삐 없는 자유를 부르짖는 궤변과 자아를 주장하는 망상은 젊고 개발되지 않은 세계의 원시 민족들을 속일 기회를 있는 대로 가졌다.

모든 탈퇴 선전은 개인적 노력으로 처리되어야 했는데, 이는 방송 서비스와 모든 다른 혹성간 통신 방법이 체계 회로(回路) 감독자들의 행동으로 말미암아 중지되었기 때문이다. 반란이 실제로 터지고 나서, 사타니아 체계 전체는 별자리 회로와 우주 회로, 양쪽에서 고립되었다. 천사 대리자와 외톨 사자들이 이 시기에 들어오고 나가는 모든 통신문을 부쳤다. 타락한 세계에 이르는 회로들도 또한 끊어졌고, 그래서 루시퍼는 그의 사악한 계획을 추진하려고 이 방법을 이용할 수 없었다. 그리고 이 회로들은 대반역자가 사타니아의 경계 안에 사는 한, 회복되지 않을 것이다.

이것은 라노난덱 반란이었다. 상급의 지역 우주 아들 신분은 루시퍼의 탈퇴에 참가하지 않았다. 하지만 반역한 혹성들에 주둔했던 생명 운반자 몇 명은 불충한 영주(領主)들의 반란에 얼마큼 영향을 받았다. 삼위 일체를 체험한 아들들은 하나도 나쁜 길에 빠지지 않았다. 멜기세덱, 천사장, 찬란한 저녁별들은 모두 미가엘에게 충성했고, 가브리엘과 함께, 아버지의 뜻과 아들의 통치를 위하여 용감하게 싸웠다.

파라다이스 기원을 가진 존재들은 아무도 불충에 말려들지 않았다. 그들은 외톨사자들과 함께 영의 세계에서 본부를 차지했고, 에덴시아의 늘 충실한 이의 지휘 밑에 남아 있었다. 화해자들 가운데 아무도 배반하지 않았고, 하늘 기록자들 가운데서 단 한 명도 잘못에 빠지지 않았다. 그러나 상물질계 동반자와 저택 세계 선생들 가운데 큰 희생이 있었다.

최상 계급의 세라핌 가운데 천사는 하나도 분실되지 않았지만, 다음 계급, 우수 계급의 상당한 무리가 속임에 빠지고 덫에 걸려들었다. 마찬가지로, 셋째 계급, 곧 감독자 계급 천사들 가운데 몇몇이 그릇 인도되었다. 그러나 제4 집단에서 행정 천사, 곧 체계 서울의 임무에 보통 배치되는 세라핌 중에서 끔찍한 분열이 있었다. 마노시아는 그들 가운데 거의 3분의 2를 살렸지만, 3분의 1이 조금 넘는 수가 반란 계층으로 그들의 두목을 따라갔다. 행정 천사들에 부속되었던, 모든 예루셈 케루빔의 3분의 1은 불충한 세라핌들과 함께 분실되었다.

혹성의 천사 조수들 가운데, 물질 아들들에게 배치된 자들 가운데서, 약 3분의 1이 속았고, 거의 10퍼센트의 과도기 봉사자들이 덫에 걸려들었다. 요한은 큰 붉은 용에 관해서 기록할 때 이것을 상징으로 보았는데, 이렇게 말했다. "그리고 그의 꼬리는 하늘의 별들 가운데 3분의 1을 당겨서, 저희를 어둠 속에 던졌더라."

가장 큰 손실은 천사 계층에서 일어났지만, 하등 계급 지자(知者)들의 대부분이 이 불충에 말려들었다. 사타니아에서 분실된 물질 아들 681,217명 가운데, 95퍼센트는 루시퍼 반란의 희생자였다. 혹성 영주들이 루시퍼 운동에 가담한 그러한 개별 혹성에서, 큰 무리의 중도인들이 분실되었다.

여러 면에서 이 반란은 네바돈에서 있었던 그러한 모든 사건 가운데 가장 널리 퍼지고 비참하였다. 이 반동에는 다른 두 사건에서보다 더 많은 성격자가 말려들었다. 루시퍼와 사탄의 밀사들이 최후자의 문화 혹성에서 어린아이들을 훈련시키는 학교들도 남기지 않고, 진화 세계들에서 구제되어 자비 속에서 자라는 이 지성들을 부패시키려고 오히려 추구한 것은 그들에게 영구한 불명예이다.

하늘 가는 필사자들은 취약했지만, 하급 영들보다 반란의 궤변을 더 잘 견디었다. 하급 저택 세계들에서 많은 사람, 곧 자기 조절자와 마침내 융합을 이루지 못한 자들이 넘어졌지만, 예루셈에서 거주하는 사타니아의 승천 시민 가운데 단 한 명도 루시퍼 반란에 참여하지 않았다는 것은 승천 계획의 지혜로움을 나타내는 영광으로 기록된다.

시간마다, 날마다, 온 네바돈의 방송국들은 상상할 수 있는 모든 등급의 하늘 지성인 초조한 구경꾼들로 혼잡하였다. 이들은 사타니아 반란을 담은 회보를 열심히 정독했고, 여러 보고서가 하늘 가는 필사자들의 굽히지 않는 충성을 잇달아 이야기하는 동안 기뻐했다. 이 필사자들은 멜기세덱의 지휘 밑에서, 탈퇴와 죄의 깃발 주위로 아주 재빨리 모여든 미묘하고 악한 모든 세력이 기울인 노력, 통합되고 오래 끈 노력을 성공적으로 물리쳤다.

"하늘에서 있은 전쟁"의 시초부터 루시퍼의 후계자가 임명받을 때까지, 체계 시간으로 2년이 넘게 걸렸다. 그러나 드디어 새 군주가 왔고, 유리 바다에 그의 참모진과 함께 도착했다. 나는 가브리엘이 에덴시아에서 동원한 예비군 사이에 있었는데, 라나포지가 놀라시아덱의 별자리 아버지에게 준 첫 메시지를 잘 기억한다. 이렇게 적혀 있었다. "예루셈 시민은 단 한 사람도 분실되지 않았다. 하늘 가는 모든 필사자가 불 같은 시련을 견디었고, 결정적인 시험으로부터 성공하여, 온통 승리를 거두고서 솟아났다." 그리고 구원자별에, 유버르사에, 파라다이스에, 사람이 승천하여 살아남는 체험은 반란에 대하여 가장 큰 보장이요, 죄에 대하여 가장 확실한 보호 조치라는, 확신을 주는 이 소식이 전해졌다. 이 고귀한 예루셈 집단의 충성스러운 사람들은 꼭 187,432,811명이었다.

라나포지가 도착하고 나서 대반역자들은 보좌에서 쫓겨났고, 모든 통치 권한을 빼앗겼다. 하지만 그들은 예루셈, 상물질 구체들에서, 아니 사람 사는 개별 세계로 마음대로 돌아다니는 것이 허락되었다. 그들은 사람과 천사들의 머리를 혼란시키고 그릇 인도하려고 속이고 유혹하는 노력을 계속했다. 그러나 예루셈의 행정 산에서 그들이 하던 일에 관해서 말하자면, "저희의 자리는 이제 더 보이지 않았더라."

루시퍼는 사타니아에서 모든 행정 권한을 빼앗겼지만, 그 때 이 사악한 반역자를 억류하거나 없애 버릴 수 있는 아무런 지역 우주 권력이나 법정이 존재하지 않았다. 그 때 미가엘은 군주 통치자가 아니었다. 옛적부터 늘 계신 이들은 별자리 아버지들이 체계 정부를 몰수하는 것을 지지했지만, 루시퍼와 사탄, 그리고 그 동료들의 현재 지위와 앞날의 처분에 관하여, 아직도 미결인 많은 상소(上訴)에서 아무런 차후의 판결을 내린 적이 없다.

이처럼 이 대반역자들은 그들의 불만과 자기 주장의 신조(信條)를 더욱 애써 침투시키려고 체계 전체를 돌아다니는 것이 허락되었다. 그러나 유란시아 시간으로 거의 20만 년 동안에 또 다른 세계를 속일 수 없었다. 37 세계가 타락한 뒤로, 어느 사타니아 세계도, 아니 그 반란의 날 이후로 사람이 살게 된, 나이가 적은 세계들조차, 분실되지 않았다.

8. 유란시아에 있던 사람의 아들

유란시아에서 미가엘의 수여 임무가 끝날 때까지 루시퍼와 사탄은 사타니아 체계를 자유롭게 돌아다녔다. 그들이 사람의 아들을 합동으로 공격할 때, 너희 세계에 마지막으로 있었다.

이전에는 혹성 영주들, 곧 "하나님의 아들들"이 정기적으로 모였을 때, "사탄도 왔으며," 그는 몰락한 혹성 영주들의 고립된 세계들을 모두 대표한다고 주장했다. 그러나 미가엘의 마지막 자신 수여가 있은 뒤로, 예루셈에서 그러한 자유가 그에게 허락되지 않았다. 수여하는 육체를 입고 있을 때 그들이 미가엘을 부패하게 만들려고 애쓴 뒤에, 루시퍼와 사탄에 대한 모든 동정심은 사타니아 전역에서, 다시 말해서, 고립되고 죄 있는 세계들 바깥에서 사라져 버렸다.

배반한 혹성 영주들의 혹성들을 제쳐 놓고, 미가엘의 수여는 온 사타니아에서 루시퍼 반란을 종결시켰다. 이것이, 예수가 육체를 입고 죽기 바로 전에, "그리고 하늘로부터 벼락처럼 사탄이 떨어지는 것을 내가 보았노라" 하고 어느 날 제자들에게 외쳤을 때, 그가 몸소 겪은 체험의 의미였다. 그 때 사탄은 마지막 결정적인 투쟁을 위하여, 루시퍼와 함께 유란시아로 왔다.

사람의 아들은 성공할 자신이 있었고, 너희 세계에서 거두는 그의 승리가 사타니아에서 뿐 아니라 죄가 들어간 다른 두 체계에서도, 오랜 세월에 걸쳐 그의 적이었던 자들의 지위를 영원히 해결할 것을 알았다. 루시퍼의 여러 제안에 응답하여, 너희의 주가 차분하게, 신다운 확신을 가지고, "사탄아 내 뒤로 물러가라"하고 대답했을 때, 사람에게 생존이 있었고 천사에게 안전이 생겼다. 이것이, 원칙으로, 루시퍼 반란의 참 종말이었다. 반역자들의 소멸을 비는 가브리엘의 상소에 관하여 유버르사 법정이 집행하는 결정을 아직 내리지 않은 것은 참말이다. 그러나 의심할 여지 없이, 시간이 무르익을 때 그러한 선포가 다가올 터이니, 이 소송의 청문회에서 첫 걸음을 이미 밟았기 때문이다.

칼리가스티아는 사람의 아들에게서, 그가 죽을 무렵까지, 절차상 유란시아의 영주로서 인정을 받았다. 예수는 말했다: "이제는 이 세계의 심판이라. 이제 이 세상의 영주는 버림받을지니라." 그리고 나서 일생의 일의 끝이 더욱 가까워졌을 때 그는 선언했다, "이 세상의 영주는 재판을 받았느니라." 그리고 폐위되고 체면이 떨어진 바로 이 영주를 한때는 "유란시아의 하나님"이라고 불렀다.

유란시아를 떠나기 앞서 미가엘이 마지막으로 취한 행동은 칼리가스티아와 달리가스티아에게 자비를 내미는 것이었으나, 그들은 그의 부드러운 제안을 걷어찼다. 너희의 배반한 혹성 영주 칼리가스티아는 아직도 유란시아에서 극악한 계교를 실천하는 데 자유롭지만, 절대로 사람들의 지성 속에 들어갈 힘이 없고, 사람들이 그의 사악한 강림으로 정말로 저주받고 싶어하지 않으면, 그들을 유혹하거나 부패시키려고 그들의 혼에 가까이 다가갈 수도 없다.

미가엘의 수여가 있기 전에 이 어둠의 통치자들은 유란시아에서 그들의 권한을 유지하려고 애썼고, 작은 하급 하늘 성격자들에게 끈질기게 저항했다. 그러나 오순절 날 뒤로, 이 배신한 칼리가스티아, 그리고 똑같이 멸시할 그의 동료 달리가스티아는 파라다이스의 생각 조절자들과 보호하는 진리의 영, 곧 모든 육체에게 퍼부어진 미가엘 영의 신성한 위엄 앞에 비굴하다.

그러나 과연 그러해도, 어떤 타락한 영도 결코 하나님의 아이들의 지성을 침범하거나 그 혼을 괴롭히는 힘이 없었다. 사탄이나 칼리가스티아도 결코 하나님의 믿음의 아들들을 다치거나 접근할 수 없었다. 믿음은 죄와 불법에 맞서는 효과 있는 갑옷이다. "하나님에게서 태어난 자는 스스로를 보호하며, 사악한 자가 그를 건드리지 않도다"하는 것이 참말이다.

대체로, 약하고 방탕한 필사자들이 악마와 귀신의 영향 밑에 있다고 상상될 때, 그들은 다만 자신의 타고난 저속한 경향에 지배되고, 자신의 자연스런 성향에 이끌려 간다. 악마는 그에게 속하지 않는 악을 저질렀다고 무척 크게 공로를 인정받는다. 칼리가스티아는 그리스도가 십자가에서 돌아가신 뒤에, 비교적 무능한 채로 있었다.

9. 반란의 현재 상태

루시퍼 반란 시절에 일찍부터, 미가엘은 모든 반역자에게 구원을 내밀었다. 진지하게 뉘우치는 증명을 보이려 하는 모든 자에게, 자기가 완전한 우주 통치권을 얻고 나서, 용서하고 어떤 형태로 우주 근무에 복직시킬 것을 제안했다. 주모자들 가운데 아무도 이 자비로운 제안을 받아들이지 않았다. 그러나 물질 아들과 딸 수백 명을 포함하여, 수천의 천사 및 낮은 계급의 하늘 존재들은 파놉시아 사람들이 선포한 자비를 받아들였고, 1천9백 년 전에, 예수가 부활할 때 명예 회복이 허락되었다. 이 존재들은 그 뒤로 예루셈의 아버지 세계로 옮겨졌으며, 절차상으로, 가브리엘 대 루시퍼의 문제에서 유버르사 법정이 결정을 내릴 때까지, 그들은 거기에 구류되어야 한다. 그러나 소멸 판결이 내려질 때, 뉘우치고 구제된 이 성격자들이 소멸의 선포로부터 면제되리라는 것을 아무도 의심하지 않는다. 보호 관찰 밑에 있는 이 혼들은 지금 아버지의 세계를 돌보는 작업에서 파놉시아 사람들과 함께 수고한다.

미가엘이 자신 수여를 마치고 마침내, 확실하게 자신을 네바돈의 무제한 통치자로서 세우려는 목적으로부터 미가엘을 돌이키려고 추구한 시절 이후로, 그 큰 사기꾼은 유란시아에 결코 발을 들인 적이 없다. 미가엘이 네바돈 우주의 안정된 우두머리가 되고 나서, 루시퍼는 유버르사의 옛적부터 늘 계신 이들의 대리자들에게 구류되었고, 그 뒤로 죽 예루셈에 아버지의 과도기 구체 집단의 1번 위성에 죄수로 있었다. 여기서 다른 세계와 체계의 통치자들은 불충한 사타니아 군주의 종말을 바라본다. 바울은 미가엘의 수여가 있은 뒤에 이 반역 지도자들의 상태에 관하여 알고 있었는데, 이는 그가 칼리가스티아의 두목들을 "하늘의 거처에 있는 악한 영의 무리"라고 기록했기 때문이다.

네바돈의 최상 군주권을 맡고 나서, 미가엘은 가브리엘 대(對) 루시퍼 소송에서 초우주 법정의 판결이 있을 때까지, 루시퍼 반란에 관여한 모든 성격자를 구류할 권한을 받으려고 옛적부터 늘 계신 이들에게 탄원했는데, 이 소송은 너희가 시간을 계산하는 대로 따지면, 거의 20만 년 전에 유버르사 최고 법정의 기록부에 등록되었다. 체계 서울 집단에 관하여, 옛적부터 늘 계신 이들은 한 가지만 빼고 미가엘의 탄원을 허락했다: 즉 또 다른 하나님의 아들이 그러한 배신(背信) 세계들에서 용납될 때까지, 아니면 유버르사의 법정이 가브리엘 대 루시퍼 소송의 판결을 시작할 때까지, 사탄은 몰락한 세계에 있는 배신한 영주들을 정기적으로 방문하도록 허락되었다.

너희가 거주 자격을 가진 아들이 하나도—혹성 영주도 물질 아들도—없기 때문에, 사탄은 유란시아에 올 수 있었다. 마키벤타 멜기세덱은 그 뒤로 유란시아의 혹성 영주 대관(代官)이라고 선포되었고, 가브리엘 대 루시퍼 소송의 시작은 모든 고립된 세계에서 임시 혹성 체제가 개시되는 것을 알렸다. 이 계시를 발표할 바로 그 때까지, 사탄이 정기적으로 칼리가스티아와 다른 몰락한 영주들을 찾아보았다는 것은 참말이며, 이 때에 대반역자들의 소멸을 요구하는 가브리엘의 탄원에 대하여 첫 청문회가 있었다. 사탄은 지금 예루셈의 죄수 세계들에서 무조건 구류되어 있다.

미가엘의 마지막 수여가 있은 뒤로, 온 사타니아에서 아무도 구류된 반역자들을 보살피려고 죄수 세계들로 가고 싶어하지 않았다. 그리고 아무 존재도 더 사기꾼의 운동에 설득되지 않았다. 1천9백 년 동안 그 상태는 바뀌지 않았다.

옛적부터 늘 계신 이들이 대반역자들을 마침내 처분할 때까지, 우리는 사타니아의 현재 규제 조치가 없어지는 것을 기대하지 않는다. 루시퍼가 사는 한, 체계의 회로들은 회복되지 않을 것이다. 그 동안에, 그는 전혀 활동이 없다.

반란은 예루셈에서 그쳤다. 타락한 세계들에서, 반란은 신다운 아들들이 도착하자마자 그친다. 우리는 자비를 언제라도 받아들일 반역자는 모두 그렇게 했다고 믿는다. 우리는 이 배반자들한테서 성격 존재를 빼앗을 방송이 번쩍 오기를 기다린다. 우리는 집행하는 방송이 유버르사의 판결을 발표하기를 기대하고, 그 방송은 구류된 이 반역자들을 소멸할 것이다. 그 때 너희는 그들의 자리를 찾겠지만, 그들은 발견되지 않을 것이다. "그리고 여러 세계에서 너를 아는 자들이 너를 보고 놀라리라. 너는 두려움이었으나 결코 더 있지 아니하리라." 이와 같이 자격 없는 이 모든 배반자는 "마치 저희가 존재해 오지 않았던 것처럼 되느니라." 모두가 유버르사의 선포를 기다린다.

그러나 오랜 세월 동안, 사타니아에서 영적으로 어두웠던 일곱 감옥 세계는 온 네바돈에게 엄숙한 경고가 되었으며, 위대한 진리를 웅변으로, 효과 있게 이렇게 선포했다. "범법자의 길은 고달프도다," "모든 죄 안에는 그 자체를 파괴하는 씨앗이 감추어져 있도다," "죄의 값은 죽음이라."

[한때 유란시아의 관리자들에 소속된 마노반뎃 멜기세덱이 발표하였다.]

제 54 편

루시퍼 반란의 문제점

진화하는 인간은 악, 잘못, 죄, 부정(不正)의 의미를 충분히 이해하고 그 의의(意義)를 파악하기가 어려움을 발견한다. 대조가 되는 완전과 불완전은 악의 잠재성을 낳는다, 상반되는 진리와 거짓은 혼란을 일으키는 잘못을 만든다, 신이 자유의지 선택을 부여하는 것은 궁극에 죄와 올바름이 갈라지는 영역에 이른다, 신성을 끈질기게 추구함은 하나님의 나라로 이끌며 이와 대조해서 신성을 줄곧 거부함은 불법의 영토로 이끈다는 것을 사람은 더디게 깨닫는다.

신들은 악을 창조하지 않고, 죄와 반란을 허락하지도 않는다. 완전한 의미와 가치를 가진 차별되는 수준을 품는 우주에서, 잠재 악은 시간 속에 존재한다. 불완전한 존재들에게 선과 악을 택하는 능력이 주어진 모든 영역에서, 죄는 잠재한다. 바로 진리와 비진리, 사실과 거짓이 부딪치며 존재하는 것이 잘못의 가능성을 이룬다. 계획해서 악을 선택하는 것은 죄요, 진리를 일부러 물리치는 것은 잘못이며, 죄와 잘못을 끈질기게 추구하는 것은 부정이다.

1. 참된 자유와 거짓된 자유

루시퍼 반란으로부터 생겨난 모든 난처한 문제 가운데 아무 것도, 진화하는 미숙한 사람들이 참된 자유와 거짓된 자유를 구별하지 못하는 것보다 더 문제를 일으키지는 않았다.

참된 자유는 오랜 세월에 걸친 탐구요, 진화로 진보하는 데 대한 보상이다. 거짓된 자유는 시간에 있는 잘못과 공간에 있는 악의 미묘한 속임수이다. 오래 가는 자유는 정의의 실체에—곧 지성·성숙·친교·공평에—달려 있다.

그 동기가 영리하지 않고 무조건이고 통제되지 않았을 때, 자유는 우주의 존재가 스스로를 파괴하는 방법이다. 참된 자유는 현실에 점진적으로 관련되고, 사회의 평등, 우주의 공평, 우주 친교, 신성한 의무를 늘 살핀다.

물질적 응보, 지적 공평, 사회적 인내, 도덕적 의무, 영적 가치로부터 격리될 때, 자유는 자살이다. 자유는 우주의 실체와 동떨어져서 존재하지 않으며, 모든 성격 실체는 그것이 신성(神性)과 가지는 관계에 비례한다.

고삐가 풀린 자아의 의지, 그리고 규제받지 않는 자아 표현은 수그러들지 않은 이기심, 불경스러움의 절정에 해당한다. 관련된 자아(自我)의 정복이 항상 늘어나지 않으면 자유는 이기적 필사자의 상상에서 생긴 산물이다. 자아가 동기를 준 자유는 개념의 망상이요, 잔인한 속임수이다. 자유의 옷자락 속에 감추어진 방종은 비참한 속박의 전주자(前走者)이다.

참된 자유는 진정한 자존심의 벗이며, 거짓된 자유는 자찬(自讚)의 배우자이다. 참된 자유는 자제에서 생기는 열매요, 거짓된 자유는 자아 주장을 가정하는 것이다. 자제는 이타적 봉사로 이끌지만, 자아의 찬미는 동료 존재들에 대하여 부당한 권력을 소유할 목적으로, 올바른 달성을 기꺼이 희생하는 방향, 그러한 잘못 생각하는 개인의 이기적 확대를 위하여 남을 착취하는 방향으로 기운다.

지혜조차도, 오직 그 규모가 우주를 담고 동기가 영적 성질이 있을 때, 신답고 안전하다.

다른 존재들한테서 자연스런 자유를 빼앗을 목적으로 그들에 대한 권력 행사를 갈망하려고, 지적 존재들을 유인하는 종류의 자기 기만(欺瞞)보다 더 큰 잘못은 없다. 인간의 공평을 찾는 황금률은 모든 그러한 사기(詐欺)·불공평·이기심·불의에 맞서 외친다. 오로지 참되고 진정한 자유가 사랑의 통치와 자비로운 봉사와 양립할 수 있다.

우주의 최상 통치자들이 이 의지의 특권과 성격의 잠재성을 자비롭게 존중하여 뒤로 물러서 있는데, 자유 의지를 가진 한 생물이, 어찌 감히 개인 자유의 이름을 빌려서 동료들의 권리를 침해하는가! 아무 존재도, 그가 개인의 자유라고 생각하는 것을 행사하면서, 창조자들이 수여하고, 충성하는 그 모든 동료와 부하와 백성이 마땅히 존중하는, 그 존재 특권을 어떤 다른 자한테서도 빼앗을 권리가 없다.

진화 인간은, 죄 많고 불의한 세계에서, 아니면 원시적인 진화하는 구체의 초기 시절에 물질적 자유를 얻기 위하여 독재자와 억압자들과 싸워야 할지 모르지만, 상물질 세계나 영(靈) 구체들에서는 그렇지 않다. 전쟁은 초기의 진화하는 인간이 물려받은 유산이지만, 전진하는 정상 문명을 가진 세계들에서, 종족의 오해를 조정하는 방법으로서, 물리적 전투는 신망을 잃은 지 오래다.

2. 자유를 도둑질하기

아들과 함께, 영 안에서, 하나님은 영원한 하보나를 설계했고, 그 뒤로 늘 창조에서 동등하게 참여하는—함께 나누는—영원한 형태가 생겼다. 이 나누는 형태는, 영원히 완전한 중앙 우주를 시간 속에서 복사(複寫)하는 시도를 비롯하려고 공간으로 나가는 하나님의 아들과 딸 모두를 위한, 주요 설계이다.

아버지의 뜻을 실행하는 포부를 가진 모든 진화 우주의 모든 생물은, 체험으로 완전을 달성하는 이 멋진 모험에서 시공 창조자들에게 협동하는 자가 되도록 운명이 정해져 있다. 이것이 참말이 아니라면, 아버지는 그러한 생물에게 창조적 자유 의지를 도저히 부여하지 않았을 터이고, 그가 그들 안에 깃들고, 실제로 자신의 영의 수단을 써서 그들과 협동 관계에 들어가지도 않을 것이다.

루시퍼의 어리석음은, 할 수 없는 일을 하려고 경험적 우주에서 시간을 피해 가려고 시도한 것이다. 루시퍼의 범죄는 사타니아에서 모든 성격자가 가진 창조 권리의 박탈을 시도한 것, 곧 개별적으로 또 집단으로 빛과 생명의 지위에 이르려고, 긴 진화적 투쟁에 생물이 몸소 참여하는—자유 의지로 참여하는—것을 승인받지 않고 단축한 것이었다. 그렇게 함으로써 너희 체계의 옛 군주는, 하나님의 뜻이 모든 성격 생물에게 자유 의지를 수여하심에서 나타난 바와 같이, 하나님의 뜻의 영원한 목적을 정면으로 거역하여, 자신의 뜻을 따라 현세의 목표를 세워 놓았다. 루시퍼 반란은 이처럼 사타니아 체계에서 승천자와 봉사자들의 자유 의지 선택을 가능한 최대한으로 침해하려고 위협하였다—이것은 완전하게 된 사타니아 체계로서 언젠가 존재할 기념비, 체험적 지혜를 기억하는 기념비를 천천히 세우는 일에, 이 존재들 하나하나로부터 무언가 개인적이고 독특한 것을 이바지하는 가슴 떨리는 체험을 영원히 빼앗는 위협이다. 이와 같이 맑은 이치에 비추어 볼 때, 루시퍼 선언문은 자유의 옷을 입고 가장(假裝)하면서, 개인의 자유를 훔치려고, 온 네바돈 역사에서 꼭 두 번만 접근한 규모로 그렇게 하려는 엄청난 위협으로서, 두드러진다.

간추려서 말하면, 하나님이 사람과 천사들에게 준 것을 루시퍼는 그들로부터 빼앗으려 했다. 그것은 바로 그들 자신의 운명, 그리고 사람 사는 세계들의 이 지역 체계 운명을 창조하는 데 참여하는, 신이 준 특권이다.

우주 전체에서 아무도, 참된 자유를 가진 어느 다른 존재로부터, 사랑하고 사랑을 받을 권리, 하나님을 예배하고 자기 동료들에게 봉사하는 특권을 빼앗을 정당한 자유가 없다.

3. 응보의 시간 지연

진화 세계들에서 도덕적 의지를 가진 생물은 온통 지혜로운 창조자들이 어째서 죄와 악을 허락하는가 하는, 생각 없는 질문에 반드시 시달린다. 그들은 생물이 참으로 자유롭게 되려면 이 두 가지가 불가피하다는 것을 이해하지 못한다. 진화하는 인간이나 아름다운 천사의 자유 의지는 단순한 철학 개념, 상징하는 이상(理想)이 아니다. 사람이 선이나 악을 택하는 능력은 하나의 우주 현실이다. 자신을 위하여 선택하는 이 자유는 최상 통치자들이 부여한 것이다. 어느 존재나 집단의 존재들이라도 넓은 우주에서 단 하나의 성격자한테서 신성하게 주어진 이 자유를 빼앗는 것을 그들은 허락하지 않을 것이다—잘못 이름지어진 이 개인의 자유를 누리는 데서 그러한 오도되고 무지한 존재들을 만족시키기 위해서도 그렇게 하지 않을 것이다.

의식해서, 마음을 다하여, 악(죄)과 이렇게 동일시하는 것은 비존재(소멸)와 맞먹지만, 죄와 몸소 그렇게 동일시하는 시간, 그리고 벌의 집행—그렇게 일부러 악을 품어서 생기는 자동 결과—사이에는 얼마큼 시간이 끼어야 된다. 이것은 그러한 개인의 우주 지위에 관하여, 모든 관계된 우주 성격자에게 온통 만족스럽고 아주 공평하고 정당해서, 죄지은 사람 자신으로부터 승인을 얻을 그런 판결을 허락하기에 충분히 긴 기간이다.

그러나 진리와 선(善)의 실체에 대항하는 이 우주 반역자가 그 판결을 승인하려 하지 않으면, 그 죄 있는 자가 선고(宣告)가 정당함을 마음 속에서 알아도 그렇게 고백하기를 거절하면, 그 선고의 집행은 옛적부터 늘 계신 이의 재량에 따라서 늦춰져야 한다. 옛적부터 늘 계신 이들은 행악자 및 모든 관계된 지지자와 가능한 동정자한테서 모든 도덕적 가치와 영적 실체가 절멸되기까지, 어떤 존재라도 소멸하기를 거절한다.

4. 자비의 시간 지연

놀라시아덱 별자리에서 얼마큼 설명하기 어려운 또 하나의 문제는, 체포되고 구금되고 판결되기 전까지 무척 오랫동안 불화(不和)를 일으키도록 루시퍼와 사탄과 타락한 영주들을 버려 두는 까닭에 관한 것이다.

아이들을 낳고 기른 부모들은 어째서 창조자 아버지 미가엘이 자신의 아들들을 책망하고 죽이는 데 더딜 수 있는가 더 잘 이해할 수 있다. 방탕한 아들에 관한 예수의 이야기는 사랑 많은 어느 아버지가 잘못하는 아이의 뉘우침을 어떻게 오래 기다릴 수 있는가 잘 보여 준다.

악을 행하는 생물이 실제로 그릇된 일을 선택할 수 있다—죄를 저지른다—는 바로 그 사실은 자유 의지가 사실임을 확증하며, 연장된 자비가 뉘우침과 회복으로 유도할까 싶으면, 응보를 집행하는 데 아무리 길게 지연되더라도 그것을 넉넉히 정당화한다.

루시퍼는 그가 추구했던 자유의 대부분을 이미 가졌다. 다른 것들은 미래에 받게 되어 있었다. 성급함에 무릎 꿇고, 자기가 지금 갈망하는 것을 소유하고, 온 우주를 구성하는 모든 다른 존재의 권리와 자유를 존중하는 의무를 다 무시하면서 그것을 소유하려는 욕구에 굴복함으로써, 이 모든 귀중한 재산이 사라져 버렸다. 윤리적 의무는 타고난 것이요, 신성하고, 보편적이다.

어째서 최상 통치자들이 루시퍼 반란의 주모자들을 즉시 소멸하거나 구금하지 않았는가, 우리에게 알려진 여러 까닭이 있다. 의심할 여지 없이, 우리에게 알려지지 않았지만 다른, 아마도 더 좋은 이유들이 있다. 응보의 집행에서 생긴 이 지연의 자비로운 모습은 네바돈의 미가엘이 친히 베푼 것이다. 이 창조자 아버지가 잘못하는 아들들을 사랑하지 않았더라면, 초우주에서 최상의 응보가 작용했을 것이다. 루시퍼 반란과 같은 사건이 미가엘이 유란시아에서 육신화된 동안에 네바돈에서 일어났더라면, 악을 선동하는 그런 자들은, 한 순간에, 아예 소멸되었을까 한다.

신의 자비로 제어되지 않았을 때, 최상의 응보는 한 순간에 작용할 수 있다. 그러나 시간과 공간의 아이들에게 자비를 베푸는 것은 언제나 이 시간 지연, 곧 씨뿌릴 때와 거두는 사이에, 이 유익한 틈을 마련해 준다. 씨뿌림이 선하면, 이 기간은 인격의 시험과 쌓아올림을 마련해 준다. 씨뿌림이 악하면, 이 자비로운 지연은 뉘우치고 바로잡을 시간을 마련해 준다. 행악자들을 판결하고 집행하는 데서 생기는 시간 지연(遲延)은 일곱 초우주의 자비로운 봉사에 본래부터 있다. 응보를 자비로 제어하는 것은 하나님이 사랑이라, 그러한 사랑의 하나님이 우주들을 지배하고 자비 속에서 모든 피조물의 운명과 심판을 통제한다는 것을 증명한다.

자비로운 시간 지연은 창조자들의 자유 의지 명령에 따른 것이다. 죄 많은 반역자들을 다루는 데서, 이 인내하는 기법으로부터 우주에서 선(善)을 얻게 되어 있다. 악을 골똘히 생각하고 실행하는 자에게는 악으로부터 선이 나올 수 없다는 것이 너무나 진실이지만, 하나님을 알고, 그의 뜻을 실행하기 좋아하고, 그의 영원한 계획과 신성한 목적에 따라서 파라다이스를 향하여 올라가고 있는 모든 존재에게는 (잠재하는 악과 드러난 악까지 포함해서) 모든 것이 합쳐서 선을 이룬다.

그러나 이 자비로운 지연이 끝없이 이어지지는 않는다. (유란시아에서 시간을 따지는 대로) 루시퍼 반란을 판결하는 데 시간이 오래 지연되었어도, 이 계시를 진행하는 동안에, 미결인 가브리엘 대 루시퍼 소송의 첫 청문회가 유버르사에서 열렸고, 그 뒤에 얼마 안 있어, 사탄을 그 때부터 루시퍼와 함께 감옥 세계에 가두어 두라고 지시하는, 옛적부터 늘 계신 이들의 명령이 내렸다. 이것은 사탄이 사타니아의 타락한 세계들 가운데 어디라도 더 찾아볼 수 없게 만든다. 자비가 지배하는 우주에서, 응보는 느린가 싶어도 확실하다.

5. 지연의 지혜

루시퍼와 그 동맹자들이 어째서 더 일찍 구금되거나 재판을 받지 않았는가, 이에 관하여 내가 아는 여러 이유 가운데, 나는 다음을 열거하도록 허락을 받았다:

1. 자비는 모든 범죄자가 자기의 악한 생각과 죄 많은 행위에 관하여 숙고해서 온전히 선택한 태도를 갖출 충분한 시간을 가지기를 요구한다.

2. 최상의 응보는 아버지의 사랑에 지배된다. 따라서 응보는 자비가 살릴 수 있는 것을 결코 죽이지 않는다. 구원을 받아들일 시간이 모든 행악자에게 허락된다.

3. 사랑이 많은 어떤 아버지도 결코 자기 집안에서 잘못하는 사람에게 벌을 내리는 데 조급하지 않다. 인내(忍耐)는 시간과 따로 작용할 수 없다.

4. 죄를 저지르는 것은 반드시 한 가족에게 해롭지만, 지혜와 사랑은 올바른 아이들에게 사랑 많은 아버지가 허락한 시간 동안에 잘못하는 형제를 참으라고 훈계하고, 그 동안에 죄지은 자는 제 길의 잘못을 깨닫고 구원을 받아들일지 모른다.

5. 루시퍼에 대한 미가엘의 태도에 상관 없이, 그가 루시퍼의 창조자 아버지이기는 해도, 배신한 체계 군주에게 즉결 사법권을 행사하는 것은 아들 창조자의 권한에 들어 있지 않다. 이는 그 때 그가 아직 자신을 수여하는 생애를 마치고 그로서 네바돈의 무제한 군주권을 얻지 않았기 때문이다.

6. 옛적부터 늘 계신 이들은 즉시 이 반역자들을 소멸시킬 수 있었지만, 그들은 충분한 의견을 듣지 않고 죄인들을 집행하는 일이 드물다. 이 경우에 그들은 미가엘의 결정을 뒤엎기를 거부했다.

7. 반역자들로부터 초연하게 남아 있고 반란이 자체를 말소(抹消)하는 자연스러운 과정을 밟도록 버려 두라고 이마누엘이 미가엘에게 조언했음이 확실하다. 늘 연합한 이의 슬기는 파라다이스 삼위 일체의 뭉친 슬기가 시간 속에 반영된 것이다.

8. 에덴시아에 계신 늘 충실한 이는 별자리 아버지들에게, 놀라시아덱의 지금 및 앞날의 모든 시민—모든 필사자, 상물질 또는 영 생물—의 마음 속에서 이 행악자들에 대한 모든 동정심이 더 빨리 뿌리 뽑히라고, 반역자들이 끝까지 자유로운 길을 가도록 버려 두라고 조언하였다.

9. 예루셈에서 오르본톤 최상 집행자의 개인 대표자는, 루시퍼 자유 선언에 관계된 여러 문제에서, 모든 살아 있는 피조물이 신중한 선택에 도달하도록 넉넉한 기회를 주라고 가브리엘에게 조언했다. 반란의 논점이 제기되었으니까, 모든 놀라시아덱 생물에게 충분하고 자유로운 그런 기회를 주지 않는다면, 마음이 반쯤 내키거나 의심에 빠진 모든 그러한 가능한 생물에 대하여, 파라다이스 검역이 별자리 전체에 자체의 보호 조치로서 연장될 것이라고, 가브리엘의 파라다이스 비상 조언자가 설명했다. 놀라시아덱의 생물에게 파라다이스로 올라가는 문을 계속 열어 놓기 위하여, 반란이 충분히 발전하도록 마련해 주고, 어떤 면에서도 그에 관련된 모든 존재의 편에서 태도를 완전히 결정하도록 보장하는 것이 필요했다.

10. 구원자별의 신성한 봉사자는 그의 세 번째 단독 선언으로서, 반역자들과 반란의 가증한 모습을 겨우 반만 치료하거나, 겁을 먹고 억압하거나, 아니면 감추려고 어떤 일도 하지 말라 지시하는 명령을 내렸다. 천사 무리는 죄와 악의 전염병을

완전히 최종으로 치료하는 가장 빠른 기법으로서, 완전히 노출하고 죄를 표현하도록 무제한의 기회를 주기 위하여 일하라고 지시를 받았다.

11. 막강한 사자는 비슷한 상황에서 몸소 체험을 겪은 영화롭게 된 필사자인데, 이들로 이루어진 예전의 필사자들의 긴급 회의가, 그 동료들과 함께 예루셈에서 조직되었다. 그들은 멋대로 하거나 약식(略式)으로 억압하는 방법을 시도한다면, 적어도 3배나 되는 존재들이 그릇된 길에 빠질 것이라고 가브리엘에게 조언했다. 결말을 보는 데 1백만 년이 걸린다 하더라도, 반란이 충분하고 자연스런 그 과정을 밟도록 버려 두라고 가브리엘에게 조언한 것에 유버르사 상담자 군단 전체가 찬성하였다.

12. 시간 속에 있는 우주에서도, 시간은 상대적이다. 보통 수명(壽命)을 가진 한 유란시아 필사자가 세계적 수라장을 일으키는 죄를 저지른다면, 그리고 죄를 저지른 지 이삼 일 안에 그가 체포되고, 재판받고, 집행되었다면, 그것이 너희에게 오랜 세월로 보이겠는가? 그래도 그것이, 지금 시작된 루시퍼의 재판이 유란시아 시간으로 10만 년 동안에 끝나지 않는다 하더라도, 루시퍼 생애의 길이에 더욱 가까운 비교가 될 것이다. 소송이 미결 상태로 있는 유버르사의 관점에서 본다면, 루시퍼의 범죄는 저지른 지 2초 반 안에 재판에 오르고 있다고 말해서, 상대적 시간의 경과를 나타낼 수 있다. 파라다이스 관점에서 보면, 그 재판은 그 범죄 행위와 동시에 일어난다.

임의로 루시퍼 반란을 멈추게 하지 않은 데에는, 너희가 부분적으로 이해할 수 있는 이유가 똑같은 수만큼 있다. 하지만 나는 입을 열도록 허락받지 않았다. 악이 그 자체가 도덕적으로 파산하고 영적으로 소멸하는 과정 전체를 밟도록 버려 두는 48 가지 이유를 우리가 유버르사에서 가르친다고 나는 너희에게 알려도 좋다. 내가 알지 못하는 똑같이 많은 이유가 더 있다는 것을 나는 의심하지 않는다.

6. 사랑의 승리

루시퍼 반란을 이해하려는 노력에서 진화하는 사람들이 무슨 어려움에 부닥치든지, 반역자들을 다루는 방법은 신의 사랑을 입증한다는 것이 돌이켜보는 모든 사람에게 뚜렷해야 한다. 반역자들에게 사랑으로 베푸는 자비는, 많은 죄 없는 존재를 재판과 시련에 말려들게 한 듯하다. 그러나 마음이 뒤흔들린 이 모든 성격자는 전적으로 지혜로운 재판관들이, 정의(正義) 뿐 아니라 자비 속에서 그들의 운명을 판결하리라는 것을 단단히 믿어도 좋다.

지적 존재들과 가지는 모든 거래에서, 아들 창조자와 파라다이스 아버지는 사랑에 지배된다. 신성(神性)이 인류와 가지는 모든 거래에서, 아버지인 하나님이 모든 다른 단계에 있는 신의 명시(明示)보다 우선한다는 것을 기억하지 않는다면, 반역자들과 반란—죄와 죄인들—에 대하여 우주 통치자들이 취하는 태도의 여러 단계를 이해하기 불가능하다. 파라다이스 아들 창조자들은 모두 자비에 마음이 움직인다는 것을 또한 상기해야 한다.

한 대가족에서 사랑 많은 아버지가 아이들 가운데 몹쓸 잘못을 저지른 죄가 있는 아이에게 자비를 보이기로 한다면, 행동거지가 나쁜 이 아이에게 자비를 베푸는 것은 품행이 바른 다른 자녀들 모두에게 일시 어려움을 줄 것은 당연하다. 그러한 결과는 피할 수 없다. 애정이 깊은 아버지가 있고 가족 집단의 한 사람이 되는 현실 상황으로부터, 그러한 위험은 분리할 수 없다. 한 가족의 구성원 각자는 모든 다른 구성원의 올바른 행위로부터 이득을 본다. 마찬가지로 각 구성원은 모든 다른 구성원의 비행(非行)이 직접 일으키는, 시간에 나타나는 결과로부터 고통을 받는다. 가족, 집단, 나라, 민족, 세계, 체계, 별자리, 우주들은 개성을 소유하는 결합 관계이다. 따라서 크건 작건, 그러한 어떤 집단이라도, 그 구성원이 모두, 관계된 집단의 모든 다른 구성원의 선행(善行)에서 생기는 이득을 거두고 그 악행의 결과를 받는다.

그러나 한 가지를 분명히 밝혀야 한다. 너희 가족의 어떤 구성원, 어떤 동료 시민, 또는 동료 필사자의 죄, 아니 그 체계나 다른 데서 있었던 반란의 악한 결과로부터 너희가 고통을 겪게 되었다면—너희 동료나 친구나 또는 상관들의 악행 때문에 너희가 무엇을 견디어야 하는가에 상관 없이—그러한 시련은 한때의 고통이라는 영원한 확신을 가지고 너희는 안심해도 좋다. 집단 속에서 이 비행이 형제에게 주는 결과 중에 아무 것도, 결코 너희의 영원한 전망을 위태롭게 하거나, 또는 조금이라도, 파라다이스로 올라가고 하나님에게 도달하는, 너희의 신성한 권리를 빼앗을 수 없다.

그리고 반란의 죄를 변함없이 뒤따르는, 이 시련과 지연과 실망에는 보상이 있다. 루시퍼 반란에서 가치 있고 이름지을 수 있는 많은 반향 가운데, 나는 오로지 필사 승천자들, 곧 예루셈 시민의 생애가 향상된 것에 주의를 불러일으키겠다. 그들은 죄의 궤변을 견딤으로, 앞날의 막강한 사자들, 곧 내 계급의 동료가 되는 줄에 자리를 차지했다. 그 악한 사건의 시험을 견딘 존재는 다, 그로서 즉시 그의 행정 지위를 향상하고 그의 영적 가치를 높였다.

처음에 루시퍼 동란은 체계와 우주에 대하여 수그러들 줄 모르는 재난처럼 보였다. 차츰 이익이 생기기 시작했다. 체계 시간으로 2만 5천 년 (유란시아 시간으로 2만 년)이 지나자, 멜기세덱들은 루시퍼의 어리석음으로부터 생긴 선은 이미 저질러진 악과 맞먹게 되었다고 가르치기 시작했다. 그 때까지 악의 총합은 거의 그대로였고, 오로지 어떤 고립된 세계들에서만 줄곧 늘어났는데, 한편 유익한 반향은 줄곧 불어나고, 우주와 초우주를 통해서, 아니 하보나까지 바깥으로 연장되었다. 멜기세덱들은 이제 사타니아 반란으로부터 생긴 선은 모든 악의 총합보다 1천 배가 넘는다고 가르친다.

그러나 악행(惡行)으로부터 거둔 특별하고 유익한 수확은 오로지, 에덴시아에 있는 별자리 아버지들로부터 파라다이스에 계신 우주의 아버지까지, 루시퍼 위에 계신 모든 분의 지혜롭고, 신답고, 자비로운 태도 때문에 생길 수 있다. 시간의 경과는 루시퍼의 어리석음으로부터 그 결과로 생길 선을 향상시켰다. 벌받아야 할 악이 비교적 짧은 시간 안에 충분히 개발되었으니까, 온통 지혜롭고 멀리 내다보는 우주 통치자들이 점점 더 유익한 수확을 거둘 시간을 확실히 연장시킬 것이 명백하다. 사타니아 반역자들의 체포와 재판을 늦추는 많은 추가되는 이유에 상관 없이, 이 한 가지 소득만 해도 어째서 이 죄지은 자들이 더 일찍 구금(拘禁)되지 않았고 어째서 그들이 재판받고 소멸되지 않았는가 설명하기에 충분했을 것이다.

근시안(近視眼)이고 시간에 묶여 있는 필사자의 지성은 우주 사무를 담당하는, 멀리 내다보고 온통 지혜로운 행정자들이 시간을 지체한다고 서둘러 비판해서는 안 된다.

이 문제들에 관하여 인간적 생각에서 한 가지 잘못은, 진화하는 혹성에서 진화하는 모든 필사자는, 죄가 그들의 세계를 저주하지 않았다면, 파라다이스 생애에 들어가려고 선택할 것이라는 관념에 있다. 살아남기를 거부하는 능력은 루시퍼 반란 시절로 거슬러 올라가지 않는다. 필사 인간은 파라다이스 생애에 관하여, 언제나 자유 의지로 선택하는 자질을 가지고 있었다.

너희는 살아남는 체험에서 올라감에 따라서, 너희의 우주 개념을 넓히고, 의미와 가치를 보는 시야를 넓힐 것이다. 그래서 너희는 어째서 루시퍼와 사탄 같은 존재들이 반란을 계속하도록 버려 두는가 더 잘 이해할 수 있을 것이다. 너희는 또한 시간에 제한된 악으로부터, 어떻게 (즉시 생기는 선은 아니라도) 궁극의 선을 얻을 수 있는가 더 잘 이해할 것이다. 너희는 파라다이스에 이른 뒤에, 상천사 철학자들이 우주를 조정하는 이 깊은 문제들을 토론하고 설명하는 것을 들을 때, 정말로 깨우침과 위로를 받을 것이다. 그러나 그 때에도, 너희가 자신의 머리 속에 충분히 만족할 것인지 나는 의심이 든다. 적어도, 내가 이처럼 우주 철학의 절정에 다다른 때에도, 나는 흐뭇하지 않았다. 초우주에서 행정 임무에 내가 배치되기까지, 나는 이 까다로운 일들을 충분히 이해하지 못했다. 나는 거기서 실제 체험을 겪음으로, 우주의 평등과 영적 철학에서 그러한 다방면의 문제들을 이해하기에 적절한 개념 능력을 얻었다. 너희가 파라다이스를 향하여 올라감에 따라서, 오직 늘어난 체험 능력을 얻은 뒤에, 그리고 향상된 영적 통찰력을 얻은 뒤에야 우주 행정에서 문제가 되는 여러 가지 모습이 겨우 이해될 수 있음을 너희는 더욱 배울 것이다. 우주 지혜는 우주의 상황을 이해하는 데 필수이다.

[한 막강한 사자가 발표하였다. 그는 시간 우주들에서 생긴 처음 체계 반란에서 체험을 거쳐 살아남았고, 지금 오르본톤 초우주에 속해 있으며, 구원자별의 가브리엘의 요청에 따라 이 문제에서 활동하였다.]

제 55 편

빛과 생명의 구체

빛과 생명의 시대는 시공의 한 세계에서 진화의 마지막 달성이다. 원시인의 초기 시절부터, 사람이 사는 그러한 세계는 이어지는 여러 혹성 시대—혹성 영주 이전(以前) 시대와 이후 시대, 아담 이후 시대, 아들 행정관 이후 시대, 수여 아들 이후 시대—를 거쳐 왔다. 그리고 나서 그러한 세계는 절정에 이르는 진화의 달성, 곧 빛과 생명의 안정된 지위를 위하여 준비된다. 이것은 신성한 진리와 우주 지혜의 계시, 항상 전진하는 계시를 가지고 삼위 일체 아들 교육자들의 이어지는 혹성 임무를 베풀어서 이루어진다. 이러한 노력에서 최종 혹성 시대를 확립하는 데 아들 교육자들은 찬란한 저녁별들의 도움, 그리고 때때로 멜기세덱들의 도움을 반드시 받는다.

삼위 일체 아들들의 최종 혹성 임무가 끝날 때, 그들은 이 빛과 생명의 시대를 개시하며, 이것은 사람 사는 세계에서 무기한으로 계속된다. 안정된 지위를 가진 진보하는 각 단계는, 아들 행정관들의 사법 행위에 따라서 일련의 섭리 시대로 분리될 수 있다. 그러나 모든 그러한 사법 행위는 순전히 절차상의 문제이며, 혹성 사건들의 과정을 하나도 수정하지 않는다.

오직 초우주의 주요 회로에서 존재를 얻는 혹성들에게, 계속 생존하는 것이 보장된다. 그러나 우리가 아는 한, 빛과 생명 속에 정착한 이 세계들은 모든 미래 시간의 영원한 시대를 통하여 죽, 계속하도록 예정되어 있다.

진화 세계에서 빛과 생명의 시대가 펼쳐지는 데는 일곱 단계가 있다. 이에 관련하여 영이 융합한 필사자의 세계들은 조절자가 융합한 시리즈 세계들과 동일한 노선을 따라서 진화한다는 것을 지적해야 한다. 빛과 생명의 이 일곱 단계는 다음과 같다:

1. 제1 단계, 혹성 단계.
2. 제2 단계, 체계 단계.
3. 제3 단계, 별자리 단계.
4. 제4 단계, 우주 단계.
5. 제5 단계, 소구역 단계.
6. 제6 단계, 대구역 단계.
7. 제7 단계, 초우주 단계.

전진하는 이 발전 단계는 우주 조직에 관계되는 그대로 이 이야기의 끝에 묘사된다. 그러나 어떤 단계라도, 그 혹성 가치는 다른 세계들의 발전이나 우주 행정에서 혹성을 초월하는 수준과 아주 상관 없이, 어떤 세계에서나 달성될 수 있다.

1. 상물질계 성전

사람 사는 한 세계의 서울에 상물질계 성전이 있는 것은 그러한 구체가 빛과 생명의 안정된 시대에 들어갔다는 증명서이다. 아들 교육자들의 최종 사명이 끝날 때, 한 세계를 떠나기 앞서, 그들은 진화의 달성에서 이 마지막 시기를 개시한다. 그들은 "거룩한 성전이 땅 위에 내려오는" 그 날에 주관한다. 빛과 생명의 시대가 밝아옴을 알리는 이 사건을 그 혹성의 파라다이스 수여 아들이 몸소 참석함으로 반드시 기념하며, 그는 이 큰 날을 구경하기 위하여 내려온다. 비할 데 없이 아름다운 이 성전에서, 거기서 이 파라다이스 수여 아들은 오래 있던 혹성 영주가 새 혹성 군주임을 선포하고, 그러한 충실한 라노난덱 아들에게 혹성 사무에 대하여 새로운 권력과 늘어난 권한을 부여한다. 체계 군주도 또한 참석하고 이 선포를 확인하는 말씀을 하신다.

상물질계 성전은 세 부분으로 되어 있다. 가장 가운데 있는 것은 파라다이스 수여 아들의 성역(聖域)이다. 오른편에는 왕년의 혹성 영주, 현재 혹성 군주의 자리가 있다. 그리고 성전에 계실 때, 이 라노난덱 아들은 그 영역에서 좀더 영적인 편에 있는 개인들의 눈에 보인다. 왼편에는 그 혹성에 소속된 최후자들의 임시 우두머리의 자리가 있다.

혹성의 성전이 "하늘로부터 내려온다"는 말이 있었지만, 실제로 아무런 실질적 물질이 체계 본부로부터 수송되지 않는다. 각 성전의 건축을 체계의 서울에서 축소형으로 만들어 보고, 나중에 상물질 동력 감독자들이 인가된 이 계획을 그 혹성으로 가져 온다. 여기서 그들은 물리 주통제자들과 제휴하여, 명세(明細)에 따라서 상물질계 성전의 건축을 진행한다.

보통의 상물질계 성전은 관객을 약 30만 명 앉힌다. 이 건축물은 예배나 경기를 위하여, 또는 방송을 수신하기 위하여 쓰이지 않는다. 이것은 혹성의 특별한 예식을 거행하는 데 바쳐진다. 예를 들면, 체계 군주나 최고자들과 가지는 통신, 영 존재들이 성격으로 계심을 드러내도록 고안된, 특별히 눈에 보이게 하는 예식, 그리고 고요히 우주를 명상하는 데 쓰인다. 우주 철학의 학교들은 여기서 졸업 연습을 거행하며, 여기서 또한 그 영역의 필사자들이 높이 사회에 봉사하는 업적, 그리고 다른 뛰어나는 성취 때문에 혹성의 인정을 받는다.

그러한 상물질계 성전은 또한 살아 있는 필사자들을 상물질 존재로 옮기는 것을 구경하는 집회 장소로서 쓰인다. 이것은 변신(變身)의 성전이 상물질계 물질로 구성되어 있어서, 신다운 조절자와 마지막 융합을 체험하는 그러한 필사자들의 육체를 아주 깨끗이 없애는, 다 태워 버리는 불의 타오르는 영광에 파괴되지 않기 때문이다. 큰 세계에서 이 작별의 불꽃은 거의 연속되며, 변신하는 수가 늘어남에 따라서, 상물질 생명의 종속 성당(聖堂)들이 그 혹성의 다른 지역에 마련된다. 아주 먼 북쪽의 어느 세계에 내가 머무른 지 오래지 않은데, 거기에는 상물질 성당 25채가 운영되고 있었다.

안정되기 이전의 세계, 상물질계 성전이 없는 혹성들에서는, 이 융합하는 섬광이 혹성의 대기(大氣)에서 여러 번 일어나며, 대기에서 중도인과 물리 통제자들이 변신할 후보자의 물질 몸을 들어올린다.

2. 죽음과 변신

자연스런 육체의 죽음은 필사자에게 불가피하지 않다. 상급의 진화 존재들, 곧 빛과 생명의 마지막 시기에 있는 세계에서 시민들의 대다수는 죽지 않는다. 그들은 육체를 입은 생명으로부터 바로 상물질 존재로 변화된다.

물질 생명으로부터 상물질 상태로 변화하는 이 체험—불멸의 혼이 그 깃드는 조절자와 융합하는 것—은 그 혹성이 진화로 진보하는 데 비례하여 빈도가 늘어난다. 처음에는 각 시대에 겨우 몇 명만 변신(變身)하는 수준의 영적 진보에 이른다. 그러나 아들 교육자들의 연속되는 시대가 열리면서, 진보하는 이 필사자들의 길어지는 생명이 끝나기 전에, 조절자 융합이 갈수록 더 일어난다. 아들 교육자들이 최종 임무로 오는 시절이 되어서는, 이 훌륭한 필사자들의 약 4분의 1이 자연사에서 제외된다.

빛과 생명의 시대로 더 깊숙이 들어가서, 중도인(中道人)이나 그 동료들은 혼과 조절자의 연합, 있음직한 연합이 다가오는 상태를 느끼고, 이를 운명 수호자들에게 알린다. 이들은 다시 이 문제를 이 필사자가 활동할까 싶은 관할 지역의 최후자 무리에게 통보한다. 그리고 나서 그러한 필사자가 모든 혹성 임무로부터 물러나고, 기원(起源) 세계에 작별을 알리고, 혹성 군주의 내부 성전으로 나아가며, 거기서 진화하는 물질 영토로부터 영(靈) 이전에 진보하는 상물질계 수준까지, 상물질계 이동, 곧 변신의 섬광을 기다리라고 혹성 군주의 호출장이 떨어진다.

그러한 융합 후보자의 가족, 친구들, 그리고 일하는 집단이 상물질계 성전에서 모였을 때, 그들은 융합 후보자들이 쉬고 있는 중앙 무대 둘레에 흩어져 있고, 그 동안에 모여든 친구들과 자유로이 이야기를 나눈다. "생명의 섬광"이 번쩍이는 순간에 나타나는 에너지의 작용으로부터 물질 필사자들을 보호하기 위하여, 사이에 낀 하늘 성격자들의 동그라미가 그어지는데, 이 섬광은 승천 후보자를 물질적 육체의 사슬로부터 구원하며, 그렇게 함으로써, 자연사(自然死)가 육체로부터 구원받는 자들에게 일으키는 모든 것을 그러한 진화하는 필사자에게 해 준다.

많은 융합(融合) 후보자가 한꺼번에 너른 성전에 모여도 좋다. 필사자들이 이처럼 그들이 아끼는 자들이 영의 불꽃 속에 올라가는 것을 구경하려고 모일 때, 그것은 얼마나 아름다운 기회인가, 필사자들이 죽은 자를 땅에 있는 원소(元素)들의 품에 넘겨야 했던 지난 시대와 얼마나 대조가 되는가! 인간의 진화에서 초기의 특징을 나타내는 장면, 눈물 흘리고 통곡하는 여러 장면은 사랑하던 자들에게 잠시 작별을 알릴 때 하나님을 아는 이 필사자들이, 타오르는 장려함과 올라가는 영광의 불, 영의 불로 말미암아 그들의 물질 관계로부터 제거됨에 따라서, 이제 절정에 이른 기쁨과 가장 숭고한 열심으로 바뀐다. 빛과 생명에 안주한 세계에서, "장례식"은 최고의 기쁨, 깊은 만족감, 말할 수 없는 희망이 생기는 행사이다.

진보하는 이 필사자들의 혼은 점점 더 믿음과 희망과 확신으로 채워진다. 변신의 성당 둘레에 모여든 자들을 채우는 정신은, 자기 집단에서 한 사람을 위하여 졸업식 연습에 모여들거나, 또는 그들 중 한 사람에게 어떤 큰 명예를 수여하는 것을 구경하려고 모일까 싶은, 즐거운 친구와 친척들의 정신과 비슷해진다. 진보가 덜된 필사자들이 바로 이렇게 명랑하고 쾌활함에 가까운 태도로 자연사를 보는 것을 배울 수만 있다면, 확실히 유익할 것이다.

필사 관찰자들은 융합하는 섬광이 있고 나서, 변화된 동료들의 그림자도 볼 수 없다. 그러한 변화된 혼들은 조절자가 이동함으로 적절한 상물질 훈련 세계의 부활실로 바로 나아간다. 살아 있는 인간들을 상물질 세계로 옮기는 데 관련된 이 거래는 그러한 세계가 처음으로 빛과 생명 속에 정착한 날, 거기에 배치된 한 천사장의 감독을 받는다.

한 세계가 빛과 생명의 제4 단계에 이를 때가 되어서는, 반이 넘는 필사자들이 살아 있는 자들 가운데서부터 변화되어 그 혹성을 떠난다. 그러한 죽음의 감소는 죽 계속되지만, 내가 알기에는, 생명 속에서 정착한 지 오래 되었어도, 육체의 사슬을 벗어나는 기법으로서 자연사(自然死)로부터 완전히 면제된, 사람 사는 그러한 세계를 가진 체계는 하나도 없다. 그러한 높은 상태로 혹성의 진화가 균일하게 도달되기까지, 지역 우주의 상물질 훈련 세계들은, 진화하는 상물질계 진보자들을 위하여 교육 및 문화 구체로서 줄곧 사용되어야 한다. 죽음의 제거는 이론으로 가능하지만, 내가 관찰한 바로, 그런 일은 아직 일어나지 않았다. 아마도 안정된 혹성 생명의 제7 단계를 뒤잇는 시대에, 까마득히 먼 날에 그러한 상태가 도달될까 싶다.

안정된 구체들에서 꽃피는 시대에 변화된 혼들은 저택 세계들을 거치지 않는다. 그들은 학생으로서, 체계나 별자리의 여러 상물질 세계에서 머무르지도 않는다. 그들은 상물질계 생명의 어떤 초기 단계도 거치지 않는다. 그들은 물질 존재로부터 준영(準靈) 지위로 상물질계에서 이동하는 것을 아주 거의 피하는, 승천 필사자일 뿐이다. 하늘 가는 생애에서 아들이 움켜잡은 그러한 필사자들의 초기 체험은 우주 본부의 진보 세계들에서 근무하는 것이었다. 구원자별의 이 연구 세계들로부터, 그들은 그냥 통과한 바로 그 세계들까지 선생으로서 돌아가며, 나중에는 필사자로 승천하는 확정된 경로를 거쳐서 안쪽으로 파라다이스까지 간다.

상급 발전 단계에 있는 한 혹성을 너희가 방문할 수만 있다면, 저택 세계와 상급 상물질 세계들에서 하늘 가는 필사자들을 차별해서 받아들이는 이유를 너희가 재빨리 파악할 것이다. 그렇게 높이 진화된 구체들로부터 온 존재, 그냥 지나치는 존재들은, 유란시아처럼 무질서하고 뒤떨어진 세계로부터 도착하는 보통 필사자보다 훨씬 앞서, 파라다이스 상승을 다시 시작하도록 준비된 것을 너희는 금방 알아차릴 것이다.

혹성에서 어떤 수준의 달성으로부터 인간들이 상물질 세계들로 올라가든지 상관없이, 일곱 저택 구체는 그들이 출생한 혹성의 상급 지위 때문에 거치지 못했던 모든 것을, 선생인 학생으로서, 체험으로 얻을 넉넉한 기회를 그들에게 허락한다.

어떤 승천자도 하늘 가는 체험에 꼭 필요한 아무 것도 빼앗기지 않을 것을 보장하려고 고안된 이 평준화 기법을 우주는 그르치는 일이 없이 적용한다.

3. 황금 시대

이 빛과 생명의 시대 동안에, 세계는 혹성 군주의 아버지다운 통치 밑에서 더욱 번영한다. 이 때가 되어서는 한 언어, 한 종교, 그리고 정상 구체들에서는 한 종족의 운동력에 힘입어, 세계들이 진보하고 있다. 그러나 이 시대는 완전하지 않다. 이 세계들은 아직도 잘 갖추어진 병원, 곧 아픈 자를 돌보기 위한 집들을 가지고 있다. 사고(事故)로 생긴 부상을 돌보는 문제, 늙음으로 인한 노망, 노쇠로 인한 여러 질환에 따르는 불가피한 허약의 문제들이 아직도 남아 있다. 병을 전부 정복하지는 않았고, 지상의 동물도 완전히 굴복시키지 않았다. 그러나 혹성 영주 이전 시대에, 원시인이 살던 초기 시절과 견주어서 그러한 세계들은 파라다이스와 같다. 너희는 그러한 나라를—이 발전 단계에 있는 한 혹성에 너희가 갑자기 수송될 수 있다면—지상 천국이라고 본능적으로 표현하려 할 것이다.

물질적 사무의 운영 면에, 인간의 정부는 상대적으로 진보하고 완전하게 되는 이 시대를 통하여 죽 계속하여 활동한다. 내가 최근에 방문한 세계, 빛과 생명의 첫 단계에 있는 한 세계에서 공공(公共) 활동은 십일조(十一租)의 방법으로 조달한다. 모든 어른 노동자는—멀쩡한 몸을 가진 모든 시민은 무슨 작업에서인가 일했는데—공공 재정에 그의 소득이나 증가분의 10퍼센트를 지불했고, 그것은 다음과 같이 쓰였다.

1. 3퍼센트는 진리—과학·교육·철학—을 증진하는 데 쓰였다.

2. 3퍼센트는 아름다움에—놀이, 사회의 여가, 예술에—바쳐졌다.

3. 3퍼센트는 선에—사회 봉사와 이타주의와 종교에—바쳐졌다.

4. 1퍼센트는 사고, 병, 노령, 또는 예방할 수 없는 재난으로부터 생기는 노동 불능의 위험에 대비한 보험 비축금에 할당되었다.

이 혹성의 자연 자원은 사회의 소유물, 공동체의 재산으로서 관리되었다.

이 세계에서 한 시민에게 수여되는 가장 높은 명예는 "최상의 봉사" 계급이었는데, 이것은 일찍이 상물질계 성전에서 준 유일한 등급의 공로(功勞) 인정이다. 이것은 초물질적 발견의 어떤 국면에서, 또는 혹성에서 사회에 봉사하는 데, 오랫동안 두각을 나타낸 자들에게 공로를 인정하는 것이다.

대다수의 사회 및 행정 직책을 남녀가 합동으로 차지했다. 대부분의 교육도 합동으로 행해졌다. 마찬가지로 모든 사법(司法)의 직무는 비슷한 결합된 쌍들이 수행하였다.

이 훌륭한 세계들에서 임신 기간은 크게 연장되지 않는다. 한 집안의 아이들 사이에 터울이 긴 것은 최선이 아니다. 나이가 비슷할 때, 아이들은 서로 훈련하는 데 훨씬 더 이바지할 수 있다. 이 세계들에서 아이들은 진리·아름다움·선을 통달하는 다양한 성취의 상급 분야와 부서에서, 치열하게 싸우는 경쟁 체계로 말미암아 훌륭하게 훈련을 받는다. 그러한 결코 두려워 말지니, 영화롭게 된 구체들도 실재하는 악과 잠재 악을 풍부하게 제시하며, 이것은 진리와 잘못, 선과 악, 죄와 정의 사이에 선택할 것을 자극한다.

그런데도 그러한 상급 진화 혹성에서 필사 존재에 붙는 어떤 불가피한 벌이 있다. 안정된 세계가 빛과 생명의 제3 단계를 지나서 진보할 때, 모든 승천자는, 소구역에 도달하기 전에, 초기 단계의 진화를 거치고 있는 혹성에서 일종의 일시 임무를 받도록 예정되어 있다.

연속되는 이 여러 시대는 각각 혹성에서 생기는 모든 단계의 달성에서 전진하는 성취이다. 빛의 초기 시대에 진리의 계시는 온 우주의 작용을 포함하도록 확대되었고, 한편 제2 시대에 신에 관한 연구는 아들 창조자들의 성품·임무·봉사·관계·기원·운명, 즉 칠중 하나님의 첫째 수준의 개념, 변화가 가득한 개념을 통달하려는 시도이다.

유란시아의 크기를 가진 혹성은, 상당히 잘 안정되었을 때, 약 1백 개의 하위 행정 중심을 가질 것이다. 다음 집단에서 자격을 갖춘 행정자들 가운데 하나가 이 하위 중심들을 주관한다:

1. 통치하는 아담과 이브에게 조수로서 행동하라고, 체계 본부로부터 데리고 온, 젊은 물질 아들과 딸.
2. 혹성 영주의 반물질 참모진이 낳은 자손. 이 책임과 기타 비슷한 책임을 위하여 어떤 세계들에서 출산된다.
3. 혹성에서 아담과 이브의 직계 자손.
4. 물질화되고 인간화된 중도인(中道人).
5. 자신의 간청이 있고 나서 우주의 수령 자격을 가진 성격화된 조절자의 명령에 따라서, 그 혹성에서 어떤 중요한 행정직에서 계속할 수 있도록, 변신으로부터 일시 면제된 필사자. 조절자와 융합하는 지위를 가진다.
6. 혹성의 여러 행정 학교에서 특별히 훈련받은 필사자. 그들은 상물질계 성전에서 최상의 서비스에 임하라는 명령도 또한 받았다.
7. 적절히 자격을 갖춘 시민 3명으로 이루어진 어떤 선출된 위원회. 때때로 혹성 영주의 지시에 따라서, 특별한 그 혹성 구역에서 필요한 어떤 분명한 과제를 성취하는 특별한 능력에 따라서, 시민이 가끔 그들을 뽑는다.

혹성의 높은 운명, 빛과 생명의 운명을 성취하는 문제에서 유란시아가 부닥치는 큰 장애물은 질병, 퇴화, 전쟁, 다색 인종, 잡다한 언어의 문제 안에 포함되어 있다.

어떤 진화 세계도 그 세계가 한 언어, 한 종교, 한 철학을 성취하기까지는 빛 속에 안정되는 첫째 단계를 넘어서 진보하기를 바랄 수 없다. 한 민족이 되는 것은 그러한 성취를 크게 수월하게 만들지만, 유란시아에 많은 민족은 더 높은 단계의 달성을 미리 배제하지는 않는다.

4. 행정의 재조정

안주해서 존재하는 연속된 단계에서, 사람 사는 세계들은 자원하는 최후 군단의 현명하고 공감하는 관리를 받으면서 놀랍게 진보하는데, 이들은 파라다이스에 도달한 승천자이고, 육체를 입고 사는 형제들을 보살피려고 돌아온 것이다. 이 최후자들은 삼위 일체 아들 교육자들과 협조하는 데 활발하지만, 상물질계 성전이 땅에 나타날 때까지 세상사에 정말로 참여를 시작하지 않는다.

최후 군단이 혹성에서 봉사하는 일이 정식으로 시작되고 나서, 대다수의 하늘 무리가 물러난다. 그러나 운명 수호 천사들은 빛 속에서 진보하는 필사자들에게 몸소 베푸는 봉사를 계속한다. 안주한 시대를 통하여 내내, 정말로 그런 천사들이 오는 수가 자꾸 늘어나는데, 이는 더욱 큰 무리의 인간들이 혹성에서 목숨을 잇는 동안에, 필사자가 달성하는 동등한 3급 우주 수준에 이르기 때문이다.

이것은 다만 이어지는 행정 조정의 첫 걸음일 뿐이다. 사람 사는 세계들이 첫째 단계로부터 일곱째 단계의 안정된 존재를 거치는 동안, 거기서 점점 더 눈부신 성취로 연속되는 시대가 펼쳐지는 데에 그런 조정이 뒤따른다.

1. 빛과 생명의 제1 단계. 세 통치자가 안정된 이 초기 단계에 있는 세계를 관리한다:

가. 혹성 군주는 상담해 주는 한 삼위 일체 아들 교육자에게서 직접 조언을 받도록 되어 있으며, 그는 그 혹성에서 활동하는 그런 아들들의 최종 집단의 우두머리일 가능성이 가장 높다.

나. 혹성 최후자 군단의 우두머리.

다. 아담과 이브. 이들은 영주나 군주, 그리고 최후자의 우두머리로 이루어진 2중 지도 체제를 통일하는 자로서, 합동으로 활동한다.

고귀하고 해방된 중도인(中道人)들이 수호 천사와 최후자들을 위하여 통역자로서 활동한다. 삼위 일체 아들 교육자들이 최종 임무에서 하는 마지막 행위 가운데 하나는 그 영역의 중도자들을 해방하고 혹성에서 상급 지위로 진급(또는 회복)시키고, 그들을 안정된 구체의 새 행정부에서 책임 있는 자리에 배치하는 것이다. 그 때까지 보이지 않던, 초기 아담 체제에 속한 이 사촌들을 필사자들이 식별하도록 만드는 그러한 변화는, 인간 시력의 범위 안에서 이미 이루어졌다. 이것은 물리 주통제자들의 확대된 혹성 기능과 연결하여, 자연 과학의 최종 발견으로 말미암아 가능하게 된다.

체계 군주는 안정된 제1 단계 뒤에, 생명 운반자와 물리 통제자들의 도움을 받아서 중도인들을 상물질계에서 인간화하도록 어느 때라도 해방시킬 권한이 있는데, 그들은 생각 조절자를 받은 뒤에, 파라다이스로 올라가는 길을 떠난다.

제3 단계에서, 그리고 그 후에, 최후자들을 위하여 주로 접촉하는 성격자로서 얼마큼의 중도자들이 아직 활동하고 있지만, 빛과 생명의 각 단계에 들어섬에 따라서, 새 계급의 연락 봉사자들이 중도자들을 대부분 갈아치운다. 그들 가운데 극소수가 빛의 넷째 단계를 지나서 남아 있다. 제7 단계는 어떤 우주 생물을 대신해서 봉사하도록 파라다이스로부터 첫 초한(超限) 봉사자들이 오는 것을 구경할 것이다.

2. 빛과 생명의 제2 단계. 필사 민족을 정화(淨化)하고 안정시키려는 연장된 노력에 관하여 혹성 통치자들에게 자원해서 조언자가 되는 한 생명 운반자가 도착함으로 세계들에서 이 시기의 시작을 알린다. 이처럼 생명 운반자들은—물리·사회·경제 면에서—인류의 연장된 진화에 적극 참여한다. 그리고 나서 지적, 철학적, 우주 및 영적 성품에서 열등한 잠재성을 가진, 뒤떨어지고 지속하는 잔재를 모조리 없앰으로 필사자의 혈통을 잇달아 정화하는 일에 그들은 감독하는 손길을 뻗는다. 사람이 사는 세계에서 생명을 고안하고 심는 자들은 물질 아들과 딸들에게 조언할 자격이 충분하며, 모든 해로운 영향을 가진 진화 민족을 없애는, 완전하고 도전받지 않는 권한을 가지고 있다.

제2 단계로부터 죽, 안정된 한 혹성의 경력을 통하여 내내, 아들 교육자들은 최후자들에게 조언자로서 봉사한다. 그러한 임무 중에, 그들은 배치받기 때문이 아니라, 자원자로서 근무한다. 체계 군주의 동의를 받고 나서, 혹성 아담과 이브에게 조언자로서 있어도 좋은 경우를 빼고, 그들은 순전히 최후자 군단과 함께 근무한다.

3. <u>빛과 생명의 제3 단계</u>. 이 시기에 사람 사는 세계들은 옛적부터 늘 계신 이들을 새로이 인식하기에 이른다. 이것은 칠중 하나님의 제2 단계이며, 이 초우주 통치자들의 대표들은 혹성 행정과 새로운 관계에 들어간다.

안주해서 존재하는 연속되는 시대마다 최후자들은 늘 확대되는 자격으로 활동한다. 최후자와 저녁별(초월 천사)과 삼위 일체 아들 교육자들 사이에는 가까운 기초적 연결이 존재한다.

이 시대나 다음 시대에, 봉사하는 영 사원조(四圓組)의 도움을 받아서, 한 아들 교육자가 선출되는 필사 최고 집행자에게 딸리게 되며, 그는 이제 세상사의 합동 행정자로서, 혹성 영주와 연결된다. 이 필사 최고 집행자들은 혹성 시간으로 25년 동안 근무하며, 이 새로운 발전은, 뒤따르는 시대에 오랜 세월에 걸쳐 배치되었던 세계로부터 혹성 아담과 이브의 해방을 수월하게 만든다.

봉사하는 영 사원조는 그 구체의 천사 우두머리, 초우주의 2품 천사 상담자, 번역 담당 천사장, 그리고 체계 본부에서 주둔하는 지정된 파수의 개인 대표로서 활동하는 전천사(全天使)로 구성되어 있다. 그러나 이 고문들은 요청을 받지 않으면, 결코 조언을 제공하지 않는다.

4. <u>빛과 생명의 제4 단계</u>. 세계들에서 삼위 일체 아들들이 새로운 역할로 출현한다. 자기 계급과 아주 오래 관련을 가졌던, 생물이 삼위 일체 체험으로 낳은 아들들의 도움을 받아서, 그들은 이제 혹성 군주와 그 동료들에게 자원하는 상담자와 조언자로서 세계들로 온다. 그러한 쌍—파라다이스 주민이나 하보나 주민이 삼자 일체 체험으로 낳은 아들, 그리고 승천자가 삼자 일체 체험으로 낳은 아들—들은 혹성의 통치자들에게 상당히 쓸모 있는, 차이 나는 우주 관점과 다채로운 개인 체험을 대표한다.

이 시대 후에 어느 때라도, 혹성 아담과 이브는 파라다이스로 상승을 시작하려고 군주 아들 창조자에게 혹성 임무로부터 해방되기를 간청할 수 있다. 아니면 그들은 그 혹성에서, 새로 출현하는 계급의 더욱 영적인 사회의 지도자로서 그 혹성에 남아 있을 수 있다. 이 사회는 찬란한 저녁별들이 묘사한, 최후자들의 철학적 가르침을 이해하려고 애쓰는 상급 필사자들로 구성되어 있고, 찬란한 저녁별들은 초우주의 본부로부터 온 2품 천사들과 쌍을 이루어 공동으로 일하려고 이 세계들에 배치된다.

최후자들은 사회의 새로운 초물질 활동—사회 활동, 문화 활동, 철학 활동, 우주 활동, 영적 활동—을 개시하는 데 주로 종사한다. 우리가 식별할 수 있는 한, 그들은 진화로 안정된 제7 시기까지 깊숙이 들어가서 이 봉사를 계속할 터이고, 그때 아마도 그들은 외계 공간에서 봉사하려고 나갈지 모른다. 그리고 나서 파라다이스로부터 온 초한(超限) 존재들이 그들의 자리를 차지할지 모른다고 우리는 짐작한다.

5. <u>빛과 생명의 제5 단계</u>. 안주해서 존재하는 이 단계의 조정은 거의 전적으로 물리적 영토에 관한 것이며, 물리 주통제자들의 주요한 관심거리이다.

6. <u>빛과 생명의 제6 단계</u>는 그 영역에서 지성 회로의 새로운 기능이 발전함을 구경한다. 우주의 지혜는 지성이 베푸는 우주 봉사를 구성하게 되는 듯하다.

7. <u>빛과 생명의 제7 단계</u>. 제7 시기에 일찍, 혹성 군주에게 조언하는 삼위 일체 교육자는 옛적부터 늘 계신 이들이 보낸, 자원하는 조언자와 합세한다. 나중에 그

들은 초우주의 최상 집행자로부터 오는 셋째 상담자를 맞이하여 확대될 것이다.

이 시기보다 앞이나 이 시기에, 아담과 이브는 반드시 혹성 임무로부터 해방된다. 최후자 군단에 물질 아들이 하나 있으면, 그는 필사 최고 집행자와 연결될지도 모르고, 때로는 멜기세덱이 이 자격으로 활동하겠다고 자원한다. 중도자가 최후자들 사이에 있으면, 혹성에 남아 있는 그 계급 모두가 즉시 해방된다.

오랜 세월에 걸친 임무로부터 해방을 얻고 나서, 혹성 아담과 이브는 다음과 같은 생애를 골라도 좋다:

1. 그들은 혹성으로부터 풀려날 수 있고, 우주 본부로부터 즉시 파라다이스 생애를 시작하고, 상물질계 체험이 끝날 때 생각 조절자를 받는다.

2. 아주 흔히 혹성 아담과 이브는 빛 속에 정착한 세계에서 아직 근무하는 동안 조절자를 받을 것이다. 이것은 혹성 근무를 한 시절 동안 자원한, 수입(輸入)된 순수 혈통의 아이들 가운데 더러가 조절자들을 받는 것과 동시에 일어난다. 그 뒤에 그들은 모두 우주 본부로 가서, 거기서 파라다이스 생애를 시작할지도 모른다.

3. 혹성 아담과 이브는—체계 본부로부터 온 물질 아들과 딸들이 하는 것처럼—잠시 머무르기 위해서 미초한(未超限) 세계로 직접 가기를 선택해도 좋고, 거기서 조절자를 받는다.

4. 그들은 체계 본부로 돌아가서, 거기서 한동안 최고 법정에서 자리를 차지하려고 결정해도 좋다. 이 근무가 있은 뒤에 조절자를 받고 파라다이스 상승을 시작할 것이다.

5. 행정 직무로부터 그들이 태어난 세계로 한 철 동안 선생으로서 근무하기를 선택해도 좋으며, 그들은 우주 본부로 이동할 때 조절자의 깃드심을 받게 된다.

이 시기를 통하여 내내, 수입된 보조하는 물질 아들과 딸들은 진보하는 사회 및 경제 체제에 엄청난 영향을 미친다. 적어도 그들이 인간화하고, 조절자를 받고, 파라다이스를 향하여 떠날 때까지, 그들은 불멸의 잠재성을 가지고 있다.

진화 세계에서 한 존재는 생각 조절자를 받기 위해서 인간화해야 한다. 세라핌들을 빼고, 필사 최후자 군단의 승천하는 회원들은 모두 조절자의 깃드심을 받고 융합했고, 이 군단에 소집될 때 또 다른 영으로 말미암아 아버지의 깃드심을 받았다.

5. 물질적 발달의 절정

유란시아처럼 죄에 휩쓸리고 악에 지배되고, 자아를 추구하는 고립된 세계에서 사는 필사 인간은, 죄 없는 구체에서 이 상급 진화 시기의 특징을 나타내는 물리적 완전, 지적 달성, 영적 발전을 도저히 상상할 수 없다.

빛과 생명에 정착한 세계의 상급 단계는 진화해서 물질적으로 발전하는 정점을 대표한다. 문화가 있는 이 세계에서, 초기의 원시 시대의 게으름과 마찰은 지나갔다. 빈곤과 사회의 불평등은 거의 사라져 버렸고 퇴화는 없어졌으며, 비행(非行)을 보는 일은 드물다. 정신 이상(異常)은 거의 존재를 그쳤고, 정신 박약은 드문 일이다.

이 세계들의 경제·사회·행정의 지위는 높고 완전하게 된 체제이다. 과학·예술·

산업이 번성하고, 사회는 높은 물질적·지적·문화적 업적을 이룬 순조롭게 움직이는 기계이다. 산업은 대체로 그러한 훌륭한 문명의 상급 목표에 봉사하는 길로 전환된다. 그러한 세계의 경제 생활은 윤리가 있게 되었다.

전쟁은 지나간 역사의 문제가 되어 버렸고, 이제는 더 군대나 경찰이 없다. 정부는 차츰차츰 사라지고 있다. 자제(自制)는 인간이 만든 법령을 천천히 쓸모 없게 만들고 있다. 국가 정부와 법적 규제의 범위는, 전진하는 문명의 중간 상태에서 시민의 도덕과 영성(靈性)에 반비례한다.

학교들은 널리 개선되고, 지성을 훈련하고 혼을 키우는 데 바쳐진다. 예술의 중심들은 아름답고 음악 단체들은 훌륭하다. 예배하는 성전들은 관련된 철학 및 체험적 종교 학교들과 함께, 아름답고 웅장한 작품이다. 예배하는 집회가 열리는 야외 무대는 그 예술적 치장의 단순함이 똑같이 숭고하다.

경쟁하는 놀이, 유머, 그리고 다른 단계의 개인 및 집단의 성취를 위한 시설은 충분하고 적당하다. 높은 문화를 가진 그러한 세계에서 경쟁 활동의 특별한 모습은 과학과 우주론의 철학에서 뛰어나려는, 개인 및 집단의 노력에 관계된다. 문학과 웅변이 번창하고, 말은 생각을 표현할 뿐 아니라 개념을 상징하도록 무척 좋아진다. 생활은 상쾌하게도 단순하다. 마침내 사람은 높은 상태의 기계 발전을 영감을 불러일으키는 지적 달성과 조정하였고, 아름다운 영적 성취로서 이 두 가지를 뛰어넘었다. 행복의 추구는 기쁘고 흐뭇한 체험이다.

6. 개별 필사자

세계들이 빛과 생명의 안정된 상태에서 나아감에 따라서, 사회는 점점 더 평화롭게 된다. 개인은 그에 못지 않게 독립성이 있고 자기 가족에 헌신하지만, 이타심과 형제다움이 늘어났다.

유란시아에서, 너희 있는 그대로, 완전하게 된 이 세계들에서 깨우친 민족들의 상급 지위와 진보된 성품을 너희는 거의 이해할 수 없다. 이 민족들은 진화 민족들이 만발한 것이다. 그러나 그러한 존재들은 아직도 필사이며, 계속 숨쉬고, 먹고, 자고, 마신다. 이 위대한 진화는 하늘은 아니라도, 파라다이스로 올라가는 신성한 세계들을 가리키는 숭고한 전조(前兆)이다.

정상 세계에서 필사 민족의 생물학적 건강은 아담 이후 시기에, 높은 수준에 이른 지 오래 되었다. 이제, 안정된 여러 시대 전체를 통해서, 한 시대에서 다음 시대로 사람의 몸의 진화는 계속된다. 시력(視力)과 청력이 모두 연장된다. 이제야 인구는 변동이 없다. 번식은 혹성의 요구 조건과 타고난 유전 자질에 따라서 규제를 받는다: 이 시대에 있는 한 혹성의 필사자들은 5에서 10 집단으로 나누어지며, 하급 집단은 상급 집단이 낳는 수의 겨우 반만큼 생산하도록 허락된다. 빛과 생명의 시대를 통하여 죽, 그러한 훌륭한 종족의 계속된 개선은 대체로, 사회적 성품, 철학적 성품, 우주 성품, 영적 성품의 우수한 질을 나타내는 그러한 종족 핏줄을 선택해서 번식시키는 문제이다.

이전의 진화 시대에서처럼 조절자들이 자꾸 오며, 시기들이 지남에 따라서, 이 필사자들은 깃드는 아버지 분신(分身)과 점점 더 교통할 수 있다. 싹트는 영(靈)

이전의 발전 단계에는, 보조하는 지성 영들이 아직도 활동하고 있다. 성령과 천사들이 베푸는 봉사는, 안정된 생명의 이어지는 시기들을 거침에 따라서, 더욱 효과있게 된다. 빛과 생명의 제4 단계에서, 상급 필사자들은 초우주를 관할하는 으뜸영의 영 계심과 의식해서 접촉하는 것을 상당히 체험하는 듯하다. 한편 그러한 세계의 철학은 최상위 하나님의 새로운 계시를 이해하려는 시도에 집중된다. 이 상급 지위를 가진 혹성에서, 인간 거주자들 가운데 반이 넘게, 살아 있는 자들 가운데에서 상물질 상태로 변신하는 것을 체험한다. 과연 그러하니, "낡은 것들이 지나가고 있으니, 보라, 만물이 새롭게 되고 있도다."

빛과 생명의 시대에 제5 시기 끝이 되어서는 신체의 진화가 충분한 발달에 이르렀으리라 우리는 상상한다. 진화하는 인간 지성과 결합된 영적 발전의 상한(上限)은 상물질 가치와 우주 의미를 함께 지닌 조절자 융합 수준에 따라서 결정되는 것을 우리는 관찰한다. 그러나 지혜에 관하여 말하면, 정말로 모르지만, 지성의 진화와 지혜의 도달에는 결코 한계가 있을 수 없다고 우리는 추측한다. 제7 단계의 세계에서, 지혜는 물질 잠재성을 소모하고 상지혜 통찰력에 발을 들여 놓을 수 있고, 궁극에는 초한의 위대함을 맛보기까지도 할 수 있다.

높이 진화되고 오랜 이 제7 단계에 있는 세계에서, 우리는 인간들이 변신하기 전에 지역 우주 언어를 충분히 배우는 것을 관찰한다. 아반돈터들이 나이 든 필사자들에게 초우주의 말을 가르치고 있는, 아주 오래 된 몇몇 혹성을 나는 찾아본 적이 있다. 그리고 이 세계들에서, 초한 성격자들이 상물질계 성전에서 최후자들의 풍채를 드러내는 기법을 본 적이 있다.

이것이 진화 세계에서 필사자가 분투하는 훌륭한 목표에 관한 이야기이다. 그리고 인간들이 상물질계 생애에 들어가기도 전에 이것이 다 일어난다. 사람 사는 세계들에서 물질 필사자들은 이 모든 찬란한 발전을 이룩할 수 있으며, 그 세계들은 파라다이스로 올라가고 신성에 도달하는, 끝없고 이해할 수 없는 그 생애에서 바로 첫 단계이다.

그러나 안정된 빛과 생명의 제7 시기에 오래 존재한 세계들로부터 어떤 종류의 진화하는 필사자들이 지금 출현하는가 너희가 과연 상상할 수 있을까? 자기의 승천 생애를 시작하려고, 지역 우주의 상물질 세계들로 계속 가는 것은 이와 같은 존재들이다.

어수선한 유란시아 필사자들이 빛과 생명 속에 오랫동안 안정된, 이 상급 세계들 가운데 하나를 구경할 수만 있다면, 결코 다시 진화로 창조하는 계획의 지혜로움에 관하여 의문을 더 가지지 않을 것이다. 생물이 영원히 진보하는 앞날이 없더라도, 성취를 완전히 이룬 그러한 안정된 세계에서 사는 필사 민족들이 훌륭하게 진화로 달성한 것은 시공 세계들에서 사람을 창조한 것을 여전히 정당화하고 남을 것이다.

우리는 가끔 숙고해 본다: 대우주가 빛과 생명 속에서 안정된다고 하면, 하늘가는 아름다운 필사자들은 여전히 최후 군단으로 가도록 운명이 정해질 것인가? 그러나 우리는 모른다.

7. 제1 단계, 혹성 단계

이 시기는 새 혹성 본부에서 상물질 성전이 출현하는 때부터, 체계 전체가 빛과 생명 속에 정착할 때까지 연장된다. 삼위 일체 아들 교육자들이, 그들의 연속된 세계 임무가 끝날 때 이 시대를 개시하는데, 그 때 그 구체의 파라다이스 수여 아들의 명령에 따라서, 그가 몸소 참석함으로, 혹성 영주는 혹성 군주의 지위로 승급된다. 그와 동시에, 최후자들은 혹성의 사무에 활발하게 참여하기 시작한다.

바깥으로 눈에 보이게 나타나는 모습으로 보면, 빛과 생명 속에 안정된 그러한 세계의 실제 통치자나 지휘자들은 물질 아들과 딸, 곧 혹성의 아담과 이브이다. 최후자들은 불가시(不可視)하며, 상물질 성전에 있을 때를 제외하고 영주나 군주도 마찬가지이다. 그러니까 혹성 체제의 실제 우두머리, 글자 그대로 우두머리는 물질 아들과 딸이다. 우주 영역에 두루, 왕과 여왕의 관념에 위신을 준 것은 이 조치에 관한 지식 때문이다. 이 이상적 상황에서 왕과 여왕은 큰 성공이다. 그런 경우에 한 세계는 그러한 높은 성격자들을, 더 높지만 눈에 보이지 않는 통치자들을 위하여 행동하도록 명령할 수 있다.

너희 세계에서 그러한 시대가 도달되었을 때, 의심할 여지 없이, 지금 유란시아의 혹성 영주 대관, 마키벤타 멜기세덱은 혹성 군주의 자리를 차지할 것이다. 놀라시아덱 최고자들의 피보호자로서 에덴시아에 지금 붙잡혀 있는 유란시아 아담과 이브의 한 아들과 딸이 그를 동반하리라고 예루셈에서 오랫동안 추측해 왔다. 아담의 이 아이들은 멜기세덱 군주와 손잡고 그렇게 유란시아에서 근무할지 모르는데, 이는 에덴시아로 이동할 준비를 위하여 유란시아에서 물질 몸을 버릴 때, 거의 37,000년 전에, 그들이 번식 능력을 빼앗겼기 때문이다.

정착된 이 시대는 그 체계에서 사람 사는 세계들이 모조리 안정된 시대에 이를 때까지 이어지고, 또 이어진다. 그리고 나서, 가장 나이 어린 세계가—빛과 생명을 마지막으로 이룩하는 세계가—체계 시간으로 1천 년 동안 그러한 안정을 겪었을 때, 그 체계 전체가 안정된 상태로 들어가며, 개별 세계는 빛과 생명 시대의 체계 시기로 진입하게 된다.

8. 제2 단계, 체계 단계

한 체계 전부가 생명 안에서 안정될 때, 새로운 체제의 정부가 개시된다. 혹성 군주들은 체계 회의의 구성원이 되며, 이 새 행정부는 최상의 권한을 가지고 있지만, 별자리 아버지들의 거부권에 지배를 받는다. 사람 사는 세계들의 그러한 체계는 실질적으로 자치한다. 체계의 입법 집회는 본부 세계에서 구성되며, 각 혹성은 거기에 대표를 10명 보낸다. 재판소들이 이제 체계들의 서울에 설립되고, 오로지 상소(上訴)만 우주 본부에 넘겨진다.

체계가 안정되면서, 지정된 파수, 곧 초우주 최상 집행자의 대표는 체계의 최고 법정에 자원해서 조언자가 되고, 새로운 입법 집회를 실제로 주관하는 관리가 된다.

한 체계 전부가 빛과 생명 속에 정착한 뒤에, 체계 군주들은 이제 더 바뀌지 않는다. 그러한 군주는 체계의 우두머리로서 영구히 남는다. 조군주(助君主)들은 이전 시대에서 하던 것처럼 계속해서 바뀐다.

안정된 이 시기에, 처음으로 미초한자(未超限者)들이 입법 집회에 상담자로서, 그리고 재판하는 법정에게 조언자로서 행동하려고, 그들이 머무르는 우주의 본부 세계들로부터 온다. 이 미초한자들은 또한 최후자들과 함께 합동으로 후원하는 교육 사업에, 최상의 가치를 가진 새로운 상지혜 의미를 불어넣도록, 어떤 노력을 계속한다. 물질 아들들이 필사 민족들을 위하여 생물학 면에서 행한 것을 이제 미초한 생물이 늘 진보하는 철학과 영답게 변화된 생각의 영역에서, 뭉치고 영화롭게 된 이 인간들을 위하여 행한다.

사람 사는 세계들에서 아들 교육자들은 자원해서 최후자들과 공동으로 일하게 된다. 그리고 바로 이 아들 교육자들은 또한, 한 체계 전체가 빛과 생명 속에 안정된 뒤에, 그 구체들이 더 이상 구별하는 접대 세계로 이용되지 않을 때, 저택 세계들까지 최후자들을 동반한다. 그 별자리 전체가 이처럼 진화할 때가 되어서는 적어도 이것이 참말이다. 그러나 네바돈에는 그만큼 진급한 집단이 없다.

우리는 다시 봉헌된 그러한 저택 세계들을 감독할 최후자들이 하는 일의 성질을 밝히도록 허락을 받지 않았다. 그러나 우주에 두루, 이 여러 이야기에서 묘사되지 않은, 여러 부류의 지적 생물이 있다고 너희는 들어 왔다.

이제, 체계들이 그 구성 세계들이 진보하는 덕분으로 하나하나 빛 속에서 안정됨에 따라서, 한 주어진 별자리에서 마지막 체계가 안정을 얻을 때가 온다. 최고자들이, 안정된 1백 체계의 사람 사는 세계들로 이루어진, 새로 완전하게 된 집단의 무제한 통치자라고 선포하려고, 우주 행정자들이—주 아들, 늘 연합한 이, 밝은 새벽별이—별자리의 서울에 도착한다.

9. 제3 단계, 별자리 단계

안정된 체계들로 이루어진 한 별자리 전체가 통일되면 집행 권한을 새로이 분배하고 추가로 우주 행정을 조정하는 일이 뒤따른다. 이 시기는 사람 사는 모든 세계에서 상급의 달성을 구경하지만, 체계의 감독 및 지역 우주 정부와 가지는 관계를 현저하게 조정함과 아울러, 특별히 별자리 본부에서 재조정이 생기는 특징을 가진다. 이 시대에 많은 별자리 및 우주의 활동은 체계의 서울로 옮겨지며, 초우주 대표자들은 혹성, 체계 및 우주 통치자들과 새롭고 더욱 밀접한 관계에 들어간다. 이 새로운 교제와 동시에, 어떤 초우주 행정자들은 별자리의 서울에서, 최고 아버지들에게 자원하는 봉사자로서 자리를 잡는다.

한 별자리가 이처럼 빛 속에 안정될 때, 입법 기능이 정지되며, 최고자들이 주관하는 체계 군주들의 하원(下院)이 대신 활동한다. 이제, 처음으로, 그러한 행정 집단들이 하보나 및 파라다이스 관계에 관한 문제에서, 초우주 정부를 직접 상대한다. 이밖에 별자리는 지역 우주에 전과 같이 관련된다. 안정된 생명에서 한 단계로부터 다른 단계로, 일생자들은 별자리의 상물질 세계들에 대하여 계속 봉사를 베푼다.

시대가 지나감에 따라서, 별자리 아버지들은 예전에 우주 본부에 집중되었던, 자세한 행정이나 감독하는 기능을 더욱 떠맡는다. 안정기의 제6 단계에 이를 때까지, 통일된 이 별자리들은 거의 완벽한 자치 상태에 이르렀을 것이다. 안정기의 제7 단계에 들어갈 때가 되어서는, 의심할 여지 없이, 자기 이름 최고자가 가리키는 참된 위엄으로 이 통치자들이 높아짐을 구경할 것이다. 모든 의도와 목적에서 볼 때, 별자리들은 그 때 초우주 통치자들과 직접 상대하며, 한편 지역 우주 정부는 새로운 대우주 의무를 가진 책임을 확보하려고 확대될 것이다.

10. 제4 단계, 지역 우주 단계

한 우주는 빛과 생명 속에 정착하게 될 때, 곧 확정된 초우주 회로 속으로 던져지며, 옛적부터 늘 계신 이들은 무제한 권한을 가진 최고 회의가 확립됨을 선포한다. 이 새로운 통치 기구는 늘 충실한 이 1백 명으로 이루어져 있고, 늘 연합한 이가 이것을 주관한다. 이 최고 회의의 첫 행위는 주 아들 창조자의 계속된 군주권을 인정하는 것이다.

가브리엘과 아버지 멜기세덱이 관계된 한, 우주 행정은 별로 바뀌지 않는다. 무제한 권한을 가진 이 회의는 빛과 생명의 상급 지위에서 생기는 새로운 문제와 새로운 조건에 주로 관여한다.

부검열자는 이제 지역 우주의 안정 군단을 구성하려고 모든 지정된 파수를 동원하며, 아버지 멜기세덱에게 그 감독을 자기와 나누어서 할 것을 요청한다. 그리고 이제, 처음으로, 영감 받은 삼위 일체 영들의 군단이 늘 연합한 이의 근무에 배치된다.

한 지역 우주 전체가 빛과 생명 속에 정착하는 것은 행정 계획 전체에서, 사람사는 개별 세계들로부터 우주 본부에 이르기까지, 깊은 재조정을 시작하게 한다. 새로운 관계가 아래로 별자리와 체계들까지 연장된다. 지역 우주의 어머니 영은 초우주의 으뜸 영과 새로운 연락 관계를 체험하며, 주 아들이 본부 세계에서 자리를 비울 때, 그렇게 되는 동안에 효력을 가지도록 가브리엘은 옛적부터 늘 계신 이들과 바로 접촉을 가진다.

이 시대와 뒤잇는 시대에, 아들 행정관들은 섭리 시대의 재판자로서 줄곧 활동하며, 한편 이 파라다이스 아보날 아들 1백 명은 우주 서울에서 밝은 새벽별의 새 최고 회의를 구성한다. 나중에, 체계 군주들의 요청에 따라서, 이 아들 행정관들 가운데 하나가, 제7 단계의 통일이 이루어질 때까지, 각 지역 체계의 본부 세계에서 주둔하는 최상 조언자가 될 것이다.

이 시기에 삼위 일체 아들 교육자들은 혹성 군주들에게 자원하는 조언자일 뿐 아니라, 3명씩 무리를 지어 별자리 아버지들에게 비슷하게 봉사한다. 마침내 이 아들들은 지역 우주에서 그들의 자리를 찾는데, 왜냐하면 이 때 그들이 지역 창조의 관할로부터 옮겨지고 무제한 권한을 가진 최고 회의(會議)의 근무로 배치되기 때문이다.

최후자 군단은 이제, 처음으로, 파라다이스 바깥의 권한, 곧 최고 회의의 관할권을 인정한다. 이제까지 최후자들은 파라다이스 이쪽에서 아무런 감독을 인정하지 않았다.

그러한 안정된 우주의 아들 창조자는 파라다이스 및 관계된 세계들에서, 그리고 지역 창조 전역에서 근무하는 수많은 최후자 집단과 상담하는 데 시간을 많이 보낸다. 이 방법으로 인간 미가엘은 영화롭게 된 최후자인 필사자들과 더욱 충만한 친교 관계를 발견할 것이다.

지금 예비로 집합하는 과정에 있는 외계(外界)의 우주들과 연관하여, 이 아들 창조자들이 할 역할에 관한 추측은 완전히 무익하다. 우리는 모두 때때로 그러한 가상(假想)에 빠진다. 이 제4 발전 단계에 이르고 나서, 아들 창조자는 행정 면에서 자유롭게 된다. 신성한 봉사자는 그의 봉사를 초우주의 으뜸 영 및 무한한 영의 봉사와 점진적으로 섞는다. 아들 창조자, 창조 영, 저녁별들, 아들 교육자들, 그리고 언제나 늘어나는 최후자 군단 사이에 새롭고 숭고한 관계가 생성되는 듯하다.

미가엘이 네바돈을 언제라도 떠난다면, 의심할 여지 없이 가브리엘은 최고 행정자가 되고, 아버지 멜기세덱은 그의 동료가 될 것이다. 동시에, 물질 아들, 일생자(一生者), 미초한자, 수사시아, 영 융합 필사자들과 같은, 모든 계급의 영구 시민에게 새로운 지위가 주어질 것이다. 그러나 진화가 계속되는 한, 세라핌과 천사장들은 우주 행정에서 필요할 것이다.

그러나 우리의 추측에서 우리는 두 가지 면에 만족한다. 아들 창조자들이 외계 우주들로 가도록 정해져 있다면, 의심할 여지 없이 신성한 봉사자들이 그들을 따라갈 것이다. 우리는 멜기세덱들이 기원이 있는 우주에 남으리라고 똑같이 확신한다. 우리는 지역 우주 정부와 행정에서 멜기세덱들이 언제나 늘어나는 책임을 가진 기능을 맡도록 예정되어 있다고 본다.

11. 소구역 및 대구역 단계

초우주의 소구역 및 대구역들은 빛과 생명 속에 안정시키는 계획에 직접 계산되지 않는다. 그렇게 진화해서 진보하는 것은 1차적으로, 한 단위로서 지역 우주에 관계되며, 오로지 한 지역 우주 구성 분자들의 관심거리이다. 한 초우주는 그에 속하는 모든 구성 분자인 지역 우주들이 그처럼 완전하게 될 때, 빛과 생명 속에 정착한다. 그러나 일곱 초우주 가운데 하나도 이에 가까이라도 가는 수준의 진보를 이룩하지 못했다.

소구역 시대. 관찰이 꿰뚫어 볼 수 있는 한, 제5 단계, 곧 소구역 단계의 안정은 순전히 물리적 상태에, 그리고 초우주의 확정된 회로에서, 관계된 1백 지역 우주가 나란히 정착하는 데 상관이 있다. 동력 중심과 그 동료들을 빼고, 아무도 물질 창조를 이렇게 다시 정렬하는 데 아랑곳하지 않는 듯하다.

대구역 시대. 제6 단계, 곧 대구역의 안정에 관해서, 우리는 오로지 짐작만 할 뿐인데, 우리 가운데 아무도 그러한 사건을 구경한 적이 없기 때문이다. 그런데도 아마도 그러한 상급 지위를 가진 사람 사는 세계들과 그 우주 집합에 따를 행정 및 기타 재조정에 관해서 우리는 많은 것을 가정해 볼 수 있다.

소구역 지위는 나란히 물리적 균형을 얻는 것과 상관이 있으니까, 대구역의 통일은 어떤 새로운 지적 수준의 달성, 그리고 아마도 우주 지혜를 최상으로 실현하는 데서 어떤 상급의 성취와 관계되리라고 우리는 추론한다.

이제까지 이룩하지 못한 수준, 진화로 진보하는 수준의 실현에 혹시 따를 재조정에 관해서 우리가 결론을 얻는 방법은, 개별 세계에서, 또 더 오래 되고 상당히 발전된 이 구체들에서 사는 개별 필사자의 체험에서, 그러한 업적이 낳는 결과를 살펴보는 것이다.

한 우주나 초우주의 행정 작용과 통치 기술은, 사람이 사는 한 개별 혹성, 또는 그러한 구체에 있는 어떤 개별 필사자의 진화적 발전이나 영적 진보를 어떤 방법으로도 제한하거나 늦출 수 없다는 것을 분명히 해 두자.

더 오래 된 어떤 우주에서, 빛과 생명의 제5 및 제6 단계에 있는—아니 제7 시기에 깊숙이 들어간—안정된 세계들이 있지만, 그 지역 체계들이 아직 빛 속에 안정되지 않았음을 우리는 발견한다. 나이가 어린 혹성들은 그 체계의 통일을 늦출지 모르지만, 이것은 더 오래 된 상급 세계의 진보에 조금이라도 걸림돌이 되지 않는다. 환경의 한계는, 고립된 세계에서도 개별 필사자의 개인적 달성을 막지 않는다. 나사렛 예수는, 사람들 사이에 한 사람으로서, 유란시아에서 1천9백여 년 전에, 빛과 생명의 지위에 개인적으로 이르렀다.

일곱 초우주가 안정되는 사건을 우리가 안전하게 가정할 수 없더라도, 안정된 지 오래 된 세계에서 무슨 일이 일어나는가 지켜봄으로, 한 초우주 전체가 빛 속에 안정될 때 무슨 일이 일어날 것인가에 관하여 상당히 믿을 만한 결론에 이른다.

12. 제7 단계, 초우주 단계

한 초우주가 빛 속에 정착될 때 무슨 일이 일어날지 우리는 분명하게 예측할 수 없는데, 이는 그러한 사건이 결코 사실이 된 적이 없기 때문이다. 한 번도 반박을 받은 적이 없는 멜기세덱들의 가르침으로부터, 우리는 사람 사는 세계들로부터 초우주 본부에 이르기까지 시공 창조의 모든 단위의 조직 및 행정 전체에, 대규모의 변화가 일어나리라고 추론한다.

달리 소속되지 않은, 피조물이 삼자 일체 체험으로 낳은 아들들의 큰 무리가 안정된 초우주들의 본부 및 분과 서울에서 집합되리라는 것이 널리 퍼진 믿음이다. 하보나와 파라다이스로 가는 길에 외계(外界) 공간자들이 언젠가 도착할 것을 예측해서 그런가 싶다. 그러나 우리는 정말 모른다.

한 초우주가 빛과 생명 속에 정착한다면, 그럴 때, 지금은 고문 자격인 최상위의 무제한 감독자들이 초우주의 본부 세계에서 높은 행정부가 되리라고 우리는 믿는다. 이들은 안정된 초우주에서 당장에 활동하게 될 초한(超限) 행정자들과 바로 접촉할 수 있는 성격자이다. 이 무제한 감독자들은 비록 오랫동안 자문 및 상담자로서, 창조의 상급 진화 단위에서 활동해 왔지만, 그들은 최상 존재의 권한이 군주가 될 때까지 행정 책임을 맡지 않는다.

이 시기에 더 널리 활동하는 최상위의 무제한 감독자들은 유한하거나, 초한하거나, 궁극이거나, 무한하지 않다. 그들은 바로 최상이며, 오로지 최상위 하나님을 대표한다. 그들은 시간과 공간의 최상이 성격화된 것이며, 따라서 하보나에서 활동하지 않는다. 오로지 최상의 통일자로서 활동한다. 그들은 아마도 우주의 반영하는 기법에도 관계할지 모르지만, 우리는 확실치 않다.

우리 가운데 아무도, 대우주가 (하보나에 의존하는 일곱 초우주가) 전부 빛과 생명 속에 안정될 때 무슨 일이 일어날까, 이것에 대하여 만족한 개념을 생각해 본 적이 없다. 의심할 여지 없이, 이 사건은 중앙 창조가 나타난 뒤로, 영원의 연대기(年代記)에서 가장 심오한 사건일 것이다. 최상 존재 스스로가 그의 영 몸을 가리는 하보나의 신비로부터 솟아나고, 시간과 공간에서 완전하게 된 창조들의 전능하고 체험하는 군주로서, 일곱째 초우주의 본부에 거하게 되리라는 견해를 가진 자들이 있다. 그러나 정말로 우리는 모른다.

[유란시아에서 천사장 회의에 일시 배치된 한 막강한 사자가 발표하였다.]

제 56 편

우주의 통일성

하나님은 통일성이요, 신은 보편적으로 조정되어 있다. 온 우주는 하나의 광대한 통합된 장치이며, 하나의 무한한 지성이 그것을 절대로 통제한다. 우주 창조에서 물리적·지적·영적 영토는 신성하게 관련된다. 완전한 자와 불완전한 자는 참으로 서로 연결되며, 따라서 유한한 진화 생물은 "내가 완전한 것 같이 너희도 완전하라"는 우주의 아버지의 명령에 복종해서, 파라다이스까지 올라갈 수도 있다.

창조의 다양한 수준은 모우주 건축가들의 계획과 행정에서 모두 통일된다. 시공 필사자들의 제한된 지성에게, 우주는 겉보기에 부조화를 나타내고 효과 있게 조정되지 않음을 가리키는 많은 문제와 상황을 제시할지 모른다. 우리 가운데서, 더 넓은 지대의 우주 현상을 살펴볼 수 있고, 창조의 다양성 밑에 깔려 있는 기초적 통일성을 탐지하고, 여럿의 이 모든 활동을 덮는 신성한 일체성(一體性)을 발견하는 이 기술에 경험이 많은 자들은, 보편적 창조 에너지의 명시, 이 모든 다채로운 명시에서 드러나는 신성하고 유일한 목적을 더 낫게 파악한다.

1. 물리적 조정

물리적 창조, 곧 물질 창조는 무한하지 않아도 완전하게 조정된다. 물력과 에너지와 동력이 있지만, 이 모두의 기원은 하나이다. 일곱 초우주는 겉보기에 2중이며, 중앙 우주는 3중이지만, 파라다이스는 하나로 구성되어 있다. 그리고 파라다이스는 모든—과거·현재·미래—물질 우주의 실제 근원이다. 그러나 우주의 이 유래는 하나의 영원 사건이며, 어느 시간에도—과거·현재·미래에도—공간이나 물질 우주가 중앙의 빛의 섬으로부터 나오지는 않는다. 우주의 근원으로서, 파라다이스는 공간보다 앞에서, 시간보다 먼저 작용한다. 따라서 거기서 나온 파생물은 무제한 절대자를 통해서 빠져 나오지 않는다면, 시간과 공간 속에서 버림받는 듯하다. 이 무제한 절대자는 공간에서 이 파생물이 궁극에 저장되는 곳이요, 시간 속에서 그 파생물을 계시하고 규제하는 자이다.

무제한 절대자는 물리적 우주를 떠받들고, 신 절대자는 모든 물질 실체를 절묘하게 전반적으로 통제하도록 유도한다. 두 절대자가 우주 절대자로 말미암아 기능면에서 하나가 된다. 모든—물질, 상물질, 초한 또는 영—성격자는, 모든 진정한 물질 실체가 아래 파라다이스에 집중하는 인력(引力)에 대하여 나타내는 인력 반응을 살펴봄으로써, 물질 우주에서 응집성이 있는 이 상호 관계를 가장 낫게 이해한다.

인력의 통일은 보편적이며 변하지 않는다. 순수 에너지 반응은 마찬가지로 보편적이고 불가피하다. 순수 에너지(원시 물력)와 순수 영은 인력에 온전히 미리 반응하는 성향을 가지고 있다. 절대자들 안에서 본래부터 생기는 이 원시(原始) 물력을 우주의 아버지가 친히 통제하신다. 따라서 모든 인력은 순수 에너지와 순수 영인 파라다이스 아버지가 몸소 계신 앞에, 그의 초물질 거처에 집중한다.

순수 에너지는, 상대적이고 기능적인 모든 비영(非靈) 실체의 조상(祖上)이며, 한편 순수 영은 모든 기본 에너지 체계의 신성하고 지배하는 통제력의 잠재성이다. 공간에 두루 나타나다시피, 시간의 움직임에서 살펴보는 바와 같이, 무척 다양한 이 두 가지 실체는 파라다이스 아버지의 몸에 집중한다. 하나님은 하나이니까, 그 분 안에서 이 실체들은 하나가 된다—통일되어야 한다.

아버지 하나님의 무한하신 성품에는, 물리적 실체와 영적 실체와 같은, 실체의 2중성은 도저히 있을 수 없다. 그러나 우리가 무한한 수준으로부터, 파라다이스 아버지의 성격 가치의 무한한 수준과 절대 실체로부터 옆을 보는 순간, 우리는 이 두 가지 실체의 존재를 지켜보며, 그 실체들이 그의 몸소 계심에 충분히 민감하다는 것을 깨닫는다. 그분 안에서 만물이 존재한다.

너희가 파라다이스 아버지가 무한한 성격이라는 무조건 개념으로부터 떠나는 순간, 지성이, 최초의 유일신인 창조 성격자, 곧 첫째 근원 중심—스스로 계신 이—의 이 두 가지 우주 명시가 항상 넓게 확산되는 것을 통일하는, 불가피한 기법이라고 가정해야 한다.

2. 지적 통일

생각인 아버지는 말씀인 아들 속에서 영 표현을 이룩하며, 방대한 물질 우주들에서 파라다이스를 통하여 실체의 확장을 이룩한다. 영원한 아들의 영적 표현은 무한한 영의 활동으로 말미암아, 창조의 물질 수준과 서로 관련된다. 무한한 영이 베푸는, 영에 민감한 지성 봉사로 말미암아, 물리적이고 지배하는 그의 지성(知性) 행위에 따라서, 신의 영적 실체와 신의 물질적 반향이 서로 연결된다.

지성은 무한한 영의 기능 자질이며, 따라서 그 잠재성이 무한하고 그 수여가 보편성이 있다. 우주의 아버지가 가진 원초의 생각은 2중 표현에서 영원하게 되는데, 즉 파라다이스 섬, 그리고 그와 신으로서 대등한 분, 곧 영답고 영원한 아들이다. 그러한 영원한 실체의 2중성은 지성 하나님, 곧 무한한 영을 불가피하게 만든다. 지성은 영적 실체와 물질 실체 사이에 필수인 통신 경로이다. 물질인 진화 생물은 오로지 지성의 보살핌으로 말미암아, 그 깃드는 영을 파악하고 이해할 수 있다.

무한하고 보편적인 이 지성은 시공의 우주에서 우주 지성으로서 베풀어진다. 보조 영들이 베푸는 원시 봉사로부터 한 우주의 최고 집행자의 웅대한 지성까지 연장되지만, 이 우주 지성조차 일곱 으뜸 영의 감독 밑에서 알맞게 통일된다. 이 영들은 다시 시공의 최상 지성과 조정되며, 무한한 영의 지성, 만물을 감싸는 지성과 완전히 서로 연결된다.

3. 영적 통일

무한한 영이 파라다이스에 몸소 계신 앞에 보편적 지성 인력이 집중되는 것과 같이, 보편적 영 인력은 파라다이스에 영원한 아들이 몸소 계신 앞에 집중된다. 우주의 아버지는 하나이지만, 시간과 공간에 대해서 그는 순수 에너지와 순수 영, 이 2중 현상으로서 드러난다.

파라다이스 영 실체들은 마찬가지로 하나이지만, 시간과 공간의 모든 상황과 관계에서 이 단일 영은 영원한 아들의 영 성격자들 및 방사물, 그리고 무한한 영 및 관계된 창조들에 있는 영 성격자들의 영향, 이 2중 현상에서 드러난다. 그리고 아직 셋째가—순수 영 분신(分身)—곧 전 성격(前性格)인 생각 조절자와 및 기타 영 통일체가 있다.

어느 수준의 우주 활동에서 너희가 영적 현상과 마주치거나 영 존재들과 접촉하든지 상관 없이, 영 아들과 무한한 지성 영이 베푸는 봉사로 말미암아, 그런 현상이나 존재들이 모두 영인 하나님으로부터 파생된다는 것을 너희가 알까 싶다. 이 광범위한 영은 지역 우주의 본부에서 지시하는 대로, 진화하는 시간 세계들에서 생기는 현상으로서 활동한다. 아들 창조자들의 이 서울로부터, 보조하는 지성 영들이 베푸는 봉사와 함께, 성령과 진리의 영이 하등의 진화하는 수준의 물질 지성들에게 온다.

최상 존재와 결합되어, 절대 지성에게 복종하는 우주 지성으로서, 지성은 으뜸 영들의 수준에서 더욱 통일되지만, 진화하는 세계들에게 베푸는 영 봉사는 지역 우주 본부에서 거주하는 성격자들 안에서, 주관하는 신성한 봉사자들의 몸 속에서, 더 직접 통일된다. 이들은 다시 영원한 아들의 파라다이스 인력 회로와 거의 완전하게 서로 관계되며, 거기서 시공의 모든 영 명시에서 최종 통일이 일어난다.

자의식하는 지성이 파라다이스 삼위 일체의 어느 한 분이 가진 삼위 일체 이전 영 자질의 분신과 융합함으로, 완전하게 된 생물 존재에 도달하고, 그것을 지원하고, 영원하게 만들 수 있다. 필사자의 지성은 영원한 아들과 무한한 영의 아들과 딸들이 지은 것이며, 아버지로부터 온 생각 조절자와 융합되었을 때, 진화 영역의 세 가지 영 자질을 취한다. 그러나 이 세 영 표현은 최후자들 안에서 완전하게 통일되는데, 이는 영원한 아들과 무한한 영의 우주의 아버지가 미처 되기도 전에, 그 표현들이 우주의 스스로 계신 이 안에서, 영원 속에 그렇게 통일된 바와 같다.

영은 언제나, 궁극에는, 표현이 세 가지가 되어야 하며, 마지막으로 실현되었을 때 삼위 일체가 그것을 통일해야 한다. 영은 세 가지 표현을 통해서 한 근원으로부터 생기고, 신의 통일 속에서 영은 그 충만한 실현을 최종으로 달성해야 하고, 또 그렇게 하며, 이 신의 통일은 하나님을 발견하면서—신성과 하나가 되면서—영원 속에서, 아버지의 우주적 생각인 영원한 말씀을 무한히 표현하는, 그 우주 지성이 베푸는 봉사의 수단으로 말미암아, 체험한다.

4. 성격의 통일

우주의 아버지는 신답게 통일된 성격이다. 따라서 생각 조절자들의 되돌아온 힘으로 파라다이스로 옮겨지는, 하늘 가는 자녀들은 모두, 하보나에 이르기 전에 마찬가지로 충분히 통일 성격이 될 것이다. 이 생각 조절자들은 아버지의 명령에 복종하여 물질인 필사자들에게 깃들려고 파라다이스로부터 떠나갔다.

성격은 본래부터, 구성하는 모든 실체를 통일하려고 손을 뻗는다. 첫째 근원 중심, 곧 우주의 아버지의 무한한 성격은 구성 요소인 일곱 무한 절대자를 모두 통일한다. 필사 인간의 성격은, 우주의 아버지가 독점해서 직접 수여한 것이니까, 필사 인간을 구성하는 요소들을 통일하는 잠재성을 마찬가지로 소유한다. 모든 생물 성격이 가진 그러한 통일하는 창조성은 그것이 높은 독점 근원을 가리키는 출생 표시이며, 성격 회로를 통해서 바로 이 근원과 단절되지 않은 접촉을 가진다는 것을 더욱 증거한다. 이 수단으로 생물의 성격은 파라다이스에 계신, 모든 성격의 아버지와 바로, 오래 가는 접촉을 유지한다.

칠중자의 영토로부터 최상위와 궁극위를 거쳐서 절대자 하나님에 이르기까지, 하나님은 분명히 나타난다. 그런데도 완전한 우주, 완전하게 된 우주, 완전하게 되고 있는 우주들에서, 모든 지적 존재 수준에, 온 영역에 있는 모든 생물 성격자가 관계되는 한, 파라다이스에 중심하며 아버지 하나님의 몸에 있는 성격 회로는, 신성한 성격의 이 모든 다양한 표현을 완벽하고 완전하게 통일한다.

하나님은 우주들에 대하여, 우주들 안에서, 우리가 묘사한 모든 것이다. 그런데도 너희에게, 또 하나님을 아는 모든 다른 생물에게, 그는 하나요, 너희 아버지요, 그들의 아버지이다. 성격자에게 하나님은 여럿일 수 없다. 하나님은 생물 각자에게 아버지이며, 어떤 아이라도 아버지를 하나보다 더 가지는 것은 글자 그대로, 불가능하다.

철학적으로, 우주적으로 볼 때, 명시되는 차별 수준과 위치에 관련하여, 너희는 여러 신들의 활동을 상상해도 좋고, 또 할 수 없이 상상해야 하고, 여럿인 삼위 일체의 존재를 가정해야 한다. 그러나 모우주 전역에 걸쳐서, 예배하는 모든 성격자가 몸소 접촉하는 예배하는 체험 속에서, 하나님은 하나이다. 통일되고 성격을 가진 바로 그 신이 우리의 파라다이스 부모요, 아버지 하나님이요, 사람 사는 세계들에 있는 필사 인간으로부터 가운데 빛의 섬에 계신 영원한 아들에 이르기까지, 모든 성격을 수여하고 보존하시는 분이요, 그들에게 아버지이다.

5. 신의 통일성

파라다이스 신의 하나됨, 불가분성은 실존적이고 절대적이다. 신의 영원한 성격화는 셋—우주의 아버지, 영원한 아들, 무한한 영—이 있지만, 파라다이스 삼위 일체에서 그들은 <u>실제로</u> 하나의 신이며, 나누어져 있지 않고 불가분하다.

최초의 파라다이스·하보나 수준의 실존하는 실체로부터, 절대 아래의 두 수준이 구별되었는데, 그 뒤에 아버지·아들·영은 성격을 가진 수많은 동료와 부하들을 창조하는 일에 들어갔다. 이러한 맥락에서, 초월적 궁극 수준에서 초한한 신 통일을 고려하려고 애쓰는 것은 적절하지 않지만, 여러 가지 신 성격화에서 통일하는 기능의 어떤 모습을 보는 것이 가능하며, 그러한 성격화에서 다양한 창조 구역들에 대하여, 그리고 다른 계급의 지적 존재들에게, 신성(神性)이 기능적으로 분명히 나타난다.

초우주들에서 신성이 현재 하는 활동은 최상 창조자들—지역 우주 아들 창조자와 영들, 초우주의 옛적부터 늘 계신 이들, 파라다이스의 일곱 으뜸 영—의 작용에서 활발하게 명시된다. 이 존재들은 칠중 하나님의 처음 세 수준을 구성하며, 이것은 안으로 우주의 아버지에게로 이끌고, 이 칠중 하나님의 영토 전체가 진화하는 최상 존재 안에서 체험적 신성의 첫째 수준에서 조정되고 있다.

파라다이스에서, 중앙 우주에서, 신의 통일은 존재하는 사실(事實)이다. 시간과 공간의 진화하는 우주들 전역에 걸쳐서, 신의 통일은 성취하는 것이다.

6. 진화하는 신의 통일

파라다이스 삼위 일체 안에서 갈라지지 않은 신으로서, 영원한 신 세 분이 활동할 때, 그들은 완전한 통일을 얻는다. 마찬가지로, 그들이 결합해서 또는 따로따로 창조할 때, 그들의 파라다이스 자손은 그 특징인 신성의 통일을 나타낸다. 그리고 이 시공 영토를 다스리는 최상 창조자요 통치자들이 명백히 드러내는 이 신성한 목적은 궁극에 체험적 최상 군주권의 통일하는 권능 잠재성에 이른다. 이것은 우주의 비성격 에너지가 통일되는 가운데, 오로지 체험하는 신의 체험 성격 실체들과 적절히 통일함으로 해결될 수 있는, 그러한 실체의 긴장을 이룬다.

최상 존재의 성격 실체들은 파라다이스 신들로부터 나오며, 하보나의 바깥 회로의 시범 세계에서, 대우주의 창조자인 신들로부터 올라오는 전능 최상위의 능력 특권과 하나가 된다. 하나의 성격으로서 최상위 하나님은 일곱 초우주가 창조되기 전에 하보나에서 존재했지만, 오직 영적 수준에서만 활동했다. 진화하는 여러 우주에서 다양한 신성의 합성(合成)으로 말미암아, 최상위가 전능자의 권능을 진화하는 것은 궁극에는 새로운 힘을 가진 신의 계심이 되었고, 이것은 최상 지성의 수단으로 하보나에 계신 최상위의 영적 몸과 조정하였다. 동시에 최상 지성은 무한한 영의 무한한 지성에 거하는 잠재성으로부터 최상 존재의 적극 활동하는 지성으로 변화하였다.

일곱 초우주의 진화하는 세계들에서 물질 지성을 가진 생물은 겨우 최상 존재가 이렇게 권능 성격으로 합성되면서 진화하는 것과 같은 신의 통일을 이해할 수 있다. 어떤 존재 수준에서도, 하나님은 그러한 수준에서 사는 존재들의 개념 능력을 넘을 수 없다. 진리를 인식하고 아름다움을 이해하고, 선을 숭배함을 통해서, 필사 인간은 사랑의 하나님에 대한 인식을 길러야 하며, 그리고 나서 높아지는 신 수준을 거쳐서, 최상위를 이해하기까지 진보해야 한다. 이처럼 권능 면에서 통일된 것으로 파악되었으니까, 그리고 나서 신은 생물이 이해하고 도달하도록 영적으로 성격화할 수 있다.

하늘 가는 필사자들은 초우주의 서울에서 전능자의 힘을 이해하고, 하보나의 바깥 회로들에서 최상위의 성격을 이해하지만, 파라다이스 신들을 발견하도록 예정된 것처럼 실제로 최상 존재를 찾아내지는 못한다. 제6 단계 영인 최후자들조차 최상 존재를 발견하지 못했다. 그들이 제7 단계 영의 지위를 얻을 때까지, 그리고 미래의 바깥 우주들의 작용에서 최상위가 실제로 활동하게 될 때까지, 그들은 그럴 것 같지도 않다.

그러나 하늘 가는 자들이 우주의 아버지가 칠중 하나님의 제7 수준에 계심을 발견할 때, 그들은 우주 생물과 가지는 <u>모든</u> 신 수준의 성격 관계에서 첫째 분의 성격에 다다른 것이다.

7. 우주의 진화적 반향

시공 우주들에서 생기는 진화의 꾸준한 걸음에는 신이 지성을 가진 모든 생물에게 주는, 항상 커지는 계시가 뒤따른다. 한 세계, 체계, 별자리, 우주, 초우주 또는 대우주에서, 진화로 진보하는 높이에 도달하는 것은 이 진보하는 창조 단위들에 대하여, 거기서 그에 상당하는 신 활동이 확대됨을 알린다. 신성을 실현하는 모든 그러한 지역 향상에는, 창조의 모든 다른 구역에 대하여 확대된 신성의 명시가 일으키는 잘 규명된 어떤 반향(反響)이 뒤따른다. 파라다이스로부터 바깥으로 뻗으면서, 진화에서 실현하고 도달한 새로운 각 영토는 온 우주에게 체험하는 신이 주는 새롭고 확대된 계시이다.

한 지역 우주의 구성 분자들이 점진적으로 빛과 생명 속에 정착됨에 따라서, 칠중 하나님은 갈수록 더 명백하게 나타난다. 시공에서 생기는 진화는 한 혹성에서, 지배하는 칠중 하나님의 첫째 표현—아들 창조자와 창조 영의 결합—과 함께 시작된다. 한 체계가 빛 속에 정착하고 나서, 아들과 영의 이 연락은 충만한 활동에 이르며, 한 별자리 전체가 이처럼 정착할 때, 칠중 하나님의 제2 단계가 그러한 영역에서 두루 더 활발하게 된다. 한 지역 우주에서 행정의 진화가 완결되면 초우주의 으뜸 영들이 새로이 좀더 직접 보살피는 일이 뒤따른다. 그리고 이 시점에 칠중 하나님의 늘 확대되는 계시와 실현이 또한 시작되며, 이것은 하보나의 여섯째 회로의 세계들을 통과하는 동안 승천자가 최상 존재를 이해함으로 절정에 이른다.

우주의 아버지, 영원한 아들, 무한한 영은 지적 생물에게 실존하는 신이 명시(明示)되는 현상이며, 따라서 그들은 모든 창조의 지성 및 영 생물과 가지는 성격 관계에서 비슷하게 확대되지 않는다.

이 신들을 성격 존재로서 체험으로 몸소 인식하고 그들과 접촉하기 위해서 하늘 가는 필사자들이 충분히 영적으로 변화되고 적절히 교육받기 훨씬 전에, 이 필사자들은 이어지는 신 수준의 비영(非靈) 계심을 체험할지 모른다는 것을 눈여겨보아야 한다.

창조된 한 구역 안에서 새롭게 진화의 달성이 있을 때마다, 신성(神性)의 명시가 공간을 새로이 침입할 때마다, 당시에 존재하고 예전에 조직된 모든 창조 단위들 안에서 신의 기능적 계시가 동시에 확장되는 일이 따른다. 우주와 그 구성 단위들의 행정 작업에서 이 새로운 침입은, 윤곽이 제시된 기법을 그대로 따라서 집행되는 것처럼 반드시 보이지 않을지 모른다. 이는 차후에 이어지는 새 행정 통제 시대를 위하여 길을 예비하려고 미리 가는 행정자 집단을 보내는 것이 관례이기 때문이다. 궁극위 하나님조차도 빛과 생명 속에 정착한 한 지역 우주의 후기 단계에, 그가 초월해서 전반적으로 우주를 통제함을 예시한다.

시공의 창조들이 진화의 지위에서 점진적으로 안정됨에 따라서, 최상위 하나님이 새롭고 더 충만하게 활동함이 관찰되는 것이 하나의 사실인데, 그에 상응하여 칠중 하나님의 처음 세 가지 명시의 철수(撤收)가 동시에 일어난다. 대우주가 빛과 생명 속에 정착하면, 그렇게 될 때, 최상위 하나님이 이 시공 창조들의 직접 통제를 맡는다면, 칠중 하나님의 창조자 및 창조 영 명시의 미래 기능은 과연 무엇이 될 것인가? 시간과 공간의 우주들을 조직하고 개척한 이분들은 외계 공간에서 비슷한 활동을 하려고 해방될 것인가? 우리는 알지 못하지만, 이것을 비롯하여 관계된 문제들에 대하여 많이 추측해 본다.

체험하는 신의 개척지가 무제한 절대자의 영토로 뻗어나감에 따라서, 우리는 이 미래 창조들의 진화 초기에 칠중 하나님이 하실 활동을 그려본다. 옛적부터 늘 계신 이들과 초우주 으뜸 영들이 앞날에 가질 지위에 관하여 우리 모두가 의견이 일치하지는 않는다. 우리는 최상 존재가 일곱 초우주에서 한 것 같이 거기서 활동할 것인지, 아닌지도 모른다. 그러나 아들 창조자인 미가엘들이 이 외계(外界) 우주에서 활동하도록 예정되어 있다고 우리 모두가 추측한다. 미래 시대에는 결합된 아들 창조자와 신성한 봉사자들 사이에 어떤 더 가까운 형태의 연합을 구경하리라는 의견을 더러는 주장하고 있다. 그러한 창조자 연합이 종국에는 궁극의 성품을 가진, 부(副)창조자 신분의 어떤 새로운 표현이 된다는 것도 가능하다. 그러나 밝혀지지 않은 앞날의 이 여러 가능성에 관하여 우리는 정말로 아무 것도 모른다.

그러나 시공 우주들에서 칠중 하나님이 우주의 아버지에게 이르는 점진적 접근법을 마련한다는 것, 진화를 통한 이 접근법이 최상위 하나님 안에서 체험으로 통일된다는 것을 우리는 알고 있다. 그러한 계획이 외계 우주들에서도 지배함이 틀림없다고 우리는 짐작할 수도 있다. 다른 면에서 볼 때, 이 우주들에 언젠가 살 새 계급의 존재들은 궁극의 수준에서, 초한 기법에 따라서, 신을 접근할 수 있을지 모른다. 요컨대, 외계 공간에서 앞날에 생길 우주들에서 어떤 신 접근 기법이 작용하게 될 것인가에 대하여 우리는 한 푼어치도 개념이 없다.

그런데도 우리는 완전하게 된 초우주들은 어떤 방법으로, 이 외계 창조에서 살지도 모르는 존재들이 파라다이스로 올라가는 생애의 일부가 되리라고 판단한다. 그 미래 시대에, 일곱 으뜸 영의 협력이 있거나 아니면 없어도, 최상위 하나님이 관리하는 일곱 초우주를 거쳐서, 하보나에 다가가는 외계 공간 존재들을 우리가 구경할지 모른다는 것이 아주 있음직하다.

8. 최상의 통일자

최상 존재는 필사 인간의 체험에서 세 가지 기능을 가지고 있다. 첫째로, 그는 시공의 신성(神性), 곧 칠중 하나님을 하나로 만드는 분이다. 둘째로, 그는 유한한 생물이 실제로 이해할 수 있는 최대한의 신이다. 셋째로, 그는 초한(超限) 지성, 영원한 영, 파라다이스 성격자와 교제하는 초월 체험에 이르는, 필사 인간이 접근하는 단 하나의 길이다.

하늘 가는 최후자들은 지역 우주에서 태어나서, 초우주에서 양육되고, 중앙 우주에서 훈련받았으니까, 그들의 개인 체험 속에서, 최상위에서 통일되는, 칠중 하나님의 시공 신성을 이해하는 충분한 잠재성을 맛본다. 최후자들은, 그들이 태어난 곳이 아닌 초우주들에서 잇달아 근무하며, 이로서 가능한 생물 체험의 충만한 일곱 가지 다양성을 에워쌀 때까지, 체험에 체험을 자꾸 쌓는다. 깃드는 조절자의 봉사를 통해서, 최후자들은 우주의 아버지를 찾아낼 수 있게 된다. 그러나 바로 이 체험 기법에 따라서, 그러한 최후자들이 최상 존재를 정말로 알게 되며, 그들은 외계 공간에서 생길 앞날의 여러 우주에서, 그 우주들에 대하여 최상위 신이 베푸는 봉사에, 또 그 우주들에 그를 계시하는 일에 예정되어 있다.

아버지 하나님과 파라다이스 아들들이 우리를 위하여 하는 모든 것을, 우리는 다시, 정신적으로, 솟아나는 최상 존재를 위하여, 또 그분 안에서 할 기회를 가진다는 것을 잊지 말라. 우주에서 사랑과 기쁨과 봉사를 맛보는 체험은 서로 나누는 것이다. 아버지 하나님은 그의 아들들에게 수여한 모든 것을 그에게 돌려주어야 한다고 요구하지 않는다. 그러나 다음 차례에 그들은 이 모든 것을 그 동료들에게, 그리고 진화하는 최상 존재에게 수여한다 (또는 그렇게 할지 모른다).

모든 창조 현상은 선행(先行)하는 창조 영의 활동을 반영한다. "아들은 아버지가 하시는 것을 본 것만 행한다"하고 예수는 말씀했고, 이것은 글자 그대로 참말이다. 시간 속에서 너희 필사자들은 동료들에게 최상위의 계시를 시작해도 좋고, 너희가 파라다이스를 향해서 올라가는 동안, 너희는 점점 더 이 계시를 확대해도 좋다. 영원 속에서, 제7 단계 최후자로서, 너희는 최상—아니 궁극—수준에서 진화하는 생물의 이 하나님을 더욱 계시하라고 허락될지 모른다.

9. 우주 절대자의 통일

무제한 절대자와 신 절대자는 우주 절대자 안에서 하나가 된다. 절대자들은 궁극위 안에서 조정되고 최상위 안에서 조절되며, 칠중 하나님 안에서 시간과 공간에서 수정(修正)된다. 무한 밑 수준에는 <u>세</u> 절대자가 있지만, 무한 속에서 그들은 <u>하나</u>인 듯하다. 파라다이스에는 신이 <u>세 분</u>으로 성격화되지만, 삼위 일체 안에서 그들은 <u>하나</u>이다.

모우주에서 주요한 철학 정리(定理)는 이것이다: 절대자(무한 속에서 하나인 세 절대자)는 삼위 일체보다 앞서 존재했는가? 그리고 그 절대자는 삼위 일체에게 조상인가? 아니면 삼위 일체가 절대자에 선행(先行)하는가?

무제한 절대자는 삼위 일체로부터 독립된 하나의 물력 존재인가? 신 절대자의 계심은 삼위 일체가 제한 없이 활동함을 뜻하는가? 우주 절대자는 삼위 일체, 아니 삼위 일체들의 삼위 일체의 마지막 활동인가?

얼핏 생각하면, 절대자가 만물—아니 삼위 일체—의 조상이라는 개념은 일관성을 충족하고 철학적으로 통일하는 일시적 만족감을 주는 듯하지만, 어떤 그러한 결론도 파라다이스 삼위 일체가 영원하다는 사실성으로 말미암아 무효(無效)가 된다. 우리는 우주의 아버지와 그의 삼위 일체 동료들은 그 성품과 존재 면에서 영원하다고 가르침을 받았고, 우리는 그렇게 믿는다. 그렇다면, 오로지 하나의 일관된 철학적 결론이 있으니, 바로 이것이다: 온 우주의 지성 존재들이 보기에는, 절대자는 모든 기본 되는 1차 상황, 우주 안 및 우주 바깥의 공간 상황에 대하여 (삼위 일체들의) 삼위 일체가 성격 아닌 방법으로 나란히 반응하는 것이다. 대우주에서 성격을 가진 모든 지성 존재에게 파라다이스 삼위 일체는 최종으로, 영원히, 최상으로, 궁극적으로, 몸소 이해하고 피조물이 실현하는 모든 실질 목적으로 볼 때, 언제까지나 절대적인 것으로 남아 있다.

생물의 지성이 이 문제를 보다시피, 그들은 우주의 스스로 계신 이가 삼위 일체와 절대자, 이 둘의 원초적 원인이며 무제한의 근원이라는 최종의 가정(假定)으로 인도된다. 따라서 절대자의 성격 개념을 살펴보려고 갈망할 때, 우리가 가진 파라다이스 아버지 관념과 이상(理想)으로 돌아오게 된다. 우리가 다른 면에서 비성격인 이 절대자를 이해하는 것을 수월하게 하거나 그에 대한 의식(意識)의 확대를 바랄 때, 우리는 우주의 아버지가 절대 성격의 실존하는 아버지이며, 영원한 아들은 체험적 의미에서 절대자가 성격화된 것은 아니지만, 그가 절대 성격자라는 사실로 돌아온다. 다음에 우리는 더 나아가서, 체험적인 삼위 일체들이 결국에는 신 절대자의 체험적 성격화에 이른다고 상상하며, 한편 우주 절대자는 최상·궁극·무한성을 가진, 통일되고 조정된 신 관계에서 비성격 활동이 명백히 나타나는 그러한 우주 및 우주 바깥 현상을 구성한다고 생각한다.

유한한 데서 무한한 데까지, 모든 수준에서 우주의 아버지를 식별하는 것이 가능하며, 파라다이스로부터 여러 진화 세계에 이르기까지 피조물은 다채롭게 그를 파악했지만, 오직 영원한 아들과 무한한 영이 아버지를 하나의 무한으로서 이해한다.

영적 성격은 오직 파라다이스에서만 절대적이고, 절대자의 개념은 오직 무한 속에서 무제한이다. 신의 계심은 오로지 파라다이스에서만 절대적이고, 하나님의 계시(啓示)는 그의 힘이 무제한 절대자의 공간 잠재력에서 체험으로 무한하게 될 때까지, 반드시 부분적·상대적이고 진보하는 것임이 틀림없다. 한편 하나님의 성격이 나타나는 것은 신 절대자의 명백한 계심에서 체험으로 무한하게 되며, 또 무한의 이 두 잠재성은 우주 절대자 안에서 그 실체가 하나가 된다.

그러나 무한 아래의 수준을 지나서, 세 절대자는 <u>하나</u>이다. 어떤 다른 계급의 존재가 언젠가 무한의 의식(意識)을 스스로 실현하든지 상관 없이, 이로서 무한의 신으로 실현된다.

영원 속에서 실존하는 지위는, 비록 또 하나의 영원이 무한한 영원—영원한 무한—속에 본래 있는 체험적 잠재성을 스스로 실현함을 맛보는 것이 요구된다 하더라도, 무한을 실존적으로 자의식(自意識)함을 의미한다.

그리고 아버지 하나님은 온 우주 전체에 걸쳐서, 모든 지성 생물과 영 존재에게, 신과 실체의 모든 명시(明示)의 성격 근원이다. 성격자로서, 지금이나 영원한 미래의 이어지는 우주 체험에서, 너희가 칠중 하나님에게 도달하거나, 최상위 하나님을 이해하거나, 궁극위 하나님을 찾아내거나, 또는 절대자 하나님 개념을 붙잡으려고 애쓰거나, 이에 상관 없이, 너희가 영원히 만족하기까지, 각 모험이 완성되는 가운데 너희가 새로운 체험 수준에서 영원한 하나님—모든 우주 성격자의 파라다이스 아버지—를 다시 찾아냈다는 것을 너희가 발견할 것이다.

우주의 아버지는 우주가 통일됨을 설명하며, 이는 우주의 통일이 절대 가치와 의미(意味)—무제한의 실체—가 궁극 이후에 통일된 가운데, 최상으로, 아니 궁극에 실현되어야 하기 때문이다.

물력 주조직자들은 공간으로 나가서, 우주의 아버지가 행사하는 파라다이스 힘에 인력으로 민감하게 되려고 공간의 에너지를 동원한다. 그 뒤에 아들 창조자들이 오며, 그들은 인력(引力)에 민감한 이 물력을 사람이 사는 우주로 조직하고, 그 안에서 머리를 쓰는 생물을 진화시킨다. 이 생물은 파라다이스 아버지의 영을 받아들이고, 모든 가능한 신성(神性)의 특성에서 아버지와 같이 되려고 나중에 아버지한테로 올라간다.

공간을 통해서, 파라다이스의 창조하는 물력이 끊임없이 확장해서 행진하는 것은 우주의 아버지의 인력 손아귀에 있는 영토가 늘 뻗어나가며, 하나님을 사랑할 수 있고 하나님에게 사랑받을 수 있는 다양한 종류의 지적(知的) 생물이 언제나 그치지 않고 늘어나리라 예시한다. 이들은 이처럼 하나님을 알게 되어 하나님처럼 되려고 해도 좋고, 파라다이스에 이르고 하나님을 찾으려 해도 좋다.

온 우주는 대단히 통일되어 있다. 하나님은 그 권능과 성격 면에서 하나이다. 모든 수준의 에너지와 모든 단계의 성격이 조정된다. 철학, 체험, 개념 면에서, 실제로, 모든 사물과 존재는 파라다이스 아버지 안에 집중된다. 하나님은 모든 것이요, 모든 것 안에 계시며, 아무 사물이나 존재도 하나님 없이 존재하지 못한다.

10. 진리와 아름다움과 선함

생명과 빛 속에 정착한 세계들이 초기 단계로부터 제7 시기까지 진보함에 따라서, 아들 창조자를 찬미함을 비롯하여 파라다이스 아버지를 예배하기까지, 그 세계들은 칠중 하나님의 실체가 실현되는 것을 잇달아 파악한다. 그러한 세계 역사에서, 이어지는 제7 단계를 통하여 내내, 항상 진보하는 필사자들은 최상위 하나님을 아는 가운데서 자라며, 한편 그들은 궁극위 하나님의 보호하는 봉사의 실체를 어렴풋이 알아본다.

이 영화로운 시대를 통하여 내내, 항상 전진하는 필사자들의 주요한 관심거리는 이해가 가능한 신 요소들—진리와 아름다움과 선—을 더욱 낫게 이해하고 더 충분히 깨달으려고 추구하는 것이다. 이것은 지성·물질·영 안에서 하나님을 식별하려고 사람이 노력함을 나타낸다. 사람이 이 목표를 추구할 때, 철학과 우주론과 신성을 경험으로 연구하는 데 자신이 더욱 몰두함을 발견한다.

너희는 철학을 얼마큼 파악하며, 예배하고 사회에 봉사하고 개인의 영적 체험을 겪는 가운데 신성(神性)을 이해한다. 하지만 너희는 아름다움을 추구하는 것—우주론—을 아주 흔히 사람의 서툰 예술적 노력을 연구하는 일에 국한시킨다. 아름다움, 곧 예술은 대체로 대조가 되는 물건을 하나로 만드는 문제이다. 다양성은 아름다움의 개념에 필수이다. 최상의 아름다움, 유한한 예술의 극치는 창조자와 피조물의 광대한 우주 극단(極端)을 통일하는 드라마이다. 하나님을 찾아내는 사람, 그리고 사람을 찾아내는 하나님—창조자처럼 완전하게 되는 피조물—바로 이것이 최상으로 아름다운 것을 훌륭하게 달성하는 길이요, 우주 예술의 정점(頂點)에 이르는 것이다.

따라서 유물론(唯物論), 무신론은 추악의 극대화요, 유한 속에서 아름다운 것의 정반대가 극치에 이른 것이다. 가장 높은 아름다움은 선재(先在)하는 조화되는 실체로부터 태어난 여러 변화가 통일되는 파노라마에 있다.

우주론 수준의 생각에 이르는 것은 다음을 포함한다:

1. <u>호기심</u>. 조화를 갈망하고 아름다움을 목마르게 찾는 것. 새로운 수준의 조화되는 우주 관계를 발견하려는 끈질긴 시도.

2. <u>미학의 이해</u>. 아름다운 것을 사랑하는 것, 그리고 모든 수준의 실체에서 온갖 창조적 명시의 예술적 솜씨에 대하여 항상 이해가 높아지는 것.

3. <u>윤리에 대한 민감성</u>. 진리의 실현을 통해서 아름다움을 음미하는 것은, 신이 만물과 가지는 관계에서 신의 선함을 인식하는 데 영향을 주는 것들이 영원히 건전하다는 느낌으로 인도한다. 따라서 우주론조차 신성한 실체 가치의 추구로—하나님을 의식함으로—인도한다.

빛과 생명 속에 정착한 세계들은 진리와 아름다움과 선을 이해하는 데 아주 충분히 관심을 가지고 있는데, 이는 이러한 질의 가치가 시공의 영역에게 신이 주는 계시를 포함하기 때문이다. 영원한 진리의 의미는 필사 인간의 지성과 영 성품에 대하여 통합된 호소력을 가진다. 보편적인 아름다움은 우주의 창조에서 조화되는 관계와 리듬을 포함한다. 이것은 더욱 뚜렷하게 지적 매력이며, 물질 우주를 통일되게, 동시에 이해하는 방향으로 이끈다. 신다운 선함은 유한한 지성에 대하여 무한한 가치를 가진 계시를 대표하며, 그것은 유한한 지성 안에서 파악되고 인간답게 이해하는 영적 수준의 바로 그 문턱까지 높아질 것이다.

진리는 과학과 철학의 기본이며, 종교의 지적 기초를 제공한다. 아름다움은 예술, 음악, 그리고 인간의 모든 체험에서 중요한 리듬을 뒷받침한다. 선은 윤리·도덕·종교의 감각—완전을 향한 체험하는 욕구—를 에워싼다.

진보해서 진화하는 사실이 최상 지성이 지배함을 가리키는 것과 똑같이 확실하게, 아름다움의 존재는 그것을 이해하는 생물 지성이 있음을 의미한다. 아름다움은 현상으로 나타나는 실체의 광범위한 다양화가 어울리게 시간과 공간에서 합성됨을 총명하게 인식하는 것이며, 이것들은 모두 선재(先在)하는 영원한 일체로부터 가지쳐 나온 것이다.

선은 다양한 수준에서 신다운 완전의 상대적 가치를 정신적으로 인식하는 것이다. 선을 인식함은 도덕 지위를 가진 지성, 곧 선과 악을 구별하는 능력을 가진 성격의 지성을 뜻한다. 그러나 선(善), 위대함을 소유하는 것은 신성(神性)을 참으로 도달한 것을 재는 척도이다.

참된 관계들을 인식하는 것은 진리와 잘못을 구별하는 능력을 가진 지성을 암시한다. 수여되는 진리의 영은 유란시아의 인간 지성에게 투입되고, 틀림없이 진리에—하나님을 향한 영원한 오르막 길에서 조정되다시피 모든 사물과 존재의 살아 있는 영 관계에—민감하다.

모든 전자(電子), 생각, 또는 영의 모든 충동은 우주 전체에서 하나의 활동 단위이다. 오로지 죄가 정신과 영의 수준에서 항거하는, 고립되고 악한 인력이다. 우주는 하나의 전체이며, 어떤 사물이나 존재도 고립해서 존재하거나 살지 않는다. 자아의 실현은 그것이 반(反)사회적일 때 악할 잠재성이 있다. "어떤 사람도 혼자서 살지 못한다"는 것은 글자 그대로 참이다. 우주의 교제는 가장 높은 형태의 성격 통일이다. 예수는 말했다, "너희 가운데 가장 크게 되고자 하는 자는 모든 사람에게 봉사하는 자가 되라."

진리와 아름다움과 선조차도—지성·물질·영으로 이루어진 우주에 대한 사람의 총명한 접근도—신성한 최상의 이상을 가진, 하나의 통일된 개념으로 통합되어야 한다. 필사 성격자가 인간의 체험을 물질·지성·영과 통일하는 것 같이, 마찬가지로 이 신성한 최고의 이상은 최상위 안에서 권능으로 통일되며, 그리고 나서 아버지다운 사랑을 가진 하나님으로서 성격화된다.

어떤 주어진 전체에 대하여 부분들이 가지는 관계를 꿰뚫어보는 모든 통찰력은, 모든 부분이 그 전체에 대하여 가지는 관계의 파악을 요구한다. 우주에서 이것은 창조된 부분들이 창조하는 전체와 가지는 관계를 의미한다. 이처럼 신은 보편적이고 영원한 달성의 목표, 초월 목표, 아니 무한한 목표이다.

보편적 아름다움은 물질 창조에서 파라다이스 섬이 반영됨을 인식하는 것이다. 한편 영원한 진리는 파라다이스 아들들이 베푸는 특별한 봉사이며, 그들은 필사 민족들에게 자신을 수여할 뿐 아니라, 모든 민족에게 진리의 영을 퍼붓기까지 한다. 신다운 선함은 무한한 영이 거느리는 다채로운 성격자들이 베푸는 사랑의 봉사에서 더욱 충만히 보인다. 그러나 사랑은 이 세 성질을 총합한 것이요, 하나님이 영 아버지임을 사람이 파악하는 것이다.

물리적 물질은 절대 신들이 가진 파라다이스 에너지의 빛남이 시간과 공간 속에서 던지는 그림자이다. 진리 의미는 신의 영원한 말씀이 필사자의 지능 속에서 일으키는 반향이다—최상의 개념들을 시간과 공간 속에서 이해하는 것이다. 신성의 선한 가치는 진화하는 구체에서 사는 시공의 유한한 생물에게, 우주자·영원자·무한자, 이 영 성격자들이 베푸는 자비로운 봉사이다.

신성의 의미 있는 이 실체 가치는 아버지가 각 성격 생물과 가지는 관계에서 신다운 사랑으로서 섞인다. 이 가치는 신다운 자비로서 아들과 그의 아들들 안에서 조정된다. 그들은 영과 그의 영 자손들을 통해서 신성한 봉사, 곧 시간의 아이들에게 베푸는 사랑 깊은 자비를 묘사한 것으로서, 그들의 성질을 명백히 드러낸다. 이 세 가지 신성은 최상 존재로 권능과 성격의 합성으로서 1차적으로 나타난다. 칠중 하나님이 이것들을, 승천하는 일곱 수준에서 신성한 의미와 가치의 일곱 가지 다른 결합에서, 다양하게 보여 준다.

유한한 사람에게, 진리와 아름다움과 선함은 신성 실체의 충분한 계시를 포함한다. 신의 이 사랑과 이해가 하나님을 아는 필사자들의 생활 속에서 영적 표현을 발견함에 따라서, 지성의 평화, 사회의 진보, 도덕적 만족감, 영적 기쁨, 우주의 지혜, 이와 같은 신성의 열매가 맺어진다. 빛과 생명의 제7 단계에 있는 세계에서, 사랑이 우주에서 가장 위대한 것임을 상급 필사자들은 배웠다—그들은 하나님이 사랑임을 알고 있다.

사랑은 남에게 착한 일을 하려는 욕구이다.

[네바돈 계시 군단의 요청에 따라서, 유란시아 혹성 영주의 대관인 어떤 멜기세덱과 협동하여, 유란시아를 방문하는 어느 막강한 사자가 발표하였다.]

* * * * *

우주의 통일성에 관한 이 논문은 여러 저자가, 일련으로 발표한 가운데 25번째 발표이며, 만투시아 멜기세덱의 지휘 밑에서 활동하는 네바돈의 12 성격자 위원회가 한 집단으로서 후원하였다. 유란시아 시간으로 1934년에, 우리의 상관들이 허가한 기법에 따라서 이 여러 이야기를 구술하고 영어로 기록하였다.

제 3 부

유란시아의 역사

구원자별의 가브리엘의 권한으로
활동하는 지역 우주 성격자 군단이
이 논문집을 후원하였다.

제 3 부

유란시아의 역사

제 57 편

유란시아의 기원

유란시아의 선행(先行) 조건과 초기 역사에 관하여, 유란시아의 사실을 기록하려고 예루셈의 기록 보관소로부터 발췌한 것들을 발표하면서, 우리는 현행 관습에 따라서—1년이 365 ¼일이고 윤년이 있는 오늘날의 달력으로—시간을 계산하라고 지시를 받았다. 원칙으로, 정확한 연대를 밝히려고 아무 시도를 하지 않겠지만 그러한 연대는 기록에 남아 있다. 이 역사적 사실들을 발표하는 더 좋은 방법으로서, 우리는 가장 가까운 자연수를 쓰겠다.

1, 2백만 년 전 당시에 생긴 사건을 언급할 때, 우리는 그리스도교 시대의 20세기 초기의 몇십 년으로부터 그 연대만큼 거꾸로, 그러한 사건의 날짜를 표시하려고 한다. 이처럼 우리는 아득히 먼 이 사건들이, 우수리 없이, 수천 년, 수백만 년, 혹은 수십억 년의 기간에 일어난 것으로서 묘사하겠다.

1. 안드로노버 성운

유란시아는 너희의 태양에서 기원이 있었고, 그 태양은 안드로노버 성운의 잡다한 자손들 가운데 하나인데, 이 성운은 한때 네바돈 지역 우주의 물리적 동력과 물질 덩어리의 한 구성 분자로서 조직되었다. 이 큰 성운 자체는 무척 오래 전에, 오르본톤 초우주에서, 공간의 우주 물력 전하(電荷)에서 비롯하였다.

이 이야기가 시작되는 당시에, 파라다이스의 1차 물력 주조직자들은, 나중에 안드로노버 성운으로서 조직된 공간 에너지를 오랫동안 완전히 장악하고 있었다.

987,000,000,000년 전에 오르본톤 시리즈의 물력 부조직자와 당시에 대리 검열자 811,307번은 유버르사로부터 여행하면서, 그 때 오르본톤의 동쪽 부분 어떤 구역에서, 공간 조건이 물질화 현상을 개시하는 데 유리하다고 옛적부터 늘 계신 이들에게 보고하였다.

900,000,000,000년 전에 유버르사의 기록 보관소는 유버르사 균형 회의가 초우주 정부에게 발행한 허가증이 기록되었다고 증거하는데, 이것은 811,307번 검열자가 앞서 지정한 지역으로 물력 조직자 하나와 참모진을 파송할 것을 인가하였다.

오르본톤 당국은 이 잠재 우주를 최초로 발견한 자가 새 물질 창조를 조직하라고 요청하는 옛적부터 늘 계신 이들의 명령을 집행하라고 위임하였다.

이 허가증이 기록된 것은 그 물력 조직자와 참모진이 유버르사로부터 그 동쪽 공간 구역으로 먼 길을 이미 떠났음을 뜻하고, 거기서 나중에 그들은 오래 끈 활동에 종사하도록 예정되었는데, 이것은 오르본톤에서 한 새로운 물리적 창조의 출현으로 막을 내릴 것이었다.

875,000,000,000년 전에 굉장한 안드로노버 성운, 876,926 번이 정식으로 개시되었다. 오로지 물력 조직자와 연락 참모진의 계심이 이 에너지 소용돌이를 비롯하는 데 필요했는데, 그것은 결국 거대한 이 공간 회오리바람으로 성장했다. 그러한 성운 회전이 시작된 뒤에, 살아 있는 물력 조직자들은 다만 회전하는 원반의 평면에 대하여 직각(直角)으로 물러난다. 그 때 이후로, 에너지 본래의 성질은 그러한 새 물리 체계가 점진적으로 질서 있게 회전할 것을 보장한다.

이 무렵에 이야기는 초우주 성격자들의 활동으로 옮겨진다. 실제로 그 이야기는 이 시점에서—오르본톤 초우주의 동력 지도자와 물리 통제자들이 행동하도록 공간 에너지 조건을 준비해 놓고서, 파라다이스 물력 조직자들이 철수하려고 준비하는 바로 이 무렵에—적절히 시작된다.

2. 1차 성운 단계

모든 진화하는 물질 창조는 둥그런 가스 성운(星雲)으로부터 태어나며, 그러한 모든 1차 성운은 가스로 존재하는 초기 부분에 내내, 둥그렇다. 나이를 먹음에 따라서, 성운들은 보통 나선형이 된다. 태양을 형성하는 활동이 과정을 마치고 나서, 성운들은 흔히 별들의 집합으로서 또는 거대한 태양들이 되어 끝나고, 이 태양들은 수가 일정하지 않은 혹성과 위성, 그리고 여러 면에서 너희의 왜소한 태양계를 닮은, 작은 물질 집단에 둘러싸인다.

800,000,000,000년 전에, 안드로노버 창조는 오르본톤의 웅장한 1차 성운들 가운데 하나로서 모양을 잘 갖추었다. 근처의 우주들에서 천문학자들이 이 공간 현상을 바라보았을 때, 그들은 눈길을 끌 만한 것을 거의 보지 못했다. 인접한 창조들에서 얻은 인력 추정치는 안드로노버 지역에서 공간의 물질화가 일어나고 있음을 가리켰지만, 그것이 전부였다.

700,000,000,000년 전에, 안드로노버 체계는 거대한 규모를 이루고 있었고, 아주 급히 진화하는 이 새 물질 체계의 동력 중심들을 지원하고 그들에게 협조를 제공하려고, 둘러싼 아홉 물질 창조에 추가로 물리 통제자들이 파송되었다. 이 아득한 시절에, 차후의 창조들에게 물려준 물질은 모두 이 거대한 공간 바퀴의 테두리 안에 붙잡혀 있었다. 이 바퀴는 늘 계속 소용돌이쳤고, 그 최대 지름에 이른 뒤에, 계속해서 응축하고 줄어드는 동안에 점점 더 빠르게 소용돌이쳤다.

600,000,000,000년 전에, 안드로노버의 에너지를 동원하는 기간이 절정에 이르렀고, 그 성운은 그 최대 질량에 다다랐다. 이 때 그것은 납작해진 긴 구체(球體)와 얼마큼 비슷한 모양을 한, 거대한 둥그런 가스 구름이었다. 이 때는 상이한 질

량이 형성되고 회전 속도가 달라지는 초기였다. 인력과 기타 영향력이 바야흐로 공간의 가스를 조직된 물질로 바꾸는 일을 시작하려 했다.

3. 2차 성운 단계

그 엄청난 성운은 이제 비로소 차츰 나선형의 모습을 나타냈고, 먼 우주들에서도 비로소 천문학자들의 눈에 뚜렷이 보이게 되었다. 이것이 대부분의 성운들의 자연스런 역사이다. 태양을 내던지고 우주를 짓는 일을 시작하기에 앞서, 이 2차 공간 성운들은 보통 나선형 현상으로서 관찰된다.

그 아득히 먼 시대에 근처의 천문학자들은, 안드로노버 성운이 이렇게 변형되는 것을 지켜보면서, 20세기 천문학자들이 망원경을 우주를 향해 돌리고 인접한 외계 공간에서 지금 시대 나선형 성운을 관찰할 때 보는 것과 똑같은 것을 보았다.

질량의 극대화에 이를 무렵이 되어서, 가스 질 알맹이의 인력 통제가 약화되기 시작했고 가스가 탈출하는 단계가 뒤따랐는데, 가스는 두 개의 거대하고 뚜렷한 팔로서 흘러 나왔고, 이것들은 모체의 맞은 편에서 기원을 가졌다. 이 엄청난 중앙 핵심의 빠른 회전은 튀어나오는 이 두 가스 흐름에게 곧 나선형의 모습을 주었다. 튀어나온 이 팔 부분들이 식고 나중에 응축되자, 결국 그것들의 매듭지어진 모습을 낳았다. 어머니 바퀴의 인력 손아귀 안에 단단히 붙잡혀 있으면서, 더 밀집한 이 부분들은 성운의 가스 질 구름 한가운데서 공간을 통하여 소용돌이치는 자연 물질의 광대한 체계와 하위 체계들이었다.

그러나 그 성운은 수축하기 시작했고, 회전율의 증가는 인력의 통제를 더욱 약화시켰다. 오래지 않아서 바깥의 가스 지역은 성운 핵심의 직접 포옹으로부터 실제로 달아나기 시작했고, 불규칙한 윤곽을 가진 순회로를 타고 공간으로 나갔다가 핵심 지역으로 돌아와서 그 순회로를 마치곤 했다. 그러나 이것은 성운의 진보에서 일시적 단계일 뿐이었다. 자꾸 빨라지는 회전율은 곧 거대한 태양들을 독립된 회로 위에, 공간으로 내던질 것이었다.

그리고 이것이 아득히 오랜 세월 전에 안드로노버에서 일어난 것이다. 그 에너지 바퀴는 최대로 커질 때까지 줄곧 자랐고, 그리고 나서 수축이 시작되었을 때, 점점 더 빨리 빙빙 돌았으며, 결국에는 결정적인 원심(遠心)단계에 도달하고 큰 붕괴가 시작되었다.

500,000,000,000년 전에 안드로노버의 첫 태양이 태어났다. 타오르는 이 줄기는 모체의 인력 손아귀로부터 갈라져 나왔고, 공간을 째고서 창조된 우주에서 독립된 모험으로 들어갔다. 그 궤도는 그 태양이 도망가는 경로에 따라서 정해졌다. 그러한 젊은 태양들은 재빨리 구체가 되고, 공간의 별로서 길고도 파란 많은 생애를 시작한다. 말기에 이른 성운의 핵심을 제쳐 놓고, 대다수의 오르본톤 태양들은 비슷한 출생을 겪었다. 도망하는 이 태양들은 진화하고 나중에 우주에 소용되는 다채로운 기간을 거친다.

400,000,000,000년 전에 안드로노버 성운이 물질을 다시 잡아들이는 기간이 시작되었다. 근처의 작은 태양들 가운데 다수는 모체의 핵심이 차츰 확장하고 계속 응축되는 결과로서 다시 붙잡혔다. 오래지 않아, 성운이 응축되는 말기 국면이 시작되었는데, 이 기간은 에너지와 물질로 이루어진 어마어마한 이 공간 집합체들이 마지막으로 분리되기 전에 반드시 앞서는 기간이다.

네바돈 미가엘, 곧 파라다이스 아들 창조자가 붕괴하는 이 성운을 우주를 짓는 모험 장소로 고른 것은 이 시기 뒤에 1백만 년이 채 되지 않았다. 거의 당장에 구원자별의 건축 세계들과 1백 별자리 본부 집단의 혹성들이 시작되었다. 특별히 지어진 이 집단의 세계들을 완성하는 데는 거의 1백만 년이 걸렸다. 지역 체계 본부 혹성들은 그 때부터 약 거의 50억 년 전까지 연장되는 기간에 걸쳐 건축되었다.

300,000,000,000년 전에 안드로노버의 태양 회로들은 자리를 잘 잡았고, 그 성운 체계는 비교적 물리적으로 안정된, 덧없는 기간을 거치고 있었다. 이 무렵에 미가엘의 참모진이 구원자별에 도착했고, 오르본톤의 유버르사 정부는 네바돈 지역 우주를 물리적으로 인정하였다.

200,000,000,000년 전에 안드로노버의 중앙 집합체에서 거대한 열이 발산되는 것과 함께, 수축과 응축이 진행되었다. 중앙의 어머니 태양 바퀴 가까이 있는 지역에서도 상대적 공간이 나타났다. 바깥 지역은 더 안정되고 더욱 잘 조직되었고, 새로 태어난 태양들 둘레를 도는 어떤 혹성들은 생명을 옮겨 심기에 적당할 만큼 충분히 식었다. 네바돈에서 가장 오래 된 혹성들은 이 시절로 거슬러 올라간다.

이제 네바돈의 완성된 우주 작용이 처음으로 움직이기 시작하며, 미가엘의 창조는 사람이 살고, 진보하는 필사자가 승천하는 우주로서 유버르사에 등록되었다.

100,000,000,000년 전에 성운에서 응축하는 긴장의 정점이 도달되었고, 열의 긴장이 극대화되는 점에 이르렀다. 인력(引力)과 열이 다투는 이 임계(臨界) 단계는 때때로 오랜 세월 동안 지속되지만, 인력과 벌이는 싸움에서 머지 않아 열이 이기고, 태양이 분산되는 볼 만한 시기가 비롯된다. 그리고 이것은 공간 성운의 2차 생애가 끝남을 표시한다.

4. 3차와 4차 단계

1차 단계의 성운은 둥그렇고, 2차 단계는 나선형이며, 3차 단계는 처음 태양이 분산되는 시기이다. 한편 4차 시기는 태양이 분산되는 둘째이자 마지막 주기를 포함하고, 모체의 핵심은 공 모양의 성단(星團)으로서, 아니면 말기 태양계의 중심으로 활동하는 혼자 있는 태양으로서 끝난다.

75,000,000,000년 전에 이 성운은 그 태양 가족 단계의 절정에 이르렀다. 이 때는 태양을 잃어버리는 첫째 기간의 정점이었다. 이 태양들의 대다수는 그 뒤에 광범위한 체계의 혹성, 위성, 흑도(黑島), 혜성, 운석, 그리고 우주의 먼지 구름을 확보하였다.

50,000,000,000년 전에 태양이 분산되는 이 첫 시기가 끝났다. 그 성운은 그 존재의 3차 주기를 급히 마치고 있었고, 그 기간에 그 성운은 876,926 태양계에 기원을 주었다.

25,000,000,000년 전에는 성운 생명의 3차 주기가 끝나는 것을 구경했고, 이 부모 성운으로부터 파생된 널리 펼쳐진 별 체계들이 조직되고 상대적으로 안정되었다. 그러나 물리적으로 수축하는 과정과 늘어난 열의 발산은 성운 찌꺼기의 중심 덩어리에서 계속되었다.

10,000,000,000년 전에 안드로노버의 4차 주기가 시작되었다. 핵심 덩어리의 최대 기온이 도달되었고, 응축의 임계점이 다가오고 있었다. 최초의 모체인 핵심은 그 자체 내부의 열이 응축되는 긴장, 그리고 둘러싼 해방된 태양계들의 집단이 가진 늘어나는 인력 조수(潮水)의 끄는 힘, 이 둘의 통합된 압력을 받아 경련을 일으키고 있었다. 성운의 둘째 태양 주기를 개시할 핵심의 분출이 다가왔다. 성운 존재의 4차 주기가 바야흐로 시작되려 했다.

8,000,000,000년 전에 끔찍한 마지막 분출이 시작되었다. 그러한 우주 격변이 있을 때에는 오직 바깥에 있는 체계들만 안전하다. 그리고 이것이 성운의 종말의 시작이었다. 마지막으로 태양을 토해 내는 것은 거의 20억 년에 걸쳐 이어졌다.

7,000,000,000년 전에는 안드로노버의 마지막 분열의 절정을 구경하게 되었다. 이 때는 말기의 큰 태양들이 태어나고 지역의 물리적 소란이 절정에 이른 기간이었다.

6,000,000,000년 전은 마지막 분열의 끝과 너희 태양의 출산을 표시하였고, 너희 태양은 안드로노버의 둘째 태양 가족에서 끝에서부터 56번째였다. 성운 핵심의 이 마지막 분출은 136,702개의 태양을 낳았고, 그 대부분은 혼자 있는 공이었다. 안드로노버 성운에서 기원을 가진 태양 및 태양계들의 총수는 1,013,628개였다. 태양계에 속하는 태양의 수는 1,013,572개였다.

그리고 위대한 안드로노버 성운은 이제 더 없지만, 공간의 이 어머니 구름 속에서 비롯한, 많은 태양과 그 혹성 집단 안에서 계속 산다. 이 웅장한 성운의 마지막 핵심의 잔재는 아직도 불그스레한 빛을 띠고 타며, 165 세계로 이루어진 나머지 혹성 가족에게, 계속해서 수그러진 빛과 열을 준다. 이 세계들은 막강한 두 세대의 빛의 군주들을 낳은, 존경할 이 모체 둘레를 지금 돌고 있다.

5. 몬마시아의 기원—유란시아 태양계

5,000,000,000년 전에 너희의 태양은 비교적 고립된 타오르는 공이었고, 근처에 돌고 있는 공간 물질의 대부분을 자체에게로 모았는데, 이것은 그 자체의 출생에 뒤따라 최근의 격변에서 생긴 찌꺼기였다.

오늘날, 너희의 태양은 비교적 안정을 이룩했지만, 11년 반의 흑점 주기는 태양이 그 청춘기에 변광성(變光星)이었다는 것을 드러낸다. 너희 태양의 초기 시절에, 계속된 수축과 그에 따른 점진적 온도의 증가는 표면에서 엄청난 경련을 일으켰다. 이 거대한 융기는 밝기가 변하는 주기를 마치는 데 3일 반이 걸렸다. 이 변광 상태, 정기적으로 뛰는 이 맥박은, 너희 태양으로 하여금 곧 마주치게 된 어떤 외부 영향력에 무척 민감하게 만들었다.

이처럼 지역 공간의 무대가 몬마시아의 독특한 기원을 위하여 준비되었는데, 이것이 너희 태양의 혹성 집단의 이름이고, 그 태양계에 너희 세계가 속한다. 1퍼센트가 채 안 되는 오르본톤의 혹성 체계들은 이와 비슷한 기원을 가졌다.

4,500,000,000년 전에 막대한 앙고나 체계가 혼자 있는 이 태양의 이웃으로 다가가기 시작했다. 이 큰 체계의 중심은 공간의 어두운 거성(巨星)이었는데, 단단하고 상당히 충전되어 있었고, 엄청난 인력의 힘을 소유하고 있었다.

태양이 맥박치는 동안, 최대로 확장된 순간에 앙고나가 태양에 더욱 가까이 다가가자, 가스 물질의 흐름이 공간으로, 거대한 태양의 여러 혀로서 분출되어 나왔다. 처음에는 타오르는 이 가스 혀들이 변함없이 태양 속으로 도로 떨어졌다. 그러나 앙고나가 더 가까이 다가가자, 거대한 방문객이 가진 인력(引力)의 힘이 너무 커져서 이 가스 혀들은 어떤 점에서 부서지곤 했는데, 그 뿌리들은 태양으로 도로 떨어졌고, 한편 바깥 부분들은 독립된 물질 덩어리, 곧 태양 운석들을 형성하도록 떨어져 나가곤 했다. 이것들은 즉시 자체의 타원형 궤도에서 태양의 둘레를 돌기 시작했다.

앙고나 체계가 더 가까이 다가가자, 태양의 분출물은 점점 더 커졌다. 갈수록 더 많은 물질이 태양으로부터 당겨져서, 둘레의 공간에서 회전하는 독립된 물체들이 되었다. 앙고나가 태양에 가장 가까이 접근할 때까지, 이 상황은 약 50만 년 동안 발전되었고, 그렇게 되자 태양은 자체에서 정기적인 내부 경련(痙攣) 중 하나와 연관되어, 부분적 분열을 겪었다. 정반대 쪽에서 동시에, 막대한 분량의 물질이 토해졌다. 앙고나 편에서 보아서, 양쪽 끝에는 뾰족하고 가운데는 두드러지게 불룩한, 태양 가스의 거대한 기둥이 빠져 나왔고, 이것은 태양의 직접 인력 통제에서 영구하게 떨어져 나왔다.

태양으로부터 이렇게 떨어져 나온, 태양 가스의 이 큰 기둥은 나중에 태양계의 12 혹성으로 진화했다. 이 거대한 태양계 조상의 분출에 조수(潮水)처럼 동조해서, 태양의 맞은 편으로부터 나온 가스의 메아리치는 분출은 그 뒤에 태양계의 운석들과 공간의 먼지로 응축되었다. 하지만 이 물질의 많은 부분, 상당히 많은 부분은 나중에, 앙고나 체계가 먼 공간으로 물러감에 따라서, 태양 인력에 다시 붙잡혔다.

태양계 혹성들의 조상 물질, 그리고 소행성과 운석이 되어 태양 둘레를 지금 돌고 있는 거대한 부피의 물질을 뽑아 내는 데 성공하기는 했어도, 앙고나는 이 태양 물질 가운데 어느 것도 자체를 위해서 확보하지 못했다. 방문하던 그 체계는 실제로 태양 물질의 어느 것도 훔쳐 갈 만큼 아주 가까이 오지는 않았지만, 오늘날의 태양계를 구성하는 물질 모두를 가운데 공간으로 잡아당길 만큼 충분히 가깝게, 휙 지나갔다.

앙고나가 태양으로부터 떼어 내기에 성공한 부분, 인력으로 부푼 거대한 부분의 덜 무겁고 가늘어지는 끝에서 식고 응축하는 핵심들로부터, 내부의 다섯 혹성과 외부의 다섯 혹성이 곧 소규모로 형성되었고, 한편 토성과 목성은 더 육중하고 불룩한 중앙 부분으로부터 형성되었다. 목성(木星)과 토성(土星)의 강력한 인력의 당김은 앙고나로부터 훔친 물질의 대부분을 일찍부터 잡아들였고, 이것은 그들에 속한 어떤 위성들의 역행(逆行)하는 움직임이 증거하는 바와 같다.

목성과 토성은 지나치게 가열된 태양 가스의 거대한 기둥의 바로 그 중심으로부터 유래되었으며, 뜨겁게 가열된 태양 물질을 너무 많이 포함했기 때문에, 밝은 빛으로 빛났고 막대한 양의 열을 방출했다. 분리된 공간 물체로서 형성된 뒤에, 잠시 동안 그들은 실제로 2차 태양이었다. 태양계 혹성들 가운데 가장 큰 이 두 혹성은 오늘날까지 대체로 가스로 남았고, 완전히 응고하거나 고체화되는 점에 이르기까지 아직 식지도 않았다.

다른 10 혹성에서 가스가 응축되는 핵심들은 곧 고체화하는 단계에 이르렀고, 그래서 근처의 공간에서 돌고 있는 운석 물질의 늘어나는 분량을 자체 쪽으로 잡아당기기 시작했다. 태양계의 세계들은 이처럼 두 가지 기원을 가졌다: 가스로 응축된 핵심, 그리고 이것이 나중에 엄청난 양의 운석을 잡아들여 커진다. 정말로 그 핵심들은 아직도 계속해서 운석들을 잡아들이지만, 그 숫자는 크게 줄어들었다.

그 혹성들은 모체인 태양의 적도(赤道) 평면에서 태양의 둘레를 돌지 않는데, 그 혹성들이 태양의 회전으로 말미암아 던져졌더라면 그렇게 할 것이다. 그것들은 오히려 앙고나의 태양 분출이 있던 평면에서 여행하고, 이것은 태양 적도의 평면에 대하여 상당한 각을 이루고 존재하였다.

앙고나는 태양의 물질을 조금도 생포할 수 없었지만, 너희의 태양은 변형하는 자체의 혹성 가족에게, 방문하는 체계의 회전하는 공간 물질을 얼마큼 보태 주었다. 앙고나의 강렬한 인력의 장(場) 때문에, 그에 종속하는 혹성 가족은 그 검은 거성으로부터 상당히 멀리 떨어진 궤도를 추구했다. 태양계의 조상 물질이 분출된 뒤에 얼마 안 되어, 그리고 앙고나가 아직 태양 근처에 있는 동안, 앙고나 체계의 주요 혹성들 가운데 셋이 육중한 태양계 조상에게 너무 가까이 휙 던져졌기 때문에, 그 인력의 힘은 태양 인력으로 증대되어서, 앙고나의 인력 장악의 균형을 깨뜨리고 그 하늘 방랑자의 이 세 종속체를 영구히 떼어 내기에 충분했다.

태양으로부터 생겨난 태양계 물질은 모두 동질(同質)의 궤도 회전 방향을 처음에 부여받았고, 이 세 개의 외래 공간 물체의 침입이 아니었다면, 태양계 물질은 모두 아직도 같은 방향의 궤도 운동을 유지할 것이다. 실제로 일어난 바와 같이, 세 앙고나 종속체의 충격은 태어나는 태양계 안으로 새로운 외래 방향을 가진 물력을 투입했고, 그 결과로 <u>역행 운동</u>의 모습을 낳았다. 어느 천문 체계에서도 역행(逆行) 운동은 언제나 사고로 생기며, 반드시 외래 공간 물체가 부딪치는 충격의 결과로서 나타난다. 그러한 충돌이 반드시 역행 운동을 낳지 않을지 모르지만, 다양한 기원을 가진 덩어리들을 포함하는 체계 외에는, 아무런 역행도 결코 일어나지 않는다.

6. 태양계 단계—혹성이 형성되는 시대

태양계가 태어난 뒤에, 태양의 구토(嘔吐)가 줄어드는 기간이 따랐다. 다시 50만 년 동안, 태양은 줄어드는 양의 물질을 둘레의 공간으로 줄곧, 점점 적게 퍼부었다. 그러나 궤도가 불규칙했던 이 초기 시절에, 둘러싼 물체들이 태양에 아주 가까이 다가왔을 때, 부모인 태양은 이 운석 물질의 큰 부분을 다시 잡아들일 수 있었다.

태양에 가장 가까운 혹성들은 조수(潮水) 같은 마찰 때문에 먼저 회전이 느려지게 된 혹성들이다. 그러한 인력의 영향은 또한 혹성 궤도를 안정시키는 데 이바지하고, 혹성이 축 둘레를 도는 속도에 대하여 브레이크 노릇을 하면서 자전(自轉)이 멈출 때까지, 혹성이 늘 더욱 천천히 돌게 만들고, 그 혹성의 한쪽 반구(半球)가 언제나 태양이나 또는 더 큰 물체를 향하게 만든다. 이것은 수성(水星)과 달이 보여 주는 바와 같으며, 달은 유란시아에 언제나 같은 얼굴을 보인다.

달과 지구의 조수 마찰이 균등하게 될 때, 지구는 언제나 달을 향하여 같은 반구(半球)를 돌릴 터이고, 그 날과 달이 비슷할 것이다—그 길이가 약 47일이다. 그러한 궤도의 안정을 얻었을 때, 조수의 마찰은 역(逆)작용에 들어갈 터이고, 이제 더 지구로부터 달을 멀리 밀어내지 않고, 차츰 그 위성을 혹성을 향하여 끌어당긴다. 그리고 나서, 달이 지구에서 약 17,600킬로미터 안으로 접근하는 아득히 먼 그 앞날에, 지구의 인력은 달이 분열하게 만들겠고, 이 조수 인력으로 생긴 폭발은 달을 조그만 입자로 산산조각 낼 것이다. 이 입자들은 그 세계 둘레에 토성의 고리들을 닮은 물질의 고리로서 집합할 수도 있고, 아니면 운석(隕石)이 되어 지구로 차츰 이끌릴 수도 있다.

공간 물체들이 크기와 밀도에서 비슷할 때, 충돌이 일어날 수 있다. 그러나 밀도가 비슷한 두 공간 물체의 크기가 상대적으로 비슷하지 않고, 작은 것이 큰 것에 점진적으로 다가가면, 작은 물체의 궤도의 반지름이 더 큰 물체의 반지름의 2.5배보다 작게 될 때, 작은 물체의 분열이 일어날 것이다. 공간에 있는 거성들 사이에서 충돌은 참으로 보기 드물지만, 이 인력의 조수로 말미암아 생기는 작은 물체들의 분열은 아주 흔하다.

유성(流星)들이 떼지어 생기는 것은, 유성들이 더 큰 물질 덩어리의 조각이기 때문이며, 이것들은 근처에 있는 좀더 큰 공간 물체들이 행사하는 조수 같은 인력에 분열된 것이다. 토성의 반지들은 분열된 어느 위성의 조각이다. 목성의 달 가운데 하나는 지금 조수로 분열되는 임계 지대에 아슬아슬하게 가까이 가고 있고, 몇 백만 년 안에 그 혹성에게 회수되든지, 아니면 인력 조수로 인한 분열을 겪을 것이다. 태양계의 다섯째 혹성은 무척 오래 전에, 불규칙한 궤도를 따라 돌았고, 정기적으로 목성에 점점 더 가까이 접근했으며, 마지막에 인력 조수로 말미암아 분열되는 임계 지대에 들어가서, 재빨리 조각이 나고 오늘날 소행성들의 집합이 되었다.

4,000,000,000년 전에는 목성과 토성 체계들이 조직되는 것을 구경하였고, 이것은 수십억 년 동안 크기가 계속 커진 자체의 달들을 빼고, 오늘날 관찰되는 바와 무척 비슷했다. 사실, 태양계의 혹성과 위성들은 모두, 계속해서 운석을 잡아들이는 결과로서, 아직도 자라고 있다.

3,500,000,000년 전에 다른 10 혹성의 응축하는 핵심들이 잘 형성되었고, 대다수의 달의 핵은 그대로 남아 있었다. 하지만 작은 위성들 가운데 더러는 나중에 뭉쳐서 오늘날의 더 큰 달들을 이루었다. 이 시대를 혹성이 조립되는 시대로 여겨도 좋다.

3,000,000,000년 전에 태양계는 오늘날과 아주 비슷하게 활동하고 있었다. 그 구성원들은, 공간의 운석들이 엄청난 비율로 혹성과 그 위성들한테 줄곧 쏟아짐에 따라서, 계속해서 덩치가 커졌다.

이 무렵에 너희 태양계는 네바돈의 물리 등록부에 기록되었고, 몬마시아라는 이름이 주어졌다.

2,500,000,000년 전에 혹성들은 덩치가 엄청나게 커졌다. 유란시아는 오늘날 크기의 약 10분의 1로 잘 발육된 구체였고, 아직도 운석이 첨가되어 빨리 자라고 있었다.

이 엄청난 활동은 모두 유란시아 서열의 진화 세계를 만드는 데 정상인 부분이며, 시간 속에서 생명의 모험을 위한 준비로서, 그러한 공간 세계들이 물리적 진화를 시작하기 위하여 무대를 세우는 데 천문학적 준비 과정이다.

7. 운석 시대—화산 시대
원시의 혹성 대기

이 초기 시절 동안 내내, 태양계의 공간 지역에는 파괴적이고 응축된 작은 물체들의 떼가 들끓고 있었고, 보호하는 태우는 공기가 없는 가운데 그러한 공간 물체들은 유란시아의 표면에 바로 부딪쳤다. 이 끊임없는 충격은 혹성의 지표를 얼마큼 가열했고, 이것은 그 구체가 자람에 따라서 늘어난 인력 활동과 함께, 철과 같이 무거운 원소들이 차츰 혹성의 중심을 향하여 점점 더 가라앉게 한 영향력이 비로소 작용하도록 만들었다.

2,000,000,000년 전에 지구는 달을 분명히 능가하기 시작했다. 언제나 이 혹성은 그 위성보다 컸지만, 이 무렵까지는 크기에 별 차이가 없었는데, 이 때 엄청난 공간 물체들이 지구에게 붙잡혔다. 당시에 유란시아는 현재 크기의 약 5분의 1이었고, 원시적 대기를 붙들어 둘 만큼 충분히 크게 되었는데, 이 대기(大氣)는 가열된 내부와 식어 가는 껍질 사이에서, 안에서 원소들이 투쟁하는 결과로서 비로소 나타났다.

분명한 화산(火山) 활동은 이 시절로 거슬러 올라간다. 운석들이 공간으로부터 가져온 원소, 방사성이 있거나 무거운 원소들이 더욱 깊고 깊이 파묻혀서 지구의 내부 온도는 계속 높아졌다. 방사성을 가진 이 원소들을 연구하면 유란시아의 표면이 10억 년이 더 되었다는 것을 드러내겠다. 라디움 시계는 혹성의 나이를 과학적으로 추정하는 데 가장 믿을 만한 시계이다. 그러나 모든 그러한 추정치는 너무 짧은데, 이는 너희의 정밀 검사에 나타나는 방사성 물질은 모두 지구 표면에서 추출된 것이고, 따라서 유란시아가 이 원소들을 비교적 최근에 얻었음을 나타낸다.

1,500,000,000년 전에 지구는 현재 크기의 3분의 2가 되었고, 한편 달은 그 현재 질량에 가까워지고 있었다. 지구의 크기가 달을 급히 능가한 것은 지구로 하여금 그 위성이 최초에 가지고 있던 얼마 안 되는 대기를 천천히, 비로소 강탈하게 만들었다.

화산의 활동은 이제 절정에 이르렀다. 지구 전체가 타오르는 진정한 지옥이었고, 그 표면은 무거운 금속들이 중심으로 가라앉기 전에, 초기에 녹아 있던 상태를 닮았다. <u>이 때가 화산 시대이다</u>. 그런데도 비교적 가벼운 화강암(花崗巖)으로 주로 이루어진 껍질이 차츰 형성되고 있다. 언젠가 생명을 지원할 수 있는 혹성을 위하여 무대가 준비되고 있다.

원시의 혹성 대기(大氣)가 천천히 생성되고 있으며, 이제는 얼마큼의 수증기, 1산화 탄소, 2산화 탄소, 염화 수소를 담고 있다. 그러나 자유로운 질소나 산소는 거의 또는 전혀 없다. 화산(火山) 시대에 있는 세계의 대기는 이상한 광경을 보여준다. 앞에 열거한 가스 외에도, 대기는 수많은 화산 가스로 무겁게 채워져 있고, 공기의 띠가 성숙함에 따라서, 혹성의 표면에 항상 팽개쳐지는 무거운 운석 소나기의 타 버린 산물로 채워진다. 그러한 운석이 타는 것은 대기의 산소를 거의 소모해 버리는데, 운석의 폭격 비율은 아직도 엄청나다.

이내, 혹성의 뜨겁고 거친 표면에서 비가 오기 시작할 정도로 대기는 더욱 안정되고 충분히 식었다. 수천 년 동안 유란시아는 하나의 광대하고 이어진 수증기의 담요로 둘러싸여 있었다. 그리고 이 시대에 해는 지구의 표면에 결코 비친 적이 없었다.

대기에 있는 탄소의 상당 부분은 추출(抽出)되어 혹성의 지표 층에 풍부한 여러 가지 금속의 탄산염을 형성하였다. 나중에 훨씬 많은 양의 이 탄소 가스가 초기의 다산하는 식물 생명에게 소비되었다.

후기에도, 계속되는 용암의 흐름과 쏟아지는 운석들은 공기에 있는 산소를 거의 완전히 소모해 버렸다. 곧 출현하는 원시 대양(大洋)의 초기 침전물조차도 아무런 색깔 있는 돌이나 혈암(頁岩)을 포함하지 않는다. 그리고 이 대양이 나타난 뒤에 오랫동안, 대기에는 자유로운 산소가 거의 없었다. 해초(海草) 및 다른 형태의 식물 생명이 나중에 산소를 발생시킬 때까지, 산소는 상당한 양으로 나타나지 않았다.

화산 시대에 혹성에 있는 원시적 대기는, 운석 떼들의 충돌하는 충격으로부터 거의 보호해 주지 않는다. 수백만의 운석들이 그러한 공기의 띠를 꿰뚫고, 고체로서 혹성의 껍질에 부딪칠 수 있다. 그러나 시간이 지남에 따라서, 후기 시대에 산소로 강화되는 대기가 가진 방패, 항상 강해지는 마찰력의 방패에 저항할 만큼 큰 것으로 판명되는 운석들의 수가 차츰 줄어들었다.

8. 땅 껍질의 안정

지진 시대

세계적 대양과 처음 대륙

1,000,000,000년 전이 유란시아 역사가 실제로 시작한 날이다. 그 혹성은 대체로 오늘날의 크기에 이르렀다. 이 무렵에 그 혹성은 네바돈의 물리 등록부에 기록되었고, 유란시아라는 이름이 주어졌다.

끊임없이 수증기의 응결과 함께, 공기는 지구의 껍질이 식는 것을 수월하게 했다. 화산의 활동은 내부 열의 압력과 껍질의 수축을 일찍부터 균형시켰고, 화산의 수가 급히 줄어들자, 그리고 껍질이 식고 조정되는 이 시기가 진전되자, 지진이 나타났다.

유란시아의 참 지질학적 역사는 첫 대양이 형성되도록 지구의 껍질이 넉넉히 식는 것과 함께 시작된다. 지구의 식어 가는 껍질에서 물과 수증기의 응결은, 일단 시작되자, 거의 마칠 때까지 계속되었다. 이 기간의 끝이 되어서 대양은 온 세계에 퍼졌고, 평균 1.6킬로미터가 넘는 깊이로 혹성 전체를 덮었다. 조수(潮水)는 지금 관찰되는 것과 비슷하게 그 때 작용하고 있었지만, 이 원시의 대양은 짜지 않았다. 그 물은 실질적으로 온 세상을 덮은 민물이었다. 그 당시에 염소(鹽素)의 대부분은 여러 가지 금속과 통합되었지만, 수소(水素)와 합쳐서 이 물을 약하게 산성으로 만들기에 넉넉히 염소가 있었다.

이 아득한 시대가 열릴 때 유란시아는 물에 잠긴 혹성이라고 상상해야 한다. 나중에, 더 깊고, 따라서 밀도가 더 높은 용암의 흐름이 현재 태평양의 밑바닥에서 나왔고, 물로 덮인 표면의 이 부분은 상당히 눌리게 되었다. 차츰차츰 두꺼워지는 땅 껍질을 균형시키는 보상하는 조정이 생기면서, 처음 대륙의 땅 덩어리가 세계의 대양으로부터 솟아 나왔다.

950,000,000년 전에 유란시아는 하나의 큰 대륙과 하나의 큰 물 덩어리, 태평양이 있는 그림을 제시한다. 화산들은 아직 널리 퍼져 있고 지진(地震)은 잦고 심하다. 운석들은 계속해서 지구를 폭격하지만, 그 빈도와 크기가 줄어들고 있다. 대기는 맑아지고 있지만, 2산화 탄소의 양은 계속 많다. 지구의 껍질은 차츰 안정되고 있다.

이 무렵에 유란시아는 혹성 행정 때문에 사타니아 체계에 배치되었고, 놀라시아덱의 생명 기록부에 등록되었다. 그리고 나서 작고 하찮은 그 구체의 행정적 승인이 시작되었다. 그 구체는 미가엘이 나중에 필사자로서 자신을 수여하는 엄청난 사업에 착수할 혹성이 되도록 운명이 정해졌고, 거기서 미가엘은 나중에 유란시아로 하여금 그 후에 "십자가의 세계"로서 지역에서 알려지게 만든 여러 체험에 참여할 것이다.

900,000,000년 전에는 예루셈으로부터 사타니아의 첫 정찰단이 도착하는 것을 구경했는데, 그들은 그 혹성을 검사하고, 생명 실험 장소가 되도록 적응되어 있는가 보고하라고 파송되었다. 이 위원회는 24명으로 구성되었고, 생명 운반자, 라노난덱 아들, 멜기세덱, 세라핌들, 그리고 혹성의 조직 및 행정의 초기 시절과 상관이 있는 다른 계급의 하늘 생명들을 포함했다.

혹성에 관하여 피땀 흘려 조사를 마친 뒤에, 이 위원회는 예루셈으로 돌아가서 체계 군주에게 유리하다고 보고했고, 유란시아를 생명 실험 등록부에 기입할 것을 추천했다. 그에 따라 너희 세계는 예루셈에서 십일(十一) 혹성으로 등록되었고, 생명 운반자들은 그들이 나중에 생명을 옮겨 심고 씨뿌리라는 명령을 가지고 도착할 때, 그들에게 기계·화학·전기(電氣) 방법으로 동원하는 새로운 원형(原形)을 개시할 허가가 내릴 것이라고 통지를 받았다.

마땅한 절차를 거쳐, 예루셈에서 12명으로 이루어진 한 혼합된 위원회는 혹성을 점령하는 준비를 마쳤고, 이것은 에덴시아에 있는 70자로 이루어진 혹성 위원회의 인가를 받았다. 생명 운반자들에게 자문하는 상담자들이 제안한 이 계획은 마침내 구원자별에서 승인을 받았다. 바로 그 뒤에, 네바돈 방송은 유란시아가 생명 운반자들이 60번째로 사타니아의 실험을 행할 무대가 되리라는 발표를 내보냈고, 이것은 네바돈 생명 원형들 중에서 사타니아 종류를 확대하고 개량하도록 고안되었다.

온 네바돈에 보낸 우주 방송에서 유란시아가 처음으로 인정되고 나서 바로 뒤에, 유란시아에게는 완전한 우주 지위가 주어졌다. 그 뒤에 곧, 초우주의 소구역 및 대구역 본부 혹성들의 기록부에 유란시아가 등록되었다. 이 시대가 끝나기 전에, 유란시아는 유버르사의 혹성 생명 기록부에 기입되었다.

이 시대 전체가 잦고도 격심한 폭풍우의 특징을 가졌다. 지구의 초기 껍질은 계속해서 변화하는 상태에 있었다. 지표의 냉각이 굉장한 용암의 흐름과 번갈아 일어났다. 세상의 표면 어디서도 이 최초의 혹성 껍질을 조금도 발견할 수 없다. 그것은 모두 깊은 곳에서 나온 분출하는 용암과 너무 자주 섞이고, 초기의 세계적인 대양에서 생긴 후일의 침전물과 섞였다.

세상의 표면 어디서도, 카나다 동북부의 헛슨 만 둘레보다, 고대(古代)의 대양이 있기 전에 생긴 이 바위들의 변화된 잔재가 더 많이 발견되지 않을 것이다. 널리 퍼진 이 화강암 고지(高地)는 대양이 생기기 이전 시대의 돌로 이루어져 있다. 이 돌 지층은 가열되고, 구부러지고, 비틀리고, 구겨졌고, 여러 번 이 지층은 일그러뜨리는 이 변형 체험을 거쳤다.

대양 시대 동안 죽, 층을 이룬 엄청난 지층, 화석이 없는 돌의 지층이 이 고대의 대양 밑바닥에 가라앉았다. (석회암은 화학적 침전의 결과로서 형성될 수 있다. 오래 된 석회암이 모두 해양 생명의 침전으로 생기지는 않았다.) 이 고대의 바위 구조에서 아무 데도 생명의 증거는 발견되지 않을 것이다. 어떻게 우연히, 물 시대의 나중 침전물이 더 오래 된 지층, 생명이 생기기 이전의 이 지층들과 섞이지 않는 한, 이 바위들은 아무런 화석을 포함하지 않는다.

지구의 초기의 껍질은 상당히 불안정했지만, 산들은 아직 형성되는 과정에 있지 않았다. 혹성은 형성되는 동안에 인력의 압력을 받아 수축했다. 산들은 수축하는 구체의 식는 껍질이 무너져서 생기는 결과가 아니라, 비와 인력과 침식(浸蝕) 활동의 결과로서 나중에 나타난다.

이 시대에 대륙의 땅 덩어리는 지구 표면의 거의 10퍼센트를 덮을 때까지 늘어났다. 대륙의 땅 덩어리가 물 위에 썩 솟아 나올 때까지, 심한 지진은 시작되지 않았다. 한번 시작되자, 지진은 오랜 세월 동안 그 빈도와 가혹한 정도가 늘어났다. 수백만 년 동안 지진이 줄어들었지만, 유란시아에는 아직도 날마다 평균 열 다섯 번 일어난다.

850,000,000년 전에 지구의 껍질이 안정되는 진정한 첫 시기가 시작되었다. 무거운 금속들의 대부분은 공의 중심을 향하여 가라앉았고, 식어 가는 껍질은 앞선 시대에서 한 것처럼 대규모로 무너지기를 그쳤다. 땅의 돌출부와 그보다 무거운 대양의 바닥 사이에 균형이 더 잘 이루어졌다. 지표 밑에 있는 용암의 흐름은 거의 세계적으로 퍼졌고, 이것은 냉각과 수축과 지표의 이동 때문에 생긴 변동을 보상하고 안정시켰다.

화산의 분출과 지진(地震)은 그 빈도와 심한 정도가 계속해서 줄어들었다. 대기는 화산 가스와 수증기를 깨끗이 치우고 있었지만, 2산화 탄소의 비율은 아직도 높았다.

공중에서, 땅에서, 전기(電氣)의 교란도 또한 줄어들고 있었다. 용암의 흐름은 껍질을 다채롭게 만들고 어떤 공간 에너지로부터 혹성을 더 낫게 절연시키는 원소들의 혼합물을 땅 표면으로 가지고 왔다. 이 모든 것은 자력(磁力)을 띤 두 극의 작용에서 나타나다시피, 땅 에너지의 통제를 용이하게 하고 그 흐름을 규제하는 데 많이 기여했다.

800,000,000년 전에는 처음으로 큰 땅덩이의 시기, 곧 대륙의 출현이 증가되는 시대가 시작되는 것을 보았다.

처음에는 세계적으로 퍼진 대양으로, 나중에는 태평양으로, 지구의 수권(水圈)이 응축한 뒤로, 태평양의 물 덩어리는 그 때 지구 표면의 10분의 9를 덮었다고 상상해야 한다. 바다로 떨어지는 운석들은 대양의 밑바닥에 쌓였는데, 대체로 말해서 운석들은 무거운 물질로 이루어졌다. 땅에 떨어지는 운석들은 대체로 산화(酸化)되고, 나중에 침식으로 말미암아 닳아 버렸고, 대양의 분지(盆地)로 씻겨 내려갔다. 이처럼 대양의 밑바닥은 더욱 무거워졌고, 이 위에 어떤 장소에서는 16킬로미터나 깊게 물 덩어리의 무게가 더해졌다.

태평양이 밑으로 더 누르는 것은 대륙의 땅 덩어리를 위로 밀도록 더욱 작용했다. 지금 오스트랄리아, 남북 아메리카, 남극 대륙이라고 부르는 덩어리들과 더불어, 유럽과 아프리카는 태평양의 깊은 데서부터 솟아오르기 시작했다. 한편 태평양의 바닥은 이를 보상하여 가라앉는 조정을 더 계속하였다. 이 기간의 끝이 되어서 지구 껍질에서 거의 3분의 1이 땅으로 이루어졌고, 모두 하나로 된 대륙 덩어리였다.

땅의 융기가 이렇게 증가함과 더불어, 혹성에서 처음으로 기후 차이가 생겨났다. 땅의 융기, 우주 구름, 대양의 영향은 기후 변동의 주요한 요인이다. 아시아의 땅 덩어리의 기본 골격은 땅이 최대로 솟아났을 때 거의 14.4킬로미터 높이에 이르렀다. 높이 올라간 이 지역 위에 떠 있는 공기 속에 수분(水分)이 많았더라면, 거대한 얼음 담요가 형성되었을 것이다. 빙하기는 사실보다 훨씬 앞서 다가 왔을 것이다. 몇억 년이 지나서야, 그렇게 많은 땅이 다시 물 위에 나타났다.

750,000,000년 전에, 대륙의 땅 덩어리가, 크게 남북으로 갈라지면서, 처음으로 금이 가기 시작했다. 이것은 나중에 대양의 물이 들어오게 했고, 그린랜드를 포함해서, 남북 아메리카의 대륙들이 서쪽으로 떠내려가는 길을 마련하였다. 동서 방향으로 길게 갈라지는 것은 아프리카를 유럽으로부터 떼어 냈고, 오스트랄리아, 태평양 군도, 남극 대륙을 아시아 대륙으로부터 잘라 냈다.

700,000,000년 전에 유란시아는 생명을 지원하기에 적당한 조건이 무르익어 가고 있었다. 대륙의 떠돌이는 계속되었고, 점점 더 대양은 긴 손가락 같은 바다로서 땅을 쳐들어갔으며, 이 바다는 해양 생명의 서식지가 되기에 아주 적당한, 얕은 물과 아늑한 만(灣)들을 마련해 주었다.

650,000,000년 전에는 땅덩어리가 더욱 분리되었고, 그 결과로서 대륙 가장자리의 바다가 더욱 연장되었다. 이 바다는 유란시아 생명에 필수였던 짠맛의 정도에 빨리 이르고 있었다.

세월이 세월을 잇고, 시대에 시대가 겹쳐짐에 따라서, 잘 보존되어 쌓이고 쌓인 돌 페이지에서 나중에 발견된 바와 같이, 유란시아의 생명 기록부를 적은 것은 바로 이 여러 바다와 그 후계자였다.

[한 생명 운반자가 발표했다. 그는 최초의 유란시아 군단의 회원이었고 이제는 거주하는 관찰자이다.]

제 58 편

유란시아에서 생명이 자리를 잡다

온 사타니아에는 유란시아와 비슷한 세계, 생명을 수정(修正)하는 혹성이 꼭 61개 있다. 생명이 사는 세계들의 대다수는 확정된 기법에 따라서 사람들로 채워져 있다. 그러한 구체들에서 생명 운반자들은 생명을 옮겨 심는 그들의 계획에 거의 재량이 없다. 그러나 약 열 세계 가운데 하나는 십일 혹성으로 지정되고, 생명 운반자들의 특별 등록부에 배정된다. 그러한 혹성들에서 우리는 살아 있는 존재들의 표준 우주 종류를 수정하거나 어쩌면 개량하려는 노력으로, 어떤 생명 실험에 착수하도록 허락을 받는다.

1. 물리적 생명의 선행 조건

600,000,000년 전에 예루셈으로부터 파송된 생명 운반자 위원회가 유란시아에 도착했고, 사타니아 체계의 606번 세계에서 생명을 시작하는 준비로서, 물리적 조건을 연구하기 시작했다. 이것은 사타니아에서 네바돈 생명 원형들을 시작하는 606번째 경험이 되며, 지역 우주의 기본적 표준 생명을 설계하면서 우리가 고치고 수정할 60번째 기회가 될 것이었다.

생명 운반자들은 한 구체가 진화의 주기를 시작하도록 무르익기 전에는 생명을 개시할 수 없다는 것을 분명히 밝혀야 한다. 우리는 그 혹성의 물리적 진보가 지원하고 편리를 제공할 수 있는 것보다 더 빨리 생명의 개발을 마련해 줄 수도 없다.

사타니아 생명 운반자들은 소금 형태의 생명을 계획했다. 따라서 대양의 바다가 충분히 짜게 되기까지 생명을 심는 방향으로 아무런 걸음을 내디딜 수 없었다. 유란시아 부류의 원형질은 오직 적당한 소금물 속에서만 활동할 수 있다. 조상이 되는 모든 생명—식물과 동물—은 소금물로 된 서식지에서 진화하였다. 더욱 높게 조직된 육지 동물조차도, 필수인 바로 이 소금 용액이 그들의 몸을 통해서 피의 흐름 속에 돌지 않으면 계속해서 살 수 없고, 이 피의 흐름은 이 "짠 바다" 속에 있는 조그만 살아 있는 세포들을 모두 아낌없이 씻어 내리고, 글자 그대로 잠기게 한다.

너희의 원시 조상들은 짠맛이 나는 대양(大洋)에서 마음대로 돌아다녔다. 오늘날, 바로 이 대양과 같은 짠 용액이 너희 몸 속에 자유롭게 돌아다니고, 개별 세포를 화학 용액으로 적신다. 이 용액은 혹성에서 활동하기로 된 살아 있는 처음 세포들의 첫 원형질 반응을 자극한 소금물과 모든 요소에서 견줄 만하다.

그러나 이 시대의 막이 오르자 유란시아는 모든 면에서 초기 형태의 해양 생명을 지원하기에 유리한 상태를 향하여 진화하고 있다. 우리가 물리적 환경—땅과 공간—이 전개되는 데 최선으로 적응되어 있을 생명 형태들을 결정한 대로, 느리지만 확실하게, 땅에서, 또 인접한 공간 지역에서 생긴 물리적 발전은 그러한 생명 형태들을 자리잡게 하려는 나중의 여러 시도를 위하여 무대를 준비하고 있다.

그 뒤에 생명 운반자들의 사타니아 위원회가 예루셈으로 돌아왔는데, 그들은 대륙의 땅 덩어리가 더 부서지기까지 기다리기를 선호하였다. 이것은 실제로 생명을 옮겨 심기 시작하기 전에, 더욱 많은 내륙의 바다와 아늑한 만들을 마련해 줄 것이었다.

생명이 해양에서 기원이 있는 혹성에서는 수많은 내륙 바다가, 얕은 바다와 아늑한 만이 있는 널리 뻗은 해안선이 생명을 이식(移植)하는 데 이상적인 조건을 마련해 준다. 그리고 지구에서 바로 그러한 바다의 분포가 빨리 시작되고 있었다. 고대에 있던 이 내륙의 바다는 150미터에서 180미터가 넘게 깊은 일이 드물었고, 태양 빛은 180미터가 넘게 대양의 물을 침투할 수 있다.

후기 시대의 따듯하고 온화한 풍토에서, 바로 그러한 바닷가에서부터, 원시의 식물 생명은 땅으로 가는 길을 찾았다. 거기서 공기에 높은 정도로 있는 탄소는 생명의 새로운 육지 종류들에게 빠르고 무성하게 자랄 기회를 주었다. 이 대기가 그때 식물 성장에는 이상적이었지만, 아주 높은 정도의 2산화 탄소를 포함하고 있어서, 사람은커녕, 아무 동물도 지구의 껍질에서 살 수 없었다.

2. 유란시아의 대기

혹성의 대기는 태양의 총 빛 방출량의 약 20억분의 1을 걸러 낸다. 북 아메리카에 떨어지는 빛의 값을 1킬로와트시(時)에 2센트의 비율로 치른다면, 1년에 빛의 요금은 약 800,000조(兆) 달라가 되겠다. 시카고의 햇빛 요금은 하루에 1억 달라가 훨씬 넘을 것이다. 그리고 너희는 태양으로부터 다른 형태의 에너지를 받는다는 것을 기억해야 한다—빛은 너희 대기에 태양이 미치는 유일한 공헌이 아니다. 인간의 시력이 인식하는 범위 위와 아래로 미치는 파장을 포함해서, 광대한 태양 에너지가 유란시아에 퍼부어진다.

지구의 대기는 분광(分光)의 자외선 극단에 있는 태양의 많은 방사물을 거의 통과시키지 않는다. 이 짧은 파장들의 대부분은 지표 위에서 약 16킬로미터 수준 전역에 걸쳐서 존재하는 한 오존층에 흡수되며, 그것은 공간을 향하여 다시 16킬로미터 뻗는다. 이 지역에 스며드는 오존은, 지구 표면을 지배하는 조건에서 0.25센티미터 두께의 층을 이룰 것이다. 그런데도 비교적 적고 겉보기에 하찮은 이만큼의 오존은 유란시아 거주자들을 햇빛에 있는 위험하고 파괴적인 이 자외선의 방사로부터 보호한다. 그러나 이 오존층이 조금만 더 두텁다면, 너희는 상당히 중요하고 건강에 좋은 자외선을 빼앗길 것이다. 자외선은 지금 지구 표면에 미치며, 가장 필수인 너희의 비타민 중 하나에게 조상이 된다.

상상력이 모자라는 너희 필사 기계론자들 가운데 더러는 아직도 물질 창조와 인간의 진화를 우연(偶然)으로 보기를 고집한다. 유란시아 중도자들은 5만 가지가 넘는 물리학과 화학의 사실을 수집했는데, 그들은 이것들이 우연의 법칙과 양립할 수 없다고 판단하며, 물질 창조에 총명한 목적이 있음을 틀림없이 보여 준다고 주장한다. 이 모든 것은 물리학·화학 분야 바깥에, 10만 가지가 넘는 그들이 조사한 결과의 목록을 도무지 계산에 넣지 않았고, 그들은 이것들이 물질 우주들의 계획·창조·유지에는 지성이 있음을 증명한다고 주장한다.

너희의 태양은 죽음을 일으키는 빛의 진정한 홍수를 퍼부으며, 유란시아에서 너희의 쾌적한 삶은, 40가지가 넘는 작용, 겉보기에는 우연한 보호 작용의 "우발적" 영향 때문인데, 이것들은 이 독특한 오존층의 작용과 비슷하다.

밤에 대기(大氣)가 "담요처럼 덮는" 효과가 아니라면, 방사로 말미암아 열을 너무 빨리 잃어 버려서, 인조(人造) 시설을 쓰지 않고는 생명을 유지하기가 불가능할 것이다.

지구의 대기에서 아래쪽 8킬로미터에서 9.6킬로미터는 대류권(對流圈)이다. 여기는 바람과 공기의 흐름이 있는 지역이며, 이것은 날씨 현상을 일으킨다. 이 지역 위는 내부 이온 층이고, 그 위는 성층권(成層圈)이다. 지구의 표면으로부터 올라가면서, 9.6킬로미터에서 14.4킬로미터까지 기온이 꾸준히 떨어지고, 그 높이에서 약 화씨 영하 70도를 기록한다. 화씨로 영하 65도에서 70도에 이르는 이 기온의 범위는 64킬로미터 더 올라가면서 바뀌지 않는다. 기온이 불변하는 이 영역이 성층권이다. 72킬로미터나 80킬로미터의 높이에서, 기온은 비로소 오른다. 오로라가 전시되는 수준에서, 기온이 화씨 1200도에 이를 때까지, 이 기온의 상승이 계속되고, 산소(酸素)를 이온화하는 것은 이 극심한 열이다. 그러나 그러한 희박하게 된 공기에서 온도는 지구 표면에서 계산하는 열과 도저히 견줄 수 없다. 너희의 모든 대기의 절반은 처음 4.8킬로미터에서 발견되리라는 것을 기억하여라. 가장 높은 오로라 빛줄기가 지구의 대기의 높이를 가리킨다—약 640킬로미터이다.

오로라 현상은 흑점에 직접 관련된다. 태양의 이 회오리바람은 마치 땅에서 열대 지방의 폭풍우처럼, 태양의 적도(赤道) 위와 아래에서 반대 방향으로 소용돌이친다. 그러한 대기의 교란은 적도 위나 아래서 생길 때, 반대 방향으로 소용돌이친다.

흑점이 빛의 주파수를 변조하는 힘은 태양의 이 폭풍 중심이 엄청난 자석으로 작용한다는 것을 보여 준다. 그러한 자장(磁場)은 흑점의 분화구로부터 바깥으로 공간을 통해서, 전하를 띤 입자들을 지구의 바깥 대기까지 던질 수 있고, 거기서 이온화하는 그들의 영향력은 무척 볼 만한 오로라 전시를 일으킨다. 따라서 흑점이 아주 한창일 때—또는 바로 뒤에—너희는 가장 큰 오로라 현상을 보는데, 그 때는 흑점들이 적도에 자리잡는 경향이 더 있다.

나침반의 바늘조차도 이 태양의 영향에 민감한데, 해가 뜨는 동안에 바늘이 동쪽으로 조금, 해가 저물 무렵이 가까워짐에 따라서 서쪽으로 조금, 향하기 때문이다. 이것은 날마다 일어나지만, 태양 흑점의 주기가 절정에 있는 동안, 이 나침반의 변동은 2배나 크다. 낮에 생기는 이러한 나침반의 떠돌이는 대기의 상부(上部)에서 생기는 이온화의 증가에 반응하는 것이며, 이온화는 햇빛으로 말미암아 일어난다.

성층권 위에서 두 가지 다른 수준에서, 전기를 띤 전도(傳導) 지역들이 존재하는 것은 너희의 장파 및 단파 방송의 장거리 송신을 설명한다. 때때로 너희의 방송은, 이 바깥 이온 층의 영역에서 이따금 몰아치는 무서운 폭풍 때문에 교란된다.

3. 공간 환경

우주가 물질화하는 초기 시절에 공간 지역에는 광대한 수소(水素) 구름이 흩어져 있고, 이것은 바로 그러한 천문학적 먼지 덩어리가 먼 공간에 두루, 많은 지역의 특징을 지금 나타내는 것과 같다. 타오르는 태양들이 방사되는 에너지로 분쇄하고 분산시키는 조직된 물질의 상당한 부분은, 일찍 나타나는, 공간의 이 수소 구름 속에서 처음에 만들어졌다. 어떤 특별한 조건 밑에서 무거운 수소(水素) 덩어리의 핵 속에서도 또한 원자의 붕괴가 일어난다. 원자를 만들고 원자를 분해하는 이 모든 현상에는, 상당히 가열된 성운(星雲)에서 그런 것처럼, 방사 에너지를 가진 짧은 우주선(宇宙線)의 밀물이 나타나는 일이 뒤따른다. 이 다양한 방사물을 동반하는 것은 유란시아에서 알려지지 않은 공간 에너지의 한 형태이다.

우주 공간에 있는 짧은 빛의 에너지 전하(電荷)는 조직된 공간 영토에서 존재하는 모든 다른 형태의 방사 에너지보다 4백 배가 더 크다. 짧은 우주선의 출력은, 타오르는 성운, 팽팽한 전기장(電氣場), 외계 공간, 아니면 광대한 수소 먼지 구름에서 오든지 상관 없이, 온도와 인력과 전기 압력의 갑작스러운 긴장 변동에 따라서 질적으로, 양적으로 수정된다.

우주선의 기원에서 생기는 이 사건들은 많은 우주 사건으로 말미암아, 또 순환하는 물질의 궤도에 따라서 결정되며, 이 궤도는 수정된 동그라미에서부터 극단적 타원에 이르기까지 변한다. 전자(電子)의 자전(自轉)이, 때로는 같은 물리적 지대에서도 더 커다란 물질의 운동 방향과 반대 방향이기 때문에, 물리적 조건은 또한 크게 바뀔 수도 있다.

광대한 수소 구름은 우주의 진정한 화학 실험실이며, 모든 단계의 진화하는 에너지와 변형하는 물질을 품고 있다. 아주 빈번히 겹치고, 따라서 널리 섞이는, 큰 2중성(二重星)의 가장자리 가스에서 큰 에너지 활동이 또한 일어난다. 그러나 엄청나고 광범위한 이 공간 에너지 활동 가운데 아무 것도 조직된 생명의 현상—살아있는 물건과 존재의 생식질(生殖質)—에 조금도 영향을 미치지 않는다. 공간에 있는 이 에너지 조건은 생명을 자리잡게 하는 데 필수인 환경에 관련되지만, 그 조건은 방사 에너지를 가진, 파장이 더 긴 빛들 가운데 더러가 그런 것처럼, 생식질의 유전 인자(因子)들을 나중에 수정하는 일에 효과적이 아니다. 생명 운반자들이 심은 생명은 우주 에너지를 가진 짧은 우주선들이 이렇게 놀랍게 범람하는 데 대하여 충분히 저항력을 가지고 있다.

이 기본 우주 조건은 모두 생명 운반자들이 유란시아에서 생명을 정착시키는 일을 실제로 시작할 수 있기 전에, 유리한 상태로 진화되어야 했다.

4. 생명이 동트는 시기

우리를 생명 운반자라 부른다고 해서 너희는 혼동하지 말라. 우리는 혹성들에 생명을 나를 수 있고, 또 그렇게 하지만, 유란시아에 아무 생명도 가져오지 않았다. 유란시아 생명은 독특하며, 지구(地球)에 기원이 있었다. 이 구체는 생명을 수정하는 혹성이며, 여기서 나타나는 모든 생명은 바로 여기서, 혹성에서 우리가 빚어 냈다. 그리고 유란시아에 있는 것과 똑같은 생명 존재는 온 사타니아에, 아니 온 네바돈의 어느 다른 세계에도 없다.

550,000,000년 전에 생명 운반자 군단은 유란시아로 돌아왔다. 영적 권능과 초물리적 세력들과 협동하여, 우리는 이 세계 최초의 생명 형태들을 조직하고 창시했으며, 그것들을 이 영역의 쾌적한 바다에 심었다. 혹성 영주 칼리가스티아의 시절까지 (혹성 바깥의 성격자들을 빼고) 모든 식물 생명은 우리가 최초에, 동시에 심은 동일한 세 개의 해양 생명에서 기원을 가졌다. 이 세 개의 생명 이식(移植)에는 다음과 같이 이름이 붙었다: <u>중앙</u> 곧 유라시아-아프리카 이식, <u>동부</u> 곧 오스트랄리아 이식, <u>서부</u> 이식이며, 서부는 그린랜드와 두 아메리카를 포함한다.

500,000,000년 전에, 원시적인 해양 식물 생명이 유란시아에서 자리를 잘 잡았다. 그린랜드와 극지(極地)의 땅 덩어리는, 남북 아메리카와 함께, 오랫동안 느리게 서향으로 비로소 떠내려가고 있었다. 아프리카는 조금 남쪽으로 움직였고, 동서 방향의 골짜기, 곧 지중해 분지를 그 자체와 모체 사이에 만들었다. 남극, 오스트랄리아, 그리고 태평양 섬들이 가리키는 땅은 남쪽과 동쪽에서 갈라졌고, 그 날 이후로 멀리 떠내려갔다.

갈라지는 대륙 땅 덩어리의 동서로 갈라진 틈에서, 가운데 있는 바다의 보호된 열대의 만(灣)에, 우리는 원시 형태의 해양 생명을 전에 심었다. 우리가 해양 생명 셋을 이식한 목적은, 땅이 나중에 분리됨에 따라서, 큰 땅 덩어리가 각자 이 생명을 물이 따듯한 바다 속으로 꼭 가져가게 하려는 것이었다. 육지 생명이 나타나는 후일의 시대에 큰 대양의 물이, 흘러가는 이 대륙 땅 덩어리를 떼어놓으리라 우리는 내다보았다.

5. 대륙의 표류

대륙 땅 덩어리의 떠돌이는 계속되었다. 지구의 핵심은 강철처럼 조밀하고 단단해졌고, 1 입방 센티미터에 거의 1500톤의 압력 밑에 깔려 있었다. 엄청난 인력의 누르는 힘 때문에, 깊은 내부는 아주 뜨거웠고 아직도 그렇다. 중심에서 온도가 태양 표면 온도보다 약간 높을 때까지, 표면으로부터 밑으로 가면서 온도는 올라간다.

지구 덩어리의 바깥 1600킬로미터는 주로 다른 종류의 바위로 구성되어 있다. 그 밑에는 더 조밀하고 무거운 금속 원소들이 있다. 초기에 대기(大氣)가 있기 이전 시대를 통하여 내내, 세계는 녹아 있고 상당히 가열된 그 상태에서 아주 거의 유동적이었기 때문에, 무거운 금속들은 안으로 깊숙하게 가라앉았다. 오늘날 표면 가까이서 발견되는 것들은 고대에 있던 화산들의 분비물, 나중에 널리 퍼진 용암의 흐름, 그보다 최근에 운석으로 투입된 것을 대표한다.

바깥 껍질의 두께는 약 64킬로미터였다. 이 바깥 껍질을 두께가 다른 녹은 현무암의 바다가 받쳐 주고, 껍질은 바로 그 위에 놓여 있었다. 이것은 높은 압력 밑에 깔린 유동적인 녹은 용암층이었지만, 바뀌는 혹성 압력을 평준화하려고 늘 이리저리 흐르는 성질을 가졌고, 그렇게 해서 지구의 껍질을 안정시키는 경향이 있다.

굳어지지 않고 방석 같은 이 녹은 현무암(玄武巖)의 바다 위에서 대륙들이 오늘날도 계속 떠다닌다. 이 보호 조건이 아니라면, 더욱 심한 지진이, 글자 그대로 세계를 흔들어 조각으로 만들 것이다. 지진은 딱딱한 바깥 껍질이 미끄러지고 이동함으로 생기며, 화산 때문에 생기지 않는다.

지구 껍질의 용암층은 식었을 때 화강암을 형성한다. 유란시아의 평균 밀도는 물보다 5배 반이 조금 넘는다. 화강암의 밀도는 물의 밀도의 3배보다 작다. 지구의 핵심은 물의 12배만큼 밀도가 높다.

바다의 밑바닥은 땅 덩어리보다 더 조밀하고, 이것이 대륙을 물 위에 뜨게 만든다. 바다 밑바닥은 해수면 위로 튀어나올 때, 대체로 현무암으로 이루어진 것이 발견될 것이다. 현무암은 땅 덩어리를 이루는 화강암보다 상당히 더 무거운 용암의 형태이다. 또 한편, 대륙이 대양의 바닥보다 가볍지 않다면, 인력이 대양의 가장자리를 땅 위로 잡아당길 터이지만, 그러한 현상을 관찰할 수 없다.

대양(大洋)의 무게는 또한 바다 밑바닥에서 압력이 증가하는 데 한 요인이다. 아래에 있지만 비교적 더 무거운 대양의 지층들은 그 위에 있는 물의 무게와 함께, 높이 있어도 훨씬 가벼운 대륙들의 무게에 가깝다. 그러나 모든 대륙은 대양 속으로 기어가는 성질이 있다. 대양의 바닥 수준에서 대륙의 압력은 1평방 센티미터에 약 550킬로그람이다. 다시 말하면, 이것은 대양의 마루에서 4600미터 높이에 서 있는 대륙 덩어리의 압력일 것이다. 대양 마루에 있는 물의 압력은 1평방 센티미터에 겨우 137킬로그람이다. 차이 나는 이 압력은 대륙들로 하여금 대양의 바닥을 향하여 미끄러져 내리게 만드는 경향이 있다.

생명이 생기기 이전 시대에 대양 바닥이 눌린 것은, 혼자 있던 대륙 땅 덩어리를 아주 높이 들어올려서, 측면의 압력이 동쪽·서쪽·남쪽 가장자리로 하여금 아래로, 밑에 깔려 있는 반 끈적끈적한 용암 지층 위로, 둘러싼 태평양 바다로 미끄러져 내리게 만드는 경향이 있었다. 이것이 대륙의 압력을 아주 충분히 보상했기 때문에, 고대(古代)의 이 아시아 대륙의 동쪽 해안은 크게 갈라지지 않았다. 그러나 그 뒤로 죽 그 동쪽 해안선은 인접한 대양 깊은 곳의 절벽 위에서 둥둥 떠 있어 왔고, 물 속 무덤으로 미끄러져 내려가려고 위협한다.

6. 과도기

450,000,000년 전에, 식물 생명으로부터 동물 생명으로 넘어가는 과도기가 있었다. 이 변천은 분리되는 여러 대륙의 널리 뻗은 해안선에서, 아늑한 열대의 만과 개펄의 얕은 물에서 일어났다. 그리고 이 발전은 모두 최초의 생명 원형들에 본래부터 있었고, 차츰차츰 일어났다. 초기의 원시 식물 형태의 생명, 그리고 후기의 잘 규명된 동물 유기체(有機體) 사이에는 많은 과도기 단계가 있었다. 오늘날도 과도기의 끈적끈적한 곰팡이들이 버티고 있는데, 이것들은 좀처럼 식물이나 동물로 분류될 수 없다.

식물 생명의 진화는 동물 생명으로 가는 것이 추적될 수 있고, 가장 간단한 것으로부터 가장 복잡하고 발달된 유기체들까지 점진적으로 이끄는 단계적 시리즈의 식물과 동물이 발견될 수 있지만, 동물계의 대부문(大部門) 사이에서나, 인간이 생기기 이전에 가장 높은 동물 종류와 인류의 시초 인간 사이에서도, 그런 연결하는 고리를 너희는 찾을 수 없을 것이다. 이른바 이 "빠진 고리"는 언제까지나 빠진 채로 있을 터이니, 그것들이 결코 존재한 적이 없다는 뻔한 이유 때문이다.

한 시대에서 다음 시대까지, 근본적으로 동물 생명의 새로운 종(種)들이 나타난다. 그들은 작은 변화가 차츰차츰 쌓인 결과로서 진화하지 않는다. 완전히 발육된, 새로운 서열의 생명으로서 나타나며, 갑자기 나타난다.

새로운 종과 다양화된 서열의 살아 있는 유기체들이 갑자기 나타나는 것은 완전히 생물학적이며, 엄밀하게 말하면 자연스럽다. 아무런 초자연적인 것이 이 유전의 변화에 연결되지 않았다.

대양에서 물의 짠맛이 알맞을 때 동물 생명이 진화했고, 소금물이 해양 생명의 동물 몸을 통해서 돌도록 만드는 것은 비교적 간단했다. 그러나 대양이 수축하고 소금의 비율이 크게 높아졌을 때, 바로 이 여러 동물은 체액에서 소금기를 줄이는 능력을 진화했으며, 이것은 민물에서 살기를 배운 유기체들이 소금을 보존하는 기발한 기법을 써서, 체액 속에서 소금을 적당한 정도로 유지하는 능력을 얻은 것과 같다.

바위 속에 박혀 있는 해양 생명의 화석(化石)을 연구하는 것은 이 원시 유기체들이 초기에 조정하는 싸움을 겪었음을 드러낸다. 식물과 동물은 이 조정하는 실험을 결코 그치지 않는다. 환경은 늘 변하고 있고, 살아 있는 유기체들은 결코 그침 없는 변화에 언제나 적응하려고 애쓰고 있다.

모든 새로운 서열의 생명이 가진 생리적 장비와 해부학적 구조는 자연 법칙의 행위에 반응해서 생긴다. 그러나 그 뒤에 지성의 부여는 타고난 두뇌 능력에 따라서 보조 지성 영들이 수여한 것이다. 지성은 물리적 진화는 아니지만, 순전히 물리적·진화적 발전이 허락하는 두뇌의 능력에 전적으로 의존한다.

거의 끝없는 이득과 손실의 주기(**週期**), 조정하고 다시 조정하는 주기를 거쳐서, 살아 있는 모든 유기체는 시대를 거듭하여, 앞뒤로 오락가락한다. 우주와 화합을 이루는 자는 지속하고, 이 목표에 미치지 못하는 자는 존재를 그친다.

7. 지질학 역사책

생명이 동트는 시대, 곧 원생대(**原生代**)에, 세상의 바깥 껍질을 구성한 광대한 집단의 바위 체계는 이제 지구 표면에서 여러 곳에 나타나지 않는다. 후일 시대에 쌓인 모든 누적물 밑에서 그것이 솟아날 때, 오로지 식물과 초기의 원시 동물 생명의 화석 유물만 발견될 것이다. 물로 퇴적된 오래 된 바위들 가운데 더러는 후일의 층들과 한데 섞여 있고, 초기 형태의 어떤 식물 생명의 화석 유물을 때때로 산출한다. 한편 가장 위층에서는 초기의 해양 동물 유기체 가운데 가장 원시 형태가 얼마큼 때때로 발견될 수 있다. 여러 곳에서, 동물과 식물을 포함하여, 초기의 해양 생명 화석을 품은, 층화된 가장 오래 된 이 바위 층은, 구별되지 않은 더 오래 된 돌바로 위에서 발견될 수도 있다.

이 시대의 화석은 조류(**藻類**), 산호 같은 식물, 원시의 원충류(**原蟲類**), 해면(**海綿**) 같은 과도기 유기체를 산출한다. 그러나 초기의 바위 층에서 그러한 화석이 없는 것은 그 화석이 투입되었을 때 생물이 다른 곳에 존재하지 않았음을 반드시 증명하지는 않는다. 이 초기 시절을 통해서 생명은 드문드문 있었고, 느리게나마 땅 껍질에서 길을 개척했다.

이 옛 시대의 바위는 지금 지구의 표면이나 또는 표면 아주 가까이, 현재 땅 면적의 약 8분의 1 위에 널려 있다. 이 과도기의 돌, 곧 가장 오래 된 층화된 바위 층의 평균 두께는 약 2.4킬로미터가 된다. 어떤 지점에서 이 고대의 바위 체계는 두께가 6.4킬로미터 되지만, 이 시대에 속한 것으로 생각된 층의 다수는 그보다 후기에 속한다.

북 아메리카에서, 화석을 품은 이 고대의 원시 돌 층은 카나다의 동부·중부·북부 지역에 걸쳐, 표면에 나타난다. 펜실바니아와 고대의 아디론닥 산맥으로부터 서쪽으로 미시간·위스칸신·미네소타를 거쳐서 연장되는, 이 바위의 드문드문한 동서 산마루가 또한 있다. 다른 산마루는 뉴펀드랜드서부터 알라바마까지, 그리고 알라스카에서부터 멕시코까지 이어진다.

이 시대의 바위는 온 세계에 여기저기 노출되어 있지만, 수피리어 호수 근처와 콜로라도 강의 그랜드 캐년에 있는 것보다 더 풀이하기 쉬운 것은 없다. 거기에는 원시 바위, 화석을 품은 이 바위가 여러 겹으로 존재하며, 그 아득한 시절에 있었던 격변과 표면의 변동을 증거한다.

이 돌 층은, 지구의 껍질에서 화석을 품은 가장 오래 된 지층인데, 지진의 융기와 초기 화산(**火山**)의 결과로서, 구겨지고, 접히고, 괴상하게 비틀어졌다. 이 시대 용암의 흐름은 많은 철·구리·납을 혹성의 표면 가까이로 올려 왔다.

지구에는 그러한 활동이 위스칸신의 세인트 크루아 계곡보다 더 그림처럼 보여주는 데가 거의 없다. 이 지역에는 땅에 있는 용암의 흐름이 연달아 물 속에 잠겨서 그 결과로 바위가 퇴적되는 현상이 127번에 걸쳐 연속으로 일어났다. 위쪽의 바위 퇴적과 간헐적인 용암 흐름 가운데 많은 것은 오늘날 없다. 이 체계의 밑바닥은 땅 속에 깊이 묻혀 있지만, 그런데도 지난 시대의 이 층화된 기록 가운데 약 65에서 70군데가 보도록 지금 드러나 있다.

상당한 땅이 거의 해수면 가까이에 있던 이 초기 시절에, 여러 번 연달아 땅이 물 속에 가라앉고 솟아났다. 지구의 껍질은 비교적 안정된 후기에 막 들어가고 있었다. 더 일찍 있었던 대륙의 떠돌이로부터 생긴 파동, 곧 상승과 하강은 큰 땅 덩어리들이 빈번히 정기적으로 가라앉게 만들었다.

원시 해양 생물이 살던 이 시대에, 대륙 해안의 광범위한 면적은, 몇 미터에서 800미터까지 바다 밑으로 가라앉았다. 오래 된 사암(砂岩)과 역암(礫巖)이 이 고대의 해안에서 침전되어 쌓인 것을 대표한다. 이 초기의 층화에 속하는 퇴적암들은 생명이 시작되기 훨씬 앞서, 전 세계에 퍼진 대양이 초기에 나타나던 때까지 거슬러 올라가는 지층 바로 위에 놓여 있다.

이 과도기 암석 퇴적물의 상부 지층 가운데 더러는 소량의 혈암(頁岩)이나 검은 빛을 띤 점판암(粘板岩)을 포함하는데, 이것은 유기(有機) 탄소가 존재했음을 가리키며, 뒤따르는 석탄기, 곧 석탄 시대에 지구를 뒤덮은 식물 생명 형태의 조상이 존재했음을 증거한다. 이 암석 지층에 있는 구리의 상당한 부분은 물에서 퇴적한 결과로 생긴다. 더러는 더 오래 된 암석 틈에서 발견되며, 고대에 어떤 보호된 해안선에서 느릿한 늪의 물이 농축된 것이다. 북 아메리카와 유럽의 철 광산은 퇴적물과 분출물에 자리잡고 있으며, 이것들의 일부는 더 오래 된 층화되지 않은 암석, 그리고 일부는 생명이 형성되던 과도기에 속하는, 나중에 층화된 암석 위에 놓여 있다.

이 시기는 세계의 바다 전역에 걸쳐서 생명이 퍼지는 것을 보았고, 해양 생명은 유란시아에서 자리를 잘 잡게 되었다. 얕고 널리 퍼진 내륙 바다의 밑바닥은 풍부하고 무성한 식물의 성장으로 차츰 덮였고, 한편 해안가의 바다는 간단한 형태의 동물 생명으로 들끓고 있었다.

이 이야기는 모두, 세계의 기록인 광대한 "바위 책"의 화석 페이지 안에 그림처럼 묘사되어 있다. 생물·지리학적 기록인 이 거대한 페이지는, 너희가 풀이하는 기술만 얻는다면, 어김없이 진리를 말해 준다. 이 고대의 바다 지층 가운데 많은 것은 지금 땅 위에 높이 들려 있고, 오랜 세월에 걸친 그 퇴적물은 그 초기 시절에 있었던 생명의 투쟁을 일러 준다. 너희의 시인(詩人)이 말한 바와 같이, 이것이 글자 그대로 참말이다, "우리가 밟는 티끌은 한때 살아 있었도다."

[지금 혹성에서 거주하는 유란시아 생명 운반자 군단의 한 회원이 발표했다.]

제 59 편

유란시아의 해양 생명 시대

우리는 유란시아의 역사가 약 10억 년 전에 시작하고 다음 5대 시기를 거쳐서 연장된다고 본다:

1. 생명 이전 시기는 혹성이 현재 크기에 이른 무렵으로부터 생명이 자리를 잡은 때까지, 처음 4억 5천만 년에 걸쳐 연장된다. 너희의 학자들은 이 기간을 시생대(始生代)로 불러 왔다.

2. 생명이 싹트는 시기는 그 다음 1억 5천만 년 동안 연장된다. 이 시기는 앞에 생명이 있기 전 시대, 곧 대변동의 시대와 그 뒤에 상당히 더 발달된 해양 생명 시대 사이에 낀다. 이 시기는 너희 연구자들에게 원생대(原生代)로 알려져 있다.

3. 해양 생명 시기는 그 다음 2억 5천만 년을 채우며, 너희에게 고생대(古生代)로 가장 잘 알려져 있다.

4. 시초 육지 생명 시기는 그 다음 1억 년 동안 연장되며, 중생대(中生代)로 알려져 있다.

5. 포유 동물 시기는 마지막 5천만 년을 차지한다. 이 최근의 시기는 신생대(新生代)로 알려져 있다.

이처럼 해양 생명 시기는 너희 혹성 역사에서 약 4분의 1을 차지한다. 이 시기는 긴 여섯 기간으로 세분될 수 있는데, 각 기간은 지질학 분야와 생물학 영역에서 잘 규명된 어떤 발전의 특징을 가지고 있다.

이 시기가 시작될 때, 바다의 밑바닥, 널리 퍼진 대륙붕, 그리고 해안 가까이 있는 수많은 얕은 분지는 무성한 식물로 덮여 있다. 동물 생명에서 좀더 간단한 원시 형태는 이미 선행(先行)하는 식물 유기체들로부터 발전되었고, 초기의 동물 유기체들은 많은 내륙 바다가 원시 해양 생명으로 바글거릴 때까지, 여러 땅 덩어리의 광범위한 해안선을 따라서 차츰 진행하였다. 이 초기의 유기체들 가운데 극소수가 껍질이 있었기 때문에, 많은 것이 화석으로서 보존되지는 않았다. 그런데도 뒤잇는 시대에 아주 조직적으로 적힌 생명 기록을 보존하는, 그 위대한 "돌 책"의 처음 장들을 위하여 무대가 준비되었다.

북 아메리카 대륙에는 전체 해양 생명 시기의 화석(化石)이 박힌 퇴적물이 놀랍게도 풍부하다. 가장 처음에 생긴 오래 된 지층은 널리 퍼진 침식 퇴적물 때문에, 선행하는 시기의 후반 지층으로부터 분리되어 있고, 이 퇴적물은 혹성이 발전한 이 2 단계를 뚜렷하게 분리한다.

1. 얕은 바다에 있던 초기의 해양 생명
삼엽충 시대

지구의 표면에서 비교적 고요하던 이 시기가 밝아올 때가 되어서는, 생명이 여러 내륙 바다와 대양의 해안선에 국한되어 있고, 아직 아무 형태의 육지 유기체가 진화하지 않았다. 원시적인 해양 동물은 자리를 잘 잡았고, 그 다음의 진화적 발전을 위하여 준비되어 있다. 아메바는 이 초기 단계의 동물 생명 가운데 전형(典刑)으로 살아남은 것이며, 그에 앞선 과도기 끝 무렵에 나타났다.

400,000,000년 전에, 식물과 동물을 포함하여 해양 생명은 온 세계에 상당히 잘 흩어져 있다. 세계의 기후는 조금 따듯해지고 더 온화해진다. 여러 대륙, 특히 남북 아메리카의 해안가는 널리 범람한다. 새로운 대양들이 출현하고, 더 오래 된 수역(水域)은 크게 확대된다.

식물은 이제 처음으로 땅 위로 기어 올라오고, 곧 해양이 아닌 서식지에 적응하는 데 상당한 진보를 이룩한다.

갑자기, 단계적 조상이 없이, 처음 다세포 동물이 나타난다. 삼엽충이 진화했고, 오랜 세월 동안 삼엽충(三葉蟲)이 바다를 지배한다. 해양 생명의 견지에서 볼 때, 이 때는 삼엽충 시대이다.

이 시간 구획의 후기 부분에 북 아메리카와 유럽은 쑥 바다로부터 솟아난다. 지구의 껍질은 일시 안정되었고, 산맥, 아니 차라리 육지에 있는 고지(高地)들은 대서양과 태평양 해안을 따라서, 서인도 섬들에 걸쳐, 또 남부 유럽에서, 올라섰다. 카리비안 지역 전부가 상당히 높아졌다.

390,000,000년 전에 대륙은 아직도 높이 솟아 있었다. 아메리카의 동부 및 서부와 유럽의 여러 부분에서 이 시절에 놓인 돌 지층을 찾을 수 있고, 이것은 삼엽충 화석을 지니는 가장 오래 된 바위이다. 땅 덩어리 속으로 삐죽 찌르는, 손가락 같이 긴 만(灣)이 많이 있었고, 거기에는 화석을 품은 이 바위들이 저장되었다.

몇백만 년 안에 태평양은 두 아메리카 대륙을 침범하기 시작했다. 땅이 가라앉는 것은 주로 땅 껍질의 조정 때문이었다. 하지만 옆으로 땅이 퍼지는 것, 곧 대륙이 기어가는 것도 또한 요인이었다.

380,000,000년 전에 아시아는 가라앉고 있었고, 모든 다른 대륙은 잠시 동안 떠오르는 일이 있었다. 그러나 이 시기가 진행되자, 새로 나타나는 대서양이 모든 인접한 해안선에서 광범위하게 잠식하였다. 대서양 북부, 곧 북극해는 당시에 남쪽 걸프 바다와 연결되어 있었다. 이 남쪽 바다가 아팔라치아 골에 들어갔을 때, 그 물결은 동쪽에서 알프스만큼 높은 산맥에 부딪쳐 부서졌다. 그러나 대체로 대륙들은 흥미 없는 낮은 땅이었고, 도무지 경치의 아름다움이 없었다.

이 시대의 침전물은 네 가지 종류이다:

1. 역암(礫巖)—해안선 가까이에 퇴적된 물질.
2. 사암(砂岩)—얕은 물이지만, 물결이 진흙이 가라앉는 것을 막기에 넉넉했던 물에서 쌓인 퇴적물.
3. 혈암(頁岩)—더 깊고 조용한 물에서 쌓인 침전물.
4. 석회암—깊은 물에 있는 삼엽충 껍질의 퇴적물을 포함한다.

이 시대의 삼엽충 화석들은 잘 주목된 어떤 변화와 더불어, 어떤 기본적 통일성을 제시한다. 최초의 세 생명 이식으로부터 발전한 초기의 동물은 특색이 있었다.

서반구에서 나타나는 것들은 유라시아 집단의 것들, 그리고 오스트랄아시아나 오스트랄리아-남극 종류의 것들과 조금 달랐다.

370,000,000년 전에, 남북 아메리카가 크게, 거의 전부 물에 잠기는 일이 벌어졌고, 그 뒤에 아프리카와 오스트랄리아가 가라앉았다. 겨우 북 아메리카의 어떤 부분이 이 케임브리아기(紀)의 얕은 바다 위에 남아 있었다. 5백만 년이 지난 뒤에, 바다는 올라오는 육지 앞에서 물러가고 있었다. 땅이 꺼지고 땅이 올라가는 이 모든 현상은 극적으로 일어나지 않고, 몇백만 년에 걸쳐 느리게 일어났다.

이 시기에 삼엽충 화석을 품은 지층은, 중앙 아시아를 제쳐 놓고, 모든 대륙 전역에 걸쳐서 여기 저기 표면에 솟아 나온다. 여러 지역에서 이 바위들은 수평으로 있지만, 산맥에서는 압력과 주름으로 말미암아 기울어지고 뒤틀린다. 그러한 압력은 여러 곳에서 이 퇴적물의 원래 특징을 바꾸어 놓았다. 사암은 차돌이 되고 혈암은 점판암으로 바뀌었고, 한편 석회석은 대리석(大理石)으로 변화되었다.

360,000,000년 전에 육지는 아직도 솟아오르고 있었다. 남북 아메리카는 쑥 올라와 있었다. 서 유럽과 영국 제도(諸島)는, 깊이 잠긴 웨일즈의 여러 부분을 빼고, 떠오르고 있었다. 이 시대에는 아무런 빙상(氷床)이 없었다. 유럽·아프리카·중국·오스트랄리아에 있는 이 지층과 연관하여 나타났다고 생각되는 빙하 퇴적물은 고립된 산 빙하 때문이거나, 또는 나중에 생긴 빙하 부스러기의 이동 때문이다. 세계의 기후는 대양성이었고, 대륙성이 아니었다. 남쪽의 바다는 지금보다 그 때 더 따듯했고, 그 바다는 북 아메리카를 지나 북쪽으로, 극지방까지 뻗었다. 걸프 해류는 북 아메리카의 중앙 부분을 지나갔고, 동쪽으로 구부러져서 그린랜드의 해안을 적시고 따듯하게 했으며, 지금은 얼음으로 덮인 그 대륙을 진정한 열대의 파라다이스로 만들었다.

해양 생명은 온 세계에 상당히 비슷했고, 해초, 단세포 유기체, 간단한 해면, 삼엽충, 다른 갑각류(甲殼類) 동물—새우·게·가재—로 이루어져 있었다. 3천 가지 종류의 완족(腕足) 동물이 이 시기의 끝에 나타났고, 그 가운데 겨우 2백 가지가 살아 남았다. 이 동물은 실질적으로 변하지 않은 채로 오늘날까지 내려온 초기 생명의 종류를 대표한다.

그러나 삼엽충이 지배하는 생물이었다. 삼엽충은 유성(有性) 생물이었고 여러 형태로 존재했다. 헤엄을 잘 치지 못했기 때문에 느릿하게 물 속에서 떠다니거나 바다 밑바닥에서 기어다녔고, 나중에 나타나는 적들에게 공격받았을 때 자체를 보호하려고 몸을 감았다. 이들은 길이가 5센티미터에서부터 30센티미터까지 자랐고, 네 가지 뚜렷한 집단으로 발전했는데, 육식·채식·잡식 종류와 "진흙을 먹는 종류"였다. 후자의 무리가 대체로 무기(無機) 물질을 먹고 버티는 능력은—그들이 그렇게 할 수 있는 마지막 다세포 생물이었는데—그들이 크게 증가하고 오랫동안 살아남은 이유를 설명해 준다.

이것이 세계 역사에서 5천만 년에 걸친 긴 기간 끝에서 본, 유란시아의 생물·지질학적 그림이었고, 이 기간을 너희 지질학자들은 케임브리아기(紀)라고 지칭한다.

2. 제1 대륙 홍수 단계
무척추 동물 시대

이 시대의 특징을 나타내는 현상, 땅이 솟아오르고 가라앉는 정기적 현상은 모두 차츰차츰 생겼고 놀라운 광경이 아니었으며, 거의 또는 도무지 화산 활동이 뒤따르지 않았다. 연달아 땅이 솟아오르고 꺼지는 이 시기를 통하여 내내, 아시아 대륙의 모체는 다른 땅 덩어리들의 역사를 충분히 공통으로 가지지는 않았다. 이 대륙은 많은 범람을 겪었고, 특히 초기 역사에서, 처음에는 한쪽으로 나중에는 다른 쪽으로 가라앉았다. 그러나 이 대륙은 다른 여러 대륙에서 발견될 수 있는, 한결같은 바위 퇴적물을 제시하지 않는다. 최근 시대에 아시아는 모든 땅 덩어리 가운데 가장 안정되어 있었다.

350,000,000년 전에는 중앙 아시아를 제쳐 놓고, 모든 대륙에서 큰 홍수 시기가 시작됨을 보았다. 땅 덩어리들은 거듭해서 물로 덮였다. 오로지 해안의 고지들만 얕고도 널리 퍼진, 변동하는 내륙의 바다 위에 남아 있었다. 3대 범람이 이 시기의 특징을 나타냈지만, 이 시기가 끝나기 전에, 대륙들은 다시 올라섰고, 땅이 물 위에 솟아오른 면적의 총합은 지금 존재하는 것보다 15퍼센트가 컸다. 카리비안 지역은 어지간히 높아졌다. 이 시기는 유럽에서 잘 표시되지 않는데, 이는 땅의 변동이 적고, 한편 화산의 활동이 더 지속되었기 때문이다.

340,000,000년 전에, 아시아와 오스트랄리아를 빼고, 광범위한 땅의 침몰이 또 한 번 일어났다. 세계의 여러 대양의 물은 대체로 서로 섞였다. 이 때는 큰 석회암 시대였고, 이 시대에 속한 돌의 상당한 양은 석회를 분비하는 조류(藻類)가 만들어 낸 것이다.

몇백만 년 뒤에 아메리카의 두 대륙과 유럽의 큰 부분은 물에서 비로소 솟아났다. 서반구에서는 태평양의 한 가지만 멕시코와 현재의 록키 산맥 지역 위에 남아 있었지만, 이 시기의 끝이 가까워오자 대서양과 태평양의 해안은 다시 가라앉기 시작했다.

330,000,000년 전은 전 세계에 걸쳐서 비교적 고요한 시간 구역의 시작을 표시하며, 많은 땅이 다시 물 위에 있었다. 적막한 땅이 이렇게 군림한 데 유일한 예외는 켄터키 동부에서 북 아메리카의 큰 화산 분출이었고, 이것은 세계가 일찍이 보지 못했던 가장 큰 단일 화산 활동이었다. 이 화산재는 4.6미터에서 6미터의 깊이로 1280 평방 킬로미터를 덮었다.

320,000,000년 전에 이 시기에서 세 번째로 큰 홍수가 터졌다. 이 범람으로 생긴 바다는 이전의 대홍수에 잠겼던 땅을 모두 덮었고, 한편 두 아메리카와 유럽 전역에 걸쳐서 여러 방향으로 멀리 뻗었다. 북 아메리카의 동부와 서 유럽은 3000미터에서 4600미터까지 물 밑으로 잠겼다.

310,000,000년 전에 세계의 땅 덩어리들은, 북 아메리카의 남부를 빼고, 쑥 올라와 있었다. 멕시코가 솟아났고, 이렇게 걸프 해를 만들었으며, 이것은 그 뒤로 죽 신분을 유지했다.

이 시기의 생명은 줄곧 진화한다. 세상은 다시 한 번 조용하고 비교적 평화롭다. 기후는 따듯하고 온화한 채로 있고, 육지의 식물이 바닷가로부터 더욱 멀리 옮겨 간다. 생명 원형들이 잘 발달되어 있다. 하지만 이 시대의 식물 화석(化石)은 거의 발견되지 않을 것이다.

이 때는 개별 동물 유기체가 진화한 큰 시대였다. 하지만 식물로부터 동물로 옮겨 가는 것과 같은 많은 기본적 변화는 그보다 앞서 일어났다. 척추를 가진 수준 밑의 모든 생명 부류가 이 시대에 놓인 바위의 화석에서 대표되는 점까지, 해양 동물상이 발전되었다. 그러나 이 동물은 모두 해양 유기체였다. 바닷가를 따라서 굴을 판 몇 종류의 벌레들을 빼고, 아무 육지 동물이 아직 나타나지 않았고, 육지 식물도 아직 대륙에 퍼지지 않았다. 공기를 숨쉬는 것들의 존재를 허락하기에는 대기에 아직도 2산화 탄소가 너무 많이 있었다. 더 원시적인 어떤 것들을 빼고, 1차적으로 모든 동물은 존재하기 위해서 직접 또는 간접으로 식물 생명에 의존한다.

삼엽충은 아직도 눈에 많이 띄었다. 이 작은 동물은 수만 가지의 모양으로 존재했고, 현대 갑각류 동물의 선구자이다. 삼엽충 가운데 더러는 2만 5천에서 4만 개의 아주 작은 눈을 가졌고, 더러는 퇴화된 눈을 가졌다. 이 시기가 끝나자, 삼엽충은 몇 가지 다른 형태의 무척추 생물과 함께 바다를 정복했다. 그러나 그들은 다음 기간이 시작될 때 싹 멸망했다.

석회를 분비하는 조류(藻類)가 널리 퍼졌다. 산호의 이른 조상들이 수천 종 존재했다. 바다 벌레가 풍부했고, 많은 종류의 해파리가 있었는데 그 뒤로 멸종해 버렸다. 산호와 후기 종류의 해면(海綿)이 진화했다. 두족류(頭足類)가 잘 발달되었고, 현대의 앵무조개·문어·오징어·꼴뚜기로서 살아남았다.

많은 종류의 조가비 동물이 있었지만, 그들의 껍질은 후일의 경우처럼 그 때는 방어 목적을 위하여 그다지 필요하지 않았다. 복족류(腹足類)는 고대의 바닷물에 있었고 그들은 껍질이 하나인 두드럭고둥·경단고둥·달팽이를 포함했다. 이매(二枚) 조개류인 복족류는 당시에 존재했던 것과 무척 비슷하게, 그 사이에 낀 수백만 년을 통해서 내려왔고, 홍합·조개·굴·가리비를 포함한다. 밸브 껍질을 가진 유기체들도 또한 진화했고, 이 완족류(腕足類)들은 오늘날 존재하는 것과 비슷하게 그 고대의 바다에서 살았다. 돌쩌귀가 달리고, 톱니가 있고, 다른 종류의 보호하는 밸브 설비까지 가졌다.

이렇게 해양 생명에서 둘째로 큰 기간에 관한 진화 이야기가 끝나며, 이것은 너희의 지질학자들에게 오르도비스기(紀)로 알려져 있다.

3. 제2 대홍수 단계
산호 기간—완족류 시대

300,000,000년 전에 땅이 가라앉는 또 다른 큰 시기가 시작되었다. 고대 실루리아기 바다의 남쪽과 북쪽을 향한 침식은 유럽과 북 아메리카의 대부분을 삼키려고 준비하였다. 육지는 바다 위로 그다지 높이 솟아 있지 않아서, 해안선 둘레에는 침전물이 많이 생기지 않았다. 바다는 석회 껍질을 가진 생명으로 바글거렸고, 이 조개 껍질이 바다 밑바닥으로 떨어져서 아주 두터운 석회석 층을 차츰 쌓았다. 이것이 처음으로 광범위한 석회석 침전이며, 실질적으로 유럽과 북 아메리카 전체를 덮지만, 오직 몇 군데에서만 지표(地表)에 나타난다. 이 고대 바위 층의 두께는 평균 약 300미터가 된다. 그러나 이 침전물의 다수는 그 뒤에 기울어짐과 융기와 단층 때문에 크게 모습이 일그러졌고, 많은 것이 차돌·혈암·대리석으로 변했다.

유럽 남부와 메인 주 동부의 큰 화산들에 있는 것, 그리고 퀘벡의 용암 흐름을 빼고, 아무런 화성암이나 용암이 이 시기의 바위 층에 발견되지 않는다. 화산 활동은 대체로 지났다. 이 시기는 물에 침전이 생기는 전성기였고, 거의 또는 아무런 산(山)이 형성되지 않았다.

290,000,000년 전에 바다는 대체로 대륙들로부터 물러났고, 둘러싸는 대양들의 밑바닥은 가라앉고 있었다. 땅 덩어리들은 다시 물에 잠기기까지 거의 변하지 않았

다. 모든 대륙에서 초기의 산 움직임이 시작되었고, 이 땅 껍질의 융기 가운데 가장 큰 것은 아시아의 히말라야, 그리고 큰 칼레도니아 산맥이었는데, 이것은 아일랜드에서부터 스콧트랜드를 거쳐서 스핏츠버겐까지 뻗는다.

이 시대의 매장물에서는 가스·기름·아연·납이 상당히 발견되며, 가스와 기름은 앞서 육지가 가라앉을 때 밑으로 내려간 굉장한 집합의 식물 및 동물 물질로부터 비롯된다. 한편 매장된 광물은 느린 물줄기의 침전물을 대표한다. 다수의 바위 소금 매장물이 이 시기에 속한다.

삼엽충이 급속히 줄어들었고 무대의 중심은 더 큰 연체 동물, 두족류(頭足類)가 차지했다. 이 동물은 길이가 4.6미터, 지름이 30센티미터가 되게 자랐고, 바다의 주인이 되었다. 이 동물 종(種)은 갑자기 나타나서 바다 생명을 지배했다.

이 시대의 큰 화산 활동은 유럽 구역에서 있었다. 지중해 골 둘레에, 그리고 특히 영국 제도 근처에서 이제 생긴 것과 같이 그렇게 맹렬하고 널리 퍼진 화산의 분출은 수백만 년 동안 일어나지 않았다. 오늘날 영국 제도 지역 위로 퍼진 용암의 흐름은 두께가 7600미터 되게 용암과 바위가 번갈아 있는 층으로 나타난다. 얕은 바다 밑바닥 위에 퍼진, 이따금씩 생기는 용암 흐름이 이 바위들을 만들었고, 그래서 바위 매장물과 섞였다. 이 모든 것이 나중에 바다 위로 높이 솟아 올랐다. 맹렬한 지진이 북 유럽에서, 특히 스콧트랜드에서 일어났다.

해양성 기후는 온화하고 한결같은 채로 있었고, 따듯한 바다가 극지의 해안을 적셨다. 완족 동물과 기타 해양 생명의 화석이 북극 바로 앞까지, 이 퇴적물에서 발견될 수 있다. 복족류·완족류·해면, 그리고 산호초를 만드는 산호가 줄곧 늘어났다.

이 시기의 끝에는 실루리아기의 바다가 두 번째로 전진하는 것을 보며, 남쪽과 북쪽 대양의 바다가 또 한 번 서로 섞인다. 두족류가 해양 생명을 지배하고, 한편 관련된 생명 형태가 점진적으로 발전하고 분화된다.

280,000,000년 전에 여러 대륙이 실루리아기의 둘째 범람으로부터 대체로 솟아 나왔다. 이 침수(沈水)로부터 생긴 바위 퇴적물은 북 아메리카에서 나이아가라 석회석으로 알려져 있는데, 이는 이 바위 층 위로 나이아가라 폭포가 지금 흐르기 때문이다. 이 바위 층은 동쪽 산맥으로부터 미시시피 강 유역까지 뻗지만, 남쪽을 빼고, 서쪽으로 멀리 미치지 않는다. 몇 층이 카나다, 남 아메리카의 일부, 오스트랄리아, 그리고 유럽의 대부분에 연장되지만, 이 나이아가라 계열의 평균 두께는 약 200미터가 된다. 나이아가라 퇴적물 바로 위에서 역암, 혈암, 바위 소금의 집합체가 여러 지역에서 발견될 수도 있다. 이것은 2차 침전이 누적된 것이다. 이 소금은 큰 개펄에서 정착되었고, 이 개펄은 번갈아서 바다에 열렸다가 나중에 단절되었기 때문에, 용액 속에 있는 다른 물질과 함께 소금이 퇴적되면서 증발이 일어났다. 어떤 지역에서는 이 바위 소금 바닥이 두께가 21미터나 된다.

기후는 고르고 따듯하며, 해양의 화석들은 극지에서 만들어진다. 그러나 이 시기가 끝날 때가 되어서, 바다는 아주 광범위하게 짜서 거의 아무 생명도 살아남지 못한다.

실루리아기의 마지막 침수가 끝날 무렵에, 갯나리 석회석의 퇴적물에서 증명되다시피, 극피(棘皮) 동물—바다나리—가 크게 늘어났다. 삼엽충들은 거의 사라져 버렸고 연체(軟體) 동물이 바다에서 군주 노릇을 계속하며, 산호초 형성이 크게 늘어난다. 이 시기에, 조건이 더 유리한 위치에 원시의 물전갈이 처음으로 진화한다.

그 뒤에 얼마 있다가, 갑자기 참 전갈—실제로 공기를 숨쉬는 것—들이 나타난다.

이러한 발전이 2천5백만 년에 걸쳐서, 제3 해양 생명기를 끝마쳤고, 너희 학자들에게는 실루리아기로 알려져 있다.

4. 육지가 떠오르는 큰 단계
육지의 식물 생명기
물고기 시대

뭍과 물 사이에 오랜 세월에 걸친 싸움에서, 오랫동안 바다가 비교적 승리했지만, 육지가 승리하는 시절이 바로 눈앞에 다가온다. 대륙의 떠돌이는 그다지 멀리 진행하지 않았지만, 때때로, 세계에서 거의 모든 땅이 가느다란 지협과 좁은 육지 다리로 연결된다.

실루리아기의 마지막 범람으로부터 땅이 솟아오르자, 세계의 발전과 생명의 진화에서 한 중요한 시기가 막을 내린다. 지구에서 새로운 시대가 밝아 온다. 옛 시절의 벌거벗고 보잘것없는 풍경이 화려한 푸르름으로 옷을 걸치고, 처음으로 웅대한 숲들이 곧 나타날 것이다.

이 시대의 해양 생명은 초기의 종(種) 분리 때문에 아주 다양했지만, 나중에는 이 모든 다른 종류가 자유롭게 서로 섞이고 관계를 가졌다. 완족 동물은 일찍 절정에 이르렀고, 절지(節肢) 동물이 그들을 이어받았으며, 따개비들이 처음으로 등장했다. 그러나 모든 것 가운데 가장 큰 사건은 물고기과(科)가 갑자기 나타난 것이다. 이 때는 물고기 시대가 되었고, 세계 역사에서 이 시대는 척추 동물 종류의 특징을 가진다.

270,000,000년 전에 대륙들은 모두 물 위에 나와 있었다. 수백만 년 동안 그렇게 많은 땅이 한꺼번에 물 위에 있는 적이 없었다. 이 때는 전 세계 역사에서 땅이 가장 많이 솟아난 시기의 하나였다.

5백만 년 뒤에, 남북 아메리카, 유럽, 아프리카, 북 아시아, 오스트랄리아의 육지 지역이 잠시 범람했고, 북 아메리카에서 땅은 언젠가 거의 완전히 물에 잠겼으며, 그 결과로 생긴 석회석 지층은 두께가 150미터에서 1500미터에 이른다. 이 데본기에 속하는 여러 바다는 처음에는 한 방향으로, 나중에는 다른 방향으로 뻗어서, 북 아메리카의 엄청난 극지에 내륙의 바다가 칼리포니아 북부를 통해서 태평양으로 출구를 찾았다.

260,000,000년 전에, 육지가 가라앉는 이 시기의 끝 무렵에, 태평양, 대서양, 북극, 걸프 바다와 동시에 연결된 바다가 북 아메리카를 일부 덮었다. 데본기의 첫째 홍수에서 후기 단계의 퇴적물은 두께가 평균 약 300미터에 이른다. 이 시절의 특징을 나타내는 산호초는 내륙의 바다가 맑고 얕았음을 가리킨다. 그러한 산호 퇴적물은 켄터키주의 루이빌 근처, 오하이오 강둑에 노출되어 있고, 두께가 약 30미터 되며 2백이 넘는 변종을 포함한다. 이 산호 형성은 카나다와 북 유럽을 통해서 극지까지 뻗는다.

이 침수에 뒤이어, 많은 해안선이 상당히 높아져서, 이전의 퇴적물은 진흙이나 혈암으로 뒤덮였다. 또한 붉은 사암 층도 있고, 이것은 데본기의 한 침전물의 특징을 나타내는데, 이 붉은 층은 지구의 표면에서 상당한 부분에 연장되고, 남북 아메리카·유럽·러시아·중국·오스트랄리아에서 발견된다. 그러한 붉은 퇴적물은 건조하거나 반 건조한 조건을 암시하지만, 이 시기의 기후는 아직도 온화하고 평온하였다.

이 시기를 통하여, 신시나티 섬 남동쪽에 있는 땅은 물 위에 쑥 올라와 있었다. 그러나 서 유럽의 아주 많은 부분은, 영국 제도를 포함해서, 물에 잠겼다. 웨일즈와 독일, 그리고 유럽의 다른 여러 곳에서, 데본기의 바위는 두께가 6000미터가 된다.

250,000,000년 전에는 물고기과가 나타나는 일이 있었는데, 이 척추 동물은 인간이 나타나기 이전의 모든 진화에서 가장 중요한 걸음의 하나이다.

절지(節肢) 동물, 곧 갑각류는 처음 척추 동물의 조상이었다. 물고기과의 전주자들은 수정된 두 절지 동물의 조상이었는데, 하나는 머리와 꼬리를 연결하는 기다란 몸을 가졌고, 한편 다른 하나는 등뼈가 없고 턱이 없는 전(前) 물고기였다. 그러나 이 예비 종류들은, 동물 세계에서 첫 척추 동물인 물고기가 북쪽에서부터 갑자기 나타났을 때, 급히 멸망했다.

가장 큰 참 물고기의 다수는 이 시대에 속하며, 이를 가진 어떤 종류들은 길이가 7.6미터에서 9.1미터가 되었다. 오늘날의 상어는 이 고대 물고기의 잔재이다. 폐어(肺魚)와 갑옷 물고기는 그들의 진화하는 길에서 정점에 이르렀고, 이 시기가 끝나기 전에 물고기는 민물과 짠물, 양쪽에 적응하였다.

물고기 이와 뼈가 묻힌 진짜 뼈의 지층은 이 기간의 끝 무렵에 쌓인 퇴적물에서 발견될 수 있고, 풍부한 화석 지층은 칼리포니아 해안을 따라 놓여 있는데, 이는 태평양의 많은 아늑한 만이 그 지역의 땅으로 뻗었기 때문이다.

땅에는 새로운 서열의 육지 식물로 급속히 들끓었다. 물가 근처를 빼고, 지금까지 거의 아무 식물도 땅에서 자라지 않았다. 이제 갑자기, 다산하는 고사리과가 나타났고, 세계의 모든 구석에서 급히 솟아오르는 땅 표면에 빨리 퍼졌다. 두께가 60센티미터, 키가 12미터 되는 나무 종류들이 곧 발달했고, 나중에 잎이 진화했지만, 이 초기의 종류들은 겨우 기초적인 잎만 있었다. 작은 식물이 많이 있었지만 그 화석들은 발견되지 않는데, 이는 대개 그들이 더 일찍 나타난 박테리아에게 멸망되었기 때문이다.

땅이 올라오자, 북 아메리카는 그린랜드까지 뻗는 육지 다리로 유럽과 연결되었다. 오늘날 그린랜드는 그 얼음 외투 밑에 이 초기 육지 식물의 잔해를 가지고 있다.

240,000,000년 전에 유럽과 남북 아메리카의 여러 부분에 있는 땅이 가라앉기 시작했다. 이 침몰은 마지막이자 가장 적게 퍼진 데본기 홍수가 출현했음을 표시한다. 북극의 바다는 북 아메리카의 상당한 부분에서 다시 남쪽으로 움직였고, 대서양은 유럽과 서 아시아의 큰 부분에 넘쳤으며, 한편 남태평양은 인도의 대부분을 덮었다. 이 침수는 천천히 나타났고, 똑같이 느리게 물러갔다. 헛슨 강 서쪽 둑을 따라 있는 캣스킬 산맥은 북 아메리카 표면에서 발견되는 바, 이 시기에서 가장 큰 지질학 기념비의 하나이다.

230,000,000년 전에 바다는 계속 물러가고 있었다. 북 아메리카의 상당 부분이 물 위에 나와 있었고, 큰 화산 활동이 세인트 로렌스 지역에서 생겼다. 몬트리올에

있는 로얄 산은 이 화산들 중 하나의 좁은 부분이 침식된 것이다. 이 시기 전체의 퇴적물은 북 아메리카의 아팔라치아 산맥에서 잘 드러나며, 거기에는 서스크하나 강이 이 잇따른 지층을 노출하는 골짜기를 팠고, 이것은 4000미터가 넘는 두께에 이르렀다.

대륙들의 융기가 진행되었고, 대기는 산소로 강화되고 있었다. 땅은 키가 30미터 되는 널리 퍼진 고사리 숲, 그리고 그 시절의 특이한 나무들, 곧 고요한 숲으로 덮였다. 아무 소리도, 잎이 바스락거리는 소리조차도 들리지 않았는데, 그런 나무들은 잎이 없었기 때문이다.

이렇게 해양 생명의 진화에서 가장 긴 시기의 하나, 물고기 시대가 저물었다. 세계 역사에서 이 기간은 거의 5천만 년 동안 지속되었는데, 이것은 너희 학자들에게 데본기로 알려지게 되었다.

5. 지각 이동 단계
고사리 숲 석탄기
개구리 시대

앞선 기간에 물고기의 출현은 해양 생물의 진화에서 정점을 가리킨다. 이 시점부터 죽, 육지 생명의 진화가 더욱 중요하게 된다. 첫 육지 동물의 출현을 위하여 거의 이상적으로 준비된 무대와 함께, 이 시기가 시작된다.

220,000,000년 전에 대륙의 많은 땅 지역은, 북 아메리카의 대부분을 포함해서, 물 위에 나와 있었다. 땅은 화려한 식물로 덮였고, 이 때는 정말로 고사리 시대였다. 2산화 탄소가 아직도 대기에 있었지만, 정도가 줄어들었다.

그 뒤에 얼마 안 되어, 북 아메리카의 중앙 부분이 범람했고, 두 개의 큰 내륙의 바다를 만들었다. 대서양과 태평양 해안의 고지들은 현재의 해안선을 넘어서 바로 있었다. 이 두 바다는 당장에 합쳐졌고, 다른 생명 형태들을 서로 섞었으며, 이 해양 동물상(動物相)의 연합은 해양 생명에서 급속하고 세계적인 감소 시기가 시작되고 차후의 육지 생명 기간이 열리는 것을 표시했다.

210,000,000년 전에 물이 따듯한 북극의 바다가 북 아메리카와 유럽의 대부분을 덮었다. 남극의 바다는 남 아메리카와 오스트랄리아를 범람했고, 한편 아프리카와 아시아는 어지간히 높아졌다.

바다가 가장 높아졌을 때, 새로운 진화적 발전이 갑자기 일어났다. 돌연히 첫 육지 동물이 나타났다. 땅 위나 물에서 살 수 있는 이 동물의 수많은 종자가 있었다. 공기를 숨쉬는 이 양서(兩棲) 동물이 절지 동물로부터 발전되었고, 이들의 헤엄치는 부레는 허파로 진화했다.

바다의 짠물로부터 육지 달팽이, 전갈, 개구리가 기어 나왔다. 오늘날 개구리는 아직도 물 속에서 알을 낳고, 그 새끼는 처음에 작은 물고기, 곧 올챙이로서 존재한다. 이 기간은 당연히 개구리 시대라 볼 수 있다.

그 뒤에 곧, 곤충이 처음으로 나타났고, 거미·전갈·바퀴벌레·귀뚜라미·메뚜기와 함께, 세계의 여러 대륙을 곧 뒤덮었다. 잠자리는 가로가 76센티미터에 이르렀다. 바퀴벌레가 1천 종이 개발되었고, 어떤 것은 길이가 10센티미터까지 자랐다.

두 집단의 극피(棘皮) 동물이 특별히 잘 발달되었고, 그들은 실제로 이 시대를 안내하는 화석이다. 조개를 먹고 사는 큰 상어들이 또한 상당히 진화했고, 5백만 년이 넘도록 대양을 정복했다. 기후는 여전히 따듯하고 온화했으며, 해양 생물은 거의 변하지 않았다. 민물고기가 발달하고 있었고, 삼엽충은 절멸에 다가가고 있었다. 산호는 드물었고, 갯나리가 많은 석회석을 만들고 있었다. 세련된 건축용 석회석은 이 시기에 만들어졌다.

많은 내륙 바다의 물은 석회와 기타 광물을 품고 있었기 때문에, 많은 해양 종자의 진보와 발달을 크게 방해했다. 어떤 곳에서는 아연과 납을 포함하는, 광범위한 돌 퇴적물의 결과로서, 결국 바다가 맑아졌다.

이 초기 석탄 시대의 퇴적물은 두께가 150미터에서 6000미터가 되었고, 사암·혈암·석회석으로 이루어졌다. 가장 오래 된 지층은, 많은 자갈과 분지의 침전물과 함께, 육지 및 해양 동물과 식물의 화석을 산출한다. 더 오래 된 이 지층에는 쓸 수 있는 석탄이 거의 발견되지 않는다. 유럽 전역에 걸쳐서 이 퇴적물은 북 아메리카에서 만들어진 것과 무척 비슷하다.

이 시기의 끝 무렵에, 북 아메리카의 땅이 솟아오르기 시작했다. 이것은 잠시 중지되었고, 바다는 이전 지층의 반 가량을 덮을 정도로 돌아왔다. 이 범람은 짧았고, 땅의 대부분은 곧 물 위로 쑥 솟았다. 남 아메리카는 아프리카를 경유해서 유럽과 아직도 연결되었다.

이 시기는 보주, 슈바르츠발트, 유랄 산맥이 시작되는 것을 보았다. 오래 된 다른 산맥들의 그루터기가 영국과 유럽 전역에서 발견될 것이다.

200,000,000년 전에 석탄기(石炭紀)에서 정말로 활발한 단계가 시작되었다. 이 시기보다 앞서 2천만 년 동안, 더 이른 석탄 퇴적물이 놓여지고 있었지만, 이제 더 널리 석탄을 형성하는 활동이 진행되고 있었다. 실제로 석탄이 투입되는 시기의 길이는 2천5백만 년이 조금 넘었다.

육지는 해양의 바닥에서 생기는 활동으로 일어나는 해면의 이동 때문에 정기적으로 올라가고 내려가고 있었다. 이 껍질의 불안정—땅이 가라앉고 솟아오르는 것—은 해안 늪지대에 있는 다산(多産)하는 식물과 관련하여, 광범위한 석탄 퇴적물의 생산에 기여했고, 이것은 이 시기가 <u>석탄기</u>로 알려지게 만들었다. 기후는 전 세계에 걸쳐 아직도 온화했다.

석탄층은 혈암·바위·역암과 번갈아 있다. 미국의 중부와 동부에 있는 이 석탄 지층은 두께가 12미터에서 15미터에 이르기까지 달라진다. 그러나 이 퇴적물의 다수는 나중에 땅이 높아질 때 씻겨 내려갔다. 북 아메리카와 유럽의 어떤 부분에서, 석탄을 품은 지층은 두께가 5400미터 된다.

현재 석탄층 밑에 있는 점토(粘土)에서 나무가 자란 바와 같이, 그 나무 뿌리의 존재는 석탄이 지금 발견되는 바로 그곳에서 형성되었음을 보여 준다. 석탄은 아득히 먼 이 시대의 수렁에서, 또 늪 해안에서 자라던 무성한 식물이 물로 보존되고, 압력에 수정된 잔재이다. 석탄층은 흔히 가스와 기름을 품는다. 토탄(土炭) 지층은 옛날의 식물 성장의 잔재이며, 적당한 압력과 열을 받으면 일종의 석탄으로 바뀔 것이다. 무연탄은 다른 석탄보다 압력과 열을 더 받았다.

북 아메리카에서 여러 지층 속에 있는 석탄층은 땅이 몇 번이나 내려가고 올라갔는가를 가리키며, 그 수는 일리노이 주에서 10번, 펜실바니아 주에서 20번, 알라바마 주에서 35번, 카나다에서 75번에 이르기까지 다르다. 민물과 바닷물 화석이 석탄층에서 발견된다.

이 시기를 통하여 내내, 남북 아메리카의 산맥들은 활동이 많았고, 안데스와 록키 산맥 남부의 선조(先祖)가 올라갔다. 대서양과 태평양의 큰 높은 해안 지역이 가라앉기 시작했고, 결국에는 아주 침식되고 물에 잠겨서 두 대양의 해안선은 대체로 현재 위치로 물러났다. 이 범람기의 퇴적물(堆積物)은 두께가 평균 약 300미터가 된다.

190,000,000년 전에는 북 아메리카의 석탄가 바다가 오늘날의 록키 산맥 지역에서 서쪽으로 뻗는 것을 구경하였고, 이것은 칼리포니아 북부를 통해서 태평양에 이르는 수로(水路)가 있었다. 해안선이 진동하던 이 시기에 해안의 땅이 솟아오르고 내려감에 따라서, 두 아메리카와 유럽 전역에 걸쳐서, 석탄이 한 층 한 층, 계속해서 쌓였다.

180,000,000년 전에 석탄기의 막이 내렸고, 이 기간에 석탄은 세계 전역에서—유럽, 인도, 중국, 북 아프리카, 두 아메리카에서—형성되어 왔다. 석탄이 형성되는 시기가 막을 내릴 때, 미시시피 강 유역 동쪽의 북 아메리카는 솟아올랐고, 이 구역의 대부분은 그 뒤로 죽, 바다 위에 남아 있었다. 육지가 솟아오르던 이 시기는 아팔라치아 지역에서, 또 서부에서, 북 아메리카의 현대 산맥들이 시작되는 것을 표시한다. 동부 아메리카와 서 유럽은 그린랜드 대륙을 통해서 연결되었다.

육지가 솟아난 것은 전기(前期)의 해양성 기후를 수정하고, 그 대신에 덜 따듯하고 더 변동하는 대륙성 기후가 시작되도록 비로소 변화시켰다.

이 시절의 식물은 포자(胞子)를 품고 있었고, 바람은 이 씨들을 멀리, 또 널리 퍼뜨릴 수 있었다. 석탄기 나무들의 그루터기는 보통 지름이 2.1미터요, 키가 흔히 37.5미터가 되었다. 현대의 고사리는 참으로 지나간 이 시대의 유물이다.

일반적으로, 이 때는 민물 유기체들이 성장하는 시기였고, 이전의 해양 생물에서는 변화가 거의 일어나지 않았다. 그러나 이 기간의 중요한 특징은 개구리와 그 여러 사촌이 갑자기 나타난 것이다. 석탄 시대의 생명의 특징은 고사리와 개구리였다.

6. 기후 과도기 단계
씨앗 식물 시기
생물학적 시련기

이 기간은 해양 생명에서 중요한 진화적 발전이 끝나고, 나중에 육지 동물 시대로 이끄는 과도기가 시작됨을 기록한다.

이 시대는 생명이 크게 곤궁하게 된 시대였다. 수천의 해양 종자가 멸망했고, 땅에서 생명은 아직도 거의 자리잡지 못했다. 이 때는 생물학상의 시련이 있던 시절, 땅의 거죽으로부터, 또 대양의 깊은 곳으로부터, 생명이 거의 사라졌던 시대였다. 긴 해양 생명 시대가 끝날 무렵에, 지구에는 10만이 넘는 생물의 종들이 있었다. 이 과도기의 끝에는 5백 종이 채 안 되게 살아남았다.

이 새로운 시기의 특이한 점은 지구의 껍질이 식거나, 화산 활동이 오래 부재한 것보다는, 일상적이고 전에 있던 영향력—바다가 제한되고 엄청난 땅 덩어리들이 더욱 솟아난 것—이 특별히 조합된 때문이었다. 이전 시절의 따듯한 해양성 기후는 사라지고 있었고, 더 사나운 대륙성 종류의 날씨가 급히 발달하고 있었다.

170,000,000년 전에 큰 진화적 변화와 조정이 지구의 표면 전체에서 벌어지고 있었다. 해양의 지층이 가라앉음에 따라서, 전 세계에서 땅이 솟아오르고 있었다. 고립된 산마루들이 나타났다. 북 아메리카의 동부는 바다 위에 높이 솟아 있었고, 서부는 천천히 솟아오르고 있었다. 대륙들은 크고 작은 소금 호수와 수많은 내륙의 바다로 덮여 있었고, 좁은 해협이 대륙들을 대양과 연결하였다. 이 과도기의 지층은 두께가 300미터에서 2100미터에 이르기까지 다르다.

지구의 껍질은 육지가 솟아오르던 이 기간에 널리 주름이 졌다. 남 아메리카를 아프리카, 그리고 북 아메리카를 유럽과 아주 오래 연결했던 대륙들을 포함해서, 어떤 육지 다리들이 사라진 것을 제외하고, 이 때는 대륙이 솟아나던 시기였다.

차츰차츰 내륙의 호수와 바다는 전 세계에서 말라 버리고 있었다. 고립된 산 빙하와 지역 빙하가, 특히 남반구에서 나타나기 시작했고, 여러 지역에서 이 지역 얼음이 형성되어 생긴 빙하 퇴적물은, 위쪽의 후기 석탄 퇴적물 가운데 어느 것 사이에서도 발견될 수 있다. 새로운 두 기후 요소—빙하 작용과 건조성—이 나타났다. 지구에서 다수의 높은 지역이 건조하고 불모가 되었다.

기후가 변화하는 이 시기를 통하여 계속, 큰 변동이 또한 육지 식물에서도 일어났다. <u>씨앗 식물</u>이 처음으로 나타났고, 이 식물은 나중에 늘어난 육지 동물 생명에게 더 좋은 식량 공급을 마련해 주었다. 곤충들은 철저한 변화를 겪었다. 겨울과 가뭄 동안에 활동이 중지되어 생기는 요구를 충족하기 위하여 <u>휴식 단계</u>가 진화했다.

육지 동물 가운데 개구리가 앞선 시대에 정점(頂點)에 다다랐고, 빨리 쇠퇴하였다. 그러나 개구리는 아득히 멀고 극도로 힘든 이 시절에, 마르고 있던 웅덩이와 연못에서도 오래 살 수 있었기 때문에, 살아남았다. 저무는 이 개구리 시대에, 아프리카에서, 개구리가 파충류로 넘어가는 진화에서 첫 걸음이 일어났다. 땅 덩어리들이 아직도 연결되었으니까, 이 전(前) 파충류 생물, 일종의 공기 호흡 동물이 온 세계에 퍼졌다. 이 때가 되어서, 대기가 아주 바뀌어서 동물의 호흡을 지원할 만큼 놀랍게 소용되었다. 이 전 파충류인 개구리가 도착한 뒤에 곧, 북 아메리카는 유럽, 아시아, 남 아메리카로부터 일시 고립되고 단절되었다.

대양의 물이 차츰차츰 식는 것은 해양 생명의 파괴에 크게 기여했다. 그 시대의 해양 동물은 유리한 세 은신처에서 임시 피난했는데, 이는 현재 멕시코 걸프 지역, 인도의 간지스 만, 지중해 분지(盆地)의 시실리 만이었다. 그리고 이 세 지역으로부터, 곤경에서 태어난 새로운 해양 종자들이 나중에 바다를 다시 채우기 위해서 떠나갔다.

160,000,000년 전에 땅은 육지 동물 생명을 부양하기에 적응된 식물로 대체로 덮였고, 대기는 동물이 호흡하는 데 이상적으로 변했다. 이처럼 해양 생명이 움츠러드는 기간과 생물학적으로 어려운 시련기가 끝났고, 이 시련기는 살아남을 가치를 가진 것들을 제외하고, 모든 형태의 생명을 없애 버렸다. 따라서 남은 것들은 뒤따르는 혹성 진화 시대에서 더 급속히 발달하고 상당히 분화된 생명의 조상으로서 활동할 자격이 있었다.

이 생물학적 시련기의 끝은, 너희 학자들에게 페르미기로 알려져 있고, 또한 오랜 고생대(古生代)의 끝을 표시하는데, 고생대는 혹성 역사의 4분의 1, 곧 2억5천만 년을 차지한다.

유란시아에서 생명의 광대한 대양의 보육원은 그 목적에 쓸모가 있었다. 고등 육지 동물을 지탱하기 위하여 대기(大氣)가 넉넉한 산소를 품기 전에, 땅이 생명을 지원하기에 적당하지 않았던 오랜 시대 동안, 바다는 이 세상의 초기 생명을 기르고 양육했다. 뭍에서 진화의 제2 단계가 비로소 펼쳐지자, 이제 바다의 생물학적 중요성은 점진적으로 줄어든다.

[네바돈의 한 생명 운반자가 발표했다. 그는 유란시아에 배치된 최초 군단의 일원이다.]

제 60 편

초기 육지 생명 시대의 유란시아

해양 생명이 독차지하던 시대는 끝났다. 육지의 융기, 식어 가는 껍질과 식어 가는 대양, 바다가 제한되고 그에 따라 깊어진 것은 북쪽 위도에서 땅이 크게 늘어난 것과 아울러, 적도(赤道) 지대로부터 멀리 떨어진 모든 지역에서 세계의 기후를 바꾸는 데 모두 크게 협동하였다.

이전 시대의 말기는 참으로 개구리 시대였지만, 육지에서 척추 동물의 이 조상은 이제 더 지배하지 않았고, 크게 줄어든 무리로서 살아남았다. 극소수의 종류가 생물학적으로 고난을 겪는 이전 시기에 엄격한 시련을 이겨 냈다. 포자(胞子)를 지닌 식물조차도 거의 절멸해 버렸다.

1. 초기 파충류 시대

이 시기에 침식한 침전물은 대부분 역암·혈암·사암이었다. 아메리카와 유럽에 있는 이 침전물 전체에 걸쳐서, 석고와 붉은 지층은 이 대륙들의 기후가 건조했다는 것을 가리킨다. 건조한 이 지역들은 둘러싼 산지에서 험하고 정기적으로 쏟아지는 소나기에 크게 침식되었다.

이 지층에서는 화석이 거의 발견되지 않을 터이나, 사암에서 육지 파충류의 수많은 발자국이 관찰될 수도 있다. 여러 지역에서 이 시기의 붉은 사암 퇴적물 300미터는 아무런 화석을 품지 않는다. 육지 동물의 생활은 겨우 아프리카의 어떤 부분에서만 계속되었다.

이 퇴적물은 두께가 900미터에서부터 3000미터까지 변하며, 태평양 해안에서는 5400미터까지 된다. 나중에 용암이 이 많은 지층 사이에 투입되었다. 헛슨 강의 팔리세이드는 이 트라이아스기 지층 사이에 현무암 용암이 돌출해서 형성되었다. 화산의 활동은 세계의 다른 부분에 널리 퍼져 있었다.

유럽, 특히 독일과 러시아에서 이 시기의 퇴적물이 발견될 수 있다. 영국에 있는 신적색(新赤色) 사암은 이 시기에 속한다. 바다가 침입한 결과로서 남쪽 알프스에서 석회석이 생겼고, 그 지역에서 특이한 백운암(白雲岩) 석회석 벽, 봉우리, 기둥이 되었음을 이제 볼 수 있다. 이 지층은 아프리카와 오스트랄리아 전부에서 발견될 것이다. 카라라 대리석은 그러한 변조된 석회석으로부터 생긴다. 이 시기에 속하는 아무 것도 남 아메리카의 남부 지역에서는 발견되지 않을 터이니, 이는 대륙의 그 부분이 물 밑에 남아 있었고, 따라서 전기와 후기를 계속해서, 오직 물에 있는 퇴적물, 곧 해양 퇴적물을 내놓기 때문이다.

150,000,000년 전에 세계 역사에서 육지 생명 시대 초기가 시작되었다. 일반적으로 생명은 잘 견디지 못했지만, 해양 생명 시기의 벅차고 냉혹한 말기에서보다 더 잘 견디었다.

이 시대가 열리자, 북 아메리카의 동부와 중부, 남 아메리카의 북쪽 절반, 유럽의 대부분, 그리고 아시아 전체는 물 위로 썩 나와 있었다. 북 아메리카는 처음으로 지리적으로 고립되었지만, 오랫동안 그렇지는 않았는데, 이는 베링 해협의 육지 다리가 곧 다시 솟아나서 그 대륙을 아시아와 연결했기 때문이다.

북 아메리카에서 큰 골짜기들이 생겼고, 이것들은 대서양과 태평양 해안과 평행하였다. 동부 코넥티컷트의 큰 단층이 나타났고, 한 쪽은 결국 3.2킬로미터 가라앉았다. 이 북 아메리카 골짜기의 다수는, 산 지역의 민물이나 짠물 호수의 많은 분지처럼, 나중에 침식으로 생긴 침전물로 채워졌다. 채워진 이 꺼진 땅 부분은 나중에 지하에서 일어난 용암의 흐름으로 말미암아 크게 높아졌다. 여러 지역의 석화림(石化林)은 이 시기에 속한다.

태평양 해안은 대륙들이 침수된 동안에 보통 물 위에 있었는데, 칼리포니아 남부와 지금의 태평양에서 그 때 존재했던 큰 섬 하나를 빼고, 내려갔다. 고대의 이 칼리포니아 바다는 해양 생명이 풍부했고, 중서부 지역의 오래 된 바다 분지와 연결하도록 동쪽으로 뻗었다.

140,000,000년 전에, 갑자기, 앞선 시기에 아프리카에서 발전한 두 전(前) 파충류 조상이 준 힌트만 받고서, 파충류가 완전히 발육한 형태로 나타났다. 그들은 빨리 발달했고, 금방 악어, 비늘 있는 파충류, 그리고 결국에는 바다뱀과 나르는 파충류를 생산하였다. 그들의 과도기 조상은 급속히 사라졌다.

빨리 진화하는 파충류 공룡은 곧 이 시대의 군주가 되었다. 그들은 알을 낳았고, 작은 두뇌 때문에 모든 동물과 구별되었는데, 나중에는 40톤이나 되는 몸을 가누는 데 0.5킬로그람이 채 되지 않는 두뇌를 가졌다. 그러나 초기의 파충류는 더 작았고, 육식을 하며 뒷다리로 캉가루처럼 걸었다. 그들은 속이 빈, 새 종류의 뼈를 가졌고, 나중에는 뒷발에 세 발가락만 발육시켰는데, 그들의 많은 화석 발자국은 큰 새들의 발자국으로 잘못 인식되었다. 나중에는 채식하는 공룡이 진화했다. 그들은 모두 네 발로 걸었고, 이 무리의 한 가지는 보호하는 갑옷을 개발했다.

몇백만 년 뒤에 첫 포유 동물이 나타났다. 그들은 태반(胎盤)이 없었고 재빠른 실패작인 것이 판명되었다. 아무 것도 살아남지 않았다. 이것은 포유 동물 종류를 개량하려는 실험적 노력이었지만, 유란시아에서는 성공하지 못했다.

이 시기의 해양 생명은 변변치 않았어도, 바다가 새로이 침입함과 함께 급속히 개선되었고, 이것은 다시 얕은 물의 광범위한 해안선을 만들었다. 유럽과 아시아 둘레에 얕은 물이 더 많이 있었으니까, 가장 풍부한 화석 지층은 이 대륙들 근처에서 발견될 것이다. 오늘날 너희가 이 시대의 생명을 연구하고 싶으면, 인도와 남태평양 분지의 섬들 뿐 아니라, 히말라야·시베리아·지중해 지역을 검사해 보아라. 해양 생명에서 뛰어난 한 특성은 아름다운 암모나이트 무리가 존재한 것이었고, 이들의 화석 자취는 전 세계에 걸쳐서 발견된다.

130,000,000년 전에 바다는 거의 변하지 않았다. 시베리아와 북 아메리카는 베링 해협의 육지 다리로 연결되었다. 풍부하고 독특한 해양 생명이 칼리포니아의 태평양 해안에서 나타났고, 거기서 1천 종이 넘는 암모나이트가 상급의 두족류 부류

로부터 발전되었다. 이 시기에 생명의 변화는 과도기이고 차츰 일어났는데도, 참으로 혁신적이었다.

이 기간은 2천5백만 년이 넘도록 연장되며, 트라이아스기로 알려져 있다.

2. 후기 파충류 시대

120,000,000년 전에 파충류 시대의 새 국면이 시작되었다. 이 시기의 큰 사건은 공룡이 진화하고 쇠망한 것이었다. 육지 동물 생명은 크기에서 가장 큰 발전을 이룩했고, 이 시대의 끝이 되자, 지구의 표면에서 거의 멸망해 버렸다. 공룡은 길이가 60센티미터 채 안 되는 종으로부터, 거대하고 육식하지 않는 공룡에 이르기까지 온갖 크기로 진화했고, 후자는 길이가 22.5미터 되었는데, 그 뒤로 결코 살아 있는 어떤 생물도 덩치 면에서 이와 어깨를 견주지 못했다.

공룡 가운데 가장 큰 것은 북 아메리카 서부에서 비롯하였다. 이 괴물 파충류는 록키 산맥에 두루, 북 아메리카의 대서양 해안 전부를 따라서, 서 유럽, 남 아프리카, 인도에 파묻혀 있지만, 오스트랄리아에는 없다.

이 큼직한 생물은 자꾸 커짐에 따라서, 더욱 활동이 줄어들고 약하게 되었다. 그러나 그들은 그렇게 엄청난 양의 먹이를 필요로 했고, 땅이 그들로 들끓었기 때문에, 글자 그대로 굶어 죽고 멸종되었다—그 상황을 이겨낼 지능이 모자랐다.

오랫동안 높아졌던 북 아메리카 동부의 대부분은, 이 때가 되어 평평해지고 대서양으로 씻겨 내려갔으며, 그래서 해안은 지금보다 몇백 킬로미터나 더 멀리 뻗었다. 대륙의 서부는 아직 높이 올라와 있었지만, 이 지역조차 나중에 북쪽 바다와 태평양의 침입을 받았고, 이것은 동쪽으로 다코타의 블랙 힐스 지역까지 뻗었다.

콜로라도·몬타나·와이오밍의 이른바 모리슨 지층에서 풍부한 민물 화석이 보여주다시피, 이 때는 민물 시대였고 많은 내륙 호수의 특징을 가진다. 짠물과 민물의 통합된 이 퇴적물의 두께는 600미터에서 1500미터까지 달라진다. 그러나 이 지층에는 석회석이 거의 없다.

북 아메리카로 아주 밑으로 뻗은, 바로 이 극지의 바다는 마찬가지로 곧 출현하는 안데스 산맥을 제외하고 남 아메리카 전체를 덮었다. 중국과 러시아의 대부분은 물에 잠겼지만, 물의 침입은 유럽에서 가장 컸다. 독일 남부에서 아름다운 석판 인쇄에 쓰이는 돌이 이 침수 기간에 만들어졌는데, 이것은 오래 된 곤충들의 아주 가냘픈 날개와 같은 화석이 바로 어제 상태처럼 보존되어 있는 지층이다.

이 시대의 식물상(植物相)은 앞선 시기의 것과 무척 비슷했다. 고사리가 지속했고, 침엽수와 소나무가 갈수록 더 오늘날의 종류처럼 되었다. 석탄이 더러 지중해 북쪽 해안을 따라서 아직도 형성되고 있었다.

바다가 돌아와서 기후가 좋아졌다. 산호는 유럽의 바다에 퍼졌고, 기후가 아직도 온화하고 한결같았음을 증명하지만, 산호는 천천히 식는 극지방의 바다에서 결코 다시 나타나지 않았다. 이 시절의 해양 생명은, 특히 유럽의 바다에서, 크게 개선되고 발전했다. 산호와 갯나리가 지금까지보다 큰 무리로 잠시 나타났다. 그러나 암모나이트가 대양에서 무척추 생명을 지배했고 그 평균 크기는 7.5센티미터에서 10센티미터에 이르렀다. 하지만 한 종은 지름이 2.4미터가 되었다. 해면(海綿)이 어디에나 있었고, 오징어와 굴이 계속해서 진화했다.

110,000,000년 전에 해양 생물의 잠재성이 계속해서 펼쳐지고 있었다. 성게가 이 시기에 뛰어난 돌연 변이의 하나였다. 게, 바다가재, 그리고 현대 종류의 갑각류가 성숙했다. 뚜렷한 변화가 물고기과에서 일어났고, 철갑상어 종류가 먼저 나타났다. 그러나 육지 파충류로부터 내려온 사나운 바다뱀이 아직도 온 바다에 들끓었고, 그들은 물고기과 전체를 멸망시키려고 위협했다.

이 때는 뚜렷하게, 계속하여 공룡의 시대였다. 공룡이 땅에 너무나 들끓어서, 두 종이 이전에 바다가 침식하는 시기에 먹이를 얻으려고 물에 뛰어들었다. 이 바다뱀은 진화에서 뒷걸음을 대표한다. 새로운 몇 종이 진보하고 있지만, 어떤 혈통은 고정된 상태로 남아 있고, 더러는 뒤로 이끌리며 이전의 상태로 돌아간다. 바로 이것이 이 두 종류의 파충류가 땅을 버렸을 때 일어났다.

바다뱀은 시간이 지나자 크게 자라서 대단히 느려졌고, 결국에는 멸망했는데, 이는 그 바다뱀이 엄청난 몸을 보호할 만큼 큰 두뇌를 가지지 않았기 때문이다. 이 어룡(魚龍)들은 때때로 길이가 15미터 되게 자랐고, 대다수는 길이가 10.5미터 넘은 것이 사실인데도, 바다뱀의 두뇌는 무게가 56그람도 채 되지 않았다. 해양 악어도 육지 종류의 파충류로부터 복귀한 것이지만, 바다뱀과 달리, 이 동물은 알을 낳으려고 언제나 땅으로 돌아왔다.

자기를 보존하려는 쓸데없는 노력으로 두 종의 공룡이 물로 옮겨 간 뒤에 곧, 땅에서 사는 생활의 극심한 경쟁 때문에, 다른 두 종류가 공중으로 밀려났다. 그러나 나르는 이 익룡(翼龍)들은 후일에 진짜 새의 조상이 아니었다. 그들은 속이 빈 뼈를 가진 뛰는 공룡으로부터 진화했고, 그들의 날개는 펼치면 6미터에서 7.5미터가 되는, 박쥐 같은 형태였다. 이 고대(古代)의 나르는 파충류는 길이가 3미터 되도록 자랐고, 현대의 뱀들의 것과 무척 비슷하게, 분리할 수 있는 턱을 가졌다. 한동안 나르는 이 파충류는 성공인 듯했지만, 공중을 나르는 자로서 살아남게 만드는 경로를 따라서 진화하지 못했다. 그들은 새 조상에서 살아남지 않은 혈통을 대표한다.

바다거북은 이 시기에 늘어났고, 북 아메리카에서 처음으로 나타났다. 그들의 조상은 북쪽의 육지 다리를 거쳐서 아시아로부터 넘어왔다.

1억 년 전에 파충류 시대는 막이 내리고 있었다. 공룡은, 엄청난 덩치에 비하면 거의 머리가 없는 동물이었고, 그러한 엄청난 몸에 영양을 공급하기에 충분한 먹이를 마련할 지능이 모자랐다. 그래서 느린 이 육지 파충류가 멸망하는 수가 항상 늘어났다. 그 때부터 진화는 신체의 크기가 아니라, 두뇌의 성장을 따를 것이고, 두뇌의 발달은 동물의 진화와 혹성의 진보에서 뒤따르는 시대의 특징을 나타낼 것이다.

파충류의 절정과 쇠망의 시작을 포함하는 이 시기는 거의 2천5백만 년 동안 계속되었고, <u>주라기</u>라고 알려져 있다.

3. 백악기 단계
꽃피는 식물의 시기
새의 시대

큰 백악기(白堊期)는 바다에서 분필을 만드는, 다산하는 유공충(有孔蟲)이 휩쓴데서 그 이름이 유래한다. 이 시기는 유란시아에서 오랜 파충류 지배의 종말을 가져왔고, 육지에서 꽃피는 식물과 새 종류의 생명이 나타나는 것을 보았다. 이 때는 또한 대륙들이 서향으로, 또 남향으로 떠도는 것이 그치는 시절이고, 엄청나게 껍질의 일그러짐, 그리고 동시에 널리 퍼진 용암(鎔巖)의 흐름과 큰 화산 활동이 뒤따른다.

앞선 지질학 시기가 막을 내릴 때가 가까워지자, 대륙의 상당한 부분은 물 위에 나와 있었다. 하지만 아직까지 아무 산 봉우리가 없었다. 그러나 대륙의 떠돌이가 계속되자, 그것은 태평양 깊은 바닥에서 처음으로 큰 장애에 부딪쳤다. 이 지질 세력의 싸움은 알라스카로부터 밑으로 멕시코를 거쳐 케이프 혼까지 뻗는 광대한 남북 방향의 산맥 전부를 형성하도록 충격을 주었다.

이처럼 이 기간은 지질학 역사에서 현대 산을 형성하는 단계가 된다. 이 시절 이전에는 산 봉우리가 거의 없었고, 다만 폭이 아주 넓고 높아진 땅 등성이만 있었다. 이제 태평양 해안의 범위가 높아지기 시작했지만, 현재 해안선에서 1120킬로미터 서쪽에 있었다. 시에라 산맥이 모습을 갖추기 시작했고, 금(金)을 지니는 그 석영 지층은 이 시기에 있던 용암 흐름의 산물이다. 북 아메리카의 동부에서 대서양의 압력은 또한 땅이 솟아오르도록 작용하고 있었다.

100,000,000년 전에 북 아메리카 대륙, 그리고 유럽의 일부는 물 위에 쑥 나와 있었다. 아메리카의 두 대륙의 찌그러짐이 계속되었고, 남 아메리카의 안데스의 모습을 바꾸고, 북 아메리카의 서부 평야를 차츰 높이 만들었다. 멕시코의 대부분은 바다 밑으로 가라앉았고, 남쪽 대서양은 남 아메리카의 동부 해안을 침식하여, 결국은 현재의 해안선에 이르렀다. 대서양과 인도양은 그 때, 오늘날의 상태와 대체로 같았다.

95,000,000년 전에 아메리카와 유럽의 땅 덩어리는 다시 가라앉기 시작했다. 남쪽 바다가 북 아메리카의 침략을 개시하였고, 차츰 북극해와 연결하려고 북쪽으로 뻗었는데, 이것은 두 번째로 크게 대륙이 침수한 것이다. 이 바다가 마침내 물러갔을 때, 그 대륙을 지금 있는 근처에 두었다. 이 큰 침수가 시작되기 전에, 동부의 아팔라치아 고지는 바닷물 수준까지 거의 완전히 약화되었다. 지금 토기(土器)를 만드는 데 쓰이는 순수한 점토로 이루어진, 색깔이 있는 여러 지층은 이 시대에 대서양 해안 지역에 놓여졌고, 그 평균 두께는 약 600미터였다.

큰 화산 활동이 알프스의 남쪽에서, 또 현재 칼리포니아의 해안 범위에 있는 산맥의 줄을 따라서 일어났다. 수백만 년 동안에 가장 크게, 멕시코에서 땅껍질이 찌그러졌다. 큰 변화가 또한 유럽·러시아·일본, 그리고 남 아메리카 남부에서도 일어났다. 기후는 점점 더 다양하게 되었다.

90,000,000년 전에 속씨 식물이 이 초기의 백악기 바다로부터 솟아났고, 곧 대륙을 덮었다. 이 육지 식물은 무화과나무, 목련, 툴립나무와 함께, 갑자기 나타났다. 이 시기 뒤에 곧, 무화과나무, 빵나무, 야자나무가 유럽, 그리고 북 아메리카의 서부 평원에 퍼졌다. 아무런 새로운 육지 동물이 나타나지 않았다.

85,000,000년 전에 베링 해협이 막혔고, 북쪽 바다의 식는 물을 막아 버렸다. 그 때까지는 대서양 및 걸프 바다의 해양 생명과 태평양의 해양 생명은, 두 물줄기의 온도 차이 때문에 크게 달랐다. 이들은 이제 균일하게 되었다.

분필과 녹색 모래 이회토(泥灰土)가 이 시기에 이름을 주었다. 이 시절의 침전물은 얼룩덜룩했고, 열등한 석탄이나 갈탄과 함께, 분필·혈암·사암, 그리고 소량의 석회석으로 구성되었으며, 여러 지역에서 침전물은 기름을 포함했다. 이 지층은 어떤 지역에서 60미터에서, 북 아메리카 서부와 수많은 유럽 지방에서 3000미터에 이르기까지 두께가 다르다. 록키 산맥의 동부 경계지를 따라서 이 침전물은 위로 기울어진 산기슭의 언덕 지대에서 관찰될 수 있다.

전 세계에서 이 지층은 분필로 채워져 있고, 구멍이 많은 반(半)바위로 된 이 지층은 뒤집힌 노출 부분에서 물을 받고, 현재 지구의 건조한 많은 지역에 물 공급을 조달하도록, 밑으로 전달한다.

80,000,000년 전에 지구의 껍질에서 큰 소동이 일어났다. 대륙 표류의 서향 진출이 멈추고 있었으며, 뒤쪽 대륙 덩어리의 느릿한 운동량의 엄청난 에너지가 남북 아메리카의 태평양 해안선을 찌부러뜨렸고, 아시아의 태평양 해안선을 따라서 깊이 메아리치는 변화를 일으켰다. 이 태평양 둘레에서 일어난 땅의 융기는 궁극에 오늘날의 산맥들을 이루었고, 길이가 40,000킬로미터가 넘었다. 그 출산에 따른 융기는 유란시아에서 생명이 나타난 뒤에, 땅거죽의 뒤틀림이 가장 크게 일어난 것이었다. 용암의 흐름은 지상과 지하에서, 광범위하고 널리 퍼졌다.

75,000,000년 전은 대륙의 떠돌이가 끝나는 것을 기록한다. 알라스카에서부터 케이프 혼까지, 태평양 해안의 긴 산맥이 완성되었지만, 아직까지 봉우리가 거의 없었다.

대륙의 표류가 멈춰서 생긴 뒤쪽 밀기는 북 아메리카의 서부 평원을 계속해서 높였고, 한편 동부에서 대서양 해안 지역에서 약화된 아팔라치아 산맥은 거의, 또는 도무지 기울어지지 않고, 수직(垂直)으로 튀어나왔다.

70,000,000년 전에 록키 산맥 지역이 최대로 솟아오른 것과 연결하여, 땅껍질이 찌그러졌다. 큰 바위 조각이 브리티시 콜럼비아에서, 표면에서 24킬로미터나 위로 밀렸다.[1] 여기서 케임브리아기의 바위들이 백악기 지층 위에 비스듬하게 밀렸다. 록키 산맥의 동쪽 비탈에서, 카나다 경계 가까이, 또 한 번 볼 만하게 위로 밀림이 있었다. 여기서 당시에는 최근이었던 백악기 퇴적물 위로 밀려난, 생명이 생기기 이전의 돌 지층을 발견할 수 있다.

이 때는 전 세계에서 화산 활동이 있던 시대였고, 작고 고립된 수많은 화산 원뿔이 생겨나게 만들었다. 바다 밑의 화산들이 물 속에 가라앉은 히말라야 지역에서 터졌다. 아시아의 나머지 지역의 상당 부분도, 시베리아를 포함하여, 아직도 물 밑에 있었다.

65,000,000년 전에 모든 시대를 통틀어서 가장 큰 용암 흐름의 하나가 일어났다. 이 때와 전기(前期)의 용암 흐름이 퇴적된 지층은 두 아메리카 전역에서, 아프리카 남부와 북부, 오스트랄리아, 그리고 유럽의 여러 부분에서 발견될 것이다.

육지 동물은 거의 바뀌지 않았지만, 대륙이, 특히 북 아메리카에서 크게 솟아올라왔기 때문에, 빨리 번식했다. 북 아메리카는 이 시절에 육지 동물의 진화에서 큰 벌판이었고, 유럽의 대부분은 물 밑에 있었다.

기후는 아직도 따듯하고 한결같았다. 극지방은, 북 아메리카의 중부와 남부에서 현재 기후와 아주 비슷한 날씨를 누렸다.

식물 생명에서 큰 진화가 일어나고 있었다. 육지 식물 가운데 속씨 식물이 휩쓸었고, 너도밤나무·자작나무·오크나무·밤나무·시카모어·단풍나무, 그리고 현대의 야자수를 포함하여 오늘날의 많은 나무가 처음으로 나타났다. 과실·풀·곡식이 풍부했고, 씨를 맺는 이 풀 및 나무와 식물 세계의 관계는 사람의 조상과 동물 세계의 관계와 같다—이들은 진화적 중요성에서 사람 자신의 출현 다음으로 중요하다. 갑자기, 이전에 단계적 변화가 없이, 꽃피는 식물의 큰 과(科)가 돌연 변이로 생겼다. 이 새로운 식물상은 곧 전 세계에 퍼졌다.

60,000,000년 전에, 육지 파충류가 비록 쇠퇴하고 있었지만, 공룡은 땅의 군주로서 줄곧 군림했고, 작고 뛰는 캉가루 종류의 육식하는 공룡 가운데 좀더 민첩하고 활발한 부류가 이제 선두를 빼앗았다. 그러나 언젠가 그 전에, 새로운 부류의 채식하는 공룡들이 나타난 적이 있고, 이들의 급속한 증가는 육지 식물 가운데 풀과가 나타난 데 기인한다. 풀을 먹는 이 새로운 공룡들 가운데 하나는 진짜 네발 동물이었고, 두 뿔과 케이프 같은 어깨 테두리가 있었다. 가로가 6미터 되는 육지 종류의 거북이가 나타났고, 또한 현대의 악어와 현대 부류의 참 뱀이 나타났다. 큰 변화가 또한 물고기와 기타 형태의 해양 생명 사이에서 일어나고 있었다.

앞선 시대에 물가를 걷고 헤엄치는 전 조류(前鳥類)는 공중에서 성공하지 못했고, 나르는 공룡도 그렇지 못했다. 이들은 짧게 산 종이요, 금방 멸종되었다. 이들도 공룡의 운명, 멸망을 겪었는데, 몸 크기에 비해서 너무나 머리 내용이 적었기 때문이다. 이 시대와 전기에 포유 동물을 생산하려는 유산된 시도와 마찬가지로, 공중을 나를 수 있는 동물을 생산하려는 둘째 시도가 실패했다.

55,000,000년 전에 진화의 행진은 진짜 새의 시조(始祖)가 갑자기 나타남으로 두드러졌는데, 비둘기 같은 이 작은 생물은 모든 새 종류 생명의 조상이었다. 이것은 땅에서 나타난 셋째 종류의 나르는 생물이었고, 파충류 집단으로부터 직접 솟아났으며, 당대의 나르는 공룡이나, 이를 가진 초기 종류의 육지 새로부터 솟아나지 않았다. 그래서 이 때는 파충류가 쇠퇴하는 시대 뿐 아니라, 새의 시대로 알려지게 되었다.

4. 백악기의 끝

큰 백악기가 막을 내리고 있었고, 그 종말은 바다의 대륙 대침공의 끝을 표시한다. 특히 이것이 북 아메리카에 관해서 참말인데, 거기에는 꼭 24번 큰 범람이 있었다. 나중에 하찮은 침수(沈水)가 있었지만, 이 중에 아무 것도 이 시대와 앞 시대의 광범위하고 길었던 바다의 침략과 비교할 수 없다. 땅과 바다의 지배가 번갈아 있었던 이 시대는 1백만 년의 주기로 일어났다. 대양의 바닥과 대륙 수준의 오르내림과 관련해서, 오랜 세월에 걸친 리듬이 있었다. 바로 이 리듬 있는 껍질의 운동은 이 때부터 줄곧, 지구의 역사 전체를 통해서 죽, 그러나 빈도(頻度)와 범위가 줄어들면서 계속할 것이다.

이 시기는 또한 대륙의 떠돌이가 끝나고, 유란시아에서 현대의 산들이 형성되는 것을 보았다. 그러나 대륙 덩어리들의 압력, 그리고 오랜 세월에 걸친 표류의 저지된 운동량은 산을 만드는 데 유일한 영향력은 아니다. 산맥의 위치를 결정하는 데 주요하고 근본적인 요인은 기존하는 낮은 땅이나 골짜기이며, 이것은 땅의 침식으로 생긴 비교적 가벼운 퇴적물과 앞선 시대의 해양 표류물로 채워지게 되었다. 가벼운 이 땅 지역은 두께가 때때로 4500미터에서 6000미터가 되었다. 따라서 껍질이 어떤 이유로든 압력을 받을 때, 이 가벼운 지역들은 먼저 구겨지고, 접히고, 위로 올라가서, 지구의 껍질에서나 혹은 껍질 밑에서 작용하는, 다투고 반대하는 세력 및 압력을 보상하는 조정을 허락한다. 때때로 이렇게 땅의 밀어 올리기는 접힘이 없이 생긴다. 그러나 록키 산맥이 올라간 것과 연관해서, 지하에서, 또 지표에서, 여러 지층의 엄청난 위로밀림과 더불어, 접힘과 기울어짐이 크게 일어났다.

세계에서 가장 오래 된 산들은 오래 된 동서 체계의 산들 사이에, 아시아와 그린랜드와 북 유럽에 있다. 중년의 산들은 태평양 둘레의 집단에, 그리고 유럽의 둘째 동서 체계에 있으며, 후자는 거의 같은 때에 생겼다. 이 거대한 솟아오름은 길이가 거의 16,000킬로미터가 되고, 유럽으로부터 서인도 제도의 고지로 뻗는다. 가장 젊은 산들은 록키 산맥 체계에 있고, 거기서 오랜 세월 동안, 땅의 융기가 일어났지만 다만 바다가 연달아 덮었다. 하지만 고지들 가운데 더러는 섬으로서 남았다. 중년의 산들이 형성되고 나서, 진정한 산 고지가 높아졌고, 이것은 나중에 자연 요인의 통합된 예술로 말미암아, 오늘날의 록키 산맥으로 조각되었다.

현재 북 아메리카의 록키 산맥 지역은 최초의 땅이 높아진 것이 아니다. 이 고지는 침식으로 말미암아 평평하게 된 지 오래 되었고, 그리고 나서 다시 높아졌다. 현재 산맥의 앞줄이 다시 높아진 최초의 산맥의 흔적이 남은 것이다. 파이크스 봉우리와 롱스 봉우리가 이 산 활동의 뛰어난 예이며, 산(山) 생명에서 두 세대 또는 그를 지나서 연장된다. 이 두 봉우리는 앞서 몇 차례 범람한 동안에, 물 위에서 머리를 들고 있었다.

지리학 뿐 아니라 생물학적으로, 이 때는 땅에서, 또 물 밑에서 파란 많고 활동이 많았던 시대였다. 성게가 늘어났고, 한편 산호와 갯나리가 줄어들었다. 이전 시대에 압도적 영향을 미쳤던 암모나이트도 또한 빨리 쇠퇴하였다. 땅에서 고사리 숲은, 대체로 소나무, 그리고 거대한 세쿼이아 삼나무를 포함하여, 다른 현대의 나무로 바뀌었다. 이 기간의 끝이 되기까지, 태반(胎盤)을 가진 포유 동물이 아직 진화하지 않았지만, 후일에 미래 포유 동물 종류의 초기 조상이 등장하는 것을 위하여 생물학적 무대가 충분히 마련되었다.

육지 생명이 초기에 나타나는 때로부터 인종, 그리고 그에 나란한 가지들의 직계 조상이 나타난 최근 시대까지, 세상의 진화에서 긴 시대가 이렇게 막을 내린다. 이 백악기는 5천만 년을 차지하고, 육지 생명 가운데 포유 동물 이전 시대의 종말을 알리는데, 이것은 1억 년의 기간에 걸치며, 중생대 (中生代)로 알려져 있다.

[사타니아에 배치되었고, 지금 유란시아에서 활동하는 한 네바돈 생명 운반자가 발표했다].

주: 1. 지각의 압축 힘 때문에 두꺼운 암석층이 서로 밀려 겹치는 현상, 충상(衝上) 단층.

제 61 편

유란시아의 포유 동물 시대

포유 동물 시대는 태반이 있는 포유 동물이 기원을 가진 시절부터 빙하 시대의 끝까지 이어지며, 5천만 년보다 조금 적게 차지한다.

이 신생대(新生代)에 세상의 경치는 매력 있는 모습—구르는 언덕, 넓은 강, 큰 숲—을 나타냈다. 이 시간 구역 중에 두 번이나 파나마 지협이 올라가고 내려갔다. 세 번이나 베링 해협의 육지 다리도 그렇게 했다. 동물의 종류는 많고도 다채로웠다. 나무는 새들로 바글거렸고, 진화하는 동물 종자들이 주도권을 얻으려고 끊임없이 투쟁했는데도, 온 세상이 동물 천국이었다.

5천만 년에 걸치는 이 시대의 다섯 기(紀)에 쌓인 퇴적물은 연속된 포유 동물 왕조의 화석 기록을 지니고 있으며, 인간 자신이 실제로 나타나는 시대를 거치기까지 바로 이끈다.

1. 새로운 대륙 단계
초기 포유 동물의 시대

50,000,000년 전에 세계의 땅 지역은 아주 대체로 물 위에 있거나, 겨우 조금만 물 밑에 잠겼다. 이 시기의 지층과 퇴적물은 육지와 해양의 것이었으나, 주로 육지 종류였다. 상당히 오랫동안 육지가 차츰차츰 올라섰지만, 동시에 더 낮은 수준으로, 바다를 향해서 씻겨 내려갔다.

이 시기에 일찍, 북 아메리카에서 태반을 가진 종류의 포유 동물이 갑자기 나타났고, 그들은 이 때에 이르기까지 가장 중요한 진화적 발전이었다. 이전에 태반이 없는 포유 동물목(目)이 존재했지만, 새로운 이 종류는 기존의 파충류 조상으로부터 직접, 갑자기 튀어나왔는데, 이들의 후손은 공룡이 쇠망하던 시절을 거쳐서 계속 버티었다. 태반을 가진 포유 동물의 아버지는 작고, 상당히 활발하고, 육식을 하며, 껑충 뛰는 종류의 공룡이었다.

이 원시 포유 동물 종류에서 기본적 포유 동물의 본능이 나타나기 시작했다. 포유 동물은 다음 면에서, 모든 다른 형태의 동물 생명보다 엄청난 살아남는 장점을 가지고 있었다. 포유 동물은:

1. 비교적 성숙하고 잘 발육된 자식을 낳을 수 있다.
2. 애정을 가지고 새끼를 다루며, 새끼에게 양분을 공급하고, 양육하고, 보호할 수 있다.
3. 자기를 존속시키는 일에 우수한 두뇌력을 쓸 수 있다.
4. 적으로부터 달아나는 데, 늘어난 민첩성을 이용할 수 있다.
5. 환경을 조정하고 거기에 적응하는 데 우수한 지능을 쓸 수 있다.

45,000,000년 전에, 해안선이 아주 대체로 침몰하는 것과 연관하여, 대륙의 골격이 높아졌다. 작은 파충류인, 알 낳는 종류의 포유 동물이 번성했고, 후일의 캉가루 선조가 오스트랄리아를 누볐다. 얼마 안 되어, 작은 말, 발이 빠른 코뿔소, 긴 코를 가진 타피르, 원시 돼지, 다람쥐, 리머[1], 오파섬, 그리고 원숭이 같은 몇 부족의 동물이 있었다. 그들은 모두 작고 원시적이었고, 산 지역의 숲 사이에서 살기에 가장 적합했다. 타조 같은 큰 육지 새가 3미터의 키로 발달했고, 가로 23센티미터 세로 33센티미터 크기의 알을 낳았다. 이들은 후일에 거대한 타는 새의 선조였는데, 이 새는 상당히 머리가 영리했고 한때 인간을 공중으로 날랐다.

초기 신생대의 포유 동물은 땅에서, 물 밑에서, 공중에서, 나무 꼭대기에서 살았다. 그들은 하나에서 열한 쌍에 이르는 유방 선(腺)을 가졌고, 모두가 상당히 많은 털로 덮였다. 후일에 나타나는 목(目)들과 공통으로, 그들은 두 벌의 연속된 이를 개발했고, 몸 크기에 비해서 큰 두뇌를 소유했다. 그러나 이들 전체에서 현대 형태는 하나도 존재하지 않았다.

40,000,000년 전에 북반구의 땅 지역이 비로소 높아졌고, 이에 새롭고 광범위한 땅 퇴적물, 그리고 용암의 흐름, 뒤틀림, 호수의 형성, 침식을 포함하여, 다른 종류의 땅의 활동이 뒤따랐다.

이 시기의 후반에 유럽의 대부분이 물에 잠겼다. 땅이 약간 올라가고 나서, 그 대륙은 호수와 만으로 덮였다. 북극해는, 유랄의 함몰을 통해서, 남쪽으로 달려 지중해와 연결되었는데, 당시에 지중해는 북쪽으로 확장했고, 알프스·카르파티아·아페닌·피레네 산들은 바다의 섬처럼 물 위에 나와 있었다. 파나마 지협은 위로 나와 있었고, 대서양과 태평양은 갈라졌다. 북 아메리카는 베링 해협의 육지 다리로 아시아와 연결되고, 그린랜드·아이스랜드를 경유해서 유럽과 연결되었다. 북쪽 위도에서 지구의 땅 순회로를 오직 유랄 해협이 절단했고, 이것은 북극의 바다와 확대된 지중해를 연결하였다.

상당한 유공충(有孔蟲) 석회석이 유럽의 바다에 퇴적되었다. 오늘날 바로 이 돌은 알프스에서 3000미터, 히말라야에서는 4800미터, 티벳에서는 6000미터의 높이로 솟아 올랐다. 이 시기의 백악의 퇴적물은 아프리카와 오스트랄리아의 바닷가를 따라서, 남 아메리카의 서부 해안에서, 그리고 서인도 제도 근처에서 발견된다.

이른바 이 시신세(始新世) 기간을 통해서 죽, 포유 동물 및 기타 관계된 형태의 생명은 거의 또는 아무런 방해가 없이 계속하였다. 북 아메리카는 그 때 오스트랄리아를 빼고, 모든 대륙과 땅이 연결되었고, 세상은 차츰 여러 종류의 원시 포유 동물 집단으로 우글거렸다.

2. 최근의 홍수 단계
상급 포유 동물의 시대

이 기간은 태반(胎盤)을 가진 포유 동물이 더욱, 급속히 진화한 특징을 가지고 있으며, 이들은 이 시절에 발전하던, 더욱 진보한 형태의 포유 동물 생명이었다.

초기의 태반 포유 동물은 육식하는 선조로부터 솟아 나왔지만, 아주 곧 채식하는 가지들이 발전되었고, 오래지 않아서 잡식하는 포유 동물과(科)들도 또한 튀어나왔다. 속씨 식물도 급속히 늘어나는 포유 동물의 주요한 먹이였고, 오늘날의 식물과 나무의 대다수를 포함하여 현대의 육지 식물상(植物相)은, 더 이른 시기에 나타났다.

35,000,000년 전은 태반을 가진 포유 동물이 세상을 정복하던 시대가 열렸음을 표시한다. 남쪽의 육지 다리는 널리 퍼졌고, 그 때 엄청났던 남극 대륙을 남 아메리카, 남 아프리카, 오스트랄리아와 다시 연결하였다. 높은 위도에서 땅이 집결하고 있는데도, 열대 바다가 엄청나게 커졌기 때문에, 세계의 기후는 비교적 온화한 채로 남았고, 땅은 빙하를 만들 만큼 충분히 높아지지도 않았다. 광범위한 용암의 흐름이 그린랜드와 아이스랜드에서 일어났고, 어떤 석탄은 이 지층 사이에 퇴적되고 있었다.

뚜렷한 변화가 혹성의 동물상(動物相)에서 일어나고 있었다. 바다 생명은 크게 수정을 겪고 있었으며, 해양 생물에서 오늘날 목(目)들의 대부분이 존재했고, 유공충은 계속 중요한 역할을 했다. 곤충 생명은 이전 시대의 것과 무척 비슷했다. 콜로라도의 플로리산트 화석 지층은 까마득한 이 시절의 후기에 속한다. 살아 있는 곤충과들의 대부분은 이 시기로 거슬러 올라가지만, 당시에 존재했던 다수는 지금 멸종되었다. 하지만 그들의 화석이 남아 있다.

뭍에서 이 때는 두드러지게 포유 동물이 혁신하고 확장하던 시대였다. 더 일찍 있었던 원시 포유(哺乳) 동물 가운데, 1백이 넘는 종이 이 시기가 끝나기 전에 절멸했다. 덩치가 크고 두뇌가 작은 포유 동물조차 곧 멸망했다. 두뇌와 민첩성은 동물 생존의 진보에서 갑옷과 덩치를 대체하였다. 그리고 공룡과가 쇠망하면서, 포유 동물이 천천히 지구를 정복했고, 파충류 조상의 나머지를 빠르고 완벽하게 파괴하였다.

공룡이 사라짐과 함께, 다른 큰 변화가 도마뱀과의 여러 가지에서 일어났다. 초기 파충류과에서 살아남은 구성원은 바다거북·뱀·악어였고, 이들과 더불어 존경받을 개구리였는데, 개구리는 사람의 시초 조상들 가운데 살아남은 유일한 집단 대표이다.

여러 무리의 포유 동물은 지금은 멸종한 독특한 동물에서 기원을 가졌다. 육식하는 이 생물은 고양이와 물개 사이의 잡종 비슷한 것이었는데, 땅에서나 물에서 살 수 있었고, 상당히 머리가 좋고 대단히 활발했다. 유럽에서는 개과의 조상이 진화했고, 곧 많은 종류의 작은 개들을 낳았다. 같은 무렵에 비버·다람쥐·땅다람쥐·생쥐·토끼를 포함하여, 갉아먹는 설치류(齧齒類)가 나타났고, 즉시 주목할 만한 형태의 생명이 되었으며, 그 뒤로 이 과에서는 거의 아무 변화가 일어나지 않았다. 이 시기의 후기 퇴적물은, 조상 형태로 있는 개·고양이·너구리·족제비의 화석 잔재를 포함한다.

30,000,000년 전에 현대 종류의 포유 동물이 비로소 나타났다. 이전에는 포유 동물이 산에서 사는 종류였기 때문에, 산에서 대체로 지내는 편이었다. 발톱을 가진 육식하는 것들과 구별되게, 갑자기 평원(平原) 종류, 곧 발굽이 있는 종류, 풀을 뜯는 종들의 진화가 시작되었다. 이 풀 뜯는 동물은 다섯 발가락과 이를 44개 가진, 분화되지 않은 조상으로부터 솟아 나왔는데, 그 시대가 끝나기 전에 멸망했다. 이 기간을 통해서 내내, 발가락의 진화는 세 발가락 단계를 지나서 진보하지 않았다.

말은 진화의 뛰어난 본보기이며, 이 시절에 북 아메리카와 유럽, 양쪽에서 살았다. 하지만 말의 발전은 후일의 빙하(氷河) 시대까지는 충분히 끝나지 않았다. 코뿔소과는 이 시기의 끝에 나타났지만, 나중에 최대의 확장기를 거쳤다. 돼지 같은 한 작은 생물도 개발되었고, 여러 종의 돼지와 멧돼지와 하마(河馬)의 조상이 되었다. 낙타와 라마는 북 아메리카에서 이 시기의 중간쯤에 비롯하였고, 서부 평원에 들끓었다. 나중에 라마는 남 아메리카로, 낙타는 유럽으로 옮겨 갔으며, 곧 두 가지가 북 아메리카에서 소멸되었다. 하지만 몇 마리 낙타가 빙하 시대까지 살아남았다.

이 무렵에 주목할 일이 북 아메리카 서부에서 생겼다. 고대 리머의 초기 조상이 처음으로 출현했다. 이 과(科)는 참 리머로 여길 수 없지만, 그들의 등장은 참 리머가 나중에 튀어나온 혈통이 확립되었음을 표시한다.

바다를 향해 갔던 이전 시대의 육지 뱀들처럼, 이제 태반(胎盤) 포유 동물의 한 부족 전체가 땅을 버리고, 대양에서 살림터를 잡았으며, 그 뒤로 늘 바다에 남았고, 현대의 고래·돌고래·쥐돌고래·물개·바다사자를 낳았다.

혹성에서 새 종류 생명은 줄곧 발달했지만, 중요한 진화적 변화는 거의 없었다. 갈매기·왜가리·플라밍고·대머리수리·매·독수리·부엉이·메추라기·타조를 포함하여, 현대에 있는 새들의 대다수가 존재했다.

1천만 년을 차지하는 이 점신세(漸新世)의 끝이 되기까지, 해양 생명 및 육지 동물과 함께, 식물 생명은 아주 크게 진화했고, 오늘날과 비슷하게 땅 위에 있었다. 상당한 분화가 나중에 나타났지만, 대부분의 살아 있는 것들의 조상 형태는 그 때 살아 있었다.

3. 현대의 산 단계
코끼리와 말의 시대

땅이 높아지고 바다가 분리된 것은 천천히 세계의 날씨를 바꾸고 있었고 차츰 날씨를 서늘하게 했지만, 기후는 아직도 온화했다. 세쿼이아와 목련은 그린랜드에서 자랐지만, 아열대 식물이 남쪽으로 비로소 이주하고 있었다. 이 시기의 끝이 되기까지, 따듯한 기후에서 사는 식물과 나무는 대체로 북쪽 위도에서 사라졌고, 그들의 자리는 추위에 더 잘 견디는 식물과 낙엽수가 차지했다.

풀의 종류가 크게 늘어났고, 많은 포유 동물 종자의 이는 차츰 오늘날의 풀 뜯는 종류에 맞도록 개조되었다.

25,000,000년 전에 땅이 높아지던 긴 시대에 뒤이어, 육지가 조금 물에 잠겼다. 록키 산맥 지역은 높이 솟은 채로 있어서, 침식된 물질의 퇴적은 동쪽으로 낮은 땅 전역에 걸쳐서 계속되었다. 시에라 산맥은 상당히 다시 솟았고, 사실은 그 뒤로 늘 솟아오르고 있었다. 칼리포니아 지역에서 6.4킬로미터에 이르는 큰 수직(垂直) 단층은 이 시절부터 유래한다.

20,000,000년 전에는 정말로 포유 동물의 황금 시대였다. 베링 해협의 육지 다리가 올라왔고, 어금니가 네 개 있는 마스토돈, 다리 짧은 코뿔소, 그리고 여러 변종의 고양이과를 포함하여, 많은 집단의 동물이 아시아로부터 북 아메리카로 이주했다.

첫 사슴이 나타났고, 북 아메리카는 즉시 반추(反芻) 동물이—사슴·소·낙타·들소, 그리고 몇 종자의 코뿔소가—들끓었지만, 키가 1.8미터 넘는 큰 돼지는 멸종했다.

이 시기와 후기의 거대한 코끼리는 몸이 클 뿐 아니라 큰 두뇌를 소유했는데, 오스트랄리아를 빼고 곧 전 세계에 넘쳤다. 계속 견딜 수 있게 만들 만큼 충분히 큰 두뇌를 가진 거대한 동물이 이번에는 세계를 정복했다. 이 시대에 상당히 영리한 생명을 직면하여, 코끼리만큼 큰 어떤 동물이라도 크고 우수한 질의 두뇌를 소유하지 않았다면, 살아남을 수 없었다. 지능과 적응 면에서, 오직 말이 코끼리에 접근했고, 오로지 사람 자신이 코끼리를 능가했다. 과연 그러하니, 이 시기가 시작할 때 생존하던 50종의 코끼리 가운데, 겨우 두 가지가 살아남았다.

15,000,000년 전에 유라시아의 산 지역들이 높아지고 있었고, 이 지역에 두루 얼마큼의 화산 활동이 있었지만, 서반구 용암의 흐름과 아무 것도 비교가 되지 않았다. 이 불안한 조건이 온 세계를 지배했다.

지브랄타 해협이 닫혔고, 스페인은 오래 된 육지 다리로 아프리카와 연결되었다. 그러나 지중해는, 프랑스를 지나서 뻗은 좁은 수로(水路)를 통해서 대서양으로 흘러 들어갔고, 산봉우리와 고지들은 고대의 이 바다 위에서 섬처럼 보였다. 나중에, 이 유럽의 바다는 물러나기 시작했다. 그 뒤에, 지중해는 인도양과 연결되었고, 한편 이 시기 끝에 수에즈 지역이 높아져서 지중해는 한동안 내륙의 짠 바다가 되었다.

아이스랜드 육지 다리가 물 밑에 잠겼고, 북극의 바다가 대서양의 바다와 서로 섞였다. 북 아메리카의 대서양 해안은 급히 식었지만, 태평양 해안은 지금보다 더 따듯한 채로 남았다. 대양의 큰 해류가 작용하고 있었고, 오늘날과 비슷하게 기후에 영향을 주었다.

포유 동물 생명은 줄곧 진화했다. 엄청난 말 떼가 북 아메리카의 서부 평원에서 낙타들과 합세하였다. 이 때는 코끼리만 아니라 참으로 말의 시대였다. 말의 머리는 동물 품질 면에서 코끼리의 머리에 버금가지만, 한 가지 점에서, 놀랐을 때 도망치는 뿌리 깊은 성향을 결코 완전히 극복하지 못했기 때문에, 말은 결정적으로 열등하다. 말은 코끼리가 가진 감정의 통제가 모자라고, 한편 코끼리는 크고 민첩성이 모자라서 몹시 장애를 겪는다. 이 기간에 얼마큼 코끼리와 같고 말과 비슷한 동물이 진화했지만, 급속히 늘어나는 고양이과 때문에 즉시 멸종했다.

유란시아가 이른바 "말이 없는 시대"로 들어가고 있으니까, 너희는 이 동물이 너희 조상에게 무엇을 의미했는가 멈추어 생각해 보아야 한다. 사람은 처음에 말을 먹을 것으로, 다음에는 여행에, 나중에는 농사(農事)와 전쟁에 썼다. 말은 오랫동안 인류에게 봉사하고, 인간 문명의 발전에서 중요한 노릇을 해 왔다.

이 시기에 생물학상의 발전은 나중에 사람이 나타나는 것을 위하여 무대를 준비하는 방향으로 크게 기여했다. 중앙 아시아에서 진정한 부류의 원시 원숭이와 고릴라가 진화했고, 그들은 지금은 멸절해 버린 공통된 조상을 가졌다. 그러나 이 종들 가운데 어느 것도, 나중에 인류의 조상이 되도록 예정된 생물의 혈통에는 관련되지 않는다.

몇몇 집단이, 특히 늑대와 여우가, 개과를 대표했다. 고양이족을 표범, 그리고 칼이를 가진 큰 호랑이가 대표했고, 후자는 북 아메리카에서 처음으로 진화했다. 현대의 고양이과와 개과는 온 세상에서 수가 늘어났다. 족제비·담비·수달·너구리들이 번성했고, 북쪽 위도 전역에 걸쳐서 발달했다.

새가 계속 진화했다. 하지만 뚜렷한 변화는 거의 일어나지 않았다. 파충류도 현대의 부류—뱀·악어·바다거북—과 비슷했다.

이렇게 세계 역사에서 대단히 사건이 많고 흥미 있는 시기가 막을 내렸다. 이 코끼리와 말의 시대는 중신세(中新世)라고 알려져 있다.

4. 최근의 대륙 상승 단계
포유 동물의 마지막 대이동

이 때는 북 아메리카, 유럽, 아시아에서 빙하기에 앞서 육지가 높아지던 시기이다. 땅은 지형 면에서 크게 변조되었다. 산맥이 태어나고, 강이 진로를 바꾸며, 고립된 화산들이 온 세계에서 터졌다.

10,000,000년 전에 대륙들의 낮은 곳에서 광범위하게 지역적으로 땅 침전물이 쌓이는 시대가 시작되었다. 그러나 이 침전물의 대부분은 나중에 옮겨졌다. 이 시절에 유럽의 상당 부분은, 잉글랜드·벨지움·프랑스의 여러 부분을 포함하여, 아직도 물 밑에 있었고, 지중해는 북 아프리카의 상당 부분을 덮었다. 북 아메리카에서 광범위한 퇴적물이 산밑에서, 호수에서, 큰 분지에서 만들어졌다. 이 퇴적물은 평균 약 60미터이고, 다소 색깔이 있고, 화석이 드물다. 북 아메리카 서부에 두 개의 큰 민물 호수가 존재했다. 시에라는 높아지고 있었고, 샤스타·후드·레이니어는 산으로서 생애를 시작했다. 그러나 후일에 빙하기까지, 북 아메리카는 대서양의 침몰 부분을 향하여 기어가기 시작하지 않았다.

잠시 동안 세상의 모든 육지는 오스트랄리아를 제외하고 다시 붙었고, 마지막으로 세계적인 동물의 대이동이 일어났다. 북 아메리카는 남 아메리카와 아시아와 다 연결되었고, 동물 생명의 자유로운 교환이 이루어졌다. 아시아의 나무늘보·아마딜로·영양(羚羊)·곰이 북 아메리카로 들어갔고, 한편 북 아메리카의 낙타는 중국으로 갔다. 코뿔소가 오스트랄리아와 남 아메리카를 빼고, 온 세계로 이주했으나, 이 시기 끝이 되자 서반구에서 멸종되었다.

대체로, 전기(前期)의 생명은 줄곧 진화하고 퍼졌다. 고양이과가 동물 생명을 지배했고, 해양 생명은 거의 정지했다. 다수의 말이 아직 세 발가락을 가졌지만, 현대 종류가 도착하고 있었다. 라마, 그리고 기린 같은 낙타가 풀 뜯는 평원에서 말과 섞였다. 기린이 아프리카에서 나타났고, 지금처럼 긴 목을 그 때 가졌다. 남 아메리카에서 나무늘보·아마딜로·개미핥기, 그리고 남 아메리카 종류의 원시 원숭이가 진화했다. 대륙들이 드디어 고립되기 전에, 그 덩치 큰 동물 마스토돈은 오스트랄리아를 빼고, 어디에나 이주해 갔다.

5,000,000년 전에 말은 지금 상태로 진화했고, 북 아메리카로부터 전 세계로 이주했다. 그러나 말은 홍인(紅人)이 도착하기 오래 전에, 기원이 있던 대륙에서 멸종되었다.

기후는 차츰 추워지고, 육지 식물은 천천히 남쪽으로 움직이고 있었다. 북쪽 지협 위로 동물의 이주를 막은 것은, 처음에는 북쪽에서 심해지는 추위였다. 그 뒤에 이 북 아메리카 육지 다리는 가라앉았다. 그 뒤에 곧 아프리카와 남 아메리카 사이의 육지 연결은 마침내 물에 잠겼고, 서반구는 오늘날 상태와 비슷하게 고립되었다. 이 시절 이후로, 다른 종류의 생명이 동반구와 서반구에서 발달하기 시작했다.

이처럼 거의 1천만 년 동안 계속된 시기가 막을 내리고, 사람의 조상은 아직 나타나지 않았다. 이 때는 보통 선신세(鮮新世)라고 부르는 시절이다.

5. 초기 빙하 시대

전기의 끝이 되자, 북 아메리카의 동북 부분과 북 유럽의 땅은 광범위한 규모로 상당히 높아졌고, 북 아메리카에서는 광대한 지역이 9000미터까지, 또 더 높아지고 있었다. 이 북쪽 지역에는 온화한 기후가 이전에 지배했고, 북극의 바다는 모두 증발하도록 열려 있었으며, 빙하기가 거의 끝날 때까지 이 바다는 줄곧 얼음이 없었다.

이렇게 육지가 올라오는 것과 동시에 대양의 해류가 바뀌었고, 계절풍이 방향을 바꾸었다. 이 조건은 결국, 북쪽의 고지(高地)에 무겁게 젖어 있는 대기의 움직임으로부터 거의 항상 쏟아지는 비를 만들었다. 높아지고, 따라서 시원해진 이 지역에 눈이 내리기 시작했고, 깊이가 6000미터에 이를 때까지 눈이 계속 내렸다. 눈이 가장 깊이 쌓인 지역은, 고도(高度)와 함께, 나중의 빙하 압력 흐름의 중심점을 결정했다. 이 지나친 강설(降雪)이 이 북쪽 고지를 이처럼 굉장한 눈 외투로 계속 덮는 동안에, 빙하 시대가 이어졌다. 이 눈은 곧, 단단하지만 기어가는 얼음으로 형태를 바꾸었다.

이 시기의 큰 빙상들은 모두 높아진 고지에 자리잡고 있었고, 오늘날 그 빙상들이 발견되는 산 지역에 있지 않았다. 빙하 얼음의 반은 북 아메리카에 있었고, 4분의 1은 유라시아에, 4분의 1은 다른 곳, 주로 남극에 있었다. 아프리카는 얼음에 거의 영향을 받지 않았지만, 오스트랄리아는 남극의 얼음 담요로 거의 덮여 있었다.

이 세상의 북쪽 지역은 여섯 번 따로, 뚜렷한 얼음의 침공을 받았다. 하지만 각 개별 빙상의 활동과 관계하여 전진과 후퇴가 수십 번 있었다. 북 아메리카에서 얼음은 두 중심에서, 나중에는 세 중심에서 모였다. 그린랜드가 덮였고, 아이스랜드는 얼음의 흐름 밑에 완전히 묻혔다. 유럽에서 얼음은 다른 때에, 잉글랜드 남부의 해안을 빼고, 영국 제도를 덮었고, 프랑스까지 서 유럽으로 퍼졌다.

2,000,000년 전에 북 아메리카의 첫 빙하가 남쪽으로 전진을 시작했다. 빙하기가 이제 시작되고 있었고, 이 빙하는 북쪽의 압력 중심들로부터 전진하고 다시 거기로 후퇴하는 데, 거의 1백만 년을 써 버렸다. 중앙의 빙상(氷床)은 남쪽으로 칸사스까지 뻗었는데, 동쪽과 서쪽의 얼음 중심들은 그 때 그다지 널리 퍼져 있지 않았다.

1,500,000년 전에 처음 큰 빙하가 북쪽으로 물러나고 있었다. 그 동안에 굉장한 양의 눈이 그린랜드와 북 아메리카 동북부에 내리고 있었고, 머지 않아 이 동부의 얼음 덩어리는 남쪽으로 흘러내리기 시작했다. 이것이 얼음의 둘째 침공이었다.

처음에 있은 이 두 얼음 침공은 유라시아에서 널리 퍼지지 않았다. 빙하기의 이 초기에, 북 아메리카는 마스토돈, 털 있는 맘모스, 말, 낙타, 사슴, 사향소, 들소, 나무늘보, 큰 비버, 칼이를 가진 호랑이, 코끼리만큼 큰 나무늘보, 그리고 많은 집단의 개 및 고양이과로 들끓었다. 그러나 이 시절 이후로, 빙하기의 심해지는 추위 때문에, 그들의 수가 급속히 줄어들었다. 빙하기의 끝이 다가오자, 이 동물 종자의 대부분은 북 아메리카에서 절멸되었다.

얼음으로부터 떨어진 곳에서, 뭍과 물에서 사는 세계의 생명은 거의 변하지 않았다. 얼음의 침공 사이사이에, 기후는 대체로 현재만큼 온화했고, 아마 조금 더 따듯했다. 빙하는, 엄청난 지역을 덮도록 퍼지기는 하지만, 결국 지역 현상이다. 빙하의 비활동기, 그리고 엄청난 빙산들이 메인주 해안에서 대서양으로 미끄러져 가고 퓨지트 사운드를 통과하여 태평양으로 미끄러져 내리고 노르웨이의 피오르드 밑으로 북해로 천둥치며 내려간 시절 사이에, 해안선 지역의 기후는 크게 바뀌었다.

6. 빙하 시대의 원시인

이 빙하기에 있었던 큰 사건은 원시인의 진화였다. 인도에서 조금 서쪽으로, 지금은 물 밑에 있는 땅에서, 오래 된 북 아메리카 리머 종류의 아시아 이민 자손 사이에서, 원시 포유 동물이 <u>갑자기</u> 나타났다. 이 조그만 동물은 대체로 뒷다리로 걸었고, 몸 크기에 비해서, 또 다른 동물의 두뇌와 비교해서, 큰 두뇌를 소유했다. 이 목(目) 생명의 70대에서 새로운 상급 집단의 동물이 <u>갑자기</u> 분화했다. 이 새로운 중간 포유 동물이—크기와 키가 선조의 거의 두 배가 되고, 비례해서 커진 두뇌력을 가졌는데—겨우 자리를 잘 잡았고, 그 때 세 번째로 결정적 돌연 변이, 곧 영장목(靈長目)이 <u>갑자기</u> 나타났다. (바로 이 때, 중간 포유 동물의 혈통 안에서 역행(逆行)의 발전이 원숭이의 조상을 낳았다. 그 날부터 지금까지 인간의 가지는 점진적으로 진화해서 앞으로 나아갔고, 한편 원숭이 부족은 정지 상태에 남아 있거나, 아니면 실제로 역행하였다.)

1,000,000년 전에 유란시아는 <u>사람 사는 세계</u>로서 등록되었다. 진보하는 영장목의 혈통 안에서 돌연 변이가 <u>갑자기</u> 두 명의 원시 인간, 인류의 실제 조상을 생산하였다.

이 사건은 빙하의 세 번째 전진이 시작될 무렵에 일어났다. 그래서 자극과 활력을 주는 어려운 환경 속에서 너희의 옛 조상이 태어나고 번식했다고 볼 수 있다. 이 유란시아 원주민의 유일한 생존자, 에스키모인은 지금도 혹독한 북방 기후에서 살기를 더 좋아한다.

인간은 빙하기의 끝이 다가올 때까지, 서반구에 있지 않았다. 그러나 빙하기 사이에 그들은 서쪽으로 지중해 둘레를 지나갔고, 곧 유럽 대륙을 누볐다. 서 유럽의 동굴에서, 인간의 뼈가 열대와 북극 동물의 잔해와 섞여 있는 것이 발견될 수 있는데, 이것은 빙하가 전진하고 후퇴하는 후기 시대를 통해서 죽, 이 지역에서 사람이 살았음을 증언한다.

7. 이어지는 빙하 시대

빙하기 동안 내내 다른 활동이 진행되고 있었지만, 얼음의 활동은 북쪽 위도에서 모든 다른 현상을 무색하게 만든다. 땅의 어느 다른 활동도 그러한 특징을 가진 증거를 지형에 남기지 않는다. 땅 구멍, 호수, 옮겨진 돌, 돌가루와 같은 뚜렷한 자갈과 지표의 틈은 자연에서 어떤 다른 현상과 관련이 없이 발견될 것이다. 얼음은 또한 부드러운 돌출부, 곧 빙퇴구(氷堆丘)로 알려진 지표의 진동에 대해서도 책임이 있다. 그리고 빙하가 진행함에 따라서, 빙하는 강을 옮기고 지구의 얼굴 전체를 바꾸어 놓는다. 오로지 빙하가 내막을 알리는 표류물—지상·측면·말단 빙퇴석—을 남겨 놓는다. 이러한 표류물, 특히 지상 빙퇴석(氷堆石)은, 북 아메리카에서 동쪽의 해안 북부에서부터 서쪽으로 연장되며, 유럽과 시베리아에서 발견된다.

750,000년 전에, 북 아메리카의 중앙 및 동부 빙원(氷原)이 합쳐진 넷째 빙상은 남쪽으로 한참 진행 중에 있었는데, 절정에 달했을 때 일리노이주 남부에 이르렀고, 미시시피 강을 80킬로미터 서쪽으로 옮겨 놓았으며, 동쪽에서 오하이오 강과 펜실바니아주 중부만큼 남쪽으로 뻗었다.

아시아에서 시베리아 빙상(氷床)은 가장 남쪽으로 쳐들어갔고, 한편 유럽에서 진행하는 얼음은 알프스 산의 장벽에 못 미처 멈추었다.

500,000년 전에, 얼음이 다섯 번째로 전진하던 동안에, 새로운 발전이 인간의 진화 과정을 가속했다. 갑자기, 한 세대에, 여섯 유색 민족이 원주민 인간 혈통으로부터 돌연 변이하였다. 이 때는 2중으로 중요한 날짜이니, 그 때가 또한 혹성 영주의 도착을 표시하기 때문이다.

진행하는 다섯째 빙하는 북 아메리카에서 모두 세 얼음 중심의 합동 침공으로 구성되어 있었다. 그러나 동쪽 돌출부는 세인트 로렌스 계곡 밑에 짧게만 뻗었고, 서쪽의 빙상은 남향으로 거의 진출하지 않았다. 그러나 중심의 돌출부는 남쪽에 이르러 아이오와주의 대부분을 덮었다. 유럽에서 이 얼음 침공은 전기의 것만큼 널리 퍼지지 않았다.

250,000년 전에, 여섯째이자 마지막 빙하 활동이 시작되었다. 북부 고지가 조금 가라앉기 시작한 사실이 있었는데도, 이 때는 북부 빙원에서 가장 크게 눈이 투입된 기간이었다.

이 침공에서 세 개의 큰 빙상은 하나의 광대한 얼음 덩어리로 뭉쳤고, 서부의 산들은 모두 이 빙하 활동에 참여했다. 이것은 북 아메리카에서 모든 얼음 침공 가운데 가장 컸다. 얼음은 그 압력 중심들로부터 2400킬로미터 남쪽으로 움직였고, 북 아메리카는 가장 낮은 기온을 맛보았다.

200,000년 전에, 마지막 빙하가 진행하는 동안에, 유란시아에서 일어난 사건들의 행진과 많이 상관되는 에피소드가—루시퍼 반란이—일어났다.

150,000년 전에 여섯째이자 마지막 빙하의 남쪽 연장 부분이 가장 멀리 미쳤고, 서부의 빙상은 막 카나다 경계를 넘었다. 중부는 칸사스·미조리·일리노이로 내려왔고, 동쪽 빙상은 남쪽으로 진행하고, 펜실바니아와 오하이오의 반을 넘게 덮었다.

이것은 많은 혀 모양, 곧 얼음 돌출부를 내보낸 빙하인데, 이 돌출부는 오늘날의 크고 작은 호수를 팠다. 이 빙하가 물러갈 때, 북 아메리카의 그레이트 레이크스 체계가 만들어졌다. 유란시아의 지질학자들은 이 발전의 여러 단계를 아주 정확히 추론했는데, 다른 시점에서 이 물 덩어리가 처음에는 미시시피 유역으로 흘러 들어가고, 다음에 동쪽으로 헛슨 유역으로 갔으며, 마지막에는 북쪽 길을 경유하여 세인트 로렌스로 흘러갔다고 옳게 추측했다. 연결된 그레이트 레이크스 체계가 현재의 나이아가라 길로 물을 비우기 시작한 지는 3만 7천 년이 되었다.

100,000년 전에, 마지막 빙하가 물러나던 기간에, 광대한 극지의 빙상들이 비로소 형성되었고, 얼음이 누적되는 중심이 상당히 북쪽으로 옮겨 갔다. 미래에 육지가 올라오거나 대양의 해류가 수정되는 것과 관계 없이, 북극 지역이 계속 얼음으로 덮여 있는 한, 또 하나의 빙하기는 도저히 생길 수 없다.

이 마지막 빙하는 10만 년 동안 진행하고 있었고, 북쪽으로 후퇴를 마치는 데는 비슷한 길이의 시간이 필요했다. 온대 지방은 5만 년이 조금 넘게 얼음에서 해방된 채로 있었다.

가혹한 빙하기는 많은 종자를 없애 버렸고, 수많은 다른 종을 근본적으로 변화시켰다. 여러 종이 이리저리 옮겨 다님으로 뼈저리게 시련을 받았는데, 이러한 이동은 나아가고 물러나는 얼음 때문에 필요하게 되었다. 땅에서 빙하를 왔다갔다 따라다닌 동물은 곰·들소·순록·사향소·맘모스·마스토돈이었다.

맘모스는 탁 트인 초원을 찾았지만, 마스토돈은 숲 지역의 아늑한 가장자리를 더 좋아했다. 늦은 시절까지 맘모스는 멕시코에서부터 카나다까지 흩어졌고, 시베리아 종류는 털로 덮이게 되었다. 백인이 나중에 들소를 죽여 버린 것처럼, 마스토돈은 홍인에게 멸망될 때까지 북 아메리카에서 버티었다.

북 아메리카에서, 마지막 빙하 활동이 있던 동안에, 말·타피르·라마, 그리고 칼이를 가진 호랑이가 멸종되었다. 그들의 자리에 나무늘보·아마딜로·카피바라가 남 아메리카로부터 올라왔다.

전진하는 얼음 앞에 강제된 생명의 이동은 식물과 동물의 특별한 혼합을 일으켰고, 마지막 얼음 침공이 물러나자, 북극의 식물과 동물의 많은 종자가 어떤 산봉우리들에 높이 버려졌고, 거기로 그들은 빙하 때문에 멸망되는 것을 피하려고 여행하였다. 그래서, 오늘날, 옮겨진 이 식물과 동물은 유럽의 알프스에서 높이, 아니 북 아메리카의 아팔라치아 산맥에서도 발견될 수 있다.

빙하 시대는 마지막으로 종결된 지질학 기간, 이른바 홍적세(洪積世)이고, 길이는 2백만 년이 넘었다.

35,000년 전은 혹성의 극지(極地)를 빼고, 큰 빙하 시대의 종말을 표시한다. 이 시점은 또한 물질 아들·딸의 도착과, 아담 섭리 시대의 시작에 가깝다는 점에서 중요하며, 이것은 대체로 충적세(沖積世), 곧 빙하 이후 시기가 시작되는 것에 해당한다.

포유 동물 생명이 대두된 때부터 얼음이 물러갈 때까지, 그리고 유사(有史) 시대까지 계속 이어지는 이 이야기는, 거의 5천만 년에 걸친다. 이 때는 마지막—현재—지질학 기간이고, 너희의 연구자들에게는 신생대(新生代) 혹은 근세 시대라고 알려져 있다.

[거주하는 한 생명 운반자가 후원하였다.]

주: 1. Lemur는 우리말로 여우원숭이라 한다. 여우원숭이와 원숭이는 분명히 다른 과에 속하므로, 두 가지가 한 과에 속한다는 오해를 피하기 위해서, 리머라고 그냥 적는다.

제 62 편

시초 인간의 원시 민족

약 1백만 년 전에, 리머 종류의 태반 포유 동물의 초기 혈통으로부터, 세 번 연달아 갑자기 돌연 변이가 생겨서, 인류의 직계 조상이 나타났다. 이 초기 리머의 지배적 요소는, 서부 집단, 곧 후기 아메리카 집단의 진화하는 생명 원형질로부터 유래하였다. 그러나 인간 조상의 직계 혈통을 세우기 전에, 이 혈통은 아프리카에서 진화한 중부 생명 이식으로부터 받은 기여로 강화되었다. 동부 생명 집단은 인간종을 실제로 낳는 데 거의 또는 아무 것도 이바지하지 않았다.

1. 초기의 리머 종류

인간종의 족보에 관계되는 초기의 리머는 유라시아와 아프리카 북부에서 당시에 살던, 선재하던 긴팔원숭이와 원숭이 부족들과 직접 관련이 없었고, 후자의 자손은 현재까지 살아남았다. 이것들은 양자(兩者)에 공통되지만 멸종한 지 오래 되는 조상으로부터 솟아나기는 했어도, 현대 종류 리머의 자손도 아니었다.

이 초기의 리머는 서반구에서 진화했으나, 인류의 직계 포유 동물 조상이 선 것은 남서 아시아에서, 중부에 생명을 이식한 최초의 지역에서, 그러나 동부 지역의 경계에서 일어났다. 몇백만 년 전에 북 아메리카 종류의 리머는 베링 육지 다리 위로 서쪽으로 이주했고, 아시아 해안을 따라서 천천히 남서쪽으로 진행했다. 이주하는 이 부족들은 당시에 확대된 지중해, 그리고 인도 반도(半島)의 높아지는 산 지역 사이에 놓인, 기후 좋은 지역에 마침내 이르렀다. 인도 서쪽에 있는 이 땅에서 그들은 다른 유리한 혈통들과 합쳤고, 이렇게 인류의 계통을 세웠다.

시간이 흐르자, 산 지역의 남서쪽에서 인도의 바닷가는 차츰차츰 물에 잠겼고, 이 지역의 생명을 완전히 고립시켰다. 북쪽을 빼고, 이 메소포타미아 반도, 곧 페르시아 반도에 이르거나 거기서부터 도망할 접근 경로가 하나도 없었고, 그 길은 빙하의 남향 침공으로 말미암아 거듭해서 두절되었다. 당시에 거의 파라다이스 같은 이 지역에서, 이 리머 종류의 포유 동물에서 우수한 후손으로부터, 위대한 두 집단이 솟아났는데, 현대의 원숭이족과 오늘날의 인간종이다.

2. 시조 포유 동물

1백만 년 조금 더 전에, 메소포타미아의 시조 포유 동물,[1] 곧 북 아메리카 리머 종류로서 태반을 가진 포유 동물의 직계 후손이 <u>갑자기</u> 나타났다. 그들은 활동이 많은 작은 생물이었고, 키가 거의 90센티미터였다. 버릇으로 뒷다리로 서서 걷지는 않았지만, 쉽게 똑바로 설 수 있었다. 그들은 털이 많고, 재빠르고, 원숭이 같은 짓으로 종알거렸지만, 원숭이족들과 달리, 고기를 먹었다. 상당히 쓸모 있는 움켜쥐는 엄지발가락 뿐 아니라, 마주 볼 수 있는 원시의 엄지손가락을 가졌다. 이 시점 이후로, 인간이 생기기 이전의 종들은 마주 볼 수 있는 엄지손가락을 개발하는데 성공했고, 한편 엄지발가락의 움켜쥐는 힘을 점진적으로 잃어버렸다. 후일의 원숭이족들은 움켜쥐는 엄지발가락을 보유했지만, 결코 인간 종류의 엄지손가락을 개발하지 못했다.

이 시조 포유 동물은 서너 살이 되었을 때 완전히 자랐고, 잠재 수명이 평균 약 20년이었다. 대체로, 자손들은 하나씩 생겼지만 쌍둥이가 때때로 있었다.

이 새 종의 구성원들은 그 때까지 땅에서 존재했던 어떤 동물 가운데서도, 몸크기에 비해 가장 큰 두뇌를 가졌다. 그들은 나중에 원시인의 특징을 나타냈던 많은 감정을 느끼고 수많은 본능을 공통으로 가졌으며, 상당히 호기심이 많았고 어떤 시도를 하더라도 성공했을 때 아주 우쭐해하였다. 배고픔과 성욕이 잘 발달되었고, 서투른 형태로 구애하고 짝을 선택하는 일에, 분명히 성(性)의 상대를 선택함을 드러냈다. 자기들의 친척을 방어하는 데 사납게 싸우려 했고, 가족 관계에서 아주 부드러웠으며, 자기를 낮추는 감각을 소유했는데, 이것은 부끄러움과 뉘우침에 가까웠다. 그들은 대단히 사랑이 깊었고, 짝에게 감동이 되도록 충성했지만, 환경이 그들을 떼어놓았을 때, 새 짝을 고르곤 했다.

키가 작았고, 그들의 숲 거주지에 있는 위험을 깨닫는 날카로운 머리를 가졌기 때문에 특별한 두려움을 개발했으며, 이것은 그들로 하여금 생존에 아주 엄청나게 이바지한 현명한 예방 조치를 취하게 했다. 예를 들면, 그들은 높은 나무 꼭대기에 어설픈 오두막을 지었는데, 이것은 땅에서 살면서 생기는 많은 위험을 제거했다. 인류의 두려워하는 성향의 시작은 더욱 자세히 말하면 이 시절로 거슬러 올라간다.

이 시조 포유 동물은 앞서 나타났던 것 보다, 부족 정신이 더 발달되었다. 정말로 상당히 사교적이었지만, 그런데도 일상 생활의 보통 추구에서 어떤 방법으로든 방해를 받았을 때 대단히 싸우기 좋아했고, 분노를 충분히 건드렸을 때 불 같은 성미를 나타냈다. 그러나 호전적 성품은 좋은 목적에 쓰였다. 우수한 집단은 열등한 이웃과 서슴지 않고 전쟁하였고, 이처럼 선택적 생존으로 말미암아 그 종은 점진적으로 개량되었다. 그들은 곧 이 지역의 작은 생물의 생활을 지배했고, 더 오래 되고 육식하지 않는, 원숭이 같은 부족들은 극소수가 살아남았다.

적극적인 이 작은 동물은 메소포타미아 반도에서 1천 년이 넘도록 번식하고 퍼졌고, 신체의 종류와 일반 지능 면에서 항상 개량되었다. 이 새로운 부족이 가장 높은 종류의 리머 조상으로부터 기원을 가진 뒤, 꼭 70대가 되자, 그 다음의 획기적 발전이 일어났다—유란시아에서 인간의 진화에서 다음으로 극히 중요한 걸음이 되는 조상이 갑자기 분화한 것이다.

3. 중간 포유 동물

시조 포유 동물의 생애에서 일찍, 이 재빠른 생물의 우수한 한 쌍이 살던 나무 꼭대기 집에서 쌍둥이가, 수놈 하나와 암놈 하나가, 태어났다. 조상과 비교해서, 그들은 정말로 잘생긴 작은 생물이었다. 몸에 거의 털이 없었어도 따듯하고 온화한 기후에서 살았기 때문에 이것은 아무런 신체의 장애가 아니었다.

이 아이들은 키가 120센티미터 조금 넘게 자랐다. 모든 면에서 부모보다 덩치가 컸고, 다리가 더 길고 팔이 더 짧았다. 거의 완전히 마주 볼 수 있는 엄지손가락을 가졌고, 이것은 거의 오늘날 인간의 엄지손가락만큼, 다양한 일에 잘 적응되었다. 그들은 똑바로 서서 걸었고, 나중에 거의 인류만큼, 걷는 데 잘 적응된 발을 가졌다.

그들의 두뇌는 인간보다 열등하고 작았지만, 조상보다 대단히 우수하고, 조상과 비교해서 훨씬 컸다. 그 쌍둥이는 일찍부터 우수한 지능을 나타냈으며, 시조 포유 동물의 종족 전체에서 곧 우두머리로서 인정받았고, 원시 형태의 사회 조직과 서툴게나마 노동의 경제적 분업을 정말로 시작했다. 이 오누이는 짝을 지었고, 곧 자신과 상당히 비슷한 아이들 21명으로 이루어진 사회를 가졌다. 이들은 모두 키가 120센티미터 넘고, 모든 면에서 조상의 종보다 뛰어났다. 이 새 집단은 중간 포유 동물의 핵심을 이루었다.

새롭고 우수한 이 집단의 수가 커졌을 때, 전쟁, 무자비한 전쟁이 터졌다. 끔찍한 그 싸움이 끝났을 때, 시조 포유 동물 가운데 전에 있었던 조상 종은 하나도 살아남지 않았다. 그 종에서 수가 적지만 더 강력하고 머리 좋은 가지가 조상을 희생하고 살아남았다.

이제 거의 1만 5천 년 (6백 세대) 동안, 이 생물은 세상의 이 부분에서 공포가 되었다. 지난 시대의 크고 사나운 동물이 모두 멸망했다. 이 지역에 토착인 큰 짐승들은 육식을 하지 않았고, 고양이과에서 큰 종자, 사자와 호랑이는, 지구의 표면에서 특별히 보호된 이 구석을 아직 침범하지 않았다. 따라서 이 중간 포유 동물은 용감해졌고, 그들이 있던 구석을 모두 정복했다.

조상 종자(種子)와 비교해서, 중간 포유 동물은 모든 면에서 나았다. 잠재 수명도 더 길었고, 약 25년이었다. 기초적 인간 특성 가운데 많은 것이 이 새 종에서 나타났다. 조상이 전시한 타고난 성향 외에도, 이 중간 포유 동물은 어떤 불쾌한 상황에서 메스꺼움을 보이는 능력이 있었다. 더 나아가서 분명한 저축 본능을 소유했다. 나중에 쓰려고 먹이를 감추곤 했고, 방어하고 공격하는 무기로서 적당한, 매끄러운 동그란 자갈, 그리고 어떤 종류의 동그란 돌을 모으는 데 마음이 쏙 빠졌다.

이 중간 포유 동물은, 나무 꼭대기 집과 터널이 여러 개 있는 지하 피난처를 지으면서 벌인 경쟁에서 나타난 바와 같이, 분명한 집 짓는 성향을 처음으로 나타낸 동물이다. 나무 피난처에서, 그리고 지하 피난처에서, 안전을 마련한 첫 포유 동물 종자였다. 거주하는 장소로서 나무를 대체로 포기했고, 낮에는 땅에서 살고 밤에는 나무 꼭대기에서 잤다.

시간이 지남에 따라서, 자연스러운 수의 증가는 결국 심각한 먹이 경쟁과 성(性)의 경쟁을 낳았고, 이 모든 것이 서로 죽이는 일련의 전쟁을 일으켰으며, 이것은 그 종 전체를 거의 파괴하였다. 이 싸움은 1백 명도 채 안 되는 집단이 살아남을 때까지 계속되었다. 그러나 평화가 다시 한 번 찾아왔고, 혼자 살아남은 이 부족은 나무 꼭대기 침실을 새로 짓고, 다시 한 번 정상이고 반 평화스러운 존재를 시작하였다.

얼마나 아슬아슬한 차이로 인간 이전의 조상이 때때로 멸종할 뻔했는가 너희는 도저히 깨달을 수 없다. 어떤 기회에, 모든 인류의 조상(祖上) 개구리가 5센티미터만 적게 팔짝 뛰었더라면, 진화 과정 전부가 뚜렷하게 바뀌었을 것이다. 시조 포유 동물 종에서 리머 같은 직계의 어머니는 새로운 상급 포유 동물목(目)의 아버지를 낳기 전에, 겨우 털끝 만한 차이로 다섯 번 이상 죽음을 모면했다. 그러나 모든 것 가운데서 가장 아슬아슬했던 탈출은, 벼락이 영장목 쌍둥이를 밴 어머니가 잠자고 있던 나무를 때린 때였다. 중간 포유 동물인 이 부모는 심하게 충격을 받고 크게 그슬렸다. 일곱 아이 가운데 셋은 하늘에서 떨어진 이 번개에 맞아 죽었다. 진화하는 이 동물은 거의 미신을 믿었다. 나무꼭대기 집을 벼락 맞은 이 쌍은 정말로 중간 포유 동물 종에서 진취적인 무리의 지도자였는데, 그들의 예를 따라서, 머리가 더 깨인 편인 가족들을 포함하여, 그 부족에서 반이 넘는 자들이 이 장소로부터 약 3.2킬로미터 옮겨 가서, 나무꼭대기에 새 거처와 새로운 지상 피난처—갑작스런 위험이 있을 때 임시 은둔할 장소—를 짓기 시작했다.

집이 완성된 뒤에 얼마 안 있어, 수많은 투쟁을 겪은 노병인 이 쌍은 쌍둥이를 자랑하는 부모가 되었다. 이 쌍둥이는 그 때까지 세상에 태어난 가운데 가장 흥미있고 중요한 동물이었으니, 인간 이전의 진화에서 다음으로 결정적인 걸음, 새 종 영장목(靈長目)의 처음이었기 때문이다.

이 영장목 쌍둥이가 태어난 것과 같은 때에, 또 한 쌍이—중간 포유 동물 부족 가운데서 특히 우둔한 수놈과 암놈, 정신과 육체 면에서 열등한 쌍이—또한 쌍둥이를 낳았다. 이 쌍둥이는 수놈 하나와 암놈 하나였는데, 무엇을 정복하는 데 관심이 없었다. 오로지 먹이를 얻는 데 관심이 있었고, 고기를 먹으려 하지 않았기 때문에, 짐승을 잡는 데 흥미를 모두 잃었다. 우둔한 이 쌍둥이는 오늘날 원숭이족의 시조(始祖)가 되었다. 그들의 후손은 기후가 온화하고 열대 과일이 풍부한, 좀더 따듯한 남쪽 지역을 찾았고, 긴팔원숭이와 원숭이의 시초 종류와 교배하고, 그 결과로 크게 저하된 가지들을 제쳐 놓고, 거기서 그 시절과 상당히 비슷하게 살아 왔다.

그래서 사람과 원숭이는 중간 포유 동물로부터 솟아났다는 점에서 관련이 있음을 쉽사리 이해할 수 있다. 그 족(族)에서 두 쌍의 쌍둥이가 같은 시대에 출생하고 나중에는 분리되었다. 열등한 쌍은 현대 종류의 원숭이·비비·침팬지·고릴라를 낳도록 정해졌고, 우수한 쌍은 사람 자신으로 진화한 상승 혈통을 계속하도록 운명이 정해졌다.

현대 인간과 원숭이는 같은 족과 종으로부터 솟아나기는 했어도, 같은 부모로부터 나지는 않았다. 사람의 조상은 이 중간 포유 동물 부족에서 선택된 잔재의 우수한 핏줄로부터 내려왔고, 한편 현대의 원숭이는 (어떤 선재하던 종류의 리머, 긴팔원숭이, 원숭이, 그리고 기타 원숭이 같은 동물을 빼고) 이 중간 포유 동물 집단에서 가장 열등한 쌍의 후손이다. 이 쌍은 그들 족속의 맹렬한 마지막 전투 중에, 먹이를 저장하는 지하 피난처에서 2주가 넘도록 숨었다가, 적대 행위가 완전히 끝난 뒤에 나타나서, 겨우 살아남았다.

4. 영장목

우수한 쌍둥이, 수놈 하나와 암놈 하나가, 중간 포유 동물 부족 가운데 두 마리의 지도하는 구성원들에게 태어났을 때까지 거슬러 올라가면, 이 동물 새끼들은 특별한 목(目)이었다. 부모보다도 몸에 털이 더욱 적었고, 아주 어릴 때 몸을 곧게 세우고 걷기를 고집했다. 그들의 조상은 언제나 뒷다리로 걷기를 배웠지만, 이 영장목(靈長目) 쌍둥이는 처음부터 똑바로 섰다. 그들은 키가 150센티미터 넘게 자랐고, 머리는 그 부족에서 남들과 비해서 더 크게 자랐다. 일찍부터 서로 몸짓과 소리로 교통하기를 배웠지만, 이 새로운 표현을 결코 그 종족에게 이해시킬 수 없었다.

약 14살이 되었을 때, 그들은 그 부족으로부터 도망쳤고, 가족을 일으키고 새 종 영장목을 세우기 위해서 서쪽으로 갔다. 이 새로운 생물을 영장목이라 일컫는 것이 아주 적절한데, 왜냐하면 그들이 인간 가족 자체에게 직계이자 직접으로 동물 조상이었기 때문이다.

이처럼 영장목은 메소포타미아 반도의 서해안에서 한 지역을 차지하게 되었고, 그 반도는 그 때 남쪽 바다 속으로 쑥 튀어나왔다. 한편 지능이 덜하고 가깝게 관련된 부족들은 반도의 정점 둘레에, 동쪽 해안선 위쪽에서 살았다.

영장목은 전임자(前任者)인 중간 포유 동물보다, 사람에 더 가깝고 동물과 거리가 더 멀었다. 이 새 종의 골격 비율은 원시 인류의 것과 대단히 비슷했다. 인간 종류의 손과 발이 충분히 발육되었으며, 이 생물은 걸을 수 있었고, 후일에 그들의 어느 인간 후손만큼 잘 뛸 수도 있었다. 그들은 대체로 나무에서 살기를 그만두었다. 하지만 먼 조상들처럼, 크게 두려움을 가졌기 때문에 밤에 안전 조치로서 계속해서 나무 꼭대기에 의존했다. 손을 더욱 사용한 것은 타고난 머리 힘을 개발하는데 크게 이바지했지만, 그들은 정말로 인간이라고 부를 수 있는 지성을 아직 소유하지 않았다.

감정의 성품에서 영장목은 비록 그 선조와 거의 다르지 않았어도, 모든 성향에서 인간의 경향을 더 나타냈다. 정말로 그들은 빛나는 우수한 동물이었고, 약 10살에 성숙기에 이르고 약 40년의 자연 수명을 가졌다. 다시 말해서, 자연사(自然死)했다면 그만큼 오래 살 수 있었다. 그러나 그 옛 시절에는 자연사한 동물이 거의 없었는데, 생존 투쟁이 아주 너무 심했기 때문이다.

이제, 시조 포유 동물의 기원으로부터 약 2만 1천 년에 걸쳐, 거의 9백 세대의 발전이 있은 뒤에, 영장목은 갑자기 놀라운 두 생물, 처음으로 참 인간들을 출산했다.

이와 같이 북 아메리카 리머 종류로부터 솟아 나온 시조 포유 동물이 중간 포유 동물을 낳았고, 이 중간 포유 동물은 다음에 우수한 영장목을 낳았으며, 이들은 원시 인류의 직계 선조가 되었다. 영장목 부족들은 인간의 진화에서 마지막으로 결정적인 고리였으나, 5천 년도 채 안 되어 이 특별한 부족들 가운데 한 마리도 살아남지 않았다.

5. 처음 인간

서기 1934년부터 처음 두 인간이 출생하기까지 거슬러 올라가서, 꼭 993,419년이다.

놀랄 만한 이 두 생물은 참 인간이었다. 그들의 많은 조상처럼 완전한 인간 엄지손가락을 소유했고, 한편 오늘날의 인류처럼, 똑같이 완전한 발을 가졌다. 그들은 걷고 달리는 자요, 기어오르는 자가 아니었다. 엄지발가락의 움켜쥐는 기능이 없었다, 완전히 없었다. 위험이 그들을 나무 꼭대기로 몰았을 때, 그들은 마치 오늘날 사람들이 하는 것처럼 기어올랐다. 곰처럼 나무의 몸통을 기어올라가곤 했고, 침판지나 고릴라처럼 몸을 휙 위로 던져, 나무가지를 잡고 올라가지 않았다.

이 처음 인간들(과 그 후손)은 12살에 완전한 성년기에 이르렀고, 약 75년의 잠재 수명을 가졌다.

많은 새로운 감정이 이 인간 쌍둥이에게 일찍부터 나타났다. 그들은 물건과 기타 존재에 관하여 감탄을 체험했고, 상당한 허영심을 보였다. 그러나 감정의 발달에서 가장 눈에 띄는 진보는 새로운 집합의 느낌, 정말로 인간다운 느낌, 곧 경외, 존경심, 겸손, 그리고 원시 형태의 고마움조차도 넣어서, 예배하는 감정 집단이 갑자기 나타난 것이었다.

이 원시 인간들 속에 그러한 인간다운 느낌이 나타났을 뿐 아니라, 상당히 진화된 훨씬 많은 감정이 또한 기초 형태로 있었다. 그들은 약한 정도로 동정심·부끄러움·뉘우침을 의식했고, 사랑·미움·복수를 날카롭게 의식했으며, 뚜렷한 질투하는 느낌에 또한 쉽게 빠졌다.

이 처음 두 인간—쌍둥이—는 영장목(靈長目) 부모에게 커다란 시련이었다. 너무나 호기심이 많고 모험을 좋아해서, 그들은 여덟 살이 되기 전에 수많은 경우에 목숨을 잃을 뻔했다. 실제로 일어난 바와 같이, 12 살이 되기까지, 그들은 숱하게 상처를 입었다.

아주 일찍부터 그들은 언어로 뜻을 소통하기를 배웠다. 10살이 되자 그들은 거의 50 가지 관념의 개량된 상징과 낱말로 된 언어를 고안해 냈고, 조상의 서툰 의사(意思) 소통하는 기술을 크게 개선하고 확대했다. 그러나 아무리 열심히 애써도, 그들은 부모에게 새로운 신호(信號)와 상징 가운데 겨우 몇 개만 가르칠 수 있었다.

약 9살이 되었을 때, 그들은 어느 화창한 날에, 강가를 따라 훌쩍 떠나서 중대한 회의를 가졌다. 유란시아에 주둔했던 모든 하늘 지성 존재가, 나 자신도 포함해서, 이 대낮의 밀회에서 생긴 거래를 지켜보는 자로서, 거기에 있었다. 이 중요한 날에 그들은 서로 함께, 서로를 위하여, 살자는 데 의견을 모았고, 이것은 그러한 일련의 합의에서 처음이었다. 이 합의는 마침내 그들이 열등한 동물 동료들로부터 달아나서 북쪽으로 떠나자는 결정으로 이끌었고, 그들은 이처럼 인류의 기초를 세우게 되리라는 것을 조금도 깨닫지 못했다.

우리 모두가 작은 이 두 야만인이 계획하고 있는 것에 크게 관심을 가졌어도, 우리는 그들의 지성 작용을 통제할 힘이 없었다. 우리는 멋대로 그들의 결정에 영향을 미치지 않았다—그럴 수 없었다. 그러나 혹성에서 허락할 수 있는 활동의 한계 안에서, 우리 생명 운반자들은 모두, 동료들과 함께, 그 인간 쌍둥이를 북쪽으로, 털이 많고 얼마큼 나무에서 사는 그들의 족속으로부터 멀리 이끌려고 일을 꾸몄다. 그래서, 자신들이 영리하게 선택하는 논리에 따라서, 그 쌍둥이는 이주했고 우리가 감독했기 때문에 그들은 북쪽으로 한적한 곳으로 옮겨 갔다. 거기서 그들은 영장목 부족의 열등한 친척들과 섞임으로 생물학상으로 퇴화(退化)할 가능성을 피했다.

고향 숲을 떠나기 얼마 전에, 긴팔원숭이의 공격이 있었을 때 그들은 어머니를 잃었다. 어머니는 그들의 지능(知能)을 소유하지 못했지만, 자손에 대해서 높은 정도의 값진 포유 동물의 애정을 가졌고, 어머니는 그 놀라운 쌍을 구하려는 노력으로 목숨을 두려움 없이 버렸다. 어머니의 희생도 헛되지 않았으니, 아버지가 지원군과 함께 도착해서 침략자들을 쫓아낼 때까지 적이 다가오지 못하게 막았기 때문이다.

인류의 기초를 세우기 위해서 이 젊은 쌍이 동료들을 버리고 난 직후에, 영장목인 그들의 아버지는 슬픔에 잠겼다—비통에 잠겼다. 다른 아이들이 먹을 것을 가져왔을 때도, 먹기를 거절하였다. 눈부신 자손이 사라졌으니, 평범한 친구들 사이에서 삶은 살아 볼 가치가 없이 보였다. 그래서 그는 숲 속으로 헤매 다녔고, 적대하는 긴팔원숭이들의 공격을 받고 맞아 죽었다.

6. 인간 지성의 진화

혹성의 바다에 우리가 생명 원형질을 처음 심은 그 날부터, 우리 생명 운반자들은 조심스러이 기다리면서 오래 지키는 기간을 거쳤고, 처음으로 정말로 총명하고 의지를 가진 존재들이 나타난 것은 우리에게 자연히 큰 기쁨과 최고의 만족감을 안겨 주었다.

이 혹성에 도착할 때 유란시아에 배치된 일곱 보조 지성 영의 활동을 지켜봄으로 우리는 그 쌍둥이가 정신적으로 발달하는 것을 구경하고 있었다. 혹성 생명의 오랜 진화적 발전을 통해서 내내, 지칠 줄 모르는 이 지성 봉사자들은 그들이 점진적으로 우수한 동물의 연달아 커지는 두뇌력과 접촉하는 능력이 늘어나는 것을 항상 기록하였다.

원초적 동물 생명이 본능적으로 가진 조건 반사 행위에서, 처음에는 오직 직관의 영이 활동할 수 있었다. 더 높은 종류가 분화함과 아울러, 이해의 영은 그러한 생물에게 관념을 자연스럽게 결합하는 재주를 부여할 수 있었다. 나중에 우리는 용기의 영이 작용함을 지켜보았다. 진화하는 동물은 서툰 형태의 보호하는 자의식을 정말로 개발하였다. 포유 동물 집단이 나타난 뒤에, 우리는 지식의 영이 더욱 크게 나타나는 것을 보았다. 그리고 상급 포유 동물의 진화는 상담의 영의 활동을 가져왔고, 그에 따라서 떼 짓는 본능이 성장하고 원시적 사회 발전이 시작되었다.

시조 포유 동물, 중간 포유 동물, 영장목을 통해서 계속, 처음 다섯 보조자의 봉사가 늘어남을 우리는 점점 더 지켜보고 있었다. 그러나 나머지 둘, 가장 높은 지성 봉사자들은 결코 유란시아 종류의 진화 지성 안에서 활동할 수 없었다.

어느 날—그 쌍둥이가 10살쯤 되었을 때—예배의 영이 쌍둥이 중에서 여자의 지성, 그리고 바로 뒤에 남자의 지성과 처음 접촉했을 때, 우리의 기쁨을 상상해 보아라. 인간의 지성(知性)에 아주 가까운 무엇이 절정에 다가가고 있다는 것을 우리는 알았다. 그리고 약 1년 뒤에, 깊이 생각하고 고의(故意)로 결정을 내린 결과로서, 그들이 집을 떠나서 북쪽으로 길을 가자고 드디어 결심했을 때, 그 때 지혜의 영이 유란시아에서, 그리고 이제 인정받은 이 두 인간 지성 안에서, 활동하기 시작했다.

일곱 보조 지성 영이 즉시, 새로운 체제로, 동원되었다. 우리는 기대로 부풀어 활기에 넘쳤고, 오랫동안 기다리던 시간이 다가오고 있음을 깨달았다. 유란시아에서 의지(意志) 생물을 진화시키려고 오랜 세월에 걸쳐 우리가 기울인 노력이 열매 맺는 문턱에 우리가 왔음을 알았다.

7. 사람이 사는 세계로서 인정받다

우리는 오래 기다리지 않아도 되었다. 그 쌍둥이가 도망친 다음 날 한낮에, 유란시아의 혹성 수신 초점에서 우주 회로 신호를 처음으로 시험하는 섬광이 번쩍 있었다. 물론 우리는 모두, 큰 사건이 다가오고 있다는 깨달음으로 달아올랐다. 그러나 이 세계가 생명 실험장이었으니까, 혹성에서 지적 생명을 인정받는 것에 대하여 우리가 어떻게 평가받을가 우리는 전혀 짐작이 가지 않았다. 그러나 우리는 오랫동안 애태우지 않았다. 그 쌍둥이가 달아난 뒤 사흘 째, 생명 운반자 집단이 떠나기 전에, 첫 혹성 회로의 설립을 맡은 네바돈 천사장이 도착했다.

이날은 유란시아에서 중대한 날이었는데, 그 날 우리의 작은 집단이 혹성의 공간 통신극 둘레에 모여서, 혹성에서 새로 세운 지성 회로를 타고 구원자별로부터 온 첫 메시지를 받았다. 그리고 천사장 군단의 우두머리가 받아 쓴 이 처음 메시지에는 다음과 같이 적혀 있었다:

"유란시아에 있는 생명 운반자들에게—안부를 전한다! 유란시아에서 의지(意志)의 위엄을 가진 지성이 존재한다는 신호를 네바돈 본부에 등록하는 것을 기념하기 위하여, 우리는 구원자별, 에덴시아, 예루셈에서 크게 기뻐한다는 확신을 보낸다. 쌍둥이가 북쪽으로 달아나고, 자손을 열등한 조상과 떼어놓으려고, 고의(故意)를 가지고 내린 결정이 주목되었다. 이것은 유란시아에서 지성—인간 종류의 지성—이 내린 첫 결정이며, 이를 인정하는 이 첫 메시지가 전달되는 통신 회로를 자동으로 확립한다."

이 새 회로를 타고 다음에 에덴시아의 최고자들의 인사가 들어왔는데, 이것은 우리가 정착시킨 생명 형태에 우리가 간섭하는 것을 금하는 지시, 거주하는 생명 운반자들에게 주는 지시를 포함했다. 우리는 인간의 진보에 간섭하지 말라는 지시를 받았다. 혹성의 진화 계획이 자연스럽게 풀려나가는 데 생명 운반자들이 언제라도 마음대로 기계적으로 간섭한다고 추측해서는 안 되는데, 왜냐하면 우리가 그렇게 하지 않기 때문이다. 그러나 이 때까지, 우리는 특별한 방법으로 환경을 조종하고 생명 원형질을 보호하는 것이 허락되었는데, 놀랍지만 온통 자연스러운 바로 이 감독이 중단되어야 했다.

최고자들이 말씀을 마치자마자, 당시에 사타니아 체계의 군주였던 루시퍼의 아름다운 메시지가 혹성에 나타나기 시작했다. 이제 생명 운반자들은 그들의 우두머리의 환영하는 말씀을 들었고, 그로부터 예루셈으로 돌아가라는 허락을 받았다. 루시퍼로부터 온 이 메시지는 유란시아에서 생명 운반자들이 한 일의 공식 승인을 포함했고, 사타니아 체계에서 확립된 대로 네바돈의 생명 원형들을 개선하려고 우리가 노력한 가운데 어느 것에 대해서도, 앞날에 아무런 비판을 받지 않도록 우리를 면제하였다.

구원자별과 에덴시아와 예루셈으로부터 온 이 여러 메시지는 오랜 세월에 걸쳐 혹성에서 생명 운반자들이 감독하는 일이 끝났음을 정식으로 표시했다. 우리는 오랜 세월 동안 근무해 왔고, 오로지 일곱 보조 지성 영과 물리 주통제자들의 도움을 받았다. 이제, 의지(意志), 곧 예배하고 하늘 가기를 택할 수 있는 힘이 혹성의 진화 생물 안에서 나타났으니까, 우리는 일이 끝났음을 깨달았고 우리 집단은 길을 떠나려고 준비했다. 유란시아가 생명을 수정하는 세계이니까, 조수 12명과 함께 선임 생명 운반자 2명을 남겨놓는 것이 허락되었는데, 나는 이 무리의 일원으로 선택되었고, 그 뒤로 늘 유란시아에서 살아 왔다.

(서기 1934년부터) 꼭 993,408년 전에, 유란시아는 네바돈 우주에서 인간이 거하는 혹성으로서 공식으로 인정되었다. 생물학상의 진화는 다시 한 번, 의지의 위엄을 가진 인간 수준을 이룩했다. 사타니아의 606번 혹성에 사람이 도착한 것이다.

[유란시아에 거주하는 한 네바돈 생명 운반자가 후원하였다.]

주: 1. 초기의 포유 동물이 아니라 인간의 원시 시조인 포유 동물을 말한다.

제 63 편

첫 인간 가족

처음 두 인간이—쌍둥이가—11 살이었을 때, 실제 인간의 둘째 세대에서 처음으로 얻은 자식의 부모가 되기 전에, 유란시아는 사람이 사는 세계로서 등록되었다. 구원자별에서 온 천사장의 메시지는 공식으로 혹성을 인정하는 이 기회에, 다음 말씀으로 끝맺었다:

"사람의 지성이 사타니아 606번에서 나타났는데, 새 민족의 이 부모를 안돈과 폰타라 부르겠다. 그리고 이 사람들이 우주의 아버지 영 선물의 몸소 깃드심을 빨리 받도록 모든 천사장이 기도한다."

안돈은 네바돈 이름이요, "인간의 완전을 갈망하는, 아버지 같은 첫 생물"을 의미한다. 폰타는 "인간의 완전을 갈망하는, 아들 같은 첫 생물"을 의미한다. 안돈과 폰타는 자기 생각 조절자와 융합할 때 이름을 받기까지, 결코 이 두 이름을 알지 못했다. 유란시아에서 필사자로서 체류하는 동안 내내, 서로 손타안과 손타엔으로 불렀고, 손타안은 "어머니에게 사랑받음", 손타엔은 "아버지에게 사랑받음"을 뜻한다. 자기들에게 이 이름을 주었고, 그 뜻은 그들이 서로 존경하고 사랑함을 가리켰다.

1. 안돈과 폰타

여러 점에서, 안돈과 폰타는 지구의 표면에서 언젠가 살았던 인간들 가운데 가장 눈에 띄는 쌍이었다. 이 놀라운 쌍은 모든 인류의 실제 부모였고, 많은 직계 후손보다 모든 면에서 우수했으며, 그들의 가까운 조상과 먼 조상과 근본적으로 달랐다.

이 첫 인간 쌍의 부모는, 그들 부족의 평균과 거의 다른 듯하지 않았다. 하지만 그들은 좀더 총명한 구성원 편에 속했고, 그 집단은 싸울 때 돌 던지기와 곤봉 쓰기를 처음으로 배운 집단이었다. 그들은 또한 날카로운 바늘 모양의 돌과 부싯돌과 뼈를 사용했다.

아직도 부모와 함께 사는 동안, 안돈은 곤봉 끝에 날카로운 부싯돌 조각을 묶었고, 이 목적을 위해서 동물의 힘줄을 썼다. 자신의 목숨을 구하고 그와 똑같이 모험을 좋아하고 호기심 많은 누이의 목숨을 구하는 데, 그는 열두 번 이상 그러한 무기를 잘 써먹었으며, 그 누이는 모든 탐험 여행에 어김없이 그를 따라다녔다.

허다한 후일의 후손이 부끄럽게도, 뒤떨어진 원숭이족 사촌들과 짝지었다. 안돈과 폰타가 영장목 부족들로부터 달아나려 한 결정은, 이들의 특징을 나타낸 저질의 지성보다 훨씬 높은 품질의 지성을 의미한다. 그러나 그들이 단순한 동물보다 더한 무엇이라는 어렴풋한 느낌은 성격을 소유했기 때문이었고, 이것은 깃드는 생각 조절자의 계심 때문에 커졌다.

2. 쌍둥이의 도망

북쪽으로 달아나기로 결심한 뒤에, 안돈과 폰타는 한동안 두려움, 특히 아버지와 그 직계 가족을 불쾌하게 만들까 하는 두려움에 빠졌다. 그들은 적대하는 친척들에게 공격받는 것을 상상했고, 그래서 이미 시샘하는 부족원들의 손에 죽게 되는 가능성을 깨달았다. 어린이로서, 그 쌍둥이는 대부분의 시간을 서로 같이 있는 데 보냈고, 이 때문에 영장목 부족의 동물 사촌들 사이에서 결코 지나치게 평판이 좋은 적이 없었다. 동떨어진 아주 우수한 나무 집을 지은 것도 부족에서 그들의 위치를 개선하지 않았다.

나무 꼭대기 사이의 이 새 집에서, 어느 날 밤, 사나운 폭풍에 잠이 깬 뒤에, 무서워서 다정한 포옹 속에 서로를 부둥켜안으면서, 그들은 부족의 거처와 나무 꼭대기 집을 떠나려고 마침내, 완전히 마음을 먹었다.

그들은 북쪽으로 반나절 여행하는 거리에 어설픈 나무 꼭대기 은신처를 이미 마련해 놓았다. 이것은 고향 숲을 떠난 첫날에 그들이 지낼 비밀스럽고 안전한 은신처였다. 그 쌍둥이는 밤에 땅에서 있는 것에 관하여 죽는 듯한 영장목의 두려움을 가졌는데도, 밤이 오기 조금 전에 북쪽으로 여행 길을 떠나갔다. 밤 여행을 시도하는 것은 보름달이 있더라도 비상한 용기가 필요했지만, 부족원과 친척들이 그들이 없음을 알아차리고 그들을 추적할 가능성이 덜 하다고 똑바로 결론을 내렸다. 그리고 자정이 지난 지 얼마 안 되어, 그들은 앞서 준비해 놓은 회합 장소에 안전히 다다랐다.

북쪽으로 가는 여행 길에 노출된 부싯돌 매장물을 발견했고, 여러 용도에 알맞게 생긴 많은 돌을 발견하고, 앞날을 위하여 물자를 모았다. 이 부싯돌을 어떤 목적에 더 맞게 쪼개려고 노력하면서, 안돈은 불이 튀는 부싯돌의 성질을 발견했고, 불을 지피려는 생각을 가졌다. 그러나 기후가 아직도 쾌적했고, 불이 거의 필요 없었기 때문에, 그 때 이 생각은 머리 속에 깊이 박히지 않았다.

그러나 하늘에서 가을 해는 낮아지고 있었고, 그들이 북쪽으로 여행함에 따라서, 밤은 더욱 서늘해졌다. 이미 그들은 몸을 따듯하게 하려고 동물의 가죽을 사용할 수밖에 없었다. 그들이 집을 떠난 지 한 달이 되기 전에, 안돈은 그가 부싯돌로 불을 지필 수 있다 생각한다고 짝에게 뜻을 알렸다. 불을 지피는 데 부싯돌의 불꽃을 쓰려고 두 달 동안 애썼지만, 실패하기만 했다. 날마다 이 쌍은 부싯돌을 쳐서 나무에 불을 붙이려고 애쓰곤 했다. 마침내, 어느 날 저녁, 해가 질 무렵에 그 기술의 신비가 풀렸는데, 그 때 폰타에게 버려진 새 둥지를 확보하려고 근처의 나무에 기어올라갈 생각이 떠올랐다. 그 둥지는 말라서, 상당히 타기 쉬웠고, 따라서 불꽃이 떨어지는 순간 큰 불덩이로 당장에 타올랐다. 성공한 데 너무나 놀라고 당황해서, 그들은 불을 거의 잃을 뻔했다. 그러나 적당한 땔감을 더해서 불을 살렸고, 모든 인류의 부모가 땔나무를 찾으려고 첫 탐색을 시작했다.

이것은 짧지만 파란 많은 그들의 생애에서 가장 기쁜 순간의 하나였다. 밤새 그들은 불이 타는 것을 구경하며 앉아 있었고, 기후에 대항하고, 따라서 남쪽 땅에서 사는 동물 친척들로부터 언제까지나 독립하는 것을 가능하게 만들 발견을 그들이 했다는 것을 어렴풋이 깨달았다. 사흘 동안 쉬고 불을 즐기고 난 뒤에, 다시 길을 떠났다.

안돈의 영장목 조상들은 번개로 붙은 불에 가끔 땔감을 더한 적이 있지만, 결코 이전에는 땅의 생물이 뜻대로 불을 지피는 방법을 소유하지는 않았다. 그러나 오랜 시간이 지나서야, 그 쌍둥이는 마른 이끼와 기타 물질이 새 둥지만큼 불이 잘 붙는다는 것을 깨달았다.

3. 안돈의 가족

쌍둥이가 집을 떠난 밤부터 첫 아이가 태어나기까지 거의 2년이 되었다. 그들은 아이를 손탓이라고 불렀고, 손탓은 유란시아에서 출생할 때 보호하는 덮개에 싸인 첫 생물이었다. 인류(人類)가 시작되었고, 이 새로운 진화와 함께, 더욱 약해진 아기들을 적절히 돌보는 본능이 나타났으며, 그들은 순전히 동물인 종류와 대조해서 지적 서열의 지성이 점진적으로 발달하는 특징을 나타낸다.

안돈과 폰타는 아이들을 모두 19명 가졌고, 손자 손녀를 거의 50명, 증손을 6명 볼 때까지 살았다. 그 가족은 붙어 있는 네 개의 바위 피난처, 곧 반 동굴에서 거주했는데, 그 가운데 셋은 복도로 서로 연결되었고, 이 복도는 안돈의 아이들이 고안한 부싯돌 연장으로 부드러운 석회석에서 파낸 것이다.

이 초기 안돈 사람들은 대단히 뚜렷한 씨족 정신을 드러냈다. 그들은 무리를 지어 사냥했고, 결코 집터로부터 그다지 멀리 떠나지 않았다. 자기들이 고립되고 독특한 집단의 살아 있는 존재이며, 따라서 떨어져 있기를 피해야 한다는 것을 깨닫는 듯했다. 밀접한 이 인척 관계의 느낌은, 의심할 여지 없이, 보조 영들의 향상된 지성 봉사 때문이었다.

안돈과 폰타는 씨족의 양육과 향상을 위하여 끊임없이 수고했다. 그들은 42살까지 살았고, 그 나이에 지진이 일어났을 때 툭 튀어나온 바위가 떨어져서 죽음을 당했다. 아이들 가운데 다섯과 손자·손녀 11명이 함께 죽었고, 거의 스무 명의 후손이 심한 부상을 입었다.

부모가 죽고 나서, 몹시 발을 다쳤는데도, 손탓은 즉시 그 씨족의 지도권을 쥐었고, 그의 아내, 곧 맨 위 누이가 그를 유능하게 보조했다. 그들의 처음 과제는 죽은 부모, 형제, 자매, 아이들을 효과적으로 무덤에 넣도록 돌을 굴려 올리는 것이었다. 매장하는 이 행위에 부당한 의미를 부여해서는 안 된다. 죽은 뒤에 살아남는 것에 대한 그들의 관념은 아주 어렴풋하고 분명치 않았고, 대체로 그들의 환상적이고 다채로운 꿈 속의 생활로부터 얻은 것이었다.

이 안돈과 폰타의 가족은 20 세대까지 같이 지냈는데, 그 때 식량 경쟁과 사회적 마찰이 합쳐서 비로소 분산을 초래하였다.

4. 안돈 씨족

원시인—안돈 사람들—은 까만 눈과 거무스레한 살갗, 누런 빛과 붉은 빛의 잡종과 같은 것이었다. 멜라닌은 모든 인간의 살갗에서 발견되는, 색을 입히는 물질이다. 최초의 안돈 살갗에 있는 물감이다. 일반적 겉모습과 피부 색깔에서 이 초기의 안돈 사람들은 살아 있는 어느 다른 인간 종류보다, 오늘날의 에스키모를 더 가깝게 닮았다. 그들은 추위를 막으려고 동물의 가죽을 처음으로 쓴 생물이었고, 오늘날의 사람보다 몸에 털이 거의 더 많지 않았다.

이 초기 인간의 동물 조상이 영위한 부족 생활은 수많은 사회 집회의 시초에 전조(前兆)가 되었고, 이 존재들의 커지는 감정과 늘어난 두뇌의 힘과 함께, 사회 조직에서 즉시 발전이 있고 씨족 노동에서 새로운 분업이 생겼다. 그들은 몹시 흉내를 잘 냈지만, 놀이 본능은 겨우 조금만 개발되었고, 유머 감각이 거의 없다시피 하였다. 원시인은 때때로 빙그레 웃었지만, 결코 마음껏 웃음에 빠지지는 않았다. 유머는 후일에 아담 종족이 물려준 유산(遺産)이었다. 이 초기 인간들은 나중에 진화하는 많은 필사자처럼, 아픔에 그다지 예민하지도 않았고 불쾌한 상황에 그다지 민감하지도 않았다. 출산은 폰타와 그 직계 후손에게는 아프거나 괴로운 시련이 아니었다.

그들은 놀라운 부족이었다. 남자들은 제 짝과 자식들의 안전을 위하여 영웅답게 싸우려 했고, 여자들은 아이들에게 사랑으로 헌신했다. 그러나 그들의 애족심은 직계 씨족에게만 온통 국한되었다. 그들은 가족에게 대단히 충성했고, 제 아이들을 방어하는 데 죽음을 꺼려하지 않았지만, 손자·손녀를 위하여 세상을 더 좋은 곳으로 만들려 애쓰는 관념을 깨우칠 수 없었다. 종교의 탄생에 필수인 모든 감정이 이미 이 유란시아 원주민에게 있었는데도, 이타주의는 인간의 가슴 속에서 아직 태어나지 않았다.

이 초기 사람들은 동무들에 대하여 감동적인 애정, 그리고 서툴기는 하지만 우정에 관한 진짜 관념을 확실히 가졌다. 후일에 열등한 부족들과 항상 되풀이해서 일어나는 전쟁 중에서, 이 원시인들 가운데 하나가 부상한 동료 용사를 보호하고 구하려 애쓰면서 한 손으로 용감히 싸우는 것은 흔히 보는 광경이었다. 후일에 진화적 발전에서 가장 고귀하고 상당히 인간다운 많은 특성이 이 원시 민족들에게 전조(前兆)가 나타난 것은 감동이 된다.

최초의 안돈 씨족은 27대까지 끊어지지 않은 지도자의 핏줄을 유지했고, 그 때 손탓의 직계 후손 가운데서 아무런 남자 자손이 나타나지 않자, 그 씨족에서 통치권을 지망하는 두 경쟁자가 주도권을 쥐려고 싸움에 들어갔다.

안돈 씨족들이 널리 퍼지기 전에, 일찍부터 서로 뜻을 교환하려는 노력으로부터 잘 발달된 언어가 진화했다. 이 언어는 줄곧 자랐으며, 활발하고 가만히 있지 못하고 호기심 많은 이 사람들의 새로운 발명과 환경에 대한 적응 때문에, 거의 날마다 낱말이 더해졌다. 이 언어는 나중에 유색 인종들이 나타나기까지, 유란시아의 말, 초기 인간 가족의 언어가 되었다.

시간이 흐르자, 안돈 씨족들의 수가 늘어났고, 커지는 가족들의 접촉은 마찰과 오해를 낳았다. 오로지 두 가지가 이 민족들의 머리를 채웠다. 먹을 것을 얻으려고 사냥하는 것과, 이웃 부족들의 손에서 실재(實在)하거나 상상하는 어떤 불공평이나 모욕을 받은 것에 대하여, 복수하려고 싸우는 것이었다.

가족 싸움이 늘어났고, 부족 전쟁이 터졌으며, 유능하고 진보된 집단의 가장 좋은 성분 가운데서 심각한 손실이 있었다. 이 손실 가운데 더러는 돌이킬 수 없었고, 능력과 지능을 가진 가장 귀중한 핏줄의 얼마큼이 이 세상에서 영원히 사라졌다. 이 초기 민족과 그 원시 문명은 씨족들이 벌인 이 끊임없는 전쟁으로 말미암아 멸종할 위협을 받았다.

그러한 원시 존재들로 하여금 평화롭게 오래 살도록 유도하기는 불가능하다. 사람은 싸우는 동물의 자손이며, 가까이 붙어 있을 때 교양 없는 사람들은 서로를 짜증나게 하고 성나게 한다. 생명 운반자들은 진화하는 생물에 있는 이 성향을 알며,

따라서 발전하는 인간들을 궁극에는 뚜렷하고 분리된, 세 민족, 그리고 더욱 흔하게는 여섯 민족으로, 분리하도록 주선한다.

5. 안돈 사람의 분산

초기의 안돈 민족들은 아시아로 아주 깊숙이 파고들지 않았고, 처음에 아프리카로 들어가지 않았다. 그 시절에 지리(地理)는 그들에게 북쪽을 가리켰고, 셋째 빙하의 느리게 진행하는 얼음에 방해를 받을 때까지, 이 사람들은 북쪽으로 멀리멀리 떠나갔다.

이 광범위한 빙상이 프랑스와 영국 제도에 이르기 전에, 안돈과 폰타의 후손은 유럽으로 서쪽으로 밀고 나갔고, 그 때 따듯했던 북해(北海)의 바다까지 이르는 큰 강들을 따라서, 따로 떨어진 촌락을 1천 개 넘게 세웠다.

이 안돈 부족은 프랑스에서 일찍부터 강가에서 정착한 사람들이었고, 솜 강을 따라서 수만 년 동안 살았다. 솜 강은 빙하 때문에 바뀌지 않은 강이었고, 그 시절에 오늘날과 비슷하게 바다로 흘러 들어갔다. 이것이 어째서 안돈 후손의 자취가 그렇게 많이 이 강 유역의 진로를 따라 발견되는가 설명한다.

이 유란시아 토착민은 나무에서 사는 사람들이 아니었다. 하지만 비상시에 아직도 나무 꼭대기로 올라갔다. 강가를 따라서, 위에서 튀어나온 절벽의 보호 밑에, 그리고 접근하는 길이 잘 내려다보이고 자연으로부터 그들을 보호하는 산허리의 석굴 속에서 정규적으로 살았다. 그들은 이렇게 연기 때문에 지나치게 불편을 겪지 않고서, 지핀 불의 위안을 즐길 수 있었다. 그들은 정말로 동굴에서 사는 사람도 아니었다. 하지만 후일에 빙상들이 나중에 남쪽으로 더 내려와서 그들의 후손을 동굴로 몰아넣었다. 그들은 숲가 가까이서, 그리고 냇물 가에서 야영하는 것을 더 좋아했다.

어느 정도 보호된 거처를 감추는 데 그들은 아주 일찍부터 놀랍게 영리해졌고, 돌로 된 침실, 둥근 지붕을 가진 돌 오두막을 만드는 데 큰 솜씨를 보였으며, 밤에는 그 속으로 기어 들어갔다. 그러한 오두막의 입구는 앞에 돌을 굴려서 막았고, 이것은 이 목적을 위해서 지붕의 여러 돌이 마지막에 제자리에 놓여지기 전에 안에 들여 놓은 큰 돌이었다.

안돈 사람들은 두려움이 없고 성공적인 사냥꾼이었으며, 야생의 베리와 어떤 나무 열매들을 제외하면 순전히 고기를 먹고 살았다. 안돈이 돌도끼를 발명한 것처럼, 그의 후손도 던지는 막대기와 작살을 일찍 발견하고 효과 있게 사용했다. 마침내 연장을 창조하는 머리가 도구를 쓰는 손과 함께 활동하고 있었고, 이 시초 인간들은 부싯돌 연장을 만드는 데 상당히 솜씨가 있게 되었다. 오늘날의 인간이 금·백금·다이아몬드를 찾느라고 땅 끝까지 여행하는 것과 비슷하게, 그들은 부싯돌을 찾아서 멀리, 널리 여행했다.

여러 가지 다른 면에서 이 안돈 부족들은 역행(逆行)하는 후손이 50만 년 동안 이룩하지 못한 정도의 지능을 드러냈다. 하지만 이들은 여러 번, 불을 피우는 여러 가지 방법을 되풀이해서 다시 발견했다.

6. 오나가—진리를 가르친 첫 선생

안돈 사람들의 분산이 더 확대됨에 따라서, 그 씨족들의 문화 및 영적 상태는 오나가의 시절까지 거의 1만 년 동안 퇴보했다. 오나가는 이 부족들의 지도권을 쥐고 그들 사이에 평화를 가져왔고, 처음으로 모두가 "사람과 동물에게 숨을 주시는 분"을 예배하도록 이끌었다.

안돈의 철학은 아주 뒤범벅이 되어 있었고, 어쩌다가 불을 발견하여 크게 편안해졌기 때문에, 불을 숭배하는 자가 될 뻔한 것을 겨우 모면했다. 그러나 논리는 자신이 발견한 것으로부터 그를 더 우수하고 더 경외감을 자아내는, 열과 빛의 근원인 태양으로 이끌었다. 하지만 태양이 너무 멀리 있어서 그는 태양 숭배자가 되지 못했다.

안돈 사람들은 자연—천둥·번개·비·눈·우박·얼음—에 대한 두려움을 일찍 얻었다. 그러나 이 초기 시절에 배고픔은 늘 다시 찾아오는 욕구였고, 그들이 대체로 동물을 먹고 살았으니까, 궁극에는 일종의 동물 숭배를 발전시켰다. 안돈에게, 먹이가 되는 큰 동물은 창조의 힘과 오래 가는 권력의 상징이었다. 때때로 이 큰 여러 동물을 숭배의 대상으로 지정하는 것이 관습이 되었다. 특이한 동물이 한창 있을 때, 동굴 벽에 그 동물의 서투른 윤곽이 그려지곤 했고, 나중에는 예술이 계속 진보함에 따라서, 그러한 동물 신(神)이 여러 가지 장신구에 새겨졌다.

아주 일찍부터 안돈 민족은 부족이 숭앙하는 동물의 고기를 먹는 것을 삼가는 버릇을 길렀다. 젊은이들의 머리에 인상을 주기에 더 알맞게, 당장 그들은 경외하는 예식을 진화시켰는데, 이것은 이 존경받는 동물의 몸 근처에서 진행되었다. 더 나중에 이 원시적 연출은 그 후손이 더 공들여 하는 희생 예식으로 발전했다. 그리고 이것이 희생물 바치기가 예배의 일부가 된 기원이다. 히브리인의 의식(儀式)에서 모세가 이 관념을 더 다듬었고, "피를 흘림"으로 죄를 대속하는 교리로서, 이론적으로 사도 바울이 그것을 보존했다.

이 원시 인간들의 삶에서 먹을 것이 온통 중요한 일이었다는 것은, 그들의 큰 선생 오나가가 단순한 이 사람들에게 가르친 기도에서 나타난다. 이 기도는 다음과 같다:

"아, 생명의 숨이여, 오늘날 우리에게 매일의 양식을 주시고, 얼음의 저주로부터 우리를 구원하시며, 숲에 있는 우리의 적으로부터 우리를 구하시고, 자비롭게 큰 저쪽으로 우리를 받으소서."

오나가는 현재 카스피 바다 지역, 고대 지중해의 북쪽 바닷가에, 오반이라 부르는 촌락에서 본부를 유지했는데, 이곳은 메소포타미아 남쪽 땅으로부터 북쪽으로 이끄는 여행 길이 서쪽으로 도는 곳에, 머무르는 장소였다. 오반으로부터 그는 하나의 신의 교리와 그가 큰 저쪽이라 부른, 다음 세상에 관한 개념을 전파하려고 먼 촌락들까지 선생들을 보냈다. 이 오나가의 밀사(密使)들은 세상에서 첫 선교사였다. 그들은 또한 처음으로 고기를 익히고, 먹을 것을 요리하는 데 불을 처음으로 규칙적으로 쓴 인간들이었다. 그들은 작대기 끝에, 또한 뜨거운 돌 위에 고기를 익혔고, 나중에는 큰 덩어리를 불 속에서 구웠다. 그러나 그들의 후손은 거의 전적으로 날 고기를 먹는 버릇으로 돌아갔다.

오나가는 (서기 1934년부터) 983,323년 전에 태어났으며, 그는 69살이 되도록 살았다. 혹성 영주 이전 시절에 살던 이 큰 지성이자 영적 지도자가 이룩한 업적의 기록은 이 원시 민족들을 참된 사회로 조직한, 가슴 떨리는 이야기이다. 그는 효율적인 부족 정부를 세웠고, 그와 같은 것은 몇천 년 동안 뒤잇는 세대들이 이룩하지 못했다. 두 번 다시, 혹성 영주가 도착할 때까지, 그토록 높은 영적 문명은 땅에 없었다. 단순한 이 사람들은 원시적이기는 해도 참 종교를 가졌다. 그러나 질이 나빠지는 그들의 후손이 나중에 그 종교를 잃어 버렸다.

안돈과 폰타는 여러 후손처럼 생각 조절자를 받았지만, 오나가의 시절이 되어서야 조절자와 수호 세라핌들이 큰 떼를 지어 유란시아로 왔다. 이 때는 정말로, 원시인의 황금기였다.

7. 안돈과 폰타가 살아남다

인류의 눈부신 창시자 안돈과 폰타는 혹성 영주가 도착하고 나서 유란시아의 판결이 있을 때 인정을 받았으며, 시간이 되자 예루셈에서 거주하는 시민 자격을 가지고, 저택 세계 체제에서 솟아났다. 그들은 결코 유란시아로 돌아가도록 허락받은 적이 없어도, 그들이 세운 민족의 역사를 알고 있다. 칼리가스티아의 배반을 슬퍼했고, 아담의 실수 때문에 슬픔에 잠겼지만, 미가엘이 마지막으로 자신을 수여할 무대로 그들의 세계를 골랐다는 발표를 들었을 때, 넘치게 기뻐했다.

예루셈에서 안돈과 폰타는 그들의 생각 조절자와 융합했고, 또한 손탓도 포함하여, 아이들 몇 명도 그렇게 되었다. 그러나 직계 후손에서도 대다수가 겨우 영 융합을 이룩하였다.

안돈과 폰타가 예루셈에 도착하고 나서 얼마 뒤에, 그들은 제1 저택 세계로 돌아가서, 유란시아로부터 하늘의 구체들까지 가는 시간 순례자들을 환영하는 상물질계 성격자들과 함께 일하도록 체계 군주로부터 허락을 받았다. 그리고 이 근무에 무기한으로 배치되었다. 그들은 이 계시와 관련해서, 유란시아에 인사말을 보내려고 애썼지만, 현명하게도 이 요청은 거절되었다.

그리고 이것은 유란시아의 역사 전체에서 가장 영웅답고 황홀한 장(章), 모든 인류의 독특한 부모가 겪은 진화, 사는 싸움, 죽음, 그리고 영원히 살아남는 것에 관한 이야기를 엮은 것이다.

[유란시아에서 거주하는 한 생명 운반자가 발표했다.]

제 64 편

진화된 유색 인종

이 글은 거의 1백만 년 전에 안돈과 폰타의 시절부터, 혹성 영주의 시절을 거쳐 빙하 시대의 끝까지 살았던, 유란시아의 진화 종족들에 관한 이야기이다.

인류는 생긴 지 거의 1백만 년이 되었고, 그 이야기의 반은 대체로 유란시아에서 혹성 영주 이전 시절에 해당한다. 인류 역사의 후반은 혹성 영주가 도착하고 여섯 유색 인종이 나타날 때부터 시작되며, 대체로 구석기(舊石器) 시대로 보통 여기는 기간에 해당한다.

1. 안돈 토착민

원시인이 땅에서 진화하여 나타난 것은 1백만 년이 조금 못 되었고, 원시인은 활기에 넘치는 체험을 겪었다. 그는 열등한 원숭이족들과 섞이는 위험을 피하려고 본능적으로 애썼다. 그러나 해수면에서 9000미터 높이에 있는 건조한 티벳의 고지 때문에 원시인은 동쪽으로 이주할 수 없었다. 남쪽이나 서쪽으로도 갈 수 없었는데, 이는 커진 지중해 때문이었고, 지중해는 그 때 동쪽으로 인도양까지 뻗었다. 북쪽으로 가면서 그는 전진하는 얼음에 부딪쳤다. 그러나 계속 이주하는 길이 얼음에 막혀 있을 때에도, 비록 흩어지는 부족들이 더욱 적대하게 되었어도, 좀더 영리한 집단들은, 열등한 지능을 가지고 나무에서 사는, 털 많은 사촌들 사이에서 살려고 남쪽으로 갈 생각을 결코 품지 않았다.

사람이 가장 일찍 가지는 종교 감정 가운데 많은 것이 이 지리적 상황에—오른쪽에는 산, 왼쪽에는 바다, 앞에는 얼음에—갇힌 환경에서 그가 무력하다는 느낌으로부터 생겨났다. 그러나 진취적인 이 안돈 사람들은 남쪽에 나무에서 사는 열등한 친척들에게로 돌아가려 하지 않았다.

이 안돈 사람들은 비인간 친척들의 버릇과 대조해서, 숲을 피했다. 숲에서 사람은 언제나 저하되었고, 인간의 진화는 반드시 오직 탁 트인 높은 위도 지방에서 앞으로 나아갔다. 훤히 트인 땅에서 부딪치는 추위와 배고픔은 행동과 발명과 주변머리를 자극한다. 이 안돈 부족들이 사나운 이 북쪽 기후의 어려움과 결핍 가운데 현재 인류의 개척자들을 기르고 있는 동안, 뒤떨어진 사촌들은 그들이 일찍이 공통으로 기원을 가졌던 땅, 남쪽 열대의 숲에서 사치스럽게 살고 있었다.

이 사건들은 제3 빙하 시대에, 지리학자들의 계산에 따르면, 첫째 빙하기에 일어났다. 처음 두 빙하는 북 유럽에서 널리 퍼지지 않았다.

빙하 시대의 대부분에 잉글랜드는 프랑스와 육지로 연결되었고, 한편 나중에 아프리카는 시실리 육지 다리로 유럽과 붙었다. 안돈 사람들이 이주하던 때에, 서쪽에 잉글랜드로부터 유럽과 아시아를 거쳐, 동쪽에 자바까지 이어진 육로가 있었다. 그러나 오스트랄리아는 다시 고립되었고, 이것은 그 자체의 특이한 동물상의 발전을 더 강화했다.

950,000년 전에, 안돈과 폰타의 후손은 동쪽으로, 그리고 서쪽으로 멀리 옮겨갔다. 서쪽으로, 그들은 유럽을 지나서 프랑스와 잉글랜드까지 갔다. 후일에 동쪽으로 자바까지 멀리 파고들었고, 거기서 그들의 뼈—소위 자바인—이 아주 최근에 발견되었으며, 그리고 나서 타스마니아까지 줄곧 여행했다.

서쪽으로 가는 집단은 동쪽으로 가는 집단보다, 같은 조상에서 비롯한 뒤떨어진 혈통에게 적게 더러워졌다. 동쪽 집단은 더딘 동물 사촌들과 아주 자유롭게 섞였다. 진취적이 아닌 이 사람들은 남쪽으로 흘러갔고, 당장에 열등한 부족들과 짝지었다. 나중에, 그들의 잡종 후손의 커지는 무리가 북쪽으로 돌아와서, 급히 확장하는 안돈 민족들과 짝지었고, 그러한 불행한 연합은 우수한 핏줄을 어김없이 저하시켰다. 숨을 주시는 분의 숭배를 유지하는 원시 촌락들이 자꾸 줄어들었다. 일찍 있던 이 초기 문명은 절멸될 위협을 받았다.

유란시아에서는 늘 이와 같았다. 우수한 자가 열등한 자와 자유롭게 번식하도록 버려 두는 어리석음 때문에, 큰 장래를 가진 문명이 잇달아 퇴화했고 마침내 소멸되었다.

2. 폭스홀 종족

900,000년 전에 안돈과 폰타의 예술과 오나가의 문화는 지구의 표면에서 사라지고 있었고, 문화, 종교, 그리고 부싯돌 작업조차도 가장 낮게 쇠퇴하였다.

이 때는 큰 무리의 열등한 잡종 집단이 프랑스 남부로부터 잉글랜드로 도착하던 시절이었다. 이 부족들은 원숭이 같은 숲의 생물과 아주 널리 섞여서, 거의 인간이 아니었다. 그들은 아무 종교도 없었지만, 서툴게 부싯돌을 쓸 줄 알았고, 불을 지피기에 충분한 지능을 소유했다.

유럽에서 그들에게는 얼마큼 우수하고 자식을 많이 낳는 민족이 따라왔는데, 이들의 후손은 북쪽에서 얼음으로부터 남쪽에서 알프스와 지중해까지 대륙 전체에 곧 퍼졌다. 이 부족들이 이른바 하이델버그 인종이다.

문화가 퇴폐하던 이 오랜 기간에, 잉글랜드의 폭스홀 종족, 그리고 인도의 북서쪽에 있던 바도난 부족들은, 안돈의 전통에서 얼마큼, 또 오나가 문화의 어떤 잔재를 계속해서 간직했다.

폭스홀 종족은 서쪽으로 가장 멀리 있었고, 안돈 문화의 많은 것을 간직하는 데 성공했다. 그들은 또한 부싯돌 기술에 관한 지식을 보존했고, 이것을 후손, 곧 에스키모의 옛 조상에게 전해 주었다.

폭스홀 종족의 유물이 잉글랜드에서 좀처럼 발견되지 않아도, 이 안돈 사람들은 정말로 그 지역에서 처음으로 산 사람들이었다. 당시에 육지 다리는 아직도 프랑스를 잉글랜드와 연결했고, 안돈 후손이 살던 초기 촌락의 대부분이 그 이른 시절의 강과 바닷가를 따라서 자리잡았기 때문에, 이 촌락들은 이제 영국 해협과 북해의 바다 밑에 있다. 그러나 서넛은 아직도 잉글랜드 해안에 물 위에 나와 있다.

폭스홀 종족 가운데 좀더 머리가 있고 영적인 자들의 다수는 그들의 종족 우수성을 유지하고 원시 종교 관습을 지속했다. 그리고 이 사람들은, 뒤에 후일의 혈통과 섞임에 따라서, 나중에 얼음이 찾아온 뒤에 잉글랜드로부터 서쪽으로 여행했고, 오늘날의 에스키모로서 살아남았다.

3. 바도난 부족

서쪽에 있는 폭스홀 종족 외에도, 그와 겨루는 또 다른 문화 중심이 동쪽에 버티고 있었다. 이 집단은 안돈의 고손(高孫), 바도난의 부족 사이에서, 인도의 북서 고지의 구릉 지대에 자리잡고 있었다. 이 사람들은 인간을 희생물로 한 번도 바치지 않은, 안돈의 유일한 후손이었다.

이 고지의 바도난 사람들은 넓은 고원을 차지했는데, 그것은 숲으로 둘러싸여 있고, 시내들이 거기를 가로지르고 사냥감이 풍부했다. 티벳에 있는 그들의 어떤 사촌들처럼, 그들은 허름한 돌 오두막, 언덕가의 석굴, 반(半) 지하 통로에서 살았다.

북쪽의 부족들은 더욱 얼음을 무서워하게 되었고, 그들이 기원이 있던 고향 가까이 살던 사람들은 물을 지나치게 무서워하게 되었다. 그들은 메소포타미아 반도가 차츰차츰 대양 속으로 가라앉는 것을 지켜보았고, 그것이 몇 번이나 솟아났는데도, 바다의 위험과 이따금 바다에 휩쓸리는 두려움에 관하여 이 원시 종족의 전통이 생겨났다. 이 두려움은, 강물이 넘치는 체험을 겪은 것과 함께, 어째서 그들이 살기에 안전한 장소로서 고지(高地)를 찾았는가를 설명한다.

바도난 종족의 동쪽에, 인도 북부의 시왈릭 산에서, 땅에서 어느 다른 부류보다, 사람과 여러 가지 인간 이전 집단 사이의 과도기 종류에 더 가까이 접근하는 화석(化石)을 발견할 수 있다.

850,000년 전에 우수한 바도난 부족들은 열등하고 동물 같은 이웃들을 몰살하는 전쟁을 시작했다. 1천 년 안에, 이 지역에 있던 어중간한 동물 집단의 대부분이 죽음을 당하거나 남쪽 숲으로 밀려갔다. 열등한 자를 근절시키는 이 투쟁은 그 시대에 산에서 살던 부족들 가운데서 조금 개선을 가져왔다. 개량된 이 바도난 혈통의 섞인 후손들이, 겉보기에는 새로운 민족—<u>네안데르탈 종족</u>—으로서 활동 무대에 등장했다.

4. 네안데르탈 종족

네안데르탈인은 뛰어난 용사였고, 널리 여행했다. 그들은 인도 북서쪽에 있는 고지 중심들로부터 서쪽에서 프랑스까지, 동쪽에서 중국까지, 또 밑으로 북 아프리카까지도 퍼졌다. 그들은 진화하는 유색 인종들이 이주할 때까지, 거의 50만 년 동안 세계를 지배했다.

800,000년 전에는 사냥감이 풍부했다. 코끼리와 하마 뿐 아니라, 여러 종의 사슴이 유럽을 돌아다녔다. 가축은 풍부했고, 말과 이리가 어디에나 있었다. 네안데르탈 족은 뛰어난 사냥꾼이었고, 프랑스에 있는 부족들은 가장 성공한 사냥꾼에게 가장 아름다운 여자를 아내로 주는 풍습을 처음으로 채택했다.

사슴은 이 네안데르탈 종족에게 상당히 쓸모가 있었고, 먹을거리와 옷으로서, 또 연장으로 쓰였는데, 그들이 뿔과 뼈를 여러 용도에 썼기 때문이다. 그들은 거의 문화가 없었지만, 거의 안돈 시절의 수준에 이를 때까지 부싯돌 작업을 크게 개량했다. 나무 손잡이에 붙인 큰 부싯돌이 다시 쓰이게 되었고, 도끼와 곡괭이로 사용되었다.

750,000년 전에 넷째 빙상이 남쪽으로 한참 진행하였다. 개량된 도구를 가지고 네안데르탈인은 북쪽의 강들을 덮는 얼음에 구멍을 뚫고, 이 공기 구멍으로 올라오는 물고기를 창으로 찌를 수 있었다. 언제나 이 부족들은 다가오는 얼음 앞에서 물러났고, 이 때 얼음은 가장 널리 유럽을 침공했다.

이 시절에 시베리아 빙하는 가장 남쪽으로 행진하고 있었고, 시초 인간으로 하여금, 기원이 있던 땅을 향하여 되돌아서, 남쪽으로 움직이도록 강요했다. 그러나 인간종은 아주 분화되어서, 진보하지 않는 원숭이 친척들과 더 섞일 위험이 크게 줄어들었다.

700,000년 전에 넷째 빙하, 유럽에서 가장 큰 빙하가 물러가고 있었다. 사람과 동물은 북으로 돌아가고 있었다. 기후는 서늘하고 축축했고, 원시인은 다시 유럽과 서 아시아에서 번성했다. 차츰차츰 숲은 아주 최근에 빙하에 덮였던 땅 위로 북쪽으로 퍼졌다.

포유 동물 생명은 큰 빙하로 말미암아 거의 변화되지 않았다. 포유 동물은 얼음과 알프스 사이에 놓인 좁은 지대에서 버티었고, 빙하가 물러나자, 다시 온 유럽에 재빨리 퍼졌다. 아프리카로부터, 시실리 육지 다리 위로, 곧은 어금니를 가진 코끼리, 넓은 코를 가진 코뿔소, 하이에나, 아프리카 사자가 도착했고, 이 새로운 여러 동물은 칼이를 가진 호랑이와 하마를 거의 절멸시켰다.

650,000년 전에는 따듯한 기후가 계속되는 것을 구경했다. 간빙기(間氷期)의 중간이 되자, 날씨가 무척 따듯해져서 알프스는 얼음과 눈을 거의 벗어 버렸다.

600,000년 전에 얼음은 그 때 가장 북쪽의 후퇴점에 이르렀고, 몇천 년 동안 쉬고 난 뒤에, 다시 남쪽으로 다섯 번째 나들이를 시작했다. 그러나 5만 년 동안 기후의 변화가 거의 없었다. 유럽의 사람과 동물은 거의 바뀌지 않았다. 전기에 있던 약한 건조성이 줄어들었고, 알프스의 빙하는 강 유역까지 멀리 내려왔다.

550,000년 전에 진행하던 빙하는 다시 사람과 동물을 남쪽으로 밀었다. 그러나 이 때 사람은 넓은 지대에서 넉넉히 장소가 있었는데, 이것은 북동쪽으로 아시아로 뻗고, 빙상과 당시에 지중해의 크게 확대된 흑해(黑海) 가지 사이에 놓여 있었다.

넷째와 다섯째 빙하가 있던 시절에는 네안데르탈 종족의 투박한 문화가 더욱 퍼지는 것을 구경하였다. 그러나 거의 진보가 없어서, 참으로 유란시아에서 새롭고 수정된 종류의 지적 생명을 만들려는 시도가 마치 실패하려는 것처럼 보였다. 거의 25만 년 동안 이 원시 민족들은 떠돌아다니고, 사냥하고, 싸우며, 이따금 어떤 방향으로 나아졌지만, 대체로, 그들의 우수한 안돈 조상과 비교해서 꾸준히 퇴보하고 있었다.

영적으로 어두웠던 이 시대에, 미신을 믿는 인류의 문화는 가장 밑바닥으로 내려갔다. 네안데르탈인은 부끄러운 미신을 넘어서, 정말로 아무 종교가 없었다. 그들은 구름, 특히 옅은 안개와 짙은 안개를 죽는 듯이 무서워했다. 자연력을 두려워하는 원시 종교가 차츰 개발되었고, 한편 풍부한 사냥감과 아울러, 연장의 발전이 이 사람들로 하여금 먹을거리에 대해 걱정을 덜하고 살 수 있게 만들자, 동물 숭배는 줄어들었다. 사냥에 대하여 성(性)으로 보상하는 것은 사냥 솜씨를 크게 개선하는 경향이 있었다. 이 새로운, 두려움의 종교는 자연력 뒤에 있는 보이지 않는 세력을 달래려는 노력으로 이끌었고, 나중에는 눈에 보이지 않는 미지의 세력을 달래려고 인간을 바치기에 이르렀다. 유란시아에서 좀더 뒤떨어진 인종들은 사람을 잡아 바치는 이 끔찍한 관습을 바로 20세기까지 지속시켰다.

이 초기 네안데르탈인은 도저히 태양 숭배자라고 부를 수 없다. 오히려 그들은 어둠을 무서워하며 살았고, 밤이 오는 것을 죽는 듯 두려워했다. 달이 조금 비치기만 하면, 그럭저럭 지냈다. 그러나 달이 어두울 때 그들은 두려움에 떨었고, 달이 다시 비치도록 유인(誘引)하려는 노력으로 그들 가운데 가장 나은 남자와 여자의 종자를 잡아 바치기 시작했다. 그들은 태양이 정기적으로 돌아오리라는 것을 일찍이 배웠지만, 달은 오로지 그들이 동료 부족 사람을 잡아 바쳤기 때문에 돌아오는 것이라고 추측했다. 그 종족이 진보함에 따라서, 희생의 대상과 목적이 점진적으로 바뀌었지만, 종교 예식의 일부로서, 인간 희생물을 바치는 것은 오랫동안 지속되었다.

5. 유색 인종의 기원

500,000년 전에, 인도의 북서 고지에서 살던 바도난 부족들은 또 다른 큰 종족 싸움에 말려들었다. 1백 년이 넘도록 무자비한 이 투쟁은 격렬했고, 그 오랜 싸움이 끝났을 때, 겨우 약 1백 가구가 남았다. 그러나 이 생존자들은 당시에 살아 있던, 안돈과 폰타의 모든 후손 가운데 가장 영리하고 바람직했다.

이제, 이 고지의 바도난 사람들 사이에서 새롭고 이상한 일이 일어났다. 당시에 사람이 사는 고지 지역의 동북부에서 한 남자와 여자가 갑자기 특별히 영리한 집단의 아이들을 낳기 시작했다. 이것이 산긱 가족이었고, 유란시아의 여섯 유색 인종 모두를 낳은 조상이었다.

이 산긱 아이들은 19명이었는데, 동료들보다 머리가 더 좋았을 뿐 아니라, 살갗이 태양 빛에 노출되고 나서 여러 색깔로 바뀌는 독특한 성향을 나타냈다. 이 아이들 19명 가운데, 다섯은 붉고, 둘은 오렌지 색이고, 넷은 누렇고, 둘은 풀빛이고, 넷은 푸르고, 둘은 남빛이었다. 이 색들은 아이들이 나이가 들자 더욱 뚜렷해졌고, 이 젊은이들이 나중에 동료 부족 사람들과 짝지었을 때, 그 자손은 모두 산긱 부모의 피부색을 따르는 경향이 있었다.

이 무렵에 혹성 영주가 도착한 것을 지적한 뒤에, 나는 이제 연대순으로 하던 이야기를 중지하고, 그 동안에 우리는 유란시아의 여섯 산긱 인종을 따로 고려한다.

6. 유란시아의 여섯 산긱 인종

보통의 진화하는 혹성에서는, 진화하는 여섯 유색 인종이 하나씩 나타난다. 홍인(紅人)이 먼저 진화하고, 뒤잇는 유색 인종들이 나타나기 전에 오랜 세월 동안 세상을 돌아다닌다. 유란시아에서 모두 여섯 인종이 동시에, 그것도 한 가족 안에서 태어난 것은 아주 드문 일이다.

유란시아에서 더 일찍 안돈 사람들이 나타난 것도 사타니아에서는 새로운 일이었다. 지역 체계의 어느 다른 세계에서도, 그러한 의지 생물의 종족이 진화한 유색 인종들보다 먼저 진화하지 않았다.

1. 홍인. 이 민족은 인류에서 놀라운 종이요, 여러 면에서 안돈과 폰타보다 우수했다. 그들은 가장 총명한 집단이었고, 산긱 아이들 가운데 처음으로 부족의 문명과 정부를 발전시켰다. 그들은 언제나 일부 일처(一夫一妻) 주의를 지켰다. 그들의 혼합된 후손들도 복수(複數)로 짝짓는 일이 드물었다.

후일에 그들은 아시아에서 황인 형제들과 심각하고도 오래 끈 불화가 있었다. 그들은 일찍부터 활과 화살을 발명한 것 때문에 도움을 받았지만, 불행하게도 자기들끼리 싸우는 조상의 성향을 많이 물려받았고, 이것은 그들을 너무 약화시켜서 황인 부족들은 아시아 대륙으로부터 그들을 몰아낼 수 있었다.

약 8만 5천 년 전에, 홍인종의 비교적 순수한 나머지가 떼를 지어 북 아메리카로 건너갔는데, 그 뒤에 얼마 안 되어 베링 지협이 가라앉았고, 이렇게 그들을 고립시켰다. 아무 홍인도 아시아로 돌아온 적이 없다. 그러나 시베리아, 중국, 중앙 아시아, 인도, 유럽의 전역에 걸쳐서 그들은 다른 유색 인종들과 섞인 혈통을 많이 뒤에 남겼다.

아메리카로 건너갔을 때, 홍인은 초기에 기원을 가진 많은 가르침과 전통을 가지고 갔다. 그의 직계 조상은 혹성 영주의 세계 본부가 후일에 벌인 활동과 접촉을 가졌다. 그러나 두 아메리카에 이르고 난 뒤 짧은 시간 안에, 홍인들은 이 가르침을 잃어버리기 시작했고, 지적·영적 문화에서 크게 쇠퇴하였다. 오래지 않아, 이 사람들이 다시 자기들끼리 아주 맹렬하게 싸움에 빠졌기 때문에, 이 부족 전쟁은 비교적 순수한 홍인의 이 잔재가 재빨리 절멸하게 만들 것처럼 보였다.

이렇게 크게 퇴보했기 때문에 홍인은 멸망한 듯했는데, 약 6만 5천 년 전에, 오나모나론톤이 지도자이자 영적 구원자로서 나타났다. 그는 아메리카 홍인들 사이에서 일시적 평화를 가져왔고, "큰 영"의 숭배를 부활시켰다. 오나모나론톤은 96살까지 살았고, 칼리포니아의 큰 세쿼이아 나무들 사이에서 본부를 유지했다. 후일에 그의 자손의 다수가 블랙 푸트 인디안 가운데서 현대까지 내려왔다.

시간이 지나자, 오나모나론톤의 가르침은 어렴풋한 전통이 되어 버렸다. 서로 죽이는 전쟁이 다시 시작되었고, 이 위대한 선생이 있던 시절 이후로, 결코 또 다른 지도자가 그들 사이에 보편적 평화를 가져오는 데 성공하지 못했다. 총명한 축에 속하는 혈통이 이 부족 싸움에서 자꾸 멸망했다. 그렇지 않았다면, 유능하고 총명한 이 홍인들이 북 아메리카 대륙에서 위대한 문명을 세웠을 것이다.

중국에서 아메리카로 건너간 뒤에, 북부의 홍인은 백인에게 나중에 발견될 때까지, 결코 다시 다른 세계 영향과 (에스키모를 빼고) 접촉을 가지지 않았다. 홍인이 후일에 아담 혈통과 섞임으로 개량될 기회를 거의 완전히 놓쳐 버린 것은 대단히 불행한 일이었다. 실제로 일어난 바와 같이, 홍인은 백인(白人)을 다스릴 수 없었고, 기꺼이 백인을 섬기려 하지 않았다. 그러한 상황에서, 두 종족이 섞이지 않으면, 둘 가운데 하나가 망한다.

2. 주황인. 이 종족의 두드러진 특징은 세우려는 충동, 무엇이나, 또 모든 것을 쌓아올리려는 특이한 충동이었고, 단지 어느 부족이 가장 큰 무더기를 만드는가 보

려고 광대한 돌무더기를 쌓기까지 했다. 비록 진취적인 민족은 아니었어도, 그들은 영주의 여러 학교로부터 큰 이익을 얻었고, 교육을 받으려고 대표들을 거기로 보냈다.

주황 민족은 지중해가 서쪽으로 물러감에 따라서, 아프리카를 향해서 남쪽으로 해안선을 처음으로 따라간 사람들이었다. 그러나 그들은 결코 아프리카에서 유리한 발판을 확보하지 못했고, 나중에 도착하는 녹색 종족으로부터 죽음을 당했다.

끝이 오기 전에, 이 민족은 많은 문화적·영적 바탕을 잃었다. 그러나 이 불행한 민족의 뛰어난 지도자 포춘타가 지혜로운 지도력을 보인 결과로서 높은 생활이 크게 부흥되었으며, 그는 약 30만 년 전에 그들의 본부가 아마겟돈에 있었을 때, 그들을 보살폈다.

주황인과 녹인(綠人) 사이에 마지막으로 큰 싸움이 에집트의 나일 강 하류 유역 지방에서 일어났다. 오래 계속된 이 전쟁은 거의 1백 년 동안 수행되었고, 싸움이 끝났을 때 주황 민족의 극소수가 살아남았다. 이 사람들의 산산이 흩어진 잔재는 녹인에게, 그리고 나중에 도착하는 남인(藍人)에게 흡수되었다. 그러나 하나의 종족으로서 주황인은 10만 년쯤 전에, 존재를 그쳤다.

3. <u>황인</u>. 원시의 황인 부족들은 처음으로 사냥을 그만두고, 정착한 공동체를 세우고, 농업에 바탕을 둔 가정 생활을 개발했다. 지능 면에서 그들은 얼마큼 홍인보다 못했지만, 사회적으로, 집단으로, 종족의 문명을 키우는 문제에서 모든 산긱 종족보다 우수하다는 것을 증명했다. 형제 정신을 개발했기 때문에, 여러 부족이 비교적 평화로운 가운데 함께 살기를 배웠고, 아시아로 차츰 확장함에 따라서, 그들 앞에 있는 홍인종을 몰아낼 수 있었다.

그들은 세상의 영적 본부의 영향으로부터 멀리 떠나갔고, 칼리가스티아 배반이 있고 나서 큰 어두움 속으로 떠내려갔다. 그러나 이 민족 사이에서 한 번 밝은 시대가 있었는데, 약 10만 년 전에 싱랑톤이 이 부족들의 지도권을 맡고 "하나의 진리"를 숭배할 것을 선포하였다.

황인종이 비교적 큰 무리로 살아남은 것은 그들이 부족 사이에 평화를 지켰기 때문이다. 싱랑톤의 시절부터 현대 중국의 시기까지, 황인종은 유란시아의 민족들 가운데 평화로운 축에 끼었다. 이 종족은 나중에 들여온 아담 혈통의 유산, 적지만 강력한 유산을 물려받았다.

4. <u>녹인</u>. 녹인종(綠人種)은 원시인 가운데 능력이 뒤떨어지는 집단의 하나였고, 그들은 여러 방향으로 널리 이주함으로 크게 약화되었다. 흩어지기 전에, 이 부족들은 약 35만 년 전에, 판탓의 지도 밑에서 크게 문화의 부흥을 겪었다.

녹인종은 크게 세 가지로 갈라졌다. 북쪽 부족은 황인종과 청인종에게 정복당하고, 노예가 되고, 흡수되었다. 동쪽 집단은 그 시절의 인도 민족과 혼합되었고, 그 잔재가 아직도 그들 사이에 남아 있다. 남쪽의 민족은 아프리카로 들어갔고, 거기서 그들은 거의 똑같이 열등한 주황 사촌들을 멸망시켰다.

여러 면에서 이 두 집단은 이 싸움에서 비슷하게 겨루었는데, 이는 각자가 거인 계급의 혈통을 지녔기 때문이다. 그들의 많은 지도자가 키가 240에서 270센티미터

되었다. 이 녹인의 거인 혈통은 이 남쪽 나라, 곧 에집트 국가에 대체로 국한되었다.

승리한 녹인(綠人)의 나머지는 나중에 남인종(藍人種)에게 흡수되었고, 이 남인은 종족이 분산되었던 최초의 산긱 중심에서 마지막으로 발전하고 이주한 유색 민족이었다.

5. 청인. 청인은 위대한 민족이었다. 그들은 일찍이 창을 발명했고, 나중에 현대 문명에서 많은 기술의 초보를 알아 냈다. 청인은 황인이 가진 혼·감정과 함께, 홍인의 두뇌력을 가졌다. 아담의 후손은 후일에 지속하는 모든 유색 인종보다 이들을 더 좋아했다.

초기의 청인(靑人)은 칼리가스티아 영주의 참모진에 속한 선생들의 설복에 반응했고, 배반한 그 지도자들이 나중에 왜곡한 가르침 때문에, 큰 혼란에 빠졌다. 다른 원시 종족들처럼 그들은 칼리가스티아 배반으로 말미암아 빚어진 소동으로부터 결코 완전히 회복하지 못했고, 자기들끼리 싸우는 성질을 결코 완전히 극복하지도 못했다.

칼리가스티아가 몰락한 뒤 약 5백 년이 되어, 원시 종류인—그런데도 참되고 유익한—배움과 종교의 부흥이 널리 일어났다. 올란도프가 청인들 사이에서 큰 선생이 되었고, 많은 부족을 "최고 우두머리"라는 이름 아래 참 하나님의 숭배로 돌아가도록 이끌었다. 후일에 이 종족이 아담 혈통의 혼합으로 아주 크게 개선되는 시절까지, 이것은 청인이 이룩한 가장 큰 진보였다.

유럽에서 구석기 시대의 연구와 탐구는 대체로 이 고대의 청인의 연장·뼈·공예품을 발굴하는 것과 상관된다. 이른바 유란시아의 백인종은 이 청인의 후손이며, 이들은 처음에 황인과 홍인이 조금 섞여 수정되고, 나중에 보라종의 큰 부분을 동화하여 크게 개선되었다.

6. 남인종. 홍인이 모든 산긱 민족 가운데 가장 진보한 것처럼, 흑인(黑人)은 그만큼 진취성이 가장 적었다. 그들은 고지의 고향으로부터 마지막으로 이주하였다. 아프리카로 여행해서 그 대륙을 점령했고, 대대로 노예로서 강제로 옮겨졌을 때를 빼고, 그 뒤로 늘 거기에 남아 있었다.

아프리카에서 고립되어서, 남인 종족들은 홍인과 마찬가지로, 아담 혈통의 주입으로부터 얻었을 종족 향상을 거의 또는 하나도 얻지 못했다. 그들은 오르보논의 시절에 크게 영적 각성을 체험했고, 그 때까지 아프리카에서 홀로 남인종은 거의 진보하지 않았다. 오르보논이 부르짖은 "신 중의 신"을 나중에 거의 완전히 잊어버렸지만, 알지 못하는 분을 예배하는 소망을 전적으로 잃지는 않았다. 적어도 몇천 년 전까지 그들은 어떤 형태의 숭배를 지켜 왔다.

처지기는 하지만 이 남인(藍人) 종족들은 하늘의 권력 앞에서 어느 다른 지상 종족과 꼭 같은 지위를 가지고 있다.

이 시대는 여러 종족 사이에서 격심한 투쟁이 있던 시대였으나, 혹성 영주의 본부 가까이에서 좀더 깨우치고 최근에 가르침을 받은 여러 집단이 비교적 화평한 가운데 함께 살았다. 하지만 루시퍼 반란이 터짐으로 이 체제가 심각하게 혼란을 겪을 때까지, 세계 종족들의 아무런 큰 문화적 정복이 이루어지지 않았다.

다른 이 민족들은 모두, 때때로 문화적·영적 부흥을 체험하였다. 만산트는 혹성 영주 이후 시대에 큰 선생이었다. 그러나 한 종족 전체에게 두드러지게 영향을 주고 영감을 불러일으킨 뛰어난 지도자와 선생들만 여기에 언급된다. 시간이 지나자, 다른 지역에서 작은 선생들이 많이 일어났다. 특히 칼리가스티아 반란이 터지고 아담이 도착한 사이의 길고도 어두운 시대에, 그들은 통틀어서, 문화 있는 문명이 완전히 붕괴하는 것을 방지했던 유익한 영향력의 총합에 크게 이바지했다.

공간 세계들에서 셋 또는 여섯 유색 인종을 진화시키는 계획에는 좋고도 충분한 이유가 많이 있다. 비록 유란시아 필사자들이 이 모든 이유를 넉넉히 헤아릴 처지에 있지 않을까 싶지만, 우리는 다음을 지적하고 싶다:

1. 다양성은 자연 도태(淘汰), 우수한 혈통의 차별적 생존이 널리 작용할 기회를 마련하는 데 필수이다.

2. 다른 민족들이 우수한 유전 인자(因子)를 보유할 때, 이 다양한 민족들을 서로 교배함으로 더 힘세고 나은 민족을 얻게 된다. 우수한 아담 혈통과 철저하게 섞임으로 합동 민족이 나중에 효과적으로 개량될 수 있었다면, 유란시아 종족들은 그렇게 초기에 섞임으로부터 이득을 얻었을 것이다. 그러한 실험을 유란시아에서 실행하려는 시도는, 현재의 종족 조건 밑에서 상당히 파괴적일 것이다.

3. 경쟁은 종족의 다양화로 말미암아 건전하게 자극을 받는다.

4. 종족들의 지위의 차이, 그리고 각 종족 안에서 생기는 집단 지위의 차이는 인간의 관용과 이타주의가 발달하는 데 필수이다.

5. 진화하는 세계의 민족들이 비교적 높은 수준의 영적 발전에 이를 때까지, 인종의 동질성은 바람직하지 않다.

7. 유색 인종의 분산

산긱 가족의 유색 후손들이 늘어나기 시작했을 때, 그리고 그들이 인접한 영토로 확장할 기회를 찾는 동안, 다섯째 빙하, 지질학 계산으로는 제3 빙하가, 유럽과 아시아 위로 남쪽을 향한 표류에 한창 진행하고 있었다. 이 초기의 유색 인종들은 그들이 태어난 빙하 시대의 혹독함과 곤경에 특별히 단련을 받았다. 이 빙하는 아시아에서 아주 널리 퍼져서, 몇천 년 동안 동 아시아로 이주하는 길이 막혀 버렸다. 그리고 아라비아가 높아진 결과로서 지중해가 나중에 물러날 때까지, 그들이 아프리카에 이르는 것이 가능하지 않았다.

이처럼 거의 10만 년 동안 이 산긱 민족들은 산기슭 언덕 근처에서 퍼졌고, 다른 민족들 사이에 특이하지만 자연스러운 싫은 감정이 일찍 나타났는데도, 얼마큼 서로 섞였다.

혹성 영주 시절과 아담 시절 사이에, 인도는 지구의 표면에서 발견되는 바 가장 국제적 인구의 고향이 되었다. 그러나 이 혼합이 녹인·주황인·남인 종족을 아주 많이 품게 된 것은 불운이었다. 이 2차 산긱 민족들은 남쪽 땅에서, 살기가 더 쉽고 편안함을 발견했고, 그들 가운데 많은 사람이 나중에 아프리카로 옮겨 갔다. 1차 산긱 민족들, 곧 우수한 민족들은 열대 지방을 피했다. 홍인은 북동쪽으로 아시아로 갔고, 황인이 그 뒤를 바짝 따라갔으며, 한편 청인은 북서쪽으로 유럽으로 이주했다.

홍인은 후퇴하는 얼음의 발꿈치를 좇아서, 일찍 북동쪽으로 옮겨 가기 시작했고, 인도의 고지 둘레를 지나면서, 아시아의 동북부를 모두 차지했다. 그들 뒤에 황인 부족들이 바짝 따라갔고, 이들은 나중에 홍인을 아시아로부터 북 아메리카로 몰아냈다.

비교적 순수한 핏줄의 홍인종의 나머지가 아시아를 버렸을 때, 11 부족이 있었는데, 그들은 7천 명이 조금 넘는 남자와 여자와 아이들이었다. 이 부족들에게 혼합된 조상을 가진, 작은 세 집단이 따라왔는데, 이 중에 제일 큰 것은 주황인과 청인 종족의 조합이었다. 이 세 집단은 결코 홍인과 완전히 친하지 않았고, 남쪽으로 멕시코와 중앙 아메리카로 일찍 떠나갔는데, 거기서 그들은 나중에 황인과 홍인이 섞인 작은 집단과 합쳐졌다. 이 민족들은 모두 서로 결혼했고, 새로운 융합된 민족을 세웠으며, 이 민족은 순수한 핏줄의 홍인보다 싸움을 훨씬 덜 좋아했다. 5천 년 안에 이 융합된 민족은 세 집단으로 나뉘었고, 멕시코, 중앙 아메리카, 남 아메리카에서 각자 문명을 건설했다. 남 아메리카의 가지는 아담 피의 스침을 어렴풋이 받기는 했다.

어느 정도까지, 초기의 홍인과 황인은 아시아에서 섞였고, 이 연합된 자손은 동쪽으로, 그리고 남쪽 바닷가를 따라서 떠나갔는데, 결국에는, 빠르게 늘어나는 황인종에게 반도와 근처 바다의 섬들로 밀려났다. 그들은 오늘날의 갈색인이다.

황인종은 계속해서 동 아시아의 중부 지역을 차지했다. 모두 여섯 유색 인종 가운데 그들은 가장 큰 무리로 살아남았다. 황인들이 이따금 종족 전쟁에 말려들기는 했지만, 홍인·녹인·주황인들이 벌인 것처럼, 끊임없이 무자비하게 절멸시키는 전쟁을 수행하지 않았다. 이 세 종족은 그들의 적인 다른 종족들에게 마침내 거의 전멸되기 전에, 실질적으로 스스로를 파괴했다.

다섯째 빙하가 유럽에서 남쪽으로 그리 멀리 뻗지 않았기 때문에, 이 산긱 민족들이 북서쪽으로 이주하는 길이 일부 열렸다. 얼음이 물러가자 청인(靑人)들은, 몇몇 다른 작은 종족 집단과 함께, 안돈 부족들이 갔던 옛 길을 따라서 서쪽으로 옮겨 갔다. 그들은 연달아 파도를 이루어 유럽을 쳐들어갔고, 그 대륙의 대부분을 차지했다.

유럽에서 그들은 초기에 공통으로 조상인 안돈의 네안데르탈 후손과 마주쳤다. 더 오래 된 이 유럽 네안데르탈인들은 빙하로 말미암아 남쪽과 동쪽으로 밀려갔고, 그래서 산긱 부족들의 침공하는 사촌들을 속히 만나고 그들을 흡수할 위치에 있었다.

일반적으로, 그리고 무엇보다도, 산긱 부족들은 초기에 안돈의 평야 사람들의 퇴보된 후손보다 더 영리했고, 대부분의 면에서 훨씬 우수했다. 이 산긱 부족들이 네안데르탈 민족들과 섞인 것은 더 오래 된 종족을 즉시 개선하도록 이끌었다. 이 산긱 피의 주입은, 특히 청인의 피는, 네안데르탈 민족을 두드러지게 개선하였고, 이것은 동쪽으로부터 유럽을 휩쓴, 갈수록 더 영리한 부족들이 잇달아 파도처럼 밀려온 데서 나타났다.

뒤따르는 간빙기(間氷期)에, 이 새 네안데르탈 종족은 잉글랜드로부터 인도까지 뻗었다. 고대의 페르시아 반도에 있던 청인의 나머지는 나중에 어떤 다른 사람들, 주로 황인과 섞였고, 그 결과로 생긴 혼합 종족은 나중에 아담의 보라 종족에게 얼마큼 개량되었으며, 현대의 아랍 사람, 거무스레한 살빛의 유목하는 부족으로서 지속해 왔다.

현대 민족들의 산긱 조상을 확인하려는 모든 노력은, 나중에 아담의 피가 섞임으로, 종족의 혈통이 후일에 개량되었다는 것을 계산에 넣어야 한다.

우수한 종족들은 북쪽 기후, 곧 온대 기후를 찾았으며, 한편 주황인·녹인·남인 종족들은 새로 높아진 육지 다리 위를 거쳐서, 연달아 아프리카로 몰려갔고, 그 다리는 서쪽으로 물러가는 지중해를 인도양으로부터 떼어 냈다.

종족 기원이 있는 중심으로부터 마지막으로 이주한 산긱 종족은 남인(藍人)이었다. 녹인이 에집트에서 주황인을 죽이고, 그렇게 하면서 자체를 크게 약화시키고 있을 무렵에, 해안을 따라서 팔레스타인을 통해서 남쪽으로 흑인의 큰 집단 이동이 시작되었다. 나중에 신체가 튼튼한 이 남인 종족들이 에집트에 넘쳤을 때, 그들은 순전히 수의 위력으로 녹인의 뿌리를 뽑아 버렸다. 이 남인종은 주황인의 잔재와 녹인 혈통의 상당수를 흡수했고, 어떤 남인 부족들은 이 종족 혼합으로 말미암아 상당히 개선되었다.

그래서 에집트가 처음에는 주황인에게, 다음에는 녹인, 그 뒤에는 남인(흑인)에게, 더 후에는 남인, 청인, 그리고 수정된 녹인의 잡종 민족에게 정복된 것으로 보인다. 그러나 아담이 도착하기 오래 전에, 유럽의 청인과 아라비아의 혼합 종족은 남인종을 에집트로부터, 아프리카 대륙에서 멀리 남쪽으로 몰아냈다.

산긱의 이주가 막을 내리자, 녹인과 주황인 종족들은 사라져 버렸고, 홍인은 북 아메리카, 황인은 동 아시아, 청인은 유럽을 지키고 있으며, 남인종은 아프리카로 이끌려 갔다. 인도는 2차 산긱 종족들의 혼합을 품에 지니고 있으며, 홍인과 황인이 혼합된 갈색인은 아시아 해안에서 떨어진 섬들을 지키고 있다. 오히려 우수한 잠재성을 가진 혼합된 민족이 남 아메리카의 고지를 차지하고 있다. 더 순수한 안돈 사람들은 유럽의 가장 북쪽 지역에서, 그리고 아이스랜드와 그린랜드와 북 아메리카의 동북부에서 산다.

빙하(氷河)가 가장 멀리 진행한 기간에, 안돈 부족들의 맨 서쪽 가지는 바다로 거의 밀려가게 되었다. 그들은 오늘날의 영국 섬 남쪽의 좁은 길쭉한 땅에서 오랫동안 살았다. 여섯째이자 마지막 빙하가 마침내 나타났을 때 그들을 바다로 뛰어들도록 몬 것은 되풀이된 이 빙하의 진행에 관한 전통이었다. 그들은 처음으로 바다에서 모험한 사람들이었다. 그들은 배를 만들고, 그들이 바라건대 무서운 얼음 침공이 없을까 싶은 새 땅을 찾아 나섰다. 그들 가운데 더러는 아이스랜드에, 더러는 그린랜드에 도착했지만, 대다수는 망망한 바다에서 배가 고프고 목이 말라서 죽었다.

8만 년 조금 더 전에, 홍인이 북 아메리카 북서쪽으로 들어간 뒤에 얼마 안 되어, 북극의 바다가 얼어붙고 그린랜드에서 지역 빙원(氷原)이 진행한 것은, 유란시아 토착민의 이 에스키모 후손을 더 좋은 땅, 새 집을 찾도록 몰아냈다. 그들은 성공했는데, 그 때 그린랜드를 북 아메리카의 북동부의 땅 덩어리로부터 떼어 낸 좁은 해협을 안전히 건넜다. 그들은 홍인이 알라스카에 도착한 뒤 약 2천1백 년쯤 되어 그 대륙에 이르렀다. 그 뒤에 청인의 혼합된 혈통 가운데 더러가 서쪽으로 여행했고, 후일의 에스키모들과 섞였으며, 이 연합은 에스키모 부족들에게 조금 유익했다.

약 5천 년 전에 헛슨 만의 남동쪽 해안가에서, 인디안 부족과 외로운 에스키모 무리가 어쩌다가 만나는 일이 생겼다. 이 두 부족은 서로 의사를 전하기가 어려움을 발견했지만, 금방 그들은 서로 결혼했고, 그 결과로 이 에스키모들은 결국 더 수가 많은 홍인에게 흡수되었다. 그리고 약 1천 년 전에 백인이 처음으로 대서양 해안에 어쩌다가 상륙했는데, 이것은 이 때까지 북 아메리카 홍인이 어느 다른 인간 혈통과 가진 유일한 접촉이다.

이 초기 시절의 투쟁은 용기와 용맹, 아니 영웅심까지 나타난 특징을 가지고 있다. 그리고 너희의 초기 조상이 가졌던 견실하고 튼튼한 특성 가운데 많은 것이 후일 종족들한테서 사라진 것을 우리는 모두 섭섭하게 생각한다. 우리는 진보하는 문명에서 많은 개선(改善)의 가치를 이해하지만, 너희의 옛 조상들이 보인 훌륭한 내구력과 뛰어난 헌신을 서운하게 여기며, 이것은 때때로 위대하고 숭고한 정신에 가까웠다.

[유란시아에서 거주하는 한 생명 운반자가 발표했다.]

제 65 편

진화의 전반적 통제

기초적인 진화하는 물질 생명—지성 이전의 생명—은 물리 주통제자들이 형성한 것이요, 임명받은 생명 운반자들이 활발하게 베푸는 봉사와 연관하여, 일곱 으뜸 영이 생명을 나누어 주는 봉사이다. 이 세 가지 창조성이 나란히 활동한 결과로서 유기체가 지성을 받아들일 물리적 능력이 개발되며, 이것은 바깥 환경의 자극에 대하여, 나중에는 내부의 자극, 곧 유기체 지성 자체에서 비롯하는 영향력에 대하여, 지적으로 반응하는 물질적 작용이다.

그러면 생명을 낳고 진화시키는 데는 세 가지 뚜렷하게 다른 수준이 있다:

1. 물리 에너지 분야—지성 능력의 생산.
2. 보조 영들이 베푸는 지성 봉사—이것은 영 능력에 영향을 미친다.
3. 필사 지성의 영 재산—이것은 궁극에 생각 조절자의 수여를 낳는다.

기계적이고 가르칠 수 없는 수준에서, 환경에 대한 유기체의 반응은 물리 통제자들의 분야에 속한다. 보조 지성 영들은 적응하는 지성, 곧 기계적이 아니고 가르칠 수 있는 종류의 지성—체험으로부터 배울 수 있는 유기체의 반응 작용—을 활성화하고 규제한다. 이렇게 영 보조자들이 지성 잠재성을 조종하는 바와 같이, 생명 운반자들은 인간의 의지—하나님을 아는 능력과 그를 예배하기를 바라는 힘—이 나타나기 바로 전까지, 상당한 재량권을 가지고 진화 과정에서 환경의 측면을 통제한다.

사람이 사는 세계들에서 유기체의 진화 과정을 조절하는 것은, 생명 운반자, 물리 통제자, 영 보조자들이 통합하여 하는 활동이다. 이것이 어째서 진화가—유란시아에서나 다른 곳에서—반드시 목적이 있고 결코 우연이 아닌가 하는 이유이다.

1. 생명 운반자의 기능

생명 운반자들은 성격의 모습을 변화하는 잠재성을 부여받았고, 오직 극소수 계급의 생물이 이 잠재성을 소유한다. 이 지역 우주 아들들은 세 가지 다른 단계의 존재에서 활동하는 능력이 있다. 그들은 보통 중간 단계의 아들로서 임무를 수행하는데, 이것은 그들이 기원을 가진 상태이다. 그러나 그러한 존재 단계에서 생명 운반자는 물리 에너지와 물질 입자들을 살아 있는 존재 단위로 찍어 내는 자로서, 전기 화학 분야에서 도저히 활동할 수 없다.

생명 운반자들은 다음 세 수준에서 활동할 수 있고, 또 그렇게 한다:

1. 물리적인 전기 화학 수준.
2. 보통 때 준(準) 상물질 존재로 있는 중간 단계.
3. 상급의 준영(準靈) 수준.

생명 운반자들이 생명을 심는 데 착수하려고 준비할 때, 그러한 사업을 위한 장소를 고르고 난 뒤에, 그들은 생명 운반자의 변형을 담당하는 천사장 위원회를 소집한다. 이 집단은 물리 통제자와 그 동료들을 포함하여, 10 계급의 다양한 성격자들로 구성되어 있다. 천사장의 우두머리가 이 집단을 주관하며, 그는 이 자격으로 가브리엘의 명령에 따라서, 그리고 옛적부터 늘 계신 이들의 허락을 받아서 행동한다. 이 존재들이 알맞게 회로가 연결되었을 때, 그들은 생명 운반자들 안에서 그들로 하여금 전기 화학의 물리적 수준에서 즉시 활동하게 만들 그러한 수정을 가한다.

생명 원형(原形)들이 작성되고 물질 조직이 알맞게 완성된 뒤에, 생명을 퍼뜨리는 데 관계된 초물질 세력이 당장에 활성화되고, 생명이 존재한다. 이렇게 되고 나서, 생명 운반자들은 당장에 그들의 정상적 중간 단계의 성격 존재로 돌아가며, 비록 새로운 원형의 살아 있는 물질을 조직—창조—하는 능력을 다 잃어 버려도, 그 상태에서 그들은 살아 있는 단위들을 조종하고, 진화하는 유기체를 움직일 수 있다.

유기체(有機體)의 진화가 어떤 과정을 다 밟고, 인간 종류의 자유 의지가 가장 높은 진화하는 유기체에서 나타난 뒤에, 생명 운반자들은 그 혹성을 떠나든지, 아니면 포기하는 서약을 해야 한다. 다시 말해서, 유기체의 진화 과정에 더 영향을 주려는 온갖 시도를 삼가겠다고 서약해야 한다. 새로이 진화된, 의지를 가진 생물을 돌보는 책임이 맡겨질 자들에게 앞날에 조언자로서 그 혹성에서 남아 있고 싶어하는 생명 운반자들이 자청해서 그런 맹세를 했을 때, 12명으로 된 한 위원회가 소집되는데, 체계 군주의 권한을 받아서, 그리고 가브리엘의 허락을 얻어 행동하는, 저녁별들의 우두머리가 이 위원회를 주관한다. 당장에 이 생명 운반자들은 셋째 단계의 성격 존재—준영(準靈) 수준의 존재—로 변화된다. 나는 유란시아에서 이 셋째 단계의 존재에서, 안돈과 폰타의 시절 뒤로 늘 활동해 왔다.

우주가 빛과 생명에 안주할 수 있을 때, 온전히 영이 되는 가능한 제4 단계의 존재를 우리는 기대한다. 그러나 바람직한 이 상급 지위를 우리가 무슨 기법으로 이루어도 좋은지 우리에게 결코 밝혀진 적이 없다.

2. 진화의 파노라마

해초(海草)로부터 비롯하여 땅에 있는 창조의 주인이 되기까지 사람이 올라간 이야기는 정말로 생물학상의 투쟁을 겪고 지성이 살아남은 무용담이다. 사람의 시원 조상들은 글자 그대로, 고대(古代)에 내륙 바다의 광대한 해안선에서, 완만하고 물이 따듯한 만(灣)과 개펄에 있던 것, 대양 바닥에서 나온 끈적끈적한 것이요 흘러나온 물질이었다. 바로 이 바다에서 생명 운반자들은 세 가지 독립된 생명을 유란시아에 심었다.

동물 비슷한 어중간한 유기체들을 생기게 한 그 획기적 변화에 참여했던 초기 종류의 해양 식물 가운데 극소수의 종(種)이 오늘날 존재한다. 해면(海綿)은 이 초기의 중간 종류 가운데 하나가 살아남은 것이며, 이 유기체를 통해서 식물에서 동물로 점진적 이동이 일어났다. 이 초기의 과도기 형태들은, 현대의 해면과 동일하지 않지만, 무척 그와 비슷했다. 그들은 참으로 이도 저도 아닌—식물도 아니고 동물도 아닌—유기체였지만, 궁극에는 진정한 동물 형태의 생명이 발달하도록 이끌었다.

박테리아는 대단히 원시적 성질을 가진 간단한 식물 유기체이며, 생명이 초기에 밝아올 때부터 거의 달라지지 않았다. 기생(寄生)하는 행동에서 그들은 어느 정도 퇴화를 나타내기까지 한다. 많은 곰팡이도 또한 진화에서 퇴화하는 운동을 대표하며, 잎파랑이를 만드는 능력을 잃어버리고, 다소 기생하게 된 식물이다. 병을 일으키는 대다수의 박테리아와 그들을 보조하는 바이러스 생체들은 정말로 이 집단에서 변질된 기생 곰팡이에 속한다. 중간에 낀 시대에 광대한 식물 생명의 분야에 있는 모든 것은 한 조상으로부터 진화해 왔고, 박테리아도 또한 같은 조상으로부터 내려왔다.

더 높은 원생(原生) 동물 종류의 생명이 곧 나타났고, 갑자기 나타났다. 아득한 이 시절부터, 전형적 단일 세포인 동물 유기체인 아메바는 이제까지 거의 달라지지 않고 내려왔다. 아메바는 생명의 진화에서 그것이 마지막이자 가장 큰 성취였을 때 한 것과 비슷하게, 오늘날도 장난을 친다. 이 미세한 생물 및 그 원생 동물 사촌들과 동물 창조의 관계는, 박테리아와 식물계(植物界)의 관계와 같다. 그들은 생명의 분화에서 초기에 진화하는 첫 걸음을 대표하였고, 게다가 후일에 발전하는 데 실패했다.

오래지 않아서 초기의 단일 세포 동물 종류는 볼복스 계획에서 처음으로, 즉시 히드라와 해파리의 줄을 따라서, 공동체 안에서 스스로 결합했다. 그 다음에 불가사리, 바다나리, 바다 성게, 해삼, 지네, 곤충, 거미, 갑각류, 그리고 가까이 관계된 집단인 지렁이와 거머리가 진화했고, 연체 동물—굴·문어·달팽이—가 곧 뒤따랐다. 수백 종이 사이에 끼었다가 멸망했는데, 오직 길고 긴 투쟁에서 살아남은 것만 여기에 언급한다. 진보하지 않는 그런 종자들은, 나중에 나타나는 물고기과와 함께, 오늘날 초기의 하등 동물의 정태적 종류, 곧 생명 나무에서 진보하는 데 실패한 가지들을 대표한다.

이처럼 등뼈가 있는 첫 동물, 곧 물고기의 등장을 위해서 무대가 준비되었다. 이 물고기과로부터 두 가지 독특한 수정이 튀어나왔는데, 개구리와 도롱뇽이다. 그리고 바로 개구리가 동물 생명에서 일련의 진보하는 분화를 비롯하였고, 마침내 사람 자신에 이르렀다.

개구리는 인류의 살아남은 조상들 가운데 가장 일찍 있던 것 가운데 하나이지만, 이것도 진보하지 못했고 아득한 그 시절과 무척 비슷하게 오늘날도 지속한다. 개구리는 지구의 표면에서 지금 살고 있는, 초기의 원시 종족들에게 유일한 종(種) 조상이다. 인류는 개구리와 에스키모인 사이에 살아남은 조상을 하나도 가지지 않았다.

개구리는 파충류를 낳았고, 파충류는 거의 절멸한 위대한 동물 과(科)였지만, 절멸하기 전에, 새과 전부, 그리고 포유 동물에서 수많은 목(目)을 낳았다.

인간이 생기기 이전의 모든 진화에서 가장 크게 한 번 비약한 것은 파충류가 새가 되었을 때 일어났다. 오늘날의 새 종류—독수리·오리·비둘기·타조—는 모두 아주 오래 전에 거대한 파충류로부터 내려왔다.

개구리과에서 내려온 파충류 세계를 오늘날 네 가지 살아남은 문(門)이 대표하는데, 곧 진보하지 않는 두 문, 곧 뱀과 도마뱀, 그리고 이들과 더불어 그 사촌, 악어와 거북이가 있다. 어느 정도 진보하는 한 문, 곧 새과가 있고, 넷째는 포유 동물의 조상이고 인간종의 직접 가계이다. 그러나 비록 떠난 지 오래 되지만, 지나가는 파충류의 큰 덩치는 코끼리와 마스토돈에서 메아리쳤고, 한편 그들의 특이한 형태는 뛰는 캉가루에서 지속되었다.

오직 14 문(門)이 유란시아에서 출현했으며, 물고기가 맨 마지막이었다. 새와 포유 동물 뒤에는 더 이상 새로운 강(綱)이 발달되지 않았다.

육식하는 버릇을 가졌지만 비교적 큰 두뇌를 가진, 민첩하고 작은 파충류 공룡으로부터 태반을 가진 포유 동물이 갑자기 솟아 나왔다. 이 포유 동물은 빨리 발전했고, 여러 면에서, 현대의 보통 변종들을 낳았을 뿐 아니라, 고래와 물개 같은 해양 종류, 그리고 박쥐과(科) 같이 공중을 나르는 자로도 진화하였다.

이처럼 사람은 고대에 동서(東西)의 아늑한 바다에서 생명을 서부에 이식한 것으로부터 주로 파생된, 고등 포유 동물로부터 진화했다. 동부 및 중앙 집단의 살아 있는 유기체들은 인간이 생기기 이전 수준의 동물 존재에 도달하는 방향으로 유리하게 일찍 진보하고 있었다. 그러나 시대가 지남에 따라서, 생명을 배치한 동쪽 초점은, 가장 높은 종류의 생식 세포질을 거듭해서 돌이킬 수 없이 잃어버려서, 인간 잠재성을 회복할 능력을 언제까지나 빼앗겼기 때문에, 그것은 만족스러운 수준으로 영리한 인간 이전 상태에 이르는 데 실패했다.

이 동부 집단에서 지성의 발전 능력의 질이 다른 두 집단의 질보다 아주 분명히 떨어졌기 때문에, 생명 운반자들은 상관들의 찬성을 얻어서, 진화하는 생명에서 열등한 이 인간 이전 혈통을 더욱 제한하도록 환경을 그렇게 조종하였다. 겉으로 드러난 모든 모습으로 볼 때, 이 열등한 집단의 생물이 제거된 것은 우연이었지만, 실제로 그것은 전적으로 의도한 것이다.

지능의 진화적 전개에서 나중에, 인간종의 리머 조상은 다른 어느 지역보다 북아메리카에서 훨씬 앞서 있었다. 따라서 그들은 서부의 생명을 이식한 무대로부터 베링 육지 다리를 건너, 해안을 따라서 남서 아시아로 옮겨 가도록 인도되었고, 거기서 그들은 줄곧 진화하고, 중앙 생명 집단의 어떤 혈통이 더해짐으로 이익을 보았다. 이처럼 사람은 어떤 서부 및 중앙의 생명 혈통으로부터, 그러나 중앙 및 근동 지역에서 진화했다.

이 방법으로 유란시아에 심은 생명은 빙하 시대까지 진화했고, 그 때 사람 자신이 처음으로 나타나서 파란 많은 혹성 생애를 시작했다. 빙하 시대에 원시인이 땅에 이처럼 나타난 것은 그냥 우연이 아니라, 계획에 따른 것이다. 빙하 시대의 모진 추위와 기후의 가혹함은 모든 면에서, 엄청난 생존 자질을 가진 튼튼한 종류의 인간의 생산을 촉진하려는 목적에 맞게 조정되었다.

3. 진화를 보살피기

초기에 진화적 진보에서 있었던 사건, 이상하고 겉보기에 괴상한 많은 사건을 오늘날의 인간 지성에게 설명하기는 좀처럼 가능하지 않을 것이다. 살아 있는 것들의 이상한 진화로 보이는 이 모든 것에 두루, 목적이 있는 계획이 작용하고 있지만, 생명 원형들이 일단 활동한 뒤에 우리는 멋대로 그 발달에 간섭하는 것이 허락되지 않는다.

생명 운반자들은 모든 가능한 자연 자원을 사용하고, 생명 실험에서 발전하는 진보를 높일 어떤 우연한 환경이라도 이용해도 좋다. 그러나 우리는 식물이나 동물 진화에서 기계적으로 간섭하거나, 또는 그 운영과 과정을 멋대로 주무르는 것이 허락되지 않는다.

유란시아 필사자들이 원시 개구리를 발전시키는 방법을 거쳐 진화했으며, 꼭 개구리 한 마리에 잠재한 이 상승하는 혈통이 어떤 기회에 멸종을 겨우 피했다는 말을 너희는 들었다. 그러나 인류의 진화가 이 길목에서 한 사고 때문에 끝나 버렸을 것이라 추측해서는 안 된다. 바로 그 순간에, 우리는 1천 개 이상의 다르고 멀리 떨어진, 돌연 변이하는 생명 혈통을 지켜보고 기르고 있었는데, 이들은 여러 가지 다른 형태로, 인간 이전의 발전으로 지향될 수 있었다. 특별한 이 조상 개구리는 우리가 세 번째로 고른 것을 대표하며, 그에 앞서 두 생명 혈통은 그들을 보존하는 방향으로 우리가 온갖 노력을 기울였는데도 망해 버렸다.

자식을 낳기 전에 안돈과 폰타가 없어진다 하더라도, 비록 인간의 진화를 늦추겠지만, 진화를 막지는 못했을 것이다. 안돈과 폰타가 나타난 다음에, 동물 생명에서 돌연 변이하는 인간 잠재성이 소모되기 전에, 일종의 인간 부류의 발전을 이룩할 수 있었던 유리한 혈통이 7천 개 이상 진화하였다. 이 상급 혈통의 다수가 확장하는 인간종의 다른 가지들에게 나중에 동화되었다.

물질 아들과 딸, 곧 생물학적 개량자들이 한 혹성에 도착하기 오래 전에, 진화하는 동물 종자의 인간 잠재성이 소모되었다. 동물 생명의 이 생물학상의 지위는 셋째 단계의 보조 영을 동원하는 현상으로 말미암아 생명 운반자들에게 드러나며, 이것은 모든 동물 생명이 인류 이전 상태에 있는 개체들의 변이 잠재성을 낳을 능력이 소모되는 것과 동시에, 자동으로 일어난다.

유란시아에서 인류는 자체의 인간 혈통을 가지고 사람의 발전 문제를 풀어야 한다—앞날의 세월을 통틀어 내내, 인간 이전의 근원으로부터 아무 종족도 더 진화하지 않을 것이다. 그러나 이 사실은 그 필사 종족들에 아직도 있는 진화 잠재성을 영리하게 육성함으로 훨씬 더 높은 수준의 인간의 발달을 성취할 가능성을 배제하지 않는다. 인간의 의지가 나타나기 전에 생명 혈통을 기르고 보존하는 방향으로 우리 생명 운반자들이 하던 일을, 그러한 사건이 있은 뒤에, 우리가 진화에 적극 참여함으로부터 물러난 뒤에, 사람은 스스로 해야 한다. 대체로 사람의 진화 운명은 자신의 손 안에 있고, 과학적 지능은 머지 않아 통제되지 않은 자연 도태와 우연한 생존이 마구잡이로 작용하는 것을 대체해야 한다.

진화의 촉진을 논의하면서, 장기적으로 앞을 내다보면, 너희가 언젠가 생명 운반자 군단에 부속될 때, 너희는 생명을 관리하고 이식하는 계획과 기법에서 제안을 내놓고 어떤 가능한 개선을 이룩할 기회가 풍부하고도 넉넉히 있으리라 지적하는 것은 잘못이 아니겠다. 참아라! 너희가 좋은 생각이 있으면, 너희 지성이 우주 영토의 어느 부분을 위해서 더 좋은 관리 방법을 풍부히 갖고 있다면, 다가올 시대에 그러한 생각을 너희 동료와 동무 행정자들에게 발표할 기회를 너희는 분명히 가질 것이다.

4. 유란시아 모험

유란시아가 생명을 실험하는 세계로서 우리에게 맡겨졌다는 사실을 간과하지 말지어다. 이 혹성에서 우리는 네바돈 생명 설계의 사타니아식 적응을 수정(修正)하고, 가능한 한 개선하려고 60번째 시도했으며, 우리가 표준 생명 형태에서 수많은 유익한 수정을 이룩했다는 것이 기록되어 있다. 자세히 말하자면, 유란시아에서 우리는 미래 전체를 통해서, 온 네바돈에 쓸모가 있을 특성, 28가지 이상으로 생명을 수정하는 특성을 고안하고 만족스럽게 시범을 보였다.

해 보지 않고 알지 못하는 어떤 것을 시도한다는 의미에서, 어떤 세계에서도 생명을 정착시키는 것은 결코 실험이 아니다. 생명의 진화는 늘 진보하고 차이가 생기고 변하지만, 결코 어쩌다가 일어나거나 방치되지 않으며, 우연이라는 의미에서 통째로 실험인 것도 아니다.

인간 생활의 여러 모습은 사람이 존재하는 현상이 머리를 써서 계획되었다는 것, 유기체의 진화는 단순히 우주의 우연(偶然)이 아니라는 풍부한 증거를 마련해 준다. 살아 있는 세포가 다칠 때, 그 세포는 어떤 화학 물질을 손질하는 능력을 가지고 있는데, 이것은 이웃의 정상 세포들에게, 그 상처에서 고치는 과정을 수월하게 만드는 어떤 물질의 분비를 즉시 시작하고, 동시에 정상이고 다치지 않은 이 세포들이 번식을 시작하도록 자극하고 활성화시키는 힘을 가지고 있다—이 세포들은 그 사고(事故) 때문에 파괴되었을지 모르는 어떤 동료 세포도 갈아치우려고 새 세포들을 만드는 일을 실제로 시작한다.

상처를 낫게 하고 세포를 번식시키는 데 관련된 이 화학 작용과 반응은 가능한 화학 반응 및 생물학적 반향에서 10만 가지가 넘는 단계와 특성을 포함하는 한 공식을 생명 운반자들이 선택했다는 것을 가리킨다. 유란시아의 생명 실험에 맞게 이 공식을 마침내 결정하기 전에, 생명 운반자들은 실험실에서 50만 번이 넘게 특정한 실험을 진행하였다.

더 많은 치유하는 이 화학 약품을 알게 될 때, 유란시아 과학자들은 상처를 치유하는 데 더 효율성이 늘고, 간접으로 어떤 심각한 병들을 통제하는 것에 관하여 더욱 알게 될 것이다.

생명이 유란시아에서 자리를 잡은 이후로, 생명 운반자들은, 이 기법이 고통을 더 줄이고 관계된 정상 세포들의 번식 능력을 더 낫게 통제한다는 뜻에서, 이 치유 기술을 개량해 왔고, 이 기술은 또 다른 사타니아 세계에 소개되었다.

유란시아의 생명 실험에는 많은 독특한 모습이 있었지만, 두 가지 뛰어난 사건은 여섯 유색 인종이 미처 진화하기 전에 안돈 종이 출현한 것과 나중에 단일 가족에서 산긱 돌연 변이가 동시에 나타난 것이다. 유란시아는 사타니아에서 처음으로, 같은 인간 가족으로부터 여섯 유색 인종이 솟아 나온 세계이다. 그들은 보통, 인간 이전의 동물 혈통 안에서 독립된 돌연 변이로부터 얻어진 다양화된 혈통으로 생기며, 보통 한 번에 하나씩, 홍인으로부터 시작해서, 여러 빛깔을 거쳐 남인(藍人)에 이르기까지, 연달아서 오랜 기간에 걸쳐서 나타난다.

또 다른 특출한 과정의 변화는 혹성 영주가 늦게 도착한 것이다. 일반적으로 영주(領主)는 의지가 발생할 무렵에 한 혹성에 나타난다. 그리고 그러한 계획을 따랐더라면, 칼리가스티아는 심지어 안돈과 폰타가 살아 있는 동안에 유란시아에 오고, 여섯 산긱 종족이 출현하는 것과 동시에 거의 50만 년 뒤에 나타나지 않았을지 모른다.

사람이 사는 보통 세계에서는, 안돈과 폰타가 나타날 때나 그 뒤에 언젠가, 생명 운반자들의 요청을 받고 나서 한 혹성 영주가 허락되었을 것이다. 그러나 유란시아는 생명을 수정하는 세계로 지정되었으니까, 사전(事前) 합의에 따라서, 나중에 혹성 영주가 도착할 때까지, 멜기세덱 관찰자 12명이 생명 운반자들에게 조언자로서, 그리고 혹성의 감독자로서 파송되었다. 생각 조절자들이 안돈과 폰타의 필사 지성에 깃들게 만든 결정을 안돈과 폰타가 내렸을 때, 이 멜기세덱들이 왔다.

유란시아에서 생명 운반자들이 사타니아의 생명 원형을 개량하려고 기울인 노력은 겉보기에 쓸모 없는 형태의 과도기 생명을 많이 생산하는 결과를 낳았다. 그러나 이미 생긴 이익은 표준 생명의 설계에서 유란시아 수정(修正)을 정당화하기에 충분하다.

유란시아의 진화하는 생명 속에 의지(意志)가 일찍 나타나도록 만드는 것이 우리의 의도였고, 우리는 성공했다. 보통은 유색 인종들이 오랫동안 존재하기까지 의지는 태어나지 않으며, 우수한 종류의 홍인 사이에서 먼저 나타난다. 너희의 세계는 사타니아에서 인간 종류의 의지가 유색 종족 이전에 나타난 유일한 혹성이다.

그러나 마침내 인류의 포유 동물 조상을 일으킨 유전 인자들의 조합과 결합을 마련하려는 노력으로, 우리는 다르고 비교적 쓸모 없는 수백·수천 가지 유전 인자(因子)의 조합과 결합이 일어나도록 버려 둘 필요성에 부닥쳤다. 우리의 노력에서 생긴 부산물, 겉보기에 이상한 이 부산물 가운데 많은 것을 너희가 혹성의 과거 속으로 파헤쳐 들어감에 따라서 너희의 눈이 뚫어지게 볼 것이 분명한데, 이들 가운데 더러는 제한된 인간의 관점에서 볼 때, 얼마나 수수께끼 같은지 나는 잘 이해할 수 있다.

5. 생명 진화의 변천

유란시아에서 지적 생명을 수정하려는 우리의 특별한 노력이 우리가 어떻게 할 수 없는 비극적 타락, 곧 칼리가스티아 배반과 아담의 과실 때문에, 무척 장애를 받았다는 것이 생명 운반자들에게는 유감(有感)의 근원이었다.

그러나 이 생물학적 모험 전체를 통해서 내내, 우리가 가장 크게 실망한 것은 어떤 원시의 식물 생명이 아주 널리, 뜻하지 않은 규모로, 잎파랑이 이전 수준의 기생(寄生) 박테리아로 돌아간 데서 생겨났다. 식물 생명의 진화에서 이 결말은 고등 포유 동물에서, 특히 좀더 취약한 인간종에서 많은 비참한 병을 일으켰다. 이 딱한 상황에 우리가 부닥쳤을 때, 우리는 그에 관계된 어려움을 얼마큼 가볍게 여겼는데, 나중에 아담 생명질의 혼합이 그 결과로 생기는 혼합된 종족의 저항 능력을 아주 강화해서 식물 종류의 유기체가 일으키는 모든 병에 실질적으로 면역이 되게 만들리라는 것을 알았기 때문이다. 그러나 우리의 희망은 아담이 과실을 저지르는 불운 때문에, 실망으로 바뀌도록 운명이 정해졌다.

유란시아라고 부르는 이 작은 세상을 포함해서, 온 우주는 다만 우리의 승인을 얻거나 그저 우리의 편리에 맞게 관리되는 것이 아니요, 우리의 변덕을 만족시키고 호기심을 채우기 위한 것은 더군다나 아니다. 우주의 관리를 책임지는 지혜롭고 전능한 존재들은 의심할 여지 없이, 그들이 무엇을 하려는지 정확히 알고 있다. 그래서 참을성 있게 기다리고, 지혜로운 통치, 권능의 군림, 진보하는 행진에 진심으로 협조하는 것이 생명 운반자들에게 어울리고 필사 지성들에게 마땅하다.

유란시아에 미가엘이 수여되었다시피, 물론 시련에는 어떤 보상이 따른다. 그러나 모든 그러한 고려 사항에 상관 없이, 나중에 온 이 혹성의 하늘 감독자들은 인류가 궁극에는 진화적 승리를 거두고, 우리의 원래 계획과 생명 원형들이 궁극에는 정당화될 것이라고 완전히 확신을 표현한다.

6. 생명의 진화 기법

움직이는 물체의 정확한 위치와 속도를 동시에 정확하게 결정하기는 불가능하다. 하나를 재려는 어떠한 시도도 다른 하나에 변화를 낳는다. 원형질의 화학적 분석을 시도할 때, 필사 인간은 똑같은 종류의 역설(逆說)에 부닥친다. 화학자는 죽은 원형질의 화학을 밝힐 수 있지만, 살아 있는 원형질의 물리적 조직이나 동태적 성과를 헤아릴 수 없다. 과학자는 언제라도 생명의 신비에 점점 더 가까이 가겠지만, 결코 그 신비를 찾아낼 수 없다. 원형질을 분석하기 위해서는 그것을 죽여야 한다는 것밖에 다른 이유가 없다. 죽은 원형질은 살아 있는 원형질과 무게가 같지만, 똑같지 않다.

살아 있는 물건과 존재들에는 원래의 적응하는 자질이 있다. 모든 살아 있는 식물이나 동물 세포에, 모든 살아 있는 유기체에는—물질이든 영적이든—환경에 대한 조정, 유기체의 적응, 그리고 확대된 생명의 달성하는 욕구, 늘 더욱 완전함에 이르려는 끝없는 욕구가 있다. 모든 살아 있는 것이 이렇게 그침 없이 노력하는 것은, 그들 안에 완전을 향한 타고난 투쟁심이 존재함을 증명한다.

식물의 진화에서 가장 중요한 걸음은 잎파랑이를 만드는 능력이 발달한 것이었고, 둘째로 큰 진보는 홀씨가 복잡한 씨앗으로 넘어가는 진화였다. 홀씨는 생식하는 주체로서 아주 효과적이지만, 홀씨에는 씨앗에 원래 있는 변화와 융통의 잠재성이 모자란다.

고등 종류 동물의 진화에서 가장 쓸모 있고 복잡한 에피소드 가운데 하나는, 순환하는 혈구 안에서 철이 산소를 수송하고 2산화탄소를 제거하는 매체로서 2중 구실을 하는 능력을 개발한 것이다. 적혈구의 이 행동은 어떻게 진화하는 유기체들이 달라지거나 바뀌는 환경에 그들의 기능을 적응할 수 있는가 보여 준다. 사람을 포함해서, 고등 동물은 적혈구(赤血球) 안에 있는 철의 행위로 말미암아 세포 조직에게 산소를 주며, 이 적혈구는 살아 있는 세포들에게 산소를 날라 주고, 똑같이 효율적으로 2산화 탄소를 제거한다. 그러나 다른 금속들도 똑같은 목적에 쓰이도록 만들 수 있다. 오징어는 이 기능에 구리를 쓰고, 멍게는 바나디움을 이용한다.

그러한 생물학상의 조정이 계속되는 것은 유란시아의 고등 포유 동물에서 이의 진화가 설명해 준다. 사람의 먼 조상에서 이는 서른 여섯에 이르렀고, 그 다음에 시조 인간과 그의 가까운 친척들에서는 서른 둘 방향으로 적응하는 재조정을 시작했다. 이제 인류는 스물 여덟을 향하여 천천히 끌려가고 있다. 진화하는 과정은 이 혹성에서 아직도 활발하게, 적응하면서 진행되고 있다.

그러나 살아 있는 유기체가 겉보기에 신비롭게 조정하는 것은 순전히 화학적이고, 온전히 물리적이다. 어느 한 순간에도, 어떤 인간의 피 흐름 속에도, 12 가지 내분비선의 호르몬 생산물 사이에 약 15,000,000 가지의 화학 반응이 일어날 가능성이 존재한다.

하등 형태의 식물 생명은 물리, 화학, 전기적 환경에 전적으로 민감하다. 그러나 생명의 눈금이 높아짐에 따라서, 일곱 보조 영이 베푸는 지성 봉사가 하나씩 작용하게 되고, 지성은 점점 더 순응하고 창조성이 늘어나며, 조정하고 지배한다. 동물이 공기·물·땅에 적응하는 능력은 초자연적 자질이 아니라, 초물리적 조정이다.

물리학과 화학만으로는 어떻게 한 인간이 초기 바다에 있는 시원의 원형질로부터 진화했는가 설명할 수 없다. 배우는 능력, 기억, 그리고 환경에 대한 차별하는 반응은 지성이 부여한 것이다. 물리학의 법칙은 훈련에 민감하지 않으며, 이 법칙들은 변할 수 없고, 변하지 않는다. 화학 반응은 교육으로 고쳐지지 않으며, 한결같고 믿을 만하다. 무제한 절대자의 계심을 제쳐 놓고, 전기 및 화학 반응은 예측될 수 있다. 그러나 지성은 체험으로부터 이익을 얻고, 자극이 되풀이되는 데 대하여 반응하는 행동의 버릇으로부터 배울 수 있다.

지성이 생기기 이전의 유기체는 환경의 자극에 반응하지만, 지성 봉사에 반응하는 유기체들은 환경 자체를 조절하고 조종할 수 있다.

한 성격자의 발달하는 지성이 어떤 타고난 영 감수(感受) 능력을 소유하고, 따라서 영적으로 진보하고 달성하는 잠재성을 가지는 것과 똑같이, 물리적인 두뇌는 그에 결합된 신경 체계와 함께, 지성이 베푸는 봉사에 반응하는 타고난 능력을 소유한다. 지적·사회적·도덕적·영적 진화는 일곱 보조 영의 지성 봉사와 그 초물리적 동료들에 의존한다.

7. 진화된 지성 수준

일곱 보조 지성 영은 한 지역 우주에서 하등의 지능 존재들에게 다능한 지성 봉사자이다. 이 계급의 지성은 지역 우주 본부로부터, 또는 그와 연결된 어떤 세계로부터 보살핌을 받지만, 체계의 서울로부터 하등 지성의 기능에 영향을 미치는 지도(指導)가 있다.

진화 세계에서는 많은 것, 허다한 것이 이 일곱 보조자가 하는 일에 달려 있다. 그러나 그들은 지성에게 봉사하는 자요, 신체의 진화에 아랑곳하지 않으며, 이것은 생명 운반자들의 분야이다. 그런데도, 이 영 자질을 생명 운반자들의 전개되는 본래 체제의 예정된 자연스런 과정과 완전히 통합하는 것은, 정신 현상에서 자연의 솜씨와 자연 과정의 해결 외에 필사자가 아무 것도 헤아릴 수 없음을 설명한다. 하지만 지성이 물질과 결합되었다시피, 지성의 자연스러운 반응과 연결된 모든 것을 설명하는 일에 너희는 때때로 얼마큼 어리둥절하게 된다. 유란시아가 최초의 계획에 더 맞게 운영된다면, 너희는 지성의 현상에서 눈길을 끌 것을 더욱 적게 관찰할 것이다.

일곱 보조 영은 통일체보다는 회로와 같으며, 보통 세계들에서 지역 우주 전역에 걸치는 다른 보조 작용과 함께 회로가 연결된다. 그러나 생명을 실험하는 혹성들에서 그들은 비교적 고립되어 있다. 그리고 유란시아에서, 여러 생명 원형의 독특한 성품 때문에, 하등 보조자들은 더 표준화된 종류의 생명 자질의 경우보다, 진화하는 유기체들과 접촉하는 데 훨씬 더 어려움을 겪었다.

게다가, 보통의 진화 세계에서 일곱 보조 영은 유란시아에서보다는 동물이 발전하는 여러 승진 단계와 더 낫게 동시화된다. 꼭 하나의 예외가 있지만, 보조자들은 네바돈 우주 전역에 걸쳐서 온갖 활동을 하면서 유란시아 유기체들의 진화하는 지성과 접촉하는 데 가장 큰 어려움을 겪었다. 이 세계에는 많은 형태의 어중간한 현상—기계적이고 가르칠 수 없는 종류, 그리고 기계적이 아니고 가르칠 수 있는 종류의 유기체 반응이 뒤섞인 조합—이 발달되었다.

일곱 지성 영은 환경에 대하여 유기체적 반응을 나타내는 순전히 기계적 서열과 접촉을 가지지 않는다. 살아 있는 유기체들의 그러한 지성 이전(以前)의 반응은 순전히 동력 중심, 물리 통제자, 그리고 그 동료들의 에너지 분야에 관계된다.

체험으로부터 배우는 능력의 잠재성을 얻는 것은 보조 영들의 활동이 시작됨을 표시하며, 그들은 인간의 진화하는 눈금에서, 원시적이고 눈에 보이지 않는 존재들의 가장 낮은 지성으로부터 가장 높은 종류에 이르기까지 활동한다. 그들은 이렇지 않으면 얼마큼 신비스러운 행위, 그리고 제대로 파악되지 않았지만, 물질 환경에 대한 지성의 빠른 반응의 근원이고 원형이다. 충실하고 언제나 믿을 수 있는 이 영향력은 동물 지성이 인간 수준의 영 감수성을 얻을 때까지, 오랫동안 그들의 예비 봉사를 해내야 한다.

보조자들은 여섯째 단계, 곧 예배하는 영 수준까지, 체험하는 지성의 진화에서 독점으로 활동한다. 이 수준에서 봉사의 불가피한 중복이 일어난다—이것은 상급 수준의 발전이 나중에 이루어질 것을 기대해서, 상위에 있는 자가 하위에 있는 자와 조정하려고 손을 뻗는 현상이다. 그 위에 더한 영 봉사가 일곱째이며 마지막 보조자인 지혜 영의 행동을 뒤따른다. 영 세계가 베푸는 봉사 전역에 걸쳐서 개인은 영이 협동하는 갑작스러운 전환기를 결코 체험하지 않으며, 반드시 이 여러 변화는 차츰차츰 생기고 서로 보완한다.

환경의 자극에 대하여 물리(전기·화학)적, 정신적으로 반응하는 분야들은 언제나 구별되어야 하며, 차례로 모두 영적 활동과 동떨어진 현상으로 인식되어야 한다. 물리적·정신적·영적 인력이 작용하는 분야들은 그것들이 밀접하게 서로 연관되었는데도, 우주 실체에서 뚜렷이 다른 영역들이다.

8. 시간과 공간에서 생기는 진화

시간과 공간은 뗄 수 없이 연결되어 있으며, 본질적 결합이 있다. 어떤 공간 조건 가운데서는 시간의 지연을 피할 수 없다.

생명을 발달시키는 진화적 변화를 일으키는 데 그렇게 많은 시간을 보내는 것이 아리송하다면, 나는 이렇게 말하고 싶다. 우리는 한 혹성의 물리적 변천이 허락하는 것보다 조금도 더 빨리 생명 과정을 펼치도록 시간을 맞출 수 없다. 우리는 한 혹성의 자연스러운 물리적 발전을 기다려야 한다. 우리는 지리학상의 진화에 대하여 절대로 아무 힘을 쓸 수 없다. 물리적 조건이 허락한다면, 우리는 1백만 년이 훨씬 못 미쳐, 생명이 진화를 완성하도록 마련할 수 있다. 그러나 우리는 모두 파라다이스의 최상 통치자들의 관할 밑에 있고, 시간은 파라다이스에 존재하지 않는다.

개인이 시간을 재는 척도는 일생(一生)의 길이이다. 이처럼 모든 생물은 시간에 제약을 받고, 따라서 진화를 시간을 끄는 과정으로 여긴다. 수명(壽命)이 잠시 존재하도록 제한받지 않는 우리에게는, 진화가 그렇게 질질 끄는 거래처럼 보이지 않는다. 파라다이스에서는 시간이 존재하지 않으며, 무한의 지성과 영원의 행위 안에서는 이것들이 모두 현재이다.

지성의 진화가 물리적 조건이 느리게 발달하는 데 의존하고 그 때문에 늦어지는 것 같이, 마찬가지로 영적 진보는 정신적 확장에 의존하고, 어김없이 지능의 지연 때문에 늦어진다. 그러나 이것은 영적 진화가 교육이나 문화나 지혜에 달려 있음을 뜻하지 않는다. 혼은 정신 문화에 상관 없이 진화할지 모르지만, 하늘에 계신 아버지의 뜻을 행하려는 정신 능력과 소망—살아남겠다는 선택과 늘 확대되는 완전을 성취하려는 결정—이 없는 가운데서 진화하지 않는다. 살아남는 것은 지식과 지혜를 소유하는 데 달려 있지 않을지 모르지만, 진보는 아주 확실히 그렇다.

우주의 진화 실험실에서 지성은 언제나 물질을 지배하며, 영은 늘 지성과 서로 연결되어 있다. 이 다양한 자질이 동시화하고 조정하는 데 실패하면, 시간의 지연을 일으킬지 모른다. 그러나 개인이 하나님을 정말로 알고, 찾고, 그처럼 되기를 바란다면, 시간의 장애와 상관 없이 살아남는 것이 보장된다. 물리적 지위는 지성을 불리하게 만들고, 비뚤어진 정신은 영적 달성을 늦출지 모르지만, 이 장애물 가운데 아무 것도 의지(意志)가 혼을 다하여 선택한 것을 물리칠 수 없다.

물리적 조건이 무르익었을 때, <u>갑자기</u> 정신의 진화가 일어날지 모른다. 지성의 지위가 순조로울 때 <u>갑자기</u> 영적 변화가 생길지 모른다. 영적 가치가 적당한 인정을 받을 때, 그 때 우주의 의미는 식별이 가능하게 되고, 점점 더 그 성격자는 시간의 장애로부터 풀려나고, 공간의 제한으로부터 구원을 받는다.

[유란시아에서 거주하는 한 네바돈 생명 운반자가 후원하였다.]

제 66 편

유란시아의 혹성 영주

보통 세계에서 한 라노난덱 아들이 오심은 의지(意志)가, 영원히 살아남는 길을 택하는 능력이, 원시인의 지성 안에서 발달했음을 의미한다. 그러나 유란시아에서 혹성 영주는 인간의 의지가 나타난 뒤에 거의 50만 년이 되어서 도착했다.

약 50만 년 전에, 여섯 유색 인종, 곧 산긱 인종들이 나타남과 동시에, 혹성 영주 칼리가스티아는 유란시아에 도착했다. 영주가 도착했을 때 땅에는 거의 5억의 원시 인간이 있었고, 그들은 유럽·아시아·아프리카에 잘 흩어져 있었다. 메소포타미아에 세워진 영주의 본부는 세계 인구의 중심 근처에 있었다.

1. 칼리가스티아 영주

칼리가스티아는 라노난덱 아들이었고, 2차 계급에서 9344번이었다. 그는 대체로 지역 우주 사무를 돌보는 데, 후일에는 특히 사타니아 지역 체계를 관리하는 데, 경험을 쌓았다.

사타니아에서 루시퍼가 군림하기 전에, 칼리가스티아는 예루셈에서 생명 운반자인 조언자들의 회의에 부속되었다. 루시퍼는 칼리가스티아를 그의 개인 참모진에서 한 지위로 진급시켰고, 연달아 다섯 번 명예롭고 신뢰를 받는 임무를 쓸 만하게 마쳤다.

칼리가스티아는 아주 일찍부터 혹성 영주로 임명받으려고 애썼지만, 그의 요청이 별자리 회의에서 인가를 받으러 올라왔을 때, 거듭해서 별자리 아버지들의 찬성을 얻지 못했다. 칼리가스티아는 십일 혹성(十一惑星), 다시 말해서 생명을 수정하는 세계에 혹성 통치자로서 특별히 파송되고 싶어한 듯하다. 마침내 유란시아로 배치받을 때까지, 그의 탄원은 여러 번 인가를 받지 못했다.

칼리가스티아는 예루셈으로부터 세상의 지배를 맡는 책임으로 떠나갔는데, 이때 그는 어떤 사소한 문제에서 기존의 질서와 의견을 달리하는 경향과 아울러 그의 특징을 나타내는 어떤 불안이 있었는데도, 그가 태어나고 머무른 우주의 복지에 충성하고 헌신한 기록, 부러움을 살 만한 기록을 가지고 있었다.

명석한 칼리가스티아가 체계의 서울을 떠났을 때 나는 예루셈에 있었다. 어느 혹성의 영주(領主)도, 50만 년 전, 그 중차대한 날에 칼리가스티아보다 더 풍부한 예비 체험이나 더 좋은 전망을 가지고 세상을 통치하는 생애를 시작하지 않았다. 한 가지는 분명하다: 내가 그 사건의 이야기를 지역 우주에 방송하는 임무를 수행하는 동안, 한 순간이라도 이 고귀한 라노난덱이 혹성을 관리하는 신성한 책임을 그렇게 빨리 저버리고, 드높은 우주 아들 계급의 좋은 이름을 그토록 끔찍하게 더럽히리라는 어떤 생각이 털끝만큼도 들지 않았다. 나는 유란시아가 그렇게 경험이 있고, 찬란하고 독창적인 지성이 세상사(世上事)를 주관하리라는 점에서, 유란시아가 온 사타니아에서 가장 운이 좋은 대여섯 혹성 가운데 있었다고 정말로 여겼다. 칼리가스티아가 모르는 사이에 자신에게 반하고 있다는 것을 그 때 나는 파악하지 못했고, 그 때 나는 성격 자부심의 미묘함을 그렇게 넉넉히 이해하지 못했다.

2. 영주의 참모진

유란시아의 혹성 영주는 그의 임무에 혼자 파송되지 않았고, 보통 보내는 조수와 행정 조수들의 일행이 그를 뒤따랐다.

이 집단의 우두머리에는 달리가스티아, 곧 혹성 영주의 부관인 조수가 있었다. 달리가스티아는 또한 2차 라노난덱 아들이었고, 그 계급에서 319,407번이었다. 그가 칼리가스티아의 동료로서 배치를 받을 때, 그의 계급은 조수였다.

혹성 참모진은 큰 무리의 천사 협조자들과 한 집단의 다른 하늘 존재들을 포함했으며, 이들은 인류의 이익을 증진하고 복지를 추진하도록 배치되었다. 그러나 너희의 관점에서 볼 때, 전체에서 가장 흥미 있는 집단은 영주 참모진의 유형(有形) 회원들이었다—그들을 때때로 칼리가스티아 1백인이라고 불렀다.

영주 참모진의 회원들, 다시 물질화된 이 100명은 유란시아 모험을 시작하기 위하여 785,000명이 넘는 자원한 하늘 가는 예루셈 시민들로부터 칼리가스티아가 뽑았다. 선택된 100명은 각자 다른 혹성에서 왔고, 아무도 유란시아 출신이 아니었다.

이 예루셈 자원자들은 체계 서울로부터 천사 수송기에 실려 유란시아로 바로 인도되었는데, 도착하고 나서 특별히 혹성에서 근무하도록 그들에게 2중 성질을 가진 성격자 형태, 즉 피와 살로 이루어져 있지만, 또한 체계의 생명 회로에 맞춰져 있는 실질 몸이 준비될 수 있을 때까지, 천사 속에 실린 채로 있었다.

이 예루셈 시민 100명이 도착하기 얼마 전에, 유란시아에 거주하며 감독하는 생명 운반자 2명은, 그들의 계획을 미리 완벽하게 세웠으므로, 안돈과 폰타의 혈통에서 선택된 생존자 100명의 생명질을 영주 참모진의 유형 회원들을 위하여 계획될 물질 몸으로 옮겨 심는 것을 허락해 달라고 예루셈과 에덴시아에 탄원하였다. 이 요청은 예루셈에서 허락을 받고 에덴시아에서 인가를 받았다.

그에 따라서, 생명 운반자들은 안돈과 폰타 후손 가운데 남자 50명과 여자 50명을 선택하였고, 이들은 독특한 그 민족에서 가장 좋은 혈통이 살아남은 것을 대표한다. 하나나 둘을 제외하고, 종족 발전에 이바지한 이 안돈 사람들은 서로 낯선 사람들이었다. 그들은 영주의 혹성 본부 문턱에서, 생각 조절자들의 지시와 천사의 안내를 조정함으로, 널리 떨어져 있는 장소에서부터 모집되었다. 여기서 인간 주체 100명은 아발론으로부터 온, 상당히 솜씨 있는 자원 위원회의 손에 맡겨졌고, 그들은 이 안돈 후손의 생명질 일부에서 물질 뽑는 것을 지도하였다. 살아 있는 이 물질은 그 때 영주 참모진의 예루셈 회원 100명이 쓰도록 지어진 물질 몸 속으로 옮겨졌다. 그 동안에, 체계 서울에 새로 도착한 시민들은 천사인 수송기에서 잠들어 있었다.

칼리가스티아 1백인을 위하여 특별한 몸을 실질적으로 창조하는 것과 함께, 이 거래(去來)는 수많은 전설을 낳았는데, 이들 가운데 많은 것은 나중에 아담과 이브가 혹성에 취임한 데 관련된 후일의 전통과 뒤범벅이 되었다.

예루셈 자원자 100명을 실은 천사 수송기들이 도착한 때부터 그 땅에서 3중의 존재인 그들이 의식을 찾기까지, 다시 성격화하는 거래 전체는 꼭 열흘이 걸렸다.

3. 달라마시아—영주의 도시

혹성 영주의 본부는 그 시절에 페르시아 만(灣) 지역, 나중에 메소포타미아에 해당하는 구역에 자리잡고 있었다.

그 시절에 메소포타미아에서 기후와 풍경은, 그 뒤에 때때로 지배했던 조건과 무척 다르게, 모든 면에서 영주 참모진과 그 조수들의 사업에 유리했다. 원시적인 유란시아 사람들이 문화와 문명에서 어떤 초기의 발전을 이룩하도록 유도하려고 설계된 자연 환경의 일부로서, 그렇게 유리한 기후를 가지는 것이 필요했다. 그 시절에 하나의 큰 과제는, 사람을 사냥꾼으로부터 목자(牧者)로 변화시키는 것이었는데, 이것은 목자가 나중에 평화를 사랑하고 집을 지키는 농부로 진화하리라는 희망 때문이었다.

유란시아에서 혹성 영주의 본부는 젊고 개발되는 구체에서 그러한 주둔지의 전형(典刑)이었다. 영주가 있는 촌락의 핵심은 매우 간단하지만 아름다운 도시였고, 높이가 12미터 되는 담으로 둘러싸여 있었다. 이 세계 문화의 중심은 달리가스티아에게 경의를 표하는 뜻에서 달라마시아라고 이름이 지어졌다.

그 도시는 10 구역으로 나누어졌고, 유형 참모진의 10개 회의(會議)의 본부 저택들이 이 구역의 중심에 자리를 잡았다. 도시에서 한가운데에는 보이지 않는 아버지를 모시는 성전이 있었다. 영주와 그 동료들의 행정 본부는 성전 자체 둘레에, 바로 집합한 열두 방에 배치되었다.

달라마시아의 건물들은 모두 단층이었고, 예외는 2층인 회의 본부와 가운데 있는 만인의 아버지의 성전이었는데, 이것은 작아도 3층이었다.

그 도시는 건축 자재 면에서 그 초기 시절의 최고 기술—벽돌—을 대표했다. 돌이나 나무는 거의 쓰이지 않았다. 둘러싼 민족들 사이에서 집 건물과 마을 건축은 달라마시아의 본보기 때문에 크게 나아졌다.

영주의 본부 가까이, 모든 색과 계층의 인간들이 거주했다. 근처에 있는 이 부족들로부터 영주 학교들의 첫 학생들이 모집되었다. 초기에 이 달라마시아의 학교들은 투박하기는 했어도, 그 원시 시대의 남녀에게 해 줄 수 있는 모든 것을 마련해 주었다.

영주의 유형 참모진은 둘러싸는 부족들 가운데서 우수한 사람들을 주위에 계속해서 모았고, 이 학생들을 훈련하고 그들에게 영감을 부어 준 다음에, 각자 민족의 선생과 지도자로서 돌려보냈다.

4. 1백인의 초기 시절

영주 참모진의 도착은 사람들에게 깊은 인상을 주었다. 그 소식이 널리 퍼지는 데에 거의 1천 년이 걸렸지만, 메소포타미아 본부 가까이 있던 부족들은 유란시아에서 새로 거주하는 1백인의 가르침과 행동에 엄청나게 영향을 받았다. 그리고 후일에 너희의 많은 신화(神話)는 이 영주 참모진의 회원들이 유란시아에서 초인간으로 다시 성격화된 이 초기 시절의 왜곡된 전설에서 생겨났다.

혹성 바깥에서 온 그런 선생들이 좋은 영향을 미치는 데에 심각한 장애물은 사람들이 그들을 신으로 여기는 경향이었다. 그러나 칼리가스티아 1백인—남자 50명과 여자 50명—이 지구에 나타난 기법을 제쳐 놓고, 초자연적 방법을 쓰거나 초인간적으로 조종하는 데 의존하지 않았다.

그렇기는 하지만 유형(有形) 참모진은 초인간이었다. 그들은 유란시아에서 특별한 3중 존재로서 사명을 시작했다:

1. 그들은 형체를 가졌고 비교적 인간이었는데, 그들이 인류에서 한 종족의 실제 생명질, 곧 유란시아의 안돈의 생명질을 구현했기 때문이다.

영주 참모진의 1백 명은 남성과 여성으로, 이전에 그들의 필사 신분에 따라서, 똑같이 나누어졌다. 이 집단에서 각 사람은 어떤 새로운 서열의 육체 존재에게, 함께 부모가 될 능력이 있었지만, 오직 어떤 조건 밑에서만 부모가 되는 데 의존하라고 조심스럽게 지시를 받았다. 혹성 영주의 유형 참모진은 특별한 혹성 근무로부터 은퇴하기 얼마 전에 후계자들을 낳는 것이 관습이었다. 보통 이것은 혹성 아담과 이브가 도착할 때나, 바로 그 뒤이다.

따라서 특별한 이 존재들은 그들이 성(性)으로 결합하여 어떤 종류의 물질 생물이 태어날지, 거의 또는 조금도 몰랐다. 그들은 결코 몰랐다. 그들이 세상의 일을 집행하면서 그런 걸음을 밟을 때가 되기 전에, 그 체제 전부가 반란으로 뒤집혔고, 나중에 부모의 노릇을 한 사람들은 그 체계의 생명의 기류(氣流)로부터 격리되었다.

피부색과 언어 면에서 칼리가스티아 참모진의 물질화된 이 회원들은 안돈 종족을 따랐다. 그들은 다음의 차이점을 빼고, 그 영역의 필사자들처럼 먹을 것을 먹었다: 다시 빚어진 이 집단의 육체는 고기가 없는 음식물로 충분히 만족되었다. 이것은 과일과 견과가 풍부한 따듯한 지역에 거주지를 결정한 고려 사항 가운데 하나였다. 고기 없는 음식물로 살아가는 관습은 칼리가스티아 1백인의 시절로 거슬러 올라간다. 왜냐하면 이 풍습이 가까이 멀리 퍼져서, 한 때 둘러싼 많은 부족, 곧 순전히 고기를 먹던 진화 종족들에서 기원을 가진 집단들의 먹는 버릇에 영향을 주었기 때문이다.

2. 1백인은 물질이지만 초인간적 존재였고, 높고 특별한 서열의 독특한 남자와 여자로서 유란시아에서 다시 지어졌다.

예루셈에서 임시 시민 자격을 누렸지만, 이 집단은 아직까지 미처 생각 조절자와 융합되지 않았다. 그들이 자원하고 나서, 내려가는 아들 계급과 연결되어 혹성에서 근무하도록 인가를 받았을 때, 그들의 조절자가 분리되었다. 그러나 이 예루셈 사람들은 초인간 존재였다—승천하면서 자라는 혼을 지녔다. 육체를 입고서 필사자로 사는 동안, 혼은 싹트는 상태에 있다. 혼은 상물질 생명에서 태어나고 (부활하고) 연속되는 상물질 세계들을 거쳐서 성장을 겪는다. 칼리가스티아 1백인의 혼은, 일곱 저택 세계에서 진보하는 체험을 통해서 예루셈의 시민 자격을 얻기까지, 이렇게 커졌다.

받은 지시에 따라서 참모진은 성교(性交)로 번식을 시작하지 않았지만, 자기들의 몸 구조를 힘들여 연구했고, 생각할 수 있는 모든 단계의 지적(지성) 결합과 상물질 (혼) 결합을 세밀하게 조사했다. 달라마시아에서 머무른 지 33년 되는 해에, 담이 완성되기 훨씬 전에, 단 집단의 2번과 7번이, 그들이 (남녀의 구별이 없고 물질이 아니라고 생각된) 상물질 자아를 연결하는 데 따르는 현상을 어쩌다가 발견했다. 이 모험의 결과는 첫 1차 중도인(中道人)인 것이 드러났다. 이 새로운 존재는 혹성의 참모진과 그 하늘 동료들에게 온전히 눈에 보이지만, 여러 인간 부족의 남녀에게는 보이지 않았다. 혹성 영주의 권한을 받아서 유형 참모진 전체가 비슷한 존재들을 낳는 일에 착수했고, 개척자인 단 쌍의 지침을 따라서 모두가 성공했다. 이처럼 영주의 참모진은 결국 50,000명으로 이루어진 최초의 1차 중도자 군단을 낳았다.

이 중간 종류의 생물은 세계 본부의 일을 수행하는 데 크게 쓸모가 있었다. 그들은 인간의 눈에 보이지 않았지만, 달라마시아에 있던 원시 체류자들은 보이지 않는 이 준영(準靈)들에 관하여 가르침을 받았고, 이것은 오랜 세월 동안 진화하는 이 필사자들에게 영 세계의 총합이었다.

3. 칼리가스티아 1백인의 몸은 불멸한다, 죽지 않는다. 그들의 물질 형태를 통해서, 체계의 생명 기류에 있는 해독하는 보충물이 순환하였다. 그들이 반란을 통해서 생명 기류와 접촉을 잃지 않았다면, 그들은 나중에 오시는 하나님의 아들이 도착할 때까지, 아니면 하보나와 파라다이스까지 가는 중단된 여행을 다시 시작하도록 언젠가 나중에 풀려날 때까지, 기한 없이 살았을 것이다.

사타니아 생명 기류에 있는 해독하는 보충물은 생명 나무의 과실로부터 얻었는데, 이것은 칼리가스티아가 도착했을 때 놀라시아덱의 최고자들이 유란시아에 보낸, 에덴시아의 떨기나무였다. 달라마시아 시절에 이 나무는 보이지 않는 아버지의 성전, 가운데 뜰에서 자랐고, 바로 이 생명 나무의 열매가 영주 참모진의 물질적 존재, 다른 면에서는 필사 존재들이, 그 나무에 접근할 수 있는 한, 무기한으로 살게 만들었다.

진화하는 종족들에게는 아무 가치가 없지만, 이 초월 영양은 칼리가스티아 1백인에게, 그리고 그들과 결합한 수정된 안돈 사람 1백 명에게, 계속된 생명을 주기에 아주 충분했다.

이러한 관계에서, 안돈 사람 1백 명이 그들의 인간 세포질을 영주 참모진 회원들에게 기여했을 때, 생명 운반자들은 그들의 필사 몸 안에 체계 회로의 보충물을 넣었다는 것을 설명해야 한다. 그들은 이처럼 몇 세기 동안, 신체의 죽음에 도전하여, 참모진과 같은 때에 계속 살도록 만들어졌다.

결국 안돈 사람 1백 명은 상관의 새로운 몸에 그들이 기여한 것을 알게 되었고, 바로 안돈 부족의 이 자손 1백 명은 영주의 유형 참모진의 개인 수행원으로서 본부에 남아 있었다.

5. 1백인의 조직

1백인은 각각 10명으로 이루어진 이 10개 자치 회의에서 근무하도록 조직되었다. 이 열 회의 가운데 둘 이상이 합동 회의에서 만날 때, 그러한 연결 집회를 달리가스티아가 주관하였다. 이 10개 집단은 다음과 같이 구성되었다:

1. 식품 및 물질 복지 회의. 앙이 이 집단을 주관하였다. 이 유능한 집단은 인류의 식품·물·옷, 그리고 물질적 진보를 보살폈다. 그들은 우물 파기, 샘물 통제, 관개를 가르쳤다. 높은 산지로부터 온 사람과 북쪽에서 온 사람들에게 옷으로 쓰도

록 가죽을 다루는 개량된 방법을 가르쳤고, 예술과 과학을 가르치는 선생들이 천 짜는 방법을 소개하였다.

먹을 것을 저장하는 방법에서 큰 진보가 있었다. 식품은 익히고, 말리고, 그을려서 보존되었고, 이처럼 식품은 가장 최초의 재산이 되었다. 사람은 굶주림의 위험에 대비하라고 가르침을 받았고, 굶주림은 주기적으로 세계에서 많은 사람을 죽였다.

2. 동물 길들이고 이용하는 위원회. 이 회의는 짐을 싣고 사람을 나르는 일에 인간을 돕고, 식품을 제공하고, 나중에는 땅을 가는 데 쓸모 있을 가장 적합한 동물을 고르고 번식시키는 과제에 전념했다. 본이 이 유능한 집단을 지도했다.

지금은 절멸되었지만, 몇 가지 종류의 유익한 동물이, 오늘날까지 길들인 동물로서 계속해 온 어떤 것들과 함께, 길들여졌다. 사람은 오랫동안 개와 함께 살았고, 청인은 코끼리를 길들이는 데 이미 성공했다. 소도 조심스러운 번식 방법에 따라서, 가치 있는 식품의 근원이 되도록 무척 개량되었다. 버터와 치즈가 사람의 식단에서 일상적인 물건이 되었다. 사람들은 짐을 나르는 데 소를 쓰도록 가르침을 받았지만, 말은 후일까지 길들여지지 않았다. 이 집단의 회원들은 끌어당기는 일을 쉽게 하려고, 처음으로 바퀴 쓰는 것을 사람들에게 가르쳤다.

이 시절에 소식을 전하는 비둘기가 처음으로 쓰였고, 소식을 보내거나 도움을 청하려는 목적으로, 긴 여행에서 사람들이 이 비둘기를 가지고 다녔다. 본 집단은 큰 판돌을 타는 새로 길들이는 데 성공했지만, 이 새들은 3만여 년 전에 절멸되었다.

3. 육식 동물 정복에 관한 조언자. 원시인이 어떤 동물을 길들이려고 애쓰는 것으로는 충분하지 않았다. 그는 또한 적대하는 동물 세계에서 나머지 동물에게 죽음을 당하지 않도록 어떻게 자신을 보호하는가 배워야 한다. 단이 이 집단을 지휘하였다.

고대 도시에서 담의 목적은 적대하는 사람들에게 기습받는 것을 막을 뿐 아니라 사나운 짐승들에 대항하여 보호하려는 것이었다. 담이 없이, 숲에서 사는 사람들은 나무 위 집, 돌 움막, 그리고 밤에 불을 유지하는 데 의존하였다. 따라서 이 선생들이 인간의 거처를 개량하는 일을 생도들에게 가르치는 데 많은 시간을 바치는 것이 아주 당연했다. 개량된 기술을 이용하고, 덫을 씀으로 동물을 정복하는 일에 큰 진보가 이루어졌다.

4. 지식 전파 및 보존 담당 교직원. 이 집단은 그 초기 시절에 있었던 순전히 교육적인 노력을 조직하고 지도했다. 팟이 이것을 주관하였다. 팟의 교육 방법은 고용을 감독하는 것이었고, 거기에 개량된 노동 방법의 교육이 뒤따랐다. 팟은 첫 알파벳을 만들고 기록하는 체계를 소개하였다. 이 알파벳은 25 글자를 포함했다. 글쓰는 재료를 위하여 이 초기의 민족들은 나무 껍질, 진흙 서판, 석판, 두드린 가죽으로 만든 일종의 가죽 종이, 벌집으로 만든 어설픈 형태의 종이 같은 물질을 이용했다. 칼리가스티아 모반이 있은 뒤에 곧 파괴된 달라마시아 도서관은 2백만이 넘는 독립된 기록으로 이루어졌고, "팟의 집"이라고 알려졌다.

청인(靑人)은 알파벳 쓰기를 몹시 좋아했고, 그러한 길을 따라서 가장 크게 진보했다. 홍인은 그림 글자를 더 좋아했으며, 한편 황인종은 오늘날 사용하는 것과 상당히 비슷하게, 낱말과 관념을 대표하는 기호(記號)를 쓰는 쪽으로 흘러갔다. 그러나 나중에 알파벳과 훨씬 많은 것이 반란에 따른 혼란기에 세상에서 사라졌다.

칼리가스티아의 배반은 한 보편적 언어를 가질 희망이, 적어도 말할 수 없이 긴 세월 동안, 사라지게 하였다.

5. 산업 및 무역 위원회. 이 회의는 부족들 안에서 산업을 촉진하는 데, 그리고 여러 평화 집단 사이에 무역을 증진하는 데 이용되었다. 그 지도자는 놋이었다. 이 집단은 온갖 형태의 원시 제조업을 권장했다. 원시인의 상상력을 끌기 위하여 많은 새로운 상품을 마련함으로 생활 수준의 향상에 직접 이바지했다. 과학과 예술 회의가 생산한 개량된 소금의 무역을 크게 늘였다.

달라마시아 학교들에서 교육받은 이 깨우친 집단들 사이에서, 처음으로 상업 신용이 실행되었다. 그들은 중앙의 신용(信用) 교환소로부터 돈표를 확보했고, 사람들이 이것을 물물 교환할 때 실제 상품을 대신하여 받았다. 세계는 이 장사 방법을 몇십만 년 동안 개선하지 못했다.

6. 계시 종교 대학. 이 단체는 활동하는 데 느렸다. 유란시아 문명은 글자 그대로 필요의 모루와 두려움의 망치 사이에서 단련되었다. 그러나 이 집단은 이탈의 격변이 있고 나서 생긴 후일의 혼란 때문에 그들의 노동이 중단되기 전에, 생물에 대한 두려움(귀신 숭배)을 창조자에 대한 경외감으로 갈아치우는 시도에 상당히 진보했다. 이 회의의 우두머리는 합이었다.

영주의 참모진 가운데 아무도 진화를 까다롭게 만들 계시를 내놓으려 하지 않았다. 진화의 힘을 소모한 절정으로서 그들은 계시를 발표했다. 그러나 합은 일종의 종교 예식을 확립하려는 도시 거주자들의 소망에 굴복하기는 했다. 그의 집단은 달라마시아 사람들에게 일곱 가지 예배하는 찬송을 마련해 주었고, 또한 그들에게 날마다 찬양하는 구절을 주었으며, 궁극에는 "아버지의 기도"를 그들에게 가르쳤는데 다음과 같다:

"만물의 아버지여, 그 아들에게 우리가 영광을 돌리오니, 은혜로 우리를 내려다 보소서. 아버지 외에, 만물을 무서워함으로부터 우리를 구원하소서. 우리의 신다운 선생들에게 우리가 기쁨이 되도록 만드시고, 언제까지나 우리 입술에 진리를 넣어 주소서. 폭력과 분노로부터 우리를 구원하시며, 우리의 장로들, 그리고 우리 이웃에 속하는 것들을 공경하는 마음을 주소서. 이 계절에 우리의 가슴을 기쁘게 할 푸른 풀밭과 새끼 많이 낳는 양 떼를 주소서. 약속된 개량자가 하루빨리 오기를 기도하오며, 저 세상에서 다른 사람들이 하는 것 같이, 우리도 아버지의 뜻을 이 세상에서 실행하고자 하나이다."

영주의 참모진은 종족을 개량하는 자연스런 수단과 평범한 방법에 제한을 받기는 했어도, 생물학상으로 발전하는 경지가 도달되고 나서, 그 뒤에 진화로 성장하는 목표로서 새 종족인 아담의 선물을 받으리라고 약속하였다.

7. 건강과 생명의 수호자. 이 회의는 위생(衛生)을 소개하고 원시적 보건을 증진하는 데 관심을 가졌고, 룻이 지휘하였다.

그 회원들은 나중 시대에 혼란한 와중에 잊혀지고 20세기까지 결코 다시 발견되지 않은 많은 것을 가르쳤다. 인류에게 익히고, 끓이고, 굽는 것이 병을 피하는 수단이며, 또한 그렇게 익히는 것이 유아(幼兒)의 사망률을 크게 줄이고, 일찍 젖떼기를 쉽게 만든다는 것도 가르쳤다.

룻의 건강 수호자들이 초기에 가르친 가운데 많은 것이, 비록 상당히 왜곡되고 크게 바뀌었지만, 땅의 부족들 사이에 모세의 시절까지 내려왔다.

이 무지한 민족들 사이에서 위생을 증진하는 길에 큰 장애물은 많은 병의 진짜 원인이 너무 작아서 맨 눈에 보이지 않는다는 사실에 있었고, 또한 그들 모두가 불을 미신처럼 여겼기 때문이다. 그들에게 쓰레기를 태우라고 설득하는 데는 수천 년이 걸렸다. 그 동안에 그들은 썩는 쓰레기를 파묻도록 재촉받았다. 이 시대에 위생에서 큰 발전은 건강을 주고 병을 없애는 햇빛의 성질에 관한 지식을 전파함으로부터 생겼다.

영주가 도착하기 전에, 목욕은 순전히 종교 예식이었다. 원시인들에게 건강의 관습으로서 몸을 씻으라고 설득하기는 정말로 힘들었다. 한 주에 한 번 정오에, 만물의 아버지께 예배드리는 일과 관련하여 실행해야 할 정화(淨化) 예식의 일부로서, 룻은 마침내 종교 선생들이 물로 몸 씻는 것을 포함하도록 유도하였다.

이 건강 수호자들은 또한 개인의 우정의 약속으로서, 침을 교환하거나 피를 마시는 것 대신에 악수를 소개하려고 애썼다. 그러나 상관인 지도자들의 가르침의 강제 압력 밑에서 풀려났을 때, 이 원시 민족들은 건강을 파괴하고 병을 퍼뜨리는 관습, 무지하고 미신을 믿는 옛 관습으로 서슴지 않고 되돌아갔다.

8. 혹성 예술 및 과학 회의. 이 무리는 초기 인간의 산업 기술을 개량하고, 아름다움에 대한 사람의 개념을 높이는 데 많이 이바지했다. 그들의 지도자는 멕이었다.

예술과 과학은 세계 전역에서 밑바닥에 있었지만, 달라마시아 사람들은 물리학과 화학의 기본을 배웠다. 도자기(陶瓷器)가 진보되고, 치장하는 예술이 모두 개량되었고, 인간의 아름다움에 대한 이상이 크게 향상되었다. 그러나 보라 종족이 도착할 때까지, 음악은 그다지 진보하지 않았다.

선생들이 거듭해서 재촉했는데도, 이 원시인들은 증기력(蒸氣力) 실험에 찬성하려고 하지 않았다. 그들은 갇혀 있는 수증기의 폭발하는 힘에 대한 큰 두려움을 결코 이겨 낼 수 없었다. 그러나 금속과 불을 가지고 작업하도록 마침내 설득되었다. 하지만 빨갛게 달아오른 금속 조각은 초기 인간에게 무서운 물건이었다.

멕은 안돈 사람들의 문화를 진보시키고, 청인(靑人)의 예술을 개선하는 데 크게 이바지했다. 청인과 안돈 혈통의 혼합은 예술적으로 재주 있는 종류를 낳았고, 그들 가운데 여럿이 조각(彫刻)의 대가가 되었다. 그들은 돌이나 대리석을 가지고 일하지 않았지만, 구워서 단단해진 그들의 진흙 작품은 달라마시아의 동산을 장식했다.

가내(家內) 예술에서 큰 진보가 있었는데, 그 대부분은 길고도 어두운 반란 시대에 사라졌고, 현대에 이르기까지 결코 다시 발견되지 않았다.

9. 상급 부족 관계의 관리자. 이 집단은 인간 사회를 국가 수준으로 올리는 일을 맡은 집단이었다. 우두머리는 툿이었다.

이 지도자들은 부족들 사이에 결혼하게 만드는 데 크게 이바지했다. 그들은 충분히 숙고하고 서로 알게 될 넉넉한 기회가 있은 뒤에 구애(求愛)하고 결혼하는 것을 권장했다. 순전히 군사적인 전쟁 춤은 다듬어졌고, 가치 있는 사회적 목표에 쓰이도록 만들어졌다. 여러 가지 경쟁하는 놀이가 소개되었지만, 이 옛 사람들은 심각한 민족이었고, 유머는 이 초기 부족들을 거의 가꾸어 주지 않았다. 이 여러 관습 가운데 거의 아무 것도 나중에 혹성 반란으로 붕괴가 있은 뒤에 살아남지 않았다.

툿과 그 동료들은 평화 성질을 가진 집단 관계를 육성하고, 전쟁을 규제하고 인간답게 만들며, 부족들 사이의 관계를 조정하고, 부족 정부를 개량하려고 수고했다. 달라마시아 근방에서 상급 문화가 발달하였고, 개량된 이 사회 관계는 더 멀리 있는 부족들에게 영향을 미치는 데 무척 도움이 되었다. 그러나 남아프리카, 케이프 타운의 20세기 사회가 북쪽에 있는 왜소한 부시맨의 투박한 문화와 전혀 다르다시피, 영주의 본부에서 유행되는 문명의 형태는 다른 데서 진화하는 미개 사회와 아주 달랐다.

10. <u>부족 조정과 종족 협동의 최고 법정</u>. 반이 이 최고 회의를 지도하였는데, 이것은 인간사를 감독하는 책임을 맡은 모든 다른 아홉 특별 위원회의 상소(上訴)를 맡는 법정이었다. 이 회의는 널리 활동하는 법정이었고, 특별히 다른 집단에게 지정되지 않고 지상의 관심거리인 모든 문제를 맡았다. 이 선택된 집단은 유란시아 최고 법정의 구실을 맡도록 인가를 받기 전에, 에덴시아의 별자리 아버지의 승인을 받았다.

6. 영주의 군림

세계 문화의 정도는 그 토착 존재들의 사회적 유산(遺産)으로 측정되고, 문화가 확장하는 속도는 그 거주자들이 새롭고 진보된 아이디어를 이해하는 능력에 따라서 통째로 결정된다.

전통에 노예가 되는 것은 감상적(感傷的)으로 지난날과 오늘을 연결함으로 안정과 협동을 낳지만, 마찬가지로 창의성을 죽이고, 성격이 가진 창조 능력을 노예로 만든다. 칼리가스티아 1백인이 도착해서 그 시절의 사회 집단 안에서 개인의 창의성을 부르짖는 새 복음을 선포하기 시작했을 때, 온 세계는 전통에 묶인 관습의 막다른 골목에 다다랐다. 그러나 이 유익한 통치는 오래지 않아 중단되었고, 그래서 민족들은 결코 관습에 노예가 된 상태로부터 완전히 풀려난 적이 없으며, 풍습이 아직도 유란시아를 지나치게 지배한다.

칼리가스티아 1백인—사타니아 저택 세계의 졸업생들—은 예루셈의 예술과 문화를 잘 알았지만, 그러한 지식은 원시 인간들이 가득한 미개한 혹성에서 거의 가치가 없었다. 이 현명한 존재들은 그 시절에 원시 민족들을 <u>갑자기</u> 변화시키거나 대규모로 향상시키는 일에 착수하는 것이 좋지 않음을 알았다. 인류가 느리게 진화하는 것을 잘 알았고, 땅에서 사람이 사는 형식을 고치려는 어떤 근본적인 시도도 지혜롭게 삼갔다.

10개 혹성 위원회는 각자 그들에게 맡겨진 관심거리를 향상시키려고 <u>천천히</u>, 자연스럽게 시작했다. 그들의 계획은 둘러싼 부족들 가운데 최고 지성들을 끌어들이고 훈련시킨 뒤에, 사회를 향상시키는 밀사로서 이들을 그 민족에게 돌려보내는 것이었다.

한 민족이 특별히 요청하는 경우를 제외하고, 결코 그 민족에게 외국 담당 밀사들이 파송되지는 않았다. 특정한 부족이나 종족의 향상과 진보를 위하여 수고한 자들은 반드시 그 부족이나 종족의 토착민이었다. 1백인은 우수한 종족의 버릇이나 관습조차 다른 부족에게 부과하려고 애쓰지 않았다. 그들은 각 종족이 오래 지켜온 관습을 향상하고 진보시키려고 언제나 참을성 있게 일했다. 유란시아의 단순한 사람들은 그들의 사회 관습을 달라마시아로 가져왔지만, 새롭고 더 좋은 관행과 바꾸려는 것이 아니라, 더 높은 문화와 접촉함으로, 우수한 지성들과 관계를 가짐으로 그 관습을 향상하기 위한 것이었다. 이 과정은 더디기는 했어도 아주 효과가 있었다.

달라마시아 선생들은 생물학상의 진화에서 생기는 순전한 자연 선택에 의식하여 사회적 선택을 더하려고 애썼다. 인간 사회를 어지럽히지 않았지만, 그 사회의 정상이며 자연스런 진화를 뚜렷하게 가속하였다. 그들의 동기는 진화에 따라 진보하는 것이요, 계시에 따른 혁명이 아니었다. 인류는 가졌던 보잘것없는 종교와 도덕을 얻는 데 오랜 세월을 보냈고, 이 초인간들은 혼란을 일으키고 절망에 빠지게 함으로 인류에게서 이 보잘것없는 진보를 강탈하는 것이 좋지 않은 줄 알았다. 깨우친 우수한 존재들이 너무 가르치고 지나치게 계몽함으로 뒤떨어진 종족들을 향상하는 일에 손댈 때, 반드시 그런 혼란과 절망이 생긴다.

아프리카의 심장부에서는 자식들이 부모가 살아 있는 동안 내내, 부모의 통제와 지도 밑에 남아 있기로 되어 있는데, 그리스도교 선교사들이 거기에 가서, 이 아이들이 21살이 된 뒤에, 부모의 모든 제한에 구속되지 말아야 한다고 가르쳐 이 관습을 한 세대 안에 갈아치우려고 애쓸 때, 다만 혼란과 모든 권한의 붕괴를 가져올 뿐이다.

7. 달라마시아 생활

영주의 본부는 지극하게 아름다웠고, 비록 그 시절의 원시인들에게 두려운 마음이 들도록 설계되었지만, 아주 검소했다. 축산업의 소개를 통해서 궁극에 농업의 발전을 북돋는 것이 수입된 이 선생들의 동기였으니까, 건물들은 특별히 크지 않았다. 도시의 담 안에 있는 땅의 시설은 인구를 약 2만 명 부양하기 위하여 풀밭과 밭을 만들기에 충분했다.

중앙의 예배하는 성전(聖殿)과 감독하는 초인간 집단의 회의하는 10개 저택의 내부는 정말로 아름다운 예술 작품이었다. 거주에 쓰이는 건물들이 깔끔함과 깨끗함의 본보기였어도, 후일의 발전과 견주어서 모든 것이 무척 간단하고 아주 원시적이었다. 유란시아에 자연스럽게 속하지 않은 어떤 방법도 이 문화 본부에서 이용되지 않았다.

영주의 유형 참모진은 간단하고 모범 되는 거처들을 주관했고, 그 거처들을 세계의 사회 중심과 교육 본부에서 머무르는 학생 관찰자들에게 영감을 불러일으키고 좋은 인상을 주도록 고안된 집으로 유지하였다.

가족 생활의 분명한 질서, 그리고 비교적 안정된 위치에 있는 한 주거에서 한 가족이 함께 사는 것은 이 달라마시아 시절로 거슬러 올라가며, 주로 1백인과 그 생도들의 본보기와 가르침 때문이었다. 달라마시아의 초인간 남녀들이 인류가 손자·손녀를 사랑하고 그 후손을 위하여 계획하도록 이끌기까지, 가정은 하나의 사회 단위로서 결코 성공하지 못했다. 야만인은 자식을 사랑하지만, 문화인은 또한 손자·손녀를 사랑한다.

영주의 참모진은 아버지·어머니로서 함께 살았다. 그들 자신이 낳은 아이가 없었던 것이 참말이지만, 달라마시아의 50 모범 가정은 안돈과 산긱 종족의 우수한 가족들로부터 모은 어린아이를 5백 명이 안 되게 데리고 있은 적이 없다. 이 아이들의 다수는 고아였다. 그들에게 이 초월 부모의 단련과 훈련이 베풀어졌고, 그리고 나서 영주의 학교들에서 3년을 보낸 뒤에 (그들은 13살에서 15살까지 다녔다) 그들은 결혼할 자격이 있었고, 각자의 종족에서 필요한 부족들에게 영주의 밀사로서 임명받을 준비가 되었다.

팟은 산업 학교로서 행한 달라마시아의 교육 계획을 후원했는데, 여기서 생도들은 실습으로 배우고, 실습을 통하여 날마다 유익한 과제를 행함으로 힘들여 진출하였다. 이 교육 계획은 인격의 발달에서 생각하고 느끼는 것을 무시하지 않았지만, 손으로 하는 훈련을 첫째로 쳤다. 교육은 개별로, 또 집단으로 했다. 남자와 여자들이, 그리고 남녀가 같이 행동함으로 생도들을 가르쳤다. 이 집단 교육의 절반은 남녀 따로 행해졌고, 나머지 반은 남녀 공학이었다. 학생들은 개인으로서 손재주를 배웠고, 집단이나 학급을 이루어 사귀었다. 그들은 자기 또래의 사람들과 집단 작업을 하는 것 뿐 아니라, 더 나이 어린 집단, 더 나이 많은 집단, 그리고 어른들과 사귀도록 훈련을 받았다. 또한 가족 집단, 놀이 편, 학급과 같은 결합에도 익숙해졌다.

각자의 종족과 일하도록 메소포타미아에서 훈련받은 후일의 학생들 사이에는 홍인과 청인의 대표들과 함께, 서 인도의 산지(山地)로부터 온 안돈 사람들이 있었다. 더 나중에는 소수의 황인종도 받아들였다.

합은 원시 종족들에게 도덕률을 제시했다. 이 법전은 "아버지의 길"이라고 알려졌고, 다음 일곱 계명으로 구성되었다:

1. 만민의 아버지 외에 다른 신(神)을 두려워하거나 섬기지 말라.

2. 세상의 통치자인 아버지의 아들을 거역하지 말고, 그의 초인간 동료들에게도 불경함을 보이지 말라.

3. 사람들의 재판관 앞에 부름받았을 때 거짓말하지 말라.

4. 남자나 여자나 아이들을 죽이지 말라.

5. 이웃의 물건이나 가축을 훔치지 말라.

6. 친구의 아내를 손대지 말라.

7. 부모나 부족의 장로들에게 불손하지 말라.

이것이 거의 30만 년 동안 달라마시아의 법이었다. 그리고 이 법이 새겨진 많은 돌이 지금 메소포타미아와 페르시아의 해안에서 뚝 떨어진 바다 밑에 놓여 있다. 한 주의 각 요일에 이 계명들 가운데 하나를 명심하고, 이것을 인사에, 그리고 점심 먹을 때 감사를 드리려고 쓰는 것이 관습이 되었다.

이 시절의 시간 측정은 음력의 달이었고, 이 기간은 28일로 계산되었다. 낮과 밤을 빼고, 이것이 초기 민족들에게 알려진 유일한 시간 계산이었다. 7일로 된 한 주를 달라마시아 선생들이 소개하였고, 7이 28의 4분의 1이라는 사실에서 생겨났다. 초우주에서 7이라는 수의 중요성은 의심할 여지 없이, 영적으로 상기해 주는 무엇을 보통 시간 계산에 집어넣을 기회를 그들에게 주었다. 그러나 한 주의 기간에는 자연스런 기원이 하나도 없다.

그 도시 주위의 시골은 160킬로미터 반지름 안에서 잘 정착되었다. 도시 바로 둘레에서, 영주 학교의 졸업생 수백 명이 동물 사육에 종사했고, 그렇지 않으면 그 참모진과 수많은 인간 조수(助手)로부터 받은 지침을 수행했다. 몇몇은 농사와 원예에 종사하였다.

죄라고 생각된 것에 대한 벌로서, 인류가 농사 짓는 수고에 떠맡겨지지는 않았다. "얼굴에서 땀을 흘리며 너희는 들의 열매를 먹을지니라" 하는 것은 배반한 칼리가스티아의 지휘 밑에서 루시퍼 반란의 어리석은 짓에 사람이 가담했기 때문에 선포된 벌을 주는 선고가 아니었다. 땅을 경작하는 것은 진화 세계들에서 진보하는 문명을 세우는 데 본래부터 있다. 혹성 영주와 그 참모진이 유란시아에 도착했을 때와 칼리가스티아가 모반자 루시퍼와 운명을 같이 하기로 작정했던 그 비극의 시절 사이에, 30만 년 동안 내내, 이 명령은 그들의 모든 가르침의 핵심이었다. 흙을 가지고 일하는 것은 저주(詛呪)가 아니다. 오히려 인간의 모든 활동 가운데 가장 사람다운 것을 누리도록 그렇게 허락받은 모든 사람에게 주는 가장 고귀한 축복이다.

반란이 터졌을 때, 달라마시아는 거의 6천 명의 거주 인구를 가졌다. 이 수는 정규 학생들을 포함하지만, 늘 1천 명이 넘는 방문자와 관찰자들을 넣지 않는다. 그 아득한 시절에 이루어진 놀라운 진보에 대하여 너희는 거의 또는 전혀 상상할 수 없다. 그 시절에 인간이 얻은 거의 모든 놀라운 소득은 속임수와 선동에 가득 찬 칼리가스티아의 재난에 뒤따라 생긴, 끔찍한 혼란과 비참한 영적 어두움으로 말미암아 깨끗이 지워졌다.

8. 칼리가스티아의 불운

칼리가스티아의 오랜 생애를 돌이켜보건대, 우리는 그의 행동에서 눈길을 끌 만한 오직 한 가지 뚜렷한 모습을 발견한다. 그는 극도로 개인주의자였다. 거의 모든 항의하는 집단을 편드는 경향이 있었고, 은근한 비평을 가볍게 표현하는 자들을 보통 동정하였다. 권한 밑에서 불안해하고, 모든 형태의 감독을 얼마큼 분개하는 이 경향이 일찍 나타난 것을 우리는 탐지한다. 선임자의 조언을 조금 분개하고, 상관의 권한 밑에서 얼마큼 불안해했지만, 그런데도 시험이 다가왔을 때는 언제나 우주 통치자들에게 충성하고, 별자리 아버지들의 명령에 복종하는 것이 증명되었다. 그가 부끄럽게 유란시아를 저버릴 때까지, 아무런 진짜 잘못이 결코 그에게서 발견되지 않았다.

루시퍼와 칼리가스티아는 모두, 그들의 비판하는 경향에 관하여, 또 자만심이 미묘하게 발전하고 그에 관계되어 스스로를 중요시하는 느낌이 지나친 것에 관하여, 참을성 있는 가르침과 사랑의 경고를 받아 왔다는 것을 주목해야 한다. 그러나 도와 주려는 이 모든 시도가 근거 없는 비판으로, 개인의 자유를 부당하게 간섭하는 것으로, 곡해되어 왔다. 칼리가스티아와 루시퍼는 친절한 조언자들이 몹시 비난할 만한 동기에 따라 움직인다고 판단했고, 그런 동기가 자신의 뒤틀린 생각과 그릇 인도된 계획을 지배하기 시작했다. 자라는 자신의 이기심으로 사심(私心)없는 조언자들을 판단하였다.

칼리가스티아 영주가 도착한 때로부터, 혹성의 문명은 거의 30만 년 동안 꽤 정상의 방법으로 진보하였다. 생명을 수정하는 구체이고, 따라서 수많은 불규칙성과 진화에서 변동하는 특별한 사건들에 지배되는 것을 제쳐 놓고, 유란시아는 루시퍼 반란, 그리고 동시에 일어난 칼리가스티아 배반이 있던 시절까지, 그 혹성 경력에서 아주 흡족하게 진보하였다. 그 뒤의 모든 역사는, 나중에 아담과 이브가 그들의 혹성 사명을 마치는 데 실패한 것 뿐 아니라 이 크나큰 실수 때문에, 분명히 바뀌었다.

유란시아의 영주는 루시퍼 반란이 있을 당시에 어두움에 빠졌고, 따라서 그 혹성에서 오래 가는 혼란을 일으켰다. 그는 별자리 통치자 및 다른 우주 권한들이 나란히 행위한 것 때문에, 나중에 군주 권한을 빼앗겼다. 그는 아담이 혹성에서 머무르던 때까지, 고립된 유란시아의 불가피한 흉망을 같이 나누었고, 새로운 보라 민족—아담과 이브의 후손—의 생명력을 주입함을 통해서 필사 종족들을 개량하려는 계획이 유산(流産)되도록 만드는 데 무엇인가 기여하였다.

타락한 영주가 인간사를 뒤집어엎을 힘은 아브라함 시절에 마키벤타 멜기세덱이 사람으로 육신화함으로 엄청나게 단축되었고, 나중에 미가엘이 육신을 입고 살던 시절에, 배반한 이 영주는 마침내 유란시아에서 모든 권한을 빼앗겼다.

유란시아에서 인격을 가진 악마가 있다는 교리는, 비록 배신하고 불의한 칼리가스티아가 혹성에 있었다는 데에 얼마큼 근거가 있지만, 그런데도 그러한 "악마"가 정상 인간 지성이 자유롭고 자연스럽게 선택하지 못하도록 그 지성에 영향을 줄 수 있다는 가르침에서 볼 때, 통째로 허위이다. 미가엘이 유란시아에 수여되기 전에도, 칼리가스티아나 달리가스티아도 결코 사람들을 억압하거나 인간의 의지를 거슬러서 무엇인가 하도록 어떤 정상 인간에게도 강요할 수 없었다. 사람의 자유 의지는 도덕적인 일에 최상이다. 깃드는 생각 조절자조차 사람 자신의 의지가 택하는 것에 반대하여, 한 가지 생각을 하거나 한 가지 행위를 하도록 사람을 강제하려 하지 않는다.

이제 그 영역의 이 모반자는, 옛 부하들을 해칠 권력을 다 빼앗기고서, 유버르사의 옛적부터 늘 계신 이들이 루시퍼 반란에 참가한 모든 자들에게 최종 판결을 내리기를 기다린다.

[네바돈의 한 멜기세덱이 발표하였다.]

제 67 편

혹성의 반란

과거의 어떤 큰 시대에 관한 지식, 특히 혹성의 반란이 일어난 것과 그 결과에 관한 지식이 없이는, 유란시아에서 인간의 존재와 연결된 문제들을 이해하기가 불가능하다. 비록 이 동란은 유기체 진화의 진보를 심각하게 방해하지 않았어도, 사회의 진보와 영적 발전의 과정을 두드러지게 수정하였다. 혹성의 초물리적 역사 전체가 이 지독한 재난에 깊이 영향을 받았다.

1. 칼리가스티아의 배반

루시퍼의 조수인 사탄이 정기 검열로 방문했을 때, 30만 년 동안 칼리가스티아는 유란시아를 책임지고 있었다. 사탄이 혹성에 도착했을 때, 그의 모습은 극악한 위풍을 그린 너희의 풍자 만화를 조금도 닮지 않았다. 그는 아주 눈부신 라노난덱 아들이었고, 아직도 그렇다. "놀라지 말지니, 사탄 자신은 눈부신 빛의 생물이라."

이 검열 과정에서 사탄은 루시퍼가 그 때 제안한 "자유 선언서"를 칼리가스티아에게 알려 주었다. 지금 우리가 알다시피, 영주는 반란이 선포되고 나서 혹성을 배반하기로 찬성하였다. 충성스러운 우주 성격자들은, 신뢰를 이처럼 계획해서 저버린 것 때문에 칼리가스티아 영주를 특별히 멸시한다. "너는 너의 지도자 루시퍼와 같으니, 그의 불의(不義)를 악하게 지속하였느니라. 진리 가운데 거하지 않았은즉, 그는 스스로를 높이기 시작할 때부터 거짓을 꾸미는 자였더라" 하고 말했을 때 아들 창조자는 이런 경멸을 표현했다.

한 지역 우주의 모든 행정 사무에서, 새로 사람이 사는 세계에서 진화하는 필사자들의 복지와 안내를 책임지는 혹성 영주에게 맡겨진 것보다 더 신성하게 여기는 높은 신뢰가 없다. 그리고 온갖 형태의 악(惡) 중에서 아무 것도, 신뢰를 저버리고 자기가 신임하는 친구들에게 불충하는 것보다 성격의 지위를 더 파괴하지 않는다. 깊이 숙고한 이 죄를 저지르면서, 자기 성격을 아주 완전히 왜곡했기 때문에, 칼리가스티아의 지성은 그 뒤로 결코 다시 균형을 제대로 찾을 수 없었다.

죄를 보는 방법이 여러 가지 있다. 그러나 우주 철학의 관점에서 볼 때 죄는 알면서 우주 실체에 저항하는 성격자의 태도이다. 잘못은 실체를 오해하거나 왜곡하는 것이라 여길 수도 있다. 악은 우주 실체들을 부분적으로 실현하거나 그릇되게 적응하는 것이다. 그러나 죄는 신성한 실체에 일부러 저항하는 것—의식해서 영적 진보를 반대하기로 선택하는 것—이요, 한편 불의는 인정된 실체에 대하여 드러내놓고 집요하게 항거하는 것이요, 우주에서 미친 짓에 가까이 가도록 성격이 붕괴되는 정도를 의미한다.

잘못은 지능의 날카로움이 모자람을 가리키며, 악(惡)은 지혜의 결핍을, 죄는 지나친 영적 빈곤을 가리킨다. 하지만 불의(不義)는 성격의 통제가 사라진 것을 나타낸다.

그리고 죄를 아주 여러 번 선택하고 아주 빈번히 되풀이할 때, 그것은 버릇이 될 수 있다. 습관이 된 죄인들은 불의하게 되고, 우주와 거기 있는 모든 신다운 실체에 대항하여 마음을 다하여 모반하는 자가 쉽게 될 수 있다. 모든 형태의 죄가 용서를 받을 수 있지만, 불의에 굳어진 자가 언제라도 그릇된 행동 때문에 진지하게 슬픔을 맛보거나 죄 용서해 주는 것을 받아들일까 우리는 의심이 든다.

2. 반란이 터지다

사탄의 검열이 있은 뒤에 조금 있다가, 그리고 혹성 행정이 유란시아에서 바야흐로 큰 일을 이루려 하기 직전에, 칼리가스티아는 동료 달리가스티아와 오랫동안 연장된 회담을 가졌고, 그 뒤에 달리가스티아는 특별 회의에서 유란시아의 10개 위원회를 소집하였다. 이 집회는 칼리가스티아 영주가 자신이 유란시아의 절대 군주라고 선포하려 한다는 발표로 시작되었고, 혹성 정부가 다시 조직되고 행정 권한을 가진 직책들이 나중에 다시 분배될 때까지, 모든 행정 집단이 그 모든 기능과 권력을 수탁자인 달리가스티아의 손으로 넘겨 줌으로 물러날 것을 요구했다.

이 놀라운 요구가 발표된 뒤에, 최고 조정 회의의 의장, 반의 거창다운 호소가 뒤따랐다. 탁월한 행정자이자 유능한 이 법학자는 칼리가스티아가 제안한 과정이 혹성 반란에 가까이 가는 행위라고 낙인을 찍고, 사타니아의 체계 군주 루시퍼에게 상소(上訴)가 올라갈 수 있을 때까지, 회의에 참석한 자들에게 조금이라도 참여를 삼가라고 호소했는데, 그는 참모진 전부로부터 지지를 얻었다. 따라서, 상소가 예루셈으로 올라갔으며, 당장에 칼리가스티아가 유란시아에서 최고 군주라고 지명하며 그의 지침에 절대로, 의심하지 않고 충성할 것을 명령하는 지시가 내려왔다. 이 놀라운 소식에 대답하여, 기품 있는 반은 일곱 시간 동안, 길이 남을 연설을 했으며, 이 연설에서 달리가스티아·칼리가스티아·루시퍼가 네바돈 우주의 통치권을 멸시하는 것이라고 정식으로 고발하였다. 그리고 그는 에덴시아의 최고자들에게 지지와 확인을 받으려고 호소했다.

그 동안에 체계의 회로들이 두절되었고, 유란시아는 고립되어 버렸다. 혹성에 있는 하늘 생명 무리마다 갑자기, 아무 경고 없이 고립되고, 모든 외부의 상담과 조언으로부터 완전히 단절되었음을 발견했다.

달리가스티아는 칼리가스티아가 "유란시아의 하나님이요 만민 위에 최고"라고 선포했다. 그들 앞에 이 선포가 있자, 논쟁의 선이 뚜렷하게 그어졌다. 각 집단은 자기네끼리 물러나서 심의를 시작했고, 이 논쟁은 결국 혹성에 있던 모든 초인간 성격자의 운명을 좌우하게 되었다.

세라핌과 케루빔과 기타 하늘 존재들이 이 모진 싸움에, 길고도 죄 많은 이 투쟁을 결정하는 데 말려들었다. 유란시아가 고립될 때 거기에 어쩌다가 있던 많은 초인간 무리가 여기에 묶여 있었고, 세라핌과 그 동료들처럼, 죄와 올바름 사이에—루시퍼의 길과 눈에 보이지 않는 아버지의 뜻, 이 둘 가운데서—선택하도록 강요되었다.

7년이 넘도록 이 싸움이 이어졌다. 관련된 모든 성격자가 마지막 결정을 내릴 때까지, 에덴시아 당국은 간섭하거나 끼어 들려 하지 않았고, 그렇게 하지도 않았다. 그 때가 되기까지, 반과 충성스러운 동료들은 정당하다는 확인을 받거나, 오래 끌었던 걱정과 견딜 수 없는 불안으로부터 풀려나지도 못했다.

3. 중대한 7년

멜기세덱 회의는 사타니아의 서울, 예루셈에서 반란이 터졌음을 방송했다. 비상시 멜기세덱들이 즉시 예루셈에 파송되었고, 가브리엘은 권한을 도전받은 아들 창조자의 대표로서 행동하겠다고 자원하였다. 사타니아에서 반란이 일어난 사실이 방송됨과 함께, 그 체계는 자매 체계들로부터 고립되고 격리되었다. "하늘에서," 사타니아의 본부에서 "전쟁"이 일어났고, 그 전쟁은 지역 체계의 모든 혹성에 퍼졌다.

유란시아에서 (반을 넣어서) 1백인의 유형(有形) 참모진 가운데 40명이 반란에 가담하기를 거절했다. 참모진의 많은 인간 조수(수정된 사람 및 다른 사람들)도 미가엘과 그의 우주 정부를 용감하고 고귀하게 방어한 자들이었다. 세라핌과 케루빔 사이에서 성격자들이 끔찍하게 분실되었다. 혹성에 배치된 행정자 및 과도기 세라핌들 가운데 거의 절반이 루시퍼의 운동을 지지하여, 그들의 지도자와 달리가스티아에 합세하였다. 1차 중도인(中道人)들 가운데 40,119명이 칼리가스티아와 손을 잡았으나 이 존재들 가운데 나머지는 맡긴 책임에 충실한 채로 남아 있었다.

배반한 영주는 불충한 중도인과 기타 무리의 반란하는 성격자들을 집결시키고 그들이 그의 명령을 집행하도록 조직했고, 한편 반은 충성하는 중도자들과 다른 충실한 무리를 모으고 혹성 참모진과 버려진 다른 하늘 성격자들을 구원하기 위하여 큰 전투를 시작했다.

이 투쟁이 있던 시기에 충성파들은 달라마시아 동쪽에 몇 킬로미터 떨어져, 담이 없고 보호가 잘 되지 않은 촌락에 거주했다. 그러나 깨어 있고 항상 지키는 충성하는 중도인들이 그들의 주거를 밤낮 경계했고, 그들은 귀중한 생명 나무를 가지고 있었다.

반란이 터지자, 충성하는 케루빔과 세라핌들은 충실한 중도자 3명의 도움을 받아서 생명 나무의 관리를 맡았고, 참모진에서 충성파 40명, 그리고 그들과 관계된 수정된 필사자들이 이 에너지 식물의 열매와 잎을 먹도록 허락했다. 참모진의 이 수정된 안돈 사람 동료들은 56명 있었고, 불충한 참모진에서 안돈 수행원 16명은 주인과 함께 반란에 가담하기를 거절했다.

칼리가스티아 반란(反亂)이 있던 중대한 7년에 걸쳐서 내내, 반은 사람·중도자·천사들로 이루어진 그의 충성스러운 군대를 보살피는 일에 전적으로 헌신했다. 흔들리지 않고 우주 정부에 그렇게 충성하는 태도를 반이 유지하게 만든 그 영적 통찰력과 도덕적 확고함은 맑은 생각, 지혜로운 추론, 논리적 판단, 진지한 동기, 사심 없는 목적, 영리한 충성, 체험의 기억, 단련받은 인격, 그리고 파라다이스에 계신 아버지의 뜻을 행하는 데 그의 인격이 의심하지 않고 헌신함으로부터 생긴 산물이었다.

기다리는 이 7년은 마음을 살피고 혼을 단련하는 시간이었다. 한 우주의 사무에서 그러한 위기는 영적 선택에서 한 요인으로서 지성이 엄청난 영향력을 가진 것을 보여 준다. 교육·훈련·체험은 진화하는 모든 도덕적 생물이 내리는, 생사를 결정하는 대부분의 결정에서 요인이 된다. 그러나 깃드는 영이 결심을 좌우하는 인격의 힘과 바로 접촉하는 것이 온통 가능하며, 이것은 파라다이스에 계신 아버지의 뜻과 길에 충성스럽게 헌신하는 놀라운 행위를 연출하도록, 충분히 거룩하게 바친 생물 의지에게 능력을 준다. 이것이 바로, 반의 수정된 인간 동료, 아마돈의 체험에서 일어났다.

아마돈은 루시퍼 반란에서 뛰어난 인간 영웅이다. 안돈과 폰타의 이 남자 후손은 영주의 참모진에게 생명질(生命質)을 기여한 1백인 가운데 하나였고, 그 사건 이후로 늘, 반에게 동료이자 인간 조수로서 부속되었다. 길고도 벅찬 투쟁을 통해서 내내, 아마돈은 그의 우두머리의 편에 서기를 택했다. 7년에 걸친 투쟁 전체를 통해서, 아마돈과 충성스러운 동료들이 찬란한 칼리가스티아의 속이는 모든 가르침에 굽히지 않는 고집으로 저항하는 동안에, 진화 민족의 출신인 이 아이가 달리가스티아의 궤변에 움직이지 않고 버팀을 바라보는 것은 영감을 불러일으키는 광경이었다.

최대의 지능을 가지고 우주 사무에서 광대한 체험을 가진 칼리가스티아는 길을 잃었다—죄를 품었다. 최소의 지능을 가지고 우주 체험이 전혀 결핍된 아마돈은 우주에 봉사하는 일, 그리고 동료에게 충성하는 일에 굳게 견디었다. 반은 지적 결의와 영적 통찰력을 멋지고 효과 있게 조합한 가운데 지성과 영을 다 이용했고, 이로서 도달할 수 있는 가장 높은 서열의 성격을 실현하는 체험 수준에 도달했다. 지성과 영이 충분히 뭉치면, 초인간적 가치, 아니 상물질 실체들까지도 창조적 잠재성이 된다.

이 비극의 시절에 술렁이던 사건들을 이야기하자면 끝이 없다. 그러나 드디어 마지막 성격자가 최종 결정을 내렸고, 그 때, 그러나 그제야, 에덴시아의 최고자 한 분이 유란시아에서 권한을 몰수하려고 긴급 멜기세덱들과 함께 도착했다. 칼리가스티아가 군림한 파노라마의 기록은 예루셈에서 지워졌고, 혹성을 복귀하는 유예 시대가 막을 열었다.

4. 반란 이후에 칼리가스티아 1백인

마지막 출석을 불렀을 때, 영주 참모진의 유형 회원들은 다음과 같이 정렬한 것이 발견되었다. 반과 그의 조정하는 법정 전부가 충성한 채로 남아 있었다. 앙과 식량 회의에서 세 회원은 살아남았다. 동물 사육 위원회는 다 반란에 휩쓸렸고, 마찬가지로 동물 정복 고문들도 다 그렇게 되었다. 팟과 교육 직원에서 다섯 회원이 구제되었다. 놋과 산업 및 무역 위원회는 모두 칼리가스티아와 합세하였다. 합과 계시 종교 대학 전부가 반과 그의 고귀한 집단과 함께 충성한 채로 남았다. 룻과 건강 위원회 전부가 분실되었다. 예술 및 과학 회의는 전부 충성한 채로 남았지만, 틋과 부족 정부 위원회는 모두 길을 잃었다. 이처럼 1백인 가운데 40명은 구제되었고 나중에 예루셈으로 옮겨졌으며, 거기서 파라다이스로 가는 여행을 다시 시작했다.

혹성 참모진에서 반란에 들어간 60명은 놋을 지도자로 뽑았다. 그들은 모반하는 영주를 위해서 마음을 다하여 일했지만, 체계의 생명 회로가 주는 영양을 빼앗긴 것을 곧 발견했다. 그들은 필사 존재의 지위로 강등(降等)되었다는 사실을 깨달았다. 그들은 정말로 초인간이었지만, 동시에 물질이고 사람이었다. 그들의 수를 늘이려는 노력으로, 달리가스티아는 즉시 성적(性的) 번식에 의존하라고 명령했고,

최초의 60명과 수정된 안돈 동료 44명이 머지 않아 죽음으로 소멸될 운명을 가진 것을 잘 알았기 때문이다. 달라마시아가 멸망한 뒤에, 불충한 참모들은 북쪽과 동쪽으로 옮겨 갔다. 그들의 후손은 오랫동안 놋 사람으로, 그들이 거하던 곳은 "놋의 땅"으로 알려졌다.

반란으로 말미암아 버림받고 땅의 아들딸과 곧 짝짓는 이 비범한 초인간 남녀들의 존재는 신들이 필사자들과 짝지으려고 내려왔다는 전통의 이야기들을 쉽게 낳았다. 이처럼 신화(神話)의 성질을 가진 수많은 전설이 생겨났지만, 반란 이후 시절의 사실에 근거를 두었고, 이것은 자기 조상이 놋 사람들 및 그 후손과 이렇게 접촉한 여러 민족의 민속 이야기와 전통에서 자리를 차지했다.

영적 영양을 빼앗긴 참모진의 모반자들은 결국 자연사로 죽었다. 나중에 인류의 우상 숭배의 상당한 부분은 칼리가스티아 시절에 상당히 존경받았던 이 존재들의 기억을 지속하려는 소망에서 생겨났다.

참모진 1백 명이 유란시아에 왔을 때, 그들은 임시로 생각 조절자로부터 분리되었다. 멜기세덱 관리자들이 도착하고 나서 즉시, 충성한 성격자들은 (반을 빼고) 예루셈으로 돌아갔고, 그들을 기다리던 조절자와 다시 뭉쳤다. 우리는 참모진의 반역자 60명의 운명을 모른다. 그 조절자들은 아직도 예루셈에서 기다린다. 루시퍼 반란 전부가 마침내 판결되고 모든 참가자의 운명이 선포될 때까지, 의심할 여지 없이, 문제는 지금 상태대로 남을 것이다.

천사와 중도자와 같은 존재들은 칼리가스티아와 달리가스티아처럼 찬란하고 신뢰받는 통치자들이 잘못에 빠지는 것을 상상하기가 대단히 어렵다. 죄에 빠진 자들은—일부러 또는 계획해서 반란에 들어가지는 않았는데—신임했던 지도자들에게 속은 자기 상관들에게 잘못 끌려갔다. 마찬가지로 원시 지성을 가진 진화한 필사자들의 지지를 얻는 것은 식은 죽 먹기였다.

예루셈과 잘못 인도된 여러 혹성에서 루시퍼 반란의 희생자가 된 모든 인간 및 초인간 존재의 대다수는 어리석음을 진심으로 뉘우친 지 오래다. 그리고 옛적부터 늘 계신 이들이 사타니아 반란 사무의 판결을 아주 최근에 시작했는데, 그들이 마침내 판결을 마칠 때, 모든 그러한 진지한 회개자가 어떤 방법으로 회복되고, 어떤 단계의 우주 봉사로 회복되리라고 우리는 참으로 믿는다.

5. 반란의 직접 결과

반란의 선동이 있은 뒤에, 달라마시아와 그 근처에서 거의 50년 동안 큰 혼란이 휩쓸었다. 빈틈없이, 철저하게 온 세계를 다시 조직하는 일이 시도되었다: 문화를 증진하고 종족을 개량하는 정책으로서, 혁명이 진화를 대체하였다. 달라마시아와 그 근처에 있던 우수하고 어느 정도 훈련받은 체류자들 사이에 문화 상태에서 갑자기 진보가 일어났지만, 바깥에 있는 민족들에게 새롭고 급진적인 이 방법들을 시도했을 때, 말할 수 없는 혼란과 민족의 수라장이 당장에 일어난 결과가 되었다. 그 시절에 반 진화된 원시인들에게, 자유는 재빨리 방종(放縱)으로 풀이되었다.

반란이 있고 나서 바로 뒤에, 선동했던 참모진 전부가 반 야만인들의 떼에 대항하여 그 도시를 열심히 방어하는 데 말려들었고, 이 반 야만인들은 때 이르게 가르침받은 자유주의의 결과로 그 담을 포위했다. 아름다운 그 본부가 남쪽의 물결 밑에 가라앉기 몇 년 전에, 그릇 인도되고 잘못 가르침을 받은 달라마시아 시골 지역의 부족들은 반 야만스러운 공격을 퍼부을 때 그 찬란한 도시를 이미 휩쓸었고, 탈퇴한 참모진과 그 동료들을 북쪽으로 몰아냈다.

개인의 자유와 집단의 해방을 부르짖는 아이디어에 따라서 인간 사회를 즉시 다시 건설하려는 칼리가스티아의 계획은 재빠른 실패, 얼마큼 완벽한 실패였다는 것이 증명되었다. 사회는 급히 그 옛날의 생물학적 수준으로 가라앉았고, 앞을 향한 투쟁은 다 다시 시작되었는데, 이것은 칼리가스티아 체제가 시작될 때 있던 자리에서 그다지 앞서지 않은 데서 시작되었고, 이 동란은 혼란에 빠진 세계를 전보다 더 나쁘게 엉망진창으로 만들었다.

반란이 있은 지 162년이 지나서 해일(海溢)이 달라마시아를 휩쓸었고, 혹성의 본부는 바닷물 밑으로 가라앉았다. 찬란한 그 시대에 있던 고귀한 문화의 거의 모든 자취가 지워질 때까지, 이 땅은 다시 솟아나지 않았다.

세계의 처음 서울이 물에 삼켜졌을 때, 그 도시는 유란시아에서 가장 낮은 부류의 산긱 종족만을 거느리고 있었고, 이 반역자들은 이미 아버지의 성전을 빛과 불의 거짓 신, 녹에게 바쳐진 사당(祠堂)으로 바꾸어 버렸다.

6. 반—신념이 굳은 자

반을 따르는 자들은 인도 서부의 고지로 일찍 물러났고, 거기서 혼란에 빠진 저지(低地) 민족들의 공격을 면했다. 그 은둔처로부터, 초기 바도난 선조가 산긱 부족들이 태어난 시절 이전에 인류의 복지를 위하여 모두 영문 모르고 한때 일했던 것 같이, 그들은 세계를 회복할 계획을 세웠다.

멜기세덱 관리자들이 도착하기 전에, 반은 인간사의 행정을 각자 4명으로 된 10개 위원회의 손에 맡겼고, 이 집단들은 영주 체제의 것과 똑같았다. 거주하는 선임 생명 운반자들은 이 40인 회의를 임시 지도하는 일을 맡았고, 이것은 기다리던 7년 동안 내내 활동했다. 충성한 참모 39명이 예루셈으로 돌아갔을 때, 비슷한 아마돈 사람들의 집단이 이 책임을 맡았다.

이 <u>아마돈</u> 사람들은 아마돈이 속했던 충성한 안돈 사람들 144명의 집단에서 선택되었고, 이들은 그의 이름으로 알려지게 되었다. 이 집단은 남자 39명과 여자 105명으로 구성되었다. 이 가운데 56명은 불사(不死)의 지위를 가졌는데, 모두가 (아마돈을 제외하고) 참모진에서 충성한 회원들과 함께 옮겨졌다. 이 고귀한 무리에서 나머지는 반과 아마돈의 지휘 밑에서 필사 시절이 끝날 때까지 땅에서 계속 있었다. 그들은 생물학적 효소(酵素)였고, 이것은 번식하고, 반란 이후 시기에 길고도 어두운 시대를 통해서, 세계를 위하여 지도력을 계속 마련해 주었다.

반은 아담의 시절까지 유란시아에 남아 있었고, 혹성에서 활동하는 모든 초인간 성격자에게 이름 뿐인 우두머리가 되었다. 반과 아마돈은 15만 년이 넘도록, 멜기세덱들이 베푸는 특화된 생명 봉사와 함께, 생명 나무의 기법으로 부양되었다.

유란시아의 사무는 선임 별자리 통치자, 곧 놀라시아덱의 최고 아버지의 명령에 따라 확인을 받고서, 혹성 관리자였던 12명의 멜기세덱 회의가 그 사무를 오랫동안 관리했다. 한 자문 회의가 멜기세덱 관리자들과 관련되었고 이렇게 구성되었다:

타락한 영주의 충성스러운 조수들 가운데 1명, 거주하는 생명 운반자 2명, 견습 훈련을 받는 삼위 일체를 체험한 아들 1명, 자원하는 아들 교육자 1명, 아발론의 찬란한 저녁별 1명 (정기적으로), 세라핌과 케루빔의 우두머리들, 두 이웃 혹성으로부터 온 고문들, 하위 천사 생명의 총독, 중도인들의 사령관 반. 이렇게 유란시아는 아담이 도착할 때까지 통치되고 관리되었다. 용감하고 충성한 반이, 유란시아의 사무를 그렇게 오랫동안 관리한 혹성 관리자 회의에서 한 자리에 배치된 것은 이상한 일이 아니다.

유란시아의 멜기세덱 관리자 12명은 영웅다운 일을 해냈다. 그들은 문명의 잔재를 보존했으며, 반은 그들의 혹성 정책을 충실하게 집행했다. 반란이 있은 뒤 1천년 안에, 그는 세계에서 널리 흩어진, 350개가 넘는 상급 집단을 가지고 있었다. 이 문명의 전진 기지(基地)들은, 산긱 종족들, 특히 청인과 놋 사람으로 조금 섞인, 충성스러운 안돈 사람들로 대체로 구성되었다.

반란으로 끔찍한 좌절이 있었는데도, 땅에는 생물학적으로 장래가 보이는 좋은 핏줄이 많이 있었다. 멜기세덱 관리자들의 감독 밑에서, 반과 아마돈은 인류의 자연스러운 진화를 돌보는 작업을 계속했고, 그것이 궁극에 유란시아로 물질 아들과 딸의 파견을 정당화할 만한 최고의 달성에 이를 때까지, 사람의 신체적 진화를 진척시켰다.

반과 아마돈은 아담과 이브가 도착하고 나서 얼마 안 되기까지 땅에서 남아 있었다. 그 뒤에 몇 년이 지나서 예루셈으로 옮겨졌고, 거기서 반은 그를 기다리던 조절자와 다시 합쳤다. 파라다이스의 완전함, 그리고 모이고 있는 필사 최후 군단의 밝혀지지 않은 운명에 이르는 멀고 먼 길에서, 앞으로 가라는 명령을 기다리면서 반은 지금 유란시아의 이익을 위하여 봉사한다.

루시퍼가 유란시아에서 칼리가스티아를 지지한 뒤에, 반이 에덴시아의 최고자들에게 상소했을 때, 별자리 아버지들은 반이 주장하는 모든 쟁점에서 그를 지지하여 즉시 내린 결정을 보냈다는 것을 기록해야 한다. 이 판결은 그에게 미치지 못했는데, 그 통신문이 이동 중에 있을 때 혹성의 통신 회로가 두절되었기 때문이다. 겨우 최근에 와서야 이 실제 판결이 중계하는 에너지 송신자의 소유물 속에 던져져 있다는 것이 발견되었고, 거기서 그것은 유란시아가 고립된 이후로 죽, 버려진 채로 있었다. 유란시아 중도자들이 조사한 결과로 얻은 이 발견이 없이는, 이 결정의 발표는 유란시아가 별자리 회로에 회복되기까지 기다려야 했을 것이다. 혹성간 통신에서 생긴 이 명백한 사고(事故)는 에너지 송신자들이 정보를 받고 보낼 수 있지만, 통신을 시작할 수 없기 때문에 생길 수 있었다.

사타니아의 법적 기록에서 반의 엄밀한 지위는 에덴시아 아버지들의 이 판결이 예루셈에서 기록될 때까지, 실제로, 최종으로 해결되지 않았다.

7. 죄의 먼 영향

생물이 빛을 일부러, 끈질기게 물리치는 성격에게 주는 (구심적) 결과는 불가피하고 개인에게 생기며, 오로지 신과 그 성격 생물에게만 관심거리이다. 그러나 혼을 망치는 불의(不義)의 수확은 그 불의한 의지 생물이 마음 속에서 거두는 것이다.

그러나 죄가 외부에 일으키는 반향은 그렇지 않다: 마음 속에 품은 죄의 비성격(원심적) 결과는 불가피하고 집단에게 생기며, 감정의 테두리 안에서 활동하는 생물 모두에게 관심거리이다.

혹성 행정이 무너진 뒤에 5만 년쯤 되어서, 지구의 사무는 아주 분열되고 지연되었고, 그래서 35만 년 이전에 칼리가스티아가 도착했을 때 존재했던, 일반적인 진화 상태보다 조금도 나아지지 않았다. 어떤 면에서는 진보가 있었지만, 다른 방향에서 많은 기초가 사라져 버렸다.

죄의 효과는 결코 지역에 국한되지 않는다. 우주의 행정 구역들은 유기체이며, 모두가 한 성격자의 곤경을 어느 정도까지 짊어져야 한다. 죄가 현실에 대한 그 성격자의 태도이니까, 우주 가치의 어떤 관련된 수준에서도 본래부터 가진 그 소극주의(消極主義)의 수확을 드러내도록 정해져 있다. 그러나 잘못된 생각, 악행, 또는 죄 많은 계획이 낳는 총 결과는 오직 실제로 행하는 수준에서 겪는 것이다. 우주 법칙을 어기는 것은 지성을 깊이 말려들게 하거나 영적 체험을 해치지 않고도, 물리적 영역에서 치명적일 수도 있다. 죄가 오직 존재 전체의 태도일 때, 죄가 지성이 선택하고 혼이 의도하는 것을 대표할 때, 죄는 성격이 살아남는 데 치명적인 결과를 가득히 담고 있다.

악과 죄는 그 결과를 물질 및 사회의 영역에서 쏟아 부으며, 때로는 어떤 수준의 우주 실체에서 영적 진보를 늦추기까지 할 수도 있다. 그러나 어떤 존재가 지은 죄도 결코 다른 존재로부터 성격이 살아남는, 신이 준 권한의 실현을 빼앗지는 않는다. 영원히 살아남는 것은 오직 지성이 내리는 결정과 개인 자신의 혼이 선택하는 것에 따라서 위태롭게 될 수 있다.

유란시아에서 죄는 생물학상의 진화를 늦추도록 기여한 것이 거의 없지만, 아담의 유산으로부터 생기는 충분한 이익을 필사 종족들로부터 빼앗도록 작용했다. 죄는 지적 발전, 도덕적 성장, 사회의 진보, 대규모의 영적 달성을 엄청나게 늦춘다. 그러나 죄는 하나님을 알고 그의 신성한 뜻을 진심으로 행하기를 바라는 어떤 개인의 가장 높은 영적 달성을 막지 못한다.

칼리가스티아는 반역했고 아담과 이브는 실수했지만, 유란시아에서 그 뒤에 태어난 어떤 필사자도 이러한 실수 때문에 개인의 영적 체험에서 고통을 받지는 않았다. 칼리가스티아의 반란이 있은 뒤에 유란시아에서 태어난 모든 사람이 어떤 방법으로 시간적으로 벌을 받았다. 그러나 그러한 혼들의 미래 복지는 결코 조금이라도 영원 속에 위태롭게 되지 않았다. 아무 성격자도 남의 죄 때문에 생사(生死)에 관하여 영적 결핍을 겪지는 않는다. 죄의 반향은 행정·지성·사회 분야에서 널리 미치는데도, 도덕적 죄책감이나 영적 결과에서는 온통 개인에게 생긴다.

그러한 대재난이 생기도록 버려 두는 지혜를 우리는 헤아릴 수 없으나, 지역 소동이 우주에 널리 반영되는 바와 같이, 그 소동이 유익하게 해결되는 것을 우리는 반드시 헤아릴 수 있다.

8. 반란 중의 인간 영웅

사타니아의 여러 세계에서 많은 용감한 사람이 루시퍼 반란에 저항하였다. 그러나 구원자별의 기록은 아마돈이 선동의 홍수 물결을 영화롭게도 거절하고, 반에게 흔들리지 않고 헌신했다는 점에서, 아마돈을 체계 전체에서 뛰어난 인물로 묘사한다—보이지 않는 아버지와 미가엘 아들의 통치권에 충성하는 가운데 그들은 함께 흔들리지 않고 버티었다.

이 중대한 거래가 있을 때 나는 에덴시아에서 주둔하고 있었는데, 나는 구원자별의 방송을 샅샅이 읽으면서 맛보았던 흥분을 아직도 의식하고 있다. 안돈 종족에서 실험 중인 최초의 혈통으로부터 솟아 나온, 옛날의 이 반(半)야만인이 보인 믿을 수 없는 확고한 정신, 초월적 헌신, 아름다운 충성심을 그 방송이 날마다 알려주었다.

에덴시아로부터 구원자별을 거쳐, 유버르사에도, 긴 7년 동안 사타니아 반란에 관해서 하위의 모든 하늘 생명이 항상, 언제나 던진 첫 질문은 이와 같았다: "유란시아의 아마돈이 무엇을 가졌기에, 아직도 꼼짝하지 않고 버티는가?"

루시퍼 반란이 지역 체계와 그에 딸린 타락한 세계들에게 지장을 주었고, 이 아들과 그릇 인도된 동료들의 손실이 놀라시아덱 별자리의 진보를 일시 방해했다면, 이 자연의 아들, 그리고 굳세게 각오한 전우(戰友) 143명 집단의 행위, 영감을 불러일으키는 행위에 관하여 널리 퍼진 발표가 낳은 효과의 무게를 잴지어다. 아마돈의 불충한 상관들이 가한 그렇게 엄청나고 불리한 압력에 부딪쳐서, 그들은 더 높은 우주 관리 및 행정 개념을 지지하여 꿋꿋하게 버티었다. 너희는 안심할지니, 이것은 네바돈 우주와 오르본톤 초우주에서, 루시퍼 반란의 모든 악과 슬픔의 총합이 언젠가 능가할 수 있는 것보다 이미 더 좋은 일을 했다.

그리고 이 모두가, 파라다이스에서 필사 최후 군단을 동원하고, 승천으로 진보를 거치는 필사자—정복할 수 없는 아마돈과 같은 바로 그러한 필사자—들을 대체로 구성하는 보통 진흙으로부터, 이 광대한 집단의 하인, 신비스러운 앞날의 하인들을 모집하려는 아버지의 우주 계획이 슬기로움을 아름답게 감동적으로, 더할 나위 없이 훌륭하게 비춰 준다.

[네바돈의 한 멜기세덱이 발표했다.]

제 68 편

문명의 새벽

이 글은 인류의 길고 긴, 전진하는 투쟁 이야기의 시작이며, 이것은 동물의 존재보다 거의 낫지 않은 지위로부터, 중간의 시대들을 거쳐, 어설프기는 하지만 진정한 문명이 인류의 고등 민족들 사이에서 진화한 후기 시절까지 이르는 투쟁을 그린다.

문명은 종족이 획득하는 것이요, 생물학적으로 타고난 것이 아니다. 따라서 아이들을 모두 문화가 있는 환경에서 길러야 하며, 한편 이어지는 각 세대의 젊은이는 그 교육을 새로 받아야 한다. 문명의 우수한—과학·철학·종교적—품질은 한 세대가 다른 세대에게 직접 물려줌으로 전달되지 않는다. 이 문화적 성취는 오로지 사회적 유산(遺産)을 현명하게 보호함으로 보존된다.

협동하는 체제의 사회적 진화는 달라마시아 선생들로 말미암아 개시되었고, 30만 년 동안 인류는 집단으로 활동하는 관념 속에서 양육되었다. 청인은 가장 많이, 홍인은 어느 정도, 흑인은 가장 적게, 이 초기의 사회 교육으로부터 이익을 보았다. 근래에는 황인종과 백인종이 유란시아에서 가장 진보된 사회 발전을 보였다.

1. 보호하는 사회화

가까이 모였을 때 사람은 흔히 서로 좋아하기를 배우지만, 원시인은 형제답게 느끼는 정신, 그리고 동료들과 사회적으로 접촉하려는 소망이 자연스럽게 넘쳐흐르지 않았다. 오히려 이 초기 종족들은 슬픈 체험을 겪음으로 "뭉치는 가운데 힘이 있다"는 것을 배웠다. 유란시아에서 사람의 형제 정신을 즉시 실현하는 데 지금 방해가 되는 것은 바로 이 자연스러운 형제다운 인력(引力)의 결핍이다.

유대 관계는 일찍부터, 살아남기 위해 치르는 값이 되었다. 혼자 있는 사람은, 그가 어떤 공격을 받더라도 분명히 복수해 줄 어떤 집단에 그가 속한다고 증명하는 부족 표시를 지니지 않으면, 무력했다. 카인의 시절에도 집단 관계를 가리키는 어떤 표시가 없이 혼자서 바깥에 돌아다니는 것은 목숨에 위태로웠다. 문명은 비명(非命)에 죽는 것에 대하여 사람에게 보험이 되었고, 한편 사회의 수많은 법적 요구에 순응함으로 그 보험료가 지불되었다.

원시 사회는 이처럼 필요를 서로 교환하고 결합으로 안정을 증진시키는 데 기초를 두었다. 이렇게 고립을 두려워한 결과로서, 또 마지못해 협동하는 수단으로 말미암아, 인간 사회는 오랜 세월의 주기를 거쳐 진화해 왔다.

원시 인간들은 일찍부터 집단은 그 개별 단위의 단순 합계보다 훨씬 크고 강력하다는 것을 배웠다. 사람 1백 명이 뭉쳐서 한 마음으로 일하면 큰 돌을 움직일 수 있다. 잘 훈련된 평화 수호자 스무 명은 성난 폭도를 제지할 수 있다. 그래서 단지 숫자를 모아서가 아니라, 오히려 영리하게 협동하는 자들을 조직한 결과로서 사회가 태어났다. 그러나 협동은 사람의 자연스러운 특성이 아니다. 처음에는 두려움을 통해서, 그리고 나서 나중에는 세월 속의 어려움에 대처하는 데, 그리고 영원한 위험이라고 생각되는 것에 대비하여 지키는 데, 협동이 가장 이익이기 때문에 사람은 협동하기를 배운다.

이처럼 자신들을 일찍부터 원시(原始) 사회로 조직하는 민족들은 자기 동료들에 대한 방어 뿐 아니라, 자연을 공격하는 데 더 성공하게 되었다. 그들이 살아남을 확률이 더 컸다. 따라서 방해 요인이 많았는데도, 문명은 유란시아에서 꾸준히 진보했다. 사람이 저지른 많은 실수가 지금까지 인간의 문명을 정지하거나 파괴하지 못한 것은, 오로지 뭉칠 때 살아남는 가치가 향상되기 때문이다.

현대의 문화 사회가 오히려 최근의 현상이라는 것은, 오스트랄리아 원주민과 아프리카의 부시맨 및 피그미들의 특징을 나타내는 그러한 원시적 사회 조건이 오늘날 남아 있는 데서 잘 드러난다. 뒤떨어진 이 민족들 사이에서, 초기의 집단 적개심, 개인적 의심, 기타 상당히 반사회적 특성과 비슷한 것이 관찰될 터인데, 이것들은 모든 원시 종족의 특징을 잘 나타낸다. 고대에 반사회적이었던 민족들의 이 불쌍한 잔재는, 사람의 자연스런 개인주의 경향이 사회적으로 진보하는 더 효력 있고 강력한 조직 및 결합과 경쟁해서 성공할 수 없다는 사실을 웅변으로 말해 주는 증언이다. 70이나 80킬로미터마다 다른 사투리를 쓰며, 뒤떨어지고 의심이 많은 이 반사회적 종족들은, 혹성 영주의 유형(有形) 참모진의 통합된 가르침, 그리고 아담 집단의 종족 개량자들이 나중에 기울인 노력이 없었다면, 너희가 지금 혹시 어떤 세계에 살고 있을까 하는 것을 보여 준다.

"자연으로 돌아가라"는 현대의 표현은 무지한 망상이요, 한때 허구였던 "황금 시대"가 현실이라고 믿는 것이다. 황금 시대의 전설에 관한 유일한 근거는 달라마시아와 에덴의 역사적 사실이다. 그러나 이 개량된 사회들은 유토피아 같은 꿈을 실현하는 것과 거리가 멀었다.

2. 사회 진보의 요인

문명화된 사회는 고립을 싫어함을 극복하려고 사람이 초기에 노력한 결과이다. 그러나 이것은 서로 애정이 있다는 것을 반드시 뜻하지는 않으며, 어떤 원시 집단들의 시끄러운 현 상태가 초기의 부족들이 무엇을 겪어 왔는가 잘 설명해 준다. 그러나 비록 한 문명을 가진 개인들이 서로 부딪치고, 서로에 대항하여 싸운다고 해도, 문명 자체가 애쓰고 투쟁하는 모순된 덩어리처럼 보인다고 해도, 문명은 정체(停滯) 상태의 지겨운 단조로움이 아니라, 열심히 애쓰는 노력이 있음을 증거한다.

지능의 수준은 문화가 진보하는 속도에 상당히 기여하지만, 사회는 기본적으로 개인의 생활 형태에서 위험 요인을 줄이도록 설계되어 있고, 생활 속에서 고통을 줄이고 쾌락 요소를 늘이는 데 성공한 것만큼, 빨리 사회가 진보해 왔다. 이처럼 전체 사회 단체는 운명의 목표를 향하여—절멸하든 살아남든—그 목표가 자아의 유지인가 자아의 충족인가에 따라서, 천천히 나아간다. 자아 유지는 사회를 생기게 하며, 한편 지나친 자아 충족은 문명을 파괴한다.

사회는 자아의 영속(永續), 자아의 유지, 자아의 충족에 관심을 가지지만, 인간의 자아 실현은 많은 문화 집단이 즉시 이룰 목표가 될 가치가 있다.

자연인(自然人)에 있는 군집 본능은 유란시아에서 지금 존재하는 것과 같은 사회 조직의 발전을 설명하기에 도저히 충분하지 않다. 타고난 이 군생(群生) 성향은 인간 사회의 밑바닥에 깔려 있지만, 사람의 사회성의 상당한 부분은 얻은 것이다. 인간들이 초기에 교제하도록 이바지한 두 가지 큰 영향은 배고픔과 성욕(性慾)이었다. 이 두 본능을 사람은 동물 세계와 나누어 가진다. 인간들을 한데로 몰고 붙들어 둔 다른 두 가지 감정은 허영(虛榮)과 두려움, 특히 귀신에 대한 두려움이었다.

역사(歷史)는 사람이 오랜 세월에 걸쳐 먹을 것을 위하여 투쟁한 기록일 뿐이다. 원시인은 배고플 때에만 겨우 생각했다. 식량을 저장하는 것은 처음으로 원시인에게 자아 부인(否認), 자아의 단련이었다. 사회가 성장하자, 배고픔은 서로 교제하는 데 유일한 동기가 되지 못했다. 수많은 다른 종류의 욕구, 여러 가지 필요를 충족시키는 것은 모두 인류가 더욱 가깝게 교제하도록 이끌었다. 그러나 오늘날의 사회는 인간의 필요라고 생각되는 것들이 지나치게 성장해서, 꼭대기가 무겁다. 20세기의 서양 문명은 사치의 엄청난 부담과 인간의 욕구 및 열망의 터무니없는 증가에 깔려, 지쳐서 끙끙거린다. 현대 사회는 널리 서로 관계되고 상당히 복잡하게 서로 의존하는, 가장 위험한 한 단계의 긴장을 견디고 있다.

배고픔, 허영, 귀신에 대한 두려움은 줄곧 사회에 압력을 주었지만, 성욕의 만족은 일시적이고 돌발하는 것이었다. 성욕만으로 원시인 남녀들에게 가정을 유지하는 무거운 짐을 지도록 강요하지는 않았다. 초기의 가정은, 자주 만족시키지 않을 때 남자가 느끼는 성욕의 불만, 그리고 여자의 헌신하는 모성애에 기초를 두었으며, 여자는 이 모성애를 모든 고등 동물의 암컷들과 함께 나누어 가진다. 무력한 아기의 존재는 남자와 여자의 활동이 초기에 구별되는 것을 결정했다. 여자는 안정된 거주를 유지해야 했고, 거기서 여자는 흙을 일굴 수 있었다. 그리고 아주 이른 시절부터, 여자가 있는 곳을 언제나 가정으로 여겼다.

어느덧 지나가는 성욕의 열정 때문이기보다 식량 필요의 결과로서, 이처럼 여자는 일찍부터 진화하는 사회 계획에 빠뜨릴 수 없었다. 여자는 자아의 유지에서 꼭 필요한 협동자였다. 여자는 먹을 것을 마련하는 사람이요, 짐 싣는 동물이요, 사납게 분개하지 않고 큰 혹사(酷使)를 견디는 동반자였고, 이 모든 바람직한 특성 위에, 여자는 성욕을 만족시키는 수단, 항상 옆에 있는 수단이었다.

문명 속에서 지속하는 가치를 가진 거의 모든 것이 가족에서 뿌리를 가진다. 가족은 처음으로 성공한 평화 집단이었고, 남자와 여자는 그들의 적대감을 어떻게 조절하는가를 배우면서, 동시에 아이들에게 평화의 추구를 가르쳤다.

진화에서 결혼의 기능은 겨우 개인의 행복을 실현하는 것이 아니라, 종족을 살아남게 하는 보험이었다. 자아의 보존과 자아의 영속은 가정의 진짜 목표였다. 자아의 충족은 어쩌다 일어나며, 성적 결합을 보장하는 유인(誘因)인 것을 제외하고, 꼭 필요하지는 않다. 자연은 살아남기를 요구하지만, 문명의 예술은 결혼의 기쁨과 가정 생활의 만족감을 계속 늘여 준다.

허영이 자만·포부·명예를 포함하도록 확대된다면, 어떻게 이 여러 경향이 인간의 교제를 형성하는 데 이바지하는가 뿐 아니라 또한 이것들이 어떻게 사람을 뭉치게 하는가 우리가 헤아릴까 한다. 이는 그러한 여러 감정이 앞에 뽐낼 청중이 없이는 쓸데없기 때문이다. 허영은 사람들이 내보이고 만족할 사회적 무대를 필요로 하는 다른 감정 및 충동과 머지 않아 결합되었다. 이 집단의 감정들은 모든 예술, 의식(儀式), 그리고 온갖 형태의 운동 경기 및 경쟁의 시초를 낳았다.

허영은 사회의 탄생에 크게 이바지하였다. 그러나 이 계시가 있을 때, 허영심 많은 세대의 빗나간 노력은 상당히 특화된 문명의 복잡해진 구조 전체를 늪에 빠뜨리고 가라앉히려고 위협한다. 쾌락의 요구는 배고픔의 욕구를 갈아치운 지 오래다. 자아 유지를 위한 정당한 사회 목표들은 저열하고 위협하는 형태의 자아 충족으로 재빨리 변하고 있다. 자아의 유지는 사회를 이룩하지만, 고삐가 풀린 자아 충족은 어김없이 문명을 파괴한다.

3. 귀신 공포증의 사회화 영향

원시적 욕구는 최초의 사회를 만들었지만, 귀신을 두려워하는 것은 그 사회를 단결하게 하고 그 존재에게 인간 바깥의 모습을 나누어 주었다. 공통으로 가진 두려움은 그 기원이 생리적이다: 신체의 고통을 두려워하는 마음, 채워지지 않은 배고픔, 또는 땅에서 생기는 어떤 재난이 그렇다. 그러나 귀신을 두려워하는 것은 새롭고 고상한 종류의 무서움이다.

인간 사회의 진화에서 가장 큰 단일 요소는 아마도 귀신 꿈이었다. 대부분의 꿈이 원시인의 머리를 크게 어지럽게 했지만, 귀신 꿈은 실제로 초기의 인간들을 공포로 사로잡았고, 미신을 믿고 꿈꾸는 이 사람들을 영(靈) 세계의 어렴풋하고 보이지 않는 상상(想像)의 위험에 대비하여 서로를 보호하기 위해서, 기꺼이 진지하게 결합한 가운데 서로 부둥켜안도록 만들었다. 귀신 꿈은 동물과 인간 종류의 지성 사이에서 가장 일찍 나타나는 차이 중의 하나였다. 동물은 죽은 뒤에 살아남는 것을 마음 속에 그려 볼 수 없다.

이 귀신 요인을 빼고, 모든 사회는 근본적 필요, 그리고 생물학적 기본 욕구에 기초를 두었다. 그러나 귀신을 두려워함은 문명에서 새로운 요인을 도입하였고, 이것은 개인의 근원적 필요로부터 바깥으로 멀리 뻗으며, 그 집단을 유지하는 싸움보다도 훨씬 위로 올라가는 두려움이었다. 죽은 사람의 떠나간 영을 무서워하는 것은 새롭고 놀라운 형태의 두려움을 비춰 주었고, 소름끼치게 하는 이 강력한 공포는 초기 시대의 절제 없는 사회 질서를 채찍질하여, 고대에 더 철저하게 훈련되고 잘 통제된 원시 집단으로 만드는 데 기여했다. 분별 없는 이 미신 가운데 더러는 아직까지도 내려오는데, 현실이 아니고 초자연적인 것을 미신처럼 두려워함을 통해서, "지혜의 시작이 되는, 주를 두려워하는 마음"을 나중에 발견하도록 사람의 지성을 준비시켰다. 진화에서 생긴 근거 없는 두려움은 계시로 말미암아 북돋아진 느낌, 신을 경외하는 느낌으로 바뀌도록 고안되어 있다. 귀신을 두려워하는 초기의 종교는 강력한 사회적 유대가 되었고, 그 아득한 시절 이후로 늘, 인류는 다소 영적 성향을 얻으려고 애써 왔다.

배고픔과 사랑은 사람을 한데로 몰았으며, 허영과 귀신 두려움은 사람을 단결시켰다. 그러나 평화를 조장하는 계시의 영향이 없이, 이 여러 감정만으로 인간의 상호 관계에서 생기는 의심과 짜증에서 오는 긴장을 견딜 수 없다. 초인간 근원으로부터 도움이 없이, 사회의 긴장은 어떤 한계에 이르고 나서 부서지며, 사회를 동원하는 바로 이 영향력—배고픔·사랑·허영·두려움—은 인류를 전쟁과 피 흘림으로 곤두박질하도록 협력한다.

인류의 평화 성향은 자연스러운 자질이 아니다. 그것은 계시된 종교의 가르침으로부터, 진보하는 민족들의 쌓인 체험으로부터, 그러나 특히 평화의 왕, 예수의 가르침으로부터 유래한다.

4. 도덕 관습의 진화

현대의 모든 사회 기구(機構)는 너희의 야만인 조상이 가졌던 원시 관습의 진화로부터 생겨난다. 오늘날의 관습은 지난날의 관습이 고쳐지고 확대된 것이다. 버릇과 개인의 관계는, 관습과 집단의 관계와 같다. 집단의 관습은 민속(民俗)이나 부족의 전통—군중의 관습—으로 발전한다. 이 초기의 시작으로부터 오늘날 인간 사회의 모든 사회 기구가 그 초라한 기원을 가진다.

도덕 관습은 집단의 생활을 대중이 존재하는 조건에 적응하려는 노력에서 생겨났다는 것을 염두에 두어야 한다. 도덕 관습은 사람의 처음 사회 기구였다. 그리고 이 모든 부족 반응은 고통과 치욕을 피하고, 동시에 쾌락과 권력을 누리려고 애쓰는 노력으로부터 생겼다. 민속의 기원은, 언어의 기원과 마찬가지로, 반드시 의식하지 않고 의도하지 않은 것이며, 따라서 언제나 신비 속에 가려져 있다.

귀신을 무서워하는 것은 원시인으로 하여금 초자연적인 것을 상상하도록 몰았고, 따라서 윤리와 종교의 강력한 사회적 영향력에 기초를 마련하였으며, 다음에 이것은 대대로 사회의 도덕관과 관습을 다치지 않고 보존하였다. 도덕 관습을 일찍 확립하고 구체화한 한 가지는, 사람들이 어떤 방법으로 세상을 살다가 죽었으면 그 방법에 몹시 마음을 쓰며, 그래서 그들이 육체를 입고 있을 때 존중했던 생활 규칙을 감히 가볍게 멸시하여 다루는 산 사람들에게 끔찍한 벌을 퍼부으리라는 믿음이었다. 이 모두가 황인종이 조상에게 오늘날 존경심을 품는 데서 가장 잘 나타난다. 나중에 개발되는 원시 종교는 도덕적 관습을 안정시키는 면에 귀신 두려움을 크게 강화했지만, 진보하는 문명은 인류를 두려움의 사슬과 미신에 노예가 되는 상태로부터 더욱 풀어 주었다.

달라마시아 선생들의 가르침, 사람을 해방하고 자유화하는 가르침을 받기 전에, 고대의 사람은 관습이 된 의식(儀式)에 무력한 희생자가 되었다. 원시의 야만인은 끊임없는 예식에 둘러싸였다. 아침에 깨어날 때부터 밤에 동굴에서 잠에 곯아떨어질 때까지 그가 행한 것은 모두 꼭 어떻게—그 부족의 풍습에 따라서—해야 되었다. 그는 풍습이라는 학정(虐政)에 노예가 되었다. 그의 생활은 자유롭거나, 자연히 생기거나, 독창성 있는 것은 하나도 포함하지 않았다. 더 높은 정신, 도덕, 또는 사회적 존재를 향하여 아무런 자연스런 진보가 없었다.

초기의 인간은 관습에 꽉 붙들려 있었다. 야만인은 관습에 진정한 노예가 되었다. 그러나 새로운 사고 방식과 개량된 생활 방법을 감히 시작한 변종, 형식으로부터 벗어난 변종들이 때때로 일어났다. 그런데도 원시인의 타성(惰性)은 너무 빨리 진보하는 문명에 파괴적으로 그릇 적응하는 길로 너무 갑자기 곤두박질함을 막는 생물학적 안전 장치이다.

그러나 이러한 관습은 순전한 악은 아니며, 관습의 진화는 계속되어야 한다. 근본적 혁명으로 관습을 대규모로 수정하는 일에 손대는 것은 문명을 지속하는 데 거의 치명적이다. 관습은 문명을 붙들어 놓은, 연속된 끈이었다. 인간 역사의 길은 버려진 관습과 낡아진 사회 관습의 찌꺼기로 널려 있다. 그러나 더 낫고 더 적당한 관습을 채택한 것을 제외하고, 자체의 도덕관을 버린 문명은 하나도 지탱하지 못했다.

한 사회가 살아남는 것은 주로 그 도덕관이 점진적으로 진화하는 데 달려 있다. 관습이 진화하는 과정은 실험해 보려는 욕망에서 생겨난다. 새로운 아이디어가 제시된다—경쟁이 따른다. 진보하는 문명은 진취적인 아이디어를 품에 안고 견딘다. 시간과 환경은 마침내 살아남는 데 더 적당한 집단을 고른다. 그러나 이것은 인간 사회의 구성에서 생긴, 따로 고립된 변화마다 더 나아졌다는 것을 의미하지 않는다. 아니, 정말로 아니다! 왜냐하면, 유란시아 문명이 전진하는 긴 투쟁에서, 아주 여러 번 후퇴가 있었기 때문이다.

5. 토지 기술—관리 예술

토지는 사회의 무대요, 사람들은 배우이다. 사람은 토지 환경에 맞도록 그의 연기(演技)를 늘 조절해야 한다. 이것은 헤아리기 힘든데도 참말이다. 사람의 토지 기술, 곧 관리하는 기술에 생활 수준을 보탠 것은 민속(民俗)의 총합, 곧 도덕 관습이다. 그리고 생활의 요구에 대하여 사람이 적응하는 것의 합계는 문화를 가진 문명이다.

가장 일찍 있었던 인간의 문화는 동반구의 강들을 따라서 생겨났고, 거기서 앞을 향한 문명의 행진에서 네 가지 큰 단계가 있었는데, 다음과 같다:

1. 수집 단계. 먹을 것의 강압, 곧 배고픔은 처음 형태의 산업 조직, 먹이를 수집하는 원시적인 줄의 형태로 이끌었다. 때로는 그러한 굶주린 자의 행진하는 줄은 먹을 것을 주우면서 땅을 지나갈 때 16킬로미터나 되곤 했다. 이것은 원시 유목민 단계의 문화이고, 지금 아프리카의 부시맨이 따르는 생활 형태이다.

2. 사냥 단계. 무기(武器)인 연장의 발명은 사람으로 하여금 사냥꾼이 되고, 따라서 식량에 노예가 되는 생활로부터 상당한 자유를 얻게 만들었다. 심각한 싸움에서 주먹을 심하게 다친, 생각 깊은 어느 안돈 사람이 팔 대신에 기다란 막대기를, 그리고 주먹 대신에, 힘줄로 끝에 단단한 부싯돌 조각을 묶어서 쓰는 아이디어를 다시 발견했다. 많은 부족이 이런 종류의 발견을 따로 해냈고, 이 여러 형태의 망치는 인간의 문명에서 크게 전진하는 걸음의 하나였다. 오늘날 오스트랄리아의 어떤 원주민은 이 단계를 지나서 거의 진보하지 않았다.

청인은 솜씨 있는 사냥꾼과 덫꾼이 되었다. 그들은 강에 울타리를 쳐서 물고기를 다량으로 잡았고, 나머지를 겨울에 쓰려고 말렸다. 여러 형태의 교묘한 올가미와 덫이 사냥감을 잡는 데 이용되었지만, 더 원시의 종족들은 큰 동물을 사냥하지 않았다.

3. 목축 단계. 이 단계의 문명은 동물을 길들여서 가능하게 되었다. 아랍인과 아프리카 원주민은 최근에 양을 치는 민족이다.

목축 생활은 식량에 노예가 되는 생활로부터 더욱 부담을 덜어 주었다. 사람은 그의 자본에서 생기는 이자(利子), 곧 양 떼의 증가분으로 살기를 배웠고, 이것은 문화와 진보를 위하여 더 여가를 마련해 주었다.

목축 이전의 사회는 남녀가 협동하는 사회였지만, 동물 사육이 파급된 것은 여자를 사회의 노예로 만드는 깊은 구렁으로 밀어 넣었다. 그 전에는 동물의 고기를 확보하는 것이 남자의 의무였고, 먹을 채소를 마련하는 것이 여자의 일이었다. 따라서, 남자가 존재에서 목축 시대에 들어갔을 때, 여자의 위엄은 크게 떨어졌다. 여자는 여전히 생활에 필수인 채소를 생산하기 위하여 수고해야 되었고, 한편 남자는 동물의 고기를 풍부히 마련하려고 고작 양 떼 있는 데로 가기만 하면 되었다. 이처럼 남자는 비교적 여자로부터 독립되었다. 목축 시대를 통하여 내내, 여자의 지위는 꾸준히 떨어졌다. 이 시대의 끝이 되어서 여자는 인간 동물보다 거의 낫게 되지 않았으며, 동물의 떼가 노동하고 새끼를 낳도록 기대된 것처럼, 일하고 사람의 새끼를 낳는 신세로 떨어졌다. 목축 시대의 남자들은 가축을 지극히 사랑했다. 남자들이 제 아내를 더 깊이 사랑할 수 없었으니, 더군다나 딱한 일이었다.

4. 농업 단계. 이 시대는 식물(**植物**)을 가꿈으로 시작되었고, 이것은 가장 높은 종류의 물질 문명을 대표한다. 칼리가스티아와 아담 모두가 원예와 농업을 가르치려고 애썼다. 아담과 이브는 목동이 아니라 채소를 가꾸는 사람이었고, 채소 재배는 당시에 상급 문화였다. 식물을 재배하는 것은 인류의 모든 종족에게 고상하게 만드는 영향을 미친다.

농업은 세계의 토지 대(**對**) 인간의 비율을 4배 넘게 늘였다. 농업은 이전의 문화 단계의 양 치는 직업과 합칠 수도 있었다. 이 세 단계가 겹칠 때, 남자는 사냥하고 여자는 땅을 간다.

양 치는 자와 땅을 경작하는 자들 사이에는 언제나 마찰이 있어 왔다. 사냥꾼과 목자는 투사요, 싸움을 좋아하였다. 농사꾼은 평화를 더 사랑하는 종류였다. 동물과 관련을 가지는 것은 싸움과 무력(**武力**)을 암시하며, 식물과 관계를 가지는 것은 참을성·고요함·평화를 주입시킨다. 농업과 산업은 평화로운 활동이다. 그러나 세상의 사회 활동으로서 이 두 가지의 약점은, 흥분과 모험이 모자라는 것이다.

인간 사회는 사냥하는 단계로부터 목축자의 단계를 거쳐서, 땅에서 농사 짓는 단계로 진화했다. 그리고 이 진보하는 문명의 각 단계마다 방랑 생활이 줄어들었다. 남자는 점점 더 집에서 살기 시작했다.

그리고 이제 산업은 농업을 보충하고, 그에 따라서 도시화가 심화되고 시민 계급에서 비농업 집단이 늘어났다. 그러나 가장 높은 사회 발전조차 반드시 건전한 농업의 기초 위에 서야 한다는 것을 그 지도자들이 깨닫지 못한다면, 산업 시대는 살아남기를 바랄 수 없다.

6. 문화의 진화

사람은 흙에서 난 생물이며, 자연의 아이이다. 사람이 아무리 진지하게 땅으로부터 달아나려 해도, 최종 계산에서 분명히 실패한다. "너희는 티끌이요, 티끌로 돌아갈지니라"하는 것은 모든 인류에게 글자 그대로 참말이다. 사람의 기본 투쟁은 땅을 위한 것이었고, 지금도 그렇고, 앞으로도 늘 그럴 것이다. 원시 인간들의 처음 사회 관계는 이 토지 싸움에서 이기기 위한 것이었다. 토지(**土地**) 대 인간 비율은 모든 사회 문명의 밑바닥에 놓여 있다.

사람의 지능은, 예술과 과학의 수단을 써서 땅의 소산을 늘였고, 동시에 자손의 자연 증가가 얼마큼 통제되었다. 이처럼 문화가 있는 문명을 이룩하기 위하여 생계와 여가가 마련되었다.

인간 사회는 인구가 토지 기술에 따라서 정비례해서, 또 주어진 생활 수준에 반비례해서 변해야 한다고 선언하는 법칙(**法則**)에 지배를 받는다. 이 초기 시대 전체를 통해서 사람과 토지가 관련을 가졌다시피, 지금보다 더, 공급과 수요의 법칙이 이 둘의 추정치를 결정했다. 토지—점령되지 않은 지역—이 풍부한 시절에는 사람의 필요가 컸고, 따라서 사람의 목숨은 값이 상당히 높아졌다. 따라서 생명의 손실은 더욱 끔찍한 것이었다. 토지가 귀하고, 그에 관계되어 인구가 과잉인 기간에는,

사람의 목숨이 비교적 싸졌고, 그래서 전쟁·기근·유행병을 관심을 덜 가지고 보았다.

토지의 소산이 줄어들거나 인구가 늘어날 때 불가피한 투쟁이 다시 시작되었고, 인간의 성품에서 가장 나쁜 특성이 표면으로 나타났다. 토지 소산의 증가, 기계 기술의 확장, 인구의 감소는 모두 인간 성품에서 좋은 면의 개발을 육성하는 경향이 있다.

개척지의 사회는 인간성의 서투른 면을 발달시킨다. 영적 문화와 함께, 예술과 참된 과학의 진보는, 토지 대 인간의 비율보다 조금 적은 농업 및 산업 인구에게 지원을 받을 때, 좀더 큰 생활 중심에서 가장 잘 번성해 왔다. 도시는 좋든 나쁘든, 반드시 그 거주자들의 권력을 몇 배로 늘인다.

가족의 크기는 언제나 생활 수준에 영향을 받아 왔다. 수준이 높으면 높을수록, 정착한 상태나 차츰 사멸하는 점까지 가족이 작아진다.

오랜 세월을 통해서 생활 수준은, 단순한 양과 대조해서, 살아남는 인구의 질을 결정했다. 지역 계급의 생활 수준은 새로운 사회 계층, 새로운 도덕 관습을 낳았다. 생활 수준이 너무 까다롭거나 지나치게 사치스럽게 될 때, 그것은 급속히 자살이 된다. 카스트는 조밀한 인구 때문에 심하게 경쟁하는, 높은 사회 압력이 직접 낳는 결과이다.

초기의 종족들은 흔히, 인구를 제한하도록 고안된 관습에 의존하였다. 모든 원시 부족은 기형(奇形)이고 병약한 아이들을 죽였다. 아내를 사들이는 때가 되기 전에, 여자 아기들은 빈번히 죽음을 당했다. 아이들은 출산할 때, 때때로 목을 졸려 죽음을 당했지만, 가장 잘 쓰이는 방법은 내버리는 것이었다. 쌍둥이의 아버지는 보통 하나를 죽여야 한다고 우겼는데, 이는 여럿의 출산은 요술이나 부정(不貞) 때문에 생긴다고 믿었기 때문이었다. 그러나 대체로, 동성(同性)의 쌍둥이는 살려 두었다. 쌍둥이에 대한 이 금기(禁忌)는 한때 거의 보편적이었지만, 결코 안돈 사람들의 풍습의 일부가 되지 않았다. 안돈 종족들은 쌍둥이를 언제나 행운의 전조로 여겼다.

많은 종족이 유산(流産)하는 기술을 배웠고, 결혼하지 않은 사람들 사이에 출산이 금기로 확정된 뒤에, 이 관습은 아주 흔하게 되었다. 미혼녀가 제 자식을 죽이는 것은 오랫동안 관습이었지만, 좀더 개화된 집단들 사이에서 이 사생아(私生兒)들은 여자의 어머니에게 보호를 받게 되었다. 많은 원시 씨족은 유산과 유아를 죽이는 관습 때문에 거의 절멸되었다. 그러나 도덕 관습의 명령에 상관 없이, 일단 젖을 빨린 뒤에는 죽음을 당하는 아이들이 극히 드물었다—모성애가 너무 강하다.

20세기에서도, 인구를 통제하는 이 원시 방법의 찌꺼기가 남아 있다. 오스트랄리아에는 한 부족이 있는데, 거기에는 어머니가 아이를 두셋보다 더 기르는 것을 거부한다. 한 식인종 부족이 다섯 번째 태어난 아이를 모조리 먹어치운 지는 그다지 오래 되지 않는다. 마다가스카에서 어떤 부족들은 아직도 어떤 운 나쁜 날에 태어난 아이들을 다 죽이며, 이것은 모든 아기의 약 25퍼센트의 죽음을 초래한다.

세계의 관점에서, 과잉 인구는 지난날에 결코 심각한 문제가 아니었다. 그러나 전쟁이 뜸해지고 과학이 점점 더 인간의 병을 통제하면, 가까운 앞날에 그것은 심각한 문제가 될지 모른다. 그러한 때에 세계 지도층의 지혜에 대하여 큰 시험이 저절로 나타날 것이다. 유란시아 통치자들이, 비범한 극단과 엄청나게 증가하는 정상 아래 사람들의 집단 대신에, 보통이나 안정된 인간이 증가하는 것을 조장할 통찰력과 용기를 가질 것인가? 정상 인간이 양육되어야 한다. 정상인은 문명의 등뼈요, 종족에서 돌연 변이 천재들이 나오는 근원이다. 정상 아래에 있는 사람은 사회의 통제 밑에 있어야 한다. 하등 수준의 산업을 관리하는 데 필요한 것보다 더 많이 생산되어서는 안 된다. 이것은 동물 수준보다 높은 지능을 요구하지만, 그러한 낮은 등급의 요구가 상급 부류의 인류를 위하여 진정한 노예 상태와 속박이라는 것이 판명되는 그러한 과제이다.

[한때 유란시아에 주둔했던 한 멜기세덱이 발표하였다.]

제 69 편

원시적 인간 제도

감정 면에서, 사람은 유머와 예술과 종교를 이해하는 능력이 그의 동물 조상을 뛰어넘는다. 사람은 사회적으로, 연장을 만드는 자, 의사(意思)를 교환하는 자, 제도를 만드는 자라는 점에서, 그의 우수성을 드러낸다.

인간이 오랫동안 사회 집단들을 유지할 때, 그러한 집합은 궁극에 제도화되는 어떤 활동 경향을 반드시 낳는다. 사람이 만든 제도의 대부분은 노동을 절약하고, 동시에 집단의 안전을 향상하는 데 무언가 이바지한다는 것이 판명되었다.

문명화된 사람은 그가 세운 제도의 특성·안정·지속성에 대해서 큰 자부심을 가진다. 그러나 모든 인간 제도는 다만, 금기(禁忌)로 말미암아 보존되고 종교로 위엄을 갖춘 바와 같이, 축적된 지난날의 도덕 관습에 불과하다. 그러한 유산은 전통이 되고, 전통은 궁극에 관습으로 모습을 바꾼다.

1. 인간의 기본 제도

성격이 빛을 잃고 창의성이 줄어든다는 점에서, 제도의 지나친 발전이 어김없이 개인의 가치를 떨어뜨리는데도, 인간의 제도는 모두 어떤 사회적 필요, 지난날이나 오늘의 필요를 보살핀다. 사람은 진보하는 문명의 이 산물에 자신이 지배되도록 버려 두기보다 그 제도를 통제해야 한다.

인간의 제도는 세 가지 일반 등급이 있다:

1. 자아 유지의 제도. 이러한 제도는 굶주림과 그에 관계된 자아 보존에서 생겨나는 관습을 포함한다. 이것은 산업과 재산, 이익을 위한 전쟁, 사회의 모든 통제 작용을 포함한다. 조만간에 두려움의 본능은, 금기, 관습, 종교적 제재의 수단을 써서, 살아남기 위한 이 제도의 확립을 촉진한다. 그러나 두려움과 무지와 미신은 모든 인간 제도가 초기에 기원이 생길 때, 그리고 나중에 발전하면서, 특출한 역할을 해냈다.

2. 자아 영속의 제도. 이러한 제도는 성욕의 굶주림, 모성 본능, 그리고 종족들의 부드러운 상급 감정으로부터 생겨나는 사회 제도이다. 이것은 가정과 학교, 가족 생활, 교육, 윤리, 종교를 보호하는 사회 조치를 포함한다. 이런 제도는 결혼 관습, 방어를 위한 전쟁, 가정의 확립을 포함한다.

3. 자아 충족의 제도. 이것은 허영의 성향과 자부심의 감정으로부터 생겨나는 관습이다. 이것은 옷을 입고 몸을 치장하는 관습, 사회의 관행, 영광을 위한 전쟁, 춤, 흥행, 놀이, 그리고 관능을 만족시키는 다른 단계를 포함한다. 그러나 문명은 자아를 충족시키는 뚜렷한 제도를 결코 진화시킨 적이 없다.

이 세 집단의 사회 관습은 밀접하게 서로 관계되고, 미세하게 하나가 다른 것에 의존한다. 유란시아에서 이 여러 제도는 단일 사회 기구로서 활동하는 복잡한 조직이 된다.

2. 부지런의 시작

원시적 부지런은 기아(饑餓)의 끔찍함에 대한 보험으로서 천천히 생겨났다. 존재하면서 일찍부터 사람은 풍부한 수확이 있는 동안에 빈곤한 시절에 대비하여 식량을 저축한 몇몇 동물로부터 교훈을 받기 시작했다.

초기의 검소함과 원시적 부지런이 시작되기 전에, 보통 부족의 운명은 궁핍과 진정한 고통으로 채워진 운명이었다. 원시 인간은 먹을 것을 위해서 동물 세계 전체와 경쟁해야 했다. 경쟁의 당기는 힘은 늘 사람을 짐승의 수준으로 끌어내린다. 가난은 사람의 자연스럽고 가혹스런 상태였다. 부(富)는 자연스러운 선물이 아니요, 노동과 지식과 조직으로부터 생긴다.

원시인은 교제(交際)의 이점을 깨닫는 데 느리지 않았다. 교제는 조직으로 이끌었고, 조직의 처음 결과는 노동의 분업이었고, 그 결과로 시간과 물자가 즉시 절약되었다. 이 노동의 특화는 압력에 대하여 적응함으로—저항이 약한 길을 추구함으로—생겨났다. 원시의 야만인은 결코 어떤 진짜 일도 즐겁게 하거나 기꺼이 하지 않았다. 그들에게 순응은 필요의 강압 때문이었다.

원시인은 고된 일을 싫어했고, 심각한 위험에 부딪치지 않으면 서두르려 하지 않았다. 노동에서 시간 요소, 주어진 과제를 특정한 시간 안에 하는 생각은 통째로 현대에 생긴 개념이다. 옛날 사람들은 결코 서두르지 않았다. 존재를 위한 맹렬한 싸움과 늘 높아지는 생활 수준의 2중 요구가 원시 인간, 자연히 활동하지 않는 종족을 근면의 길로 몰았다.

노동, 고안하는 노력은 사람을 짐승으로부터 구별하며, 짐승의 노력은 대체로 본능적이다. 노동의 필요성은 사람에게 최고의 복이다. 영주의 참모진은 다 일했고, 유란시아에서 육체 노동을 고귀하게 만들려고 많이 공헌했다. 아담은 채소를 가꾸는 사람이었다. 히브리인의 하나님은 일했다—그는 만물을 창조하는 이, 지원하는 이였다. 히브리인은 근면을 최고로 친 처음 부족이었다. 그들은 "일하지 않는 자는 먹지 말라"하고 처음으로 선포한 민족이었다. 그러나 세상의 많은 종교는 초기의 이상(理想), 게으름으로 되돌아갔다. 주피터는 술 잔치하는 이였고, 부다는 반성하는, 여가의 추종자였다.

산긱 부족들은 열대에서 떨어져 살 때, 꽤 부지런했다. 그러나 게으른 마술 추종자들과 일의 사도(使徒)—선견을 이용한 자—들 사이에는 길고 긴 싸움이 있었다.

인간의 첫 선견은 불, 물, 먹을 것을 보존하는 데 향해졌다. 그러나 원시인은 날 때부터 노름꾼이었다. 그는 언제나 아무 것도 들이지 않고 무언가 얻기를 바랐으며, 너무나 자주 이 초기 시절에, 참을성 있는 관습으로부터 얻어진 성공을 마력의 탓으로 돌렸다. 요술은 선견·절제·근면에게 길을 비키는데 느렸다.

3. 노동의 전문화

원시 사회에서 노동의 분업은 자연스런 상황에 따라서, 다음에는 사회적 상황에 따라 결정되었다. 노동에서 초기 체제의 전문화는 다음과 같았다:

1. 남녀 구별에 따른 전문화. 여자의 일은 아이가 선택되어 존재함으로부터 생겨났다. 여자는 자연히 남자보다 아기들을 더 사랑했다. 이처럼 여자는 일상적인 일꾼이 되었고, 한편 남자는 사냥꾼과 용사(勇士)가 되어서, 일과 휴식으로 강조된 기간에 잡혀 있었다.

오랜 세월에 걸쳐 내내, 금기(禁忌)는 여자를 자기 밭에 꼭 붙잡아 두도록 작용했다. 남자는 아주 이기적으로 더 편한 일을 골랐고, 일상적인 고된 일을 여자에게 맡겼다. 남자는 언제나 여자의 일을 하기를 부끄러워했지만, 여자는 남자의 일을 하는 데 결코 거리낌을 보이지 않았다. 그러나 기록하기 이상하지만, 남자와 여자는 집을 짓고 장만하는 데는 언제나 같이 일했다.

2. 나이와 병에 따라서 생기는 수정. 이 차이는 다음의 노동 분업을 결정했다. 늙은 남자와 병든 자들은 일찍이 연장과 무기(武器)를 만들도록 정해졌다. 그들은 나중에 관개 시설을 만드는 데 배치되었다.

3. 종교에 기초를 둔 분화. 주술사(呪術師)는 육체 노동에서 처음으로 면제된 인간이었다. 그들은 전문 직종의 개척자였다. 대장장이들은 요술사로서 주술사와 경쟁한 작은 집단이었다. 금속을 가지고 일하는 그들의 솜씨는 사람들로 하여금 그들을 무서워하게 만들었다. "흰 대장장이"와 "검은 대장장이"[1]는 백마술과 흑마술을 믿는 초기의 신앙을 낳았다. 이 신앙은 나중에, 착한 귀신과 악한 귀신, 곧 착한 영과 악한 영을 믿는 미신과 결부되었다.

대장장이들은 특권을 누린 첫 비종교 집단이었다. 그들은 전쟁 동안에 중립자로 여겨졌고, 남는 이 여가는 하나의 계급으로서 그들로 하여금 원시 사회의 정치가가 되도록 이끌었다. 이 특권을 크게 악용함으로 대장장이들은 널리 미움을 받게 되었고, 주술사들은 기회를 놓칠세라 그들의 경쟁자들을 향하여 미움을 부추겼다. 과학과 종교 사이에 있은 이 첫 싸움에서 종교(미신)가 이겼다. 마을에서 쫓겨난 뒤에, 대장장이들은 촌락의 변두리에 첫 여인숙, 곧 공공(公共) 하숙집을 만들었다.

4. 주인과 종. 노동의 그 다음 분화는 정복자와 피정복자의 관계에서 생겨났는데, 이것은 인간의 노예 제도가 시작됨을 의미했다.

5. 다양한 신체 및 정신 자질에 기초를 둔 분화. 사람의 타고난 차이가 노동의 계속된 분업을 유리하게 만들었다. 모든 인간은 똑같이 태어나지 않는다.

산업에서 초기의 전문가들은 부싯돌 벗기는 자와 석공이었고, 그 다음에는 대장장이가 뒤따랐다. 그 뒤에 집단의 전문화가 개발되었다. 온 가족과 씨족이 어떤 종류의 노동에 종사했다. 부족의 주술사를 제쳐 놓고, 가장 일찍 있었던 사제 계급 가운데 하나는 칼 만드는 전문가들의 가족을 미신처럼 높인 데서 생겨났다.

산업에서 처음 집단 전문가들은 돌소금 수출상과 도공(陶工)이었다. 여자들은 평범한 오지그릇을 만들었고 남자들은 화려한 것을 만들었다. 어떤 부족들 사이에서는 바느질과 짜기를 여자들이 했고, 다른 부족들에서는 남자들이 했다.

초기의 상인들은 여자였는데, 여자들은 첩자로 고용되었고 상업을 부업(副業)으로 했다. 이내 무역이 확대되고, 여자들은 중개인—중매인—으로 행동했다. 그리고 나서 상인 계급이 나타났고, 그들이 봉사한 대가로, 수수료, 곧 이익을 받았다. 집단 물물 교환의 성장은 상업으로 발전했고, 상품 교환에 뒤이어서 기술 노동자들의 교환이 생겼다.

4. 무역의 시작

여자를 사로잡아서 결혼하기 다음에 계약 결혼이 따랐던 것처럼, 침공으로 약탈하기 뒤에는 물물 교역이 뒤따랐다. 그러나 말없이 물물 교환하는 초기의 관습과 현대의 교환 방법에 따른 후기의 무역 사이에는 해적(海賊) 행위가 오랫동안 계속되었다.

무장(武裝)한 무역상들이 처음 물물 교환을 했으며, 그들은 중간 지점에 물건을 놓아 두곤 했다. 여자들이 첫 시장을 열었고, 여자는 가장 일찍 있었던 상인(商人)이었는데, 이는 그들이 짐꾼이었기 때문이다. 남자들은 무사(武士)였다. 아주 일찍부터 무역 계산대가 발달되었고, 이것은 상인들이 무기를 가지고 서로 손 뻗는 것을 막기에 충분히 넓은 벽이었다.

말없는 물물 교환을 위하여 위탁된 물품을 지키려고 주물이 쓰였다. 그러한 시장은 도둑질을 당할 염려가 없었다. 물물 교환을 하거나 사지 않고는 아무 것도 옮겨지지 않곤 했다. 주물이 지키고 있으면 물건들은 언제나 안전했다. 초기의 상인들은 자신의 부족 안에서 면밀하게 정직했지만, 먼 데서 온 낯선 사람들을 속이는 것은 괜찮게 여겼다. 초기의 히브리인들조차도 이방인들과 거래하는 데 따로 윤리 규정이 있었다.

사람들이 무장(武裝)하지 않고 신성한 시장에서 만나기 전에, 오랜 세월 동안 말없는 물물 교환이 계속되었다. 바로 이런 장터는 첫 성소(聖所)의 자리가 되었고, 어떤 나라에서는 나중에 "피난의 도시"로 알려졌다. 어떤 피난자가 시장에 다다라도 그는 안전했고, 공격받을 염려가 없었다.

처음의 저울추는 밀과 기타 곡식 낟알이었다. 교환의 처음 매체는 물고기나 염소였다. 나중에 송아지가 물물 교환의 단위가 되었다.

현대의 글자는 초기의 상업 기록에서 생겨났다. 사람의 처음 문헌은 장사를 선전하는 문서, 소금 광고였다. 초기에 있던 많은 전쟁은 부싯돌·소금·금속과 같은 천연 매장물 때문에 일어났다. 맨 처음 맺은 공식(公式) 부족 조약은 소금 매장물을 부족들 사이에 같이 쓰는 것에 관계되었다. 이 조약 장소는 친절하고 평화롭게 아이디어를 교환하고 여러 부족이 서로 섞이는 기회를 마련해 주었다.

글쓰기는 "소식 막대기," 매듭진 끈, 그림 그리기, 상형 문자, 조가비로 된 띠의 단계를 거쳐서 초기의 상징 알파벳까지 발전했다. 소식(消息) 보내기는 원시적인 연기(煙氣) 신호로부터, 뛰는 사람, 동물 타는 사람, 철로, 비행기까지, 그리고 전보, 전화, 무선 통신까지 진화했다.

고대의 상인들이 새로운 아이디어와 개량된 방법을 사람 사는 세상을 돌아다니며 옮겼다. 모험과 연결된 상업은 탐험과 발견으로 이끌었다. 그리고 이 모두가 수송을 낳았다. 상업은 타가 수정(他家受精)을 조장함으로 문화를 문명화시키는 좋은 도구였다.

5. 자본의 시작

자본은, 앞날을 위하여 오늘을 단념하는 것으로서 노동이 적용된 것이다. 저축은 유지하고 살아남기 위한 일종의 보험이다. 음식의 저장은 자제(自制)를 개발시켰고, 자본과 노동의 첫 문제를 만들어 냈다. 먹을 것을 가진 사람은, 강도로부터 그것을 보호할 수만 있다면, 먹을 것이 없는 사람보다 뚜렷한 장점을 가졌다.

초기의 은행가는 부족에서 용감한 사람이었다. 그는 집단의 귀중품들을 맡아서 가지고 있었고, 한편 씨족 전부가 공격에 대비해서 그의 오두막을 방어하곤 했다.

이처럼 개인의 자본과 집단 재산의 축적은 이내 군대 조직으로 이끌었다. 처음에 그러한 경계는 바깥의 침공자들에 대항하여 재산을 지키려고 고안되었지만, 나중에는 이웃 부족들의 재산과 재물을 침공하기 시작함으로 군대 조직을 연마하는 것이 관습이 되었다.

자본의 축적으로 이끈 기본 욕구는 다음과 같다:

1. 선견과 연결된 배고픔. 먹을 것을 저축하고 보존하는 것은 앞날의 필요를 위해서 준비할 충분한 선견을 가진 사람들에게 권력과 위안을 뜻했다. 식량의 저장은 굶주림과 재난에 대하여 적절한 보험이었다. 그리고 원시의 도덕 관습 전체가 정말로, 사람이 오늘을 내일에 굴복시키는 것을 돕도록 고안되어 있다.

2. 가족 사랑—가족이 필요한 것을 마련해 주려는 소망. 자본은 앞날의 요구에 대하여 보장하기 위해서 오늘의 욕구의 압력이 있는데도 재산을 저축하는 것이다. 이 앞날의 필요의 일부는 사람의 자손과 상관이 있을지 모른다.

3. 허영—사람이 재산 축적을 드러내고 싶은 마음. 여벌의 옷은 탁월을 나타내는 첫 표시의 하나였다. 수집하는 허영은 일찍부터 사람의 자존심을 끌었다.

4. 지위—사회 및 정치적 위신을 돈으로 사려는 열심. 일찍이 상업화된 귀족들이 생겨났고, 귀족 계급에 끼는 것은 왕족에게 특별한 봉사를 얼마큼 해 주는 데 달려 있기도 하고, 솔직하게 돈을 내면 허락되기도 했다.

5. 권력—주인이 되려는 갈망. 노예화하는 수단으로서 귀중품의 임대가 행해졌는데, 1년에 100퍼센트가 옛 시절에 이자율이었다. 대금업자는 항상 빚진 자들의 떼를 만들어서 자신들이 왕이 되었다. 종들은 가장 일찍부터 있은 형태로 축적할 재산의 한 가지였고, 옛날에는 빚 때문에 생긴 종살이는 죽은 뒤에 몸을 통제하기까지 연장되었다.

6. 죽은 사람의 귀신을 두려워하는 것—보호받기 위하여 사제에게 내는 요금. 다음 생명을 거쳐서 그들이 나아가는 것을 쉽게 만들려고 재산을 쓴다는 관점에서, 사람들은 일찍부터 사제들에게 죽음을 위한 선물을 주기 시작했다. 이렇게 사제들은 아주 부자가 되었고, 고대의 자본가들 사이에서 우두머리였다.

7. 성욕—아내를 하나 또는 여럿 가지려는 욕구. 남자가 처음으로 한 장사의 형태는 여자 교환이었고, 이것은 말을 파는 것보다 훨씬 앞섰다. 그러나 성(性) 노예는 결코 사회를 진보시키지 않았다. 그러한 장사는 민족의 치욕이었고, 지금도 그러한데, 이는 한꺼번에 그 장사가 가족 생활의 발전을 방해하고, 우수한 민족들의 생물학적 건강을 더럽혔기 때문이다.

8. 수많은 형태의 자아 충족. 더러는 부(富)가 권력을 주니까 부를 추구했고, 더러는 재산이 편안한 생활을 뜻하기 때문에 재산을 위해서 수고했다. 초기의 사람은 (그리고 후일의 어떤 사람들도) 자원을 사치품에 헤프게 쓰는 경향이 있었다. 취하게 하는 물품과 마약은 원시 종족들의 흥미를 끌었다.

문명이 발전함에 따라서 사람들은 저축하려는 새로운 동기를 얻었다. 최초의 배고픔 위에, 새로운 욕구가 빨리 불어났다. 빈곤을 아주 싫어해서, 사람들이 죽었을 때 부자들만 천국으로 바로 간다고 생각되었다. 재산을 아주 소중히 여겨서, 허세부리는 잔치는 한 사람의 이름에서 불명예를 지워 버리곤 했다.

부의 축적은 일찍부터 사회적 탁월의 상징이 되었다. 어떤 부족에서는, 개인들이 어떤 휴일에 태우거나 동료 부족 사람들에게 거저 나누어 줌으로 감명을 주려고 몇 년 동안 재산을 쌓곤 했다. 이것은 그들을 위대한 사람으로 만들었다. 현대의 민족들도 아낌없이 크리스마스 선물을 나누어 주면서 흥청거리며, 한편 부자들은 큰 박애 및 교육 기관에 기부한다. 사람의 방법은 다르지만, 그 성향은 아주 변하지 않은 채로 남아 있다.

그러나 고대의 많은 부자가 그의 재물을 탐내는 자들에게 피살되는 두려움 때문에 많은 재산을 나누어 주었다는 것을 기록해야 공평하다. 부유한 사람들은 재산 경멸함을 보이려고, 노예 몇십 명을 보통 잡아 바쳤다.

자본은 사람을 해방시키는 경향이 있지만, 자본은 사회 및 산업 조직을 크게 복잡하게 만들었다. 부당한 자본가들이 자본을 악용하는 것은 자본이 현대 산업 사회의 기초라는 사실을 없애지 않는다. 자본과 발명을 통해서 지금 세대는 땅에서 이전에 있던 어떤 세대보다도 더 높은 정도의 자유를 누린다. 생각 없고 이기적인 관리자들이 자본을 많이 악용함을 정당화하려는 것이 아니라, 하나의 사실로서 이것을 기록한다.

6. 불과 문명의 관계

원시 사회는 네 가지—산업·규제·종교·군사—분과와 함께, 불·동물·노예·재산의 도구를 통해서 일어났다.

불을 피우는 것은, 한 걸음에, 사람을 언제까지나 동물로부터 구별했다. 불은 인간의 기본 발명, 곧 발견이다. 모든 동물이 불을 무서워했기 때문에, 불은 사람으로 하여금 땅에서 머무를 수 있게 만들었다. 불은 저녁때 사회적 교제를 북돋았다. 불은 추위와 들짐승으로부터 사람을 보호해 주었을 뿐 아니라, 귀신에 대하여 안전 조치로도 쓰였다. 처음에는 따뜻하기 위해서보다 빛을 위해서 불이 쓰였다. 뒤떨어진 많은 부족은 불빛이 밤새도록 있지 않으면 잠자려 하지 않았다.

불은 문명화하는 좋은 수단이었고, 타고 있는 목탄을 빼앗기지 않고 이웃에게 줄 수 있게 함으로, 손해 보지 않고 남에게 이익이 되는 수단을 사람에게 주었다. 집안의 불은 어머니나 맏딸이 돌보았고, 불은 처음으로 사람을 교육하는 물건이었으며, 경계심과 신뢰성이 요구되었다. 초기의 가정은 건물이 아니었지만, 가족은 불, 가족의 화로 둘레에 모였다. 아들이 새 집을 차렸을 때, 그는 가족의 화로로부터 횃불을 가지고 갔다.

불을 발견한 안돈은 불을 예배하는 대상으로 다루기를 피했지만, 그 후손의 다수는 불꽃을 하나의 주물이나 영으로 여겼다. 쓰레기를 태우려 하지 않았기 때문에, 그들은 불의 위생적 이익을 얻지 못했다. 원시인은 불을 무서워했고, 언제나 불을 기분 좋게 간직하려고 했으며, 따라서 향을 뿌렸다. 어떠한 상황에도 고대인들은 결코 불 속에 침을 뱉거나, 또는 어떤 사람과 타고 있는 불 사이에 지나가려 하지 않았다. 초기의 인류는 불을 켤 때 쓰는 황철광과 부싯돌조차도 성스럽게 여겼다.

불을 끄는 것은 죄였다. 오두막에 불이 붙으면, 타도록 내버려 두었다. 성전과 성당에 있는 불은 신성했고, 해마다 또는 어떤 재난이 있은 뒤에 새 불을 지피는 관습을 제외하고, 결코 불이 꺼지도록 버려 두지 않았다. 여자들이 집 불의 관리자였기 때문에, 여자들은 사제로 뽑혔다.

불이 어떻게 신들로부터 내려왔는가에 관한 초기의 신화는 번개로 불이 붙는 것을 지켜본 데서 생겼다. 초자연적 기원에 대한 이 생각은 곧장 배화(拜火)로 이끌었고, 불의 숭배는 "불을 지나가는" 관습으로 발전되었으며, 이는 모세의 시절까지 계속된 풍습이었다. 죽은 뒤에도 불을 지나간다는 관념이 아직도 남아 있다. 불의 신화는 초기 시절에 좋은 단결 수단이었고, 파시 교도의 상징에 아직도 남아 있다.

불은 먹을 것을 익히기로 이끌었고, "날것으로 먹는 사람"은 비웃는 표현이 되었다. 익히는 것은 먹을 것을 소화하는 데 필요한 에너지의 소모를 줄였고, 그래서 초기의 인간에게 사회 문화를 가질 힘을 얼마큼 남겨 주었다. 한편 동물의 사육은 먹을 것을 확보하는 데 필요한 노력을 줄여서 사회 활동을 위한 시간을 마련해 주었다.

불은 금속 세공(細工)의 길을 열었고, 나중에 증기 동력의 발견과 오늘날 전기의 사용으로 이끌었다는 것을 기억해야 한다.

7. 동물 이용

처음부터 동물 세계 전체가 사람의 적이었다. 인간은 자신을 짐승으로부터 보호하는 것을 배워야 했다. 처음에 사람은 동물을 먹어치웠지만, 나중에는 길들이고 사람을 위해서 일하도록 만드는 것을 배웠다.

동물 길들이기는 어쩌다가 일어났다. 아메리카 인디안들이 들소를 사냥하는 것과 아주 비슷하게, 야만인은 동물의 떼를 사냥하곤 했다. 동물의 떼를 둘러싸서 그들은 동물을 통제할 수 있었고, 이처럼 식량에 필요한 대로 동물을 죽일 수 있었다. 나중에는 우리가 건축되었고, 동물의 떼 전체를 사로잡곤 했다.

어떤 동물은 길들이기 쉬웠지만, 코끼리와 같이, 많은 동물은 사로잡혀 있을 때 새끼를 낳으려고 하지 않았다. 나중에 어떤 종자의 동물은 사람의 존재에 복종한다는 것, 그리고 사로잡혀서도 새끼를 낳는다는 것이 발견되었다. 이처럼 동물 길들이기는 선택해서 번식함으로 조장되었고, 이것은 달라마시아 시절 이후로 크게 진보한 기술이었다.

개는 처음으로 길들인 동물이었고, 개를 길들이는 어려운 체험은 어떤 개가 하루 종일 한 사냥꾼 주위를 따라다닌 뒤에 실제로 사냥꾼과 함께 집으로 갔을 때 시작되었다. 오랜 세월 동안, 개는 식량·사냥·수송·동반에 쓰였다. 처음에 개들은 울부짖기만 했으나, 나중에 개들은 짖기를 배웠다. 개의 날카로운 냄새 감각은 개가 영들을 볼 수 있다는 생각을 낳았다. 망보는 개를 고용한 것은 처음으로 씨족 전체가 밤에 잘 수 있게 만들었다. 그리고 나서 물질적인 적 뿐 아니라 영들에 대해서 집을 보호하려고 지키는 개를 고용하는 것이 관습이 되었다. 개가 짖을 때는 사람이나 짐승이 다가온 것이지만, 개가 길게 울부짖을 때는 영들이 가까이 있었다. 개가 밤에 울부짖는 것은 죽음을 상징한다고 지금도 여전히 많은 사람이 믿는다.

사냥꾼이었을 때 남자는 여자에게 꽤 친절했다. 그러나 동물을 길들인 뒤에, 칼리가스티아의 혼란과 더불어, 많은 부족이 자기네 여자들을 부끄럽게 다루었다. 남자들은 동물을 다루는 것과 너무나 비슷하게 여자들을 다루었다. 남자가 여자를 무자비하게 다룬 것은 인간의 역사에서 가장 어두운 장(章)의 하나이다.

8. 문명의 한 요소인 노예 제도

원시인은 서슴지 않고 동료들을 종으로 만들었다. 여자는 처음으로 종, 가족의 종이었다. 목축하는 인간은 여자를 열등한 성(性) 상대로서 종으로 만들었다. 이 종류의 성 노예는 남자가 여자에게 의존하는 성향이 줄어들자 그 직접 결과로 생겨났다.

얼마 전에도, 노예 처지는 정복자의 종교를 받아들이려 하지 않는 전쟁 포로들의 운명이었다. 그보다 더 전에 포로들은 잡아먹히든지, 고문을 받아 죽든지, 서로 싸우게 되든지, 영들에게 희생되든지, 아니면 노예가 되었다. 노예 제도는 학살이나 잡아먹기보다는 큰 진보였다.

노예로 만드는 것은 전쟁 포로를 자비롭게 다루는 일에서 전진하는 걸음이었다. 남자와 여자와 아이들을 대규모로 죽이고, 정복자의 허영을 채우기 위해서 임금만 살려놓는 아이 종족의 복병은, 문명화되었다고 생각되는 민족들도 실행했던 미개한 학살을 충실히 나타낸 그림이다. 바샨의 임금 옥을 침공한 것은 똑같이 모질고 효과적이었다. 히브리인들은 적들을 "남김없이 죽였고," 그 재산을 모두 전리품으로 가졌다. 그들은 공물을 바치는 모든 도시가, 위반하면 "모든 남자의 죽음"을 각오하도록 만들었다. 그러나 부족의 자부심을 덜 가진, 당대의 많은 부족은 우수한 포로들을 동료로 받아들이는 관습을 시작한 지 오래 된다.

사냥꾼은 아메리카의 홍인처럼, 노예를 쓰지 않았다. 포로들을 동료로 받아들이든지 아니면 죽였다. 목축하는 민족들 사이에서 노예 제도는 유행하지 않았는데, 이는 그들이 노동자가 거의 필요 없었기 때문이다. 전쟁에서 목자들은 모든 남자 포로를 죽이고 여자와 아이들만 노예로 가졌다. 모세의 법은 이 여자 노예들을 아내로 만드는 것에 관하여 특정한 지시를 포함하였다. 마음에 들지 않으면, 이들을 돌려보낼 수 있었지만, 히브리인들은 그러한 퇴짜맞은 배우자들을 노예로 파는 것이 허락되지 않았다—이것은 적어도 문명에서 하나의 진보였다. 히브리인들의 사회 기준은 어설프기는 했지만, 둘러싼 부족들보다 훨씬 위에 있었다.

목자들은 첫 자본가였는데, 양 떼가 자본이었고, 그들은 그 이자—자연 증가분—으로 먹고 살았다. 그리고 이 부(富)를 노예나 여자들이 관리하라고 맡기기 싫어했다. 그러나 나중에 남자 죄수들을 받았고, 죄수들에게 땅을 갈도록 강요했다. 이것이 농노(農奴)—땅에 딸린 사람—의 첫 기원이다. 아프리카 사람들은 땅을 가는 것을 쉽게 배웠고, 따라서 좋은 노예 민족이 되었다.

노예 제도는 인간 문명의 사슬에서 빠뜨릴 수 없는 고리였다. 노예 제도라는 다리 위로 사회는 혼란과 게으름으로부터 질서와 문명화된 활동을 하는 곳까지 건너갔다. 노예 제도는 뒤떨어지고 게으른 민족들이 일하고, 따라서 그들보다 우수한 자들의 사회적 진보를 위하여 부와 여가를 마련해 주도록 강요했다.

노예 제도는 사람으로 하여금 원시 사회에서 규제 작용을 발명하도록 강요했으며, 그것은 정부의 시작을 낳았다. 노예 제도는 강력한 규제를 요구했고, 봉건 영주들이 노예를 통제할 수 없었기 때문에 유럽의 중세 동안에 거의 사라졌다. 고대의 뒤떨어진 부족들은, 오늘날의 오스트랄리아 원주민과 마찬가지로, 결코 노예를 가지지 않았다.

노예 제도가 사람을 억압한 것은 참말이지만, 억압의 학교에서 사람은 부지런을 배웠다. 노예들이 상급 사회가 생기는 것을 마지못해서 도와 주었지만, 궁극에는 그 사회의 축복을 나누어 가졌다. 노예 제도는 문화와 사회적 성취가 있는 조직을 창조하지만, 모르는 사이에 곧, 파괴적인 모든 사회악 가운데 가장 심각한 것으로서, 안에서 사회를 공격한다.

현대의 기계 발명은 노예 제도를 쓸모 없이 만들었다. 노예 제도는 복혼과 마찬가지로 수지가 맞지 않으니까 사라진다. 그러나 큰 무리의 노예를 갑자기 풀어 주는 것은 재난임이 판명되었다. 이들이 점진적으로 해방될 때 문제가 덜 따랐다.

오늘날, 사람은 사회에 노예가 아니지만, 많은 사람이 포부가 그들로 하여금 빚의 노예로 만들도록 버려 둔다. 강제하는 노예 제도가 새롭고 개량된 형태의 수정된 산업 노예 상태에 자리를 양보하였다.

사회의 이상은 보편적 자유이지만, 게으름은 결코 묵인되어서는 안 된다. 튼튼한 육체를 가진 사람은 모두 적어도 자기를 충족시키는 분량의 일을 하도록 강요되어야 한다.

현대의 사회는 거꾸로 간다. 노예 제도는 거의 사라졌고, 길들인 동물도 사라져 간다. 문명은 동력을 얻으려고 불에—무기체(無機體)의 세계에—다시 손을 뻗고 있다. 사람은 불, 동물, 노예 제도를 거쳐서 야만 상태에서부터 올라왔는데, 오늘날 사람은 뒤로 손을 뻗쳐서, 자연의 원소 창고로부터 부와 권력의 새로운 비밀과 근원을 쥐어짜려고 애쓴다.

9. 사유 재산

원시 사회는 거의 공동 생활이었지만, 원시인은 현대 공산주의의 신조(信條)를 지키지는 않았다. 이 초기의 공산주의는 단순한 이론이나 사회적 신조가 아니라, 간단하고 실용적인 자동 조정이었다. 공산주의는 빈궁과 빈곤을 막았고, 이 고대의 부족들은 구걸과 매춘을 거의 알지 못했다.

특히 원시 공산주의는 사람을 똑같이 낮추지 않았고, 평범을 찬양하지도 않았지만, 비활동과 게으름을 높이 쳐주었다. 그리고 근면을 짓누르고 포부를 죽였다. 공산주의는 원시 사회의 성장에 필수인 발판이었지만, 인간의 네 가지 강한 성향을 거스르기 때문에, 더 높은 사회 체제로 진화하는 데 자리를 양보하였다:

1. 가족. 사람은 재산을 쌓기만 바라지 않는다. 사람은 자본재를 자식에게 물려주고 싶어한다. 그러나 초기의 공산 사회에서, 사람의 자본은 이내 소비되든지, 아니면 죽을 때 집단 사이에서 나누었다. 재산 상속이 없었다—상속세는 100퍼센트였다. 나중에 자본을 축적하고 재산을 상속하는 관습은 사회의 뚜렷한 진보였다. 그리고 나중에 자본을 잘못 사용해서 지나친 남용이 따랐는데도, 이것은 참말이다.

2. 종교적 경향. 원시인은 또한 다음 존재에서 생명을 시작하는 토대로서 재산을 저축하고 싶어했다. 이 동기는 어째서 사람의 개인 소유물을 함께 파묻는 것이 아주 오랫동안 관습이었는가 설명한다. 옛 사람들은 오로지 부자만 즉시 얻는 어떤 쾌락과 위엄을 가지고 죽음에서 살아난다고 믿었다. 계시된 종교를 가르치는 선생, 특히 그리스도교 선생들은 가난한 자가 부유한 자와 똑같은 조건으로 구원을 받을 수 있다고 처음으로 선포했다.

3. 해방과 여가를 갖고 싶은 소망. 사회가 진화하는 초기 시절에 개인의 소득을 집단에서 나누는 것은 실질적으로 일종의 노예 제도였다. 일하는 자는 게으른 자에게 노예가 되었다. 이것이 공산주의의 자살적 약점이다. 선견이 없는 자는 검소한 자에게 버릇처럼 붙어살았다. 현대에도 생각 없는 자들은 나라가 (세금을 내는 검소한 자들이) 그들의 필요를 채워 주는 데에 의존한다. 자본이 없는 자들은 자본이 있는 자들이 아직도 먹여 주기를 바란다.

4. 안전과 권력의 욕구. 진취적이며 성공하는 개인들의 속이는 버릇 때문에 공산주의는 마침내 파괴되었는데, 그들은 자기 부족에서 무기력한 게으름 부리는 자

들에게 종이 되는 것을 피하려는 노력으로, 다채로운 징계에 의존했다. 그러나 처음에 저축은 모두 비밀이었다. 원시의 불안감은 드러나게 자본을 축적하는 것을 막았다. 그리고 후일에도 지나치게 부를 많이 쌓는 것은 아주 위험했다. 임금은 부자의 재산을 빼앗으려고 어떤 죄목을 분명히 만들어 내곤 하였으며, 한 부자가 죽었을 때, 장례식은 그 가족이 공공의 복지나 임금에게 큰 돈, 곧 상속세를 낼 때까지 못하게 막았다.

초기에 여자들은 공동체의 재산이었고, 어머니가 가족을 지배했다. 초기에 족장들은 모든 땅을 소유했고, 모든 여자를 소유한 사람이었다. 결혼은 부족 통치자의 찬성이 필요했다. 공산주의가 지나가자, 여자들은 개인별로 소유되었고, 아버지는 차츰 가정의 통제권을 쥐었다. 이처럼 가정이 비롯되었고, 지배했던 복혼 관습은 차츰 일부 일처주의(一夫一妻主義)로 바뀌었다 (일부 다처주의는 결혼에서 여자 노예의 요소가 남은 것이다. 일부 일처주의는 가정을 이루고, 자식을 기르고, 공동의 문화를 갖고, 자아를 개선하는 아름다운 기업에서 한 남자와 한 여자의 비할 데 없는 이상, 노예 없는 이상이다.)

처음에는 연장과 무기(武器)를 포함해서, 모든 재산이 부족의 공동 재산이었다. 사유 재산은 처음에는 몸소 만진 모든 것으로 구성되었다. 낯선 사람이 한 컵으로 마시면, 그 때부터 그 컵은 그의 것이었다. 다음에 피가 흘려진 곳은 어디나, 다친 그 개인이나 집단의 재산이 되었다.

사유 재산은 그 소유자 인격의 일부가 담겨 있다고 생각되었기 때문에, 이처럼 처음부터 존중받았다. 재산에 대한 정직성은 안전하게 이 종류의 미신에 기초를 두었다. 아무런 경찰이 개인의 소유물을 지키는 것이 요구되지 않았다. 집단 안에서는 아무런 훔치는 일이 없었다. 하지만 사람들은 다른 부족들의 물건 가지기를 꺼려하지 않았다. 재산 관계는 죽음으로 끝나지 않았고, 일찍부터 개인의 소유물을 불에 태우고 죽은 자와 함께 파묻었으며, 나중에는 남아 있는 가족이나 그 부족이 그것을 물려받았다.

치장하는 종류의 개인 물건은 부적을 달고 다니는 데서 생겨났다. 허영에 보태어서 귀신을 무서워하는 것은 초기의 사람으로 하여금 가장 좋아하는 부적들을 벗게 하려는 온갖 시도를 물리치도록 만들었고, 그러한 재산은 필수품보다 더 귀중하게 평가되었다.

잠자는 자리는 아주 일찍부터 사람의 재산의 하나였다. 나중에 부족의 추장이 집터를 배치하였고, 그는 집단을 위해서 모든 부동산을 관리했다. 이내, 불 피는 자리는 소유권을 부여하였고, 그 뒤에 우물은 인접한 땅에 대한 소유권을 이루었다.

물웅덩이와 우물은 첫 사유 재산이었다. 주물 관습 전부가 물웅덩이, 우물, 나무, 농작물, 꿀을 지키는 데 이용되었다. 주물에 대한 믿음을 잃고 나서, 법이 개인 소유물을 보호하기 위하여 진화되었다. 그러나 사냥 법, 곧 사냥 권리는 토지법을 훨씬 앞섰다. 아메리카의 홍인은 결코 개인의 토지 소유권을 이해하지 못했다. 홍인은 백인의 관점을 이해할 수 없었다.

사유 재산은 일찍부터 가족의 문장(紋章)으로 표시되었는데, 이것이 가족 문장의 초기 기원이다. 부동산도 영들의 감시 밑에 놓을 수 있었다. 사제들은 한 조각의 땅을 "거룩히 바치고", 그러면 그것은 그 위에 세운 요술 금기(禁忌)의 보호를 받곤 했다. 그 소유자들은 "사제의 증서"를 가졌다고 했다. 히브리인들은 이 가족 땅의 경계 표지를 크게 존경했다. "이웃의 경계 표지를 옮기는 자는 저주를 받을지어다." 이 돌 표시들은 사제의 머리 글자를 가졌다. 머리 글자로 표시했을 때, 나무조차도 사유 재산이 되었다.

옛날에는 농작물만 사유(私有)가 되었으나, 연속해서 거두는 농작물은 소유권을 부여했다. 이처럼 농업은 개인의 토지 소유권의 유래가 되었다. 개인들은 처음에 종신 소유권을 받았다. 죽을 때 땅은 부족에게 되돌아갔다. 부족이 개인들에게 준 맨 처음의 토지 소유권은 무덤—가족을 묻는 땅—이었다. 나중에 땅은 울타리로 막은 자들에게 속했다. 그러나 도시들은 언제나 어떤 땅을 공유 목초지로서, 그리고 포위되었을 때 쓰려고 남겨 놓았다. "공유지"는 집단 소유권의 초기 형태가 남은 것이다.

결국에는 나라가 재산권을 개인에게 나누어 주었고, 세금을 부과할 권리를 가졌다. 이 소유권을 확보해 놓고서, 지주들은 임대료를 걷을 수 있었고, 땅은 소득의 근원—자본—이 되었다. 마침내 땅은 정말로 매매(賣買), 이전(移轉), 저당, 권리 상실과 함께, 양도할 수 있었다.

개인 소유권은 자유를 늘이고 안정성을 높였다. 그러나 개인의 토지 소유권은 공동체의 통제와 지도가 실패했을 경우에만 사회의 인가를 받았고, 곧 일련의 노예, 농노, 그리고 땅을 가지지 못한 계급이 뒤따랐다. 그러나 개량된 기계는 차츰 사람들을 종 같은 노동에서 해방시키고 있다.

재산권은 절대적이 아니고, 순전히 사회적인 것이다. 그러나 모든 정부·법·질서, 그리고 시민의 권리, 사회적 자유, 관습, 평화, 행복은 현대 민족들이 즐기다시피, 개인의 재산 소유권을 둘러싸고 성장했다.

현재의 사회 질서가 반드시 옳지는 않다—신성하거나 거룩하지는 않다—그러나 인류는 개정하는 일에 천천히 움직이는 것이 좋겠다. 너희가 가지고 있는 것은 너희 조상이 겪은 어떤 제도보다도 엄청나게 더 좋다. 너희가 사회 질서를 바꿀 때는 반드시 더 낫게 바꾸도록 하여라. 너희의 선조들이 버린 공식(公式)을 가지고 실험할 생각을 갖지 말라. 뒤로 가지 말고, 앞으로 나가라! 진화가 앞으로 나가게 하여라! 뒷걸음을 하지 말지어다.

[네바돈의 한 멜기세덱이 발표했다.]

주: 1. 흰 대장장이는 양철공을 직역한 것이고, 검은 대장장이는 검은 철을 다루는 데서 나온 말이다.

제 70 편

인간이 만든 정부의 진화

생계를 잇는 문제를 일부 풀자마자, 사람은 인간의 계약을 규제하는 일에 부닥쳤다. 산업의 발전은 법, 질서, 사회적 조정을 요구했다. 사유 재산은 정부를 필요하게 만들었다.

진화하는 세계에서 적개심은 자연히 생기고, 평화는 오로지 어떤 종류의 사회적 규제 체계로 말미암아 보장된다. 사회적 규제는 사회의 조직과 뗄 수 없고, 관계는 어떤 통제하는 권한을 의미한다. 정부는 부족·씨족·가족·개인의 적개심을 조정하지 않을 수 없게 만든다.

정부는 의식하지 않고 생긴 발전이요, 시행 착오로 말미암아 진화한다. 정부는 살아남을 가치가 있고, 따라서 정부는 전통이 된다. 무정부는 비참을 더하고, 따라서, 정부, 곧 상대적 법과 질서는 천천히 솟아 나왔고, 아니면 솟아나고 있다. 존재를 위한 투쟁의 강제하는 요구는 문명에 이르는 진보의 길을 따라서 인류를 글자 그대로 몰았다.

1. 전쟁의 발생

전쟁은 진화하는 사람의 자연 상태요 유산이다. 평화는 문명의 진보를 재는, 사회의 척도이다. 진보하는 민족들이 어느 정도 사회화되기 전에, 사람은 극도로 개인적이고, 지나치게 의심이 많고, 믿을 수 없이 다투기를 좋아했다. 폭력은 자연의 법칙이요, 적의(敵意)를 가지는 것은 자연인의 자동 반응이며, 한편 전쟁은 다만 바로 이 활동을 집단이 수행하는 것이다. 그리고 문명의 구조가 사회 진보의 복잡성에 압박을 받을 때는 언제 어디서나 반드시, 인간의 상호 관계에서 생기는 염증을 폭력으로 조정하는 이 초기의 방법으로, 즉시 파괴 성향으로 되돌아가는 일이 생긴다.

전쟁은 오해와 염증에 대하여 동물처럼 반응하는 것이다. 평화는 모든 그러한 문제와 어려움에 대한 문명화된 해결책이다. 산긱 민족들은, 나중에 질이 나빠진 아담 사람과 놋 사람들과 함께, 모두 싸움을 좋아했다. 안돈 사람들은 일찍부터 황금률을 배웠으며, 오늘날도 그 에스키모 후손은 대체로 그 법을 따라 산다. 관습은 그들 사이에 확고하며, 그들은 사나운 적개심이 없는 편이다.

안돈은 그의 아이들에게 막대기를 가지고 각자가 나무를 때림으로 말다툼 해결하는 것을 가르쳤다. 막대기를 먼저 분지른 자가 이긴 사람이었다. 나중의 안돈 사람들은 대중의 구경거리를 열어서 싸움을 해결하곤 했는데, 거기서 싸우는 자들이 서로 놀리고 비웃었고, 한편 청중은 박수로 이긴 자를 결정했다.

그러나 사회가 실제로 평화 기간을 체험하고 전쟁 비슷한 연습을 인가할 만큼 충분히 진화하기까지, 전쟁과 같은 현상이 하나도 있을 수 없다. 전쟁한다는 바로 그 개념은 어느 정도의 조직이 있음을 의미한다.

사회 집단들이 생겨나자, 개인의 짜증은 집단의 느낌 속에서 가라앉기 시작했고, 이것은 부족 안에서 평온을 증진했지만, 부족 사이의 평화를 희생하였다. 이처럼 먼저 내부 집단이나 부족이 평화를 누렸고, 그들은 언제나 바깥 집단, 외부 사람들을 싫어했다. 일찍부터 사람은 외인의 피를 흘리는 것을 미덕으로 여겼다.

그러나 이것조차도 처음에는 듣지 않았다. 오해를 풀려고 애썼을 때, 초기의 족장들은 흔히, 적어도 1년에 한 번, 부족의 돌싸움을 허가하는 것이 필요함을 발견했다. 그 씨족은 두 무리로 갈라져서 하루 종일 싸움에 빠지곤 했다. 그리고 이것은 그냥 재미로 하는 외에 아무런 이유가 없었고, 그들은 정말로 싸움을 즐겼다.

전쟁이 지속하는 것은 사람이 동물로부터 진화한 인간이기 때문이며, 동물은 다 싸움을 좋아한다. 초기의 전쟁 원인은 다음과 같다:

1. 배고픔은 식량을 얻기 위한 침공으로 이끌었다. 땅의 부족은 언제나 전쟁을 일으켰고, 이러한 싸움에서 초기의 평화로운 부족들은 실질적으로 멸망했다.

2. 여자의 부족(不足)—집안 일꾼이 모자람을 해소하려는 시도. 여자를 훔치는 것은 반드시 전쟁을 일으켰다.

3. 허영—부족의 용맹을 나타내려는 욕심. 우수한 집단들은 그들의 생활 방식을 열등한 민족들에게 강제하려고 싸우고 싶어한다.

4. 노예—노동 계급을 위한 새 일꾼의 필요.

5. 복수는 이웃 부족이 동료 부족인의 죽음을 초래했다고 믿었을 때, 전쟁의 동기가 되었다. 애도(哀悼)는 머리 하나가 집으로 올 때까지 계속되었다. 복수(復讐)하는 전쟁은 비교적 현대에 바로 이르기까지 좋은 평가를 받았다.

6. 오락—이 초기 시절에 젊은 남자들은 전쟁을 오락으로 보았다. 전쟁을 위하여 좋은 충분한 핑계가 생기지 않으면, 평화가 답답할 때, 가까이 있는 부족들은, 노는 날로, 거짓 싸움을 즐기기 위해서, 약탈에 참가하려고 반(半) 우호적 전쟁에 나가는 습관이 있었다.

7. 종교—종파로 전향하는 자들을 얻으려는 욕심. 원시 종교들은 모두 전쟁을 허가했다. 겨우 요즈음에 와서야 종교는 전쟁을 못 마땅하게 생각하기 시작했다. 초기의 사제들은, 불행하게도 군사력과 보통 손을 잡았다. 오랜 세월 동안에 큰 평화 작전 중의 하나는 교회와 국가를 분리하려는 시도였다.

이 옛 부족들은 언제나 그들의 신들이 명령하는 대로 추장(酋長)이나 주술사의 요청을 받고서 전쟁을 일으켰다. 히브리인들은 그러한 "전투의 하나님"을 믿었고, 그들이 미디안인을 침공한 이야기는 옛날에 부족 전쟁에서 있었던 잔학 행위의 전형적 낭독이다. 모든 남자를 도살하고 나중에는 모든 남자 아이, 그리고 처녀가 아닌 모든 여자를 죽인 것과 함께, 이 침공은 20만 년 전에는 한 부족 추장의 관습에 경의를 표했을 것이다. 이 모두가 "이스라엘의 주 하나님의 이름으로" 행해졌다.

이것은 사회의 진화—종족 문제들의 자연스런 해결—곧 사람이 땅에서 자신의 운명을 해결해 나가는 것에 관한 이야기이다. 그러한 잔학 행위는, 사람이 그 책임을 신들에게 돌리는 경향이 있기는 하지만, 신이 부추긴 것이 아니다.

군사적(軍事的) 자비는 인류를 더디게 찾아왔다. 한 여자 데보라가 히브리인들을 다스렸을 때조차도, 바로 이 대규모의 잔학 행위가 계속되었다. 그 여자의 장군이 이방인에게 승리한 것은 "모든 무리가 칼날에 이슬이 되게" 만들었고, "하나도 남지 않았다."

아주 일찍부터 민족의 역사에서, 독이 있는 무기(**武器**)가 쓰였다. 온갖 종류의 몸 자르기가 실행되었다. 사울은 다윗이 딸 미갈을 위해서 내야 할 지참금으로서, 필리스티아인 1백 명의 포피(**包皮**)를 서슴지 않고 요구했다.

초기의 전쟁은 부족들 사이에 전체로서 싸웠으나, 후일에는 서로 다른 부족들에 속한 두 사람 사이에 다툼이 있을 때, 두 부족이 싸우는 대신에, 그 두 사람만 결투에 들어갔다. 다윗과 골리앗 사이의 경우에서 보다시피, 두 군대가 각 편에서 뽑은 대표 사이의 싸움 결과에 모두를 거는 것이 또한 관습이 되었다.

전쟁이 처음으로 순화(**純化**)된 것은 포로를 잡아가는 것이었다. 그 다음에, 여자는 적대 행위로부터 제외되었고, 그리고 나서 비전투원들의 인정이 따랐다. 전투가 더욱 까다롭게 되는 것과 발을 맞추어서 군대 계급과 상비군이 곧 개발되었다. 그러한 용사들은 여자들과 교제하는 것이 일찍부터 금지되었고, 여자들은 오래 전에 싸움을 그만두었다. 하지만 여자들은 언제나 군인들을 먹이고 돌보았으며, 그들이 싸우도록 재촉했다.

전쟁을 선언하는 관습은 큰 진보이다. 싸우겠다는 의사(**意思**)를 그렇게 선언하는 것은 공정의 감각이 도착했다는 것을 나타내며, 이에 뒤따라 "문명화된" 전쟁의 규칙이 차츰 발전되었다. 아주 일찍부터 종교적인 장소 가까이에서, 더 나중에는 어떤 노는 날에, 싸우지 않는 것이 관습이 되었다. 다음에는 피신처의 권한을 공인하는 일이 따랐으며, 정치적 망명자는 보호를 받았다.

이렇게 전쟁은 원시적인 사람 사냥으로부터 후일에 "문명화된" 나라들의 얼마큼 더 질서 있는 체계로 차츰 진화했다. 그러나 우호적인 사회의 태도는 적대하는 사회 관계를 겨우 더디게 갈아치운다.

2. 전쟁의 사회적 가치

지나간 시대에 사나운 전쟁은, 1만 년 동안에 자연스럽게 일어나지 않을 그러한 사회적 변화를 일으키고 새로운 생각의 수용을 용이하게 만들 곤하였다. 전쟁으로 생기는 이 확실한 이득을 위하여 치르는 끔찍한 값은 사회가 일시 노예 상태에 던져지는 것이었다. 문명화된 논리는 물러나야 했다. 전쟁은 효력이 센 약이요, 아주 비싸고 몹시 위험하다. 어떤 사회적 질병을 가끔 고치지만, 전쟁은 때때로 환자를 죽이며 사회를 파괴한다.

국가를 방어하는 상존하는 필요성은 새롭고 진보된 많은 사회적 조정을 일으킨다. 오늘날의 사회가 누리는 유익한 기술 혁신의 이익을 적자면 목록이 긴데, 이것들은 처음에는 완전히 군사(**軍事**) 목적이었고, 사회는 춤 때문에 전쟁에게 덕을 보기까지 하였으며, 춤은 초기 형태의 군사 훈련의 하나였다.

전쟁은 지난날의 문명에 사회적으로 가치가 있었는데, 그 이유는 전쟁이:

1. 훈련, 곧 강제된 협동을 부과했다.
2. 인내와 용기를 소중하게 여겼다.
3. 민족주의를 기르고 굳혔다.
4. 약하고 부적당한 민족들을 멸망시켰다.
5. 원시적 평등의 망상을 없애 버리고 선택해서 사회가 층이 지게 만들었다.

전쟁은 어떤 진화적이며 선택하는 가치를 가졌지만, 노예 제도와 마찬가지로, 문명이 천천히 진보함에 따라서 전쟁을 언젠가 버려야 한다. 옛날의 전쟁은 여행과 문화의 교류를 촉진했는데, 이런 목표는 현대의 수송과 통신 방법을 써서 지금 더 낫게 달성된다. 옛날의 전쟁은 국가를 강화했지만, 현대의 전투는 문명 세계의 문화를 뒤집어엎는다. 고대의 전쟁은 열등한 민족들의 학살을 초래했다. 현대 전투의 최종 결과는 가장 훌륭한 인간 혈통을 선택해서 파괴하는 것이다. 초기의 전쟁들은 조직과 효율성을 촉진했지만, 이것은 이제 현대 산업의 목표가 되었다. 지난 시대에 전쟁은 문명을 앞으로 떠민 사회적 효소(酵素)였다. 지금은 포부와 발명이 이 결과를 더 낫게 달성한다. 고대의 전쟁은 전투하는 하나님의 개념을 지지했지만, 현대인은 하나님이 사랑이라고 들었다. 지난날에는 전쟁이 많은 가치 있는 목적에 쓰였고, 문명을 세우는 데 불가결한 발판이었지만, 전쟁은 문화적으로 빨리 파산하고 있다—전쟁을 호소하는 데 따르는 끔찍한 손해에 비례해서 어떤 면으로도 사회적 이익을 배당할 수 없다.

한때 의사들은 방혈(防血)이 여러 가지 병을 치료한다고 믿었지만, 의사들은 그 뒤로 이 질병의 대부분에 더 좋은 처방을 발견했다. 그래서 전쟁의 국제적인 유혈(流血)은 분명히, 국가들의 병을 고치는 더 좋은 방법을 발견하도록 길을 양보해야 한다.

유란시아의 나라들은 민족적인 군사주의와 산업주의 사이에 벌어지는 거대한 싸움에 이미 들어갔고, 여러 면에서 이 투쟁은 목자인 사냥꾼과 농부 사이에서 오랜 세월에 걸쳐 있었던 싸움과 비슷하다. 그러나 산업주의가 군사주의를 이기려면, 산업주의를 에워싸는 위험을 피해야 한다. 유란시아에서 싹트는 산업의 위험은 다음과 같다:

1. 물질주의와 영적으로 눈이 멀어지는 방향으로 세차게 떠내려간다.
2. 부와 권력의 숭배, 가치의 왜곡.
3. 사치의 악, 문화적 미숙.
4. 게으름, 봉사에 대한 무감각, 이 두 가지 위험이 커진다.
5. 바람직하지 않은 종족 연약성의 성장, 생물학상의 악화.
6. 표준화된 산업 노예 상태의 위협, 인격의 정체(停滯). 노동은 사람을 고귀하게 만들지만, 고역은 감각을 마비시킨다.

군사주의는 독재이며 잔인하다—야만스럽다. 정복자들 사이에서 사회 조직을 촉진하지만, 정복당한 자들을 무너뜨린다. 산업주의가 더 문명화된 것이며, 창의성을 촉진하고 개성을 북돋아 주도록, 산업주의를 실천해야 한다. 사회는 모든 가능한 방법으로 창의성을 길러야 한다.

전쟁을 영화롭게 기리는 잘못을 저지르지 말라. 오히려 문명의 진보를 계속하기 위해서 전쟁의 대체물이 무엇을 마련해야 하는가 더 똑바로 볼 수 있도록 전쟁이 사회에게 무엇을 했는가 헤아려 보라. 그러한 적당한 대체물이 마련되지 않으면, 전쟁이 오랫동안 이어지리라는 것을 너희는 확신해도 좋다.

평화가 사람의 물질적 복지에 최선이라는 것을 속속들이, 또 되풀이해서 사람이 확신하기까지, 그리고 집단의 충동을 이따금 풀어 놓으려는 타고난 그 성향을 만족시키기 위하여, 인류의 자아 보존 반응에 속하는 늘 쌓이는 감정과 에너지를 방출하도록 고안된 평화적 대체물을 사회가 지혜롭게 마련하기까지, 사람은 결코 평화를 정상 생활의 형태로 받아들이지 않을 것이다.

그러나 지나치는 길이라도 덧붙인다면, 전쟁은 거만한 개인주의자들로 이루어진 한 민족을 상당히 집중된 권한—최고 집행자—에 복종하도록 강요한, 체험의 학교라고 존중받아야 한다. 옛날 방식의 전쟁은 날 때부터 위대한 사람들을 지도자로 뽑았지만, 현대의 전쟁은 이제 더 이렇게 하지 않는다. 지도자를 찾으려면, 사회는 이제 평화를 정복하는 일, 곧 근면, 과학, 사회적 성취로 눈을 돌려야 한다.

3. 초기의 인간 결합

가장 원시적 사회에서는 집단이 전부이다. 아이들조차도 집단의 공동 재산이다. 진화하는 가족은 아이를 기르는 일에 집단을 대체하였고, 한편 생겨나는 씨족과 부족들은 사회 단위로서 그 자리를 차지했다.

성욕과 모성애(母性愛)는 가족을 일으킨다. 그러나 초월 가족 집단들이 비로소 형성되기까지 진짜 정부는 나타나지 않는다. 유목민 집단이 가족을 갖기 이전 시절에, 비공식으로 뽑힌 개인들이 지도력을 제공했다. 아프리카의 부시맨들은 결코 이 원시 단계를 넘어서 진보하지 않았으며, 그들은 무리 안에 우두머리를 갖고 있지 않다.

가족들은 씨족, 곧 친척의 집합에서 핏줄로 뭉치게 되었다. 가족들은 나중에 부족, 곧 영토를 가진 공동체로 진화하였다. 전쟁과 외부의 압력은 인척 관계를 가진 씨족들 위에 부족의 조직을 강요했지만, 어느 정도 내부의 평화를 가지고 이 초기의 원시 집단들을 결속한 것은 상업과 무역이었다.

환상적 평화를 계획하는 온갖 감상에 젖은 궤변보다, 국제 무역(貿易) 조직이 유란시아의 평화를 훨씬 더 증진할 것이다. 무역 관계는 언어의 발달 때문에, 그리고 개량된 통신 방법과 개선된 수송으로 말미암아 수월하게 되었다.

공통된 언어의 부재(不在)는 언제나 평화 집단들이 성장하는 것을 막았지만, 돈은 현대 무역에서 보편적 언어가 되어 버렸다. 대체로 산업 시장이 현대 사회를 결속한다. 이익의 동기는 봉사하려는 욕구로 커졌을 때, 문명화시키는 강력한 약이다.

초기 시대에 각 부족은 증가하는 두려움과 의심의 동심원(同心圓)들로 둘러싸여 있었다. 따라서, 한때는 모든 낯선 사람을 죽이는 것, 나중에는 그들을 종으로 만드는 것이 관습이었다. 옛날의 우정 관념은 씨족으로 입양되는 것을 뜻했으며, 씨족의 회원 자격은 죽은 뒤에도 계속된다고 생각되었다—이것은 가장 이른 영생 개념의 하나이다.

입양하는 의식(儀式)은 서로의 피를 마시는 것이었다. 어떤 집단에서는 피를 마시는 대신에 침이 교환되었고, 이것이 사교로 입맞추는 관습의 옛 기원이다. 그리고 모든 결합 의식은, 결혼이든 입양이든, 언제나 잔치를 벌임으로 끝났다.

후일에는 붉은 포도주로 묽게 만든 피가 쓰였고, 결국에는 입양 의식을 봉인하려고 포도주만 마셨는데, 이 의식을 포도주 잔을 스침으로 표시했고, 마실 것을 삼킴으로 끝났다. 히브리인들은 수정된 형태로 행하는 이 입양 의식을 즐겼다. 그들의 아랍 조상은 후보자의 손이 부족 원주민의 생식기에 놓여 있는 동안 행해진 서약을 사용했다. 히브리인들은 입양된 외인(外人)들을 친절하게, 형제처럼 다루었다. "너희와 함께 거하는 외인은 너희 사이에 태어난 자와 같게 될지니, 너희는 그를 너 몸처럼 사랑할지니라."

"손님 우정"은 임시로 친근하게 대접하는 관계였다. 방문하는 손님들이 떠날 때, 접시를 반쪽으로 깨뜨리고 한 조각을 떠나는 친구에게 주었고, 그것은 나중에 방문하려고 도착할지 모르는 제삼자를 위하여 적당한 소개장으로 쓰이곤 하였다. 손님들은 자기의 여행과 모험에 관하여 이야기함으로 방문한 것에 대하여 값을 치르는 것이 관습이었다. 옛날의 이야기꾼들은 아주 인기가 좋아서, 결국에는 사냥하거나 수확하는 철 동안에 그들이 활동하는 것은 규범에 금지되었다.

첫 평화 조약은 "피의 유대"였다. 싸우는 두 부족을 대표하는 평화 대사(大使)는 만나서, 경의를 표하고, 다음에 나아가서 살갗에서 피가 날 때까지 찌르곤 했다. 그리고 나서 그들은 서로의 피를 빨아먹고 평화를 선언하곤 했다.

가장 일찍 있던 평화 사절단은 옛날의 적의 성욕(性慾)을 만족시켜 주기 위해서 가장 예쁜 자기네 처녀들을 데려오는 남자들의 대표단이었는데, 성의 욕구가 전쟁 요구를 물리치는 데 이용된 것이다. 그렇게 명예를 받은 부족은 자체가 바치는 처녀들을 데리고, 답례 방문을 하곤 했다. 그리고 나서 평화는 단단히 인정된 것이다. 그리고 추장들의 가족 사이에서 서로 결혼하는 것이 인가되었다.

4. 씨족과 부족

첫 평화 집단은 가족이었고, 다음에는 씨족, 부족, 나중에는 민족이었으며, 민족은 결국 영토를 가진 현대 국가가 되었다. 유란시아의 나라들이 아직도 전쟁 준비에 거금을 쓰고 있는 것이 사실인데도, 오늘날의 평화 집단들이 혈연을 넘어서 나라들을 포함한 지 오래 되었다는 사실은 아주 격려가 된다.

씨족은 부족 안에 있는 혈연 집단이며, 그들의 존재는 다음과 같은 어떤 공통된 이익에 빚을 지고 있다:

1. 공통된 조상까지 기원이 거슬러 올라가는 것.
2. 공통된 종교 토템에 충성하는 것.
3. 같은 사투리를 말하는 것.
4. 공통된 거처를 함께 쓰는 것.
5. 같은 적들을 무서워하는 것.
6. 공통된 군사 체험을 가지는 것.

씨족의 수령들은 반드시 부족 추장에게 종속되었고, 초기의 부족 정부는 씨족들의 느슨한 연합이었다. 오스트랄리아 원주민은 결코 부족 형태의 정부를 개발하지 못했다.

씨족의 평화 추장들은 보통 모계(母系)를 통해서 다스렸다. 부족의 전시(戰時) 추장들은 부계를 확립했다. 부족 추장과 초기 임금들의 법정은 씨족의 수령들로 구성되었고, 그들을 임금 앞으로 1년에 몇 번씩 초대하는 것이 풍습이었다. 이것은 임금으로 하여금 그들을 지켜보고 그들의 협조를 더 단단히 확보하게 만들었다. 씨족들은 지역의 자치 정부에서 값진 목적에 쓰였지만, 크고 강한 국가들이 성장하는 것을 아주 더디게 만들었다.

5. 정부의 시작

인간의 모든 기구는 시작이 있었고, 결혼·산업·종교와 꼭 마찬가지로, 국가의 정부는 진보하는 진화의 산물이다. 초기의 씨족과 원시 부족들로부터 연속되는 체제의 인간 정부가 차츰 개발되었고, 20세기에 둘째 3분의 1의 특징을 나타내는 그 형태의 사회 및 시민 규제에 바로 이르기까지, 이러한 정부는 생겼다가 없어졌다.

가족 단위가 차츰 나타나자, 씨족 조직에서, 곧 같은 피를 가진 가족들의 집합에서, 정부의 기초가 세워졌다. 진짜 정부(政府) 단체의 처음은 장로 회의였다. 규제하는 이 집단은 어떤 유능한 방법으로 탁월함을 보인 노인들로 구성되었다. 야만

인도 지혜와 경험을 존중하였고, 장로들이 지배하는 오랜 세월이 뒤따랐다. 제대로 성장한 이 소수 독재의 통치는 차츰 족장의 관념으로 발전했다.

초기의 장로 회의에는 모든 정부 기능, 곧 행정·입법·사법 기능의 잠재성이 존재했다. 통용되는 관습을 풀이했을 때, 그 회의는 법정이었다. 새로운 양식의 사회 관습을 세울 때는 입법 기관이었고, 그러한 선포와 법령이 집행되는 한도까지, 그것은 행정부였다. 그 회의의 의장은 나중에 부족 우두머리의 선구자들 가운데 하나였다.

어떤 부족들에는 여자 회의가 있었고, 때때로 많은 부족이 여자 통치자를 가졌다. 홍인의 어떤 부족들은 "7인 회의"의 만장 일치 통치를 따르는 면에서 오나모나론톤의 가르침을 보존했다.

다투는 사회가 평화나 전쟁을 경영할 수 없다는 것을 인류가 깨닫기는 어려웠다. 원시의 "교섭"은 유익한 일이 드물었다. 한 집단의 씨족 수령들이 명령하는 군대는 한 사람이 지휘하는 강한 군대에 맞서서 승산이 없다는 것을 종족은 일찍부터 배웠다. 전쟁은 반드시 임금을 만들었다.

처음에 전쟁 추장들은 군사 근무에만 뽑혔고, 평화시에는 그 권한의 얼마를 포기하곤 했는데, 이 때 그들의 임무는 사회적 성질을 더 띠었다. 그러나 차츰차츰 그들은 평화 기간을 잠식하기 시작했고, 한 전쟁으로부터 다음에 이르기까지 내내, 계속하여 다스리는 경향이 있었다. 그들은 흔히 한 전쟁이 다음 전쟁을 좇는 데 너무 오래 걸리지 않게끔 처리하였다. 이 초기의 군주들은 평화를 좋아하지 않았다.

후일에 어떤 추장들은 군대 복무가 아닌 일 때문에 선출되었고, 특별한 체격이나 뛰어난 개인 능력 때문에 뽑히었다. 홍인들은 흔히 두 벌의 추장—총재, 곧 평화시 추장, 그리고 상속이 되는 전쟁 추장—들이 있었다. 평화시의 통치자들은 또한 판관이요 선생이었다.

어떤 초기의 공동체들은 주술사들이 다스렸고, 그들은 흔히 추장으로서 행동했다. 한 사람이 사제, 의사, 최고 집행자로서 행동하곤 했다. 아주 흔히 초기의 왕의 문장(**紋章**)은 최초에 사제의 옷의 표시나 상징이었다.

이 단계를 걸쳐서 정부의 행정부가 차츰 생기게 되었다. 씨족 및 부족 회의는 자문하는 기능에서, 또 나중에 나타나는 입법부와 사법부의 선구자로서, 계속하였다. 아프리카에는 오늘날 이 모든 형태의 원시 정부가 여러 부족 사이에서 실제로 존재한다.

6. 군주제 정부

완전한 집행 권한을 가진 추장이 나타나면서 효과적인 국가 통치가 다가왔다. 한 인물에게 관념을 부여하는 것이 아니라, 오로지 권한을 줌으로 효과적인 정부를 가질 수 있다는 것을 사람은 발견했다.

통치권은 가족의 권한이나 재산 관념으로부터 생겨났다. 족장인 소왕(**小王**)이 정말로 임금이 되었을 때, 그를 때때로 "민족의 아버지"라고 불렀다. 나중에, 임금은 영웅으로부터 솟아 나왔다고 생각되었다. 더 나중에는 왕들이 신성한 기원을 가졌다는 믿음 때문에, 통치권이 상속되었다.

세습(**世襲**)하는 왕권은 예전에 임금이 죽고 후계자가 선출되는 사이에, 대혼란을 일으켰던 무정부 상태를 피했다. 가족은 생물학상의 우두머리가 있는가 하면, 씨족은 선택된 자연스런 지도자가 있고, 부족과 나중에 생긴 국가는 자연스런 지도자가 없었다. 이것은 추장인 왕을 상속하게 만드는 또 다른 이유였다. 왕의 가족들과 귀족 제도의 관념은 또한 씨족에서 "이름 소유권"을 주는 관습에 기초를 두었다.

임금의 계승은 결국 초자연적인 것으로 간주되었고, 왕족의 피는 칼리가스티아 영주의 육체화된 참모진 시절까지 거슬러 올라가는 것으로 생각되었다. 이처럼 왕들은 주물 인격자가 되었고 사람들은 터무니없이 이들을 무서워하게 되었으며, 특별한 형태의 대화가 궁정에서 쓰도록 채택되었다. 요즈음까지도 왕의 손길은 병을 고친다고 생각되었고, 어떤 유란시아 민족들은 아직도 그들의 통치자가 신에게서 기원을 가졌다고 여긴다.

초기의 주물 임금은 흔히 은둔 속에 두었다. 그는 너무나 신성해서 잔칫날과 휴일을 빼고는 사람들이 볼 수 없다고 간주되었다. 보통 한 대표가 그를 흉내내도록 선택되었고, 이것이 수상(首相)의 기원이다. 첫 내각 관리는 식량을 관리하는 자였고, 다른 사람들이 곧 뒤를 이었다. 통치자들은 이내 상업과 종교를 맡도록 대표들을 지명했다. 내각의 발전은 집행 권한을 비성격화하는 방향으로 직접 내디딘 걸음이었다. 이 초기 임금의 조수들은 인정받는 귀족이 되었고, 여자들이 전보다 더 존경받게 되자, 왕의 아내는 차츰 왕비의 위엄으로 올라갔다.

양심 없는 통치자들은 독을 발견함으로 큰 권력을 쥐었다. 일찍부터 궁중의 요술은 악마처럼 잔학했다. 임금의 적들은 금방 죽었다. 그러나 아주 잔학한 폭군도 어떤 제한을 받았다. 그는 적어도 늘 암살되는 두려움 때문에 자제하였다. 주술사, 마술사, 사제들은 언제나 임금에게 강력한 저지 세력이었다. 나중에는, 지주, 곧 귀족들이 제어하는 영향력을 미쳤다. 그리고 때때로 씨족과 부족들이 그저 들고일어나서, 전제 군주와 폭군을 뒤집어엎었다. 폐위된 통치자들은, 사형 선고를 받았을 때, 흔히 자살하는 선택권이 주어졌는데, 이것은 어떤 환경에서 자살하는, 고대 사회의 유행을 낳았다.

7. 원시의 클럽과 비밀 사회

혈연 관계는 처음 사회 집단들을 결정했고, 결속은 친척의 씨족을 확대했다. 서로 결혼하는 것은 집단의 확장에 다음 걸음이었고, 그에 따라 생긴 복잡한 부족은 처음으로 참된 정치 단체였다. 사회의 발전에서 다음의 진보는 종교적 종파와 정치 클럽의 진화였다. 이것들은 처음에는 비밀 사회로서 나타났고, 최초에는 온전히 종교적이었는데, 나중에는 행동을 규제하였다. 처음에 이 비밀 사회들은 남자들의 클럽이었고, 나중에 여자들의 클럽이 나타났다. 이내 그들은 두 등급, 사회·정치적 등급과 종교적이고 신비스런 등급으로 나누어졌다.

이 사회들이 비밀을 지키는 데는 많은 까닭이 있었는데 다음과 같다:

1. 어떤 금기를 위반하는 것 때문에 통치자들의 비위를 건드리는 두려움.

2. 소수의 종교 의식(儀式)을 거행하기 위해서.

3. 가치 있는 "정신"이나 상업의 비밀을 보존하려는 목적으로.

4. 어떤 특별한 마력이나 요술을 즐기기 위해서.

이 사회들의 바로 그 비밀성은 모든 회원에게, 나머지 부족 사람들에 대해서 신비의 힘을 주었다. 비밀은 또한 허영심에도 호소한다. 신입 회원들은 당대에 사회에서 귀족이었다. 입회식이 있은 뒤에 남자아이들은 어른들과 함께 사냥을 했는데,

그들은 전에 여자들과 함께 채소를 거두었다. 사춘기 시험에 합격하지 못해서, 남자들의 거처 바깥에서 여자와 아이들과 함께 남아 있는 것, 여자처럼 여겨지는 것은 최고의 치욕이요, 부족에서 불명예였다. 게다가, 가입하지 않은 자들은 결혼하는 것이 허락되지 않았다.

원시 인간들은 아주 일찍부터 사춘기 청년들에게 성욕의 자제를 가르쳤다. 사춘기로부터 결혼하기까지 소년들을 부모로부터 떼어 내는 것이 관습이 되었고, 소년의 교육과 훈련은 남자들의 비밀 사회에 맡겨졌다. 이 클럽들의 주요 활동 가운데 하나는 사춘기의 젊은 남자들을 통제하는 것이었고, 그래서 사생아가 생기는 것을 막았다.

이 남자의 클럽이 다른 부족들로부터 온 여자를 사용하는 데 돈을 치렀을 때, 상업화된 매춘이 시작되었다. 그러나 초기의 집단들은 놀랍게도 성의 문란에 빠지지 않았다.

사춘기에 입문하는 의식(**儀式**)은 보통 5년의 기간에 연장되었다. 몸을 괴롭히고 아프게 절단하는 많은 것이 이 의식에 들어갔다. 할례가 이 비밀 사회의 하나에 입회 의식으로서 처음으로 실시되었다. 사춘기 입문의 일부로서 부족의 표시를 몸에 새겼다. 문신(**文身**)은 그러한 회원의 표징으로서 시작되었다. 그러한 고문은, 상당한 결핍과 함께, 이 젊은이들을 단단하게 만들고, 생명의 현실과 그에 따른 불가피한 시련으로 그들에게 감명을 주도록 고안되었다. 나중에 나타나는 운동 경기와 육체적 경기가 이 목적을 더 잘 수행한다.

그러나 비밀 사회들은 사춘기의 도덕성을 개량하는 데 목표를 두지 않았다. 사춘기 예식들의 주요한 목적의 하나는 소년에게 다른 남자의 아내를 건드리지 말아야 한다는 것을 강조하려는 것이었다.

험한 단련과 훈련을 몇 년 동안 거친 다음, 결혼하기 바로 전에, 이 젊은 남자들은 보통 여가와 자유를 갖도록 잠시 동안 풀려났고, 그 뒤에 돌아와서 결혼하고 부족의 금기에 일생 동안 복종하였다. 그리고 이 고대의 관습은 "젊어서 난봉을 피우는" 어리석은 관념으로서 현대까지 계속되었다.

후기의 많은 부족이 여자들의 비밀 클럽을 만드는 것을 인가했는데, 그 목적은 사춘기의 소녀들을 아내와 어머니가 되도록 준비시키는 것이었다. 입회한 다음에 소녀들은 결혼할 자격이 있었고 "신부 보이기"에 나가는 것이 허락되었는데, 이것은 그 시절에 처음으로 발을 내딛는 모임이었다. 결혼에 반대할 것을 서약한 여자들의 계급은 일찍부터 생겼다.

결혼하지 않은 남자들의 무리와 누구에게 속하지 않은 여자들의 무리가 독립된 조직들을 만들었을 때, 당장에 비밀 아닌 클럽들이 등장했다. 이 사회들은 정말로 처음 학교였다. 남자와 여자들의 클럽은 서로를 괴롭히는 경향에 흔히 빠졌지만, 어떤 진보된 부족들은 달라마시아 선생들과 접촉을 가진 뒤에, 남녀 공학(**共學**)을 실험했고, 남녀 모두를 위하여 기숙사가 있는 학교를 가지고 있었다.

비밀 사회들은 주로 그 입회식의 신비스런 특징으로 말미암아, 사회 계급을 확립하는 데 기여했다. 이 사회의 회원들은 처음에는 애도하는 의식—조상 숭배—에서 호기심 있는 사람들을 놀라게 해서 쫓아내려고 가면을 썼다. 나중에 이 의식은 가짜 강영회(**降靈會**)로 발전되었고, 거기서 귀신들이 나타났다고 소문이 났다. "새로운 탄생"을 주장하는 고대의 사회들은 신호(**信號**)를 썼고, 특별한 비밀스러운 은어(**隱語**)를 이용했다. 또한 어떤 음식을 먹지 않는다고 맹세했다. 밤의 경찰로서 행동했고, 그밖에도 넓은 범위의 사회 활동에서 일했다.

모든 비밀 결사는 선서를 부과하고 신뢰를 강요했으며, 비밀을 지키라고 가르쳤다. 이 명령은 폭도에게 두려움을 주고 폭도를 통제했다. 그들은 또한 경계를 맡는 사회 단체로서 행동했으며, 따라서 사형(私刑) 법을 실천했다. 부족들이 전쟁할 때는 첫 간첩이었고, 평화 시절에는 첫 비밀 경찰이었다. 무엇보다도 그들은 양심 없는 왕들이 바늘방석에 앉게 만들었다. 그들을 상쇄하기 위해서, 왕들은 자체의 비밀 경찰을 길렀다.

이 사회 단체들은 처음으로 정당을 낳았다. 처음 정당 정치는 "강한 자" 대 "약한 자"였다. 옛날에는 내란이 있은 다음에야 행정부가 갈렸는데, 이것은 약한 자가 강해졌다는 것을 풍부히 증명한다.

이 클럽들은 부채를 걷기 위하여 상인들에게 고용되었고, 세금을 걷기 위해서 통치자들에게 고용되었다. 세금 걷는 것은 오랜 투쟁이었는데, 가장 이른 형태 중의 하나는 십일조, 곧 사냥이나 전리품의 10분의 1이었다. 세금은 최초에 왕의 집을 유지하기 위해서 부과되었지만, 성전 예배를 지원하기 위한 헌금으로서 변장했을 때 세금 걷기가 더 쉽다는 것이 발견되었다.

이윽고 이 비밀 결사(結社)들은 첫 자선 조직으로 성장했고, 나중에는 초기의 종교 단체—교회의 선구자—로 진화했다. 마침내 이 사회들 중에 더러는 부족간의 사회, 곧 첫 국제 단체들이 되었다.

8. 사회 계급

인간의 정신과 육체의 불평등은 사회 계급들이 나타날 것을 보장한다. 사회 계층이 없는 유일한 세계는 가장 원시적인 세계와 가장 진보된 세계이다. 밝아오는 문명은 아직 사회 수준의 구별을 시작하지 않았고, 한편 빛과 생명에 정착한 세계는 인류의 이 구분을 대체로 지워 버렸으며, 이 구분은 중간에 있는 모든 진화 단계의 특징을 잘 나타낸다.

사회가 야만 상태로부터 미개(未開) 상태로 올라옴에 따라서, 그 인간 구성원들은 다음의 일반적 이유 때문에, 여러 등급으로 분류되는 경향이 있다:

1. <u>자연스런 이유</u>—접촉, 친척 관계, 결혼. 처음 사회적 구별은 남녀·나이·혈연—추장에 대한 인척 관계—에 기초를 두었다.

2. <u>개인적 이유</u>—능력, 끈기, 기술, 불굴의 정신을 인정하는 것. 언어의 능숙, 지식, 일반적 지능의 인정이 곧 뒤따랐다.

3. <u>우연</u>—전쟁과 이민은 인간 집단들의 분리를 초래하였다. 계급의 진화는 정복, 승자와 피정복자의 관계에 강력하게 영향을 받았고, 한편 노예 제도는 자유로운 자와 매인 자로, 처음으로 일반적인 사회의 구분(區分)을 가져왔다.

4. <u>경제적 이유</u>—빈부(貧富). 재산, 노예의 소유는 한 사회 계급에게 유전적 기초가 되었다.

5. <u>지리적 이유</u>—도시와 시골 촌락이 생기자 그에 따라서 계급이 생겨났다. 도시와 시골은 각자가 목자 및 농업가, 그리고 상인 및 산업가가 전문화되는 데 기여했으며, 그들의 관점과 반응은 달랐다.

6. <u>사회적 이유</u>—다른 집단들의 사회적 가치를 대중이 어림하는 데 따라서 계급들이 차츰 형성되었다. 가장 일찍부터 생긴 이 종류의 구분에는 사제나 선생, 통치자나 무사(武士), 자본가나 상인, 보통 노동자, 노예가 있었다. 노예는 결코 자본

가가 될 수 없었다. 하지만 임금 받는 자는 때때로 자본가의 서열에 끼기를 선택할 수 있었다.

7. 직업적 이유—직종이 늘어나자, 그들은 계급과 조합을 세우는 경향이 있었다. 노동자들은 세 집단으로 나뉘었는데, 곧 주술사를 포함한 전문가 계급, 다음에 기술 노동자, 미숙련 노동자들이 뒤따랐다.

8. 종교적 이유—초기의 종파 클럽들은 씨족과 부족 안에서 자체의 계급을 만들었고, 사제들의 경건과 신비주의는 그들이 따로 된 사회 집단으로 오랫동안 영속하게 만들었다.

9. 종족의 이유—한 주어진 국가나 영토 단위 안에 둘 이상의 종족이 존재하는 것은 보통 피부색에 따른 카스트를 만들어 낸다. 인도 최초의 카스트 제도는, 초기 에집트의 카스트와 마찬가지로, 피부색에 기초를 두었다.

10. 나이—청춘기와 성년기. 부족 사이에서 소년은 아버지가 사는 한, 아버지의 보호 밑에 남아 있었고, 한편 소녀는 결혼할 때까지 어머니의 보살핌에 맡겨졌다.

융통성 있고 변하는 사회 계급은 진화하는 문명에 필수이지만, 계급이 카스트가 될 때, 사회 수준이 굳어질 때, 사회적 안정의 향상은 개인의 창의성을 줄임으로 얻어진다. 사회 카스트는 산업에서 한 사람의 자리를 찾는 문제를 풀지만, 또한 개인의 발전을 뚜렷이 단축하고 사회의 협동을 실질적으로 방해한다.

사회에서 계급은 자연스럽게 형성되었으니까, 계급은 진보하는 문명에서 다음과 같은 생물학적·지적·영적 자원을 영리하게 조종함을 통해서, 사람이 계급을 진화로 말소할 때까지 존속할 것이다:

1. 종족 혈통의 생물학적 혁신—열등한 인간 혈통을 선택해서 없앤다. 이것은 필사자의 많은 불평등을 없애는 경향이 있을 것이다.

2. 그런 생물학적 개량으로 생겨나는 증가된 두뇌력을 교육으로 훈련한다.

3. 사람의 인척 관계와 형제 정신의 느낌을 종교 면에서 활발하게 만든다.

그러나 이러한 조치는 미래에 아득하게 여러 천년이 지나야 그 참된 열매를 얻을 것이다. 하지만 문화를 진보시키는 이 가속(加速) 요인들을 총명하게, 현명하게, 참을성 있게 조종함으로, 많은 사회적 개선이 즉시 생길 것이다. 종교는 혼란으로부터 문명을 들어올리는 강력한 지렛대이지만, 건전하고 정상인 유전에 단단히 기초를 둔, 건전하고 정상인 지성의 지레 받침이 없이 힘을 쓸 수 없다.

9. 인간의 권리

자연은 사람에게 아무 권리를 주지 않는다. 단지 목숨과 그 목숨을 이을 세상을 준다. 자연은 살 권리조차 주지 않는다. 무장하지 않은 사람이 배고픈 호랑이를 원시림에서 만났다면 무슨 일이 일어날 것 같은가 생각하면 이것이 짐작되겠다. 사회가 사람에게 주는 주요한 선물은 안전이다.

차츰 사회는 그 권리를 주장했고, 현재 이 권리는 다음과 같다:
1. 식량 공급의 보장.
2. 군사적 방어—준비를 통해 얻는 안전.
3. 내부 평화의 보존—개인에 대한 폭력과 사회 무질서의 방지.

4. 성의 통제—결혼, 가족 제도.
5. 재산—소유할 권리.
6. 개인 및 집단 사이에 경쟁의 육성.
7. 젊은이들을 교육하고 훈련하기 위한 준비.
8. 무역과 상업의 촉진—산업의 발전.
9. 노동 조건과 보상의 개선.
10. 영적 동기를 얻음으로 말미암아 이 모든 다른 사회 활동을 고상하게 만들려는 목적을 가지고 종교 관습의 자유를 보장하는 것.

권리가 기원을 알 수 없을 만큼 오래 될 때, 권리를 흔히 자연권이라 부른다. 그러나 인간의 권리는 정말로 자연스러운 것이 아니며, 전부 사회적이다. 이 권리는 상대적이고 늘 변하고 있으며, 경기 규칙에 불과하다—늘 바뀌는, 인간 경쟁의 현상을 다스리는 관계를 조정하는 것을 인정했다.

어느 시대에 권리로 여길까 싶은 것을 다른 시대에는 그렇게 여기지 않을 수도 있다. 장애자와 퇴화된 자들이 큰 무리로 살아남은 것은 그들이 그렇게 20세기 문명을 거추장스럽게 할 어떤 자연권을 가졌기 때문이 아니라, 단지 당대의 사회, 곧 도덕 관습이 그렇게 선포하기 때문이다.

인간의 권리는 유럽의 중세에 거의 인정되지 않았다. 그 때 모든 사람은 다른 누군가에게 속했고, 권리는 국가나 교회가 허락한 특권이나 은혜였다. 이 잘못에 대하여 저항한 것은, 모든 사람이 평등하게 태어났다는 믿음으로 인도했기 때문에, 똑같이 틀렸다.

약하고 열등한 자들은 언제나 동등한 권리를 주장하였다. 그들은 국가가 강하고 우수한 자들에게 그들의 요구를 채워 주고 그밖에도 어떤 결점을 회복하도록 강요해야 한다고 언제나 주장했는데, 이 결점은 그들 자신의 무관심과 게으름의 자연스런 결과인 때가 아주 빈번하다.

그러나 이 평등의 이상(**理想**)은 문명의 소산이다. 자연에서 발견되지 않는다. 문화 자체조차도 그것을 받아들일 바로 그 불평등한 능력에 따라서 사람의 타고난 불평등을 확실히 보여 준다. 자연히 평등하다고 생각되는 것을 갑자기 비진화 방법으로 실현하는 것은 문명화된 사람을 원시 시대의 투박한 관습으로 재빨리 동댕이쳐 버릴 것이다. 사회는 모두에게 평등한 권리를 제공할 수 없지만, 각자의 다른 권리를 공정하고 공평하게 관리하기를 약속할 수 있다. 자연의 아이에게 자아의 유지를 추구하고, 자아 존속에 참여하고, 한편 동시에 어느 정도 자아의 충족을 즐기는 공평하고 평화로운 기회를 마련해 주는 것이 사회의 일이요 임무이며, 자아에 관한 이 세 가지는 모두 인간 행복의 총합을 구성한다.

10. 응보의 진화

자연이 응보를 베푼다는 것은 사람이 만든 이론이며, 현실이 아니다. 자연 속에서, 응보는 순전히 이론이요, 전부 허구(**虛構**)이다. 자연은 오직 한 가지 응보를 마련해 준다—결과는 불가피하게 원인을 좇는다.

사람이 파악하는 응보는 사람이 자기의 권리를 얻는 것을 뜻하며, 따라서 점진적 진화의 문제였다. 응보의 개념은 영을 부여받은 지성을 구성할지 모르지만, 그 개념은 공간 세계들에서 완전히 발육되어 솟아나지 않는다.

원시인은 모든 현상을 한 인물에게 돌렸다. 죽음이 있을 경우에, 야만인은 무엇이 그를 죽였는가가 아니라, 누가 죽였는가 물었다. 따라서 사고로 살인한 것은 인정되지 않았고, 죄를 벌할 때 범죄자의 동기는 통째로 무시되었다. 입은 상처에 따라서 판결이 내렸다.

가장 일찍 있었던 원시 사회에서 여론은 직접 작용했고, 법을 담당하는 관리들이 필요하지 않았다. 원시 생활에는 사생활이 없었다. 이웃이 한 사람의 행위에 대하여 책임을 졌다. 따라서 이웃이 개인적 일을 엿보는 권리가 생긴다. 집단 전체가 각 개인의 행동에 관심을 가지고, 어느 정도 통제해야 한다는 이론에 근거를 두고 사회가 규제되었다.

주술사와 사제들을 통해서, 사람들은 귀신들이 응보를 베푼다고 아주 일찍부터 믿었다. 이것이 이 계급들을 최초의 범죄 탐지자와 율법 관리자로 만들었다. 범죄를 찾아내려고 그들이 초기에 쓴 방법은 독물·불·고통의 시련을 시행하는 것이었다. 야만인 같은 이 시련은 서투른 중재 기술에 불과했다. 그들은 논쟁을 반드시 공정하게 해결하지는 않았다. 예를 들면, 독물을 주었을 때, 피고가 게워 버리면 무죄(無罪)였다.

구약은 이 시련 가운데 하나, 결혼에서 죄책감의 시험을 기록한다. 한 남자가 그 아내가 그에게 진실하지 않다고 의심하면, 아내를 사제에게 데리고 가서 그가 의심하는 바를 이야기했고, 그 뒤에 사제는 거룩한 물과 성전 마루에서 쓸어모은 것으로 이루어진 혼합물을 준비하곤 했다. 위협하는 저주를 포함하여 정식으로 의식을 치른 뒤에, 고발당한 아내는 그 더러운 약을 마시도록 강제되었다. 그 여자에게 죄가 있으면, "저주를 일으키는 그 물이 그 여자에게 들어가서 쓰게 될 것이며, 그 여자의 배가 붓고 넓적다리는 썩을지라. 그리고 그 민족 사이에서 저주를 받으리라." 어쩌다가 어떤 여자가 이 더러운 한 모금을 쭉 들이키고 몸이 아픈 징후를 보이지 않으면, 시샘하는 남편이 고소한 죄목으로부터 놓여났다.

범죄를 찾아내는 이 포학한 방법을 진화하는 거의 모든 부족이 언젠가 실행했다. 결투는 시련으로 행하는 재판이 현대에까지 살아남은 것이다.

3천 년 전에 히브리인과 기타 반문명화된 부족들이, 응보를 베푸는 그런 원시 방법을 쓴 것에 놀래서는 안 된다. 그러나 생각 있는 사람들이, 성스러운 기록을 모은 페이지 안에 그러한 미개 상태의 유물을 남겨 두려 했다는 것은 아주 놀라운 일이다. 곰곰이 생각해 보면, 의심하는 바 결혼에서 부정(不貞)을 찾아내고 판결하는 일에 관하여, 어떤 신다운 존재도 그렇게 부당한 지침을 필사 인간에게 결코 주지 않았다는 것을 똑똑히 알게 될 것이다.

사회는 일찍부터 눈에는 눈, 목숨에는 목숨으로, 복수해서 갚는 태도를 채택하였다. 진화하는 부족들은 모두 피를 갚는 이 권리를 인정했다. 복수(復讐)는 원시 생활의 목표가 되었지만, 종교는 그 뒤로 이 초기의 부족 풍습을 크게 고쳤다. 계시된 종교를 가르치는 선생들은 언제나 선포했다, "'복수는 나의 일이라' 주가 말씀하시니라." 초기 시절에 복수로 사람을 죽이는 것은 불문율의 핑계 밑에서 행해지는 오늘날의 살인과 아주 다르지는 않았다.

자살은 복수의 흔한 형태였다. 사람이 살아서 복수할 수 없다면, 그는 귀신으로서 돌아와서 적에게 노여움을 퍼부을 수 있다는 믿음을 품고 죽었다. 이 믿음이 아주 널리 퍼졌으니까, 적의 문간에서 자살한다는 위협은 보통 적을 항복시키는 데 넉넉했다. 원시인은 생명을 그다지 귀하게 여기지 않았다. 하찮은 일에 자살하는 것이 보통이었지만, 달라마시아 사람들의 가르침은 이 관습을 크게 줄였으며, 최근에는 여가, 편안, 종교, 철학이 합쳐서 인생을 더 즐겁고 바람직하게 만들었다. 그러나 단식 투쟁은 이 옛 복수 방법을 현대판으로 만든 것이다.

진보된 부족 율법의 가장 초기 형태의 하나는 피의 복수를 하나의 부족의 일로 떠맡는 것과 관계가 있었다. 그러나 설명하기 야릇하지만, 그 때에도 남자는 값을 충분히 치르고 아내를 샀다면, 벌을 받지 않고 아내를 죽일 수 있었다. 그러나 오늘날의 에스키모는 범죄에 대한 벌을, 살인의 경우에도, 해를 받은 가족이 선포하고 시행하라고 맡긴다.

또 한 가지 진보는 금기(禁忌) 위반에 대하여 벌금을 물게 하는 것, 벌칙 조항이었다. 이 벌금은 처음으로 공공 수익이었다. "피의 값"을 치르는 관습은 또한 피로 복수하는 것의 대안(代案)으로서 유행하였다. 그러한 손해는 보통 여자나 가축으로 물었다. 실제로 벌금, 돈으로 보상하는 것이 범죄에 대한 벌로서 인정을 받기까지는 오랜 세월이 흘렀다. 형벌의 관념이 본질적으로 보상이었으니까, 사람의 목숨도 포함해서 모든 것에, 결국 가격이 매겨지게 되었고, 그 값을 손해로서 치를 수 있었다. 히브리인들은 피 값을 치르는 관습을 처음으로 폐지하였다. 모세는 그들이 "사람 죽인 죄를 지은 살인자의 목숨 대신에 아무 배상을 받지 말라, 그를 반드시 죽여야 할지니라"하고 가르쳤다.

이처럼 처음에는 가족이, 다음에는 씨족이, 나중에는 그 부족이 응보를 시행하였다. 참된 응보의 관리는 원수 갚는 일을 개인과 친척 집단으로부터 빼앗아서, 사회 집단, 곧 국가의 손에 넘겨 주는 때로 거슬러 올라간다.

산 채로 태워 죽이는 벌은 한때 보통 관습이었다. 하무라비와 모세를 포함해서, 고대의 많은 통치자가 이 관습을 인정하였고, 모세는 많은 범죄, 특히 심각한 성적(性的) 성질을 가진 범죄는 화형에 처해서 벌을 주어야 한다고 지시했다. 만일 "제사장"이나 다른 유지의 "딸"이 공공 창녀가 되면, "그 여자를 불에 태워 죽이는" 것이 히브리인의 관습이었다.

반역—자기 부족의 동료들을 "팔아 넘기거나" 배반하는 것—은 처음으로 죽을 죄였다. 가축을 훔치는 것은 보편적으로 즉시 죽는 벌을 받았고, 최근에도 말을 훔치는 것은 비슷하게 벌을 받았다. 그러나 시간이 지남에 따라서 벌의 무거움은 벌의 확실성과 신속성만큼 가치 있는 범죄 억제책이 아니라는 것이 발견되었다.

사회가 범죄를 벌하지 못할 때, 집단의 분개심은 보통 사적(私的) 제재로 죽이는 법으로서 나타난다. 피신처의 조항은 갑작스런 이 집단 분노를 피하는 수단이었다. 사적 제재로 죽이기와 결투(決鬪)는 개인이 사사롭게 시정(是正)하는 일을 국가에게 넘겨 주기 싫어한다는 것을 나타낸다.

11. 법과 법정

새벽에 언제 밤에서 낮으로 이어지는가를 정확히 가리키는 것만큼이나, 도덕 관습과 법을 뚜렷하게 구분하기가 힘들다. 도덕 관습은 형성 과정에 있는 법 및 경찰의 규제이다. 오랫동안 확립되었을 때, 규명되지 않은 도덕 관습은 엄밀한 법, 분명한 규칙, 잘 규명된 사회 관습으로 구체화되는 경향이 있다.

법은 반드시 처음에 부정적이고 무엇을 하지 말라 한다. 진보하는 문명에서 법은 더욱 적극성을 띠고 지시한다. 초기의 사회는 부정적(否定的)으로 작용했으며, 모든 다른 사람에게 "너희는 죽이지 말라"는 명령을 내림으로 개인에게 살 권리를 주었다. 개인에게 주는 모든 권한이나 자유는 모든 다른 사람의 자유의 단축을 가져오며, 금기, 곧 원시의 율법이 이 일을 해냈다. 금기의 관념 전체가 본래부터 부정적인데, 이는 원시 사회의 조직이 완전히 부정적이었고, 초기에 응보의 시행은 금기를 집행하는 것이었기 때문이다. 그러나 최초에 이 법들은, 후일의 히브리인들이 보여 주었다시피, 오직 동료 부족 사람들에게만 적용되었다. 히브리인들은 이방인들을 상대하는 경우에 다른 윤리 규칙을 가지고 있었다.

증언을 더 진실하게 만들려는 노력으로, 맹세는 달라마시아 시절에 생겨났다. 그러한 맹세는 자신에게 저주를 선언하는 것이었다. 이전에는 어떤 사람도 자기가 태어난 집단에 불리하게 증언하려 하지 않았다.

범죄는 부족의 도덕 관습에 대한 공격이었고, 죄는 귀신의 벌이 따라붙는 금기를 어기는 것이었다. 범죄와 죄를 구분하지 못하는 것 때문에 오랫동안 혼란이 있었다.

이기심은 살인에 관하여 금기를 확립했고, 사회는 그것을 전통적 관습으로 정당화했으며, 한편 종교는 관습을 성스럽게 도덕법으로 만들었다. 이처럼 세 가지 모두가 인간의 생활을 더 안전하고 신성하게 만드는 데 협력하였다. 권리가 종교의 인가를 받지 않았더라면, 초기 시절에 사회는 버티지 못했을 것이다. 고대의 사람들은 모두, 신들이 그들의 오래 된 법, 금기를 선조에게 주었다고 주장했다.

법은 오래 된 인간 체험, 구체화되고 공인된 여론이 법전화된 기록이다. 도덕 관습은 축적된 체험의 원자재였고, 거기서부터 나중에 통치하는 지성들이 성문화된 법을 작성했다. 고대의 재판관들은 아무 법이 없었다. 결정을 내릴 때, 그는 다만 "이것이 관습이다"하고 말했다.

법정의 판결에서 선례를 언급하는 것은 재판관들이 성문화(成文化)된 법을 변하는 사회 조건에 적응시키려 하는 노력을 나타낸다. 이것은 전통이 연속된다는 감명과 함께, 변하는 사회 조건에 대하여 점진적 적응을 마련해 준다.

재산에 관한 투쟁은 여러 방법으로 처리되었는데, 다음과 같다:

1. 싸움에 걸린 재산을 파괴하여.
2. 무력으로—논쟁하는 자들은 싸웠다.
3. 중재로—제삼자가 결정했다.
4. 장로들에게 상소해서—나중에는 법정에 상소했다.

초기의 법정은 주먹다짐하는 싸움으로 규제되었다. 판관들은 다만 심판이나 중재인이었다. 그들은 인가된 규칙에 따라서 싸움이 진행되도록 처리했다. 법정 투쟁에 들어갈 때, 각 편은 한 사람이 다른 사람에게 진 뒤에 그 비용과 벌금을 물도록 재판관에게 보증금을 냈다. "힘이 아직도 옳았다." 나중에는, 말싸움이 육체로 때리는 것을 대신하였다.

원시적 응보 관념 전체가 공정을 위한 것이기보다, 논쟁을 해결하고, 그래서 공중의 무질서와 개인의 폭력을 막기 위한 것이었다. 그러나 원시인은 지금은 불공정이라고 여길 것에 그다지 분개하지 않았다. 권력을 가진 자는 권력을 이기적으로 쓸 것이 당연하다고 생각되었다. 그런데도 어떤 문명의 지위는 그 법정의 철저함과 공평함, 그 재판관들의 성실성에 따라서 아주 정확하게 결정되는가 한다.

12. 국가 권한의 분배

정부의 진화에서 큰 싸움은 권력의 집중에 관계되었다. 잘 조정된 행정부·입법부·사법부 사이에 적당한 권력의 균형이 유지되었을 때, 대표하는 부류의 국가 정부가 사람 사는 세계에서 진화하는 민족들을 가장 잘 규제한다는 것을 우주 행정자들은 경험으로부터 배웠다.

원시의 권한은 힘, 육체의 힘에 기초를 두었지만, 이상적인 정부는 대표하는 체계이며, 거기서 지도력은 능력에 기초를 둔다. 그러나 미개 상태에 있던 시절에는 대의 정치가 효과적으로 활동하기에 온통 전쟁이 너무 많았다. 권한의 분리와 지휘의 통일 사이에 있었던 오랜 투쟁에서, 독재자가 이겼다. 원시 장로 회의가 가졌던 초기의 분산된 권력은 차츰, 절대 군주의 몸에 집중되었다. 진짜 임금들이 나타난 뒤에, 장로의 집단은 준입법 및 사법(**司法**)의 자문 단체로서 지속되었다. 나중에 동등한 지위를 가진 입법 기관이 출현했고, 결국에는 판결하는 최고 법정이 입법 기관과 따로 확립되었다.

임금은 도덕 관습, 곧 최초의 법이나 불문율의 집행자였다. 나중에 임금은 제정된 법령, 곧 구체화된 여론을 집행했다. 인민 집회가 여론의 표현으로서, 등장하는데 늦기는 했어도, 큰 사회적 진보를 기록하였다.

초기의 임금들은 도덕 관습—전통이나 여론—에 크게 제한을 받았다. 최근에 어떤 유란시아 국가들은 이 도덕 관습을 통치를 위한 자료의 근거가 되도록 성문화하였다.

유란시아 필사자들은 자유를 가질 자격이 있고, 정부 체계를 만들어야 하며, 헌법 또는 국가 권한과 행정 절차에 관한 다른 헌장을 채택해야 한다. 이렇게 하고 나서, 가장 유능하고 자격 있는 동료들을 최고 집행자로 뽑아야 한다. 입법부에 있는 대표들을 위해서는, 오직 그러한 신성한 책임을 완수하도록, 지능과 도덕 면에서 자격 있는 자들만 뽑아야 한다. 고등 법정과 최고 법정의 판사의 경우에, 오로지 타고난 능력을 부여받고 충만한 체험으로 지혜롭게 된 자들만 선출되어야 한다.

사람들이 자유를 유지하고 싶으면, 헌장을 고른 뒤에, 다음 사항을 방지하려는 목적으로, 지혜롭고 총명하고 두려움 없는 해석을 준비해야 한다:

1. 행정부나 입법부가 부당한 권력을 강탈하는 것.
2. 무지하고 미신을 믿는 선동자들의 술수.
3. 과학적 진보의 지연.
4. 평범이 지배하는 막다른 골목.
5. 사악한 소수들의 지배.
6. 야심 있고 영리한 독재를 꿈꾸는 자들이 통제하는 것.
7. 공포증의 비참한 혼란.
8. 양심 없는 자들의 착취.
9. 시민이 국가에게 세금의 노예가 되는 것.
10. 사회 및 경제적 공평을 이루는 데 실패하는 것.
11. 교회와 국가의 통합.
12. 개인의 자유를 잃는 것.

이것들이 진화하는 세계에서 대의 정치라는 엔진을 다스리는 장치로서 작용하는 법정, 헌법에 맞는 법정의 목적이요 목표이다.

유란시아에서 정부를 완전하게 만들려는 인류의 투쟁은, 행정 경로를 완전하게 만들고, 그 경로를 늘 변하는 시대의 요구에 적응하며, 정부 안에서 권력의 분산을 개선하고, 다음에 참으로 지혜로운 행정 지도자들을 뽑는 것과 상관이 있다. 신성하고 이상적인 형태의 정부가 있기는 하지만, 그런 것은 계시될 수 없고, 시공 우주에서 두루, 각 혹성의 남녀가 천천히 힘들여서 발견해야 한다.

[네바돈의 한 멜기세덱이 발표했다.]

제 71 편

국가의 발전

국가는 문명의 유익한 진화이며, 국가는 전쟁의 황폐와 고통으로부터 얻은, 사회의 순이익을 대표한다. 국정(國政)의 기술조차 싸우는 부족과 나라들 사이에 경쟁하는 힘의 대결을 조절하는, 축적된 기술일 뿐이다.

현대의 국가는 집단 권력을 얻으려는 오랜 투쟁에서 살아남은 제도이다. 우수한 권력이 결국 이겼고, 그것은 시민이 국가를 위하여 살고 죽는 절대 의무를 가졌다는 도덕적 신화와 함께, 사실로 있는 생물—국가—를 낳았다. 그러나 국가는 신에게서 기원을 가지지 않았다. 국가는 의지한 영리한 인간의 행동으로 생겨나지도 않았다. 국가는 순전히 진화된 제도이며, 전적으로 자연 발생한 기원을 가졌다.

1. 초기의 국가

국가는 영토를 가진 사회적 규제 조직이며, 가장 강력하고 가장 효과 있고 오래 가는 국가는 단일 민족으로 이루어져 있고, 그 국민은 공통된 언어와 도덕 관습과 제도가 있다.

초기의 국가는 작았고, 모두 정복으로 생긴 결과였다. 이 국가들은 자원하는 결합에서 생겨나지 않았다. 정복하는 유목민들이 많은 국가를 세웠고, 이들은 평화로운 목자나 정착한 농부들 위에 와락 덮쳐서 그들을 무찌르고 노예로 만들곤 했다. 정복으로 생긴 그러한 국가들은, 강제로 층이 졌다. 계급이 불가피했고, 계급 투쟁은 늘 선택이었다.

아메리카 홍인의 북쪽 부족들은 진정한 국가 상태에 결코 이르지 못했다. 그들은 느슨한 부족 연맹, 아주 원시 형태의 국가를 지나서 발전하지 못했다. 그들의 가장 가까운 접근은 이로쿼이 연맹이었으나, 이 집단의 여섯 나라는 제대로 국가로서 활동하지 못했고, 현대의 국가 생활에 다음과 같은 어떤 필수인 것들이 빠졌기 때문에 살아남지 못했다:

1. 사유 재산의 획득과 상속.
2. 도시, 그리고 농업과 산업.
3. 유용한 길들인 동물.
4. 실용적 가족 조직. 이 홍인들은 모계 가족과 조카 상속을 고수하였다.
5. 분명한 영토.
6. 강력한 행정 우두머리.
7. 포로의 노예화—포로를 양자·양녀로 삼든지 학살했다.
8. 결정적인 정복.

홍인들은 너무 민주적이었고, 좋은 정부를 가졌지만 그것은 실패하였다. 그들이 때 이르게 백인의 더 진보된 문명에 부닥치지 않았더라면, 결국 국가를 진화시켰을 것이다. 백인은 그리스인과 로마인의 정부 방법을 따르고 있었다.

성공적인 로마 국가는 다음에 기초를 두었다:

1. 부계 가족.
2. 농업, 그리고 동물 길들이기.
3. 인구의 집중—도시.
4. 사유 재산과 토지.
5. 노예 제도—시민의 계급.
6. 약하고 뒤떨어진 민족들을 정복하고 다시 조직한 것.
7. 길이 있는 분명한 영토.
8. 친히 다스리는 강력한 통치자.

로마 문명에서 가장 큰 약점이자 그 제국이 궁극에 멸망하게 된 한 가지 요인은, 21살에 남자아이를 해방하고 무조건 여자아이를 풀어 놓은 조치, 자유롭고 진취적이라고 생각된 조치였는데, 여자아이는 제가 고르는 남자와 결혼하거나, 해외로 나가서 그 땅에서 부도덕하게 되도록 자유로웠다. 사회에 끼친 해악은 이 개혁 자체만 아니라, 오히려 그것을 갑자기 널리 채택한 방법에 있었다. 로마의 멸망은 한 국가가 속에서 퇴화한 것과 관련하여, 너무 빨리 확장할 때 무엇을 기대할 수 있는가를 가리킨다.

초기의 국가는 영토의 결속에 유리하도록 핏줄의 결속이 줄어들어서 가능하게 되었고, 그러한 부족 연맹은 정복으로 말미암아 보통 확고하게 되었다. 모든 하찮은 투쟁과 집단의 차이를 초월하는 통치권이 참 국가의 특징이기는 하지만, 아직도 많은 계급과 카스트가 옛 시절의 씨족·부족들의 잔재로서 후일의 국가 조직에 남아 있다. 나중에 나타난, 영토를 가진 큰 국가들은, 같은 핏줄을 가진 그보다 작은 이 씨족 집단들과 길고도 쓰라린 투쟁을 하였고, 부족 정부는 가족으로부터 국가 권한에까지 이르는, 가치 있는 과도기인 것이 판명되었다. 후일에 많은 씨족이 무역과 기타 산업 조합으로부터 생겨났다.

국가 통합에 실패하는 것은 유럽의 중세에 봉건주의처럼, 통치 기술에서 국가가 생기기 이전의 조건으로 후퇴를 일으킨다. 이 어두운 시대에, 영토를 가진 국가들은 멸망했고, 작은 성(城) 집단으로 되돌아가는 일이 생겼으며, 씨족과 부족 단계의 발전이 다시 나타났다. 비슷한 준국가들이 지금도 아시아와 아프리카에 존재하지만, 이들 모두가 진화에서 후퇴는 아니다. 다수가 미래 국가의 초기 핵심이다.

2. 대의 정치의 진화

민주주의는 이상이기는 해도, 문명의 산물이요 진화의 산물이 아니다! 천천히 가라! 살펴서 선택하여라! 왜냐하면 다음과 같은 민주주의의 위험 때문이다:

1. 평범의 찬미.
2. 저질이고 무지한 통치자들의 선출.
3. 사회 진화의 기본 사실을 깨닫지 못하는 것.
4. 보통 선거권이 교육받지 않은 게으른 대다수의 손에 있는 위험.
5. 여론에 노예가 되는 것. 대다수가 반드시 옳지는 않다.

여론(輿論), 일반 의견은 언제나 사회가 지연되게 만들었다. 그렇기는 해도, 여론은 값지니, 여론이 사회의 진화를 더디게 하지만, 문명을 보존하기 때문이다. 여론을 교육하는 것은 문명을 가속하는 유일하게 안전하고 참된 방법이다. 무력은 잠시만 편리하지만, 총알이 투표에 길을 비킴에 따라서 문화의 성장은 갈수록 더 빨라질 것이다. 여론, 도덕 관습은 사회의 진화와 국가의 발전에서 기본적이고 근본적인 에너지이지만, 국가에 가치가 있으려면 여론의 표현은 폭력을 쓰지 않아야 한다.

사회의 진보를 재는 척도는, 폭력을 쓰지 않는 표현을 통해서, 여론이 개인의 행동과 국가의 규제를 통제할 수 있는 정도에 따라서 결정된다. 여론이 개인 선거권의 힘으로 옷을 입었을 때 정말로 문명화된 정부가 다가온 것이다. 보통 선거가 사물을 반드시 올바르게 결정하지 않을지 모르지만, 그것은 나쁜 일조차도 올바르게 하는 방법을 대표한다. 진화는 단 숨에 최상급의 완전을 낳지 않으며, 오히려 비교급이고 진보하는 실용적 조정을 낳는다.

실용적이고 효과 있는 형태의 대의 정치가 진화하는 데에는 열 걸음이나 단계가 있는데, 다음과 같다:

1. 인격의 자유. 노예 제도, 농노(農奴), 그리고 온갖 형태의 인간의 구속은 사라져야 한다.

2. 지성의 자유. 자유로운 민족이 교육—영리하게 생각하고 지혜롭게 계획하도록 가르침—을 받지 않으면, 자유는 보통 유익하기보다는 해롭다.

3. 법의 통치. 오로지 인간 통치자들의 의지와 변덕을, 용납된 기본법에 따라 세워진 법령으로 갈아치울 때 자유를 누릴 수 있다.

4. 언론의 자유. 대의 정치(代議政治)는 인간의 열망과 의견을 나타낼 온갖 모습의 표현의 자유가 없이는 생각할 수 없다.

5. 재산의 안전. 어떤 형태로 개인의 재산을 즐길 권한을 마련해 주지 못하면, 어떤 정부도 오래 견딜 수 없다. 사람은 그의 개인 재산을 쓰고, 통제하고, 주고, 팔고, 빌려 주고, 물려줄 권리를 갖고 싶어한다.

6. 탄원할 권리. 대의 정치는 시민들의 말할 권리를 가정한다. 탄원하는 특권은 자유로운 시민권에 본래부터 있다.

7. 통치하는 권리. 표현하는 것으로 넉넉지 않다. 탄원하는 힘은 정부를 실제로 관리하는 데까지 나아가야 한다.

8. 보통 선거권. 대의 정치는 총명하고 능률 있는 보통 선거권자를 전제 조건으로 한다. 그러한 정부의 성격은 그것을 구성하는 자들의 인격과 됨됨이에 따라서 늘 결정된다. 문명이 진보함에 따라서, 투표권은 남녀에게 보편적으로 남아 있지만, 효과 있게 고쳐지고, 다시 분류되고, 달리 구별될 것이다.

9. 공복(公僕)의 통제. 시민이 공무원과 공복들을 안내하고 통제하는 지혜로운 기법을 소유하고 쓰지 않으면, 어떤 국가 정부도 쓸모 있고 효과적일 수 없다.

10. 총명하고 훈련받은 대표. 민주주의가 살아남는 것은 성공적인 대의 정치에 달려 있다. 그리고 이것은 기술적으로 훈련받고, 지적으로 유능하고, 사회적으로 충성하며, 도덕적으로 건전한 사람들만 공직에 선출하는 관습에 조건을 받는다. 오로지 그런 준비가 있어야 국민의 정부, 국민이 다스리는 정부, 국민을 위한 정부가 보존될 수 있다.

3. 국가에 대한 이상

한 정부의 정치나 행정의 형태는, 시민이 진보하는 데 기본적인 것—자유, 안전, 교육 및 사회의 조정—을 마련해 준다면, 거의 중요성이 없다. 국가가 무엇인가가 아니라, 국가가 무엇을 하는가가 사회의 진화 과정을 좌우한다. 결국에는, 시민들이 뽑은 지도자들이 예가 되다시피, 어떤 국가도 국민의 도덕적 가치를 뛰어넘을 수 없다. 무지와 이기심은 가장 높은 종류의 정부도 꼭 무너지게 만들 것이다.

아주 유감으로 생각되어야 하지만, 민족의 자기 중심주의는 사회가 살아남는 데 필수였다. 선택된 백성이라는 신조는 현대에 이르기까지 계속, 부족을 결속하고 국가를 건설하는 데 으뜸가는 요소였다. 그러나 온갖 종류의 불관용(**不寬容**)을 통달할 때까지, 어떤 국가도 이상적 활동 수준에 이를 수 없다. 그리고 과학·상업·놀이·종교를 조정함으로 불관용을 아주 잘 물리칠 수 있다.

이상적인 국가는 세 가지 강력하고 나란히 움직이는 추진력의 충동 밑에서 활동한다:

1. 인간의 형제 정신을 실현함으로부터 얻는, 사랑의 충성심.

2. 지혜로운 이상에 기초를 둔, 총명한 애국심.

3. 혹성의 사실, 필요, 목표의 조건으로 풀이한 우주 통찰력.

이상적 국가의 법은 가지 수가 많지 않으며, 그 법은 부정주의의 금기 시대를 지나서, 자제가 향상되는 결과로서 개인의 자유가 적극적으로 진보하는 시대로 넘어갔다. 높은 수준에 있는 국가는 국민에게 일하지 않을 수 없게 할 뿐 아니라, 진보하는 기계 시대로 말미암아 고된 일로부터 해방되어 얻는 늘어난 여가를 유익하고 고상하게 이용하도록 유도한다. 여가는 소비성 뿐 아니라 생산성이 있어야 한다.

어떤 사회도, 게으름을 허용하거나 빈곤을 묵인할 때 그다지 많이 진보하지 못했다. 그러나 결함이 있고 퇴화된 핏줄이 아낌없이 지원받고, 아무 제한 없이 번식하도록 허락되면, 결코 빈곤과 의존성을 없앨 수 없다.

도덕적인 사회는 그 국민의 자존심을 보존하고 모든 정상 인간에게 자아를 실현하는 적당한 기회를 마련해 주는 것을 목표로 삼아야 한다. 그러한 사회적 성취 계획은 가장 높은 수준의 문화를 가진 사회를 낳을 것이다. 최소로 규제하는 정부의 감독이 사회의 진화를 북돋아 주어야 한다. 가장 적게 다스리고, 가장 많이 조정하는 국가가 가장 좋다.

국가의 이상은 진화로 말미암아, 시민 의식, 곧 사회에 봉사하는 의무와 특권의 인식이, 천천히 성장함으로 성취되어야 한다. 처음에는, 이권(**利權**) 운동자들의 행정 목표를 좇아서, 사람들이 정부의 짐을 하나의 임무로서 맡았지만, 나중에는 사람들이 그러한 직책을 하나의 특권으로서, 가장 큰 명예로서 추구한다. 어떤 수준의 문명이라도, 그 지위는 국가의 책임을 자청해서 받아들이는 그 국민의 됨됨이가 충실하게 보여 준다.

국민의 경제 및 상업 단체의 모든 다른 형태와 마찬가지로, 참된 연방에서는 전문가가 도시와 지방을 다스리는 사무를 운영하고 관리한다.

진보된 국가에서는, 정치적 봉사를 국민의 가장 높은 헌신으로 여긴다. 가장 지혜롭고 고귀한 시민의 가장 큰 포부는 시민의 인정을 얻고, 어떤 자리의 정부의 책임에 뽑히거나 임명되는 것이다. 그러한 정부는 봉사를 인정하는 가장 높은 명예를 공무원이나 사회에 봉사하는 자들에게 수여한다. 명예는 다음에 차례대로 철학자·교육자·과학자·산업가·군인에게 수여된다. 부모는 아들딸의 탁월성에 따라 마땅히 보상을 받으며, 순전히 종교적인 지도자들은, 영적 국가의 대사(大使)이니까, 진짜 보상을 다른 세계에서 받는다.

4. 진취적 문명

경제와 사회와 정부는 남아 있으려면 진화해야 한다. 진화 세계에서 정적(靜的) 조건은 썩고 있음을 가리키며, 오직 진화의 흐름과 함께 앞으로 움직이는 제도만 지속한다.

확대되는 문명의 진취적 계획은 다음을 포함한다:

1. 개인의 자유의 보존.
2. 가정의 보호.
3. 경제적 안전의 증진.
4. 질병의 방지.
5. 의무 교육.
6. 의무 고용.
7. 여가를 유익하게 이용하기.
8. 불운한 자를 보살피기.
9. 종족 개량.
10. 과학과 예술의 촉진.
11. 철학—지혜—의 촉진.
12. 우주 통찰력—영적 성향—의 증진.

문명의 예술에서 생기는 이 진보는 사람의 노력에서 가장 높은, 인간답고 신다운 목표의 실현으로—사람의 형제 정신의 사회적 성취, 그리고 하나님을 의식하는 개인의 지위로—바로 이끌며, 이것은 사람마다 하늘에 계신 아버지의 뜻을 행하려는 최상의 소망에서 드러난다.

진정한 형제 정신의 출현은, 모든 사람이 서로 짐을 기쁘게 지는 그러한 사회 질서가 왔음을 가리킨다. 그들은 실제로 황금률을 실천하고 싶어한다. 하지만 그러한 이상적인 사회는, 진리와 아름다움과 선을 추구하는 봉사에 헌신함으로 말미암아 주로 자극받는 자들을 약한 자나 악한 자가 부당하고 거룩하지 못하게 이용하려고 잠복해서 기다릴 때는 실현될 수 없다. 그러한 상황에서는 오직 한 길이 실용적이다: "황금률을 지키는 사람들"은 그들의 평화로운 성질을 이용하거나 진보하는 문명의 파괴를 추구할지도 모르는 뒤떨어진 동료들에 대항해서 적절한 방어를 유지하면서, 그들의 이상에 따라서 사는 진취적 사회를 세워도 좋다.

각 세대마다 이상주의자들이 그보다 낮은 서열의 인간에게 자기들이 절멸되도록 버려 두면, 이상주의는 진화하는 혹성에서 결코 살아남을 수 없다. 그리고 여기에 이상주의의 가장 큰 시험이 있다: 이기적 소득을 얻거나 민족을 크게 만들려는 목적으로 다른 민족들을 공격하는 작전에서 이 군사력을 쓰려는 유혹에 굴복하지 않고서, 하나의 진보한 사회가, 전쟁을 좋아하는 이웃들의 온갖 공격으로부터 안전하게 만들 그러한 군사적 준비를 유지할 수 있는가? 국가의 생존은 전쟁에 대한 준비를 요구하며, 오직 종교적 이상주의가 방어 준비를 공격에 쓰도록 팔아 넘기는 것을 막을 수 있다. 오로지 사랑, 형제 정신이, 강한 자가 약한 자를 억누르는 것을 막을 수 있다.

5. 경쟁의 진화

경쟁은 사회의 진보에 필수이지만, 규제를 받지 않은 경쟁은 폭력을 낳는다. 오늘날의 사회에서, 경쟁이 산업들 자체의 생존을 선언할 뿐 아니라, 산업에서 사람의 자리를 결정한다는 점에서, 경쟁은 천천히 전쟁을 대신하고 있다. (살인과 전쟁은 도덕 관습 앞에서 지위가 다르며, 살인은 옛 시절의 사회 이후로 금지되었고, 한편 전쟁은 인류 전체에게 아직 금지된 적이 없다.)

이상적인 국가는 개인의 경쟁에서 폭력을 없애고 개인적 창의성에서 불공평을 막기에 겨우 충분할 만큼 사회 행위의 규제에 손을 댄다. 여기에 국가의 큰 문제가 있다: 어떻게 산업에서 평화와 조용함을 보장하고, 국가의 권력을 지원하기 위하여 세금을 부과하고, 동시에 세금이 산업에 장애가 되지 않도록 막으면서, 국가가 기생충이나 폭군이 되지 않게 보장할 수 있는가?

어느 세상에서도 그 초기 시대를 통하여 내내, 경쟁은 진보하는 문명에 꼭 필요하다. 사람의 진화가 진행됨에 따라서, 협동은 갈수록 더 효과 있게 된다. 상급의 문명에서는 협동이 경쟁보다 더 효과가 있다. 원시의 인간은 경쟁에 자극을 받았다. 초기의 진화는 생물학상의 적자(適者)가 살아남는 특징을 가졌지만, 영리한 협동, 이해하는 친교, 영적 형제 정신이 후일의 문명을 더 낫게 촉진한다.

산업에서 경쟁은 지나치게 낭비이며 아주 효력이 없는 것이 참말이지만, 이 낭비된 경제 운동을 없애려는 어떤 노력도, 그러한 조절이 개인의 기본 자유 가운데 어느 것을 아주 손톱만큼이라도 취소할 때, 묵인해서는 안 된다.

6. 이익 동기

이익을 얻으려는 동기가 봉사하는 동기로 말미암아 확대될 수 없다면, 이익에 따라 움직이는 오늘날의 경제는 운명이 정해졌다. 생각이 좁은 자기 이익에 기초를 둔 무자비한 경쟁은 궁극에는, 그 경쟁이 유지하려 하는 것마저도 무너뜨린다. 배타적이고 사리(私利)를 추구하는 이익 동기는 그리스도교의 이상과 양립할 수 없고, 예수의 가르침과 훨씬 더 어긋난다.

경제학에서, 이익 동기와 봉사 동기의 관계는 종교에서 두려움과 사랑의 관계와 같다. 그러나 이익 동기를 갑자기 파괴하거나 제거해서는 안 된다. 이익 동기는 그것이 없으면 게으른 많은 사람으로 하여금 부지런히 일하게 만든다. 그러나 사회의 에너지를 일으키는 이 동기는 언제까지나 그 목적이 이기적일 필요는 없다.

경제 활동에서 이익 동기는 높은 체제의 사회에게는 전적으로 천하고 전혀 어울리지 않는다. 그런데도 이익 동기는 문명의 초기 단계 전체에 걸쳐서 불가결한 요소이다. 사람들이 경제적 노력과 사회 봉사를 위하여, 새로운 종류의 여러 가지 비이익 동기—최상의 지혜, 흥미를 자아내는 형제 정신, 영적 달성에서 탁월하게 되려는 초월적 욕구—를 단단히 잡을 때까지, 이익을 얻으려는 자극을 사람들한테서 빼앗아서는 안 된다.

7. 교육

지속하는 국가는 이상에 지배되고, 봉사에 자극받는 문화 위에 기초를 둔다. 교육의 목적은 기술을 획득하고, 지혜를 추구하며, 자아를 실현하고, 영적 가치를 달성하는 것이어야 한다.

이상적인 국가에서, 교육은 일생을 통해서 내내 계속되며, 때로는 철학이 그 국민의 주요한 추구 대상이 된다. 그런 나라의 국민은 인간 관계의 중요성, 실체의 의미, 가치의 고귀함, 생활의 목표, 우주 운명의 영화로움을 꿰뚫어보는 통찰력을 높이는 것으로서, 지혜를 추구한다.

유란시아 사람들은 새롭고 더 높은, 문화 있는 사회를 이루는 꿈을 가져야 한다. 교육은 순전히 이익에 자극받는 경제 체계가 사라지는 것과 함께, 새로운 가치 수준으로 뛰어오를 것이다. 교육은 너무나 오랫동안 지방주의·군사주의에 물들었고, 자아를 찬미하고 성공을 추구하는 것이었다. 교육은 궁극에 세계적·이상적이어야 하고, 자아를 실현하고 우주를 움켜잡아야 한다.

교육은 성직자의 통제를 받다가, 요즈음에 법률가와 사업가들이 통제하는 일로 넘어가 버렸다. 궁극에는 철학자와 과학자에게 교육을 맡겨야 한다. 철학, 곧 지혜의 탐구가 주요한 교육 목표가 될 수 있도록, 선생들은 자유로운 존재, 진짜 지도자가 되어야 한다.

교육은 실천하는 사업이다. 교육은 일생을 통해서 내내 이어져야 하며, 그래서 인류는 차츰 다음과 같은, 높아지는 수준으로 사람의 지혜를 체험해야 한다:

1. 사물에 관한 지식.
2. 의미를 깨달음.
3. 가치의 이해.
4. 일의 고귀함—의무.
5. 목표를 자극하는 것—도덕성.
6. 봉사하고 싶어하는 마음—인격.
7. 우주를 보는 통찰력—영적 헤아림.

그리고 나서, 이러한 성취의 수단을 통해서, 많은 사람이 필사자로서 지성 도달의 궁극까지, 하나님을 의식하는 수준까지 올라갈 것이다.

8. 국가의 성질

어떤 인간 정부에서도 유일하게 성스러운 특징은 국가를 행정·입법·사법 활동의 세 분야로 나눈 것이다. 우주는 기능과 권한을 그렇게 분리하는 계획에 따라서 관리된다. 효과적인 사회 규제나 국가 정부에 관한 이 신성한 개념을 제쳐 놓고, 국민이 자제를 확대하고 사회 봉사를 늘이는 목표를 향하여 늘 진보하고 있다면, 한 민족이 무슨 형태의 국가를 가지기로 선택하는가는 거의 문제가 되지 않는다. 한 민족의 지능의 날카로움, 경제적 지혜, 사회적 총명, 도덕적 힘은 모두 국가의 상태에 충실하게 반영된다.

국가의 진화에는 다음과 같이 한 수준에서 다른 수준으로 진보가 뒤따른다:

1. 행정부·입법부·사법부, 세 겹으로 정부를 창조하는 것.
2. 사회·정치·종교 활동의 자유.

3. 온갖 형태의 노예 제도와 인간적 속박의 폐지.

4. 국민이 세금 부과에 고삐를 쥐는 능력.

5. 보편적 교육의 확립—요람에서 무덤까지 이어진 교육.

6. 지역 정부와 국가 정부 사이에 적당한 조정.

7. 과학의 육성과 질병의 정복.

8. 남녀 평등을 마땅히 인정하는 것, 산업과 정부에서 여자들이 특화된 봉사를 하는 것과 아울러, 가정·학교·교회에서 남녀가 대등하게 활동하는 것.

9. 기계의 발명과 후일의 기계 시대를 통달함으로 고된 일에 예속됨을 없애는 것.

10. 방언의 정복—보편적 언어의 승리.

11. 전쟁의 종결—여러 국가의 대륙 법정이 국가와 종족의 의견 차이를 국제적으로 판결하는 것. 여러 대륙 법정에서 정기적으로 은퇴하는 우두머리들로부터 자동으로 뽑은, 혹성 최고 재판소가 이 법정을 주관한다. 대륙 법정은 권한을 가지며, 세계 법정은 자문한다—도덕적이다.

12. 지혜의 추구가 세계적으로 유행하는 것—철학이 높아지는 것. 세계 종교의 진화, 이것은 혹성이 빛과 생명 속에 안주하는 초기 국면에 들어감을 예시한다.

이것들이 진보하는 정부의 필요 조건이요, 이상적 국가의 표시이다. 유란시아는 이 높은 이상을 이룩하기에 아득히 멀지만, 문명화된 민족들은 첫 걸음을 내디디었다—더 높은 진화의 운명을 향하여 인류는 행진하고 있다.

[네바돈의 한 멜기세덱이 후원하였다.]

제 72 편

이웃 혹성에 있는 정부

라나포지의 허가를 받고, 에덴시아 최고자들의 승인을 받아서, 사타니아 체계에 속하고 그리 멀지 않은 어느 혹성에서 사는 인류, 가장 진보된 인류의 사회, 도덕 및 정치 생활에 관하여 무엇인가 이야기하도록 나는 권한을 받았다.

루시퍼 반란에 참여했기 때문에 고립된 사타니아의 모든 세계 가운데, 이 혹성은 유란시아와 가장 비슷한 역사를 거쳤다. 두 구체의 유사성은 의심할 여지 없이, 어째서 이 특별 발표가 허락되었는가 설명해 준다. 왜냐하면 체계 통치자들이 한 혹성에서, 다른 혹성의 일을 이야기하는 데 찬성하는 것은 아주 특별한 일이기 때문이다.

유란시아처럼 루시퍼 반란과 관련하여, 이 혹성은 그 혹성 영주가 불충함으로 잘못 이끌려 갔다. 아담이 유란시아에 온 뒤에 곧, 그 혹성은 한 물질 아들을 받았고, 이 아들도 이탈하여 그 구체가 고립되게 만들었는데, 이는 아들 행정관이 그 필사 민족들에게 한 번도 수여된 적이 없기 때문이다.

1. 대륙 국가

이 모든 혹성 장애가 있었는데도, 아주 우수한 문명이 대체로 오스트랄리아 크기의 고립된 대륙에서 진화하고 있다. 이 나라의 인구는 약 1억4천만이다. 거기에 사는 민족은 혼합된 종족이고, 주로 청인과 황인이며, 유란시아의 소위 백인종보다 조금 더 보라의 비율을 가졌다. 다른 이 종족들은 아직 서로 충분히 섞이지 않았지만, 아주 흡족하게 사귀고 친교한다. 이 대륙에서 평균 수명은 이제 90년이며, 그 혹성에서 사는 다른 어느 민족보다도 15퍼센트가 길다.

이 나라의 산업 기구는 그 대륙의 독특한 지형(地形)으로부터 생기는 어떤 큰 이점을 누린다. 1년에 8개월 동안 큰 비가 내리는 높은 산들은 그 나라의 한가운데에 자리잡고 있다. 자연스러운 이 배치는 수력(水力)의 이용을 유리하게 만들고, 그 대륙의 건조한 서쪽 4분의 1에 물 대는 것을 크게 수월하게 만든다.

이 사람들은 자급 자족한다. 다시 말해서 둘러싼 나라들로부터 아무 것도 수입하지 않고서 언제까지나 살 수 있다. 지하 자원은 충분하며, 과학 기술을 써서 그들은 생활 필수품의 부족을 어떻게 메우는가를 배웠다. 바쁜 국내 상업을 즐기지만, 자기보다 덜 진보된 이웃들의 널리 퍼진 적개심 때문에 거의 대외 무역(貿易)을 하지 않는다.

이 대륙 국가는, 대체로 그 혹성의 진화 추세를 따랐다. 부족 단계로부터 강력한 통치자와 왕들이 등장하기까지 발전하는 데는 몇천 년이 걸렸다. 여러 다른 체제의 정부가 절대 권한을 가진 군주들을 이어받았다—유산된 공화국, 공동체 국가, 독재자들이 끝없이, 허다하게 오고갔다. 이 성장은 약 5백 년 전까지 계속되었는데, 그 때 정치적으로 시끄러운 기간에, 그 나라의 강력한 세 독재자인 집정관들 가운데 하나가 마음을 고쳐먹었다. 다른 통치자들 가운데 하나, 곧 나머지 둘 가운데 더 낮은 자도 독재권의 자리를 비운다는 조건으로, 그가 퇴임할 것을 자청했다. 이처럼 그 대륙의 군주권이 한 통치자의 손에 쥐어졌다. 통합된 그 국가는 1백 년이 넘도록 강력한 군주 정치 밑에서 진보했고, 그 동안에 훌륭한 자유 헌장이 진화하였다.

그 뒤에 군주제로부터 대의 정치(代議政治) 형태로 옮겨 가는 일은 차츰 일어났고, 임금들은 겨우 사회적이나 감상적인, 이름 뿐인 우두머리로 남았으며, 남자 후손의 씨가 말랐을 때 마침내 사라져 버렸다. 현재 있는 공화국은 꼭 2백 년 동안 존재해 왔는데, 그 동안에 다음에 이야기하려는 정치 기법을 향하여 줄곧 진보가 있었다. 그리고 산업과 정치 분야에서 최근의 발전이 지난 10년 동안에 일어났다.

2. 정치 조직

이 대륙 국가는 이제 대의(代議) 제도의 정부가 있고, 나라의 서울은 가운데 자리잡고 있다. 중앙 정부는 비교적 자유로운 1백 주(州)의 강력한 연방으로 이루어져 있다. 이 여러 주는 주지사와 입법가를 뽑고 임기는 10년이다. 아무도 재선될 자격이 없다. 주의 판사들은 주지사에게 종신으로 임명받고 입법부의 확인을 받으며, 이 입법부는 시민 10만 명에 한 대표로 구성된다.

도시의 크기에 따라 도시 정부에는 다섯 가지 다른 종류가 있지만, 어느 도시도 1백만이 넘는 거주자를 가지도록 허락되지 않는다. 전체로 보아서, 이 도시를 다스리는 계획은 아주 간단하고, 직접적이고 경제적이다. 가장 높은 부류의 시민들이 도시 행정에서 몇 가지 공직을 치열하게 추구한다.

연방 정부는 동등한 세 분과, 곧 행정부·입법부·사법부를 포함한다. 연방의 최고 집행자는 지역의 보통 선거로 6년마다 뽑는다. 적어도 주 입법가 75명이 탄원하고 그 주의 주지사(州知事)들이 찬성할 경우를 빼고, 그는 다시 뽑힐 자격이 없으며, 그것도 오직 한 임기 뿐이다. 그는 살아 있는 모든 전직(前職) 최고 집행자로 이루어진 초월 내각의 자문을 받는다.

입법부는 3원을 포함한다:

1. 상원은 산업, 전문직, 농업, 기타 집단의 노동자들이 선출하며, 경제 활동에 따라서 투표한다.

2. 하원은 산업이나 전문직에 들어가지 않는 사회·정치·철학 집단을 포함하는 어떤 사회 조직들이 뽑는다. 정상의 지위를 가진 모든 시민은 두 등급의 대표들의 선출에 참여하지만, 선거가 상원 또는 하원에 관계되는가에 따라서, 그들은 다르게 분류된다.

3. 제3원—연로 정치가들—은 시민에게 봉사하는 고참들을 포함하며, 최고 집행자와 (연방 밑의) 지역 집행자들, 최고 재판소의 우두머리, 그리고 입법을 맡는 다

른 상·하원의 한쪽을 주관하는 관리들이 지명하는, 많은 탁월한 사람을 포함한다. 이 집단은 1백 명까지 제한되어 있고, 그 회원들은 연로 정치가들 자체의 대다수의 행위에 따라서 뽑힌다. 회원 자격은 종신(終身)이며, 빈 자리가 생길 때, 지명받은 자들의 명단에서 가장 많은 투표를 받는 사람이 이로서 공식으로 선출된다. 이 단체의 범위는 순전히 자문이지만, 여론을 힘차게 규제하며, 정부의 온갖 지부에 강력한 영향을 미친다.

연방의 행정 작업은 아주 많은 부분을 10개 지역 (연방 밑) 당국이 수행하며, 이것은 각기 10개 주의 결합으로 이루어져 있다. 이 지역 부서들은 온전히 집행 및 관리를 맡으며, 입법이나 사법 기능이 없다. 10명의 지역 집행자는 연방의 최고 집행자가 친히 임명한 자이며, 그 임기는 그의 임기와 같다—6년이다. 연방 최고 재판소는 이 지역 행정자 10명의 임명을 승인하며, 이들은 다시 임명되지 않지만, 은퇴하는 집행자는 자동으로 그 후계자의 동료이자 조언자가 된다. 그밖에 이 지역 우두머리들은 행정 관리들로 이루어진 자기의 내각을 고른다.

이 나라는 두 가지 주요 법정 체계—법 재판소와 사회 경제 재판소—의 판결을 받는다. 법 재판소는 다음 세 수준에서 활동한다:

1. <u>소(小)재판소</u>는 시와 지역을 관할하며, 소재판소의 결정은 높은 주(州) 재판소에 상소될 수 있다.

2. <u>주 최고 재판소</u>의 결정은 연방 정부, 또는 시민의 권한이나 자유의 위협에 관련되는 모든 문제에서 최종이다. 지역 집행자들은 어느 사례(事例)도 대번에 연방 최고 재판소의 법관들에게 가져갈 권한을 받는다.

3. <u>연방 최고 재판소</u>—국가의 주장, 그리고 주 재판소로부터 올라오는 상소 사례를 판결하기 위한 높은 재판소. 이 최고 법정은 40살이 넘고 75살 밑인 남자 12명으로 이루어져 있는데, 그들은 어느 주 재판소에서 2년 이상 봉사하고, 초월 내각과 입법 집회의 제3원에서 대다수의 승인을 받아, 최고 집행자에게 이 높은 자리로 임명되었다. 최고인 이 사법 기관은 적어도 3분의 2 투표로 결정을 내린다.

사회 경제 재판소는 다음 세 부문에서 활동한다:

1. <u>부모 재판소</u>, 가정과 사회 체계의 입법·행정 부서와 관련되어 있다.

2. <u>교육 재판소</u>—주 및 지역 학교 체계들과 연결되고, 교육 행정 기능을 가진 행정부 및 입법부와 결합된 사법 기관.

3. <u>산업 재판소</u>—모든 경제적 오해를 매듭짓는 전권(全權)이 맡겨진 사법 재판소.

연방의 최고 법정은 국가 정부의 셋째 입법부, 곧 연로 정치가의 회의에서 4분의 3의 투표를 받을 경우를 제외하고, 사회 경제의 사례에 판결을 내리지 않는다. 그밖에 부모·교육·산업을 담당하는 높은 법정들의 결정은 모두 최종이다.

3. 가정 생활

이 대륙에서는 같은 지붕 밑에서 두 가족이 사는 것은 법에 어긋난다. 집단 거주가 불법이 되었으니까, 아파트 종류의 건물은 대부분 파괴되었다. 그러나 결혼하지 않은 자들은 아직도 클럽, 호텔, 기타 집단 거처에서 산다. 허용되는 가장 작은 집터는 4500 평방 미터의 땅을 마련해야 한다. 집의 목적으로 쓰이는 모든 토지와 다른 재산은, 최소한 집터 할당의 10배까지 세금(稅金)이 면제된다.

이 사람들의 가정 생활은 지난 1세기 동안 크게 개선되었다. 부모, 아버지와 어머니 모두가, 아동의 교양을 가르치는 부모 학교에 참석하는 것이 의무이다. 작은 시골 촌락에서 사는 농부들조차 이 일을 통신으로 마쳐야 하며, 열흘에—2주마다—한 번씩, 말로 하는 강의를 들으려고 근처의 중심으로 간다. 1주에 5일로 된 달력을 쓰기 때문이다.

각 가족에 있는 아이들의 평균 수는 다섯이며, 그들은 부모의 완전한 통제를 받든지, 아니면 하나나 둘이 다 죽었을 때에는 부모 법정이 지명한 보호자들의 완전한 통제를 받는다. 어떤 가족도 완전한 고아(孤兒)의 보호권을 받는 것을 큰 영예로 여기며, 고아는 최선의 부모 자격을 나타내는 자들의 가정에 맡겨진다.

이 사람들은 가정을 문명의 기본 제도로 여긴다. 한 아이의 교육과 인격 훈련의 가장 값진 부분은 부모로부터, 집에서 얻도록 기대하며, 아버지는 아이의 교양에 거의 어머니만큼 주의를 기울인다.

모든 성교육은 집에서 부모나 법적 보호자들이 베푼다. 도덕 교육은 학교의 작업장에서 노는 시간에 선생들이 제공하지만, 종교 훈련은 그렇지 않은데, 종교 훈련은 부모가 독점하는 특권이라고 생각되며, 종교를 가정 생활의 필수 부분으로 여긴다. 순전히 종교적인 가르침은 오직 철학의 전당(殿堂)에서만 대중에게 베풀어지고, 유란시아의 교회와 같이 순전한 종교 기구는 이 민족 사이에서 발달하지 않았다. 그들의 철학을 따르면, 종교는 하나님을 알고 동료에게 봉사함을 통해서 동료에 대한 사랑을 드러내려고 애쓰는 것이다. 그러나 이것은 이 혹성에 있는 다른 나라들의 종교 상태의 전형(典刑)은 아니다. 종교는 이 사람들 사이에서 전적으로 가족의 문제이기 때문에, 순전히 종교적 집회에 바쳐진 공공 장소가 하나도 없다. 유란시아 사람들이 버릇으로 말하다시피, 정치적으로 교회와 국가는 온전히 분리되었지만, 종교와 철학은 야릇하게 겹치는 부분이 있다.

20년 전까지, 영적 교육자들은 (유란시아 목사들과 견줄 만하다) 아이들이 부모한테서 알맞게 교육을 받았는가 확인하기 위해서 아이들을 정기적으로 검사하려고 각 가정을 찾아보며, 그들은 정부의 감독을 받고 있었다. 지금 이 영적 조언자와 검사자들은 새로 세운 영적 진보 재단의 지휘 밑에 있고, 이것은 자원해서 내는 기부금으로 지원을 받는다. 아마도 이 제도는 파라다이스 아들 행정관이 도착할 때까지 더 진화하지 않을지 모른다.

아이들은 15살까지 법적으로 부모 밑에 남아 있으며, 그 때 시민의 책임을 받도록 처음 입회식이 거행된다. 그 뒤에, 5년마다 연달아 다섯 기간에, 그러한 또래의 집단을 위하여 비슷한 공식 행사가 거행되는데, 거기서 부모에 대한 그들의 의무가 줄어들며, 한편 국가에 대한 새로운 시민의 책임과 사회적 책임을 맡는다. 투표권은 20살에 주며, 부모의 승낙 없이 결혼할 권리는 25살까지 주지 않고, 아이들은 30살이 되면 집을 떠나야 한다.

결혼과 이혼 법률은 나라 전체에 걸쳐 한결같다. 20살—시민 선거권을 가질 나이—가 되기 전에 결혼하는 것은 허락되지 않는다. 의사(意思)를 통지하고 나서 1년 뒤에, 그리고 신부와 신랑이 결혼 생활의 책임에 관하여 부모 학교에서 마땅히 교육받았다는 것을 보이는 증명서를 보인 뒤에야, 겨우 결혼할 허가가 내린다.

이혼 규칙은 얼마큼 느슨하지만, 부모 법정에서 발행하는 별거의 선포는 이혼 신청을 기록한 지 1년이 지날 때까지 받지 못한다. 그리고 이 혹성에서 1년은 유란시아에서보다 훨씬 길다. 그들이 쉬운 이혼법을 가졌는데도, 현재 이혼율은 유란시아에서 문명화된 민족들의 이혼율의 겨우 10분의 1이다.

4. 교육 제도

이 나라의 교육 제도는 5살부터 18살까지 다니는, 대학 밑 학교들에서 의무이며 남녀 공학이다. 이 학교들은 유란시아의 학교들과 엄청나게 다르다. 교실이 하나도 없고, 한 때에 오직 한 가지 공부만 추구하는데, 처음 3년 뒤에는 모든 생도가 조교(助教)가 되고, 그들 밑에 있는 자들을 가르친다. 책은 오로지, 학교의 작업장에서, 그리고 학교 농장에서 생기는 문제들을 푸는 데 도움이 될 정보를 확보하기 위해서만 쓰인다. 대륙에서 쓰이는 많은 가구(家具)와 기계 장치는—이 때가 발명하고 기계화하는 큰 시대이니까—이 작업장에서 생산된다. 각 작업장 옆에는 기초 도서관이 있고, 거기서 학생은 필요한 참고 서적을 뒤질 수도 있다. 농업과 원예도 또한 각 지역 학교에 붙어 있는 큰 농장에서, 교육 기간 전체를 통해서 내내 가르친다.

저능한 아이들은 오직 농업과 축산에서만 훈련을 받고, 특별 관리 식민지에 일생 동안 맡겨진다. 거기서 부모가 되지 못하도록 성별로 분리되며, 부모 노릇은 정상 밑의 모든 사람에게 인정되지 않는다. 이 제한된 조치는 75년 동안 운영되었다. 여기에 맡기는 선포는 부모 법정에서 내려온다.

모두가 한 해에 한 달 동안 휴가를 가진다. 대학 밑의 학교들은 열 달로 된 1년에서 아홉 달 동안 운영되며, 휴가는 부모와 함께, 또는 여행하면서 친구들과 보낸다. 이 여행은 성인 교육 프로그램의 일부이고, 일생에 걸쳐서 이어진다. 그러한 비용에 쓸 자금은 노령 보험에서 쓰이는 것과 같은 방법으로 축적된다.

학교 시간의 4분의 1은 놀이—경쟁하는 운동—에 바쳐지고, 이 경쟁에서 생도들은 지역 시합에서부터, 주(州)와 지방의 시합을 거쳐서, 솜씨와 씩씩함을 겨루는 전국 시합까지 올라간다. 마찬가지로, 과학과 철학의 경쟁 뿐 아니라 웅변과 음악의 경쟁은, 낮은 사회 부문에서부터 전국의 영예를 위한 경쟁에 이르기까지, 학생들의 관심을 차지한다.

학교 정부는 서로 관련된 세 지부(支部)를 가진 국가 정부의 복사판이며, 교직원은 셋째 부서, 곧 자문하는 입법 부서로서 활동한다. 이 대륙에서 교육의 주요 목적은 모든 생도를 자립하는 시민으로 만드는 것이다.

18살에 대학 밑의 학교 체제로부터 졸업하는 아이들은 모두 솜씨 있는 기능공이다. 다음에 책을 연구하고 특별한 지식을 추구하는 것이 성인 학교나 대학에서 시작된다. 머리 좋은 학생이 계획보다 앞서 제 일을 마치면, 그에게 시간과 수단으로 상을 주며, 그것으로 그는 자기가 고안한 어떤 조그만 사업을 추진해도 좋다. 교육 체계 전체가 개인을 알맞게 훈련하도록 고안되어 있다.

5. 산업의 조직

이 민족 사이에서 산업의 상황은 그들의 이상과 멀리 떨어져 있다. 자본가와 노동자는 아직도 문제를 안고 있지만, 두 계급이 성실하게 협동하는 계획에 적응하고 있다. 이 독특한 대륙에서 노동자들은 점점 더 모든 산업의 기업에서 주주(**株主**)가 되고 있다. 모든 영리한 노동자가 천천히 작은 자본가가 되고 있다.

사회의 적대 감정은 줄어들고 있고, 선의(**善意**)가 빨리 퍼지고 있다. 노예 제도가 폐지된 이후로 (1백 년이 넘는다) 아무런 심각한 경제 문제가 일어나지 않았는데, 이것은 1년에 2퍼센트씩 풀어 주어서 이 조정이 차츰차츰 이루어졌기 때문이다. 정신·도덕·신체의 시험을 만족스럽게 거친 노예들은 시민권을 받았고, 이 우수한 노예들의 다수는 포로이든지, 아니면 그런 포로의 아들딸이었다. 그들은 50년쯤 전에 마지막 열등한 노예들을 출국시켰고, 퇴화되고 나쁜 계급의 인구를 줄이는 과제에 최근에 집착하고 있다.

이 사람들은 산업의 오해를 조절하고 경제적 남용을 시정하는 새로운 기술을 요즈음에 개발했는데, 이것은 그런 문제들을 푸는 예전의 방법보다 뚜렷하게 개선된 것이다. 개인이나 산업의 차이를 조정하는 데 쓰이는 과정으로 폭력은 금지되었다. 임금(**賃金**)과 이익과 기타 경제 문제들은 엄격하게 규제되지 않지만, 이것들은 일반적으로 산업 법규에 통제를 받으며, 한편 산업 재판소가 산업에서 생겨나는 모든 논쟁에 판결을 내린다.

산업 재판소들은 겨우 30년이 되었지만, 대단히 만족스럽게 활동하고 있다. 가장 최근에 생긴 발전은, 이제부터 산업 재판소들이 다음 세 부문에 속하는 법적 보상을 인정해야 한다고 규정한다:

1. 투자된 자본에 대한 법정(**法定**) 이자율.
2. 산업 활동에서 고용된 기술에 대한 적당한 봉급.
3. 노동자에게 주는 공정하고 공평한 임금.

이 조건들은 계약에 따라서 먼저 만족되어야 하든지, 아니면 소득이 줄어들 경우에 그들은 일시적 감소를 비례해서 분담해야 한다. 이 고정된 비용을 초과하는 모든 이익은 그 다음부터 배당금으로 간주되고, 자본·기술·노동, 이 세 부문 모두에게 비례해서 분배되어야 한다.

10년마다 지역 집행자들은 소득을 얻는 1일 법정 노동 시간을 조정하고 선포한다. 산업은 이제 5일로 된 1주에 근거를 두고 운영하며, 나흘 일하고 하루를 논다. 이 사람들은 일하는 날에 6시간 일하며, 학생들처럼, 열 달로 된 1년에 아홉 달 일한다. 휴가를 여행에 보통 보내며, 새로운 수송 방법이 아주 최근에 개발되었기 때문에, 나라 전체가 여행에 흠뻑 빠져 있다. 기후는 1년에 약 8개월 동안 여행을 허락하며, 그들은 그 기회를 최대한으로 이용한다.

2백 년 전에는 이익 동기가 산업을 온통 지배했지만, 오늘날 다른 더 높은 추진력이 이익 동기를 급속히 대체하고 있다. 이 대륙에서 경쟁은 심하지만, 상당한 부분이 산업으로부터 운동, 기술, 과학적 성취, 지적 달성으로 옮겨졌다. 경쟁은 사회에 봉사하고 정부에 충성하는 데서 가장 적극적이다. 이 사람들 사이에서 공직에 봉사하는 것은 급속히 포부의 주요한 목표가 되고 있다. 대륙에서 가장 부유한 사람은 그의 기계 작업소 사무실에서 하루에 여섯 시간 일하고, 다음에 정치 학교의 지역 지부로 서둘러 가서, 거기서 공직(公職)을 얻을 자격을 갖추려고 애쓴다.

노동은 이 대륙에서 더 명예롭게 되고 있으며, 18살이 넘고 정상의 몸을 가진 모든 국민은 집과 농장에서, 어떤 인정받는 산업에서, 일시 일자리를 잃은 자들을 흡수하는 공공 사업에서, 아니면 광산에서 강제 노동자 단체에서 일한다.

이 사람들은 또한 새로운 형태의 사회적 혐오감—게으름과 벌어들이지 않은 재산에 대한 혐오감—을 비로소 기르고 있다. 느리지만 확실하게 그들은 기계를 정복하고 있다. 그들도 한때는 정치적 자유, 나중에는 경제적 자유를 위하여 투쟁했다. 이제 그들은 이 두 가지를 즐기는 단계에 들어가고 있고, 한편 그 위에 열심히 번 여가를 비로소 고맙게 여기고 있으며, 이 여가는 자아 실현의 향상에 바칠 수 있다.

6. 노령 보험

이 나라는 자존심을 상하는 종류의 자선을, 노년기에 정부 보험이 안전을 품위 있게 보증하는 것으로 바꿔치우려고, 굳은 결의로 노력하고 있다. 이 나라는 모든 아이에게 교육을, 모든 사람에게 직업을 마련해 준다. 따라서 허약하고 늙은 자들을 보호하는 그런 보험 계획을 성공적으로 수행할 수 있다.

이 민족 사이에서 모든 사람은, 주(州)의 노동 위원장으로부터 70세까지 남아서 일하도록 자격을 부여하는 허가를 받지 않는 한, 65세에 소득을 얻는 직업으로부터 은퇴해야 한다. 이 나이 제한은 공무원이나 철학자에게는 적용되지 않는다. 신체적으로 일할 수 없게 된 자나 영구하게 불구(不具)가 된 자들은, 지역 정부의 연금(年金) 위원장이 확인한 법정의 명령에 따라서, 어느 나이에도 은퇴자 명단에 올라갈 수 있다.

노년기 연금을 위한 기금은 네 가지 근원으로부터 생긴다:

1. 한 달에 하루의 소득은 연방 정부가 이 목적으로 강제로 떼어 가며, 이 나라에서는 모두가 일한다.

2. 유산(遺産)—부유한 많은 시민이 이 목적으로 기금을 남겨 준다.

3. 주(州)의 광산에서 강제 노동으로부터 얻은 소득. 징집 노동자들이 자신들을 지원하고 은퇴 분담금을 떼어놓은 뒤에, 그들의 노동으로부터 생기는 잉여 이익은 모두 연금을 위하여 이 기금에 넘겨진다.

4. 지하 자원에서 생기는 소득. 대륙에서 모든 천연 재산은 연방 정부가 사회의 신탁으로 가지고 있고, 그로부터 생긴 소득은 질병의 예방, 천재 교육, 그리고 정치 학교에서 특별히 장래가 보이는 개인들의 비용과 같은 사회 목적을 위하여 이용된다. 지하 자원으로부터 생기는 소득의 반은 노년 연금의 기금으로 간다.

주 및 지역의 보험 통계 재단들이 여러 형태의 보호하는 보험을 공급하지만, 노년 연금은 10개 지역 분과를 통해서 연방 정부가 혼자 관리한다.

정부의 이러한 기금은 오랫동안 정직하게 관리되어 왔다. 반역과 살인 다음에,

재판소에서 내리는 가장 무거운 벌은 대중의 신뢰를 저버리는 데 내려진다. 사회·정치적 불충은 이제 모든 범죄 중에서 가장 흉악한 것으로 여긴다.

7. 세금

연방 정부는 노년기 연금의 관리, 그리고 천재(天才)와 창조적 독창성을 육성하는 데만 간섭한다. 주 정부는 조금 더 개별 시민에 관심을 가지며, 한편 지역 정부는 훨씬 더 간섭하거나 사회주의적이다. 도시는 (또는 도시의 어떤 하위 부서들은) 건강, 위생, 건물의 규제, 미화(美化), 물 공급, 조명, 난방, 오락, 음악, 통신과 같은 문제에 관여한다.

모든 산업에서 가장 먼저 주의(注意)를 건강에 기울인다. 어떤 단계의 육체적 복지는 산업과 공동체의 특권으로 간주되지만, 개인과 가족의 건강 문제는 개인의 관심거리일 뿐이다. 의술(醫術)에서는, 순전히 개인적인 모든 다른 문제의 경우처럼, 간섭을 삼가는 것이 점점 더 정부의 계획이다.

도시는 세금을 부과하는 아무런 힘이 없고, 빚을 질 수도 없다. 도시는 주 재무부로부터 머리 수에 따라 수당(手當)을 받고, 그러한 수입(收入)을 그들의 사회주의적 기업의 소득으로부터, 그리고 여러 상업 활동에 면허를 줌으로 보충해야 한다.

급히 이동하는 시설은 도시 테두리의 확장을 크게 실용성 있게 만들며, 이것은 도시의 통제를 받는다. 도시의 소방(消防) 부서는 화재 방지 및 보험 재단들에게 지원을 받고, 도시나 시골에 있는 모든 건물은 불연성(不燃性)이다—75년이 넘도록 이렇게 되었다.

시에서 임명한 치안(治安) 관리는 하나도 없다. 주 정부가 경찰력을 관리한다. 이 부서는 25세부터 50세 사이에 결혼하지 않은 사람들로부터 거의 전부 충원된다. 대부분의 주(州)는 아주 높은 독신 세금을 부과하고, 이것은 주 경찰에 가입하는 모든 남자에게 면제된다. 보통 주에서 경찰력은 이제 50년 전의 10분의 1일 뿐이다.

경제 및 기타 조건이 대륙의 다른 여러 구역에서 크게 다르니까, 비교적 자유롭고 주권을 가진 1백 주의 세금 계획은 거의 또는 전혀 한결같지 않다. 주마다 10개의 기본 헌법 조항이 있고, 이것들은 연방 최고 재판소의 찬성 없이 고칠 수 없다. 그리고 이 조항들 중의 하나는 어느 한 해에 어떤 재산이라도 그 가치에 대해서 1퍼센트가 넘는 세금을 부과하지 못하게 하고, 집터는 도시이건 시골이건, 여기서 면제된다.

연방 정부는 빚을 질 수 없으며, 전쟁 목적을 빼고, 어떤 주라도 돈을 빌릴 수 있기 전에, 4분의 3의 국민 투표가 요구된다. 연방 정부가 빚을 질 수 없으니까, 전쟁이 일어날 경우에, 국가 방어 회의는 여러 주에게 사람과 물자 뿐 아니라 돈도 내라고, 필요한 대로, 부과할 권한이 있다. 그러나 어떤 부채도 25년이 넘게 계속될 수 없다.

연방 정부를 지원하는 소득은 다음의 다섯 근원으로부터 생긴다:

1. <u>수입세</u>. 모든 수입품(輸入品)은 이 대륙에서 생활 수준을 보호하려고 고안된 관세를 물어야 하며, 그 수준은 그 혹성에서 다른 어느 나라보다 훨씬 높다. 산업

국회의 양원(兩院)이 경제 사무를 맡는 최고 집행자의 추천을 비준한 뒤에, 최고 산업 재판소가 이 관세들을 정한다. 이 최고 집행자는 이 두 입법 기관이 합동으로 임명한 사람이다. 산업을 맡는 상원을 노동 계급이, 하원을 자본 계급이 선출한다.

2. 특허권 사용료. 연방 정부는 10개 지역 실험실에서 발명과 독창적인 창작품을 권장하며, 온갖 종류의 천재—예술가·작가·과학자—들을 원조하고, 그들의 특허를 보호한다. 그 대신에 정부는 기계, 책, 예술 작품, 식물 또는 동물에 관계되는가에 상관 없이, 모든 그러한 발명과 창조로부터 생긴 이익의 절반을 가진다.

3. 상속세. 연방 정부는 재산의 크기와 기타 조건에 따라서, 1퍼센트에서 5퍼센트까지, 누진 상속세를 부과한다.

4. 군사 장비. 육군 및 해군 장비를 상업 및 오락의 용도로 빌려 주는 데서 상당한 금액을 번다.

5. 자연 자원. 자연 자원으로부터 생기는 소득은, 연방의 국가 헌장에 지정된 특별한 목적으로 전액이 요구되지 않을 때, 국가의 금고로 넘겨진다.

국가 방어 회의가 평가한 전쟁 기금을 제외하고, 연방 정부의 예산은 입법을 담당하는 상원에서 시작되고, 하원의 동의를 얻고, 최고 집행자의 승인을 받고, 마지막으로 1백 명으로 이루어진 연방 예산 위원회가 그것을 유효하게 한다. 이 위원회의 회원들은 주지사에게 지명을 받고, 24년 동안 근무하도록 주 의회가 선출하며, 4분의 1은 6년마다 선출된다. 6년마다 이 기관은, 4분의 3 투표로 그 중에서 한 사람을 우두머리로 고르고, 이렇게 그는 연방 재무부의 지도자이자 통제자가 된다.

8. 특별 학부

5살부터 18살까지 이어지는 기본 의무 교육 프로그램에 보태서, 특별 학교들이 다음과 같이 유지된다:

1. 정치 학교. 이 학교들은 국가·지역·주, 이 세 등급으로 되어 있다. 국가의 공직은 4 부문으로 분류된다. 공직의 첫째 부문은 주로 국가 행정에 관계되는데, 이 집단의 관리들은 모두 지역 및 국가, 이 두 정치(政治) 학교를 졸업한 자라야 된다. 개인들은 10개 중 어느 지역 정치 학교를 졸업하고 나서, 둘째 부문에서, 정치적 직책이나, 선택하거나 또는 임명된 직책을 받아들여도 좋다. 그들이 맡는 임무는 지역 행정과 주 정부에 있는 직책에 관계된다. 제3 부문은 주 정부의 직책이며, 그러한 관리들은 오직 주의 정치 학위를 소지하는 것이 요구된다. 넷째이자 마지막 부문의 관리들은 정치 학위를 소지하는 것이 요구되지 않고, 그러한 직책은 모두 지명된다. 이것들은 작은 조수 자리, 비서직, 기술 직책이며, 정부의 행정 자격에서 활동하는 학식 있는 여러 직종이 그 일을 수행한다.

소재판소와 주 재판소의 판사들은 주(州)의 정치 학교에서 받은 학위를 지니고 있다. 사회, 교육 및 산업의 문제를 다루는 사법 재판소의 판사들은 지역 학교의 학위를 소지한다. 연방의 최고 재판소의 판사들은 이 모든 정치 학교로부터 받은 학위를 가져야 한다.

2. 철학 학교. 이 학교들은 철학의 전당(殿堂)과 연결되어 있고, 공공 기능으로서 얼마큼 종교와 관련된다.

3. 과학 기관. 이 기술 학교들은 교육 체계보다 오히려 산업과 조정되며, 15 부문 밑에서 관리된다.

4. 전문직 훈련 학교. 이 특별 기관들은 12 가지의 다양한 학문 직종을 위하여 기술 훈련을 마련해 준다.

5. 육군 및 해군 학교. 국가 본부 가까이, 그리고 해안에 있는 25개의 군사 중심에는, 18세부터 30세까지 자원하는 시민의 군사 훈련에 바쳐지는 기관들이 유지된다. 25세가 되기 전에 이 학교들에 입학하려면 부모의 승인이 요구된다.

9. 보통 선거권 계획

모든 공직 후보자는 주, 지역, 또는 연방의 정치 학교 졸업생들에게 제한되어 있어도, 이 나라의 진취적인 지도자들은 보통 선거권 계획에서 심각한 약점을 발견했으며, 약 50년 전에 수정된 투표 계획을 위한 헌법 조치를 마련했는데, 이것은 다음과 같은 특징을 가진다:

1. 20세 이상의 모든 남자와 여자는 한 표를 가진다. 이 나이가 되고 나서, 모든 시민은 두 투표 집단에서 회원 자격을 받아들여야 한다. 경제 활동—산업, 전문직, 농업 또는 무역—에 따라서, 그들은 첫째 집단에 참가하게 된다. 정치·철학·사회적 경향에 따라서 둘째 집단에 들어가게 된다. 이처럼 모든 노동자는 어떤 경제 선거권 집단에 속하며, 이 조합들은 비경제 사회들과 마찬가지로, 세 가지로 권력이 분산된 국가 정부와 아주 비슷하게 통제된다. 이 집단에 등록한 것은 12년 동안 바꿀 수 없다.

2. 주지사 혹은 지역 집행자의 지명을 받고 나서, 지역 최고 회의의 명령에 따라서, 사회에 크게 봉사했거나 또는 정부에 근무하면서 비상한 지혜를 보인 개인들은 5년 이상의 기간마다 그들에게 수여된 추가 투표권을 받아도 좋으며, 그 초월 투표권은 9을 넘지 못한다. 어느 복수 투표자도 최대 투표는 10이다. 과학자, 발명가, 선생, 철학자, 영적 지도자들은 또한 늘어난 정치 권력을 받음으로 이렇게 인정받고 영예를 얻는다. 특별 학부가 학위를 주는 것과 아주 비슷하게, 주와 지역의 최고 회의가 이 높아진 시민 특권을 수여하는데, 수령자는 다른 학위와 함께, 몸소 성취한 목록에 시민의 인정을 받는 그러한 상징을 보태는 데 긍지를 느낀다.

3. 광산에서 강제 노동을 하도록 판결을 받은 모든 사람, 그리고 세금으로 지원을 받는 모든 정부 공무원은 그러한 근무 기간에, 투표권을 잃는다. 이것은 65세에 연금을 받고 퇴직하는 나이 든 사람들에게는 적용되지 않는다.

4. 5년마다 낸 연평균 세금을 반영하는 투표권에는 다섯 등급이 있다. 세금을 많이 낸 자들은 5표까지 추가 투표권이 허락된다. 이 인정(認定)은 모든 다른 인정

과 관계 없지만, 어떤 경우에도 누구든지 10표가 넘게 던질 수 없다.

5. 이 선거권 계획이 채택되었을 때, 경제 체계, 곧 기능적 체계를 지지하고 지역 투표 방법을 포기하였다. 모든 시민은 이제 거처에 상관 없이, 산업, 사회, 또는 전문직 집단의 회원으로서 투표한다. 그래서 유권자는 정부의 신뢰와 책임을 맡는 자리에 가장 자격 있는 회원들만 뽑는, 단결되고 뭉쳐진 총명한 집단으로 구성된다. 이 기능 투표권, 곧 집단 투표권 계획에는 한 가지 예외가 있다: 6년마다 연방의 최고 집행자는 전국 투표로 선출되며, 어느 시민도 한 표가 넘게 던지지 못한다.

최고 집행자의 선거를 빼고, 이처럼 투표권은 시민의 경제, 직업, 지적, 사회적 분류에 따라서 행사된다. 이상적인 국가는 유기체이며, 자유롭고 지적인 모든 집단의 시민은 그보다 큰 정부의 유기체 안에서 중대하고 작용하는 기관(器官)을 대표한다.

정치 학교들은 결함이 있거나, 게으르거나, 무관심하거나, 범죄성이 있는 어떤 개인한테서도 투표권을 빼앗을 의도를 가지고, 법적 절차를 주 재판소에서 시작하는 권한을 가지고 있다. 이 사람들은 한 나라의 50퍼센트가 열등하거나 결함이 있으면서 투표권을 가질 때, 그런 나라가 망한다는 것을 헤아린다. 그들은 평범이 지배하면 어떤 나라에서도 멸망을 초래한다는 것을 믿는다. 투표는 강제이며, 자기 투표를 던지지 못한 자들에게 무거운 벌금이 부과된다.

10. 범죄 다루기

이 사람들이 범죄·광기(狂氣)·퇴화를 다루는 방법은 어떤 면에서 유쾌하지만, 의심할 여지 없이, 다른 면에서는 대부분의 유란시아 사람들에게 충격임이 드러날 것이다. 범죄자와 결함 있는 자들을 보통 성별에 따라서, 다른 농업 식민지에 보내며, 그들은 자급(自給)하고도 남는다. 그보다 더 심각한 습관성 범죄자와 치료할 수 없이 미친 자들은 죽이는 가스 방에서 죽도록 재판소에서 선고를 받는다. 살인은 별도로 하고, 정부의 신뢰를 저버리는 것을 포함해서, 수많은 범죄가 또한 사형(死刑)을 받으며, 판결의 시행은 분명하고 빠르다.

이 사람들은 법의 부정적 시대로부터 긍정적 시대로 지나가고 있다. 요즈음에 그들은 살인 잠재성이 있는 자와 큰 범죄자라고 생각되는 사람들을 구류 식민지에서 종신으로 근무하도록 선고하여 범죄를 방지하려고 시도할 정도까지 이르렀다. 그러한 죄수들은 나중에 더 정상으로 되었다는 것을 보이면, 가석방(假釋放)되거나 사면을 받을 수도 있다. 이 대륙에서 살인율은 다른 나라들의 비율의 겨우 1퍼센트이다.

죄수와 결함 있는 자들의 번식을 막으려는 노력이 1백 년도 더 전에 시작되었고, 이미 흡족한 결과를 낳았다. 미친 자들을 위하여 아무런 감옥이나 병원이 없다. 한 가지 이유는, 이 집단이 유란시아에서 발견되는 것의 겨우 10퍼센트가 있기 때문이다.

11. 군대의 준비 상태

국가 방어 회의의 총재는 연방 군사 학교의 졸업생들을 능력과 경험에 따라서, 일곱 계급으로, "문명의 수호자"로 임명할 수 있다. 이 회의는 25명의 회원으로 구성되어 있는데, 가장 높은 부모 재판소, 교육 재판소, 산업 재판소가 그들을 지명하고, 연방 최고 법정이 이를 확인해 주며, 이 회의에서 조정된 군사(軍事) 참모진의 우두머리가 직권상 의장을 맡는다. 그러한 회원들은 70세가 되기까지 근무한다.

그러한 임명받은 장교들이 추구하는 과정의 길이는 4년이고, 변함없이 어떤 상업이나 전문직을 통달한 것과 관계된다. 관계된 이 산업, 과학, 또는 전문직의 교육을 받지 않고는 군사 훈련을 결코 주지 않는다. 군사 훈련이 끝났을 때, 개인은 4년 과정 동안에, 마찬가지로 과정의 길이가 4년인 어느 특별 학교에서 나누어 주는 교육의 절반을 받은 것이다. 이 방법으로 기술 또는 전문직 훈련의 처음 절반을 확보하는 동안에, 큰 집단의 남자들에게 자신을 부양할 기회를 마련해 줌으로, 직업 군인 계급을 만드는 것을 피한다.

평화 시절에 군대 복무는 순전히 자원이며, 모든 지부의 근무에서 입대(入隊)는 4년 동안이다. 그 동안에 모든 남자는 군사 전술을 통달하는 것 외에 어느 특별한 직종의 연구를 추구한다. 음악 훈련을 받는 것은 중앙 군사 학교에서, 그리고 그 대륙의 변두리 근처에 흩어져 있는 25개 훈련소에서, 주요한 즐거움 중에 하나이다. 산업이 한산한 기간에 수천 명의 실업자(失業者)가 육지와 바다와 공중에서 대륙의 군사 방어를 강화(强化)하는 데 자동으로 이용된다.

둘러싼 적대 민족들의 침공에 대한 방어로서 이 사람들이 강력한 전쟁 시설을 유지하지만, 공격하는 전쟁에서 1백 년이 넘도록 그들이 이 군사 자원을 이용하지 않았다는 것을 그들의 명예로 기록해도 좋다. 전쟁 능력을 공격에 이용하려는 유혹에 무릎 꿇지 않고서, 문명을 힘차게 지킬 수 있는 점까지 그들은 문명화되었다. 통일된 대륙 국가가 세워진 이후로 내란(內亂)이 없었지만, 이 사람들은 지난 2세기 동안 아홉 번 맹렬히 방어하는 전쟁을 수행하도록 요구되었으며, 그 가운데 셋은 강력한 세계 열강의 연방에 대항한 것이었다. 비록 이 나라가 적대하는 이웃들의 공격에 대해서 적절한 방어를 유지하지만, 그 나라는 정치가·과학자·철학자를 훈련하는 데 훨씬 더 많이 주의를 기울인다.

세계와 평화를 이루고 있을 때, 이동할 수 있는 모든 방어 장치는 아주 충분히 무역·상업·오락에 고용된다. 전쟁이 선포될 때는 나라 전체가 동원된다. 적대 기간을 통해서 내내, 모든 산업에서 군대 임금이 지불되며, 모든 군사 분과의 우두머리들은 최고 행정자의 내각에서 회원이 된다.

12. 다른 여러 나라

이 독특한 민족의 사회와 정부가 여러 면에서 유란시아 국가들보다 우수하지만, 다른 대륙들에 있는 정부들은 (이 혹성에 열 하나가 있는데) 유란시아의 진보된 나라들보다 뚜렷하게 열등하다.

이제 바로 이 우수한 정부는 열등한 민족들과 대사(大使) 관계를 세우려고 계획하고 있으며, 둘러싼 이 나라들에 선교사를 보내자고 주장하는 큰 종교 지도자가 처음으로 나타났다. 우수한 문화와 종교를 다른 민족들에게 강요하려고 노력했을 때, 허다한 다른 사람들이 저지른 잘못을 그들이 바야흐로 저지르려 한다고 우리는 생각한다. 진보된 문화를 가진 이 대륙 국가가 그저 나가서 이웃 민족들 가운데서 가장 훌륭한 사람들을 데리고 와서, 그들을 교육시킨 다음에, 어두운 형제들에게 문화의 밀사(密使)로 돌려보내기만 한다면, 이 세계에서 얼마나 놀라운 일이 이루어질 수 있을까! 말할 것도 없이, 아들 행정관이 진보된 이 나라로 곧 나타난다면, 큰 일이 이 세계에 빨리 일어날 수 있다.

유란시아에서 문명을 향상하고 정부의 진화를 촉진하려는 뜻으로 특별 허가를 받고서, 이웃 혹성의 일을 이처럼 이야기한다. 의심할 여지 없이, 유란시아 사람들의 관심을 끌고 흥미를 자아내게 할 훨씬 더 많은 것을 떠벌릴 수 있지만 이 발표는 우리가 허락받은 명령의 한계에까지 미친다.

그러나 유란시아 사람들은 사타니아 체계에서 자매 구체가 파라다이스 아들들의 행정관 임무나 수여 임무로부터 소득을 얻지 못했다는 것을 살펴야 한다. 유란시아의 여러 민족은, 이 대륙 국가를 그 혹성의 다른 나라들로부터 분리하는 것 같은 그런 문화의 차이 때문에 서로 분리되지는 않았다.

진리의 영이 부어진 것은 수여 생애가 있은 세계에서 인류의 이익 면에서 큰 업적을 이룩할 영적 기초를 마련해 준다. 따라서 유란시아는 법률, 기계 장치, 상징, 관습, 언어와 아울러, 혹성의 정부를 더 빨리 실현하도록 준비가 훨씬 더 잘 되어 있다—이 모두가 법 아래에서 세계적 평화를 이룩하는 데 아주 힘차게 이바지 할 수 있고, 영적 노력이 있는 진짜 시대가 언젠가 밝아 오도록 이끌 수 있다. 그러한 시대는 빛과 생명의 시대, 혹성에서 유토피아 시대에 이르는 문턱이다.

[네바돈의 한 멜기세덱이 발표하였다.]

제 73 편

에덴 동산

칼리가스티아의 패망과 그에 따른 사회의 혼란으로부터 생긴 문화적 퇴폐와 영적 빈곤은 유란시아 민족들의 육체 상태, 곧 생물학적 상태에는 조금도 영향을 미치지 않았다. 칼리가스티아와 달리가스티아의 불만을 너무 빠르게 뒤따라 일어난 문화와 도덕의 후퇴와 아주 상관 없이, 유기적 진화는 종종걸음으로 나아갔다. 그리고 혹성의 역사에서 거의 4만 년 전에, 순전히 생물학적 관점에서 볼 때, 유란시아 민족들의 발전하는 걸음이 절정에 가까이 이르렀다는 것을 근무하던 생명 운반자들이 주목한 때가 왔다. 멜기세덱 관리자들은 이 의견에 찬성하면서, 에덴시아의 최고자들에게 드리는 탄원에 생명 운반자들과 같이하자고 쉽게 찬성했고, 이 탄원은 생물학적 개량자, 곧 물질 아들과 딸의 파송을 허가하는 관점을 가지고 유란시아를 검열할 것을 요청하였다.

이 요청은 에덴시아의 최고자들을 향한 것이었고, 이는 칼리가스티아가 몰락하고 예루셈에서 권한이 일시 자리를 비운 뒤로 늘, 그들이 유란시아의 많은 사무에 대하여 직접 관할권을 행사했기 때문이다.

십일(十一) 세계, 곧 실험 세계 시리즈의 군주 감독자 타바만시아가 혹성을 검열하러 왔고, 종족의 진전을 살핀 뒤에, 그는 유란시아에 물질 아들들을 허락해 줄 것을 정식으로 추천했다. 이 검열이 있은 지 1백 년이 채 안 되어, 아담과 이브, 곧 지역 체계의 물질 아들과 딸이 도착했고, 반란으로 뒤에 처지고 영적으로 고립시키는 금지령 밑에서 쉬는 한 혹성에서, 엉망진창이 된 일의 실마리를 풀려고 애쓰는 어려운 과제를 시작했다.

1. 놋 사람과 아마돈 사람

정상(正常) 혹성에서 물질 아들이 도착하는 것은 발명과 물질적 진보와 지적 깨우침이 있는 큰 시대가 다가옴을 보통 알릴 것이다. 대부분의 세계들에서 아담 이후 시대는 큰 과학 시대이지만, 유란시아에서는 그렇지 않았다. 육체적으로 건강한 종족들이 혹성을 덮었지만, 부족들은 야만과 도덕적 침체의 늪 속에서 시들고 있었다.

반란이 있은 뒤 1만 년이 되자, 영주의 행정부가 쌓아 놓은 공적이 실질적으로 다 지워져 버렸다. 세상의 종족들은 잘못 인도받은 이 아들이 온 적이 없는 경우보다 형편이 조금도 낫지 않았다. 기껏해야 놋 사람과 아마돈 사람들 사이에서, 달라마시아의 전통과 혹성 영주의 문화가 지속되었다.

<u>놋 사람들</u>은 영주의 참모진에서 반란군 회원들의 후손인데, 그 이름은 그들의 처음 지도자 놋으로부터 유래하며, 그는 한때 달라마시아의 산업 및 무역 위원회의 의장이었다. <u>아마돈 사람들</u>은 반과 아마돈과 함께 충성하기로 작정한 안돈 사람들

의 후손이었다. "아마돈 사람"은 종족을 가리키는 용어라기보다 문화·종교적 명칭이다. 종족 면에서 볼 때, 아마돈 사람들은 본질적으로 안돈 사람이었다. "놋 사람"은 문화와 종족을 가리키는 용어인데, 놋 사람들 자체가 유란시아의 여덟째 종족을 이루었기 때문이다.

놋 사람과 아마돈 사람들 사이에는 전통적인 적대 감정이 존재했다. 이 싸움은 이 두 집단의 자손이 어떤 공동 사업을 시작하려 할 때마다 항상 표면에 나타났다. 나중에도 에덴 동산의 사무에서, 그들이 평화롭게 함께 일하기는 극도로 힘들었다.

달라마시아가 멸망한 뒤에 얼마 안 되어, 놋의 추종자들은 큰 세 집단으로 갈라졌다. 중앙 집단은 페르시아 만 상류 가까이에 그들 최초의 집 바로 근처에서 남아 있었다. 동쪽 집단은 유프라테스 강 유역의 바로 동쪽에 엘람의 고지(高地) 지역으로 옮겨 갔다. 서쪽 집단은 지중해에 시리아의 동북 바닷가에서, 그리고 인접한 영토에서 자리를 잡았다.

이 놋 사람들은 산긱 종족들과 자유롭게 짝을 짓고 유능한 후손을 남겼다. 그리고 모반한 달라마시아 사람들의 후손 중에 더러는 나중에 메소포타미아 북쪽에 있는 땅에서 반과 그의 충성스러운 추종자들과 합쳤다. 여기서, 반 호수, 그리고 카스피 바다 남쪽 지역 근처에서, 놋 사람은 아마돈 사람과 섞이고 엉켰으며, 그들은 "옛날의 강한 사람들" 축에 끼었다.

아담과 이브가 도착하기 전에 이 무리—놋 사람과 아마돈 사람—들은 땅에서 가장 진보하고 문화가 있는 민족들이었다.

2. 동산을 위한 계획

타바만시아의 검열이 있기 전에 거의 1백 년 동안, 반과 그 동료들은, 고지에 있던 세계 윤리 문화 본부로부터, 약속된 하나님의 아들, 곧 종족 개량자, 진리를 가르치는 선생, 반역한 칼리가스티아의 뒤를 잇는 자격 있는 후계자가 오리라 외치고 있었다. 그 시절에 세계 거주자의 대다수는 그러한 예언에 거의 또는 아무런 흥미를 보이지 않았지만, 반과 아마돈과 가깝게 접촉하던 자들은 그러한 가르침을 심각하게 받아들였고, 약속된 아들을 실제로 접대하려고 계획을 세우기 시작했다.

반은 가장 가까운 동료들에게 예루셈에 있는 물질 아들들의 이야기, 일찍이 유란시아에 오기 전에 그 아들들에 관하여 알고 있던 것을 일러 주었다. 수수하지만 매력 있는 동산 집에서 이 아담 아들들이 늘 살았다는 것을 그는 잘 알았고, 아담과 이브가 도착하기 83년 전에, 그들이 오리라 선포하고 그들을 받아들이기 위하여 동산 집을 준비하는 일에 헌신하자고 제안했다.

그들의 고지 본부로부터, 또 멀리 흩어져 있는 61개 촌락으로부터, 반과 아마돈은 기꺼이 일하고 싶은 열심 있는 노동자들의 무리를 3천 명이 넘게 모집했고, 이들은 엄숙한 집회에서, 약속된—적어도 기대하는—아들을 위하여 준비하는 이 사명에 헌신하였다.

반은 자원자들을 1백 중대(中隊)로 나누었고, 각 중대에는 개인 참모진에서 연락 장교로 일했던 중대장 하나와 동료 한 명을 두고, 아마돈을 자신의 동료로 두었다. 이 위원회들은 모두 진지하게 준비 작업을 시작했고, 동산을 마련하는 장소 위원회는 이상적인 자리를 찾아서 힘차게 떠나갔다.

칼리가스티아와 달리가스티아는 악행하는 힘을 많이 빼앗겼어도, 동산을 준비하는 일을 좌절시키고 방해하려고, 할 수 있는 대로 무엇이든지 했다. 그러나 그들의 악한 음모는 그 사업을 진척시키려고 지칠 줄 모르고 노동한, 거의 1만 명의 충성스러운 중도인(中道人)의 성실한 활동으로 말미암아 대체로 상쇄되었다.

3. 동산의 위치

장소 위원회는 거의 3년 동안 자리를 비웠다. 이 위원회는 가능한 세 장소에 관하여 좋게 보고했다. 첫째는 페르시아 만(灣)에 있는 섬이었고, 둘째는 나중에 둘째 동산으로서 차지했던 강 위치였고, 셋째는, 지중해의 동쪽 해안으로부터 서쪽으로 튀어나온 길고도 좁은 반도(半島)였다—거의 섬이었다.

그 위원회는 거의 만장일치로 셋째 선택에 찬성했다. 이 자리가 선택되었고, 이 지중해 반도로, 생명 나무를 포함해서 세계의 문화 본부를 옮기는 데는 2년이 걸렸다. 반과 그 일행이 도착했을 때, 반도에서 거주하던 자들 가운데 한 집단만 빼고 모두가 자리를 비웠다.

이 지중해의 반도는 상쾌한 기후를 가졌고 기온이 따듯했다. 이 안정된 날씨는 둘러싸는 여러 산 때문에, 그리고 이 지역이 내륙에 있는 바다에서 실질적으로 섬이라는 사실 때문이었다. 둘러싼 고지(高地)에서는 비가 풍부하게 쏟아졌지만, 에덴 자체에는 비가 내리는 일이 드물었다. 그러나 밤마다 인공으로 관개하는 수로(水路)의 광범위한 망으로부터 "안개가 올라와서" 동산의 식물을 적셔 주었다.

이 땅 덩어리의 해안선은 상당히 높이 올라와 있었고, 본토와 연결하는 목은 가장 좁은 데서 폭이 겨우 43킬로미터이었다. 동산에 물을 대는 큰 강은 반도의 더 높은 땅으로부터 내려와서, 본토에 이르는 반도의 목을 거쳐서 동쪽으로, 그리고 거기서부터 메소포타미아의 낮은 땅을 거쳐서 그 너머에 있는 바다로 흘러갔다. 그 강은 에덴 반도의 바닷가 언덕에서 기원을 가진 네 개의 지류(支流)로부터 물을 받았는데, 이것들이 "에덴에서 나간" 강의 "네 수원(水源)"이며, 이것은 나중에 둘째 동산을 둘러싸는 강들의 지류들과 혼동되었다.

동산을 둘러싸는 산들에는 귀중한 돌과 금속이 많았다. 하지만 이것들은 별로 주목을 받지 않았다. 지배적인 생각은 원예를 높이고 농업을 고귀하게 만드는 것이었다.

동산으로 선택된 장소는 아마도 온 세상에서 그 종류로서 가장 아름다운 장소였다. 다른 어디에도 그렇게 식물(植物)로 표현한 천국이 되도록 아주 완전히 제 역할을 할 수 있는 장소가 없었다. 이 약속 장소에서 유란시아 문명의 노른자가 모이고 있었다. 바깥에, 건너편에, 세상은 어두움과 무지와 야만 속에 놓여 있었다. 에덴은 유란시아에서 하나의 밝은 장소였고, 자연히 사랑스러운 꿈이었으며, 아름답고 완전하게 된 경치의 영화로움을 그리는 시(詩)가 곧 되었다.

4. 동산을 세우다

생물학적 개량자인 물질 아들들이 한 진화 세계에서 머무르기 시작할 때, 그들의 거처를 흔히 에덴 동산이라고 부르는데, 이것은 별자리의 서울 에덴시아의 특징, 꽃이 아름답게 피고 식물이 장려한 특징을 가지기 때문이다. 반은 이 관습을 잘 알았고, 따라서 반도(半島) 전체를 동산에 넘겨 주도록 주선했다. 인접한 본토를 위하여 목장과 동물 사육이 계획되었다. 동물 생명 가운데 새와 길들인 여러 종(種)만 공원에서 발견되었다. 반의 지시는 에덴이 동산, 오로지 동산이어야 한다는 것이었다. 그 구역 안에서는 결코 아무 동물도 죽이지 않았다. 건축하는 여러 해를 통해서 내내, 동산의 일꾼들이 먹는 고기는 다, 본토에서 보호 밑에 유지되는 동물의 떼로부터 가지고 들어왔다.

첫 과제는 반도의 목 부분에, 가로질러서 벽돌 담을 세우는 일이었다. 이것이 일단 끝나자, 경치를 아름답게 만들고 집을 짓는 진짜 일이 방해를 받지 않고 진행될 수 있었다.

동물이 있는 동산은 큰 담 바로 바깥에, 그보다 작은 담을 쌓아서 만들었다. 그 사이의 공간은 온갖 종류의 들짐승이 차지했고, 적의 공격에 대비해서 추가된 방어로 쓰였다. 이 동물원은 12 대부문으로 조직되었고, 담으로 둘러싸인 길들은 이 집단들 사이로부터 동산의 12 대문(大門), 강, 그리고 중앙 지역을 차지하는, 강에 인접한 목초지로 인도했다.

동산을 준비하는 일에는 오직 자원하는 노동자들만 고용되었다. 임금(賃金)을 받는 노동자는 하나도 결코 쓰이지 않았다. 그들은 동산을 가꾸고, 부양하기 위해서 동물의 떼를 돌보았다. 가까이 있는 신자(信者)들로부터 식량의 기부도 받았다. 이 어수선한 시절에, 세상의 혼란 상태에 따르는 어려움이 있었는데도, 이 큰 사업은 마칠 때까지 수행되었다.

그러나 기대하던 아들과 딸이 얼마나 빨리 올지 모르고, 그들의 도착이 늦어질 경우에 젊은 세대가 또한 그 사업을 수행하는 데 훈련을 받아야 한다고 반이 넌지시 비쳤을 때, 이것은 큰 실망의 원인이 되었다. 이것은 반의 편에서 믿음이 모자람을 인정하는 듯 했으며, 어지간히 문제를 일으키고 많은 탈주자가 생기게 만들었다. 그러나 반은 준비를 갖추는 계획을 수행하였고, 그 동안에 탈주자들의 자리를 더 젊은 자원자로 채웠다.

5. 동산의 집

에덴 반도 한가운데, 돌로 만든 우주의 아버지의 아름다운 성전, 동산의 성소(聖所)가 있었다. 북쪽에는 행정 본부가 세워졌고, 남쪽에는 일꾼들과 그 가족들을 위하여 집들이 건축되었다. 서쪽에는 제안된 바 기대하는 아들의 교육 체계의 학교들을 위하여 땅이 할당되었고, 한편 "에덴의 동쪽"에는 약속된 아들과 그 직계 후손들을 위하여 예정된 거처가 건축되었다. 에덴을 위한 건축 계획은 인간 1백만 명을 위하여 집과 넓은 땅을 마련하였다.

아담이 도착했을 때, 동산이 겨우 4분의 1이 끝났어도, 거기에는 몇천 킬로미터의 관개하는 도랑과 19,000킬로미터가 넘는 포장된 보도(步道)와 도로가 있었다. 여러 구역에 5천 동(棟)이 조금 넘는 벽돌 건물이 있었고, 나무와 식물은 거의 수를 셀 수 없이 많았다. 공원(公園)에서 어느 한 덩어리를 이루는 집들은 기껏해야 일곱이었다. 그리고 동산의 구조물은 수수했어도, 무척 예술적이었다. 도로와 작은 길들은 잘 지어졌고, 경치는 아름다웠다.

동산의 위생(衛生) 시설은 그 때까지 유란시아에서 시도된 어떤 것보다 훨씬 앞서 있었다. 에덴의 마실 물은 순수성을 보존하려고 고안된 위생 규칙을 엄격하게 지킴으로 건강에 좋게 유지되었다. 이 옛 시절에 많은 문제가 이 규칙을 소홀히 해서 생겨났지만, 반은 차츰차츰 동산의 수원(水源)에 아무 것도 떨어지지 못하게 하는 것이 중요함을 동료들에게 강조하였다.

하수도를 처리하는 체계가 나중에 세워지기 전에 에덴 사람들은 모든 쓰레기나 썩는 물질을 꼼꼼히 파묻는 관습을 지켰다. 아마돈의 검열자들은 날마다 있음직한 질병의 원인을 찾아서 순찰했다. 유란시아 사람들은 후일에 19세기와 20세기까지, 다시는 인간의 병을 방지하는 것이 중요함을 깨닫지 못했다. 아담의 체제가 무너지기 전에, 벽돌로 덮은 도랑을 가진 하수(下水) 처리 체계가 건설되었고, 이것은 담 밑으로 이어져서, 동산의 바깥 담, 곧 작은 담을 거의 1.6킬로미터 지나서, 에덴의 강으로 빠져 나갔다.

아담이 도착할 때가 되기까지, 세상에서 그 구역에 있는 식물의 대부분은 에덴에서 자라고 있었다. 많은 과실·곡식·견과가 이미 크게 개량되었다. 현대의 뭇 채소와 곡식이 처음에 여기서 재배되었지만, 몇십 종류의 먹는 식물(植物)이 나중에 세상에서 사라져 버렸다.

동산의 약 5퍼센트는 인조(人造) 재배의 기술이 고도(高度)에 이르렀고, 15퍼센트는 부분적으로 경작되었으며, 나머지는 아담이 도착할 때까지 얼마큼 자연 상태로 놓아 두었는데, 그의 생각에 따라서 공원을 완성하는 것이 최선이라고 생각되었기 때문이다.

그래서 에덴 동산은 약속된 아담과 그 배우자를 받아들일 준비가 되었다. 그리고 이 동산은 완전하게 관리되고 정상의 통제를 받는 가운데 한 세상에게 큰 영예를 돌렸을 것이다. 아담과 이브는 에덴의 일반 계획을 아주 기뻐했다. 하지만 그들 자신의 거처를 꾸미는 일에 많이 손을 보았다.

아담이 도착할 때 치장하는 작업은 좀처럼 끝나지 않았어도, 그 곳은 이미 식물의 아름다움을 갖춘 보석이었다. 그가 에덴에서 머무르던 옛 시절에 동산 전체가 새로운 모습을 입었고, 새 규모의 아름다움과 웅장함을 갖추었다. 이 시절 이전이나 이후에 결코 유란시아는 그렇게 원예와 농업을 아름답고 충만하게 펼쳐 보인 적이 없었다.

6. 생명 나무

동산의 성전 가운데에 반은 오랫동안 지켜 오던 생명 나무를 심었고, 그 이파리는 "민족들을 치유하기" 위한 것이었는데, 그 과일은 반으로 하여금 그렇게 오랫동안 땅에서 버티게 해 주었다. 일단 유란시아에서 물질 형태를 입고 나타난 뒤에는 아담과 이브도 생명을 유지하기 위하여 이 에덴시아의 선물에 의존하리라는 것을 반은 잘 알았다.

체계 서울에 있는 물질 아들들은 생명을 유지하기 위하여 생명 나무가 필요하지 않다. 오직 혹성에서 다시 성격화되었을 때, 육체가 죽지 않게 하기 위하여 이 첨가물에 의존한다.

"선악을 알게 하는 나무"는 비유의 표현, 잡다한 인간의 체험을 덮는 상징적 이름일지 모르지만, "생명 나무"는 신화(神話)가 아니었다. 생명 나무는 실재하였고, 오랫동안 유란시아에 있었다. 에덴시아의 최고자들이 칼리가스티아를 유란시아의 혹성 영주로, 또 예루셈 시민 1백 명을 그의 행정 참모진으로 임명할 것을 인가했을 때, 멜기세덱들의 편에 에덴시아의 한 떨기나무를 혹성으로 보냈고, 이 식물은 유란시아에서 자라서 생명 나무가 되었다. 이 형태의 비(非)지성 생명은 별자리 본부 구체의 토산물이며, 하보나 구체들 뿐 아니라 지역 우주와 초우주의 본부 세계들에서 또한 발견되지만, 체계의 서울에는 없다.

이 초월 식물은 동물 존재에서 나이를 먹게 하는 요소를 해독(害毒)하는 어떤 공간 에너지를 저장했다. 생명 나무의 열매는 화학을 초월하는 저장 전지(電池)와 같았고, 먹었을 때 우주에서 생명을 길게 하는 힘을 신비하게 방출하였다. 이 형태의 자양분은 유란시아에 있는 보통 진화 존재들에게는 전적으로 쓸모 없었지만, 특별히 칼리가스티아 참모진의 물질화된 회원 1백 명, 그리고 영주 참모진에게 생명질을 이바지한 수정된 안돈 사람 1백 명에게 쓸모가 있었다. 이 안돈 사람들도 그 대가로 그 생명 보충물의 소유자가 되었고, 이것은 그렇지 않으면 죽어야 할 존재를 무기한으로 연장하기 위하여 생명 나무의 과일을 이용할 수 있게 만들었다.

영주가 다스리던 시절에 그 나무는 아버지의 성전에, 가운데 있는 둥그런 뜰에서, 땅으로부터 솟아나 자라고 있었다. 반란이 터지고 나서, 반과 그 동료들은 임시 캠프에서 그 나무를 가운데 핵심으로부터 다시 길렀다. 이 에덴시아 떨기나무를 나중에 그들의 고지 피난처로 가져갔고, 거기서 그 나무는 반과 아마돈에게 15만 년이 넘도록 쓰였다.

반과 그 동료들은 아담과 이브를 위해서 동산을 준비했을 때 에덴시아 나무를 에덴 동산으로 옮겨 심었으며, 거기서 다시 한 번 그 나무는 아버지에게 바쳐진 또 다른 성전의 가운데에, 둥그렇게 생긴 뜰에서 자랐다. 아담과 이브는 그들의 2중 형태의 육체 생명을 유지하려고 그 열매를 정기적으로 먹었다.

물질 아들의 계획이 빗나갔을 때, 아담과 그의 가족은 그 나무의 핵심을 동산으로부터 가지고 가는 것이 허락되지 않았다. 놋 사람들이 에덴을 쳐들어갔을 때, "그들이 나무의 열매를 먹으면 신들과 같이" 되리라는 이야기를 들었다. 아주 놀랍게도 그들은 아무도 나무를 지키지 않음을 발견했다. 그들은 몇 년 동안 그 과일을 아낌없이 먹었지만 그들에게 아무런 영향이 없었다. 그들이 모두 그 땅의 물질 필사자였기 때문이다. 그 나무 열매의 보충물 노릇을 하는 성분이 그들에게 모자랐다. 그들은 생명 나무로부터 이득을 얻을 수 없는 것에 성이 났고, 그들의 한 내란과 연관되어, 성전과 나무는 모두 불에 타 버렸다. 동산이 나중에 물에 잠길 때까지 오로지 돌담만 남았다. 이것이 파괴된, 아버지의 두 번째 성전이었다.

이제 유란시아에 있는 모든 육체는 삶과 죽음의 자연스러운 과정을 거쳐야 한다. 아담과 이브, 그 자녀와 손자들은 동료들과 함께, 시간이 지나자 모두 죽었다. 그들은 이렇게 지역 우주의 승천 계획 밑에 들어갔고, 거기에는 저택 세계의 부활이 육체의 죽음을 뒤따른다.

7. 에덴의 운명

아담이 첫째 동산을 비우고 난 뒤에, 여러 가지로 놋 사람, 큣 사람, 순트 사람들이 그 자리를 차지했다. 나중에 동산은 아담 사람들과 협조하는 것을 반대한 북쪽 놋 사람들의 거처가 되었다. 아담이 동산을 떠난 뒤에, 그 반도(半島)에는 거의 4천 년 동안 이 낮은 등급의 놋 사람들이 들끓었다. 이 때 둘러싼 화산들의 맹렬한 활동과 아프리카로 잇는 시실리의 육지 다리가 가라앉는 것과 연관하여, 지중해의 동쪽 바닥이 무너졌고, 에덴 반도를 완전히 바다 밑으로 끌고 갔다. 이 큰 침몰과 동시에 동부 지중해의 해안선이 크게 높아졌다. 이것이 유란시아가 일찍이 품에 간직했던 가장 아름다운 자연 창조의 마지막이었다. 이 침몰은 갑작스럽지 않았고, 반도 전체가 완전히 가라앉기까지는 몇백 년이 걸렸다.

우리는 동산이 이렇게 사라진 것을 어떤 면에서도 신성한 계획이 유산(流産)된 결과나 또는 아담과 이브가 실수한 결과라고 여길 수 없다. 우리는 에덴이 가라앉은 것을 자연 현상이 아닌 어떤 다른 것으로 여기지 않는다. 그러나 우리에게는 세계 민족들을 회복하는 일에 손대기 위하여 보라 인종의 예비군이 축적되었을 바로 그 무렵에 맞추어서, 에덴이 가라앉는 일이 생긴 듯이 보인다.

멜기세덱들은 아담에게, 그 자신의 가족이 50만이 될 때까지, 종족을 개량하고 혼합하는 프로그람을 개시하지 말라고 조언했다. 동산이 결코 아담 사람들의 영구한 집이 되도록 의도한 적이 없었다. 그들은 온 세상에 새 생명의 밀사(密使)가 되도록 운명이 정해져 있었다. 땅에서 가난한 종족들에게 사심 없이 수여되기 위해서 동원되어야 했다.

멜기세덱들이 아담에게 준 지침은, 그의 직계 아들과 딸들을 책임질 종족 본부, 대륙 본부, 분과 본부들을 세워야 하며, 한편 그와 이브는 생물학적 개량, 지적 진보, 도덕의 회복, 이러한 세계적 직책을 맡는 고문이자 조정자로서, 이 다양한 세계 수도(首都)들 사이에서 시간을 나누어 써야 한다는 것을 뜻했다.

["동산의 목소리" 천사 솔로니아가 발표했다.]

제 74 편

아담과 이브

아담과 이브는 서기 1934년부터 따져서 37,848년 전에 유란시아에 도착했다. 그들은 동산에 꽃이 한창 만발한 때 도착했다. 정오에 발표도 없이, 천사 수송자 둘이 유란시아로 생물학적 개량자들을 나르는 일을 맡은 예루셈 직원을 동반하고, 우주의 아버지 성전 근처에서, 회전하는 혹성의 표면에 천천히 내렸다. 아담과 이브의 몸을 다시 육체화하는 모든 작업은 새로 지은 이 성소의 구역 안에서 이루어졌다. 도착한 때부터, 세상의 새 통치자로서 등장하기 위해서 2중의 인간 형태로 그들이 다시 지어지기까지 열흘이 지났다. 그들은 동시에 의식을 다시 찾았다. 물질 아들과 딸들은 반드시 함께 봉사한다. 항상 어디서나 결코 떨어지지 않는 것이 그들이 베푸는 봉사의 본질이다. 그들은 쌍을 이루어 일하라고 고안되어 있고, 홀로 활동하는 일은 드물다.

1. 예루셈에서 아담과 이브

유란시아의 혹성 아담과 이브는 예루셈에서 물질 아들들의 선임(先任) 군단의 회원이었고, 합동으로 14,311번이었다. 그들은 셋째 육체 시리즈에 속했고, 키는 240센티미터가 조금 넘었다.

유란시아로 오려고 뽑혔을 때, 아담은 배우자와 함께 실험하고 시험하는, 예루셈의 물리 실험실에 고용되었다. 1만 5천 년이 넘도록 그들은 살아 있는 형태의 수정(修正)에 쓰이는 실험 에너지 부문에서 지도자였다. 이보다 훨씬 전에 그들은 예루셈에서 새로 도착한 자들을 위한 시민 학교들에서 선생이었다. 그들이 유란시아에서 나중에 한 행위에 관한 이야기와 관련하여, 이 모든 것을 염두에 두어야 한다.

유란시아에서 아담으로 모험하는 사명을 위하여 자원자들을 부르는 선포가 나갔을 때, 물질 아들과 딸들의 선임 군단 전부가 자원하였다. 멜기세덱 검사자들은, 라나포지와 에덴시아의 최고자들의 승인을 얻어, 마침내 아담과 이브를 선택했고, 그들은 나중에 유란시아의 생물학적 개량자로서 활동하게 되었다.

아담과 이브는 루시퍼 반란이 있을 때 미가엘에게 충성했다. 그런데도 그 쌍은 체계 군주와 그의 내각(內閣) 앞에서 검사와 지시를 받기 위하여 호출받았다. 유란시아 사무의 자세한 내용이 충분히 발표되었고, 그들은 싸움으로 분열된 그런 세계에서 다스리는 책임을 받아들이면서 추구해야 할 계획에 관하여 샅샅이 가르침을 받았다. 그들은 에덴시아의 최고자들에게, 또 구원자별의 미가엘에게 충성한다는 합동 서약을 마쳤다. 그리고 배치받은 세계에서 유란시아의 멜기세덱 관리자 군단이 통치를 포기하는 것을 좋게 여길 때까지, 자신들이 그 통치 단체의 지배 밑에 있는 것으로 간주하라고 그들은 마땅히 충고를 받았다.

이 예루셈 쌍은 사타니아의 서울과 다른 곳에 자손 1백 명—아들 50명과 딸 50명—을 남겨 두었는데, 이 아이들은 전진의 함정을 피한 훌륭한 생물이었고, 부모가 유란시아로 떠날 때, 우주의 신임을 받은 충성스러운 관리자로서 모두 임명되었다. 수여를 받아들이는 마지막 예식과 관련된 작별 실습에 따르는 물질 아들들의 아름다운 성전에, 그들 모두가 참석하였다. 이 아이들은 그들 계급의 비물질화 본부까지 부모를 따라갔고, 부모가 천사의 수송을 위한 준비에 앞서 성격이 의식을 잃도록 잠들 때, 그들에게 마지막으로 작별을 알리고 성공을 빈 자들이었다. 아이들은 그 부모가, 사타니아 체계의 606번 혹성에서, 눈에 보이는 우두머리, 실제로는 유일한 통치자가 곧 되리라는 것을 기뻐하면서, 가족이 회합한 가운데 얼마큼 함께 시간을 보냈다.

이렇게 아담과 이브는 시민들이 환호하고 성공을 비는 가운데, 예루셈을 떠났다. 그들은 유란시아에서 부닥칠 모든 임무와 위험에 관하여, 적절히 준비를 갖추고 충분히 가르침을 받고서, 새로운 직책으로 떠나갔다.

2. 아담과 이브의 도착

아담과 이브는 예루셈에서 잠에 빠졌다. 유란시아에서 그들을 환영하느라고 모인 막대한 군중이 자리에 있는 가운데 아버지의 성전에서 깨어났을 때, 그들은 익히 소문을 들어 왔던 두 존재, 반과 그의 충성스러운 동료 아마돈과 얼굴을 마주하고 있었다. 칼리가스티아가 이탈할 당시의 이 두 영웅이, 새 동산 집에서 처음으로 그들을 반갑게 맞이하였다.

에덴의 말은 아마돈이 쓴 바와 같이, 안돈 사람의 방언(方言)이었다. 반과 아마돈은 24 글자로 된 새 알파벳을 만들어서 이 언어를 두드러지게 개량했고, 그들은 에덴의 문화가 세상에 두루 퍼짐에 따라서 그 말이 유란시아의 언어가 되기를 바랐다. 아담과 이브는 예루셈을 떠나기 앞서 이 인간 방언을 충분히 통달했기 때문에, 이 안돈의 아들은 세상을 다스리는 높은 통치자가 그에게 자기 방언으로 말을 거는 것을 들었다.

“새들을 놓아 주어라. 약속된 아들이 오셨다는 말씀을 새들이 전하게 할지어다” 하고 외치면서, 멀리서 가까이서 모여든, 소식 나르는 비둘기들의 회합 장소까지 주자(走者)들이 황급히 달려갔을 때, 그 날 온 에덴이 크게 흥분하고 즐거워하였다. 신자들의 수백 촌락이 충실하게, 해마다, 바로 그런 계제를 위하여 집에서 기른 이 비둘기들을 계속 공급하였다.

아담이 도착했다는 소식이 바깥에 퍼지자, 근처에 있는 부족 사람 수천 명이 반과 아마돈의 가르침을 받아들였고, 한편 여러 달 동안 순례자들이 아담과 이브를 환영하고, 보이지 않는 아버지께 경배를 드리려고 에덴으로 꾸역꾸역 몰려들었다.

깨어난 뒤에 곧, 아담과 이브는 성전 북쪽의 큰 언덕에서 열린 정식 환영회까지 호위를 받았다. 자연히 생긴 이 언덕은 세상의 새 통치자들의 취임을 위하여 미리 확장되고 준비되었다. 여기서 정오에 유란시아 접대 위원회는 사타니아 체계의 이 아들과 딸을 환영했다. 아마돈은 이 위원회의 의장(議長)이었고, 그 위원회는 여섯 산긱 종족으로부터 각자 대표 한 사람씩, 중도자들의 임시 우두머리, 충성스러운 딸이자 놋 사람들의 대변자 아난, 동산의 설계자이자 건축자의 아들이며 돌아가신 아버지의 계획의 집행자였던 노아, 그리고 거주하는 두 생명 운반자를 넣어서 12 회원으로 구성되었다.

다음 행위는 유란시아에서 관리자 회의(會議)의 우두머리인 선임 멜기세덱이 혹성을 관리하는 책임을 아담과 이브에게 넘겨 주는 것이었다. 물질 아들과 딸은 놀라시아덱의 최고자들에게, 그리고 네바돈의 미가엘에게 충성을 서약했고, 반은 그들이 유란시아의 통치자라고 선포했다. 반은 멜기세덱 관리자들의 행위의 효력으로 15만 년이 넘도록 지녔던 칭호에 따른 권한을 이로서 포기하였다.

아담과 이브에게 이 기회에, 그들이 정식으로 세상을 통치하는 자리에 취임하는 이 때에, 임금다운 예복을 입혔다. 달라마시아의 예술이 모두 세상에서 사라지지는 않았다. 직물 짜기는 에덴 시절에 아직도 남아 있었다.

그리고 나서 천사장들의 선포가 들렸고, 가브리엘의 방송하는 목소리가 사타니아의 606번 혹성에서, 유란시아의 둘째 심판 점호, 그리고 은혜와 자비를 베푸는 제2 섭리 시대에 잠자는 생존자들의 부활(復活)을 선포하였다. 영주의 섭리 시대는 지나갔고, 아담 시대, 곧 제3 혹성 시대가 소박한 위엄이 있는 장면 가운데서 열린다. 그리고 그 혹성에서 권한을 가졌던 전임자의 협조가 부족해서 세계적 혼란이 있었는데도, 유란시아의 새 통치자들은 유리하게 보이는 조건 밑에서 통치를 시작한다.

3. 아담과 이브가 혹성에 대하여 배우다

이제, 정식으로 취임하고 난 뒤에, 아담과 이브는 그들의 혹성이 고립된 것을 뼈저리게 깨닫게 되었다. 귀에 익었던 방송은 조용했고, 혹성 바깥의 모든 통신 회로가 두절되었다. 예루셈의 동료들은 순조롭게 운영되는 세계들로 갔는데, 거기에는 든든히 확립된 혹성 영주, 그리고 경험 있는 참모진, 그러한 세계에서 초기의 체험 기간에 그들을 받아들일준비가 되어 있고 협동할 유능한 참모진이 있었다. 그러나 유란시아에는 반란이 모든 것을 바꾸어 놓았다. 혹성 영주는 오랫동안 여기에 있었고, 악한 일을 저지를 능력을 대부분 빼앗겼지만 아직도 아담과 이브의 과제를 어렵게, 그리고 어느 정도 위험하게 만들 수 있었다. 심각하고 환멸에 빠진 예루셈의 아들과 딸은 다음 날의 계획을 이야기하면서, 그 날 밤 보름달이 비치는 아래서 동산을 통해서 거닐었다.

고립된 유란시아에서, 칼리가스티아 배반이 있었던, 혼란에 빠진 혹성에서, 아담과 이브의 첫날이 이렇게 끝났다. 그들은 땅에서 지내는 첫날 밤에, 밤이 깊기까지 걷고 이야기했다—그리고 너무나 쓸쓸했다.

땅에서 아담이 지낸 둘째 날은 혹성 관리자들과 자문 위원회와 함께 회의를 가지면서 보냈다. 멜기세덱들과 그 동료들로부터, 아담과 이브는 칼리가스티아 반란의 세부(細部), 그리고 그 동란이 세상의 진보에 가져온 결과에 대하여 더 이야기를 들었다. 대체로 가슴 아프게 하는 이야기, 세상일을 잘못 처리한 것에 대한 이러한 긴 이야기였다. 그들은 사회 진화의 과정을 가속하려던 칼리가스티아의 계획이 완전히 물거품이 된 것에 관하여, 있는 사실을 모두 들었다. 또한 신이 준 진보 계획과 독립하여, 혹성의 진보를 이룩하려고 애쓰는 것이 어리석음을 충분히 깨닫게 되었다. 슬프지만 정신을 일깨워 주는 날—유란시아에서 둘째 날—이 이렇게 끝났다.

셋째 날은 동산을 검열하는 데 쓰였다. 타는 큰 새—판도르—들을 타고 아담과 이브는 땅에서 가장 아름다운 이 장소 위에서, 공중에서 수송되는 동안에, 동산의 광대한 지대를 내려다보았다. 에덴 같은 아름다움과 위엄을 가진 이 동산을 만들려고 수고한 모든 사람에게 명예를 돌리기 위하여 풍성한 잔치를 치르면서, 검열하는 이 날이 끝났다. 또 다시, 셋째 날 밤이 늦도록, 아들과 그 배우자는 동산에서 거닐고 그들이 닥친 문제의 방대함에 관하여 이야기했다.

넷째 날에 아담과 이브는 동산 집회에서 연설했다. 취임식을 거행하는 산으로부터, 사람들에게 세계를 회복하려는 그들의 계획에 관하여 말했고, 죄와 반란의 결과로서 유란시아가 굴러 떨어진 낮은 수준으로부터 그 사회 문화를 구제하려고 추구할 여러 방법의 윤곽을 설명했다. 이 날은 대단한 날이었고, 세상사를 운영할 새 행정부에서 책임을 맡으려고 뽑힌 남녀의 회의(會議)를 위한 잔치로 끝을 맺었다. 주목하라! 남자 뿐 아니라 여자들도 이 무리에 있었고, 달라마시아 시절 이후로 땅에서 그러한 일이 일어난 것은 이번이 처음이었다. 이브가, 한 여자가, 남자와 함께 세상사의 명예와 책임 분담함을 바라보는 것은 놀라운 개혁이었다. 이렇게 땅에서 넷째 날이 끝났다.

다섯째 날은 임시 정부를 조직하는 데 바빴고, 이것은 멜기세덱 관리자들이 유란시아를 떠날 때까지 활동할 행정부였다.

여섯째 날은 수많은 종류의 사람과 동물을 검열하는 데 쓰였다. 에덴에서 동쪽으로 담을 따라서, 아담과 이브는 하루 종일 호송을 받으면서 혹성의 동물 생명을 보았고, 그러한 여러 종류의 생물이 거하는 세계의 혼란 속에서 질서를 찾기 위해서 무엇을 해야 하는가 더 많이 이해하였다.

보여 준 수천 가지 동물의 성질과 활동을 얼마나 자세히 아담이 이해하는가 지켜보는 것은 이 여행에서 그를 따라간 자들을 크게 놀라게 했다. 한 동물을 얼핏 보는 순간, 그는 성품과 행동을 지적하곤 했다. 아담은 한 번 보는 순간에 모든 물질 생물의 기원·성품·활동을 묘사하는 이름을 댈 수 있었다. 이 검열 여행에서 그를 안내한 사람들은 세상의 새 통치자가, 온 사타니아에서 가장 노련한 해부학자들 중의 하나인 것을 몰랐다. 이브는 똑같이 능숙했다. 아담은 사람의 눈에 보이기에 너무 작은, 살아 있는 것들의 집단을 설명하여 동료들을 놀라게 했다.

땅에서 머무른 여섯째 날이 끝났을 때, 아담과 이브는 "에덴의 동쪽"에 있는 그들의 새 집에서 처음으로 쉬었다. 유란시아 모험의 처음 엿새는 아주 바빴고, 그들은 아주 기쁜 마음으로, 모든 활동을 그만두고 하루 종일 쉴 것을 기대하였다.

그러나 상황은 다른 방향으로 이끌었다. 아담이 유란시아의 동물 생명을 아주 총명하게, 아주 샅샅이 논했던, 막 지나 버린 그 날의 체험은, 대가다운 취임 연설과 매력 있는 몸가짐과 더불어, 동산 거주자들의 마음을 사로잡고 그 지능을 압도했기 때문에, 그들은 새로 도착한 예루셈의 아들과 딸을 통치자로 진심으로 받아들일 생각이 있었을 뿐 아니라, 대다수는 엎드려 그들을 신으로서 예배할 준비가 거의 되어 있었다.

4. 첫 소동

그 날 밤, 여섯째 날 밤에, 아담과 이브가 잠자는 동안, 에덴의 중앙 구역, 아버지의 성전 근처에서 야릇한 일이 벌어지고 있었다. 거기서 부드러운 달빛 아래, 열심 있고 흥분한 남자와 여자 몇백 명이 그 지도자들의 탄원, 정열에 넘치는 탄원을 몇 시간 동안 들었다. 그들은 좋은 뜻을 가졌지만, 새 통치자들의 친근하고 민주적인 방법의 단순성을 다만 이해할 수 없었다. 날이 밝기 훨씬 전에, 세상일을 맡는 새 임시 행정자들은 거의 만장일치로, 아담과 그의 짝은 전적으로 너무나 겸손하며 티를 내지 않는다는 결론을 내렸다. 신성(神性)이 육체의 모습을 입고 내려왔고, 아담과 이브는 실제로 신이거나, 아니면 경건한 숭배를 받아 마땅한 상태에 아주 가깝다고 결정했다.

아담과 이브가 땅에서 보낸 처음 엿새 동안의 놀라운 사건들은, 세상에서 가장 훌륭한 사람들의 경우에도, 준비되지 않은 그 지성들에게 아주 너무나 벅찼다. 그들의 머리는 빙글빙글 돌았다. 사람마다 존경심으로 숭배하는 태도로 절하고 겸손하게 복종하는 태도로 엎드릴 수 있도록, 그 고귀한 쌍을 정오에 아버지의 성전으로 모셔오자는 제안에 그들은 함께 휩쓸렸다. 그리고 동산 거주자들은 이 모든 일에 정말로 진지했다.

반은 항의했다. 아마돈은 밤 동안 아담과 이브와 함께 뒤에 남았던 명예 보초의 책임을 맡았기 때문에 자리에 없었다. 그러나 반의 항의는 일축되었다. 그도 마찬가지로 너무 겸손하고, 너무나 티를 내지 않는다고, 그리고 그 자신 신에게서 멀지 않은데, 그렇지 않다면 어떻게 땅에서 그렇게 오래 살았는가, 그리고 아담이 오시는 것과 같은 큰 사건을 그가 어떻게 일으켰는가? 하는 말을 들었다. 흥분한 에덴 사람들이 그를 붙잡아서, 찬미하려고 산으로 메고 올라가려 했을 때, 반은 무리를 헤쳐 나가서, 중도자(中道者)들과 통신할 수 있으므로, 중도자의 우두머리를 황급히 아담에게 보냈다.

좋은 뜻을 가졌지만 잘못 인도된 이 필사자들의 제안이 있었다고, 소스라치게 놀라운 소식을 아담과 이브가 들은 것은 땅에서 일곱째 날의 새벽이 가까울 때였다. 그리고 나서, 타는 새들이 재빨리 그들을 성전으로 데려오려고 날아가는 동안에도, 중도자들은 이런 일을 할 수 있으니까, 아담과 이브를 아버지의 성전으로 수송했다. 이 일곱째 날 아침 일찍부터, 그리고 바로 얼마 전에 그들을 접대하던 산에서, 아담은 신다운 아들 계급에 관하여 설명하는 뜻으로 장황하게 이야기하고, 오로지 아버지, 그리고 아버지가 지명하는 자들만 숭배를 받아도 좋다고 이 땅의 지성들에게 뚜렷이 일러 주었다. 아담은 그가 어떤 명예도, 또 온갖 존경을 받겠지만, 결코 숭배는 안 된다! 하고 알기 쉽게 설명했다.

그 날은 중요한 날이었고, 한낮이 되기 바로 전, 세계 통치자들의 취임을 예루셈이 인정한다는 소식을 가져온 천사 사자(使者)가 도착했을 무렵, 아담과 이브는 군중을 떠나면서, 아버지의 성전을 가리키며 말했다: "너희는 이제 아버지의 보이지 않는 계심의 물질적 상징이 있는 곳까지 가서, 우리 모두를 만들고 우리를 살아있게 하는 그분에게 경배하여 절하라. 그리고 이 행동이 너희가 결코 다시는 하나님 외에 아무도 경배하는 유혹을 받지 않겠다는 성실한 약속이 되게 하여라." 그들은 다 아담이 지시하는 대로 했다. 사람들이 성전 근처에서 엎드려 있는 동안 물질 아들과 딸은 외로이 고개를 숙이고 산에서 서 있었다.

이것이 안식일 전통의 기원이었다. 언제나 에덴에서는 이 일곱째 날을 성전에서 한낮의 집회에 바쳤다. 오랫동안 이 날을 자기 교양을 쌓는 데 바치는 것이 관습이었다. 오전은 육체의 개선에, 한낮은 영적 예배에, 오후는 지성의 교양에 바쳤고,

한편 저녁은 함께 모여서 기뻐하는 데 쓰였다. 이것은 한 번도 에덴에서 법이 되지는 않았지만, 아담의 행정이 땅에서 지배하는 한, 관습이었다.

5. 아담의 행정

멜기세덱 관리자들은 아담이 온 뒤에 거의 7년 동안 근무하며 남아 있었으나, 그들이 세상일의 행정을 아담에게 넘기고 예루셈으로 돌아갈 때가 마침내 다가왔다.

관리자들과 작별하는 데 하루 종일이 걸렸고, 저녁 때 멜기세덱들은 각자 아담과 이브에게 작별하는 조언을 주고 성공을 빌었다. 아담은 여러 번 조언자들에게 땅에서 그와 함께 남아 있으라고 부탁했지만, 언제나 이 간청은 거절되었다. 물질 아들들이 세상일의 운영을 완전히 책임져야 할 때가 왔다. 그래서 사타니아의 천사 수송자들은 예루셈을 향하여 14 존재를 싣고 자정(子正)에 떠났고, 반과 아마돈의 변신(變身)은 멜기세덱 12명이 떠나는 것과 한꺼번에 일어났다.

한동안 유란시아에서는 모든 일이 순조로웠고, 아담이 궁극에 에덴의 문명을 차츰차츰 확장시키는 일을 촉진하려고 어떤 계획을 세울 수 있을 듯하였다. 그는 멜기세덱들의 조언을 따르려고, 바깥 세계와 무역 관계를 개발할 생각을 가지고 공업 기술을 육성하기 시작했다. 에덴이 붕괴되었을 때, 1백 개가 넘는 원시 제조 공장이 가동하고 있었고, 가까이 있는 부족들과 널리 무역 관계가 수립되었다.

오랜 세월 동안 아담과 이브는 진화 문명을 발전시키는 데 특별히 이바지하기 위한 준비로 세상을 개선하는 기법을 교육받았다. 그러나 이제 그들은 야만인, 미개인, 반(半)문명화된 인간들이 있는 세계에서, 법과 질서를 세우는 일과 같이 코앞에 닥친 문제에 얼굴을 마주하고 있었다. 동산에 모여든, 지구(地球) 인구의 노른자를 제쳐 놓고, 아담의 문화를 받아들일 준비가 조금이라도 되어 있는 집단이 여기저기 겨우 몇 개 있었다.

아담은 세계 정부를 세우려고 영웅답게 굳은 결의로 노력을 기울였지만, 가는 곳마다 끈질긴 저항에 부딪쳤다. 아담은 이미 에덴에 두루, 집단 통제 체계가 작동하도록 만들었고, 이 중대(中隊)들을 모두 에덴 연맹으로 연합시켰다. 그러나 아담이 동산 바깥으로 나가서 이 아이디어를 바깥에 있는 부족들에게 적용하려고 애썼을 때, 문제, 심각한 문제가 뒤따랐다. 아담의 동료들이 동산 바깥에서 일하기 시작한 순간, 칼리가스티아와 달리가스티아의 저항, 직접, 잘 계획된 저항에 부딪쳤다. 몰락한 영주는 세계의 통치자로서 자리에서 쫓겨났지만, 혹성에서 제거되지 않았다. 그는 아직도 땅에 있었고, 적어도 어느 정도, 인간 사회를 회복하려는 아담의 모든 계획에 저항할 수 있었다. 아담은 칼리가스티아에 반대하여 그 종족들에게 경고하려고 애썼지만, 그의 대적(大敵)이 필사자의 눈에 보이지 않았기 때문에, 그의 일은 아주 어렵게 되었다.

에덴 사람들 사이에서도 고삐 없는 개인의 자유를 부르짖는 칼리가스티아의 가르침에 기울어진 갈팡질팡하는 지성들이 있었고, 아담에게 끝없이 문제를 일으켰다. 그들은 질서 있는 진보와 실질적 발전을 위하여 최선으로 짜놓은 계획들을 언제나 뒤집어엎었다. 마침내 아담은 즉시 사귀려는 계획을 그만둘 수밖에 없었다. 그는 반의 조직 방법으로 되돌아갔으며, 에덴 사람들을 1백 명씩 중대로 나누고 각 중대에 중대장을 두었고, 10명의 집단을 책임지는 부관(副官)들을 두었다.

아담과 이브는 군주 정치 대신에 대의 정치(代議政治)를 세우려고 왔지만, 온 지구의 표면에서 자격 있는 정부를 하나도 발견하지 못했다. 얼마 동안 아담은 대의 정치를 수립하려는 온갖 수고를 포기했고, 에덴의 체제가 무너지기 전에 그는 바깥에 있는 무역 및 사회 중심을 거의 1백 개 세우는 데 성공했으며, 거기에는 강력한 개인들이 그의 이름으로 다스렸다. 반과 아마돈이 이전에 이 중심들의 대부분을 조직한 적이 있었다.

한 부족으로부터 다른 부족으로 대사를 보내는 것은 아담의 시절로 거슬러 올라간다. 이것은 정부의 진화에서 크게 앞으로 나아가는 걸음이었다.

6. 아담과 이브의 가정 생활

아담 가족의 집터는 12.8 평방 킬로미터가 조금 넘었다. 이 집터 바로 둘레에, 30만 명이 넘는 순수 핏줄의 자손을 돌보기 위하여 시설이 마련되었다. 그러나 계획된 건물 가운데 오직 첫째 단위가 완성되었을 뿐이다. 이 초기의 시설이 넘치도록 아담 가족이 늘어나기 전에, 에덴의 계획 전부가 발칵 뒤집혔고 그들은 동산을 비웠다.

아담손은 유란시아에서 보라 인종의 맏아들이며, 그 누이와 이브손, 곧 아담과 이브가 낳은 둘째 아들이, 그 뒤를 따랐다. 멜기세덱이 떠나기 전에, 이브는 다섯 아이—세 아들과 두 딸—의 어머니였다. 그 다음에 둘은 쌍둥이였다. 그들은 실패가 있기 전에, 아이 63명, 곧 딸 32명과 아들 31명을 낳았다. 아담과 이브가 동산을 떠났을 때, 그들의 가족은 4대로 이루어졌고, 순수 핏줄 후손은 1647명이 되었다. 그들이 동산을 떠난 뒤에, 땅에서 필사 인간의 핏줄과 공동으로 부모가 되어 낳은 자손 2명을 제쳐 놓고, 아이들을 42명이나 거느렸다. 그리고 이것은 아담이 놋 사람과 진화 민족들에게 부모가 된 경우를 넣지 않는다.

아담의 아이들은, 한 살이 되어서 어머니의 젖을 뗄 때 동물의 젖을 먹지 않았다. 이브는 많은 종류의 견과의 즙과 많은 과일 주스를 손에 넣을 수 있었고, 이 음식의 화학 작용과 에너지를 잘 알고 있었기 때문에, 이가 생겨날 때까지 이브는 아이들의 영양을 위해서 이것들을 알맞게 섞어 주었다.

에덴에서 아담의 구역 바로 바깥에는 불로 익혀 먹기가 널리 이용되었지만, 아담의 집에서는 익혀 먹는 일이 없었다. 먹을 것—과일·견과·곡식—은 익었을 때 먹도록 준비되었다. 그들은 하루에 한 번, 정오 뒤에 곧, 먹었다. 아담과 이브는 또한 생명 나무가 베푸는 것과 연결하여, 어떤 공간 방사물로부터 직접 "빛과 에너지"를 빨아들였다.

아담과 이브의 몸은 어렴풋한 빛을 발산했지만, 그들은 동료들의 관습에 따라서 반드시 옷을 입었다. 낮에는 거의 아무 것도 걸치지 않았어도, 저녁때는 두르는 밤옷을 걸쳤다. 경건하고 거룩하다고 생각되는 사람들의 머리를 둘러싸는 전통적인 후광(後光)의 기원은 아담과 이브의 시절로 거슬러 올라간다. 그들의 몸에서 나오는 빛의 방사(放射)는 대체로 옷에 가려졌으니까, 머리로부터 방출되는 빛만 사람들이 알아볼 수 있었다. 아담손의 후손은 영적 발전에서 특별하다고 생각된 사람들에 관한 그들의 개념을 언제나 이렇게 묘사했다.

아담과 이브는 약 80킬로미터가 넘는 거리에서 서로, 그리고 친자식들과 통신할 수 있었다. 이 생각의 교환은 그들의 골 구조에, 가까운 데 자리잡은 섬세한 가스

방의 수단으로 이루어졌다. 이 기계 작용으로 그들은 생각의 진동을 보내고 받을 수 있었다. 그러나 이 힘은 악의 불협화음과 교란에 지성이 굴복할 때, 순간적으로 정지되었다.

아담의 아이들은 16살이 될 때까지 학교를 다녔고, 나이든 아이들이 더 어린 아이들을 가르쳤다. 어린아이들은 30분마다, 큰 아이들은 시간마다 활동을 바꾸었다. 아담과 이브의 이 아이들이 노는 것, 순전히 재미있어서 즐겁고 신나는 활동에 빠져 있음을 지켜보는 것은, 유란시아에서 분명히 새로운 광경이었다. 아담 사람들은 모두 날카로운 유머 감각이 있었을 뿐 아니라 음악을 크게 이해했다.

약혼하는 평균 나이는 18살이었고, 그 때 이 젊은이들은 결혼의 책임을 맡는 준비로, 2년의 교육 과정에 들어갔다. 스무 살에 결혼할 자격이 있었고, 결혼한 뒤에 일생의 일을 시작하거나, 그것을 위하여 특별한 준비에 들어갔다.

나중에 어떤 여러 나라에서, 신들로부터 내려왔다고 생각되는 왕족들로 하여금 형제와 자매가 결혼하게 하는 관습은—그들이 꼭 서로 짝지어야 하니까—아담 후손의 전통으로 거슬러 올라간다. 동산에서 첫째와 둘째 세대의 결혼 예식은 반드시 아담과 이브가 거행하였다.

7. 동산의 생활

아담의 아이들은 서쪽 학교에 4년 동안 다니는 것을 제쳐 놓고, "에덴의 동쪽"에서 살고 일했다. 16살이 될 때까지, 예루셈 학교의 방법에 따라서, 지능 면에서 훈련을 받았다. 16살부터 20살까지, 그들은 동산의 다른 끝에서 유란시아 학교들에서 가르침을 받았고, 거기서 또한 낮은 학급에서 선생으로 봉사하였다.

동산의 서쪽 학교 체계의 목적은 온통 <u>교제</u>였다. 오전에 있는 휴식 시간은 실용적 원예와 농업에, 오후 시간은 경쟁하는 놀이에 쓰였다. 저녁은 사회적으로 교류를 가지고 개인의 친구 관계를 개발하는 데 이용되었다. 종교와 성(性) 교육은 가정의 분야, 부모의 임무로 여겼다.

이 학교에서 가르침은 다음에 관한 교육을 포함하였다:

1. 건강과 몸을 돌보기.
2. 황금률, 사회 교제의 기준.
3. 개인의 권리와 집단의 권리 및 공동체 의무의 관계.
4. 여러 지구 종족의 역사와 문화.
5. 세계 무역을 진보시키고 개선하는 방법.
6. 대립되는 임무와 감정을 조정하는 것.
7. 놀이, 유머, 그리고 육체적 투쟁을 대신하는 경쟁물을 개발하는 것.

학교들은, 사실은 동산의 활동이 모두, 방문객들에게 언제나 열려 있었다. 무기(武器)를 지니지 않은 관찰자들은 잠시 방문할 경우에, 에덴에 자유로이 입장이 허락되었다. 한 유란시아 사람이 동산에서 머무르려면 "입양되어야" 했다. 그는 아담 수여의 계획과 목적에 관하여 교육을 받고, 이 사명을 지키겠다는 뜻을 알리고, 다음에 아담의 사회적 통치와 우주의 아버지의 영적 통치권에 충성한다고 선언했다.

동산의 법은 오래 된 달라마시아 율법에 기초를 두었고, 일곱 항목 아래에 선포되었다:

1. 건강과 위생의 법.
2. 동산의 사회 규칙.
3. 무역과 상업의 법규.
4. 공정한 놀이와 경쟁의 법.
5. 가정 생활의 규칙.
6. 황금률을 받드는 시민 법규.
7. 최상의 도덕률인 일곱 가지 명령.

에덴의 도덕 법규는 달라마시아의 일곱 계명과 거의 다르지 않았다. 그러나 아담 사람들은 이 계명들을 지키는 여러 가지 추가 이유를 가르쳤다. 예를 들면, 살인하지 말라는 금령(禁令)에 관하여, 생각 조절자가 깃드는 것은 인간 생명을 죽이지 않을 추가 이유로 제시되었다. 그들은 "사람의 피를 흘리는 자는 누구나 자기의 피를 흘려야 할지니, 하나님이 그의 모습대로 사람을 만드셨음이라"하고 가르쳤다.

에덴에서 대중(大衆) 예배 시간은 한낮이었고, 해질녘은 가족 예배 시간이었다. 아담은 판에 박힌 기도를 막으려고 최선을 다했고, 효과적인 기도는 완전히 개인적이어야 한다, "혼이 바라는 것"이어야 한다고 가르쳤다. 그러나 에덴 사람들은 달라마시아 시절부터 내려온 기도와 형태를 계속해서 썼다. 아담은 또한 종교 의식에서 피 흘리는 희생물 대신에 땅의 열매를 바치는 것으로 바꾸려고 애썼지만, 동산이 무너지기 전에는 거의 진전이 없었다.

아담은 종족들에게 남녀 평등을 가르치려고 애썼다. 이브가 남편 옆에서 일하는 방법은 동산에 있는 모든 거주자에게 깊은 감명을 주었다. 여자와 남자는 새 존재를 만들려고 연합하는 생명 요소에 똑같이 이바지한다고 아담은 분명히 가르쳤다. 그 때까지는, 모든 출산이 "아버지의 허리"에서 거한다고 인류는 가정했다. 어머니를 기껏해야, 미처 태어나지 않은 것을 먹이고 갓난아기를 젖먹이는 시설로 바라보았다.

아담은 당대의 사람들에게 그들이 알아들을 수 있는 모든 것을 가르쳤지만, 그것은 비교해서 보면 그다지 많지 않았다. 그런데도, 땅에서 종족들 가운데 좀더 영리한 사람들은 보라 인종의 우수한 아이들과 서로 결혼하도록 허락될 때를 열심히 기대했다. 종족들을 개량하는 이 훌륭한 계획이 이루어졌더라면, 유란시아가 얼마나 다른 세계가 되었을 것인가! 실제 일어난 그대로도, 진화 민족들이 어쩌다가 확보한 이 소량의 수입(輸入)된 피로부터 엄청난 이득이 생겼다.

이처럼 아담은 그가 머무른 세계의 복지와 향상을 위해서 일했다. 그러나 섞인 이 잡종 민족들을 더 나은 길로 이끄는 것은 어려운 과제였다.

8. 창조 전설

유란시아를 엿새 동안에 창조했다는 이야기는 아담과 이브가 동산을 처음 훑어보는 데 꼭 6일을 보냈다는 전통에 근거를 두었다. 이 상황은 달라마시아 사람들이 최초에 소개한 한 주(週)의 기간을 거의 신성하게 인가했다. 아담이 동산을 검사하고, 조직을 위하여 예비 계획을 짜면서 6일을 보낸 것은 미리 정해진 것이 아니다. 예배를 위하여 일곱째 날을 고른 것은, 여기에 함께 이야기한 사실에 전적으로 우연히 생겼다.

세상을 6일 안에 만들었다는 전설은, 사실 3만 년도 더 지나서, 나중에 생각한 것이다. 그 이야기의 한 특성, 곧 해와 달이 갑자기 나타난 것은, 해와 달을 오랫동안 가렸던, 미세한 물질로 이루어진 짙은 우주 구름으로부터 세상이 한때 갑자기 나타났다는 전통에 기원을 가졌을까 싶다.

아담의 갈비로부터 이브를 빚어 낸 이야기는 아담이 도착한 것과 45만 년도 더 전에 혹성 영주의 유형 참모진이 온 것과 관련하여, 살아 있는 물질을 서로 교환한 데 연결된 수술, 천상의 수술이 혼동되어 압축된 것이다.

세상 민족들의 대다수는 아담과 이브가 유란시아에 도착하고 나서 그들을 위하여 지어진 육체 형태를 입었다는 전통에 영향을 받았다. 진흙으로부터 사람이 지어졌다는 믿음은 동반구에서 거의 보편적이었다. 이 전통은 필립핀 섬들로부터 세계를 돌아서 아프리카까지 그 흔적을 찾을 수 있다. 많은 집단이, 점진적으로 창조—진화—된다는 더 오래 된 관념 대신에, 특별히 창조된 어떤 형태로 말미암아 사람이 진흙에 기원을 가졌다는 이 이야기를 받아들였다.

달라마시아와 에덴의 영향으로부터 멀리 떨어져서, 인류는 인간종이 차츰차츰 올라간다는 믿음으로 기울었다. 진화의 사실은 현대에 발견한 것이 아니다. 옛 사람들은 인간이 진보하는, 느리고 진화적인 특징을 이해하였다. 옛날 그리스인들은 메소포타미아에 가까이 있었는데도, 이에 대하여 뚜렷한 생각을 가졌다. 땅에 있는 다양한 종족들의 진화 개념은 딱할 정도로 뒤범벅이 되었다. 그런데도 많은 원시 부족은 그들이 여러 가지 동물의 후손이라고 믿고 가르쳤다. 원시 민족들은 그들의 조상이라고 생각되는 동물을 "토템"으로 고르는 관습을 가졌다. 어떤 북 아메리카 인디안 부족들은 그들이 비버와 이리로부터 생겨났다고 믿었다. 어떤 아프리카 부족들은 하이에나로부터, 한 말레이 부족은 리머로부터, 한 뉴 기니아 무리는 앵무새로부터 그들이 내려왔다고 믿었다.

아담 사람의 문명의 잔재와 바로 접촉을 가졌기 때문에, 바빌로니아인들은 사람이 창조되었다는 이야기를 불리고 꾸몄다. 그들은 사람이 신들로부터 바로 내려왔다고 가르쳤다. 그들은 그 민족이 귀족의 기원을 가졌다는 생각을 고수했고, 이것은 진흙으로부터 창조되었다는 교리와도 어울리지 않는다.

창조에 관한 구약(舊約)의 설명은 모세의 시절이 훨씬 지난 뒤부터 비롯한다. 그는 히브리인들에게 그렇게 왜곡된 이야기를 가르친 적이 없다. 그러나 창조로부터 이스라엘 사람들에 이르기까지 간단하고 요약된 이야기를 제시하였고, 이로서 창조자, 이스라엘의 주 하나님이라 부른 우주의 아버지를 숭배하라는 그의 호소가 더 힘있게 되기를 바랐다.

초기 가르침에서 아주 지혜롭게도, 모세는 아담 시절까지 거슬러 올라가려고 애쓰지 않았고, 모세가 히브리인들의 최고의 선생이었으니까, 아담의 이야기는 창조의 이야기와 밀접하게 연결되었다. 더 오래 된 전통이 아담 이전의 문명을 인정했다는 것은, 아담 시절 이전에 인간사(人間事)에 관한 모든 언급을 없애려는 의도를 가지고서, 카인이 "놋의 땅"으로 옮겨 가고, 거기서 아내를 얻었다는 언급, 내막을 폭로하는 언급을 후일의 편집자들이 게을리 하여 지우지 못한 사실에서 뚜렷이 나타난다.

팔레스타인에 도착한 뒤에 오랫동안, 히브리인들은 널리 쓰인 글자가 없었다. 그들은 이웃에 있는 필리스티아인들로부터 알파벳 쓰는 것을 배웠는데, 이 사람들은 더 높은 크레테 문명으로부터 정치적으로 망명한 자들이었다. 히브리인들은 기원전 약 900년까지는 글쓰기를 거의 하지 않았으며, 그렇게 늦은 때까지 아무런 글자가 없었기 때문에, 몇 가지 돌아다니는 다른 창조 이야기를 가지고 있었다. 그러나 바빌로니아에서 포로 생활을 한 뒤에 그들은 수정된 메소포타미아 판을 받아들이는 쪽으로 더 기울었다.

유대인의 전통은 모세에 관하여 구체화되었고, 그가 아브라함의 핏줄을 아담까지 거슬러 올라가려고 애썼기 때문에, 유대인들은 아담이 온 인류의 처음이었다고 가정했다. 야웨는 창조자였고, 아담이 처음 사람이라 생각되었으니까 야웨는 아담을 만들기 바로 전에 세상을 만들었음이 틀림없다. 그리고 나서 아담의 6일의 전통이 그 이야기에 섞여 들어갔고, 그 결과로서 모세가 땅에서 머무른 지 거의 1천 년이 지난 뒤에, 엿새 안에 세상을 창조했다는 전통이 기록되었고, 나중에는 글을 쓴 명예가 그에게 돌아갔다.

유대인 사제들이 예루살렘으로 돌아왔을 때, 그들은 사물의 시작에 관한 이야기의 기록을 이미 마쳤다. 곧 그들은 이 이야기가 최근에 발견된, 모세가 쓴 창조 이야기라고 주장했다. 그러나 기원전 500년 무렵에, 당대의 히브리인들은 이 글을 신이 준 계시라고 여기지 않았다. 그들은 후일의 민족들이 신화 같은 이야기를 보는 것과 비슷하게 이 글을 여겼다.

모세의 가르침이라고 소문난 이 가짜 서적은 프톨레미, 곧 그리스 사람인 에집트 왕의 눈에 뜨였고, 그는 알렉산드리아에 있는 그의 새 도서관을 위하여 이것을 70인 학자들의 위원회에게 그리스어로 옮기게 하였다. 그래서 이 이야기는 나중에 히브리 및 그리스도 종교의 "성서"에서 후기 수집의 일부가 된 글 사이에 자리를 차지하였다. 그리고 이 신학 체계들과 동일시됨으로, 그러한 개념들은 오랫동안 많은 서양 민족의 철학에 깊이 영향을 미쳤다.

그리스도교의 선생들은 인류를 명령으로 지었다는 관념을 영속하게 하였고, 이 모두가 한때 유토피아 같이 복된 황금 시대가 있었다는 가설, 그리고 사람 또는 초인간이 타락했다는 이론을 형성하도록 직접 이끌었으며, 이것은 사회가 유토피아 아닌 상태에 있는 것을 설명했다. 인생, 그리고 우주에서 사람의 위치를 이렇게 전망하는 것은 기껏해야 낙심을 주는 것이니, 왜냐하면 그것이 한때 어떤 혹성 행정자들이 잘못한 것 때문에 꾸짖으려고 인류에게 노여움을 퍼부은, 복수심에 불타는 신을 암시하는 외에도, 진보가 아니라 오히려 후퇴를 믿는 믿음에 근거를 두었기 때문이다.

"황금 시대"는 신화(神話)이지만 에덴은 사실이었고, 동산의 문명은 실제로 뒤엎어졌다. 아담과 이브는 동산에서 117년 동안 버티었고, 그 때 이브의 성급함과 아담의 그릇된 판단을 통해서, 예정된 길을 주제넘게 벗어났으며, 급속히 자신들에게 재난을 부르고, 온 유란시아의 발전하는 걸음을 망하게 만들기까지 늦추었다.

["동산의 목소리" 천사 솔로니아가 이야기했다.]

제 75 편

아담과 이브의 실수

유란시아에서 1백 년이 넘도록 수고한 뒤에, 아담은 동산 바깥에서 거의 아무런 진보를 구경할 수 없었다. 바깥 세상은 그다지 나아지는 듯하지 않았다. 종족 개량의 실현은 아득하게 보였고, 상황은 아주 절망적이어서, 구제하기 위해서 최초의 계획에 들어 있지 않은 무엇이 요구되는 듯하였다. 적어도 이런 생각이 아담의 머리에 이따금 떠올랐고, 그는 여러 번 이브에게 그렇게 표현했다. 아담과 그의 짝은 충성했지만, 그들은 같은 부류로부터 떨어져 있었고, 그들 세계의 불쌍한 곤경에 뼈아프게 시달렸다.

1. 유란시아의 문제

실험적이며, 반란으로 마비되고, 동떨어져 있는 유란시아에서 아담의 임무는 벅찬 사업이었다. 물질 아들과 딸은 혹성에서 받은 과제가 어렵고 까다로움을 일찍부터 알게 되었다. 그런데도 그들은 다방면의 문제들을 푸는 과제를 용감하게 시작했다. 그러나 인간의 핏줄 사이에서 결함 있는 자와 퇴화된 자들을 없애는 온통 중요한 일에 착수했을 때, 그들은 아주 낙심했다. 궁지에서 빠져 나갈 길을 전혀 볼 수 없었고, 예루셈이나 에덴시아에 있는 상관들과 의논할 수 없었다. 여기서 그들은 떨어져서, 날마다 어떤 새롭고 까다롭게 얽힌 문제, 풀 수 없는 듯한 어떤 문제에 부닥쳤다.

정상 조건 밑에서 혹성 아담과 이브가 처음으로 할 일은 종족들을 조정하고 혼합하는 일이었을 것이다. 그러나 유란시아에서 그런 사업은 바로 거의 희망이 없는 듯했는데, 그 종족들은 생물학상으로 건강해도, 더디고 결함 있는 핏줄을 제거한 적이 없기 때문이다.

아담과 이브는 사람의 형제 정신을 선포하기에 도무지 준비가 되지 않은 구체(球體)에 그들이 온 것을 발견했으며, 이 세계는 비참한 영적 어둠 속에서 더듬으면서, 혼란으로 저주받고, 앞서 있던 행정부의 임무가 유산됨으로 말미암아 더군다나 나쁘게 엉망진창이 되었다. 지성과 도덕은 낮은 수준에 있었고, 종교적 통일을 이룩하는 일을 시작하는 대신에, 그들은 거주자들을 가장 간단한 형태의 종교적 믿음으로 전향시키는 일을 다 다시 시작해야 했다. 채용할 한 언어를 찾는 대신에, 수백 가지 지방 사투리를 쓰는 세계적 혼란에 부닥쳤다. 혹성에서 봉사하는 어떤 아담도 이보다 더 힘든 세상에 발을 디딘 적이 없었다. 장애물은 넘을 수 없고 문제들은 피조물이 해결할 수 없는 듯했다.

그들은 고립되어 있었고, 그들을 짓누르는 엄청난 외로운 느낌은 더군다나 멜기세덱 관리자들이 일찍 떠났기 때문에 더해졌다. 겨우 간접으로, 천사 계급들의 수단을 써서, 그들은 혹성 바깥에 있는 어떤 존재하고라도 통신할 수 있었다. 천천히 용기는 약해졌고 정신은 처졌으며, 어떤 때 그들의 믿음은 비틀거리다시피 하였다.

그리고 이것이 이 고귀한 두 사람이, 부닥친 과제들을 곰곰이 생각해 보았을 때 소스라치게 놀란 참 모습을 보여 준다. 그들은 모두 혹성에서 받은 과제를 수행하는 데 관련된 사업이 엄청난 것을 뼈저리게 느끼고 있었다.

아마 네바돈의 어떤 물질 아들도 유란시아의 불쌍한 처지에서 아담과 이브가 부딪친 것처럼, 그렇게 어렵고 겉보기에 희망 없는 과제에 부딪친 적이 없다. 그러나 더 멀리 내다보고 참을성이 있었더라면, 언젠가 성공했을 것이다. 그들은 모두, 더군다나 이브는, 아주 너무나 참을성이 없었다. 그들은 길고 길게 견디는 시험에 차분히 착수하려 하지 않았다. 당장에 나타나는 어떤 결과를 보고 싶어하였고, 또 그렇게 되었지만, 그렇게 얻은 결과는 자신들과 그 세상에 아주 비참했다는 것이 판명되었다.

2. 칼리가스티아의 계략

칼리가스티아는 동산에 자주 찾아왔고 아담과 이브와 여러 번 회담을 가졌지만 절충과 지름길 모험이 담긴 모든 제안에 그들은 끄떡하지 않았다. 빗대어 말하는 모든 그러한 제안에 효과적 면역을 일으키도록, 반란의 결과가 그들 앞에 넉넉히 있었다. 아담의 어린 자식들조차도 달리가스티아의 서곡에 영향을 받지 않았다. 그리고 물론, 칼리가스티아나 그 동료도, 아담의 아이들을 나쁜 길로 설득하기는커녕, 어떤 사람에게도 자신의 뜻과 반대로 영향을 미칠 힘이 없었다.

칼리가스티아는 아직도 이름으로는 유란시아의 혹성 영주, 잘못 인도되었지만, 그래도 지역 우주의 높은 아들이라는 것을 기억해야 한다. 그는 유란시아에서 그리스도 미가엘이 오셨을 때, 마침내 자리에서 쫓겨났다.

그러나 몰락한 영주는 끈질겼고 각오가 굳었다. 그는 얼마 안 있어 아담에게 공작하는 것을 그만두었고, 이브에게 교활한 옆 공격을 해 보기로 결심했다. 그 악한 자는 성공할 유일한 가망은 놋 사람 집단 가운데 상위 계층에 속하는 적당한 사람들을 교묘히 이용하는 데 있다고 결론을 내렸는데, 이 놋 사람들은 한때 그의 유형(有形) 참모진 동료들의 후손이었다. 그리고 보라 인종의 어머니를 옭아매기 위해서 적절하게 계획이 놓였다.

아담의 계획에 대항하여 싸우거나 혹성에서 맡은 임무를 위태롭게 할 어떤 일이라도 저지르는 것은 이브의 의도(意圖)와 아주 거리가 멀었다. 멀리 내다보면서 더 먼 효과를 위하여 계획하기보다 즉시 생기는 결과를 보는 여자의 경향을 알기 때문에, 멜기세덱들은 떠나기 전에, 혹성에서 고립된 위치에 따라다니는 특이한 위험에 관하여 이브에게 각별히 타일렀고, 이브에게 결코 제 짝의 옆을 벗어나지 말라고, 다시 말해서 그들의 공동 사업을 촉진하려고 개인적이거나 비밀스런 어떤 방법도 시도하지 말라고 특별히 경고하였다. 이브는 1백 년이 넘도록 이 지침을 아주 면밀하게 지켜나갔고, 세라파타시아라는 이름의 어떤 놋 사람 지도자와 즐기고 있는 방문, 갈수록 더 사사롭고 비밀스러운 방문에 어떤 위험이 따르리라는 것이 이브의 머리에 떠오르지 않았다. 그 사건 전체가 아주 차츰차츰, 자연스럽게 발전되어서, 이브는 눈치채지 못하고 걸려들었다.

동산 거주자들은 에덴의 초기 시절부터 놋 사람들과 접촉이 있었다. 그들은 칼리가스티아 참모진에서 이탈한 회원들의 혼합된 후손으로부터 많은 귀중한 도움과 협조를 받았고, 이들을 통해서 에덴의 체제는 이제 완벽한 파멸과 마침내 전복되는 일을 만나게 되었다.

3. 이브에게 뻗은 유혹

아버지가 죽고 나서 세라파타시아가 놋 부족들의 서부 연맹, 곧 시리아 연맹을 지휘하는 자리에 올랐을 때, 아담은 땅에서 처음 1백 년을 막 마쳤다. 세라파타시아는 살갗이 갈색인 남자였고, 한때 달라마시아의 건강 위원회의 우두머리가, 그 아득히 먼 시절에 청인종의 훌륭한 여자 지성 가운데 하나와 짝지어 낳은 명석한 후손이었다. 오랜 세월에 걸쳐서 이 혈통은 권한을 쥐었고, 서부 놋 부족들 사이에서 큰 영향력을 미쳤다.

세라파타시아는 동산에 몇 번 찾아왔고, 아담의 운동이 올바른 것에 크게 감명을 받았다. 시리아의 놋 사람들의 지휘를 맡은 뒤에 곧, 그는 동산에 있는 아담과 이브의 작업과 제휴 관계를 수립하려는 뜻을 발표했다. 그의 민족에서 대다수는 이 계획에 그와 함께 하였고, 아담은 모든 이웃 부족 가운데 가장 힘있고 영리한 자들이 세계 개선 계획을 지원하는 데 거의 통째로 넘어왔다는 소식을 듣고 기뻐했다. 그것은 분명히 격려가 되었다. 이 큰 사건 바로 뒤에, 세라파타시아와 그의 새 참모진은 아담과 이브에게 그들의 집에서 환대를 받았다.

세라파타시아는 아담의 모든 부관 가운데 가장 유능하고 능률 있는 자들 가운데 하나가 되었다. 모든 활동에서 그는 온통 정직하고 속속들이 성실했다. 나중에도, 그가 교활한 칼리가스티아에게 상황의 도구로서 이용되고 있음을 결코 깨닫지 못했다.

대번에 세라파타시아는 에덴의 부족 관계 위원회의 부의장이 되었고, 먼 부족들이 동산의 운동을 지지하도록 설득하는 작업을 더욱 힘차게 실행하기 위하여 많은 계획이 세워졌다.

세라파타시아는 아담과 이브—특히 이브—와 여러 번 회의를 가졌고, 그들의 방법을 개선하기 위하여 여러 계획을 의논했다. 어느 날, 이브와 이야기하는 동안, 보라 인종의 큰 집단이 모집되기를 기다리면서, 기다리는 궁핍한 부족들을 즉시 개선하려고 그 동안에 무언가 행해질 수 있다면, 아주 도움이 되겠다는 생각이 세라파타시아에게 퍼뜩 떠올랐다. 놋 사람들이, 가장 진취적이고 협조하는 종족으로서, 일부 기원을 보라 핏줄에 가진 한 지도자가 그들에게 태어나게 할 수 있다면, 이 민족들을 동산에 더 가깝게 묶어 두는 강력한 끈이 되리라고 세라파타시아는 주장했다. 그리고 멀쩡한 정신에, 정직하게, 이 모든 것이 세계의 복지를 위한 것이라 생각되었고, 동산에서 자라고 교육받을 이 아이는 그의 아버지 민족에게 영원히 큰 영향을 미칠 것이기 때문이었다.

세라파타시아는 그가 제안한 모든 것에, 아주 정직하고 전적으로 성실했다는 것을 다시 강조해야 한다. 칼리가스티아와 달리가스티아의 손에 자기가 놀아나고 있다고 그는 한 번도 의심하지 않았다. 유란시아의 혼란한 민족들을 세계적으로 개량하는 일을 시도하기 전에, 보라 인종의 예비군을 견실하게 확보하는 계획에 세라파타시아는 온통 충성했다. 그러나 이것이 이루어지기까지는 몇백 년이 걸릴 터이고, 그는 참을성이 없었다. 금방 나타나는 어떤 결과—자신의 일생에서 무언가—를 보고 싶었다. 세상을 개선하는 방향으로 이루어진 것이 거의 없는 데에 아담이 때때로 낙심한다고 그는 이브에게 분명히 말했다.

5년이 넘도록 이 계획은 남몰래 익어 갔다. 마침내 그들은 이브가 카노와 비밀 회담을 가지기로 찬성하는 데까지 나아갔는데, 카노는 근처에 우호적인 놋 사람들의 거류민 가운데 가장 똑똑한 지성이요 활발한 지도자였다. 카노는 아담 체제에 무척 공감하였다. 사실, 그는 동산과 우호 관계를 가지는 데 찬성한 이웃 놋 사람들의 성실한 영적 지도자였다.

아담의 집으로부터 멀지 않은 데서, 가을 저녁 해질녘에, 운명의 만남이 일어났다. 이브는 잘생기고 열심 있는 카노를 전에 만난 적이 없었다—그리고 그는 영주 참모진에 속하는 먼 선조 가운데서, 우수한 체격과 뛰어난 지능이 살아남은 훌륭한 표본이었다. 카노도 또한 세라파타시아의 계획이 옳다는 것을 철저히 믿었다. (동산 바깥에서는 복수(複數)로 짝짓는 것은 보통 관습이었다.)

칭찬과 열심에, 또 훌륭한 개인적 설득에 영향을 받아서, 이브는 그 때 거기서 많이 이야기해 왔던 사업을 시작하기로, 더 크고 더 널리 미치는 신의 계획에, 세상을 구원하는 자기의 작은 계획을 보태기로 찬성했다. 무슨 일이 벌어지는가 이브가 미처 깨닫기도 전에, 운명의 걸음이 내디디어졌다. 엎지른 물이었다.

4. 실수를 깨닫다

혹성에 있던 하늘 생명은 술렁거렸다. 아담은 무언가 잘못되었다는 것을 알아차리고, 이브에게 동산에 그의 옆으로 오라고 청했다. 두 방향에서 동시에 일함으로 세상의 개선을 가속하는, 오랫동안 길러 왔던 계획의 이야기를 전부, 이제 처음으로 들었다: 세라파타시아 사업을 집행하는 것과 동시에 신의 계획을 집행하는 것이었다.

달빛 비치는 동산에서 물질 아들과 딸이 이렇게 교통하는 동안, "동산의 목소리"는 불복종한 것 때문에 그들을 꾸짖었다. 그 목소리는, 그들이 동산의 약속을 어겼다, 멜기세덱들의 지시(指示)에 복종하지 않았다, 우주 통치자에게 했던 서약을 지키는 데 실패했다고, 에덴의 쌍에게 일러 준, 바로 내 자신의 발표에 지나지 않았다.

이브는 선과 악을 실행하는 데 참여하기로 찬성했다. 선(善)은 신의 계획을 수행하는 것이요, 죄는 신의 뜻을 일부러 어기는 것이다. 악은 계획을 그릇되게 적용하는 것, 기법을 잘못 적응하는 것이며, 이것은 우주의 부조화와 혹성의 혼란을 일으킨다.

생명 나무의 열매를 따먹을 때마다, 동산의 쌍은 선과 악을 섞는 칼리가스티아의 제안에 넘어가는 일을 삼가라고, 관리하는 천사장에게 경고를 받고 있었다. 그들은 이렇게 훈계를 받았다: "선과 악을 섞는 날에, 너희는 그 땅의 사람들과 같이 될지니라. 너희는 반드시 죽으리라."

이브는 비밀 모임이 있던 운명의 계제에, 자주 되풀이되던 이 경고에 대하여 카노에게 일러 주었지만, 카노는 그러한 훈계의 중요성이나 뜻을 알지 못했기 때문에, 좋은 동기와 참된 의도를 가진 남녀는 아무런 악을 행할 수 없다, 이브는 분명히 죽지 않고, 오히려 그들 후손의 몸에서 새롭게 살 것이요, 그는 자라서 세상에 복을 주고 세상을 안정시키리라고 이브를 안심시켰다.

신의 계획을 수정하는 이 계획이 비록 아주 진지하게, 세상의 복지에 관하여 오직 가장 높은 동기를 가지고 잉태되고 집행되었다 하더라도, 그것은 악이었다. 이는 그것이 올바른 목적을 이룩하는 그릇된 길을 대표했기 때문이요, 바른 길, 신의 계획으로부터 벗어났기 때문이다.

이브의 눈에 카노가 매력 있게 보인 것은 참말이었다. 그리고 "인간사(人間事)에 관하여 새롭고 확대된 지식을 얻고, 아담 성품을 이해하는 데 보충되는 것으로서 인간의 성품을 빨리 이해한다는" 핑계를 써서, 유혹한 자가 약속한 모든 것을 이브는 깨달았다.

그 날 밤 동산에서, 슬픈 상황에서 내 의무가 된 바와 같이, 나는 보라 인종의 아버지와 어머니와 함께 이야기를 나누었다. 나는 어머니 이브의 실수까지 이끈 모든 이야기를 충분히 들었고, 그 즉시의 상황에 관하여 두 사람에게 조언하고 의논했다. 그들은 이 충고 가운데 더러는 따르고, 더러는 버렸다. 이 회담은 너희의 기록에 "주 하나님이 동산에서 아담과 이브를 부르고 '너희가 어디 있느냐'"하고 묻는 것으로 나타난다. 보기 드물고 특별한 것을 모조리, 자연스럽든 영적이든, 신들이 친히 간섭한 탓으로 직접 돌리는 것이 후세대의 관습이었다.

5. 실수의 영향

이브의 환멸은 보기에 참으로 애처로웠다. 아담은 그 곤경 전체를 헤아렸고, 마음이 찢어지고 풀이 꺾이기는 했어도, 일을 그르친 짝에게 오직 불쌍한 느낌과 동정심을 보였다.

실패를 깨달아 생긴 절망감에서, 이브가 잘못을 저지른 다음 날 아담은 라오타를 찾았는데, 그 여자는 동산의 서부(西部) 학교들의 우두머리인 명석한 놋 사람 여자였다. 계획해서 그는 이브의 어리석은 짓을 저질렀다. 그러나 오해하지 말라. 아담은 속지 않았다. 자기가 무엇을 하려는지 똑똑히 알고 있었다. 그는 일부러 이브와 운명을 함께 나누기로 작정하였다. 인간을 초월하는 애정으로 제 짝을 사랑했고, 유란시아에서 이브가 없이 혼자 지킨다는 가능성을 생각하는 것을 그는 도저히 견딜 수 없었다.

이브에게 무슨 일이 일어났는가 들었을 때, 화가 머리끝까지 치민 동산 거주자들은 다룰 수 없게 되었다. 그들은 이웃에 있는 놋 사람들의 촌락에 전쟁을 선포했다. 에덴의 문 바깥을 지나서, 준비되지 않은 이 사람들에게 덮쳤고, 이들을 모조리 죽였다—남자나 여자나 어린아이 하나도 남기지 않았다. 그리고 카노, 아직 태어나지 않은 카인의 아버지도, 이슬로 사라졌다.

무슨 일이 일어났는가 깨닫고 나서, 세라파타시아는 어쩔 줄 몰라했고, 두려움과 뉘우침으로 제 정신이 아니었다. 다음 날 그는 큰 강에서 빠져 죽었다.

아담의 아이들은 아버지가 외롭게 헤매는 30일 동안, 갈피를 잡지 못하는 어머니를 위로하려고 애썼다. 그 때가 끝나자 판단이 제대로 섰고, 아담은 집으로 돌아와서 그들이 앞날에 행동할 과정을 비로소 계획하였다.

그릇 인도받은 부모가 저지른 어리석은 짓의 결과를 죄 없는 아이들이 흔히 나누어 가진다. 아담과 이브의 바르고 고귀한 아들딸들은 아주 갑자기, 아주 무자비하게 밀어닥친 믿을 수 없는 비극의 슬픔, 말할 수 없는 슬픔에 파묻혔다. 50년이 지나도, 자식들 가운데 나이든 자녀들은 그 비참한 시절의 애처로움과 슬픔, 특히 아담이 집을 비운 그 30일 간의 공포(恐怖)로부터 회복하지 못했고, 그 동안에 갈피를 잡지 못하는 어머니는 아담이 어디 있는지, 어떤 운명에 빠졌는지 까맣게 몰랐다.

바로 이 30일 동안은 이브에게 슬프고 괴로운 몇 년처럼 길었다. 이 고귀한 사람은 정신적으로 고통받고 영적으로 슬펐던 기간, 속 썩던 그 기간의 결과로부터 결코 제대로 회복하지 못했다. 그들이 나중에 겪은 결핍과 물질적 어려움의 어떤 모습도, 이브의 기억에는 외롭고 견딜 수 없이 불안했던 그 무서운 여러 날, 두려운 여러 밤과 도저히 견줄 수 없었다. 이브는 세라파타시아의 성급한 행동에 관하여 소식을 들었고, 제 짝이 슬픔에 못 이겨 목숨을 끊었는지, 혹은 자기의 잘못을 꾸짖느라고 세상으로부터 제거되었는지 알지 못했다. 아담이 돌아왔을 때, 이브는 기쁨과 고마운 만족감을 느꼈고, 고되게 봉사하는 길고도 어려운 일생의 동반에도 그 만족감은 결코 지워지지 않았다.

시간이 흘렀다. 그러나 이브가 실수한 뒤에 70일이 되기까지 아담은 그들의 반칙의 성질에 관하여 확신이 없었는데, 그 때 멜기세덱 관리자들이 유란시아로 돌아와서 세상일의 관할권을 맡았다. 그리고 나서 그는 자기들이 실패했다는 것을 알았다.

그러나 아직도 문제가 더 끓고 있었다. 에덴 가까이 있는 놋 사람의 촌락이 절멸되었다는 소식은 북쪽에 있는 세라파타시아의 고향 부족들에게 미치는 데 더디지 않았고, 대번에 큰 무리가 동산으로 행진해 오려고 집결하고 있었다. 이것이 아담 사람과 놋 사람들 사이에 길고도 쓰라린 싸움의 시작이었으니, 이는 이 적대 행위가 아담과 그 추종자들이 유프라테스 강 유역에 있는 둘째 동산으로 옮겨 간 뒤에도 계속되었기 때문이다. "그 남자와 그 여자 사이에, 그의 씨와 그 여자의 씨 사이에" 맹렬하고 오래 이어지는 불화(不和)가 있었다.

6. 아담과 이브가 동산을 떠나다

놋 사람들이 행진해 오고 있다는 소식을 들었을 때, 아담은 멜기세덱들의 상담을 구했다. 그러나 그들은 조언하려 하지 않았고, 최선으로 생각되는 것을 행하라고 이르기만 하고, 그가 어떤 과정을 택하든지, 가능한 한 친절히 협동하리라고 약속했다. 멜기세덱들은 아담과 이브가 몸소 세우는 계획에 간섭하는 것이 금지되었다.

아담은 그와 이브가 실패했다는 것을 알았다. 멜기세덱 관리자들이 자리에 있는 것이 그렇다는 것을 알려 주었다. 하지만 그들의 개인 지위나 앞날의 운명에 관하여 그는 아직 아무 것도 몰랐다. 자기들의 지도자를 따르겠다고 약속한 충성스러운 추종자 1천2백여 명과 그는 밤새 의논하였고, 다음 날 정오에 이 순례자들은 새 집을 찾아서 에덴을 떠났다. 아담은 전쟁을 조금도 좋아하지 않았고, 따라서 놋 사람들에게 저항하지 않고 첫째 동산을 떠나기로 작정했다.

에덴의 카라반은 동산을 떠난 지 사흘째에, 예루셈으로부터 온 천사 수송자들의 도착 때문에 정지되었다. 그리고 처음으로 아담과 이브는 아이들이 어떻게 될 것인가 통고를 받았다. 수송자들이 기다리는 동안, 선택의 나이(스무 살)에 이른 아이들은 부모와 함께 유란시아에 남아 있거나 놀라시아덱 최고자들의 피보호자가 되는 선택이 주어졌다. 3분의 2가 에덴시아로 가기로 했다. 약 3분의 1은 부모와 함께 남아 있기로 했다. 선택의 나이가 채 안 된 아이들은 모두 에덴시아로 데려갔다. 이 물질 아들과 딸, 그리고 아이들이 슬프게 이별하는 것을 보고서 아무도 위반자의 길이 고달픔을 깨닫지 않을 수 없었다. 아담과 이브의 이 자손은 이제 에덴시아에 있다. 그들에게 어떤 처분이 내릴 것인지 우리는 모른다.

슬프고 슬픈 카라반은 계속해서 여행을 준비하였다. 이보다 무엇이 더 비극일 수 있었을까! 그렇게 높은 희망 속에 싸여 한 세상으로 와서, 그렇게 상서롭게 접대 받고, 그리고 나서 에덴을 부끄러움 속에 떠나가고, 새로 있을 곳을 미처 찾기도 전에 아이들을 4분의 3도 더 잃어버리다니!

7. 아담과 이브의 지위가 낮아지다

에덴의 카라반이 멈춘 동안에 아담과 이브는 그들의 위반 행위의 성질에 대하여 통지받고 운명에 관하여 조언을 받았다. 가브리엘이 판단을 선포하려고 나타났다. 이것이 판결이었다: 유란시아의 혹성 아담과 이브는 의무를 이행하지 않은 것으로 판결을 내린다. 사람 사는 이 세상의 통치자로서 그들은 맡은 직무의 약속을 어겼다.

죄책감 때문에 풀이 죽기는 했어도, 아담과 이브는 구원자별에 있는 재판관들이 "우주 정부의 모욕"에 대해서 그들을 모든 고발로부터 사면했다는 선고를 듣고 크게 기뻐했다. 그들에게 배반한 죄가 있다는 주장은 없었다.

에덴의 쌍은 자신들을 그 땅에서 필사자의 지위로 떨어뜨렸고, 미래에 세상 종족들의 앞날을 보살피면서, 이제부터 유란시아의 남자와 여자로서 행동해야 한다고 통지를 받았다.

아담과 이브가 예루셈을 떠나기 오래 전에, 그들의 교육자들은 신의 계획으로부터 어떤 중대한 이탈이 있을 경우에 생기는 결과를 설명해 주었다. 필사자 육체의 지위로 떨어지는 것이 확실한 결과요 분명한 벌이며, 이것은 그들의 혹성 임무를 집행하는 데서 생기는 실수에 어김없이 따른다는 것을 그들이 유란시아에 도착하기 전과 후에, 나는 손수 거듭해서 경고했다. 그러나 물질 계급 아들의 불사(不死) 지위를 이해하는 것은 아담과 이브의 불이행에 따르는 결과를 똑똑히 이해하는 데 필수이다.

1. 아담과 이브는, 예루셈에 있는 동료들처럼, 영의 지성 인력 회로와 지적으로 연결하여 불사의 지위를 유지하였다. 이 생명 유지가 정신적 분리 때문에 끊어질 때, 그 때 생물 존재의 영적 수준과 상관 없이, 불사의 지위는 없어진다. 육체의 분해에 따르는 필사자의 지위는 아담과 이브의 지적 실패에서 생기는 피할 수 없는 결과였다.

2. 유란시아의 물질 아들과 딸은 또한 이 세상의 필사 육체의 모습과 비슷하게 성격화되었으니까, 2중 순환 체계를 유지하는 데 더욱 의존했는데, 하나는 신체적 성질로부터 생기고, 하나는 생명 나무의 열매에 저장된 초월 에너지로부터 생긴다. 관리하는 천사장은 언제나 아담과 이브에게, 맡긴 임무의 불이행(不履行)은 지위의 강등을 낳고, 그들이 실패한 뒤에는 이 에너지 근원에 접촉하는 것이 거절된다고 훈계했다.

칼리가스티아는 아담과 이브를 덫에 걸리게 하는 데 성공했지만, 이들을 우주 정부에 맞서 공개적으로 반항하도록 이끌려는 목적을 이루지는 못했다. 그들이 한 일은 정말로 악했지만, 그들은 결코 진리를 멸시한 죄가 없고, 우주의 아버지와 그 아들 창조자의 올바른 통치에 맞서서, 일부러 반란에 참여하지도 않았다.

8. 이른바 사람의 타락

아담과 이브는 높은 물질 아들 지위로부터 낮은 필사 인간의 지위로 떨어졌다. 그러나 그것은 사람의 타락이 아니었다. 아담의 실수로부터 즉시 나타난 결과가 있었는데도 인류는 개량되어 왔다. 보라 인종을 유란시아 민족들에게 주는 신의 계획이 유산(流産)되기는 했어도, 필사 종족들은 아담과 그 후손이 유란시아 민족들에게 얼마큼 기여한 것으로부터 엄청나게 이득을 얻었다.

“사람의 타락”은 전혀 없었다. 인류의 역사는 점진적으로 진화하는 역사였고, 아담의 수여는 그들의 옛 생물학적 조건과 비교해서 세계 민족들을 크게 개량하였다. 유란시아의 좀더 우수한 핏줄들은 이제 안돈·산긱·놋·아담, 따로 된 이 네 가지 근원으로부터 얻은 유전 요소를 포함한다.

아담을 인류에게 내린 저주의 원인으로 여겨서는 안 된다. 아담이 신의 계획을 수행하는 데 실패했고, 신과 한 약속을 어겼고, 그와 그 배우자가 생물 지위에서 아주 확실히 낮아졌지만, 이 모든 일이 있었는데도, 인류에게 그들이 공헌한 것은 유란시아에서 문명을 진보시키는 데 크게 이바지했다.

너희 세계에서 아담 사명의 결과를 평가하면서, 정의(正義)는 혹성의 조건을 인정할 것을 요구한다. 아담은 아름다운 짝과 함께 예루셈으로부터 어둡고 혼란에 빠진 이 혹성으로 옮겨졌을 때, 거의 희망 없는 과제에 부닥쳤다. 그러나 멜기세덱들과 그 동료들의 조언에 인도를 받았더라면, 또 더 참을성이 있었다면, 결국에 성공했을 것이다. 그러나 이브는 개인의 해방과 혹성 활동의 자유를 부르짖는 선전, 모르는 사이에 파고드는 선전에 귀를 기울였다. 이 생명 위탁물로 하여금 생명 운반자들이 최초에 설계한 계급, 그 때 혼합된 계급의 것과 때 이르게 섞이게 했다는 점에서, 이브는 물질 계급 아들의 생명질을 가지고 실험하도록 유도되었고, 그 혼합된 계급은 한때 혹성 영주의 참모진에 딸렸던 자식 낳는 존재들의 생명질과 예전에 합쳐진 적이 있었다.

파라다이스로 너희가 올라가는 길에 내내, 완전한 길, 완전에 이르는 길, 영원한 완전을 위한 길에서, 지름길이나 개인의 발명이나, 아니면 개선하는 다른 계책을 써서, 확정된 신의 계획을 돌아가려고 참을성 없이 애씀으로 너희는 결코 아무것도 얻지 못할 것이다.

통틀어서, 온 네바돈의 어느 혹성에서도 더 가슴 아픈 지혜의 착오는 아마 없었을 것이다. 그러나 이 잘못된 걸음이 진화하는 우주들의 사무에서 일어나는 것이 놀랍지는 않다. 우리는 거대한 창조의 일부이며, 만사가 완전하게 작용하지 않는다는 것은 이상하지 않다. 우리의 우주는 완전하게 창조되지 않았다. 완전은 우리의 영원한 목표이지, 기원이 아니다.

이것이 기계론적 우주라면, 첫째 근원 중심이 기껏해야 하나의 물력이고 또한 성격자가 아니고, 모든 창조가 변하지 않는 에너지 활동의 특징을 가진 엄격한 법칙에 지배되는 물리적 물질의 광대한 집합이라면, 그 때 우주 상태가 불완전하더라도 완전이 지배할지 모른다. 아무 의견 차이가 없고 아무런 마찰이 없을 것이다. 그러나 상대적 완전·불완전이 있는 진화하는 우주에서, 의견 차이와 오해가 있을 수 있다는 것을 우리는 기뻐한다. 이로서 우주에서 성격자의 사실과 행동이 증명되는 까닭이다. 우리의 창조가 성격자에게 지배받는 존재라면, 너희는 성격이 살아나고, 진급하고, 성취하는 가능성을 확신할 수 있다. 우리는 성격이 성장하고 체험하고 모험하는 것을 확신할 수 있다. 우주가 겨우 기계적이거나 아니 수동적으로 완전한 것이 아니라, 성격이 있고 진취성이 있으니까, 얼마나 영화로운 우주인가!

["동산의 목소리" 천사 솔로니아가 발표했다.]

제 76 편

둘째 동산

아담이 싸우지 않고 놋 사람들에게 첫째 동산을 버리고 떠나기로 했을 때, 그와 추종자들은 서쪽으로 갈 수 없었는데, 에덴 사람들이 그런 바다 모험에 적당한 아무런 배가 없었기 때문이다. 그들은 북쪽으로 갈 수 없었다. 북쪽의 놋 사람들이 이미 에덴을 향해 진격하고 있었다. 그들은 남쪽으로 가는 것이 두려웠다. 그 지역의 산에는 적대하는 부족들이 들끓었기 때문이다. 열려 있는 유일한 길은 동쪽이었고, 그래서 그들은 티그리스와 유프라테스 강들 사이에, 당시에 쾌적했던 지역을 향하여 동쪽으로 여행했다. 뒤에 남은 많은 사람이 나중에 동쪽으로 여행해서, 아담 사람들의 새 골짜기 집에서 그들과 합쳤다.

카인과 산사는 모두 아담의 카라반이 메소포타미아의 강들 사이에 있는 목적지에 다다르기 전에 태어났다. 산사의 어머니 라오타는 딸이 태어날 때 죽었다. 이브는 많이 고생했지만 우수한 체력 때문에 살아남았다. 이브는 라오타의 아이 산사를 품에 안았고, 산사를 카인과 함께 길렀다. 산사는 자라서 큰 능력을 가진 여자가 되었다. 산사는 사르간의 아내가 되었는데, 사르간은 북쪽 청인 종족의 우두머리였고, 그 시절에 청인들의 진보에 기여하였다.

1. 에덴 사람들이 메소포타미아로 들어가다

아담의 카라반이 유프라테스 강에 이르기까지 거의 1년이 꼬박 걸렸다. 그 강이 홍수에 넘쳐 있음을 발견하고, 둘째 동산이 되도록 정해진, 강들 사이의 땅으로 건너가기 전에, 그들은 거의 6주 동안 냇물 서쪽의 평야에서 야영(野營)하며 남아 있었다.

에덴 동산의 임금이자 높은 사제가 행진해 오고 있다는 말이 둘째 동산 땅에 거하는 자들의 귀에 들어갔을 때, 그들은 서둘러 동쪽 산지로 달아났다. 아담은 도착했을 때 그가 바라던 영토가 다 비어 있음을 발견했다. 그리고 여기 이 새 자리에서 아담과 그를 돕는 자들이 새 집을 짓고, 문화와 종교의 새 중심을 세우는 작업에 착수했다.

이 장소는 아담이 알기로, 반과 아마돈이 제안한 동산을 위하여 가능한 자리를 선택하라고 임명된 위원회가 택한 처음 세 장소 중의 하나였다. 두 강 자체가 그 시절에 좋은 천연 방어물이었고, 둘째 동산에서 북쪽으로 조금 떨어져서 유프라테스와 티그리스 강이 더 가까이 접근하기 때문에, 남쪽에, 강들 사이의 영토를 보호하기 위해서, 89.6킬로미터나 뻗는 방어벽을 세울 수 있었다.

새 에덴에서 자리를 잡은 뒤에, 수수한 생활 방법을 채택하는 것이 필요하게 되었다. 땅이 저주를 받았다는 것은 온통 참말인 듯했다. 자연은 다시 한 번 멋대로 행하고 있었다. 이제 아담 사람들은 자연의 불친절과 필사 존재의 여러 모순과 마주친 가운데, 준비되지 않은 흙으로부터 생계를 잇고 생활의 현실을 처리하지 않을 수 없었다. 그들은 첫째 동산이 그들을 위하여 어느 정도 준비된 것을 발견했지만, 둘째는 바로 자신들의 손이 노동하여, "얼굴의 땀" 속에서 창조되어야 했다.

2. 카인과 아벨

카인이 태어난 뒤 2년이 채 안 되어 아벨이 태어났는데, 그는 둘째 동산에서 아담과 이브 사이에 태어난 첫 아이였다. 자라서 12살이 되었을 때 아벨은 목동이 되기로 했다. 카인은 농업을 따르기로 했다.

자, 그 시절에는 손에 닿는 물건들을 사제에게 봉헌하는 것이 관습이었다. 목자들은 양 떼를 가져오고, 농부들은 들의 열매를 가져오곤 했다. 이 풍습에 따라서, 카인과 아벨은 마찬가지로 사제들에게 정기적인 예물을 드렸다. 두 소년은 여러 번 그들이 가진 직업의 상대적 장점에 관하여 다투었고, 아벨은 그가 동물 희생을 바치는 것이 우대된다고 재빨리 지적하였다. 카인은 첫째 에덴의 전통에, 즉 들의 열매가 예전에 우대되었다고 호소했지만 헛일이었다. 아벨은 이것을 인정하려 하지 않았고, 좌절에 빠진 형을 조롱하였다.

첫째 에덴 시절에 아담은 동물 잡아 바치는 예물을 그만두게 하려고 정말로 애썼고, 그래서 카인은 그의 주장을 정당화할 수 있는 선례(先例)를 가지고 있었다. 그러나 둘째 에덴의 종교 생활을 조직하기는 힘들었다. 아담은 건축·방어·농업의 일과 관련된 수많은 미세한 일로 짐이 무거웠다. 영적으로 많이 풀이 죽었기 때문에, 그는 예배와 교육의 조직을 첫째 동산에서 그런 자격으로 일했던, 놋의 피를 받은 사람들에게 맡겼다. 아주 짧은 사이에도, 예식을 거행하는 놋 사람 사제들은 아담 이전 시절의 기준과 규칙으로 되돌아가고 있었다.

두 소년은 결코 잘 어울리지 못했고, 희생물을 바치는 이 문제는 그들 사이에 미움이 커지도록 더욱 부채질하였다. 아벨은 그가 아담과 이브 두 사람의 아들인 것을 알았고, 카인에게 아담이 그의 아버지가 아니라고, 잊지 않고 강조하였다. 청인과 홍인과 섞이고 또 토종 안돈 핏줄과 나중에 섞인 놋 종족에 아버지가 속했으니까, 카인은 순수한 보라가 아니었다. 이 모두가, 카인의 타고난 호전적 유산과 함께, 그로 하여금 동생을 더욱 미워하는 마음을 품게 만들었다.

그들 사이에 긴장이 마침내 해결되었을 때 그 소년들은 각각 열 여덟과 스물이었는데, 어느 날 아벨의 빈정거리는 말이 싸우기 좋아하는 형을 화가 머리끝까지 치밀게 만들었고, 그래서 카인은 진노하여 달려들어 그를 죽였다.

아벨의 행동을 지켜보면 인격 발달의 요인으로서, 환경과 교육의 가치를 확증한다. 아벨은 이상적인 유전(遺傳)을 받았고, 유전은 모든 인격의 바닥에 놓여 있다. 그러나 열등한 환경의 영향은 실질적으로 이 훌륭한 유산을 상쇄해 버렸다. 아벨은, 특히 어린 시절에, 불리한 주위 환경에 크게 영향을 받았다. 스물 다섯이나 서른까지 살았더라면, 그는 도무지 다른 사람이 되었을 것이다. 그의 훌륭한 유산이 그 때 저절로 나타났을 것이다. 저질의 유전으로 생긴 인격의 장애를 정말로 극복하는 데는 좋은 환경이 크게 기여할 수 없지만, 나쁜 환경은, 적어도 인생에서 어린 시절에, 뛰어난 유전을 아주 실질적으로 망쳐 놓을 수 있다. 좋은 사회 환경과 적당한 교육은 좋은 유전을 최대한으로 이용하는 데 불가결한 토양이요 분위기이다.

아벨의 죽음은, 개들이 주인 없는 양 떼를 데리고 돌아왔을 때, 부모에게 알려지게 되었다. 카인은 아담과 이브에게 그들의 어리석은 짓을 생각나게 하는 섬뜩한 사람이 빨리 되고 있었고, 그들은 동산을 떠나려는 그의 결심을 북돋아 주었다.

아주 특이한 방법으로 카인이 과실(過失)을 상징했기 때문에, 메소포타미아에서 카인의 생활은, 꼬집어 말하면 행복하지 않았다. 동료들이 그에게 불친절했다는 것이 아니라, 그가 거기 있다는 데에 그들이 잠재 의식 속에서 분개하는 것을 그는 의식하지 못했다. 그가 아무런 부족 표시를 지니지 않았으니까, 그를 어쩌다 만나는 첫 이웃 부족 사람들에게 죽게 되리라는 것을 카인은 알았다. 두려움과 얼마큼의 후회가 그로 하여금 뉘우치게 만들었다. 카인에게는 한 번도 조절자가 깃든 적이 없었고, 그는 언제나 가족의 징계에 반대하고, 아버지의 종교를 멸시해 왔다. 그러나 이제 그는 어머니 이브에게 가서 영적 도움과 안내를 부탁했고, 신의 도움을 정직하게 구했을 때, 한 조절자가 그에게 깃들었다. 그리고 이 조절자가 안에 깃들고 바깥을 내다보면서, 카인에게 뚜렷하게 우수한 장점을 주었고, 이것이 그로 하여금 사람들이 크게 두려워하는 아담 부족으로 분류하게 만들었다.

그래서 카인은 놋의 땅을 향하여, 둘째 동산의 동쪽으로 떠났다. 그는 아버지 민족의 한 집단에서 큰 지도자가 되었고, 어느 정도까지는 세라파타시아의 예언을 이루었는데, 왜냐하면 그가 일생에 걸쳐서 놋 사람들의 이 가지와 아담 사람들 사이에 평화를 촉진했기 때문이다. 카인은 먼 사촌 레모나와 결혼했고, 첫 아들 에녹은 엘람의 놋 사람들의 우두머리가 되었다. 그리고 몇백 년 동안, 엘람 사람과 아담 사람들은 줄곧 평화를 지켰다.

3. 메소포타미아 생활

둘째 동산에서 세월이 지나자 실수의 결과는 더욱 분명해졌다. 아담과 이브는 에덴시아로 추방된 아이들 뿐 아니라, 아름답고 고요한 옛 집을 크게 그리워했다. 이 훌륭한 쌍이 그 땅에서 보통 육체의 지위로 떨어진 것을 지켜보자니, 참으로 애처로웠다. 그러나 그들은 품위와 용기를 가지고 낮아진 지위를 견디었다.

아담은 지혜롭게도 아이들과 그 동료들을 국가 행정, 교육 방법, 종교적 헌신을 훈련시키는 데 시간의 대부분을 썼다. 이런 선견이 없었다면, 그가 죽고 나서 큰 혼란이 생겼을 것이다. 실제로 일어난 바와 같이, 아담의 죽음은 그의 민족의 일을 운영하는 데 아무런 차이를 가져오지 않았다. 아담과 이브가 죽기 훨씬 전에, 아이들과 추종자들이 에덴에서 영화로웠던 시절을 차츰 잊어버렸다는 것을 그들은 깨달았다. 그 추종자들이 에덴의 장려함을 잊어버린 것은 대부분에게 다행이었다. 운이 덜 좋은 환경에 대하여 그들이 지나친 불만을 품는 일은 그다지 있을 듯하지 않았다.

아담 사람들의 국가 통치자는 유전적으로 첫째 동산의 아들들로부터 나왔다. 아담의 첫 아들 아담손(아담 벤 아담)은 둘째 에덴의 북쪽에서 보라 인종의 2차 중심을 세웠다. 아담의 둘째 아들 이브손은 솜씨 있는 지도자요 행정가가 되었다. 그는 아버지에게 크게 도움이 되었다. 이브손은 아담만큼 오래 살지 못했고, 그의 큰아들 잔샷은 아담 부족들의 우두머리로서 아담의 후계자가 되었다.

종교적 통치자, 곧 사제들은 셋으로부터 생겼고, 그는 둘째 동산에서 태어나고 살아 있는, 아담과 이브의 맏아들이었다. 그는 아담이 유란시아에 도착한 지 129년이 지난 뒤에 태어났다. 셋은 아버지 민족의 영적 지위를 개선하는 일에 몰두하게 되었고, 둘째 동산에서 새 사제직의 우두머리가 되었다. 그의 아들 에노스는 새로운 체제로 드리는 예배의 기초를 놓았고, 손자 케난은 둘레의 가깝고 먼 부족들에게 대외 선교사 서비스를 시작했다.

셋의 사제직은 세 가지 일을 하는 사업이었고, 종교·건강·교육을 포함했다. 이 서열의 사제들은 종교 의식을 거행하고, 의사(醫師)와 위생 검사자로서 일하며, 동산의 학교들에서 선생으로 행동하도록 훈련을 받았다.

아담의 카라반은 첫째 동산에서 몇백 가지의 식물과 곡식의 씨앗과 구근(球根)을 강들 사이의 땅으로 가져갔다. 그들은 또한 수두룩한 양 떼와 모든 길들인 동물을 얼마큼 데리고 갔다. 이 때문에, 그들은 둘러싼 부족들보다 큰 장점을 소유했다. 그들은 처음 동산에서 가졌던 옛 문화의 이득을 많이 누렸다.

첫째 동산을 떠날 때까지 아담과 그의 가족은 언제나 과일·곡식·견과를 먹고 살았다. 메소포타미아로 가는 길에 처음으로 약초와 채소를 먹었다. 고기를 먹는 것은 일찍부터 둘째 동산에 소개되었으나, 아담과 이브는 정규 식사(食事)의 일부로서 결코 고기를 먹지 않았다. 아담손이나 이브손이나, 또는 첫째 동산에서 태어난 첫째 세대의 다른 아이들도, 육식하는 사람이 되지 않았다.

아담 사람들은 문화적 성취와 지적 발전에서 둘러싼 민족들을 크게 능가했다. 그들은 세 번째 알파벳을 만들었고, 그밖에도 현대의 예술·과학·문학의 선조인 많은 것의 기초를 놓았다. 여기 티그리스와 유프라테스 강 사이의 땅에서 그들은 글쓰기, 금속 가공, 도자기 만들기, 천 짜기의 기술을 유지했고, 사람들은 그들이 만든 종류의 건축을 몇천 년 동안 능가하지 못했다.

보라 민족들의 가정 생활은 그들 시대에는 이상적이었다. 아이들은 농업, 장인(匠人)의 기술, 동물 기르기에서 훈련 과정을 받거나, 아니면 사제요 의사요 선생이 되는 셋 사람의 세 가지 의무를 수행하도록 교육을 받았다.

그리고 셋 사람의 사제직을 생각할 때, 높은 생각을 가지고, 건강과 종교를 가르치는 고귀한 선생, 이 참 교육자들을, 후일의 부족과 둘러싼 나라들에 있던 천하고 상업적인 사제직과 혼동하지 말라. 신과 우주에 관한 그들의 종교 개념은 진보되었고, 얼마큼 정확하며, 건강 규칙은 당대에 뛰어났고, 사람들이 그들의 교육 방법을 그 뒤로 결코 능가한 적이 없다.

4. 보라 인종

아담과 이브는 사람 가운데 보라 인종, 유란시아에서 아홉 번째로 나타난 인종의 시조였다. 아담과 그의 자손은 푸른 눈을 가졌고, 보라 민족들은 흰 살결과 밝은—노란 색, 붉은 색, 갈색—머리털의 특징을 가졌다.

이브는 아이를 낳을 때 산통(産痛)을 겪지 않았다. 초기의 진화 종족들도 그렇지 않았다. 오로지 진화한 사람이 놋 사람들, 그리고 나중에 아담 사람들과 결합해서 생긴 혼합 종족들이 심한 출산의 아픔을 겪었다.

아담과 이브는, 예루셈에 있는 형제들과 마찬가지로, 2중의 영양으로 에너지를 받았고, 음식과 빛을 먹고 살면서, 유란시아에서 밝혀지지 않은 어떤 초월 물리 에너지로 보충되었다. 유란시아에서 낳은 그들의 자손은 에너지를 흡수하고 빛을 순환시키는 부모의 자질을 물려받지 않았다. 그들은 한 가지 순환을 가지고 있었고, 피로 영양을 받는 인간 종류의 순환이었다. 오래 살기는 했어도 그들은 반드시 죽도록 고안되었다. 하지만 수명은 뒤잇는 각 세대마다 인간의 평균을 향하여 줄어들었다.

아담과 이브와 첫 세대의 아이들은 동물의 고기를 먹을 것으로 쓰지 않았다. 온통 "나무의 열매"만 먹고 살았다. 첫 세대 뒤에 아담의 후손들은 모두 유제품을 먹기 시작했지만, 그들 중에 많은 사람이 고기 없는 식사를 계속 따랐다. 그들과 나중에 뭉친 남쪽 부족들의 다수도 또한 고기를 먹지 않는 사람들이었다. 나중에 이 채식하는 부족들의 대부분은 동쪽으로 옮겨 갔고, 이제는 인도 민족들 안에서 섞인 채로 살아남았다.

아담과 이브의 육체적·영적 시력(視力)은 모두 오늘날 민족들보다 훨씬 뛰어났다. 그들의 특별한 감각은 훨씬 더 날카로웠으며, 그들은 중도자들과 천사 무리, 멜기세덱과 몰락한 영주 칼리가스티아를 볼 수 있었고, 영주는 그의 고귀한 후계자와 의논하러 몇 차례 왔다. 그들은 실수가 있은 뒤에 1백 년이 넘도록 이 하늘 존재들을 보는 능력을 지녔다. 이 특별한 감각은 아이들에게는 그다지 날카롭게 있지 않았고, 뒤잇는 각 세대마다 줄어드는 경향이 있었다.

아담의 아이들에게는 대체로 조절자가 깃들었는데, 이는 그들 모두가 의심할 여지 없이, 살아남을 능력을 가졌기 때문이다. 이 우수한 자손은 진화된 아이들처럼 두려움에 지배되지 않았다. 유란시아의 현대 민족들에는 두려움이 아주 많이 있는데, 종족의 신체를 개량하려는 계획을 일찍부터 그르쳐서, 너희 조상이 아담의 생명질을 아주 적게 받았기 때문이다.

물질 아들들과 그 자손의 몸 세포는 혹성에서 태어난 진화 존재들보다 훨씬 더 질병에 저항력이 있다. 토착 종족들의 몸 세포는 이 땅에서 질병을 일으키는, 미세하고 극미한 산 유기체들과 비슷하다. 이 사실은 어째서 유란시아 민족들이 그렇게 많은 신체의 질병을 물리치기 위하여 과학적 노력의 방법으로 그토록 많이 애써야 하는가 설명한다. 너희 종족들이 아담의 생명을 더 지녔더라면, 너희는 훨씬 더 질병에 저항력이 있을 것이다.

유프라테스 강의 둘째 동산에서 자리를 잡은 뒤, 아담은 그가 죽은 뒤에 세상을 이롭게 하려고, 그의 생명질을 될 수 있는 대로 많이 남기기를 택했다. 따라서, 이브는 12명으로 된 종족 개량 위원회의 우두머리에 임명되었고, 아담이 죽기 전 이 위원회는 유란시아에서 가장 높은 종류의 여자 1682명을 골랐으며, 이 여자들은 아담의 생명질로 아이를 배었다. 그들의 아이들은 112명을 제외하고, 모두 어른이 되기까지 자랐고, 그래서 이 방법으로 세계는 우수한 남자와 여자 1570명이 보태진 것 때문에 이득을 보았다. 이 어머니 후보자들은 둘러싼 모든 부족으로부터 선택되었고, 땅에 있는 대부분의 종족들을 대표했다. 대다수는 놋 사람들의 가장 높은 핏줄로부터 선택되었고, 그들은 막강한 안드 종족의 옛 시작이었다. 이 아이들은 각자 어머니의 부족 환경에서 태어나고 거기서 자랐다.

5. 아담과 이브의 죽음

둘째 에덴을 세운 뒤에 오래지 않아서 아담과 이브는 그들의 뉘우침이 받아들일 만하고, 비록 그들 세계의 필사자들의 운명을 겪도록 예정되기는 했어도, 분명히 유란시아의 잠자는 생존자들의 계열에 들어갈 자격을 얻으리라고 공식으로 통지를 받았다. 멜기세덱들이 아주 감동적으로 선포한 복음, 부활하고 회복된다는 이 복음을 그들은 완전히 믿었다. 그들의 위반은 판단의 잘못이었고, 의식하고 일부러 반란을 저지른 죄는 아니었다.

아담과 이브는 예루셈의 시민으로서 생각 조절자를 가지지 않았고, 유란시아에서 첫째 동산에서 활동했을 때 조절자가 그들에게 깃들지도 않았다. 그러나 필사자 지위로 떨어진 뒤에 얼마 있다가, 그들은 안에 새로운 계심을 의식(意識)하게 되었고, 진지하게 뉘우침과 더불어, 인간의 지위가 조절자로 하여금 그들 안에 깃드는 것을 가능하게 만들었다는 깨달음에 이르렀다. 조절자가 안에 깃든다는 이 지식은 그들의 남은 생애를 통하여 내내, 아담과 이브의 마음을 크게 기쁘게 해 주었다. 사타니아의 물질 아들로서 실패하였음을 알았지만, 그들은 우주에서 하늘 가는 아들로서, 파라다이스로 가는 생애가 아직도 그들에게 열려 있다는 것을 또한 알았다.

아담은 그가 혹성에 도착한 것과 동시에 일어난 섭리 시대의 부활에 관하여 알았고, 아마도 다음 서열의 아들이 오시는 것과 연결하여 그와 아내가 다시 성격화하리라고 믿었다. 그는 이 우주의 군주 미가엘이 오래지 않아 유란시아에 나타나기로 예정된 것을 몰랐다. 그는 다음에 도착할 아들은 아보날 계급에 속할 것이라고 기대했다. 그렇다 하더라도, 아담과 이브가 미가엘로부터 받은 유일한 개인적인 메시지를 곰곰이 생각하는 것은 늘 위안이 되었고, 또한 이해하기 어려운 것이었다. 우정과 위로를 나타내는 다른 말씀 가운데, 이 메시지는 이렇게 적혀 있었다: "나는 너희가 실수한 형편을 고려했고, 늘 내 아버지의 뜻에 충성하려는, 너희 마음 속의 소망을 기억하였노라. 내가 유란시아로 올 때, 그 전에 내 영역의 하위 아들들이 너희를 부르지 않는다면, 너희는 필사의 잠의 품으로부터 부름을 받으리라."

그리고 이것은 아담과 이브에게 큰 신비였다. 그들은 이 메시지에서 아마도 특별히 부활한다는 가려진 약속을 이해할 수 있었지만, 미가엘이 유란시아에 몸소 나타나시는 것과 연결된 부활이 있을 때까지 그들이 쉬지도 모른다는 암시의 뜻을 알아차릴 수 없었다. 그래서 에덴의 쌍은 하나님의 아들 한 분이 언젠가 오시리라 언제나 선포했고, 그들이 실수하고 슬픔을 겪은 세계가 아마도, 이 우주의 통치자가 파라다이스 수여 아들로서 활동하려고 선택하는 나라가 될지 모른다는 믿음, 적어도 바라는 희망을 사랑하는 자들에게 알려 주었다. 그것은 참말이기에는 너무나 좋은 듯이 보였어도, 아담은 싸움에 시달린 유란시아가, 결국에는, 사타니아 체계에서 가장 큰 행운의 세계, 온 네바돈이 부러워하는 혹성인 것이 판명될지 모른다는 생각을 품어 보았다.

아담은 530살까지 살았다. 그는 나이가 들어서라고 할까 싶은 것으로 죽었다. 육체 작용이 그저 낡아 버렸다. 붕괴하는 과정이 차츰차츰 고치는 과정을 따라잡았고, 피할 수 없는 끝이 왔다. 이브는 심장이 약해져서 19년 앞서 죽었다. 그들은 모두 신성하게 예배하는 성전 가운데에 묻혔고, 이 성전은 그 거류지의 담이 완성된 뒤에 곧, 그들의 계획에 따라서 지어졌다. 이것이 예배하는 장소의 마루 밑에, 이름나고 경건한 남녀를 묻는 관습의 기원이었다.

유란시아의 초물질 정부는 멜기세덱들의 지휘 밑에서 계속되었으나, 진화하는 종족들과 직접 육체로 접촉하는 것은 두절되었다. 혹성 영주의 유형(有形) 참모진

이 도착했던 그 아득한 시절부터, 반과 아마돈의 시절을 거쳐서 아담과 이브가 도착할 때까지, 육체를 가진 우주 정부의 대표들은 혹성에서 주둔하고 있었다. 그러나 아담의 실수와 함께, 45만 년이 넘는 기간에 걸치는 이 체제는 끝이 났다. 영적 분야에서, 돕는 천사들은 생각 조절자들과 함께 줄곧 투쟁하였고, 그들 모두가 개인을 구원하기 위하여 영웅답게 일했다. 그러나 아브라함의 시절에 마키벤타 멜기세덱이 도착할 때까지, 멀리 미치는 세계 복지를 위하여 아무런 포괄적 계획이 땅에 있는 필사자들에게 선포되지 않았다. 멜기세덱은 하나님의 아들의 권력과 인내와 권한을 가지고, 불행한 유란시아를 개선하고 영적으로 회복하는 일을 더욱 진전시키기 위하여 기초를 쌓았다.

그러나 불운이 유란시아의 유일한 운명은 아니었다. 이 혹성은 또한 네바돈 지역 우주에서 가장 운이 좋았다. 조상의 잘못과 초기에 세계 통치자들의 실수가 무척 희망 없는 혼란 상태로 혹성을 곤두박질하게 만들고, 죄와 악으로 말미암아 더욱 엉망진창이 되었다면, 유란시아 사람들은 바로 이 어두운 배경이 네바돈 미가엘의 마음을 움직여서 그가 하늘에 계신 아버지의 사랑하는 성격을 드러낼 무대로서 이 세계를 고른 것을 모두 이득으로 계산해야 한다. 유란시아가 그 얽히고 설킨 사무를 바로잡는 데는 아들 창조자가 필요하지 않았다. 오히려 유란시아에서 죄와 악은 아들 창조자에게, 파라다이스 아버지의 비할 데 없는 사랑과 자비와 참을성을 드러낼, 더군다나 뚜렷한 배경을 마련해 주었다.

6. 아담과 이브가 살아남다

아담과 이브는 그들이 언젠가, 죽음의 잠에서 깨어나서 저택 세계들에서 삶을 다시 시작하리라고 멜기세덱들이 한 약속을 굳게 믿고서 죽음의 휴식으로 들어갔으며, 저택 세계들 모두가 유란시아에서 보라 인종의 물질적 육체를 입고 사명을 맡기 전 시절에 그들에게 아주 익숙한 세계들이었다.

그들은 그 영역의 필사자들이 거치는 의식 없는 잠의 망각 속에서 오랫동안 쉬지 않았다. 아담이 죽은 뒤에 셋째 날, 경건한 장례식을 치르고 둘째 날에, 에덴시아의 임시 최고자의 지지를 받고, 구원자별에 계시고 미가엘을 대행하는 늘 연합한 이의 승인을 받은 라나포지의 명령이 가브리엘의 손에 쥐어졌는데, 이것은 유란시아에서 아담의 실수가 있었을 때 탁월했던 생존자들의 특별 점호를 지시했다. 그리고 유란시아 시리즈에서 제 26번 특별 부활을 지시하는 이 명령에 따라서, 아담과 이브는 첫째 동산의 체험에서 동료였던 1316명과 함께, 사타니아 저택 세계들의 부활실에서 다시 성격화되고 다시 조립되었다. 충성한 많은 다른 사람은 아담이 도착할 때 이미 옮겨졌고, 잠자는 생존자와 자격을 갖춘 살아 있는 승천자들의 섭리 시대 판결이 뒤따랐다.

아담과 이브는 예루셈에서 시민권을 얻을 때까지, 진보해서 올라가는 세계들을 빨리 거쳤고, 기원이 있던 혹성에서 다시 한 번, 그러나 이 때는 다른 계급의 우주 성격자들의 회원으로서 거주자가 되었다. 그들은 영구(永久) 시민—하나님의 아들—로서 예루셈을 떠났다. 그들은 하늘 가는 시민—사람의 아들—로서 돌아왔다. 그들은 체계 서울에서 유란시아 근무에 즉시 부속되었고, 나중에는 현재 유란시아의 자문 통제 기관을 구성하는 24 상담자 가운데 회원 자격을 받았다.

이렇게 유란시아의 혹성 아담과 이브의 이야기가 끝난다. 이것은 시련과 비극과 승리의 이야기, 좋은 의도를 가졌어도 속임에 넘어간 물질 아들과 딸에게, 적어도 개인적으로 승리한 이야기이며, 의심할 여지 없이, 마지막에 그들의 세계, 그리고 반란으로 뒤집히고 악에 시달렸던 그 거주자들에게는 궁극에 승리한 이야기이다. 모든 것을 종합해 보건대, 아담과 이브는 빨리 움직이는 문명에 힘차게 이바지했고, 인류의 생물학적 진보에 박차를 가하였다. 그들은 땅에서 큰 문화를 남겼지만, 아담의 유전(遺傳)이 일찍부터 묽게 되고 궁극에 가라앉게 된 마당에, 그러한 진보된 문명은 살아남을 수 없었다. 문명을 만드는 것은 사람들이요, 문명이 사람들을 만들지 않는다.

["동산의 목소리" 천사 솔로니아가 발표했다.]

제 77 편

중도인

네바돈에서 사람 사는 세계들의 대부분은 하나 이상 되는 집단의 독특한 존재들을 품고 있는데, 그들은 그 영역의 사람과 천사 계급 사이, 가운데쯤에 생명이 활동하는 수준에서 존재한다. 그래서 그들은 중도인(中道人)이라 부른다. 시간 속에서 어쩌다가 생긴 듯하지만, 그들은 아주 널리 퍼져 있고 돕는 자로서 아주 소중하며, 그래서 우리는 모두, 혹성에서 통합하여 봉사하면서 그들을 필수 계급의 하나로 받아들인 지 오래다.

유란시아에서는 뚜렷한 두 계급의 중도자들이 활동한다. 1차 군단, 곧 선임 군단은 달라마시아 시절에 생겼고, 2차 군단, 곧 젊은 집단의 기원은 아담의 시절로 거슬러 올라간다.

1. 1차 중도자

1차 중도자들은 유란시아에서 물질인 것과 영적인 것을 독특하게 연결한 데서 유래를 가진다. 우리는 다른 세계들에서, 또 다른 체계들에서, 비슷한 생물이 존재한다는 것을 알고 있지만, 그들은 다른 기법으로 생겨났다.

진화하는 혹성에서 하나님의 아들들이 연달아 수여되는 것은 그 땅의 영적 경제에서 두드러진 변화를 일으키고 때로는 한 혹성에서 영적 대리자와 물질 대리자들이 서로 결합하는 작용을 아주 고쳐서, 정말로 이해하기 어려운 상황을 만들어 낸다는 것을 늘 기억하는 것이 좋다. 영주 칼리가스티아 참모진의 유형(有形) 회원 1백 명의 지위는 바로 그러한 독특한 상호 결합이 일어난다는 것을 보여 준다. 그들은 하늘 가는 예루셈의 상물질계 시민으로서, 자식 낳는 특권이 없는 초물질 생물이었다. 유란시아에서, 혹성에 내려가 봉사하는 자로서, (나중에 그들 가운데 더러가 그렇게 한 바와 같이) 그들은 물질 자손을 낳을 수 있고 남녀 구별 있는 물질 생물이었다. 어떻게 이 1백 명이 초물질 수준에서 부모 노릇을 할 수 있는가 우리는 흡족하게 설명할 수 없지만, 바로 그런 일이 일어났다. 유형 참모진에서 남자와 여자 회원의 초물질 (성교가 아닌) 연결은 1차 중도자들로 첫 자식이 나타나게 만들었다.

사람과 천사(天使) 수준 사이에 가운데 있는 이 계급의 생물은, 영주 본부의 사무를 수행하는 데 크게 쓸모가 있으리라는 것이 즉시 발견되었고, 따라서 유형 참모진에서 각 쌍은 비슷한 존재를 생산하라고 허락을 받았다. 이 노력은 첫째 집단에서 중도인 50명을 낳았다.

이 독특한 집단의 일을 1년 동안 지켜본 뒤에, 혹성 영주는 제한 없이 중도자들의 생산을 허가했다. 이 계획은 창조하는 힘이 계속되는 한 수행되었고, 따라서 최초 군단의 50,000명이 생겨났다.

각 중도자를 생산하는 사이에 반년의 기간이 끼었고, 그러한 존재 1천 명이 각 쌍에게 태어나자, 결코 더 생기지 않았다. 그리고 1천 번째 자손이 나타난 뒤에 어째서 이 힘이 소모되었는지 아무도 설명하지 못한다. 아무리 더 실험해도 실패밖에 아무 결과가 생기지 않았다.

이 생물은 영주의 행정에서 정보(情報) 군단을 구성했다. 그들은 두루 돌아다녔고, 세계의 종족들을 연구하고 지켜보고, 혹성 본부로부터 멀리 떨어진 인간 사회에 영향을 주는 작업에서 영주와 그 참모진에게 다른 소중한 봉사를 베풀었다.

이 체제는 혹성에서 반란이 있던 비극의 시절까지 이어졌는데, 이것은 1차 중도자들 가운데 5분의 4를 조금 넘게 덫에 걸리게 만들었다. 충성한 무리들은 멜기세덱 관리자들에게 봉사하는 데 들어갔고, 아담의 시절까지, 반의 이름뿐인 지도 밑에서 활동했다.

2. 놋 민족

이것이 유란시아의 중도인들의 기원과 성품과 활동에 관한 이야기이지만, 두 계급—1차와 2차—사이의 친척 관계는, 혹성에서 반란이 있던 시절부터 아담의 때까지, 영주 칼리가스티아의 유형 참모진에서 모반한 회원들로부터 내려온 혈통을 따르기 위해서, 이 시점에서 1차 중도자들의 이야기를 그치는 것이 필요하다. 둘째 동산의 초기 시절에, 2차 계급 중도인(中道人) 조상의 반을 제공한 것은 바로 이 유전의 혈통이었다.

영주의 참모진에서 육체를 가진 회원들은 남녀 구별이 있는 생물로 지어졌고, 이것은 안돈 부족들의 선택된 핏줄의 품질과 합쳐진, 특별 계급의 통합된 품질을 나타내는 자손을 낳는 계획에 참여하기 위한 것이었다. 이 모두가 나중에 아담이 나타날 것을 예상한 것이다. 생명 운반자들은 영주 참모진의 합동 자손과 아담과 이브의 1대 자손의 연합을 포함하는, 새 종류의 필사자를 계획하였다. 그들은 이렇게 새로운 서열의 혹성 생물을 예상하는 계획을 세웠고, 이 생물이 인간 사회에서 선생이자 통치자가 되기를 희망했다. 그러한 존재들은 국가의 통치권이 아니라, 사회적 통치권을 위하여 고안되었다. 그러나 이 계획이 거의 완전히 유산되었으니까, 유란시아가 이처럼 인자한 지도력과 비할 데 없는 교양을 가진, 얼마나 훌륭한 귀족을 빼앗겼는지 우리는 결코 알 수 없을 것이다. 왜냐하면, 유형 참모진이 나중에 자식을 낳았을 때, 그것은 반란이 있은 뒤, 그들이 체계 생명의 흐름과 연락을 빼앗긴 다음이었다.

반란 이후 시대에 유란시아에서 특별한 일이 많이 일어났다. 위대한 문명이—달라마시아의 문화가—붕괴하고 있었다. "그 시절에 네비림이 (놋 사람들) 땅에 있었고, 이 신들의 아들들이 사람의 딸들에게 들어가서 저희에게 아이들을 낳아 주었으니, 이 아이들은 '옛날의 용사'요 '이름난 사람'들이었더라." 그 참모진과 그 초기의 후손은 도저히 "신들의 아들들"은 아니었어도, 아득한 그 시절에 진화하는 필사자들은 그들을 그렇게 여겼다. 전통에 따르면 그들의 키조차 과장되었다. 그러면 이것이 땅에 내려와서, 거기서 사람의 딸들과 함께 고대(古代) 영웅들의 민족을 낳은 신들에 대한, 거의 보편적인 민속(民俗) 이야기의 기원이다. 그리고 이 모든 전설은 둘째 동산에서 나중에 나타나는 아담 사람들의 종족 혼합과 더욱 뒤섞이게 되었다.

영주 참모진의 유형(有形) 회원 1백 명이 안돈의 인간 혈통의 세포질을 지녔으니까, 그들이 성교로 번식에 들어가면, 그 후손은 다른 안돈 사람 부모들의 자손을 아주 닮으리라고 자연히 기대할 것이다. 그러나 그 참모진에서 모반자 60명, 곧 놋을 따르던 자들이 실제로 성교로 번식에 들어갔을 때, 생겨난 아이들은 거의 모든 면에서 안돈 사람과 산긱 민족들보다 훨씬 우수하다는 것이 판명되었다. 예기하지 않았던 이 탁월성은 육체와 지능의 품질 뿐 아니라, 영적 능력에서도 특징이 나타났다.

놋 사람들의 첫 세대에서 나타나는 이 돌연 변이 특성은 안돈 사람 세포질의 유전 인자(因子) 배치와 화학적 구성 분자에서 일어난 어떤 변화로부터 일어났다. 이 변화는 참모진 회원들의 몸 안에, 생명을 유지하는 사타니아 체계의 강력한 회로가 있기 때문에 생겼다. 이 생명 회로들은 특화된 유란시아 형태의 염색체로 하여금 예정된 네바돈 생명 표현에서 표준화된 사타니아 특화의 형태를 더 흉내내어 다시 조직하도록 만들었다. 체계의 생명 흐름의 행동을 이용하여 세포질을 변화시키는 이 방법은 유란시아 과학자들이, X선을 이용하여, 식물과 동물의 세포질을 수정하는 과정과 다르지 않다.

이렇게 놋 민족은 안돈 족 기여자들의 몸으로부터 유형 참모진 회원들의 몸으로 아발론 외과 의사들이 옮긴 생명질에서 일어나는 수정, 어떤 특이하고 기대치 않은 수정으로부터 생겨났다.

안돈 족의 세포질을 기여한 1백 사람은 그 대신 생명 나무의 유기(有機) 보충물을 소유하는 사람이 되도록 만들어졌기 때문에, 사타니아의 생명의 흐름이 마찬가지로 그들의 몸에 투입되었다는 것을 기억할 것이다. 참모진을 따라서 반란에 들어간 수정된 안돈 사람 44명도 자기들끼리 짝짓고, 놋 민족의 상급 혈통에 크게 이바지했다.

수정된 안돈 사람의 세포질을 지닌 104명을 포함하는 이 두 집단은 놋 사람들의 조상을 이루며, 그들은 유란시아에 나타난 여덟째 종족이었다. 유란시아에서 인간 생명의 이 새로운 모습은, 이것이 예기하지 않았던 발전의 하나라는 것을 제쳐 놓고, 생명을 수정하는 세계로서 이 혹성을 이용하는 최초의 계획이 풀려나가는 또 다른 국면을 나타낸다.

순수 핏줄을 가진 놋 사람들은 훌륭한 종족이었으나, 차츰 땅의 진화 민족들과 함께 섞였고, 얼마 안 되어 크게 질이 저하되었다. 반란이 있은 지 1만 년이 되자, 그들의 평균 수명은 진화 종족들보다 거의 길지 않은 점까지 쇠퇴하였다.

놋 사람들의 후기 수메르 후손의 진흙 서판 기록들을 고고학자들이 파낼 때, 수메르 왕들의 목록이 몇천 년 동안 거슬러 올라가는 것을 발견한다. 그리고 이 기록들이 더욱 거슬러 올라감에 따라서, 개별 임금의 통치는 25년이나 30년에서부터 150년, 그리고 그보다 더하게 길어진다. 이 옛 왕들의 통치가 이렇게 길어지는 것은 옛날 놋 사람 통치자들 가운데 더러는 (영주 참모진의 직계 후손) 후일에 계승한 자들보다 더 오래 살았다는 것을 나타내고, 또한 왕조를 달라마시아까지 거슬러 연장하려고 애쓴 것을 가리킨다.

그러한 오래 산 개인들의 기록은 또한 시간을 재는 기간으로서 달과 해를 혼동했기 때문이다. 성서에 아브라함의 족보에서, 그리고 중국인들의 옛 기록에서도 이것을 관찰할 수 있다. 28일로 된 한 달, 곧 한 기간을 나중에 소개된, 350일이 넘는 해와 혼동한 것이 사람이 그토록 오래 살았다는 전통에 책임이 있다. 9백 "년"이 넘도록 산 사람에 관한 기록이 있다. 이 기간은 70년이 채 못되고, 그러한 생애는, 나중에 "고희(古稀)"라고 부르게 되었다시피, 오랫동안 대단히 나이 많은 것으로 여겼다.

한 달을 28일로 시간을 계산하는 법은 아담의 시절 이후로 오래 지속되었다. 그러나 에집트인들이 약 7천 년 전에, 달력을 개혁하는 데 착수했을 때, 그들은 아주 정밀하게 일을 했고, 365일로 된 1년을 소개했다.

3. 바벨 탑

달라마시아가 물 밑에 가라앉은 뒤에, 놋 사람들은 북쪽과 동쪽으로 옮겨 갔고, 대번에 새 도시 딜문을 그들의 민족과 문화의 본부로 세웠다. 놋이 죽은 뒤에 약 5만 년이 되어, 영주 참모진의 후손이 새 도시 딜문의 바로 둘레에 있는 땅에서 생계를 잇기에 너무 많아졌을 때, 그리고 그들이 뻗어나가서 경계에 인접하는 안돈 및 산긱 부족들과 서로 결혼한 뒤에, 그들 종족의 단결을 유지하려고 무엇인가 해야겠다는 생각이 그 지도자들의 머리에 떠올랐다. 따라서 부족들의 회의가 열렸고, 많이 의논을 거친 뒤에, 놋의 후손 바블롯의 계획이 승인되었다.

바블롯은 그 때 그들이 차지한 영토의 중심에 종족을 영화롭게 만드는 자랑스런 전당을 세우자고 제안했다. 이 전당(殿堂)은 세계가 일찍이 본 적이 없는 종류의 탑을 가지도록 예정되었다. 그 탑은 그들의 덧없는 위대함을 기리는 대단한 기념비가 될 것이었다. 이 기념비를 딜문에 세우고 싶어하는 사람들이 많이 있었지만, 더러는 그들의 첫째 서울 달라마시아가 바다에 삼켜졌다는 전통을 기억하면서, 그렇게 큰 구조물은 바다의 위험으로부터 안전하게 떨어진 거리에 있어야 한다고 주장했다.

바블롯은 새 건축물들이 놋 사람 문화와 문명(文明)의 미래 중심의 알맹이가 되도록 계획했다. 그의 조언(助言)이 마침내 지배했고, 그의 계획에 따라서 건축이 시작되었다. 새 도시는 탑을 설계하고 건축한 자의 이름을 따서 바블롯이라고 이름하기로 정해졌다. 이 위치는 나중에 바블로드로, 결국에는 바벨로서 알려지게 되었다.

그러나 놋 사람들은 이 사업의 계획과 목적에 관하여 아직도 얼마큼 감정이 갈라져 있었다. 그들의 지도자들도 건축 계획이나, 건물들이 완성된 뒤에 어떻게 사용하는가에 관하여, 전부 의견이 맞지는 않았다. 4년 반 동안 일한 뒤에, 그 탑을 세우는 목적과 동기에 관하여 큰 논쟁이 벌어졌다. 그 싸움이 아주 극심해서, 모든 작업이 중지되었다. 먹을 것을 나르는 자들이 분쟁의 소식을 퍼뜨렸고, 큰 무리의 부족들이 건축터에 몰려들기 시작했다. 탑을 세우는 목적에 관하여, 세 가지 다른 관점이 제출되었다.

1. 가장 큰 무리는 거의 절반이었는데, 그들은 놋 사람의 역사와 종족 우월성을 기리는 기념비로 지어진 탑을 보고 싶어했다. 그들은 탑이 모든 미래 세대의 칭찬을 얻을 만큼 크고 위력을 떨치는 구조물이어야 한다고 생각했다.

2. 다음으로 가장 큰 당파는 딜문의 문화를 기념하도록 설계된 탑을 바랐다. 그들은 바블롯이 상업·예술·제조업의 큰 중심이 되리라고 예측하였다.

3. 가장 적은 소수파는 탑을 세우는 것은 칼리가스티아 반란에 참여한 그들 선조의 어리석은 짓을 속죄하는 기회를 마련한다고 주장했다. 그 탑이 만민의 아버지를 예배하는 데 바쳐져야 한다, 새 도시의 목적 전부가 달라마시아를 대신하는 것—둘러싼 미개인들을 위하여 문화와 종교의 중심으로서 활동하는 것—이 되어야 한다고 주장했다.

종교적 집단의 의견은 재빨리 부결되었다. 대다수는 그들의 조상이 반란죄가 있다는 가르침을 부인했고, 그러한 종교적 낙인을 분개하였다. 그 논쟁에서 세 관점 중에 하나를 처리하고, 다른 둘을 토론으로 해결하지 못했기 때문에, 그들은 싸움에 빠졌다. 종교파, 곧 비전투자들은 남쪽에 있는 그들의 집으로 달아났고, 한편 동료들은 거의 말살될 때까지 싸웠다.

약 1만 2천 년 전에 바벨의 탑을 세우려는 두 번째 시도가 있었다. 안드 사람의 혼합 종족들(놋 사람과 아담 사람들)은 처음 구조의 폐허 위에 새 전당을 세우는 일에 착수했으나, 그 사업을 위하여 충분한 지원이 없었다. 그 사업은 자체의 허세 무게 때문에 무너졌다. 이 지역은 오랫동안 바벨의 땅으로 알려졌다.

4. 놋 사람 문명의 중심

놋 사람들의 분산은 바벨 탑 때문에 서로 죽이는 싸움이 즉시 가져온 결과였다. 이 내부의 싸움은 피가 순수한 놋 사람들의 수를 크게 줄였고, 여러 면에서 아담이 오기 전에 그들이 큰 문명을 세우지 못한 데 책임이 있었다. 이 때부터 계속, 놋 사람의 문화는 아담의 주입(注入)으로 개량될 때까지, 12만 년이 넘도록 쇠퇴했다. 그러나 아담의 시절에도 놋 사람들은 여전히 유능한 민족이었다. 그들의 혼합된 후예 중에 많은 사람이 동산 건축자들 속에 끼었고, 반 무리에서 지휘관 몇 명은 놋 사람이었다. 아담의 참모진에서 일하던 가장 유능한 지성들 가운데 더러는 이 종족에 속했다.

놋 사람의 4대 중심 가운데 셋은 바블롯 투쟁이 있고 나서 즉시 세워졌다:

1. <u>서부, 곧 시리아의 놋 사람</u>. 민족주의나 종족의 기념을 부르짖는 자들의 나머지는 북쪽으로 여행했고, 안돈 사람들과 뭉쳐서 메소포타미아 북서쪽에, 후일에 놋 사람들의 중심을 세웠다. 이것은 흩어지는 놋 사람들 중에서 가장 큰 무리였고, 나중에 나타나는 아씨리아인 혈통에 크게 기여하였다.

2. <u>동부, 곧 엘람의 놋 사람</u>. 문화와 상업을 주장하던 자들은 큰 떼를 지어 동쪽에 엘람으로 옮겨 갔고, 거기서 혼합된 산긱 부족들과 뭉쳤다. 3만에서 4만 년 전에 엘람 사람들은 대체로 그 성품이 산긱이었다. 하지만 그들은 둘러싼 미개인들보다 우수한 문명을 유지했다.

둘째 동산이 세워진 뒤에, 근처에 있는 이 놋 사람의 촌락을 "놋의 땅"이라고 언급하는 것이 관습이었다. 그리고 이 놋 사람 집단과 아담 사람들 사이에 비교적 평화로웠던 긴 기간에 그 두 종족이 크게 섞였는데, 이는 하나님의 아들들(아담 사람들)이 사람의 딸들(놋 사람들)과 서로 짝짓는 것이 점점 더 풍습이 되었기 때문이다.

3. 중부, 곧 수메르 이전의 놋 사람. 티그리스 강과 유프라테스 강 입구에 있던 작은 집단은 종족 통일성을 더 많이 유지했다. 그들은 몇천 년 동안 버티었고, 궁극에는 아담 사람들과 섞여서 유사(有史) 시대에 수메르 민족을 세웠던 놋 사람들의 조상을 이루었다.

이 모두가 어떻게 수메르인이 아주 갑자기, 신비하게, 메소포타미아에서 활동 무대에 나타났는가 설명한다. 학자들은 결코 이 부족들을 추적해서 수메르인의 시초까지 거슬러서 돌아갈 수 없을 것이다. 이 수메르인들은 달라마시아가 물에 가라앉은 뒤에, 20만 년 전에 기원을 가졌다. 세상의 다른 곳에서 기원을 가진 자국이 없이, 이 고대의 부족들은, 성전(聖殿), 금속 가공, 농업, 동물, 도자기, 천 짜기, 상법, 민법전, 종교 예식, 오래 된 글 체계를 포함하여, 완전히 자란 우수한 문화를 가지고 문명의 지평선에 갑자기 나타난다. 유사(有史) 시대의 초기에 그들은 달라마시아의 알파벳을 잃어버린 지 오래 되었고, 딜문에서 기원을 가진 특이한 글쓰기 체계를 채택하였다. 수메르어는 세상에서 거의 사라졌어도, 셈어가 아니었다. 그 말은 이른바 아리아 언어들과 공통되는 것이 많았다.

수메르인들이 남긴 정교한 기록들은, 옛날에 있었던 딜문 도시 가까이에, 페르시아 만에 자리잡은 한 놀라운 촌락의 위치를 묘사한다. 에집트인들은 고대에 영화로웠던 이 도시를 딜맛이라고 불렀고, 한편 나중에 아담화되어 버린 수메르인들은 첫째와 둘째 놋 사람의 도시를 달라마시아와 혼동하였으며, 셋을 모두 딜문이라 불렀다. 고고학자(考古學者)들은 이미 고대 수메르인의 이 진흙 서판들을 발견했는데, 이 서판들은 "문명화되고 문화가 있는 생활의 본보기를 가지고 신들이 인류에게 처음에 복을 내렸던," 땅에 있는 이 천국을 언급하였다. 사람과 하나님의 천국, 딜문을 기술하는 이 서판들은 이제 여러 박물관의 먼지 낀 선반에서 말없이 쉬고 있다.

수메르인들은 첫째와 둘째 에덴을 잘 알고 있었지만, 아담 사람들과 널리 서로 결혼했는데도, 북쪽에 있는 동산 거주자들을 줄곧 외래 민족으로 여겼다. 더 오래된 놋 사람 문화를 자랑스럽게 여기는 수메르인의 마음은, 딜문 시의 웅장함과 천국이라는 전통을 우대하여, 후일에 있었던 이 영광스러운 추억을 무시하도록 이끌었다.

4. 북쪽 놋 사람과 아마돈 사람—반 사람. 이 집단은 바블롯 전투보다 이전에 생겼다. 가장 북쪽에 있는 이 놋 사람들은 놋과 그 후계자들의 지휘를 버리고, 반과 아마돈의 지휘를 따른 후손이다.

초기에 반의 동료들 가운데 더러는 아직도 그의 이름을 지닌 호숫가 근처에서 나중에 정착했고, 이 장소 근방에서 그들의 전통이 생겨났다. 아라랏 산이 그들의 신성한 산이 되었고, 시나이 산이 히브리인들에게 가졌던 것과 대체로 같은 중요성을 후일의 반 사람들에게 가졌다. 1만 년 전에 아씨리아인들의 반 사람 조상은, 일곱 계명으로 된 도덕률을 아라랏 산에서 신들이 반에게 주었다고 가르쳤다. 반과 그 동료 아마돈이 산에 올라가서 예배를 드리는 가운데, 혹성으로부터 산 채로 들려 올라갔다고 그들은 굳게 믿었다.

아라랏 산은 메소포타미아 북부에 있는 신성한 산이었고, 이 옛 시절에 관한 너희 전통의 상당한 부분이 바빌로니아인의 홍수 이야기와 연결되어 얻어졌으니까, 아라랏 산과 그 지역이 노아와 보편적 홍수에 관한 후일 유대인의 이야기에 섞여 들어간 것은 이상한 일이 아니다.

기원전 약 35,000년에 아담손은 그의 문명의 중심을 세우려고 가장 동쪽에 있는 옛 반 사람의 촌락들 가운데 하나를 방문했다.

5. 아담손과 라타

2차 중도자들의 족보에 관하여 놋 사람들의 내력(來歷)의 윤곽을 그렸으니까, 이 이야기는 이제 그들의 족보에서 아담 사람의 반쪽을 고려해야 한다. 2차 중도자들은 또한 유란시아의 보라 인종의 맏아들, 아담손의 손자이기 때문이다.

아담손은 아담과 이브의 아이들 가운데, 아버지와 어머니와 함께 땅에 남아 있기로 작정한 무리 속에 있었다. 자, 아담의 이 맏아들은 반과 아마돈으로부터 북쪽의 고지(高地)에 있는 그들의 집 이야기를 가끔 들었고, 둘째 동산이 세워진 뒤에 얼마 있다가 그가 어려서 꿈에 그리던 이 땅을 찾아서 떠나기로 결심하였다.

이 때 아담손은 120살이었고, 첫째 동산에서 태어난 순수 핏줄의 아이 32명의 아버지가 되었다. 그는 부모와 함께 남아서 둘째 동산을 발전시키는 데 부모를 돕고 싶어했지만, 그의 짝과 아이들을 잃어 버려서 마음이 크게 어수선해졌는데, 이들은 최고자들의 피보호자가 되기로 한 아담의 다른 아이들과 함께, 모두 에덴시아로 가기로 했다.

아담손은 부모를 유란시아에 버리고 가지 않으려 했고, 어려움이나 위험으로부터 달아나는 것을 싫어했다. 그러나 둘째 동산에서 가진 교제가 도무지 마음에 들지 않음을 발견했다. 그는 초기에 방어하고 건축하는 활동을 추진하려고 많이 일했지만, 기회가 닿는 대로 일찍 북쪽으로 떠나려고 작정하였다. 비록 그의 출발은 온통 즐거웠지만, 아담과 이브는 큰아들을 잃고, 그가 결코 돌아오지 않을까 두려워했기 때문에, 그를 낯설고 적대하는 세계로 보내는 것을 많이 슬퍼했다.

27명의 일행이 아담손을 따라서, 그가 어려서 꿈에 그리던 이 사람들을 찾아갔다. 3년이 조금 넘자 아담손의 일행은 실제로 그들이 모험에 대상이었던 그 목표를 찾아냈고, 이 사람들 가운데 그는 놀랍고 아름다운, 스무 살 난 여인을 발견했는데, 그 여자는 영주 참모진의 순수 핏줄을 가진 후예의 마지막이라고 주장했다. 이 여자 라타는 자기의 조상은 모두 영주의 몰락한 참모진 가운데 두 사람의 후손이라고 말했다. 그 여자는 그 종족에서 마지막이었고, 살아 있는 형제나 자매가 아무도 없었다. 그 여자는 짝짓지 않기로 거의 작정했고, 자식이 없이 죽으리라 거의 마음을 먹었다. 그러나 라타는 당당한 아담손에게 마음을 빼앗겼다. 그리고 라타가 에덴의 이야기, 반과 아마돈의 예언이 어떻게 정말로 이루어졌는가 들었을 때, 또 동산의 실수에 관한 이야기를 듣는 가운데, 라타는 오직 한 가지에—이 아담의 아들인 상속자와 결혼하려는 생각으로—마음이 휩쓸렸다. 그리고 그런 생각이 재빨리 아담손에게도 생겼다. 석 달이 조금 지나서 그들은 결혼했다.

아담손과 라타는 아이가 67명인 가족을 거느렸다. 그들은 위대한 핏줄을 가진 세계 지도자들을 낳았지만, 그보다 무엇인가 더 하였다. 이 두 존재가 정말로 초인간이었다는 것을 기억해야 한다. 네 번째마다 그들에게서 태어나는 아이들은 독특한 계급이었다. 그 넷째 아이는 흔히 눈에 보이지 않았다. 세계 역사에서 그런 일이 일어난 적이 한 번도 없었다. 라타는 크게 걱정되었다—미신을 믿기까지 했다—그러나 아담손은 1차 중도자들의 존재를 잘 알았고, 무언가 비슷한 일이 눈앞에서 벌어지고 있다고 결론을 내렸다. 이상하게 행동하는 자식이 두 번째로 생겼을 때, 하나가 남자이고 하나가 여자였으니까, 그는 이들을 짝짓기로 결정했다. 그리고 이것이 2차 계급 중도자들의 기원이다. 1백 년 안에, 이 현상이 그치기 전에, 거의 2천 명이 태어났다.

아담손은 396살까지 살았다. 여러 번 그는 아버지와 어머니를 찾아보려고 돌아왔다. 7년마다 그와 라타는 남쪽으로 둘째 동산으로 여행했고, 그 동안에 중도자들은 그의 민족의 복지에 관하여 그에게 정보를 알려 주었다. 아담손의 일생 동안에 그들은 진리와 올바름을 찾는 새롭고 독립된 세계 중심을 발전시키는 데 크게 봉사했다.

아담손과 라타는 이렇게 놀라운 이 조수(助手) 군단을 지휘 밑에 두었고, 그들은 상급의 진리를 퍼뜨리는 데, 또 높은 영적, 지적, 육체적 생활 기준을 퍼뜨리는 데, 오랜 생애에 걸쳐서 그들과 함께 수고했다. 그리고 세상을 개선하려고 이렇게 노력한 결과는 나중의 후퇴 때문에 결코 완전히 빛을 잃지는 않았다.

아담손 사람들은 아담손과 라타의 시절부터 거의 7천 년 동안, 높은 문화를 유지했다. 나중에 그들은 이웃의 놋 사람과 안돈 사람들과 섞이게 되었고, 또한 "고대의 힘센 사람들" 사이에 끼었다. 그리고 그 시대에 있었던 진보의 얼마큼은 지속하여 후일에 유럽 문명으로 꽃핀 문화적 가능성의 잠재 부분이 되었다.

이 문명의 중심은 코펫 닥 가까이, 카스피 바다의 남단(南端)에, 동쪽 지역에 자리잡았다. 투르키스탄의 구릉 지대에서 조금 올라가서, 한때 보라 인종의 아담손 사람들의 본부였던 것의 자취가 있다. 코펫 산맥의 낮은 구릉 지대에 놓인, 좁고 오래 된 비옥한 지대에 자리잡은 이 고지의 터에서, 여러 기간에 연달아 네 가지 다채로운 문화가 일어났는데, 각기 다른 네 집단의 아담손 후예가 이것들을 육성하였다. 그들 가운데 둘째 집단이 서쪽을 향하여 그리스와 지중해의 섬들로 옮겨 갔다. 아담손의 후예의 나머지는 메소포타미아에서 나오는 마지막 안드 물결의 섞인 핏줄과 함께, 북쪽과 서쪽으로 이주해서 유럽으로 들어갔고, 그들도 또한 인도를 침입한 안드-아리아 사람들 사이에 끼었다.

6. 2차 중도자

1차 중도자들은 거의 초인간 기원을 가졌으나, 2차 서열은 순수한 아담 사람의 핏줄이, 선임 집단의 부모에게 공통인 조상들의 후손, 인간화된 후손과 뭉쳐서 생긴 자손이다.

아담손의 아이들 가운데 2차 중도자들의 특이한 조상이 꼭 16명 있었다. 독특한 이 아이들은 남녀별로 똑같이 나누어졌고, 각 쌍은 성의 결합과 비성(非性) 결합을 이용하는 통합된 방법으로 70일마다 2차 중도자 하나를 낳을 수 있었다. 그리고 그러한 현상은 땅에서 그 전에 결코 가능하지 않았고, 그 뒤로도 그런 일이 생긴 적이 없다.

이 아이들 열 여섯 명은 (그들의 특이한 점을 제외하면) 그 땅의 필사자로서 살다가 죽었으나, 전기로 에너지를 받는 그들의 자손은 줄곧 살아 있으며, 필사 육체의 한계에 지배되지 않는다.

여덟 쌍은 각자 궁극에는 중도자를 248명 낳았고, 이렇게 최초의 2차 군단—1984명—이 생겨났다. 2차 중도자에는 여덟 가지 하위 집단이 있다. 이들은 A-B-C 첫째, 둘째, 셋째, 이런 식으로 부른다. 그리고 나서 D-E-F 첫째, 둘째, 이런 식으로 계속된다.

아담의 실수가 있은 뒤에 1차 중도자들은 멜기세덱 관리자들에게 봉사하는 일로 되돌아갔고, 한편 2차 집단은 아담손 중심에, 그가 죽을 때까지 부속되었다. 이 2차 중도자들 가운데 33명, 즉 아담손이 죽을 때 그들 조직에서 우두머리였던 자들은 그 계급 전부를 멜기세덱들에게 봉사하는 일로 휩쓸고 가서, 1차 군단과 연결시키려고 애썼다. 그러나 이것을 이루지 못하게 되자, 동료들을 버리고 혹성 관리자들에게 봉사하는 일로 단체로 넘어갔다.

아담손이 죽은 뒤에, 나머지 2차 중도자들은 유란시아에서 이상하고 조직되지 않은 채로, 어디에도 속하지 않은 영향력이 되었다. 그 때부터 마키벤타 멜기세덱의 시절까지, 그들은 불규칙하고 조직되지 않은 존재를 이끌어 왔다. 그들은 이 멜기세덱에게 어느 정도 통제를 받았지만, 그리스도 미가엘의 시절까지 여전히 못된 일을 많이 했다. 미가엘이 땅에서 머무르는 동안에, 그들은 모두 앞날의 운명에 관하여 마지막 결정을 내렸고, 충성스러운 대다수는 그 때 1차 중도자들의 지휘를 받으려고 지원하였다.

7. 반역한 중도자

1차 중도자들의 대다수는 루시퍼 반란이 터졌을 때, 죄에 빠졌다. 혹성 반란의 참상이 계산되었을 때, 다른 손실 가운데도, 최초의 50,000명 가운데 40,119명이 칼리가스티아 탈퇴에 참가했다는 것이 발견되었다.

2차 중도자들의 최초의 수는 1984명이었는데, 이 가운데에서 873명은 미가엘의 통치와 제휴하지 못했고, 오순절 날에 유란시아가 혹성 심판을 받는 것과 관련하여, 정식으로 구금되었다. 아무도 이 타락한 자들의 앞날을 내다볼 수 없다.

두 집단의 반역한 중도자들은 체계 반란 사건의 마지막 판결을 기다리면서, 이제 보호를 받고 있다. 그러나 그들은 현재의 혹성 섭리 시대가 개시되기 전에, 땅에서 많은 이상한 일을 저질렀다.

이 불충한 중도자들은 어떤 상황 밑에서 사람들의 눈에 자신을 드러낼 수 있었고, 비엘세붑의 동료들에게 이것이 특히 참말이었는데, 비엘세붑은 배신한 2차 중도자들의 두목이었다. 그러나 이 독특한 생물은 그리스도가 돌아가시고 부활할 때까지 땅에 또한 있던, 어떤 반역한 케루빔 및 세라핌들과 혼동해서는 안 된다. 옛날 저자들 가운데 더러는 이 반역한 중도인들을 악령과 악마로 불렀고, 배반한 세라핌을 악한 천사로 불렀다.

파라다이스 수여 아들이 일생을 산 뒤에, 어느 세계에서나 악한 영들은 어떤 필사자의 지성도 소유할 수 없다. 그러나 그리스도 미가엘이 유란시아에 있던 시절 이전에—생각 조절자들이 보편적으로 오고 주의 영이 모든 육체에게 퍼부어지기 전에—이 반역 중도자들은 실제로 어떤 열등한 필사자들의 지성에 영향을 미치고 얼마큼 그들의 행동을 통제할 수 있었다. 조절자가 초인간 지성 존재들과 연락하는 동안에, 성격으로부터 사실상 떨어져 있을 때 충성스러운 중도인들이 유란시아 운명 예비군의 인간 지성과 접촉하는 유능한 보호자로서 일할 때 작용하는 방법과 아주 비슷하게, 이것이 이루어졌다.

"그리고 저희가 그에게 온갖 종류의 아픈 군중을 데리고 왔더니, 저희는 귀신들린 자와 미친 자들이었더라" 하고 기록했을 때, 그것이 그저 비유적 표현은 아니다. 예수는 미친 것과 악령에 들린 것의 차이를 알고 헤아렸다. 하지만 그 시대와 세대에 살았던 사람들의 머리 속에, 이 두 상태는 크게 뒤범벅이 되었다.

오순절 이전에도, 어떤 모반한 영도 정상 인간의 지성을 지배할 수 없었고, 그날 이후로 열등한 필사자들의 약한 지성도 그렇게 될 가능성이 도무지 없다. 진리의 영이 온 뒤로, 귀신들을 좇아 냈다고 생각한 것은 귀신 들린다는 관념을 히스테리, 광기(狂氣), 정신 박약과 혼동하는 문제였다. 그러나 미가엘의 수여가 유란시아에 있는 모든 인간의 지성을 귀신 들릴 가능성으로부터 영원히 해방했다고 해서, 그런 일이 옛 시대에 현실이 아니었다고 상상하지 말라.

반역한 중도자 무리 전체가 현재 에덴시아 최고자들의 명령에 따라서 죄수로 붙들려 있다. 그들은 이제 더 짓궂은 심술로 이 세상을 누비지 않는다. 생각 조절자들의 계심과 상관 없이, 진리의 영을 모든 육체에 퍼붓는 것은 어떤 종류나 모습의 불충한 영들이 가장 박약한 인간 지성조차도 다시 한 번 침입하는 것을 영원히 불가능하게 만들었다. 오순절 이후로 귀신 들리는 것과 같은 일은 결코 다시 일어날 수 없다.

8. 연합한 중도자

최근에 이 세상의 판결이 있을 당시에, 잠자고 있던, 시간에서 살아남은 자들을 미가엘이 옮겼을 때, 중도인들이 뒤에 남게 되었다. 혹성의 영적이고 반(半) 영적인 일을 돕기 위하여 남은 것이다. 그들은 이제 두 계급을 포함해서, 10,992명에 이르는 단일 군단으로서 활동한다. <u>유란시아 연합 중도자들</u>은 현재 각 서열의 선임 회원이 번갈아서 다스린다. 오순절 뒤에 조금 있다가 한 집단으로 통합된 뒤로, 이 체제가 생겼다.

더 나이 든 서열, 다시 말해서 1차 서열은, 대체로 숫자로 알려져 있다. 그들은 1-2-3 첫째, 4-5-6 첫째, 이런 따위와 같은 이름을 흔히 받는다. 유란시아에서 아담의 중도자들은, 숫자로 된 1차 중도자 명칭과 구별하려고, 알파벳 순서로 부른다.

두 계급은 영양과 에너지 흡수에 관해서는 비물질 존재이지만, 그들은 인간의 특성을 많이 가지며, 너희의 예배 뿐 아니라 유머도 즐기고 알아들을 수 있다. 필사자에게 딸려 있을 때, 그들은 인간의 일하고 쉬고 노는 정신에 젖는다. 그러나 중도자들은 잠자지 않으며, 번식하는 능력도 없다. 어떤 의미에서 2차 집단은 남성과 여성다움의 선을 따라서 구별되며, 흔히 "그" 또는 "그 여자"로 언급된다. 그들은 흔히 그런 쌍을 이루어 일한다.

중도자들은 사람이 아니고 천사도 아니지만, 2차 중도자들의 성품은 천사보다 사람에 가깝다. 그들은 어떻게 보면 너희 종족의 출신이며, 따라서 인간 존재와 접촉할 때, 대단히 이해심이 많고 동정심이 있다. 그들은 인류의 여러 종족을 위해서, 또 이들과 함께 하는 일에 세라핌들에게 소중하며, 두 계급은 필사자에게 개인 수호자로 일하는 세라핌들에게는 필수이다.

유란시아 연합 중도자들은 타고난 자질과 얻은 기술에 따라서, 혹성의 세라핌들과 함께 봉사하도록 다음 집단으로 조직된다:

1. <u>중도 사자</u>. 이 무리는 이름을 가진다. 그들은 작은 무리이며, 빠르고 믿을 수 있게 몸소 통신하는 봉사에서 진화 세계에서 크게 도움이 된다.

2. <u>혹성 파수꾼</u>. 중도자들은 공간 세계들을 수호하는 자요 파수꾼이다. 그들은 그 영역의 초자연적 존재들에게 중요한, 수많은 현상과 종류의 통신 모두를 위하여

중요한 관찰자 임무를 수행한다. 그들은 혹성의 보이지 않는 영적 영역을 순찰한다.

3. 접촉 성격자. 이 통신문을 전달하는 데 쓰인 주체의 경우처럼, 물질 세계의 필사 존재들과 접촉하는 데, 중도인들이 반드시 쓰인다. 그들은 영 수준과 물질 수준을 그렇게 연락할 때 필수 요소이다.

4. 진보 조수. 이들은 중도인들 가운데 영적으로 더 높은 자들이며, 그들은 혹성에서 특별 집단을 이루어 활동하는 여러 계급의 세라핌들에게 조수로서 분배된다.

중도자들은 위로 세라핌, 아래로는 인간 사촌과 접촉하는 능력 면에서 크게 다르다. 예를 들면, 1차 중도자들은 물질 대리자들과 바로 접촉하기가 지극히 힘들다. 천사 종류의 존재에 훨씬 더 가깝고, 따라서 혹성에서 주둔하는 영적 세력과 함께 일하고, 그에 봉사하는 데 보통 배치된다. 그들은 하늘에서 온 방문자와 학생 체류자들을 위하여 동반자와 안내자로서 행동하며, 한편 2차 생물은 그 영역의 물질 존재들에게 봉사를 베푸는 데 거의 순전히 부속된다.

충성하는 2차 중도자 1111명은 땅에서 중요한 임무에 들어가 있다. 1차 동료들과 견주어서, 그들은 확실히 물질적이다. 사람의 시야(視野) 바로 바깥에서 존재하며, 사람들이 "물질적 사물"이라 부르는 것과 마음대로 육체적 접촉을 하기에 넉넉한 적응 범위를 소유한다. 그 영역의 짐승들도 빠뜨리지 않고 시공(時空)의 사물에 대하여 이 독특한 생물은 어떤 분명한 능력을 지닌다.

천사들의 탓으로 돌리는, 평범한 많은 현상은 2차 중도인들이 해낸 것이다. 예수의 복음을 가르치던 초대의 선생들을 그 시절의 무지한 종교 지도자들이 감옥에 던졌을 때, 실제로 "주의 천사가," "밤에 감옥 문을 열고 그들을 데리고 나왔더라." 그러나 헤롯의 명령에 따라 야고보가 죽은 뒤에 베드로가 구원되었을 경우에, 천사의 탓으로 돌린 일을 행한 것은 2차 중도자였다.

오늘날 그들의 주요한 일은, 혹성의 운명 예비군을 구성하는 남녀에게, 인식되지 않는 채 개인의 연락 동료로서 하는 일이다. 혹성의 하늘 감독자들로 하여금 여러 탄원의 시작을 마침내 유도하도록, 유란시아에서 성격자들과 상황의 어떤 조정을 가져온 것은 이 2차 집단이 한 일이었고, 그들은 1차 군단의 어떤 자들로부터 훌륭하게 지원을 받았다. 이것은 일련의 계시를 가능하게 만든 명령을 내리게 했으며, 이 발표는 그 계시의 일부이다. 그러나 중도자들은 "강신술"(降神術)이라는 일반 명칭 아래서 행해지는 더러운 연기(演技)에 관련되지 않는다는 것을 분명히 해두어야 한다. 유란시아에 현재 있는 중도자들은, 모두 명예로운 신분을 가졌고, 이른바 "영매(靈媒) 능력"이라는 현상과 관련되지 않는다. 그들은 때때로 필요한 그들의 물리적 활동이나 물질 세계와 가지는 다른 접촉을 인간의 감각이 깨닫는 것처럼 인간들이 구경하라고 보통 허락하지 않는다.

9. 유란시아의 영구 시민

필사 인간과 천사 무리처럼 진화된 승천자들과 대조해서, 중도자들은 우주들에 두루, 여러 서열의 세계에서 발견되는 첫째 집단의 영구한 거주자로 간주해도 좋다. 파라다이스로 올라가면서 여러 군데서 그러한 영구(永久) 시민들과 마주치게 된다.

혹성에서 봉사하라고 배치된 여러 계급의 하늘 존재들과 달리, 중도자들은 사람이 거하는 세계에서 산다. 세라핌들은 오고 가지만, 중도인들은 남아 있고, 앞으로도 남아 있을 것이다. 하지만 그런데도 그 혹성에 토박이이기 때문에, 그들은 봉사자요, 천사 무리의 바뀌는 행정에 조화를 가져오고 연결시키는, 하나의 계속하는 체제를 마련해 준다.

유란시아의 실제 시민으로서, 중도자들은 이 구체의 운명에 친척으로서 관심을 가진다. 자기들이 태어난 혹성의 진보를 위하여 끊임없이 일하는, 결심이 굳은 단체이다. 그들 계급의 표어가 그 각오를 암시해 준다: "연합 중도자들이 시작하는 일은 연합 중도자들이 실행한다."

에너지 회로를 거쳐 가는 능력은 어떤 중도자에게도 혹성을 떠나는 것을 가능하게 하지만, 우주 당국이 언젠가 해방할 때까지 그들은 혹성을 떠나지 않기로 개인별로 서약했다. 중도자들은 안정된 빛과 생명의 시대까지, 한 혹성에서 닻을 내린다. 1-2-3 첫째를 빼고, 충성스러운 중도인들은 아무도 유란시아를 떠난 적이 없다.

1차 계급에서 가장 위인 1-2-3 첫째는, 오순절 뒤에 곧, 혹성에서 직접 근무하는 것으로부터 풀려났다. 이 고귀한 중도자(中道者)는 혹성에서 반란이 있던 비극의 시절에, 반과 아마돈과 더불어 굳건히 지켰고, 겁 없는 지도력은 그의 서열에서 희생자를 줄이는 데 힘이 되었다. 그는 현재 예루셈에서 24 상담자의 회원으로 근무하며, 오순절 이후로 한 번, 유란시아의 총독으로서 이미 활동한 적이 있다.

중도자들은 혹성에 묶여 있지만, 사람들이 멀리서 온 여행자들과 이야기하고 혹성에서 먼 지방에 관하여 배우는 것과 비슷하게, 중도자들은 우주의 먼 장소에 관하여 배우려고 하늘 여행자들과 대화를 가진다. 이래서 그들은 이 체계와 우주, 아니 오르본톤과 그 자매 창조들에 관해서도 정통하게 되며, 이렇게 그들은 생물이 존재하는 더 높은 수준에서 시민권을 얻으려고 준비한다.

중도자들은 완전히 발육된 채로—미숙한 상태로부터 성장하거나 발전하는 기간을 체험하지 않고서—생겨나지만, 지혜와 체험 면에서 결코 성장(成長)을 그치지 않는다. 사람들처럼 그들은 진화하는 생물이요, 진정하게 진화로 성취하는 문화를 가지고 있다. 유란시아 중도자 군단에는 위대한 지성과 막강한 영들이 많이 있다.

더 넓은 각도에서 보면, 유란시아의 문명은 유란시아의 필사자와 유란시아의 중도자들이 공동으로 지은 작품이다. 그리고 두 수준의 문화 사이에 현재 차이가 있어도 이것은 참말이며, 이 차이는 빛과 생명의 시대가 오기까지 메워지지 않을 것이다.

중도자의 문화는 불멸하는 혹성 시민 계급의 산물이니까, 인간의 문명을 성가시게 하는 현세의 변천에 비교적 면역이 되어 있다. 사람의 세대는 잊어버린다. 중도자 군단은 기억하며, 그 기억은 사람이 사는 너희 세계의 전통을 간직하는 보물 창고이다. 이렇게 한 혹성의 문화는 늘 그 혹성에서 남아 있고, 예수의 삶과 가르침에 대한 이야기를 유란시아의 중도자들이 육체를 입은 사촌(四寸)들에게 전한 것과 같이, 적당한 상황에서 지나간 사건들을 그렇게 소중히 간직한 기억이 소용될 수 있게 된다.

중도자들은 아담과 이브가 죽고 나서 생긴 유란시아의 물질적 사무와 영적 사무 사이에 틈을 보상해 주는 솜씨 있는 봉사자이다. 마찬가지로 그들은 너희의 형이요, 유란시아에서 안정된 빛과 생명의 지위를 얻는, 오래 걸리는 투쟁에서 전우이다. 연합 중도자들은 반란의 시험을 거친 군단(軍團)이며, 이 세상이 오랫동안 바라던 목표에 다다를 때까지, 사실로 평화가 땅에서 다스리고 진실로 사람들의 가슴속에 선의가 있을 아득한 그 날까지, 혹성의 진화에서 그들의 역할을 충실히 해낼 것이다.

이 중도자들이 행하는 귀중한 일 때문에, 그들이 영역의 영적 경제에 참으로 긴요한 부분이라고 우리는 결론을 내렸다. 반란이 혹성 사무에 상처를 내지 않은 곳에서 그들은 세라핌들에게 더욱 큰 도움이 된다.

높은 영, 천사 무리, 중도(中道) 친구들의 조직 전부가, 진화하는 필사자들이 점진적으로 올라가고 완전을 이룩하는 파라다이스 계획의 촉진에 열심히 헌신한다. 이것은 사람과 중도자를 위하여 똑같이, 우주에서 하늘 같은 사업이다—하나님을 사람에게 모셔 오고, 그리고 나서 숭고한 종류의 협동으로, 사람을 하나님께, 더 나아가서 영원히 봉사하고 신성한 성취가 있는 길로 데리고 가는 계획, 살아남게 하는 숭고한 계획이다.

[네바돈의 한 천사장이 발표했다.]

제 78 편

아담 시절 뒤의 보라 인종

둘째 동산은 거의 3만 년 동안 문명의 요람이었다. 아담의 종족들은 여기 메소포타미아에서 버티고 그 자손을 땅 끝까지 보냈고, 후일에는 놋과 산긱 부족들과 섞이자 안드 사람으로 알려졌다. 이 지역으로부터, 유사(有史) 시대의 행적을 시작하고 유란시아에서 문화의 진보를 아주 엄청나게 가속한 남녀들이 떠나갔다.

이 논문은 보라 인종의 혹성 역사를 기술하며, 이 역사는 아담의 실수가 있은 뒤에 곧, 기원전 약 35,000년에 시작하며, 기원전 약 15,000년에 안드 민족들을 형성하려고 놋과 산긱 부족들과 혼합하던 시기를 거쳐서, 기원전 약 2000년에 메소포타미아의 고향으로부터 마지막으로 사라질 때까지 이어진다.

1. 종족과 문화의 분산

아담이 도착했을 때 종족들의 지성과 도덕은 낮은 수준에 있었어도, 신체의 진화는 칼리가스티아의 반란으로 생긴 긴급 사태에 그다지 영향을 받지 않은 채로 진행되었다. 아담이 종족들의 생물학적 지위에 이바지한 것은 그 사업이 부분적으로 실패했는데도, 유란시아의 사람들을 엄청나게 개량하였다.

아담과 이브는 또한 인류의 사회·도덕·지능의 진보에 귀중한 많은 것을 기여하였다. 그들의 자손이 있음으로 말미암아 문명은 엄청나게 빨라졌다. 그러나 3만 5천 년 전에, 일반 세상은 문화가 거의 없었다. 문명의 어떤 중심들이 여기저기 존재했지만, 유란시아의 대부분은 야만 속에서 시들었다. 종족과 문화의 분산은 다음과 같았다:

1. <u>보라 인종—아담 사람과 아담손 사람</u>. 아담 사람 문화의 주요한 중심은 둘째 동산에 있었고, 여기는 티그리스와 유프라테스 강의 삼각 지역에 놓여 있었다. 이것은 정말로 서양과 인도 문명의 요람이었다. 보라 인종의 2차 중심, 곧 북쪽 중심은 아담손 사람들의 본부였고, 이것은 코펫 산맥 가까이 카스피 바다의 남쪽 해안의 동쪽에 놓여 있었다. 이 두 중심으로부터 둘러싼 땅으로 문화와 생명질이 떠나갔고, 이것은 오래지 않아 모든 종족에게 생기를 불어넣었다.

2. <u>수메르 이전 및 기타 놋 사람</u>. 메소포타미아에는 또한 강들의 입구 가까이에, 달라마시아 시절의 고대 문화의 나머지가 있었다. 수천 년이 지나면서, 이 무리는 북쪽에 있는 아담 사람들과 속속들이 섞였지만, 그들의 놋 사람 전통을 결코 완전히 잃어버리지 않았다. 레반트[1]에서 정착한 다른 여러 놋 사람 집단은 대체로 나중에 커지는 보라 인종에게 흡수되었다.

3. 안돈 사람들은 아담손 본부의 북쪽과 동쪽에 어지간히 대표적인 촌락을 대여섯 유지했다. 그들도 또한 투르키스탄에 두루 흩어졌고, 한편 그들의 고립된 집단들이 유라시아에 두루, 특히 산악 지역에 지속하였다. 이 원주민들은 아이스랜드와 그린랜드와 함께, 유라시아 대륙의 북쪽 땅을 아직도 지키고 있었지만, 유럽의 평야에서 청인(青人)에게, 그리고 더 멀리 아시아의 강 유역에서는 확장하는 황인종에게 쫓겨난 지 오래 되었다.

4. 홍인(紅人)은 두 아메리카를 차지했고, 아담이 오기 5만 년쯤 앞서 아시아에서 밀려났다.

5. 황인종. 중국 종족들은 동부 아시아를 단단히 장악하고 있었다. 그들의 가장 진보된 촌락들은 현대 중국의 북서쪽에, 티벳과 닿는 지역에서 자리를 잡았다.

6. 청인종(青人種). 청인들은 유럽 전역에 걸쳐 흩어졌으나, 그들의 문화의 상급 중심들은 지중해 분지에, 당시에 기름졌던 유역과 북서 유럽에 자리잡았다. 네안데르탈인을 흡수한 것은 청인의 문화를 크게 더디게 만들었지만, 그밖에 청인은 유라시아의 모든 진화 민족 가운데에서 가장 적극적이고, 모험심 있고 탐험을 좋아했다.

7. 드라비다 이전의 인도. 인도(印度)에 있는 종족들—땅에 있는 모든 종족을 포함하지만, 특히 녹인종, 주황 인종, 흑인종—의 복잡한 혼합은 바깥에 놓인 지역들보다 조금 높은 문화를 유지했다.

8. 사하라 문명. 남인종(藍人種)의 우수한 요소는, 지금 큰 사하라 사막인 지역에서 가장 진보된 촌락들을 가지고 있었다. 이 남색 집단, 곧 흑인 집단은 가라앉은 주황 인종과 녹인종의 널리 퍼진 혈통을 지녔다.

9. 지중해 분지. 인도 바깥에서 가장 많이 섞인 종족은 지금 지중해 분지인 자리를 차지했다. 여기서 북쪽에서 온 청인과 남쪽에서 온 사하라 사람들이 동쪽에서 온 놋 사람과 아담 사람들을 만나고, 함께 섞였다.

이것이 보라 인종이 크게 비로소 팽창하기 전, 약 2만 5천 년 전에, 세상의 그림이었다. 미래 문명의 희망은 메소포타미아의 강들 사이에 자리잡은 둘째 동산에 놓여 있었다. 여기 남서 아시아에, 큰 문명의 잠재성, 곧 달라마시아 시절과 에덴의 시대로부터 건져 낸 아이디어와 이상을 세계에 퍼뜨릴 가능성이 존재하였다.

아담과 이브는, 제한되기는 했어도 유력한 후손을 남겼고, 유란시아에서 하늘의 관찰자들은 잘못하는 물질 아들과 딸의 이 후손들이 어떻게 처신하려는가 알아보려고 마음을 졸이며 기다렸다.

2. 둘째 동산의 아담 사람

몇천 년 동안 아담의 아들들은 메소포타미아의 강을 따라서 수고하였고, 남쪽에서 관개하고 치수(治水)하는 문제를 풀고, 북쪽에서는 방어를 완벽하게 만들며, 첫 에덴에서 누렸던 영화로운 전통을 간직하려고 애썼다.

둘째 동산을 지휘하는 데서 나타난 영웅심은 유란시아 역사에서 놀랍고 영감을 주는 서사시(敍事詩)의 하나이다. 이 눈부신 사람들은 아담 사명의 목적을 결코 완전히 잊지 않았고, 따라서 둘러싼 열등한 부족들의 영향을 씩씩하게 물리쳤으며,

한편 땅에 있는 종족들에게 밀사로서 꾸준한 물결을 이루어 빼어난 아들딸을 기쁘게 내보냈다. 때때로 이 팽창은 고향의 문화를 소모했지만, 언제나 이 우수한 민족들은 자체를 회복하였다.

아담 사람의 문명, 사회, 문화적 지위는 유란시아의 진화 민족들의 일반 수준보다 훨씬 위에 있었다. 오로지 반과 아마돈, 그리고 아담손 사람들의 오래 된 촌락들 사이에서 어떤 면에서도 비할 만한 문명이 있었다. 그러나 둘째 에덴의 문명은 인위적 구조물이었고—진화되지 않았다—따라서 자연스러운 진화 수준에 이르기까지 악화되도록 운명이 정해졌다.

아담은 지적, 영적인 위대한 문화를 뒤에 남겼으나 그 문화는 기계적 장치 면에 진보되지 않았는데, 이는 모든 문명이 발명의 열매를 보장하려면, 쓸 수 있는 자연자원, 타고난 재능, 충분한 여가에 제한을 받기 때문이다. 보라 인종의 문명은 아담의 존재와 첫째 에덴의 전통에 달려 있었다. 아담이 죽은 뒤에, 그리고 지나가는 수천 년을 거쳐서 이 전통이 흐릿해짐에 따라서, 아담 사람들의 문화 수준은 둘러싼 민족들의 상태, 그리고 보라 인종의 자연스럽게 진화하는 문화적 능력과 서로 균형되는 상태에 이르기까지, 꾸준히 저하되었다.

그러나 아담 사람들은 기원전 19,000년에 450만에 이르는 참 민족이었고, 이미 둘러싼 민족들에게 그들의 자손 몇백만 명을 퍼부었다.

3. 아담 사람의 초기 팽창

보라 인종은 수천 년 동안 에덴의 평화로운 전통을 간직하였는데, 이것이 그들이 영토를 정복하는 데 오래 지체한 것을 설명한다. 인구의 압력에 고통을 받을 때, 영토를 더 확보하려고 전쟁을 일으키는 대신에, 그들은 잉여 거주자들을 다른 종족들에게 선생으로 보냈다. 옛 시대에 있었던 이 이민(移民)의 문화적 효과는 오래 가지 않았지만, 아담 사람인 선생과 무역가와 탐험가들을 흡수한 것은 둘러싼 민족들에게 생물학적으로 생기를 불어넣었다.

아담 사람들 가운데 더러는 일찍부터 서쪽으로 나일 강 유역으로 여행했다. 더러는 동쪽으로 아시아로 파고들어 갔으나, 이들은 소수파였다. 후일에 있었던 대규모의 움직임은 널리 북쪽으로, 그리고 거기서부터 서쪽으로 향했다. 주로 그것은 차츰차츰, 그러나 끊임없이 북쪽을 향한 진격이었고, 반이 넘는 무리가 북쪽으로, 다음에는 서쪽으로 카스피 바다를 돌아서 유럽으로 들어갔다.

약 2만 5천 년 전에 아담 사람들의 좀더 순수한 요소의 다수는 북쪽 길을 한창 가고 있었다. 북쪽으로 침투함에 따라서 그들은 아담의 모습이 더욱 줄어들었고, 이것은 투르키스탄을 차지했을 때가 되어, 다른 민족들, 특히 놋 사람들과 속속들이 뒤섞이기까지 계속되었다. 순수 핏줄을 가진 보라 인종은 거의 아무도 유럽이나 아시아로 깊이 파고들지 못했다.

기원전 약 30,000년부터 10,000년까지, 신기원(新紀元)을 이루는 종족 혼합이 서남 아시아 전역에 걸쳐서 일어나고 있었다. 투르키스탄의 고지에서 거주하던 자들은 씩씩하고 활력 있는 민족이었다. 인도의 북서쪽에는 반 시절의 문화가 많이 지속하였다. 이 촌락들에서 더 북쪽으로는 옛 안돈 사람들의 최선(最善)이 보존되었다. 그리고 문화와 특성을 가진 우수한 이 두 종족은 북쪽으로 움직이는 아담 사람들에게 흡수되었다. 이 혼합은 많은 새 아이디어를 채택하도록 이끌었고, 문명의 진보를 수월하게 하고, 예술과 과학과 사회 문화의 모든 국면을 크게 앞서게 하였다.

기원전 약 15,000년에, 아담 사람의 초기 이동이 끝나면서 세상에서 어느 다른 데보다, 아니 메소포타미아보다도, 유럽과 중앙 아시아에는 아담의 후손들이 더 많이 있었다. 그들은 유럽의 청인종을 대체로 침투하였다. 놋 사람, 안돈 사람, 홍인 및 황인 산긱 종족이 섞인 아담 사람들의 큰 저장이 이제 러시아와 투르키스탄이라고 부르는 땅을, 그 남쪽 지대에서 두루 차지했다. 유럽의 남부와 지중해의 가장자리는 아담의 핏줄이 한 줌 섞인, 안돈 및 산긱 민족들—주황인·녹색인·남색인—이 차지하였다. 소 아시아와 중부 및 동부 유럽의 땅은 대체로 안돈 사람인 부족들이 지키고 있었다.

섞인 유색 인종은 이 무렵에 메소포타미아로부터 도착한 자들로 말미암아 크게 보강되었고, 에집트에서 세력을 지키고 유프라테스 강 유역에서 사라지는 문화를 점령하려고 준비했다. 흑인 민족들은 아프리카에서 더 남쪽으로 움직이고 있었고, 홍인종처럼 거의 고립되었다.

사하라 문명은 가뭄에, 지중해 분지(**盆地**)의 문명은 홍수에 시달렸다. 아직까지도 청인종은 진보된 문화를 개발하지 못했다. 안돈 사람들은 아직도 북극과 중앙 아시아 지역에 흩어졌다. 녹인종과 주황 인종은 그 자체로서 절멸되었다. 남인종(**藍人種**)은 아프리카에서 남쪽으로 움직이고 있었고, 느리기는 하지만 오래 끌면서 종족의 질이 낮아지기 시작했다.

인도의 민족들은 앞으로 나아가지 않는 문명을 가지고 침체되어 있었다. 황인은 중앙 아시아에서 자기가 차지한 것을 통합하고 있었다. 갈색인은 근처의 태평양 섬들에서 아직 문명을 시작하지 않았다.

이 종족의 분산은, 광범위한 기후의 변화와 결합하여, 유란시아 문명의 안드 시대를 개시하려고 세계 무대를 준비하였다. 이 초기의 이동은 기원전 25,000년에서 15,000년까지, 1만 년의 기간에 걸쳐 이루어졌다. 후일의 이동, 곧 안드 사람들의 이동은 기원전 15,000년부터 6000년까지 연장되었다.

아담 사람들의 이 초기 물결이 유라시아를 지나가는 데 시간이 너무 오래 걸려서 그들의 문화는 대체로 이동하면서 사라졌다. 오로지 후일의 안드 사람들이 메소포타미아로부터 아무리 먼 거리에서도 에덴의 문화를 간직할 만큼 충분히 빨리 움직였다.

4. 안드 사람

안드 종족은 순수한 핏줄의 보라 인종과 놋 사람 및 진화 민족들을 1차적으로 섞은 것이다. 무릇 안드 사람은 현대 민족들보다 아담의 피를 훨씬 높은 비율로 가졌다고 생각해야 한다. 주로, 안드 사람이라는 용어는 종족의 유산이 8분의 1에서 6분의 1까지 보라인 종족들을 부르는 데 쓰인다. 현대의 유란시아 사람들은, 북쪽의 백인조차 이 비율보다 훨씬 적게 아담의 피를 지닌다.

가장 일찍 있던 안드 민족들은 2만 5천 년도 더 전에 메소포타미아에 인접한 지역에서 기원을 가졌고, 아담 사람과 놋 사람의 혼합으로 이루어졌다. 둘째 동산은 줄어드는 보라 피의 동심원(**同心圓**)에 둘러싸였고, 안드 종족이 태어난 것은 이 종족이 섞이는 도가니의 가장자리에서였다. 나중에, 이동하는 아담 사람과 놋 사람들이 당시에 기름진 투르키스탄 지역으로 들어갔을 때, 그들은 곧 우수한 거주자들과 섞였고, 이렇게 생긴 종족의 혼합은 안드 종류를 북쪽으로 뻗게 하였다.

안드 사람은 순수 핏줄의 보라 인종이 살던 시절 이후로 유란시아에서 나타난 바 가장 좋은 다능한 인간 핏줄이었다. 그들은 아담 종족과 놋 종족의 살아남은 잔재에서 가장 높은 종류의 대부분, 나중에는 황인·청인·녹인 가운데서 가장 좋은 핏줄을 얼마큼 포함했다.

이 옛 안드 사람들은 아리아인이 아니었다. 그들은 아리아인 이전의 사람들이었다. 백인이 아니었고, 백인이 되기 이전의 사람들이었다. 그들은 서양 민족도 동양 민족도 아니었다. 그러나 여러 나라 말을 하는, 이른바 백인종들의 혼혈에게 코카서스 인종이라 부르는 일반화된 동질성을 주는 것은 안드 사람의 유산이다.

보라 인종의 좀더 순수한 핏줄은 평화를 추구하는 아담의 전통을 지녔고, 이것이 어째서 초기에 있었던 민족 이동이 평화롭게 이주하는 성질을 더 띠었는가 설명한다. 그러나 놋 사람의 핏줄은 이 때가 되어 호전적인 민족이었는데, 아담 사람이 이들과 뭉쳐짐에 따라서, 그 안드 후손은, 그 시절과 시대에 유란시아에서 산 가운데 가장 솜씨 있고 현명한 군국주의자였다. 그 때부터 메소포타미아 사람들의 움직임은 갈수록 더 군사적 특징을 띠었고, 실제의 정복과 더 비슷해졌다.

이 안드 사람들은 모험을 좋아했고 돌아다니는 성향을 가졌다. 산긱이나 안돈 사람의 피를 더하면 그들을 안정되게 만들었다. 그렇다 해도 후일에 그 자손들은 지구를 배로 한 바퀴 돌아서 멀리 있는 마지막 대륙을 발견할 때까지, 결코 멈추지 않았다.

5. 안드 사람의 이동

2만 년 동안 둘째 동산의 문화는 지속되었으나 기원전 약 15,000년까지 꾸준한 쇠퇴를 겪었고, 이 때 셋 사람의 사제직의 부활과 아모삿의 지도력이 밝은 시대를 열었다. 나중에 유라시아로 번진 문명의 엄청난 물결은 동산의 큰 부흥을 즉시 뒤따랐고, 이 부흥은 아담 사람들이 둘러싼 혼합된 놋 사람들과 널리 연합하여 안드 사람들을 형성한 결과로서 생긴 것이다.

이 안드 사람들은 유라시아와 북 아프리카 전역에 걸쳐서 새로이 진격을 개시하였다. 메소포타미아로부터 신키앙을 통해서 안드 사람의 문화가 지배했고, 유럽을 향한 꾸준한 이동은 메소포타미아로부터 새로 온 사람들 때문에 계속 상쇄되었다. 그러나 아담의 혼합된 후예의 최종 이동이 시작될 무렵까지, 안드 사람을 메소포타미아 본토에 있는 종족이라고 말하는 것은 도저히 정확하다 할 수 없다. 이 때가 되어서는 둘째 동산에 있는 종족들조차 아주 섞여서 그들은 이제 더 아담 사람이라 여길 수 없었다.

투르키스탄의 문명은 메소포타미아에서 온 새 사람들, 특히 나중의 안드 기병들로 말미암아 항상 부활되고 새로워졌다. 이른바 아리아인의 조상 언어는 투르키스탄의 고지에서 형성되는 과정에 있었다. 그것은 그 지역의 안돈 사람 방언이 아담손 사람과 후기 안드 사람들의 언어와 섞인 것이었다. 많은 현대 언어가 유럽과 인도, 그리고 메소포타미아 평야의 위쪽 지대를 정복한 이 중앙 아시아 부족들의 이 초기 언어로부터 생겨났다. 이 고대 언어는 아리아인이라 부르는 그 모든 유사성을 서양의 여러 언어에게 주었다.

기원전 12,000년이 되어서, 세상에서 안드 사람 핏줄의 4분의 3은 북부와 동부 유럽에 거주하였고, 메소포타미아로부터 나중에 마지막 탈출이 일어났을 때, 이 마지막 이민 물결의 65퍼센트는 유럽으로 들어갔다.

안드 사람들은 유럽 뿐 아니라, 중국의 북부와 인도까지 이주했고, 한편 많은 무리가 선교사·선생·상인으로서 땅 끝까지 파고들었다. 그들은 사하라의 산긱 민족들의 북쪽 집단들에게 상당히 기여하였다. 그러나 오직 몇몇 선생과 상인들이 아프리카에서 나일 강 상류보다 더 남쪽으로 파고들었다. 나중에, 혼합된 안드 사람과 에집트인들이 적도(赤道) 훨씬 밑으로 아프리카의 동부와 서부 해안 밑으로 따라갔지만, 마다가스카르에 이르지는 않았다.

이 안드 사람들은 인도에서 이른바 드라비다인, 후일에는 아리아인인 정복자였다. 그리고 중앙 아시아에서 그들의 존재는 투란 사람들의 조상을 크게 개선하였다. 이 종족에서 많은 사람이 신키앙과 티벳을 경유해서 중국으로 여행했고, 후일의 중국인 핏줄에 바람직한 품질을 보탰다. 때때로 작은 무리들이 일본, 타이완, 동인도 제도, 중국 남부로 들어갔다. 하지만 거의 아무도 해안선의 길로 중국 남부로 들어가지는 않았다.

이 종족 132명은 일본으로부터 작은 배들의 떼를 지어 출발하여, 결국에는 남아메리카에 다다랐고, 안데스의 토착민들과 서로 결혼함으로 잉카를 후일에 통치한 자들의 조상을 세웠다. 그들은 쉬운 단계를 거쳐 태평양을 건넜고, 가는 길에 발견한 많은 섬에서 머물렀다. 폴리네시아 집단의 섬들은 지금보다 더 많고 컸는데, 이 안드 종족의 뱃사람들은 그들을 따라간 얼마큼의 사람들과 함께, 이동 중에 토착 집단들을 생물학적으로 변화시켰다. 안드 사람이 침투한 결과로서 지금은 물 밑에 가라앉은 이 여러 지방에서, 번성하는 문명의 중심이 많이 생겨났다. 이스터 섬은 오랫동안 이 사라진 집단 중 하나의 종교 및 행정의 중심이었다. 그러나 오래 전에 태평양을 항해한 안드 사람들 가운데 132명을 빼고, 아무도 결코 두 아메리카의 본토에 이르지 못했다.

안드 사람들이 이동하면서 행한 정복은 그들이 마지막으로 분산될 때까지, 기원전 8000년에서 6000년까지 이어졌다. 메소포타미아로부터 쏟아져 나옴에 따라서 그들은 고향의 생물학적 저장을 계속 써 버렸고, 한편 둘러싼 민족들을 두드러지게 강화하였다. 여행한 모든 나라에 그들은 유머·예술·모험·음악·제조업을 기여했다. 그들은 동물을 솜씨 있게 길들이는 자요 솜씨 있는 농부였다. 얼마 동안, 적어도 그들의 존재는 보통, 더 오래 된 종족들의 종교 관념과 도덕적 풍습을 개량하였다. 그래서 메소포타미아의 문화는 조용히 유럽, 인도, 중국, 북 아프리카, 태평양 군도(群島)에 퍼졌다.

6. 안드 사람의 마지막 분산

안드 사람들이 마지막으로 세 차례 파도를 이루어 기원전 8000년에서 6000년 사이에 메소포타미아로부터 쏟아져 나왔다. 세 차례에 걸쳐 이 문화의 큰 물결은, 동쪽에서 산(山) 부족들의 압력이 있었고 서쪽에 있는 평야 사람들이 성가시게 굴었기 때문에 메소포타미아로부터 강제로 쫓겨났다. 유프라테스 강 유역, 그리고 인접한 영토의 거주자들은 마지막으로 탈출할 때 여러 방향으로 갈라졌다:

65퍼센트는 카스피 바다의 길을 거쳐서 유럽으로 들어가서 새로 등장하는 백인—청인과 더 옛 안드 사람들의 혼합—을 정복하고 그들과 섞였다.

큰 무리의 셋 사제들을 포함하여, 10퍼센트는 동쪽으로, 엘람의 고지를 거쳐서 이란의 고원과 투르키스탄으로 옮겨 갔다. 그들의 후손 가운데 다수는 나중에, 북쪽 지역으로부터 온 아리아인 형제들과 함께 인도로 몰려갔다.

메소포타미아 사람들의 10퍼센트는 북향 길을 가다가 동쪽으로 돌아서 신키앙에 들어갔고, 거기서 그들은 안드 황인 거주자들과 함께 섞였다. 이 종족 연합에서 나온 유능한 자손의 대다수는 황인종의 북쪽 가지를 즉시 개선하는 데 크게 이바지하였다.

달아나는 이 안드 사람들의 10퍼센트는 아라비아를 가로질러 가서, 에집트로 들어갔다.

열등한 이웃 부족 사람들과 서로 결혼하지 않고 자신들을 지키며 티그리스와 유프라테스 강 입구 근처, 물가 지역에서 아주 우수한 문화를 가졌던 안드 사람들의 5퍼센트는 집을 떠나려 하지 않았다. 이 집단은 많은 우수한 놋과 아담 사람의 핏줄이 살아남은 것이다.

안드 사람들은 기원전 6000년이 되어 이 지역을 거의 완전히 비웠다. 하지만 둘러싼 산악 종족들, 그리고 소 아시아의 안돈 사람들과 널리 섞인 그들의 후손은, 거기서 훨씬 후일에 북쪽과 동쪽을 침공한 자들에 대항하여 싸웠다.

둘째 동산의 문화 시대는 둘러싼 열등한 종족들이 더욱 침투함으로 막을 내렸다. 문명은 서쪽으로 나일 강과 지중해의 섬들로 옮겨 갔고, 메소포타미아에서 그 원천이 저하된 뒤에 오랫동안 거기서 계속하여 번성하고 진보하였다. 그리고 제지받지 않고서 열등한 민족들이 이렇게 들어온 것은, 북쪽 미개인들이 메소포타미아 전체를 나중에 정복하도록 길을 닦았으며, 그들은 남아 있는 유능한 혈통을 몰아냈다. 후일에도 문화를 가진 그 잔재는 무지하고 거친 이 침공자들의 존재를 여전히 분개했다.

7. 메소포타미아에서 터진 홍수

강가에 사는 사람들은 어떤 철에 강이 둑을 넘쳐흐르는 것에 익숙해 있었다. 정기적으로 생기는 이 홍수는 그들의 생활에 해마다 터지는 사건이었다. 그러나 북쪽에서 지질이 점진적으로 변화하는 결과로서 새로운 위험이 메소포타미아 유역을 위협했다.

처음 에덴이 물 속에 가라앉은 뒤에 몇천 년 동안, 지중해의 동부 해안가 근처에 있는 산과 메소포타미아의 북서쪽과 북동쪽의 산들은 계속해서 높아졌다. 고지가 이렇게 높아지는 일은 기원전 약 5000년에 크게 가속되었고, 이것은 북쪽 산맥에 눈이 크게 늘어남과 함께 유프라테스 강 유역에 두루, 봄마다 전례 없이 큰 홍수를 일으켰다. 봄에 생기는 이 홍수는 더욱 악화되어서, 결국 강 지역에 거주하던 자들은 동쪽의 고지로 밀려났다. 거의 1천 년 동안 수십 도시가 널리 퍼진 이 범람 때문에 실질적으로 버림받았다.

거의 5천 년 뒤에, 바빌로니아에서 포로 생활을 하던 히브리인 사제들이 유대 민족을 아담까지 거슬러 추적하려고 애썼을 때, 그 이야기를 꿰어 맞추는 데 큰 어려움을 겪었다. 그들 가운데 한 사람에게, 그 노력을 집어치우고, 노아 홍수 시절에 온 세상을 그 악함 속에 빠지게 만들려는 생각이 떠올랐다. 그리고 이렇게 노아의 살아남은 세 아들 중 하나에게까지 바로 거슬러 올라가서, 아브라함을 추적하기에 훨씬 더 좋은 형편에 있으려는 생각이었다.

물이 지구의 표면 전체를 덮은 때에 관한 전통은 거의 보편적이다. 많은 종족이 지난 시대 어느 때인가 세계적인 홍수가 있었다는 이야기를 지니고 있다. 성경에 있는 노아, 방주, 홍수에 관한 이야기는 바빌로니아에 포로로 있던 동안에 히브리인 사제들이 발명한 것이다. 유란시아에 생명이 정착한 뒤로 보편적인 홍수가 한 번도 있은 적이 없다. 지구의 표면이 완전히 물로 덮인 때는 땅이 나타나기 전, 시생대(始生代) 동안이었다.

그러나 노아는 정말로 살아 있었다. 그는 에렉 가까이 강가의 촌락 아람에서 포도주를 만드는 사람이었다. 그는 해마다 강물이 올라오는 날짜를 적은 기록을 만들었다. 그는 강 유역을 오르내리면서, 모든 집을 나무로, 배 모양으로 지으라, 홍수철이 다가올 때 밤마다 가족의 동물을 갑판에 올려 놓으라고 주장했기 때문에, 많은 비웃음을 샀다. 그는 해마다 이웃의 강가 촌락들로 가서, 며칠 있으면 홍수가 오리라 경고하곤 했다. 마침내, 드물게 비가 몹시 쏟아졌기 때문에 해마다 있는 홍수가 몹시 커져서, 갑자기 솟아오른 물이 마을 전체를 싹 쓸어 버렸다. 오직 노아와 그의 직계 가족만 집으로 쓰는 배에서 구제되었다.

이 여러 홍수는 안드 사람 문명의 붕괴를 마무리지었다. 이 홍수 기간이 끝나자, 둘째 동산은 사라져 버렸다. 오직 남쪽에, 또 수메르인들 사이에서, 옛 영광의 어떤 자국이라도 남았다.

가장 오래 된 문명의 하나인 이것의 잔재는 메소포타미아의 이 지역에서, 그리고 북동쪽과 북서쪽에서 발견될 것이다. 그러나 달라마시아 시절의 더욱 오래 된 흔적은 페르시아 만의 바다 밑에 존재하고, 첫 에덴은 지중해의 동쪽 끝, 물 밑에 잠겨 있다.

8. 수메르인—마지막 안드 사람

안드 사람들의 마지막 분산이 메소포타미아 문명의 생물학적 등줄기를 부수었을 때, 이 우수한 종족의 작은 소수(小數) 집단이 두 강 입구 가까이 있던 그들의 고향에 남아 있었다. 이들은 수메르인이었고, 기원전 6000년이 되자 그들의 줄기는 대체로 안드 사람이 되었다. 하지만 그 문화의 성격은 좀더 놋 사람에 가까웠으며, 그들은 달라마시아의 고대 전통에 집착하였다. 그런데도 해안 지역의 이 수메르인은 메소포타미아에서 마지막 안드 사람이었다. 그러나 메소포타미아의 종족들은, 이 시대의 무덤에서 발견되는 두개골 종류에서 증명되는 바와 같이, 이미 이 늦은 시점에 속속들이 섞였다.

수사가 아주 크게 번성한 것은 이 홍수 시절이었다. 처음에 낮은 곳에 세운 도시는 물에 잠겼고, 그래서 둘째 마을, 곧 더 높이 있던 마을은 그 시절의 특이한 공예품의 본부로서 낮은 도시를 이어받았다. 이 홍수가 나중에 줄어들자, 우르는 도자기 산업의 중심이 되었다. 약 7천 년 전에 우르는 페르시아 만에 있었고, 그 뒤로 강의 퇴적물은 땅을 현재의 한계까지 쌓아 올렸다. 이 촌락들은 치수(治水) 작업이 개선되고 강들의 입구가 넓어졌기 때문에, 홍수로부터 피해를 덜 보았다.

유프라테스와 티그리스 강 유역에서 곡식을 심던 평화로운 사람들은 투르키스탄과 이란 고원에 있던 미개인들의 침공으로 시달린 지 오래 되었다. 그러나 고지의 목초지에서 가뭄이 늘어났기 때문에, 이제 공동으로 유프라테스 강 유역 침공이 일어났다. 그리고 이 침공은 더군다나 심각했는데, 둘러싼 이 목자와 사냥꾼들이 대량의 길들인 말을 소유했기 때문이다. 말의 소유는 남쪽에 있는 부유한 이웃에 대하여 그들에게 엄청난 군사적 이점을 주었다. 짧은 기간에 그들은 온 메소포타미아를 휩쓸었고, 유럽, 서 아시아, 북 아프리카 모두에 퍼진, 마지막 문화의 물결을 앞으로 밀었다.

메소포타미아를 정복한 이 사람들은 그들의 계층 안에, 아담 핏줄의 얼마큼을 포함하여 투르키스탄의 혼합된 북부 종족들의 더 나은 안드 줄기를 많이 지니고 있었다. 덜 진보되었지만 더 활력 있는, 북에서 온 이 부족들은 메소포타미아 문명의 나머지를 재빨리, 기꺼이 동화(同化)했고, 당장에 역사(歷史) 연대기의 처음에 유프라테스 강 유역에서 발견되는 그 혼합된 민족으로 발달되었다. 그들은 메소포타미아의 사라지는 문명의 많은 단계를 재빨리 되살렸고, 강 유역에 살던 부족들의 예술, 그리고 수메르인 문화의 많은 것을 받아들였다. 그들은 셋째 바벨 탑을 세우려고 하기까지 애썼고, 나중에 그 용어를 그들 국가의 이름으로 채택하였다.

동북부로부터 온 이 미개한 기병(騎兵)들이 유프라테스 강 유역 전체에 들끓었을 때, 그들은 페르시아 만에서 강 입구 근처에 거주하던 안드 사람들의 나머지를 정복하지 않았다. 이 수메르인들은 우수한 지능, 더 나은 무기, 그리고 그들이 지은 광범위한 군사적 운하(運河) 체계 때문에 자신들을 방어할 수 있었다. 이 운하는 물웅덩이를 서로 연결하는 관개(灌漑) 계획에 덧붙인 것이었다. 그들은 동일한 집단 종교를 가졌기 때문에 뭉친 민족이었다. 북서쪽에 있는 이웃들이 고립된 도시 국가로 갈라진 지 오랜 뒤에도, 이렇게 그들은 종족과 국가의 통일을 유지할 수 있었다. 이 도시 집단 가운데 어느 것도 뭉친 수메르인들을 정복할 수 없었다.

그리고 북쪽에서 온 침략자들은 평화를 사랑하는 이 수메르인들이 유능한 선생이요 행정자라는 것을 신임하고 그들을 소중히 여기는 것을 배웠다. 북쪽에, 그리고 서쪽에는 에집트로부터 동쪽에는 인도에 있는 모든 민족이, 그들을 예술과 산업의 선생으로, 상업의 지도자로서, 나라의 행정자로서 크게 존경하였고 그들을 찾았다.

초기의 수메르 연방이 깨어진 뒤에, 후기의 도시 국가들을 셋 사람 사제들의 변절한 후손이 다스렸다. 이 사제들이 이웃 도시들을 정복했을 때에야 그들은 자신들을 왕이라고 불렀다. 신(神)에 대한 경계심 때문에, 후일에 도시 임금들은 사르곤 시절 이전에 강력한 연방을 세우지 못했다. 각 도시는 그 도시의 신이 모든 다른 신보다 우수하다고 믿었고, 따라서 그들은 공통된 지도자에게 복종하려 하지 않았다.

도시의 사제들이 미약하게 통치하던 이 긴 기간은 키시의 사제 사르곤이 끝을 맺었는데, 그는 자기가 임금이라고 선포하고 메소포타미아 전체와 인접한 땅들을 정복하기 시작했다. 그리고 그 시대에는 이것이, 사제가 다스리고 사제에 억눌려 있고 각 도시가 자체의 도시 신과 자체의 예식 관습을 가진, 그런 도시 국가들의 종말을 가져왔다.

이 키시 연방이 깨어진 뒤에, 이 강 유역의 도시들 사이에 우위를 얻으려고 전쟁이 끊임없던 오랜 기간이 따랐다. 그리고 통치권은 수메르·아카드·키시·에렉·우르·수사 사이에 여러 가지로 바뀌었다.

기원전 2500년 무렵에 수메르인들은 북쪽에 있는 수 사람과 구 사람들 손에 크게 패배를 겪었다. 홍수로 생긴 언덕 위에 세운, 수메르 서울 라가시가 함락되었다. 에렉은 아카드가 무너진 뒤에, 30년 동안 버티었다. 하무라비의 통치가 확립될 때가 되어 수메르인들은 북쪽의 셈 사람들의 계층에 흡수되었고, 메소포타미아의 안드 사람들은 역사의 페이지에서 사라졌다.

기원전 2500년에서 2000년까지, 대서양에서 태평양에 이르기까지 유목민들이 날뛰었다. 네르 사람들은 안돈 사람과 안드 사람이 혼합되어 생긴 부족들이 메소포타미아에서 낳은 후손 가운데 카스피 집단이 마지막으로 분출한 것이다. 미개인들이 메소포타미아에 종지부를 찍으려고 해내지 못한 것을 나중에 기후의 변화가 이룩하였다.

이것이 아담의 시절 뒤에 보라 인종, 그리고 티그리스와 유프라테스 강 사이에 있던 그들의 고향 운명에 관한 이야기이다. 그들의 고대 문명은, 우수한 민족들이 바깥으로 옮겨 가고 열등한 이웃들이 이민해 왔기 때문에, 마침내 멸망했다. 그러나 미개한 기병들이 그 유역을 정복하기 오래 전에, 동산 문화의 상당 부분이 아시아·아프리카·유럽으로 퍼졌고, 거기서 유란시아의 20세기 문명을 일으킨 효소를 생산하였다.

[네바돈의 한 천사장이 발표하였다.]

주 1. 레반트는 시리아·레바논·이스라엘을 넣어서, 동부 지중해 연안 지역을 가리킨다.

제 79 편

동양에서 안드 사람의 팽창

아시아가 인류의 고향이다. 이 대륙의 남쪽 반도에서 안돈과 폰타가 태어났다. 지금 아프가니스탄 지역의 고지에서 그들의 후손 바도난은 원시 문화 중심의 기초를 세웠고, 이것은 50만 년이 넘도록 이어 왔다. 여기서 인류의 이 동부 초점에서 산긱 민족들은 안돈 핏줄로부터 분화(分化)되었고, 아시아는 그들의 처음 집, 첫 사냥터, 첫 전쟁터였다. 남서 아시아는 달라마시아 사람, 놋 사람, 아담 사람, 안드 사람들의 이어지는 문명을 구경했고, 이 지역으로부터 현대 문명의 잠재성이 세계로 퍼졌다.

1. 투르키스탄의 안드 사람

2만 5천 년이 넘도록, 거의 기원전 2000년까지 계속해서, 유라시아의 심장부는 주로 안드 사람이었으나 그 성분이 줄어들었다. 투르키스탄의 낮은 땅에서 안드 사람들은 서쪽으로 내륙 호수들을 돌아서 유럽으로 들어갔고, 한편 이 지역의 고지로부터 동쪽으로 스며들었다. 동부 투르키스탄 (신키앙), 그리고 그보다 덜한 정도로 티벳은 고대의 출입구였고, 거기를 통해서 이 메소포타미아 민족들은 산을 거쳐서 황인들의 북쪽 땅으로 갔다. 안드 사람의 인도 침투는 투르키스탄의 고지로부터 펀잡으로, 그리고 이란의 풀 뜯는 땅으로부터 발루키스탄을 거쳐서 진행되었다. 이 초기의 이동은 어떤 의미에서도 정복(征服)이 아니었다. 이것은 차라리 안드 부족들이 인도의 서부와 중국으로 계속 흘러 들어간 것이다.

거의 1만 5천 년 동안, 혼합된 안드 사람 문화의 중심들은 신키앙에서 타림 강의 분지에, 남쪽으로는 티벳의 고지 지역에서 지속되었고, 여기서 안드 사람과 안돈 사람들이 널리 섞였다. 타림 강 유역은 참 안드 문화의 전진 기지, 가장 동쪽에 있는 전진 기지(基地)였다. 여기서 그들은 촌락들을 지었고, 동쪽으로 진취적인 중국인, 북쪽으로는 안돈 사람과 무역 관계에 들어갔다. 그 시절에 타림 지역은 기름진 땅이었고, 비가 많이 왔다. 고비의 동쪽에는 탁 트인 초원이 있었고, 거기서 동물을 기르던 자들은 차츰 농사(農事)로 전향하였다. 이 문명은 비를 실은 바람이 남동쪽으로 바뀌었을 때 무너졌으나, 그 전성기에 이 문명은 메소포타미아 자체와 힘을 겨루었다.

기원전 8000년이 되어, 중앙 아시아의 고지 지역에서 메마름이 천천히 심해진 것은 안드 사람들을 강변의 저지대와 바닷가로 몰아내기 시작했다. 심해진 이 가뭄은 그들을 나일 강, 유프라테스 강, 인더스 강, 황하 유역으로 몰았을 뿐 아니라, 안드 문명에서 새로운 발전을 가져왔다. 새 계급의 사람들, 곧 상인이 큰 무리로 비로소 나타났다.

기후 조건이 이동하는 안드 사람들에게 사냥이 소득 없게 만들었을 때, 그들은 동물을 기르는 자가 되어 더 오래 된 민족들의 진화 과정을 밟지 않았다. 상업과 도시 생활이 나타났다. 에집트로부터 메소포타미아와 투르키스탄을 거쳐서 중국과 인도의 강들까지, 상당히 문명화된 부족들은 제조업과 무역에 전념하는 여러 도시에서 모이기 시작했다. 아도니아는 중앙 아시아에서 상업(商業)의 대도시가 되었고, 그 위치는 오늘날 아슈카바드 시 가까이에 있었다. 돌·금속·나무·도자기 상업이 땅과 바다에서 가속되었다.

항상 심해지는 가뭄이 차츰 카스피 바다의 남쪽과 동쪽 땅으로부터 안드 사람의 큰 탈출을 가져왔다. 이동하는 물결이 북쪽으로부터 남쪽을 향하여 길을 바꾸기 시작했고, 바빌로니아의 기병들은 메소포타미아로 밀고 들어가기 시작했다.

중앙 아시아에서 심해지는 건조성은 나아가서 인구를 줄이도록 작용하고, 이 사람들로 하여금 호전성이 줄어들게 만들었다. 북쪽에서 줄어드는 비가 유목하는 안돈 사람들을 남쪽으로 밀었을 때, 투르키스탄으로부터 안드 사람들의 엄청난 탈출이 있었다. 이것은 이른바 아리아인이 레반트와 인도로 들어가는 마지막 움직임이다. 이것은 아담의 혼합된 후손들의 오랜 분산을 끝냈고, 이 동안에 모든 아시아 민족, 그리고 태평양에 있던 섬 민족들의 대부분이, 이 우수한 종족들로 말미암아 어느 정도 개량되었다.

이렇게 동반구에 흩어졌으나, 안드 사람들은 메소포타미아와 투르키스탄에 있는 고향을 잃어버렸는데, 중앙 아시아에서 거의 사라지는 점까지 안드 사람들의 수를 줄어들게 한 것은 안돈 사람들의 광범위한 이 남방 이동(移動)이었기 때문이다.

그러나 그리스도 이후 20세기에도, 투란과 티벳 민족들 사이에, 이 지역에서 이따금 발견되는 금발 종류가 증언하는 바와 같이, 안드 사람 혈통의 흔적이 있다. 옛날 중국의 연대기(年代記)는 양자강에 있는 평화로운 촌락들 북쪽으로, 붉은 머리털을 한 유목민들이 있었다는 것을 기록하며, 거기서 오래 전에 타림 분지에서 금발의 안드 사람 종류와 갈색 머리의 몽고인 부류가 있었다는 것을 충실히 기록하는 그림들이 아직도 남아 있다.

중앙 아시아의 안드 사람들의 잠자던 군사적 재능이 마지막으로 크게 나타난 것은 서기 1200년이었는데, 이 때 징기스칸 밑에서 몽고인들이 아시아 대륙의 반 이상을 정복하기 시작했다. 그리고 옛날의 안드 사람들처럼, 이 용사들은 "하늘에 계신 유일한 하나님"이 존재함을 선포하였다. 그들의 제국이 일찍 무너진 것은 서양과 동양 사이에 문화적 교류를 오랫동안 늦추었고, 아시아에서 유일신 개념이 성장하는 것을 크게 방해했다.

2. 안드 사람의 인도 정복

인도는 유란시아 민족들이 모두 섞인 유일한 지역이며, 안드 사람의 침공이 마지막 혈통을 더했다. 인도 북서쪽에 있는 고지에서 산긱 종족들이 태어났고, 예외 없이 각 종족에서 사람들이 옛 시절에 인도의 아대륙(亞大陸)에 파고들었으며, 유란시아에서 일찍이 존재한 가장 이질적인 종족 혼합을 뒤에 남겼다. 고대의 인도는 이동하는 종족들을 붙잡아 두는 분지(盆地)로 작용했다. 그 반도의 기초는 옛날에 지금보다 좁았고, 간지스 강과 인더스 강 삼각지의 상당한 부분은 최근 5만 년 동안 생긴 결과이다.

인도에서 가장 초기에 있었던 종족 혼합은 이동하는 홍인과 황인이 원주민 안돈 사람들과 섞인 것이다. 이 집단은 큰 무리의 주황 민족 뿐 아니라, 동부에 절멸한 녹색 민족들의 대부분을 흡수하여 나중에 약화되었고, 제한된 양으로 청인과 혼합하여 얼마큼 개량되었지만, 큰 집단의 남인종을 동화하여 극도로 손해를 보았다. 그러나 이른바 인도 원주민은 도저히 이 옛 민족을 대표한다고 할 수 없다. 그들은 오히려 가장 열등한 남쪽과 동쪽의 변두리 세력이고, 이것은 초기의 안드 사람들이나, 나중에 나타나는 아리아인 사촌들에게 결코 완전히 흡수되지 않았다.

기원전 20,000년이 되기까지, 인도 서부의 인구는 이미 아담 사람의 피의 흔적이 있었고, 유란시아 역사에서 결코 어느 한 민족이 그렇게 많은 종족을 통합하지 않았다. 그러나 2차 산긱 핏줄들이 지배한 것은 불행한 일이었고, 옛날에 이 종족의 도가니로부터 청인과 홍인이 대체로 빠졌다는 것은 참으로 재난이었다. 1차 산각 혈통들이 더 많았더라면, 더욱 큰 문명이 되었을까 싶은 무엇을 향상시키는 데 크게 기여했을 것이다. 일이 전개된 바와 같이, 홍인은 두 아메리카에서 자신을 죽이고 있고, 청인은 유럽에서 즐겁게 장난치고 있었으며, 아담의 초기 후손은 (나중 후손의 대부분도) 인도나 아프리카나 다른 곳에서, 검은 빛을 띤 민족들과 섞일 욕구를 거의 보이지 않았다.

기원전 15,000년 무렵에, 투르키스탄과 이란 전역에서 인구의 압력이 팽창한 것은 인도를 향하여 정말로 광범위하게 안드 민족의 이동을 일으켰다. 1천5백 년이 넘도록 이 우수한 민족들은 발루키스탄의 고지를 통하여 쏟아져 들어와서 인더스와 간지스 강 유역에 퍼졌으며, 천천히 남쪽으로 데칸으로 움직이고 있었다. 북서쪽으로부터 온 이 안드 사람들의 압력은 남쪽과 동쪽에 있는 열등한 사람들의 다수를 버마, 그리고 중국 남부로 몰았지만, 침공자들이 종족적으로 사라지는 것을 막을 만큼 충분하지는 않았다.

인도가 유라시아에서 주도권을 잡지 못한 것은 대체로 지형(**地形**)의 문제였다. 북쪽으로부터 받는 인구의 압력은 대다수의 사람들을 남쪽으로, 데칸의 줄어드는 영토로 밀어낼 뿐이었고, 데칸은 어디나 바다에 둘러싸였다. 이동하도록 인접한 땅이 있었더라면, 그 열등한 자들은 사방으로 밀려났을 터이고, 우수한 혈통은 더 높은 문명을 이룩했을 것이다.

실제로 일어난 바와 같이, 초기의 이 안드 정복자들은 서로 결혼하는 것에 관하여 엄격한 제한을 둠으로 그들의 신분을 보존하고 종족을 삼키는 물결을 막으려고 필사적으로 애썼다. 그런데도 안드 사람들은 기원전 10,000년이 되어 가라앉아 버렸다. 그러나 그 민족의 대중 전체가 이들을 흡수함으로 두드러지게 개량되었다.

종족의 혼합은 문화의 융통성을 촉진하고 진보하는 문명에 도움이 된다는 면에서 언제나 유익하다. 그러나 종족 혈통에서 열등한 요소가 주류를 이룬다면, 그러한 성취는 잠시일 뿐이다. 여러 나라 말을 쓰는 문화는 우수한 혈통이 열등한 혈통보다 충분한 차이를 두고 자신들을 번식할 때에야 보존될 수 있다. 우수한 자들의 번식이 줄어들면서 열등한 자들이 제한 없이 번식하는 것은, 어김없이 문화 있는 문명의 자살이 된다.

안드 정복자들이 실제보다 세 배가 되었거나, 아니면 주황·녹색·남색이 섞인 거주자들 가운데 가장 바람직하지 않은 3분의 1을 몰아내거나 죽였더라면, 인도는 세계에서 주요한 문화적 문명 중심의 하나가 되었을 터이고, 의심할 바 없이, 투르키스탄으로, 그리고 거기서부터 북쪽으로 유럽으로 흘러 들어간, 메소포타미아인들의 후기의 물결을 더 끌어당겼을 것이다.

3. 드라비다인의 인도

인도의 안드 정복자들과 토종 핏줄이 섞인 것은 결국 드라비다인이라 부르는 그 혼합된 민족을 낳았다. 일찍부터 있었고 좀더 순수했던 드라비다인들은 문화적으로 성취할 큰 능력을 소유했는데, 이 능력은 그들의 안드 유산(遺産)이 점진적으로 묽어짐에 따라서 줄곧 약화되었다. 그리고 이것이 거의 1만 2천 년 전에 인도의 싹트는 문명을 망하게 한 것이다. 그러나 이 적은 양의 아담의 피조차도 사회 발전을 두드러지게 가속하였다. 이 복합 혈통은 대번에 그 때 땅에서 가장 다능한 문명을 낳았다.

인도를 정복한 뒤에 얼마 안 되어, 드라비다 안드 사람들은 메소포타미아와 종족 및 문화의 접촉을 잃어버렸지만, 나중에 뱃길과 카라반 길이 열리자 이 연락이 다시 회복되었다. 지난 1만 년 안에 어느 때도 인도가 서쪽에서 메소포타미아와 동쪽에서 중국과 완전히 접촉을 잃은 적이 없다. 하지만 산의 장벽은 서쪽 교류를 크게 유리하게 만들었다.

인도 민족들의 우수한 문화와 종교적 경향은 드라비다인들이 지배하던 옛 시절로 거슬러 올라가며, 어느 정도 셋 사람 사제들이 아주 많이, 일찍이 있었던 안드 사람의 침공과 나중에 아리아인의 침공을 통하여, 인도로 들어갔다는 사실 때문이다. 인도의 종교 역사를 통하여 이어지는 유일신의 실마리는 이처럼 둘째 동산에서 아담 사람들의 가르침으로부터 뻗어 나온다.

기원전 16,000년부터 일찍 셋 사람 사제 1백 명의 일행이 인도로 들어가서, 다국어를 쓰는 그 민족의 서쪽 절반에서 종교적 정복을 거의 이루었다. 그러나 그들의 종교는 오래 가지 않았다. 5천 년 안에 그들이 지녔던 파라다이스 삼위 일체 교리는 불의 신(神)의 삼자 일체 상징으로 굴러 떨어졌다.

그러나 안드 사람의 이동이 끝나기까지 7천 년이 넘도록 인도 거주자들의 종교 상태는 세계 전체보다 훨씬 높았다. 이 시절에 인도는 세계에서 선두를 이끄는 문화·종교·철학·상업을 가진 문명을 낳을 가망이 있었다. 그리고 안드 사람들이 남쪽 사람들 밑에 완전히 파묻혀 사라지지 않았더라면, 이 운명이 아마도 이루어졌을 것이다.

드라비다인 문화의 중심은 강 유역에서, 주로 인더스 강과 간지스 강에서, 그리고 동 갓츠를 통해서 바다로 흐르는 큰 세 강을 따라서, 데칸에서 자리를 잡았다. 서 갓츠의 바닷가를 따라서 있던 촌락들이 두드러지게 된 것은 수메르와 바다로 관계를 가졌기 때문이다.

드라비다인들은 가장 일찍 도시를 세우고, 육지와 바다로 널리 수출입 사업에 종사한 민족들에 속한다. 기원전 7000년이 되어 낙타의 일행들이 먼 메소포타미아까지 정기적으로 여행하고 있었다. 드라비다인의 해상 운송은 아라비아 해를 가로질러 페르시아 만에 있는 수메르인의 도시들까지 해안을 따라 밀고 들어갔으며, 벵골 만의 바다에서 위험을 무릅쓰고 동인도 제도(諸島)까지 멀리 갔다. 글쓰는 기술과 함께, 알파벳이 이 뱃사람과 상인들을 통해서 수메르에서부터 수입되었다.

이 상업 관계는 세계주의 문화를 더욱 다양화시키는 데 크게 이바지했으며, 도시(都市) 생활의 많은 세련된 물건이, 그리고 사치품도, 일찍부터 나타나게 만들었다. 나중에 나타나는 아리아인들이 인도로 들어갔을 때, 그들은 드라비다인들에게서 산간 종족들 안에 파묻힌 사촌(四寸)을 알아보지 못했지만, 그들은 상당히 진보된 문명을 발견하였다. 생물학적 한계가 있기는 했어도 드라비다인들은 우수한 문명을 세웠다. 그것은 온 인도 전역에 걸쳐서 흩어졌고, 데칸에서 현대까지 살아남았다.

4. 아리아인의 인도 침공

안드 사람이 두 번째로 인도에 침투한 것은 그리스도 이전 제3 천년의 중간에, 거의 5백 년 동안에 일어난 아리아인의 침공이었다. 이 이동은 안드 사람들이 투르키스탄에 있는 고향으로부터 마지막으로 탈출한 것을 가리킨다.

초기 아리아인의 중심들은 인도의 북반(北半)에, 특히 북서쪽에 흩어져 있었다. 이 침공자들은 그 나라의 정복을 결코 끝내지 않았고, 나중에 이것을 소홀히 여겨서 파멸을 만났는데, 이는 그들의 적은 수가 남쪽에 있는 드라비다인에게 흡수되도록 취약하게 만들었기 때문이며, 이 드라비다인은 나중에 히말라야 지방을 제외하고 반도(半島) 전체에 들끓었다.

아리아인은 북쪽 지방을 빼고, 인도에서 종족적 영향을 거의 미치지 못했다. 데칸에서 그들의 영향은 종족보다는 문화와 종교에 끼친 것이었다. 인도 북부에서 이른바 아리아인 피가 더 많이 지속한 것은 이 지역에 그들이 큰 무리로 있었을 뿐 아니라 나중에 정복자·상인·선교사들로 말미암아 강화되었기 때문이었다. 그리스도 이전 바로 1세기에 이르기까지 계속, 아리아인의 피가 편잡으로 줄곧 스며들었고, 마지막 유입(流入)은 그리스 민족의 투쟁을 뒤따랐다.

간지스 강 평야에서 아리아인과 드라비다인은 결국에는 섞여서 높은 문화를 일으켰고, 이 중심은 북동쪽으로부터, 중국의 기여(寄與)로 말미암아 나중에 강화되었다.

인도에는, 아리아인의 준민주 체계에서 전제(專制) 형태와 군주 형태의 정부에 이르기까지, 여러 종류의 사회 조직이 때때로 번성하였다. 그러나 사회의 특징을 가장 잘 나타내는 모습은 큰 사회 카스트가 지속된 것이었는데, 종족의 신분을 지속하려는 노력으로 아리아인들이 이것을 시작하였다. 정교한 이 카스트 제도는 오늘날까지 지속되어 왔다.

4대 카스트 가운데서 첫째를 빼고 모두가, 아리아인 정복자들이 열등한 백성과 종족적으로 섞이는 것을 막으려는 헛된 노력에서 세워진 것이다. 그러나 상급의 카스트, 곧 선생인 사제들은, 셋 사람들로부터 뻗어 나온다. 그리스도 뒤 20세기의 브라만들은 둘째 동산 사제들로부터 직계로 내려온 문화적 후손이다. 하지만 그 가르침은 화려한 그 선조의 가르침과 크게 다르다.

아리아인들이 인도에 들어갔을 때, 그들은 둘째 동산의 종교에서 남아 있던 전통에 간직된 그대로, 그들의 신 개념을 가져왔다. 그러나 아리아인이 민족으로서 없어진 뒤에, 브라만 사제들은 데칸의 열등한 종교들과 갑자기 접촉하여 커진 이교도의 여세를 결코 막아낼 수 없었다. 이처럼 인구의 대다수가 열등한 종교들의 미신, 사람을 노예로 만드는 미신의 속박으로 굴러 떨어졌다. 그래서 인도는 옛 시절에 전조가 보였던 그 높은 문명을 일으키지 못했다.

그리스도 이전 6세기에 일어난 영적 각성은 인도에서 버티지 못했고, 마호메트교도의 침공이 있기 전에 망해 버렸다. 그러나 살아 있는 하나님을 추구하는 일에 온 인도를 이끌려고 언젠가 더 큰 고타마가 나타날지 모른다. 그리고 나서 진보하지 않는 영적 시력(視力)의 멍한 영향 밑에서 아주 오랫동안 혼미 상태에 빠졌던, 재능 있는 민족의 문화적 잠재성이 열매 맺는 것을 세상이 지켜볼 것이다.

문화는 생물학적 기초 위에 놓여 있지 않지만, 카스트만 가지고 아리아인의 문화를 지킬 수 없었다. 이는 종교, 곧 참 종교가, 인간의 형제 정신에 기초를 둔 우수한 문명을 세우도록 사람을 조종하는, 더 높은 에너지의 필수 근원이기 때문이다.

5. 홍인과 황인

인도에 관한 이야기는 안드 사람이 더 오래 된 진화 민족들을 정복하고 그 속에 결국 파묻힌 것에 관한 이야기이지만, 동 아시아의 이야기는 좀더 엄밀하게 말해서, 1차 산긱, 특히 홍인과 황인에 관한 이야기이다. 이 두 민족은, 유럽에서 청인들을 아주 크게 뒤에 처지게 만든, 저하된 네안데르탈인의 피와 섞이는 일을 대체로 피했으며, 이처럼 1차 산긱 부류의 우수한 잠재성을 간직하였다.

초기의 네안데르탈인은 유라시아 전역에 걸쳐 흩어졌고, 동쪽 날개는 저하된 동물 핏줄로 더욱 더러워졌다. 이 인간 아래의 부류들은 제5 빙하기 때문에 남쪽으로 밀려났고, 이것은 동 아시아로 산긱의 민족 이동을 아주 오랫동안 막았던 바로 그 빙상(氷床)이었다. 홍인이 인도의 고지를 돌아서 북동쪽으로 움직였을 때, 그는 북동 아시아가 이 인간 아래의 부류들이 없음을 발견했다. 홍인종의 부족 조직은 다른 어느 민족들보다 더 일찍 형성되었고, 그들은 산긱의 중앙 아시아 초점으로부터 처음으로 이동한 자들이다. 열등한 네안데르탈인의 핏줄은 나중에 이동하는 황인 부족들에게 멸망되거나 본토에서 밀려났다. 그러나 홍인은 황인 부족들이 도착하기 전에, 거의 10만 년 동안 동 아시아에서 세력을 떨쳤다.

30만 년도 더 전에 황인종의 주류가 남쪽으로부터 바닷가의 이주민으로서 중국으로 들어갔다. 천 년이 지날 때마다 그들은 내륙으로 멀리 멀리 침투했으나, 그들은 비교적 최근까지, 이동하는 티벳 형제들과 접촉을 가지지 않았다.

증가하는 인구의 압력은 북쪽으로 움직이는 황인종으로 하여금 홍인의 사냥터 속으로 비로소 밀고 들어가게 만들었다. 종족 사이의 자연스런 적대 감정과 더불어 이 침략은 적대 행위의 증가를 낳았고, 이처럼 더 깊이 아시아의 기름진 땅을 얻으려는 결정적인 투쟁이 시작되었다.

홍인종과 황인종 사이에 오랜 세월에 걸쳐 있었던 이 싸움은 유란시아 역사에서 하나의 서사시(敍事詩)이다. 20만 년이 넘도록 우수한 이 두 민족은 쓰라리고 끊임없는 싸움을 벌였다. 초기의 투쟁에서는 홍인들이 대체로 성공했고, 그들의 침공하는 패거리들은 황인의 여러 촌락에 대소동을 일으켰다. 그러나 황인은 전투 기술을 배우는 데 똑똑한 생도였고, 친구들과 평화롭게 사는 두드러진 능력을 일찍부터 나타냈다. 중국인은 뭉친 가운데 힘이 있다는 것을 처음으로 배운 사람이었다. 홍인 부족들은 서로 죽이는 싸움을 계속하였고, 무자비한 중국인의 공격하는 손아귀에서 대번에 거듭하여 패배를 겪기 시작했으며, 중국인은 용서 없이 북쪽으로 행진을 계속했다.

10만 년 전에는 크게 학살당한 홍인 부족들이 마지막 빙하기의 물러가는 얼음을 등지고 싸우고 있었는데, 베링 지협(地峽) 위, 동쪽으로 가는 육지 통로가 지나갈 수 있게 되었을 때, 이 부족들은 아시아 대륙의 불친절한 바닷가를 망설이지 않고 버렸다. 순수한 마지막 홍인들이 아시아를 떠난 지 8만 5천 년이 되지만, 그 긴 싸움은 승리한 황인종에게 유전(遺傳)의 자국을 남겼다. 중국 북부의 민족들은, 안돈 시베리아인들과 함께, 홍인의 핏줄을 많이 동화(同化)하였고, 그로서 어지간히 이득을 보았다.

북 아메리카의 인디안들은 아담과 이브의 안드 자손들과 결코 접촉을 가지지 않았고, 아담이 오기 5만여 년 전에, 그들의 아시아 고향을 빼앗겼다. 안드 사람이 이동하던 시절에 순수 홍인의 핏줄은 북 아메리카에서 유목하는 부족으로서 퍼지고 있었고, 이들은 소규모로 농사를 지었던 사냥꾼이었다. 이 종족 및 문화 집단들은, 두 아메리카에 도착할 때부터 그리스도교 시대의 첫째 천년의 끝에 유럽의 백인 종족들에게 발견될 때까지, 나머지 세계로부터 거의 완전히 고립된 채로 남았다. 그 때까지는 에스키모인들이, 북쪽의 홍인 부족들이 본 중에서 백인(白人)에 가장 가까웠다.

안드 사람들의 영향을 제쳐 놓고, 오직 홍인과 황인 종족들이 높은 정도의 문명을 일찍이 이룩한 인간 혈통이었다. 가장 오래 된 아메리카 인디안의 문화는 칼리포니아에 있는 오나모나론톤 중심이었으나, 이것은 기원전 35,000년이 되어서 사라진 지 오래 되었다. 멕시코와 중앙 아메리카에서, 그리고 남 아메리카의 산지에서 나중에 더 오래 지속되는 문명은, 주로 홍인이지만 황인·주황인·청인이 어지간히 섞인 종족이 세운 것이다.

안드 사람 피의 흔적이 페루에 다다르기는 했어도, 이 문명은 산긱의 진화적 산물이었다. 북 아메리카의 에스키모, 그리고 남 아메리카의 폴리네시아 안드 족속 몇을 빼고, 서반구의 민족들은 그리스도 뒤에 제1 천년 끝까지 나머지 세상과 아무런 접촉이 없었다. 유란시아 종족들을 개량하려는 최초의 멜기세덱 계획에는, 아담의 순수 핏줄 후손 1백만 명이 두 아메리카의 홍인들을 개량하러 가야 한다고 명기되어 있었다.

6. 중국 문명이 밝아오다

홍인을 건너 북 아메리카로 몰아낸 뒤에 얼마 있다가, 커지는 중국 민족은 동아시아의 강 유역들로부터 안돈 사람들을 깨끗이 쓸어 버렸고, 북쪽에 시베리아로, 그리고 서쪽에 투르키스탄으로 그들을 밀어 냈는데, 거기서 그들은 곧 안드 사람들의 우수한 문화와 접촉하게 되었다.

버마와 인도차이나 반도에서 인도와 중국의 문화가 섞이고 혼합되어서 그 지역에서 계승하는 문명을 일으켰다. 사라진 녹색 인종이 세계에서 어느 다른 데보다 여기서 큰 비율로 지속하였다.

많은 다른 인종이 태평양의 섬들을 차지했다. 대체로, 남쪽에, 그리고 그 때 더 널리 퍼져 있던 섬들은 진한 비율로 녹인(綠人)과 남인(藍人)의 피를 지닌 민족들이 차지하였다. 북쪽 섬들은 안돈 사람들이, 나중에는 황인과 홍인의 혈통을 큰 비율로 품은 종족들이 차지했다. 일본 민족의 선조는 기원전 12,000년까지는 본토에서 밀려나지 않았는데, 이 때 그들은 남쪽으로 해안을 따라 북쪽의 중국 부족들에게 강력한 공격을 받고서 쫓겨났다. 그들의 마지막 탈출은 인구의 압력이라기보다 그들이 신다운 인물로 여기게 된 어느 추장이 주도권을 쥐었기 때문이었다.

인도와 레반트의 민족들처럼, 승리한 황인 부족들은 물가를 따라서, 또 강의 상류에 가장 옛 중심지들을 세웠다. 해안에 있던 촌락들은 불어나는 홍수(洪水)와 바뀌는 강 물줄기가 낮은 땅의 도시들을 유지할 수 없게 만들자, 후일에는 잘 견디지 못했다.

2만 년 전에 중국인의 선조는 원시 문화와 배움이 있는 강력한 중심을 열두 군데, 특히 황하와 양자강을 따라서 세웠다. 그리고 신키앙과 티벳으로부터 우수한 혼합 민족들의 꾸준한 물결이 도착함으로, 이제 이 중심들이 강화되기 시작했다. 티벳으로부터 양자강 유역까지 이주한 것은 북쪽처럼 그다지 널리 퍼지지 않았고, 티벳의 중심들은 타림 분지 만큼 진보하지도 않았다. 그러나 이 두 이동은 안드 사람의 피를 얼마큼 동쪽으로 강가의 촌락들로 날랐다.

고대 황인종의 우수성은 4대 요인 때문이다:

1. 유전 요인. 홍인종과 황인종 모두가 유럽에 있는 푸른 사촌들과 달리, 저하된 인간 핏줄과 섞이는 것을 대체로 피했다. 북쪽의 중국인은 소량의 우수한 홍인과 안돈 사람의 핏줄로 이미 강화되었고, 곧 안드 사람의 피가 어지간히 흘러 들어옴으로, 이득을 보게 되어 있었다. 남쪽의 중국인들은 이 점에서 그다지 운이 좋지 않았는데, 그들은 오랫동안 녹인종을 흡수함으로 고생하였고, 더 나중에 드라비다-안드 사람의 침공으로 말미암아 인도에서 밀려나오는 열등한 민족들의 떼가 스며들어서 더욱 약해졌다. 오늘날 중국에는 북쪽과 남쪽 종족들 사이에 분명한 차이가 있다.

2. 사회적 요인. 황인종은 자기들끼리 평화를 지키는 것이 귀중함을 일찍이 배웠다. 안으로 평화로운 것은 그들의 문명이 수백만 사이에 퍼지는 것을 보장하도록 인구의 증가에 크게 이바지했다. 기원전 25,000년부터 5000년까지, 유란시아에서 가장 큰 집단 문명은 중국의 중앙과 북부에 있었다. 황인은 종족의 단결을 처음으로—대규모의 문화, 사회, 정치 문명을 처음으로—이룩한 사람이었다.

기원전 15,000년에 있던 중국인은 공격적인 군국주의자였다. 그들은 지난날을 지나치게 존경함으로 약화되지 않았고, 그 수가 1천2백만이 채 되지 않았으며, 하나의 공통 언어를 쓰는 밀집된 단체를 이루었다. 이 시대에 그들은 진짜 국가를 세웠고, 유사(有史) 시대에 정치적으로 연합한 것보다 훨씬 더 뭉쳐지고 동질성이 있었다.

3. 영적 요인. 안드 사람이 이동하던 시대에 중국인은 땅에서 영적 편에 있는 민족들에 속했다. 싱랑톤이 선포한 하나의 진리를 숭배하는 데 오랫동안 매달린 것은 대부분의 다른 민족들보다 그들이 앞서게 했다. 진취적이고 앞선 종교가 주는 자극은 흔히 문화의 발전에 결정적 요인이다. 인도가 시드는 동안, 진리를 최고의 신으로서 모시는 종교의 자극, 활력을 주는 자극 밑에서 중국은 선두를 달렸다.

이렇게 진리를 숭상하는 정신은 자연의 법칙과 인류의 잠재성을 연구하고 두려움 없이 탐구하도록 자극하였다. 6천 년 전에도 중국인은 아직도 날카로운 연구자였고 진리의 탐구에 적극성이 있었다.

4. 지리적 요인. 중국은 서쪽에는 산, 동쪽에는 태평양에 보호를 받는다. 오로지 북쪽에 공격받을 길이 열려 있으며, 홍인의 시절부터 후일에 안드 사람 후손이 오기까지, 어떤 공격하는 민족도 북쪽을 차지하지 않았다.

그리고 산의 장벽이 없고 나중에 영적 문화가 쇠퇴하지 않았더라면, 황인종은 의심할 여지 없이, 투르키스탄으로부터 안드 민족 이동에서 더 큰 부분을 끌어들이고, 의문의 여지 없이 세계 문명을 재빨리 지배했을 것이다.

7. 안드 사람이 중국으로 들어가다

약 1만 5천 년 전에 안드 사람들은 어지간히 큰 떼를 지어서, 티토 통로를 가로질러서, 간쑤의 중국 촌락들 사이에서, 황하 상류의 유역 위에 퍼지고 있었다. 당장에 그들은 동쪽으로 호난까지 침투했고, 거기에는 가장 진보한 촌락들이 자리를 잡았다. 서쪽으로부터 이렇게 침투한 것은 안돈 사람과 안드 사람이 대체로 반씩이었다.

황하를 따라서 생긴 문화의 북부 중심들은 언제나 양자강에 있는 남쪽 촌락들보다 더 진취성이 있었다. 적은 무리라도 이 우수한 필사자들이 도착한 뒤 몇천 년 안에, 황하를 따라 생긴 촌락들은 양자강에 있는 마을들보다 앞으로 나섰고, 남쪽에 있는 형제보다 더 앞선 위치를 얻었으며, 이 자리는 그 뒤로 늘 유지되었다.

안드 사람들이 그다지 많았기 때문이 아니고, 그 문화가 그다지 우수했기 때문도 아니었으나, 그들과 섞인 것은 더 능력 있는 혈통을 낳았다. 북쪽의 중국인들은 타고난 유능한 지성을 부드럽게 자극하기에 겨우 넉넉할 만큼 안드 사람의 피를 받았지만, 이것은 북부 백인 종족들의 특징을 잘 나타내는, 들떠 있고 탐험하는 호기심으로 그들을 불태울 만큼 많지는 않았다. 이렇게 안드 사람의 유전을 적게나마 주입한 것은 산긱 부류의 타고난 침착성을 덜 휘저었다.

안드 사람들이 후일에 밀려 들어온 것은 메소포타미아의 어떤 문화적 진전을 함께 가져왔다. 서쪽으로부터 온 마지막 이민 물결에게 이것이 특히 참말이었다. 그들은 북쪽 중국인들의 경제 및 교육 관습을 크게 개량하였다. 황인종의 종교 문화에 그들이 미친 영향은 오래 가지 않았지만, 그들의 나중 후손들은 후일에 생긴 영적 각성에 많이 이바지했다. 그러나 에덴과 달라마시아의 아름다움에 관한 안드 사람의 전통은 중국인의 전통에 영향을 미쳤다. 옛날 중국의 전설들은 "신들의 땅"이 서쪽에 있다고 본다.

중국 민족은, 투르키스탄에서 기후가 변하고 후일의 안드 사람 이민이 도착하고 나서 기원전 1만 년이 되기까지는 도시를 세우고 제조업에 종사하기 시작하지 않았다. 이 새로운 피를 주입한 것은 황인의 문명에 크게 보태기보다는 우수한 중국인 핏줄의 잠재 성향을 더욱, 그리고 빨리 개발하도록 자극하였다. 호난에서부터 센시까지, 진보된 문명의 잠재성이 열매를 맺고 있었다. 금속 가공과 모든 제조 기술이 이 시절로 거슬러 올라간다.

옛날에 중국과 메소포타미아의 시간 계산, 천문학, 정부의 행정 방법은 멀리 떨어져 있는 이 두 중심 사이에 상업 관계가 있었기 때문에 생겼다. 중국 상인들은 수메르인 시절에도, 투르키스탄을 거쳐서 메소포타미아까지 육로로 여행하였다. 이 교환은 한편으로 치우치지도 않았다—유프라테스 강 유역은, 간지스 강 평야에 있던 민족들처럼, 이로 말미암아 어지간히 이득을 보았다. 그러나 기후의 변화와 그리스도 이전 제3 천년에 있었던 유목민의 침공은 중앙 아시아의 카라반 길을 거치는 무역의 양을 크게 줄였다.

8. 후일의 중국 문명

홍인은 너무 많이 전투를 겪어서 고통을 받았지만, 중국인 사이에서 국가의 발전은, 아시아를 철저히 정복했기 때문에 늦어졌다는 것이 아주 빗나간 말은 아니다. 그들은 민족을 단결하는 큰 잠재성을 가졌으나 그것이 알맞게 발전하지 못했는데, 항상 바깥에서 침공하는 위험이 주는, 계속 몰아붙이는 자극이 모자랐기 때문이다.

동 아시아의 정복을 마침과 함께 고대의 이 군사(軍事) 국가는 차츰차츰 허물어졌다—지난날의 전쟁을 잊어버렸다. 홍인종과 가졌던 서사시 같은 투쟁에서, 활 쏘는 민족들과 고대에 싸운 것에 관하여 흐릿한 전통이 겨우 지속되었다. 중국인은 일찍부터 농사의 추구로 발길을 돌렸고, 이것은 그들의 평화로운 성향에 더 이바지했다. 한편 농업을 위한 토지 대 인간의 비율을 훨씬 밑에 있는 인구는 그 나라의 짙어 가는 평화로움에 더욱 기여했다.

지난날의 성취를 의식하는 태도 (오늘날 얼마큼 줄어들었다), 압도적으로 농업에 종사하는 인구의 보수주의, 잘 발달된 가족 생활은 조상 숭배를 낳았고, 궁극에는 과거의 인물을 숭배에 가까울 정도로 존경하는 관습을 초래하였다. 그리스-로마의 문명이 뒤집어진 뒤에 5백여 년 동안, 유럽에서 백인 종족들 사이에 아주 비슷한 태도가 지배하였다.

싱랑톤이 가르쳤던 "하나의 진리"를 믿는 믿음과 그 숭배는 결코 완전히 죽지 않았다. 그러나 시간이 지나자, 새로운 상급 진리의 추구는 이미 확립된 것을 존경하는 짙어지는 성향으로 말미암아 빛을 잃게 되었다. 황인종의 천재는 천천히 미지의 것을 추구함으로부터 알려진 것의 보존으로 관심이 돌려졌다. 이것이 세상에서 가장 빨리 진보하던 문명이었던 것이 정체(停滯)하게 된 이유이다.

기원전 4000년과 500년 사이에 황인종의 정치적 재통일이 결국 이루어졌으나 양자강과 황하(黃河)에 있던 중심들의 문화적 연합은 이미 그 전에 성취되었다. 후일에 부족 집단을 이렇게 정치적으로 다시 통일하는 것은 싸움 없이 되지 않았지만, 전쟁에 대한 사회의 여론은 바닥으로 떨어져 있었다. 조상의 숭배, 늘어나는 지방 언어, 그리고 몇천 년 동안 군사 행동에 대한 요청이 없어진 것은 이 민족을 극도로 평화롭게 만들었다.

진보된 국가를 일찍 개발하리라는 전망을 이룩하지 못했는데도, 황인종은 문명의 기술을 실현하는 방향으로, 더군다나 농업과 원예 분야에서 점진적으로 앞으로 나아갔다. 센시와 호난에서 농본주의자들이 부닥친 치수(治水) 문제는 그것을 해결하기 위하여 집단의 협동을 요구했다. 그러한 관개 및 토양 보존의 문제는 적지 않게 서로 의존하는 성향이 발달하도록 이바지했고, 그에 따라서 농사 집단들 사이에 평화가 촉진되었다.

학교가 세워짐과 더불어, 글쓰기의 발전이 곧 전례 없는 규모로 지식을 보급시키는 데 이바지했다. 그러나 뜻을 표시하는 기록 체계의 거추장스러운 본질은 인쇄술이 일찍 나타났는데도, 지식 계급의 수에 한계를 지워 주었다. 그리고 무엇보다도, 사회를 표준화하고 종교 철학적으로 독단화되는 과정이 빨리 진행되었다. 조상을 숭배하는 종교의 발전은 자연 숭배를 포함하는 미신(迷信)의 물결로 말미암아 더욱 까다롭게 되었으나, 하나님에 관한 진짜 개념의 아쉬운 흔적이 상제(上帝)를 황제로 숭배하는 데 간직된 채로 남아 있다.

조상 숭배의 큰 약점은 뒤를 돌아보는 철학을 조장하는 것이다. 지난날로부터 지혜를 거두는 것이 아무리 현명하더라도, 지난날을 진리의 유일한 근원으로 여김은 어리석은 짓이다. 진리는 상대적이고 팽창한다. 진리는 언제나 현재에서 살고, 각 세대의 사람들 안에서—아니 각 인간 생활 속에서—새 표현을 이룩한다.

조상 존중에 있는 큰 장점은 그러한 태도가 가족에게 가치를 부여하는 것이다. 중국 문화의 놀라운 안정과 지속성은 가족에게 최고의 지위를 주어서 생기는 결과이니, 왜냐하면 문명은 가족의 효과적인 작용에 직접 의존하기 때문이다. 그리고 중국에서 가족은 사회적으로 중요한 위치, 아니 다른 민족이 거의 접근하지 못하는 그런 종교적 중요성까지 얻었다.

짙어져 가는 조상 숭배 교파가 강요하는 효도(孝道)와 가족에 대한 충성은 우수한 가족 관계와 오래 가는 가족 집단이 세워지는 것을 보장했고, 이것은 모두 문명을 보존하는 데 다음 요소를 수월하게 만들었다:

1. 재산과 부(富)의 보존.

2. 한 세대를 넘어서 지식을 한데 모은다.

3. 지난날의 예술과 과학을 아이들에게 효과 있게 교육한다.

4. 강한 의무 감각의 개발, 도덕성의 향상, 윤리 감각의 증진.

안드 사람들이 오면서 시작된 중국 문명의 형성기는, 그리스도 전 6세기에 크게 윤리적, 도덕적, 반(半)종교적 각성이 있기까지 계속된다. 중국인의 전통은 진화적 과거에 관한 흐릿한 기록을 간직한다. 모계 가족에서 부계(父系) 가족으로 옮겨 간 것, 농업의 확립, 건축의 발전, 산업의 시작—이 모든 것이 연달아 엮어진다. 이 이야기는, 어떤 다른 비슷한 설명보다도 더 정확하게, 미개 상태의 수준으로부터 한 우수한 민족이 훌륭히 올라간 그림을 제시한다. 이 시기에, 그들은 원시 농경 사회로부터, 도시, 제조업, 금속 가공, 상업 교류, 정부, 글쓰기, 수학, 예술, 과학, 인쇄술을 포함하는, 더 높은 사회 조직으로 자라 버렸다.

그래서 황인종의 고대 문명은 여러 세기를 통해서 지속해 왔다. 중국 문화에서 처음으로 중요한 진보가 있은 지 거의 4만 년이 된다. 비록 많은 후퇴가 있었으나, 한(漢)의 아들들의 문명은 20세기 시대에 바로 이르기까지, 계속 진보하는 단절되지 않은 그림을 전체에서 가장 가깝게 제시한다. 백인 종족의 기계 및 종교의 발전은 높은 수준이었으나, 그들은 결코 가족에 대한 충성심, 집단 윤리, 또는 개인의 도덕성에서 중국인을 뛰어넘은 적이 없다.

이 옛 문화는 인간의 행복에 많이 기여했다. 수백만의 인간들이 살다가 죽었고, 그 문화의 업적으로 복을 받았다. 몇 세기 동안 이 위대한 문명은 지난날의 월계관에 기대고 있었지만, 지금도 필사 존재의 초월 목표를 새로이 그려 보려고, 끝없는 진보를 위하여 쉴새없는 투쟁을 다시 한 번 시작하려고 다시 깨어나고 있다.

[네바돈의 한 천사장이 발표했다.]

제 80 편

서양에서 안드 사람의 팽창

유럽의 청인은 큰 문화를 가진 문명을 스스로 이룩하지 않았어도 생물학적 기초를 제공했고, 아담화된 그 핏줄이 나중에 안드 침공자들과 섞였을 때, 보라 민족과 그 안드 사람 후계자들이 살던 시절 이후로 일찍이 유란시아에서 나타난 바 적극적 문명을 달성하기 위하여 가장 강력한 핏줄 가운데 하나를 낳았다.

현대의 백인 민족들은 아담 혈통의 남은 핏줄을 편입했는데, 이 아담 혈통은 산긱 종족들, 얼마큼 홍인과 황인이지만, 특히 청인과 섞이게 되었다. 모든 백인 민족에는 최초의 안돈 사람 줄기가 상당한 비율로 있고, 초기 놋 사람의 혈통은 더욱 많이 있다.

1. 아담 사람이 유럽으로 들어가다

마지막 안드 사람들이 유프라테스 강 유역에서 밀려나기 전에, 그들의 많은 형제는 모험가·선생·상인(商人)·군인으로서 유럽으로 들어갔다. 보라 인종의 옛 시절에 지중해의 골은 지브랄타 지협(地峽)과 시실리 육지 다리로 말미암아 보호를 받았다. 사람이 아주 일찍부터 가졌던 해상 무역의 얼마큼은 이 내륙 호수들에서 자리를 잡았고, 거기서 북쪽에서 온 청인과 남쪽에서 온 사하라인이 동쪽에서 온 놋 사람과 아담 사람을 만났다.

지중해의 동쪽 골에서 놋 사람들은 그들의 광범위한 문화 중의 하나를 세웠고, 이 중심들로부터 얼마큼 남쪽 유럽으로, 그러나 특히 아프리카 북부로 파고들었다. 얼굴이 넓적한 놋-안돈 종류의 시리아인들은, 천천히 솟아오르는 나일 강 삼각지에 있는 그들의 촌락들과 관련하여, 아주 일찍부터 도자기와 농업을 들여왔다. 그들은 또한 양·염소·가축, 그리고 다른 길들인 동물을 수입했고, 크게 개량된 금속 가공 방법을 가져왔으며, 시리아는 당시에 그 산업의 중심이었다.

3만 년이 넘도록 에집트는 꾸준히 흘러 들어오는 메소포타미아인들을 받았고, 그들은 자기의 예술과 문화를 가져와서 나일 강 유역의 문화를 부유하게 만들었다. 그러나 큰 떼의 사하라 민족들이 진입한 것은 나일 강가를 따라 있던 초기의 문명을 크게 퇴화시켰고, 그래서 에집트는 1만 5천여 년 전에 가장 낮은 문화 수준에 도달했다.

그러나 옛 시절에는 아담 사람들의 서향 이동을 막을 것이 거의 없었다. 사하라는 탁 트인 풀 뜯는 땅이었고, 거기에 목자와 농사꾼들이 퍼져 있었다. 이 사하라인들은 한 번도 공업에 종사하지 않았고, 도시를 세우지도 않았다. 그들은 남색-흑인 집단이었고, 절멸한 녹색 및 주황 인종들의 핏줄을 널리 지니고 있었다. 그러나 땅이 솟아오르고 물을 실은 이동하는 바람이 번영하고 평화로운 이 문명의 잔재를 흩어 버리기 전에, 그들은 아주 적은 양의 보라 유전을 받았다.

아담의 피는 대부분의 인종들에게 나누어졌으나, 더러는 다른 인종들보다 더 확보하였다. 인도의 혼합 종족들과 검은 빛을 띤 아프리카 민족들은 아담 사람들의 마음을 끌지 못했다. 홍인이 두 아메리카에서 멀리 떨어져 있지 않았더라면 아담 사람들은 홍인과 자유롭게 섞였을 것이다. 그들은 황인에게 친절한 마음이 내키었지만, 황인도 마찬가지로 멀리 떨어진 아시아에서 접촉하기 어려웠다. 따라서, 모험이나 이타주의에 마음이 움직였을 때나 유프라테스 강 유역에서 밀려났을 때, 그들은 아주 자연스럽게 유럽의 청인 종족들과 연합하기를 택했다.

청인은 그 때 유럽을 휩쓸었고, 그 전에 이동하던 아담 사람들이 싫어하는 종교적 관습을 가지지 않았으며, 보라 인종과 청인종 사이에 큰 성적 매력이 작용했다. 청인들 가운데 빼어난 자는 아담 사람과 짝짓도록 허락받는 것을 높은 명예로 여겼다. 모든 청인이 아주 솜씨 있고 예술적이 되어서 어느 아담 사람 여자의 사랑을 얻으려는 꿈을 품었으며, 아담 사람의 눈길을 받는 것은 우수한 청인 여자의 가장 높은 꿈이었다.

이동하는 이 에덴의 아들들은 천천히 청인종의 높은 부류들과 연합했고 그들의 문화 관습에 활력을 불어넣었으며, 한편 네안데르탈 줄기의 남아 있는 핏줄을 무자비하게 없애 버렸다. 종족을 혼합하는 이 기법은, 열등한 핏줄의 제거와 함께, 힘차고 진취적이고 우수한 청인 집단을 열둘 이상 낳았는데, 이들 가운데 하나를 너희는 크로마뇽인이라 불러 왔다.

이것과 기타 이유 때문에 메소포타미아 문화의 초기의 물결은 거의 순전히 유럽으로 갔으며, 좀더 유리한 이동 경로였다는 것은 이 이유들 가운데 가장 작지는 않다. 바로 이 상황이 현대 유럽 문명의 전제 조건을 결정하였다.

2. 기후와 지질의 변화

보라 인종이 유럽으로 초기에 팽창한 것은 오히려 갑작스러운 어떤 기후와 지질의 변화 때문에 단축되었다. 북쪽의 빙원들이 물러가자, 서쪽으로부터 물을 실은 바람이 북쪽으로 옮겨졌고, 사하라의 확 트인 큰 목초 지역을 차츰차츰 불모의 사막으로 만들었다. 이 가뭄은 큰 사하라 고원에서 살던 거주자들을 흩어 버렸는데, 그들은 키가 작고 갈색 머리와 까만 눈을 가졌으나 얼굴이 길었다.

순수한 편인 남색 요소들은 남쪽으로 중앙 아프리카의 숲으로 옮겨 갔고, 그 뒤로 늘 거기에 남아 있었다. 좀더 혼합된 무리들은 세 방향으로 퍼졌다: 서쪽에 우수한 부족들은 스페인으로, 거기서부터 유럽의 인접한 부분으로 옮겨 갔고, 나중에 지중해에서 얼굴이 길고 갈색 머리털을 가진 민족의 핵심을 이루었다. 사하라 고원의 동쪽에 있던 진취성이 가장 적은 가지는 아라비아로, 거기서부터 메소포타미아 북부와 인도를 통해서 멀리 세일론까지 옮겨 갔다. 중앙 집단은 북쪽과 동쪽으로 나일 강 유역까지, 또 팔레스타인까지 옮겨 갔다.

데칸으로부터 이란·메소포타미아를 거쳐서, 지중해의 양쪽 바닷가를 따라서 흩어진 현대 민족들 사이에 어떤 정도의 인척 관계를 가리키는 것은 바로 이 2차 산각 종속 계층이다.

아프리카에서 이런 기후의 변화가 있을 무렵에, 잉글랜드는 대륙으로부터 떨어져 나갔고, 덴마크는 바다로부터 솟아올랐으며, 한편 지브랄타 지협(地峽)은 지중해의 서쪽 분지를 보호하면서 지진의 결과로 무너졌고, 이 내륙의 호수를 대서양 수준까지 재빨리 올려 놓았다. 대번에 시실리 육지 다리가 물 속에 잠겼고, 지중해의 한 바다를 만들고 그것을 대서양과 이었다. 자연의 이런 대이변은 인간 촌락 수십 개를 물에 잠기게 하였고, 온 세계 역사에서 홍수로 말미암아 최대로 생명의 손실을 일으켰다.

지중해 분지가 이렇게 물에 삼켜진 것은 아담 사람들의 서향 이동을 즉시 줄였고, 한편 사하라인들이 크게 유입된 것은 늘어나는 그들의 무리를 위하여 그들이 에덴의 북쪽과 동쪽으로 출구를 찾도록 이끌었다. 아담의 후손들이 티그리스와 유프라테스 강 유역으로부터 북쪽으로 여행하자, 그들은 산의 장벽과 당시에 확대된 카스피 바다와 마주쳤다. 투르키스탄 전역에 흩어진 촌락 주위에서, 몇 세대 동안 아담 사람들은 사냥하고 짐승을 기르고 땅을 갈았다. 천천히 이 훌륭한 민족은 영토를 유럽으로 뻗었다. 그러나 이제 아담 사람들은 동쪽으로부터 유럽으로 들어가서 청인의 문화가 아시아보다 몇천 년 뒤떨어진 것을 발견했는데, 이는 이 지역이 메소포타미아와 거의 전적으로 접촉이 없었기 때문이다.

3. 크로마뇽 청인

청인(青人) 문화의 옛 중심은 유럽의 모든 강을 따라서 자리를 잡았지만, 오직 솜 강이 빙하기 이전 시대에 따라갔던 바로 그 경로에서 지금도 흐른다.

우리는 청인이 유럽 대륙에 스며들었다고 이야기하지만, 몇십의 종족 종류가 있었다. 3만 5천 년 전에도, 유럽의 청인종은 이미 홍인과 황인의 두 핏줄을 지닌 어지간히 섞인 민족이었고, 한편 대서양의 바닷가 땅에서, 또 오늘날의 러시아 지역에서, 상당한 양의 안돈 사람의 피를 흡수했고, 남쪽으로 사하라 민족들과 접촉이 있었다. 그러나 많은 종족 집단을 열거하는 것은 무익할 것이다.

아담 이후 시절의 초기에 있었던 유럽의 문명은 청인(青人)들의 활력과 예술을 아담 사람들의 창조적 상상력과 독특하게 섞은 것이었다. 청인들은 크게 활력을 가진 민족이었으나, 아담 사람들의 문화와 영적 지위를 크게 저하시켰다. 아담 사람들은, 허다한 자가 처녀들을 속이고 유혹하는 경향 때문에, 그들의 종교를 크로마뇽인에게 인식시키기가 아주 어려웠다. 몇만 년 동안 유럽에서 종교는, 인도와 에집트에서 발전한 것과 비교해서, 낮은 수준에 있었다.

청인들은 어떤 거래에서도 완전히 정직했고, 혼합된 아담 사람들의 성적(性的) 타락이 도무지 없었다. 그들은 처녀기를 존중했고, 전쟁 때문에 남자가 부족하게 되었을 때에만 일부 다처(一夫多妻)를 실행했다.

이 크로마뇽 민족은 용감하고 멀리 내다보는 종족이었다. 그들은 효과적인 아이 훈련 체계를 유지했다. 부모 양쪽이 이 노동에 참여했고, 나이 든 아이들의 도움이 충분히 이용되었다. 아이들은 각자 동굴을 보존하는 일, 예술, 부싯돌 만드는 일에 조심스럽게 훈련을 받았다. 나이가 어릴 때 여자들은 가정 기술과 소박한 농업을 훤히 통달했고, 한편 남자들은 솜씨 있는 사냥꾼이요 용감한 무사(武士)였다.

청인들은 사냥꾼이요, 어부요, 먹을 것을 모으는 사람이었다. 그들은 숙달된 배 건축자였다. 돌도끼를 만들고, 나무를 자르고, 통나무 오두막을 세웠으며, 이것은 일부가 땅 밑에 있었고 가죽으로 지붕을 덮었다. 그리고 시베리아에는 아직도 비슷한 오막살이를 짓는 종족들이 있다. 남쪽의 크로마뇽인들은 대체로 동굴과 석굴에서 살았다.

겨울이 모질게 추울 때, 동굴 입구에서 밤에 망보는 파수들이 얼어죽는 것은 드물지 않았다. 그들은 용기가 있었지만, 무엇보다도 예술가였다. 아담 사람의 혼혈은 창조적 상상력을 갑자기 가속했다. 청인 예술의 절정은 약 1만 5천 년 전, 곧 살갗이 더 검은 민족들이 아프리카로부터 스페인을 통해서 북쪽으로 오던 시절 이전이었다.

약 1만 5천 년 전에 알프스의 숲은 널리 퍼지고 있었다. 세계의 즐거운 사냥터를 메마른 불모(不毛)의 사막으로 바꾼 바로 그 기후의 강요 때문에, 유럽의 사냥꾼들은 강 유역으로, 그리고 바닷가로 밀려나고 있었다. 비바람이 북쪽으로 바뀜에 따라서, 유럽의 트인 큰 목초지(牧草地)들이 숲으로 덮이게 되었다. 크게, 비교적 갑작스럽게 기후가 이렇게 변화한 것은 유럽의 종족들을 광활한 평야의 사냥꾼으로부터 목자(牧者)로, 그리고 어느 정도는 어부와 땅을 경작하는 사람으로 바꾸도록 몰았다.

한편으로 문화의 발전을 낳기는 했어도, 이 변화는 어떤 생물학상의 후퇴를 일으켰다. 이전의 사냥 시대에 우수한 부족들은 상급의 전쟁 포로들과 서로 결혼했고, 열등하다고 판단한 자들을 어김없이 죽였다. 그러나 비로소 촌락을 세우고 농업과 상업에 종사함에 따라서, 그들은 평범한 많은 포로를 노예로 살려 두기 시작했다. 그리고 바로 이 노예들의 후손이 나중에 크로마뇽 부류 전체를 아주 크게 저하시켰다. 메소포타미아인들의 마지막 대규모 침공이 유럽을 휩쓸었을 때 동쪽으로부터 새로운 추진력을 받을 때까지, 이 문화의 후퇴가 계속되었다.

4. 안드 사람의 유럽 침공

안드 사람들이 유럽으로 꾸준한 흐름을 이루어 쏟아지는 동안, 일곱 번 큰 침공이 있었고, 마지막으로 도착한 자들은 세 차례 큰 인파(人波)를 이루어 말을 타고 왔다. 더러는 에게 바다의 섬들을 거쳐서, 다뉴브 강 유역을 거슬러 유럽으로 들어갔으나, 그보다 일찍 있었던 더 순수한 핏줄의 대다수는 볼가 강과 돈 강의 목초지를 가로질러 북쪽 경로를 지나서 북서 유럽으로 이동했다.

셋째와 넷째 침공 사이에 안돈 사람들의 한 떼가 북쪽에서 유럽으로 들어갔으며, 러시아의 여러 강과 발트 해를 거쳐서 시베리아로부터 왔다. 그들은 북쪽의 안드 부족들에게 즉시 동화되었다.

그보다 일찍 있었던 더 순수한 보라 인종의 팽창은, 나중에 반(半)군사적이고 정복을 좋아하는 안드 사람 후손의 팽창보다 훨씬 더 평화적이었다. 아담 사람들은 평화적이었고, 놋 사람들은 호전적이었다. 이 두 핏줄의 연합은, 나중에 산긱 종족들과 섞여서, 유능하고 적극적인 안드 사람들을 낳았고, 그들은 실제로 군사적 정복을 실행하였다.

그러나 말은 서양에서 안드 사람들의 지배를 결정한 진화적 요인이었다. 말은 이제까지 존재하지 않던 기동성의 이점을 흩어지는 안드 사람들에게 주었고, 안드 기병(騎兵)의 마지막 무리로 하여금 카스피 바다를 둘러서 재빨리 진행하여 온 유럽을 휩쓸도록 만들었다. 그 전에 안드 사람의 물결은 모두 아주 느리게 움직여서, 메소포타미아로부터 멀리 떨어진 데서는 어디나, 붕괴하는 경향이 있었다. 그러나 이 나중 물결은 너무 빨리 움직여서 그들은 단결된 무리로 유럽에 이르렀고, 어느 정도 더 높은 문화를 아직도 지니고 있었다.

사람이 사는 세계 전체는, 중국과 유프라테스 강 지역의 바깥에서, 힘차게 달리는 안드 기마병들이 그리스도 이전 제6 및 제7 천년에 등장했을 때, 1만 년 동안 아주 제한되게 문화의 진보를 이룩했다. 청인 가운데 가장 나은 요소를 흡수하고 가장 못한 요소를 절멸시키면서 러시아의 평원을 가로질러 서쪽으로 움직임에 따라서, 그들은 섞여서 한 민족이 되었다. 그들은 이른바 놋 종족들, 곧 스칸디나비아, 게르만, 앙글로 삭슨 민족들의 선조였다.

오래지 않아서 우수한 청인의 핏줄은 북 유럽 전역에 걸쳐서 안드 사람들에게 완전히 흡수되었다. 오로지 라프랜드 (어느 정도는 브리타니에서) 더 오래 된 안돈 사람들이 신분 비슷한 것이라도 보존하였다.

5. 안드 사람의 북 유럽 정복

북 유럽의 부족들은 투르키스탄과 남부 러시아 지역을 통해서 메소포타미아로부터 꾸준히 흘러 들어오는 이민들에게 계속 강화되고 개량되었고, 마지막 안드 기병의 물결이 유럽을 휩쓸었을 때, 세계의 모든 다른 곳에서 발견되는 것보다 그 지역에서 안드 유전을 가진 사람들이 이미 더 많이 있었다.

3천 년 동안 북쪽 안드 사람들의 군사 본부는 덴마크에 있었다. 이 중앙 거점으로부터 연달아 정복의 물결이 떠나갔고, 이것은 지나가는 여러 세기가 메소포타미아의 정복자들과 정복된 민족들이 마침내 혼합되는 것을 지켜보는 동안, 안드 사람의 성향이 자꾸 줄어들고, 갈수록 더 백인이 되어 버렸다.

청인은 북쪽에서 흡수되었고, 궁극에는 남쪽을 침투한 백인 기병의 침공자들에게 굴복했지만, 진행하는 혼합된 백인종 부족들은 크로마뇽인들로부터 완강하고 오래 끈 저항에 부딪쳤다. 그러나 우수한 지능과 항상 늘어나는 생물학적 저장은 그들로 하여금 더 오래 된 종족을 싹 쓸어 버릴 수 있게 하였다.

백인과 청인 사이에 결정적인 싸움은 솜 강 유역에서 벌어졌다. 여기서, 청인종의 정예가 남쪽으로 움직이는 안드 사람들과 통렬하게 싸웠고, 이 크로마뇽인들은 백인 침공자들의 우수한 군사 작전에 무릎을 꿇기 전에, 5백 년이 넘도록 그들의 영토를 성공적으로 지켰다. 마지막 솜 강 전투에서 북쪽 군대의 승리한 사령관 토르는 북쪽 백인 부족들의 영웅이 되었고, 나중에는 그들 가운데 더러가 그를 신으로서 존경했다.

가장 오래 버틴 청인의 본거지는 프랑스 남부에 있었으나, 마지막으로 큰 군사적 저항 세력은 솜 강을 따라서 무너졌다. 후일의 정복은 강들을 따라서, 상업의 침투, 인구의 압력 때문에, 그리고 열등한 자들을 무자비하게 죽임과 아울러, 우수한 자들과 계속 서로 결혼함으로 진행되었다.

한 열등한 포로가 부적당하다고 안드 족 장로들의 부족 회의가 판결하고 나서, 그는 공들인 예식을 치르고 샤먼 사제들에게 넘겨졌고, 그들은 그를 강으로 데리고 가서 "즐거운 사냥터"로 입장하는—물 속에 처넣어 죽이는—예식을 치렀다. 이 방법으로 유럽의 백인(白人) 침공자들은 자체의 계급으로 빨리 흡수되지 않은, 마주친 모든 민족을 절멸시켰고 이렇게 청인은 끝장이 났다—빨리 났다.

크로마뇽 청인은 현대 유럽 종족들의 생물학적 기초를 이루었으나, 나중에 그들의 고토(故土)를 친 강건한 정복자들에게 흡수됨으로 겨우 살아남았다. 청인의 핏줄은 유럽의 백인 종족들에게 튼튼한 특성과 신체적 활력을 많이 기여했지만, 혼합된 유럽 민족들의 유머와 상상력은 안드 사람들로부터 얻은 것이다. 이 안드와 청인의 연합은 북쪽의 백인 종족들을 일으켰고, 즉시 안드 사람 문명의 쇠퇴, 일시적 성질을 가진 둔화를 초래하였다. 결국, 이 북쪽 미개인들의 잠재 우수성이 나타나서 오늘날의 유럽 문명에서 절정을 이루었다.

기원전 5000년이 되어서, 진화하는 백인 종족들은 독일 북부와 프랑스 북부, 그리고 영국 제도(諸島)를 포함하여, 북 유럽에 두루 세력을 떨쳤다. 청인과 둥근 얼굴을 한 안돈 사람들이 한동안 중앙 유럽을 통제했다. 후자는 주로 다뉴브 강 유역에서 자리를 잡았고, 결코 안드 사람들에게 완전히 밀려나지 않았다.

6. 나일 강가의 안드 사람

안드 사람의 마지막 이동이 있던 시절부터 문화는 유프라테스 강 유역에서 쇠퇴하였고, 인접한 문명의 중심은 나일 강 유역으로 옮겨 갔다. 에집트는 땅에서 가장 앞선 집단의 본부로서, 메소포타미아의 후계자가 되었다.

나일 강 유역은 메소포타미아 유역보다 조금 전에 홍수로 피해를 보기 시작했으나, 운이 훨씬 좋았다. 이 초기의 좌절은 이어지는 안드 사람 이민의 흐름 때문에 보상되고도 남았으며, 그래서 비록 에집트의 문화가 정말로 유프라테스 강 지역에서 파생되기는 했어도, 선두에 서는 듯하였다. 그러나 기원전 5000년에, 메소포타미아에서 홍수가 있던 기간에, 뚜렷한 일곱 집단의 인간들이 에집트에 있었다. 한 집단을 빼고 그들 모두가 메소포타미아에서 왔다.

유프라테스 강 유역으로부터 마지막 탈출이 있었을 때, 에집트는 가장 솜씨 있는 예술가와 기능공을 아주 많이 얻어서 운이 좋았다. 이 안드 기능공들은 강가의 생활, 강의 범람, 관개, 건조기에 속속들이 익숙했기 때문에, 아주 편안하게 느꼈다. 그들은 나일 강 유역의 보호된 위치를 좋아했다. 유프라테스 강을 따라서 지낼 때보다 거기서 적의 침공과 공격을 훨씬 덜 받았다. 그리고 그들은 에집트인의 금속 가공 기술에 크게 이바지했다. 여기서 그들은 흑해 지역으로부터 오는 것 대신에 시나이 산으로부터 오는 철광석을 사용하였다.

에집트인들은 아주 일찍부터 그들의 도시 신들을 정교한 국가 체계의 신들로 모았다. 그들은 광범위한 신학(神學)을 개발하고, 똑같이 광범위하지만 무거운 사제 제도를 가졌다. 몇몇 다른 지도자들이 셋 사람들의 옛 종교적 가르침의 잔재를 부활시키려고 추구했지만, 이 노력은 오래 가지 않았다. 안드 사람들은 에집트에서 첫 돌 구조물을 지었다. 돌로 지은 피라미드 가운데서 처음이자 가장 아름다운 것을 임호텝이 세웠는데, 그는 수상(首相)으로 일하는 동안 안드 사람으로 건축의 천재였다. 이전의 건물들은 벽돌로 세웠는데, 많은 돌 구조물이 세계의 여러 구석에서 세워졌어도 이것은 에집트에서 처음이었다. 그러나 건축 기술은 이 위대한 건축가가 살던 시절부터 꾸준히 쇠퇴하였다.

찬란한 이 문화 시대는 나일 강가를 따라서 일어난 내란(內亂)으로 말미암아 짧아졌고, 그 나라는 메소포타미아가 그랬던 것처럼, 살기 어려운 아라비아로부터 온 열등한 부족들과 남쪽으로부터 온 흑인들로 곧 들끓었다. 그 결과로 사회의 진보는 5백 년이 넘도록 꾸준히 쇠퇴하였다.

7. 지중해 섬들의 안드 사람

메소포타미아에서 문화가 쇠퇴하는 기간에, 얼마 동안 지중해 동부의 섬들에서 우수한 문명이 지속되었다.

기원전 12,000년 무렵에, 안드 사람들의 한 빛나는 부족이 크레테로 이동하였다. 이 섬은 그러한 우수한 무리가 아주 일찍부터 정착한 유일한 섬이었고, 거의 2천 년이 지나서 이 바다 사람들의 후손이 이웃의 섬들까지 퍼졌다. 이 집단은 북쪽 놋 사람들의 반 계열과 서로 결혼했던, 얼굴이 좁고, 키가 작은 안드 사람들이었다. 그들은 모두 키가 180센티미터보다 작았고, 몸이 더 크고 열등한 동료들에게 글자 그대로, 본토로부터 밀려났다. 크레테로 간 이 이민들은 직물·금속·도자기·배관(配管)에, 그리고 건축 재료로서 돌을 사용하는 데 상당히 솜씨가 있었다. 그들은 글쓰기에 착수했고, 목자와 농업가로 생계를 이었다.

크레테에 정착한 뒤 거의 2천 년이 되자, 아담손의 키 큰 후손들이 북쪽의 섬들을 건너서 그리스까지 갔고, 그들은 메소포타미아의 북쪽에, 고지에 있는 고향으로부터 거의 바로 내려왔다. 사토는 그리스인의 이 선조를 서쪽으로 인도했는데, 사토는 아담손과 라타의 직계 후손이었다.

그리스에서 마지막으로 정착한 집단은 아담손 사람들의 제2 문명의 끝을 이루는, 선택되고 우수한 민족에서 375명으로 구성되었다. 아담손의 이 후일의 자손들은 솟아나는 백인 종족들 가운데 당시에 가장 귀중한 핏줄을 지녔다. 그들은 높은 지적 계급의 출신이었고, 육체적으로 보건대, 첫 에덴의 시절 이후로 가장 아름다운 사람들이었다.

대번에 그리스와 에게 군도(群島) 지역은 서양의 무역·예술·문화의 중심으로서, 메소포타미아와 에집트를 이어받았다. 그러나 그리스인들의 아담손 선구자들의 문화를 제외하고, 에집트에서 그랬던 것처럼, 마찬가지로 에게 세계의 실질적으로 모든 예술과 과학이 또한 메소포타미아로부터 파생되었다. 이 그리스 민족의 모든 예술과 천재가, 아담과 이브의 첫 아들 아담손과 특별한 둘째 아내 사이에 생긴 후손이 직접 받은 유산(遺産)이었는데, 이 여자는 칼리가스티아 영주의 순수한 놋 사람 참모진으로부터 끊어지지 않은 혈통을 따라서 내려온 딸이었다. 그리스인들이 그들이 신과 초인간 존재들로부터 직접 내려왔다는 신화의 전통을 가진 것은 놀라운 일이 아니다.

에게 지역은 뚜렷한 다섯 문화 단계를 거쳤고, 각자는 이전보다 영적 수준이 낮았으며, 머지 않아, 그리스인의 후세들이 들여온 다뉴브 노예들의 급히 번식하는 평범한 자손들의 무게에 짓눌려, 마지막 화려한 예술의 시대가 사그라졌다.

카인 후손의 어머니 숭배가 아주 크게 유행한 것은 크레테에서 이 시기였다. 이 종파는 "큰 어머니"를 숭배하는 면에서 이브를 영화롭게 하였다. 이브의 형상이 어디에나 있었다. 수천의 공공 성당이 크레테 섬과 소 아시아에 전역에 걸쳐 세워졌다. 이 어머니 숭배는 그리스도 시절에 이르기까지 지속되었고, 땅에서 예수의 어머니였던 마리아를 영화롭게 하고 예배한다는 구실 밑에서, 나중에 초대 그리스도교에 합병되었다.

기원전 6500년 무렵이 되기까지 안드 사람들의 영적 유산은 크게 쇠퇴하였다. 아담의 후손들은 널리 퍼졌고, 더 오래 되고 수가 많은 인종들 속에서 실질적으로 사라졌다. 그리고 안드 문명의 이 퇴폐는, 그들의 종교 기준이 사라짐과 더불어,

세상에서 영적으로 불쌍한 민족들을 한탄할 처지에 남겨 두었다.

기원전 5000년이 되어서, 아담의 후손들 가운데 가장 순수한 세 핏줄은 수메르와 북 유럽과 그리스에 있었다. 메소포타미아 전체가, 아라비아로부터 스며들어온 섞이고 더 검은 종족들의 흐름으로 말미암아 천천히 나빠지고 있었다. 이 열등한 민족들이 온 것은 안드 사람들의 생물학적·문화적 잔재를 바깥으로 흩어지게 하는 데 더욱 기여하였다. 비옥한 초생달[1] 전역으로부터 모험을 더 좋아하는 민족들이 서쪽에 있는 섬들로 쏟아져 들어왔다. 이 이민들은 곡식과 채소를 가꾸었고, 길들인 동물을 데리고 왔다.

기원전 약 5000년에, 진취적인 메소포타미아인들의 막강한 무리가 유프라테스 강 유역에서 나와서 사이프러스 섬에 정착하였다. 이 문명은 약 2천 년 뒤에, 북쪽으로부터 온 미개한 떼에게 나중에 뿌리 뽑혔다.

또 하나의 큰 식민지가 지중해에, 후일에 카르타고 자리에 정착했다. 그리고 북 아프리카로부터 큰 무리의 안드 사람들이 스페인으로 들어가서, 나중에 에게 군도로부터 이탈리아로 더 일찍 온 형제들과 스위스에서 섞였다.

에집트의 문화적 쇠퇴가 메소포타미아를 따랐을 때, 유능하고 앞선 가족들은 크레테로 달아났고, 이처럼 이미 앞선 이 문명을 크게 높였다. 그리고 에집트로부터 온 열등한 무리들이 도착하여 나중에 크레테의 문명을 위협했을 때, 문화를 더 가진 가족들은 서쪽으로, 그리스로 옮겨 갔다.

그리스인들은 위대한 선생이요 예술가일 뿐 아니라, 또한 세계에서 가장 큰 무역가요 식민지를 일으키는 자였다. 그들의 예술과 상업을 끝내 삼켜 버린 열등한 홍수에 무릎을 꿇기 전에, 그들이 서쪽으로 문화의 전진(前進) 기지들을 대단히 많이 심는 데 성공했기 때문에, 초기 그리스 문명에서 상당히 많은 진보가 후일에 남유럽 민족들 안에서 지속되었고, 이 아담손 사람들의 혼혈 후손 가운데 다수가 인접한 본토의 부족들에게 합병되었다.

8. 다뉴브 강의 안돈 사람

유프라테스 강 유역의 안드 종족들은 북쪽으로 유럽까지 이동하여 청인들과 뒤섞였고, 서쪽으로 지중해 지역으로 가서 사하라인과 남쪽 청인 혼혈의 잔재와 섞였다. 그리고 백인종의 이 두 가지는, 더 일찍 있었던 안돈 부족들의 생존자, 얼굴이 넓고 산에서 사는 생존자들로 말미암아 널리 분리되었고, 지금도 그러하며, 이 안돈 부족들은 이 중앙 지역에서 오랫동안 살아 왔다.

안돈의 이 후예는 유럽의 중앙 및 남동부에서 산 지역의 대부분을 통해서 흩어졌다. 그들은 소 아시아로부터 새로 온 사람들로 말미암아 흔히 강화되었고, 그들은 큰 세력을 가지고 이 지역을 차지했다. 고대의 힛 사람들은 안돈 사람의 핏줄로부터 직접 내려온다. 그들의 창백한 살갗과 넓은 얼굴은 그 종족의 전형(典型)이었다. 이 핏줄은 아브라함의 조상에 들어 있었고, 후일에 그의 유대인 후손의 특징인 얼굴 모습에 많이 기여했으며, 유대인 후손은 안드 사람들로부터 유래한 문화와 종교를 가졌어도, 아주 다른 언어를 썼다. 그들의 말은 뚜렷이 안돈 말이었다.

이탈리아, 스위스, 남부 유럽의 호수에서, 쌓인 더미나 통나무 기둥 위에 세운 집에서 거주했던 부족들은 아프리카인, 에게인, 특히 다뉴브인 이민들의 커지는 분파였다.

다뉴브인들은 안돈 사람이었고, 발칸 반도를 거쳐서 유럽으로 들어간 농부와 목자들이었는데, 그들은 다뉴브 강 유역을 경유해서 북쪽으로 느리게 움직이고 있었다. 그들은 도자기를 만들고 땅을 경작했고, 유역에서 살기를 좋아했다. 다뉴브인들의 가장 북쪽 촌락은 벨지움의 리에주에 있었다. 이 부족들은 그들 문화의 중심과 근원으로부터 떨어져 나감에 따라서, 빨리 저하되었다. 가장 좋은 도자기는 그보다 먼저 있던 촌락들의 산물이다.

크레테 섬에서 온 선교사들이 일한 결과로서, 다뉴브인들은 어머니 숭배자가 되었다. 이 부족들은 나중에, 소 아시아의 바닷가로부터 배를 타고 온 안돈 뱃사람들의 무리와 혼합했고, 이들도 어머니 숭배자였다. 중앙 유럽의 상당 부분은, 이처럼 얼굴이 넓적한 백인 종족의 이 혼합 부류가 차지했으며, 그들은 어머니 숭배와 죽은 사람을 화장(火葬)하는 종교 의식을 실천했는데, 이는 어머니 종교를 신봉하는 자들이 죽은 사람을 돌 움막에서 태우는 것이 관습이었기 때문이다.

9. 세 백인 종족

안드 사람의 이동이 끝날 때 가까이 유럽에서 종족의 혼합은 다음과 같이 세 백인 종족으로 일반화되었다:

1. 북방 백인 종족. 이른바 이 노르딕 종족은 주로 청인과 안드 사람으로 이루어졌으나, 또한 어지간한 양의 안돈 사람, 그리고 그보다 적은 양의 홍인 및 황인 산긱의 피를 품었다. 이처럼 북방의 백인 종족은 가장 바람직한 이 네 가지 인간 핏줄을 담았다. 그러나 가장 많은 유전은 청인들로부터 내려왔다. 초기의 전형적 노르딕인은 얼굴이 길고, 키가 크고, 금발이었다. 그러나 오래 전에 이 민족은 백인 종족들의 모든 가지와 속속들이 섞였다.

침공하는 노르딕인들이 마주친 유럽의 원시 문화는 청인과 섞인, 퇴화하는 다뉴브인들의 문화였다. 오늘날 독일에서 두 종족 집단의 존재가 증언하다시피, 노르딕 덴마크인과 다뉴브 안돈 사람의 문화가 라인 강에서 만나서 섞였다.

노르딕인들은 발트 해 바닷가로부터 온 호박(琥珀) 무역을 계속했고, 브렌너 통로를 거쳐서 다뉴브 강 유역에 얼굴 넓적한 사람들을 상대로 큰 상업을 일으켰다. 다뉴브인들과 이렇게 접촉이 늘어난 것은 이 북방 사람들을 어머니 숭배로 이끌었고, 몇천 년 동안 죽은 사람을 화장하는 것이 스칸디나비아 전역에 걸쳐서 거의 보편적이었다. 이것이 먼저 있던 백인 종족들이 유럽 전역에 묻혀 있어도, 어째서 그들의 유물이 발견되지 않는가 설명한다—오직 돌과 진흙 항아리 속에 있는 그들의 재 뿐이다. 이 백인들은 또한 거처를 지었고, 결코 동굴에서 살지 않았다. 이것은 어째서 또 다시 백인의 옛 문화의 증거가 거의 없는가 설명한다. 하지만 그 전에 있었던 크로마뇽 종류는 그것이 동굴과 석굴에서 단단히 봉해진 곳에 잘 간직되어 있다. 말하자면, 북 유럽에서 어느 날 퇴보하는 다뉴브인과 청인의 원시 문화가 있고, 그 다음 날 갑자기 광대하게 우수한 백인의 문화가 나타나는 것이다.

2. 중부 백인 종족. 이 무리는 청인과 황인과 안드 사람의 핏줄을 담기는 해도, 주로 안돈 사람이었다. 이 민족은 넓적 얼굴을 가졌고, 거무스름하고, 짝달막했다.

이들은 노르딕인과 지중해 종족들 사이에 쐐기처럼 박혔으며, 그 넓은 거점은 아시아에 두고, 그 끝은 프랑스 동부를 파고들었다.

거의 2만 년 동안 안돈 사람들은 안드 사람들 때문에 중앙 아시아의 북쪽으로 멀리 멀리 밀려났다. 기원전 3000년이 되어서 심해지는 건조한 기후는 이 안돈 사람들을 투르키스탄으로 다시 돌이켰다. 안돈 사람의 이 남향 진출은 1천 년이 넘도록 이어졌고, 카스피 바다와 흑해(黑海) 둘레에서 갈라져서, 발칸과 우크라이나를 거쳐 유럽으로 파고들었다. 이 침공은 아담손 후손의 나머지 무리를 포함했고, 침공기의 후반에는 셋 사람 사제들의 많은 후손 뿐 아니라 이란의 안드 사람들을 상당수 데리고 갔다.

기원전 2500년이 되기까지, 안돈 사람들의 서향 진출은 유럽에 다다랐다. 그리고 투르키스탄 산지(山地)의 미개인들이 온 메소포타미아, 소 아시아, 다뉴브 강 분지에 들끓은 것은 그 때까지 모든 문화적 후퇴 가운데 가장 심각하고 오래 지속된 것이었다. 이 침공자들은 중부 유럽 종족들의 성격을 분명히 안돈화하였고, 이 종족들은 그 뒤로 계속 알프스 인종의 특징을 지닌 채로 남았다.

3. <u>남방 백인 종족</u>. 갈색 머리를 한 이 지중해 종족은 안드 사람과 청인의 혼합으로 이루어졌고, 북쪽에서보다 안돈 핏줄을 적게 가졌다. 이 무리는 또한 사하라인들을 통해서, 상당한 양의 2차 산긱 피를 흡수했다. 후일에 백인종의 이 남방 지파에 지중해 동부로부터 힘찬 안드 사람의 요소가 주입되었다.

그러나 지중해 바닷가의 땅에는, 기원전 2500년에 유목민의 대침공이 있던 시절까지 안드 사람들이 스며들지 않았다. 유목민들이 지중해 동부 지역을 침공했던 이 여러 세기 동안, 육지의 교통과 무역은 거의 중지되었다. 이렇게 육지 여행이 방해된 것은 해상 교통과 무역의 큰 확장을 가져왔다. 지중해의 해상(海上) 무역은 약 4500년 전에 한창이었다. 이 해상 교류의 발달은 지중해 분지의 바닷가 지역 전체에 두루, 안드 사람 후손의 갑작스런 팽창을 가져왔다.

이 종족 혼합이 남방 유럽 종족, 전체에서 가장 많이 섞인 종족의 기초를 쌓았다. 이 시절 뒤로 이 종족은 주로 아라비아의 청인-황인-안드 민족들과 계속된 혼합을 더 겪었다. 이 지중해 종족은, 사실은, 둘러싼 민족들과 아주 자유롭게 섞여서, 따로 된 부류로 거의 구별할 수 없다. 그러나 대체로 그 구성원들은 키가 작고, 얼굴이 길고, 갈색 머리를 했다.

북쪽에서 안드 사람들은 전쟁과 결혼을 통해서 청인들을 말살했지만, 남쪽에서 청인들의 큰 무리가 살아남았다. 바스크인과 베르베르인들은 이 민족의 살아남은 두 가지를 대표하지만, 이 민족들조차 사하라인과 속속들이 섞였다.

이것이 기원전 약 3000년에 중앙 유럽에서 나타난 종족 혼합의 그림이었다. 어느 정도 아담의 실수가 있었는데도, 상급 부류들은 섞였다.

이 때는 신석기(新石器) 시대가 다가오는 청동기 시대와 겹치는 시절이었다. 스칸디나비아에서는 어머니 숭배와 관련된 청동기 시대였다. 프랑스 남부와 스페인에서는 태양 숭배와 관련된 신석기 시대였다. 이 때는 둥그렇고 지붕 없는 태양 신전을 짓던 때였다. 유럽의 백인 종족들은 정력이 있는 건축가였고, 후일에 그들의 자손이 스톤헨지에서 했던 것과 비슷하게, 태양에 대한 표시로서 큰 돌들을 세워놓기를 좋아했다. 태양 숭배가 유행한 것은 이 때가 남부 유럽에서 큰 농업 시대였음을 가리킨다.

비교적 최근에 이 태양 숭배 시대의 미신들이 지금도 브리타니의 민속에서 남아 있다. 1500년이 넘도록 그리스도 교도가 되었어도 이 브리타니인들은 악한 눈을 좇아내기 위하여 신석기 시대의 부적을 아직도 지닌다. 그들은 아직도 번개에 대하여 보호하는 것으로서 굴뚝에 천둥 돌[2]을 가지고 있다. 이 브리타니인들은 스칸디나비아의 노르딕인들과 섞인 적이 없다. 그들은 지중해 핏줄과 섞인, 서 유럽에서 최초의 안돈 거주자들이 살아남은 것이다.

그러나 백인 민족들을 노르딕·알프스·지중해 민족으로 주제넘게 분류하는 것은 잘못이다. 그러한 분류를 허락하기에는 아주 너무 많이 혼합이 있었다. 한때는 백인종을 그러한 등급으로 분류하기에 어지간히 잘 규명된 구분이 있었지만, 그 뒤에 널리 서로 섞였으며, 얼마큼이라도 뚜렷하게 이 구별을 확인하는 것이 이제는 더 가능하지 않다. 오늘날 북 아메리카의 거주민이 한 민족이 아닌 것과 마찬가지로 기원전 3000년에도, 고대의 사회 집단들은 한 민족이라 할 수 없었다.

이 유럽의 문화는 5천 년 동안 줄곧 성장하고 어느 정도 서로 섞였다. 그러나 언어의 장벽은 여러 서양 국가의 완전한 교류를 막았다. 지나간 세기에 이 문화는 북 아메리카의 세계 시민 같은 인구 속에서 섞이기에 가장 좋은 기회를 누리고 있었다. 그 대륙의 앞날은, 유지되는 사회 문화의 수준 뿐 아니라, 그 현재 및 미래 인구로 들어가도록 허락되는 종족 요인들의 질에 따라서 결정될 것이다.

[네바돈의 한 천사장이 발표했다.]

―――

주 1. 팔레스타인에서 아라비아 북부를 돌아 메소포타미아를 거쳐 페르시아 만에 이르는 초생달 모양의 비옥한 지역. 2. 번개의 화살이라고 믿었던 고대의 석기.

제 81 편

현대 문명의 발전

칼리가스티아와 아담의 임무에서 상상했던, 세상을 개선하려던 계획이 실패함으로 생긴 기복(起伏)에 상관 없이, 인종의 기본 유기체의 진화는 인간의 진보와 종족 발전을 재는 눈금에서 종족들을 계속 앞으로 진행하게 하였다. 진화는 늦출 수 있어도 멈출 수 없다.

보라 인종의 영향은, 계획했던 것보다 수가 적기는 했어도 문명의 진보를 낳았고, 이것은 아담 시절 이후로 인류가 거의 1백만 년 동안에, 이전의 존재 전체를 통해서 죽 있었던 진보를 훨씬 뛰어넘었다.

1. 문명의 요람

아담 시절 뒤로 약 3만 5천 년 동안, 문명의 요람은 남서 아시아에 있었고, 나일 강 유역으로부터 동쪽으로, 조금 북쪽에 북 아라비아를 가로지르고, 메소포타미아를 통해서 투르키스탄으로 계속 뻗었다. 그리고 기후는 그 시대에 문명을 세우는데 결정적인 요인이었다.

아담 사람들의 초기 이동을 그치게 한 것은 북 아프리카와 서 아시아에서 기후와 지질의 큰 변화였으며, 이것은 확대된 지중해로 말미암아 그들을 유럽으로부터 막고, 이민의 물결을 북쪽과 동쪽에, 투르키스탄으로 빼돌렸다. 육지가 올라오고 그에 따라 기후의 변화가 이렇게 그칠 때가 되어, 기원전 약 15,000년에, 동쪽으로 아시아에서 산맥 때문에, 서쪽으로는 유럽에서 확대되는 숲 때문에 아직도 갇혀 있던 안드 사람들의 문화적 효소와 생물학적 비축을 제외하고, 문명은 세계적으로 막다른 골목에 이르기까지 정체되었다.

기후의 진화는 이제 모든 다른 노력이 이루지 못한 것을 성취하려 한다. 다시 말해서, 유라시아 사람으로 하여금 더 진보된 동물 기르기와 농사 직종을 위해서 사냥을 버리라고 강요한다. 진화는 느릴까 싶지만, 무섭게 효과가 있다.

더 일찍 있었던 농사꾼들이 노예들을 아주 널리 이용했기 때문에, 농부는 예전에 사냥꾼과 목자들 모두에게 업신여김을 받았다. 오랜 세월 동안 땅을 경작하는 것은 천하게 생각되었다. 따라서 흙을 만지는 일은 저주라는 아이디어가 생겼는데, 오히려 그것은 모든 축복 가운데 으뜸이다. 카인과 아벨의 시절에도 목축 생명을 바치는 것은 농산물을 드리는 것보다 더 높이 여겼다.

사람은 보통 사냥꾼으로부터, 목자의 시기를 통하는 과도기를 지나서, 농사꾼으로 진화했으며, 이것이 또한 안드 사람들 사이에 참말이었지만, 그보다 더 흔하게, 기후의 필요성에 따른 진화적 강요가 부족들 전체를 사냥꾼으로부터 성공적인 농부로 바로 넘어가도록 만들곤 했다. 그러나 사냥으로부터 농사로 바로 넘어가는 이 현상은, 보라 핏줄과 높은 정도로 종족이 혼합된 지역에서만 일어났다.

진화 민족들(특히 중국인)은, 어쩌다가 축축하게 된 씨나 죽은 자를 위하여 먹을 것으로 무덤에 둔 씨들이 싹트는 것을 지켜봄으로, 씨를 심고 농작물을 재배하는 것을 일찍부터 배웠다. 그러나 남서 아시아에 두루, 기름진 강 바닥과 인접한 평야를 따라서, 안드 사람들은 선조로부터 물려받은 개량된 농업 기술을 쓰고 있었고, 그 선조는 둘째 동산의 테두리 안에서 농업과 채소 가꾸기를 주요한 직업으로 삼았다.

몇천 년 동안 아담의 자손들은, 메소포타미아의 위쪽 경계에 있는 고지 전역에 걸쳐서, 동산에서 개량한 밀과 보리를 심었다. 아담과 아담손의 자손들은 여기서 만나고, 무역하고, 사회적으로 섞였다.

생활 조건이 이렇게 강제로 변화된 것은 그렇게 많은 비율의 인종으로 하여금 식생활 관습에서 잡식을 하도록 만들었다. 그리고 밀·쌀·채소로 된 식사(食事)와 가축의 고기를 섞어 먹는 것은 이 고대 민족들의 건강과 활력 면에, 앞으로 나아가는 큰 발전을 표시하였다.

2. 문명의 도구

문화의 성장은 문명의 도구(道具)가 발전하는 데 달려 있다. 사람이 야만으로부터 올라가면서 이용한 연장들은, 그 연장들이 더 높은 과제를 수행하기 위하여 인력(人力)을 해방하는 한계까지 효과가 있었다.

사회적 모임에서 문화가 싹트고 진보가 시작되는 후일의 장면 사이에서 지금 사는 너희는, 사회와 문명에 관하여 생각할 겨를이 실제로 조금 있는데, 너희의 옛 선조들은 깊이 돌이켜보고 사회적인 생각을 하는 데 바칠 수 있는 여가가 거의 또는 도무지 없었다는 사실을 간과해서는 안 된다.

인간의 문명에서 처음 4대 진보는 다음과 같았다:

1. 불을 다루기.
2. 동물 길들이기.
3. 포로를 노예로 만든 것.
4. 사유(私有) 재산.

처음으로 큰 발견인 불은 궁극에는 과학 세계의 문을 열었지만, 이 점에서 원시인에게 거의 가치가 없었다. 원시인은 보통 현상을 설명하는 것으로서 자연의 원인을 인정하려 하지 않았다.

어디서부터 불이 왔는가 물음을 받았을 때, 안돈과 부싯돌의 단순한 이야기는, 어떤 프로메테우스가 불을 하늘로부터 훔쳤는가 하는 전설로 곧 대체되었다. 고대의 사람들은 그들이 몸소 이해하는 한계 바깥에 있는 모든 자연 현상을 초자연적으로 설명하려고 애썼다. 많은 현대인도 이것을 계속한다. 이른바 자연 현상을 비성격화하는 데 오랜 세월이 걸렸고, 아직도 끝나지 않았다. 그러나 참 원인을 찾는 솔직하고 정직하고 두려움 없는 연구가 현대 과학을 낳았다: 그것이 점성학을 천문학으로, 연금술을 화학으로, 마술을 의술(醫術)로 바꾸었다.

기계가 생기기 전 시대에, 사람이 스스로 하지 않고 일을 해낼 수 있는 유일한 방법은 동물을 사용하는 것이었다. 동물을 길들인 것은 사람의 손에 살아 있는 연장을 쥐어 주었고, 동물을 영리하게 사용하는 것은 농업과 수송을 위하여 길을 준비했다. 이 동물이 없이, 사람은 원시 상태로부터 후일의 문명 수준으로 올라갈 수 없었다.

길들이기에 적당한 동물의 대부분은 아시아에서, 특히 중앙 지역에서부터 남서 지역에 이르기까지 발견되었다. 이것이 어째서 세계의 다른 어느 부분보다 그 위치에서 문명이 더 빨리 진보했는가 하는 까닭이었다. 이 동물의 다수는 두 번이나 전에 길들인 적이 있었고, 안드 사람 시대에 그 동물을 다시 한 번 길들였다. 그러나 아주 오래 오래 전에, 청인이 받아들인 뒤로 늘, 개는 사냥꾼들과 함께 남아 있었다.

투르키스탄의 안드 사람들은 말을 널리 길들인 첫 민족들이었고, 이것이 어째서 그들의 문화가 아주 오랫동안 지배했는가 하는 또 다른 이유이다. 기원전 5000년이 되어서, 메소포타미아인, 투르키스탄인, 중국인 농부들은 양·염소·소·낙타·말·가금·코끼리를 기르기 시작했다. 그들은 황소·낙타·말·야크를 짐 싣는 짐승으로 이용했다. 사람 자신은 한때 짐을 부리는 짐승이었다. 청인종의 어느 통치자는 한때 그의 짐꾼 거류지에 10만 명을 거느리고 있었다.

노예 제도와 땅을 사유(私有)하는 제도는 농업과 함께 왔다. 노예 제도는 주인의 생활 수준을 높여 주었고, 사회 문화를 위하여 여가를 더 마련해 주었다.

야만인은 자연에 복종하는 노예이지만, 과학 문명은 인류에게 늘어나는 자유를 천천히 부여하고 있다. 동물·불·바람·물·전기, 그리고 발견되지 않은 다른 에너지 근원을 통해서, 사람은 쉴새없이 수고할 필요성으로부터 자신을 해방했고, 앞으로도 계속 해방할 것이다. 기계를 풍부하게 발명함으로 생긴 일시적 어려움에 상관없이, 그러한 기계적 발명으로부터 얻게 되는 궁극의 이득은 측량할 수 없다. 사람이 생각하고, 계획하고, 일을 처리하는 새롭고 더 좋은 방법을 상상할 <u>여가</u>를 가질 때까지, 문명은 세워지기는커녕, 결코 번영할 수 없다.

먼저 사람은 은신처를 단지 제 것으로 만들고, 바위 선반 밑에 살거나 동굴에 거주했다. 다음에 나무와 돌 같은 천연 재료를 가족 움막을 짓는 데 적용하였다. 마지막으로 집을 짓는 창조 단계에 들어갔고, 벽돌과 다른 건축 자재를 만드는 것을 배웠다.

투르키스탄 고지의 민족들은 현대에 가까운 종족들 중에서 처음으로 나무로 집을 지었다. 이 집들은 아메리카 개척자들이 초기에 지은 통나무 집과 아주 다르지 않았다. 평야에 두루, 인간의 거처는 벽돌로 지었으며, 나중에는 구운 벽돌을 썼다.

강가에 살던 더 오래 된 종족들은 땅에, 동그라미 안에 높은 장대들을 세워서 움막을 지었다. 꼭대기들을 한데 모아서, 움막을 위한 뼈대를 만들었고, 이것을 가로지르는 갈대로 엮었으며, 작품 전체가 뒤집어진 큰 광주리 같았다. 그리고 나서 이 구조물에 진흙 칠을 할 수 있었고, 이것은 햇빛에 말린 다음, 아주 쓸모 있는 거처, 비바람에 견디는 거처가 되곤 했다.

이 초기의 움막으로부터, 나중에 온갖 종류의 광주리를 짜는 아이디어가 따로 생겨났다. 한 집단 사이에서, 도자기를 만드는 생각은 이 장대 틀을 젖은 진흙으로 바르는 효과를 지켜보는 데서 생겨났다. 구워서 도자기를 단단하게 만드는 법은 진흙으로 덮인 이 원시 움막들 중 하나가 어쩌다가 타는 바람에 발견되었다. 옛 시절의 여러 기술은 초기 민족들의 일상 생활에 따르는 우연한 일로부터 생기는 적이 많았다. 적어도 이것이, 아담이 올 때까지, 인류가 진화하는 발걸음에 관하여 거의 전적으로 참말이었다.

약 50만 년 전에 영주의 참모진이 도자기를 처음으로 소개했지만, 진흙 그릇을 만드는 것은 15만 년이 넘도록 실지로 그쳤다. 오로지 만(灣)이 있는 바닷가에, 수메르 이전의 늣 사람들이 계속해서 진흙 그릇을 만들었다. 도자기를 만드는 기술은 아담의 시절에 부활되었다. 이 기술의 전파는 아프리카, 아라비아, 중앙 아시아의 사막 지역이 뻗는 것과 함께 일어났고, 그 기술은 메소포타미아로부터 바깥으로 동반구에, 개량되는 기술의 연속되는 파도를 이루어 퍼졌다.

이 안드 시대 문명을 그들의 도자기나 다른 예술의 단계에 따라서 반드시 추적할 수는 없다. 인간이 진화하는 순조로운 과정은 달라마시아와 에덴, 이 두 체제로 말미암아 엄청나게 까다로워졌다. 후일의 화병과 도구가 좀더 순수한 안드 민족들이 예전에 만든 산물보다 못한 경우가 흔히 생긴다.

3. 도시와 제조업과 상업

투르키스탄의 기름지고 훤히 트인 초원의 땅, 사냥하며 풀 뜯는 땅이 기후로 파괴된 것은 기원전 12,000년 무렵에 시작하여, 그 지역의 사람들로 하여금 새로운 형태의 산업과 투박한 제조업에 의존하도록 강요하였다. 더러는 길들인 가축 떼를 기르는 일로 발길을 돌렸고, 더러는 농사꾼이 되거나 물에서 생기는 먹을거리를 모으는 사람이 되었지만, 상급 부류의 안드 지성들은 상업과 제조업에 투신하기를 선택했다. 전체 부족(部族)들이 한 가지 산업을 개발하는 데 몰두하는 것이 관습이 되기까지 하였다. 나일 강 유역으로부터 힌두 쿠시까지, 간지스 강으로부터 황하에 이르기까지, 우수한 부족들의 주요한 사업은 땅을 경작하는 것이 되었고, 상업은 부업이 되었다.

무역, 그리고 원자재를 여러 가지 상업 상품으로 만드는 제조업의 증가는 초기의 반 평화로운 공동체들을 낳는 데 직접 도움이 되었고, 이 공동체들은 문화, 그리고 문명의 기술을 퍼뜨리는 데 큰 영향을 미쳤다. 광범위한 세계 무역 시대가 오기 전에, 사회 공동체들은 부족 단위였다—확대된 가족 집단이었다. 무역(貿易)은 다른 종류의 인간들이 친교하도록 만들었고, 이처럼 문화의 더 빠른 교류에 이바지하였다.

약 1만 2천 년 전에, 독립된 도시들의 시대가 밝아오고 있었다. 원시 무역과 제조업을 하는 이 도시들은 반드시, 농사를 짓고 가축을 기르는 지대에 둘러싸여 있었다. 생활 수준이 높아져서 산업이 촉진된 것이 참말이지만, 너희는 옛날 도시 생활의 세련됨에 관하여 아무런 오해를 가져서는 안 된다. 초기의 종족들은 지나치게 깔끔하거나 깨끗하지 않았고, 보통의 원시 공동체는 흙과 쓰레기가 단순히 쌓인 결과로서, 25년마다 30센티미터에서 60센티미터가 높아졌다. 오래 된 이 도시들 가운데 어떤 것은 굽지 않은 진흙 오두막이 오래 가지 않았기 때문에 둘레의 땅 위로 아주 빨리 높아졌고, 옛날의 폐허 꼭대기 바로 위에 새로운 주거(住居)를 짓는 것이 관습이었다.

금속이 널리 쓰이게 된 것은 이 초기의 산업 도시와 무역 도시 시대의 특성이었다. 너희는 투르키스탄에서 기원전 9000년 전으로 거슬러 올라가는 청동기 문화를 이미 발견하였고, 안드 사람들은 마찬가지로 철·금·구리를 가지고 일하기를 일찍부터 배웠다. 그러나 좀더 진보된 문명의 중심들로부터 떨어진 곳에서는 조건이 아주 달랐다. 석기 시대, 청동기 시대, 철기 시대와 같은 아무런 뚜렷한 시기가 없었다. 모두 세 시기가 한꺼번에 다른 지역들에서 존재했다.

금은 사람들이 처음으로 찾아다닌 금속이었다. 금은 작업하기가 쉬웠고, 처음에는 장식품으로만 쓰였다. 구리가 다음에 이용되었으나, 주석(朱錫)과 섞어서 더 단단한 청동을 만들기까지는 널리 쓰이지 않았다. 투르키스탄의 아담손 사람들 가운데 하나가 구리와 주석을 섞어서 청동을 만드는 것을 발견했는데, 그들의 고지에 구리 광산이 마침 주석 매장 옆에 있었다.

투박한 제조업과 초기 산업이 나타나자, 상업은 문화를 가진 문명이 보급되는 데 재빨리 가장 유력한 영향이 되었다. 육지와 바다를 거쳐 무역의 길이 열린 것은 문명의 섞임 뿐 아니라, 여행, 그리고 문화의 혼합을 크게 수월하게 만들었다. 기원전 5000년이 되어서는 문명화된 땅과 반문명화된 땅에 두루, 말이 널리 쓰였다. 이 후일의 종족들은 길들인 말 뿐 아니라 여러 종류의 4륜차와 2륜 전차(戰車)를 가지고 있었다. 오랜 세월 전에 바퀴가 쓰였지만, 이제 그렇게 장비를 갖춘 차량이 상업과 전쟁, 두 군데서 보편적으로 이용되었다.

여행하는 무역상과 떠돌아다니는 탐험가들은 모든 다른 영향력을 합친 것보다 유사(有史) 이후의 문명의 진보에 더 기여했다. 군사적 정복, 식민화, 그리고 후일의 종교들이 조장한 선교 사업도 또한 문화 보급에 요인이었다. 그러나 이것들은 모두 무역 관계에 2차적이었고, 무역 관계는 산업에서 빨리 발전하는 기술과 과학으로 말미암아 늘 가속되었다.

아담의 핏줄이 인간 종족에 주입(注入)된 것은 문명의 걸음을 빠르게 했을 뿐 아니라, 또한 모험하고 탐험하는 성향을 크게 자극했고, 그 결과로 안드 사람의 빨리 번식하는 혼합 후손이 유라시아와 북 아프리카의 대부분을 이내 차지하였다.

4. 섞인 종족

유사 시대의 여명(黎明)과 접촉이 생김에 따라서, 유라시아 전체, 북 아프리카, 태평양 군도(群島)에 인류의 복합 종족들이 퍼져 있었다. 오늘날 이 종족들은 유란시아의 다섯 가지 기본 인간 핏줄이 섞이고 다시 섞인 결과로 생겨났다.

유란시아 종족들은 각자 어떤 구별되는 신체의 특징으로 확인되었다. 아담 사람과 놋 사람들은 얼굴이 길었고, 안돈 사람들은 얼굴이 넓었다. 산긱 종족들은 중간 얼굴이었고, 황인과 청인들은 넓적 얼굴인 편이었다. 청인 종족들은, 안돈 사람의 핏줄과 섞였을 때, 뚜렷이 넓적 얼굴이 되었다. 2차 산긱들은 중간에서 긴 편의 얼굴이었다.

이 두개골 규격이 종족의 기원을 해독(解讀)하는 데 쓸모가 있어도, 통틀어서 뼈대가 훨씬 더 믿을 만하다. 유란시아 종족들의 초기 발전에는 최초에 다섯 가지 뚜렷한 종류의 뼈 구조가 있었다:

1. 안돈 부류, 유란시아 토착민.

2. 1차 산긱, 홍인·황인·청인.

3. 2차 산긱, 주황인·녹색인·남색인.

4. 놋 사람, 곧 달라마시아 사람들의 후손.

5. 아담 사람, 보라 인종.

이 5대 종족 집단이 널리 서로 섞임에 따라서, 계속된 혼합은 산긱의 유전적 우성(優性) 때문에 안돈 부류가 가려지는 경향이 있었다. 라프인과 에스키모인들은 안돈 종족과 산긱 청인 종족이 혼합된 것이다. 그들의 뼈 구조는 토착 안돈 부류를 간직하는 것에 아주 가깝다. 그러나 아담 사람과 놋 사람들은 다른 종족들과 아주 섞여서, 오직 일반화된 준코카서스 계급으로만 탐지할 수 있다.

따라서, 대체로, 지난 2만 년 동안에 쌓인 사람의 유물을 파헤침에 따라서, 다섯 가지 최초의 종류를 똑똑히 구분하기가 불가능할 것이다. 그러한 뼈 구조의 연구는 인류가 이제 대략 세 등급으로 나누어져 있음을 드러낼 것이다:

1. 준(準)코카서스 인종—놋과 아담 핏줄이 안드 사람과 혼합된 것이 1차와 (얼마큼) 2차 산긱과 혼합됨으로, 그리고 안돈 사람과 상당히 교배함으로 더 수정되었다. 서양의 백인 종족들은, 얼마큼의 인도인과 투란인 종족들과 함께, 이 집단에 속한다. 이 구분에서 통일하는 요소는 크거나 작은 비율로 안드 사람의 유전이 있는 것이다.

2. 준몽고 인종—1차 산긱 부류이며, 최초의 홍인·황인·청인 종족들을 포함한다. 중국인과 아메리카 인디안이 이 무리에 속한다. 유럽에서 준몽고 인종 종류는 2차 산긱과 안돈 사람과 혼합됨으로 수정되고, 안드 사람의 주입 때문에 더욱 수정되었다. 말레이와 기타 인도네시아 민족들이 이 분류에 들어간다. 하지만 그들은 높은 비율의 2차 산긱 피를 지니고 있다.

3. 준흑색 인종—2차 산긱 종류는, 최초에 주황·녹색·남색 종족들을 포함했다. 이것은 니그로가 가장 잘 설명하는 종류이며, 아프리카·인도·인도네시아 도처에, 2차 산긱 종족들이 있는 곳은 어디에나 발견될 것이다.

중국 북부에는 준코카서스와 준몽고 종류들이 얼마큼 섞였다. 레반트에서는 준코카서스와 준흑색 인종들이 서로 섞였다. 인도에서는, 남 아메리카에서처럼, 모두 세 종류가 대표된다. 살아남은 세 부류의 골격 특징은 아직도 지속하며, 오늘날 인간 종족들의 후기 선조를 확인하는 데 도움이 된다.

5. 문화적 사회

생물학적 진화와 문화를 가진 문명은 반드시 상관되지는 않는다. 어느 시대라도 유기체의 진화는 문화가 퇴폐하는 한가운데서도 방해받지 않고 진행될 수 있다. 그러나 오랜 기간의 인간 역사를 조사했을 때, 결국에는 진화와 문화가 원인과 결과로서 관계됨을 지켜볼 것이다. 진화는 문화가 없는 데서도 진행될지 모르지만, 문화가 있는 문명은 종족이 진보하는 적당한 선행적 배경이 없이, 번영하지 않는다. 아담과 이브는 인간 사회가 진보하는 데 낯선 문명의 기술을 하나도 들여오지 않았으나, 아담의 피는 종족들의 선천적 능력을 확대했고, 경제가 발전하고 산업이 진보하는 그 걸음을 가속하였다. 아담을 수여한 것은 종족들의 두뇌력을 개선하였고, 그로서 자연스러운 진화 과정을 크게 재촉하였다.

농업, 동물 사육(飼育), 개량된 건축을 통해서, 인류는 살기 위한 끊임없는 최악의 투쟁을 차츰 피했고, 무엇으로 사는 과정을 즐겁게 만드는가 찾으려고 뒤적거리기 시작했다. 이것이 자꾸 높아지는 물질적 편안의 수준을 얻으려는 수고의 시초였다. 제조업과 산업을 통해서, 사람은 필사 생활에서 쾌락의 내용을 차츰 키우고 있다.

그러나 문화적 사회는 모든 사람이 자유로 회원 자격을 가지고 전체가 평등하게 태어나는 특권, 물려받은 특권을 주는 크고 인정(人情) 많은 클럽이 아니다. 오히려 그 사회는 높고 늘 진보하는 지상 일꾼들의 동업 조합이며, 세상을 후세에 자식과 손자들이 살고 진보할 수 있는 더 좋은 장소로 만들려고 애쓰는 귀족 일꾼들만 그 계열로 받아들인다. 이 문명 조합은 비싼 입장료를 받아 내고, 엄격하고 세찬 훈련을 부과하며, 찬성하지 않는 자와 협조하지 않는 자에게 무거운 벌을 내리고, 한편 공통된 위험과 종족의 위협에 대하여 안전(安全)이 높아진 것을 제외하고, 개인의 방종이나 특권을 거의 주지 않는다.

사회의 집합은 생존을 보장하는 일종의 보험이며, 사람들은 그것이 이로움을 깨달았다. 따라서 대부분의 사람들은 자기를 희생하고 개인의 자유를 단축하는 보험료를 기꺼이 내려 하며, 이것을 사회는 높아진 이 집단 보호에 대한 값으로 그 구성원들로부터 받아 낸다. 잘라 말하면, 오늘날 사회의 기계적 작용은 시행 착오로 생긴 보험 계획이며, 이것은 인류의 초기 체험의 특징을 나타내는, 끔찍하고 반사회적 조건으로 돌아가는 것을 막기 위하여 어느 정도 확신과 보호를 주도록 고안되어 있다.

이처럼 사회는 협동하는 장치가 되며, 이것은 제도를 통하여 시민의 자유, 자본과 발명을 통해서 경제적 자유, 문화를 통해서 사회적 해방, 경찰의 규제를 통해서 폭력으로부터 자유를 확보하기 위한 것이다.

힘이 정의(正義)를 낳지는 않으나, 힘은 뒤잇는 각 세대가 공통으로 인정하는 권리를 집행한다. 정부의 주요한 임무는 권리를 규명하고, 계급의 차이를 정당하고 공평하게 규제하며, 법의 통치 밑에서 기회의 평등을 실시하는 것이다. 인간의 모든 권리는 사회적 임무와 결합되어 있다. 집단의 특권은 보험 작용이며, 이것은 집단 서비스에 대하여 힘든 보험료를 전부 낼 것을 어김없이 요구한다. 개인의 권리뿐 아니라 집단의 권리는, 성(性)의 경향을 규제하는 것을 포함해서, 보호를 받아야 한다.

집단의 규제에 지배되는 자유는 사회의 진화에서 정당한 목표이다. 제한 없는 자유는 불안정하고 경솔한 인간 지성들이 지어낸 헛되고 환상 같은 꿈이다.

6. 문명의 유지

생물학적 진화가 늘 향상되었지만, 많은 문화적 진화는 유프라테스 강 유역으로부터 파도를 이루어 나갔으며, 이것은 시간이 지남에 따라서, 순수 혈통을 가진 아담 후손 전체가 아시아와 유럽의 문명을 강화하려고 마침내 떠나갈 때까지, 연달아 약화되었다. 종족들은 완전히 섞이지 않았지만, 그들의 문명은 상당한 정도까지 섞였다. 문화는 천천히 세계에 두루 퍼졌다. 그리고 이 문명은 유지되고 양육(養育)되어야 한다. 이는 오늘날 문화의 새 근원이 하나도 존재하지 않고, 문명이 진화하는 느린 걸음에 활력을 주고 그것을 자극할 안드 사람들이 하나도 없기 때문이다.

지금 유란시아에서 진화하고 있는 문명은 다음 요인에서 생겨났고, 또 그 요인에 달려 있다:

1. 자연 상황. 물질 문명의 성질과 범위는 대체로 소용되는 자연 자원에 따라 결정된다. 기후, 날씨, 그리고 수많은 물리적 조건은 문화의 진화에 요인이다.

안드 사람의 시대가 열렸을 때, 온 세계에 광활하고 비옥하고 탁 트인 사냥 지역이 오직 두 군데 있었다. 하나는 북 아메리카에 있었고, 거기는 아메리카 원주민으로 덮여 있었다. 다른 하나는 투르키스탄의 북쪽에 있었고, 그 일부는 안돈 황인이 차지했다. 남서 아시아에서 우수한 문화가 진화한 데 결정적인 요인은 종족과 기후였다. 안드 사람들은 위대한 민족이었으나, 그들 문명의 과정을 좌우하는 데 결정적 요인은 이란·투르키스탄·신키앙이 더욱 건조해진 것이었고, 이것이 자꾸 메말라 가는 그들의 땅으로부터 생계를 잇는 수단을 짜내는 새롭고 진보된 방법을 발명하고 채택하도록 강요했다.

대륙들의 지형, 그리고 다른 땅 배치의 상황은 평화나 전쟁을 결정하는 데 크게 영향력을 미쳤다. 극소수의 유란시아 사람들이, 북 아메리카의 민족들이 누려 왔던 것처럼, 계속되고 방해받지 않은 발전에 유리한 기회를 누렸다—그들은 넓은 대양(大洋) 때문에 실지로 모든 방향에서 보호를 받았다.

2. 자본재. 문화는 결코 빈곤한 조건 밑에서 개발되지 않는다. 여가는 문명의 진보에 필수이다. 도덕적·영적 가치가 있는 개인의 인격은 물질적 부(富)가 없는 가운데 얻을 수 있지만, 문화를 가진 문명은 오로지, 포부와 더불어 여가를 허락하는 물질적으로 번영하는 조건 밑에서만 생긴다.

원시 시대의 유란시아에서, 생명은 심각하고 진지한 일이었다. 그리고 인류가 항상 건강에 좋은 열대 기후를 향하여 떠다니는 경향이 있었던 것은 끊임없는 투쟁과 그침 없는 수고를 피하려는 것이었다. 좀더 따듯한 이 거주 지대는 극심한 살기 위한 투쟁으로부터 얼마큼 한숨 돌리게 했지만, 이렇게 편안을 추구한 종족과 부족들은 피땀 흘려 벌지 않은 여가를 문명의 진보를 위하여 이용하는 일이 드물었다. 머리를 써서 수고함으로 노력을 적게 하고 노동 일수(日數)를 줄여서 땅으로부터 생계 유지하는 것을 배우고, 그처럼 잘 벌어들인 유익한 여가 시간을 즐길 수 있었던 종족들의 생각과 계획으로부터, 변함없이 사회의 진보가 생겼다.

3. 과학 지식. 문명의 물질적 면은 반드시 과학적 자료가 쌓이기를 기다려야 한다. 활과 화살을 발견하고 동력을 쓸 목적으로 동물을 이용한 뒤에, 사람이 바람과 물의 사용을 배우기까지 오랜 세월이 걸렸으며, 증기(蒸氣)와 전기의 이용이 뒤따랐다. 직물 짜기와 도자기, 동물 길들이기, 금속 가공 뒤에는, 글을 쓰고 인쇄하는 시대가 따랐다.

지식은 힘이다. 발명은 반드시 세계적 규모로 문화의 발전이 가속되는 것보다 앞서 간다. 과학과 발명은 무엇보다도 인쇄기로부터 이익을 보았고, 이 모든 문화 활동과 발명 활동의 상호 작용은 문화의 진보 속도를 엄청나게 빠르게 하였다.

과학은 사람에게 새로운 수학이라는 언어의 사용을 가르치며, 벅차게 엄밀한 노선을 따라서 사람의 생각을 훈련시킨다. 과학은 또한 오류의 제거를 통해서 철학을 안정시키며, 한편 미신을 없앰으로써 종교를 깨끗하게 한다.

4. 인간 자원. 인력(人力)은 문명을 퍼뜨리는 데 필수이다. 모든 다른 조건이 같다면, 수가 많은 민족은 그보다 적은 종족을 지배할 것이다. 따라서 수를 어느 점까지 늘이지 못하는 것은 민족의 운명이 완전히 실현되는 것을 막지만, 인구의 증가에서 계속된 성장이 자살이 되는 그러한 한계가 다가온다. 사람 대 토지의 정

상 비율의 적정(適正) 수준을 지나서 수가 증가하는 것은 생활 수준의 하락을 초래하거나, 아니면 평화로운 침투나 군사적 정복, 곧 강제 점령으로 영토의 경계를 즉시 확장함을 뜻한다.

너희는 때때로 전쟁의 참화에 충격을 받지만, 사회와 도덕의 발전을 위하여 충분한 기회를 마련해 주려고 큰 무리의 필사자들을 생산하는 것이 필요함을 깨달아야 한다. 혹성에서 그러한 번식과 더불어 곧 인구의 과잉이라는 심각한 문제가 일어난다. 사람이 사는 세계들의 대부분은 작다. 유란시아는 평균이며, 아마 크기가 좀 작다. 민족의 인구가 적정 수준에서 안정되는 것은 문화를 높이고 전쟁을 막는다. 그리고 성장을 그칠 때를 아는 나라는 현명한 나라이다.

그러나 지하 자원이 가장 풍부한 대륙과 가장 앞선 기계 장비는 그 민족의 지능이 쇠퇴한다면, 거의 진보하지 못할 것이다. 지식은 교육으로 얻을 수 있지만, 지혜는 참 문화에 필수이며, 오로지 경험을 통해서, 날 때부터 총명한 남녀들이 지혜를 확보할 수 있다. 그러한 민족은 체험으로부터 배울 수 있고, 참으로 지혜롭게 될까 한다.

5. <u>물질 자원의 효율성</u>. 많은 것이 자연 자원, 과학 지식, 자본재, 인간의 잠재성을 이용하는 데 전시되는 지혜에 달려 있다. 초기 문명에서 주요한 요인은 지혜롭고 사회적인 군주가 행사하는 <u>세력이었다</u>. 원시인은 동시대에 살던 우수한 사람들이 글자 그대로 떠맡긴 문명을 가졌다. 잘 조직되고 우수한 소수(小數)가 대체로 이 세상을 다스렸다.

힘이 정의가 되지는 않지만, 힘은 무엇이 지금 존재하고 역사에서 무슨 일이 있었는가를 결정한다. 유란시아는 겨우 요즘에야 사회가 힘과 정의(正義)의 윤리를 기꺼이 논의하려는 점까지 이르렀다.

6. <u>언어의 효율성</u>. 문명이 보급되는 것은 언어에 기대를 걸어야 한다. 살아 있고 성장하는 언어는 문명화된 생각과 계획이 팽창하는 것을 보장한다. 초기 시절에 중요한 진보는 언어에서 이루어졌다. 오늘날, 진화하는 생각의 표현을 수월하게 만들기 위해서, 언어의 계속된 발전이 크게 필요하다.

언어는 집단이 교제함으로부터 진화했고, 각 지역 집단은 낱말을 교환하는 자체의 체계를 개발하였다. 언어는 손짓, 표징, 외치는 소리, 흉내내는 소리, 억양, 그리고 후일의 알파벳을 소리내는 데 붙는 악센트를 통해서 성장했다. 언어는 사람이 가진 바 가장 크고 가장 쓸모 있는, 생각하는 데 쓰이는 연장이지만, 언어는 사회 집단들이 얼마큼 여가를 얻을 때까지 결코 번성하지 않았다. 말을 가지고 노는 성향은 새로운 낱말—속어—를 개발한다. 대다수가 그 속어를 채택하면, 관습은 그것이 언어가 되게 한다. 가족 집단에서 사람들이 "아기 말투"에 빠지는 것은 지방 사투리의 기원을 설명한다.

언어의 차이는 평화를 연장하는 데 항상 큰 장벽이었다. 지방 사투리를 정복하는 것은 한 민족 전체에 걸쳐서, 한 대륙에서, 또는 전 세계에 문화를 보급하는 것보다 앞서야 한다. 보편적 언어는 평화를 촉진하고 문화를 보장하며 행복을 증진한다. 한 세상의 언어가 몇 개로 줄어들 때조차도, 주도하는 문화 민족들이 이 언어들을 통달하는 것은 세계의 평화(平和)와 번영을 이룩하는 데 힘차게 영향을 미친다.

국제어(國際語)의 개발을 향하여 유란시아에서 진보가 거의 없기는 했어도, 국제 상업 교류가 확립된 것은 많은 공적을 이룩하였다. 그리고 언어, 무역, 예술,

과학, 경쟁 놀이, 또는 종교를 끌어들이는가에 상관 없이, 이 모든 국제 관계가 육성되어야 한다.

7. 기계 장치의 효율성. 문명의 진보는 연장, 기계 및 분배 경로의 발달과 소유에 직접 관계된다. 개량된 연장, 정교하고 효율이 있는 기계들은 진보하는 문명의 무대에서 서로 다투는 집단들의 생존을 결정한다.

초기 시절에 땅을 가는 데 적용된 유일한 에너지는 인력(人力)이었다. 사람을 쓰지 않고 황소로 대신한 것은, 사람을 일자리로부터 내쫓았기 때문에, 오래 걸린 싸움이었다. 나중에는 기계가 사람을 대체하기 시작했고, 그러한 발전은 모조리 사회의 진보에 직접 이바지했는데, 이는 그것이 더 가치 있는 과제들을 성취하기 위하여 인력을 해방하기 때문이다.

지혜롭게 사용하면, 과학은 사람을 사회적으로 해방하는 큰 수단이 될지 모른다. 노동을 절약하는 새 종류의 기계가 너무 빨리 발명되는 결과로서 큰 집단이 일자리를 갑자기 잃게 되어 문제가 발생할 수 있다. 지능 수준이 너무 낮아서 그런 과도기 문제에 성공적으로 적응하는 지혜로운 방법과 건전할 기술을 발견할 수 없는 민족에게만, 기계 시대는 재난이 될 수 있다.

8. 횃불 쥔 자들의 인격. 사회의 유산은 사람으로 하여금, 먼저 있었고 문화와 지식의 총합에 무엇이라도 이바지한 모든 사람의 어깨 위에 설 수 있게 만든다. 문화의 횃불을 다음 세대에 넘겨 주는 이 작업에서, 가정은 늘 기초 제도가 될 것이다. 놀이와 사회 생활이 다음에 오며, 마지막이지만, 복잡하고 상당히 조직된 사회에서 똑같이 필수인 학교가 따른다.

곤충은 일생을 위하여 완전히 교육받고 장비를 갖춘 채로 태어난다—정말로 아주 좁고 순전히 본능적인 존재이다. 인간의 아기는 교육 없이 태어난다. 따라서 사람은 어린 세대를 교육하는 훈련에 고삐를 쥠으로, 문명이 진화하는 과정을 크게 수정할 힘을 소유한다.

문명을 증진하고 문화를 앞서게 하는 데 이바지하는 20세기 최대의 영향력은, 세계 여행의 두드러진 증가, 그리고 통신 방법의 전례 없던 개선이다. 그러나 교육의 개선은 커지는 사회 구조와 발걸음을 맞추지 못했다. 윤리를 현대에 이해하는 것도 좀더 순전히 지적이고 과학적인 노선을 따라서 성장하는 데 맞추어 발전하지도 않았다. 그리고 현대 문명은 영적인 발전과 가정 제도의 보호에는 걸음을 멈춘 상태에 있다.

9. 종족의 이상. 한 세대의 이상(理想)은 직계 후손을 위하여 운명이 가는 경로를 개척한다. 사회에서 횃불을 쥔 자들의 질은 문명이 전진하는가 후퇴하는가를 결정한다. 한 세대의 가정·교회·학교는 뒤잇는 세대의 인격의 경향을 미리 정해 준다. 한 종족이나 나라의 도덕적·영적 운동량은 그 문명에서 문화의 속도를 대체로 결정한다.

이상은 사회적 흐름의 근원을 높인다. 그리고 어떤 흐름도, 무슨 압력이나 방향을 통제하는 기술이 이용된다 하더라도, 그 근원보다 더 높이 올라가지 못할 것이다. 문화가 있는 문명의 가장 물질적인 면을 움직이는 힘조차 사회의 성취 중에서 물질 성향이 가장 적은 곳에 거한다. 지능은 문명의 작용을 통제하고, 지혜는 그것을 지휘할지 모르지만, 영적 이상주의는 한 달성 수준으로부터 다음 수준까지 인간의 문화를 정말로 높이고 앞으로 나아가게 하는 에너지이다.

처음에, 삶은 존재하기 위한 싸움이었다. 삶은 이제 생활 수준을 위한 싸움이며, 다음에는 생각의 질을 높이는 싸움이 될 것이요, 이것은 인간의 존재에서 다가오는 지상의 목표이다.

10. <u>전문가들의 조정</u>. 초기에 노동의 분업으로, 나중에는 그에 따라 전문화한 결과로 말미암아 문명은 엄청나게 진보되었다. 문명은 이제 전문가들을 효과 있게 조정하는 데 달려 있다. 사회가 확대됨에 따라서, 여러 전문가를 함께 모으는 어떤 방법을 발견해야 한다.

사회·예술·기술·산업의 전문가들은 줄곧 늘어나고, 기술과 숙달 면에서 나아질 것이다. 능력이 다각화되고 고용이 상이한 것은, 조정하고 협동하는 효과적 수단이 개발되지 않는다면, 궁극에는 인간 사회를 약화시키고 무너지게 할 것이다. 그러나 그러한 창의성을 발휘하고 전문화하는 능력을 가진 지능은, 발명이 급속히 성장하고 문화 팽창의 걸음이 빨라짐으로 생기는 모든 문제를 통제하고 조절하는 적당한 방법을 고안하는 데 전적으로 유능할 것이다.

11. <u>일자리를 찾는 장치</u>. 사회의 발전에서 다음 시대는, 항상 늘어나고 확대되는 전문화를 더 낫게, 더 효과 있게 협동하고 조정하는 데서 구현될 것이다. 노동이 더욱 다양화됨에 따라서, 개인들을 적당한 일자리로 지도하는 어떤 기술이 고안되어야 한다. 유란시아의 문명화된 민족들 사이에서, 기계는 실업(失業)을 낳는 유일한 원인이 아니다. 경제의 복잡성, 산업 및 직업의 전문화가 꾸준히 증가하는 것은 노동자에게 일자리 찾아 주는 문제를 더욱 어렵게 만든다.

사람을 일하도록 훈련하는 것만으로 넉넉하지 않다. 복잡한 사회에서는 또한 일자리를 찾는 효과적인 방법이 마련되어야 한다. 생계를 잇는 상당히 특수화된 기술을 시민들에게 훈련시키기 전에, 전문화된 일에서 잠시 일자리를 잃었을 때 이용될 수 있는, 하나 이상의 보통 노동, 상업, 또는 직종에서 훈련을 받아야 한다. 어떤 문명도 큰 실업자 계급을 오랫동안 지니고서는 살아남을 수 없다. 시간이 되면, 최선의 시민들조차 공공(公共) 금고로부터 지원을 받음으로 비뚤어지고 사기(士氣)를 잃게 될 것이다. 개인적으로 베푸는 자선조차도, 팔다리가 멀쩡한 시민들에게 오래 베풀었을 때 해독이 된다.

고도로 전문화된 그런 사회는 옛날 민족들의 옛 공동체 및 봉건적 관습을 달갑게 받아들이지 않을 것이다. 많은 보통 서비스가 수긍할 만하게, 이롭게 사회화될 수 있는 것이 참말이지만, 총명하게 협동하는 어떤 기술을 써서, 고도로 훈련받고 극도로 전문화된 인간들을 최선으로 관리할 수 있다. 현대화된 조정과 우호적인 규제는, 더 낡고 원시적인 공산주의 방법이나 무력(武力)에 기초를 두고 독재로 통제하는 기구보다 더 오래 가는 협동을 낳을 것이다.

12. <u>기꺼이 협동하는 정신</u>. 인간 사회의 진보에 큰 장애물의 하나는 크고 사회화된 인간 집단, 그리고 그보다 작고 반대 생각을 가진 단체, 즉 반사회적 생각을 가진 개별 인간들은 물론이고 인류의 반사회적 단체, 이 둘의 이익과 복지 사이에 있는 싸움이다.

어떤 국가의 문명도 그 교육 방법과 종교적 이상이, 높은 종류의 총명한 애국심과 국가에 대한 헌신을 불러일으키지 않으면, 오래 가지 못한다. 이런 종류의 총명한 애국심과 문화적 단결이 없으면, 모든 국가가 지방의 질투와 지역 자체 이권의 결과로서, 무너지는 경향이 있다.

세계적인 문명을 유지하는 것은 평화와 친교 속에서 어떻게 함께 사는가를 배우는 인간들에게 달려 있다. 효과적인 조정이 없이, 산업 문명은 지나친 전문화의 위험, 즉 단조로움, 편협, 그리고 불신과 질투를 기르는 경향 때문에 위태롭게 된다.

13. <u>효과적이고 지혜로운 지도력</u>. 문명에는 많은 것, 허다한 것이, 열심히 효과 있게 짐을 끌어당기는 정신에 달려 있다. 큰 짐을 드는 데 열 사람은, 함께—모두가 같은 순간에—들지 않는다면, 한 사람보다 더 낫지 않다. 그러한 단체 작업—사회적 협동—은 지도력에 달려 있다. 지난날과 오늘날의 문화적 문명은, 시민이 지혜롭고 진취적인 지도자들과 영리하게 협동하는 데 기초를 두었다. 그리고 사람이 더 높은 수준으로 진화하기까지, 문명은 지혜롭고 활력 있는 지도력에 계속 의존할 것이다.

높은 문명은 물질적 부(富), 지적 위대함, 도덕적 가치, 사회적 재치, 우주를 보는 통찰력, 이러한 것들의 현명한 상관 관계로부터 태어난다.

14. <u>사회의 변화</u>. 사회는 신이 준 제도가 아니다. 사회는 점진적으로 진화하는 현상이다. 전진하는 문명은 그 지도자들이, 그 시대의 과학의 발전과 발걸음을 맞추는 데 필수인 사회 조직의 변화를 더디게 일으킬 때, 반드시 늦어진다. 이 모든 것 때문에, 오래 되었다는 이유만으로 사물을 업신여겨서는 안 되며, 한 아이디어를 다만 진기하고 새롭다고 해서 무조건 채택해서도 안 된다.

사람은 사회의 장치를 가지고 실험하는 것을 두려워하지 말아야 한다. 그러나 문화적으로 조절하는 이 모험들은 반드시, 사회 진화의 역사를 충분히 통달한 자들의 통제를 받아야 한다. 이 개혁자들은 고려하는 사회 실험이나 경제 실험의 분야에서 실지로 체험을 가진 자들의 지혜를 반드시 참조해야 한다. <u>어떤 큰 사회적 변화나 경제적 변화도 갑자기 시도해서는 안 된다</u>. 온갖 종류의 인간적 조정—물리적, 사회적, 또는 경제적 조정—에는 시간이 필수이다. 오로지 도덕적·영적 조정이 순간에 이루어질 수 있고, 이것들조차 그 물질적·사회적 반향이 충분히 해결되는 데는 시간의 흐름이 필요하다. 문명이 한 수준에서 다른 수준으로 넘어가는 결정적인 시기에, 그 민족의 이상(理想)은 주요한 지지와 확신이 된다.

15. <u>과도기 붕괴의 예방</u>. 사회는 오랜 세월에 걸쳐 시행 착오로 얻은 산물이다. 사회는 동물 수준에서부터 혹성 지위를 가진 인간 수준으로 인류가 오랜 세월에 걸쳐 올라간 연속된 단계에서, 선택해서 조정하고, 조정을 거듭하여 살아남은 것이다. 어떤 문명에서도—어느 한 순간에도—가장 큰 위험은 과거의 인정된 방법으로부터 새롭고 더 낫지만 실습해 보지 않은 미래의 과정으로 넘어가는 시기에, 붕괴되는 위협이다.

지도력은 진보를 좌우한다. 지혜·통찰력·선견은 국가가 지속하는 데 필수이다. 유능한 지도력이 비로소 사라지기까지 문명은 결코 정말로 위태롭지 않다. 그러한 지혜로운 지도자들의 수는 결코 인구의 1퍼센트를 넘은 적이 없다.

문명은 진화의 사다리에서 이 가로대를 딛고, 급속히 팽창하는 20세기의 문화에서 절정에 이른 힘찬 영향력이 개시될 수 있는 자리에까지 올라갔다. 그리고 오로지 이 필수인 것들에 집착함으로써, 사람은 오늘날의 문명이 계속 발전하고 확실히 살아남도록 마련하면서, 그 문명의 유지를 희망할 수 있다.

이것이 아담 시절 뒤로 문명을 세우려고 땅의 민족들이 겪은, 길고 긴 투쟁의 요점이다. 오늘날의 문화는 이 벅찬 진화에서 생긴 최종의 결과이다. 인쇄가 발견되기 전에 진보는 비교적 느렸는데, 이는 한 세대가 그 전임자들의 업적으로부터 그렇게 빨리 이득을 얻을 수 없었기 때문이다. 그러나 이제 인간 사회는 문명이 투쟁해 온, 지금까지의 세월 동안에 축적된 여세(餘勢)의 힘을 입고, 앞으로 돌진하고 있다.

[네바돈의 한 천사장이 후원하였다.]

제 82 편

결혼의 진화

결혼—짝짓기—는 남녀의 구분으로부터 생겨난다. 결혼은 그러한 양성(兩性)에 사람이 반응하는 조정이며, 한편 가족 생활은 그러한 진화하며 적응하는 모든 조정으로부터 생기는 총합이다. 결혼은 오래 버티고 있다. 결혼은 생물학적 진화에 본래부터 있는 것이 아니지만, 모든 사회적 진화의 기초이며, 따라서 어떤 형태로 계속 존재할 것이 확실하다. 결혼은 인류에게 가정을 주었고, 가정은 길고도 힘드는 진화의 투쟁 전체에서 더할 나위 없는 영광이다.

종교 제도, 사회 제도, 교육 제도는 모두 문화가 있는 문명이 살아남는 데 필수이지만, 가족은 사람을 문명화시키는 으뜸 가는 처방이다. 어린아이는 가족과 이웃으로부터 인생의 기본의 대부분을 배운다.

옛 시절의 사람들은 아주 부유한 사회 문명을 소유하지 않았지만, 가진 것을 충실하게 효과적으로 다음 세대에 넘겨 주었다. 이 과거 문명의 대부분은, 가정이 효과 있게 작용하고 있었기 때문에, 아주 최소한의 다른 제도적 영향과 더불어 줄곧 진화했다는 것을 너희는 깨달아야 한다. 오늘날 인간 종족들은 부유한 사회·문화적 유산을 소유하며, 그것은 뒤잇는 세대들에게 지혜롭고 효과 있게 전수(傳授)되어야 한다. 하나의 교육 기관인 가족은 유지되어야 한다.

1. 짝짓는 본능

남자와 여자 사이에 큰 성격 차이가 있는데도, 성욕은 종(種)의 번식을 위하여 남녀가 한데 모이는 것을 보장하기에 넉넉하다. 인간들이 나중에 사랑, 헌신, 결혼의 정절(貞節)이라 부르는 것을 많이 맛보기 오래 전에, 이 본능은 효과 있게 작용했다. 짝짓기는 타고난 성향이며, 결혼은 그것이 사회에 주는 진화적 반향이다.

성(性)에 관한 흥미와 욕구는 원시 민족들에게 지배하는 정열이 아니었다. 그들은 다만 성을 당연한 것으로 생각했다. 번식하는 체험 전부가 상상적인 치장이 없었다. 좀더 높이 문명화된 민족들이 느끼는 정열, 온 몸을 휩쓰는 성의 정열은 주로 종족의 혼합 때문이며, 진화된 성품이 놋 사람과 아담 사람들의 결합된 상상력과 아름다움을 이해하는 마음에 자극받은 곳에서 특히 그렇다. 그러나 이 안드 사람의 유전을 진화 종족들이 아주 소량으로 흡수했기 때문에, 더 날카로운 성(性) 의식과 더 강한 짝짓는 욕구를 부여받음으로 이처럼 일깨워지고 자극받은 동물적 정열에 충분한 자제력을 마련해 주지 못했다. 진화 종족들 가운데, 홍인이 가장 높은 성 규율을 가지고 있었다.

결혼에 대한 관계에서, 성의 규제는 다음을 가리킨다:

1. 문명의 상대적 진보. 문명은 유익한 경로에서, 도덕률에 따라서 성욕을 만족할 것을 더욱 요구한다.

2. 어느 민족에서도 그 안에 든 안드 핏줄의 분량. 성은 그러한 무리들 사이에서 육체 및 감정의 본질에서 가장 높고 낮은 것을 모두 표현하게 되었다.

산긱 종족들은 정상으로 동물의 정열이 있었지만, 이성(異性)의 아름다움이나 육체적 매력을 상상하거나 이해하는 성향을 거의 나타내지 않았다. 성의 매력이라 부르는 것은 오늘날의 원시 종족들에서도 거의 부재한다. 혼합되지 않은 이 민족들은 분명한 짝짓는 본능이 있지만, 사회의 통제를 요구하는 심각한 문제들을 만들 정도로 성의 매력을 충분히 느끼지 않는다.

짝짓는 본능은 인간이 가진, 지배하는 육체적 추진력이다. 그것은 개인의 만족이라는 탈을 쓰고서, 개인의 편안을 구하고 책임으로부터 개인이 해방되는 것보다 종족의 복지와 영속을 더 중요하게 여기도록, 이기적인 사람을 실질적으로 속이는 하나의 감정이다.

하나의 제도로서, 결혼은, 옛 시작으로부터 현대에 이르기까지, 자아를 존속시키는 생물학적 성향이 사회적으로 진화한 것을 묘사한다. 진화하는 인종이 영속하는 것은 종족의 이 짝짓는 충동이 존재함으로 확실하게 되며, 이 욕구는 쉽게 말해서 성적 매력이라고 부른다. 위대한 이 생물학적 욕구는 온갖 종류의 연관된—육체적·지적·도덕적·사회적—본능, 감정, 관습에 대하여 충동하는 축(軸)이 된다.

야만인에게는 먹을 것의 공급은 강제하는 동기이지만, 풍부한 식량을 문명이 보장할 때, 성욕은 지배하는 충동이 되는 일이 빈번하며, 따라서 늘 사회의 규제가 필요하다. 동물의 경우에, 본능의 주기(週期)가 짝짓는 성향을 통제하지만, 사람은 대체로 자제(自制)하는 존재이니까, 성욕이 아주 주기적으로 생기지는 않는다. 따라서 사회가 개인에게 자제를 부과하는 것이 필요하다.

고삐가 풀리고 지나치게 탐닉할 때, 인간의 어떤 감정이나 충동도, 이 강력한 성욕만큼 많은 해독과 슬픔을 일으킬 수 없다. 이 충동을 사회의 규제를 받도록 영리하게 굴복시키는 것은 어느 문명이라도 그 현실성을 재는 최고의 시험이 된다. 자제, 거듭된 자제는, 진보하는 인류의 항상 늘어나는 요구이다. 비밀을 가지는 것, 불성실, 위선(僞善)은 성 문제를 눈에 띄지 않게 할지 모르지만, 해결책을 마련하지 않으며, 윤리를 향상시키지도 않는다.

2. 제한하는 금기

결혼의 진화에 관한 이야기는 다만 사회와 종교와 국가의 제한이 주는 압력을 통해서 성을 통제하던 역사이다. 자연은 개인들을 거의 인식하지 않는다. 자연은 이른바 도덕을 알아보지 못한다. 자연은 오로지, 순전히 종의 번식에만 아랑곳한다. 자연은 강제로 번식을 주장하지만, 그 결과로 생기는 문제를 사회가 해결하라고 무관심하게 버려 두며, 이처럼 진화하는 인류에게, 늘 따라다니는 주요한 문제를 만들어 낸다. 이 사회적 갈등은 기본적 본능과 진화하는 윤리 사이에 끝없이 벌어지는 싸움에 있다.

옛날 종족들 사이에는 남녀의 관계에 대하여 거의 또는 아무런 규제가 없었다. 이 성의 방종(放縱) 때문에 아무런 매춘이 없었다. 오늘날, 피그미와 기타 뒤떨어진 집단은 아무런 결혼 제도가 없다. 이 민족들을 연구하는 것은 원시 민족들이 따르는, 단순한 짝짓기 관습을 드러낸다. 그러나 옛 민족들을 모두, 그들 시대 관습의 도덕 수준에 비추어서 연구하고 판단해야 한다.

그러나 자유롭게 사랑을 나누는 것은 지독한 야만의 수준보다 결코 평판이 더 좋은 적이 없었다. 사회 집단들이 비로소 형성되는 순간, 결혼 법규와 결혼 제한이 발달되기 시작했다. 이처럼 짝짓기는 거의 완전한 성의 자유로부터 비교적 완전히 성을 제한하는 20세기 수준까지, 수많은 과도기를 거쳐서 진보했다.

부족이 발전하는 가장 이른 단계에서 도덕률과 제한하는 금기는 아주 투박했으나, 이것들이 남녀를 떼어놓기는 했다—이것은 조용함과 질서와 근면을 조장했다—그리고 결혼과 가정의 오랜 진화가 시작되었다. 복장, 치장의 성별에 따른 관례와 종교 관습은 이 옛날의 금기(禁忌)에 기원이 있었고, 이 금기는 성의 자유의 범위를 명확히 정하고, 이렇게 결국에는 악덕과 범죄와 죄라는 개념을 만들어 냈다. 그러나 중요한 축제 날, 특히 5월제에는 성(性)에 대한 모든 제한을 중지하는 것이 오랫동안 관습이었다.

여자는 언제나 남자보다 더 엄격한 금기에 지배되었다. 초기의 도덕률은 남자와 마찬가지로, 결혼하지 않은 여자에게 같은 정도로 성의 자유를 주었지만, 아내가 남편에게 충실하는 것이 아내에게 반드시 요구되었다. 원시의 결혼은 남자에게 성의 자유를 크게 줄이지 않았지만, 아내에게는 더 계속된 성의 자유를 금했다. 결혼한 여자들은 언제나 머리 장식, 옷차림, 베일, 은둔, 치장, 반지와 같은 어떤 표시를 지녔고, 이것은 한 등급으로서 그들을 따로 구별했다.

3. 옛날의 결혼 관습

결혼은 사람의 그칠 줄 모르는 번식하는—자기를 퍼뜨리는—욕구의 긴장, 늘 있는 생물학적 긴장에 사회적 유기체가 제도적으로 반응하는 것이다. 짝짓기는 보편적으로 자연스러우며, 사회가 단순한 것에서 복잡한 것으로 진화하는 동안, 그에 따라서 짝짓기 관습이 진화했으며, 이것이 결혼 제도의 시초이다. 사회의 진화가 도덕률이 생기는 단계까지 진보하는 곳은 어디에나, 결혼이 진화하는 제도로서 발견될 것이다.

결혼에는 두 가지 뚜렷한 영역이 언제나 있었고, 언제나 있을 터인데, 도덕률, 곧 짝짓기의 바깥 면을 규제하는 법과, 그밖에 남자와 여자들의 비밀스럽고 개인적인 관계이다. 사회가 부과한 성 규제에 맞서 개인은 언제나 반항하였다. 그리고 이것이 오랜 세월에 걸쳐 이 성 문제가 있는 이유이다: 자아의 유지는 개별적이지만 집단이 그것을 수행하며, 자아의 존속은 사회적이지만, 개인의 충동이 그것을 확보한다.

모든 민족 사이에서 보다시피, 존중되었을 때 도덕률은 성욕을 제한하고 통제하는 충분한 힘을 가지고 있다. 결혼의 기준은 언제나 도덕률의 현재 힘, 그리고 국가 정부의 기능적 총체를 가리키는 참다운 지표였다. 그러나 초기에 있던 성(性) 및 짝짓기에 관한 도덕률은 모순되고 조잡한 규칙들의 집합이었다. 부모, 아이들, 친척, 사회 모두가 결혼의 규제에 상충되는 이익이 있었다. 그러나 이 모든 것이 있었는데도, 결혼을 높이고 실천한 종족들은 자연히 더 높은 수준으로 진화했고, 그 무리는 큰 수로 살아남았다.

원시 시절에 결혼은 사회적 지위를 얻으려고 치르는 값이었다. 아내를 소유하는 것은 탁월의 표시였다. 야만인은 결혼하는 날을 책임을 맡고 성년기에 들어가는 표시로 바라보았다. 한 시대에 결혼을 사회에 대한 의무로 여겼고, 다른 시대에는 종교적 의무로, 또 다른 시대에는 국가에게 시민을 마련해 주는 정치적 요건으로 생각되었다.

초기의 많은 부족은 훔치는 공적을 결혼 자격으로 요구했다. 후일의 민족들은 그렇게 침공하여 약탈하는 것을, 운동 경기와 경쟁하는 경기(競技)로 바꿔치웠다. 이 경기에서 이긴 자들에게는 1등상—그 계절에 신부들 가운데 가장 아름다운 여자—를 주었다. 머리 사냥꾼들 사이에서, 젊은이는 적어도 머리 하나를 소유할 때까지 결혼해서는 안 되었다. 하지만 그러한 두개골은 어떤 때는 살 수 있었다. 아내 사들이기가 줄어들자, 수수께끼 경쟁을 해서 아내들을 얻게 되었고, 이것은 흑인의 여러 집단 사이에 아직도 남아 있는 관습이다.

진보하는 문명과 함께, 어떤 부족들은 남자들이 견디는 어려운 결혼 시험을 여자들의 손에 넘겼다. 이처럼 여자들은 그들이 선택하는 남자를 선호할 수 있었다. 이 결혼 시험은 사냥·싸움 솜씨와 가족을 먹여 살리는 능력을 포함했다. 신랑은 적어도 1년 동안 신부의 가족에 들어가서, 거기서 살고 수고하며, 그가 추구하는 아내를 가질 자격이 있음을 증명하는 것이 오랫동안 요구되었다.

아내의 자격은 고된 일을 해내고 아이를 낳을 수 있는 능력이었다. 아내는 농사일의 어떤 부분을 주어진 시간 안에 해내는 것이 요구되었다. 결혼하기 전에 아이를 낳으면, 그 여자는 더군다나 값이 있었다. 이렇게 그 여자의 생산 능력이 보장되었기 때문이다.

옛날의 민족들이 결혼하지 못한 것을 창피나 죄라고까지 여겼다는 사실은 아이 결혼의 유래를 설명한다. 사람은 결혼해야 하니까, 이르면 이를수록 더 좋은 것이다. 결혼하지 못한 사람은 영 나라에 들어가지 못한다는 것을 또한 널리 믿었고, 이것이 태어날 때조차, 때로는 낳기 전에, 성별에 달려 있지만, 아이들을 결혼시키는 추가된 동기였다. 옛 사람들은 죽은 사람도 결혼해야 한다고 믿었다. 최초의 중매쟁이들은 죽은 개인들을 위하여 결혼을 협상하려고 고용되었다. 한 부모가 죽은 아들과 다른 가족의 죽은 딸과 결혼시키려고 이 중개자들과 주선하곤 했다.

후일의 민족들 사이에서 사춘기가 결혼하는 보통 나이였으나, 이것은 문명의 진보에 정비례해서 앞당겨졌다. 사회의 진화에서 일찍부터 특이한 독신 계급의 남자와 여자들이 생겨났다. 정상의 성욕이 얼마큼 모자라는 개인들이 이 계급을 시작하고 유지했다.

많은 부족이 신부를 그 남편에게 주기로 된 날 바로 전에, 다스리는 집단의 구성원들에게 신부와 성관계를 가지도록 허락했다. 이 사람들은 각자 소녀에게 선물을 주곤 했으며, 이것이 결혼 선물을 주는 관습의 기원이었다. 어떤 집단에서는 젊은 여자가 자기 지참금을 벌 것이라 기대되었고, 이것은 신부를 전시하는 방에서 신부가 성교 서비스에 대한 값으로 받은 선물로 이루어졌다.

어떤 부족들은 젊은 남자를 과부와 늙은 여자에게 결혼시켰고, 나중에 홀아비가 되었을 때, 젊은 여자와 결혼하도록 허락하곤 했다. 이렇게 해서, 그들이 표현한 바와 같이, 그들 생각에 두 젊은이가 짝짓도록 놓아 둘 경우처럼 양쪽 부모가 바보가 되지 않을 것을 보장하였다. 다른 부족들은 짝짓기를 비슷한 나이 집단에 제한했다. 어떤 나이 집단에 결혼을 제한한 것이 근친 상간(相姦)의 관념을 처음 낳았다. (인도에서는 지금도 결혼하는 데 아무런 나이 제한이 없다.)

어떤 도덕 관습 밑에서는 과부 생활을 크게 두려워했고, 과부들은 남편의 무덤에서 죽음을 당하든지 자살하도록 허락되었는데, 이는 그들이 배우자와 함께 영의 나라로 간다고 생각되었기 때문이다. 남편이 죽은 것은 거의 변함없이, 살아남은 과부의 탓으로 돌렸다. 어떤 부족들은 과부를 산 채로 태웠다. 한 과부가 계속해서 살면, 재혼이 대체로 부인되었으니까, 그 여자의 인생은 계속 애도하고, 견딜 수 없게 사회의 제한을 받는 인생이었다.

옛 시절에는 지금 부도덕하다고 여기는 많은 관습을 장려하였다. 원시의 아내들은 남편이 다른 여자들과 정사(情事)를 벌이는 것을 크게 자랑으로 여기는 일이 뜸하지 않았다. 소녀에게 순결은 결혼에 큰 방해물이었다. 결혼하기 전에 아이를 낳는 것은, 아이 낳을 수 있는 동반자를 남자가 가진 것이 확실하니까, 아내로서 한 소녀의 바람직함을 크게 높여 주었다.

많은 원시 부족은 여자가 아이를 배기까지 연습 결혼을 인가했으며, 아이를 가졌을 때 정식으로 결혼식이 거행되곤 했다. 다른 집단에서는 첫 아이가 태어나기까지 결혼식을 올리지 않았다. 아내가 아이를 못 낳으면, 그 부모가 그 여자를 돌려받아야 했고, 결혼은 취소되었다. 도덕 관습은 모든 부부가 아이 가질 것을 요구했다.

원시의 이 연습 결혼은 조금도 방종과 비슷한 데가 없었다. 이것은 다만 생산력을 진지하게 시험하는 것이었다. 계약하는 사람들은 생식력이 증명되자마자 영구하게 결혼했다. 현대의 부부가, 머리의 뒷전에서 결혼 생활에 온통 만족하지 않으면 편리하게 이혼할 생각을 가지고 결혼할 때, 그들은 실제로 일종의 연습 결혼에 들어가는 것이며, 그것은 그보다 적게 문명화된 조상들이 정직하게 모험하는 위치보다 훨씬 아래에 있는 결혼이다.

4. 재산 관습 밑에서 있던 결혼

결혼은 언제나 재산과 종교와 가깝게 연결되어 왔다. 재산은 결혼을 안정시키는 물건이요, 종교는 결혼을 도덕적으로 만드는 것이었다.

원시의 결혼은 투자요, 경제적 투기(投機)였다. 불장난하는 일이기보다 사업의 문제였다. 옛 사람들은 집단의 이익과 복지를 위하여 결혼했다. 따라서 집단, 곧 부모와 장로들이 그들의 결혼을 계획하고 주선했다. 그리고 재산 관습이 결혼 제도를 안정시키는 데 효과가 있었다는 것은, 결혼이 많은 현대 민족보다, 초기의 부족들 사이에서 더 영구적이었다는 사실로 증명된다.

문명이 진전되고 사유 재산이 관습에서 더 인정을 얻음에 따라서, 도둑질은 큰 범죄가 되었다. 간통은 일종의 도둑질, 남편의 재산권을 침해하는 것으로 여겼다. 따라서 초기에 있었던 법규와 도덕률에서 간통은 특정하게 언급되지 않았다. 여자는 아버지의 재산으로서 시작했고, 아버지는 그의 권리를 딸의 남편에게 넘겨 주었다. 모든 합법화된 성관계는 기존하는 이 재산권에서 생겨났다. 구약(舊約)은 여자를 일종의 재산으로 다룬다. 코란은 여자들이 열등하다고 가르친다. 남자는 아내를 친구나 손님에게 빌려 줄 권리를 가졌고, 이 관습은 아직도 어떤 민족들 사이에서 유행한다.

현대에 성에 대한 경계심은 타고난 것이 아니다. 그것은 진화하는 도덕률의 산물이다. 원시의 남자는 아내를 시샘하지 않았다. 그는 그냥 제 재산을 지키고 있었다. 아내를 남편보다 더 엄격한 성(性)의 책임에 붙들어 두는 이유는 아내의 결혼 부정(不淨)이 자손과 상속에 관계되기 때문이다. 문명의 행진에서 아주 일찍부터 사생아는 평판이 나빴다. 처음에는 오직 여자만 간통으로 벌을 받았다. 나중에 도덕 관습은 또한 여자의 상대도 책망할 것을 선포했으며, 오랜 세월 동안, 피해를 받은 남편이나 보호자인 아버지는 침해한 남자를 죽일 온전한 권리가 있었다. 현대의 민족들은 이 관습을 지니고 있는데, 이것은 불문율 밑에서 이른바 정절을 침해한 범죄를 인정한다.

순결의 금기가 재산 관습의 한 단계로서 그 기원을 가졌으니까, 이 금기는 처음에 결혼한 여자들에게 적용되었어도 결혼하지 않은 소녀들에게는 적용되지 않았다.

후일에는 구혼자보다 아버지가 순결을 더 요구했다. 처녀는 아버지에게 상업의 재산이었다—처녀는 값이 더 비쌌다. 순결이 더 요구되자, 남편이 되려는 자를 위하여 순결한 신부를 적절히 기르는 서비스를 인정하는 뜻에서 아버지에게 신부의 값을 치르는 것이 관행이 되었다. 일단 시작되자, 여자의 순결을 지키는 이 아이디어가 종족들에게 꽉 들어박혀서, 처녀성을 보장하기 위하여, 소녀들을 글자 그대로 장 속에 가두는 것, 실제로 몇 년 동안 잡아 가두는 것이 관습이 되었다. 그래서 그 후의 기준과 처녀성 시험은 자동으로 전문 창녀 계급을 낳았다. 그들은 퇴짜맞은 신부들, 처녀가 아닌 것이 신랑의 어머니들한테 들킨 여자들이었다.

5. 안 결혼과 바깥 결혼

아주 일찍부터 야만인은 종족의 혼합이 자손의 질을 높인다는 것을 관찰했다. 안에서 교배하는 것이 반드시 나빴다는 것이 아니라, 바깥 교배가 반드시 비교해서 더 나았다. 따라서 도덕 관습은 가까운 친척 사이에서 성관계를 제한하도록 구체화하는 경향이 있었다. 바깥 교배가 진화적 변화와 개선을 위하여 선택하는 기회를 크게 늘인다는 것이 인식되었다. 바깥 교배(交配)로 생긴 개인들은 더 능력 있고 냉혹한 세계에서 살아남는 능력이 더 컸다. 안에서 교배하는 자들은, 그들의 도덕 관습과 함께, 차츰 사라졌다. 이것은 모두 천천히 일어난 발전이었다. 야만인은 의식해서 그런 문제를 따져보지 않았다. 그러나 후일의 진보하는 민족들은 그렇게 했으며, 또한 지나친 내부의 교배로부터 때때로 일반적인 결점이 생긴다는 것을 관찰했다.

좋은 핏줄을 안에서 교배하는 것이 때로는 강력한 부족을 세우게 하지만, 내부 교배가 유전적 결함이 있는 자들을 낳는 나쁜 결과가 생기는 놀라운 경우는 사람의 머리에 더 강하게 인상을 주었고, 그 결과로서 진보하는 도덕 관습은 가까운 친척들 사이에 모든 결혼을 막는 금기를 더욱 형성했다.

종교는 오랫동안 바깥 결혼을 막는 효과적인 장벽이었다. 많은 종교적 가르침은 신앙 바깥에서 결혼하는 것을 금지하였다. 여자는 보통 안에서, 남자는 바깥에서 결혼하는 관습을 더 좋아했다. 재산은 언제나 결혼에 영향을 미쳤고, 때로는, 재산을 한 씨족 안에서 보존하려는 노력에서, 아버지의 부족 안에서 남편을 고르라고 여자들에게 강요하는 도덕 관습이 생겼다. 이런 종류의 판결은 사촌(四寸)의 결혼을 크게 번성하도록 이끌었다. 또한 기술의 비밀을 보존하려는 노력으로 안에서 짝짓는 관습을 지켰다. 솜씨 있는 직공들은 가진 기술의 지식을 가족 안에서 지키려 하였다.

우수한 무리들은, 고립되었을 때, 언제나 같은 혈족끼리 짝짓기로 되돌아갔다. 놋 사람들은 15만 년이 넘도록 내부에서 결혼하는 큰 집단의 하나였다. 후일의 내부 결혼 관습은 보라 인종의 전통에 엄청나게 영향을 받았는데, 보라 인종에서 처음 짝짓기는 어쩔 수 없이 형제와 자매 사이였다. 형제와 자매의 결혼은 옛날 에집트·시리아·메소포타미아에, 그리고 안드 사람들이 한때 차지했던 땅에 두루 흔했다. 에집트인들은 왕족의 피를 깨끗하게 지키려는 노력으로 형제 자매끼리 결혼하는 관습을 오랫동안 지켰고, 이 관습은 페르시아에서 더욱 오래 지속되었다. 아브라함 시절 이전에 메소포타미아인 사이에서는, 사촌 결혼이 강제였다. 사촌은 사촌에게 먼저 결혼할 권리가 있었다. 아브라함 자신도 배다른 누이와 결혼했지만, 그러한 연합은 유대인들의 후일의 관습에서는 허락되지 않았다.

형제·자매 사이의 결혼을 처음으로 그만둔 것은 다처(多妻) 관습 밑에서 생겼는데, 이는 누이인 아내가 다른 아내나 아내들을 도도하게 지배했기 때문이다. 어떤 부족 관습은 죽은 형제의 과부에게 장가드는 것을 막았지만, 살아 있는 형제가 그의 죽은 형제를 위하여 자식을 낳아 줄 것을 요구했다. 어떤 정도라도 안에서 결혼하는 데 저항하는 생물학적 본능은 없다. 그러한 제한은 전적으로 금기의 문제이다.

남자가 찬성했기 때문에 바깥 결혼이 마침내 지배했다. 바깥에서 아내를 얻는 것은 인척들로부터 더 크게 자유로울 것을 보장했다. 친숙은 경멸을 낳는다. 그래서, 개인의 선택 요인이 짝짓기를 비로소 지배했을 때, 부족 바깥에서 짝을 고르는 것이 관습이 되었다.

많은 부족은 마침내 씨족 안에서 결혼하는 것을 금했으며, 다른 부족들은 어떤 카스트와 짝짓는 것을 제한했다. 자기 토템의 여자와 결혼하지 못하게 하는 금기는 여자들을 이웃의 부족들로부터 훔치는 관습을 촉진하였다. 나중에는, 친척 관계보다 오히려 영토에 거주하는 것에 따라서 규제되었다. 안 결혼이 현대의 바깥 결혼 관습으로 진화하는 데는 여러 단계가 있었다. 금기가 서민에게 안 결혼에 근거를 둔 뒤에도, 추장과 왕들은 왕족의 핏줄을 모으고 깨끗하게 유지하려고 가까운 친척인 자들과 결혼하는 것이 허락되었다. 관습은 군림하는 통치자들에게 성 문제에서 보통 어떤 방종을 허락했다.

후일의 안드 민족들의 존재는 산긱 민족들이 자신의 부족 바깥에서 짝지으려는 욕구를 증가시킨 것과 많이 상관이 있다. 그러나 이웃하는 집단들이 비교적 평화로운 가운데 함께 사는 것을 배우기까지, 바깥에서 짝짓는 일이 유행하는 것은 가능하지 않았다.

바깥 결혼 자체가 평화를 추진한다. 부족들 사이에 결혼하는 것은 적대 행위를 줄였다. 바깥 결혼은 부족의 조정과 군사(軍事) 연합으로 이끌었다. 힘을 키워 주기 때문에 바깥 결혼이 지배하게 되었고, 바깥 결혼이 국가를 세웠다. 모험과 탐험은 짝짓는 범위를 연장하는 데 기여했고, 종족 문화의 교류를 크게 수월하게 만들었다.

종족의 결혼 관습에서 달리 설명할 수 없는 모순점은 대체로, 이 바깥 결혼 관습, 그리고 그에 따른 아내 훔치기와 바깥 부족들로부터 아내 사들이기 때문이며, 이 모두가 따로 생긴 부족 관습의 혼합을 초래하였다. 안 결혼에 관한 이 금기가 사회적이요 생물학적이 아니라는 것은, 많은 정도의 인척 관계, 곧 아무런 핏줄 관계를 대표하지 않는 경우를 포함하여, 친척 사이의 결혼을 막는 금기에서 잘 나타난다.

6. 종족의 섞임

오늘날 세상에서 순수한 민족들은 하나도 없다. 옛날에 진화하는 최초의 유색 민족들 가운데 세상에서 겨우 두 가지 대표 민족, 곧 황인과 흑인이 지속하고 있다. 이 두 종족조차도 멸망한 유색 민족들과 많이 섞여 있다. 이른바 백인 종족이 주로 옛날의 청인으로부터 내려왔어도, 백인종은 두 아메리카에 있는 홍인처럼, 모든 다른 종족과 얼마큼 섞였다.

여섯 가지 유색 산긱 종족 가운데, 셋은 1차이고 셋이 2차였다. 비록 1차 종족들—청인·홍인·황인—이 여러 면에서 세 2차 종족보다 우수했어도, 이 2차 종족들은 많은 바람직한 특성이 있었고, 그들 가운데 좀더 나은 핏줄이 흡수되었더라면, 1차 민족들을 어지간히 향상시켰으리라는 것을 기억해야 한다.

"반(半) 카스트,"[1] "잡종," "튀기"들에 대한 오늘날의 편견은, 현대의 종족 교배가, 대체로, 관계된 종족들 안에 심하게 열등한 핏줄 사이에 있기 때문에 생긴다. 너희도 또한 같은 종족의 퇴화된 핏줄이 서로 결혼할 때 바람직하지 않은 자손을 얻는다.

오늘날의 유란시아 종족들이, 그들의 가장 낮은 층이 가진 저하되고 반사회적이고 박약하고 버림받은 종자들의 저주로부터 풀려날 수 있다면, 얼마큼 종족을 혼합시키는 데 거의 반대가 없을 것이다. 그러한 종족 혼합이 몇 종족에서 가장 높은 부류들 사이에 일어날 수 있다면, 반대는 훨씬 줄어들 것이다.

우수하고 이질적인 핏줄의 교배는 새롭고 더 활력 있는 핏줄을 창조하는 비결이다. 이것은 식물과 동물, 그리고 인종에게 참말이다. 혼혈은 활력을 증가시키고 생식 능력을 높인다. 여러 민족의 평균이나 우수한 층에서 종족의 혼합은, 북 아메리카의 미국의 현재 인구에서 보다시피, 창조하는 잠재성을 크게 증가시킨다. 그러한 짝짓기가 낮거나 열등한 계층 사이에서 일어날 때, 오늘날 인도 남부의 민족들에서 보는 바와 같이, 창조성이 줄어든다.

종족의 혼합은 새 특징이 갑자기 나타나는 데 크게 기여하며, 그러한 혼혈이 우수한 핏줄의 연합이면, 이 새로운 특징은 또한 우수한 특성이 될 것이다.

오늘날의 종족들이 열등하고 퇴화된 핏줄로 인하여 지나치게 부담을 받는 한, 대규모의 종족 혼합은 아주 치명적이겠지만, 그런 실험에 대한 대부분의 반대는, 생물학적 고려보다는 사회 및 문화적 편견에 근거를 둔다. 열등한 핏줄 사이에서도, 잡종은 흔히 그 조상들보다 낫다. 우성 인자들의 기능 때문에, 혼혈은 종의 개선을 낳는다. 종족의 상호 혼합은 혼혈 속에서 바람직한 우성 인자들이 더 많이 있을 가능성을 높인다.

몇천 년 동안에 일어났던 것보다, 지난 1백 년 동안에 유란시아에서 종족 혼혈이 더 많이 일어나고 있다. 인간 핏줄을 이종(異種) 교배하는 결과로서 생기는 심한 부조화의 위험은 크게 과장되었다. "혼혈아"의 주요한 문제는 사회적 편견 때문이다.

백인과 폴리네시아 종족을 섞는 핏트케언 실험은 그 백인과 폴리네시아 여자들이 꽤 좋은 종족 혈통이었기 때문에, 어지간히 성공했다. 가장 높은 부류의 백인·홍인·황인 종족들 사이에 서로 교배하는 것은 새롭고 생물학적으로 효과 있는 많은 특징을 즉시 낳을 것이다. 이 세 민족은 1차 산긱 종족에 속한다. 백인과 흑인 종족 사이의 혼합은 그 당장의 결과에서 그다지 바람직하지 않고, 그러한 흑백 혼혈의 자손은, 사회 및 종족의 편견이 그것을 못마땅하게 보이게 만들려고 애쓰는 것처럼 못마땅하지도 않다. 신체적으로, 그러한 흑백의 혼혈은, 어떤 다른 면에서 조금 못하기는 해도, 인류의 탁월한 표본이다.

1차 산긱 종족이 2차 산긱 종족과 혼합할 때, 전자가 희생되는 값으로 후자는 어지간히 개량된다. 작은 규모로—오랜 기간에 연장될 때—1차 종족들이 2차 집단의 개량을 위해서 그렇게 희생으로 기여하는 데는 심각한 반대가 거의 있을 수 없다. 생물학적으로 볼 때, 2차 산긱들은 어떤 면에서 1차 종족들보다 우수했다.

결국, 인종에 대한 진짜 위협은, 종족이 서로 교배하는 데 따르는 어떤 추측된 위험보다는, 오히려 문명화된 여러 종족의 열등하고 퇴화된 핏줄이 마구 번식하는 데서 발견될 것이다.

[유란시아에서 주둔하는 세라핌의 우두머리가 발표했다.]

주: 1. 반 카스트는 백인과 힌두교도나 회교도 사이의 혼혈아를 말한다.

제 83 편

결혼 제도

이 논문은 결혼 제도가 옛날에 시작된 것에 관한 이야기이다. 결혼은 집단이 절제 없이 난잡하게 교배하는 것으로부터, 여러 가지 변화와 적응을 거쳐서, 궁극에는 쌍으로 짝짓기의 실현을 초래한 결혼 기준이 나타날 때까지 진보해 왔으며, 쌍으로 짝짓는 것은 가장 높은 사회 체제인 가정을 세우려고 한 남자와 한 여자가 연합하는 것이다.

결혼은 여러 번 위험에 빠졌고, 결혼 관습은 지지를 얻으려고 재산과 종교에 힘겹게 의존해 왔다. 그러나 결혼과 그에 따라 생기는 가정을 언제까지나 보호하는 진짜 영향력은, 남자와 여자가, 가장 원시적인 야만인이든지 또는 가장 교양이 있는 필사자이든지, 단호하게 서로가 없이 살려고 하지 않는다는 단순하고 타고난 생물학적 사실이다.

성욕 때문에, 이기적인 사람은 자신을 동물보다 더 나은 무엇으로 만들도록 꼬임을 받았다. 자아를 돌보고 자아를 만족시키는 성관계에는 자아를 부인(否認)하는 어떤 결과가 뒤따르며, 이타적 임무, 그리고 종족을 이롭게 하는 수많은 가정 책임을 맡는 것을 보장한다. 여기서 성은 야만인을 문명화시키는, 인정도 의심도 받지 않는 도구였으니, 왜냐하면 바로 이 성(性) 충동이 자동으로, 어김없이 사람으로 하여금 어쩔 수 없이 생각하게 만들고 궁극에는 사랑하도록 이끈다.

1. 사회 제도인 결혼

결혼은 양성의 육체적 사실에서 생겨나는 많은 인간 관계를 규제하고 통제하기 위하여 고안된 사회 장치이다. 그러한 제도로서, 결혼은 두 방향에서 작용한다:

1. 개인의 성관계를 규제할 경우에.

2. 자손·상속·계승 및 사회 질서를 규제할 때. 이것이 더 오래 된 최초의 기능이었다.

결혼으로부터 생겨나는 가족 자체가, 재산 관습과 함께, 결혼 제도를 안정시키는 도구이다. 결혼의 안정에 다른 유력한 요소들은 자부심, 허영심, 기사도, 의무, 종교적 확신이다. 그러나 하늘에서 결혼을 인정받거나 부인될 수 있어도, 결혼은 도저히 하늘에서 이루어진다고 할 수 없다. 인간의 가족은 뚜렷하게 인간 제도요, 진화로 발전한 것이다. 결혼은 사회 제도이지, 교회의 한 분과가 아니다. 종교가 결혼에 힘차게 영향을 미쳐야 하는 것이 참말이지만, 종교 혼자서 결혼을 통제하고 규제하려 해서는 안 된다.

원시의 결혼은 1차적으로 산업이었다. 현대에도 결혼은 흔히 사회나 사업의 일이다. 안드 핏줄의 혼합되는 영향을 통해서, 진보하는 문명이 가진 도덕 관습의 결과로서, 결혼은 서로 나누며, 낭만적·온정적이고 시(詩) 같으며, 사랑이 넘치고 윤리가 있으며, 아니 이상주의가 천천히 되고 있다. 그러나 원시의 짝짓기에서는 선택과 이른바 낭만적 사랑이 극히 적었다. 옛 시절에 남편과 아내는 별로 같이 있지 않았다. 자주 함께 먹지도 않았다. 그러나 옛 사람들 사이에서, 개인의 사랑은 성(性)의 매력과 강하게 연결되지 않았다. 그들은 대체로, 같이 살고 일하기 때문에, 서로를 좋아하게 되었다.

2. 구혼과 약혼

원시의 결혼은 언제나 소년과 소녀의 부모가 계획하였다. 이 관습과 자유롭게 선택하는 시절 사이의 과도기 단계를 결혼 중개인이나 전문 중매인이 차지했다. 이 중매인들은 처음에 이발사였고, 나중에는 사제였다. 결혼은 최초에 집단의 일이었고, 후일에는 가족의 문제였다. 겨우 요즘에야 결혼은 개인의 모험이 되었다.

매력이 아니라, 강요가 원시의 결혼에 접근하는 것이다. 옛 시절에 여자는 성에 쌀쌀함이 없었고, 도덕 관습이 주입한 대로 오직 성의 열등감을 가졌다. 침공이 무역을 앞선 것처럼, 사로잡아 결혼하는 것이 계약 결혼에 앞섰다. 어떤 여자들은 자기 부족의 늙은 남자들에게 지배되는 것을 피하려고, 생포될 때 모르는 체하곤 했다. 그들은 다른 부족으로부터 온 제 또래의 남자 손에 굴러 떨어지는 것을 더 좋아했다. 이 거짓 도망은 강제로 생포하는 것과 나중에 매력으로 구혼하는 사이에 과도기 단계였다.

옛 형태의 결혼식은 탈출하는 흉내, 일종의 도망 연습이었고, 이것은 한때 흔했던 관습이었다. 나중에는 생포를 흉내내는 것이 정규 결혼식의 일부가 되었다. 현대의 소녀가 "사로잡히는 것"에 저항하고, 결혼에 대하여 말하기 싫어하는 것은 다 옛 관습의 유물이다. 문턱을 넘어 신부(新婦)를 메고 가는 것은 몇 가지 고대의 관습, 다른 것 가운데도 아내를 훔치는 시절을 생각나게 한다.

여자에게는 결혼한 동안 스스로 처신하는 완전한 자유가 오랫동안 부인되었으나, 좀더 총명한 여자들은 언제나 머리를 영리하게 써서 이 제한을 피할 수 있었다. 남자가 구혼에서 보통 주도했지만, 반드시 그렇지는 않았다. 여자는 은밀하게 뿐 아니라, 때로는 공식으로, 결혼을 개시하였다. 문명이 진보함에 따라서, 여자는 구혼과 결혼의 모든 단계에서 맡는 역할이 늘어났다.

결혼하기 전의 구혼에서 사랑, 낭만, 개인 선택의 증가는 세계 종족들에게 안드 사람이 공헌한 것이다. 남녀 사이의 관계는 순조롭게 진화하고 있었다. 진보하는 많은 민족이 효용 및 소유권에 근거를 둔 옛날의 동기를 얼마큼 이상화된 성적 매력의 개념으로 차츰 갈아치우고 있다. 성의 충동과 사랑의 느낌이 일생의 짝을 고르는 데 냉철한 계산을 비로소 대체하고 있다.

최초에 약혼은 결혼과 마찬가지였다. 그리고 옛 민족들 사이에서 약혼 기간에 성관계를 가지는 것은 관습이었다. 최근에는 종교가 약혼과 결혼 사이의 기간에 성관계를 막는 금기를 확립했다.

3. 아내 사들이기와 지참금

옛날 사람들은 사랑과 약속을 믿지 않았다. 오래 가는 연합은 어떤 형태의 보증, 곧 재산으로 보장되어야 한다고 생각했다. 이 때문에, 아내 사는 값을, 이혼하거나 아내를 버릴 경우에 남편이 잃어버리기로 정해진 벌금이나 보증금으로 여겼다. 신부(新婦) 사는 값을 일단 치르고 나서, 남편의 소인(燒印)이 그 여자에게 찍히는 것을 많은 부족이 허락했다. 아프리카 사람들은 아직도 아내를 사들인다. 사랑으로 얻은 아내, 곧 백인의 아내를 그들은 고양이에 비교하는데, 그 여자가 돈 한 푼 들지 않기 때문이다.

신부(新婦) 구경은 신부가 아내로서 더 높은 값을 받으리라는 생각으로 대중에게 전시하기 위하여 딸들을 잘 입히고 치장하는 계제이다. 그러나 그들은 동물로 팔리지는 않았다—후일의 부족들 사이에서 그런 아내를 양도할 수 없었다. 아내를 사는 것이 반드시 냉혈의 돈 거래도 아니었다. 서비스는 아내를 사는 데 현금과 같았다. 다른 면에서 바람직한 남편이 제 아내의 값을 치를 수 없으면, 여자의 아버지에게 양자(養子)가 될 수 있었고, 그리고 나서 결혼할 수 있었다. 그리고 가난한 남자가 아내를 구하는데 욕심 많은 아버지가 달라는 값을 치를 수 없으면, 장로들이 흔히 그 아버지에게 바짝 압력을 넣곤 했는데, 이것은 그의 요구를 수정하게끔 만들곤 하였고, 그렇지 않으면 눈이 맞아 도망치는 일이 생길 수 있었다.

문명이 진보함에 따라서, 아버지들은 딸을 파는 것처럼 보이고 싶어하지 않았고, 그래서 신부 사는 값을 계속 받는 한편, 신부의 값과 대충 같은 값으로, 그 쌍에게 귀중한 선물을 주는 관습을 시작했다. 그리고 신부 값을 치르기가 나중에 중지되고 나서, 이 선물들은 신부의 지참금이 되었다.

지참금의 관념은 신부가 독립한다는 인상을 전하려는 것, 노예 아내와 재산 동반자의 시대로부터 훨씬 멀어졌음을 제시하려는 것이었다. 남자는 지참금을 완전히 돌려주지 않고서 지참금 있는 아내와 이혼할 수 없었다. 어떤 부족들 사이에서는 상호 보증금, 실제는 결혼 보증금이 신부와 신랑의 부모에게 맡겨졌는데, 이것은 한 쪽이 다른 쪽을 버렸을 경우에 몰수하기로 되었다. 사들이기에서 지참금으로 넘어가는 과도기에, 아내를 샀으면, 아이들은 아버지에게 속했다. 그렇지 않으면, 아이들은 아내의 가족에 속했다.

4. 결혼식

결혼 예식은 결혼이 두 사람이 내린 결정의 결실일 뿐 아니라, 최초에는 공동체의 일이었다는 사실에서 생겼다. 짝짓기는 개인의 활동일 뿐 아니라 집단의 관심거리였다.

요술과 의식(儀式)과 예식이 옛날 사람들의 생활 전체를 둘러쌌고, 결혼은 예외가 아니었다. 문명이 진보함에 따라서, 결혼을 더 심각하게 여김에 따라서, 결혼 예식은 갈수록 더 허세를 부리게 되었다. 초기의 결혼은 오늘날과 마찬가지로, 재산 권익에 한 요인이었고, 따라서 법적 예식이 필요했으며, 한편 나중에 생기는 아이들의 사회적 지위는 가능한 널리 홍보(弘報)할 것을 요구했다. 원시인은 아무런 기록이 없었다. 따라서 많은 사람이 결혼 예식을 구경해야 했다.

처음에 결혼식은 약혼 수준에 더 가까웠고, 다만 같이 살 뜻을 대중(大衆)에게 통지하는 것이었다. 나중에, 결혼식은 정식으로 같이 먹는 것이었다. 어떤 부족들에서는 부모가 단지 딸을 남편에게 데리고 갔다. 다른 경우에는 유일한 의식(儀式)이 선물을 정식으로 교환하는 것이었고, 그 뒤에 신부의 아버지가 딸을 신랑에게 내어주곤 했다. 여러 레반트 민족 사이에서는 온갖 형식을 생략하는 것이 관습이었고, 결혼은 성관계로 막이 내렸다. 홍인은 더 정교한 결혼 축하를 처음으로 개발하였다.

사람들은 아이 낳지 못하는 것을 크게 두려워했고, 불임을 영이 장난하는 탓으로 돌렸기 때문에, 다산(多産)을 보장하려는 노력은 또한 결혼을 어떤 요술이나 종교 의식과 관련시키도록 이끌었다. 그리고 행복하고 아이를 많이 낳는 결혼을 보장하려는 이 노력에서 많은 부적이 이용되었다. 계약하는 당사자들의 출생 별을 확인하려고 점성가들의 자문도 받았다. 한때는 살림이 넉넉한 사람들 사이에서, 인간을 잡아 바치는 것이 모든 결혼에 정규 행사였다.

사람들은 행운의 날을 찾았고, 목요일을 가장 유리하게 여겼다. 보름달에 올린 결혼식은 특별히 행운이라고 생각되었다. 새로 결혼한 자들에게 곡식을 던지는 것이 근동에서 여러 민족의 관습이었다. 이것은 아이가 많을 것을 보장한다고 생각된 요술 의식이었다. 어떤 동양 민족들은 이 목적에 쌀을 썼다.

불과 물은 귀신과 악령을 막는 가장 좋은 수단으로 언제나 생각되었다. 따라서 거룩한 물을 세례로 뿌리는 것 뿐 아니라, 제단의 불과 촛불이 결혼식에 보통 보였다. 오랫동안 가짜 결혼일을 정하고, 그리고 나서 귀신과 영들을 길에서 쫓아내려고 갑자기 그 행사를 연기하는 것이 관습이었다.

새로 결혼한 자들을 놀리고 신혼 여행을 하는 자들에게 못된 장난을 하는 것은 모두 아득히 먼 시절의 유물(**遺物**)이며, 그 때에는 귀신들의 질투를 일으키는 것을 피하려고 귀신들의 눈에 비참하고 불안해 보이는 것이 가장 좋다고 생각되었다. 신부가 베일을 쓰는 것은, 귀신들이 그 여자를 알아보지 못하고, 또한 그렇지 않으면 시샘하고 부러워하는 귀신들이 그 여자의 아름다움을 보지 못하도록 감추려고 신부를 가장(**假裝**)하는 것이 필요하다고 생각된 시절의 유물이다. 신부의 발은 예식이 있기 바로 전에, 결코 땅에 닿아서는 안 되었다. 20세기에도 그리스도교 도덕률 밑에서, 차량이 내리는 데서부터 교회의 제단까지 카펫을 까는 것이 아직도 관습이다.

가장 오래 된 형태의 결혼식의 하나는 그 결합이 아이가 많을 것을 보장하려고 사제가 결혼 침대에 복을 주게 하는 것이었다. 이것은 어떤 공식 결혼 의식이 생기기 오래 전에 행해졌다. 결혼 관습의 진화에서 이 기간에는 결혼식의 손님들이 밤에 침실을 통해서 줄지어 지나가는 것이 기대되었고, 이것은 이처럼 결혼이 성사되었음을 보았다는 법적 입증이었다.

결혼 이전에 온갖 시험이 있었는데도, 어떤 결혼이 나쁘게 된다는 운(**運**)의 요인은, 원시의 남자에게 결혼의 실패에 대하여 보험의 보호를 추구하도록 이끌었고, 사제와 요술을 찾게 만들었다. 이 운동은 결국 현대의 교회 결혼식을 직접 낳았다. 그러나 오랫동안 결혼은 무릇, 계약하는 부모들이—나중에는 그 부부가—내리는 결정이라고 인정되었으며, 한편 교회와 국가가 지난 5백 년 동안에는 관할권을 맡았고, 지금은 감히 결혼 선언을 내린다.

5. 여럿과 결혼하기

결혼의 초기 역사에서 결혼하지 않은 여자들은 그 부족의 남자들에게 속했다. 나중에, 한 여자는 일시에 남편이 오직 하나 있었다. <u>일시에 한 남자</u>와 사는 이 관습은 그 집단의 난교(**亂交**)로부터 첫걸음을 내디딘 것이었다. 여자에게는 오직 한 남자가 허락되었어도, 그 여자의 남편은 그러한 일시적 관계를 마음대로 끊을 수 있었다. 그러나 물렁하게 규제된 이 관계들은, 무리를 지어 사는 것과 구별해서, 짝을 지어 사는 방향으로 가는 첫걸음이었다. 결혼이 발달하는 이 단계에서 아이들은 보통 어머니에게 속했다.

짝짓기의 진화에서 다음 걸음은 <u>집단 결혼</u>이었다. 결혼의 이 공동 단계는 가족 생활의 전개에서 사이에 끼어야 했는데, 이는 쌍의 결합을 영구하게 하기에는 아직도 결혼 관습이 충분히 튼튼하지 않았기 때문이다. 형제·자매의 결혼이 이 집단에 속했다. 한 가족의 다섯 형제가 다른 가족의 다섯 자매와 결혼하곤 했다. 전 세계에서 더 느슨한 형태의 공동체 결혼이 차츰 여러 종류의 집단 결혼으로 발전했다.

이 집단 결합은 대체로 토템 관습에 규제를 받았다. 가족 생활은 느리고 확실하게 발전했는데, 성 및 결혼의 규제가 아이들이 더 많이 살아남도록 보장함으로 그 부족 자체의 생존을 유리하게 했기 때문이다.

좀더 진보된 부족들 사이에서 생겨나는 복혼(複婚)—일부 다처(一夫多妻)와 일처 다부(一妻多夫)—의 관습 앞에서 집단 결혼은 차츰 자리를 양보하였다. 그러나 일처 다부는 결코 널리 퍼지지 않았고, 보통은 여왕이나 부유한 여인들에게 국한되었다. 더군다나 그것은 관례로, 여러 형제와 한 아내가 사는, 집안 일이었다. 카스트와 경제적 제한은 때때로 여러 남자가 오직 한 아내로 만족하는 것을 필요하게 만들었다. 그런 때조차도, 여자는 오직 하나와 결혼하고, 나머지는 합동 자손의 "아저씨"로서 적당히 참아 주곤 했다.

한 남자가 "자기 형제의 씨를 기르는" 목적으로 죽은 형제의 과부와 사귀도록 요구하는 유대인의 관습은 고대 세계의 절반이 넘는 데서 있던 관습이었다. 이것은 결혼이 개인의 결합이기보다 가족의 일이었던 시절의 유물이었다.

일부 다처(一夫多妻) 제도는 여러 시절에 네 종류의 아내를 인정했다:

1. 예식을 올린 아내, 곧 합법적인 아내.
2. 사랑하고 허락된 아내.
3. 첩, 계약한 아내.
4. 노예 아내.

아내들이 모두 똑같은 지위를 가지고 아이들이 모두 평등한 그러한 참 복혼은 아주 드물었다. 보통은 복혼에서도 우두머리 아내, 신분이 있는 동반자가 가정을 지배했다. 그 여자 혼자, 의식(儀式)으로서 결혼식을 올렸고, 신분이 있는 아내와 특별히 주선하지 않으면, 오직 사들이거나 지참금을 낸 그러한 배우자의 아이들만 상속을 받을 수 있었다.

신분이 있는 아내는 반드시 사랑하는 아내가 아니었다. 옛날에 사랑하는 아내는 보통 그렇지 않았다. 사랑하는 아내, 곧 애인은 종족들이 어지간히 진보할 때까지, 특히 진화하는 부족들이 놋 사람과 아담 사람들과 섞이기까지, 등장하지 않았다.

금기의 아내—법적 지위를 가진 한 아내—는 첩을 두는 관습을 만들어 냈다. 이 관습 밑에서는 한 남자가 오직 한 아내를 가져도 좋았지만, 그는 몇 명이라도 첩들과 성관계를 유지할 수 있었다. 첩 제도는 일부 일처(一夫一妻)에 이르는 디딤돌이요, 버젓한 복혼으로부터 벗어나는 첫걸음이었다. 유대인·로마인·중국인의 첩들은 아주 흔히 아내의 몸종이었다. 나중에는, 유대인 사이처럼, 남편에게 태어난 아이들은 모두 그 법적 아내를 어머니로 여기었다.

아이를 배거나 젖을 먹이는 아내와 성관계를 하지 말라는 오래 된 금기는 일부다처제를 권장하는 경향이 컸다. 원시의 여자들은 고된 일과 더불어 자주 임신했기 때문에 아주 일찍 늙었다. (지나치게 짐을 진 그런 아내들은, 아이로 몸이 무겁지 않을 때, 그들을 달마다 한 주 동안 고립시켰다는 사실 덕분에 겨우 그럭저럭 버티었다.) 그러한 아내는 흔히 아이를 배는 데 지쳤고, 둘째이며 더 젊은 아내를, 아이 낳는 일과 가정 일을 도와 줄 아내를 얻으라고 남편에게 부탁하곤 했다. 따라서 새 아내들을 더 나이 든 배우자가 보통 기쁘게 환호하였다. 성의 질투 수준에 있는 것은 하나도 존재하지 않았다.

아내들의 수는 남자가 오직 그들을 먹여 살릴 능력에 따라서 제한되었다. 부유하고 유능한 남자는 아이들을 많이 바랐고, 아기 사망률이 아주 높았기 때문에, 큰 가족을 이루는 데는 한 떼의 아내들이 필요했다. 여럿인 이 아내들 가운데 많은 사람이 단순한 노동자요 노예 아내였다.

인간의 관습은 진화하지만, 아주 느리다. 하렘의 목적은 왕좌를 받들기 위해서 튼튼하고 수많은 혈족 단체를 세우는 것이었다. 어떤 추장은 한때 그가 하렘을 가져서는 안 된다, 한 아내로 만족해야 한다고 확신을 가졌다. 그래서 그의 하렘을 대번에 해고했다. 불평을 품은 아내들은 자기들의 집으로 돌아갔는데, 감정을 상한 친척들이 성이 나서 추장에게 몰려왔고, 그 때 그 자리에서 그를 없애 버렸다.

6. 참 일부 일처제—부부의 결혼

일부 일처제는 독점이다. 이것은 바람직한 이 상태에 이른 자들에게 좋지만, 그렇게 운이 좋지 않은 자들에게 생물학적 어려움을 주는 경향이 있다. 그러나 개인에게 주는 효과에 아주 상관 없이, 일부 일처제는 뚜렷하게 아이들에게 가장 좋다.

가장 일찍 있었던 일부 일처제는 어쩔 수 없는 상황, 곧 가난 때문이었다. 일부 일처는 문화적·사회적인 것이요, 인위적이고 부자연스럽다, 다시 말해서 진화 인간에게 부자연스럽다. 좀더 순수한 놋 사람과 아담 사람들에게 온통 자연스러웠고, 모든 진보된 종족에게 크게 문화적 가치가 있었다.

갈대아 부족들은 아내가 그 배우자에게 둘째 아내나 첩을 두지 않겠다고 결혼 전에 서약을 부과하는 권리를 인정했다. 그리스인과 로마인들은 일부 일처제의 결혼을 찬성했다. 조상 숭배는, 결혼을 신성한 선서로 보는 그리스도교의 잘못이 그랬던 것처럼, 언제나 일부 일처제를 촉진했다. 생활 수준의 향상조차도 한결같이 여러 아내를 가지는 데 대항하여 싸웠다. 미가엘이 유란시아에 오실 때가 되어서, 문명화된 세계의 거의 전부가 이론적 일부 일처제 수준에 이르렀다. 그러나 이 수동적 일부 일처제는, 인류가 진짜 부부 결혼의 관습에 길들었다는 것을 뜻하지 않는다.

이상적인 부부(夫婦) 결혼은 결국 독점 성관계와 같은 무엇인데, 이 일부 일처제 목표를 추구하면서, 그 요구 조건에 협조하고 그것을 이해하려고 최선을 다했을 때에도, 새롭고 개량된 이 사회 질서에서 자리를 찾지 못하는 그런 불행한 남녀의 부러워할 수 없는 형편을 사회가 간과해서는 안 된다. 사회의 경쟁 무대에서 짝을 얻지 못하는 것은 뛰어넘을 수 없는 어려움이나 현재의 도덕 관습이 지워 준 다방면의 제한 때문일 수도 있다. 참으로, 일부 일처제는 그런 관계를 가진 사람들에게 이상적이지만, 혼자 사는 차가움 속에서 외톨이로 남은 자들에게 불가피하게 큰 어려움을 안겨 준다.

불행한 소수(小數)는 진화하는 문명의 발전하는 관습 밑에서 대다수가 진보할 수 있도록 언제나 고생해야 했다. 그러나 유리하게 된 대다수는 운이 그보다 나쁜 동료들을 친절하게, 배려하는 눈으로 바라보아야 한다. 이들은 전진하는 사회의 진화에서 가장 높은 관습의 인가를 받고서 모든 생물학적 욕구를 채워 주는 이상적 성(性) 대상자의 계열에서 회원 자격을 얻지 못한 값을 치러야 한다.

일부 일처제는 언제나 인간의 성생활 진화에서 이상적인 목표였고, 지금도 그렇고, 언제까지나 그러할 것이다. 이 참된 부부 결혼의 이상에는 자기 부인(否認)이 따르며, 따라서 단지 계약 당사자의 한쪽이나 양쪽이 모든 인간 미덕의 절정, 곧 억센 자제가 모자라기 때문에, 실패하는 일이 아주 흔하다.

순전히 생물학상의 진화와 구별해서, 일부 일처제는 사회 문명의 진보를 재는 척도이다. 일부 일처제는 반드시 생물학적이거나 자연스럽지는 않지만, 사회의 문명을 당장에 유지하고 계속 발전시키는 데 필수이다. 그것은 감정의 섬세함, 도덕적 인격의 향상, 영적 성장에 이바지하며, 이런 것은 복혼의 경우에 도무지 불가능하다. 남편의 사랑을 얻으려는 경쟁에 어쩔 수 없이 말려든 동안에, 여자는 결코 이상적인 어머니가 될 수 없다.

부부의 결혼은 밀접한 이해와 효과적 협동을 유리하게 만들고 조장하는데, 이것들은 부모의 행복, 아이의 복지, 사회적 효율성을 위해서 최선이다. 서투른 강요에서 시작된 결혼은 차츰 자기 교양, 자제, 자아의 표현, 자아 존속을 낳는 훌륭한 제도로 진화하고 있다.

7. 혼인의 취소

결혼 관습이 초기에 진화할 때 결혼은 마음대로 그만둘 수 있는 느슨한 연합이었고, 아이들은 언제나 어머니를 따랐다. 어머니와 아이 사이에 있는 끈은 본능적이고, 도덕 관습의 발전 단계와 상관 없이 작용했다.

원시 민족들 사이에서는 기껏해야 결혼의 약 절반이 만족스럽다는 것이 판명되었다. 이별의 가장 흔한 원인은 아이가 없는 것이었고, 언제나 아내의 탓으로 돌렸다. 아이를 낳지 못하는 아내들은 영 세계에서 뱀이 된다고 믿었다. 더 원시적인 관습 밑에서는 남자 혼자가 선택해서 이혼(離婚)이 이루어졌고, 어떤 민족들 사이에서 이 기준은 20세기까지 지속되었다.

도덕 관습이 진화함에 따라서, 어떤 부족들은 두 가지 형태의 결혼을 개발했다. 보통의 결혼은 이혼을 허락했으며, 사제가 맺은 결혼은 이별을 허락하지 않았다. 아내 사들이기와 아내의 지참금의 시작은, 결혼의 실패에 따른 재산 벌칙을 들여옴으로써 이별을 줄이는 데 크게 기여했다. 정말로, 현대의 많은 결합은 이 고대의 재산 요인으로 말미암아 안정을 얻는다.

공동체에서 신분과 재산 특권이 주는 사회적 압력은 언제나 결혼 금기와 관습을 유지하는 데 효력이 있었다. 오랜 세월에 걸쳐서 결혼은 꾸준히 진보해 왔고 현대 세계에서 진보된 기초 위에 서 있다. 개인의 선택—새로운 자유—가 무척 크게 생각되는 민족들 사이에서 널리 퍼진 불만으로 말미암아 아슬아슬하게 공격을 받는데도 그렇다. 진보된 종족들 사이에서 적응의 이러한 격변은 갑자기 사회의 진화가 가속되는 결과로서 나타나지만, 그보다 진보되지 못한 민족들 사이에서 결혼은 계속 번성하며, 더 오래 된 관습의 지도 밑에서 천천히 개량된다.

결혼에서 이상적이지만 극도로 개인주의적인 사랑의 동기가 더 낡고 오랫동안 확립된 재산 동기를 새로 갑자기 갈아치운 것은 불가피하게 결혼 제도를 일시 불안하게 만들었다. 사람이 결혼하는 동기는 언제나 실제의 결혼 도덕을 훨씬 능가했으며, 19세기와 20세기에 결혼에 대한 서양의 이상은, 자기 중심이고 겨우 부분적으로 통제된, 종족들의 성(性) 충동을 갑자기 껑충 뛰어넘었다. 어느 사회에서도 결혼하지 않은 사람들이 큰 무리로 존재하는 것은 도덕 관습이 일시 붕괴하거나 과도기에 있음을 가리킨다.

결혼의 진짜 시험은, 긴 세월을 통해서 내내, 계속된 친밀성이었고, 이것은 모든 가족 생활에서 피할 수 없다. 온갖 허영에 탐닉하고 자존심을 충분히 만족시킬 것을 기대하도록 교육받고, 제멋대로 행하고 버릇 없는 두 젊은이는 도저히 결혼하고 가정(家庭)을 일으키는 일에—자기를 죽이고, 절충하고, 헌신하고, 아이들의 훈련에 아낌없이 헌신하는 일생의 협동 관계에—도저히 크게 성공하기를 바랄 수 없다.

현대의 서양 민족들 사이에서 늘어나는 이혼 경향은 구혼(求婚)에 들어가는 높은 정도의 상상력과 환상적 낭만에 대체로 책임이 있으며, 이것은 모두 여자의 개인 자유가 커지고 경제적 해방이 늘어남으로 말미암아 더욱 까다롭게 된다. 쉬운 이혼은, 그것이 자제가 부족하거나 정상의 성격 조정이 실패한 결과일 때, 아주 최근에, 또 아주 많은 개인적 괴로움과 종족의 고통을 겪은 결과로서 사람이 벗어났던 그 투박한 사회 단계로 바로 돌아가도록 이끌 뿐이다.

그러나 사회가 어린아이와 젊은이를 적절히 교육하지 못하고, 사회 질서가 적당한 결혼 전 훈련을 마련해 주지 못하는 한, 현명하지 못하고 미숙하고 어린 이상주의가 결혼에 진입하는 데 중재자가 되어야 하는 한, 그 동안만큼 이혼이 유행할 것이다. 사회 집단이 젊은이들에게 결혼 준비를 마련해 주는 데 부족한 한, 그 범위까지 이혼은 사회의 안전 밸브로서 작용해야 하며, 이것은 진화하는 도덕 관습이 급속히 성장하는 시대에, 더욱 나쁜 상황을 방지한다.

옛 사람들은 꼭 오늘날의 어떤 사람들만큼이나 결혼을 심각하게 여긴 듯하다. 현대에 성급하고 성공하지 못한 많은 결혼은, 젊은 남녀가 짝짓는 자격을 갖추게 하는 옛 관습보다 크게 개선된 것처럼 보이지 않는다. 현대 사회의 큰 모순은 사랑을 높이고 결혼을 이상화(理想化)하면서, 이 두 가지의 철저한 검사를 부인하는 것이다.

8. 결혼의 이상화

궁극에 가정으로 이끄는 결혼은 정말로 사람이 만든 가장 고귀한 제도이지만, 그 본질은 인간적이다. 결혼을 결코 신성한 서약이라고 부르지 말았어야 했다. 셋 사람 사제들은 결혼을 종교 의식(儀式)으로 만들었다. 그러나 에덴 뒤에 몇천 년 동안, 짝짓기는 순전히 사회적인 시민 제도로서 계속되었다.

인간의 결합을 신의 결합과 비교하는 것은 가장 유감스럽다. 결혼과 가정 관계에서 남편과 아내의 연합은 진화 세계에서 필사자들의 물질적 활동이다. 정말로 남편과 아내가 진보하려는, 인간의 진지한 노력의 결과로서 많은 영적 진보가 일어날 수도 있는 것이 참말이지만, 이것은 결혼이 반드시 신성하다는 것을 뜻하지 않는다. 영적 진보는 인간이 노력하는 다른 방향에 진지하게 적응하는 결과로서 생긴다.

결혼은 조절자와 사람의 관계나, 또는 그리스도 미가엘과 인간 형제의 친교와도 참으로 견줄 수 없다. 어떤 면에서도 그러한 관계들은 남편과 아내의 결합과 도저히 비교할 수 없다. 이 관계들에 대한 인간의 잘못된 생각이 결혼의 지위에 대하여 그렇게 많은 혼란을 일으켰다는 것은 아주 유감스러운 일이다.

결혼이 신의 행위로 말미암아 맺어졌다고 어떤 집단의 필사자들이 상상한 것도 또한 유감스럽다. 그러한 믿음은, 상황이나 계약한 당사자들의 소망에 상관 없이, 결혼 상태가 취소될 수 없다는 개념으로 바로 이끈다. 그러나 결혼이 취소되는 사실 자체가 바로, 신이 그러한 연합에 당사자가 아니라는 것을 가리킨다. 하나님이 어떤 두 물건이나 사람을 함께 일단 합쳐 놓았으면, 신의 뜻이 그들이 분리될 것을 선포할 때까지, 그들은 그렇게 합쳐진 채로 남아 있을 것이다. 그러나 결혼은 인간의 제도이며, 결혼에 관해서 말하면, 성질과 기원이 순전히 인간적인 결혼과 대조해서, 어느 결혼이 우주 감독자들에게 승인받을 수 있는 연합인가 말하려고 누가 감히 판단을 내리겠는가?

그런데도, 높은 곳에 있는 구체들에는 이상적인 결혼이 있다. 각 지역 체계의 서울에는 하나님의 물질 아들과 딸들이, 결혼의 단결 속에서, 자식을 낳고 기르는 목적으로, 남녀가 연합하는 이상의 절정을 보여 준다. 결국, 사람의 이상적 결혼은 인간적으로 신성하다.

결혼은 언제나 현세의 이상적인 것에 대하여 사람이 가진 최고의 꿈이었고 아직도 그렇다. 비록 아름다운 이 꿈이 전부 이루어지는 일이 드물어도, 그것은 영화로운 이상으로서 오래 가며, 인간의 행복을 위하여 더욱 노력하라고 진보하는 인류를 늘 유혹한다. 그러나 가족 생활에서 서로 관계를 가지는 가혹한 요구 속에 첨벙 뛰어들기 전에, 젊은 남녀는 결혼의 현실에 관하여 더러 배워야 마땅하다. 젊은 마음으로 이상화하는 것은 어느 정도 결혼 전의 실망으로 누그러져야 한다.

그러나 젊은 마음으로 결혼을 이상화하는 것을 나무라서는 안 된다. 그러한 꿈은 가족 생활의 미래 목표를 눈으로 보는 것이다. 이 태도는 결혼, 그리고 그 뒤에 가족 생활의 실용적이고 평범한 요건을 깨닫는 데 사람을 무디게 만들지 않는 한, 자극을 주며 유익하다.

결혼의 이상은 요즈음에 크게 진보했다. 어떤 민족들 사이에서 여자는 자기 배우자와 실질적으로 동등한 권한을 누린다. 적어도 개념으로는, 가족은 자식을 기르는 조합, 그에 따라 성(性)의 정절이 뒤따르는 충성스러운 조합이 되어 가고 있다. 그러나 이 신판(新版) 결혼조차, 모든 성격과 개성에게 서로 독점권을 주기까지, 주제넘게 극단으로 치우칠 필요는 없다. 결혼은 고작 개인주의의 이상이 아니다. 결혼은 남자와 여자의 진화하는 사회적 조합이요, 당대의 관습 밑에서 존재하고 작용하며, 금기에 제약을 받고, 사회의 법과 규제에 따라서 집행된다.

여자의 자유가 갑자기 늘어나서 사회 조직에 너무 갑자기 밀어닥친 문제들 때문에 가정 제도가 벅찬 시험을 지금 겪고 있는데도, 20세기의 결혼은 지난 시대의 결혼과 견주어서 우뚝 서 있으며, 그 자유는 지난 세대의 도덕 관습이 느릿느릿 진화하는 가운데 여자에게 아주 오랫동안 부인되었던 권리이다.

[유란시아에 주둔하는 세라핌의 우두머리가 발표했다.]

제 84 편

결혼과 가족 생활

물질적 필요가 결혼의 기초를 세웠고, 성욕은 결혼을 아름답게 꾸미고 종교는 결혼을 인가하고 높였으며, 국가는 결혼을 요구하고 규제하였다. 한편 후일에, 진화하는 사랑은 문명의 가장 유익하고 숭고한 제도인 가정의 조상이자 가정을 창조하는 것으로서, 결혼을 비로소 정당화하고 영화롭게 만들고 있다. 그리고 가정을 이루는 것은 모든 교육하는 노력의 중심이요 본질이 되어야 한다.

짝짓기는 정도가 다르게 자아를 만족시키는 것과 결부되어, 순전히 자아를 존속시키는 행위이다. 결혼, 곧 가정을 이루는 것은 대체로 자아를 유지하는 문제이며, 사회가 진화함을 뜻한다. 사회 그 자체는 가족 단위가 집합하여 생긴 구조이다. 개인들은 혹성 요인으로서 아주 일시적이다—오로지 가족이 사회의 진화에서 계속하는 매개체이다. 가족은 문화와 지식의 강물이 한 세대에서 다음 세대로 흐르는 경로이다.

가정은 기본적으로 사회학적 제도이다. 결혼은 자아를 유지하는 데 협동하고 자아를 영속시키는 조합으로부터 생겨났으며, 자아 충족의 요소는 대체로 부수되는 것이었다. 그런데도 가정은 인간의 존재에서 모두 세 가지 기본 활동을 에워싸며, 한편 생명을 퍼뜨리는 것은 가정을 기초적 인간 제도로 만들고, 성(性)은 모든 다른 사회 활동으로부터 가정을 분리한다.

1. 원시적 부부 결합

결혼은 성관계에 기초를 두지 않았고, 성관계는 결혼에 부수(附隨)되는 것이었다. 결혼은 원시의 남자에게 필요하지 않았고, 그는 아내와 아이들과 가정을 책임져서 스스로를 번거롭게 만들지 않고서 마음대로 성욕을 채웠다.

여자는 자식에게 육체와 감정으로 애착을 가졌기 때문에 사내와 협동하는 데 의존했고, 이것은 여자를 결혼의 보호하는 울타리 속으로 떠민다. 그러나 아무런 생물학적 직접 욕구가 남자를—결혼에 붙잡아 두기는커녕—결혼으로 이끌지는 않았다. 남자로 하여금 결혼에 이끌리게 만든 것은 사랑이 아니라 배고픔이었고, 이것은 처음에 야만스런 남자를 여자에게, 여자의 아이들과 나누어 쓰는 원시 오두막으로 이끌었다.

결혼은 성관계의 의무를 의식하여 깨달아서 생기지도 않았다. 원시인은 성의 즐거움과 나중에 아이가 태어나는 것 사이에 아무 관계도 있음을 이해하지 못했다. 한때는 처녀가 아이를 밸 수 있다는 것을 보편적으로 믿었다. 야만인은 일찍부터 아기들이 영(靈) 나라에서 만들어진다는 생각을 가졌다. 임신은 영, 곧 진화하는 귀신이 여자에게 들어간 결과라고 믿었다. 식품과 악한 눈도 또한 처녀나 결혼하지 않은 여자에게 임신을 일으킬 수 있다고 믿었고, 한편 후일의 관념은 생명의 시작을 숨과 햇빛에 연결시켰다.

초기의 많은 민족은 귀신들을 바다와 결부시켰다. 따라서 처녀들은 목욕하는 관습에서 크게 제한을 받았다. 젊은 여자들은 성관계를 가지는 것보다 밀물이 있을 때 바다에서 몸 담그는 것을 훨씬 더 무서워했다. 기형(奇形)으로 생기거나 조산(早産)한 아기들은 부주의한 목욕이나 악령의 행위를 통해서, 여자의 몸으로 들어간 동물의 새끼라고 여겼다. 물론 야만인들은 그런 자식이 태어날 때 목 졸라 죽이는 것을 아무렇지 않게 생각했다.

깨우침에서 첫걸음은 성관계가 임신하게 하는 귀신이 여자에게 들어가는 길을 연다는 관념과 함께 다가왔다. 그 뒤로 사람은 아버지와 어머니가 자식을 시작하는 산 유전 인자(因子)를 똑같이 기여하는 자임을 발견했다. 그러나 20세기에도, 많은 부모가 아직도 인간 생명의 기원에 대하여 아이들을 얼마큼 무지한 가운데 두려고 애쓴다.

생식(生殖)의 기능에는 어머니와 아이의 관계가 따른다는 사실로 말미암아, 어떤 단순한 종류의 가족이 보장되었다. 어머니 사랑은 본능적이며, 결혼처럼 도덕 관습에서 생기지 않았다. 모든 포유 동물의 어머니 사랑은 지역 우주의 보조 지성영들이 본래부터 부여한 것이며, 그 강도와 헌신은 언제나 그 종(種)의 무력한 유아기의 길이에 반드시 정비례한다.

어머니와 아이의 관계는 자연스럽고, 강하고, 본능적이며, 따라서 원시 여인들로 하여금 많은 이상한 조건에 복종하고 말할 수 없는 어려움을 견디도록 강제한 관계이다. 어쩔 수 없는 이 어머니 사랑은 남자와 가진 모든 싸움에서 언제나 여자를 아주 엄청나게 불리한 자리에 몰아넣은, 장애가 되는 감정이다. 게다가 인간종(種)에서 모성 본능은 지배하지 않는다. 포부와 이기심과 종교적 확신으로 꺾일 수도 있다.

어머니와 아이의 관계는 결혼도 가정도 아니지만, 그 핵심으로부터 이 두 가지가 솟아 나왔다. 이 일시적 협동 관계가 그 결과로 생긴 자손을 기를 만큼 오래 갔을 때 짝짓기의 진화에서 큰 발전이 있었으니, 즉 가정을 이루는 것이었기 때문이다.

이 초기 부부들의 적대 감정에 상관 없이, 그 결합이 느슨했는데도, 생존 확률은 이 남녀 협동 관계로 말미암아 크게 개선되었다. 협동하는 남자와 여자는, 가족과 자손을 제쳐 놓더라도, 두 남자나 두 여자보다 대부분의 방법에서 엄청나게 우수하다. 남녀가 이렇게 짝짓는 것은 생존을 향상시켰고, 인간 사회의 바로 그 시작이었다. 남녀 따로 노동을 분화하는 것은 또한 편안에 도움이 되고 행복을 증진하였다.

2. 옛날의 모계 가족

여자가 정기적으로 피 흘리고 출산할 때 피를 더 잃는 것은 일찍부터 피가 아이를 창조하는 무엇이라는 (심지어 혼의 자리이기도 하다는) 것을 암시했고, 인간 관계에서 핏줄 유대의 개념을 낳았다. 옛 시절에 모든 후손은 여자의 핏줄에서 계산되었고, 이것이 상속에서 조금이라도 확실한 유일한 부분이었다.

어머니와 아이의 본능적인 생물학적 핏줄 유대에서 생겨났으므로, 원시의 가족은 불가피하게 모계 가족이었다. 그리고 많은 부족이 이 배치를 오랫동안 지켰다.

모계 가족은 그 무리에서 집단 결혼의 단계로부터, 일부 다처와 일부 일처의 부계 가족들이 이끈, 후일의 개량된 가정 생활로 넘어가는 유일하게 가능한 과도기였다. 모계 가족은 자연스럽고 생물학적이었다. 부계 가족은 사회·경제·정치적인 것이었다. 북 아메리카 홍인들 사이에서 모계 가족이 지속된 것은, 어째서 다른 면에서는 진취적인 이로쿼이인들이 결코 진짜 국가가 되지 못했는가 하는 주요한 이유의 하나이다.

모계 가족의 관습 밑에서는 아내의 어머니가 집에서 거의 최고의 권한을 누렸다. 아내의 형제들과 그들의 아들들조차 가족을 감독하는 데 남편보다 더 활동이 많았다. 아버지의 이름은 흔히 제 자식들을 따라서 다시 지었다.

아주 초기의 종족들은 아버지에게 공을 거의 돌리지 않았고, 아이가 전적으로 어머니로부터 온다고 보았다. 그들은 접촉하는 결과로서, 아이들이 아버지를 닮는다고, 또는 어머니가 아이들이 아버지를 닮았으면 했기 때문에 이 방법으로 아이들이 "표시되었다"고 믿었다. 나중에는 모계 가족으로부터 부계(父系) 가족으로 넘어가는 때가 다가왔을 때, 아이를 낳은 공을 아버지가 온전히 가졌으며, 임신한 여자에 대한 많은 금기(禁忌)는 나중에 그 남편을 포함하도록 연장되었다. 아이를 기대하는 아버지는 해산할 시간이 가까워오자 일을 그만두었고, 아이 태어날 때 침대로 가서 아내와 함께 3일에서 8일까지 남아서 쉬었다. 아내는 그 다음 날 일어나서 고된 일에 빠질 수도 있었지만, 남편은 축하를 받으려고, 침대에 남아 있었다. 이것은 모두 아이에 대한 아버지의 권리를 확립하려고 고안된 옛 관습의 일부였다.

처음에는, 남자가 아내의 사람들에게로 가는 것이 관습이었으나, 후일에는 남자가 신부 값을 치르거나 이를 위해 일한 뒤에, 제 아내와 아이들을 자기 사람들에게로 데리고 갈 수 있었다. 모계 가족으로부터 부계 가족으로 넘어간 것은, 달리 의미가 없는데 어째서 어떤 종류의 사촌 결혼을 금지하고, 한편 똑같은 인척 관계에 있는 다른 것은 인정되었는가를 설명한다.

사냥꾼의 도덕 관습이 지나가고, 짐승 기르기가 사람에게 주요한 식량 공급을 통제하게 만들었을 때, 모계 가족은 재빨리 끝에 이르렀다. 모계 가족은 다만 새로 생긴 부계 가족과 성공적으로 경쟁할 수 없었기 때문에 실패했다. 어머니의 남자 친척들에게 투입된 권력은 남편인 아버지에게 집중된 권력과 경쟁할 수 없었다. 여자는 아이를 배고, 계속된 권한과 늘어난 집안 권력을 행사하는 두 가지 과제에 힘이 부치었다. 새로 등장하는 아내 훔치기와 나중에 아내 사들이기는 모계 가족의 종말을 재촉하였다.

모계 가족으로부터 부계 가족으로 넘어가는 굉장한 변화는 인류가 일찍이 일으킨 바 가장 급진적이고, 완벽하게 뒤로 돌아가는 조정의 하나였다. 이 변화는 대번에 사회적 표현이 커지고 가족 모험이 증가하도록 이끌었다.

3. 아버지 지배 밑에 있는 가족

모성 본능이 여자를 결혼으로 이끌었는가 싶지만, 여자를 결혼한 채로 남아 있도록 실질적으로 강제한 것은, 관습의 영향과 함께 남자의 우수한 힘이었다. 전원(田園) 생활은 새로운 체계의 관습, 부계 종류의 가족 생활을 만들어 내는 경향이 있었다. 목자와 초기의 농업 관습 밑에서, 가족이 단결되는 기초는 아버지의 권한, 도전받지 않고 멋대로 하는 권한이었다. 모든 사회는, 국가이든 가족이든, 족장 계급이 독재 권한을 갖는 단계를 거쳤다.

구약(舊約) 시대에 여성에게 보인 인색한 예의는 목자들의 도덕 관습을 참되게 비친다. “주는 나의 목자이시니”하는 말이 증언하다시피, 히브리 족장들은 모두 목자였다.

그러나 남자는 지난 시대에 여자를 낮추어 보는 의견을 가진 것에 대하여 여자 자신보다 더 큰 잘못은 없다. 여자는 비상시에 활동하지 않았기 때문에, 원시 시대에 사회의 인정을 받지 못했다. 여자는 눈부신 영웅이거나, 위기에 영웅이 아니었다. 생존 투쟁에서 아이를 밴 것은 뚜렷한 불구였고, 모성애는 부족을 방어할 때 여자에게 장애물이 되었다.

원시의 여자들은 또한 남자의 호전성(好戰性)과 사내다움을 찬미하고 갈채를 보냄으로 말미암아 뜻하지 않게 남자에게 의존하는 성향을 길렀다. 무사(武士)들을 이렇게 추켜세운 것은 남자의 자존심을 높였고, 한편 여자의 자존심을 똑같이 억누르고 여자로 하여금 더욱 의존하게 만들었다. 군복은 아직도 여성의 감정을 힘차게 뒤흔든다.

좀더 진보한 민족들 사이에서는, 여자가 남자처럼 크거나 힘세지 않다. 여자는 약하니까, 따라서 더 요령 있는 자가 되었다. 여자는 일찍부터 성적 매력을 파는 것을 배웠다. 여자는 남자보다 민첩하고 보수적이었다. 하지만 생각이 조금 덜 깊었다. 남자는 전쟁터에서, 그리고 사냥할 때, 여자의 상관이었다. 그러나 집에서 여자는 가장 원시적인 남자들도 술책으로 이겼다.

목자는 생계를 위하여 자기의 짐승 떼를 돌보았지만, 이 전원 시대를 통하여 내내, 여자는 아직도 먹을 채소를 마련해야 했다. 원시의 남자는 흙을 피했다. 흙은 너무나 평화롭고 모험이 너무 빠져 있었다. 또한 여자가 채소를 더 잘 가꾼다는 오래 된 미신이 있었는데, 여자가 어머니였기 때문이다. 오늘날 뒤에 처진 많은 부족에서, 남자는 고기를 여자는 채소를 요리하며, 오스트랄리아의 원시 부족들이 행진할 때 여자들은 결코 사냥거리를 공격하지 않고, 한편 남자는 뿌리 하나 캐려고 몸을 굽히려 하지 않는다.

여자는 언제나 일해야 했다. 적어도 현대의 직전에 이르기까지, 여자는 진정한 생산자였다. 남자는 보통 그보다 더 쉬운 길을 택했고, 이 불평등은 인류의 역사를 통하여 내내 존재하였다. 여자는 언제나 짐꾼이었고, 가족 재산을 나르고 아이들을 돌보았으며, 이렇게 싸움이나 사냥을 하도록 남자를 자유롭게 버려 두었다.

남자가 땅을 경작하는 데 찬성했을 때, 그 때까지 여자의 일로 여긴 것을 하겠다고 찬성했을 때, 여자의 첫 해방이 왔다. 남자 포로가 이제 더 죽음을 당하지 않고 농사꾼으로 노예가 되었을 때가 크게 전진하는 발걸음이었다. 이것이 여자의 해방을 가져왔고, 그래서 여자는 가정을 이루고 아이들을 훈련하는 데 시간을 더 바칠 수 있었다.

어린것들에게 우유를 마련한 것은 아기들이 더 일찍 젖을 떼게 만들었으며, 따라서 때때로 잠시 불임에서 해방된 어머니들이 아이를 더 낳도록 만들었다. 한편 송아지 젖과 염소 젖의 사용은 아기의 사망률을 크게 줄였다. 사회가 짐승을 기르던 단계 이전에는 어머니가 아기들이 네다섯 살이 될 때까지 젖을 먹였다.

원시 전쟁의 감소는 남녀 구별에 근거를 둔 노동 분업 사이에 있던 불균형을 크게 줄였다. 그러나 여자들은 아직도 진짜 일을 해야 되었고, 한편 남자들은 망보는 임무를 맡았다. 어떤 캠프나 마을도 낮이나 밤에 지키지 않은 채로 버려 둘 수 없었지만, 이 과제조차 개를 길들여서 가벼워졌다. 대체로 농사(農事)의 시작은 여자의 품위와 사회적 지위를 높였다. 적어도 이것은 남자 스스로가 농부로 전향할 때까지 참말이었다. 그리고 남자가 땅을 가는 일에 손을 대자마자, 즉시 농사짓는 방법에 큰 개선이 뒤따랐고, 이것은 뒤잇는 세대들을 통해서 계속 연장되었다. 사냥과 전쟁에서 남자는 조직이 귀중함을 배웠고 이 기술을 산업에 들여왔으며, 나중에 여자가 하는 일의 많은 부분을 물려받았을 때 여자의 허술한 노동 방법을 크게 개량했다.

4. 옛 사회에서 여자의 지위

일반적으로 말해서, 어떤 시대에도 여자의 지위는, 하나의 사회 제도로서 결혼이 진화로 진보한 것을 재는 공평한 평가 기준이다. 한편 결혼 자체의 진보는 인간 문명의 진보를 기록하는 꽤 정확한 척도이다.

여자의 지위는 언제나 사회의 역설(逆說)이었다. 여자는 언제나 남자를 민첩하게 관리하는 사람이었다. 여자는 언제나 남자의 더 강한 성욕을 자신의 이익을 위하여, 자신의 승진을 위하여 이용했다. 남자에게 비참한 노예 상태에 붙들려 있을 때조차, 여자는 자기의 성적 매력을 교묘하게 팔아서, 흔히 지배하는 힘을 남자에게 행사할 수 있었다.

초기에 여자는 남자에게 친구, 연인, 애인, 협동자가 아니라, 오히려 한 덩이의 재산, 곧 하녀나 종이었고, 나중에는 경제적 협동자요, 노리개요, 아이 낳는 사람이었다. 그런데도 적당하고 흐뭇한 성관계는 반드시 여자가 선택하고 협동하는 요소를 포함하였고, 이것은 언제나 영리한 여자들에게, 하나의 성으로서 그들의 사회 지위에 상관 없이, 직접적인 개인 지위에 어지간히 영향을 미쳤다. 그러나 그들의 속박을 가볍게 하려는 노력으로, 여자들이 줄곧 기민함에 의존할 수밖에 없었다는 사실로 말미암아, 남자의 불신과 의심은 줄어들지 않았다.

남녀는 서로를 이해하는 데 큰 어려움을 겪어 왔다. 남자는 여자를 이해하기 어려움을 발견했고, 의심과 경멸이 아니라도, 무지로 인한 불신과 두려운 환상이 야릇하게 섞인 눈으로 여자를 보았다. 부족과 종족의 많은 전통은 고난(苦難)을 이브나 판도라, 또는 어떤 다른 여성 대표에게 돌렸다. 이 이야기들은 언제나 비뚤어져서 여자가 남자에게 악을 가져온 것처럼 보이게 만들었다. 이 모두가 한때 여자를 보편적으로 불신했다는 것을 가리킨다. 독신의 사제직을 지지하면서 늘어놓은 여러 이유 가운데, 으뜸 가는 것은 여자의 천함이었다. 마법사라고 생각된 대부분의 사람이 여자라는 사실은 여성의 오래 된 평판을 더 좋게 만들지 않았다.

남자는 오랫동안 여자가 특이하다, 아니 비정상이라고까지 여겼다. 남자는 여자가 혼이 없다고까지 믿었다. 따라서 여자들에게 이름을 주지 않았다. 옛날에는 여자와 처음 성관계 가지는 것을 크게 두려워했다. 따라서 사제가 처녀와 첫 성교를 하는 것이 관습이 되었다. 여자의 그림자조차 위험하다고 생각되었다.

임신은 한때 일반적으로 여자를 위험하고 더럽게 만드는 것으로 보았다. 그리고 부족의 많은 관습이, 아이를 낳은 뒤에 어머니는 긴 정화(淨化) 의식을 거쳐야 한다고 선포했다. 해산하는 자리에 남편이 참여한 집단을 빼고, 사람들은 출산을 앞둔 어머니를 피하고 혼자 버려 두었다. 옛날 사람들은 집안에서 아이를 낳게 하는 것조차 피했다. 마침내, 늙은 여자들이 진통 중에 어머니를 보살피는 것이 허락되었고, 이 관습이 산파(産婆)라는 직업을 낳았다. 분만을 쉽게 하려는 노력으로, 출산 중에 몇십 가지 어리석은 것을 말하고 행하였다. 귀신의 방해를 막으려고 갓난 아이에게 거룩한 물을 뿌리는 것이 관습이었다.

혼합되지 않은 부족들 사이에서 출산은 비교적 쉬웠고, 겨우 두세 시간 걸렸다. 혼합된 민족들 사이에서는 그렇게 쉬운 일이 드물다. 여자가 출산할 때 죽으면, 특히 쌍둥이를 낳을 때, 그 여자는 영과 간통한 죄가 있다고 믿었다. 나중에, 상급 부족들은 출산할 때 죽는 것을 하늘의 뜻으로 보았다. 그러한 어머니들은 고귀한 이유로 죽는다고 간주되었다.

여자들의 옷과 몸을 드러내는 것에 관한, 이른바 여자의 정숙(貞淑)함은 월경이 있을 때 눈에 뜨일까 하는 지독한 두려움에서 생겨났다. 그렇게 들키는 것은 중대한 죄였고, 금기를 어기는 것이었다. 옛날의 관습 밑에서, 사춘기로부터 출산기의 끝까지, 모든 여자는 한 달에 한 주를 꼭 채워, 완전히 가족과 사회로부터 격리되었다. 여자가 만지거나 앉거나 누울 만한 모든 것은 "더러워졌다." 달마다 월경이 끝난 뒤에 악령을 몸에서 몰아내려는 노력으로 소녀를 무자비하게 때리는 것이 오랫동안 관습이었다. 그러나 한 여자가 출산기를 지났을 때, 그 여자는 보통 더 배려해 주는 대우를 받았고, 더 많은 권리와 특권을 받았다. 이 모든 것을 보건대, 여자들이 업신여김을 받은 것은 이상하지 않다. 그리스인들조차 월경하는 여자를 몸을 더럽히는 3대 원인의 하나로 보았고, 나머지 둘은 돼지고기와 마늘이었다.

아무리 어리석었어도, 이 옛 개념들은 좋은 일을 하였는데, 그런 개념들이 과로한 여자들에게, 적어도 젊었을 때, 반가운 휴식과 유익한 명상을 가지도록 한 달에 한 주를 주었기 때문이다. 이렇게 그들은 나머지 시간에 남자 동료들을 다룰 지혜를 익힐 수 있었다. 여자를 이렇게 격리한 것은 또한 남자들을 지나친 성욕의 탐닉으로부터 보호했고, 이로서 인구를 제한하고 자제를 향상하는 데 간접으로 이바지했다.

남자가 마음대로 제 아내를 죽일 권리가 금지되었을 때 큰 진보가 이루어졌다. 마찬가지로, 여자가 결혼 선물을 소유할 수 있을 때가 앞으로 나아가는 걸음이었다. 나중에는 여자가 재산을 소유하고 통제하고, 처분까지 하는 권리를 얻었다. 그러나 여자는 교회에서나 국가에서 공직(公職)을 가질 자격을 오랫동안 빼앗겼다. 여자는 그리스도 뒤 20세기까지, 그리고 이 세기에, 언제나 얼마큼 재산처럼 취급되었다. 여자는 남자의 지배 밑에서 은둔하던 상태로부터 세계적인 자유를 널리 얻지 못했다. 진보된 민족들 사이에서도, 남자가 여자를 보호하려는 시도는 언제나 우수성을 말없이 주장하는 것이었다.

그러나 원시의 여자들은 최근에 자유롭게 된 자매들이 곧잘 하듯이, 자신을 불쌍히 여기지 않았다. 결국 그들은 꽤 행복하고 만족해하였다. 더 낫거나 다른 형태의 존재를 감히 상상하지 못했다.

5. 발전하는 도덕 관습 밑에서 여자의 지위

자아의 존속에서 여자는 남자와 동등하지만, 자아를 유지하는 협동 관계에서 여자는 뚜렷이 불리하게 수고한다. 강제된 이 모성(母性)이라는 장애는 오로지, 진보하는 문명의 깨우친 관습으로, 남자가 얻은 늘어나는 공평 감각으로, 겨우 보상할 수 있다.

사회가 진화함에 따라서 성의 기준은 여자들 사이에서 더 높아졌는데, 이는 성 관행을 위반한 결과로부터 그들이 더 고통을 받기 때문이었다. 남자의 성 기준은 문명이 요구하는 그 순전한 공평 감각의 결과로서 겨우 뒤늦게 개선되고 있다. 자연은 도무지 공평을 모른다—여자 혼자서 분만의 아픔을 견디게 만든다.

현대의 남녀 평등 관념은 아름답고, 확장하는 문명에 어울리지만, 그 관념은 자연 속에서 발견되지 않는다. 힘이 정의일 때, 남자는 여자에게 거만하게 군다. 더 많은 정의와 평화와 공평이 지배할 때, 여자는 차츰차츰 노예 상태와 무명(無名)으로부터 솟아 나온다. 여자의 사회적 지위는 대체로 어느 나라나 어느 시대에도, 군사주의의 정도와 반비례해서 변하였다.

그러나 남자는 여자의 권리를 의식하여, 또는 일부러 빼앗지는 않았고, 그리고 나서 차츰차츰, 투덜거리면서 그 권리를 여자에게 돌려주었다. 이 모두가 사회의 진화에서 의식하지 않고 계획하지 않은 사건이었다. 늘어난 권리를 즐길 때가 정말로 왔을 때, 여자는 그 권리를 가졌고, 남자의 의식하는 태도에 아주 상관 없이 모두 가졌다. 문명의 지속하는 진화의 일부인 사회적 조정을 마련하도록, 도덕 관습은 느리게, 그러나 확실하게 변한다. 진보하는 관습은 점점 더 여자들에게 좋은 대우를 마련해 주었다. 여자에게 계속 모질었던 부족들은 살아남지 못했다.

아담 사람과 놋 사람들은 여자를 더욱 인정했으며, 이주하는 안드 사람들에게 영향을 받은 무리들은 사회에서 여자의 신분에 관하여 에덴의 가르침에 영향을 받는 경향이 있었다.

초기의 중국인과 그리스인들은 둘러싼 대부분의 민족들보다 여자를 더 낫게 대우했다. 그러나 히브리인들은 지나치게 여자를 불신했다. 서양에서 여자는 그리스도교에 달라붙게 된 바울의 교리 밑에서, 가파른 오르막길에 부딪쳤다. 그래도 그리스도교는 남자에게 더 엄격한 성의 책임을 지워 줌으로써 도덕 관습을 진보시키기는 했다. 여자의 신분은 마호메트교에서 여자에게 따르는 특이한 지위의 하락으로 거의 희망이 없으며, 다른 몇 가지 동양 종교의 가르침 밑에서 여자는 더군다나 운이 나쁘다.

종교가 아니라 과학이 여자를 정말로 해방했다. 집의 울타리로부터 여자를 대체로 자유롭게 풀어 놓은 것은 현대의 공장(工場)이었다. 새로운 유지 장치에서 남자의 신체 능력은 이제 더 중대한 필수품이 아니었다. 과학은 남자의 힘이 여자의 힘보다 이제 더 아주 우수하지 않도록 생활 조건을 변화시켰다.

이 여러 변화는 집안에서 노예 상태로부터 여자를 해방하는 경향이 있었고, 여자의 지위를 크게 수정해서, 여자는 실질적으로 남자의 것과 같이 개인의 자유와 성의 결정권을 이제 어느 정도 가지고 있다. 한때 여자의 가치는 여자가 먹을 것을 생산하는 능력에 있었으나, 발명과 부(富)는 여자로 하여금 활동해야 할 새로운 세계—품위와 매력이 있는 분야—를 창조하게 만들었다. 이처럼 산업은 여자의 사회·경제적 해방을 위하여, 의식하지도 뜻하지도 않은 싸움을 싸워서 이겼다. 또 다시 진화는 계시조차 이룩하지 못한 것을 성취하는 데 성공했다.

사회에서 여자의 자리를 규제하는 불공평한 도덕 관습으로부터 깨우침을 받은 민족들의 반응은 정말로, 극단에 있는 추와 같았다. 산업화된 민족들 사이에서 여자는 거의 모든 권한을 받았고, 군대 복무와 같이, 많은 의무로부터 면제된다. 존재를 위한 싸움이 완화되는 대로 여자의 해방에 도움이 되었고, 일부 일처제를 향한 걸음을 내디딜 때마다 여자는 직접 이득을 보았다. 사회가 진취적으로 진화하면서 관습이 조정될 때마다, 약한 자는 언제나 균형되지 않게 이득을 본다.

부부 결혼의 이상(理想)에서 볼 때, 여자는 마침내 인정(認定), 위엄, 독립, 평등, 교육을 얻어 냈다. 그러나 여자가 새롭고 전례 없는 이 모든 성취를 누릴 자격이 있는지 판명될 것인가? 현대 여성이 사회를 해방하는 이 위대한 성취에 대하여 게으름과 무관심, 불임과 간통으로 반응할 것인가? 오늘날, 20세기에, 여자는 오랫동안의 세상 존재에서 결정적인 시험을 거치고 있다!

여자는 종족의 번식에서 남자와 동등한 짝이며, 따라서 종족의 진화가 펼쳐지는 데 마찬가지로 중요하다. 그러므로 진화는 여성의 권리를 실현하는 방향으로 점점 더 작용하였다. 그러나 여자의 권리는 결코 남자의 권리가 아니다. 남자가 여자의 권리를 가지고 잘 자랄 수 없는 것처럼, 여자도 남자의 권리를 가지고 번성할 수 없다.

남녀는 각자 자체의 뚜렷한 존재 분야, 그리고 그 분야 안에서 자체의 권리를 가지고 있다. 여자가 글자 그대로 남자의 권리를 모두 가지고 싶어한다면, 머지 않아, 동정심도 감정도 없는 경쟁이, 많은 여성이 지금 즐기고, 남자들로부터 아주 최근에 얻어낸, 그 기사도(騎士道) 정신과 특별한 배려를 분명히 없애 버릴 것이다.

문명은 남녀 사이에 행동의 차이를 결코 지워 버릴 수 없다. 대대로 도덕 관습은 변하지만, 본능은 결코 그렇지 않다. 타고난 모성애는 결코 해방된 여자로 하여금 산업에서 남자와 심각한 경쟁자가 되도록 버려 두지 않는다. 언제까지나 남녀 각자는 자신의 분야 안에서 힘을 떨치리니, 이것은 생물학적 분화, 정신적 차이에 따라서 결정되는 분야이다.

남녀는 각자 언제나 자체의 특별한 분야를 가질 것이다. 하지만 그 분야들이 때때로 겹칠 것이다. 오직 사회적으로 남자와 여자는 같은 조건 밑에서 경쟁한다.

6. 남자와 여자의 협력

번식의 욕구는 자아의 존속을 위해서 어김없이 남자와 여자를 함께 모이게 하지만, 그것만으로 그들이 서로 협동하는 속에—가정을 세우는 일에—함께 남아 있도록 보장하지 않는다.

성공적인 인간 제도마다, 실질적으로 작용하는 조화에 적응된, 개인 이익의 대립을 가져오며, 가정의 유지도 예외가 아니다. 결혼, 가정 세우기의 기초는 대립되는 협동이 가장 두드러지게 나타난 것이요, 이것은 자연과 사회가 접촉하는 특징을 아주 흔히 나타낸다. 갈등은 피할 수 없다. 짝짓기는 선천적이며, 자연스럽다. 그러나 결혼은 생물학적인 것이 아니라, 사회적인 것이다. 정열(情熱)은 남자와 여자가 한데 모이리라는 것을 보장하지만, 그보다 약한 부모 본능과 사회 관습이 그들을 붙들어 놓는다.

수컷과 암컷은, 실지로 보건대, 가깝고 밀접하게 결합된 속에서 사는, 같은 종자의 두 가지 다른 변종이다. 그들의 관점과 생활 반응 전체는 본질적으로 다르다. 그들은 서로를 충분히 진정하게 이해할 능력이 도무지 없다. 남녀 사이에 완전한 이해는 얻을 수 없다.

여자는 남자보다 직관(直觀)을 더 가진 듯하지만, 여자는 또한 얼마큼 논리가 덜한 듯하다. 그러나 여자는 언제나 도덕의 기치를 쥔 사람이요, 인류의 영적 지도자였다. 요람을 흔드는 손은 아직도 운명과 사귄다.

남자와 여자 사이에 성품·반응·관점·생각의 차이는 걱정을 일으키기는커녕, 개별적으로, 집단으로, 인류에게 상당히 유익하다고 간주되어야 한다. 많은 계급의 우주 생물은 2중 단계로 성격을 표현하도록 지어졌다. 사람, 물질 아들, 미초한자(未超限者)들 가운데서, 이 차이는 암컷과 수컷으로 묘사된다. 세라핌, 케루빔, 상물질계 동반자들 사이에서는, 양성, 즉 적극적인 것과 음성, 즉 수줍은 것으로 언급되었다. 파라다이스-하보나 체계에서 어떤 삼자 일체 결합이 하는 것처럼, 그러한 2중 결합은 융통성을 크게 높이고 선천적 한계를 이겨낸다.

남자와 여자는 필사 생애 뿐 아니라 상물질 및 영 생애에서, 서로 필요하다. 암컷과 수컷 사이에 있는 관점의 차이는 첫 생명을 지나서도, 지역 우주와 초우주를 올라가면서 두루 지속된다. 그리고 하보나에서도, 한때 남녀였던 순례자들은 파라다이스로 올라가면서 여전히 서로를 도울 것이다. 필사 군단에서도, 생물은 결코 인간들이 남자와 여자라고 부르는 성격의 성향을 지워 버릴 만큼 모습이 바뀌지 않을 것이다. 언제나 인류의 이 두 가지 기본 변종은 줄곧 서로를 골똘히 생각에 빠지게 하고, 자극하고, 북돋아 주고 돕는다. 그들은 난처한 우주 문제들을 푸는 데, 다채로운 우주의 어려움을 이겨 내는 데, 언제나 서로 협동에 의존할 것이다.

남녀는 결코 서로를 충분히 이해하기 바랄 수 없어도, 그들은 효과적으로 보완한다. 협동은 얼마큼 개인적으로 대립되지만, 사회를 유지하고 재생하는 능력이 있다. 결혼은 남녀의 차이를 완화하도록 고안된 제도이며, 한편 문명을 계속하게 하고 종족이 번식할 것을 보장한다.

결혼은 모든 인간 제도의 어머니이니, 그것이 가정을 일으키고 가정을 유지하는 길로 바로 이끌기 때문이며, 이것이 사회의 구조적 기초이다. 가족은 자아 유지 작용과 중대하게 연결되어 있다. 가족은 문명의 도덕 관습 밑에서 종족이 영속하는 유일한 희망이며, 동시에 어지간히 만족스러운 어떤 형태의 자아 충족을 가장 효과적으로 마련해 준다. 가족은 사람이 이룬 가운데 가장 큰, 순전히 인간다운 성취이며, 남녀의 생물학적 관계의 진화를 남편과 아내의 사회적 관계와 실제로 통합한다.

7. 가족 생활의 이상

남녀가 짝짓는 것은 본능이요, 아이들은 자연스러운 결과이며, 따라서 가족은 자동으로 존재하게 된다. 종족이나 국가의 가족들이 어떠하면, 그 사회도 마찬가지이다. 가족들이 좋으면, 사회도 마찬가지로 좋다. 유대 민족과 중국 민족이 크게 문화적으로 안정된 것은 그들의 가족 집단의 힘에 달려 있다.

아이들을 사랑하고 돌보는 여자의 본능은, 결혼과 원시의 가족 생활을 조장하는 일에 여자를 이해 관계가 있는 당사자로 만들도록 작용한다. 남자는 후일의 관습과 사회의 전통이 주는 압력 때문에 가정을 일으키도록 강제되었을 뿐이다. 남자는 결혼과 가정을 이루는 일에 더디게 흥미를 가졌는데, 이는 성행위가 남자에게 아무런 생물학적 결과를 지워 주지 않기 때문이다.

성적 결합은 자연스럽지만, 결혼은 사회적인 것이며 반드시 도덕 관습에 규제를 받아 왔다. (종교·도덕·윤리적) 관습은 재산·자존심·기사도(騎士道)와 함께, 결혼 및 가족 제도를 안정시킨다. 도덕 관습이 이리저리 변할 때는 언제나, 가정 및 결혼 제도의 안정에 변동이 있다. 결혼은 이제 재산 단계를 벗어나서 개인의 시대로 넘어가고 있다. 예전에는 여자가 남자의 소유물이었으니까 남자가 여자를 보호했고, 여자는 같은 이유로 남자에게 복종했다. 그 장점에 상관 없이, 이 체계는 안정을 가져왔다. 지금은 여자를 더 이상 재산으로 여기지 않으며, 결혼 및 가정 제도를 안정시키도록 고안된 새로운 도덕 관습이 솟아나고 있다:

1. 종교의 새 기능—부모의 체험이 필수라는 가르침, 우주의 시민을 낳는다는 관념, 번식하는—아들들을 아버지께 드리는—특권에 대한 확대된 이해.

2. 과학의 새 기능—번식은 남자의 통제 밑에서, 점점 더 자원하는 것이 된다. 옛 시절에는 아이를 바라는 욕망이 도무지 없는 데서, 이해의 부족이 아이들이 출현하는 것을 보장했다.

3. 쾌락 유혹의 새 기능—이것은 종족의 생존에 새로운 요인을 들여온다. 옛날 사람은 바라지 않는 아이들을 죽도록 버려 두었다. 현대인은 아이를 낳으려 하지 않는다.

4. 부모 본능의 향상. 각 세대는 이제, 부모 본능이 아이 낳는 것을 보장하기에 충분히 강하지 않은 사람들을 종족 번식의 흐름으로부터 없애 버리는 경향이 있다. 아이들은 다음 세대에 부모가 될 사람들이다.

그러나 하나의 제도, 한 남자와 한 여자의 협동 관계로서, 가정은 더 자세히 말하면 달라마시아 시절, 약 50만 년 전으로 거슬러 올라간다. 안돈과 그 직계 후손의 일부 일처 관습이 그 때 사라진 지 오래 되었다. 그러나 놋 사람과 나중에 아담 사람들의 시절 이전에, 가족 생활은 그다지 자랑할 것이 없었다. 아담과 이브는 온 인류에게 오래 가는 영향을 미쳤다. 세계 역사에서 처음으로, 남자와 여자들이 동산에서 나란히 일하는 것이 보였다. 온 가족이 채소 가꾸는 사람이 되는 에덴의 이상은 유란시아에서 새로운 관념이었다.

초기의 가족은, 노예들을 넣어서, 관련된 작업 집단을 포함하였고, 모두가 한 거처에서 살았다. 결혼과 가족 생활은 반드시 동일하지는 않았지만, 필요성 때문에 가깝게 관련되었다. 여자는 언제나 개별 가족을 바랐고, 결국 여자는 뜻대로 했다.

새끼를 사랑하는 마음은 거의 보편적이며, 뚜렷이 살아남을 가치가 있다. 옛날 사람들은 아이의 복지를 위하여 언제나 어머니의 이익을 희생했다. 에스키모인 어머니는 아직까지도 목욕시키는 셈으로 제 아기를 핥아 준다. 그러나 원시의 어머니들은, 제 아이들이 아주 어릴 때만 겨우 젖을 먹이고 보살폈다. 그들은 동물처럼, 아이들이 자라자마자 내버렸다. 오래 가고 계속되는 인간 관계는 오직 생물학적 사랑에만 기초를 둔 적이 없다. 동물은 새끼를 사랑한다. 사람—문명화된 사람—은 손자·손녀들을 사랑한다. 문명이 높을수록, 아이들이 승진하고 성공할 때 부모의 기쁨이 더욱 커진다. 이처럼 이름 자존심에 대하여 새롭고 더 높은 깨달음이 생기게 되었다.

옛 민족들 사이에서 대가족은 반드시 애정이 있지는 않았다. 다음 이유 때문에 아이들이 많은 것이 바람직했다:

1. 아이들은 일꾼으로서 값이 있었다.
2. 아이들은 노령 보험이었다.
3. 딸을 팔 수 있었다.
4. 가족 자부심은 이름 남길 것을 요구한다.
5. 아들들은 보호와 방어를 마련해 주었다.
6. 귀신을 무서워한 것은 혼자 있는 것을 두렵게 만들었다.
7. 어떤 종교들은 자손을 요구했다.

조상 숭배자들은 아들 못 가지는 것을 온 세월과 영원을 통해서 최악의 재난으로 여긴다. 그들은 죽은 뒤의 축제를 거행하고, 영 나라를 통하여 귀신이 나아가는 데 필요한 희생물을 바칠 아들들을 무엇보다도 더 바랐다.

옛날의 야만인들 사이에서, 아이들을 벌주는 것은 아주 일찍 시작되었다. 불복종이 동물에게 그런 것과 마찬가지로, 아이는 불복종이 실패나 죽음까지도 뜻한다는 것을 일찍부터 깨달았다. 현대의 불복종에 아주 크게 기여하는 것은 어리석은 행동의 자연스런 결과로부터 문명이 아이를 보호해 주는 것이다.

에스키모인 아이들은 징계와 벌이 거의 없이 잘 자라는데, 이것은 그들이 태어나면서부터 온순한 작은 동물이기 때문이다. 홍인과 황인의 아이들은 거의 똑같이 다루기 쉽다. 그러나 안드 사람 유전을 담은 종족들 가운데서는, 아이들이 그다지 차분하지 않았다. 상상력이 더 많고 모험을 더 좋아하는 이 어린이들은 훈련과 징계가 더 필요하다. 아이를 훈련하는 현대의 문제는 다음 이유로 갈수록 더 어려워진다:

1. 상당한 정도로 종족이 혼합된 것.

2. 인위적이고 겉핥기인 교육.

3. 부모를 모방함으로 아이가 훈련을 얻을 수 없는 것—부모가 너무나 자주 가족의 그림에서 빠져 있다.

가족을 징계하는 옛 관념은 생물학적이었고, 부모가 아이의 존재를 만든 사람이었다는 깨달음으로부터 생겨났다. 가족 생활의 진보하는 이상은 아이를 세상으로 데려오는 일은 부모로서 어떤 권리를 주는 것이 아니라, 인간의 존재에서 최고의 책임이 따른다는 개념으로 이끌고 있다.

문명은 부모가 모든 의무를 맡고, 아이는 모든 권리를 가졌다고 간주한다. 아이가 그 부모를 존경하는 마음은, 부모가 자식을 낳는 것이 암시하는 의무를 아는 데 있지 않고, 삶의 투쟁에서 이기도록 아이를 돕는 데서 사랑으로 나타나는 보살핌과 훈련과 애정의 결과로서 자연히 생겨난다. 참된 부모는 계속된 서비스와 봉사를 베푸는 데 몰두하며, 지혜로운 아이는 그것을 깨닫고 이해하게 된다.

현재의 산업 및 도시 시대에, 결혼 제도는 새로운 경제 노선을 따라서 진화하고 있다. 가족 생활은 갈수록 더 비싸게 되었고, 한편 예전에 재산이었던 아이들은 경제적 부채가 되었다. 그러나 문명 자체의 안전은 아직도 한 세대가 다음 및 미래 세대의 복지에 기꺼이 투자하려는 짙어지는 성향에 기초를 둔다. 그리고 부모의 책임을 국가나 교회에 떠맡기려는 어떤 시도도 문명의 복지와 진보에 자살(自殺) 행위임이 증명될 것이다.

결혼은, 아이들과 그 결과로 생기는 가족 생활과 더불어, 인간의 성품에서 가장 높은 잠재성을 자극하며, 동시에 사람의 성격에서 활기를 띤 이 특성을 표현하는 이상적인 길을 마련해 준다. 가족은 인간종이 생물학적으로 존속하게 해 준다. 집은 자연스러운 사회 무대이며, 자라는 아이들은 거기서 핏줄로 이어진 형제 정신의 윤리를 움켜쥘 수 있다. 가족은 기초적 친교 단위이며, 그 안에서 부모와 아이들은 참을성, 이타주의, 너그러움, 인내심의 교훈을 배우며, 이것들은 모든 사람 사이에서 형제 정신을 실현하는 데 아주 긴요하다.

문명화된 종족들이 더욱 널리 안드 사람들의 가족 회의 관습으로 돌아간다면, 인간 사회는 크게 개선될 것이다. 안드 사람들은 족장이나 독재 형태의 가족 정부를 유지하지 않았다. 그들은 아주 형제답고 친교성이 있으며, 가족의 성질을 가진 모든 제안과 규칙을 자유롭고 솔직하게 토론하였다. 그들은 가족을 다스리는 모든 일에 이상적으로 우애 정신이 있었다. 이상적인 가족 안에서 효도와 부모 사랑은 모두 형제다운 헌신으로 말미암아 커진다.

가족 생활은 참된 도덕성의 선구자요, 의무에 충성해야 한다는 의식(**意識**)의 뿌리이다. 가족 생활에서 강제된 결합은 다채로운 다른 인물에 대하여 필요한 적응을 강제함으로 인격을 안정시키고 그 성장을 자극한다. 그러나 그보다 더욱, 참된 가족—좋은 가족—은 부모로서 번식하는 자들에게 창조자가 그의 자녀들에 대하여 가지는 태도를 드러내며, 한편 동시에 그러한 참 부모는 우주의 아이들 모두에게, 올라가면서 파라다이스 부모의 사랑을 드러내는 긴 시리즈의 처음을 제 자식들에게 보여 준다.

8. 자아 충족의 위험

가족 생활에 대한 큰 위협은 자아의 충족, 곧 현대 쾌락광의 위협하는 높아지는 물결이다. 결혼으로 이끈 첫째 동기는 예전에는 경제 요인이었고, 성의 매력은 2차적이었다. 자아 유지에 기초를 둔 결혼은 자아의 존속으로 이끌었고, 그와 동시에 가장 바람직한 형태의 자아 충족을 마련해 주었다. 결혼은 살기 위한 세 가지 큰 동기를 모두 에워싸는, 인간 사회의 유일한 제도이다.

최초에는 재산이 자아를 유지하는 기본 제도였고, 한편 결혼은 자아를 존속시키는 독특한 제도로서 작용했다. 배를 채우는 것과 놀이와 유머는, 이따금 얻는 성욕 만족과 더불어 자아를 충족시키는 수단이기는 했어도, 진화하는 도덕 관습은 자아를 충족시키는 어떤 뚜렷한 제도를 세우지 못했다는 것이 여전히 사실이다. 유쾌한 즐거움을 얻는 전문화된 기술을 이렇게 진화하지 못했기 때문에, 모든 인간 제도는 이 쾌락 추구에 완전히 젖어 있다. 재산의 축적은 온갖 종류의 자아 충족을 크게 하는 도구가 되고 있으며, 한편 결혼은 흔히 기껏해야 쾌락의 수단으로만 간주된다. 그리고 이 탐닉, 널리 퍼진 이 쾌락광은, 일찍이 사회의 진화적 가족 생활 제도인 가정에 쏟아진 가장 큰 위협이다.

보라 인종은 새롭고 겨우 불완전하게 실현된 특징—유머 감각과 함께 놀이 본능—을 인류의 체험 속에 들여왔다. 이 본능은 어느 만큼 산긱과 안돈 사람들 안에 있었지만, 아담의 핏줄은 이 원시 성향을 <u>쾌락의 잠재성</u> 속으로 높였고, 이것은 새롭고 영화롭게 된 형태의 자아 충족이다. 배고픔을 달래는 것을 제쳐 놓고, 기본 형태의 자아 충족은 성욕을 채우는 것이며, 이 형태의 육체의 쾌락은 산긱과 안드 사람들을 혼합함으로 엄청나게 높아졌다.

안드 이후 종족들의 차분하지 못한 성향, 호기심, 모험, 쾌락에 빠지는 특징의 조합 속에 진짜 위험이 있다. 혼의 갈증은 육체의 쾌락으로 채울 수 없다. 가정과 아이들을 사랑하는 것은 지혜롭지 못하게 쾌락을 찾음으로 늘어날 수 없다. 너희는 예술, 색깔, 소리, 리듬, 음악, 사람 치장의 자원을 써 버리더라도, 그렇게 해서 너희는 혼을 높여 주거나 영에게 자양분 주기를 바랄 수 없다. 허영과 유행은 가정을 세우고 아이를 훈련하는 데 도움을 줄 수 없다. 자존심과 경쟁심은 뒤잇는 세대들의 살아남는 품질을 높이는 데 무력하다.

진보하는 하늘 존재들은 모두 휴식과 복귀 지도자들의 보살핌을 누린다. 건강에 좋은 기분 전환을 얻고 북돋아 주는 놀이에 참여하는 모든 노력은 건전하다. 기분을 새롭게 하는 잠, 휴식, 오락, 그리고 단조로운 지루함을 막는 모든 유흥은 가치가 있다. 경쟁하는 경기, 이야기를 엮는 것, 맛있는 것을 맛보는 것조차 자아 충족의 형태로서 쓸모가 있을까 한다. (먹을 것을 맛내려고 너희가 소금을 쓸 때, 거의 1백만 년 동안 사람은 먹을 것을 재 속에 찍어서 소금을 얻을 수 있었다는 것을 멈추어 생각해 보아라.)

사람은 즐길지어다. 인종은 수많은 방법으로 쾌락을 발견할지어다. 진화하는 인류는 온갖 종류의 정당한 자아 만족, 오랫동안 위를 향한 생물학적 투쟁의 열매를 탐구할지어다. 사람은 오늘날 누리는 즐거움과 쾌락의 얼마큼을 잘 벌었다. 그러나 너희는 운명의 목표를 잘 보아라! 쾌락이 자아를 유지하는 제도가 된 재산을 파괴하는 데 성공한다면, 그것은 정말로 자살이다. 그리고 자아의 충족이 결혼의 파탄, 가정 생활의 퇴폐, 가정의 파괴를 가져온다면, 치명적인 값을 치른 것이다—가정은 사람이 얻은 최고의 진화적 성취이며, 문명이 살아남을 유일한 희망이다.

[유란시아에 주둔하는 세라핌 우두머리가 발표하였다.]

제 85 편

숭배의 기원

도덕적 관계를 제외하고 모든 영적 영향을 제쳐 놓으면, 원시 종교는 생물학적 기원을 가졌고, 자연스럽게 진화해서 발전하였다. 고등 동물은 무서움을 가졌지만 아무런 환상이 없고, 따라서 종교가 없다. 사람은 두려움으로부터, 환상의 수단을 써서, 원시 종교를 만들어 낸다.

인간종의 진화에서 원시적으로 표현되는 숭배가 나타나는 것은, 사람의 지성이 지금 생명과 다음 생명에 대하여 더 복잡한 개념을 형성할 수 있기 훨씬 전이며, 이것은 종교라고 부를 만하다. 초기의 종교는 그 성질이 완전히 지적이며, 관계되는 상황에 전적으로 달려 있다. 예배의 대상은 무척 암시적이고, 손에 쉽게 잡히거나, 생각이 단순한 원시 유란시아 사람들의 보통 체험 속에서 크게 돋보이는 자연의 사물로 구성되었다.

자연 숭배를 지나서 일단 진화하고 나서 종교는 영적 기원의 뿌리를 얻었지만, 그런데도 반드시 사회 환경에 제약을 받았다. 자연 숭배가 개발됨에 따라서, 사람의 개념은 필사자를 초월하는 세계에서 노동의 분업을 상상했다. 호수와 나무와 폭포와 비, 그리고 수백 가지 땅에 있는 다른 보통 현상을 대표하는 자연 영들이 있었다.

언제인가 필사 인간은, 자신을 포함해서, 땅 표면에 있는 모든 것을 숭배했다. 사람은 또한 하늘에 있고 땅 밑에 있는 상상할 수 있는 거의 모든 것을 숭배하였다. 원시인은 온갖 힘의 명시를 두려워했다. 원시인은 이해할 수 없는 자연 현상을 모조리 숭배했다. 폭풍우, 홍수, 지진, 산사태, 화산, 불, 열, 추위와 같은 막강한 자연력을 지켜보는 것은 사람의 커지는 지성에 크게 감명을 주었다. 인생에서 설명할 수 없는 일들을 아직도 "하나님의 행위"[1]요, "섭리의 신비한 처분"이라는 용어로 언급한다.

1. 돌과 산을 숭배하기

진화하는 사람이 숭배하게 된 첫 대상은 돌이었다. 오늘날 인도 남부의 카테리 종족은, 인도 북부의 수많은 부족들처럼, 아직도 돌을 숭배한다. 야곱이 돌 위에서 잔 것은 돌을 섬겼기 때문이며, 그 돌에 기름을 붓기까지 하였다. 라헬은 제 천막에 신성한 돌을 몇 개 숨겼다.

경작하는 들이나 목초지의 표면에서 돌이 아주 갑자기 나타나는 그 특징 때문에, 돌은 원시인에게 보통이 아니라는 깊은 인상을 주었다. 사람들은 침식 작용이나 흙이 뒤집혀서 생기는 결과를 계산하지 못했다. 돌은 흔히 동물을 닮았기 때문에 또한 원시 민족들에게 크게 감명을 주었다. 문명화된 사람들은 산 속에 있는, 동물과 심지어 사람들의 얼굴을 아주 많이 닮은 수많은 돌의 형상에 눈을 빼앗긴다. 그러나 가장 깊은 영향을 준 것은 운석(雲石)이었고, 원시 인간들은 이 운석들이 화려하게 타오르면서 대기를 뚫고 돌진하는 것을 보았다. 유성(流星)은 원시인에게 어마어마하게 보였고, 그는 그러한 불타는 줄기가 영이 땅으로 향하는 통로를 표시한다고 쉽사리 믿었다. 특히 사람들이 나중에 그 운석들을 발견했을 때, 그러한 현상을 숭배하게끔 된 것은 놀라운 일이 아니다. 그리고 이것이 모든 다른 돌을 더욱 크게 존경하게 만들었다. 벵갈에서는 많은 사람이 서기 1880년에 땅에 떨어진 운석을 숭배한다.

고대의 모든 씨족과 부족은 신성히 여기는 돌이 있었고, 대부분의 현대 민족들은 어떤 종류의 돌—보석들—을 어느 정도 숭상함을 나타낸다. 다섯 돌의 집합이 인도에서 존중되었다. 그리스에서 그것은 30개의 집합이었다. 홍인들 사이에서 그것은 보통, 돌의 동그라미였다. 로마인들은 주피터를 부를 때 반드시 공중에 돌을 던졌다. 오늘날까지도 인도에서는 돌이 증인으로 쓰일 수 있다. 어떤 지역에서는 돌이 율법의 부적으로서 이용되었고, 그 위엄 때문에 위법자를 법정으로 마구 끌고 갈 수 있었다. 그러나 단순한 사람들은 반드시 신을 엄숙한 의식(儀式)의 대상과 동일시하지는 않는다. 그러한 주물들은 흔히 진짜 숭배하는 대상의 상징일 뿐이다.

옛 사람들은 돌에 있는 구멍을 특이하게 여겼다. 그러한 구멍 많은 바위들은 병을 고치는 데 특별히 효력이 있다고 생각되었다. 돌을 달고 다니려고 귀에 구멍을 뚫은 것이 아니라, 귀의 구멍을 뚫린 채 있게 하려고 돌을 집어넣었다. 현대에도 미신 믿는 사람들은 동전에 구멍을 뚫는다. 아프리카에서 원주민은 주물 돌에 대하여 법석을 떤다. 사실, 뒤떨어진 모든 부족과 민족 사이에서 돌은 아직도 미신처럼 존경을 받는다. 돌 숭배는 지금도 전 세계에 퍼져 있다. 묘비는 떠나간 동료 존재들의 귀신과 영을 믿는 신앙과 연결하여, 돌에 새겨진 형상과 우상의 살아남은 상징이다.

산 숭배가 돌 숭배를 따랐고, 처음에 섬김을 받은 산들은 큰 암석층이었다. 신들이 산에서 산다고 믿는 것이 당장에 관습이 되었고, 그래서 이 추가된 이유 때문에 높은 고지(高地)가 숭배되었다. 시간이 지나자, 어떤 산들은 어떤 신들과 연결되었고, 따라서 거룩하게 되었다. 무지하고 미신을 믿는 토착민은 동굴이 악령과 마귀들이 있는 지하 세계로 이끈다고 믿었고, 이와 대조해서 산들은 나중에 진화하는, 착한 영과 신들의 개념과 동일시되었다.

2. 식물과 나무를 숭배하기

처음에는 식물을 두렵게 여겼고, 다음에는 거기서부터 나오는, 사람을 취하게 만드는 술 때문에 식물(植物)을 숭배했다. 원시인은 술 취하는 것이 사람을 신답게 만든다고 믿었다. 그러한 체험에는 특별하고 신성한 무엇이 있다고 생각되었다. 현대에도 알코올은 "주정(酒精)"[2]이라 알려져 있다.

시초 인간은 두려움과 미신 같은 경외감을 가지고 싹트는 낟알을 바라보았다. 사도 바울은 싹트는 낟알로부터 처음으로 깊은 영적 교훈을 끌어 내고 그 위에 종교적 관념의 기초를 둔 사람은 아니었다.

나무를 숭배하는 교파(敎派)는 가장 오래 된 종교 집단에 속했다. 모든 옛 결혼식은 나무 밑에서 올렸고, 여자들은 아이를 바랐을 때 숲에서 튼튼한 참나무를 애정으로 껴안고 있는 것이 때때로 발견되곤 했다. 많은 식물과 나무가 진짜 또는 상상하는 약효 때문에 숭배를 받았다. 야만인들은 모든 화학 작용이 초자연 물력이 직접 활동하기 때문이라고 믿었다.

나무 귀신에 대한 관념은 다른 부족과 종족들 사이에서 크게 달랐다. 어떤 나무에는 친절한 영들이 깃들었고, 다른 것들은 속이는 모진 귀신들을 품었다. 핀란드인들은 대부분의 나무에 친절한 영들이 자리를 차지한다고 믿었다. 스위스인들은 오랫동안 나무를 불신했고, 나무가 속이는 귀신들을 담고 있다고 믿었다. 인도와 동부 러시아의 거민들은 나무 귀신들이 모질다고 생각했다. 파타고니아인들은 옛날 셈 사람들처럼, 아직도 나무를 숭배한다. 나무 숭배를 그만둔 지 오랜 뒤에, 히브리인들은 숲에서 사는 다양한 신들을 계속 섬기었다. 중국을 빼고, 한때 생명 나무를 믿는 보편적 종파가 있었다.

점치는 나무 막대기로 지구의 표면 밑에 있는 물이나 귀금속을 찾을 수 있다는 믿음은 옛날 나무 종파들의 유물이다. 5월제 기둥, 크리스마스 나무, 그리고 나무를 톡톡 두드리는 미신 관습은 나무 숭배와 후일의 나무 종파들의 옛 관습 중에 어떤 것을 지속한다.

가장 일찍 있었던 형태의 자연 숭배 가운데 다수는 나중에 진화하는 숭배 기술과 섞이게 되었다. 그러나 새로 깨어나는 인류의 종교적 성품이 영적 영향의 자극에 충분히 민감해지기 오래 전에, 지성 영이 활성화시킨 가장 이른 종류의 숭배가 작용하고 있었다.

3. 동물 숭배

원시인은 고등 동물에 대하여 특이한 느낌과 동료라는 느낌을 가지고 있었다. 그의 선조들은 동물과 함께 살아 왔고 그들과 교미까지 하였다. 아시아 남부에서는 사람의 혼이 동물 형태를 입고 땅으로 돌아온다고 일찍부터 믿었다. 이 믿음은 동물을 숭배하는, 그보다 더 일찍 있던 관습이 남은 것이다.

시초 인간들은 동물의 힘과 교묘함 때문에 동물을 존경했다. 그들은 어떤 생물의 날카로운 후각과 멀리 보는 눈은 영이 안내함을 가리킨다고 생각했다. 모든 동물은 어떤 민족에게, 어느 때인가 숭배를 받았다. 그러한 숭배 대상에는 반인 반마(半人半馬) 또는 인어(人魚)와 같이, 반은 인간이고 반은 동물이라고 간주된 생물이 있었다.

히브리인들은 히스기아 왕 시절까지 뱀을 숭배했고, 힌두교인들은 아직도 집 뱀과 친한 관계를 유지한다. 중국인의 용(龍) 숭배는 뱀교가 살아남은 것이다. 뱀의 지혜는 그리스 의술의 상징이었고, 현대 의사들에게 아직도 상징으로 이용된다. 뱀을 홀리는 기술은 뱀 사랑 종파의 여자 샤먼 시절부터 내려왔는데, 이 샤먼들은 날마다 뱀에게 물린 결과로 면역이 되었으며, 사실은 진짜 뱀독에 중독이 되었고 이 독이 없이 지낼 수 없었다.

곤충과 기타 동물을 숭배하는 것은 후일에 황금률—남이 너희에게 해 주기 바라는 대로 남(모든 형태의 생명)에게 해 주기—를 잘못 풀이함으로 조장되었다. 옛 사람들은 한때 모든 바람이 새들의 날개 때문에 생겨났다고 믿었고, 따라서 날개 달린 모든 생물을 무서워하고 숭배했다. 초기의 노르딕인들은 해나 달의 일부를 먹어 버린 이리가 일식(日蝕)을 일으킨다고 생각했다. 힌두인들은 말의 머리를 가진 비시누를 흔히 보여 준다. 동물 상징은 잊혀진 신이나 사라진 종파를 흔히 대표한다. 진화 종교에서 일찍부터 양은 전형(典型)인 희생 동물이 되었고, 비둘기는 평화와 사랑의 상징이 되었다.

종교에서, 상징은 그것이 최초의 숭배 관념을 갈아치우거나 그렇지 않은 정도에 따라서, 좋거나 나쁠 수 있다. 그리고 상징은 직접 우상 숭배와 혼동되어서는 안 되며, 우상 숭배에서는 물질 대상을 직접, 실제로 숭배한다.

4. 자연력 숭배

인류는 땅·공기·물·불을 숭배해 왔다. 원시 종족들은 샘물을 모시고 강을 숭배했다. 지금도 몽골리아에서는 영향력이 큰 강(江) 종파가 번성한다. 세례는 바빌론에서 종교 의식이 되었고, 그리스인들은 해마다 목욕하는 의식을 거행하였다. 옛 사람들은 부글거리는 샘물, 용솟음치는 샘, 흐르는 강, 성난 격류에 영들이 거한다고 상상하기가 쉬웠다. 움직이는 물은 단순한 이 지성들에게 영이 살아서 움직이는 것과 초자연의 힘을 믿는 믿음으로 생생하게 감명을 주었다. 어떤 때는 어떤 강물의 신을 성나게 할까 두려워서, 물에 빠지는 사람에게 구원의 손길 뻗기를 거절하곤 했다.

많은 사물과 수많은 사건이 다른 시대에 다른 민족들에게, 종교적 자극의 노릇을 하였다. 인도의 여러 산(山) 부족들은 아직도 무지개를 숭배한다. 인도와 아프리카에서는 무지개가 거대한 하늘 뱀이라고 생각되었다. 히브리인과 그리스도 교인들은 무지개를 "약속의 활"이라고 보았다. 마찬가지로, 세계의 한 구석에서 유익하다고 여기는 영향력을 다른 지역에서는 불길한 것으로 바라볼 수도 있다. 동풍은 남 아메리카에서는 신인데, 그 바람이 비를 가져오기 때문이다. 인도에서는 동풍이 악마인데, 먼지를 불러오고 가뭄을 일으키기 때문이다. 옛 베두인 사람들은 자연영이 모래 소용돌이를 일으킨다고 믿었고, 모세의 시절에도 자연 영들을 믿는 관념이 충분히 짙어서, 그것들이 히브리 신학에서 불·물·공기의 천사로서 지속됨을 보장했다.

수많은 원시 부족과 초기의 많은 자연 종파가 구름·비·우박 모두를 무서워하고 숭배했다. 천둥과 번개가 따르는 폭풍은 시초 인간을 두려움에 질리게 만들었다. 그는 이 자연력의 교란에 너무 감명을 받아서, 천둥을 성난 신의 목소리로 여겼다. 불의 숭배와 번개를 두려워하는 태도는 서로 연결되었고, 많은 초기 집단 사이에 널리 퍼져 있었다.

두려움에 질린 원시 필사자들의 머리 속에서 불은 마술과 섞였다. 마술을 신봉하는 자는 주문(呪文)을 실습할 때, 어쩌다 생긴 긍정적 결과를 눈에 선하게 기억하지만, 몇십 번의 부정적 결과, 철저한 실패를 태연하게 잊어버린다. 불의 숭배는 페르시아에서 절정에 이르렀고, 거기서 오랫동안 지속되었다. 어떤 부족들은 불을 하나의 신 그 자체로서 섬기었다. 다른 부족들은 불을 그들이 존경하는 신들의 영, 정화(淨化)하고 씻어 버리는 영의 타오르는 상징으로 모셨다. 베스타[3] 여신을 섬기는 처녀들은 신성한 불을 지키는 임무를 맡았고, 20세기에 많은 종교적 예배 의식의 일부로서 아직도 사람들은 촛불을 켠다.

5. 천체 숭배

바위·산·나무·동물의 숭배는 자연히 성장해서, 자연력을 두렵게 섬기는 것을 거치고, 해와 달과 별을 신으로 만들기까지 발전했다. 인도와 기타 지역에서는 별들이, 육체를 입었던 삶을 떠난 위대한 사람들의 영화롭게 된 혼이라 여겼다. 갈대아 점성가들은 자신들이 하늘 아버지와 땅 어머니의 자식이라고 생각했다.

달의 숭배는 태양 숭배를 앞섰다. 달의 숭상은 사냥하던 시대에 절정에 이르렀고, 한편 태양 숭배는 그 뒤의 농업 시대에 주요한 종교 예식이 되었다. 태양 숭배는 처음에 인도에서 널리 뿌리를 내렸고, 거기서 가장 오랫동안 견디었다. 페르시아에서 태양 숭배는 나중에 미트라 종파를 낳았다. 많은 민족 사이에서 태양은 그들의 임금의 선조라고 간주되었다. 갈대아인들은 "우주의 일곱 동그라미"의 중심에 태양을 놓았다. 후일의 여러 문명은 한 주의 첫날에 그 이름을 줌으로 태양에 영예를 돌렸다.

태양신은 처녀에게서 태어난 운명의 아들들의 신비스러운 아버지라고 생각되었고 이 아들들은 걸핏하면 은혜를 받은 민족들에게 구세주로서 수여된다고 생각되었다. 언제나 어떤 신성한 강에 누가 이 초자연적인 아기들을 띄어 보냈고, 그들은 특별한 방법으로 구출되었으며, 그 뒤에 자라서 그 민족에게 기적의 인물과 구원자가 되곤 하였다.

6. 사람 숭배

땅의 표면에, 위로 하늘에 있는 모든 다른 것을 숭배했으니까, 사람은 그러한 찬미로 서슴지 않고 자신에게 명예를 돌렸다. 단순한 생각을 가진 야만인은 짐승과 사람과 신을 조금도 뚜렷하게 구별하지 않는다.

시초의 인간은 모든 특별한 사람을 초인간으로 여겼고, 그러한 존재들을 아주 두려워해서, 경외하는 느낌으로 바라보았다. 어느 정도, 글자 그대로 그들을 숭배했다. 쌍둥이를 갖는 것조차도 아주 운이 좋든지, 아니면 아주 운이 나쁘다고 생각되었다. 미치광이, 간질병자, 정신 박약자들은 흔히 머리가 정상인 동료들에게 숭배를 받았고, 그들은 그러한 비정상 존재들 속에 신들이 계신다고 믿었다. 사제와 임금과 선지자들이 숭배를 받았다. 사람들은 옛날의 거룩한 자들이 신들에게서 영감을 받는다고 우러러보았다.

부족의 추장들은 죽고 나서 신으로 모심을 받았다. 나중에는, 탁월한 사람들이 죽고 나서 성인(聖人)이 되었다. 도움 받지 않은 진화는 죽은 인간들의 영, 영화롭게 되고 높아지고 진화한 영들보다 더 높은 신들을 만들어 낸 적이 없다. 진화의 초기에서 종교는 자체의 신들을 만들어 낸다. 계시하는 과정에서 신들은 종교를 형성한다. 진화 종교는 필사 인간의 형상과 모습을 흉내내어 그 신들을 만들어 낸다. 계시 종교는 필사 인간을 하나님의 형상과 모습으로 진화시키고 변화시키려고 애쓴다.

귀신 신들은 인간의 기원을 가졌다고 생각되었는데, 이들은 자연신(自然神)과 구별되어야 한다. 왜냐하면 자연 숭배는 범신(汎神)—신들의 자리로 높아진 자연의 영들—을 진화시켰기 때문이다. 자연 숭배교들은 나중에 등장하는 귀신 종교들을 따라서 계속 발전하였고, 서로 영향을 주었다. 많은 종교 체계는 신의 2중 개념, 자연신과 귀신 신을 포함하였다. 귀신 영웅이자 또한 번개의 주인인 토르가 보여주다시피, 어떤 신학에서는 이 개념들이 뒤범벅이 되어 서로 얽혔다.

그러나 사람이 사람을 숭배하는 것은, 현세의 통치자들이 백성에게 그렇게 숭배할 것을 명령하고 그러한 요구를 정당화하면서, 신으로부터 내려왔다고 주장했을 때, 절정에 이르렀다.

7. 예배 보조자와 지혜 보조자

자연 숭배는 원시 남녀의 머리 속에서 자연히, 저절로 생긴 듯 보일지 모르며, 또 그렇게 생겨났다. 그러나 그 동안 언제나 바로 이 원시 지성들 안에서, 여섯째 보조 영이 작용하고 있었고, 그 영은 인간 진화의 이 단계에서 지도하는 영향력으로서 이 민족들에게 수여되었다. 이 영은, 그 첫 표현이 아무리 원시적일까 싶어도, 인간종의 예배하려는 욕구를 항상 불러일으키고 있었다. 동물적 무서움은 경배하는 표현을 자극했고, 그 초기의 관습이 자연의 대상물에 집중되었는데도, 예배의 영은 숭배하고 싶은 인간 충동에 분명한 기원을 주었다.

생각이 아니라 느낌이, 모든 진화적 발전에서 안내하고 고삐를 쥐는 영향이었다는 것을 너희는 기억해야 한다. 원시의 지성에게는 두려움, 피하기, 영예 돌리기, 숭배 사이에 거의 차이가 없다.

예배의 욕구가 지혜—명상하고 체험적으로 생각하는 것—의 훈계와 지도를 받을 때, 그 때 진정한 종교의 현상으로 비로소 발전한다. 일곱째 보조 영, 지혜의 영이 효과적으로 봉사할 때, 예배하는 가운데 사람은 자연과 자연의 대상으로부터, 자연의 하나님에게, 자연스런 만물의 영원한 창조자에게 비로소 고개를 돌린다.

[네바돈의 한 찬란한 저녁별이 발표하였다.]

주: 1. 천재(天災)를 가리킨다. 2. 주정(酒精)과 영(靈)을 똑같이 spirits라고 한 것을 가리킨다. 3. 벽난로와 불의 여신.

제 86 편

종교의 초기 진화

선행하는 원시적 예배 욕구로부터 종교가 진화하는 것은 계시에 달려 있지 않다. 보편적 영이 수여한 여섯째와 일곱째 지성 영의 지도하는 영향 밑에서 인간 지성이 정상으로 작용하는 것은 그러한 발전을 보장하기에 온통 충분하다.

인간의 의식 속에서 자연이 인격화되고, 영이 되고, 결국 신(神)이 됨에 따라서, 사람이 최초에 자연력에 대하여 가졌던 두려움, 종교가 있기 전의 두려움은 차츰 종교성을 띠게 되었다. 그러므로 원시 종류의 종교는, 진화하는 동물 지성이 일단 초자연적인 것에 관한 개념을 생각해 본 뒤에, 그런 지성의 심리적 타성이 낳는 자연스러운 생물학적 결과였다.

1. 우연: 행운과 불운

자연스러운 예배 욕구를 제쳐 놓고, 초기의 진화 종교의 뿌리는 우연—이른바 운(運), 보통 일어나는 일—을 인간이 체험한 것에 기원을 가지고 있다. 원시인은 먹을거리를 사냥하는 사람이었다. 사냥의 결과는 늘 변하는 것이 틀림없고, 이것은 행운과 불운이라고 사람이 풀이하는 그런 체험을 낳는다. 불운은 아슬아슬하고 괴로운 존재의 험악한 변두리에서 항상 살았던 남녀의 생활에서 큰 요인이었다.

야만인의 제한된 지적 시야(視野)는 우연에 너무 주의를 기울였고, 그래서 운은 그의 생활에서 항상 있는 요인이 된다. 원시의 유란시아 사람들은 생활 수준을 위한 것이 아니라, 살기 위하여 싸웠다. 그들은 우연이 중요한 노릇을 하는 위험한 인생을 살았다. 알지 못하고 보지 못하는 재난을 늘 두려워하는 것이 절망의 구름이 되어 이 야만인들 위에 떠 있었고, 이것은 실지로 모든 즐거움이 빛을 잃게 만들었다. 그들은 불운을 가져올 무슨 일을 행하는가 늘 두려워하며 살았다. 미신을 믿는 야만인들은 행운이 이어지는 것을 언제나 두려워했고, 그런 행운이 재난의 분명한 전조(前兆)라고 생각했다.

불운이 올까 이렇게 늘 두려워하는 것은 사람을 꼼짝할 수 없게 만들었다. 사람이 그냥 떠돌아다니다가 행운을 만날지 모르는데—아무 것도 하지 않고 무엇인가를 얻을 수 있는데—어째서 열심히 일하고 불운을 거두어야 하는가—무언가 들이고 아무 것도 못 거두어야 하는가? 생각 없는 사람들은 행운을 잊어버린다—당연하다고 생각한다—그렇지만, 불운은 뼈저리게 기억한다.

시초 인간은 불안 속에서, 우연—불운—을 항상 두려워하면서 살았다. 인생은 흥미 있는 우연(偶然)의 장난이었고, 존재는 노름이었다. 얼마큼 문명화된 사람들이 아직도 우연을 믿고, 남아 있는 노름 성향을 보이는 것은 놀라운 일이 아니다. 원시인은 아무 것도 하지 않고 무언가 얻으려는 정열, 그리고 무언가 수고를 들이고 아무 것도 못 얻는 두려움, 이 두 가지 강력한 관심거리 사이에서 갈팡질팡했다. 그리고 존재에 관한 이 노름은 초기의 야만인 머리에 주요한 관심거리요 최고의 매력이었다.

후일의 목자들은 사물을 이렇게 우연과 운(運)으로 보았고, 좀더 후에 농사꾼들은 수확이 사람이 거의 또는 도무지 통제할 수 없는 많은 것에 직접 영향받음을 더욱 의식하였다. 농부는 더위와 추위 뿐 아니라, 가뭄·홍수·우박·폭풍우·해충, 식물의 병 따위에 자신이 희생되는 것을 발견했다. 그리고 이 모든 자연의 영향이 개인의 번영에 영향을 주었기 때문에 그것들을 행운이나 불운이라고 여겼다.

이 우연과 운의 개념은 모든 옛 민족의 철학에 진하게 스며들었다. 최근에도 솔로몬의 지혜서에는 이렇게 쓰여 있다: "내가 돌아와서 보니, 빠른 자라고 달리기에 이기지 않고, 힘센 자라고 전쟁에 이기지도 않으며, 지혜로운 자라고 빵을 얻지도 않고, 지식을 쌓은 자라고 부(富)를 얻지도 않으며, 기술 있는 자라고 은혜를 받지도 않도다. 그러나 운명과 우연이 저희 모두에게 내리니라. 이는 사람이 제 운명을 알지 못함이라. 물고기가 악한 그물에 걸리고, 새들이 덫에 걸리는 것 같이, 사람의 아들들도 나쁜 때가 갑자기 닥칠 때, 그 때 덫에 걸리느니라."

2. 우연의 인격화

걱정은 야만인 지성의 자연스러운 상태이다. 남자와 여자가 지나친 걱정에 빠질 때 다만 까마득한 조상의 자연 상태로 돌아가고 있을 뿐이다. 걱정이 실제로 고통스럽게 될 때, 걱정은 활동을 막고, 어김없이 진화적 변화와 생물학적 적응을 시작한다. 고통과 괴로움은 점진적 진화에 필수이다.

살려는 투쟁이 아주 고통스러워서 어떤 뒤떨어진 부족들은 아직까지도 새로 해가 뜰 때마다 소리치고 슬퍼한다. 원시인은 끊임없이 물었다, "누가 나를 괴롭히는가?" 곤경(困境)에 빠진 물질적 근원을 찾지 못했기 때문에, 그는 영으로 설명하기에 이르렀다. 이렇게 신비한 것에 대한 두려움, 보이지 않는 것에 대한 경외감, 알지 못하는 것을 두려워함으로부터 종교가 태어났다. 이처럼 자연을 두려워함은 처음에 우연 때문에, 그리고 나서 신비 때문에, 살려는 투쟁에서 한 요인이 되었다.

원시의 지성은 논리적이었으나 영리하게 연결지을 관념이 거의 없었다. 야만인의 지성은 교육받지 않았고, 도무지 물정에 익숙하지 않았다. 한 사건이 다른 사건을 따르면, 야만인은 이것들이 원인과 결과라고 보았다. 문명화된 사람이 미신이라고 여기는 것은 야만인의 경우에 그저 단순한 무지에 불과했다. 인류는 목적과 결과 사이에는 반드시 어떤 관계가 있지는 않다는 것을 느리게 배웠다. 존재의 반응이 행위와 그 결과 사이에 나타난다는 것을 인간들은 겨우 비로소 깨닫고 있다. 야만인은 만질 수 없고 추상적인 것을 모조리 인격화하려고 애쓰며, 따라서 자연과 우연은 귀신—영—으로, 나중에는 신으로 인격화된다.

사람은 자연히 자기를 위해서 최선이라고 판단되는 것, 당장이거나 먼 앞날의 이익이 되는 것을 믿는 경향이 있다. 자기 이익은 대체로 논리를 흐리게 만든다. 야만인과 문명화된 사람들의 지성의 차이는 성품보다 내용의 차이, 질보다는 정도의 차이이다.

그러나 이해하기 힘든 것들을 초자연적 원인으로 계속 돌리는 것은 지적으로 힘든 모든 형태의 일을 피하는, 게으르고 편리한 방법에 지나지 않는다. 운(運)은 다만 인간이 존재하던 어느 시대에도 설명할 수 없는 것을 둘러싸려고 만들어 낸 용어일 뿐이다. 운은 사람들이 꿰뚫어볼 수 없거나 그렇게 하기 싫은 현상을 가리킨다. 우연(偶然)은 사람이 너무 무지하거나 게을러서 원인을 밝히지 못하는 것을 알리는 낱말이다. 사람들이 호기심과 상상력이 결핍되었을 때, 종족들이 창의력과 모험이 모자랄 때에야 자연 현상을 우연이나 불운으로 여긴다. 생명 현상의 탐구는 머지 않아 우연, 행운, 그리고 이른바 사고(事故)에 대한 사람의 관념을 깨뜨리며, 그 자리에, 분명한 원인이 모든 결과에 앞서는, 법칙과 질서가 있는 우주를 채워 넣는다. 이렇게 존재의 두려움은 삶의 기쁨으로 바뀐다.

야만인은 모든 자연이 살아 있다고, 무엇인가 자연 속에 들어 있다고 보았다. 문명화된 사람은 가는 길에 걸리고 그에게 부딪치는 생명 없는 물건들을 아직도 발로 걷어차고 저주한다. 원시인은 결코 어떤 것도 우연이라 여기지 않았고, 모든 것에는 반드시 의도(意圖)가 있었다. 원시인에게 운명의 분야, 운의 작용, 영 세계는 원시 사회와 마찬가지로, 그냥 조직되지 않은 채로 아무렇게나 있었다. 행운은 영 세계가 변덕스럽게 기분대로 변하는 반응이라고 보았다.

그러나 모든 종교가 물활론(物活論)으로부터 발전하지 않았다. 초자연적인 것들에 대한 다른 개념들은 물활론과 같은 시대에 있었고, 이 관념들도 또한 숭배로 이끌었다. 자연주의는 종교가 아니다—종교의 산물이다.

3. 죽음—설명할 수 없는 것

죽음은 진화하는 사람에게 최고의 충격이요, 가장 어리둥절하게 하는, 우연과 신비의 조합이었다. 생명의 신성함이 아니라 죽음의 충격이 두려움을 불러일으켰고, 이처럼 효과적으로 종교를 육성했다. 야만인 민족들 사이에서 죽음은 최초에 사고(事故) 때문에 생겼고, 그래서 사고로 생기지 않은 죽음은 갈수록 더 신비스러워졌다. 자연스럽고 기대된 생명이 끝나는 죽음은 원시인들의 의식 속에서 또렷하지 않았고, 죽음이 불가피함을 사람이 깨닫는 데는 기나긴 세월이 걸렸다.

시초의 사람은 생명을 사실로서 받아들였고, 한편 죽음을 어떤 종류의 방문으로 여겼다. 모든 종족은 죽지 않은 사람들에 관한 전설을 가지고 있으며, 이것은 죽음에 대한 옛 사람의 태도의 흔적이 남은 전통이다. 인간의 머리 속에는 흐릿하고 체계 없는 영 세계에 대한 뿌연 개념이 이미 존재했는데, 거기서부터 인생에서 설명할 수 없는 모든 것이 왔고, 설명할 수 없는 현상들이 적힌 이 긴 목록에 죽음이 첨가되었다.

인간의 모든 병과 자연사는 처음에는 영(靈)의 영향 때문이라고 믿었다. 오늘날에도 어떤 문명화된 종족들은 질병을 "적"이 일으킨 것이라고 보며, 치유하기 위해서 종교 예식에 의존한다. 나중에 더 복잡한 신학 체계는 여전히 죽음을 영 세계의 행위의 탓으로 돌리며, 이 모든 것이 원죄(原罪)와 인간의 타락과 같은 교리들을 낳았다.

질병과 죽음이 찾아온 앞에서 인간이 약하다는 깨달음과 함께, 막강한 자연력 앞에 무기력(無氣力)함을 인식한 것은 야만인으로 하여금 초물질 세계로부터 도움을 찾도록 재촉했고, 그는 이 초물질 세계가 인생의 이 신비스러운 변천의 근원이라고 어렴풋이 상상했다.

4. 죽음과 생존의 개념

필사 성격자의 초물질 단계 개념은 의식하지 않고서, 순전히 우연하게 일상 생활의 사건들과 귀신 꿈을 연결지어 생겨났다. 돌아가신 추장에 관하여 부족 사람 몇이 동시에 꿈을 꾸는 것은 그 늙은 추장이 정말로 어떤 형태로 돌아왔음을 확신하게 하는 증거인 것처럼 보였다. 땀투성이가 되어 벌벌 떨고 소리치면서, 그러한 꿈으로부터 깨어나던 야만인에게는 그것이 모두 아주 현실이었다.

미래에 존재함을 믿는 관념이 꿈에 기원을 가진 것은, 보이는 사물을 써서 보이지 않는 사물을 언제나 상상하는 경향을 설명한다. 꿈, 귀신, 앞날의 생명에 대한 이 새로운 개념은 즉시, 자아를 보존하는 생물학적 본능과 연결하여, 죽음에 대한 두려움을 효과적으로 해독하기 시작했다.

시초 인간은 또한, 숨에 대하여, 특히 추운 기후에서 많이 걱정했는데, 그런 곳에서 숨은 내쉬었을 때 구름처럼 보였다. 생명의 호흡은 산 자와 죽은 자를 구별하는 유일한 현상으로 간주되었다. 그는 숨이 몸을 떠날 수 있다는 것을 알았고, 잠자는 동안 온갖 종류의 야릇한 일을 행하는 꿈은 인간에 대하여 비물질인 무엇이 있다고 확신을 주었다. 인간의 혼에 대한 가장 원시적 개념, 즉 귀신은, 호흡과 꿈의 관념 체계로부터 생겨났다.

결국 야만인은 자신이 2중—몸과 호흡—이라고 생각했다. 숨에서 몸을 빼면 영, 곧 귀신이 되었다. 아주 분명히 인간에 기원을 가졌지만, 귀신이나 영들은 초인간으로 간주되었다. 몸을 잃어버린 영들이 존재한다는 이 관념은 드물고 특별하며 흔치 않고 설명할 수 없는 것들이 일어나는 것을 설명하는 듯하였다.

죽은 뒤에 살아남는다는 원시의 신조는 반드시 불멸을 믿는 것은 아니었다. 스물을 넘어서 셀 수 없는 존재들은 도저히 무한과 영원을 생각할 수 없다. 그들은 오히려 육신화가 거듭되는 것을 생각했다.

주황 민족은 특히 윤회(輪廻)와 환생(幻生)의 관념에 빠졌다. 다시 육신화한다는 이 관념은 자손이 선조들의 유전과 특성을 닮은 것을 지켜본 데서 생겼다. 조부모와 기타 선조들을 따라 아이들의 이름을 짓는 관습은 환생을 믿기 때문이었다. 후일의 어떤 종족들은 사람이 세 번에서 일곱 번까지 죽는다고 믿었다. (저택 세계들에 관한 아담의 가르침의 잔재인) 이 믿음과 계시된 종교의 많은 다른 찌꺼기를 20세기 야만인들의 교리, 다른 면에서는 불합리한 교리에서 찾아볼 수 있다.

시초의 인간은 지옥이나 앞날의 벌에 대하여 아무런 관념이 없었다. 야만인은 앞날의 생명이, 온갖 악운을 빼고, 꼭 이 생명과 같다고 보았다. 나중에는, 좋은 귀신과 나쁜 귀신들이, 따로따로 운명—천국과 지옥—을 가졌다고 상상했다. 그러나 많은 원시 종족이 사람이 이 생명을 떠난 그대로 다음 생명에 들어간다고 믿었기 때문에, 그들은 늙고 초라하게 된다는 생각을 즐거워하지 않았다. 늙은이들은 너무 허약해지기 전에 죽음을 당하는 것을 훨씬 더 좋아했다.

거의 모든 집단이 귀신 혼의 운명에 관하여 다른 생각을 가졌다. 그리스인들은 약한 사람은 약한 혼을 가졌음이 틀림없다고 믿었다. 그래서 그러한 핏기 없는 혼들을 받아들이기에 적당한 장소로서 하데스를 발명했다. 튼튼하지 못한 이 종자들은 또한 그림자가 짧다고 생각되었다. 초기의 안드 사람들은 그들의 귀신이 선조의 고향으로 돌아간다고 생각했다. 중국인과 에집트인들은 혼과 몸이 같이 남아 있다고 한때 믿었다. 에집트인들 사이에서 이것은 조심스럽게 무덤을 건축하고 몸을 보존하는 노력으로 이끌었다. 현대 민족들도 죽은 자가 썩는 것을 멈추게 하려고 애쓴다. 히브리인들은 개인의 유령(幽靈) 복사품이 저승으로 내려간다고 상상했고, 그것은 살아 있는 자들의 땅으로 돌아올 수 없었다. 그들은 혼의 발전에 관한 교리에서 이 중요한 걸음을 내디디었다.

5. 귀신과 혼의 개념

사람의 비물질 부분을 귀신·영·그림자·유령·망령, 나중에는 혼, 이렇게 여러 가지 이름으로 불렀다. 혼은 시초 인간의 꿈 복사판이었으며, 촉감에 반응하지 않는 것을 제쳐 놓고, 필사자 자신과 모든 면에서 똑같았다. 꿈 복사판에 대한 관념은 사람 뿐 아니라, 살아 있는 것과 생명 없는 것 모두가 혼을 가졌다는 개념으로 바로 이끌었다. 이 개념은 자연 영의 관념을 오랫동안 지속하게 하는 경향이 있었다. 에스키모인들은 자연에 있는 모든 것이 영을 가졌다고 아직도 생각한다.

귀신 혼의 소리를 듣고 그 혼을 볼 수도 있지만, 만질 수는 없었다. 차츰 종족의 꿈 생활은 진화하는 이 영 세계의 활동을 발전시키고 확대해서, 죽음은 마침내 "귀신을 버리는 것"으로 생각되었다. 모든 원시 부족은, 동물보다 거의 높지 않은 부족들을 제외하고, 어떤 혼 개념을 개발했다. 문명이 진보하자, 미신 같은 이 혼 개념은 깨어지고, 혼은 하나님을 아는 필사 지성과 그 안에 깃드는 신다운 영, 곧 생각 조절자가 합동으로 창조하는 것이라는 새 아이디어를 얻으려고, 사람은 온통 계시와 개인의 종교적 체험에 의존한다.

시초의 필사자들은 깃드는 영(靈)과 진화하는 성질을 가진 혼(魂), 이 개념들을 보통 구별하지 못했다. 귀신 혼이 날 때부터 몸에 붙어 있는가, 아니면 몸을 소유하는 외부의 힘인가 야만인은 무척 혼동하고 있었다. 혼란한 가운데 논리적인 생각의 부재(不在)는 혼·귀신·영들에 관하여 야만인이 가진 관점이 어째서 터무니없이 모순되는가를 설명한다.

향기와 꽃의 관계와 같은 관계를 혼과 몸이 가진다고 생각되었다. 옛날 사람들은 다음과 같이 혼이 여러 방법으로 몸을 떠날 수 있다고 믿었다:

1. 보통 기절과 일시 기절.
2. 잠자는 것, 자연스럽게 꿈꾸는 것.
3. 병과 사고(事故)에 관계된 혼수 상태와 무의식.
4. 죽음, 영구하게 떠나는 것.

야만인은 재채기를 혼이 몸에서 달아나려다가 그만둔 것으로 보았다. 깨어 있고 지키고 있으면, 몸은 혼이 도망하려는 것을 막을 수 있었다. 나중에는, 재채기 다음에, "하나님이 너에게 복을 줄지어다!"하는 것 같이, 언제나 종교적 표현이 따랐다.

진화에서 일찍부터 잠은 귀신 혼이 몸을 떠나 있을 수 있음을 증명한다고 여겼고, 잠자는 사람의 이름을 말하거나 외침으로 그 혼을 다시 불러들일 수 있다고 믿었다. 다른 형태의 무의식 속에서 혼은 더 멀리 있다고, 아마 영원히 도망치려 하는 것—죽음이 다가오는 것—으로 생각되었다. 꿈은 수면 중에 몸으로부터 잠깐 떠나 있는 동안 혼이 겪는 체험이라고 여겼다. 야만인은 깨어서 겪는 체험의 어느 부분처럼, 꿈이 똑같이 현실이라고 믿는다. 옛 사람들은 혼이 몸으로 돌아갈 겨를을 가지도록 잠자는 사람들을 차츰차츰 깨우는 관습을 지켰다.

오랜 세월을 통해서 계속, 사람들은 밤 동안에 나타나는 유령에 겁을 먹었고, 히브리인들도 예외가 아니었다. 모세가 금지령을 내렸는데도, 그들은 참으로 하나님이 꿈 속에서 그들에게 말한다고 믿었다. 그리고 모세는 옳았다. 왜냐하면 보통 꿈은 영 세계의 성격자들이 물질 존재와 교통하려 할 때 쓰는 방법이 아니기 때문이다.

옛날 사람들은 혼이 동물이나 생명이 없는 물체에도 들어갈 수 있다고 믿었다. 이것은 동물 신분을 가진 인간 늑대 관념을 낳았다. 사람이 낮에는 법을 지키는 시민이 될 수 있으나, 잠들었을 때 그의 혼은 밤 동안에 약탈 행위로 쏘다니려고 늑대나 어떤 다른 동물에 들어갈 수 있었다.

원시인들은 혼이 숨과 결합되어 있고, 혼의 성질을 숨으로 나누어 주거나 옮겨 줄 수 있다고 생각했다. 용감한 추장은 갓난아이에게 숨을 내뿜고, 이로서 용기를 나누어 주곤 했다. 초기의 그리스도 교인들 사이에서 성령을 주는 예식에는 후보자들에게 숨을 내뿜는 일이 뒤따랐다. 시편의 저자는 말했다: "주의 말씀으로 하늘이 만들어지고, 그 안에 있는 온 무리가 그의 입에서 나오는 숨으로 만들어졌도다." 맏아들이 죽어 가는 아버지의 마지막 숨을 붙잡으려고 애쓰는 것이 오랫동안 풍습이었다.

나중에는 숨과 똑같이, 그림자를 두려워하고 모시게 되었다. 물 속에 비치는 제 그림자를 또한 때때로 2중 자아를 증명하는 것이라 보았고, 사람들은 미신 같은 경외감을 가지고 거울을 다루었다. 문명화된 많은 사람이 지금도 죽음이 있을 경우에 거울을 벽으로 돌려 놓는다. 어떤 뒤떨어진 부족들은 그림, 도화(圖畵), 모형, 또는 형상을 만드는 것은 혼의 전부나 일부를 몸으로부터 옮긴다고 아직도 믿으며, 따라서 그러한 일이 금지된다.

혼은 대체로 숨과 동일시되는 것으로 생각되었지만, 또한 여러 민족은 혼이 머리·머리카락·심장·간·피·지방에 있다고 생각되었다. "아벨의 피가 땅에서 외친다"는 것은 한때 귀신이 피 속에 있다는 믿음을 표현한다. 셈 사람들은 혼이 몸의 지방(脂肪) 속에 있다고 가르쳤으며, 여러 사람 사이에서 동물의 기름을 먹는 것은 금기였다. 머리 사냥은, 머리 가죽 벗기기와 마찬가지로, 적의 혼을 사로잡는 방법이었다. 최근에 눈은 혼이 내다보는 창문이라고 여겼다.

혼이 서너 개 있다는 교리를 고수하는 자들은 혼을 하나 잃는 것은 불쾌, 둘은 병, 셋은 죽음을 뜻한다고 믿었다. 혼 하나는 숨 속에, 하나는 머리에, 하나는 머리카락에, 하나는 심장에 살았다. 아픈 사람들은 그들의 헤매는 혼을 다시 잡으려는 희망을 가지고 탁 트인 곳에서 활보하라는 조언을 받았다. 가장 위대한 주술사는 병든 사람의 아픈 혼을 새것, "새로 난 것"으로 바꾼다고 생각되었다.

바도난의 후손들은 두 혼, 곧 숨과 그림자의 관념을 개발했다. 초기의 놋 사람들은 사람이 두 성격으로, 혼과 몸으로, 이루어졌다고 보았다. 인간 존재를 설명하는 이 철학은 나중에 그리스인의 관점에서 반영되었다. 그리스인들 자신은 세 혼을 믿었다. 식물 혼은 위장에, 동물 혼은 심장에, 지적인 혼은 머리 속에 거한다고 믿었다. 에스키모인들은 사람이 세 부분, 곧 몸과 혼과 이름을 가진다고 믿는다.

6. 귀신 영이 있는 환경

사람은 자연 환경을 물려받고, 사회 환경을 얻고, 귀신 환경을 상상했다. 국가는 사람이 자연 환경에 반응한 것, 가정은 사회 환경에 반응한 것, 교회는 환상적인 귀신 환경에 반응한 것이다.

인류의 역사에서 아주 일찍부터, 귀신과 영들이 있는 공상(空想) 세계의 실체들은 보편적으로 신봉되었고, 새롭게 상상한 이 영 세계는 원시 사회에서 권력이 되었다. 모든 인류의 정신 및 도덕 생활은 인간의 생각과 행위에서 이 새 요소가 나타남으로써 영구하게 달라졌다.

망상과 무지(無知)의 주요한 이 전제(前提) 속으로, 필사자의 두려움은 원시 민족들이 나중에 가진 모든 미신과 종교를 채워 넣었다. 이것은 계시의 시대까지 사람의 유일한 종교였고, 오늘날 세계의 많은 종족이 기껏해야 이 투박한 진화 종교를 가졌다.

진화가 앞으로 나아감에 따라서, 행운은 좋은 영, 불운은 나쁜 영들과 연결되었다. 변하는 환경에 대하여 강제로 적응하는 불편은 불운으로, 귀신들이 불쾌하게 생각하는 것으로 여겼다. 원시인은 타고난 예배 욕구와 우연에 대한 잘못된 생각으로부터 천천히 종교를 진화시켰다. 문명화된 사람은 이 우연의 사태를 극복하려고 보험 계획을 마련한다. 현대 과학은 가상하는 영들과 변덕스러운 신들의 자리에 수학 계산을 하는 보험 계리사를 둔다.

지나가는 각 세대는 선조들의 어리석은 미신에 빙그레 웃으며, 한편 깨우친 후손들 편에서 더욱 빙글거리게 만들 생각과 숭배의 오류를 계속 마음 속에 품는다.

그러나 마침내 원시인의 머리가 모든 타고난 생물학적 욕구를 초월하는 생각들로 차 있었다. 드디어 사람은 물질적 자극에 대한 반응보다 더한 어떤 것에 바탕을 둔 사는 지혜를 발전시키려 하였다. 원시의 철학적 생활 방침의 시초가 고개를 들고 있었다. 초자연적 생활 기준이 바야흐로 나타나려 했다. 왜냐하면 영 귀신이 성날 때 불운을 쏟아 붓고 기쁠 때 행운을 던진다면, 인간의 행동이 그에 따라서 통제되어야 하기 때문이다. 옳고 그른 것의 개념이 마침내 진화했고, 땅에서 어떤 계시가 있기 오래 전에, 이 모두가 일어났다.

이 개념이 고개를 들자, 항상 기분이 상해 있는 영들을 달래려는 길고도 쓸데없는 싸움, 진화 종교의 두려움에 종처럼 속박되는 일, 그리고 무덤과 성전, 희생물과 사제(**司祭**)들에게 인간의 노력을 바치는 오래 계속된 낭비가 시작되었다. 끔찍하고 소름끼치는 값을 치렀으나, 그 모든 비용을 치를 만했다. 왜냐하면 그 속에서 사람은 상대적으로 옳고 그른 것을 자연스럽게 의식했기 때문이다. 인간의 윤리가 태어난 것이다!

7. 원시 종교의 기능

야만인은 보험의 필요를 느꼈고, 따라서 불운에 대비하여 마술적 보험 증서를 목적으로, 두려움, 미신, 공포, 그리고 사제에게 주는 선물로서, 벅찬 값을 기꺼이 치렀다. 원시 종교는 단지 숲의 위험에 대비하여 보험료를 내는 것이었다. 문명화된 사람은 산업에서 생기는 사고(**事故**)와 현대 생활 형태의 비상 사태에 대비하여 물질적 보험료를 낸다.

현대 사회는 사제들과 종교의 영역으로부터 보험(**保險**) 사업을 없애고 있으며, 그것을 경제학 분야에 놓는다. 종교는 무덤을 지나서 인생을 보장하는 데 점점 더 관계하고 있다. 현대인은, 적어도 생각하는 자들은, 운을 통제하려고 낭비하는 보험료를 이제 더 내지 않는다. 종교는 불운에 대비하여 보험에 드는 계획으로서 종교가 예전에 활동한 것과 대조해서, 그보다 더 높은 철학 수준으로 천천히 올라가고 있다.

그러나 이 옛 종교 관념들은 사람들로 하여금 숙명론(**宿命論**)에 젖고 희망 없이 염세주의에 빠지는 것을 막았다. 운명에 영향을 미치려고 적어도 무언가 할 수 있다고 그들은 믿었다. 귀신을 두려워하는 종교는, 사람들에게 자신의 행동을 규제해야 한다는 것, 인간의 운명을 통제하는 초물질 세계가 있다는 것을 마음에 심어 주었다.

현대의 문명화된 종족들은 행운, 그리고 존재에서 생기는 흔한 불평등을 설명하는 것으로서, 귀신을 두려워하는 생각으로부터 막 벗어나고 있다. 인류는 불운을 귀신 영 때문이라 설명하는 사슬로부터 해방을 얻고 있다. 그러나 사람들은 인생의 변천에 영적 원인이 있다는 그릇된 교리(**教理**)를 내버리고 있는 한편, 인간의 모든 불평등을 정치적 부적응, 사회의 불공평, 산업의 경쟁에 돌리라고 명령하는, 거의 똑같이 거짓된 가르침을 놀랍게도 기꺼이 받아들일 태도를 나타낸다. 그러나 새로운 입법, 박애주의의 성장, 산업 재조직의 증가는, 그 자체가 아무리 좋아도, 출생한 사실과 생활에서 생기는 우연을 고쳐 주지 않을 것이다. 오로지 사실을 파악하고, 자연 법칙 안에서 지혜롭게 조종하는 것이 사람으로 하여금 바라는 것을 얻고 바라지 않는 것을 피하게 만들 것이다. 과학적 행동으로 이끄는 과학 지식이 이른바 우연히 생기는 악에 대하여 유일한 해독제이다.

산업, 전쟁, 노예 제도, 국가 정부는 사람의 자연 환경 안에서 사람이 사회적으로 진화하는 데 반응하여 생겨났다. 종교도 비슷하게 가상(假想)하는 귀신 세계의 환상적 환경에 대하여 반응함으로 생겨났다. 종교는 자아를 유지하는 진화된 발전이었고, 최초에는 그릇된 개념이고 철저히 논리가 없었는데도, 효과가 있었다.

원시 종교는 그릇된 두려움의 강력하고 어마어마한 힘을 이용해서, 초자연적 기원을 가진 진정한 영적 세력, 곧 생각 조절자의 수여를 위해서 인간 지성의 토양을 준비시킨다. 신다운 조절자는 그 뒤로 언제나, 하나님을 두려워하는 태도를 하나님을 사랑하는 태도로 변화시키려고 수고해 왔다. 진화는 느린가 싶지만, 틀림없이 효과가 있다.

[네바돈의 한 저녁별이 발표하였다.]

제 87 편

귀신 숭배

귀신 숭배는 불운의 위험을 상쇄하는 수단으로서 진화하였으며, 그 숭배에서 원시적 종교적 준수는 불운을 걱정하고 죽은 자들을 지나치게 두려워함에서 생긴 결과였다. 이 초기 종교 가운데 아무 것도 신을 인정하거나 초인간을 존경하는 것과 그다지 상관이 없었다. 그러한 종교 의식(儀式)들은 대체로 부정적이었고, 귀신을 피하거나 내쫓거나 강제하려고 고안되었다. 귀신 숭배는 재난에 대한 보험보다 더한 것도 덜한 것도 아니었고, 더 높은 앞날의 이익을 위한 투자와 아무 상관이 없었다.

사람은 귀신 숭배와 오랫동안 쓰라린 투쟁을 해 왔다. 인간의 역사에서 아무 것도, 귀신 및 영 공포증에 사람이 비참하게 노예가 된 이 그림보다 더 측은한 느낌을 일으키도록 운명이 예정되지 않았다. 바로 이 두려움이 태어남과 함께, 인류는 종교적으로 진화하는 오르막길에서 발을 내디디었다. 인간의 상상력은 자아(自我)의 바닷가를 떠나갔고, 참된 신, 진정한 하나님의 개념에 이를 때까지 또 다시 닻을 내리지 않을 것이다.

1. 귀신에 대한 두려움

죽음이 육체로부터 또 하나의 귀신을 해방시킴을 뜻하기 때문에 사람들은 죽음을 무서워했다. 옛날 사람들은 죽음을 방지하려고, 새 귀신과 다투어야 하는 곤경을 피하려고 최선을 다했다. 귀신이 죽음의 장면을 떠나서, 죽은 자의 땅으로 길을 떠나도록 유인하려고 언제나 안달하였다. 무엇보다도, 죽을 때 귀신이 솟아나서 나중에 귀신의 고향으로 떠나는 사이의 과도기라 생각된 동안에, 귀신을 가장 무서워했고, 이 귀신의 고향은 거짓 하늘에 대한 흐릿한 원시 개념이었다.

귀신들이 초자연적 능력이 있다고 믿었어도, 야만인은 귀신들이 초자연적 지능을 가졌다고는 도저히 생각하지 않았다. 귀신들의 눈을 가리고 속이려는 노력으로 많은 계교와 전술이 쓰였다. 문명화된 사람은 아직도 경건함을 겉으로 표시하면 어떻게든 전지(全知)한 신조차 속일 것이라는 희망에 기대를 많이 건다.

원시인들은 질병을 두려워했는데, 병이 흔히 죽음의 전조(前兆)임을 지켜보았기 때문이다. 부족의 주술사가 앓는 사람을 고치지 못하면, 아픈 사람을 보통 가족 오두막으로부터 옮겼고, 더 작은 오두막으로 데려가거나, 아니면 노천에서 혼자 죽도록 버려 두었다. 죽음이 일어난 집은 보통 부수어 버렸다. 그렇지 않으면 그 집을 반드시 피했고, 이 두려움은 시초 인간으로 하여금 튼튼한 거처를 짓지 못하도록 막았다. 그것은 또한 영구한 촌락이나 도시들을 건설하는 데 불리하게 작용했다.

야만인들은 씨족의 한 사람이 죽었을 때 밤새 앉아서 이야기했다. 시체 근처에서 잠이 들면 그들도 죽을까 두려워했다. 시체로부터 전염(傳染)되는 것은 죽은 자를 무서워하는 것을 정당화했고, 모든 민족이 죽은 자와 접촉이 있은 뒤에 개인을 깨끗하게 하려고 고안된 공들인 정화(淨化) 예식을 언젠가 이용하였다. 옛 사람들은 시체에게 빛을 마련해 주어야 한다고 믿었다. 시체를 결코 어둠 속에 남아 있도록 버려 두지 않았다. 20세기에 죽은 사람의 방에서 아직도 촛불을 켜며, 사람들은 아직도 죽은 자와 함께 깨어 있다. 이른바 문명화된 사람은 생활 철학으로부터 시체를 두려워하는 생각을 아직도 좀처럼 완전히 없앤 듯하지 않다.

그러나 이 모든 두려움이 있었는데도 사람들은 여전히 귀신을 속이려고 애썼다. 죽은 사람의 오두막이 파괴되지 않았으면, 결코 문을 통해서가 아니라, 벽에 있는 구멍을 통해서 시체를 옮겼다. 귀신을 혼란하게 만들고, 귀신이 머무르는 것을 막고 다시 돌아오지 못하게 보장하려고 이 절차를 밟았다. 조객(弔客)들은 귀신이 따라오지 않도록 또한 장례식으로부터 다른 길로 돌아갔다. 귀신이 무덤에서 되돌아오지 않도록 보장하려고, 뒷걸음질과 수십 가지 다른 전략(戰略)이 쓰였다. 남녀는 귀신을 속이기 위해서 흔히 옷을 바꾸어 입었다. 애도하는 복장은 살아 있는 사람들을 변장시키려고, 나중에는 죽은 자에게 존경을 표시하고, 그래서 귀신들을 달래려고 고안되었다.

2. 귀신 달래기

종교에서 귀신을 달래는 부정적 계획은 영을 강요하고 영한테 부탁하는 적극적 계획보다 오랫동안 앞섰다. 인간의 첫 숭배 행위는 방어(防禦) 현상이지 존경 현상이 아니었다. 현대인은 화재에 대비해서 보험 드는 것을 현명하게 생각한다. 마찬가지로 야만인은 귀신이 일으키는 불운에 대비해서 보험을 마련하는 것이 나은 지혜라고 생각했다. 이 보호를 얻어 내려는 노력이 귀신 숭배의 기술과 의식이었다.

한때 귀신의 큰 소망은 방해받지 않고 저승으로 나아갈 수 있도록 빨리 "눕는" 것이라고 생각되었다. 귀신을 눕히는 의식을 치를 때, 살아 있는 자들의 행위에서 무엇을 저지르거나 빠뜨리는 무슨 잘못도 귀신이 제 나라로 가는 것을 반드시 더디게 했다. 이것은 귀신의 기분을 상하는 것이라고 믿었고, 성난 귀신은 재난·불운·불행의 근원이라 생각되었다.

장례식은 귀신의 혼이 미래의 집을 향하여 떠나도록 유인하려고 사람이 노력하는 데서 생겨났고, 장례식의 설교는 최초에, 새 귀신이 어떻게 거기에 가는가를 가르치려고 고안되었다. 귀신이 나그네 길을 가도록 먹을 것과 옷가지를 마련해 주는 것이 풍습이었고, 이 물건들을 무덤 안이나 가까이에 놓았다. 야만인은 "귀신을 눕히는" 데—귀신을 무덤 근처로부터 쫓아내는 데—사흘에서 1년이 걸린다고 믿었다. 에스키모인들은 혼이 몸과 함께 사흘을 머무른다고 아직도 믿는다.

죽음이 있은 뒤에는 귀신이 집으로 이끌려서 돌아오지 않도록 침묵을 지키거나 애도하였다. 자학(自虐)—상처—는 흔한 형태의 애도였다. 머리가 깨인 많은 선생이 이것을 막으려고 애썼지만 실패했다. 단식과 기타 형태의 극기(克己)는 귀신들을 기쁘게 한다고, 저승을 향하여 실제로 떠나기 전, 근처에 숨어 있는 과도기 동안에, 그 귀신들은 산 사람의 고통을 기뻐한다고 생각되었다.

오랫동안, 빈번하게 애도하며 활동하지 않는 기간은 문명의 진보에 커다란 장애물의 하나였다. 해마다 몇 주, 아니 몇 달까지도 비생산적이고 쓸데없는 이 애도에 낭비되었다. 직업으로 애도(哀悼)하는 자들이 장례식 때 고용되었다는 사실은 애도가 의식(儀式)이요, 슬픔의 증거가 아님을 가리킨다. 현대인은 존경해 마지않아서, 또는 사별한 것이 슬퍼서 죽은 이를 애도할지 모르지만, 고대인들은 <u>두려워서</u> 그렇게 했다.

죽은 사람의 이름은 결코 언급하지 않았다. 사실, 그 이름들은 흔히 언어에서 쫓겨났다. 이 이름들은 금기(禁忌)가 되었고, 이 방법으로 언어는 항상 빈곤하게 되었다. 이것은 결국 "사람이 결코 언급하지 않는 이름이나 날"과 같은 상징 언어와 비유적 표현이 늘어나게 만들었다.

옛 사람들은 귀신 내쫓기에 마음이 급해서, 그들이 일생에서 바랐을까 싶은 것을 모조리 귀신에게 내밀었다. 귀신들은 아내와 하인들을 바랐다. 살림이 넉넉한 야만인은 죽을 때 적어도 노예 아내 하나가 산 채로 파묻히기를 기대하였다. 나중에는 과부가 남편의 무덤에서 목숨을 끊는 것이 풍습이 되었다. 아이가 죽었을 때, 어른 귀신이 따라가서 아이 귀신을 돌보도록, 어머니나 아주머니나 할머니가 흔히 목 졸려 죽음을 당했다. 이렇게 제 목숨을 버린 자들은 기꺼이 그렇게 했다. 정말로, 그들이 관습에 어긋나게 살았더라면, 귀신이 노여워할까 하는 두려움은 원시인들이 누렸던 얼마 안 되는 즐거움도 인생에서 빼앗았을 것이다.

죽은 추장을 따라가라고 큰 떼의 종들을 보내는 것이 풍습이었다. 노예들은 그 주인이 죽었을 때, 귀신 나라에서 그를 섬기도록 죽음을 당했다. 보르네오 사람들은 아직도 안내하는 동반자를 마련한다. 노예는 죽은 주인과 함께 귀신의 길을 떠나라고 창에 찔려 죽는다. 살인 당한 사람들의 귀신은 그들을 죽인 자의 귀신을 노예로 기꺼이 가지고 싶어한다고 믿었다. 이 개념은 사람들이 머리 사냥을 하도록 유인했다.

귀신들은 먹을 것의 냄새를 즐긴다고 생각되었다. 장례식 잔치에 먹을 것을 바치는 것은 한때 보편적이었다. 먹기 전에 감사의 말씀을 드리는 원시 방법은, 주문을 중얼거리면서 영들을 달래는 목적으로 불 속에 먹을 것을 조금 던지는 것이었다.

죽은 자들은 사는 동안에 제 것이었던 연장과 무기(武器)의 귀신들을 쓴다고 생각되었다. 물건을 깨뜨리는 것은 "그것을 죽이는" 것이며, 그처럼 귀신 나라에서 봉사하기 위하여 떠나가라고 그 귀신을 놓아 주었다. 재산도 태우거나 파묻음으로써 희생하였다. 옛날 장례식의 낭비는 엄청났다. 후일의 종족들은 종이 모형을 만들어서, 이 죽음의 희생물을 바칠 때 진짜 물건과 사람 대신에 그림으로 바꿔치웠다. 친척 상속이 재산을 태우고 파묻는 것을 대체했을 때, 문명에 큰 진보가 있었다. 이로쿼이 인디안들은 장례식의 낭비에 많은 개혁을 실행하였다. 그리고 이러한 재산 보존은 그들로 하여금 북부 홍인들 가운데 가장 강력한 자가 되게 만들었다. 현대인은 귀신들을 무서워한다고 생각되지 않지만, 풍습은 질기며, 땅에 있는 많은 재산이 아직도 장례 의식과 죽음 예식에 소모된다.

3. 조상 숭배

깊어지는 귀신 숭배는 조상 숭배를 불가피하게 만들었는데, 이는 그것이 보통 귀신과 상급 영들, 곧 진화하는 신들 사이에 연결하는 고리가 되었기 때문이다. 초기의 신들은 다만 세상을 떠난 영화롭게 된 인간들이었다.

조상 숭배는 최초에 숭배라기보다 두려움이었으나, 그러한 관념은 귀신을 두려워하고 숭배하는 태도를 더욱 퍼뜨리는 데 분명히 기여했다. 초기의 조상 숭배와 귀신 숭배의 신봉자들은 하품할 때 몸 속으로 나쁜 귀신이 들어가지 않을까 해서 하품하는 것조차 두려워했다.

양자(養子)를 얻는 관습은 혼의 평화와 진보를 위해서 죽은 뒤에 누군가가 공물을 꼭 마련하도록 하려는 것이었다. 야만인은 제 동료의 귀신들을 두려워하며 살았고, 죽은 뒤에 자기 귀신의 안전한 행동을 계획하는 데 남는 시간을 썼다.

대부분의 부족들은 적어도 1년에 한 번, 온갖 귀신의 잔치를 시작하였다. 로마인들은 해마다 열두 번 귀신 잔치와 그에 따르는 예식이 있었다. 1년의 반은 이 옛 종파들과 연결된 어떤 종류의 예식에 바쳤다. 어느 로마 황제는 축제일을 1년에 135일로 줄여서 이 풍습을 개혁하려고 애썼다.

귀신 숭배는 줄곧 진화하고 있다. 귀신들이 불완전한 단계에서 더 높은 단계의 존재로 지나간다고 상상되자, 그 숭배는 결국 영들, 그리고 신들까지 예배하는 것으로 발전하였다. 그러나 더 진보된 영들에 관한 다양해지는 관념에 상관 없이, 모든 부족과 종족이 한때 귀신들을 믿었다.

4. 좋은 귀신과 나쁜 귀신

귀신을 두려워하는 것은 모든 세계 종교의 근원이었다. 오랜 세월 동안 많은 부족이 한 등급의 귀신들을 믿는 낡은 관념에 집착하였다. 그들은 귀신이 기뻐할 때는 사람의 운이 좋고, 귀신이 성날 때는 운이 나쁘다고 가르쳤다.

귀신을 두려워하는 숭배가 확대됨에 따라서 상급 종류의 영들, 어떤 개별 인간과 분명히 동일시할 수 없는 영들에 대한 인식이 생겨났다. 이들은 귀신 나라의 영토를 지나서 더 높은 영 나라의 땅으로 나아간 영, 졸업하거나 영화롭게 된 영들이었다.

두 종류의 영 귀신이 있다는 개념은 세계 전역에 걸쳐, 느리지만 확실하게 진보했다. 이 새로운 2중 귀신 사상(思想)은 한 부족에서 다른 부족으로 퍼질 필요가 없었다. 세계 전역에 걸쳐서 따로 솟아났다. 커지는 진화 지성에 영향을 미치는 경우에, 한 아이디어의 힘은 그 현실성이나 논리성에 있는 것이 아니라, 오히려 그 뚜렷함과 그것을 쉽게 간단히 적용하는 보편성에 있다.

더 후에 사람의 상상력은 좋은 초자연적 매체와 나쁜 매체의 개념을 상상했다. 어떤 귀신들은 결코 착한 영의 수준으로 진화하지 않았다. 귀신을 두려워하는 초기의 일영(一靈) 사상은 차츰 2중 영 사상(思想)으로 진화했고, 이것은 땅의 일을 눈에 보이지 않게 통제한다는 새로운 개념이었다. 마침내 행운과 불운은 각자를 통제하는 자를 가졌다고 보았다. 그리고 두 등급 가운데서, 불운을 가져오는 집단은 더 활발하고 수가 많다고 믿었다.

좋은 영, 나쁜 영의 교리가 마침내 성숙했을 때, 그것은 모든 종교 관념 가운데 가장 널리 퍼지고 끈질기게 되었다. 이 2중 사상은 큰 종교·철학적 진보를 나타냈는데, 그것이 사람으로 하여금 행운과 불운을 설명하게 하고, 한편 동시에 어느 정도 행동에 일관성 있는 초월 인간 존재를 믿게 하기 때문이다. 영들은 좋든지 아니면 나쁘다는 것을 믿을 수 있었다. 가장 원시적 종교들의 일영 사상에 담긴 초기 귀신들이 완전히 변덕스럽다고 상상된 것처럼, 이들도 그렇다고 생각되지는 않았다. 사람은 행동에 일관성이 있는 초인간 세력을 마침내 상상할 수 있었고, 이것이 종교 진화의 역사 전체에서, 인간 철학의 확장에서, 가장 중대한 진리 발견 중에 하나였다.

그러나 진화 종교는 2중 영 사상의 개념을 얻기 위하여 끔찍한 값을 치렀다. 사람이 초기에 가진 철학은, 하나는 좋고 다른 하나는 나쁜, 오직 두 가지의 영을 가정함으로, 영의 불변성과 현세의 행운의 변천을 절충할 수 있었다. 그리고 이 믿음이 사람으로 하여금 우연의 변수들을 변하지 않는 초인간 세력의 개념과 조화할 수 있게 만들었지만, 이 교리는 그 뒤로 계속, 종교가들이 우주의 통일성을 파악하기 힘들게 만들었다. 진화 종교의 신들은 일반적으로 어둠의 세력의 반대에 부딪쳤다.

이 모든 것에 나타나는 비극은, 이러한 생각들이 사람의 원시 지성에서 뿌리를 내리고 있을 때 온 세계에는 나쁘거나 화목하지 않은 영들이 정말로 하나도 없었다는 사실에 있다. 그런 불행한 상황은 칼리가스티아 반란이 있을 때까지 생기지 않았고, 오순절까지만 지속되었다. 우주에서 동등한 것으로서 선과 악의 개념은 20세기에도 인간의 철학 속에 팔팔 살아 있다. 세계 종교의 대부분은 솟아나는 귀신 숭배 시절, 아득히 오랜 시절에 문화적으로 출생한 이 표시를 아직도 지닌다.

5. 진보하는 귀신 숭배

원시인은 영과 귀신들이 거의 무제한의 권리를 가졌으나 아무런 의무가 없다고 보았다. 영들은 사람이 다양한 의무를 가졌으나 아무 권리가 없다고 여긴다고 생각되었다. 사람이 자기의 영적 임무를 수행하는 데 항상 실패해서 영들이 사람을 업신여긴다고 믿었다. 인류는 귀신들이 인간사에 간섭하지 않는 값으로서 귀신들을 섬기는 공물(供物)을 계속 부과한다고 일반적으로 믿었고, 아주 작은 불운도 귀신이 활동하는 탓으로 돌렸다. 시초 인간들은 신들에게 돌려야 할 어떤 명예를 지나쳐 버렸을까 아주 두려워해서, 알려진 모든 영에게 희생물을 바친 뒤에, 그저 철저히 안전히 해 두려고, "알지 못하는 신들"에게 다시 한 번 바쳤다.

이제 단순한 귀신 숭배에는 더 진보되고 비교적 복잡한 영 및 귀신을 숭배하는 풍습이 뒤따랐으며, 이것은 사람의 원시적 상상(想像) 속에 상급의 영들이 진화함에 따라서 그들을 섬기고 숭배하는 것이었다. 종교 예식은 영이 진화하고 진보하는 데 발걸음을 맞추어야 한다. 확대된 숭배는 초자연 존재들에 대한 믿음과 관련하여 실행되는 자아 유지 기술, 곧 영 환경에 대한 자아의 조정이었을 뿐이다. 산업 조직과 군사 조직은 자연 및 사회 환경에 대한 조정이었다. 결혼이 남녀의 요구를 채우려고 생겨난 것처럼, 종교 조직은 상급의 영 세력과 영적 존재들을 믿는 관념에 반응하여 진화했다. 종교는 사람이 우연의 신비에 관하여 가진 망상에 적응함을 나타낸다. 영을 두려워하는 것과 나중에 영을 숭배하는 것은 불행에 대비하는 보험으로서, 번영 보험 증서로서 받아들이게 되었다.

야만인은 좋은 영들이 제 사무를 돌보느라고 바쁘고, 인간들한테 요구하는 것이 거의 없다고 상상한다. 기분이 좋은 상태로 두어야 하는 것은 나쁜 귀신과 영들이었다. 따라서, 원시 민족들은 호의를 가진 영들보다 악의(惡意) 있는 귀신들에게 더 주의를 쏟았다.

인간의 번영은 특히 악한 영들을 시샘하게 만든다고 생각되었고, 그들이 앙갚음하는 방법은 인간 대리자를 통해서, 그리고 악한 눈의 기술을 써서 보복하는 것이었다. 영을 피하는 것과 상관되는 단계의 숭배는, 악한 눈의 작용에 어지간히 관심을 가졌다. 악한 눈에 대한 두려움은 거의 세계적으로 퍼졌다. 아름다운 여인들은 악한 눈으로부터 자기를 보호하려고 베일을 썼다. 나중에는 아름답다고 생각해 주기를 바라는 뭇 여인이 이 관습을 따랐다. 나쁜 영들을 이렇게 두려워한 것 때문에 어두워진 뒤에 아이들을 바깥에 내보내는 일이 드물었고, 옛날의 기도는 언제나 "악한 눈으로부터 우리를 구원하소서" 하는 부탁을 담았다.

코란은 악한 눈과 주문(呪文)에 한 장을 가득 채우며, 유대인들은 그것들을 믿었다. 남근(男根) 숭배 전부가 악한 눈에 대한 방어로서 생겨났다. 생식 기관은 악한 눈을 힘없게 만드는 유일한 주물로 생각되었다. 악한 눈은 태어나기 전에 부모가 아이들을 표시하는 것, 곧 어머니의 낟인에 관한 첫 미신이 생기게 하였고, 이 숭배는 한때 거의 보편적이었다.

질투는 인간의 뿌리 깊은 특성이다. 따라서 원시인은 질투를 초기 신들의 탓으로 돌렸다. 그리고 사람은 일단 귀신 속이기를 실습한 뒤에, 곧 영들을 속이기 시작했다. "영들이 우리의 아름다움과 번영을 시샘하면, 우리 스스로를 볼품 없이 만들고 우리의 성공을 하찮게 말하리라" 말했다. 그러니까, 초기의 겸손은 자아를 낮추는 것이 아니라, 시샘하는 영들을 따돌리고 속이려는 시도였다.

인간의 번영을 영들이 시샘하게 되는 것을 막으려고 채용된 방법은 운 좋거나 많이 사랑받는 어떤 물건이나 사람에게 욕설을 퍼붓는 것이었다. 자신이나 가족에 관한 칭찬의 말을 깎아내리는 관습은 이 방법으로 기원을 가졌고, 그것은 결국 문명화된 겸손·자제·예의로 진화했다. 같은 동기와 발걸음을 맞추어, 못나 보이는 것이 유행이었다. 아름다움은 영들의 시샘을 일으켰고, 아름다움은 죄 많은 인간의 자존심을 가리켰다. 야만인은 못난 이름을 찾았다. 그 숭배의 이 특성은 예술의 진보에 큰 장애가 되었고, 세계를 오랫동안 어둠침침하고 보기 싫게 만들었다.

영을 숭배하던 시절에, 생명은 기껏해야 노름이요, 영이 통제해서 생기는 결과였다. 사람의 앞날은, 영들에게 영향을 주도록 이용될 때를 제쳐 놓고, 노력이나 부지런이나 재능의 결과가 아니었다. 영을 달래는 예식은 무거운 짐이었고, 인생을 지루하고 거의 견딜 수 없게 만들었다. 오랜 세월에 걸쳐서, 대대로, 숱한 민족이 이 초월 귀신의 교리를 개선하려고 애썼지만, 어떤 세대도 아직까지 감히 그것을 완전히 물리치려 하지 않았다.

영들의 의도와 뜻은 전조(前兆), 신탁(神託), 징조의 수단을 써서 연구하였다. 그리고 이 영의 메시지는 점치기·예언·마술·시련·점성술을 써서 풀이되었다. 그 숭배 전체가 이 가장된 뇌물을 통해서 영들을 달래고, 만족시키고 매수(買收)하려고 고안된 계획이었다.

이처럼 새롭고 확대된 세계 철학이 자랐고 그것은 다음으로 이루어졌다:

1. 의무—영들을 기분 좋게, 적어도 중립된 생각을 가진 채로 두기 위해서 행해야 하는 일.

2. 권리—사람의 이익을 위하여 영들을 적극 설득하려고 고안된 바른 행위와 예식.

3. 진리—영들을 올바르게 이해하는 것, 영들에 대한 태도, 따라서 삶과 죽음에 대한 태도.

옛날 사람들이 앞날을 알려고 애쓴 것은 단지 호기심 때문은 아니었다. 그들은 불운을 피하고 싶어했다. 점치기는 단지 곤경을 피하려는 시도였다. 이 시절에 꿈은 앞을 예언한다고 생각되었고, 한편 보통 아닌 것은 모두 전조라고 생각되었다. 오늘날도 문명화된 민족들은 징조와 표시, 그리고 옛날의 깊어지는 귀신 숭배의 다른 미신의 잔재를 믿는 괴로움에 시달렸다. 사람은 아주 느리고 고통스럽게 진화 생명의 눈금을 올라가는 데 쓴 이 방법들을 천천히, 아주 천천히, 버릴 것이다.

6. 강제와 귀신 쫓아내기

사람들이 귀신만 믿었을 때, 종교 의식은 좀더 개인적이고 체계가 덜했지만, 높은 영들을 인식한 것은 그들을 다루는 데 "더 높은 영적 방법"의 이용이 필요하게 만들었다. 영을 달래는 기법을 개선하고 다듬으려는 이 시도는 영들에 대한 방어물을 만들도록 직접 이끌었다. 땅에서 사는 인생에서 작용하는 통제할 수 없는 세력 앞에 정말로 사람은 무력하게 느꼈고, 그의 열등감은 어떤 보상하는 조정, 곧 사람대 우주의 일방적인 싸움에서, 승산(勝算) 있게 만드는 어떤 기법을 찾으려고 애쓰도록 몰았다.

숭배의 이 초기에 귀신의 행동에 영향을 미치려는 사람의 노력은 달래기, 곧 뇌물로 불행을 피하려는 시도에 국한되었다. 귀신 숭배의 진화가 나쁜 영 뿐 아니라 좋은 영의 개념으로 진보함에 따라서, 이 예식들은 더 적극적 성질을 가진 시도로, 행운을 얻으려는 노력으로 바뀌었다. 사람의 종교는 이제 더 철저하게 부정주의는 아니었고, 사람은 행운을 얻으려는 노력을 그치지도 않았다. 얼마 안 되어 사람은 영의 협동을 강제할 수 있는 계략을 고안하기 시작했다. 종교가는 스스로 지어낸 영 환상(幻想)의 끊임없는 요구 앞에 이제는 더, 방비 없이 가만히 있지 않는다. 야만인은 영의 행위를 강제하고 영의 도움을 강요할 만한 무기(武器)를 비로소 발명한다.

사람의 방어하려는 첫 노력은 귀신들을 향한 것이었다. 시대가 지남에 따라서, 살아 있는 자들은 죽은 자들에게 저항하는 방법을 비로소 고안하였다. 귀신들을 놀라게 하고 쫓아 버리기 위하여 많은 기술이 개발되었고, 이 가운데 다음 것을 늘어놓아도 좋겠다:

1. 목을 자르고 몸을 무덤에 묶어 놓기.
2. 죽음이 있었던 집에 돌 던지기.
3. 시체를 거세하거나 시체의 다리를 분지르기.
4. 돌 밑에 묻기, 현대 묘비의 한 기원.
5. 화장(火葬), 귀신의 골칫거리를 막으려고 뒷날에 발명한 것.
6. 시체를 바다에 던지기.
7. 시체를 야생 동물이 먹도록 버려 두기.

귀신들은 시끄러우면 들볶이고 놀란다고 생각되었다. 시끄러운 소리, 종 소리, 북 소리는 산 사람들로부터 귀신들을 쫓아냈다. 이러한 옛 방법은 죽은 자를 위하여 "철야"할 때 아직도 유행한다. 나쁜 냄새의 혼합물이 반갑지 않는 영들을 쫓아내려고 이용되었다. 영들이 자신을 보았을 때 허겁지겁 달아나도록 영들의 소름끼치는 형상이 세워졌다. 개는 귀신들이 다가오는 것을 탐지할 수 있다, 개는 높은 소리로 짖어서 경고한다, 귀신들이 가까이 있을 때 수탉이 울곤 한다고 믿었다. 날씨 바람개비로서 수탉이 쓰이는 것은 이 미신을 지속시킨다.

물이 귀신들을 막는 데 가장 좋은 보호 조치라고 생각되었다. 거룩한 물, 곧 사제들이 발 씻은 물은 모든 다른 형태보다 뛰어났다. 불과 물은 다 귀신들이 뚫고 지나갈 수 없는 장벽이라고 믿었다. 로마인들은 시체 둘레에 물을 세 번 날랐고, 20세기에 몸에 신성한 물을 뿌리고 공동 묘지에서 손씻는 것은 아직도 유대인의 의식(儀式)이다. 세례는 후일에 물로 행하는 의식의 특성이었다. 원시의 목욕은 종교 예식이었다. 겨우 요즘에야 목욕은 위생 관습이 되었다.

그러나 사람은 귀신을 강제하는 것으로 그치지 않았다. 종교 의식과 기타 관습을 통해서, 사람은 곧 영의 행위를 강요하려고 애썼다. 귀신 쫓아내기는 한 영을 통제하거나 쫓아내려고 다른 영을 이용하는 것이며, 이 전술은 또한 귀신과 영들을 놀라게 하는 데 이용되었다. 좋은 세력과 나쁜 세력이 있다는 2영(二靈) 사상의 개념은 한 힘이 다른 힘과 싸우게 만들려고 애쓰는 충분한 기회를 사람에게 주었다. 왜냐하면 힘센 사람이 약한 사람을 해치울 수 있다면 힘센 영은 분명히 열등한 귀신을 이길 수 있기 때문이다. 원시의 저주(詛呪)는 작은 영들을 겁주려고 고안된 강제 관습이었다. 나중에 이 풍습은 저주를 적들에게 뱉는 것으로 확대되었다.

더 오래 전에 있던 도덕 관습의 관례로 돌아감으로써 영과 반신 반인(半神半人)들이 바람직한 행위를 하도록 강제할 수 있다고 사람들이 오랫동안 믿었다. 현대인은 똑같은 과정을 밟는 잘못이 있다. 너희는 서로에게 보통 말, 날마다 쓰는 말로 이야기하지만, 기도할 때는 다른 세대의 더 오래 된 말씨, 이른바 엄숙한 말씨에 의존한다.

이 신조는 또한 성전 매춘(賣春)과 같은, 성의 성질을 가진 많은 종교 의식의 회복을 설명한다. 원시의 풍습으로 이렇게 돌아가는 것은 많은 재난을 막는 확실한 보호 조치라 생각되었다. 머리가 단순한 이 민족들의 경우에, 그러한 연출에는 현대인이 난교(亂交)라고 부를 만한 것이 도무지 없었다.

다음에 의식(儀式)에서 서약하는 관습이 왔고, 이에는 종교적 서약과 거룩한 맹세가 뒤따랐다. 이 맹세의 대부분에는 자학(自虐)과 자기 몸 잘라내기, 나중에는 단식(斷食)과 기도가 뒤따랐다. 자기 부인(否認)은 나중에 확실한 강제 조치라고 생각되었다. 이것은 성을 억제하는 문제에서 특히 참말이었다. 그래서 원시인은 그의 종교 관습에서 굳게 결심한 고행(苦行)을 일찍부터 개발하였고, 이것은 달가워하지 않는 영들로부터 모든 그러한 고통과 결핍에 대해서 좋은 반응을 강요할 수 있는 의식으로서, 자학과 자기 부인이 효과가 있다는 믿음이었다.

현대인은 드러내놓고 영들을 강요하려 하지 않는다. 하지만 아직도 신과 협상하려는 성향을 나타낸다. 현대인은 아직도 맹세하고, 나무를 두드리고, 손가락을 포개고,[1] 어떤 낡아빠진 구절을 외우며 침 뱉는다. 한때 그것은 마력(魔力)이 있는 공식이었다.

7. 숭배 사상의 본질

숭배 형태를 가진 사회 조직은 그것이 도덕적 감정 및 종교적 충성을 보존하고 자극하는 상징을 마련하기 때문에 지속했다. 숭배 단체는 "오래 된 가족들"의 전통으로부터 생겨났고, 확립된 제도로서 지속되었다. 모든 가족은 어떤 종류의 숭배를 지니고 있다. 격려하는 모든 이상은 어떤 지속되는 상징을 붙잡는다—살아남는 것을 보장하고 실현을 확대하는 문화적 명시를 위하여 어떤 기법을 추구한다—그리고 그 숭배 단체는 감정을 조장하고 만족시킴으로 이 목적을 이룬다.

문명이 동틀 때부터 사회적 문화나 종교적 진보에서 마음에 호소하는 운동마다 의식(儀式), 상징하는 예식을 개발하였다. 이 예식이 의식하지 않는 성장이 될수록 그 예식은 더 단단하게 신봉자들을 붙잡았다. 숭배 단체는 느낌을 보존하고 감정을 만족시켰지만, 언제나 사회의 재편성과 영적 진보에 가장 큰 장애물이었다.

숭배 단체가 반드시 사회의 진화를 더디게 만들었는데도, 도덕 기준과 영적 이상을 믿는 현대의 허다한 신봉자가 아무런 적절한 상징—서로 밀어 줄 아무런 숭배 단체—소속해야 할 아무 단체가 없는 것은 유감이다. 그러나 종교 단체는 제조될 수 없으며 성장해야 한다. 어떤 두 집단도 권한이 그들의 의식(儀式)을 멋대로 표준화하지 않는 한, 동일할 수 없다.

초기의 그리스도교 종파는 일찍이 상상하거나 고안한 어떤 의식 가운데서도 가장 효과 있고, 마음을 끌고, 오래 가는 것이었으나, 그 가치의 많은 부분은 최초의 기본 신조들 가운데서 허다한 것이 없어짐으로 과학 시대에 파손되었다. 그리스도교 종파는 많은 기초적 아이디어를 잃어버림으로 활력을 잃었다.

과거에는 숭배 단체가 탄력성 있고 그 상징이 확대될 수 있을 때 진리가 빨리 자라고 자유롭게 확대되었다. 풍부한 진리와 적응할 수 있는 숭배 단체는 사회의 진보가 빨라지도록 혜택을 주었다. 의미 없는 숭배 단체는 철학을 대체하고 논리를 노예로 만들려고 애쓸 때, 종교를 망친다. 진정한 숭배 단체는 성장한다.

단점과 장애물에 상관 없이, 진리의 모든 새로운 계시는 새 숭배 단체를 낳았고, 예수의 종교를 다시 진술하는 것조차도 새롭고 적당한 상징을 개발해야 한다. 현대인은 새롭고 커지는 아이디어, 이상, 충성을 위하여 어떤 적당한 상징을 찾아야 한다. 이 향상된 상징은 종교적 생활, 영적 체험으로부터 생겨나야 한다. 상급 문명의 이 상급 상징은 하나님이 아버지라는 개념에 근거를 두고, 사람이 형제라는 강력한 이상을 담고 있어야 한다.

오래 된 숭배 단체들은 너무나 자기 중심이었다. 새 단체는 적용된 사랑의 산물이어야 한다. 오래 된 것과 마찬가지로, 새 숭배 단체는 정서(情緖)를 길러 주고, 감정을 만족시키고 충성을 조장해야 하지만, 그보다 더 일해야 한다. 새 단체는 영적 진보를 수월하게 하고 우주의 의미를 향상하며, 도덕적 가치를 키우고 사회 발전을 격려하며, 높은 종류의 개인적 종교 생활을 자극해야 한다. 새 종교 단체는 생활에서 현세적이며 영원한—사회적이며 영적인—최고의 목표를 마련해야 한다.

어떤 숭배 단체도 <u>가정</u>의 생물학적 의미, 사회학적 의미, 종교적 의미에 기초를 두지 않으면, 오래 지속하고 사회 문명의 진보와 개인의 영적 달성에 이바지할 수 없다. 살아남는 숭배 단체는 그치지 않는 변화가 있는 가운데서 영구한 것을 상징해야 한다. 그 단체는 항상 바뀌는 사회 변화의 흐름을 통일하는 무엇을 영화롭게 해야 한다. 그 단체는 참된 의미를 인식하고, 아름다운 관계를 높이며, 정말로 고귀한 좋은 가치를 영화롭게 해야 한다.

그러나 새롭고 마음에 드는 상징을 발견하기가 크게 어려운 것은 현대인이 하나의 집단으로서, 과학적 태도에 집착하고 미신을 피하고, 무지를 무척 싫어하며, 한편 개인으로서 그들 모두가 신비를 몹시 좋아하고 알지 못하는 것을 존경하기 때문이다. 어떤 숭배 단체도 어떤 멋진 신비를 구현하고, 성취할 수 없는 어떤 값진 것을 감추지 않으면, 살아남을 수 없다. 더 나아가서, 새로운 상징은 그 집단을 위해서 중요할 뿐 아니라, 개인에게도 의미가 있어야 한다. 어떤 쓸모 있는 상징이라도 그 형태는 개인 스스로 주도권을 가지고 수행할 수 있고, 또한 동료들과 함께 즐길 수 있는 것이어야 한다. 새 숭배 단체가 정적(靜的)이 아니고 동적(動的)일 수만 있다면, 인류의 현세적·영적 진보에 무언가 값진 것을 정말로 이바지할지 모른다.

그러나 한 숭배 단체는—의식(儀式)이나 표어나 목표가—너무 복잡하면 작용할 수 없다. 그리고 헌신하라는 요구와 충성심의 반응이 있어야 한다. 효과적인 모든 종교는 가치 있는 상징을 어김없이 개발한다. 그 신봉자들은 그러한 의식을, 사람을 가두고 일그러뜨리고 숨막히게 하는, 판에 박힌 예식으로 구체화함을 막는 것이 좋겠다. 그 예식은 오로지 모든 사회적, 도덕적, 영적 진보에 장애가 되고, 진보를 더디게 만들 수 있다. 어떤 숭배 단체도 도덕적 성장을 지체하고 영적 진보를 촉진하지 못하면 살아남을 수 없다. 숭배 단체는 뼈대요, 그 둘레에 몸소 영적으로 체험하는 살아 있는 힘찬 몸이—참 종교가—자란다.

[네바돈의 한 찬란한 저녁별이 발표했다.]

주: 1. 액을 때우거나 행운을 빌려고 집게손가락 위에 가운데 손가락을 포개는 버릇.

제 88 편

주물과 부적과 마술

생명 없는 사물, 동물, 또는 사람 안으로 영이 들어간다는 개념은 매우 오래 되고 마땅히 존중받을 믿음이며, 종교의 진화가 시작될 때부터 유행하였다. 신들린다는 이 교리는 틀림없는 주물 숭배이다. 야만인은 반드시 주물을 예배하지는 않는다. 아주 논리에 맞게, 그 안에 들어 있는 영을 숭배하고 존경한다.

처음에, 사람들은 주물 속에 든 영은 죽은 사람의 귀신이라고 믿었고, 나중에는 더 높은 영들이 주물 안에 거한다고 상상했다. 그래서 주물 숭배는 결국 귀신·혼·영을 비롯하여, 악마에 들리는 것에 관한 모든 원시 관념을 합병하였다.

1. 주물을 믿는 관념

원시인은 언제나 특별한 것은 무엇이든지 주물(呪物)로 만들고 싶어했다. 따라서 많은 것이 우연히 기원을 가졌다. 사람이 아프다가 무엇이 일어나면, 낫는다. 많은 약(藥)의 명성, 병을 치료하는 우연한 방법에 바로 이런 일이 생긴다. 꿈과 연결된 물건은 주물로 바뀌기가 쉬웠다. 보통 산이 아니라 화산, 별이 아니라 살별이 주물이 되었다. 시초의 인간은 별똥과 운석은 특별한 찾아오는 영들이 땅에 도착함을 가리킨다고 보았다.

처음 주물은 특이하게 표시된 조약돌이었고, 사람은 그 뒤로 늘 "신성한 돌"을 찾았다. 구슬 목거리는 한때 신성한 돌의 수집, 부적의 모음이었다. 많은 부족이 주물 돌을 가졌지만, 카바[1]와 스쿤의 돌[2]과 달리, 거의 아무 것도 남지 않았다. 불과 물도 또한 초기의 주물이었고, 거룩한 물을 믿는 관념과 더불어, 불의 숭배는 아직도 남아 있다.

나무 주물은 나중에 개발되었다. 그러나 어떤 부족들 사이에서 자연 숭배가 지속한 것은 어떤 종류의 자연 영이 깃든 부적들을 믿는 관념을 낳았다. 식물(植物)과 과일이 주물이 되었을 때, 이것들은 먹지 못하는 금기가 되었다. 사과는 이 분류에 처음으로 들어갔다. 레반트 민족들은 결코 사과를 먹지 않는다.

동물이 인간의 살을 먹으면, 그 동물은 주물이 되었다. 이 방법으로 개는 파시교도의 신성한 동물이 되었다. 주물이 동물이고 귀신이 그 안에 영구히 거하면, 주물 사상은 환생(幻生)에 영향을 미칠 수 있다. 여러 방법으로 야만인들은 동물을 부러워했다. 그들은 동물보다 우수하다고 느끼지 않았고, 흔히 가장 좋아하는 짐승을 따라서 이름을 지었다.

동물이 주물이 되었을 때 그 주물인 동물의 고기를 먹지 말라는 금기가 뒤따랐다. 꼬리 없는 원숭이와 꼬리 있는 원숭이는 사람과 비슷하게 생겼기 때문에, 일찍부터 주물 동물이 되었다. 나중에는 또한 뱀·새·돼지를 비슷하게 여겼다. 한때는 송아지가 주물이었고 우유는 금기였으며, 한편 배설물을 높이 쳐주었다. 팔레스타인에서, 특히 페니키아인들이 뱀을 모셨는데, 이들은 유대인들과 함께 뱀을 악한 영들의 대변자라고 생각했다. 많은 현대인조차 파충류가 부적의 힘이 있다고 믿는다. 아라비아로부터 계속 인도를 통해서, 홍인의 모키 부족의 뱀춤에 이르기까지, 뱀이 숭배되었다.

한 주에 어떤 날은 금기(禁忌)였다. 오랜 세월 동안 금요일을 운이 나쁜 날로 여겨 왔고, 13이라는 수는 나쁜 수였다. 운 좋은 숫자, 3과 7은 후일의 계시로부터 생겼다. 4는 원시인에게 운 좋은 숫자였고, 나침반의 4점을 일찍부터 깨달은 데서 생겨났다. 가축이나 다른 소유물을 세는 것은 재수 없다고 생각되었다. 옛 사람들은 인구 조사, "사람들의 수를 세는 것"을 반드시 반대했다.

원시인은 성(性)을 부당한 주물로 만들지 않았다. 생식 기능에는 겨우 조금 눈을 돌렸을 뿐이다. 야만인은 자연스러운 생각을 가졌고, 음탕하거나 음란하지 않았다.

침은 효력 있는 주물이었다. 사람에게 침을 뱉어서 악마를 쫓아낼 수 있었다. 장로나 상관이 사람에게 침 뱉는 것은 최고의 칭찬이었다. 인체의 여러 부분, 특히 머리카락과 손톱을 잠재 주물로 여겼다. 길게 자라는 추장의 손톱을 높이 쳐주었고, 손톱 깎은 것은 강력한 주물이었다. 두개골 주물을 믿는 관념은 후일에 머리 사냥하던 것을 많이 설명한다. 탯줄은 높이 여긴 주물이었다. 오늘날도 아프리카에서 그렇게 여긴다. 인류의 처음 장난감은 보존된 탯줄이었다. 흔히 하다시피, 그것은 진주와 함께 엮어서 사람의 첫 목거리가 되었다.

꼽추와 절름발이 아이들은 주물로 간주되었다. 미치광이들은 달에 영향을 받는다고 믿었다. 원시인은 천재와 광증(狂症)을 가릴 수 없었다. 천치들을 때려죽이거나 주물 인물로 모셨다. 히스테리는 점점 더 마술에 대한 대중의 믿음을 확증하였다. 간질병자들은 흔히 사제와 주술사였다. 술에 취하는 것은 일종의 신들린 것으로 여겼다. 야만인이 홍청거릴 때, 그가 한 짓에 대한 책임을 거부하려는 목적으로 머리털에 나뭇잎을 달았다. 독과 술 취하게 하는 것들은 주물이 되었고, 이것들은 귀신들렸다고 생각되었다.

많은 사람이 천재들은 지혜로운 귀신이 들린 주술 인물이라고 보았다. 그리고 재주 있는 이 인간들은 이기적 권익을 늘이려고, 곧 사기(詐欺)와 술수에 의존하는 것을 배웠다. 주물 인간은 사람보다 높다고 생각되었다. 그는 신답고, 아니 잘못할 수 없었다. 이렇게 추장, 임금, 사제, 선지자, 교회 지도자들은 결국 큰 힘을 쓰고 한없는 권한을 행사했다.

2. 주물의 진화

귀신은 육체를 입고 살아 있을 때, 자기에게 속했던 어떤 물건에 거하기를 좋아한다고 사람들이 생각했다. 이 관념은 현대의 많은 유품(遺品)의 효력을 설명한다. 옛날 사람들은 언제나 그들의 지도자의 뼈를 숭앙하였고 아직도 많은 사람이 성자(聖者)와 영웅의 유골을 미신 믿듯이 두렵게 여긴다. 오늘날에도 위인들의 무덤에 사람들이 순례한다.

유품을 믿는 믿음은 옛적 주물 숭배의 부산물이다. 현대 종교의 유품은 야만인의 주물을 합리화하고 이처럼 현대 종교 체계에서 위엄 있고 존경받는 자리로 올려놓으려는 시도이다. 주물과 마술을 믿는 것은 이교도 같은 것이지만, 유품과 기적을 받아들이는 것은 괜찮다고 생각되었다.

화로—난로—는 얼마큼 주물, 하나의 신성한 장소가 되었다. 성당(聖堂)과 성전은 처음에 주물 장소였는데, 거기에 죽은 자들이 묻혔기 때문이다. 모세는 히브리인의 주물 오두막을 그 때 존재하던 하나님의 법 개념이었던 큰 주물을 모신 장소로 높였다. 그러나 이스라엘 사람들은 돌 제단을 믿는 특이한 가나안 신앙을 결코 버리지 않았다. "그리고 내가 기둥으로 세운 이 돌은 하나님의 집이 될지니라." 그들이 모시는 하나님의 영이 그러한 돌 제단에 산다고 그들은 참으로 믿었고, 이 제단은 실제로 주물이었다.

뛰어난 죽은 사람의 모습과 기억을 보존하려고 최초의 형상들이 만들어졌는데, 이것들은 정말로 기념비였다. 우상은 주물 숭배를 다듬은 것이다. 원시인들은 거룩하게 바치는 예식이 영으로 하여금 형상 안에 들어가게 만든다고 믿었다. 마찬가지로 어떤 물건은 축복받았을 때 부적(符籍)이 되었다.

옛 달라마시아 도덕 법규에 둘째 계명을 보태면서, 모세는 히브리인들 사이에서 주물 숭배를 규제하려고 노력했다. 그는 주물로서 성스럽게 될까 싶은 형상을 한 가지도 만들지 말라고 면밀하게 그들에게 지시하였다. 그는 분명히 말했다. "너희는 위로 하늘에 있거나 아래로 땅에 있거나, 또는 땅의 바다에 있는 어떤 것이라도 그 새긴 형상이나 흉내낸 것을 만들지 말지니라." 이 계명은 유대인 사이에서 예술을 늦추는 데 크게 기여했지만, 주물 숭배를 줄였다. 그러나 모세는 아주 현명해서 갑자기 옛 주물들을 갈아치우려고 하지 않았고, 따라서 전쟁 제단과 종교적 성당을 합친 것, 즉 언약 상자 안에, 율법과 나란히 어떤 유품들을 두는 데 찬성하였다.

말씀, 더군다나 특히 하나님의 말씀이라고 여겨진 것들은, 결국 주물이 되었다. 이 방법으로 숱한 종교의 거룩한 책들이 주물 감옥이 되어서, 사람의 영적 상상력을 가두어 두었다. 주물에 대항하는 모세의 바로 그 노력이 최고의 주물이 되었다. 그의 계명은 후일에 예술을 바보짓으로 만들고, 아름다운 것을 즐기고 찬미하는 것을 더디게 만드는 데 쓰였다.

옛 시절에, 권한을 가진 주물 낱말은 두려움을 일으키는 교리였고, 이것은 사람을 노예로 만드는 모든 폭군 가운데 가장 끔직한 것이었다. 주물이 된 교리는 필사 인간으로 하여금 자신을 저버리고 편협, 광신, 미신, 불관용, 그리고 가장 지독하고 미개한 잔인 행위로 이끈다. 지혜와 진리를 현대에 존중함은, 주물을 만드는 성향으로부터 생각하고 이치를 따지는 더 높은 수준으로 겨우 최근에 피한 것일 뿐이다. 여러 종교가들이 신성한 책으로 여기는, 축적된 여러 주물 기록에 관해서 말하면, 책 안에 있는 것이 진리일 뿐 아니라, 모든 진리가 그 책에 들어 있다고 사람들이 믿는다. 이 신성한 책들 가운데 하나가 어쩌다가 지구가 평평하다고 말하면, 오랜 세대가 지나는 동안, 다른 면에서는 멀쩡한 남녀들이 혹성이 둥글다는 분명한 증거를 받아들이려 하지 않는다.

눈이 어쩌다 한 구절에 떨어지도록 이 신성한 책들 중에 하나를 열어 보는 관습을 따르는 것은 일생의 중대한 결정이나 사업을 좌우할지도 모르는데, 그 관습은 터무니없는 주물 숭배에 지나지 않는다. "신성한 책"을 놓고 선서하거나, 최고로 존경하는 어떤 물건으로 맹세하는 것은 일종의 세련된 주물 숭배이다.

그러나 야만인 추장의 손톱 깎은 것을 주물이라고 두려워하는 것으로부터, 편지, 율법, 전설, 우화, 신화, 시(詩), 연대기의 훌륭한 수집을 찬미하기까지 나아간 것은 참으로 진화로 진보했음을 나타내며, 결국 이것들은 적어도 "신성한 책"으로서 수집한 시절과 사건까지, 여러 세기 동안 체질해서 거른 도덕적 지혜를 반영한다.

주물이 되려면, 말씀은 영감을 받았다고 생각되어야 했고, 신에게 영감을 받아서 썼다고 생각되는 기록을 인용하는 것은 교회 권한의 확립을 낳았으며, 한편 국가 형태의 진화는 국가 권한이 성숙하게 되도록 이끌었다.

3. 토템 신앙

주물 숭배는 아주 일찍부터 신성한 돌을 섬기는 관념으로부터, 우상 숭배, 식인(食人) 풍습, 자연 숭배를 거쳐서 토템 신앙에 이르기까지, 모든 원시 종교를 침투한다.

토템 신앙은 사회 풍습과 종교 풍습을 종합한 것이다. 최초에는, 생물학적 기원이 있다고 생각되던 토템 동물의 존중은 식량의 공급을 보장한다고 생각되었다. 토템들은 한꺼번에 그 집단과 그들이 믿는 신의 상징이었다. 그러한 신은 인격화된 씨족이었다. 토템 신앙은 다른 면에서 개인적 종교를 사회화하려는 시도의 한 단계였다. 토템은 결국 여러 현대 민족의 깃발, 곧 나라의 상징으로 진화하였다.

주물 자루, 주술사의 자루는 여러 가지 귀신이 들어박힌 소문난 물건들을 담은 자루였고, 옛날의 주술사는 결코 자기 권능의 상징인 그 자루가 땅에 닿게 하지 않았다. 20세기에 문명화된 민족들도 마찬가지로, 국가 의식(意識)의 상징인 깃발이 결코 땅에 닿지 않도록 처리한다.

사제직과 임금 직책의 휘장(徽章)은 결국 주물로 간주되었고, 국가 최고의 주물은 씨족으로부터 부족까지, 봉건 영주로부터 군주권까지, 토템으로부터 깃발까지, 여러 단계의 발전을 거쳤다. 주물 임금은 "신이 준 권한"을 받아서 다스렸고, 여러 가지 다른 형태의 정부가 생겼다. 사람들은 또한 민주주의를 주물로 만들었고, 이것은 집합적으로 "여론"이라고 불렀을 때, 보통 사람의 생각을 높이고 찬양한다. 한 사람의 의견은 그 자체로 볼 때 그다지 값지게 여기지 않지만, 민주주의로서 여러 사람이 집단으로 활동할 때, 바로 이 평범한 판단은 정의를 중재하는 것이요 올바름의 표준이라고 여긴다.

4. 마술

문명화된 사람은 과학을 통해서 실재하는 환경 문제를 공격한다. 야만인은 환상적인 귀신 환경에 실재하는 문제들을 마법으로 풀려고 하였다. 마술은 추측된 영 환경을 조종하는 기술이었고, 그 영 환경의 작용은 풀이할 수 없는 것들을 끊임없이 설명했다. 마술은 주물을 사용하거나 다른 더 힘센 영들을 통해서, 자진해서 영의 협조를 얻고, 마음 내켜 하지 않는 영의 도움을 강요하는 기술이었다.

마술, 마법, 강신술의 목적은 두 가지였다:

1. 미래를 보는 통찰력을 얻기 위해서.

2. 유리하게 환경에 영향을 미치려고.

과학의 목적은 마술의 목적과 똑같다. 명상과 논리가 아니라, 오히려 오랜 체험을 통해서, 차츰차츰, 고통스럽게, 인류는 마술에서 과학으로 진보하고 있다. 사람은 차츰 진리 속으로 후퇴하고, 잘못 속에서 시작하고, 잘못 속에서 진보하며, 마침내 진리의 문턱에 다다른다. 과학적 방법이 도착하고 나서야 사람은 앞을 향했다. 그러나 원시인은 실험하든지 아니면 멸망해야 했다.

초기에 미신에 매혹된 것은 나중에 과학적 호기심의 어머니가 되었다. 이 원시적 미신 속에는 진취적인 힘찬 감정—두려움과 호기심—이 있었다. 옛날의 마술에는 진취적 추진력이 있었다. 이 미신들은 혹성의 환경을 알고 통제하고 싶은 인간 욕망이 태어남을 가리켰다.

야만인이 자연사의 개념을 파악할 수 없었기 때문에, 마술은 야만인에게 그러한 위력(**偉力**)을 가졌다. 후일에 원죄(**原罪**) 관념은, 자연사를 설명한다는 점에서, 종족에게 마술이 가진 위력을 약화시키는 데 크게 도움이 되었다. 한 사람의 자연사에 책임이 있다고 생각되었기 때문에, 죄 없는 열 사람이 죽음을 당하는 것이 한때는 그다지 드물지 않았다. 이것이 어째서 고대의 민족들이 빨리 불어나지 않았는가 하는 한 가지 이유이며, 이것은 아직도 어떤 아프리카 부족들에게 참말이다. 고발당한 개인은 보통, 죄를 고백했고, 죽음에 부닥쳤을 때에도 그렇게 했다.

마술은 야만인에게 자연스럽다. 그는 치켜 깎은 머리카락이나 손톱 깎은 것들에 마법을 쓰면 적이 실제로 죽게 될 수 있다고 믿는다. 뱀에게 물려 죽는 것을 마법사가 마술을 쓴 탓으로 돌렸다. 마술을 퇴치하는 어려움은 두려움이 사람을 죽일 수 있다는 사실에서 생긴다. 원시 민족들은 마술을 너무나 무서워해서 마술이 실제로 사람을 죽였고, 그러한 결과는 이 그릇된 믿음을 확증하기에 충분했다. 실패할 경우에는 언제나 어떤 그럴듯한 설명이 있었다. 결함이 있는 마술의 치유법은 더 큰 마술이었다.

5. 마술 부적

몸과 연결된 어떤 것도 주물이 될 수 있으니까, 가장 옛적의 마술은 머리카락과 손톱·발톱과 상관이 있었다. 몸에서 떼어 낸 것에 따른 비밀은 몸에서 나온 무엇을 적이 소유하고, 그것을 해로운 마술에 쓸까 하는 두려움에서 생겨났다. 따라서 몸에서 나온 모든 배설물은 조심스럽게 매장되었다. 침이 해로운 마술에 쓰일 것이라는 두려움 때문에, 대중 앞에서 침뱉기를 삼갔다. 침 뱉은 것은 언제나 덮었다. 음식 찌꺼기, 옷가지, 장식품조차 마술의 도구가 될 수 있었다. 야만인은 결코 제가 먹고 난 무슨 찌꺼기도 식탁에 남겨 두지 않았다. 그러한 관습의 위생적 가치를 조금이라도 이해해서가 아니라, 사람의 적이 이것들을 마술 의식에 쓸까 하는 두려움 때문에, 이 모두가 행해졌다.

사람의 살, 호랑이 발톱, 악어 이, 독 있는 식물의 씨앗, 뱀 독, 사람의 머리카락과 같이 크게 다양한 종류의 물건을 섞어서 마술 부적이 만들어졌다. 죽은 사람의 뼈는 대단히 마력이 있었다. 발자국에서 생겨난 먼지조차도 마술에 쓰일 수 있었다. 옛날 사람들은 사랑의 부적을 크게 믿었다. 피와 기타 형태의 분비물이 사랑의 마술 영향력을 보장할 수 있었다.

형상(**形象**)이 마술에 효력이 있다고 생각되었다. 형상이 만들어졌고, 형상을 나쁘게 또는 잘 다룰 때, 똑같은 효과가 진짜 사람에게 일어난다고 믿었다. 물건을 살 때, 미신 믿는 사람들은 파는 사람의 마음을 부드럽게 하려고 단단한 나무 조각을 씹곤 했다.

까만 소의 우유는 상당히 마력이 있었고, 또한 까만 고양이도 그러했다. 지팡이나 막대기도, 북, 종, 매듭과 함께, 마력이 있었다. 모든 옛 물건은 마력이 있는 부적이었다. 새롭거나 더 높은 문명의 관습을 좋지 않게 보았는데, 그 관습이 나쁜 마술의 성질을 가졌다고 생각되었기 때문이다. 기록, 인쇄물, 그림을 오랫동안 그렇게 여겼다.

이름, 특히 신들의 이름은, 존경을 받아야 한다고 원시인은 믿었다. 이름을 하나의 존재로, 신체를 가진 인물과 다른 영향으로 여겼다. 이름은 혼과 그림자와 똑같이 존중되었다. 빚 때문에 이름을 전당 잡혔으며, 빌린 돈을 치르고 다시 찾기까지, 사람은 제 이름을 쓸 수 없었다. 오늘날 사람은 증서에 제 이름을 서명한다. 개인의 이름은 곧 마술에서 중요하게 되었다. 야만인은 이름을 두 개 가지고 있었다. 중요한 이름은 보통 경우에 쓰기에 너무 거룩하다고 여겼고, 따라서 둘째 이름, 곧 날마다 쓰는 이름—별명—이 생겼다. 야만인은 낯선 사람에게 그의 진짜 이름을 결코 알려 주지 않았다. 이상한 성질을 가진 어떤 체험도 이름을 갈도록 만들었다. 어떤 때는 병을 고치거나 불운을 그치게 하려고 이름을 갈았다. 야만인은 부족의 추장으로부터 이름을 사서, 새 이름을 가질 수 있었다. 사람들은 아직도 직함과 학위에 투자한다. 그러나 아프리카의 부시맨들처럼, 가장 원시적 부족들 사이에서는 개인의 이름이 존재하지 않는다.

6. 마술 실습

요술 막대기를 사용하고, "주술" 의식을 통해서, 주문을 외워서 마술을 썼으며, 실습자가 옷을 벗고 일하는 것이 관습이었다. 원시 마술사들 사이에서는 여자가 남자보다 많았다. 마술에서 "주술"은 치료가 아니라, 신비를 뜻한다. 야만인은 결코 손수 치료하지 않았다. 마술 전문가의 조언을 받을 때를 빼고, 야만인은 결코 약을 쓰지 않았다. 그리고 20세기 부두교(教)의 주술사는 옛날 마술사의 전형이다.

마술에는 대중 단계와 개인 단계가 있었다. 주술사, 샤먼, 또는 사제가 행하는 것은 부족 전체의 이익을 위한 것이라고 생각되었다. 여자 마술사, 요술사, 마법사들은 사사로운 마술, 개인적이고 이기적인 마술을 시행했고, 이것은 사람의 적들에게 불운을 가져오는 강제 방법으로서 쓰였다. 2영(二靈) 사상, 곧 좋은 영과 나쁜 영의 개념은 백마술과 흑마술을 믿는 후일의 관념을 낳았다. 종교가 진화함에 따라서, 마술은 사람 자신의 단체 바깥에서 영 활동에 쓰이는 용어였고, 마술은 또한 귀신을 믿는 더 오래 된 신앙도 언급하였다.

단어의 조합, 찬송가와 주문을 외우는 의식(儀式)은 어지간한 마술이었다. 초기에 쓰인 어떤 주문들은 마침내 기도로 진화했다. 흉내내는 마술이 당장에 실행되었다. 연출로 기도를 나타냈고, 마술 춤은 극적인 기도(祈禱)에 지나지 않았다. 기도는 희생에 부수되는 것으로서, 차츰 마술을 대신하였다.

손짓은 언어보다 더 오래 되었으니까, 더욱 거룩하고 마술성이 있었고, 흉내내기는 강한 마력이 있다고 믿었다. 홍인들은 흔히 물소 춤을 연출했고, 그 춤에서 그들 가운데 하나가 물소 노릇을 연기(演技)하고, 잡혀서, 다가오는 사냥이 성공할 것을 보장하곤 했다. 5월제의 성(性) 잔치는 단지 흉내내는 마술이었고, 식물 세계의 성의 정열에 암시로 호소하는 것이었다. 인형(人形)은 처음에 아기 못 낳는 아내한테 마술 부적으로서 이용되었다.

마술은 진화 종교의 나무에서 나온 가지였고, 결국 과학 시대의 열매를 맺었다. 점성술을 믿는 신앙은 천문학의 발전으로 이끌었다. 철학자의 돌을 믿는 신앙은 금속의 통달로 이끌었고, 마법의 수를 믿는 신앙은 수학의 기초를 쌓았다.

그러나 부적으로 아주 가득 찬 세계는 모든 개인 포부와 창의력을 뭉개 버리는 데 많이 기여했다. 더 노력하거나 부지런해서 얻은 열매는 마술로 간주되었다. 사람이 이웃보다 들에서 알곡을 더 거두면, 추장에게 마구 끌려가서 게으른 이웃의 들에서 이 여분의 곡식을 꼬여 갔다고 고발당할 수 있었다. 미개한 시절에는 아주 많이 아는 것은 정말로 위험했고, 언제나 흑(黑) 예술가로서 사형당할 가능성이 있었다.

차츰 과학이 생활에서 노름 요소를 제거하고 있다. 그러나 현대 교육 방법이 실패한다면, 거의 즉시 원시 마술을 믿는 신앙으로 돌아갈 것이다. 이 미신들은 아직도 이른바 문명화된 많은 사람의 머리 속에 남아 있다. 주문에 홀린다, 별의 자리가 나쁘다, 귀신 들린다, 영감(靈感), 귀신처럼 사라진다, 재주가 많다, 귀신에 홀린다, 천둥 맞는다, 깜짝 놀란다는 말처럼, 언어는 그 종족이 마술의 미신에 오랫동안 젖어 있었다는 것을 증언하는 화석(化石)을 많이 담고 있다. 지적인 사람들이 아직도 행운, 악한 눈, 점성술을 믿는다.

옛적의 마술은 현대 과학을 낳은 고치이며, 그 시대에 불가결했으나 이제는 더 쓸모가 없다. 그래서 무지한 미신으로 가득 찬 공상은 과학 개념이 태어날 수 있을 때까지, 사람들의 원시 지성을 흔들어 놓았다. 오늘날 유란시아는 이 지적 진화에서 황혼이 저무는 지대에 있다. 세계의 절반이 진리의 빛과 과학에서 발견한 사실을 열심히 움켜쥐고 있고, 한편 나머지 반은 옛적의 미신이지만 얄팍하게 가장된 마술의 팔 속에서 시든다.

[네바돈의 한 찬란한 저녁별이 발표했다.]

주: 1. 메카의 회교 사원 안에 있는 검은 돌로 지은 신전. 2. 옛날 스콧트랜드 왕이 즉위식 때 사용한 돌.

제 89 편

죄와 희생과 속죄

원시인은 스스로가 영들에게 빚을 졌다, 죄값을 물어야 할 필요가 있다고 보았다. 야만인이 보건대, 공정하게 하자면 영들은 훨씬 더 많은 불운을 그들에게 퍼부었을 수도 있었다. 시간이 지나자, 이 개념은 죄와 구원의 교리로 발전되었다. 혼은 자격을 빼앗기고—원죄(原罪)를 가지고—세상에 온 것으로 간주되었다. 혼은 그 값을 물고 찾아야 했다. 속죄양이 마련되어야 했다. 머리 사냥꾼은 해골 숭배를 실천하고, 그 위에 자기 목숨의 대용품, 즉 희생자를 마련할 수 있었다.

야만인은 일찍부터 영들이 인간의 비참·고통·치욕을 구경함으로 최고의 만족을 얻는다는 생각에 젖어 있었다. 처음에 사람은 오직 저지른 죄에만 아랑곳했으나, 나중에는 빠뜨린 죄에 대하여 걱정하게 되었다. 후일에 희생 제도 전부가 이 두 관념을 중심으로 생겨났다. 이 새로운 의식은 영을 달래는 희생 예식의 준수와 상관이 있었다. 원시인은 신들의 은혜를 얻기 위해서 어떤 특별한 일을 행해야 한다고 믿었다. 오직 진보한 문명이 한결같이 차분하고 선의를 가진 하나님을 인정한다. 신을 달래는 것은 앞날의 축복에 투자하는 것이기보다 당장의 불운을 막는 보험이었다. 회피하고, 귀신을 쫓아내고, 강제하고, 달래는 의식(儀式)은 모두 서로 합병된다.

1. 금기

금기(禁忌)를 지키는 것은 사람이 불운을 피하는 노력, 무엇인가를 피함으로 영 귀신들의 기분을 다치지 않으려는 노력이었다. 금기는 처음에 종교성이 없었으나 일찍부터 귀신이나 영의 인가를 얻었고, 이렇게 강화되었을 때 금기는 법과 제도를 만드는 물건이었다. 금기는 예식 표준의 근원이요, 원시적 자제(自制)의 조상이었다. 금기는 가장 이른 형태의 사회 규제였고, 오랫동안 유일한 규제였다. 금기는 아직도 사회를 규제하는 구조의 기본 단위이다.

야만인의 머리 속에서 이 금지 사항이 강요하는 존경심은 그것을 집행한다고 생각된 자의 권능을 두려워하는 마음과 똑같았다. 금기는 처음에 불운을 어쩌다 겪었기 때문에 생겨났다. 나중에는 추장(酋長)과 샤먼—영 귀신, 심지어 신으로부터도 명령을 받는다고 생각되었던 주물 인간—들이 금기를 제안했다. 영의 꾸짖음을 두려워하는 것은 원시인의 머리 속에서 아주 대단했고, 그래서 금기를 어겼을 때 때때로 원시인은 놀래서 죽기도 하며, 이 극적인 사건은 금기가 생존자들의 머리에 행사하는 위력을 엄청나게 강화한다.

아주 일찍부터 있었던 금지 사항은 여자와 기타 재산에 손대는 것에 관한 제한이었다. 종교가 금기의 진화에서 비로소 더 큰 역할을 하게 되자, 금지된 물건을 더럽다, 나중에는 거룩하지 않다고 여겼다. 히브리인들의 기록은 깨끗한 것과 더러운 것의 언급으로 가득 차 있지만, 이 노선을 따른 그들의 관념은 많은 다른 민족의 관념보다 훨씬 덜 성가시고 범위가 좁았다.

달라마시아와 에덴의 일곱 계명은, 히브리인들의 열 가지 명령과 마찬가지로, 분명한 금기였고, 가장 오래 된 금지 조항들과 마찬가지로 모두가 똑같이 부정 형태로 표현되었다. 그러나 더 새로운 이 법규는 앞서 있던 몇천 가지 금기를 대신했다는 점에서, 참으로 사람을 해방하는 것이었다. 게다가 이 후일의 계명들은 복종한 값으로 무엇인가 분명히 약속했다.

먹을 것에 대한 초기의 금기는 주물 숭배와 토템 신앙으로부터 생겨났다. 돼지는 페니키아인에게, 소는 힌두인에게 신성했다. 돼지고기에 관한 에집트인의 금기는 히브리와 이슬람 신앙에서 지속되었다. 먹을 것에 대한 금기의 한 변종은 임신한 여자가 어떤 식품에 대해서 골똘할 수 있고, 그러면 태어났을 때 그 아이가 그 식품의 모방이 되리라는 믿음이었다. 그러한 고급 식품은 그 아이에게 금기가 되곤 했다.

먹는 방법은 곧 금기가 되었고, 이렇게 고대와 현대의 식탁 예절이 생겨났다. 카스트 제도와 사회 수준은 옛 금지 조항의 흔적을 가리키는 찌꺼기이다. 금기는 사회를 조직하는 데 어지간히 효과가 있었으나, 끔찍하게 부담이 되었다. 부정하는 금지 체제는 쓸모 있고 건설적인 규칙 뿐 아니라, 고리타분하고 낡고 쓸모 없는 금기도 유지하였다.

그러나 방대하고 잡다한 금기를 제외하고, 원시인을 비평할 자리에 있는 문명화된 사회는 하나도 없을 터이고, 금기를 지지하는 원시 종교의 지지가 없었더라면 금기는 결코 지속되지 않았을 것이다. 사람의 진화에서 많은 필수 요소는 무척 비싸게 먹혔고, 노력과 희생과 자제 면에서 큰 보배를 지불했지만, 이 자제(自制)를 성취한 것은 참된 가로대였고, 그것을 딛고 사람은 문명의 올라가는 사다리를 기어 올랐다.

2. 죄의 개념

우연을 두려워하고 불운을 무서워하는 것은 이 재난들에 대하여 보험이라 생각된 것으로서, 원시 종교를 발명하도록 글자 그대로 사람을 족쳤다. 종교는 마술과 귀신으로부터, 영(靈)과 주물을 거쳐서, 금기로 진화했다. 원시 부족마다 금지된 열매의 나무가 있었고, 이것은 실제로 사과였지만, 상징으로 온갖 종류의 금기가 무겁게 달린 1천 나무가지로 이루어졌다. 그 금지된 나무는 반드시 "너희는 무엇을 하지 말라"하고 말했다.

야만인의 지성이 좋은 영과 나쁜 영을 상상하는 점까지 진화하는 동안에, 그리고 금기가 진화하는 종교의 엄숙한 지지를 받았을 때, 죄라는 새로운 개념이 등장하기 위하여 무대가 모두 준비되었다. 계시 종교가 미처 나타나기도 전에, 세상에서 죄의 개념은 보편적으로 확립되었다. 오로지 죄의 개념으로 말미암아, 원시인의 지성에 자연사(自然死)는 이치가 있게 되었다. 죄는 금기를 어기는 것이요, 죽음은 죄에 대한 벌이었다.

죄는 합리적인 것이 아니라 의식(儀式)이었고, 죄는 생각이 아니라 행위였다. 이 죄 개념 전부가 딜문, 그리고 땅에 있던 작은 천국의 시절에 관한, 남아 있는 전통 때문에 육성되었다. 아담과 에덴 동산의 전통은 또한 종족들의 개벽 시절에 한때 "황금 시기"가 있었다는 꿈에 신빙성을 부여했다. 이 모두가 특별 창조가 있을 때 사람이 그 기원을 가졌고, 사람이 생애를 완전 속에서 비롯했으며, 금기를 어긴 것—죄—가 그를 나중에 불쌍한 곤경에 빠지게 했다는 관념에서 나중에 표현된 생각을 확증했다.

금기를 버릇처럼 어기는 것은 악덕이 되었고, 원시의 율법은 악덕을 범죄로 만들고, 종교는 악덕을 죄로 만들었다. 옛 부족들 사이에서 금기를 어기는 것은 범죄와 죄를 합친 것이 되었다. 공동체의 재난은 반드시 부족의 죄를 벌하는 것이라고 여겼다. 번영과 올바름이 붙어 다닌다고 믿은 자들에게는, 악한 자들이 번영하는 듯 보이는 것이 큰 걱정을 낳았고, 그래서 금기를 위반하는 자들을 벌하려고 지옥을 발명하는 것이 필요했다. 앞날에 벌주는 이 장소들의 수는 하나에서 다섯까지 달라졌다.

죄 고백과 용서의 관념은 원시 종교에서 일찍부터 나타났다. 사람들은 다음 주(週)에 저지르고자 하는 죄 때문에, 공공 회의에서 용서를 부탁하곤 했다. 고백은 다만 용서하는 의식이었고, 또한 더럽힌 것을 대중에게 통지하는 것이요, "더럽다 더러워!"하고 외치는 의식이었다. 그리고 나서 정화(淨化)하는 모든 의식 절차가 뒤따랐다. 고대의 모든 부족은 의미 없는 이 예식을 따랐다. 옛 부족들이 가진, 위생으로 보이는 많은 관습은 대체로 예식이었다.

3. 단념과 굴욕

단념이 종교의 진화에서 다음 걸음으로 다가왔다. 금식은 보통 관습이었다. 곧 여러 가지 형태의 육체적 쾌락, 특히 성(性)의 성질을 가진 쾌락을 그만두는 것이 관습이 되었다. 굶는 의식은 여러 고대 종교에서 뿌리 깊이 박혀 있고, 실질적으로 모든 현대 신학 사상 체계에까지 전해져 내려왔다.

죽은 자와 함께 재산을 태우고 파묻는 낭비적 관습으로부터 미개인이 막 회복할 무렵이 되어서, 바야흐로 종족들의 경제 구조가 비로소 형성되고 있을 때, 단념하는 이 새 종교 교리가 나타났고, 수만 명의 진지한 혼들이 가난을 친구로 삼기 시작했다. 재산은 영적 장애물로 간주되었다. 물질의 소유가 영적으로 위험하다는 이 개념을 빌로와 바울의 시절에 사람들이 널리 품었고, 그 뒤로 늘 유럽의 철학에 두드러지게 영향을 주었다.

빈곤은 단지 육체를 억제하는 의식의 일부였고, 이것은 불행하게도 많은 종교, 특별히 그리스도교의 기록과 가르침에 들어가게 되었다. 고행은 흔히, 단념하는 이 어리석은 의식(儀式)이 부정 형태로 나타난 것이다. 그러나 이 모두가 야만인에게 자제를 가르쳤고, 그것은 사회의 진화에서 값진 진보였다. 극기와 자제는 초기의 진화 종교로부터 생긴, 가장 큰 두 가지 사회적 이득이었다. 자제는 사람에게 새로운 생활 철학을 주었고, 이기적 만족이라는 분자(分子)를 늘이려고 늘 애쓰는 대신에, 개인적 요구인 분모(分母)를 낮춤으로 생활의 분수(分數)를 높이는 기술을 사람에게 가르쳤다.

스스로를 단련하는 이 옛 관념은 매질과 온갖 종류의 육체적 고문을 포함했다. 어머니 숭배교의 사제들은 육체적 고통의 미덕을 가르치는 데 특히 적극적이었고, 스스로 거세를 받음으로 본보기를 보였다. 히브리인, 힌두교 신자, 불교 신자들은 고행(苦行)하는 이 교리를 열심히 추종한 자들이었다.

옛 시절을 통해서 내내, 사람들이 이 방법으로 신들이 적는 극기(克己) 장부에 공적을 더하려고 애썼다. 어떤 감정의 압박을 받고 있을 때 자기를 부인하고 고행(苦行)하겠다는 서약을 하는 것이 한때는 풍습이었다. 시간이 지나자 이 서약들은 신들과 계약하는 형태를 취했고, 그 의미에서, 이렇게 고행하고 육체의 금욕을 행한 값으로 신들이 무언가 분명히 하기로 생각되었다는 면에서, 진화에서 참된 진보였다. 서약은 부정적인 것과 긍정적인 것이 있었다. 오늘날 인도의 어떤 무리들 사이에서, 이렇게 해롭고 극단적인 성질을 가진 서약들이 가장 잘 준수된다.

단념과 굴욕을 부르짖는 종파가 성의 만족에 눈을 돌렸다는 것은 자연스러울 뿐이다. 전투에 들어가기 전 군인들 사이에서, 성욕을 절제하는 종파가 의식으로서 생겨났다. 후일에 이것은 "성자(聖者)들"의 관습이 되었다. 이 종파는 결혼을 겨우 간통보다 덜한 악으로서 묵인했다. 세상의 큰 종교들이 이 고대의 숭배로부터 나쁘게 영향을 받았지만, 아무 것도 그리스도교보다 더 두드러지게 영향을 받지 않았다. 사도 바울은 이 숭배를 받드는 신자였고, 그의 개인적 관점은 그가 그리스도교 신학에 묶어놓은 가르침에 반영된다: "남자가 여자를 손대지 않는 것이 좋으니라." "모든 사람이 나 자신과 같기를 바라노라." "그러므로 결혼하지 않은 자와 과부들에게 내가 말하나니, 나처럼 지내는 것이 저희에게 좋으니라." 바울은 그러한 가르침이 예수의 복음의 일부가 아님을 잘 알았고, 이것을 인정했다는 것은 그의 진술에서 나타난다, "계명이 아니라 허락으로서 내가 이 말을 하노라." 그러나 이 숭배는 바울이 여자들을 경시하도록 이끌었다. 이 모든 것이 딱한 것은, 그의 개인적 의견이 위대한 세계 종교의 가르침에 오랫동안 영향을 미쳤다는 것이다. 천막 만드는 사람인 그 선생의 충고를 글자 그대로 보편적으로 순종한다면, 인류는 갑자기 영화롭지 못한 종말에 다다를 것이다. 더군다나 한 종교가 성욕을 절제하는 옛 종파와 관련된 것은 결혼과 가정, 곧 사회의 진정한 기초요 인간 진보의 기본 제도에 대항하는 싸움으로 직접 이끈다. 그러한 신앙이 여러 민족의 뭇 종교에서 독신 사제직의 형성을 조장했다는 것에 놀래서는 안 된다.

언젠가 사람은 어떻게 방종이 없는 자유, 포식하지 않고서 영양을, 방탕하지 않고 쾌락을 누리는가 배워야 한다. 자제는 극단적 극기(克己)보다 행동을 규제하는 데 더 좋은 인간 정책이다. 예수는 결코 추종자들에게 이런 부당한 관점을 가르치지도 않았다.

4. 희생의 기원

종교적 헌신의 일부로서, 희생은 다른 여러 가지 경건한 의식처럼, 간단한 한 가지 기원을 가지지 않았다. 권력 앞에 절하고, 신비가 있는 가운데 경건히 찬미하는 태도로 엎드러지는 경향의 전조(前兆)는 개가 주인 앞에서 아양부리는 데서 나타난다. 숭배하는 충동으로부터 희생물을 바치는 행동까지는 겨우 한 걸음일 뿐이다. 원시인은 그가 희생하는 값을 그가 받는 고통으로 쟀다. 희생물을 바치는 관념이 처음 종교 의식에 달라붙었을 때, 아픔을 낳지 않는 헌물은 하나도 고려되지 않았다. 처음 희생물은 머리카락을 뽑고, 살을 베어내고, 절단하고, 이를 쳐서 뽑고, 손가락을 잘라 버리는 것과 같은 행위였다. 문명이 진보하자, 이 서툰 희생 개념들은 자기 절제, 금욕주의, 금식, 궁핍의 의식(儀式) 수준으로, 나중에는 슬픔과 고통, 정욕(情慾)의 억제를 통해서 성스럽게 바치는 그리스도교 교리로 높이 올라갔다.

종교의 진화에서 일찍부터 두 가지 희생 개념이 존재했는데, 선물을 바치는 관념은 추수를 감사하는 태도를 암시했고, 빚 갚는 희생은 죄값을 치른다는 관념을 포함하였다. 나중에는 대용품의 개념이 발전하였다.

그 후에, 사람은 그의 희생물이 무슨 성질을 가졌든지, 그것은 신들에게 보내는 메시지를 지닌 사자로서 활동할지도 모른다고 상상했다. 희생물은 신의 콧구멍에 달콤한 향기와 같을 수도 있다. 이것은 희생 의식에서 향료와 기타 미학적 특성을 낳았고, 그 의식은 희생물을 바치는 잔치로 발전되었으며, 시간이 지나자 갈수록 더 공들이고 화려하게 되었다.

종교가 진화함에 따라서, 화해하고 달래는 희생 의식은, 회피와 구슬리기와 귀신 쫓기와 같은 더 오래 된 방법을 대신하였다.

아주 일찍부터 있던 희생 관념은 조상의 영들이 부과한 중립 평가의 관념이었다. 나중에야 속죄 관념이 개발되었다. 종족에서 진화적 기원을 가진 개념으로부터 사람이 멀어짐에 따라서, 혹성 영주 시절의 전통과 아담의 체재가 시간을 통해 걸러짐에 따라서, 죄와 원죄의 개념이 널리 퍼지게 되었고, 그래서 어쩌다가 저지른 개인의 죄에 대한 희생은 종족의 죄를 대속하기 위하여 희생물을 바치는 교리로 진화하였다. 희생물을 바쳐 대속(代贖)하는 것은, 알려지지 않은 신의 분개심과 질투조차 포함하는 총괄 보험 조치였다.

기분을 잘 상하는 아주 많은 영과 욕심 부리는 신들에 둘러싸여서, 원시인이 큰 무리의 채권자인 신들과 얼굴을 마주하고 있기 때문에, 영적 빚으로부터 그를 구하는 데는, 일생을 통해서 온갖 사제·의식·희생물이 필요했다. 원죄의 교리, 곧 종족이 죄가 있다는 교리는, 사람마다 영적 권력자들에게 무거운 빚을 지고 인생을 시작하게 만들었다.

선물과 뇌물을 사람들에게 주었다. 그러나 신들에게 드렸을 때 이것은 헌신하든지 거룩하게 된다고 이야기했고, 아니면 희생물이라 불렀다. 단념은 부정적 형태로 신을 달래는 것이었고, 희생물을 바치는 것은 긍정 형태가 되었다. 신을 달래는 행위는 찬송, 영화롭게 만들기, 아첨, 그리고 환대까지도 포함하였다. 옛날에 신을 달래던 숭배 단체의 이 적극적 풍습의 잔재가 현대식의 신성한 예배를 이룬다. 오늘날 형태의 예배는 다만 적극적으로 달래는 기술, 희생물을 바치는 이 옛 기술을 의식(儀式)으로 만든 것이다.

현대 종족들에게 일찍이 의미할 수 있는 것보다 훨씬 더, 동물 희생은 원시인에게 중요했다. 이 미개인들은 동물이 실제 친척, 가까운 친척으로 여겼다. 시간이 지나자, 사람은 제물을 바치는 데 약삭빨라졌고, 일하는 동물 바치기를 그쳤다. 처음에는 길들인 동물을 넣어서, 어떤 물건을 드리더라도 <u>가장 좋은 것</u>을 바쳤다.

어떤 에집트 통치자가 다음을 바쳤다고 했을 때, 빈말로 자랑한 것이 아니다: 노예 113,433명, 송아지 493,386마리, 배 88척, 금 우상 2756개, 꿀과 기름 331,702항아리, 포도주 228,380항아리, 거위 680,714마리, 빵 6,744,428덩어리, 동전 5,740,352자루. 이렇게 하려고 그는 땀흘리는 백성들에게 세금을 무겁게 부과하지 않을 수 없었다.

신들이 희생물의 혼을 즐겼으니까 순전한 필요성이 궁극에는 이 반야만인으로 하여금 바친 희생물의 물질 부분을 먹게 만들었다. 옛적에 신성한 식사, 현대의 통례에 따르면 성찬식(聖餐式)이라는 구실로, 이 관습은 정당화되었다.

5. 희생물과 식인 풍습

옛적에 사람을 잡아먹는 풍습에 대한 현대인의 생각은 통째로 틀리다. 그것은 옛 사회 도덕 관습의 일부였다. 식인 풍습이 현대 문명에는 전통으로 보아서 끔찍해도, 그것은 원시 사회에서 사회 및 종교 구조의 일부였다. 집단의 이익은 식인(食人) 풍습을 강요했다. 그것은 필요성의 욕구를 통해서 자랐고, 미신과 무지의 노예가 되었기 때문에 지속되었다. 그것은 사회·경제·종교·군대의 관습이었다.

원시 인간은 식인종이었고, 사람의 고기를 즐겼다. 따라서 영들과 그가 섬기는 원시 신들에게 먹는 선물로서 사람의 고기를 드렸다. 귀신 영들은 단지 형태가 변화된 인간들이었고, 먹을 것이 사람에게 가장 큰 필요였기 때문에, 마찬가지로 먹을 것은 영에게 가장 필요한 것이었다.

식인 풍습은 진화하는 민족들 사이에서 한때 거의 보편적으로 퍼졌다. 산긱 사람들은 모두 식인종이었으나, 최초에 안돈 사람들은 그렇지 않았고, 놋 사람과 아담 사람들도 그렇지 않았다. 진화 종족들과 크게 섞이기까지 안드 사람들도 그렇지 않았다.

사람 고기에 맛을 들이면 그 입맛은 자란다. 굶주림이나 우정이나 복수나 종교 의식을 통해서 시작되고 나서, 사람의 살을 먹는 것은 버릇된 식인 풍습으로 계속된다. 사람을 먹는 일은 식량이 모자라서 생겼다. 하지만 이것이 근본적 이유였던 적은 드물다. 그러나 에스키모인과 초기의 안돈 사람들은 기근이 있을 때를 빼고, 사람의 고기를 먹은 적이 드물다. 홍인들은, 특히 중앙 아메리카에서, 사람 고기를 먹었다. 한때는 원시의 어머니들이 아이를 배느라고 잃어버린 기운을 되찾으려고 제 아이들을 잡아먹는 것이 일반 풍습이었고, 퀸즈랜드에서 첫 아이는 아직도 이렇게 죽음을 당하고 잡아먹히는 일이 빈번하다. 근대에는 아프리카의 많은 부족이 하나의 전쟁 조치로서, 자기 이웃들을 무서워 떨게 만드는 일종의 끔찍한 짓으로서, 식인 풍습에 일부러 의존했다.

식인 풍습은 더러 한때 우수했던 핏줄들이 퇴화해서 생겼지만, 주로 진화 종족들 사이에서 유행했다. 사람을 잡아먹는 것은 사람들이 적들에게 맹렬하고 모진 감정을 느꼈을 때 비롯되었다. 사람의 고기를 먹는 것은 엄숙한 복수(復讐) 예식의 일부가 되었다. 이 방법으로 적의 귀신이 뭉개지든지 아니면 잡아먹는 사람의 귀신과 융합될 수 있다고 믿었다. 마법사들이 사람 고기를 먹음으로 권능을 얻는다는 관념이 한때 널리 퍼졌다.

사람을 잡아먹는 어떤 집단은 오직 자기네 부족의 사람들만 먹곤 했는데, 이것은 부족의 단결을 강화한다고 생각된, 거짓 영적 동종(同種) 번식이었다. 그러나 또한 적의 힘을 빼앗는다는 생각으로 앙갚음하려고 적들을 먹어치웠다. 친구나 동료 부족 사람의 몸을 먹는다면 그의 혼에게 명예를 돌리는 것이라 생각되었고, 한편 이처럼 적을 먹어치우는 것은 적에게 마땅한 징벌에 지나지 않았다. 야만인의 머리는 일관성을 찾는 데 아예 허세를 부리지 않았다.

어떤 부족들 사이에서 늙은 부모는 자기 아이들에게 먹히려고 애썼고, 다른 부족들 사이에서는 가까운 친척 잡아먹기를 삼가는 것이 풍습이었다. 그들의 몸은 팔거나 낯선 사람들의 것과 바꾸었다. 도살하려고 살찌운 여자와 아이들을 파는 상당한 상업이 있었다. 병이나 전쟁이 인구를 통제하지 못할 때, 잉여(剩餘) 인구는 예식도 차리지 않고 잡아먹혔다.

식인 풍습은 다음 영향 때문에 차츰 사라지고 있었다:

1. 때로는 그 풍습이 공동체의 예식, 곧 동료 부족 사람에게 사형(死刑)의 벌을 내리기 위하여 집단으로 책임 맡는 것이 되었다. 피 흘린 죄는 모두가, 사회가 참여했을 때, 범죄가 되지 않는다. 아시아에서 마지막 식인 풍습은 집행이 끝난 범죄자들을 이렇게 먹어치우는 것이었다.

2. 식인 풍습은 아주 일찍부터 종교 의식이 되었지만, 귀신 공포증의 성장이 반드시 사람을 먹는 수준으로 내려가도록 작용하지는 않았다.

3. 결국 식인 풍습은 몸에서 겨우 어떤 부분이나 내장을 먹는 데까지 진보했고, 이것들은 혼을 담거나 영의 일부를 담고 있다고 생각되는 부분이었다. 피를 마시는

것은 흔했고, 몸에서 "먹을 수 있는" 부분을 약과 함께 섞는 것이 관습이었다.

4. 남자에게 국한되었고, 여자는 사람 고기를 먹는 것이 금지되었다.

5. 다음에는 추장·사제·주술사들에게 국한되었다.

6. 다음에 식인 풍습은 상급 부족들 사이에서 금기가 되었다. 사람을 먹는 데 대한 금기는 달라마시아에서 시작되었고, 천천히 세계에 퍼졌다. 한때 파묻은 시체들을 파내서 먹는 것이 흔한 관습이었기 때문에, 놋 사람들은 식인 풍습을 퇴치하는 수단으로서 화장(火葬)을 권장했다.

7. 사람을 제물로 바치는 것은 식인 풍습에 마지막 종을 울렸다. 사람의 고기가 우수한 사람, 추장들의 먹을 것이 되었으니까, 그것은 결국 갈수록 더 우수한 영들을 위하여 예비되었다. 그리고 가장 낮은 부족들을 빼고, 이처럼 사람을 제물로 바치는 것은 효과적으로 식인 풍습을 그치게 하였다. 사람을 제물로 바치기가 충분히 확립되었을 때, 사람 잡아먹는 것은 금기가 되었고, 인간의 살은 오직 신들을 위한 식품이었다. 사람은 겨우 예식에서 작은 부스러기, 성찬(聖餐)을 먹을 수 있었다.

마침내, 제물 드리는 목적을 위해서 동물 대용품이 널리 쓰이게 되었고, 더 뒤떨어진 부족들 사이에서도 개 잡아먹기는 사람 잡아먹기를 크게 줄였다. 개는 처음에 길들인 동물이었고, 그 자체만으로, 먹을거리로서 높이 쳐주었다.

6. 사람 바치기의 진화

사람 제물은 식인 풍습을 고치는 처방일 뿐 아니라, 그 간접 결과였다. 영 세계까지 가는 영 호송자를 마련하는 것은 또한 사람 잡아먹기를 줄어들게 했는데, 죽여서 바친 이 희생물을 먹는 것은 풍습이 된 적이 없다. 어떤 형태로, 어느 때인가, 사람을 제물로 바치는 관습에 전혀 빠지지 않은 민족은 하나도 없다. 하지만 안돈 사람, 놋 사람, 아담 사람들은 식인 풍습에 가장 적게 물들었다.

사람을 제물로 잡아 바치는 풍습은 거의 보편적이었다. 그것은 중국인·힌두인·에집트인·히브리인·메소포타미아인·그리스인·로마인의 종교 관습에서, 그리고 많은 다른 민족, 뒤떨어진 아프리카 및 오스트랄리아 부족들 사이에서 요즘까지도 지속되었다. 후일에 아메리카 인디안들은 식인(食人) 풍습으로부터 태어난 문명을 가졌고, 따라서 특히 중앙 및 남 아메리카에서 사람을 잡아 바치는 풍습에 흠뻑 젖어 있었다. 갈대아인들은 보통 계제에 사람 바치기를 처음으로 버린 사람들이었고, 그 대신에 동물로 갈아치웠다. 약 2천 년 전에 마음씨 고운 한 일본 황제는 사람 잡아 바치는 것을 대신하려고 진흙 형상을 소개하였다. 그러나 이 희생이 북 유럽에서 사라진 것은 1천 년이 채 안 된다. 어떤 뒤떨어진 부족들 사이에서 자원하는 자들이 사람 바치기를 아직도 행하는데, 이것은 일종의 종교적 자살이거나 의식(儀式)으로 자살하는 것이었다. 한때 어느 샤먼이 어떤 부족에서 크게 존경받는 한 노인을 희생하라고 시켰다. 사람들이 반항했고, 복종하려 하지 않았다. 그렇게 되자 그 노인은 아들로 하여금 자기를 보내게 하였다. 옛날 사람들은 정말로 이 관습을 믿었다.

예붓다와 그의 외딸에 관한, 히브리인의 이야기보다 더 비극이고 애처로운 체험은 기록에 남아 있지 않다. 이것은 오래 되고 옛날부터 지켜 온 종교 관습과 진보하는 문명의 상반되는 요구 사이에 생긴, 가슴 아픈 싸움을 잘 나타낸다. 보통 관습이었다시피, 좋은 의도를 가진 이 사람은 어리석게 맹세하였고, 적들을 이기려고 어떤 값을 치르겠다고 찬성하면서 "전쟁의 신"과 협상했다. 이 값은 그가 집으로 돌아올 때 그를 맞이하려고 집에서 처음으로 나오는 자를 바치는 것이었다. 예붓다는 충실한 노예들 가운데 하나가 이렇게 그를 맞이하려고 준비되었으리라 생각했으나, 알고 보니 그의 딸이자 하나밖에 없는 아이가 그를 집으로 맞아들이려고 나왔다. 그래서 그렇게 늦은 시절에도, 문명화되었다고 생각된 민족 사이에서, 두 달 동안 제 운명을 슬퍼한 뒤에 아버지가 이 아름다운 소녀를, 그 동포 부족 사람들의 찬성을 얻고서, 사람 제물로 실제로 바쳤다. 그리고 사람을 제물로 바치지 말라고 모세가 엄하게 명령한 마당에 이 모든 일이 벌어졌다. 그러나 남자와 여자는 바보 같고 쓸데없는 맹세를 하는 데 빠지며, 옛날 사람들은 그러한 모든 서약을 무척 거룩하게 여겼다.

옛 시절에는 얼마큼이라도 중요한 새 건물을 짓기 시작할 때, "기초에 넣는 제물"로서 한 사람을 죽이는 것이 풍습이었다. 이것은 그 구조물을 감시하고 보호하는 한 귀신 영을 마련해 주었다. 중국인이 쇳물을 부어 종을 만들려고 준비했을 때, 풍습은 종 소리를 좋게 만들려는 목적으로 적어도 소녀 하나를 바쳐야 한다고 명했다. 뽑힌 소녀는 산 채로 녹은 쇳물 속으로 던져졌다.

노예를 산 채로 넣고 중요한 담을 세우는 것은 많은 무리가 오랫동안 가졌던 관습이었다. 후일에 북 유럽 부족들은 새 건물의 담 속에 산 사람을 파묻는 이 관습 대신에, 지나가는 사람의 그림자를 담 속에 넣는 것으로 바꿔치웠다. 중국인들은 담을 쌓는 동안에 죽은 일꾼들을 담 속에 묻었다.

팔레스타인에 있는 어느 대단치 않은 임금은 예리고 담을 세우면서, "그의 맏아들 아비람을 잃고 그 기초를 세웠고, 막내아들 세굽을 잃고 그 대문들을 세웠다." 근래의 시절에, 이 아버지는 그 도시 대문들의 기초 구멍에 두 아들을 산 채로 넣었을 뿐 아니라, 그의 행동은 또한 "주의 말씀을 따른" 것이라고 기록되었다. 모세는 기초에 바치는 이 제물을 금했지만, 이스라엘 사람들은 그가 죽고 나서 곧 이 풍습으로 돌아갔다. 장신구와 기념품을 새 건물의 초석 속에 집어넣는 20세기 예식은 원시의 기초 제물을 생각나게 한다.

첫 열매를 영들에게 바치는 것은 오랫동안 여러 민족의 관습이었다. 이를 지키는 것은 이제 얼마큼 상징이지만, 모두가, 사람 제물을 포함하여 옛날 예식이 남은 것이다. 첫 아이를 제물로 바친다는 아이디어는 옛 사람들, 특히 페니키아인 사이에서 널리 퍼졌고, 이들은 그것을 마지막으로 버린 자들이었다. 제물을 바칠 때 "목숨 대신에 목숨을"하고 말하곤 했다. 이제는 죽음이 있을 때 너희가 "티끌에서 티끌로"하고 말한다.

아브라함이 마지못해 아들 이삭을 바치는 광경은, 문명화된 감수성에 충격이지만, 그 시대 사람들에게는 새롭거나 이상한 관념이 아니었다. 아버지가 큰 감정의 압박을 받을 때, 첫 아들을 바치는 것은 오랫동안 유행한 풍습이었다. 여러 민족이 이 이야기와 비슷한 전통을 가지고 있는데, 무슨 드물거나 특별한 일이 생겼을 때 사람을 제물로 바치는 것이 필요하다는, 세계에 널리 퍼진 깊은 관념이 한때 존재했기 때문이다.

7. 사람 제물의 수정

모세는 대용물인 몸값을 시작함으로 사람을 제물로 바치는 풍습을 끝내려고 애썼다. 그는 그 민족으로 하여금 그들의 성급하고 어리석은 맹세가 낳는 최악의 결과를 피할 수 있게 만든 체계적인 계획을 세웠다. 확정된 값에 따라서, 땅·재산·아이들을 구제할 수 있었고, 이 값을 사제들에게 낼 수 있었다. 첫 아이를 잡아 바치기를 그만둔 무리들은, 이 끔찍한 행위를 계속한, 느리게 진보한 이웃보다 큰 이점을 곧 가졌다. 그러한 뒤떨어진 많은 부족은 아들들을 이렇게 잃었기 때문에 크게 약화되었을 뿐 아니라, 지도층의 계승조차도 가끔 끊어졌다.

일시적인 아이 바치기의 부산물은 첫 아이를 보호하기 위해서 집 문설주에 피를 문지르는 풍습이었다. 이것은 한 해의 신성한 축제의 하나와 연결되어 자주 행해졌고, 이 예식은 한때 멕시코에서 에집트까지 세계의 대부분에서 유행했다.

대부분의 집단이 의식으로 아이들을 잡아죽이기를 그만둔 뒤에도, 갓난아기를, 떨어진 광야에나 강물에 작은 배 속에 홀로 두는 것이 풍습이었다. 사르곤·모세·싸이러스·로물루스의 경우와 같이, 아이가 살아남으면, 신들이 그를 살리려고 간섭했다고 생각되었다. 그리고 나서 첫 아들을 신성하게 또는 희생물로서 드리는 관습, 즉 아이들이 자라도록 내버려 두고, 그 다음에 죽이는 것에 준하여 그들을 추방하는 관습이 따랐다. 이것이 식민화의 기원이었다. 식민화 계획에서 로마인들은 이 관습을 지켰다.

원시의 숭배와 관련되어, 성(性)의 문란으로 생긴 많은 특이한 결합은 사람 제물과 연결해서 그 기원이 생겼다. 옛날에는, 여자가 머리 사냥꾼을 만났을 때, 몸을 제공함으로 목숨을 건질 수 있었다. 나중에는 신들에게 희생물로서 성스럽게 바친 소녀는 몸을 일생 동안 성전에서 신성한 성교 서비스에 바침으로 제 목숨 찾기를 바랄 수 있었다. 이 방법으로 그 여자는 몸 찾는 돈을 벌 수 있었다. 이렇게 몸값을 치르는 데 종사하는 여인과 성관계를 갖는 것을 사람을 무척 고상하게 만드는 일로 여겼다. 이 신성한 소녀들과 사귀는 것은 종교 예식이었고, 게다가 이 의식 전부가 평범한 성욕 만족을 위하여 그럴듯한 구실을 주었다. 이것은 소녀와 그 짝들이 자신들에게 기쁘게 실행한, 야릇한 종류의 자기 속임이었다. 문명이 진화로 진보할 때 도덕 관습은 언제나 뒤에서 질질 끌려 가고, 이처럼 진화하는 종족들의 관습, 더 오래 되고 더 야만인 같은 성 관습을 인가해 주었다.

성전의 매춘은 결국 남부 유럽과 아시아에 두루 퍼졌다. 성전의 창녀들이 번 돈은 모든 민족 사이에서 거룩하게—신들에게 드리는 고급 선물로—여겼다. 가장 높은 부류의 여인들이 성전의 매춘 시장에 들끓었고, 번 돈을 온갖 종류의 신성한 서비스와 공익 사업에 바쳤다. 상급 여인들의 상당수가 성전에서 임시로 몸 파는 서비스를 행하여 지참금을 모았고, 대부분의 남자들은 그런 여자를 아내로 갖기를 더 좋아했다.

8. 되찾기와 약속

희생으로 죄값 치르기와 성전 매춘은 실제로 사람을 제물로 바치기의 변종이었다. 다음에는 딸들을 거짓으로 바치는 일이 따랐다. 이 예식은 일생 동안 처녀성을 지키는 데 헌신함과 더불어 방혈(防血)하는 것이었고, 더 오래 된 성전 매춘에 대한 도덕적 반작용이었다. 후일에는 처녀들이 신성한 성전 불을 지키는 서비스에 헌신하였다.

사람들은 결국 몸의 어떤 부분을 드리는 것이 사람을 완전히 제물로 바치는 더 오래 된 관습을 대신할 수 있다는 생각을 가졌다. 신체를 자르는 것도 또한 괜찮은 대용물이라고 생각되었다. 머리카락, 손톱·발톱, 피, 그리고 손가락과 발가락조차 바쳤다. 후일에 거의 보편적이었던 옛 할례 의식은 부분을 희생하는 의식(儀式)의 산물이었다. 순전히 희생이었고, 거기에 위생을 지키려는 아무런 생각이 따라붙지 않았다. 남자들은 할례를 받았고, 여자들은 귀에 구멍을 뚫었다.

나중에는 손가락을 잘라내는 대신에 함께 묶는 것이 풍습이 되었다. 머리를 밀고 머리카락을 자르는 것도 마찬가지로 종교적 헌신의 형태였다. 내시(內侍)를 만드는 것은 처음에는 사람을 제물로 바치는 생각을 고친 것이었다. 코와 입술 뚫기는 아직도 아프리카에서 실행되고 있고, 문신(文身)은 예전에, 상스럽게 몸에 상처 내는 풍습이 예술답게 진화한 것이다.

희생물을 바치는 관습은, 진보하는 가르침의 결과로서, 결국 계약의 관념과 연결되었다. 마침내 신들은 사람과 진짜 협정을 맺는다고 생각되었고, 이것은 종교를 안정시키는 데 크게 내디딘 걸음이었다. 율법, 곧 계약이, 운·두려움·미신의 자리를 대신 차지하는 것이다.

사람은 그의 하나님 개념이 우주 통치자들이 믿을 만하다고 생각되는 수준으로 나아갔을 때까지, 신과 계약하는 것을 결코 꿈에도 그릴 수 없었다. 사람이 초기에 가졌던 하나님 관념은 너무 인격화되어서, 자기가 비교적 믿을 만하고, 도덕과 윤리가 있게 될 때까지, 그는 믿을 수 있는 신을 상상할 수 없었다.

그러나 신들과 계약을 맺는다는 생각이 마침내 도래하였다. 진화하는 인간은 그의 신들과 주제넘게 협상할 정도까지 도덕적 위엄을 결국 얻었다. 그래서 희생물을 바치는 사업은 사람이 철학적으로 하나님과 협상하는 노름으로 차츰 발전했다. 이 모두가 불운에 대비해서 보험에 드는 새로운 조치, 아니 오히려 더 분명하게 번영을 사들이는 향상된 기술이었다. 이 옛날의 제물이 신들에게 거저 드리는 선물, 고마움이나 추수 감사의 표시로 자진해서 드리는 것이라는 그릇된 생각을 품지 말라. 이런 제물은 참된 예배의 표현이 아니었다.

원시 형태의 기도는 영들과 협상하는 것, 신들과 따지는 것에 지나지 않았다. 탄원과 설득이 무언가 더 형태가 있는 비싼 것을 대신하는 일종의 물물 교환이었다. 종족들의 발전하는 상업은 무역하는 정신을 불러일으켰고, 물물 교환하는 눈치를 개발하였다. 이제 이 특성은 사람의 숭배 방법에도 비로소 나타났다. 어떤 사람이 남보다 장사를 더 잘하는 상인인 것처럼, 어떤 사람은 다른 사람보다 더 낫게 기도하는 자로 생각되었다. 올바른 사람의 기도는 높이 여김을 받았다. 올바른 사람은 영들에게 셈을 다 치른, 신들에게 모든 의식(儀式)의 의무를 충분히 끝낸 사람이었다.

초기의 기도는 도저히 예배라 할 수 없었다. 기도는 건강·재산·목숨을 위하여 협상하는 탄원이었다. 여러 면에서, 기도는 시대가 지남에 따라서 별로 바뀌지 않았다. 기도를 아직도 책에서 읽어치우고, 형식으로 외워 바치고, 바퀴에 붙이고 나무에 걸어 놓으려고 적으며, 거기서 지나가는 바람은 사람으로 하여금 스스로 후— 하고 부는 수고를 덜어 줄 것이다.

9. 제물과 성찬

사람을 제물로 바치는 것은 유란시아 의식(儀式)이 진화하는 과정에 걸쳐서 내내, 사람을 잡아먹는 피 흘리는 장사로부터 더 높고 상징적인 수준으로 나아갔다. 희생물을 바치는 초기의 의식은 후일에 성찬 예식을 낳았다. 근래에는 사제가 혼자서 사람 희생물의 작은 조각이나 사람의 피 한 방울을 취하고, 그리고 나서 모두가 동물 대용품을 먹곤 했다. 몸값, 되찾기, 계약과 같은 이 옛 관념은 후일에 성찬 예배로 진화하였다. 그리고 이 모든 예식의 진화는 사회화시키는 막강한 영향을 미쳤다.

하나님의 어머니 숭배와 연결되어, 멕시코와 기타 장소에서, 케이크와 포도주를 드는 성찬이 사람을 바치는 더 오래 된 관습에 쓰이는 살과 피에 준하여 결국 이용되었다. 히브리인들은 유월절 예식의 일부로서 이 의식을 오랫동안 지켰고, 이 예식으로부터 나중에 그리스도교 식의 성찬 예식이 그 기원을 가졌다.

고대 사회에 형제 정신은 피를 마시는 의식에 기초를 두었다. 옛날 유대인의 친교는 희생물의 피를 흘리는 일이었다. 바울은 "영구한 약속의 피" 위에 새 그리스도교 종파를 세우기 시작했다. 바울이 피와 희생물에 관한 가르침으로 그리스도교를 쓸데없이 성가시게 만들기는 했어도, 인간이나 동물을 바쳐서 속죄하는 교리를 한 숨에 끝내 버렸다. 그의 신학적 절충은, 계시조차도 단계적으로 이루어지는 진화적 통제에 복종해야 한다는 것을 가리킨다. 바울에 따르면, 그리스도는 마지막이자 통째로 충분한 사람 제물이 되었다. 신성한 재판관은 이제 넉넉히, 영원히 만족한 것이다.

그래서 오랜 세월이 흐른 뒤에, 희생물을 바치는 예식은 성찬 예식으로 진화했다. 이처럼 현대 종교의 성찬은 사람을 잡아서 바치는 예식, 충격을 주는 옛날 예식과 그보다 앞서 있었던 사람 잡아먹는 의식, 이 두 가지의 정통 후계자이다. 많은 사람이 아직도 구원을 받으려고 피에 의존하지만, 적어도 그것은 비유요 상징이요 신비가 되었다.

10. 죄를 용서함

옛날 사람은 희생물을 바침으로 겨우 하나님의 은혜를 의식하기에 이르렀다. 현대인은 구원받음을 스스로 의식하는 새로운 기법을 개발해야 한다. 죄의식은 사람의 지성 속에 버티고 있지만, 거기서부터 나온 구원이라는 생각 형태는 낡아빠지고 케케묵었다. 영적 필요라는 현실은 지속되지만, 지적 진보는 지성과 혼을 위하여 평화와 위로를 얻는 옛 방법을 없애 버렸다.

죄는 신에게 일부러 불충하는 것이라고 다시 정의를 내려야 한다. 불충에는 정도 차이가 있다. 결정을 내리지 못하는 부분적 불충, 갈등으로 갈라진 충성, 무관심이라는 죽어 가는 충성, 신이 없는 이상에 헌신하는 데서 나타나는 충성의 죽음이 있다.

죄책감의 감각이나 느낌은 도덕 관습을 어겼음을 의식하는 것이요, 그것이 반드시 죄는 아니다. 의식하면서 신에게 불충함이 없을 때 진짜 죄는 없다.

죄책감을 깨닫는 가능성은 인류에게 초월하는 탁월성이 있다는 표시이다. 죄책감은 사람이 비열함을 표시하는 것이 아니라, 오히려 위대한 잠재성이 있고 언제나 올라가는 영광을 가진 생물로서 사람을 구별한다. 그러한 모자란다는 느낌은 시초의 자극이며, 이것은 필사자의 지성을 도덕적 고귀함, 우주 통찰력, 영적 생활의 훌륭한 수준으로 변화시키는 그러한 믿음의 정복으로, 빠르고 확실하게 이끌어야 한다. 이처럼 인간의 존재에서 생기는 모든 의미가 현세의 것으로부터 영원한 것으로 바뀌고, 모든 가치가 인간다운 것으로부터 신다운 것으로 높아진다.

죄를 고백하는 것은 불충을 씩씩하게 물리치는 것이지만, 그러한 불충이 시간과 공간에서 낳는 결과를 조금도 줄이지는 않는다. 그러나 고백—죄의 성질을 진지하게 인정하는 것—은 종교적 성장과 영적 진보에 필수이다.

신이 죄를 용서하는 것은, 충성 관계의 단절이 의식하여 반항하는 것의 결과임을 한동안 인간이 의식한 뒤에, 그 충성 관계를 새롭게 하는 것이다. 용서를 찾을 필요는 없으며, 오직 피조물과 창조자 사이에 충성 관계가 다시 세워짐을 의식함으로 용서를 얻는다. 그리고 하나님의 충성하는 아들들은 모두 행복하고 봉사를 사랑하며, 파라다이스로 올라가는 길에서 늘 앞으로 나아간다.

[네바돈의 찬란한 저녁별이 발표했다.]

제 90 편

주술 신앙—주술사와 사제

종교적 관행의 진화는 구슬리기, 회피, 귀신 쫓아내기, 강요, 화해, 달래기로부터 제물 바치기, 죄지은 값 물어내기, 죄값 치르고 되찾기에 이르기까지 진보하였다. 종교적 의식을 치르는 기술은 원시 종파의 형태로부터, 주물을 거쳐서 마술과 기적으로 지나갔다. 물질을 초월하는 영역에 대하여 사람의 개념이 갈수록 더 복잡해지는 데 반응하여 의식(儀式)이 더 복잡해지자, 불가피하게 주술사·샤먼·사제들이 의식을 지배하였다.

원시인의 진보하는 개념 속에서, 결국 영 세계는 보통 사람에게 반응하지 않는다고 생각되었다. 사람들 가운데 오직 예외적인 자들만 신들에게 말씀을 드릴 수 있었다. 오로지 특별한 남자나 여자의 말만 영들이 듣곤 했다. 이처럼 종교는 차츰차츰 남의 손을 빌리게 되는 새로운 국면에 접어든다. 언제나 주술사나 샤먼[1]이나 사제가 신자와 숭배를 받는 대상 사이에 끼어 든다. 오늘날 유란시아 체계의 조직된 종교의 관념은 이 수준에서 진화하는 발전을 거치고 있다.

진화 종교는 단순하고 온통 강력한 두려움에서 생겨나고, 이 두려움은 알지 못하는 것, 설명할 수 없는 것, 이해할 수 없는 것에 부딪쳤을 때 인간의 지성을 통해서 솟구친다. 궁극에 종교는 전능한 사랑을 매우 단순히 깨닫는 데 이르며, 이 사랑은 우주의 아버지가 우주에 있는 아들들에게 한없는 애정을 가진다는 개념을 깨우칠 때, 인간의 혼을 통해서 견딜 수 없이 휩쓴다. 그러나 종교의 진화에서 시작과 절정 사이에는 샤먼이 판치는 긴 세월이 끼며, 이들은 사람과 하나님 사이에 중개자·통역자·중재자로서 주제넘게 자리를 차지한다.

1. 처음 샤먼—주술사

샤먼은 상급 주술사요, 예식을 맡는 주물 인간이요, 진화 종교의 모든 관습에서 초점이 되는 인물이었다. 많은 집단에서 샤먼은 전쟁 추장보다 높았는데, 이것은 교회가 국가를 지배하는 시대가 시작됨을 알린다. 샤먼은 때로는 사제로서, 아니 사제인 임금으로서도 활동하였다. 후일의 어떤 부족들은 더 전에 있던 샤먼 주술사(점쟁이)와 나중에 나타나는 샤먼 사제를 모두 가졌다. 여러 경우에 샤먼의 직책은 상속되었다.

옛날에는 이상한 것은 무엇이나 귀신에 들렸다고 보았기 때문에, 어떤 놀라운 기형(奇形), 정신이나 육체의 기형은, 주술사가 되는 자격이었다. 이들 가운데 많은 남자가 지랄병을 가졌고, 많은 여자는 히스테리가 있었다. 이 두 종류는 영과 악마에 들린 것 뿐 아니라, 옛적에는 영감(靈感)의 많은 부분을 설명했다. 옛날부터 있던 사제들의 상당수가 나중에 망상증 환자라 부른 등급에 속했다.

사소한 문제에서 속임수를 썼을지 모르지만, 대다수의 샤먼은 그들이 신들렸다는 사실을 믿었다. 실신하는 상태나 온 몸이 굳어지는 발작에 스스로 빠질 수 있는 여자들은 강력한 샤먼이 되었다. 나중에 그런 여자들은 선지자와 영 매체가 되었다. 그들의 몸이 굳어지는 실신 상태는, 주장에 따르면, 죽은 사람의 귀신과 교통하는 데 보통 관련되었다. 뭇 여자 샤먼이 또한 전문 춤꾼이었다.

그러나 모든 샤먼이 스스로에게 속지는 않았다. 많은 샤먼이 눈치 빠르고 유능한 사기꾼이었다. 그 직업이 발전함에 따라서, 풋내기는 주술사 자격을 얻기 위해서 시련과 극기의 세월을 10년 동안 견습생으로 일하도록 요구되었다. 샤먼들은 전문 형태의 복장을 개발했고 신비스러운 행위를 흉내냈다. 그들은 부족 사람들을 감동시키고 신비스러운 느낌이 들게 하는 어떤 신체적 상태를 유도하려고 흔히 마약을 이용했다. 날랜 손재주의 묘기를 보통 사람들은 초자연적인 것으로 여겼고, 복화술(**複話術**)은 처음에 약삭빠른 사제들에게 이용되었다. 여러 옛날 샤먼은 뜻하지 않게 최면술과 마주쳤고, 다른 사람들은 자기 배꼽을 오랫동안 뚫어져라 봄으로 자기 최면을 유도했다.

많은 사람이 이 술수와 속임수에 의존했지만, 하나의 등급으로서 그들의 명성은 결국 겉으로 나타난 성취에 의존했다. 샤먼이 시도한 일에 실패했을 때, 그럴듯한 변명을 늘어놓을 수 없으면, 강등(**降等**)되거나 죽음을 당했다. 이처럼 정직한 샤먼들은 일찍 이슬로 사라졌고, 오직 눈치 빠른 배우들만 살아남았다.

늙은이와 힘센 사람들의 손에서 부족 사무의 독점 지휘를 빼앗아서 눈치 빠르고 영리하고 멀리 내다보는 자들의 손에 던져 준 것은 주술 신앙이었다.

2. 주술 신앙의 관습

영을 불러 내는 것은 아주 정밀하고 어지간히 까다로운 절차였고, 옛날 언어로 행해지는 오늘날의 교회 의식과 견줄 만하다. 인류는 아주 일찍부터 초인간적 도움, 계시를 찾았고, 사람들은 샤먼이 실제로 그러한 계시를 받는다고 믿었다. 샤먼들은 하는 일에 암시하는 큰 힘을 이용했어도, 거의 변함없이 그것은 부정적 암시였다. 겨우 최근에 와서야 긍정적 암시의 기술이 이용되었다. 샤먼 직업이 발전하는 초기에 그들은 비 부르기, 병 고치기, 범죄 찾아내기와 같은 직종으로 전문화하기 시작했다. 그러나 병을 고치는 것은 샤먼 주술사의 주요한 기능이 아니었다. 그보다 차라리 생활의 위험을 알고 통제하는 것이었다.

고대에 종교 및 속세에서 쓰인 흑마술은 사제나 예언자나 샤먼이나 주술사들이 부렸을 때는 백마술이었다. 흑마술을 실습하는 자들을 마법사·마술사·요술사·마녀·강신술사·요술쟁이·점쟁이로 불렀다. 시간이 지나자, 자연을 초월하는 것과 가진다고 하는 그러한 접촉은 모두 요술이나 주술로 분류되었다.

요술은 더 일찍 있던 비정상이고 인식되지 않은 영들이 부리는 마술을 포함했다. 샤먼의 주술은 정상인 영, 그리고 부족이 인식하는 신들이 행하는 기적과 상관이 있었다. 후일에 요술사는 악마와 연결되었고, 이처럼 종교적 불관용을 비교적 최근에 많이 전시하는 무대가 마련되었다. 요술은 많은 원시 부족에게는 종교였다.

샤먼들은 우연이 영들의 뜻을 드러내는 임무를 가졌다고 크게 믿었다. 그들은 제비를 뽑아서 자주 결정을 내렸다. 제비를 뽑는 이 성향이 현대에 남아 있는 것은 우연이 결정하는 많은 놀음 뿐 아니라, 또한 잘 알려진 "술래[2]로 따돌리기"하는 운

문(韻文)에서도 나타난다. 한때는 따돌림받아 술래가 된 사람은 죽어야 했다. 이제 그런 사람은 어떤 어린아이 놀이에서 술래이다. 원시인에게 심각한 일이었던 것이 현대의 어린아이 오락으로 남았다.

"뽕나무 꼭대기에서 바스락거리는 소리를 들을 때, 너는 분발할지라"하는 것처럼, 주술사들은 징조와 전조를 크게 신뢰하였다. 종족의 역사에서 아주 일찍부터 샤먼들은 별에 눈을 돌렸다. 원시의 점성술은 세계적으로 널리 퍼진 관념이요 관습이었다. 꿈의 풀이도 널리 퍼졌다. 이 모든 것에, 죽은 자의 영과 교통할 수 있다고 주장하는 변덕스러운 여자 샤먼의 출현이 뒤따랐다.

고대에 기원이 있지만, 기우사(祈雨師)나 천기(天氣)를 움직이는 샤먼은 오랜 세월을 거쳐서 버티어 왔다. 극심한 가뭄은 옛날 농사꾼들에게 죽음을 뜻했다. 날씨를 통제하는 것은 고대에 많은 마술의 목적이었다. 문명화된 사람은 아직도 날씨를 대화에서 보통 화제(話題)로 삼는다. 옛날 사람들은 모두 샤먼이 비를 내리게 하는 힘이 있다고 믿었지만, 실패했을 때 그 실패를 설명하려고 그럴듯한 핑계를 내놓을 수 없으면, 그를 죽이는 것이 풍습이었다.

로마 황제들은 거듭해서 점성가들을 추방했지만, 대중이 그들의 힘을 믿었기 때문에 그들은 변함없이 되돌아왔다. 그들을 쫓아낼 수 없었고, 그리스도 뒤 16세기에도 서양에서 교회와 국가의 지도자들은 점성술의 후원자였다. 총명하다고 생각되는 허다한 사람이, 행운의 별이나 운 나쁜 별의 지배 밑에서 사람이 태어날 수 있다고, 천체들이 나란히 있는 것은 땅에서 여러 가지 모험의 결과를 좌우한다고 아직도 믿는다. 귀구멍 넓은 사람들이 아직도 점쟁이들을 후원한다.

그리스인은 신탁(神託)의 말씀이 효력이 있다고 믿었고, 중국인은 마귀들을 막는 보호로서 마술을 썼으며, 주술은 인도에서 번성했고, 아직도 중앙 아시아에서 버젓이 계속된다. 주술은 세계의 많은 곳에서 두루, 겨우 요즈음에야 버린 관습이다.

때때로 참 선지자와 선생들이 주술 신앙을 비판하고 파헤치려고 일어섰다. 사라지는 홍인조차 지난 몇백 년 안에 그러한 선지자가 있었으니, 쇼니 족의 텐스콰타와는 태양의 일식(日蝕)이 1808년에 있을 것을 예언했고, 백인의 악덕을 비난하였다. 참된 많은 선생이 진화하는 역사의 오랜 세월을 통해서 항상, 여러 부족과 종족 사이에서 나타났다. 대중(大衆) 교육을 반대하고 과학의 진보를 망치려고 애쓰는 어떤 시대의 샤먼이나 사제에게도 도전하려고, 이 선생들이 늘 계속해서 나타날 것이다.

여러 면에서, 빗나간 방법으로, 옛 샤먼들은 하나님의 목소리요 섭리의 관리자로서 명성을 유지했다. 그들은 갓난아기에게 물을 뿌렸고, 그들에게 이름을 주었으며, 남자들에게 할례를 주었다. 모든 장례식을 주관했고, 죽은 자가 영 나라에 안전히 도착했다고 공식으로 선포했다.

샤먼 사제와 주술사들은, 겉으로는 영들에게 바치는 제물인 여러 가지 요금을 축적함으로 아주 부유하게 되는 일이 흔했다. 뜸하지 않게 샤먼은 실질적으로 부족 재산을 다 끌어 모으곤 했다. 부자가 죽고 나서 그의 재산을 샤먼과 어떤 공익 사업이나 자선(慈善)에 똑같이 나누는 것이 풍습이었다. 이 관습은 아직도 티벳의 어떤 구석에서 행해지는데, 거기에는 남자 인구의 반이 이 등급의 비생산자에 속한다.

샤먼들은 옷을 잘 차려 입었고, 아내를 보통 몇 명 거느렸다. 그들은 최초의 귀족이었고, 부족의 모든 제한으로부터 면제되었다. 그들은 아주 흔히 낮은 등급의 지성과 도덕을 가지고 있었다. 그들은 경쟁자들을 마술사나 요술사라고 불러서 억눌렀고, 아주 흔히 영향과 권력의 자리에 올라섰으며, 그래서 추장이나 임금을 지배할 수 있었다.

원시인은 샤먼을 필요악이라고 여겼다. 샤먼을 무서워했으나 사랑하지는 않았다. 옛날 사람은 지식을 존경했고, 지혜를 존중하고 그 값을 치렀다. 샤먼은 대체로 사기(**詐欺**)였지만, 주술 신앙의 존중은 종족의 진화에서 지혜에 웃돈을 지불했음을 잘 보여 준다.

3. 병과 죽음에 대한 샤먼 이론

옛날 사람은 자신과 물질 환경이 귀신들의 변덕과 영들의 취미에 직접 민감하다고 보았기 때문에, 그의 종교가 물질적인 일에만 순전히 관계되었다는 것은 이상한 일이 아니다. 현대인은 그의 물질 문제를 직접 공격한다. 그는 사물이 지성을 총명하게 움직이는 데 반응한다는 것을 깨닫는다. 마찬가지로 원시인은 물리적 영토에 있는 생명과 에너지를 수정하고, 심지어 통제까지 하고 싶어했다. 그리고 우주에 대한 원시인의 이해가 제한된 것은 그로 하여금 귀신·영·신들이 몸소, 직접, 생명과 물질을 낱낱이 통제하는 데 관심을 가진다는 관념으로 이끌었기 때문에, 그 논리에 맞게 원시인은 이 초인간 매개자들의 은혜와 지지를 얻는 데 노력을 기울였다.

이 관점에서 비추어 볼 때, 고대의 숭배에서 설명할 수 없고 비합리적인 많은 것이 이해가 간다. 숭배에 쓰이는 예식들은 원시인이 자기가 있는 물질 세계를 통제하려는 시도였다. 원시인은 목숨을 연장하고 건강을 보장하려는 목적에 많은 노력을 기울였다. 모든 병과 죽음 자체가 최초에는 영 현상으로 간주되었기 때문에, 샤먼들이 주술사와 사제로서 활동하면서, 또한 의사(**醫師**)와 외과 의사로 수고해야 하는 것이 불가피했다.

원시인의 지성은 사실을 알지 못해서 장애를 받을지 모르지만, 그런데도 논리가 있었다. 생각 깊은 사람들이 병과 죽음을 지켜볼 때, 그들은 이러한 고난의 원인을 규명하는 데 착수하고, 이해하는 데 따라서, 샤먼과 과학자들은 고통에 관한 다음 여러 이론을 주창하였다:

1. <u>귀신—영의 직접 영향</u>. 병과 죽음을 설명하는 데 아주 일찍부터 제기된 가설은 영들이 혼을 몸에서 나오도록 유혹함으로 병을 일으키며, 혼이 돌아가지 못하면 죽음이 따른다는 것이었다. 옛날 사람들은 병을 일으키는 귀신들이 악의로 저지르는 행위를 너무 무서워해서, 아픈 사람들은 먹을 것이나 물도 주지 않고 버려지기 일쑤였다. 그 그릇된 근거에 상관 없이, 이 관념은 병든 사람들을 실질적으로 격리하고 전염병이 퍼지는 것을 막았다.

2. <u>폭력—분명한 원인</u>. 어떤 사고나 죽음의 원인은 확인하기 아주 쉬웠고, 그래서 이러한 원인은 귀신 행위의 테두리로부터 일찍 제거되었다. 전쟁, 동물과 싸움하기, 금방 확인할 수 있는 매체들에 따르는 사망과 상처는 자연스러운 사건으로 생각되었다. 그러나 병이 낫는 데 오래 걸리거나, 또는 "자연스러운" 원인으로 생겨도 그 상처가 곪는 것은 여전히 영들에게 책임이 있다고 오랫동안 믿었다. 관찰할 수 있는 아무런 자연스러운 힘이 발견되지 않으면, 영 귀신들이 여전히 병과 죽음에 책임이 있다고 보았다.

오늘날 아프리카와 기타 지역에서는, 횡사(横死)가 아닌 죽음이 일어날 때마다 어떤 사람을 죽이는 원시 민족들을 발견할 수 있다. 그들의 주술사들은 죄 있는 자들을 지적한다. 어머니가 아이를 낳다가 죽으면, 그 아이는 즉시 목 졸려 죽음을 당했다—한 목숨을 다른 목숨으로 갚는 것이다.

3. <u>마술—적들의 영향</u>. 많은 질병이 요술, 곧 악한 눈과 누구를 지적하는 마술활의 작용으로 말미암아 생긴다고 생각되었다. 한때는 누구에게라도 손가락질하는 것이 정말로 아슬아슬했다. 아직도 손가락질하는 것을 나쁜 예절이라고 여긴다. 분명치 않은 병과 죽음이 있을 경우에, 옛날 사람들은 정식으로 검시하고, 시체를 해부하고, 어떤 발견이 죽음의 원인이라고 결정을 내리곤 했다. 그렇지 않으면 죽음을 요술의 책임으로 돌리곤 했으며, 따라서 그에 책임 있는 요술사를 죽이는 것이 필요했다. 옛날 검시관의 검시 행위는 마녀라고 생각된 사람들의 목숨을 많이 건졌다. 어떤 사람들 사이에서, 부족 사람은 스스로 마술을 쓴 결과로 죽을 수 있다고 믿었고, 이 경우에는 아무도 고발되지 않았다.

4. <u>죄—금기 위반에 대한 벌</u>. 비교적 근래에 이르러, 질병은 개인이나 종족이 저지른 죄에 대한 벌이라고 믿었다. 이 수준의 진화를 거치는 민족들 사이에서 지배하는 이론은, 사람이 금기를 어기지 않으면 질병으로 고생할 수 없다는 것이다. 질병과 고통을 "그들 안에 있는 전능자의 화살"로 여기는 것은 그러한 관념의 전형이다. 중국인과 메소포타미아인은 병이 나쁜 악마들이 행동하는 결과라고 오랫동안 여겼다. 하지만 갈대아인들은 또한 별이 고통의 원인이라고 보았다. 질병이 신이 성난 결과라는 이 이론은, 문명화되었다고 소문난 여러 집단의 유란시아 사람들 사이에서 아직도 유행한다.

5. <u>자연 원인</u>. 인류는 에너지·물질·생명을 다루는 물리적 분야에서, 원인과 결과의 상호 관계에 있는 물질적 비밀을 배우는 데 아주 더디었다. 고대 그리스인들은 아담손의 가르침의 전통을 간직했기 때문에, 모든 병이 자연 원인의 결과라는 것을 처음으로 깨달은 자들이었다. 과학 시대의 전개는 질병과 죽음에 대하여 사람이 오랜 세월에 걸쳐 가졌던 이론을 느리고 확실하게 무너뜨리고 있다. 열병은 초자연적 질환 부문으로부터 처음으로 제거된 인간 질병의 하나였고, 점진적으로 과학 시대는 아주 오랫동안 인간의 지성을 가두어 두었던 그 무지의 사슬을 깨뜨렸다. 노령(老齡)과 전염에 대한 이해는 귀신·영·신들이 인간의 비참과 필사자의 고통을 몸소 일으키는 자라는, 사람의 두려움을 차츰 지워 버리고 있다.

진화는 어김없이 그 목적을 이룬다. 진화는 모르는 것에 대한 미신 같은 두려움과 보이지 않는 것에 대한 무서움을 사람에게 불어넣으며, 이것은 하나님 개념을 위한 발판이다. 그리고 신에 대하여 진보된 이해가 태어남을 구경하고 나서, 계시가 나란히 하는 행위를 통해서, 바로 이 진화의 기법은 어김없이, 생각의 세력을 움직이게 만들며, 이것은 용서 없이, 이미 목적을 이룬 그 발판을 없애버릴 것이다.

4. 샤먼 밑에 있던 의술

옛날 사람의 생활 전부가 질병의 예방이었다. 그들의 종교는 적지 않게 질병을 예방하는 기술이었다. 그리고 이론이 잘못됨에 상관 없이, 그들은 그 이론을 실천하는 데 마음을 다하였다. 그들의 치료 방법을 한없이 신뢰하였고, 그것은 그 자체로서 강력한 치료법이었다.

이 옛 샤먼들 가운데 하나의 어리석은 보살핌을 받고서 낫게 되는 데 필요한 믿음은 결국, 병을 비과학으로 치료하는 데 참여하는, 후일에 어떤 후계자들의 손에서 치료받는 데 요구되는 것과 실질적으로 다르지 않다.

좀더 원시적인 부족들은 아픈 사람을 크게 무서워했고, 아픈 사람을 오랜 세월 동안 주의해서 피하고, 부끄럽게 소홀히 하였다. 샤먼 직업의 진화가 질병을 고치겠다고 동의하는 사제와 주술사들을 낳았을 때, 인도주의에서 큰 진보가 있었다. 그리고 나서 씨족 전체가 병실로 몰려가서 병 귀신들을 소리쳐 쫓아내는 데 샤먼을 돕는 것이 풍습이 되었다. 여자가 진찰하는 샤먼이 되는 일이 드물지 않았고, 한편 남자는 치료를 베풀곤 했다. 질병을 진찰하는 보통 방법은 한 동물의 창자를 검사하는 것이었다.

노래하고, 높은 소리를 지르고, 몸에 손을 대고, 환자에게 입김을 불어서, 그리고 기타 여러 방법으로 병을 치료하였다. 후일에는 성전에서 잠자는 데 의존하는 것이 널리 퍼졌고, 이 동안에 치료가 일어난다고 생각되었다. 주술사들은 성전에서 잠자는 것과 관련하여 결국 실제로 수술을 해 보았다. 처음에 한 수술 가운데, 두통 귀신이 달아나게 하려고 머리뼈에 구멍 뚫는 수술이 있었다. 샤먼들은 골절과 삔 것을 치료하고 부스럼과 종기(腫氣) 째는 것을 배웠다. 여자 샤먼은 산파 노릇에 숙달하게 되었다.

몸에서 환부나 더러워진 곳에 무언가 요술인 것을 문지르고, 부적을 던지고, 나았다고 생각하는 것이 보통 치료 방법이었다. 누구라도 버려진 부적을 집으면, 그는 즉시 그 병이나 더러움을 얻는다고 믿었다. 약초와 다른 진짜 약들이 소개되기까지 오랜 세월이 흘렀다. 주문을 외우는 것과 관련하여 마사지, 곧 몸을 주물러서 영을 쫓아내기가 개발되었고, 현대인들이 바르는 약을 문지르는 것처럼, 약을 문질러서 집어넣으려는 노력이 이에 앞섰다. 방혈과 더불어, 상처난 부분을 흡각(吸角)으로 피 뽑아 내기, 그리고 빨아 내기가 병을 일으키는 영을 제거하는 데 쓸모가 있다고 생각되었다.

물은 효험 있는 주물이었으니까, 여러 가지 병을 고치는 데 이용되었다. 병을 일으키는 영을 땀을 흘려서 없앨 수 있다고 오랫동안 믿어 왔다. 수증기 목욕을 높이 쳐주었고, 천연 온천은 곧 원시 요양지로서 번창하였다. 시초 인간은 열이 아픔을 덜어 줌을 알아 냈다. 그는 햇빛, 신선한 동물의 기관(器官), 뜨거운 진흙, 뜨거운 돌을 썼고, 이 방법들 가운데 많은 것이 아직도 이용된다. 영들에게 영향을 미치려는 노력으로 리듬을 실습하였고, 톰톰 북이 널리 쓰였다.

어떤 사람들 사이에서 병은 영과 동물 사이에 꾸민 사악한 음모 때문에 일어난다고 생각되었다. 동물이 일으키는 모든 질병에는 유익한 식물(植物) 치료법이 존재한다는 관념을 낳았다. 홍인들은 식물이 보편적 치료약이라는 이론에 특별히 집착했다. 그들은 식물이 뿌리뽑혔을 때 남은 뿌리 구멍에 반드시 피 한 방울을 집어넣었다.

금식, 식사 조절, 반대 자극제들이 흔히 치료 조치로서 쓰였다. 인간의 분비물은 분명히 마력이 있었으니까, 높이 쳐주었다. 이처럼 피와 오줌은 아주 일찍부터 쓰인 약이었고, 약은 뿌리와 여러 가지 소금으로 말미암아 확대되었다. 샤먼들은 나쁜 냄새가 나고 나쁜 맛이 나는 약들을 가지고 질병 귀신들을 몸에서 쫓아낼 수 있다고 믿었다. 정결하게 하는 것은 아주 일찍부터 일상의 치료법이 되었고, 날 코코아와 키니네의 가치는 아주 일찍부터 약학상의 발견에 속한다.

그리스인들은 아픈 사람을 치료하는, 참으로 합리적인 방법을 처음으로 진화시켰다. 그리스인과 에집트인들은 유프라테스 강 유역으로부터 의학 지식을 받았다. 기름과 포도주는 상처를 낫게 하는 데 아주 일찍 쓰인 약이었다. 아주까리 기름과 아편을 수메르인이 이용하였다. 효과 있는 이 고대 치료 비법의 다수는 사람들에게 알려졌을 때 그 효력을 잃었다. 비밀은 언제나 사기와 미신을 성공적으로 실습하는 데 필수였다. 오로지 사실과 진리가 완전한 이해의 빛과 동무하려 하고, 과학적 연구의 조명과 깨우침을 달가워한다.

5. 사제와 의식

의식(儀式)의 요점은 그 연기의 완벽함에 있다. 야만인들 사이에서 의식은 아주 정밀하게 실행해야 한다. 의식을 올바르게 치렀을 때만 그 예식이 영들에게 강요하는 힘을 소유한다. 의식에 흠이 있으면, 다만 신들을 성나게 하고 노엽게 만들 뿐이다. 따라서, 느리게 진화하는 사람의 머리가 의식을 치르는 기술이 그 효력에 결정적인 요소라고 생각했기 때문에, 의식이 빈틈없이 실행되는 것을 지휘하려고 초기의 샤먼이 훈련받은 사제로 머지 않아 진화하는 것은 불가피했다. 그래서 몇만 년 동안 끊임없는 의식은 사회를 거추장스럽게 만들고 문명을 성가시게 만들었으며, 생활의 모든 행위, 모든 종족 사업에 견딜 수 없는 짐이 되었다.

의식은 풍습을 거룩하게 만드는 기술이다. 의식은 사회 및 종교 관습을 보존하는 데 이바지할 뿐 아니라, 신화(神話)를 만들고 지속시킨다. 또 한편, 의식 자체가 신화로부터 생겼다. 의식은 흔히 처음에는 사회 예식이었고, 나중에는 경제 예식이 되었고, 마침내 종교 예식의 거룩함과 위엄을 얻었다. 의식은 기도·춤·연극에서 보다시피, 개인이나 집단으로—또는 양쪽으로—실행할 수 있다.

낱말은, 아멘과 셀라[3]와 같은 용어를 사용하는 것처럼, 의식의 일부가 된다. 욕설, 신성을 모독하는 말버릇은 거룩한 이름을 예전에 의식에서 되풀이하던 것이 타락된 것이다. 거룩한 성소까지 순례하는 것은 아주 오래 된 의식이다. 의식은 다음에 공들인 정화·청결·성화(聖化)하는 예식으로 자랐다. 원시 부족에서 비밀 사회의 입회식은 실제로 투박한 종교 의식이었다. 옛날의 신비 종파들의 예배 기법은 단지 누적된 종교 의식을 한 번 길게 연출하는 것이었다. 의식은 마침내 현대 종류의 사회 예식과 종교적 예배, 곧 기도와 노래, 화답하는 글 읽기, 다른 개인 및 집단의 영적 헌신을 포함하는 예배로 진화하였다.

사제들은 샤먼으로부터 신탁을 받는 제사장, 점쟁이, 노래하는 이, 춤추는 이, 기우사(祈雨師), 종교 유품 보호자, 성전 관리자, 사건을 점치는 자를 거쳐서, 종교적 예배를 실제로 지휘하는 자의 신분에 이르기까지 진화했다. 결국 그 직책은 상속하게 되었고, 연속된 사제 계급이 일어났다.

종교가 진화함에 따라서 사제들은 그들의 타고난 재주나 특별한 취향에 따라서 전문화하기 시작했다. 더러는 노래하는 자, 더러는 기도하는 자, 더러는 제사하는 자가 되었고, 나중에는 웅변하는 자—설교자—가 나타났다. 종교가 제도화되었을 때, 이 사제들은 "하늘의 열쇠를 쥐고 있다"고 우겼다.

자신들의 경건함과 권한을 높이기 위해서 예배자들을 신비에 젖게 하려고 옛날 말로 종교 의식을 거행함으로, 또 잡다한 마술의 손놀림으로, 사제들은 서민들에게 감명을 주고 두려워하게 만들려고 언제나 애써 왔다. 이 모든 것에 있는 큰 위험은 의식이 종교의 대용물이 되는 경향이 있다는 것이다.

사제들은 과학의 발전을 더디게 만들고 영적 진보를 막는 데 많은 일을 했지만, 사제들은 문화를 안정시키고, 어떤 종류의 문화를 높이는 데 이바지하였다. 그러나 현대의 많은 사제가 하나님을 예배하는 의식을 지휘하는 자로 활동하기를 그만두었고, 신학으로—하나님을 정의(定義)하는 시도로—눈길을 돌렸다.

사제들이 종족의 목 가까이에 달린 맷돌처럼 무거웠던 것을 부인하지 못하지만, 참된 종교 지도자들은 더 높고 더 나은 실체들에 도달하는 길을 가리키는 데 귀중하였다.

[네바돈의 한 멜기세덱이 발표하였다.]

주: 1. 샤먼은 사제인 주술사로서 우리의 박수나 무당보다 사회적 지위가 높다. 2. 숫자를 풀이하는 노래에서 마지막 음절을 부르게 된 아이가 빠지는 놀이. 3. 시편에 자주 나오는 분명치 않은 말, 감탄어나 높은 가락을 나타낸다고 생각된다.

제 91 편

기도의 진화

기도는 종교의 한 매체로서, 예전에 종교성이 없는 혼잣말과 대화하는 표현으로부터 진화했다. 원시인이 자의식을 얻게 되자 남을 의식하는, 불가피하게 따르는 결과, 즉 사회에 반응하고 하나님을 깨닫는 2중 잠재성이 생겼다.

아주 일찍부터 있던 기도(祈禱) 형태는 신을 향한 것이 아니었다. 이 표현들은, 너희가 어떤 중요한 사업을 시작할 때 친구에게 "내게 행운을 빌어주렴"하고 말할 터인데 그와 비슷했다. 원시인은 마술에 종이 되었고, 행운과 불운이 인생의 모든 일에 끼어 들었다. 행운을 비는 이 탄원은 처음에 혼잣말이었다—마술 부리는 자가 생각하는 것을 그저 크게 지껄여 보는 것과 같았다. 다음에 운을 믿는 이 사람들은 친구와 가족들이 밀어 달라 부탁하고, 이내 씨족이나 부족 전체를 포함하는 어떤 형태의 예식이 거행되곤 하였다.

귀신과 영들의 개념이 진화했을 때, 이 간청은 인간을 초월하는 표현이 되었고, 신들을 의식하게 되자 그러한 표현은 진정한 기도의 수준에 이르렀다. 이것을 보여주는 예로서, 어떤 오스트랄리아 부족들 사이에서 행해지는 원시 종교의 기도는 영과 초인간 성격자들에 대하여 그들이 가진 관념보다 앞섰다.

종교적 각성이 있기 전에 초기의 민족들이 했던 것처럼, 인도의 토다 부족은 어느 특별한 이에게 향하지 않고 기도하는 이 관습을 지금 지킨다. 오직 토다인들 사이에서, 이것은 이 원시 수준으로 되돌아가는 그들의 종교의 퇴화를 나타낸다. 토다인들의 우유 장수 사제들이 행하는 오늘날의 의식은 종교 예식이 아닌데, 이는 이 비개인적 기도가 어떤 사회적 가치나 도덕 가치 또는 영적 가치를 보존하거나 높이는 데 아무 것도 이바지하지 않기 때문이다.

종교 이전의 기도는 멜라네시아인의 마나[1] 관습, 아프리카 피그미족의 우다 신앙, 북 아메리카 인디안의 마니토우[2] 미신의 일부였다. 아프리카의 바간다 부족들은 겨우 요즈음에야 마나 수준의 기도로부터 벗어났다. 이 초기 진화의 혼란 속에서 사람들은—지역 및 민족의—신들에게, 주물, 부적, 귀신, 통치자에게, 그리고 보통 사람들에게 기도를 올렸다.

1. 원시의 기도

초기에 진화 종교의 기능은 천천히 모습을 갖추고 있는, 필수인 사회적, 도덕적, 영적 가치를 간직하고 확대하는 것이다. 종교의 이 임무를 인류가 아직 의식하면서 지켜보지 못했지만, 이것은 주로 기도의 기능으로 이루어진다. 기도하는 관습은 어떤 집단이라도 상급의 가치를 이처럼 보존해 두려는 (현실화하려는), 의도하지 않았지만, 그런데도 개인적이고 집단적인 노력을 대표한다. 그러나 기도를 보호하는 것이 아니라면, 모든 거룩한 날이 재빨리 단지 노는 날의 지위로 돌아갈 것이다.

종교와 그 매체는, 그 가운데 으뜸은 기도인데, 오직 일반적으로 사회에 인식된 가치, 집단의 인정을 받는 가치와 함께 연합되어 있다. 따라서, 원시인이 하등 감정을 만족시키거나 수그러들지 않은 이기적 포부를 채우려 애쓸 때, 그는 종교의 위로와 기도의 도움을 빼앗긴다. 개인이 어떤 반사회적인 것이라도 성취하려고 하면, 그는 종교성이 없는 마술의 도움을 추구하고, 마술사들에게 의존할 수밖에 없고, 이처럼 기도의 도움을 빼앗긴다. 따라서 기도는 아주 일찍부터 사회의 진화, 도덕의 진보, 영적 달성을 힘차게 장려하는 수단이 되었다.

그러나 원시인의 머리는 논리도 일관성도 없었다. 시초 인간들은 물질적인 것이 기도의 분야가 아님을 깨닫지 못했다. 생각이 단순한 이 사람들은 먹을 것, 피난처, 비, 사냥감, 그리고 다른 물질 재화가 사회의 복지를 높인다고 판단했고, 따라서 이 물질의 축복을 얻으려고 빌기 시작했다. 이것은 기도의 곡해였지만, 사회·윤리적 행동으로 이 물질적 목표를 이루려는 노력을 북돋아 주었다. 그러한 기도의 타락은 한 민족의 영적 가치를 낮추지만, 그런데도 그들의 경제·사회·윤리 관습을 직접 향상하였다.

가장 원시 종류의 지성의 경우에, 기도는 기껏해야 혼잣말이다. 이것은 일찍부터 대화가 되고, 빨리 집단 숭배의 수준으로 확대된다. 기도는 원시 종교에서 마술 이전의 주문이, 사회적 가치를 높일 수 있고 도덕의 이상을 확대할 수 있는 유익한 능력이나 존재들의 실체를 인간의 머리가 깨닫는 수준까지 진화했다는 것, 더 나아가서 이 영향력이 인간을 초월하며, 자의식하는 인간 및 동료 필사자들의 자아와 다르다는 것을 알린다. 그러니까 종교적 봉사의 효력이 <u>개인적이라</u>는 것을 눈에 그려볼 때까지, 참된 기도는 나타나지 않는다.

기도는 물활론(物活論)과 거의 연관이 없다. 그러나 그러한 믿음은 솟아나는 종교 감정과 나란히 존재할 수도 있다. 여러 번, 종교와 물활론은 도무지 동떨어진 기원을 가졌다.

무서움이라는 원시의 사슬로부터 구원받지 못한 사람들의 경우에, 모든 기도가 죄의 더러운 느낌, 실재하든 상상한 것이든, 죄를 지었다는 부당한 확신으로 이끌 수도 있다는 참 위험이 있다. 그러나 현대에는 많은 사람이 기도하는 데 충분히 시간을 써서, 그들이 보잘것없거나 죄 많음에 대하여 이렇게 해롭게 곰곰이 생각하도록 이끌 것 같지는 않다. 기도를 비뚤어지게 만들고 곡해하는 데에 따르는 위험은 무지, 미신, 구체화, 무기력화, 물질주의, 광신(狂信)에 있다.

2. 진화하는 기도

처음 기도는 그냥 말로 표현한 소망, 진지한 바람을 표현한 것이었다. 다음에 기도는 영의 협조를 얻는 기술이 되었다. 그리고 나서 기도는 모든 값진 가치를 보존하는 면에서 종교를 돕는 상급 기능에 이르렀다.

기도와 마술, 이 두 가지는 사람이 유란시아 환경에 적응하는 반작용의 결과로서 일어났다. 그러나 이 일반화된 관계를 별도로 하고, 이 두 가지는 공통점이 거의 없다. 기도는 언제나 비는 자아의 적극적 행위를 가리켰고, 언제나 정신적이고,

때로는 영적인 것이었다. 마술은 보통, 조종하는 자, 마술 실습자의 자아에 영향을 미치지 않으면서 실체를 조종하려는 시도를 가리켰다. 마술과 기도는 기원을 따로 가졌는데도, 나중의 발전 단계에서 서로 관련되었다. 마술은 공식으로부터, 의식(儀式)과 주문을 거쳐서, 참된 기도의 문턱에 이르기까지 목표를 높임으로 때때로 올라갔다. 기도는 때때로 너무 물질적이었고, 그래서 유란시아의 문제들을 푸는 데 필요한 노력을 피하는 기법, 가짜 마술의 기법으로 굴러 떨어졌다.

기도가 신들을 강요할 수 없음을 사람이 깨달았을 때, 기도는 오히려 부탁, 간청이 되어 버렸다. 그러나 가장 참된 기도는 실제로, 사람과 조물주 사이에 교통하는 것이다.

어떤 종교에서도 희생물을 바치는 관념이 나타나는 것은, 하나님의 뜻을 행하는 데 자신의 거룩하게 된 뜻을 드리는 대신에, 사람들이 물질 소유물을 드리려고 애쓴다는 점에서, 참된 기도의 더 높은 효력을 어김없이 떨어뜨린다.

종교가 성격을 가진 하나님을 벗어 버릴 때, 그 기도는 신학과 철학의 수준으로 옮겨진다. 한 종교에서 가장 높은 하나님 개념이, 범신적 이상주의에서 보는 것처럼 비성격 신의 개념이 될 때, 어떤 형태의 신비스러운 교통을 위한 근거를 마련해 주기는 해도, 참된 기도의 효능에 치명적인 것이 드러난다. 참 기도는 반드시 사람이, 성격을 가진 상급 존재와 교통함을 나타낸다.

종족이 진화하는 초기에, 그리고 현대에도, 보통 필사자의 일상 체험에서 기도는 사람이 자신의 잠재 의식과 대화하는 현상에 아주 가깝다. 그러나 지적으로 기민하고 영적으로 진보하는 개인이 인간 지성의 상의식(上意識) 수준, 깃드는 생각조절자의 영토와 얼마큼 접촉하는, 그러한 기도의 영토가 또한 있다. 그 위에 우주의 영적 세력이 받고 인식하는 데 관계되는 참된 기도의 분명한 영적 단계가 있으며, 이것은 모든 인간답고 지적인 결합과 전혀 다르다.

기도는 진화하는 인간 지성이 종교적 감정을 발육시키는 데 크게 이바지한다. 기도는 성격이 고립되는 것을 막도록 작용하는 힘찬 영향력이다.

기도는 종족의 진화에서 자연 종교들과 결합된 한 기술을 대표하며, 이것은 윤리 면에서 뛰어난 더 높은 종교, 곧 계시 종교의 체험적 가치의 일부를 또한 형성한다.

3. 기도와 타아

아이들은, 언어 쓰는 것을 처음 배울 때, 그들에게 귀를 기울일 사람이 하나도 없어도, 생각을 말로 해 보는, 말로 자기 생각을 표현하는 경향이 있다. 창조적 상상력이 싹이 트자, 이들은 상상의 동무들과 이야기하는 경향을 나타낸다. 이 방법으로 싹트는 자아가 가상(假想)하는 타아(他我)와 교통하기를 추구한다. 이 기술을 써서 그 아이는 일찍부터 혼잣말하는 이야기를 거짓 대화로 바꾸기를 배우고, 이 대화 속에서 그의 타아는 말로 하는 그의 생각, 바람의 표현에 대답한다. 어른의 생각에서 아주 큰 부분이 대화하는 형태로 정신적으로 이루어진다.

초기에 원시 형태의 기도는 오늘날 토다 부족의 반(半)마술 같은 암송, 특별히 어느 누구에게 드리는 것이 아닌 기도와 아주 비슷했다. 그러나 그런 기도의 기법은 타아의 관념이 태어남으로 말미암아, 대화하는 형태의 교통으로 진화하는 경향이 있다. 시간이 지나면, 타아 개념은 신다운 위엄을 가진 우수한 지위로 높아지고, 그러면 기도가 종교의 매체로서 나타난 것이다. 많은 단계를 거쳐서, 오랜 세월 동안, 이 원시 형태의 기도는 총명하고 참으로 윤리 있는 기도의 수준에 이르기 전에, 진화하도록 정해져 있다.

기도하는 필사자들의 연속되는 세대가 파악하다시피, 타아(他我)는 귀신·주물·영들을 거쳐서 다신교의 신들, 궁극에는 유일한 하나님, 곧 기도하는 자아의 가장 높은 이상과 가장 고귀한 소망을 구현하는 신다운 존재에 이르기까지 진화한다. 이렇게, 기도하는 자들의 가장 높은 가치와 이상을 보존하는 일에, 기도는 종교의 가장 유력한 매체로서 작용한다. 타아를 파악하는 그 순간부터 신답고 하늘에 계신 아버지의 개념이 나타나기까지, 기도는 언제나 친교하고 교화하고 사람을 영답게 변화시키는 연습이다.

믿음으로 하는 단순한 기도는 인간의 체험에서 힘찬 진화를 입증하고, 이로서 원시 종교에서 타아의 가상된 상징과 함께 가졌던 고대(古代)의 대화는 무한자의 영과 교통하는 수준, 그리고 모든 지적 창조의 영원한 하나님이자 파라다이스 아버지의 실체를 진정하게 의식하는 수준으로 높아졌다.

기도하는 체험 속에서 초월 자아인 모든 것을 제쳐 놓고, 윤리 있는 기도는 사람의 자아를 높이고, 더 나은 삶과 더 높은 달성을 위하여 자아를 강화하는 훌륭한 방법이라는 것을 기억해야 한다. 물질적 도움을 얻기 위해서는 필사자가 체험하는 하의식(下意識)[3]의 저수지를 보라, 그리고 영감과 인도함을 얻기 위해서는 물질인 자가 영적인 자, 신비의 감시자와 스치는 상의식(上意識)의 경계를 보라, 기도는 도움을 얻기 위해서 인간의 자아로 하여금 이렇게 양쪽을 보도록 유도한다.

기도는 늘 2중의 인간 체험, 영적 기술과 서로 결합된 심리적 과정이었고, 또 늘 그럴 것이다. 기도의 이 두 기능은 결코 완전히 떼어놓을 수 없다.

깨우침을 얻은 기도는 바깥에 계시고 성격을 가진 하나님 뿐 아니라, 또한 안에 계시고 비성격인 신성, 깃드는 조절자를 헤아려 보아야 한다. 사람이 기도할 때 파라다이스에 계시는 우주의 아버지 개념을 붙잡으려고 애쓰는 것은 무척 어울린다. 그러나 가장 실용적인 목적을 위해서 가장 효과 있는 기법은, 원시의 지성이 늘 버릇처럼 한 것과 마찬가지로, 가까이 있는 타아의 개념으로 돌아가고, 다음에 이 타아의 관념이 단순한 허구(虛構)로부터 조절자가 사실로 계신 가운데 하나님이 필사 인간에 깃든다는 진리에 이르기까지 진화했음을 인식하는 것이겠다. 그래서 사람은 자기 속에 깃들고, 살아 계시는 하나님, 우주의 아버지의 바로 그 계심이자 알맹이인 타아, 실재하고 진정하고 신다운 타아와 함께, 말하자면 얼굴을 맞대고 이야기할 수 있다.

4. 윤리에 맞는 기도

간청하는 사람이 제 동료들보다 이기적으로 이점을 찾을 때는 어떤 기도도 윤리적일 수 없다. 이기적이고 물질을 찾는 기도는 사심(私心)없는 신다운 사랑에 바탕을 둔 종교, 윤리적 종교와 양립할 수 없다. 윤리에 어긋나는 모든 그러한 기도는 거짓 마술의 원시 수준으로 돌아가며, 진보하는 문명과 깨우친 종교에 어울리지 않는다. 이기적인 기도는 자애로운 응보에 기초를 둔, 모든 윤리의 정신을 짓밟는다.

기도는 결코 행동의 대용물이 되도록 타락해서는 안 된다. 윤리적인 모든 기도는 행동으로 이끄는 자극이며, 초월하여 자아를 달성하는 이상적 목표에 이르려는 진취적 노력으로 안내하는 것이다.

너희가 어떤 기도를 하더라도 공정하여라. 하나님이 편애를 보이고, 다른 아이들과 너희의 친구와 이웃, 아니 적보다도 더 너를 사랑하기를 기대하지 말라. 그러나 자연 종교나 진화 종교에서 드리는 기도는, 후일에 계시된 종교처럼 처음에는 윤리가 없다. 모든 기도는, 개별로 하든 공동으로 하든, 이기적이거나 이타적일 수 있다. 다시 말해서, 기도는 자아나 또는 남을 중심으로 할 수 있다. 기도가 비는 자를 위해서나 동료들을 위해서 아무 것도 구하지 않을 때, 혼(魂)의 그러한 태도는 참된 예배의 수준으로 향한다. 이기심으로 하는 기도는 고백과 부탁을 포함하고, 흔히 물질적 은혜를 위하여 부탁하는 데 있다. 용서를 다루고 향상된 자제를 얻기 위한 지혜를 찾을 때, 기도는 얼마큼 더 윤리가 있다.

이기심 없이 하는 종류의 기도는 힘을 주고 마음을 어루만져 주지만, 사람이 법과 질서가 있는 물리적 우주에서 산다는 것을 진보하는 과학의 발견이 보여 줌에 따라서, 물질적 기도는 실망과 환멸을 가져오도록 정해져 있다. 한 개인이나 민족이 어린 시기에는 원시적으로, 이기심으로, 물질적으로 기도하는 특징이 있다. 어느 정도까지 모든 그러한 부탁은, 그러한 기도에 응답을 얻는 데 이바지하는 노력과 수고로 어김없이 이끈다는 점에서 효력이 있다. 믿음으로 하는 진정한 기도는, 그러한 부탁이 영적 인정을 받을 자격이 없더라도, 생활 기법을 확대하는 데 반드시 이바지한다. 그러나 영적으로 앞선 사람은 그러한 기도에 관하여 원시 지성이나 미숙한 지성을 말리려고 애쓰는 데 크게 조심해야 한다.

기도가 하나님을 바꾸지 않는다 하더라도, 기도는 믿음으로, 확신에 찬 기대를 가지고 기도하는 사람 속에서 크고 오래 가는 변화를 흔히 일으킨다는 것을 기억하여라. 기도는 진화하는 민족들의 남녀 안에서 지성이 얻는 큰 평화, 명랑, 차분함, 용기, 자아의 통달, 공정한 정신의 조상이었다.

5. 기도의 사회적 반향

조상 숭배에서 기도는 조상의 이상을 개발하는 길로 이끈다. 그러나 신을 숭배하는 한 모습으로서 기도는 모든 다른 그러한 관습을 뛰어넘는데, 이는 기도가 신성한 이상을 기르도록 이끌기 때문이다. 기도에서 타아의 개념이 지극히 높아지고 신답게 됨에 따라서, 사람의 이상도 따라서 그냥 인간다운 수준으로부터 더할 나위 없고 신다운 수준을 향하여 올라가며, 모든 그러한 기도의 결과는 인품을 높이고 인간 성격을 깊이 통일하는 방향으로 이끈다.

그러나 기도는 반드시 개인 기도일 필요는 없다. 집단이나 집회에서 하는 기도는 그 반향이 상당히 사회화된다는 점에서 아주 효과가 있다. 한 무리가 도덕의 향상과 영적 상승을 위하여 공동체의 기도에 참여할 때, 그러한 예배는 그 집단을 구성하는 개인에게 반응한다. 참여하기 때문에 그들은 모두 더 나아진다. 한 도시 전체나 한 나라 전부조차 그러한 기도를 드리는 예배로부터 도움을 받을 수 있다. 고백과 뉘우침과 기도는 개인과 도시, 나라와 온 민족을, 힘찬 개혁의 노력과 과감한 성취를 향하여 용감하게 행위하도록 이끌어 왔다.

너희가 어떤 친구를 비난하는 버릇을 참으로 고치고 싶으면, 그러한 태도의 변화를 가져오는 데 가장 빠르고 확실한 방법은 일생에 날마다 그 사람을 위하여 기도하는 버릇을 길들이는 것이다. 그러나 그러한 기도가 사회에 일으키는 반향은 대체로 두 가지 조건에 의존한다:

1. 누구를 위해서 기도할 때 그 대상이 그것을 알아야 한다.

2. 기도하는 사람은 그가 위해서 기도하는 사람과 가까운 사회적 접촉을 가져야 한다.

기도라는 기법으로 말미암아 조만간에 모든 종교는 제도화된다. 시간이 되면 기도는 수많은 2차 매체와 결합되는데, 사제, 신성한 책, 숭배 의식, 예식과 같이, 더러는 유익하고 더러는 결정적으로 해롭다.

그러나 영적 빛을 좀더 크게 가진 지성들은, 자기의 허약한 영적 통찰력을 동원하기 위하여 상징을 몹시 바라는 지능, 자질이 부족한 지능들을 참고 너그럽게 보아야 한다. 강한 자는 약한 자를 업신여기는 눈으로 보아서는 안 된다. 상징이 없어도 하나님을 깨닫는 자들은, 형태와 의식이 없이 신을 숭배하고, 진리·아름다움·선함을 존중하기가 어려움을 발견하는 자들에게 상징이 베푸는 은혜와 봉사를 거부해서는 안 된다. 기도하는 마음으로 예배하는 가운데 대부분의 사람들은 그들이 예배하는 대상이자 목표의 어떤 상징을 그려본다.

6. 기도의 범위

한 영역에서 성격을 가진 영적 세력과 물질 감독자들의 뜻과 행위와 연결되지 않으면, 기도는 사람의 물리적 환경에 아무런 직접 효과를 줄 수 없다. 기도가 간청하는 범위에는 아주 분명한 한계가 있지만, 그러한 한계는 기도하는 자들의 <u>믿음</u>에 똑같이 적용되지 않는다.

기도는 진정한 병, 유기체의 병을 고치는 기술은 아니지만, 넘쳐흐르는 건강을 즐기는 데, 수많은 정신·감정·신경의 질병을 고치는 데 엄청나게 이바지해 왔다. 실제 박테리아로 생기는 병의 경우에도, 기도는 여러 번 다른 치료 과정의 효율성에 크게 보탬이 되었다. 기도는 쉽게 성내고 투덜거리는 많은 병자를 인내(忍耐)의 표본으로 변화시키고, 그로 하여금 고통받는 모든 다른 사람에게 영감을 불러일으키는 자가 되게 만들었다.

기도의 효력에 관한 과학적 의심, 그리고 거룩한 근원으로부터 도움과 안내를 추구하는 늘 있는 욕구, 이 두 가지를 절충하기가 아무리 어렵더라도, 믿음으로 드리는 성실한 기도는 개인의 행복, 개인의 자제, 사회적 조화, 도덕적 진보, 영적 달성을 증진하는 데 막강한 힘이라는 것을 결코 잊지 말라.

기도는, 순전히 인간다운 관습, 즉 사람의 타아와 가지는 대화이더라도, 인간 지성의 무의식 영역에 쌓아 두고 보존된, 인간 성품에 비축된 힘의 실현에 가장 효과 있게 접근하는 기법이다. 기도는 그 종교적 함축과 영적 중요성은 별도로 하고, 건전한 심리학적 관습이다. 충분히 곤경(困境)에 빠지면, 대부분의 사람은 어떤 방법으로 어떤 도움의 근원에게 기도를 드릴 것이다. 이것이 인간의 체험에서 사실이다.

너의 어려움을 해결해 달라고 하나님께 부탁할 정도로 게으르지 말라. 그러나 너 스스로가 각오를 가지고 닥친 문제에 용감하게 달려들면서, 너를 안내하고 버티게 할 지혜와 영적 힘을 하나님께 서슴지 말고 부탁하여라.

종교 문명을 진보시키고 보존하는 데 기도는 필수 요소였고, 기도하는 자들이 오로지 과학적 사실, 철학적 지혜, 지적 성실성, 영적 믿음에 비추어서 기도한다면, 사회를 더욱 향상시키고 영답게 변화시키는 데 기도는 아직도 힘차게 공헌할 것이 있다. 예수가 제자들을 가르친 것 같이—정직하게, 사심 없이, 공평하게, 의심하지 말고—기도하라.

그러나 기도하는 사람이 몸소 겪는 영적 체험 속에 기도의 효력은, 어떤 면에서도 그러한 예배자의 지적 이해력, 철학적 총명, 사회 수준, 문화적 지위, 또는 사람의 기타 성취에 달려 있지 않다. 믿음으로 드리는 기도에 심리적·영적으로 뒤따르는 것들은 즉시, 개인에게 생기고 체험적이다. 사람의 모든 다른 성취에 상관 없이, 모든 사람이 조물주와 교통할 수 있고, 피조물이 창조자의 실체, 깃드는 생각조절자와 접촉할 수 있는 바로 그 영역의 문턱에 아주 실질적으로 즉시 다가갈 수 있는 다른 방법은 하나도 없다.

7. 신비주의와 황홀경과 영감

신비주의는 하나님이 자리에 계시다는 의식을 기르는 기법으로서 아주 칭찬할 만하지만, 그러한 풍습이 사회에서 고립되도록 이끌고 종교적 광신(狂信)에 이를 때 신비주의는 거의 꾸짖어 마땅한 것이다. 잔뜩 흥분한 신비주의자가 신이 주는 영감이라고 평가하는 것은, 아주 너무나 흔히 자신의 깊은 지성 속에서 우러나온 것이다. 필사자의 지성이 그 깃드는 조절자와 가지는 접촉은, 예배하는 명상으로 말미암아 흔히 유리하게 되지만, 동료 인간들에게 베푸는 사심 없는 성직(聖職)에서 마음을 다하여 사랑에 넘쳐 베푸는 봉사가 그 접촉을 수월하게 만드는 일이 더욱 흔하다.

지난 시대에 나타났던 위대한 종교 스승과 선지자들은 극단적 신비주의자가 아니었다. 그들은 하나님을 아는 남녀였고, 동료 필사자들에게 사심 없이 봉사함으로서 그들의 하나님을 최선으로 섬겼다. 예수는 자주 사도들을 외딴 곳으로 데리고 가서 잠시 동안 명상과 기도에 잠기게 했지만, 대체로 사도들이 군중과 함께 봉사하는 접촉을 가지게 하였다. 사람의 혼은 영적 영양 뿐 아니라 영적 운동이 필요하다.

종교적 환희는 멀쩡한 선행(先行) 조건으로부터 생길 때는 괜찮아도, 그러한 체험은 깊은 영적 인격이 나타나는 것이기보다, 순전히 감정의 영향이 낳는 부산물일 때가 더 흔하다. 종교심이 있는 사람들은 눈에 선한 심리적 예감, 강렬한 감정의 체험을 모조리 신의 계시나 영적 교통으로 여겨서는 안 된다. 진정한 영적 황홀경은 보통, 바깥으로는 크게 차분하며, 거의 완전한 감정의 통제와 연결된다. 그러나 예언을 받는 참된 환상은 심리를 초월하는 예감이다. 그러한 방문은 거짓 환각이 아니요, 최면 같은 황홀경도 아니다.

인간의 지성은 하의식(下意識)에서 떠오르는 것이나 상의식(上意識)의 자극에 민감할 때, 이른바 영감에 반응하여 행위할지 모른다. 둘 중에 어느 경우라도, 의식의 알맹이가 그렇게 확대되는 것은 얼마큼 그 사람에게 낯선 것처럼 보인다. 자제되지 않은 신비스러운 열심과 사나운 종교적 황홀경은 영감의 증명서, 신이 준다고 생각되는 증명서는 아니다.

신비주의·황홀경·영감과 같은 이 모든 이상한 종교적 체험을 재는 실용적 시험은 이 현상이 한 개인을 어떻게 만드는가를 살펴보는 것이다:

1. 더 낫고 완벽하게 몸의 건강을 가지게 하는가.

2. 그의 정신 생활에서 더 효과 있게, 실용적으로 활동하게 하는가.

3. 그의 종교적 체험을 더욱 충만하고 즐겁게 사회 활동에 옮기는가.

4. 틀에 박힌 필사 존재에서 평범한 의무를 충실히 이행하면서, 나날의 생활을 더욱 완전하게 영답게 변화되게 만드는가.

5. 진리·아름다움·선을 그가 더욱 사랑하고 음미하게 하는가.

6. 현재 인정된 사회적·도덕적·윤리적·영적 가치를 보존하게 하는가.

7. 그의 영적 통찰력—하나님 의식(意識)을 크게 만드는가.

그러나 기도는 특별한 이러한 종교적 체험과 아무런 진정한 관계가 없다. 기도가 지나치게 미학으로 흐를 때, 기도가 천국의 신성에 대한 아름답고 복된 명상으로 거의 순전히 이루어질 때, 기도는 그 친교하는 영향력을 많이 잃어버리고 그 예배자를 신비주의와 고립으로 기울게 한다. 지나친 비밀 기도와 연결된 어떤 위험이 있으며, 집단의 기도, 공동 예배가 그런 기도를 예방한다.

8. 기도는 몸소 겪는 체험

기도에는 참으로 저절로 일어나는 모습이 있는데, 이는 원시인이 하나님에 대한 어떤 맑은 개념을 가지기 훨씬 전에, 자기가 비는 것을 발견했기 때문이다. 시초의 인간은 두 가지 다른 상황에서 비는 버릇이 있었다: 끔찍한 곤경에 빠졌을 때, 도움을 얻으려고 손을 뻗는 충동을 느꼈고, 기쁨에 날뛸 때, 충동으로 마구 기쁨을 표현하였다.

기도는 마술이 진화한 것이 아니다. 이 두 가지는 따로 생겨났다. 마술은 신을 형편에 적응시키려는 시도였고, 기도는 인격자를 신의 뜻에 조정하려는 노력이다. 참된 기도는 도덕과 종교성이 있지만, 마술은 이 가운데 어느 것도 아니다.

기도는 길들인 관습이 될 수도 있고, 많은 사람은 남이 하기 때문에 기도한다. 또 더러는 그들이 때맞추어 간청을 드리지 않으면 무슨 끔찍한 일이 그들에게 일어날까 두려워서 기도한다.

어떤 사람에게 기도는 고마움을 차분하게 표현하는 것이요, 다른 사람에게는 찬미와 사회적 예배를 집단으로 표현한 것이다. 어떤 때 기도는 다른 사람의 종교를 흉내낸 것이요, 한편 참되게 기도하는 가운데 기도는 피조물의 영적 성품이 어디에나 계시는 창조자의 영과 성실하게, 신뢰하면서 교통하는 것이다.

기도는 하나님을 의식함을 저절로 입밖에 내는 것일 수도 있고, 신학 공식을 뜻없이 낭독하는 것일 수도 있다. 기도는 하나님을 아는 혼이 드리는 환희의 찬미이든지, 아니면 두려움에 질린 사람이 종처럼 복종하는 것일 수 있다. 때때로 기도는 영적 목마름을 애처롭게 표현한 것이고, 때로는 경건한 구절을 뻔뻔스럽게 외치는 것이다. 기도는 기쁨에 넘친 찬미이든지 용서를 찾는 겸손한 간청일지 모른다.

기도는 불가능한 것을 얻으려는 어린아이 같은 부탁이든지, 아니면 도덕적 성장과 영적 권능을 얻으려는 성숙한 탄원일 수도 있다. 간구는 날마다 먹는 빵을 위하거나, 하나님을 찾고 그의 뜻을 행하려는, 마음을 다하는 소망을 구현할 수도 있다. 기도는 온통 이기심의 요청일 수도 있고, 사심 없는 형제 정신의 실현을 향한 참되고 훌륭한 손짓일 수도 있다.

기도는 복수하려는 성난 외침일 수도 있고, 자기 적들을 위한 자비로운 중재일 수도 있다. 기도는 변하는 하나님을 희망하는 표현일 수도 있고, 사람의 자아를 변화시키는 강력한 기법일 수도 있다. 기도는 엄하다고 생각되는 재판관 앞에서 길잃은 죄인이 움츠러들어 드리는 탄원이든지, 또는 살아 계시고 자비로운 하늘 아버지의 해방된 아들이 기쁨에 넘쳐 드리는 표현일 수도 있다.

현대인은 순전한 개인적 방법으로 하나님과 여러 가지를 의논한다는 생각에 어리둥절해한다. 많은 사람이 때마다 기도하기를 그만두었다. 그들은 특별한 압력을 받아야—비상시에—겨우 기도한다. 사람은 하나님께 말씀드리기를 두려워해서는 안 되지만 오직 영적인 어린이가 하나님을 설득하거나 주제넘게 바꾸려고 나서겠다.

그러나 참된 기도는 실체에 이른다. 공기가 올라가고 있을 때에도, 어떤 새든지 날개를 펴지 않고는 날아 오를 수 없다. 기도가 사람을 높여 주는 것은 기도가 우주의 올라가는 영적 기류(氣流)를 이용함으로 진보하는 기법이기 때문이다.

진정한 기도는 영적 성장에 보탬이 되고, 태도를 고치며, 신과 교통함으로부터 생기는 만족을 낳는다. 그 기도는 하나님을 의식함이 저절로 터져 나오는 것이다.

하나님은 사람에게 진리의 증가된 계시, 아름다움을 이해하는 향상된 힘, 선의 확대된 개념을 줌으로 사람의 기도에 응답한다. 기도는 주관적 손짓이지만, 인간 체험의 영적 수준에서 막강한 객관적 실체들과 스친다. 기도는 인간을 초월하는 가치를 잡으려고 인간이 뜻깊게 손을 뻗는 것이다. 기도는 가장 효력 있는 영적 성장 자극제이다.

말은 기도와 상관이 없다. 말은 다만 영적 간청의 강물이 어쩌다 흐르는 지적 경로일 뿐이다. 기도에 쓰이는 낱말의 가치는 사사롭게 드리는 예배에서 순전히 자신에게 암시하며, 집단 예배에서는 사회에게 암시한다. 하나님은 그 혼의 태도에 응답하고, 말에 응답하지 않는다.

기도는 투쟁으로부터 달아나는 기법이 아니라, 오히려 투쟁 한가운데서 성장에 이르는 자극이다. 물건을 위해서가 아니라 오직 가치를 위해서, 욕구를 채우기 위해서가 아니라, 성장을 위해서 기도할진저.

9. 효과 있는 기도의 요건

너희가 효과 있는 기도에 들어가고 싶으면, 널리 적용되는 간구의 법칙을 마음속에 새겨야 한다:

1. 너희는 우주 현실의 문제에 성실하고 씩씩하게 부딪침으로 힘있는 기도자로서 자격을 갖추어야 한다.

2. 너희는 인간답게 조정하는 인간 능력을 정직하게 다 써 버렸어야 한다. 너희는 부지런했어야 한다.

3. 너희는 지성의 모든 소망과 혼이 바라는 모든 것을 영적 성장의 변화시키는 품속에 내놓아야 한다. 너희는 의미의 향상과 가치의 높아짐을 체험했어야 한다.

4. 너희는 신의 뜻을 마음을 다하여 선택해야 한다. 너희는 결정을 내리지 못하는 죽은 핵심을 없애야 한다.

5. 아버지의 뜻을 헤아리고 행하기를 바랄 뿐 아니라, 너희는 아버지의 뜻을 실제로 행하는 데 조건 없이 거룩히 바치고 힘차게 헌신했다.

6. 너희의 기도는 파라다이스로 올라가는—신다운 완전을 달성하는—길에서 부딪치는 특정한 인간 문제들을 풀기 위하여 신성한 지혜를 얻기 위하여 순전히 지향될 것이다.

7. 그리고 너희는 믿음—살아 있는 믿음—을 가져야 한다.

[유란시아 중도자 우두머리가 발표했다.]

注: 1. 멜라네시아인들이 믿는 땅·물·불·바람의 힘. 2. 북 아메리카의 알곤킨 사람들이 믿는 신령. 3. 또는 잠재 의식.

제 92 편

후일에 종교의 진화

유란시아에서 어떤 체계적 계시가 내리기 오래 전부터, 사람은 그의 진화하는 체험의 일부로서 자연스러운 기원의 종교를 소유했다. 그러나 자연스러운 기원을 가진 이 종교는, 그 자체로서, 사람이 가진, 동물을 초월하는 자질의 산물이었다. 진화 종교는 야만인, 미개인, 문명화된 사람 안에서 작용하고, 그에게 부딪치는 다음 영향의 보살핌을 통해서, 인류의 체험적 생애에서 몇천 년에 걸쳐서 계속, 느리게 생겼다:

1. 예배 보조자—동물의 의식에서 실체를 파악하는, 동물을 초월하는 잠재성이 나타나는 것. 이것을 신을 찾는 원초적 인간 본능이라고 불러도 좋다.

2. 지혜 보조자—상급 표현 경로에서, 늘 확대되는 신 실체의 개념을 향하여, 경건한 지성 안에서 숭배를 지도하는 성향이 나타나는 것.

3. 성령(聖靈)—이것은 지성을 초월하는 시초의 선물이며, 모든 진정한 인간 성격 안에 어김없이 나타난다. 예배를 갈망하고 지혜를 바라는 지성에게 베푸는 이 봉사는, 신학 개념으로서, 또 실제이고 사실인 성격 체험으로서, 인간이 살아남는다는 가설을 스스로 깨닫는 능력을 창조한다.

이 세 가지 신성한 보살핌이 나란히 작용하는 것은 진화로 생긴 종교의 성장을 시작하고 이룩하기에 아주 넉넉하다. 이 영향을 나중에 생각 조절자, 세라핌들, 진리의 영이 확대하며, 이 모두가 종교적 발전 속도를 빠르게 한다. 이 매체들은 유란시아에서 오랫동안 활동해 왔고, 이 혹성이 사람 사는 구체로 남아 있는 한, 여기서 계속할 것이다. 이 신성한 매체들의 많은 잠재성은 아직까지 표현될 기회를 가진 적이 없다. 사람의 종교가 상물질계 가치와 영적 진리의 드높은 꼭대기를 향하여 한 수준 한 수준 올라감에 따라서, 많은 것이 다가오는 시대에 드러날 것이다.

1. 종교의 진화적 성질

초기의 두려움과 귀신들로부터, 영들을 처음에 강제하고 다음에 구슬리려는 노력을 포함하여, 연속된 여러 발전 단계를 통해서 종교의 진화의 유래가 밝혀졌다. 부족의 주물은 토템과 부족 신들이 되었고, 마술 공식은 현대의 기도가 되었다. 처음에 희생물이었던 할례는 위생 절차가 되었다.

종족들이 야만인이었던 초기 시절 전체에 걸쳐서, 종교는 자연 숭배로부터 귀신 숭배를 거쳐서 주물 숭배에 이르기까지 진보했다. 문명이 동트는 것과 함께 인류는 더 신비스럽고 상징적인 관념을 신봉했고, 한편 이제 성숙기에 이르면서 인류는 참 종교를 이해하기에, 아니 진리 그 자체의 계시가 시작되는 것을 위해서도 무르익었다.

종교는 영적 관념과 환경에 대하여 지성이 생물학적으로 반응함으로 일어난다. 종교는 한 민족 안에서 좀처럼 멸망하거나 변하지 않는 것이다. 종교는 어느 시대에도, 신비스러운 것에 대한 사회의 조정이다. 하나의 사회 제도로서, 종교는 의식, 상징, 종파, 성서, 제단, 성소(聖所), 성전을 포함한다. 거룩한 물, 유품, 주물, 부적, 예복, 종(鐘), 북, 사제직이 모든 종교에 공통이다. 그리고 순전히 진화된 종교를 마술이나 요술로부터 통째로 떼어 내기는 불가능하다.

신비와 권능이 언제나 종교적 느낌과 두려움을 자극해 왔고, 한편 감정은 이 둘의 발전에서 강력하게 조절하는 요소로서 늘 작용해 왔다. 두려움은 언제나 기본적인 종교 자극제였다. 두려움은 진화 종교에서 신들의 모습을 꾸미고, 원시 신자들의 종교 의식(儀式)을 자극한다. 문명이 발전함에 따라서, 두려움은 경외, 찬미, 존경, 동정심으로 말미암아 수정되고, 그리고 나서 가책과 뉘우침으로 더욱 조절된다.

어느 아시아 민족은 "하나님은 큰 두려움이라"고 가르쳤다. 그것은 순전히 진화적 종교의 산물이다. 가장 높은 부류의 종교적 생활의 계시였던 예수는 "하나님이 사랑이라"고 선언했다.

2. 종교와 도덕 관습

종교는 모든 인간 제도 가운데 가장 엄격하고 굽힐 줄 모르지만, 변하는 사회 뒤에 처져서 적응한다. 결국, 진화 종교는 변하는 도덕 관습을 반영하며, 이것은 다시, 계시된 종교에 영향을 받았을 수도 있다. 느리고 확실하게, 하지만 투덜거리면서, 종교(예배)는 지혜—체험적 논리가 안내하고 신성한 계시가 비춰 주는 지식—의 자국을 좇아서 따라간다.

종교는 도덕 관습에 집착한다. 이미 있던 것은 오래 되었고, 신성하다고 생각된다. 다른 이유가 아니고 바로 이 때문에, 돌로 만든 연장은 청동기 시대와 철기 시대까지 오랫동안 지속되었다. 이 말이 기록되어 있다: "그리고 나에게 돌로 된 제단을 쌓으려거든 너희는 깎은 돌로 세우지 말지니, 만드는 데 연장을 쓰면, 너희는 제단을 더럽혔느니라." 오늘날도, 힌두인들은 원시의 불 송곳을 써서 제단에 불을 지핀다. 진화된 종교의 과정에서, 진기한 것은 언제나 신성 모독으로 여겼다. 성찬(聖餐)은 새롭고 가공된 먹을 것이 아니라, 가장 원시적인 식품으로 이루어져야 했다. "불로 구운 고기, 이스트 넣지 않은 빵, 쓴 나물." 온갖 종류의 사회 관행, 그리고 법 절차까지도 옛 모습에 집착한다.

음탕하다고 여길 수 있는 많은 것이 다른 종교의 성서에 발표된 것을 보고 현대인이 놀랄 때, 지나가는 세대들은 그들의 선조가 거룩하고 신성하다고 판단한 것을 제거하기 두려워했다는 것을 멈추어서 생각해 보아야 한다. 한 세대가 음탕하다고 볼까 싶은 많은 것을, 이전의 세대들은 받아들인 관습의 일부로, 아니 인정받은 종교 의식이라고까지 여겼다. 어지간한 양의 종교적 논쟁은, 오래 되었지만 꾸짖어 마땅한 관습을 새롭게 제시된 논리와 절충하고, 오래 되고 낡아빠진 풍습을 교리로서 영속하는 것을 정당화하면서 그럴듯한 이론을 찾으려는 끊임없는 시도 때문에 일어났다.

그러나 종교의 성장을 너무 갑자기 가속하려고 애쓰는 것은 어리석을 따름이다. 한 종족이나 민족은 어떤 상급 종교로부터도, 적응하는 천재와 함께, 당대의 그 진화적 지위와 타당하게 어울리고 양립할 수 있는 것을 겨우 동화할 수 있을 뿐이다. 사회·기후·정치·경제 조건은 모두, 종교적 진화의 과정과 진보를 결정하는 데 온통 영향을 미친다. 사회의 도덕성은 종교, 다시 말해서, 진화적 종교에 좌우되지 않는다. 오히려 종족의 도덕성이 종교의 형태를 지시한다.

사람의 종족들은 이상하고 새로운 종교를 그냥 겉핥기로 받아들인다. 새 종교를 그들의 도덕 관습과 옛날의 믿는 방식에 실제로 적응한다. 이것은 어떤 뉴질랜드 부족의 예에서 잘 나타난다. 이들의 사제들은 이름만으로 그리스도교를 받아들인 뒤에, 가브리엘로부터 바로 계시를 받았다고 고백했는데, 그 계시의 취지는 바로 이 부족이 하나님이 택한 민족이 되었고, 그들이 절제 없는 성관계, 그리고 오래되고 꾸짖어 마땅한 그들의 수많은 다른 풍습에 마음대로 빠지도록 허락한다고 지시했다는 것이다. 새로 된 그리스도 교인들은 모두, 새롭고 덜 엄격한 이 그리스도교 해석으로 즉시 전향하였다.

종교는 언젠가, 온갖 종류의 반대되고 모순되는 행위를 인가했고, 이제는 부도덕하고 죄가 있다고 여기는 거의 모든 것을 한때는 인정했다. 체험으로 가르침을 받지 않고 논리의 도움을 받지 않은 양심은, 결코 인간의 행위에 안전하고 틀림없는 안내자가 된 적이 없고, 그렇게 될 수도 없다. 양심은 인간의 혼에게 말씀하는 신의 목소리가 아니다. 양심은 다만 존재의 어떤 현재 단계에서도 그 관습의 도덕과 윤리적 알맹이의 총합이다. 양심은 단지 어떤 주어진 집합의 상황에서도, 인간답게 생각한, 반응의 이상(理想)을 나타낼 뿐이다.

3. 진화 종교의 성질

인간의 종교를 연구하는 것은 화석을 지닌, 지난 시대의 사회의 지층을 검사하는 것이다. 인간을 닮은 신들의 도덕 관습은 그러한 신들을 처음 생각한 사람들의 도덕을 참되게 반영한다. 옛 종교와 신화(神話)는 흐릿함 속에 사라진 지 오랜, 민족들의 신앙과 전통을 있는 그대로 그린다. 이 옛 숭배 관습은 더 새로운 경제 관습과 사회의 진화와 나란히 지속하며, 물론 터무니없이 모순되어 보인다. 그 숭배의 찌꺼기는 지난날의 민족 종교의 참 모습을 보여 준다. 숭배 단체들은 진리를 찾으려는 것이 아니라, 오히려 그들의 교리를 널리 펼치려고 형성된다는 것을 반드시 기억하여라.

종교는 언제나 대체로 관례, 의식, 관행, 예식, 독단의 문제였다. 종교는 끈질기게 중상(中傷)하는 잘못, 선택받은 백성이라는 망상에 보통 물들어 있다. 기본적인 종교 관념, 곧 주문 외우기, 영감, 계시, 달래기, 뉘우침, 죄값 물어내기, 중재, 희생물 바치기, 기도, 죄 고백, 예배, 죽은 뒤에 부활, 성찬, 의식, 몸값, 구원, 몸값 내고 되찾기, 계약, 더러움, 정화(淨化), 예언, 원죄(原罪)—이 모두가 원시적 귀신 공포증이 있었던 옛 시절로 거슬러 올라간다.

원시 종교는 물질적 존재를 위한 싸움이, 무덤을 넘어선 존재를 둘러싸려고 뻗은 것에 지나지 않는다. 그러한 교리의 관행은 자아를 유지하는 투쟁이, 상상하는 귀신과 영 세계의 영토까지 연장된 것이다. 그러나 진화 종교를 비난할 유혹을 받을 때 조심하여라. 바로 그것이 <u>일어난 사실임</u>을 기억할지니, 진화 종교는 역사적 사실이다. 그리고 어떤 아이디어라도, 그 힘은 그 확실성이나 진리에 있는 것이 아니라, 오히려 인간에게 주는 그 매력의 뚜렷함에 있다.

진화 종교는 변화나 수정을 위하여 아무런 준비가 없다. 과학과 달리, 그 자체가 진취적으로 수정되는 길을 마련하지 않는다. 진화된 종교는 그 추종자들이 그것이 "유일한 진리"라고 믿기 때문에 존경을 받는다. "성자들에게 한때 전해진 믿음"은 이론적으로 최종이고 틀릴 수 없는 것이다. 종파는 진정한 진보가 그 종파 자체를 수정하거나 깨뜨릴 것이 확실하기 때문에, 발전에 저항한다. 따라서 수정은 언제나 그 종파에 강제되어야 한다.

오로지 두 가지 영향이 자연 종교의 교리를 수정(修正)하고 향상할 수 있는데, 하나는 느리게 나아가는 도덕 관습의 압력이요, 다른 하나는 신기원의 계시가 정기적으로 빛을 비춰 주는 것이다. 그리고 진보가 느린 것은 이상한 일이 아니다. 옛 시대에는 진취적이거나 창의성이 있으면 요술사로서 죽음을 당하는 것을 뜻했다. 그 숭배는 세대를 이은 시기와 오랜 세월에 걸친 주기를 가지고 느리게 진보한다. 그러나 앞으로 나가기는 한다. 귀신을 믿는 진화된 신앙은 계시된 종교의 철학을 위하여 기초를 쌓았고, 이것은 궁극에 그 뿌리에 있는 미신을 파괴할 것이다.

종교는 여러 면에서 사회의 발전에 장애가 되었지만, 종교가 없이 아무런 지속되는 도덕성이나 윤리, 가치 있는 어떤 문명도 없었을 것이다. 종교는 많은 비종교 문화의 어머니가 되었다: 조각은 우상 만들기에서, 건축은 성전 짓기에서, 시(詩)는 주문에서, 음악은 예배하는 노래에서, 연극은 영의 인도를 대신하는 연기에서, 춤은 철마다 있는 예배 잔치에서 비롯하였다.

그러나 종교가 문명의 발전과 보존에 필수였다는 사실에 주의를 불러일으키는 한편, 자연 종교는 달리 그것이 육성하고 유지했을 바로 그 문명을 또한 절름발이로 만들고 그에 장애가 되는 일을 많이 했다는 것을 적어야 한다. 종교는 산업 활동과 경제 발전을 방해했다. 노동을 헤프게 쓰고 자본을 낭비했다. 종교는 가족에게 반드시 도움이 되지는 않았다. 평화와 선의를 알맞게 육성하지 않았다. 종교는 때때로 교육을 게을리 했고 과학의 성장을 더디게 만들었다. 죽음을 부유하게 꾸미기 위해서 삶을 지나치게 빈곤하게 만들었다. 진화된 종교, 인간의 종교는 정말로 이 모든 것, 그리고 더 많은 잘못, 오류, 실수를 저지른 죄가 있다. 그런데도 종교는 문화적 윤리, 문명화된 도덕, 사회의 단결을 유지했고, 나중에 계시된 종교가 많은 이러한 진화적 결점을 메우는 것을 가능하게 했다.

진화 종교는 무척 비싸지만, 비할 수 없이 효과 있는 인간 제도였다. 인간의 종교는 오직 진화된 문명에 비추어서만 정당화될 수 있다. 사람이 동물의 진화에서 올라가는 산물이 아니라면, 그러한 종교 발전의 과정은 정당화되지 못한다.

종교는 자본의 축적을 수월하게 만들었고, 어떤 종류의 일을 육성했다. 사제들의 여가는 예술과 지식을 권장했고, 결국 그 종족은 윤리의 기법에서 이 모든 초기의 잘못의 결과로서 많은 것을 얻었다. 정직한 샤먼과 그렇지 않은 샤먼들은 무척 비싸게 먹혔어도, 그들은 제 값을 충분히 했다. 지식 계급과 과학 그 자체는, 기생충 같은 사제 계급으로부터 솟아 나왔다. 종교는 문명을 육성하고, 사회의 연속성을 마련해 주었고, 늘 도덕적 경찰력이 되었다. 종교는 인간의 단련과 자제를 마련해 주었고, 이것은 지혜를 가능하게 만들었다. 종교는 진화에서 효과 있는 천벌이며, 이것은 게으르고 고통받는 인류를 자연스러운 그 지적(知的) 무기력 상태로부터 더 높은 이성과 지혜의 수준으로, 앞으로, 위로, 사정 없이 몰아 댄다.

그리고 동물로서 올라오면서 얻은 이 신성한 유산, 진화된 종교는 계시된 종교의 계속된 검열을 받고, 진정한 과학의 불타는 용광로를 써서, 늘 계속 다듬어지고 고귀하게 되어야 한다.

4. 계시의 선물

계시는 진화를 따르지만 언제나 진취적이다. 한 세계 역사의 세월을 통해서 종교의 계시는 늘 확대되고 연달아 더욱 깨우침을 주었다. 연속되는 진화 종교들을 분류하고 검열하는 것이 계시의 사명이다. 그러나 계시가 진화하는 종교들을 높이고 개량하려면, 그러한 신의 방문은 그 가르침이 발표되는 시대의 생각과 반응으로부터 너무 멀리 동떨어지지 않은 가르침을 묘사해야 한다. 이처럼 계시는 언제나 진화와 연락을 유지해야 하고, 또 그렇게 한다. 계시된 종교는 반드시 사람이 받아들이는 능력에 제한을 받는다.

그러나 겉으로 나타나는 연락이나 유래에 상관 없이, 계시 종교들은 최종 가치를 가진 어떤 신, 그리고 죽은 뒤에 성격 신분이 살아남는다는 어떤 개념을 믿는 신앙의 특징을 반드시 가진다.

진화된 종교는 감상적이지만 논리가 없다. 그것은 가상하는 귀신·영 세계를 믿는 것에 대한 사람의 반응이다—미지의 것을 깨닫고 두려워함으로부터 자극을 받는, 인간의 관념에 대한 반사 작용이다. 실재하는 영적 세계가 계시 종교를 제시한다. 계시 종교는 우주의 신들을 믿고 기대려 하는 사람의 갈망에 지성을 초월하는 우주가 반응하는 것이다. 진화 종교는 진리를 추구하는 인류가 멀리 빙 돌아서 더듬는 것을 그린다. 계시 종교는 바로 그 <u>진리이다</u>.

종교 면에서 계시하는 여러 사건이 있었지만, 신기원(新紀元)의 중요성을 가진 것은 겨우 다섯이다. 이것들은 다음과 같다:

1. <u>달라마시아의 가르침</u>. 첫째 근원 중심에 대한 참 개념은 칼리가스티아 영주 참모진의 유형(有形) 회원 1백인이 처음으로 유란시아에 널리 퍼뜨렸다. 확대되는 이 신의 계시는 혹성의 탈퇴와 교육 체제의 분열로 말미암아 갑자기 끝날 때까지, 30만 년이 넘도록 이어졌다. 반이 한 일을 제쳐 놓고, 달라마시아 계시의 영향은 온 세계에서 실질적으로 사라졌다. 아담이 도착할 때가 되어서는 놋 사람들조차 이 진리를 잊어버렸다. 1백인의 가르침을 받은 모든 사람 가운데, 홍인이 그것을 가장 오래 지녔다. 그러나 큰 영의 관념은 아메리카 인디안의 종교에서 기껏해야 흐릿한 개념이었고, 그리스도교와 가진 접촉이 그 개념을 크게 분명히 하고 강화했다.

2. <u>에덴의 가르침</u>. 아담과 이브는 진화 민족들에게 만물의 아버지 개념을 다시 묘사했다. 첫째 에덴의 분열은 아담의 계시가 미처 제대로 시작되기도 전에 그 과정을 멈추게 했다. 그러나 중지된 아담의 가르침을 셋 사람 사제들이 계속하였고, 이 진리의 얼마큼은 세계에서 결코 완전히 사라진 적이 없다. 레반트의 종교 진화에서 전체 경향은 셋 사람들의 가르침으로 말미암아 수정되었다. 그러나 기원전 2500년이 되어서 인류는 에덴 시절에 후원받았던 계시를 대체로 잃어버렸다.

3. <u>살렘의 멜기세덱</u>. 네바돈의 이 비상시 아들은 유란시아에서 세 번째로 진리의 계시를 개시했다. 그의 가르침의 근본 교훈은 <u>진리</u>와 <u>믿음</u>이었다. 그는 하나님의 전능한 은혜를 믿는 것을 가르쳤고, 믿음의 행위로 말미암아 사람들이 하나님의 은총을 얻는다고 선포했다. 그의 가르침은 여러 진화 종교의 관념 및 풍습과 차츰

서로 섞였고, 그리스도 뒤 처음 천년이 시작될 때 유란시아에서 있었던 여러 신학 체계로 마침내 발전되었다.

4. 나사렛 예수. 그리스도 미가엘은 하나님이 우주의 아버지라는 개념을 유란시아에 네 번째로 발표했고, 이 가르침은 그 뒤로 늘 널리 지속하였다. 그의 가르침의 본질은 사랑과 봉사였다. 피조물인 아들은 아버지 하나님이 사랑으로 베푸는 봉사를 깨닫고, 그에 응답하여 자진해서 사랑으로 예배하는 것이요, 그러한 생물 아들들은 자유 의지로 형제들에게 봉사를 베풀고, 이런 봉사에서 그들이 마찬가지로 아버지 하나님을 섬기고 있음을 기쁘게 깨닫는다.

5. 유란시아 논문집. 이 글은 이 논문집 가운데 하나인데, 이것은 유란시아의 필사자들에게 주는 최근의 진리 발표이다. 이 글들은 모든 이전의 계시와 다르니, 이것은 한 우주 성격자의 작품이 아니라, 여러 존재가 발표한 것의 복합이기 때문이다. 그러나 우주의 아버지에 도달하지 못하는 어떤 계시도 결코 완벽할 수 없다. 모든 다른 천상의 봉사는 기껏해야 부분적이고 잠깐이며, 시간과 공간의 지역 조건에 실용적으로 적응되었다. 이와 같은 인정(認定)은 모든 계시에서 즉시 생기는 효과와 권한을 아마도 깎아내릴까 싶지만, 유란시아의 필사 종족들에게 최근에 진리를 계시한 이 글이 앞날에 가질 영향과 권한을 약화시키는 위험을 무릅쓰고라도, 그렇게 솔직히 말하는 것이 좋은 때가 유란시아에 왔다.

5. 위대한 종교 지도자

진화 종교에서, 신들은 사람의 모습과 비슷하게 존재한다고 생각되었다. 계시 종교에서 사람들은 그들이 하나님의 아들이라고—아니 신성의 유한한 모습을 따라서 빚어졌다고—가르침을 받았다. 계시의 가르침과 진화의 산물로부터 혼합되어, 합성된 신앙 속에서, 하나님 개념은 다음의 혼합이다:

1. 여러 진화 종교에서 선재하는 관념.
2. 계시된 종교의 숭고한 이상.
3. 인류의 위대한 종교 지도자, 선지자, 선생들의 개인적 관점.

대부분의 큰 종교 시기는 어떤 뛰어난 인물의 일생과 가르침으로 개시되었다. 지도층은 역사에서 대다수의 가치 있는 도덕 운동을 시작하였다. 사람들은 지도자의 가르침을 희생하고서도 그 지도자를 존경하고, 그가 선포하는 진리를 놓치더라도 그 인물을 경외하는 경향이 언제나 있었다. 그리고 이것은 이유가 없지는 않다. 진화 인간의 가슴 속에는, 위로부터 또 저 세상으로부터, 도움을 찾는 본능적인 소망이 있다. 이 갈망은 혹성 영주와 나중에 물질 아들들이 땅에 나타나기를 기대하도록 고안된 것이다. 유란시아에서 사람은 이 초인간 지도자와 통치자들을 빼앗겼고, 따라서 초자연 기원과 기적 같은 생애에 관계되는 전설을 가지고 인간 지도자들을 덮어 가림으로써 항상 이 손실을 메우려고 애쓴다.

많은 민족이 그 지도자들이 처녀로부터 태어났다고 상상했다. 이 지도자들의 생애에는 기적의 사건들이 헤프게 널려 있고, 그들이 돌아오기를 각자의 무리가 언제나 기대한다. 중앙 아시아에 있는 부족 사람들은 아직도 징기스칸이 돌아오기를 기대하고, 티벳·중국·인도에서는 부처를 기다린다. 이슬람에서는 모하메드이고, 아메리카 인디안 사이에서는 헤수나닌 오나모나론톤이었다. 히브리인들은 대체로 아담이 물질적 통치자로서 돌아오기를 기다렸다. 바빌론의 신 마르둑은 아담의 전설이 지속된 것이고, 이 하나님의 아들 관념은 사람과 하나님 사이를 연결하는 고리였다. 아담이 땅에 나타난 뒤에, 이른바 하나님의 아들들은 세계의 종족들 사이에 공통되었다.

그러나 이들이 받은 미신 같은 경외감에 상관 없이, 인류의 도덕·철학·종교의 진보를 위해서, 이 선생들은 받침점이 되는 현세의 인물이요, 그 위에 계시된 진리의 지렛대가 놓여 있었던 것이 사실이다.

오나가로부터 구루 나낙까지 1백만 년 동안 유란시아의 인간 역사에서 수백의 종교 지도자가 있었다. 이 기간에 종교적 진리와 영적 믿음의 물결에는 썰물과 밀물이 여러 번 있었고, 지난날에 유란시아에서 있었던 각 종교 부흥은 어떤 종교 지도자의 일생과 가르침과 동일시되었다. 근래의 선생들을 고려하면서 아담 뒤에 유란시아에서 7대 종교 시대로 이들을 묶는 것이 도움이 될까 한다:

1. 셋 사람 시기. 셋 사람 사제들은 아모삿의 지도 밑에서 다시 생겨난 바와 같이, 아담 뒤에 큰 선생들이 되었다. 그들은 안드 사람의 땅에서 두루 활동했고, 그들의 영향은 그리스인, 수메르인, 힌두인 사이에서 가장 오랫동안 지속되었다. 후자 사이에서 이 사제들은 힌두 신앙의 브라만으로서 오늘날까지 계속하였다. 셋 사람들과 그 추종자들은 아담이 계시한 삼위 일체 개념을 결코 완전히 잃어버리지 않았다.

2. 멜기세덱 선교사 시대. 유란시아 종교는 그리스도보다 거의 2천 년 앞서 마키벤타 멜기세덱이 살렘에 살면서 가르쳤을 때, 그가 임명한 선생들의 노력으로 말미암아 적지 않게 다시 살아났다. 이 선교사들은 믿음이 하나님에게 은총을 얻는 값이라고 선포했고, 그들의 가르침은 비록 금방 나타나는 종교를 낳지 않았지만, 그런데도 기초를 형성했고, 그 위에 후일에 진리의 선생들이 유란시아 종교들을 세우도록 예정되었다.

3. 멜기세덱 이후 시대. 아메니모피와 이크나톤 두 사람이 이 시기에 가르쳤지만, 멜기세덱 이후 시대에 뛰어난 종교적 천재는 레반트의 베두인 집단의 지도자, 히브리 종교의 창립자—모세—였다. 모세는 일신교를 가르쳤다. 그는 말했다: "들거라, 아 이스라엘아, 주 우리 하나님은 유일한 하나님이라." "주, 그는 하나님이로다. 그 외에 아무도 없도다." 모세는 그의 민족 가운데 귀신 숭배의 찌꺼기를 뿌리 뽑으려고 끈질기게 추구하였고, 그 신봉자들에게 사형을 내리기까지 했다. 모세의 유일신 사상을 후계자들이 더럽혔지만, 나중에 그들은 그의 많은 가르침으로 돌아갔다. 모세의 위대함은 지혜와 총명에 있다. 다른 사람들은 더 위대한 하나님 개념을 가졌지만, 어느 누구도 큰 무리의 사람들로 하여금 그런 앞선 신앙을 받아들이도록 유도하는 데 그렇게 성공하지는 않았다.

4. 그리스도 전 6세기. 많은 사람이 이 세기에 진리를 선포하려고 일어났는데, 이 때는 유란시아에서 일찍이 구경했던 바 종교적 각성이 있던 큰 세기 중에 하나였다. 이들 가운데 고타마·공자·노자·조로아스터, 그리고 자이나교 선생들을 기록해야 한다. 고타마의 가르침은 아시아에서 널리 퍼졌고, 그는 수백만에게 부처로 존경받는다. 공자와 중국인의 도덕성의 관계는 플라톤과 그리스 철학의 관계와 같았고, 이 두 가지 가르침에 대하여 종교적 반향이 있었지만, 엄밀하게 말해서 어느 쪽도 종교 스승은 아니었다. 공자가 인간성에서 본 것이나 플라톤이 이상주의에서 본 것보다, 노자는 도(道)에서 하나님을 더 보았다. 조로아스터는 좋은 영과 나쁜 영, 이 2영(二靈) 사상의 지배적 개념에 많이 영향을 받았지만, 동시에 하나의 영

원한 신의 관념과 궁극에는 빛이 어둠을 이긴다는 생각을 분명히 높였다.

5. <u>그리스도 후 1세기</u>. 종교 스승으로서, 나사렛의 예수는 세례자 요한이 세운 종파를 가지고 시작했으며, 금식과 형식으로부터, 할 수 있는 데까지 멀리 나아갔다. 예수를 제쳐 놓고, 타르수스의 바울과 알렉산드리아의 빌로는 이 시대에 가장 위대한 선생이었다. 그들의 종교 개념은 그리스도의 이름을 지닌 그 신앙이 진화하는 데 지배적인 역할을 해 왔다.

6. <u>그리스도 후 6세기</u>. 모하메드는 그가 살던 시대의 많은 교리보다 뛰어난 종교를 창시했다. 그의 종교는 외국인 신앙의 사회적 요구에 대하여, 또 자기 민족의 종교 생활의 모순에 대한 항쟁이었다.

7. <u>그리스도 후 15세기</u>. 이 시기에는 두 가지 종교 운동을 보았는데, 하나는 서양에서 그리스도교의 통일이 무너진 것이고, 다른 하나는 동양에서 새 종교가 합성된 것이다. 유럽에서는 제도화된 그리스도교가, 계속된 성장이 통일과 양립할 수 없게 만든 정도까지 굳어졌다. 동양에서는 이슬람·힌두교·불교의 통합된 가르침을 나낙과 추종자들이 시크교로 합성했는데, 이것은 아시아의 가장 진보된 종교의 하나였다.

유란시아의 앞날은 의심할 것 없이, 종교적 진리—하나님이 아버지이고 모든 피조물이 형제임—을 가르치는 선생들이 등장하는 특징을 가질 것이다. 그러나 이 미래 선지자들의 뜨겁고 성실한 노력을 종교 사이에 장벽을 높이는 데 쏟기 보다, 사타니아에서 유란시아의 특징을 무척 나타내는, 다른 지적 신학을 따르는 많은 추종자 사이에서, 영적으로 숭배하는 종교적 형제 정신을 확대하는 데 더욱 쏟기를 희망해야 할 것이다.

6. 복합 종교

20세기 유란시아의 종교들은 사람의 숭배 충동의 사회적 진화에 관하여 재미있는 연구를 제공한다. 많은 신앙이 귀신을 숭배하던 시절 이후로 거의 진보하지 않았다. 아프리카의 피그미인들 가운데 더러는 영 환경을 조금 믿지만, 그들은 한 등급으로서 아무런 종교적 반응이 없다. 그들은 종교의 진화가 시작되었을 때 원시인이 있었던 바로 그 형편에 오늘날 놓여 있다. 원시 종교의 기본 신앙은 죽음 뒤에 살아남는 것이다. 성격을 가진 하나님을 숭배하는 아이디어는 상급의 진화적 발전, 아니 계시의 첫째 단계까지도 가리킨다. 디야크인들은 겨우 가장 원시적인 종교 관습을 진화했다. 비교적 근래의 에스키모인과 아메리카 인디안들은 무척 빈약한 하나님 개념을 가졌다. 그들은 귀신을 믿었고 죽은 뒤에 어떤 종류의 생존이 있다는 분명치 않은 관념을 가졌다. 오늘날의 오스트랄리아 원주민은 겨우 귀신에 대한 두려움, 어둠에 대한 무서움, 투박한 조상 존중심을 가지고 있다. 줄루인들은 귀신을 두려워하고 희생물을 바치는 종교를 막 진화시키고 있다. 많은 아프리카 부족은, 그리스도 교인과 모하메드 교인들의 선교 사업을 통한 것을 제외하면, 종교의 진화에서 주물 단계를 넘지 못했다. 그러나 어떤 무리들은, 옛 트라키아인들처럼, 일신교 관념을 오랫동안 지녀왔는데, 트라키아인들은 또한 불멸을 믿었다.

유란시아에서 진화 종교와 계시 종교는, 이 논문집을 구술하는 시대에 세계에서 발견되는 다양한 신학 체계로 섞이고 합병되는 동안에, 나란히 진보하고 있다. 이 여러 종교, 20세기에 유란시아의 종교들은, 다음과 같이 열거해도 좋다:

1. 힌두교—가장 오래 된 것.
2. 히브리 종교.
3. 불교.
4. 공자의 가르침.
5. 도교의 관념.
6. 조로아스터교.
7. 신도(神道).
8. 자이나교.
9. 그리스도교.
10. 이슬람.
11. 시크교—가장 최근의 것.

고대에 가장 진보된 종교는 유대교와 힌두교였고, 각자가 동양과 서양에서 종교의 발전 과정에 크게 영향을 미쳤다. 힌두인과 히브리인 모두가 자기네 종교가 영감과 계시를 받았다고 믿었고, 모든 다른 것은 한 참된 신앙의 퇴폐적 형태라고 믿었다.

인도는 힌두·시크·모하메드·자이나 교인들 사이에 갈라져 있고, 각기 하나님과 사람과 우주가 다르게 파악되는 대로 이들을 그렸다. 중국은 도가(道家)와 공자의 가르침을 따랐고, 일본에서는 신도를 섬겼다.

국제적이고 종족을 넘어선 큰 신앙은 히브리 종교, 불교, 그리스도교, 이슬람교이다. 불교는 세일론과 버마에서부터 티벳과 중국을 거쳐서 일본까지 뻗으며, 오직 그리스도교가 이에 맞설 만큼, 여러 민족의 도덕 관습에 적응하는 능력을 보였다.

히브리 종교는 다신교에서 일신교로 넘어가는 철학적 과도기를 둘러싼다. 그것은 진화된 종교와 계시된 종교 사이에 있는 진화의 고리이다. 히브리인들은 초기에 그들의 진화된 신들로부터 곧장, 계시의 하나님에 이르기까지 따라간 유일한 서양 민족이었다. 그러나 이 진리는 이사야의 시절까지 결코 널리 받아들여지지 않았고, 그는 우주의 창조자와 통합된 종족 신의 관념, 뒤섞인 관념을 다시 한 번 가르쳤다: "아 만군의 주, 이스라엘의 하나님, 주는 하나님이요, 주 홀로 계시나이다. 주가 하늘과 땅을 만드셨나이다." 한때 서양 문명이 살아남을 희망은 선에 대한 숭고한 히브리인 개념, 그리고 아름다움에 대한 진보된 그리스인 개념에 묻혀 있었다.

그리스도교는 그리스도의 일생과 가르침에 관한 종교이며, 이것은 유대교의 신학에 기초를 두었고, 조로아스터교의 어떤 가르침과 그리스 철학을 동화(同化)함으로 더욱 수정되었으며, 주로 빌로·베드로·바울, 이 세 사람이 형성했다. 바울의 시절 이후로 이 종교는 여러 단계의 진화를 거쳤고, 아주 속속들이 서양화되어서, 유럽 바깥에 여러 민족이 아주 당연히 그리스도교를 낯선 하나님에 대한 계시, 낯선 사람들을 위한 이상한 계시로 바라보았다.

이슬람은 북 아프리카, 레반트, 동남 아시아를 종교 문화에서 연결한다. 후일의 그리스도교 가르침과 연결하여, 유대의 신학은 이슬람을 일신교로 만들었다. 모하메드의 추종자들은 높은 삼위 일체 가르침에 걸려 넘어졌다. 그들은 세 분의 신다운 성격자와 하나의 신의 교리를 알아들을 수 없었다. 진화된 지성들이 갑자기 상급의 계시된 진리를 받아들이도록 유도하기는 언제나 어렵다. 사람은 진화된 생물이며, 대체로 진화적 기법으로 종교를 얻어야 한다.

조상 숭배는 한때 종교의 진화에서 결정적인 진보였지만, 이 원시 개념이 불교와 힌두교와 같이 비교적 진보된 아주 많은 것 사이에, 중국, 일본, 인도에서 지속하는 것은 놀랍고도 딱하다. 서양에서 조상 숭배는 민족 신들을 우러러보고 종족의 영웅들을 존경하는 것으로 발전했다. 20세기에, 영웅을 모시는 이 민족주의 종교는 여러 가지 급진적이고 민족주의를 부르짖는 비종교주의에서 그 모습을 나타내며, 이것이 서양에서 많은 종족과 민족의 특징을 나타낸다. 바로 이 태도 중에 많은 것이 영어를 쓰는 민족들의 이름난 대학과 큰 산업 공동체들에서 또한 발견된다. 이 개념들과 크게 다르지 않은 것은 종교는 겨우 "풍족한 생활을 함께 추구하는 것"이라는 관념이다. "민족 종교"는 초기 로마의 황제 숭배로, 그리고 신도(神道)로—국가가 황제 가족의 숭배로—돌아가는 것에 지나지 않는다.

7. 종교의 계속된 진화

종교는 결코 과학적 사실이 될 수 없다. 철학은 정말로 과학적 기초 위에 놓여 있지만, 종교는 늘 진화되든지 계시되든지, 아니면 오늘날 세상에서 그런 것처럼, 이 두 가지의 가능한 조합으로 남을 것이다.

새로운 종교는 발명될 수 없다. 새 종교는 진화되든지 아니면 갑자기 계시된다. 모든 새로운 진화 종교는 단지 오래 된 신앙의 진보하는 표현이요, 새로운 적응과 조정일 따름이다. 오래 된 것은 존재하기를 그치지 않으며, 힌두교·불교·이슬람교, 그리고 당대의 다른 종파들이 자란 토양과 형태로부터 시크교가 싹트고 꽃핀 것처럼, 새로운 것과 합쳐진다. 원시 종교는 아주 민주적이었다. 야만인은 재빨리 빌리거나 빌려 주었다. 오로지 계시된 종교에서, 독재하고 너그럽지 않은 신학적 자기 본위가 나타났다.

유란시아의 여러 종교는 사람을 하나님에게로 데려오고 아버지를 깨닫는 마음을 사람에게 가져오는 범위 안에서, 다 좋다. 어떤 집단의 종교가라도, 그들의 교리가 유일한 진리라고 생각하는 것은 잘못이다. 그러한 태도는 믿음의 확실성보다 신학의 오만(傲慢)을 더 말해 준다. 모든 다른 신앙에 담긴 최선의 진리를 연구하고 동화해서 이득을 얻지 못할 유란시아 종교는 하나도 없으니, 모두가 진리를 담고 있기 때문이다. 종교가들은 이웃의 남아 있는 미신과 낡아빠진 의식(儀式) 가운데 가장 나쁜 것을 헐뜯기보다, 그들의 살아 있는 영적 믿음에서 가장 좋은 것을 빌리는 것이 더 좋을 것이다.

이 모든 종교는 사람이 동일한 영적 인도에 대하여 다르게 지적으로 반응하는 결과로서 일어났다. 이 종교들은 결코 그 신조·교리·의식이 한결같이 같기를 바랄 수 없다—이것들은 지적인 것이다. 그러나 이 종교들은 만물의 아버지를 참으로 숭배하는 데서 통일을 얻을 수 있고, 언젠가 그렇게 하리니, 이것이 영적인 것이기 때문이며, 정신적으로 모든 사람은 동등하다는 것은 언제까지나 참말이다.

원시 종교는 대체로 물질의 가치를 의식하는 것이었지만, 문명은 종교적 가치를 높이는데, 이는 참 종교가 의미 있고 최고의 가치를 가진 봉사에 자아를 바치는 것이기 때문이다. 종교가 진화함에 따라서, 윤리는 도덕을 다루는 철학이 되고, 도덕성은 가장 높은 의미와 최상의 가치—신성하고 영적인 이상—의 표준에 따라서, 자아를 훈련하는 것이 된다. 이처럼 종교는 저절로 우러나오는 지극한 헌신, 사랑으로 충성하는 산 체험이 된다.

다음이 종교의 품질을 가리킨다:

1. 수준 가치—충성심.

2. 의미의 깊이—이 드높은 가치들을 이상주의적으로 이해하는 데 개인이 민감해지는 것.

3. 헌신의 깊이—이 신성한 가치들에 몸을 바치는 정도.

4. 이상주의적 영적 생활을 하는 이 우주 행로에서 인격이 매이지 않고 진보하는 것, 곧 하나님의 아들이요, 우주에서 결코 그치지 않는 진취적인 시민임을 깨닫는 것.

종교적 의미는 어린아이가 전능의 관념을 부모로부터 하나님에게 옮길 때 자의식 속에서 진보한다. 그러한 아이의 종교적 체험 전부는 대체로 두려움 또는 사랑이 부모와 아이의 관계를 지배했는가에 달려 있다. 노예들은 주인을 두려워하는 마음을 하나님 사랑의 개념으로 바꾸는 데 언제나 큰 어려움을 겪었다. 문명과 과학과 진보된 종교는 자연 현상의 끔찍함에서 생겨난 두려움으로부터 인류를 구원해야 한다. 마찬가지로 더 높은 깨우침은 교육받은 사람들을 신과 가지는 교통에서 중개인들에게 온통 의존하는 성향으로부터 구원해야 한다.

인간답고 눈에 보이는 것으로부터 신답고 눈에 보이지 않는 것으로 숭배를 옮기는 과정에서, 우상 숭배로 머뭇거리는 이 중간 단계들을 피할 수 없지만, 이 단계들은 깃드는 신성한 영이 도와 주는 봉사를 의식함으로 단축되어야 한다. 그런데도 사람은 그의 신 개념 뿐 아니라, 또한 그가 명예를 돌리기로 선택한 영웅들의 됨됨이에도 깊이 영향을 받아 왔다. 신답고 다시 사신 그리스도를 숭배하려고 온 자들이 그 사람을—씩씩하고 용기가 넘치는 그 영웅—요셉의 아들 요수아를 놓치고 보지 못했다는 것은 무척 유감이다.

현대인은 알맞게 종교를 자의식하고 있지만, 사회의 변형이 가속되고 전례 없이 과학이 발전하기 때문에 그의 예배 관습은 뒤죽박죽이 되고 신용을 잃었다. 생각하는 남녀는 종교가 다시 규명되기를 바라고, 이 요구는 종교가 그 자체를 다시 평가하기를 강요할 것이다.

현대인은 2천 년 동안에 일어난 것보다 더 많이, 한 세대에 인간의 가치를 다시 조정하는 일에 부닥쳤다. 그리고 이 모두가 종교에 대한 사회의 태도에 영향을 미치는데, 이는 종교가 생각하는 기법일 뿐 아니라 살아가는 길이기 때문이다.

참 종교는 늘, 동시에, 모든 지속하는 문명의 영원한 기초이자 안내하는 별이 되어야 한다.

[네바돈의 한 멜기세덱이 발표했다.]

제 93 편

마키벤타 멜기세덱

멜기세덱들은 비상시 아들로 널리 알려져 있는데, 이는 그들이 한 지역 우주의 여러 세계에서 놀라운 범위의 활동에 종사하기 때문이다. 어떤 특별한 문제가 일어나거나 무엇인가 특별한 일을 시도해야 할 때, 멜기세덱이 그 과제를 받아들이는 일이 아주 흔하다. 멜기세덱 아들들이 비상시에, 우주의 널리 다양한 수준에서, 심지어 성격이 나타나는 육체 수준에서도 활동하는 능력은 그들의 계급에 특이하다. 오로지 생명 운반자들이 이렇게 변형하는 범위의 성격 활동을 어느 정도라도 함께 나눈다.

멜기세덱 계급의 우주 아들 신분은 유란시아에서 대단히 활발했다. 12명의 한 집단이 생명 운반자들과 함께 봉사했다. 후일에 있었던 12명의 군단은 칼리가스티아 탈퇴가 있은 바로 뒤에 너희 세계의 관리자가 되었고, 아담과 이브의 시절까지 줄곧 권한을 쥐었다. 이 열두 멜기세덱은 아담과 이브의 실수가 있고 나서 유란시아로 돌아왔고, 그 뒤로 나사렛 예수가 사람의 아들로서 직함으로 유란시아의 혹성 영주가 된 날까지, 혹성 관리자로서 계속하였다.

1. 마키벤타의 육신화

계시된 진리는 유란시아에서 아담 임무의 실패를 뒤따른 수천 년 동안에 소멸될 위협을 받았다. 비록 머리가 진보하기는 했어도, 인간 종족들은 천천히 영적으로 쇠퇴하고 있었다. 기원전 약 3000년에 하나님 개념은 사람들의 머리 속에서 무척 흐릿하게 되었다.

멜기세덱 관리자 12명은 미가엘이 그들의 혹성에 수여되는 일이 다가오는 것을 알고 있었지만, 그 일이 얼마나 빨리 일어날 것인지 몰랐다. 따라서 그들은 엄숙한 회의를 열었고, 유란시아에서 진리의 빛을 유지하기 위하여 무슨 조치를 취할 것을 에덴시아의 최고자들에게 탄원했다. 이 간청은 "사타니아의 606번에서 사무의 운영은 온전히 멜기세덱 관리자들의 손에 있다"는 지시와 함께 기각되었다. 그리고 나서 관리자들은 아버지 멜기세덱에게 도움을 요청했지만, "수여 아들이 도착할 때까지" 그들 스스로 선택한 방식대로 진리를 줄곧 지켜야 하고, 이 수여 아들은 "혹성의 여러 호칭(呼稱)을 몰수된 상태와 불확실성으로부터 구할 것이라"는 말씀만 겨우 받았다.

그들 자신의 수단을 쓰라고 아주 완전히 내던져진 결과로, 혹성 관리자 12명의 하나, 마키벤타 멜기세덱이 온 네바돈 역사에서 꼭 여섯 번만 행해진 일을 하겠다고 자원했다. 이것은 땅에서 그 영역에 임시 있는 사람으로 인격화하는 것, 세상에 봉사하는 비상시(非常時) 아들로서 자신을 수여하는 것이었다. 구원자별 당국이 이 모험을 하라고 허가했고, 마키벤타 멜기세덱의 실제 육신화는, 살렘 시가 되기로 예정된 곳 가까이에서 이루어졌다. 생명 운반자들, 물리 주통제자들 약간, 그리고 유란시아에서 거주하는 다른 하늘 성격자들의 협력을 얻어서, 이 멜기세덱 아들이 물질화하는 거래 전체를 혹성 관리자들이 끝마쳤다.

2. 살렘의 현자

마키벤타가 유란시아의 인류에게 수여된 것은 예수가 태어나기 1973년 전이었다. 그의 오심은 눈부신 일이 아니었고, 그가 물질화되는 것을 인간의 눈이 구경하지 못했다. 그가 암돈의 텐트에 들어간 그 중대한 날에 필사 인간이 그를 처음으로 지켜보았고, 암돈은 수메르인 핏줄을 가진 갈대아인 목자(牧者)였다. 그의 임무를 선포한 것은 이 목자에게 간단히 이른 말씀에 나타나 있다, "나는 멜기세덱이요, 엘 엘리욘, 최고자, 오직 하나인 하나님의 사제이라."

그 양치기가 놀랐다가 정신이 들었을 때, 이 낯선 사람에게 여러 가지를 캐물은 뒤에, 그는 멜기세덱에게 자기와 저녁을 같이 들자고 청했다. 이것이 마키벤타가 그의 오랜 우주 경력에서 물질 음식을 처음으로 먹은 것이고, 물질 영양은 물질 존재로서 94년의 일생을 통해서 그를 유지하게 되었다.

그리고 그 날 밤에, 그들이 별 빛 아래서 이야기하는 동안, 멜기세덱은 하나님의 실체에 대한 진리를 드러내는 사명을 시작했다. 그 때 팔을 휘두르면서 암돈을 향해서 말했다. "엘 엘리욘, 최고자는 하늘에 있는 별, 그리고 우리가 사는 바로 이 땅까지도 만드신 신성한 창조자요, 또한 하늘에서 최고인 하나님이라."

몇 년 안에 멜기세덱은 자기 둘레에, 나중에 살렘 공동체의 핵심을 이룬, 한 무리의 생도와 제자와 신자들을 모았다. 그는 곧 팔레스타인에서 두루, 엘 엘리욘 최고자의 사제, 살렘의 현자로서 이름이 알려졌다. 둘러싼 어떤 부족들 사이에서 그는 살렘의 족장이나 임금으로 흔히 언급되었다. 살렘은 멜기세덱이 사라진 뒤에 여부스 시가 되었고, 나중에는 예루살렘이라고 부른 장소였다.

사람의 모습을 보면 멜기세덱은 그 당시에, 혼합된 놋과 수메르 민족들을 닮았고, 키가 거의 180센티미터이고 우람찬 풍채를 가졌다. 그는 갈대아어와 기타 여섯 가지 말을 했다. 가슴에 파라다이스 삼위 일체의 사타니아 표상인 세 동심원의 상징을 지닌 것을 제외하고, 그는 가나안 사제들과 비슷하게 옷을 입었다. 그가 봉사하는 과정에서 그의 추종자들은 이 세 동심원의 문장(紋章)을 너무나 거룩하게 여겼고, 그래서 그들은 결코 감히 그것을 쓰지 않았는데, 몇 세대가 지나자 곧 잊혀졌다.

마키벤타는 그 영역에 있는 사람들의 방식을 따라서 살았어도, 결코 결혼하지 않았고, 땅에서 자손을 남길 수도 없었다. 그의 육체는, 남자의 것을 닮기는 했지만, 어느 인간 종족의 생명질도 지니지 않았다는 것을 빼고, 실제는 칼리가스티아 영주 참모진의 물질화된 회원 1백인이 사용한, 특별히 지어진 몸의 서열이었다. 유란시아에는 생명 나무도 이용할 수 없었다. 마키벤타가 땅에서 얼마큼 오랫동안 남아 있었더라면, 그의 신체 작용은 차츰 나빠졌을 것이다. 실제 일어난 바와 같이, 그는 물질 몸이 망가지기 시작하기 오래 전에, 94년에 걸쳐서 자신을 수여하는 임무를 끝마쳤다.

육신화된 이 멜기세덱은 생각 조절자를 받았는데, 이 조절자는 시간 속에 감시자요 육체의 조언자로서 그의 초인간 성격에 깃들었고, 이렇게 유란시아 문제와 육신화된 아들 안에 거하는 기법에 대하여, 체험과 실용적인 첫걸음을 거쳤다. 이것은 이 아버지 영으로 하여금 나중에 하나님의 아들, 미가엘이 필사 육체의 모습을 입고 땅에 나타났을 때 인간 지성 속에서 아주 용감하게 활동하도록 만들었다. 그는 유란시아에서 두 지성 속에서 일찍이 활동한 유일한 생각 조절자이지만, 두 지성은 인간일 뿐 아니라 신이었다.

육체를 입고 내려와 있는 동안, 마키벤타는 혹성 관리자 군단의 동료 11명과 충분한 연락을 가졌다. 그러나 다른 계급의 하늘 성격자들과 교통할 수 없었다. 멜기세덱 관리자들을 제처 놓고, 그는 사람보다 초인간 지성 존재들과 더 접촉을 가지지 않았다.

3. 멜기세덱의 가르침

10년이 지나자, 멜기세덱은 살렘에서 학교들을 세웠고, 둘째 에덴에서 옛날 셋 사람 사제들이 개발한, 오래 된 체제 위에 학교 형태를 만들었다. 나중에 개종한 아브라함이 들여온 십일조 체제의 아이디어조차, 또한 옛날 셋 사람들 풍습의 남아 있는 전통으로부터 내려왔다.

멜기세덱은 유일한 하나님, 한 우주의 신 개념을 가르쳤지만, 사람들이 이 가르침을 놀라시아덱의 별자리 아버지와 연결짓도록 버려 두었고, 그는 이 아버지를 엘엘리욘—최고자라고 불렀다. 멜기세덱은 루시퍼의 지위와 예루셈 사무의 형편에 관하여 거의 입을 다물었다. 체계 군주 라나포지는 미가엘의 수여가 끝날 때까지 유란시아와 거의 상관이 없었다. 살렘의 학생들 대다수에게 에덴시아는 하늘이었고, 최고자는 하나님이었다.

세 동심원의 상징은 멜기세덱이 자신 수여의 문장(紋章)으로 채택했는데, 대다수의 사람들이 사람·천사·하나님의 세 왕국을 대표한다고 풀이했다. 그들은 이 믿음을 계속 가지도록 허락되었다. 그의 추종자들 가운데 거의 아무도 이 세 동그라미가 신성하게 유지하고 지휘하는 파라다이스 삼위 일체의 무한·영원·우주성을 상징한다는 것을 결코 알지 못했다. 아브라함조차 최고자 세 분이 하나로서 활동한다고 가르침을 받았기 때문에, 오히려 이 상징을 에덴시아의 최고자 세 분을 대표한다고 여겼다. 멜기세덱은 그의 문장이 상징하는 삼위 일체 개념을 가르친 한도에서, 그것을 놀라시아덱 별자리의 보론다덱 통치자 세 분과 보통 연결 지었다.

에덴시아 최고자—유란시아의 신—들이 다스린다는 사실을 넘어서, 멜기세덱은 추종하는 하층 계급에게 가르침을 주려고 아무 노력을 하지 않았다. 그러나 어떤 사람들에게 멜기세덱은 지역 우주의 운영과 조직을 포함하여 상급의 진리를 가르쳤고, 한편 명석한 제자 켄 사람 노르단과 그 집단에 속한 열심 있는 학생들에게 그는 초우주, 그리고 하보나도 포함하여, 진리를 가르쳤다.

카트로 가족의 식구들과 멜기세덱은 30년이 넘도록 같이 살았는데, 이들은 이 상급 진리를 많이 알았고, 그들 가족 안에서 오랫동안, 아니 그들의 뛰어난 후손 모세의 시절까지도, 그 진리를 지속하였다. 모세는 어머니 편에서 다른 근원을 통해서 뿐 아니라, 이쪽, 그의 아버지 편에서도, 이처럼 멜기세덱 시절의 강력한 전통을 물려받았다.

멜기세덱은 추종자들에게 그들이 받아들이고 소화할 만한 능력이 있는 모든 것을 가르쳤다. 하늘과 땅에 대하여, 사람과 하나님과 천사에 관한 현대의 많은 종교 관념조차 멜기세덱의 이 가르침으로부터 그다지 멀지 않다. 그러나 이 위대한 선생은 모든 것을 한 하나님, 우주의 신, 하늘에 계신 창조자, 신성한 아버지의 교리 밑에 종속시켰다. 사람이 찬미하도록 호소하고, 바로 이 우주의 아버지의 아들로서 미가엘이 나중에 나타나는 것을 위하여 길을 예비할 목적으로 이 가르침이 강조되었다.

멜기세덱은 어느 앞날에 또 다른 하나님의 아들이 자기가 온 것처럼 육체를 입고 오지만 여자에게서 태어나리라고 가르쳤다. 그리고 이것이 어째서 후일에 수많은 선생이 예수가 "언제까지나 멜기세덱의 서열을 좇는" 사제요 봉사자라고 주장한 까닭이다.

이렇게 멜기세덱은 유일한 하나님의 실제 파라다이스 아들의 수여를 위하여, 길을 예비하고 세계 추세(趨勢)의 일신교 무대를 준비하였다. 그는 이 하나님이 만물의 아버지라고 뚜렷하게 묘사하였고, 이 아버지가 개인적으로 믿는다는 간단한 조건으로 사람을 받아들이려 하는 하나님이라고 아브라함에게 표현하였다. 그리고 땅에 나타났을 때, 미가엘은 파라다이스 아버지에 관하여 멜기세덱이 가르친 모든 것을 확인했다.

4. 살렘의 종교

살렘에서 예배드리는 예식은 무척 간단했다. 멜기세덱 교회의 진흙 서판 명부에 서명하거나 표시한 사람마다 다음 관념을 외우고 동의했다:

1. 나는 엘 엘리욘, 최고자 하나님, 만물의 유일한 우주 아버지인 창조자를 믿는다.

2. 나는 최고자와 멜기세덱이 한 약속을 믿으며, 그 약속은 희생물과 태운 제물이 아니라 내 믿음에 하나님의 은총을 내린다.

3. 나는 멜기세덱의 일곱 계명에 복종하고, 최고자와 이렇게 약속했다는 복음을 모든 사람에게 이를 것을 약속한다.

이것이 살렘 식민지 교리의 전부였다. 그러나 그렇게 짧고도 단순한 믿음의 선언조차 당시의 사람들에게는 아주 너무 많고 너무 앞선 것이었다. 그들은 다만 아무 것도 내지 않고—믿음으로—신의 은총을 얻는다는 아이디어를 깨달을 수 없었다. 그들은 사람이 신들에게 권리를 빼앗긴 채로 태어났다는 믿음을 너무나 깊이 확신했다. 너무 오랫동안, 너무 열심히, 사제들에게 희생물을 바치고 선물을 주어 왔기 때문에, 구원, 즉 신의 은총은 멜기세덱의 약속을 믿고자 하는 모든 사람에게 거저 주는 선물이라는 좋은 소식을 이해할 수 없었다. 그러나 아브라함은 건성으로 믿었고, 그것조차 "옳게 여김을" 받았다.

멜기세덱이 선포한 칠계명은 옛날 달라마시아 최고 법의 선을 따라서 모습을 갖추었고, 첫째와 둘째 에덴에서 가르친 칠계명과 무척 비슷했다. 살렘 종교의 이 명령은 다음과 같았다:

1. 너희는 하늘과 땅을 지으신 최고 창조자 외에 어떤 신도 섬기지 말라.
2. 믿음이 영원한 구원을 얻는 데 유일한 요구 조건임을 의심하지 말라.
3. 거짓 증언하지 말라.
4. 사람을 죽이지 말라.
5. 훔치지 말라.

6. 간음하지 말라.

7. 너희 부모와 장로들에게 불경함을 보이지 말라.

어떤 희생물을 바치는 것도 그 거류지 안에서 허락되지 않았지만, 멜기세덱은 오랫동안 지켜 온 관습을 갑자기 뿌리뽑기가 얼마나 어려운가 잘 알았고, 따라서 고기와 피를 바치는 예전의 희생을 빵과 포도주의 성찬으로 대신하라고 이 사람들에게 지혜롭게 제안하였다. "살렘의 왕 멜기세덱은 빵과 포도주를 가져왔더라" 하는 기록이 있다. 그러나 조심스러운 이 개혁조차 아주 성공하지는 않았다. 여러 부족은 모두 살렘 교외에서 보조 중심들을 유지했고, 거기서 희생물과 태운 제물을 바쳤다. 케도라오머에게 승리한 뒤에, 아브라함도 이 미개한 풍습에 의존하였다. 그는 전통적 희생물을 바칠 때까지 다만 속이 아주 편치 않았다. 멜기세덱은, 아브라함까지 포함하여, 추종자들의 종교 풍습에서 희생물을 바치는 이 성향을 완전히 없애는 데 결코 성공하지 못했다.

예수처럼, 멜기세덱은 엄격하게 그의 수여 임무를 마치는 일에 힘을 기울였다. 그는 도덕 관습을 개혁하고 세상의 관습을 바꾸려 애쓰지 않았고, 상급의 위생 관습이나 과학적 진리를 선포하려 하지도 않았다. 그는 두 가지 과제를 이루려고 왔는데, 하나는 하나님이 한 분 계시다는 진리를 땅에서 살려 두는 것이고, 다른 하나는 그 우주의 아버지의 파라다이스 아들이 나중에 사람으로 자신을 수여하는 것을 위하여 길을 예비하는 것이었다.

멜기세덱은 살렘에서 94년 동안 기초적인 계시된 진리를 가르쳤고, 이 기간에 아브라함은 세 번에 나누어 살렘 학교를 다녔다. 그는 마침내 살렘의 가르침으로 개종하였고, 멜기세덱의 가장 명석한 생도이자 주요한 지지자의 하나가 되었다.

5. 아브라함을 고르다

"선택된 민족"에 관하여 말하는 것은 잘못일까 하지만, 아브라함이 선택된 사람이라 언급하는 것은 잘못이 아니다. 멜기세덱은 그 때 유행하는 여러 신들의 관념과 구별하여 하나님이 한 분 계시다는 진리가 살아 있도록 지키는 책임을 아브라함에게 맡겼다.

마키벤타가 활동할 장소로서 팔레스타인을 선택한 것은 일부는 지도력의 잠재성을 구현하는 어떤 인간 가족과 접촉을 시작하려는 희망에 근거를 두었다. 멜기세덱이 육신화할 때, 아브라함의 가족처럼, 살렘의 교리를 받아들이기에 똑같이 준비가 잘 되어 있는 많은 가족이 땅에 있었다. 홍인과 청인들, 그리고 서쪽과 북쪽으로 안드 사람 후손들 사이에, 똑같이 자질을 가진 가족들이 있었다. 그러나 또 한편, 이 장소들 가운데 아무 데도 지중해의 동쪽 바닷가만큼, 땅에서 미가엘이 나중에 나타나기에 유리하게 자리잡지 않았다. 팔레스타인에서 멜기세덱의 임무와 나중에 히브리 민족 사이에서 미가엘이 나타난 것은 적지 않게, 지리(地理) 때문에, 팔레스타인이 세계에서 당시에 존재했던 무역, 여행, 문명에 대하여 중앙에 자리잡았다는 사실 때문에 결정되었다.

한동안 멜기세덱 관리자들은 아브라함의 선조들을 지켜보고 있었고, 그들은 어떤 세대에서 지능과 창의력, 지혜와 성실의 특징을 가질 자손이 나오리라고 자신있게 기대했다. 아브라함의 아버지, 테라의 아이들은 모든 면에서 이 기대를 채웠다. 테라의 이 다능한 아이들과 접촉하는 이 가능성이 바로 마키벤타가 에집트나 중국이나 인도나 또는 북쪽 부족들 사이가 아니라 살렘에 나타난 것과 상당히 상관이 있었다.

테라와 그의 온 가족이 살렘 종교에 건성으로 개종하였고, 이 종교는 갈대아에서 전파되었다. 그들은 오비드의 설교를 통해서 멜기세덱의 소식을 들었는데, 오비드는 우르에서 살렘의 교리를 선포한 페니키아인 선생이었다. 그들은 곧장 살렘으로 가려고 우르를 떠났지만, 아브라함의 아우 나홀이 멜기세덱을 본 적이 없기 때문에 태도가 미지근했고 그들에게 하란에서 머물라고 설득했다. 그리고 팔레스타인에 도착한 지 오래 지나서야 그들은 가져온 가족 신들을 기꺼이 모조리 깨뜨렸다. 그들은 살렘의 유일한 하나님을 위해서 메소포타미아의 여러 신을 버리는 데 더디었다.

아브라함의 아버지 테라가 죽은 뒤 몇 주 지나서, 멜기세덱은 아브라함과 나홀 두 사람을 이렇게 초청하려고 제자들 가운데 하나, 힛 사람 야람을 보냈다. "살렘으로 오라, 너희가 여기서 영원한 창조자에 관한 진리를 부르짖는 우리의 가르침을 들을지니, 너희 두 형제의 깨우친 자손으로부터 온 세계가 복을 받으리라." 그런데 나홀은 멜기세덱 복음을 전부 받아들이지는 않았다. 그는 뒤에 남아서 그의 이름을 지닌 강력한 도시 국가를 세웠다. 그러나 아브라함의 조카 롯은, 삼촌과 함께 살렘으로 가기로 작정하였다.

살렘에 도착하고 나서 아브라함과 롯은 도시 가까이에 험한 요새를 골랐고, 거기서 그들은 북쪽 침공자들의 잦은 기습에 대비하여 방어할 수 있었다. 이 때에 힛인, 아씨리아인, 필리스티아인들과 기타 집단이 중부와 남부 팔레스타인의 부족들을 항상 침공했다. 산지에 있는 본거지로부터 아브라함과 롯은 살렘까지 자주 찾아갔다.

살렘 가까이에서 자리잡은 지 오래지 않아서 아브라함과 롯은, 그 때 팔레스타인에서 가뭄이 있었기 때문에 식량 공급을 얻으려고 나일 강 유역까지 여행했다. 에집트에서 잠깐 머무르는 동안 아브라함은 에집트 왕좌에 있는 먼 친척을 발견했고, 그는 이 임금을 위하여 두 차례에 걸쳐, 무척 성공한 군사적 토벌에 사령관으로서 일했다. 나일 강에서 머무르던 후반기에 그와 아내 사라는 궁중에서 살았고, 에집트를 떠날 때, 그의 군사 작전에서 얻은 전리품의 한 몫을 받았다.

아브라함이 에집트 궁중의 명예를 떨쳐 버리고 마키벤타가 후원하는 좀더 영적인 일로 돌아가는 데는 큰 결심이 필요했다. 그러나 멜기세덱은 에집트에서도 존경을 받았고, 파라오 앞에 이야기를 모두 털어놓았을 때, 파라오는 아브라함에게 살렘의 운동에 대해서 한 서약을 실행하는 일로 돌아가라고 힘차게 밀어 주었다.

아브라함은 임금의 포부를 가졌고, 에집트로부터 돌아오는 길에, 그는 온 가나안을 정복하고 그 민족을 살렘의 통치 밑으로 두자는 계획을 롯 앞에 펼쳐 놓았다. 롯은 장사에 더 마음이 있었다. 그래서 나중에 의견 차이가 생긴 뒤에, 그는 무역과 축산업에 종사하려고 소돔으로 갔다. 롯은 군인이나 목자의 생활을 싫어했다.

가족과 함께 살렘으로 돌아오고 나서, 아브라함은 그의 군사 계획을 다듬기 시작했다. 그는 살렘 지역의 나라 통치자로서 곧 인정을 받았고, 근처의 일곱 부족을 그의 지휘 밑에 연합했다. 정말로 멜기세덱은 가까스로 아브라함을 제어하였고, 아브라함은 나가서 칼로 이웃 부족들을 잡아들여서, 그들이 이처럼 살렘의 진리를 더 빨리 알게 만들려는 열심에 불타 있었다.

멜기세덱은 모든 둘러싼 부족과 평화로운 관계를 유지했다. 그는 군사주의자가 아니었고, 군대가 이리저리 이동하는 동안에 어떤 군대로부터도 공격을 받은 적이 없었다. 그는 나중에 실행된 바와 같이, 살렘을 방어하는 정책을 아브라함이 세우는 것을 전부 마음에 들어했지만, 야심에 불타는 생도의 정복하려는 계획을 승인하려 하지 않았다. 그래서 관계가 우호적으로 단절되었고, 아브라함은 군사적 수도(首都)를 세우려고 헤브론으로 갔다.

아브라함이 훌륭한 멜기세덱과 가까운 관계를 가졌기 때문에 그는 둘레에 있는 대단치 않은 임금들보다 큰 이점을 가졌다. 그들은 모두 멜기세덱을 존중했고, 지나치게 아브라함을 무서워했다. 아브라함은 이 두려움을 알았고, 이웃들을 공격할 적당한 기회를 노릴 뿐이었다. 이 통치자들 가운데 누군가가 소돔에 살고 있는 조카 롯의 재산을 주제넘게 침공했을 때, 이 핑계가 생겼다. 이 소식을 듣자, 아브라함은 연합한 일곱 부족의 선두에서, 적을 공격했다. 318명이 되는 자신의 경호단이, 이 때 공격한 4000명이 넘는 군대를 지휘하였다.

아브라함이 전쟁을 선포했다는 소식을 들었을 때, 멜기세덱은 아브라함을 말리려고 떠났지만, 옛 생도가 전쟁에서 승리해서 돌아올 때에야 겨우 그를 따라잡았다. 아브라함은 살렘의 하나님이 그가 적들을 물리치게 해 주었다고 주장했고, 자기 전리품에서 10분의 1을 살렘의 금고에 내겠다고 고집하였다. 나머지 90퍼센트는 헤브론에 있는 그의 서울로 옮겼다.

싯딤에서 이 전투가 있은 뒤에, 아브라함은 열한 부족으로 이루어진 둘째 연방의 지도자가 되었고, 멜기세덱에게 십일조를 바칠 뿐 아니라, 그 근처에 다른 사람들이 모두 똑같이 하도록 처리했다. 소돔의 왕과 가진 외교 거래는, 대체로 그를 두렵게 여기는 태도와 더불어, 소돔 임금과 다른 사람들이 헤브론의 군사 연방에 합세하게 만들었다. 팔레스타인에서 강력한 국가를 세우는 과제에 아브라함은 정말로 한창 진전을 보았다.

6. 멜기세덱이 아브라함과 맺은 서약

아브라함은 온 가나안을 정복할 꿈을 꾸었다. 멜기세덱이 그 사업을 인가하려 하지 않는다는 사실이 그의 결심을 겨우 누그러뜨렸다. 그러나 아브라함이 그 사업을 시작하려고 거의 작정했을 때, 계획하는 이 왕국의 통치자로서 그를 이어받을 아들이 하나도 없다는 생각이 비로소 그를 걱정하게 만들었다. 그는 멜기세덱과 또 한 번 회담을 주선했다. 이 회견의 과정에서 살렘의 사제, 눈에 보이는 하나님의 아들은 아브라함에게 하늘나라의 영적 개념의 편을 들어, 물질적으로 정복하고 현세에 다스리는 그의 계획을 버리라고 설득했다.

멜기세덱은 아모리 연방과 싸우는 것이 헛되다고 아브라함에게 설명했지만, 이 뒤떨어진 씨족들은 어리석은 풍습 때문에 확실히 자살하는 것이라, 그래서 몇 세대 안에 그들이 너무나 약해져서, 아브라함의 자손은 그 동안에 크게 수가 늘어나고 그들을 쉽사리 정복할 것이라고 멜기세덱은 똑같이 분명하게 일러 주었다.

그리고 멜기세덱은 살렘에서 아브라함과 공식 서약을 했다. 아브라함에게 이렇게 말했다: "이제 하늘을 우러러보고, 할 수 있거든 별을 세어 보라. 그렇게 네 씨가 많아질지니라." 아브라함은 멜기세덱을 믿었고, "이것은 그의 의로움으로 간주되었다." 그리고 나서 멜기세덱은 그의 자손이 에집트에서 머무른 뒤에 가나안을 미래에 차지한다는 이야기를 일러 주었다.

멜기세덱이 아브라함과 한 이 약속은 하나님이 <u>모든 일</u>을 하겠다고 찬성하는 협정, 신과 인간 사이에 있은 위대한 유란시아 협정이다. 사람은 기껏해야 하나님의 약속을 <u>믿고</u> 그의 지시를 따르겠다고 찬성하는 것이다. 이제까지는 구원은 오직 일함으로—희생물과 제물을 바쳐서—얻을 수 있다고 믿어 왔다. 이제, 멜기세덱은 구원, 하나님의 은총을 믿음으로 얻게 된다는 좋은 소식을 유란시아에 다시 가져왔다. 그러나 단순히 하나님을 믿는다는 이 복음은 너무나 앞선 것이었다. 나중에 셈 부족 사람들은 더 오래 된 희생물 바치기와 피 흘려 죄값 물어내기로 돌아가는 것을 더 좋아했다.

이 서약을 한 뒤에 오래지 않아서, 아브라함의 아들 이삭이 멜기세덱이 약속한 대로 태어났다. 이삭이 태어난 뒤에, 아브라함은 멜기세덱과 한 약속에 대해서 무척 엄숙한 태도를 가졌고, 그것을 기록하려고 살렘으로 갔다. 대중 앞에서 공식으로 약속을 받아들이는 바로 이 자리에서, 그는 이름을 아브람에서 아브라함으로 갈았다.

살렘 신자들의 대부분은 할례를 행하였다. 하지만 멜기세덱은 결코 할례를 의무로 만든 적이 없다. 그런데 언제나 할례를 무척 반대해 왔기 때문에, 아브라함은 이 계제에 살렘의 약속을 비준한다는 표시로, 이 의식(儀式)을 공식으로 받아들여 그 사건을 엄숙하게 만들기로 작정했다.

멜기세덱의 더 원대한 계획을 위해서 아브라함이 개인적 포부를 이렇게 정말로 대중 앞에서 포기한 뒤에, 하늘 존재 세 분이 마므레 평원에서 그에게 나타났다. 소돔과 고모라가 자연 사고로 파괴된 것에 관계되어 나중에 꾸민 이야기들과 결부되었는데도, 이것은 사실로 나타난 일이다. 그리고 그 시절에 일어난 사건들에 관한 이 전설은 아주 최근 시대에도 도덕과 윤리(倫理)가 얼마나 처졌는가를 가리킨다.

엄숙한 약속을 마치고 나서, 아브라함과 멜기세덱의 화해는 완벽하게 되었다. 아브라함은 살렘 식민지의 정부·군사의 지휘를 다시 맡았고, 이 식민지는 그 절정기에 멜기세덱 단체의 명부에, 십일조 내는 사람을 10만 명이 넘게 유지했다. 아브라함은 살렘 성전을 크게 개선하고 학교 전체를 위하여 새 텐트를 마련했다. 그는 십일조 체제를 늘렸을 뿐 아니라, 선교를 선전하는 분과를 더 낫게 운영하는 데 크게 이바지한 외에도, 학교 사업을 운영하는 많은 개량된 방법을 창시하였다. 그는 또한 가축의 개량과 살렘의 낙농 사업을 다시 조직하기 위해서 많이 일했다. 아브라함은 당대에 날카롭고 능률 있는 실업가요 부자였다. 그는 지나치게 경건하지 않았어도 속속들이 성실했고, 마키벤타 멜기세덱을 믿었다.

7. 멜기세덱의 선교사

멜기세덱은 몇 년 동안 학생들을 계속해서 가르치고 살렘 선교사들을 훈련시켰고, 이들은 둘러싼 모든 부족에, 특별히 에집트, 메소포타미아, 소 아시아에 침투했다. 몇십 년이 지나자, 이 선생들은 살렘으로부터 멀리멀리 여행했고, 하나님을 믿고 신뢰하는 마키벤타의 복음을 가지고 갔다.

아담손의 후예는 반 호수의 물가 근처에서 무리를 지어 있었고, 살렘 종파의 힛사람 선생들의 말을 기꺼이 들었다. 예전에 이 안드 사람의 중심으로부터 유럽과 아시아의 외딴 지역으로 선생들이 파송되었다. 살렘 선교사들은 온 유럽, 아니 영국 제도에도 침투했다. 한 무리는 페로스 제도(諸島)를 거쳐서 아이스랜드의 안돈 사람들에게로 갔고, 한편 또 한 무리는 중국을 가로질러서 동쪽 섬들에 있는 일본 사람들에게 이르렀다. 살렘과 메소포타미아와 반 호수로부터 동반구의 부족들을 깨우치려고 모험의 길을 떠난 남녀의 생애와 체험은 인류의 연대기에서 영웅적인 장(章)을 이룬다.

그러나 과제가 너무나 크고 부족들이 너무 뒤에 처져서, 그 결과는 흐릿하고 분명치 않았다. 한 세대에서 다음 세대로 살렘의 복음이 여기저기 투입되었지만, 팔레스타인을 제외하고, 유일한 하나님 아이디어는 한 부족이나 민족 전체의 계속된 충성을 모을 수 없었다. 예수가 오기 오래 전에, 옛 살렘 선교사들의 가르침은 더 오래 되고 보편적인 미신과 신앙 속에 대체로 파묻혔다. 최초의 멜기세덱 복음은 큰 어머니, 태양, 기타 옛 종파들에 있는 신앙 속으로 거의 온통 흡수되었다.

오늘날 인쇄술의 장점을 누리는 너희는 이 옛 시대에 진리를 지속시키는 것이 얼마나 어려웠는가, 한 세대에서 다음 세대까지 새로운 교리를 놓치기가 얼마나 쉬웠는가 조금도 이해하지 못한다. 언제나 새 교리가 더 오래 된 종교적 가르침과 마술 풍습의 덩어리 속으로 흡수되는 경향이 있었다. 새로운 계시는 언제나 더 오래된 진화된 신앙으로 말미암아 더러워진다.

8. 멜기세덱이 떠나다

소돔과 고모라가 멸망한 뒤에 얼마 안 있어, 마키벤타는 유란시아에서 비상시 수여를 마치기로 작정했다. 멜기세덱이 육체를 입은 체재를 마치기로 한 결정은 수많은 조건에 영향을 받았는데, 그 가운데 주요한 것은 둘러싼 부족들이, 그리고 직계 동료들조차, 그를 하나의 반신(半神)으로 여기고 그를 초자연 존재로 바라보는 성향이 자라고 있기 때문이었고, 그는 참으로 초자연적 존재였다. 그러나 그들은 지나치게, 무척 미신 같은 두려움을 가지고 그를 우러러보기 시작했다. 이러한 이유 외에, 유일한 하나님의 진리가 추종자들의 머리 속에 굳게 서는 것을 보장하기 위해서, 멜기세덱은 아브라함이 죽는 것과 충분히 긴 시간을 두고 땅에서 활동하던 장면을 떠나고 싶어했다. 따라서 마키벤타는 어느 날 밤에 인간 동반자들에게 잘 가라 인사하고 나서, 살렘에서 그의 텐트로 물러갔다. 그들이 아침에 부르러 갔을 때, 그는 거기에 없었으니, 동료들이 그를 데리고 갔기 때문이다.

9. 멜기세덱이 떠난 뒤

멜기세덱이 그렇게 갑자기 사라진 것은 아브라함에게 큰 시련이었다. 그가 온 것처럼 그는 언젠가 가야 한다고 추종자들에게 비록 충분히 경고했어도, 그들은 놀라운 지도자를 잃어버린 것을 달갑게 받아들이지 않았다. 살렘에 세운 큰 조직은 거의 사라지다시피 하였다. 하지만 모세가 에집트로부터 히브리 노예들을 이끌고 나왔을 때 그는 이 시절의 전통을 기초로 하였다.

멜기세덱이 사라진 것은 아브라함의 가슴 속에 결코 완전히 돌이키지 못한 슬픔을 가져왔다. 물질적인 나라를 세우려는 포부를 버렸을 때 그는 헤브론을 포기했다. 그리고 이제, 영적인 나라를 세우는 일에 그의 동료가 사라지고 나서, 그는 살렘을 떠나서 게랄에, 그의 재산 근처에서 살려고 남쪽으로 갔다.

멜기세덱이 사라진 직후에 아브라함은 무서워지고 겁이 났다. 게랄에 도착하자 그는 신분을 감추었고, 그래서 아비멜렉은 그의 아내를 데려갔다. (사라와 결혼하고 나서 얼마 있다가 아브라함은 어느 날 밤 그의 찬란한 아내를 가지기 위해서 그를 죽이려 하는 음모를 엿들었다. 이 외에는 용감하고 위험을 겁내지 않는 그 지도자에게, 이 두려움은 공포가 되었다. 온 일생 동안 그는 누군가가 사라를 취하려고 몰래 그를 죽이려 할까 두려워했다. 그리고 이것이 어째서 세 번이나 따로, 이 씩씩한 남자가 정말 비겁함을 드러냈는가 하는 까닭이다.)

그러나 아브라함은 멜기세덱의 후계자로서 자기 임무를 행하는 데 오랫동안 제지되지는 않았다. 그는 곧 필리스티아인들 사이에서, 그리고 아비멜렉의 민족에서 개종한 사람들을 얻고서 그들과 조약을 맺었고, 그 대신에 그들의 많은 미신, 특히 첫아들을 잡아 바치는 그들의 풍습에 물이 들었다. 이렇게 아브라함은 다시 팔레스타인에서 큰 지도자가 되었다. 그는 모든 집단의 존경을 받았고 모든 왕이 그를 존중하였다. 그는 둘러싼 모든 부족 가운데서 영적 지도자였고, 그의 영향은 그가 죽은 뒤에 얼마 동안 계속되었다. 인생이 저물 때 그는 다시 한 번 헤브론으로 돌아갔는데, 여기는 그의 옛 활동 무대요 멜기세덱과 결합하여 그가 일하던 장소였다. 아브라함의 마지막 일은 메소포타미아의 경계에, 아우 나홀의 도시로, 아들 이삭을 위한 아내로서 자기 민족에서 여자를 얻으려고, 충직한 하인들을 보내는 것이었다. 사촌과 결혼하는 것이 오랫동안 아브라함의 민족의 풍습이었다. 그리고 사라진 살렘의 학교에서 멜기세덱으로부터 배운 하나님을 믿는 신앙 속에서 아브라함은 안심하고 죽었다.

다음 세대가 멜기세덱의 이야기를 이해하기는 힘들었다. 5백 년 안에 많은 사람이 그 이야기 전부를 신화로 여겼다. 이삭은 아버지의 가르침을 썩 잘 보존했고, 살렘 식민지의 복음을 키웠지만, 야곱이 이 전통의 중요성을 파악하기는 더 힘들었다. 요셉은 멜기세덱을 굳게 믿었고, 대체로 이것 때문에, 형제들이 그를 꿈꾸는 사람이라고 여겼다. 에집트에서 요셉의 명예는 주로 증조부 아브라함의 기억 때문이었다. 요셉에게 에집트 군대의 지휘권이 제공되었지만, 멜기세덱의 전통과 아브라함과 이삭이 후일에 가르친 것을 아주 굳게 믿었기 때문에, 그는 문관 행정자로서 일하기를 택했고, 하늘나라를 진척시키기 위하여 이처럼 그가 더 일을 잘 할 수 있으리라고 믿었다.

멜기세덱의 가르침은 충만하고 넘쳐흘렀지만, 이 시절에 관한 기록은 후일의 히브리인 사제들에게 불가능하고 환상으로 보였다. 하지만 적어도 바빌론에서 구약 기록을 무더기로 편집할 때까지는, 많은 사람이 이 거래를 얼마큼 이해했다.

아브라함과 하나님 사이에 있은 대화라고 묘사하는 구약의 그 기록은 실제는 아브라함과 멜기세덱 사이의 회담이었다. 후일의 서기관들은 멜기세덱이라는 낱말을 하나님과 비슷한말로 여겼다. 아브라함과 사라가 "주의 천사"와 아주 여러 번 접촉했다는 기록은 그들이 멜기세덱과 수없이 만나서 이야기한 것을 언급한다.

이삭·야곱·요셉에 대한 히브리인의 이야기는 아브라함에 관한 것보다 훨씬 더 믿을 만하다. 하지만 이 이야기들도 사실로부터 빗나간 것을 많이 담고 있고, 내용의 변경은 바빌로니아에서 포로 시절에 히브리 사제들이 이 기록들을 수집할 때, 의도해서 생기기도 하고 뜻하지 않게 생기기도 했다. 케투라는 아브라함의 아내가 아니었다. 하갈처럼 그 여자는 다만 첩이었다. 아브라함의 모든 재산은 본처 사라의 아들, 이삭에게로 갔다. 아브라함은 기록이 가리키는 것처럼 아주 늙지는 않았고, 아내는 훨씬 더 젊었다. 나중에 이삭이 기적 같이 출생했다는 주장을 마련하려고 이 나이들은 깊이 생각한 끝에 수정되었다.

유대인의 민족 자부심은 바빌로니아 포로 시절로 말미암아 엄청나게 오그라들었다. 민족의 열등감에 대한 반작용으로 그들은 다른 극단, 국가와 민족의 자기 중심주의로 획 넘어갔고, 거기서 하나님의 선택된 백성으로서 모든 다른 종족 위에 자신들을 높일 생각을 가지고 그들의 전통을 일그러뜨리고 곡해했다. 그러므로 그들은 아브라함과 기타 민족 지도자들을, 멜기세덱 자신도 제외하지 않고 모든 다른 사람 위에 높이 올리려는 목적으로 그들의 모든 기록을 주의 깊게 편집했다. 따라서 히브리 서기관들은 발견할 수 있는 대로 이 중대한 시절의 기록을 모조리 없애 버렸고, 싯딤 전투 뒤에 아브라함과 멜기세덱이 만나는 이야기만 보존했는데, 그들은 이것이 아브라함에게 바친 큰 명예를 비쳐 주는 것이라고 판단하였다.

그래서, 멜기세덱의 모습을 놓치면서, 그들은 약속된 수여 아들의 영적 사명에 관한 이 비상시 아들의 가르침을 또한 놓쳤다. 이 사명의 성질을 아주 완전히, 완벽하게 놓쳤기 때문에, 그들의 후손에서 극소수가, 마키벤타가 예언한 대로 미가엘이 땅에 육체를 입고 나타났을 때, 그를 알아보고 받아들일 수 없었고 기꺼이 그렇게 할 생각이 없었다.

그러나 히브리서를 쓴 사람들 중에 하나는 멜기세덱의 사명을 알았는데, 이렇게 기록되었기 때문이다: "최고자의 사제, 이 멜기세덱은 또한 평화의 임금이었더라. 아비도 없고 어미도 없고, 족보도 없고, 삶을 시작한 날도 끝날도 없으나 하나님의 아들처럼 만들어진 까닭에, 그는 사제로 계속 거하더라." 이 저자는 나중에 나타나는 미가엘 수여의 종류로서 멜기세덱을 일컬었고, 예수가 "멜기세덱의 서열을 좇아서 언제까지나 봉사자"였다고 확인하였다. 이 비교는 무척 유감스럽기는 했지만, 그리스도가 세계에 자신을 수여할 때 근무하던 "열두 멜기세덱 관리자 서열에 따라서" 그리스도가 유란시아를 맡을 임시 권리를 받았다는 것은 글자 그대로 참말이었다.

10. 마키벤타 멜기세덱의 현재 지위

마키벤타가 육신화한 여러 해 동안 유란시아의 멜기세덱 관리자들은 11명으로 활동했다. 마키벤타는 비상시 아들로서 그의 임무가 끝났다고 생각했을 때 이 사실을 열한 동료에게 알렸고, 그들은 그가 육체로부터 풀려날 기술을 즉시 준비하고, 안전하게 최초의 멜기세덱 지위로 회복시켰다. 그리고 살렘으로부터 사라진 뒤 사흘째에, 그는 유란시아에 배치 받은 동료 11명 사이에 나타났고, 사타니아 606번에서 혹성 관리자의 하나로서, 중단된 그의 생애를 다시 시작했다.

마키벤타는 살과 피를 가진 생물로서, 그가 시작한 것과 똑같이 갑자기 예식을 차리지 않고, 자신 수여를 마쳤다. 그의 출현이나 출발에 아무런 특별한 발표나 전시가 따르지 않았다. 부활시 출석의 점검이나 혹성 섭리 시대를 종결하는 일도 그가 유란시아에 나타난 것을 표시하지 않았다. 그의 임무는 비상시 수여였다. 그러나 아버지 멜기세덱이 그를 공식으로 해방하고, 마키벤타의 비상시 수여가 네바돈의 최고 행정자, 곧 구원자별의 가브리엘한테서 승인을 받았다는 통지를 받기까지, 마키벤타는 인간의 육체를 입고서 그의 체재를 끝내지 않았다.

마키벤타 멜기세덱은 그가 육체를 입고 있을 때 그의 가르침을 믿었던 사람들의 후손의 일에 큰 흥미를 계속 가졌다. 그러나 이삭을 통해서, 켄 사람들과 서로 결혼해서 생겨난 아브라함 후손은, 살렘의 가르침에 대해서 어떤 뚜렷한 개념이라도 오랫동안 계속 품고 있었던 유일한 핏줄이었다.

바로 이 멜기세덱은 뒤이은 열아홉 세기를 통하여 내내, 많은 선지자·예언자와 함께 줄곧 일했고, 이처럼 미가엘이 땅에 나타날 때가 무르익기까지 살렘의 진리를 살려 두려고 애썼다.

마키벤타는 미가엘이 유란시아에서 승리할 때까지 혹성 관리자로서 줄곧 일했다. 그 뒤에 24 지도자의 하나로서 예루셈에서 유란시아 근무에 부속되었고, 겨우 최근에야 예루셈에서 아들 창조자의 개인 대사의 자리로 승진했으며, 유란시아의 대관 영주의 직함을 지닌다. 유란시아가 사람 사는 혹성으로 남아 있는 한, 마키벤타 멜기세덱은 그의 아들 계급의 임무로 완전히 돌아가지 않고, 시간의 조건으로 말하면, 언제까지나 그리스도 미가엘을 대표하는 혹성 봉사자로 남아 있으리라고 우리는 믿는다.

마키벤타의 수여가 유란시아에서 비상시 수여였으니까, 그의 앞날이 무엇일지 기록에 나타나지 않는다. 네바돈의 멜기세덱 군단은 그들 가운데 한 명을 영구하게 잃은 것일지 모른다. 최근의 판결이 에덴시아의 최고자들로부터 내려왔고 나중에 유버르사의 옛적부터 늘 계신 이들에게 확인을 받았는데, 이것은 이 수여 멜기세덱이 타락한 혹성 영주, 칼리가스티아의 자리를 차지하도록 정해졌음을 강하게 암시한다. 이 점에서 우리의 추측이 옳다면, 이것이 매우 있음직하다: 마키벤타 멜기세덱이 유란시아에 몸소 다시 나타나서, 어떤 변경된 방법으로 폐위된 혹성 영주의 역할을 다시 시작하든지, 아니면 이제 유란시아의 혹성 영주의 직함을 실제로 지니는 그리스도 미가엘을 대표하는 혹성 영주 대관으로서 활동하려고 땅에 나타날까 싶다. 마키벤타의 운명이 무엇일까에 관해서는, 우리에게 도대체 뚜렷이 보이지 않지만, 그런데도 아주 최근에 일어난 사건들은 앞에 말한 추측이 아마 진실로부터 그다지 멀지 않으리라고 강하게 암시한다.

유란시아에서 승리함으로 미가엘이 어떻게 칼리가스티아와 아담, 이 둘의 계승자가 되었는가, 그가 어떻게 혹성에서 평화의 왕이 되고 둘째 아담이 되었는가 우리는 잘 안다. 이제 우리는 이 멜기세덱에게 유란시아의 혹성 영주 대관이라는 직함이 수여되는 것을 본다. 그가 또한 유란시아의 물질 아들 대관이 될 것인가? 아니면 기대하지 않고 전례 없는 사건이 일어날 가능성이 있는가, 곧 아담과 이브가 아니면 그들 후손 가운데 더러가 유란시아의 둘째 아담의 대관이라는 직함을 가지고 미가엘의 대표로서 혹성으로 언젠가 돌아올 것인가?

아들 행정관과 삼위 일체 아들 교육자들이 앞날에 나타나리라는 확실성과 결부된 이 모든 추측은, 아들 창조자가 언젠가 돌아오리라는 분명한 약속과 연결해서, 유란시아를 앞날이 불확실한 혹성으로 만들고, 온 네바돈 우주에서 가장 흥미 있고 관심을 끄는 구체들의 하나로 만든다. 이것이 아주 있음직하다: 유란시아가 빛과 생명의 시대에 다가가는 어떤 미래 시대에, 루시퍼 반란과 칼리가스티아 탈퇴의 사건들이 마침내 판결된 뒤에, 아들 행정관이나 심지어 삼위 일체 아들 교육자들 뿐 아니라, 마키벤타, 아담, 이브, 그리스도 미가엘이 동시에 유란시아에 계심을 우리가 구경할 수도 있다.

유란시아 지도자들, 곧 24 상담자로 이루어진 예루셈 집단에 마키벤타가 있다는 것은, 그가 진보하고 승천하는 우주 계획을 거쳐서, 파라다이스 최후 군단에까지도, 유란시아 필사자들을 따라가도록 운명이 정해졌다는 믿음을 보증하는 충분한 증명이라는 것이 오랫동안 우리 계급의 의견이었다. 유란시아가 빛과 생명에 정착했을 때, 아담과 이브가 이처럼 파라다이스 모험에서 지구 동료들을 따라가도록 운명이 정해졌다는 것을 우리는 알고 있다.

1천 년 미만 전에, 옛날에 살렘의 현자였던 바로 이 마키벤타 멜기세덱은 1백 년이 되는 기간에 거주하는 혹성 총독으로 행동하면서, 유란시아에서 눈에 보이지 않게 있었다. 그리고 혹성의 사무를 지도하는 지금 체계가 계속된다면, 1천 년이 조금 지나서 같은 자격으로 돌아오도록 예정되었을 것이다.

이것이 마키벤타 멜기세덱에 관한 이야기이니, 그는 일찍이 유란시아 역사에 연결된 가장 독특한 모든 등장 인물 가운데 하나요, 너희의 불규칙하고 특이한 세계가 앞날에 겪는 체험에서 중요한 역할을 하도록 운명이 정해졌을까 싶은 성격자이다.

[네바돈의 한 멜기세덱이 발표하였다.]

제 94 편

동양에서 멜기세덱의 가르침

살렘 종교의 초기 선생들은 아프리카와 유라시아의 가장 멀리 떨어진 부족들에게 침투했고, 우주의 하나님 한 분을 사람이 믿고 신뢰하는 것이 신의 은총을 얻는데 치르는 유일한 값이라는 마키벤타의 복음을 늘 전파하였다. 아브라함과 멜기세덱이 한 약속은 살렘과 다른 중심들로부터 떠나간 모든 초기 선전의 본보기였다. 유란시아에서는 동반구 전체에서 멜기세덱의 가르침을 가지고 간 이 고귀한 남녀들보다 어느 종교에서도 더 열심 있고 적극적인 선교사들이 결코 있은 적이 없다. 이 선교사들은 여러 민족과 종족으로부터 모집되었고, 그들은 대체로 개종한 원주민의 매개를 통해서 가르침을 퍼뜨렸다. 그들은 세계의 여러 구석에서 훈련하는 중심을 세웠고, 거기서 원주민에게 살렘 종교를 가르치고, 다음에 이 생도들을 자신의 민족 가운데서 선생으로 활동하도록 임명했다.

1. 베다 시대 인도에서 살렘 가르침의 영향

멜기세덱의 시절에, 인도는 국제적인 나라였고, 북쪽과 서쪽으로부터 침공하는 아리아-안드 사람들의 정치 및 종교적 지배 밑에 막 들어왔다. 이 때에 반도에서 겨우 북쪽과 서쪽 부분에 아리아인들이 널리 스며들었다. 새로 온 이 베다 사람들은 그들의 많은 부족 신을 가져왔다. 그들의 종교적 예배 형태는, 아직도 아버지가 사제로서 어머니는 여사제로서 활동하였고, 가족의 화로(火爐)가 아직도 제단으로서 이용되었다는 점에서, 더 전에 있었던 안드 사람 선조의 예식 풍습을 가까이 따랐다.

베다 숭배는 그 때 선생이자 사제인 브라만 카스트의 지휘 밑에서 성장하고 변형하는 과정을 밟고 있었고, 이 카스트는 확대되는 예배 의식에 차츰 고삐를 쥐고 있었다. 살렘 선교사들이 인도 북부에 침투했을 때, 예전에 있던 아리아인의 신 33명의 혼합이 한창 진행되고 있었다.

이 아리아인들의 다신교는 더 일찍 있던 유일신 사상의 퇴화를 나타낸 것이며, 이것은 그들이 부족 단위로 분리되고 각 부족이 자체가 모시는 신을 가짐으로 말미암아 생겨났다. 안드 사람이 있던 메소포타미아에서 최초의 일신교와 삼위 일체 사상이 이렇게 퇴화한 것은 그리스도 이전 둘째 천년의 처음 몇 세기에 다시 합성하는 과정에 있었다. 여러 신이 하늘의 주 댜우스 피타[1], 변덕스러운 공기(空氣)의 주 인드라, 그리고 머리가 셋 달린 불의 신이요, 땅의 주이며 더 일찍 있던 삼위 일체 개념의 남은 흔적을 상징하는 아그니, 이 삼자 일체의 지도 밑에서 만신전으로 조직되었다.

단일신교[2]의 분명한 발전이 진화된 일신교를 위하여 길을 놓고 있었다. 가장 오래 된 신 아그니는 흔히 만신전 전체에서 아버지인 우두머리로서 높임을 받았다.

때때로 프라자파티라 부르고 때로는 브라마라고 이름지은, 신-아버지 원칙은, 브라만 사제들이 나중에 살렘 선생들과 벌인 신학 투쟁에서 가라앉아 버렸다. 유일한 브라만은 베다 만신전 전체를 활성화하는 에너지와 신성의 원칙이라고 생각되었다.

살렘 선교사들은 멜기세덱의 유일한 하나님, 하늘의 최고자를 전파했다. 이 묘사는 아버지 브라마가 모든 신의 근원이라는 새로 고개 드는 개념과 전적으로 부조화되지는 않았지만, 살렘 교리는 의식이 없었고, 따라서 브라만 사제들의 교리·전통·가르침과 정면으로 충돌했다. 브라만 사제들은 의식의 준수와 희생물 바치는 예식을 떠나서, 믿음을 통해서 구원받고 하나님의 은총을 얻는다는 살렘의 가르침을 결코 받아들이려 하지 않았다.

하나님을 신뢰하고 믿음을 통한 구원을 부르짖는 멜기세덱의 복음을 물리친 것은 인도(印度)에게 생사를 가르는 전환점을 표시했다. 살렘 선교사들은 모든 옛 베다 신을 믿는 신앙을 잃게 하는 데 크게 기여했지만, 지도자, 곧 베다 신앙의 사제들은 유일한 하나님과 하나의 단순한 신앙을 부르짖는 멜기세덱의 가르침을 받아들이려 하지 않았다.

브라만들은 살렘 선생들과 투쟁하려는 노력으로 당대의 신성한 기록들을 추려냈고, 이 모음은 나중에 편집된 바와 같이 현대까지 릭 베다로서 내려왔는데, 이것은 가장 오래 된 신성한 책들 가운데 하나이다. 브라만들이 그들의 예배 의식과 희생을 구체화하고 모양을 갖추고, 이것들을 그 시절의 사람들에게 고정시키려고 애씀에 따라서, 둘째·셋째·넷째 베다가 뒤따랐다. 가장 좋게 보았을 때, 이 기록들은 개념의 아름다움과 헤아리는 진리 면에서 비슷한 성격을 가진 어느 다른 수집에도 필적한다. 그러나 이 우수한 종교가 인도 남부에서 수천 가지 미신·종파·의식에 더럽혀지자, 그것은 필사 인간이 일찍이 개발한 신학 가운데 가장 얼룩덜룩한 체계로 점차 모습을 바꾸었다. 베다를 한번 검토하면 사람이 상상한 것 가운데 신에 관한 가장 높은 개념과 가장 비천한 개념을 얼마큼씩 드러낼 것이다.

2. 브라만교

살렘 선교사들이 남쪽으로 드라비다의 데칸으로 파고 들어감에 따라서, 그들은 짙어지는 카스트 제도에 부딪쳤는데, 이것은 2차 산각 민족들의 올라오는 물결과 마주쳐서 종족 신분 잃는 것을 막으려 하는 아리아인들의 계획이었다. 브라만 사제 카스트가 이 체계의 바로 그 본질이었기 때문에, 이 사회 질서는 살렘 선생들의 진전을 크게 더디게 만들었다. 이 카스트 제도는 아리아 민족을 구하지 못했지만, 브라만들을 영속시키는 데 성공했고, 그들은 다시 인도에서 오늘날까지 종교의 주도권을 유지했다.

이제, 더 높은 진리를 거부함으로 베다 신앙이 약화되자, 아리아인들의 종파는 데칸으로부터 점점 더 침식(浸蝕)되었다. 종족의 절멸과 종교적 말살의 물결을 막으려는 절망스러운 노력으로, 브라만 카스트는 자신들을 모든 다른 것 위에 높이려고 애썼다. 그들은 신에게 희생물을 바치는 것은 그 자체로서 온통 효력이 있고, 그 효능이 온통 강력하다고 가르쳤다. 우주의 두 가지 기본 되는 신성한 원칙의 하나는 신 브라만이고, 다른 하나는 브라만 사제라고 선포했다. 다른 어떤 유란시아 민족들 사이에서도 사제들이 자기네 신들 위에 자기를 높이고, 신들이 받을 영예를 자신에게 넘기지는 않았다. 그러나 그들이 이 주제넘은 주장을 가지고 너무 어리석게 극단적으로 우겼기 때문에, 둘러싼 덜 진보된 여러 문명으로부터 쏟아져 들어온

비하(卑下)하는 종파들 앞에서, 그 아슬아슬한 체계가 몽땅 무너졌다. 광대한 베다 사제직 자체가 버둥거렸고, 자신들의 이기적이고 지혜롭지 못한 주제넘은 짓이 온 인도에 가져온, 무기력과 염세주의의 검은 물결 밑으로 가라앉았다.

자아에 지나치게 집중하는 것은, 사람이나 짐승이나 또는 잡초로서 연달아 육신화하는 끝없는 싸움에서, 자아가 비진화 방법으로 영속한다는 두려움으로 확실히 이끌었다. 고개 드는 일신교가 되었을까 싶은 것에 붙을 수 있었던 모든 더럽히는 신앙 가운데, 아무 것도 드라비다의 데칸으로부터 온 이 윤회(輪廻) 신앙—혼들이 다시 육신화한다는 교리—보다 더 일을 망치게 만드는 것은 없었다. 되풀이해서 윤회하는, 진저리나고 단조로운 투쟁을 믿는 이 관념은 오래 간직했던 희망, 일찍부터 베다 신앙의 일부였던 그 구원과 영적 승진을 죽음 속에서 발견하는 희망을 허덕이는 필사자들로부터 빼앗았다.

철학적으로 사람을 쇠약하게 하는 이 가르침 뒤에, 브라만, 곧 온 창조의 대혼(大魂)과 절대로 연합하는, 우주의 휴식과 평화 속에 잠김으로, 자아로부터 영원히 도피한다는 교리의 발명이 따랐다. 필사자의 욕망과 인간의 포부는 실질적으로 빼앗기고 거의 파괴되었다. 2천 년이 넘도록 인도의 상급 지성은 모든 욕망으로부터 도피하려고 애썼고, 그래서 영적 절망의 사슬 속에 많은 힌두 민족의 혼을 실질적으로 쇠고랑채운 후일의 종파들과 가르침이 들어오도록 문이 활짝 열렸다. 모든 문명 가운데서, 베다의 아리아인들은 살렘의 복음을 물리친 것 때문에 가장 끔찍한 값을 치렀다.

카스트만 가지고 아리아인의 종교 문화 체계를 영속할 수는 없었고, 데칸의 열등한 종교들이 북쪽에 스며들자, 절망과 낙심의 시대가 열렸다. 이 어두운 시절에 아무 생명도 죽이지 않는 종파가 일어났고, 그 뒤로 늘 지속하였다. 새로운 종파들 가운데 많은 것이 버젓이 무신론이었고, 이것은 얻을 수 있는 그런 구원은 오직 사람이 도움 받지 않고 노력해서 얻을 수 있다고 주장했다. 그러나 이 모든 불행한 철학의 많은 부분에 두루, 멜기세덱의 가르침과 심지어 아담의 가르침의 일그러진 찌꺼기가 남은 흔적을 발견할 수 있다.

이 때는 힌두 신앙의 후기 성서, 곧 브라마나와 우파니샤드가 수집된 시절이었다. 유일한 하나님과 개인적 신앙 체험을 통한 개인적 종교의 가르침을 물리치고, 데칸으로부터 온, 비천하고 사람을 약화시키는 종파들과 교리의 물결에, 신을 인격화하는 사상과 환생(幻生) 사상에, 더러워졌기 때문에 브라만 사제들은 이 망치는 관념들에 대항하여 맹렬한 반응을 체험했다. 참된 실체를 추구하고 찾으려는 분명한 노력이 있었다. 브라만들은 인도 사람의 신 개념을 비인격화하는 데 착수했지만, 그렇게 함으로써 하나님 개념을 비성격화하는 끔찍한 잘못에 빠졌으며, 파라다이스 아버지의 드높은 영적 이상이 아니라, 만물을 둘러싸는 절대자의 아득한 형이상학적 관념을 가지고 솟아났다.

자체를 보존하려는 노력으로 브라만들은 멜기세덱의 유일한 하나님을 물리쳤고, 이제 그들이 브라만, 즉 분명하지 않고 미혹하는 철학적 자아, 비성격이고 무력한 그것을 가정(假定)한다는 것을 발견했으며, 이것은 그 불행한 날부터 20세기까지 인도의 영적 생활을 힘없고 맥 빠지게 만들었다.

불교가 인도에서 일어난 것은 우파니샤드를 기록하던 시절이었다. 그러나 1천 년 동안 성공했는데도, 불교는 후일의 힌두교와 경쟁할 수 없었다. 도덕성이 더 높왔는데도, 불교가 하나님을 초기에 묘사한 것은 힌두교보다도 훨씬 덜 뚜렷했으며, 힌두교는 좀더 작고 성격을 가진 신들을 마련해 주었다. 우주에서 최고의 하나님이라는 뚜렷한 알라 개념을 가진, 호전적인 이슬람교의 돌진 앞에서 불교는 인도 북부에서 마침내 굴복했다.

3. 브라만의 철학

브라만교의 가장 높은 단계를 도저히 종교라 할 수 없지만, 그것은 참으로 철학과 형이상학의 분야로 필사 지성이 발돋움한 가장 고귀한 노력의 하나였다. 최종의 실체를 발견하려고 길을 떠났으니까, 종교의 기본적 2중 개념을 빼고, 신학의 거의 모든 단계에 관하여 추측할 때까지 인도의 지성은 멈추지 않았다. 이 두 개념은 곧 온 우주의 피조물에게 우주의 아버지가 존재하시는 것, 그리고 영원한 아버지가 완전한 것 같이 그들에게 완전하라고 명하신 그 아버지에게 도달하려고 추구하는 동안에 바로 이 피조물이 우주에서 승천하는 체험의 사실이다.

브라만의 개념에서 그 시절의 지성들은 만물에 스며드는 어떤 절대자의 관념을 참으로 붙잡았는데, 이는 이 가정이 한꺼번에 창조 에너지와 우주의 반응과 동일시되었기 때문이다. 브라만은 도무지 정의(定義)를 내릴 수 없는 것이라 생각되었고, 오직 모든 유한한 성질을 연달아 부정함으로 그것을 이해할 수 있었다. 분명히 그것은, 절대 존재, 아니 무한하기까지 한 어떤 존재를 믿는 관념이었지만, 이 개념에는 대체로 성격의 특성이 빠져 있고, 따라서 개별 종교가들이 그것을 체험할 수 없었다.

브라만 나라야나는 절대자, 무한한 스스로 있는 그것, 곧 잠재하는 우주의 원초적 창조 잠재력이요, 모든 영원을 통해서 정적(靜的)으로 존재하고 잠재하는 우주의 자아로 생각되었다. 당시의 철학자들이 신의 개념에서 그 다음 걸음을 내디딜 수 있었다면, 브라만이 결합하고 창조하는 성질이 있고, 창조되고 진화하는 존재들이 가까이할 수 있는 하나의 성격자라고 생각할 수 있었다면, 다음에 그러한 가르침은 유란시아에서 신에 관한 가장 진보된 초상화가 되었을 터인데, 이는 그것이 총체적 신(神)의 활동에서 처음 다섯 수준을 둘러싸고, 아마도 나머지 둘을 상상했을까 싶기 때문이다.

어떤 단계에서 하나의 우주 대혼(大魂)이 모든 생물 존재를 합친 것의 총체라는 개념은 인도 철학자들을 최상 존재의 진리에 무척 가깝게 이끌었다. 그러나 이 진리는 그들에게 아무 소용이 없었는데, 이는 그들이 브라만 나라야나라는 이론적 일신교의 목표에 이르는 데 타당하거나 합리적인 어떤 개인적 접근법도 개발하지 못했기 때문이다.

원인의 연속성을 말하는 카르마 원칙은, 다시, 최상위의 신 존재에서 모든 시공 행위를 반향으로 합성한다는 진리와 아주 가까웠다. 그러나 이 가정은 결코 개별 종교가가 동등하게 신에게 개인적으로 도달하도록 마련하지 않았고, 겨우 우주의 대혼이 모든 성격을 궁극에 삼킨다고만 하였다.

브라만교의 철학은 또한 생각 조절자의 깃드심을 깨닫기에 무척 가깝게 갔지만, 진리의 착각(錯覺)을 통해서 타락되기만 했다. 혼이 브라만의 깃드심이라는 가르침은, 이 우주의 하나의 깃드심을 제쳐 놓고, 이 개념이 따로 아무런 인간 개성이 없다는 믿음에 완전히 오염되지 않았더라면, 진보된 종교를 위하여 길을 예배했을 것이다.

대혼과 자아의 혼이 합쳐진다는 교리에서, 인도의 신학자들은 인간다운 무엇, 새롭고 독특한 무엇, 사람의 뜻과 하나님의 뜻의 연합으로부터 태어나는 무엇이 살아남는다는 것에 생각이 미치지 못했다. 혼이 브라만으로 돌아간다는 가르침은 조절자가 우주의 아버지의 품으로 돌아간다는 진리와 가깝게 평행이 된다. 그러나 조절자와 달리, 또한 살아남는 무엇이 있으니, 이것은 필사 성격의 상물질 짝이다. 이 근본 개념이 브라만 철학에서 치명적으로 빠져 있다.

브라만 철학은 우주의 많은 사실에 접근했고, 수많은 우주 진리에 가까이 갔다. 그러나 절대·초월·유한과 같은 몇 가지 수준의 실체를 구별하지 못하는 잘못을 너무 자주 저질렀다. 절대 수준에서 유한하고 착각일까 싶은 것이 유한한 수준에서 절대로 실재할 수도 있음을 고려하지 못했다. 그리고 그 철학은 또한 우주의 아버지의 기본 성격을 조금도 알아보지 못했는데, 진화 생물이 어느 한계 안에서 하나님을 체험하는 것으로부터 영원한 아들이 파라다이스 아버지를 한없이 체험하기에 이르기까지, 우주의 아버지를 모든 수준에서 몸소 접촉하는 것이 가능하다.

4. 힌두교

인도에서 몇 세기가 지나자, 멜기세덱 선교사들의 가르침으로 말미암아 수정되고 나중에 브라만 사제들이 구체화한 바와 같이, 민중은 베다의 옛 의식(儀式)으로 어느 정도 돌아갔다. 세계 종교 가운데 가장 오래 되고 가장 국제적인 이 종교는, 불교·자이나교, 그리고 나중에 나타나는 모하메드교와 그리스도교의 영향에 반응하여, 더 변화를 겪었다. 그러나 예수의 가르침이 도착할 때가 되어서, 그 가르침은 "백인의 종교"가 될 정도로 이미 너무나 서양화되었고, 따라서 힌두의 지성에게 이상하고 낯설었다.

힌두 신학은 현재 네 가지 내려가는 수준의 신과 신성을 그린다:

1. <u>브라만</u>, 절대자, 무한한 하나, 스스로 존재하는 그것.

2. <u>삼신 일체</u>(三神一體), 힌두교의 최고 삼위 일체. 이 결합에서, 첫째 구성원 <u>브라마</u>는 브라만—무한—으로부터 스스로 창조되었다고 생각된다. 범신적인 무한한 하나와 밀접하게 동일시하는 것이 아니라면, 브라마는 우주의 아버지 개념의 기초를 이룰 수도 있다. 브라마는 또한 운명과 동일시된다.

둘째와 셋째 구성원, 시바와 비슈누의 숭배는 그리스도 뒤 제1 천년에 일어났다. <u>시바</u>는 삶과 죽음의 주, 다산(多産)의 신이요, 파괴의 주였다. <u>비슈누</u>는 정기적으로 인간의 모습으로 육신화한다는 믿음 때문에 대단히 인기가 좋았다. 이 방법으로 비슈누는 인도인들의 상상에서 실재하고 살아 있게 된다. 시바와 비슈누 각자가 만물 위에 최고라고 여기는 사람들이 있었다.

3. <u>베다와 베다 이후의 신</u>. 아그니·인드라·소마와 같은, 아리아인들이 가졌던 고대의 여러 신은 삼신 일체의 세 구성원에 2차적인 것으로서 지속하였다. 이에 더하여 수많은 신이 베다 인도의 옛 시절 이후로 일어났고, 그들은 또한 힌두인의 만신전에 합병되었다.

4. <u>반신(半神)</u>: 후일의 숭배에서 초인간, 준신(準神), 영웅, 악마, 귀신, 악령, 요정(妖精), 괴물, 도깨비, 성자(聖者).

힌두교는 오랫동안 인도 국민을 활기 있게 만들지 못했지만, 동시에 보통, 관대한 종교였다. 힌두교의 큰 장점은 그 종교가 유란시아에서 나타난 바 가장 적응력이 있고 형태가 없는 종교임이 판명되었다는 사실에 있다. 그것은 거의 한없이 바뀔 능력이 있고, 지적인 브라만의 높은 준(準)일신교의 추측으로부터 천하고 억압받는 계층의 무지한 신자들이 가진 터무니없는 주물 사상과 원시적 숭배 풍습에 이르기까지, 융통성 있게 조정하는 특별한 범위를 소유한다.

힌두교가 살아남은 것은 본질적으로 그것이 인도에서 기본 사회 조직의 총체적 부분이기 때문이다. 힌두교는 어지러워지거나 파괴될 수 있는 아무런 큰 계층 조직이 없다. 그것은 사람들의 생활 형태 속으로 함께 얽혀 있다. 힌두교는 변하는 조건에 대하여 모든 다른 종파를 뛰어넘는 적응성이 있고, 많은 다른 종교에 대하여 관대하게 채용하는 태도를 나타내며, 고타마 부다와 그리스도 자신조차도 비슈누가 육신화한 것이라 주장하였다.

오늘날 인도에서, 예수의 복음—하나님이 아버지이고 그 결과로 모든 사람이 형제임—을 묘사할 큰 필요가 있으며, 이 형제 정신은 사랑으로 베푸는 봉사와 사회에 베푸는 서비스에서 개인 수준에서 이루어진다. 인도에는 철학의 뼈대가 존재하고, 숭배 구조가 있다. 미가엘이 일생을 수여한 일을 백인의 종교로 만드는 성향이 있었던, 서양의 그 독단과 교리를 벗어 버린 복음, 사람의 아들이 준 최초의 복음에 나타난 힘찬 사랑의 불꽃, 활력을 주는 불꽃 외에 더 필요한 것이 없다.

5. 중국에서 진리를 위한 투쟁

최고자 하나님과 믿음을 통한 구원을 외치는 교리를 퍼뜨리면서 아시아를 통과함에 따라서, 살렘 선교사들은 거쳐 간 여러 나라의 철학과 종교 사상을 많이 흡수했다. 그러나 멜기세덱과 그 후계자들이 임명한 선생들은 그들에게 맡긴 신뢰를 저버리지 않았다. 그들은 유라시아 대륙의 모든 민족에게 파고들었고, 그들이 중국에 도착한 것은 그리스도 이전 제2 천년의 중엽이었다. 시 푸크에서 1백 년이 넘도록 살렘 사람들은 그들의 본부를 유지했고, 거기서 황인종의 영토 전역에 두루 가르친 중국인 선생들을 훈련시켰다.

가장 원시 형태의 도교(道敎)가 중국에서 일어난 것은 이 가르침의 직접 결과였는데, 도교는 오늘날 그 이름을 지닌 것과 크게 다른 종교였다. 초기, 곧 시초의 도교는 다음 요소의 복합이었다:

1. 싱랑톤의 남아 있는 가르침, 이것은 상제(上帝), 곧 하느님의 개념에서 지속되었다. 싱랑톤의 시절에 중국인은 거의 일신교를 믿게 되었다. 그들은 하나의 진리를 숭배하는 데 마음을 쏟았고, 이것은 나중에 하늘의 영, 곧 우주의 통치자로 알려졌다. 그리고 황인종은 결코 이 초기의 신 개념을 완전히 잃지 않았다. 하지만 뒤따른 여러 세기에 많은 하위 신과 영이 그들의 종교 속으로 모르는 사이에 기어 들어왔다.

2. 사람의 믿음에 반응하여 인류에게 은혜를 내리려 하는 최고 창조자 신을 믿는 살렘 종교. 그러나 멜기세덱 선교사들이 황인종의 땅을 침투했을 때가 되자, 그들의 최초의 메시지는 마키벤타 시절에 살렘의 간단한 교리로부터 상당히 바뀌었다는 것이 또한 너무나 참말이다.

3. 모든 악을 피하려는 욕구와 함께, 인도의 철학자들이 가진 브라만 절대자의 개념. 베다 신앙을 가르치는 인도인 선생들이 살렘 종교의 동향(東向) 전파에서 아마도 가장 큰 외래 영향력을 미쳤고, 그들은 자기네 브라만—절대자—개념을 살렘 사람들의 전도사 사상에 불어 넣었다.

이 복합 신앙은 종교 철학의 사상에서 밑받침하는 영향력이 되어 황인과 갈색 종족들의 땅을 통해서 퍼졌다. 일본에서 이 시초의 도교는 신도(神道)로 알려졌고, 팔레스타인의 살렘으로부터 아득히 먼 이 나라에서, 민족들은 하나님의 이름을 인류가 잊지 않게 하려고 땅에서 살았던 마키벤타 멜기세덱이 육신화한 것에 대하여 배웠다.

중국에서 이 관념들은 모두 나중에 늘 성장하는 조상 숭배의 종파와 뒤범벅이 되고 섞여 버렸다. 그러나 싱랑톤의 시절 이후로 중국인은 사제들에게 무력한 노예 상태로 빠진 적이 없다. 황인종은 미개한 속박으로부터 질서 있는 문명으로 처음 솟아 나온 종족인데, 이는 그 종족이 신들을 비참하게 두려워함으로부터 어느 정도 자유를 먼저 얻었고, 다른 종족들이 무서워한 것처럼 죽은 사람의 귀신들조차 무서워하지 않았기 때문이다. 사제들로부터 초기에 해방된 상태를 넘어서 나아가지 못했기 때문에, 중국은 실패했다. 중국은 거의 똑같이 비참한 잘못, 조상 숭배에 빠졌다.

그러나 살렘 사람들의 수고는 헛되지 않았다. 그들의 복음의 기초 위에 6세기에 중국의 위대한 철학자들은 자기의 가르침을 확립하였다. 노자와 공자의 시절에 도덕적 분위기와 영적 감정은 그보다 더 전 시대에 살렘 선교사들의 가르침으로부터 자라났다.

6. 노자와 공자

미가엘이 오시기 약 6백 년 전에, 육체를 떠난 지 오래 된 멜기세덱에게는 땅에서 그의 가르침의 순수성이 더 오래 된 유란시아 신앙 속으로 널리 흡수됨으로 지나치게 위태로워지고 있는 듯하였다. 한동안 미가엘의 전주자(前走者)였던 그의 사명이 실패할 위험이 있는 것처럼 보였다. 그리스도 전 6세기에, 영적 매체들의 특별한 조정을 통해서, 혹성 감독자들조차도 이것을 다 이해하지 못하는데, 유란시아는 다양한 종교적 진리가 아주 특별히 발표되는 것을 보았다. 몇몇 인간 선생들의 매체를 통해서, 살렘의 복음은 다시 진술되고 다시 활력을 찾았고, 그 때 발표된 대로, 많은 것이 이 글을 쓸 때까지 지속하였다.

영적 진보가 있었던 이 독특한 세기는 문명화된 세계 전역에 걸쳐서, 종교와 도덕과 철학에서 위대한 선생이 나타나는 특징을 가졌다. 중국에서, 탁월한 두 선생은 노자(老子)와 공자(孔子)였다.

도(道)가 모든 창조의 하나인 첫째 근원임을 선포했을 때 노자는 살렘 전통의 개념에 기초를 두었다. 노자는 큰 영적 환상을 가진 사람이었다. 그는 "사람의 영원한 운명은 도, 최상의 하나님, 우주의 임금과 영원히 뭉치는 것이라"고 가르쳤다. 궁극의 원인에 대한 그의 이해는 가장 헤아림이 많았는데, 이는 "하나는 절대 도로부터 생겨나고, 하나로부터 우주의 이원(二元)이 나타나며, 그러한 이원으로부터 삼원(三元)이 솟아 나오고, 삼원은 모든 실체의 1차 근원이다."[3] "모든 실체는 우주의 잠재성과 사실성 사이에 늘 균형되어 있고, 신의 영이 이것들을 영원히 조화시킨다" 하였기 때문이다.

노자는 또한 악을 선으로 갚는 교리를 가장 일찍 발표하였다: "선은 선을 낳지만, 참으로 선한 자에게는 악도 또한 선을 낳는다."

그는 피조물이 창조자에게 돌아간다고 가르쳤고, 생명은 우주의 잠재성으로부터 성격이 솟아나는 것으로 그렸으며, 한편 죽음은 이 피조물 성격이 집으로 돌아가는 것과 같았다. 그가 가진 참 믿음의 개념은 특별했고, 그도 또한 그것을 "어린아이의 태도"와 견주었다.

하나님의 영원한 목적에 관하여 그가 이해한 것은 뚜렷했으니, 이렇게 말했기 때문이다: "절대 신은 애쓰지 않아도 늘 이긴다. 그는 인류에게 강요하지 않지만, 그들의 참된 소망에 반응할 준비가 언제나 되어 있다. 하나님의 뜻은 영원히 참고, 그 뜻의 표현은 영원히 불가피하다." 참 종교가에 대해서, 주는 것이 받는 것보다 더 복되다는 진리를 표현하면서 말했다. "착한 사람은 자기를 위해서 진리를 쥐고 있으려 하지 않고, 오히려 이 재산을 동료들에게 주려고 애쓰는데, 이는 그것이 진리의 실현이기 때문이다. 절대자 하나님의 뜻은 언제나 이익을 주고, 결코 파괴하지 않는다. 참 신자의 목적은 언제나 행동하는 것이나, 결코 강요하는 것이 아니다."

노자가 무저항을 가르치고, 행위와 강요를 구별한 것은 나중에 "아무 것도 보지 않고, 하지 않고, 생각하지 않는다"는 신앙으로 곡해되었다. 그러나 노자는 결코 그러한 잘못을 가르치지 않았다. 하지만 그가 무저항을 내세운 것은 중국 민족의 평화로운 성향이 더욱 자라는 데 한 요인이 되었다.

그러나 20세기 유란시아에서 유행하는 도교는 그 옛 철학자의 드높은 감정과 우주 개념과 공통되는 것이 거의 없다. 그는 파악한 대로 진리를 가르쳤으니, 이것이다: 절대자 하나님을 믿는 믿음이 세계를 다시 만들 그 신성한 에너지의 근원이요, 그 에너지를 이용하여 사람은, 도(道), 곧 우주의 영원한 신이요 절대 창조자와 영적으로 연합하는 데까지 올라간다.

공부자(孔夫子)는 6세기에 중국에서 노자와 같은 시대에 산 나이가 더 어린 사람이었다. 공자는 그의 신조를 황인종의 오랜 역사에서 상급의 도덕적 전통에 기초를 두었고, 또한 살렘 선교사들의 남아 있는 전통에 얼마큼 영향을 받았다. 그가 한 주요한 일은 옛 철학자들의 지혜로운 말씀을 모은 데 있다. 일생 동안 그는 사람들이 물리친 선생이었지만, 그의 글과 가르침은 그 뒤로 내내, 중국과 일본에 큰 영향을 미쳤다. 공자는 마술이 있던 자리에 도덕을 올려놓았으므로 샤먼들에게 본보기를 보였다. 그러나 그는 너무 손을 댔다. 그는 질서를 새로운 주물로 만들고 조상의 행위를 존경하도록 만들었으며, 이 글을 쓸 때 중국인들은 아직도 조상의 행위를 존중한다.

공자가 도덕을 설파한 것은, 땅의 길은 하늘의 길이 일그러져 비친 그림자요, 현세 문명의 참된 모범은 하늘의 영원한 질서를 거울로 비친 것이라는 이론에 바탕을 둔다. 유교(儒教)에서 잠재하는 하나님 개념은 천도(天道), 곧 우주의 원형을 강조한 것에 거의 완전히 종속되었다.

노자의 가르침은 동양에서 몇 군데를 빼고 모두에게 사라져 버렸지만, 공자의 글은 그 뒤로 늘, 거의 3분의 1의 유란시아 사람들이 가진 문화의 도덕적 구조에 기초가 되었다. 이 공자의 교훈은 지난날의 가장 좋은 것을 지속시키기는 해도, 그렇게 존중받은 업적을 낳은 중국인의 바로 그 탐구 정신에 얼마큼 해로웠다. 진시황제 황실의 노력과 묵자(墨者)의 가르침이 이 교리들의 영향에 맞서 싸웠으나 헛일이었다. 묵자는 윤리적 의무가 아니라 하나님의 사랑에 기초를 둔 형제 정신을 부르짖었다. 그는 새로운 진리를 찾는 옛 탐구 정신에 다시 불을 붙이려고 했지만, 그의 가르침은 공자의 제자들의 억센 반대에 부딪쳐 실패했다.

중국에서 영적으로 어둡던 시대에, 다른 여러 영적 선생과 도덕의 스승들처럼, 공자와 노자 모두를 그 추종자들이 결국 신격화하였고, 이 시대는 도교 신앙이 쇠퇴하고 왜곡되던 때와 인도로부터 불교 선교사들이 오던 사이에 끼었다. 영적으로 퇴폐한 이 여러 세기 동안, 황인종의 종교는 불쌍한 신학으로 퇴화했다. 그 속에는 악마·용·악령이 들끓었고, 이것은 모두 깨우침을 받지 못한 필사 지성에게 두려움이 돌아오는 것을 가리킨다. 진보된 종교 때문에 한때 인간 사회의 선두에 있던 중국은, 다음에 하나님 의식을 개발하는 참 길에서 잠시 진보하지 못했기 때문에 뒤로 처졌다. 이 하나님 의식(意識)은 개별 필사자의 경우 뿐 아니라, 시간과 공간에 있는 진화 혹성에서 문화와 사회 진보의 특징을 나타내는, 뒤얽히고 복잡한 문명의 참된 진보에 필수이다.

7. 고타마 싯달타

중국에서 노자와 공자와 같은 시대의 사람이면서, 진리를 가르친 또 하나의 위대한 선생이 인도에서 일어났다. 고타마 싯달타는 인도 북부 지방인 네팔에서 그리스도 이전 6세기에 태어났다. 그의 추종자들은 나중에 그가 환상처럼 부유한 통치자의 아들인 것으로 보이게 만들었다. 그러나 진실로, 그는 남쪽 히말라야의 작은 외딴 산 계곡에서 묵인(默認) 아래 다스린, 어느 조그만 족장의 옥좌를 분명히 이어받을 후계자였다.

고타마는 요가를 쓸데없이 6년 동안 연습한 뒤에, 이론을 만들어 냈고, 이것은 불교의 철학으로 성장했다. 싯달타는 성장하는 카스트 체계에 맞서서, 굳게 각오했지만 보람없는 싸움을 벌였다. 이 젊은 선지자인 왕자에게는 그 시절에 사람들의 마음을 크게 끈, 드높은 성실함과 독특하게 사심 없는 태도가 있었다. 그는 육체를 학대하고 몸에 고통을 줌으로써 개인의 구원을 얻으려 애쓰는 관습이 가치가 없다고 깎아 내렸다. 그리고 추종자들에게 그의 복음을 온 세계에 가져가라고 훈계하였다.

인도에서 혼란과 극단적 종파의 풍습 한가운데서, 고타마의 온건하고 절제 있는 가르침은 가뭄에 시원한 비처럼 들렸다. 그는 신과 사제들, 그리고 그들에게 희생물 바치는 것을 비난했지만, 그도 마찬가지로 우주의 하나의 성격을 깨닫지 못했다. 개별 인간의 혼이 존재하는 것을 믿지 않았기 때문에, 고타마는 물론, 혼이 윤회한다는 오래 지녀 온 관념에 맞서 용감한 싸움을 벌였다. 그는 사람들을 두려움으로부터 구원하고, 큰 우주에서 사람들을 안락하고 편안한 느낌을 가지게 하려고 고귀한 노력을 기울였지만, 하늘 가는 필사자들의 진정한 하늘 같은 집—파라다이스—로, 그리고 영원히 존재하며 베푸는 확대되는 봉사로, 인도하는 길을 사람들에게 보여 주지 못했다.

고타마는 진정한 선지자였다. 은둔자 고닷의 훈계에 귀를 기울였더라면, 그는 믿음으로 구원을 얻는다는 살렘 복음을 부활시키는 영감으로 온 인도를 일깨웠을까 싶다. 고닷은 멜기세덱 선교사들의 전통을 결코 잃어버리지 않은 어느 가족을 통해서 내려왔다.

베나레스에서 고타마는 학교를 세웠고, 둘째 해에 한 생도 바우탄은 멜기세덱이 아브라함과 맺은 약속에 관한 살렘 선교사들의 전통을 선생에게 전파했다. 우주의 아버지에 대하여 아주 맑은 개념을 가지지 못했어도, 싯달타는 믿음을 통해서 구원을 얻는 것—간단한 믿음—에 대하여 진보된 자세를 가졌다. 추종자들 앞에서 그 자신 그렇게 선언했으며, "거저 구원을 주는 반가운 소식, 모든 사람, 높은 자와 낮은 자가 올바름과 응보를 믿음으로 지극한 복을 얻을 수 있다는 것"을 인도 민족에게 선포하라고 학생들을 60명씩 떼를 지어 보내기 시작했다.

고타마의 아내는 남편의 복음을 믿었고, 여승 계급의 시조(始祖)가 되었다. 그의 아들은 후계자가 되어 그 종파의 세를 크게 떨치었다. 그는 믿음을 통해 구원을 얻는다는 새로운 관념을 파악했지만, 나이 들었을 때, 믿음만 가지고 신의 은총을 얻는다는 살렘의 복음에 마음이 흔들렸고, 만년에 죽으면서 이렇게 말했다. "너 자신의 구원을 해결하라."

최선으로 선포되었을 때, 희생물, 자학(自虐), 의식(儀式), 사제들로부터 자유롭게 되어, 보편적 구원이 있다는 고타마의 복음은 그 시대에 혁명이요 놀라운 교리였다. 그것은 살렘 복음의 부흥에 놀라울 만큼 가깝게 다가갔다. 그 복음은 수많은 절망하는 혼들에게 구원을 주었고, 후일 여러 세기 동안에 괴상하게 일그러졌는데도, 수많은 인간의 희망으로서 아직도 지속한다.

싯달타는 그의 이름을 지닌 현대 종파들에서 살아남은 것보다 훨씬 많은 진리를 가르쳤다. 그리스도교가 나사렛 예수의 가르침이 아닌 것과 마찬가지로, 현대의 불교는 고타마 싯달타의 가르침과 거리가 멀다.

8. 불교도의 신앙

불교도가 되기 위해서 사람은 "나는 부처님께 피신한다. 나는 교리에 피신한다. 나는 단체에 피신한다"하고 도피문을 외워서 신앙을 대중 앞에서 고백하기만 했다.

불교는 신화가 아니라 역사적 인물에서 기원을 가졌다. 고타마를 따르는 자들은 주, 또는 선생이라는 뜻으로 그를 사스타라고 불렀다. 자신이나 그의 가르침을 대변하여 그는 아무런 초인간적 주장을 내세우지 않았지만, 제자들은 일찍부터 그를 깨우친 자, 부처라, 나중에는 석가모니 부처라고 불렀다.

고타마의 최초의 복음은 다음의 네 가지 고귀한 진리에 바탕을 두었다:

1. 고통의 고귀한 진리.
2. 고통의 기원.
3. 고통의 소멸.
4. 고통의 소멸로 이르는 길.

고통과 고통의 도피에 관한 교리에 가까이 연결된 것은 팔도(八道)의 철학이었고, 이는 바른 견해, 바른 포부, 바른 말, 바른 행위, 바른 생계, 바른 노력, 바른 마음가짐, 바른 숙고이다.[4] 고통의 도피에서 모든 노력·욕구·애정을 없애는 것이 고타마의 의도는 아니었다. 오히려 그의 가르침은 모든 희망과 포부를 전적으로 현세의 목표와 물질적 대상에만 고정시키는 것이 헛됨을 필사 인간에게 보이려고 고안되었다. 사람이 동료 사랑하기를 피해야 한다는 것이 아니라, 오히려 참 신자는 또한 이 물질 세계의 관계를 넘어서, 영원한 앞날의 실체들을 바라보아야 한다는 것이었다.

고타마가 전파한 도덕 계율은 다섯 가지였다:

1. 죽이지 말라.
2. 훔치지 말라.
3. 정절(貞節)을 버리지 말라.
4. 거짓말하지 말라.
5. 독한 술을 마시지 말라.

추가 계율, 2차 계율이 몇 개 있었고, 이를 지키는 것은 신자들의 재량이었다.

싯달타는 인간 성격이 불멸함을 도저히 믿었다고 할 수 없다. 그의 철학은 겨우 일종의 기능 연속성을 생각해 놓았다. 그는 니르바나(열반)의 교리 속에 무엇을 담으려 뜻했는지 결코 밝게 정의를 내리지 않았다. 필사 존재 동안에 이론상 체험할 수 있다는 사실은 열반을 완전히 소멸된 상태로 보지 않았음을 가리키겠다. 그것은 사람을 물질 세계에 묶어두는 모든 사슬이 깨뜨려진, 최고의 깨우침이요 하늘 같은 행복이 있는 상태를 가리켰다. 필사 생활의 욕구로부터 자유롭게 되고 언제라도 다시 육신화를 체험하는 모든 위험으로부터 구원이 있었다.

고타마의 최초의 가르침에 따르면, 신의 도움은 별도로 하고, 구원은 인간의 노력으로 이루어진다. 구제하는 믿음이나 초인간 권력들에게 드리는 기도가 있을 자리가 없다. 인도의 미신을 최소화하려는 시도에서, 고타마는 마술 같은 구원을 외치는 뻔뻔한 주장으로부터 사람들을 돌이키려고 노력했다. 그리고 이런 노력을 기울이면서, 후계자들이 그의 가르침을 잘못 풀이하고, 도달하려 하는 인간의 모든 노력이 싫고 고통스러운 것이라 외치도록 문을 활짝 열어 놓았다. 가장 높은 행복은 바람직한 목표를 총명하게 열심히 추구하는 것과 연결되고, 그러한 성취는 우주에서 자아를 실현하면서 얻는 참된 진보라는 사실을 추종자들은 간과하였다.

싯달타의 가르침에서 큰 진리는 절대 응보가 있는 우주를 선포한 것이었다. 그는 필사 인간이 일찍이 발명한 가운데, 신이 없이 최선의 철학을 가르쳤다. 그것은 이상적인 인본주의였고, 미신과 마술 의식(儀式), 귀신이나 악마 공포증의 근거를 아주 효과 있게 없애 버렸다.

불교에서 최초의 복음에 있는 큰 약점은 사심 없이 사회에 봉사하는 종교를 낳지 않은 것이다. 불교 단체는 오랫동안, 신자들의 우애 단체가 아니라, 차라리 조교(助教)의 공동체였다. 고타마는 그들이 돈 받는 것을 금했고, 이로서 계층 조직의 성향이 자라는 것을 방지하려고 애썼다. 고타마 자신은 상당히 사교적이었다. 참말로 그의 일생은 그의 설교보다 훨씬 위대했다.

9. 불교의 전파

부처, 곧 깨우친 자를 믿음으로 얻는 구원을 제공했기 때문에 불교는 번성했다. 불교는 동 아시아에 두루 발견되는 어느 다른 종교 체계보다 멜기세덱의 진리를 더 많이 대표하였다. 그러나 낮은 카스트 군주 아소카가 자신을 보호하는 노력으로 지지할 때까지, 불교는 한 종교로서 널리 퍼지지 않았다. 아소카는 에집트의 이크나톤 다음으로, 멜기세덱과 미가엘 사이에 가장 눈에 띄는 국가 통치자 가운데 하나였다. 아소카는 불교 선교사들의 선전을 통해서 큰 인도 제국을 세웠다. 25년의 기간에 그는 1만 7천 명이 넘는 선교사들을 훈련시키고, 알려진 온 세계의 가장 먼 미개척지까지 보냈다. 한 세대 안에 그는 세계의 절반에서 불교를 지배하는 종교로 만들었다. 불교는 티벳, 카쉬미르, 세일론, 버마, 자바, 시암, 한국, 중국, 일본에서 곧 자리가 잡혔다. 크게 보아서, 불교는 그것이 갈아치우거나 개량한 것들보다 훨씬 뛰어난 종교였다.

불교가 인도에 있는 고향으로부터 온 아시아로 전파된 것은 성실한 종교가들의 영적 헌신과 선교의 집요함을 엮는 흥미 있는 이야기 중의 하나이다. 고타마의 복음을 전하는 선생들은 육로로 카라반 길의 위험을 무릅썼을 뿐 아니라, 아시아 대륙 위로 사명을 추구하는 동안에 중국해의 위험에 부딪쳤고, 그들의 신앙의 소식을 모든 민족에게 가져다 주었다. 그러나 이 불교가 이제는 더 고타마의 단순한 교리가 아니었다. 그를 신으로 만든, 기적이 된 복음이었다. 그리고 인도에서 불교가 그 고지(高地)의 고향으로부터 멀리멀리 퍼짐에 따라서, 그것은 고타마의 가르침과 더욱 달라졌고, 그것이 갈아치운 종교들과 더욱 비슷해졌다.

불교는 나중에 중국에서 도교에, 일본에서는 신도에, 티벳에서는 그리스도교에 많이 영향을 받았다. 1천 년이 지난 뒤에, 불교는 인도에서 단지 시들고 사라졌다. 그것은 브라만화되고, 나중에는 비참하게 이슬람에게 항복했으며, 한편 나머지 동양의 상당 부분에서 고타마 싯달타가 결코 알아보지 못했을 의식(儀式)으로 퇴화되었다.

남쪽에서 싯달타의 가르침에서 근본주의자의 전형(典型)은 세일론, 버마, 인도지나 반도에서 지속하였다. 이것은 초기의 교리, 즉 비사회적 교리를 고수하는, 불교의 히나야나 종파이다.

그러나 미처 인도에서 붕괴하기 전에, 고타마 추종자들의 중국 집단과 북부 인도 집단은, 히나야나, 즉 "소승(小乘)"을 고수한 남쪽의 순수파들과 대조해서, 구원에 이르는 "대승(大乘)"의 마하야나 가르침을 비로소 개발하였다. 이 대승 불교 신자들은 불교 교리에 본래부터 있던 사회적 한계로부터 풀려났고, 그 뒤로 늘, 불교의 이 북쪽 가지는 중국과 일본에서 계속 진화하였다.

불교가 오늘날 생생하고 성장하는 종교인 것은 불교가 그 신봉자들의 가장 높은 도덕적 가치를 많이 보존하는 데 성공하기 때문이다. 불교는 차분함과 자제를 권장하고, 마음의 침착과 행복을 키우고, 슬픔과 애도를 막는 데 크게 이바지한다. 이 철학을 믿는 자들은 그렇지 않은 많은 사람보다 더 낫게 인생을 산다.

10. 티벳에 있던 종교

티벳에는 불교, 힌두교, 도교, 그리스도교와 통합되어 멜기세덱의 가르침이 가장 이상하게 결합된 것을 찾아볼 수 있다. 불교 선교사들이 티벳으로 들어갔을 때, 그들은 초기 그리스도교 선교사들이 유럽의 북쪽 부족들 사이에서 발견한 것과 아주 비슷한 원시의 야만 상태에 부딪쳤다.

이 순진한 티벳 사람들은 낡은 마술과 부적을 통째로 버리려 하지 않았다. 오늘날의 티벳 의식에 있는 종교 예식을 검토해 보면, 머리 민 사제들의 지나치게 자란 단체를 드러내며, 이들은 종(鐘), 노래, 향(香), 행렬, 묵주, 형상, 부적, 그림, 거룩한 물, 화려한 의상, 정성들인 성가대를 포함하는 정교한 의식을 거행한다. 그들은 굳어진 독단과 구체화된 신조, 신비스러운 의식과 특별한 금식이 있다. 그들의 계층은 중, 여승, 주지(住持)들과 큰 라마를 포함한다. 그들은 천사와 성자들, 거룩한 어머니와 신들에게 기도한다. 죄를 고백하고, 연옥을 믿는다. 절은 널리 퍼져 있고 사원(寺院)은 웅장하다. 그들은 성스러운 의식을 끊임없이 되풀이하고, 그러한 예식이 구원을 준다고 믿는다. 기도문을 바퀴에 붙이고, 바퀴가 돌면 그 간구가 효력이 있다고 믿는다. 현대에 어느 다른 민족에서도 그렇게 많은 종교로부터 허다한 것을 준수함을 찾아볼 수 없다. 그러한 누적된 의식(儀式) 문집은 터무니없이 성가시고 못 견딜 짐이 될 것은 불가피하다.

티벳 사람들은, 하나님의 아들인 것과 사람끼리 형제인 것, 그리고 영원한 우주에서 늘 올라가는 시민이라는 예수 복음의 간단한 가르침을 제외하고, 모든 주요한 세계 종교로부터 무엇인가를 가지고 있다.

11. 불교도의 철학

불교는 그리스도 뒤 제1 천년에 중국으로 들어갔고, 황인종의 종교 관습에 잘 들어맞았다. 조상을 숭배하면서 그들은 죽은 자들에게 오랫동안 빌었다. 이제 그들은 또한 죽은 자들을 위해서도 빌 수 있었다. 불교는 사그라지는 도교에서 남은 의식 풍습과 곧 섞였다. 예배를 드리는 사원(寺院)과 분명한 종교 의식을 가지고, 새로이 합성된 이 종교는 곧 중국, 한국, 일본의 민족들이 널리 받아들인 종파가 되었다.

고타마의 추종자들이 그 종파의 전통과 가르침을 너무 왜곡해서 그를 신성한 존재로 만들 때까지 불교가 세계에 전해지지 않은 것은, 어떤 면에서 불행한 일이었다. 그런데도 그의 인간 생활에 대한 이 신화는, 수많은 기적으로 실제로 치장된 바와 같이, 북부 복음, 곧 마하야나 복음의 불교를 듣는 자들에게 무척 호소력이 있다는 것이 판명되었다.

나중에 그의 추종자들 가운데 더러는 석가모니 부처의 영이 살아 있는 부처로서 땅에 정기적으로 돌아온다고 가르쳤고, 이렇게 부처의 형상, 절, 의식(儀式), 그리고 사기꾼인 "살아 있는 부처들"이 무기한으로 영속하게 만드는 길을 열어놓았다. 이처럼 위대한 인도인의 신교(新敎)는 궁극에, 그가 아주 두려움 없이 투쟁하고 그토록 용감히 비난했던 바로 그 예식 풍습에, 그리고 의식에 쓰이는 주문에, 그 자체가 속박되었음을 발견했다.

불교도의 철학에서 큰 진전은 모든 진리의 상대성을 이해했다는 데 있다. 이 가설의 장치를 통해서, 불교도는 자신과 다른 여러 사람 사이의 차이 뿐 아니라, 자기네 종교 경전(經典)들 사이에 있는 상이점을 절충하고 상관시킬 수 있었다. 작은 진리는 작은 지성을 위하여, 큰 진리는 큰 지성을 위한 것이라고 가르쳤다.

이 철학은 또한 부처의 (신다운) 성품이 모든 사람 안에 거한다고, 사람은 스스로 노력해서 이 속 사람의 신성을 실현할 수 있다고 주장했다. 그리고 이 가르침은 유란시아의 종교가 깃드는 조절자의 진리를 가장 뚜렷하게 발표한 것 가운데 하나이다.

그러나 싯달타의 최초의 복음에 있는 큰 제한은, 추종자들이 풀이한 바와 같이, 자아를 객관적 실체로부터 고립시키는 방법을 써서 필사 성품의 모든 한계로부터 인간의 자아를 완전히 해방시키려 했다는 것이다. 우주에서 자아의 참된 실현은 우주의 실체, 그리고 공간에 제한받고 시간에 제약되는 에너지·지성·영으로 이루어진 유한한 우주와 동일시하는 결과로서 생긴다.

그러나 불교의 예식과 겉으로 나타나는 행사가 불교가 여행한 땅에 있는 예식과 행사에 터무니없이 오염되었어도, 때때로 이 체계의 사상과 관념을 받아들인 위대한 사상가들의 철학적 생활에서 이 퇴화가 있었다고 잘라 말할 수는 없다. 2천 년이 넘도록, 아시아의 많은 최고 지성은 절대 진리와 절대자의 진리를 확인하는 문제에 힘을 기울였다.

절대자에 대한 높은 개념의 진화는 많은 생각 경로를 통해서, 비뚤어진 논리의 길을 거쳐서 이루어졌다. 이 무한의 교리가 위로 올라간 길은 히브리 신학에서 하나님 개념이 진화한 것만큼 맑게 정의되지는 않았다. 그런데도 우주들의 시초 근원을 상상하는 도중에, 불교도의 지성이 다다르고, 머무르고, 거쳐 간 어떤 일반 수준이 있었다.

1. <u>고타마의 전설</u>. 그 개념의 밑바닥에는 인도의 선지자였던 왕자, 싯달타의 일생과 가르침의 역사적 사실이 있었다. 고타마를 깨우친 분으로 보는 관념의 지위를 뛰어넘고, 추가 속성을 이 전설이 비로소 얻을 때까지, 여러 세기를 통해서, 아시아의 넓은 땅을 가로질러서 여행하는 동안, 그 전설은 신화 속에서 자랐다.

2. <u>여러 부처</u>. 고타마가 인도의 민족들에게 왔다면, 다음에 아득히 먼 과거에 인류의 종족들은 다른 진리 선생들이 오시는 축복을 받았고, 아득히 먼 앞날에 의심할 여지 없이 또 축복을 받을 것이라 사람들이 추리하였다. 이것은 부처가 많이, 제한 없이 무한히 있다, 누구나 부처가 되기를—부처의 신성을 얻기를—바랄 수 있다고까지 하는 가르침을 낳았다.

3. <u>절대 부처</u>. 부처들의 수가 무한에 가까이 이를 때가 되자, 다루기 힘든 이 개념을 그 시절의 지성들이 다시 통일하는 것이 필요하게 되었다. 따라서, 모든 부처가 어떤 더 높은 본질, 무한하고 무조건의 존재를 가진 어떤 영원한 하나, 모든 실체의 어떤 절대 근원이 명시된 것일 뿐이라는 가르침이 시작되었다. 여기서부터 계속, 불교에서 신 개념은, 가장 높은 형태로 보아서, 고타마 싯달타의 인간 몸으로부터 벗어나고, 그 개념을 끈으로 묶어 두었던, 사람 모습의 제한을 벗어 버렸다. 영원한 부처의 이 최종 개념은 절대자, 때로는 무한한 스스로 계신 이와도 쉽게 동일시될 수 있다.

이 절대 신 관념은 아시아 민족들에게 결코 크게 유행하지 않았지만, 이것은 이 땅의 지식인들로 하여금 그들의 철학을 통일하고 우주론을 조화시키도록 만들었다. 절대 부처 개념은 때때로 준(準)성격을 가졌고, 때로는 통째로 비성격이었다—아니 무한한 창조 세력이기도 했다. 그러한 개념은 철학에 도움이 되어도, 종교의 발전을 좌우하지는 않는다. 사람을 닮은 야웨조차도, 무한히 멀리 있는, 불교나 브라만교의 절대자보다 더 큰 종교적 가치가 있다.

때때로 절대자는 무한한 스스로 계신 이 안에 담겨 있다고까지 생각되었다. 그러나 이 추측은 약속의 말씀, 곧 하나님을 믿는 것이 신의 은총을 얻고 영원히 살아남는 것을 보장하리라는 살렘의 단순한 복음을 무척 듣고 싶어했던, 갈급한 대중에게 찬물 끼얹는 위로였다.

12. 불교에 있는 하나님 개념

불교의 우주론에서 큰 약점은 두 가지였다. 하나는 인도와 중국의 많은 미신으로 더럽혀진 것이요, 다른 하나는 고타마를 처음에 깨우친 자로서, 나중에 영원한 부처로 승화시킨 것이다. 그리스도교가 많은 그릇된 인간 철학을 흡수하여 고통받은 것처럼, 불교도 그 인간적 출생 표시를 지닌다. 그러나 고타마의 가르침은 지난 2천5백 년 동안 줄곧 진화하였다. 깨우침을 받은 그리스도 교인에게 여호와의 개념이 호렙 산의 악령과 동일하지 않은 것 같이, 깨우침을 받은 불교도에게 부처 개념은 이제는 더 고타마의 인격이 아니다. 용어의 부족은, 옛날 명칭들을 감상적으로 지니는 것과 함께, 흔히 종교 개념의 진화의 참된 중요성을 이해하지 못하게 유도한다.

하나님의 개념은 절대자와 대조해서, 불교에서 차츰 나타나기 시작했다. 그 근원은 소승과 대승의 추종자들을 이처럼 구별하던 옛 시절로 거슬러 올라간다. 이 후자의 불교 종파 사이에서 하나님과 절대자의 2중 개념이 마침내 무르익었다. 한 걸음 한 걸음, 한 세기 한 세기, 일본에서 료닌, 호넨 쇼닌, 신란의 가르침과 함께, 하나님 개념이 진화하였고, 마침내 이 개념은 아미다 부처의 관념에서 결실하였다.

이 신자들 사이에서, 죽음을 겪고 나서 혼은 궁극의 존재, 니르바나에 들어가기 전에, 파라다이스 체류를 즐기기를 바랄 수 있다고 가르쳤다. 서쪽에 있는 파라다이스의 하나님, 아미다의 신다운 자비와 사랑으로 돌보심을 믿음으로 이 새로운 구원을 얻을 수 있다고 선포되었다. 아미다 신자들은 그 철학에서, 유한한 필사자가 도저히 이해하지 못하는 무한한 실체를 고수한다. 그들은 그 종교에서 온통 자비로운 아미다를 믿는 신앙에 매달리며, 그 아미다는 세상을 무척 사랑해서, 참 믿음 속에서 깨끗한 마음을 가지고 그의 이름을 부르는 필사자 한 명도 파라다이스의 더할 나위 없는 행복에 이르지 못하는 것을 견딜 수 없어 한다.

불교의 큰 장점은 그 신봉자들이 모든 종교로부터 마음대로 진리를 고른다는 것이다. 그러한 선택의 자유는 유란시아 신앙의 특징이 된 적이 드물다. 이 점에서 일본의 신 종파는 세계에서 가장 진취적인 종교 집단의 하나가 되었다. 그것은 고타마 추종자들의 옛 선교 정신을 부활시켰고, 다른 민족들에게 선생들을 보내기 시작했다. 어떤 근원에서도, 그리고 모든 근원에서, 진리를 이처럼 기꺼이 가지려 하는 자세는 정말로 그리스도 뒤 20세기 전반(前半)에 종교 신자들 사이에서 나타난, 칭찬받을 경향이다.

불교 그 자체는 20세기의 르네상스를 겪고 있다. 그리스도교와 접촉을 가짐으로 불교의 사회적 모습은 크게 향상되었다. 배우려는 욕구가 그 단체의 승려들 마음속에서 다시 불이 붙었고, 이 신앙에 두루, 교육의 확산은 종교의 진화에서 새로운 걸음을 분명히 자극할 것이다.

이 글을 쓸 때, 아시아의 상당 부분은 불교에 희망을 걸고 있다. 인도에서 그 위대한 선생의 제자들이 한때 그가 새 진리를 선포함을 들은 것처럼, 지난날의 암흑 시대를 통해서 아주 용감히 싸워 온 이 고귀한 신앙은 확대된 우주 실체들에 관한 진리를 다시 한 번 받아들일 것인가? 그렇게 오랫동안 찾던 하나님과 절대자의 새로운 개념에 관한 발표가 주는 자극, 활력을 부어 넣는 자극에 이 옛 신앙이 다시 한 번 꿈틀할 것인가?

온 유란시아가 진화에서 기원을 가진 여러 종교와 접촉한 19세기 동안에 쌓였던 교리와 독단에 방해받지 않은 말씀, 사람을 고귀하게 만드는 미가엘의 말씀이 선포되기를 기다리고 있다. 불교, 그리스도교, 힌두교에게, 아니 온갖 신앙을 가진 민족들에게도, 예수에 관한 복음이 아니라, 예수의 복음의 살아 있는 영적 실체를 발표한 시간이 다가오고 있다.

[네바돈의 한 멜기세덱이 발표했다.]

주: 1. Dyaus pitar는 제우스 아버지 또는 주피터[Jupiter]의 산스크릿 발음이라 함. 2. 다신교에서 일신교로 넘어가는 과정에서 여러 신을 인정하나 한 신을 최고로 숭배하는 믿음. 3. 노자, 42장 道化에서 "道生一, 一生二, 二生三, 三生萬物"을 풀이한 것. 4. 불교에서 正見, 正定, 正言, 正業, 正命, 正精進, 正念, 正思惟의 八正道.

제 95 편

레반트에서 멜기세덱의 가르침

인도가 동 아시아의 많은 종교와 철학을 낳은 것처럼, 레반트도 서양 세계에서 신앙의 고향이었다. 살렘 선교사들은 팔레스타인, 메소포타미아, 에집트, 이란, 아라비아를 거쳐서, 서남 아시아 전역에 두루 퍼졌고, 어디서나 마키벤타 멜기세덱 복음의 좋은 소식을 선포했다. 이 여러 지역의 어떤 곳에서 그들의 가르침은 열매를 맺었다. 다른 데서 그들은 정도가 다르게 성공을 거두었다. 때때로 그들의 실패는 지혜가 모자랐기 때문이었고, 때로는 어쩔 수 없는 상황 때문이었다.

1. 메소포타미아에서 살렘 종교

기원전 2000년이 되기까지, 메소포타미아의 종교들은 셋 사람들의 가르침을 거의 잃어버리다시피 하였고, 대체로 두 무리의 침략자들이 가졌던 원시 신앙의 영향 밑에 있었는데, 하나는 서쪽 사막에서 흘러 들어온 베두인 셈 사람들이고, 다른 하나는 북쪽으로부터 내려온 미개한, 말 타는 사람들이었다.

그러나 한 주의 일곱째 날을 존중하는 면에서 옛 아담 사람들의 풍습은 결코 메소포타미아에서 완전히 사라지지 않았다. 멜기세덱 시절에, 일곱째 날을 불운 가운데 가장 나쁜 것으로 여겼을 따름이다. 그 시대는 금기로 가득 찼고, 나쁜 일곱째 날에 길을 떠나거나, 요리하거나, 불을 지피는 것은 불법이었다. 유대인들은 그들이 발견한 메소포타미아의 많은 금기를 팔레스타인으로 가져갔고, 이것들은 일곱째 날, 곧 샤바툼을 지키는 바빌로니아의 풍습에 기초를 두었다.

살렘 선생들이 메소포타미아의 여러 종교를 다듬고 높이려고 많이 수고했지만, 그들은 여러 민족으로 하여금 유일한 하나님을 영구하게 인식하도록 만드는 데 성공하지 못했다. 그러한 가르침은 150년이 넘도록 우세했지만, 그리고 나서 잡다한 신들을 믿는 더 오래 된 신앙에 차츰 무릎을 꿇었다.

살렘 선생들은 메소포타미아 신들의 수를 크게 줄였고, 한때는 주요한 신들을 벨, 샤마쉬, 나부, 아누, 이아, 마르둑, 씬, 이렇게 일곱으로 만들었다. 새로운 가르침의 절정기에 그들은 이 신들 가운데 셋을 모든 다른 것 위에 최고로 올려놓았는데, 바빌로니아의 3신은 벨과 이아와 아누, 땅과 바다와 하늘의 신들이었다. 또 다른 여러 삼신조(三神組)가 다른 지역에서 생겨났고, 모두가 안드와 수메르인들의 삼위 일체 가르침을 연상시키고, 멜기세덱의 세 동그라미 문장(紋章)을 믿는 살렘 사람 신앙에 기초를 두었다.

살렘 선생들은 신들의 어머니이자 성(性)과 다산(多産)의 영, 이시타르의 인기를 결코 완전히 이기지 못했다. 그들은 이 여신의 숭배를 다듬느라고 많이 수고했지만, 바빌로니아인과 그 이웃들은 그들의 가장된 형태의 성숭배를 결코 극복한 적이 없었다. 메소포타미아에서 두루, 모든 여자가, 적어도 일생의 초기에 한 번은,

낯선 사람들 품에 안기는 것이 보편적 풍습이 되었다. 이것은 이시타르가 요구하는 헌신이라고 생각되었고, 다산은 대체로 이렇게 여성이 몸을 바치는 데 달려 있다고 믿었다.

멜기세덱 가르침이 초기에 이룩한 진보는, 키시에 있는 학교의 지도자 나보닷이 성전에서 유행하던 매춘 풍습을 합동으로 공격하기로 결정할 때까지 어지간히 만족스러웠다. 그러나 살렘 선교사들은 이 사회 개혁을 일으키려는 노력에 실패했고, 이 실패의 구렁에서 그들의 더 중요한 영적·철학적 가르침이 모두 패배 속에 사라져 버렸다.

살렘의 복음이 이렇게 실패한 데 뒤이어 즉시 이시타르 종파가 크게 증가했고, 이것은 이미 아스타롯으로서 팔레스타인, 이시스로서 에집트, 아프로디테로서 그리스, 아스타르트로서 북쪽의 부족들을 침범한 의식이었다. 이시타르 숭배가 이렇게 부흥한 것과 연결하여 바빌로니아 사제들은 점성술로 다시 돌아섰다. 점성술은 마지막으로 메소포타미아에서 큰 부흥을 겪었으며, 점치기가 유행하고, 몇 세기 동안 사제 계층은 갈수록 더 악화되었다.

멜기세덱은 만물의 아버지요 조물주인 유일한 하나님에 관하여 가르치라고, 믿음으로 신의 은총을 얻는다는 복음만 전도하라고 추종자들에게 전에 경고했다. 그러나 너무 많은 일을 시도하고, 천천히 이루어지는 진화를 갑작스러운 개혁으로 갈아치우려고 애쓰는 것이, 새 진리 선생들의 잘못인 경우가 흔했다. 메소포타미아에서 멜기세덱 선교사들은 도덕의 기준을 그 사람들에게 너무 높이 올려놓았다. 그들은 너무 많은 일을 시도했고 그들의 고귀한 운동은 실패로 끝났다. 그들은 분명한 복음을 설파하라, 우주의 아버지가 실재한다는 진리를 외치라고 임명받았지만, 그들은 도덕 관습을 뜯어고치는 운동, 겉보기에 가치 있는 운동에 얽히게 되었고, 이처럼 그들의 큰 사명은 옆길로 빠지고, 좌절과 망각 속에서 거의 사라졌다.

키시에 있던 살렘 본부는 한 세대 안에 종말에 이르렀고, 유일한 하나님을 믿는 신앙의 선전은 메소포타미아 전역에서 거의 사라졌다. 그러나 살렘 학교들의 잔재는 버티었다. 여기저기 흩어진 작은 무리들은 유일한 창조자를 믿는 신앙을 계속했고, 메소포타미아 사제들의 우상 숭배와 부도덕에 맞서 싸웠다.

그들의 가르침이 거부되고 난 다음 기간에 살았던 살렘 선교사들은 구약 시편의 많은 부분을 기록하고 돌에 새겼으며, 후일의 히브리 사제들이 포로 생활하는 시절에 여러 찬송을 돌에서 발견했고, 나중에 유대인의 저술로 돌리는 찬송 모음에 이것들을 합병하였다. 바빌론에서 온 이 아름다운 찬송들은 벨 마르둑의 성전에서 기록된 글이 아니다. 이 노래들은 초기 살렘 선교사들의 후손의 작품이었고, 바빌로니아 사제들의 마술 같은 수집과 뚜렷이 대조가 된다. 욥기는 키시에, 그리고 메소포타미아 전역에서 있던 살렘 학교의 가르침을 무척 잘 반영한다.

메소포타미아의 많은 종교 문화가 아메니모피와 이크나톤의 작품을 통해서 에집트를 거쳐, 히브리 문학과 예배서 속으로 기어 들어갔다. 에집트인들은 사회 의무에 관한 가르침을 놀랍게도 간직했는데, 이것은 더 일찍 있던 메소포타미아의 안드 사람들로부터 내려왔고, 유프라테스 강 유역을 차지했던 후일의 바빌로니아인들은 대체로 이것을 잃어버렸다.

2. 초기의 에집트 종교

멜기세덱의 최초의 가르침은 에집트에서 정말로 깊이 뿌리내렸고, 거기서 이 가르침은 나중에 유럽으로 퍼졌다. 나일 강 유역의 진화 종교는 유프라테스 강 유역에 있던 놋 사람, 아담 사람, 그리고 후일에 안드 민족들의 우수한 핏줄이 도착해서 정기적으로 강화되었다. 때때로 에집트의 많은 문관 행정자가 수메르인이었다. 이 시절에 인도가 많이 혼합된 세계 종족을 지녔던 것과 마찬가지로, 에집트도 유란시아에서 발견되는 가운데 가장 속속들이 섞인 종류의 종교 철학을 육성했고, 나일 강 유역으로부터 그것은 세계의 여러 구석으로 퍼졌다. 유대인들은 바빌로니아인들로부터 세계 창조에 관하여 그들의 관념의 상당 부분을 받았지만, 에집트인들로부터 신의 섭리 개념을 얻었다.

메소포타미아보다 에집트를 살렘의 가르침에 더 유리하게 만든 것은 철학이나 종교의 성향이 아니라, 정치와 도덕의 성향이었다. 에집트에서 각 부족의 지도자는 왕좌를 쟁취한 뒤에, 그의 부족 신이 최초의 신이요 모든 다른 신의 창조자라고 선포함으로, 자기의 왕조를 영속시키려고 애썼다. 이 방법으로 에집트인들은 차츰 초월신 관념에 익숙해졌는데, 이것은 나중에 우주 창조자 신의 교리에 이르는 디딤돌이었다. 일신교 개념은 에집트에서 몇 세기 동안 오락가락 흔들렸고, 유일한 하나님을 믿는 관념은 언제나 세력을 넓혔지만, 결코 진화하는 다신교 개념을 아주 지배하지는 않았다.

오랜 세월 동안, 에집트 민족은 자연신 숭배에 젖어 있었다. 더 자세히 말하면, 따로 된 40 부족은 저마다 특별한 집단 신을 가졌고, 하나는 황소, 하나는 사자, 하나는 숫양, 이런 따위를 숭배했다. 그보다 일찍 그들은 아메리카 인디안과 무척 비슷하게, 토템 부족들이었다.

시간이 지나자 에집트인들은, 벽돌로 된 지하 저장실에 묻힌 시체들은 썩는데, 벽돌이 없는 무덤에 놓여진 시체들은 소다가 스며든 모래의 작용 때문에, 보존—향료 처리—되는 것을 관찰하였다. 이 관찰은 여러 가지 실험으로 이끌었고, 이것은 후일에 죽은 자를 향료로 처리하는 풍습을 낳았다. 에집트인들은 몸을 보존하는 것이 사람이 미래 생명을 거쳐 가는 것을 수월하게 만든다고 믿었다. 몸이 썩은 뒤 먼 앞날에 개인을 적절히 확인할 수 있도록, 그들은 시체와 함께, 매장하는 조상(彫像)을 무덤에 세워 놓고 관 위에 비슷한 모습을 새겨놓았다. 이 매장하는 조상을 만드는 것은 에집트 예술을 크게 개선하였다.

여러 세기 동안 에집트인들은 무덤이 시체를 보호하며, 그 결과로 죽은 뒤에 쾌적하게 살아남는 것을 보호하는 수단이라고 믿었다. 후일에 마술 풍습의 진화는 요람에서 무덤까지 사는 생애에 성가셨지만, 아주 효과적으로 그들을 무덤의 종교로부터 구원하였다. 사제들은 관에 부적이 되는 구절을 새기곤 하였고, 이것이 "지하 세계에서 사람의 심장을 빼앗기는 것"을 막는 보호 조치라고 믿었다. 이내 여러 종류의 이 주문(呪文)이 수집되었고, 사자(死者)의 책으로 보존되었다. 그러나 나일 강 유역에서 마술 의식은 일찍부터, 그 시절의 의식(儀式)이 흔치 않게 도달하는 정도로, 양심과 인격의 분야와 연결되었다. 그리고 후일에 사람들은 구원을 얻기 위하여, 공들인 무덤보다 이 윤리적·도덕적 이상에 의존하였다.

이 시절의 미신은, 병 고치는 약으로서 침의 효력을 널리 믿었다는 데서 잘 나타났는데, 이 관념은 에집트에서 기원이 있었고 거기서부터 아라비아와 메소포타미아로 퍼졌다. 전설에 호루스가 셋과 벌이는 싸움에서, 그 젊은 신은 제 눈을 잃어버렸지만, 셋을 정복한 뒤에, 지혜로운 신 토스가 이 눈을 회복하였고, 토스는 다친 곳에 침을 뱉어 낫게 하였다.

에집트인들은 밤 하늘에 반짝이는 별들은 자격 있는 죽은 사람의 혼이 살아남는 것을 가리킨다고 오랫동안 믿었다. 다른 생존자들은 해 속으로 빨려들어 간다고 생각했다. 어떤 기간에는 태양 숭배가 일종의 조상 숭배가 되었다. 큰 피라미드의 비탈진 입구로 이끄는 길은 북극성을 똑바로 가리켰다. 그래서 임금의 혼은 무덤에서 나올 때 고정된 별들의 별자리, 정지되어 있는 확정된 별자리로 똑바로 갈 수 있었고, 그 별들은 임금들의 처소로 생각되었다.

비스듬히 내려오는 태양 빛이 땅을 향하여 구름 속에 있는 구멍을 통해서 통과하는 것을 관찰했을 때, 사람들은 임금과 기타 올바른 혼들이 올라갈 수 있도록 하늘 계단을 내려놓는 것을 상징한다고 믿었다. "딛고서 어머니한테로 올라가도록 발밑에 계단이 되라고 페피 임금은 그의 광채를 내려놓았다."

멜기세덱이 육체를 입고 나타났을 때, 에집트인은 주위에 있는 민족들보다 훨씬 위에 있는 종교를 가지고 있었다. 몸을 잃어버린 혼은, 주문으로 알맞게 준비를 갖추면, 중간에 있는 악령들을 피하고 오시리스의 재판실까지 갈 수 있다고, 거기서 "살인, 강도, 거짓, 간음, 도둑질, 이기심"의 죄가 없으면, 복락의 나라로 입장이 허락되리라 그들은 믿었다. 이 혼이 저울에 달려서 모자람이 발견되면, 지옥으로, 삼키는 여신에게 맡겨질 것이었다. 이것은 둘러싼 여러 민족의 믿음과 비교해서, 미래 생명에 관하여 비교적 진보된 개념이었다.

땅에서 육체를 입고서 사람이 일생에 지은 죄 때문에 저 세상에서 재판받는다는 개념은 에집트로부터 히브리 신학으로 넘어갔다. 재판이라는 낱말은 히브리 시편에 꼭 한 번 나타나는데, 에집트인이 바로 그 찬송을 썼다.

3. 도덕 개념의 진화

에집트의 문화와 종교가 주로 안드 사람이 살던 메소포타미아로부터 유래했고 히브리인과 그리스인들을 통해서 후일의 문명에 대체로 전달되었어도, 에집트인의 사회·윤리적 이상주의의 허다한 부분은, 순전히 진화로 발전된 것으로서, 나일 강 유역에서 일어났다. 안드 사람에 기원을 가진 많은 진리와 문화를 수입했는데도, 에집트에서는 순전히 인간적 발전으로서, 미가엘의 수여가 있기 전에 둘러싼 다른 어느 지역에서 비슷하게 자연스러운 기법으로 나타난 것보다, 도덕 문화가 더 진화되었다.

도덕의 진화는 계시에 온통 의존하지는 않는다. 높은 도덕 개념은 사람 자신의 체험으로부터 얻을 수 있다. 사람에게 신다운 영이 깃들기 때문에, 사람은 몸소 체험하는 생활로부터 영적 가치를 생성하고 우주 통찰력을 얻어낼 수 있다. 양심과 인격의 그러한 자연스러운 진화는 또한, 옛날에 둘째 에덴으로부터, 나중에는 살렘에 있는 멜기세덱의 본부로부터, 진리를 가르치는 선생들이 정기적으로 나타남으로 확대되었다.

살렘의 복음이 에집트에 침투하기 몇천 년 전에, 에집트에서 도덕의 지도자들은 정의, 공평, 탐욕 회피를 가르쳤다. 히브리 성서가 쓰여지기 3천 년 앞서, 에집트인들의 표어는 이것이었다: "올바름을 표준으로 가진 사람, 올바름의 길을 따라 걷는 사람은 서느니라." 그들은 부드러움과 절제와 신중을 가르쳤다. 이 시대의 큰 선생들 가운데 하나는 이런 말을 전했다, "옳은 일을 행하고, 모든 사람을 공정하게 다루라." 이 시대에 에집트인들의 세 가지 표어는 진리·응보·올바름이었다. 유란시아에서 순전히 인간적인 종교 가운데 아무 것도, 나일 강 유역에서 한때 있던 이 인본주의에서 나타난 사회적 이상과 도덕적 장려함을 언제라도 뛰어넘은 적이 없다.

진화하는 이 윤리 관념과 도덕적 이상이 담긴 흙 속에서 살렘 종교의 살아남은 교리가 번성했다. 이런 말씀을 믿은 민족의 가슴 속에서 선악의 개념은 쉽게 반응했다, "평화로운 자가 생명을, 죄 있는 자가 죽음을 받느니라," "사랑받는 일을 하는 자는 평화로우며, 미움받는 일을 하는 자는 죄가 있도다." 몇 세기 동안 나일 강 유역에서 거주하던 자들은 후일에 생긴, 옳은 것과 그른 것—선악—의 개념을 미처 생각해 보기도 전에, 이 솟아나는 윤리와 사회의 표준에 따라서 살았다.

에집트는 지적·도덕적이었으나 지나치게 영적이지 않았다. 6천 년 안에 위대한 선지자가 겨우 4명 에집트인들 사이에서 일어났다. 그들은 아메니모피를 한 철 동안 따랐고, 옥반을 죽였다. 이크나톤을 건성으로 짧은 한 세대 동안 받아들였고, 모세를 물리쳤다. 종교 상황보다는 또 다시 정치 상황이, 유일한 하나님을 외치는 살렘의 가르침을 위하여 아브라함이, 나중에는 요셉이, 에집트 전역에 큰 영향력 미치는 것을 수월하게 만들었다. 그러나 살렘 선교사들이 처음에 에집트로 들어갔을 때, 그들은 메소포타미아 이민의 수정된 도덕 기준과 섞인 문화, 무척 윤리적인 진화된 문화와 마주쳤다. 이 초기 나일 강 유역에 있던 선생들은 양심이 하나님의 명령이라, 신의 목소리라고 처음으로 선포했다.

4. 아메니모피의 가르침

때가 되자 에집트에서 많은 사람이 "사람의 아들"이라 부르고, 더러는 아메니모피라 부른 한 선생이 자라났다. 이 예언자는 옳고 그른 것 사이에 중재하는 가장 높은 봉우리까지 양심을 높이 올려놓았고, 죄에 대하여 벌이 있음을 가르쳤으며, 태양신에게 부탁함으로써 구원받음을 선포했다.

아메니모피는 재산과 행운이 하나님의 선물이라고 가르쳤고, 이 개념은 나중에 나타나는 히브리 신학을 속속들이 채색하였다. 이 고귀한 선생은 하나님을 의식하는 것이 모든 행위에서 결정 요소라, 순간마다 하나님이 계시고 하나님에 대한 책임을 깨닫는 가운데 사람이 살아야 한다고 믿었다. 이 현자의 가르침은 나중에 히브리어로 번역되었고, 구약이 글로 쓰여지기 훨씬 전에 그 민족의 신성한 책이 되었다. 이 착한 사람이 주로 부르짖은 것은 올바름 가운데, 정부가 맡긴 직책에, 정직할 것을 그의 아들에게 가르치는 것과 상관이 있었고, 옛날의 이 고귀한 감정은 현대의 어떤 정치가에게도 명예가 될 것이다.

나일 강에 있던 이 지혜로운 사람은 "재산은 날개를 달고 날아가 버린다"—땅에 있는 모든 것이 덧없다—고 가르쳤다. 그의 큰 기도는 "두려움으로부터 구원"받는 것이었다. 그는 모든 사람에게 "사람의 말"로부터 "하나님의 행위"로 돌이키라고 타일렀다. 그의 가르침의 요점은 이러했다: 일은 사람이 꾸미지만 결과는 하나님이 결정하신다. 히브리어로 번역된 그의 가르침은 구약에서 잠언의 철학을 결정했다. 그리스어로 번역되어서, 그 가르침은 이후의 모든 그리스 종교 철학을 채색하였다. 후일에 알렉산드리아의 철학자 필로는 지혜서의 사본을 하나 가지고 있었다.

아메니모피는 진화로 생긴 윤리와 계시된 교훈을 보존하도록 활동했고, 그의 글에서 이것들을 히브리인과 그리스인, 두 민족에게 전해 주었다. 그는 이 시대의 종교 스승들 가운데 가장 큰 인물은 아니었지만, 서양 문명의 성장에서 두 개의 중요한 고리인 차후의 사상에 빛깔을 주었다는 점에서 그는 가장 영향력이 있었다—그 하나는 히브리인이고, 이들 가운데서 서양의 종교 신앙의 절정이 진화하였으며, 다른 하나는 그리스인이니, 그들은 순수한 철학 사상을 가장 위대한 유럽의 정상에 이르기까지 발전시켰다.

히브리인의 잠언에서, 15장, 17장, 20장, 그리고 22장 17절에서 24장 22절까지는 거의 한 마디 한 마디 그대로, 아메니모피의 지혜서에서 가져갔다. 히브리인 시편의 1편은 아메니모피가 썼고, 이크나톤의 가르침의 알맹이이다.

5. 비범한 이크나톤

아메니모피의 가르침은 에집트의 지성에게 그 위력을 천천히 잃고 있었는데, 그 때 어느 에집트인, 살렘의 의사의 영향을 통해서, 왕실의 한 여자가 멜기세덱의 가르침을 지원하였다. 이 여자는 아들, 에집트의 파라오, 이크나톤에게 이 유일한 하나님의 교리를 받아들이라고 설득했다.

육체를 입은 멜기세덱이 사라진 뒤에, 그 때까지 어떤 인간도 이크나톤처럼, 계시된 살렘 종교의 그렇게 놀랍게 맑은 개념을 가지지 못했다. 어떤 면에서 이 젊은 에집트 왕은 인간의 역사에서 가장 비범한 사람 가운데 하나이다. 메소포타미아에서 영적 쇠퇴가 깊어지는 이 시기에, 그는 엘 엘리욘, 유일한 하나님의 교리를 에집트에서 살려 두었고, 이처럼 철학적 일신교의 경로를 유지했으며, 이것은 당시에, 미가엘의 미래 수여의 종교적 배경에 중요했다. 다른 이유 가운데 이 공훈을 인정해서, 아이 예수가 에집트로 옮겨졌으며, 거기서 이크나톤의 영적 후계자들 가운데 더러가 그를 보았고, 유란시아에 대한 그의 신성한 사명의 어떤 국면을 어느 정도 이해하였다.

멜기세덱과 예수 사이에 가장 큰 인물이었던 모세는 히브리 종족과 에집트 왕실이 함께 세상에 준 선물이었다. 이크나톤이 모세의 융통성과 능력이 있고, 그의 놀라운 종교적 지도력에 어울리는 정치적 천재를 나타냈더라면, 에집트는 그 시대에 큰 일신교 국가가 되었을 것이다. 그리고 이 일이 일어났더라면, 예수가 그의 필사 생애의 반이 넘는 부분을 에집트에서 보냈을지도 모르고, 이것이 가까스로 가능성이 있다.

이 특별한 이크나톤이 한 것처럼, 모든 역사를 통해서 결코 어떤 임금도 그렇게 면밀하게 진행하여 한 나라를 통째로 다신교로부터 일신교로 획 넘어가지 않았다. 아주 놀라운 각오를 가지고, 이 젊은 통치자는 과거와 인연을 끊고, 자기 이름을 고치고, 서울을 버리고, 전혀 새로운 도시를 짓고, 한 민족 전체를 위하여 새로운 예술과 문학을 창조했다. 그러나 그는 너무 빨리 움직였고, 그가 사라졌을 때 버틸 수 있는 것보다 더 지었고, 너무 많이 지었다. 또한 그는 민족의 물질적 안정과 번영을 마련해 주지 못했고, 이 모두가 나중에 역경(逆境)과 억압의 물결이 에집트인들을 휩쓸었을 때 그의 종교적 가르침에 불리하게 반응했다.

놀랍게도 맑은 선견을 가지고 특별히 단 한 가지 목적에 마음을 쏟은 이 사람이 모세의 정치적 지혜를 가졌더라면, 서양 세계에서 종교의 진화와 진리 계시의 역사 전체를 바꾸었을 것이다. 일생 동안 그는 대체로 불신했던 사제들의 활동을 제어할 수 있었지만, 그들은 자기네 종파를 몰래 유지했고, 그 젊은 임금이 권력에서 사라지자마자 뛰쳐나와 행동했다. 그들은 나중에 생긴 에집트의 모든 문제를 그의 통치 기간에 일신교를 확립한 것과 서슴지 않고 연결지었다.

아주 지혜롭게도 이크나톤은 태양신의 눈가림 밑에 일신교를 세우려고 하였다. 태양 숭배 속으로 모든 신을 흡수함으로 우주의 아버지의 숭배로 접근하려던 이 결정은 살렘의 의사가 준 충고 때문이었다. 이크나톤은 신이 아버지요 어머니라는 것에 관하여 그 때 존재했던 아톤 신앙의 일반화된 교리를 택하고 새 종교를 만들었으며, 이것은 사람과 하나님 사이에 밀접한 경건한 관계를 인정하였다.

이크나톤은 충분히 지혜로워서 태양신 아톤의 외향적 숭배를 유지하였고, 한편 이를 가장하여 유일한 하나님, 곧 아톤의 창조자요 만물의 가장 높은 아버지를 예배하는 길로 동료들을 이끌었다. 이 젊은 선생인 임금은 글을 많이 썼고, "유일한 하나님"이라는 이름을 지닌 해설의 저자였는데, 31장으로 된 이 책을 다시 권력을 잡은 사제들이 모조리 없애 버렸다. 이크나톤은 또한 찬송을 137곡 썼는데, 이 가운데 열두 곡이 지금 구약의 시편(詩篇)에 간직되어 있고, 히브리인의 작품으로 되어 있다.

일상 생활에서 이크나톤의 종교가 주는 최고의 말씀은 "올바름"이었고, 그는 옳은 일을 하는 개념을 재빨리 확대하여, 국가의 윤리 뿐 아니라 국제 윤리까지 포함하였다. 이 때는 놀랍게 개인의 경건함을 찾는 세대였고, 좀더 총명한 남녀 사이에서 하나님을 찾고 알려고 진정으로 몹시 바라는 특징이 있었다. 그 시절에 사회적 지위나 재산은 어떤 에집트인에게도 법 앞에서 아무런 이점을 주지 않았다. 에집트의 가족 생활은 도덕 문화를 간직하고 육성하는 데 많이 이바지했고, 팔레스타인에서 후일에 유대인들의 훌륭한 가족 생활에 영감을 주었다.

이크나톤의 복음에서 치명적 약점은 거기에 담긴 가장 위대한 진리, 즉 아톤이 에집트 뿐 아니라 또한 "온 세계, 사람과 동물, 이 에집트 땅 외에 모든 외국 땅, 아니 시리아와 쿠시까지도 창조하신 분이라. 그는 만물을 제 자리에 두시고 만물의 필요를 채워 주시니라"하는 가르침이었다. 이 신 개념은 높고 높았지만, 민족주의가 아니었다. 종교에서 그러한 국제성의 감정은 전쟁터에서 에집트 군대의 사기를 높이지 못했고, 한편 이것은 사제들에게 그 젊은 왕과 그의 새 종교에 대항해서 사용할 효과 있는 무기(武器)를 마련해 주었다. 그는 후일의 히브리인이 가진 것보다 훨씬 위에 있는 신 개념을 가졌지만, 국가를 세우는 자의 목적에 쓰이기에 너무 앞선 것이었다.

일신교의 이상이 비록 이크나톤의 죽음으로 상처를 받았지만, 유일한 하나님의 관념은 많은 집단의 머리 속에 남아 있었다. 이크나톤의 사위는 다시 옛 신들을 숭배하는 길로 사제들을 따라갔고, 이름을 투탄카멘으로 바꾸었다. 서울은 테베로 돌아왔고, 사제들은 땅에서 살찌고, 결국 온 에집트의 7분의 1을 소유하였다. 대번에 바로 이 계급의 사제들 가운데 하나가 대담하게 왕관을 빼앗았다.

그러나 사제들은 일신교의 물결을 완전히 이길 수 없었다. 그들은 점점 더 그 신들을 통합하고 하이픈으로 이어 부를 수밖에 없었고, 자꾸 신들의 가족이 줄어들었다. 이크나톤은 하늘의 불타는 원반을 창조자 하나님과 연결시켰고, 이 아이디어는 그 젊은 개혁가가 죽은 지 오랜 뒤에도, 사람들, 아니 사제들의 가슴 속에서도, 줄곧 불타올랐다. 일신교의 개념은 결코 에집트에서, 세상에서, 사람들의 가슴 속에서 사라지지 않았다. 그 개념은 바로 그 거룩한 아버지의 아들 창조자가 오실 때까지도 버티었고, 이크나톤은 이 유일한 하나님을 온 에집트가 예배하도록 무척 열심히 선포했다.

이크나톤의 교리의 약점은 그가 너무 앞선 종교를 제시했기 때문에 교육받은 에집트인들이 겨우 그의 가르침을 넉넉히 이해할 수 있었다는 사실에 있다. 농업 노동자들인 하층 계급은 결코 그의 복음을 정말로 알아듣지 못했고, 따라서 사제들과 함께, 예전에 이시스와 그 배우자 오시리스의 숭배로 기꺼이 돌아갔으며, 오시리스는 어둠과 악의 신, 셋의 손에 잡혀서 모진 죽음을 당하고 나서 기적으로 부활했다고 생각되었다.

모든 사람에게 불멸이 있다는 가르침은 에집트인들에게 너무 앞선 것이었다. 오직 임금과 부자들에게 부활이 약속되었고, 그래서 그들은 심판받는 날에 대비하여 몸을 무척 조심스럽게 향료로 처리하고 보존하였다. 그러나 이크나톤이 가르친 구원과 부활을 믿는 민주주의가 궁극에 이겼고, 나중에 에집트인들은 말 못하는 동물이 살아남는다고 믿을 정도까지 되었다.

유일한 하나님의 숭배를 민족에게 강요하려는 이 에집트 통치자의 노력이 비록 실패한 듯했어도, 그의 사업의 반향은 몇 세기 동안 팔레스타인과 그리스에서 지속되었고, 이렇게 에집트는 나일 강의 진화된 문화와 유프라테스의 계시된 종교, 이 두 가지를 서양에서 후일의 모든 민족에게 전해 준 대리자가 되었다는 것을 적어야 한다.

나일 강 유역에서 도덕의 발전과 영적 성장이 있던 이 위대한 시대의 영화로움은 히브리인들의 민족 생명이 시작되던 무렵에 급속히 사라지고 있었다. 에집트에서 머무른 결과로서 이 베두인 사람들은 이 가르침 가운데 많은 것을 가져갔고, 이크나톤의 교리 가운데 많은 것을 그들의 민족 종교 안에 지속하였다.

6. 이란에서 살렘의 교리

팔레스타인으로부터 멜기세덱 선교사들 가운데 더러는 메소포타미아를 통해서, 큰 이란 고원으로 계속 지나갔다. 5백 년이 넘도록 살렘 선생들은 이란에서 전진하였고 그 나라 전체가 멜기세덱의 종교로 확 넘어가고 있었는데, 그 때 통치자가 교체되어서 모진 박해를 갑자기 초래하였고, 이것은 살렘 종파의 일신교 가르침을 실질적으로 그치게 만들었다. 아브라함의 약속의 교리는 페르시아에서 거의 절멸되었는데, 도덕의 르네상스가 있었던 그 큰 세기, 그리스도 이전 6세기에, 조로아스터가 살렘 복음의 꺼져 가는 불꽃을 다시 살리는 듯이 보였다.

새 종교의 이 창시자는 씩씩하고 모험을 좋아하는 젊은이였고, 메소포타미아 지방의 우르에 처음으로 순례하러 가서 칼리가스티아와 루시퍼 반란의 전통을—다른 여러 전통과 더불어—얻어들었으며, 이 모든 것이 그의 종교적 성품에 힘차게 호소하였다. 따라서, 우르에서 꿈을 꾼 결과로서, 그는 북쪽에 고향으로 돌아가서 그의 민족의 종교를 뜯어고치는 데 착수하려는 계획을 세웠다. 그는 응보하는 하나님이라는 히브리 관념, 신에 관한 모세의 개념을 흡수했다. 최고의 하나님 관념이 그의 머리 속에 뚜렷했고, 그는 모든 다른 신을 악마로 내려놓고, 이들을 메소포타미아에서 들던 악마들의 서열에 두었다. 그는 우르에 남아 있던 전통인 일곱 으뜸 영의 이야기를 들었으며, 그에 따라서 일곱의 최상 신이 있고, 그 꼭대기에 아우라 마즈다가 있는 은하를 창조했다. 그는 이 하위 신들을 옳은 법, 좋은 생각, 고귀한 정부, 거룩한 인격, 건강, 불멸, 이 여섯 가지를 이상화한 것과 연결시켰다.

이 새 종교는 기도와 의식(儀式)이 아니라, 행동—일—하는 종교였다. 그 종교의 하나님은 최고의 지혜를 가진 존재요 문명의 후원자였다. 악, 무위(無爲), 후진성과 감히 싸운 호전적인 종교 철학이었다.

조로아스터는 불을 숭배하라고 가르치지 않았지만, 보편적이고 최상으로 지배하는 영, 순수하고 지혜로운 영의 상징으로서 불꽃을 이용하려 했다. (후일에 그의 추종자들이 이 상징의 불꽃을 모시고 숭배한 것은 너무나 참말이다.) 마침내, 어느 이란 왕을 개종시키고 나서, 이 새 종교는 무력(武力)으로 퍼졌다. 그리고 조로아스터는 "빛의 주(主)의 진리"라고 믿은 것을 위해서 싸움터에서 영웅답게 죽었다.

조로아스터교는 일곱 으뜸 영에 관하여 달라마시아와 에덴의 가르침을 지속하는 유일한 유란시아 종파이다. 삼위 일체 개념을 진화시키지 못했지만, 어떤 면에서 그것은 칠중 하나님 개념에 가까이 갔다. 최초의 조로아스터교는 순수한 2원론이 아니었다. 초기의 가르침이 비록 악을 시간 속에서 선과 동등한 것으로 그렸어도, 악은 분명히 선한 자의 궁극 실체 안에 영원히 가라앉았다. 후일에 와서야 선과 악이 동등한 조건 밑에서 싸운다는 개념을 신봉하였다.

히브리 성서에 기록되었다시피, 유대인들이 가진 천국과 지옥의 전통, 그리고 악마들에 관한 교리는 루시퍼와 칼리가스티아의 남은 전통에 근거를 두었지만, 유대인들이 페르시아인의 정치·문화적 지배 밑에 있던 시절에 조로아스터 신자들로부터 주로 얻었다. 에집트인들처럼 조로아스터는 "심판의 날"을 가르쳤지만, 이 사건을 세상의 끝과 연결하였다.

페르시아에서 조로아스터교를 이어받은 종교조차 두드러지게 그것에 영향을 받았다. 이란인 사제들이 조로아스터교를 뒤집어엎으려 했을 때, 그들은 옛 미트라 숭배를 부활시켰다. 미트라교는 레반트와 지중해 지역에 두루 퍼졌고, 한동안 유대교와 그리스도교와 같은 시대에 있었다. 조로아스터의 가르침은 이처럼 유대교와 그리스도교, 이를 통해서 모하메드교, 이 세 가지 큰 종교에 연달아 영향을 주게 되었다.

그러나 조로아스터의 드높은 가르침과 고귀한 찬송들은 파르시 교도들이 그의 복음을 현대에 왜곡한 것과 거리가 멀며, 그들은 조로아스터가 결코 묵인하지 않았을 그런 궤변을 믿는 데 귀를 기울이고 죽은 자들을 크게 두려워하였다.

이 위대한 사람은, 어두운 세계에서 영원한 생명으로 이르는 길을 사람에게 보여 주려고, 살렘의 불빛이 아주 어슴푸레 타면서 완전히, 끝내 꺼지지 않도록 지키려고 그리스도 이전 6 세기에 솟아난 그 독특한 집단의 한 사람이었다.

7. 아라비아에서 살렘 가르침의 영향

유일한 하나님에 관한 멜기세덱의 가르침은 아라비아 사막에서 비교적 최근에 자리를 잡았다. 그리스의 경우와 마찬가지로, 지나친 조직에 관해서 마키벤타가 지시한 것을 오해했기 때문에 살렘 선교사들은 아라비아에서 실패했다. 그러나 그들은 이처럼 군사력이나 국가의 강요를 통해서 복음을 펼치려는 온갖 노력을 막는 그의 훈계를 그들 나름대로 해석한 것에 방해를 받지 않았다.

멜기세덱의 가르침은 중국이나 로마에서도, 살렘 자체에 아주 가까이 있는 이 사막 지역보다 더 완벽하게 실패하지는 않았다. 동양과 서양 민족들의 대다수가 각자 불교와 그리스도교 신자가 된 지 오랜 뒤에도, 아라비아 사막은 몇천 년 동안 있던 그대로 계속하였다. 각 부족은 자체의 옛 주물을 모셨고, 많은 개별 가족은 자기네 집 수호신을 가지고 있었다. 바빌로니아인의 이시타르, 히브리인의 야웨, 이란인의 아우라, 그리스도교의 주 예수 그리스도의 아버지 사이에 싸움이 오랫동안 계속되었다. 한 개념이 다른 것들을 결코 완전히 갈아치울 수 없었다.

아라비아에 두루 여기저기서, 유일한 하나님에 대한 흐릿한 관념에 집착한 가족과 씨족들이 있었다. 그러한 무리들은 멜기세덱, 아브라함, 모세, 조로아스터의 전통을 소중히 간직했다. 예수의 복음에 반응했을까 싶은 수많은 중심이 있었지만, 사막 땅에서 그리스도교 선교사들은, 지중해 여러 나라에서 선교사로 활동했던 타협하고 개혁하는 자들과 대조해서, 엄격하고 굽히지 않는 무리였다. 예수의 추종자들이 "온 세계로 가서 복음을 전파하라"는 그의 명령을 더욱 심각하게 받아들이고, 그것을 전파하는 데 더 품위를 지키고, 그들 스스로가 고안한 부수되는 사회적 요구 조건에 덜 가혹했더라면, 아라비아를 포함하여 많은 땅이 기쁘게 그 목수 아들의 단순한 복음을 받아들였을 것이다.

레반트의 위대한 일신교가 아라비아에서 뿌리를 내리지 못한 사실이 있는데도, 이 사막의 땅은 한 신앙을 일으킬 수 있었다. 사회적 요구는 심하지 않았지만, 그런데도 그 신앙은 일신교였다.

사막에 있는 원시적이고 조직되지 않은 신앙들에 관하여 부족, 종족, 또는 민족의 성질을 가진 오직 한 요인이 있었는데, 그것은 거의 모든 아라비아 부족이 메카에 있는 어떤 성전에 있는 검은 돌 주물에 기꺼이, 특이하게 널리 존경심을 표하는 것이었다. 공통으로 접촉하고 존경하는 이 자리는 나중에 이슬람 종교의 확립으로 이끌었다. 화산(火山)의 신 야웨와 이 유대의 셈 사람들의 관계는 카바 돌과 그들의 아랍 사촌들의 관계와 같게 되었다.

이슬람의 장점은 뚜렷하고 윤곽이 분명하게, 알라가 하나밖에 없는 신이라고 제시한 것이다. 그 약점은 여자의 천대와 함께, 군사력을 종교의 선포와 연결한 것이다. 그러나 이슬람은 만물의 유일한 우주의 신의 발표를 완강하게 고집해 왔다. "그는 보이지 않는 것과 보이는 것을 아시도다. 그는 자비롭고 동정심을 가지셨도다." "참으로 하나님은 모든 사람에게 선함을 넘치게 베푸시도다." "그리고 내가 아플 때, 그가 나를 고치시도다." "세 사람이 함께 말할 때는 언제라도, 하나님이 넷째 분으로 계시는 까닭이라," 왜냐하면 "그는 처음이자 마지막이고, 또한 보이는 이요 숨어 계시는 이가 아니냐?"

[네바돈의 한 멜기세덱이 발표하였다.]

제 96 편

야웨—히브리인의 하나님

신을 생각할 경우에 사람은 먼저 모든 신을 넣고, 다음에 모든 외국 신을 그의 부족 신 밑에 두고, 마침내 최종, 최상의 가치를 가진 한 분의 하나님 외에 모두를 배제한다. 유대인들은 모든 신을 이스라엘의 주 하나님이라는 숭고한 개념으로 합성하였다. 마찬가지로 힌두인들은 잡다한 신들을 릭 베다에서 묘사된 "신들의 한 영성(靈性)"으로 통합하였고, 한편 메소포타미아인들은 그들의 신들을 더 집중된 벨 마둑 개념으로 줄였다. 이 일신교 관념들은 팔레스타인의 살렘에서 마키벤타 멜기세덱이 나타난 뒤 오래지 않아서, 온 세계에서 널리 성숙해졌다. 그러나 멜기세덱의 신 개념은, 포함하고 종속시키고 배제하는 진화된 철학 개념과 달랐다. 그것은 순전히 창조하는 힘에 기초를 두었고, 얼마 안 되어 메소포타미아, 인도, 에집트에서 가장 높은 신 개념들에 영향을 주었다.

켄 사람들과 몇몇 다른 가나안 부족은 살렘의 종교를 전통으로서 존중하였다. 멜기세덱이 육신화한 목적의 하나는 이것이었다: 유일한 하나님의 종교가 바로 그 유일한 하나님의 아들이 땅에 수여되는 것을 위하여 길을 준비하도록 육성되어야 하는 것이다. 우주의 아버지를 믿는 민족이 있어 그가 그들 사이에 나타날 수 있기까지 미가엘은 도저히 유란시아에 올 수 없다.

살렘의 종교는 팔레스타인에서 켄 사람들 사이에 그들의 신조로서 지속되었고, 이 종교는 히브리인들이 나중에 채택한 바와 같이, 처음에는 에집트인의 도덕적 가르침에, 나중에는 바빌로니아인의 신학 사상에, 마지막으로 선과 악에 관한 이란인의 개념에 영향을 받았다. 사실로 히브리 종교는 아브라함과 마키벤타 멜기세덱이 맺은 계약에 바탕을 두었고, 진화적으로 많은 독특한 상황의 배경에서 생긴 부산물이지만, 문화적으로 온 레반트의 종교·도덕·철학으로부터 마음대로 빌려왔다. 히브리 종교를 통해서, 에집트, 메소포타미아, 이란의 도덕성과 종교 사상의 상당 부분이 서양 민족들에게 전달되었다.

1. 셈 사람들이 가진 신 개념

옛날 셈 사람들은 모든 것 안에 영이 깃들어 있다고 보았다. 동물과 식물 세계의 영들이 있고, 각 해의 영들, 자손의 주(主)가 있으며, 불·물·공기의 영들, 두려워하고 섬겨야 하는 영들이 가득한, 진정한 만신전(萬神殿)이 있었다. 우주의 창조자에 관한 멜기세덱의 가르침은 결코 이 하급 영이나 자연신을 믿는 신앙을 결코 완전히 없애 버리지 못했다.

다신교로부터 단일신교(單一神教)를 거쳐 일신교까지 히브리인들이 진보한 것은 끊어지지 않고 이어진 개념의 발전은 아니었다. 신 개념의 진화에서 그들은 많은 퇴보를 겪었고, 한편 어느 한 시대에도, 다른 집단의 셈 사람 신자들 사이에서 다른 하나님 아이디어가 존재했다. 때때로 수많은 명칭이 하나님 개념에 적용되었는데, 혼란을 피하기 위해서 이 여러 가지 신 명칭이 유대 신학의 진화에 관계되는 대로 그 정의를 내릴 것이다:

1. 야웨는 남쪽 팔레스타인 부족들의 신이었고, 이들은 이 신(神) 개념을 호렙 산, 곧 시나이 화산과 연결지었다. 야웨는 다만 셈 부족과 민족들의 눈을 끌고 숭배를 요구한 수백, 수천의 자연 신 가운데 하나였다.

2. 엘 엘리온. 살렘에서 멜기세덱이 머무른 뒤에 몇 세기 동안 그의 신 교리는 여러 판(版)에서 지속되었지만, 엘 엘리온, 하늘의 최고 하나님이라는 명칭으로 대체로 암시되었다. 많은 셈 사람은, 아브라함의 직계 후손을 포함해서, 다른 때에 야웨와 엘 엘리온, 이 둘을 숭배했다.

3. 엘 샤다이. 엘 샤다이가 무엇을 대표하는지 설명하기 힘들다. 이 하나님 관념은 아메니모피의 지혜서의 가르침으로부터 유래하고, 이크나톤의 아톤 교리에 수정되고, 엘 엘리온의 개념에 구현된 멜기세덱의 가르침에 더욱 영향을 받은 복합물이었다. 그러나 엘 샤다이의 개념이 히브리인의 머리에 스며들자, 그것은 사막의 야웨 신앙으로 철저히 물들게 되었다.

이 시대의 종교에서 지배하는 관념의 하나는 에집트인이 가졌던 신의 섭리 개념, 곧 물질적 번영이 엘 샤다이를 섬기는 것에 대한 보상이라는 가르침이었다.

4. 엘. 온통 용어가 뒤섞이고 개념이 흐릿한 가운데, 많은 경건한 신자는 이 모든 진화하는 신성 개념을 숭배하려고 진지하게 애썼고, 이 복합된 신을 엘이라고 언급하는 풍습이 생겨났다. 그리고 이 용어는 베두인의 자연 신들 가운데 또 다른 것을 포함했다.

5. 엘로힘. 키시와 우르에는 수메르인과 갈대아인 무리들이 오랫동안 지속했는데, 이들은 아담과 멜기세덱의 시절의 전통에 기초를 둔, 세 분이 하나가 된 하나님을 가르쳤다. 이 교리는 에집트로 옮겨졌고, 거기서 이 삼위 일체는 엘로힘 밑에서, 또는 엘로아로서 단수(單數) 이름으로 숭배되었다. 에집트의 철학 집단들과 히브리 핏줄을 가진 후일의 알렉산드리아의 선생들은 여러 하나님의 이런 통일성을 가르쳤고, 에집트에서 탈출하던 시절에 모세의 조언자들 가운데 많은 사람이 이 삼위 일체를 믿었다. 그러나 삼위 일체주의자의 엘로힘 개념은 그들이 바빌로니아인의 정치적 영향 밑에 들어갈 때까지, 결코 히브리 신학의 참 부분이 되지 못했다.

6. 잡다한 이름. 셈 사람들은 자기네 신의 이름을 입에 올리기 싫어했고, 따라서 그들은 다음과 같이, 때때로 수많은 다른 명칭에 의존했다: 하나님의 영, 주(主), 주의 천사, 전능자, 거룩한 하나, 최고자, 아도나이, 옛적부터 늘 계신 이, 이스라엘의 주 하나님, 하늘과 땅의 창조자, 키리오스, 야, 만군의 주, 하늘의 아버지.

여호와는 오랜 히브리인의 체험에서 마침내 진화한, 완성된 야웨 개념을 가리키려고 근래에 쓰인 명칭이다. 그러나 여호와의 이름은 예수의 시절 뒤 1천5백 년이 될 때까지는 쓰이지 않았다.

기원전 약 2000년까지 시나이 산은 이따금 화산으로 활동했고, 이 지역에서 이스라엘 사람들이 머무르던 시절까지, 때때로 분출이 일어났다. 이 화산의 분출과 연결되어 천둥소리 나는 폭발과 함께, 불과 연기는 모두, 둘러싼 지역의 베두인 사람들에게 감명을 주고 두려움을 가지게 만들었고, 그들로 하여금 야웨를 크게 무서워하게 만들었다. 이 호렙 산의 영은 나중에 히브리의 셈 사람들의 신이 되었고, 그들은 결국 그 신이 모든 다른 신 위에 최고라고 믿었다.

가나안 사람들은 오랫동안 야웨를 섬겼고, 비록 많은 켄 사람이 살렘 종교의 초월신 엘 엘리욘을 얼마큼 믿었어도, 가나안 사람들의 대다수는 적당히 옛 부족 신들의 숭배를 지켰다. 그들은 혹성간의 하나님은커녕, 국제적인 하나님을 편들어 민족 신을 도저히 기쁘게 버리려 하지 않았다. 그들은 우주의 신에 생각이 미치지 않았고, 따라서 이 부족들은 야웨와 금·은 송아지를 포함하여, 그들의 부족 신을 계속 숭배했으며, 이 송아지는 베두인 목자들이 가진 시나이 화산 영(靈)의 개념을 상징했다.

시리아인들은 자기네 신을 섬기면서 또한 히브리인들의 야웨를 믿었는데, 그들의 선지자들이 시리아의 임금에게 이렇게 말했기 때문이다: "저희의 신들은 산의 신이라. 그러므로 저희가 우리보다 강하도다. 그러나 저희와 맞서 들에서 싸우자. 그러면 분명히 우리가 저희보다 강하리라."

사람의 문화가 앞으로 나아감에 따라서, 작은 신들은 최고의 신에게 복종된다. 위대한 조브[1]는 겨우 감탄하는 소리로서 남아 있다. 일신교를 믿는 자들은 그들의 하급 신들을 영, 악마, 운명, 네레이드, 요정, 브라우니[2], 난쟁이, 반쉬[3], 악한 눈으로서 보존한다. 히브리인들은 단일신교를 거쳤고, 오랫동안 야웨 외에도 다른 신들이 있음을 믿었지만, 그들은 점점 더 이 외국 신들이 야웨 밑에 있다고 믿게 되었다. 그들은 아모리인들의 신, 케모스가 사실임을 인정했지만, 그가 야웨 밑에 있다고 주장했다.

야웨 관념은 하나님에 관한 필사자의 모든 이론 가운데 가장 널리 발전하였다. 그 점진적 진화는 아시아에서 부처 개념의 변형과 겨우 비교할 수 있는데, 이것은 야웨 개념이 마지막에 우주의 아버지의 아이디어로 인도한 것 같이, 끝에는 우주 절대자의 개념으로 이끌었다. 그러나 한 역사적 사실의 문제로서, 유대인들이 이렇게 호렙 산의 부족 신으로부터 후일에 자애롭고 자비로운 창조자인 아버지에 이르기까지 신에 대한 관점을 바꾸었지만, 그의 이름을 바꾸지는 않았다. 그들은 내내, 이 진화하는 신 개념을 야웨라고 계속 불렀다.

2. 셈 민족

동방의 셈 사람들은 잘 조직되고 잘 훈련받은, 말 타는 사람이었고, 비옥한 초생달[4]의 동부 지역에 쳐들어가서, 거기서 바빌로니아인과 함께 뭉쳤다. 우르 가까이서 갈대아인은 동쪽 셈 사람들 가운데 가장 진보한 편이었다. 페니키아인은 지중해의 바닷가를 따라서 팔레스타인의 서부 구역을 차지했던 혼합된 셈 사람 집단, 우수하고 조직이 잘 된 집단이었다. 종족 면에서 셈 사람은 유란시아 민족들 가운데 가장 많이 섞인 축에 속했고, 아홉 세계 민족 가운데 거의 모두로부터 얻은 유전 요소를 포함하였다.

아라비아의 셈 사람은 거듭해서 북쪽에 약속의 땅, "젖과 꿀이 흐르는" 땅으로 분투해서 들어갔지만, 더 낫게 조직되고 높이 문명화된 북쪽의 셈 사람과 힛 사람들에게 번번이 밀려났다. 나중에, 드물게 심한 기근이 있는 동안에, 방랑하는 이 베두인 사람들은 에집트의 공공 사업에 계약 노동자로서 큰 떼를 지어 에집트로 들어갔고, 나일 강 유역에서 흔하고 짓밟힌 일꾼으로 날마다 힘든 일에 노예가 되는 쓰라린 체험을 겪는 신세가 되었을 뿐이다.

마키벤타 멜기세덱과 아브라함의 시절 이후에야 겨우, 어떤 셈 부족들을 그들의 특이한 종교 관념 때문에, 이스라엘의 자녀라, 나중에는 히브리인, 유대인, "선민"이라 부르게 되었다. 아브라함은 모든 히브리인에게 시조가 아니었다. 그는 에집트에서 포로로 잡혀 있던 모든 베두인 셈 사람의 선조도 아니었다. 그의 자손이 에집트에서 나와서 나중에 유대 민족의 핵심을 이룬 것은 참말이다. 그러나 이스라엘의 씨족들 속으로 합병된 남녀의 대다수는 에집트에서 한 번도 머무른 적이 없다. 그들은 에집트에서 온 아브라함의 후손과 그들의 셈 사람 동료들이 아라비아 북부를 거쳐서 여행하는 동안에, 모세의 지휘를 따르기로 한 동료 유목민에 지나지 않았다.

최고자인 엘 엘리욘과 믿음을 통해서 신의 은총을 얻는다는 약속에 관한 멜기세덱의 가르침은, 머지 않아 히브리 국가를 형성할 셈 민족이 에집트에서 노예 생활하던 시절이 되자, 대체로 잊혀졌다. 그러나 포로 생활하던 이 기간 전체를 통해서 이 아라비아 유목민들은 그들의 종족 신으로서 야웨를 믿는, 남아 있는 전통적 신앙을 유지했다.

야웨는 1백이 넘는 독립된 아라비아 부족들의 숭앙을 받았고, 혼합된 히브리와 에집트 핏줄을 포함하여, 에집트의 지식 계급 사이에서 지속하던 멜기세덱의 엘 엘리욘 개념에 물든 것을 제쳐 놓으면, 포로가 된 히브리 노예들의 하층 계급이 가졌던 종교는 마술과 희생물로 이루어진 옛 야웨 의식(儀式)의 수정판이었다.

3. 비할 데 없는 모세

최상 창조자에 관한 히브리인의 개념과 이상의 진화가 시작된 것은 그 위대한 지도자요 선생이자 조직자인 모세 밑에서, 셈 사람들이 에집트를 떠난 그 때로 거슬러 올라간다. 그의 어머니는 에집트의 왕족에 속했고, 아버지는 정부와 베두인 포로들 사이에, 셈 사람인 연락 장교였다. 이처럼 모세는 우수한 종족 근원으로부터 내려온 성품을 가졌다. 그의 조상은 너무 많이 섞여서 그를 어느 한 종족 집단으로 분류하기가 힘들다. 이렇게 섞인 부류가 아니었다면, 그로 하여금 다채로운 무리를 다루게 만든 드문 재능과 적응 능력을 결코 드러내지 못했을 터이고, 이 무리는 그의 통솔 밑에서 에집트로부터 아라비아 사막까지 달아난 베두인 셈 사람들과 궁극에는 관계를 가지게 되었다.

나일 왕국 문화의 유혹이 있었는데도, 모세는 아버지의 민족과 운명을 같이 하기로 했다. 이 때 이 위대한 조직자는 아버지의 민족을 궁극에 해방시키려고 계획을 꾸미고 있었고, 이 베두인 포로들은 도저히 그 이름에 어울리는 종교가 없었다. 그들은 하나님에 관한 참된 개념이 거의 없었고, 세상에서 희망이 없었다.

어떤 지도자도 일찍이 이보다 더 버림받고 풀이 꺾이고 기가 죽고 무지한 집단의 인간들을 개혁하고 향상하는 일에 결코 손을 대지 않았다. 그러나 이 노예들은 유전 혈통 속에 잠자는 발전 가능성을 지녔고, 반란을 일으키고 자유를 위해 투쟁하는 날에 대비해서 유능한 조직자의 단체를 구성하기에 충분한 수의 교육받은 지도자들이 있었다. 이 우수한 사람들은 그 민족의 토착민 감독자로서 고용되어 있었다. 모세가 에집트의 통치자들에게 영향력이 있었기 때문에 그들은 얼마큼 교육을 받았다.

모세는 동포 셈 사람들의 자유를 얻기 위해서 외교로 협상하려고 애썼다. 그와 동생은 에집트 임금과 협정을 맺었고, 그에 따르면 그들은 아라비아 사막을 향해서 나일 강 유역을 평화롭게 떠나도록 허락을 받았다. 에집트에서 오랫동안 수고한 것에 대한 표시로 그들은 많지 않은 돈과 물건을 받기로 되었다. 히브리인들 편에서는 파라오와 친선 관계를 유지하고 에집트에 맞서 어떤 연방에도 합세하지 않기로 협정을 맺었다. 그러나 그 임금은 나중에 이 조약을 깨는 것이 좋다고 보았고, 그의 간첩들이 베두인 노예들 사이에서 불충함을 발견했다는 핑계를 이유로 내밀었다. 그들이 에집트에 맞서서 유목민들을 조직하려고 사막으로 갈 목적으로 자유를 찾는다고 그는 주장했다.

그러나 모세는 낙심하지 않았다. 그는 때를 기다렸다. 1년이 채 안 되어 에집트의 군대가 남쪽으로부터 리비아의 강력한 진입, 그리고 북쪽으로부터 그리스 해군의 침공으로 인한 동시 공격에 저항하느라고 넋이 빠져 있을 때, 이 겁 없는 조직자는 눈부신 야간 도주(逃走)에 동포를 이끌고 에집트에서 탈출하였다. 자유를 향한 이 돌진은 철저히 계획되었고 솜씨 있게 집행되었다. 그들은 파라오와 작은 무리의 에집트인들이 열심히 쫓아 왔는데도 성공했다. 이들은 피난민의 방어에 부딪쳐 모두 쓰러졌고 많은 전리품을 남겨 주었으며, 사막에 있는 조상의 집을 향해서 행진하는 동안, 도망치는 노예들의 전진하는 집단의 전리품이 모두 불어났다.

4. 야웨를 선포하다

모세의 가르침의 진화와 향상은 온 세계의 거의 절반에 영향을 미쳤고, 아직도 20세기에 영향을 미친다. 모세는 더 진보된 에집트의 종교 철학을 이해했고, 한편 베두인 노예들은 그러한 가르침에 관하여 조금도 아는 것이 없었지만, 그 선조들이 야웨라고 부른 호렙 산의 신을 결코 완전히 잊은 적이 없다.

모세는 아버지와 어머니로부터 마키벤타 멜기세덱의 가르침을 들은 적이 있었는데, 그들의 종교관의 공통점은 왕족의 피를 가진 여자와 포로가 된 민족의 남자 사이에 보기 드문 연합을 설명한다. 모세의 장인은 엘 엘리욘을 섬기는 켄 사람이었지만, 해방자의 부모는 엘 샤다이를 믿었다. 이처럼 모세는 엘 샤다이 신자로 교육을 받았다. 장인(丈人)의 영향을 통해서 그는 엘 엘리욘 신자가 되었다. 에집트에서 탈출한 뒤에 시나이 산 근처에서 히브리인들이 야영할 때가 되자, (모든 그의 옛 신앙으로부터) 그는 새롭고 확대된 신 개념을 형성했고, 이것을 지혜롭게 그의 민족에게, 확대된 옛 부족 신 야웨의 개념으로 선포하기로 작정했다.

모세는 이 베두인 사람들에게 엘 엘리욘의 관념을 가르치려고 애썼지만, 에집트를 떠나기 전에 그들이 결코 이 교리를 완전히 이해하지 못하리라고 확신하게 되었다. 그래서 그 부족이 섬기는 사막(沙漠)의 신을 추종자들의 유일한 신으로서 절충해서 채택하기로 그는 생각 끝에 결정했다. 모세는 다른 민족과 나라가 다른 신을 가지면 안 된다고 꼬집어서 가르치지 않았지만, 야웨가 만물 위에 으뜸이라, 특히 히브리인들에게 그렇다고 확고하게 주장했다. 그러나 옛 이름 야웨의 탈 밑에서, 새롭고 더 높은 신의 관념을 이 무지한 노예들에게 제시하려고 애쓰는 거북한 문제로 그는 늘 골치를 앓았으며, 언제나 베두인 부족들의 금 송아지가 이 야웨를 상징했다.

야웨가 달아나는 히브리인들의 신이었다는 사실은 어째서 그들이 거룩한 시나이 산 앞에서 그리 오래 머물렀는가, 어째서 거기서 그들이 십계(十戒)를 받았는가를 설명하며, 이것을 모세는 호렙 산의 신, 야웨의 이름으로 널리 퍼뜨렸다. 시나이 산 앞에서 이렇게 오래 머무르는 동안, 새로이 진화하는 히브리인 예배의 종교 의식(儀式)이 더욱 다듬어졌다.

그들이 산밑에서 경건하게 머무르던 셋째 주에 호렙 산이 사납게 분출하지 않았더라면, 모세는 얼마큼 진보된 예식으로 드리는 예배를 확립하고, 4분의 1세기 동안 추종자들을 그대로 유지하는 데 결코 성공하지 못했을 듯하다. "야웨의 산은 불속에 휩싸였고, 화로의 연기처럼 연기가 떠오르고 산 전체가 크게 떨더라." 이 대변동을 보건대, 그들의 하나님은 "막강하고 무서우며, 삼키는 불이요, 두렵고 전능하니라"하는 가르침을 모세가 동포에게 명심하게 할 수 있었던 것은 놀라운 일이 아니다.

야웨는 이스라엘의 주 하나님이요 하나님이 히브리인을 선민으로 골랐다고 모세는 선포했다. 그는 새 민족을 세우고 있었고, 지혜롭게도 종교적 가르침을 민족화했으며, 야웨가 엄한 감독자요 "질투하는 하나님"이라고 추종자들에게 일러 주었다. 그런데도, 야웨가 "모든 육체에게 영의 하나님"이라고 그들을 가르쳤을 때, 그리고 "영원한 하나님은 너희의 안식처요, 그 아래에 영원한 팔이 있도다"하고 말했을 때, 그는 그들의 신성 개념을 키우려고 애썼다. 야웨가 약속을 지키는 하나님이라, 하나님이 "너희를 버리지 않고, 너희를 파괴하거나 너희 선조의 약속을 잊지 아니하리니, 이는 주가 너희를 사랑하고, 너희 아버지들에게 한 맹세를 잊지 아니할 것임이라"하고 모세는 가르쳤다.

야웨가 "진실하고 불의가 없으며 모든 길에 정당하고 옳으신 하나님"이라고 제시했을 때, 모세는 그를 최고의 신의 위엄으로 올려놓으려고 영웅 같은 노력을 기울였다. 그래도 이 드높은 가르침이 있었는데도, 추종자들의 제한된 이해력은 하나님을 사람의 형상을 입은 존재로서, 성내고 진노하고 가혹함으로 날뛰며, 심지어 복수심에 불타고 사람의 행위에 쉽게 영향을 받는 하나님을 언급하는 것이 필요하게 만들었다.

모세의 가르침 밑에서, 이 부족의 자연신 야웨는 이스라엘의 주 하나님이 되었고, 그는 황야를 거쳐서, 추방된 곳까지도 그들을 따라갔으며, 거기서 그는 즉시 모든 민족의 하나님으로 생각되었다. 유대인들을 바빌론에서 종으로 만든 후일의 포로 생활은, 만국의 하나님이 되는 일신교적 기능을 맡도록 진화하는 야웨 개념을 드디어 해방하였다.

히브리인의 종교 역사에서 가장 독특하고 놀라운 모습은 호렙 산의 원시 신으로부터, 뒤이은 영적 지도자들의 가르침을 거쳐서, 두 이사야의 신 교리에서 묘사된 높은 수준으로 발전하기까지, 이 신 개념이 계속 진화한 것에 관계되며, 두 이사야는 사랑이 넘치고 자비로운 창조자 아버지를 그리는 훌륭한 개념을 선포했다.

5. 모세의 가르침

모세는 군대 지도자, 사회 조직자, 종교 스승의 특별한 조합이었다. 그는 마키벤타와 예수의 시절 사이에, 개인으로서 가장 중요한 세계적인 스승이었다. 모세는 이스라엘에서 많은 개혁을 도입하려고 애썼는데, 이에 관하여 아무 기록이 남아 있지 않다. 한 사람의 일생 기간에, 그는 나중에 한 나라가 탄생하고 한 종족이 영속하도록 기초를 놓은 한편, 이른바 히브리인이라고 부르고 여러 나라 말을 쓰는 집단을 노예 상태와 문명화되지 않은 방랑 생활로부터 이끌어 냈다.

탈출하던 당시에 히브리인들이 아무 글자가 없었기 때문에, 모세가 한 큰 일에 관하여 기록이 거의 없다. 모세의 시절과 그가 한 일에 대한 기록은, 그 위대한 지도자가 죽은 지 천년도 더 지나서 있었던 전통으로부터 내려왔다.

모세가 에집트인과 둘러싼 레반트 부족들의 종교보다 앞서 나아간 많은 발걸음은 멜기세덱 시절의 켄 사람의 전통 때문이었다. 마키벤타가 아브라함과 그와 동시대에 살던 사람들에게 준 가르침이 없었다면, 히브리인들은 희망 없는 어둠 속에서 에집트로부터 나왔을 것이다. 모세와 그의 장인 예드로는 멜기세덱 시절에 있던 전통의 잔재를 거두어 들였고, 이 가르침은 에집트인들의 학문과 합쳐서, 이스라엘인의 개량된 종교와 의식을 만드는 과제에 모세를 인도하였다. 모세는 조직자였다. 그는 에집트와 팔레스타인의 종교와 도덕 관습에서 최선을 선택하였고, 이 풍습을 멜기세덱의 가르침의 전통과 연결짓고서, 히브리인의 예배하는 의식 체계를 만들었다.

모세는 섭리를 믿는 사람이었다. 그는 초자연력이 나일 강과 자연의 다른 요소들을 통제하는 것에 관한 에집트의 교리에 흠씬 젖게 되었다. 그는 하나님에 관하여 큰 환상을 가졌지만, 속속들이 진지해서 이렇게 가르쳤다. 히브리인들이 하나님께 복종하면, "그는 너희를 사랑하고 복을 주고 증대(增大)하리라. 그는 너희 자궁의 열매와 너희 땅의 소산(所産)—옥수수와 포도주와 기름과 너희 양 떼—를 늘이리라. 너희를 모든 민족보다 번성하게 만들고, 주 너희 하나님은 너희한테서 모든 병을 떠나게 하고, 에집트의 나쁜 병들 가운데 아무 것도 너희에게 내리지 아니하리라." 모세는 이렇게까지 말했다: "주 너희 하나님을 기억하라, 이는 그가 재산을 얻을 힘을 너희에게 주심이라." "너희는 뭇 나라에게 빌려 주어도, 너희는 빌리지 아니하리라. 너희는 많은 나라를 다스릴지나, 저희는 너희 위에 군림하지 못할지니라."

그러나 이 위대한 지성 모세가 무지하고 무식한 히브리인들이 알아듣도록 그의 드높은 엘 엘리욘, 최고자의 개념을 적응하려고 애쓰는 것을 구경하기는 참으로 딱했다. 모여든 지도자들에게 그는 우뢰처럼 소리쳤다, "주 너희 하나님은 유일한 하나님이니, 그분 외에 아무도 없느니라." 한편 혼합된 군중에게 선포했다, "모든 신 가운데 누가 너희의 하나님 같으랴?" 모세는 주물과 우상 숭배에 용감하게, 어느 정도 저항하는 데 성공했고, 이렇게 선언했다, "호렙 산에서 불 한가운데서 너희 하나님이 너희에게 말씀하신 그 날에 너희는 아무 모습을 보지 못하였도다." 그는 또한 어떤 종류라도 형상 만드는 것을 금했다.

모세는 야웨가 자비롭다고 선포하기를 두려워했고, "주 너희 하나님은 가장 높은 신이요, 가장 높은 주, 위대한 하나님, 막강하고 무서운 하나님이요, 사람을 중요하게 여기지 않으시니라"하고 말하면서, 하나님의 응보에 대한 두려움으로 그의 민족이 겁에 질리게 만들기를 더 좋아했다. 또 "너희가 복종하지 않을 때 너희 하나님은 죽이시니라. 너희가 복종할 때 그는 너희를 고치고 생명을 주시니라"하고 선포하면서, 그는 난폭한 씨족들을 다루려고 애썼다. 그러나 모세는 이 부족들이 "그의 모든 계명을 지키고 모든 계율에 복종하는" 조건 밑에서 그들이 하나님이 택한 백성이 되리라고 그들에게 가르쳤다.

이 옛 시절에 히브리인들은 하나님의 자비로움에 관해서 거의 가르침을 받지 못했다. 그들은 "전능자"인 하나님에 대하여 배웠다. "주는 전쟁하는 분, 전쟁의 하나님이요, 권능 속에 영화롭고, 그의 적들을 가루로 만드시니라." "주 너희 하나님은 너희를 구원하려고 장막 가운데서 걸으시니라." 이스라엘 사람들은 하나님이 그들을 사랑했지만, 또한 "파라오의 마음을 굳어지게 만들고 저희의 적을 저주하는" 분이라고 생각했다.

모세는 이스라엘의 아들딸에게 우주적이며 인자한 신을 얼핏 보여 주었지만, 대체로, 그들의 일상적인 야웨 개념은 둘러싼 민족들의 부족 신들보다 거의 낫지 않은 하나님 개념이었다. 그들의 하나님 개념은 원시적이고, 투박하고, 사람과 비슷하였다. 모세가 죽었을 때, 이 베두인 부족들은 옛날 호렙 산과 사막의 신들로 이루어진 반야만 관념으로 재빨리 되돌아갔다. 모세가 지도자들에게 이따금 제시한 환상, 확대되고 좀더 숭고한 하나님의 환상은 곧 눈앞에서 사라졌고, 한편 대부분의 사람들은 그들의 주물, 금송아지의 숭배로 돌아갔는데, 이것은 팔레스타인 목자들이 가졌던 야웨의 상징이었다.

모세가 히브리인들의 지휘를 요수아에게 넘겼을 때, 모세는 아브라함·나홀·롯의 간접 자손, 그리고 관계된 다른 부족들 안에서 몇천 명을 이미 모았고, 그들을 채찍질하여 스스로 지탱하고 어느 정도 자치하며 목자 생활을 하는 군인들의 민족으로 만들었다.

6. 모세가 죽은 뒤의 하나님 개념

모세가 죽고 나서 그의 드높은 야웨 개념은 재빨리 질이 나빠졌다. 요수아와 이스라엘의 지도자들은 온통 지혜롭고, 인자하고, 전능한 하나님을 믿는 모세의 전통을 계속 품었지만, 서민들은 사막에서 가졌던 더 오래 된 야웨 관념으로 재빨리 돌아갔다. 신 개념이 뒤로 이렇게 떠내려가는 것은 여러 부족의 족장, 이른바 판관들의 연속된 통치 밑에서 더욱 계속되었다.

특별한 인물 모세가 잠시 있던 기간은 그 추종자들의 가슴 속에서 더욱 확대된 하나님 개념의 영감을 살려 두었다. 그러나 일단 팔레스타인의 기름진 땅에 다다르자, 그들은 유목민 목자로부터 정착하고 얼마큼 차분한 농부로 재빨리 바뀌었다. 이러한 생활 풍습의 진화와 종교 관점의 변화는 그들의 하나님, 야웨의 성품에 관하여 파악한 성질에 얼마큼 철저한 변화를 요구했다. 사막에서 사는 엄격하고 투박하고 가혹하고 우뢰 같은 시나이 산신(山神)이 나중에 나타나는 개념, 사랑과 정의와 자비의 하나님 개념으로 변천이 시작되는 시절에, 히브리인들은 모세의 드높은 가르침을 거의 잃어버렸다. 일신교의 모든 개념을 거의 잃어버리다시피 하였다. 그들은 유란시아의 영적 진화에서 생사를 좌우하는 고리로서 봉사할 민족, 즉 멜기세덱이 가르친 유일한 하나님을 바로 그 만물의 아버지의 수여 아들이 육신화할 때까지 보존할 집단이 되는 기회를 거의 잃어버릴 뻔하였다.

절망에 빠져서 요수아는 부족 사람들의 머리 속에 최고의 야웨 개념을 유지하려고 애썼고, 야웨가 "내가 모세와 함께 한 것 같이, 나는 너희와 함께 하리라. 나는 너희를 놓치거나 버리지 아니하리라"하고 선언하게 만들었다. 요수아는 믿지 않는 민족에게 엄격한 복음을 전파하는 것이 필요함을 깨달았으며, 이 민족은 그들의 옛 토착 종교를 아주 기꺼이 믿으면서, 신앙과 의로움의 종교 안에서 전진하려 하지 않았다. 요수아의 가르침의 요점은 이것이었다: "야웨는 거룩한 하나님이요, 질투하는 하나님이라. 그는 너희가 규칙 어긴 것이나 너희의 죄를 잊지 아니하리라." 이 시대에 가장 높은 개념은 야웨를 "권능과 심판과 응보의 하나님"으로 그렸다.

그러나 이 어두운 시대에도, 이따금 한 선생이 쓸쓸히 일어나서 모세가 가졌던 신 개념을 선포하곤 하였다: "너희 사악한 아이들은 주를 섬길 수 없나니, 그가 거룩한 하나님인 까닭이라." "필사 인간이 하나님보다 더 공정하겠느냐? 사람이 조물주보다 더 깨끗하겠느냐?" "너희가 찾는다고 해서 하나님을 찾아내겠느냐? 너희가 완전에 이르기까지 전능자를 찾아낼 수 있겠느냐? 보라, 하나님이 크셔도 우리가 그를 알지 못하느니라. 전능자를 만지면서, 우리는 그를 발견할 수 없느니라."

7. 시편과 욥기

족장과 사제들의 지도 밑에서 히브리인들은 팔레스타인에서 어정어정하게 자리를 잡았다. 그러나 그들은 곧, 뒤떨어진 사막의 신앙으로 거꾸로 흘러갔고, 덜 진보된 가나안의 종교 풍습에 더러워졌다. 그들은 우상 숭배에 빠지고 방종하게 되었고, 그들의 신 개념은 어떤 살아남은 살렘 집단이 유지했던, 에집트와 메소포타미아의 하나님 개념보다 훨씬 밑으로 떨어졌으며, 전자(前者)는 시편의 어느 부분과 이른바 욥기에 기록되어 있다.

시편은 20명 이상의 저자들이 쓴 작품이다. 많은 것을 에집트와 메소포타미아 선생들이 썼다. 레반트가 자연신들을 숭배하던 이 시절에, 엘 엘리욘, 최고자가 가장 높은 것을 믿은 사람이 아직도 어지간히 있었다.

어떤 종교적 기록의 수집도 시편처럼 헌신을, 그리고 영감을 주는 하나님 아이디어를 그렇게 풍부하게 표현하지 못했다. 이 놀라운 예배 문헌의 수집을 훑어보면서, 어떤 다른 단일 문집도 그렇게 긴 세월에 걸치지 않음을 기억하면서, 찬송하고 찬양하는 독립된 각 노래의 근원과 연대(年代)를 고려할 수 있다면 무척 도움이 될 것이다. 이 시편은 레반트에 두루, 살렘 종교를 믿는 사람들이 품었던 다른 하나님 개념을 기록한 것이며, 아메니모피로부터 이사야까지 걸치는 기간 전체를 포함한다. 시편에서 하나님은 온갖 개념 단계에서 묘사되는데, 이것은 엉성한 부족 신 관념으로부터 나중에 히브리서에 엄청나게 확대된 이상에 이르며, 여기서 야웨는 사랑이 그윽한 통치자요 자비로운 아버지로 묘사된다.

이렇게 볼 때, 이 시편의 집합은 20세기에 이르기까지 사람이 일찍이 모은, 가장 귀중하고 유익한 예배 감정을 수집한 것이다. 이 찬송가집에 담긴 예배 정신은 세상의 모든 다른 신성한 책에 있는 정신을 뛰어넘는다.

욥기에 제시된 얼룩덜룩한 신의 그림은 거의 3백 년에 걸쳐서, 20명이 넘는 메소포타미아의 종교 스승들이 지은 것이다. 이 메소포타미아 신앙의 편집에서 발견되는 드높은 신성 개념을 읽을 때, 팔레스타인의 어두운 시절, 갈대아의 우르 근처에서 참 하나님의 아이디어가 가장 좋게 간직되었음을 너희가 깨달을 것이다.

팔레스타인에서는 하나님의 지혜와 만물에 침투하는 성질을 흔히 파악했지만, 그의 사랑과 자비를 파악한 적은 드물다. 이 시절의 야웨는 "그의 적들의 혼을 지배하려고 악령들을 보내시며," 자기의 복종하는 아이들을 번성케 하고 한편 모든 다른 사람을 저주하고 그들에게 끔찍한 심판을 내린다. "그는 교활한 자의 계교를 망치며, 지혜로운 자를 제가 만든 속임수에서 잡아낸다."

오직 우르에서 한 목소리가 하나님의 자비를 외치려고 일어나서 말했다. "사람은 하나님께 기도하고, 그에게 은총을 얻고 기쁨으로 그의 얼굴을 뵐지니, 이는 하나님이 사람에게 신다운 올바름을 주실 것임이라." 이렇게 우르에서부터 구원과 신의 은총을 믿음으로 얻는다는 것이 설파되었다: "그는 뉘우치는 자에게 인자하시며, '구렁으로 내려가지 못하게 그를 구원하라, 내가 몸값을 찾아낸 까닭이라' 하고 말씀하시니라. 누구라도 '나는 죄를 지었고 옳은 것을 곡해하였으며, 그것이 내게 이롭지 않았도다' 하고 말하면, 하나님은 그를 구렁으로부터 구원하실 것이요, 그는 빛을 볼지니라." 멜기세덱의 시절 뒤로, 레반트 세계는 엘리후의 이 놀라운 가르침처럼, 그렇게 우렁차게 울려 퍼지고 격려하는 소식, 인간이 구원받는 소식을 들은 적이 없으니, 엘리후는 우르의 선지자였고, 살렘 신자들, 다시 말해서 한때 메소포타미아에서 멜기세덱 식민지의 잔재에게 사제였다.

이처럼 메소포타미아에서 살렘 선교사들의 잔재는, 길게 이어진 이스라엘 선생들의 선구자가 나타날 때까지, 히브리 민족의 분열기에 진리의 빛을 유지했다. 이 선생들은 만물에게 우주의 창조자 아버지의 이상, 곧 야웨 개념의 진화에서 절정에 이를 때까지, 개념을 하나씩 쌓으면서 결코 멈추지 않았다.

[네바돈의 한 멜기세덱이 발표하였다.]

주: 1. 조브는 주피터를 나타내고, by Jove!하면서, 이크, 아차! 하는 뜻으로 쓰인다. 2. 브라우니는 밤에 나타나 남몰래 일해 준다고 하는 갈색 요정(妖精). 3. 울음소리로 가족에게 죽을 사람이 있음을 알린다는 아일랜드 사람의 여자 유령. 4. 팔레스타인에서 아라비아의 북부를 돌아서 페르시아 만에 이르는 초생달 모양의 지역.

제 97 편

히브리인 사이에서 하나님 개념의 진화

히브리인의 영적 지도자들은 그들보다 먼저, 다른 아무도 성공한 적이 없는 일—오직 철학자가 이해할 수 있는 추상적 신 관념으로 바꾸지 않고서, 그들의 하나님 개념에서 사람 모습을 벗기는 일—을 해냈다. 서민들조차 성숙한 야웨 개념을, 개인의 아버지는 아니라도, 적어도 종족의 아버지로 여길 수 있었다.

멜기세덱 시절에 살렘에서 하나님의 성격 개념을 뚜렷하게 가르침받았지만, 그 개념은 에집트에서 탈주하던 시절에 흐릿하고 안개 같았고, 영적 지도자들의 가르침에 반응하여 대대로 히브리인의 머리 속에서 겨우 차츰차츰 진화하였다. 야웨 성격의 파악은 신의 여러 다른 속성보다 점진적으로 진화하면서 훨씬 더 연속성이 있었다. 모세로부터 말라기에 이르기까지, 히브리인의 지성 속에서 하나님의 성격에 관하여 거의 끊임없이 관념적 성장이 일어났고, 하늘에 계신 아버지에 관한 예수의 가르침으로 말미암아 궁극에 이 개념은 높아지고 영화롭게 되었다.

1. 사무엘—처음 히브리 선지자

팔레스타인에서 둘러싼 민족들의 적대하는 압력은, 곧 히브리 족장들에게 부족 조직을 중앙 집권 정부로 연방을 만들지 않으면 살아나기를 바랄 수 없다는 것을 가르쳤다. 행정 권한의 이러한 집중은 사무엘이 선생과 개혁자로서 활동하는 더 좋은 기회를 마련해 주었다.

사무엘은 멜기세덱의 진리를 예배 형태의 일부로 계속 유지한 살렘 선생들의 긴 혈통으로부터 솟아 나왔다. 이 선생은 씩씩하고 결의가 굳은 사람이었다. 모세 시절에 있던 최고의 야웨를 예배하도록 그가 온 이스라엘을 돌이키기 시작했을 때 그는 거의 보편적 반대에 부딪쳤고, 특별한 각오와 함께, 오직 크게 헌신하는 마음이 그로 하여금 이 반대를 견딜 수 있게 했다. 그 때에도 그는 겨우 일부 성공했고, 히브리인들 가운데 절반인 지식층만 상급 야웨 개념을 섬기도록 설득했으며, 나머지 반은 그 나라의 부족 신들을 숭배하고 열등한 야웨 개념을 계속하였다.

사무엘은 후딱 일을 해치우는 부류의 사람이었고, 하루에 동료들과 함께 나가서 바알 장소를 스물이나 뒤엎을 수 있는 실용적인 개혁자였다. 그는 순전한 강요의 힘으로 진전을 보았다. 설교를 거의 하지 않았고, 가르치는 일은 더욱 적었지만, 그는 행동으로 옮겼다. 하루는 바알 사제를 조롱하고 있었고, 다음 날은 사로잡힌 임금을 찍어 죽였다. 그는 열심히 유일한 하나님을 믿었고, 그 유일한 하나님이 하늘과 땅을 만드신 분이라는 뚜렷한 개념을 가졌다: “땅의 기둥들은 주의 것이요, 그 위에 그가 세상을 세우셨도다.”

그러나 신 개념의 발전에 사무엘이 크게 이바지한 것은 야웨가 변함없다, 언제까지나 어김없는 완전과 신성을 똑같이 구현한다는 우렁찬 선언이었다. 이 시절에 야웨는 그가 이러저러하게 행한 것을 언제나 뉘우치고, 질투로 변덕을 부리는 발작하는 하나님으로 생각되었다. 그러나 이제, 히브리인들이 에집트를 뛰쳐나온 뒤에 처음으로, 그들은 이 깜짝 놀랄 말씀을 들었다, "이스라엘의 힘은 거짓말하거나 뉘우치지 아니하리니, 그가 사람처럼 뉘우치지 않음이라." 신과 가지는 거래는 변치 않는다고 외쳤다. 사무엘은 멜기세덱이 아브라함과 맺은 약속을 되풀이했고, 이스라엘의 주 하나님이 모든 진리, 안정, 불변의 근원이라고 선언했다. 히브리인들은 언제나 그들의 하나님을 사람으로, 초인간으로, 알 수 없는 기원을 가진 높은 영으로 보았다. 그러나 이제 그들이 듣건대, 옛날에 호렙 산의 신은 창조자의 완전함을 갖춘, 변하지 않는 하나님으로 높이 올려졌다. 사무엘은 인간 지성의 변하는 상태와 필사 존재의 파란을 넘어서, 진화하는 하나님 개념이 높은 데까지 올라가도록 돕고 있었다. 그의 가르침을 받고서 히브리인의 하나님은 부족신의 서열에 있는 관념으로부터, 전능하고 변함없는 창조자요 모든 창조의 감독자라는 이상으로 비로소 올라가고 있었다.

그는 하나님이 성실하며, 계약을 지킬 만큼 믿을 만하다는 이야기를 새롭게 전파했다. 사무엘은 말했다: "주는 그의 백성을 버리지 아니하리라." "그는 우리와 영구한 약속을 하셨고, 이 약속은 모든 면에서 체계가 있고 견고하니라." 그래서 온 팔레스타인에 두루, 최고의 야웨를 섬기는 길로 돌아오라고 부르는 소리가 들렸다. 정력에 넘친 이 선생은 늘 외쳤다. "아 주 하나님, 주는 위대하시니, 주와 같은 이가 하나도 없고, 주 외에 다른 하나님도 없음이니이다."

그 때까지 히브리인들은 야웨의 은총을 주로 물질적 번영으로 여겼다. 이렇게 감히 선포했을 때, 그것은 이스라엘에게 큰 충격이었고, 사무엘은 목숨을 거의 잃다시피 하였다: "주는 부하게도 만들고 가난하게도 만드는도다, 낮추기도 하고 높이기도 하시니라. 그는 티끌 속에서 가난한 자를 높이시고, 거지들을 들어올리사 영광의 보좌를 물려받게 하려고 왕자들 사이에 세우시느니라." 모세 이후로, 겸손한 자와 복을 적게 받은 자들에게 그렇게 마음을 위로하는 약속이 선포된 적이 없었으며, 가난한 자들 가운데서 절망하던 수많은 사람이 영적 지위를 개선할 수 있다는 희망을 비로소 가지게 되었다.

그러나 사무엘은 부족 신 개념을 넘어서 그다지 멀리 나아가지 못했다. 야웨가 모든 사람을 만들었다고 선포했지만, 주로 히브리인, 그가 택한 민족의 일에 분주하였다. 과연 그러해도, 모세의 시절처럼, 다시 한 번 하나님의 개념은 거룩하고 똑바른 신을 묘사했다. "주처럼 거룩한 자가 하나도 없느니라. 누가 이 거룩한 주 하나님과 비교될 수 있느냐?"

세월이 지나가자, 머리가 희끗희끗해진 늙은 지도자는 하나님을 이해하는 데 진보했으니, 이렇게 외쳤기 때문이다: "주는 지식의 하나님이요, 행동을 저울로 재시느니라. 주는 땅 끝까지 심판하실 것이요, 자비로운 자에게 자비를 보이며, 또한 곧은 사람을 바르게 대하리라." 자비로운 자에게 국한되어 있지만, 여기서도 자비의 빛이 밝아온다. 나중에 그들이 곤경에 빠져서, 그의 민족에게 이렇게 타일렀을 때 그는 한 걸음 더 나아갔다: "이제 주의 손 안으로 빠지자, 그의 자비가 크심이라." "사람을 많이 구하든 적게 구하든, 주에게 아무 제한이 없느니라."

야웨의 성품 개념이 이렇게 차츰 발전한 것은 사무엘의 후계자들이 베푼 봉사 밑에서 계속되었다. 야웨가 약속을 지키는 하나님이라 제시하려고 애썼지만, 그들은 사무엘의 걸음과 도저히 발을 맞추지 못했다. 그들은 사무엘이 나중에 파악했던 것처럼 하나님이 자비롭다는 아이디어를 개발하지 못했다. 야웨가 누구보다도 높다고 주장하면서도, 다른 신들을 인정하는 방향으로 꾸준히, 거꾸로 흘러가는 경향이 있었다. "아 주여, 나라는 주의 것이니이다. 주는 만물 위에 우두머리로서 높이 계시나이다."

이 시대의 기본음은 신의 권능이었다. 이 시대의 선지자들은 히브리 왕좌 위에 임금을 기르도록 고안된 종교를 설파했다. "아 주여, 위대함과 권능, 영광과 승리와 장려함이 주의 것이나이다. 주의 손 안에 권능과 힘이 있고, 주는 만인을 위대하게 만들고 힘을 줄 수 있나이다." 이것이 사무엘과 그 직계 후계자들이 살던 시절에 하나님 개념의 형편이었다.

2. 엘리야와 엘리사

그리스도 이전 10세기에 히브리 민족은 두 왕국으로 갈라졌다. 이 두 정치 구역에서 많은 진리 선생이 깊어진 영적 퇴폐의 물결, 반작용의 물결을 막으려고 애썼고, 이 물결은 분단하는 전쟁이 있은 뒤에 비참하게 이어졌다. 그러나 결의가 굳고 무서운 줄 모르는 정의의 투사(鬪士) 엘리야가 가르침을 시작하기까지, 히브리 종교를 진전시키려는 이런 노력은 성공하지 않았다. 엘리야는 사무엘의 시절에 가졌던 것과 견줄 만한 하나님 개념을 북쪽 왕국에서 회복했다. 엘리야는 진보된 하나님 개념을 내놓을 기회가 거의 없었다. 그보다 먼저 있던 사무엘처럼 그는 바쁘게 되었고, 바알의 제단들을 뒤엎고 거짓 신들의 우상을 깨 버렸다. 우상을 숭배하는 군주(君主)의 반대를 무릅쓰고 개혁을 실행했다. 그의 과제는 사무엘이 부딪쳤던 것보다 더욱 거창하고 어려웠다.

엘리야가 부름받아 떠났을 때, 충실한 동료 엘리사는 그의 일을 떠맡았고, 거의 알려지지 않은 미가야의 귀중한 도움을 받아서, 팔레스타인에서 진리의 빛을 살려두었다.

그러나 이 때는 신의 개념에서 전진하던 시절이 아니었다. 아직까지 히브리인들은 모세의 이상에까지도 도달하지 못했다. 엘리야와 엘리사의 시대는 상류 계층이 최고의 야웨의 숭배로 돌아옴과 함께 막을 내렸고, 사무엘이 두어 둔 자리쯤까지, 우주의 창조자 관념이 회복된 것을 구경하였다.

3. 야웨와 바알

야웨를 믿는 자와 바알을 따르는 자들 사이에 질질 끈 논쟁은 종교 관념의 차이보다는 차라리 사회·경제 이념의 충돌이었다.

팔레스타인의 거주자들은 토지의 사유 재산권에 대하여 태도가 달랐다. 남쪽 부족, 곧 방랑하는 아라비아 부족들(야웨파)은 땅이 빼앗을 수 없는 권리—신이 씨족에게 주는 선물—이라고 보았다. 그들은 땅을 팔거나 저당 잡힐 수 없다고 주장했다. "야웨가 '땅은 내 것이니 팔지 못할지니라' 말씀하셨도다."

북쪽에 더 안정된 가나안 사람들(바알파)은 자유롭게 땅을 사고 팔고 저당 잡혔다. 바알이라는 말은 소유자를 뜻한다. 바알 종파는 두 가지 주요 교리에 기초를 두었다. 첫째는 재산 교환, 계약, 약속—땅을 사고 파는 권리—를 정당화한 것이요, 둘째로, 바알이 비를 보낸다고 생각되었다—그는 땅을 기름지게 만드는 신이었다. 좋은 수확을 거두는 것은 바알의 은혜에 달려 있었다. 그 종파는 대체로 땅에, 소유권과 비옥함에, 관심을 가졌다.

일반적으로 바알파는 집과 땅과 노예를 소유했다. 그들은 귀족인 지주(地主)였고 도시에서 살았다. 각 바알은 신성한 장소와 사제, 그리고 "거룩한 여자," 곧 의식에 쓰이는 창녀들을 거느리고 있었다.

땅을 보는 관점에서 이 기본적 차이로부터, 가나안인과 히브리인이 나타낸 사회, 경제, 도덕, 종교적 태도에서 맹렬한 적대 감정이 생겨났다. 이 사회·경제적 논쟁은 엘리야의 시절까지 분명한 종교적 쟁점이 되지 않았다. 공격적인 이 선지자의 시절부터, 좀더 엄밀하게 종교적 노선에서—야웨 대 바알—논쟁이 있었고, 그것은 야웨의 승리와 그 뒤에 일신교로 향한 운동으로 끝났다.

엘리야는 야웨와 바알의 논쟁을 토지 문제로부터 히브리와 가나안 이념들의 종교적 측면으로 옮겼다. 아합이 나봇 일가의 땅을 소유하려는 음모를 꾸며 그들을 죽였을 때, 엘리야는 옛 토지 관습으로부터 도덕적 쟁점을 만들었고, 바알파에 맞서서 힘찬 투쟁을 벌였다. 이것은 또한 도시의 지배에 맞서서 시골 사람들이 벌인 싸움이었다. 주로 엘리야 밑에서 야웨는 엘로힘이 되었다. 그 선지자는 토지 개혁자로서 시작했고, 신을 높임으로 끝을 맺었다. 바알들은 많았고, 야웨는 하나였다—일신교가 다신교를 물리쳤다.

4. 아모스와 호세아

부족 신—희생물과 예식으로 아주 오랫동안 섬김을 받아 오던 신, 더 이전에 있던 히브리인들의 야웨—가 자신의 민족 가운데서도 범죄와 부도덕을 징계하려 하는 하나님으로 넘어가는 과도기에 아모스가 큰 걸음을 내디디었으며, 그는 북쪽 부족들의 범죄, 술 취하는 버릇, 억압, 부도덕을 비난하려고 남부의 산지에서 나타났다. 모세의 시절 뒤로 울려 퍼지는 그런 진리가 팔레스타인에서 선포되지 못했다.

아모스는 단지 회복하거나 개혁하는 자가 아니었다. 그는 새로운 신(神) 개념을 발견한 자였다. 전임자들이 발표한 하나님에 관하여 많이 선포하였고, 이른바 선민 사이에서 죄를 묵인하려 하는 신성한 존재를 믿는 것을 용감하게 공격했다. 멜기세덱 시절 이후에 처음으로, 민족의 정의와 도덕의 2중 기준을 비난하는 소리가 사람의 귀에 들렸다. 그들의 역사에서 처음으로, 바로 그들의 하나님 야웨가 그들의 생활에서 범죄와 죄를 어떤 다른 민족의 경우보다 더 참으려 하지 않는다는 소리를 히브리인의 귀가 들었다. 아모스는 사무엘과 엘리야가 생각했던 엄하고 공정한 하나님을 상상했지만, 또한 잘못한 것을 벌주는 일에, 히브리인들을 어느 다른 민족과 조금도 달리 생각하지 않는 하나님을 보았다. 이것은 자기 중심인 "선민" 교리에 대하여 정면 공격이었고, 그 시절에 많은 히브리인이 가슴에 사무치게 분개하였다.

아모스는 말했다: "산을 빚고 바람을 지으신 분, 일곱 별과 오리온을 형성한 분을 찾을지니, 그는 죽음의 그림자를 아침으로 바꾸고 낮을 밤처럼 어둡게 만드시느니라." 반쯤 종교적이고, 기회주의자이며 때때로 부도덕한 동료들을 헐뜯으면서, 변치 않는 야웨의 용서 없는 응보를 묘사하려고 애쓸 때 그는 행악자들에게 말했다, "비록 저희가 지옥으로 파고 들어가도 거기서 저희를 잡아내리라, 비록 저희가 하늘로 기어오를지라도, 거기서 저희를 끌어내리라." "그리고 적들 앞에 포로가 되어 저희가 끌려가도, 거기서 나는 정의의 칼을 지휘하겠고 그 칼이 저희를 죽일지니라." 꾸짖고 비난하는 손가락으로 그들을 가리키면서 "분명컨대, 너희가 한 일을 하나도 결코 잊지 아니하리라," "그리고 밀을 체질하는 것 같이, 나는 이스라엘의 집을 모든 나라 사이에 체질하리라"하고 야웨의 이름으로 선언했을 때, 아모스는 청중을 더욱 놀라게 했다.

아모스는 야웨가 "만국의 하나님"이라고 선포하고, 의식(儀式)이 올바름을 대신해서는 안 된다고 이스라엘 사람들에게 경고했다. 돌로 쳐죽임을 당하기 전에, 이 용감한 선생은 최고의 야웨 교리를 살리기에 넉넉하게 진리의 누룩을 퍼뜨렸다. 그는 멜기세덱의 계시가 더욱 진화되는 것을 보장했다.

호세아는 모세가 가졌던 사랑의 하나님 개념을 부활시킴으로, 아모스와 응보하시는 우주의 하나님의 교리를 따랐다. 호세아는 희생물을 바쳐서가 아니라, 뉘우침을 통해서 용서받기를 외쳤다. 그는 인자함과 신의 자비의 복음을 선포하며 말했다, "내가 너와 언제까지나 약혼하리라. 옳도다, 올바름과 심판 속에서, 그윽한 사랑과 자비 속에서 너희와 약혼하리라. 나는 충실히 너희와 약혼까지 하리라," "나는 저희를 아낌없이 사랑하리니, 내 성이 풀렸음이라."

호세아는 충실하게 아모스의 도덕적 경고를 계속했고, 하나님에 대하여 이렇게 말했다. "저희를 꾸짖는 것이 내가 바라는 바라." 그러나 "내 백성이 아닌 자들에게 '너희는 내 백성이라' 이르리라, 그리고 저희는 '주는 우리의 하나님이나이다' 하고 말하리라," 이렇게 말했을 때 이스라엘 사람들은 이것을 반역죄에 가까운 잔인함으로 여겼다. 그는 계속 회개와 용서를 설교하며 말했다, "나는 저희의 타락을 고치리라, 저희를 아낌없이 사랑하리라, 내 성이 풀렸음이라." 호세아는 늘 희망과 용서를 선포했다. 그의 말씀의 요점은 늘 이것이었다. "내 백성에게 내가 자비를 베풀리라. 저희는 나 외에 아무 하나님을 알지 못할지니, 나 외에 아무 구원자가 없음이라."

아모스는 짐작컨대 그들이 선택된 백성이라고 해서 야웨가 그들 사이에서 범죄와 죄를 묵인하려 하지 않으리라는 것을 깨닫도록 히브리인의 민족 양심을 깨우쳤다. 한편 나중에 신의 동정심과 자애로움이 넘치는 자비로운 화음(和音) 속에서 호세아는 첫 음정을 쳤고, 나중에 이사야와 그 동료들이 이 화음을 아주 지극하게 노래했다.

5. 첫 이사야

이 때는 북부 씨족들 사이에서 더러는 개인의 죄와 민족의 범죄를 징계하는 위협을 선언하고, 한편 더러는 남쪽 왕국이 죄지은 것을 꾸짖으면서 재난을 예언하던 시절이었다. 히브리 국가들에서 양심과 의식(意識)을 일깨운 이 발자국을 따라서 첫 이사야가 등장했다.

이사야는 하나님의 영원한 성품, 무한한 지혜, 변함없이 완전한 신뢰성을 줄곧 설파하였다. 그는 이스라엘의 하나님이 이렇게 말한다고 묘사했다: "나는 또한 다림 추의 줄과 곧기에 따라서 심판을 내리리라." "너희의 슬픔과 너희의 두려움으로부터, 사람이 섬기라고 던져진 고된 속박으로부터 주가 너희에게 휴식을 주리라." "그리고 너희의 귀는 '이것이 길이라, 그 길로 가라' 하는 말씀을 너희 뒤에서 들을지니라." "보라, 하나님은 나의 구원이라, 나는 믿고 두려워 아니하리니, 이는 주가 나의 힘이요 내 노래임이라." "'이제 와서 함께 의논하자' '너희의 죄가 진홍 같을지라도, 눈과 같이 희게 될지라. 심홍처럼 붉을지라도 양털 같이 될지니라' 주가 말씀하시니라."

두려움에 질리고 혼이 굶주린 히브리인들에게 이 선지자는 말했다. "일어나서 빛날지어다. 너희의 빛이 다가왔고, 주의 영광이 너희를 비춤이라." "주의 영이 내 가까이 오시니, 좋은 소식을 유순한 자에게 전파하라고 그가 내게 기름을 부으셨음이라." "마음이 상한 자를 동여매고, 포로에게 자유를, 묶인 자들에게 감옥 문이 열렸음을 선포하라고 나를 보내셨음이라." "나는 주 안에서 크게 기뻐하리니, 내 혼이 내 하나님 안에서 즐거울지라, 이는 그가 구원의 옷으로 나를 입히셨고, 올바름의 옷으로 나를 덮으셨음이라." "저희가 받는 모든 고통 속에 그가 고통을 받았고, 그의 앞에 있던 천사가 저희를 구하였도다. 그의 사랑과 그의 동정하는 마음 속에 그가 저희를 되찾았도다."

이 이사야 뒤에 미가와 오바디아가 따랐고, 이들은 혼을 채워 주는 그의 복음을 확인하고 치장하였다. 그리고 용감한 이 두 전령은 사제에게 눌려 있는 히브리인 의식(儀式)을 대담하게 비난하고, 두려움 없이 희생 제도 전체를 공격했다.

미가는 "보상을 받고 재판하는 통치자, 고용되어 가르치는 사제, 돈을 위해서 점치는 예언자들"을 꾸짖었다. 그는 미신과 제사가 없는 자유로운 날을 가지라고 가르치며 말했다: "그러나 각 사람이 자기의 넝쿨 아래에 앉을지며, 아무도 그로 하여금 두려워하게 하지 말지니, 이는 모든 사람이 각자가 하나님을 이해하는 대로 살 것임이라."

미가의 메시지의 요점은 늘 이것이었다: "태운 헌물을 가지고 내가 하나님 앞에 나오리이까? 주가 숫양 1천 마리나 1만 강(江)에 가득 찬 기름으로 기뻐하시리이까? 내가 지은 죄 때문에 내 첫 아이를, 내 혼이 지은 죄 때문에 내 몸의 열매를 드리리이까? 아, 사람아, 그는 나에게 무엇이 좋은지 보여 주셨도다, 공정하게 행하고 자비를 사랑하며, 겸손하게 너희 하나님과 더불어 걷는 것 말고 주가 너희에게 무엇을 요구하시느냐?" 이 때는 위대한 시대였다. 정말로 풍운의 시절이었으니, 이 때 2천5백 년도 더 전에, 필사 인간은 그러한 해방의 소식을 들었고 더러는 그것을 믿기까지 하였다. 사제들의 끈질긴 저항이 아니었다면, 이 선생들은 히브리 예배 의식에서 피비린내 나는 예식을 몽땅 뒤엎었을 것이다.

6. 두려움 없는 예레미야

몇몇 선생이 이사야의 복음을 줄곧 해설했지만, 야웨, 히브리인들의 하나님을 국제화하는 일에 예레미야가 다음으로 과감한 걸음을 내디디었다.

예레미야는 히브리인들이 다른 나라와 전쟁할 때 야웨가 그들 편에 있지 않다고 선언했다. 그는 야웨가 온 땅, 모든 나라와 모든 민족의 하나님이라고 주장하였다. 예레미야의 가르침은 이스라엘의 하나님을 국제화하는, 상승의 물결이 치솟은 것이었다. 마침내, 언제까지나, 이 대담한 설교자는 야웨가 모든 나라의 하나님이다, 에집트인에게 오시리스, 바빌로니아인에게 벨, 아씨리아인에게 아슈르, 또는 필리스티아인에게 다곤이 도무지 없다고 선포했다. 이렇게 히브리인의 종교는 이 무렵에, 또 그 뒤로부터 세계에 두루, 일신교의 르네상스를 함께 나누게 되었다. 마침내 야웨의 개념은 혹성의 신 수준으로, 우주의 위엄의 높이까지도 올라갔다. 그러나 예레미야의 많은 동료는 히브리 민족과 따로 야웨를 생각하기가 어려움을 발견했다.

예레미야는 또한 이렇게 선언하면서, 이사야가 묘사한 바, 공정한 사랑하는 하나님을 설파했다: "옳도다, 나는 영원한 사랑으로 너희를 사랑하였노라. 그러므로 그윽한 사랑으로 내가 너희를 당기었노라." "이는 그가 사람의 아들딸에게 고통 주기를 기뻐하지 않으심이라."

두려움 없는 이 예언자는 말했다: "우리의 주는 올바르고, 관대하게 충고하며, 힘있게 일하시니라. 사람마다 가는 길에 따라서, 그가 한 일의 열매에 따라서 주시려고, 그의 눈은 사람의 모든 자손이 가는 길을 다 눈 뜨고 보시느니라." 그러나 예루살렘이 포위된 동안, "그리고 이제 내가 이 땅을 바빌론의 임금 느부갓네살, 내 종의 손에 주었노라"하고 말했을 때 그것은 신성을 모독하는 반역죄로 생각되었다. 예레미야가 그 도시가 항복할 것을 조언했을 때, 사제와 국가 통치자들은 그를 컴컴한 지하 감방의 더러운 구덩이 속으로 처박았다.

7. 둘째 이사야

히브리 국가의 파멸과 메소포타미아에서 겪었던 포로 생활은 그 사제들의 굳게 결의한 행동이 아니었더라면, 그들의 확대되는 신학에 크게 유익함이 증명되었을 것이다. 나라는 바빌론 군대 앞에서 무너졌고, 그들의 민족주의적 야웨는 영적 지도자들의 국제적 설교 때문에 고난을 받았다. 심지어 새롭고 커진 개념, 곧 모든 나라의 국제화된 하나님의 선택된 백성으로 유대인을 회복시키려는 노력으로, 유대인 사제들로 하여금 히브리 역사에서 여러 우화(寓話)를 꾸며내고 기적으로 보이는 사건들을 과장하도록 이끈 것은 그들의 민족 신을 잃어버린 것에 대한 분개심이었다.

포로 생활을 하는 동안 유대인들은 바빌로니아의 전통과 전설에 많이 영향을 받았다. 하지만 이스라엘의 조상과 역사에 명예와 영광을 반영하려고 이 전설들을 항상 왜곡했는데도, 그들은 채택한 갈대아 이야기의 도덕적 바탕과 영적 중요성을 어김없이 개선했다는 것을 주목해야 한다.

이 히브리 사제와 서기관들은 머리 속에 단 하나의 생각을 품고 있었는데, 그것은 유대 나라를 복구하고, 히브리 전통을 영화롭게 하고, 종족의 역사를 높이는 것이었다. 이 사제들이 그릇된 관념을 서양 세계의 그렇게 큰 부분에 붙여 놓았다는 사실에 대하여 분개심이 일어난다면, 그들이 일부러 이렇게 하지 않았다는 것을 기억해야 한다. 그들은 영감을 받아서 썼다고 우기지 않았고, 신성한 책을 쓴다고 고백하지도 않았다. 다만 포로 생활을 하는 동포의 줄어드는 용기를 떠받치려고 고안된 교과서를 준비하고 있었다. 그들은 분명히 민족 정신과 겨레의 사기(士氣)를 개선하는 일을 겨냥하고 있었다. 후일의 사람들이 이것과 기타 기록들을 모아서, 오류가 있을 수 없다고 생각되는 가르침을 적은 안내서로 만들게 되었다.

유대인 사제들은 포로 생활이 끝난 뒤에 이 기록들을 헤프게 이용했지만, 그들은 젊고 기를 꺾을 수 없는 선지자, 둘째 이사야가 있었기 때문에 동료 포로들에게 영향을 미치는 데 크게 방해를 받았다. 둘째 이사야는 첫 이사야가 외친, 응보와 사랑, 올바름과 자비의 하나님을 완전히 믿는 신자가 되었다. 그는 또한 예레미야와 함께, 야웨가 모든 나라의 하나님이 되었음을 믿었다. 그는 하나님의 성품에 관한 이 이론들을 아주 효과 있게 설파했고, 그가 유대인과 정복자들을 똑같이 개종시켰다는 것이 이를 나타낸다. 이 젊은 전도자는 그의 가르침을 기록에 남겨 놓았고, 적대하고 용서 없는 사제들은 그 가르침이 그와 가진 관련을 모두 끊으려고 애썼다. 하지만 그 아름다움과 장려함을 순전히 존경하는 마음이 이 기록을 그 전에 있던 이사야의 기록 사이에 집어넣도록 그들을 이끌었다. 이처럼 이 둘째 이사야의 기록은 그 이름을 지닌 책에서 발견될까 싶고, 이것은 40장에서 55장 끝까지 포함한다.

마키벤타로부터 예수의 시절까지, 어떤 선지자나 종교 스승도 이 포로 생활 시절에 둘째 이사야가 선포했던 높은 하나님 개념에 이르지 못했다. 이 영적 지도자가 선포한 것은 작고, 사람과 비슷한, 사람이 만든 하나님은 전혀 아니었다. "보라, 그는 섬들을 무척 하찮은 것처럼 들어올리시니라." "그리고 하늘이 땅보다 높은 것 같이, 나의 길은 너희의 길보다 높고 나의 생각은 너희의 생각보다 높으니라."

마침내 마키벤타 멜기세덱은 진짜 하나님을 필사 인간에게 선포하는 인간 선생들을 바라보았다. 첫 이사야처럼, 이 지도자는 우주를 창조하고 떠받드는 하나님을 전파하였다. "나는 땅을 만들고, 그 위에 사람을 두었노라. 나는 땅을 헛되이 만들지 아니하였고, 사람이 살도록 땅을 빚었노라." "나는 처음이요 마지막이라, 나 외에 아무 하나님이 없느니라." 이스라엘의 주 하나님을 대신하여, 이 새 선지자는 말했다. "하늘이 사라지고 땅이 고갈될지라도 나의 올바름은 언제까지나, 나의 구원은 대대로 버틸지니라." "너희는 두려워 말라. 내가 너희와 함께 있음이라, 절망하지 말지니, 내가 너희의 하나님인 까닭이라." "나 외에 아무 하나님이—공정한 하나님이요 구원자가—없느니라."

이와 같은 말씀을 듣는 것은 유대인 포로들을 위로했고, 마찬가지로 그 뒤로 늘 허다한 사람들을 위로했다: "주가 이렇게 말씀하시니라, '나는 너를 만들었고, 너를 되찾고 네 이름으로 너를 불렀노라, 너는 내 것이라.'" "너희가 바다를 지나갈 때 내가 너희와 함께 하리니, 너희가 내 눈앞에 귀중함이라." "여자가 제 아들을 동정하는 마음이 없다고 해서, 젖 먹는 제 아이를 잊을 수 있느냐? 옳도다, 여자는 잊을까 싶어도, 나는 내 아이들을 잊지 아니하리니, 보라, 내가 저희를 내 손바닥에 새겼음이라. 나는 내 손의 그림자로 저희를 가리기까지 하였노라." "악한 자는 자기의 길을 버릴지며, 바르지 않은 사람은 자기의 생각을 버리고, 주께로 돌아오게 하라. 그러면 주는 그에게 자비를 베풀리라, 우리 하나님한테 돌아오게 하라, 그가 넘치게 용서할 것임이라."

살렘의 하나님을 이렇게 새로 계시하는 복음을 다시 들어 보아라: "그는 제 양떼를 목자처럼 먹이리라, 양들을 팔 안에 모으고 가슴에 품고 저희를 나르리라. 그는 가냘픈 자에게 힘을 주고, 권력 없는 사람들에게 힘을 키워 주도다. 주를 섬기는 자들은 힘을 다시 찾겠고 독수리처럼 날개 치며 올라가리라. 저희가 달리고서 지치지 아니하겠고, 걷고 쓰러지지 아니하리라."

이 이사야는 확대되는 최고의 야웨 개념을 담은 복음을 멀리 미치도록 선전했다. 이스라엘의 주 하나님을 우주의 창조자로 묘사한 웅변에서 그는 모세와 자리를 다투었다. 그는 우주의 아버지의 무한한 속성을 그리는 데 시인(詩人) 같았다. 하늘에 계신 아버지에 관하여 이보다 더 아름다운 선언이 있은 적이 없다. 시편처럼, 이사야의 글은 미가엘이 유란시아에 오시기 전에 필사 인간의 귀에 들려온 바, 하나님의 영적 개념을 가장 숭고하고 참되게 발표한 것 가운데 있다. 그가 신을 묘사한 말씀을 들어 보아라: "나는 영원에서 거하는 높고 높은 자라." "나는 처음이요 나중이니, 나 외에 아무 다른 하나님이 없느니라." "그리고 주의 손이 짧아져서 구원할 수 없는 것이 아니요, 귀가 어두워서 들을 수 없는 것이 아니라." 부드러워도 위엄 있는 이 선지자가 신이 변치 않고 하나님이 충실함을 끈질기게 설파했을 때, 그것은 유대 민족 안에서 새로운 교리였다. 그는 "하나님은 잊지 않고, 버리지 않으려 하시리라"하고 부르짖었다.

이 대담한 선생은 사람이 하나님과 무척 가깝게 관련되었다고 선포했고, 이렇게 말했다. "내 이름으로 일컫는 자마다 내 영광을 위해서 창조했고, 저희는 나를 찬양함을 보일지니라. 나, 나조차도, 스스로를 위하여 저희가 지은 죄를 지워 버리는 자라, 나는 저희의 죄를 기억하지 않으리라."

이 위대한 히브리인이 민족의 하나님 개념을 때려부수고, 한편 영광 속에서 우주의 아버지의 신성을 선포하는 것을 들어 보아라. 우주의 아버지에 대해서 그는 말한다. "하늘은 나의 보좌요, 땅은 발판이라." 그래도 역시 이사야의 하나님은 거룩하고, 훌륭하고, 공정하며, 사람은 그를 헤아릴 수 없었다. 사막의 베두인 사람들이 가졌던 개념, 성이 나 있고 복수심이 가득하고 시샘하는 야웨 개념은 거의 사라졌다. 최고이며 보편적인 새 야웨 개념이 필사 인간의 머리 속에 나타났고, 인간의 눈앞에서 결코 사라지지 않게 되었다. 신의 응보의 실현은 원시의 마술과 생물학적 두려움을 때려부수기 시작했다. 마침내, 사람은 법과 질서가 있는 우주, 믿을 수 있고 최종의 속성을 가진 우주의 하나님에게 소개되었다.

하늘의 하나님을 외치는 이 전도자는 그칠 줄 모르고 이 사랑의 하나님을 선포하였다. "나는 높고 거룩한 곳에 거하며, 또한 뉘우치고 겸손한 정신을 가진 자와 함께 하느니라." 이 위대한 선생은 같은 시대 사람들에게 위로하는 말씀을 더 주었다: "그리고 주가 너를 줄곧 안내하고 너의 혼을 채워 주시리라. 너는 물을 준 동산 같고 그침 없이 흐르는 샘물과 같을지니라. 그리고 적이 홍수(洪水)처럼 온다면, 주의 영이 그에 맞서서 방어물을 세우리라." 두려움을 깨뜨리는, 멜기세덱의 복음과 신뢰를 낳는 살렘 종교가 인류에게 축복을 내리려고 다시 한 번 앞을 비추었다.

멀리 내다보고 용감한 이사야는 온 인류에게 최고의 야웨, 사랑의 하나님, 우주의 통치자, 애정을 가진 아버지의 위엄과 보편적 전능을 숭고하게 그림으로서 민족주의적 야웨가 실제로 빛을 잃게 하였다. 그 파란 많던 시절 이후로, 서양에서 가장 높은 하나님 개념은 보편적 응보, 신의 자비, 영원한 올바름을 포함했다. 훌륭한 언어로, 비할 데 없는 품위를 가지고 이 위대한 선생은 전능한 창조자를 만물을 사랑하는 아버지로 그렸다.

포로였던 시기에 이 선지자는 바빌론의 강가에서 사람들이 귀를 기울였을 때 그의 민족에게, 뭇 나라의 민족들에게 설파하였다. 그리고 이 둘째 이사야는 약속된 메시아의 임무에 대하여, 그릇되고 종족 면에서 자기 중심인, 많은 개념을 없애는 데 크게 이바지하였다. 그러나 이 노력에 완전히 성공하지는 못했다. 사제들이 잘못 생각한 민족주의를 키우는 일에 헌신하지 않았더라면, 두 이사야의 가르침은 약속된 메시아를 알아보고 받아들이기 위하여 길을 예비했을 것이다.

8. 신성한 역사와 세속의 역사

히브리인의 체험 기록을 신성한 역사로 바라보고, 나머지 세계의 거래를 세속의 역사로 바라보는 관습은, 역사의 풀이에 관하여 사람의 머리 속에 존재하는 많은 혼란에 책임이 있다. 이 문제는 유대인들에게 세속의 역사가 없기 때문에 생긴다. 바빌로니아에 추방된 사제들이 하나님이 히브리인들과 가진, 기적이라고 생각된 거래, 즉 구약에 그려진 이스라엘의 신성한 역사를 담은 새 기록을 준비한 뒤에, 그들은 히브리 나라 일에 관한 기존의 기록—히브리 역사에서 얼마큼 정확한 몇 가지 다른 기록과 더불어, "이스라엘 왕들의 업적"과 "유다 왕들의 업적"—을 조심스럽게, 샅샅이 없애 버렸다.

현세의 역사가 주는 통렬한 압력과 피할 수 없는 강요가 어떻게, 포로가 되고 외국인에게 지배받는 유대인들을 너무나 두려워하게 만들었는가, 그래서 그들이 자기네 역사를 완전히 새로 쓰고 개작하려고 애썼는가 이해하기 위해서, 우리는 복잡한 그들의 민족 체험의 기록을 간단히 살펴보아야 한다. 유대인들은 인생에 대하여 적절한 비신학적 철학을 생성하지 못했다는 것을 기억해야 한다. 그들은, 죄에 대하여 끔찍한 벌을 주는 것과 함께 신이 올바름을 갚아준다는 개념, 처음에 가졌던 에집트인 개념과 씨름했다. 욥의 드라마는 이 그릇된 철학에 맞선 일종의 항거였다. 전도서에 담긴 솔직한 비관론은 섭리를 믿는 지나친 이 낙관적 신앙에 대한 반응, 세상의 방법으로 현명한 반응이었다.

그러나 외국 통치자들의 압제 밑에서 지낸 5백 년은 참을성 있고 오래 견디는 유대인들에게도 너무나 지나쳤다. 선지자와 사제들은 외치기 시작했다: "언제까지, 아 주여, 언제까지니이까?" 성서를 탐구하는 동안에, 정직한 유대인의 혼란은 더욱 심해졌다. 어느 옛 예언자는 하나님이 그의 "선민"을 보호하고 구원하리라고 약속했다. 아모스는 그들이 민족의 올바름의 기준을 다시 세우지 않으면, 하나님이 이스라엘을 버릴 것이라 위협했다. 신명기의 서기관은—선과 악, 축복과 저주의 경우와 같이—큰 선택을 묘사하였다. 첫 이사야는 인자한 임금이신 구원자를 설파하였다. 예레미야는 마음 속의 올바름—가슴 속의 서판에 쓰인 약속—의 시대를 선포하였다. 둘째 이사야는 희생물을 바치고 되찾음으로써 구원받는 것에 관하여 말했다. 에스겔은 헌신하는 봉사를 통한 구원을 선포했고, 에즈라는 율법을 지킴으로 번영이 있다고 약속했다. 그러나 이 모든 일이 있었는데도, 그들은 속박된 채로 남아 있고, 구원은 늦어졌다. 그리고 나서 다니엘은 다가오는 "위기"—큰 형상을 깨뜨리고 영원한 올바른 통치, 즉 메시아의 왕국이 즉시 세워짐—을 그리는 각본을 제시했다.

이 모든 거짓된 소망은 종족이 실망하고 좌절하는 정도까지 이끌었기 때문에, 유대인 지도자들은 너무 헛갈려서 신다운 파라다이스 아들이 필사 육체의 모습을 입고—사람의 아들로 육신화되어—금방 그들에게 왔을 때, 그를 알아보고 그의 사명과 봉사를 받아들이지 못했다.

모든 현대 종교는 인간 역사의 어떤 시기에 대하여 기적으로 해석하려고 애쓰는 면에서 심각한 실수를 저질러 왔다. 하나님이 섭리로 간섭하는 아버지의 손을 여러 번 인간사의 흐름 속에 밀어 넣은 것이 참말이지만, 신학의 독단(獨斷)과 종교적 미신을 인간 역사의 이 흐름 속에서 기적 같은 행동으로 말미암아 나타나는, 초자연적 침전물로 간주하는 것은 잘못이다. "최고자들이 사람의 나라에서 다스린다"는 사실은 세속의 역사를 이른바 신성한 역사로 바꾸지 않는다.

신약의 저자와 후일에 그리스도교 작가들은 유대 선지자들을 초월화하려고 좋은 뜻으로, 애써서 히브리 역사의 왜곡(歪曲)을 더욱 까다롭게 만들었다. 이처럼 히브리 역사는 유대교와 그리스도교 저자들에게 비참하게 이용되었다. 현세의 히브리 역사는 철저히 교리화되었다. 허구의 신성한 역사로 바뀌었고, 이른바 그리스도교 국가들의 도덕 개념과 종교적 가르침과 헤어날 수 없이 한데 묶이게 되었다.

히브리 역사에서 중대한 시점을 간단히 되새기는 것은 그 민족의 일상적인 현세의 역사를 허구(虛構)의 신성한 역사로 바꾸기 위해서, 유대인 사제들이 어떻게 기록된 사실을 바빌론에서 개조했는가 보여 줄 것이다.

9. 히브리인의 역사

이스라엘 사람들에게는 결코 12 부족이 없었다—겨우 서너 부족이 팔레스타인에서 정착했다. 히브리 국가는 이른바 이스라엘 사람과 가나안 사람들이 연합한 결과로서 존재하게 되었다. "그리고 이스라엘의 아들딸은 가나안 사람들 사이에서 살았더라. 이스라엘 사람들은 저희의 딸들을 아내로 삼았고, 자기 딸들을 가나안 사람의 아들들에게 주었더라." 히브리인이 가나안 사람을 팔레스타인에서 몰아냈다고 이에 관한 사제들의 기록이 서슴지 않고 선포했는데도, 그들은 결코 그렇게 하지 않았다.

이스라엘 사람 같은 의식(意識)은 에브라임의 산지에서 뿌리를 내렸다. 후일의 유대인 의식은 남쪽 유다의 씨족에서 생겼다. 유대인(유다 사람)들은 언제나 북쪽이스라엘 (에브라임) 사람들의 기록을 더럽히고 먹칠하려고 애썼다.

허세부리는 히브리 역사는 암몬 사람들이 요단 강 동쪽에 사는 동포 부족 사람—길르앗 사람—들을 공격하는 것에 저항하려고 사울이 북쪽의 씨족들을 불러모음으로 비롯된다. 그는 3천 명 남짓한 군대를 가지고 적을 무찔렀고, 이 공훈이 산지의 부족들에게 그를 임금으로 만들도록 이끌었다. 추방된 사제들이 이 이야기를 다시 썼을 때, 그들은 사울의 군대를 330,000명으로 늘였고, 그 싸움에서 참여한 부족들의 목록에 "유다"를 보탰다.

암몬 사람들을 무찌른 직후에, 사울은 그의 군대의 보통 선거로 임금이 되었다. 이 사건에 아무 사제나 선지자가 끼지 않았다. 그러나 나중에 사제들은 신의 명령에 따라 사무엘 선지가 사울을 임금으로 세웠다고 기록에 넣었다. 그들은 다윗의 유다 왕권을 위하여 "신성하게 내려온 후계"를 세우기 위해서 이렇게 했다.

유대 역사에서 가장 큰 왜곡은 다윗과 상관이 있었다. 사울이 암몬 사람들에게 승리한 뒤에 (이 공을 그는 야웨에게 돌렸지만), 필리스티아인들이 놀라서 북쪽 씨족들을 공격하기 시작했다. 다윗과 사울은 결코 뜻을 한데 모을 수 없었다. 6백 명을 거느린 다윗은 필리스티아 연맹에 들어갔고, 바닷가를 따라서 에스드랠론까지 행진했다. 가스에서 필리스티아인들이 다윗에게 들을 떠나라고 명령했고, 그들은 그가 사울에게로 넘어갈까 두려워했다. 다윗은 물러났고, 필리스티아인들은 사울을 공격해서 물리쳤다. 다윗이 이스라엘에 충성했더라면, 그들은 이런 짓을 할 수 없었다. 다윗의 군대는 여러 나라 말을 하는 불평꾼들의 집합이었고, 대체로 사회에 적응하지 못하는 자와 법을 피한 자들로 이루어져 있었다.

사울이 길보아에서 필리스티아인들에게 비극적으로 패배한 것은 둘러싼 가나안인들이 보기에, 야웨를 신들 사이에서 낮은 자리로 떨어뜨렸다. 보통은 사울의 패배를 야웨를 배반한 탓으로 돌렸겠지만, 이번에 유다의 편집자들은 의식(儀式)에서 잘못을 저지른 탓으로 돌렸다. 이 편집자들은 다윗의 왕권을 위한 배경으로 사울과 사무엘의 전통이 필요했다.

다윗은 그의 작은 군대와 함께 히브리 도시가 아닌 헤브론에서 본부를 차렸다. 이내 그의 동료들은 그를 새 유다 왕국의 임금으로 선포했다. 유다는 대체로 히브리인이 아닌 요소—켄·갈렙·예부스 및 기타 가나안 사람—들로 구성되었다. 이들은 유목민—양 치는 사람들—이었고, 그래서 히브리인의 토지 소유 관념에 몰두했다. 그들은 사막의 씨족들의 이념을 지니고 있었다.

신성한 역사와 세속의 역사의 차이점은 구약(舊約)에서 발견되다시피, 다윗 왕을 만든 것에 관한 두 가지 다른 이야기가 잘 설명해 준다. 그의 직계 추종자들이 (그의 군대가) 어떻게 그를 임금으로 만들었는가 하는 세속 이야기의 일부가 사제들이 만든 기록에 뜻하지 않게 남게 되었다. 이들은 나중에 신성한 역사에 관하여 길고도 지루한 설명을 준비했고, 거기에는 사무엘 선지가 신의 지시에 따라서 어떻게 다윗을 그의 형제들 사이에서 골랐는가, 공식으로 진행하여 정교하고 엄숙한 예식에 따라서 히브리인들에게 임금이 되도록 기름을 부었고, 그리고 나서 그를 사울의 후계자로 선포했는가 그려져 있다.

아주 여러 번 사제들은, 하나님이 이스라엘과 가진 기적 같은 거래에 관하여 지어낸 이야기를 준비한 뒤에, 그 기록에 이미 남아 있던 평범하고 사실에 관계되는 언급을 완전히 없애지 못했다.

다윗은 처음에 사울의 딸, 다음에는 부유한 에돔 사람 나발의 과부, 그 다음에는 게수르의 임금 탈마이의 딸과 결혼함으로, 정치적으로 자신을 키우려고 애썼다. 그는 헷 사람의 아내 밧세바는 말할 것도 없고, 예부스의 여인들로부터 여섯 아내를 골랐다.

그런 방법으로 그런 민족으로부터, 다윗은 에브라임 사람의 이스라엘 왕국, 사라지는 북쪽 왕국의 유산과 전통의 후계자로서, 신성한 유다 왕국이라는 허구를 만들었다. 다윗이 거느린 국제적인 유다 부족은 유대인이기보다 차라리 이방인이었다. 그런데도 억압받은 에브라임 장로들이 내려와서 "그에게 기름을 부어 이스라엘의 임금을 만들었더라." 군사적 위협이 있은 뒤에, 다윗은 그 때 예부스 사람들과 조약을 맺었고, 그의 연합된 왕국의 서울을 예부스(예루살렘)에 세웠는데, 이곳은 유다와 이스라엘 사이의 중간 지점에 튼튼히 담을 쌓은 도시였다. 필리스티아인들이 흥분했고 곧 다윗을 공격했다. 치열한 전투가 있은 뒤에 그들을 물리쳤고, 다시 한 번 야웨는 "만군의 주 하나님"으로 확립되었다.

그러나 야웨는 어쩔 수 없이 가나안의 신들과 이 영광을 얼마큼 나누어야 했는데, 다윗 군대의 대부분이 히브리인이 아니었기 때문이다. 그래서 너희 기록에는 (유다의 편집자들이 놓쳐서) 내막을 폭로하는 이 말이 나타난다: "야웨가 내 앞에서 내 적들을 부수었도다. 그런즉 그는 그곳의 이름을 바알 페라짐이라 불렀더라." 그들이 이렇게 한 것은 다윗의 군인들 가운데 80퍼센트가 바알 추종자였기 때문이다.

기브온 사람들은 에브라임 사람들과 평화 조약을 맺었는데, 사울은 가나안 도시 기브온을 쳤다, 이 때문에 야웨가 그를 버렸다고 지적함으로 사울이 길보아에서 졌다고 다윗은 설명했다. 사울의 시절에도 다윗은 필리스티아인들에 대항하여 가나안 도시 케일라를 방어했고, 다음에 자기 서울을 한 가나안 도시에 정했다. 가나안 사람들과 화해하는 정책에 발걸음을 맞추어, 다윗은 사울의 후손 일곱 명을 교수대에 달리도록 기브온 사람들에게 넘겨 주었다.

필리스티아인들을 물리친 뒤에 다윗은 "야웨의 상자"를 손에 넣었고, 예루살렘으로 가져 와서, 그의 왕국에서 공식으로 야웨를 숭배하게 하였다. 다음에 그는 이웃 부족들—에돔인, 모압인, 암몬인, 시리아인—에게 무거운 조공을 바치게 하였다.

다윗의 부패한 정치 조직은, 히브리인의 도덕 관습에 어긋나게, 북쪽에서 땅의 개인 소유를 시작했고, 필리스티아인들이 이전에 거두었던 카라반 관세를 대번에 장악했다. 그리고 나서 유리아를 죽임으로 절정에 오른 일련의 끔찍한 일들이 생겼다. 모든 사법(司法) 상소는 예루살렘에서 판결되었고, "장로"들은 이제 더 판결을 내릴 수 없었다. 반란이 터진 것은 놀라운 일이 아니다. 오늘날 압살롬을 선동자로 부를지 모른다. 그의 어머니는 가나안 사람이었다. 밧세바의 아들—솔로몬—외에도 왕좌를 얻으려고 싸우는 자들이 여섯이나 있었다.

다윗이 죽은 뒤에 솔로몬은 모든 북쪽 세력이 가졌던 정치 조직을 없애 버렸지만, 아버지의 체제에 있던 모든 폭정과 세금을 계속하였다. 솔로몬은 낭비적인 왕궁과 공들인 건축 사업 때문에 나라를 파산시켰는데, 레바논의 집, 파라오 딸의 궁전, 야웨의 성전, 임금의 궁전, 그리고 많은 도시의 담을 개축하는 공사가 있었다. 솔로몬은 거창한 히브리인 해군을 만들었고, 시리아 뱃사람들이 이것을 운영하고 온 세계와 무역했다. 그의 후궁들은 거의 1천 명에 이르렀다.

이 때가 되어서 실로에 있던 야웨의 성전은 신용을 잃었고, 나라의 모든 숭배는 예부스에, 화려한 왕실 예배당에 집중되었다. 북쪽 왕국은 엘로힘의 숭배로 더 돌아갔다. 그들은 파라오의 은혜를 누렸고, 파라오들은 나중에 유다를 노예로 만들고 남쪽 왕국이 조공을 바치게 했다.

이스라엘과 유다 사이에는 파란—여러 번 전쟁—이 있었다. 4년 동안 내란이 있고 세 왕조(王朝)가 지난 뒤에, 이스라엘은 땅을 사고 팔기 시작한, 도시의 전제 군주의 통치를 받았다. 오므리 왕조차도 세메르의 토지를 사려고 했다. 그러나 샬

마니저 3세가 지중해 바닷가를 통제하려고 작정했을 때, 끝이 다가왔다. 에브라임의 아합 임금은 다른 열 집단을 모아서 카르카르에서 저항했고, 그 싸움은 무승부였다. 아씨리아인은 제지되었지만, 연합군은 많은 사람을 잃었다. 이 큰 싸움은 구약에 언급되지도 않았다.

아합 임금이 나봇한테서 땅을 사려고 했을 때 새로운 문제가 터졌다. 그의 페니키아인 아내는 나봇이 "엘로힘과 임금"의 이름을 모독했다는 죄명으로 나봇의 땅을 몰수할 것을 지시하는 서류에, 아합의 이름을 위조했다. 나봇과 그의 아들들은 재빨리 집행되었다. 활기에 찬 엘리야가 그 장면에 나타나서 아합이 나봇 가족을 죽인 것을 비난하였다. 가장 큰 선지자들 가운데 하나인 엘리야는, 땅을 파는 바알파의 태도에 대항하여, 시골을 정복하려는 도시들의 시도에 맞서, 옛 토지 관습의 수호자로서 이처럼 그의 가르침을 시작했다. 그러나 사마리아에 있던 바알 선지자(부동산 대리인)들을 죽이려고 시골의 지주 예후가 집시의 족장 예호나답과 합세하기까지, 그 개혁은 성공하지 못했다.

예호아하스와 그 아들 예로보암이 이스라엘을 적들로부터 구원하자, 새 생활이 등장했다. 그러나 이 때가 되어서 갱단에 속한 한 귀족이 사마리아에서 다스렸고, 그의 약탈 행위는 옛 다윗 왕조에 필적했다. 국가와 교회는 손을 잡고 따라갔다. 언론의 자유를 누르려는 시도는 엘리야·아모스·호세아로 하여금 비밀 기록을 시작하게 만들었고, 이것이 유대교와 그리스도교 성경의 진짜 시작이었다.

그러나 이스라엘 왕이 에집트 왕과 계교를 꾸미고 아씨리아에 조공을 더 바치기를 거절할 때까지, 북쪽 왕국은 역사에서 사라지지 않았다. 그리고 나서 3년 동안 포위가 시작되었고, 뒤이어 북쪽 왕국이 온통 분산되었다. 이렇게 에브라임(이스라엘)은 사라졌다. "집에 집을 더하고 밭에 밭을 더한다"고 이사야가 말한 것 같이, 유다—유대인들, 즉 "이스라엘의 자투리"—는 몇 사람의 손에 토지를 집중하기 시작했다. 이내, 야웨의 성전과 나란히, 바알의 성전이 예루살렘에 생겼다. 이 공포의 통치는 소년 임금 요아스가 이끈 일신교 폭동으로 말미암아 막을 내렸고, 그는 35년 동안 야웨를 위한 운동을 벌였다.

다음 임금 아마시아는 세금을 내며 항거하는 에돔 사람과 그 이웃들과 문제가 있었다. 큰 승리를 거둔 뒤에 그는 북쪽에 있는 이웃들을 치려고 등을 돌렸고, 똑같이 큰 패배를 맛보았다. 그리고 나서 시골 사람들이 폭동을 일으켰다. 그들은 임금을 살해하고 그의 열여섯 살 난 아들을 왕좌에 앉혔다. 이 사람이 아자리아였고, 이사야는 그를 웃시야라 불렀다. 웃시야 뒤에, 형편은 더욱 나빠졌고, 유다는 아씨리아 임금들에게 조공(朝貢)을 바침으로 1백 년 동안 존재했다. 첫 이사야는 예루살렘이 야웨의 도시이니까, 결코 무너지지 않으리라고 그들에게 말했다. 그러나 예레미야는 서슴지 않고 예루살렘이 망하리라고 선포했다.

유다의 진짜 파멸은 소년 임금 마낫세의 통치 밑에서 활동하던, 썩고 부유한 정치가(政治家) 일당이 가져왔다. 변천하는 경제는 바알 숭배가 돌아오는 것을 유리하게 만들었고, 바알의 개인 토지 거래는 야웨의 이념에 어긋났다. 아씨리아의 멸망과 에집트의 우세는 한동안 유다에게 구원을 가져왔고, 시골 사람들이 주도권을 잡았다. 요시아 밑에서 그들은 예루살렘의 썩어빠진 정치가 일당을 격퇴하였다.

그러나 네코의 막강한 군대가 에집트에서부터 바닷가를 따라 올라오자 바빌론에 대항하여 아씨리아를 돕기 위하여, 요시아가 나가서 감히 그 군대를 가로막으려고 했을 때, 이 시대는 비극의 막을 내렸다. 그는 소탕되어 버렸고, 유다는 에집트에 조공을 바치는 처지로 떨어졌다. 바알의 정당이 예루살렘에서 다시 권력을 잡았고, 이처럼 진짜 에집트 종살이가 시작되었다. 그리고 나서 바알 정치가들이 궁전과 사제를 모두 장악한 시기가 뒤따랐다. 바알 숭배는 토지의 비옥함에 상관될 뿐 아니라, 재산권을 다루는 경제 및 사회 제도였다.

느부갓네살이 네코를 전복한 뒤에, 유다는 바빌론의 통치 밑으로 들어갔고, 10년의 유예 기간을 주었으나 곧 반란을 일으켰다. 느부갓네살이 그들을 치려고 왔을 때, 유다 사람들은 야웨에게 영향을 미치려고 노예 해방과 같은 사회 개혁을 시작했다. 바빌로니아 군대가 잠시 물러났을 때, 히브리인들은 개혁이라는 마술(魔術)이 그들을 구원했다고 기뻐했다. 이 기간에 예레미야가 그들에게 다가오는 멸망을 일러 주었고, 대번에 느부갓네살이 돌아왔다.

그래서 유다의 종말은 갑자기 다가왔다. 도시는 파괴되었고, 사람들은 바빌론으로 끌려갔다. 야웨와 바알의 싸움은 포로 생활로 끝이 났다. 포로 생활은 이스라엘의 자투리에게 충격을 주어 일신교로 몰았다.

바빌론에서 유대인들은, 그들이 특별한 사회 및 경제 관습을 가졌으니까 팔레스타인에서 작은 집단으로서 존재할 수 없고, 그들의 이념이 이기려면, 이방인들을 개종시켜야 한다는 결론에 이르렀다. 이처럼 운명에 관한 새로운 개념—유대인들은 야웨가 선택한 종이 되어야 한다는 생각—이 싹텄다. 구약(舊約)의 유대 종교는 정말로 바빌로니아에서 포로 생활하는 동안에 생성되었다.

불멸의 교리도 또한 바빌론에서 모습을 갖추었다. 유대인들은 미래 생활의 관념이 그들이 사회 정의의 복음을 강조하는 것을 깎아 내린다고 생각했다. 이제 처음으로 신학이 사회학과 경제학을 밀어냈다. 종교가 정치, 사회학, 경제학으로부터 점점 더 분리되어야 하는, 인간의 생각 및 행동의 체계로서 모습을 갖추고 있었다.

그래서 유대 민족에 관한 진실은 신성한 역사(歷史)로 여겨 왔던 많은 것이 평범한 세속 역사를 적은 연대기에 지나지 않음을 드러낸다. 유대교의 토양으로부터 그리스도교가 자라 나왔지만, 유대인들은 기적의 민족이 아니었다.

10. 히브리 종교

이스라엘의 지도자들은 백성들에게, 특별한 관대를 얻고 신의 은총을 독점하기 위해서가 아니라, 모든 나라에게 만물을 지배하는 유일한 하나님의 진리를 들고 가는 특별한 봉사를 위하여 선택된 백성이라고 가르쳤다. 그들이 이 운명을 성취하려 하면, 모든 민족에게 영적 지도자가 되리라, 오시는 메시아가 그들과 온 세계 위에 평화의 왕으로서 군림하리라고 전에 유대인들에게 약속했다.

페르시아인들이 유대인들을 해방했을 때, 그들은 팔레스타인으로 돌아가서 겨우 사제(司祭)가 지배하는 율법·희생물·의식의 규율에 묶이기만 했다. 희생과 회개의 의식을 편들어, 모세가 작별 웅변에서 제시한 놀라운 하나님 이야기를 히브리 씨족들이 물리친 것 같이, 히브리 민족의 이 잔재는 성장하는 사제층의 규율·규칙·의식을 편들어, 둘째 이사야의 훌륭한 개념을 물리쳤다.

민족적 자기 본위, 약속된 메시아를 오해한 거짓 믿음, 사제층의 늘어나는 속박과 폭정은 (다니엘, 에스겔, 학개, 말라기를 빼고) 영적 지도자들로 하여금 언제까지나 입을 다물게 하였다. 그 날부터 세례자 요한의 시절까지, 온 이스라엘은 영적 후퇴가 깊어짐을 체험하였다. 그러나 유대인들은 우주의 아버지 개념을 결코 잃어버리지 않았다. 그리스도 뒤 20세기에 이르기까지도, 이 신 개념을 줄곧 따랐다.

한 세대로부터 다음 세대까지 일신교의 횃불을 넘겨 준 충실한 선생들의 끊어지지 않은 줄이 모세로부터 세례자 요한까지 이어졌고, 한편 그들은 절제 없는 통치자들을 그침 없이 꾸짖고, 상업화하는 사제들을 비난하고, 최고의 야웨, 이스라엘의 주 하나님의 숭배를 고수하라고 사람들에게 늘 타일렀다.

한 국가로서, 유대인들은 결국 정치적 신분을 잃었지만, 하나인 우주의 하나님을 성실하게 믿는 히브리인의 종교는 흩어진 유랑자들의 가슴 속에서 줄곧 살아 있다. 이 종교가 살아남은 것은 그것이 추종자들의 가장 높은 가치를 보존하도록 효과 있게 작용했기 때문이다. 유대 종교는 한 민족의 이상을 보존했지만, 진리의 영역에서 진보를 육성하고 철학 면에서 창조적 발견을 북돋아 주지 못했다. 유대 종교는 많은 결함이 있었다—철학이 모자랐고 미학적 성질이 거의 빠져 있었다—하지만 도덕적 가치를 보존했고, 따라서 지속하였다. 다른 신 개념들과 비교해서, 최고의 야웨는 뚜렷하고, 선명하고, 성격이 있고 도덕이 있었다.

유대인들은 거의 아무 민족도 따른 적이 없을 정도로, 정의와 지혜, 진리와 올바름을 사랑했지만, 이 신성한 성질을 지적으로 파악하고 영적으로 이해하는 데 모든 민족 가운데서 가장 적게 기여하였다. 히브리 신학은 성장하고 싶어하지 않았어도, 다른 두 세계 종교, 그리스도교와 모하메드교의 발전에 중요한 역할을 하였다.

유대 종교는 또한 그 제도 때문에 버티었다. 고립된 개인들의 사사로운 관습으로서 종교가 살아남기는 어렵다. 이것은 늘 종교 지도자들의 잘못이었다. 제도화된 종교의 잘못을 보고서, 그들은 집단 활동의 기법을 없애려 한다. 모든 의식을 없애는 대신에, 의식(儀式)을 개혁하는 것이 더 좋을 것이다. 이 점에서 에스겔은 동시대 사람들보다 더 지혜가 있었다. 개인의 도덕적 책임을 주장하는 데 그들과 합세했지만, 그는 또한 우수하고 정화(淨化)된 의식을 충실히 지키는 관행을 확립하는 데 손을 댔다.

이처럼 연달아 이스라엘 선생들은, 일찍이 유란시아에서 실행된 바 종교의 진화에서 가장 큰 공적을 이루었다: 폭발하는 시나이 화산의 신령, 시샘하는 잔인한 신령, 즉 야만스러운 악귀 야웨의 미개한 개념으로부터, 나중에 고상하고 더할 나위 없는, 최고의 야웨 개념, 만물의 창조자요, 사랑이 가득하고 자비로운, 온 인류의 아버지 개념으로, 점진적이지만 계속된 변화가 있었다. 히브리인의 이 하나님 개념은, 그의 아들, 네바돈 미가엘이 친히 주신 가르침과 일생의 본보기로 말미암아 더욱 커지고 아주 아름답게 확대될 때까지, 우주의 아버지를 인간이 가장 높게 상상한 것이었다.

[네바돈의 한 멜기세덱이 발표하였다.]

제 98 편

서양에서 멜기세덱의 가르침

멜기세덱의 가르침은 여러 길을 따라서 유럽으로 들어갔지만, 주로 에집트를 거쳐서 왔고, 철저하게 그리스화되고 나중에 그리스도교로 변화된 뒤에 서양 철학에서 구현되었다. 서양 세계의 이상은 기본적으로 소크라테스를 따랐고, 후일에 그 종교 철학은, 진화하는 서양 철학 및 종교와 접촉하여 수정되고 절충된 대로 예수의 종교 철학이 되었으며, 서양의 종교와 철학은 모두 그리스도 교회에서 절정을 이루었다.

살렘 선교사들은 유럽에서 오랫동안 활동을 계속하였고, 이따금 생겨난 많은 종파와 의식 집단 속으로 차츰 흡수되었다. 가장 순수한 형태로 살렘의 가르침을 지킨 자들 가운데 견유학파가 언급되어야 한다. 하나님을 믿고 신뢰할 것을 외치는 이 설교자들은 그리스도 이후 1세기에 로마인의 유럽에서 아직 활동하고 있었고, 새로 형성되는 그리스도교 속으로 나중에 통합되었다.

서양에서 허다한 군사 전투에서 싸웠던 유대인 용병(傭兵)들이 유럽에서 살렘 교리의 많은 부분을 퍼뜨렸다. 고대에 유대인들은 신학의 특수성만큼, 군사적 용맹으로 크게 이름을 떨쳤다.

그리스 철학, 유대 신학, 그리스도교의 윤리에서 기본 신조는 근본적으로, 더 일찍 있었던 멜기세덱의 가르침의 반향이었다.

1. 그리스인 사이에서 살렘 종교

살렘 선교사들이 그들의 임명 서약을 엄격하게 풀이하지 않았더라면, 그리스인들 사이에서 큰 종교 구조를 세웠을지 모른다. 마키벤타가 지워 준 이 서약은 예배를 위하여 독점 모임의 조직을 금하였고, 각 선생에게 결코 사제로서 활동하지 않고, 종교 서비스를 위하여 결코 돈을 받지 않고, 오직 먹을 것, 옷, 잠자리를 받는다는 약속을 강요하였다. 멜기세덱 선생들이 헬레니즘 이전의 그리스에 파고들었을 때, 그들은 아담손의 전통과 안드 사람의 절기(節氣)를 아직도 간직한 민족을 발견했다. 그러나 이 가르침은, 늘어나는 무리로 그리스의 바닷가로 데려온 열등한 노예 떼의 개념과 관념으로 말미암아 크게 오염되었다. 이 혼합은 피비린내 나는 의식과 함께, 투박한 물활론(物活論)으로 복귀를 초래하였고, 하층 계급들은 사형 선고받은 죄수들의 집행을 예식으로 만들기까지 하였다.

살렘 선생들의 초기의 영향은 남부 유럽과 동방(東方)으로부터 온 이른바 아리아인의 침공을 받고 거의 없어졌다. 이 옛 그리스인 침공자들은 아리아인 동포가 인도로 가지고 간 것과 비슷하게, 사람 모습을 닮은 하나님 개념을 가져왔다. 이 수입(輸入)은 그리스인의 신과 여신(女神) 가족의 진화를 시작하였다. 이 새 종교는 흘러 들어오는 미개한 옛 그리스 종교에 일부 기초를 두었지만, 또한 더 오래 전에 그리스 거주자들의 신화를 함께 나누어 가졌다.

헬레니즘 시대의 그리스인들은 지중해 세계가 대체로 어머니 숭배 밑에 있음을 발견하였고, 이 민족들에게 자기네 인신(人神) 댜우스, 즉 제우스를 강제했다. 단일신교를 믿는 셈 사람들 사이에 있던 야웨처럼, 그는 이미 그리스의 하급 신들의 만신전 전체에서 머리가 되었다. 운명의 전반적 통제를 지속한 것이 아니라면, 그리스인들은 제우스의 개념에서 참 일신교를 궁극에 이룩했을 것이다. 최종의 가치를 가진 하나님은 그 자신이 운명의 중재자요, 운명의 창조자이어야 한다.

종교의 진화에서 이 요인들의 결과로서, 올림푸스 산의 태평스러운 신들을 믿는 유행 관념이 즉시 개발되었다. 이 신들은 신답기보다 사람에 더 가까웠고, 지적인 그리스인들은 결코 이 신들을 아주 심각하게 여기지 않았다. 자신들이 만들어 낸 이 신들을 크게 사랑하거나 크게 두려워하지도 않았다. 제우스, 반인(半人), 반신(半神)으로 이루어진 집단에 대하여 애국심과 민족적 느낌을 가졌지만, 도저히 이 신들을 모시거나 숭배했다고 할 수 없다.

옛 그리스인들은 초기의 살렘 선생들의 반(反)사제 신조에 아주 젖어 있어서, 하찮은 사제라도 그리스에서 생기지 않았다. 형상을 신들에게 만들어 바치는 것도 숭배의 문제가 아니라 예술의 일이 되었다.

올림푸스의 신들은 사람이 신을 인격화한 것의 전형을 보여 준다. 그러나 그리스 신화는 윤리보다는 미학을 담고 있다. 그리스의 종교는 한 신 집단이 다스리는 우주를 그렸다는 점에서 유익했다. 그러나 그리스인의 도덕·윤리·철학은 이내 신 개념을 훨씬 넘어서 진보했고, 지적 성장과 영적 성장의 이 불균형은 인도에서 증명되었다시피, 그리스에게 위험했다.

2. 그리스의 철학 사상

사람이 가볍게 여기는 피상적인 종교는, 특히 그 형태를 육성하고 신봉자들의 가슴을 두려움과 경외감으로 채워 줄 사제가 없을 때, 오래 버틸 수 없다. 올림푸스의 종교는 구원을 약속하지 않았고, 신자들의 영적 목마름을 없애 주지도 않았다. 따라서 멸망할 운명을 가졌다. 생긴 지 1천 년 안에 이 종교는 거의 사라졌고, 그리스인들은 민족 종교가 없이 지냈으며, 올림푸스의 신들은 상급 지성들에게 위력을 잃어버렸다.

이것이 그리스도 이전 6세기에, 동양과 레반트가 영적 의식(意識)의 부활을 겪고 일신교를 인식하도록 새로이 눈떴을 때 지배한 상황이었다. 그러나 서양은 이 새로운 발전에 함께 하지 않았다. 유럽도 북 아프리카도 이 종교적 르네상스에 널리 참여하지 않았다. 하지만 그리스인들은 훌륭한 지적 진보에 말려들었다. 두려움을 비로소 이기고 그 해독제로서 종교를 이제 더 찾지 않았지만, 그들은 참 종교가 혼의 배고픔, 영적 불안, 도덕적 절망에 약이라는 것을 깨닫지 못했다. 그들은 깊이 생각하는 데서—철학과 형이상학에서—혼의 위안을 찾으려 했다. 자아 보존—구원—의 숙고에서, 자아 실현과 자아 이해로 눈을 돌렸다.

엄밀하게 사고함으로 그리스인들은 살아남는 것을 믿는 신앙의 대용물로 쓰일 안전한 의식(意識)을 얻으려고 애썼지만, 그들은 철저히 실패했다. 오로지 그리스 민족들의 상류 사이에서 상급 지성들이 이 새로운 가르침을 깨우칠 수 있었다. 옛 세대 노예의 후손인 하층 계급은 이 새로운 종교 대용물을 받아들일 능력이 없었다.

거의 모든 철학자가 "우주의 지능," "하나님의 아이디어", "큰 근원"을 가르친 살렘 교리의 신앙 배경에 엉성하게 매달려 있었는데도, 그들은 모든 형태의 숭배를 업신여겼다. 신다운 자와 유한을 초월하는 자를 인정하는 한도에서, 그리스 철학자들은 솔직하게 일신교를 믿었다. 그들은 올림푸스의 신과 여신들의 모임 전체를 그다지 인정하지 않았다.

5세기와 6세기의 그리스 시인들, 특히 핀달은 그리스 종교를 개혁하려고 애썼다. 그들은 그리스 종교의 이상을 높였지만, 종교가이기보다 예술가였다. 최상의 가치를 기르고 보존하는 기법을 개발하지 못했다.

크세노파네스는 유일한 하나님을 가르쳤지만, 그의 신 개념은 필사 인간에게 친히 아버지가 되기에는 너무나 범신적이었다. 첫째 근원, 시초의 지성을 인정한 것을 제쳐 놓고, 아낙사고라스는 기계론자였다. 소크라테스와 그 후계자들, 곧 플라톤과 아리스토텔레스는 지식은 미덕이요 선은 혼의 건강이라, 불공정을 저지르는 것보다는 당하는 것이 더 낫다, 악을 악으로 갚는 것은 그릇되다, 신들은 지혜롭고 선하다고 가르쳤다. 그들의 주요한 미덕은 지혜와 용기, 절제와 정의였다.

옛 그리스와 히브리 민족들 사이에서 종교 철학의 진화는 문화적 진보의 형태를 갖추는 일에 하나의 제도로서, 교회의 기능을 대조해서 보여 준다. 팔레스타인에서 인간의 생각은 너무 사제에게 통제되고 성서에 지배되었기 때문에, 철학과 미학이 통째로 종교와 도덕 안에서 가라앉아 버렸다. 그리스에서, 사제와 "신성한 기록"이 거의 완전히 없었던 것은 인간의 지성을 해방하고 풀어 놓았으며, 생각의 깊이에서 놀라운 발전을 초래하였다. 그러나 개인의 체험으로서, 종교는 자연, 우주의 실체를 파고드는 지적 탐구와 발걸음을 맞추지 못했다.

그리스에서 믿음은 생각에 종속되었다. 팔레스타인에서 생각은 믿음 밑에 붙잡혀 있었다. 그리스도교의 많은 장점은 히브리인의 도덕성과 그리스 사상으로부터 많이 빌려 온 데서 연유한다.

팔레스타인에서 종교적 교리는 너무나 구체화되어 계속된 성장을 위태롭게 했다. 그리스에서 인간의 생각은 너무 추상적이 되어, 하나님 개념은 범신적 추측의 안개 같은 망상으로 분해되었고, 이것은 브라만 철학자들이 생각한 비성격 무한자와 전혀 다르지는 않았다.

그러나 이 시절에 보통 사람들은 자아의 실현과 추상적 신을 다루는 그리스 철학을 알아들을 수 없었고, 그다지 아랑곳하지도 않았다. 그들은 오히려 기도를 들을 수 있는, 친히 대하는 하나님과 함께, 구원의 약속을 몹시 바랐다. 그들은 철학자들을 추방하고 살렘 종파의 잔재를 박해했으며, 두 신조가 많이 섞이게 되었고, 지중해의 여러 나라에서 그 때 번지고 있던 신비 종파들의 어리석은 짓으로 끔찍한 탐닉의 곤두박질을 하려고 준비하였다. 엘레우시스의 비밀 의식이 올림푸스의 만신전 안에서 자랐고, 이것은 다산(多産) 숭배의 그리스판이었다. 디오니수스의 자연 숭배가 번성했다. 그 종파들 가운데 가장 나은 것은 오르페우스 단체였는데, 그 도덕적 설교와 구원의 약속은 많은 사람의 마음을 끌었다.

구원에 이르는 이 새 방법, 감정적이고 불 같은 이 예식에 온 그리스가 말려들었다. 어떤 나라도 그렇게 짧은 시간에 그러한 높이의 예술 철학에 다다른 적이 없다. 실질적으로 신이 없이, 인간을 구원한다는 약속이 전혀 없이, 그러한 진보된 윤리의 체계를 아무도 일찍이 만든 적이 없다. 바로 이 그리스 민족들이 신비교의 미친 소용돌이 속으로 뛰어들었을 때 그랬던 것처럼, 어느 나라도 그렇게 빨리, 깊게, 맹렬히 그러한 깊이의 지적 침체, 도덕적 결핍, 영적 빈곤으로 곤두박질하지 않았다.

종교는 철학의 뒷받침이 없이 오래 견디어 왔지만, 거의 아무 철학도 자체만으로 종교와 얼마큼 동일시하지 않고는 오래 버티지 못했다. 철학과 종교의 관계는 생각과 행동의 관계와 같다. 그러나 인간의 이상적 상태는 철학, 종교, 과학이 지혜, 믿음, 체험의 합동 행위로 말미암아, 하나의 중요한 통일체 속으로 용접되는 상태이다.

3. 로마에서 멜기세덱의 가르침의 영향

가족 신들을 숭배하는 더 일찍 있던 종교 형태로부터 마르스, 즉 전쟁의 신을 부족이 섬기는 것으로 발전했기 때문에, 라틴 사람들이 후일에 가졌던 종교는 그리스인과 브라만들의 지적 체계나 또는 몇몇 다른 민족이 가졌던 좀더 영적인 종교보다, 오히려 정치적 준수에 가까웠다.

그리스도 이전 6세기에 멜기세덱의 복음이 크게 유일신의 부흥을 겪는 가운데, 너무 적은 수의 살렘 선교사들이 이탈리아에 침투했고, 그렇게 한 사람들은 급속히 퍼지는 에투루리아 사제, 그리고 새 집단의 신과 성전의 영향을 이겨낼 수 없었다. 라틴 부족들의 이 종교는 그리스인의 종교처럼 시시하거나 돈으로 움직일 수 없었고, 히브리인의 것처럼 엄격하거나 전제적이지 않았다. 그것은 대체로 단순한 형태, 맹세, 금기를 지키는 일이었다.

로마의 종교는 그리스로부터 널리 문화를 수입한 데 크게 영향을 받았다. 결국 올림푸스 신들의 대부분은 라틴의 만신전으로 옮겨지고 통합되었다. 그리스인들은 오랫동안 가족 화로의 불을 숭배했다—헤스티아는 화로의 처녀 여신이었다. 베스타는 로마인이 믿는, 집의 여신이었다. 제우스는 주피터, 아프로디테는 비너스가 되었고, 많은 올림푸스 신이 이런 식으로 바뀌었다.

로마의 젊은이들이 치르는 종교적 입회식은 국가 봉사에 엄숙하게 헌신하는 계제였다. 선서와 시민권 부여는 실제로 종교 예식이었다. 라틴 민족들은 성전·제단·성소(聖所)를 유지했고, 위기에는 신탁을 묻곤 했다. 영웅들의 뼈, 나중에는 그리스도교 성자들의 뼈를 보존했다.

그리스인들의 상당히 지적이고 예술적인 숭배가 신비 종파들의 맹렬하고 짙게 감정적 숭배 앞에 엎어진 것처럼, 형식을 찾고 감정이 없는 이 형태의 준종교적 애국심은 망할 운명을 가졌다. 이 비참한 종파들 가운데 가장 큰 것은 하나님의 어머니 종파라는 신비 종교였는데, 그 시절에 로마에 현재 성 베드로 교회 바로 그 자리에 본부가 있었다.

솟아오르는 로마 국가는 정치적으로 정복했지만, 한편 에집트·그리스·레반트의 종파·의식·신비, 그리고 신 개념들에게 정복되었다. 수입된 이 종파들은 아우구스투스 시절까지 로마 국가 전역에 걸쳐 계속 번성했고, 아우구스투스는 순전히 정치 및 국가적 이유로 신비교들을 퇴치하고 더 오래 된 정치적 종교를 부활하려고 영웅다운 노력을 했고 얼마큼 성공했다.

국가 종교를 받드는 사제들 가운데 하나는 아우구스투스에게 유일한 하나님, 모든 초자연 존재들을 주관하는 최종 신의 교리를 퍼뜨리려고, 살렘 선생들이 더 일찍 시도한 일이 있었다고 일러 주었다. 이 아이디어는 그 황제에게 깊은 감명을 주었고, 그래서 그는 많은 성전을 짓고 성전을 아름다운 우상들로 채웠으며, 국가의 사제직을 다시 조직하고, 국교(國教)를 다시 세우고, 자신을 모든 사람의 대사제로 행동하도록 임명했다. 그리고 황제로서 자신이 최고의 신이라고 서슴지 않고 선포했다.

아우구스투스를 숭배하는 이 새 종교가 번성했고, 이것은 팔레스타인, 곧 유대인들의 고향을 제외하고, 그가 살아 있는 동안, 제국에서 두루 신봉되었다. 이 인간 신들의 시대는 공식 로마 종파가 스스로 높인 인간 신을 40명이 넘게 등록부에 가졌을 때까지 계속되었는데, 이들 모두가 기적 같이 태어나고 다른 초인간 속성을 가졌다고 주장했다.

열심 있는 설교자 집단, 즉 견유학파가 줄어드는 살렘 신자 무리의 마지막 보루를 지켰고, 견유학파는 로마인들에게 거칠고 의미 없는 종교 의식을 버리고 멜기세덱의 복음을 구현하는 예배 형태로 돌아가라고 훈계했는데, 그 복음은 그리스인의 철학과 접촉함으로 수정되고 오염되었다. 그러나 일반 사람들은 견유학파를 물리쳤다. 그들은 신비교의 의식에 푹 빠지기를 더 좋아했는데, 이것은 개인이 구원받는다는 희망을 주었을 뿐 아니라, 유흥·흥분·오락을 바라는 욕구도 또한 채워 주었다.

4. 신비교

그리스와 로마 세계에서 대다수의 사람들은 그들의 원시 가족과 국가 종교를 잃어버렸고, 그리스 철학의 뜻을 파악할 수 없거나 기꺼이 그럴 생각이 없었기 때문에, 에집트와 레반트에서 온, 볼 만하고 감동을 주는 신비교들에 눈을 돌렸다. 서민들은 구원의 약속—오늘의 종교적 위로, 그리고 죽은 뒤에 불멸한다는 희망의 보장—을 몹시 바랐다.

가장 유행하게 된 세 신비교는 다음과 같다:

1. 쿠벨레와 그 아들 아티스를 믿는 프리지아 종파.
2. 오시리스와 그 어머니 이시스를 믿는 에집트 종파.
3. 미트라가 죄 많은 인류의 구원자요 대속자라고 숭배하는 이란 종파.

프리지아와 에집트의 신비교들은 신의 아들(각각 아티스와 오시리스)이 죽음을 겪고, 신의 힘으로 부활되었으며, 게다가 신비교에 적절히 들어가고, 신의 죽음과 부활 기념일을 경건하게 축하한 사람들은 모두, 이로서 그의 신다운 성품과 불멸을 함께 하는 자가 되리라고 가르쳤다.

프리지아 예식은 으리으리했지만 품위를 떨어뜨렸다. 피비린내 나는 그들의 축제는 이 레반트 신비교들이 얼마나 질이 떨어지고 원시적이 되었는가를 가리킨다. 가장 거룩한 날은 검은 금요일, "피의 날"이었고, 이것은 아티스가 자초한 죽음을 기념했다. 아티스의 희생과 죽음의 축하가 사흘 동안 있은 뒤에, 축제는 그가 다시 살아난 것을 기념하여 기쁨으로 바뀌었다.

이시스와 오시리스를 숭배하는 의식은 프리지아 종파보다 더 세련되고 인상적이었다. 이 에집트 의식은 옛날의 나일 강 신의 전설을 바탕으로 지어졌고, 이 신은 죽었다가 다시 부활했는데, 이 개념은 식물이 성장을 그치는 일이 해마다 되풀이되고, 그 뒤에 봄철에 모든 살아 있는 식물의 회복이 따른다는 것을 관찰한 데서 유래했다. 이 신비 의식을 지키는 광란과 예식의 향연은 신성(神性)을 실현하는 "열심"으로 이끈다고 생각되었는데, 때때로 아주 구역질나는 것이었다.

5. 미트라 종파

프리지아와 에집트의 신비교들은 결국 모든 신비 종파 가운데 가장 큰 것, 미트라 숭배에 꺾이었다. 미트라 종파는 넓은 범위의 인간 성품에 호소했고, 차츰 두 전임자를 갈아치웠다. 미트라교는 레반트에서 모집한 로마 군단의 선전(宣傳)을 통해서 로마 제국에 퍼졌다. 레반트에서 이 종교가 유행했는데, 이는 그들이 어디를 가든지 이 신앙을 가져갔기 때문이다. 이 새 종교 의식은 먼저 있었던 신비 종파들보다 크게 개선된 것이었다.

미트라 종파는 이란에서 일어났고, 조로아스터 추종자들의 호전적 반대가 있었는데도, 그 고향에서 오래 버티었다. 그러나 미트라교가 로마에 이를 때가 되자, 이 종파는 조로아스터의 가르침 가운데 많은 것을 흡수하여 크게 개선되었다. 주로 미트라 종파를 통해서, 조로아스터의 종교는 나중에 나타나는 그리스도교에 영향을 미쳤다.

미트라 종교는 큰 바위에서 기원을 가진 호전적인 신을 묘사했는데, 그는 용감한 공훈을 세우고, 화살로 맞춘 바위로부터 물이 콸콸 쏟아져 나오게 만들었다. 홍수가 일어났고, 그로부터 한 사람이 특별히 지어진 배를 타고 도망했으며, 마지막 만찬이 있었는데 이것을 미트라는 하늘로 올라가기 전에 태양신과 함께 축하했다. 이 태양신, 곧 솔 인빅투스는 조로아스터교의 아우라 마즈다 신 개념이 퇴화한 것이다. 미트라는 어둠의 신과 벌인 싸움에서 태양신의 살아남은 투사로 생각되었다. 미트라는 신화적인 신성한 황소를 죽인 것을 인정받아서 불멸하게 되었고, 하늘에 계신 신들 사이에서 인류를 위한 중재자의 위치로 높여졌다.

이 종파를 따르는 자들은 동굴과 기타 비밀 장소에서 예배를 드렸고, 찬송을 부르고 마술을 중얼거리며, 희생으로 바친 동물의 고기를 먹고 피를 마셨다. 그들은 하루에 세 번 예배를 드렸고, 주마다 태양신의 날에 특별 예식이 있고, 해마다 미트라 축제, 12월 25일에 전체에서 가장 공들인 행사가 있었다. 성찬을 먹는 것은 영생, 즉 죽은 뒤에 미트라의 품으로 바로 가서, 거기서 심판하는 날까지 더없는 행복 속에서 머무르는 것을 보장했다. 심판하는 날에 미트라의 하늘 열쇠는 충실한 자들을 받아들이기 위하여 파라다이스의 대문을 열고, 다음에 살아 있는 자와 죽은 자 가운데 세례 받지 않은 자들은 모두, 미트라가 지구로 돌아오면 절멸될 것이었다. 죽을 때 남자는 재판을 받으려고 미트라의 앞으로 가고, 세상이 끝날 때 미트라는 모든 죽은 자를 무덤에서 불러 내어 마지막 심판을 받게 하리라고 가르쳤다. 사악한 자는 불로 멸망하고, 올바른 자는 미트라와 언제까지나 군림하리라는 것이다.

처음에 이것은 남자만을 위한 종교였고, 신자들이 입문하는 데 성공할 수 있는 일곱 가지 다른 계급이 있었다. 나중에는, 신자의 아내와 딸들이 큰 어머니의 성전에 들어가는 것이 허락되었고, 이 성전은 미트라 성전에 인접해 있었다. 여자들의 종파는 미트라의 의식, 그리고 아티스의 어머니 쿠벨레를 믿는 프리지아 종파 예식의 혼합이었다.

6. 미트라교와 그리스도교

신비교들과 그리스도교가 오기 전에, 개인적 종교는 북 아프리카와 유럽의 문명화된 땅에서 독립된 제도로서 거의 개발되지 않았다. 그것은 오히려 가족, 도시 국가, 정치와 제국의 일이었다. 헬레니즘 시대의 그리스인들은 중앙 집권화된 숭배 체계를 진화시킨 적이 없다. 의식은 지역에 국한되었고, 그들은 사제도 없고 아무런 "신성한 책"도 없었다. 로마인들과 비슷하게 그들의 종교 제도는 상급 도덕 가치와 영적 가치를 보존할 강력히 추진하는 매체가 없었다. 종교의 제도화가 보통 그 영적 질을 떨어뜨린 것이 참말이지만, 아무 종교도 어느 정도, 크던 작던, 제도적 조직의 도움이 없이, 아직까지 살아남는 데 성공하지 못했다는 것도 또한 사실이다.

회의파, 견유학파, 쾌락주의파, 금욕주의파의 시절까지, 그러나 가장 중요한 것은, 미트라교와 바울의 새 종교인 그리스도교 사이에 큰 싸움이 있던 시절까지, 서양의 종교는 이렇게 시들고 있었다.

그리스도 이후 3세기에, 미트라교와 그리스도교의 교회는 겉모습과 그 의식의 특성이 무척 비슷했다. 그러한 예배 장소의 대부분은 땅 밑에 있었고, 두 종교의 제단의 배경은 죄로 저주받은 인류에게 구원을 가져온 구세주가 고통받는 것을 여러 가지로 그렸다.

성전으로 들어가면서 손가락을 거룩한 물에 담그는 것이 언제나 미트라교 숭배자들의 관습이었다. 어느 구역에는 한때 두 종교에 속한 자들이 있었기 때문에, 그들은 로마 근처에 있는 대다수의 그리스도교 교회에 이 관습을 들여왔다. 두 종교가 세례를 이용했고, 빵과 포도주의 성찬을 먹었다. 미트라와 예수의 인격을 별도로 하고, 미트라교와 그리스도교의 한 가지 큰 차이점은, 하나는 군국주의를 북돋았고 다른 하나는 지나치게 평화적이었다. (후일에 그리스도교를 제외하고) 다른 종교들을 묵인한 것이 미트라교의 마지막 파멸을 가져왔다. 그러나 둘 사이의 싸움에서 결정 요소는 여자들이 그리스도교 신앙의 완전한 친교로 들어오도록 허락된 것이다.

결국에는 이름만의 그리스도교 신앙이 서양을 지배했다. 그리스 철학은 윤리적 가치를 가진 개념들, 미트라교는 예배를 준수하는 의식, 그리고 그리스도교는 그런 자격으로, 도덕적 가치와 사회적 가치를 보존하는 기법을 제공했다.

7. 그리스도교

아들 창조자는 성난 하나님을 화해시키려고 필사 육체의 모습을 입고 자신을 유란시아 인류에게 수여한 것이 아니라, 오히려 온 인류가 아버지의 사랑을 헤아리고, 그들이 하나님의 아들임을 인식하도록 설득하려는 것이었다. 결국은, 속죄 교리를 부르짖은 위대한 그 주창자도 이 진리에서 무엇인가 깨달았는데, 이는 그가 이렇게 선언했기 때문이다: "하나님이 세상을 자신과 화해시키는 그리스도 안에 계셨다."

그리스도교의 기원과 전파를 다루는 것은 이 논문의 분야가 아니다. 그리스도교가 나사렛 예수라는 인물을 위주로 세워졌다고 말하는 것으로 충분하며, 그는 사람으로 육신화한 네바돈의 미가엘 아들, 유란시아에서는 그리스도, 즉 기름 부어 거룩하게 된 자로 알려졌다. 이 갈릴리인의 추종자들이 그리스도교를 레반트와 서양에 두루 퍼뜨렸고, 그들의 선교하는 열심은 아시아에서 같은 시대에 살던 진지한 사람들, 즉 불교 선생들의 열심 뿐 아니라, 뛰어난 전임자, 곧 셋 사람과 살렘 사람들의 열심에 필적하였다.

그리스도교는 하나의 유란시아 신앙 체계로서, 다음의 가르침과 영향, 신앙과 종파, 개인의 개별적 태도가 복합됨으로 말미암아 생겨났다:

1. 멜기세덱의 가르침, 이것은 지난 4천 년 동안에 생겨난, 서양과 동양의 모든 종교에서 기본 요소이다.

2. 히브리의 도덕·윤리·신학 체계, 그리고 섭리와 최고의 야웨를 믿는 신앙.

3. 우주의 선과 악이 싸운다는 조로아스터교의 개념, 이것은 이미 유대교와 미트라교 양쪽에 자국을 남겨 놓았다. 미트라교와 그리스도교 사이의 투쟁에 따라서 생긴 오래 끈 접촉을 통해서, 이란 선지자의 교리는 예수의 가르침이 그리스화되고 라틴화된 판(版)에 담긴 교리·신조·우주론의 신학 및 철학적 경향과 구조를 결정하는 데 유력한 요소가 되었다.

4. 신비교, 특히 미트라교, 그러나 또한 프리지아 종파에 있는 큰 어머니 숭배. 유란시아에서 예수의 탄생에 관한 전설조차 이란의 구세주 영웅 미트라가 기적으로 출생한 것의 로마판으로 물들게 되었다. 미트라가 땅에 오신 일은, 선물을 들고서, 다가오는 이 사건에 관하여 천사들의 통지를 받은 목자, 손꼽을 수 있는 몇 목자들만 구경했다고 생각되었다.

5. 요셉의 아들 요수아의 일생의 역사적 사실, 영화롭게 된 그리스도, 곧 하나님의 아들인 나사렛 예수의 실체.

6. 타르수스의 바울의 개인적 관점. 미트라교는 바울이 소년기에 있을 때 타르수스에서 지배적인 종교였다는 것을 기록해야 한다. 바울은 그가 개종한 사람들에게 좋은 뜻으로 쓴 편지들이 언젠가 후일의 그리스도 교인들이 "하나님의 말씀"으로 여길 것이라고는 조금도 꿈꾸지 않았다. 선의를 가진 그러한 선생들에게 후세의 계승자들이 그들의 기록을 사용한 책임을 지게 해서는 안 된다.

7. 알렉산드리아와 안티옥에서부터 그리스를 거쳐 시라큐스와 로마에 이르기까지, 헬레니즘 문화를 가졌던 민족들의 철학적 사고. 그리스인들의 철학은 당대의 어느 다른 종교 체계보다 바울판의 그리스도교와 더 조화되었고, 서양에서 그리스도교의 성공에 중요한 요인이 되었다. 그리스 철학은 바울의 신학과 함께, 아직도 유럽의 윤리에 기초를 이룬다.

예수의 최초의 가르침이 서양에 파고들자 그것은 서양화되었고, 서양화됨에 따라서 모든 민족과 부류의 사람에게 보편적 호소력의 잠재성을 잃기 시작했다. 오늘날의 그리스도교는 백인종의 사회·경제·정치 관습에 잘 적응된 종교가 되었다. 그것이 예수의 종교가 되기를 그만둔 지는 오래다. 하지만 그 가르침의 길을 성실하게 따르려고 애쓰는 그러한 개인들에게 아직도 용감하게, 예수에 관한 아름다운 종교를 묘사한다. 그리스도, 곧 하나님으로부터 메시아로 기름부음을 받은 자인 예수를 영화롭게 했지만, 주가 친히 가르친 복음, 곧 하나님이 아버지요 모든 사람이 보편적으로 형제라는 것을 대체로 잊어 버렸다.

이것이 유란시아에서 마키벤타 멜기세덱의 가르침에 관한 긴 이야기이다. 네바돈의 이 비상시 아들이 스스로를 유란시아에 수여한 지 거의 4천 년이 된다. 그 시간에 "엘 엘리욘, 최고자 하나님의 사제"의 가르침은 모든 종족과 민족에게 파고들었다. 마키벤타는 특별 수여의 목적을 이루는 데 성공했다. 미가엘이 유란시아에 나타나려고 준비했을 때, 바로 그 하나님 개념은 남녀의 가슴 속에 존재했고, 바로 이 하나님 개념은 우주의 아버지의 다채로운 아이들이 공간에서 소용돌이치는 혹성에서 흥미를 자아내는 현세의 인생을 사는 동안, 그들의 생생한 영적 체험 속에서 아직도 새로이 불탄다.

[네바돈의 한 멜기세덱이 발표하였다.]

제 99 편

종교의 사회적 문제점

종교가 사회에서 현세의 기구들과 관련이 가장 적을 때, 종교는 가장 높은 그 사회적 직분을 성취한다. 지난 시대에, 사회 개혁이 대체로 도덕 영역에 국한되었기 때문에, 종교는 그 태도를 경제와 정치 체계에서 생기는 광범위한 변화에 적응하지 않아도 되었다. 종교의 주요한 문제는 정치 및 경제 문화에서 존재하는 사회 질서 안에서 악을 선으로 바꿔치우려는 노력이었다. 이처럼 종교는 사회의 기존 질서를 간접으로 영속시키고, 기존하는 부류의 문명을 유지하도록 조장하는 경향이 있었다.

그러나 종교는 새 사회 질서를 창조하거나 오래 된 질서를 보존하는 데 직접 상관해서는 안 된다. 참 종교는 사회를 진화시키는 기법으로서 폭력에 반대하지만, 사회의 지적 노력이 그 관례를 적응하고, 그 제도를 새 경제 조건과 문화적 요구에 맞게 조절하는 데에 반대하지 않는다.

종교는 지난 여러 세기에 때때로 일어난 사회 개혁을 승인했지만, 어쩔 수 없이 20세기에는 광범위하고 계속되는 사회 재편성에 따른 조정에 부닥치라고 요구되었다. 생활 조건이 아주 빨리 바뀌어서 제도적 수정은 크게 가속되어야 하고, 그에 따라서 종교는 새롭고 늘 변하는 이 사회 질서에 대한 자체의 적응을 자극해야 한다.

1. 종교와 사회 재편성

기계의 발명과 지식의 보급은 문명을 수정하고 있다. 문화적 재난을 피하려면 어떤 경제적 조정과 사회의 변화가 절대로 필요하다. 새롭고 다가오는 이 사회 질서는 1천 년 동안, 만족해서 정착하려 하지 않을 것이다. 인류는 변화하고 조정하고 다시 조정하는 행렬에 조화되어야 한다. 인류는 새롭고 밝혀지지 않은 혹성 운명을 향하여 행진하고 있다.

종교는 늘 변하는 조건과 그칠 줄 모르는 경제적 조정이 있는 가운데 도덕적 안정과 영적 진보를 위하여 동태적으로 작용하는 힘찬 영향력이 되어야 한다.

유란시아 사회는 결코 지난 시대에 한 것처럼 정착하기를 바랄 수 없다. 사회의 배는 확립된 전통의 보호를 받던 만(灣)에서 바깥으로 흘러나왔고, 진화의 운명을 가진 거친 물결 위에 뱃길을 떠났다. 사람의 혼은, 세계 역사에서 한 번도 그런 적이 없다시피, 도덕성의 해도(海圖)를 주의 깊게 살펴보고, 종교적으로 안내하는 나침반을 참을성 있게 지켜보아야 한다. 사회적 영향으로서, 종교가 가진 최고의 사명은 문명의 한 국면으로부터 다음 국면으로, 한 수준의 문화로부터 다른 수준으로 넘어가는 이 아슬아슬한 과도기에, 인류의 이상(理想)을 안정시키는 것이다.

종교는 성취해야 할 새 임무가 하나도 없지만, 새롭고 빨리 변하는 이 모든 인간 상황에서 지혜로운 안내자와 노련한 조언자로서 활동하는 것이 긴급하게 요구된다. 사회는 더욱 기계적이고, 조밀하고, 복잡하게 되고 있으며, 더욱 결정적으로 서로 의존하게 되고 있다. 종교는 새롭고 밀접한 이 상호 관계가 서로 퇴화하거나 파괴적이 되는 것조차 방지하도록 작용해야 한다. 종교는 진보의 효소들이 문명의 문화적 맛을 없애는 것을 방지하는 우주의 소금으로서 작용해야 한다. 이 새 사회 관계와 경제적 격변은 오직 종교의 봉사로 말미암아, 오래 가는 형제 정신을 낳을 수 있다.

신이 없는 인도주의는 인간적으로 말해서 고상한 손짓이지만, 참 종교는 한 사회 집단이 다른 집단들의 필요와 고통에 대한 민감성을 영구하게 높일 수 있는 유일한 힘이다. 과거에는 사회의 상층(上層)이 무력한 하층의 고통과 억압에 귀를 막고 있는 동안 제도화된 종교가 수동적인 채로 있을 수 있었지만, 현대에 이 낮은 사회 계급은 이제 더, 아주 비참하게 무지하지도 않고 그렇게 정치적으로 무력하지도 않다.

종교는 사회를 다시 건설하고 경제를 다시 조직하는 현세의 일에 유기적으로 말려들어서는 안 된다. 그러나 종교는 그 도덕적 명령과 영적 교훈, 인간의 삶과 초월적 생존에 관하여 진취적 철학을 뚜렷하고 활기 있게 다시 진술함으로, 문명에서 생기는 이 모든 진보와 활발하게 발걸음을 맞추어야 한다. 종교의 정신은 영원하지만, 그 표현 형태는 인간 언어의 사전(辭典)이 수정될 때마다 다시 진술되어야 한다.

2. 제도화된 종교의 약점

제도화된 종교는 앞으로 세계적으로 널리 사회를 다시 건설하고 경제를 다시 조직하는 이 과제에 영감을 주고 지도력을 마련해 줄 수 없는데, 이는 불행하게도 그것이 재건될 운명을 가진 그 사회 질서와 경제 체제에 얼마큼 유기적인 일부가 되었기 때문이다. 오로지 개인의 영적 체험으로 얻은 참 종교가 문명의 현재 위기에서, 유익하게, 창조적으로 활동할 수 있다.

제도화된 종교는 이제 악순환의 막다른 골목에 갇혀 있다. 먼저 자체를 다시 만들지 않고는 사회를 재건할 수 없다. 기존 질서에서 너무나 빠뜨릴 수 없는 부분이 되었기 때문에, 그런 종교는 사회가 근본적으로 재건되기까지 자체를 다시 만들 수 없다.

종교가는 개인으로서 사회에서, 산업에서, 정치에서 활동해야 하지만, 집단이나 정당이나 기구(機構)로서 활동해서는 안 된다. 종교 활동을 제쳐 놓고, 그러한 것으로서 주제넘게 활동하는 종교 집단은, 당장에 정당, 경제 조직, 또는 사회 기구가 된다. 종교적 집단주의는 종교 운동의 육성에 그 노력을 국한해야 한다.

종교가 종교가들에게 향상된 우주 통찰력을 주었고, 하나님을 최고로 사랑하고 모든 사람을 하늘나라에 있는 형제로서 사랑하려는 진지한 소망에서 태어난, 그 우수한 사회적 지혜를 부여한 것을 제외한다면, 사회를 재건하는 과제에서 종교가는 비종교가보다 더 귀중하지는 않다. 이상적인 사회 질서 속에서는 사람마다 제 몸을 사랑하는 것처럼 이웃을 사랑한다.

제도화된 교회는 확립된 정치적·경제적 질서를 영화롭게 함으로 지난날에 사회에 소용이 되는 것처럼 보였을지 모른다. 그러나 살아남으려면 그 교회는 그러한 활동을 재빨리 그쳐야 한다. 제도화된 교회에 유일하게 적당한 태도는 비폭력, 폭력을 쓰는 개혁 대신에 평화로운 진화—땅에서는 평화요 모든 사람 사이에 선의—의 교리를 가르치는 데 있다.

현대의 종교는 오직 그 자체가 너무나 철저히 전통이 되고, 독단이 되고, 제도화하도록 버려 두었기 때문에, 빨리 움직이는 사회 변화에 대하여 그 태도를 조정하기가 어려움을 발견한다. 살아 있는 체험의 종교는 이 모든 사회 발전과 경제의 격변보다 앞서 가는 데 아무런 어려움이 없고, 그 와중에서 그런 종교는 도덕적 안정 장치, 사회의 안내자, 영적 조종사로서 늘 활동한다. 참 종교는 가치 있는 문화, 그리고 하나님을 알고 그와 같이 되려고 애쓰는 체험으로부터 생겨나는 그 지혜를 한 시대로부터 다음 시대로 전해 준다.

3. 종교와 종교가

초대의 그리스도교는 국가의 모든 분규, 사회 참여, 경제 연맹에 전혀 매이는 일이 없었다. 오직 나중에 제도화된 그리스도교가 서양 문명의 정치 및 사회 구조에서 유기적인 일부가 되었다.

하늘나라는 사회 질서도 경제 질서도 아니다. 순전히 하나님을 아는 개인들의 영적 형제 단체이다. 그러한 모임은 그 자체로, 놀라운 정치적·경제적 반향이 따르는, 새롭고 놀라운 사회 현상인 것이 참말이다.

종교가는 사회의 고통에 무심하지 않고 국가의 불공정에 무관심하지 않으며, 경제적인 생각으로부터 고립되지 않고 정치적 전제(專制)에 무감각하지도 않다. 개별 시민을 영답게 변화시키고 이상적으로 만들기 때문에 종교는 사회의 재건에 직접 영향을 준다. 문화를 가진 문명은 이 개별 종교가들이 여러 가지 사회·도덕·경제·정치 집단에서 적극적이고 영향력 있는 회원이 될 때, 그들의 태도에 간접으로 영향을 받는다.

높은 문화를 가진 문명의 달성은 먼저, 이상적 부류의 시민을 요구하며, 다음에 그러한 시민이 그러한 진보된 인간 사회의 경제·정치 제도를 통제할 수 있는, 이상적이고 적당한 사회 장치를 요구한다.

지나친 거짓 감정 때문에, 혜택을 적게 받고 불행한 자들에게 교회는 오랫동안 봉사해 왔고, 이것은 모두 좋았다. 그러나 바로 이 감정은 문명의 진보를 엄청나게 더디게 만든 핏줄, 종족 면에서 퇴화된 핏줄들을 지혜롭지 못하게 영속하도록 이끌었다.

많은 개별 사회 재건자는 제도화된 종교를 맹렬히 거부하면서, 결국 그들의 사회 개혁을 퍼뜨리는 데는 열렬하게 종교심을 가진다. 그래서 개인적이며 다소 인식되지 않은 그 종교적 동기가 오늘날의 사회 재건 프로그램에서 큰 역할을 하고 있다.

인정되지 않고 의식하지 않은 종류의 이 모든 종교 활동이 가진 큰 약점은 공개된 종교적 비판으로부터 이득을 얻고, 그로서 유익한 수준의 자기 수정(修正)에 이를 수 없다는 것이다. 건설적 비평으로 단련받고, 철학으로 확대되고, 과학으로 정화(淨化)되고, 충성스러운 친교로 자양분을 받지 않으면, 종교는 자라지 않는다는 것이 사실이다.

전쟁할 때 싸우는 각 나라가 그 종교를 군사 선전에 팔아 넘길 때처럼, 종교가 거짓된 목표를 추구하는 쪽으로 비틀리고 왜곡될 큰 위험이 언제나 도사리고 있다.

사랑이 없는 열심은 언제나 종교에 해롭고, 한편 박해는 종교 활동을 어떤 사회 운동이나 신학 운동을 이룩하는 방향으로 돌린다.

종교는 오직 다음 방법으로 거룩하지 않은 세속적 연합으로부터 자유롭게 유지될 수 있다:

1. 비판적으로 수정하는 철학.

2. 모든 사회·경제·정치적 연합으로부터 자유를 얻는 것.

3. 창조적이고 위로하며, 사랑을 확대하는 친교.

4. 영적 통찰력의 점진적 향상과 우주 가치의 이해.

5. 과학적 정신 태도를 보상함으로 광신주의를 방지하는 것.

하나의 집단으로서 종교가들은 결코 종교 외에 어떤 것에도 아랑곳해서는 안 된다. 하지만 그러한 어떤 종교가라도, 한 개별 시민으로서, 어떤 사회적, 경제적, 정치적 재건 운동에서 뛰어난 지도자가 되어도 좋다.

어렵지만 바람직한 이 모든 사회 봉사를 촉진하는 데 성공을 거두기 위해서 개별 시민을 인도하도록, 개별 시민 안에서 우주에 대한 충성심을 일으키고, 유지하고, 북돋아 주는 것이 종교가 할 일이다.

4. 과도기의 어려움

진정한 종교는, 종교가를 사회적으로 향기롭게 만들고 인간의 친교를 꿰뚫어보는 통찰력을 만들어 낸다. 그러나 종교 집단의 형성은 그 집단이 조직되어 추진하려는 바로 그 가치를 파괴하는 일이 흔하다. 인간의 친교와 신성한 종교는, 각각 그 성장이 평준화되고 조화된다면, 서로 유익하고, 의미 있게 빛을 비춰 줄 것이다. 종교는 모든 집단 관계에—가족·학교·클럽에—새로운 의미를 불어넣는다. 종교는 연출할 새로운 가치를 나누어 주고 모든 참 유머를 높인다.

사회적 지도력은 영적 통찰력으로 말미암아 모습이 바뀐다. 종교는 모든 집단 운동이 그 참된 목표를 잃지 않도록 막는다. 아이들과 함께, 종교가 살아 있고 성장하는 신앙이라면, 그것은 가족 생활을 통합하는 좋은 약이다. 아이들 없이는 가족 생활을 누릴 수 없다. 종교가 없이도 가족 생활은 할 수 있지만, 그러한 장애는 이 밀접한 인간 결합의 문제를 엄청나게 늘인다. 20세기의 처음 몇십 년 동안에, 개인의 종교적 체험 다음으로, 가족 생활은 오래된 종교적 충성심으로부터 태동하는 새 의미와 가치로 넘어가는 결과로 생긴 퇴폐로부터 가장 크게 피해를 본다.

참된 종교는 일상 생활의 보통 현실을 직면하여 힘차게 살아가는 뜻깊은 방법이다. 그러나 개인의 인격 발달을 자극하고 성격의 통합을 확대하려면, 종교는 표준화되어서는 안 된다. 체험의 평가를 자극하고 가치이자 유혹물로서 쓰이려면, 종교가 판에 박혀서는 안 된다. 최고의 충성심을 권장하려면, 종교가 형식화되어서는 안 된다.

문명에서 사회와 경제의 성장에 무슨 격변이 따르는가에 상관 없이, 종교가 진리와 아름다움과 선함이 지배하는 그러한 체험을 개인 안에서 키워 준다면, 진정하고 가치 있으니, 그러한 것이 최상 실체의 참된 영적 개념이기 때문이다. 이것은 사랑과 예배를 통해서 사람 사이의 친교로서, 하나님의 아들이 됨으로써, 뜻있게 된다.

결국은, 사람이 무엇을 아는가가 아니라 무엇을 믿는가가 행위를 결정하고 개인의 성과를 지배한다. 순전히 사실에 관한 지식은, 감정으로 활성화되지 않으면, 보통 사람에게 아주 거의 영향을 미치지 않는다. 그러나 종교의 활성화는 감정을 초월하며, 필사자의 삶에서 영적 에너지와 접촉하는 방법으로, 그 에너지의 방출을 통해서, 초월 수준에서 인간의 체험 전체를 조화시킨다.

20세기에 심리학상으로 안정되지 않은 시대에, 과학 시대의 회오리바람 같은 과도기의 경제적 격변, 도덕의 역류(逆流), 부딪치는 사회적 물결 속에서, 허다한 남녀들이 인간적으로 자리를 잃어 버렸다. 그들은 안달하고, 들떠 있고, 두려워하고, 불안해하고, 안정되어 있지 않다. 세계 역사에서 유례가 없게, 이들은 건전한 종교가 주는 위로와 안정감이 필요하다. 전례 없는 과학적 성취와 기계의 발전을 직면하여, 영적 침체와 철학적 혼란이 있다.

종교가 사심 없이 사랑에 넘쳐 사회에 봉사하는 동기를 잃지 않으면, 종교가 점점 더 사사로운 문제가 되는 데 아무런 위험이 없다. 종교는 도시화·기계화와 함께, 갑작스러운 문화의 섞임, 신조들의 혼합, 교회 권한의 축소, 가족 생활의 변천, 이와 같은 많은 2차 영향으로부터 시달렸다.

사람의 가장 큰 영적 위협은 부분적 진보, 성장을 미처 마치지 못한 곤경에 있으니, 곧 진화된 두려움의 종교를 버리면서, 계시적인, 사랑의 종교를 즉시 붙잡지 못한 것이다. 현대 과학, 더군다나 심리학은, 오직 두려움·미신·감정에 대체로 의존하는 종교들만 약화시켰다.

과도기에는 반드시 혼란이 따르고, 다음 세 가지의 다투는 종교 철학 사이에 큰 투쟁이 끝날 때까지, 종교 세계에는 평안이 거의 없을 것이다:

1. 많은 종교의 심령 현상 (섭리적 신을 믿는) 관념.
2. 여러 가지 철학의 인도주의 및 이상적 관념.
3. 여러 가지 과학의 기계론 개념과 자연론 개념.

우주의 실체에 이르는 이 세 가지 부분적 접근법은, 파라다이스 삼위 일체로부터 진행하고 최상위 신 안에서 시공적 통일을 성취하는 영·지성·에너지의 삼자 일체 존재를 묘사하는 발표, 즉 종교, 철학, 우주론의 계시적 발표에 따라서 궁극에는 조화되어야 한다.

5. 종교의 사회적 모습

종교는 순전히 개인의 영적 체험—하나님이 아버지임을 아는 것—이지만, 이 체험의 필연적 결과—사람이 형제임을 아는 것—에는 타아(他我)들에 대하여 자아를 조정하는 일이 따르며, 그것은 종교 생활의 사회적 모습이나 집단의 모습을 포함한다. 종교는 먼저 마음 속의 조정, 즉 개인적 조정이며, 다음에 종교는 사회 봉사나 집단 조정의 문제가 된다. 사람이 사교적인 사실은 어쩔 수 없이 종교 집단이 생기리라는 것을 결정한다. 이 종교 집단에 무슨 일이 일어나는가 하는 것은 총명한 지도력에 아주 크게 달려 있다. 원시 사회에서 종교 집단은 반드시 경제 집단이나 정치 집단과 그다지 다르지 않다. 종교는 언제나 도덕을 유지하고 사회를 안정시키는 것이었다. 현대의 많은 사회주의자와 인도주의자가 반대로 가르치고 있는데도, 이것은 아직도 참말이다.

언제나 머리에 간직하여라: 참 종교는 하나님이 너희 아버지이고 사람이 너희 형제임을 아는 것이다. 종교는 벌준다는 위협이나 앞날에 신비한 보답을 받는다는 마술 같은 약속을 노예처럼 믿는 것이 아니다.

예수의 종교는 인류를 활성화시킨 가장 힘찬 영향력이다. 예수는 전통을 산산조각 내고 독단을 파괴했으며, 시간과 영원 속에서 가장 높은 이상을 성취하라—하늘에 계신 아버지가 완전한 것 같이 완전하라—고 인류를 불렀다.

종교 집단이 모든 다른 집단—하늘 나라의 영적 구성원의 사회적 집합—으로부터 분리될 때까지, 종교는 활동할 기회가 거의 없다.

사람이 온통 타락했다는 교리는, 종교가 사람을 향상시키는 성질과 영감을 주는 가치가 있는 사회적 반향을 일으킬 잠재성을 많이 파괴했다. 예수가 모든 사람이 하나님의 아들딸이라고 선언했을 때, 그는 사람의 위엄을 회복하려고 애썼다.

신자를 영적으로 변화시키는 데 효과 있는 어떤 종교 관념도, 그러한 종교가의 사회 생활에서 강력한 영향을 분명히 미칠 것이다. 종교적 체험은 영이 인도하는 사람의 일상 생활에서 어김없이 "영의 열매"를 맺는다.

사람들은 자기의 종교적 믿음을 나누는 것과 똑같이 확실하게, 궁극에 공통된 목표를 창조하는 어떤 종류의 종교 집단을 만들어 낸다. 언젠가 종교가들은 함께 모여서 통일된 이상과 목적에 기초를 두고 실제로 협동할 것이요, 심리학적 의견과 신학 관념에 근거를 두고서 그렇게 하려고 애쓰지 않을 것이다. 신조(**信條**)가 아니라 목표가 종교가들을 하나로 만들어야 한다. 참 종교가 개인의 영적 체험의 문제이니까, 각 개별 종교가는 그 영적 체험의 실현에 관하여 자신의 개인적 해석을 내려야 한다. "믿음"이라는 말이, 어떤 무리의 필사자들이 공통된 종교적 태도로서 찬성할 수 있던 것을 신조로 형식화한 것을 대표하기보다, 개인이 하나님과 가지는 관계를 대표하도록 하여라. "네가 믿음을 가졌느냐? 그렇다면, 네 홀로 그 믿음을 간직하여라."

믿음이 이상적 가치를 파악하는 데만 관여한다는 것은 신약(**新約**)의 어느 정의(**定義**)에 나타나 있는데, 이것은 믿음이 바라는 사물의 본질이요, 보이지 않는 사물의 증거라고 선언한다.

원시인은 그의 종교적 확신을 말로 표현하는 데 거의 노력을 기울이지 않았다. 그의 종교는 생각으로 나타내기보다는 춤으로 표현되었다. 현대인은 많은 신조를 생각해 냈고, 종교적 신앙을 재는 여러 가지 시험을 만들어 냈다. 앞날의 종교가들은 자기의 종교를 생활에 실천하고, 인간의 형제 정신에 마음을 다하여 봉사하는 데 몸을 바쳐야 한다. 사람이 아주 개인적이고 아주 숭고한 종교적 체험을 가져서, 오직 "말로 표현하기에 너무나 깊이 깔려 있는 느낌"으로만 그 체험을 깨닫고 표현할 수 있을 때가 무르익었다.

예수는 추종자들이 이따금 모여서 공통된 신앙을 가리키는 어떤 형태의 말씀을 외워야 한다고 요구하지 않았다. 다만 그들이 함께 모여서 실제로 <u>무언가 하라고</u>—유란시아에서 그의 수여 생활을 기억하는, 공동체의 저녁을 먹으라고—예정해 놓았을 뿐이다.

그리스도가 영적 지도력의 최고의 이상이라고 제시하면서, 그리스도 교인들이 하나님을 의식하는 남녀에게, 지난 시대에 각자의 국가나 종족의 깨우침에 기여한 사람, 하나님을 아는 사람들의 역사적인 지도 정신을 물리치라고 감히 요구할 때, 얼마나 큰 실수를 저지르는가?

6. 제도화된 종교

종파주의는 제도화된 종교의 질병이요, 독단주의는 영적 성품을 노예로 만드는 것이다. 종교가 없는 교회보다는 교회가 없이 종교를 가지는 것이 훨씬 낫다. 20세기의 종교적 혼란은, 그 자체로서, 저절로 영적 퇴폐를 가리키지 않는다. 혼란은 파괴에 앞설 뿐 아니라 성장에도 앞서 간다.

종교를 사회화하는 데는 참된 목적이 있다. 종교의 충성을 극적으로 표현하는 것, 진리·아름다움·선함의 유혹물을 크게 만드는 것, 최고의 가치가 있는 매력을 키우는 것, 사심 없는 친교로 봉사를 향상하는 것, 가족 생활의 잠재성을 영화롭게 하는 것, 종교 교육을 촉진하는 것, 지혜로운 조언과 영적 안내를 마련하는 것, 집단의 예배를 격려하는 것이 집단 종교 활동의 목적이다. 모든 살아 있는 종교는 인간의 우정을 격려하며, 도덕을 보존하고 이웃의 복지를 촉진하며, 각 종교의 메시지, 영원한 구원의 메시지에 담긴 기본 복음의 전파를 수월하게 만든다.

그러나 종교가 제도화됨에 따라서, 종교가 선을 행할 힘은 감소되고, 한편 악을 행할 가능성은 크게 증가된다. 형식화된 종교의 위험은 다음과 같다: 믿음이 고정되고 감정이 구체화되는 것, 세속화의 증가와 함께 기득권의 축적, 진리를 표준화하고 화석(化石)으로 만들려는 경향, 종교가 하나님께 봉사하는 대신에 교회에 봉사하는 옆길로 빠지는 것, 지도자들이 봉사자가 아니라 행정자가 되는 성향, 종파 및 경쟁하는 파벌을 만드는 경향, 억누르는 교회 권한의 확립, 귀족적인 "선민"의 태도가 생겨나는 것, 신성함에 대하여 거짓되고 과장된 관념을 조장하는 것, 종교를 일상적인 것으로 만들고 예배를 돌처럼 굳어지게 만드는 것, 현재의 요구를 무시하면서 과거를 존중하는 경향, 종교를 최신(最新)으로 해석하지 못하는 것, 세속 제도의 기능과 얽히는 것이다. 형식화된 종교는 여러 종교적 카스트를 악하게 차별하는 폐단을 낳는다. 종교가 정통성을 판결하는 참을성 없는 재판관이 된다. 종교가 모험을 좋아하는 젊은이의 흥미를 끌지 못하고, 영원한 구원의 복음을 전하는 유익한 메시지를 차츰 잃어버린다.

형식적인 종교는 하늘나라를 세우는 자로서 향상된 봉사를 베풀라고 사람을 해방하는 대신에, 개인의 영적 활동에서 사람들을 제어한다.

7. 종교의 기여

교회와 모든 다른 종교 집단이 비록 모든 세속 활동으로부터 초연(超然)해야 하더라도, 동시에 종교는 인간의 여러 제도의 사회적 조정을 방해하거나 늦추려고 아무 것도 해서는 안 된다. 의미가 충만한 가운데 생명은 계속 자라야 한다. 사람은 그의 철학을 개혁하고 종교를 정화(淨化)하는 일을 계속 밀고 나가야 한다.

정치학은 사회 과학으로부터 배운 기술로, 종교 생활이 제공하는 통찰력과 동기를 가지고, 경제 상태와 산업을 재건해야 한다. 모든 사회 재건에서 종교는 초월적 목표에 대하여 안정시키는 충성심을 마련해 주며, 이것은 당장의 현세의 목표를 뛰어넘는 견고한 목표이다. 급변하는 환경의 혼란 한가운데서, 필사 인간은 멀리 미치는 우주 시각(視覺)이 주는 자양분이 필요하다.

종교는 사람에게 땅의 표면에서 용감하고 기쁘게 살라고 영감을 준다. 종교는 참을성을 정열과, 통찰력을 열심과, 동정심을 권력과, 이상을 에너지와 연결한다.

사람이 하나님의 통치권 앞에서 명상하고, 신성한 의미와 영적 가치를 가진 실체를 헤아리지 않으면, 결코 현세의 문제를 지혜롭게 결정하거나 개인의 이익을 찾는 이기심을 뛰어넘을 수 없다.

경제적 상호 의존성과 사회적 친교는 궁극에는 형제 정신에 도움이 될 것이다. 사람은 천성으로 꿈꾸는 자이지만, 과학은 사람을 정신차리게 만들며, 그래서 종교는 광신의 반응으로 곤두박질하는 위험을 훨씬 줄이면서 사람을 당장 움직일 수 있다. 경제적 필요성은 사람을 현실에 묶어 놓고, 개인의 종교적 체험은 바로 이 사람을 항상 확대되고 진보하는 우주 시민 자격의 영원한 실체들과 얼굴을 마주하게 만든다.

[네바돈의 한 멜기세덱이 발표하였다.]

제 100 편

인간의 체험 속에서 종교의 영향

힘찬 종교 생활의 체험은 평범한 사람을 이상주의의 힘을 가진 인물로 변화시킨다. 종교는 각 사람의 진보를 보살핌으로 모든 사람의 진보를 보살피며, 각자의 진보는 모든 사람의 성취를 통해서 확대된다.

영적 성장은 다른 종교가들과 밀접한 관계를 가짐으로 서로 자극을 받는다. 사랑은 종교적 성장—주관적 만족 대신에 객관적 유혹물—을 위하여 토양을 제공하지만, 그래도 사랑은 최고의 주관적 만족을 낳는다. 종교는 일상 생활의 평범한 고역(苦役)을 고귀하게 만든다.

1. 종교적 성장

종교는 의미의 성장과 가치의 향상을 낳지만, 순전히 개인적 평가가 절대적인 것들의 수준으로 높아질 때 반드시 악이 생긴다. 어린아이는 쾌락의 내용에 따라서 체험을 평가한다. 성숙도는 개인의 쾌락을 더 높은 의미로, 아니 다양화된 생활 형편과 우주 관계에서 최고의 개념에 바치는 충성심으로, 갈아치우는 것에 정비례한다.

어떤 사람들은 너무 바빠서 자랄 수 없고, 따라서 영적으로 굳어지는 심각한 위험에 빠져 있다. 다른 시대에, 연속되는 문화 속에서, 진보하는 문명의 지나가는 단계에서, 의미의 성장을 위하여 준비가 있어야 한다. 성장을 억제하는 주요한 요소는 편견과 무지(無知)이다.

성장하는 아이마다 자신의 종교적 체험이 자랄 기회를 주어라. 이미 만들어진 어른의 체험을 아이에게 떠맡기지 말라. 확립된 교육 체제를 통해서 해마다 진보하는 것은, 영적 성장은커녕, 반드시 지적 진보를 뜻하지 않음을 기억하여라. 어휘의 확대는 인격이 자람을 뜻하지 않는다. 단순히 산물이 아니라, 오히려 진보가 성장을 참되게 가리킨다. 진정한 교육적 성장은 이상의 향상, 가치를 더욱 이해하는 것, 가치의 새로운 의미, 최상의 가치에 바치는 늘어난 충성심에서 나타난다.

아이들은 오직 어른 동료의 충성심에 영구하게 감명을 받는다. 교훈이나 본보기조차 오래 가는 영향을 미치지 않는다. 충성스러운 사람은 성장하는 사람이요, 성장은 감명을 주고 영감을 불러일으키는 현실이다. 오늘을 충성스럽게 살아라—자라라—그러면 내일은 저절로 해결될 것이다. 올챙이가 가장 빨리 개구리가 되는 길은 순간마다 올챙이로서 충성스럽게 사는 것이다.

종교적 성장에 필수인 토양은 자아를 실현하는 진취적 생활, 자연스러운 성향의 조정, 호기심을 따르고 적당한 모험을 즐기는 것, 만족한 느낌을 맛보는 것, 정신차리고 깨어 있게 하는 두려움 자극의 작용, 놀라움의 유혹, 그리고 보잘것없음을 정상으로 의식하는 것, 즉 겸손을 전제로 한다. 성장은 또한 자아의 발견과 그에 따른 자기 비평—양심—에 바탕을 두며, 이는 양심이 참말로 사람이 자신의 가치 습관, 개인의 이상에 따라서 스스로를 비평하는 것이기 때문이다.

종교적 체험은 몸의 건강, 물려받은 기질, 사회적 환경에 두드러지게 영향을 받는다. 그러나 이 현세의 조건들은 하늘에 계신 아버지의 뜻을 행하는 데 몸바친 혼이 이룩하는, 마음 속의 영적 진보를 막지 않는다. 모든 정상의 필사자에게는 성장과 자기 실현을 향한 어떤 타고난 욕구가 있으며, 이것은 특별히 억제되지 않으면 작용한다. 영적 성장의 잠재성을 가진 이 구성적 자질을 육성하는 확실한 기법은 최상의 가치에 마음을 다하여 헌신하는 태도를 지키는 것이다.

사람은 종교를 주거나 받거나, 빌리거나 배우거나 잃어버릴 수 없다. 종교는 최후의 가치를 찾는, 성장하는 추구에 비례하여 자라는 개인적 체험이다. 따라서 우주의 견지에서 성장은 의미의 축적, 그리고 가치의 늘 확대되는 향상을 보살핀다. 그러나 고귀함 그 자체는 언제나 의식하지 않고 일어나는 성장이다.

생각하고 행위하는 종교적 버릇은 영적으로 성장하는 경제에 기여한다. 사람은 영적 자극에 유리한 반응, 일종의 영적 조건 반사(**反射**)의 방향으로 종교적 성향을 개발할 수 있다. 종교적 성장을 유리하게 하는 버릇에는 다음이 포함되는데, 즉 신성한 가치에 대하여 개발된 감수성, 남의 종교 생활을 인식하는 것, 우주 의미를 돌이켜 명상하는 것, 경건한 마음으로 문제를 푸는 것, 자기의 영적 생활을 동료들과 나누는 것, 이기심의 회피, 신의 자비를 주제넘게 바라기를 거절하는 것, 하나님 앞에 서 있듯 사는 것. 종교적 성장의 요인은 의도하는 것일까 싶지만, 성장 그 자체는 어김없이 의식하지 않고 일어난다.

그러나 종교적 성장이 의식하지 않고 생기는 성질은 그 성장이 인간 지능의 하의식(**下意識**)이라 생각되는 영역에서 작용하는 활동임을 뜻하지 않는다. 오히려 필사자 지성의 상의식(**上意識**) 수준에 있는 창조 활동임을 가리킨다. 의식하지 않는 종교적 성장의 실체를 깨닫는 체험은 상의식이 기능적으로 존재함을 가리키는 하나의 분명한 증명이다.

2. 영적 성장

영적 발전은 첫째로, 참된 영적 세력과 생생한 영적 연락을 유지하고, 둘째로 영적 열매를 줄곧 맺는 것, 즉 사람이 영적 은인으로부터 받은 것을 동료들에게 베푸는 데 달려 있다. 영적 진보는 영적 빈곤을 머리로 인식하고, 아울러 완전을 향한 욕구를 자의식하는 데, 즉 하나님을 알고 그와 같이 되려는 욕구, 마음을 다하여 하늘에 계신 아버지의 뜻을 행하려는 목적에 달려 있다.

영적 성장은 먼저 필요를 각성하는 것이요, 다음에는 의미를 헤아리는 것, 그리고 나서 가치를 발견하는 것이다. 참된 영적 발전의 증거는 사랑에 자극받고, 사심없는 봉사로 활성화되고, 신의 완전한 이상을 진심으로 경배하는 인간 성격을 전시하는 데 있다. 이 체험 전부가 단순한 신학적 관념과 대조하여, 종교의 실체를 구성한다.

종교는 우주에 대하여 영적으로 반응하는 기법, 깨우침을 받은 지혜로운 기법이 되는 체험 수준까지 나아갈 수 있다. 영화롭게 된 그러한 종교는 인간 성격의 세 수준에서, 지성, 상물질, 영 수준에서, 즉 지성 위에, 진화하는 혼 속에서, 깃드는 영과 함께, 활동할 수 있다.

영적 성품은 한꺼번에, 사람이 하나님에게 가까움을 가리키는 지표이자 사람이 동료 존재들에게 쓸모 있음을 재는 자가 된다. 영적 성품은 사물에서 아름다움을 찾아내고, 의미에 담긴 진리를 헤아리고, 가치 속에서 선함을 발견하는 능력을 높여 준다. 영적 발전은 그렇게 할 능력에 따라 결정되며, 사랑의 이기적 성질을 없애는 데 정비례한다.

실제의 영적 상태는 신에 도달한 정도, 조절자에게 조율된 정도를 측정한다. 최종의 영적 성품을 얻는 것은 최대의 실체에 이르는 것, 하나님과 비슷한 모습의 극대화와 대등하다. 영원한 삶은 무한한 가치를 끊임없이 추구하는 것이다.

인간이 자아를 실현하는 그 목표는 물질이 아니라 영적인 것이어야 한다. 얻으려고 애쓸 가치가 있는 유일한 실체들은 신답고, 영적이고, 영원하다. 필사 인간은 육체의 기쁨을 즐기고 인간다운 사랑의 만족을 누릴 자격이 있다. 그는 인간의 교제와 현세의 제도에 충성함으로 이익을 얻는다. 그러나 이것들은 공간을 뛰어넘고, 시간을 극복하고, 신다운 완전을 얻고 최후자로 봉사하는 영원한 운명을 이룩해야 하는 불멸의 성격을 지을 그러한 영원한 기초는 아니다.

"하나님을 알고 하늘나라를 믿는 자에게 땅의 모든 것이 무너진다 해도 무슨 상관이냐?"하고 말했을 때, 예수는 하나님을 아는 필사자의 깊은 확신을 보여 주었다. 현세의 안전은 사라지기 쉽지만, 영적 보장은 무너뜨릴 수 없다. 인간의 곤경과 이기심, 잔인과 미움, 악의와 질투의 큰 물결이 필사자의 혼을 내려칠 때, 너희는 안에 한 거점, 절대로 공격할 수 없는 영의 요새가 있다는 확신 속에서 안심해도 좋다. 자기의 혼을 영원한 하나님의 깃드는 영에게 맡기려고 바친 모든 인간에게 적어도 이것이 참말이다.

그러한 영적 달성이 있은 뒤에, 차츰 일어나는 성장이나 특정한 위기로 도달했든지 상관 없이, 새 가치 기준의 발달 뿐 아니라 인격의 새로운 적응이 일어난다. 영에게서 태어난 그러한 개인들은 인생에서 다시 자극받으며, 그래서 가장 좋아하는 포부가 물거품이 되고 가장 뜨거운 소망이 부서지는 동안에 차분하게 구경할 수 있다. 그들은 그러한 재난이 다만 다시 지향하게 하는 격변인 줄 분명히 알며, 이러한 격변은 새롭고 더욱 숭고한 우주 달성의 수준에서 더 고귀하고 오래 가는 실체들을 기르는 준비로서, 사람이 현세에 만든 것들을 부서뜨린다.

3. 최상의 가치에 관한 여러 개념

종교는 정적(靜的)이고 더할 나위 없는 평화, 정신의 평화를 얻는 기법이 아니다. 종교는 힘찬 봉사를 위하여 혼을 한데 모으는 충동이다. 종교는 하나님을 사랑하고 사람에게 시중드는 충성스러운 봉사에서, 자아의 총체를 지원하는 것이다. 종교는 최고의 목표, 곧 영원한 상을 얻는 데 필수인 어떤 값이라도 치른다. 뛰어나게 숭고한 종교적 충성심에는 성스럽게 바친 완벽함이 있다. 이 충성심은 사회적으로 효과 있고 영적으로 진취성이 있다.

종교가에게 하나님이란 낱말은 최고의 실체에 이르는 접근법과 신성한 가치의 인식을 의미하는 상징이다. 사람이 좋아하고 싫어하는 것들은 선과 악을 결정하지 않는다. 도덕적 가치는 바라는 것의 성취나 감정의 좌절로부터 생겨나지 않는다.

가치를 숙고할 때, 너희는 가치 그 자체인 것과 가치가 있는 것을 구별해야 한다. 너희는 즐거운 활동, 그리고 늘 점진적으로 자꾸 높아지는 인간 체험 수준에서 그런 활동을 뜻 있게 통합하고 높이 실현하는 것, 이 둘 사이의 관계를 헤아려야 한다.

의미는 체험이 가치에 더하는 무엇이다. 그것은 가치를 이해하는 의식이다. 동떨어지고 순전히 이기적인 기쁨은 실질적으로 의미의 가치를 떨어뜨리고, 상대적 악에 가까워지는 의미 없는 즐거움을 암시할지 모른다. 실체들이 의미가 있고 정신적으로 연결될 때, 지성이 그러한 관계들을 인식하고 이해할 때, 가치는 체험적인 것이다.

가치는 결코 정적(靜的)일 수 없다. 실체는 변화, 성장을 뜻한다. 성장이 없이, 의미의 확대와 가치의 높아짐이 없이, 변화는 가치가 없다—잠재 악이다. 우주에 적응하는 질이 높으면 높을수록, 어떤 체험이라도 더 많은 의미를 가진다. 가치는 개념의 착각이 아니다. 이것은 실재하지만 반드시 관계의 사실에 의존한다. 가치는 언제나 실재하면서 잠재한다—지난날에 어떠했던 신분이 아니라, 현재의 신분, 그리고 앞으로 될 무엇이다.

사실성과 잠재성의 결합은 성장이다, 가치의 체험적 실현이다. 그러나 성장은 그저 진보는 아니다. 진보는 반드시 의미가 있지만, 진보는 성장 없이는 상대적으로 가치가 없다. 인생에서 최고로 값진 것은 가치의 성장, 의미에서 생기는 진보, 그리고 이 두 체험의 우주 상호 관계성을 깨달음에 있다. 그러한 체험은 하나님을 의식함과 대등하다. 그러한 필사자는 초자연은 아니라도, 참으로 초인간이 되고 있으며, 불멸의 혼이 생성하고 있다.

사람은 성장을 일으킬 수 없지만, 유리한 조건을 마련해 줄 수 있다. 신체, 지성, 또는 영에서 생기든지 상관 없이, 성장은 반드시 의식하지 않고 일어난다. 따라서 사랑은 자란다. 사랑은 창조되거나, 만들어 내거나, 돈으로 살 수 없다. 사랑은 자라야 한다. 진화는 성장을 가져오는 우주 기법이다. 사회의 성장은 입법으로 보장할 수 없고, 도덕적 성장은 행정의 개선으로 얻을 수 없다. 사람은 기계를 제조할지 모르지만, 그 진정한 가치를 인간의 문화와 개인의 이해로부터 얻어야 한다. 성장에 사람이 유일하게 기여하는 것은 그 인격의 총력—살아 있는 믿음—의 동원이다.

4. 성장의 문제

종교 생활은 헌신하는 삶이고, 헌신하는 삶은 창조하는 삶이요, 독창적이고 자연스럽다. 새로운 종교적 통찰력은 갈등으로부터 생겨나며, 오래 된 열등한 반응 형태 대신에, 새롭고 더 낫게 반응하는 버릇의 선택을 시작한다. 새로운 의미는 오로지 갈등 가운데서만 솟아나고, 오직 우수한 의미에 담긴 상급 가치의 옹호가 거절되는 마당에 갈등이 지속된다.

종교적 난점은 피할 수 없다. 정신적 갈등과 영적 동요가 없이 아무런 성장이 있을 수 없다. 철학적 생활 기준을 세우는 것은 지성의 철학 영역에서 어지간한 소동을 일으킨다. 투쟁이 없이는, 위대한 것, 선한 것, 참된 것, 고귀한 것을 위하여 충성심이 우러나지 않는다. 영적 시력이 맑아지고 우주 통찰력이 향상되는 곳에 노력이 따른다. 인간의 지능은 현세에 존재하는 비영(非靈) 에너지를 먹고 살다가 젖떼듯 떨어져 나가는 것에 저항한다. 게으른 동물 지성은 우주의 문제를 해결하려고 씨름하는 데 요구되는 노력을 쏟지 않으려고 반항한다.

그러나 종교 생활에서 큰 문제는 사랑이 지배함으로 인격의 혼 능력을 통일하는 과제에 있다. 건강과 정신의 효율성과 행복은 육체 체계, 지성 체계, 영 체계, 이 세 가지의 통일로부터 생겨난다. 사람은 건강과 위생에 관하여 이해하는 것이 많지만, 행복에 관해서 참으로 아주 조금 깨달았다. 가장 높은 행복은 영적 진보와 풀 수 없게 연결되어 있다. 영적 성장은 오래 가는 기쁨, 모든 이해를 뛰어넘는 평화를 낳는다.

육체의 생명에서 감각은 사물이 존재함을 일러 준다. 지성은 의미의 실체를 찾아내지만, 영적 체험은 개인에게 생명의 참된 가치를 드러낸다. 하나님을 최고로 사랑함으로, 사심 없이 사람을 사랑함으로, 인간 생활의 이 높은 수준에 이르게 된다. 네가 동료 인간들을 사랑하면, 너는 그들의 가치를 발견했음에 틀림없다. 예수가 사람을 그토록 사랑한 것은 사람에게 무척 높은 값을 매겼기 때문이다. 너는 동료들의 동기를 발견함으로써 그들의 가치를 가장 쉽게 발견한다. 누가 너를 짜증나게 하고 분개하는 느낌이 일게 하면, 너는 동정심으로 그렇게 불쾌한 행위를 하는 그의 관점, 그의 이유를 헤아리기를 구해야 한다. 일단 이웃을 이해하면, 너는 너그러워질 터이고, 이 관대함은 자라서 우정이 되고 익어서 사랑이 될 것이다.

정신의 눈을 뜨고 동굴에서 살던 시절에 네 원시 조상 중에 한 사람의 그림을 상상해 보아라—키가 작고, 보기 흉하고, 더럽고, 으르렁거리는 땅딸보인데, 바로 앞을 무섭게 쏘아보면서, 다리를 벌리고 서서, 곤봉을 치켜올리고, 미움과 적개심을 몰아쉰다. 그러한 그림은 도저히 사람의 신다운 위엄을 그리지 않는다. 그러나 그 그림을 확대해 보자. 활기 있는 이 인간 앞에는 칼이를 가진 호랑이가 웅크리고 있고, 그 사람 뒤에는, 한 여자와 두 아이가 있다. 그러한 그림이 인류 가운데서 훌륭하고 고귀한 많은 것의 시작을 나타낸다는 것을 네가 즉시 깨닫지만, 그 사람은 이 두 그림에서 똑같다. 오직 이 둘째 스케치에서 너는 넓어진 시야의 혜택을 받고 있다. 거기서 너는 이 진화하는 필사자의 동기를 헤아린다. 네가 그를 이해하기 때문에, 그의 태도는 칭찬할 가치가 있게 된다. 오직 동료들의 동기를 헤아릴 수만 있다면, 네가 얼마나 그들을 더 잘 이해하겠는가. 동료들을 이해할 수만 있다면, 너는 결국 그들을 사랑하게 될 것이다.

너는 단순히 의지(意志)하는 행위로 동료들을 참으로 사랑할 수 없다. 오직 이웃의 동기와 감정을 속속들이 이해함으로부터 사랑이 태어난다. 오늘 모든 사람을 사랑하는 것이 아니라, 하루하루 네가 또 한 사람 사랑하기를 배우는 것이 중요하다. 하루하루 또는 한 주 한 주, 동료 중에 또 한 사람을 이해하는 일을 해낸다면, 그리고 이것이 네 능력의 한계라면, 너는 분명히 친교하고 있으며 네 성격을 참으로 영답게 만들고 있다. 사랑은 전염되며, 인간의 헌신이 총명하고 지혜로울 때, 사랑은 미움보다 더 잘 번진다. 그러나 오직 진정하고 사심 없는 사랑이라야 참으로 전염성이 있다. 각 사람이 오직 힘찬 애정의 초점이 될 수만 있다면, 사랑을 옮기는 이 유익한 바이러스는 곧 인류의 감정의 흐름에 크게 침투해서, 모든 문명이 사랑으로 둘러싸일 터이고, 그것이 사람의 형제 정신의 실현일 것이다.

5. 종교적 감화와 신비주의

세상에는 길 잃은 혼들이 가득하다. 신학적 의미에서 길을 잃었다는 것이 아니라, 방향의 의미에서 길을 잃었고, 좌절된 철학 시대의 주의와 종파들 사이에서 갈피를 잡지 못하고 헤매고 있다. 종교 권한이 있던 자리에 어떻게 생활 철학을 두는가를 배운 사람들의 수가 너무 적다. (사회화된 종교의 상징은 성장의 경로로서 가벼이 여겨서는 안 된다. 하지만 강의 바닥은 강이 아니다).

종교적 성장의 진보는 침체로부터 갈등을 거쳐서 조정으로, 불안으로부터 의심하지 않는 믿음으로, 우주 의식의 혼란으로부터 인격의 통일로, 현세의 목표로부터 영원한 목표로, 두려움의 속박으로부터 신의 아들이 되는 자유로 이끈다.

최고의 이상에 충성을 고백하는 것—하나님을 의식함을 정신으로, 감정으로, 영적으로 깨닫는 것—은 자연히 차츰차츰 일어나는 성장일 수도 있고, 아니면 때때로 위기의 경우처럼, 어떤 길목에서 겪을 수도 있다. 사도 바울은 그 중대한 날에 다마스커스 길에서 바로 그러한, 갑작스럽고 굉장한 종교적 감화를 겪었다. 고타마 싯달타는 혼자 앉아서 마지막 진리의 신비를 파고들려고 애쓴 그 날 밤에 비슷한 체험을 했으며, 많은 참된 신자가 갑작스러운 종교적 감화가 없이 영적으로 진보했다.

이른바 종교적 감화와 결부된 굉장한 현상의 대부분은 그 성질이 온통 심리적이지만, 이따금 또한 영적 기원을 가진 체험이 일어난다. 영적 달성을 향한 어떤 수준의 정신적 발돋움에서도 정신의 동원이 절대로 완벽할 때, 신다운 아이디어에 기울이는 충성심을 인간이 완전히 동원할 때, 믿는 필사자의 상의식(上意識) 지성의 목적, 집중되고 성스럽게 된 목적과 동시화하려고 그 깃드는 영이 갑자기 와락 내려서 잡아채는 일이 무척 자주 생긴다. 순전히 심리적 관련 위에 있는 요인들에 있는 종교적 감화를 구성하는 것은 바로 그러한 통일된 지적·영적 현상의 체험이다.

그러나 감정만 가지고는 거짓된 감화이다. 사람은 느낌만 아니라 믿음도 가져야 한다. 그러한 심리적 동원이 부분적인 그 한도까지, 그러한 인간 충성의 동기가 어설픈 한 그 한도까지, 종교적 감화를 받는 체험은 지적 실체, 감정 실체, 영적 실체의 혼합이 될 것이다.

다른 면에서는 통일된 지적 생활에서 실지로 소용되는 가정(假定)으로서, 이론적 하의식 지성을 사람이 인정하고 싶다면, 다음에 일관성을 가지기 위해서 사람은 상의식 수준으로서 높아지는 지적 활동이 있는, 비슷한 해당 영역을 가정해야 한다. 이 상의식 수준은 깃드는 영 통일체, 생각 조절자와 직접 스치는 지대이다. 이 모든 정신적 추측에 있는 큰 위험은 놀라운 꿈과 더불어, 환상과 기타 이른바 신비스러운 체험이 신이 인간 지성에게 교통하는 것이라 여길지 모른다는 것이다. 지난 시절에, 신성한 존재들은 하나님을 아는 어떤 사람들에게 스스로를 드러냈으며, 그들의 신비스러운 황홀경이나 병적 환상 때문이 아니라, 이 모든 현상이 있었는데도 그렇게 하였다.

종교적 감화를 찾는 것과 대조해서, 생각 조절자와 접촉이 가능한 상물질 지대에 이르는 더 좋은 접근법은, 살아 있는 믿음과 진정한 예배, 마음을 다한 사심 없는 기도를 통해서일 것이다. 인간 지성의 무의식 수준에서 기억이 용솟음쳐 오르는 것 가운데 허다한 것이 신의 계시(啓示)와 영의 인도하심이라고 잘못 간주되어 왔다.

버릇이 된 종교적 백일몽의 습관과 관련하여 큰 위험이 도사리고 있다. 신비주의는 현실을 도피하는 방법이 될 수도 있다. 하지만 때때로 진정한 영적 교통의 수단이 되었다. 삶의 바쁜 장면으로부터 짧은 기간 은둔하는 것은 심각하게 위험하지 않을까 싶지만, 인격이 오랫동안 고립되어 있는 것은 아주 바람직하지 못하다. 어떤 경우에라도 환상적 의식이 생기는 황홀경 같은 상태를 종교적 체험으로서 길러서는 안 된다.

신비스러운 상태의 특징은 비교적 피동적 지능에서 작용하는, 주의(注意)가 집중되는 선명한 섬 같은 것들을 가지고 의식이 분산되는 것이다. 이 모든 것은 영적으로 접촉하는 지대, 즉 상의식의 방향이 아니라, 하의식을 향하여 의식을 가라앉힌다. 많은 신비주의자가 정신 분리를 비정상의 정신 활동이 나타나는 수준으로 밀고 갔다.

영적으로 깊이 생각하는 좀더 건전한 태도는, 되돌아보는 예배에서, 또 감사하는 기도에서 찾아야 한다. 육체를 입은 예수 일생의 후반에서 일어났던 것처럼, 사람이 생각 조절자와 직접 교통하는 것을 이른바 이 신비스러운 체험들과 혼동해서는 안 된다. 신비스러운 교통의 시작에 기여하는 요소들은 그러한 정신 상태의 위험을 가리킨다. 육체의 피로, 금식, 정신의 분리, 깊은 미학적 체험, 선명한 성욕 충동, 두려움, 걱정, 분노, 야단스러운 춤과 같은 것들이 신비한 상태를 촉진한다. 그러한 기초적 준비의 결과로서 생겨나는 많은 재료는 하의식 지성에서 기원을 가진다.

신비 현상이 일어나는 조건이 얼마나 유리했든지 상관 없이, 나사렛 예수는 파라다이스 아버지와 교통하기 위하여 그런 방법을 쓴 적이 없다는 것을 똑똑히 이해해야 한다. 예수는 아무런 하의식의 망상이나 상의식의 착각을 겪지 않았다.

6. 종교 생활의 표시

진화된 종교와 계시된 종교는 방법이 뚜렷이 다를지 모르지만, 동기는 크게 비슷하다. 종교는 생명의 특정한 기능이 아니라, 오히려 생활 방식이다. 참된 종교는, 종교가가 자신에게, 모든 인류에게, 최고의 가치를 가졌다고 판단하는 어떤 실체에 마음을 다하여 헌신하는 것이다. 모든 종교의 뛰어난 특징은 최고의 가치에 의심 없이 충성하고 마음을 다하여 헌신하는 것이다. 최상의 가치에 바치는 이 종교적 헌신은 종교심이 없다고 생각되는 어머니가 제 아이와 가지는 관계에서, 그리고 비종교가들이 지지를 받는 운동에 바치는 뜨거운 충성심에서 나타난다.

종교가가 인정하는 최고의 가치는 저속하거나 거짓일 수도 있지만, 그런데도 종교성이 있다. 최고로 여기는 가치가 참으로, 진정한 영적 가치를 가진 우주 실체인 그 한도까지, 종교는 진정하다.

종교적 충동에 인간이 반응하는 표시는 고귀하고 위엄 있는 성질을 띤다. 성실한 종교가는 우주 시민임을 의식하고, 초인간 능력의 근원과 접촉함을 알고 있다. 그는 하나님의 아들들의 우수하고 고결한 교제에 속한다는 확신을 가지고 기쁨에 떨고 활력을 얻는다. 자아의 가치를 의식하는 것은 가장 높은 우주 목표—최상의 목표—를 추구하는 자극으로 말미암아 커진다.

자아는 모든 것을 둘러싸는 동기가 주는 충동, 흥미를 자아내는 충동에 무릎을 꿇었으며, 그 동기는 높아진 자제를 부과하고, 감정의 갈등을 줄이고, 사람의 삶을 참으로 살 가치가 있게 만든다. 인간의 한계를 병적으로 인식하는 것은, 가장 높은 우주 및 초우주 목표에 미치려는 도덕적 각오, 영적 포부와 관련하여, 사람의 결점을 자연히 의식함으로 바뀐다. 그리고 초인간적 이상을 달성하려는 이 뜨거운 노력은 반드시 늘어나는 참을성, 인내, 불굴, 관대함의 특징을 가진다.

그러나 참된 종교는 살아 있는 사랑이요, 봉사하는 생활이다. 종교가가 순전히 현세적이고 하찮은 많은 것에 초연함은 결코 사회적 고립으로 이끌지 않으며, 이것이 유머 감각을 깨뜨려서는 안 된다. 진정한 종교는 인간 존재로부터 아무 것도 빼앗지 않지만, 인생의 모든 것에 새로운 의미를 더한다. 종교는 새 종류의 열심, 열의, 용기를 불러일으킨다. 종교는 십자군의 정신까지도 낳을지 모르며, 이것은 영적 통찰력으로, 그리고 인간의 충성을 나타내는 평범한 사회 의무에 충실히 헌신함으로 고삐를 쥐지 않는다면, 극도로 위험하다.

종교적 삶의 가장 놀라운 표시 가운데 하나는 힘차고 숭고한 평화이니, 이것은 인간의 모든 이해를 뛰어넘는 평화요, 모든 의심과 소동이 없음을 가리키는, 우주 자세이다. 그러한 수준의 영적 안정은 실망에 면역이 되어 있다. 그러한 종교가들은 사도 바울과 같으니, 그는 이렇게 말했다: "내가 확신하노니, 죽음이나 삶이나, 천사나 군주나, 권력이나, 현재 일이나, 앞으로 다가올 일이나, 높이나 깊이나, 그 밖의 다른 어떤 것도 우리를 하나님의 사랑으로부터 떼어 내지 못할지니라."

승리하는 영광을 깨달음과 관련하여 안전하다는 느낌이 있으니, 이 느낌은 최상위의 실체를 붙잡은 종교가, 궁극위의 목표를 추구하는 종교가의 의식 속에 거한다.

진화 종교도 충성과 위엄 속에서 이 모든 것이니, 그것이 진정한 체험이기 때문이다. 그러나 계시 종교는 진정할 뿐 아니라 탁월하다. 확대된 영적 시력이 주는 새로운 충성은 새 수준의 사랑과 헌신, 봉사와 친교를 창조한다. 그리고 향상된 이 모든 사회적 전망은 하나님이 아버지이고 사람이 형제인 것을 더욱 크게 의식하게 한다.

진화된 종교와 계시된 종교의 특색을 이루는 차이점은 새 품질의 신다운 지혜이니, 이것이 순전히 체험으로 얻은 인간의 지혜에 더해진다. 그러나 인간의 종교 안에서, 그 종교와 더불어 얻는 체험이, 신다운 지혜와 우주 통찰력을 더욱 주시는 것을 나중에 받을 능력을 개발시킨다.

7. 종교 생활의 절정

유란시아의 보통 필사자는 비록 나사렛 예수가 육체를 입고 머무르던 동안에 얻은 그 인품의 높은 완성을 바랄 수는 없어도, 필사 신자마다 예수의 성격이 완전하게 된 길을 따라서, 튼튼하고 통일된 인격을 개발하는 것이 아주 가능하다. 주의 성격의 독특한 모습은 그 성격의 완전함보다 균형, 성격이 지극하고 치우치지 않게 통일된 것이다. 예수를 가장 효과 있게 보여 주는 것은, 다음의 어떤 사람의 예이니, 예수를 고발하는 자들 앞에 서 있는 주를 향하여 손짓하면서 그는 이렇게 말했다: "이 사람을 보라!"

예수의 어김없는 친절은 사람들의 가슴에 와 닿았지만, 그의 튼튼한 인품은 추종자들을 놀라게 했다. 그는 참으로 성실했다. 그에게 아무런 위선이 없었다. 꾸밈이 없었고, 언제나 무척 신선하게 진심이었다. 겉치레에 몸을 굽히지 않았고, 속임수를 쓴 적이 없다. 진리를 가르친 그대로 그는 진리의 삶을 살았다. 그는 진리였다. 그의 세대에게 구원의 진리를 선포하는 성실성이 때때로 고통을 가져왔지만, 그는 그렇게 할 수밖에 없었다. 그는 의심하지 않고 모든 진리에 충성했다.

그러나 주는 무척 분별이 있었고, 가까이할 수 있는 분이었다. 그가 베푼 모든 봉사에 아주 실용적이었고, 한편 그의 모든 계획은 성스럽게 된 그러한 상식의 특징을 가졌다. 기형(奇形)이고 유별나고 괴상한 성향이 그에게 하나도 없었다. 그는 쉽게 변하거나, 변덕을 부리거나 히스테리를 보인 적이 없다. 그의 모든 가르침에, 그가 한 모든 일에, 특별한 예의 바른 감각과 연결되어 지극한 분별이 언제나 있었다.

사람의 아들은 언제나 매우 차분한 인물이었다. 적들조차 그에게 건전한 존경심을 나타냈다. 그들은 그의 계심을 두려워하기까지 했다. 예수는 두려움이 없었다. 신다운 열심으로 넘치게 충전되었지만, 결코 광신을 보이지 않았다. 감정이 살아 있었지만 결코 가볍지 않았다. 상상력이 있었지만 언제나 실용적이었다. 솔직하게 삶의 현실에 부딪쳤으나, 결코 지루하거나 무디지 않았다. 용기가 있어도 결코 무모(無謀)하지 않았고, 신중했지만 결코 비겁하지 않았다. 동정심이 있어도 감상에 빠지지 않았고, 독특해도 괴상하지는 않았다. 경건했어도 경건한 체하지 않았다. 그리고 언제나 매우 차분하였으니, 이는 그의 인품이 아주 완전히 통일되었기 때문이다.

예수의 독창성은 좌절되지 않았다. 그는 전통에 묶이거나 좁은 관습에 노예가 됨으로써 장애를 받지 않았다. 의심 없는 확신을 가지고 말했고, 절대 권한을 가지고 가르쳤다. 그러나 그의 훌륭한 독창성은 그의 선조와 동시대 사람들의 가르침 속에 있는 진리의 보석들을 놓치게 하지 않았다. 그의 가르침에서 가장 독창적인 것은 두려움과 희생물 대신에 사랑과 자비를 강조한 것이었다.

예수는 견지가 대단히 넓었다. 추종자들에게 그는 모든 민족에게 복음을 전도하라고 타일렀다. 그는 전혀 마음이 좁지 않았다. 그의 동정하는 마음은 온 인류, 아니 한 우주조차도 담았다. 언제나 그는 이렇게 초청하였다, "누구든지 원하는 자는 올지어다."

"그는 하나님을 신뢰하였도다"하고 예수에 관하여 사람들이 참되게 말했다. 사람들 사이에 한 사람으로서, 그는 하늘에 계신 하나님을 아주 숭고하게 믿었다. 어린아이가 땅에서 그 부모를 믿는 것처럼 아버지를 믿었다. 그의 믿음은 완전했어도 결코 주제넘지 않았다. 자연이 아무리 모질거나 땅에 있는 사람의 복지에 아무리 개의치 않는 듯 보여도, 예수는 결코 믿음이 흔들리지 않았다. 실망에 면역(免疫)이 되었고, 박해에 영향을 받지 않았다. 겉으로 나타나는 실패에 마음이 움직이지 않았다.

그는 사람들을 형제로서 사랑했고, 동시에 타고난 자질과 얻은 성질에서 그들이 어떻게 다른가를 헤아렸다. "그는 두루 다니며 좋은 일을 하였더라."

예수는 드물게 명랑한 사람이었지만, 눈이 멀고 분별 없는 낙관주의자가 아니었다. 늘 이렇게 훈계의 말씀을 주었다, "기운을 내라." 하나님을 믿는 그의 흔들리지 않는 믿음과 사람에 대한 흔들리지 않는 신뢰 때문에 그는 확신을 가진 이 태도를 지킬 수 있었다. 모든 사람을 사랑하고 믿었기 때문에, 언제나 감동을 주도록 그들에게 마음을 썼다. 그래도 언제나 그의 신념에 충실했고, 아버지의 뜻을 행하는 일에 헌신하려고 훌륭하게 각오가 굳었다.

주는 언제나 너그러웠다. 그는 지치지 않고 말했다, "받는 것보다 주는 것이 더 복이 있도다." 그는 말했다, "너희가 거저 받았으니, 거저 주어라." 그래도 한없는 너그러움에도, 그는 낭비하거나 함부로 쓴 적이 없다. 구원을 받으려면 너희가 믿어야 한다고 가르쳤다. "구하는 자는 누구든지 얻을지니라."

솔직했지만 언제나 친절했다. 그는 말했다, "그렇지 않다면, 내가 너희에게 일렀으리라." 죄인을 사랑하고 죄를 미워하는 면에, 거침없이 의견을 말했다. 그러나 이 모든 놀라운 솔직함을 통해서, 어김없이 <u>공정했다</u>.

때로는 인간의 슬픔의 잔을 깊숙이 들이켰는데도, 예수는 변치 않고 명랑했다. 두려움 없이 그는 존재의 현실에 부딪쳤고, 그래도 하늘나라 복음을 위한 열심으로 가득 차 있었다. 그러나 열심을 자제했고, 결코 열심이 그를 지배하지 않았다. 그는 "아버지의 일"에 아낌없이 헌신했다. 이 신다운 열심은 비영적인 형제들로 하여금 그가 미쳤다고 생각하게 만들었지만, 구경하는 우주는 그가 제정신을 가진 사람의 모형이라고, 높은 수준의 영적 생활에 필사자가 최고로 헌신하는 본보기라고 그를 평가했다. 그리고 자제된 그의 열심은 확 번졌다. 동료들은 그의 신다운 낙관주의를 함께 나눌 수밖에 없었다.

이 갈릴리 사람은 슬퍼하는 사람이 아니었다. 즐거운 사람이었다. "기뻐하고 지극히 즐거워하여라"하고 늘 말했다. 그러나 의무가 요구할 때, "그늘진 죽음의 골짜기"를 기꺼이 용감하게 걸으려 했다. 즐거워했어도 동시에 겸손했다.

그의 용기는 그의 참을성에 못지 않았다. 성급히 행동하도록 강요받았을 때, 그는 오직 "내 때가 아직 다가오지 않았느니라"하고 대답하곤 했다. 그는 결코 서두르지 않았다. 그의 차분한 자세는 숭고하였다. 그러나 자주 악을 분개하였고, 죄를 참지 못했다. 땅에 있는 자녀들의 복지에 해로운 것에 저항하도록 자주 힘차게 마음이 움직였다. 그러나 죄를 분개하는 태도는 결코 죄인에 대한 분노로 이끌지 않았다.

그의 용기는 뛰어났지만 그는 결코 어리석지 않았다. 그의 표어는 "두려워 말라"는 것이었다. 그의 용기는 드높았고, 때때로 그는 영웅답게 용감하였다. 그러나 그의 용기는 신중과 연결되었고 이성(理性)으로 자제되었다. 그것은 믿음에서 생겨난 용기요, 맹목으로 억측하는 무모함이 아니었다. 그는 참으로 용감했지만 결코 뻔뻔하지 않았다.

주는 존경심의 본보기였다. 젊을 때에도 그의 기도는 이렇게 시작했다, "하늘에 계신 우리 아버지여, 그 이름이 거룩하옵소서." 그는 동료들이 그릇되게 숭배하는 것조차 존중하였다. 그러나 이것은 그로 하여금 종교적 전통을 공격하거나 인간 관념의 잘못을 공격하는 것을 막지는 않았다. 그는 참된 거룩함을 존중했고, 그래도 "너희 가운데 누가 나를 죄 있다고 입증하느냐?"하고 말하면서 동료들에게 공정하게 호소할 수 있었다.

예수가 위대한 것은 선했기 때문이었다. 그래도 그는 어린아이들과 사귀었다. 부드러웠어도 사생활에서 잘난 체하지 않았고, 그래도 우주에서 완전하게 된 사람이었다. 동료들은 누가 시키지 않아도 그를 주라고 불렀다.

예수는 완전하게 통일된 인간 성격이었다. 그리고 오늘날, 갈릴리에서처럼, 그는 계속 사람의 체험을 통일하고 인간의 수고를 조정한다. 그는 생명을 하나가 되게 하고, 인격을 고귀하게 하며, 체험을 단순하게 만든다. 그는 인간의 지성 속에 들어가서 그 지성을 높이고 변화시키고 이상으로 만들었다. 이 말씀은 글자 그대로 참말이다, "어떤 사람이라도 그리스도 예수를 몸 속에 가졌거든, 새로운 피조물이라. 낡은 것이 지나가고 있으니, 보라, 모든 것이 새롭게 되고 있도다."

[네바돈의 한 멜기세덱이 발표하였다.]

제 101 편

종교의 참 본질

종교는 인간의 체험으로서, 진화하는 야만인의 원시적 두려움에 노예가 된 상태로부터 문명화된 필사자들의 숭고하고 위엄 있는 믿음의 자유에 이르며, 이들은 영원한 하나님의 아들임을 뛰어나게 의식한다.

종교는 진취적인 사회 진화에서 상급 윤리와 도덕성의 조상이다. 그러나 종교는 그런 상태로 단지 도덕적 운동은 아니다. 하지만 종교의 외관상의 사회적 명시는 인간 사회의 윤리적·도덕적 운동력에 힘차게 영향을 받는다. 종교는 반드시 사람의 진화하는 성품에 영감을 주지만, 그것이 그 진화의 비결은 아니다.

종교, 인격의 확신과 믿음은, 믿지 않는 물질 지성에서 태어난 논리, 피상적으로 모순되는 절망의 논리를 반드시 이길 수 있다. 속에서 나오는 참되고 진정한 목소리가, 바로 "세상으로 태어나는 모든 사람을 비추는 참된 그 빛"이, 정말로 있다. 이 영의 인도하심은 인간의 양심(良心)이 윤리적으로 재촉하는 것과 다르다. 종교적 확신의 느낌은 감정의 느낌보다 더한 것이다. 종교의 확신은 지성의 이치, 아니 철학의 논리조차도 뛰어넘는다. 종교는 <u>믿음이요, 신뢰요, 확신이다</u>.

1. 참 종교

참된 종교는 자연스러운 증명으로 이치를 따지거나 정당성을 밝힐 수 있는 철학적 관념의 체계가 아니며, 오직 신비주의를 낭만적으로 신봉하는 자들이 즐길 수 있는 느낌, 말할 수 없는 무아경(無我境)의 느낌을 환상적으로 신비스럽게 체험하는 것도 아니다. 종교는 논리의 산물이 아니지만, 속에서 볼 때 종교는 무척 이치가 있다. 종교는 인간 철학의 논리로부터 유래하지 않지만, 사람의 한 체험으로서 무척 논리가 있다. 종교는 진화적 기원을 가진 도덕적 존재의 의식 속에서 신성을 체험하는 것이다. 종교는 시간 속에서 영원한 실체들을 맛보는 참된 체험, 아직 육체를 입은 동안에 영적 만족을 깨달음을 나타낸다.

생각 조절자는 자아를 표현할 특별한 장치가 전혀 없다. 종교적 감정을 받아들이거나 나타내는 신비스러운 종교적 기능이 전혀 없다. 이러한 체험은 사람의 지성에서 자연스럽게 예정된 작용을 통해서 소용이 된다. 그리고 조절자가 항상 깃드는 그 물질 지성과 직접 교통하는 데 따르는 어려움에 관한 한 가지 설명이 여기에 있다.

신다운 영은 느낌이나 감정을 통해서가 아니라, 가장 높고 가장 영적으로 변화된 생각 영역에서 필사 인간과 접촉한다. 너희를 하나님 방향으로 이끄는 것은 너희의 생각이지, 느낌이 아니다. 신다운 성품은 오로지 지성의 눈으로만 파악될지 모른다. 그러나 하나님을 정말로 헤아리고 깃드는 조절자의 소리를 듣는 지성은 순수한 지성이다. "거룩함이 없이는 아무도 주를 보지 못할지니라." 내면적인 모든 그러한 영적 교통은 영적 통찰력이라 언급된다. 그러한 종교적 체험은, 조절자와 진리의 영이 하나님의 진화하는 아들들의 아이디어와 이상, 통찰력과 영적 노력이 있는 한가운데서, 그것들에 대하여, 작용하는 동안에, 조절자와 진리의 영의 통합된 작용이 사람의 머리에 주는 인상으로부터 생긴다.

그러면 시각(視覺)이나 느낌이 아니라, 오히려 믿음과 통찰력으로 종교는 살고 번성한다. 종교는 새로운 사실을 찾아내거나 독특한 체험을 찾아내는 데 있는 것이 아니라, 오히려 인류에게 이미 잘 알려진 사실에서 새로운 영적 의미를 찾아내는 데 있다. 가장 높은 종교적 체험은 믿음, 전통, 권한, 이러한 사전(事前) 행위에 달려 있지 않다. 종교는 숭고한 느낌과 순전히 신비스러운 감정의 산물도 아니다. 종교는 차라리 인간 지성 안에 거주하는 영의 영향력과 가지는 체험, 심오하게 깊고 실재하는, 영적 교통의 체험이다. 그러한 체험이 심리학의 용어로 정의를 내릴 수 있는 한, 종교는 다만 하나님을 믿는 현실을 그러한 순전히 개인적인 체험의 현실로서 겪는 체험이다.

종교는 물질적 우주론에 관한 합리적 추측에서 생긴 산물이 아니지만, 그런데도 종교는 사람의 지성 체험에서 기원을 가지는 온통 합리적인 통찰력이 만든 작품이다. 종교는 신비스러운 명상으로부터 태어나지 않고, 따로 떨어져 숙고함으로 생기지도 않는다. 하지만 종교는 얼마큼 신비스럽고, 순전히 지적인 이치와 철학 논리의 방식으로서, 언제나 정의를 내릴 수 없고 설명할 수 없는 것이다. 참된 종교의 싹은 사람의 도덕 의식의 영토에서 기원을 가지며, 이것은 사람의 영적 통찰력의 성장에서 드러난다. 이 통찰력은 하나님을 갈망하는 필사 지성 속에서, 하나님을 드러내는 생각 조절자가 계시는 결과로서 일어나는 재능, 그 인간 성격의 재질이다.

믿음은 도덕적 통찰력을 양심적인 가치의 분별과 연합시키며, 선재하는 진화된 의무 감각이 참된 종교의 족보를 완성한다. 종교에서 얻는 체험은 결국 어떤 하나님 의식, 그리고 믿는 인격자가 살아남는다는 의심 없는 확신을 낳는다.

그러므로 종교적인 열망과 영적 욕구는 겨우 사람들이 하나님을 믿기를 바라도록 이끌 그러한 성질로부터 생기는 것이 아니라, 오히려 그들이 그러한 성품과 힘을 지녀서 사람들이 하나님을 믿어야 한다는 확신에 깊이 감명 받는다는 것을 알 수 있다. 계시의 빛을 받은 결과로서, 진화적 의무와 책임을 느끼는 감각이 사람의 도덕적 성품에 아주 깊은 감명을 주기 때문에, 사람은 자기가 하나님을 믿지 않을 권리가 없다고 결론을 내리는, 바로 그 지성 위치와 바로 그 혼의 태도에 마침내 다다른다. 깨우치고 단련받은 그러한 개인들이 가진 상급의 지혜, 철학을 뛰어넘는 지혜는 그들에게 궁극에는, 하나님을 의심하거나 그의 선하심을 불신하는 것은 인간의 지성과 혼 속에서 가장 현실적이고 가장 깊은 것—신다운 조절자—에 충실하지 않음을 증명하리라는 것을 가르친다.

2. 종교의 사실

종교의 사실은 합리적인 보통 인간들이 겪는 종교적 체험에 온전히 있다. 오직 이 의미에서, 종교가 과학적인 것, 아니 심리학적인 것이라고 언제라도 간주할 수 있다. 계시가 계시라는 증명은 인간이 체험하는 바로 이 사실이다: 계시는 겉보기에 갈라진 여러 자연 과학, 그리고 종교의 신학을 일관성 있고 논리적인 한 우주 철학으로, 즉 과학과 종교, 이 두 가지의 조정되고 단절되지 않은 설명으로 합성한다는 사실이며, 이렇게 지성의 조화와 영의 만족을 창조한다. 그 설명은 인간의 체험에서 어떻게 무한자가 물질 속에서, 지성들과 함께, 영 위에 그의 뜻과 계획을 이루어 나가는가 몹시 알고 싶어하는 필사 지성의 물음을 인간의 체험 속에서 대답해 준다.

이성은 과학의 방법이요, 믿음은 종교의 방법이며, 논리는 철학이 시도하는 기법이다. 지성의 중재하는 작용으로 실체를 이해하고 물질과 영의 관계를 이해하는 과제에 통일을 성취하는 기법을 마련함으로써, 계시는 상물질 관점의 부재를 메워준다. 참된 계시는 결코 과학을 부자연스럽게, 종교를 부조리하게, 또는 철학을 비논리로 만들지 않는다.

과학을 연구함으로 이성은 자연을 통해서 첫째 원인으로 돌아가도록 이끌 수도 있지만, 과학의 첫째 원인을 구원의 하나님으로 변화시키는 데는 종교적 믿음이 필요하다. 계시는 더 나아가서, 그러한 믿음, 그러한 영적 통찰력을 정당화하는 데 요구된다.

인간이 살아남는 것을 보살피는 하나님을 믿는 데는 두 가지 기본적 이유가 있다:

1. 인간의 체험, 개인적 확신, 깃드는 생각 조절자가 시작하여 어떻게든 머리에 떠올린 희망과 신뢰.

2. 진리의 영이 직접 손수 봉사하거나, 신다운 아들들이 세계에 자신을 수여하거나, 아니면 기록된 말씀의 계시를 통하거나 상관 없이, 진리가 계시되는 것.

과학은 첫째 원인을 가정하면서 그 이성(理性)의 탐구를 그친다. 종교는 구원의 하나님을 확신할 때까지 믿음으로 날기를 멈추지 않는다. 분별하여 과학을 연구하는 것은 한 절대자의 실체와 존재를 논리적으로 암시한다. 종교는 성격이 살아남는 것을 보살피는 하나님의 존재와 실체를 아낌없이 믿는다. 형이상학이 형편없이 실패한 것, 철학조차도 부분적으로 해내지 못한 것을 계시(啓示)가 이룬다. 다시 말해서, 과학의 첫째 원인과 종교에서 구원의 하나님은 바로 똑같은 신이라는 것을 확인한다.

이성은 과학을 증명하고, 믿음은 종교를 증명하며, 논리는 철학을 증명한다. 그러나 오로지 인간의 체험이 계시를 정당화한다. 과학은 지식을 낳고, 종교는 행복을 낳고, 철학은 통일을 낳는다. 계시는 우주 실체에 이르는 이 삼자 일체 접근법이 체험으로 조화됨을 확인한다.

자연을 깊이 생각함은 자연의 하나님, 운동의 하나님을 드러낼 수 있을 뿐이다. 자연은 기껏해야 물질, 운동, 생기—생명—을 나타낸다. 물질에 에너지를 더한 것은 어떤 조건 밑에서 살아 있는 형태로 명시된다. 그러나 이처럼 자연 생명은 한 현상으로서 상대적으로 계속되지만, 개성에 관해서는 통째로 잠시 있다. 자연은 인간의 성격이 살아남는 것을 논리적으로 믿을 기초를 제공하지 않는다. 자연 속에서 하나님을 발견하는 종교적인 사람은 성격을 가진 바로 이 하나님을 이미, 먼저 자신의 혼 속에서 발견하였다.

믿음은 혼 속에서 하나님을 드러낸다. 계시는 진화 세계에서 상물질 통찰력의 대용물이고, 믿음이 혼 속에서 보여 주는 바로 그 하나님을 사람이 자연 속에서 볼 수 있게 만든다. 이처럼 계시는 물질인 것과 영적인 것, 아니 피조물과 창조자 사이, 사람과 하나님 사이에 다리를 놓는 데 성공한다.

자연을 숙고하는 것은 총명한 인도하심, 아니 생생한 감독의 방향을 논리적으로 가리키지만, 어떤 만족스러운 방법으로도 성격을 가진 하나님을 드러내지는 않는다. 또 한편, 자연은 우주를 종교에서 하나님의 작품으로서 바라보는 것을 배제할 것을 전혀 노출하지 않는다. 하나님은 자연만 가지고는 발견될 수 없지만, 사람은 다른 방법으로 하나님을 찾았기 때문에, 자연을 연구함은 우주를 더 높이 더 영적으로 해석하는 것과 온통 양립한다.

신기원(新紀元)의 현상으로서 계시는 주기를 따라 일어난다. 몸소 겪는 한 인간 체험으로서 계시는 연속성이 있다. 사람의 성격 안에서, 아버지의 조절자 선물로서, 아들의 진리의 영으로서, 우주 영의 성령으로서 신성이 활동하며, 한편 사람을 초월하는 이 세 가지 자질은 인간의 체험적 진화 속에서 최상위가 베푸는 봉사로서 하나가 된다.

참된 종교는, 실체를 보는 통찰력, 즉 도덕 의식이 낳는 믿음의 산물이요, 어떤 독단적 교리 덩어리에 그냥 지적으로 찬성하는 것이 아니다. 참된 종교는 “영 자신이 우리가 하나님의 아들딸임을 우리의 영과 함께 증거하는” 체험으로 이루어져 있다. 종교는 신학의 주장이 아니라, 영적 통찰력, 그리고 혼이 가진 숭고한 믿음으로 이루어져 있다.

너의 가장 깊은 성품—신다운 조절자—는 올바름을 간절하게 목마르게 찾는 마음, 곧 신다운 완전을 찾는 어떤 갈망을 네 속에서 만들어 낸다. 종교는 신다운 달성에 이르려는 이 마음 속의 욕구를 인식하는 믿음의 행위이다. 구원의 길이라, 즉 성격과 참되고 선하다고 네가 바라보게 된 모든 가치가 살아남는 기법이라고 네가 의식하게 되는, 그 혼의 신뢰와 확신이 이렇게 생긴다.

종교의 실천은 결코 큰 학문이나 영리한 논리에 의존한 적이 없고, 결코 앞으로도 그렇지 않을 것이다. 그것은 영적 통찰력이며, 이것이 바로 세상의 가장 큰 종교 스승들 가운데 더러가, 아니 선지자들까지도, 때때로 세상의 지혜를 거의 소유하지 않았는가 하는 이유이다. 종교적 믿음은 배운 사람과 배우지 못한 사람에게 똑같이 소용된다.

종교는 늘 그 자체의 비평가와 재판관이 되어야 한다. 종교는 바깥에서, 이해하기는커녕, 결코 지켜볼 수 없다. 몸소 대하는 하나님이라는 너의 유일한 확신은 영적 사물을 믿는 너의 신앙, 그것을 겪는 체험에 관한 너 자신의 통찰력에 있다. 비슷한 체험을 가져 본 모든 동료에게는, 하나님의 성격이나 실체에 관하여 아무런 논의가 필요 없으며, 한편 이렇게 하나님에 관하여 확신이 없는 모든 다른 사람에게는 결코 어떤 가능한 논리도, 참으로 고개를 끄덕이게 만들 수 없다.

심리학은 정말로 사회적 환경에 대한 종교적 반응 현상을 연구하려 애쓸지 모르지만, 종교의 진정한, 마음 속의 동기와 작용을 파고들기를 바랄 수 없다. 오로지 신학이, 믿음의 영역과 계시하는 기법이, 종교적 체험의 성질과 내용을 얼마큼이라도 지적으로 설명해 줄 수 있다.

3. 종교의 특징

종교는 아주 활기가 넘쳐서 배움이 없는 데서도 지속한다. 그릇된 우주론과 거짓된 철학으로 더러워졌는데도 종교는 살아 있다. 형이상학의 혼란을 겪어도 살아남는다. 종교의 모든 역사적 변천에서, 또 이를 통해서, 인간이 진보하고 살아남는 데 불가결한 것이 늘 지속하는데, 곧 윤리적 양심과 도덕 의식이다.

믿음의 통찰력, 곧 영적 직관(直觀)은 생각 조절자와 연결하여 우주 지성이 부여한 것이고, 이 조절자는 아버지가 사람에게 주는 선물이다. 영적 이성(理性), 곧 혼의 지능은 성령이 부여한 것, 창조 영이 사람에게 주는 선물이다. 영적 철학, 영 실체들에 관한 지혜는 진리의 영이 주는 재산이요, 수여된 아들들이 통합하여 사람의 아들딸에게 주는 선물이다. 이 영 자질의 조정과 상호 관계는 잠재 운명에서 볼 때 사람을 영 성격으로 만든다.

원시적이고 싹트는 형태로 있는 바로 이 영 성격을 조절자가 소유하는 것이 육체로서 자연사를 겪고 살아남는다. 활기 있는 운동이 그쳐서, 물질인 것과 영적인 것의 그러한 일시 협동 관계가 분해될 때, 영 기원을 가진 이 복합 통일체는 인간의 체험과 결합하여, 신다운 아들들이 마련해 준 생명의 길의 수단을 써서, 지성과 물질로 이루어진 물질 자아의 분해를 (조절자의 보관 속에서) 견디고 살아남는다.

종교적 믿음을 통해서 사람의 혼은 그 자체를 드러내고, 그 혼이 필사 성격자가 지적이고 시험하는 어떤 벅찬 사회 상황에 반응하도록 유인하는, 특징 있는 방법으로, 솟아나는 혼의 성품이 지닌 잠재 신성을 나타낸다. 진정한 영적 믿음(참된 도덕 의식)은 다음 면에서 드러난다. 그 믿음은:

1. 타고난 불리한 동물 성향이 있는데도, 윤리와 도덕이 진보하게 만든다.

2. 쓰라린 실망과 마음을 짓밟는 패배에 부딪쳐서도 하나님이 선함을 믿는 숭고한 믿음을 낳는다.

3. 자연의 역경과 물리적 재난이 있는데도 깊은 용기와 자신감을 불러일으킨다.

4. 좌절시키는 병, 살을 에는 육체의 고통이 있더라도, 설명할 수 없는 차분함과 지속하는 고요함을 나타낸다.

5. 부당한 대우와 고약한 불공정과 마주쳐서, 신비스러운 차분함과 성격의 침착을 잃지 않는다.

6. 겉보기에는 눈먼 운명이 잔인하고, 겉보기에는 자연력이 인간의 복지에 통째로 아랑곳하지 않는 듯해도, 궁극에 승리한다는 신성한 신뢰를 유지한다.

7. 반대되는 온갖 논리의 전시가 있는데도, 하나님을 믿는 흔들리지 않는 믿음을 지속하고, 머리를 굴린 모든 다른 궤변을 견디는 데 성공한다.

8. 거짓된 과학의 속이는 가르침과 건전하지 않은 철학의 설득력 있는 망상에 상관 없이, 혼이 살아남는다는 꺾이지 않는 신앙을 계속 나타낸다.

9. 현대의 복잡하고 부분적인 문명이 지워 주는 짓누르는 과중한 짐에 상관 없이 살고 승리한다.

10. 인간의 이기심, 사회의 저항, 산업의 욕심, 정치적 부적응이 있는데도 이타주의가 계속 살아남도록 이바지한다.

11. 어리둥절하게 죄와 악이 존재하는 데 상관 없이, 우주의 통일과 신의 인도하심을 믿는 숭고한 믿음에 꿋꿋하게 매달린다.

12. 어떤 것이나, 무엇이 있더라도, 줄곧 하나님을 섬긴다. "그가 나를 죽이더라도, 그래도 나는 그에게 봉사하리라"하고 감히 선언한다.

그러면 세 가지 현상 때문에, 우리는 사람이 자기 안에서 거주하는 신다운 영이나 영들을 가졌다는 것을 안다. 첫째는 개인의 체험—종교적 믿음—으로, 둘째는 개인 및 종족에게 주는 계시로, 셋째는 진짜 인간 존재에서 실제의 벅찬 상황이 있는 가운데, 앞서 말한 12가지의 영 같은 성취에서 나타나는 바와 같이, 사람의 물질 환경에 대하여 그러한 특별하고 부자연스러운 반응을 놀랍게 전시함으로 말미암아, 아는 것이다. 그리고 다른 것들이 더 있다.

필사 인간으로 하여금 인간 성품에서 더할 나위 없는 그 자질, 즉 종교적 체험을 몸소 소유하고 그 영적 실체를 확인할 자격을 주는 것은, 종교의 분야 안에서 신앙을 바로 그렇게 활기 있고 힘차게 연출하는 것이다.

4. 계시의 한계

너희 세계가 대체로 기원, 물리적 기원에 관해서도 무식하므로, 때때로 우주론을 교육하는 것이 현명한 듯 보였다. 그리고 이것은 반드시 앞날을 위하여 문제를 일으켰다. 계시의 법칙은 벌어들이지 않거나 때 이른 지식을 나누어 주기를 금지함으로 우리를 몹시 거북하게 만든다. 계시된 종교의 일부로서 발표된 어떤 우주론도 아주 짧은 시간이 지나면 작아서 못 쓰게 되어 있다. 따라서, 그러한 계시를 공부하는 앞날의 학자들은, 계시 안에 발표된 관련된 우주론의 표면에서 오류를 발견하기 때문에, 그 계시가 담고 있을까 싶은 진정한 종교적 진리의 어떤 요소라도 던져 버릴 유혹을 받는다.

진리의 계시에 참여하는 우리가 상관들의 지침에 무척 엄격하게 제한을 받는다는 것을 인류는 이해해야 한다. 우리는 1천 년 동안에 있을 과학의 발견을 예상할 자유가 없다. 계시자들은 계시 명령의 일부를 이루는 지침에 따라서 행동해야 한다. 우리는 지금이나 어느 앞날에도, 이 어려움을 극복할 아무런 방법을 모른다. 이 시리즈의 계시 발표에 담긴 역사적 사실과 종교적 진리는 다가올 시대의 기록 위에 굳게 서겠지만, 자연 과학에 관하여 우리가 진술한 많은 것이 짧은 몇 년 안에, 추가된 과학의 발전과 새로운 발견의 결과로서 수정할 필요가 있으리라는 것을 우리는 익히 알고 있다. 이 새로운 여러 발전을 우리가 지금 내다보기도 하지만, 우리는 계시하는 기록에서 사람이 찾아내지 않은 그런 사실을 담는 것이 금지되어 있다. 계시가 반드시 영감을 받지는 않는다는 것을 분명히 해 두자. 이 계시에 담긴 우주론은 영감을 받지 않았다. 이 우주론은 오늘날의 지식을 조정하고 분류하도록 우리가 받은 허가에 제한을 받는다. 신이 준 통찰력, 곧 영적 통찰력은 선물이지만, 인간의 지혜는 진화되어야 한다.

진리는 언제나 계시이다: 깃드는 조절자가 일하는 결과로서 계시가 솟아날 때 그것은 자기 계시이다. 어떤 다른 하늘 대리자나 집단이나 성격자의 활동으로 발표되었을 때 그것은 신기원(新紀元)의 계시이다.

결국, 종교는 그 열매로, 종교가 그 자체에 본래부터 있는 신성한 탁월성을 전시하는 방법과 한도에 따라서, 판단해야 한다.

계시가 변함없이 영적 현상이더라도, 진리는 오직 상대적으로 영감을 받는가 싶다. 우주론을 언급하는 여러 진술은 결코 영감을 받지 않았지만, 그러한 계시는 다음 방법으로 적어도 일시 지식을 뚜렷이 해 준다는 점에서, 엄청난 가치가 있다:

1. 권위 있게 오류를 없앰으로 혼란을 줄인다.

2. 알려졌거나 알려질 때가 가까운 사실과 관찰을 조정한다.

3. 아득한 과거에 있었던 신기원의 거래들에 관하여, 잃어버린 지식의 중요한 조각을 회복한다.

4. 다른 방법으로 얻은 지식에서 중요한 빠진 간격을 채울 정보를 제공한다.

5. 동반되는 계시에 담긴 영적 가르침을 비추는 방법으로 우주 자료를 제시한다.

5. 계시로 확대된 종교

계시는 영이 획득한 진리로부터 진화의 잘못들을 가려 내고 체질하는 필요한 작업에서, 말할 수 없이 긴 세월을 절약하는 기법이다.

과학은 사실을 다루며, 종교는 오로지 가치에만 관여한다. 깨우친 철학을 통해서 지성은 사실과 가치, 이 두 가지의 의미를 통일하려고 애쓰고, 이로서 총 실체의 개념에 다다른다. 과학은 지식의 영토이고, 철학은 지혜의 영역이며, 종교는 믿음을 체험하는 분야임을 기억하여라. 그렇기는 해도 종교는 두 단계의 명시를 제시한다:

1. 진화로 생긴 종교. 원시적 예배의 체험, 지성의 파생물인 종교.

2. 계시된 종교. 우주에 대한 태도, 이것은 영에게서 파생된 것이다. 영원한 실체들의 보존, 성격이 살아남는 것, 궁극에는 우주의 신에 도달한다는 확신과 그를 믿는 것, 이 모두를 가능하게 만드는 것이 우주의 신의 목적이다. 조만간에 진화 종교가 확대되는 영적 계시를 받도록 정해진 것은 우주 계획의 일부이다.

과학과 종교, 이 둘은 논리적 연역(**演繹**)을 위해서 널리 받아들이는 어떤 기초를 가정하고서 시작한다. 그래서 철학도 세 가지 사물의 실체를 가정하고 그 경력을 시작해야 한다:

1. 물질인 몸.

2. 인간의 초물질 단계, 곧 혼이나 깃드는 영까지도 포함한다.

3. 인간의 지성, 곧 영과 물질 사이, 물질인 것과 영적인 것 사이에 서로 통신하고 서로 결합하는 작용.

과학자들은 사실을 수집하고, 철학자들은 관념을 조정하고, 선지자들은 이상을 높인다. 느낌과 감정은 종교에 변함없이 따르기는 해도 종교는 아니다. 종교는 체험하는 느낌일지 모르지만, 도저히 느낌을 체험하는 것은 아니다. 논리(합리화)도 감정(느낌)도 기본적으로 종교적 체험의 일부가 아니다. 하지만 개인의 지성 상태와 기질의 경향에 따라서, 이 두 가지는 실체를 꿰뚫는 영적 통찰력을 촉진하는 일에 신앙 연습과 여러 가지로 결합될지 모른다.

진화 종교는 진화하는 사람 안에서 예배하는 특성을 만들어 내고 육성하는 일을 맡은 지역 우주 지성 보조자가 부여한 자질의 작용이다. 그러한 원시 종교들은 윤리와 도덕, 즉 인간의 의무 감각에 직접 관계된다. 그러한 종교들은 양심의 확신에 바탕을 두며, 비교적 윤리 있는 문명을 안정시키는 결과를 낳는다.

진히 계시된 종교들은 파라다이스 삼위 일체의 세 분을 대표하는 수여 영들의 후원을 받으며, 특별히 진리를 확대하는 데 관여한다. 진화로 생긴 종교는 개인에게 개인 의무의 관념을 못박아 준다. 계시된 종교는 사랑하기를, 즉 황금률을 더욱 크게 강조한다.

진화된 종교는 온통 믿음에 의존한다. 계시는 신성과 실체에 관한 진리의 확대된 발표에서 추가된 보장을 가지고 있으며, 진화로 생긴 믿음과 계시된 진리, 이 두 가지의 실용적 기초적 연합의 결과로서 쌓이는 실제 체험에 관하여 더욱 가치있는 증언을 가지고 있다. 인간의 믿음과 신이 준 진리의 그러한 기초적 연합은 상물질 성격을 실제로 얻는 길에 한창 나아간 인격을 소유하는 것이다.

진화된 종교는 믿음의 확신과 양심의 확인을 마련해 줄 따름이다. 계시 종교는 신앙의 확신, 그리고 계시된 실체들 속에서 생생한 체험의 진리를 마련해 준다. 종교에서 셋째 걸음, 종교적 체험에서 셋째 단계는 상물질 상태, 즉 상지혜(上知慧)를 더 단단히 붙드는 것과 상관이 있다. 상물질계의 진보에서는 계시된 종교의 진리가 갈수록 더 커진다. 너희는 최상의 가치, 신다운 선함, 보편적 관계, 영원한 실체, 궁극의 운명에 관한 진리를 더욱 알게 될 것이다.

상물질계의 진보를 통해서 내내, 진리의 확신은 점점 더 믿음의 확신을 갈아치운다. 너희가 마침내 실제 영 세계에 부름받을 때, 그 때 순수한 영 통찰력의 확신은 믿음과 진리의 자리에서 작용하든지, 또는 오히려 성격자가 확신하는 이 예전의 기법과 협력하여, 그 위에 겹쳐서, 작용할 것이다.

6. 진보하는 종교적 체험

계시된 종교의 상물질 단계는 살아남는 체험과 상관이 있고, 그 단계의 큰 욕구는 영의 완전을 이룩하는 것이다. 또한 윤리적 봉사를 늘이도록 강제하는 부름과 관련하여, 상급의 예배 욕구가 있다. 상물질계 통찰력에는 칠중자, 최상위를, 아니 궁극위까지도, 늘 더욱 크게 의식하는 일이 따른다.

물질 수준에서 맨 처음에 시작할 때부터 완전한 영 지위를 얻을 때까지 모든 종교 체험에 두루, 조절자는 최상위 존재의 실체를 몸소 깨닫는 비결이다. 바로 이 조절자는 또한 궁극위까지 초월하여 달성함을 믿는 너희 신앙의 비결도 쥐고 있다. 진화하는 사람의 체험적 성격은, 실존하는 하나님의 조절자 본질에 연결되어 최상 실존의 잠재적 완성을 구성하며, 그것은 본래부터, 유한을 뛰어넘어서 궁극에는 초월 성격에 도달하기 위한 기초이다.

추론한 지식에 기초를 두고, 지혜로 말미암아 확대되고, 종교적 믿음이 인가한 결정을 도덕적 의지가 포함한다. 그러한 선택은 도덕적 성질을 띠는 행위이고, 도덕적 성격이 존재함을 증거하며, 그것은 상물질 성격, 그리고 궁극에는 참된 영 지위의 선구자이다.

진화하는 종류의 지식은 오직 원형질의 기억 물질이 축적된 것일 뿐이다. 이것은 가장 원시 형태의 생물 의식이다. 지혜는 결합하고 재조립하는 과정에서 원형질의 기억으로부터 형성된 관념들을 담고, 그러한 현상은 인간의 지성을 단순한 동물 지성과 구별한다. 동물은 지식이 있지만, 오로지 사람이 지혜 능력을 소유한다. 그러한 지성 위에 아버지와 아들들의 영, 즉 생각 조절자와 진리의 영을 수여함으로, 진리는 지혜를 받은 사람이 접근할 수 있게 된다.

유란시아에 수여되었을 때, 그리스도 미가엘은 세례를 받기까지 진화된 종교에 지배를 받으면서 살았다. 그 순간부터 십자가에 못박히는 사건을 포함하여 그 때까지, 그는 진화되고 계시된 종교의 통합된 인도를 받고서 일을 해 나갔다. 부활한 아침부터 하늘에 오를 때까지, 물질 세계로부터 영의 세계까지, 그는 사람으로 이동하는 여러 단계의 상물질 생명을 거쳤다. 하늘에 오른 뒤에, 미가엘은 최상위 체험, 곧 최상 존재에 이르는 체험을 겪은 주인이 되었다. 네바돈에서 최상위의 실체를 체험한 무제한 능력을 가진 성격자이기 때문에, 그의 지역 우주에서, 그 우주에 대하여, 그는 당장에 최상 군주권의 지위에 이르렀다.

사람의 경우에, 깃드는 조절자와 궁극에 융합하고 그 결과로 일체가 되는 것—사람과 하나님 본질의 성격 합성—은 그를 잠재성에서 최상위의 살아 있는 부분으로 만들며, 최상위를 위해서, 그와 함께, 우주 봉사의 최종을 끝없이 추구하는 영원한 생득권을 한때 필사자였던 그러한 존재에게 보장해 준다.

차츰 흐르는 시간의 수단을 써서 공간을 거치는 그러한 멋지고 흥미를 자아내는 모험을 떠나기 위해서, 지식을 관념과 결정 속으로 체계화함으로 시작해야 한다고 계시는 필사 인간에게 가르친다. 다음에, 그는 자신이 소유한 관념을, 점점 더 실용적이지만 그런데도 하늘 같은 이상으로 더욱 변화시키는 고귀한 과제에 지혜가 그침 없이 수고하라고 명령해야 한다. 그러한 이상은 관념으로서 무척 이치가 있고 이상으로서 아주 논리적인 그러한 개념까지도 포함하며, 그래서 그 개념들을 이처럼 아들들의 진리의 영이 활동하기 위하여 준비된 실제 인간 보충물로 만들도록, 유한한 지성 안에서 그러한 결합에 소용되게 하려고 조절자가 그 개념들을 합치고 영답게 만든다. 이 진리의 영은 파라다이스 진리—보편적 진리—가 시공에서 나타나는 현상이다. 관념과 결정, 논리적 이상, 신성한 진리를 조정하는 것은 올바른 인격을 소유하는 것이며, 이것은 늘 확장하고 갈수록 더 영적인 실체, 상물질 세계의 실체들에 사람이 입장하는 데 필수 조건이다.

예수의 가르침은 어울리게 조정된 지식, 지혜, 믿음, 진리, 사랑을 아주 넘치게 담고 있으며, 그래서 현세에서 차분함, 지적 확실성, 도덕적 깨우침, 철학적 안정, 윤리적 민감성, 하나님 의식, 그리고 성격이 살아남는다는 분명한 확신을 완벽하게, 동시에 마련해 주는 첫 유란시아 종교였다. 예수의 믿음은 다음을 마련해 주었기 때문에, 인간의 구원의 최종에 이르는 길, 사람이 우주에서 성취하는 궁극의 것에 이르는 길을 가리켰다:

1. 영이신 하나님의 아들이라는 것을 몸소 깨닫고 물질의 사슬로부터 구원받는 것.

2. 지성의 속박으로부터 구원받는 것: 사람이 진리를 알지니, 진리가 그를 매인 데서 풀어 주리라.

3. 영적으로 눈먼 상태로부터 구원을 얻는 것. 필사 존재들의 친교 관계를 인간으로서 깨닫고 모든 우주 생물이 형제임을 상물질적으로 깨우치는 것. 영적 실체를 봉사로 발견하고, 영의 가치가 선함을 봉사로 드러내는 것.

4. 우주의 여러 영 수준의 달성을 통해서, 또 하보나의 조화와 파라다이스의 완전을 궁극에 깨달음을 통해서, 자아의 불완전으로부터 구원받는 것.

5. 자아로부터 구원받는 것, 최상위 지성의 우주 수준에 다다름을 통해서, 자의식하는 모든 다른 존재의 달성과 조정함으로, 자의식의 한계로부터 구원받는 것.

6. 시간으로부터 구원받는 것, 하나님을 알아보고 하나님께 봉사하면서 끝없이 나아가는 영원한 삶을 얻는 것.

7. 유한으로부터 구원받는 것, 즉 최상위 안에서, 그를 통해서, 신과 하나인 상태의 완전함, 이로서 생물은 초한(超限)한 것의 최후자 이후 수준에서 초월하여 궁극위를 찾으려 애쓴다.

그러한 일곱 가지 구원은 우주의 아버지를 궁극에 체험하는 일을 마치고 완성함과 대등하다. 이 모두가 잠재적으로, 인간의 종교 체험에서 믿음의 실체 안에 포함되어 있다. 그렇게 담겨 있을 수 있는 것은 예수의 믿음이 궁극의 것을 뛰어넘은 실체들로부터도 자양분을 받았고, 그 실체들을 드러냈기 때문이다. 예수의 믿음은 그러한 것이 시공의 진화하는 우주에서 명시가 가능한 한, 한 우주의 절대 상태에 접근했다.

예수의 믿음을 자기 것으로 만들어서 필사 인간은 시간 속에서 영원의 실체들을 미리 맛볼 수 있다. 예수는 인간의 체험 속에서 최후의 아버지를 발견했고, 필사 생명의 육체를 입은 그의 형제들은 아버지를 발견하는 바로 그 체험을 따라서 그를 따라갈 수 있다. 그들은 현재 신분 그대로, 예수가 그의 신분대로 한 것처럼 아버지와 함께 하는 이 체험 속에서 똑같은 만족도 얻을 수 있다. 미가엘이 마지막으로 자신을 수여한 결과로서 새로운 잠재성이 네바돈 우주에서 현실화되었고, 이 중의 하나는 만물의 아버지께로 인도하는 영원의 길을 새롭게 비추는 것이었다. 이것은 공간의 혹성에서 사는 첫 생명에서 물질인 살과 피를 가진 필사자도 거쳐 갈 수 있는 길이다. 예수는 사람이 신의 상속(相續)을 받을 수 있는 새로운, 생명의 길이었고 지금도 그렇다. 이 재산은 요청하기만 하면 사람의 것이 되리라고 아버지가 선포하셨다. 인류의 신앙 체험의 처음과 끝이, 신다운 인류라도, 예수 안에서 넘치도록 펼쳐진다.

7. 개인의 종교 철학

아이디어는 행동을 위한 이론적 계획일 따름이며, 반면에 분명한 결정은 인가를 받은 행동 계획이다. 고정 관념은 인가를 거치지 않고 받아들인 행동 계획이다. 개인의 종교 철학을 세우는데 들어가는 물질은 그 개인의 내부 체험과 환경 체험, 이 두 가지로부터 얻는다. 사람이 처한 때와 장소에서, 사회적 지위, 경제 조건, 교육 기회, 도덕 성향, 제도의 영향, 정치의 발전, 종족의 경향, 종교적 가르침은 모두 개인의 종교 철학을 형성하는 데 요인이 된다. 타고난 기질과 지적 소질조차도, 종교 철학의 형태를 뚜렷이 좌우한다. 직업·결혼·친족은 모두 사람의 개인적 생활 기준의 진화에 영향을 미친다.

종교에 관한 철학은, 관념과 실험하는 생활이 동료들을 모방하는 경향에 따라 수정되는 바와 같이, 이 둘의 기본 성장으로부터 진화한다. 철학을 담은 결론의 건전성은 의미에 대한 민감도 및 평가의 정확성과 관련하여, 날카롭고 정직하고 분별력 있는 사고(思考)에 의존한다. 도덕 면에서 비겁한 자들은 결코 높은 수준의 철학 사고에 이르지 못한다. 새로운 수준의 체험을 시작하고, 알지 못하는 지적 생활 분야의 탐구를 시도하기 위해서는 용기가 필요하다.

대번에 새로운 체계의 가치가 존재하게 된다. 원칙과 기준이 새롭게 형성된다. 버릇과 이상이 다시 모습을 갖춘다. 성격을 가진 하나님에 대한 어떤 관념을 얻고, 그와 가지는 관계에 대하여 확대되는 개념들이 뒤따른다.

삶에 관하여 종교 철학과 비종교 철학의 큰 차이점은 인정된 여러 가치의 성질과 수준에, 그리고 충성심의 대상에 있다. 종교 철학의 진화에는 네 단계가 있다: 그러한 체험은 전통과 권한에 복종하도록 몸을 맡기면서, 다만 순응하는 체험이 될 수 있다. 아니면 나날의 생활을 안정시키기에 겨우 넉넉할 정도로, 하찮은 성취로 만족될 수도 있고, 따라서 그러한 우발적 수준에서 일찍부터 그친다. 그러한 사람들은 충분히 좋은 대로 내버려 두는 것을 믿는다. 셋째 집단은 논리로 지적 수준까지 진보하지만, 거기서 문화적 노예 상태의 결과로서 침체에 빠진다. 문화적 사슬의 잔인한 손아귀 안에 아주 단단히 붙들려 있는 거대한 지능(知能)들을 바라보는 것은 정말로 딱하다. 자기의 문화의 사슬을, 과학이라 거짓되게 부르는 물질적 사슬과 바꾸는 자들을 지켜보는 것은 똑같이 애처롭다. 넷째 수준의 철학은 모든 관습과 전통의 장애로부터 자유를 얻고, 감히 정직하게, 충성스럽게, 두려움 없이, 진실하게 생각하고 행위하고 산다.

어떤 종교 철학이라도 그 엄격한 시험은 그것이 물질 세계와 영적 세계의 실체들을 구별하는가, 그렇지 않은가, 그리고 동시에 지적 노력과 사회 봉사에서 그 실체들의 통일을 인식하는 데 있다. 건전한 종교 철학은 하나님의 것과 케자의 것을 혼동하지 않는다. 순전한 경이로 이루어진 미학(美學)의 종파를 종교의 대용물로 인정하지도 않는다.

철학은, 대체로 양심을 일깨우는 꾸민 이야기였던 원시 종교를 우주 실체의 높아지는 가치를 맛보는, 산 체험으로 변화시킨다.

8. 믿음과 관념

생명을 자극하고 생활 방식에 형태를 줄 때 관념은 믿음의 수준에 이른 것이다. 어느 가르침을 진리라고 받아들이는 것은 믿음이 아니다. 그것은 단지 관념이다. 확실성도 납득도 믿음이 아니다. 지성의 상태는 생활 방식을 실제로 지배할 때에야 믿음의 수준에 이른다. 믿음은 진정한 몸소 겪는 종교적 체험의 살아 있는 속성이다. 사람은 진리를 믿고, 아름다움을 찬양하고, 선을 존경하지만, 이것들을 숭배하지는 않는다. 그러한 유익한 믿음의 태도는 오로지 하나님에게 집중하며, 하나님은 이 모두가 성격화된 것이고 그보다 무한하게 크다.

관념은 언제나 제한하고 묶는다. 믿음은 커지고 사람을 풀어 놓는다. 관념은 고정시키지만, 믿음은 해방한다. 그러나 살아 있는 종교적 믿음은 고귀한 관념들의 결합을 넘는 것이요, 고상한 철학 체계보다 더 크다. 영적 의미, 신성한 이상, 최고의 가치에 관여하는 산 체험이다. 그 믿음은 하나님을 알고, 사람에게 봉사한다. 관념은 집단의 소유물이 될 수도 있지만, 믿음은 개인의 것이다. 신학적 관념을 한 집단에게 제시할 수 있지만, 믿음은 오직 개별 종교가의 가슴 속에서 일어날 수 있다.

믿음은 감히 실체들을 부인하고 추종자들에게 가상된 지식을 수여할 때 신뢰를 저버린 것이다. 믿음이 지적 인격을 배반하도록 조장하고, 최고의 가치와 신다운 이상에 바치는 충성을 헐뜯을 때, 믿음은 배반자가 된다. 믿음은 필사자의 생활에서 문제를 해결할 의무를 결코 피하지 않는다. 살아 있는 믿음은 편협이나 박해나 불관용을 조장하지 않는다.

믿음은 창조적 상상력에 쇠고랑을 채우지 않으며, 과학적 조사로 얻는 발견에 대하여 이치에 맞지 않는 편견을 유지하지도 않는다. 믿음은 종교를 활기 있게 만들고, 종교가가 영웅답게 황금률을 실천하라고 제어한다. 믿음의 정열은 지식에 비례하고, 그것이 기울이는 노력은 숭고한 평화의 전주곡이다.

9. 종교와 도덕성

종교에서 공언(公言)된 어떤 계시도, 선행(先行)하는 진화 종교가 지어 내고 육성한 윤리적 책임의 마땅한 요구를 인정하지 못하면, 진정하다고 여길 수 없다. 계시는 진화된 종교의 윤리적 지평을 어김없이 확대하고, 한편 동시에, 어김없이, 모든 이전 계시의 도덕적 책임을 확대한다.

사람의 원시 종교에 (또는 원시인의 종교에) 대하여 너희가 감히 비평하는 판단을 내릴 때, 너희는 그러한 야만인들의 깨우침과 양심의 상태에 따라서 그들을 판단하고 그들의 종교적 체험을 평가할 것을 기억해야 한다. 다른 사람의 종교를 네 자신의 지식 및 진리의 표준에 따라 판단하는 잘못을 저지르지 말라.

참된 종교는 혼 안에서 숭고하고 깊은 확신이며, 그 혼은 사람의 가장 높은 윤리 개념과 도덕 개념, 생명의 가장 큰 가치와 우주의 가장 심오한 실체들에 대하여 사람의 가장 높은 해석을 구성하는 그 상물질 실체들을 믿지 않는 것이 그릇되리라고, 어찌할 도리 없게 훈계한다. 그러한 종교는 다만 영적 의식이 내리는 가장 높은 명령에 지적 충성을 바치는 체험이다.

윤리에 맞는 한, 도덕적인 자의 개념을 강화하는 테두리 안에서만, 아름다움의 추구는 종교의 일부이다. 높은 영적 동기로부터 얻은 목적을 가지고 퍼뜨렸을 때에야 예술은 종교성을 띤다.

문명화된 사람의 깨우친 영적 의식은 어떤 특정한 지적 관념이나 어느 한 가지 특별한 생활 방식보다, 오히려 생활에 관한 진리의 발견에, 즉 필사 존재에서 늘 다시 일어나는 형편에 반응하는, 선하고 옳은 기법에 관여한다. 도덕 의식은 그저, 하루하루의 행위를 통제하고 안내하는 데서 사람이 지켜야 하리라고 의무가 요구하는 가치, 윤리적이고 솟아나는 그 상물질 가치를 인간이 인식하고 깨닫는 데 적용되는 이름일 뿐이다.

비록 종교가 불완전하다는 것을 인정하더라도, 종교는 적어도 그 성질과 기능 면에서 두 가지로 실용적으로 명시된다:

1. 종교의 영적 욕구와 철학적 압력은 사람으로 하여금, 도덕적 가치에 대한 그의 평가를 동료들의 일에, 직접 바깥으로 투영하게 만든다—이것은 종교의 윤리적 반응이다.

2. 영적 가치를 가진 첨가된 개념들과 조정되고, 도덕적 가치가 있는 선행하는 개념들에 기초를 두고, 그로부터 얻어진 믿음에 따라서, 종교는 신다운 실체를 깨닫는 영적으로 변화된 의식(意識)을 인간 지성을 위하여 창조한다. 이렇게 함으로써 종교는 사람의 일에 검열자가 되며, 이것은 실체, 시간 속에서 향상된 실체들과 더 오래 가는 영원의 실체들을 믿는, 일종의 영화롭게 된 도덕적 신뢰와 확신이다.

믿음은 도덕적 의식, 그리고 지속하는 실체에 대한 영적 개념을 잇는 연결이다. 종교는 구원하는 기법, 점진적으로 상물질로 변화하는 기법에 따라서, 그를 통해서, 현세의 자연 세계의 물질적 한계로부터 영원한 영적 세계에 있는 하늘의 실체들까지 사람이 달아나는 길이 된다.

10. 사람을 해방하는 종교

총명한 사람은 그가 자연의 아이요, 물질 우주의 일부임을 안다. 마찬가지로, 그는 에너지 우주의 수학 수준에 있는 움직임과 긴장 속에서 개인의 성격이 살아남지 못함을 헤아린다. 사람은 물리적 원인과 결과를 살펴봄으로써 결코 영적 실체를 헤아릴 수도 없다.

인간은 또한 그가 관념적 우주의 일부임을 알고 있다. 그러나 비록 개념이 필사 생명의 길이를 넘어서 지속되더라도, 개념 속에는 아무 것도 본래부터, 파악하는 인격자의 성격이 살아남는다는 것을 가리키지 않는다. 논리와 이성의 가능성을 다 써 버린다 해도, 논리를 따지는 자나 추리하는 자에게 성격이 살아남는다는 영원한 진리를 결코 드러내지도 않을 것이다.

물질 수준의 법칙은 원인의 연속성, 즉 선행(先行)하는 행위에 대하여 결과의 끊임없는 반응을 마련해 준다. 지성 수준은 관념적 연속성이 영구하게 되는 것, 곧 선재하는 개념들로부터 개념 잠재성이 그침 없이 흐름을 암시한다. 그러나 이 우주 수준의 어느 것도 지위의 불공평으로부터, 우주에서 일시적 실체라는 불안, 제한된 생명 에너지를 써 버리고 나서 꺼질 운명을 가진 덧없는 성격이라는 참을 수 없는 불안으로부터 달아나는 길을, 탐구하는 사람에게 드러내지 않는다.

오직 영적 통찰력으로 인도하는 상물질계의 길을 통해서, 사람은 우주에서 그의 필사 지위에 본래부터 있는 사슬을 언젠가 깨뜨릴 수 있다. 에너지와 지성은 파라다이스와 신에게로 돌아가도록 이끌지만, 사람의 에너지 재산이나 지성 재산도 그러한 파라다이스 신으로부터 직접 진행하지는 않는다. 오직 영적 의미에서, 사람은 하나님의 아이이다. 오직 영적 의미에서 사람에게 현재, 파라다이스 아버지가 자질을 부여하고 깃들기 때문에 이것이 참말이다. 종교적 체험의 길을 통하고 참된 믿음을 실천하지 않고서, 인류는 결코 신성을 발견할 수 없다. 하나님이 진리임을 믿음으로 받아들이는 것은 사람으로 하여금 물질 한계의 막힌 울타리로부터 달아나게 하고, 그에게 죽음이 있는 물질 영역으로부터 영원한 삶이 있는 영의 나라까지, 안전하게 인도될 합리적 희망을 사람에게 준다.

종교의 목적은 하나님에 관한 호기심을 채우려는 것이 아니라, 필사인 것과 신다운 것, 부분적인 것과 완전한 것, 사람과 하나님을 섞음으로, 지적 항구성과 철학적 안전을 마련해 주고, 인간의 생활을 안정시키고 부유하게 만들기 위한 것이다. 종교적 체험을 통해서 이상적인 것에 대한 사람의 개념들이 실체를 부여받는다.

결코 과학이나 논리로 신성을 증명할 수 없다. 이성(理性)만 가지고는 종교적 체험의 가치와 선함을 결코 정당화할 수 없다. 그러나 이것은 언제나 진리로 남아 있을 것이다: 하나님의 뜻을 행하려고 의지(意志)하는 자는 누구나 영적 가치의 타당성을 이해할 것이다. 이것이 필사자 수준에서 종교적 체험의 실체에 대한 증명을 내놓는 것에 가장 가까운 가능한 접근법이다. 그러한 믿음은 물질 세계의 기계 같은 손아귀로부터, 지적 세계의 불완전이 일으키는 잘못의 왜곡으로부터 유일하게 달아나는 길을 마련해 준다. 믿음은 개별 성격이 계속해서 살아남는 것에 관한 필사자의 생각 속에, 막다른 골목에 대하여 발견된 유일한 해결책이다. 믿음은 실체의 완성에 이르고, 사랑, 법칙, 통일이 있는 우주의 창조에서 영생에 이르고, 진보하면서 신에 도달하는 데 유일한 여권(旅券)이다.

종교는 사람이 이상 면에서 고립되거나 영적으로 외롭다는 느낌을 실질적으로 치료한다. 종교는 하나님의 한 아들, 새롭고 의미 깊은 우주의 한 시민으로서, 믿는 사람을 해방시킨다. 혼 속에서 헤아릴 수 있는 올바름의 어슴푸레한 빛을 따르면서, 종교는 이로서 사람이 무한자의 계획과 영원자의 목적과 스스로 동일시하고 있다는 확신을 준다. 그러한 해방된 혼은 즉시 이 새 우주, 그의 우주에서 비로소 편안함을 느낀다.

네가 그러한 믿음의 변화를 체험할 때, 너는 이제 더 수학적 우주에 노예 같은 일부가 아니라, 오히려 우주의 아버지의 아들, 해방되고 의지를 가진 아들이다. 그러한 해방된 아들은 이제 더, 현세의 존재가 끝나는, 움직일 수 없는 멸망에 맞서 혼자서 싸우지 않는다. 희망 없이 불리한 확률을 가지고 모든 자연과 이제 더 싸우지 않는다. 아마도 희망 없는 환상에 자기의 신뢰를 맡기거나, 공상하던 오류에 자기의 믿음을 못박았다는 두려움, 몸을 마비시키는 두려움 때문에 이제 더 비틀거리지 않는다.

자, 오히려, 하나님의 아들들은 실체가 존재의 부분인 그림자에게 이기는 싸움에서 함께 지원했다. 하나님과 거의 한없는 우주에 사는 모든 신다운 무리들이, 영생과 신성한 지위를 얻으려고 벌이는 숭고한 싸움에서 그들의 편에 있다는 사실을 마침내 모든 피조물이 의식하게 된다. 믿음으로 해방된 그러한 아들들은 영원의 최상 세력과 신다운 성격자들의 편을 들어, 시간 속에서 벌어지는 전투에 분명히 지원했다. 그들이 가는 길에 별들도 이제는 그들을 위하여 싸우고 있다. 마침내 그들은 안으로부터, 하나님의 관점으로부터 우주를 바라보며, 모든 것이 물질적 고립의 불안으로부터 영원히 영적으로 진보한다는 확실성으로 변화된다. 시간 자체도 기껏해야 파라다이스 실체들이 공간 속에 움직이는 갑옷에 던진 영원의 그림자가 될 뿐이다.

[네바돈의 한 멜기세덱이 발표하였다.]

제 102 편

종교적 믿음의 기초

믿지 않는 유물론자에게 사람은 다만 진화에서 우연히 생긴 것이다. 살아남을 희망은 필사자가 상상하는 허구(虛構)에 걸려 있다. 그의 두려움과 사랑, 갈망, 관념은 기껏해야, 생명 없는 어떤 물질 원자들의 우연한 배열이 보이는 반응일 뿐이다. 아무런 에너지의 전시나 신뢰의 표현도 무덤을 지나서 사람을 데려갈 수 없다. 최선의 사람들이 기울이는 헌신적 노력, 영감을 불러일으키는 재능도 죽음으로 말미암아 사라지도록 운명이 정해졌으며, 죽음은, 영원히 잊혀지고 혼이 소멸되는 길고도 외로운 밤이다. 이름을 알 수 없는 절망이 필사자가 존재하는 현세의 태양 밑에서 살고 수고한 데 대한 유일한 보상이다. 나날의 삶은 무자비한 멸망의 손아귀를 천천히 확실하게 조이고, 냉담하고 혹독한 물질 우주는 이 멸망이 인간의 소망에서 아름답고 고귀하고 드높고 착한 모든 것에 더할 나위 없는 모욕이 되리라 선포했다.

그러나 그러한 것이 사람의 종말과 영원한 운명은 아니다. 그러한 환상은 기껏해야, 영적 어둠 속에서 길을 잃고, 물질적 철학의 기계론적 궤변과 마주쳐서 용감하게 싸우며, 복잡한 배움의 혼란과 왜곡으로 말미암아 눈먼, 어떤 헤매는 혼이 내뱉은 절망의 외침일 뿐이다. 땅에서 하나님의 아들딸 가운데 가장 겸손하고 배우지 못한 자들의 편에서 한 번 용감히 손을 뻗은 믿음은, 이 모든 어두운 멸망과 이 모든 절망의 운명을 언제까지나 쫙 흩어 버린다.

인간의 가치가 필사자의 체험에서 물질인 것으로부터 영적인 것으로, 인간다운 것으로부터 신다운 것으로, 시간으로부터 영원으로 옮겨질 수 있다는 것을 사람의 도덕적 의식이 깨달을 때, 인간의 가슴 속에서 이 유익한 믿음이 태어난다.

1. 믿음의 확신

생각 조절자가 하는 일은, 사람의 원시적이고 진화적인 의무 감각이, 계시된 영원한 실체들을 믿는 더 높고 더 확실한 믿음의 상태로 옮겨지는 것을 설명한다. 최상의 달성에 이르는 믿음의 길을 이해할 능력을 보장하기 위해서는 사람의 가슴 속에 완전을 향한 갈급함이 있어야 한다. 어떤 사람이라도, 신의 뜻을 행하기를 선택한다면, 진리의 길을 알게 될 것이다. 이것은 글자 그대로 참말이다: "인간의 사물은 사랑을 받기 위해서 알려져야 하지만, 신다운 사물은 알려지기 위해서 사랑을 받아야 한다." 그러나 정직한 의심과 진지한 물음은 죄가 아니다. 그러한 태도는 다만 완전의 달성을 향하여 진보하는 여행에서 늦어짐을 뜻한다. 어린아이와 같은 신뢰는 승천하는 그 나라로 사람이 들어갈 것을 보장하지만, 진보는 성숙한 어른의 튼튼하고 확신하는 믿음을 힘차게 연습하는 데 온전히 달려 있다.

과학에서 논리는 시간 속에서 지켜볼 수 있는 사실에 바탕을 두며, 종교에서 믿음은 영원 속에서 영의 프로그람으로부터 이치를 따진다. 지식과 논리가 우리를 위하여 할 수 없는 것을, 참된 지혜는 종교적 통찰력과 영적 변화를 통해서 믿음이 성취하도록 버려 두라고 우리에게 타이른다.

반란으로 생긴 고립 때문에, 유란시아에서 진리의 계시는 부분적·일시적인 우주론의 진술과 너무나 자주 섞였다. 진리는 대대로 변하지 않은 채로 남아 있지만, 물리적 세계에 대한 관련된 가르침은 날마다, 해마다 바뀐다. 영원한 진리는 물질 세계에 관한 낡아 버린 여러 아이디어와 함께 우연히 발견된다고 해서 소홀히 여겨서는 안 된다. 과학을 알면 알수록 너희는 더욱 확신이 줄어든다. 종교를 가지면 가질수록 너희는 더욱 확신을 가진다.

과학의 확실성은 온전히 지능으로부터 진행한다. 종교에서 확실한 것들은 전체 성격의 바로 그 기초로부터 솟아 나온다. 과학은 지성의 이해력에 호소하며, 종교는 육체·지성·영의 충성심과 헌신에, 아니 전체 성격에도 호소한다.

하나님은 온통 너무나 현실이고 절대적이어서, 증명하는 어떤 물질적 표징이나 이른바 기적의 전시(展示)도 하나님의 실체를 증언하는 데 내놓을 수 없다. 우리가 신뢰하기 때문에 우리는 언제나 하나님을 알 것이다. 우리가 그를 믿는 것은 그의 무한한 실체의 신성한 명시에 우리가 몸소 참여하는 데 전적으로 근거를 둔다.

깃드는 생각 조절자는 멀리 미치는 호기심과 더불어, 사람의 혼 속에서 완전을 향한 참되고 추구하는 갈망을 어김없이 불러일으킨다. 오로지 하나님, 그 조절자의 신다운 근원과 교통함으로 이 호기심을 적절히 채울 수 있다. 사람의 간절한 혼은 살아 있는 하나님을 몸소 깨닫는 것에 미치지 못하는 어떤 것에도 흡족해 하지 않는다. 하나님이 높고 완전한 도덕적 성격자보다 더한 무엇이 되든지 상관 없이, 우리의 갈급하고 유한한 개념 속에서 하나님은 그보다 못한 어떤 것도 될 수 없다.

2. 종교와 실체

관찰하는 지성과 분별하는 혼들은 동료들의 생활에서 종교를 발견할 때 종교를 알아본다. 종교는 정의를 내릴 필요가 없다. 우리는 다 종교의 사회적·지적·도덕적·영적 열매를 안다. 이것은 모두, 종교가 인류의 재산이라는 사실에서 생겨난다. 종교는 문화의 소산이 아니다. 사람이 종교를 파악하는 것은 여전히 인간답고, 따라서 무지의 사슬, 미신에 노예가 된 상태, 세상에 닳고닳은 속임수, 거짓 철학의 망상에 빠져 있다.

진정한 종교적 확신의 특징을 나타내는 특성 가운데 하나는, 그 확인이 절대적이고 태도가 굳건한데도, 그것을 표현하는 정신이 무척 차분하고 부드러워서, 결코 자기를 주장하거나 또는 자기 본위로 찬미하는 인상을 한 푼이라도 전하지 않는다. 종교적 체험의 지혜는 인간답게 특유하면서도 조절자로부터 파생한다는 점에서 어딘가 역설(逆說)이다. 종교적 힘은 개인의 사사로운 특권의 산물이 아니라, 오히려 사람의 그 숭고한 협동 관계가 해결되는 과정이요, 모든 지혜의 영구한 근원이다. 그러므로 참되고 더러워지지 않은 종교의 말씀과 행위는 모든 깨우친 사람에게 어쩔 수 없이 권한을 가지게 된다.

종교적 체험의 요인을 규명하고 분석하기는 어렵지만, 그러한 종교를 실천하는 자들이 마치 영원자가 계신 앞에 이미 있는 것처럼 살고 할 일을 꾸준히 해 나가는 것을 지켜보기는 어렵지 않다. 믿는 사람들은 마치 불멸이 그들의 손아귀 안에 이미 들어 있는 것처럼 이 현세의 생활에 반응한다. 그러한 사람들의 생활에는, 세상의 지혜에만 물든 동료들의 생활로부터 그들을 영원히 격리할 그러한 타당한 독창성과 표현의 자진성이 있다. 종교가들은 현세의 시간 물결에 본래부터 있는 변천의 괴롭히는 서두름과 고통스러운 압박으로부터 실질적으로 해방되어 사는 것처럼 보인다. 그들은 생리학·심리학·사회학의 법칙들이 설명하지 못한, 그러한 성격의 안정과 인격의 차분함을 나타낸다.

시간은 지식을 얻는 데 변함없는 요인이다. 종교적 체험의 모든 단계에, 은총 가운데 성장하는, 분명히 진보하는 중대한 요인이 있지만, 종교는 그 재산을 즉시 소용되게 만든다. 지식은 영원한 추구이다. 너희는 언제나 배우고 있지만, 절대 진리의 충만한 지식에 결코 도달할 수 없다. 지식만 가지고는 결코 절대 확실성이 있을 수 없고, 오직 어림하는 확률이 늘어날 뿐이다. 그러나 영적 빛을 받은 종교적인 사람은 <u>알고</u>, <u>지금</u> 안다. 그래도 깊고 분명한 이 확실성은 그러한 건전한 머리를 가진 종교가로 하여금 인간 지혜의 진보에서 생기는 기복(起伏)에 조금이라도 흥미를 덜 갖도록 이끌지 않으며, 그 지혜는 그 물질적 끝 쪽에, 천천히 움직이는 과학의 발전과 밀접한 관계가 있다.

과학의 여러 발견도, 그것들을 파헤치고 서로 관계지을 때까지, 지성의 생각 흐름 속에 순회함을 통해서 당면한 여러 사실이 실제로 <u>의미</u>가 될 때까지, 인간 체험의 의식에서 참으로 <u>현실</u>은 아니다. 필사 인간은 그의 물리적 환경조차 지성 수준으로부터, 지성이 심리학적으로 등록되는 견지로부터 바라본다. 따라서 사람이 우주에 대하여 상당히 통일된 해석을 내리고, 다음에 과학에서 이 에너지 통일을 그의 종교적 체험에서 영적 통일과 동일시하려고 하는 것은 이상한 일이 아니다. 지성은 통일성이다. 사람의 의식은 지성 수준에서 살고, 지성 재산의 눈을 통해서 우주의 실체들을 파악한다. 지성의 견지(見地)는 실체의 근원, 첫째 근원 중심의 실존적 통일성을 낳지 못하겠지만, 에너지·지성·영이 최상 존재 안에서, 최상 존재로서, 체험으로 합성됨을 사람에게 보여 줄 수 있고, 때로는 그렇게 할 것이다. 그러나 그러한 지성이 물질적 사물, 지적 의미, 영적 가치를 단단히 알고 있지 않으면, 지성은 실체 다양성의 이러한 통일에 결코 성공할 수 없다. 오직 기능적 실체의 삼자 일치 조화 속에 통일이 있으며, 오직 통일 속에 우주의 항구성과 일관성을 깨닫는 인격자의 만족감이 있다.

통일성은 인간의 체험에서 철학을 통해서 가장 쉽게 발견된다. 그리고 철학적 사고(思考)의 집합이 물질적 사물 위에 기초를 두어야 하지만, 참된 철학적 활력을 가진 혼과 에너지는 사람의 영적 통찰력이다.

진화로 생긴 사람은 힘든 일을 자연히 즐기지는 않는다. 그의 생활 체험에서, 자라는 종교적 체험의 강제하는 요구와 강요하는 충동과 발걸음을 맞추는 것은 영적 성장, 지적 확장, 사실적 확대, 사회 봉사(奉仕) 면에서 끊임없이 활동함을 뜻한다. 상당히 활발한 성격과 동떨어져서는 아무런 참된 종교가 없다. 따라서 사람들 가운데 게으른 축에 속하는 자들은, 판에 박힌 종교 교리와 신조가 마련해 주는 거짓된 피난처로 물러감으로, 일종의 교묘한 자기 속임수를 써서, 참으로 종교적인 활동의 단련을 피하려고 흔히 애쓴다. 그러나 참된 종교는 살아 있다. 종교 개념들을 지적으로 구체화하는 것은 영적 죽음과 마찬가지다. 너희는 아이디어가 없는 종교를 생각할 수 없지만, 일단 종교가 고작 하나의 아이디어로 격하되면, 이제 더 종교가 아니다. 종교가 기껏해야 일종의 인간 철학이 된 것이다.

또한 불안정하고 빈약하게 훈련받은 다른 부류의 사람들이 있는데, 그들은 생활의 언짢은 요구로부터 달아나는 길로서 종교의 감상적 관념을 이용하고 싶어한다. 마음이 오락가락 흔들리고 겁먹은 어떤 필사자들이 진화 생명의 끊임없는 압박으로부터 달아나려고 할 때, 그들이 생각하는 종교는 가장 가까운 피난처, 가장 좋은 도망 길을 제시하는 듯하다. 그러나 용감하게, 아니 영웅답기까지 인생의 흥망에 부딪치도록 사람을 준비시키는 것이 종교의 사명이다. 종교는 진화된 인간이 가진 최고의 재산이요, 그로 하여금 꾸준히 계속하고 "눈에 보이지 않는 그분을 보는 듯 견디게" 만드는 한 가지이다. 그러나 신비주의는 흔히 인생으로부터 후퇴와 같은 것이며, 인간 사회와 상업이 있는 확 트인 경기장에서 종교적 인생을 사는 힘겨운 활동을 즐기지 않는 인간들이 그런 후퇴를 받아들인다. 참된 종교는 행동해야 한다. 사람이 실제로 종교를 가졌을 때, 아니면 도리어 종교가 사람을 참으로 꼭 붙들도록 허락할 때, 행위는 종교의 결과가 될 것이다. 종교는 그냥 생각하거나, 행위하지 않는 느낌만으로 결코 만족하지 않을 것이다.

종교가 흔히 지혜롭지 못하게, 아니 비종교적이 되기까지 때때로 행위하는 사실을 우리가 간과하지 않지만, 종교는 행위한다. 빗나간 종교적 확신이 피비린내 나는 박해로 이끌었지만, 언제나, 언제라도 종교는 무엇인가 행한다. 종교는 힘차다!

3. 지식과 지혜와 통찰력

지적 결핍이나 교육의 빈곤은, 영적 성품의 그러한 궁핍한 환경이 과학 지식의 세계와 철학적으로 접촉하는 주요 경로를 종교로부터 빼앗기 때문에, 어김없이 상급의 종교적 달성을 불리하게 만든다. 종교에서 지적 요인이 중요하지만 이것의 지나친 발달은 마찬가지로, 때때로 무척 장애가 되고 난처하다. 종교는 역설적 필요 밑에서 줄곧 수고해야 한다: 즉 생각을 효과 있게 이용하고, 동시에 모든 생각의 영적 효용을 깎아내리는 필요이다.

종교적 억측은 피할 수 없지만 반드시 해롭다. 억측은 어김없이 그 대상을 속인다. 억측은 종교를 무언가 물질이거나 인본주의인 것으로 옮기는 경향이 있고, 따라서 논리적으로 맑은 사고에 직접 간섭하는 한편, 간접으로 종교가 현세의 기능인 것처럼 보이게 만들며, 바로 그 세상과 종교는 영구하게 대조가 되어야 한다. 따라서 종교는 반드시 역설(逆說)로 그 특징이 나타나겠고, 이 역설은 우주의 물질 수준과 영 수준 사이에서 체험적 연락—상물질계의 상지혜(上知慧), 즉 진리를 헤아리고 통일을 파악하는, 철학을 뛰어넘는 민감성—이 없어서 생겨난다.

물질적 느낌, 인간적 감정은 물질적 행동, 이기적 행위로 바로 이끈다. 종교적 통찰력, 영적 동기는 종교 활동, 사회에 봉사하고 이타심으로 자선을 베푸는 사심 없는 행위로 바로 이끈다.

종교적 소망은 신다운 실체를 갈급하게 찾는 것이다. 종교적 체험은 하나님을 찾아냈다는 의식을 깨닫는 것이다. 한 인간이 하나님을 찾아낼 때, 그 존재의 혼 속에서 발견으로 말할 수 없이 승리에 들떠 있는 상태를 체험하고, 그래서 그보다 빛을 덜 받은 동료들과 사랑에 넘친 봉사로 접촉하기를 재촉한다. 그가 하나님을 찾아냈음을 드러내려는 것이 아니라, 오히려 동료들을 새롭게 하고 고귀하게 만들려고 자기 혼 속에서 영원한 착함이 넘쳐 흐르게 버려 두려는 것이다. 진짜 종교는 늘어난 사회 봉사로 이끈다.

과학, 곧 지식은 사실을 의식함으로 이끌고, 종교, 곧 체험은 가치를 의식함으로 이끈다. 철학, 즉 지혜는 나란히 있는 의식(意識)으로 이끌고, 계시는 (상물질계 상지혜의 대용물은) 참된 실체를 의식함으로 이끈다. 한편 사실과 가치와 참된 실체에 관한 의식을 조정하는 것은 바로 그 성격이 살아남는 가능성을 믿음과 함께, 성격 실체, 극대 존재를 깨닫는 것이다.

지식은 사람에게 일자리를 찾아 주고, 사회 계층과 계급 제도의 시작으로 이끈다. 종교는 사람에게 봉사함으로 이끌고, 이처럼 윤리와 이타주의를 창조한다. 지혜는 아이디어와 사람의 동료들, 이 두 가지가 더 높고 더 낫게 교제하도록 인도한다. 계시는 사람을 해방하고 사람이 영원한 모험을 떠나게 한다.

과학은 사람을 분류하고, 종교는 사람을 사랑하고, 아니 네 몸과 같이 사랑한다. 지혜는 서로 다른 사람들을 공정(公正)하게 대우한다. 그러나 계시는 사람을 돋보이게 하고, 하나님과 협동자가 될 그의 능력을 드러낸다.

과학은 문화의 형제 정신을 창조하려고 헛되이 애쓴다. 종교는 영의 형제 정신을 낳는다. 철학은 지혜의 형제 정신을 위하여 애쓴다. 계시는 영원한 형제 정신, 파라다이스 최후 군단을 그린다.

지식은 성격이 사실인 것에 긍지를 가지게 하며, 지혜는 성격의 의미를 의식하는 것이다. 종교는 성격의 가치를 인식하는 체험이요, 계시는 성격이 살아남는 것을 보장한다.

과학은 한없는 우주의 분할된 여러 부분을 확인하고 분석하고 분류하기를 추구한다. 종교는 전체의 관념, 우주 전체를 움켜쥔다. 철학은 과학의 물질 부분들을 전체의 영적 통찰력 개념과 동일시하려고 애쓴다. 철학이 이 시도에서 실패하는 곳에 계시가 성공하며, 우주의 영역이 보편적이고 영원하며, 절대적이고 무한함을 확인한다. 따라서 무한한 스스로 계신 이의 우주는 끝없고, 한이 없고, 모든 것을 담는다—시간이 없고 공간이 없고 조건이 없다. 그리고 무한한 스스로 계신 이가 또한 네바돈 미가엘의 아버지이자 인간을 구원하는 하나님인 것을 우리는 증언한다.

과학은 신이 하나의 사실임을 가리키고, 철학은 한 절대자의 아이디어를 제시한다. 종교는 하나님을 자애로운 영적 성격자로 상상한다. 계시(啓示)는 신의 사실, 절대자 관념, 하나님의 영적 성격이 하나임을 확인하며, 더 나아가서 이 개념—존재의 보편적 사실, 영원한 지성 관념, 무한한 생명의 영—이 우리의 아버지라고 제시한다.

지식의 추구는 과학이며, 지혜의 탐구는 철학이다. 하나님을 사랑함은 종교요, 진리를 갈급하게 찾는 것이 계시이다. 그러나 실체의 느낌을 우주를 꿰뚫어보는 영적 통찰력에 붙여 놓는 것은 깃드는 생각 조절자이다.

과학에서는, 아이디어가 그것이 실현되는 표현보다 앞서며, 종교에서는 실현하는 체험이 아이디어의 표현을 앞선다. 깨우친 이성, 종교적 통찰력, 계시, 이 셋에서 생긴 산물—믿는 의지—와 믿으려 하는 진화적 의지 사이에는 커다란 차이가 있다.

진화에서는 종교가 흔히 사람이 하나님 개념들을 지어 내도록 이끈다. 계시는 하나님이 사람 자체를 진화시키는 현상을 나타내며, 한편 그리스도 미가엘이 땅에서 사신 인생에서 우리는 하나님이 자신을 사람에게 드러내는 현상을 바라본다. 계시는 사람을 하나님과 비슷하게 만드는 경향이 있다.

과학은 오로지 처음 원인(原因)에 만족하고, 종교는 최상의 성격에, 철학은 통일에 만족한다. 계시는 이 세 가지가 하나인 것, 모두가 선하다는 것을 확인한다.

영원히 실재하는 것은 우주에서 선한 것이요, 공간의 악이 시간에 나타나는 망상이 아니다. 모든 성격자의 영적 체험에서 이것이 반드시 참이다: 실재하는 것은 선한 것이요, 선한 것은 실재하는 것이다.

4. 체험의 사실

너희의 지성 속에 생각 조절자가 계시기 때문에, 너희가 하나님의 지성을 아는 것은, 인간이든 초인간이든 어느 다른 지성을 아는 것을 분명히 의식함보다 더 큰 신비는 아니다. 종교와 사회 의식은 이것을 공통으로 가졌다: 두 가지가 남을 생각하는 의식에 바탕을 둔다. 너희가 다른 사람의 아이디어를 너희 것으로 받아들일 수 있는 기법은 "그리스도 안에 있던 지성으로 하여금 또한 너희 안에 있게" 할 수 있는 바로 그 기법이다.

인간의 체험은 무엇인가? 그것은 다만 활발하고 질문하는 자아와 활동하고 바깥에 있는 어느 다른 실체 사이에 생기는 어떤 상호 작용이다. 체험의 질량은 개념의 깊이, 그리고 외부에 있는 것의 실체를 인식한 총체를 더한 것에 따라 결정된다. 체험하는 운동은 기대하는 상상의 힘, 그리고 접촉된 실체의 외부 성질을 감각으로 발견하는 날카로움을 더한 것이다. 체험의 사실은 자의식과 기타 존재들—다른 것의 성질, 다른 지성 상태, 다른 영 상태—의 합에서 발견된다.

사람은 아주 일찍부터 그가 세상이나 우주에서 혼자 있지 않음을 의식하게 된다. 자아의 환경 속에서, 다른 지성 상태에 대하여 자연스럽게 저절로 자의식이 생겨난다. 믿음은 자연스러운 이 체험을 종교로 바꾸며, 이것은 하나님을 다른 지성의 실체로서—근원·성질·운명으로서—인식하는 것이다. 그러나 하나님에 대한 그런 지식은 언제라도 늘 몸소 체험하는 실체이다. 하나님이 성격이 아니라면, 한 인간 성격이 얻는 진짜 종교적 체험의 살아 있는 부분이 될 수 없다.

인간의 종교적 체험에 있는 잘못의 요소(要素)는 우주의 아버지에 관한 영적 개념을 더럽히는 물질주의의 내용에 정비례한다. 우주에서 영이 되기 전에 사람의 진보는 하나님의 성품과 순수하고 참된 영의 실체, 이 두 가지에 대한 이 그릇된 관념을 스스로 벗어 버리는 체험에 있다. 신은 영보다 더한 것이지만, 영적 접근법은 올라가는 사람에게 유일하게 가능한 접근법이다.

기도(祈禱)는 정말로 종교적 체험의 일부이지만, 좀더 본질적인 교통, 예배하는 교통을 많이 소홀히 하기까지, 현대 종교는 기도를 그릇되게 강조해 왔다. 지성의 숭고하는 힘은 예배로 말미암아 깊어지고 넓어진다. 기도는 인생을 부유하게 만들지만 예배는 운명에 빛을 던진다.

계시된 종교는 인간의 존재에서 통일하는 요소이다. 계시는 역사를 통일하며, 지리학, 천문학, 물리학, 화학, 생물학, 사회학, 심리학을 조정한다. 영적 체험은 사람의 우주에서 진정한 혼이다.

5. 목적이 있는 잠재성의 우월성

관념의 사실을 확증함이, 믿는 대상이 사실임을 확증하는 것과 대등하지는 않지만, 그런데도, 간단한 생명이 성격의 지위까지 진화로 진보하는 것은, 처음에 성격의 잠재성이 존재한다는 사실을 보여 준다. 그리고 시간 우주들에서 잠재성은 언제나 실제 있는 것보다 아주 우월하다. 진화하는 우주에서 잠재성은 앞으로 다가올 무엇이요, 다가올 무엇은 신이 목적한 명령이 펼쳐지는 것이다.

원시의 동물적 두려움이, 하나님에 대한 항상 깊어지는 존경으로, 우주에 관한 늘어나는 경외감으로 변화될 때, 바로 이 목적 있는 우월성은 지성 관념 작용의 진화에서 나타나 보인다. 원시인은 믿음보다 종교적 두려움을 더 가지고 있었고, 영 잠재물이 지성 실재물보다 우월한 것은, 이 소심한 두려움이 영적 실체들을 믿는 생생한 믿음으로 바뀔 때 전시된다.

너희는 진화된 종교를 심리학으로 설명할 수 있지만, 영적 기원이 있는 개인적 체험의 종교를 그렇게 할 수는 없다. 인간의 도덕성은 가치를 인식할지 모르지만, 오로지 종교가 그러한 가치를 보존하고, 높이고, 영답게 변화시킬 수 있다. 그러한 행위가 있는데도, 종교는 감정으로 바뀐 도덕성보다 더한 무엇이다. 종교와 도덕성의 관계는, 사랑과 의무, 아들 신분과 노예 신세, 본질과 내용의 관계와 같다. 도덕성은 전능한 통제자, 섬겨야 할 신을 드러낸다. 종교는 모두를 사랑하는 아버지, 즉 예배와 사랑을 받을 하나님을 드러낸다. 그리고 또, 이것은 종교의 영적 잠재성이 진화된 도덕의 의무 사실성을 지배하기 때문이다.

6. 종교적 믿음의 확실성

종교적 두려움을 철학으로 없애는 것과 과학의 꾸준한 진보는 거짓 신들의 사망률을 크게 높인다. 사람이 만든 신들이 이렇게 희생된 것은 순간적으로 영적 시력을 흐리게 만들지 모르지만, 그런 희생은 영원한 사랑을 가진 산 하나님을 그렇게 오랫동안 가렸던 그 무지와 미신을 궁극에는 없애 버린다. 피조물과 창조자 사이의 관계는 살아 있는 체험이요, 힘찬 종교적 믿음이며, 이것은 엄밀하게 정의를 내리지 못한다. 생명의 일부를 떼어놓고 그것을 종교라 부르는 것은 생명을 부서뜨리고 종교를 왜곡한다. 이것이 바로 예배받는 하나님이 모든 충성을 요구하든지, 아니면 아무 것도 요구하지 않는 까닭이다.

원시인이 섬기던 신들은 자신의 그림자보다 더 크지 않았던 것 같다. 살아 있는 하나님은 신성한 빛이요, 그 빛이 중단되는 것은 모든 공간에서 창조의 그림자를 만든다.

철학적으로 도달한 종교가는 개인에게 구원을 주는, 성격을 가진 하나님을 믿는 믿음을 가졌으니, 이것은 한 실체, 한 가치, 성취한 수준, 고귀하게 된 과정, 한 변화, 시공의 궁극, 이상화, 에너지의 성격화, 인력(引力) 덩어리, 인간의 투영, 자아의 이상화, 자연의 융기(隆起), 착한 성향, 앞을 향하는 진화의 충동, 또는 숭고한 가설보다 더한 무엇이다. 종교가는 사랑의 하나님을 믿는다. 사랑은 종교의 본질이요, 우수한 문명이 솟는 샘물이다.

믿음은 철학에서 있을 듯한 하나님을 개인의 종교적 체험에서 유익한, 확실한 하나님으로 변화시킨다. 회의(懷疑)는 신학 이론에 도전할지 모르지만, 몸소 겪는 체험의 신빙성을 믿는 확신은, 자라서 믿음이 된 그 관념이 진실함을 확인한다.

하나님에 대한 확신은 지혜로운 논리를 통해서 얻을 수 있을지 모르지만, 사람은 오로지 믿음으로, 몸소 겪는 체험을 통해서, 하나님을 알게 된다. 삶에 관계되는 많은 것에서 확률을 염두에 두어야 하지만, 우주의 실체와 접촉할 때, 그러한 의미와 가치를 생생한 믿음으로 접근할 때 확실성을 체험할 수 있다. 하나님을 아는 혼들은, 지적 논리가 하나님을 아는 이 지식을 온전히 지지하지 못한다고 해서 그러한 확실성을 부인하는 불신자가 질문할 때에도, "나는 아노라"하고 감히 말한다. 그렇게 의심하는 모든 사람에게, 신자는 이렇게 대답할 뿐이다, "내가 모르는 줄 네가 어찌 아느냐?"[1]

이성(理性)은 언제나 믿음을 의심할 수 있지만, 믿음은 언제나 이성과 논리를 보충할 수 있다. 이성은 확률을 만들고, 믿음은 확률을 도덕적 확실성으로, 아니 영적 체험으로도 바꿀 수 있다. 하나님은 처음 진리요 마지막 사실이다. 따라서 모든 진리는 하나님에게서 기원을 가지며, 한편 모든 사실은 그에 대하여 상대적으로 존재한다. 하나님은 절대 진리이다. 사람은 하나님이 진리임을 알까 싶지만, 하나님을 이해하기 위해서—설명하기 위해서—사람은 온 우주의 사실을 탐구해야 한다. 하나님이 진리임을 체험하는 것과 하나님의 사실에 관한 무지 사이의 아주 큰 간격에는 오로지 생생한 믿음으로 다리를 놓을 수 있다. 이성만 가지고는 무한한 진리와 우주의 사실 사이에 조화를 이룰 수 없다.

관념은 의심에 저항하고 두려움을 물리칠 수 없을지 모르지만, 믿음은 반드시 의심을 이기는데, 이는 믿음이 적극적이고 살아 있기 때문이다. 긍정적인 것은 부정적인 것보다, 진리는 잘못보다, 체험은 이론보다, 영적 실체는 시공에서 따로 떨어진 사실보다, 장점을 가지고 있다. 이 영적 확실성에 대하여 납득이 가는 증거는 영이 사회에서 맺는 열매에 있으며, 그러한 신자, 믿는 사람들은 이 진정한 영적 체험을 얻는 결과로서 그 열매를 맺는다. 예수는 말했다: "내가 너희를 사랑한 것 같이 너희가 친구들을 사랑하면, 모든 사람이 너희가 내 제자임을 알리라."

하나님은 과학에 대하여 가능성이요, 심리학에 대하여 바람직한 것이며, 철학에 대하여 있음직한 것, 종교에 대하여는 확실성, 종교적 체험의 사실이다. 있음직한 하나님을 발견할 수 없는 철학은, 확실한 하나님을 발견할 수 있고 또 발견하는 그 종교적 믿음을 대단히 존중해야 한다고 논리가 요구한다. 쉽사리 믿는다는 이유로 과학은 종교적 체험을 깎아 내려서는 안 된다. 사람의 지적·철학적 재산이, 거슬러 멀리 올라가면 갈수록 더욱 낮은 지능으로부터 생겨났다고, 끝에는 모든 생각과 느낌이 도무지 없는 원시 생명에서 기원을 가진다고 계속 가정하는 한, 그래서는 안 된다.

진화의 사실은, 하나님을 아는 사람의 종교 생활에서 얻는 영적 체험의 확실성이 실체라는 진리에 대항하여 열거되어서는 안 된다. 지적인 사람들은 아이들처럼 따지기를 그만두고, 사실의 관찰과 나란히, 진리의 개념을 너그럽게 다루는 논리, 어른다운 일관성 있는 논리를 쓰려고 애써야 한다. 거듭 생기는 우주 현상 하나하나에 부닥쳐서, 명백히 높은 것을 명백히 더 낮은 것 속으로 회부함으로서 현재의 결점들을 지속해서 배상해 줄 때, 과학적 유물론은 파산된 것이다. 일관성이 있으려면, 목적을 가진 창조자의 활동을 인식해야 한다.

유기체의 진화는 하나의 사실이다. 목적이 있는 진화, 곧 진취적 진화는 진실이며, 진화의 늘 올라가는 성취의 현상, 다른 면에서는 모순되는 현상을 일관성 있게 만든다. 어떤 과학자라도 선택한 과학에서 높이 올라가면 갈수록, 최상 지성이 지배한다는 우주 진리의 편을 들어, 유물론적 사실에 근거를 둔 이론들을 점점 더 버릴 것이다. 유물론은 인생의 값을 떨어뜨린다. 예수의 복음은 모든 필사자를 엄청나게 향상시키고 하늘 같이 높인다. 필사자로 존재하는 것은 사람의 위로 뻗는 손과 신의 구원하는, 아래로 뻗는 손이 만나는 현실을 깨닫는, 흥미를 자아내는 황홀한 체험이라고 상상해야 한다.

7. 신다운 자의 확실성

스스로 존재하니까, 우주의 아버지는 또한 자명하다. 그는 모든 합리적인 필사자 안에서 실제로 사신다. 그러나 너희가 하나님을 알지 못하면 그를 확신할 수 없다. 아들 신분은 아버지 신분을 확실하게 만드는 유일한 체험이다. 우주는 어디서나 변화를 겪고 있다. 변하는 우주는 의존하는 우주요, 그러한 창조는 최종이거나 절대일 수 없다. 유한한 우주는 궁극위와 절대자에게 온전히 의존한다. 우주와 하나님은 동일하지 않으니, 하나는 원인이요 다른 하나는 결과이다. 원인은 절대적이고, 무한하고, 영원하고, 변함이 없다. 결과는 시공에서 일어나며, 초월성이 있지만 항상 바뀌고 언제나 자라고 있다.

하나님은 우주에서 스스로 원인이 된, 하나 뿐인 사실이다. 그는 사물과 존재들로 이루어진 온 창조의 질서, 계획, 목적의 비밀이다. 어디서나 변하는 우주는 절대로 변하지 않는 법칙, 변하지 않는 하나님의 버릇에 따라서 규제되고 안정된다. 하나님의 사실, 신의 법칙은 변함이 없다. 하나님의 진리, 그가 우주와 가지는 관계는 항상 진화하는 우주에 늘 적응할 수 있는 상대적 계시이다.

하나님이 없이 종교를 발명하려 하는 자들은 나무가 없이 열매를 모으고, 부모 없이 아이들을 가지려는 자들과 같다. 너희는 원인이 없이 결과를 가질 수 없다. 오로지 스스로 계신 이만 원인이 없다. 종교적 체험의 사실은 하나님을 넌지시 비치며, 몸소 체험하는 그러한 하나님은 성격을 가진 신인 것이 틀림없다. 너희는 화학 공식에게 빌거나, 수학의 등식에게 탄원하거나, 가정(假定)을 숭배하거나, 가설에게 속을 털어놓거나, 과정과 교통하거나, 추상(抽象)에게 봉사하거나, 법칙과 함께 사랑에 넘치는 교제를 가질 수 없다.

겉보기에 종교적인 여러 특성이 비종교적 뿌리에서 자랄 수 있다는 것은 참말이다. 사람은 지적으로 하나님을 부인하고, 그래도 도덕적으로 착하고 충성스럽고, 효도하고 정직하며, 아니 이상주의를 찾을 수도 있다. 사람은 순전히 인도주의인 많은 가지를 그의 기본 영적 성품에 접붙이고, 이처럼 신이 없는 종교를 위하여 여러 주장을 증명하는 듯 보일지 모르지만, 그러한 체험에는 살아남는 가치, 곧 하나님을 아는 것과 하나님에게 올라가는 것이 빠져 있다. 그러한 필사 체험에는 기껏해야 사회적 열매는 열려도, 영적 열매는 열리지 않는다. 지성과 영, 이 두 가지를 신이 최초에 부여한 그 뿌리로부터 살아 있는 영양소가 추출되는데도, 접붙임은 그 열매의 성질을 결정한다.

종교의 지적(知的) 특징은 확실성이다. 그 철학적 특징은 일관성이요, 그 사회적 열매는 사랑과 봉사이다.

하나님을 아는 사람은, 현대의 미신, 전통, 물질 성향의 미로(迷路)에서 하나님 찾아내는 길을 가로막는 문제들을 눈어 멀어 보지 못하거나 장애물을 눈치채지 못하는 자가 아니다. 그는 이 모든 방해물과 마주쳐서 이겼고, 산 믿음으로 이겨 내고, 방해물이 있는데도 영적 체험의 고지까지 올라갔다. 그러나 속으로 하나님에 관하여 확신을 가지는 많은 사람이, 하나님을 믿는 것에 대하여 여러 가지 반대 의견을 수집하고, 어려움을 불리는 자들이 허다하고 영리하기 때문에, 그런 확실한 느낌을 주장하기 두려워한다. 결점을 찾아내거나, 질문하거나, 반대 의견을 제기하는 데는 아무런 큰 지능이 필요 없다. 그러나 이 여러 물음에 대답하고 이 어려움을 해결하는 데는 눈부신 지성이 요구된다. 모든 그러한 피상적 주장을 다루는 데는 믿음의 확신이 가장 좋은 기법이다.

과학이나 철학이나 사회학이 참 종교의 선지자들과 싸우는 데 감히 독단적이 된다면, 하나님을 아는 사람들은 그런 부당한 독단적 태도에, 개인의 영적 체험의 확실성에서 생긴, 더 멀리 내다보는 그 독단적 태도로 대답해야 한다, "나는 스스로 계신 이의 아들인 고로, 내가 무엇을 겪었는가 안다." 믿음이 있는 자의 개인 체험이 독단(獨斷)에 도전받는다면, 체험할 수 있는 아버지의 아들, 믿음으로 태어난 이 아들은 아무도 도전할 수 없는 바로 그 독단으로, 자기가 실제로 우주의 아버지의 아들이라는 진술로 대답해도 좋다.

오로지 제한 없는 실체, 한 절대자가 감히 한결같이 독단을 주장할 수 있다. 독단을 주장하려고 가정하는 자들은, 일관성이 있다면 머지않아 에너지의 절대자, 진리의 우주자, 사랑의 무한자의 품으로 쫓겨감이 틀림없다.

증명되지 않은 상태를 이유로 우주 실체에 이르는 비종교적 접근이 감히 믿음의 확실성에 도전하면, 영 체험자는 마찬가지로, 과학의 사실과 철학의 관념들이 마찬가지로 증명되지 않았다는 이유로, 그에 독단으로 도전하는 길을 택할 수 있다. 이것들이 마찬가지로, 과학자나 철학자의 의식 속에 있는 체험이기 때문이다.

모든 존재 가운데 가장 피할 수 없고, 모든 사실 가운데 가장 현실이며, 모든 진리 가운데 가장 살아 있고, 모든 친구 가운데 가장 사랑이 많으며, 모든 가치 가운데 가장 신성한 하나님에 관하여, 우리는 모든 우주 체험 가운데 가장 확실히 해둘 권리가 있다.

8. 종교의 증거

종교의 실체와 효력을 말하는 가장 좋은 증거는 인간이 체험하는 사실에 있다. 다시 말해서, 자연히 두려움이 많고 의심하며, 자아를 보존하는 강한 본능과 죽은 뒤에 살아남으려는 갈망을 날 때부터 가진 그 인간은, 오늘과 앞날의 아주 깊은 관심거리를, 그의 믿음이 하나님이라고 부르는 바로 그 힘과 성격의 보호와 지도에 기쁘게 완전히 맡기려 한다. 이것이 모든 종교의 한 핵심 진리이다. 이 보살핌과 마지막 구원의 값으로 그 힘이나 성격이 사람에게 무엇을 요구하는가에 대해서는 어떤 두 종교도 의견이 같지 않다. 사실, 그 종교들은 모두 얼마큼 의견이 다르다.

진화의 눈금에서 어떤 종교라도 그 지위에 관해서 말하면, 종교를 도덕적 판단과 윤리적 기준에 따라 판단함이 최선일까 한다. 어떤 종교라도 그 종류가 높을수록, 항상 나아지는 사회적 도덕성과 윤리적 문화를 권장하며, 또한 이에 격려를 받는다. 우리는 종교를 그에 수반하는 문명의 상태에 따라 판단할 수 없다. 차라리 한 문명의 참 성질을 자체의 종교의 순수성과 고귀함에 따라서 추정(推定)하는 것이 좋다. 세계에서 가장 눈에 띄는 많은 종교 스승은 거의 교육받지 않았다. 세상의 지혜는 영원한 실체들을 믿는 유익한 믿음의 실천에 필요하지 않다.

다른 시대에 있던 종교들의 차이점은 사람이 실체에 대하여 가진 이해의 차이, 그리고 도덕적 가치, 윤리 있는 관계, 영적 실체들을 사람이 다르게 인식하는 데 온통 의존한다.

윤리는 다른 방법으로 지켜볼 수 없는, 마음 속에서 영적, 종교적으로 성장하는 그 걸음을 충실하게 비치는 영원한 거울, 사회나 종족의 거울이다. 사람은 언제나 그가 아는 최선의 조건으로, 즉 가장 깊은 아이디어와 가장 높은 이상의 조건으로 하나님을 생각했다. 역사적인 종교도 반드시 그것이 인정하는 가장 높은 가치로부터 하나님 개념들을 만들어 냈다. 모든 지적 생물이 그가 아는 바 가장 좋고 가장 높은 것에 하나님의 이름을 붙인다.

종교가 이성과 지적 표현의 방식으로 격하될 때, 종교는 그 자체의 윤리적 문화와 도덕적 진보 기준에 따라서 판단하는 대로, 언제나 감히 문명과 진화하는 진보를 비평해 왔다.

개인적 종교는 인간의 도덕률의 진화를 앞서지만, 제도화된 종교는 천천히 바뀌는 인류의 도덕 관습 뒤에 변함없이 처졌다는 것을 기록하자니 유감이다. 조직된 종교는 보수적으로 더디다는 것이 증명되었다. 종교의 발전에서 보통, 선지자들이 사람들을 이끌었다. 신학자들은 보통, 사람들이 나아가지 못하게 붙들었다. 종교는 마음 속, 즉 개인 체험의 문제이니까, 결코 종족들의 지적 진화보다 훨씬 앞서 발달할 수 없다.

그러나 종교는 결코, 이른바 기적 같은 것에 호소함으로 향상될 수 없다. 기적을 추구하는 것은 원시적 마술 종교를 돌이켜 부르는 것이다. 참된 종교는 사람들이 기적이라고 하는 것과 아무 상관이 없고, 계시된 종교는 정통성의 증명으로서 기적을 가리키지 않는다. 종교는 늘, 언제나 개인의 체험에 뿌리를 내리고 그에 바탕을 둔다. 너희의 가장 높은 종교, 곧 예수의 일생은, 바로 그렇게 몸소 겪은 체험이었다: 육체를 입고서 짧게 한 바탕 사는 동안에 실컷 하나님을 찾다가 찾아내는 사람, 필사 인간이었고, 한편 바로 그 인간 체험 속에서 무한히 높은 완전한 혼이 한껏 만족하기까지, 사람을 찾고 사람을 찾아내는 하나님이 나타났다. 그것이 종교, 아니 네바돈 우주에서 아직까지 계시된 바 가장 높은 종교이다—나사렛 예수가 땅에서 살았던 삶이다.

[네바돈의 한 멜기세덱이 발표하였다.]

주: 1. 추수편(秋水篇)에 물고기에 관한 혜자(惠子)의 물음에 대하여 장자(莊子)가 한 대답.

제 103 편

종교적 체험의 실체

사람의 참된 종교적 반응은 모두, 예배 보조자가 일찍부터 베푸는 봉사로 후원을 받고, 지혜 보조자에게 검열을 받는다. 사람의 첫 초월 지성 자질은 우주 창조영의 성령 안에서 성격이 회로로 연결되는 자질이다. 신다운 아들들의 수여나 조절자들의 보편적 수여가 있기 오래 전에, 이 영향은 사람의 윤리적, 종교적, 영적 성향에 관한 관점을 확대하도록 작용한다. 파라다이스 아들들의 수여가 있은 뒤에, 해방된 진리의 영은 종교적 진리를 받는 인간의 능력을 키우는 데 힘차게 이바지한다. 사람 사는 세계에서 진화가 진행됨에 따라서, 생각 조절자들은 인간이 가진 상급 부류의 종교적 통찰력의 발달에 더욱 참여한다. 생각 조절자는 우주의 창문이고, 그를 통해서 유한한 생물은 한없는 신, 즉 우주의 아버지의 확실성과 신성을 믿음으로 얼핏 볼까 싶다.

인류의 종교적 성향은 타고난 것이다. 보편적으로 나타나고, 자연스러운 기원을 가진 듯하다. 원시 종교들은 언제나 진화로 창시된다. 자연스러운 종교적 체험이 줄곧 진보함에 따라서, 진리의 정기적인 계시는, 그렇지 않으면 천천히 움직이는 혹성의 진화 과정에 매듭을 지어 준다.

유란시아에는 오늘날 네 종류의 종교가 있다:

1. 자연 종교, 곧 진화 종교.

2. 초자연 종교, 곧 계시 종교.

3. 실용적 종교, 곧 유행하는 종교, 정도가 다르게 자연 및 초자연 종교들이 섞여 있다.

4. 철학적 종교, 사람이 만들거나 철학으로 논리가 서는 신학적 교리, 그리고 이성(理性)이 지어낸 종교.

1. 종교의 철학

한 사회 집단이나 민족 집단 사이에서 종교적 체험의 통일성은 개인에 깃드는 하나님의 분신(分身)이 동일한 성질을 가진 데서 생긴다. 다른 사람들의 복지에 관하여 사심 없는 관심이 일어나게 하는 것은 사람 속에 있는 이 신다운 것이다. 그러나 성격이 독특하기 때문에—어느 두 사람도 같지 않으니까—따라서 어느 두 인간도 그들의 지성 속에 사는 신성한 영의 인도하심과 재촉을 비슷하게 풀이할 수 없는 것이 필연이다. 한 무리의 필사자들은 영적 통일성을 맛볼 수 있지만, 결코 철학적으로 한결같게 될 수 없다. 그리고 종교적 생각과 체험을 풀이하는 데서 생기는 이 다양성은 20세기 신학자와 철학자들이, 대략 500가지가 되게 종교를 다르게 정의했다는 사실에서 드러난다. 실제로, 인간마다 자기 안에 계시는 하나님의 영으로부터 방사되는 신의 충동에 대하여 자신이 체험적 해석을 내리는 방식으로 종교의 정의를 내리며, 따라서 그러한 풀이는 독특하고, 모든 다른 인간의 종교 철학과 완전히 달라야 한다.

한 필사자가 동료 필사자의 종교 철학에 완전히 찬성할 때, 그 현상은 이 두 존재가 철학적 종교 해석이 비슷함에 관련된 문제들에 닿는, 비슷한 종교적 체험을 겪었음을 가리킨다.

너의 종교는 개인적으로 체험하는 문제이지만, 너의 종교가 자기 중심—한정되고, 이기적이고 비사회적—으로 되는 것을 막을까 하는 목적으로, 너는 방대한 다른 종교적 체험을 (서로 다르고 다채로운 필사자들의 다양한 해석을) 아는 지식과 접촉해야 한다.

합리주의는 종교가 처음에 무언가에 대한 원시적 신념이고, 다음에 가치의 추구가 뒤따른다고 가정할 때, 그릇되다. 종교는 1차적으로 가치의 추구이며, 다음에 해석하는 관념의 체계가 형성된다. 관념—해석—보다는 종교적 가치—목표—에 대하여 사람들이 의견의 일치를 보기가 훨씬 쉽다. 이것이 어째서 종교가 서로 충돌하는 수백 가지 관념—교리—를 유지하는 혼잡한 현상을 나타내면서, 한편 가치와 목표에 찬성할 수 있는가를 설명한다. 이것은 또한 일정한 개인이 여러 종교 관념을 버리거나 바꾸는 마당에 자기의 종교적 체험을 지킬 수 있는가 설명한다. 종교적 관념에서 혁명 같은 변화가 있는데도 종교는 버틴다. 신학(神學)은 종교를 낳지 않는다. 신을 연구하는 철학을 만들어 내는 것은 종교이다.

종교가들이 거짓된 것을 무척 많이 믿었다는 것은 종교를 무효로 만들지 않는데, 이는 종교가 가치의 인식에 기초를 두고, 개인의 종교적 체험에서 생긴 믿음으로 입증되기 때문이다. 그러면 종교는 체험과 종교적 생각에 기초를 둔다. 신학, 즉 종교에 관한 철학은 그 체험을 풀이하려는 정직한 시도이다. 그러한 해석하는 관념들은 옳거나 그를 수 있고, 아니면 진리와 잘못이 섞인 것일 수도 있다.

영적 가치의 인식이 일어나는 것은 관념 작용을 뛰어넘는 체험이다. 하나님을 의식하는 것이라 부르기로 우리가 작정한 이 "감각", "느낌," "직관," 또는 "체험"을 가리키는 데 이용될 수 있는 아무런 낱말이 어느 인간 언어에도 없다. 사람 속에 계시는 하나님의 영은 성격을 가지지 않았다—조절자는 전(前) 성격이다—하지만 이 감시자는 가치를 제시하고, 신성의 맛을 풍기며, 신성은 가장 높고 무한한 의미에서 성격을 가졌다. 하나님이 적어도 성격을 가지지 않았다면, 의식할 수 없으며, 의식(意識)이 없다면 사람 밑에 있을 것이다.

2. 종교와 개인

종교는 인간의 지성 속에서 작용하며, 인간의 의식 속에서 나타나기 전에, 체험 속에서 사람은 종교를 깨달아 왔다. 어린아이는 출생을 체험하기 앞서, 약 아홉 달 동안 존재했다. 그러나 종교의 "출생"은 갑작스럽지 않고, 오히려 차츰차츰 솟아나는 것이다. 그런데도 머지않아 "태어나는 날"이 있다. 너희는 "다시 태어나지" 않으면—영한테서 태어나지 않으면—하늘나라에 들어가지 못한다. 많은 육체적 출생이 "폭풍 같은 산고"와 기타 비정상 "출산"의 특징을 가지는 것과 마찬가지로, 허다한 영적 출생에는 영의 많은 고통이 따르고 뚜렷한 심리적 동요의 표시가 생긴다. 다른 영적 출생은 영적 체험이 높아짐과 함께, 최고의 가치를 인식하는 자연스럽고 정상인 성장이다. 하지만 의식해서 기울이는 노력과 분명한 개인의 결심이 없이는, 아무런 종교적 발전이 일어나지 않는다. 종교는 결코 소극적인 체험, 부정적인 태도는 아니다. "종교의 출생"이라고 부르는 것은 이른바 종교적 감화를 받는 체험과 바로 관계되지는 않고, 이 감화는 보통 정신의 갈등, 감정의 억압, 기분의 동요가 일어나는 결과로서 생애의 후기에 일어나는 종교적 사건들의 특징을 나타낸다.

그러나 사랑이 넘치는 하늘 아버지의 자녀임을 의식하면서 자라도록 부모가 기른 사람들은, 정신적 위기, 감정의 격변을 통해서만 하나님과 그렇게 친교를 겨우 의식할 수 있는 동료 필사자들을 탐탁지 않은 눈으로 보아서는 안 된다.

사람의 지성 속에서, 계시된 종교의 씨앗이 싹트는 진화의 토양은 아주 일찍부터 사회 의식을 낳는 도덕적 성품이다. 한 아이의 도덕적 성품을 처음 재촉하는 것은 성(性)이나 죄책감이나 개인의 자부심이 아니라, 오히려 정의·공평의 충동, 그리고 친절—동료들에게 유익한 봉사—를 베풀려는 충동과 상관이 있다. 일찍부터 생긴 그러한 도덕적 각성을 보살폈을 때, 갈등, 격변, 위기가 비교적 없는 종교 생활이 차츰 발달한다.

모든 인간은 아주 일찍부터 자아를 추구하는 충동과 이타적 충동 사이에 싸움 비슷한 것을 체험한다. 흔히 그러한 도덕적 갈등을 해결하는 과제에서 인간을 초월하는 도움을 찾는 결과로서, 하나님을 의식하는 첫 체험을 얻을 수 있다.

어린아이의 심리 상태는 부정적이 아니라, 자연히 긍정적이다. 무척 많은 인간이 부정적인 것은 그렇게 훈련을 받았기 때문이다. 어린아이가 긍정적이라고 말할 때, 도덕적 충동을 언급하며, 이 지성의 힘이 솟아나는 것은 생각 조절자가 도착했음을 알린다.

그릇된 가르침이 없는 가운데, 정상인 아이의 지성은, 죄와 죄책감으로부터 멀리, 부정적으로 움직이는 것이 아니라, 종교적 의식이 고개를 들면서, 도덕적 올바름과 사회 봉사를 향하여, 긍정적으로 움직인다. 종교적 체험의 발전에서, 갈등이 있을지 또는 없을지 모르지만, 인간 의지의 불가피한 결정, 노력, 활동이 언제나 있다.

도덕적 선택에는 많든 적든, 도덕적 갈등이 보통 따른다. 아이의 지성 속에서 맨 처음에 생기는 바로 이 싸움은 이기주의 욕구와 이타주의 충동 사이에 있다. 생각 조절자는 이기심의 동기가 가진 성격 가치를 무시하지 않지만, 인간 행복의 목표에, 그리고 하늘 나라의 기쁨에, 이르는 것으로서, 이타심의 충동을 조금 더 우대하도록 작용한다.

한 도덕적 존재가 이기심에 이끌릴 욕구에 부닥쳐서 사심 없이 되기를 선택할 때, 그것은 원시적 종교 체험이다. 어떤 동물도 그렇게 선택할 수 없다. 그러한 결정은 인간답고도 종교적이다. 그것은 하나님을 의식하는 사실을 용납하고, 사회에 봉사하는 충동을 나타내며, 이 충동이 사람의 형제 정신의 기초이다. 자유 의지 행위로 지성이 올바른 도덕적 판단을 선택할 때, 그러한 결정은 종교적 체험을 이룬다.

그러나 어린아이가 도덕적 능력을 얻고, 따라서 이타적 봉사를 택할 수 있을 만큼 충분히 성장하기에 앞서, 그는 이미 튼튼하고 잘 통일된 이기적 성품을 개발하였다. 바로 이 사실의 상황이 "높은" 성품과 "낮은" 성품 사이에, "죄 많은 늙은 이"와 은혜로운 "새 성품" 사이에, 싸움이 있다는 이론을 낳는다. 일생에 아주 일찍부터 정상인 어린아이는 "주는 것이 받는 것보다 더 복이 있다"는 것을 배우기 시작한다.

사람은 제 실속을 찾는 욕구를 자아—그 자신—과 동일시하는 경향이 있다. 이와 대조해서 이타심을 가지려는 의지를 제 몸 바깥에 있는 어떤 영향—하나님—과 동일시하고 싶어한다. 정말로 그러한 판단이 옳으니, 이는 모든 그러한 비자아 욕구는 깃드는 생각 조절자의 인도하심에 실제로 기원을 가지며, 이 조절자는 하나님의 분신이다. 영 감시자의 충동을 인간의 의식 속에서 이타적 욕구, 즉 동료 생물을 염두에 두는 욕구로서 깨닫는다. 적어도 이것이 어린아이의 머리 속에서 일찍부터 생기는 근본적 체험이다. 자라는 어린아이가 성격의 통일을 이루지 못할 때, 이 타심의 욕구는 자아의 복지에 심각한 상처를 입히도록 너무 지나치게 자랄 수도 있다. 그릇되게 안내를 받은 양심은 많은 갈등·걱정·슬픔, 그리고 인간의 끝없는 불행의 원인이 될 수 있다.

3. 종교와 인류

영과 꿈에 관한 관념과 다채로운 다른 미신은 모두 원시 종교들의 진화적 기원에 한 역할을 했지만, 너희는 씨족이나 부족의 단결 정신의 영향을 간과해서는 안 된다. 초기의 인간 지성의 도덕적 성품에 있는 이기심과 이타심의 갈등에 도전한 바로 그 사회 상황이 집단 관계에서 제시되었다. 오스트랄리아의 원시인들은 영을 믿는데도, 아직도 종교를 씨족에 초점을 둔다. 시간이 지나면, 그러한 종교 개념들은, 처음에는 동물로, 나중에는 초인간이나 어떤 신으로서 성격화하는 경향이 있다. 아프리카 부시맨들의 신앙은 토템 신앙까지도 되지 않지만, 그처럼 열등한 종족들조차 자기 이익과 집단 이익의 차이를 인식하며, 이것은 세속의 것과 신성한 것의 가치를 원시적으로 구별한 것이다. 그러나 사회 집단은 종교적 체험의 근원이 아니다. 사람의 초기 종교에 이 모든 원시적 기여가 미친 영향에 상관 없이, 참된 종교적 충동은 사심 없이 되려는 의지를 활성화하는 진정한 영 존재에 그 기원을 가지는 것이 여전히 사실이다.

후일의 종교는 자연의 경이와 신비, 즉 비인격 마나[1]를 믿는 원시 신앙에서 예시되었다. 그러나 머지않아, 진화하는 종교는 개인이 그 사회 집단의 이익을 위하여 얼마큼 몸소 희생해야 한다고, 다른 사람들을 더 행복하고 더 낫게 만들기 위하여 무엇인가 해야 한다고 요구한다. 궁극에 종교는 하나님과 사람에게 베푸는 봉사가 되도록 정해졌다.

종교는 사람의 환경을 바꾸도록 고안되어 있다. 그러나 오늘날 사람들 사이에서 발견되는 종교에서 많은 것은 이렇게 할 힘이 없게 되었다. 환경이 너무나 자주 종교를 지배하였다.

어느 시대의 종교에서도 지극히 중요한 체험은 신학의 교리나 철학 이론에 관한 사상이 아니라, 도덕적 가치와 사회적 의미에 관한 느낌이라는 것을 기억하여라. 마술의 요소가 도덕의 개념으로 대체됨에 따라서 종교는 유리하게 진화한다.

사람은 마나, 마술, 자연 숭배, 영에 대한 두려움, 동물을 숭배하는 미신들을 거쳐서, 여러 가지 예식에 이르기까지 진화했고, 그런 예식으로 말미암아 개인의 종교적 태도는 씨족의 집단 반응이 되었다. 다음에 이 예식들은 부족의 신앙으로 집중되고 구체화되었고, 궁극에 이 두려움과 신앙은 신들로 인격화(人格化)되었다. 그러나 이 모든 종교적 진화에서 결코 도덕 요소가 통째로 빠진 적은 없다. 사람 안에서 하나님의 충동은 언제나 힘이 있었다. 그리고 이 힘센 영향—인간적 영향과 신성한 영향—은 세월의 변천을 통해서 종교가 살아남는 것을 보장했고, 게다가 1천 가지의 뒤집어엎는 성향과 적대심 때문에 무척 자주 절멸될 위협을 받았는데도 그랬다.

4. 영적 친교

사회의 행사와 종교적 모임의 차이, 특징을 가리키는 차이는, 세속의 모임과 대조해서 종교적 모임이 친교의 분위기에 젖는 것이다. 이 방법으로 인간의 교제는 신다운 자와 친교하는 느낌을 일으키며, 이것이 집단 예배의 시작이다. 공동으로 식사를 함께 하는 것은 가장 일찍 있던 종류의 사회적 교통이었고, 그래서 초기의 종교들은 예식에서 바치는 희생물의 얼마큼을 예배하는 사람들이 먹어야 한다고 규정했다. 그리스도교에서도 주의 성찬은 이 형태의 친교를 유지한다. 친교의 분위기는 자기를 추구하는 자아와 깃드는 영 감시자의 이타적 충동 사이의 싸움에서, 신선한 느낌을 주고 위로하는 휴전 기간을 마련해 준다. 이것이 참된 예배에 이르는 전주곡이다—하나님의 계심을 연습하는 것이니, 이것이 궁극에는 사람의 형제 정신이 태어나게 만든다.

원시인이 하나님과 가지는 친교가 중단되었다고 느꼈을 때, 그는 속죄하려고, 즉 친한 관계를 되찾으려는 노력으로 어떤 종류의 희생물을 바치는 데 의존하였다. 올바름을 간절하게 목마르게 찾는 것은 진리의 발견으로 이끌고, 진리는 이상을 키우며, 이것은 개별 종교가에게 새로운 문제를 일으킨다. 이는 우리의 이상이 기하급수(級數)로 자라는 경향이 있고, 한편 그 이상에 부끄럽지 않게 사는 우리의 능력은 겨우 산술 급수로 높아지기 때문이다.

(죄를 의식함이 아니라) 죄책감의 느낌은 영적 교통이 단절되거나 사람의 도덕적 이상을 낮춤으로부터 온다. 그러한 곤경으로부터 구원받는 것은, 사람의 가장 높은 도덕적 이상이 반드시 하나님의 뜻과 비슷한 말이 아니라는 것을 깨달음을 통해서 얻을 수 있다. 사람은 그의 가장 높은 이상에 부끄럽지 않게 살기를 바랄 수 없지만, 하나님을 찾아내고, 갈수록 더 그와 비슷하게 되는 목표에 충실할 수 있다.

예수는 희생물을 바치고 대신 속죄하는 예식들을 싹 쓸어 버렸다. 사람이 하나님의 아이라고 선포함으로써, 이 모든 꾸며 낸 죄책감의 근거와 우주에서 고립되었다는 느낌을 없애 버렸다. 피조물과 창조자의 관계는 아이와 부모의 기초 위에 놓여졌다. 하나님은 필사 아들딸에게 사랑에 넘치는 아버지가 된다. 그러한 친밀한 가족 관계의 정당한 부분이 아닌 모든 예식은 언제까지나 취소된다.

아버지 하나님은 실제의 미덕이나 자격에 바탕을 두는 것이 아니라, 자식인 사람의 동기—피조물의 목적과 의도—를 인식해서 자식을 다룬다. 그 관계는 부모와 자식 결합의 관계이며, 신의 사랑으로 말미암아 활성화된다.

5. 이상의 기원

초기의 진화적 지성은 주로 감정의 두려움에서 유래하는, 사회적 의무와 도덕적 책무의 느낌이 생기게 만든다. 사회에 봉사하려는 좀더 분명한 욕구와 이타주의 이상(理想)은 인간의 지성에 깃드는 신다운 영이 직접 주는 충동으로부터 파생된다.

남에게 착한 일을 하는 이 관념이나 이상—사람이 이웃의 이익을 위하여 자아에게 무엇인가 부인하려는 충동—은 처음에는 대단히 제한되어 있다. 원시인은 오직 그에게 아주 가까운 자, 그를 이웃으로 다루는 자들만 이웃으로 여긴다. 종교 문명이 진보함에 따라서, 사람의 이웃 개념은 씨족과 부족과 나라를 둘러싸도록 커진다. 그리고 나서 예수는 이웃의 규모를 온 인류를 둘러싸도록, 우리가 우리의 적을 사랑해야 한다고 하기까지, 크게 만들었다. 모든 정상 인간의 마음 속에는 이 가르침이 도덕적이라—옳다—고 말해 주는 무엇이 있다. 이 이상을 가장 적게 실천하는 자들조차, 그것이 이론으로는 옳다고 인정한다.

모든 사람은 사심 없이 되고 이타심을 가지려는 이 보편적 인간 욕구의 도덕성을 인식한다. 인본주의자는 이 욕구의 기원을 물질 지성의 자연스러운 작용의 탓으로 돌린다. 종교가는 필사 지성이 가진 참으로 사심 없는 욕구는 그 생각 조절자가 안에서 영적으로 인도하심에 반응하는 것이라고 더 바르게 인식한다.

그러나 자아의 의지(意志)와 자아가 아닌 의지 사이에서 생기는 이 초기의 싸움을 사람이 풀이하는 것은 반드시 믿을 만하지 않다. 오로지 상당히 잘 통일된 인격자가 자아의 갈망과 싹트는 사회 의식이 여러 모습으로 다투는 것을 중재할 수 있다. 자아는 자기의 이웃만큼 권리를 가지고 있다. 둘 가운데 어느 것도 개인의 눈길과 봉사를 독점으로 요구하지 못한다. 이 문제를 풀지 못하는 것은 가장 초기 형태로 인간의 죄책감을 낳는다.

오로지 자아의 자존심 욕구와 더 높은 자아(신다운 영)의 이타적 욕구가, 통합하고 감독하는 인격의 통일된 의지로 말미암아 조정되고 절충될 때에야 인간의 행복을 얻는다. 진화 인간의 지성은 감정적 충동의 자연스러운 팽창, 그리고 영적 통찰력—진정한 종교적 숙고—에 바탕을 둔 사심 없는 욕구의 도덕적 성장, 이 둘 사이의 싸움을 심판하는 까다로운 문제에 늘 부딪친다.

자아를 위해서, 그리고 가장 많은 타아를 위해서 똑같은 이익을 확보하려는 시도는, 시간과 공간의 틀 속에서 반드시 만족스럽게 풀 수 없는 문제를 제시한다. 영생을 가정하면 그러한 적대 관계는 해결될 수 있지만, 한 짧은 인생에서 이것은 해결될 수 없다. 예수는 그러한 역설(逆說)을 언급할 때 이렇게 말했다: "누구든지 제 목숨을 구하려 하는 자는 잃겠거니와 누구든지 하늘 나라를 위하여 제 목숨을 버리고자 하는 자는 얻으리라."

이상을 추구하는 것—하나님과 같이 되려고 애쓰는 것—은 죽기 전과 후에 이어지는 노력이다. 죽은 뒤의 생활은 사람의 존재와 기본 요소에서 아무런 차이가 없다. 이 생명에서 우리가 행하는 착한 모든 것이 앞날의 생명을 높이는 데 바로 기여한다. 진짜 종교는, 자연사의 문간을 거쳐 가는 결과로서 사람에게 부여되는 미덕, 고귀한 인격에 있는 모든 미덕을 얻는다는 헛된 희망을 북돋음으로, 도덕적 태만과 영적 게으름을 조장하지 않는다. 참된 종교는 필사자가 일생을 빌려 사는 동안에 앞으로 나아가려는, 사람의 노력을 헐뜯지 않는다. 사람이 벌어들인 것은 모두 불멸하는 생존 체험의 첫 단계들을 강화하는 데 바로 기여한다.

사람의 모든 이타적 충동이 기껏해야 그의 자연스러운 군집 본능이 발달한 것이라 가르칠 때, 그것은 사람의 이상주의에 치명적이다. 그러나 자기 혼의 이 상급 욕구가 필사 지성에 깃드는 영적 세력으로부터 방출되어 나온다는 것을 사람이 알게 될 때, 사람은 고귀하게 되고 힘차게 에너지를 얻는다.

영원하고 신다운 무엇이 자기 속에 살며 애쓴다는 것을 사람이 일단 완전히 깨닫는 것은 사람을 자신으로부터, 자신을 넘어서, 들어올린다. 그래서 우리의 이상이 초인간 기원을 가졌다는 것을 믿는 살아 있는 믿음이 우리가 하나님의 아들이라는 신앙을 정당화하고, 우리의 이타적 확신, 즉 사람이 형제라는 느낌을 현실로 만든다.

사람은 자기의 영적 분야에서 자유 의지를 가지고 있다. 필사 인간은 전능한 하나님의 경직된 통치에 복종하는 힘없는 종도 아니요, 기계론자가 말하는 우주 결정론에서 희망 없는 숙명의 희생자도 아니다. 아주 참되게 말하면, 사람은 자신의 영원한 운명을 설계하는 자이다.

그러나 사람은 압력으로 말미암아 구원을 받거나 고귀하게 되지 않는다. 영의 성장은 진화하는 혼 속에서 솟아난다. 압력은 성격을 일그러지게 만들지 모르지만, 결코 성장을 자극하지 않는다. 교육의 압력조차도, 비참한 체험을 막는 데 도움된다는 점에서, 겨우 부정적으로 유익하다. 모든 바깥 압력이 최소인 곳에서 영적 성장이 가장 크다. "주의 영이 있는 곳에 자유가 있도다." 사람은 가정과 공동체, 교회와 국가의 압력이 가장 적을 때 아주 잘 자란다. 그러나 이것은 진취적인 사회에서 가정과 사회 제도, 교회와 국가가 설 자리가 없다는 뜻으로 풀이되어서는 안 된다.

사회의 종교 집단에서 한 구성원이 그런 집단의 요구 조건을 따랐을 때, 그는 종교적 관념의 진리와 종교적 체험의 사실에 관하여 자신의 개인적 해석을 완전히 표현하면서 종교적 자유를 누리도록 격려를 받아야 한다. 한 종교 집단의 안전은, 신학으로 한결같음이 아니라, 영적 통일성에 달려 있다. 한 종교 집단은 "자유 사상가"가 되어야 할 필요가 없이, 자유롭게 생각하는 자유를 누릴 수 있어야 한다. 살아 계신 하나님을 예배하고, 사람의 형제 정신을 인정하고, 그 회원들로부터 감히 모든 교리의 압력을 없애는 어떤 교회에도 큰 희망이 있다.

6. 철학적 조정

신학은 인간 정신의 행위와 반응을 연구하는 것이다. 신학의 개인적 표현에서 심리학, 그리고 신학의 체계적인 묘사에서 철학, 이 두 가지와 얼마큼 반드시 통합되어야 하기 때문에, 신학은 결코 하나의 과학이 될 수 없다. 신학은 언제나 <u>너의</u> 종교를 연구하는 것이다. 다른 사람의 종교를 연구하는 것은 심리학이다.

사람이 <u>바깥</u>에서 그의 우주를 연구하고 조사하는 일에 접근할 때, 그는 여러 가지 자연 과학을 만들어 낸다. 그가 자신과 우주의 연구를 <u>안</u>에서 접근할 때, 그는 신학과 형이상학에 기원을 준다. 사물과 존재들로 이루어진 우주에 접근하는 이 두 가지 정반대 되는 길의 발견과 가르침 사이에 처음에 나타나도록 예정된 많은 상이점을 조화하려는 노력으로, 철학이라는 후일의 기술이 발달한다.

종교는 영적 관점, 인간 체험의 <u>내면성</u>을 깨달음과 상관이 있다. 사람의 영적 성품은 그에게 우주의 바깥을 안쪽으로 넣는 기회를 마련해 준다. 따라서, 순전히 성격 체험의 내면성으로부터 보았을 때, 모든 창조의 성품이 영답게 보인다는 것이 참말이다.

사람이 자기 육체 감각의 물질적 자질 및 관계된 지성의 파악을 통해서 우주를 분석 방법으로 검사할 때, 우주는 기계 같고 에너지 물질인 듯하다. 실체를 연구하는 그러한 기법은 우주의 안을 바깥으로 내놓는 것이다.

우주에 대하여 논리와 일관성이 있는 철학 개념은 유물론(**唯物論**)이나 유심론(**唯心論**)의 가설 위에 지을 수 없으니, 이는 이 두 생각 체계가, 보편적으로 적용되었을 때, 우주를 비뚤게 보도록 강요되기 때문이다. 즉 전자는 속을 바깥으로 내놓은 우주를 접촉하며, 후자는 바깥을 안으로 넣은 우주의 성질을 깨닫는다. 그러면 과학이나 종교는 결코 그 자체로서 저절로, 혼자 힘으로, 인간 철학의 안내와 신이 준 계시의 빛이 없이는, 보편적 진리와 관계를 적절히 이해하기를 바랄 수 없다.

언제나 사람 속에 있는 영은 그 표현과 자아의 실현을 위하여 지성의 기계 작용과 기법에 의존한다. 마찬가지로 사람이 물질 실체를 바깥에서 체험하는 것은 그 체험하는 인격자의 지성 의식에 바탕을 둔다. 따라서 영적 체험과 물질적 체험, 속과 바깥의 인간 체험은 반드시 지성 기능과 상관되며, 그들이 의식해서 깨닫는 것에 관하여, 지성 활동에 조건을 받는다. 사람은 그의 지성 속에서 물질을 체험한다. 사람은 혼 속에서 영적 실체를 체험하지만, 그의 지성 속에서 이 체험을 의식하게 된다. 지능은 사람이 겪는 체험의 총합을 조화시키는 것이요, 항상 있는 조정하고 제한하는 물건이다. 에너지인 사물과 영 가치, 이 두 가지는 의식의 지성 매체를 통해서 그 해석에 따라 색깔을 얻는다.

과학과 종교를 좀더 어울리게 조정하는 데 너희가 겪는 어려움은 가운데 개재하는 상물질 세계의 사물과 존재들의 분야를 너희가 까맣게 모르기 때문이다. 지역 우주는 물질·상물질·영, 이렇게 실체가 명시되는 세 등급이나 단계로 이루어져 있다. 상물질 각도의 접근은 자연 과학에서 발견된 것과 종교 정신의 작용 사이에 모든 차이점을 지워 버린다. 논리는 과학에서 이해하는 기법이요, 믿음은 종교의 통찰력 기법이며, 상지혜는 상물질 수준의 기법이다. 상지혜는 초물질 실체에 대한 감수성이며, 이것은 지식 논리를 그 알맹이로 가졌고 믿음과 통찰력을 그 본질로 가졌기 때문에, 불완전한 성장을 비로소 보상하고 있다. 상지혜는 물질 성격자들이 도달할 수 없는 갈라지는 실체 파악을 철학을 초월하여 절충하는 것이다. 상지혜는 육체의 물질 생명 뒤에 살아남는 체험에 얼마큼 바탕을 둔다. 그러나 많은 사람이 멀리 따로 떨어진 과학과 종교 분야 사이의 상호 작용을 절충하는 어떤 방법을 가지는 것이 바람직함을 인식했다. 그리고 형이상학은 잘 알려진 이 간격에 다리를 걸치려고, 사람이 쓸데없이 시도한 결과이다. 그러나 인간의 형이상학은 빛을 던지기보다는 사람을 헛갈리게 하는 것임이 드러났다. 형이상학은 상물질계의 상지혜가 없는 것을 메우려고 사람이, 의도가 좋기는 해도 쓸데없는 노력을 쏟았음을 나타낸다.

형이상학(形而上學)은 실패라는 것이 증명되었다. 상지혜를 사람은 파악할 수 없다. 계시는 물질 세계에서 진리에 대한 감수성을 주는 상지혜의 부재를 메울 수 있는 유일한 기법이다. 계시는 진화하는 구체(球體)에서 논리를 써서 발달된 형이상학의 혼란 상태를 권위를 가지고 명료하게 해 준다.

과학은 사람이 자기의 물리적 환경, 에너지 물질의 세계를 연구하는 시도이다. 종교는 사람이 영적 가치가 있는 우주에 부딪치는 체험이다. 철학은 멀리 떨어진 이 개념들의 조사 결과를 우주에 대하여 합리적이고 통일된 태도와 비슷한 무엇으로 조직하고 연관지으려는, 사람의 정신 노력에 따라서 개발되어 왔다. 계시로 말미암아 맑게 된 철학은, 상지혜가 없는 가운데, 그리고 상지혜를 대신하는, 사람의 논리 대체물—형이상학—이 붕괴하고 실패한 마당에, 쓸 만하게 활동한다.

옛날 사람은 에너지 수준과 영 수준을 구별하지 않았다. 처음으로 수학적인 것과 의지가 있는 것을 분리하려고 애쓴 것은 보라 인종과 그 안드 후계자들이었다. 문명화된 사람은 아주 일찍 있던 그리스인과 수메르인들의 발걸음을 더욱 따라갔는데, 이들은 생명이 있는 것과 없는 것을 구별했다. 그리고 문명이 진보함에 따라서, 철학은 영 개념과 에너지 개념 사이에 항상 넓어지는 틈에 다리를 놓아야 할 것이다. 그러나 공간 시대에 있는 이 여러 차이점은 최상위 안에서 하나가 된다.

과학은 반드시 이성(理性)에 기초를 두어야 한다. 하지만 상상과 추측은 그 테두리를 연장하는 데 도움이 된다. 종교는 언제까지나 믿음에 의존한다. 하지만 이성은 안정시키는 영향력이요, 도움이 되는 하녀이다. 그리고 자연 세계와 영적 세계의 현상을 잘못 해석한 것, 그릇되게 과학과 종교라 부르는 것들이 언제나 있어 왔고, 늘 있을 것이다.

과학을 어설프게 파악하는 것, 종교를 힘없이 붙잡는 것, 하다가 그만둔 형이상학의 시도로부터 사람은 철학의 뼈대를 지으려고 애썼다. 물질 세계와 영 세계 사이에 온통 중요하고 필수인 형이상학의 연결이 붕괴되지 않았다면, 즉 형이상학이 물리적인 것과 영적인 것 사이의 상물질 간격에 다리 놓는 데 실패하지 않았다면, 현대인은 정말로 자신과 우주에 대하여 가치 있고 마음을 끄는 철학을 세울 것이다. 필사 인간에게는 상물질계 지성과 물질에 관한 개념이 모자란다. 계시는, 우주에 대한 논리적 철학을 세우기 위하여, 그 우주에서 확실하고 안정된 자기 자리를 만족스럽게 이해하기 위하여, 사람이 무척 긴급히 필요한 이 개념 자료의 부족을 메워 주는 유일한 기법이다.

계시는 상물질 간격을 좁히는, 진화하는 사람의 유일한 희망이다. 상지혜의 도움이 없이, 믿음과 이성은 논리적 우주를 파악하고 연구할 수 없다. 상지혜의 통찰력이 없이, 필사인은 물질 세계의 현상에 있는 선(善), 사랑, 진리를 헤아릴 수 없다.

사람의 철학은 물질 세계의 방향으로 상당히 기울어질 때, 합리주의나 자연주의가 된다. 철학은 영적 수준을 향하여 특별히 기울어질 때, 이상주의나 신비주의가 되기까지 한다. 몹시 불행하게 형이상학에 기댈 때, 철학은 어김없이 회의에 빠지고 뒤범벅이 된다. 지난 시대에, 사람의 지식과 지적 평가의 대부분은 이 세 가지 파악의 왜곡 가운데 하나에 빠졌다. 철학은 감히 직선 논리의 모양으로 실체에 대하여 그 해석을 투영하지 않는다. 철학은 결코 실체의 타원 모양의 균형, 그리고 모든 관계 개념의 본질적 굴곡을 무시(無視)해서는 안 된다.

필사인이 도달할 수 있는 가장 높은 철학은 과학에서 이성, 종교에서 믿음에, 그리고 계시가 주는 진리 통찰력에, 논리적으로 기초를 두어야 한다. 이 연합으로 사람은 적당한 형이상학을 개발하지 못한 실패와 상물질계의 상지혜를 이해하는 능력의 부재를 보상할 수 있다.

7. 과학과 종교

이성이 과학을, 믿음이 종교를 유지한다. 이성(理性)에 바탕을 두지는 않아도, 믿음은 타당하다. 비록 논리에 의존하지 않지만, 그런데도 건전한 논리가 믿음을 북돋아 준다. 이상적 철학도 믿음을 기를 수 없다. 정말로, 과학과 더불어, 믿음은 그런 철학의 바로 그 근원이다. 믿음, 인간의 종교적 통찰력은 오로지 계시로만 확실히 가르침을 받을 수 있고, 영이신 하나님의 영적 조절자의 깃드심을 사람이 몸소 겪어야 확실하게 높아질 수 있다.

참된 구원은, 물질의 확인으로부터 상물질 연락이 있는 분야들을 거쳐서, 영적 상관이 있는 높은 우주 상태에 이르기까지, 필사 지성을 신성하게 진화시키는 기법이다. 땅에서 일어나는 진화에서 물질적 직관의 본능이 논리로 따져 얻은 지식의 출현보다 앞서는 것처럼, 영적 직관으로 얻는 통찰력이 나타나는 것은 상물질 및 영적 논리가 나중에 출현하고 하늘에서 진화하는 훌륭한 프로그람을 체험할 것을 미리 알리며, 이 하늘의 진화는 현세적 인간의 잠재성을 영원한 인간, 즉 파라다이스 최후자의 사실성과 신성으로 변화시키는 사업이다.

그러나 하늘 가는 사람이 하나님 체험을 얻으려고 안으로, 파라다이스 방향으로 손을 뻗음에 따라서, 그는 물질 우주를 에너지로 이해하기 위하여 바깥으로, 공간을 향하여 마찬가지로 손을 뻗고 있을 것이다. 과학의 진보는 사람이 땅에서 사는 생활에만 국한되지 않는다. 사람이 우주와 초우주를 올라가는 체험은, 적지 않게 에너지의 변질과 물질 변형의 연구가 될 것이다. 하나님은 영이지만, 신은 하나되는 것이요, 신이 하나됨은 우주의 아버지와 영원한 아들의 영적 가치를 담을 뿐 아니라, 우주 통제자와 파라다이스 섬의 에너지 사실을 또한 인식하고, 한편 이 두 단계의 우주 실체는 합동 행위자의 지성 관계에서 완전히 서로 상관되고, 최상 존재의 솟아나는 신의 유한한 수준에서 통일된다.

체험적 철학이 중재함으로 과학적 태도와 종교적 통찰력을 연합하는 것은 사람이 파라다이스로 올라가는 긴 체험의 일부이다. 수학의 추정(推定)과 통찰력의 확실성은 최상위의 최대 달성에 미치지 못하는 모든 수준의 체험에서, 지성 논리의 조화하는 기능을 반드시 요구할 것이다.

그러나 한 인격의 과학적·영적 모습이 진리에 지배되고, 진리가 무슨 결론으로 인도하는가 상관 없이 어디로든지 인도하는 대로 진리를 따르기를 진심으로 바라지 않는 한, 논리는 과학의 조사 결과와 종교의 통찰력을 조화하는 데 결코 성공하지 못할 것이다.

논리는 철학의 기법이요, 그 표현 방법이다. 참 과학의 분야 안에서, 이성은 반드시 진정한 논리에 순종한다. 참된 종교의 영토 안에서, 속을 들여다보는 과학적 접근의 관점에서 볼 때 그러한 믿음이 도무지 근거가 없어 보이더라도, 믿음은 속 관점의 기초에서 볼 때 반드시 논리가 있다. 바깥으로부터 안을 들여다보면서, 우주는 물질로 보일지 모른다. 안에서부터 바깥을 보면, 바로 그 우주는 온통 영적인 듯이 보인다. 이성은 물질적 인식으로부터, 믿음은 영적 인식으로부터 생겨난다. 그러나 계시로 강화된 철학의 중재를 통해서, 논리는 안과 바깥의 관점을 확인할 수도 있고, 그로서 과학과 종교, 이 두 가지를 안정시킨다. 따라서, 공통으로 철학의 논리와 접촉함을 통해서, 과학과 종교, 이 두 가지가 갈수록 더 서로에게 관대하게 되고, 회의(懷疑)가 자꾸 줄어 들 수도 있다.

발달하는 과학과 종교가 필요로 하는 것은 더욱 탐구하는, 두려움 없는 자아 비판이요, 진화의 지위에서 불완전함을 더욱 크게 인식하는 것이다. 과학과 종교의 스승들은 아주 흔히 너무나 자신 있고 독단적이다. 과학과 종교는 오로지 그들이 가진 <u>사실</u>에 대해서 스스로를 비평할 수 있을 뿐이다. 사실의 단계를 떠나는 순간, 이성은 물러나든지, 아니면 거짓된 논리의 짝으로 빨리 퇴화해 버린다.

진리—우주 관계, 우주 사실 및 영적 가치의 이해—는 진리의 영이 베푸는 봉사를 통해서 가장 잘 얻을 수 있고, <u>계시</u>로 진리를 가장 잘 비평할 수 있다. 그러나 계시는 과학도 종교도 창시하지 않는다. 계시의 기능은 과학과 종교를 실체의 진리와 조정하는 것이다. 계시가 없는 가운데서 또는 계시를 받아들이거나 붙잡지 못할 때, 필사인은 언제나 자기가 만든 쓸데없는 형이상학의 손짓에 의존했고, 형이상학은 인간에게 진리의 계시, 즉 상물질 성격의 상지혜를 대신하는 유일한 대용품이다.

물질 세계를 다루는 과학은 사람으로 하여금 물리적 환경을 통제하고, 어느 정도 지배하게 만든다. 영적 체험의 종교는 친교하는 충동의 근원이며, 이것은 과학 시대의 문명이 복잡한 와중에서 사람들이 함께 살도록 만든다. 형이상학, 그러나 좀더 확실하게 말해서 계시는, 과학과 종교, 이 둘을 발견하기 위하여 공통으로 만나는 장소를 마련해 주며, 동떨어졌어도 서로 의존하는 이 생각 분야들을 논리 있게 서로 연결지어서, 과학적으로 안정되고 종교적 확실성을 가진 잘 균형 잡힌 철학으로 만들려는, 인간의 노력을 가능하게 한다.

필사자인 상태에서는, 아무 것도 절대로 증명할 수 없다. 과학과 종교는 가정(假定)에 바탕을 둔다. 상물질 수준에서는 과학과 종교의 여러 가설은 상지혜 논리를 써서 일부 증명이 가능하다. 최대의 지위를 가진 영적 수준에서, 실제로 실체를 맛보고 실체와 함께 맛보는 체험 이전에, 유한한 증명이 있을 필요가 차츰 사라진다. 그러나 그 때에도 유한한 것들을 지나서 증명되지 않은 채로 남아 있는 것이 많이 있다.

인간 생각의 모든 분야는, 증명되지 않았어도, 사람의 지성 자질을 구성하는 실체에 대한 민감성을 이용하여 받아들인 어떤 여러 가정에 근거를 둔다. 물질·움직임·생명, 이 세 가지의 실체를 가정함으로, 과학은 자랑스러운 그 추리하는 경력을 시작한다. 종교는 지성, 영, 우주—즉 최상 존재—이 세 가지의 정당성을 가정하고서 시작한다.

과학은 공간 속에서 시간적 에너지와 물질을 다루는 수학을 생각하는 영토가 된다. 종교는 유한한 현세의 영 뿐 아니라, 또한 영원한 최고의 영을 다루기를 가정한다. 오로지 상지혜를 오랫동안 겪는 체험을 통해서, 우주를 파악하는 이 두 가지 극단이 기원, 기능, 관계, 실체, 운명을 비슷하게 풀이하도록 만들 수 있다. 에너지와 영의 분산을 최대로 조화시킨 것은 일곱 으뜸 영의 회로 연결에 있다. 그들의 처음 통일은 최상위의 신에 있고, 마지막 통일은 첫째 근원 중심, 스스로 계신 이의 무한성에 있다.

이성은 에너지와 물질로 이루어진 물리적 세계 속에서, 세계와 함께 겪는 체험에 관하여, 의식이 내리는 결론을 인식하는 행위이다. 믿음은 영적 의식—사람이 달리 증명할 수 없는 어떤 것—의 정당성을 인식하는 행위이다. 논리는 믿음과 이성이 통일된 전진, 진리를 찾는 합성된 전진이며, 필사 존재들을 구성하는 지성 자질에, 즉 사물과 의미와 가치를 날 때부터 인식하는 데, 기초를 둔다.

생각 조절자의 계심에는 영적 실체를 가리키는 진정한 증명이 있다. 그러나 이 계심이 정당함을 바깥 세계에 보여 줄 수 없고, 이처럼 하나님이 깃드심을 체험하는 사람에게만 그럴 수 있다. 조절자의 의식은 진리를 지적으로 받아들이는 것, 선을 초월 지성이 파악하는 것, 인격의 사랑하려는 동기에 기초를 둔다.

과학은 물질 세계를 발견하고, 종교는 그 세계를 평가하고, 철학은 그 의미를 풀이하려 애쓰며, 한편 과학의 물질적 관점을 종교의 영적 개념과 조정한다. 그러나 역사(歷史)는 과학과 종교가 결코 완전히 찬성하지 않는 영역이다.

8. 철학과 종교

과학과 철학이 모두 추리와 논리를 써서 하나님이 있음직하다는 것을 가정할까 싶어도, 영에게 인도받는 인간이 몸소 겪는 종교적 체험만이 성격을 가진 그러한 최상의 신의 확실성을 확인할 수 있다. 살아 있는 진리를 그렇게 육신화하는 기법으로, 하나님이 있음직하다는 철학적 가정은 종교적 현실이 된다.

하나님의 확실성을 체험하는 것에 관하여 생기는 혼란은 독립된 개인들이, 그리고 다른 종족의 사람들이, 그 체험을 달리 풀이하고 언급함으로부터 생겨난다. 하나님을 체험하는 것은 전적으로 타당할지 모르지만, 하나님에 관한 대화는 지적, 철학적이니까 서로 갈라지며, 때때로 혼란을 일으키도록 허위이다.

착하고 고귀한 남자가 제 아내를 더할 나위 없이 사랑하지만 결혼 애정 심리학에서 필기 시험에 도저히 만족스럽게 합격할 수 없을지 모른다. 또 다른 남자는 제 배우자에게 거의 또는 아무 사랑이 없어도, 그러한 시험에 아주 쓸 만하게 합격할지도 모른다. 사랑하는 자가 사랑받는 자의 참된 성품을 들여다보는 통찰력이 불완전함은 그의 사랑의 실체나 진실성을 한 푼도 무효로 만들지 않는다.

너희가 참으로 하나님을 믿는다면—믿음으로 그를 알고 사랑한다면—그러한 체험의 현실성이, 과학이 넌지시 던지는 의심의 말이나, 논리로 트집잡기나, 철학의 가설, 아니면 하나님 없는 종교를 만들려는, 좋은 뜻을 가진 사람들의 영리한 제안 때문에, 어떤 면에서도 줄어들거나 값이 떨어지게 하지 말라.

하나님을 아는 종교가의 확신은 의심하는 유물론자의 불확신에 흔들려서는 안 된다. 오히려 불신자의 불확신이 체험을 가진 신자의 깊은 믿음과 흔들리지 않는 확신에 힘차게 도전받아야 한다.

철학이 과학과 종교, 이 둘에 가장 크게 도움이 되려면, 유물론과 범신주의의 두 극단을 피해야 한다. 오로지 성격의 실체—변화 가운데 있는 영구성—을 인정하는 철학이 사람에게 도덕적 가치가 있을 수 있고, 물질 과학과 영적 종교를 다루는 이론 사이에 연결로서 쓰일 수 있다. 계시는 진화하는 철학의 허약성에 대한 보상이다.

9. 종교의 본질

신학(神學)은 종교의 지적 내용을 다루고, 형이상학(계시)은 철학적 모습을 다룬다. 종교적 체험은 종교의 영적 내용이다. 종교의 지적 내용에 신화 같은 변덕과 심리학적 망상이 있고, 형이상학의 잘못된 가정(假定)과 스스로 속이는 기법, 종교의 철학적 내용에 대하여 정치적 왜곡과 사회 경제적 변질이 있는데도, 개인적 종교에서 얻는 영적 체험은 여전히 진정하고 타당하다.

종교는 단지 생각 뿐 아니라, 느낌, 행동, 생활과 상관이 있다. 사고(思考)는 물질 생활에 더 가깝게 관계되며, 온통 그렇지는 않지만, 주로 이성과 과학의 사실에 지배를 받고, 영의 영역을 향한 비물질 범위에서는 진리에 지배를 받아야 한다.

사람의 신학이 아무리 착각이고 그릇되더라도, 사람의 종교는 전적으로 진정하고 영구히 참될 수 있다.

불교는 유란시아의 진화 역사 전체를 통해서 대두된 바, 하나님이 없는 최선의 종교들 가운데 하나이다. 하지만 이 신앙이 발전되자, 신이 없는 채로 남지는 않았다. 신앙이 없는 종교는 모순이다. 하나님 없이, 종교는 하나의 철학적 모순이요 지적 부조리이다.

자연 종교의 마술과 신화 같은 족보는 후일에 계시 종교들의 실체와 진리, 그리고 예수가 가졌던 종교의 완벽하고 유익한 복음을 무효로 만들지 않는다. 예수의 일생과 가르침은 마침내 종교로부터 마술의 미신, 신화(神話)의 환상, 전통적 독단주의의 사슬을 벗겨 버렸다. 그러나 이 초기의 마술과 신화는 물질을 초월하는 가치와 존재들의 계심과 실체를 가정함으로써, 나중에 나타나는 우수한 종교를 위하여 무척 효과 있게 길을 닦았다.

종교적 체험은 순전히 영적, 주관적 현상이지만, 그러한 체험은 우주의 객관적 실체의 가장 높은 영역을 향하여 분명하고 생생한 믿음의 태도를 받아들인다. 종교적 철학의 이상은, 온 우주의 무한한 아버지의 절대 사랑에 사람이 무조건 기대도록 이끌 그러한 믿음이요 신뢰이다. 그러한 진정한 종교적 체험은 이상주의 욕구의 철학적 객관화를 훨씬 초월한다. 그런 체험은 실제로 구원을 당연한 것으로 여기고, 오로지 파라다이스에 계신 아버지의 뜻을 배우고 행하는 일에만 아랑곳한다. 그러한 종교를 나타내는 표시는, 최상의 신을 믿는 믿음, 영원히 살아남기를 희망하는 자세, 그리고 사랑, 특히 동료들을 사랑하는 것이다.

신학이 종교의 주인이 될 때, 종교는 죽는다. 종교는 생명이 아니라 교리가 된다. 신학(神學)의 사명은 단지 개인의 영적 체험을 자의식하도록 돕는 것일 뿐이다. 신학은 종교의 체험적 주장을 정의하고 분명히 밝히고 해설하고 정당화하는 종교적 노력이며, 결국에는 오직 살아 있는 믿음이 이 주장을 입증할 수 있다. 우주의 상급 철학에서, 지혜는 이성과 마찬가지로, 믿음과 연합하게 된다. 이성, 지혜, 믿음은 사람의 가장 높은 인간적 성취이다. 이성은 사람에게 사실의 세계, 사물을 소개하며, 지혜는 사람에게 진리의 세계, 즉 관계를 소개한다. 믿음은 사람을 신성(神性)의 세계로, 영적 체험으로 들어가게 한다.

믿음은 이성이 갈 수 있는 데까지 아주 기꺼이 이성(理性)을 데리고 가며, 그리고 나서 완전한 철학의 한계까지 지혜와 함께 계속 간다. 다음에 믿음은 오직 진리의 동반을 받으면서, 한이 없고 결코 그치지 않는 우주 여행 길을 감히 떠나려 한다.

과학(지식)은 이성이 정당하다, 사람이 우주를 파악할 수 있다는 선천적 (보조영의) 가정 위에 기초를 둔다. 철학(조정된 이해)은 지혜가 정당하다, 그 물질 우주가 영적 우주와 조정될 수 있다는 선천적 (지혜 영의) 가정(假定) 위에 기초를 둔다. 종교(몸소 겪는 영적 체험의 진리)는 믿음이 정당하다, 사람이 하나님을 알 수 있고 하나님께 도달할 수 있다는 선천적인 (생각 조절자의) 가정 위에 기초를 둔다.

필사 인생의 실체를 충분히 깨닫는 것은 이 이성, 지혜, 믿음의 가정을 점진적으로 기꺼이 믿으려 하는 태도에 있다. 그러한 인생은 진리에 자극을 받고, 사랑이 지배하는 인생이다. 이것들은 객관적 우주 실체의 이상이며, 그 실체의 존재는 물질적으로 보여 줄 수 없다.

일단 옳은 것과 그른 것을 인식하고 나서, 이성은 지혜를 나타낸다. 지혜가 옳은 것과 그른 것, 진리와 잘못 사이에서 선택할 때, 지혜는 영의 인도하심을 보여준다. 이처럼 지성·혼·영의 활동은 늘 가까이 연합되고, 기능 면에서 서로 연결된다. 이성은 사실에 관한 지식을 다루고, 지혜는 철학과 계시를, 믿음은 살아 있는 영적 체험을 다룬다. 진리를 통해서 사람은 아름다움에 이르고, 영적 사랑으로 말미암아 사람은 선에 이르기까지 올라간다.

믿음은 겨우 신의 계심을 신비스럽게 느끼는 것 뿐 아니라, 하나님을 이해하는 길로 이끈다. 믿음은 그 감정적 결과에 지나치게 영향을 받아서는 안 된다. 참된 종교는 감정의 만족 뿐 아니라, 믿고 아는 체험이다.

종교적 체험에는 영적 내용에 비례하는 실체가 있으며, 그러한 실체는 이성, 과학, 철학, 지혜, 그리고 인간의 모든 다른 성취를 뛰어넘는다. 그러한 체험의 확신은 무너뜨릴 수 없고, 종교적 생활의 논리는 반박할 수 없다. 그러한 지식의 확실성은 인간을 초월한다. 그 만족감은 극도로 신성하고, 그 용기는 꺾을 수 없고, 그 헌신은 의심이 없으며, 그 충성은 더할 나위 없고, 그 운명은 최종이다—영원하고 궁극성과 보편성이 있다.

[네바돈의 한 멜기세덱이 발표했다.]

주 1. 마나(mana)는 폴리네시아·멜라니세아 주민들이 믿는 대자연의 힘.

제 104 편

삼위 일체 개념의 성장

계시된 종교의 삼위 일체 개념은 여러 진화 종교에 있는 삼원조(三員組) 관념과 혼동해서는 안 된다. 삼원조 관념은 많은 암시적 관계로부터 생겼지만, 주로 손가락이 세 마디이기 때문에, 세 다리가 의자를 안정시킬 수 있는 가장 작은 수였기 때문에, 떠받쳐 주는 세 점이 텐트를 지탱할 수 있기 때문이었다. 게다가 원시인은 오랫동안, 셋을 넘어서 셀 수 없었다.

지난날과 오늘날, 낮과 밤, 뜨거움과 차가움, 암놈과 수놈과 같은 어떤 자연스러운 쌍들을 제쳐 놓고, 사람은 무릇 삼원조로 생각하는 경향이 있었다. 예를 들면, 어제·오늘·내일, 일출·정오·일몰, 아버지·어머니·어린아이이다. 사람들은 갈채를 세 차례 승리자에게 보냈다. 죽은 사람들은 셋째 날에 묻혔고, 세 번 목욕해서 귀신을 구슬렸다.

인간의 체험에서 이러한 자연스러운 결합의 결과로서 삼원조가 종교에서 나타났고, 이것도 신들의 파라다이스 삼위 일체나 그들의 어떤 대표자도 인류에게 계시되기 오래 전에 그랬다. 나중에 페르시아인, 힌두인, 그리스인, 에집트인, 바빌로니아인, 로마인, 스칸디나비아인들은 모두 삼원조의 신들이 있었지만, 이들은 아직도 참된 삼자 일체가 아니었다. 삼원조의 신들은 모두 자연스러운 기원을 가졌고, 유란시아에서 가장 지적인 민족들의 대부분에서 언젠가 나타났다. 진화로 생긴 삼원조 개념은 계시된 삼위 일체 개념과 때때로 섞이게 되었다. 이 경우에는 흔히 두 가지를 구별하기가 불가능하다.

1. 유란시아의 삼위 일체 개념

파라다이스 삼위 일체를 이해하도록 이끈 계시, 유란시아에서 처음 있은 계시가 약 50만 년 전에 칼리가스티아 영주의 참모진으로부터 있었다. 최초의 이 삼위 일체 개념은 혹성의 반란이 있고 나서 미처 안정되지 않은 시절에, 세상에서 사라졌다.

첫째 동산과 둘째 동산에서 아담과 이브가 삼위 일체를 두 번째로 발표했다. 이 가르침은 약 3만 5천 년 뒤에 마키벤타 멜기세덱의 시절에도 완전히 잊혀지지는 않았는데, 왜냐하면 셋 사람들의 삼위 일체 개념이 메소포타미아와 에집트에서, 그러나 특별하게 인도에서 지속했고, 인도에서 아그니, 즉 베다에서 머리가 셋인 불의 신으로 오랫동안 남았다.

마키벤타 멜기세덱이 삼위 일체를 세 번째로 발표하였고, 살렘의 현자가 가슴받이에 걸쳤던 세 동심원(同心圓)이 이 교리를 상징하였다. 그러나 마키벤타는 팔레스타인의 베두인 사람들에게 우주의 아버지, 영원한 아들, 무한한 영에 관하여 가르치기가 아주 어려움을 알아차렸다. 그의 제자들의 대부분은 삼위 일체가 놀라시아덱의 최고자 세 분으로 구성되었다고 생각했고, 몇 사람은 삼위 일체가 체계 군주, 별자리 아버지, 지역 우주의 창조 신이라고 파악했다. 아버지·아들·영의 파라다이스 관계에 관한 아이디어를 어렴풋이라도 깨달은 자들은 더욱 적었다.

살렘 선교사들의 활동을 통해서, 삼위 일체에 관한 멜기세덱의 가르침은 유라시아와 북 아프리카의 많은 부분에 걸쳐 차츰 퍼졌다. 후일의 안드 사람 시대와 멜기세덱 이후 시대에 삼원조와 삼자 일체를 구별하는 것은 흔히 어렵고, 그 때 두 개념은 어느 정도까지 서로 섞이고 한데 엉키었다.

힌두인들 사이에서 삼자 일체설의 개념은 존재·지능·기쁨으로서 뿌리를 내렸다. (나중에 인도인이 개념화한 것은 브라마·시바·비슈누였다.) 더 일찍 있었던 삼위 일체 묘사를 셋 사람 사제들이 인도로 가져왔지만, 살렘 선교사들이 후일의 삼위 일체 관념을 들여왔고, 인도의 토착 지식인들이 이 교리들을 진화된 삼원조 개념들과 복합시킴으로 이를 발달시켰다.

불교 신자의 믿음은 삼자 일체설의 성질을 가진 두 교리를 개발했다. 먼저 있던 것은 선생·율법·우애였는데, 고타마 싯달타가 이를 발표하였다. 부다 추종자들의 북쪽 가지에서 발달한, 후일의 아이디어는 최상의 주, 성령, 육신화한 구원자를 포함했다.

힌두인과 불교 신자의 이 관념들은 진정한 삼자 일체 가설, 다시 말해서 일신교의 하나님이 세 가지로 명시된다는 관념이었다. 참된 삼자 일체 개념은 따로 있는 세 신을 그냥 한데 모아 놓은 것이 아니다.

히브리인들은 멜기세덱 시절에, 켄 사람의 전통으로부터 삼위 일체에 대하여 알았지만, 유일한 하나님, 야웨를 향한 그들의 열심이 모든 그러한 가르침으로 하여금 빛을 잃게 만들었고, 그래서 예수가 나타날 때까지 엘로힘 교리는 유대 신학으로부터 실질적으로 뿌리가 뽑혔다. 히브리인의 지성은 삼자 일체설 개념을 하나의 주, 이스라엘의 하나님을 믿는 일신교 관념과 절충할 수 없었다.

이슬람 신앙의 추종자들도 마찬가지로, 삼위 일체 관념을 깨닫지 못했다. 태어나는 일신교는 다신교와 부딪쳤을 때, 언제나 삼자 일체 사상을 관대하게 보기가 어렵다. 삼자 일체 관념은 교리의 탄력성과 아울러, 든든한 일신교 전통을 가진 종교에서 뿌리를 가장 잘 내린다. 큰 일신론자, 히브리인과 모하메드 교인들은 삼신(三神) 숭배, 다신론, 삼자 일체 사상, 즉 신성과 성격의 삼자 일체 명시로서 존재하는 하나의 신의 예배, 이 세 가지를 구별하기가 어려웠다.

예수는 사도들에게 파라다이스 삼위 일체를 구성하는 분들에 관한 진리를 가르쳤지만, 그들은 예수가 비유로, 상징으로 말한다고 생각했다. 히브리인의 일신교에서 젖을 먹었기 때문에, 그들은 지배하는 야웨 개념과 부딪치는 듯한 어떤 관념에도 귀를 기울이기가 어려웠다. 그리고 초대 그리스도 교인들은 삼위 일체 개념에 저항하는 히브리인의 편견을 물려받았다.

그리스도교에서 삼위 일체의 처음은 안티옥에서 선포되었고, 하나님, 그의 말씀, 그의 지혜로 이루어졌다. 바울은 아버지·아들·영으로 구성된 삼위 일체에 관하여 알았지만, 이에 관하여 설교하는 일이 드물었고, 새로 형성되는 교회들에 보낸 몇몇 편지에서만 언급하였다. 그 때에도, 동료 사도들이 그랬던 것처럼, 바울은 예수, 곧 지역 우주의 아들 창조자를 신의 둘째 분, 곧 파라다이스의 영원한 아들과 혼동하였다.

그리스도교의 삼위 일체 개념은 그리스도 뒤 1세기의 끝 가까이에 비로소 인정을 받았는데, 이것은 우주의 아버지, 네바돈의 아들 창조자, 구원자별의 신성한 봉사자—지역 우주의 어머니 영이자 아들 창조자의 창조 배우자—로 구성되어 있었다.

예수가 살던 시절 이후로, 계시하는 이 발표문에서 내놓기까지, (특별히 그 계시를 받은 몇 사람을 제외하고) 유란시아에서는 파라다이스 삼위 일체의 사실 신분이 알려지지 않았다. 그러나 그리스도교의 삼위 일체 개념이 사실 면에 잘못이 있다 하더라도, 영적 관계에 대해서는 실질적으로 참말이었다. 오직 그 철학의 함축성과 우주론에 관한 결과에서, 이 개념은 장애를 겪었다. 우주에 생각이 미치는 많은 사람이 신의 둘째 분, 무한한 삼위 일체의 둘째 구성원이 한때 유란시아에 거했다는 것을 믿기는 어려웠다. 정신적으로 이것은 참말이지만, 실제로는 사실이 아니다. 미가엘 창조자들은 영원한 아들의 신성을 충분히 담지만, 절대 성격자가 아니다.

2. 삼위 일체의 통일성과 신이 여럿임

일신교는 다신교의 모순에 맞서서 하나의 철학적 항의로서 일어났다. 처음에는 초자연적 활동이 부문화되는 것과 아울러 만신전(萬神殿)의 조직을 통해서, 다음에는 많은 신 위에 하나의 신을 높이는 단일신교(單一神敎)의 찬양을 통해서, 그리고 마침내 최후의 가치를 가진 유일한 하나님을 제외하고 모두 배척함을 통해서 개발되었다.

삼자 일체 사상은 관계되지 않은 우주 중요성을 가진 신, 비인격화된 혼자 있는 신이 하나임을 파악하기가 불가능한 데 대한 체험적 항의로부터 생겨난다. 충분한 시간이 주어지면, 철학은 순전한 일신교의 신 개념으로부터 성격의 품질을 뽑아내는 경향이 있고, 관계를 가지지 않은 이 하나님 아이디어를 이처럼 범신적 절대자의 지위로 낮춘다. 나란히 있는 다른 성격 존재들과 대등한 성격 관계를 가지지 않은 하나님 성격의 품질을 이해하기는 언제나 어려웠다. 신 속에 있는 성격은 그러한 신이, 다르고 대등한 성격을 가진 신과 관계를 가질 것을 요구한다.

삼위 일체 개념의 인식을 통해서, 사람의 지성은 시공 창조들에 있는 사랑과 법칙의 상호 관계에 대하여 무엇인가 파악하기를 바랄 수 있다. 영적 믿음을 통해서 사람은 하나님의 사랑을 꿰뚫어보는 통찰력을 얻지만, 이 영적 믿음이 물질 우주의 예정된 법칙에 아무 영향을 미치지 못한다는 것을 곧 알아차린다. 하나님이 자기의 파라다이스 아버지라는, 사람이 가진 믿음의 확고함에 상관 없이, 확대되는 우주의 지평은 사람이 또한 파라다이스 신의 실체가 보편적 법칙임을 인정하라고, 파라다이스로부터 바깥으로 뻗으며, 영원한 세 분의 아들 창조자와 딸 창조자들이 만든 진화하는 지역 우주들조차 빛을 잃게 만드는, 삼위 일체의 통치권을 인정하라고 요구한다. 이 세 분이 신으로서 연합하는 것은 파라다이스 삼위 일체의 <u>사실이요 실체요 영원한 불가분성이다</u>.

그리고 바로 이 파라다이스 삼위 일체는 실재하는 통일체이다—성격자가 아니지만, 그런데도 참된 절대 실체이다. 성격자는 아니지만 그런데도 공존하는 성격자—아버지·아들·영인 성격자—들과 양립한다. 삼위 일체는 세 파라다이스 신을 한데 모음으로 궁극에 생기는, 총합보다 커지는 신 실체이다. 삼위 일체의 품질과 특징과 기능은 세 파라다이스 신의 속성을 그저 더한 것이 아니다. 삼위 일체의 기능은 독특하고 고유하며, 아버지·아들·영의 속성을 분석함으로 온전히 예측할 수 없는 무엇이다.

예를 들면, 주는 땅에 계셨을 때, 추종자들에게, 응보는 결코 개인이 하는 행위가 아니라, 반드시 집단의 기능이라고 훈계하였다. 신들도 성격자로서 응보를 내리지 않는다. 그러나 그들은 바로 이 기능을 집합인 총체로서, 파라다이스 삼위 일체로서 수행한다.

아버지·아들·영의 삼위 일체 결합을 개념으로 파악하는 것은 어떤 다른 3중 관계의 연장된 발표를 위하여 인간의 지성을 준비시킨다. 신학적 추리는 파라다이스 삼위 일체 개념으로 넉넉히 만족될지 모르지만, 철학·우주론의 논리는 첫째 근원 중심의 다른 여러 삼자 결합을 인식할 것을 요구한다. 이 삼자 일치 속에서 무한자는 보편적으로—물력과 에너지와 동력, 원인과 반응, 잠재성과 사실성, 인력과 긴장, 원형과 원칙과 통일을 주장하는 하나님의 여러 관계로—나타나는, 아버지가 아닌 여러 자격으로 활동한다.

3. 삼자 일체와 삼자 일치

인류는 때때로 세 분의 신으로 이루어진 삼위 일체를 이해하기에 이르렀지만, 일관성은 모두 일곱 절대자 사이에 어떤 관계가 있음을 인간의 지능이 파악하기를 요구한다. 그러나 파라다이스 삼위 일체에 관하여 참인 모든 것이 어느 삼자 일치에 관하여 반드시 참이지는 않다. 왜냐하면 삼자 일치는 삼자 일체와 다른 어떤 것이기 때문이다. 어떤 기능적 모습에서, 삼자 일치는 삼자 일체와 비슷할까 싶지만, 결코 성질이 삼자 일체와 같은 계열은 아니다.

필사인은 유란시아에서 시야를 넓히고 개념을 확대하는 큰 시대를 거치고 있으며, 그의 우주 철학은 인간이 생각하는 지적 무대의 확대와 발걸음을 맞추기 위하여 진화를 가속해야 한다. 우주 의식이 넓어짐에 따라서, 필사 인간은 물질 과학, 지적 철학, 영적 통찰력에서 그가 발견하는 모든 것이 서로 관계됨을 파악한다. 그래도, 우주가 통일되어 있다는 이 모든 믿음과 함께, 사람은 모든 존재의 다양성을 깨닫는다. 신의 불변성에 관하여 온갖 개념이 있는데도, 사람은 항상 변하고 체험적 성장을 겪는 우주 속에서 그가 산다는 것을 깨닫는다. 영적 가치의 생존이 실현되는가에 상관 없이, 사람은 물력·에너지·동력을 다루는 수학과 예비 수학을 늘 살펴야 한다.

어떤 방식으로 무한의 영원한 충만성은 진화하는 우주들의 시간적 성장과, 또 거기에 있는 체험하는 거주자들의 불완전성과 절충해야 한다. 어떤 방법으로 총 무한의 개념은, 필사자의 지능과 상물질 혼이, 최종의 가치가 있고 영적으로 변화시키는 중요성을 가진 이 개념을 깨달을 수 있도록 구분되고 제한되어야 한다.

논리는 우주 실체의 일신교적 통일성을 요구하지만, 유한한 체험은 여럿인 절대자, 그리고 우주 관계에서 그들이 조정된다는 가설을 필요로 한다. 동등한 존재들이 없이는, 절대 관계의 다양성이 나타날 가능성이 전혀 없고, 차이, 변수, 변경자, 감쇠자(減衰者), 제한자, 또는 감소자들이 활동할 기회가 전혀 없다.

이 논문집에서 총 실체(무한)는 다음 일곱 절대자 안에서 존재하는 대로 발표되었다:

1. 우주의 아버지.
2. 영원한 아들.
3. 무한한 영.

4. 파라다이스 섬.

5. 신 절대자.

6. 우주 절대자.

7. 무제한 절대자.

첫째 근원 중심은 영원한 아들의 아버지이고, 또한 파라다이스 섬에게 원형이다. 그는 아들 속에서 성격이 무제한이지만, 신 절대자 속에서 성격은 잠재성이 되었다. 아버지는 파라다이스-하보나에서 에너지가 드러났고, 동시에 무제한 절대자 속에서 에너지가 감추어졌다. 무한자는 합동 행위자의 그침 없는 행위 속에서 늘 드러나며, 한편 우주 절대자의 활동, 보상하지만 가려진 활동에서 영원히 작용하고 있다. 이처럼 아버지는 나란히 있는 여섯 절대자와 관계되며, 따라서 모두 일곱이 영원의 끊임없는 주기를 통하여 무한의 영역을 둘러싼다.

절대 관계의 삼자 일치는 필연인 듯 보일 것이다. 성격자는 모든 다른 수준에서와 마찬가지로, 절대 수준에서 다른 성격과 결합하기를 추구한다. 세 파라다이스 성격자의 결합은 첫 삼자 일치, 곧 아버지·아들·영의 성격 연합을 영원하게 만든다. 왜냐하면 이 세 분이 성격자로서 뭉친 기능을 위하여 한데 모일 때, 그로서 기능적으로 통일되는 한 삼자 일치를 구성하며, 삼자 일체—유기적 통일체—는 아니지만, 그런데도 하나의 삼자 일치, 즉 기능적 집합의 세 겹 일치이다.

파라다이스 삼위 일체는 삼자 일치가 아니다. 기능적 의견 일치가 아니라, 오히려 갈라져 있지 않고, 가를 수 없는 신이다. 아버지와 아들과 영은 (성격자로서) 파라다이스 삼위 일체와 관계를 유지할 수 있는데, 이는 삼위 일체가 그들의 갈라지지 않는 신이기 때문이다. 아버지와 아들과 영은 첫째 삼자 일치와 아무런 그러한 성격 관계를 유지하지 않는데, 이는 첫째 삼자 일치가 세 분으로서 그들의 기능적 연합이기 때문이다. 오로지 삼위 일체로서—갈라지지 않은 신으로서—그들의 성격 집합인 삼자 일치와 외부 관계를 집단으로 유지한다.

이처럼 파라다이스 삼위 일체는 절대 관계 사이에서 독특하며, 실존하는 삼자 일치가 몇 가지 있지만, 오직 하나의 실존하는 삼위 일체가 있다. 삼자 일치는 하나의 통일체가 아니다. 그것은 유기체가 아니라 오히려 기능적인 것이다. 그 구성원들은 단체라기보다 협동자들이다. 삼자 일치의 구성 분자들은 통일체일 수도 있지만, 삼자 일치 그 자체는 하나의 결합이다.

그러나 삼자 일체와 삼자 일치 사이에는 한 가지 비교할 점이 있다. 이 두 가지가 궁극에는, 구성 분자 속성들의 합, 구별할 수 있는 합보다는 다른 무엇인 기능이 된다. 그러나 이들을 이처럼 기능적 관점에서 비교할 수 있지만, 그밖에 그들은 아무런 명백한 관계를 드러내지 않는다. 그들은 대체로 기능이 구조에 대하여 가지는 관계로서 연결되어 있다. 그러나 삼자 일치 결합의 기능은 삼자 일체 구조나 통일체의 기능이 아니다.

그런데도 여러 삼자 일치가 실재하며, 그것들은 아주 현실이다. 삼자 일치 속에 총 실체가 기능으로 변하며, 그것들을 통하여 우주의 아버지는 무한의 총 기능에 대하여 직접, 친히 고삐를 쥔다.

4. 일곱 가지 삼자 일치

일곱 가지 삼자 일치의 설명을 시도하면서, 우주의 아버지는 각자의 1차 구성원이라는 사실을 주목한다. 그는 첫 우주의 아버지 근원이요, 절대 중심, 시초 원인,

우주의 통제자, 한없는 에너지 공급자, 최초의 통일, 무제한 지지자, 신의 첫째 분, 시초의 우주 원형, 무한의 본질이며, 지난날에 그러했고, 늘 그러할 것이다. 우주의 아버지는 절대자들의 성격 원인이며, 그는 절대자 중의 절대자이다.

일곱 가지 삼자 일치의 성질과 의미를 다음과 같이 제시해도 좋다:

제1 삼자 일치—성격이 있고 목적을 가진 삼자 일치. 이것은 세 신 성격자의 배합이다:

1. 우주의 아버지.
2. 영원한 아들.
3. 무한한 영.

이것은 사랑과 자비와 봉사의 세 가지 연합이다—영원한 세 파라다이스 성격자가 목적을 가지고 몸소 결합하는 것이다. 이것은 신답게 친교하고, 생물을 사랑하고, 아버지답게 행동하고, 승천을 권장하는 결합이다. 이 제1 삼자 일치의 신다운 성격자들은 성격을 물려주고, 영을 수여하고, 지성을 부여하는 신들이다.

이것은 무한한 의지를 가진 삼자 일치이며, 영원한 현재를 통해서, 시간의 과거-현재-미래의 모든 흐름 속에서 행위한다. 이 결합은 의지의 무한을 낳고, 성격을 가진 신이 진화하는 우주의 생물에게 스스로를 계시하는 장치를 마련한다.

제2 삼자 일치—동력과 원형의 삼자 일치. 자그마한 극자(極子)이든지, 타오르는 태양이든지 아니면 소용돌이치는 성운이든지, 중앙 우주나 초우주들까지도, 가장 작은 것으로부터 가장 큰 물질 조직에 이르기까지, 물리적 원형—우주의 배치—는 반드시 이 삼자 일치의 기능으로부터 생긴다. 이 결합은 다음으로 구성된다:

1. 아버지-아들.
2. 파라다이스 섬.
3. 합동 행위자.

셋째 근원 중심의 우주 대리자들이 에너지를 조직한다. 에너지는 절대 물질화인 파라다이스의 원형을 따라서 모양이 지어진다. 그러나 그침 없는 이 모든 조종 뒤에는 아버지-아들의 계심이 있고, 그들의 연합은 합동 행위자인 무한한 영의 출생과 동시에 하보나가 나타날 때, 파라다이스 원형을 처음으로 활성화하였다.

종교적 체험 속에서 생물은 사랑인 하나님과 접촉하지만, 그러한 영적 통찰력은 그 원형, 즉 파라다이스가 우주 사실인 것을 총명하게 인식함을 결코 가려서는 안된다. 파라다이스 성격자들은 신다운 사랑의 어쩔 수 없는 힘으로 모든 생물이 자유 의지로 드리는 찬미를 얻으며, 영에게서 태어난 모든 그러한 성격자를 하나님의 최후자 아들들의 기쁨, 끝없이 봉사하는 하늘 같은 기쁨으로 이끈다. 제2 삼자 일치는 이 거래들이 펼쳐지는 공간 무대의 건축자이다. 이 삼자 일치는 우주 배치의 형태들을 결정한다.

사랑은 제1 삼자 일치의 신성의 특징을 나타낼지 모르지만, 원형(原形)은 제2 삼자 일치가 은하계에 명시된 것이다. 제1 삼자 일치와 진화하는 성격자들의 관계는, 제2 삼자 일치와 진화하는 우주들의 관계와 같다. 원형과 성격은 첫째 근원 중심의 행위 가운데 두 가지 가장 큰 명시이다. 그리고 아무리 이해하기 어렵더라도,

그런데도 동력 원형과 사랑하는 성격자는 똑같은 보편적 실체인 것이 참말이다. 파라다이스 섬과 영원한 아들은 동격이지만, 우주의 아버지 물력의 헤아릴 수 없는 성품을 정반대로 계시한 것이다.

제3 삼자 일치—영을 진화시키는 삼자 일치. 영적 명시의 총체성은 그 처음과 끝이 이 결합에 있으며, 다음으로 구성된다:

1. 우주의 아버지.
2. 아들-영.
3. 신 절대자.

영 잠재력으로부터 파라다이스 영에 이르기까지, 모든 영은 아버지의 순전한 영 핵심, 아들-영의 활동적 영 가치, 신 절대자의 제한 없는 영 잠재성, 이 삼자 일체 결합에서 실체의 표현을 가진다. 영의 실존적 가치는 이 삼자 일치 속에서 그 원초적 발생, 완벽한 명시, 마지막 운명을 가진다.

아버지는 영에 앞서 존재하고, 아들-영은 활발한 창조 영으로서 활동하며, 신 절대자는 모두를 둘러싸는 영으로서, 아니 영을 지나서도 존재한다.

제4 삼자 일치—에너지 무한의 삼자 일치. 이 삼자 일치 안에서, 공간 잠재력으로부터 일력(一力)에 이르기까지 모든 에너지 실체의 처음과 끝이 영원하게 된다. 이 배합에는 다음이 들어간다:

1. 아버지-영.
2. 파라다이스 섬.
3. 무제한 절대자.

파라다이스는 우주에서 물력 에너지가 활성화되는 중심이다—첫째 근원 중심의 우주 위치요, 무제한 절대자의 우주 초점이요, 모든 에너지의 근원이다. 이 삼자 일치 안에 실존적으로 있는 것은 무한한 우주의 에너지 잠재성이며, 이 가운데 대우주와 모우주는 기껏해야 부분적 명시이다.

제4 삼자 일치는 우주 에너지의 근본 단위들을 절대로 통제하고 무제한 절대자의 손아귀로부터 풀어 놓으며, 이것은 모습 바꾸는 우주를 통제하고 안정시키는, 절대 아래의 능력이 체험적 신들에서 나타나는 것에 정비례한다.

이 삼자 일치는 물력이요 에너지이다. 무제한 절대자의 끝없는 가능성은 파라다이스 섬의 절대력 둘레에 집중하며, 거기서부터 다른 면에서는 정적(靜的)인 무제한자의 고요함 속에서 상상할 수 없는 휘저음이 퍼진다. 그리고 무한한 에너지 공급자, 즉 첫째 근원 중심의 헤아릴 수 없는 원형(原形)과 알아낼 수 없는 계획과 어울려서, 무한한 우주의 물질 파라다이스 심장의 끝없는 맥박이 뛴다.

제5 삼자 일치—반응 무한의 삼자 일치. 이 결합은 다음으로 이루어진다:

1. 우주의 아버지.
2. 우주 절대자.
3. 무제한 절대자.

이 배합은 신이 아닌 실체의 영토 안에서 현실화될 수 있는 모든 것의 기능적 무한의 실현을 영원하게 만든다. 이 삼자 일치는 다른 삼자 일치들이 의지(意志)하고, 원인이 되고 긴장을 일으키고 원형이 되는 행동과 계심에 대하여 한없이 반응하는 능력을 나타낸다.

제6 삼자 일치—우주에서 결합된 신의 삼자 일치. 이 배합은 이렇게 구성된다:

1. 우주의 아버지.
2. 신 절대자.
3. 우주 절대자.

이것은 우주에 계신 신의 결합이요, 신의 초월성과 연결하여, 신의 내재하심이다. 이것은 신화(神化)된 실체의 영토 바깥에 놓인 실체들을 향하여 무한 수준에서 신성이 마지막으로 미치는 범위이다.

제7 삼자 일치—무한한 통일이 이루어지는 삼자 일치. 이것은 시간과 영원 속에서 기능 면에서 나타나는 무한의 통일, 곧 실재물과 잠재물이 나란히 통일되는 것이다. 이 집단은 다음으로 이루어진다:

1. 우주의 아버지.
2. 합동 행위자.
3. 우주 절대자.

합동 행위자는 유한한 것들로부터 초월적인 것들을 거쳐서, 계속하여 절대적인 것들에 이르기까지, 모든 수준의 명시에서 현실화된 모든 실체의 다른 기능적 모습을 보편적으로 통일한다. 우주 절대자는 활발하고 의지를 가진, 원인이 되는 신 실체의 한없는 잠재성으로부터, 무제한 절대자의 헤아릴 수 없는 영토에 있는 실체, 곧 정태적이고 반응하는 비신(非神) 실체의 끝없는 가능성에 이르기까지, 모든 불완전한 실체의 변하는 모습에 본래 있는 여러 차이점을 완전히 보상한다.

이 삼자 일치 속에서 활동함에 따라서, 합동 행위자와 우주 절대자는 신에게, 또 신이 아닌 계심에게 비슷하게 민감하다. 또한 첫째 근원 중심도 마찬가지이며, 그는 이 관계에서 모든 의도와 목적에서 볼 때, 스스로 계신 이와 개념으로 구분할 수 없다.

이러한 대략은 여러 삼자 일치의 개념을 밝히기에 넉넉하다. 삼자 일치들의 궁극 수준을 모르니까, 너희는 처음 일곱을 완전히 이해할 수 없다. 우리는 더 자세히 설명을 시도하는 것이 지혜롭다고 보지 않지만, 첫째 근원 중심의 열 다섯 가지 삼자 일치 결합이 있고, 그 가운데 여덟은 이 논문집에서 밝히지 않는다고 말해도 좋다. 밝히지 않은 이 결합들은, 최상급의 체험 수준을 지나는 실체·사실성·잠재성 따위에 관련된다.

삼자 일치들은 무한에 균형을 주는 기능적 바퀴요, 일곱 무한 절대자의 독특성을 통일하는 것이다. 무한이 일곱 절대자로 다각화하는데도, 아버지-스스로 계신 이로 하여금 기능적 무한의 통일을 체험할 수 있게 만드는 것은 삼자 일치들의 실존적 계심이다. 첫째 근원 중심은 모든 삼자 일치에서 통일하는 구성원이며, 그분 안에서 만물이 제한 없는 시작, 영원한 존재, 무한한 운명을 가진다—"그분 안에 만물이 존재한다."

비록 이 여러 결합이 아버지-스스로 계신 이의 무한성을 늘일 수 없어도, 이들은 그의 실체에 관하여 무한 아래와 절대 아래의 명시들을 가능하게 하는 듯하다. 일곱 가지 삼자 일치는 유연성을 증가시키고 새로운 깊이를 영원하게 하며, 새로운 가치를 신답게 만들고 새로운 잠재성을 드러내며, 새로운 의미를 노출한다. 시간과 공간에서, 또 영원한 우주에서, 다양화된 이 모든 명시는 스스로 계신 이의 최초 무한성의 가상적 정체 상태에서 존재한다.

5. 삼극 일치

구성에서 아버지가 들어가지 않는 어떤 다른 삼자 일치 관계들이 있지만, 이들은 진정한 삼자 일치가 아니며, 그들은 아버지의 여러 삼자 일치와 반드시 구별된다. 이들은 여러 가지로, 버금 삼자 일치, 나란한 삼자 일치, 삼극 일치로 부른다. 이들은 삼자 일치들의 존재에 따라서 생기는 결과이다. 이 결합들 가운데 둘은 다음과 같이 이루어진다:

사실성의 삼극 일치. 이 삼극 일치는 세 가지 절대 사실성의 상호 관계에 있다:

1. 영원한 아들.
2. 파라다이스 섬.
3. 합동 행위자.

영원한 아들은 영 실체의 절대자, 즉 절대 성격자이다. 파라다이스 섬은 우주 실체의 절대물, 즉 절대 원형이다. 합동 행위자는 지성 실체의 절대자, 즉 절대 영 실체와 동등한 자이며, 성격과 권능이 실존적으로 신으로 합성된 것이다. 이 삼자 일치의 결합은 궁극에는 현실화된—영, 우주 또는 지성—실체 총합의 조정에 이른다. 그것은 사실성에서 제한이 없다.

잠재성의 삼극 일치. 이 삼극 일치는 잠재성의 세 절대자의 결합에 있다:

1. 신 절대자.
2. 우주 절대자.
3. 무제한 절대자.

이처럼 모든 잠자는—영, 지성 또는 우주—에너지 실체의 무한 저수지(貯水池)들이 서로 결합되어 있다. 이 결합은 모든 잠자는 에너지 실체의 통합을 낳는다. 그것은 잠재성이 무한하다.

삼자 일치들이 무한의 기능적 통일에 1차적으로 관계되는 것과 마찬가지로, 삼극 일치들은 체험적 신들이 우주에 출현하는 데 관련이 있다. 삼자 일치들은 체험적 신들—최상위, 궁극위, 절대자—에 간접으로 관련되지만, 삼극 일치들은 직접 관계된다. 그들은 최상 존재의 솟아나는 권능 성격의 합성에서 나타난다. 그리고 공간에서 사는 시간 생물에게 최상 존재는 스스로 계신 이가 통일됨을 계시한다.

[네바돈의 한 멜기세덱이 발표했다.]

제 105 편

신과 실체

높은 계급의 우주 지성들도 무한은 겨우 부분적으로 이해할 수 있고, 실체의 최종은 기껏해야 상대적으로 파악할 수 있을 뿐이다. 인간의 지성이, 실재한다고 부르는 모든 것의 기원·운명의 영원과 신비를 파고들려고 추구함에 따라서, 영원 무한을 거의 한이 없는 타원이라고 생각함으로써 그 문제에 유익하게 접근할까 한다. 이 타원은 하나의 절대 원인으로 말미암아 생겼고, 끝없이 다양화되는 이 우주의 영역에 두루 활동하며, 운명의 어떤 절대적이고 무한한 잠재성을 늘 추구한다.

필사의 지능이 실체 총체성의 개념을 파악하려고 애쓸 때, 그러한 유한한 지성은 무한-실체와 얼굴을 마주친다. 실체의 총체는 무한이며, 따라서 개념 능력에서 무한 아래에 있는 어떤 지성도 그것을 결코 충분히 이해할 수 없다.

인간의 지성은 영원 존재들에 관하여 적절한 개념을 도저히 형성할 수 없고, 그러한 이해가 없이 실체 총체성에 대한 우리의 개념들조차 그려 보이기가 불가능하다. 그런데도 우리는 그러한 발표를 시도해도 좋다. 하지만 우리의 개념들이 필사 지성이 이해하는 수준까지 번역하고 수정하는 과정에서 깊이 왜곡되어야 함을 우리는 충분히 알고 있다.

1. 스스로 계신 이에 관한 철학적 개념

우주들에 있는 철학자들은 무한 속에 있는 절대적 시초 원인 과정을 무한한 자, 영원한 자, 절대적인 스스로 계신 이로서 활동하는 우주의 아버지의 탓으로 돌린다.

이 무한한 스스로 계신 이 관념을 필사 지능에게 발표하는 데 따르는 숱한 위험 요소가 있는데, 이는 이 개념이 인간의 체험적 이해로부터 너무나 멀어서 의미의 심각한 왜곡과 가치의 오해를 낳기 때문이다. 그렇기는 해도, 절대 기원과 무한한 운명을 어느 정도 이해하는 데 접근하기 위하여, 스스로 계신 이에 관한 철학적 개념은 유한한 존재들에게 어떤 바탕을 마련해 준다. 그러나 실체의 기원과 결실을 밝히려는 우리의 모든 시도에서, 이 스스로 계신 이 개념은 모든 성격 의미와 가치에서, 신의 첫째 분, 즉 모든 성격자의 우주의 아버지와 뜻이 같다는 것을 분명히 해 두자. 하지만 이 스스로 계신 이라는 가설은 우주 실체의 신화(神化)되지 않은 영역에서 아주 뚜렷하게 확인할 수 없다.

스스로 계신 이는 무한자이다. 스스로 계신 이는 또한 무한이다. 연속되는 시간 관점에서 볼 때, 모든 실체는 무한한 스스로 계신 이 안에서 기원을 가지고, 과거의 무한한 영원 속에서 그가 홀로 계셨다는 것은 유한한 생물에게 최초의 철학적 가설임이 틀림없다. 스스로 계신 이의 개념은 제한 없는 무한, 곧 무한한 영원의 전체 속에서 언제라도 있을 수 있는 모든 것의 분화되지 않은 실체를 의미한다.

하나의 실존적 개념으로서 스스로 계신 이는 신화되지도 비신화(非神化)되지도 않았고, 실재물도 잠재성도 아니며, 성격도 비성격도 아니고 정적(靜的)인 것도 동적(動的)인 것도 아니다. 스스로 계신 이가 계시다고 말하는 것 외에 아무런 제한이 무한자에게 적용될 수 없다. 스스로 계신 이를 철학적으로 가정하는 것은 무제한 절대자의 개념보다 얼마큼 더 이해하기 어려운, 우주 개념이다.

유한한 지성에게는 다만 시작이 있어야 한다. 비록 실체에는 결코 진정한 시작이 없었어도, 여전히 실체가 무한에게 명시하는 어떤 근원 관계들이 있다. 그 전(前) 실체, 원초적 영원의 상황은 다음과 비슷한 무엇으로 생각해도 좋다: 무한히 까마득한 어떤 가상(假想)하는 과거 영원의 순간에, 스스로 계신 이는 유(有)와 무(無) 모두로서, 원인과 결과 모두로서, 의지(意志)와 반응 모두로서 생각되어도 좋다. 가상하는 이 영원의 순간에, 무한 전역에 걸쳐 아무런 구별이 없다. 무한은 무한자로 채워져 있으며, 무한자는 무한을 둘러싼다. 이것이 영원의 가상된 정적 순간이다. 실재물은 아직도 그 잠재성 안에 담겨 있고, 잠재물은 스스로 계신 이의 무한 속에서 아직 나타나지 않았다. 그러나 추측하는 이 상황에서도 우리는 자아 의지의 가능성이 존재함을 가정해야 한다.

사람이 우주의 아버지를 이해하는 것은 몸소 겪는 체험이라는 것을 늘 기억하여라. 너의 영적 아버지인 하나님을 너와 모든 다른 필사자가 이해할 수 있다. 그러나 우주의 아버지에 대한 너의 체험적인 경건한 개념은 첫째 근원 중심, 즉 스스로 계신 이의 무한성에 대한 너의 철학적 가설보다 반드시 작음이 틀림없다. 우리가 아버지에 관해서 말할 때, 우리는 높고 낮은 피조물이 이해할 수 있는 하나님을 뜻하지만, 신에게는 우주 생물이 이해할 수 없는 것이 훨씬 많이 있다. 너의 아버지요 내 아버지인 하나님은 우리의 성격 안에서 하나의 실제 체험적 실체로서 우리가 파악하는, 무한자의 바로 그 단계이다. 그러나 스스로 계신 이는 첫째 근원 중심에 관하여 알 수 없다고 우리가 느끼는 모든 것에 관한 우리의 가설로서 늘 남아 있다. 그리고 그 가설조차 최초의 실체가 가진 헤아릴 수 없는 무한에 훨씬 못 미친다.

온 우주는, 거기에 있는 셀 수 없이 많은 집단의 거주하는 성격자들과 함께, 하나의 광대하고 복잡한 유기체이다. 그러나 첫째 근원 중심은 그가 의도한 명령에 반응하여 실재하게 된 우주와 성격자들보다 무한히 더 복잡하다. 모우주의 크기에 네가 질려 있을 때, 이해할 수 없는 이 창조조차 무한자의 부분 계시를 넘을 수 없다는 것을 멈추어 생각해 보아라.

필사자가 알아듣는 체험 수준으로부터 무한은 정말로 아득히 멀지만, 유란시아에서 현재 시대에도 너희의 무한 개념들이 자라고 있고, 미래 영원으로 계속 뻗어 나가는 너희의 끝없는 생애 전체에 걸쳐서 그 개념들은 줄곧 자랄 것이다. 제한 없는 무한은 유한한 피조물에게 의미가 없지만, 무한은 스스로를 제한할 능력이 있고, 모든 수준의 우주 존재들에게 실체 표현을 허용한다. 그리고 모든 우주 성격자를 향하여 무한자가 돌리는 그 얼굴은 아버지, 곧 사랑이 넘치는 우주의 아버지의 얼굴이다.

2. 삼자 일체이자 칠중자인 스스로 계신 이

실체의 기원을 생각할 때, 모든 절대 실체는 영원으로부터 있고, 존재의 시작이 없이 있다는 것을 늘 기억하여라. 절대 실체라는 말로, 우리는 실존하는 세 분의 신, 파라다이스 섬, 세 절대자를 언급한다. 이 일곱 실체는, 우리가 인간들에게 그들의 연속적 기원을 발표하면서 시간과 공간의 언어에 의존하는데도, 나란히 영원하다.

실체 기원의 연대순 묘사를 따르면서, 스스로 계신 이 안에 "처음" 의지의 표현과 "처음"으로 울리는 반응이 생기는 한 순간, 가정하는 이론적 순간이 있어야 한다. 실체의 기원과 발생을 그리려 하는 우리의 시도에서, 이 단계는 무한한 하나가 무한성으로부터 스스로 분화하는 것으로 생각되어도 좋지만, 이 2중 관계의 가설은 무한자, 즉 스스로 계신 이의 영원한 연속을 인식함으로, 삼자 일체 개념까지 반드시 확대되어야 한다.

스스로 계신 이의 이 자아 변형은, 신화(神化)된 실체와 신화되지 않은 실체, 잠재하는 실체와 실재하는 실체, 그리고 도저히 그리 분류될 수 없는 어떤 다른 실체들로 마침내 몇 가지의 분화를 낳았다. 이론적 일원(一元)인 스스로 계신 이의 이 분화(分化)는 바로 그 스스로 계신 이 안에서 일어나는 동시 관계들로 말미암아 영원히 통합된다—이 스스로 계신 이는 잠재 이전(以前)이자 실재 이전 실체이며, 전 성격이고 일신교적 전(前) 실체이며, 그 전 실체는 비록 무한하기는 해도 첫째 근원 중심의 계심에서 절대적이며, 우주의 아버지의 한없는 사랑 속에서 성격인 것이 드러난다.

안에서 생기는 이 변형으로 말미암아 스스로 계신 이는 칠중의 자아 관계를 위한 기초를 세운다. 혼자인 스스로 계신 이의 철학적 (시간) 개념과 삼자 일체인 스스로 계신 이의 과도기 (시간) 개념은 이제 칠중자인 스스로 계신 이를 에워싸도록 확대될 수 있다. 이 칠중—즉 일곱 단계—의 성품은 무한의 일곱 절대자와 가지는 관계에서 가장 좋게 제시될까 한다:

1. 우주의 아버지. 영원한 아들의 아버지인 스스로 계신 이. 이것은 실재하는 것들의 원초적 성격 관계이다. 아들의 절대 성격은 하나님이 아버지라는 것을 절대 사실로 만들고, 모든 성격자의 아들 잠재성을 입증한다. 이 관계는 무한자가 성격자임을 입증하고, 최초의 아들의 성격에서 그 영적 계시를 완성한다. 아직 육체를 입고 있는 동안에 우리 아버지를 숭배할지도 모르는 필사자들도 스스로 계신 이의 이 단계를 영적 수준에서 어느 정도 체험하는 것이 가능하다.

2. 우주 통제자. 영원한 파라다이스의 원인인 스스로 계신 이. 이것은 실재하는 것들의 원초적 비성격 관계, 최초의 비영적 관련이다. 우주의 아버지는 사랑인 하나님이다. 우주 통제자는 원형(原形)인 하나님이다. 이 관계는 형태—배열—의 잠재성을 확립하고, 비성격 및 비영적 관계의 기본 원형—모든 복사품을 만들게 하는 기본 원형—을 결정한다.

3. 우주 창조자. 영원한 아들과 하나인 스스로 계신 이. 아버지와 아들의 이 연합은 (파라다이스가 있는 가운데) 창조의 주기를 비롯하며, 이것은 마침내 합동 성격자와 영원한 우주의 출현으로 완성된다. 유한한 필사자의 관점에서 볼 때, 실체는 하보나 창조가 영원히 출현함과 함께 그 참된 시작을 가진다. 신의 이 창조 행위는 행위의 하나님으로 말미암아, 그를 통해서 이루어지며, 그의 핵심은 사실적인 것의 모든 수준에서, 그에 대하여 명시되는 아버지-아들의 통일이다. 따라서 신의 창조성은 어김없이 통일성으로 특징이 나타나며, 이 통일성은 아버지-아들의 2중성과 아버지-아들-영의 삼위 일체, 이 두 가지가 절대로 하나된 상태가 바깥으로 반영된 것이다.

4. 무한한 지지자. 스스로 결합하는 스스로 계신 이. 이것은 실체의 정태성과 잠재성의 원초적 결합이다. 이 관계에서, 제한받는 것과 제한받지 않는 것 모두가 보상을 받는다. 스스로 계신 이의 이 단계는 우주 절대자—신 절대자와 무제한 절대자를 통일하는 자—라고 이해하는 것이 가장 좋다.

5. 무한한 잠재성. 스스로 제한한 스스로 계신 이. 이것은 스스로 계신 이가 의지로 스스로 제한함을 영원히 증거하는 무한 기준점이며, 그 덕택으로 3중의 자기 표현과 자기 계시가 이루어졌다. 스스로 계신 이의 이 국면은 보통 신 절대자라고 이해한다.

6. 무한한 능력. 정적(靜的)이며 반응하는 스스로 계신 이. 이것은 끝없는 자궁이요, 모든 미래에 우주 확장의 가능성이다. 스스로 계신 이의 이 단계는 아마도 무제한 절대자의 계심, 인력을 초월하는 계심이라고 파악하는 것이 가장 좋다.

7. 무한한 우주자. 스스로 계신 이로서 스스로 계신 이. 이것은 무한의 정지 상태, 또는 자기 관계, 즉 무한 실체의 영원한 사실이요 실체 무한의 보편적 진리이다. 이 관계를 성격으로서 식별할 수 있는 한, 그것은 모든 성격—심지어 절대 성격—의 신성한 아버지 안에서 우주들에게 드러난다. 이 관계가 비성격 방법으로 표현될 수 있는 한, 우주의 아버지가 계신 앞에서 순수한 에너지와 순수한 영의 절대 응집으로서 우주들이 그것을 접촉한다. 이 관계를 절대적인 것으로 파악할 수 있는 한, 그것은 첫째 근원 중심의 수위성(首位性)에서 드러난다. 공간의 피조물로부터 파라다이스 시민에 이르기까지, 그분 속에서 우리 모두가 살고 움직이고 우리의 존재를 가진다. 그리고 극미한 극자(極子) 경우처럼 모우주에 대해서도 똑같이 참말이며, 지금 있는 것, 지금까지 있어 왔던 것과 마찬가지로, 앞으로 있을 것에 대해서도 똑같이 참말이다.

3. 무한의 일곱 절대자

스스로 계신 이 안에서 일곱 가지 근원적 관계는 무한의 일곱 절대자로서 영원하게 된다. 그러나 우리가 비록 실체 기원과 무한의 분화를 연속되는 이야기를 써서 묘사하더라도, 사실은 일곱 절대자 모두가 제한 없이, 나란히 영원하다. 필사 지성들은 그들의 시작을 파악하는 것이 필요할지 모르지만, 일곱 절대자가 아무런 시작이 없었다는 것을 깨달음으로써 이 개념은 반드시 빛을 잃어야 한다. 그들은 영원하고 그런 상태로서 언제나 있어 왔다. 일곱 절대자는 실체의 전제(前提) 조건이다. 그들은 이 여러 글에서 다음과 같이 설명되었다:

1. 첫째 근원 중심. 신의 첫째 분이자 원초적 비신(非神) 원형, 하나님, 우주의 아버지, 창조자, 통제자, 지지자. 보편적 사랑, 영원한 영, 무한한 에너지. 모든 잠재성의 잠재성이며 모든 실재물의 근원. 모든 정태(靜態)의 안정성이자 모든 변화의 활력. 원형의 근원이자 성격자들의 아버지. 일곱 절대자는 모두 집단으로 무한과 동등하게 되지만, 우주의 아버지 자신은 사실로 무한하다.

2. 둘째 근원 중심. 신의 둘째 분, 영원한 최초의 아들. 스스로 계신 이의 절대 성격 실체들이며 "스스로 계신 성격"을 실현하고 계시하기 위한 기초. 아무 성격자도 영원한 아들을 통하지 않고서 그의 우주의 아버지에게 도달하기를 바랄 수 없

다. 모든 성격자에게 이 절대 원형인 자의 행위와 도움을 받지 않고서, 아무 성격자도 영 수준의 존재에 이를 수 없다. 둘째 근원 중심 안에서 영은 제한을 받지 않으며, 한편 성격은 절대적이다.

3. 파라다이스 근원 중심. 둘째 비신(非神) 원형, 영원한 파라다이스 섬. "스스로 계신 물력"의 실현과 계시를 위한 바탕이요, 우주에 걸쳐서 인력 통제를 확립하기 위한 기초. 현실화되고 비영적이며, 비성격이고 의지가 없는 모든 실체에 관하여, 파라다이스는 원형들의 절대이다. 영 에너지가 어머니-아들의 절대 성격을 통해서 우주의 아버지와 관계된 것처럼, 마찬가지로 모든 우주 에너지는 파라다이스 섬의 절대 원형을 통해서 첫째 근원 중심의 인력 통제에 붙잡혀 있다. 파라다이스는 공간 속에 없다. 공간은 파라다이스에 대하여 상대적으로 존재하며, 운동의 만성(慢性)은 파라다이스와 가지는 관계를 통하여 결정된다. 영원한 섬은 절대로 쉬고 있으며, 조직되어 있고 조직되는 모든 다른 에너지는 영원히 움직이고 있다. 모든 공간 속에서 오로지 무제한 절대자의 계심만 고요하며, 무제한자는 파라다이스와 함께 나란히 있다. 파라다이스는 공간의 초점에 존재하며, 무제한자는 공간을 채우고, 모든 상대적 존재는 그 계심을 이 영토 안에서 가진다.

4. 셋째 근원 중심. 신의 셋째 분, 합동 행위자. 파라다이스의 우주 에너지를 영원한 아들들의 영 에너지와 무한하게 통합하는 이. 의지(意志)의 동기와 물력의 작용을 완전히 조정하는 이. 그의 다양한 아이들의 보살핌을 통해서, 무한한 영은 영원한 아들들의 자비를 드러내고, 한편 동시에 무한한 조종자로 활동하면서 언제까지나 파라다이스의 원형(原形)을 공간의 에너지 속으로 엮어 넣는다. 바로 이 합동 행위자, 이 행위의 하나님은 아버지-아들의 한없는 계획과 목적을 완전히 표현한 것이며, 한편 그 자신은 방대한 우주의 피조물에게 지성의 근원으로서, 또 지능의 수여자로서 활동한다.

5. 신 절대자. 보편적 실체의 원인이 되고 잠재적으로 성격을 가진 가능성, 모든 신 잠재성의 총체. 신 절대자는 제한 없고 절대적인 비신(非神) 실체들을 목적에 맞게 제한하는 자이다. 신 절대자는 절대적인 것을 제한하는 자이며, 제한받은 것들을 절대화하는 자—운명 개시자이다.

6. 무제한 절대자. 정적(靜的)이고 반응하며 정지해 있다. 스스로 계신 이의 밝혀지지 않은 우주 무한성, 신화(神化)되지 않는 실체의 총체요, 모든 비성격 잠재성의 최후이다. 공간은 무제한자의 기능을 제한하지만, 무제한자의 계심은 한이 없고 무한하다. 모우주에는 개념의 가장자리가 있지만, 무제한자의 계심은 한이 없다. 영원조차도 이 비신 절대자의 가없는 고요함을 소모할 수 없다.

7. 우주 절대자. 신화된 것과 신화되지 않은 것을 통일하는 자. 절대적인 것과 상대적인 것을 상관시키는 자. 우주 절대자는 (정적이고 잠재성과 결합 성질이 있으니까) 항상 존재하는 것과 미완성인 것 사이의 긴장을 보상한다.

무한의 일곱 절대자는 실체의 시초를 구성한다. 필사 지성들이 간주하고 싶어하다시피, 첫째 근원 중심은 모든 절대적인 것에 선행(先行)하는 듯이 보일 것이다.

그러나 아무리 유익하더라도 그러한 가설은, 아들, 영, 세 절대자, 파라다이스 섬이 영원히 공존하기 때문에 무효가 된다.

절대자들이 스스로 계신 이이자 첫째 근원 중심의 명시라는 것은 하나의 진리이다. 이 절대자들은 결코 시작이 없었지만, 첫째 근원 중심과 나란히 영원한 자인 것은 하나의 사실이다. 영원 속에서 절대적인 것들의 관계를 시간 언어와 공간의 개념 형태에서 반드시 역설(逆說)에 빠지지 않고는 발표할 수 없다. 그러나 무한의 일곱 절대자의 기원에 관하여 무슨 혼란이 있든지 상관 없이, 모든 실체가 그들의 영원한 존재와 무한한 관계에 근거를 둔다는 것은 사실이자 진리이다.

4. 통일과 이원과 삼자 일치

우주 철학자들은 스스로 계신 이가 모든 실체의 최초의 근원으로서 영원 속에 존재한다고 가정한다. 그와 동시에 스스로 계신 이가 여러 1차적 자기 관계로—무한의 일곱 국면으로—스스로 분할한다고 가정한다. 이 가정과 동시에 셋째 가설이 있다—무한의 일곱 절대자가 영원에 출현한 것, 그리고 스스로 계신 이의 일곱 단계와 이 일곱 절대자의 2중 결합이 영원하게 되는 것이다.

스스로 계신 이의 자기 계시는 이처럼 정적 자아로부터 자기 분할과 자기 관계를 거쳐서 절대 관계, 즉 자아로부터 파생된 절대자들과 가지는 관계들까지 나아간다. 2중성은 이처럼 무한의 일곱 절대자가 자신을 드러내는 스스로 계신 이의 자기 분할 단계에서 일곱 가지 무한과 영원히 결합한 속에서 존재한다. 이 2중 관계들은 우주들에 대하여 일곱 절대자로서 영원하게 되면서, 모든 우주 실체를 위하여 기본되는 기초를 영원하게 만든다.

통일이 이원(二元)을 낳고, 이원은 삼자 일치를 낳으며, 삼자 일치는 만물의 영원한 조상이라고 언젠가 진술된 적이 있다. 정말로 세 가지 큰 등급의 원초적 관계가 있으니, 다음과 같다:

1. 통일 관계. 스스로 계신 이 안에서 존재하는 여러 관계, 이것들의 통일은 삼중으로서, 다음에 칠중의 자기 분화로서, 파악되는 바와 같다.

2. 2중 관계. 칠중인 스스로 계신 이와 무한의 일곱 절대자 사이에 존재하는 여러 관계.

3. 삼자 일치 관계. 이것들은 무한의 일곱 절대자의 기능적 결합이다.

절대자가 서로 결합하는 불가피성 때문에, 삼자 일치 관계들은 2중 기초 위에서 생겨난다. 그러한 삼자 일치 결합은 모든 실체의 잠재성을 영원하게 만든다. 그것들은 신화된 실체와 신화되지 않은 실체 모두를 둘러싼다.

스스로 계신 이는 통일로서 제한 없는 무한이다. 여러 가지 이원(二元)은 실체 기초를 영원하게 만든다. 여러 삼자 일치는 보편적 기능으로서 궁극에는 무한의 실현에 이른다.

실존 이전의 것들은 일곱 절대자 안에서 실존하게 되며, 실존하는 것들은 삼자 일치, 즉 절대자들의 기본 결합 속에서 작용하게 된다. 여러 삼자 일치가 영원하게 됨과 동시에 우주 무대가 준비된다—여러 잠재물이 존재하고 실재물이 자리에 있다. 영원의 충만함은 우주 에너지가 다양화되고, 파라다이스 영이 퍼지며, 성격 수여와 함께 지성이 부여되는 것을 구경한다. 이 덕분으로 이 모든 신 및 파라다이스 파생물은 피조물 수준에서는 체험 속에 통일되고, 초월 생물 수준에서는 다른 기법으로 통일된다.

5. 유한한 실체의 확산

스스로 계신 이의 최초의 분화(分化)를 본래부터 있는 독립된 의지의 탓으로 돌려야 하는 것과 마찬가지로, 유한한 실체의 확산을 파라다이스 신이 의지(意志)하는 여러 행위, 그리고 여러 기능적 삼자 일치가 반응하여 조정하는 탓으로 돌려야 한다.

유한한 것이 신답게 되기 전에는, 모든 실체의 다양화가 절대 수준에서 일어나는 듯 보일 것이다. 그러나 유한한 실체를 퍼뜨리는 의지 행위는 절대성의 자격 제한을 의미하며 상대적인 것들이 출현함을 암시한다.

우리가 이 이야기를 하나의 연속으로서 발표하고, 절대적인 것으로부터 직접 생긴 파생물로서 유한한 것의 역사적 출현을 그리지만, 초월적인 것들은 유한한 모든 것을 앞서고 또 뒤따랐다는 것을 기억해야 한다. 초월 궁극자들은 유한한 것과 가지는 관계에서, 원인이기도 하고 성취이기도 하다.

유한한 가능성은 무한자에 본래부터 있지만, 가능성이 확률과 불가피성으로 변질하는 것은 첫째 근원 중심의 스스로 존재하는 자유 의지의 탓으로 돌려야 하며, 그는 모든 삼자 일치 결합을 활성화시킨다. 오로지 아버지 의지의 무한성이 궁극의 것에 이르게 하거나 유한한 것을 창조하도록 절대 수준의 존재를 일찍이 제한할 수 있었을 것이다.

상대적이고 제한된 실체가 나타남과 함께, 새로운 실체의 주기(週期)—성장의 주기—가 존재하게 되며, 이것은 무한의 높이로부터 유한한 것의 영토로 당당하게 아래로 휘젓는 것이요, 유한한 것은 언제까지나 파라다이스와 신에게로 안쪽으로 빙 돌면서, 무한 근원에 합당한 높은 운명을 언제나 추구한다.

상상할 수 없는 이 거래들이 우주 역사의 시작을 표시하고, 시간 그 자체가 존재하게 되는 것을 표시한다. 한 피조물에게는, 유한한 것의 시작은 실체의 기원이다. 피조물의 지성이 보건대, 유한한 것에 앞서, 상상할 수 있는 사실성이 하나도 없다. 새로이 나타나는 이 유한한 실체는 최초의 두 단계에서 존재한다:

1. 1차 최대물. 최상으로 완전한 실체, 하보나 종류의 우주와 생물.

2. 2차 최대물. 최상으로 완전하게 된 실체, 초우주 종류의 생물과 창조.

그러면 이것이 두 가지 최초의 명시(明示)이다: 구성 면에서 완전한 것과 진화로 완전하게 된 것. 이 둘은 영원 관계에서 동등하지만, 시간의 한계 속에서 다른 듯이 보인다. 시간 요인은 자라는 것에게 성장을 의미한다. 2차적인 유한한 것들은 자란다. 따라서 자라고 있는 것은 시간 속에서 불완전하게 보인다. 그러나 이 차이점은, 파라다이스의 이쪽에서 무척 중요한데, 영원 속에서는 존재하지 않는다.

우리는 완전한 것과 완전하게 된 것들이 1차와 2차 최대물이라고 말하지만, 아직 또 다른 부류가 있다. 1차인 것과 2차인 것들 사이에 삼자 일체화하는 관계와 기타 여러 관계는 3차 최대물의 출현을 초래한다—이것들은 완전하지도 않고 완전하게 되지도 않지만, 조상이 되는 두 요인과 나란히 있는 사물과 의미와 가치이다.

6. 유한한 실체의 반향

유한한 존재들의 확산은 전부, 기능적 무한의 절대 결합 안에서, 잠재성으로부터 실재물로 옮겨 감을 나타낸다. 유한한 것들의 창조적 현실화에 대한 많은 반향 가운데, 다음을 열거해도 좋다:

1. 신 반응은 체험적 최상의 세 수준이 나타나는 것이다: 하보나에서 성격 영이 최상인 사실성, 앞으로 있을 대우주에서 성격·권능이 최상이 될 잠재성, 그리고 앞날의 모우주에서 어떤 최상 수준에서 행위하는 체험적 지성이 가진, 어떤 알려지지 않은 역할을 할 능력.

2. 우주 반응은 초우주 공간 수준을 위한 여러 건축 계획의 활성화에 관련되며, 이 진화는 일곱 초우주의 물리적 조직 전체에 걸쳐서 아직도 진행되고 있다.

3. 유한한 실체의 확산에 대한 피조물의 반향은 하보나의 영원한 거주자 서열에서 완전한 존재들, 그리고 일곱 초우주로부터 온 완전하게 된 진화 승천자들의 출현을 초래하였다. 그러나 완전을 진화 (시간 속에서 창조적) 체험으로서 얻는 것은 출발점으로서 완전과 다른 무엇을 암시한다. 따라서 진화된 창조에서는 불완전이 생긴다. 그리고 이것이 악의 가능성의 기원이다. 그릇된 적응, 불화(不和), 투쟁, 이 모든 것은, 물리적 우주로부터 성격을 가진 피조물에 이르기까지, 진화적 성장에 본래부터 있다.

4. 진화의 시간 지연에 본래부터 있는 불완전에 대한 신의 반응은 칠중 하나님의 보상하는 계심에서 드러나며, 그의 활동으로 말미암아, 완전하게 되고 있는 것은 완전한 것과 완전하게 된 것, 이 둘과 통합된다. 이 시간 지연은 진화로부터 분리할 수 없고, 진화는 시간 속에서 창조성이 된다. 다른 여러 이유 뿐 아니라 시간 지연 때문에, 최상위의 전능한 힘은 칠중 하나님이 신으로서 성공하는 데 근거를 둔다. 이 시간 지연은, 최대의 발전을 이룩하는 일에 피조 성격자들로 하여금 신과 협동하는 자가 되게 허락함으로써, 신성한 창조에 피조물이 참여하는 것을 가능하게 만든다. 필사 인간이 가진 물질 지성조차 이처럼 불멸의 혼을 2중화하는 일에 신다운 조절자와 협동하는 자가 된다. 칠중 하나님은 또한 승천 이전의 불완전의 한계를 보충할 뿐 아니라, 타고난 완전의 체험적 한계를 보충하는 기법도 마련해 준다.

7. 초월자들이 궁극에 이르는 것

초월자들은 무한 아래이고 절대 아래이지만 유한을 초월하고 피조물을 초월한다. 초월자는 절대적인 것들의 초월 가치를 유한한 것들의 최대 가치와 서로 연결짓는, 통합하는 수준으로서 궁극에 이른다. 초월적인 것은, 피조물의 관점에서 볼 때 유한한 것의 결과로서, 영원의 관점에서 보면, 유한한 것을 예상하여, 궁극에 이른 듯이 보일 것이다. 그것을 유한한 것이 "앞서 메아리치는 것"이라 본 자들도 있다.

초월적인 것이 반드시 비발전성을 가리키지는 않지만, 유한한 의미에서 진화를 초월한다. 그것은 비체험적인 것도 아니지만, 그러함이 피조물에게 의미가 있다시피, 초월 체험이다. 아마도 그러한 역설(逆說)의 가장 좋은 시범은 완전한 중앙 우

주이다: 중앙 우주는 도저히 절대적이라 할 수 없다—오로지 파라다이스 섬이 "물질화된" 의미에서 참으로 절대적이다. 일곱 초우주처럼 유한한 진화적 창조가 아니다. 하보나는 영원하지만, 성장이 없는 우주라는 의미에서 변화가 없지는 않다. 하보나는 생물로 (하보나 토착민으로) 채워져 있는데, 그들은 결코 실제로 창조되지 않았는데, 왜냐하면 영원히 존재하기 때문이다. 이처럼 하보나는 반드시 유한하다고 할 수 없고, 그래도 절대적이라 할 수도 없는 어떤 것을 보여 준다. 하보나는 더군다나 절대적 파라다이스와 유한한 창조들 사이에 완충 지대 노릇을 하고, 더 나아가서 초월자들의 기능을 보여 준다. 그러나 하보나 자체는 초월물이 아니다—그것은 하보나이다.

최상위가 유한한 자들과 결합되는 것 같이, 궁극위는 초월자들과 동일시된다. 그러나 비록 우리가 이처럼 최상위와 궁극위를 비교하지만, 그들은 정도 차이가 아닌 무엇이 다르다. 그 차이는 또한 질의 문제이다. 궁극위는 초월 수준에서 투영된, 최상위를 초월하는 사물보다 더 큰 무엇이다. 궁극위는 그 모든 것이지만, 그보다 더 크다: 궁극위는 새로운 신 실체들이 궁극에 이른 것이요, 지금까지 제한이 없던 것들의 새로운 단계들을 제한하는 것이다.

초월 수준과 결합된 실체들 가운데는 다음이 있다:

1. 궁극위의 신 계심.
2. 모우주 개념.
3. 모우주 건축가.
4. 두 계급의 파라다이스 물력 조직자.
5. 공간 잠재력에 있는 어떤 수정(修正).
6. 영의 어떤 가치.
7. 지성의 어떤 의미.
8. 초한(超限) 품질과 초한 실체.
9. 전능, 전지(全知), 두루 계심.
10. 공간.

우리가 지금 살고 있는 우주는 유한 수준, 초월 수준, 절대 수준에서 존재한다고 생각해도 좋다. 이것은 성격자들이 연기(演技)하고 에너지가 변형되는 끝없는 드라마가 펼쳐지는 우주 무대이다.

이 다양한 모든 실체를 몇 가지 삼자 일치가 <u>절대로</u>, 모우주 건축가들이 <u>기능적으로</u>, 일곱 으뜸 영이 <u>상대적으로</u> 통일하며, 으뜸 영들은 칠중 하나님의 신성을 최상 밑으로 조정하는 자들이다.

칠중 하나님은 최대 지위와 최대 아래 지위를 가진 피조물에게 우주의 아버지의 성격과 신성(神性)이 계시됨을 의미하지만, 첫째 근원 중심의 다른 일곱 가지 관계가 있는데, 이것들은 영이신 하나님의 신성한 영적 봉사가 명시되는 데 관련되지 않는다.

과거 영원에 절대자들의 물력, 신들의 영들, 신들이 낳은 성격자들은 스스로 존재하는 자아 의지의 원초적 자아 의지에 반응하여 술렁거렸다. 이 우주 시대에 이 모든 실체의 한없는 잠재성이 절대 아래로 명시되는 파노라마, 멀리 미치는 우주 파노라마의 엄청난 반향을 우리 모두가 구경하고 있다. 그리고 첫째 근원 중심의 처음 실체의 계속된 분화가, 세월이 쌓이고 또 쌓이도록, 이어지고 또 이어지기까지, 아득하고 상상할 수 없는 절대 무한의 지대로, 계속, 바깥으로 진행할지 모른다는 것이 아주 있음직하다.

[네바돈의 한 멜기세덱이 발표하였다.]

제 106 편

실체의 우주 수준

하늘 가는 필사자는 신이 우주 실체의 기원과 명시와 가지는 관계에 대하여 무엇인가 알아야 한다는 것으로 충분하지 않다. 그는 또한 자신과 실존 및 체험적 실체들, 잠재 및 실재하는 실체들의 수많은 수준 사이에 존재하는 관계에 대하여 무엇인가 이해해야 한다. 사람의 지상(地上) 방향 감각, 우주 통찰력, 영적 지향은 모두 우주 실체들, 그리고 이들이 서로 결합하고, 통합되고, 통일하는 기법에 관하여 더 낫게 이해함으로 개선된다.

현재 대우주와 태어나는 모우주(母宇宙)는 숱한 형태와 단계의 실체로 이루어져 있고, 이것들은 다시 기능적 활동의 몇 가지 수준에서 존재한다. 이 다양한 존재물과 잠재물은 이 여러 논문에서 먼저 암시되었고, 이것들을 이제 개념의 편리를 위하여 다음의 분류로 묶는다:

1. 불완전한 유한자. 이것은 대우주에서 하늘 가는 생물의 현재 지위, 유란시아 필사자들의 현재 지위이다. 이 수준은 혹성의 인간으로부터 운명에 도달한 자들까지, 그러나 후자를 넣지 않고서 그 사이에 있는 생물 존재를 포함한다. 이 수준은 초기의 물리적 시작으로부터 빛과 생명 속에 정착하기까지, 그러나 후자를 넣지 않고서 그 사이에 있는 우주들에 관계된다. 이 수준은 시공에서 창조 활동의 현재 테두리를 구성한다. 그것은 지금 우주 시대가 막을 내리는 것을 위하여, 파라다이스로부터 바깥으로 움직이는 듯하다. 지금 우주 시대는 대우주가 빛과 생명에 이르는 것을 구경하고, 또한 확실히, 첫째 외계 공간 수준에서 발전하여 성장하는 어떤 새로운 질서가 나타남을 구경할 것이다.

2. 최대 유한자. 이것은 운명에—지금 우주 시대의 규모 안에서 밝혀진 운명에—다다른 모든 체험적 생물의 현재 지위이다. 우주들도 영적·물리적으로, 최대의 지위에 이를 수 있다. 그러나 "최대"라는 용어는 그 자체가 상대적인 용어이다—무엇과 가지는 관계에서 최대인가? 지금 우주 시대에 최대인 것은, 겉보기에는 최후인데, 다가올 시대의 조건으로 보면, 참 시작에 지나지 않을지 모른다. 하보나의 어떤 단계는 최대 서열인 듯이 보인다.

3. 초월자. 유한을 초월하는 이 수준은 (추정하건대) 유한한 진행을 따른다. 유한한 시작이 유한 이전에 가진 기원, 그리고 겉보기에 유한한 모든 종말이나 운명이 유한 이후에 갖는 중요성을 암시한다. 파라다이스·하보나의 상당한 부분이 초월 서열에 있는 것으로 보인다.

4. 궁극자. 이 수준은 모우주 중요성을 가지고, 완성된 모우주의 운명 수준에 부딪치는 것을 포함한다. 파라다이스·하보나에서 많은 것은 (특히 아버지 세계들의 회로) 여러 면에서 궁극의 중요성을 가진다.

5. <u>공동 절대자</u>. 이 수준은 모우주를 초월하는 분야의 창조적 표현에 체험적인 것들을 계획함을 의미한다.

6. <u>절대자</u>. 이 수준은 실존하는 일곱 절대자가 영원부터 계심을 뜻한다. 그것은 또한 어느 정도의 결합하는 체험적 달성을 포함할지 모르지만, 만일 그렇다면, 우리는 그 방법을 모른다. 아마도 성격의 접촉하는 잠재성을 통할 것이다.

7. <u>무한</u>. 이 수준은 실존 이전이며 체험 이후이다. 무한을 제한 없이 통일하는 것은 모든 시작의 앞에 있고 모든 운명 뒤에 있는 가상하는 실체이다.

실체의 이 여러 수준은 지금 우주 시대에 편리한 절충하는 상징법이고, 필사자의 견지를 위한 것이다. 사람이 아닌 다른 견지에서, 다른 우주 시대의 관점에서 실체를 보는 여러 가지 다른 방법이 있다. 따라서 여기에 함께 발표된 개념들은 전부 상대적이며, 다음 것들에 제약을 받고 제한된다는 의미에서 상대적이라는 것을 인식해야 한다:

1. 필사자 언어의 한계.
2. 필사자 지성의 한계.
3. 일곱 초우주의 제한된 발전.
4. 파라다이스로 사람이 올라가는 데 관계되지 않는 그러한 초우주 발전의 여섯 가지 중요한 목적을 너희가 모르는 것.
5. 너희가 부분적 영원 관점조차도 파악할 능력이 없는 것.
6. 일곱 초우주가 진화로 펼쳐지는 현 시대에 관하여 뿐 아니라, 모든 우주 시대와 가지는 관계에서 우주의 진화와 운명을 묘사하기가 불가능한 것.
7. 전(前) 실존물이나 후 체험물이—시작의 앞에, 또 운명 뒤에 놓여 있는 것들이—정말로 무엇을 뜻하는지 어떤 생물도 깨달을 능력이 없는 것.

실체의 성장은 이어지는 여러 우주 시대의 상황에 제약을 받는다. 중앙 우주는 하보나 시대에 아무런 진화적 변화를 겪지 않았지만, 초우주 시대의 현 시기에 하보나는 진화하는 초우주들과 조정함으로 말미암아 유도된 어떤 진보하는 변화를 겪고 있다. 이제 진화하는 일곱 초우주는 언젠가 빛과 생명의 안정된 지위를 얻을 터이고, 현재 우주 시대 동안에 그 성장 한계에 이를 것이다. 그러나 의심할 여지 없이, 다음 시대, 제1 외계 공간 시대는 초우주들을 현 시대 운명의 한계로부터 풀어놓을 것이다. 완성 위에 충만이 계속 겹쳐지고 있다.

이것들이 우주에서 사물·의미·가치의 성장, 그리고 늘 올라가는 실체 수준에서 그것들의 합성에 관하여 통일된 개념을 발표하려 애쓰면서 우리가 부딪치는 얼마큼의 한계이다.

1. 유한 기능자들의 1차 결합

유한한 실체의 1차 단계, 곧 영에 기원이 있는 단계는 생물 수준에서 완전한 성격자로서, 우주 수준에서 완전한 하보나 창조로서 직접 표현을 발견한다. 체험적 신조차도 이렇게 하보나에 계신 최상위 하나님의 영(靈) 몸에서 표현된다. 그러나 유한한 것들의 2차 진화 단계, 곧 시간과 물질에 제약을 받는 단계들은 오로지 성장하고 달성하는 결과로서 우주 규모로 통합된다. 결국에는 모든 2차 유한자, 즉 완전하게 되는 유한자들은 1차 완전 수준과 같은 수준에 이르겠지만, 그런 운명은 시간 지연에 지배되고, 이것은 중앙 창조에서는 유전적으로 발견되지 않는 제한, 구성에 따르는 초우주 제한이다. (우리는 3차 유한자들이 존재한다는 말을 들어 보았지만, 그들의 통합 기법은 아직까지 밝혀지지 않았다.)

초우주에서 생기는 이 시간 지연, 완전을 성취하는 데 있는 이 장애물은, 생물이 진화적 성장에 참여하게 만든다. 그것은 이처럼 생물로 하여금, 바로 그 생물의 진화에서 창조자와 협동하는 관계에 들어가는 것을 가능하게 한다. 확대되어 성장하는 이 시절에 불완전한 자는 칠중 하나님의 봉사를 통해서 완전한 자와 서로 연결된다.

칠중 하나님은 공간의 진화하는 우주들에서 파라다이스 신이 시간의 장벽을 인식함을 의미한다. 살아남는 한 물질 성격자가 파라다이스로부터 아무리 멀리 있어도, 공간에서 아무리 깊은 데서 기원을 가지더라도, 칠중 하나님이 거기에 계시며, 불완전하고 허덕이는 그러한 진화 생물에게, 진리·아름다움·선으로 이루어진 봉사, 사랑에 넘치는 자비로운 봉사를 베푸는 데 종사한다는 것이 발견될 것이다. 칠중자가 신으로서 베푸는 봉사는 영원한 아들을 거쳐서 파라다이스 아버지에게 이르기까지 안으로, 옛적부터 늘 계신 이들을 거쳐서 우주 아버지—아들 창조자—들에게 이르기까지, 바깥으로 손을 뻗는다.

사람은 성격을 가졌고 영적으로 진보하여 올라가니까, 칠중 신의 신성, 성격을 가진 영적 신성을 발견한다. 그러나 성격의 진보에 관여하지 않는, 칠중자의 다른 단계들이 있다. 이 신 집합에서 신의 모습은 현재, 일곱 으뜸 영과 합동 행위자 사이의 연락 속에서 통합되지만, 이들은 최상 존재의 태어나는 성격 속에서 영원히 통일되는 운명을 가졌다. 칠중 신의 다른 여러 단계는 현재 우주 시대에 여러 가지로 통합되지만, 모두가 마찬가지로 최상위 안에서 통일되는 운명을 가졌다. 모든 국면에서 칠중자는 현재 대우주의 기능적 실체가 상대적으로 통일되는 근원이다.

2. 2차 최상 유한 통합

칠중 하나님이 유한한 진화를 기능적으로 조정하는 것처럼 최상 존재는 궁극에 운명의 성취를 합성해 낸다. 최상 존재는 대우주의 진화에서 신이 궁극에 이르는 절정이다—영 핵심 둘레에 물리적 진화가 있고, 물리적 진화 영토, 회전하고 소용돌이치는 영토 위에 영 핵심이 궁극에 지배하는 것이다. 그리고 이 모두가 다음 성격자의 명령에 따라서 일어난다: 가장 높은 의미에서 파라다이스 성격자, 우주 의미에서 창조자인 성격자, 인간적 의미에서 필사 성격자, 절정에 이르는 의미, 곧 체험적 종합의 의미에서 최상위 성격자.

최상위의 개념은 영 성격, 진화적 동력, 그리고 권능과 성격의 합성—진화적 권능을 영 성격과 통일하고 영 성격이 그것을 지배하는 것—을 차별해서 인식해야 한다.

최종으로 분석해 보건대, 영은 파라다이스로부터 하보나를 거쳐서 온다. 에너지와 물질은 겉보기에 공간의 깊은 데서 진화하고, 하나님의 아들 창조자들과 함께 무한한 영의 아이들이 동력으로서 조직하는 듯하다. 이 모두가 체험적인 것이다. 그것은 창조자인 신들과 진화하는 생물까지도 포함하여, 시간과 공간 속에서 넓은 범위의 살아 있는 존재들을 끌어들이는 거래이다. 대우주에서 창조자 신들의 권능 통달은 차츰 확장해서 시공 창조들이 진화로 정착하고 안정되는 일을 포함하며, 이것이 칠중 하나님의 체험적 힘이 꽃피는 것이다. 그것은 우주의 아버지가 조절자를 수여하는 것으로부터 파라다이스 아들들이 일생을 수여하기까지, 시간과 공간에서 신성을 달성하는 전역을 둘러싼다. 이것은 벌어들인 권능, 입증한 권능, 체험적 권능이며, 파라다이스 신들이 가진 영원의 권능, 헤아릴 수 없는 권능, 실존적 권능과 대조가 된다.

칠중 하나님이 신성을 성취함으로부터 생기는 이 체험적 힘 자체는, 합성—종합—을 이용하여 신성의 응집하는 성질을 진화하는 창조들이 체험으로 통달한 전능한 힘으로서 명시한다. 이 전능한 힘은 다음에 최상위 하나님의 성격, 하보나에 계시는 영 성격과 연합하여, 하보나 세계들 바깥 지대의 시범 구체에서 영 성격이 응집함을 발견한다. 이처럼 체험적 신은 시공의 힘의 산물에 중앙 창조에서 거하는 영계심과 신다운 성격을 부여함으로써, 긴 진화적 투쟁을 끝마치게 한다.

이처럼 최상 존재는 시공에서 진화하는 모든 것을 모조리, 궁극에는 품에 안으며, 한편 이 성질에 영 성격을 부여한다. 생물이, 아니 필사자들도 이 대단한 거래에 참여하는 성격자이니까, 그들도 최상위를 알고, 그러한 체험적 신의 참 자식으로서 최상위를 알아볼 능력을 분명히 얻는다.

네바돈의 미가엘은 파라다이스 아버지와 같으니, 아버지의 파라다이스 같은 완전함을 함께 나누기 때문이다. 마찬가지로 진화하는 필사자들은 언젠가 체험하는 최상위와 유사함을 얻을 터이니, 그들이 참으로 그의 진화적 완전을 함께 나눌 것이기 때문이다.

최상위 하나님은 체험적인 분이다. 따라서 사람은 그를 완벽하게 체험할 수 있다. 일곱 절대자의 실존적 실체는 체험 기법으로 파악할 수 없다. 기도하고 예배하는 자세에서, 겨우 아버지·아들·영의 <u>성격 실체들</u>을 유한한 피조물의 성격이 파악할 수 있다.

최상 존재의 권능 성격의 합성이 완성된 속에서, 그렇게 결합될 수 있는 몇 가지 삼극 일치의 모든 절대성이 결합될 것이다. 모든 유한한 성격자가 이 의젓한 진화 성격자를 체험으로 도달하고 그를 이해할 수 있다. 하늘 가는 자들이 영 존재의 가정된 일곱째 단계에 이를 때, 그들은 거기서 삼극 일치들의 절대성과 무한의 새로운 의미와 가치가 실현됨을 체험하겠고, 이는 우리가 체험할 수 있는 최상 존재 안에 절대 아래의 수준에서 그러한 것이 드러난 바와 같다. 그러나 최대로 발전하는 이 단계에 이르는 것은 아마도 대우주 전체가 빛과 생명 속에 나란히 정착할 때를 기다려야 할 것이다.

3. 초월적 3차 실체 결합

초한(超限) 건축가들은 계획을 만들어 낸다. 최상 창조자들은 그것을 존재하게 만든다. 최상 존재는 시간 속에서 최상 창조자들이 창조한 대로, 주건축가들이 공간 속에서 예측한 대로, 그것을 충만하게 성취한다.

현재 우주 시대에 모우주의 행정을 조정하는 것은 모우주 건축가들의 기능이다.

그러나 현재 우주 시대가 종결될 때, 전능 최상위의 출현은 진화된 유한자가 체험적 운명의 첫째 단계에 이르렀음을 알릴 것이다. 이 사건은 제1 체험적 삼위 일체—최상 창조자들, 최상 존재, 모우주 건축가들의 연합—의 완성된 기능으로 분명히 이끌 것이다. 이 삼위 일체는 모우주의 진화적 통합을 더욱 성취하도록 예정되어 있다.

파라다이스 삼위 일체는 참으로 무한의 삼위 일체이고, 이 최초의 삼위 일체를 포함하지 않는 어떤 삼위 일체도 도저히 무한할 수 없다. 그러나 최초의 삼위 일체는 절대적 신들의 순수한 결합으로 생긴 결말이다. 절대 아래의 존재들은 이 원초적 결합과 아무 상관이 없다. 나중에 나타나는 체험적 삼위 일체들은 생물 성격자들의 기여까지도 포함한다. 분명히 이것은 궁극 삼위 일체의 경우에 참말이며, 거기서 주 아들 창조자들이 그 최상 창조자 회원들 사이에 바로 그렇게 계신 것은 이 삼위 일체 결합 <u>안에서</u> 실제의 진정한 생물 체험이 동시에 자리에 있음을 가리킨다.

제1 체험적 삼위 일체는 궁극의 결말을 집단으로 성취하도록 마련한다. 집단 결합은 개인의 능력을 예시할 수 있게, 심지어 초월할 수 있게 하며, 이것은 유한한 수준을 지나서도 참말이다. 다가올 시대에, 일곱 초우주가 빛과 생명 속에 정착한 뒤에, 의심할 여지 없이, 최후 군단은 궁극 삼위 일체의 명령을 받은 대로, 최상 존재 안에서 권능 성격으로 연합된 대로, 파라다이스 신들의 목적을 공포(公布)할 것이다.

과거 영원과 미래 영원에 모든 거대한 우주 발전 전체를 통하여, 우리는 이해할 수 있는 우주의 아버지 요소들이 커지는 것을 탐지한다. 스스로 계신 이로서, 그가 총 무한에 스며든다고 우리는 철학적으로 가정하지만, 어떤 생물도 그러한 가설을 체험으로 둘러쌀 수 없다. 우주들이 확대됨에 따라서, 시간이 조직하는 공간으로 인력(引力)과 사랑이 뻗어나감에 따라서, 우리는 첫째 근원 중심의 점점 더 많은 부분을 이해할 수 있다. 우리는 무제한 절대자의 공간 계심을 꿰뚫는 인력 행위를 지켜본다. 그리고 신 절대자가 신으로 계신 그 안에서 영 생물이 진화하고 커지며, 한편 우주와 영의 진화는 모두, 유한한 신 수준에서 지성과 체험으로 말미암아 최상 존재로서 통일되고, 초월 수준에서는 궁극 삼위 일체로서 조정하고 있음을 우리는 탐지한다.

4. 궁극의 4차 통합

파라다이스 삼위 일체는 궁극의 의미에서 분명히 조정하지만, 이 점에서 스스로 제한한 절대자로서 활동한다. 체험적인 궁극 삼위 일체는 초월적인 것을 초월자로서 조정한다. 영원한 미래에 이 체험적 삼위 일체는 통일의 확장을 통해서, 궁극 신의 궁극에 이르는 계심을 더욱 활성화할 것이다.

궁극 삼위 일체가 모우주를 조정하도록 예정되어 있는 한편, 궁극위 하나님은 모우주 전체의 지향을 초월적으로 권능 성격화한 것이다. 궁극위가 궁극에 이르는 일을 마치는 것은 모우주가 완성됨을 암시하며, 이 초월적 신이 완전히 태어남을 의미한다.

궁극위가 완전히 태어남으로 말미암아 무슨 변화가 터질지 우리는 모른다. 그러나 최상위가 지금 영적으로 몸소 하보나에 계시는 것 같이, 마찬가지로 궁극위도 또한, 그러나 초한 의미와 초월 성격 의미에서 거기에 계신다. 그리고 궁극위의 제한된 대관들의 존재에 대하여 너희에게 일러 준 적이 있다. 하지만 너희는 그들이 현재 계신 곳이나 기능에 관하여 들어 본 적이 없다.

그러나 궁극 신이 태어나는 데 따르는 행정적 반향에 상관 없이, 그의 초월적 신성의 성격 가치는 이 신 수준의 현실화에 참여했던 모든 성격자가 맛볼 수 있을 것이다. 유한한 자의 초월은 오로지 궁극의 달성으로 이끌 수 있을 따름이다. 궁극위 하나님은 시간과 공간을 초월하여 존재하지만, 그런데도, 절대적인 것들과 기능적으로 결합하는 능력이 본래부터 있는데도, 절대 아래이다.

5. 공동 절대 단계, 곧 다섯째 단계의 결합

최상위가 진화하고 체험하는 실체의 최고점인 것처럼, 궁극위도 초월 실체의 정점이다. 이 두 체험적 신이 실제로 탄생하는 것은 2차 체험적 삼위 일체의 기초를 놓는다. 이것은 절대 삼위 일체, 즉 최상위 하나님, 궁극위 하나님, 밝혀지지 않은 우주 운명 성취자, 이 셋의 연합이다. 그리고 이 삼위 일체는 이론적으로 잠재성의 절대자—신 절대자, 우주 절대자, 무제한 절대자—를 활성화시키는 능력을 가지고 있다. 그러나 이 절대 삼위 일체가 마침내 형성되는 것은, 하보나에서부터 제4차인 가장 바깥의 공간 수준까지, 모우주 전체의 진화가 완결된 뒤에야 일어날 수 있다.

이 체험적 삼위 일체들은, 체험적 신성의 성격 품질 뿐 아니라, 또한 그들이 도달한 신 통일의 특징을 나타내는, 성격 아닌 모든 다른 품질을 서로 연결짓는다는 것을 분명해 해 두어야 한다. 이 발표가 주로 우주 통일의 성격 국면을 다루지만, 그런데도, 최상 존재의 진화와 연관하여 지금 진행되는 권능과 성격의 합성이 보여주다시피, 온 우주의 비성격 모습도 마찬가지로 통일을 겪도록 예정된 것이 참말이다. 최상위의 영 성격 품질은 전능자의 능력 특권으로부터 분리할 수 없고, 이 두 가지를 최상위 지성의 알려지지 않은 잠재성이 보충한다. 하나의 성격자로서 궁극위 하나님도 궁극 신의 성격 외의 모습과 동떨어져서 생각할 수 없다. 그리고 절대 수준에서 신 절대자와 무제한 절대자는, 우주 절대자가 계신 앞에서 분리할 수 없고 구별할 수 없다.

삼위 일체들은 그 자체로서 저절로 성격이 아니지만, 성격과 충돌하지도 않는다. 오히려 그들은 성격을 둘러싸고, 집단 의미에서 비성격 기능과 서로 관련짓는다. 그러면 삼위 일체들은 언제나 <u>신</u> 실체이지만, 결코 <u>성격</u>을 가진 실체는 아니다. 한 삼자 일체의 성격 모습은 그 개별 회원들에 본래 있고, 개별 성격자로서 그들은 그 삼자 일체가 <u>아니다</u>. 오직 하나의 집합으로서 그들은 삼자 일체이며, 바로 그것이 <u>삼자 일체이다</u>. 그러나 삼자 일체는 모든 둘러싼 신을 포함한다. 삼자 일체는 신이 하나되는 것이다.

세 절대자—신 절대자, 우주 절대자, 무제한 절대자—는 삼자 일체가 아니다. 왜냐하면 모두가 신은 아니기 때문이다. 오로지 신화(神化)된 것이 삼자 일체가 될 수 있다. 모든 다른 결합은 삼자 일치이든지, 아니면 삼극 일치이다.

6. 절대 단계, 곧 여섯째 단계의 통합

모우주의 현재 잠재성은 도저히 절대적이라 할 수 없다. 하지만 그것은 궁극에 가까울지 모르고, 우리는 절대 아래 우주의 규모 안에서 절대적 의미·가치를 완전히 계시하기가 불가능하다고 판단한다. 따라서 세 절대자의 한없는 가능성의 총 표현을 상상하려고 시도하거나, 지금 비성격인 신 절대자 수준에서 절대자 하나님이 체험으로 성격화되는 것을 상상하려는 시도에서도, 우리는 어지간한 어려움에 부딪친다.

최상 존재의 현실화를 위하여, 궁극 삼위 일체의 형성과 완전한 활동을 위하여, 궁극위 하나님이 궁극에 이르는 것을 위하여, 아니 절대 삼위 일체가 시작되는 것을 위해서도, 모우주의 공간 무대는 적절한 듯이 보인다. 그러나 이 2차 체험적 삼위 일체의 완전한 활동에 관한 우리의 개념은 널리 퍼지는 모우주까지도 뛰어넘는 어떤 것을 의미하는 듯하다.

우리가 한 무한한 우주—모우주를 지나서 어떤 제한할 수 없는 우주—를 가정하고, 절대 삼위 일체의 마지막 발전이 궁극을 초월하는 그러한 단계의 활동에서 바깥에서 생기리라고 상상한다면, 절대 삼위 일체의 완성된 기능은 무한한 창조들에서 마지막 표현을 이룩하고, 모든 잠재성의 절대 현실화를 마침내 성취하리라 추측하는 것이 가능하게 된다. 항상 확대되는 실체의 여러 구역을 통합하고 결합하는 것은 그렇게 결합된 구역들 안에서 모든 실체를 포함하는 데 비례하여, 지위의 절대성에 접근할 것이다.

달리 말하면 이렇다: 절대 삼위 일체는 그 이름이 가리키다시피, 총 기능 면에서 정말로 절대적이다. 제약되거나 한정되거나 아니면 달리 제한된 기초 위에서, 어떻게 절대 기능이 총체를 표현할 수 있는지 우리는 모른다. 따라서 우리는 어떤 그러한 총체 기능도 (잠재성에서) 제약을 받지 않으리라 가정해야 한다. 제약받지 않은 것은 또한, 적어도 질적 관점에서 보면, 한이 없으리라 보일 것이다. 하지만 양적 관계에 관하여 우리는 그다지 확실치 않다.

그러나 이것에 대해서 우리는 확실하다: 실존적 파라다이스 삼위 일체가 무한하고, 한편 체험적 궁극 삼위 일체는 무한 아래이지만, 절대 삼위 일체는 분류하기가 그리 쉽지 않다. 비록 기원과 구성에서는 체험적이지만, 그것은 분명히 실존적인, 잠재성의 절대자들에 부딪친다.

인간의 지성이 그러한 아득한 초인간 개념을 파악하려고 애쓰는 것은 좀처럼 유익하지 않지만, 절대 삼위 일체의 영원 행위는 잠재성의 절대자들이 가진 어떤 종류의 체험화에서 절정에 이른다고 생각해도 좋다. 이것은 무제한 절대자는 아니라도, 우주 절대자에 관하여 적절한 결론인 듯 보일 것이다. 적어도 우리는, 우주 절대자가 정적이고 잠재적일 뿐 아니라, 이 낱말들의 총체적 신 의미에서 또한 결합성이 있음을 알고 있다. 그러나 상상할 수 있는 신성 및 성격 가치에 관해서 말하면, 이 추측된 사건들이 신 절대자가 성격화하는 것, 그리고—체험적 신들의 셋째이자 마지막인—절대자 하나님의 성격이 완성되는 데 본래 있는, 성격을 초월하는 가치와 지극히 성격을 가진 의미가 출현하는 것을 의미한다.

7. 운명의 최후성

무한한 실체의 통합을 다루는 개념들을 형성하는 데 겪는 어려움 가운데 더러는 모든 그러한 아이디어가 우주 발전의 최후와 같은 무엇, 언젠가 있을 수 있는 모든 것의 실현, 어떤 종류의 체험적 실현을 포함한다는 사실에 본래부터 있다. 양적 무한이 최종으로 언젠가 완벽하게 실현될 수 있다는 것은 생각할 수 없다. 세 잠재 절대자 안에는, 아무리 많은 체험적 발전도 결코 소모할 수 없는 탐구하지 않은 가능성이 반드시 남아 있음이 틀림없다. 영원 그 자체는, 절대적이지만, 절대를 넘지 않는다.

마지막으로 통합된다는 시험적 개념조차도, 무제한 영원의 열매들로부터 분리할 수 없고, 따라서 상상할 수 있는 어떤 미래 시간에도 실용적으로 실현할 수 없다.

파라다이스 삼위 일체를 구성하는 신들이 의지한 행위로 말미암아, 운명이 확립된다. 운명은 세 가지 큰 광대한 잠재성 속에서 확립되며, 그 잠재성의 절대성은 모든 미래 발전의 가능성을 둘러싼다. 운명은 아마 우주 운명 성취자의 행위로 말미암아 이루어지고, 이 행위는 아마 절대 삼위 일체 안에서 최상위와 궁극위와 관계된다. 어떤 체험적 운명도, 체험하는 피조물은 적어도 부분적이라도 이해할 수 있다. 그러나 무한한 실존물에 부딪치는 운명은 도저히 이해할 수 없는 것이다. 최종 운명은 실존·경험적 달성이며 신 절대자를 말려들게 하는 듯하다. 그러나 신 절대자는 우주 절대자의 덕분으로, 무제한 절대자와 영원 관계에 있다. 가능성에서 체험적인 이 세 절대자는 실제로 실존하고 그보다 크며, 그들은 한없고, 시간이 없고, 공간이 없고, 가없고, 측량할 수 없다—참으로 무한하다.

그러나 목적의 달성이 있음직하지 않다는 것은 그러한 가상(假想) 운명에 대하여 철학으로 이론화하는 것을 막지 않는다. 도달이 가능한 절대적 하나님으로서 신 절대자의 현실화는 실질적으로 실현하기 불가능할지 모른다. 그런데도, 그러한 최후 결실은 하나의 이론적 가능성으로 남는다. 무제한 절대자가 어떤 상상할 수 없는 무한 우주에 말려드는 것은 끝없는 영원의 미래 속에서 헤아릴 수 없이 아득할지 모르지만, 그런데도 그러한 가설은 타당하다. 사람, 상물질자, 영, 최후자, 초월자, 그리고 다른 자들은, 우주들 자체 및 모든 다른 국면의 실체와 더불어, <u>가치 면에서 절대적인 최종 운명의 잠재성</u>을 분명히 가지고 있다. 그러나 어떤 존재나 우주도 그러한 운명의 모든 모습을 완벽하게 언제라도 도달할 것인가 우리는 의심이 든다.

아버지를 이해하는 데 너희가 아무리 성장한다 하더라도, 아버지인 스스로 계신 이의 밝혀지지 않은 무한에 너희의 지성은 언제나 어지러워 비틀거리게 될 것이다. 그 무한의 탐구되지 않은 광대함은, 영원의 모든 주기를 통해서 언제나 헤아릴 수 없고 이해할 수 없는 채로 남을 것이다. 하나님의 아무리 많은 부분을 너희가 깨닫더라도, 너희가 미처 그 존재를 의심도 하지 못할 훨씬 많은 부분이 언제나 남아 있을 것이다. 유한한 존재의 영토에서 참말인 것처럼, 마찬가지로 초월 수준에서도 그것이 참말이라고 우리는 믿는다. 하나님을 추구하는 일은 끝이 없다!

최종 의미에서 그렇게 하나님께 도달할 수 없는 것은 어떤 면에서도 우주 생물이 낙심하게 해서는 안 된다. 정말로 너희는 칠중자, 최상위, 궁극위의 신 수준에 이를 수 있고, 그렇게 하며, 이것이 너희에게 가지는 의미는, 영원히 존재하는 절대 지위 속에서 아버지 하나님을 무한히 깨닫는 것이 영원한 아들에게, 그리고 합동 행위자에게 의미하는 것과 같다. 생물을 괴롭히기는커녕, 하나님의 무한은, 모든 끝없는 미래를 통해서 내내, 영원조차도 소모하거나 끝내지 않을 가능성, 성격을 발전하고 신과 교제하는 가능성을 하늘 가는 성격자가 자기 앞에 가지리라는 최상의 확신이 되어야 한다.

대우주의 유한한 생물에게 모우주의 개념은 거의 무한한 듯이 보인다. 그러나 의심할 여지 없이, 거기 있는 초한(超限) 건축가들은 끝없는 스스로 계신 이 안에서 앞날의 상상하지 못한 발전에 모우주가 관계됨을 파악한다. 공간 그 자체도 겨우 궁극의 조건, 중부 공간에서 고요한 지대의 상대적 절대성 안에서 제한하는 조건일 뿐이다.

모우주 전체가 마침내 완성되는, 상상할 수 없이 아득한 앞날의 영원한 순간에, 의심할 여지 없이, 그 역사 전부를 겨우 시작이라고, 지도(地圖)가 그려지지 않은 무한 속에서 더욱 크고 더욱 황홀한 변형을 위해서 어떤 유한하고 초월적인 기초를 창조하는 것이라고 우리 모두가 돌이켜볼 것이다. 그러한 앞날의 영원 순간에 모우주는 여전히 젊은 듯이 보일 것이다. 정말로, 결코 그치지 않는 영원의 한없는 가능성에 부닥쳐서 모우주는 언제나 젊을 것이다.

무한한 운명을 달성할 듯하지 않은 것은 조금이라도 그런 운명에 대한 관념을 생각해 보는 것을 막지 않는다. 그리고 세 가지 절대 잠재성이 언제라도 완벽하게 현실화될 수 있다면, 총 실체의 마지막 통합을 상상하기가 가능하리라고 우리는 서슴지 않고 말한다. 이 발전적 실현은 무제한 절대자, 우주 절대자, 신 절대자의 현실화의 완성에 기초를 두고, 이 세 잠재성의 연합은 스스로 계신 이의 잠재성을 이루며, 이것은 영원의 중지된 실체들, 모든 미래와 그보다 더한 것의 정지된 가능성이다.

최소한을 말하더라도, 그러한 궁극의 사건들은 오히려 아득한 편이다. 그런데도 세 삼위 일체의 작용, 성격자, 결합 속에서, 아버지인 스스로 계신 이의 일곱 가지 절대 국면을 다시 뭉치는 이론적 가능성을 탐지한다고 우리는 믿는다. 이것은 우리가 세 가지 삼위 일체 개념과 얼굴을 맞대도록 만들고, 그것은 실존적 지위를 가진 파라다이스 삼위 일체와 체험적 성질과 기원을 가지고 나중에 나타나는 두 삼위 일체를 에워싼다.

8. 삼위 일체들의 삼위 일체

삼위 일체들의 삼위 일체의 성질을 인간의 지성에게 그려 보이기는 어렵다. 그것은 영원이 실현되는 이론적 무한에서 명시되는 체험적 무한의 전부를 실제로 종합한 것이다. 삼위 일체들의 삼위 일체에서, 체험적 유한자는 실존적 무한자와 동일성을 얻으며, 이 둘은 체험 이전(以前)이자 실존 이전의 스스로 계신 이 안에서 하나와 같다. 삼위 일체들의 삼위 일체는 15 가지 삼자 일치 및 관계된 삼극 일치에서 암시되는 모든 것의 마지막 표현이다. 상대적 존재들은 최후물을, 실존적이든 체험적이든, 이해하기 어렵다. 따라서 최후물은 반드시 상대적인 것으로서 제시되어야 한다.

삼위 일체들의 삼위 일체는 여러 단계에서 존재한다. 그것은 인간 수준 훨씬 위에 있는 존재들의 상상력을 어지럽게 하는 그러한 가능성, 확률, 필연성을 포함한다. 그것은 하늘 철학자들이 아마 의심하지 않은 함축성을 가지고 있는데, 그 함축된 의미가 삼자 일치에 있고 결국 삼자 일치들은 헤아릴 수 없는 것이기 때문이다.

삼위 일체들의 삼위 일체를 묘사할 수 있는 몇 가지 방법이 있다. 우리는 세 수준의 개념을 제시하기로 선택하였으니, 다음과 같다:

1. 세 삼위 일체의 수준.
2. 체험적 신의 수준.
3. 스스로 계신 이의 수준.

이것은 통일성이 높아지는 수준들이다. 실제로 삼위 일체들의 삼위 일체는 첫째 수준이고, 한편 둘째와 셋째 수준은 첫째가 통일되어 생기는 파생물이다.

첫째 수준: 이 첫째 결합 수준에서, 세 가지 삼위 일체가 신 성격자들의 집합, 뚜렷하지만 완전하게 동시화된 집합으로서 활동한다고 생각된다.

1. 파라다이스 삼위 일체. 세 파라다이스 신—아버지·아들·영의 결합. 파라다이스 삼위 일체는 세 가지 기능—절대 기능, 초월 기능 (궁극 삼위 일체), 유한 기능 (최상 삼위 일체)을 함축한다는 것을 기억해야 한다. 파라다이스 삼위 일체는 어느 때에나, 항상, 이들 가운데 어느 것도 되고, 모두도 된다.

2. 궁극 삼위 일체. 이것은 최상 창조자들, 최상위 하나님, 모우주 건축가들이 신으로서 결합한 것이다. 이것이 이 삼위 일체의 신성 모습을 적절히 제시한 것이지만, 이 삼위 일체의 다른 국면들이 있다는 것을 적어야 한다. 그러나 후자는 그 신성 모습과 완전하게 조정하는 듯이 보인다.

3. 절대 삼위 일체. 이것은 모든 신성의 가치에 관하여, 최상위 하나님, 궁극위 하나님, 우주 운명 성취자의 집합이다. 이 삼자 일체 집합의 어떤 다른 단계는, 확장하는 우주에서 신성이 아닌 가치와 상관이 있다. 그러나 체험적 신들의 권능과 성격 모습이 지금 체험적으로 합성되는 과정에 있는 것처럼, 이것들은 여러 신성 단계와 통일되고 있다.

삼위 일체들의 삼위 일체에서 이 세 가지 삼위 일체의 결합은 실체의 가능한 한없는 통합을 마련해 준다. 이 집합은 원인·중간물·최후물, 시작자·실현자·성취자들, 그리고 시작·존재·운명을 포함한다. 아버지-아들의 협동 관계는 아들-영이 되었고, 다음에 영-최상위, 그리고 계속해서 최상위-궁극위와 궁극위-절대자, 아니 절대자와 아버지-무한자까지도 되었다—이것이 실체 주기의 완성이다. 마찬가지로, 신성과 성격에 아주 직접 관계되지 않는 다른 여러 단계에서, 위대한 첫째 근원 중심은 영원의 동그라미 둘레에서, 스스로 존재함의 절대성으로부터 끝없는 자기 계시를 거쳐서, 자기 실현의 최후에 이르기까지—실존자들의 절대로부터 체험자들의 최후까지—실체의 한없음을 스스로 실현한다.

둘째 수준: 세 삼위 일체의 조정은 불가피하게 체험적 신들이 결합되어 뭉치는 일에 관계되며, 이들은 이 삼위 일체들과 유전적으로 결합되어 있다. 이 둘째 수준의 성질은 때때로 다음과 같이 제시된다:

1. 최상위. 이것은 파라다이스 삼위 일체가 파라다이스 신들의 아들 창조자 및 딸 창조자와 체험적으로 연락을 가지면서 통일하는, 신에게 생기는 결과이다. 최상위는 유한한 진화에서 첫째 단계의 완성이 신으로 구체화한 것이다.

2. 궁극위. 이것은 둘째 삼위 일체가 궁극에 얻은 통일성이 신에게 나타나는 결과이며, 신성이 초월하고 초한하게 성격화된 것이다. 궁극위는 많은 품질을 가진, 다양하게 간주되는 통일성에 있고, 그에 대한 인간의 개념은 적어도, 통제·지휘하고, 몸소 체험할 수 있고, 긴장을 통일하는 그러한 단계의 궁극성을 담는 것이 좋을 것이다. 그러나 궁극에 이른 신에는 밝혀지지 않은 많은 다른 모습이 있다. 궁극위는 최상위와 비교할 만하지만, 동일하지 않으며, 궁극위는 그저 최상위를 확대한 것도 아니다.

3. 절대자. 삼위 일체들의 삼위 일체의 둘째 수준에서 셋째 구성원의 특성에 관하여 많은 이론이 있다. 절대자 하나님은 의심할 여지 없이, 절대 삼위 일체의 마지막 기능이 성격에 미치는 결과로서 이 결합에 말려들어 있다. 그래도 신 절대자는 영원의 지위를 가진 실존적 실체이다.

이 셋째 구성원에 관하여 생기는 개념의 어려움은 그러한 회원 자격을 전제하는 것은 꼭 한 절대자를 가리킨다는 사실에 본래 있다. 이론적으로, 그러한 사건이 일어날 수 있다면, 세 절대자가 하나로 체험으로 통일되는 것을 우리가 구경해야 한다. 무한 속에서, 실존적으로, 하나의 절대자가 있다고 우리는 가르침을 받았다. 누가 이 셋째 구성원일 수 있는가는 조금도 뚜렷하지 않지만, 그러한 것은 어떤 형태의 상상하지 못한 연락과 우주 명시 속에서, 신 절대자, 우주 절대자, 무제한 절대자로 구성될지 모른다고 흔히 가정된다. 분명히, 삼위 일체들의 삼위 일체는 세 절대자를 미처 완전히 통일하지 못하고는 완벽한 기능을 도저히 얻을 수 없고, 세 절대자는 모든 무한한 잠재성의 실현을 미처 완성하지 않고서 도저히 통일될 수 없다.

삼위 일체들의 삼위 일체의 셋째 구성원이 우주 절대자라고 상상하고, 이 개념이 우주 절대자가 정적(靜的)이고 잠재할 뿐 아니라 결합하는 성질이 있다고 상상한다면, 아마도 최소의 진리 왜곡일 것이다. 그러나 총 신 기능의 창조하고 진화하는 모습과 가지는 관계를 우리는 아직도 파악하지 못한다.

비록 삼위 일체들의 삼위 일체에 대하여 완성된 개념을 형성하기 어렵지만, 한정된 개념은 그다지 어렵지 않다. 삼위 일체들의 삼위 일체의 둘째 수준이 본질적으로 성격을 가졌다고 생각된다면, 최상위 하나님, 궁극위 하나님, 절대자 하나님의 연합이, 이 체험적 신들에게 조상인, 성격을 가진 삼위 일체들의 연합이 낳는 성격 반향이라고 가정하는 것이 아주 가능하게 된다. 체험적인 이 세 신이, 그들의 조상이자 원인이 되고 첫째 수준을 구성하는 삼위 일체들의 깊어지는 통일에서 직접 생기는 결과로서, 둘째 수준에서 분명히 통일하리라는 의견을 우리는 감히 가져본다.

첫째 수준은 세 삼위 일체로 구성된다. 둘째 수준은 체험으로 진화하고, 체험으로 궁극에 이른 성격자, 체험적이고 실존적인 신 성격자들의 성격 결합으로서 존재한다. 완벽한 삼위 일체들의 삼위 일체를 이해하는 데 무슨 개념의 어려움이 있든지 상관 없이, 둘째 수준에서 이 세 신의 성격 결합은 장려자가 신처럼 되는 현상에서, 바로 우리 자신의 우주 시대에 대하여 명시되었다. 신 절대자는 궁극위를 통해서, 최상 존재의 초기 창조 명령에 반응하여 활동하면서, 이 둘째 수준에서 장려자를 현실화하였다.

셋째 수준: 삼위 일체들의 삼위 일체의 둘째 수준에서 조건 없는 가정에서는, 전체 무한에서 지금 있거나, 전에 있었거나, 앞으로 있을 수 있는, 모든 종류의 실체가 가진 모든 국면의 상관 관계가 포함된다. 최상 존재는 영일 뿐 아니라, 또한 지성이요 권능이요 체험이다. 궁극위는 이 모두이고 이를 훨씬 넘으며, 한편 신 절대자, 우주 절대자, 무제한 절대자가 하나가 된다는 연결된 개념에는 모든 실체가 실현되는 절대 최후성이 담겨 있다.

최상위, 궁극위, 완성된 절대자, 이 셋의 연합에는, 최초에 스스로 계신 이가 구분한 모습, 무한의 일곱 절대자를 출현하게 만든 무한의 모습들의 기능적 재조립이 일어날 수 있다. 비록 우주 철학자들은 이렇게 될 확률이 아주 아득하다고 판단하지만, 그래도 우리는 자주 이렇게 묻는다: 삼위 일체들의 삼위 일체의 둘째 수준이 언젠가 삼자 일체 통일을 성취할 수 있다면, 다음에 그러한 신(神) 통일의 결과로서 무슨 일이 벌어질 것인가? 우리는 알지 못한다. 그러나 그것이 체험으로 달성 가능한 것으로서 스스로 계신 이의 실현으로 직접 이끌 것이라 우리는 확신한다. 성격 존재들의 관점에서 보면, 사람이 헤아릴 수 없는 스스로 계신 이가 아버지 무한자로서 우리가 체험할 수 있게 되었음을 뜻할 수 있다. 이 절대 운명이 비성격 관점에서 무엇을 의미할까 하는 것은 또 다른 문제이고, 오로지 영원이 아마도 해명해 줄 수 있을 문제이다. 그러나 이 아득한 궁극의 일들을 우리가 성격 생물로서 보건대, 모든 성격자의 마지막 운명은 바로 이 성격자들의 우주의 아버지가 가진 최종 지식이라 우리는 추측한다.

우리가 과거 영원에 계셨던 스스로 계신 이를 철학적으로 상상할 때, 그는 혼자 계시고, 그 외에 아무도 없다. 미래 영원 속으로 앞을 내다볼 때, 우리는 스스로 계신 이가 도저히 하나의 실존자로서 변할 수 있다고 보지 않지만, 광대한 체험적 차이를 예측하는 방향으로 우리는 기울어진다. 그러한 스스로 계신 이 개념은 충만한 자기 실현을 의미한다—스스로 계신 이의 자기 계시에 의지하여 참여한 자가 되고, 무한의 총체성의 절대 의지(意志) 부분, 즉 절대적 아버지의 마지막 아들로서 영원히 남아 있을 그러한 성격자들이 사는 한없는 은하계를 포함한다.

9. 실존적 무한한 통일

삼위 일체들의 삼위 일체 개념에서 우리는 한없는 실체의 가능한 체험적 통일을 가정하며, 이 모두가 아주 먼 영원의 순전한 아득함 속에서 일어날지 모른다는 이론을 우리는 때때로 세운다. 그런데도, 모든 과거와 미래 우주 시대처럼, 바로 이 시대에 실제로 현재 무한의 통일이 있다. 그러한 통일은 파라다이스 삼위 일체 안에서 실존한다. 체험적 실체로서 무한의 통일은 생각할 수 없이 아득하지만, 무한의 조건 없는 통일은 지금, 우주가 존재하는 현재 순간을 지배하며, 모든 실체의 분산을 절대적인 한 실존적 품위를 가지고 뭉친다.

성취된 영원의 최후 수준에서 무한한 통일을 상상하려고 애쓸 때, 유한한 생물은 그들의 유한한 존재에 본래 있는 지능의 한계와 얼굴을 마주친다. 시간과 공간과 체험은 생물의 개념에 장벽이 된다. 그래도 시간이 없이, 공간과 따로, 체험이 없다면, 아무 생물도 우주 실체에 대하여 제한된 이해조차 얻을 수 없다. 시간에 대한 민감성이 없이, 어떤 진화 생물도 연속되는 여러 관계를 도저히 파악할 수 없다. 공간을 파악함이 없이, 아무 피조물도 동시에 일어나는 관계를 잴 수 없다. 체험이 없이는, 아무 진화 생물도 존재할 수조차 없다. 오로지 무한의 일곱 절대자가 정말로 체험을 초월하며, 그들조차도 어떤 국면에서는 체험적일지 모른다.

시간, 공간, 체험은 사람이 상대적 실체를 파악하는 데 가장 크게 도움되는 것인데, 그래도 완벽하게 실체를 파악하는 데 사람에게 가장 끔찍한 장애물이다. 사람들과 기타 많은 우주 생물은 잠재물이 공간에서 현실화되고 시간 속에서 진화하여 결실한다고 생각하는 것이 필요함을 알아차린다. 그러나 이 과정 전부는 파라다이스와 영원 속에서 실제로 일어나지 않는 시공(時空) 현상이다. 절대 수준에는 시간도 공간도 없다. 거기서는 모든 잠재물을 사실로 존재하는 물건으로 파악해도 좋다.

모든 실체를 통일한다는 개념은, 이 시대나 어느 다른 우주 시대에 있든지 상관없이, 실존하는 것과 체험적인 것, 기본적으로 이 두 가지이다. 그러한 통일은 삼위 일체들의 삼위 일체 속에서 체험으로 실현되는 과정에 있다. 그러나 이 삼중의 삼위 일체가 겉으로 현실화되는 그 정도는 우주에서 실체의 제한과 불완전성이 사라지는 데 정비례한다. 그러나 실체의 총 통합은 무조건, 영원히, 실존적으로, 파라다이스 삼위 일체 안에 있다. 그 속에서 바로 이 우주 순간에, 무한한 실체는 절대로 통일되어 있다.

체험적 관점과 실존적 관점이 일으키는 역설(逆說)은 피할 수 없고, 파라다이스 삼위 일체와 삼위 일체들의 삼위 일체는 각각, 사람들이 하나의 시공 상대성으로서만 겨우 파악할 수 있는 영원 관계라는 사실에 어느 정도 근거를 둔다. 삼위 일체들의 삼위 일체가 차츰 체험으로 현실화하는 것에 관한 인간의 개념—시간 관점—은 이것이 이미 현실화된 것이라 덧붙여 가정함—영원의 관점—으로 보충되어야 한다. 그러나 이 두 관점이 어떻게 조화될 수 있는가? 파라다이스 삼위 일체가 무한의 실존하는 통일이며, 체험적 삼위 일체들의 삼위 일체가 실제로 계시고 완벽하게 명시되었음을 탐지하지 못하는 것은 다음 이유 때문에, 서로 일으키는 왜곡에 일부 기인한다는 진리를 받아들이라고 우리는 유한한 필사자들에게 제안한다:

1. 인간의 한정된 관점, 조건 없는 영원의 개념을 파악할 능력이 없다.

2. 불완전한 인간 지위, 체험적인 것들의 절대 수준으로부터 멀리 떨어져 있다.

3. 인간 존재의 목적, 인류는 체험하는 기법으로 진화하도록 설계되어 있고, 따라서 본래부터 체질적으로 체험에 기댄다는 사실. 오로지 절대자가 실존적이고 체험적일 수 있다.

파라다이스 삼위 일체에서 우주의 아버지는, 삼위 일체들의 삼위 일체에서 스스로 계신 이이다. 아버지가 무한하심을 사람이 체험하지 못하는 것은 유한한 한계 때문이다. 실존하고 홀로 계시고, 삼위 일체에 앞서며, 도달할 수 없는 스스로 계신 이 개념, 그리고 체험적 삼위 일체들의 삼위 일체 뒤에 있고 도달 가능한 스스로 계신 이를 가정하는 것은 바로 똑같은 가설이다. 무한자 안에서는 아무런 실제 변화가 일어나지 않았다. 겉으로 나타나는 모든 발전은 실체를 받아들이고 우주를 이해하는 능력이 늘어났기 때문이다.

최종으로 분석해 보건대, 스스로 계신 이는 모든 실존하는 것에 앞서, 그리고 모든 체험적인 것 뒤에 존재해야 한다. 이 아이디어가 인간의 지성 속에서 영원과 무한의 역설을 밝혀 주지 않을지 모르지만, 적어도 결코 끝나지 않는 이 문제들에 새로 달라붙어 싸우도록 그러한 유한 지능들을 자극해야 한다. 이 문제들은 구원자별에서, 나중에 최후자로서, 그리고 널리 퍼지는 여러 우주에서 너희의 영원한 생애의 끝없는 미래를 통해서, 줄곧 너희의 흥미를 자아낼 것이다.

머지 않아 모든 우주 성격자는 영원의 마지막 추구는 무한을 끝없이 탐구하는 것, 첫째 근원 중심의 절대성을 찾아내는, 결코 그치지 않는 항해(航海)라는 것을 비로소 깨닫는다. 머지 않아 우리 모두가, 모든 피조물의 성장이 아버지 신분을 확인하는 것에 비례함을 알게 된다. 우리는 하나님의 뜻을 실천하는 것이 무한 그 자체의 끝없는 가능성에 이르는 영원한 여권(旅券)임을 이해하게 된다. 무한자를 추구하는 데 성공하는 것은 아버지와 같음을 성취하는 데 정비례하고, 이 우주 시대에 아버지의 실체들은 신성의 품질 안에서 드러난다는 것을 필사자들은 언젠가 깨달을 것이다. 그리고 우주 생물은 신답게 사는 체험 속에서 신성의 이 품질을 몸소 이용하며, 신답게 사는 것은 하나님의 뜻을 실제로 행하는 것을 의미한다.

물질이고 유한한 진화 생물에게는, 하나님의 뜻을 실천하는 데 바탕을 둔 삶은 성격 무대에서 영의 지배권 획득으로 직접 이끌고, 그러한 피조물을 아버지 무한자를 이해하는 데로 한 걸음 더 가까이 데리고 간다. 그러한 아버지다운 생명은 진리에 근거를 두고, 아름다움에 민감하고, 선에 지배를 받는 삶이다. 하나님을 아는 그러한 사람은 안으로 예배의 빛을 받고, 바깥으로 모든 성격자의 보편적 형제 정신에 마음을 다하여 봉사하는 데 헌신한다. 이것은 자비로 가득 차고 사랑으로 마음이 움직여 봉사를 베푸는 것이며, 한편 우주 지혜가 있고, 자아를 실현하고, 하나님을 찾아내고 아버지를 예배하는 항상 올라가는 수준에서, 이 모든 생활 품질은 진화하는 성격 안에서 통일된다.

[네바돈의 한 멜기세덱이 발표하였다.]

제 107 편

생각 조절자의 기원과 성품

우주의 아버지는 파라다이스, 우주의 바로 한가운데에 몸소 거하지만, 또한 시간 속에서 셀 수 없이 많은 자녀들의 지성 속에, 공간 세계들에 실제로 계시니, 이는 그가 신비의 감시자로서 그들에게 깃들기 때문이다. 영원한 아버지는 동시에 혹성에서 사는 필사 아들들로부터 아주 멀리 떨어져 있고, 또한 아주 가깝게 관련되어 있다.

조절자는 사람의 혼 속에 구체화된 아버지의 사랑이 사실이 된 것이다. 그들은 필사 지성 속에 갇혀 있는, 사람의 영원한 생애를 가리키는 진정한 약속이다. 그들은 사람의 완전하게 된 최후자 성격의 본질이다. 파라다이스 아버지의 신성한 계심에 실제로 도달하기까지 한 걸음 한 걸음, 숱한 우주로 올라감으로써, 아버지의 뜻대로 사는 삶에 이르는 신다운 기법을 점진적으로 통달함에 따라서, 사람은 시간 속에서 그 본질을 미리 맛볼 것이다.

하나님은 그가 완전한 것 같이 사람에게 완전하라고 명령하였고, 그처럼 예정된 천상의 운명을 이루는 데 사람에게 체험하는 협동자가 되려고 조절자로서 내려오셨다. 사람의 지성에 깃드는 하나님의 분신(分身)은, 이 신다운 조절자와 손잡고 사람이 우주의 아버지를 발견할 수 있다는 절대적이고 조건 없는 보장이며, 그는 육체의 시절에도 사람을 찾고 아들 삼으려고 하나님으로부터 왔다.

아들 창조자를 본 어떤 필사자이든지 우주의 아버지를 보았고, 신다운 조절자가 깃드는 사람에게는 파라다이스 아버지가 깃든다. 깃드는 조절자의 인도함을 의식하거나 의식하지 않고서 따르는 필사자마다, 하나님의 뜻대로 살고 있다. 조절자가 계심을 의식하는 것은 하나님이 앞에 계심을 의식하는 것이다. 조절자가 사람의 진화하는 혼과 영원히 융합하는 것은 신의 우주 동료로서 하나님과 영원히 연합함을 사실로 겪는 체험이다.

하나님처럼 되고 파라다이스에 이르러서, 거기서 신의 실제 몸 앞에서 신이 준 선물의 무한한 근원을 예배하려는, 가라앉힐 수 없는 그 열망과 그침 없는 목마름을 사람 속에서 만들어 내는 것은 조절자이다. 조절자는 필사자인 아들과 파라다이스 아버지를 실제로 연결하고, 그를 아버지께로 자꾸 가깝게 끌어당기는 살아 있는 계심이다. 조절자는 사람이 하나님으로부터 떨어져 있는 그 거리 때문에, 영원한 아버지의 보편성과 대조해서 사람이 치우치는 성향의 정도 때문에 생기는 엄청난 우주 긴장을 우리에게 보상해서 평준화하는 존재이다.

조절자는 유한한 생물의 지성 속에 갇혀 있는 무한한 존재의 절대 본질이며, 그러한 필사자의 선택에 따라서, 궁극에는 하나님과 사람의 이 임시 연합을 완성하고 끝없이 우주에 봉사하기 위하여 새 서열의 존재를 진정하게 현실화한다. 조절자는 하나님이 사람의 아버지라는 진리를 현실화하는 신성한 우주 실체이다. 조절자는 사람의 틀림없는 우주 나침반이요, 언제나, 어김없이 그 혼을 하나님 방향으로 가리킨다.

진화하는 세계들에서, 의지(意志) 생물은 존재의 세 가지 일반적 발전 단계를 거친다: 조절자가 도착할 때부터 사람이 비교적 완전히 성장하기까지, 유란시아에서는 약 스무 살까지, 감시자를 때때로 생각 변경자라 일컫는다. 이 때부터 분별의 나이, 약 마흔에 이르기까지, 신비의 감시자를 생각 조절자라 부른다. 분별에 이른 때부터 육체에서 구원을 받기까지, 그들은 흔히 생각 통제자로서 언급된다. 필사 생명의 이 세 단계는 지성을 복사(複寫)하고 혼을 진화시키면서 조절자가 진보하는 세 단계와 아무 관련이 없다.

1. 생각 조절자의 기원

생각 조절자들은 최초의 신의 본질로부터 왔으니까, 그들의 성품과 기원에 대하여 아무도 주제넘게 권위를 가지고 이야기해서는 안 된다. 나는 겨우 구원자별의 전통과 유버르사의 의견을 나눠 줄 수 있을 뿐이다. 다만 우리가 이 신비의 감시자들, 그리고 대우주에 두루 그들과 관계된 통일체들을 어떻게 여기는가 설명할 수 있을 뿐이다.

생각 조절자들을 수여하는 방식에 관하여 다채로운 의견이 있어도, 그들의 기원에 관해서는 아무런 그런 차이가 존재하지 않는다. 그들이 우주의 아버지, 첫째 근원 중심으로부터 직접 비롯한다는 것에 모두가 고개를 끄덕인다. 그들은 지음받은 존재가 아니다. 그들은 무한한 하나님의 실제 계심을 구성하는, 조각이 된 통일체이다. 그들의 밝혀지지 않은 많은 동료와 더불어, 조절자들은 묽어지지 않고 섞이지 않은 신성(神性), 제한되지 않고 약해지지 않은, 신의 일부이다. 그들은 하나님으로부터 왔고, 우리가 헤아릴 수 있는 한, <u>그들은 하나님이다</u>.

첫째 근원 중심의 절대성과 달리, 그들이 따로 존재를 시작한 시간에 관하여 우리는 알지 못한다. 우리는 그들이 몇이나 있는지도 모른다. 인간의 지성에 깃들려고 시간 혹성에 그들이 도착하기까지, 우리는 그들의 경력에 관하여 아는 것이 거의 없지만, 그 때부터 계속, 우리는 삼자 일체 운명을 성취하는 것을 포함하여 거기까지, 그들의 우주 진보에 대하여 얼마큼 익숙하다: 어떤 필사 승천자와 융합함으로 성격을 얻는 것, 우주의 아버지의 명령에 따라서 성격을 얻는 것, 또는 생각 조절자들의 알려진 배치로부터 해방되는 것이다.

우리는 모르지만, 우주가 커짐에 따라서, 조절자와 융합할 후보자들의 수가 늘어남에 따라서, 조절자들이 항상 개별화되고 있다고 추측한다. 그러나 조절자들의 수량을 짚으려 하는 데 우리가 똑같이 틀릴 가능성이 있을지 모른다. 하나님 자신처럼, 헤아릴 수 없는 하나님 성품을 가진 이 분신들은 실존적으로 무한한가 싶다.

생각 조절자들의 기원에 관한 기법은 우주의 아버지의 밝혀지지 않은 기능의 하나이다. 우리는 첫째 근원 중심의 다른 절대 동료들 가운데 어느 누구도 아버지 분신들의 생산과 아무 관계가 없다고 믿을 충분한 이유를 가졌다. 조절자들은 다만, 영원히, 신이 준 선물이다. 하나님 출신이요 하나님으로부터 왔고, 하나님과 비슷하다.

융합하는 생물과 가지는 관계에서 그들은 하늘 같은 사랑과 영적 봉사를 드러내며, 이것은 하나님이 영이라는 선언을 완전히 확인한다. 그러나 이 초월하는 봉사에 보태서, 유란시아 필사자들에게 한 번도 밝혀진 적이 없는 많은 것이 일어난다. 시간 생물의 성격의 일부가 되라고 우주의 아버지가 자신의 몸을 나누어 줄 때, 도대체 무슨 일이 정말로 벌어지는지 우리가 넉넉히 이해하지도 못한다. 파라다이스 최후자들의 올라가는 진보는, 아직까지 사람과 하나님의 더할 나위 없는 이 협동 관계에 본래 있는 충만한 가능성을 드러내지도 않았다. 최종으로 분석해 보건대, 아버지 분신들은 절대적 하나님에 이르는 가능성을 둘러싸는 운명을 가진 피조물에게 절대적 하나님이 주는 선물임이 틀림없다.

우주의 아버지가 그의 전 성격 신을 조각내는 것처럼, 무한한 영도 영과 융합하는 시리즈의 살아남는 필사자들의 진화하는 혼에 깃들고, 실제로 그와 융합하려고 자기의 전(前) 지성 영의 부분을 개별화한다. 그러나 영원한 아들의 성품은 이렇게 조각낼 수 없다. 최초의 아들의 영은 퍼지든지, 아니면 따로따로 성격을 가진다. 아들이 융합한 생물은 영원한 아들의 아들 창조자들이 가진 영의 개별화된 선물과 뭉쳐진다.

2. 조절자의 분류

조절자들은 처녀 존재로서 개체화되며, 모두가 해방되거나, 융합하거나, 아니면 성격화된 감시자가 되도록 정해져 있다. 우리는 일곱 계급의 생각 조절자가 있음을 안다. 하지만 우리는 이 구분을 완전히 이해하지는 못한다. 우리는 흔히 다음과 같이 다른 계급들을 언급한다:

1. <u>처녀 조절자</u>, 진화하는 영생 후보자의 지성 속에서 처음 임무에 복무하는 자들. 신비의 감시자들은 그 신다운 성품이 영원히 한결같다. 그들이 신별로부터 처음 나갈 때, 체험적 성품이 또한 한결같다. 그 뒤에 체험의 차이는 우주에서 봉사하면서 실제로 체험하는 결과이다.

2. <u>상급 조절자</u>. 시간 생물의 신분과 지역 우주에서 명시되는 셋째 근원 중심 영의 개별화된 부분 사이에 마지막 융합이 일어나는 세계에서, 의지 생물과 함께 한 생애나 몇 생애 동안 봉사한 자들.

3. <u>최상 조절자</u>. 진화 세계에서 시간 속에 겪는 모험에 근무한 적이 있지만, 그 인간 짝이 어떤 까닭으로 영원히 살아남기를 거절한 그러한 감시자들, 그리고 나중에 다른 진화 세계에서 다른 필사자의 다른 모험에 배치된 감시자들. 최상 조절자는 처녀 감시자보다 더 신답지는 않아도 체험을 더 겪었으며, 체험을 덜 가진 조절자가 할 수 없는 일을 인간 지성 속에서 할 수 있다.

4. <u>사라진 조절자</u>. 여기서 신비의 감시자들의 생애를 따라가는 우리의 노력에서 중단이 생긴다. 넷째 단계의 봉사가 있는데 그에 관하여 우리는 확실치 않다. 멜기세덱들은 넷째 단계 조절자들이 온 우주를 돌아다니면서, 파견된 임무로 일한다고 가르친다. 외톨 사자들은 이들이 아버지 자신과 함께 신선한 느낌을 주는 교제 기간을 즐기면서, 첫째 근원 중심과 한 몸이 되어 있다고 믿고 싶어한다. 그리고 조절자가 두루 계시는 아버지와 하나가 되어 있으면서, 동시에 모우주를 돌아다니는 것도 아주 가능성이 있다.

5. <u>해방된 조절자</u>. 진화하는 구체들의 필사자를 위하여 시간 속에 봉사하는 일로부터 영원히 풀려난 신비의 감시자들. 그들의 역할이 무엇인가 우리는 모른다.

6. 융합한 조절자—최후자들. 초우주의 승천하는 생물과 하나가 된 자들, 파라다이스 최후 군단에 속하는 시간 승천자의 영원한 짝. 생각 조절자들은 보통 하늘 가는, 시간 속에 사는 필사자와 융합하며, 살아남는 그런 필사자와 함께 그들은 승천자별의 안과 바깥에서 등록된다. 그들은 하늘 가는 존재들의 길을 따른다. 하늘 가는 진화의 혼과 융합하고 나서, 그 조절자는 우주에서 절대 실존 수준으로부터, 하늘 가는 성격자와 함께 기능적으로 결합하는 유한한 체험 수준으로 옮겨 가는 듯하다. 실존적 신다운 성품의 모든 특성을 지니면서, 융합한 조절자는 살아남는 필사자의 하늘 가는 생애와 분해할 수 없이 연결된다.

7. 성격화된 조절자. 육신화한 파라다이스 아들과 함께 봉사한 자들, 그리고 필사자에게 깃드는 동안에 특별한 공훈을 세웠지만, 살아남기를 거부한 주체에게 깃들었던 많은 자. 우리는 그런 조절자들이 배치받은 초우주의 옛적부터 늘 계신 이들의 추천을 받아서 성격화된다고 믿을 이유를 가지고 있다.

이 신비스러운 하나님 분신들을 분류할 수 있는 여러 방법이 있다. 우주 배치에 따라서, 개별 필사자에게 깃드는 데 성공한 정도에 따라서, 또는 융합할 필사 후보자의 종족 선조에 따라서 분류할 수도 있다.

3. 조절자의 신별 집

신비의 감시자들의 파송, 관리, 지휘, 그리고 모두 일곱 초우주의 근무로부터 돌아오는 것에 관계된 모든 우주 활동은 신별의 신성한 구체에 집중된 듯하다. 내가 아는 한, 오직 조절자 및 아버지의 다른 통일체들을 제외하고, 아무도 그 구체에 가 본 적이 없다. 밝혀지지 않은 수많은 전(前) 성격 통일체가 신별을 조절자들과 함께 고향 구체로서 같이 쓰는 것이 있음직하다. 우리는 이 동료 통일체들이 어떤 방식으로 신비의 감시자들의 현재 및 미래 봉사에 관계될 수도 있다고 추측한다. 그러나 우리는 정말로 모른다.

생각 조절자들이 아버지한테로 돌아갈 때, 그들은 기원이 있었다고 생각되는 영역, 신별로 돌아간다. 아마도 이 체험의 일부로서, 이 비밀 구체에 자리잡고 있다고 보고된 아버지 신성의 특화된 명시 뿐 아니라, 아버지의 파라다이스 성격과 실제로 접촉이 있다.

파라다이스의 일곱 비밀 구체 모두에 관하여 우리는 무언가 알지만, 다른 데보다 신별에 관하여 아는 것이 적다. 높은 영적 서열에 있는 존재들은 신에게서 오직 세 가지 명령을 받는데, 다음과 같다:

1. 자기의 선배와 상관들의 체험과 자질에 알맞는 존경을 언제나 보일 것.

2. 자기의 후배와 부하들의 한계와 경험 부족을 언제나 헤아릴 것.

3. 결코 신별의 바닷가에 착륙을 시도하지 말 것.

내가 신별로 가는 것은 아주 쓸모 없으리라고 나는 자주 돌이켜 생각해 보았다. 성격화된 조절자와 같은 자들을 제외하고, 어떤 거주하는 존재도 나는 아마 볼 수 없을 터이고, 나는 조절자들을 다른 데서 본 적이 있다. 신별에는 내게 진정한 가치나 이익이 되는 아무 것도, 나의 성장과 발전에 필수인 아무 것도 없다고 확신한다. 그렇지 않으면 나는 거기로 가는 것이 금지되지 않았을 것이다.

우리가 신별로부터 조절자들의 성품과 기원에 관하여 거의 또는 아무 것도 배울 수 없으니까, 우리는 수많은 다른 근원으로부터 정보를 모을 수밖에 없고, 그러한 지식이 유익하려면 이 축적된 자료를 수집하고 결합하고 서로 연결짓는 것이 필요하다.

생각 조절자들이 나타낸 용맹과 지혜는 그들이 엄청난 규모와 범위의 훈련을 거쳤음을 가리킨다. 그들이 성격자가 아니니까, 이 훈련은 신별의 여러 교육 기관에서 제공되어야 한다. 독특한 성격화된 조절자들은 의심할 것 없이, 신별에 있는 조절자 훈련 학교들의 직원을 구성한다. 우리는 중앙의 이 감독하는 군단이, 자기 우주 영역의 종족과 민족들에게 일곱 번 자신 수여를 마친, 이제 미가엘 계급의 처음 파라다이스 아들의 성격화된 조절자가 주관한다는 것을 안다.

성격화되지 않은 조절자들에 관하여 우리는 정말로 거의 아는 것이 없다. 우리는 오직 성격화된 계급들과 접촉하고 통신을 가진다. 이들은 신별에서 이름을 받고, 반드시 번호가 아니라 이름으로 알려진다. 성격화된 조절자들은 신별에 영구하게 주소를 가지며, 그 신성한 구체가 그들의 집이다. 그들은 오직 우주의 아버지의 뜻에 따라서 그 거처를 떠난다. 거의 아무도 지역 우주의 영토에서는 발견되지 않지만, 더 많은 무리가 중앙 우주에 있다.

4. 조절자의 성품과 계심

생각 조절자가 신답다고 말하는 것은 기껏해야 기원의 성질을 인정하는 것이다. 영원·무한한 파라다이스 아버지의 보편적 계심을 이루는 절대 본질의 그러한 조각 안에 담겨 있을 수 있는, 신의 모든 속성의 잠재성의 본질을 그렇게 순수한 신성이 품는다는 것이 매우 가능하다.

조절자의 실제 근원은 무한함이 틀림없고, 진화하는 필사자의 불멸하는 혼과 융합하기 전에, 조절자의 실체는 절대에 가까움이 틀림없다. 조절자들은 보편적 의미에서, 신 의미에서 절대자는 아니지만, 조각난 성품의 잠재성 안에서 그들은 아마 참으로 절대자이다. 그들은 보편성에 관해서 제한되어 있지만, 성품에 관해서는 그렇지 않다. 외연성(外延性)에서 한정되어 있지만, 의미·가치·사실의 내포성에서 <u>그들은 절대적이다</u>. 이 때문에 우리는 때때로 신이 주신 선물을 아버지의 제한된 절대 분신이라고 일컫는다.

아무 조절자도 파라다이스 아버지께 불충한 적이 없다. 하위 계급의 성격 생물은 때때로 불충한 동료들과 다투어야 할지 모르지만, 조절자들은 결코 그렇지 않다. 피조물에게 봉사하고 우주 활동이 있는 그들의 하늘 구체에서, 그들은 최상이며 그르칠 수 없다.

성격화되지 않은 조절자들은 오로지 성격화된 조절자들에게만 눈에 보인다. 나의 계급, 외톨 사자들은, 영감 받은 삼위 일체 영들과 함께, 영적 반응 현상이라는 수단을 써서 조절자들의 계심을 알아낼 수 있다. 그리고 세라핌들조차 사람의 물질 지성 속에 감시자의 계심과 관련되었다고 짐작되는 영의 빛을 때때로 알아볼 수 있다. 그러나 우리 가운데 아무도, 조절자들이 성격화되지 않으면 그들의 참 계심을 실제로 식별할 수 없다. 하지만 그들의 성품은 진화 세계로부터 온, 하늘 가는 필사자들의 융합된 성격과 뭉친 속에서 파악될 수 있다. 조절자들이 보편적으로 눈에 보이지 않는 것은 그들이 높이, 순전히, 신에게서 기원과 성품을 가졌음을 뚜렷하게 가리킨다.

이 신다운 계심에 따르는, 특징이 되는 빛, 영의 빛남이 있는데, 그것은 생각 조절자와 일반적으로 관련을 가져왔다. 네바돈 우주에서 이 파라다이스 광채는 널리 "표시등"으로 알려져 있다. 유버르사에서는 그것을 "생명의 빛"이라 부른다. 유란시아에서 이 현상은 때때로 "세상으로 오는 모든 사람을 비춰 주는 참 빛"으로서 언급되었다.

우주의 아버지께 도달한 모든 존재에게는 성격화된 조절자들이 눈에 보인다. 모든 단계에 있는 조절자들은, 모든 다른 존재·통일체·영·성격자, 그리고 영의 명시와 함께, 파라다이스 신들에서 기원을 가지고 대우주의 주요 정부를 주관하는 최상 창조 성격자들에게 언제나 식별된다.

조절자의 깃드심의 참 중요성을 너희가 깨달을 수 있는가? 너희의 유한한 필사 성품 속에 깃들고 그와 융합하는, 절대적이고 무한한 신, 우주의 아버지의 절대 분신을 가지는 것이 무엇을 뜻하는지 너희는 정말로 헤아릴 수 있는가? 필사인이 총우주의 실존적 원인의 실제 분신과 융합할 때, 전례 없고 상상할 수 없는 그런 협동 관계의 운명에 결코 아무런 한계가 지워질 수 없다. 영원 속에서, 사람은 객관적 신의 무한성 뿐 아니라, 바로 그 하나님의 주관적 분신의 끝없는 잠재성도 발견할 것이다. 조절자는 필사 성격에게 하나님의 놀라움을 드러내며, 이 하늘 같은 계시(啓示)는 결코 그칠 수 없으리니, 이는 조절자가 하나님 출신이요 필사 인간에게는 하나님과 같기 때문이다.

5. 조절자의 지성 소유

진화하는 필사자들은 지성이 영과 물질 사이에서 생기는 우주의 조정이라고 보기가 쉬운데, 이는 그것이 정말로 너희가 식별할 수 있는 바, 지성의 주요한 봉사이기 때문이다. 따라서 생각 조절자들이 지성을 가진 것을 인간이 파악하기가 몹시 어려우며, 이는 조절자가 실체의 절대 수준에서 하나님의 분신이고, 전(前) 성격일 뿐 아니라 또한 모든 에너지와 영 분산에 앞서기 때문이다. 에너지와 영의 구별이 있기 전에 일원론 수준에서는 지성의 아무런 중재 작용이 있을 수 없는데, 이는 조정할 아무런 분산이 없기 때문이다.

계획하고 일하고 사랑할 수 있기 때문에, 조절자들은 지성에 비례하여 자아의 힘을 가졌음이 틀림없다. 그들은 서로, 다시 말해서 첫째 집단, 즉 처녀 집단 위에 있는 온갖 형태의 감시자들끼리, 서로 교통하는 한없는 능력을 소유한다. 그들이 서로 교통하는 그 성질과 목적에 관하여 우리는 밝힐 것이 거의 없는데, 이는 우리가 모르기 때문이다. 더 나아가서 우리는 그들이 결코 성격화될 수 없는 어떤 다른 방식으로 지성을 가졌음을 안다.

생각 조절자의 지성 소유는 우주의 아버지와 영원한 아들의 지성 소유와 같다— 합동 행위자의 지성들에게 조상이 되는 무엇이다.

조절자 속에 있다고 가상된 종류의 지성은 수많은 다른 서열의 전(前) 성격 통일체들의 지성 자질과 비슷함이 틀림없는데, 이것들은 짐작컨대, 마찬가지로 첫째 근원 중심에서 기원을 가진다. 이 서열들 가운데 다수가 유란시아에서 밝혀지지 않았지만, 그들은 모두 지성을 소유한 품질을 드러낸다. 또한 최초의 신의 이런 개체화는 수많은 진화하는 종류의 비필사(非必死) 존재들, 그리고 그러한 신의 분신들과 융합하는 능력을 개발한 제한된 수의 비진화 존재들하고도 뭉치는 것이 또한 가능하다.

생각 조절자가 살아남는 인간의 진화하는 불멸의 상물질 혼과 융합할 때, 조절자의 지성은, 하늘 가는 그 필사자가 우주에서 진보하는 영 수준에 이를 때까지 그 생물의 지성과 따로 지속하는 것으로서 겨우 확인될 수 있다.

하늘 가는 체험을 거친 최후자 수준에 이르고 나서, 이 여섯째 단계 영들은 필사자의 지성과 조절자의 지성의 어떤 국면들이 연합됨을 나타내는 어떤 지성 요소를 변질시키는 듯하며, 그 요소는 그러한 하늘 가는 성격자들의 신 단계와 인간 단계 사이에 연락으로서 이전에 활동했다. 체험하는 이 지성 품질은 아마도 진화하는 신—최상 존재—의 체험 자질을 "최상으로 변화시키고" 나중에 확대한다.

6. 순수 영인 조절자

생물의 체험에서 생각 조절자들과 마주치다시피, 조절자들은 영적 영향이 자리에 있고 인도함을 드러낸다. 조절자는 정말로 하나의 영(靈), 순수한 영이지만, 영보다 더한 것이다. 우리는 결코 신비의 감시자들을 흡족하게 분류할 수 있은 적이 없다. 그들에 관하여 분명히 말할 수 있는 것은 참으로 하나님 같다는 것이 전부이다.

조절자는 사람이 영원을 얻을 가능성이며, 사람은 조절자가 성격을 얻을 가능성이다. 너희의 개별 조절자는 너희의 일시적 신분을 영원하게 만들려는 희망을 가지고 너희를 영으로 만들려고 일한다. 조절자들은 영들의 아버지가 가진 사랑, 아름답고 자기를 주는 사랑으로 흠뻑 젖어 있다. 그들은 참으로, 신답게, 너희를 사랑한다. 영의 희망을 가지고 사람의 지성 안에 갇혀 있는 포로이다. 그들의 외로움이 끝나고, 물질적 의복(衣服)과 시간의 옷의 한계로부터 너희와 함께 구원되도록, 너희의 필사 지성은 신성(神性)에 이르기를 몹시 바란다.

너희가 파라다이스에 이르는 길은 영에 도달하는 길이요, 조절자의 성품은 우주의 아버지의 영적 성품이 주는 계시를 충실하게 펼칠 것이다. 파라다이스 상승을 지나서, 영원한 생애의 최후자 이후 단계에서, 영과 다른 봉사에서 조절자는 옛날의 인간 짝과 아마도 접촉할지 모른다. 그러나 파라다이스 상승과 최후자의 생애는, 하나님을 알고 영답게 변화하는 필사자, 그리고 하나님을 드러내는 조절자가 베푸는 영적 봉사, 이 둘 사이의 협동 관계이다.

우리는 생각 조절자들이 영, 순수한 영, 짐작컨대 절대 영이라는 것을 알고 있다. 그러나 조절자는 또한 순전한 영 실체보다 더 큰 무엇임이 틀림없다. 지성 상태로 추측하는 것에 덧붙여서, 또한 순수 에너지의 요인들도 있다. 하나님이 순수 에너지와 순수 영의 근원임을 너희가 기억한다면, 그의 분신들이 이 두 가지임을 깨닫기가 그다지 어렵지 않을 것이다. 조절자들이 파라다이스 섬의 순간적이고 보편적인 인력 회로를 타고 공간을 가로지르는 것이 사실이다.

이처럼 신비의 감시자들이 온 우주의 물질 회로와 연결되어 있다는 것은 정말로 수수께끼이다. 그들이 물질 인력(引力) 회로를 타고 대우주 전역에 걸쳐 번쩍이는 것은 여전히 사실이다. 그들이 외계 공간 수준까지 파고들 수 있다는 것이 아주 가능성이 있다. 그들은 파라다이스의 인력 존재를 따라서 이 지역들로 분명히 갈 수 있다. 내 계급의 성격자는, 마찬가지로 대우주의 경계를 지나서 합동 행위자의 지성 회로를 거쳐 갈 수 있지만, 우리는 외계 공간에 지도가 그려지지 않은 지역에서 조절자들이 계심을 탐지하는 것을 결코 확신한 적이 없다.

그래도, 물질 인력 회로를 이용하지만, 조절자들은 물질 창조처럼 그에 지배되지 않는다. 조절자들은 인력으로부터 생기는 결과가 아니라, 인력의 조상의 분신이다. 그들은 인력의 출현에 앞선다고 가상되는 우주 수준의 존재에서 조각이 되었다.

생각 조절자들은 그들이 수여될 때부터 필사 주체가 자연스럽게 죽고 나서 신별을 향하여 떠나려고 풀려나는 날까지 조금도 쉬지 않는다. 자기의 주체가 자연사의 문을 거치지 않는 그러한 조절자들은 이 일시적 휴식조차도 얻지 못한다. 생각 조절자들은 에너지 흡수가 필요하지 않다. 그들은 에너지요, 가장 높고 신성한 서열의 에너지이다.

7. 조절자와 성격

생각 조절자들은 성격자가 아니지만, 실재하는 통일체이다. 그들은 참으로, 완전하게, 개별화되었다. 하지만 필사자에게 깃드는 동안, 결코 실제로 성격화되지 않는다. 생각 조절자들은 참 성격자가 아니요, <u>참 실체이다</u>, 온 우주에서 알려진 가운데 가장 순수한 서열의 실체이다—신의 계심이다. 비록 성격은 아니지만, 아버지의 놀라운 이 분신들은 존재로서, 그리고 그들이 필사자들에게 현재 베푸는 봉사의 영적 단계에 비춰 보아, 때때로 영 통일체로서 보통 언급된다.

생각 조절자들이 의지하는 특권과 선택하는 힘을 가진 성격자가 아니라면, 그들이 어떻게 필사 주체를 고르고 진화 세계들에 있는 이 생물에게 깃들려고 자원할 수 있는가? 이것은 묻기는 쉬워도, 아마도 온 우주에서 아무 존재도 결코 꼭 맞는 답을 발견하지 못했다. 내 계급의 성격자, 외톨 사자들조차, 성격이 아닌 통일체에서 의지, 선택, 사랑이 부여되는 것을 충분히 이해하지 못한다.

생각 조절자들이 선택의 모든 <u>전 성격</u> 수준에서 의지를 가졌음이 틀림없다고 우리는 가끔 추측해 왔다. 그들은 인간에 깃들려고 자원하고, 사람의 영원한 생애를 위하여 계획을 세우며, 상황에 따라서 적응하고 수정하고 대체하는데, 이러한 활동은 진정한 의지(意志)가 있음을 의미한다. 그들은 필사자들에게 애정을 가졌고, 우주 위기에 활동하며, 인간의 선택에 따라서 단호하게 행동하기를 늘 기다리고 있는데, 이 모두가 상당히 의지하는 반응이다. 인간 의지의 분야에 관계되지 않은 모든 상황에서, 그들은 의심할 여지 없이, 권한의 행사, 어떤 의미에서도 의지에 해당하는 것, 극대화된 결정을 가리키는 행위를 전시한다.

조절자가 의지를 소유한다면, 어째서 필사 의지에 굴종하는가? 우리는 그것이 조절자 의지가 절대 성질이 있기는 하지만, 전(前) 성격으로 명시되기 때문이라 믿는다. 인간의 의지는 우주 실체의 성격 수준에서 활동하며, 우주에서 두루 비성격인 것—성격이 아닌 것, 성격 밑에 있는 것, 전 성격인 것—은 존재하는 성격의 의지와 행위에 늘 민감하다.

창조된 존재들과 비성격(非性格) 에너지가 있는 우주 전역에서, 우리는 성격과 동떨어져서는 뜻, 의지, 선택, 사랑이 나타나는 것을 지켜보지 못한다. 조절자와 기타 비슷한 통일체들의 경우를 제외하고, 우리는 비성격 실체와 결합하여 활동하는, 성격의 이러한 속성을 구경하지 못한다. 조절자를 성격 아래라고 부르는 것은 옳지 않겠고, 그러한 통일체를 초월 성격이라고 빗대어 말하는 것도 적당하지 않을 터이나, 그러한 존재를 전 성격이라 말하는 것이 전적으로 괜찮을 것이다.

우리 계급의 존재에게, 신의 이 분신들은 신의 선물이라 알려져 있다. 조절자들은 기원이 신성하다는 것, 그들은 우주의 아버지의 거의 무한한 영역에 두루, 모든 물질 생물과 직접, 한없이, 교통하는 가능성을 우주의 아버지가 비축하심을 가리키는 그럴듯한 증명이요 전시(展示)라는 것을 우리는 인식하며, 이 모든 것이 파라다이스 아들들의 성격 속에 그가 계심과 따로, 아니면 무한한 영의 성격자들 안에서 그가 간접으로 봉사함을 통해서, 이루어진다.

신비의 감시자를 맞아들이는 주인이 되기를 기뻐하지 않을 창조된 존재는 하나도 없다. 그러나 그들은 최후자 운명을 가진 진화된 의지 생물을 제외하고, 아무 계급의 존재에게도 이처럼 깃들지 않는다.

[오르본톤의 한 외톨 사자가 발표하였다.]

제 108 편

생각 조절자의 사명과 봉사

인류에 대한 생각 조절자들의 사명은 시간과 공간에 사는 필사 인간에게 우주의 아버지를 대표하고 그가 되는 것이다. 그것이 신의 선물들이 근본적으로 할 일이다. 그들의 사명은 또한 필사의 지성을 들어올리고, 사람의 불멸의 혼을 신다운 높이까지, 파라다이스의 완전한 영적 수준까지 옮기는 것이다. 이렇게 현세 생물의 인간 성품을 영원한 최후자의 신다운 성품으로 변화시키는 체험에서, 조절자들은 한 독특한 종류의 존재, 완전한 조절자와 완전하게 된 피조물의 영원한 연합으로 구성되는 존재가 생기게 하며, 그런 존재를 어떤 다른 우주 기술로도 복사하기가 불가능할 것이다.

우주 전체에서 아무 것도 비실존 수준에서 체험의 사실을 대신할 수 없다. 무한한 하나님은 언제나 그렇듯이, 충만하고 완벽하며, 악과 피조물의 체험을 제외하고, 만물을 무한히 둘러싼다. 하나님은 그릇된 일을 할 수 없고, 그르칠 수 없다. 하나님은 친히 겪어 보지 않은 것을 체험적으로 알 수 없다. 하나님의 선견은 실존적이다. 그러므로 아버지의 영은 파라다이스로부터 내려와서 하늘 가는 생애에서 일어나는 모든 진정한 체험에서 유한한 필사자들과 함께 참여한다. 오로지 그러한 방법으로 실존하는 하나님은 진실로, 사실로, 사람에게 체험하는 아버지가 될 수 있다. 영원한 하나님의 무한성은 유한한 체험의 잠재성을 둘러싸며, 그것은 정말로 인간들이 일생의 파란의 체험을 실제로 나누는, 조절자 분신이 베푸는 봉사에서 사실이 된다.

1. 선택과 배치

신별로부터 필사자에게 봉사하려고 파송될 때, 조절자들은 그 실존하는 신성의 자질이 동일하지만, 진화 생물 속에서, 그 생물과 가진 이전의 접촉에 비례하여, 체험의 질이 다르다. 우리는 조절자를 배치하는 근거를 설명할 수 없지만, 깃든 성격자에게 적응하는 영원한 적합성을 찾는 어떤 지혜롭고 효과적인 정책에 따라서, 신의 이 선물이 수여된다고 추측한다. 체험을 좀더 겪은 조절자는 흔히 상급 부류의 인간 지성에 깃드는 자임을 우리가 관찰하기는 한다. 따라서 인간의 유전은 선택과 배치를 결정하는 데 상당한 요인임이 틀림없다.

비록 분명히 알지 못하지만, 우리는 모든 생각 조절자가 자원자라고 굳게 믿는다. 그러나 언제라도 자원하기에 앞서, 그들은 깃들 후보자에 관하여 완전한 자료를 소유한다. 천사가 작성한 가계(家系)의 초안(草案), 그리고 예상된 생애 형태가 파라다이스를 거쳐서, 반영하는 기법을 써서, 신별에 있는 조절자 예비군에 전달되며, 그 기법은 지역 우주의 서울로부터 초우주 본부까지 안으로 뻗는다. 이 예측은 필사 후보자의 유전적 선행(先行) 조건 뿐 아니라, 있음직한 지적(知的) 자질과 영적 능력의 평가도 다룬다. 이렇게 조절자들은 그들이 깃들려고 자원하는 그 지성의 자세한 성품에 관하여 충분히 통지를 받는다.

자원하는 조절자는 인간 후보자의 세 가지 자격에 특별히 관심을 가진다:

1. 지적 능력. 그 지성이 정상인가? 지적 잠재성, 지능 능력이 무엇인가? 그 사람이 진정한 의지 생물로 자랄 수 있는가? 지혜가 활동할 기회가 있는가?

2. 영적 감수성. 경건한 발전의 전망, 즉 종교적 성품이 탄생하고 성장할 전망. 혼의 잠재성, 영적으로 받아들일 가능한 능력이 무엇인가?

3. 지적 능력과 영적 능력의 종합. 이 두 자질이 인격의 강건함을 낳고 살아남을 가치가 있는 불멸의 혼을 확실히 진화시키는 데 기여하도록 가능하게 결합하고 통합될 수 있는 정도.

이 여러 사실을 앞에 놓고, 감시자들은 배치를 받으려고 자유롭게 자원한다고 우리는 믿는다. 아마도 조절자가 한 명이 넘게 자원한다. 아마도 이 무리의 자원하는 조절자들로부터 필사 후보자의 성격을 영적으로 변화시키고 영원하게 만드는 과제에 가장 적당한 자를, 감독하는 성격화된 계급들이 고른다. (조절자들의 배치와 근무에서 생물이 남자인가 여자인가는 고려되지 않는다.)

조절자가 자원하고 실제로 파송되는 사이에 끼는 짧은 시간은, 추측컨대 성격화된 감시자들의 구원자별 학교들에서 보내는데, 거기서 기다리는 필사 지성의 기초 형태가, 성격에 접근하고 지성을 영이 되게 만드는 데 가장 효과 있는 계획에 관하여 배치된 조절자를 가르치는 데 이용된다. 이 지성 모형은 초우주 반영 서비스가 제공하는 자료를 종합하여 작성된다. 적어도 이것이 우리가 이해하는 것이요, 외톨사자들의 긴 우주 생애를 통해서 내내, 숱한 성격화된 조절자와 접촉함으로 얻은 정보를 종합한 결과로서 얻은 우리의 의견이다.

조절자들이 실제로 신별에서부터 일단 파송되고 나서, 그 순간과 선택한 주체의 지성 속에 나타나는 시각 사이에, 아무런 시간이 실질적으로 개재하지 않는다. 신별로부터 유란시아까지 조절자가 이동하는 데 걸리는 평균 시간은 117 시간, 42분, 7초이다. 이 시간의 거의 모두가 유버르사에서 등록하는 데 쓰인다.

2. 조절자가 깃드는 데 필수 조건

성격자에 관한 예측이 신별로 전달되자마자 조절자들이 봉사를 자원하지만, 인간 주체가 처음으로 도덕적인 인격 결정을 내리기까지, 그들은 실제로 배치되지 않는다. 인간 아이가 처음으로 내리는 도덕적 선택은 일곱째 지성 보조자 안에 자동으로 표시되고, 지역 우주 창조 영을 거쳐서, 초우주를 관할하는 으뜸 영이 계신 가운데 합동 행위자의 보편적 지성 인력(引力) 회로에 순간적으로 등록된다. 그 으뜸 영은 이 정보를 신별로 당장에 보낸다. 조절자들은 유란시아에, 평균해서 여섯째 생일 바로 전에, 인간 주체에게 도착한다. 현재 세대에, 5년 10개월과 4일이 걸린다. 다시 말해서, 땅에서 살면서 2134번째 날이다.

보조하는 지성 영들의 깃드는 봉사로 말미암아 정식으로 준비되고 성령 안에 회로가 이어질 때까지, 조절자들은 필사의 지성에 쳐들어가지 않는다. 그리고 한 조절자를 받아들이기 위하여 인간 지성이 이렇게 자격을 갖추게 하기 위해서 모두 일곱 보조자가 나란히 활동하는 것이 요구된다. 생물의 지성이 예배를 향하여 손을 뻗는 태도를 나타내고, 솟아나는 선과 악의 가치 사이에서 고르는—도덕적 선택—능력을 나타냄으로써 지혜가 작용함을 가리켜야 한다.

이렇게 조절자들을 받아들이기 위하여 인간 지성의 무대가 마련된다. 그러나 다른 이 영 봉사의 영적 조정자로서 진리의 영이 활동하고 있는 세계들을 제쳐 놓고, 대체로 그들은 그러한 지성에 깃들려고 금방 나타나지 않는다. 수여 아들들의 이 영이 계시면, 일곱째 보조 지성 영이 활동하기 시작하고, 이 지성 영이 그러한 필사 지능에게 앞서 봉사한, 관계된 여섯 보조자가 조정하는 잠재성을 얻었다고 우주 어머니 영에게 알리는 그 순간, 조절자들이 어김없이 온다. 따라서 오순절 시절 이후로 늘, 유란시아에서 도덕적 지위를 가진 모든 정상 지성에게 신다운 조절자가 보편적으로 수여되었다.

진리의 영을 받은 지성의 경우에도, 조절자들은 도덕적 결정이 나타나기 전에 사람의 지능에 멋대로 쳐들어갈 수 없다. 그러나 그러한 도덕적 결정이 내렸을 때, 신별로부터 직접, 이 영 조수가 관할권을 맡는다. 신다운 조절자와 그 인간 주체 사이에 작용하는 아무런 중재자나 또는 사이에 끼어 드는 다른 권한이나 권력이 없다. 하나님과 사람은 바로 관련되어 있다.

진화 세계의 거주자들에게 진리의 영이 퍼부어지는 시절 이전에, 조절자들의 수여는 여러 가지 영의 영향과 성격자의 태도에 따라서 결정되는 듯하다. 우리는 그런 수여를 지배하는 법칙을 충분히 이해하지 못한다. 그러한 진화하는 지성에 깃들려고 자원한 조절자들의 해방을 도대체 무엇이 좌우하는지 우리는 모른다. 그러나 우리는 진리의 영이 수여되기 전에 그러한 지성 속에 조절자들이 도착하는 것과 관계된 듯 보이는 수많은 영향과 조건을 관찰하는데, 다음과 같다:

1. 개인 수호 천사가 배치되는 것. 한 사람에게 전에 조절자가 깃들지 않았으면, 개인 수호자의 배치는 조절자를 당장에 불러 온다. 조절자의 봉사와 개인 수호 천사가 베푸는 봉사 사이에는 아주 분명하지만 알려지지 않은 관계가 더러 존재한다.

2. 지적 성취와 영적 도달에서 3급 수준에 이르는 것. 3급 수준을 정복하고 나서, 그러한 성취가 그러한 문제에 관여하는 지역 우주 성격자들에게 미처 알려질 수 있기도 전에, 조절자들이 필사 지성 안에 도착하는 것을 나는 지켜보았다.

3. 특별한 영적 중요성을 가진 최상의 결정을 내리고 나서. 혹성에서 개인의 위기에서 그러한 인간 행동이 있은 뒤에, 기다리는 조절자가 즉시 도착하는 일이 따른다.

4. 형제 사랑의 정신. 정신적 수준을 성취하고 개인 수호자들을 배치받음에 상관 없이—위기에 내리는 결정과 비슷한 아무 것이 없어도—진화하는 사람이 동료들

을 사랑하는 마음에 지배되고, 육체를 입은 동포에게 사심 없이 봉사를 베푸는 데 헌신했을 때, 기다리는 조절자는 그러한 필사 봉사자의 지성에 깃들려고 어김없이 내려온다.

5. 하나님의 뜻을 행하려는 의도(意圖)를 선언하는 것. 공간 세계들에서 많은 사람이 겉보기에 조절자를 받을 준비가 되어 있는가 싶은데, 그래도 감시자가 나타나지 않음을 우리는 관찰한다. 그러한 생물이 나날을 사는 대로 우리는 그들을 줄곧 지켜보는데, 금방 그들은 하늘에 계신 아버지의 뜻을 행하는 추구를 시작할 결정에 조용히, 거의 의식하지 않고서 도달한다. 그리고 나서 우리는 생각 조절자가 당장에 파송됨을 관찰한다.

6. 최상 존재의 영향. 조절자가 필사 거주자의 진화하는 혼과 융합하지 않는 세계에서, 우리의 이해를 완전히 뛰어넘는 영향에 반응하여 조절자들이 때때로 수여되는 것을 우리는 지켜본다. 그러한 수여는 최상 존재에서 기원을 가지는 어떤 우주 반사 작용으로 말미암아 결정된다고 우리는 추측한다. 어째서 이 조절자들이 어떤 부류의 진화하는 필사 지성과 융합할 수 없는지 또는 그렇게 하지 않는지, 우리는 모른다. 그러한 거래는 우리에게 밝혀진 적이 없다.

3. 조직과 행정

우리가 아는 한, 조절자들은 온 우주에서 독립된 작업 단위로 조직되고, 신별로부터 직접 관리되는 듯하다. 그들은 일곱 초우주에 두루 한결같고, 모든 지역 우주는 동일한 종류의 신비의 감시자들의 봉사를 받는다. 우리는 수많은 시리즈의 조절자들이 있음을 지켜보아서 아는데, 이것은 종족들을 통해서, 섭리 시대를 넘어서, 그리고 세계와 체계와 우주들에 뻗는 연속 조직을 포함한다. 그러나 그들이 대우주에서 서로 교환할 수 있게 활동하기 때문에, 이 신의 선물들을 추적하기가 극도로 어렵다.

조절자들은 (신별의 바깥에서) 오직 일곱 초우주 본부에서만 완벽하게 기록에 올라 있다. 하늘 가는 각 생물에 깃드는 각 조절자의 번호와 계급은 파라다이스 당국이 바깥으로 초우주 본부로 보고하며, 거기서부터 관계된 지역 우주 본부에 통신되고, 관련된 특정한 혹성에 전달된다. 그러나 지역 우주의 기록은 생각 조절자들의 총 번호를 노출하지 않는다. 네바돈 기록에는 옛적부터 늘 계신 이들의 대표들이 지정한 대로, 오직 지역 우주의 배치 번호만 들어 있다. 조절자들의 총 번호의 참 중요성은 오직 신별에서만 알려져 있다.

인간 주체들은 그 조절자의 번호로 흔히 알려진다. 필사자들은 조절자와 융합하기까지 진짜 우주 이름을 받지 않으며, 운명 수호자가 그 새 피조물에게 새 이름을 수여함으로 그 연합이 알려진다.

비록 우리가 오르본톤에 있는 생각 조절자들의 기록을 가졌고 그들에 대하여 절대로 아무런 권한이나 그들과 행정 연락이 없지만, 우리는 지역 우주의 개별 세계들과 신별에 있는 신의 선물들의 중앙 거점(據點) 사이에, 무척 밀접한 행정 연결이 있다고 굳게 믿는다. 우리는 파라다이스 수여 아들이 나타난 뒤에, 진화하는 세계가 조절자들의 혹성 감독자로서 성격화된 조절자 하나를 자체에 배치받는 것을 안다.

지역 우주 검열자들이 혹성 검사를 시행할 때, 그들이 세라핌의 우두머리들에게, 그리고 한 진화하는 세계의 행정에 딸린 다른 계급 존재들의 지도자들에게 책임을 떠맡기는 것과 똑같이, 생각 조절자들의 혹성 우두머리를 향하여 언제나 말하는 것을 주목하기는 흥미롭다. 유란시아는 타바만시아에게 그러한 정기 검열을 받은 지 얼마 되지 않는데, 그는 네바돈 우주에서 모든 생명 실험 혹성을 다스리는 감독자이다. 초인간 성격자들의 여러 우두머리에게 훈계와 기소장을 발표한 데 보태어, 그가 조절자들의 우두머리에게 다음의 감사 말씀을 또한 발표했다는 것을 기록들이 드러낸다. 그 우두머리가 혹성이나 구원자별이나 유버르사나 또는 신별에 있었는지 우리는 분명히 알지 못하지만, 타바만시아는 이렇게 말했다:

"이제 당신들, 나보다 훨씬 위에 있는 상관들에게, 체험적 혹성 시리즈에 일시적 권한의 자리에 배치받은 자로서 옵니다. 이 불규칙한 구체(球體)에서 봉사하려고 자청한 이 훌륭한 무리의 하늘 봉사자, 신비의 감시자들에게 찬미와 깊은 존경을 표현하려고 옵니다. 아무리 어려운 위기에서도 당신들은 결코 넘어지지 않습니다. 네바돈의 기록에서나 오르본톤 위원회 앞에서도, 결코 신다운 조절자 하나를 기소한 적이 없습니다. 당신들은 맡긴 신뢰에 어긋나지 않았고, 신답게 충실했습니다. 혼란한 이 혹성에서 수고하는 모든 사람의 잘못을 조절하고 부족함을 메우는 데 당신들은 도움이 되었습니다. 당신들은 놀라운 존재요, 이 처진 영역의 혼들 속에서 좋을 것을 지키는 분입니다. 자원 봉사자로서 겉보기에 내 관할 밑에 있는 동안에도, 나는 당신들에게 존경을 표합니다. 당신들의 지극한 사심 없는 정신, 당신들의 이해심 있는 봉사, 당신들의 지우치지 않는 헌신을 겸손히 인식하면서 나는 당신들 앞에 머리를 숙입니다. 당신들에게는 싸움에 찢기고, 비탄에 잠기고, 병에 시달리는 이 세상에서 필사 거주자들에게 하나님 같은 봉사자라는 이름이 마땅합니다. 나는 당신들에게 영예를 돌립니다! 나는 경배를 제외하고 당신들에게 모든 존경을 표합니다!"

암시하는 여러 증거의 결과로서, 우리는 조절자들이 철저히 조직되었다고, 아득히 멀고 중앙에 있는 어떤 근원, 아마 신별로부터, 신의 이 선물들을 무척 총명하고 효과 있게 지휘하는 행정이 존재한다고 믿는다. 우리는 그들이 신별로부터 여러 세상으로 오고, 그들의 주체가 죽고 나서, 의심할 여지 없이 거기로 돌아간다는 것을 안다.

상위 영 계급들 사이에서는 행정 작용을 찾아내기가 극도로 어렵다. 내 계급의 성격자들은, 우리의 특정한 임무를 집행하는 일에 종사하면서, 의심할 여지 없이, 널리 퍼져서 우주를 상관시키는 자로서 뭉쳐서 활동하고 있는, 신 아래에 있는 수많은 다른 성격 및 비성격 무리와 함께, 의식하지 않고서 참여하고 있다. 우리가 (성격화된 조절자들을 제쳐 놓고) 수많은 계급의 전 성격 통일체들의 계심을 한결같이 의식하는 유일한 집단의 성격화된 생물이기 때문에, 이처럼 일하고 있다고 우리는 추측한다.

우리는 조절자들의 계심을 의식하는데, 이들은 첫째 근원 중심의 전(前) 성격 신의 분신이다. 우리는 영감 받은 삼위 일체 영들의 계심을 느끼며, 이들은 파라다이스 삼위 일체의 초월 성격 표현이다. 마찬가지로 우리는 영원한 아들과 무한한 영으로부터 솟아나는, 어떤 밝혀지지 않은 여러 계급이 영으로 계심을 어김없이 알아차린다. 그리고 너희에게 밝혀지지 않은 또 다른 통일체들에 대하여 우리가 온통 무감각하지는 않다.

네바돈의 멜기세덱들은, 외톨 사자들이 진화하는 최상 존재의 확대되는 신 안에 이 여러 가지 영향이 등록되는 동안에 그것들을 조정하는 성격자라고 가르친다. 설명되지 않은 숱한 시간 현상을 체험으로 통일하는 데 우리가 참여하는 자가 된다는 것이 매우 가능성이 있지만, 우리는 이렇게 활동하는 것에 대해서 확실하다고 의식하지 않는다.

4. 다른 영적 영향에 대한 관계

다른 신 분신들과 조정할 가능성이 있는 것을 제쳐 놓고, 조절자들은 필사 지성 속에서 활동하는 분야에서 아주 혼자이다. 아버지가 대우주에서 두루, 모든 능력과 권한을 직접 친히 행사함으로부터 물러나신 듯 보이지만, 파라다이스 신들의 아이인 최상 창조자들의 이익을 위하여 이 기권(棄權) 행위를 하시는데도, 아버지는 진화하는 생물의 지성과 혼 속에서 계시는, 누구도 도전할 수 없는 권리를 자신에게 분명히 남겨 놓았다는 사실을 신비의 감시자들이 웅변으로 예시한다. 이것은 파라다이스 아들들의 영적 인력과 일치하여, 모든 생물 창조를 그에게로 끌어당기도록 그가 행위하려는 것이 목적이다. 유란시아에 계실 때, 너희의 파라다이스 수여 아들은 말했다, "내가 들려 올라가면, 모든 사람을 끌어당기리라." 파라다이스 아들과 그 창조 동료들이 영적으로 당기는 이 힘을 우리가 알아차리고 이해하지만, 인간 지성 안에서 그렇게 용감히 살고 일하는 이 신비의 감시자들 속에서, 그들을 통해서, 온통 지혜로운 아버지가 활동하시는 방법을 우리는 그렇게 넉넉히 이해하지 못한다.

비록 사람의 자녀의 지성 속에서 독립되어 행동하지만, 온 우주의 작업에 종속되거나 동등하거나 또는 겉으로 그와 관계된 듯하지 않으면서, 이 신비스러운 존재들은 그들이 깃드는 생물에게 신다운 이상을 향하도록 재촉하며, 앞날의 더 나은 삶의 목적과 목표를 향하여 그들을 언제나 위로 유혹한다. 이 신비의 감시자들은 네바돈 우주에서 두루 미가엘의 영적 국가를 세우는 데 끊임없이 보조하며, 한편 오르본톤에서 옛적부터 늘 계신 이들의 통치권을 안정시키는 데 신비롭게 이바지한다. 조절자들은 하나님의 <u>뜻이다</u>. 하나님의 아이인 최상 창조자들이 또한 바로 그 뜻을 몸소 구현하니까, 조절자들의 행위와 우주 통치자들의 통치권이 서로 의존하리라는 것은 불가피하다. 비록 겉으로는 연결되지 않더라도, 조절자들이 아버지로서 계시는 것과 네바돈 미가엘의 아버지 통치권은 같은 신성의 다양한 명시임이 틀림없다.

생각 조절자들은 어떤 다른 영적 계심에도 아주 상관 없이 오가는 듯이 보인다. 그들은 모든 다른 영(靈) 영향의 성과를 다스리고 통제하는 것과 아주 동떨어져서 우주 법칙에 따라서 활동하는 것처럼 보인다. 그러나 겉으로 나타나는 그러한 독립성과 상관 없이, 장기간에 걸친 관찰은, 보조 지성 영들, 성령, 진리의 영, 기타 영향을 포함하여, 그들이 모든 다른 영 봉사와 완전한 동시화되고 조정되어 인간 지성 속에서 활동한다는 것을 의심할 여지 없이 드러낸다.

칼리가스티아 동란이 있은 뒤에 유란시아가 그랬던 것처럼, 한 세계가 반란 때문에 고립될 때, 한 혹성이 모든 바깥의 연결된 통신으로부터 끊길 때, 개인 사자들을 제쳐 놓고, 직접 혹성간이나 우주에서 통신하는 오직 하나의 가능성이 남아 있는데, 그것은 구체들에 있는 조절자들의 연락을 통하는 것이다. 한 세계에서나 한 우주에서 무슨 일이 일어나든지, 조절자들은 결코 직접 아랑곳하지 않는다. 한 혹성의 고립은 결코 조절자들에게, 그리고 그들이 지역 우주나 초우주나 중앙 우주의 어느 부분하고라도 통신하는 능력에, 어떤 방법으로도 영향을 미치지 않는다. 이것이 어째서 운명 예비군에 속하는, 최상이자 스스로 행동하는 조절자들과 접촉하는 것이 격리된 세계들에서 그리 자주 생기는가 하는 까닭이다. 혹성이 고립되는 장애를 둘러 가는 수단으로서 그러한 기법이 쓰인다. 최근에는 천사장들의 회로가 유란시아에서 활동했지만, 그 통신 수단은 대체로 천사장 군단 자체의 거래에 국한된다.

방대한 우주에서 우리가 충분히 이해하지 못해서 어리둥절한 많은 영 현상을 우리는 인식한다. 우리 둘레에서 벌어지는 모든 것을 우리는 아직도 통달한 자가 아니다. 헤아릴 수 없는 일의 상당한 부분은 인력 사자와 어떤 종류의 신비의 감시자들이 해낸다고 나는 믿는다. 나는 조절자들이 오로지 필사의 지성을 다시 만드는 데만 헌신한다고 믿지 않는다. 성격화된 조절자와 기타 계급의 밝혀지지 않은 전성격 영들은, 그 영역의 생물과 우주의 아버지가 직접 가지는 접촉, 설명되지 않은 접촉에서 대표자라고 나는 확신한다.

5. 조절자의 사명

유란시아에서 사는 것과 같은 복합 존재들에 깃들려고 자원할 때 조절자들은 어려운 임무를 받아들인다. 그러나 그들은 너희 지성 속에 존재하며, 거기서 그 영역의 영적 지성 존재의 훈계를 받고, 그리고 나서 이 영적 메시지를 물질 지성에게 다시 받아쓰게 하거나 번역해 주는 일을 도맡아 왔다. 그들은 파라다이스로 올라가는 데 필수이다.

생물이 충분한 정도로 협동하는 능력이 없거나 그렇게 하지 못하기 때문에, 인간 주체의 체험에서 등록하지 못하는 사항을 한 수준에서 다음 수준까지 그는 지금 가지고 간다. 이와 같이 생각 조절자가 너의 현재 인생에서 이용할 수 없는 것, 약혼한 사람에게 전하는 데 성공할 수 없는 진리를 그는 다음 단계의 존재에서 쓰도록 충실하게 간직할 것이다.

한 가지 너희가 믿을 수 있는 것이 있다: 조절자들은 그들의 보호에 맡겨진 어떤 것도 결코 잃어버리지 않을 것이다. 이 영 조수들이 길을 벗어난다는 소리를 우리는 들은 적이 없다. 지역 우주 부류의 아들들도 빼놓지 않고, 천사 및 다른 높은 부류의 영 존재들은, 때때로 악을 품고 때로는 신의 길을 벗어날지 모르지만, 조절자들은 결코 비틀거리지 않는다. 그들은 절대로 믿을 만하며, 이것은 모두 일곱 집단에게 똑같이 참말이다.

너의 조절자는 너의 새로운 다음 단계 존재의 잠재성이요, 네가 하나님의 영원한 아들이 되는 자격을 미리 수여한 것이다. 네 의지가 찬성함으로, 그 찬성을 얻어서, 조절자는 물질 지성의 생물 성향이, 태어나는 상물질 혼의 동기와 목적을 가진, 변화시키는 행위에 굴복하게 만드는 힘을 가졌다.

신비의 감시자들은 생각을 돕는 자가 아니라, 생각을 조절하는 자이다. 그들은 조정하고 영답게 변화시킴으로, 새 세계들을 위한 새로운 지성과 너의 앞날 생애의 새 이름을 만들 목적으로, 물질 지성과 함께 수고한다. 그들의 사명은 이 생명이 아니라, 주로 앞날의 생명에 관계된다. 그들은 땅의 조수가 아니라, 하늘 조수라 부른다. 그들은 사람의 생애가 술술 풀리게 만드는 데 관심이 없고, 오히려 여러 결정이 자극을 받고 늘어나도록 너의 생애를 적당히 어렵고 거칠게 만드는 데 관심을 가진다. 위대한 생각 조절자가 계심은 생활을 편안하게 하거나 고심하여 생각하는 일로부터 해방을 주지 않지만, 그러한 신의 선물은 지성의 숭고한 평화와 더할 나위 없이 영의 차분함을 주어야 한다.

일시적이고 항상 변하는 너의 기쁨과 슬픔의 감정은 대체로, 너의 마음 속의 기분과 바깥 물질 환경에 대한 순전히 인간적이고 물질적인 반응이다. 그러므로 이기적 위안과 필사자의 위로를 얻으려고 조절자를 바라보지 말라. 영원한 모험을 위하여 너를 준비시키는 것, 네가 꼭 살아남게 하는 것이 조절자가 할 일이다. 너의 구겨진 기분을 부드럽게 해 주거나 너의 다친 자존심을 따독거리는 것이 신비의 감시자의 사명이 아니다. 조절자의 눈을 끌고 그의 시간을 차지하는 것은, 하늘 가는 오랜 생애를 위하여 너의 혼을 준비하는 일이다.

조절자들이 너희의 지성 속에서, 너희의 혼을 위하여 도대체 무엇을 하는지 내가 너희에게 설명할 수 있을까 나는 의심이 든다. 신다운 감시자와 인간 지성이 우주에서 결합할 때 무슨 일이 정말로 일어나고 있는가 내가 충분히 인식하는지 나는 모른다. 계획과 목적에 대해서가 아니라, 성취하는 실제 방식에 관하여, 그것은 모두 우리에게 얼마큼 신비이다. 이것이 바로 어째서 필사 인간들에게 주는 이 하늘 선물을 일컬을 적당한 이름을 찾는 데 우리가 그렇게 어려움에 부딪치는가 하는 까닭이다.

생각 조절자들은 너의 두려운 느낌을 사랑과 자신감의 확신으로 바꾸고 싶어한다. 그러나 기계처럼, 멋대로 그런 일을 할 수 없다. 그것은 네가 할 일이다. 너를 두려움의 사슬로부터 구원하는 결정을 집행하는 데, 너는 글자 그대로 정신적 지레 받침을 제공하고, 그 위에 조절자는 들어올리고 진보하는 빛을 주는 영적 지렛대를 나중에 움직일지 모른다.

종족들의 높고 낮은 성향 사이에, (단지 네가 옳다, 그르다 부를까 싶은 것들이 아니라) 정말로 옳거나 그른 것 사이에 날카롭고 윤곽이 뚜렷한 갈등이 일어날 때, 그러한 체험에서 조절자가 분명하고 적극적인 어떤 방법으로 반드시 참여하리라는 것을 너는 믿을 수 있다. 그러한 조절자 활동을 그 인간 짝이 의식하지 못할까 싶다는 사실은, 조금도 그 가치와 현실성을 떨어뜨리지 않는다.

네가 개인 운명 수호자를 가지고도 살아남지 못한다면, 그 수호 천사는 그에게 맡긴 것을 충실히 집행했는가 확인을 받기 위해서 재판을 받아야 한다. 그러나 생각 조절자들은 그 주체가 살아나지 못할 때 그렇게 검사를 받지 않는다. 천사는 아마도 완전한 봉사에 미치지 못할까 싶지만, 생각 조절자들은 파라다이스의 완전한 방법으로 일하는 것을 우리는 모두 안다. 그들의 봉사는 신별 바깥에 있는 어떤 존재에게도 비평받을 가능성을 뛰어넘는, 티 없는 기법의 특징을 가진다. 너희는 완전한 안내자를 가졌다. 따라서 완전의 목표를 분명히 달성할 수 있다.

6. 사람 속에 계시는 하나님

고귀하고 완전한 조절자들이 땅에서 동물 기원을 가진 존재들과 시험적 연합을 정말로 이루려고, 유란시아 필사자들과 같은 물질 생물의 지성 속에서 실제로 존재하려고 스스로를 바치는 것은 정말로 신답게 신분을 낮추는 놀라운 일이다.

한 세계의 거주자들의 지위가 전에 무엇이었든지 상관 없이, 신다운 아들의 자신 수여가 있은 뒤, 진리의 영이 모든 인간에게 수여된 뒤에, 조절자들은 모든 정상 의지를 가진 생물의 지성에 깃들려고 그러한 세계로 몰려든다. 파라다이스 수여 아들의 사명이 종결되고 나서, 이 감시자들은 참으로 "너희 안에 있는 하늘 나라"가 된다. 신의 선물의 수여를 통해서 아버지는 죄와 악에 가능한 가장 가깝게 접근한다. 이는 조절자가 인간이 저지르는 불의(不義) 한가운데에서도 필사 지성 속에서 같이 있어야 한다는 것이 글자 그대로 참말이기 때문이다. 깃드는 조절자들은 온전히 더럽고 이기적인 생각들 때문에 특별히 고통을 받는다. 그들은 아름답고 신성한 것이 무시되는 것을 답답해하고, 사람의 어리석고 동물 같은 많은 두려움과 유치한 걱정 때문에 그들이 하는 일은 거의 좌절되다시피 한다.

신비의 감시자들은 의심할 여지 없이, 우주의 아버지를 수여한 것, 우주에서 바깥으로 하나님의 모습을 비친 것이다. 사람들은 그 머리 속의 정신이 새롭게 되어야 한다, 그들이 하나님처럼, 올바름 속에서, 진리가 완성된 가운데 창조된 새 사람이 되어야 한다고, 어느 위대한 선생이 한때 훈계하였다. 조절자는 신성, 하나님 계심의 표시이다. "하나님의 모습"은 신체의 비슷함이나 물질 생물 자질의 제한된 한계를 언급하는 것이 아니라, 오히려 우주들에 있는 비천한 생물에게 생각 조절자를 더할 나위 없이 수여하면서 우주의 아버지가 영으로 계심을 말한다.

조절자는 네 안에서 영적 달성의 샘물이요, 신다운 인격을 얻을 희망이다. 그는 힘이요 특권이요 살아남는 가능성이니, 이것은 너를 완전히, 언제까지나, 단순한 동물 생명과 구별한다. 그는 물질적 육체의 신경 에너지 작용을 타고 지성에 미치는 바깥의 물리적 자극과 대조해서, 더 높고 참으로 내부에 있고, 생각하게 하는 영적 자극이다.

앞날의 생애를 맡은 이 충실한 관리자들은 정신이 창조한 모든 것을 영적 사본(寫本)으로 어김없이 복사한다. 이처럼 그들은 살아남는 세계에서 부활하도록 너의 정말 상태 그대로 (오직 영적으로), 천천히 확실하게, 너희를 다시 만들고 있다. 이렇게 지극한 이 영적 재창조는 모두, 너의 진화하는 불멸의 혼, 너의 상물질 자아의 태어나는 실체 속에서 간직되고 있다. 조절자가 이렇게 만든 복사품을 의식이 깨닫는 빛에 드러나도록 충분히 떠올릴 수 있는 일이 드문데도, 이 실체들은 실제로 있다.

네가 인간 어버이인 것처럼, 조절자는 참된 너, 너의 더 높고 진보하는 자아, 너의 더 나은 상물질 자아이자 앞날의 영적 자아의 신성한 어버이이다. 심판과 검열자들이 네가 살아남는다고 선포하고 새로운 세계로, 너의 충실한 짝—조절자인 하나님—과 영원히 연락하는 가운데 결코 그치지 않는 존재로, 위쪽으로 너를 통과시킬 때, 그들이 식별하는 것은 바로 이 진화하는 상물질 혼이다.

조절자들은 너희의 진화하는 불멸의 혼의 영원한 조상이요 신성한 원본이다. 그들은 영적인 미래 생애에 비추어서, 물질적인 오늘의 존재를 통달하는 일을 시도하라고 사람을 이끄는 그침 없는 충동이다. 감시자들은 사라지지 않는 희망을 가지고 옥에 갇혀 있는 자요, 영구히 진보하는 샘물이다. 얼마큼 직접 경로에서 자기의 주체와 교통하는 것을 그들이 얼마나 즐거워하는지! 상징과 기타 간접 방법을 던져 버리고 인간 파트너의 지능에게 메시지를 곧장 번쩍 던질 수 있을 때 얼마나 기뻐하는지!

너희 인간들은 거의 무한한 파노라마를 끝없이 펼치는 일을 시작하였고, 이것은 속을 시원하게 해 주는 봉사, 비할 데 없는 모험, 숭고한 불확실성, 가없는 달성을 위하여, 결코 그치지 않고 항상 넓어지는 기회의 영역을 한없이 확장한다. 어두운 그림자가 머리 위에 모일 때, 너희의 믿음은 깃드는 조절자가 계시다는 사실을 받아들여야 한다. 그래서 너희는 필사자의 불확실한 안개를 지나서, 사타니아 저택 세계들이 손짓해 부르는 높이에서 영원한 올바름의 해가 맑게 빛나는 것을 볼 수 있어야 한다.

[오르본톤의 한 외톨 사자가 발표하였다.]

제 109 편

조절자와 우주 생물의 관계

생각 조절자들은 우주 생애를 가진 아이들이며, 정말로 처녀 조절자들은 필사 인간이 자라고 발육하는 동안에 체험을 얻어야 한다. 사람 아이의 인격이 진화로 존재하는 싸움을 위하여 커질 때, 조절자도 다음 단계의 올라가는 삶을 연습하면서 차츰 성장하게 된다. 어린아이가 초기의 어린 시절에 사회 생활과 놀이 생활을 통해서 어른 활동에 적응하는 융통성을 얻는 것처럼, 깃드는 조절자도 상물질 생애와 상관 있는 활동을 사람이 예비로 계획하고 연습하는 덕택으로, 다음 단계의 우주 생명을 위하여 기술을 터득한다. 인간으로 존재하는 것은 미래 생명의 늘어난 책임과 더 큰 기회를 위하여 준비하면서 조절자가 효과 있게 이용하는 한 연습 기간이다. 그러나 네 안에 살기는 해도, 조절자의 노력은 현세의 생활과 혹성에서 존재하는 일에 그다지 아랑곳하지 않는다. 오늘날 생각 조절자들은, 말하자면, 인간의 진화하는 지성 속에서 우주 생애의 실체들을 미리 연습하고 있는 것이다.

1. 조절자의 발육

처녀 조절자들이 신별로부터 파송되기 전에 그들의 훈련과 발육을 위하여 포괄적이고 공들인 계획이 있음이 틀림없지만, 우리는 그에 대하여 그다지 많이 알지 못한다. 의심할 바 없이, 깃드는 체험을 가진 조절자들이 필사자와 관계하는 새로운 사명에 발을 내디디기 전에, 그들을 다시 훈련시키는 광범위한 체계가 또한 존재하지만, 다시 한 번 말하는데, 우리는 실제로 알지 못한다.

감시자가 깃든 한 필사자가 살아남지 못할 때마다, 그 조절자가 신별로 돌아올 때, 연장된 훈련 과정이 실시된다고 나는 성격화된 조절자들한테서 들었다. 이 추가 훈련은 한 인간 속에 깃든 체험으로 말미암아 가능하게 되고, 그 조절자가 진화하는 시간 세계로 되돌려지기 전에 그 훈련을 나누어 준다.

실제 살아보는 체험과 바꿀 대용품은 우주에서 하나도 없다. 새로 형성된 생각 조절자의 완전한 신성은 이 신비의 감시자에게 어떤 방식으로도 노련한 봉사 능력을 부여하지 않는다. 체험은 사는 존재로부터 뗄 수 없다. 체험은 아무리 많은 신다운 자질을 네가 가졌더라도 <u>실제로 삶으로써</u> 확보하는 필요로부터 너희를 면제해줄 수 없는 유일한 것이다. 따라서, 최상위의 현재 분야 안에서 살고 활동하는 모든 존재에게 공통으로, 생각 조절자들은 체험을 얻어야 한다. 낮고, 경험이 없는 무리로부터 더 높고 경험을 더 얻은 무리로 진화해야 한다.

조절자들은 필사자의 지성 속에서 분명한 발전하는 생애를 거친다. 그들은 달성하는 실체를 얻으며, 이것은 영원히 그들의 것이다. 특정한 필사 주체가 살아남든 그렇지 않든, 물질 종족들과 가지는 모든 접촉의 결과로서 그들은 조절자의 기술과 능력을 점진적으로 획득한다. 그들은 살아남는 능력을 가진 불멸하는 혼의 진화를 육성하는 일에 인간 지성과 대등한 협동자이다.

조절자의 진화에서 첫 단계는 필사 존재의 살아남는 혼과 융합할 때 도달된다. 따라서, 너희는 사실상 사람으로부터 하나님께 이르기까지 안쪽으로, 위로 진화하는 한편, 조절자들은 사실상 하나님으로부터 사람에게 이르기까지 바깥으로 밑으로 진화한다. 신성과 인간성의 이러한 연합의 최종 산물은 영원히 사람의 아들이요 하나님의 아들일 것이다.

2. 스스로 행동하는 조절자

너희는 체험에 대한 관계에서 조절자들의 분류—처녀·상급·최상—에 관하여 가르침을 받았다. 너희는 또한 어떤 기능적 분류—스스로 행동하는 조절자—도 인식해야 한다. 스스로 행동하는 조절자는:

1. 조절자를 필사 주체에게 빌려 주기만 하는 부류의 세계에서 일시 깃드는 자로서, 아니면 그 인간이 살아남지 못한, 실제로 융합하는 한 혹성에서, 한 의지 생물의 진화하는 생명 속에서 어떤 필요한 체험을 얻었다. 그러한 감시자는 상급이나 최상 조절자이다.

2. 3급 정신 수준에 다다랐고 개인 수호 천사를 배치받은 한 인간 안에서, 영적 능력의 균형을 얻었다.

3. 최상의 결정을 내리고 조절자와 엄숙하고 성실한 약혼에 들어간 주체를 가졌다. 그 조절자는 실제로 융합하는 때를 미리 내다보며, 그 연합을 사실로 일어난 사건으로 여긴다.

4. 필사자가 승천하는 어느 진화 세계에서 운명 예비군의 한 사람으로 소집된 주체를 가지고 있다.

5. 언젠가 인간이 잠든 사이에, 어떤 연락, 접촉, 재등록의 공적이나, 또는 배치받은 세계의 영적 행정과 연결된, 인간 바깥의 기타 수고를 하려고, 갇혀 있는 필사자의 지성으로부터 잠시 분리되었다.

6. 그 혹성의 영적 경제에 필수인 어떤 우주 공적의 실행을 책임진 영 성격자의 물질적 보충자였던 어떤 인간의 체험에서 위기에 닥쳐 봉사했다.

스스로 행동하는 조절자들은 소속된 필사 주체 속에서, 그리고 바깥에서 세운 수많은 공훈이 가리키다시피, 그들이 직접 깃드는 인간 성격자를 끌어들이지 않는 모든 문제에서, 뚜렷한 정도로 의지를 소유하는 듯하다. 그러한 조절자들은 그 영역의 수많은 활동에 참여하지만, 스스로 선택한 지상의 거처에서, 탐지되지 않고 깃드는 자로서 활동하는 일이 더 잦다.

의심할 여지 없이, 상급이고 경험이 더 있는 이 부류의 조절자들은 다른 영역에 있는 자들과 통신할 수 있다. 그러나 스스로 행동하는 조절자들은 이렇게 서로 교통하는 한편, 오직 공동으로 행하는 작업 수준에서, 그들이 머무르는 영역의 조절자 봉사에 필수인 보관 자료를 간직하는 목적으로 그렇게 한다. 하지만 그들은 때때로 위기에 있을 때 혹성간 문제에서 활동한다고 알려져 있다.

최상 계급이고 스스로 행동하는 조절자들은 인간의 몸을 뜻대로 떠날 수 있다. 깃드는 자들은 필사 생명에 유기적(有機的)이거나 생물학적 부분이 아니다. 그들은 그 위에 신성하게 겹쳐서 놓여 있다. 최초의 생명 계획에서 그들이 마련되기는 했지만, 그들은 물질 존재에 불가결하지는 않다. 그런데도 깃드는 자리를 일단 잡은 뒤에는, 그들이 필사 거처를 잠깐이라도 떠나는 일이 대단히 드물다는 것을 적어야 한다.

초월 행동을 하는 조절자들은 그들에게 맡겨진 과제를 완수했고, 오로지 물질 생명을 수송하는 수단이 분해되거나 그 불멸의 혼이 옮겨지기만을 기다리는 자들이다.

3. 조절자와 필사자 종류의 관계

신비의 감시자들이 하는 자세한 일의 성격은 그들의 배치의 성질에 따라서, 그들이 연락 조절자인가 또는 융합 조절자인가 아닌가에 따라서 달라진다. 어떤 조절자들은 그들의 주체가 현세에 사는 동안에 그냥 빌려 주기만 한다. 더러는 그들의 주체가 살아남으면, 영원히 융합하는 허락을 받은 성격 후보자로서 수여된다. 또한 다른 체계와 우주들 뿐 아니라 다른 혹성 부류 사이에서, 그들이 하는 일에 조금 차이가 있다. 그러나 대체로, 그들의 노동은 놀랍게도 한결같으며, 어떤 창조된 계급의 하늘 존재들이 맡는 임무보다도 더욱 그렇다.

어떤 원시 세계들에서 (1번 시리즈 집단), 조절자는 체험하는 훈련으로서, 주로 자기 수양(修養)과 점진적 발전을 위하여 생물의 지성에 깃든다. 처녀 조절자들은 원시인이 결정의 골짜기에 도착하는 초기 시절에 보통 그런 세계들에 파송되지만, 그 때 비교적 극소수가 더 높은 수준의 태어나는 영적 성향을 얻으려고, 자아를 통달하고 인품을 얻는 산을 지나서 도덕적 높이까지 올라가기를 택한다. (그러나 조절자와 융합하는 데 실패하는 많은 사람이 영 융합 승천자로서 살아남기는 한다.) 조절자들은 원시 지성과 일시적 관계를 가지면서 값진 훈련을 받고 놀라운 체험을 얻는다. 그들은 다른 세계에서 우수한 존재들의 이익을 위하여 이 체험을 나중에 이용한다. <u>살아남을 가치가 있는 아무 것도 결코 넓은 온 우주에서 사라지지 않는다</u>.

또 다른 세계에서는 (2번 시리즈 집단) 조절자들을 다만 필사 존재들에게 빌려 준다. 여기서 감시자들은 그렇게 깃드는 일을 통해서 결코 융합하는 성격을 얻을 수 없지만, 인간 주체에게 필사의 일생 동안에 큰 도움을, 유란시아 필사자들에게 줄 수 있는 것보다 훨씬 많이 준다. 조절자들은 여기서 상급의 영적 달성을 위한 모범으로서, 살아남을 인품을 완전하게 만드는 흥미 있는 과제에 일시 조수로서, 단일 생명 기간에 필사 인간에게 빌려 준다. 그 조절자들은 자연사 뒤에 돌아오지 않는다. 살아남는 이 사람들은 영 융합을 통해서 영생을 얻는다.

유란시아와 같은 세계들에서는 (3번 시리즈 집단) 신의 선물과 정말 약혼, 생사(生死)를 정하는 약속이 있다. 네가 살아남으면, 영원한 연합, 영구한 융합, 사람과 조절자를 한 존재로 만드는 일이 일어나게 되어 있다.

이 시리즈의 세계들에서 세 골을 가진 필사자들의 경우에, 조절자들이 한 골 부류와 두 골 부류보다 현세의 생명 동안에 그들의 주체와 훨씬 많이 실제 접촉을 가질 수 있다. 그러나 죽은 뒤의 생애에서, 세 골 부류는 한 골 부류와 두 골 민족—유란시아 종족—들과 똑같이 진행한다.

두 골 세계에서는, 파라다이스 수여 아들이 머무른 뒤에, 의심할 여지 없이 살아남을 능력을 가진 성격자들에게 처녀 조절자가 배치되는 일은 드물다. 그러한 세계에서, 살아남을 능력을 가진 총명한 남녀에게 깃드는 거의 모든 조절자는 상급이나 최상 부류에 속한다.

유란시아에서 초기의 많은 진화 민족에는 세 집단의 존재가 있었다. 너무 동물 같아서 조절자 능력이 도무지 모자라는 그러한 자들이 있었다. 의심할 여지 없이 조절자를 받을 능력을 드러내고, 도덕적 책임을 느끼는 나이가 되었을 때 즉시 조절자를 받아들이는 자들이 있었다. 경계선 위치를 차지하는 셋째 등급이 있었는데, 그들은 조절자를 받을 능력이 있었지만, 그 사람이 몸소 간청을 하고 나서야 감시자들이 그 지성에 깃들 수 있었다.

그러나 부적당하고 열등한 조상들의 작용을 통해서 권리 상실로 말미암아 실질적으로 살아남을 자격을 잃은 자들의 경우에는, 많은 처녀 조절자가 진화 지성과 접촉하면서 값진 예비 체험을 가졌고, 이처럼 어떤 다른 세계에서 더 높은 부류의 지성에게 나중에 배치받기 위하여 더 나은 자격을 갖추었다.

4. 조절자와 인간 성격

인간 존재들 사이에 상급 형태의 지적 상호 교통은 깃드는 조절자들한테서 크게 도움을 받는다. 동물은 동료의 느낌을 가지지만, 서로 개념을 교통하지 않는다. 감정을 표현할 수 있어도, 아이디어와 이상을 표현할 수 없다. 동물의 기원을 가진 사람들도 생각 조절자가 수여되기까지, 동료들과 높은 종류의 지적 대화나 영적 교통을 맛보지 못한다. 하지만 언어를 개발할 때 그러한 진화 생물은 조절자를 받으려고 순탄한 길을 밟고 있다.

동물은 서툰 방법으로 서로 교통하기는 하지만, 그러한 원시 접촉에는 거의 또는 아무런 성격이 없다. 조절자들은 성격이 아니다. 그들은 전(前) 성격 존재이다. 그러나 그들은 성격의 근원으로부터 오며, 그들의 계심은 인간 성격의 질적 명시를 확대한다. 조절자가 이전에 체험을 가졌으면, 특히 이것이 참말이다.

조절자의 부류는 인간 성격을 표현하는 잠재성과 크게 상관이 있다. 오랜 세월을 통해서 계속, 유란시아의 많은 위대한 지적 지도자와 영적 지도자는 주로 그들에게 깃드는 조절자의 우수성과 이전에 얻은 체험 때문에 큰 영향을 미쳤다.

깃드는 조절자들은 옛 시절 원시인들의 후손을 변화시키고 인간화시키는 데 다른 영적 영향과 적지 않게 협동했다. 만일 유란시아 거주자의 지성에 깃드는 조절자들이 물러난다면, 세계는 원시 시절에 사람들이 보여 준 많은 장면과 관습으로 천천히 돌아갈 것이다. 신다운 감시자들은 진보하는 문명의 참 잠재성의 한 요인이다.

나는 유란시아에서 어느 지성에 깃드는 생각 조절자를 지켜보았는데, 유버르사에 있는 기록에 따르면, 그는 오르본톤에서 이전에 열 다섯 지성에 깃들었다. 우리는 이 감시자가 다른 초우주들에서 비슷한 체험을 겪었는지 모르지만, 나는 그렇다고 추측한다. 그는 놀라운 조절자요 이 현재 시대에 유란시아에서 가장 쓸모 있고 강력한 세력 가운데 하나이다. 살아남기를 거절했다는 면에서 다른 사람들이 잃어

버린 것을 이 인간이 (그리고 너희 온 세계가) 이제 얻는다. 살아남을 품질이 없는 자로부터는, 그가 지금 가진 노련한 조절자조차도 빼앗길 터이고, 한편 살아남을 전망이 있는 자는, 게으른 포기자가 가졌던, 앞서 경험이 있는 조절자까지 얻을 것이다.

어떤 의미에서 조절자들은 진리·아름다움·선의 영역에서 어느 정도 혹성에서 교배(交配)를 촉진하는가 싶다. 그러나 그들은 같은 혹성에서 두 번 깃드는 체험을 받는 일이 드물다. 유란시아에서 지금 일하면서 이 세계에 전에 있던 조절자는 아무도 없다. 우리가 유버르사의 기록 보관소에 그들의 수와 기록을 가지고 있으니까, 나는 무엇에 관하여 말하는지 사정(事情)을 알고 있다.

5. 조절자가 깃드는 데 생기는 물질적 장애

최상 계급이고 스스로 행동하는 조절자들은 인간의 지성이, 해방되었어도 통제된 경로에서 창조적 상상이 자유롭게 흐를 때, 영적 중요성을 가진 요인들을 그 지성에게 흔히 기여할 수 있다. 그런 때, 그리고 때때로 잠자는 동안에, 조절자는 정신의 흐름을 붙잡아서 그 흐름을 멈추게 하고, 다음에 그 아이디어의 진행을 다른 데로 돌릴 수 있다. 이 모두가 상의식(上意識)의 더 높은 휴식에서 깊은 영적 변화를 일으키기 위하여 행해진다. 이처럼 지성의 세력과 에너지가 현재와 미래의 영적 수준에서 접촉하는 음조의 기본음에 더 충만하게 조절된다.

지성이 빛을 받도록 하는 것, 즉 네 안에 항상 거하는 잠재 성격의 지혜, 진리, 선함, 아름다움을 네가 일부 의식하게 되도록, 네 안에서 줄곧 말하는 신의 목소리를 듣는 것이 때로는 가능하다.

그러나 미덥지 않고 빨리 바뀌는 너희의 정신 태도는 흔히 조절자들의 계획을 망치고 일을 방해하는 결과를 낳는다. 그들의 일은 필사 종족들의 타고난 성품에만 방해를 받는 것이 아니라, 너 자신의 선입견, 굳어진 생각, 오래 지녀온 편견으로 말미암아 크게 늦어진다. 이러한 장애 때문에, 겨우 그들의 미완성 작품들이 의식 속으로 여러 번 떠오르며, 개념의 혼란은 불가피하다. 따라서 정신 상황을 낱낱이 살펴볼 때, 생각과 체험 하나하나에, 무엇이 일어날 뻔했는가 하는 것을 통째로 무시하면서, 도대체 그것이 실제로, 근본적으로, 무엇을 위한 것인가를 재빨리 인식하는 것이 안전하다.

인생의 큰 문제는 조상이 준 살아가는 경향을 신비의 감시자의 신성한 계십이 비롯한 영적 충동의 요구에 적응하는 것이다. 우주 및 초우주 생애에서 어떤 사람도 두 주인을 섬길 수 없지만, 네가 유란시아에서 지금 사는 삶에는 사람마다 할 수 없이 두 주인을 섬겨야 한다. 계속 인간답게 현세에 절충하는 기술에 재빨라야 하며, 한편 오직 한 주인에게 영적 충성을 바쳐야 한다. 이것이 어째서 그렇게 많은 사람이 비틀거리고 실패하고 지치며, 진화의 투쟁에서 생기는 긴장에 무릎을 꿇는가 하는 까닭이다.

큰 골 자질이 유전으로 받은 유산(遺產), 그리고 전기 화학적으로 전체를 통제하는 유산, 이 둘은 효과 있는 조절자 활동 분야를 제한하도록 작용하지만, (정상의 지성에서는) 어떤 유전의 장애도 결코 궁극의 영적 성취를 막지 못한다. 유전은 성격의 정복하는 속도를 간섭할지 모르지만, 하늘 가는 모험을 궁극에 성취하는 것을 방지하지 못한다. 네가 조절자와 협조하겠다면, 그 신의 선물은 머지 않아 불멸하는 상물질계 혼을 진화시키고, 그와 융합한 뒤에, 그 새 생물을 지역 우주 군주인 주 아들에게, 궁극에는 파라다이스에 계신 조절자들의 아버지에게, 내보일 것이다.

6. 참 가치의 영속

조절자들은 결코 그르치지 않는다. 살아남을 가치가 있는 어떤 것도 결코 사라지지 않는다. 의미를 발견하거나 평가하는 성격이 살아남든 그렇지 않든 상관 없이, 모든 의지(意志) 생물 안에서 중요한 가치는 모조리 확실히 살아남는다. 그리고 이러하니, 필사 인간은 살아남기 싫다고 해도 좋다. 그래도 그 일생의 체험은 버려지지 않는다. 영원한 조절자는 그러한 실패한 듯한 생명의 가치 있는 모습을 어느 다른 세계로 가지고 가서, 거기서 살아남는 이 의미와 가치를 어떤 더 높은 부류의 필사 지성에게, 살아남을 능력이 있는 지성에게 준다. 가치 있는 아무 체험도 결코 헛되이 일어나지 않는다. 아무런 참된 의미나 진정한 가치도 결코 사라지지 않는다.

융합 후보자에 관계되다시피, 한 신비의 감시자가 그 필사 동료에게 버림받으면, 그 인간 파트너가 하늘 가는 생애를 추구하기 싫다고 하면, 자연사로 (또는 그 전에) 풀려났을 때, 조절자는 살아남지 못하는 그 생물의 지성 속에서 진화한, 살아남을 가치가 있는 것을 모조리 가지고 간다. 뒤잇는 인간 주체들이 살아남지 못해서 한 조절자가 융합 성격을 얻는 데 거듭 실패한다면, 그리고 이 감시자가 나중에 성격화된다면, 이 모든 필사 지성에 깃들고 그것을 통달하면서 얻은 체험은 그러한 새로 성격화된 조절자의 실제 소유물이 될 터이고, 이것은 모든 미래 시대를 통해서 즐기고 이용할 자질이다. 이 계급의 성격화된 조절자는 모든 예전 생물 주인의 모든 살아남는 특성을 복합하여 조립한 것이다.

오랜 우주 체험을 가진 조절자들이 수여 임무에서 신다운 아들들에게 깃들려고 자원할 때, 그들은 이 근무를 통해서 성격 달성이 결코 이루어질 수 없음을 잘 안다. 그러나 영들의 아버지는 이 자원자들에게 흔히 성격을 내려주고, 그들 부류의 지휘자로 세운다. 그들은 신별에서 권한을 영예롭게 받은 성격자이다. 그리고 그들의 독특한 성품은 여러 번 필사자에 깃든 체험을 모자이크로 인간성을 구현한 것이며, 또한 마지막으로 깃드는 체험을 얻는 파라다이스 수여 아들의 인간적 신성을 가리키는 영 성적표이다.

너희 지역 우주에서 조절자들의 활동은 네바돈 미가엘의 성격화된 조절자의 지휘를 받는데, 바로 그 감시자는 미가엘이 요수아 벤 요셉의 몸을 입고서 인생을 살았을 때, 한 걸음 한 걸음 그를 안내하였다. 이 특별한 조절자는 그에게 맡긴 책임에 충실하였고, 이 용감한 감시자는 인간 성품을 지혜롭게 지휘하고, 아버지의 완전한 뜻의 길을 선택하는 데 그 파라다이스 아들의 필사 지성을 늘 안내하였다. 이 조절자는 이전에 아브라함 시절에 마키벤타 멜기세덱과 함께 봉사했고, 이렇게 깃들기 전에, 이 수여 체험들 사이에, 엄청난 공훈을 세우는 데 몰두하였다.

이 조절자는 예수의 인간 지성에서 정말로 승리하였다—이것은 인생에서 거듭하여 생기는 상황 하나하나에서, "나의 뜻이 아니라 아버지의 뜻이 이루어지이다" 말하면서, 아버지의 뜻에 거룩하게 헌신을 유지한 그 지성이었다.

바로 이 조절자는 그의 힘찬 성격의 헤아릴 수 없는 성품 속에서 요수아 벤 요셉이 세례 받기 전의 인간성을 이제 돌이켜본다. 그 인간성은, 필사의 체험에서 얻을 수 있는 영적 가치가 완전히 소모되기까지 살았던 그 평범한 생활의 비천한 환경으로부터, 모든 유란시아 사람 가운데 가장 위대한 자가 창조해 내고 영원하고 생생한 가치를 지닌, 영원하고 살아 있는 성적표이다.

한 조절자에게 맡겨지고 영구한 가치를 지닌 모든 것은 영원히 살아남는다는 보장을 받는다. 어떤 경우에는, 앞날에 깃드는 필사 지성에게 수여하려고 감시자가 이 소유물을 보관한다. 다른 경우에, 성격화되고 나서, 살아남고 보존된 이 실체들은 모우주 건축가들의 근무에 앞으로 이용하려고 맡겨진다.

7. 성격화된 조절자의 운명

조절자가 아닌 아버지 분신들이 성격화할 수 있는지 없는지 우리가 말할 수 없지만, 너희는 성격이 우주의 아버지가 군주의 자유 의지로 수여한 것이라고 들었다. 우리가 아는 한, 조절자 부류의 아버지 분신(分身)은 오로지 한 성격 존재에게 베푸는 서비스와 봉사를 통해서 성격 속성을 획득해야 성격에 다다른다. 이 성격화된 조절자들은 신별에 집이 있고, 거기서 전 성격(前性格) 동료들을 가르치고 지도한다.

성격화된 생각 조절자들은 방대한 온 우주에서, 매이지 않고, 배치되지 않고 통치하는, 안정시키는 자요 보상하는 자이다. 그들은 창조자와 피조물의 체험—실존적인 것과 체험적인 것—을 통합한다. 그들은 시간과 영원의 합동 존재이다. 우주 행정에서 전 성격인 것과 성격인 것을 결합시킨다.

성격화된 조절자들은 모우주 건축가들의 집행자, 온통 지혜롭고 강력한 집행자이다. 그들은 우주의 아버지의 총 봉사—성격, 전(前) 성격 및 초월 성격 봉사—에서 성격을 가진 대리자이다. 그들은 궁극위 하나님의 영토에서 초월적인 초한 구체들의 모든 영역에 두루, 아니 절대자 하나님의 수준까지도, 비상한 것, 특별한 것, 기대치 않은 것을 몸소 베푸는 자이다.

그들은 자기의 존재 안에서 모든 알려진 성격 관계를 알아차리는, 우주에서 독특한 존재이다. 그들은 총(總) 성격이다—전 성격이요, 성격이며, 후(後) 성격이다. 그들은 영원한 과거, 영원한 현재, 영원한 미래에서 한 것 같이, 우주의 아버지의 성격을 베푼다.

아버지는 무한자와 절대자의 서열에서 실존하는 성격을 영원한 아들에게 수여했지만, 실존하는 전 성격 조절자에게 수여된 종류의 성격화된 조절자의 체험 성격을 그 자신이 베푸는 봉사를 위하여 남겨놓기로 하셨다. 이 둘은 궁극위, 최상 궁극위, 아니 궁극 절대자의 수준까지도 포함하여, 그 초한(超限) 영역에서 초월적 봉사를 베푸는, 미래의 영원한 초월 성격이 되도록 정해졌다.

성격화된 조절자들이 우주에서 돌아다니는 것을 보는 일은 드물다. 때때로 그들은 옛적부터 늘 계신 이들과 의논하며, 때로는 칠중 아들 창조자들의 성격화된 조절자들이 보론다덱 통치자들과 협의하려고 별자리 본부 세계들로 온다.

유란시아의 보론다덱 혹성 관찰자—너희 세계의 긴급 섭정을 맡은 지 얼마 되지 않는 최고자의 관리자—가 주둔하는 총독이 계신 앞에서 그의 권한을 주장했을 때, 그는 자신이 고른 완전한 참모진을 가지고 유란시아 비상(非常) 행정을 시작했다. 그는 즉시 모든 동료와 조수들에게 그들의 혹성 임무를 맡겼다. 그러나 그가 섭정을 맡은 순간, 그는 앞에 나타났던 성격화된 조절자 세 분을 택하지 않았다. 그는 그들이 이렇게 나타나리라는 것을 알지도 못했는데, 이는 이전의 섭정(攝政) 시절에 그들이 신다운 존재를 그렇게 나타내지 않았기 때문이다. 최고자의 섭정은 자원하는 이 성격화된 조절자들을 위하여, 직책을 맡기거나 임무를 정해 주지도 않았다. 그런데도, 이 세 분의 총(總) 성격 존재는 그 때 유란시아에서 근무하던 수많은 계급의 천상 존재들 가운데, 가장 활동이 많은 축에 속했다.

성격화된 조절자들은 수많은 계급의 우주 성격자들을 위하여 광범위한 서비스를 수행하지만, 우리는 조절자가 깃든 진화 생물과 함께 이 봉사를 논의하는 것이 허락되지 않는다. 특별한 이 인간 신들은 대우주 전체에서 가장 놀라운 성격자들 사이에 속하며, 아무도 그들의 앞날의 임무가 무엇일까 주제넘게 예측하지 않는다.

[오르본톤의 한 외톨 사자가 발표하였다.]

제 110 편

조절자와 개별 필사자의 관계

불완전한 존재들에게 자유를 부여하는 데는 불가피한 비극이 따르며, 사랑이 있는 동반 관계에서 이러한 고통을 보편적으로, 사랑으로 함께 나누는 것이 그 완전한 조상 신의 성품이다.

한 우주의 사무에 내가 익숙한 한, 나는 생각 조절자의 사랑과 헌신을 모든 창조에서 참으로 가장 신다운 애정이라고 본다. 아들들이 민족들에게 베푸는 봉사에 나타나는 사랑은 훌륭하지만, 조절자가 사람에게 바치는 것은 감동을 주도록 숭고하고 신성하게 아버지답다. 파라다이스 아버지는 개별 생물과 몸소 접촉하는 이 형식을 독점하는 창조자 특권으로서 남겨 놓은 듯하다. 진화하는 혹성의 아이들에게 그렇게 황홀하게 깃드는, 이 비성격 통일체들이 베푸는 놀라운 봉사와 엄밀하게 견줄 만한 것은 온 우주에서 아무 것도 없다.

1. 필사 지성에 깃들기

조절자들은 인간 존재의 물질 두뇌 속에서 산다고 생각해서는 안 된다. 그들은 그 영역의 육체 생물의 유기적인 부분이 아니다. 생각 조절자는 단일 신체 기관의 한계 안에서 존재하기보다는 사람의 필사 지성에 깃든다고 상상하는 것이 더욱 마땅할까 싶다. 간접으로, 눈치채지 못하게, 조절자는 항상, 특히 상의식(上意識) 속에서 경건하게 지성이 영과 접촉하는 그 숭고한 체험 속에서, 그 인간 주체와 교통하고 있다.

진화하는 필사자들이 그들 안에 사는 조절자가 사심 없이 하는 훌륭한 일을 더 낫게 이해하고 그 진가(眞價)를 좀더 낫게 알도록 내가 돕는 것이 가능했으면 하고 나는 바란다. 그들은 사람의 영적 복지를 늘이는 과제에 무척 진심으로 충실하다. 이 감시자들은 사람 지성의 상급 단계에 효과 있게 봉사하는 자이다. 인간 지능의 영적 잠재성을 지혜롭고 익숙하게 조종하는 자이다. 이 하늘 조수들은 행복이 있는 하늘 피난처로, 안으로, 위로 너희를 안전하게 안내하는 엄청난 과제에 헌신한다. 지칠 줄 모르고 수고하는 그들은 너희의 영원한 생명 속에서 신다운 진리의 승리를 앞날에 성격화하는 일에 거룩히 헌신하였다. 그들은 하나님을 의식하는 인간 지성을 악의 여울목으로부터 멀리 이끌고, 한편 사람의 진화하는 혼을 아득히 먼 영원한 바닷가에, 신성하고 완전한 항구를 향하여 인간을 솜씨 있게 안내하는 조심스러운 일꾼이다. 조절자들은 자애로운 지도자요, 땅에서 너희의 짧은 생애에서 어둡고 분명치 않은 미로(迷路)를 통해서 안전하고 확실하게 너희를 안내한다. 그들은 점진적으로 완전하게 되는 길로 앞으로 자기의 주체를 항상 재촉하는 참을성 있는 선생이다. 그들은 생물 인격의 숭고한 가치를 조심스럽게 관리하는 자이다. 너희가 그들을 더욱 사랑하고, 함께 더욱 충만히 협조하고, 그들을 더욱 사랑으로 품을 수 있기를 나는 바란다.

안에 깃드는 신다운 자들은 결코 그치지 않는 존재의 다음 단계를 위하여 너희를 영적으로 준비시키는 데 주로 아랑곳하지만, 또한 현세에 너희의 복지와 땅에서 너희의 진정한 성취에 깊은 관심을 가진다. 그들은 너희의 건강, 행복, 참 번영에 이바지하기를 기뻐한다. 영원히 진보하는 너희의 앞날 생명에 불리하지 않은, 혹성 진보의 모든 문제에서 너희의 성공에 무관심하지 않다.

네가 나날이 하는 일과 네 생활의 다양한 세부가, 너의 중요한 현세의 선택과 생사를 가르는 영적 결정을 내리는 데 영향을 주고, 따라서 혼이 살아남고 영원히 진보하는 너의 문제를 푸는 데 요인이 되는 바로 그 한도까지, 조절자들은 그런 일에 관심을 가지며 아랑곳한다. 순전한 현세의 복지에 관해서 수동적이지만, 조절자는 너의 영원한 앞날의 모든 일에 관하여 신답게 적극성을 띤다.

모든 재난에, 정신력을 완전히 망가뜨리지 않는 모든 질병을 통해서, 조절자는 너와 함께 남아 있다. 그러나 하나님으로부터 온 이 놀라운 선물이 땅에서 거할 천막으로서 써야 되는 그 육체를, 알면서 더럽히거나, 달리 일부러 오염시키는 것은 얼마나 불친절한가. 물리적 독물은 모두, 물질 지성을 높게 만들려는 조절자의 노력을 크게 늦추며, 한편 두려움과 분노, 시샘과 질투, 의심과 불관용과 같은 정신적 독물은 마찬가지로 진화하는 혼의 영적 진보를 엄청나게 방해한다.

오늘 너는 네 조절자에게 구애(求愛)하는 시기를 거치고 있다. 영원한 연합 속에서 너의 지성과 혼을 찾는 신성한 영이 너에게 맡긴 신뢰에 네가 충실한 것이 드러나기만 한다면, 상물질계에서 하나가 된 상태, 그 뛰어난 조화, 그 우주 조정, 그 신성한 조율, 그 하늘의 융합, 결코 그침 없는 신분의 혼합, 하나된 그 존재 상태가 궁극에 따를 것이다. 이것은 아주 완전하고 확정된 것이기 때문에 가장 노련한 성격자들조차 융합 파트너—인간과 신다운 조절자—들을 따로 된 신분으로 결코 분리하거나 인식할 수 없다.

2. 조절자와 인간의 의지

생각 조절자들은 인간의 지성에 깃들 때, 자신과 신별의 성격화된 조절자들이 결정하고 예정한 대로, 모형 생애, 이상적인 일생을 가지고 오며, 유란시아의 성격화된 조절자의 인가를 받았다. 이처럼 그들은 인간 주체의 지적·영적 발전을 위하여 분명하고 미리 정해진 계획을 가지고 일을 시작하지만, 어떤 인간에게도 이 계획을 받아들이는 의무는 지워지지 않는다. 너희는 모두 숙명을 가진 주체이지만, 신이 준 이 숙명을 받아들여야 한다고 미리 예정되지는 않았다. 너희는 생각 조절자가 짠 프로그램의 어느 부분이나 전부를 싫다고 할 완전한 자유가 있다. 너희가 기꺼이, 총명하게 허가하는 대로, 성격을 지휘하는 데 그들이 더 영향력을 얻도록, 그러한 지성의 변화와 영적 조정을 일으키는 것이 그들이 할 일이다. 그러나 어떤 형편에도 이 신다운 감시자들은 너희를 이용하거나, 아니면 너희가 선택하고 결정할 때 어떤 방법으로도 멋대로 너희에게 영향을 미치지 않는다. 조절자들은 너희 성격이 가진 주권을 존중한다. 그들은 언제나 너희 뜻에 복종한다.

일하는 방법 면에서 그들은 끈질기고, 영리하고, 완전하지만, 주인의 의지하는 자아를 다치지 않는다. 아무 인간도 결코 제 뜻을 거슬러, 신다운 감시자에게 영적 감화를 받지 않는다. 생존은 시간 생물이 원해야 하는 신들의 선물이다. 최종으로 분석해 보건대, 너를 위하여 조절자가 무슨 일에 성공하든지, 그 변화는 너의 협동하는 찬성을 받아서 이루어졌음을 기록이 보여 줄 것이다. 하늘 가는 생애에서 생기는 엄청난 변화의 발걸음 하나하나를 성취하는 데 너희는 조절자와 기꺼이 파트너가 되었을 것이다.

조절자는 너희가 생각하는 과정 그 자체를 통제하려는 것이 아니라, 그것을 영적으로 바꾸고 영원하게 만들려 한다. 천사나 조절자들도 인간의 생각에 영향을 주는 데 직접 몰두하지 않는다. 그것은 너희가 독점하는 성격 특권이다. 조절자들은 너희의 생각하는 과정을 개선하고, 고치고, 조절하고, 조정하는 일에 헌신한다. 그러나 더군다나, 특정하게, 너희 생애의 영적 해당물, 즉 살아남는 목적을 위하여 너희의 참된 승진하는 자아의 상물질 성적표를 높이는 일에 헌신한다.

조절자들은 인간 지성의 상급 분야에서 일하며, 필사자의 지능에서 생기는 모든 개념의 상물질 복사판을 만들려고 그침 없이 추구한다. 따라서 인간의 지성 회로에 부딪치고 그 안에 집중하는 두 가지 실체가 있다. 하나는 생명 운반자들의 최초 계획으로부터 진화한 필사의 자아이고, 다른 하나는 신별의 높은 구체들로부터 온 불멸하는 통일체, 하나님으로부터 온 깃드는 선물이다. 그러나 필사의 자아는 또한 성격 자아이며, 성격을 가졌다.

너는 하나의 성격 생물로서 지성과 의지(意志)를 가졌다. 조절자는 하나의 전성격 생물로서 전(前) 지성과 전 의지를 가지고 있다. 네가 눈을 마주하고 보듯 조절자의 지성에 네가 완전히 순응하면, 너희의 지성은 하나가 되고, 너는 조절자의 지성으로 보강된다. 나중에, 이 새로운 지성, 즉 통합된 지성이 내리는 결정을 너의 의지가 하라고 시키고 집행하면, 그 조절자의 전 성격 의지는 너의 결정을 통해서 성격 표현을 성취한다. 그 특별한 계획이 관련된 한, 너와 그 조절자는 하나이다. 너의 지성은 신성에 높낮이를 맞추었고, 그 조절자의 뜻은 성격 표현을 이룩하였다.

이 신분이 실현되는 테두리까지, 너는 상물질 서열의 존재에 정신적으로 가까이 가고 있다. 상물질 지성은 다양하게 물질이고 영적인 성품을 가진 협동하는 지성들의 내용과 총합을 뜻하는 표현이다. 따라서 상물질 지능은 지역 우주에서 한 뜻에 지배되는, 2중 지성을 의미한다. 필사자들의 경우에, 이것은 인간에 기원을 가진 의지요, 그 의지는 사람이 인간 지성을 하나님의 지성 상태와 동일하게 함으로써 신답게 되고 있다.

3. 조절자와 협동하기

조절자들은 오랜 세월에 걸쳐 신성하고 더할 나위 없는 경기(競技)를 벌이고 있다. 그들은 공간 속에서 최상의 시간 모험 가운데 하나에 말려들었다. 그들의 더 큰 영원의 과제들을 계속 집행하는 동안, 시간 속에서 너희의 짧은 투쟁에서 그들이 돕도록 너희가 협조할 때 그들은 얼마나 행복한지! 그러나 보통, 조절자가 너와 교통하려 애쓸 때, 그 메시지는 인간 지성의 에너지 냇물의 물질 흐름 속에서 사라진다. 겨우 어쩌다가 너는 그 메아리를, 신의 목소리의 어렴풋하고 아득한 메아리를 붙잡는다.

너의 조절자가 필사 생명을 통해서 너를 안내하고 네가 살아남게 만드는 사업에 성공하는 것은 네가 믿는 이론에 많이 달려 있기보다는, 너의 결정과 결심과 굳건한 믿음에 달려 있다. 성격의 성장에서 생기는 이 모든 움직임은 네가 조절자와 협조하라고 돕기 때문에, 너의 승진에 도움을 주는 힘찬 영향이 된다. 그들은 네가 저항을 그치도록 너를 도와 준다. 필사자들이 완전을 달성하는 올라가는 길을 따라서 진보하라고 정해진 그 계획에 협조하는 데 성공하거나 실패하는 한까지, 생각 조절자들은 지상(地上) 사업에 성공하거나 겉보기에 실패한다. 살아남는 비결은 하나님 같이 되려는 최상의 인간 소망에, 그리고 그와 관계되어, 압도하는 그 소망을 마침내 이루는 데 필수인 어떤 것이라도 기꺼이 행하려는 마음에 둘러싸여 있다.

우리가 한 조절자의 성공이나 실패에 관해서 말할 때, 우리는 인간이 살아남는가 하는 조건으로 말한다. 조절자들은 결코 실패하지 않는다. 그들은 신의 본질로부터 왔고, 반드시 각 사업에 승리하여 솟아난다.

너희 가운데 숱한 사람이 그저 생활의 하찮은 것에 그렇게 많은 시간과 생각을 쓰고, 한편 영원한 중요성을 가진 더 본질적 실체들, 너희와 너희 조절자 사이에 좀더 어울리는 기초적 협정을 개발하는 데 관계되는 바로 그 성취를 거의 완전히 지나치는 것을 나는 지켜볼 수밖에 없다. 인간의 존재에서 큰 목표는 깃드는 조절자의 신성에 높낮이를 맞추는 것이다. 필사 존재에서 큰 성취는 너의 지성 속에서 기다리며 일하는 신다운 영의 영원한 목표에 참되게, 이해심을 가지고 헌신하는 데까지 도달하는 것이다. 그러나 영원한 운명을 실현하려는, 헌신적이고 굳게 결의한 노력은 명랑하고 즐거운 생활, 그리고 땅에서 성공하고 영예로운 생애를 가지는 것과 전적으로 어울린다. 조절자와 협동하는 것은 자신을 괴롭히거나, 거짓 경건, 또는 위선적이고 허세부리는 자기 비하(卑下)를 수반하지 않는다. 이상적인 삶은 두려워 걱정하며 존재하기보다는 사랑으로 봉사하는 생활이다.

혼란, 어리둥절하는 것, 때때로 낙심하고 갈피를 잡지 못하는 것조차, 깃드는 조절자의 이끄심에 저항함을 반드시 뜻하지는 않는다. 그러한 태도는 어떤 때는 신다운 감시자와 적극 협조하는 자세가 모자람을 뜻할지 모르며, 따라서 영적 진보를 얼마큼 늦출지 모른다. 그러나 그러한 지적 감정의 어려움은 하나님을 아는 혼이 확실히 살아남는 것을 한 치라도 방해하지 않는다. 무지(無知)만으로는 결코 살아남는 것을 막을 수 없고, 혼동으로 생기는 의심이나 두려움에 싸인 불안도 그럴 수 없다. 오로지 조절자의 이끄심을, 의식하면서 저항하는 것이 진화하는 불멸의 혼이 살아남는 것을 막을 수 있다.

조절자와 협동하는 것을 특별히 의식하는 과정으로 여겨서는 안 되는데, 왜냐하면 그렇지 않기 때문이다. 그러나 너의 동기와 결정, 너의 충실한 결의와 최상의 소망은 참되고 효과 있는 협조가 된다. 다음과 같이 너는 의식하면서 조절자와 더 화목하게 지낼 수 있다:

1. 신의 이끄심에 반응하기로 하는 것. 진리와 아름다움과 선함을 가장 높이 의식하는 데 인간 생활의 기초를 두고, 다음에 지혜·예배·믿음·사랑을 통해서 이 신성의 질을 조정하는 것.

2. 하나님을 사랑하고 그와 같이 되기를 바라는 것—하늘의 어버이가 신성한 아버지이며, 그를 사랑으로 예배함을 진심으로 인정하는 것.

3. 사람을 사랑하고 성실하게 사람에게 봉사하기를 바라는 것—동료 필사자 하나하나를 총명하게, 지혜롭게 사랑함과 더불어, 사람이 형제임을 진심으로 인정하는 것.

4. 우주 시민권을 기쁘게 받아들이는 것—최상 존재에 대한 너의 점진적 의무를 정직하게 인정하는 것, 진화 인간과 진화하는 신이 서로 의존함을 아는 것. 이것이 우주 도덕의 탄생이요, 보편적 의무를 깨달음의 첫걸음이다.

4. 지성 속에서 조절자가 하는 일

조절자들은 시간과 공간의 주요 회로를 타고 들어오는 우주 정보의 계속되는 흐름을 받을 수 있다. 그들은 우주들의 영(靈) 정보 및 에너지와 완전히 접촉하고 있다. 그러나 공통된 성품이 부족하고 반응하는 인식이 없기 때문에, 이 막강한 내재자(內在者)들은 이 풍부한 지혜와 진리를 필사 주체의 지성에게 그렇게 많이 전해 줄 수 없다.

생각 조절자는 너의 상물질 혼을 진화시키도록 너의 지성을 영적으로 변화시키려는 끊임없는 노력에 몰두하고 있다. 그러나 너 자신은 속에서 일어나는 이 봉사를 대체로 의식하지 못한다. 너 자신의 물질 지능의 산물을 네 혼과 조절자의 합동 활동으로 생긴 산물과 구별할 능력이 너에게 아주 없다.

생각, 결론, 그리고 머리 속의 다른 그림들이 갑작스럽게 제시되는 것 가운데 더러는 때때로 조절자가 직접이나 간접으로 일한 것이다. 그러나 그보다 훨씬 더 흔하게 이것들은 밑에 깔려 있는 정신 수준에서 함께 집합하고 있던 생각들, 즉 진화하는 동물 지성의 회로에 본래 있는 기능, 정상이고 보통인 정신 기능에서 자연스럽고 일상적으로 발생하는 것이 관념 의식 속으로 갑자기 솟아난 것이다. (이 하의식(下意識)의 방사물과 대조해서, 조절자의 계시는 상의식(上意識) 영역을 통해서 나타난다.)

의식의 잔잔한 수준을 지나서 머리 속의 모든 문제를 조절자의 관리에 맡기라. 때가 되면, 이 세계가 아니라면 저택 세계들에서, 그들은 맡은 직책에 관하여 세밀한 보고를 하겠고, 궁극에는 그들의 보호와 관리에 맡긴 그 의미와 가치를 내놓을 것이다. 너희가 살아남는다면, 그들은 그 필사 지성의 값진 보물을 모조리 부활시킬 것이다.

인간다운 자와 신다운 자, 사람과 하나님 사이에는 광대한 간격이 존재한다. 유란시아 민족들은 아주 대체로 전기로, 화학적으로 통제되고, 그들의 공통된 행동이 대단히 동물 같고, 보통 반응이 너무 감정적이기 때문에, 감시자들이 그들을 안내하고 지도하기가 극도로 어려워진다. 너희에게 용감한 결정과 거룩하게 바치는 협조가 너무 모자라서, 너희에게 깃드는 조절자는 인간 지성과 직접 교통하기가 거의 불가능함을 발견한다. 진화하는 필사자의 혼에게 새 진리의 빛을 번쩍 비쳐 주는 것이 가능함을 발견할 때에도, 흔히 이 영적 계시는 그 생물을 너무 눈이 멀게 만들어서, 광신주의의 발작으로 곤두박질하거나 비참한 결과를 가져오는 어떤 다른 지적 소동을 일으킨다. 숱한 새 종교와 이상한 "주의"(主義)는 생각 조절자들의 통신이 중지되고, 불완전하게 전해지고, 잘못 이해되고, 함부로 왜곡됨으로부터 생겼다.

몇천 년 동안, 각 세대에 스스로 행동하는 조절자와 함께 안전하게 활동할 수 있는 존재들이 차츰 줄어들었다는 것을 예루셈의 기록이 보여 준다. 이것은 깜짝 놀라게 하는 그림이요, 사타니아의 감독하는 성격자들은 너희의 어떤 직계 혹성 감독자들이 내민 여러 제안에 호의를 보이는데, 그들은 유란시아 민족들 가운데 상급 영적 부류들을 육성하고 보존하도록 고안된 조치를 개시하라고 주장한다.

5. 조절자의 안내에 대한 그릇된 개념

조절자의 사명과 영향을 보통 양심이라고 부르는 것과 혼동하고 헛갈리지 말지니, 이것들은 직접 관련이 없다. 양심은 인간답고 순전히 정신적인 반응이다. 양심을 가벼이 여겨서는 안 되지만, 양심은 도저히 혼에게 하나님이 주시는 목소리는 아니다. 그런 목소리를 들을 수 있다면, 조절자의 소리가 하나님의 목소리일 것이다. 양심은 옳은 일을 하라고 마땅히 너를 타이른다. 그러나 조절자는 그 위에, 무엇이 참으로 옳은지, 다시 말해서 감시자의 이끄심을 네가 깨달을 수 있을 때, 그렇게 함에 따라서, 너에게 일러 주려 애쓴다.

사람의 꿈 경험, 조정되지 않은 잠자는 지성의 어지럽고 연결되지 않은 행진은 조절자가 인간 지성의 흩어지는 요인들을 조화하고 결합하지 못했다는 적절한 증명이 된다. 조절자들은 다만, 단일 생애 동안에 인간다운 것과 신다운 것처럼, 그렇게 같지 않고 다양한 두 종류의 생각을 멋대로 일치하게 만들고 동시화할 수 없다. 그들이 가끔 하다시피, 그렇게 할 때, 그러한 혼들은 죽는 체험을 거칠 필요 없이 바로 저택 세계들로 옮겨진다.

충분히 깨어 의식하는 시간에 내린 결정과 선택에 따라서, 깃드심을 받은 성격자의 의지가 앞서 충분히 승인한 것, 이로서 상지성(上知性)의 영역에 던져진 것만 조절자가 잠자는 시기에 성취하려 애쓰며, 상지성은 인간과 신의 상호 관계에서 연락하는 영토이다.

필사 주인이 잠자는 동안, 조절자들은 물질 지성의 상급 수준에서 그들이 지은 것을 등록하려고 애쓴다. 그리고 너희의 괴상한 어떤 꿈은 그들이 효과 있게 접촉하지 못했음을 가리킨다. 꿈 속 생활의 불합리는 표현되지 않은 감정의 압력을 증거할 뿐 아니라, 또한 조절자들이 내놓은 영적 개념의 표현이 끔찍하게 일그러졌음을 증언한다. 너희 자신의 정열, 충동, 그리고 타고난 다른 성향은 자체를 그림으로 옮겨 놓고, 신이 준 메시지 대신에 표현되지 않은 그 욕망으로 갈아치우는데, 의식이 없이 자는 동안에 내재자는 그 메시지를 정신의 기록으로 적어 놓으려고 애쓴다.

꿈 속 생활의 조절자 내용에 관하여 가정하는 것은 극도로 위험하다. 조절자들이 너희가 잠자는 동안에 일하기는 하지만, 너희의 보통 꿈 체험은 순전히 생리 및 정신 현상이다. 마찬가지로, 조절자가 등록한 개념을 필사자의 양심의 명령을 얼마큼 연속해서 의식하여 받는 것과 구별하려고 애쓰는 것은 위험하다. 이것은 개인이 구별하고 몸소 결정을 내림으로 풀어야 할 문제이다. 그러나 사람은, 필사 지성의 반응을 신의 위엄을 가진 분야로 높이는 잘못을 저지르는 것보다, 조절자의 표현이 순전히 인간 체험이라고 믿음으로 그것을 물리쳐서 잘못하는 것이 더 나을 것이다. 생각 조절자의 영향은 전부 그렇지는 않지만, 대체로 상의식 체험이라는 것을 기억하여라.

너희가 정신의 여러 수준을 올라감에 따라서, 다른 정도로, 점점 더, 어떤 때는 직접, 그러나 더 흔하게는 간접으로, 너희는 조절자와 교통한다. 그러나 인간 지성에서 생기는 새로운 개념마다 조절자의 명령이라는 생각을 품는 것은 위험하다. 너희 계급의 존재들의 경우에, 네가 조절자의 목소리라고 받아들이는 것이 실제는 너 자신의 지능에서 방출된 일이 더욱 흔하다. 이것은 위험한 땅이며, 인간마다 그의 자연스러운 인간적 지혜와 초인간적 통찰력에 따라서 스스로 이 문제를 풀어야 한다.

이 통신을 하는 데 쓰인 인간의 조절자가 무척 넓은 규모의 활동을 즐기는데, 이는 주로 그 조절자가 안에 계심이 바깥으로 어떻게 나타나더라도 이 인간이 거의 완전히 무관심하기 때문이다. 그 과정 전부에 대하여 그가 의식해서 아주 아랑곳하지 않는 것이 정말로 다행이다. 그는 그의 시대와 세대에서 상당히 경험 있는 조절자들 가운데 하나를 지니고 있는데, 그래도 이 다능한 조절자가 그의 지성 속에 계심과 관련된 현상에 대해서 그가 수동적으로 반응하고 그에 대하여 관심을 보이는 않는 것은 드물고도 다행한 반응이라고 그 운명 수호자가 선언했다. 이 모두가 여러 영향의 유리한 조정을 가져오며, 상급 활동 분야에서 조절자에게, 건강과 효율과 차분함의 관점에서 볼 때 그 인간 파트너에게, 유리하다.

6. 정신의 일곱 수준

물질 세계에서 성격 실현의 총합은 필사자의 잠재성에서 정신의 일곱 수준을 연속으로 정복하는 속에 담겨 있다. 7급 수준에 들어가는 것은 참 인간 성격의 활동이 시작됨을 표시한다. 1급 수준을 마치는 것은 그 필사 존재가 상대적으로 성숙했음을 의미한다. 우주에서 성장하는 일곱 수준을 거치는 것이 비록 조절자와 융합하는 것과 같지 않아도, 이 수준들을 통달하는 것은 조절자 융합에 예비적 걸음에 이르렀음을 표시한다.

일곱 수준의 달성에서—필사자가 비교적 성숙함에 이르는 데—조절자는 너와 대등한 파트너이다. 조절자는 일곱째부터 첫째까지 너와 함께 여러 수준을 올라가지만, 필사자의 지성이 적극 협동하는 것과 아주 상관 없이, 최상 지위와 스스로 행동하는 지위까지 진보한다.

정신의 여러 수준은 순전히 지적인 것은 아니고, 완전히 상물질인 것도 아니다. 이것들은 성격 지위, 지성의 달성, 혼의 성장, 그리고 조절자에 맞춰 조율하는 데 상관이 있다. 이 여러 수준을 거치는 데 성공하는 것은 다만 성격의 어느 한 국면이 아니라, <u>전체 성격</u>의 조화되는 작용을 요구한다. 부분들의 성장은 전체의 참된 성숙과 같지 않다. 부분들은 총 자아—전체 자아—물질 자아, 지적 자아, 영적 자아 전부가 확대됨에 비례해서 정말로 자란다.

지적 성품의 발전이 영적 성품의 발전보다 빨리 나아갈 때, 그러한 형편은 생각 조절자와 교통하는 것을 어렵고도 위험하게 만든다. 마찬가지로 지나친 영적 성장은 신다운 내재자의 영적 인도에 대하여 광신적이고 비뚤어진 해석을 낳는 경향이 있다. 영적 능력의 부족은 그러한 물질 지능에게, 더 높은 상의식(上意識)에 거하는 영적 진리를 전달하는 것을 무척 어렵게 만든다. 깨끗한 버릇, 안정된 신경 에너지, 균형된 화학 작용을 가진 몸 속에 자리잡은, 완전히 차분한 지성에게—육체와 정신과 영의 힘이 삼자 일치로 조화되어 발달했을 때—그러한 존재의 진정한 복지(福祉)에 대하여 현세에 최소의 위험이나 손실을 미치면서 최대의 빛과 진리를 나누어 줄 수 있다. 그러한 균형된 성장으로 말미암아, 사람은 혹성에서 진보하는 수준을, 일곱째부터 첫째까지, 하나하나 올라간다.

조절자들은 언제나 너희에게 가까이 있고 너희에게 속하지만, 그들이 다른 존재로서 너에게 직접 이야기할 수 있는 일은 드물다. 수준 하나하나, 너희의 지적 결정, 도덕적 선택, 영적 발전은 조절자가 너의 지성 속에서 활동하는 능력을 더해준다. 수준 하나하나 그렇게 함으로써 너는 조절자와 교제하고 지성을 조율하는 낮은 단계로부터 올라가며, 그래서 조절자는 하나님을 찾는 이 지성 혼의 진화하는 의식 위에, 더욱 생생하게, 확신을 가지고, 그가 운명을 그림으로 만든 것을 점점 더 등록할 수 있게 된다.

네가 내리는 결정마다 조절자의 활동을 막거나 아니면 수월하게 한다. 마찬가지로 바로 이 여러 결정은 인간 성취의 영역에서 너의 승진을 좌우한다. 한 결정의 극치, 그것이 위기에 대해 가지는 관계는, 수준을 마치는 영향력에 크게 상관이 있다. 그런데도 결정의 빈도, 빈번한 되풀이, 끈질긴 되풀이는 또한 그러한 반응이 버릇을 확실히 길들이게 하는 데 필수이다.

인간이 진보하는 일곱 수준은 엄밀하게 정의하기가 어려운데, 이는 이 수준들이 개인적인 것이기 때문이다. 이 여러 수준은 각 개인에게 다를 수 있고 각 인간의 성장 능력에 따라서 결정되는 듯하다. 우주의 진화에서 이 여러 수준을 정복하는 것은 세 가지 면에서 반영된다:

1. 조절자에 맞춰 조율하는 것. 영의 영향에 젖는 지성은 수준을 달성하는 데 비례하여 조절자의 계심에 가까이 간다.

2. 혼의 진화. 상물질 혼이 태어나는 것은 수준을 통달하는 범위와 깊이를 가리킨다.

3. 성격 실체. 자아 실체의 정도는 수준을 정복하는 데 직접 좌우된다. 일곱째부터 첫째 수준의 필사 존재로 올라감에 따라서, 사람들은 더욱 현실성을 가지게 된다.

여러 수준을 거침에 따라서, 물질적 진화를 겪는 아이는 불멸의 잠재성을 가진 성숙한 인간으로 자란다. 7급 수준에 있는 자의 실체, 씌눈 성질의 그림자 같은 실체는, 한 지역 우주 시민의 태어나는 상물질 성품이 더 맑게 나타나면서 물러난다.

인간의 성장에서 일곱 수준, 곧 정신의 수준을 엄밀하게 정의(**定義**)하기가 불가능하지만, 성숙이 실현되는 이 단계들의 최소와 최대 한계를 넌지시 비추어도 괜찮다:

7급 수준. 인간들은 손수 선택하고, 개인의 결정을 내리고, 도덕적 책임을 지는 힘, 영적 개성을 얻는 능력을 개발할 때 이 수준에 들어간다. 이것은 지혜 영의 지휘를 받고서 일곱 보조 지성 영이 연합하여 활동하는 것, 성령의 영향 속에서 필사 인간의 회로가 연결되는 것, 그리고 유란시아에서는 필사 지성 속에 생각 조절자를 받아들임과 함께, 진리의 영이 처음으로 활동하는 것을 뜻한다. 7급에 들어가는 것은 한 필사 인간을 지역 우주에서 참된 잠재 시민으로 만든다.

3급 수준. 조절자의 일은 인간 승천자가 3급 수준에 이르고 개인 운명 수호 천사를 받은 뒤에 훨씬 더 효과 있게 된다. 조절자와 수호 천사 사이에 겉으로 아무런 노력의 협동이 나타나지 않지만, 그런데도 개인 천사 수행원이 배치된 뒤에 우주에서 성취하고 영적으로 발전하는 모든 국면에서, 놓칠 수 없는 개선이 있음이 관찰될 것이다. 3급 수준에 이르렀을 때, 조절자는 나머지 필사 생명의 기한 동안 사람의 지성을 상물질화하려고, 나머지 수준들을 마치게 하려고, 그리고 자연사가 그 독특한 협동 관계를 분해하기 전에, 신과 사람이 결합되는 마지막 단계를 성취하려고 노력한다.

1급 수준. 필사자가 점진적으로 성취하는 1급이자 마지막 수준에 너희가 이르기까지, 조절자는 보통 너와 직접, 즉시 말할 수 없다. 이 수준은 물질 몸인 옷으로부터 진화하는 상물질 혼을 해방하기 전에, 인간의 체험에서 지성과 조절자의 관계가 가능한 가장 높이 실현됨을 나타낸다. 지성, 감정, 우주 통찰력에 관해서 말하면, 이 1급 정신(精神) 수준의 성취는 인간의 체험에서 물질 지성과 영 조절자가 가능한 가장 가까이 접근하는 것이다.

아마도 필사자가 진보하는 이 여러 정신 수준은 우주 수준이라 지칭하는 것이 더 낫겠다—진화하는 혼과 태어나는 최상 존재, 이 둘의 초기 관계의 상물질 의식에 점진적으로 접근하는 실제 의미를 파악하고 가치를 실현하는 수준들이다. 바로 이 관계가 여러 우주 수준의 중요성을 물질 지성에게 충분히 설명하는 것을 언제까지나 불가능하게 만든다. 이 수준들의 달성은 상대적으로 하나님을 의식하는 데 관계될 뿐이다. 7급이나 6급 수준에 있는 자들은 2급이나 1급에 있는 자들처럼 참으로 하나님을 아는 데 거의 가까이 갈 수 있다—아들임을 의식할 수 있다. 그러나 그러한 낮은 수준에 있는 존재들은 최상 존재와 가지는 체험적 관계를 훨씬 적게 의식한다. 이 우주 수준들을 달성하는 것은, 자연사하기 전에 그러한 성취에 실패하면, 저택 세계들에서 승천자들이 얻는 체험의 일부가 될 것이다.

믿음의 동기는 사람이 하나님의 아들인 것을 완전히 깨달음을 체험으로 만들지만, 행위, 즉 결정한 것을 마치는 일은 최상 존재의 우주 사실성과 점진적 친척 관계에 있다는 의식을 진화로 얻는 데 필수이다. 믿음은 영적 세계에서 잠재성을 사실성으로 변화시키지만, 오로지 선택하는 체험이 이루어짐으로 말미암아, 그를 통해서, 최상위의 유한한 영역에서 잠재성은 사실성이 된다. 그러나 하나님의 뜻 행하기를 선택하는 것은 성격 행위에서 물질적 결정에 영적 믿음을 붙여 놓으며, 따라서 하나님을 갈급히 찾는 마음의 인간적·물질적 지레 장치가 더 효과 있게 작용하도록 신의 영적 받침대를 제공한다. 물질 세력과 영적 세력이 그렇게 지혜롭게 조정되는 것은 최상위의 우주 실현, 그리고 파라다이스 신들에 대한 상물질적 이해를 크게 높인다.

여러 우주 수준의 통달은 상물질 혼의 양적 성장, 최상의 의미를 이해하는 것과 관계된다. 그러나 이 불멸하는 혼의 질적(質的) 지위는 필사인이 영원한 하나님의 아들이라는 믿음, 파라다이스 잠재성의 사실과 가치를 믿는 살아 있는 믿음을 붙잡는 데 온전히 달려 있다. 따라서 7급 수준에 있는 자는 2급 또는 심지어 1급 수준에 있는 자들과 마찬가지로, 우주에서 성장하는 양적 실현을 계속하려고 저택 세계들로 간다.

우주 수준에 도달하는 것과 실제로 얻는 영적 종교적 체험 사이에는 간접 관계가 있을 뿐이다. 그러한 달성은 서로 주고받는 것이며, 따라서 서로 이익이 된다. 순전히 영적인 발달은 혹성의 물질적 번영과 거의 아무런 상관이 없을지 모르지만, 수준에 도달하는 것은 반드시 인간이 성공하고 필사자가 성취하는 잠재성을 크게 만든다.

7급부터 3급 수준까지, 상물질 수준의 체험에 더욱 입문하는 데 대비하여, 필사 지성이 물질 생명 작용의 현실에 의존하는 정도를 줄이는 과제에서, 일곱 보조 지성 영의 행동이 늘어나고 통일된다. 3급 수준부터 계속, 보조자의 영향은 점진적으로 줄어든다.

일곱 수준은 가장 높은 순전한 동물 수준으로부터, 한 인격 체험으로서 자의식을 가지는 수준, 실제로 접촉하는 가장 낮은 상물질 수준까지 뻗는 필사자의 체험을 포함한다. 1급 우주 수준의 통달은 상물질 이전에 필사자가 성숙했음을 알리며, 인간 성격에서 지성 행위의 독점 영향으로서 보조 지성 영들의 합동 봉사가 끝났음을 표시한다. 1급 수준을 지나서, 지성은 상물질 진화 단계의 지능과 더욱 비슷하게 되며, 이것은 한 지역 우주의 우주 지성, 그리고 보조자를 초월하는 자질을 가진 창조 영이 합동으로 베푸는 봉사이다.

조절자들의 개별 생애에서 중대한 날은 다음과 같다. 첫째로, 인간 주체가 3급 정신 수준을 돌파하고, (그에 깃든 자가 이미 스스로 활동하지 않으면) 따라서 감시자가 스스로 행동하고 활동하는 범위가 늘어나는 것을 보장할 때이다. 다음에 인간 파트너가 1급 정신 수준에 다다르고, 이로서 그들이, 적어도 어느 정도까지, 서로 교통할 수 있게 될 때이다. 그리고 마지막은 그들이 마침내, 영원히 융합할 때이다.

7. 불멸의 성취

일곱 우주 수준을 성취하는 것은 조절자 융합과 같지 않다. 유란시아에는 자기의 수준에 도달한 많은 필사자가 있다. 그러나 융합은 아직도 더 크고 더 숭고한 다른 영적 성취에, 필사자의 의지를 생각 조절자 안에 거하는 하나님의 뜻에 마지막으로 완벽하게 조율하는 일을 마치는 데 달려 있다.

한 인간이 여러 우주 성취 수준을 마쳤을 때, 그리고 더 나아가서 필사 의지의 최종 선택이 진화된 육체 생명 동안에 조절자로 하여금 인간의 신분과 상물질 혼의 결합을 마치는 것을 허락할 때, 혼과 조절자의 그러한 완성된 연결은 저택 세계들까지 따로 계속하며, 조절자와 상물질 혼을 즉시 융합하라는 명령이 유버르사로부터 내린다. 이 융합이 육체 생명 동안에 생기면, 한 순간에 그 물질 몸을 태워버린다. 그러한 광경을 목격할까 싶은 인간들은 기껏해야 옮겨 가는 그 사람이 "불 수레 속에서" 사라짐을 바라볼 것이다.

자기의 주체를 유란시아로부터 옮겨 간 대부분의 조절자들은 상당히 경험이 있고, 다른 구체들에서 수많은 필사자에게 이전에 깃든 자였다는 것이 기록에 남아 있다. 빌려 주는 서열의 혹성에서, 조절자들은 값진 깃드는 체험을 얻는다는 것을 기억하여라. 살아남지 못하는 필사 주체 안에서만 조절자들이 상급 작업을 위한 체험을 얻지는 않는다.

필사자와 융합한 뒤에 조절자들은 너희의 운명과 체험을 나누어 가진다. <u>그들은 너희이다</u>. 불멸하는 상물질 혼, 그리고 관련된 조절자가 융합한 뒤에, 하나가 가졌던 체험과 가치 모두가 결국 다른 하나의 소유물이 되며, 그래서 그 둘은 실제로 한 통일체가 된다. 어떤 의미에서, 이 새로운 존재는 영원한 미래를 위한 것일 뿐 아니라, 영원한 과거로부터 왔다. 살아남는 혼 속에서 한때 인간적이었던 모든 것, 그리고 조절자 속에서 체험으로 신다운 모든 것이, 이제 새롭고 늘 올라가는 우주 인격의 실제 재산이 된다. 그러나 각 우주 수준에서, 조절자는 그 수준에서 중요하고 가치 있는 속성만 새로운 그 생물에게 부여할 수 있다. 신다운 감시자와 절대로 <u>하나인 상태</u>, 한 조절자의 자질을 완전히 소모하는 것은, 영들의 아버지요 항상 이 신다운 선물의 근원인 우주의 아버지에게 마지막으로 도달하고 나서 오로지 영원 속에서 이루어질 수 있다.

진화하는 혼과 신다운 조절자가 마침내, 영원히 융합할 때, 하나는 다른 하나가 가진 체험할 수 있는 품질을 모두 얻는다. 이 동등한 성격자는, 한때 그 조상인 필사 지성이 지녔고 다음에 상물질 혼 안에서 거하던 살아남는 체험적 기억을 모두 소유하며, 그에 덧붙여 이 잠재 최후자는 필사자에게 깃들었던 온 세월을 통해서 조절자가 체험으로 얻은 모든 기억을 품는다. 그러나 신다운 감시자가 과거 영원으로부터 이월(移越)해서 가져온 의미와 가치를 한 조절자가 성격 협동 관계에 완전히 부여하는 데는 미래의 영원이 필요할 것이다.

대다수의 유란시아 사람들 경우에, 조절자는 죽음의 구원이 도착하기를 참을성 있게 기다려야 한다. 너희의 물질 존재 서열에 본래부터 있는 에너지 형태와 화학적 힘이 거의 완전히 정복된 상태로부터, 태어나는 혼이 해방되기를 기다려야 한다. 조절자와 접촉하는 데 너희가 겪는 주요한 어려움은 본래부터 가진 바로 이 물질적 성품에 있다. 극소수의 필사자들이 정말로 생각하는 사람이다. 너희는 신다운 조절자와 유리하게 연락하는 점까지 너희의 지성을 영적으로 개발하고 훈련하지 않는다. 인간 지성의 귀에는 자비의 아버지로부터 진행하는 사랑의 우주 방송이 보내는 다채로운 메시지로부터 조절자가 번역해 주는 영적 탄원이 거의 들리지 않는다. 조절자들은 너희 육체 성품에 본래 있는 화학 및 전기(電氣) 세력에 아주 완전히 지배된 동물 지성 속에, 영감을 주는 이 영의 인도를 등록하기가 거의 불가능함을 발견한다.

조절자들은 필사 지성과 접촉하기를 기뻐한다. 그러나 말없이 머무르는 오랜 세월을 통해서 그들은 참을성이 있어야 하고, 그 동안에 동물의 저항을 깨뜨리고 너희와 직접 교통할 수 없다. 봉사의 눈금에서 생각 조절자들이 높이 올라가면 갈수록 그들은 더욱 효과 있게 된다. 그러나 저택 세계들에서 지성과 지성이 마주하고 너희가 그들을 알아볼 때 그들이 인사하는 것처럼, 그들은 너희가 육체를 입은 동안에 너희에게 결코 인사할 수 없다.

필사 생명 동안에 물질 몸과 지성은 너를 조절자로부터 떼어놓고 자유롭게 교통하는 것을 막는다. 죽은 뒤, 영원한 융합이 있은 뒤에, 너와 조절자는 하나이다—너희는 따로 된 존재로 구별할 수 없다—따라서 네가 이해하는 식으로 교통할 필요는 존재하지 않는다.

조절자의 목소리는 늘 네 안에 있지만, 너희 대부분은 일생 동안에 그 목소리를 듣는 일이 드물 것이다. 3급과 2급을 달성한 수준 밑에 있는 인간들은, 최상의 소망을 가진 순간, 최상의 상황에서, 최상의 결정을 내린 결과로 생기는 경우를 제외하고, 조절자가 직접 말하는 목소리를 듣는 일이 드물다.

운명 예비군의 필사 지성과 혹성 감독자들 사이에 접촉을 시작하고 그만두는 동안에, 때때로 그에게 깃드는 조절자가 좋은 위치에 있어서 필사 파트너에게 소식을 전하는 것이 가능하다. 얼마 전에, 유란시아에서, 스스로 행동하는 조절자가 그 인간 동료에게 그런 소식을 전했는데, 그는 운명 예비군의 한 회원이었다. 이 소식은 이 말씀으로 시작된다: "그리고 이제, 나의 간절한 헌신을 받는 주체를 다치거나 위태롭게 만드는 일이 없이, 지나치게 꾸짖거나 낙심케 만들려는 의도가 없이, 나를 위하여, 그에게 주는 이 내 부탁을 기록하라." 그리고 나서 아름답게 마음을 움직이며 하소연하는 훈계가 뒤따랐다. 다른 것 가운데, 그 조절자는 이렇게 간청했다: "그가 나에게 더욱 충실하게 성실히 협조함을 보이고, 내가 놓아 두는 과제들을 더 명랑하게 견디며, 내가 마련한 프로그람을 더 충실하게 수행할 것, 내가 선택한 시련을 더 참을성 있게 견디고, 내가 고른 길을 더 끈질기게, 더욱 즐거워하면서 밟으며, 내가 그침 없이 노력한 결과로서 생길지도 모르는 영예를 더 겸손하게 받을 것—내가 깃드는 그 사람에게 이렇게 나의 훈계를 전하여라. 그에게 나는 신다운 영의 최고의 헌신과 사랑을 주노라. 나의 사랑하는 주체에게 또한 이를지니, 맨 끝까지, 땅에서 마지막 싸움이 끝날 때까지, 지혜와 능력을 가지고 내가 활동하겠고, 나에게 성격을 맡긴 것에 내가 충실하리라고. 살아남으라고, 내게 실망을 주지 말며, 내가 꾹 참고 견디는 격렬한 투쟁에서 생길 보상을 나한테서 빼앗지 말라고 그에게 훈계하노라. 우리가 성격을 얻는 것은 인간의 의지에 달려 있으며, 한 수준 한 수준, 나는 이 인간 지성을 딛고 참을성 있게 올라왔고, 내 부류의 우두머리한테서 인정을 받고 있다는 증언을 받았노라. 한 수준 한 수준 나는 심판까지 전진하고 있고, 기쁘게, 불안해하지 않으면서 나는 운명의 점호를 기다리며, 나는 옛적부터 늘 계신 이의 법정에 모든 것을 제출할 준비가 되어 있노라."

[오르본톤의 한 외톨 사자가 발표하였다.]

제 111 편

조절자와 혼

신다운 조절자가 인간의 지성 속에 계신 것은 과학이나 철학이 인간 성격의 진화하는 혼을 흡족하게 이해하는 것을 언제까지나 불가능하게 만든다. 상물질 혼은 우주의 산물이며, 오직 우주 통찰력과 영적 발견을 통해서, 정말로 이를 알 수 있다.

혼과 깃드는 영의 개념은 유란시아에서 새로운 것이 아니다. 여러 체계의 혹성 신앙에서 자주 나타났다. 어떤 서양(西洋) 신앙 뿐 아니라 동양의 많은 신앙이 사람은 상속 면에서 볼 때 인간적일 뿐 아니라 물려받은 재산이 신성함을 깨달았다. 신이 바깥에 두루 계실 뿐 아니라 속에 계시다는 느낌은 오랫동안 많은 유란시아 종교의 일부를 형성하였다. 인간 성품 안에서 무언가, 현세 생명의 짧은 시절을 지나서 견디도록 정해진, 생사(生死)에 관계된 무엇이 자라고 있다고 사람들은 오랫동안 믿어 왔다.

신다운 영이 사람의 진화하는 혼을 낳았다는 것을 사람이 깨닫기 앞서, 혼은 몸의 다른 기관—눈, 간, 콩팥, 심장, 그리고 나중에는 골—에 거한다고 생각되었다. 야만인은 혼을 피, 숨, 그림자, 그리고 물 속에서 비친 자신의 모습과 연결시켰다.

아트만의 개념에서 힌두교 선생들은 조절자의 성품과 계심을 이해하는 데 정말로 가까이 갔지만, 진화하고 불멸의 잠재성을 가진 혼이 함께 존재함을 구별하지 못했다. 그러나 중국인은 인간 존재의 두 가지 모습, 양(陽)과 음(陰), 혼과 영을 인식하였다. 에집트인과 여러 아프리카 부족도 두 가지 요소, 즉 카와 바를 믿었다. 혼은 선재(先在)하지 않고, 오로지 영이 그렇다고 보통 믿었다.

나일 강 유역의 거주자들은 은총을 얻은 각 사람은, 태어날 때나 바로 그 뒤에, 보호 영을 수여받는다고 믿었고, 이것을 카라고 불렀다. 그들은 이 수호하는 영이 일생을 통해서 그 필사 주체와 남아 있고, 그보다 먼저 미래 상태로 지나간다고 가르쳤다. 룩소에 있는 한 신전(神殿)의 벽에는 아멘호텝 3세의 출생이 그려져 있는데, 그 조그만 왕자가 나일 강 신의 팔 위에 그려져 있고, 그 가까이에 왕자와 모습이 똑같은, 또 다른 아이가 있는데, 그것은 에집트인이 카라고 부른 그 존재의 상징이다. 이 조각은 기원전 15세기에 완성되었다.

카는 관계된 필사자의 혼을 현세의 생활에서 더 나은 길로 안내하기를 바라지만, 특별히 다음 세상에서 그 인간 주체의 행운에 영향을 미치기를 바라는 우수한 영 천재라고 생각되었다. 이 시기에 한 에집트인이 죽었을 때 그의 카가 큰 강의 저편에서 그를 기다릴 것이라 기대했다. 처음에는, 오직 왕들이 카를 가졌다고 생각되었으나 금방 모든 올바른 사람이 카를 소유한다고 믿었다. 한 에집트 통치자는 가슴 속에 있는 카에 대하여 말했다: "나는 카의 말씀을 무시하지 않았다. 나는 카의 안내를 어기기를 두려워했다. 나는 카로 말미암아 번영하였고, 그것이 나로 하여금 어떤 일을 하게 만들었기 때문에 이처럼 성공했다. 나는 그 안내 때문에 탁월하게 되었다." 카는 "모든 사람 속에 하나님이 내리신 신탁"이라고 많은 사람이 믿었다. 많은 사람이 "너희 안에 계신 하나님의 은혜 속에서 마음 즐겁게 영원을 보내리라"고 믿었다.

진화하는 유란시아 필사자의 민족들은 모두 혼 개념에 해당하는 낱말을 가졌다. 많은 원시 민족은 혼이 인간의 눈을 통해서 세상을 내다본다고 믿었다. 따라서 악한 눈이 악의(惡意)를 가진 것에 겁을 먹고 두려워했다. 그들은 "사람의 영은 주의 등불이라"고 오랫동안 믿었다. 릭 베다는 말한다, "나의 지성이 나의 마음에게 말하도다."

1. 선택의 지성 무대

조절자들이 하는 일의 성질은 비록 영적인 것이지만, 그들은 어쩔 수 없이 지적 기초 위에 할 일을 모두 해야 한다. 지성은 인간에게 토양이요, 그로부터 영 감시자는 그가 깃드는 성격자의 협조를 얻어서 상물질 혼을 진화시켜야 한다.

온 우주의 몇 가지 지성 수준에는 우주의 통일성이 있다. 성운들이 우주 공간에 있는 우주 에너지에서 기원을 가지는 것과 비슷하게, 지적(知的) 자아들은 우주 지성에서 기원을 가진다. 지적 자아들의 인간 수준에서 (따라서 성격 수준에서), 필사 지성의 찬성을 얻어서, 영이 진화하는 잠재성이 지배하게 되는데, 이는 그러한 인간 자아 속에서 절대 가치를 가진 통일체인 점(點)의 창조적 계심과 함께, 인간 성격이 받은 영적 재산 때문이다. 그러나 영이 물질 지성을 지배하는 것은 두 가지 체험에 제약을 받는다. 이 지성은 일곱 보조 지성 영의 봉사를 통해서 진화했어야 하고, 물질 (성격) 자아는 상물질 자아, 즉 진화하고 불멸하는 잠재성을 가진 혼을 창조하고 육성하는 데, 깃드는 조절자와 협동하기를 선택해야 한다.

물질 지성은, 인간 성격자들이 살고 자의식하며, 결정을 내리고 하나님을 택하거나 버리며, 스스로를 영원하게 만들거나 죽이는 무대이다.

물질적 진화는 너에게 생명 기계, 너의 몸을 마련해 주었다. 아버지 스스로 우주에서 알려진 가장 순수한 영 실체, 너의 생각 조절자를 너에게 부여하셨다. 그러나 너의 손 안에, 네 자신의 결정에 지배를 받는 지성이 수여되었으며, 지성으로 말미암아 너는 살거나 죽는다. 이 지성 안에서, 너는 이 지성을 가지고, 너를 조절자와 같아지게 만드는 도덕적 결정을 내리며, 조절자와 같아짐은 하나님처럼 되는 것이다.

필사자의 지성은 물질적 일생 동안에 쓰라고 인간에게 빌려 준, 일시적 지능 체계이며, 인간들이 이 지성을 씀에 따라서 그들은 영원히 존재할 잠재성을 받아들이거나 물리친다. 너의 뜻에 지배를 받는 우주 실체에서 지성이 네가 가진 거의 전 재산이며, 혼—상물질 자아—는 필사 자아가 내리는 현세의 결정들이 거두는 수확을 충실하게 묘사할 것이다. 인간의 의식은 밑으로 전기·화학 작용 위에 부드럽게 놓여 있고, 위로는 영과 상물질 에너지 체계에 살며시 닿는다. 이 두 체계 중 어느 것도 인간은 그 필사 생명 동안에 결코 완전히 의식하지 않는다. 따라서 그는 의식하는 지성 속에서 일해야 한다. 지성이 무엇을 이해하는가 하는 것보다 지성이 무엇을 이해하기를 바라는가, 이것이 살아남는 것을 보장한다. 지성이 무엇과 비슷한가 하는 것보다 지성이 무엇과 같이 되려고 애쓰는가, 이것이 영의 신분 확인을 이룬다. 사람이 하나님을 의식하는 것보다는 사람이 하나님을 간절히 찾는 것이 우주에서 승천을 결과로 얻는다. 네가 오늘 무엇인가 하는 것은, 날마다, 영원 속에서, 네가 무엇이 되고 있는가 하는 것보다 그다지 중요하지 않다.

지성은 우주의 악기(樂器)이며, 그 악기에 인간 의지는 죽음의 불협화음을 칠 수 있고, 아니면 그 위에 바로 그 인간 의지는 하나님을 확인하고 그에 따라 영원히 살아남는 아름다운 멜로디가 솟아나게 할 수 있다. 최종으로 분석하건대, 사람에게 수여된 조절자는 악에 물들 수 없고 죄를 지을 능력이 없지만, 비뚤어지고 자아를 추구하는 인간 의지의 죄 많은 음모로 말미암아, 필사자의 지성은 실제로 비틀리고 왜곡될 수 있고, 악하고 더러워질 수 있다. 마찬가지로, 하나님을 아는 인간의 의지, 영의 빛을 받은 의지에 따라서, 이 지성은 고귀하고, 아름답고, 참되고, 선하게—실제로 위대하게—될 수 있다.

진화된 지성은 우주의 지적 성향의 두 극단—온전히 기계화된 것과 완전히 영답게 변한 것—위에 자체를 나타날 때에야 완전히 안정되고 믿을 만하다. 순수한 기계적 통제와 참 영 성품, 이 두 가지 지적 극단(極端) 사이에, 진화하고 승천하는 지성들의 그 거대한 집단이 개재하는데, 그들의 안정성과 차분함은 성격의 선택과 영 신분에 달려 있다.

그러나 사람은 수동적으로, 노예처럼, 의지를 조절자에게 굴복하지 않는다. 오히려 조절자의 이끄심이 자연스러운 필사 지성의 욕구 및 충동과 의식 속에서 다를 때, 달라짐에 따라서, 능동적으로, 적극적으로, 고분고분하게 그의 이끄심을 따르기를 택한다. 조절자들은 사람의 지성을 조종하지만, 결코 그의 뜻에 어긋나게 지배하지 않는다. 조절자들에게 인간의 뜻은 지고(至高)하다. 진화하는 인간 지능의 거의 한없는 무대에서 생각을 조절하고 인격을 변화시키는 영적 목표를 이룩하려고 애쓰는 동안, 그들은 인간의 의지를 그렇게 여기고 존중한다.

지성은 너의 배요, 조절자는 너의 키잡이, 인간의 의지는 선장(船長)이다. 필사자의 배의 주인은, 신성한 키잡이가 하늘 가는 혼을 영원히 살아남는 상물질계 항구로 안내함을 믿는 지혜를 가져야 한다. 오로지 이기심, 게으름, 죄 많음을 통해서 사람의 의지는 애정을 가진 그러한 키잡이의 안내를 물리치고, 궁극에는 자비를 거절한 악한 모래톱 위에, 죄를 품은 바위 위에, 필사자의 생애를 결딴낸다. 너의 승인을 받아서, 이 충실한 키잡이는 시간의 장벽과 공간의 장애물을 거쳐서, 신성한 지성의 바로 그 근원까지, 그것을 지나서 계속, 아니 조절자들의 파라다이스 아버지에게 이르기까지, 너를 안전히 데리고 갈 것이다.

2. 혼의 성질

우주 지능의 지적 활동에 두루, 지성의 총체는 지적 활동의 여러 부분을 지배한다. 지성의 본질은 기능의 통일이다. 따라서 그릇 안내받은 자아의 지혜롭지 못한 행동과 선택으로 말미암아 저지되고 방해받을 때에도, 지성은 어김없이 이 구조적 통일성을 드러낸다. 의지의 위엄과 승천하는 특권이 있는 자아들과 가지는 모든 수준의 결합에서, 이 지성의 통일은 영의 조정을 변함없이 찾는다.

필사인의 물질 지성은 상물질 천을 움직이는 우주 베틀이며, 깃드는 생각 조절자는 그 천 위에 지속하는 가치와 신성한 의미를 지닌 한 우주 인격—궁극의 운명과 그침 없는 생애를 가진 살아남는 혼, 잠재 최후자—의 영 무늬를 짜 넣는다.

인간의 성격은 물질 몸에 있는 생명으로 말미암아, 기능적 관계에 같이 붙잡혀 있는 지성 및 영과 동일시된다. 그러한 지성과 영이 활동하는 이 관계는 지성과 영의 품질이나 속성의 어떤 조합을 낳는 것이 아니라, 오히려 영원히 견디는 잠재성을 가진, 전혀 새롭고 독창적이고 고유한 우주 가치, 즉 혼을 낳는다.

그러한 불멸의 혼을 진화로 창조하는 데는 둘이 아니라 세 가지 요인이 있다. 상물질계 인간 혼의 이 세 가지 선행 조건은 다음과 같다:

1. 인간의 지성과 그에 선행하고 그에 부딪치는 모든 우주 영향.

2. 이 인간 지성에 깃드는 신다운 영, 그리고 인간 생명에서 모든 관계된 영적 영향 및 요인과 함께, 절대 영성(靈性)을 지닌 그러한 분신 속에 본래부터 있는 모든 잠재성.

3. 물질 지성과 신다운 영 사이의 관계, 이것은 그러한 결합에 기여하는 어느 요인에서도 발견되지 않는 가치를 뜻하고 의미를 지닌다. 이 독특한 관계의 실체는 물질도 영도 아니며, 상물질이다. 그것은 혼이다.

중도인(中道人)들은 사람이 진화시키는 이 혼을, 하급 지성, 즉 물질 지성, 그리고 상급 지성, 즉 우주 지성과 구별하여, 중간 지성이라고 이름지은 지 오래다. 이 중간 지성은 정말로 상물질계 현상인데, 물질인 것과 영적인 것 사이의 영역에서 존재하기 때문이다. 그러한 상물질 진화의 잠재성은 지성의 두 가지 보편적 충동에 본래 있다. 하나는 하나님을 알고 창조자의 신성에 이르려는, 생물의 유한한 지성의 충동이요, 다른 하나는 사람을 알고 생물의 체험을 얻으려는 창조자의 무한한 지성의 충동이다.

불멸하는 혼을 진화시키는 이 숭고한 거래가 가능하게 되는 것은 그 필사자 지성이 첫째로 성격을 가졌고, 둘째로 동물을 초월하는 실체들과 접촉하기 때문이다. 그 지성은 우주에 봉사하는 초물질 자질을 소유하며, 이것은 도덕적 결정을 내릴 수 있는 도덕적 성품의 생성을 보장하고, 그로서 관련된 영적 봉사와 깃드는 생각조절자, 이 두 가지와 진정한 창조적 접촉을 가지게 한다.

인간 지성이 접촉해서 얻는 그러한 영적 변화의 불가피한 결과는 혼이 차츰 태어나는 것이다. 이것은 하나님을 몹시 알고 싶어하는 인간 의지에 지배되는 보조 지성, 그리고 함께 연락하여 일하는 우주의 영적 세력의 합동 산물이며, 그 우주 세력은 모든 것을 지으신 바로 그 하나님의 실제 분신—신비의 감시자—의 전반적 통제 밑에 있다. 이처럼 자아의 물질적인 필사 실체는 육체적 생명 기계가 현세의 한계를 뛰어넘고, 자아의 지속을 위하여 진화하는 수송 수단, 즉 상물질인 불멸의 혼 속에서 새로운 표현과 새로운 신분을 얻는다.

3. 진화하는 혼

필사 지성의 실수와 인간 행위의 잘못은 그 혼의 진화를 두드러지게 늦출지 모른다. 하지만 이것들은 그 생물 의지의 찬성을 얻어서 깃드는 조절자가 일단 그 진화를 시작하면, 그러한 상물질 현상을 억제할 수 없다. 그러나 사람이 죽기 앞서 언제라도, 바로 이 물질적인 인간 의지는 그러한 선택을 취소하고 살아남기를 거절할 힘이 있다. 살아남은 뒤에도 하늘 가는 그 필사자는 영원한 생명을 물리치기를 선택할 이 특권을 아직도 지닌다. 조절자와 융합하기 전에 어느 때라도, 진화하고 하늘 가는 생물은 파라다이스 아버지의 뜻을 저버리겠다고 선택할 수 있다. 조절자와 융합하는 것은 하늘 가는 필사자가 영원히, 거리낌없이, 아버지의 뜻 행하기를 택했다는 사실을 알린다.

육체를 입은 생명 동안에, 진화하는 혼은 필사 지성이 내린 초물질 결정을 보강할 수 있게 된다. 혼은 초물질이니까, 인간 체험의 물질 수준에서 저절로 활동하지 않는다. 영 밑에 있는 이 혼은 조절자와 같은, 신의 어떤 영이 공동으로 일하지 않고서는 상물질 수준보다 높이 활동할 수도 없다. 이 물질 지성이 관계된 기능을 가진 그러한 상물질 혼에게 아낌없이, 기꺼이, 그러한 권한을 넘겨 줄 때와 그렇게 하는 동안을 제외하고, 죽음이나 이동이 필사 지성과 물질적으로 결합된 상태로부터 분리할 때까지, 그 혼은 마지막 결정을 내리지도 않는다. 일생 동안 필사자의 의지, 결정하고 선택하는 성격의 힘은 물질 지성 회로에 거한다. 땅에서 필사자의 성장이 진행됨에 따라서, 이 자아는 귀중한 선택하는 힘과 더불어, 태어나는 상물질 혼 통일체와 점점 더 동일시된다. 죽음 뒤에, 저택 세계에서 부활한 다음에, 그 인간 성격은 상물질 자아와 완전히 동일시된다. 이처럼 혼은 성격 신분을 가진, 앞날의 상물질 수송 수단의 새싹이다.

이 불멸하는 혼은 처음에 전적으로 성품이 상물질이지만, 발달할 능력을 소유하기 때문에, 신의 영들과 융합할 가치가 있는 참 영 수준까지 반드시 올라가며, 보통은 생물 지성 속에서 그러한 창조 현상을 시작한 우주의 아버지의 바로 그 영과 융합한다.

인간의 지성과 신다운 조절자, 이 둘은—조절자는 충분히, 지성은 어느 정도—그 진화하는 혼의 계심 및 차별되는 성질을 의식한다. 그 혼은 자체의 진화적 성장에 비례하여, 지성과 조절자를 결합된 신분으로서 점점 더 의식하게 된다. 혼은 인간 지성과 신다운 영, 이 둘의 품질을 함께 가지지만, 지성 기능의 육성을 통해서 영의 통제와 신의 지배를 늘이는 방향으로 끈질기게 진화하며, 지성 기능의 의미는 참 영 가치와 일치하기를 추구한다.

필사자의 생애, 즉 혼의 진화는 시험 기간이라기보다 교육이다. 최상의 가치가 살아남는 것을 믿음은 종교의 핵심이다. 진정한 종교적 체험은 우주 실체의 한 실현으로서, 최상의 가치와 우주 의미가 뭉치는 데 있다.

지성은 양(量), 실체, 의미를 안다. 그러나 질—가치—는 <u>느껴진다</u>. 느끼는 그것은 사물을 아는 지성, 그리고 실체로 만드는, 관계된 그 영이 공동으로 창조한 것이다.

사람의 진화하는 상물질 혼이, 하나님을 의식(意識)하는 가치를 실현하는 것으로서 진리와 아름다움과 선에 젖어 있는 한, 그 결과로 생긴 그러한 존재는 파괴될 수 없다. 사람의 진화하는 혼 속에 영원한 가치가 조금도 살아남지 않으면, 필사의 존재는 의미가 없고, 생명 그 자체가 비극의 망상이다. 그러나 이것은 언제까지나 참말이다: 시간 속에서 너희가 시작하는 것을—마칠 가치가 있다면—너희는 영원 속에서 확실히 마칠 것이다.

4. 속 사람의 삶

인식은 외부 세계로부터 받은 감각 인상을 개인의 기억 형태 속으로 짜 맞추는 지적 과정이다. 이해는 이 인식된 감각의 인상(印象)과 그에 관계된 기억 형태가 원칙의 동태적 망으로 통합되거나 조직되었음을 뜻한다.

의미는 인식과 이해의 조합으로부터 파생된다. 의미는 온전히 감각의 세계, 즉 물질 세계에서는 존재하지 않는다. 의미와 가치는 오직 인간 체험의 내부, 즉 초물질 분야에서만 파악된다.

참된 문명의 진보는 모두 인류의 이 내부 세계에서 태어난다. 참으로 창조적인 것은 오직 속 사람의 생활이다. 어느 세대라도 그 젊은이의 대다수가 흥미와 에너지를 감각 세계, 곧 외부 세계의 물질적 추구에 쏟을 때 문명은 도저히 진보할 수 없다.

안 세계와 바깥 세계는 다른 집합의 가치를 가지고 있다. 젊은이의 4분의 3이 물질적 직업에 들어가서 바깥 세계의 감각 활동을 추구하는 데 헌신할 때는 어떤 문명이라도 위태롭다. 젊은이가 소홀히 하여 윤리, 사회학, 우생학, 철학, 예술, 종교, 우주론에 흥미를 갖지 않을 때, 문명은 위험에 빠져 있다.

오로지 인간 체험의 영(靈) 영역에 상의식 지성이 부딪침에 따라서 그 지성의 상급 수준에서, 더 낫고 더 오래 가는 문명을 세우는 데 이바지할 효과적인 기본 원형들과 연결하여 너희는 상급 개념들을 발견할 수 있다. 성격은 본래부터 창조성이 있지만, 이처럼 사람의 속 생활에서만 활동한다.

눈의 결정(結晶)은 형태가 반드시 육각형이지만, 결코 어느 두 결정도 같지 않다. 아이들은 종류를 따라가지만, 어느 두 아이도, 아니 쌍둥이의 경우에도, 결코 똑같지 않다. 성격은 종류를 따라가지만 반드시 독특하다.

행복과 기쁨은 속 사람의 생활에서 기원을 가진다. 너는 진짜 기쁨을 아주 혼자서는 맛볼 수 없다. 혼자 사는 생활은 행복에 치명적이다. 가족과 나라조차도, 생활을 남과 나누면 더욱 즐길 것이다.

너희는 바깥 세계—환경—을 완벽하게 통제할 수 없다. 너의 지시에 가장 많이 지배되는 것은 속 세계의 창조성이니, 거기서 너의 성격은 선행(先行)하는 원인 작용의 법칙이라는 사슬로부터 대체로 해방되기 때문이다. 의지의 제한된 통치권은 성격과 결합되어 있다.

사람의 이 속 생활이 참으로 창조성이 있으니까, 이 창조성이 자발적이고 온통 저절로 일어날 것인가, 아니면 통제되고, 지휘를 받고, 건설적일 것인가를 선택하는 책임이 각 사람에게 지워진다. 창조적 상상력이 활동하는 그 무대가 이미 편견, 미움, 두려움, 분개심, 앙갚음, 편협으로 차 있을 때, 어떻게 그 상상력이 훌륭한 열매를 맺을 것인가?

아이디어는 바깥 세계의 자극에서 기원을 가질지 모르지만, 이상은 오직 속 세계의 창조 영역에서 태어난다. 오늘날 아이디어가 넘쳐흐르는 사람들이 세계의 여러 나라를 지도하지만, 그들은 이상이 빈곤하다. 이것이 빈곤, 이혼, 전쟁, 그리고 다른 종족을 미워함을 설명한다.

이것이 문제이다: 자유 의지를 가진 인간의 속 사람이 창조성의 힘을 받으면, 자유 의지 창조성은 자유 의지 파괴의 잠재성을 포함한다는 것을 우리는 인식해야 한다. 창조성이 파괴성으로 바뀔 때, 너희는 죄와 악의 황폐한 결과—억압, 전쟁, 파괴—와 얼굴을 마주한다. 악은 창조성이 치우친 것이요, 그것은 붕괴와 궁극의

파괴로 향한다. 모든 투쟁은 속 생명의 창조 기능을 억제한다는 점에서 악하다—그것은 성격 안에서 내란(內亂)을 일으키는 종자(種子)이다.

속 사람의 창조성은 성격을 통합하고 자아를 통일함으로 인격을 고귀하게 만드는 데 이바지한다. 이것이 언제까지나 참말이다: 지난날은 바꿀 수 없고, 오로지 앞날이 속 자아의 현재 창조성이 베푸는 봉사로 말미암아 바뀔 수 있다.

5. 선택을 성스럽게 바침

하나님의 뜻을 행하는 것은 하나님—속 사람의 의미와 가치를 지닌 그러한 생물 생명을 가능하게 만든 바로 그 하나님—과 속 생활을 생물이 기꺼이 나누려 함을 나타내는 것보다 더하지도 덜하지도 않다. 나누는 것은 하나님 같다—신답다. 하나님은 모든 것을 영원한 아들과 무한한 영과 나누어 가지며, 한편 그들은 다시 여러 우주의 신다운 아들과 영 딸들과 함께 모든 것을 나누어 가진다.

하나님을 본받는 것이 완전에 이르는 열쇠이다. 그의 뜻을 행함은 살아남는 비결이요, 살아남아서 완전하게 되는 비결이다.

필사자들은 하나님 안에서 살며, 그래서 하나님은 사람들 속에서 살기를 뜻하셨다. 사람들이 자신을 하나님께 맡기는 것처럼, 그도—그리고 먼저—그렇게 자신의 일부를 사람들과 같이 있도록 맡겼다. 그는 인간의 의지에 복종하여 사람들 안에 살고, 사람들에게 깃들기로 찬성하였다.

생물의 성격이 생물의 의지를 아버지의 뜻에 굴복시키겠다고 찬성할 때—선택할 때—이 생명에서 평화, 죽고 나서 살아나는 것, 다음 생명에서 완전하게 되는 것, 영원 속에서 봉사—이 모두가 <u>이제</u> (정신적으로) 이루어진다. 아버지는 자신의 일부를 생물 성격의 의지에 복종하게 만들기를 선택하셨다.

그러한 생물의 선택은 의지의 포기가 아니다. 의지를 거룩히 바침이요, 의지의 확대, 의지를 영화롭게 함이요, 의지를 완전하게 하는 것이다. 그러한 선택은 생물의 의지를 현세에 중요성을 가진 수준으로부터 더 높은 지위의 수준으로 들어올리며, 거기서 생물인 아들의 성격은 영 아버지의 성격과 친교한다.

생물 아들이 파라다이스에서 하나님이 사실로 계신 앞에 실제로 서기 전에 한 시대가 지나가야 하더라도, 아버지의 뜻을 이처럼 택하는 것은 필사인이 영 아버지를 영적으로 발견하는 것이다. 이 선택은 생물의 의지를 부인하는 데—"<u>내</u> 뜻이 아니라 당신의 뜻이 이루어지이다"에 있기보다는 "<u>당신의</u> 뜻이 이루어지는 것이 <u>나의</u> 뜻이나이다"하고 생물이 분명히 확인하는 데 있다. 이렇게 선택하면, 머지 않아 하나님을 택하는 아들은 깃드는 하나님의 분신과 마음 속에서 뭉침(융합함)을 발견할 터이고, 한편 완전하게 되는 바로 이 아들은 사람의 성격이 조물주 성격과 예배하는 친교 속에서 지극하게 성격의 만족감을 발견할 것이다. 이 두 성격의 창조 속성은 스스로 의지(意志)한 공통 표현에서 영원히 합쳐졌다—사람의 의지와 하나님의 의지 사이에 또 다른 영원한 협동 관계가 태어난 것이다.

6. 인간의 역설

필사인이 현세에서 겪는 많은 문제는 우주에 대하여 그가 2중 관계를 가진 데서 생겨난다. 사람은 자연의 일부이다—자연 속에서 존재하는데—그래도 자연을 초월할 수 있다. 사람은 유한하지만 그에게 무한의 불꽃이 깃들고 있다. 그러한 2중 상황은 악의 잠재성을 마련할 뿐 아니라, 또한 작은 걱정이 아니라 많은 불확실성을 안고 있는 숱한 사회적·도덕적 상황을 일으킨다.

성품을 정복하고 사람의 자아를 초월하는 데 요구되는 용기는 또한 자만의 유혹에 굴복할지도 모르는 용기이다. 자아를 초월할 수 있는 필사자는 자신의 자의식을 신으로 모시는 유혹에 무릎을 꿇을지도 모른다. 필사자의 딜레마는 사람이 자연에 묶여 있고, 한편 동시에 독특한 자유—영적으로 선택하고 행동하는 자유—를 가졌다는 2중 사실에 있다. 물질 수준에서 사람은 자기가 자연에 종속되며, 한편 영적 수준에서 그는 자연, 그리고 현세에 있는 모든 유한한 것을 이김을 발견한다. 그러한 역설(逆說)은 유혹, 악의 잠재성, 결정의 잘못과 분리할 수 없으며, 자아가 뻐기고 거만하게 될 때, 죄가 생성될지 모른다.

죄의 문제는 유한한 세계에서 스스로 존재하지 않는다. 유한의 사실은 악하지도 않고 죄가 되지도 않는다. 유한한 세계는 한 무한한 창조자에게 지음을 받았고—그의 신다운 아들들의 작품이며—따라서 좋음이 틀림없다. 유한한 것을 악용하고, 왜곡하고, 곡해하는 것이 죄와 악을 낳는다.

영은 지성을 지배할 수 있다. 마찬가지로 지성은 에너지를 통제한다. 그러나 지성은 물리적 영토에서 원인과 결과의 수학(數學) 수준에 본래 있는 변형하는 잠재성을 지성 자체가 총명하게 조종함을 통해서만 에너지를 통제할 수 있다. 생물의 지성은 본래부터 에너지를 통제하지 않는다. 그것은 신의 특권이다. 그러나 생물 지성은 물리적 우주의 에너지 비밀을 다루는 주인이 된 바로 그 한도 안에서, 에너지를 통제할 수 있고 또 그렇게 한다.

사람이 물리적 실체를 수정하고 싶어할 때, 그것이 자신이든 그의 환경이든, 물질을 통제하고 에너지를 지휘하는 방법과 수단을 발견한 그 범위까지 그는 성공한다. 도움을 받지 않은 지성은 불가피하게 연결된 자체의 신체 작용을 제외하고, 어떤 물질적인 것에도 영향을 미칠 힘이 없다. 그러나 육체 작용을 총명하게 씀으로 지성은 다른 기계 작용, 아니 에너지 관계와 살아 있는 관계까지도 창조할 수 있고, 이것들을 이용해서 이 지성은 우주에서 그 물리적 수준을 더욱 통제하고, 심지어 지배할 수도 있다.

과학은 사실의 근원이요, 지성은 사실이 없이 작용할 수 없다. 사실은 지혜를 만드는 데 쓰이는 건축 자재이며, 이것은 생활 체험으로 말미암아 함께 붙는다. 사람은 사실이 없이 하나님의 사랑을 발견할 수 있고, 사람은 사랑이 없이도 하나님의 법칙을 찾아낼 수 있다. 그러나 신의 법칙과 신의 사랑을 발견하고 자신의 진화하는 우주 철학 안에서 이것들을 체험으로 통일하기까지, 사람은 결코 첫째 근원 중심의 성품, 만물을 둘러싸는 성품의 무한한 균형미, 숭고한 조화, 지극한 충만을 이해할 엄두도 낼 수 없다.

물질 지식이 늘어남은 아이디어의 의미와 이상의 가치에 대한 지적 이해를 더해준다. 인간은 속 체험에서 진리를 찾을 수 있지만, 그가 손수 발견한 진리를 일상 생활에서 무자비하게 실용적인 요구에 적용하기 위해서, 사실을 훤하게 알 필요가 있다.

자신이 헤어날 수 없이 자연에 묶여 있고, 한편 일시적이고 유한한 모든 것을 완전히 뛰어넘는 영적 능력을 지닌 것을 보면서, 필사인이 불안한 느낌에 시달리는 것은 자연스러울 뿐이다. 그러한 어렵고 난처한 문제들 한가운데서, 오직 종교적 자신감—살아 있는 믿음—이 사람을 지탱해 줄 수 있다.

사람의 필사 성품에 성가시게 붙어다니고 그의 영적 인격을 위태롭게 하는 모든 위험 가운데 자만심이 가장 크다. 용기는 용감을 보이지만 자기 본위는 허영심이요 자살이다. 적당한 자신감을 슬퍼해서는 안 된다. 사람이 스스로를 초월하는 능력은 동물 왕국으로부터 그를 구별하는 유일한 것이다.

한 개인이나 집단이나 민족이나 국가, 어디서 발견되든지, 자만은 사람을 속이고 취하게 하고 죄를 낳는다. 이것은 글자 그대로 참말이다, "자만은 몰락을 앞질러 간다."

7. 조절자가 부딪치는 문제

안전에 대한 불확실성—시간과 지성 속에서 불확실성, 펼쳐지는 파라다이스 상승 길에서 생기는 사건들에 관한 불확실성—은 파라다이스로 가는 모험의 본질이다. 영(靈)과 영원 속에서 안전, 우주의 아버지의 신다운 동정심과 무한한 사랑을 피조물 아들이 무조건 신뢰함에서 나타나는 안전을 말한다. 우주에서 경험이 없는 시민으로서 가지는 불확실성, 전능하고 온통 지혜롭고, 만물을 사랑하는 아버지의 여러 우주 저택에서, 올라가는 아들로서 누리는 안전을 말한다.

조절자가 네 혼을 충실하게 부르는 소리의 아득한 메아리에 귀를 기울이라고 너에게 훈계해도 좋은가? 깃드는 조절자는 시간 속에서 네 생애의 투쟁을 중지하거나, 아니 물질적으로 변경할 수도 없다. 고생하는 이 세상을 통해서 네가 나그네 길을 가는 동안, 조절자는 생활의 어려움을 덜어 줄 수 없다. 신다운 내재자는 너희 혹성에서 진행되는 것과 같은 삶의 투쟁에 네가 빠진 동안, 오직 참을성 있게 견딜 수 있을 뿐이다. 그러나 네가 하려고만 한다면—네가 일하고 걱정하는 동안, 싸우고 수고하는 동안—용감한 조절자가 너와 함께, 너를 위해서, 싸우도록 허락할 수 있다. 너의 현재 물질 세계의 평범한 문제들과 어렵고 벅찬 이 모든 싸움을 하는 참된 동기, 마지막 목표, 영원한 목적을 나타내는 그림을 조절자가 항상 떠올리도록 네가 허락하려고만 한다면, 너는 무척 위로와 영감을 받고, 아주 황홀해지고 흥미가 솟아날 수 있다.

이 모든 힘드는 물질적 노력의 영적 부본(副本)을 너에게 보여 주는 과제에서 너는 조절자를 돕는 것이 좋지 않은가? 생물 존재가 현세에 겪는 어려움과 네가 씨름하는 동안, 너는 조절자에게 우주의 힘을 가진 영적 진리를 가지고 너를 강화하도록 허락하는 것이 좋지 않은가? 지나가는 시간의 문제들을 네가 어쩔 줄 몰라서 물끄러미 바라볼 때, 우주 생활의 영원한 전망을 뚜렷이 그려봄으로 하늘 조수가 너를 응원하도록 격려하는 것이 좋지 않은가? 네가 시간의 장애물 한가운데서 수고하고 너의 필사 생명의 나그네 길을 따라다니는 불확실성의 미로에서 발버둥치는 동안, 어째서 너는 우주 관점으로 깨우침과 영감을 받으려 하지 않는가? 비록 너의 발이 땅에서 노력하는, 물질의 길을 밟아야 하더라도, 너는 조절자가 네 생각을 영답게 변화시키도록 허락하는 것이 좋지 않은가?

유란시아의 상급 인종들은 복잡하게 섞였다. 그들은 다른 기원을 가진 여러 종족과 핏줄이 섞인 것이다. 이 복합 성품은 일생에 조절자들이 효과 있게 일하는 것을 극히 어렵게 만들며, 죽은 뒤에 조절자와 수호 세라핌의 문제들이 분명히 늘어나게 한다. 내가 구원자별에 가서, 한 운명 보호자가 그 필사 주체에게 봉사하는 어려움을 참작하는 공식(公式) 진술문의 발표를 들은 지 얼마 되지 않는다. 이 세라핌은 이렇게 말했다:

"내가 겪는 문제의 상당 부분은 나의 주체의 두 성품 사이에 그치지 않는 싸움 때문이었다. 큰 포부를 가진 욕구가 동물의 게으름에 부딪치고, 우수한 민족의 이상이 열등한 종족의 본능과 섞이며, 위대한 지성의 높은 목적이 원시 유산(遺産)의 충동으로 반대에 부딪친다. 멀리 내다보는 감시자의 장거리 관점이 시간 생물의 근시안으로 무효가 되고, 하늘 가는 존재의 진취적 계획이 물질 성품의 욕구와 갈망 때문에 수정되며, 우주 지능의 불꽃은 진화하는 종족의 화학 에너지 명령으로 취소된다. 천사들의 권고가 동물 감정 때문에 반대에 부딪치고, 지능의 훈련이 본능의 성향 때문에 물거품이 되며, 개인의 체험은 종족의 쌓인 성향으로 반대에 부딪친다. 최선의 목적이 최악의 표류함으로 빛을 잃고, 천재의 비상(飛翔)이 평범의 인력(引力) 때문에 주저앉으며, 착한 것의 진보는 나쁜 것의 타성에 젖어 늦어진다. 아름다운 자의 예술은 악의 존재로 말미암아 더러워지고, 건강한 부력(浮力)은 질병의 무력함에 중화되며, 믿음의 샘물은 두려움의 해독으로 더러워진다. 기쁨의 샘물이 슬픔의 강물로 말미암아 쓰디쓰게 되고, 기대하는 즐거움이 실현의 쓰라림에 환멸을 겪으며, 삶의 기쁨이 죽음의 슬픔에 늘 위협을 받는다. 그러한 혹성에 그러한 인생이라니! 그래도 생각 조절자가 늘 도움을 주고 재촉했기 때문에, 이 사람은 상당한 정도의 행복과 성공을 얻었고, 이제는 저택 나라의 심판실까지 올라갔다."

[오르본톤의 한 외톨 사자가 발표하였다.]

제 112 편

성격의 생존

진화하는 혹성들은 인간이 기원을 가지는 구체요, 하늘 가는 필사자의 생애가 시작되는 세계이다. 유란시아가 너의 출발점이고, 여기서 너와 너의 신성한 조절자는 일시 연합하여 붙어 있다. 너는 완전한 안내자를 부여받았다. 따라서 네가 성실하게 시간 속의 달리기를 해서 마지막 믿음의 목표를 얻고자 하면, 오랜 세월에 걸친 보상이 네 것이 될 것이다. 너에게 깃드는 조절자와 너는 영원히 뭉칠 것이다. 그리고 나서 너의 진짜 생명, 하늘 가는 생명이 시작될 터이고, 너의 현재 필사 상태는 거기에 이르는 현관일 뿐이다. 그 때 네 앞에 펼쳐진 영원 속에서 최후자로서 너의 높고 진취적인 사명이 시작될 것이다. 진화로 성장하는 이 모든 연속된 세월과 단계에 걸쳐서, 절대로 변하지 않은 채로 남는 너의 일부가 있으니, 그것이 성격이다—변화가 있는 가운데 영구한 것이다.

성격을 정의하려 하는 것은 주제넘겠지만, 성격에 관하여 알려진 것들을 더러 열거하는 것이 도움이 될까 한다:

1. 성격은 우주의 아버지 자신이 또는 아버지를 대행하는 합동 행위자가 수여한 품질, 실체 속에 있는 그 품질이다.

2. 성격은 지성이나 영을 포함하는 어떤 살아 있는 에너지 체계에도 부여될 수 있다.

3. 성격은 선행(先行)하는 원인의 사슬에 완전히 지배되지는 않는다. 성격은 상대적 창조성이 있거나 공동 창조성이 있다.

4. 진화하는 물질 생물에게 수여되었을 때, 성격은 지성의 중재를 통해서 영으로 하여금 에너지 물질을 통달하려고 애쓰게 만든다.

5. 성격은 신분이 결여되어 있지만, 어떤 살아 있는 에너지 체계의 신분도 통일할 수 있다.

6. 인력에 대하여 질적·양적 반응을 보이는 세 가지 에너지와 대조해서, 성격은 성격 회로에 대하여 오직 질적(質的) 반응을 드러낸다.

7. 변화가 있는 가운데서 성격은 변하지 않는다.

8. 성격은 하나님께 선물을 드릴 수 있다—하나님의 뜻을 행하는 데에 자유 의지를 바칠 수 있다.

9. 성격은 도덕성의 특징을 나타낸다—다른 성격자들과 가지는 상대적 관계를 의식하는 특징이다. 성격은 행동 수준을 식별하고 그 사이에서 까다롭게 분별한다.

10. 성격은 독특하며, 절대로 독특하다. 성격은 시공에서 독특하다. 영원 속에서, 파라다이스에서 독특하다. 성격은 부여되었을 때 독특하다—복사품이 하나도

없다. 성격은 존재하는 순간마다 독특하며, 하나님과 가지는 관계에서 독특하다—하나님은 성격자들을 차별하지 않지만, 성격자들을 더하지도 않으니, 성격자를 더할 수 없기 때문이다—그들은 친교할 수 있지만 그들을 더할 수는 없다.

11. 성격은 다른 성격의 계심에 직접 반응한다.

12. 성격은 영에게 더할 수 있는 유일한 것이며, 이처럼 아들과 가지는 관계에서 아버지가 먼저임을 보여 준다. (지성을 영에 더할 필요는 없다.)

13. 성격은 살아남는 혼 속에서 신분을 가지고 사람이 죽은 뒤에 살아날지도 모른다. 조절자와 성격은 변함이 없다. (혼 속에서) 그들 사이의 관계는 변화, 계속되는 진화에 불과하다. 이 변화(성장)가 그치면, 혼은 그칠 것이다.

14. 성격은 시간을 독특하게 의식하며, 이것은 지성이나 영이 시간을 파악하는 것과 다른 무엇이다.

1. 성격과 실체

우주의 아버지가 피조물에게 영원한 자질의 잠재성으로서 성격을 수여한다. 신이 주신 그러한 선물은 수많은 수준에서, 비천한 유한자로부터 가장 높은 초한자까지, 아니 절대자의 경계에까지도 이르는 연속된 우주 상황에서 작용하도록 고안되어 있다. 이처럼 성격은 세 우주 평면에서, 즉 세 우주 단계에서, 작용한다:

1. 위치 지위. 성격은 지역 우주, 초우주, 중앙 우주에서 똑같이 효과 있게 활동한다.

2. 의미 지위. 성격은 유한자, 초한자(超限者)의 수준에서, 심지어 절대자에 부딪치는 것으로서 효과 있게 활동한다.

3. 가치 지위. 성격은 물질인 것, 상물질인 것, 영적인 것의 진취적 분야에서 체험으로 실현될 수 있다.

성격은 우주의 차원적 성과의 완벽하게 된 범위를 가지고 있다. 유한 성격자의 차원은 셋이며, 대체로 다음과 같이 작용한다:

1. 길이는 진보—공간을 가로지르고 시간을 따르는 움직임—진화의 방향과 성질을 나타낸다.

2. 수직(垂直)의 깊이는 유기체의 욕구와 태도, 달라지는 수준의 자아 실현, 환경에 반응하는 일반 현상을 포함한다.

3. 넓이는 조정, 친교, 자아 조직의 영토를 포함한다.

유란시아 필사자들에게 수여된 부류의 성격은 일곱 차원의 자기 표현, 즉 성격을 실현하는 잠재성을 가지고 있다. 이 차원적 현상은 유한한 수준에서 셋, 초한(超限) 수준에서 셋, 절대 수준에서 하나로 실현할 수 있다. 절대 아래의 수준에서 이 일곱째 차원, 즉 총체 차원은 성격의 사실로서 체험할 수 있다. 이 최상의 차원은 관련지을 수 있는 절대물이며, 무한하지는 않아도, 절대적인 것을 무한 아래서 침투하는 차원적 잠재성이다.

성격의 유한한 차원은 우주에서 길이·깊이·넓이와 상관이 있다. 길이는 의미를 뜻하고, 깊이는 가치를 의미하며, 넓이는 통찰력—도전할 수 없는 우주 실체 의식을 체험하는 능력—을 포함한다.

상물질 수준에서, 물질 수준에 있는 이 유한한 차원들은 모두 크게 향상되며, 어떤 새로운 차원의 가치는 실현 가능하다. 상물질 수준의 이 모든 확대된 차원적 체험은, 상지혜의 영향을 통해서, 또한 상물질계 수학(**數學**)의 기여 때문에, 최상의 차원, 즉 성격의 차원과 함께, 놀랍게 표현된다.

차원적 수준과 영적 수준은 체험하는 성격의 실현에서 조정되지 않는다는 것을 유한한 생물이 기억하려고 하면, 인간의 성격을 연구하는 데 필사자들이 겪는 많은 어려움을 피할 수 있다.

생명은 정말로 유기체(자아)와 그 환경 사이에 일어나는 과정이다. 성격은 신분의 가치와 연속성의 의미를 이 유기체-환경의 결합에 뿌려 준다. 성격이 전체 상황에서 한 요인으로서 작용하니까, 이처럼 자극과 반응의 현상은 단순한 기계적 과정이 아니라는 것이 인식될 것이다. 기계 작용은 날 때부터 수동적이며, 유기체들은 본래부터 능동적이라는 것은 언제나 참이다.

육체적 생명은 유기체(**有機體**) 안보다는, 유기체와 환경 사이에서 일어나는 과정이다. 그러한 과정은 모두, 그러한 환경에 대하여 유기체의 반응 형태를 지어내고 확립한다. 그리고 모든 그러한 지휘 형태는 목적을 고르는 데 상당히 영향을 미친다.

지성의 중재를 통해서 자아와 환경이 의미 있는 접촉을 가진다. 유기체가 환경과 그러한 중요한 접촉(추진력에 대한 반응)을 가지는 능력과 자진성은 전체 성격의 태도를 나타낸다.

성격은 고립된 속에서 그다지 잘 행동할 수 없다. 사람은 날 때부터 사회적인 생물이다. 그는 어디엔가 속하려고 몹시 바라는 마음에 지배된다. "아무도 자기만의 인생을 살지 않는다"는 것은 글자 그대로 참말이다.

그러나 살아 있고 활동하는 생물 총체의 의미로서 성격 개념은 관계를 통합한 것보다 훨씬 더 큰 것을 뜻한다. 성격은 관계를 조정할 뿐 아니라 실체의 모든 요인을 통일함을 뜻한다. 관계는 두 대상물 사이에서 존재하지만, 셋 이상의 주체들은 궁극에 한 체계를 이루며, 그러한 체계는 확대되거나 복잡한 관계보다 더한 것이다. 이 구별은 극히 중요한데, 한 우주 체계에서 개별 구성원들은 전체와 가지는 관계에서, 전체의 개성을 통할 경우를 제외하고, 서로 연결되지 않는다.

인간 유기체에서 그 부분들의 합은 자아—개성—을 이루지만, 그러한 과정은 성격과 아무 상관이 없고, 우주 실체들에 관계된 바와 같이, 성격은 이 모든 요소를 통일하는 것이다.

집합에서는 부분들이 더해지며, 체계에서는 부분들이 정돈된다. 체계는 조직—위치상의 가치—때문에 의미가 있다. 좋은 체계에서는 모든 요소가 우주 위치에 있다. 나쁜 체계에서는 무엇인가 빠져 있든지, 제 자리에서 밀려난다—어지러워진다. 인간 체계에서는 성격이 모든 활동을 통일하며, 다음에 신분과 창조성의 질을 나누어 준다.

2. 자아

자아를 연구하는 데 다음을 기억하면 유익할 것이다:

1. 육체적 체계들은 종속된다.

2. 지적 체계들은 나란히 있다.

3. 성격은 위에 있다.

4. 깃드는 영적 세력은 지휘하는 잠재성을 가졌다.

모든 자아 개념에서 생명의 사실이 먼저이고, 그 평가나 해석은 나중이라는 것을 인식해야 한다. 사람의 아이는 먼저 살고, 나중에 그의 삶에 대하여 생각한다. 우주 경제에서 통찰력은 선견보다 앞선다.

하나님이 사람이 된다는 우주 사실은 언제까지나 인간 성격의 모든 의미를 바꾸고 가치를 변화시켰다. 낱말의 참 뜻대로 하면, 인간이거나 신이거나, 아니면 인간이면서 신이거나, 사랑은 총 성격들을 서로 존중함을 의미한다. 자아의 부분들은 수많은 방법으로—생각하고, 느끼고, 바라면서—활동할지 모르지만, 오로지 전체 성격의 조정된 속성이 지적 활동에서 집중된다. 이 모든 힘은 한 인간이 성실하고 사심 없이, 인간이거나 신이거나 다른 한 존재를 사랑할 때, 그 필사 지성의 영적 자질과 결합된다.

실체에 관한 모든 필사자 개념은 인간 성격의 사실성을 가정하는 데 기초를 둔다. 초인간 실체에 대한 모든 개념은, 인간 성격이 어떤 관계된 영적 통일체 및 신다운 성격자와 같은 우주 실체들과 함께, 그 실체들 속에서, 겪는 체험에 기초를 둔다. 성격을 제외하고, 인간 체험에서 비영적인 것은 무엇이나 목적을 위한 수단이다. 사람이 다른 성격자들과—인간이든 신이든—가지는 모든 참다운 관계는, 그 자체가 목적이다. 신의 성격과 가지는 그러한 친교는 우주에서 올라가는 영원한 목표이다.

성격을 소유하는 것은 사람이 한 영적 존재임을 확인하는데, 이는 자아의 통일성과 성격의 자의식이 초물질 세계가 부여한 자질이기 때문이다. 한 필사 유물론자가 초물질 실체들의 존재를 부인할 수 있다는 바로 그 사실은, 그 자체로서 저절로, 그의 인간 지성 속에서 영(**靈**)의 합성과 우주 의식이 있음을 보이고, 그것들이 작용함을 가리킨다.

물질과 생각 사이에는 큰 우주 간격이 존재하며, 이 간격은 물질 지성과 영적 사랑 사이에 측량할 수 없이 더 크다. 자의식(**自意識**)은커녕, 의식은 기계론에 따른 전자(**電子**)의 결합이나 유물론의 에너지 현상을 다루는 어떤 이론으로도 설명될 수 없다.

지성이 실체를 궁극의 분석에 이르기까지 추구함에 따라서, 물질은 물질 감각에는 사라지지만, 아직도 지성 속에 현실로 남는다. 물질이 사라진 뒤에 남는 바로 그 실체를 영적 실체가 추구하고 궁극의 분석에 이르기까지 추구할 때, 실체는 지성이 보기에는 사라진다. 그러나 영의 통찰력은 아직도 영적 성품을 지닌 우주의 실체들과 최상의 가치를 파악한다. 따라서 과학은 철학에게 고개를 숙이고, 한편 철학은 진정한 영적 체험에 본래 있는 결론에 굴복해야 한다. 생각함은 지혜에 무릎을 꿇고, 지혜는 깨우침을 받고 돌이켜보는 예배 속에서 사라진다.

과학에서는 인간 자체가 물질 세계를 관찰한다. 철학은 물질 세계의 이러한 관찰을 지켜보는 것이다. 종교, 참된 영적 체험은, 시공에 있는 에너지 물질의 이 모든 상대적 합성의 관찰을 지켜보는 우주 현실을 체험으로 깨닫는 것이다. 순전한 유물론 위에 우주의 철학을 세우는 것은, 인간 의식의 체험 속에서 모든 물질적인 것이 처음에는 현실로 파악된다는 사실을 무시하는 것이다. 관찰하는 사람은 관찰의 대상(**對象**)이 될 수 없다. 평가하는 것은 평가를 받는 바로 그 대상을 어느 정도 초월하기를 요구한다.

시간 속에서 생각함은 지혜로 이끌고, 지혜는 예배로 이끈다. 영원 속에서 예배는 지혜로 이끌고, 지혜는 궁극에 최종의 생각이 된다.

진화하는 자아가 통일되는 가능성은 다음 구성 요소의 품질에 본래부터 있다: 기본 에너지, 생체의 주 조직, 근본적인 화학적 전반 통제, 최상의 아이디어, 최상의 동기, 최상의 목표, 파라다이스에서 수여된 신다운 영이다—이것이 사람의 영적 성품이 자의식하는 비밀이다.

우주 진화의 목적은 영(靈)의 늘어나는 지배, 생각 조절자의 가르침과 인도함에 의지로 반응함을 통해서, 성격의 통일을 이루는 것이다. 인간 및 초인간의 성격은 본래부터 우주 품질의 특징을 가지며, 이 품질은 "지배의 진화"라고 불러도 좋은데, 성격 자체와 그 환경을 통제하는 힘이 확대되는 것이다.

한때 인간이었던 하늘 가는 인격자는 자아에 대하여, 우주에서, 의지가 점점 더 지배하는 큰 두 단계를 거친다:

1. 우주 문제를 해결하고 그에 따라 우주를 통달함과 아울러 신분을 확대하고 현실화하는 기법을 통해서, 자아 실현을 확대하는 최후자 이전 체험, 즉 하나님을 추구하는 체험.

2. 하나님을 닮는 신다운 수준에 아직 다다르지 못한, 하나님을 찾는 지성들에게 체험하는 최상 존재를 드러냄으로써 자아의 실현을 창조적으로 확대하는, 최후자 이후 체험, 즉 하나님을 드러내는 체험.

내려오는 성격자들은 최상 신, 궁극 신, 절대 신의 신성한 뜻을 확인하고 집행하는 늘어난 자격을 추구함에 따라서, 그들의 여러 가지 우주 모험을 통해서 비슷한 체험을 얻는다.

물질적 자아, 곧 인간 신분의 자아 덩어리는, 육체의 생명을 사는 동안에 물질 생명의 수송 수단의 계속하는 작용에, 그리고 에너지와 지능의 불안정한 균형이 계속 존재하는 데 의존하며, 이것은 유란시아에서 <u>생명</u>이라는 이름을 받았다. 그러나 살아남을 가치가 있는 자아, 죽음의 체험을 뛰어넘을 수 있는 자아는, 일시적 생명 수송 수단—물질적 육체—로부터 상물질 혼의 더 오래 가는 불멸의 성질에 이르기까지, 그것을 지나서 혼이 영 실체의 입김을 받고 궁극에는 영 실체의 지위를 얻는 그 수준까지, 진화하는 성격 신분이 자리 이동하는 것을 가능하게 만들어서 겨우 진화된다. 물질적 결합으로부터 상물질 신분까지 이렇게 실제로 이동하는 것은 인간 생물이 내리는, 하나님을 찾는 결정의 성실함과 끈질김과 꾸준함으로 말미암아 이루어진다.

3. 죽음의 현상

유란시아 사람들은 무릇 한 종류의 죽음, 생명 에너지가 물리적으로 중지되는 것만 인정한다. 그러나 성격이 살아남는 것에 관하여 정말로 세 종류가 있다:

1. <u>영적 (혼의) 죽음</u>. 사람이 살아남기를 마침내 거절하면, 거절하고 나서, 조절자와 보살피던 세라핌의 공동 의견에 그가 영적으로 빚을 갚을 능력이 없고 상물질 면에서 파산했다고 선언이 내리고, 그러한 일치된 조언이 유버르사에 기록되고 나서, 검열자와 그 반영(反映) 동료들이 이 조사 결과를 확인한 뒤에, 그 결과로 오르본톤의 통치자들은 깃드는 감시자를 즉시 해방하라고 명령한다. 그러나 조절자를 이렇게 풀어 주는 것은 조절자가 버린 그 사람에 관련된, 개인 세라핌이나 집단

세라핌의 임무에 어떤 방법으로도 영향을 미치지 않는다. 육체 작용과 지성 작용의 살아 있는 에너지가 잠시 계속함에 상관 없이, 이 종류의 죽음의 중요성은 최종이다. 우주의 견지에서 볼 때 그 사람은 이미 죽었다. 이어지는 생명은 다만 우주 에너지의 물질적 운동량이 지속함을 가리킨다.

2. 지적 (지성의) 죽음. 지능의 비정상을 통해서 또는 뇌의 작용이 부분적으로 파괴되었기 때문에 상급 보조 봉사의 중대한 회로들이 붕괴될 때, 이 조건들이 고칠 수 없는 어떤 임계점을 지날 때, 그 깃드는 조절자는 신별로 떠나도록 즉시 풀려난다. 우주 기록에는, 인간의 의지 활동에 필수인 지성 회로들이 망가졌을 때는 언제나, 필사 성격자는 죽었다고 생각된다. 육체의 살아 있는 기계 장치가 줄곧 작용하는 것에 상관 없이, 이것은 또한 죽음이다. 몸에서 의지(意志)하는 지성을 빼면, 이제 더 사람이 아니다. 그러나 그 인간 의지가 앞서 택한 데 따라서, 그러한 개인의 혼은 살아남을지 모른다.

3. 육체의 (몸과 지성의) 죽음. 죽음이 한 인간에게 닥칠 때, 지성이 총명한 작용으로서 활동하기를 그칠 때까지, 측량할 수 있는 뇌의 에너지가 리듬 있는 생명의 맥박을 그칠 무렵까지, 조절자는 지성의 요새에서 남아 있다. 이 죽음이 있고 나서, 여러 해 전에 몸에 들어갈 때와 똑같이 예식을 차리지 않고, 조절자는 사라지는 그 지성을 떠나며, 유버르사를 거쳐서 신별로 진행한다.

죽은 뒤에 그 물질 몸은 그것이 유래한 원소의 세계로 돌아가지만, 살아남는 성격자의 두 가지 비물질 요소는 영속한다: 선재(先在)하는 생각 조절자는 그 필사자 생애의 기억 사본(寫本)과 함께 신별로 진행하며, 또한 운명 수호자의 보관 속에 죽은 인간의 불멸하는 상물질 혼이 남는다. 혼의 이 단계와 형태, 한때 움직였지만 이제 가만히 있는 이 신분 형태는 상물질 세계들에서 다시 성격화하는 데 필수이다. 그 조절자와 그 혼의 재회는 살아남는 성격자를 다시 조립하며, 상물질로 깨어날 때 네가 다시 정신을 차리게 만든다.

개인 수호 천사를 가지지 않은 자들의 경우에는, 집단 관리자들이 신분을 보관하고 성격을 부활시키는 똑같은 서비스를 충실하고 효과 있게 실행한다. 세라핌들은 성격을 다시 조립하는 데 필수이다.

죽고 나서 생각 조절자는 일시 성격을 잃어버리지만, 신분을 잃지는 않는다. 그 인간 주체는 일시 신분(身分)을 잃지만, 성격을 잃지는 않는다. 저택 세계들에서 이 둘은 영원히 명시되어 다시 뭉친다. 떠나 버린 생각 조절자는 결코 전에 깃들던 존재로서 땅으로 돌아가지 않는다. 결코 성격은 인간 의지가 없이 나타나지 않는다. 조절자가 빠진 인간은, 죽은 뒤에 활동하는 신분을 드러내거나, 어떤 방법으로도 땅에 살아 있는 존재들과 교통하지도 않는다. 조절자가 빠진 그러한 혼들은 길거나 짧게 죽음의 잠을 자는 동안에, 전적으로, 절대로 의식(意識)이 없다. 생존이 이루어지기까지, 다른 성격자들과 교통하는 어떤 종류의 성격이나 능력도 전시할 수 없다. 저택 세계들로 가는 자들은 사랑하는 자들에게 소식을 보내도록 허락되지 않는다. 현재 섭리 시대 기간에, 우주 전역에 걸쳐서 그러한 통신을 금하는 것이 정책이다.

4. 죽음 뒤의 조절자

한 물질 성품, 지적 성품, 또는 영적 성품의 죽음이 일어날 때, 조절자는 그 필사 주체에게 작별을 알리고 신별을 향하여 떠난다. 지역 우주와 초우주의 본부로부터, 두 정부의 감독자들과 반영으로 접촉이 이루어지며, 시간의 영토에 들어간 것으로 기록된 바로 그 번호로 감시자가 나간 것으로 등록된다.

충분히 이해되지 않은 어떤 방법으로, 조절자가 깃들었던 그 지성의 영적 가치와 상물질 의미가 담긴 조절자의 2중 사본에 구체화된 대로, 우주 검열자들은 그 인생의 요약을 소유할 수 있다. 검열자들은 죽은 인간의 살아남는 인격과 영적 품질에 대하여 조절자의 견해를 이용할 수 있고, 이 모든 자료는, 세라핌의 기록과 함께, 관계된 그 개인이 판결을 받을 때 제출하도록 소용이 된다. 이 정보는 또한 어떤 승천자들로 하여금, 죽고 나서 즉시 상물질 생애를 시작하고, 혹성의 섭리 시대가 정식으로 종결되기 전에 저택 세계로 나아갈 수 있게 만드는 초우주 명령을 확인하는 데 쓰인다.

살아 있는 자들 가운데서 옮겨진 개인들의 경우를 제외하고, 육체가 죽은 뒤에, 풀려난 조절자는 즉시 신별의 집 구체로 간다. 살아남는 필사자가 사실로 다시 나타나기를 기다리는 시간에 그 세계에서 무슨 일이 벌어지는가에 관한 세부는 주로, 그 인간이 자신의 개별 권한으로 저택 세계들로 올라가는가, 아니면 한 혹성 시대의 잠자는 생존자들의 섭리 시대 호출을 기다리는가에 달려 있다.

필사 동료가 한 섭리 시대 끝에 다시 성격화될 무리에 속하면, 그 조절자는 이전에 봉사하던 체계의 저택 세계로 금방 돌아오지 않을 터이나, 선택에 따라서, 다음 일시 배치 중 하나에 들어갈 것이다:

1. 밝혀지지 않은 봉사를 위하여 사라진 감시자들의 서열에 소집된다.

2. 파라다이스 체제를 관찰하는 데 한동안 배치된다.

3. 신별의 여러 훈련 학교 중 한 군데에 등록된다.

4. 파라다이스 세계들의 아버지 회로를 구성하는 다른 신성한 여섯 구체 중 하나에서 학생 관찰자로서 한동안 머무른다.

5. 성격화된 조절자들의 사자가 되는 근무에 배치된다.

6. 처녀 집단에 속하는 조절자들을 훈련하는 데 바쳐진 신별 학교들에서 부교사가 된다.

7. 그 인간 파트너가 생존을 거절했을까 싶다고 믿을 타당한 이유가 있을 경우에 근무할, 한 집단의 가능한 세계들을 택하라고 배치된다.

죽음이 너에게 닥칠 때, 네가 3급 수준이나 더 높은 수준에 다다랐고, 따라서 개인 운명 수호자를 배치받았고, 조절자가 제출한, 살아남는 인격을 요약한 마지막 성적표가 운명 수호자한테서 무조건 인가를 받고—세라핌과 조절자가 그들이 작성한 생명 기록부와 추천서의 모든 항목에 본질적으로 찬성하고—유버르사에 있는 우주 검열자들과 그 반영 동료들이 이 자료를 확인하면서 말을 흐리거나 망설이지 않고 그렇게 하면, 그런 경우에 옛적부터 늘 계신 이들이 구원자별까지 통신 회로를 통해서 상급 지위를 가리키는 명령을 번쩍 내린다. 이렇게 풀려나면, 네바돈 군주의 법정은 살아남는 그 혼을 저택 세계들의 부활실까지 즉시 통과시킬 것을 선포한다.

나는 이렇게 가르침을 받았다. 개별 인간이 지체하지 않고 살아남으면, 그 조절자는 신별에서 등록하고, 파라다이스에서 우주의 아버지가 계신 데까지 나아가며, 즉시 돌아와서, 초우주와 배치받은 지역 우주의 성격화된 조절자들의 품에 안기고, 신별의 성격화된 조절자 우두머리의 인정을 받으며, 그리고 나서 당장에 "신분 이동의 실현"으로 넘어간다. 이로부터 그는, 운명 수호자가 그 형태를 계획한 대로, 땅의 필사자의 살아남는 혼을 받기 위하여 준비된 실제 성격 형태를 입고서, 셋째 기간에, 저택 세계에서 호출된다.

5. 인간 자아의 생존

자아는 물질이든, 상물질이든, 영적이든, 하나의 우주 실체이다. 성격을 가진 자의 사실성은 아버지가 스스로 혼자만 행동하든지, 아니면 다양한 우주 대리자들을 통해서, 우주의 아버지가 수여한 것이다. 한 존재가 성격을 가졌다고 말하는 것은, 우주 유기체 안에서 그러한 존재가 상대적으로 개별화되었음을 인정하는 것이다. 살아 있는 우주는 실재하는 단위들을 거의 무한히 통합한 집합이며, 그 단위들은 모두 전체의 운명에 상대적으로 지배된다. 그러나 성격을 가진 자들은 운명을 받아들이거나 운명을 물리치는 실제 선택을 부여받았다.

아버지로부터 오는 것은 영원한 아버지와 같으니, 이것은 신다운 생각 조절자, 하나님의 실제 분신(分身)에 대하여 참인 것처럼 성격에 대해서도 똑같이 참이며, 아버지는 자신의 자유 의지로 선택하여 성격을 주신다. 사람의 성격은 영원하지만, 신분에 관해서는, 제약을 받는 영원한 실체이다. 아버지의 뜻에 반응하여 출현했으니까, 성격은 신의 운명에 도달할 것이다. 그러나 사람은 그러한 운명이 달성될 때 그가 자리에 있을 것인가 아닌가를 택해야 한다. 그러한 선택을 하지 않았을 경우에, 성격은 체험적 신에 직접 도달하고, 최상 존재의 일부가 된다. 그 주기는 예정되었지만, 사람이 거기에 참여하는 것은 선택이요, 개인적이고 체험적인 것이다.

필사자의 신분은 우주에서 잠깐 있는 시간 생명의 조건이다. 그 신분은 성격자가 계속되는 우주 현상이 되도록 선택하는 그 한도 안에서만 현실이다. 이것이 사람과 한 에너지 체계 사이에 본질적 차이이다. 에너지 체계는 계속해야 하고, 선택할 수 없다. 그러나 사람은 자신의 운명을 결정하는 데 온통 상관이 있다. 조절자는 참으로 파라다이스에 이르는 길이지만, 사람이 스스로 결심하여, 자유 의지로 선택함으로, 그 길을 추구해야 한다.

인간들은 오직 물질적 의미에서 신분을 소유한다. 물질 지성이 지능의 에너지 체계에서 작용하는 그대로, 자아의 그러한 성질을 그 물질 지성이 표현한다. 사람이 신분을 가졌다고 말할 때, 인간 성격의 행동과 그 의지의 선택에 복종하도록 놓여진 지성 회로를 그가 소유한다는 것이 인정된다. 그러나 인간의 태아가 인간 생명이 일시 기생(寄生)하는 단계인 것과 마찬가지로, 이것은 물질이고 순전히 일시적 명시이다. 우주의 견지에서 보면, 인간들은 비교적 한 순간에 태어나고 살다가 죽는다. 그들은 오래 가지 않는다. 그러나 필사자 성격은, 자신의 선택을 통해서,

그 신분의 자리를 얼핏 지나가는 물질 지능 체계로부터 그보다 더 높은 상물질 혼의 체계로 옮기는 힘을 소유하며, 그것은 생각 조절자와 결합하여, 성격이 명시되는 새 수송 수단으로서 창조된다.

그리고 바로 이 선택하는 힘, 자유 의지를 가진 생물임을 가리키는 우주 문장(紋章)이 사람에게 주어진 가장 큰 기회요, 최고의 우주 책임이다. 인간 의지의 총체에 미래 최후자의 영원한 운명이 달려 있다. 신다운 조절자가 영원한 성격을 얻는 것은 필사자의 자유 의지의 진실성에 달려 있다. 우주의 아버지는 새로운 하늘 가는 아들의 실현을 필사자 선택의 충실성에 의존하며, 최상 존재는 체험적 진화의 사실성을 결정하는 행위의 집요함과 지혜에 의존한다.

성격이 성장하는 우주 수준들은 궁극에 도달되어야 하지만, 네 자신 아무 잘못도 없이, 뜻밖의 사고(事故)와 물질 존재의 장애물이 네가 태어난 혹성에서 이 수준들을 통달하지 못하게 만들고, 너의 의도와 소망이 살아남을 가치가 있으면, 시험 기간을 연장하는 선포들이 내린다. 너 자신을 증명할 추가(追加) 시간이 너에게 주어진다.

한 인간 신분을 저택 세계들로 진급시키는 것이 현명한가에 관하여 언제라도 의심이 생기면, 우주 정부들은 변함없이, 그 사람의 개인 이익에 맞게 판결을 내린다. 그들은 서슴지 않고 그러한 혼을 일시적 존재의 지위로 올려 주며, 한편 그들은 태어나는 상물질 의도와 영적 목적을 계속 지켜본다. 그러므로 신의 응보는 분명히 이루어지며, 신의 자비가 베푸는 봉사를 연장할 기회가 더 주어진다.

오르본톤과 네바돈의 정부들은 필사자를 다시 성격화하는 우주 계획의 세부 작용이 절대로 완전하다고 주장하지 않는다. 그러나 그들은 참을성, 관용, 이해, 자비로운 동정심을 나타낸다고 주장하고, 또 그렇게 한다. 어느 진화하는 세계로부터 온 허덕이는 한 필사자로부터 하늘 가는 생애를 추구하는 영원한 기쁨을 빼앗는 위험을 초래하기보다, 우리는 차라리 한 체계가 반란하는 위험을 무릅쓰겠다.

이것은 인간들이 처음 기회를 거절한 마당에 두 번째 기회를 누릴 것을 뜻하지 않는데, 도무지 그렇지 않다. 그러나 의지(意志)를 가진 모든 생물이, 의심할 수 없는 자의식하는 한 가지 마지막 선택을 하도록, 참 기회를 한 번 얻어야 함을 의미한다. 여러 우주의 통치하는 판사들은, 마지막으로, 영원한 선택을 온전히 하지 않은 어떤 존재한테서도 성격의 지위를 빼앗지 않을 것이다. 사람의 혼에게 그 참된 의도와 진정한 목적을 드러낼 충분하고 풍부한 기회를 주어야 하며, 또 주어질 것이다.

좀더 영적으로, 우주 면에서 더 진급한 필사자들이 죽을 때, 그들은 바로 저택 세계들로 나아간다. 대체로 이 조치는 개인 수호 세라핌을 배치받은 자들에게 작용한다. 다른 필사자들은 그들의 사무의 판결이 끝날 때까지 붙잡혀 있을지 모르며, 그 뒤에 저택 세계들로 나아가든지, 아니면 현재 혹성 섭리 시대의 끝에, 무더기로 다시 성격화될 잠자는 생존자들의 대열에 배치될지 모른다.

죽을 때 너에게 도대체 무슨 일이 일어나는가 설명하는 내 노력을 번거롭게 하는 두 가지 문제가 있는데, 그 살아남는 너는 떠나는 조절자와 다르다. 이 중의 하나는 물리적 영역과 상물질 영역의 경계지에서 생기는 거래에 관하여 적절한 설명을 네가 알아듣는 수준까지 전하기가 불가능한 데 있다. 다른 하나는 유란시아의 하늘 정부 당국이 진리 계시자인 내 위원회에 지워 준 제한 때문에 생긴다. 발표할까 싶은 흥미 있는 세부가 많이 있지만, 너희의 직계 혹성 감독자들의 충고를 받고서 이것들을 내놓지 않는다. 그러나 내가 허락받은 한계 안에서, 나는 이만큼 말할 수 있다:

무언가 실재하는 것, 무언가 인간이 진화시키는 것, 신비의 감시자에 추가되는 무엇이 있는데, 이것이 죽음 뒤에 살아남는다. 새로이 나타나는 이 통일체는 혼이며, 너의 육체와 너의 물질 지성, 이 둘이 죽은 뒤에, 혼이 살아남는다. 이 통일체는 신다운 너, 곧 조절자와 연락하여, 인간인 너의 통합된 생명과 노력이 합동으로 낳은 산물이다. 인간과 신의 계보(系譜)를 가진 이 아이는 땅의 기원을 가진 살아남는 요소이다. 그것은 상물질 자아요, 불멸의 혼이다.

지속하는 의미와 살아남는 가치를 가진 이 아이는, 죽을 때부터 다시 성격화하는 기간에 전혀 의식이 없고, 기다리는 이 시절을 통해서 내내, 운명 수호 세라핌의 보호 속에 있다. 죽고 나서, 사타니아의 저택 세계들에서 새로운 상물질 의식을 얻을 때까지, 너는 의식이 있는 존재로서 활동하지 않을 것이다.

죽을 때 그 인간 성격과 결합된 기능적 신분은, 생명의 움직임이 그침을 통해서 중지된다. 인간의 성격은 그 구성 부분들을 뛰어넘지만, 그 기능적 신분은 그 부분들에 의존한다. 생명의 중지는 지성을 부여하기 위한 물리적 뇌의 형태를 파괴하며, 지성의 붕괴는 필사자의 의식을 그치게 한다. 바로 그 인간 성격이 살아 있는 에너지와 가지는 관계에서 다시 활동하도록 허락할 우주 상황이 마련되기까지, 그 생물의 의식은 나중에 다시 나타날 수 없다.

기원이 있는 세계로부터 저택 세계들까지 살아남는 필사자들이 이동하는 동안, 그들이 셋째 기간에 성격의 재조립을 체험하든지 아니면 집단으로 부활할 때 올라가든지 상관 없이, 성격 구성에 대한 기록은 천사장들의 특별 활동이 있는 그들의 세계에서 충실하게 간직된다. 이 존재들은 (수호 세라핌이 혼의 관리자인 것처럼) 성격 관리자가 아니지만, 그런데도, 확인할 수 있는 성격 요인은 모조리 사람의 생존을 맡아 두는 이 믿을 만한 수탁자들의 보호 속에 적절히 지켜진다. 죽었다가 살아나는 사이에 끼는 시간에 필사자의 성격이 정확히 어디 있는가, 우리는 알지 못한다.

재성격화를 가능하게 만드는 상황은 한 지역 우주의 상물질계 접대 혹성들의 부활실에서 일어난다. 생명을 조립하는 여기 이 여러 방에서 감독하는 당국은 우주의 —상물질, 지성 및 영적—에너지의 관계를 마련해 주며, 이것은 잠자는 생존자가 다시 정신을 차리게 만든다. 한때 물질이었던 성격의 구성 부분들을 다시 짜 맞추는 데에 다음이 들어간다:

1. 적당한 형태, 상물질 에너지 형태를 조립하는 것, 이 형태 속에서 새로운 생존자는 비영(非靈) 실체와 접촉할 수 있고, 그 안에서 우주 지성의 상물질 변종은 회로가 연결될 수 있다.

2. 조절자가 기다리는 상물질 생물에게 돌아오는 것. 조절자는 너의 하늘 가는 신분의 영원한 관리자이다. 너의 감시자는 남이 아니라 너 자신이, 너의 성격이 깨어나는 것을 위하여 창조된 그 상물질 형태를 차지할 것을 절대로 보장한다. 그 조절자는 너의 살아남는 자아에게 파라다이스 안내자 노릇을 다시 한 번 맡으려고, 너의 성격이 다시 조립될 때 자리에 있을 것이다.

3. 이 재성격화에 필요한 것들이 조립되었을 때, 잠자는 불멸의 혼의 잠재성을 간직한 세라핌 관리자는 수많은 우주 성격자의 도움을 얻어서, 기다리는 지성-몸 형태 위에, 그 속에, 이 상물질 통일체를 수여하며, 한편 최상위의 이 진화하는 아이를 기다리는 조절자와 영원히 결합하도록 맡긴다. 이것이 재성격화, 즉 기억·통찰력·의식—신분—의 재조립을 끝마친다.

다시 성격화하는 사실은, 깨어나는 인간 자아가 새로 분리된 우주 지성에서 회로가 연결된 상물질 단계를 붙잡는 데 있다. 성격의 현상은 우주 환경에 대한 자아 반응이 있는 신분이 영속하는 데 의존한다. 이것은 오로지 지성의 매체를 통해서 이루어질 수 있다. 자아의 모든 구성 요인에서 계속 변화가 있는데도, 자아는 영속한다. 육체의 생명에서 변화는 차츰 일어난다. 죽을 때와 다시 성격화될 때 그 변화는 갑작스럽다. 모든 자아(성격)의 참 실체는 그 구성 분자들이 그침 없이 변하는 덕분으로 우주 조건에 민감하게 활동할 수 있다. 침체는 불가피한 죽음에서 끝이 난다. 인간의 생명은 생명 요소들의 끝없는 변화이며, 그 요소들은 변하지 않는 성격의 안정성으로 말미암아 통일된다.

이처럼 네가 예루셈의 저택 세계들에서 깨어날 때, 너는 몹시 변하고, 영적 변화는 아주 클 것이다. 그래서 너의 생각 조절자와 운명 수호자는 새 세계들에서 너의 새로운 생명을 첫째 세계에 있던 너의 묵은 생명과 아주 충분히 연결하는데, 이들이 아니라면, 너는 새 상물질 의식을 되살아나는 너의 이전(以前) 신분의 기억과 연결하는 데 처음에 어려움을 겪을 것이다. 성격 자아가 계속되는데도, 필사 생명에서 많은 것이 처음에는 흐릿하고 안개 같은 꿈으로 보일 것이다. 그러나 시간은 사람의 많은 관계를 맑게 해 줄 것이다.

생각 조절자는, 네 우주 생애의 일부이며 그에 필수인 기억과 체험만 상기시키고 연습시킬 것이다. 인간의 지성에서 어떤 것이라도 그 진화에서 조절자가 파트너였다면, 다음에 가치 있는 이 체험들은 조절자의 영원한 의식 속에서 살아남을 것이다. 그러나 너의 지난 생명과 그 기억 가운데 많은 것은 영적 의미도 상물질 가치도 없기 때문에, 물질인 두뇌와 더불어 사라질 것이다. 물질적 체험 가운데 많은 것이 한때 쓰인 발판으로서 사라지겠고, 너에게 상물질 수준까지 다리를 놓아 주었으니까, 우주에서 이제 더 목적에 소용되지 않는다. 그러나 성격, 그리고 성격자들 사이의 여러 관계는 결코 발판 재료가 아니다. 성격 관계들에 대한 사람의 기억은 우주 가치가 있고 영속할 것이다. 유란시아에서 짧지만 흥미를 자아내는 생명에서 한때 동료였던 자들을 너는 저택 세계들에서 알게 될 터이고 그들은 너를 알 것이다. 게다가 너는 그들을 기억하고 그들은 너를 기억할 것이다.

6. 상물질 자아

나비가 애벌레 단계에서 솟아나는 것처럼, 인간들의 참 성격은 저택 세계에서 솟아나고, 물질 육체 속에서 한때 가려 있던 상태로부터 처음으로 드러나 보일 것이다. 지역 우주에서 상물질 생애는, 혼이 존재하는 초기 상물질 수준으로부터 진취적 영성(靈性)을 가진 마지막 상물질 수준에 이르기까지, 성격 작용의 계속된 향상과 상관이 있다.

지역 우주 생애를 위한 너희의 상물질 성격 형태에 관하여 너희를 가르치기가 어렵다. 너희에게 성격이 명시될 수 있는 상물질 형태들이 부여될 것이고, 이것들은 결국 너희가 이해하지 못하는 옷이다. 그러한 형태는 전적으로 실재하지만, 너희가 지금 이해하는 물질 서열의 에너지 형태가 아니다. 그러나 이것들은 인간이 태어난 혹성에서 너희의 물질 몸이 그런 것처럼, 지역 우주 세계들에서 똑같은 목적에 소용된다.

어느 정도까지, 물질 몸 형태의 모습은 성격 신분의 됨됨이에 민감하다. 정도가 제한되게 육체는 그 성격의 타고난 성품에서 무엇인가 반영한다. 상물질 형태는 더욱 그렇다. 육체의 생명에서 필사자들은 비록 속이 아름답지 않더라도 겉으로는 그렇지 모른다. 상물질 생명에서, 그리고 그보다 더 높은 수준들에서는 더욱, 성격의 형태는 속 사람의 성품에 따라 정비례하여 달라질 것이다. 영적 수준에서, 바깥 형태와 속의 성품은 완벽한 신분 확인에 비로소 접근하며, 이것은 더 높은 영 수준으로 올라갈수록 더욱 완전해진다.

상물질 상태에서 하늘 가는 필사자는 오르본톤 으뜸 영의 우주 지성 자질의 네바돈 변형을 부여받는다. 필사자의 지능은 그 자체로서, 사라져 버렸고, 창조 영의 구별되지 않은 지성 회로로부터 따로 떨어진 한 집중된 우주 통일체로서 존재하기를 그쳤다. 그러나 필사 지성의 의미와 가치는 죽지 않았다. 지성의 어떤 단계들은 살아남는 혼 속에서 이어진다. 이전에 인간 지성의 어떤 체험적 가치를 조절자가 지니고 있다. 하늘 가는 필사자를 최종으로 평가하는 데 관련된 수많은 존재는, 세라핌으로부터 우주 검열자들, 그리고 아마도 이들을 지나서 최상위까지 범위가 뻗는데, 이 존재들 안에 어떤 살아 있는 기록들과 함께, 인간 생명이 육체를 입고 살던 대로 그 인간 생활 기록이 지역 우주에 영속된다.

생물의 의지는 지성이 없이 존재할 수 없지만, 물질 지능을 잃어 버렸는데도 지속한다. 살아남고 나서 바로 뒤따르는 시간에, 하늘 가는 성격자는 인간 생활로부터 물려받은 인격 형태, 그리고 상물질계 상지혜의 새로 나타나는 행위로 말미암아 큰 정도로 안내를 받는다. 저택 나라 행동에 대한 이 안내 지침은 상물질 생명의 초기 단계에서, 하늘 가는 성격자의 충분히 성장한 의지의 표현으로서 상물질 의지가 태어나기 전에, 쓸 만하게 활동한다.

인간 존재에서 일곱 보조 지성 영에 견줄 만한 아무런 영향도 지역 우주 생애에는 없다. 우주 지성을 지역 우주 지능의 창조 근원—신성한 봉사자—가 수정하고 옮긴 대로, 상물질 지성은 이 우주 지성과 바로 접촉을 가짐으로 진화해야 한다.

필사자의 지성은, 죽기 전에, 자의식하면서 조절자의 계심으로부터 독립된다. 보조 지성은 그것이 작용하도록 만들기 위해서, 오직 관계된 물질 에너지 형태가 필요하다. 그러나 상물질 혼은 초월 보조자이며, 물질 지성의 작용을 빼앗겼을 때, 조절자가 없이는 자의식을 지니지 않는다. 그러나 진화하는 이 혼은 예전에 관계된 보조 지성이 내린 여러 결정으로부터 얻은, 계속하는 특징을 소유하며, 이 특징은 그 기억 형태가 돌아오는 조절자한테서 에너지를 공급받을 때, 활발한 기억이 된다.

기억이 지속하는 것은 최초의 자아의 신분을 지닌다는 증명이며, 성격이 연속되고 확대됨을 완벽하게 자의식하는 데 필수이다. 조절자가 없이 올라가는 필사자들은 인간의 기억을 되살리기 위하여 천사(天使) 동료들의 지시에 의존한다. 이 외에는 영이 융합한 필사자들의 상물질 혼은 제한을 받지 않는다. 기억의 형태는 혼 속에 존속하지만 이 형태는, 계속되는 기억으로서 즉시 스스로 깨달을 수 있게 되기 위하여 예전의 조절자의 계심이 요구된다. 조절자가 없이는, 필사 생존자가 이전 존재의 의미와 가치의 기억 의식을 다시 탐구하고 다시 배우고 다시 붙잡는 데 상당한 시간이 요구된다.

살아남을 가치가 있는 혼은, 자아의 신분이 전에 앉아 있던 자리인 그 물질 지성의 질적·양적 행위와 동기를 충실하게 반영한다. 진리와 아름다움과 선을 택하면서, 필사자 지성은 지혜 영의 지휘 밑에서, 통일된 일곱 보조 지성 영의 보호를 받으면서, 상물질 이전의 우주 생애에 들어간다. 나중에, 상물질 이전(以前)에 달성하는 일곱 수준을 마치고 나서, 상물질 지성의 자질을 보조 지성에 겹쳐 놓은 것은 지역 우주 진보에서 영(靈) 이전 생애, 즉 상물질 생애를 시작한다.

한 생물은 그가 태어난 혹성을 떠날 때, 보조자의 봉사를 뒤에 남겨 놓고, 오직 상물질 지능에 기댄다. 한 승천자가 지역 우주를 떠날 때, 그는 영적 수준의 존재에 다다랐고, 상물질 수준을 거친 것이다. 그리고 나서 새로 나타나는 이 영 통일체는 그 때 오르본톤 우주 지성이 직접 베푸는 봉사에 조율이 되어 있다.

7. 조절자 융합

생각 조절자와 융합하는 것은 전에 겨우 잠재성이었던 성격에게 영원한 사실성을 나누어 준다. 새로 부여받는 이 자질 가운데 다음을 언급해도 좋다: 신성의 성질이 굳어짐, 과거 영원의 체험과 기억, 불멸, 그리고 제한된 잠재 절대성의 한 단계.

일시 형태를 입고 땅에서 너의 과정이 끝났을 때, 너는 더 좋은 세상의 바닷가에서 깨어나기로 예정되며, 궁극에 너는 영원한 포옹 속에서 너의 충실한 조절자와 뭉칠 것이다. 이 융합은 하나님과 사람을 하나로 만드는 신비, 유한한 생물이 진화하는 신비를 이루지만, 그것은 영원히 참이다. 융합은 승천자별의 신성한 구체의 비밀이며, 신의 영과 융합을 체험한 자들을 제외하고, 한 시간 생물의 신분이 파라다이스 신의 영과 영원히 하나가 될 때 붙는 그 실제 가치의 참된 의미를 아무 피조물도 이해할 수 없다.

조절자 융합은 보통 그 승천자가 지역 체계 안에서 거주하는 동안 이루어진다. 그것은 자연사를 초월하는 현상으로서, 태어난 혹성에서 일어날지도 모른다. 저택 세계들의 어느 한 군데나 또는 체계 본부에서 일어날 수도 있다. 융합은 별자리에서 머무르는 때까지 늦춰질 수도 있고, 아니면 특별한 경우에 그 승천자가 지역 우주 서울에 있을 때까지, 성취되지 않을지 모른다.

조절자와 융합이 이루어졌을 때, 그러한 성격의 영원한 생애에는 아무런 앞날의 위험이 있을 수 없다. 하늘 존재들은 오랜 체험을 통하여 시험받지만, 사람들은 진화 세계와 상물질 세계들에서 비교적 짧고 맹렬한 시험을 거친다.

조절자와 융합하는 것은 그 인간 성품이 영원한 생애를 위하여 마지막으로 돌이킬 수 없는 선택을 했다고 초우주의 명령이 선포할 때까지, 결코 일어나지 않는다. 이것은 하나됨을 인가하는 것이고, 인가가 내렸을 때, 그 융합한 성격이 초우주의 본부까지 언젠가 나아가도록 지역 우주의 경계를 궁극에 떠나라는 출국 통지 허가이다. 초우주 본부로부터 시간의 순례자는 아득한 앞날에 하보나 중앙 우주와 신을 만나는 모험을 떠나도록 오랜 비행(飛行)을 위하여 2급 천사에 둘러싸인다.

진화 세계에서 자아는 물질이다. 자아는 우주에서 한 사물이요, 그런 상태로 물질 존재의 법칙에 지배를 받는다. 자아는 시간 속에서 한 사실이며, 시간의 변천에 민감하다. 살아남겠다는 결정은 여기서 형성되어야 한다. 상물질 상태에서 자아는 새롭고 더 오래 가는 우주 실체가 되었으며, 자아의 계속된 성장은 여러 우주의 지성 및 영 회로들에 더욱 조율되는 데 근거를 둔다. 살아남겠다는 결정은 이제 확인되고 있다. 자아가 영적 수준에 다다를 때, 자아는 우주에서 안전한 가치가 되었고, 이 새로운 가치는 살아남겠다는 결정이 내렸다는 사실에 의존하며, 이 사실은 생각 조절자와 영원히 융합함으로 증명되었다. 참된 우주 가치를 가진 지위를 성취했으니까, 그 생물은 가장 높은 우주 가치—하나님—을 추구하기 위해서 해방되는 잠재성을 얻는다.

그러한 융합된 존재들의 우주 반응은 2중이다. 그들은 세라핌과 아주 다르지 않은, 따로 된 상물질 개인이며, 잠재성으로 보면 파라다이스 최후자 서열에 있는 존재이다.

그러나 융합한 개인은 정말로 한 성격, 한 존재이고, 그 존재의 통일은 우주에서 어떤 지능이 분석하려 해도 조금도 허용하지 않는다. 그래서 가장 낮은 데서부터 가장 높은 데까지 지역 우주의 법정을 거쳤는데, 이 중에서 아무도 사람이나 조절자를, 하나와 다른 하나를, 구별할 수 없었다. 그리고 나서 너는 마침내 네바돈의 군주, 너희 지역 우주 아버지 앞으로 인도된다. 거기서 이 시간 우주에서 창조적 아버지 신분이 네 생명의 사실을 가능하게 만든 바로 그 존재의 손에서 너는 신임장을 받을 터이고, 이것은 우주의 아버지를 찾아서 너의 초우주 생애로 네가 궁극에 진행하는 자격을 준다.

승리한 조절자가 인간에게 훌륭하게 봉사함으로 성격을 얻었는가, 아니면 용감한 인간이 조절자와 같아지려는 성실한 노력을 통해서 불멸을 얻었는가? 이것도 저것도 아니다. 그러나 그들은 함께 최상위의 승천하는 성격자들 가운데 한 독특한 계급의 구성원의 진화를 마쳤으며, 그는 쓸모 있고, 충실하고, 능률 있다는 것이 언제라도 발견될 것이다. 그는 더욱 성장하고 발전하는 후보자요, 하보나의 일곱 회로를 거치고, 한때 땅에서 기원을 가진 혼이 파라다이스에 계신 아버지의 실제 성격을 경건하게 인식하고 설 때까지, 늘 위로 뻗고 그칠 줄 모르고 하늘로 올라간다.

이 화려한 상승 길 전체에 걸쳐서, 그 생각 조절자는 하늘 가는 필사자를 앞날에 완전히 영적으로 안정시킨다는 신의 약속이다. 그 동안에 필사자의 자유 의지가 존재하는 것은 조절자에게 신답고 무한한 성품을 해방시키는 영원한 경로를 마련해준다. 이제 이 두 신분이 하나가 되었다. 시간이나 영원의 어떤 사건도 결코 사람과 조절자를 떼어 낼 수 없고, 그들은 불가분하고 영원히 융합되었다.

조절자가 융합하는 세계들에서 신비의 감시자의 운명은 하늘 가는 필사자의 운명과 동일하다—파라다이스 최후 군단이다. 조절자나 필사자도, 다른 쪽의 완전한 협동과 충실한 도움이 없이는, 그 독특한 목적을 이룰 수 없다. 이 특별한 협동 관계는 이 우주 시대의 모든 우주 현상 가운데, 가장 마음을 빼앗고 놀라게 하는 것 중의 하나이다.

조절자와 융합할 때부터 승천자의 지위는 진화 생물의 지위이다. 인간 구성원은 먼저 성격을 누렸고, 따라서 성격 인식에 관련된 모든 문제에서 조절자를 앞지른다. 이 융합한 존재의 파라다이스 본부는 신별이 아니라 승천자별이며, 하나님과 사람의 이 독특한 조합은 최후 군단에 이르기까지, 내내 승천하는 사람으로서 지위를 차지한다.

조절자가 하늘 가는 필사자와 일단 융합하고 나서, 그 조절자의 번호는 초우주 기록에서 지워진다. 신별의 기록에서 무슨 일이 일어나는지 모르지만, 내가 추측하건대 그 조절자의 등록은 최후 군단의 대행(代行) 우두머리인 그랜드판다의 내부 법정의 비밀 영역으로 옮겨진다.

조절자 융합과 함께, 우주의 아버지는 물질 피조물에게 자신을 선물로 준다는 약속을 이루었다. 그는 인류에게 신성을 영원히 수여한다는 약속(約束)을 이행하고 그 계획을 성취하였다. 이처럼 사실이 된, 하나님과 가지는 숭고한 협동 관계에 본래부터 있는 한없는 가능성을 실현하고 현실화하려는 인간의 시도가 이제 시작된다.

살아남는 필사자들의 현재 알려진 운명은 파라다이스 최후 군단이다. 이것은 또한 필사 동반자와 영원한 연합 속에 합쳐진 모든 생각 조절자에게 운명의 목표이다. 현재 파라다이스의 최후자들은 대우주에 두루, 많은 사업에서 일하고 있지만, 일곱 우주가 빛과 생명 속에서 정착한 뒤 그 아득한 앞날에, 유한한 하나님이 이 최상 신을 지금 둘러싸는 신비로부터 마침내 솟아났을 때, 그들은 다른 더욱 고귀한 행동 과제들을 가질 것이라 우리 모두가 추측한다.

너희는 어느 범위까지, 중앙 우주, 초우주, 지역 우주의 조직과 직원에 관하여 가르침을 받았다. 너희는 방대한 이 창조들을 지금 다스리는 여러 성격자 가운데 어떤 이들의 특성과 기원에 관하여 무언가 일러 주는 것을 들었다. 너희는 또한 대우주의 변두리를 지나서 멀리 바깥에, 첫째 외계 공간 수준에서, 우주들을 담은 광대한 은하들이 조직되는 과정에 있다는 정보를 받았다. 이 이야기를 엮는 과정에서 최상 존재가 외계 공간에, 지금 지도가 그려지지 않은 이 지역에서, 밝혀지지 않은 그의 3차 활동을 드러낼 것이라고 또한 암시되었다. 너희는 또한 파라다이스 군단의 최후자들은 최상위의 체험하는 자녀라고 일러 주는 것을 들었다.

조절자와 융합한 필사자들은, 최후자 동료들과 함께, 첫째 외계 공간 수준에 있는 우주들의 행정에서 어떤 방법으로 활동하도록 예정되었다고 우리는 믿는다. 우리는 때가 되면 이 엄청난 은하(銀河)들이 사람이 사는 우주들이 되리라는 것을 한 푼도 의심하지 않는다. 그리고 우리는 그 행정자들 사이에 파라다이스 최후자들이 발견되리라고 똑같이 확신하며, 그들의 성품은 피조물과 창조자를 섞은 우주 결과이다.

얼마나 놀라운 모험인가! 얼마나 놀라운 모험담인가? 최상위의 자녀들, 성격화되고 인간화된 이 조절자들, 조절자가 되고 영원하게 된 이 필사자들, 알려진 바 첫째 근원 중심 본질의 가장 높은 명시, 그리고 우주의 아버지를 이해하고 그에 도달할 능력이 있는 가장 낮은 형태의 지적 생명, 이 둘의 신비스러운 조합이요 영원한 결합이 거대한 창조를 관리하도록 정해졌다. 그러한 융합 존재들, 창조자와 피조물의 그러한 협동 관계는, 첫째 외계 공간의 이 미래 우주들에서 두루 생기게 될지 모르는 모든 형태의 지적 생명의 훌륭한 통치자, 비할 데 없는 행정자, 이해심과 동정심이 있는 지도자들이 되리라 우리는 상상한다.

너희 필사자들은 땅에서 동물의 기원을 가진 것이 참말이다. 너희의 뼈대는 정말로 티끌이다. 그러나 너희가 실제로 하겠다면, 너희가 정말로 바란다면, 오랜 세월에 걸친 유산(遺産)은 확실히 너희 것이요, 참된 인품 속에서 너희는 언젠가 우주에서 두루 봉사하게 될 것이다—너희는 경험하는 최상위 하나님의 자녀요, 모든 성격자의 파라다이스 아버지의 신다운 아들이다.

[오르본톤의 한 외톨 사자가 발표하였다.]

제 113 편

운명 수호 천사

시간 속에 봉사하는 영과 공간의 사자 무리들에 관한 이야기를 발표했으니, 우리는 수호 천사, 즉 개별 필사자에게 봉사하는 데 헌신하는 세라핌을 고려하게 된다. 필사자들을 높이고 완전하게 만들기 위하여, 영적으로 진보하는 광대한 생존 계획 전체가 마련되었다. 유란시아에서 지난 시대에, 이 운명 수호자들은 거의 유일하게 인정받은 무리였다. 정말로 혹성의 세라핌들은 살아남을 자들을 위하여 봉사하라고 파송된, 시중드는 영이다. 보살피는 이 세라핌들은 지난날과 오늘날의 모든 큰 사건에서 필사인의 영적 조수로서 활동해 왔다. 많은 계시에서 "천사들이 그렇게 말씀하였더라." 하늘의 많은 지시는 "천사들의 봉사로 말미암아 받았더라."

세라핌은 전통적인, 하늘의 천사이다. 그들은 너희에게 아주 가까이 살고, 너희를 위하여 대단히 많이 일하는, 보살피는 영이다. 그들은 인간 지능이 발달한 아주 초기부터 유란시아에서 봉사해 왔다.

1. 수호 천사

수호 천사에 관한 가르침은 신화(神話)가 아니다. 어떤 무리의 인간들은 실제로 개인 천사를 가지고 있다. 이것을 인정해서, 예수는 하늘나라의 자녀들에 관하여 말씀했다. "이 어린아이들 가운데 하나도 너희가 업신여기지 않도록 조심하여라. 내가 너희에게 이르노니, 이는 저희의 천사들이 언제나 내 아버지 영이 계심을 보는 까닭이라."

최초에 세라핌들은 독립된 유란시아 종족들에게 분명히 배치되었다. 그러나 미가엘의 수여가 있은 뒤에, 그들은 인간 지능, 영적 성향, 운명에 따라서 배치된다. 지성 면에서, 인류는 다음 세 등급으로 나눠진다:

1. 정상 밑의 지성을 가진 자—정상의 의지력을 쓰지 못하는 자, 보통의 결정을 내리지 못하는 자들. 이 등급은 하나님을 이해할 수 없는 자들을 넣는다. 그들은 신을 총명하게 예배하는 능력이 모자란다. 유란시아에서 정상 밑의 존재들은 한 대대(大隊)의 케루빔과 더불어, 한 무리의 세라핌, 즉 한 중대(中隊)를 배치받으며, 이것은 그들에게 시중들기 위한 것이고 또한 그 구체의 생명 투쟁에서 그들에게도 응보와 자비가 베풀어진다는 것을 증언한다.

2. 보통 부류, 정상 부류의 인간 지성. 천사 봉사의 관점에서 볼 때, 대부분의 남녀는 인간의 진보와 영적 발전의 여러 수준을 거치면서, 그들의 지위에 따라서 일곱 등급으로 분류된다.

3. 정상 위의 지성을 가진 자—위대한 결정을 내리고, 의심할 여지 없이 영적 성취 잠재성을 가진 자들. 깃드는 조절자와 얼마큼 접촉을 누리는 남녀들. 다양한

운명 예비군의 구성원들. 한 인간이 어쩌다가 어떤 수준에 있든지 상관 없이, 그러한 개인이 몇몇 운명 예비 군단 가운데 어디에라도 등록되면, 바로 그 때 거기서, 개인 세라핌이 배치되고, 그 때부터 땅에서 생애를 마칠 때까지, 그 사람은 한 수호(守護) 천사의 계속된 봉사와 그침 없는 보호를 누릴 것이다. 또한 어떤 인간이라도, 최상의 결정을 내릴 때, 조절자와 진짜 약혼이 있을 때, 한 개인 수호자가 즉시 그 혼에게 배치된다.

이른바 정상 존재들에게 베푸는 봉사에서, 천사의 배치는 인간이 지성과 영성(靈性)의 수준을 도달한 데 따라서 정해진다. 너희는 7급 수준에서 필사자의 옷인 지성 속에서 시작하여, 자아 이해, 자아 정복, 자아 통달의 과제에서 안으로 여행한다. (자연사가 너의 생애를 끝마치고 너의 투쟁을 저택 세계들로 옮기지 않으면) 깃드는 조절자와 비교적 접촉이 있고 교통하는 1급 수준, 즉 안쪽 영역에 이를 때까지, 너는 한 수준, 한 수준 올라간다.

초기 수준, 즉 7급 수준에 있는 인간들은, 필사자 1천 명을 돌보고 관리하는 데 배치된 1개 중대의 보조하는 케루빔과 더불어 수호 천사 1명을 가지고 있다. 6급 수준에서 1개 중대의 케루빔과 더불어 천사 한 쌍이 5백 명씩 무리를 지어 하늘 가는 이 필사자들을 안내하라고 배치된다. 5급 수준이 도달되었을 때, 인간들은 약 1백 명의 중대들로 분류되며, 한 집단의 케루빔과 함께 수호 세라핌 한 쌍이 책임을 맡는다. 4급 수준에 이르고 나서, 필사 존재들은 10명씩 집단을 이루어 집합되고, 다시 책임이 한 쌍의 세라핌에게 맡겨지고 이들은 1개 중대 케루빔의 도움을 받는다.

한 필사 지성이 동물로서 받은 유산(遺產)의 타성을 깨뜨리고 인간 지성의 3급 수준에 다다르고 영성을 얻을 때, 개인 천사가 (실제는 둘) 그 때부터 전적으로, 하늘 가는 이 필사자에게 순전히 헌신한다. 이처럼 이 인간 혼들은, 항상 계시고 점점 더 능률적인 깃드는 생각 조절자에 덧붙여, 3급 수준을 마치고, 2급을 건너고, 1급에 도달하려고 모든 노력을 기울이면서, 이 개인 운명 수호자들의 집중된 도움을 받는다.

2. 운명 수호자

세라핌들은 세 가지 업적 중에 하나 이상(以上)을 실현한 인간 혼과 교제하는 데 배치될 때까지 운명의 수호자라고 알려지지 않는다: 그 사람은 하나님처럼 되려는 최고의 결정을 내렸거나, 3급 수준에 들어갔거나, 아니면 운명 예비군 가운데 하나에 소집되었다.

민족들의 진화에서, 필요한 정복 수준에 다다른 가장 첫 존재에게 한 운명 수호자가 배치된다. 유란시아에서 개인 수호자를 확보한 처음 필사자는 란토왁이었는데, 그는 오래 전에 홍인종의 현자였다.

모든 천사 배치는 자원하는 세라핌의 집단으로부터 정해지며, 이 임명은 언제나 인간의 필요에 따라서, 천사 쌍의 지위를 고려해서—천사의 체험, 기술, 지혜에 비추어서—정해진다. 오로지 오래 봉사한 세라핌, 경험이 좀더 많고 시험을 겪은 부류들이 운명의 파수로서 배치된다. 허다한 수호자가 비(非)조절자 융합 시리즈의 세계들에서 값진 체험을 많이 겪었다. 조절자들과 마찬가지로, 세라핌들은 꼭 하나의 인생 동안 이 존재들을 따라다니며, 다음에 새로운 배치를 받기 위하여 해방된다. 유란시아에 있는 많은 수호자가 다른 세계에서 이전에 이 실용적 체험을 가졌다.

인간들이 살아남지 못할 때, 그들의 개인 수호자나 집단 수호자들은 같은 혹성에서 비슷한 자격으로 되풀이해서 근무해도 좋다. 세라핌들은 개별 세계에 대하여 감상적인 견해를 얻으며, 아주 가깝고 밀접하게 교제했던 어떤 민족과 부류의 필사 인간들에게 특별한 애정을 품는다.

천사들은 그 인간 동료에 대하여 오래 가는 애정을 개발한다. 너희가 단지 그 세라핌들을 눈에 선하게 그릴 수만 있다면, 그들에 대하여 따듯한 애정이 생길 것이다. 물질 몸을 벗어 버리고, 영 형태가 주어지면, 너희는 성격의 여러 속성에서 볼 때 천사들과 매우 가까울 것이다. 그들은 너희가 가진 감정의 대부분을 나누어 가지며, 그 위에 몇 가지를 더 체험한다. 너희를 움직이고 그들이 얼마큼 이해하기 어려운 유일한 감정은, 유란시아의 보통 거주자의 정신 생활에서 아주 크게 자리잡는 동물 같은 두려움의 유산이다. 너희가 어째서 상급 지적 능력, 아니 너희의 종교적 믿음까지도, 그렇게 두려움에 지배되도록 버려 두는지, 두려워하고 걱정하는 어리석은 공포증 때문에 아주 철저히 기가 죽는지, 천사들은 정말로 이해하기 어려워한다.

세라핌은 모두 각자의 이름을 가지고 있지만, 세계 근무에 배치하는 기록에, 그들은 흔히 자기의 혹성 번호에 따라서 호칭된다. 우주 본부에서 그들은 이름과 번호로 등록된다. 이 접촉하는 통신에 쓰인 인간 주체의 운명 수호자는 네바돈의 제 182,314 천사군의 37 군대, 6 군단, 384 단위, 4 대대(大隊), 126 중대(中隊), 17 소대(小隊)의 3번이다. 유란시아에서 이 세라핌, 그리고 이 인간 주체에게 주어진 현재 혹성 임명 번호는 3,641,852이다.

개인 수호자 자격으로 봉사하는 데, 즉 천사들을 운명 수호자로 배치하는 일에 세라핌들은 언제나 봉사를 자원한다. 이 방문이 있던 도시에서 어떤 필사자가 최근에 운명 예비군에 가입 허락을 받았다. 모든 그러한 인간에게 개인적으로 수호 천사가 따라붙으니까, 자격 있는 세라핌들이 백 명이 넘게 그 배치를 받으려 하였다. 혹성 지도자는 경험이 많은 개인들 가운데 12명을 뽑았고, 그 뒤에 이 인간의 일생의 여행을 통해서, 그를 안내하기에 가장 알맞다고 그들이 선택한 세라핌을 임명했다. 다시 말해서, 그들은 똑같이 자격을 갖춘 세라핌 한 쌍을 골랐다. 이 세라핌 쌍 가운데 하나는 언제나 근무 중일 것이다.

천사의 과제는 쉴 사이가 없을까 싶지만, 천사 쌍의 어느 쪽도 모든 시중드는 책임을 처리할 수 있다. 케루빔처럼, 세라핌은 보통 쌍으로 일하지만, 그들보다 아래에 있는 동료들과 달리, 세라핌은 때때로 혼자서 일한다. 인간들과 가지는 거의 모든 접촉에서 그들은 개인으로서 활동할 수 있다. 오직 우주의 상급 회로에서 통신하고 일하기 위해서, 두 천사가 필요하다.

수호자 임무를 받아들일 때, 세라핌 한 쌍은 그 인간의 여생 동안 봉사한다. 존재의 보완자가 (두 천사 가운데 하나) 그 사업의 기록자가 된다. 이 보완하는 세라핌은 진화 세계들에서, 사람에게 기록하는 천사이다. 케루빔 쌍이 (케루빔 1명과 사노빔 1명) 기록을 유지하며, 이들은 언제나 그 수호 세라핌들과 관련되지만, 언제나 세라핌 중 하나가 이 기록을 후원한다.

쉬고, 우주 회로의 생명 에너지로 다시 충전할 목적으로, 정기적으로 수호자를 그 보완자가 교대한다. 그리고 그가 자리를 비울 때 관련된 케루빔이 기록자로서 활동하며, 이것은 또한 보완하는 그 세라핌이 비슷하게 자리를 비울 때도 마찬가지다.

3. 다른 영의 영향과 가지는 관계

운명 수호자가 그 필사 주체를 위하여 하는 가장 중요한 일 중에 하나는, 진화하는 물질 생물의 지성과 혼에 깃들고, 부딪치고, 이를 둘러싸는 수많은 비성격 영의 영향을 친히 조정하는 것이다. 인간들은 성격자이며, 비성격 영과 전(前) 성격 존재들이 그렇게 다분히 물질적이고 따로따로 성격인 지성들과 바로 접촉하기는 극히 힘들다. 지키는 천사가 베푸는 봉사에서 이 모든 영향은 얼마큼 통일되고, 진화하는 인간 성격의 커지는 도덕적 성품이 더 가깝게 이해할 수 있게 된다.

특히, 이 수호 세라핌은 물리 통제자와 보조 지성 영들의 영토로부터 신성한 봉사자의 성령, 그리고 파라다이스의 셋째 근원 중심이 가진 두루 계시는 영의 계심에 이르기까지, 무한한 영의 다양한 대리자 및 영향을 상관시킬 수 있고, 또 그렇게 한다. 무한한 영의 이 광대한 보살핌을 이처럼 통일하고 더 개인적으로 만들고 나서, 그 세라핌은 합동 행위자의 이 통합된 영향을 아버지와 아들의 영적 계심과 상관시키는 일에 착수한다.

조절자는 아버지의 계심이며, 진리의 영은 아들들의 계심이다. 이 신성한 재산은 수호 세라핌의 봉사로 말미암아, 인간의 영적 체험의 하위 수준에서 통일되고 조정된다. 천사 봉사자들은 필사 인간에게 봉사하면서 아버지의 사랑과 아들의 자비를 통합하는 데 재질이 있다.

육체가 죽고 상물질계에서 부활하는 사이에 낀 시간에, 어째서 수호 세라핌이 결국 필사 생존자의 지성 형태, 기억 공식, 혼 실체들을 친히 관리하는 자가 되는가 하는 까닭이 여기에 드러난다. 무한한 영의 봉사하는 자손들 외에 아무도 우주의 한 수준으로부터 다른 더 높은 수준까지 이동하는 이 단계에서, 이렇게 인간 생물을 위하여 활동할 수 없다. 너희가 마지막 이동하는 잠에 들어갈 때, 너희가 시간으로부터 영원으로 지나갈 때에도, 한 높은 상천사(上天使)가 생물 신분의 관리자로서, 성격을 고스란히 지키는 보장(保障)으로서, 너와 함께 이동한다.

영적 수준에서, 세라핌은 달리 비성격(非性格)이고 전 성격인, 우주의 많은 봉사를 친히 베푼다. 그들은 조정하는 자이다. 지적 수준에서 지성과 상물질을 상관시키는 자이다. 그들은 해석하는 자이다. 물리적 수준에서 그들은 물리 주통제자들과 연락을 가짐으로, 그리고 중도인들의 협조하는 봉사를 통해서, 땅의 환경을 조종한다.

이것이 시중드는 세라핌의 다채롭고 복잡한 활동에 관한 이야기이다. 그러나 인류의 우주 수준보다 겨우 조금 높게 창조된, 그런 하급 천사 성격자가 어떻게 그토록 어렵고 복잡한 일을 할 수 있는가? 우리는 정말로 알지 못하지만, 이 놀라운 봉사는 어떤 밝혀지지 않은 방법으로, 최상 존재의 인식되지 않고 밝혀지지 않은 작용 때문에 수월하게 된다고 추측하며, 그는 시공의 진화하는 우주들에서 현실화하는 신이다. 최상 존재 안에서, 그를 통해서, 진보해서 살아남는 영역에 두루, 세라핌은 필사자의 계속되는 진보에 필수인 부분이다.

4. 세라핌의 활동 분야

수호 세라핌은 지성이 아니다. 하지만 그들은 필사 지성에도 기원을 주는 똑같은 근원, 창조 영으로부터 솟아난다. 세라핌은 지성을 자극하는 자이다. 그들은 인간 지성 안에서 여러 수준에 이르는 결정을 촉진하려고 줄곧 애쓴다. 조절자들이 하는 것처럼 안에서부터, 혼을 통해서 작용하는 것이 아니라, 오히려 바깥에서 안을 향하여, 인간들의 사회·윤리·도덕 환경을 통해서 일한다. 세라핌은 우주의 아버지가 쓰는 신성한 조절자 유혹물은 아니지만, 무한한 영이 베푸는 봉사의 성격 대리자로서 활동한다.

조절자의 지도 밑에서, 필사인은 또한 세라핌의 안내를 쉽게 따른다. 조절자는 사람의 영원한 성품의 본질이요, 세라핌은 사람의 진화하는 성품—이 생명에서는 필사 지성, 다음 생명에서는 상물질 혼—을 가르치는 선생이다. 저택 세계들에서 너희는 세라핌 강사(講師)들을 의식하고 알겠지만, 첫 생명에서 사람들은 보통 그들을 깨닫지 못한다.

세라핌은 새롭고 진취적인 체험의 길로 인간 성격자의 발걸음을 안내함으로 사람의 선생으로서 활동한다. 세라핌의 안내를 받아들이는 것은 편안한 생활에 이름을 뜻하는 일이 드물다. 이 인도함을 따르면서 너희는 도덕적 선택과 영적 진보가 있는 험한 산에 분명히 부딪치며, 너희가 용기가 있다면 산을 거쳐 갈 것이다.

예배하려는 충동은 대체로 상급 지성 보조자들의 영적 재촉에서 시작되고, 조절자의 이끄심으로 보강된다. 그러나 하나님을 의식하는 필사자들이 무척 자주 체험하는 기도(祈禱)하고 싶은 충동은 아주 흔히 세라핌이 미치는 영향의 결과로서 일어난다. 수호 세라핌은 인간 승천자의 우주 통찰력을 늘이려는 목적으로, 사람의 환경을 항상 조종하며, 이것은 그러한 생존 후보자가 그에게 깃드는 조절자의 계심을 더욱 깨닫고, 이처럼 신다운 계심의 영적 사명에 더욱 협동하게 만드는 것이 목표이다.

겉보기에는, 깃드는 조절자와 둘러싸는 세라핌들 사이에 아무런 통신이 없지만, 그들은 언제나 완전히 조화를 이루고 지극하게 일치하여 일하는 듯하다. 조절자들의 활동이 가장 적을 때 수호자들이 가장 활발하지만, 그들의 봉사는 어떤 방법으로 이상하게 서로 연결되어 있다. 그러한 훌륭한 협동은 도저히 어쩌다가 생기거나 우발하는 것일 수 없다.

수호 세라핌들의 봉사하는 성격, 깃드는 조절자의 하나님 계심, 성령의 연결된 활동, 그리고 진리의 영이 아들을 의식하는 것은 모두 한 필사 성격 안에서, 그에게 베풀어지는 영적 봉사가 뜻 깊게 통일됨으로 서로 신성하게 관련된다. 비록 다른 근원과 다른 수준으로부터 오더라도, 이 하늘 영향력은 모두 최상 존재의 둘러싸고 진화하는 계심 속에서 통합된다.

5. 세라핌이 필사자에게 베푸는 봉사

천사들은 인간 지성의 신성함을 침범하지 않는다. 그들은 필사자들의 의지를 조종하지 않는다. 그들은 깃드는 조절자와 바로 접촉하지도 않는다. 운명 수호자는 네 성격의 위엄과 일치하는 모든 가능한 방법으로 너에게 영향을 미친다. 어떤 경우에도 이 천사들은 인간 의지의 자유로운 행동에 간섭하지 않는다. 천사들이나 어떤 다른 계급의 우주 성격자도, 인간이 택하는 특권을 축소하거나 단축할 권력이나 권한이 없다.

천사들은 너희에게 아주 가까이 있고 애틋하게 너희에게 관심을 가져서, 비유로 말하자면 "너희가 고집하여 관용을 보이지 않고 완고하기 때문에 눈물을 흘린다." 세라핌은 육체로 눈물을 흘리지 않으며, 육체가 없다. 그들은 날개도 없다. 그러나 그들은 영적 감정을 가졌고, 영적 성질을 가진 느낌과 감정을 체험하며, 이것들은 어떤 면에서 인간의 감정과 비할 만하다.

세라핌들은 너희가 직접 드리는 하소연과 아주 상관 없이, 너희를 위하여 행동한다. 그들은 상관들의 명령을 집행하며, 따라서 너희의 지나가는 변덕이나 바뀌는 기분에 상관 없이 활동한다. 이것은 너희가 그들의 과제를 더 쉽게, 또는 더 어렵게 만들면 안 된다는 것이 아니라, 차라리 천사들은 너희의 하소연이나 너희가 드리는 기도에 직접 아랑곳하지 않는다는 것을 뜻한다.

육체를 입은 생애에서 천사들의 지능은 필사인들에게 직접 소용되지 않는다. 그들은 대군주나 지도자가 아니다. 다만 수호자일 뿐이다. 세라핌들은 너희를 <u>지킨다</u>. 너희에게 직접 영향을 미치려고 애쓰지 않는다. 너희는 자신의 갈 길을 계획해야 하지만, 그리고 나서 이 천사들은 네가 고른 길을 가능한 최선으로 이용하려고 행동한다. 그들은 인간 생활의 일상 사무에 (보통은) 멋대로 간섭하지 않는다. 그러나 어떤 특별한 공적을 세우라고 상관들로부터 지시를 받을 때, 너희는 이 수호자들이 그 명령을 수행하는 어떤 수단을 찾아내리라는 것을 안심하고 믿어도 좋다. 따라서 비상시에, 그것도 보통은 상관의 직접 명령을 받을 경우를 빼고, 그들은 인간 드라마의 그림 속에 쳐들어오지 않는다. 그들은 오랜 세월 동안 너희를 따라다닐 존재이며, 따라서 그들의 미래 작업과 성격 관계에 대하여 기초 교육을 받고 있다.

세라핌들은 어떤 상황에서 인간들에게 물질적 봉사자로서 활동할 수 있지만, 이 자격으로 행동하는 일은 아주 드물다. 중도인과 물리 통제자들의 도움을 받아서, 그들은 인간들을 위하여 넓은 범위의 활동에서 일할 수 있다. 인류와 실제로 접촉하는 일조차 할 수 있지만, 그러한 일은 대단히 드물다. 대부분의 경우에 물질 영역의 상황은 세라핌의 행위에 영향을 받지 않은 채로 진행된다. 하지만 인간 진화의 사슬에서 사활(死活)을 가리는 고리에 위험을 미치는 경우가 일어난 적이 있고, 그런 경우에 수호 세라핌들이, 마땅하게도 솔선해서 행동했다.

6. 사람이 죽은 뒤에 수호 천사

자연 생명 동안에 세라핌이 베푸는 봉사에 대하여 무언가 너희에게 일러 주었으니, 나는 그 인간 동료가 필사의 분해를 겪을 때 운명 수호자들이 하는 행동에 대하여 너희에게 알려 주려고 노력하겠다. 네가 죽고 나서, 너의 기록, 신분의 세목, 그리고—필사 지성과 신다운 조절자가 베푼 봉사로 말미암아 합동으로 진화한—인간 혼의 상물질 존재를, 너의 미래 존재에 관계되는 모든 다른 가치와 함께, 운명 수호자가 충실하게 간직한다. 이것들은 떠나는 조절자와 성격의 사실성이 대표하는, 계속하는 존재의 신분을 제쳐 놓고, 너를, 진짜 너를 구성하는 모든 것을 포함한다.

인간 지성에서 표시등(表示燈), 즉 세라핌들이 조절자의 계심과 연결시키는 영(靈)의 광채가 사라지는 순간, 시중드는 천사는 연달아서 그 소대, 중대, 대대, 단위, 군단, 군대의 지휘하는 천사들에게 몸소 보고한다. 그리고 시간과 공간의 마지막 모험을 위하여 정식으로 등록된 뒤에, 그러한 천사는 이 우주 승천 후보자의 천사군을 지휘하는 **저녁별**에게 (또는 **가브리엘**의 다른 부관에게) 보고하기 위하여 혹성 세라핌 우두머리의 인가를 받는다. 가장 높은 이 조직 단위의 지휘자로부터 허락을 받고 나서, 그러한 운명 수호자는 첫째 저택 세계로 나아가고, 거기서 육체를 입은 옛 피보호자가 정신 차리기를 기다린다.

개인 천사를 배치받고 난 뒤에 인간의 혼이 살아남지 못할 경우에, 시중들던 세라핌은 지역 우주의 본부로 나아가서, 거기서 전에 보고한 대로 그의 보완자의 전체 기록을 증거해야 한다. 다음에 그의 주체가 살아남지 못한 문제에서 책임을 면제받으려고, 천사장들의 법정 앞으로 간다. 그리고 나서 그는 하늘 가는 잠재성을 가진 또 다른 필사자에게, 아니면 세라핌이 봉사하는 어떤 다른 분과로, 다시 배치를 받으려고 세계들로 돌아간다.

그러나 개인 및 집단 수호자 자격으로 봉사하는 것 말고도, 여러 방법으로 천사들은 진화 생물에게 봉사를 베푼다. 자기의 주체가 저택 세계로 바로 가지 않는 그러한 개인 수호자들은, 할 일 없이 섭리 시대의 심판 점호를 기다리면서 거기에 묵지 않는다. 그들은 우주에 두루, 수많은 봉사 임무에 다시 배치된다.

수호 세라핌은 사람의 잠자는 혼의 살아남는 가치를 관리하는 수탁자이며, 마찬가지로 자리를 비운 **조절자**는 그러한 불멸하는 우주 존재의 <u>신분이다</u>. 새로이 빚어낸 상물질 형태와 연결하여 이 둘이 저택 나라의 부활실에서 같이 일할 때, 필사 승천자의 성격을 구성하는 요인들의 재조립이 일어난다.

조절자는 너를 확인할 것이다. 수호 세라핌은 너를 다시 성격화하고, 그리고 나서 네가 땅에 있던 시절의 그 충실한 **감시자**에게 너를 다시 내보인다.

그렇다 하더라도, 한 혹성 시대가 끝날 때, 필사자 성취의 하위 수준에 있는 자들이 같이 모일 때, 저택 구체들의 부활실에서 그들을 다시 조립하는 것은 그들의 집단 수호자이며, 너희의 기록이 말하는 바와 같다: "그리고 그는 큰 목소리를 가진 그의 천사들을 보낼 것이요, 그 나라의 한쪽 끝에서 다른 쪽까지 그가 택한 자들을 함께 모으리라."

응보의 기법은 개인 또는 집단 수호자들이 살아남지 않는 모든 성격자를 위하여 섭리 시대의 점호에 응답하라고 요구한다. 그러한 살아남지 못하는 자들의 **조절자**는 돌아오지 않고, 점호를 부를 때 세라핌들은 대답하지만, **조절자**들은 아무 대답이 없다. 이것이 "불의한 자들의 부활," 실제는 생물의 존재가 그침을 공식으로 인정하는 것이다. 이 응보의 점호는 반드시 자비의 점호, 즉 잠자는 생존자들의 부활 바로 뒤에 있다. 그러나 이것은 생존 가치를 가리는, 지고(至高)하고 전지한 **심판**들 외에는 아무도 아랑곳할 바가 아니다. 그런 판결 문제들은 정말로 우리의 관심거리가 아니다.

집단 수호자들은 여러 시대에 걸쳐 한 혹성에서 봉사하고, 결국은 수많은 잠자는 생존자의 잠든 혼을 관리하는 자가 될지 모른다. 부활의 반응이 저택 세계들에서 일어나니까, 그들은 한 주어진 체계의 많은 다른 세계에서 그렇게 근무할 수 있다.

사타니아 체계에서, **루시퍼** 반란이 있었을 때 길을 잘못 든 개인 및 집단 수호자들은, 다수가 어리석음을 진심으로 뉘우쳤는데도, 모두 그 반란의 마지막 판결이 있을 때까지 예루셈에 감금될 것이다. 우주 검열자들은 말을 듣지 않고 불충한 수호자들로부터 그들이 맡은 혼의 모든 모습을 가져갔고, 보호하기 위하여 자원한 2급 천사들의 관리에 이 상물질계 실체들을 맡겼다.

7. 세라핌, 그리고 하늘 가는 생애

저택 세계의 바닷가에서 이렇게 처음으로 깨어나는 것, 땅에서 살던 시절에 오래 사랑하고 늘 곁에 있던 너의 천사 동반자들을 거기서 처음으로 실제로 보는 것, 또한 땅에서 너의 지성에 그렇게 오래 깃들던 신다운 감시자의 신분과 계심을 거기서 참으로 의식하게 되는 것은 하늘 가는 필사자의 생애에서 정말로 한 신기원이다. 그러한 체험은 영화로운 깨어남이요, 진정한 부활이다.

상물질 구체에서 시중하는 세라핌들은 (두 명이 있는데) 너의 공개 동반자들이다. 이 천사들은 과도기 세계들의 생애를 통해서 네가 진보하는 동안, 상물질 및 영 지위를 얻는 일에 모든 가능한 방법으로 너를 도우면서 너와 사귈 뿐 아니라, 저택 세계들에서 유지되는, 진화 세라핌을 위한 연장(延長) 학교에서 공부해서 승진할 기회를 이용한다.

인간종은 좀더 간단한 부류의 천사 계급들보다 조금 못하게 지어졌다. 따라서 상물질 생명에서 너의 첫 임무는, 육체의 사슬로부터 풀려난 뒤에 성격 의식을 얻을 때 기다리고 있는 과제, 즉시 닥친 일을 하는 과제에서 세라핌에게 조수(助手) 노릇일 것이다.

저택 세계들을 떠나기 앞서, 모든 사람은 영구한 세라핌 동료나 수호자를 가질 것이다. 너희가 상물질 구체들을 올라감에 따라서, 생각 조절자와 네가 영원히 결합하는 선포를 증언하고 인가하는 것은 궁극에는 수호 세라핌들이다. 그들은 함께 너희의 성격 신분이 시간 세계들로부터 온 육체의 아이라고 증거한다. 그리고 나서 너희가 성숙한 상물질 상태에 이르면, 그들은 예루셈, 그리고 체계의 진보 및 문화를 가르치는 관계된 세계들을 거쳐서, 너희를 따라간다. 그 다음에 너희와 함께 에덴시아, 그리고 상급 교제가 있는 소속된 70 구체까지 간다. 나중에 그들은 멜기세덱들까지 너희를 안내하고, 우주 본부 세계들에서 보내는 멋진 생애를 통하여 너희를 따라갈 것이다. 너희가 멜기세덱들의 지혜와 문화를 배우고 나서, 그들은 계속 너희를 구원자별로 데려갈 터이고, 거기서 너희는 온 네바돈의 군주와 얼굴을 마주하고 서게 될 것이다. 아직도 이 안내하는 천사들은 초우주의 소구역과 대구역을 통해서, 유버르사의 접대 세계들까지 줄곧 너희를 따라가고, 너희가 긴 하보나 비행(飛行)을 위하여 마침내 2급 천사에 둘러싸일 때까지, 너희와 함께 남아 있을 것이다.

필사 생애 동안에 딸려 있던 운명 수호자들 가운데 더러는 하보나를 통해서 하늘 가는 순례자들의 과정을 밟는다. 더러는 그들이 오래 사귀던 인간 동료에게 일시 작별하고, 다음에 이 인간들이 중앙 우주의 궤도들을 거치는 동안, 이 운명 수호자들은 천사별에서 그 궤도들을 마친다. 인간 동료가 시간의 마지막 이동하는 잠으로부터 영원의 새로운 체험 속으로 깨어날 때, 그들은 파라다이스의 바닷가에서 기다리고 있을 것이다. 그러한 하늘 가는 세라핌들은 나중에 최후자 군단에서, 그리고 완결 천사 군단에서 다채로운 봉사에 들어간다.

사람과 천사는 영원한 봉사에서 다시 합칠 수도 있고 그렇지 않을 수도 있다. 그러나 천사 임무가 어디로 데리고 가든지, 세라핌들은 진화 세계에서 온 옛 피보호자, 곧 하늘 가는 시간 필사자와 언제나 교통한다. 인간이 기원을 가졌던 영역들에 대한 밀접한 관계와 애정을 느끼는 소속감은 결코 잊혀지지 않고, 완전히 끊어지지도 않는다. 사람과 천사들은 시간의 생애에서 한 것처럼, 영원한 시대에 신성한 근무에 협동할 것이다.

세라핌이 파라다이스 신들에게 도달하는 가장 확실한 길은 진화의 기원을 가진 한 혼을 파라다이스의 입구까지 안내하는 데 성공하는 것이다. 따라서 운명의 수호자로 배치받는 것은 가장 높이 치는 천사 임무이다.

오직 운명 수호자들이 1차, 즉 필사 최후 군단으로 소집된다. 그러한 쌍들은 신분이 하나가 되는 최고의 모험에 말려들었다. 최후자 군단으로 그들이 받아들여지기 전에, 두 존재는 천사별에서 영적으로 둘이 하나됨을 이룩한 것이다. 모든 우주 활동에서 그렇게 보완하던 두 천사 성품은, 이 체험에서 궁극에는 두 영의 일치를 이룩하며, 파라다이스 아버지의 비조절자 분신을 받고 그와 융합하는 새로운 능력에서 반향을 일으킨다. 그래서 시간 속에서 너희의 사랑스러운 천사 동료들 가운데 더러는 또한 영원 속에서 너희의 최후자 동료, 곧 최상위의 아이들이요, 파라다이스 아버지의 완전하게 된 아들들이 된다.

[유란시아에서 주둔하는 세라핌 우두머리가 발표하였다.]

제 114 편

세라핌의 혹성 정부

최고자들은 많은 하늘 세력과 대리자를 통해서, 그러나 주로 세라핌의 봉사를 통해서 사람들의 나라에서 다스린다.

오늘 정오에, 유란시아에 있는 혹성 천사, 수호자, 그리고 기타 존재의 출석 점호는 세라핌 501,234,619쌍이었다. 내 지휘 밑에, 200 천사군—세라핌 597,196,800쌍, 곧 개별 천사 1,194,393,600명—이 배치되었다. 그러나 기록부는 천사가 1,002,469,238명이라는 것을 나타낸다. 따라서 천사 191,924,362명이 이 세계에서 수송·사자(使者)·죽음의 임무를 띠고 자리를 비운 것이다. (유란시아에는 세라핌과 대체로 같은 수의 케루빔이 있고, 그들은 비슷하게 조직되어 있다.)

세라핌 및 관계된 케루빔은 한 혹성, 특히 반란으로 고립된 세계들의 초인간 정부의 세부(細部)와 크게 상관이 있다. 천사들은 중도자(中道者)들한테서 훌륭하게 도움을 받으며, 거주하는 총독과 그의 모든 동료 및 부하의 명령을 집행하는 실제 초물질 봉사자로서, 유란시아에서 활동한다. 한 등급으로서 세라핌들은 개인 및 집단 수호자 자격이 아닌 많은 임무로 바쁘다.

유란시아는 체계, 별자리, 우주의 통치자들로부터 적절하고 효과적인 감독이 없이 지내지 않는다. 그러나 혹성 정부는 사타니아 체계에서, 아니 온 네바돈에서도, 어느 다른 세계의 정부와도 다르다. 너희를 감독하는 계획의 이 독특성은 몇 가지 특별한 상황 때문이다:

1. 유란시아의 생명 수정(修正) 지위.

2. 루시퍼 반란의 긴급 사태.

3. 아담의 실수가 가져온 소동.

4. 유란시아가 우주 군주의 수여 세계들 가운데 하나라는 사실로부터 생겨나는 여러 가지 불규칙한 점. 네바돈 미가엘은 유란시아에서 혹성 영주이다.

5. 혹성 지도자 24명의 특별 기능.

6. 혹성에 천사장 회로의 위치.

7. 한때 육신화한 마키벤타 멜기세덱이 혹성 영주 대관(大官)으로 근래에 지명된 것.

1. 유란시아의 통치권

사타니아 체계의 군주는 유란시아 최초의 통치권을 위탁 상태에 두었다. 그는 이것을 처음에 멜기세덱과 생명 운반자들의 합동 위원회에게 넘겨 주었고, 이 집단은 정식으로 구성된 혹성 영주가 도착할 때까지 유란시아에서 활동했다. 루시퍼 반란이 있던 시절에 칼리가스티아 영주가 몰락한 뒤에, 유란시아는 미가엘이 육신을 입고 수여를 마칠 때까지, 지역 우주 및 그 행정 분과들과 아무런 확실하고 안정된 관계를 가지지 않았고, 이 때 늘 연합한 이는 미가엘이 유란시아의 영주라고 선포했다. 그러한 선포는 확실하게, 원칙으로, 언제까지나 너희 세계의 지위를 해결했지만, 실제로 군주 아들 창조자는 유란시아 및 체계에서 격리된 모든 다른 혹성의 정부에서 그를 대표할 권한을 가진 위원회, 옛 유란시아 사람 24명으로 이루어진 예루셈 위원회를 설립한 것을 제외하고, 혹성을 친히 관리하려고 아무런 태도를 보이지 않았다. 이 회의 가운데 한 명은 거주하는 총독으로서, 지금 언제나 유란시아에서 거주한다.

혹성 영주인 미가엘을 대신하는 대관(大官) 권한은 요즈음에 마키벤타 멜기세덱에게 맡겨졌다. 그러나 지역 우주의 이 아들은 거주하는 총독들의 연속된 행정부에서 현재 혹성 체제를 수정하는 방향으로 아무런 움직임을 보이지 않았다.

혹성 영주 대관이 그의 직함에 따른 책임을 맡으려고 도착하지 않으면, 현재 섭리 시대 동안에, 유란시아의 정부에서 아무런 뚜렷한 변화가 생길 가능성이 거의 없다. 우리 동료들 가운데 어떤 자들에게는, 언젠가 가까운 앞날에 24 상담자 가운데 하나를 총독으로서 행동하도록 유란시아에 보내는 계획이, 마키벤타 멜기세덱이 유란시아를 통치하는 대관 명령을 가지고 정식으로 오는 것으로 대체될 듯이 보인다. 의심할 여지 없이, 대행하는 혹성 영주로서, 루시퍼 반란이 마침내 판결될 때까지, 아마도 혹성이 빛과 생명 속에 정착하는 그 아득한 앞날까지 계속, 그는 혹성의 책임을 맡을 것이다.

더러는 현재 섭리 시대의 끝까지, 마키벤타가 유란시아의 사무를 친히 지휘하려고 오지 않으리라 믿는다. 더러는 미가엘이 아직 육체를 입었을 때 약속한 대로 유란시아로 언젠가 돌아올 때까지, 영주의 대관은 그런 식으로 오지 않을지 모른다고 주장한다. 또 더러는, 이렇게 이야기하는 자도 넣어서, 어느 날 어느 때라도, 멜기세덱이 나타나기를 기대한다.

2. 혹성 감독자 위원회

너희 세계에 미가엘이 수여된 시절 이후로, 유란시아의 일반 관리는 한때 유란시아 사람이었던 24명으로 구성된, 예루셈의 특별 집단에게 맡겨졌다. 이 위원회에서 회원 자격은 우리에게 알려지지 않았지만, 우리가 지켜보건대 그렇게 임명받은 자들은 모두 사타니아 체계에서 최상위의 확대되는 통치권에 이바지한 자였다. 성품으로 보면 그들은 유란시아에서 활동할 때 모두 진정한 지도자였고, (마키벤타 멜기세덱을 제외하고) 이 지도력의 품질은 저택 세계의 체험으로 말미암아 더욱 커지고 예루셈 시민의 훈련을 받아서 보충되었다. 회원들은 라나포지의 내각으로부터 24자(者)의 자리에 지명을 받으며, 에덴시아의 최고자들의 재청을 받고 예루셈의 지정된 파수의 인가를 받으며, 미가엘의 명령에 따라서 구원자별의 가브리엘로부터 임명받는다. 임시로 임명받은 자들은 이 특별 감독자 위원회의 영구 회원들과 똑같은 권한으로 활동한다.

이 혹성 지도자 위원회는 미가엘이 여기서 그의 마지막 자신 수여를 치렀다는 사실로부터 이 세계에서 생기는 활동을 감독하는 데 특히 관심을 가진다. 어떤 찬란한 저녁별의 연락 활동으로 말미암아, 그들에게는 미가엘과 가깝고도 밀접한 접촉이 유지되는데, 그 찬란한 저녁별은 필사자로 자신을 수여하는 생애 전체에 걸쳐서 예수에게 시중든 동일한 존재이다.

너희에게 "세례자"라고 알려진 어떤 요한이, 현재 이 위원회가 예루셈에서 열릴 때 사회자이다. 그러나 이 위원회의 직권상 우두머리는 사타니아의 지정된 파수이며, 그는 구원자별에 있는 부검열자와 오르본톤의 최상 행정자의 직접 개인 대표이다.

옛 유란시아 사람들로 이루어진 바로 이 위원회의 구성원들은 또한 체계에서 반란으로 고립된 다른 36 세계에 자문 감독자로서 행동한다. 그들은 체계 군주 라나포지로 하여금 이 혹성들의 사무에 가까운 동정(同情)의 손길을 유지하게 하는 데 매우 귀중한 봉사를 베푼다. 이 혹성들의 사무는 아직도 다소 놀라시아덱의 별자리 아버지들의 전반적 통제 밑에 남아 있다. 이 24 위원은 격리된 혹성 하나하나에, 특히 유란시아에, 개인으로서 자주 다녀간다.

고립된 다른 세계들은 각각 비슷하고 크기가 다른 위원회들의 자문을 받으며, 이것들은 한때 거기에 거주하던 자들로 이루어졌다. 그러나 이 다른 위원회들은 유란시아 24자 집단 밑에 있다. 후자 위원회의 구성원들은 이처럼 사타니아에서 격리된 각 세계에서 인간 진화의 모든 단계에 적극 관심을 가지는 한편, 그들은 특히, 각별히 유란시아 필사 민족들의 복지와 진보에 관심을 가진다. 이는 유란시아를 제외하고, 그들이 아무 혹성의 사무를 바로, 직접 감독하지 않기 때문이며, 여기서도 필사자의 생존에 관계된 어떤 분야를 제외하고, 그들의 권한은 완벽하지 않다.

유란시아의 이 24 상담자가 우주 활동의 정규 프로그램으로부터 벗어나서, 얼마나 오랫동안 그들의 현재 지위에서 계속할지 아무도 모른다. 의심할 여지 없이, 한 섭리 시대의 끝, 마키벤타 멜기세덱이 전권을 맡는 것, 루시퍼 반란의 최종 판결, 또는 미가엘이 마지막으로 자신을 수여한 세계에 다시 나타나는 것과 같이, 혹성의 지위에 어떤 변화가 뒤따를 때까지, 그들은 현재 자격에서 계속 근무할 것이다. 현재 거주하는 유란시아 총독은 사타니아 체계가 별자리 회로들에 복귀되는 순간, 마키벤타를 제외하고, 모두 파라다이스로 올라가기 위하여 풀려날지 모른다는 의견으로 기우는 듯하다. 그러나 다른 의견들도 또한 유행한다.

3. 거주하는 총독

유란시아 시간으로 백년마다, 혹성 감독자 24명의 예루셈 군단은 그들 가운데 하나를 집행 대표로서, 거주하는 총독으로 행동하도록 너희 세계에서 머물라고 지명한다. 이 이야기를 준비하는 시절에 이 집행관이 바뀌었고, 열아홉째로 그렇게 근무하도록 된 자를 스무째가 이어받았다. 현재 혹성 감독자의 이름을 너희에게는 감추는데, 이는 오직 사람이 그의 놀라운 동료와 초인간 상급자들을 숭배하기가, 아니 신으로 모시기까지 하는 것도, 아주 쉽기 때문이다.

거주하는 총독은 예루셈의 24 상담자의 대표인 것을 제외하고, 세상사의 경영에 아무런 개인적인 실제 권한이 없다. 그는 초인간 행정을 조정하는 이로서 행동하고, 유란시아에서 활동하는 천상 존재들의 존경받는 우두머리요, 널리 인정받는 지도자이다. 모든 계급의 천사 무리는 그를 자기들의 조정하는 지도자로 여기고, 한편 연합한 중도자들은 1-2-3 첫째가 24 상담자의 하나가 되려고 떠난 뒤로, 이어받는 총독들을 그들의 혹성 아버지로서 정말로 우러러본다.

총독은 혹성에서 실제의 개인 권한을 소유하지 않지만, 그는 수십 가지 판결과 결정을 날마다 내려보내며, 관계된 모든 성격자가 이것들을 최종인 것으로 받아들인다. 그는 절차상의 통치자라기보다 아버지 같은 조언자에 훨씬 더 가깝다. 어떤 방식으로 그는 혹성 영주처럼 활동하지만, 그의 행정은 물질 아들들의 행정을 더 가깝게 모방한다.

유란시아 정부는 예루셈의 여러 위원회에서 대표되며, 이는 돌아오는 총독이 혹성 영주들로 이루어진 체계 군주 내각의 임시 회원으로서 자리에 앉는다는 한 조치에 따른 것이다. 마키벤타가 영주의 대관으로 임명되었을 때, 사타니아의 혹성 영주 위원회에서 그가 자기 자리를 즉시 맡을 것이라 기대했지만, 지금까지 이 방향으로 그는 아무런 뜻을 표시하지 않았다.

유란시아의 초물질 정부는 지역 우주의 상급 단위들과 아주 가깝게 유기적 관계를 유지하지 않는다. 어떤 면에서, 거주하는 총독은 예루셈 뿐 아니라 구원자별을 대표한다. 이는 그가 24 상담자를 위하여 행동하기 때문인데, 이들은 미가엘과 가브리엘을 직접 대표한다. 그리고 예루셈 시민이니까, 혹성의 총독은 체계 군주를 위하여 대변자로 활동할 수 있다. 한 보론다덱 아들, 즉 에덴시아 관찰자가 별자리 당국을 직접 대표한다.

4. 최고자의 관찰자

유란시아의 통치권은 혹성의 반란이 터진 뒤 얼마 안 되어, 놀라시아덱 정부가 혹성의 권한을 한때 임의로 빼앗았기 때문에 더욱 까다로워졌다. 유란시아에는 한 보론다덱 아들이 아직도 거주하는데, 그는 에덴시아 최고자들을 위한 관찰자요, 미가엘의 직접 행동이 없는 마당에 혹성 통치권의 수탁자이다. 현재 최고자의 관찰자는 (그리고 언젠가 그 대리는) 이렇게 유란시아에서 스물세 번째로 근무한다.

에덴시아 최고자들의 통제 밑에 아직 어떤 집단의 혹성 문제들이 있는데, 그 관할권은 루시퍼 반란이 있을 때 몰수되었다. 이 문제들에 관한 권한은 한 보론다덱 아들, 놀라시아덱 관찰자가 행사하며, 그는 혹성 감독자들과 아주 가까운 자문 관계를 유지한다. 종족 위원들은 유란시아에서 매우 활발하고, 그 여러 집단의 우두머리들은 거주하는 보론다덱 관찰자에게 비공식으로 속해 있으며, 그는 그들의 자문하는 지도자로서 행동한다.

한 위기에 부딪쳐서, 어떤 순전히 영적인 문제들을 제쳐 놓고, 정부에서 실제 통치하는 우두머리는 지금 관찰 임무를 띤, 에덴시아의 이 보론다덱 아들일 것이다. (순전히 영적인 이 문제, 그리고 어떤 순전히 개인적 문제에서, 최고의 권한은 유란시아에서 요즈음에 확립된 그 계급의 분과 본부에 딸린, 지휘하는 천사장에게 부여된 듯하다.)

최고자의 관찰자는 그의 재량으로, 심각한 혹성 위기가 닥칠 때 혹성 정부를 몰수할 권한을 가지고 있고, 유란시아의 역사에서 이것이 33번 일어났다는 것이 기록에 있다. 그러한 때에 최고자의 관찰자는 최고자의 섭정으로서 활동하며, 오직 천사장들의 분과 조직을 빼고, 혹성에서 거주하는 모든 봉사자와 행정자에게, 도전받지 않는 권한을 행사한다.

보론다덱 섭정들은 반란으로 고립된 혹성들에만 특이하게 있지는 않다. 이는 최고자들이 사람이 사는 세계들의 사무에서 어느 때라도 간섭해도 좋기 때문이며, 그들은 사람들의 국가 사무를 처리하는 데 별자리 통치자들의 우수한 지혜를 집어넣는다.

5. 혹성 정부

유란시아의 실제 행정은 정말로 설명하기 어렵다. 우주 조직의 계통을 따라서, 분리된 입법·집행·사법 분과와 같은, 아무런 공식 정부가 없다. 24 상담자는 혹성 정부에서 입법부에 가장 가깝다. 총독은 잠정적이고 자문하는 최고 집행자이며, 거부권은 최고자의 관찰자에게 남아 있다. 그리고 절대 권한을 가진 아무런 사법 권한이 혹성에서 작용하지 않는다—오직 화해 위원회들이 있을 뿐이다.

세라핌과 중도자들을 끌어들이는 문제들의 대다수는, 공동의 찬성을 얻어서 총독이 결정한다. 그러나 24 상담자의 명령을 표현할 때를 빼고, 그의 판결은 모두 화해 위원회, 혹성 활동을 위하여 조직된 지역 당국, 또는 사타니아의 체계 군주에게 올리는 상고(上告)에도 지배를 받는다.

혹성 영주의 유형(有形) 참모진과 아담 아들딸의 물질 체제가 빠진 것은 세라핌들이 베푸는 특별한 봉사, 그리고 중도인(中道人)들의 특별한 봉사로 말미암아 어느 정도 보상된다. 혹성 영주의 부재는 천사장들, 최고자의 관찰자, 총독, 이 삼자일치의 존재가 효과 있게 보충해 준다.

어느 정도 느슨하게 조직되고 얼마큼 손수 관리되는 이 혹성 정부는 기대한 것보다 효과가 있는데, 이는 천사장들이 베푸는, 시간을 절약하는 도움과 그들의 늘 준비된 회로 때문이고, 이것은 혹성의 비상시와 행정의 문제가 있을 때 자주 이용된다. 절차로 따지면, 혹성은 아직도 놀라시아덱의 여러 회로에서 영적으로 고립되어 있다. 그러나 비상시에 천사장 회로를 이용함으로, 이 장애를 둘러 갈 수 있다. 물론, 진리의 영이 1천9백년 전에 모든 육체에게 부어진 뒤로, 혹성의 고립은 개별 필사자가 아랑곳할 일은 아니다.

유란시아에서 행정의 하루는 각각 상담하는 회의로 시작되며, 여기에는 총독, 천사장들의 혹성 우두머리, 최고자의 관찰자, 감독하는 상천사(上天使), 거주하는 생명 운반자들의 우두머리, 그리고 우주의 높은 아들들로부터, 또는 어쩌다가 혹성에 머무르는 어떤 학생 방문자들로부터 초청한 손님들이 참석한다.

총독 직속의 행정 내각은 12 세라핌으로 이루어지며, 이들은 혹성의 진보와 안정을 담당하는 직계 초인간 지도자로서 활동하는 12 집단의 특별 천사들의 임시 우두머리이다.

6. 혹성을 감독하는 으뜸 세라핌

진리의 영이 퍼부어지는 것과 때를 맞추어 첫 총독이 유란시아에 도착했을 때, 그에게는 12 집단의 특별 세라핌, 천사별 졸업생들이 따라왔는데, 이들은 즉시 어떤 특별한 혹성 근무에 배치되었다. 이 높은 천사들은 혹성을 감독하는 으뜸 세라핌으로 알려져 있고, 혹성을 담당하는 최고자의 관찰자의 전반적 통제와 따로, 거주하는 총독의 직접 지도를 받고 있다.

이 12 집단의 천사들은 거주하는 총독의 일반 감독 밑에서 활동하지만, 각 집단의 임시 우두머리인 12자 세라핌 회의가 그들을 직접 지휘한다. 이 회의는 또한 거주하는 총독의 자원 내각으로서 봉사한다.

혹성의 세라핌 우두머리로서, 나는 이 세라핌 우두머리 회의를 주관하며, 칼리가스티아의 탈퇴가 있을 때 이탈했던, 한때 혹성에서 천사 무리의 우두머리였던 자를 계승하여, 유란시아에서 자원해서 근무하는 1차 계급의 상천사이다.

혹성 감독을 맡는 12 집단의 으뜸 세라핌들은 유란시아에서 다음과 같이 활동한다:

1. 시대 천사. 이들은 현재 시대의 천사들, 섭리 시대의 집단이다. 이 하늘 봉사자들은 각 세대의 사무가 일어나는 그 시대의 모자익에 맞도록 고안된 바와 같이, 그 일을 감시하고 지도하는 일을 맡는다. 유란시아에서 근무하는 시대(時代) 천사의 현재 집단은, 지금 섭리 시대 동안에 혹성에 배치된 세 번째 집단이다.

2. 진보 천사. 이 세라핌들에게는 연속된 사회 시대의 진화하는 진보를 개시하는 과제가 맡겨져 있다. 그들은 진화하는 생물의 타고난 진취적 성향이 개발되도록 조장한다. 그들은 일을 마땅히 되어야 할 대로 만들려고 끊임없이 수고한다. 지금 수고하는 집단은 이 혹성에 배치된 두 번째 집단이다.

3. 종교 수호자. 이들은 "교회의 천사"이다. 지금 있고, 이 때까지 있어 왔던 것을 위하여 열심히 투쟁하는 자들이다. 그들은 한 시대로부터 다음 시대로 도덕적 가치를 안전히 전달하기 위하여, 살아남은 것의 이상(理想)을 유지하려고 애쓴다. 그들은 진보 천사들이 쓰는 외통수이며, 한 세대로부터 다음 세대로, 오래 되고 지나가는 형태의 썩지 않는 가치를, 새롭고 따라서 덜 안정된 형태의 생각과 행동으로 옮기려고 내내 애쓴다. 이 천사들은 영적 형태를 위하여 투쟁하지만, 그들은 종교인임을 자처하는 자들의 극단적 교파주의, 그리고 의미 없는 논쟁으로 인한 분열의 근원은 아니다. 지금 유란시아에서 활동하는 집단은 이렇게 근무하는 다섯 번째 집단이다.

4. 국가 생활의 천사. 이들은 "나팔의 천사," 곧 유란시아에서 국가 생활의 정치적 성과를 지도하는 자들이다. 국제 관계를 전반적으로 통제하는 데서 활동하는 이 집단은 혹성에서 근무하는 네 번째 집단이다. 특히 이 천사 분과의 봉사를 통해서, "최고자들은 사람의 나라에서 다스린다."

5. 종족의 천사. 진화하는 시간 종족들의 정치적 관여와 종교적 분류에 상관 없이, 그들을 보존하기 위하여 일하는 자들. 유란시아에는 아홉 인간 종족의 잔재가 남아 있고, 이들은 서로 섞여서 현대 민족으로 통합되었다. 이 세라핌들은 종족 위원회들이 베푸는 봉사와 가깝게 연결되며, 유란시아에서 이 집단은 지금 오순절 뒤에 곧 혹성에 배치된 최초의 군단이다.

6. 미래의 천사. 이들은 예측하는 천사이며, 새롭고 진보하는 섭리 시대의 더 나은 일을 실현하기 위하여 미래 시대와 계획을 예측한다. 이들은 연속되는 시대의

건축가이다. 혹성에 지금 있는 집단은, 현재 섭리 시대가 비롯한 뒤로 이처럼 활동해 왔다.

7. 깨우침의 천사. 유란시아는 이제 혹성의 교육을 촉진하는 데 바쳐진 세 번째 세라핌 집단의 도움을 받고 있다. 이 천사들은 정신 및 도덕의 훈련이 개인, 가족, 집단, 학교, 공동체, 국가, 민족 전체에 관계되다시피, 그런 훈련을 하는 데 바쁘다.

8. 건강의 천사. 이들은 건강을 증진하고 병을 방지하는 일에 바쳐진 필사 대행자들을 돕는 데 배치된 봉사하는 천사들이다. 현재 집단은 이 섭리 시대에 여섯 번째로 근무하는 집단이다.

9. 가정 세라핌. 유란시아는 이제 인간 문명의 기본 제도인 가정(家庭)을 보존하고 향상하는 데 바쳐진, 다섯 번째 집단의 천사 봉사자들의 서비스를 누린다.

10. 산업 천사. 이 세라핌 무리는 유란시아 민족들 가운데 산업 발전을 조장하고 경제 조건을 개선하는 일에 관심을 가진다. 이 집단은 미가엘이 수여된 뒤로, 일곱 번 갈렸다.

11. 오락의 천사. 이들은 놀이·유머·휴식의 가치를 육성하는 세라핌이다. 사람의 기분을 바꾸는 오락을 향상시키고, 따라서 인간의 여가를 더욱 유익하게 이용하는 것을 촉진하려고 늘 애쓴다. 현재 집단은 유란시아에서 그 서열에서 세 번째로 봉사하는 집단이다.

12. 초인간적 봉사의 천사. 이들은 천사 중의 천사이며, 혹성에서 일시적이거나 영구하거나, 모든 다른 초인간 생명에게 봉사하는 데 배치된 세라핌이다. 이 집단은 현재 섭리 시대가 시작된 뒤로 일해 왔다.

혹성의 정책이나 과정을 다루는 문제에서, 이 여러 집단의 으뜸 세라핌들이 뜻이 맞지 않을 때, 총독이 보통 그들의 차이점을 조정하지만, 그의 결정은 모두 그 불일치에 관계된 문제들의 성질과 중요성에 따라서, 상고에 지배를 받는다.

이 천사 무리들 가운데 아무도 그들의 임무 분야에 직접, 또는 임의로 통제권을 행사하지 않는다. 그들은 각자의 활동 분야의 사무를 완전히 통제할 수 없지만, 그들이 부속된 인간 활동 분야에 유리하게 영향을 미치도록, 혹성의 조건을 조종할 수 있고, 또 그렇게 조종하며, 상황을 연결시킨다.

혹성을 감독하는 으뜸 세라핌들은 그들의 임무를 수행하기 위하여 많은 대리자를 이용한다. 그들은 아이디어 교환소, 지성의 집중자, 사업 추진자로서 활동한다. 새로운 상급 개념을 인간의 지성 속으로 집어넣을 수 없지만, 그들은 한 인간 지능 안에 이미 나타난 어떤 상급의 이상을 짙게 만들려고 행동하는 일이 흔하다.

그러나 적극적으로 행동하는 이 여러 수단을 제쳐 놓고, 으뜸 세라핌들은 운명 예비군을 동원하고, 훈련하고, 유지함으로, 치명적 위험에 대비하여 혹성의 진보를 보장한다. 이 예비병들의 주요 기능은 진화로 이루어지는 진보가 붕괴하지 않도록 보장하는 것이다. 그들은 뜻밖의 일에 대비하여, 하늘 세력이 준비한 조치이다. 그들은 재난을 막는 보증이다.

7. 운명 예비군

운명 예비군은 세상사의 초인간 행정을 맡는 특별한 서비스에 가입하도록 허가받은 살아 있는 남녀들로 구성된다. 이 군단은 진화 세계들에서 시간의 아이들에게 자비와 지혜를 베푸는 행위를 도우려고, 그 영역의 영 지도자들이 각 세대에서 뽑은 남녀들로 이루어져 있다. 승천 계획의 사무를 운영하는 데, 의지를 가진 필사 인간이 그러한 책임을 맡을 만한 능력이 있고 믿을 만하면, 즉시 그들을 이처럼 연락하고 이용하기 시작하는 것이 일반 관습이다. 따라서 남자와 여자들이 충분한 정신 능력, 적당한 도덕적 지위, 요구되는 영적 성품을 가지고 현세의 행동 무대에 나타나자마자, 그들은 인간 연락자, 필사 조수(助手)로서, 적절한 하늘 집단의 혹성 성격자들에게 재빨리 배치된다.

인간들이 혹성 운명의 보호자로 뽑힐 때, 세계 행정자들이 집행하고 있는 여러 계획에서 주축(主軸)인 사람이 될 때, 이 때 혹성의 세라핌 우두머리는 그들이 세라핌 군단에 일시 부속되는 것을 확인하고, 이 필사 예비병들과 일하도록 개인 운명 수호자들을 임명한다. 예비병들은 모두 자의식하는 조절자를 가지고 있고, 그들의 대부분은 지적 성취와 영적 달성의 상급 우주 수준에서 활동한다.

그 영역의 필사자들은 사람이 사는 세계들에서 다음 이유로 운명 예비군에서 근무하도록 선택된다:

1. 세상사(世上事)의 여러 활동을 운영하는 데, 수많은 가능한 비상 임무를 위하여 비밀하게 연습하는 특별한 능력.

2. 인간의 인정과 보상을 받는 일이 없이 기꺼이 일하려는 마음, 아울러 어떤 특별한 사회, 경제, 정치, 영적, 또는 다른 목적에 마음을 다하여 헌신하는 것.

3. 특별한 재능을 가졌고, 혹성의 어려움을 이겨 내고 다가오는 세계의 긴급 상황과 씨름하는 일에 아마도 유란시아 이전에 체험을 가진 생각 조절자를 소유하는 것.

혹성에서 하늘 봉사를 담당하는 각 부서는, 운명 지위를 가진 이 필사자들의 연락 군단을 받을 자격이 있다. 사람이 사는 보통 세계는 따로 된, 70개 운명 군단을 고용하며, 이들은 세상사를 초인간적으로 현재 운영하는 데 밀접하게 연결되어 있다. 유란시아에는 천사 감독을 맡는 각 혹성 집단마다 하나씩, 12 운명 예비군이 있다.

12 집단의 유란시아 운명 예비병들은, 땅에서 수많은 결정적인 자리를 위하여 미리 연습을 받고 가능한 혹성 비상시에 행동할 준비가 되어 있는, 그 구체의 필사 거주자들로 구성된다. 이 통합 군단은 지금 962명으로 구성되어 있다. 가장 작은 군단은 41명, 가장 큰 군단은 172명이다. 스무 명이 안 되는 접촉 성격자를 제쳐놓고, 이 독특한 집단의 구성원들은 어떤 혹성 위기에서 가능한 활동을 위하여 그들이 준비되는 것을 도무지 의식하지 못한다. 이 필사 예비병들은 그들이 각자 소속된 군단에게 선택을 받고, 생각 조절자와 수호 천사가 봉사하는 통합된 기법에 따라서, 지성의 깊은 곳에서 마찬가지로 훈련받고 미리 연습을 받는다. 무의식으로 하는 이 훈련에는 수많은 다른 하늘 성격자가 여러 번 참여하는데, 이 모든 특별한 준비에서 중도자들은 귀중하고 필수인 서비스를 해낸다.

많은 세계에는 잘 적응된 2차 중도인들이 생각 조절자가 깃드는 지성에 솜씨 있게 파고들어서, 유리하게 구성된 어떤 필사자들의 생각 조절자와 정도가 다르게 접촉할 수 있다. (바로 그러한 우주 조정의 우연한 조합을 이용하여, 이 계시가 유란시아에서 영어로 물질화되었다.) 진화 세계들의 그러한 잠재하는 접촉 필사자들은 수많은 예비군에서 동원되는데, 어느 정도까지, 앞을 내다보는 이 작은 무리의 성격자들을 통해서, 영적 문명이 진보되고 최고자들은 사람의 나라에서 다스릴 수 있다. 따라서, 이 운명 예비군의 남녀들은, 사이에 끼는 중도인의 봉사를 통해서, 그들의 조절자와 다른 정도로 접촉한다. 그러나 바로 이 필사자들은, 이 예비 성격자들이 진화된 문화의 붕괴나, 또는 살아 있는 진리의 빛이 꺼지는 것을 막기 위하여 활동하는 그러한 드문 사회적 비상시와 영적 긴급 사태를 제외하고, 그 동료들에게 거의 알려지지 않는다. 유란시아에서 이 운명 예비병들은 인간 역사의 페이지를 장식한 일이 드물다.

예비병들은 필수인 혹성 정보를 보존하는 자로서 의식하지 않고서 행동한다. 한 예비병이 죽고 나서, 여러 번 어떤 중대한 자료가 죽어 가는 예비병의 지성으로부터 더 젊은 후계자한테로 이전되는 것은, 두 생각 조절자가 연결함으로 이루어진다. 의심할 여지 없이, 이 예비군과 관련하여, 조절자들은 우리에게 알려지지 않은 많은 다른 방법으로 활동한다.

유란시아에서 운명 예비군은 비록 아무런 영구한 우두머리가 없어도, 그 다스리는 조직을 구성하는, 자체의 영구한 회의들을 가지고 있다. 이 회의들은 사법 회의, 역사성 회의, 정치 주권 회의, 그리고 많은 다른 것을 포함한다. 때때로, 그 군의 조직에 따라서, 예비군 전체의 이름 뿐인 (필사자) 우두머리가 특정한 임무를 위하여, 이 영구 회의들에 임명되어 왔다. 그러한 예비병 우두머리들의 임기는 보통 몇 시간 지속하는 문제이며, 당면한 어떤 특정한 과제를 성취하는 데 국한된다.

유란시아 예비군은 아담 사람과 안드 사람들의 시절에 그 회원이 가장 많았는데, 예비군은 보라 피가 묽어짐과 함께 꾸준히 줄어들고 있고, 오순절 시절 무렵에 그 밑바닥에 이르렀으며, 그 때부터 예비군 회원은 꾸준히 늘어났다.

(유란시아에서 우주를 의식하는 시민들로 이루어진 우주 예비군은 지금 1천 명이 넘는데, 우주 시민권에 대한 그들의 통찰력은 지상(地上) 거처가 있는 구체를 훨씬 뛰어넘는다. 그러나 이 독특한 집단의 살아 있는 인간들이 하는 활동의 진정한 성질을 내가 밝히는 것은 금지되어 있다.)

유란시아 필사자들은, 그들의 세계가 지역 우주의 어떤 회로들로부터 영적 면에서 비교적 고립된 것이 우주에서 버림받거나 혹성에서 고아(孤兒) 처지라는 느낌을 일으키게 해서는 안 된다. 혹성에는 세상사와 인간 운명을 아주 분명하고 효과 있게 보살피는, 초인간적 감독이 작용하고 있다.

그러나 너희는 이상적 혹성 정부에 대하여 기껏해야 보잘것없는 아이디어만 가질 수 있는 것이 참말이다. 혹성 영주의 초기 시절부터, 세계를 성장하게 하고 종족을 발전시키는 신의 계획이 유산되어, 유란시아는 고통을 겪었다. 사타니아에서 사람 사는 충성한 세계들은 유란시아처럼 다스려지지 않는다. 그런데도, 다른 고립된 세계들과 비교해서, 너희의 혹성 정부들은 그다지 열등하지는 않았다. 하나나 두 세계가 더 나쁘다고 말할 수 있고, 몇몇은 조금 나을지 모르지만, 대다수는 너희와 같은 수준에 있다.

혹성 행정의 해결되지 않은 지위가 언제 끝날 것인지 지역 우주에서 아무도 알지 못하는 듯하다. 네바돈의 멜기세덱들은 미가엘이 유란시아에 친히 다시 도착할 때까지, 혹성 정부와 행정에서 거의 변화가 없으리라는 의견으로 기울어진다. 의심할 여지 없이, 더 일찍 아니라면 이 때에, 대규모의 변화가 혹성 관리에서 일어날 것이다. 그러나 세계 행정의 그러한 수정의 성질에 관하여, 아무도 추측조차 할 수 없는 듯하다. 네바돈 우주의 사람 사는 세계들의 역사를 통틀어서, 그러한 에피소드가 일어난 전례(前例)가 없다. 유란시아의 미래 정부에 관하여 이해하기 어려운 많은 것 가운데 두드러진 한 가지는 그 혹성에 천사장들의 회로, 그리고 분과 본부의 위치이다.

우주의 여러 회의에서는 고립된 너희 세계를 잊지 않고 있다. 유란시아는 죄로 낙인이 찍히고, 반란으로 신의 돌보심이 두절된, 우주 고아(孤兒)가 아니다. 유버르사로부터 구원자별까지, 그리고 계속 예루셈까지, 아니 하보나와 파라다이스에서도, 그들은 모두 우리가 여기에 있음을 알고 있다. 유란시아에 지금 거하는 너희 필사자들은, 그 구체가 믿음 없는 혹성 영주에게 한 번도 배신을 당하지 않았던 것 같이, 똑같이 사랑스럽게 소중히 여김 받고, 똑같이 충실하게, 아니 그보다 더하게 보살핌을 받는다. "아버지 자신이 너희를 사랑한다"는 것은 영원히 참말이다.

[유란시아에 주둔하는 세라핌의 우두머리가 발표하였다.]

제 115 편

최상 존재

아버지 하나님에게 아들인 것은 엄청난 관계이다. 최상위 하나님에게는 성취가 지위에 필수 사항이다—사람은 무엇일 뿐 아니라 무엇인가를 해야 한다.

1. 개념 테두리의 상대성

높건 낮건 모든 지성이, 한 우주 테두리를 형성하고 그 속에서 생각하는 타고난 능력이 없다면, 부분적이고 불완전한 진화하는 지능들은 모우주에서 무력(無力)할 것이요, 합리적인 첫 생각 형태를 형성할 수 없을 것이다. 지성이 결론을 헤아릴 수 없고 지성이 참 기원들을 꿰뚫어볼 수 없다면, 지성이 창조한 이 여러 가설의 테두리 안에서 논리에 맞게 생각하는 수단을 가질 수 있도록, 그러한 지성은 어김없이 결론을 가정(假定)하고 기원을 발명할 것이다. 생물의 생각을 위하여 그러한 우주 테두리가 합리적인 지적 작용에 필수이지만, 그런 테두리는, 정도가 크거나 작아도, 예외 없이 틀리다.

우주의 여러 개념 테두리는 기껏해야 상대적으로 참이다. 그것들은 쓸모 있는 발판이요, 우주에 대한 이해가 확대되는 앞에서 궁극에는 길을 양보해야 한다. 진리, 아름다움, 선, 도덕성, 윤리, 의무, 사랑, 신성(神性), 기원, 존재, 목적, 운명, 시간, 공간, 그리고 신을 이해하는 것조차 기껏해야 상대적으로 참이다. 하나님은 아버지보다 아주 훨씬 더 크지만, 아버지는 사람의 가장 높은 하나님 개념이다. 그런데도 창조자-피조물의 관계를 아버지-아들로 묘사하는 것은 오르본톤에서, 하보나에서, 파라다이스에서 이루어질 신 개념, 필사자를 초월하는 개념으로 말미암아 확대될 것이다. 사람은 필사자의 우주 테두리 안에서 생각해야 하지만, 생각이 일어날 수 있는 다른 더 높은 여러 테두리를 사람이 그려볼 수 없음을 뜻하지는 않는다.

필사자가 온 우주를 이해하기 쉽게 만들기 위하여, 우주 실체의 다양한 수준은 유한 수준, 초한(超限) 수준, 절대 수준으로 지명되었다. 이 가운데서 오직 절대적인 것이 무조건 영원하고 참으로 실존한다. 초한한 것과 유한한 것은 무한의 처음이자 원초적인 절대 실체에서 나온 파생물, 수정(修正), 자격 제한이요, 묽게 만든 것들이다.

유한한 자의 영역은 하나님의 영원한 목적의 덕택으로 존재한다. 높고 낮은 유한한 생물은, 우주 경제에서 유한한 자의 필요성에 대하여 여러 이론을 내놓아도 좋고 또 그렇게 했지만, 결국, 유한한 자는 하나님이 그렇게 의지했기 때문에 존재한다. 우주는 설명할 수 없는 것이요, 조상이 되는 존재들, 즉 창조자나 번식하는 자들의 사전(事前) 행위와 선재하는 의지에 호소하지 않고서, 유한한 생물은 자신이 개별로 존재하는 데 합리적인 이유를 내놓을 수 없다.

2. 최상을 위한 절대 기초

실존의 관점에서 보면, 새로운 아무런 것도 은하(銀河)들의 전역에 걸쳐서 일어날 수 없으니, 이는 스스로 계신 이 안에 본래부터 있는 무한의 완성은 일곱 절대자 안에 영원히 있고, 삼자 일치들 속에서 기능적으로 결합되고, 삼극 일치들 안에서 전달을 통하여 결합되기 때문이다. 그러나 이렇게 이 여러 절대 관계 안에서 무한(無限)이 실존적으로 있다는 사실은, 조금도 우주에서 새로운 체험적인 것들의 실현을 불가능하게 만들지 않는다. 유한한 생물의 관점에서, 무한은 잠재하는 많은 것, 현재 사실성보다 미래 가능성의 수준에 있는 많은 것을 포함한다.

가치는 우주 실체에서 독특한 요소이다. 무한하고 신성한 어떤 것의 가치가 도대체 어떻게 늘어날 수 있는가 우리는 이해하지 못한다. 그러나 우리는 무한한 신의 관계에서도, <u>의미</u>는 늘어나지는 않더라도 수정될 수 있음을 발견한다. 체험적 우주들에게는 실체 의미의 이해가 확대됨으로 말미암아, 신성한 가치조차도 현실적인 것으로서 늘어난다.

모든 체험하는 수준에서, 우주를 창조하고 진화시키는 계획 전체가 잠재성을 사실성으로 바꾸는 문제인 듯하다. 이 변질은 공간 잠재력, 지성 잠재력, 영 잠재력의 분야들과 똑같이 상관이 있다.

우주들의 가능성이 실제 존재가 되는, 겉으로 나타나는 그 방법은 수준마다 다르며, 유한 수준에서는 체험으로 진화하는 것이요, 초한 수준에서는 체험으로 궁극에 이르는 것이다. 실존적 무한은 정말로 만물을 둘러싸는 데 제약이 없고, 만물을 포함하는 바로 이 성질은 어쩔 수 없이, 진화 면에서 유한한 체험 가능성조차 둘러싼다. 그렇게 체험으로 성장하는 가능성은 최상위에 부딪치고 또 그분 안에 있는 삼극(三極) 관계를 통해서 한 우주 현실이 된다.

3. 최초와 실재와 잠재

절대 우주는 개념에 한계가 없다. 이 근원적 실체의 범위와 성질을 규명하는 것은 무한에 조건을 지우는 것이요, 영원의 순수한 개념을 묽게 만드는 것이다. 무한·영원한 것, 영원·무한한 것의 아이디어는 범위에 제한이 없고 사실로 절대적이다. 유란시아의 과거, 현재, 또는 미래에 무한의 실체나 실체의 무한을 표현하기에 적당한 언어는 하나도 없다. 사람, 즉 무한한 우주에 있는 유한한 피조물은, 한없고, 가없고, 결코 시작이 없고 결코 끝이 없는 존재의 일그러진 그림자와 묽어진 개념들을 가지고 만족해야 하며, 이를 이해하는 것은 정말로 사람의 능력을 지나친다.

사람은 절대자 실체의 통일성을 먼저 깨뜨리려고 시도해 보지 않고서, 결코 한 절대자의 개념을 파악하기를 바랄 수 없다. 지성은 모든 갈라지는 것을 통일하고 있지만, 그러한 분산이 없는 가운데서, 지성은 이해하는 개념들을 형성하려고 애쓸 아무런 근거를 발견하지 못한다.

무한의 원초적 균형 상태는 인간이 이해하려고 시도하기 전에 분할되기를 요구한다. 무한 속에는 통일성이 있고, 그것은 이 여러 논문에서 스스로 계신 이로서—생물 지성의 최초의 가설로서—표현되었다. 그러나 어떻게 이 통일이 이원(二元), 삼자 일치, 다양성이 되면서 그래도 조건 없는 통일체로 남아 있는지 피조물은 결코 이해할 수 없다. 하나님이 여럿으로 성격화하는 것과 나란하게, 사람이 멈추어서 갈라지지 않은 삼위 일체 신을 생각해 볼 때, 비슷한 문제에 부닥친다.

오로지 사람이 무한으로부터 떨어져 있는 거리가 이 개념을 한 낱말로 표현하게 만든다. 무한은 한편으로 통일이지만, 또 한편 끝이나 한계가 없는 다양성이다. 유한한 지능들이 지켜보는 무한은, 생물의 철학과 유한한 형이상학에서 최대의 역설(逆說)이다. 비록 사람의 영적 성품은 예배하는 체험에서 무한한 아버지께 위로 손을 뻗더라도, 사람이 지적으로 이해하는 능력은 최상 존재라는 최대 개념으로 말미암아 소모되어 버린다. 최상위를 지나서, 개념들은 갈수록 더 이름이요, 그것들이 실체의 참 명칭이 되는 일이 더욱 적어진다. 점점 더 개념들은 유한을 초월하는 것을 향하여 생물이 유한하게 이해하는 예측이 된다.

절대 수준에 대한 한 기본 개념은 세 단계에 대한 가정을 포함한다:

1. 최초자. 첫째 근원 중심이라는 무제한 개념, 스스로 계신 이의 근원이 명시되는 것. 거기서부터 모든 실체가 기원을 가진다.

2. 실재자. 사실성을 가진 세 절대자, 곧 둘째, 셋째, 파라다이스 근원 중심의 연합. 영원한 아들, 무한한 영, 파라다이스 섬의 삼극 일치는 첫째 근원 중심의 독창성을 실제로 계시한다.

3. 잠재자. 잠재성의 세 절대자, 즉 신 절대자, 무제한 절대자, 우주 절대자의 연합. 실존하는 잠재성의 이 삼극 일치는 첫째 근원 중심의 독창성의 잠재적 계시이다.

최초자·실재자·잠재자의 상호 결합은 무한 속에서 긴장을 일으키며, 이것은 모든 우주 성장의 가능성을 낳는다. 그리고 성장은 칠중자·최상위·궁극위의 성품이다.

신 절대자, 우주 절대자, 무제한 절대자의 결합에서 잠재성은 절대적이며, 한편 사실성이 태어난다. 둘째와 셋째와 파라다이스 근원 중심의 결합에서 사실성은 절대적이고, 한편 잠재성이 태어난다. 첫째 근원 중심의 최초성에서, 사실성이나 잠재성이 존재하는지, 태어나는지, 우리는 말할 수 없다—아버지는 계신다.

시간 관점에서 볼 때, 실재자는 이미 있었고 지금 있는 무엇이요, 잠재자는 생겨나고 있고 앞으로 있을 무엇이요, 최초자는 지금 있는 무엇이다. 영원의 관점에서 볼 때, 최초자·실재자·잠재자의 차이는 이처럼 명백하지 않다. 이 삼자 일치 성질은 파라다이스 영원 수준에서 그다지 뚜렷하지 않다. 영원 속에는 만물이 있다—다만 모두가 시간과 공간에서 아직 드러나지 않았을 뿐이다.

생물의 관점에서 볼 때, 사실성은 본질이요 잠재성은 능력이다. 사실성은 한가운데 존재하며, 거기서부터 가장자리의 무한으로 확대된다. 잠재성은 무한의 가장자리로부터 안으로 들어오며, 만물의 중심에서 만난다. 최초성은 잠재물로부터 실재물로 실체를 변형시키고, 존재하는 실재물을 잠재하게 만드는, 주기의 2중 운동을 먼저 일으키고, 다음에 균형시키는 무엇이다.

잠재성의 세 절대자는 우주의 순전히 영원한 수준에서 작용하고, 따라서 절대 아래 수준에서는 그런 상태로 결코 활동하지 않는다. 실체의 내려가는 수준에서 잠재성의 삼극(三極) 일치는 궁극위와 함께, 최상위한테 나타난다. 잠재적인 것은 어떤 절대 아래 수준에서, 한 부분에 관하여 시간적으로 현실화하지 못할지 모르지만, 총합에서는 결코 그렇지 않다. 하나님의 뜻이 궁극에는 이기며, 개인에 관해서 반드시 그렇지는 않지만, 총합에 관해서는 변함없이 그렇다.

우주의 존재물은 사실성의 삼극 일치 속에서 그 중심을 가진다. 영이든 지성이든 에너지이든, 모두가 이 아들·영·파라다이스 결합에 집중한다. 이 영 아들의 성격은 온 우주 전역에 걸쳐서 모든 성격의 기본 원형이다. 파라다이스 섬의 내용은 기본 원형이요, 하보나는 그것의 완전한 계시요, 초우주는 완전하게 되고 있는 계시이다. 합동 행위자는 한꺼번에 우주 에너지를 지성으로 활성화한 것이요, 영 목적을 개념화한 것, 그리고 물질 수준의 수학적 원인과 결과를 영적 수준의 의지하는 목적 및 동기와 통합하는 것이다. 유한한 우주 속에서, 그에 대하여, 아들·영·파라다이스는 궁극위가 최상위 안에서 조건이 주어지고 제한을 받는 대로, 궁극위 안에서, 그에 대하여, 활동한다.

(신의) 사실성은 파라다이스로 올라가면서 사람이 추구하는 무엇이다. (인간다운 신성의) 잠재성은 사람이 그 탐색에서 진화하는 무엇이다. 최초자는 실재하는 사람, 잠재하는 사람, 영원한 사람이 함께 존재하고 통합되는 것을 가능하게 만드는 무엇이다.

우주들의 마지막 동태(動態)는 실체가 잠재성으로부터 사실성으로 계속 이동하는 것과 상관이 있다. 이론으로는 이 변형에 끝이 있을지 모르지만, 사실 그러한 것은 불가능한데, 이는 잠재자와 실재자가 모두 최초자 (스스로 계신 이) 안에서 회로가 이어져 있기 때문이다. 이 신분 확인은 우주의 발전하는 진보에 한계 짓기를 언제까지나 불가능하게 만든다. 스스로 계신 이와 동일시되는 것은 무엇이든지 결코 진보의 끝을 찾을 수 없으니, 이는 스스로 계신 이의 잠재성의 사실성이 절대적이며, 스스로 계신 이의 사실성의 잠재성이 또한 절대적이기 때문이다. 언제나 실재물은 이제까지 불가능한 잠재성을 실현하는 새로운 길을 열어 줄 것이다—인간의 결정은 모조리 인간의 체험에서 새로운 실체를 현실화할 뿐 아니라, 또한 인간이 성장하는 새로운 능력을 열어 준다. 모든 어린아이 속에 어른이 살고, 하나님을 아는 성숙한 사람 속에는 상물질계 진보자가 거한다.

성장의 기초—절대적 실재물—이 제약을 받지 않으니까, 성장의 가능성—절대 잠재성—이 제한되지 않았으니까, 성장의 정태(靜態)는 총 우주에서 결코 나타날 수 없다. 실용적 관점에서 볼 때, 우주의 철학자들은 끝과 같은 것은 없다는 결론에 이르렀다.

제한된 관점에서 볼 때, 정말로 많은 끝, 활동의 많은 종결이 있지만, 더 높은 우주 수준에서 더 큰 관점에서 볼 때, 아무런 끝이 없다. 다만 발전의 한 단계에서 다른 단계로 이동이 있을 뿐이다. 모우주의 주요한 장기(長期) 성향은 몇 우주 시대, 즉 하보나 시대, 초우주 시대, 외계 우주 시대와 관계된다. 그러나 연속 관계의 이 기본적 분할조차도, 끝없는 영원의 대로(大路)에서 상대적 경계표보다 더한 것일 수 없다.

최상 존재의 진리와 아름다움과 선을 마지막으로 파고드는 것은, 진리와 아름다움과 선의 개념 수준을 지나서 놓여 있는 궁극적 신성의 초한(超限) 성질을 진보하는 피조물에게 열어 줄 수 있을 따름이다.

4. 최상 실체의 근원

최상위 하나님의 기원에 관한 어떤 고찰도 파라다이스 삼위 일체에서부터 시작되어야 한다. 이는 삼위 일체가 최초의 신이며, 한편 최상위는 파생된 신이기 때문이다. 최상위의 성장에 대한 어떠한 고찰도 실존하는 삼극 일치들을 고려해야 한다. 이것들이 (첫째 근원 중심과 연결하여) 모든 절대 사실성과 모든 무한한 잠재성을 둘러싸기 때문이다. 진화하는 최상위는 유한한 존재 수준 속에서, 그 수준에서, 잠재물이 실재물로 돌연 변이—변화—하는, 절정에 이르고 몸소 의지(意志)하는 초점이다. 실재하는 삼극 일치와 잠재하는 삼극 일치는 여러 우주에서 성장의 상호 관계의 총체를 둘러싼다.

최상위의 근원은 파라다이스 삼위 일체—영원하고 실제로 있고 갈라지지 않은 신—에 있다. 최상위는 무엇보다도 한 영 성격자요, 이 영 성격자는 삼위 일체로부터 파생된다. 그러나 둘째로, 최상위는 성장하는—진화로 성장하는—신이며, 이 성장은 사실성과 잠재성의 두 삼극 일치로부터 얻어진다.

무한한 삼극 일치들이 유한한 수준에서 활동할 수 있다는 것을 이해하기 어렵다면, 멈추어서 그들의 바로 그 무한성은 자체 속에 유한한 것의 잠재성을 담아야 한다는 것을 생각해 보아라. 무한은 가장 낮고 가장 제한된 유한한 존재로부터, 가장 높고 제한 없이 절대적인 실체들까지 이르는 모든 것을 둘러싼다.

무한한 것이 유한한 것을 둘러쌈을 이해하는 것은 도대체 어떻게 이 무한한 것이 유한한 것들에게 실제로 나타나는가를 이해하는 것보다 어렵지는 않다. 그러나 필사인에게 깃드는 생각 조절자들은, 절대적 하나님조차도 (절대자로서) 의지를 가진 모든 우주 생물 가운데 가장 낮고 가장 작은 자들하고도 바로 접촉할 수 있고, 실제로 그렇게 한다는 영원한 증명의 하나이다.

실재하는 것과 잠재하는 것을 집단으로 둘러싸는 삼극 일치들은, 최상 존재와 관련하여, 유한한 수준에서 나타난다. 그렇게 명시되는 기법은 직접과 간접, 두 가지이다. 삼극 일치 관계들이 최상위에서 직접 메아리치는 한, 직접이고, 그 관계들이 초한자들의 궁극에 이른 수준을 통해서 얻어지는 한, 간접이다.

최상의 실체는 유한한 총 실체이며, 외계 공간의 무제한 잠재성과 만물의 중심에 있는 제한되지 않은 사실성 사이에, 동태적으로 성장하는 과정에 있다. 유한한 영토는 파라다이스와 시간 속에 있는 최상 창조 성격자들의 초한(超限) 대리자들의 협동을 통해서, 이렇게 현실화된다. 세 분의 큰 잠재 절대자의 제한된 가능성을 성숙하게 만드는 행위는, 모우주 건축가들과 그 초월 동료들의 초한 활동이다. 그리고 이러한 결말이 어떤 성장점에 다다랐을 때, 최상 창조 성격자들은 진화하는 우주들을 사실 존재로 만드는, 오랜 세월에 걸친 과제에 손대려고 파라다이스로부터 솟아 나온다.

최상위의 성장은 삼극 일치들로부터, 최상위의 영 성격은 삼위 일체로부터 얻는다. 그러나 전능자의 능력 특권은 칠중 하나님이 신으로서 성공하는 데 바탕을 두며, 한편 전능 최상위의 능력 특권을 최상위 하나님의 영 성격과 합치는 것은 합동 행위자가 베푸는 봉사의 덕택으로 일어나며, 그는 이 진화하는 신 속에서 합치는 요소로서 최상위의 지성을 수여했다.

5. 최상위와 파라다이스 삼위 일체의 관계

최상 존재의 성격 성품과 영 성품의 실체는 파라다이스 삼위 일체의 존재와 활동에 절대로 의존한다. 최상위의 성장은 삼극 일치 관계의 문제이지만, 최상위 하나님의 영 성격은 파라다이스 삼위 일체에 의존하고, 그로부터 얻으며, 삼위 일체는 완전하고 무한한 안정의 절대 중심 근원으로서 항상 남아 있고, 그 둘레에서 최상위의 진화적 성장이 점진적으로 펼쳐진다.

삼위 일체의 활동은 최상위의 활동에 관계된다. 이는 삼위 일체가 최상위의 활동 수준을 포함하여, 모든 (총) 수준에서 활동하기 때문이다. 그러나 하보나 시대가 초우주 시대에 길을 양보함에 따라서, 직접 창조자로서 삼위 일체의 탐지할 수 있는 활동은 파라다이스 신들의 아이들의 창조 행위에 길을 양보한다.

6. 최상위와 여러 삼극 일치의 관계

사실성의 삼극 일치는 하보나 이후 시대에 줄곧 직접 작용한다. 파라다이스 인력은 물질 존재의 기본 단위들을 붙잡고, 영원한 아들의 영 인력은 영 존재의 근원적 가치에 직접 작용하며, 합동 행위자의 지성 인력은 지적 존재의 모든 중요한 의미를 틀림없이 붙잡는다.

그러나 창조 활동의 각 단계가 지도(地圖)에 없는 공간을 통해서 바깥으로 나아감에 따라서, 그것은 중앙에 자리잡은 창조 세력과 신다운 성격자—절대적인 파라다이스 섬과 거기에 거주하는 무한한 신—들의 직접 행동으로부터, 갈수록 더 멀리 작용하고 존재한다. 따라서 우주 존재의 이 연속되는 수준들은 무한의 세 절대 잠재성 안에서 생기는 발전에 더욱 의존하게 된다.

최상 존재는 영원한 아들이나 무한한 영에서, 또는 파라다이스 섬의 비성격 실체들에서 겉으로 명시되지 않는, 우주 봉사를 위한 가능성을 포함한다. 이것은 이 세 가지 기본 사실의 절대성을 마땅히 존중하고서 하는 말이지만, 최상위의 성장은 이 신 및 파라다이스의 사실에 의존할 뿐 아니라, 신 절대자, 우주 절대자, 무제한 절대자 안에서 생기는 발전에도 관련된다.

최상위는 진화하는 여러 우주의 창조자들과 피조물이 하나님다움에 도달함에 따라서 성장할 뿐 아니라, 이 유한한 신은 또한 대우주의 유한한 가능성을 피조물과 창조자가 통달하는 결과로서 성장을 체험한다. 최상위의 움직임은 두 가지이다: 파라다이스와 신을 향하여 집중해서, 그리고 잠재성의 절대자들의 한없음을 향하여 광범위하게 움직인다.

현재 우주 시대에 이 2중의 움직임은 대우주의 내려오는 성격자와 올라가는 성격자들에서 드러난다. 최상 창조 성격자들과 그들의 모든 신다운 성격자는 겉으로 나타나고 확산되는 최상위의 움직임을 반영하며, 한편 일곱 초우주 출신의 하늘 가는 순례자들은 안을 향하고 집중하는 최상위의 경향을 가리킨다.

유한한 신은 파라다이스와 거기에 있는 신들을 향하여 안쪽으로, 그리고 무한과 거기에 있는 절대자들을 향하여 바깥으로, 언제나 2중 상관을 찾는다. 아들 창조자들 안에서 성격화되고 동력 통제자들 안에서 동력화되는 파라다이스의 창조적 신성의 힘찬 분출은 최상위가 잠재성의 영토로, 크게 바깥으로 용솟음치는 것을 의미하며, 한편 대우주에서 하늘 가는 피조물의 끝없는 행렬은 파라다이스 신과 하나되는 방향으로 최상위가 힘차게 안에서 용솟음치는 것을 증거한다.

인간들은, 눈에 보이지 않는 것들의 움직임을 눈에 보이는 것에 미치는 효과를 지켜봄으로 때때로 식별할 수도 있다는 것을 배웠다. 대우주의 성격자와 원형들에서 생기는 그러한 진화의 반향을 지켜봄으로써, 우주에서 우리는 최상위의 움직임과 경향을 탐지하기를 배운 지 오래 된다.

우리는 확실치 않아도, 파라다이스 신의 유한한 반영으로서, 최상위는 외계 공간으로 영원히 진보하는 데 종사한다고 우리는 믿는다. 그러나 외계 공간의 세 절대자 잠재성의 자격 제한으로서, 이 최상 존재는 언제까지나 파라다이스의 일관성을 찾고 있다. 그리고 이 2중 운동은 현재 조직된 우주들에서 생기는 기본 활동의 대부분을 설명하는 듯하다.

7. 최상위의 성품

최상위 신 안에서 아버지인 스스로 계신 이는 지위의 무한, 존재의 영원, 성품의 절대성에 본래부터 있는 한계로부터 비교적 완벽한 해방을 얻었다. 그러나 최상위 하나님은 오직 우주 활동에서 체험적 제한에 지배됨으로써 모든 실존적 한계로부터 풀려났다. 체험하는 능력을 얻으면서 유한한 하나님은 또한 체험할 필요성에 지배된다. 영원으로부터 자유를 성취하면서 전능자는 시간의 장벽에 부딪친다. 최상위는 오로지 존재의 부분성과 성품의 불완전성, 즉 존재의 비절대성의 결과로서, 성장과 발전을 겪을 수 있다.

이 모두가 아버지의 계획에 따른 것임이 틀림없고, 그 계획은 유한한 진보를 노력에 바탕을 두고, 생물의 성취를 끈기에, 성격의 발전을 믿음에 두도록 만들었다. 이처럼 최상위가 체험으로 진화하는 것을 예정함으로써, 아버지는 유한한 피조물이 우주에서 존재하게 하고, 체험적 진보를 거쳐서 언젠가 최상위의 신성에 이르는 것을 가능하게 만들었다.

최상위를, 그리고 궁극위까지도 포함하여, 모든 실체는, 일곱 절대자의 무제한 가치를 제쳐 놓고, 상대적이다. 최상위의 사실은 파라다이스 동력, 아들 성격, 합동자 행위에 바탕을 두지만, 최상위의 성장은 신 절대자, 무제한 절대자, 우주 절대자에 관계된다. 그리고 합성하고 통일하는 이 신—최상위 하나님—은 파라다이스 아버지, 즉 첫째 근원 중심의 헤아릴 수 없는 성품을 무한히 통일함으로써, 대우주에 가로질러 던져진 유한한 그림자가 성격화된 것이다.

삼극 일치들이 유한한 수준에서 직접 작용하는 범위까지, 삼극 일치들은 최상위에 부딪치며, 그는 실재 절대자와 잠재 절대자의 성품의 유한한 자격 제한이 신에게 집중되고 우주에서 합계된 것이다.

파라다이스 삼위 일체는 절대 필연성이라고 생각된다. 일곱 으뜸 영은 삼위 일체의 필연성인 듯하다. 최상위의 힘·지성·영·성격의 현실화는 진화적 필연성임이 틀림없다.

최상위 하나님은 제한 없는 무한에서 불가피했던 것처럼 보이지 않지만, 모든 상대성 수준에서는 그런 듯하다. 그는 진화의 체험을 집중하고 요약하고 둘러싸는 불가결한 분이며, 그의 신 성품에서 효과 있게 이 형태로 실체 파악의 결과를 통일한다. 그리고 불가피하게 궁극에 이르는 일, 즉 궁극위 하나님의 초월 체험과 유한을 초월하는 명시가 나타나는 데 이바지할 목적으로, 그가 이 모든 일을 하는 듯하다.

근원, 기능, 운명, 즉 기원을 주는 삼위 일체, 활동하는 우주, 직접 닥치는 운명인 궁극 삼위 일체와 가지는 관계를 고려하지 않고는, 최상 존재를 충분히 이해할 수 없다.

합동 행위자의 지성은 성격을 가진 아들의 신성한 영적 성향을 파라다이스 원형(原形)의 변치 않는 에너지와 통합하고, 우주 절대자의 계심은 신 절대자의 활성화를 무제한 절대자의 반응 성질과 통일한다. 이와 같이, 진화하는 체험을 더하는 과정으로 말미암아, 최상위는 유한한 것을 초한한 것과 연결한다. 이 통일성은 처음 아버지-원인이요, 만물과 모든 존재의 근원 원형의 최초의 통일성이 탐지되지 않고 작용함을 드러내는 것임이 틀림없다.

[유란시아에서 잠시 머무르는 한 막강한 사자가 후원하였다.]

제 116 편

전능 최상위

사람이 그의 창조자—그를 직접 감독하는 자—들이 신다우면서 또한 유한하다는 것, 시간과 공간의 하나님이 진화하는 비절대 신이라는 것을 깨닫는다면, 이 세상의 불평등이라는 모순이 이제 더 깊은 종교적 역설(逆說)이 되지 않을 것이다. 종교적 믿음은 이제 더, 사회적으로 혜택을 받지 못한 불행한 희생자들 속에서 금욕주의적 단념을 격려하는 데만 쓰이면서, 행운을 가진 자들 가운데 사회적으로 잘난 체함을 조장하는 데 팔리지 않을 것이다.

지극하게 완전한 하보나 구체들을 바라볼 때, 완전하고 무한하고 절대적인 창조자가 그 구체들을 만들었다고 믿는 것은 이치와 논리가 있다. 그러나 바로 그 이치와 논리는 어떤 정직한 존재라도, 유란시아의 소동과 불완전과 불공평을 볼 때, 절대 아래에 있고 미처 무한이 되지 못하고 완전하지 않은 창조자들이 너희 세계를 만들었고, 관리하고 있었다는 결론을 내리지 않을 수 없게 할 것이다.

체험적 성장은 피조물-창조자의 협동 관계—하나님과 사람이 결합되어 있음—을 뜻한다. 성장은 체험하는 신의 표시이다. 하보나는 성장하지 않았다. 하보나는 있으며, 언제나 있어 왔다. 하보나는 그 근원인 영구한 신들처럼 실존적이다. 그러나 성장은 대우주의 특징을 나타낸다.

전능 최상위는 힘과 성격을 가진, 살아 있고 진화하는 신이다. 그의 현재 영토인 대우주는 또한 힘과 성격이 있는, 성장하는 영역이다. 그의 운명은 완전이지만, 현재 체험은 성장의 요소와 불완전한 지위를 포함한다.

최상 존재는, 1차적으로 중앙 우주에서 한 영 성격으로서, 2차적으로 대우주에서 전능의 하나님, 권능을 가진 성격자로서 활동한다. 모우주에서 최상위의 3차 활동은 지금 숨어 있고, 오로지 알려지지 않은 지성 잠재성으로서 존재한다. 최상 존재의 이 셋째 발전이 도대체 무엇을 드러낼 것인가 아무도 모른다. 더러는 초우주들이 빛과 생명 속에 정착할 때, 최상위가 대우주의 전능한 체험적 군주로서 유버르사에서부터 활동하고, 한편 외계 우주들에서 초월 전능자로서 힘을 확대하리라 믿는다. 더러는 최상위의 셋째 단계는 신의 셋째 수준의 명시를 포함하리라고 추측한다. 그러나 우리 가운데 아무도 정말로 알지 못한다.

1. 최상의 지성

모든 진화하는 생물 성격이 겪는 체험은 전능 최상위가 체험하는 한 단계이다. 초우주의 모든 물리적 구역을 총명하게 지배하는 것은 전능 최상위의 성장하는 통제력의 일부이다. 힘과 성격의 창조적 합성은 최상 지성의 창조 욕구의 일부이며, 최상 존재 안에서 통일의 진화적 성장의 바로 그 본질이다.

최상위의 권능과 성격 속성의 연합은 최상 지성의 작용이며, 전능 최상위의 완성된 진화는—신다운 속성의 어떤 느슨하게 조정된 결합이 아니라—통일되고 성격을 가진 한 신을 낳을 것이다. 더 넓은 견지에서 볼 때, 최상위와 동떨어져서 아무런 전능자가 없고, 전능자와 따로 아무런 최상위가 없을 것이다.

여러 진화 시대를 통하여 내내, 최상위의 물리적 동력 잠재성은 일곱 최상 동력 지휘자 속에 투입되었고, 지성 잠재성은 일곱 으뜸 영 안에서 쉰다. 무한한 지성은 무한한 영의 기능이요, 우주 지성은 일곱 으뜸 영이 베푸는 봉사이다. 최상 지성은 대우주의 조정에서 현실화하는 과정에 있고, 칠중 하나님의 계시 및 달성과 기능적으로 연결되어 있다.

시공(時空) 지성, 즉 우주 지성은 일곱 초우주에서 다르게 작용하고 있지만, 최상 존재 안에서 어떤 알려지지 않은 결합 기법에 따라서 조정된다. 전능자가 대우주를 전반적으로 통제하는 것은 순전히 물리적·영적 일은 아니다. 일곱 초우주에서 주로 물질적·영적이지만, 또한 최상위의 지적 및 영적 현상도 있다.

이 진화하는 신의 어떤 다른 모습보다도 최상위의 지성에 대하여 우리는 아는 것이 적다. 물어 볼 것 없이 그 지성은 대우주에 두루 활발하고, 모우주에서 활동하는 잠재 운명을 가졌다고 믿어지며, 모우주(母宇宙) 활동의 범위는 광대하다. 그러나 우리는 이것을 안다: 몸매는 성장의 끝에 이를지 모르고, 영은 완전히 발전할지 모르지만, 지성은 결코 진보하기를 멈추지 않는다—지성은 끝없이 진보하는 체험적 기법이다. 최상위는 체험적 신이며, 따라서 결코 지성의 달성을 끝마치지 못한다.

2. 전능자와 칠중 하나님

전능자가 우주 동력으로 계심이 나타나는 것은, 우주의 행동 무대에서 진화하는 초우주들의 높은 창조자·통제자들이 나타나는 것과 같은 때에 일어난다.

최상위 하나님은 그의 영과 성격 속성을 파라다이스 삼위 일체로부터 얻지만, 아들 창조자, 옛적부터 늘 계신 이, 으뜸 영들이 하는 일 속에서 권능을 현실화하고 있으며, 그들의 집단 행위는 일곱 초우주에 대하여, 거기서 전능한 군주로서, 그의 성장하는 힘의 근원이다.

시간과 공간에서 진화하는 생물은 제약받지 않는 파라다이스 신을 이해할 수 없다. 영원과 무한은 시공 생물이 이해할 수 없는 수준의 신 실체를 의미한다. 신의 무한성 및 통치권의 절대성은 파라다이스 삼위 일체 안에 본래부터 있으며, 삼위 일체는 필사 인간의 이해력을 얼마큼 지나서 놓여 있는 한 실체이다. 우주 관계들을 파악하고 신성의 의미 가치를 이해하기 위해서, 시공의 피조물은 기원·상대성·운명이 있어야 한다. 따라서 파라다이스 신은 파라다이스 바깥에서 일어나는 신성(神性)의 성격화를 묽게 만들고 달리 제한하며, 이렇게 최상 창조자들과 그 동료들이 존재하게 만든다. 이들은 늘 생명의 빛을, 여러 진화 세계에서 수여 아들들이 땅에서 사는 인생에서 그 빛의 가장 멀고 아름다운 표현을 찾을 때까지, 그 파라다이스 근원으로부터, 멀리 멀리 가지고 간다.

이것이 칠중 하나님의 기원이며, 필사 인간은 다음 순서로 이들의 연속된 수준과 마주친다:

1. 아들 창조자 (그리고 딸 창조자).
2. 옛적부터 늘 계신 이.
3. 일곱 으뜸 영.
4. 최상 존재.
5. 합동 행위자.
6. 영원한 아들.
7. 우주의 아버지.

처음 세 수준은 최상 창조자들이다. 마지막 세 수준은 파라다이스 신들이다. 최상위는 파라다이스 삼위 일체가 체험적 영으로 성격화된 것으로서, 파라다이스 신들의 자손 창조자들이 가진, 진화적 전능한 권능의 체험적 초점으로서, 늘 사이에 낀다. 최상 존재는 일곱 초우주에 대하여, 현재 우주 시대 동안, 신의 최대 계시이다.

필사자 논리의 기법에 따라서, 칠중 하나님의 처음 세 수준의 집단 행동을 체험으로 다시 통일하는 것은 파라다이스 신 수준과 대등하리라 추론할까 싶지만, 그렇지 않다. 파라다이스 신은 <u>실존하는</u> 신이다. 최상 창조자들은 그들의 권능과 성격이 신성하게 통일된 가운데 <u>체험하는</u> 신의 새로운 동력 잠재성을 구성하고 표현한다. 그리고 체험적 기원을 가진 이 권능 잠재성은, 삼위 일체 기원을 가진 체험적 신—최상 존재—와 불가피하게, 달아날 수 없이 연합됨을 발견한다.

최상위 하나님은 파라다이스 삼위 일체가 아니며, 초우주 창조자들 가운데 어느 누구도 아니고 그 모두도 아니며, 그들의 기능적 활동은 그의 전능한 힘을 실제로 합성한다. 최상위 하나님은 삼위 일체에서 기원을 가지지만, 오직 칠중 하나님의 처음 세 수준의 조정된 활동을 통해서, 권능을 가진 성격자로서 진화 생물에게 명시된다. 영원 속에서 우주의 아버지와 영원한 아들의 뜻에 따라서 합동 행위자가 번쩍 생긴 것 같이, 전능 최상위는 최상 창조 성격자들의 활동을 통해서 시간과 공간 속에서 사실화하고 있다. 칠중 하나님의 처음 세 수준에 있는 이 존재들은 전능 최상위의 권능의 바로 그 성질과 근원이다. 따라서 그들은 늘 그의 행정 행위를 따라가고 유지해야 한다.

3. 전능자와 파라다이스 신

파라다이스 신들은 대우주에서 두루, 그들의 인력(引力) 회로에서 직접 행동할 뿐 아니라, 또한 여러 대리자와 다른 명시를 통해서 다음과 같이 활동한다:

1. <u>셋째 근원 중심의 지성 초점</u>. 에너지와 영의 유한한 영토는 합동 행위자 지성의 계심으로 말미암아, 글자 그대로 함께 붙잡혀 있다. 지역 우주에 있는 창조 영으로부터 초우주의 반영 영들을 거쳐서, 대우주에 있는 으뜸 영들에 이르기까지,

이것이 참말이다. 다르게 된 이 지능 초점들로부터 방사되는 지성 회로들은 생물이 선택하는 우주 무대를 대표한다. 지성은 생물과 창조자들이 아주 쉽게 조종할 수 있는 신축성 있는 실체이다. 지성은 물질과 영을 연결하는 중요한 고리이다. 셋째 근원 중심의 지성 수여는 최상위 하나님의 영 몸을, 진화하는 전능자의 체험적 권능과 통일한다.

2. 둘째 근원 중심의 성격 계시. 합동 행위자의 지성 계심은 신성의 영을 에너지 형태와 통일한다. 영원한 아들과 파라다이스 아들들이 자신 수여로 육신화하는 것은 한 창조자의 신다운 성품을 한 피조물의 진화하는 성품과 통일하고, 실제로 융합한다. 최상위는 피조물이자 창조자이다. 그가 그렇다는 가능성은 영원한 아들, 그리고 동등하거나 종속된 그의 아들들이 자신을 수여하는 행위에서 드러난다. 수여 계급의 아들, 미가엘과 아보날들은 진화 세계에서 실제로 피조물의 생애를 살아봄으로 그들의 것이 되어 버린, 진정한 피조물의 성품과 함께 그들의 신다운 성품을 실제로 확대한다.

3. 첫째 근원 중심의 깃드는 계심. 지성은 영 원인을 에너지 반응과 통일한다. 자신을 수여하는 봉사는 신성의 내려오심을 피조물의 올라감과 통일한다. 우주의 아버지의 깃드는 분신들은 진화하는 피조물을 파라다이스에 계신 하나님과 실제로 통일한다. 수많은 계급의 성격자들에게 깃드는 아버지의 그러한 계심은 허다하며, 사람의 경우에 하나님의 이 신다운 분신은 생각 조절자이다. 신비의 감시자와 인간의 관계는 파라다이스 삼위 일체와 최상 존재의 관계와 같다. 조절자들은 절대 기초이며, 그 절대 기초 위에서 자유 의지의 선택은 영원자 성품의 신다운 실체, 즉 사람의 경우에는 최후자 성품, 최상위 하나님에서는 신의 성품이 진화하도록 만들 수 있다.

파라다이스 계급의 아들 신분이 생물로서 자신을 수여하는 것은, 이 신다운 아들들로 하여금 우주 피조물의 실제 성품을 획득함으로 그들의 성격을 부유하게 만들며, 한편 그러한 수여는 생물 자신들에게 신성의 달성에 이르는 파라다이스 길을 어김없이 드러낸다. 우주의 아버지가 조절자를 수여하는 것은 그로 하여금 의지하는 뜻을 가진 생물의 성격을 자신을 향하여 끌어당기게 만든다. 유한한 우주들에서 이 모든 관계에 두루, 합동 행위자는 지성이 베푸는 봉사의 상존하는 근원이며, 그 덕택으로 이러한 활동이 일어난다.

이것과 기타 많은 방법으로 파라다이스 신들은, 시간 속의 진화가 공간의 회전하는 혹성에서 펼쳐짐에 따라서, 모든 진화에서 생기는 최상위 성격 결과가 드디어 태어남에 따라서, 그 진화에 참여한다.

4. 전능자와 최상 창조자

최상위 총체의 통일은 유한한 부분들의 점진적 통일에 의존한다. 최상위의 현실화는 최상위의 요인—여러 우주의 창조자·생물·지능·에너지—의 바로 이러한 통일로부터 생기고, 또 그 통일을 낳는다.

최상위의 통치권이 시간에 따라 발전을 겪고 있는 시대에는, 최상위의 전능한 힘은 칠중 하나님의 신성(神性) 행위에 의존하고, 한편 최상 존재와 합동 행위자 사이에, 그의 1차 성격자인 일곱 으뜸 영과 함께, 특별히 가까운 관계가 있는 듯하다. 무한한 영은 합동 행위자로서 진화하는 신의 불완전성을 보충하며, 최상위와 아주 가까운 관계를 유지하는 여러 방법으로 활동한다. 이 관계의 가까움은 어느 정도 모든 으뜸 영이, 그러나 특히 으뜸 영 7번이 나누어 가지며, 그는 최상위를 위하여 말씀하신다. 이 으뜸 영은 최상위를 안다—그와 친히 접촉을 가진다.

초우주를 창조하는 계획을 예측하면서 일찍부터, 으뜸 영들은 반영 영 49명을 함께 창조하는 데 조상인 삼위 일체와 같이 하였고, 동시에 최상 존재는 파라다이스 삼위 일체 및 파라다이스 신의 창조하는 아이들의 통합된 행동을 완성하는 자로서, 창조성을 나타내며 활동했다. 장려자(壯麗者)가 나타나서, 그 뒤로 늘 최상 지성의 우주 계심을 집중하였고, 한편 으뜸 영들은 우주 지성의 널리 퍼진 봉사를 위하여 근원 중심으로서 계속한다.

그러나 으뜸 영들은 반영 영들의 감독을 계속한다. 일곱째 으뜸 영은 (중앙 우주로부터 오르본톤을 전반적으로 감독하는 작업에서) 유버르사에 자리잡은 일곱 반영 영과 친히 접촉한다 (그리고 그들을 전반적으로 통제한다). 초우주 사이 및 초우주 내부의 통제와 행정에서, 그는 각 초우주 서울에 자리잡은 자기 종류의 반영 영들과 반영으로 접촉을 가진다.

이 으뜸 영들은 최상위의 통치권을 지지하고 확대하는 자일 뿐 아니라, 다음에 그들은 최상위의 창조 목적에 영향을 받는다. 보통은, 으뜸 영들이 집단으로 창조한 것들은 준(準)물질 계급이며 (동력 지휘자와 기타), 한편 개별로 창조하는 것들은 영적 계급이다 (상천사와 기타). 그러나 으뜸 영들이 최상 존재의 뜻과 목적에 반응하여, <u>집단으로</u> 일곱 회로 영을 낳았을 때, 이 창조 행위에서 나온 자식은 물질이거나 준물질이 아니라, 영적 자식이었음을 살펴야 한다.

그리고 여러 초우주의 으뜸 영들이 그런 것처럼, 이 초월 창조들의 삼자 일치 통치자—옛적부터 늘 계신 이—들도 마찬가지이다. 시간과 공간에서 삼위 일체의 응보와 판단이 이렇게 성격화한 것들은 최상위의 전능한 힘을 동원하기 위한, 실전에 쓰이는 지레 받침이며, 이것은 시간과 공간의 영토에서 삼위 일체 통치권의 진화를 위하여 일곱 초점으로서 쓰인다. 파라다이스와 진화하는 세계들의 중간에 있는 유리한 위치로부터, 삼위 일체 기원을 가진 이 군주들은 양쪽을 보고, 양쪽을 알며, 양쪽을 조정한다.

그러나 지역 우주들은 진짜 실험실이요, 그 속에서 지성의 실험, 은하계 모험, 신성의 전개(展開), 성격의 진보가 해결되고, 우주에서 합계했을 때 이것들은 체험 속에서, 체험으로, 최상위가 신의 진화를 성취하는 그 실제 기초를 이룬다.

지역 우주에서는 창조자도 진화한다: 합동 행위자의 계심은 살아 있는 권능 초점으로부터 우주 어머니 영의 신성한 성격의 지위까지 진화한다. 아들 창조자는 실존하는 파라다이스 신성의 성품으로부터 최상 통치권의 체험적 성품에 이르기까지 진화한다. 지역 우주는 참된 진화의 출발점이요, 예정된 바와 같이, 스스로 공동 창조자가 되는 자유 의지 선택을 부여받은, 진정한 불완전한 성격자들이 태어나는 장소이다.

진화 세계에 자신을 수여하는 과제에서 아들 행정관들은 물질적 인간 성품의 가장 높은 영적 가치와 체험으로 통일하면서, 궁극에는 파라다이스 신성을 표현하는 성품을 얻는다. 이 수여와 기타 수여를 통해서, 미가엘 창조자들은 마찬가지로 그들의 실제 지역 우주 아이들의 성품과 우주 관점을 얻는다. 그러한 주 아들 창조자들은 최상 아래 체험의 완성에 접근한다. 그들의 지역 우주 통치권이 관계된 창조영을 품도록 커질 때, 그것은 진화하는 대우주의 현재 잠재성 안에서 최상의 한계를 접근한다고 말해도 좋다.

사람이 하나님을 찾아내는 새 길을 수여 아들들이 드러낼 때, 그들은 신성에 이르는 이 길을 창조하고 있는 것은 아니다. 차라리 그들은 최상위의 계심을 거쳐서 파라다이스 아버지의 몸까지 인도하는, 진보하는 영원한 대로를 비추는 것이다.

지역 우주는, 하나님으로부터 가장 멀리 있고, 따라서 우주에서 가장 가파르게 영적 상승을 체험할 수 있고, 최대한으로 자신의 공동 창조에 체험으로 참여할 수 있는 성격자들을 위한 출발점이다. 마찬가지로, 바로 이 지역 우주들은 내려가는 성격자들을 위하여 가능한 가장 깊은 체험을 마련해 주며, 이들은 이로서 파라다이스로 올라가는 것이 진화하는 피조물에게 의미하는 것과 똑같이, 그들에게 의미 있는 무엇을 성취한다.

칠중 하나님이 마침내 현실화하는 최상위에 도달하는 동안에, 필사 인간은 이 신성 집합이 충분히 활동하는 데 필요한 듯하다. 최상위의 전능한 힘을 진화하는 데 똑같이 필요한, 많은 다른 계급의 우주 성격자들이 있지만, 인간들의 훈육을 위하여 이러한 묘사가 제시되며, 따라서 필사인에게 관계된 칠중 하나님의 진화에서 작용하는 요소에만 대체로 국한된다.

5. 전능자와 칠중 통제자

너희는 칠중 하나님과 최상 존재의 관계에 대하여 가르침을 받았고, 칠중자가 대우주의 창조자 뿐 아니라 통제자들도 에워싼다는 것을 이제 헤아려야 한다. 대우주의 이 칠중 통제자는 다음을 포함한다:

1. 물리 주통제자.
2. 최상 동력 중심.
3. 최상 동력 지휘자.
4. 전능 최상위.
5. 행위의 하나님—무한한 영.
6. 파라다이스 섬.
7. 파라다이스의 근원—우주의 아버지.

이 일곱 집단은 칠중 하나님과 기능 면에서 뗄 수 없고, 이 신 결합의 물리적 통제 수준을 이룬다.

에너지와 영이 두 갈래로 갈라지는 것은 (영원한 아들과 파라다이스 섬이 함께 있음으로부터 파생되며) 일곱 으뜸 영이 뭉쳐서 집합으로 창조하는 첫 행위에 들어갔을 때, 초우주 의미에서 상징이 되었다. 이 사건은 일곱 최상 동력 지휘자의 출현을 보았다. 그와 동시에 으뜸 영들의 영적 회로는, 동력 지휘자가 감독하는 물리적 활동과 대조해서 구별되었고, 물질과 영을 조정하는 새 요소로서, 즉시 우주 지성이 나타났다.

전능 최상위는 대우주의 물리적 동력을 전반적으로 통제하는 자로서 진화하고 있다. 현재 우주 시대에 물리적 동력의 이 잠재성은 일곱 최상 동력 지휘자에 집중하는 듯하며, 이들은 동력 중심들의 고정된 위치를 통해서, 물리 통제자들의 움직일 수 있는 계심을 통해서 작용한다.

시간 우주들은 완전하지 않다. 그것이 그 우주들의 운명이다. 완전을 위한 싸움은 지적·영적 수준 뿐 아니라, 또한 에너지·질량의 물리적 수준에도 관계된다. 일곱 초우주가 빛과 생명에 정착하는 것은 그 우주들이 물리적 안정에 도달함을 전제(前提)로 한다. 물질 균형을 마침내 이루는 것은 전능자의 물리적 통제가 진화를 마쳤음을 뜻한다고 추측된다.

우주가 건축되는 초기에는 파라다이스 창조자들도 1차적으로 물질 균형에 관심을 가진다. 한 지역 우주의 형태는 동력 중심들의 활동으로부터 생긴 결과일 뿐 아니라, 또한 창조 영의 공간 계심 때문에 모습을 갖춘다. 지역 우주를 건축하는 시대의 초기를 통하여 내내, 아들 창조자는 잘 알려지지 않은, 물질을 통제하는 속성을 나타내며, 지역 우주가 대체적 균형을 얻을 때까지 그의 서울 혹성을 떠나지 않는다.

최종으로 분석하건대, 모든 에너지는 지성에 반응하며, 물리 통제자들은 지성 하나님의 아이들이요, 이 하나님은 파라다이스 원형을 활성화시키는 분이다. 동력 지휘자들의 지능은 물질을 통제하는 과제에 쉴 사이 없이 몰두한다. 에너지의 관계와 질량의 운동을 물리적으로 지배하려는 투쟁(鬪爭)은, 그들의 영구한 활동 분야를 이루는 에너지와 질량에 대하여 유한한 승리를 얻을 때까지, 결코 그치지 않는다.

시간과 공간에서 영이 벌이는 투쟁은 (성격을 가진) 지성이 중재하여, 영이 물질을 지배하는 진화와 상관이 있다. 우주들의 물리적 (비성격) 진화는 우주 에너지를 영의 전반적 통제 밑에서 지성의 균형 개념과 조화시키는 것과 상관이 있다. 대우주 전체의 총 진화는 에너지를 통제하는 지성을 영이 조정한 지능과 함께 성격이 통일하는 문제이며, 그것은 최상위의 전능한 힘이 완전히 출현하는 데서 드러날 것이다.

동태적 균형 상태에 이르는 데 생기는 어려움은 성장하는 우주의 사실에 본래부터 있다. 물리적 창조에서 확립된 회로들은 새 에너지와 새 질량의 출현에 계속 위협을 받는다. 성장하는 우주는 안정되지 않은 우주이다. 따라서 시간의 충만이 일곱 초우주의 물질적 완성을 구경할 때까지, 우주 전체의 어느 부분도 진정한 안정을 찾을 수 없다.

빛과 생명 속에 안정된 우주들에서는 기대하지 않고 큰 중요성을 가진 아무런 물리적 사건들이 생기지 않는다. 물질 창조에 대하여 비교적 완전한 통제가 이루어졌다. 안정된 우주와 진화하는 우주들의 관계에 대한 문제가 아직도 우주 동력 지휘자들의 솜씨에 계속 도전한다. 그러나 대우주가 드디어 진화적 표현의 절정에 가까워짐에 따라서, 이 문제들은 새로운 창조 활동이 줄어드는 것과 함께 차츰 사라질 것이다.

6. 영의 지배

진화하는 초우주에서는, 성격의 경우를 제외하고 에너지 물질이 지배하며, 성격에서는 지성의 중재를 통해서 영이 주도권을 쥐려고 싸운다. 진화하는 우주들의 목표는 지성으로 에너지 물질을 정복하고, 지성을 영과 조정하는 것이며, 이 모두를 창조적이고 통일하는 성격이 있는 덕택으로 그렇게 한다. 따라서 성격과 가지는 관계에서 물리 체제들은 종속되어 있고, 지성 체계들은 나란히 있으며, 영 체계들은 지휘하게 된다.

권능과 성격의 이 연합은 최상위 안에서, 최상위로서, 신 수준에서 표현된다. 그러나 영의 지배가 실제로 진화하는 것은 대우주의 창조자들과 피조물의 자유 의지 행위에 바탕을 둔 성장이다.

절대 수준에서, 에너지와 영은 하나이다. 그러나 그러한 절대 수준으로부터 한 걸음 내딛는 순간, 차이가 나타나고, 에너지와 영이 파라다이스로부터 공간을 향하여 움직임에 따라서, 그 사이의 간격은 지역 우주에서 어지간히 갈라질 때까지 넓어진다. 그것들은 이제 더 동일하지 않고, 비슷하지도 않으며, 지성은 그것들을 서로 연결지으려고 간섭해야 한다.

통제하는 성격자들의 행위로 말미암아 에너지의 방향이 정해질 수 있다는 것은 에너지가 지성 행위에 대하여 민감하다는 것을 드러낸다. 바로 고삐를 쥐는 이 통일체들의 행위를 통하여 질량이 안정될 수 있다는 것은, 질서를 일으키는 지성의 계심에 질량이 민감하다는 것을 가리킨다. 의지를 가진 성격 안에서 영 자체가 에너지 물질을 통달하기 위하여 지성을 통해서 투쟁할 수 있다는 것은, 모든 유한한 창조의 잠재 통일성을 드러낸다.

온 우주에 걸쳐서 두루, 모든 물력과 성격자는 서로 의존한다. 아들 창조자와 창조 영들은 우주들을 조직하는 일에 동력 중심과 물리 통제자들의 협동 작용에 의존한다. 최상 동력 지휘자들은 으뜸 영들의 전반적 통제가 없이는 불완전하다. 한 인간 존재에서 육체 생명의 작용은 (성격을 가진) 지성의 지시에 어느 정도 민감하다. 바로 이 지성은 다음에, 목적을 가진 영의 인도함에 지배될 수도 있고, 그러한 진화적 발전의 결과는 최상위의 새 아이를 생산하는 것이며, 이는 몇 종류의 우주 실체를 새로이 성격으로 통일하는 것이다.

그리고 부분의 경우에 그런 것처럼, 전체의 경우에도 그렇다. 신의 완성을 얻고 삼위 일체와 교제하는 운명을 얻기 위해서, 최상위의 영 몸은 전능자의 진화적 힘을 필요로 한다. 시공의 성격자들이 그 노력을 기울이지만, 이 노력의 절정과 성취는 전능 최상위의 행위이다. 이처럼 전체의 성장은 부분들의 집합 성장을 합계하는 것이지만, 마찬가지로 마땅히 부분들의 진화는 목적 있는 전체의 성장이 분할되어 반영된 것이다.

파라다이스에서, 일력(一力)과 영은 하나와 같다—이름이 아니고는, 구별할 수 없다. 하보나에서 물질과 영은 구별할 수 있게 다르지만, 동시에 본질적으로 조화된다. 그러나 일곱 초우주에서는 큰 차이가 있다. 우주 에너지와 신다운 영 사이에는 넓은 틈이 있다. 따라서 물리적 형태를 영적 목적과 조화시키고 궁극에 통일하는 데, 지성이 행동할 더 큰 체험 잠재성이 있다. 시간 속에 진화하는 공간 우주들에서는 신성이 더 묽어지고, 풀어야 할 더 어려운 문제들과 그 해결에 체험을 얻을 더 큰 기회가 있다. 이 초우주 상황 전체는 진화로 존재하는 더 큰 경기장이 생기게 만들며, 그 속에서 우주 체험의 가능성은 피조물과 창조자에게—최상의 신에게도—똑같이 소용된다.

영의 지배는 절대 수준에서 실존적이지만, 유한 수준에서, 일곱 초우주에서는 진화하는 체험이 된다. 사람으로부터 최상 존재에 이르기까지, 이 체험을 모두가 같이 나눈다. 성취하는 일에 모두가 애쓰고, 몸소 애쓴다. 운명에는 모두가 참여하고, 몸소 참여한다.

7. 대우주는 살아 있는 유기체

대우주는 물리적으로 웅장하고 영적으로 숭고하고 지적으로 위대한 물질 창조일 뿐 아니라, 또한 훌륭하고 민감한 살아 있는 유기체이다. 활기에 넘치는 우주의 광대한 창조의 기계 작용에 두루, 맥박치는 실제 생명이 있다. 우주의 물리적 실체는 전능 최상위의 파악할 수 있는 실체를 상징한다. 신경(神經) 감각 통로의 망이 인간의 몸을 가로지르는 것처럼, 지성 회로들은 물질적이고 살아 있는 이 유기체를 꿰뚫는다. 이 물질 우주는 에너지 길로 채워져 있고, 영양분의 동화(同化) 가능한 에너지 산물을 순환하여 분산시킴으로 인간의 몸이 영양과 에너지를 받는 것처럼, 에너지 길은 효과 있게 물질 창조를 자극한다. 광대한 우주는, 인체의 기계 작용에서 섬세한 화학적 통제 체계에 견줄까 싶은 중심, 훌륭하게 전반적 통제를 담당하는 조정 중심들이 없지는 않다.

필사자들이 생명을 유지하기 위하여 태양 에너지에 기대는 것과 비슷하게, 마찬가지로 대우주는 물질 활동과 공간의 우주 운동을 유지하려고, 아래 파라다이스로부터 방사되는 어김없는 에너지에 의존한다.

필사자들이 지성을 가지고 신분과 성격을 스스로 의식할 수 있도록 그들에게 지성이 부여되었다. 그리고 지성은—최상 지성조차도—유한한 자의 총체 위에 수여되었고, 그로서 우주의 이 솟아나는 성격의 영은 에너지와 물질을 통달하려고 늘 애쓴다.

대우주가 영원한 아들의 널리 퍼진 영 인력의 힘에 반응하는 것 같이, 필사 인간은 영의 안내에 민감하며, 이 힘은 시공의 유한한 우주에서 모든 창조의 영원한 영적 가치가 보편적인 초물질로 응집된 것이다.

인간들은 총체적이고 파괴할 수 없는 우주 실체와 영구하게 스스로 동일시하는 능력—깃드는 생각 조절자와 융합하는 능력—이 있다. 마찬가지로, 최상위는 최초의 신, 곧 파라다이스 삼위 일체의 절대 안정성에 영구하게 의존한다.

파라다이스의 완전함을 얻으려는 사람의 욕구, 하나님에게 도달하려는 그의 투쟁은 살아 있는 우주에서 진정한 신성의 긴장을 일으키며, 이 긴장은 오직 불멸의 혼을 개발해야 풀릴 수 있다. 이것이 단일 필사 인간의 체험에서 일어나는 것이다. 그러나 대우주에서 모든 생물과 모든 창조자가 마찬가지로 하나님에게 도달하고 신다운 완전함을 얻으려고 애쓸 때, 깊은 우주 긴장이 쌓이며, 이것은 오로지 전능한 힘을 모든 생물의 진화하는 하나님, 즉 최상 존재의 영 성격과 숭고하게 합성하는 데서 해결을 찾을 수 있다.

[유란시아에서 잠시 머무르는 한 막강한 사자가 후원하였다.]

제 117 편

최상위 하나님

어떤 우주 정거장에서 우리의 존재를 가지더라도 우리가 하나님의 뜻을 행하는 한도 안에서, 그만큼 최상위의 전능한 잠재성은 한 걸음 더 사실성을 가지게 된다. 하나님의 뜻은 첫째 근원 중심의 목적이니, 이는 세 절대자 안에서 잠재화되고, 영원한 아들 속에서 성격화되고, 무한한 영 안에서 우주 행위를 위하여 합쳐지고, 파라다이스의 영원한 원형에서 영원하게 된 바와 같다.

대우주에 사는 모든 존재가 언제라도 하나님의 뜻을 충만히 행하는 것을 상대적으로 성취한다면, 그 때 시간과 공간의 창조들이 빛과 생명 속에서 안정될 것이다. 그 때 최상위의 신 잠재성인 전능자는 최상위 하나님의 신다운 성격이 태어날 때 사실이 된다.

진화하는 지성이 우주 지성의 회로에 조율이 될 때, 진화하는 우주가 중앙 우주의 모습을 따라서 안정될 때, 진보하는 영이 으뜸 영들의 연합된 봉사와 접촉할 때, 하늘 가는 필사 성격자가 깃드는 조절자의 신성한 이끄심에 마침내 조율이 될 때, 이 때 최상위의 사실성은 여러 우주에서 한 눈금만큼 더 현실이 된다. 이 때 최상위의 신성은 우주에서 실현을 향하여 한 걸음 더 나아간다.

대우주의 부분과 개인들은 최상위의 총체적 진화의 반영(反映)으로서 진화하며, 한편 다음에 최상위는 모든 대우주 진화를 합성하여 얻은 누적 합계이다. 필사자의 관점에서 볼 때, 이 둘은 서로 진화와 체험 면에서 역수(逆數)이다.

1. 최상 존재의 성품

최상위는 물리적으로 조화된 아름다움이요, 지적 의미를 가진 진리요, 영적 가치를 가진 선(善)이다. 참된 성공의 단 맛이요, 영구한 성취에서 얻는 기쁨이다. 그는 대우주의 대혼(大魂)이요, 유한한 우주의 의식(意識), 유한한 실체의 완성이요, 창조자와 피조물의 체험이 성격화된 것이다. 모든 앞날의 영원을 통하여, 최상위 하나님은 신의 여러 삼자 일체 관계에서 의지(意志)한 체험의 실체를 표현할 것이다.

최상 창조자들의 몸을 입고서 하나님들이 파라다이스로부터 시간과 공간의 영토로 내려왔으니, 이는 거기서 파라다이스에 다다를 능력을 가지고 아버지를 찾아서 그 곳으로 올라갈 수 있는 생물을 창조하고 진화시키려는 것이다. 하나님을 드러내는 내려오는 창조자들, 그리고 하나님을 추구하는 올라가는 피조물의 이 우주 행렬은 최상위가 신으로서 진화함을 드러내며, 그분 안에서 내려오는 자와 올라가는 자 모두가 서로 이해하고, 영원하고 보편적인 형제 정신을 발견한다. 최상 존재는 이처럼 완전한 창조자가 원인이 되고 완전하게 되는 피조물이 반응하는 체험을 유한하게 합성한 것이 된다.

대우주는 완벽하게 통일되는 가능성을 담고 있고, 늘 그것을 추구한다. 이것은 이 우주의 존재가 제한 없이 통일된 파라다이스 삼위 일체의 창조 행위와 권능 명령의 결과라는 사실로부터 생겨난다. 바로 이 삼자 일체의 통일은 최상위 안에서 유한한 우주에서 표현되며, 그의 실체는 우주들이 삼위 일체를 확인하는 최대 수준에 도달함에 따라서, 갈수록 더 분명해진다.

창조자의 뜻과 생물의 뜻은 질이 다르다. 그러나 이것들은 체험 면에서 비슷한데, 이는 피조물과 창조자가 우주의 완전을 이룩하는 데 함께 일할 수 있기 때문이다. 사람은 하나님과 연락하여 일할 수 있고, 이로서 영원한 최후자를 공동으로 창조한다. 하나님은 아들들의 육신화에 담긴 인간으로도 일할 수 있고, 이 아들들은 이로서 최고의 피조물 체험을 얻는다.

최상 존재의 경우에, 창조자와 피조물은 하나의 신 속에서 뭉치며, 그의 뜻은 하나의 신다운 성격을 표현한다. 네바돈의 주 아들의 통치 의지가 이제 신과 인류의 뜻의 조합보다 더 큰 무엇인 것처럼, 최상위의 이 뜻은 피조물이나 창조자의 뜻보다 더 큰 무엇이다. 파라다이스의 완전함과 시공 체험의 연합은 실체의 신 수준에서 새로운 의미 가치를 낳는다.

최상위의 진화하는 신다운 성품은 대우주에서 모든 피조물과 모든 창조자가 겪는 비할 데 없는 체험을 충실하게 나타내는 그림이 되고 있다. 최상위 안에서, 창조자 신분과 피조물 신분은 한 몸이 된다. 모든 유한한 창조가 불완전의 사슬로부터 완전과 해방을 찾아서 영원한 길을 추구하는 동안, 그들을 괴롭히는 다양한 문제들의 해결에 따르는 변천에서 태어나는 바로 그 체험 때문에, 그들은 언제까지나 뭉쳐진다.

진리와 아름다움과 선은 영이 베푸는 봉사, 파라다이스의 웅장함, 아들의 자비, 최상위의 체험 안에서 서로 상관된다. 최상위 하나님은 <u>진리요 아름다움이요 선이니</u>, 이 신성 개념들이 관념적 체험의 유한한 극대를 나타내기 때문이다. 이 신성의 삼자 일치 품질을 가진 영원한 근원은 유한을 초월하는 수준에 있지만, 생물은 그러한 근원을 초월 진리, 초월하는 아름다움, 초월하는 선으로만 겨우 파악할 수 있다.

창조자인 미가엘은 창조자 아버지가 땅에 있는 자녀들에 대하여 품는 신성한 사랑을 드러냈다. 이 신의 사랑을 발견하고 받았으니까, 사람들은 육체를 입은 동포에게 이 사랑을 드러내는 포부를 품을 수 있다. 그러한 생물의 애정은 최상위의 사랑을 참되게 반영하는 것이다.

최상위는 대칭이 되게 포괄성을 가진다. 첫째 근원 중심은 위대한 세 절대자 안에서 잠재하며, 파라다이스에서, 아들에서, 영에서 사실이 된다. 그러나 최상위는 사실성과 잠재성을 모두 가졌고, 최상의 성격과 전능한 힘을 가진 존재요, 피조물의 노력과 창조자의 목적에 똑같이 민감하며, 우주에 대하여 스스로 행동하고 우주의 총합에 대하여 스스로 반응하며, 한꺼번에 최상의 창조자이자 최상의 피조물이다. 최상위 신은 이처럼 유한한 것 전체의 총합을 표현한다.

2. 진화적 성장의 근원

최상위는 시간 속에 있는 하나님이다. 시간 속에서 생물이 성장하는 비밀은 그에게 속한다. 불완전한 현재를 정복하는 것, 완전하게 되고 있는 앞날의 성취가 또한 그에게 속한다. 모든 유한한 성장의 마지막 열매는 힘이며, 통일하고 창조하는 성격이 계시는 덕택으로, 지성을 통해서 영이 그 힘을 통제한다. 이 모든 성장이 마침내 가져오는 결과는 최상 존재이다.

필사인에게, 존재는 성장과 맞먹는다. 더 큰 우주 의미에서도, 정말로 그러한 듯 보이겠는데, 영이 이끄는 존재는 체험적 성장—지위의 확대—를 초래하는 듯하기 때문이다. 그러나 현재 우주 시대에 생물 존재의 특징을 나타내는 현재의 성장은 최상위의 한 기능이라는 의견을 우리는 오랫동안 지녀왔다. 이 종류의 성장은 최상위가 성장하는 시대에 특이하며, 최상위가 성장을 마침과 함께 종결되리라고 우리는 똑같이 주장한다.

생물이 삼자 일체 체험으로 낳은 아들들의 지위를 생각해 보아라. 그들은 현재 우주 시대에 태어나고 산다. 그들은 지성과 영 자질과 함께, 성격을 가지고 있다. 그들은 체험을 가지고 그 기억을 지니고 있지만, 하늘 가는 자들처럼 자라지 않는다. 생물이 삼자 일체 체험으로 낳은 이 아들들이 현재 우주 시대에 있지만, 정말로 그들은 다음 우주 시대—최상위의 성장이 끝난 뒤에 다가올 시대—의 출신이라고 우리는 믿고 이해한다. 그러므로 불완전하고, 그 결과로 성장하는 최상위의 현재 상태 시점에서, 그들은 최상위 안에 있지 않다. 그러므로 현재 우주 시대에 체험으로 성장하는 데 참여하지 않고, 다음 우주 시대를 위하여 예비로 남은 채로 있다.

내 자신의 계급, 막강한 사자들은 삼위 일체의 품에 안겼으니까, 현재 우주 시대의 성장에는 참여하지 않는다. 우리가 사실은 삼위 일체의 고정된 아들들인 것처럼, 어떤 의미에서 우리는 지난 우주 시대의 시점에 지위를 가지고 있다. 한 가지는 분명하다: 우리의 지위는 삼위 일체의 품에 안김으로 굳어졌고, 체험은 이제 더, 궁극에 성장을 낳지 않는다.

이것은 최후자들, 또는 최상위의 성장 과정에 참여하는 계급, 진화하고 체험하는 계급에 속하는 어떤 다른 자들에게는 참말이 아니다. 유란시아에서 지금 살며, 파라다이스에 이르고 최후자 지위를 얻는 큰 뜻을 품을까 싶은 너희 필사자들은, 너희가 최상위 속에 있고, 그에게서 나왔고, 따라서 최상위가 성장하는 주기(**週期**)에 참여하기 때문에, 그러한 운명이 겨우 실현될 수 있음을 이해해야 한다.

언젠가 최상위의 성장에 종말이 올 것이다. 그의 지위는 (에너지와 영 의미에서) 완성될 것이다. 최상위 진화의 이 종말은 또한 최상위의 일부로서 피조물의 진화가 끝남을 볼 것이다. 무슨 종류의 성장이 외계 공간 우주들의 특징을 나타낼지 우리는 모른다. 그러나 그것은 일곱 초우주가 진화하는 현재 우주 시대에 우리가 보아 온 어떤 것과도 매우 다른 무엇이리라 우리는 아주 확신한다. 의심할 여지 없이, 외계 공간자들에게 최상위의 성장을 이렇게 보지 못한 결핍을 메워 주는 것이 대우주에서 진화하는 시민들의 역할일 것이다.

현재 우주 시대가 완성되고 나서 계시는 최상 존재는, 대우주에서 체험적 군주로서 활동할 것이다. 외계 공간자—다음 우주 시대의 시민—들은 초우주 이후의 성장 잠재성을 가질 터이고, 이것은 전능 최상위의 통치권을 미리 가정하는, 진화로 달성하는 능력이며, 따라서 현재 우주 시대의 권능과 성격을 합성하는 데 피조물이 참여하는 것을 막는다.

이처럼 최상위의 불완전성은 미덕으로 여겨도 좋은데, 이는 그것이 현재 우주들에 있는 생물과 창조가 진화로 성장하는 일을 가능하게 만들기 때문이다. 비어 있는 상태에 미덕이 있으니, 그것이 체험으로 채워질까 싶기 때문이다.

유한한 철학에서 가장 흥미를 자아내는 물음 가운데 하나는 이것이다: 최상 존재는 대우주의 진화에 반응하여 현실화하는가, 아니면 최상위가 차츰 현실화하는 데 반응하여 이 유한한 우주가 점진적으로 진화하는가? 아니면 성장하기 위해서 그들이 서로 의존하는 것, 그들이 진화에서 역수(逆數)이고, 하나가 다른 하나의 성장을 일으키는 것이 가능한가? 다음에 대하여 우리는 확실하다. 높고 낮은 생물과 우주들은 최상위 안에서 진화하고 있고, 그들이 진화함에 따라서 이 우주 시대의 유한한 활동 전체의 통일된 합계가 나타나고 있다. 이것이 최상 존재의 출현이요, 모든 성격자에게는 최상위 하나님의 전능한 힘이 진화하는 것이다.

3. 우주 생물에 대한 최상위의 중요성

최상 존재, 최상위 하나님, 전능 최상위, 이렇게 여러 가지로 일컫는 우주 실체는 태어나는 단계에 있는 모든 유한한 실체를 복잡하게 보편적으로 합성한 것이다. 영원한 에너지, 신다운 영, 우주 지성의 방대한 분화는 최상위의 진화에서 유한한 절정에 이르며, 그는 모든 유한한 성장의 총합이요, 유한하게 최대로 완성하는 신 수준에서 스스로 실현한 것이다.

최상위는 신의 경로이며, 이를 통해서 공간에서 은하계의 파노라마 속으로 구체화되는 삼극 일치들의 창조적 무한이 흐르고, 그 파노라마를 배경으로 시간 속에서 훌륭한 성격자의 드라마가 일어나는데, 이것은 지성의 중재를 통하여 영이 에너지와 물질을 정복하는 드라마이다.

예수는 말했다: "나는 생명의 길이라," 그래서 그는 자의식하는 물질 수준에서부터 하나님을 의식하는 영적 수준까지 이르는 생명의 길이다. 그가 자아로부터 하나님께 도달하기까지 올라가는 이 생명의 길인 것 같이, 최상위는 유한한 의식으로부터 의식을 초월하기까지, 아니 초한(超限)의 통찰력에 이르기까지, 생명의 길이다.

너희의 아들 창조자는 실제로, 인간성으로부터 신성에 이르는 그러한 생명의 경로일 수 있으니, 이는 그가 이 요수아 벤 요셉, 즉 사람의 아들의 참된 인간성으로부터 네바돈 미가엘, 즉 무한한 하나님의 아들의 파라다이스 신성에 이르기까지, 우주의 이 진보하는 길을 몸소 충만히 거쳤기 때문이다. 이와 비슷하게, 최상 존재는 유한한 한계의 초월에 이르는 우주 접근법으로서 활동할 수 있다. 이는 그가 모든 생물의 진화, 진보, 영적 변화를 실제로 구현한 것이요, 몸소 본보기이기 때문이다. 파라다이스로부터 내려오는 성격자들이 겪는 대우주 체험조차도, 시간 순례자들의 하늘 가는 체험을 종합한 것에 보충이 되는, 그의 체험의 바로 그 부분이다.

필사인은 상징으로 하나님의 모습을 따라 만들어진 것보다 더 크다. 물리적 관점에서 볼 때, 이 말은 도저히 참말이 아니지만, 어떤 우주 잠재성에 관하여 그것은 실제로 있는 사실이다. 온 우주에서 광대하게 더 큰 규모로 일어나는 바와 같이 인류에게 진화로 달성하는 바로 그 드라마와 같은 무엇이 펼쳐지고 있다. 사람, 즉 의지를 가진 성격은, 최상위의 유한한 잠재성이 있는 가운데, 비성격 통일체인 조절자와 연락하여 창조성을 가지며, 그 결과로 한 불멸의 혼이 꽃핀다. 여러 우주에서 시공의 창조자인 성격자들은 파라다이스 삼위 일체의 비성격 영과 연락하여 활동하며, 그로서 신 실체가 되는 새로운 권능 잠재성을 창조하게 된다.

최상 존재는 신이요, 필사 인간은 생물이니까, 최상 존재와 반드시 같다고 할 수 없지만, 사람의 진화는 어떤 면에서 최상 존재의 성장을 닮는다. 사람은 자신이 내리는 결정의 강도·힘·일관성에 따라서, 물질인 것으로부터 영적인 것을 향하여, 의식하면서 자란다. 조절자가 영적인 것으로부터 상물질 혼 수준으로 손을 뻗으려고 새로운 기법을 개발함에 따라서, 사람은 또한 자란다. 일단 혼이 생기고 나서, 혼은 그 자체로서 저절로 자란다.

이것은 최상 존재가 확장하는 방법과 얼마큼 비슷하다. 그의 통치권은 최상 창조 성격자들의 행위와 성취 속에서, 그로부터 성장한다. 그것은 대우주의 통치자로서 그의 대단한 권능이 진화하는 것이다. 마찬가지로, 그의 신 성품은 파라다이스 삼위 일체의 선재하는 통일성에 의존한다. 그러나 최상위 하나님의 진화에는 아직도 또 다른 모습이 있다. 그는 창조자로부터 진화되고 삼위 일체에서 파생되었을 뿐 아니라, 또한 스스로 진화하고 스스로 유래한다. 최상위 하나님은 자신이 신으로 현실화하는 데 스스로 의지하고 창조적으로 참여하는 분이다. 인간의 상물질 혼은 마찬가지로 의지를 가졌고, 스스로를 불멸하게 만드는 일에 함께 창조하는 파트너이다.

파라다이스의 에너지를 조종하는 데, 그 에너지를 최상위에 대하여 민감하게 만드는 데, 아버지는 합동 행위자와 더불어 일하신다. 아버지는 창조 성격자들을 낳는 데 영원한 아들과 함께 일하시고, 그 성격자들의 활동은 언젠가 최상위의 통치권을 마침내 초래한다. 최상위의 완성된 진화가 그로 하여금 그 통치권을 맡을 자격을 갖추게 만들 때까지, 대우주의 통치자로서 활동할 삼위 일체 성격자들을 창조하는 일에 아버지는 아들과 영, 두 분과 함께 일하신다. 최상위의 진화를 촉진하는 일에, 이것과 기타 여러 방법으로, 아버지는 신 및 비신(非神) 동등자들과 협동하지만, 그는 또한 이 문제에서 홀로 활동하신다. 그리고 혼자 하시는 그의 활동은 아마도 생각 조절자들과 그들의 관련된 통일체가 베푸는 봉사에서 가장 잘 드러난다.

신은 통일성이요, 삼위 일체 안에서 실존적이고 최상위 안에서 체험적이며, 필사자의 경우에는 조절자와 융합하는 가운데 피조물이 실현하는 것이다. 필사 인간 속에 생각 조절자들이 계심은 우주의 본질적 통일성을 드러낸다. 왜냐하면 사람, 가능한 가장 낮은 종류의 우주 성격자는, 그 몸 안에 가장 높고 영원한 실체, 아니 모든 성격자의 처음 아버지의 실제 분신조차도 품는다.

최상 존재는 파라다이스 삼위 일체와 연락하는 덕택으로, 그 삼위 일체의 아이들인 창조자와 행정자들이 신으로서 성공한 결과로서 진화한다. 사람의 불멸하는 혼은 파라다이스 아버지의 신다운 계심과 결합함으로, 인간 지성이 내리는 인격 결정에 따라서, 자기의 영원한 운명을 진화시킨다. 삼위 일체와 최상위 하나님의 관계는 조절자와 진화하는 사람의 관계와 같다.

시공의 창조 대리자들이 유한한 행동 가능성을 써 버린 경우를 제쳐 놓고, 현재 우주 시대에 최상 존재는 창조자로서 직접 활동할 수 없는 듯하다. 우주 역사에서 이제까지 이것은 오직 한 번 벌어졌다. 우주 반영의 문제에서 유한한 행위의 가능성이 소모되었을 때, 이 때 이 최상위는 모든 선행하는 창조자 행위를 창조적으로 완성하는 자로서 활동하였다. 선행(先行)하는 창조권이 창조 활동의 적절한 주기를 마쳤을 때는 언제나, 미래 시대에 완성자로서 그가 다시 활동하리라고 우리는 믿는다.

최상 존재는 사람을 창조하지 않았지만, 사람은 글자 그대로, 최상위의 잠재성으로부터 창조되고, 사람의 바로 그 생명은 거기서부터 파생되었다. 그는 사람을 진화시키지도 않는다. 그래도 최상위 자신이 진화의 바로 그 핵심이다. 유한한 관점에서 볼 때, 최상위의 내재(內在)하심 안에서 우리는 실제로 살고, 움직이고, 우리의 존재를 가진다.

최상위는 최초의 원인을 비롯할 수 없는 듯하지만, 모든 우주 성장의 촉매인 듯하며, 겉보기에 체험하고 진화하는 모든 존재의 운명에 관하여 총체의 완성을 마련하도록 예정된 듯하다. 아버지는 유한한 우주의 개념을 비롯하신다. 아들 창조자들은 창조 영들의 찬성과 협동을 얻어서, 시간과 공간 속에서 이 아이디어를 사실로 만든다. 최상위는 유한자 전체를 완성시키며, 초한자들의 운명과 가지는 관계를 확립한다.

4. 유한한 하나님

지위의 완전함과 존재의 신성(神性)을 얻으려고 생물 창조가 끊임없이 벌이는 투쟁을 보건대, 우리는 이 끝없는 노력이 최상위가 신성하게 자아 실현을 하려고 그침 없이 투쟁함을 말하는 것이라고 믿을 수밖에 없다. 최상위 하나님은 유한한 신이며, 그는 유한자의 문제들을 유한이란 말의 충분한 의미로, 처리해야 한다. 공간의 진화에서 시간의 변천과 우리가 벌이는 싸움은, 그의 진화하는 성품이 가능성의 가장 바깥 한계까지 확대되는 행동 분야 안에서, 자아의 실체와 통치권의 완성을 이룩하려는 그의 노력을 반영한 것이다.

대우주에서 두루, 최상위는 표현하려고 애쓴다. 그의 신다운 진화는, 존재하는 모든 성격자의 지혜·행동에 어느 정도 달려 있다. 한 인간이 영원히 살아남기를 택할 때, 그는 운명을 함께 창조한다. 하늘 가는 이 필사자의 생애에서, 유한한 하나님은 성격의 자아 실현이 늘어나고 체험적 통치권이 확대되는 것을 발견한다. 그러나 한 생물이 영원한 생애를 싫다고 거절하면, 이 피조물의 선택에 의존했던, 최상위의 그 부분은 불가피하게 지연되며, 이 결핍은 갈아치우거나 평행하는 체험으로 보충되어야 한다. 비생존자의 성격에 대해서 말하면, 그것은 창조의 대혼(大魂) 속으로 빨려 들어가고, 최상위 신의 일부가 된다.

하나님은 무척 신뢰하고 사랑이 많아서, 보호하고 자아를 실현하라고 신다운 성품의 한 부분을 심지어 인간들의 손에 맡긴다. 필사 존재의 선택에 상관 없이, 아버지의 성품, 조절자의 계심은 파괴될 수 없다. 그러한 그릇 인도된 자아 의지의 성격, 통일하는 잠재성을 가진 그 성격이 최상위 신의 한 요소로서 지속할 터인데도, 최상위의 아이, 진화하는 자아는 파괴될 수 있다.

인간 성격은 피조물 신분의 개성을 참으로 파괴할 수 있고, 비록 우주에서 자살하는 그러한 인생에서 가치 있었던 모든 것이 지속하더라도, <u>이 성질은 개별 생물로서 지속하지 않을 것이다</u>. 최상위는 여러 우주에 있는 생물 안에서 다시 표현을 찾겠지만, 결코 다시 그 특정한 성격자로서 그렇게 하지는 않는다. 승천하지 않는 자의 독특한 성격은 물 한 방울이 바다로 돌아가듯 최상위한테로 돌아간다.

유한한 것의 성격 부분이 어떤 고립된 행동을 하더라도, 최상위 총체가 궁극에 출현하는 데는 비교적 관계 없지만, 그런데도 전체는 다양한 부분들의 총 행위에 의존한다. 개별 필사자의 성격은 최상위의 총체가 계신 마당에 하찮은 것이지만, 각 인간의 성격은 유한한 것에 있는 갈아치울 수 없는 의미·가치를 대표한다. 성격은 일단 표현되고 나서, 살아 있는 그 성격자의 계속되는 존재에서 그럴 경우를 빼고, 결코 다시 동일한 표현을 찾지 못한다.

그래서 우리가 자아 표현을 하려고 애쓰는 것처럼, 최상위는 우리 안에서, 우리와 함께, 신을 표현하려고 애쓰고 있다. 우리가 아버지를 발견하는 것 같이, 마찬가지로 최상위는 다시 만물의 파라다이스 창조자를 발견하였다. 우리가 자아를 실현하는 문제들을 통달하는 것 같이, 마찬가지로 체험의 하나님은 시공의 우주들에서 전능한 최상위를 성취하고 있다.

인류는 우주에서 힘들이지 않고 올라가지는 않는다. 목적을 가진 총명한 활동이 없이는 최상위도 진화하지 않는다. 생물은 그저 수동적이 됨으로 완전을 얻지 않으며, 최상위의 영도 유한한 창조에게 그침 없이 봉사를 베풀지 않고서 전능자의 힘을 사실로 만들 수 없다.

사람이 최상위와 현세에 가지는 관계는 우주 도덕성, 곧 <u>의무</u>에 대한 우주 민감성을 기르고 그 의무를 받아들이기 위한 기초이다. 이것은 상대적 선악을 가리는 현세의 감각을 뛰어넘는 도덕성이다. 그것은 체험하는 신에 대한 체험적 의무를, 자의식하는 생물이 이해하는 데 직접 달려 있다. 필사 인간과 모든 다른 유한한 생물은 최상위 안에서 존재하는 에너지·지성·영의 살아 있는 잠재성으로부터 창조된다. 조절자인 필사 승천자는, 최후자의 불멸하는 신다운 인격을 창조하기 위하여, 자원을 최상위에게 의존한다. 최상위의 바로 그 실체로부터, 인간 의지의 찬성을 얻어서, 조절자는 하나님의 하늘 가는 아들의 영원한 성품으로 이루어진 무늬를 짠다.

인간 성격을 영답게 변화시키고 영원하게 만드는 일에, 조절자 진보의 진화는 최상위의 통치권을 직접 확대한다. 인간의 진화에서 그러한 성취는 동시에, 최상위가 진화로 현실화하는 데 생기는 성취이다. 생물이 최상위 없이 진화할 수 없다는 것이 참말이지만, 모든 피조물의 완성된 진화와 상관 없이 최상위의 진화가 결코 완전히 이루어질 수 없다는 것도 아마 참말일 것이다. 여기에 자의식하는 성격자들의 큰 우주 책임이 있다: 어떤 의미에서, 최상 신은 필사자의 의지가 선택하는 데 매달린다. 피조물의 진화와 최상위의 진화가 함께 나아가는 것은, 탐색할 수 없는 우주 반영 작용을 타고서, 옛적부터 늘 계신 이들에게 충실하고 충분하게 표시된다.

필사인에게 주어진 큰 도전은 이것이다: 우주의 체험할 수 있는 가치 의미를 너 자신의 진화하는 자아 속으로 개인적인 것으로 만들어 넣으려고 네가 결심할 것인가? 아니면 살아남기를 거절함으로, 어떤 다른 때에 유한한 하나님의 진화에 생물이 기여하는 것을 <u>자기</u> 방법으로 시도할 또 다른 피조물의 행동을 기다리면서, 너는 최상위의 이 비밀이 누워서 쿨쿨 자도록 버려 둘 것인가? 그러나 그것은 네가 이바지한 것이 아니라, 다른 피조물이 최상위에게 이바지한 것이리라.

지금 우주 시대의 큰 싸움은 잠재하는 것과 실재하는 것 사이에 있다—아직까지 표현되지 않는 그 모든 것이 현실화되기를 구한다. 필사 인간이 파라다이스 모험을 향하여 나아가면, 그는 시간의 움직임을 따르고 있고, 시간은 영원의 냇물 속에서 물살로서 흐른다. 사람이 영원한 생애를 싫다고 거절하면, 그는 유한한 우주들에서 사건들의 흐름을 거슬러 움직이고 있다. 기계적 창조는 파라다이스 아버지의 펼쳐지는 목적에 따라서 용서 없이 움직이지만, 의지를 가진 창조는 영원의 모험에 성격이 참여하는 역할을 받아들이거나 물리치는 선택이 있다. 필사인은 인간 존재에서 최고의 가치를 파괴할 수 없지만, 그가 몸소 겪는 체험에서 이 가치의 진화를 아주 분명히 막을 수 있다. 인간의 자아가 이렇게 파라다이스로 올라가는 데 참여하기를 거절하는 한, 바로 그 한도까지 최상위는 대우주에서 신성의 표현을 이룩하는 데 늦어진다.

필사인에게 보관하라고 파라다이스 아버지가 조절자로 계심을 주었을 뿐 아니라, 또한 최상위의 미래에 극미(極微)한 양으로 운명에 대한 통제권도 주었다. 왜냐하면 사람이 인간의 운명을 성취함에 따라서, 마찬가지로 최상위도 신 수준에서 운명을 이룩하기 때문이다.

그래서 한때 우리 각자를 기다렸던 것 같이, 결정이 너희 하나하나를 기다린다: 너는 유한한 지성이 내리는 결정에 무척 의존하는, 시간의 하나님을 실망하게 할 것인가? 너는 동물 같이 후퇴하는 게으름으로 우주들의 최상위 성격을 실망하게 할 것인가? 너는 각 생물에게 그토록 의존하는, 모든 생물의 위대한 형(兄)의 기대를 채우지 못할 것인가? 우주 생애의 황홀한 경치—파라다이스 아버지를 신성하게 발견하고, 최상위 하나님을 찾아서, 그의 진화에 신성하게 참여할 기회—가 네 앞에 놓여 있는 마당에, 너는 실현되지 않은 자들의 영토로 넘어가도록 너 자신을 버려둘 것인가?

하나님의 선물—그가 실체를 수여하는 것—은 그 자신으로부터 떨어져 나가는 것이 아니다. 그는 자신으로부터 창조를 멀어지게 하지 않지만, 파라다이스를 도는 여러 창조에서 긴장을 일으켰다. 하나님은 먼저 사람을 사랑하고 그에게 불멸—영원한 실체—의 잠재성을 수여한다. 사람이 하나님을 사랑함에 따라서, 사람은 사실성에서 영원하게 된다. 그리고 여기에 신비가 있다: 사랑을 통해서 사람이 하나님에게 가까이 가면 갈수록, 그 사람의 실체—사실성—은 더욱 커진다. 사람이 하나님으로부터 물러나면 물러날수록, 더욱 가까이 그는 비실체—존재의 그침—에 다가간다. 사람이 아버지의 뜻을 행하는 데 그의 뜻을 거룩히 바칠 때, 사람이 그가 가진 모든 것을 하나님께 드릴 때, 하나님은 그 사람을 그 신분보다 더 위대하게 만든다.

5. 창조의 대혼

위대한 최상위는 대우주에서 우주 대혼(大魂)이다. 최상위 안에서 우주의 질과 양이 신(神)에게 비친 그림자를 찾는다. 그의 신 성품은 진화하는 우주들에 두루, 모든 피조물·창조자 성품의 광대한 총체를 모자익으로 복합한 것이다. 최상위는 또한 현실화하는 신이며, 진화하는 우주 목적을 에워싸는 창조 의지를 구현(具現)한다.

유한한 자들의 총명한 자아, 성격 잠재성을 가진 자아들은 셋째 근원 중심으로부터 태어나며, 시공에서 유한한 신의 합성을 최상위 안에서 마친다. 피조물이 창조자의 뜻에 복종할 때, 그는 자기 성격을 가라앉게 하거나 버리고 항복하는 것이 아니다. 유한한 하나님의 현실화에 참여하는 개별 성격자들은, 그렇게 활동함으로 의지하는 자아를 잃지 않는다. 오히려 그러한 성격자들은 이 큰 모험, 신의 모험에 참여함으로 점진적으로 커진다. 신성(神性)과 그렇게 뭉침으로 말미암아 사람은 그의 진화하는 자아를 최상급의 바로 그 문턱까지 높이고, 부유하게 하고, 영답게 변화시키고 통일한다.

사람의 진화하는 불멸의 혼, 곧 물질 지성과 조절자가 합동으로 창조한 것은 그런 자격으로 파라다이스까지 올라가며, 나중에 최후 군단에 소집되었을 때, 최후자 초월화라고 알려진 체험 기법에 따라서, 어떤 새로운 방법으로 영원한 아들의 영 인력(引力) 회로와 연합된다. 이처럼 그러한 최후자들은 최상위 하나님의 성격자로서 체험적 인정을 얻기에 적절한 후보자들이 된다. 최후 군단의 아직 밝혀지지 않은 미래 임무에서 이 필사 지능들이 일곱째 단계의 영 존재에 다다를 때, 그러한 2중 지성들은 삼자 일치가 된다. 하나는 인간이고 하나는 신, 조율된 이 두 지성은 이 때 현실화된 최상 존재의 체험적 지성과 뭉친 가운데, 영화롭게 될 것이다.

우주의 아버지가 땅에서 사신 예수의 일생에서 그렇게 드러난 바와 같이, 영원한 앞날에, 최상위 하나님은 하늘 가는 사람의 영답게 변화된 지성, 불멸의 혼 속에서 현실화될 것이다—창조적으로 표현되고 영적으로 묘사될 것이다.

사람은 최상위와 뭉쳐서 그의 성격 신분을 밑으로 가라앉게 하는 것이 아니라, 모든 사람의 체험이 우주에서 일으키는 반향은 이렇게 최상위가 신으로서 겪는 체험의 일부를 이룬다. "행위는 우리의 일이요, 결과는 하나님이 정한다."

진보하는 성격은 우주들의 올라가는 수준을 통과함에 따라서, 현실화된 실체의 자취를 남긴다. 시공에서 자라는 창조들은, 지성이든 영이든 에너지이든, 그들의 영토를 통하여 성격이 진보함으로 수정된다. 사람이 행위할 때, 최상위가 반응하며, 이 거래는 진보의 사실이 된다.

에너지·지성·영의 큰 회로들은 하늘 가는 성격이 결코 영구하게 소유하는 물건이 아니다. 이 봉사는 언제까지나 최상위의 일부로 남는다. 필사자의 체험에서 인간의 지능은 보조 지성 영들의 리듬 있는 맥박 안에 거하며, 이 봉사 안에서 회로 연결로 말미암아 생기는 무대 안에서 그 결정을 집행한다. 필사자가 죽고 나서 인간의 자아는 보조자 회로로부터 영구하게 떨어져 나간다. 이 보조자들은 결코 한 성격자로부터 남에게 체험을 전달하지 못하는 듯하지만, 그들은 칠중 하나님을 거쳐서 최상위 하나님에 이르기까지 결정과 행위의 비성격 반향을 전할 수 있고, 또 그렇게 한다. (적어도 이것이 예배 보조자와 지혜 보조자에게 참말이다.)

영적 회로의 경우에도 그렇다: 사람이 우주들을 통해서 올라가면서 이 회로들을 이용하지만, 결코 그의 영원한 성격의 일부로서 소유하지는 않는다. 그러나 영적 봉사를 베푸는 이 회로들은, 진리의 영이든, 성령이든, 또는 초우주 영들의 계심이든, 하늘 가는 성격자 안에서 태어나는 가치를 받아들이고 그에 반응하며, 이 가치는 칠중자를 거쳐서 최상위에게 충실하게 전달된다.

성령과 진리의 영과 같은 영적 영향은 지역 우주에서 베푸는 것이지만, 그들의 안내는 한 주어진 지역 창조의 지리적 한계에 완전히 국한되지 않는다. 하늘 가는 필사자가 그가 태어난 지역 우주의 테두리를 지나서 갈 때, 승천에서 위기가 있을 때마다 "이것이 길이라" 는 말하며 파라다이스 순례자를 어김없이 지도하면서, 물질과 상물질 세계들의 철학적 미로(迷路)를 거쳐서 항상 가르치고 안내한 진리의 영의 봉사를 사람은 통째로 빼앗기지 않는다. 네가 지역 우주의 영토를 떠날 때, 태어나는 최상 존재의 영이 베푸는 봉사를 통해서, 초우주 반영 시설을 통해서, 파라다이스로 올라가는 길에 너는 하나님의 파라다이스 수여 아들들의 위로하고 지도하는 영의 안내를 여전히 받을 것이다.

우주 봉사를 베푸는 이 다양한 회로들이 어떻게 최상위에게 진화적 체험의 의미와 가치와 사실을 등록하는가? 우리는 꼭 확신한다고 할 수 없지만, 파라다이스에서 기원을 가진 최상 창조자들의 몸을 통해서 이 등록이 일어난다고 믿으며, 그들은 이 시공 회로들을 직접 수여한 이들이다. 일곱 보조 지성 영의 지성·체험을 축적한 것은, 그들이 물리적 수준의 지능에게 봉사를 베풀면서 신성한 봉사자의 지역 우주 체험의 일부이며, 이 창조 영을 통해서 그 축적은 아마도 최상위의 지성 안에 기록된다. 마찬가지로 진리의 영 및 성령과 가지는 필사자의 체험은 아마도 비슷한 기법으로 최상위의 몸에 기록된다.

사람과 조절자의 체험조차도 최상위 하나님의 신성 안에서 메아리를 찾아야 한다. 왜냐하면 조절자들이 체험하는 동안 그들은 최상위와 비슷하며, 필사인의 진화하는 혼이 최상위 안에서 그런 체험을 얻을 선재하는 가능성으로부터 창조되기 때문이다.

이 방법으로 모든 창조의 다양한 체험은 최상위의 진화의 일부가 된다. 아버지한테로 올라가는 동안, 생물은 다만 유한한 것의 질과 양을 이용한다. 그렇게 이용해서 생기는 비성격 결과는 살아 있는 우주, 즉 최상위의 몸의 일부로 언제까지나 남는다.

성격의 소유물로서 사람 자신이 가지고 가는 것은 파라다이스로 올라가면서 대우주의 지성 및 영 회로들을 사용한 체험이 인품에 준 결과이다. 사람이 결심할 때, 이 결정을 행동으로 옮길 때, 사람은 체험하며, 이 체험의 의미와 가치는 유한한 수준으로부터 마지막까지, 모든 수준에서, 언제까지나 그의 영원한 인품의 일부이다. 우주에서 도덕성이 있고 신답게 영적인 인품은, 성실한 예배로 빛을 받고, 지적인 사랑으로 영화롭게 되고, 형제에게 베푸는 봉사에서 완성된 개인적 결정을 생물이 자본으로 축적했음을 나타낸다.

진화하는 최상위는 유한한 생물이 온 우주와 제한된 체험 접촉을 가지는 것보다 더한 것을 언제라도 성취할 수 없음을 궁극에는 보상할 것이다. 생물은 파라다이스 아버지에게 도달할 수 있지만, 그들의 진화적 지성은, 유한하니까, 무한하고 절대적인 아버지를 정말로 이해할 능력이 없다. 그러나 모든 생물이 체험하는 것이 최상위 안에 기록되고 그분의 일부이니까, 모든 생물이 유한한 존재의 마지막 수준에 다다를 때, 총 우주 발전이 실제 신성의 계심인 최상위 하나님께 그들이 도달하는 것을 가능하게 만든 뒤에, 이 때 그러한 접촉이 있다는 사실에 본래부터, 총 체험과 접촉이 있다. 시간 속에 유한한 자는 자신 안에 영원의 씨앗들을 품고 있다. 충만한 진화가 우주의 성장 능력을 다 써 버렸음을 볼 때, 유한자 총체는 궁극위인 아버지를 찾아서, 영원한 생애의 초한(超限) 단계들을 시작하리라고 우리는 가르침을 받았다.

6. 최상위 탐색

우리는 여러 우주에서 최상위를 찾지만, 그를 찾아내지 못한다. "그는 움직이며 고요한 모든 사물과 존재 안에, 또 그 바깥에 계시느니라. 그의 신비 속에서 인식되지 않은 채, 그는 멀어도 가까우니라.” 전능 최상위는 “아직 형성되지 않은 것의 형체요, 아직 짓지 않은 것의 원형이라.” 최상위는 너희의 우주 집이요, 너희가 그를 발견할 때, 그것은 마치 집으로 돌아옴과 같을 것이다. 그는 너희의 체험하는 부모요, 인간의 체험에서 그런 것 같이, 그는 신다운 부모 체험을 하면서 성장했다. 그는 너희를 알고 있으니, 이는 그가 창조자 같을 뿐 아니라, 피조물 같기 때문이다.

너희가 참으로 하나님을 발견하기 바라면, 너희는 최상위의 의식을 머리 속에서 지니지 않을 수 없다. 하나님이 너희의 신다운 아버지인 것 같이, 최상위는 너희의 신다운 어머니요, 그분 안에서 너희는 우주 생물로서 너희의 생애 동안 내내, 양육받았다. “최상위는 얼마나 보편적인가—그는 사방에 계시도다! 창조의 한없는 사물은 살기 위하여 그의 계심에 의존하며, 그는 아무도 싫다고 물리치지 않도다.”

미가엘과 네바돈의 관계는 최상위와 유한한 우주의 관계와 같다. 최상위의 신은 아버지의 사랑이 바깥으로 모든 창조에게 흘러나가는 큰 길이요, 그는 유한한 생물이 사랑이신 아버지를 찾아서 안으로 거쳐 가는 큰 길이다. 생각 조절자들조차 그와 관련되어 있다. 최초의 성품과 신성으로 보면 그들은 아버지와 같지만, 공간 우주들에서 시간의 거래를 체험할 때 그들은 최상위와 같아진다.

피조물이 창조자의 뜻을 행하려고 선택하는 행위는 우주의 가치이고, 밝혀지지 않았지만 어디에나 있는 어떤 조정하는 세력으로 말미암아 즉시 반응을 얻는 우주 의미를 가지는데, 그 세력은 아마도 최상 존재의 늘 확대되는 행위의 작용일 것이다.

진화하는 필사자의 상물질 혼은 정말로 우주의 아버지의 조절자 행위에서 생긴 아들이요, 최상 존재, 곧 우주의 어머니의 우주 반응에서 생긴 아이이다. 자라는 그 혼이 지역 우주에서 겪는 어린 시절을 통해서 내내, 어머니 영향은 인간 성격을 지배한다. 신 부모의 영향은 조절자와 융합이 있은 뒤에, 초우주 생애 동안에 더 비등해지지만, 시간 생물이 영원한 중앙 우주를 거쳐 가기 시작할 때, 아버지의 성품은 점점 더 명백해지며, 우주의 아버지를 인식하고 최후 군단에 들어가고 나서 유한한 명시(明示)의 절정에 이른다.

최후자를 달성하는 체험 속에서, 그 체험을 통하여, 하늘 가는 자아의 체험적 어머니 성질은 영원한 아들의 영적 계심과 무한한 영의 지성 계심과 접촉하고 주입을 받음으로, 엄청나게 영향을 받게 된다. 그리고 나서 대우주에서 최후자의 활동 영역에서 두루, 최상위의 잠자는 어머니 잠재성의 새로운 각성, 체험적 의미의 새로운 실현, 하늘 가는 생애 전체의 체험적 가치의 새로운 합성이 나타난다. 최상위가 어머니로서 주는 유산이 아버지의 조절자 유산과 유한한 동시성을 얻을 때까지, 여섯째 단계 최후자들의 우주 생애에서 자아 의지의 이러한 실현이 계속될 듯하다. 흥미를 자아내는 이 대우주 활동 기간은 하늘 가는, 완전하게 된 필사자의 이어지는 어른 생애를 나타낸다.

여섯째 단계의 존재를 마치고, 일곱째이자 마지막 단계의 영 지위에 들어가고 나서, 살찌우는 체험, 익어 가는 지혜, 신성의 실현이 있는 진보하는 시대가 아마도 뒤따를 것이다. 최후자의 성품에서 이것은 영의 자아 실현을 위하여 지성 투쟁의 완성된 도달과 아마도 같겠고, 이것은 하늘 가는 사람의 성품을 유한한 가능성의 한계 안에서 신다운 조절자 성품과 조정하는 일을 마친 것이다. 그러한 훌륭한 우주 자아는 어머니 최상위의 영원한 우주 아이일 뿐 아니라, 이렇게 파라다이스 아버지의 영원한 최후자 아들이 되며, 그 아이는 창조되었거나 창조하고 있거나 진화하는 사물과 존재들의 유한한 행정에 관계되는 어떤 활동이나 사업에서도, 우주와 성격자들의 아버지와 어머니, 이 두 분을 대표할 자격을 갖춘 우주 자아이다.

혼을 진화시키는 모든 인간은 글자 그대로, 아버지 하나님, 그리고 최상 존재인 어머니 하나님의 진화하는 아들이다. 그러나 필사인이 그의 신다운 혈통을 혼으로 의식하게 될 때까지, 신과 친척 관계를 가졌다는 이 확신을 믿음으로 얻어야 한다. 인간의 사는 체험은 우주의 고치이며, 그 속에서 최상 존재의 우주 재산과 우주의 아버지의 우주 계심이 (그 중 어느 것도 성격이 아닌데) 시간 속에서 상물질 혼, 그리고 우주 운명을 가지고 영원한 봉사를 베풀 인품, 인간이며 신다운 최후자 인품을 진화시키고 있다.

하나님이 인간 존재에서 가장 큰 체험이라는 것을 사람들은 너무나 자주 잊어버린다. 다른 체험은 그 성질과 내용이 한정되어 있지만, 하나님을 체험하는 것은, 그 피조물이 이해하는 능력의 한계를 제외하고는 아무 한계가 없으며, 바로 이 체험은 그 자체로서 능력을 키운다. 사람들이 하나님을 찾을 때, 모든 것을 찾고 있다. 그들은 하나님을 발견할 때, 모든 것을 찾아냈다. 하나님을 추구하는 것은 사랑을 아낌없이 주는 것이요, 거기에는 주어야 할 새롭고 더 큰 사랑을 놀랍게 발견하는 일이 뒤따른다.

모든 참 사랑은 하나님으로부터 온다. 사람은 신의 사랑을 받으며, 이것은 마치 사람이 이 사랑을 동료들에게 주는 것과 같다. 사랑은 힘차다. 결코 붙잡아 둘 수 없다. 사랑은 팔팔 살아 있고, 자유롭고, 가슴 두근거리게 하며, 언제나 움직인다. 사람은 결코 아버지의 사랑을 붙잡아서 가슴 속에 가두어 둘 수 없다. 아버지의 사랑은 필사 인간이 다음 차례에 이 사랑을 동료들에게 베푸는 동안, 그 사람의 성격을 거쳐 가야만 그에게 현실이 될 수 있다. 사랑의 큰 회로는 아버지로부터 오며, 아들들을 거쳐서 형제들에게, 따라서 최상위에게로 간다. 아버지의 사랑은 깃드는 조절자의 봉사로 말미암아 필사 성격 안에서 나타난다. 하나님을 아는 그러한 아들은 이 사랑을 우주 형제들에게 드러내며, 이 형제 사랑은 최상위의 사랑의 본질이다.

체험을 통하지 않고는 최상위에게 가까이 가는 길이 없다. 현재의 창조 시대에는 생물이 최상위에 다가가는 길이 오직 세 가지 있다:

1. 파라다이스 시민들은 영원한 섬으로부터 하보나를 거쳐서 내려오며, 거기서 파라다이스-하보나 실체의 차이를 지켜봄으로써, 으뜸 영들로부터 아들 창조자들에 이르기까지, 최상 창조 성격자들의 다양한 활동을 탐구하고 발견함으로써, 그들은 최상위를 이해하는 능력을 얻는다.

2. 최상 창조자들의 진화 우주들로부터 올라오는 시공의 승천자들은 파라다이스 삼위 일체의 통일성에 대한 이해를 높이는 데 예비적인 것으로서, 하보나를 거치면서 최상위에게 가까이 다가간다.

3. 하보나 원주민들은, 파라다이스로부터 내려오는 순례자, 그리고 일곱 초우주로부터 올라가는 순례자들과 접촉함을 통해서, 최상위에 대한 이해를 얻는다. 하보나 원주민들은 본래부터, 영원한 섬의 시민과 진화 우주의 시민들이 가진, 본질적으로 다른 관점들을 조화시키는 자리에 있다.

진화 생물에게는 우주의 아버지께 도달하는 일곱 가지 주요 접근법이 있고, 파라다이스로 올라가는 이 여러 길은 각각, 일곱 으뜸 영 가운데 하나의 신성을 통과한다. 그러한 각 접근법은 그 으뜸 영의 성품을 반영하는 초우주에서 생물이 봉사한 결과로서, 체험에 대한 감수성이 커짐으로 가능하게 된다. 이 일곱 가지 체험의 총합은 최상위 하나님의 실체와 사실성을 피조물이 의식하는 한계, 현재 알려진 한계를 구성한다.

사람으로 하여금 유한한 하나님을 찾아내지 못하게 막는 것은 사람 자신의 한계뿐이 아니다. 우주의 불완전도 그렇게 만든다. 모든—지난날·오늘날·앞날의—생물의 미완성조차도 사람이 최상위를 가까이할 수 없게 만든다. 하나님 같은 신성한 수준에 이른 어떤 개인도 아버지 하나님을 찾아낼 수 있다. 그러나 보편적으로 완전을 달성함으로 모든 생물이 동시에 발견하는 그 아득한 시절까지, 최상위 하나님은 어느 한 피조물에게 결코 개인적으로 발견되지는 않을 것이다.

너희는 아버지·아들·영을 발견할 수 있고 또 그렇게 할 것이다. 지금 우주 시대에, 너희가 이처럼 최상위를 개인적으로 발견할 수 없는 것이 사실인데, 그런데도 파라다이스 상승과 그 뒤 우주 생애는 너희의 의식 속에서, 모든 체험의 하나님이 우주에 계시고 우주 활동을 하신다는 인식을 차츰 일으킬 것이다. 최상위를 인간 체험에서 깨달을 수 있으니까, 영의 열매는 최상위의 본질이다.

사람이 언젠가 최상위에 도달하는 것은 그가 파라다이스 신의 영과 융합하는 결과로서 생긴다. 유란시아 사람들에게 이 영은 우주의 아버지가 조절자로 계시는 것이다. 비록 신비의 감시자가 아버지로부터 오고 아버지와 같더라도, 그러한 신의 선물조차 무한한 하나님의 성품을 유한한 피조물에게 드러내는 불가능한 과제를 해낼 수 있는가 우리는 의심이 든다. 조절자들이 앞날의 일곱째 단계 최후자에게 드러낼 것은 최상위 하나님의 신성과 성품일 것이라 우리는 추측한다. 그리고 이 계시(啓示)와 유한한 생물의 관계는 무한자의 계시와 절대 존재의 관계와 같을 것이다.

최상위는 무한하지 않지만, 아마도 유한한 생물이 일찍이 정말로 이해할 수 있는 무한성 모두를 품는다. 최상위를 넘어서 더 이해하는 것은 유한보다 크게 되는 것이다!

모든 체험적 창조는 그들의 운명을 실현하는 데 서로 의존한다. 오로지 실존적 실체가 스스로 충분하고 스스로 존재한다. 하보나와 일곱 초우주는 최대의 유한한 달성을 위하여 서로 필요하다. 마찬가지로 유한한 초월을 얻기 위하여 그들은 언젠가 외계 공간의 미래 우주들에 의존할 것이다.

인간 승천자는 아버지를 발견할 수 있다. 총 우주에서 체험의 지위에 상관 없이, 하나님은 실존적이며, 따라서 실재한다. 그러나 모든 승천자에게 이 발견에 동시에 참여하도록 자격을 주는 최대의 우주 성숙에 그들이 이르렀을 때까지, 어떤 단일 승천자도 결코 최상위를 찾아내지 못할 것이다.

하나님은 사람을 차별하지 않는다. 하늘 가는 아들 하나하나, 그는 우주의 개인으로서 대우한다. 마찬가지로 최상위는 사람을 차별하지 않는다. 그는 체험적인 그의 자녀들을 단일 우주 총체로서 대우한다.

사람은 마음 속에서 아버지를 발견할 수 있지만, 그는 모든 다른 사람의 마음 속에서 최상위를 탐색해야 할 것이다. 모든 피조물이 최상위의 사랑을 완전히 드러낼 때, 이 때 그는 모든 생물에게 한 우주 실체가 될 것이다. 이것은 우주들이 빛과 생명 속에 정착하리라는 것을 그저 달리 말하는 방법이다.

모든 성격자가 완전하게 된 자아 실현에 이르고, 또 우주에 두루, 완전하게 된 균형에 이르는 것은 최상위를 달성하는 것과 같으며, 불완전한 존재의 한계로부터 모든 유한한 실체의 해방을 구경한다. 모든 유한한 잠재성을 그렇게 소모하는 것은 최상위의 달성을 끝마치고, 그것은 최상 존재 자신이 진화로 현실화를 완성한 것이라 달리 정의(定義)해도 좋다.

지진이 바위를 쪼개듯, 사람들은 갑자기, 볼 만하게 최상위를 발견하지 않는다. 그러나 강이 그 밑에 있는 흙을 조용히 닳아 없애듯, 사람들은 최상위를 천천히, 참을성 있게 발견한다.

네가 아버지를 발견할 때, 여러 우주에서 영적 상승의 큰 원인을 발견할 것이다. 네가 최상위를 찾아낼 때, 너는 파라다이스로 진보하는 생애의 큰 결과를 발견할 것이다.

그러나 하나님을 아는 어떤 사람도 우주를 통해서 가는 나그네 길에 쓸쓸하지 않으리니, 이는 그 길의 걸음걸음 아버지가 옆에서 걸으시고, 한편 그가 거쳐 가는 바로 그 길이 최상위의 계신 곳임을 알기 때문이다.

7. 최상위의 앞날

모든 유한한 잠재성의 실현이 끝나는 것은 모든 진화적 체험의 실현이 끝나는 것과 같다. 이것은 최상위가 우주에서 전능한 신의 계심으로서 마침내 태어남을 가리킨다. 이 발전 단계에서, 최상위가 영원한 아들처럼 따로 성격화되고, 파라다이스 섬처럼 구체적으로 권능을 얻고, 합동 행위자처럼 완벽하게 통일되리라, 그리고 현재 우주 시대가 완성될 때, 이 모두가 최상위의 유한한 가능성의 한계 안에서 이루어지리라 우리는 믿는다.

이것은 최상위의 앞날에 대하여 전적으로 적절한 개념이지만, 우리는 이 개념에 본래 있는 어떤 문제들에 주의를 불러일으키고 싶다:

1. 최상위의 무제한 감독자들은 그가 진화를 마치기 전 어떤 단계에서도, 도저히 신이 될 수 없다. 그래도 바로 이 감독자들은 지금도 빛과 생명에 정착한 우주들에 관하여, 최상의 통치권을 어느 한계 안에서 행사한다.

2. 최상위가 우주 지위에서 완전한 사실성을 얻을 때까지, 그는 궁극 삼위 일체 안에서 도저히 활동할 수 없다. 그래도 궁극 삼위 일체는 지금도 제한된 실체이며, 너희는 궁극위의 제한된 대관들이 존재하는 것에 관하여 정보를 받았다.

3. 최상위는 우주 생물에게 완벽하게 현실이 아니지만, 그가 파라다이스에 계신 우주의 아버지로부터 지역 우주의 아들 창조자와 창조 영들에 이르기까지, 칠중 신에게 정말로 현실이라고 추론할 많은 이유가 있다.

유한한 것의 위쪽 한계에서는 시간이 초월 시간과 합쳐지며, 거기서 순서가 얼마큼 흐려지고 섞이는 일이 있는지 모른다. 최상위는 그의 우주 계심을 이 초월 시간 수준 위에 예측하고, 그리고 나서 투영된 미완성의 내재(內在)로서, 이 미래 예측을 거꾸로, 창조된 수준까지 반영함으로, 앞날의 진화를 제한된 정도로 예견하는지 모른다. 생각 조절자가 깃드는 인간 존재들의 체험의 경우와 같이, 그러한 현상은 유한이 초월 유한과 스치는 데는 어디서나 관찰될까 싶고, 조절자는 모든 영원을 통해서 사람이 앞날에 우주에서 달성할 것의 진정한 예측이다.

필사 승천자들이 파라다이스의 최후자 군단에 입단 허가를 받을 때, 그들은 파라다이스 삼위 일체에게 선서하고, 이 충성의 선서를 하면서 이로서 최상위 하나님에게 영원한 충절을 서약하는 것이며, 그는 모든 유한한 피조물 성격이 이해하는 삼위 일체이다. 나중에, 진화하는 여러 우주에서 두루, 최후자 중대(中隊)들이 활동함에 따라서, 지역 우주들이 빛과 생명 속에 정착하는 그 중대한 시절까지, 그들은 오직 파라다이스의 기원을 가진 명령에 복종해야 한다. 완전하게 된 이 창조들의 새 정부 조직이 최상위의 태어나는 통치권을 비로소 반영함에 따라서, 우리는 바깥에 있는 최후자 중대들이 이 때 그러한 새 정부들의 사법 권한을 인정하는 것을 관찰한다. 최상위 하나님은 진화하는 최후 군단을 통일하는 자로서 진화하는 듯하다. 그러나 궁극 삼위 일체의 한 회원으로서 최상위가 이 일곱 군단의 영원한 운명을 지휘하리라는 것이 상당히 가능성이 있다.

최상 존재는 우주에서 명시될 때 유한을 초월하는 세 가지 가능성을 품는다:

1. 첫째 체험적 삼위 일체에서 초한(超限) 공동 작업.

2. 둘째 체험적 삼위 일체에서 공동 절대 관계.

3. 삼위 일체들의 삼위 일체에서 공동으로 무한히 참여하는 것. 그러나 이것이 정말로 무엇을 뜻하는가 우리는 흡족한 개념이 없다.

이것이 최상위의 앞날에 관하여 널리 받아들여진 가설 가운데 하나이지만, 현재 우주가 빛과 생명의 지위에 이른 뒤에 최상위와 대우주의 관계가 무엇일까, 또한 많은 추측이 있다.

초우주들의 현재 목표는, 하보나가 그렇듯이, 그들의 상태 그대로 그들의 잠재성 안에서 완전하게 되는 것이다. 이 완전은 물리적·영적 달성에, 아니 행정, 정부, 친교의 발전에도 관계된다. 다가올 시대에 불화(不和), 그릇된 조절, 잘못된 적응의 가능성은 초우주에서 궁극에는 없어지리라고 믿어진다. 에너지 회로들은 완전한 균형 상태에 있고, 지성에 완전히 복종할 것이며, 한편 성격이 있는 가운데 영은 지성의 지배를 성취했을 것이다.

아득히 먼 이 시절에, 최상위의 영 성격과 전능자의 달성한 힘은 나란히 발전했을 터이고, 최상 지성 속에서, 그로 말미암아 통일되어, 그 둘은 최상 존재로서 사실화하리라고 추측된다. 그는 우주에서 완성된 사실성이다—모든 생물 지능이 지켜볼 수 있고, 모든 창조된 에너지가 그에 반응하고, 모든 영적 통일체 안에서 조정되고, 모든 우주 성격자가 체험하는 그런 사실성이다.

이 개념은 대우주에서 최상위가 실제 통치권을 가졌음을 의미한다. 현재 삼위 일체 행정자들이 그의 대관(代官)으로서 계속하리라는 것이 아주 가능성이 있지만, 일곱 초우주 사이의 현재 경계는 차츰 사라질 터이고, 대우주 전부가 완전하게 된 하나의 총체로서 작용하리라 우리는 믿는다.

이 때 아마 최상위는 오르본톤의 본부 유버르사에서 몸소 거할지도 모르고, 거기서부터 시간 창조들의 행정을 지휘하는 것이 가능하지만, 이것은 정말로 추측일 뿐이다. 그래도 확실히, 최상 존재의 성격을 어떤 특정한 위치에서 분명히 접촉할 수 있을 것이다. 하지만 어디에나 계신 그의 신 존재는 아마도 온 우주를 계속해서 스며들 것이다. 그 시대의 초우주 시민들이 최상위와 무슨 관계를 가질 것인지 우리는 모르지만, 하보나 원주민과 파라다이스 삼위 일체 사이의 현재 관계와 비슷한 무엇일까 싶다.

그 미래 시절에 완전하게 된 대우주는 현재 그 처지와 광대하게 다를 것이다. 공간에 있는 은하들의 조직에서 벌어지는 가슴 떨리는 모험, 불확실한 시간 세계들에 생명을 심는 일, 그리고 혼돈으로부터 조화를, 잠재성으로부터 아름다움을, 의미로부터 진리를, 가치로부터 선을 진화시키는 일은 사라질 것이다. 시간 우주들은 유한한 운명의 달성을 마쳤을 것이다! 아마도 어느 공간에는 휴식이 있으리니, 그것은 진화로 완전을 얻으려고 오랜 세월에 걸쳐 벌인 투쟁으로부터 얻는 휴식이다. 그러나 오래 쉬지는 않는다! 그들의 투쟁하는 진화적 선조가 한때 최상위 하나님을 찾는 일에 도전을 받은 것 같이, 분명히, 확실히, 용서 없이, 태어나는 신, 즉 궁극위 하나님의 수수께끼는 안정된 우주들에서 완전하게 된 이 시민들에게 도전할 것이다. 새롭고 더 높은 수준에서, 생물 체험의 궁극에서 드러나는 우주의 아버지에게 도달하는, 유혹하는 초한 탐색의 초월적 장려함을 드러내려고 우주 운명의 커튼이 활짝 열릴 것이다.

[유란시아에서 잠시 머무는 한 막강한 사자가 후원하였다.]

제 118 편

최상과 궁극—시간과 공간

신의 몇 가지 성품에 관하여, 다음을 말해도 좋다:

1. 아버지는 스스로 존재하는 자아이다.
2. 아들은 함께 존재하는 자아이다.
3. 영은 합동으로 존재하는 자아이다.
4. 최상위는 진화하고 체험하는 자아이다.
5. 칠중자는 스스로 분배하는 신성(神性)이다.
6. 궁극위는 초월하고 체험하는 자아이다.
7. 절대자는 실존적이고 체험하는 자아이다.

칠중 하나님은 최상위의 진화적 달성에 필수이지만, 최상위는 또한 궁극위가 궁극에 솟아나는 데 필수이다. 최상위와 궁극위의 2중 계심은 절대 아래에 있는 파생된 신의 기본 관계를 이루는데, 이는 그들이 운명을 달성하는 데 서로 의존하면서 보충하기 때문이다. 그들은 함께 모우주에서 모든 창조적 성장의 시작과 완성을 잇는 체험의 다리이다.

창조적 성장은 그치지 않아도 늘 채워 주며, 테두리가 끝이 없어도 일시적 목표를 달성하는, 성격을 채워 주는 그 순간들로 말미암아 언제나 매듭이 지어지고, 그런 목표의 달성은 우주의 성장, 우주의 탐구, 신에 도달하는 일에, 새로운 모험으로 동원하는 전주곡(前奏曲)으로서 아주 효과 있게 쓰인다.

수학의 영역은 질적 한계에 항상 시달리지만, 수학은 유한한 지성에게 무한을 곰곰이 생각해 볼 개념적 기초를 마련해 준다. 유한한 지성이 이해하기에도, 수에는 아무런 양적 한계가 없다. 아무리 큰 수(數)를 생각해도, 너희는 언제나 거기에 하나를 더하는 것을 그려볼 수 있다. 또한 그것이 무한에 미치지 못한다는 것을 너희가 이해할 수 있으니, 이는 아무리 여러 번 너희가 그 수에 이 덧셈을 거듭해도, 여전히 언제나 하나 더 얹을 수 있기 때문이다.

동시에, 무한한 시리즈는 어느 주어진 점에서도 합계할 수 있고, 이 총합은 (소계(小計)가 더 알맞다) 어떤 일정한 개인에게 어느 주어진 시간과 상태에, 목적을 이루는 충만한 달콤함을 가져다 준다. 그러나 머지 않아, 바로 이 성격자는 비로소 갈급해지고 새롭고 더 큰 목표를 바라며, 성장에서 그러한 모험은 충만한 시간과 영원의 주기(週期) 속에서 언제까지나 닥쳐올 것이다.

이어지는 각 우주 시대는 우주가 성장하는 다음 시대로 인도하는 문간방이요, 각 우주 시기는 모든 이전의 단계를 위하여 바로 닥치는 운명을 마련해 준다. 하보나는 그 자체로서 저절로 완전하지만, 완전에 제한을 받은 창조이다. 하보나의 완전은 진화하는 초우주들 속으로 확대하면서, 우주의 운명 뿐 아니라, 또한 진화 이전 존재의 한계로부터 해방됨을 발견한다.

1. 시간과 영원

신과 우주의 관계를 가능한대로 모두 이해하는 것이 사람의 우주 예비 교육에 도움이 된다. 절대적 신은 성품이 영원하지만, 신들은 영원 속에 있는 하나의 체험으로서, 시간에 관계된다. 진화 우주에서 영원은 현세가 언제까지나 계속되는 것이다—영구한 현재이다.

필사 인간의 성격은 아버지의 뜻 행하기를 선택하는 기법을 통해서 깃드는 영과 자신을 동일시함으로써 영원하게 될까 한다. 그렇게 뜻을 거룩히 바치는 것은 목적의 영원·실체를 실현하는 것에 해당한다. 이것은 생물의 목적이 순간들의 연속에 관하여 고정되었음을 뜻한다. 달리 말하면, 순간이 연속되어도 생물의 목적에 아무런 변화를 보지 못하리라는 것이다. 1백만이나 1억의 순간이 아무런 차이를 일으키지 않는다. 그 생물의 목적에 관하여, 수(數)의 의미가 없어졌다. 이처럼 피조물의 선택과 하나님의 선택을 더하는 것은 하나님의 자녀, 그리고 파라다이스 아버지가 베푸는 영구한 봉사에서, 궁극에는 하나님의 영과 사람의 성품이 결코 끝없이 뭉치는 영원한 실체들이 된다.

어느 주어진 지능 속에서도 성숙, 그리고 시간 의식의 단위, 이 둘 사이에는 직접 관계가 있다. 시간 단위는 하루, 1년, 또는 더 긴 기간일 수 있지만, 피할 수 없이 시간 단위는 의식하는 자아가 생활하는 상황을 평가하는 기준이며, 그 기준으로 파악하는 지능은 현세에 존재하는 사실을 재고 평가한다.

체험·지혜·판단은 필사 존재에서 시간 단위가 길어짐과 함께 생기는 것이다. 인간의 지성이 과거를 거슬러 올라가서 계산할 때, 그 지성은 지난 체험을 현재 상황에 비춰 보려는 목적으로 그것을 평가한다. 지성이 앞날로 손을 뻗음에 따라서, 지성은 가능한 행동의 미래 의미를 평가하려 애쓴다. 이렇게 체험과 지혜를 모두 계산에 넣었으니까, 인간의 의지는 현재에서 판단·결정을 내리며, 이렇게 지난날과 앞날로부터 태어난 행동 계획이 존재하게 된다.

발달하는 자아가 성숙하면서, 오늘의 참 뜻을 비추려고 지난날과 앞날이 함께 모아진다. 자아가 성숙함에 따라서, 지성은 체험을 찾아서 점점 더 지난날로 손을 뻗으며, 한편 그 지혜의 예측은 알려지지 않은 앞날 속으로 점점 더 깊이 파고들기를 추구한다. 그 파악하는 자아가 지난날과 앞날 속으로 더욱 멀리 이렇게 손을 뻗음에 따라서, 판단은 순간적 현재에 더욱 적게 의존하게 된다. 이 방법으로 결정·행위는 움직이는 현재의 사슬로부터 달아나기 시작하며, 한편 과거와 미래 중요성의 모습을 띠기 시작한다.

시간 단위가 짧은 필사자들이 참을성을 연습한다. 참된 성숙은 진정한 이해에서 태어난 관용으로, 참을성을 초월한다.

성숙하게 되는 것은 현재에 더욱 맹렬하게 사는 것이요, 동시에 현재의 한계로부터 달아나는 것이다. 지난 체험에 기초를 둔 성숙한 계획들은, 앞날의 가치를 향상하는 방법으로 현재에서 태어나고 있다.

미숙(未熟)의 시간 단위는 현재와 비현재—지난날과 앞날—의 참 관계를 현재로부터 분리하는 방법으로, 현재 순간으로 의미와 가치를 집중한다. 성숙의 시간 단위는 지난날-오늘-앞날의 동등한 관계를 드러내도록 비례가 맞아서, 자아는 비로소 사건들의 전체성에 대하여 통찰력을 얻고, 비로소 넓어진 시야의 파노라마 견지로부터 시간의 경치를 바라보고, 아마도 시작이 없고 끝이 없는 영원한 연속체가 있는가 비로소 의심하며, 그 연속체의 조각들은 시간이라 부른다.

무한한 것과 절대적인 것의 수준에서, 현재의 순간은 앞날의 모든 것 뿐 아니라 지난날의 모든 것을 포함한다. 스스로 계신 이는 또한 스스로 계셨던 이요, 스스로 계실 이를 의미한다. 이것이 영원(永遠)과 영원한 자에 대하여 우리가 가진 최선의 개념이다.

절대적이고 영원한 수준에서, 잠재하는 실체는 실재하는 실체와 똑같이 의미가 있다. 오로지 유한한 수준에서, 시간에 묶인 피조물에게, 그러한 광대한 차이가 있어 보인다. 절대적인 하나님에게는, 영원한 결정을 내린 하늘 가는 필사자는 이미 파라다이스 최후자이다. 그러나 우주의 아버지는, 깃드는 생각 조절자를 통해서, 이처럼 의식하는 데 제한을 받지 않지만, 동물 같은 수준으로부터 하나님 같은 수준의 존재까지 피조물이 올라가는 문제에 닥쳐 벌이는 모든 현세의 싸움을 알고, 그에 참여할 수 있다.

2. 두루 계심과 어디에나 계심

신이 어디에나 계신 성질을 신성한 두루 계심의 궁극성과 혼동해서는 안 된다. 우주의 아버지가 시공에 어디에나 계신 성질과 시공을 초월하여 두루 계시는 성질을 최상위·궁극위·절대자가 시간과 공간이 없는 보편·절대적인 그의 계심으로 보상하고, 이와 조정하고, 통일하는 것이 우주의 아버지가 뜻하신 것이다. 신이 어디에나 계시는 성질은 아주 흔히 공간과 결합되지만, 반드시 시간에 제약을 받지는 않는다는 것을 너희는 기억해야 한다.

필사자이자 상물질계 승천자로서 너희는 칠중 하나님이 베푸는 봉사를 통해서 하나님을 점진적으로 식별한다. 하보나를 통해서 너희는 최상위 하나님을 발견한다. 파라다이스에서 너희는 그가 한 성격자임을 발견하며, 그리고 나서 최후자로서 너희는 당장에 그가 궁극위인 것을 알려고 애쓸 것이다. 최후자이니까, 궁극위에 다다른 뒤에는 추구할 과정이 오직 하나 있는 듯이 보이고, 그것은 절대자의 추구를 시작하는 것이리라. 아무 최후자도 신 절대자에 도달하는 불확실성 때문에 마음이 흔들리지는 않을 터이니, 최상·궁극의 상승 끝에 아버지 하나님을 만났기 때문이다. 절대자 하나님을 찾는 데 성공한다 하더라도, 그러한 최후자들은 의심할 여지 없이, 똑같은 하나님을 발견할 뿐이리라 믿을 것이요, 그는 무한에 더 가깝고 보편적 수준에서 자신을 나타내는 파라다이스 아버지이다. 의심할 여지 없이, 절대적인 하나님에 도달하는 것은 성격자들의 마지막 아버지 뿐 아니라, 우주들의 시초 조상을 드러낼 것이다.

최상위 하나님은 신이 시공에 두루 계심을 전시하는 것이 아닐지 모르지만, 그는 글자 그대로 신이 어디에나 계심을 명시한 것이다. 창조자의 영적 계심과 창조의 물질적 명시 사이에는 어디에나 있는, 되어 가는—진화적 신이 우주에서 태어나는—광대한 영토가 있다.

최상위 하나님이 언젠가 시공 우주의 직접 통제를 맡는다면, 그러한 신의 행정이 궁극위의 전반적 통제 밑에서 작용하리라 우리는 확신한다. 그러한 경우에 궁극위 하나님은 전능 최상위의 행정 기능에 관하여 초월 시간 및 초월된 공간에 대하여 전반적 통제권을 쥐는 초월 전능자로서 (전능하신 분), 시간의 우주들에게 비로소 명백해질 것이다.

필사자의 지성은 우리처럼 물을지 모른다: 대우주에서 행정 권한에 이르기까지 최상위 하나님의 진화에 궁극위 하나님의 늘어난 명시가 따른다면, 외계 공간의 가상된 우주들에서 그에 해당하는 궁극위 하나님이 출현할 때도 절대자 하나님의 비슷하고 향상된 계시가 뒤따를 것인가? 그러나 우리는 정말로 모른다.

3. 시공 관계

오로지 어디에나 있는 성질로 말미암아 신은 유한한 개념에 대하여 시공에서 명시되는 현상을 통일할 수 있는데, 이는 시간이 순간의 연속이요, 한편 공간은 연결된 점들의 체계이기 때문이다. 결국은 너희는 분석함으로 시간을 파악하고, 합성함으로 공간을 파악한다. 너희는 성격의 통합하는 통찰력 때문에, 다른 이 두 개념을 조정하고 결합한다. 동물 세계 전체에서 오직 사람이 이 시공 감지력을 소유한다. 동물에게는 운동이 의미가 있지만, 운동은 오로지 성격 지위를 가진 생물에게만 가치를 나타낸다.

사물은 시간에 조건을 받지만, 진리는 시간을 초월한다. 너희가 진리를 알면 알수록, 너희가 진리이면 진리<u>일수록</u>, 지난날을 더욱 이해하고 앞날을 더욱 이해할 수 있다.

진리는 흔들 수 없는 것이다—언제까지나 모든 일시적 파란(波瀾)으로부터 면제된다. 하지만 결코 죽거나 형식을 차리지 않으며, 언제나 힘차고 적응할 수 있다—빛나게 살아 있다. 그러나 진리가 사실과 연결될 때, 시간과 공간은 모두 그 의미를 제약하고 그 가치를 서로 연결짓는다. 사실에 밀착된 그러한 진리의 실체들은 개념이 되며, 따라서 상대적 우주 실체들의 영토로 넘겨진다.

창조자의 절대적이며 영원한 진리를 현세의 유한한 생물의 사실적 체험과 연결하는 것은 궁극에는 최상위의 새롭고 솟아나는 가치가 된다. 최상위 개념은 신성하고 변치 않는 위 세계를 유한하고 늘 바뀌는 아래 세계와 조정하는 데 필수이다.

공간은 모든 비절대 사물 가운데 절대에 가장 가깝다. 공간은 절대로 궁극의 것인 듯하다. 물질 수준에서 공간을 이해하는 데 우리가 겪는 진정한 어려움은, 물체들이 공간에 존재하지만, 공간은 또한 바로 그 물체들 속에 존재한다는 사실 때문이다. 공간에 관하여 절대적인 것이 많아도, 그것은 공간이 절대임을 뜻하지 않는다.

비교해서 보건대, 공간이 결국 모든 물체의 한 속성이라는 것을 너희가 추측하고자 하면, 공간 관계를 이해하는 데 도움이 될까 싶다. 따라서 한 물체가 공간을 통해서 움직일 때, 그것은 또한 자체의 모든 속성을, 그러한 움직이는 물체 안에 있고 그로부터 생긴 공간까지도, 가지고 간다.

실체의 모든 형태는 물질 수준에서 공간을 차지하지만, 영 형태는 오직 공간에 대한 관계에서만 존재한다. 영 형태는 공간을 차지하거나 밀어내지 않으며, 공간을 담지도 않는다. 그러나 우리에게, 공간의 큰 수수께끼는 아이디어의 형태에 관계된다. 우리는 지성 영토에 들어갈 때 많은 수수께끼에 부딪친다. 한 아이디어의 형태—실체—는 공간을 차지하는가? 정말 우리는 모른다. 하지만 아이디어 형태는 공간을 담지 않는다고 확신한다. 그러나 비물질이 반드시 비공간적이라고 가정하는 것은 도저히 안전하지 않을 것이다.

4. 1차 원인과 2차 원인

사람들이 겪는 신학적 어려움과 형이상학의 딜레마 가운데 많은 것은 사람이 신성격을 그릇된 위치에 놓고, 그 결과로 무한하고 절대적인 속성을 하위 신성에, 그리고 진화하는 신에 할당하기 때문이다. 정말로 참된 처음 원인이 있는 한편, 또한 나란히 있고 종속된 한 집합의 원인, 부수되는 2차 원인들이 있음을 너희는 잊어서는 안 된다.

1차 원인과 2차 원인 사이의 중대한 구별은, 1차 원인은 어떤 선행(先行)하는 원인으로부터 유래하는 어떤 요인으로부터 물려받지 않는, 최초의 효과를 낳는 것이다. 2차 원인은 다른 선행하는 원인으로부터 물려받은 것을 변함없이 드러낸다.

무제한 절대자 안에 본래 있는 순전히 정적(靜的)인 잠재성은 파라다이스 삼위일체의 행위로 말미암아 생기는, 신 절대자의 원인에 반응한다. 우주 절대자가 계신 앞에서 이 원인을 잉태한 정적 잠재성은 당장에 활발하게 되며, 어떤 초월 대리자들의 영향에 민감하게 된다. 이 대리자들의 행동은 활성화된 이 잠재성을, 발전할 참 우주 가능성, 즉 사실화된 성장 능력의 상태로 변화시킨다. 그러한 성숙한 잠재성 위에, 대우주의 창조자와 통제자들은 우주를 진화시키는, 결코 그치지 않는 드라마를 연출한다.

실존하는 것들을 무시한다면, 원인은 그 기본 구성에서 세 가지이다. 원인이 이 우주 시대에 작용하는 바와 같이, 이 일곱 초우주의 유한한 수준에 관하여, 다음과 같이 생각해도 좋다:

1. <u>정적 잠재성의 활성화</u>. 신 절대자의 행위로 말미암아, 우주 절대자 안에서 운명이 정해지는 것. 신 절대자는 무제한 절대자 안에서, 그에게 작용하며, 파라다이스 삼위 일체가 의지하는 명령의 결과로서 작용한다.

2. <u>우주 능력이 궁극에 이르는 것</u>. 이것은 차별되지 않은 잠재성을 분리되고 규명된 여러 계획으로 변화시키는 것을 포함한다. 이것은 신의 궁극위, 그리고 초월 수준에 있는 다채로운 대리자들의 행위이다. 그러한 행위는 모우주 전체의 미래 필요를 완전히 예상한다. 잠재성의 분리와 연결하여, 모우주 건축가들은 우주들이 가진 신 개념의 진정한 구현(具現)으로서 존재한다. 그들의 계획은 모우주의 개념 테두리 때문에 범위가 궁극에는 공간에서 제한된 듯하지만, <u>계획으로서</u> 달리 시간이나 공간에 제약을 받지 않는다.

3. <u>우주 실재물의 창조와 진화</u>. 생산 능력을 만들어 내는, 신의 궁극위의 계심으로 말미암아 잉태된 한 우주 위에, 최상 창조자들은 성숙한 잠재성을 체험적 실재물로 시간 속에서 변화시키려고 작용한다. 모우주 안에서, 잠재하는 실체의 모든 현실화는 궁극의 발전 능력에 제한을 받으며, 마지막 출생 단계에서 시간과 공간에 제약을 받는다. 파라다이스로부터 나가는 아들 창조자들은 사실, 우주 의미에서 <u>변화시키는</u> 창조자이다. 그러나 이것은 어떤 면에서도 그들이 창조자라는, 사람이 가진 개념을 무효로 만들지 않는다. 유한한 관점에서 볼 때, 그들은 확실히 창조할 수 있고, 또 창조한다.

5. 전능과 공동 가능성

신의 전능(全能)함은 할 수 없는 것을 행하는 힘을 뜻하지 않는다. 시간과 공간의 틀 안에서, 필사자가 이해하는 지적(知的) 기준점으로부터 볼 때, 무한한 하나님조차도 네모난 동그라미를 만들거나 본래부터 착한 악을 만들 수 없다. 하나님은 신답지 않은 일을 할 수 없다. 철학 용어의 그러한 모순은 비존재에 상당하며, 아무 것도 그렇게 창조되지 않음을 암시한다. 성격의 특징은 동시에 하나님답고 신답지 않게 될 수 없다. 공동 가능성은 신의 힘에 본래부터 있다. 이 모두가, 전능은 성품을 가진 물건을 창조할 뿐 아니라, 또한 모든 물건과 존재의 성품을 낳는다는 사실로부터 유래한다.

처음에는 아버지가 모든 일을 하지만, 무한자의 뜻과 명령에 반응하여 영원의 파노라마가 펼쳐짐에 따라서, 최후의 운명을 실현하는 일에 피조물은, 아니 사람들조차, 하나님의 파트너가 되리라는 것이 더욱 명백해진다. 이것은 육체를 입은 생명에서도 참말이다. 사람과 하나님이 협동 관계에 들어갈 때, 그러한 협동 관계의 미래 가능성에는 아무런 한계를 지울 수 없다. 사람이 영원한 진보에서 우주의 아버지가 파트너임을 깨달을 때, 그가 깃드는 아버지의 계심과 융합할 때, 그는 정신적으로 시간의 사슬을 깨뜨렸고, 우주의 아버지를 찾는 탐색에서 영원한 진보에 이미 들어간 것이다.

필사자의 의식은 사실로부터, 의미로, 다음에 가치로 나아간다. 창조자의 의식은 생각과 가치로부터, 말씀과 뜻을 거쳐서, 행위하는 사실로 나아간다. 언제나 하나님은 실존적 무한에 본래 있는 무제한 통일의 벽을 깨뜨리려고 행위한다. 언제나 신은 원형(原形)이 되는 우주, 완전한 성격자들, 최초의 진리·아름다움·선을 마련해야 하고, 신 아래에 있는 창조들은 이것들을 얻으려고 애쓴다. 사람이 나중에 하나님을 발견하도록, 하나님은 반드시 먼저 사람을 발견한다. 우주 아들 신분, 그리고 그 결과로 우주의 형제 정신이 있을 수 있기 전에, 우주의 아버지가 반드시 계셔야 한다.

6. 전능과 만물 창조력

하나님은 참으로 전능하지만 모든 일을 행하지 않는다—행해지는 모든 일을 손수 하시지 않는다. 전능은 전능 최상위와 최상 존재의 권능 잠재성을 에워싸지만, 최상위 하나님이 의지하는 행위는 무한자 하나님이 손수 하시는 일이 아니다.

원초적 신이 만사(萬事)를 행한다고 주장하는 것은 수많은 집단을 이루어 공동으로 일하는 다른 여러 계급의 창조 조수들은 말할 것도 없고, 거의 1백만 명의 파라다이스 아들 창조자들의 특권을 빼앗는 것과 같겠다. 우주 전체에서 원인 없는 원인이 오직 하나 있다. 모든 다른 원인은 이 하나의 위대한 처음 근원 중심에서 파생된 것이다. 이 철학에서 아무 것도 광대한 우주를 통해서 흩어져 있는, 신의 수많은 아이들의 자유 의지성을 조금도 다치지 않는다.

한 지역의 틀 안에서, 의지(意志)는 원인 없는 원인으로서 작용하는 듯 보일지 모르지만, 독특하고 최초이고 절대적인 처음 원인들과 가지는 관계를 확립하는, 물려받은 요인을 어김없이 나타낸다.

모든 의지는 상대적이다. 창시하는 의미에서, 오직 아버지인 스스로 계신 이가 최후의 의지를 소유한다. 절대적 의미에서 오직 아버지·아들·영이 시간에 제약을 받지 않고 공간에 한정되지 않는 의지의 특권을 나타낸다. 필사 인간은 자유 의지,

즉 선택하는 힘을 부여받고, 비록 그러한 선택이 절대적이 아니지만, 그런데도 유한한 수준에서, 택하는 그 성격자의 운명에 관하여, 상대적으로 최종이다.

절대적인 것에 미치지 못하는 어떤 수준에서도, 의지는 선택하는 힘을 행사하는 바로 그 성격을 구성하는 한계에 부딪친다. 사람은 선택할 수 있는 테두리를 넘어서 선택할 수 없다. 예를 들면, 사람보다 더 크게 되기를 선택할 수 있다는 것을 제외하고, 그는 인간이 아닌 다른 것이 되기를 선택할 수 없다. 우주에서 승천하는 뱃길을 떠나기를 택할 수 있지만, 이것은 인간의 선택과 신의 뜻이 어쩌다가 이 시점에서 일치하기 때문이다. 그리고 한 아들이 원하고 아버지가 뜻하는 것은 확실히 일어날 것이다.

필사자의 생명에서, 차별적 행위의 길은 줄곧 열리고 닫히며, 선택이 가능한 시절에 인간의 성격은 이 여러 행동 과정 사이에 항상 결정을 내린다. 현세의 의지는 시간에 연결되어 있고, 의지는 표현할 기회를 찾으려고 시간이 지나기를 기다려야 한다. 시간의 연속으로부터 어느 정도 도피하는 데 성공했으니까, 영적 의지는 시간의 사슬로부터 해방을 맛보았으며, 이는 영적 의지가 하나님의 뜻과 스스로 동일시하기 때문이다.

의지, 선택하는 행위는, 이전에 상급의 선택에 반응하여 현실화한 그 우주 틀 안에서 활동해야 한다. 인간 의지의 테두리 전체는, 한 가지 세부를 빼고, 엄격하게 유한하고 한정되어 있다: 사람이 하나님을 발견하고 그와 같이 되기를 택할 때, 그러한 선택은 유한을 초월한다. 이 선택이 또한 초한(超限)을 초월하는가는 오직 영원(永遠)이 드러낼 수 있다.

신이 전능함을 인식하는 것은 너희가 우주 시민으로서 겪는 체험 속에서 안전을 누리고, 파라다이스로 가는 긴 나그네 길에서 안전하다는 확신을 가지는 것이다. 그러나 만사 실행의 허위를 받아들이는 것은 범신론(汎神論)의 막대한 잘못을 품에 안는 것이다.

7. 전지와 숙명

창조자의 의지와 피조물의 의지의 작용은, 대우주에서, 주건축가들이 세운 가능성의 한계 안에서, 그에 따라서, 작용한다. 그러나 이 최대 한계를 이처럼 미리 예정한 것은, 이 테두리 안에서 생물 의지가 가진 주권을 한 푼어치도 줄이지 않는다. 궁극의 선견(先見)도—모든 유한한 선택을 충분히 허락하면서—유한한 의지를 취소하는 것은 아니다. 성숙하고 멀리 내다보는 인간은 어떤 나이 어린 동료의 결정을 아주 정확하게 예측할 수 있을까 싶다. 그러나 이 선견은 그 결정 자체의 자유와 진정함으로부터 아무 것도 빼앗지 않는다. 신들은 미숙한 의지(意志)가 행동하는 테두리를 지혜롭게 제한했지만, 그런데도 그것은 이 정해진 한계 안에서 참된 의지이다.

모든 과거·현재·미래의 선택을 최대로 서로 연결짓는 것조차 그러한 선택이 진정(眞正)함을 무효로 만들지 않는다. 오히려 그것은 미리 예정한 우주 경향을 가리키며, 모든 실체의 체험적 현실화에 기여하는 부분이 되기를 택할까 싶거나 그렇지 않은 존재, 그런 의지하는 존재들의 선견을 암시한다.

유한한 선택에서 생기는 잘못은 시간에 묶여 있고 시간에 제한을 받는다. 그 잘못은 오직 시간 속에서, 최상 존재의 진화하는 계심 안에서 존재한다. 그러한 그릇된 선택은 시간적으로 가능하고, (최상위의 불완전성 외에도) 자유 의지로 실체와 접촉함으로, 우주에서 진보하기 위하여 미숙한 생물이 부여받아야 할 어떤 선택 범위를 가리킨다.

시간에 제약받는 공간 속에서, 죄는 유한한 의지가 현세의 자유를—아니 방종까지—가졌음을 증명한다. 죄는 우주 시민권이 주는 최고의 의무와 임무를 깨닫지 못하면서, 상대적으로 지고한 성격 의지의 자유에 현혹된 미숙함을 묘사한다.

사악(邪惡)함은 유한한 영토에서 하나님과 한편이 되지 않은 모든 자아의 일시적 현실을 드러낸다. 오로지 피조물이 하나님과 한편이 됨에 따라서, 우주에서 참으로 실재하게 된다. 유한한 성격은 스스로 창조된 것이 아니지만, 초우주의 선택 무대에서 스스로 운명을 결정한다.

생명의 수여(授與)는 물질 에너지 체계들로 하여금 스스로 영속하게 하고, 스스로 퍼뜨리고, 스스로 적응하게 만든다. 성격의 수여는 살아 있는 유기체들에게 스스로 결정하고, 스스로 진화하고, 신의 융합하는 영과 자아를 동일시하는 늘어난 특권을 나눠 준다.

성격 아래에 있고 살아 있는 것들은, 처음에는 물리적 통제자로서, 다음에는 보조 지성 영으로서, 에너지-물질을 활성화시키는 지성이 있음을 가리킨다. 성격의 부여는 아버지로부터 오며, 살아 있는 체계에 독특한 선택하는 특권을 나눠 준다. 그러나 성격이 실체를 확인하는, 의지로 선택하는 특권이 있다면, 이것이 참되고 자유로운 선택이라면, 진화하는 성격은 또한 자신을 혼동시키고, 자아를 교란하고 자아를 파괴하게 되는 선택이 가능해야 한다. 진화하는 성격이 유한한 의지를 행사(行使)하는 데 참으로 자유롭게 되려면, 우주에서 자아 파멸의 가능성은 피할 수 없다.

따라서 하급 존재 수준에 두루, 성격이 선택하는 한계를 좁히면서 안전성이 늘어난다. 여러 우주를 올라감에 따라서 선택은 갈수록 더 자유롭게 된다. 하늘 가는 성격이 신성의 지위에 이르고, 우주의 목적에 최고로 헌신하며, 우주 지혜의 달성을 마치고, 하나님의 뜻과 길과 피조물이 최종으로 동일시함을 성취할 때, 선택은 궁극에 신의 자유에 접근한다.

8. 통제와 전반적 통제

시공 창조에서 자유 의지는 제한과 한계로 둘레에 울타리가 쳐져 있다. 물질 생명의 진화는 처음에는 기계적이고, 다음에는 지성으로 활성화되고, (성격을 받은 뒤에) 영에게 지도를 받을지 모른다. 사람 사는 세계들에서 유기체의 진화는 생명 운반자들이 최초에 물리적 생명을 심은 것들의 잠재성에 따라서, 물리적으로 제한을 받는다.

필사 인간은 기계요, 살아 있는 기계 작용이다. 그의 뿌리는 참으로 에너지를 가진 물리적 세계에 있다. 인간의 여러 반응은 기계 성질이 있고, 생명의 많은 부분이 기계와 같다. 그러나 사람, 즉 기계 작용은, 기계보다 훨씬 더 크다. 그는 지성을 부여받고 그에게 영이 깃든다. 비록 그가 물질 생명을 통하여 내내, 그의 존재의 화학 및 전기 작용을 피할 수 없어도, 깃드는 생각 조절자의 영적 충동을 집행하는 데 인간 지성을 거룩하게 바치는 과정으로 말미암아, 그는 어떻게 이 물리적 생명 기계를, 지시하는 체험적 지혜에 굴복시키는가 점점 더 배울 수 있다.

의지의 활동을, 영은 해방시키고 기계 작용은 제한한다. 기계 작용으로 통제되지 않고 영이 확인하지 않은 불완전한 선택은 위험하고 불안정하다. 기계적인 지배는 진보를 희생하는 대가(代價)로 안정을 보장한다. 영과 연합하는 것은 선택을 물리적 수준으로부터 해방시키고, 동시에 늘어난 우주 통찰력과 증가된 우주 이해로 생긴 신의 안정성을 보장한다.

생물을 따라다니는 큰 위험은, 생명의 기계 작용의 사슬로부터 해방을 얻으면서 영과 조화되는 기초적 연락을 이룩함으로 이 안정성의 손실을 보상하지 못하리라는 것이다. 기계적 안정성으로부터 비교적 해방되었을 때, 생물의 선택은 더욱 영과 동일시하는 것과 상관 없이, 자아의 해방을 더욱 시도할지 모른다.

생물학상의 진화의 총 원칙은 사람 사는 세계들에서 원시인이 자제하는 어떤 큰 자질을 가지고 나타나는 것을 불가능하게 만든다. 따라서 진화를 의도한 바로 그 창조적 설계는 시간과 공간의 외부 제한, 즉 배고픔과 두려움을, 마찬가지로 마련해 주어야 하며, 이것들은 문화가 없는 그러한 생물이 영적 수준 밑으로 선택하는 범위에 실질적으로 선을 긋는다. 사람의 지성이 점점 더 어려운 장벽을 넘는 데 성공함에 따라서, 바로 이 창조적 설계는 또한, 종족 유산, 곧 피땀 흘려서 얻은 체험적 지혜가 천천히 쌓이도록 마련하였다—다시 말해서, 감소되는 외부 제한과 증가하는 내부 제한 사이에 균형을 유지하였다.

진화, 즉 인간 문화의 진보가 느린 것은 그 브레이크—물질적 타성—이 효과 있음을 증거하며, 이것은 위험한 진보 속도를 늦추도록 아주 효과 있게 작용한다. 이처럼 시간 그 자체는, 인간 행위를 둘러싸는 다음 장벽으로부터 때 이르게 도피하는 결과, 그렇지 않으면 치명적일 결과를 완화시키고 분산시킨다. 문화가 너무 빨리 진보할 때, 물질적 성취가 예배·지혜의 진화를 앞지를 때, 이 때 문명은 그 속에 퇴보의 씨앗을 품는다. 체험적 지혜가 재빨리 증가함으로 뒷받침해 주지 않으면, 그러한 인간 사회는 높지만 때 이르게 달성한 수준으로부터 물러설 것이요, 지혜의 공백 기간, "어두운 시대"가 자아의 해방과 자제(自制) 사이의 불균형을 용서없이 회복함을 구경할 것이다.

칼리가스티아의 사악함은 점진적으로 인간을 해방하는, 시간을 조절하는 장치를 앞지른 데 있다—제어하는 장벽을 까닭 없이 파괴했고, 그것은 그 시대의 필사 지성들이 체험으로 위압하지 못한 장벽이었다.

시간과 공간을 어느 정도 단축할 수 있는 지성(知性)은 바로 그 행위 때문에, 뛰어넘은 자제의 장벽에 준하여 효과 있게 쓰일 수 있는 지혜의 씨앗들을 자체가 소유한다는 것을 증명한다.

루시퍼는 비슷하게 지역 체계에서 어떤 자유를 때 이르게 얻는 것을 억제하도록 작용하는 시간 조절 장치를 깨뜨리려고 했다. 빛과 생명 속에 정착한 한 지역 체계는 어떤 관점과 통찰력을 체험으로 성취했으며, 이것은 바로 그 영역이 안정되기 전 시대에는 질서를 어지럽히고 파괴적일 많은 기법(技法)이 작용하는 것을 가능하게 한다.

사람이 두려움의 쇠고랑을 떨쳐 버림에 따라서, 사람이 기계를 가지고 대륙과 대양을 좁히고, 그의 기록을 가지고 여러 세대와 세기(世紀)를 좁힘에 따라서, 커지는 인간 지혜의 도덕적 명령에 따라서, 그는 뛰어넘은 각 제한을 새롭고 자진해서 맡은 제한으로 갈아치워야 한다. 스스로 지운 이 제한—정의(正義)의 개념과 형제 정신의 이상—은 인간 문명의 모든 요소 가운데 가장 강력하고도 가장 약하다. 사람은 감히 동료 인간들을 사랑할 때 자제하는 자비의 옷을 입을 자격까지 가지며, 한편 자신이 받고자 하는 대우, 아니 하나님이 그 동료들에게 주리라고 생각되는 그 대우까지도 그들에게 해 주기를 선택할 때, 영적 형제 정신의 시작에 도달한다.

자동적인 우주 반응은 안정되어 있고, 어떤 형태로서 우주에서 계속한다. 하나님을 알고 그의 뜻을 행하기를 바라는 자, 영 통찰력을 가진 자는, 신답게 안정되어 있고 영원히 존재한다. 사람의 큰 우주 모험은 그의 필사 지성이 기계 같은 정태(靜態)의 안정으로부터 영적 동태(動態)의 신성으로 넘어가는 것이며, 그는 생명의 상황 하나하나에서 "주의 뜻이 이루어지는 것이 내 뜻이나이다"하고 선언하면서, 자기 성격이 내린 결정의 힘과 집요함으로 이 변화를 이룩한다.

9. 우주의 기계 작용

시간과 공간은 모우주에서 한데 붙어 있는 기계 작용이다. 이것들은 유한한 생물이 무한자와 우주에서 공존할 수 있게 만드는 기계 작용이다. 유한한 생물은 시간과 공간으로 말미암아 절대 수준으로부터 효과적으로 차단되어 있다. 그러나 이 차단하는 매체가 없이는 아무 필사자도 존재할 수 없는데, 이 매체는 유한한 행위의 범위를 제한하도록 직접 작용한다. 시간과 공간이 없이 아무 생물도 행위할 수 없지만, 시공(時空)은 모든 피조물의 행위를 분명히 제한한다.

상급 지성들이 일으키는 기계 작용은 그들의 창조 근원을 해방하도록 작용하지만, 모든 종속된 지능의 행위를 어느 정도로 어김없이 제한한다. 우주의 생물에게는 이 제한이 우주의 기계 작용으로서 분명하게 된다. 사람은 구속받지 않은 자유의지가 없다. 그가 선택하는 범위에 한계가 있지만, 이 선택의 반지름 안에서 그의 의지는 비교적 자주권이 있다.

필사 성격의 생명 기계 장치, 곧 인체는, 필사를 초월하는 창조적 설계의 산물이다. 따라서 사람 자신이 결코 인체를 완전히 통제할 수 없다. 오로지 하늘 가는 사람이, 융합한 조절자와 연락하여, 성격을 표현하는 작용을 스스로 만들어 낼 때, 인체를 완전히 통제할 것이다.

대우주는 유기체일 뿐 아니라, 기계적이고 살아 있는 장치이다—최상 지성이 활성화시키고, 최상의 영과 함께 조정하며, 최상 존재로서 권능과 성격 통일의 최대 수준에서 표현을 찾는, 살아 있는 기계 장치이다. 그러나 유한한 창조가 기계 장치임을 부인하는 것은 사실을 부인(否認)하고 현실을 무시하는 것이다.

기계 장치는 지성, 곧 우주 잠재성 위에, 그 안에서, 행위하는 창조적 지성의 산물이다. 여러 기계 장치는 창조자의 생각을 단단하게 구체화한 것이며, 그들에게 기원을 준 의지한 개념에 언제라도 충실하게 작용한다. 그러나 어떤 기계 장치라도 그 목적은 기능이 아니라, 기원에 있다.

이 여러 기계 장치는 신의 행위를 제한하는 것이라 생각해서는 안 된다. 오히려 바로 이 기계학에서 신은 한 단계의 영원한 표현을 이룩한 것이 참말이다. 기본적 우주 기계 장치들은 첫째 근원 중심의 절대적 뜻에 반응하여 존재하게 되었고, 따라서 이것들은 무한자의 계획과 완전히 조화를 이루어 영원히 작용할 것이다. 이것들은 정말로 바로 그 계획의 의지(意志) 없는 형태이다.

우리는 파라다이스의 기계 작용이 어떻게 영원한 아들의 성격과 서로 상관되는가 얼마큼 이해한다. 이것은 합동 행위자의 활동이다. 우리는 무제한자의 이론적 기계 작용과 신 절대자의 잠재 성격에 관하여 우주 절대자가 하는 작용에 대한 이론들을 가지고 있다. 그러나 최상위와 궁극위의 진화하는 신 속에서 우리는 어떤 비성격 단계들이 의지를 가진 그들의 짝과 실제로 뭉쳐지고 있으며, 이처럼 형태와 성격 사이에 새로운 관계가 진화함을 지켜본다.

과거 영원에 아버지와 아들은 무한한 영을 하나로 표현하는 일에 연합하였다. 미래 영원에 만약 시공에 있는 지역 우주의 아들 창조자와 창조 영들이 외계 공간 영역에서 창조적으로 연합한다면, 그들의 신다운 성품의 통합된 표현으로서 그들이 하나 됨은 무엇을 창조할까? 여태까지 밝혀지지 않은 궁극 신의 명시, 즉 새로운 부류의 초월 행정자를 우리가 구경하게 되는 일이 일어날지도 모른다. 성격을 가진 창조자, 비성격인 창조 영, 필사 인간의 체험, 신성한 봉사자의 점진적 성격화의 연합이니까, 그러한 존재들은 성격의 고유한 특권을 지닐 것이다. 그들이 성격 및 비성격 실체를 지니고, 한편 창조자와 피조물의 체험을 통합할 터이니까, 그러한 존재들은 궁극적일 수 있다. 외계 공간의 창조들에서 활동하리라고 가정된, 이 삼자 일체들의 그런 셋째 성격자들이 무슨 속성을 가졌든, 그들은 무한한 영이 우주의 아버지와 영원한 아들과 유지하는 바로 그 관계와 비슷한 무엇을 그들의 창조 아버지와 창조 어머니들에 대하여 유지할 것이다.

최상위 하나님은 모든 우주 체험을 성격화한 것이요, 모든 유한한 진화의 집중, 모든 생물 실체의 극대화, 우주 지혜의 절정, 시간 속 은하계들의 조화되는 아름다움을 구현한 것, 우주 지성 의미의 진실, 최상의 영 가치를 가진 선이다. 지금 파라다이스 삼위 일체 안에서, 절대 수준에서 실존적으로 뭉쳐 있는 것 같이, 영원한 미래에 최상위 하나님은 이 여러 가지 유한한 다양성을 체험으로, 의미 있는 하나의 전체로 합성할 것이다.

10. 섭리의 기능

섭리는 하나님이 우리를 위하여, 미리, 모든 것을 정했음을 뜻하지 않는다. 하나님이 우리를 너무 사랑해서 그런 일을 할 수 없으니, 그것이 우주의 전제(專制) 정치와 조금도 다를 바가 없기 때문이다. 사람은 상대적 선택 능력을 가졌다. 신의 사랑은 사람의 아이들을, 멋대로 하도록 버려 두고 버릇없이 기를, 그러한 근시안의 사랑도 아니다.

아버지와 아들과 영은—삼위 일체로서—전능 최상위가 아니지만, 전능자의 지고함은 결코 이분들 없이 나타날 수 없다. 전능자의 성장은 사실성의 절대자들에 집중하고, 잠재성의 절대자들에 바탕을 둔다. 그러나 전능 최상위의 기능은 파라다이스 삼위 일체의 기능과 관련을 가진다.

최상 존재 안에서, 우주 활동의 모든 단계를 이 체험적 신의 성격이 부분적으로 다시 통일하는 듯이 보일 것이다. 따라서, 우리가 삼위 일체를 한 분의 하나님으로 보기를 바랄 때, 우리가 이 개념을 현재 알려지고 조직된 대우주에 국한한다면, 진화하는 최상 존재가 파라다이스 삼위 일체의 부분 초상(肖像)이라는 것을 우리가 발견한다. 더 나아가서, 우리는 이 최상위 신이 대우주에서 유한한 물질·지성·영을 성격으로 합성한 것으로서 진화하고 있음을 발견한다.

신들은 속성을 가졌지만, 삼위 일체는 기능을 가졌으며, 삼위 일체처럼 섭리는 하나의 기능이니, 그것은 온 우주에서 성격이 아닌 전반적 통제의 복합체이며, 전능자의 힘 속에서 합성하고 있는 칠중자의 진화 수준으로부터, 신의 궁극위의 초월 영역을 거쳐서, 위로 뻗는다.

하나님은 생물 하나하나를 한 아이로서 사랑하며, 그 사랑은 모든 시간과 영원을 통해서 각 생물을 덮는다. 섭리는 전체에 관하여 작용하며, 어떤 생물이라도,

기능이 전체에 관계되는 대로, 그러한 기능을 다룬다. 어떤 존재에 관하여도 섭리에 따라서 간섭하는 것은, 어떤 전체가 진화로 성장하는 데 관계되는 바와 같이, 그 존재의 기능의 중요성을 가리킨다. 그러한 전체는 민족 전체, 국가 전체, 혹성 전체, 또는 더 높은 전체까지도 될 수 있다. 하나의 성격자로서 생물의 중요성이 아니라, 그 생물의 기능의 중요성이 섭리에 따른 간섭을 일으킨다.

그런데도, 한 성격자로서 아버지는 어느 때라도, 모두 하나님의 뜻에 따라서, 하나님의 지혜에 어울리게, 하나님의 사랑에 자극을 받는 그대로, 우주 사건들의 흐름 속에 아버지답게 손을 집어넣을지 모른다.

그러나 사람이 섭리라고 부르는 것은 너무나 흔히 자신이 상상하는 결과요, 우연한 여러 상황이 어쩌다 옆에 놓여 있는 것이다. 그러나 우주가 존재하는 유한한 영역에서 실재하고 태어나는 섭리, 즉 공간의 에너지, 시간의 움직임, 지능이 하는 생각, 성품을 나타내는 이상, 영적 성질의 욕망, 진화하는 성격자들의 목적 있는 의지 행위, 이 모두의 참되고 현실화하는 상관 관계가 있다. 물질 영역의 여러 상황은 최상위와 궁극위의 맞물리는 계심 속에서, 마지막으로 유한한 통합을 발견한다.

대우주의 기계 작용이 지성의 전반적 통제를 통해서 마지막으로 정밀한 점까지 완전하게 됨에 따라서, 생물의 지성(知性)이 영과 완전히 통합하여 완전하게 신성을 달성하는 단계로 올라감에 따라서, 그리고 그 결과로 최상위가 이 모든 우주 현상의 실제 통일자로서 태어남에 따라서, 마찬가지로 섭리는 점점 더 식별할 수 있게 된다.

진화 세계들에서 때때로 생기는 놀랍게 우연한 어떤 조건들은 차츰 솟아나는 최상위의 계심 때문일지 모르고, 이것은 그의 미래 우주 활동을 미리 맛보는 것이다. 사람이 섭리라고 부르고 싶어하는 것의 대부분은 섭리가 아니다. 그러한 문제들에 대한 판단은, 생명의 상황의 참 의미까지 멀리 내다보는 시력이 모자라기 때문에 대단히 장애를 받는다. 필사자가 행운이라고 부르고 싶어하는 많은 것은 정말로 불운인가 싶다. 벌어들이지 않은 여가와 받을 자격이 없는 재산을 주는 행운의 웃음은 인간의 고통 가운데 가장 큰 것일까 한다. 고통받는 어느 필사자에게 시련을 퍼붓는, 잔인하게 보이는 부당한 운명은, 실제로 미숙한 성격인 물렁한 쇠를 참 인품을 가진 단련된 강철로 변질시키는, 강화하는 불인지 모른다.

진화하는 우주들에는 섭리(攝理)가 있고, 섭리는 생물이 진화하는 우주들의 목적을 파악하는 능력을 얻은 한도까지만, 생물에게 발견될 수 있다. 우주의 목적을 식별하는 완벽한 능력은 생물이 진화로 완성되는 것과 같으며, 달리 말하면, 불완전한 우주들의 현재 상태의 한계 안에서 최상위에 도달한 것으로 표현해도 좋다.

아버지의 사랑은 개인의 가슴 속에서, 모든 다른 개인의 행위나 반작용에 상관없이, 직접 작용한다. 그 관계—사람과 하나님—은 개인적이다. 신의 비성격 계심(전능 최상위와 파라다이스 삼위 일체)은 부분에 대해서가 아니라, 전체에 대한 존중을 나타낸다. 최상위가 전반적으로 통제하는 섭리는 유한한 운명에 도달하는 과제에서 우주 진보의 연속되는 부분으로서 갈수록 더 명백해진다. 체계, 별자리, 우주, 초우주들이 빛과 생명 속에 정착함에 따라서, 최상위는 벌어지고 있는 모든 사건을 뜻 있게 상관시키는 자로서 점점 더 솟아나며, 한편 궁극위는 모든 것의 초월 통일자로서 차츰차츰 솟아난다.

진화하는 세계에서 최초에는 물질 체제의 자연 현상과 인간들의 개인적 소망은 흔히 반대되는 듯이 보인다. 진화하는 세계에서 일어나는 많은 것은 오히려 필사 인간이 이해하기 어렵다—자연 법칙은 겉보기에 너무나 흔히 모질고 무정(無情)하며, 인간이 이해하는 참되고 아름답고 선한 모든 것에 아랑곳하지 않는다. 그러나 혹성의 발전 과정에서 인류가 진보함에 따라서, 우리는 이 관점이 다음 요인 때문에 수정됨을 지켜본다:

1. <u>사람의 커지는 상상력</u>—사람이 살고 있는 그 세계에 대하여 사람의 이해가 늘어나는 것. 시간 속의 물질적 사실, 의미 있는 생각의 관념, 영적 통찰력을 가진 귀중한 이상, 이 모두를 이해하는 늘어나는 능력. 사람들이 겨우 물리적 성질을 가진 사물의 자로서 재는 한, 그들은 결코 시간과 공간 속에서 조화를 발견하기를 바랄 수 없다.

2. <u>사람의 증가하는 통제</u>—물질 세계의 법칙에 대한 지식이 차츰 쌓이는 것, 영적 존재의 목적, 그리고 이 두 실체를 철학으로 조정하는 가능성. 야만인인 사람은 자연력의 공격 앞에 무력했고, 자신의 마음 속의 두려움이라는 잔인한 주인 앞에 노예 같았다. 반(半)문명화된 사람은 자연 영역의 비밀이 쌓인 창고를 비로소 열고 있으며, 그의 과학은 느리지만 효과 있게 그의 미신(迷信)을 깨뜨리고 있고, 한편 동시에 철학의 의미와 참된 영적 체험의 가치를 이해하기 위하여, 새롭고 확대된 사실적 기초를 마련해 주고 있다. 문명화된 사람은 언젠가 혹성의 자연력을 상대적으로 통달하는 일을 성취할 것이다. 가슴 속에서 하나님을 사랑함은 동료 인간들에 대한 사랑으로서 실질적으로 퍼부어질 것이요, 한편 인간 존재의 가치는 필사자 능력의 한계에 가까이 갈 것이다.

3. <u>사람의 우주 통합</u>—인간의 통찰력의 증가에 인간의 체험적 성취의 증가를 더한 것은 사람을 최상위의 통일하는 계심—파라다이스 삼위 일체와 최상 존재—와 더욱 조화되게 만든다. 이것이 빛과 생명 속에 오래 정착한 세계들에서 최상위의 통치권이 확립되는 것이다. 그러한 앞선 혹성들은 정말로 조화의 시(詩)요, 우주 진리의 추구를 통하여 얻은 성취된 선의 아름다움을 나타내는 그림이다. 그러한 일이 한 혹성에서 일어날 수 있다면, 이 때 대우주에서 한 체계와 상급 단위들에는, 그들도 또한 유한한 성장 잠재성이 소모된 것을 가리키는 안정도에 도달함에 따라서, 점점 더 큰 일이 일어날 수 있다.

이 진보된 체제에 속하는 혹성에서, 섭리는 하나의 사실성이 되었고, 생명의 여러 상황은 서로 연결되지만, 이것은 사람이 그의 세계의 물질 문제들을 지배하게 되었을 뿐 아니라, 또한 우주의 경향에 따라서 살기 시작했기 때문이다. 그는 우주의 아버지께 도달하기까지 최상위의 길을 따르고 있다.

하나님의 나라는 사람들의 마음 속에 있다. 이 나라가 한 세계의 각 사람 마음 속에서 사실성을 가질 때, 이 때 하나님의 통치는 그 혹성에서 사실성이 된 것이다. 이것이 최상 존재의 통치가 달성된 것이다.

시간 속에서 섭리를 깨달으려면, 사람은 완전을 성취하는 과제를 마쳐야 한다. 그러나 만물의 아버지를 추구하는 길에서 하나님을 아는 필사자들의 전진을 위하여, 착하든 악하든, 만물이 함께 일한다는 우주 사실을 곰곰이 생각할 때, 사람은 지금도 이 섭리의 영원한 의미를 미리 맛볼 수 있다.

사람이 물질인 것으로부터 영적인 것을 향하여 위로 손을 뻗을 때, 섭리는 사람이 점점 더 알아볼 수 있게 된다. 완성된 영적 통찰력에 이르는 것은 하늘 가는 성격자로 하여금, 이 때까지 혼돈이었던 것 속에서 조화를 탐지할 수 있게 만든다. 상물질계의 상지혜조차도 이 방향에서 진정한 진보를 가리킨다.

섭리는 부분적으로, 불완전한 우주에서 나타나는 불완전한 최상위의 전반적 통제력이며, 따라서 늘 다음과 같음이 틀림없다:

1. <u>부분적이다</u>—최상 존재의 현실화가 불완전하기 때문에.

2. <u>예측할 수 없다</u>—생물의 태도가 변동하기 때문에. 이것은 늘 수준에 따라서 달라지며, 이렇게 최상위 안에서 겉보기에 달라지는 보답하는 반응을 일으킨다.

사람들이 인생의 상황에서 섭리의 간섭이 있기를 빌 때, 그들의 기도에 대한 응답은, 여러 번, 인생에 대한 그들 자신의 변화된 태도이다. 그러나 섭리는 변덕스럽지 않고, 환상적이거나 요술도 아니다. 섭리는 유한한 우주들의 강력한 군주가 천천히, 확실히 태어나는 것이니, 진화하는 생물은 때때로 우주에서 진보하면서 그의 위엄 있는 계심을 탐지한다. 섭리는 처음에 최상위에, 다음에 궁극위에, 그리고 아마도 절대자에 있는 영원의 목표들을 향하여, 공간의 은하계와 시간 속의 성격자들이 확실하고 분명하게 행진하는 것이다. 우리는 무한 속에 똑같은 섭리가 있다고 믿으며, 이것이 수많은 우주에서 우주 파노라마를 이처럼 동원하는 파라다이스 삼위 일체의 뜻이요, 행위요, 목적이다.

[유란시아에서 잠시 머무르는 한 막강한 사자가 후원하였다.]

제 119 편

그리스도 미가엘의 자신 수여

나는 네바돈의 저녁별들의 우두머리요, 네바돈의 우주 군주 미가엘이 일곱 번 자신을 수여한 이야기를 계시하는 사명을 받고서 가브리엘에게서 유란시아로 배치를 받았으며, 내 이름은 가발리아이다. 이 글을 발표하면서, 나는 내 직책이 지워준 제한을 엄격하게 준수하겠다.

자신을 수여하는 속성은 우주의 아버지의 파라다이스 아들들에게 본래부터 있다. 하급 생물의 생활 체험에 가까이 가려는 소망으로, 여러 계급의 파라다이스 아들들은 파라다이스 부모의 신다운 성품을 반영하고 있다. 파라다이스 삼위 일체 가운데 영원한 아들은 이 관습에서 길을 안내하였고, 그랜드판다, 즉 시간과 공간으로부터 온 첫 필사자가 승천하던 시절에, 하보나의 일곱 회로에 자신을 일곱 번 수여하였다. 영원한 아들은 공간의 지역 우주들에게, 그의 대표자인 미가엘과 아보날 아들의 몸 속에서 자신을 계속 수여한다.

계획하고 있는 한 지역 우주에 영원한 아들이 한 아들 창조자를 주실 때, 그 아들 창조자는 새 우주를 완성하고 통제하고 구성하는 총 책임을 맡으며, 이것은 그가 일곱 번 생물로서 자신 수여를 마치는 데 성공하고, 관할하는 초우주의 옛적부터 늘 계신 이들에게 인가를 받기까지 그 새 창조의 완전한 통치권을 쥐지 않겠다고 영원한 삼위 일체에게 드리는 엄숙한 서약을 포함한다. 우주를 조직하고 창조하는 일에 종사하려고 파라다이스로부터 밖으로 떠나가기를 자청하는 미가엘 아들은 모두 이 의무를 진다.

생물로 이렇게 육신화하는 목적은 그러한 창조자들로 하여금 지혜롭고, 동정심 있고, 공정하고, 공감하는 군주가 되게 만들려는 것이다. 이 신다운 아들들은 날 때부터 공정하지만, 연속해서 자신을 수여하는 체험의 결과로서 이해심을 가지고 자비로워진다. 그들은 날 때부터 자비롭지만, 이 여러 체험은 새롭고 추가되는 방법으로 그들을 자비롭게 만든다. 이 자신 수여는 신다운 올바름 속에서, 올바른 심판으로 지역 우주를 다스리는 숭고한 과제를 위하여, 그들이 받는 교육과 훈련에서 마지막 걸음이다.

이 자신 수여에 영향을 받고 이익을 얻는 다른 계급의 우주 지성 존재들 뿐 아니라 여러 세계, 체계, 별자리에 부수되는 수많은 이익이 생기기는 해도, 그래도 자신 수여는 1차적으로 아들 창조자 자신이 친히 받는 훈련과 우주 교육을 마치도록 고안되어 있다. 이 수여는 한 지역 우주를 지혜롭고 올바르고 효과 있게 관리하는 데 필수이지는 않지만, 다채로운 형태의 생명과, 지적이지만 무수한 불완전한 생물이 가득한 그러한 창조를 공정하고, 자비롭게, 동정심을 가지고 관리하는 데 절대로 필요하다.

미가엘 아들들은 그들이 창조한 여러 계급 존재들에 대하여 충분하고 공정한 동정심을 가지고 우주를 조직하는 일을 시작한다. 그들은 이 모든 다른 생물을 위하여 광대하게 쌓아 놓은 자비가 있으며, 스스로 만든 이기적 수렁에서 실수하고 버둥거리는 자들을 가엾이 여기는 마음까지도 가졌다. 그러나 그러한 공정과 올바름의 재산은, 옛적부터 늘 계신 이들이 추정하기에 넉넉하지 않을 것이다. 초우주의 이 삼자 일체 통치자들은, 아들 창조자가 자신이 만든 생물이 존재하는 환경 속에서, 바로 그 피조물로서, 실제로 체험을 겪어서 그들의 관점을 정말로 얻기까지, 결코 아들 창조자를 우주 군주로서 인가하지 않을 것이다. 이 방법으로 그러한 아들들은 총명하고 이해심 있는 통치자가 되고, 그들이 다스리고 우주 권한을 행사하는 이 여러 집단을 알게 된다. 산 체험을 겪음으로, 그들은 체험적 생물 존재에서 태어난 실용적 자비, 공정한 판단, 참을성을 스스로 가진다.

네바돈 지역 우주는 자신을 수여하는 봉사를 마친 한 아들 창조자가 지금 다스린다. 진화하고 완전하게 되는 자기 우주의 광대한 영역 모두를 그는 공정하고 자비로운 최고 위치에서 다스린다. 네바돈 미가엘은 시간과 공간의 우주들에게 영원한 아들이 611,121번째 수여한 분이며, 그는 4천억 년쯤 전에 너희 지역 우주의 조직을 시작하였다. 미가엘은 유란시아가 지금의 모습을 갖추고 있을 때, 약 10억 년 전쯤에, 첫 수여 모험을 준비했다. 그의 여러 수여는 약 1억 5천만 년의 사이를 두고 일어났고, 마지막 수여는 1천 9백년 전에 유란시아에서 일어났다. 나의 직권이 허락하는 만큼 충실하게, 나는 이제 이 여러 수여의 성질과 특징을 펼쳐 보여 주겠다.

1. 처음 수여

거의 10억 년 전, (미가엘이) 설명하지 않은 임무를 띠고 자리를 비울 동안, 형 이마누엘이 네바돈에서 당장 권한을 쥐리라고 미가엘이 발표하는 것을 네바돈 우주에서 모여든 지휘자와 우두머리들이 들은 것은 구원자별에서 엄숙한 계제였다. 이 사건에 대하여 달리 아무런 발표가 없었고, 다만 별자리 아버지들에게 주는 작별 방송이, 다른 지시 가운데, 이렇게 말했다: “그리고 이 기간에 내가 파라다이스 아버지가 명하시는 것을 행하려고 가는 동안, 나는 너희를 이마누엘의 보호와 관리 밑에 두노라.”

이 작별 방송을 보낸 뒤에, 그가 혼자 왔다는 것을 제외하고, 유버르사나 파라다이스를 향하여 떠나려고 준비할 때 이전에 여러 번 그랬던 것과 똑같이, 미가엘은 구원자별의 파송하는 들에 나타났다. 그는 이 말씀으로 출발 선언을 맺었다: “나는 짧은 세월 동안만 너희를 떠나노라. 내가 알건대 너희 가운데 여럿이 나와 함께 가고 싶어하지만, 너희는 내가 가는 데로 올 수 없느니라. 내가 바야흐로 하려 하는 것을 너희는 할 수 없느니라. 나는 파라다이스 신들의 뜻을 행하려고 가고, 내 사명을 마치고 이 체험을 얻고 나서, 너희 가운데 내 자리로 돌아오겠노라.” 이렇게 말하고 나서, 네바돈 미가엘은 모여든 모두의 눈앞에서 사라졌고, 표준 시간으로 20년 동안 다시 나타나지 않았다. 온 구원자별에서, 오로지 신성한 봉사자와 이마누엘이 무슨 일이 일어나는가 알았고, 늘 연합한 이는 그의 비밀을 오로지 그 우주의 최고 집행자, 곧 찬란한 저녁별 가브리엘과 나누었다.

구원자별의 모든 거주자, 그리고 별자리와 체계의 본부 세계들에서 거하는 자들은 그 임무에 관하여, 아들 창조자가 어디 계신가에 대하여, 무슨 소식을 들을까 바라면서, 각자의 우주 정보 수신소(受信所) 둘레에 모였다. 미가엘이 떠난 뒤 셋째 날이 되기까지, 가능한 중요성을 가진 아무 소식이 수신되지 않았다. 네바돈에서 멜기세덱 계급의 본부인 멜기세덱 구체로부터, 그날 한 통신문이 등록되었는데, 그것은 놀랍고 결코 전에 들어 본 적이 없는 이 사건을 기록했을 뿐이다: "오늘 정오에 이 세계의 접대하는 들에 한 이상한 멜기세덱 아들이 나타났는데, 그는 우리 집단의 출신이 아니지만 온전히 우리 계급과 비슷하다. 그에게는 유버르사로부터 신임장을 가지고 혼자 온 전천사(全天使)가 뒤따라 왔고, 우리 우두머리에게 주는 명령서를 제출했는데, 그것은 옛적부터 늘 계신 이들로부터 내려왔고, 구원자별의 이마누엘의 동의를 받았으며, 이 새 멜기세덱 아들을 우리 계급으로 받아들이고, 네바돈 멜기세덱들의 비상 근무에 배치하라고 지시하였다. 그렇게 하라고 명령이 내렸고, 그대로 이루어졌다."

그리고 이것이 미가엘의 첫 자신 수여에 관하여 구원자별의 기록에 나타나는 거의 전부이다. 아무 일도 더 나타나지 않는데, 유란시아 시간으로 1백 년이 지나자 미가엘이 돌아와서 아무 선포 없이, 우주 사무의 지휘를 다시 맡았다는 사실이 기록되어 있다. 그러나 멜기세덱 세계에는 이상한 기록이 발견될 터이니, 그 시대의 비상 군단에 속한 이 독특한 멜기세덱 아들이 봉사한 이야기이다. 이 기록은 지금 아버지 멜기세덱의 집 앞뜰을 차지하는 어느 소박한 성전에 보존되어 있는데, 그것은 우주 비상시의 24가지 임무에 배치된 것과 연관하여, 잠시 있던 이 멜기세덱 아들이 봉사한 것에 관한 이야기로 이루어져 있다. 내가 아주 최근에 이 기록을 들여다보았는데, 이렇게 끝을 맺는다:

"그리고 오늘 정오에, 이전에 선포가 없이, 우리 동포 가운데 오직 셋이 구경했는데, 우리 계급을 방문한 이 아들은, 그가 왔을 때처럼 오로지 전천사 하나의 수행을 받고서, 우리 세계에서 사라졌다. 이 방문자는 한 멜기세덱으로서 살았고, 멜기세덱의 모습을 입고서 멜기세덱으로서 일했으며, 그는 우리 계급의 비상시 아들로서 그의 임무를 모두 충실하게 수행하였다는 것을 인정하면서, 이 기록을 마감한다. 보편적 찬성을 얻어서 그는 멜기세덱들의 우두머리가 되었고, 견줄 데 없는 지혜와 최고의 사랑으로, 임무에 훌륭히 헌신함으로, 우리의 사랑과 찬미를 얻었다. 그는 우리를 사랑하고 이해하고 우리와 함께 봉사하였으며, 언제까지나 우리는 그에게 충성스럽고 헌신하는 동료 멜기세덱이니, 이는 우리 세계에 왔던 이 낯선 이가 이제는 영원히 멜기세덱 성품을 가진 우주 봉사자가 되었기 때문이다."

이것이 미가엘이 처음으로 자신을 수여한 것에 관하여 너희에게 일러 주도록 허락받은 전부이다. 우리는 물론, 10억 년 전에 멜기세덱들과 함께 그렇게 신비하게 봉사한 이 이상한 멜기세덱은 다른 분이 아니라, 첫 수여 사명으로 육신화한 미가엘이었음을 익히 알고 있다. 그 기록은 독특하고 유능한 이 멜기세덱이 미가엘이었다고 꼬집어 말하지 않지만, 보편적으로 그였다고 믿는다. 아들별의 기록 외에, 그 사실을 실제로 진술한 것은 아마도 발견할 수 없고, 그 비밀 세계의 기록은 우리에게 공개되지 않는다. 오직 신다운 아들의 이 신성한 세계에서 육신화와 자신 수여의 신비가 충분히 알려진다. 우리는 모두 미가엘의 여러 수여가 사실임을 알지만, 그 수여가 어떻게 이루어지는지 이해하지 못한다. 한 우주의 통치자, 곧 멜기세덱의 창조자가, 그렇게 갑자기, 신비스럽게, 그들 무리의 하나가 되고, 그들 가운데 하나로서, 1백 년 동안 한 멜기세덱 아들로서 그들 사이에 살고 일할 수 있는지 우리는 모른다. 그러나 어쩌다가 그런 일이 있었다.

2. 둘째 수여

미가엘이 멜기세덱으로 자신을 수여한 일이 있은 뒤 거의 1억 5천만 년 동안, 네바돈 우주에서는 모든 일이 순조로웠는데, 이 때 37번 별자리의 11번 체계에서 문제가 일어나기 시작했다. 이 문제에는 한 라노난덱 아들, 한 체계 군주의 오해가 관련되었고, 그것은 별자리 아버지들의 판결을 받고, 늘 충실한 이, 곧 그 별자리의 파라다이스 상담자의 승인을 받았지만, 항의하는 체계 군주는 그 판결을 충분히 달게 받지 않았다. 1백 년이 넘도록 불만을 품은 뒤에, 그는 아들 창조자의 통치권에 대항하여 네바돈 우주에서 일찍이 선동되었던 바 가장 널리 퍼지고 비참한 반란 중 하나에서 동료들을 이끌었는데, 이 반란은 유버르사에서 옛적부터 늘 계신 이들의 행위에 따라서 판결을 받고 종결된 지 오래다.

반역한 이 체계 군주 루텐시아는 그의 본부 혹성에서 네바돈 표준 시간으로 20년이 넘도록 최고로 군림하였는데, 그리고 나서 유버르사로부터 승인을 얻고서 최고자들은 그가 격리될 것을 명령하였고, 싸움에 찢기고 혼란에 빠진, 그 체계에 속한 사람 사는 세계들의 지휘를 담당할 새 체계 군주를 지명하라고, 구원자별 통치자들에게 요청하였다.

구원자별에서 이 요청을 받음과 동시에, 미가엘은 우주 본부로부터 자리를 비울 뜻을 표시하는 둘째 특별 선포를 시작했는데, 이것은 "내 파라다이스 아버지의 명령을 실행"하려는 목적이었고, "때가 되면 돌아오리라"고 약속하면서, 파라다이스 형인 늘 연합한 이, 이마누엘의 손에 모든 권한을 집중했다.

그리고 나서, 멜기세덱 수여와 관련하여 떠났을 때 본 것과 똑같은 기법으로 미가엘은 그의 본부 구체를 다시 떠났다. 설명이 없이 이 휴가를 떠난 뒤 사흘째에, 네바돈의 1차 라노난덱 아들들의 예비군 사이에, 새롭고 알려지지 않은 회원이 나타났다. 이 새 아들은 정오에 나타났고, 아무 발표도 없이, 3품 천사 한 명의 수행을 받았는데, 그는 유버르사의 옛적부터 늘 계신 이들의 신임장을 지녔고, 이것은 구원자별의 이마누엘의 인가를 받았으며, 이 새 아들이 폐위된 루텐시아의 후계자로서, 새 군주가 임명될 때까지 체계 군주 대리로서 전권을 가지고 37번 별자리의 11번 체계에 배치하라고 지시하였다.

우주 시간으로 17년이 넘도록, 낯설고 알려지지 않은 이 임시 통치자는 혼란에 빠지고 사기(士氣)가 꺾인 이 지역 체계의 사무를 관리하고 곤경을 지혜롭게 판결하였다. 아무 체계 군주도 일찍이 더 뜨겁게 사랑을 받거나, 더 널리 명예와 존중을 받지 못했다. 응보와 자비 면에서 이 새 통치자는 그 시끄러운 체계에 질서를 가져왔고, 한편 모든 백성에게 힘들여 봉사하였으며, 모반한 선임자에게 그가 경솔했던 것을 이마누엘에게 사과하기만 한다면, 그 체계 권한의 보좌를 나누는 특권을 제안하기까지 하였다. 그러나 루텐시아는 새롭고 낯선 이 체계 군주가 다른 자가 아니라 미가엘, 그가 아주 최근에 반항했던 바로 그 우주 통치자임을 잘 알고서, 이 자비의 서곡(序曲)을 걷어찼다. 그러나 그릇 인도받고 속았던 그의 추종자 수백만 명은 이 새 통치자의 용서를 받아들였고, 이 분은 팔로니아 체계의 구원자 군주로서 그 시대에 알려졌다.

그리고 나서 새로 임명된 체계 군주가 도착한 그 중대한 날이 닥쳐왔는데, 그 날에 그는 폐위된 루텐시아의 영구한 후계자로 우주 당국으로부터 임명받았고, 네바돈에서 알려진 가장 고귀하고 가장 인자한 체계 통치자가 떠나는 것을 온 팔로니아가 슬퍼하였다. 그는 체계 전체의 사랑을 받고 라노난덱 아들들의 모든 집단에 있는 동료들의 찬미를 받았다. 그가 출발 할 때에 예식이 없지는 않았다. 그가 체계 본부를 떠났을 때, 큰 잔치가 열렸다. 잘못한 그의 선임자조차 이 메시지를 남겼다: "당신의 모든 길에서 당신은 공정하고 올바르나이다. 나는 파라다이스의 통치를 계속 거부하지만, 나는 당신이 공정하고 자비로운 행정자임을 고백할 수밖에 없나이다."

그리고 나서 모반한 체계의 이 임시 통치자는 행정을 맡는 일로 잠시 머물렀던 그 혹성을 떠났고, 그 뒤 셋째 날에 미가엘은 구원자별에 나타나서 네바돈 우주의 지휘를 다시 시작했다. 미가엘의 통치권과 권한의 높아지는 관할권을 가리키는 셋째 유버르사 선포가 곧 뒤따랐다. 첫째 선포는 그가 네바돈에 도착할 때 내렸고, 둘째는 멜기세덱 수여를 마친 뒤에 곧 있었으며, 이제 셋째 선포는 둘째 임무, 즉 라노난덱 임무가 종결된 것을 뒤따른다.

3. 셋째 수여

구원자별에 있는 최고 회의는 61번 별자리, 87번 체계, 217번 혹성에서, 그들을 돕도록 한 물질 아들을 급파해 달라는 생명 운반자들의 요청에 대한 심의를 막 마쳤다. 이제 이 혹성은 또 다른 체계 군주가 잘못에 빠진, 생명이 거하는 세계들의 체계에 자리잡고 있었는데, 그것은 그 때까지 온 네바돈에서 그러한 두 번째 반란이었다.

미가엘의 요청을 받고 나서, 이 혹성 생명 운반자들의 탄원에 대한 행위는 이마누엘이 고려하고 그에 대한 보고가 있을 때까지 연기되었다. 이것은 불규칙한 과정이었고, 우리 모두가 무언가 특별한 것을 어떻게 기대하였는가 나는 잘 기억한다. 우리는 불안 속에 오래 있지 않았다. 미가엘이 나서서 우주의 지휘를 이마누엘의 손에 맡겼고, 한편 천상 세력의 지휘를 가브리엘에게 맡겼으며, 이렇게 행정 책임을 처리하고 나서 그는 우주 어머니 영에게 작별을 알리고, 앞서 두 경우에 했던 것과 똑같이, 구원자별의 파송하는 들로부터 사라졌다.

기대하는 바와 같이, 그 뒤 사흘 째, 아무 발표 없이, 61번 별자리, 87번 체계의 본부 세계에, 2품 천사 혼자의 수행을 받고서, 한 낯선 물질 아들이 나타났는데, 그는 유버르사의 옛적부터 늘 계신 이들의 승인을 받고, 구원자별의 이마누엘의 인가를 받았다. 즉시, 체계 군주 대리는 새롭고 신비스러운 이 물질 아들을 217번 세계의 혹성 영주 대리로 임명했으며, 이 임명은 당장에 61번 별자리 최고자들의 확인을 받았다.

이처럼 독특한 이 물질 아들은 격리된 세계, 탈퇴와 반란이 있던 세계에서 어려운 경력을 시작했는데, 그 세계는 바깥 우주와 아무런 직접 통신이 없이 시달리는 체계에 자리잡았고, 그는 혹성 시간으로 온전히 한 세대 동안 혼자서 일했다. 이 비상시 물질 아들은 잘못하는 혹성 영주와 그의 참모진 전체를 뉘우치고 회복하도록 만들었고, 지역 우주들에서 확립된 대로 파라다이스 통치에 충성스럽게 봉사하는 길로 그 혹성이 회복되는 것을 구경하였다. 시간이 되자 한 물질 아들과 딸이 새로 활력을 얻고 회복한 이 세계에 도착했으며, 그들이 눈에 보이는 혹성 통치자로서 정식으로 취임하고 나서, 임시 영주, 즉 비상시 혹성 영주는 어느 날 정식으로 떠났고, 정오에 사라졌다. 그 뒤 사흘째, 미가엘은 구원자별에서 그의 익숙한 자리에 나타났고, 바로 뒤에 여러 초우주 방송은 옛적부터 늘 계신 이들의 넷째 선포를 내보냈는데, 이것은 네바돈에서 미가엘의 통치권이 더욱 진전되었음을 발표하였다.

혼란에 빠진 이 혹성에서 이 물질 아들이 시련의 상황에 부닥치면서 보인 그 참을성과 꿋꿋함과 솜씨에 대하여 이야기하도록 허가를 받지 못해서 나는 서운하다.

이 고립된 세계를 다시 찾은 것은 네바돈에서 두루, 구원의 연대기에서 가장 아름답게 감동을 주는 장(章)들 가운데 하나이다. 이 임무가 끝날 때가 되어서, 그들의 사랑하는 통치자가 어째서 어느 하위 계급의 지적 존재의 모습을 입고 이 수여에 거듭 종사하기를 택하는가 하는 것이 온 네바돈에 분명하게 되었다.

멜기세덱 아들로서, 그리고 나서 라노난덱 아들로서, 다음에 물질 아들로서 미가엘이 자신을 수여한 것은 모두 똑같이 신비스럽고 설명할 수 없다. 각 경우에 그는 갑자기, 수여 집단에서 충분히 성장한 개인으로서 나타났다. 그러한 육신화의 신비는, 아들별의 신성한 구체에서 안쪽의 기록 영역에 접근할 수 있는 자들을 제외하고, 아무에게도 결코 알려지지 않을 것이다.

고립되고 반란이 있던 세계의 혹성 영주로서 이렇게 놀라운 수여가 있은 뒤로, 네바돈의 어떤 물질 아들이나 딸도, 그들의 임무에 대하여 불평하거나 혹성 임무가 어렵다고 비난하려는 유혹에 빠지지 않았다. 언제나 물질 아들들은 우주의 아들 창조자 속에, 이해하는 통치자이자 공감하는 친구, 즉 그들이 단련과 시험을 받아야 하는 것 같이, "모든 면에서 단련과 시험을 받은" 이가 있음을 알고 있다.

이들 임무 하나하나에는 우주 기원을 가진 모든 하늘 지성 존재 사이에 늘어난 봉사와 충성의 시대가 뒤따랐으며, 한편 뒤잇는 각 수여 시대는 우주 행정의 모든 방법과 모든 정부 기법에서 향상과 개선의 특징을 나타냈다. 이 수여가 있은 뒤에 아무 물질 아들이나 딸도, 결코 알면서 미가엘에 맞서 반란에 참여하지 않았다. 그들은 의식하면서 그를 거절하기에는 헌신하는 마음으로 그를 너무 사랑하고 존경한다. 오직 속임수와 궤변을 통해서, 근래에 상급 부류의 모반하는 성격자들이 아담들을 그릇된 길로 이끌었다.

4. 넷째 수여

유버르사에서 1천 년마다 있는 정기 점호 중 하나가 끝나자, 미가엘이 나서서 이마누엘과 가브리엘의 손에 네바돈 정부를 맡겼다. 그리고 물론 그러한 행위에 뒤이어, 지난 시절에 일어났던 것을 상기하면서, 우리는 모두 미가엘이 넷째 수여 임무를 띠고 사라지는 것을 구경하려고 준비했다. 우리는 오래 기다리지 않았는데, 그가 곧 구원자별의 파송하는 들로 나가서 우리의 시야(視野)에서 사라졌기 때문이다.

이 수여로 사라진 뒤 사흘째에, 유버르사로 보내는 우주 방송에서, 네바돈의 천사 본부로부터 우리는 이 중요한 뉴스 항목을 보았다: "어느 알려지지 않은 세라핌이 예고 없이 도착했음을 알린다. 그에게는 상천사 하나와 구원자별의 가브리엘이 따라왔다. 등록되지 않은 이 세라핌은 네바돈 계급으로 자격을 갖추었고, 유버르사의 옛적부터 늘 계신 이들로부터 온 신임장을 지녔으며, 이것은 구원자별의 이마누엘의 인가를 받았다. 이 세라핌은 지역 우주의 최상 계급의 천사들에 속하는 것으로 검사 결과가 나왔고, 교육 상담자 군단에 이미 배치되었다."

천사로 이번에 자신을 수여하는 동안, 표준 우주 달력으로 40년이 넘도록 미가엘은 구원자별에서 자리를 비웠다. 이 기간에 그는 천사 교육 상담자로서 부속되었고, 이것은 26명의 다른 주요 선생들에게 너희가 개인 비서라 부를 만한 것이었는데, 그는 22개의 다른 세계에서 활동하였다. 그의 마지막 임무, 즉 최종 임무에는 네바돈 우주에서 3번 별자리, 84번 체계, 462번 세계에서, 어느 삼위 일체 아들 교육자의 수여 임무에 부속된 상담자요 조수로서 배치되었다.

7년 동안 이 임무를 통하여 내내, 이 삼위 일체 아들 교육자는 그의 천사 동료의 신분에 관하여 온전히 납득이 간 적이 없었다. 그 시대에 모든 세라핌은 특별한 관심과 훑어보는 눈길을 받은 것이 참말이다. 우리의 사랑하는 군주가 세라핌으로 꾸미고서 우주에 나가 있음을 익히 알고 있었지만, 우리는 그의 신분을 결코 확신할 수 없었다. 이 삼위 일체 아들 교육자의 수여 임무에 부속될 때까지 그는 결코 분명히 신분이 확인되지 않았다. 그러나 이 시대 전체를 통해서, 우리 가운데 누구라도, 우리가 생물로서 자신 수여 임무를 띠고 온, 우주의 군주를 알아보지 못하고 맞아들이는 주인이었음을 나중에 발견할까 저어하여, 최상 세라핌들은 특별한 염려를 가지고 보는 대상이 되었다. 그래서 천사들에 관하여, 그들의 창조자요 통치자가 "모든 면에서 천사 성격의 모습을 입고서 단련되고 시험을 받았다"는 것이 언제까지나 참말이 되었다.

이 연속되는 수여가 더 낮은 형태의 우주 생명의 성품을 갈수록 더 가짐에 따라서, 가브리엘은 이 육신화 모험에서 점점 더 동료가 되었고, 그는 수여된 미가엘과 우주 대리 통치자 이마누엘 사이에 우주 연락자로서 활동했다.

이제 미가엘은 그가 창조한 우주 아들들, 즉 멜기세덱, 라노난덱, 물질 아들, 이 세 계급에서 자신을 수여하는 체험을 거쳤다. 그 다음에 가장 낮은 형태의 의지 생물, 즉 시공의 진화하는 필사자들의 승천하는 생애의 여러 단계에 눈을 돌리기 전에, 그는 황송하게도, 한 최상 세라핌으로서 천사 생명의 모습을 입고 성격화한다.

5. 다섯째 수여

시간이 유란시아에서 계산되는 대로 3억 년 조금 더 전에, 우리는 우주 권한이 이마누엘에게 또 한 번 이양되는 것을 목격하고 미가엘이 떠나려고 준비하는 것을 지켜보았다. 이 기회는 그의 목적지가 오르본톤 초우주의 본부, 유버르사임을 선언했다는 점에서 이전의 것들과 달랐다. 때가 되자 우리의 군주는 떠났지만, 초우주의 여러 방송은 결코 미가엘이 옛적부터 늘 계신 이들의 법정에 도착했다고 말하지 않았다. 그가 구원자별을 떠난 뒤 얼마 안 되어, 유버르사 방송에서 이 중요한 발표가 나타났다: "발표가 없이 번호도 없이, 네바돈 우주로부터 필사의 기원을 가진 승천 순례자가 오늘 도착했는데, 그는 구원자별의 이마누엘에게 인가를 받고 네바돈의 가브리엘을 동반하였다. 신분이 확인되지 않은 이 존재는 참 영의 지위를 제시하며, 우리의 친교 속에 가입되었다."

너희가 오늘 유버르사를 찾아본다면, 에벤톳이 거기 머무르던 시절의 이야기를 되풀이하는 것을 들을 터인데, 특별하고 알려지지 않은 이 시공 순례자는 그 이름으로 유버르사에서 알려졌다. 하늘 가는 이 필사자, 적어도 하늘 가는 필사자들의 영 단계와 똑같은 모습을 가진 한 훌륭한 성격자는, 유버르사에서 오르본톤 표준 시간으로 11년 동안 살고 머물렀다. 이 존재는 오르본톤의 여러 지역 우주로부터 온 동료들과 공통으로, 한 영 필사자의 과제를 받고 임무를 수행하였다. "동료들과 같이, 모든 면에서 그는 시험받고 단련되었으며," 모든 경우에 그는 상관들의 신임과 신뢰를 받기에 마땅함을 증명하였고, 한편 그는 어김없이 동료 영들의 존경과 충성스러운 찬미를 받았다.

구원자별에서 우리는 더 할 나위 없이 흥미를 가지고 이 영 순례자의 생애를 따라다녔고, 가브리엘의 계심 때문에, 티 내지 않고 번호 없는 이 순례자가 남이 아니라, 우리 지역 우주에서 자신을 수여한 통치자임을 익히 알고 있었다. 필사자의 진화에서 한 단계의 기능으로 육신화한 미가엘이 처음으로 나타난 것은 온 네바돈을 오싹하게 하고 황홀하게 만든 사건이었다. 우리는 그러한 일을 들어 본 적이 있지만, 이제 우리는 그 일을 구경했다. 그는 유버르사에 충분히 자라고 완전히 훈련받은 영 필사자로서 나타났고, 그런 상태로 하보나로 가는 한 무리의 승천 필사자들이 진급하는 계제까지 그의 생애를 계속하였다. 그리고 나서 그는 옛적부터 늘 계신 이들과 이야기를 나누었으며, 즉시 가브리엘의 수행을 받고서 갑자기 아무런 예식 없이 유버르사를 떠났고, 그 뒤에 곧 구원자별에서 익숙한 그의 자리에 나타났다.

이 자기 수여를 마칠 때까지, 가장 높은 멜기세덱들로부터 시공의 진화 세계들에 있는, 피와 살을 가진 필사자들에 이르기까지 미가엘이 아마도 여러 계급의 우주 성격자들의 모습을 입고 육신화하려 한다는 것이 머리에 끝내 떠오르지 않았다. 이 무렵에 멜기세덱 학부들은 미가엘이 언젠가 육체를 입은 필사자로서 육신화할 가능성이 있다고 비로소 가르쳤고, 설명할 수 없는 그러한 자기 수여를 이루는 가능한 기법에 관하여 많은 추측이 있었다. 미가엘이 승천하는 필사자의 역할을 친히 수행했다는 것은 지역 우주와 초우주를 거쳐서 맨 위까지, 피조물 진보 계획 전부에 대하여 새롭고 늘어난 흥미를 부여하였다.

그래도 연속된 이 수여 기법은 신비로 남아 있다. 가브리엘도 이 파라다이스 아들이자 우주 창조자가 뜻대로, 자신의 부하 생물 가운데 하나의 성격을 받고 그 생명을 사는 데 어떤 방법을 썼는가 이해하지 못한다고 고백한다.

6. 여섯째 수여

온 구원자별이 다가오는 수여의 예비 사항에 익숙했기 때문에, 미가엘은 본부 혹성에 머무르는 자들을 불러모았고, 처음으로 육신화 계획의 나머지를 펼쳐 보이면서, 그가 제5 별자리의 본부 혹성에서 최고 아버지들의 법정에서 한 상물질 필사자의 생애를 보내는 목적으로, 구원자별을 곧 떠나리라고 발표하였다. 그리고 나서 일곱째이자 마지막 수여는 필사자 육체의 모습을 하고 어떤 진화 세계에서 이루어질 것이라는 발표를 우리는 처음으로 들었다.

여섯 번째로 자신 수여를 위하여 구원자별을 떠나기 전에, 미가엘은 그 구체의 모인 거주자들에게 연설하고, 혼자인 세라핌과 네바돈의 밝은 새벽별을 수행하고, 모두가 완전히 보는 가운데 떠났다. 우주의 지휘는 이마누엘에게 다시 맡겨졌지만, 행정 책임이 더 널리 분산되었다.

미가엘은 5번 별자리의 본부에, 하늘 가는 지위를 가진, 완전히 성장한 상물질계 필사자로 나타났다. 번호가 없는 이 상물질 필사자의 생애의 세부를 내가 드러내는 것이 금지되어서 나는 서운하다. 이는 그것이, 유란시아에서 그가 눈부시고 비극이었던 체류까지도 제외하지 않고서, 미가엘의 수여 체험에서 아주 특별하고 놀라운 시기 중의 하나였기 때문이다. 그러나 이 직책을 받아들이면서 나에게 지워진 여러 제한 가운데, 엔단톰의 상물질 필사자로서, 미가엘의 이 놀라운 생애의 세부를 펼치는 일을 시작하지 말라는 제한이 있다.

미가엘이 이 상물질 수여로부터 돌아왔을 때, 우리의 창조자가 동료 생물이 되었다는 것, 우주 군주가 또한 그의 영역에서 가장 낮은 형태로 지음받은 지성 존재에게도 친구요 공감을 가지고 돕는 일꾼이라는 것이 우리 모두에게 명백했다. 우리는 이보다 앞서 우주 행정에서 생물의 관점이 이렇게 점진적으로 얻어짐을 주목했는데, 왜냐하면 그것이 차츰 나타났기 때문이다. 그러나 상물질계 필사자로 수여를 마친 뒤에 그것이 더욱 명백해졌고, 유란시아에서 목수 아들의 생애로부터 그가 돌아온 뒤에 더군다나 그러했다.

미가엘이 상물질 수여로부터 풀려나는 시간에 대하여 우리는 가브리엘로부터 통지를 받았고, 따라서 구원자별에서 적절한 접대를 준비했다. 수백만의 존재가 네바돈의 별자리 본부들로부터 모여들었고, 구원자별에 인접한 세계들에 머무르던 자들의 대다수가 우주 통치권으로 그가 돌아오는 것을 환영하려고 함께 모였다. 자기의 피조물에 대하여 지대하게 관심을 가진 군주를 환영하는 연설과 감사하는 여러 표현에 답하여 그는 이렇게 말했을 뿐이다: "나는 단지 내 아버지의 일을 보살피고 있었노라. 자기의 피조물을 사랑하고, 이해하기를 갈망하는 파라다이스 아들들이 기뻐하는 것을 내가 하고 있을 뿐이라."

그러나 그 날부터, 사람의 아들로서 유란시아 모험에 발을 내디딘 그 시간까지, 그가 머무른 별자리 전체의 물질 세계들로부터 모인 동료들처럼 모든 점에서 시험을 받으면서, 진화로 승천하는 상물질계 필사자로 수여되어 육신화한 자로서 엔단툼에서 활동하는 동안에 그들의 군주 통치자가 세운 많은 공훈에 대하여 온 네바돈이 계속 논의하였다.

7. 일곱째이자 마지막 수여

수만 년 동안 우리는 모두, 미가엘의 일곱째이자 마지막 수여를 기대하였다. 가브리엘은 이 최종 수여가 필사 육체의 모습을 입고 이루어지리라고 우리에게 가르쳤지만, 우리는 절정에 이르는 이 모험의 시간, 장소, 방법에 관하여 전혀 알지 못했다.

마지막 수여가 있을 극장으로서 미가엘이 유란시아를 택했다는 공식 발표는 아담과 이브의 실수에 대하여 우리가 소식을 들은 뒤에 곧 있었다. 그리고 이처럼, 3만 5천 년이 넘도록, 우주 전체의 회의에서 너희 세계는 아주 눈에 띄는 자리를 차지하였다. 유란시아 수여에서 어떤 걸음과 관련해서도 (육신화의 신비를 제쳐 놓고) 아무런 비밀이 없다. 처음부터 마지막까지, 미가엘이 최상의 우주 군주로서 구원자별로 마침내 승리해서 돌아오기까지, 작아도 상당히 영예로운 너희 세계에서 벌어진 모든 것이 충분히 우주에 알려졌다.

이것이 그 방법일 것이라 우리가 믿었지만, 그 사건 자체가 일어날 때까지, 우리는 결코 미가엘이 그 영역에서 무력(無力)한 아기로서 땅에 나타날 줄은 몰랐다. 그 때까지 그는 언제나 수여에 선택받은 성격자 무리 가운데 충분히 자란 개인으로서 나타났는데, 구원자별의 방송은 베들레헴의 아기가 유란시아에 태어났음을 알리는 가슴 떨리는 발표였다.

그리고 나서 우리의 창조자인 친구가, 하나의 무력한 아기로서 이 자신 수여에 그의 지위와 권한에 대한 위험을 무릅쓰면서, 그의 생애에서 가장 아슬아슬한 걸음을 내딛고 있음을 깨달았을 뿐 아니라, 우리는 마지막으로 이렇게 필사자로 자신을 수여하면서 겪는 체험은 네바돈 우주에서 논쟁할 여지 없는 최상의 군주로서 그를 영원히 보좌에 앉히리라는 것을 또한 이해했다. 지구 시간으로 1세기의 3분의 1동안, 이 지역 우주의 모든 구석에 있는 눈이 다 유란시아에 집중되었다. 마지막 수여가 진행되고 있음을 모든 지성이 깨달았고, 사타니아에서 있었던 루시퍼 반란과 유란시아에서 칼리가스티아의 불만을 우리가 오랫동안 알고 있었다시피, 우리의 통치자가 필사 육체의 비천한 형태와 모습을 입고서 유란시아에 황송하게도 육신화했을 때 뒤따를 투쟁이 맹렬하리라는 것을 우리는 잘 이해했다.

유대인 아기 요수아 벤 요셉은, 이 특별한 아기가 신성한 파라다이스 아들이요 사물과 존재들로 이루어진 이 온 지역 우주의 창조자, 네바돈 미가엘의 육신화라는 것을 제쳐 놓고, 그 전과 후에 태어난 모든 다른 아기와 똑같이 잉태되고 세상에 태어났다. 예수의 인간 형태 안에서 신이 육신화하는 이 신비는, 다른 면에서는 세상에서 자연스런 기원을 가졌고, 언제까지나 풀리지 않은 채로 남을 것이다. 영원 속에서도 너희는 결코 그가 지은 생물의 형태와 모습을 입고서 창조자가 육신화하는 그 기술과 방법을 알지 못할 것이다. 그것은 아들별의 비밀이요, 그러한 신비는 자신 수여 체험을 거친 신다운 아들들의 독점 소유물이다.

땅에서 어떤 지혜로운 사람들은 미가엘의 강림이 가까워옴을 알았다. 한 세계가 다른 세계와 가지는 접촉을 통해서, 영적 통찰력을 가진 이 현자들은 미가엘의 유란시아 수여가 다가오는 것에 관하여 알게 되었다. 중도인(中道人)들을 통해서, 세라핌은 한 무리의 갈대아 사제들에게 발표했는데, 그들의 지도자는 아드논이었다. 이 하나님의 사람들은 갓난아기를 찾아보았다. 예수의 출생과 연결된 유일하게 초자연적 사건은, 첫째 동산에서 아담과 이브에게 예전에 부속되었던 세라핌이 아드논과 그 동료들에게 이렇게 발표한 것이었다.

예수의 인간 부모는 그들의 시대와 세대에 보통 사람이었고, 육신화된 이 하나님의 아들은 이처럼 여자에게서 태어나고, 그 민족과 시대의 아이들이 자라던 평범한 방법으로 자랐다.

미가엘이 유란시아에서 머무른 이야기, 너희 세계에서 아들 창조자가 필사자로 자신을 수여한 이야기는, 이 이야기의 테두리와 목적을 넘는 문제이다.

8. 수여 뒤에 미가엘의 지위

유란시아에서 미가엘의 마지막이자 성공한 자신 수여가 있은 뒤에, 그는 네바돈의 군주 통치자로서 옛적부터 늘 계신 이들에게 인가를 받았을 뿐 아니라, 또한 스스로 창조한 지역 우주의 확립된 지휘자로서 우주의 아버지의 인정을 받았다. 구원자별로 돌아오고 나서, 사람의 아들이요 하나님의 아들, 이 미가엘은 네바돈의 안정된 통치자라고 선포되었다. 유버르사로부터 미가엘의 통치에서 여덟째 선포가 왔고, 한편 파라다이스로부터 우주의 아버지와 영원한 아들의 합동 선언(宣言)이 왔는데, 이것은 이 하나님과 사람의 연합을 그 우주의 유일한 우두머리로 만들며, 구원자별에 주둔하는 늘 연합한 이에게 파라다이스로 물러갈 뜻을 알리라고 지시하였다. 별자리 본부에 있는 늘 충실한 이들도 또한 최고자들의 회의에서 물러나라고 지시를 받았다. 그러나 미가엘은 상담하고 협조하는 삼위 일체 아들들이 물러나는데 찬성하려 하지 않았다. 그는 구원자별에 그들을 모으고 네바돈에 언제까지나 남아 있으라고 친히 부탁했다. 그들은 이 요청에 따르겠다는 소망을 파라다이스에 있는 그들의 지도자들에게 알렸고, 그 뒤에 얼마 안 되어 파라다이스의 분리 명령이 내렸는데, 이것은 중앙 우주의 이 아들들을 네바돈 미가엘의 법정에 영원히 부속시켰다.

미가엘이 수여 생애를 마치고 자신이 창조한 우주에서 최고 권한을 마침내 확립하는 데는 유란시아 시간으로 거의 10억 년이 걸렸다. 미가엘은 창조자로 태어나고, 행정자로 교육받고, 집행자로 훈련을 받았지만, 그의 통치권을 체험으로 얻도록 요구되었다. 이처럼 너희의 작은 세계는 온 네바돈에서 두루, 자신이 만든 우주의 무제한 통제와 지휘권이 주어지기 전에, 모든 파라다이스 아들 창조자에게 요구되는 체험을 미가엘이 마친 경기장으로 알려지게 되었다. 지역 우주를 올라감에 따라서, 너희는 미가엘의 이전 수여에 관계된 성격자들의 이상에 대하여 더 배울 것이다.

피조물로 자신 수여를 마치면서, 미가엘은 그의 통치권을 확립했을 뿐 아니라 또한 최상위 하나님의 진화하는 통치권을 진척시키고 있었다. 이 여러 수여 과정에서 아들 창조자는 생물 성격자의 여러 성품을 내려가면서 탐험하는 데 종사했을 뿐 아니라, 또한 파라다이스 신들의 여러 가지 다채롭게 된 뜻을 계시하였고, 그분들의 합성된 통일은, 최상 창조자들이 드러낸 바와 같이, 최상 존재의 뜻을 계시한다.

신들의 이 여러 의지(意志)의 모습은 일곱 으뜸 영의 다른 성품에서 영원히 성격화되었고, 미가엘의 각 자신 수여는 이 신성의 명시 가운데 하나를 특별히 드러냈다. 멜기세덱으로 자신을 수여할 때 그는 아버지·아들·영의 뭉친 뜻, 그리고 라노난덱 수여에서는 아버지와 아들의 뜻을 나타냈다. 아담으로 자신을 수여할 때는 아버지와 영의 뜻을, 천사(天使) 수여에서는 아들과 영의 뜻을 드러냈다. 유버르사에서 사람으로 자신을 수여할 때 그는 합동 행위자의 뜻을, 상물질계 필사자 수여에서는 영원한 아들의 뜻을 묘사하였다. 그리고 유란시아에서 육체로 자신을 수여할 때, 피와 살을 가진 하나의 필사자로서, 그는 우주의 아버지의 뜻을 실천하였다.

일곱 번 이렇게 자신 수여를 마친 것은 미가엘의 최고 통치권을 해방하고, 또한 네바돈에서 최상위 통치권의 가능성을 만들었다. 미가엘의 어느 수여에서도 그는 최상위 하나님을 드러내지 않았지만, 모두 일곱 수여의 총합은 최상 존재를 새롭게 네바돈에서 계시하였다.

하나님으로부터 사람에게 내려오는 체험에서 미가엘은 동시에, 유한한 행위의 부분적 명시로부터 최상위까지, 그리고 그의 초한 기능 잠재성의 최종 해방을 맛보았다. 아들 창조자 미가엘은 시공의 창조자이지만, 칠중의 주 아들 미가엘은 궁극 삼위 일체를 구성하는 한 신성한 집단의 회원이다.

삼위 일체의 일곱 으뜸 영에 대한 뜻을 계시하는 체험을 거치면서, 아들 창조자는 최상위의 뜻을 드러내는 체험을 거쳤다. 최상위의 뜻을 계시하는 자로서 활동하면서, 미가엘은 모든 다른 주 아들과 더불어, 그 자신 최상위와 영원히 동지(同志)가 되었다. 이 우주 시대에 그는 최상위를 계시하며, 최상위의 통치권을 현실화하는 데 참여한다. 그러나 우리는 그가 다음 우주 시대에 외계(外界) 공간의 우주들을 위하여, 거기서, 첫째 체험적 삼위 일체 안에서 최상 존재와 함께 일하리라고 믿는다.

유란시아는 온 네바돈에서 감상을 일으키는 성지(聖地)요, 사람 사는 1천만 세계의 우두머리이다. 그리스도 미가엘, 온 네바돈의 군주, 그 영역에 멜기세덱 봉사자요, 체계의 구세주, 아담 구원자, 천사 동료, 하늘 가는 영들의 친구요, 상물질계 진보자, 필사 육체의 모습을 입었던 사람의 아들이요, 유란시아의 혹성 영주가 필사자로 있던 집이다. 너희의 기록이, 바로 이 예수가 언젠가 마지막으로 자신을 수여한 세계, 십자가의 세계로 돌아오리라 약속했다고 할 때, 그 기록은 진실을 일러 준다.

[그리스도 미가엘이 일곱 번 자신을 수여한 것을 그리는 이 논문은 한 시리즈의 발표 가운데 63번째 글이며, 이 시리즈는 필사 육체의 모습을 입고 미가엘이 땅에 나타날 때까지, 유란시아의 역사를 이야기하는 수많은 성격자의 후원을 받았다. 이 여러 논문은 만투시아 멜기세덱의 지휘 아래 활동하는, 12자로 이루어진 한 네바돈 위원회의 허가를 받았다. 우리는 유란시아 시간으로 서기 1935년에 상관들이 허가한 기법을 이용하여, 이 이야기를 구술하고 영어로 기록하였다.]

제 4 부

예수의 일생과 가르침

이 논문집은 멜기세덱 계시 지휘자의 감독 밑에서 행동하는
유란시아의 열두 중도자로 구성된 위원회의 후원을 받았다.
이 이야기의 근거는 한때 사도 안드레를
초인간적으로 보호하는 데 배치되었던
한 2차 중도자가 제공하였다.

제 4 부

예수의 일생과 가르침

제 120 편

미가엘의 유란시아 수여

나 멜기세덱은, 미가엘이 유란시아에서 필사 육체의 모습으로 있었을 때 그의 일생을 다시 적는 것을 감독하라고 가브리엘에게 배치받고서 이 일을 맡은 계시 위원회의 지도자인데, 아들 창조자가 그의 우주에 자신을 수여(授與)하는 체험의 마지막 단계를 개시하려고 유란시아에 도착하기 바로 전에 있었던 어떤 사건들에 관하여 이 이야기를 발표하도록 허락을 받았다. 자신이 창조한 지성 존재들에게 지워 주는 것과 똑같은 생활을 하고 여러 계급의 창조된 존재의 모습을 입고서 자신을 이렇게 수여하는 것은, 자신이 만든 우주, 사물과 존재들의 우주에 대한 완전한 최상의 권한을 얻기 위하여 모든 아들 창조자가 치러야 하는 값의 일부이다.

내가 묘사하려 하는 사건들에 앞서, 네바돈의 미가엘은 다양하게 창조한 지성 존재들 가운데 다른 여섯 계급의 모습을 따라서 여섯 번이나 자신을 수여했다. 다음에 필사 육체, 지적 의지를 가진 생물 가운데 가장 낮은 계급의 모습을 입고서, 물질 영역에서 그러한 인간으로서, 유란시아로 내려오려고 준비하였으니, 이는 온 우주의 신성한 파라다이스 통치자들의 명령에 따라서 우주 통치권을 얻는 드라마에서 마지막 막(幕)을 실행하려는 것이었다.

앞서 있었던 이 여러 수여의 각 과정에서, 미가엘은 창조한 한 무리의 존재들의 유한한 체험을 얻었을 뿐 아니라, 또한 파라다이스와 협동하는 필수 체험을 얻었으며, 그 자체로서 저절로, 그를 자신이 만든 우주의 군주(君主)로 세우는 데 더욱 기여한다. 지나간 지역 우주 시간 전체를 통해서 어느 순간에도, 미가엘은 한 아들 창조자로서 개인 통치권(統治權)을 주장할 수 있었고, 아들 창조자로서 자신이 택하는 대로 자기 우주를 다스릴 수 있었다. 그러한 경우에 이마누엘 및 관계된 파라다이스 아들들은 그 우주를 떠났을 것이다. 그러나 미가엘은 단지 자신의 고립된 권한으로, 아들 창조자로서, 네바돈을 다스리고 싶어하지 않았다. 그는 파라다이스 삼위 일체(三位一體)에게 협조하고 복종하면서 실제 체험을 통하여 우주 지위에서 높은 자리까지 올라가기를 바랐고, 그 지위에서 최상 존재의 드높은 통치의 특징을 언젠가 나타낼 완전한 통찰력과 집행의 지혜를 가지고 자기 우주를 다스리고 사무를 관리할 자격을 갖추게 될 것이었다. 아들 창조자로서 완전한 통치에 이르는 것이 아니라, 최상 존재의 우주 지혜와 신다운 체험의 화신(化身)으로서 최상의 행정에 오를 뜻을 품었다.

따라서 미가엘이 여러 계급의 우주 생물에게 이렇게 일곱 번 자신을 수여하는 데는 두 가지 목적이 있었다. 첫째로, 모든 아들 창조자가 완전한 통치권을 맡기 전에 요구되는 바, 피조물을 이해하는 필요한 체험을 마치고 있었다. 어느 때라도 아들 창조자는 자신의 권리로 자기 우주를 다스려도 좋지만, 일곱 번 우주에서 생물로서 자신 수여를 거친 뒤에야 파라다이스 삼위 일체의 최상 대표자로서 다스릴 수 있다. 둘째로, 한 지역 우주를 직접, 친히 관리하는 데서 행사될 수 있는, 파라다이스 삼위 일체의 최대 권한을 대표하는 특권을 얻을 뜻을 품고 있었다. 따라서 하나하나 우주 수여(授與)를 겪으면서, 파라다이스 삼위 일체 성격자들의 다양한 결합에서 다채롭게 구성된 뜻에, 자청해서, 성공적으로, 흡족하게 복종했다. 다시 말해서, 첫째 자신 수여에서 그는 아버지·아들·영의 통합된 뜻, 둘째 수여에서는 아버지와 아들의 뜻, 셋째 수여에서는 아버지와 영의 뜻, 넷째 수여에서는 아들과 영의 뜻, 다섯째 수여에서는 무한한 영의 뜻, 여섯째 수여에서는 영원한 아들의 뜻, 일곱째이자 마지막 수여에서는, 유란시아에서 우주의 아버지의 뜻에 지배되었다.

따라서 미가엘은 우주 창조자들의 일곱 단계의 신성한 뜻을 그의 개인 통치권에서 지역 우주 생물을 이해하는 체험과 통합한다. 이처럼 그의 행정은, 멋대로 권한을 쥐는 일이 전혀 없이, 가능한 최대의 권력과 권한을 대표하게 되었다. 그 권한에 제한이 없는데, 왜냐하면 파라다이스 신들과 체험을 거친 교제로부터 얻었기 때문이다. 권한이 도전을 받지 않는데, 이는 그가 우주 생물의 모습을 하고 실제로 체험을 통하여 권한을 얻었기 때문이다. 그 통치권이 최상인 것은 한꺼번에 파라다이스 신의 일곱 가지 관점을 시공(時空) 생물의 관점과 함께 구현하기 때문이다.

마지막 자신 수여의 시간을 정하고 이 놀라운 사건이 벌어질 혹성(惑星)을 선택했기 때문에, 미가엘은 가브리엘과 함께 수여에 앞서 보통 있는 회담을 가졌고, 다음에 형이자 파라다이스 상담자, 이마누엘 앞에 나타났다. 가브리엘에게 예전에 부여되지 않았던 우주 행정의 전권을 이제 미가엘은 이마누엘의 관리에 맡겼다. 유란시아 육신화(肉身化)를 위하여 미가엘이 떠나기 바로 전에, 이마누엘은 유란시아 수여 기간에 우주의 관리를 맡으면서, 이어서 수여에 대한 조언을 나눠 주었고, 이것은 곧 유란시아에서 그 땅의 한 필사자로서 자랄 때 미가엘을 위하여 육신화 지침으로서 쓰일 것이었다.

이러한 맥락에서, 미가엘이 필사 육체의 모습을 입고서, 파라다이스 아버지의 뜻에 복종하여 이 수여를 실행하기로 했다는 것을 기억해야 한다. 아들 창조자는 우주 통치권을 얻으려는 단 하나의 목적으로 이 육신화를 실행하기 위하여 아무에게도 지시받을 필요가 없었지만, 그는 최상위를 계시하는 프로그램에 착수했고, 이것은 파라다이스 신들의 다양한 뜻에 협조해서 활동하는 것을 포함한다. 이처럼 그의 통치권은, 마침내, 몸소 얻었을 때, 최상위 안에서 절정에 이르는 바와 같이,

신의 일곱 가지 뜻을 실제로 모두 포함할 것이다. 따라서 그는 여러 파라다이스 신 및 그 결합의 개인 대표들에게 이전에 여섯 번이나 지시를 받았다. 이제 늘 연합한 이의 지시를 받았는데, 이분은 네바돈 지역 우주에 대하여 우주의 아버지를 대행하는 파라다이스 삼위 일체의 대사(大使)이다.

이 막강한 아들 창조자가 다시 한 번 파라다이스 신들의 뜻에, 이번에는 우주의 아버지의 뜻에, 자진하여 기꺼이 복종하려는 마음으로부터 즉시 생기는 이득과 엄청난 보상이 있었다. 그러한 결합에 복종하는 일을 해내려는 이 결심으로 말미암아, 미가엘은 이 육신화에서 필사 인간의 성품 뿐 아니라, 또한 만물의 파라다이스 아버지의 뜻도 체험할 것이었다. 더군다나, 유란시아 수여로 자리를 비운 동안 우주 행정에서 파라다이스 아버지의 전권(全權)을 이마누엘이 행사하겠다는 것 뿐 아니라, 초우주의 옛적부터 늘 계신 이들이 수여 기간 내내, 그의 영역이 안전할 것을 선포했다는 마음 놓이는 정보를 받고서, 그는 완전한 보장을 받고 이 독특한 수여에 들어갈 수 있었다.

이것이 이마누엘이 일곱째 수여 사명을 제안했을 때 그 중대한 기회의 배경이었다. 나중에 유란시아에서 나사렛 예수가 (그리스도 미가엘) 된 우주 통치자에게 이마누엘이 수여에 앞서 책임을 지우는 이 말씀으로부터, 나는 다음에 발췌한 것을 발표하도록 허락을 받았다:

1. 일곱째 수여 임무

"창조자인 아우여, 일곱째이자 마지막 우주 수여를 내가 바야흐로 구경하려 하는구나. 너는 아주 충실하고 완전하게 지난 여섯 번 임무를 수행하였고, 통치권을 얻는 이 마지막 수여에, 똑같이 승리하리라는 것 외에 아무런 생각이 들지 않는구나. 이제까지 너는, 택한 계급에서 완전히 발육된 존재로서 자신을 수여하는 구체에 나타났느니라. 유란시아, 네가 선택한, 쑥밭이 되고 어지러운 혹성(惑星)에, 이제 너는 완전히 자란 필사자가 아니라, 하나의 무력한 아기로서 나타나려 하느니라. 친구여, 이것은 너에게 새롭고 해 보지 않은 체험이리라. 너는 자신 수여의 값을 완전히 치르고, 생물의 모습을 입고서 창조자가 육신이 되는 완벽한 깨우침을 얻으려 하느니라.

"이전에 거친 각 수여를 통해서 언제나, 너는 파라다이스 신 세 분과 그 신성한 상호 결합의 뜻에 복종하겠다고 자진하여 택했으며, 최상위의 뜻의 일곱 국면 가운데, 이전에 가졌던 여러 수여에서 네 파라다이스 아버지의 개인적 뜻을 제외하고 모든 것에 복종하였도다. 이제 일곱째 수여 동안 내내 네가 아버지의 뜻에 온통 복종하기로 하였은즉, 나는 우리 아버지의 개인 대표로서, 네가 육신화하는 동안 네 우주의 무제한 관할권을 맡노라.

"유란시아 수여에 들어가면서, 자신이 창조한 어떤 생물이 줄지 모르는 모든 혹성 바깥의 지원과 특별한 도움을 너 자신이 자청해서 벗어 버렸도다. 네가 창조한 네바돈의 아들들이 우주 생애를 통해서 계속, 안전한 경영을 너에게 온통 의존하는 것 같이, 이제 너는 뒤따르는 네 필사 생애의 밝혀지지 않은 파란(波瀾)을 통해서 내내, 안전한 경영을 파라다이스 아버지께 전적으로 아낌없이 의존해야 하느니라. 이 수여 체험을 마쳤을 때, 지역 우주의 창조자요 아버지인 너와 함께 너의 모든 생물이 가지는 밀접한 관계의 일부로서, 저희에게 통달하라고 변함없이 요구하는 그 믿음·신뢰의 완전한 의미와 풍부한 중요성을 진실로 네가 알게 되리라.

"유란시아에서 자신을 수여하는 동안 내내, 오직 한가지, 너는 네 파라다이스 아버지 사이에 끊임없는 교통에 아랑곳할 필요가 있느니라. 그러한 관계가 완전하게 됨으로, 네가 자신을 수여하는 세계는, 아니 네가 만든 우주 전체조차도, 네 아버지와 내 아버지, 만물의 우주의 아버지의 계시, 새롭고 더욱 이해할 수 있는 계시를 보리라. 따라서 너의 관심은 오직 유란시아에서 너의 개인 생활에만 상관이 있느니라. 네가 자진하여 권한을 포기하는 순간부터, 우주 군주로서 파라다이스의 확인을 받고 우리에게 돌아와서, 이제 나에게 넘겨 주는 대관(代官)의 권한이 아니라, 네 우주에 대하여 최고 권한과 그 관할권을 내 손으로부터 대신 돌려받을 때까지, 나는 네 우주의 안전과 파손되지 않은 행정을 완전하고 유능하게 책임을 지겠노라.

"(내가 말한 것을 충실히 수행하는 데 내가 파라다이스 전체의 보장이라는 것을 충분히 아니까) 이제 약속하는 모든 것을 행할 권력이 있음을 네가 확신하도록, 유버르사에서 옛적부터 늘 계신 이들의 명령이 막 내게 통보되었음을 너에게 알리니, 이것은 네가 자원해서 자신을 수여하는 기간을 통해서 내내, 네바돈에서 모든 영적 위험을 예방할 것이라. 의식(意識)을 버리는 순간부터, 필사 육신화가 시작되고 나서, 스스로 만들고 조직한 이 우주에서 최고의 무제한 군주로서 우리에게 돌아올 때까지, 온 네바돈에서 심각한 중요성을 가진 어떤 일도 일어날 수 없느니라. 네가 육신화하는 이 막간에 나는 옛적부터 늘 계신 이들의 명령을 쥐고 있으니, 이것은 이 수여 사명으로 자리를 비운 동안, 네바돈 우주에서 반란의 죄가 있거나 감히 반항을 선동하는 어떤 존재라도 한 순간에 자동으로 소멸(消滅)될 것을 무조건 명령하느니라. 아우여, 내 존재에 본래부터 있고 유버르사의 사법 명령으로 확대된 파라다이스 권한에 비추어서, 너의 우주와 거기서 충성하는 모든 생물은 네가 자신을 수여하는 동안 안전할 것이라. 너는 오직 한 가지—네 우주의 지적 존재들에게 우리 아버지를 더 낫게 계시하는—생각만 가지고 사명을 비롯해도 좋으니라.

"앞서 거친 각 수여의 경우와 같이, 형이자 수탁자(受託者)로서 내가 네 우주의 관할권을 받았음을 상기시키고자 하노라. 나는 네 이름으로 모든 권한을 행사하고 모든 권력을 사용하노라. 우리의 파라다이스 아버지가 쓰실 방법 그대로, 내가 대신에 이렇게 행위하라는 분명한 요구에 따라서 내가 활동하노라. 그런 것이 사실인즉, 넘겨받은 이 모든 권한은, 돌려달라고 청하기에 알맞다고 보는 어느 순간에라도 다시 네가 행사할 권한이라. 네가 자신을 수여하는 것은 내내, 전적으로 자청한 것이라. 그 영역에서 육신화한 필사자로서 너는 하늘 재산이 없지만, 네 몸에 어느 때 우주 권한이 회복되기를 택하더라도, 포기한 모든 권한을 가져도 좋으니라. 네 몸을 권력과 권한으로 회복한다면, 전적으로 <u>개인적</u> 이유일 터이니, 이는 내가 살아 있는 최고의 약속이요, 내 존재와 약속은 아버지의 뜻을 따라서 네 우주의 안전한 행정을 보장하는 까닭이라. 네바돈에서 세 번 일어났던 것과 같은 반란은 이번 수여로 네가 구원자별로부터 자리를 비운 동안 일어날 수 없느니라. 유란시아에서 수여하는 기간에, 네바돈에서 생기는 반란은 스스로 멸망케 하는 자동 씨앗이 투입되리라고 옛적부터 늘 계신 이들이 선포하였느니라.

"이 마지막 특별 수여로 네가 자리를 비우는 한, 나는 (가브리엘의 협조를 얻어서) 너의 우주를 충실히 관리할 것을 서약하노라. 신의 계시(啓示)를 베푸는 이 봉사에 착수하고 인간을 완전히 이해하는 이 체험을 겪으라고 네게 부탁하는즉, 나는 내 아버지요 네 아버지의 이익을 위하여 행동하며, 다음의 조언을 제공하노니, 이것은 육체를 입고 네가 계속 머무르는 목적인 그 신성한 사명에 관하여 네가 점진적으로 자의식하게 됨에 따라서, 땅에서 일생을 사는 데 너를 안내해야 하느니라.

2. 자기 수여에 대한 제한

"1. 아들별의 관습을 따라서, 그 기법을 좇아서—파라다이스의 영원한 아들의 명령에 순응하여—네가 작성하고 가브리엘이 내게 보관하라고 준 계획들과 조화되게, 네가 이 필사자 수여를 즉시 시작하도록 나는 모든 면에서 주선하였노라. 너는 유란시아에서 그 땅의 아이로서 자라겠고, 인간 교육을 마치고—그 동안 내내 파라다이스 아버지의 뜻에 복종하면서—네가 결심한 대로 유란시아에서 일생을 살다가 혹성에서 체류를 마치고, 네 우주의 최고 통치권을 받으려고 아버지께 올라가려고 준비하리라.

"2. 네가 지상에서 맡을 임무와 너의 우주 계시와 달리, 그러나 이 두 가지에 부수되어 생기는 것으로서, 신의 신분을 네가 충분히 자의식한 뒤에, 사타니아 체계에서 루시퍼 반란(反亂)을 절차상으로 마무리하는 추가(追加)된 과제를 맡고, 이 모든 일을 사람의 아들로서 하라고 조언하노라. 따라서, 약한 가운데 믿음으로 아버지의 뜻에 복종함으로 강하게 된 그 땅의 필사 인간으로서, 죄 많고 부당한 이 반란의 초기에 네가 부여받았을 때 가졌던 권력과 힘을 가지고 임의로 성취하기를 거듭 물리쳤던 모든 것을, 네가 품위 있게 성취하라고 제안하노라. 네가 하나님의 아들, 네 우주의 최고 군주일 뿐 아니라, 사람의 아들, 유란시아의 혹성 영주로서 우리에게 돌아온다면, 그것을 네가 필사자로 수여하는 데 걸맞는 절정으로 여기리라. 한 필사 인간, 네바돈에서 가장 낮은 부류의 지적 생물로서, 신성을 욕되게 하는 칼리가스티아와 루시퍼의 거짓 주장을 직면하고 판결하며, 네가 맡는 겸손한 지위에서, 타락한 이 빛의 아이들의 부끄러운 왜곡을 영원히 종결하라. 너의 창조자 특권을 행사하여 이 반역자(反逆者)들의 체면을 깎아 내리기를 완고히 물리쳤은즉, 네가 창조한 가장 비천한 생물의 모습을 입고, 이 타락한 아들들의 손으로부터 지배권을 빼앗는 것이 이제 마땅하리라. 그래서 공정하기 위하여, 멋대로 권한의 힘을 써서 하지 말라고 자비가 너를 훈계했던 그러한 일을 네가 필사 육체의 역할을 가지고 하는 것이 정당함을 너의 온 지역 우주가 뚜렷하고 영원하게 인정할 것이라. 네가 자신을 수여함으로 이렇게 네바돈에서 최상위의 통치권이 가능함을 보여주고 나서, 이 업적을 이루는 데 관련하여 얼마큼 시간이 늦어지기는 했어도, 너는 앞서 있던 모든 반동(反動)에서 판결되지 않았던 사무를 실제로 끝마친 것이라. 이 행위로 말미암아 네 우주에서 미결(未決)된 분쟁들이 실질적으로 청산될 것이라. 너의 우주에 대한 최고 통치권을 나중에 부여받은 뒤에, 친히 만든 위대한 창조의 어느 구석에도, 너의 권한에 대하여 비슷한 도전이 결코 다시 일어날 수 없느니라.

"3. 유란시아의 이탈(離脫)을 마무리하는 데 성공하고 나서, 의심할 여지 없이 너는 성공하겠지만, 마지막으로 자신을 수여하는 체험이 있을 너의 우주가 영원히 인정하는 것으로서 '유란시아 혹성 영주' 칭호가 내리는 것을 가브리엘로부터 받아들일 것, 그리고 칼리가스티아의 배반과 그 뒤에 아담의 실수로 말미암아 유란시아에 쏟아진 슬픔과 혼란으로부터 회복하기 위하여, 네가 자신을 수여하는 목적과 일치되게, 어떤 일이라도 더 하라고 조언하노라.

"4. 네 요청에 따라서, 가브리엘과 모든 관계자는, 그 땅의 섭리 시대 판결이 선포됨과 함께, 네가 유란시아 수여를 마치기를 분명히 바라는 마음에서 너와 협조하겠고, 그 선포에 뒤따라 한 시대가 종결되고, 잠자는 필사 생존자들이 부활하며, 수여된 진리의 영의 섭리 시대가 확립될 것이라.

"5. 네가 자신을 수여하는 혹성, 네가 필사자로 머무르는 시절에 거기서 사는 사람들의 바로 그 세대에 관해서는, 대체로 선생(先生)의 역할로 활동하라고 조언하노라. 먼저 사람의 영적 성품을 해방하고 북돋아 주는데 눈을 돌리라. 다음에, 어두워진 인간 지능에게 빛을 비추고, 사람들의 혼을 치유하며, 저희의 지성을 오랜 세월 동안 쌓였던 두려움으로부터 해방하라. 다음에, 필사자로서 너의 지혜에 따라서, 육체를 입은 네 형제들의 육체의 복지와 물질적 평안을 보살피라. 너의 우주 전체에게 영감을 주고 정신을 높이기 위하여 이상적 종교 생활을 실천하라.

"6. 자신을 수여할 혹성에서, 반란으로 격리된 인간을 영적으로 해방하라. 유란시아에서 최상위의 통치권에 더욱 이바지하고, 이로서 네가 친히 창조한 넓은 영토에 두루 이 통치권이 더욱 세력을 떨치게 하라. 육체의 모습을 입고 육체로 자신을 수여하는 이 과제에서, 너는 바야흐로 시공 창조자의 마지막 깨우침, 사람의 성품 안에서 네 파라다이스 아버지의 뜻과 함께 일하는 2중의 체험을 겪으려 하느니라. 유한한 생물의 뜻과 무한한 창조자의 뜻이 최상 존재의 진화하는 신 안에서 뭉치고 있는 것 같이, 너의 현세 일생에서 이 둘은 하나처럼 되어야 하느니라. 수여 혹성에 진리의 영을 퍼붓고, 고립된 그 구체에서 모든 정상(正常) 필사자가 우리 파라다이스 아버지, 즉 그 땅에 생각 조절자의 분리된 계심이 주는 보살핌을 이처럼 즉시, 충분히 이용할 수 있게 만들라.

"7. 네 수여 세계에서 네가 행할까 싶은 모든 일에, 너의 우주 전체를 가르치고 정신을 높이려고 일생(一生)을 살고 있음을 항상 염두에 두라. 너는 유란시아에서 필사자로 육신화하는 이 생명을 수여하고 있지만, 너의 행정 영토인 광대한 은하계의 일부를 형성했거나, 지금 형성하거나, 아직도 형성할지 모르는, 사람이 사는 모든 혹성에서 살았거나, 지금 존재하거나, 앞으로 살지 모르는 모든 인간 및 초인간 지성을 영적으로 북돋아 주기 위하여 그러한 일생을 살아야 하느니라. 필사 육체의 모습을 입고서 땅에서 사는 인생은 네가 땅에 머무르는 시절에 유란시아 필사자들을 위해서나, 유란시아나 또는 다른 세상에서 그 뒤 세대의 인간들을 위하여 모범이 되려고 살지 말라. 오히려 유란시아에서 육체를 입은 일생이, 다가올 어느 시대, 어느 세대에도, 모든 네바돈 세계에 사는 모든 생명에게 영감을 불러일으키게 하라.

"8. 필사자로 육신화하면서 이룩하고 거쳐야 하는 큰 사명은 파라다이스 아버지의 뜻을 행하려고 진심으로 자극받은 일생을 살고, 그래서 육체를 입고, 특히 육체로부터 난 피조물에게, 네 아버지 하나님을 드러내려는 결심에 담겨 있느니라. 동시에 너는 또한 온 네바돈의 초인간 존재들에게, 우리 아버지를 새롭게 향상하여 풀이하리라. 파라다이스 아버지를 인간과 초인간 부류의 지성에게 새로이 드러내고 확대해서 해석하는 이 봉사와 똑같이, 너는 또한 하나님에게 사람을 새로이 드러내도록 활동하리라. 육체를 입은 짧은 일생에, 온 네바돈에서 전에 본 적이 없다시피, 필사자로 존재하는 짧은 생애 동안에 하나님을 아는 인간이 이룩할 수 있는 초월 가능성을 보여 주고, 사람에 대하여, 또 혹성 생애에서 겪는 파란을 온 네바돈의 모든 초인간 지성 존재에게, 어느 시대에도, 새롭고 빛나게 풀이하여라. 너는 필사 육체의 모습을 입고 유란시아로 내려가야 하고, 너의 시절과 세대의 한 사람으로 살면서, 광대한 우주 사무의 최고 사업에서 완전하게 된 기법의 이상을 너의 우주 전체에게 보여 주도록 네가 활동하리라. 그 사업은 사람을 찾고 찾아내는 하나님의 성취, 사람이 하나님을 찾고 그를 찾아내는 현상이요, 이 모든 것을 서로 흡족하게, 육체로 사는 짧은 일생 동안에 하는 것이라.

“9. 사실로 너는 그 땅의 보통 인간이 되겠지만, 잠재성에서 너는 파라다이스 아버지의 아들 창조자로 남아 있으리라는 것을 늘 기억하라고 주의(注意)를 주노라. 이 육신화를 통해서 내내, 비록 너는 사람의 아들로서 살겠지만, 너 개인의 신성(神性)이 가진 창조 속성은 구원자별로부터 유란시아까지 너를 따라다닐 것이라. 너의 생각 조절자가 도착하고 나서, 어느 때라도 육신화를 끝내는 것은 너의 의지력 안에 늘 있으리라. 조절자가 도착하고 그를 받아들이기 전에는 내가 너의 성격의 온전함을 보장하겠노라. 그러나 너의 조절자가 도착하고 나서, 너의 수여 사명의 성질과 중요성을 점진적으로 인식함과 동시에, 창조자 특권이 너의 개인 풍채로부터 떼어 낼 수 없기 때문에, 이 속성이 너의 필사 성격과 붙은 채로 남아 있으리라는 사실에 비추어서, 어떤 초인간적 업적을 이루려는 의지(意志), 성취, 또는 권력의 표현을 삼가야 하느니라. 그러나 의식하고 일부러 의지하는 행위로서, 전체 성격의 선택을 종결시킬 외길의 결정을 내리지 않는다면, 파라다이스 아버지의 뜻과 동떨어져서 아무런 초인간적 반향이 네가 땅에서 보낼 생애에 뒤따르지 아니하리라.

3. 계속된 상담과 조언

“자, 아우여, 네가 유란시아를 향하여 떠나려고 준비하는 동안에, 네가 자신을 수여하는 동안의 일반적 처신에 관하여 조언한 뒤에, 너를 떠나 보내면서, 가브리엘과 의논하여 얻은 바, 너의 필사 생애의 사소한 여러 단계에 관계되는 어떤 충고를 제시해 보자. 우리는 다음을 더 제안하노라:

“1. 필사자로 땅에서 사는 생애에서 이상(理想)을 추구하면서, 동료 인간들에게 실용적이고 즉시 도움되는 어떤 것들을 실현하고 모범을 보이는 데 또한 얼마큼 눈을 돌리라.

“2. 가족 관계에 대해서 말하면, 자신을 수여하는 시절과 세대에 인정된 가족 생활 관습을 발견하는 그대로, 그 우선권을 인정하여라. 네가 나타나기로 선택한 그 민족의 관습에 따라서 가족 및 공동체 생활을 하여라.

“3. 사회 체제와 가지는 관계에서, 영적 재생과 지적(知的) 해방에 너의 노력을 국한하라고 우리는 조언하노라. 네가 사는 시대의 경제 구조와 정치적 약속에 얽매이는 것을 모두 피하여라. 특히 유란시아에서 이상적 종교 생활을 하는 데 몸을 바쳐라.

“4. 어떤 상황에도, 하찮은 세부에서라도, 유란시아 민족들이 정상으로 질서 있게 점진적으로 진화하는 데 간섭해서는 안 되느니라. 그러나 이 금지(禁止) 조치가 유란시아에서 오래 가는 개량된 체계의 적극적 종교 윤리를 뒤에 남기려는 노력을 제한한다고 풀이해서는 안 되느니라. 한 섭리(攝理) 시대의 아들로서 너에게는 세계 민족들의 영적, 종교적 지위를 향상시키는 데 관련된 어떤 특권이 허락되느니라.

"5. 좋게 여기는 대로, 유란시아에서 발견되는 바, 기존의 종교 운동과 영적 운동의 편을 들어야 하지만, 모든 가능한 방법으로 조직된 종파, 구체화된 종교, 또는 필사 존재들의 분리된 윤리적 집합을 공식으로 세우기를 피하여라. 너의 일생과 가르침은 모든 종교와 민족에게 공통된 유산(遺産)이 되어야 하느니라.

"6. 나중에 틀에 박힌 체계의 유란시아 종교 관념이나 진취적이 아닌 다른 종류의 종교적 충성을 일으키는 데 쓸데없이 기여하지 않게 하는 목적으로, 우리는 더욱 조언하노라: 혹성에서 아무런 기록을 뒤에 남기지 말라. 영구(永久)한 물질에 기록하는 것을 모두 삼가라. 동료들에게 육체를 입은 너 자신의 형상이나 기타 비슷한 것들을 만들지 말도록 금하라. 우상 숭배의 잠재성을 가진 아무 것도 떠날 때 혹성에 남기지 않도록 처리하라.

"7. 남성 가운데 정상인 사람이 되어 혹성에서 정상이고 보통의 사회 생활을 하는 동안, 너는 아마도 결혼 관계에 들어가지 않을 터이고, 결혼 관계는 온전히 명예롭고 너의 자신 수여에 어긋나지 않으리라. 그러나 아들별의 육신화(肉身化) 명령 가운데 하나는, 파라다이스 기원을 가진 수여 아들이 어떤 혹성에서도 인간 자손을 남기지 말라 금하는 것을 너에게 상기시켜야 하노라.

"8. 다가오는 수여의 모든 다른 세부에서, 우리는 깃드는 조절자의 이끄심에, 인간을 인도하는 늘 계시는 신다운 영의 가르침, 또 유전으로 부여받는 너의 확대되는 인간 지성의 이성(理性)과 판단에 너를 맡기고자 하노라. 생물과 창조자 속성의 그러한 결합은 너에게 혹성 구체들에서 우리를 위하여 사람의 완전한 생애를 살게 만들리라. 그것은 (유란시아는커녕) 어느 한 세계, 어느 한 세대에서, 어떤 한 사람이 보아도 반드시 완전한 것이 아니라, 방대한 너의 우주에서 더욱 높이 완전하게 되었고 완전하게 되고 있는 세계들이 평가하건대, 온전히, 최상으로 충만한 생애일 것이라.

"이제, 우리를 떠나고 너의 성격 의식의 포기(抛棄)가 이루어지는 순간부터, 인간의 모습으로 육신화한 신다운 신분을 차츰 네가 인식하는 동안 내내, 그리고 나서 유란시아에서 수여 체험 전체를 통해서, 육체로부터 구원되고 우리 아버지의 통치권의 바른 편으로 올라올 때까지, 모든 지난 업적에서 우리를 늘 떠받드신, 너와 나의 아버지가 안내하고 지지하고 너와 함께 계시기를 바라노라.

"네 자리에 이제 내가 군림하노라. 유란시아에서 네가 일곱 번째이자 필사자로 자신을 수여하는 막간에 군주의 대리로서, 내가 온 네바돈의 관할권을 맡노라. 그리고 사람의 아들과 하나님의 아들로서 곧, 권력과 영광 속에 내게로 돌아올 때까지, 앞으로 사람의 아들이 될 분의 보호를 너 가브리엘에게 맡기노라. 미가엘이 그렇게 돌아올 때까지, 가브리엘아, 나는 너의 군주이라."

***

그리고 나서 즉시, 구원자별의 모두가 모인 가운데, 미가엘은 우리 한가운데서 사라졌고, 유란시아에서 그의 수여 생애를 마치고 나서, 우주에서 최고이자 친히 다스리는 통치자로서 돌아올 때까지, 낮익은 그의 자리에서 우리는 그를 더 보지 못했다.

4. 육신화—둘을 하나로 만들기

그래서 미가엘의 어떤 자격 없는 아이들은 그들의 아버지 창조자가 이기심으로 통치권을 추구하며, 비굴한 생물이 사는, 속임에 빠진 우주가 불합리하게 충성한 덕택으로, 아들 창조자가 임의로, 독재로, 권력에 머물렀다고 비난하는 데 빠졌는데, 그들은 하나님의 아들이—항상 "파라다이스 아버지의 뜻"에 복종하면서—사람의 아들로서 이제 시작한 봉사, 자신을 잊고서 봉사하는 생애로 말미암아, 언제까지나 입을 다물고, 어리둥절해하고, 미몽(迷夢)에서 깨어나도록 정해졌다.

그러나 틀림없다. 참으로 2중 기원의 존재이지만, 그리스도 미가엘은 2중 성격자가 아니었다. 사람과 관련을 가진 하나님이 아니라, 오히려 사람 속에 육신화한 하나님이었다. 그는 언제나, 통합된 바로 그 존재였다. 그러한 이해할 수 없는 관계에서 유일한 진취적 요인은 하나님이자 사람이라는 이 사실을 (인간의 지성이) 점진적으로 스스로 의식해서 깨닫고 인식하는 것이었다.

그리스도 미가엘은 점진적으로 하나님이 되지 않았다. 하나님은 예수가 땅에서 산 생애에서 어떤 중대한 순간에 사람이 되지 않았다. 예수는—언제나, 언제까지나—하나님이자 사람이었다. 세 존재인 파라다이스 삼위 일체가 실제로 하나의 신인 것 같이, 이 하나님과 이 사람은 하나였고, 지금도 그렇다.

미가엘이 자신을 수여하는 최고의 영적 목적은 하나님을 드러내는 일을 향상하는 것이었다는 사실을 놓치지 말라.

유란시아 필사자들은 기적(奇蹟) 같은 것에 대하여 다른 개념들을 지니고 있지만, 지역 우주의 시민인 우리에게는 기적이 거의 없고, 그 가운데서 뛰어나게 가장 흥미를 자아내는 것은 파라다이스 아들들이 육신화로 수여되는 것이다. 겉보기에 자연스러운 과정으로, 너희 세계 속에서, 거기서 한 신다운 아들이 나타난 것을 우리는 기적으로—우리의 이해를 넘어서 우주 법칙이 작용하는 것으로—여긴다. 나사렛 예수는 기적 같은 분이었다.

이 모든 특별한 체험 속에서, 그를 통해서, 아버지 하나님은 늘 하시는 것처럼—보통 방법으로—신(神)이 행위하는 방법, 정상이고, 자연스럽고, 믿을 만한 방법으로 자신을 나타내기로 하셨다.

제 121 편

미가엘이 자신을 수여했던 시대

나는 우리 계급을 주관하는 우두머리와 기록에 있는 멜기세덱의 공동 후원을 받고, 유란시아 중도자 연합회의 12명으로 구성된 한 위원회의 감독을 받고 활동하면서, 한때 사도 안드레에게 부속되었던 2차 중도자(中道者)이다. 내 계급의 지구 생물이 지켜본 그대로, 현세에 내가 보호했던 인간 주체가 나중에 일부 기록한 대로, 나는 나사렛 예수의 일생에 있던 사건들의 이야기를 기록하도록 허락을 받았다. 주가 문서(文書)로 기록을 남기지 않으려고 얼마나 면밀하게 피했는가를 알았기 때문에, 안드레는 그가 쓴 이야기의 사본(寫本)을 여러 부 만드는 것을 완강하게 거절했다. 예수의 다른 사도들 편에서 비슷한 태도를 가진 것은 복음서의 기록을 크게 지연했다.

1. 그리스도 뒤 1세기의 서양

예수는 영적으로 퇴폐한 시대에 이 세상에 오지 않았다. 그가 태어날 때 유란시아는 그 전에 아담 이후 전체 역사에서 들어 본 적도 없고, 그 뒤에 어느 시대에도 겪어 보지 못했던, 그러한 영적 생각과 종교 생활의 부흥을 겪고 있었다. 미가엘이 유란시아에 육신화했을 때, 세계는 아들 창조자의 수여를 위해서, 그 때까지 존재해 왔거나 그 뒤에 생긴 가운데 가장 유리한 조건을 마련해 주었다. 이 시대 바로 앞 여러 세기 동안에, 그리스 문화와 그리스어가 서양과 근동(近東)에 퍼졌고, 유대인들이 레반트 종족이니까 그 성질이 일부는 서양이고 일부는 동양이었기 때문에, 동양과 서양, 양쪽에 새 종교를 효과 있게 퍼뜨리기 위하여, 그러한 문화와 언어의 배경을 이용하기에 뛰어나게 알맞았다. 가장 유리한 이 상황은 로마인들이 지중해 세계를 관대한 정치로 다스림으로 더욱 좋아졌다.

바울의 활동이 세계 영향의 이 전체 조합을 잘 보여 주는데, 그는 종교적 교양에서는 가장 뛰어난 히브리인이었고, 그리스어로 유대인 메시아의 복음을 선포했으며, 한편 자신은 로마 시민이었다.

예수가 살던 시절과 같은 문명은 하나도 서양에서 그 시절 이전이나 이후에도 없었다. 유럽의 문명은 특별한 세 가지 영향 밑에서 통일되고 조정되었다:

1. 로마의 정치 및 사회 체계.
2. 그리스어와 문화—철학도 어느 정도.
3. 유대인의 종교적·도덕적 가르침의 급속히 퍼지는 영향.

예수가 태어났을 때, 지중해 세계 전부는 통일된 제국이었다. 세계 역사에서 처음으로 좋은 도로가 많은 주요한 중심을 서로 연결하였다. 바다에는 해적들이 없어졌고, 무역하고 여행하는 큰 시대가 급히 다가오고 있었다. 유럽은 그리스도 이후 19세기까지, 그러한 여행과 무역의 시기를 또 다시 누리지 못했다.

그리스·로마 세계에 안으로 평화와 겉으로는 번영이 있었는데도, 제국 주민의 대다수는 더러움과 빈곤 속에서 시들었다. 소수(小數)의 상류 계급은 부유했지만, 불쌍하고 궁핍한 하류 계급은 인류의 하층민을 포함했다. 그 시절에는 행복하고 번영하는 중류 계급이 없었다. 그 계급이 로마의 사회에서 막 나타나기 시작했기 때문이다.

팽창하는 로마 국가와 파샤 국가 사이의 첫 싸움은, 당시로부터 따져서 가까운 과거에 끝이 났고, 시리아를 로마인 손에 넘겨 주었다. 예수의 시절에 팔레스타인과 시리아는 번영하고 비교적 평화로웠고, 동서 양쪽의 나라들과 널리 상업 교역(交易)이 있는 기간을 누렸다.

2. 유대 민족

유대인들은 좀더 오래 된 셈 종족의 한 가지였고, 이 셈족은 또한 바빌로니아인, 페니키아인, 또 로마에게 최근의 적이었던 카르타고인도 포함했다. 그리스도 뒤 1세기 초에, 유대인들은 셈 민족 가운데 가장 영향력이 있는 집단이었고, 그 때 통치를 받고 무역을 위해서 조직되었다시피, 우연히 세계에서 특이하게 전략적인 지리적 위치를 차지했다.

고대의 나라들을 연결하는 많은 큰 도로가 팔레스타인을 거쳐 갔고, 이처럼 이 지역은 세 대륙이 만나는 자리, 십자로(十字路)가 되었다. 여행과 무역, 그리고 바빌로니아·아씨리아·에집트·시리아·그리스·파샤·로마의 군대가 잇달아 팔레스타인을 휩쓸었다. 기억할 수도 없이 아득한 때부터, 많은 카라반 길이 동양으로부터 이 지역의 어느 부분을 거쳐서, 지중해 동쪽 끝에 좋은 몇 항구까지 이르렀고, 거기서부터, 배들은 그 화물을 해상에 있는 온 서양으로 날랐다. 이 카라반의 교통은 반이 넘게 갈릴리의 작은 마을 나사렛을 거치거나 그 근처를 지나갔다.

비록 팔레스타인이 유대인 종교 문화의 고향이요 그리스도교가 태어난 곳이었지만, 유대인들은 세계로, 바깥에 나가 있었고, 여러 나라에서 살면서 로마 국가와 파샤 국가의 모든 지방에서 무역(貿易)을 하고 있었다.

그리스는 언어와 문화를 제공했고, 로마는 길을 만들고 한 제국을 통일했다. 그러나 유대인의 분산은, 로마 세계에 두루 여기저기 흩어져 있는 2백이 넘는 회당과 잘 조직된 종교 공동체와 함께 문화의 중심들을 마련했으며, 거기서 하늘나라의 새 복음을 초기에 받아들였고, 거기서부터 복음이 나중에 세상의 가장 먼 구석까지 퍼졌다.

각 유대인 회당은 소수의 이방인 신도(信徒), "경건"하거나 "하나님을 경외"하는 사람들을 용납했는데, 바로 이 소수의 전향자들 사이에서 바울은 초기에 그리스도교로 개종한 자들의 대부분을 얻었다. 예루살렘에 있는 성전도, 화려한 이방인 마당이 있었다. 예루살렘과 안티옥의 문화, 상업, 예배 사이에는 아주 가까운 관련이 있었다. 안티옥에서 바울의 제자들을 처음으로 "그리스도 교인"이라 불렀다.

유대인이 성전 예배를 예루살렘에 집중한 것은 그들의 일신교가 살아남은 비결이었고, 똑같이 만국의 유일한 하나님과 만인의 아버지를 전하는 새롭고 확대된 개념을 육성하고 세계에 보내는 것을 보장했다. 예루살렘의 성전 예배는 이방 국가의 군주와 종족 박해자들의 잇따른 몰락을 직면하여, 종교 문화의 개념이 살아남아 있다는 것을 나타냈다.

이 시절의 유대 민족은, 로마의 종주권 밑에 있기는 했어도 상당한 정도의 자치를 누렸고, 유다 마카비와 바로 뒤이은 자들이 수행한 공적, 당시로서는 최근에 영웅답게 나라를 구원한 공적들을 기억하면서, 더욱 큰 구원자, 오래도록 기다리던 메시아가 곧 나타나리라는 기대로 활기에 넘쳐 있었다.

팔레스타인, 즉 유대인의 나라가 반 독립된 국가로서 살아남은 비결(秘訣)은 로마 정부의 대외 정책에 싸여 있었다. 로마는 동양과 서양을 잇는 카라반 길의 서부 종착역 뿐 아니라, 시리아와 에집트 사이에 팔레스타인 여행 도로를 계속 장악하기를 바랐다. 레반트에서 로마가 미래에 확장하는 것을 억제할지 모르는 어떤 강국이라도 이 지역에서 일어나는 것을 로마는 바라지 않았다. 실루시드의 시리아와 프톨레미의 에집트를 서로 맞서 다투게 하는 목적을 가졌던 그 술수 정책은 팔레스타인을 하나의 따로 독립된 국가로 기르는 것을 필요하게 하였다. 로마의 정책, 에집트의 붕괴, 파사의 강성해지는 힘 앞에 실루시드 왕조가 점진적으로 쇠약해진 것은, 어째서 몇 세대 동안 작고도 힘없는 유대인 무리가 북으로 실루시드와 남으로는 프톨레미, 이 둘에 대항하여 독립을 유지할 수 있었는가를 설명한다. 둘러싼 더 강한 민족들의 통치로부터 어쩌다가 얻은 이 자유와 독립을 유대인들은 그들이 "선택된 민족"이라는 사실, 야웨가 직접 간섭한 덕택으로 돌렸다. 그러한 민족 우월의 태도는 로마의 종주권(宗主權)이 마침내 그들의 땅에 닥쳤을 때, 더욱 견디기 어렵게 만들었다. 그러나 그 슬픈 시각에도, 유대인들은 세상에서 그들의 사명이 정치적이 아니라 영적이라는 것을 받아들이려 하지 않았다.

그 때 외부 사람, 이두미아인 헤롯이 유대인들을 다스렸기 때문에, 유대인들은 예수가 살던 시절에 특별히 경계하며 의심이 많았다. 헤롯은 영리하게 로마 통치자들의 비위를 맞춤으로 유대 땅의 군주권을 확보하였다. 헤롯은 히브리인의 예식 절차에 충성할 것을 공언했으나, 낯선 여러 신을 위해서 성전(聖殿) 건축을 진행했다.

헤롯과 로마 지배자들 사이에 우호 관계는 세계를 유대인이 여행하기에 안전하게 만들었고, 따라서 로마 제국 및 조약을 맺은 여러 외국의 먼 구석까지도 하늘나라의 새 복음을 가지고 유대인이 더욱 침투하도록 길을 열어 주었다. 헤롯의 통치는 또한 히브리와 그리스 철학이 더욱 섞이는 방향으로 크게 기여했다.

헤롯은 케자리아 항구를 지었고, 이것은 팔레스타인을 문명 세계의 십자로로 만드는 데 더욱 도움이 되었다. 헤롯은 기원전 4년에 죽었고, 아들 헤롯 안티파스가 예수가 어릴 때와 봉사하던 기간에, 서기 39년까지 갈릴리와 페레아를 다스렸다. 안티파스는 아버지처럼 위대한 건축자였고, 중요한 무역 중심 세포리스를 포함하여, 갈릴리의 많은 도시를 다시 지었다.

갈릴리 사람들은 예루살렘의 종교 지도자와 율법 선생들로부터 완전히 호의로 대접을 받지 못했다. 예수가 태어났을 때, 갈릴리는 유대인보다 이방(異邦)에 더 가까웠다.

3. 이방인의 형편

로마 국가의 사회·경제 조건은 가장 높은 수준은 아니었어도, 안으로 평화와 번영이 널리 퍼진 것은 미가엘이 자신을 수여하기에 알맞았다. 그리스도 뒤 1세기에,

지중해 세계의 사회는 분명히 선이 그어진 다섯 계층으로 이루어졌다:

1. 귀족 계급. 돈과 공식 권력을 가진 상류 계급, 특권을 가진 통치 집단.

2. 상업 집단. 거상(巨商)·은행가, 무역가—큰 수입·수출상—국제 상인.

3. 작은 중류 계급. 이 집단은 정말로 작기는 했어도 아주 영향력이 있었고, 초대 그리스도 교회의 도덕적 뼈대를 마련해 주었으며, 교회는 이 집단에게 다양한 기술과 상업을 계속하라고 권장했다. 유대인들 가운데 많은 바리새인이 이 계급의 무역가에 속했다.

4. 자유 노동자 계급. 이 집단은 거의 또는 아무런 사회적 지위가 없었다. 비록 자유를 자랑스럽게 느꼈지만, 노예 노동과 경쟁하도록 강요되었기 때문에 크게 불리한 위치에 있었다. 상류 계급은 그들을 경멸하였고, "새끼를 낳는 목적" 외에 쓸모 없다고 생각했다.

5. 노예. 로마 국가 인구의 절반은 노예였고, 다수가 우수한 사람이었는데, 그들은 빨리 진출해서 자유 노동자, 무역 상인(商人)들 틈에도 끼었다. 대다수는 평범하거나 아주 열등했다.

우수한 민족들로 이루어졌어도, 노예 제도는 로마의 군사(軍事) 정복의 특징이었다. 주인이 노예에 대하여 가진 권한은 무제한이었다. 초대 그리스도 교인들은 대체로 하류 계급과 이 노예들로 구성되었다.

우수한 노예들은 흔히 임금을 받았고, 소득을 저축해서 자유를 살 수 있었다. 그렇게 해방된 많은 노예는 국가와 교회와 상업 세계에서 높은 자리에 올랐다. 바로 그런 가능성이 초대 그리스도 교회가 이 수정된 형태의 노예 제도를 묵인(默認)하도록 만들었다.

서기 1세기에 로마 제국에는 널리 퍼진 사회 문제가 하나도 없었다. 민중의 주류(主流)는 그들이 어쩌다 태어난 집단에 자신들이 속하는 것으로 여겼다. 재능 있고 유능한 사람들이 로마 사회에서, 낮은 계층으로부터 더 높은 계층으로 올라갈 수 있도록 언제나 문이 열려 있었으나, 사람들은 대체로 자기의 사회 지위에 만족했다. 그들은 계급 의식이 없었고, 이 계급의 구별을 부당하거나 그릇되다고 보지도 않았다. 그리스도교는 어떤 의미에서도 억눌린 계급의 곤경을 개선(改善)하는 목적을 가진 경제 운동이 아니었다.

여자들은 비록 팔레스타인에서 제한된 지위보다 로마 제국 전역에서 더 자유를 누렸지만, 유대인들이 가족에게 바치는 헌신과 자연스러운 애정은 이방 세계보다 훨씬 나았다.

4. 이방인의 철학

도덕적 견지에서 볼 때, 이방인은 유대인보다 얼마큼 못했지만, 상급 이방인들의 가슴 속에는 자연스러운 선함, 잠재하는 인간 애정의 비옥한 흙이 있었고, 거기서 그리스도교의 씨앗이 싹트고 도덕적 인격과 영적 성취의 풍부한 수확을 거두는 것이 가능했다. 그 때 이방 세계는 네 가지 큰 철학(哲學)에 지배되었는데, 모두가 더 일찍 있었던 그리스인의 플라톤 사상에서 어느 정도 파생되었다. 이 철학의 학파들은 다음과 같다:

1. 쾌락주의자. 이 사상(思想)의 학파는 행복을 추구하는 데 마음을 쏟았다. 상급의 쾌락주의자들은 지나친 육욕에 빠지지 않았다. 이 신조는 적어도 로마인들을

그보다 더 치명적인 형태의 숙명론으로부터 구원하는 데 도움이 되었는데, 땅에서 가지는 지위를 개선하려고 사람들이 무언가 할 수 있다고 가르쳤기 때문이다. 이것은 무지한 미신(迷信)을 실질적으로 퇴치하였다.

2. 금욕주의자. 금욕주의는 상급 계층의 우수한 철학이었다. 금욕주의자들은 통제하는 이성(理性)·운명이 모든 자연을 지배한다고 믿었다. 이들은 사람의 혼이 신성하다, 육체의 성품을 가진 악한 몸 속에 갇혀 있다고 가르쳤다. 사람의 혼은 자연, 하나님과 조화되어 삶으로 해방을 얻으며, 따라서 미덕은 그 자체의 보상이 되었다. 금욕주의(禁慾主義)는 숭고한 도덕으로 올라갔고, 그 뒤로 순전히 인간적인 어떤 철학 체계도 결코 뛰어넘지 못한 이상이었다. 금욕주의자들은 "하나님의 자손"임을 고백했지만, 하나님을 이해하지 못했고, 따라서 하나님을 찾아내지 못했다. 금욕주의는 하나의 철학으로 남았고, 결코 종교가 되지 못했다. 그 추종자들은 그들의 지성을 우주 지성의 조화에 맞추려고 애썼지만, 그들이 사랑의 아버지의 자녀임을 보지 못했다. "나는 어떤 상태에 처해 있든지, 그에 만족하기를 배웠노라" 하고 기록했을 때, 바울은 금욕주의에 깊이 젖어 있었다.

3. 견유학파. 견유학파 사람들의 철학은 아테네의 디오게네스까지 추적할 수 있으나, 교리의 많은 부분은 마키벤타 멜기세덱의 가르침의 나머지로부터 파생되었다. 견유주의는 이전에 철학이기보다 하나의 종교였다. 적어도 견유학파 사람들은 그들의 종교 철학을 민주화하였다. 들에서 시장에서, 이들은 "사람은 자기가 바란다면 자신을 구할 수 있다"고 줄곧 전파했다. 단순과 미덕을 가르쳤고, 사람들에게 겁 없이 죽음을 맞이하라고 권했다. 이 떠돌이 견유학파(犬儒學派) 전도사들은 영적으로 갈급한 민중을 나중에 그리스도교 선교사들을 위하여 준비시키는 데 크게 이바지하였다. 이들의 인기 있는 설교 계획은 바울 서한의 형식을 많이 땄고, 그 스타일을 따랐다.

4. 회의주의자. 회의주의(懷疑主義)는 지식은 허위요, 확신과 보장은 불가능하다고 가르쳤다. 이것은 순전히 부정적인 태도였고, 결코 널리 퍼지지 않았다.

이 철학들은 준(準)종교였다. 흔히 활력을 불어넣고, 윤리가 있고 고상한 것이었지만, 대개는 서민들이 미치는 수준 위에 있었다. 아마도 견유학파를 제외하고, 이들은 강자와 지혜로운 자들을 위한 철학이었고, 가난한 자와 약자들에게도 구원을 주는 종교는 아니었다.

5. 이방인의 종교

이전 시대 전체를 통해서 종교는 주로 부족이나 국가의 일이었다. 종교는 흔히 개인이 아랑곳할 문제가 아니었다. 신들은 개인이 아니라 부족이나 민족을 상대했다. 그러한 종교 체계는 보통 사람이 개인으로 가진 영적 열망을 거의 채워 주지 못했다.

예수의 시절에 서양의 종교는 다음을 포함했다.

1. 이교도의 종파. 이것들은 헬라 사람과 라틴 사람들의 신화(神話)·애국심·전통의 잡탕이었다.

2. 황제 숭배. 유대인과 초대 그리스도 교인들은 국가의 상징으로서 이렇게 사람을 신(神)으로 만드는 것을 몹시 분개하였고, 두 교회가 로마 정부에게 모진 핍박을 받도록 직접 이끌었다.

3. 점성술. 바빌론의 이 사이비(似而非) 과학은 그리스·로마 제국에 두루, 종교로 발전되었다. 20세기에도 사람은 이 미신 관념으로부터 완전히 구원받지 못했다.

4. 신비 종파. 그토록 영적으로 갈급한 세계에 신비 종파들의 홍수가 밀려 들어왔는데, 레반트로부터 온 새롭고 낯선 종교들은 보통 사람들을 홀리게 만들고 이들에게 개인의 구원을 약속했다. 이 종교들은 재빨리, 그리스·로마 세계의 하류 계급 사이에서 받아들인 관념이 되었다. 이 종교들은 훨씬 우수한 그리스도교의 가르침이 급속히 퍼지도록 길을 예비하는 데 많이 이바지하였다. 총명한 자들에게 흥미를 끄는 신학, 그 시절에 무지(無知)하지만 영적으로 갈급한 서민들을 포함한 모든 사람에게 구원을 준다는 심오한 제안과 관련하여, 그리스도교의 가르침은 신에 관하여 훌륭한 개념을 제시했다.

신비 종교들은 민족 신앙의 종말을 가져왔고, 수많은 개인적 종파의 탄생을 가져왔다. 신비교들은 수가 많았지만 모두 다음의 특징을 가지고 있었다:

1. 어떤 신화(神話) 같은 전설, 신비—여기에서 그 이름이 유래한다. 미트라교의 가르침이 보여 주다시피, 대체로, 이 신비는 어떤 신(神)의 생애와 죽음, 그리고 부활하는 이야기에 관계되었고, 이 미트라교는 한동안 바울의 커지는 그리스도교와 같은 시대에 있었고, 함께 자리를 다투었다.

2. 신비교들은 민족주의가 아니었고 종족을 초월하였다. 개인적이고 친교하는 종파였고, 종교적 친목 사회와 수많은 종파 사회들이 나타나게 만들었다.

3. 예배 의식에서, 이들은 정교한 입회 예식, 그리고 예배에서 인상적인 성찬의 특징을 가졌다. 이들의 비밀 의식과 예식은 때때로 끔찍스럽고 메스꺼운 것이었다.

4. 그러나 그들의 예식의 성질이나 그 지나친 정도에 상관 없이, 이 신비교들은 변함없이 신도들에게 구원, "악으로부터 구원받고, 사후에 살아남고, 슬픔과 노예 제도가 있는 이 세상을 지나서 행복한 나라에서 오래오래 살 것"을 약속했다.

그러나 예수의 가르침과 신비교를 혼동하는 잘못을 저지르지 말라. 이 신비교들이 유행한 것은 사람이 살아남기를 추구했음을 드러내며, 따라서 개인을 다루는 종교와 개인의 올바름을 찾는 진정한 갈망과 목마름을 보여 준다. 신비교들은 이 소망을 적절히 채워 주지 못했지만, 나중에 예수가 나타나는 것을 위하여 길을 예비했고, 이 예수는 참으로 이 세상에 생명의 빵과 생명의 물을 가져왔다.

사람들이 상급 신비주의 종교들에 널리 집착한 것을 이용하려는 노력으로, 개종(改宗)할 가망이 있는 큰 집단의 사람들이 더 받아들일 수 있게 만들려고 바울은 예수의 가르침을 얼마큼 고쳤다. 그러나 예수의 가르침에 대하여 바울이 내놓은 절충안조차 (그리스도교) 최선의 신비교보다 다음 이유로 더 낫다:

1. 바울은 도덕의 회복, 윤리적 구원을 가르쳤다. 그리스도교는 새로운 삶을 보여 주고 새로운 이상을 선포했다. 바울은 요술 의식(儀式), 예식에서 마술적인 것들을 버렸다.

2. 그리스도교는 인간의 문제에서 마지막 해결을 얻으려고 씨름하는 종교를 제시했는데, 이는 이 종교가 슬픔으로부터, 아니 죽음으로부터도, 구원을 제공했을 뿐 아니라, 죄에서 구원받는 것도 약속했고, 영원히 살아남는 성질을 가진 올바른 인격의 부여가 뒤따랐다.

3. 신비교들은 신화(神話)에 기초를 두고 세워졌다. 바울이 전파한 바와 같이, 그리스도교는 인류에게 미가엘, 즉 하나님의 아들이 수여된 역사적 사실에 기초를 두었다.

이방인들 사이에서 도덕성은 반드시 철학이나 종교에 관련되지 않았다. 팔레스타인 바깥에서는, 종교의 사제(司祭)가 도덕적 생활을 하기로 되어 있다는 생각이 사람들의 머리에 반드시 떠오르지는 않았다. 유대인의 종교, 나중에 예수의 가르침, 그 뒤에 바울의 생성하는 그리스도교는 한 손에 도덕을 쥐고 다른 손에 윤리를 쥐고서, 종교가들이 이 두 가지에 얼마큼 눈을 돌려야 한다고 최초로 주장한 유럽 종교였다.

그토록 어설픈 철학(哲學) 체계에 지배되고, 그렇게 복잡한 종교의 종파들 때문에 갈팡질팡하는 그런 사람들의 세대 속에, 예수는 팔레스타인에서 태어났다. 나중에 그는 자기의 개인적 종교—하나님의 아들임을 가르치는—복음을 바로 이 세대에게 주었다.

6. 히브리 종교

그리스도 이전 1세기가 막을 내릴 때가 되어서, 예루살렘의 종교 사상은 그리스의 문화적 가르침과 심지어 그리스 철학에도 엄청나게 영향을 받고 얼마큼 수정되었다. 히브리 사상(思想)의 동부 학파와 서부 학파 관점 사이의 오랜 싸움에서, 예루살렘과 나머지 서양(西洋)과 레반트는 대체로 서부 유대 관점, 즉 수정된 헬레니즘 관점을 채택하였다.

예수의 시절에 세 가지 말이 팔레스타인에서 통용되었다. 서민(庶民)들은 아람어의 어떤 방언을 말했고, 사제(司祭)와 랍비들은 히브리어를 썼으며, 유대인들 가운데 교육받은 계급과 상위 계층은 대체로 그리스어를 말했다. 알렉산드리아에서 히브리 성서를 그리스어로 일찍 번역한 것은, 유대 문화와 신학의 그리스파가 나중에 우세하게 된 데 적지 않게 책임이 있다. 그리스도교 선생들의 기록은 바로 그 언어로 곧 나타날 것이었다. 유대주의의 부흥은 히브리 성서를 그리스어로 옮긴 데서 비롯된다. 이것은 바울의 그리스도 종파가 동양이 아니라 서양으로 흘러가도록 나중에 결정한 중대한 영향이었다.

헬라화된 유대인의 신앙은 쾌락주의자들의 가르침에 아주 거의 영향을 받지 않았지만, 이들은 플라톤의 철학과 금욕주의자의 극기(克己) 교리에 무척 실질적으로 영향을 받았다. 마카비 4서는 금욕주의가 크게 침투한 것을 보여 준다. 플라톤의 철학과 금욕주의 신조, 이 두 가지의 침투는 솔로몬의 지혜서에 나타난다. 헬라화된 유대인들은 히브리 성서를 그렇게 우화(寓話)처럼 풀이했기 때문에, 히브리 신학을 그들이 숭상하던 아리스토텔레스의 철학에 맞게 만드는 데 조금도 곤란을 느끼지 않았다. 그러나 이 모두가 알렉산드리아의 필로의 손에 처리되기까지 비참한 혼란을 낳았는데, 필로는 그리스 철학과 히브리 신학을 하나의 단단하고 무척 일관성 있는 종교 관념 및 관습의 체계로 조화시키고 체계화하는 작업을 진행하였다. 바로 그리스 철학과 히브리 신학이 통합된, 이 후일의 가르침이 예수가 살고 가르치던 때에 팔레스타인을 지배했는데, 이것을 바울은 좀더 진보되고 사람을 깨우치는 그리스도교 종파를 세우는 데 기초로 이용하였다.

필로는 위대한 선생이었다. 모세 이후로 서양 세계의 윤리 및 종교 사상에 그렇게 깊은 영향을 미친 사람이 산 적이 없었다. 당대의 윤리 및 종교적 가르침의 체계에 있는 좋은 요소들을 통합하는 문제에서, 뛰어난 인간 선생(先生)이 일곱 있었는데, 곧 세타드·모세·조로아스터·노자·부다·필로·바울이다.

바울은 그리스의 신비주의 철학 및 로마의 금욕주의 교리를 히브리인들의 율법 신학과 통합하려는 노력으로부터 생기는 필로의 부조리를, 전부는 아니라도 많이 인식했으며, 그가 지녔던 그리스도교 이전의 기본 신학(神學)으로부터 현명하게 없애 버렸다. 필로는 바울이 파라다이스 삼위 일체 개념을 좀더 충분하게 회복하도록 길을 이끌었는데, 그 개념은 유대 신학에서 오랫동안 잠자고 있었다. 오직 한 가지 문제에서, 바울은 필로와 발걸음을 맞추거나, 부유하고 교육받은 이 알렉산드리아 유대인의 가르침을 뛰어넘지 못했는데, 즉 속죄 교리였다. 필로는 오로지 피를 흘려야 용서받는다는 교리로부터 구원받기를 가르쳤다. 또한 아마 바울보다 더 맑게 생각 조절자의 실체와 계심을 어렴풋이 본 듯하다. 그러나 바울의 원죄(原罪) 이론, 곧 물려받은 죄책감, 타고난 악, 그로부터 되찾는다는 교리는 그 기원이 일부 미트라교에 있고, 히브리 신학이나, 필로의 철학이나, 또는 예수의 가르침과 거의 공통점이 없다. 원죄와 속죄(贖罪)에 관한 바울의 가르침의 어떤 단계는 스스로 생각해 낸 것이다.

예수가 땅에서 사신 생애 이야기의 마지막인 요한 복음은 서양 민족들을 향한 것이었고, 후일 알렉산드리아의 그리스도교 신자들의 관점에 많이 비추어서 그 이야기를 엮었는데, 이들은 또한 필로의 가르침을 지지하는 제자들이었다.

그리스도의 시절 무렵에, 유대인들에 대하여 이상하게 감정이 악화되는 일이 알렉산드리아에서 일어났다. 이 옛 유대인 본거지로부터 악질적 박해의 물결이 퍼져 나갔고, 이것은 로마에까지도 뻗어서 거기서 수천 명이 추방되었다. 그러나 그러한 왜곡하는 투쟁은 길게 가지 않았다. 오래지 않아서 제국 정부는 제국 전역에 걸쳐 유대인들의 축소된 자유를 완전히 회복시켰다.

넓은 온 세계에 두루, 상업이나 억압 때문에 유대인들이 어디에 흩어지든지 상관 없이, 모두가 하나 같이 예루살렘에 있는 거룩한 성전에 마음을 두었다. 어떤 바빌로니아 선생들이 때에 알맞게 간섭함으로 유대인의 신학이 잊혀질 것을 몇 번이나 모면했는데도, 그 신학은 예루살렘에서 풀이되고 실천된 대로 살아남았다.

250만에 이르는 이 흩어진 유대인들은 그들 민족의 종교적 축제를 지내려고 예루살렘으로 오곤 했다. 동부(바빌로니아)와 서부 (헬라) 유대인들의 신학이나 철학의 차이가 무엇이든 상관 없이, 그들은 모두 예루살렘이 그들의 예배의 중심이라는 것에, 그리고 메시아가 오실 것을 늘 기대하는 데 의견이 같았다.

7. 유대인과 이방인

예수의 때가 되어서, 유대인들은 그들의 기원·역사·운명에 대하여 정착된 개념에 도달하였다. 자신들과 이방인 세계 사이를 갈라 놓는 굳은 벽을 세웠고, 이방인의 모든 생활 방식을 속속들이 경멸하는 눈으로 보았다. 율법을 글자대로 숭상했고, 거짓되게 겸손을 떠는 자만에 근거를 두고서 일종의 독선(獨善)에 빠졌다. 약속된 메시아에 대하여 편견(偏見)을 가지게 되었고, 이 기대의 대부분은 그들의 국가와 종족 역사의 일부로서 오실 메시아를 상상했다. 그 시절의 히브리인들에게 유대 신학은 고칠 수 없이 확고하고 영원히 고정된 것이었다.

관용과 친절에 관하여 예수가 가르치고 실행한 것은 유대인들이 이교도라고 여긴 다른 민족들을 향하여 오랫동안 가졌던 태도와 어긋났다. 여러 세대 동안 유대인들은 바깥 세계에 대하여 어떤 자세를 길러 왔고, 이것은 사람의 영적 형제 정신에 관한 주의 가르침을 유대인들이 받아들이기 불가능하게 만들었다. 그들은 이방인과 같은 조건으로 야웨를 기꺼이 나눠 가지려 하지 않았고, 마찬가지로 그렇게 새롭고 이상한 교리(敎理)를 가르친 자를 하나님의 아들이라고 기쁘게 받아들이지 않았다.

서기관과 바리새인과 제사장들은 의식주의·율법주의의 무서운 사슬에 유대인들을 묶어 놓았고, 그 사슬은 로마의 정치보다도 훨씬 더 피부에 와 닿았다. 예수의 시절에 유대인들은 율법의 지배 밑에 있을 뿐 아니라, 종으로 만드는 전통의 요구에 똑같이 묶여 있었고, 이것은 개인 및 사회 생활의 모든 분야를 포함하고 침범했다. 이 자디잔 행동 규칙은 모든 충성스러운 유대인을 따라다니고 지배했다. 신성한 전통(傳統)을 주제넘게 무시하고, 오랫동안 지녀 온, 사회의 행동 규칙을 감히 조롱한 사람, 그들 가운데 한 사람을 그들이 당장 물리친 것은 당연하다. 아버지 아브라함 자신이 예정한 것으로 여겼던 독단적 교리에 서슴지 않고 부딪친 자의 가르침을 도저히 좋게 여길 수 없었다. 모세가 그들에게 율법을 주었고, 그들은 타협하려 들지 않았다.

그리스도 뒤 1세기가 되어서, 이름이 알려진 선생, 서기관들이 율법을 말로 풀이한 것은 기록된 율법 자체보다 더 높은 권한이 되었다. 이 모두가 유대인의 어떤 종교 지도자들로 하여금 사람들이 새 복음을 받아들이지 못하게 반대하는 편에 서는 것을 더욱 쉽게 만들었다.

이러한 상황은 종교의 자유와 영적 해방을 부르짖는 새 복음의 사자(使者)로서 유대인들이 신성한 운명의 달성을 불가능하게 만들었다. 그들은 전통의 사슬을 깨뜨릴 수 없었다. 예레미야는 "사람들의 가슴 속에 적어야 할 율법"에 관하여 말한 적이 있고, 에스겔은 "사람의 혼 속에서 살 새 영"에 관하여 말했으며, 시편의 저자(著者)는 하나님이 "안에서 깨끗한 마음을 창조하고 올바른 영을 다시 새롭게 해 줄 것"을 기도했다. 그러나 선한 행위와 율법에 노예가 되기를 주장하는 유대 종교가 전통적 습성의 침체에 희생되었을 때, 종교적 진화의 움직임은 서쪽으로 유럽 민족들에게 넘어가 버렸다.

그래서 진보하는 신학을 세상에 전하는 데 다른 민족이 부름받았고, 그것은 그리스인의 철학, 로마인의 법, 히브리인의 도덕, 인격의 신성함과 영적 해방을 주장하는 복음을 구현하는 가르침의 체계였으며, 이 복음은 바울이 형성했고 예수의 가르침에 기초를 두었다.

바울의 그리스도교 종파는 거기에 담긴 도덕성이 유대교에서 태어난 자국을 나타낸다. 유대인들은 역사를 하나님—일하는 야웨—의 섭리라고 보았다. 그리스인들은 더 뚜렷한 영생(永生) 개념을 새 가르침으로 가져왔다. 신학과 철학 면에서 바울의 교리는 예수의 가르침 뿐 아니라, 플라톤과 필로에게도 영향을 받았다. 윤리 면에서 그는 그리스도 뿐 아니라 금욕주의자들한테서도 영감을 받았다.

예수의 복음은, 바울의 안티옥 그리스도 종파에서 모습이 구현된 바와 같이, 다음의 가르침과 섞이게 되었다:

1. 유대교로 전향한 그리스인들의 철학 논리. 영생(永生) 개념을 얼마큼 담는다.

2. 유행하던 신비주의 종파들의 매력 있는 가르침, 특히 어떤 신이 희생물을 바침으로 말미암아 얻는 되찾기·속죄·구원으로 이루어진 미트라교의 교리.

3. 확립된 유대 종교의 탄탄한 도덕성.

예수의 시절에 지중해의 로마 제국, 파샤 왕국, 인접한 민족들은 모두, 세계의 지리(**地理**), 천문·건강·질병에 관하여 서툴고 원시적인 관념을 가지고 있었고, 새롭고 귀가 번쩍 뜨이는 나사렛 목수의 발언에 당연히 놀라워했다. 좋은 영과 나쁜 영에게 귀신들린다는 생각은 인간들에게만 적용되는 것이 아니라, 많은 사람이 모든 돌과 나무에도 영이 들어 있다고 보았다. 이 때는 마술에 홀린 시대였고, 누구나 기적(**奇蹟**)은 보통 일어나는 일이라고 믿었다.

8. 이전부터 있던 기록

받은 명령에 어긋나지 않으면서 가능한 한, 우리는 유란시아에서 예수의 일생과 상관 있는 기존의 기록들을 이용하고 어느 정도 조정하려고 애썼다. 우리는 사도 안드레의 잃어버린 기록에 접근할 기회를 가졌고, 미가엘이 자신을 수여하던 시절에 땅에 있던 광대한 무리의 하늘 존재들(특히 지금 그의 성격화된 조절자)의 협력으로부터 이득을 보았지만, 이른바 마태·마가·누가·요한 복음서를 이용하는 것도 우리의 목적이었다.

이 신약(**新約**) 기록들은 다음 상황에서 그 기원을 가졌다:

1. <u>마가가 쓴 복음</u>. 요한 마가는 (안드레의 노트를 빼고) 예수의 일생에 관하여 가장 일찍, 가장 짧고 가장 간단한 기록을 남겼다. 주를 봉사자로서, 사람들 사이에 있는 사람으로 제시했다. 마가는 그가 묘사하는 여러 장면에 얼씬거리던 젊은이였지만, 그의 기록은 실제로 시몬 베드로에 따른 복음이며, 그는 일찍부터 베드로와, 나중에는 바울과 친분(**親分**)을 가졌다. 마가는 베드로의 부추김을 받고, 로마에 있던 교회의 간절한 부탁을 받아서 이 글을 썼다. 주가 땅에서 육체를 입었을 때 그의 가르침을 얼마나 한결같이 기록하지 않으려 했는가 알았기 때문에, 마가는 사도와 기타 유력한 제자들과 마찬가지로, 그 가르침을 기록하기를 망설였다. 그러나 베드로는 로마 교회가 그러한 기록된 이야기의 도움이 필요하다고 느꼈고, 마가는 그것을 준비하는 일을 떠맡기로 찬성했다. 그는 베드로가 서기 67년에 죽기 전에 노트를 많이 적었고, 베드로가 인가한 줄거리에 따라서, 로마에 있는 교회를 위해서, 마가는 베드로가 죽고 난 바로 뒤에 비로소 글을 썼다. 이 복음은 서기 68년 끝 무렵에 완성되었다. 마가는 전적으로 자신의 기억과 베드로의 기억을 살려서 썼다. 이 기록은 그 뒤에 어지간히 수정되었고, 수많은 구절이 삭제되고, 끝에 어떤 나중의 사건들이 첨가되었다. 이는 최초의 복음에서 마지막 5분의 1을 갈아치우기 위한 것이었는데, 그것은 처음 원본으로부터 베끼기도 전에 없어졌다. 마가가 쓴 이 기록은, 안드레와 마태의 노트와 함께, 예수의 일생과 가르침을 그리려고 애쓴 모든 후일의 복음 이야기에 문서화된 기초가 되었다.

2. <u>마태의 복음</u>. 이른바 마태에 따른 복음은 유대인 그리스도 교인들의 교양을 위하여 적은, 주의 일생에 관한 기록이다. 이 기록의 저자는 예수의 일생에서, 그가 행한 많은 일이 "선지자들의 말씀을 이루기 위한" 것임을 보이려고 항상 애쓴다. 마태 복음은 예수를 다윗의 아들로 묘사하고, 율법과 선지자들을 크게 존중함을 보이는 것으로 그린다.

사도 마태는 이 복음을 쓰지 않았다. 그의 제자들 가운데 하나인 이사돌이 이 복음을 썼고, 이 일에 도움되는 자료로서, 이 사건들에 관한 마태 개인의 기억 뿐 아니라, 십자가에 못박힌 바로 뒤에 예수의 말씀에 관하여 마태가 쓴 어떤 기록을 또한 가지고 있었다. 마태가 쓴 이 기록은 아람어로 썼고, 이사돌은 그리스어로 썼다. 그 작품을 마태에게 돌린 데에는 아무런 속일 뜻이 없었다. 그 시절에 제자들이 이렇게 스승에게 명예를 돌리는 것이 관습이었다.

마태의 최초의 기록은 그가 서기 40년에 복음 전도에 들어가려고 예루살렘을 떠나기 바로 전에, 편집되고 다른 것이 첨가되었다. 이것은 사사로운 기록이었고, 그 마지막 사본은 서기 416년에 시리아의 어느 수도원이 불탔을 때 사라졌다.

이사돌은 서기 70년에 타이투스의 군대가 도시에 투입된 뒤에, 예루살렘으로부터 피했는데, 마태의 노트의 사본(寫本) 하나를 펠라로 가지고 갔다. 71년에, 펠라에서 사는 동안, 이사돌은 마태에 따른 복음을 썼다. 그는 또한 마가의 이야기에서 처음 5분의 4를 가지고 있었다.

3. <u>누가가 쓴 복음</u>. 피시디아의 안티옥에서 살던 의사 누가는 바울이 개종시킨 이방인이었고, 주의 일생에 대하여 아주 다른 이야기를 적었다. 그는 서기 47년에 비로소 바울을 따르고 예수의 일생과 가르침에 관하여 배웠다. 누가는 바울 및 다른 사람들로부터 이 여러 사실을 모은 대로, 그의 기록에서 "주 예수 그리스도의 은혜"에 관하여 많은 것을 간직한다. 누가는 주를 "세리와 죄인의 친구"로서 내세운다. 그는 바울이 죽을 때까지 노트를 복음으로 만들지 않았다. 누가는 아카이아에서 82년에 썼다. 그리스도와 그리스도교의 역사를 다루는 책을 세 권 쓰려고 계획했지만, 이 작업에서 둘째 책, "사도들의 행적"을 마치기 바로 전, 서기 90년에 죽었다.

누가는 그의 복음을 수집하기 위한 자료로서, 먼저 바울이 그에게 전해 준, 예수의 일생 이야기에 의존했다. 그러니까 누가의 복음은 어떤 면에서, 바울에 따른 복음이다. 그러나 누가는 다른 근원의 정보를 가지고 있었다. 누가는 예수의 일생에서 기록하는 수많은 에피소드의 증인을 몇십 명 회견했을 뿐 아니라, 또한 마가의 복음, 다시 말해서 처음 5분의 4의 사본, 이사돌의 이야기, 그리고 세데스라는 이름을 가진 한 신도가 안티옥에서 서기 78년에 만든 한 간단한 기록을 가지고 있었다. 누가는 또한 사도 안드레가 적었다고 주장되는 어떤 노트의 사본, 절단되고 많이 편집된 사본을 가지고 있었다.

4. <u>요한의 복음</u>. 요한에 따른 복음은 다른 기록에 담겨 있지 않은, 유대 땅에서, 예루살렘 근처에서 예수가 하신 일을 많이 적는다. 이것이 이른바 세베대의 아들 요한에 따른 복음이며, 비록 요한이 쓰지는 않았어도, 그 생각을 일깨워 주었다. 처음 씌어진 뒤로, 요한 자신이 쓴 것처럼 보이도록 만들려고 여러 번 편집을 거쳤다. 이 기록이 작성되었을 때, 요한은 다른 복음들을 가지고 있었고, 허다한 것이 빠져 있음을 알았다. 따라서, 서기 101년에, 그는 케자리아로부터 온 그리스의 유대인 동료 나단에게 글을 쓰기 시작하라고 격려했다. 요한은 기억을 더듬고, 이미 존재하는 세 가지 기록을 참조함으로 자료를 주었다. 그는 자신이 적은 기록이 하나도 없었다. "요한 1서"라고 알려진 편지는 그의 지도 밑에서 나단이 수행한 일을 소개하는 편지로서, 요한 자신이 썼다.

이 저자들은 모두 예수에 관하여 그들이 보거나, 기억하거나, 들은 대로, 바울의 그리스도교 신학을 그들이 나중에 지지해서 이 아득히 먼 사건들에 대한 그들의 개념이 영향을 받은 대로, 예수의 모습을 솔직하게 그렸다. 어설프기는 해도, 이 기록들은 거의 2천 년 동안 유란시아 역사의 흐름을 바꾸기에 충분했다.

[인정하는 말씀: 나사렛 예수의 가르침을 다시 적고 그가 행적을 다시 이야기하라는 임무를 수행하면서, 나는 모든 근원의 기록과 혹성의 정보를 마음대로 이용하였다. 나의 지배적인 동기(動機)는 지금 살고 있는 세대의 사람들을 깨우칠 뿐 아니라, 모든 앞날의 세대에게도 도움이 될까 싶은 기록을 준비하는 것이었다. 내가 쓸 수 있는 광대한 저장의 정보로부터, 나는 이 목적을 이루는 데 가장 적당한 것을 골랐다. 가능한 한, 나는 순전히 인간적 근원으로부터 정보를 얻어 냈다. 오로지 그러한 근원이 부족했을 때, 초인간(超人間) 기록에 의존했다. 예수의 일생과 가르침에 대한 아이디어와 개념을 한 인간의 지성이 쓸 만하게 표현했을 때, 변함없이 분명히 인간다운 그러한 생각 형태를 우대하였다. 주의 일생과 가르침의 진정한 의미와 참 중요성에 관하여 우리가 가진 개념에 더 잘 맞도록 언어 표현을 조정하려고 애썼지만, 가능한 한, 내 이야기 전체에서 실제 인간다운 개념과 생각 형태에 집착했다. 인간의 지성에 뿌리를 가진 개념들이 모든 다른 인간의 지성에게 더 쓸 만하고 유익함이 증명되리라는 것을 잘 안다. 인간의 기록에서나 인간의 표현에서 필요한 개념을 찾을 수 없을 때, 다음으로 나 자신 계급의 지구 생물, 즉 중도자(中道者)들의 기억 자원에 의존했다. 그 2차 근원의 정보가 부적당한 것이 드러날 때, 서슴지 않고 나는 혹성 바깥 근원의 정보에 의존했다.

수집한 여러 메모로부터 나는 예수의 일생과 가르침에 관한 이 이야기를 준비했으며—사도 안드레가 기록한 기억과 별도로—이 메모들은 예수의 가르침에 관하여 보석(寶石) 같은 생각과 우수한 개념을 담고 있다. 이것들은 예수의 시절로부터 이 계시, 더 바르게 말하면, 다시 진술하는 글을 쓸 때까지, 땅에서 산 2천 명이 넘는 인간들로부터 수집되었다. 인간의 기록과 인간의 개념이 적당한 생각 형태를 제공하지 못할 때에야 계시의 허락을 이용했다. 계시 위원회는, 순전히 인간의 근원으로부터 필요한 개념 표현을 찾으려는 노력이 실패했다고 증언할 수 있을 때까지, 인간 바깥 근원의 정보나 표현에 의존하는 것을 금하였다.

내 동료 중도자 11명이 공동으로 일하면서, 기록에 있는 멜기세덱의 감독 밑에서, 효과 있는 배열에 관한 내 생각에 따라서, 내가 즉시 표현한 선택에 반응하여, 이 이야기를 엮었다. 그런데도, 이렇게 내가 이용한 대다수의 아이디어와 효과적인 어떤 표현조차, 이 사업(事業)을 시작할 때 아직 살아 있는 자들에 이르기까지, 중간에 개재(介在)한 세대에, 땅에서 산 여러 종족의 사람들의 머리 속에서 기원을 가졌다. 여러 면에서, 나는 독창적인 이야기꾼보다는 수집하고 편집하는 자로서 일했다. 나에게 예수의 일생에 대한 가장 효과 있는 그림을 만들게 하고, 가장 놀랍게 유익하고 보편적으로 사람을 숭고하게 만드는 표현으로 그의 견줄 데 없는 가르침을 다시 진술하게 만들, 될 수 있으면 인간다운, 그러한 아이디어와 개념을 나는 서슴지 않고 이용했다. 유란시아 연합 중도자회를 대신하여, 땅에서 사신 예수의 일생을 다시 엮는 연장된 설명에서 다음부터 이용된 모든 근원의 기록과 개념에 대하여 우리가 빚진 것을 아주 감사한 마음으로 인정한다.]

제 122 편

예수의 탄생과 아기 시절

미가엘이 자신을 수여할 땅으로 팔레스타인을 선택하도록 이끈 많은 이유, 특히 이 하나님의 아들이 유란시아에 나타나기 위한 직접 무대로서 도대체 어째서 요셉과 마리아의 가족이 선택되어야 했는가 충분히 설명하기는 도저히 가능하지 않을 것이다.

격리된 세계들의 상태에 관하여 멜기세덱들이 준비한 특별 보고서(報告書)를 연구한 뒤에, 가브리엘과 의논하고서, 미가엘은 최종으로 자신 수여를 연출할 혹성으로 마침내 유란시아를 골랐다. 이 결정이 있은 뒤에, 가브리엘은 친히 유란시아를 찾아보았으며, 인간 집단들에 관하여 그가 연구하고, 세계와 그 민족들의 영적·지적 특징, 종족과 지리적 특징을 조사한 결과로서, 히브리인들이 수여 종족으로서 선택되기를 보장한 상대적 장점(長點)을 가졌다고 결정을 내렸다. 이 결정이 미가엘의 인가를 받고 나서, 가브리엘은—상위 계급의 우주 성격자들로부터 뽑은—12자 가족 위원회를 임명하고, 유란시아로 파견했다. 유대인의 가족 생활을 조사하는 일이 이 위원회에 맡겨졌다. 이 위원회가 수고를 마쳤을 때, 가브리엘은 유란시아에 있었으며, 미가엘이 계획한 육신화를 위하여 이 위원회가 보건대, 수여 가족으로서 똑같이 유리하다고, 가망 있는 세 쌍을 지명하는 보고를 받았다.

지명된 세 쌍으로부터, 가브리엘은 친히 요셉과 마리아를 골랐고, 그 뒤에 마리아에게 친히 나타났으며, 그 때 마리아가 수여되는 아이에게 땅에서 어머니가 되도록 선택되었다는 반가운 소식을 알려 주었다.

1. 요셉과 마리아

예수(요수아 벤 요셉)[1]의 인간 아버지 요셉은, 가장 특출한 히브리인이었다. 하지만 그의 선조의 여자 쪽 줄기로부터 조상 계보에 때때로 더해진, 비유대 종족의 혈통을 많이 지니고 있었다. 예수의 아버지의 족보는 아브라함의 시절까지, 그리고 이 존경할 시조(始祖)를 통해서, 더 일찍 있던 상속 줄기까지 거슬러 올라갔고, 이것은 수메르인과 놋 사람들까지, 그리고 옛날 청인(青人)의 남쪽 부족들을 통해서, 안돈과 폰타에까지 이어졌다. 다윗과 솔로몬은 요셉의 조상의 직계에 있지 않았고, 요셉의 혈통이 아담까지 바로 거슬러 올라가지도 않았다. 요셉의 직계 조상들은 공인(工人)이었다—건축자·목수·석공·대장장이였다. 요셉 자신은 목수였고 나중에는 계약 공인이었다. 그의 가족은 고귀한 서민들의 길게 이어진 뛰어난 혈통에 속했으며, 이 혈통은 유란시아에서 종교의 진화와 연관하여 두각을 나타냈던 특별한 사람들의 출현으로 이따금 강화되었다.

땅에서 예수의 어머니였던 마리아는 길게 이어진 독특한 선조들의 후손이었고, 이것은 유란시아의 종족 역사에서 아주 놀라운 여자들을 많이 포함했다. 마리아는 비록 그 시절과 세대에 꽤 정상의 기질을 가진 보통 여자였지만, 그 여자는 아논·타말·룻·밧세바·안지·클로아·이브·엔타·라타와 같이 이름난 여자들을 선조로 여겼다. 그 시절에 어느 유대 여인도 마리아보다 더 뛰어난 혈통을 가진 공통 조상이나, 더 상서(祥瑞)로운 시작까지 거슬러 올라가는 혈통을 가지지 않았다. 마리아의 족보의 특징은 요셉의 것과 마찬가지로, 굳세지만 보통인 사람들이 주류를 이루었고, 이것은 문명의 행진과 전진하는 종교의 진화에서 이따금 수많은 뛰어난 인물이 나타나서 두드러졌다. 종족 면에서 보건대, 마리아를 유대 여인으로 보는 것은 도저히 마땅치 않다. 교양과 신앙 면에서 마리아는 유대인이었지만, 유전(遺傳) 자질에서 오히려 시리아·힛·페니키아·그리스·에집트인 혈통의 혼합이었고, 그 여자의 종족 유산(遺産)은 요셉보다 더 일반적인 것이었다.

미가엘의 수여가 계획될 무렵에 팔레스타인에서 살던 모든 쌍 가운데, 요셉과 마리아는 널리 퍼진 종족 연결의 가장 이상적인 조합, 우수한 평균의 성격 자질을 가졌다. 보통 사람들이 그를 이해하고 받아들이도록, 땅에서 <u>보통</u> 사람으로 나타나는 것이 미가엘의 계획이었고, 따라서 가브리엘은 바로 요셉과 마리아와 같은 사람들이 수여 부모가 되도록 선택하였다.

2. 가브리엘이 엘리자벳에게 나타나다

유란시아에서 예수의 일생의 일은 정말로 세례자 요한이 시작하였다. 요한의 아버지 사가리아는 유대인의 사제(司祭) 계급에 속했고, 한편 어머니 엘리자벳은 바로 어느 큰 가족 집단에서 부유한 줄기의 구성원이었으며, 예수의 어머니 마리아도 또한 이 가족 집단에 속했다. 사가리아와 엘리자벳은 결혼한 지 여러 해가 되었지만, 아이가 없었다.

나중에 마리아에게 자기가 나타난 것을 알린 것과 똑같이, 어느 날 한낮에 가브리엘이 엘리자벳에게 나타난 것은 기원전 8년 6월 말, 요셉과 마리아가 결혼한 지 3개월쯤 되었을 때였다. 가브리엘은 말했다:

"네 남편 사가리아는 예루살렘에서 제단 앞에 서 있고, 모인 사람들이 한 구원자가 오실 것을 기도하는 가운데, 나 가브리엘은 이 신다운 선생의 선구자(先驅者)가 될 아들을 네가 곧 낳으리라는 것을 알리러 왔노니, 아들을 요한이라 부를지니라. 그는 자라서 주 너의 하나님께 헌신하겠고, 나이가 차면 너의 마음을 기쁘게 하리니, 이는 그가 많은 사람을 하나님께로 돌이킬 것이며, 또한 너희 민족의 혼을 치유하고 온 인류의 영을 해방하는 분이 오심을 선포할 것임이라. 너의 친척 마리아는 이 약속된 아이의 어머니가 될지니, 내가 또한 그 여인에게 나타나리라."

이 환상은 엘리자벳을 크게 놀라게 했다. 가브리엘이 떠난 뒤에, 그 여자는 머리 속에 이 체험을 되돌아보고, 오랫동안 당당한 방문자의 말씀을 곰곰이 생각해 보았지만, 나중에 다음 해 2월 초순에 마리아를 찾아볼 때까지, 남편을 빼고 그 계시에 관하여 아무에게도 입을 열지 않았다.

그러나 다섯 달 동안 엘리자벳은 비밀을 남편에게도 감추었다. 가브리엘이 찾아왔다는 이야기를 털어놓자, 사가리아는 몹시 회의에 빠졌고, 몇 주 동안 그 체험 전체를 의심했다. 그 여자가 아이 밴 것을 더 의심할 수 없었을 때 마지못해서 가브리엘이 자기 아내를 찾아왔음을 믿기로 겨우 동의했다. 사가리아는 엘리자벳이 장래에 어머니가 되는 것에 관해서 아주 당황했지만, 자신이 나이가 지긋했는데도 아내의 인격을 의심하지 않았다. 요한이 태어나기 약 6주 전까지는, 인상 깊은 꿈을 꾼 결과로서, 엘리자벳이 운명의 아들, 즉 메시아가 오심을 위하여 길을 예비할 자의 어머니가 될 것을 사가리아는 완전히 확신하게 되지 않았다.

가브리엘은 기원전 8년, 11월 중순 무렵에, 마리아가 나사렛의 자기 집에서 일하는 동안에 그 여자에게 나타났다. 나중에, 마리아가 의심할 여지 없이 어머니가 되리라는 것을 안 뒤에, 예루살렘에서 6.4킬로미터 서쪽으로, 산지(山地)에 유다 시로 엘리자벳을 찾아보도록 다녀오게 해 달라고 마리아는 요셉을 설득했다. 가브리엘은 앞으로 어머니가 될 두 사람에게 각각 그가 다른 쪽에게 나타났음을 알렸다. 당연히, 그들은 같이 모여서 경험을 비교하고, 자기네 아들들의 있음직한 장래에 관하여 말하고 싶어 안타까워했다. 마리아는 자기의 먼 사촌(四寸)과 함께 3주 동안 머물렀다. 가브리엘을 본 환상에 대한 마리아의 믿음을 굳게 하려고 엘리자벳이 많이 애썼고, 그래서 그 여자는 집에 돌아와서 운명의 아이를 돌보는 직분에 더 충만히 헌신하게 되었으며, 금방 마리아는 무력한 아기, 이 땅에서 보통이며 정상인 아기를 세상에 내놓게 되었다.

요한은 기원전 7년 3월 25일, 유다 시에서 태어났다. 사가리아와 엘리자벳은, 가브리엘이 약속한 대로 한 아들이 그들에게 왔음을 깨닫고 크게 기뻐했다. 여드렛날에 할례를 받도록 아이를 내놓았을 때, 미리 지시받은 대로, 그를 요한이라고 정식으로 이름지었다. 이미 사가리아의 한 조카가 나사렛을 향해 떠났는데, 그는 마리아에게 전하는 엘리자벳의 소식을 가져갔으며, 아들 하나가 그 여자에게 태어났고 그 이름은 요한이 되리라 선언했다.

아주 이른 유아기(幼兒期)부터 요한은 그가 자라서 영적 지도자요 종교 스승이 되리라는 아이디어로 부모에게서 깊은 감명을 받았다. 요한의 마음 속의 흙은 그렇게 넌지시 비치는 씨앗들을 뿌린 데 늘 반응했다. 아이였을 때에도, 아버지가 근무하는 기간에 그는 성전에서 자주 눈에 띄었고, 그가 본 모든 것의 중요성에 엄청나게 감명을 받았다.

3. 가브리엘이 마리아에게 알림

어느 날 저녁 해질 무렵, 요셉이 집으로 돌아오기 전에, 가브리엘은 낮은 돌 식탁 옆에서 마리아에게 나타났는데, 그 여자가 침착을 찾은 뒤에, 가브리엘은 말했다. "나는 내 주이자 네가 사랑하고 기를 분의 명령을 받고 오노라. 너 마리아에게, 내가 반가운 소식을 가져오노니, 네 안에 잉태된 자를 하늘에서 예정하셨고, 때가 되면 네가 한 아들의 어머니가 될 것을 내가 알리노라. 너는 그를 요수아라 부를지니, 그가 땅에서, 사람 가운데서 하늘나라를 열리라. 요셉과 너의 친척 엘리자벳을 제외하고 이 문제로 입을 열지 말라. 그 여자에게도 내가 나타난 적이 있고, 그 여자도 곧 한 아들을 나으리니, 그 이름은 요한이 될지며, 너의 아들이 사람들에게 큰 힘과 깊은 확신으로 선포할 구원의 소식을 위하여 길을 예비하리라. 나의 말을 의심하지 말지니, 마리아야, 이 집이 운명(運命)의 아이가 사람으로 거할 곳으로 선택되었음이니라. 나의 축복이 너에게 머무르고, 최고자들의 권능이 너를 굳세게 하겠으며, 온 땅의 주가 너를 덮으리라."

마리아는 아이 가진 것을 확실히 알기까지, 이 특별한 사건들을 남편에게 감히 털어놓기 전에, 여러 주 동안 마음 속에서 이 방문을 몰래 곰곰이 생각해 보았다.

요셉이 이에 관하여 모든 것을 들었을 때, 마리아를 크게 신뢰하기는 했어도, 몹시 난처했고 여러 날 밤 잠을 이루지 못했다. 처음에 요셉은 가브리엘이 찾아온 것에 대하여 의심이 들었다. 다음에, 마리아가 정말로 신의 사자의 목소리를 들었고, 그의 모습을 보았다는 것을 거의 납득하게 되었을 때, 어떻게 그러한 일이 생길 수 있는가 곰곰이 생각하는 동안 머리는 갈팡질팡하였다. 어떻게 인간의 자식이 신성한 운명을 가진 아이일 수가 있는가? 몇 주 동안 생각한 뒤에, 그와 마리아가 그들이 메시아의 부모가 되도록 선택되었다는 결론(結論)에 이르기까지, 요셉은 이 상반되는 관념들을 결코 조화시킬 수 없었다. 하지만 기대하던 구원자가 신다운 성품을 가지리라는 것은 좀처럼 유대인의 개념은 아니었다. 이 중대한 결론에 이르고 나서, 마리아는 엘리자벳과 이야기하려고 서둘러 길을 떠났다.

돌아와서, 마리아는 자기 부모, 요아킴과 한나를 찾아보러 갔다. 그 여자의 부모와 마찬가지로, 두 남동생과 두 여동생은 언제나 예수의 신성한 임무에 대하여 몹시 회의를 품었다. 하지만 물론 이 때, 그들은 가브리엘이 찾아온 것에 대하여 아무 것도 몰랐다. 그러나 제 아들이 위대한 선생이 될 운명을 가졌다 생각한다고 마리아는 여동생 살로메에게 털어놓았다.

가브리엘이 마리아에게 선언한 것은 예수를 잉태한 다음 날에 있었고, 이것은 약속의 아이를 잉태하고 출산하는 그 여자의 체험 전부와 연결되어 일어난 유일하게 초자연적 사건이었다.

4. 요셉의 꿈

대단히 인상 깊은 꿈을 꾸기 전까지, 요셉은 마리아가 특별한 아이의 어머니가 되리라는 생각을 달게 받아들이지 않았다. 이 꿈 속에, 한 눈부신 하늘의 사자가 나타나서, 다른 말씀 가운데 이렇게 말했다. "요셉아, 지금 높은 데서 다스리는 분의 명령을 받아 내가 나타나노라. 마리아가 낳아서 세상에서 큰 빛이 될 아들에 관하여 너에게 가르치라고 나는 지시를 받았노라. 그 아들 안에는 생명이 있고, 그의 생명은 인류의 빛이 될지니라. 그는 먼저 자기 민족에게 올 터이나, 저희는 좀처럼 그를 받아들이지 아니하리라. 그러나 그를 받아들이는 많은 사람에게, 저희가 하나님의 자녀임을 그가 밝히리라." 이 체험을 겪은 뒤에, 가브리엘이 찾아온 것과 아직 태어나지 않은 아이가 세상에게 신의 사자(使者)가 되리라는 약속에 대하여 마리아가 한 이야기를 요셉은 결코 다시 송두리째 의심하지는 않았다.

이 모든 방문에서, 다윗의 집에 관하여 아무런 언급이 없었다. 예수가 "유대인의 구원자," 아니 오랫동안 고대하던 메시아가 되리라는 것에 대해서도, 아무 것도 넌지시 비쳐진 적이 없다. 예수는 유대인들이 기대하던 메시아가 아니었지만, <u>세상의 구원자</u>였다. 그의 사명은 어느 한 집단이 아니라, 모든 종족과 민족에 대한 것이었다.

요셉은 다윗 왕 혈통의 출신이 아니었다. 마리아가 요셉보다 더 많이 다윗의 뿌리를 가졌다. 로마의 인구 조사를 위하여 등록하려고 요셉이 다윗의 도시, 베들레헴으로 간 것은 참말이지만, 이는 여섯 세대 앞에, 그 세대의 요셉 아버지 쪽 선조가 고아(孤兒)였기 때문에, 어떤 사독이라는 사람에게 입양되었고, 이 사독은 다윗의 직계 후손이었다. 따라서 요셉은 또한 "다윗의 집" 출신으로 계산되었다.

구약에서 이른바 메시아 예언(豫言)의 대부분은, 예수가 땅에서 사신 지 오랜 뒤에 그에게 적용되었다. 몇 세기 동안, 히브리 선지자들은 한 구원자가 올 것을 예언해 왔고, 뒤이은 세대들은 이 약속이 다윗의 왕좌(王座)에 앉을 새 유대인 통치자를 언급하는 것이라고 믿도록 풀이했는데, 그는 모세의 소문난 기적 같은 방법으로, 팔레스타인에 있는 유대인들을 모든 외국의 지배에서 벗어난 자유로운 강국으로 세울 것이었다. 또 히브리 성서에서 두루 발견되는 많은 상징적 구절이 나중에 예수의 일생의 사명에 잘못 적용되었다. 구약(舊約)의 많은 말씀이 주가 땅에서 사신 일생의 어떤 에피소드에 맞게 보이도록 왜곡되었다. 예수 자신은 한때 다윗의 왕가(王家)와 아무 연관이 없다고 공석에서 부인(否認)하였다. "한 젊은 여인이 아들을 나으리라"하는 구절조차 "한 처녀가 아들을 나으리라"하는 표현으로 바뀌었다. 이것은 요셉과 마리아, 이 두 사람의 족보의 경우에도 참말이었고, 이 족보들은 미가엘이 땅에서 사신 뒤에 만들어졌다. 이 혈통의 상당수는 주의 선조들 가운데 많은 것을 넣지만, 대체로 이것들은 진정하지 않으며 사실이라고 믿어서는 안 된다. 예수를 초기에 따르던 자들은 옛날 예언의 말씀이 모두 그들의 주, 선생의 일생에서 이루어지는 것으로 보이게 만들려는 유혹에 너무나 자주 무릎을 꿇었다.

5. 땅에서 예수의 부모

요셉은 예절이 부드러운 사람이요, 극히 양심적이고, 모든 면에서 민족의 종교 관습과 관례에 충실했다. 그는 말이 적었어도 많이 생각하였다. 유대 민족의 딱한 곤경은 요셉에게 많은 슬픔을 주었다. 젊은이로서, 여덟 형제·자매 사이에서 더 명랑했지만, 결혼 생활 초기에 (예수가 어린 시절) 그는 이따금 영적으로 가볍게 낙심하는 때가 있었다. 이 기질이 나타나는 것은 때 이르게 죽기 전에, 목수(木手) 계층으로부터 번창하는 계약자의 역할로 그가 승진하여 집안의 경제 조건이 향상된 뒤에, 크게 좋아졌다.

마리아의 기질은 남편의 것과 아주 반대였다. 보통 그 여자는 명랑했고, 풀이 죽는 일이 아주 드물었으며, 늘 밝은 성질을 소유했다. 마리아는 자기 감정에 느낀 것을 자유롭게 자주 내키는 대로 표현했고, 요셉이 갑자기 죽기까지는 슬픔에 찬 표정을 보인 적이 없다. 이 충격으로부터 회복하자마자, 맏아들의 특별한 생애 때문에 생긴 걱정과 질문이 그 여자에게 밀어닥쳤고, 아들의 생애는 그 여자의 놀란 눈앞에 아주 빠르게 펼쳐지고 있었다. 그러나 이 모든 특별한 체험을 통해서 내내, 마리아는 이상하고 거의 이해할 수 없는 맏아들, 그리고 그의 남은 형제·자매들과 가진 관계에서 차분하고, 용감하고, 썩 지혜로웠다.

예수는 특별한 부드러움과 인간 성품에 공감하는 놀라운 이해심을 아버지로부터 많이 받았다. 위대한 선생으로서 그의 재능, 의분(義憤)을 느끼는 엄청난 능력을 어머니로부터 물려받았다. 어른 생활 환경에 대하여 감정을 보이는 반응에서, 예수는 한때 아버지처럼 명상(瞑想)에 잠기고 경건하며, 때로는 슬퍼 보이는 특징을 가졌다. 그러나 낙관적이고 결심이 굳은 어머니의 성향을 따라서 앞으로 돌진하는 일이 더 흔했다. 모든 것을 종합하면, 신다운 아들이 자라서 어른 생활의 중대한 걸음으로 획 들어가면서, 마리아의 기질이 그의 생애를 지배하는 경향이 있었다. 어떤 세부에서, 예수는 부모의 특징을 섞어 닮았고, 다른 면에서는 한 사람의 특징과 대조가 되게, 다른 사람의 특징을 나타냈다.

요셉으로부터 예수는 유대 의식(儀式)의 풍습에 관하여 엄격한 훈련, 히브리 성서에 관하여 특별한 식견을 확보했다. 마리아로부터 종교 생활의 폭 넓은 관점, 개인의 영적 자유에 관하여 좀더 자유로운 개념을 얻었다.

요셉과 마리아의 가족들은 모두, 그 시절로 보아서 잘 교육받은 편이었다. 요셉과 마리아는 그 시절과 인생의 시점에서, 보통을 훨씬 넘게 교육받았다. 요셉은 생각하는 사람이요 마리아는 계획하는 사람이었으며, 적응하는 데 민첩하고 즉시 실행하는 데 실용적이었다. 요셉은 까만 눈을 하고 갈색 머리였고, 마리아는 갈색 눈에 머리털이 아주 거의 금발 종류이었다.

요셉이 살았다면, 의심할 여지 없이, 맏아들의 신성한 사명을 굳게 믿는 사람이 되었을 것이다. 마리아는 믿고 의심하는 사이에 갈팡질팡했고, 다른 아이들과 친구와 친척(親戚)들이 취한 태도에 크게 영향을 받았다. 그러나 아이가 잉태된 바로 뒤에, 가브리엘이 그 여자에게 나타났던 기억 때문에, 그 여자의 마지막 태도는 언제나 차분해졌다.

마리아는 직물 짜기에 솜씨가 있었고, 그 시절에 가정 기술의 대부분에서 보통이 넘게 숙련되었다. 그 여자는 집안 일을 잘 해냈고, 우수한 가정 주부였다. 요셉과 마리아는 모두 유능한 선생이었고, 아이들이 그 시절의 배움에 훤하도록 처리하였다.

젊은이였을 때, 요셉은 마리아의 아버지에게, 그 집에 덧붙인 건물을 짓는 일에 고용되었고, 점심 식사 중에 마리아가 요셉에게 물 한 잔을 가져왔을 때 예수의 부모가 될 운명을 가진 그 쌍의 구애(求愛)가 정말로 비롯되었다.

요셉이 스물 한 살 때, 나사렛 근방, 마리아의 집에서, 요셉과 마리아는 유대인 관습에 따라서 결혼했다. 이 결혼은 거의 2년에 걸쳐 지속된 정상적인 구애를 마무리지었다. 그 뒤에 얼마 안 되어, 나사렛에 있는 새 집으로 옮겼는데, 요셉은 이 집을 두 형제의 도움을 받아서 지었다. 이 집은 근처의 높은 언덕 밑 가까이에 자리잡았고, 거기서는 마음에 썩 들게 둘레의 시골이 내려다보였다. 특별히 마련된 이 집에서, 아이를 기다리는 이 젊은 부모는 약속(約束)된 아이를 환영하려고 생각했고, 우주의 이 중대한 사건이, 그들이 집을 떠나서 유대의 베들레헴에 있는 동안에 벌어지라는 것을 조금도 눈치채지 못했다.

요셉의 집안에서 반 이상이 예수의 가르침을 믿는 사람들이 되었지만, 마리아의 친족들 가운데 거의 아무도 그가 이 세상을 떠나기까지 그를 믿지 않았다. 요셉은 기대하는 메시아의 영적 개념을 향하여 마음이 더 기울었지만, 마리아와 그 가족, 특히 그 여자의 아버지는 메시아가 현세의 구원자요 정치적인 통치자라는 관념을 고수했다. 마리아의 조상들은 그 때로 보아서 최근이었던 마카비 운동을 두드러지게 편들었다.

요셉은 유대 종교의 동부, 즉 바빌로니아의 관점을 굳게 지켰다. 마리아는 율법과 선지자를 더 자유롭게 널리 풀이하는 서부(西部), 즉 헬라파 방향으로 강하게 기울었다.

6. 나사렛의 집

예수의 집은 나사렛 북쪽 부분의 높은 언덕으로부터 그리 멀지 않았고, 마을의 샘물에서 얼마큼 떨어져 있었는데, 이 샘물은 마을 동쪽 구역에 있었다. 예수의 가족은 그 도시의 교외에서 살았고, 이것은 그로 하여금 나중에 시골 길에서 자주 산보를 즐기고 가까이 있는 고지(高地) 꼭대기까지 훌쩍 갔다오는 것을 더군다나 쉽게 만들었으며, 이곳은 동쪽으로 타볼 산맥, 거의 같은 높이의 나인 산을 빼고, 갈릴리 남쪽의 모든 산 가운데 가장 높았다. 그들의 집은 이 산의 남쪽 돌출부에서 조금 남동쪽에, 이 고지의 아래와 나사렛에서 가나 방향으로 가는 길 사이의 중간쯤에 자리를 잡았다. 그 산 오르는 것을 제쳐 놓고, 예수가 가장 좋아하는 산책은 그 산밑 둘레를 구불구불 돌아가는 좁은 산길을 따라서, 세포리스로 가는 길과 합쳐지는 데까지 가는 것이었다.

요셉과 마리아의 집은 한 칸 방의 돌 구조에 납작한 지붕을 가졌고, 동물을 두는 인접한 건물이 옆에 있었다. 가구(家具)는 낮은 돌 식탁 하나, 토기(土器)와 돌 접시와 냄비들, 베틀 하나, 등불 하나, 조그만 의자 몇 개, 돌 마루에서 자는 데 쓰이는 깔개들로 이루어져 있었다. 뒤뜰에는, 동물이 있는 딴채 가까이에, 아궁이와 곡식 으깨는 방아를 덮는 오두막이 있었다. 이 종류의 방아를 움직이는 데, 하나는 갈고 다른 하나는 알곡을 방아에 집어넣고, 이렇게 두 사람이 필요했다. 작은 사내아이였을 때 예수는 어머니가 가는 돌을 돌리는 동안, 가끔 이 방아에 알곡을 집어넣었다.

후일에 가족의 수가 늘어남에 따라서, 이들은 음식을 먹으려고, 크게 만든 돌 식탁(食卓) 둘레에 모두 웅크리고 앉아서, 공동으로 쓰는 접시나 냄비로부터 음식을 떠먹곤 했다. 겨울에, 저녁 식사 때, 작고 납작한 진흙 등불이 식탁을 비추었고, 등불은 올리브 기름으로 채웠다. 마르다가 태어난 뒤에, 요셉은 이 집에, 큰 방 하나를 덧붙여 지었는데, 낮에는 목수 작업장으로 쓰이고 밤에는 잠자는 방으로 쓰였다.

7. 베들레헴으로 가는 여행

기원전 8년 3월 (요셉과 마리아가 결혼한 달), 케자 아우구스투스는 로마 제국의 모든 거주민의 수를 세어야 한다, 조세(租稅)를 개선하는 데 쓰일 수 있는 인구 조사가 되어야 한다고 칙령을 내렸다. 유대인들은 언제나 "사람들의 수를 세려는" 어떤 시도에도 반대하는 큰 편견을 가졌고, 이것은 유대 임금 헤롯의 심각한 집안 문제와 관련하여, 유대 왕국에서, 1년 동안 인구(人口) 조사의 실시를 늦추게 만들었다. 로마 제국 전역에 걸쳐서, 이 인구 조사는 기원전 8년에 등록되었는데, 예외로 헤롯의 팔레스타인 왕국에서는, 1년 뒤 기원전 7년에 이루어졌다.

마리아가 등록하려고 베들레헴에 가야 할 필요는 없었다—요셉은 가족을 위하여 등록할 권한이 있었다—하지만 마리아는 모험을 좋아하고 적극적인 사람이었기 때문에 따라가겠다고 고집을 부렸다. 요셉이 떠나 있는 동안에 아이가 태어나지 않을까 걱정하여 그 여자는 혼자 남아 있기를 두려워했고, 다시 생각하건대, 베들레헴은 유다 시로부터 멀리 떨어져 있지 않으니까, 마리아는 자기 친척 엘리자벳과 즐거운 대화를 나눌 가능성을 내다보았다.

요셉은 마리아가 따라오는 것을 말리다시피 했지만, 아무 소용이 없었다. 사나흘 동안의 여행을 위해서 먹을 것을 챙기고 있을 때, 마리아는 분량을 두 배로 마련하고 여행을 위하여 준비했다. 그러나 그들이 실제로 떠나기 전에, 요셉은 마리아가 따라가는 것을 좋게 여겼고, 날이 밝자 그들은 명랑하게 나사렛을 떠났다.

요셉과 마리아는 가난했고, 짐 싣는 짐승이 하나만 있으니까, 아이 때문에 배가 부른 마리아가 식량과 함께 동물에 올라탔고, 요셉은 그 짐승을 이끌면서 걸었다. 요셉의 아버지가 최근에 몸을 쓰지 못하게 되어서 부모(父母)를 부양하는 데도 돈을 내야 했기 때문에, 집을 짓고 가구를 장만하는 일이 요셉에게 몹시 힘에 겨웠다. 그래서 이 유대인 부부는 기원전 7년, 8월 18일 아침 일찍, 초라한 집을 떠나서 베들레헴으로 나그네 길을 떠났다.

여행의 첫날은 길보아 산기슭 언덕 둘레로 이끌었고, 거기서 그들은 요단 강 가에 그 날 밤 텐트를 치고, 어떤 종류의 아들이 태어날 것인가, 여러 가지 추측에 빠졌다. 요셉은 영적 선생 개념에 집착했고, 마리아는 유대인의 메시아, 히브리 국가의 구원자 관념을 고수하였다.

8월 19일 밝고 이른 아침에, 요셉과 마리아는 다시 길을 재촉했다. 사르타바 산 밑에서 요단 강 유역을 내려다보면서 점심을 먹었고, 계속 여행하여, 그 날 밤 예리고에 다다랐으며, 거기서 그 도시 교외의 도로에 있는 어느 여인숙에서 멈추었다. 저녁 식사를 마치고 나서, 로마 통치의 억압, 헤롯, 인구 조사 등록, 그리고 유대인의 배움과 문화의 중심지로서 예루살렘과 알렉산드리아의 비교적 영향에 관하여 실컷 토론(討論)한 뒤에, 나사렛 나그네들은 그 날 밤 쉬려고 물러갔다. 8월 20일, 아침 일찍 다시 길을 떠났고, 한낮이 되기 전에 예루살렘에 다다랐다. 성전을 찾아보고, 목적지를 향해 계속 가서, 오후 중반에 베들레헴에 도착했다.

여인숙에는 사람들이 미어졌고, 따라서 요셉은 먼 친척들한테서 잠잘 곳을 찾았지만, 베들레헴에 있는 방마다 넘치도록 사람들이 가득하였다. 요셉은 여인숙의 안뜰로 돌아오면서, 바위 옆을 깎아서 만든, 그 여인숙(旅人宿) 바로 밑에 있는 카라반 마구간이, 짐승들을 치우고 숙박하는 손님을 받기 위해서 깨끗이 치워졌다는 통지를 받았다. 당나귀를 안마당에 두고, 요셉은 옷가지와 먹을 것을 담은 자루들을 어깨에 메고, 마리아와 함께 밑에 있는 숙박소로 돌 계단을 내려갔다. 그들은 마구간과 말구유 앞까지, 곡식 저장소로 쓰였던 곳에 자신들이 와 있음을 발견했다. 천막 커튼이 쳐졌고, 그렇게 편안한 잠자리를 가지게 되어서 운이 좋았다고 생각했다.

요셉은 당장에 나가서 등록하려고 생각했지만, 마리아는 지쳐 있었다. 그 여자는 상당히 고통스러워했고, 옆에 남아 있으라고 부탁했으며, 그는 그렇게 했다.

8. 예수가 태어나다

밤 동안 내내 마리아가 뒤척였기 때문에, 둘 가운데 아무도 잠을 많이 자지 못했다. 동이 틀 때가 되어서, 산통의 증거가 뚜렷해졌고, 기원전 7년 8월 21일 한낮에, 동료 여인 여행자들의 도움과 친절한 보살핌을 받아서, 마리아는 사내아이를 낳았다. 나사렛 예수는 세상에 태어났고, 그러한 가능한 경우를 대비하여 마리아가 가져왔던 옷 속에 둘둘 말려서, 가까이 있는 말구유에 눕혀졌다.

그 날 이전과 이후로 모든 아기가 세상으로 온 것과 똑같은 방식으로, 약속된 그 아이가 태어났다. 여드렛날에, 유대인의 풍습에 따라서, 그는 할례를 받았고, 정식으로 요수아(예수)라고 이름이 지어졌다.

예수가 태어난 다음 날, 요셉은 등록을 마쳤다. 이틀 밤 전에 예리고에서 이야기를 나누던 한 사람을 만났는데, 그는 요셉을 여인숙에서 묵고 있던 어떤 잘 사는 친구에게 데리고 갔고, 그 사람은 나사렛 부부와 기쁘게 숙소를 맞바꾸겠다고 말했다. 그 날 오후에 그들은 그 여인숙으로 옮겼고, 요셉의 어느 먼 친척의 집에서 묵을 곳을 찾을 때까지, 거기서 거의 3주 동안 살았다.

예수가 태어난 뒤 둘째 날, 마리아는 제 아이가 태어났다는 소식을 엘리자벳에게 보냈고, 그들의 모든 일을 사가리아와 함께 이야기하려고 예루살렘까지 요셉을 초대한다는 회답을 받았다. 그 다음 주에 요셉은 사가리아와 의논하려고 예루살렘으로 갔다. 사가리아와 엘리자벳은 모두 예수가 정말로 유대인의 구원자 메시아가 되고, 아들 요한이 그의 부관들의 우두머리, 즉 그의 바른 팔인 운명의 사람이 되리라는 진지한 확신에 홀려 있었다. 그리고 마리아가 바로 이 생각을 가졌으니까, 예수가 자라서 온 이스라엘의 왕좌에 앉아서 다윗의 후계자가 될 수 있도록 다윗의 도시, 베들레헴에 남아 있으라고 요셉을 설득하기는 어렵지 않았다. 따라서, 그들은 1년이 넘도록 베들레헴에 남아 있었고, 요셉은 그 동안에 목수 직업에서 얼마큼 일했다.

한낮에 예수가 태어날 때 유란시아의 세라핌들은, 그들의 지도자들 밑에 모여서, 베들레헴 말구유를 내려다보며 영광의 찬송을 불렀다. 그러나 이러한 찬미 소리는 사람의 귀에 들리지 않았다. 사가리아가 예루살렘으로부터 보낸, 우르에서 온 어떤 사제들이 도착한 날까지, 아무 목동이나, 어떤 다른 필사 인간도 베들레헴의 아기에게 경의(敬意)를 표하러 오지 않았다.

메소포타미아에서 온 이 사제들은, 자기 나라에서 한 이상한 종교 선생으로부터, 그가 꿈을 꾸었는데 그 꿈 속에서 "생명의 빛"이 땅에서 한 아기로서, 유대인들 사이에 바야흐로 나타나려 한다고 통지받았다는 말씀을 얼마 전에 들었다. 거기로 이 세 선생은 이 "생명의 빛"을 찾으러 갔다. 예루살렘에서 몇 주 동안 헛되이 찾다가 우르로 막 돌아가려 했는데, 그 때 사가리아가 그들을 만나서 예수가 그들이 찾는 대상이라 믿는다고 속을 털어놓고, 그들을 베들레헴으로 보냈다. 거기서 그들은 아기를 발견하고, 땅에서 어머니인 마리아에게 가져온 선물들을 건네 주었다. 그들이 찾아왔을 때, 아기는 태어난 지 거의 3주가 되었다.

이 현자들은 아무 별도 그들을 베들레헴으로 안내하는 것을 보지 못했다. 베들레헴의 별에 관한 아름다운 전설(傳說)은 이렇게 비롯하였다. 예수는 기원전 7년, 8월 21일 정오(正午)에 태어났다. 기원전 7년, 5월 27일, 물고기 별자리에서 목성과 토성의 보기 드문 합(合)이 일어났다. 비슷한 합이 같은 해, 9월 29일과 12월 5일에 일어난 것은 천문학(天文學)에서 놀라운 사실이다. 특별하지만 온통 자연스러운 이 사건들에 근거를 두고, 뒤잇는 세대에 좋은 의도를 가지고 열심이던 이 사람들은, 베들레헴의 별과 찬미하는 점성가(占星家)들의 전설, 그들이 그 별에게 말구유까지 인도되고, 거기서 갓난아이를 보고 경배했다는 매력 있는 전설을 만들었다. 동양과 근동의 지성은 옛날 이야기를 좋아하고, 그들의 종교 지도자와 정치적 영웅들의 생애에 관하여 그러한 아름다운 신화(神話)를 계속 지어내고 있다. 인쇄술이 없이, 대부분의 인간 지식이 입에서 입으로, 한 세대에서 다른 세대로 전해졌을 때, 신화가 전통이 되고, 전통이 궁극에는 사실로 인정되기가 아주 쉬웠다.

9. 성전에서 아기를 보임

모든 첫아들은 주에게 속하며, 이방 나라들 사이에 관습인 것처럼 그를 희생하는 것에 준하여, 인가받은 어느 제사장에게 부모가 다섯 세겔을 바쳐서 그러한 아들을 되찾는다면 그는 살아도 좋다고 모세는 유대인들에게 가르쳤다. 또한 얼마큼 시간이 지난 뒤에, 어머니가 정화(淨化)를 위해서 스스로를 보여야 한다고 (또는 다른 사람으로 하여금 그 여자를 위하여 적절한 희생을 바치게 해야 한다고) 지시하는 모세의 규례가 있었다. 이 두 가지 의식을 같은 때에 행하는 것이 관례였다. 따라서, 요셉과 마리아는 몸소 가서 사제들에게 예수를 보이고, 몸값을 치르고, 또한 출산 때문에 생긴다고 믿은 더러움으로부터 마리아를 의식(儀式)으로 깨끗이 하는 것을 보장하기 위해서, 적당한 희생물을 바치려고 예루살렘의 성전으로 올라갔다.

성전의 마당 근처에는 놀라운 두 인물이 항상 얼씬거리고 있었는데, 가수 시미온과 여자 시인 안나였다. 시미온은 유대 지방 사람이지만, 안나는 갈릴리 사람이었다. 이 쌍은 빈번히 서로 동무하고 있었고, 두 사람이 사가리아 사제와 가까웠는데, 그는 요한과 예수의 비밀을 털어놓았다. 시미온과 안나는 모두 메시아가 오실 것을 몹시 바라고 있었고, 사가리아에 대한 신뢰는 그들로 하여금 예수가 유대 민족이 기대하는 구원자라고 믿게 만들었다.

사가리아는 요셉과 마리아가 예수를 데리고 성전에 나타나리라 기대되는 날을 알았고, 손을 올려 인사해서, 처음 난 아이들의 행렬에서 어떤 아이가 예수인가 가리켜 주기로 시미온과 안나와 미리 약속해 두었다.

이 계제를 위하여 안나는 전에 시(詩)를 써 두었고, 시미온이 그 시를 노래하기 시작했는데, 요셉과 마리아와 성전 마당에 모여든 모든 사람이 깜짝 놀랐다. 다음이 첫아들을 대속하는 그들의 찬송이었다:

주 이스라엘의 하나님은 복이 있나니,
우리를 찾아오시어, 그의 민족을 위하여 값을 치렀음이라.
그는 우리 모두를 위하여 구원의 뿔을
그의 종 다윗의 집에서 길렀도다.
그의 거룩한 선지자들의 입으로 말씀하신 것 같이—
우리의 적과 우리를 미워하는 모든 사람의 손으로부터 구원이 있음이라.
우리 선조들에게 자비를 보이고, 그의 거룩한 약속을 기억하려고—
적들의 손으로부터 구원을 받았으니
우리가 사는 동안 그 앞에서 거룩함과 올바름 속에
두려움 없이 그를 섬기도록 허락한다고
우리 아버지 아브라함에게 하신 서약.
옳도다, 너, 약속(約束)의 아이를 최고자의 선지자로 부를지니,
주의 나라를 세우려고 주의 얼굴 앞으로 네가 갈 것임이라.
저희의 죄를 뉘우치는 가운데,
그의 백성에게 구원의 지식을 주려 함이라.
어두움 속에, 죽음의 그림자 속에 앉아 있는 자들에게 빛을 비추려고
우리의 발길을 평화의 길로 인도하려고
높은 곳에서부터 날의 근원이 이제 우리를 찾았으니,
우리 하나님의 부드러운 자비 가운데 기뻐할지어다.
아 주여, 이제 주의 종이 주의 말씀에 따라서 평안히 떠나게 하소서.
모든 민족의 얼굴 앞에 주가 예비하신
주의 구원을 나의 눈이 보았음이니이다.
이방인(異邦人)의 베일도 벗기는 빛,
그리고 주의 민족 이스라엘의 영광이여.

베들레헴으로 돌아가는 길에, 요셉과 마리아는 말이 없었다—당황하고 경외감에 넘쳤다. 늙은 여자 시인 안나의 작별 인사 때문에 마리아는 어지간히 마음이 흔들렸고, 예수를 유대 민족이 기대하는 메시아인 것처럼 보이게 만들려는 이 때 이른 노력이 요셉은 달갑지 않았다.

10. 헤롯의 행동

그러나 헤롯이 보낸 감시자들은 가만히 있지 않았다. 우르에서 온 사제들이 베들레헴을 찾아갔다고 그들이 헤롯에게 보고했을 때, 헤롯은 이 갈대아인들이 자기

앞에 나타나라고 호출했다. "유대인의 새 임금"에 관하여 부지런히 이 현자들에게 물어 보았지만, 그들은 그의 마음에 차지 않았고, 인구 조사 등록을 위하여 남편과 함께 베들레헴으로 내려온 어느 여자에게 그 아기가 태어났다고 설명했다. 이 대답에 만족하지 못하고, 헤롯은 그들에게 돈 자루를 주어 보내면서, 그 왕의 나라가 영적인 것이고 현세의 것이 아니리라고 그들이 선서했으니까, 자기도 가서 그에게 경배하도록 그들이 그 아이를 찾아야 한다고 지시했다. 그러나 현자(賢者)들이 돌아오지 않았을 때, 헤롯은 의심이 들었다. 이런 일을 머리 속에서 이모저모 뜯어보고 있을 때, 그의 정탐꾼들이 돌아와서 성전에서 요즘에 일어난 일에 대하여 총 보고를 드렸고, 예수의 대속(代贖) 의식에서 시미온이 불렀던 노래 부분의 사본 하나를 가져왔다. 그러나 그들이 요셉과 마리아를 따라가지 못했고 그 부부가 아기를 어디로 데려갔는가 일러 주지 못했을 때, 헤롯은 그들에게 몹시 성을 냈다. 그리고 나서 그는 요셉과 마리아를 찾아내라고 탐색대를 보냈다. 헤롯이 나사렛 가족을 찾음을 알고서, 사가리아와 엘리자벳은 베들레헴으로부터 멀리 떨어져 있었다. 남자 아기는 요셉의 친척들에게 몰래 옮겨졌다.

요셉은 일거리를 찾기가 두려웠고, 얼마 안 되는 저축(貯蓄)은 눈 녹듯 사라지고 있었다. 성전에서 정화 예식이 있을 때에도, 모세가 가난한 자들 사이에서 어머니의 정화(淨化)를 위해 지시한 대로, 마리아를 위해서 어린 비둘기 두 마리를 바쳐도 괜찮을 만큼, 요셉은 자신을 충분히 가난하게 여겼다.

1년이 넘도록 수색한 뒤에, 헤롯의 첩자들이 예수를 찾아내지 못했을 때, 그 아기가 아직도 베들레헴에 숨어 있다는 의심 때문에, 베들레헴에서 집집마다 체계 있게 수색하라, 두 살 밑의 모든 남자 아기를 죽여야 한다고 지시하는 명령을 준비했다. 이 방법으로 헤롯은, "유대인의 왕"이 될 이 아이가 꼭 죽도록 처리하기를 바랐다. 이처럼 유대 땅의 베들레헴에 있는 남자 아기 열 여섯이 하루에 이슬로 사라졌다. 그러나 술수(術數)와 살인은 자신의 직계 가족 안에서도, 헤롯의 궁정에서 보통 있는 일이었다.

이 아기들의 학살은 기원전 6년 10월 중순경에 일어났고, 그 때 예수는 한 살이 조금 넘었다. 그러나 헤롯의 궁정(宮庭) 수행원들 가운데도 다가오는 메시아를 믿는 사람들이 있었는데, 이들 중에 하나가, 베들레헴의 남자 아기들을 도륙하라는 명령을 듣고 나서 사가리아에게 알렸고, 그는 다시 요셉에게 사자를 급히 보냈다. 학살(虐殺)이 있기 전 날 밤, 요셉과 마리아는 아기를 안고 베들레헴을 떠나 에집트의 알렉산드리아를 향하여 떠났다. 사람의 눈을 끄는 것을 피하려고, 그들만 예수를 데리고 에집트로 길을 떠났다. 사가리아가 마련해 준 자금으로 알렉산드리아로 갔고, 거기서 요셉은 그의 직종에서 일했으며, 한편 마리아와 예수는 요셉 가족에서 잘 사는 친척들과 함께 숙박하였다. 알렉산드리아에서 2년이 차도록 머물렀고, 헤롯이 죽기까지 베들레헴으로 돌아오지 않았다.

주: 1. 요수아의 아들 요셉이라는 뜻.

제 123 편

예수의 어린 시절 초기

베들레헴에서 머무른 동안에 생긴 불안정한 상태와 불안 때문에, 알렉산드리아에 안전히 도착하기까지 마리아는 아기에게 젖을 떼지 않았고, 거기서 이 집안은 정상 생활을 하려고 정착할 수 있었다. 그들은 친척들과 함께 살았고, 도착한 뒤에 얼마 안 되어 요셉이 일자리를 잡아놓자 그는 가족을 넉넉히 부양할 수 있었다. 그는 몇 달 동안 목수로서 고용되었고, 그 때 공사 중이던 한 공공 건물에 고용된 큰 무리의 노동자들의 우두머리 자리로 승진되었다. 이 새로운 경험은 그들이 나사렛으로 돌아온 뒤에, 그에게 계약 공인(工人)과 건축자가 되는 생각을 품게 했다.

예수가 어쩔 수 없던 유아기에 이 처음 몇 해 동안 내내, 마리아는 아이의 복지를 위태롭게 하거나 어떤 면에서도 땅에서 그의 사명을 방해할까 싶은 무슨 일이 닥칠까 두려워 오랫동안 늘 지켰다. 그 여자보다 제 아이에게 더 헌신한 어머니는 없었다. 예수가 어쩌다 있게 된 집에는 그의 나이 또래에 다른 두 아이가 있었고, 가까운 이웃에는 그 자신과 나이가 충분히 가까운 다른 여섯 아이가 있어서 그들은 괜찮은 놀이 동무가 되었다. 처음에 마리아는 예수를 곁에 가까이 두고 싶어했다. 그 여자는 그가 다른 아이들과 함께 뜰에서 놀라고 버려 두면 무슨 일이 일어날까 두려워했지만, 요셉은 친척들의 도움을 얻어서, 그러한 과정은 예수가 그 나이 또래 아이들에게 적응하는 법을 배우는 유익한 체험을 빼앗으리라고 설득했다. 부당하게 감싸고 특별히 보호하는 그러한 계획이 그에게 자기를 의식하고 얼마큼 자기중심으로 만드는 경향이 있을지 모른다는 것을 깨닫고서, 마침내 마리아는 약속의 아이를 어떤 다른 아이하고도 똑같이 자라도록 버려 두는 계획에 찬성했다. 비록 이 결정(決定)에 승복했어도, 그 여자는 작은 꼬마들이 집 근처나 뜰에서 놀고 있는 동안에 언제나 경계하는 것을 일로 삼았다. 그가 아기였던 이 때와 어린 시절에 아들의 안전을 위해서 마리아가 가슴 속에 지녔던 짐은 오로지 사랑 많은 어머니가 알 수 있을 것이다.

알렉산드리아에서 그들이 머무르던 두 해 동안 내내, 예수는 튼튼했고, 줄곧 정상으로 자랐다. 몇 동무와 친척들을 빼고, 아무도 예수가 "약속의 아이"인 것에 관하여 귀띔을 받지 않았다. 요셉의 친척들 가운데 하나가 멤피스에 있는, 아득한 이크나톤의 후손인 몇 친구들에게 이것을 떠벌렸다. 이들은 알렉산드리아에 있는 조그만 무리의 지지자들과 함께 요셉의 친척인 후원자의 궁전 저택에서 모였고, 이것은 팔레스타인으로 돌아가기 얼마 전에 나사렛 가족에게 작별을 알리고 아이에게 경의를 표하기 위한 것이었다. 이 기회에, 모여든 친구들은 히브리 성서(聖書)의 그리스어 번역판의 완전한 사본(寫本) 하나를 예수에게 드렸다. 그러나 요셉과 마리아가 에집트에 남아 있으라고 멤피스와 알렉산드리아의 친구들이 청하는 것을 마침내 물리칠 때까지, 유대인의 이 성스러운 기록의 사본은 요셉의 손에 들어오지 않았다. 이 지지자들은 운명의 아이가 팔레스타인에 있는 어떤 지정된 곳보다도,

알렉산드리아의 주민으로서 훨씬 더 크게 세계적 영향을 미칠 수 있을 것이라고 주장했다. 이 설득은 헤롯이 죽었다는 소식을 받은 뒤에, 그들이 팔레스타인으로 떠나는 것을 얼마 동안 늦추었다.

요셉과 마리아는 그들의 친구 에즈레온에 속하는, 요파로 가는 배를 타고 마침내 알렉산드리아를 떠났고, 기원전 4년 8월말에 요파에 도착했다. 그들은 바로 베들레헴으로 갔고, 그들이 거기에 남아야 하는가 아니면 나사렛으로 돌아가야 하는가, 친구와 친척들과 의논하느라고 거기서 9월 한 달을 꼬박 보냈다.

마리아는 다윗의 도시, 베들레헴에서 예수가 자라야 한다는 생각을 결코 통째로 버린 적이 없었다. 요셉은 아들이 이스라엘의 임금 같은 구원자가 되리라는 것을 정말로 믿지 않았다. 게다가 자신이 정말로 다윗의 후손이 아니라는 것, 그가 다윗의 자손으로 간주되는 것은 선조(先祖)들 가운데 하나가 다윗 혈통의 후손에 입양되었기 때문이라는 것을 알았다. 마리아는 물론, 다윗의 도시가 다윗 왕좌를 이어받을 새 후보자가 자랄 수 있는 가장 적당한 장소라고 생각했지만, 요셉은 아켈라우스보다 그의 형제, 헤롯 안티파스에게 운을 맡기는 것을 더 좋게 여겼다. 그는 유대 땅의 베들레헴이나 어느 다른 도시에서 아이가 안전할까 크게 두려워했고, 갈릴리에 있는 안티파스보다, 아켈라우스가 아버지 헤롯의 위협적인 정책을 추구할 가능성이 더 많으리라고 추측했다. 이 모든 이유 외에도, 요셉은 아이를 기르고 교육하기에 더 좋은 장소로서 갈릴리를 더 좋아한다고 거리낌없이 이야기했다. 그러나 마리아의 반대를 물리치는 데는 3주가 걸렸다.

10월 1일이 되어서, 그들이 나사렛으로 돌아가는 것이 최선이라고 요셉은 마리아와 모든 친구를 설득했다. 따라서, 기원전 4년 10월초에 베들레헴을 떠나서 나사렛을 향했고, 리다와 스키토폴리스의 길을 거쳐 갔다. 그들은 어느 일요일 아침 일찍 떠났고, 마리아와 아이는 새로 산, 짐 싣는 짐승에 올라탔으며, 한편 요셉과 따라오는 친척 남자 다섯은 걸어갔다. 요셉의 친척들은 그들끼리만 나사렛까지 여행하도록 버려 두지 않았다. 그들은 예루살렘과 요단 강 유역을 지나서 갈릴리로 가기가 두려웠고, 서쪽 통로도 외로운 두 나그네와 나이 어린 아이에게 아주 안전하지는 않았다.

1. 나사렛으로 돌아와서

길 떠난 지 나흘째에, 일행은 목적지에 안전히 이르렀다. 그들은 나사렛 집에 아무런 통지 없이 다다랐다. 그 집은 3년이 넘도록, 요셉의 결혼한 형제들 가운데 하나가 차지하고 있었는데, 그는 정말로 그들을 보고 놀랐다. 아주 조용히 일을 처리했기 때문에, 요셉의 가족도 마리아의 가족도, 그들이 알렉산드리아를 전에 떠났다는 것조차 몰랐다. 이튿날 요셉의 형제는 가족을 옮겼고, 마리아는 예수가 태어난 뒤에 처음으로, 자기 집에서 생활을 즐기려고 작은 가족과 함께 정착했다. 한 주도 채 안 되어서, 요셉은 목수(木手)로서 일자리를 얻었고, 그들은 더할 나위 없이 행복했다.

나사렛으로 돌아왔을 때 예수는 3살, 2개월쯤 되었다. 그는 이 여행을 모두 매우 잘 견디었고, 건강이 아주 좋았으며, 뛰어다니고 즐길 수 있는 자기 터를 가진 것에 아이다운 기쁨과 흥분으로 가득 차 있었다. 그러나 알렉산드리아의 놀이 친구들과 가졌던 관계를 몹시 서운해하였다.

나사렛으로 돌아가는 길에, 갈릴리 친구와 친척들 사이에서 예수가 약속(約束)의 아이라는 말을 퍼뜨리는 것이 현명하지 않으리라고 요셉은 마리아를 설득했다. 그들은 이 문제를 아무에게도 입밖에 내지 않도록 삼가기로 찬성했다. 그리고 두 사람이 이 약속을 충실히 지켰다.

예수가 네 살 되던 해 전부가, 몸이 정상으로 자라고 특별한 정신 활동이 있는 기간이었다. 그 동안 그는 야곱이라는 이름을 가진 그 또래의 이웃 소년에게 아주 가깝게 정이 들었다. 예수와 야곱은 언제나 같이 노는 데 행복했고, 자라서 훌륭한 친구요 충실한 동반자가 되었다.

이 나사렛 가족의 생활에서 다음으로 중요한 사건은, 기원전 3년 4월 2일 이른 아침에, 둘째 아이 야고보가 태어난 것이다. 예수는 아기 동생을 하나 가진다는 생각에 기뻤고, 아기의 초기 활동을 그냥 지켜보려고 몇 시간이나 둘레에서 서성거리곤 했다.

바로 이 해 한여름에, 요셉은 마을 샘물에서 가깝고 카라반이 머무르는 마당 가까운 곳에 작은 작업장을 지었다. 이 뒤에 그는 일당(日當)으로 하는 목수 일이 거의 없었다. 그는 형제들 가운데 둘과 다른 몇 직공을 동료로서 두었는데, 이들을 일하러 밖으로 내보내고, 한편 그는 멍에와 쟁기를 만들고 다른 목공 일을 하면서 작업장에 남아 있었다. 그는 또한 가죽을 가지고, 또 밧줄과 캔바스를 가지고 얼마큼 일했다. 예수는 자라면서, 학교에 가지 않을 때, 어머니의 집안 일을 돕고, 카라반 인도자들과 지구의 사방(四方)에서 온 승객들의 대화와 잡담을 들으면서, 아버지가 작업장에서 일하시는 것을 구경하는 데 시간을 약 반반씩 보냈다.

이 해 7월, 예수가 네 살 되기 한 달 전, 카라반 여행자들과 접촉해서 생긴 악성 장(腸) 질환이 온 나사렛에 번졌다. 이 유행병에 예수가 노출되는 위험 때문에 너무 놀라서, 마리아는 두 아이를 싸들고 나사렛에서 몇 킬로미터 남쪽에, 사리드 가까이 메기도 길에 있는 동생의 시골 집으로 달아났다. 두 달이 넘도록 그들은 나사렛으로 돌아오지 않았다. 예수는 농가(農家)에서 사는 이 첫 경험을 크게 즐겼다.

2. 다섯 살 되던 해 (기원전 2년)

나사렛으로 돌아온 뒤 1년이 얼마큼 넘는 동안에, 소년 예수는 개인적이고 진심으로 도덕적인 첫 결정을 내릴 나이에 이르렀다. 파라다이스 아버지의 신성한 선물, 생각 조절자가 함께 거하려고 왔다. 이 조절자는 전에 마키벤타 멜기세덱과 함께 봉사한 적이 있고, 따라서 필사 육체의 모습을 입고 살던 초인간 존재의 육신화(肉身化)와 관련하여, 활동하는 체험을 얻었다. 이 사건은 기원전 2년 2월 11일에 일어났다. 예수는 수많은 다른 아이들보다 신다운 감시자가 오신 것을 더 의식하지 않았으며, 아이들은 그 날 이전과 이후에 그들의 지성에 깃들고, 이 지성을 궁극에 영답게 변화시키고 진화하는 불멸의 혼(魂)이 영구히 살아남게 하기 위하여 일하는 이 생각 조절자를 마찬가지로 받았다.

2월의 이 날, 미가엘이 아이처럼 육신화한 인격에 관련되는 바, 우주 통치자들이 직접 친히 감독하는 일은 끝났다. 그 때부터 육신화가 인간답게 펼쳐지는 동안 내내, 예수의 보호는 깃드는 이 조절자, 그리고 관련된 수호 천사들의 책임 밑에 맡겨지도록 정해졌고, 이것은 혹성 상관들의 지시에 따라서 어떤 분명한 임무를 수행하는 데 배치된 중도인(中道人)들의 보살핌으로 때때로 보충되었다.

이 해 8월에, 예수는 다섯 살이 되었고,[1] 따라서, 우리는 이 해를 그의 생애에서 (달력으로) 다섯 살 되는 해라 부르겠다. 이 해, 기원전 2년, 다섯째 생일이 되기 달포 전에, 예수는 여동생 미리암이 태어나서 몹시 즐거워했고, 여동생은 7월

11일 밤에 태어났다. 이튿날 저녁에, 예수는 여러 집단의 살아 있는 것들이 따로된 개체로서 세상에 태어나는 방법에 관하여, 아버지와 함께 오랫동안 이야기했다. 예수의 초기 교육에서 가장 값진 부분은 생각 깊고 탐구하는 물음에 대답하는 부모로부터 얻었다. 요셉은 소년의 수많은 물음에 대답하는 데 애쓰고 시간을 들임으로 어김없이 임무를 충실히 하였다. 다섯 살 때부터 열 살이 될 때까지, 예수는 줄곧 쏘아 대는 하나의 물음표였다. 요셉과 마리아는 물음에 반드시 대답할 수 있지는 않았지만, 그의 질문(質問)을 충분히 검토하고, 또한 그의 재빠른 머리가 내놓는 문제에 대하여 그가 만족스러운 해결에 도달하게 하려는 노력으로, 모든 다른 가능한 방법으로 그를 돕기를 게을리 하지 않았다.

나사렛으로 돌아온 뒤에, 이들의 집은 바쁜 집이었고, 요셉은 새 작업장을 짓고, 사업을 다시 시작하는 데 특별히 골똘해 있었다. 그가 너무 바빠서, 야고보를 위해서 요람을 만들 시간을 낼 수 없었지만, 이것은 미리암이 태어나기 오래 전에 시정되었다. 그래서 가족이 아기를 보고 감탄하는 동안에, 미리암은 푹 싸여서 잠잘 침대, 아주 푹신한 아기 침대가 있었다. 아이 예수는 이 모든 자연스러운 정상 가정의 체험을 실컷 겪었다. 그는 꼬마 동생과 아기 여동생을 몹시 좋아했고, 동생들을 돌보는 데 마리아에게 큰 도움이 되었다.

그 시절의 이방 세계에는, 갈릴리의 유대인 가정(家庭)보다 더 낫게 지적·도덕적·종교적 훈련을 시킬 수 있는 집이 거의 없었다. 이 유대인들은 아이들을 기르고 교육하는 체계 있는 프로그램을 가지고 있었다. 이들은 어린아이의 생애를 일곱 단계로 나누었다:

1. 갓난아이, 첫날부터 여드렛날까지.
2. 젖 먹는 아이.
3. 젖뗀 아이.
4. 어머니에게 기대는 기간, 첫해 끝까지 지속된다.
5. 아이의 독립의 시작. 아들의 경우, 아버지가 그 교육을 책임진다.
6. 청년기의 소년과 소녀.
7. 젊은 남녀.

어머니가 다섯 살 되는 생일까지 아이를 훈련하는 책임을 지고, 다음에 그 아이가 소년이면, 그 때부터 계속 그 소년의 교육을 아버지가 책임지게 하는 것이 갈릴리 유대인들의 관습이었다. 그러므로 이 해에, 예수는 갈릴리 유대인 아이의 생애에서 다섯째 단계에 들어갔고, 따라서 기원전 2년 8월 21일에, 마리아는 그가 더 교육을 받도록 정식으로 요셉에게 넘겼다.

요셉이 이제 예수의 지성 및 종교 교육에 직접 책임을 지고 있지만, 어머니는 아직도 가정 훈련에 관심을 가졌다. 어머니는 집터를 완전히 둘러싸는 뜰의 벽 근처에서 자라는 덩굴과 꽃들을 알아보고 돌보는 일을 그에게 가르쳤다. 어머니는 또한 집의 지붕 위에 (여름 침실) 얕은 모래 상자들을 마련해 주었고, 예수는 그 안에서 지도를 그리고, 아람어, 그리스어, 나중에는 히브리어를 쓰는 초기의 연습을 많이 했는데, 왜냐하면 시간이 지나자 그가 세 나라 말을 모두 술술 읽고, 쓰고, 말하기를 배웠기 때문이다.

예수는 신체적으로 거의 완전한 아이인 듯했고, 정신과 감정 면에서 줄곧 정상으로 진보했다. (달력으로) 다섯 살 되던 이 해의 후반에, 약한 배탈이 났는데, 이것은 처음으로 앓은 작은 병이었다.

요셉과 마리아는 가끔 맏아들의 앞날에 관하여 이야기했지만, 너희가 거기 있었더라면, 그 때 그 자리에서 오직 정상이고 튼튼하고, 구김 없지만 지나치게 따져 묻는 아이가 자람을 보았을 것이다.

3. 여섯 살 되던 해의 사건들 (기원전 1년)

어머니의 도움을 받아서, 예수는 이미 아람어의 갈릴리 방언을 통달했고, 이제 아버지는 그에게 그리스어를 가르치기 시작했다. 마리아는 그리스어를 거의 하지 못했지만, 요셉은 아람어와 그리스어를 모두 거침없이 썼다. 그리스어를 공부하는 교과서는 히브리 성서(聖書)의 사본—시편을 포함하여, 율법과 선지자가 들어 있는 완역판—이었고, 이것은 에집트를 떠날 때 그들에게 선사되었다. 온 나사렛에 그리스어로 된 성서의 완전한 사본(寫本)이 꼭 두 권 있었다. 목수의 가족이 이 중에 하나를 소유한 것은 요셉의 집을 사람들이 많이 찾는 장소로 만들었고, 예수가 성장함에 따라서, 그로 하여금 거의 끊임없이 줄선 열심 있는 학생들과 진지하게 진리를 찾는 사람들을 만나게 해 주었다. 이 해가 가기 전에, 예수는 그 신성한 책을 알렉산드리아의 친구와 친척들이 그에게 주었다는 이야기를 여섯 살 되는 생일에 듣고 나서, 이 귀중한 사본의 관리를 맡았다. 아주 짧은 시간 안에, 그는 쉽사리 그 책을 읽을 수 있었다.

예수가 어릴 때 처음으로 받은 큰 충격은 아직 여섯 살이 채 안 되었을 때 일어났다. 그 소년에게, 아버지는—적어도 아버지와 어머니는 함께—모든 것을 아는 듯 보였다. 그러니까 막 일어난 가벼운 지진(地震)의 원인을 아버지에게 물었을 때, "아이야, 나는 정말 모른다"하고 요셉이 말하는 것을 듣고 탐구심 있는 이 아이가 놀란 것을 상상해 보아라. 이렇게, 길고도 갈팡질팡하게 하는 그 각성이 시작되었고, 그러한 과정에서 예수는 땅에 있는 부모가 온통 지혜롭고 전지(全知)하지 않다는 것을 알아차렸다.

요셉의 처음 생각은, 하나님이 지진을 일으킨다고 예수에게 일러 주는 것이었다. 그러나 잠시 동안의 숙고는 그러한 대답이 더 많고 더욱 난처한 질문을 하도록 자극할 것이라고 그에게 훈계하였다. 어린 나이에도, 자연이나 사회의 현상에 관하여 예수가 묻는 것에 대하여 하나님이나 악마가 책임이 있다고 생각 없이 이야기해서 대답하기가 대단히 힘들었다. 유대 민족의 유행하는 믿음과 조화되게, 예수는 선한 영(靈)과 악한 영의 교리가 정신·영의 현상에 대한 가능한 설명이라는 신조를 오랫동안 기꺼이 받아들였지만, 보이지 않는 그러한 영향이 자연 세계의 물리적 사건에 책임이 있다는 것을 아주 일찍부터 의심하게 되었다.

예수가 여섯 살이 되기 전, 기원전 1년 이른 여름에, 사가리아와 엘리자벳과 그 아들 요한이 나사렛 가족을 찾아보러 왔다. 그들의 기억으로는 첫 번인 바로 이번 방문에, 예수와 요한은 즐거운 시간을 가졌다. 비록 방문객(訪問客)들이 며칠만 머무를 수 있었지만, 부모들은 아들들의 장래 계획을 포함하여, 여러 가지 일에 관하여 이야기했다. 이렇게 그들이 정신이 쏙 빠져 있는 동안, 아이들은 집 꼭대기에서, 토막들을 가지고 모래 속에서 놀았고, 여러 가지 다른 방법으로, 참으로 사내다운 방식으로 즐겁게 지냈다.

예루살렘 근처에서 온 요한을 만났기 때문에, 예수는 이스라엘의 역사에 비상한 관심을 비로소 나타냈고, 안식일 의식(儀式)과 회당의 설교, 되풀이해서 돌아오는 기념 축제의 의미에 관하여 아주 샅샅이 물었다. 아버지는 이 모든 시절의 뜻에 관하여 설명해 주었다. 첫째는 한겨울에 경축하여 불 켜는 것이었고, 첫날 밤에 촛불

하나로부터 비롯하여, 뒤이은 밤마다 하나씩 더해서, 여드레 동안 이어진다. 이것은 유다 마카비가 모세의 예배를 회복한 뒤에 성전을 봉헌한 것을 기념하였다. 다음에는 푸림의 이른 봄 축제, 즉 에스터와 그 여자를 통해서 이스라엘이 구원받은 것을 기념하는 축제가 다가왔다. 그리고 나서 엄숙한 유월절이 따랐고, 어른들은 될 수 있으면 이것을 예루살렘에서 지내고, 집에서는 한 주일 내내 아무런 누룩 넣은 빵도 먹지 않을 것을 아이들이 기억하곤 했다. 그 뒤에 첫 열매의 축제, 즉 추수가 다가왔고, 마지막으로, 가장 엄숙한 것은, 새해의 축제, 속죄(贖罪)의 날이었다. 이 가운데 어떤 경축일과 관습은 예수의 어린 머리에 알아듣기 어려웠지만, 그는 이것들을 깊이 생각하고, 그리고 나서 초막절의 기쁨에 흠뻑 빠졌는데, 이 때는 온 유대 민족이 해마다 있는 휴가 철, 그들이 바깥에서 나뭇잎에 덮인 초막에서 텐트를 치고 즐거움과 쾌락에 빠지는 때였다.

이 해 동안, 요셉과 마리아는 예수가 드리는 기도에 관하여 곤란을 겪었다. 땅에서 아버지인 요셉에게 이야기하는 것과 아주 비슷하게 예수는 하늘 아버지에게 말하기를 고집했다. 신과 더 엄숙하고 경건한 형태로 교통하는 것으로부터 이렇게 벗어나는 것은 부모에게, 특히 어머니에게, 조금 마음 상하는 일이었지만, 그의 태도를 바꾸도록 설득할 수 없었다. 그는 가르침받은 대로 기도를 드리곤 했지만, 다음에 "하늘에 계신 내 아버지와 그냥 잠깐 이야기"하기를 고집했다.

이 해 6월에 요셉은 나사렛에 있는 작업장을 동생들에게 넘기고, 정식으로 건축자로서 일에 들어갔다. 이 해가 다 가기 전에, 가족의 소득은 3배가 넘게 늘어났다. 요셉이 죽기까지, 나사렛 가족은 결코 다시 가난의 뼈저림을 느끼지 않았다. 가족은 점점 더 불어났고, 그들은 과외 교육과 여행에 많은 돈을 썼지만, 언제나 요셉의 늘어나는 소득이 커지는 경비와 발걸음을 맞추었다.

다음 몇 해 동안, 요셉은 나사렛과 그 근처에서 많은 건축 일 뿐 아니라, 가나, (갈릴리의) 베들레헴, 막달라, 나인, 세포리스, 가버나움, 엔도르에서 상당히 일을 했다. 야고보가 어머니의 집안 일을 돕고 어린아이들을 돌볼 만큼 자랐을 때, 예수는 아버지와 함께, 둘러싼 이 여러 도시와 마을까지, 집을 떠나서 자주 여행했다. 예수는 날카롭게 관찰하는 눈이 있었고, 집을 떠난 이 여행(旅行)으로부터 실용적 지식을 많이 얻었다. 사람, 그리고 사람이 땅에서 사는 방법에 관하여, 부지런히 지식을 쌓고 있었다.

이 해에 예수는 가족의 협동과 가정 훈련(訓練)의 요구에 대하여 격한 감정과 힘찬 충동을 조절하는 데 크게 나아졌다. 마리아는 사랑이 많은 어머니였지만, 꽤 엄한 훈육자였다. 그러나 여러 면에서, 요셉은 예수를 더 크게 통제했는데, 이는 소년과 함께 앉아서, 가족(家族) 전부의 복지와 평안을 고려하여, 징계로서 개인의 욕구를 줄이는, 진정한 근본적 이유를 넉넉히 설명하는 것이 버릇이었기 때문이다. 예수에게 형편을 설명했을 때, 그는 언제나 부모의 소망과 가족의 규칙에 총명하게, 기꺼이 협조했다.

남는 시간의 상당한 부분은—집 근처에서 어머니가 도움이 필요하지 않았을 때—낮에는 꽃과 식물(植物), 밤에는 별을 공부하는 데 쓰였다. 잘 정돈된 이 나사렛 가정에서 보통 잠잘 시간이 훨씬 지난 뒤에, 그는 드러누워서 놀라워하며 별이 보이는 하늘을 물끄러미 바라보는 성가신 습성을 나타냈다.

4. 일곱 살 되던 해 (서기 1년)

이 해는 정말로 예수의 일생에서 사건이 많은 해였다. 1월 초에 갈릴리에서 큰 눈보라가 닥쳤다. 60센티미터나 깊이 눈이 내렸는데, 예수가 일생 동안 본 가운데 가장 큰 눈이었고, 1백 년 동안에 나사렛에서 가장 많이 쌓인 것 중의 하나였다.

예수의 시절에 유대인 어린이의 놀이 생활은 제한된 편이었다. 아이들이 나이 먹은 사람들이 하는 것을 지켜보고 심각한 짓을 하면서 노는 때가 너무 흔했다. 아이들은 결혼식과 장례식에서 놀았고, 이런 의식을 매우 자주 보았으며, 그것들은 아주 볼 만했다. 아이들은 춤추고 노래를 불렀지만, 후일의 아이들이 그렇게 많이 즐기는 것과 같은, 조직된 경기(競技)가 거의 없었다.

예수는 한 이웃 소년과, 나중에는 동생 야고보를 데리고, 가족의 목수 작업장 먼 구석에서 놀기를 좋아했고, 거기서 대패 밥과 나무토막을 가지고 신나게 놀았다. 안식일에 금지된 어떤 종류의 놀이가 무슨 해악이 있는가 언제나 알아듣기 어려웠지만, 예수는 반드시 부모가 바라는 것에 순응하였다. 그는 유머와 놀이를 즐길 능력이 있었고, 그의 시절과 세대의 환경에서 그 능력은 표현할 기회가 거의 마련되지 않았지만, 열네 살까지 거의 항상 명랑하고 밝았다.

마리아는 집에 인접해 있는 동물 우리 꼭대기에 비둘기장을 두었고, 비둘기를 팔아서 나오는 이익을 특별한 자선 기금으로 썼다. 예수는 십일조(十一租)를 떼어낸 뒤에 그 기금을 관리했고 그것을 회당의 책임자에게 넘겼다.

이 때까지 예수에게 생긴 유일한 정말 사고(事故)는 캔바스 지붕이 있는 침실로 이끄는 뒤뜰의 돌 계단에서 굴러 떨어진 것이다. 이것은 생각지 않게 동쪽으로부터 7월의 모래 폭풍이 부는 동안에 일어났다. 휘몰아치는 가는 모래를 실은 뜨거운 바람이 보통 비오는 철에, 특히 3월과 4월에 불었다. 그러한 폭풍을 7월에 만나는 것은 드물었다. 그 폭풍이 닥쳤을 때, 예수는 하던 버릇대로 집 꼭대기에서 놀고 있었는데, 이는 건조한 철의 대부분 동안 여기가 익숙한 놀이 방이었기 때문이다. 계단을 내려오면서 굴러 떨어졌을 때, 모래 때문에 눈이 보이지 않았다. 이 사고가 있은 뒤에, 요셉은 계단 양쪽에 난간을 만들었다.

이 사건을 방지할 수 있는 길은 없었다. 현세에 보호하는 중도자들, 즉 1차 중도자 하나와 2차 중도자 하나가 그 아이를 지키는 데 배치되었는데, 이들이 소홀한 탓으로 돌릴 수 없고, 수호 세라핌의 책임이라 할 수도 없었다. 다만 피할 수 없었다. 그러나 요셉이 엔도르에 가서 없는 동안에 일어난 이 하찮은 사고는 마리아의 머리 속에 아주 큰 걱정을 일으켰고, 그래서 그 여자는 지혜롭지 못하게, 몇 달 동안 예수를 아주 가까이 곁에 두려고 했다.

하늘 성격자(性格者)들은 물질적으로 일어나는 일, 물리적 성질을 가진 보통 일에 멋대로 간섭하지 않는다. 보통 상황에는 오로지 중도인(中道人)이 운명의 남녀의 몸을 지키기 위하여 물질 조건에 간섭할 수 있고, 특별한 상황에서도 이 존재들은 오직 상관(上官)의 특정한 명령에 복종해서 그렇게 행동할 수 있다.

이것은 캐묻기 좋아하고 모험을 좋아하는 이 소년에게 나중에 생긴 그런 하찮은 사건들 가운데 하나일 뿐이다. 적극적인 소년의 보통 아동기와 소년기를 그려본다면, 너희는 예수의 소년(少年) 시절에 관해서 제법 정확한 생각을 가질 수 있을 터이고, 그가 부모, 특히 어머니에게 얼마나 많이 걱정을 끼쳤는가 상상할 수 있을 것이다.

나사렛 가족의 넷째 식구 요셉이 서기 1년 3월 16일, 수요일 아침에 태어났다.

5. 나사렛에서 보낸 학교 시절

이제 예수는 일곱 살이었고, 회당(會堂) 학교에서 유대인 아이들이 공식 교육을 시작하기로 된 나이였다. 따라서, 이 해 8월에 나사렛에서 파란 많은 학교 생활에 들어갔다. 이미 이 소년은 두 나라 말, 아람어와 그리스어를 거침없이 읽고 쓰고 말했다. 이제 히브리어를 읽고, 쓰고, 말하는 과제를 익혀야 했다. 앞에 닥친 새로운 학교 생활에 그는 참으로 열심이었다.

3년 동안—열 살이 될 때까지—그는 나사렛 회당의 초등 학교를 다녔다. 이 3년 동안 그는 히브리어로 기록된 대로, 율법서[2]의 기초를 공부했다. 다음 3년 동안, 상급 학교에서 공부했고, 신성한 율법의 더 깊은 가르침을 큰 소리로 되풀이하는 방법으로 외웠다. 열 세 살 되던 해에 이 회당 학교를 졸업했고, 교육받은 "계명의 아들"로서 회당장들은 그를 부모에게 넘겼다—그 때부터 이스라엘 공동체의 책임 있는 시민(市民)이다. 이 모든 것에는 예루살렘에서 유월절에 참석하는 것이 뒤따랐다. 따라서 그는 아버지·어머니를 동반하여 그 해에 처음으로 유월절에 참석했다.

나사렛에서 생도들은 반원(半圓)을 지어 마루에 앉았고, 한편 선생, 즉 하잔, 그 회당의 교직자는 그들을 마주 보고 앉았다. 레위기에서 시작하여 다른 율법서들의 공부로 넘어갔고, 선지자와 시편(詩篇)의 공부가 뒤따랐다. 나사렛 회당은 히브리어로 된 성서의 완본 하나를 소유했다. 열두 살이 되기 전에는 성서밖에 아무 것도 공부하지 않았다. 여름 몇 달 동안에는, 수업 시간이 크게 짧아졌다.

예수는 일찍 히브리어를 통달했고, 아무런 탁월한 방문자가 나사렛에 어쩌다 머무르고 있지 않을 때, 젊은이로서, 정식 안식일 예배에 회당에서 모인 충실한 사람들에게 히브리 성서를 읽어 달라고 자주 부탁을 받곤 하였다.

물론, 이 회당 학교들은 교과서가 하나도 없었다. 가르칠 때, 하잔은 한 마디 말하고, 한편 생도들은 한 목소리로 따라서 되풀이하곤 했다. 기록된 율법서를 가까이할 수 있을 때, 학생은 큰 소리로 읽고, 항상 되풀이하여 자기의 과목을 공부하였다.

다음에, 공식 학교 공부에 덧붙여, 여러 나라에서 온 사람들이 아버지의 수선(修繕) 작업장을 드나드는 동안에, 예수는 지구의 사방(四方)으로부터 온 인간 성품과 접촉하기 시작했다. 그는 더 나이 들었을 때, 카라반들이 쉬고 음식을 먹으려고 샘물 가까이 머무르는 동안, 그들과 자유로이 섞였다. 그리스어를 거침없이 말했기 때문에, 대다수의 카라반 여행자와 안내자들과 이야기하는 데 거의 어려움이 없었다.

나사렛은 카라반이 경유하는 지점이요 여행의 십자로(十字路)였고, 인구는 대체로 이방인이었다. 동시에 그 도시는 유대인의 전통 율법을 자유롭게 풀이하는 중심지로서 널리 알려져 있었다. 갈릴리에서는 유대 땅에서 관습이었던 것보다 더 자유롭게 유대인들이 이방인들과 섞였다. 갈릴리에 있는 모든 도시 가운데, 이방인들과 접촉한 결과로서 더러워지는 두려움에 근거를 둔 사회적 제한을 나사렛의 유대인들은 가장 자유롭게 풀이했다. 이러한 조건이 "나사렛에서 무슨 좋은 것이 나올 수 있는가?" 하는 속담이 예루살렘에서 생기게 하였다.

예수는 주로 집에서 도덕 훈련과 영적 교양을 받았다. 지적 교육과 신학(神學) 교육의 대강은 하잔으로부터 확보하였다. 그러나 참 교육—생활의 어려운 문제들과 씨름하는 실제 시험을 위한 머리와 가슴의 장비—는 동료 인간들과 섞임으로 얻었다. 동료 인간들, 젊은이와 늙은이, 유대인과 이방인과 이렇게 가까이 지낸 관계가 그에게 인류(人類)를 알 기회를 주었다. 예수는 사람들을 샅샅이 이해했고, 헌신하는 마음으로 사랑했다는 뜻에서 그는 많이 교육받은 것이다.

회당에서 보낸 시절 동안 내내, 그는 명석한 학생이었고, 세 나라 말에 정통했기 때문에 크게 유리했다. 예수가 학교에서 과정을 마치는 계제에, 나사렛 하잔은 그가 "소년을 가르칠 수 있었던" 것보다 "예수의 파고드는 물음으로부터 더 배웠다" 생각한다고 요셉에게 소견을 말했다.

공부 과정 전체를 통해서, 예수는 회당에서 정식 안식일(安息日) 설교로부터 많이 배우고 큰 영감을 얻었다. 안식일 동안 나사렛에서 멈추는 저명한 방문자들에게 회당에서 연설하라고 요청하는 것이 관습이었다. 자라면서 그는 유대인 세계 전체에서 많은 위대한 사상가, 또한 정통 유대인이라고 하기 어려운 숱한 사람이 견해를 펼치는 것을 들었는데, 이것은 나사렛 회당이 히브리 사상(思想) 및 문화의 진보된 자유로운 중심지였기 때문이다.

일곱 살에 학교에 들어갔을 때 (이 때 유대인들은 의무 교육법을 막 시행했다) 생도들이 자기의 "생일 구절," 즉 공부하는 기간을 통해서 계속 그들을 안내할 일종의 황금률을 고르는 것이 관례였고, 이에 대하여 그들은 열세 살 때 졸업식에서 흔히 연설했다. 예수가 고른 구절은 선지자(先知者) 이사야에 있었다: "주 하나님의 영이 내게 다가오시니, 주가 내게 기름을 부으셨음이라. 그는 온유한 자에게 좋은 소식을 전하고, 마음이 상한 자를 싸매고, 포로가 된 자에게 해방을 선포하고, 영적으로 갇힌 자를 풀어 놓으라고 나를 보내셨도나."

나사렛은 히브리 국가의 24 사제 중심의 하나였다. 그러나 갈릴리 사제들은 유대의 서기관·랍비들보다 전통적 율법을 해석하는 데 더 자유로웠다. 나사렛에서 그들은 또한 안식일을 지키는 것에 관하여 더 자유로웠다. 따라서 요셉이 안식일 오후에 걸으려고 예수를 데리고 나가는 것이 관습이었고, 집 가까이 있는 높은 언덕에 오르는 것이 가장 좋아하는 산보(散步)였는데, 거기서 그들은 온 갈릴리를 둘러볼 수 있었다. 북서쪽으로, 맑은 날에, 바다까지 이어지는 갈멜 산의 긴 줄기를 볼 수 있었고, 여러 번 예수는 아버지가 엘리야의 이야기를 하시는 것을 들었다. 그는 길게 줄지은 첫 히브리 선지자들 가운데 하나이며, 이 선지자들은 아합을 꾸짖고 바알의 사제들을 폭로했다. 북쪽으로 헤르몬 산이 웅장한 광채 속에서 눈 덮인 꼭대기를 보이며 지평선을 혼자 차지했고, 위쪽 비탈의 거의 900미터는 만년설로 하얗게 빛났다. 동쪽으로 멀리, 요단 강 유역을 알아볼 수 있었고, 그 너머 멀리 모압의 험한 산이 놓여 있었다. 남쪽과 동쪽에도, 해가 대리석 벽을 비추었을 때, 원형(圓形) 극장과 허세부리는 성전들과 함께, 데카폴리스의 그리스·로마 도시들을 볼 수 있었다. 태양이 지는 것을 향하여 머뭇거릴 때, 서쪽으로 먼 지중해에서 항해하는 선박들을 알아볼 수 있었다.

사방으로부터 예수는 카라반들이 나사렛을 들락날락하며 길을 가는 동안에 그들의 행렬을 지켜볼 수 있었고, 남쪽으로 길보아 산과 사마리아를 향해 뻗는, 넓고 기름진 에스드랠론 평야를 내려다볼 수 있었다.

먼 경치를 보려고 고지까지 오르지 않을 때, 그들은 시골 길을 통해서 거닐었고, 철 따라 다채로운 기분에 젖은 자연을 공부했다. 가정에서 받은 훈련은 별도로 하고, 예수가 아주 어릴 때 받은 훈련은 자연(自然)과 함께 경외하고 공감하는 접촉을 가진 것과 상관이 있었다.

여덟 살이 되기 전에, 그는 나사렛의 어머니와 젊은 여자들 모두에게 알려졌고, 이들은 샘물 가에서 그를 만나서 이야기를 나누었다. 이 샘물은 집에서 멀지 않았고, 마을 전체에서 접촉하고 잡담(雜談)하는 사회 중심의 하나였다. 이 해에, 예수는 가족 송아지의 젖을 짜고 다른 동물을 돌보는 일을 배웠다. 이 해와 이듬해에, 또한 치즈 만드는 것과 직물 짜기를 배웠다. 열 살이 되었을 때, 그는 베틀 다루기에 솜씨가 있었다. 예수와 이웃 소년 야곱이, 흐르는 샘물 가까이에서 일하던 도공(陶工)과 좋은 친구가 된 것은 이 무렵이었다. 나단의 솜씨 좋은 손가락이 도공의 바퀴 위에서 진흙으로 모양 짓는 것을 구경했을 때, 여러 번 그들 둘은 자라서 도공이 되기로 결심했다. 나단은 소년들을 무척 좋아했고, 장난칠 진흙을 주어서, 여러 가지 물건과 동물의 모양을 만드는 데 경쟁하라고 제안해서 그들의 창조하는 상상력을 자극하려고 했다.

6. 그가 여덟 살 되던 해 (서기 2년)

이 해는 학교에서 흥미 있는 해였다. 예수는 비범한 학생은 아니었지만, 부지런한 생도였고, 반에서 상급 3분의 1에 속했다. 공부를 아주 잘 했기 때문에, 달마다 한 주는 출석하지 않아도 되었다. 이 주간을 그는 보통 어부인 삼촌과 함께 막달라 가까이 갈릴리 바다의 해안가나, 또는 나사렛에서 8킬로미터 남쪽에 있는 다른 삼촌(어머니의 형제)의 농장(農場)에서, 시간을 보냈다.

어머니는 그의 건강과 안전에 대해서 지나치게 불안해했어도, 집을 떠나는 이 여행에 차츰 마음을 놓게 되었다. 예수의 아저씨와 아주머니들은 모두 그를 몹시 좋아했고, 이 해와 바로 뒤 몇 해 동안, 달마다 있는 이 방문 기간에 그와 사귐을 맡아놓으려고 그들 사이에서 치열하게 경쟁이 따랐다. 삼촌의 농장에서 (아기였던 때 뒤로) 처음 한 주 동안의 체류는 이 해, 1월에 있었다. 갈릴리 바다에서 첫 한 주간의 고기잡이 경험은 5월에 있었다.

이 무렵에, 예수는 다마스커스에서 온 한 수학 선생을 만났는데, 새로운 수(數) 기술을 배우면서, 몇 해 동안 수학에 많은 시간을 보냈다. 그는 수·거리·비율에 대하여 날카로운 감각을 개발했다.

예수는 동생 야고보를 아주 좋아하기 시작했고, 이 해 끝이 되어서는 그에게 알파벳을 비로소 가르쳤다.

이 해에 예수는 낙농품을 하프 수업과 바꾸도록 주선했다. 그는 음악적인 것은 무엇이나 특별히 좋아했다. 나중에는 어린 동료들 사이에서 노래하는 데 관심을 불러일으키려고 무척 애썼다. 열한 살이 되었을 때 솜씨 좋은 하프 연주자였고, 특별한 해석과 유능한 즉흥 연주로 가족과 친구들 접대하기를 아주 즐거워했다.

예수는 학교에서 부러울 만한 진보를 계속했어도, 부모나 선생들에게는 만사가 순조롭지는 않았다. 그는 과학과 종교, 특히 지리학·천문학에 관해서, 사람을 쩔쩔매게 하는 질문을 줄곧 많이 퍼부었다. 팔레스타인에 어째서 건조한 기간과 비오는 기간이 있는가 찾아내겠다고 특별히 고집하였다. 여러 번, 그는 나사렛과 요단 강 유역 사이의 큰 기온 차이에 대한 설명을 추구했다. 그는 다만, 총명하지만 사람을 어리둥절하게 만드는 그런 질문을 결코 멈추지 않았다.

셋째 동생 시몬이 이 해, 서기 2년 4월 14일, 금요일 저녁에 태어났다.

2월에, 예루살렘의 랍비 학원에서 선생 나호르가 예수를 지켜보려고 나사렛으로 왔는데, 그는 비슷한 임무를 띠고 예루살렘 가까이, 사가리아의 집에 들린 적이 있었다. 그는 요한의 아버지가 부추겨서 나사렛으로 왔다. 처음에는, 예수의 솔직함, 전통 아닌 방법으로 종교적인 것을 말하는 데 얼마큼 충격을 받았지만, 그것을 히브리인의 배움과 문화의 중심으로부터 갈릴리가 떨어져 있는 탓으로 돌리고, 그는 유대인 문화의 중심에서 교육과 훈련을 받는 장점을 누릴 수 있는 예루살렘으로 예수를 데려가도록 허락해 달라고 요셉과 마리아에게 조언했다. 마리아는 찬성하려고 반은 설득이 되었다. 맏아들이 유대인의 구원자, 메시아가 되리라고 확신했기 때문이다. 요셉은 망설였다. 예수가 자라서 운명의 사람이 되리라고 똑같이 확신했지만, 그 운명(**運命**)이 무엇이 될 것인가 깊이 확신이 없었다. 그러나 그는 아들이 어떤 위대한 사명을 땅에서 이루리라는 것을 결코 의심하지 않았다. 나호르의 조언을 생각하면 할수록, 그는 예루살렘에서 머무르라는 제의가 지혜로운가 더욱 묻게 되었다.

요셉과 마리아 사이에 이 의견 차이가 있었기 때문에, 나호르는 그 문제 전체를 예수 앞에 펼쳐 놓자고 요청했다. 예수는 주의 깊게 귀를 기울였고, 요셉과 마리아, 그리고 이웃인 석공(石工) 야곱과 의논했는데, 그의 아들은 가장 좋아하는 놀이 친구였다. 그리고 나서 이틀 뒤에, 부모와 조언자들 사이에 그러한 의견 차이가 있으며, 자기가 그러한 결정에 책임질 능력이 있다고 느끼지 않고, 이쪽이든 저쪽이든 자기가 꼭 해야 한다고 느끼지 않으니까, 전체 상황을 보아서, 그는 마침내 "하늘에 계신 내 아버지와 이야기하기로" 결심했다. 그 대답에 대해서 완전히 확실하지는 않지만, 집에서 "내 아버지·어머니와 함께" 집에 남아 있어야 한다고 차라리 느낀다, "다만 내 몸을 보고 내 머리 쓰는 것을 지켜볼 수 있어도 나를 도저히 참으로 알 수 없는 낯선 사람들보다, 나를 극진히 사랑하는 사람들이 나를 위해 더 많은 일을 할 수 있을 것이라"고 덧붙였다. 그들은 모두 놀랐고, 나호르는 예루살렘으로 갈 길을 재촉하였다. 예수가 집을 떠나는 주제를 다시 고려하기까지는, 여러 해가 흘렀다.

주: 1. 여기서 나이는 서양식으로 따진다. 2. 구약을 토라 (모세 5경), 네빔 (선지자), 케투빔으로 (기타) 나누어 율법은 첫 부분을 언급한다.

제 124 편

예수의 어린 시절 후기

갈릴리보다 알렉산드리아에서 예수가 학교에 다니는 더 좋은 기회를 누렸을지 모르지만, 거기서는 최소의 교육 안내를 받고 자신의 생활 문제를 풀어 나가고, 동시에 문명 세계의 모든 구석으로부터 그렇게 온갖 등급의 많은 남녀와 항상 접촉하는 큰 이점(利點)을 누리는 그러한 빛나는 환경을 가질 수 없었을 것이다. 알렉산드리아에 남았더라면, 그의 교육은 유대인들이, 순전히 유대인 방식으로 지도했을 것이다. 나사렛에서 그는 이방인들을 이해하기 위하여 그를 좀더 적절하게 준비시키는 교육을 확보하고 훈련을 받았으며, 이것은 그에게 히브리 신학의 동부(東部), 즉 바빌로니아 관점과, 서부(西部), 즉 헬라 관점의 비교적 장점에 대하여 더 낫고 균형된 생각을 주었다.

1. 예수가 아홉 살 되던 해 (서기 3년)

예수가 언제라도 몹시 아팠다고 도저히 말할 수 없어도, 남동생들과 아기 여동생과 함께, 이 해에 그는 어린 시절의 하찮은 병을 얼마큼 앓았다.

학교는 계속되었고 그는 아직도 총애를 받는 학생이었으며, 달마다 한 주 동안 자유로웠다. 그는 아버지와 함께 이웃 여러 도시에 여행하는 데, 그리고 나사렛 남쪽에 삼촌의 농장에서 머무르고 막달라로부터 고기잡이하는 나들이에, 시간을 계속 똑같이 나누어 썼다.

학교에서 여태까지 닥친 가운데 가장 심각한 문제는 늦겨울에 일어났는데, 이 때 모든 형상·그림·펜화가 우상 숭배의 성질이 있다는 가르침에 대하여 예수는 하잔에게 감히 대들었다. 예수는 도공(陶工)의 진흙으로 아주 다채로운 대상을 빚는 것 뿐 아니라 풍경화 그리기를 좋아했다. 그런 종류는 모두 유대인의 율법에 엄격히 금지되었지만, 이 때까지 이 활동을 계속하도록 부모가 놓아 둘 정도로, 예수는 부모의 반대를 적당히 누그러뜨렸다.

그러나 학교에서는 소동이 다시 일고 있었는데, 이 때 뒤에 처진 생도들 가운데 하나가, 교실 마루 바닥에 예수가 목탄(木炭)으로 선생의 그림을 그리고 있음을 발견했다. 낮과 같이 명백하게, 그 그림이 있었다. 여러 장로가 보았고, 그리고 나서 그 위원회가 요셉을 호출하고 율법을 무시하는 맏아들의 성향을 억제하기 위하여 무엇인가 해야 한다고 요구했다. 요셉과 마리아의 다능하고 적극적인 아이가 하는 일에 대하여 불평(不平)이 들어온 것은 이번이 처음이 아니었지만, 이것은 지금까지 그에 대하여 취해진 모든 고발 가운데 가장 심각했다. 예수는 바로 뒷문 바깥에 큰 바위에 앉아서, 그의 예술적 노력에 대한 고발에 얼마 동안 귀를 기울였다. 잘못이라 주장되는 행동 때문에 그들이 아버지를 탓하는 것을 그는 분개했다. 그래서 그는 씩씩하게 들어가서, 고발하는 자들과 겁 없이 맞섰다. 장로들은 혼란에 빠졌다. 더러는 그 에피소드를 익살스럽게 보려는 경향이 있었지만, 한편 하나나 둘은 그 소년이 신성을 모독하지는 않더라도 거룩한 것을 무시한다고 생각하는 듯했다. 요셉은 어찌할 바를 몰랐고 마리아는 분개했지만, 예수는 말할 기회를 달라고 했다. 그는 하고 싶은 말을 했고, 용감히 그의 관점을 변호했다. 지극한 자제력을 가지고, 논쟁이 되는 모든 다른 문제와 마찬가지로, 그는 이 문제에서 아버지의 결정에 따르겠다고 선언했다. 장로(長老) 위원회는 말없이 떠났다.

마리아는 예수가 이 의심스러운 활동 가운데 어느 것도 학교에서 행하지 않는다고 약속하는 조건으로, 예수가 집에서 진흙 빚기를 허락하도록 요셉에게 영향을 미치려 애썼지만, 요셉은 둘째 계명에 관한 랍비의 해석이 지배해야 한다고 판정할 수밖에 없다고 느꼈다. 그래서 그는 그 날부터 아버지 집에서 사는 동안, 어떤 것의 모습도 더 이상 그리거나 만들지 않았다. 그러나 자기가 한 일이 잘못이라고 확신하지 않았고, 아주 좋아하는 그러한 오락을 포기하는 것은 어린 시절에 큰 시련의 하나였다.

6월 후반에, 예수는 아버지를 동반하여, 처음으로 타볼 산 꼭대기에 올랐다. 이 날은 맑았고, 경치는 훌륭했다. 아홉 살 먹은 이 소년에게는 그가 인도·아프리카·로마를 빼고, 온 세계를 정말로 바라본 듯했다.

예수의 둘째 여동생 마르다가 9월 13일 목요일 밤에 태어났다. 마르다가 태어나고 3주가 지나서, 집에 한동안 있던 요셉은 집에 덧붙인 건물을 짓기 시작했는데, 이것은 통틀어서 작업장이자 침실이었다. 예수를 위해서 작은 작업 벤치가 만들어졌고, 처음으로 그는 자신의 연장을 소유했다. 여러 해 동안, 남는 시간에, 그는 이 벤치에서 일했고, 멍에를 만드는 데 상당히 솜씨가 좋아졌다.

이 해와 이듬해 겨울은 나사렛에서 몇십 년 만에 가장 추웠다. 예수는 산에서 눈을 보았고, 이전에 몇 번이나 나사렛에 눈이 왔는데, 잠시 동안만 땅에 남아 있었다. 그러나 이번 겨울까지 얼음을 본 적이 없었다. 물이 고체·액체·증기로 있을 수 있다는 사실은—물 끓는 냄비에서 달아나는 수증기에 대해서 오랫동안 생각해 보았는데—물리적 세계와 그 구성에 대하여 소년으로 하여금 많이 생각하게 만들었다. 그래도 자라는 이 소년 속에 담겨진 인격(人格)은 여태까지, 방대한 한 우주에 두루, 이 모든 것을 실제로 창조하고 조직한 분이었다.

나사렛의 기후는 혹독하지 않았다. 1월이 가장 추운 달이었고, 기온은 평균 화씨 약 50도였다. 7월과 8월이 가장 더운 달이었고, 그 때 기온은 화씨 75도에서 90도까지 변하곤 했다. 산맥에서부터 요단 강과 사해(死海) 계곡까지, 팔레스타인의 기후는 몹시 추운 날씨로부터 바짝 타는 기후에 이른다. 그래서 어떤 면에서, 유대인들은 세계의 변화하는 기후 지대에 어디서나 살도록 준비가 되었다.

가장 더운 여름 몇 달 동안에도, 시원한 바닷바람이 보통 아침 10시부터 저녁 10시쯤까지 서쪽으로부터 불었다. 그러나 이따금 무서운 더운 바람이 동쪽 사막으로부터, 온 팔레스타인에 불어닥치곤 했다. 이 뜨거운 강풍은 보통 2월과 3월, 비오는 철 끝 가까이에 닥쳤다. 그 시절에는 11월부터 4월까지 비는 시원한 소나기로 왔지만, 비가 꾸준히 오지는 않았다. 팔레스타인에는 오직 두 계절, 여름과 겨울, 즉 건조한 철과 비오는 철밖에 없었다. 1월에 꽃이 피기 시작했고, 4월말이 되어서는 온 땅이 하나의 광대한 꽃밭이었다.

이 해 5월에, 예수는 삼촌의 농장에서, 처음으로 곡식 추수하는 일을 도왔다. 열세 살이 되기 전에, 그는 대장장이 일 외에는 나사렛 근방에서 남녀들이 일하는 거의 모든 것에 대해서 그럭저럭 무엇인가 발견했고, 나이가 더 들었을 때, 아버지가 돌아가신 뒤에, 대장간에서 몇 달 지냈다.

일과 카라반 여행이 뜸할 때, 예수는 아버지와 함께 근처의 가나·엔도르·나인으로 구경 삼아, 또는 일 때문에 여러 번 여행했다. 소년일 때도 세포리스를 자주 찾아보았고, 이곳은 나사렛으로부터 북서쪽으로 겨우 4.8킬로미터 조금 넘어서 있었는데, 기원전 4년부터 서기 약 25년까지, 갈릴리의 서울이요 헤롯 안티파스의 거처 중의 하나였다.

예수는 계속 몸과 머리가 자라고 사회적·영적으로 성장하였다. 집을 떠나는 여행은 자신의 가족에 대해서 그가 더 낫게, 더 너그럽게 이해심을 가지는 데 도움이 되었고, 이 때가 되어서는 부모조차도 그를 가르칠 뿐 아니라 그에게서 배우기 시작했다. 예수는 소년이었을 때도, 독창성 있게 생각하는 사람이요 솜씨 있는 선생이었다. 그는 이른바 "구전(口傳) 율법"과 항상 부딪쳤지만, 언제나 집안 풍습에 적응하려고 애썼다. 같은 또래의 아이들과 꽤 잘 어울렸지만, 그들의 머리가 더디게 돌아가는 것에 가끔 실망했다. 그는 열 살이 되기 전에—신체적·지적·영적으로—어른 자격 갖추기를 권장하는 사회를 만든 일곱 소년의 무리에서 지도자가 되었다. 이 소년들 가운데서 예수는 여러 가지 새로운 놀이와 개량된 신체적 오락 방법을 소개하는 데 성공했다.

2. 열 살 되던 해 (서기 4년)

7월 5일, 그 달의 첫 안식일에 아버지와 함께 시골길을 걷는 동안에, 예수는 일생의 사명의 특별한 성질을 자각하게 되고 있음을 가리키는 느낌과 생각을 처음으로 표현했다. 요셉은 아들의 중대한 말을 주의 깊게 들었지만, 거의 아무 논평도 하지 않았다. 그는 아무 정보도 자진해서 주지 않았다. 이튿날 예수는 어머니와 함께, 비슷하지만 더 긴 이야기를 나누었다. 마리아도 마찬가지로 소년의 선언(宣言)을 들었지만, 아무 정보도 자청해서 주지 않았다. 그의 성격과 땅에서 그의 사명의 특징에 관하여 자신의 의식 안에서 커지는 이 계시(啓示)에 대하여, 부모에게 예수가 다시 말을 꺼내기까지는 거의 두 해가 흘렀다.

8월에 그는 회당의 상급 학교에 들어갔다. 학교에서 끈질기게 묻는 물음으로 말미암아 항상 말썽을 일으켰다. 갈수록 더 그는 온 나사렛을 얼마큼 시끄럽게 만들었다. 부모는 찬물 끼얹는 이 여러 질문을 그만두라고 하기 싫었고, 그의 주요 선생은 소년이 보인 호기심·통찰력·지식 욕구 때문에 도무지 어찌할 바를 몰랐다.

예수의 놀이 친구들은 그의 행동에서 아무런 초자연적인 것을 보지 못했고, 대부분의 면에서 그는 그들과 아주 비슷하였다. 공부에 대한 관심은 평균이 넘었지만, 온통 특별하지는 않았다. 반에서 다른 학생들보다 그는 더 많이 질문을 던지기는 했다.

아마도 가장 특별하고 뛰어난 특성은 그의 권리를 위해서 싸우려 하지 않는 것이었다. 나이로 보아서 아주 잘 발육된 소년이었기 때문에, 불공평이나 개인적 모욕을 받을 때에도 자신을 방어하기 싫어한 것이 놀이 친구들에게 이상하게 보였다. 우연하게도, 이 특성 때문에 크게 괴롭힘을 받지 않았는데, 이는 그가 한 살 더 먹은 이웃 소년 야곱과 친구였기 때문이었다. 그는 요셉의 사업 동료인 석공(石工)의 아들이었다. 야곱은 예수를 크게 찬미하는 사람이었고, 예수가 몸으로 싸우기 싫어한다는 이유로 아무도 예수에게 함부로 굴지 않도록 처리하는 것을 자기의 일로 삼았다. 여러 번, 더 나이 많고 촌스러운 소년들이 소문난 온순함을 믿고 예수를 공격했지만, 이들은 그의 보호자로 자처하고 늘 준비되어 있는 방어자, 석공의 아들 야곱의 손에 재빠르고 확실한 징벌을 반드시 받았다.

예수는 그 시절과 세대의 드높은 이상을 대표하는 나사렛 소년들에게 널리 인정받는 지도자였다. 정말로 그는 어린 친구들한테서 사랑을 받았는데, 이는 그가 공평했을 뿐 아니라, 드물고 형편을 이해하는 마음을 가졌기 때문이었고, 이것은 사랑을 가리키며 분별 있는 동정심에 가까웠다.

이 해에 그는 더 나이 든 사람들과 사귀기를 뚜렷이 좋아하는 성향을 비로소 보였다. 나이 든 사람들과 문화·교육·사회·경제·정치·종교적인 것들에 대하여 이야기하기를 기뻐했고, 그의 깊은 논리와 날카로운 관찰이 어른 친구들을 매혹했기 때문에, 그들은 언제나 그와 함께 이야기 나누기를 무척 좋아하였다. 집을 부양할 책임을 지기까지, 예수는 나이 들고 지식 많은 사람들을 좋아하는 성향을 보였는데, 부모는 이들이 아니라, 그 또래나 거의 그 또래의 아이들과 사귀도록 영향을 미치려고 항상 애썼다.

이 해에 늦게, 갈릴리 바다에서 삼촌(三寸)과 함께 그는 두 달 동안 고기잡이 경험을 가졌는데, 크게 성공을 거두었다. 어른이 되기 전에, 솜씨 좋은 어부가 되었다.

신체의 성장은 계속되었고, 그는 학교에서 상급에 있고 특권을 가진 생도였다. 그는 집에서 다른 아이들 가운데 가장 위인 아이보다 3년 반 더 나이 먹은 이점을 가졌기 때문에, 어린 남동생과 여동생들과 함께 썩 잘 어울렸다. 예수는 나사렛에서 평판이 좋았다. 다만 좀 둔한 어떤 아이들의 부모는 예수가 너무 톡 쏘며, 적절한 겸손과 어린이답게 삼가는 태도가 모자란다고 자주 말했다. 예수는 어린 친구들의 놀이 활동을 더욱 심각하고 생각 깊은 길로 이끄는 경향을 차츰 나타냈다. 그는 타고난 선생(先生)이었고, 놀이에 빠져 있다고 생각된 때조차, 단지 그렇게 행동하는 것을 자제할 수 없었다.

요셉은 일찍부터 예수에게 생계를 잇는 다채로운 수단을 가르치기 시작했고, 그는 공업·상업보다 농업(農業)의 이점을 설명했다. 갈릴리는 유대보다도 더 아름답고 번영하는 지역이었고, 거기서 사는 것은 예루살렘과 유대에서 사는 것의 겨우 4분의 1쯤 비용이 들었다. 갈릴리는 농사 짓는 마을과 번성하는 산업 도시들이 있는 지방이었고, 인구가 5천이 넘는 마을이 2백 개 넘고, 1만 5천이 넘는 도시를 30개 포함했다.

갈릴리 호수에서 고기잡이 산업을 살펴보려고 아버지와 처음 여행을 갔을 때, 예수는 어부가 되려고 거의 마음먹다시피 하였다. 그러나 나중에 아버지의 직업과 가까운 관계가 그에게 목수(木手)가 되도록 영향을 미쳤고, 더 나중에는 여러 영향이 섞여 새로운 체제의 종교 스승이 되는 마지막 선택으로 그를 이끌었다.

3. 열한 살 되던 해 (서기 5년)

이 한 해 동안 내내, 소년은 아버지와 함께 집을 떠나는 여행을 계속했지만, 또한 삼촌의 농장을 자주 찾아보았고, 이따금 막달라로 가서 그 도시에 본부를 둔 삼촌과 함께 고기잡이에 들어갔다.

요셉과 마리아는 예수에게 어떤 특별한 편애를 보이거나, 아니면 그가 약속의 아이, 운명의 아들이라는 것을 안다고 털어놓고 싶은 유혹을 가끔 받았다. 그러나 부모는 이 모든 문제에서 특별히 지혜롭고 현명했다. 어떤 방법으로 그에게 조금이라도 어떤 편애를 보인 몇 번 안 되는 경우에, 소년은 모든 그러한 특별한 배려를 재빨리 물리쳤다.

예수는 카라반에게 공급하는 상점(商店)에서 어지간히 시간을 보냈고, 세상의 모든 지방으로부터 온 여행자들과 함께 이야기함으로, 그의 나이로 보아서 놀랍게, 국제 사무에 관하여 정보를 쌓았다. 이 해는 그가 자유롭게 놀고 어린이다운 즐거움을 많이 누린 마지막 해였다. 이 때부터 계속, 이 소년의 생활에서 어려움과 책임이 빨리 늘어났다.

서기 5년, 6월 24일, 수요일 저녁에 유다가 태어났다. 이 일곱째 아이의 출생에 연결된 병들이 뒤따랐다. 마리아가 몇 주 동안 몹시 아파서, 요셉이 집에 남아 있었다. 예수는 아버지를 위한 심부름과, 어머니의 심각한 병 때문에 일어난 여러 가지 의무로 아주 바빴다. 이 소년은 다시 어린 시절의 아이 같은 자세로 돌아가기가 불가능함을 발견했다. 어머니가 아플 때부터—그가 열한 살이 막 되기 전에—그는 맏아들의 책임을 졌고, 이 짐이 그의 어깨에 정상으로 지워졌어야 하는 것보다 만 1년이나 2년 앞서, 이 모든 일을 해낼 수밖에 없었다.

하잔은 예수와 함께 한 주에 하루 저녁을 보내고, 히브리 성서를 통달하도록 도왔다. 그는 싹이 보이는 생도(生徒)의 진보에 크게 관심을 가졌다. 그래서 예수를 여러 면에서 기꺼이 도왔다. 이 유대인 훈장은 성장하는 이 지성에게 큰 영향력을 미쳤지만, 학식 있는 랍비들 밑에서 공부를 계속하려고 예루살렘으로 가는 전망에 대하여 내민 온갖 제안에, 어째서 예수가 그토록 무관심했는가 결코 이해할 수 없었다.

5월 중순경에, 소년은 스키토폴리스까지 사업 여행에 아버지를 따라갔는데, 이곳은 데카폴리스의 주요한 그리스 도시이며, 또한 베스쉬안의 고대 히브리인 도시였다. 가는 길에 요셉은 사울 왕과 블레셋인들의 오랜 역사의 상당한 부분, 그 뒤에 이스라엘의 시끄러운 역사의 사건들을 일러 주었다. 예수는 이른바 이 이방인 도시의 깨끗한 모습, 가지런히 정돈된 배열에 엄청나게 감명을 받았다. 그는 노천극장을 보고 감탄하고, "이교도"의 신들을 예배하는 데 바쳐진 아름다운 대리석 성전을 찬미했다. 요셉은 그 소년이 열심을 내는 것에 상당히 마음이 흔들렸고, 예루살렘에 있는 유대인 성전(聖殿)의 아름다움과 웅장함을 찬양하여 이 좋은 인상을 상쇄하려고 애썼다. 예수는 가끔 나사렛의 언덕으로부터 이 웅장한 그리스 도시를 호기심 있게 바라보았고, 대규모의 공공(公共) 사업과 화려한 건물들에 관하여 여러 번 물은 적이 있지만, 아버지는 언제나 이 물음에 대답을 피하려 했다. 이제 그들은 이 이방인 도시의 아름다움과 얼굴을 마주했고, 요셉은 예수가 묻는 것을 점잖게 못 들은 척할 수 없었다.

마침, 이 때 데카폴리스의 그리스 도시들 사이에 해마다 있는 경기와 신체의 우수함을 자랑하는 대중 전시가 스키토폴리스의 원형(圓形) 극장에서 진행되고 있었다. 예수는 아버지에게 경기를 보려고 데려가 달라고 졸랐고, 너무 졸라서 요셉은 부탁을 물리치기를 망설였다. 소년은 여러 경기(競技)를 보고 흥분했고, 신체의 발육과 운동 기술을 보여 주는 정신에 아주 흠뻑 젖었다. 예수가 이 "이방" 허영의 전시를 보는 동안, 아들의 열심을 지켜보고 요셉은 말할 수 없이 충격을 받았다.

경기가 끝난 뒤에, 예수가 이 여러 경기(競技)가 좋다고 인정하고, 나사렛의 젊은이들이 건전한 야외의 신체 활동으로부터 이렇게 이득을 얻을 수 있다면 그들에게 좋겠다고 제안하는 것을 들었을 때, 요셉은 일생에 최대의 충격을 받았다. 요셉은 그러한 관습의 나쁜 성질에 관하여 예수와 함께 열심히 오랫동안 이야기했지만, 소년이 납득하지 않았음을 잘 알았다.

아버지가 그에게 성난 것을 예수가 꼭 한 번 본 것은, 그 날 밤 여인숙(旅人宿)에 그들의 방에서 토론하던 과정에서, 소년이 유대인 사상(思想)의 경향을 아주 까마득하게 잊고, 집으로 돌아가서 나사렛에서 원형 극장을 짓기 위해 일할 것을 제안했을 때였다. 이 맏아들이 유대인답지 않은 그런 감정을 나타내는 것을 들었을 때, 요셉은 평상시의 차분함을 잊어버리고, 예수의 어깨를 잡고, 성이 나서 소리를 질렀다, "아들아, 네가 살아 있는 동안, 그런 나쁜 생각을 입밖에 내는 것을 다시는 듣고 싶지 않구나." 예수는 아버지가 역정(逆情)을 내시는 데 깜짝 놀랐다. 결코 전에는 아버지가 분개하면서 몸소 따끔하게 쏘는 것을 느끼게 된 적이 없었고, 그는 말할 수 없이 놀라고 충격을 받았다. 그는 다만 대답했다, "좋아요, 아버지, 그렇게 하지요." 아버지가 살아 계신 동안, 그리스인들의 경기와 기타 체육 활동을 소년은 조금도 다시 비치지 않았다.

나중에, 예수는 예루살렘에서 그리스인의 원형 극장을 보았고, 유대인의 관점에서 그런 것들이 얼마나 싫은 것인가 알았다. 그런데도, 일생을 통해서 내내, 그의 개인 계획에, 그리고 유대인의 풍습이 허락하는 한, 열두 사도를 위하여 후일의 정규 활동 계획에, 건전한 오락(娛樂) 관념을 도입하려고 애썼다.

열한 살 되던 이 해 끝에, 예수는 활기에 넘쳐 있고 잘 자랐으며, 적당히 익살이 있고 썩 명랑한 소년이었다. 그러나 이 해부터 계속, 깊이 생각에 잠기고 골똘히 생각하는 특이한 시간을 보내는 데 자꾸 빠졌다. 어떻게 가족에 대한 의무를 수행하고, 동시에 세상에 대한 사명(使命)의 요청에 복종할 것인가에 관하여 많은 생각에 빠졌다. 그가 베푸는 봉사가 유대 민족을 개선하는 데 한정될 것이 아님을 이미 깨달았다.

4. 열두 살 되던 해 (서기 6년)

이 해는 예수의 일생에서 사건이 많은 해였다. 그는 학교에서 계속 진전이 있었고, 자연을 공부하는 데 지칠 줄 몰랐으며, 한편 사람들이 어떤 방법으로 생계를 잇는가 공부를 점점 더 해 나갔다. 그는 집에 있는 목수 작업장에서 정규적으로 일하기 시작했고, 자신이 번 돈을 관리하라고 허락되었는데, 이 조치는 유대인 가정에서 아주 보기 드문 일이었다. 이 해에 또한 그런 일을 가족에게 비밀로 하는 지혜를 배웠다. 그는 마을에서 어떤 방법으로 문제(問題)를 일으켰는가 의식하게 되었고, 그 때부터 동료들과 다르게 여기도록 만들까 싶은 것을 모두 감추는 데 갈수록 더 신중하게 되었다.

이 해 내내 그의 사명의 성질에 관해서, 실제로 의심하지는 않더라도, 불확실한 기간을 여러 번 겪었다. 자연스럽게 성장하는 그의 인간 지성은 2중 성품의 실체를 아직 제대로 깨닫지 못했다. 그가 단일(單一) 성격을 가졌다는 사실이 바로 그 성격과 결합된 성품을 구성하는 요소들이 2중 기원이 있다는 것을 그의 의식이 깨닫기 힘들게 만들었다.

이 때부터 계속, 그는 동생들과 어울리는 데 더 나아졌다. 갈수록 더 재치 있게 행동하였고, 늘 동정심을 가지고 그들의 복지와 행복을 배려했으며, 대중 봉사를 시작할 때까지 그들과 좋은 관계를 가졌다. 좀더 분명히 말하자면, 야고보·미리암과 사이가 좋았고, 더 어린 (아직 태어나지 않은) 두 동생, 아모스와 룻과 사이가 아주 뛰어나게 좋았다. 언제나 마르다와 사이가 썩 좋았다. 그가 집에서 가졌던 어려움은 대체로, 요셉과 유다, 특히 유다와 가진 마찰에서 생겨났다.

전례 없는 이 신성(神性)·인성(人性)의 조합을 기르는 일을 떠맡은 것은 요셉과 마리아에게 벅찬 체험이었고, 그들은 부모 책임을 아주 충실하고 성공적으로 이행한 공로를 크게 인정받아야 마땅하다. 예수의 부모는 이 맏아들 안에 초인간적인 무엇이 거한다는 것을 갈수록 더 깨달았지만, 이 약속의 아들이 정말로, 진실로, 사물과 존재들이 가득한 이 지역 우주를 실제로 창조한 분이라고는 결코 털끝만큼도 눈치채지 못했다. 요셉과 마리아는, 아들 예수가 정말로, 필사의 몸으로 육신화한 우주 창조자인 것을 도무지 깨닫지 못하고 살다가 죽었다.

이 해에 예수는 여느 때보다 음악에 주의를 더 기울였고, 동생들을 위해서 집에서 공부를 줄곧 가르쳤다. 그의 사명의 성질에 관하여 요셉과 마리아의 관점이 차이가 있음을 소년이 날카롭게 의식하게 된 것은 이 무렵이었다. 그는 부모의 다른 의견들을 곰곰이 생각해 보았고, 그가 깊이 잠들었다고 생각되었을 때 가끔 부모가 의논하는 것을 들었다. 갈수록 더 그는 아버지의 관점(觀點)으로 기울었다. 그래서 그의 생애와 상관 있는 문제에서 어머니는 차츰 아들이 자기의 안내를 물리침을 깨닫고 마음이 아프게 되도록 예정되어 있었다. 해가 지남에 따라서, 이 이해의 차이가 벌어졌다. 예수의 사명의 중요성에 대하여 마리아가 이해하는 것은 점점 줄어들었고, 가장 아끼는 아들이 자기가 기쁘게 기대하는 것을 채워 주지 못해서, 이 착한 어머니는 갈수록 더 마음을 상했다.

요셉은 예수의 사명이 영적 성질을 가졌다는 것을 차츰 더 믿게 되었다. 다른 더 중요한 이유가 아니었다면, 예수가 땅에서 자신을 수여한 데 대한 그의 개념이 실현되는 것을 그가 살아서 볼 수 없었다는 것은 유감(有感)인 듯하다.

학교에서 보낸 마지막 해 동안에, 12살이 되었을 때, 집으로 들어가고 나갈 때마다 문설주에 박혀 있는 양피지 조각을 만지고, 다음에 그 양피지 만진 손가락에 입맞춤하는 유대인의 관습에 대하여 예수는 아버지에게 이의(異議)를 제기하였다. 이 절차의 일부로서, "우리가 들어가고 나감을 지금 이후에, 아니 영원까지도 주가 보호하실지라"하고 말하는 것이 풍습이었다. 요셉과 마리아는 형상을 만들거나 그림을 그리지 말라는 이유에 대해서, 그러한 작품들이 우상(偶像) 숭배의 목적으로 쓰일까 한다고 설명하며, 거듭하여 가르쳤다. 그들이 형상이나 그림을 금지한 까닭을 예수는 완전히 알아듣지 못했지만, 그는 높은 일관성 개념을 가졌고, 따라서 문설주의 양피지에 버릇으로 이렇게 복종하는 것이 본질적으로 우상 숭배의 성질이 있다고 아버지에게 지적했다. 예수가 이렇게 아버지한테 항의한 뒤에, 요셉은 그 양피지를 없애 버렸다.

시간이 지나자, 예수는 가족 기도(祈禱)와 기타 관례와 같은 그들의 종교 형식의 관습을 고치는 데 많이 이바지했다. 나사렛에서는 그러한 일을 많이 할 수 있었는데, 이는 이름난 나사렛 선생 요세가 예를 보이다시피, 그 회당이 자유로운 랍비 학파의 영향 밑에 있었기 때문이다.

이 해와 다음 두 해 동안 내내, 종교 관습과 사회 예절에 대한 개인적 견해를 부모의 확립된 신앙 체계에 적응하려고 꾸준히 노력한 결과로서, 예수는 크게 정신적 고통을 겪었다. 자신의 확신에 충성하려는 욕구와 부모에게 의무로 복종하라는 양심의 훈계 사이에 생긴 갈등 때문에 갈피를 잡지 못했다. 최고의 갈등은 그의 어린 머리 속에 가장 중요했던 두 가지 큰 계명(誡命) 사이에서 생겼다. 하나는, "진리와 올바름에 대한 너의 가장 높은 확신이 명령하는 데 충실하라"는 것이요, 다른 하나는 "네 부모를 존경할지니, 저희가 너에게 생명을 주고 그 생명을 길렀음이라" 하는 것이었다. 그러나 사람의 개인적 확신, 가족에 대한 의무(義務)에 충성하는 이 분야들 사이에 하루하루 필요한 대로 적응하는 책임을 그는 결코 피하지 않았고, 개인의 확신과 가족에 대한 의무를 갈수록 조화되게 섞어서, 충성, 공정, 관용, 사랑에 기초를 둔, 훌륭한 집단 단결성의 개념으로 만드는 만족감을 얻었다.

5. 그가 열세 살 되던 해 (서기 7년)

이 해에 나사렛 소년은 어린 시절을 지나서 청년기(靑年期)의 시초로 넘어갔다. 목소리가 비로소 바뀌었고, 지성과 몸의 다른 모습이 다가오는 어른 신분의 증거를 보여 주었다.

서기 7년, 1월 9일, 일요일 밤에, 아기 남동생 아모스가 태어났다. 유다는 채 두 살이 안 되었고, 아기 여동생 룻은 아직 태어나지 않았다. 그래서 아버지가 다음 해에 사고(事故)로 죽게 되었을 때, 예수는 어린아이들로 이루어진 큰 가족을 보호하고 있었음을 알 수 있다.

땅에서 사람을 깨우치고 하나님을 드러내기 위하여 사명을 행할 운명을 가졌음을 예수가 인간으로서 확신하게 된 것은 2월 중순 무렵이었다. 멀리 미치는 계획과 함께, 중대한 결정이 이 소년의 머리 속에서 모습을 갖추고 있었고, 그는 겉으로 보아서 나사렛의 보통 유대인 소년이었다. 이 모든 것이 이제 청년기(靑年期)에 접어든 목수의 아들의 생각과 행동에서 비로소 펼쳐지자, 온 네바돈의 지적 생명이 황홀하고 놀란 가운데 바라보았나.

서기 7년, 3월 20일, 그 주 첫 날, 나사렛 회당과 연결된 지역 학교에서 예수는 훈련 과정을 졸업했다. 이것은 꿈이 큰 어떤 유대인 가족의 생활에서도 중요한 날, 첫아들이 "계명의 아들," 이스라엘의 주 하나님이 되찾은 첫아들, "최고자의 아이," 온 땅의 주의 종이라고 선포되는 날이었다.

요셉은 세포리스에서 새 공공(公共) 건물의 작업을 책임지고 있었는데, 그 전 주 금요일에 이 기쁜 계제에 참석하려고 거기서 왔다. 예수의 선생은 재빠르고 부지런한 생도가 어떤 뛰어난 생애, 어떤 탁월한 사명에 예정되어 있다고 굳게 믿었다. 전통을 따르지 않는 예수의 성향 때문에 온갖 어려움을 겪었는데도, 장로들은 소년을 아주 자랑스럽게 여겼고, 이름난 히브리 학교에서 교육을 계속하도록 그를 예루살렘에 보낼 계획을 이미 세우기 시작했다.

이따금 이 계획이 거론되는 것을 듣는 동안, 예수는 결코 랍비들과 어울려 공부하려고 예루살렘에는 가지 않겠다고 점점 더 확신하게 되었다. 그러나 오래지 않아 일어날 비극(悲劇)을 꿈에도 생각지 못했는데, 이것은 그로 하여금 당장에 어머니와 자신은 물론, 다섯 남동생과 세 여동생으로 구성될 큰 가족을 부양하고 지도하는 책임을 지게 만들었고, 그래서 모든 그런 계획을 단념하도록 보장할 것이었다. 예수는 아버지 요셉에게 주어진 것보다 더 크고 긴 체험, 이 가족을 양육하는 체험을 겪었고 나중에 자신에게 부과한 기준에 부족함이 없었다. 그것은 너무 갑자기 슬픔에 휩쓸리고, 너무 뜻밖에 아버지를 잃은 이 가족—그의 가족—에게 현명하고 참을성과 이해심이 있고 유능한 선생이자 큰형이 되는 것이었다.

6. 예루살렘으로 가는 여행

이제 청년기의 문턱에 이르렀고 정식으로 회당 학교를 졸업했으니까, 예수는 부모와 함께 예루살렘으로 가서, 같이 그의 첫 유월절(逾越節)을 축하하는 데 참석할 자격이 있었다. 이 해의 유월절 축제는 서기 7년, 4월 9일, 토요일에 있었다. 상당히 큰 무리가 (103 명) 4월 4일 월요일 아침 일찍, 나사렛에서 예루살렘을 향하여 떠나려고 준비했다. 그들은 남쪽으로 사마리아를 향하여 길을 떠났지만, 예즈릴에 다다르자, 사마리아를 지나는 것을 피하려고 동쪽으로 향했고, 길보아 산을 돌아서 요단 강 유역으로 갔다. 요셉과 그 가족은 야곱의 우물과 베델의 길을 거쳐 사마리아를 통해서 내려가는 것을 좋아했겠지만, 유대인이 사마리아인과 상관하는 것을 싫어했기 때문에, 그들은 이웃들과 함께 요단 강 유역의 길을 거쳐서 가기로 작정하였다.

무척 두려워했던 아켈라우스는 폐위되었고, 그들은 예수를 예루살렘으로 데리고 가기가 조금도 두렵지 않았다. 첫째 헤롯이 베들레헴의 아기를 죽이려고 한 지 12년이 지났고, 아무도 이제는 그 사건을 이름 없는 이 나사렛 소년과 연관지으려고 생각하지 않을 것이었다.

예즈릴 교차점에 이르기 전에, 계속 여행하자, 오래지 않아서, 그들은 왼편에 오래 된 슈넴 마을을 지났는데, 예수는 거기서 한때 살았던, 온 이스라엘에서 가장 아름다웠던 소녀와 또한 엘리사가 거기서 행한 놀라운 이적(異蹟)에 관하여 다시 이야기를 들었다. 예즈릴을 지나치면서, 예수의 부모는 아합과 예세벨이 한 일과 예후의 공적을 이야기했다. 길보아 산 둘레를 지나면서, 그들은 이 산의 비탈에서 자살한 사울, 다윗 왕, 그리고 이 역사적인 장소의 관계에 대하여 많이 이야기를 나누었다.

길보아 산 밑동을 돌면서, 순례자들은 바른쪽에 그리스 도시 스키토폴리스를 볼 수 있었다. 멀리서 대리석 구조를 바라보았지만, 스스로를 더럽혀서, 예루살렘에서 다가오는 유월절의 엄숙하고 신성한 예식에 참석할 수 없게 될까 두려워, 그들은 이방 도시에 가까이 가지 않았다. 마리아는 어째서 요셉이나 예수가 스키토폴리스에 대해서 입을 열려 하지 않는지 이해할 수 없었다. 마리아는 그 전 해에 그들이 논쟁한 것을 몰랐고, 그들이 이 에피소드를 마리아에게 털어놓은 적이 없기 때문이다.

길은 이제 열대인 요단 강 유역 밑으로 바로 이끌었고, 사해(死海)를 향하여 흘러 내려가면서, 반짝이며 물결이 찰랑거리고, 구부러지고 늘 굽이치는 요단 강이 예수의 놀라워하는 눈에 드러나게 되었다. 이 열대(熱帶)의 골짜기에서 남쪽으로 여행하면서, 그들은 겉옷을 벗어 제치고, 화려한 곡식 밭과 분홍 꽃이 잔뜩 핀 아름다운 올리앤더를 보고 즐겼다. 한편 꼭대기에 눈이 덮인 거대한 헤르몬 산이 북쪽에 멀리 서서, 웅장한 모습으로 이 역사적인 골짜기를 내려다보았다. 스키토폴리스의 맞은 편으로부터 세 시간 남짓 여행하자, 그들은 부글부글 솟아오르는 샘물에 다다랐고, 여기서 그들은 밤 동안, 별이 빛나는 하늘 아래서, 텐트를 쳤다.

여행하던 이튿째, 그들은 얍복 강이 동쪽으로부터 요단 강으로 흘러 들어가는 곳을 지났고, 이 강 유역(流域)을 동쪽으로 보면서, 기드온 시절의 이야기를 했는데, 이 때 미디안인들은 그 땅에 퍼지려고 이 지역으로 쏟아져 들어왔다. 이틀째 여행하던 끝에, 그들은 요단 강 유역을 내려다보는 가장 높은 산, 사르타바 산 밑 가까이에서 텐트를 쳤다. 이 산 꼭대기는 알렉산드리아의 요새가 차지했고, 거기서 헤롯은 아내들 가운데 하나를 감옥에 가두었고, 목 졸려 죽은 두 아들을 땅에 묻었다.

셋째 날에 그들은 헤롯이 최근에 지은 두 마을을 지났고, 그 우수한 건축과 아름다운 야자나무 동산을 눈여겨보았다. 밤이 되기까지 예리고에 이르렀고, 거기서 아침까지 머물렀다. 그 날 저녁에 요셉과 마리아와 예수는 2.4킬로미터 걸어서 고대의 예리고 터로 갔는데, 유대인의 전통에 따르면, 거기서 요수아가 소문난 공훈을 세웠고, 예수의 이름은 그의 이름을 따서 지었다.

넷째 날이며 여행의 마지막 날이 되어서는, 도로가 이어진 순례자들로 줄을 이루었다. 그들은 이제 예루살렘으로 이끄는 언덕을 올라가기 시작했다. 꼭대기에 가까워 오자, 요단 강을 건너 그 뒤의 여러 산까지, 또 남쪽으로 사해(死海)의 느릿한 물을 내려다볼 수 있었다. 예루살렘까지 이르는 길의 중간쯤에서, 예수는 올리브 산을 (그 뒤에 무척 그의 일생의 일부가 될 지역) 처음 구경했고, 요셉은 거룩한 도시가 이 산마루 바로 건너에 있다고 그에게 손가락으로 가리켜 주었다. 그 도시와 하늘 아버지의 집을 곧 보게 된다는 즐거운 기대에 소년의 가슴은 두근거렸다.

올리브 산 동쪽 비탈에서 그들은 베다니라고 부르는 작은 마을의 경계에서 쉬려고 멈추었다. 친절한 마을 사람들은 순례자(巡禮者)들을 보살피려고 쏟아져 나왔고, 마침 요셉과 그의 가족은 어느 시몬이라는 사람의 집 가까이서 머무르게 되었는데, 그는 예수와 같은 또래의 아이들 셋—마리아·마르다·나사로—가 있었다. 그들은 마실 것을 들자고 나사렛 가족을 안으로 초청(招請)하였고, 그 두 가족 사이에는 일생 동안의 우정이 생겼다. 그 뒤에 여러 번, 파란 많은 생애에서 예수는 이 집에 머물렀다.

그들은 길을 재촉하여, 곧 올리브 산 가장자리에 섰고, 예수는 (그가 기억하건대) 처음으로 거룩한 도시, 허세 부리는 여러 궁전, 영감을 주는 아버지의 성전을 보았다. 예루살렘의 처음 광경을 맛보면서 4월 이 날 오후에 거기 서 있는 동안, 이 때 그렇게 발끝까지 황홀하게 한 것처럼 그러한 순전히 인간적 흥분을 예수는 생애에서 어느 때도 겪은 적이 없었다. 후일에, 바로 이 자리에 서서, 또 하나의 선지자, 하늘의 선생들 가운데 마지막이자 가장 위대한 사람을 물리치려 한 그 도시 때문에 그는 눈물을 흘렸다.

그러나 그들은 서둘러 예루살렘으로 갔다. 때는 이제 목요일 오후였다. 도시에 이르자, 그들은 성전을 지나쳤고, 예수는 그렇게 많은 인간 무리를 본 적이 없었다. 어떻게 유대인들이 문명 세계의 가장 먼 구석으로부터 와서 여기에 모였는가 깊이 생각했다.

그들은 유월절 주간에 숙박하기 위해서 미리 마련된 장소에 곧 이르렀다. 이곳은 마리아의 어느 부유한 친척이 사는 큰 집이었고, 그는 사가리아를 통해서 요한과 예수의 초기 내력에 관하여 얼마큼 아는 사람이었다. 이튿날, 즉 준비일에, 그들은 유월절 안식일을 적절하게 축하하기 위하여 준비했다.

유월절을 위한 준비로 온 예루살렘이 떠들썩한 동안에, 요셉은 아들을 데리고 어느 학원을 방문할 틈을 냈고, 거기에는 예수가 요구된 나이, 열 다섯이 되자마자, 2년 뒤에 교육을 다시 시작하도록 주선이 되어 있었다. 세심하게 짜놓은 이 계획에 예수가 거의 흥미를 나타내지 않는 것을 지켜보고서 요셉은 참으로 어리둥절했다.

예수는 성전과 그에 관계된 모든 예배(禮拜)와 기타 활동에 깊이 감명을 받았다. 네 살이 되고 난 뒤에 처음으로, 자신의 명상에 너무 빠져서, 많이 묻지 않았다. 그러나 (전에 그랬던 것처럼) 아버지에게, 어째서 하늘 아버지가 죄 없고 무력한 동물의 도살(屠殺)을 그토록 많이 요구하는가, 몇 가지 난처한 질문을 던졌다.

소년의 얼굴 표정으로부터, 그의 대답과 설명하려는 노력이 깊이 생각하고 날카롭게 따지는 아들에게 만족스럽지 않았다는 것을 아버지는 잘 알았다.

유월절 안식일 전 날에, 영적 빛의 큰 물결이 예수의 필사 지성을 휩쓸었고, 고대의 유월절 기념 행사를 축하하려고 모인, 영적으로 눈멀고 도덕적으로 무지한 군중에 대하여 사랑으로 불쌍히 여기는 느낌이 그의 인간 가슴을 넘치도록 채웠다. 이 날은 하나님의 아들이 육체를 입고 보낸 가장 특별한 날 중의 하나였다. 그 날 밤에, 땅에서 살던 생애에 처음으로, 이마누엘에게 임명받고서, 구원자별로부터 배치된 사자(使者)가 그에게 나타났다. 그 사자는 말했다. “때가 왔나이다. 당신의 아버지의 일을 비로소 할 때가 되었나이다.”

그래서 나사렛 가족의 무거운 책임이 어린 그의 어깨에 떨어지기도 전에, 아직 열세 살이 채 안 된 이 소년에게, 한 우주(宇宙)의 책임을 비로소 다시 질 때가 왔다고 상기시키려고 이제 하늘의 사자가 도착한 것이다. 이것은 유란시아에서 아들의 자신 수여를 마침내 완수하고, “인간이자 신(神)인 그의 어깨 위에 한 우주의 정부”를 되돌려 놓은, 길게 뒤이은 사건들 가운데 첫 행위였다.

시간이 지나자, 육신화의 신비는 우리 모두에게, 갈수록 깊이를 헤아릴 수 없게 되었다. 이 나사렛 소년이 온 네바돈의 창조자인 것을 도저히 이해할 수 없었다. 우리는 오늘날 어떻게 바로 이 아들 창조자의 영과, 파라다이스 아버지의 영이 인류의 혼들과 결합되는가 하는 것도 이해하지 못한다. 시간이 지남에 따라서, 그가 육체를 입고 인생을 살지만, 정신적으로 그의 어깨 위에 한 우주의 책임이 놓여 있음을 그의 인간 지성이 점점 더 깨닫는다는 것을 알 수 있었다.

이렇게 나사렛 소년의 경력이 끝나고, 청년기에 들어간 그 젊은이—점점 더 자의식하는 신다운 인간—의 이야기가 시작된다. 확대되는 생애의 목적을 부모가 바라는 것, 가족과 그가 사는 시대의 사회에 대한 의무와 통합하려고 애쓰면서, 이제 그의 세계적 생애를 비로소 깊이 생각한다.

제 125 편

예루살렘에 가신 예수

파란 많았던 예수의 지상(地上) 생애에서, 그의 기억으로 처음인 이 예루살렘 방문보다 더 마음을 끌고, 인간적으로 더 가슴 짜릿하게 하는 사건은 없었다. 혼자서 성전 토론에 참석하는 체험에 특별히 자극을 받았고, 그것은 어린 시절 후반과 소년기의 초반에서 큰 사건으로서 그의 기억에 오랫동안 두드러졌다. 이것은 그가 처음으로 며칠 동안 독립된 생활, 아무 고삐와 제한이 없이 오가는 기쁨을 누릴 첫 기회였다. 유월절을 뒤이은 한 주 동안 아무 지시 없이 사는 이 짧은 기간은, 그가 일찍이 누린 바 처음으로 책임에서 완전히 벗어난 기간이었다. 잠시라도, 이와 비슷하게 모든 책임감에서 벗어난 자유로운 기간을 다시 가진 것은, 이 다음에 여러 해가 지난 뒤였다.

여자들은 예루살렘의 유월절 축제에 가는 일이 드물었고, 참석하는 것이 요구되지 않았다. 그러나 예수는 어머니가 그들을 따라가지 않는 한, 가기를 거절하다시피 하였다. 어머니가 가기로 결심했을 때, 많은 여자, 다른 나사렛 여인들도 여행하려고 마음이 이끌렸고, 그래서 그 유월절 일행은, 나사렛에서 유월절을 지내려고 올라간 중에서, 남자에 비해서 여자를 가장 많이 포함했다. 이따금 예루살렘으로 가는 길에, 그들은 시편 130편을 노래했다.

나사렛을 떠날 때부터 그들이 올리브 산 꼭대기에 이를 때까지, 예수는 기대에 차서 오래 긴장감을 느꼈다. 즐거웠던 어린 시절 동안 내내, 경외감을 가지고 예루살렘과 그 성전(聖殿)에 대하여 소문을 들어 왔는데, 이제 그는 곧 실제로 구경할 것이었다. 올리브 산에서부터, 그리고 바깥에서 더 가까이서 들여다보니, 성전은 예수가 기대했던 전부요, 기대를 넘었다. 그러나 일단 거룩한 입구에 들어서자, 큰 환멸이 시작되었다.

부모의 일행 속에서, 이스라엘의 시민으로서 성화(聖化)를 막 받으려 하는 새로운 율법의 아들 집단과 합세하려고 가는 길에 예수는 성전 구역을 지나갔다. 성전에 모인 군중의 일반 행동을 보고 조금 실망했지만, 그 날의 가장 큰 충격은 어머니가 여자들의 회랑으로 가는 길에 그들을 떠났을 때였다. 어머니가 성화 예식까지 그를 따라가서는 안 된다는 것이 결코 예수의 머리에 떠오르지 않았고, 어머니가 그렇게 부당한 차별을 받도록 만들어진 것에 온 몸이 의분(義憤)으로 끓었다. 몹시 분개했지만, 항의하는 몇 마디를 아버지에게 한 것 외에, 아무 말도 하지 않았다. 그러나 그는 생각하고, 깊이 생각했으며, 이것은 한 주 뒤에 서기관과 선생들에게 던진 여러 질문에서 드러난 바와 같다.

성화 의식을 거쳤지만, 이 의식(儀式)이 건성이고 일상적인 성질인 것에 실망을 느꼈다. 몸소 관심을 기울여 주는 맛이 없어 서운했는데, 이것이 나사렛 회당 의식의 특징이었다. 그리고 나서 그는 인사하려고 어머니에게 돌아갔고, 성전과 그 안에 있는 여러 뜰·회랑·복도 근처에 처음으로 가는 길에 아버지를 따라가려고 준비했다. 성전 구역은 한꺼번에 예배자를 20만 명 넘게 받아들일 수 있었고, 이 건물들의 방대함은—일찍이 보아 온 어느 것과 비교해도—머리 속에 크게 감명을 주었지만, 그는 성전 의식과 이와 관련된 예배의 영적 중요성을 깊이 생각하는 데 골똘히 빠져 있었다.

성전의 많은 의식은 아름다운 것과 상징적인 것에 대한 그의 감각에 몹시 감동이 되게 인상을 주었지만, 파고드는 여러 질문에 답하여 부모가 내놓은, 이 의식의 참 중요성에 대한 설명에 언제나 실망했다. 하나님이 노여워하거나 전능자가 성내는, 그런 신앙을 담은 예배와 종교적 헌신에 대한 설명(說明)을 예수는 단지 받아들이려 하지 않았다. 성전 방문을 마친 뒤에, 이 질문을 계속 논의할 때, 예수가 정통 유대인의 교리를 받아들임을 인정하라고 아버지가 부드럽게 고집했을 때, 예수는 갑자기 부모에게 돌아서서, 하소연하는 얼굴로 아버지의 눈을 들여다보며 말했다, "아버지, 그것은 정말일 수 없지요—하늘에 계신 아버지는 땅에서 잘못하는 자녀를 그렇게 여길 수 없나이다. 아버지가 나를 사랑하는 것보다 하늘 아버지가 그의 자녀를 덜 사랑할 수는 없지요. 내가 아무리 지혜롭지 못한 짓을 하더라도, 아버지는 결코 내게 진노를 퍼붓거나 성내지 않으실 줄 내가 잘 아나이다. 땅에서 내 아버지가, 신을 반영(反映)하는 그런 인간다운 그림자를 가졌다면, 하늘의 아버지는 얼마나 더 선으로 차 있고 자비로 넘쳐흐름이 틀림없을까. 땅에 있는 내 아버지보다 하늘에 계신 내 아버지가 나를 덜 사랑한다는 것을 나는 믿지 못하나이다."

첫아들이 이렇게 말하는 것을 들었을 때, 요셉과 마리아는 입을 다물었다. 두 번 다시, 그들은 하나님의 사랑과 하늘에 계신 아버지의 자비로움에 대하여 그의 생각을 바꾸려 하지 않았다.

1. 예수가 성전을 구경하다

성전 마당 전역에 어디로 가든지, 경건치 않은 정신을 지켜보고서, 예수는 충격을 받고 메스꺼워졌다. 그는 성전에서 군중의 행동은 그들이 "아버지 집에" 와 있는 것과 모순된다고 보았다. 그러나 아버지가 이방인의 마당으로 데리고 갔을 때, 그는 젊은 나이에 최대의 충격을 받았는데, 거기에는 그 시끄러운 속어(俗語)와 크게 떠들고 욕하는 소리가, 양들이 매— 하고 우는 소리와 왁자지껄 떠드는 소리와 한데 얼버무려 섞였고, 이것은 환전상(換錢商)들과 희생물로 바치는 동물 및 기타 잡동사니 상품을 파는 장사꾼들이 자리에 있음을 폭로했다.

그러나 무엇보다도 성전의 이 구역 안에서, 이리저리 누비고 다니는 경박한 창녀들을 보고 그의 예절 감각은 분노로 끓어올랐는데, 이들은 세포리스를 방문했을 때 아주 최근에 보았던, 바로 그런 분 칠한 여자들이었다. 성전이 이렇게 훼손되는 것은 젊은이로서 그의 분개심을 온통 일으켰고, 그는 요셉에게 마음대로 자기 생각을 서슴지 않고 표현했다.

예수는 성전에서 받은 소감과 그 예배에 대하여 좋게 말했지만, 그렇게 많은 지각없는 신자들의 얼굴에서 본 영적 더러움에 충격을 받았다.

그들은 이제 성전 앞, 바위 선반 밑에, 제단이 세워져 있는 사제들의 마당으로 내려갔는데, 수많은 동물을 도살하는 것과 놋 분수대에서 도살을 주관하는 사제의 손으로부터 피를 씻는 것을 지켜보려는 것이었다. 피로 얼룩진 포장 도로(道路), 사제들의 피투성이 손, 죽어 가는 짐승들이 지르는 소리를, 자연을 사랑하는 이 소년은 견딜 수 없었다. 그 끔찍한 광경은 이 나사렛 소년을 메슥메슥하게 만들었고, 그는 아버지의 팔을 잡고 다른 데로 가자고 빌었다. 그들은 돌이켜서 이방인들의 마당을 통해서 걸었고, 거기서 들은 거친 웃음소리와 쌍스러운 농담조차, 막 구경한 광경으로부터 한숨 돌리는 것이었다.

요셉은 어떻게 아들이 성전의 의식을 보고 메슥메슥해졌는가 보았고, 현명하게 그를 이끌어 "미문(美門)"을 보게 했는데, 이것은 고린도의 놋으로 만들어진 예술적인 문이었다. 그러나 예수는 첫 성전 방문으로는 충분히 보았다. 그들은 마리아를 찾으려고 위 마당으로 돌아갔고, 야외에서, 군중으로부터 떨어져서 한 시간 동안 걸으면서, 헤롯의 웅장한 집이었던 아스모니아 궁전과 로마 경비병들의 탑을 보았다. 이렇게 걷는 동안, 오로지 예루살렘 거민들만 성전에서 날마다 있는 희생물 바치는 것을 구경하도록 허락된다, 갈릴리에 사는 사람들은 성전 예배에 참석하려고, 유월절, 오순절 축제 (유월절 뒤 일곱 주가 지나서), 10월의 초막절에, 이렇게 1년에 겨우 세 번 올라온다고 요셉은 예수에게 설명했다. 모세가 이 축제들을 만들었다. 다음에 그들은 나중에 제정된, 헌신과 푸림 축제에 관하여 이야기했다. 그 뒤에 숙박소로 가서 유월절 축하를 위하여 준비했다.

2. 예수와 유월절

베다니의 시몬이 그 일행을 위하여 유월절 양을 샀으니까, 나사렛의 다섯 가족이 유월절을 축하하려고 시몬 가족의 손님이나 동료가 되었다. 성전을 방문할 때 예수에게 그토록 영향을 준 것은 그렇게 엄청난 수의 이 양들을 도살한 것이었다. 마리아의 친척들과 유월절 저녁을 먹는 것이 계획이었지만, 예수는 베다니로 가는 초청을 받아들이라고 부모를 설득했다.

그 날 밤 그들은 유월절 의식을 거행하려고 모였고, 구운 고기를 누룩 없는 빵과 쓴 나물과 함께 먹었다. 새 언약의 아들이었으니까, 예수는 유월절의 기원을 하나하나 이야기하라고 요청받았고, 이것을 잘 해냈다. 그러나 그가 아주 최근에 보고 들은 것으로 말미암아, 어려도 생각 깊은 그의 머리에 새겨진 인상을 가볍게 비치는 수많은 논평을 덧붙여서 예수는 부모의 속을 얼마큼 흔들어 놓았다. 이 날은 유월절 축제를 위한 7일 동안의 의식(儀式)의 시작이었다.

이 날부터도 벌써, 비록 그러한 문제에 관하여 부모에게 아무 말도 하지 않았지만, 도살된 양 없이 유월절을 지내는 것이 적절한가 예수는 머리 속에서 이리저리 살펴보기 시작했다. 머리 속에서, 하늘에 계신 아버지가 이 희생 제물을 바치는 광경을 기뻐하지 않으심을 확신한다고 느꼈고, 해가 지남에 따라서, 언젠가 피 없는 유월절을 경축하는 관습을 확립해야겠다고 갈수록 더 마음을 굳게 먹었다.

예수는 그 날 밤 거의 자지 못했다. 도살과 고통의 메스꺼운 꿈 때문에 휴식은 크게 방해를 받았다. 유대인의 의식 체계 전체에 담긴 신학의 모순(矛盾)과 부조리 때문에, 그의 머리는 산란했고 마음은 시달렸다. 부모도 마찬가지로 거의 잠을 못 잤다. 막 끝난 그 날의 사건들 때문에 크게 마음이 흐트러졌다. 그들이 보기에, 소년의 이상하고 단호한 태도에, 마음이 완전히 언짢았다. 그 날 밤 초저녁에 마리아는 불안하게 짜증이 나 있었지만, 요셉은 똑같이 당황했어도, 차분하게 있었다. 이 문제에 대해서 두 사람은 소년과 솔직히 말하기가 두려웠다. 하지만 그들이 감히 격려했더라면, 예수는 부모와 함께 기쁘게 이야기했을 것이다.

성전에서 다음 날 예배는 예수에게 더 마음에 들었고, 전날의 불쾌한 기억을 많이 덜어 주었다. 다음 날 아침, 어린 나사로는 예수의 손을 잡았고, 그들은 예루살렘과 그 둘레를 체계적으로 뒤지기 시작했다. 날이 저물기 전에, 예수는 성전 가까이에 강의와 질문이 있는 회의가 진행되는 여러 장소를 발견했다. 분리하는 베일 뒤에 정말로 무엇이 있는가 궁금해서 구경하려고 지성소(至聖所)에 몇 번 들린 것 외에, 예수는 대부분의 시간을 성전 근처에서, 이 가르치는 회의에서 보냈다.

유월절 주간 내내, 예수는 새 계명(誡命)의 아들들 사이에서 제 자리를 지켰고, 이것은 완전한 이스라엘 시민이 아닌 모든 사람을 떼어놓은 난간 바깥에서 앉아야 했음을 의미했다. 이렇게 나이 어린 것을 의식(意識)하게 되었으니까, 그는 머리 속에서 오락가락 떠오르는 여러 질문을 던지기를 삼갔다. 적어도 유월절 축하가 끝나고, 새로이 거룩하게 바친 소년들에게 지워진 제한이 풀릴 때까지, 자제(自制)하였다.

유월절 주 수요일에, 예수는 나사로와 함께 집으로 가서 베다니에서 밤을 지내도록 허락을 받았다. 이 날 저녁에, 나사로와 마르다와 마리아는 예수가 현세의 것과 영원한 것, 인간다운 것과 신다운 것에 관하여 이야기하는 것을 들었고, 그 날 밤부터 계속 그들 셋은 모두, 마치 예수가 오빠나 형인 듯이 그를 좋아했다.

주말이 되어서 예수는 나사로를 많이 보지 못했는데, 나사로가 성전 토론이 있는 바깥 구역까지지도 들어갈 자격이 없었기 때문이다. 하지만 그는 바깥 마당에서 진행된 공개 담화의 얼마큼에 참석했다. 나사로는 예수와 나이가 같았지만, 예루살렘의 소년들은 만 열세 살이 될 때까지, 계명의 아들들의 성화(聖化)에 허락되는 일이 드물었다.

여러 번, 유월절 주간에, 예수의 부모는 그가 혼자 따로 앉아서, 어린 머리를 손에 괴고 깊이 생각하는 것을 발견하곤 했다. 그들은 예수가 이처럼 행동하는 것을 본 적이 없었고, 겪고 있는 체험 때문에 머리가 얼마나 헛갈려 있고, 정신적 어려움을 겪는가 몰랐기 때문에, 그들은 몹시 갈팡질팡하고 어쩔 줄을 몰랐다. 유월절 주간의 하루하루가 지나가는 것이 반가웠고, 이상하게 행동하는 아들을 안전히 나사렛으로 데리고 돌아가기를 바랐다.

하루하루 예수는 문제들을 곰곰이 생각했다. 그 주말까지, 그는 많이 태도를 조정했다. 그러나 나사렛으로 돌아갈 시간이 되었을 때, 어린 머리 속은 아직도 착잡한 것들로 들끓었고, 대답을 찾지 못한 수많은 물음과 풀리지 않은 문제들 때문에 언짢았다.

요셉과 마리아가 예루살렘을 떠나기 전에, 예수의 나사렛 선생을 동반하여, 예수가 열 다섯 살이 될 때, 최고로 이름난 랍비 학교 중 하나에서 오랜 공부 과정을 시작하려고 예수가 돌아오도록 그들은 분명히 주선해 놓았다. 학교를 찾아볼 때 예수는 부모와 선생을 따라갔지만, 그들이 말하고 행한 모든 것에 그가 얼마나 무관심한가 지켜보고 그들 모두가 마음이 답답했다. 예루살렘 방문에 대한 그의 반응에 마리아는 마음이 무척 상했고, 요셉은 소년의 이상한 논평과 별다른 행동에 몹시 당황했다.

어쨌든, 유월절 주간은 예수의 생애에서 큰 사건이었다. 그는 제 또래의 소년 수십 명, 성화 예식에 참석한 동료 후보자들을 만난 기회를 기뻐했고, 로마의 극서(極西) 지방 뿐 아니라, 메소포타미아·투르키스탄·파샤에서 사람들이 어떻게 사는가 배우는 수단으로 그러한 접촉을 이용했다. 그는 이미 에집트에서, 팔레스타인 근방의 다른 지역에서 소년들이 어떻게 자라는가를 상당히 알고 있었다. 이 때 예루살렘에는 젊은이가 수천 명 와 있었는데, 나사렛 소년은 150명이 넘는 사람들을 몸소 만나고, 얼마큼 널리 회견하였다. 극동과 아주 먼 서쪽 나라에서 온 사람들에게 특별히 관심이 있었다. 이렇게 접촉한 결과로서, 소년은 여러 집단의 동료 인간들이 생계를 잇기 위해서 어떻게 땀흘리는가 배우려는 목적으로, 세계를 돌아다닐 소망을 품기 시작했다.

3. 요셉과 마리아의 출발

유월절 축제가 끝난 다음 주, 첫째 날 늦은 아침에, 성전 지역에서 나사렛 일행이 모여야 한다고 약속이 되어 있었다. 그들은 그대로 했고, 나사렛으로 돌아가는 여행 길을 떠났다. 예수는 토론을 들으려고 성전으로 들어갔고, 한편 부모는 동료 여행자들이 모이기를 기다렸다. 당장에 그 일행은 떠나려고 준비했고, 남자들이 한 무리를 이루고 여자들은 다른 무리를 지어서 갔는데, 이것이 예루살렘 축제로 오가는 여행 길에 그들의 관습이었다. 예수는 어머니와 여자들의 일행에 섞여 예루살렘으로 올라가 버렸다. 이제 성화를 마친 젊은이였기 때문에, 그는 아버지와 남자들 일행 속에서 나사렛까지 여행 길을 간다고 생각되었다. 그러나 나사렛 무리가 베다니를 향하여 가는 동안에, 예수는 성전에서, 천사들에 관한 토론(討論)에 완전히 몰두해 있었고, 부모의 출발 시간이 지난 것을 전혀 까맣게 잊고 있었다. 성전 회의가 정오에 끝날 때까지, 그는 뒤에 처져 있음을 깨닫지 못했다.

마리아는 예수가 남자들과 함께 여행한다고 추측했고, 한편 요셉은 그가 마리아의 당나귀를 이끌고 여자들과 함께 예루살렘으로 올라갔으므로 여자들과 여행한다고 생각했기 때문에, 나사렛 여행객들은 예수가 없음을 눈치채지 못했다. 예리고에 다다르고 그 날 밤에 묵으려고 준비할 때까지, 그들은 예수가 자리에 없는 것을 깨닫지 못했다. 예리고에 도착한 일행의 마지막 편에게 물어 보고, 아무도 아들을 본 적이 없다는 것을 알고 나서, 그들은 잠을 못 이루며 밤을 지샜다. 그에게 무슨 일이 일어났을까 머리 속에서 곰곰이 뜯어보고, 유월절 주간의 사건들에 대해서 그의 별다른 여러 반응을 돌이켜보며, 예루살렘을 떠나기 전에 그 무리에 그가 있도록 처리하지 않은 것을 가볍게 서로의 탓으로 돌렸다.

4. 성전에서 첫째 날과 둘째 날

그 동안, 오후 내내 예수는 성전에 남아서 토론을 들었고, 유월절 주간의 큰 군중이 거의 사라졌기 때문에, 더 조용하고 예의 바른 분위기를 즐겼다. 오후 토론 가운데 어디에도 예수는 끼지 않았고, 이 토론이 끝났을 때, 그는 베다니를 향해 가서, 시몬의 가족이 저녁을 나누려고 준비할 때 막 도착했다. 세 아이는 예수를 만나게 되어 기뻐서 어쩔 줄 몰랐고, 그 날 밤에 그는 시몬의 집에서 머물렀다. 그 날 저녁에, 그는 말이 거의 없었고, 명상하느라고 많은 시간을 혼자 뜰에서 보냈다.

이튿날 아침 일찍 예수는 일어나서 성전으로 갔다. 올리브 산 벼랑 가에서 멈추었고, 눈에 들어온 광경—전통에 묶여 있고, 로마 군단(軍團)의 감시 밑에 사는 영적으로 궁핍한 민족—을 보고 눈물을 흘렸다. 오전 초반에, 토론에 끼려고 마음먹고 성전으로 왔다. 그 동안에, 요셉과 마리아도 또한 예루살렘까지 온 길을 되찾아갈 생각을 가지고, 새벽에 동이 트자 일어났다. 먼저 그들은 유월절 주간에 한 가족으로서 묵었던 그 친척의 집으로 서둘러 갔지만, 물어 본 결과는 아무도 예수를 보지 못했다는 사실을 드러냈다. 하루 종일 찾다가 그림자도 발견하지 못하고, 그들은 그 날 밤 그 친척 집으로 돌아갔다.

둘째 회의에서 예수는 감히 질문을 던졌는데, 대단히 놀라운 방법으로 성전 토론에 끼었지만, 반드시 어린 나이에 맞게 예의(禮儀)를 차렸다. 어떤 때는, 그의 날카로운 물음이 학식 있는 유대 율법 선생들에게 얼마큼 당황하게 하는 것이었지만, 알려고 하는 분명한 욕구와 더불어 아주 솔직한 공평 정신을 보였기 때문에, 대다수의 성전 선생들은 면밀한 배려로 그를 대우하고 싶어했다. 그러나 이방인의 마당 바깥에서 거닐다가, 신성하다고 하는 금지된 성전 구역에 멋모르고 발을 들인, 술 취한 이방인을 사형(死刑)에 처하는 것이 타당한가 감히 물었을 때, 너그럽지 못한 선생들 가운데 하나가 소년이 넌지시 던지는 비난에 참을성을 잃고, 그를 노려보면서, 나이가 얼마인가 물었다. 예수는 대답했다, "열 세 살에서 넉 달하고 며칠 모자라나이다." 이제 성난 선생이 다그쳐 물었다. "그러면, 너는 계명의 아들이 될 나이가 아니 되었은즉슨, 어찌하여 여기 있는고?" 유월절에 성화를 받았고, 그가 나사렛 학교 과정을 마친 학생이라고 설명했을 때, 선생들은 한 목소리로 비웃으며 대답했다: "짐작 할 만하이. 그가 나사렛에서 왔다네." 그러나 예수가 엄밀하게 말해서 열 세 살이 아니고 열둘인데, 나사렛 회당의 책임자들이 그를 졸업시켰다면, 예수는 잘못이 없다고 사회자가 주장했다. 그를 훼방한 자들 몇이 일어서서 떠났는데도, 소년이 성전 토론의 생도로서 방해받지 않고 계속해도 좋다는 판결(判決)이 내렸다.

이 날, 성전에서 둘째 날이 끝났을 때, 그 날 밤을 지내려고 그는 다시 베다니로 돌아갔다. 명상하고 기도하려고 다시 뜰로 갔다. 머리가 중대한 문제들을 깊이 생각하는 데 빠져 있음이 명백했다.

5. 성전에서 셋째 날

예수가 성전에서 서기관(書記官)과 선생들과 함께 보낸 셋째 날에는 많은 구경꾼이 모여들었다. 갈릴리로부터 온 이 소년의 소문을 듣고서, 이들은 소년이 율법을 아는 현자들을 혼란에 빠지게 만드는 것을 구경하는 재미를 보려고 왔다. 시몬도 그 소년이 무슨 꿍꿍이속이 있는가 보려고 베다니로부터 내려왔다. 이 날 하루 종일 요셉과 마리아는 계속해서 예수를 초조하게 찾았는데, 성전으로 몇 번 들어가기까지 했어도, 결코 토론하는 몇 집단을 샅샅이 훑어볼 생각을 하지 않았다. 하지만 그들은 한 번, 황홀한 그의 목소리를 거의 들을 만한 거리에 왔다.

그 날이 저물기 전에, 성전의 주요 토론(討論) 집단의 눈길은 온통, 예수가 내놓은 여러 물음에 집중되었다. 여러 물음 가운데 다음이 있었다.

1. 베일 뒤, 지성소(至聖所)에 정말로 무엇이 있는가?

2. 어째서 이스라엘에서 어머니들이 성전에서 예배하는 남자들로부터 분리되어야 하는가?

3. 하나님이 그의 자녀들을 사랑하는 아버지라면, 신의 은총을 얻으려고 어찌해서 이 모든 동물을 도살(屠殺)하는가—모세의 가르침을 오해하고 있는가?

4. 성전이 하늘에 계신 아버지를 예배하는 데 바쳐졌은즉, 속세의 물물 교환과 상업(商業)에 종사하는 자들이 자리에 있도록 두는 것이 앞뒤가 맞는가?

5. 기대되는 메시아가 다윗의 왕좌에 앉을 현세(現世)의 왕인가, 아니면 영적인 나라를 세우는 데 생명의 빛으로서 활동할 것인가?

하루 종일, 듣고 있던 사람들은 이 여러 질문에 놀라워했고, 아무도 시몬보다 더 깜짝 놀라지 않았다. 네 시간이 넘도록, 이 나사렛 소년은 생각을 자극하고 마음 속을 뒤지는 질문으로 이 유대인 선생들에게 캐물었다. 그는 위 사람들의 말에 거의 논평하지 않았다. 묻고자 하는 물음으로 그는 가르침을 전했다. 질문을 솜씨 있고 미묘하게 표현함으로, 한꺼번에 그들의 가르침에 도전하고 자신의 가르침을 제시하곤 했다. 질문하는 방법에는 슬기와 유머가 매력 있게 섞였으며, 이것은 그의 어린 나이를 얼마큼 못마땅하게 보는 사람들조차 그를 귀하게 여기게끔 만들었다. 파고드는 이 여러 질문을 던지면서 그는 반드시 더할 나위 없이 공정(公正)하고 생각이 깊었다. 성전에서 일이 많았던 이 날 오후에, 그는 상대편을 부당하게 이용하기를 꺼려하는 성향을 보였고, 바로 이것은 나중에 그의 대중 봉사 전체의 특징을 나타냈다. 소년으로서, 나중에 어른으로서, 그는 단지 동료들에게 논리적 승리를 맛보기 위해서 논쟁(論爭)에 이기려는 모든 자기 본위의 욕구에 전혀 매이지 않는 듯했고, 오직 한 가지에 최고의 관심을 가졌는데, 그것은 영구한 진리를 선포하고, 그렇게 영원한 하나님을 더욱 충만하게 드러내는 것이었다.

그 날이 끝났을 때, 시몬과 예수는 베다니로 길을 되돌아갔다. 가는 길의 대부분에서, 그 어른과 소년은 조용했다. 다시 올리브 산 벼랑 가에서 쉬었지만, 도시와 성전을 보면서 예수는 눈물을 흘리지 않았다. 고요히 예배하는 마음으로 머리를 숙였을 뿐이다.

베다니에서 저녁 식사가 끝난 뒤에, 그는 즐거운 모임에 끼는 것을 다시 사양했다. 그러나 그 대신 뜰로 가서, 거기서 밤늦게 남아 있으면서, 일생의 과업 문제에 어떤 분명한 접근 계획을 생각해 내고, 영적으로 눈먼 동포(同胞)에게 하늘 아버지에 대한 더 아름다운 개념을 계시하고, 그렇게 함으로 율법·의식·예식과 곰팡이 냄새나는 전통의 끔찍한 사슬로부터 그들을 해방하기 위하여 어떻게 수고하는 것이 최선일가 결정하려고 헛되이 노력했다. 그러나 진리를 찾는 소년에게 맑은 빛은 다가오지 않았다.

6. 성전에서 넷째 날

예수는 이상하게도 땅에 있는 부모에게 생각이 미치지 않았다. 아침 식사 때에도, 부모가 그 때면 집에 거의 다다랐음이 틀림없다고 나사로의 어머니가 한 마디 던졌을 때에도, 뒤에 처진 것 때문에 부모가 얼마큼 걱정하리라는 것을 그는 이해하지 못하는 듯하였다.

다시 그는 성전으로 길을 떠났지만, 올리브 산 벼랑 가에서 명상하려고 멈추지 않았다. 아침 토론의 과정에서 많은 시간이 율법과 선지자에 할애되었고, 선생들은 그리스어 뿐 아니라 히브리어로도 예수가 성서에 아주 능통한 것에 놀랐다. 그러나 그들은 그가 진리를 아는 것보다 나이에 더 놀랐다.

오후의 회의에서, 기도(祈禱)의 목적에 관하여 물은 데 대하여 그들이 대답을 시작하자마자, 사회자가 소년에게 앞으로 나와서, 자기 옆에 앉아서, 기도와 예배에 관하여 자신의 견해를 펴라고 지시했다.

전날 저녁에, 예수의 부모는 율법(律法) 해설자들과 아주 솜씨 좋게 싸운 이 이상한 소년에 대해서 이야기를 들었지만, 이 소년이 자기네 아들이라는 생각이 머리에 떠오르지 않았다. 예수가 엘리자벳과 요한을 만나러 거기로 갔을지도 모른다는 생각이 들었기 때문에, 그들은 사가리아의 집으로 길을 떠나려고 마음먹다시피 하였다. 사가리아가 혹시 성전에 있을지 모른다는 생각이 들어, 유다 시로 가는 길에 거기에 들렀다. 성전의 마당을 통해서 걷고 있을 때, 잃어버린 소년의 목소리를 알아차리고, 성전의 선생들 사이에 그가 앉아 있는 것을 보았을 때, 그들이 얼마나 소스라치게 놀랐을까 상상해 보라.

요셉은 말을 잃어버렸다. 그러나 마리아는 이제 놀란 부모에게 인사하려고 서 있는 소년에게 달려가서, 오랫동안 참고 참았던 두려움과 불안한 심정을 퍼부었다. "아이야, 어째서 너는 우리를 이렇게 대하였느냐? 슬퍼하면서, 아버지와 내가 너를 찾은 지가 이제 사흘이 넘었느니라. 우리를 버리다니, 너는 무엇에 귀신이 들렸느냐?" 긴장된 순간이었다. 예수가 무엇을 말하려는가 들으려고 모든 눈이 그에게 쏠렸다. 아버지는 나무라는 듯이 바라보았지만, 아무 말도 하지 않았다.

예수가 젊은이로 생각되었다는 것을 기억해야 한다. 아이로서 정규 수업을 마쳤고, 계명의 아들로서 인정받았으며, 이스라엘의 시민(市民)으로서 성화를 받았다. 그래도 어머니는 모여든 모든 사람 앞에서, 젊은 나이에 가장 심각하고 숭고(崇高)한 노력을 한창 기울이는 그 마당에, 가볍지 않게 그를 꾸짖었다. 이로서, 진리의 선생으로서, 올바름을 외치는 자로서, 하늘에 계신 아버지의 사랑하는 성품을 드러내는 자로서 활동하라고 그에게 주어진 가장 큰 기회 중 하나에 명예롭지 않은 종말을 가져왔다.

그러나 소년은 그 경우에도 만만치 않았다. 한데 모아서 이 상황을 구성한 모든 요소를 공정하게 고려한다면, 너희는 어머니가 뜻하지 않게 꾸짖은 것에 대하여, 소년의 대답에서 보인 슬기를 재도록 준비가 더 잘 되어 있겠다. 잠깐 생각한 뒤에, 예수는 어머니에게 대답하여 말했다. "어찌하여 어머니는 나를 그토록 오래 찾으셨나이까? 내가 아버지의 일을 보살필 때가 왔으니, 내 아버지의 집에서 나를 찾기를 어머니가 기대하지 않으시나이까?"

모두가 소년의 말하는 태도에 놀랐다. 조용히 그들은 모두 물러났고, 부모와 그가 혼자 서 있도록 두었다. 젊은이는 즉시 모두 세 사람의 어색함을 덜어 주며 조용히 말했다, "오소서, 부모님, 아무도 각자가 최선(最善)이라고 생각한 것 외에 아무 것도 하지 않았나이다. 하늘에 계신 우리 아버지가 이것을 예비하셨나이다. 집으로 떠나시지요."

말없이 그들은 떠났고, 그 날 밤 예리고에 다다랐다. 꼭 한 번 멈추었는데, 올리브 산 벼랑 가에서였다. 그 때 소년은 지팡이를 높이 쳐들고, 벅찬 감정이 끓어오르는 속에, 머리부터 발끝까지 부르르 떨면서 말했다. "아, 예루살렘아, 예루살렘아, 거기에 사는 사람들아, 너희는 무슨 노예인가—로마의 멍에에 굴종(屈從)하고, 자신의 전통에 희생된 자여—그러나 나는 저 멀리 성전을 깨끗이 하고, 이 사슬로부터 내 민족을 구하러 돌아오리라!"

나사렛까지 사흘 여행 길에, 예수는 거의 말이 없었다. 부모도 그 앞에서 말을 많이 하지 않았다. 첫 아들의 행동(行動)을 이해하지 못해서 참으로 쩔쩔맸다. 그러나 비록 그 뜻을 넉넉히 알아듣지 못했어도, 가슴 속에 그의 말을 소중히 간직했다.

집에 도착하자, 그는 부모에게 간단한 말씀을 드렸고, 이것은 부모를 사랑한다고 그들을 안심시키고, 그의 행동 때문에 부모에게 고통스럽게 걱정할 어떤 기회를 다시 줄까 근심할 필요가 없음을 암시하였다. 이 중요한 선언을 이렇게 끝맺었다, "하늘에 계신 내 아버지의 뜻을 행해야 하지만, 나는 땅에 있는 아버지에게도 또한 복종하리이다. 나는 때를 기다리겠나이다."

머리 속에서, 그의 생각 과정을 명령하거나, 땅에서 그가 할 일의 계획을 세우려는 부모의 노력, 의도는 좋아도 그릇 인도된 노력에 찬성하기를 여러 번 물리치곤 했지만, 그래도 파라다이스 아버지의 뜻을 행하려는 그의 헌신과 일치되는 모든 면에서, 그는 땅에 있는 아버지가 바라는 것, 육체를 입은 가족의 관습을 아주 품위 있게 따랐다. 찬성할 수 없을 때에도 그는 따르려고 할 수 있는 대로 최선을 다하려 했다. 가족에게 충성하고 사회에 봉사하는 책임을 지는 의무에 헌신함을 조절하는 문제에서 그는 예술가였다.

요셉은 어리둥절했다. 그러나 이 체험을 돌이켜보면서 마리아는 위로를 얻었고, 결국은 올리브 산에서 그가 한 말을 이스라엘의 구원자로서 아들의 메시아 사명을 예언하는 것으로 보았다. 그 여자는 애국적이고 민족주의의인 경로로 그의 생각을 짜맞추려고 새로이 힘을 얻어 일하기 시작했고, 자기 동생, 예수가 가장 좋아하는 삼촌의 도움을 청했다. 예수의 어머니는 온갖 다른 방법으로, 다윗의 왕좌를 회복하고, 정치적으로 구속하는 이방인의 멍에를 영원히 떨쳐 버릴 자들의 지도권을 쥐려고 첫아들을 준비시키는 과업에 팔을 걷어붙였다.

제 126 편

결정적인 두 해

예수가 땅에서 산 일생의 모든 체험 가운데, 열네 살 때와 열다섯 살 때가 가장 결정적인 해였다. 신성과 운명을 비로소 자각한 뒤에, 그에게 깃드는 조절자와 상당히 교통을 가지기 전에, 이 두 해는 유란시아에서 파란 많았던 일생에서 가장 시련이 많은 해였다. 큰 시험, 참 유혹이라고 불러야 하는 것은 이 2년의 기간이었다. 어떤 젊은 인간도 초기의 혼란과 청년기의 적응하는 문제들을 거치면서, 어린 시절부터 청년기에 이르는 과도기에 예수가 겪은 것보다 더 결정적 시험을 겪지는 않았다.

예수가 새파랗게 젊은 성장기에서 중요한 이 기간은 예루살렘 방문을 마치고 그가 나사렛으로 돌아옴과 함께 시작되었다. 처음에 마리아는 아들을 다시 찾아왔다는 것, 예수가 의무를 지키는 아들로서 집으로 돌아왔다는 것—언제라도 그렇지 않았다는 것이 아니라—그의 미래 생활을 위하여 세운 계획에 그가 이제부터 더 반응이 있으리라는 생각에 행복했다. 그러나 물질적 망상과 남이 알아주지 않는 이 가족의 긍지(矜持)의 햇빛 속에서 오래 즐기도록 예정되지는 않았다. 금방 그 여자는 더 철저하게 미몽에서 깨어나야 했다. 소년은 점점 더 아버지와 동행하였고, 문제를 가지고 어머니에게 오는 일이 점점 줄어들었으며, 한편 이 세상 일, 그와 아버지 일의 관계에 대한 숙고, 이 두 가지 사이에 그가 자주 오락가락하는 것을 부모는 갈수록 더 이해하지 못했다. 솔직히 말해서, 그들은 그를 이해하지 못했지만, 참으로 사랑했다.

나이가 들면서 유대 민족에 대하여 예수의 불쌍히 여기는 마음과 사랑이 깊어져 갔지만, 해가 지남에 따라서, 아버지의 성전에 정치적으로 임명된 사제들이 있다는 것에 머리 속에서 차츰 의분(義憤)이 커졌다. 예수는 진지한 바리새인과 정직한 서기관들을 크게 존경했지만, 위선적인 바리새인과 정직하지 않은 신학자들을 크게 경멸하였다. 성실하지 않은 모든 종교 지도자를 경시하였다. 이스라엘의 지도층을 훑어보았을 때, 그는 유대인이 기대하는 메시아가 되는 가능성을 좋게 보려는 유혹을 가끔 받았지만, 그러한 유혹에 결코 무릎을 꿇지 않았다.

예루살렘에서 성전의 현자(賢者)들 사이에서 그가 공훈을 세운 이야기는 온 나사렛, 특히 회당 학교에서 예전에 그를 가르치던 선생들에게 흐뭇한 일이었다. 한동안, 사람마다 그를 칭찬하는 말이 입에서 그치지 않았다. 온 마을이 그가 어릴 때 보인 지혜(知慧)와 칭찬할 만한 행동을 되돌아보았고, 이스라엘에서 그가 큰 지도자가 될 운명을 가졌다, 마침내 갈릴리의 나사렛에서 정말로 위대한 선생이 나오게 되었다고 예언했다. 그리고 그가 열다섯 살이 되어, 안식일에 회당에서 성서를 정규적으로 읽도록 허락될 때를 모두가 기대했다.

1. 열네 살 되던 해 (서기 8년)

이 해는 달력으로 열네 번째 생일을 맞는 해이다. 그는 멍에를 잘 만드는 사람이 되었고, 캔바스와 가죽을 가지고 일을 잘 했다. 급속히 또한 솜씨 있는 목수이자 가구공(家口工)이 되고 있었다. 이 해 여름에 그는 기도하고 명상하려고 나사렛 북서쪽에, 언덕 꼭대기까지 자주 다녔다. 그는 땅에서 자신을 수여하는 일의 성질을 차츰 더욱 자각하게 되었다.

이 언덕은, 1백 년 남짓 앞서, "바알의 산당"이었고, 이제는 이스라엘의 이름난 성자 시므온의 무덤 자리였다. 이 시므온의 언덕 꼭대기로부터 예수는 나사렛과 둘러싼 시골을 내려다보았다. 메기도를 바라보고, 에집트 군대가 아시아에서 처음으로 큰 승리를 거두었고, 나중에 어떻게 또 다른 그런 군대가 유다 왕 요시아를 물리쳤는가 하는 이야기를 회상하곤 했다. 멀지 않은 곳에, 타나크를 바라볼 수 있었으며, 거기서 드보라와 바락이 시세라를 물리쳤다. 멀리 도탄 산을 볼 수 있었는데, 거기서 요셉의 형제들이 그를 에집트인의 노예로 팔았다고 배웠다. 그리고 나서 그는 에발과 게리짐으로 눈을 돌리고 아브라함·야곱·아비멜렉의 전통을 스스로 되풀이하곤 했다. 이처럼, 머리 속에서 아버지 요셉의 민족의 역사와 전통에 있는 사건들을 돌이켜보고 곰곰이 뒤집어 보았다.

그는 회당 선생들 밑에서 상급 독서 과정을 줄곧 해 나갔고, 또한 남동생과 여동생들이 적당한 나이에 이르자 그들의 가정 교육을 계속했다.

다음 해 8월에 열다섯이 될 때 예루살렘으로 가야 하는 계획을 세웠기 때문에, 예루살렘에서 예수의 오랜 공부 과정의 비용을 물려고, 이 해 일찍부터 요셉은 나사렛과 가버나움에 있는 재산으로부터 나오는 소득을 따로 떼어 놓도록 주선하였다.

이 해가 시작되자, 요셉과 마리아는 맏아들의 운명에 관하여 자주 의심을 품었다. 그는 정말로 빛나고 사랑스러운 아이였지만, 몹시 이해하기 힘들고 헤아리기 어려웠고, 게다가 특별하거나 기적(奇蹟) 같은 아무 일도 일어난 적이 없었다. 자랑스러운 어머니는 수십 번 숨을 죽이고 기대하며 서서, 아들이 어떤 초인간적이거나 기적 같은 연기(演技)를 하는 것을 보려고 기대했지만, 언제나 어머니의 희망은 차가운 실망 속에 동댕이쳐졌다. 이 모두가 어머니를 낙심케 하고, 아니 마음 아프게 하는 것이었다. 선지자와 약속의 사람들은 언제나 그들이 부름받았음을 전시하고, 기적(奇蹟)을 연출하고 놀라운 일을 하여 신으로부터 받은 권한을 확립한다고 그 시절의 경건한 사람들은 참으로 믿었다. 그러나 예수는 이런 일을 하나도 하지 않았고, 따라서 그의 앞날을 깊이 생각할 때 부모의 혼란은 꾸준히 늘어났다.

나사렛 가족의 나아진 경제 사정은 집 근처에서 여러 면으로, 특히 반반한 흰 판자들의 수가 늘어난 데서 나타났는데, 이 판자들은 글쓰는 판자로 쓰였고 목탄으로 글을 썼다. 예수는 또한 음악(音樂) 수업을 다시 시작하는 것이 허락되었고, 그는 하프 켜기를 몹시 좋아했다.

이 해 내내, 예수는 "사람과 하나님에게서 은혜를 입었다"고 참으로 말할 수 있다. 가족의 전망은 좋아 보였고, 앞날은 밝았다.

2. 요셉의 죽음

9월 25일, 운명의 날 화요일까지 만사가 참 순조로웠다. 이 날 세포리스에서 달려 온 사람이, 요셉이 총독(總督)의 저택에서 일하다가, 데릭 기중기가 떨어져 몹시 다쳤다는 비극의 소식을 이 나사렛 가정으로 가져왔다. 세포리스에서 온 사자는 요셉의 집으로 가던 길에 작업장에 들러서 예수에게 아버지의 사고를 알렸고, 그들은 함께 집으로 가서 슬픈 소식을 마리아에게 알렸다. 예수는 즉시 아버지한테 가고 싶었지만, 마리아는 자기가 남편 곁에 서둘러 가야 한다는 것밖에 아무 말도 들으려 하지 않았다. 어머니는 그 때 열 살인 야고보가 세포리스까지 자기를 따라가고, 한편 예수에게 자기가 돌아올 때까지 어린아이들과 함께 집에 남으라고 지시했는데, 왜냐하면 요셉이 얼마나 심하게 다쳤는지 알 수 없었기 때문이다. 그러나 요셉은 마리아가 도착하기 전에, 부상(負傷) 때문에 죽었다. 그들은 요셉을 나사렛으로 모셔 왔고, 다음 날 그는 선조들과 함께 묻혔다.

전망이 좋고 앞날이 밝게 보였던 바로 그 때, 겉보기에는 모진 손이 나사렛 가족의 머리를 내려쳤고, 이 집의 일은 발칵 뒤집혔으며, 예수와 장래 교육을 위한 모든 계획이 물거품이 되었다. 이 소년 목수는, 이제 막 열네 살이 되었고, 땅에서 육체를 입고 신다운 성품을 드러내라는, 하늘 아버지의 명령을 수행해야 할 뿐 아니라, 과부가 된 어머니와 일곱 동생—그리고 아직 태어나지 않은 아기 또 하나—를 보살필 책임을 젊은 인간 성품이 또한 짊어져야 한다는 것을 깨닫게 되었다. 이 나사렛 젊은이는 이제, 이렇게 갑자기 아버지를 여윈 가족의 유일한 기둥이자 위로가 되었다. 한 인간 가족의 머리가 되고, 동생들에게 가장(家長)이 되고, 어머니를 부양하고 보호하며, 아버지의 집, 즉 이 세상에 있는 동안 그가 알게 된 유일한 집의 보호자로서 활동하는 데 따르는 책임은 무겁지만, 상당히 교육이 되고 훈련이 된다. 이렇게 이 책임을 아주 일찍 맡도록 이 운명의 젊은이를 강요할, 자연스러운 순서의 사건들이 유란시아에서 일어나는 것이 허락되었다.

예수는 아주 갑자기 밀어닥친 책임을 즐겁게 받아들였고, 끝까지 충실히 해 나갔다. 적어도, 일생에서 한 가지 큰 문제이며 예상했던 어려움이 비극(悲劇)으로 해결되었다—이제는 가족이 그가 랍비들 밑에서 공부하려고 예루살렘으로 가기를 기대하지 않을 것이다. 예수가 "누구의 제자도 되지 않았다"하는 것은 언제나 참말이었다. 어린아이들 가운데 가장 겸손한 자한테서도 언제나 기꺼이 배우려 했지만, 그는 결코 인간 근원으로부터 진리를 가르칠 권한을 얻지 않았다.

아직까지, 태어나기 전에 가브리엘이 어머니를 방문한 것에 대하여 그는 아무것도 몰랐다. 대중에게 봉사하는 일이 시작될 때, 세례 받은 날에, 그는 이 말을 요한으로부터 겨우 들었다.

해가 지남에 따라서, 나사렛의 이 젊은 목수는 갈수록 모든 사회 제도와 모든 종교 관습을 이 변치 않는 시험으로 재게 되었다: 그것이 인간의 혼을 위하여 무엇을 하는가? 하나님을 사람에게 가까이 오시게 하는가? 사람을 하나님한테로 데려오는가? 이 젊은이가 인생에서 오락 및 사회적 면을 통째로 소홀히 하지는 않았어도, 가족을 보살피는 것과 아버지의 천국의 뜻을 땅에서 행하려고 준비하는 것, 꼭 이 두 가지 목적에 그는 점점 더 시간과 에너지를 바쳤다.

이 해에는 겨울 저녁에 예수가 하프 켜는 것을 듣고, (소년이 솜씨 좋은 이야기꾼이었으니까) 이야기를 듣고, 그리스 성서 읽는 것을 들으려고 이웃 사람들이 들리는 것이 관습이 되었다.

죽을 때에 요셉이 어지간히 큰 돈을 가지고 있었기 때문에, 가정의 경제(經濟) 사정은 계속해서 썩 순조롭게 진행되었다. 예수는 일찍부터 날카로운 사업 판단과 재무의 지혜를 가졌음을 보였다. 아낌없이 주었지만 검소했고, 저축하고 있었지만 관대했다. 그는 아버지의 재산을 현명하고 유능하게 관리하는 사람이라는 것이 판명되었다.

예수와 나사렛 이웃들이 집을 즐겁게 만들려고 힘 자라는 대로 무엇이든지 했는데도, 마리아와 아이들까지, 슬픔의 그림자로 덮여 있었다. 요셉이 없어진 것이다. 요셉은 특별한 남편이요 아버지였고, 모두 그가 사라져 서운해하였다. 그에게 말하거나, 이별하면서 축복의 말씀도 들을 수 있기 전에 그가 죽었다고 생각하니 더군다나 비극인 듯하였다.

3. 열 다섯 살 되던 해 (서기 9년)

열다섯 살 되던 이 해 중반이 되어서—유대인의 해가 아니라, 20세기 달력에 따라 시간을 계산하건대—예수는 가족의 관리를 단단히 장악했다. 이 해가 가기 전에 저축(貯蓄)은 거의 사라졌고, 요셉과 이웃 야곱이 공동으로 소유했던 나사렛 집들 가운데 하나를 처분해야 할 필요에 부딪쳤다.

서기 9년, 4월 17일 수요일 저녁에, 그 집안의 아기 룻이 태어났고, 예수는 힘이 자라는 데까지, 벅차고 각별히 슬픈 이 시련의 기간에 어머니를 위로하고 돌보면서 아버지를 대신하려고 애썼다. 거의 20년 동안 (대중 봉사를 시작할 때까지) 예수가 어린 룻을 돌보았던 것보다, 어떤 아버지도 자기 딸을 더 귀하고 충실하게 사랑하고 길렀을 수가 없다. 가족의 모든 다른 사람에게 그는 똑같이 훌륭한 아버지가 되었다.

이 해에, 예수는 나중에 사도들에게 가르친 기도문(祈禱文)을 처음으로 지었는데, 이것은 "주의 기도"로 여러 사람에게 알려지게 되었다. 어느 면에서, 이것은 가족 제단이 진화된 것이었고, 그들은 여러 형태의 찬송과 몇 가지 공식 기도를 가지고 있었다. 아버지가 돌아가신 뒤에—자기가 아주 즐겨 하는 것처럼—예수는 기도할 때 큰 아이들에게 자신을 개별로 표현하는 것을 가르치려고 애썼지만, 그들은 그 생각을 헤아릴 수 없었고, 변함없이 그들이 외운 기도 형태로 돌아가곤 했다. 나이 든 동생들에게 개별로 기도하라고 자극하려는 노력으로, 암시하는 구절을 가지고 예수는 인도하려고 애쓰곤 했다. 당장에, 뜻하지는 않았는데, 예수가 가르친 이 암시하는 구절로부터 대체로 만들어진 형태의 기도를 그들이 모두 쓰는 일이 생겼다.

마침내, 예수는 가족의 각 식구(食口)가 즉흥으로 기도하게 하려는 생각을 버렸다. 10월 어느 날 저녁에, 낮은 돌 식탁 위에 있는 작고 낮은 등불 옆에 앉아서, 가로 세로가 45 센티미터 되는 한 조각의 부드러운 백향목(柏香木) 판자 위에, 목탄 조각으로 기도문을 적었고, 그 때부터 계속 이것은 표준 가족 기도가 되었다.

이 해에 예수는 혼란한 생각으로 마음이 많이 산란하였다. 가족에 대한 책임은 "아버지의 일을 돌보라"고 지시하는, 예루살렘에서 있었던 방문에 응답하는 무슨 계획이라도 곧 실행할 생각을 모두 아주 실질적으로 없애 버렸다. 땅에서 아버지의 가족을 지키는 것이 모든 의무에 앞서야 한다, 가족을 부양하는 것이 첫째 의무가 되어야 한다고 예수는 올바르게 추리하였다.

이 해가 지나가는 동안에 예수는 이른바 "에녹서"에서 한 구절을 찾아냈는데, 이것은 유란시아 수여 사명을 위하여 "사람의 아들"이라는 용어를 호칭으로서 나중에 채택하도록 영향을 미쳤다. 그는 유대인 메시아 아이디어를 철저히 생각해 보았고, 그런 메시아가 되지 않으리라 굳게 확신했다. 아버지의 민족을 몹시 돕고 싶었지만, 외국의 팔레스타인 지배를 타도하는 일에 유대인의 군대(軍隊)를 이끌기를 기대하지 않았다. 그는 자기가 결코 예루살렘에서 다윗의 왕좌에 앉지 않으리라는 것을 알았다. 그의 사명이 유대 민족에게만 영적 구원자나 도덕적 선생이 되는 것이라 믿지도 않았다. 따라서 어떤 뜻에서도, 일생의 사명은, 히브리 성서의 강렬한 소망, 그리고 메시아의 예언이라 생각된 것을 성취하는 것일 수 없었다. 적어도 유대인들이 이 선지자들의 예언을 이해하는 바와 같지는 않았다. 마찬가지로, 그는 결코 선지자 다니엘이 묘사한 사람의 아들로서 나타나지 않으리라는 것이 그에게 확실했다.

그러나 세계의 선생으로서 나설 때가 되었을 때, 자기를 무엇이라고 부를 것인가? 그의 사명에 대하여 무어라고 주장해야 할까? 그의 가르침을 믿고자 하는 사람들이 그를 무슨 이름으로 부를 것인가?

이 모든 문제를 머리 속에서 이모저모 살피는 동안, 그는 나사렛의 회당 도서관에서 공부하고 있던 여러 외경(外經) 사이에서 "에녹서"라고 부르는 이 문서를 찾아냈다. 옛날의 에녹이 그 책을 쓰지 않았음을 확실히 알았지만, 그 책은 그에게 매우 흥미를 자아냄이 판명되었고, 그는 여러 번 다시 읽었다. 특별히 감명을 준 한 구절이 있었으니, "사람의 아들"이라는 이 용어가 나타난 구절이다. 이른바 이 에녹서의 저자(著者)는 이 사람의 아들에 대하여 계속 이야기하고, 그가 땅에서 할 일을 적었는데, 인류에게 구원을 주려고 땅에 내려오기 전에, 이 사람의 아들은 그의 아버지, 만물의 아버지와 함께 하늘의 영광이 어린 궁정을 거닐었다, 빈곤한 사람들에게 구원을 선포하러 땅으로 내려오려고, 그가 이 모든 웅장함과 영광을 등지었다고 설명했다. 이 구절들을 읽는 동안에 (이 가르침과 섞이게 된 동부 신비주의 가운데 많은 것이 그릇됨을 잘 알았다), 그는 가슴 속에서 응답했고, 머리 속에서, 히브리 성서의 모든 메시아 예언 가운데, 유대인 구원자에 대한 모든 이론 가운데 아무 것도, 겨우 부분적으로 인정된 이 에녹서에 감춰진 바로 이 이야기처럼 진리에 그토록 가깝지 않은 것을 깨달았다. 그는 그 때 그 자리에서, 시작 칭호로서 "사람의 아들"을 채택하기로 결심했다. 나중에 대중 사업을 시작했을 때, 그는 그대로 했다. 예수는 진리를 알아보는 어김없는 능력을 가졌고, 무슨 근원에서 쏟아져 나오는 듯하든지, 조금도 서슴지 않고 진리를 품에 안았다.

이 때가 되어서, 앞으로 세계를 위하여 할 일에 관하여 많은 것을 샅샅이 해결해 버렸지만, 그는 이 문제들에 관해서 어머니에게 아무 말도 하지 않았고, 어머니는 그가 유대인 메시아가 된다는 생각에 아직도 질기게 달라붙었다.

예수의 젊은 날에서 큰 혼란이 이제 생겼다. 땅에서 이룰 사명, "아버지의 일을 돌보는 것"—온 인류에게 아버지의 사랑하는 성품을 보여 주는 것—에 대하여 무엇인가 해결했으니까, 그는 민족의 구원자, 즉 유대인 선생이나 임금이 오는 것을 언급하는, 성서(聖書)의 여러 구절을 다시 생각해 보기 시작했다. 이 예언들이 무슨 사건을 언급했는가? 그는 유대인이 아닌가? 혹은 유대인인가? 다윗의 집 출신인가, 또는 그렇지 않은가? 어머니는 그렇다고 단언했고 아버지는 그렇지 않다고 판결했다. 그는 자기가 그렇지 않다고 작정했다. 그러나 선지자들이 메시아의 성질과 사명을 혼동했는가?

결국은, 어머니가 옳을 수도 있을까? 대부분의 문제에서, 과거에 의견 차이가 생겼을 때, 어머니가 옳았다. 그가 새로운 선생이고 메시아가 아니라면, 땅에서 사명을 수행하는 동안 예루살렘에 그러한 사람이 나타날 경우에 어떻게 그가 메시아를 알아볼 것인가? 더 나아가서, 이 유대인 메시아와 그는 무슨 관계를 가져야 하는가? 일생의 사명에 손을 댄 뒤에, 그는 가족과 무슨 관계를 가져야 하는가? 유대인 연방 및 종교와 가지는 관계는? 로마 제국에 대한 관계는? 이방인들과 그 종교에 대해서는? 목수의 벤치에서 계속 일하며, 자신, 어머니, 배고픈 다른 여덟 입에 풀칠하기 위하여 열심히 생활을 꾸려 나가면서, 이 중대한 문제들을 하나하나, 이 젊은 갈릴리 사람은 머리 속에서 이리저리 살피고 심각하게 생각하였다.

이 해가 저물기 전에, 마리아는 가족의 기금(基金)이 줄어드는 것을 깨달았다. 그 여자는 비둘기 장사를 야고보에게 넘겼다. 곧 그들은 둘째 송아지를 샀고, 미리암의 도움을 입어 나사렛 이웃들에게 우유를 팔기 시작했다.

예수가 깊이 생각에 잠긴 기간, 기도하려고 언덕 꼭대기까지 자주 나들이하는 것, 때때로 예수가 떠올린 여러 가지 이상한 아이디어는 어머니를 깜짝 놀라게 했다. 어떤 때 어머니는 소년이 제 정신이 아니라고 생각했다가, 결국은 그가 약속의 아이요, 어떤 면에서 다른 소년들과 다르다는 것을 기억하면서, 두려움을 가라앉히려 했다.

그러나 예수는 생각을 모두 말하지 않는 것, 모든 아이디어를 세상에, 아니 어머니에게조차, 내놓지 않는 것을 배웠다. 이 해부터 계속, 머리 속에서 무엇이 돌아가는가 예수가 밝히는 일이 꾸준히 줄어들었다. 다시 말해서, 보통 사람이 파악할 수 없는 일, 그로 하여금 보통 사람들과 판이하거나 다르게 보이게 만들 것에 관하여 말하는 일이 적었다. 모든 겉모습으로 보아서, 그는 보통이요 전통적인 사람이 되었다. 하지만 그는 누군가가 그의 문제를 이해할 수 있기를 몹시 바랐다. 믿을 수 있고 비밀(秘密)을 지키는 친구를 몹시 바랐지만, 그의 문제들은 인간 친구들이 알아듣기에 너무 까다로웠다. 그 특별한 상황의 독특성은 그로 하여금 짐을 혼자 지도록 강요하였다.

4. 회당에서 한 첫 설교

열다섯째 생일이 다가오자, 예수는 안식일에 회당 설교단에 공식으로 설 수 있었다. 연설자들이 없을 때, 성서(聖書)를 읽어 달라고 여러 번 요청을 받았지만, 이제 율법에 따라서 예배를 진행할 수 있는 날이 왔다. 따라서, 열다섯째 생일이 지난 뒤 첫째 안식일에, 하잔은 회당의 아침 예배를 예수가 이끌도록 마련하였다. 나사렛에 있는 모든 충실한 사람이 모였을 때, 이미 성서의 구절을 골랐으므로, 이 젊은이는 일어서서 읽기 시작했다:

“주 하나님의 영(靈)이 내게 다가오시니, 주가 내게 기름을 부으셨음이라. 그는 온유한 자에게 좋은 소식을 전하고, 마음이 상한 자를 싸매고, 포로가 된 자에게 해방을 선포하고, 영적으로 갇힌 자를 풀어 놓으라고 나를 보내셨도다. 하나님의 은혜가 있는 해와 우리 하나님이 응보하는 날을 선포하고, 통곡하는 자를 모두 위로하고, 저희에게 재 대신에 아름다움을, 통곡하는 자리에 기쁨의 기름을, 슬픔의 정신 대신에 찬양의 노래를 주어서, 저희가 올바름의 나무라, 그로서 주가 영광을 받도록 주가 심으신 것이라 일컬음을 받으리라.

"살수 있도록 너희는 악이 아니라 선을 구하라, 주, 만군의 하나님이 너희와 함께 하시리라. 악을 미워하고 선을 사랑할지며, 성문(城門)에서 판결을 정할지라. 어쩌면 주 하나님이 요셉의 자투리에게 은혜를 베푸시리라.

"너희 스스로 씻고, 너희 스스로 깨끗하게 할지니라. 내 눈앞에서 너희가 행하던 악을 던져 버리고, 악행을 그치고 선행하기를 배우라. 정의(正義)를 구하고 억압받는 자를 놓아 주라. 아비 없는 자를 보호하고, 과부를 위해 간구하라.

"무엇을 가지고 내가 주 앞에 나아와서, 온 땅의 주 앞에 경배하리요? 태운 제물을 가지고, 한 살 된 송아지들을 가지고 내가 그 앞에 나아가리요? 산양 수천 마리나 양 1만 마리나 강처럼 많은 기름으로 주가 기뻐하실까? 내 허물을 위하여 첫 아들을, 내 혼의 죄 때문에 내 몸에서 난 열매를 드리리요? 아니라, 주가 우리에게 보이셨음이라. 아 사람들아, 무엇이 좋은가. 오직 공평하게 대하고 자비를 사랑하며 겸손히 너희 하나님과 함께 걷는 것밖에, 주가 너희에게 무엇을 요구하더냐?

"그러면 지구의 둥근 천장에 앉으시는 하나님을 너희가 누구와 견주겠느냐? 너희의 눈을 들고 이 모든 세상을 누가 창조했는가, 누가 그 무리들을 수로 부르며, 그 이름으로 저희를 모두 부르는가 보라. 위대한 힘으로 그는 이 모든 것을 행하시며, 힘이 강한즉, 하나도 실패하지 않느니라. 그는 약한 자에게 힘을 주고, 지친 자에게 힘을 더하시니라. 두려워 말라, 내가 너희와 함께 있음이로다. 절망하지 말지니, 내가 너희의 하나님인 까닭이라. 나는 너희에게 힘을 주겠고, 너희를 도우리라. 옳도다, 내 정의(正義)의 바른 손으로 내가 너희를 들어올리리니, 내가 주 너희의 하나님인 까닭이라. 나는 너희의 바른 손을 들고 너희에게 이르리니, 두려워 말라, 내가 너희를 도울 것임이라.

"그리고 주가 말씀하시되, 너희는 나의 증인이요, 내가 택한 나의 종이라, 모두가 나를 알고 믿으며, 내가 영원자임을 알게 하려 함이라. 나, 내가 주이니, 내 앞에 아무 구원자가 없느니라."

이렇게 읽고 나서, 그는 앉았다. 그렇게 품위 있게 읽어 준 말씀을 곰곰이 생각하면서, 사람들은 집으로 돌아갔다. 그가 그렇게 당당하게 엄숙한 것을 마을 사람들이 본 적이 없었다. 그토록 열심(熱心)이고 그렇게 진지한 목소리를 들어 본 적이 없었다. 그렇게 남자답고 결의가 굳고, 그토록 권위 있는 모습을 지켜본 적이 없었다.

이 안식일 오후에, 예수는 야고보와 함께 나사렛 언덕으로 올라갔고, 집으로 돌아왔을 때, 두 개의 반반한 판자에 목탄으로 십계명(十誡命)을 그리스어로 썼다. 나중에 마르다는 이 판자들을 물감 칠하고 꾸몄고, 오랫동안 야고보의 작은 작업 벤치 위, 벽에 걸려 있었다.

5. 재정적 어려움

차츰차츰 예수와 가족은 몇 년 전의 소박한 생활로 돌아왔다. 옷과 먹을 것조차 더욱 간소해졌다. 젖과 버터와 치즈는 풍부하게 있었다. 철마다 밭의 소산을 즐겼지만, 달이 지날 때마다 더욱 검소한 관습이 필요하게 되었다. 아침 식사는 아주 평범했고, 제일 좋은 음식을 저녁 식사를 위해서 남겨 두었다. 하지만 이 유대인들 사이에서는 재산의 부족(不足)이 사회적으로 열등함을 의미하지 않았다.

이미 이 소년은 그 시절에 사람들이 어떻게 살았는가 거의 통달했다. 집, 들, 작업장에서 얼마나 삶을 잘 이해했는가는 나중에 그의 가르침에서 나타나며, 그 가르침은 모든 국면의 인간 체험을 피부로 겪었음을 아주 넉넉히 드러낸다.

나사렛 하잔은 예수가 위대한 선생, 아마도 예루살렘에서 이름난 가말리엘의 후계자가 되리라는 믿음을 계속 지녔다.

겉보기에, 예수의 일생을 위한 모든 계획이 물거품이 된 듯하였다. 문제들이 지금 펼쳐진 바와 같이, 앞날은 밝게 보이지 않았다. 하지만 그는 비틀거리지 않았고, 낙심하지 않았다. 현재의 임무를 잘 해냈고, 생애의 정거장에서 급한 책임들을 충실하게 처리하면서, 하루하루 계속 살았다. 예수의 일생은 실망한 모든 이상주의자에게 영구한 위로가 된다.

날품팔이하는 보통 목수의 임금은 천천히 줄어들었다. 이 해의 마지막이 되어서, 예수는 아침 일찍부터 저녁 늦게까지 일해서 하루에 약 25센트에 해당하는 돈을 벌었다. 다음 해가 되어서, 회당의 부과금과 반 세겔의 성전 세금은커녕, 국민 세금을 물기에도 벅찼다. 이 해에, 세리(稅吏)는 예수한테서 여분의 소득을 짜내려고 애썼고, 하프까지도 가져가겠다고 을러댔다.

그리스어 성서의 사본이 발견되어 세리에게 빼앗길까 두려워서, 예수는 열 다섯 살 되는 생일에, 주께 바치는 성년(成年) 헌금으로서 성서를 나사렛 회당 도서관에 바쳤다.

사고로 죽었을 때 요셉이 받을 금액에 관한 쟁의(爭議)가 있어, 헤롯에 대하여 취해진 상고(上告)에서 판결을 받으려고 세포리스로 갔을 때, 예수는 열다섯 살 되던 해 최고의 충격을 받았다. 세포리스에서 회계가 하찮은 금액을 제안했을 때, 예수와 마리아는 상당히 큰 돈을 받으리라 전에 희망했다. 요셉의 형제들은 헤롯 본인에게 상소(上訴)했고, 이제 예수는 궁전에서 서서, 아버지는 돌아가셨을 때 아무것도 받을 것이 없었다고 헤롯이 선포하는 것을 들었다. 그러한 부당한 판결 때문에, 예수는 결코 다시는 헤롯 안티파스를 신뢰하지 않았다. 한때 "그 여우"라고 헤롯을 넌지시 가리킨 것은 놀라운 일이 아니다.

이 해와 그 뒤 몇 년 동안에 목수의 벤치 가까이에서 일한 것은 예수가 카라반 여객들과 섞이는 기회를 빼앗았다. 가족의 소모품 상점은 이미 삼촌에게 넘어갔고, 예수는 전적으로 집의 작업장에서 일했으며, 거기서 가족과 함께 있는 마리아를 도우려고 가까이 있었다. 이 무렵에, 야고보를 낙타 휴식소에 보내서 세계 사정에 관한 정보를 모았고, 이렇게 그 날의 소식과 접촉하려고 애썼다.

어른이 되어가자, 그는 그 전과 그 후 시대에 보통 젊은이들이 겪었던 모든 갈등과 혼동을 겪었다. 가족을 부양하는 벅찬 체험은 게으른 명상이나 신비주의 경향에 빠질 만큼 지나치게 많은 시간이 없게 하는 확실한 조치였다.

이 해에 예수는 집 바로 북쪽에, 상당한 땅 조각을 빌려서 가족의 채소밭으로 분배하였다. 나이 많은 아이들은 저마다 개인의 밭이 있었고, 농사 짓는 노력으로 열심히 경쟁했다. 맏형은 채소를 가꾸는 철 동안, 밭에서 날마다 함께 얼마큼 시간을 보냈다. 밭에서 동생들과 같이 일하는 동안, 번거롭지 않게 사는 자유와 해방을 누릴 수 있는 시골에서, 모두가 농장(農場)에 있으면 좋겠다는 꿈을 예수는 여러 번 품었다. 하지만 그들은 시골에서 자라고 있지 않았다. 이상주의자일 뿐 아니라 철저히 실용적인 소년이었기 때문에, 발견한 바로 그대로 문제를 영리하고 힘차게 처리해 나갔고, 닥친 형편의 현실에 자신과 가족을 조정하며, 개별 및 집단의 소망을 가능한 최대로 만족시키도록 조건을 적응하려고 힘자라는 데까지 모든 일을 했다.

헤롯의 궁전에서 한 일로 아버지가 받을 상당한 돈을 받을 수 있다면, 작은 농장 하나를 구입하는 사업을 보장하기에 넉넉한 밑천을 모을 수 있을지 모른다고 한

때 예수는 어렴풋이 희망했다. 가족을 시골로 옮기는 이 계획을 정말로 심각하게 생각해 보았다. 그러나 헤롯이 요셉이 받을 돈을 조금도 내주지 않으려 했을 때, 시골에서 집을 소유하는 꿈을 버렸다. 그 형편대로, 농장 생활의 체험을 많이 즐기려고 그럭저럭 애썼고, 이제 비둘기 외에도, 송아지 세 마리, 양 네 마리, 닭 한 떼, 당나귀 한 마리, 개 한 마리가 있었다. 작은 꼬마들까지 잘 통제된 관리 계획 속에 수행해야 될 정규 임무가 있었고, 이것이 이 나사렛 가정의 집안 생활의 특징이었다.

이 열 다섯째 해가 저물 때, 예수는 인간 존재에서 위험하고 어려운 그 기간을 거치기를 마쳤는데, 이 때는 소년기의 양순한 시절과 다가오는 성년기를 의식하는 사이의 과도기였다. 성년기는 고귀한 인품을 기르는 상급 체험을 얻도록 늘어난 책임과 기회를 준다. 머리와 몸이 자라는 기간은 끝났고, 이제 이 나사렛 젊은이의 진짜 생애가 시작되었다.

제 127 편

청년기 시절

청년기에 접어들면서, 예수는 자신이 큰 가족의 가장(家長)이자 유일한 기둥임을 발견했다. 아버지가 돌아가신 뒤 몇 년 안에, 재산이 모두 사라졌다. 시간이 지나자, 그는 갈수록 선재(先在)했음을 의식하게 되었다. 동시에, 파라다이스 아버지를 사람의 아이들에게 드러내는 명백한 목적을 위하여 땅에서 육체를 입고 있다는 것을 더욱 절실히 깨닫기 시작했다.

이 세상이나 어느 다른 세계에서 살았거나 앞으로 언젠가 살 젊은이, 청년기에 있는 어떤 젊은이도, 더 심각한 문제를 해결하거나 까다로운 문제를 풀어야 하지 않았고, 앞으로도 그렇지 않을 것이다. 유란시아의 어떤 젊은이도, 열 다섯에서 스무 살까지 그 벅찬 기간에 예수 자신이 견딘 것보다 더 시험하는 갈등이나 쓰라린 형편을 거치라고 요구되지 않을 것이다.

악에 시달리고 죄로 인하여 어지러워진 세상에서 이 청년기 시절을 사는 실제 체험을 이렇게 맛보았으니까, 사람의 아들은 네바돈의 모든 영역에서 젊은이의 생활 체험에 대하여 넉넉한 지식을 가지게 되었다. 그래서 지역 우주에서 두루, 어느 시대(時代)나 어느 세계에서도, 슬픔에 빠지고 어리둥절한 청년들에게 영원히 공감하는 친구가 되었다.

느려도 확실하게, 실제로 체험을 겪어서, 이 신다운 아들은 그의 우주의 군주가 될 권리를 <u>벌고 있다</u>. 그 군주는 지역 우주에서 모든 세계의 창조된 지성 존재에게 도전받지 않는 최고 통치자요, 어느 시대에도, 어떤 정도의 성격 자질과 체험을 가진 존재들에게도 공감하는 벗이다.

1. 열여섯 살 되던 해 (서기 10년)

육신화된 아들은 아기 시절을 지났고, 파란이 없는 어린 시절을 겪었다. 다음에 어린 시절과 청년기 사이에, 시험을 거치는 벅찬 과도기로부터 솟아 나왔다—청년 예수가 되었다.

이 해에는 몸이 완전히 성장했다. 그는 남자답고 잘 생긴 소년이었다. 점점 더 차분하고 심각해졌어도 친절하고 동정심이 있었다. 눈은 친절하지만 꿰뚫어보는 눈이었고, 빙그레 웃는 웃음은 언제나 사람을 끌어들이고 안심시켰다. 목소리는 아름다웠어도 위엄이 있었고, 인사는 따듯해도 때묻지 않았다. 언제나, 가장 평범한 접촉에서도 사람답고 신답게, 이 2중 성질을 가진 손길의 증거가 있는 듯했다. 그는 동정하는 친구이자 권위 있는 선생, 이 둘의 조합을 언제나 나타냈다. 이런 성격 특징은 일찍부터 이 청년기 시절에도, 뚜렷해지기 시작했다.

신체적으로 힘세고 튼튼한 이 소년은 또한 인간의 지능이 완전히 성장하였다. 인간으로서 생각하는 충분한 체험이 아니라, 그렇게 지적으로 성장할 충분한 능력을 획득했다. 건강하고 잘 균형된 몸, 날카롭고 분석적인 머리, 친절하고 동정심 있는 기질, 얼마큼 변동이 있어도 적극적인 성질을 소유했고, 이 모두가 강하고 놀랍고 매력 있는 성격으로 구성되고 있었다.

시간이 지나자, 어머니와 동생(同生)들은 그를 이해하기가 점점 더 어렵게 되었다. 그의 말에 갈피를 잡지 못했고 행동을 오해했다. 모두가 맏형의 생애를 이해할 준비가 되지 않았는데, 그가 유대 민족의 구원자가 될 운명을 가진 것을 이해하도록 어머니가 일러 주었기 때문이다. 그렇게 넌지시 일러 준 것을 가족의 비밀로서 마리아에게서 들은 뒤에, 예수가 모든 그러한 생각과 의도를 솔직하게 부인하려 했을 때 그들이 겪은 혼동을 상상해 보아라.

이 해에 시몬은 학교에 다니기 시작했고, 또 집 한 채를 팔 수밖에 없었다. 야고보는 이제 세 여동생을 가르치는 책임을 맡았고, 둘은 심각한 공부를 시작할 나이가 넉넉히 되었다. 좀 자라자마자, 룻은 미리암과 마르다의 손에 맡겨졌다. 유대인 가정의 여자아이들은 보통 거의 교육을 받지 못했지만, 예수는 여자가 남자와 똑같이 학교에 가야 한다고 주장했고 (어머니도 찬성했다), 회당 학교가 받아들이려 하지 않았기 때문에, 특별히 그들을 위해서 가정 학교를 운영할 수밖에 없었다.

이 해 내내, 예수는 작업 벤치 가까이 묶여 있었다. 다행히, 할 일이 풍부했고, 솜씨는 아주 우수한 등급이어서, 그 지역에 일거리가 아무리 뜸해도 그는 놀고 지내지 않았다. 이따금 할 일이 너무 많아서 야고보가 돕곤 했다.

이 해가 저물 때가 되어서, 그는 가족을 양육하고 식구들이 결혼하는 것을 본 뒤에, 진리를 가르치는 선생으로서, 하늘 아버지를 세상에 드러내는 자로서, 일을 공식으로 시작하겠다고 거의 마음먹었다. 자기가 유대인이 기대하는 메시아가 되지 않으리라는 것을 알았고, 이 문제를 어머니와 의논해 보아야 거의 쓸데없다고 결론을 내렸다. 어머니가 무슨 관념을 택하든지 그대로 지니도록 버려 두기로 작정했는데, 과거에 그가 무엇을 일러 주어도 어머니에게 거의 또는 도무지 효과가 없었고, 또한 아버지도 결코 어머니의 마음을 바꾸게 할 것을 일러 줄 수 없었다는 것을 기억했기 때문이다. 이 해부터 계속, 어머니나 또는 다른 사람에게, 이 문제들에 관하여 말하는 일이 점점 적어졌다. 그의 사명은 땅에서 사는 누구도 어떻게 실행하는가 충고해 줄 수 없는 그렇게 특이한 사명이었다.

젊기는 했어도 그는 가족에게 진정한 아버지 노릇을 하였다. 어린것들과 함께 있는 대로 시간을 보냈고, 그들은 참으로 그를 사랑했다. 어머니는 그가 그렇게 열심히 일하는 것을 보고 슬픔에 잠겼다. 아주 좋아하며 계획했던 대로 예루살렘에서 랍비들과 함께 공부하는 대신에, 가족을 위해서 생활비를 벌면서, 목수의 벤치에서 그날그날 수고하고 있는 것을 보자니 어머니는 서러웠다. 아들에게는 이해할 수 없는 것이 많이 있었어도 마리아는 아들을 사랑했고, 가정의 책임을 기꺼이 어깨에 진 그 태도를 대단히 고마워하였다.

2. 열 일곱 살 되던 해 (서기 11년)

이 무렵에, 특히 예루살렘과 유대 땅에서, 로마에 세금 내는 데 반대하는 반란에 찬성하는 어지간히 큰 소동이 있었다. 머지 않아 열심당이라고 부르게 될, 강력한 민족주의 당파가 생기고 있었다. 열심당원들은 바리새인과 달리, 메시아가 오시기를 기꺼이 기다리지 않았다. 정치적 항거를 통해서 끝장을 보자고 제안했다.

예루살렘에서부터 한 집단의 조직자들이 갈릴리에 도착했고, 나사렛에 이르기까지 크게 진전을 보았다. 예수를 보려고 왔을 때, 그는 그들의 이야기를 주의 깊게 듣고 많이 물었지만, 그 당에 들어가기를 거절했다. 참가하지 않는 까닭을 완전히 밝히려 하지 않았고, 이 거절은 나사렛에서 젊은 동료들 가운데서 많은 사람이 빠지게 하는 결과를 낳았다.

마리아는 아들이 입당(入黨)하도록 유인하려고 최선을 다했지만, 그를 꿈쩍하게 할 수 없었다. 어머니는 자기의 요청에 따라서 민족주의자 운동을 지지하기를 물리치는 것은 불복종이요, 예루살렘에서 돌아와서 부모에게 복종하겠다는 서약(誓約)을 어기는 것이라고 비추기까지 했다. 그러나 이렇게 빗대어 하는 말에 답하여 그는 어머니 어깨에 부드럽게 손을 얹고, 얼굴을 들여다보면서 말했다. "어머니, 어찌 그럴 수 있나이까?" 마리아는 제 말을 취소하였다.

예수의 삼촌들 중에 하나가 (마리아의 동생 시몬) 이 무리에 이미 가담했고, 나중에 갈릴리 분과의 장교가 되었다. 몇 년 동안 예수와 그 삼촌 사이에는 무언가 거리가 있었다.

그러나 나사렛에서 소동이 끓기 시작했다. 이 문제에서 예수의 태도는 그 도시의 유대인 젊은이들 사이에 분열을 일으켰다. 반쯤은 민족주의자 조직에 가담했고, 나머지 반은 좀더 온건한 애국자들로 이루어진 반대 집단을 만들기 시작했으며, 이들은 예수가 지도자가 되기를 기대했다. 가족에 대한 무거운 책임을 구실로 탄원하면서, 그에게 내민 명예를 물리쳤을 때, 모두가 그 책임을 인정(認定)했어도 그들은 놀랐다. 그러나 상황은 아직도 더욱 까다로워졌는데, 당장에, 이방인들에게 돈 빌려 주는 사람, 이삭이라는 어느 부자 유대인이 나서서, 예수가 연장을 내려놓고, 이 나사렛 애국자들의 지도를 맡는다면, 예수의 가족을 부양하겠다고 나섰다.

그 때 겨우 열 일곱이었던 예수는 일생의 초기에 가장 아슬아슬하고 어려운 상황의 하나에 부닥쳤다. 애국(愛國) 문제는, 특히 세금을 걷는 외국 억압자들 때문에 까다롭게 되었을 때, 언제나 영적 지도자들이 처신하기 어렵고, 이 경우에는 유대 종교가 로마에 항거하여 이 모든 선동(煽動)에 말려들었기 때문에, 두 배나 어려웠다.

예수의 처지는 더욱 어렵게 되었는데, 어머니와 삼촌, 또 동생 야고보조차, 모두 민족주의자 운동에 합세하라고 밀었기 때문이다. 나사렛의 똑똑한 유대인들은 모두 가담했고, 아직 그 운동에 끼지 않은 청년들은 예수가 생각을 바꾸는 순간에 가담하려고 했다. 온 나사렛에서 현명한 상담자가 겨우 한 사람 있었는데, 늙은 선생 하잔이었다. 그는 나사렛의 시민 위원회가 이미 행해진 대중 호소에 대하여 대답을 요구하러 올 때, 그들에게 어떻게 답변하는가 그에게 조언을 주었다. 예수의 젊은 나이를 통해서, 이번이 바로 처음으로 의식해서 대중 전략(戰略)에 의존했던 때이다. 따라서, 상황을 뚜렷하게 하려고 언제나 진실을 솔직하게 말하는 데 의존했지만, 지금은 진실을 있는 그대로 선언할 수 없었다. 자기가 사람보다 더 높다고 속을 털어놓을 수 없었고, 더 성숙한 나이에 이르기까지 그를 기다리는 사명에 대한 그의 생각을 밝힐 수 없었다. 이런 제한이 있었는데도, 종교적 충성과 나라에 대한 충성심이 직접 도전을 받고 있었다. 가족은 소동에 말려들었고, 젊은 친구들은 갈라졌으며, 마을의 유대인 무리 전부가 떠들썩했다. 이 모두가 그에게 잘못이 있다고 생각하다니! 이 종류의 소동은커녕, 어떤 종류의 문제라도 일으킬 의사가 전혀 없었다.

무엇인가 해야 했다. 자기의 처지를 설명해야 했고, 용감하게, 외교적으로, 모든 사람은 아니라도 많은 사람의 마음에 흡족하게 이것을 했다. 그는 처음에 탄원한 조건을 고수했다. 첫째 의무(義務)는 가족에 대한 것이요, 과부가 된 어머니와 여덟 동생은 겨우 돈이 살 수 있는 것—물리적 생활 필수품—보다 더한 것이 필요하다, 가장의 보살핌과 지도를 받을 권리가 있다, 맑은 양심(良心)에 비추어서, 모진 사고가 밀어붙인 의무로부터 자신을 풀어 줄 수 없다고 주장했다. 어머니와 맨

위 동생에게 그를 기꺼이 해방시키려 하는 데 찬사를 보냈지만, 물질적으로 부양하기 위해서 얼마나 많은 돈이 앞으로 들어오든지 상관 없이, "돈은 사랑할 수 없다"고 결코 잊어서 안 될 말을 하면서, 돌아가신 아버지에 대한 충성심이 가족을 떠나는 것을 막는다고 되풀이했다. 이 연설을 하는 과정에서, 예수는 "일생의 사명"에 대하여 몇 번 흐릿하게 언급했지만, 그것이 군사적 관념과 일치하든 그렇지 않든 상관 없이, 가족에 대한 의무를 충실하게 이행할 수 있도록, 생애의 모든 다른 것과 함께, 그것도 포기했다고 설명했다. 나사렛에 있는 사람은 누구나 그가 가족에게 좋은 가장이었음을 잘 알았다. 이것은 모든 고귀한 유대인의 마음에 아주 가까이 와 닿는 문제였기 때문에, 예수의 탄원은 말씀을 듣던 사람들의 가슴 속에서 이해하는 반응을 일으켰다. 그렇게 생각하지 않는 사람들 가운데 얼마는 야고보가 한 연설에 마음이 풀어졌고, 계획에 들어 있지 않았지만, 이 때 그는 한바탕 연설하였다. 바로 그 날, 하잔은 야고보에게 연설을 미리 연습시켰지만, 그것은 그들의 비밀이었다.

야고보는 그가 (야고보) 가족을 위하여 책임을 질 만큼 나이 들었다면, 예수가 민족을 해방하는 일에 도우리라 확신한다, 그들이 예수가 "우리와 함께, 우리의 가장과 선생으로 남아 있게 허락하신다면, 여러분은 요셉의 가족한테서 지도자를 하나만 얻는 것이 아니라, 금방 충성스러운 민족주의자 다섯을 얻으리이다, 왜냐하면, 우리 가장인 형님의 지도를 받고, 자라서 우리 나라에 봉사하려고 나설 소년이 다섯이나 있지 않나이까?"하고 말했다. 그 소년은 이렇게, 아주 팽팽하고 아슬아슬한 형편을 무척 즐거운 종말로 이끌었다.

위기는 얼마 동안 그쳤지만, 결코 이 사건은 나사렛에서 잊혀지지 않았다. 선동이 계속되었고, 예수는 다시 널리 우대받지 않았으며, 감정의 대립은 결코 충분히 회복되지 않았다. 이것이, 다른 그 뒤의 사건들로 말미암아 확대되어, 어째서 예수가 후일에 가버나움으로 이사했는가 하는 주요한 이유의 하나였다. 이 때부터 나사렛은 사람의 아들에 대해서 감정의 대립을 유지했다.

야고보는 이 해에 졸업했고 집에 있는 목수 작업장에서 전 시간 일을 시작했다. 연장을 쓰는 데 영리한 노동자가 되었고 이제 멍에와 호미를 만드는 일을 도맡았고, 한편 예수는 집 마무리 손질과 전문적인 가구(家具) 일을 더 하기 시작했다.

이 해에 예수는 머리 속을 정리하는 데 크게 나아졌다. 차츰차츰 신다운 성품과 인간 성품을 한데 모았고, 머리를 정리하는 이 일 모두를 자신의 결심하는 힘으로, 그에게 깃드는 감시자의 도움만 얻어서 이룩했고, 바로 그러한 감시자를 수여 아들 이후에 모든 세상에서, 모든 정상 필사자가 지성 속에 가지고 있다. 이제까지, 한 사자(使者)가 방문한 것을 빼고, 아무런 초자연적인 일이 이 청년의 생애에서 일어나지 않았고, 형 이마누엘이 그 사자를 파송했는데, 그는 예루살렘에서 밤에 한 번 예수에게 나타났다.

3. 열 여덟 살 되던 해 (서기 12년)

이 해가 지나는 동안, 집과 뜰을 제쳐 놓고, 모든 가족 재산이 처분되었다. 이미 저당(抵當) 잡힌 가버나움 재산의 마지막 조각이 (다른 한 재산에 있는 지분을 빼고) 팔렸다. 수익금은 세금을 위해서, 야고보에게 새 연장을 얼마큼 사 주기 위해서, 카라반 휴식처 가까이, 오래 된 가족 소모품 및 수선 작업장에 대한 지불금을 내는 데 쓰였고, 야고보가 집의 작업장에서 일하고 집 근처에서 마리아를 도울 만큼 나이가 들었기 때문에, 예수는 이 작업장을 다시 사자고 제안했다. 얼마 동안 재정의 압박이 이렇게 줄어들었기 때문에, 예수는 야고보를 유월절에 데리고 가기로 마음먹었다. 예루살렘에 하루 일찍 갔는데, 그들만 사마리아의 길로 갔다. 그들은 걷고, 아버지가 5년 전에 비슷한 여행에서 가르쳤던 것처럼, 가는 길에 예수는 야고보에게 역사적인 장소들에 대하여 일러 주었다.

사마리아를 지나가면서, 많은 낯선 광경을 보았다. 이 여행 길에 개인과 가족과 국가의 여러 문제에 대해서 이야기했다. 야고보는 대단히 종교적인 부류의 소년이었고, 예수가 일생에 할 일에 관한 계획을 별로 알지 못하는데 그것에 관하여 어머니와 완전히 동의하지 않지만, 예수가 자기의 사명을 시작할 수 있도록, 그가 가족을 위해서 책임을 맡을 수 있을 때가 오기를 기대하였다. 예수가 그를 유월절에 데리고 가는 것을 무척 고맙게 여겼다. 그리고 그들은 여느 때보다 더 자세히 앞날에 대해서 이야기했다.

사마리아를 통해서 여행하면서, 특히 베델에서, 또 야곱의 우물에서 물을 마실 때, 예수는 많이 생각했다. 동생과 아브라함·이삭·야곱의 전통에 관하여 이야기했다. 그는 예루살렘에서 동생이 바야흐로 구경하려 하는 것을 위해서 야고보를 준비시키려고 많이 애썼고, 그래서 자신이 성전을 처음 방문했을 때 겪었던 그러한 충격을 줄이려고 하였다. 하지만 야고보는 이 여러 광경 가운데 어떤 것에 그다지 예민하지 않았다. 어떤 사제들이 임무를 건성으로 마음에 없이 행하는 태도에 대하여 논평했지만, 대체로 예루살렘에서 체류한 것을 크게 즐거워했다.

예수는 유월절 저녁을 먹으려고 야고보를 베다니로 데리고 갔다. 시몬은 선조들과 함께 묻혔다. 예수는, 희생 양을 성전에서 가져왔기 때문에, 유월절 가족의 가장으로서 이 가정을 주관하였다.

유월절 저녁 식사 뒤에, 마리아는 야고보와 이야기하려고 앉았고, 한편 마르다와 나사로와 예수는 밤 늦게까지 함께 이야기했다. 다음 날 성전 예배에 참석했고, 야고보는 이스라엘 연방에 가입되었다. 그 날 아침, 성전을 보려고 올리브 산 벼랑가에서 멈추었을 때, 야고보가 놀라서 감탄하는 동안, 예수는 잠자코 예루살렘을 바라보았다. 야고보는 형의 행동을 알 수 없었다. 그 날 밤, 다시 베다니로 돌아갔고, 다음 날, 집을 향해 떠났을 터이지만, 야고보는 선생들의 강론(講論)을 듣고 싶다고 설명하면서, 성전을 찾아보려고 돌아가기를 고집하였다. 이것은 참말이었지만, 가슴 속에 몰래, 어머니의 말씀을 들은 대로, 그는 예수가 토론에 참여하는 것을 듣고 싶어했다. 따라서, 그들은 성전에 가서 토론을 들었다. 하지만 예수는 아무 것도 묻지 않았다. 인간이자 하나님의 깨어나는 이 지성에게 모두가 시시하고 하찮게 보였다—그들을 불쌍하게 여길 수 있을 뿐이었다. 야고보는 예수가 아무 말도 하지 않아서 실망했다. 그가 묻자, 예수는 다만 대답했다, "내 때가 아직 오지 않았느니라."

이튿날, 그들은 예리고와 요단 강 유역을 거쳐 집을 향해 길을 떠났고, 그가 열세 살이었을 때 이 길로 전에 했던 여행을 포함해서, 길가에서 여러 가지 일을 이야기했다.

나사렛으로 돌아와서, 예수는 가족의 낡은 수선 작업장에서 일하기 시작했고, 날마다 나라의 모든 구석과 둘러싼 여러 지방에서 온 허다한 사람들을 만날 수 있게 되어 크게 즐거워했다. 예수는 참으로 사람—그냥 보통 사람—들을 사랑했다. 매달 그 작업장에 대하여 지불금을 냈고, 야고보의 도움을 얻어서, 줄곧 가족을 부양했다.

1년에 몇 번, 방문객들이 이렇게 성서를 읽으려고 자리에 있지 않을 때, 예수는 계속 회당에서 안식일 성서를 읽었고, 여러 번 교과(敎科)에 대하여 논평했지만, 논평이 필요 없는 구절을 보통 골랐다. 그는 솜씨가 있었고, 한 구절이 다른 구절에 빛을 던지도록, 여러 구절의 읽는 순서를 짜 맞추었다. 날씨가 허락하는 한, 안식일 오후에 자연 속을 걸으려고 남동생·여동생들을 데리고 나가기를 거른 적이 없었다.

이 무렵에, 하잔은 철학 토론(討論)을 위하여 젊은 남자들의 모임을 시작했다. 이것은 다른 회원들의 집에서, 또 가끔 자기 집에서 만났는데, 예수는 이 무리의 특출한 회원이 되었다. 이 수단으로, 최근의 민족주의자 논쟁이 있을 때 지역에서 잃었던 위신의 얼마큼을 회복할 수 있게 되었다.

사회 생활은 제한되었어도 완전히 소홀히 되지는 않았다. 그는 나사렛의 젊은 남녀 사이에서 따듯이 대하는 친구와 굳건한 숭배자가 여럿 있었다.

9월에, 엘리자벳과 요한이 나사렛 가정을 찾아보려고 왔다. 아버지가 돌아가셨기 때문에, 요한은 목수 일이나 어떤 다른 직업의 일에 착수하려고 나사렛에 남아 있으라고 예수가 조언하지 않으면, 농업과 양을 기르는 일에 들어가려고 유대의 고지로 돌아갈 뜻을 가지고 있었다. 그들은 나사렛 가정이 실지로 한 푼도 없음을 몰랐다. 마리아와 엘리자벳이 자기네 아들들에 관하여 이야기하면 할수록, 두 젊은이가 같이 일하고 서로를 더 보는 것이 좋겠다고 더욱 확신하게 되었다.

예수와 요한은 함께 많이 이야기를 나누었고, 대단히 사사롭고 개인적인 어떤 문제들에 대해서 이야기했다. 이 이야기를 마치고 나서, 그들이 해야 할 일로 "하늘 아버지가 부르신" 뒤에, 대중에게 봉사하면서 만날 때까지 서로 다시 보지 않기로 결정했다. 나사렛에서 본 것 때문에 요한은 집으로 돌아가서 어머니를 부양하기 위해서 노동해야 한다고 엄청나게 감명을 받았다. 자기가 예수 일생의 사명의 일부가 되리라고 확신하게 되었지만, 예수가 집안을 돌보는 일에 여러 해 동안 바쁘리라는 것을 깨달았다. 그래서 집으로 돌아가서 자기네 작은 농장을 돌보고 어머니의 필요를 보살피는 일을 훨씬 더 만족스럽게 여겼다. 사람의 아들이 요단 강 가에서 세례를 받으려고 나선 그 날까지 요한과 예수는 다시 서로 보지 못했다.

이 해의 12월 3일, 토요일 오후에, 두 번째로 죽음이 이 나사렛 가족에게 덥쳤다. 아기 남동생, 꼬마 아모스가 한 주 동안 고열(高熱)로 앓다가 죽었다. 이 슬픈 때를 유일한 기둥인 맏아들과 보내고 나서, 마리아는 마침내 예수를 가족의 참 가장으로 완전히 인정했다. 그는 참으로 자격 있는 가장이었다.

4년 동안, 생활 수준은 꾸준히 떨어졌다. 해마다 깊어지는 가난의 아픔을 느꼈다. 이 해가 저물 때가 되어서, 모든 벅찬 싸움에서 가장 어려운 체험의 하나에 부닥쳤다. 야고보는 아직도 많은 돈을 벌기 시작하지 않았고, 모든 다른 것 위에 장례비는 집안을 휘청거리게 만들었다. 그러나 예수는 초조하고 슬퍼하는 어머니에게 단지 이렇게 말하곤 했다. "어머니, 슬퍼하는 것이 우리를 돕지 아니하리이다. 모두가 최선을 다하고 있고, 어머니의 웃음이, 어쩌면, 우리가 더 잘 할 수 있도록 격려할까 하나이다. 우리는 하루하루, 더 좋은 날이 앞에 있다는 희망 때문에 이 일을 하도록 힘을 얻나이다." 든든하고 실용적인 낙관주의(樂觀主義)는 참으로 쉽게 번졌다. 아이들은 모두 더 좋은 때와 좋은 것을 기대하는 분위기에서 살았다. 가난이 마음을 답답하게 만들었는데도, 희망에 찬 이 용기는 튼튼하고 고귀한 인격을 개발하는 데 힘차게 기여하였다.

예수는 바로 눈앞에 닥친 과제에, 머리와 혼과 몸의 온갖 힘을 효과 있게 동원하는 능력을 소유했다. 풀고 싶어하는 한 가지 문제에, 깊이 생각하는 머리를 집중할 수 있었고, 이것은 지칠 줄 모르는 인내와 더불어, 어렵게 필사자로 존재하며 겪는 시련을 차분히 견딜 수 있게—마치 "보이지 않는 분을 보고" 있는 것처럼 살 수 있게—만들었다.

4. 열 아홉 살 되던 해 (서기 13년)

이 때가 되어서, 예수와 마리아는 사이가 훨씬 더 좋았다. 그를 아들로 여기는 일이 적었다. 마리아의 눈에, 그는 아이들에게 차라리 아버지 같이 되었다. 나날의 생활은 실제적이고 당면(當面)한 문제로 가득하였다. 그의 일생의 일에 관하여 말하는 일이 뜸해졌는데, 이는 시간이 지남에 따라서, 그들이 모든 생각을 남자 아이 넷과 여자 아이 셋으로 이루어진 가족을 부양하고 기르는 데 공동으로 쏟았기 때문이다.

이 해가 시작되자, 아이를 훈련하는 그의 방법을 받아들이도록 예수는 어머니를 완전히 설득했다—악행하지 말라고 금하는 옛 유대인 방법 대신에 선을 행하라는 긍정적(肯定的) 명령이었다. 집에서, 또 대중을 가르치는 생애를 통해서 내내, 예수는 <u>긍정</u> 형태의 훈계를 변함없이 이용했다. 언제 어디서나 말했다. "너희는 이것을 하라—저것을 해야 하느니라." 옛날의 금기로부터 내려오는, 부정(否定) 형태의 가르침을 결코 이용하지 않았다. 금지함으로 악에 중점(重點) 두는 일을 삼가고, 한편 선을 행하라 명령함으로 선한 것을 높이 올렸다. 이 집안에서 기도 시간은 가족의 복지에 관계되는 어떤 것이나, 무엇이든지 토론하는 기회였다.

그렇게 어린 나이부터 동생(同生)들에게 현명한 훈련을 시작했기 때문에, 즉석에, 진심으로 복종을 얻는 데 거의, 또는 결코 아무 벌이 필요하지 않았다. 유일한 예외는 유다였고, 잡다한 경우에 집안의 규칙을 어긴 것 때문에 벌을 내리는 것이 필요했다. 세 번이나, 가족의 행동 규칙을 일부러 위반했음을 자백(自白)한 것 때문에 유다에게 벌주는 것이 현명하다고 판명되었는데, 그 때 벌은 그보다 나이 든 아이들이 만장 일치로 선포해서 정해졌고, 벌이 주어지기 전에 유다 지신이 찬성하였다.

예수는 행한 모든 일에 대단히 규율과 체계가 있었지만, 모든 행정 판결에는 해석의 신선한 탄력성과 적용의 개별성이 있었고, 그들에게 가장인 형을 움직이는 정의(正義)의 정신으로 아이들 모두에게 크게 감명을 주었다. 결코 멋대로 동생들을 징계하지 않았고, 그러한 한결같은 공정과 개인적 배려는 예수를 가족 모두에게 무척 소중하게 만들었다.

야고보와 시몬은, 싸우기 좋아하고 때로는 성내는 놀이 친구들을 설득과 무저항으로 달래는 예수의 계획을 따르려고 애쓰면서 자랐고, 꽤 성공했다. 그러나 요셉과 유다는, 집에서 그런 가르침에 머리를 끄덕였지만, 동무들에게 공격을 받을 때 서둘러 자신을 방어했다. 특히, 유다는 이 가르침의 정신을 위반한 잘못이 있다. 그러나 무저항은 가족의 <u>규칙</u>은 아니었다. 개인에 관한 가르침을 어기는 데는 아무런 벌이 따르지 않았다.

대체로, 아이들은 모두, 더군다나 여자아이들은, 애정 있는 아버지의 경우에 하는 것과 똑같이, 예수에게 어린 시절의 어려움을 의논하고 속을 털어놓았다.

야고보는 균형이 잘 잡히고 차분한 젊은이로 자라고 있었지만, 예수처럼 영적 성향을 가지지 않았다. 그는 요셉보다 공부를 훨씬 더 잘하는 학생이었고, 요셉은 충실한 노동자이긴 했어도 영적 생각이 더군다나 부족했다. 요셉은 꾸준히 일하는 사람이었고, 다른 아이들의 지적 수준에 미치지 못했다. 시몬은 착한 생각을 가진 소년이었어도 너무나 꿈꾸는 사람이었다. 생활에 정착하는 데 느렸고, 예수와 마리아에게 상당한 걱정거리가 되었다. 그러나 언제나 선하고 좋은 뜻을 가진 소년이었다. 유다는 불 붙이는 나무였다. 가장 높은 이상을 가졌지만, 성질이 안정되지 않았다. 어머니의 각오와 공격성 모두를, 더 많이 가졌지만, 어머니의 비례 및 신중 감각이 상당히 모자랐다.

미리암은 고귀한 것과 영적인 것을 날카롭게 이해하는, 균형이 잘 잡히고 온건한 딸이었다. 마르다는 생각과 행동이 느렸어도 아주 믿을 만하고 유능한 아이였다. 아기 룻은 집안에서 햇빛 같은 사람이었다. 생각 없이 말을 해도 아주 마음이 진지했다. 가장(家長)인 큰 오빠를 그 아이는 거의 숭배하다시피 했다. 그러나 룻의 버릇을 잘못 들이지는 않았다. 룻은 예쁜 아이였지만, 미리암처럼 잘생기지는 않았고, 미리암은, 그 도시에서 첫째 가는 미인은 아니라도, 그 가족 안에서 미인이었다.

시간이 지남에 따라서, 예수는 안식일을 지키는 것과 종교의 다른 여러 단계에 관계된 가족 교육과 관습을 자유화하고 개량하려고 많이 수고했고, 이 모든 변화에 마리아는 진심으로 찬성했다. 이 때가 되어서, 예수는 의문의 여지 없이, 집안의 가장이었다.

이 해에 유다는 학교에 다니기 시작했고, 이 비용을 치르기 위해서 예수는 하프를 파는 것이 필요했다. 이렇게 마지막 오락의 즐거움이 사라졌다. 머리가 피곤하고 몸이 지쳤을 때 하프 켜기를 무척 좋아했지만, 최소한, 세리(稅吏)로부터 그 하프가 차압되지 않는다는 생각에 위로를 얻었다.

5. 에즈라의 딸, 레베카

비록 가난했어도 나사렛에서 예수의 사회적 지위는 조금도 떨어지지 않았다. 그는 시에서 으뜸가는 젊은이들 가운데 하나였고, 대부분의 젊은 여자들 사이에서 대단히 평판이 좋았다. 예수가 튼튼하고 지적인 남성의 아주 빛나는 표본이었으니까, 또 영적 지도자인 그의 명성을 생각한다면, 나사렛의 부유한 상인이자 무역가 에즈라의 맏딸, 레베카가 이 요셉의 아들을 차츰 사랑하게 되었음을 깨달은 것은 놀라운 일이 아니다. 그 여자는 사랑을 예수의 누이동생 미리암에게 먼저 고백했고, 미리암은 다시 이 모두를 어머니와 의논했다. 마리아는 크게 마음이 흔들렸다. 이제 그는 가족에게 빠뜨릴 수 없는 가장(家長)이 되었는데, 아들을 잃게 되려는가? 문제가 도대체 그치지 않을 것인가? 다음에는 무슨 일이 일어날까? 그리고 나서, 멈춰서, 결혼이 예수의 미래 생애에 무슨 결과를 가져올 것인가 깊이 생각했다. 자주는 아니라도, 적어도 어떤 때는, 예수가 "약속의 아이"였다는 사실을 회상했다. 마리아와 미리암이 이 문제에 대하여 이야기한 뒤에, 그들은 바로 레베카에게 가서, 그 여자 앞에 사연(事緣)을 모두 털어놓고, 예수가 운명의 아들이다, 그가 위대한 종교 지도자, 아마도 메시아가 될 것이라 믿는다고 그 여자에게 정직하게 일러 줌으로, 예수가 미처 알기도 전에, 그 일을 그만두게 하려고 애쓰기로 작정하였다.

레베카는 열심히 귀를 기울였다. 그 이야기에 마음이 떨렸고, 그 여자가 선택한 이 남자와 운명을 같이 하고, 지도자의 일생을 함께 하겠다고 갈수록 더 마음이 굳어졌다. (속으로) 그러한 남자는 더군다나 충실하고 유능한 아내가 필요하리라고 주장했다. 그 여자는 마리아가 자기를 말리려 하는 노력을 집안의 가장이자 유일한 기둥을 잃어버리는 두려움에 대하여 자연스러운 반응이라고 풀이했다. 그러나 목수의 아들에게 마음 끌리는 것을 아버지가 승인함을 알았기 때문에, 예수가 버는 돈을 잃는 것을 충분히 보상하려고 아버지가 그 가족에게 충분한 소득을 기꺼이 주리라 생각했고, 그 여자는 옳았다. 아버지가 그러한 계획에 찬성했을 때, 레베카는 마리아와 미리암과 더 의논했고, 지지를 얻지 못하자, 그 여자는 대담하게 예수에게 직접 갔다. 그 여자는 아버지의 협조를 얻어 이렇게 했고, 그는 레베카의 열일곱 살 되는 생일을 축하하기 위하여 예수를 집으로 초대했다.

예수는 주의 깊게, 이해하는 태도로, 처음에는 레베카의 아버지가, 다음에 레베카 자신이 이 일을 이야기하는 것을 들었다. 어떤 금액의 돈도 자기 아버지의 가족을 몸소 부양하는 책임, "인간의 모든 신뢰 가운데 가장 신성한 것—사람이 자신의 살과 피에 충성—을 다하는" 것을 대신할 수 없다는 취지로 그는 친절히 대답했다. 레베카의 아버지는 가족에 헌신하는 예수의 말에 깊이 마음이 움직였고, 그 회담에서 물러났다. 아내 마리아에게 이렇게 말했을 뿐이다: "우리는 그를 아들로 삼을 수 없소. 그는 우리에게 너무나 고귀하오."

그리고 나서 레베카와 중대한 이야기가 시작되었다. 이제까지 그의 생애에서, 교제할 때 소년과 소녀, 젊은 남녀를 거의 구별하지 않았다. 그의 머리는 개인적인 사랑이 인간적 결혼에 이르는 것을 언제라도 심각하게 생각해 보기에는, 실용적인 세상일의 다급한 문제들과, "아버지의 일에 관한" 궁극의 생애를 골똘히 생각하는데 전적으로 너무 빠져 있었다. 그러나 이제 모든 보통 인간이 부닥치고 결정해야 하는 그런 문제의 하나와 마주친 것이다. 정말로, 그는 "너희와 마찬가지로 모든 면에서 시험을 받았도다."

주의 깊게 듣고 난 뒤에, 찬미를 표현한 것에 대하여 레베카에게 진심으로 감사하고, "이것은 내 일생에 날마다 나를 기쁘게 하고 위로하리라"고 덧붙였다. 단순한 형제 같은 대우와 순수한 친구 관계 외에 어느 여자와도 관계를 가지도록 자유롭지 않다고 설명했다. 첫째 가는 가장 중요한 의무는 아버지의 가족을 부양하는 것이며, 그것이 이루어질 때까지 결혼을 생각할 수 없다는 것을 분명히 했다. 그리고 나서 덧붙여 말했다: "내가 운명의 아들이라면, 내 운명이 분명히 나타날 때까지 나는 일생 동안 지속되는 책임을 져서는 안 되오."

레베카는 마음이 찢어지듯 아팠다. 위로받기를 뿌리치고, 아버지가 마침내 세포리스로 이사하기를 찬성할 때까지 아버지에게 나사렛을 떠나자고 졸랐다. 후일에 결혼하려고 찾은 숱한 남자에게, 레베카는 오직 한 마디 대답했다. 오직 한 가지 목적을 위해서—그 여자에게는, 일찍이 살았던 가운데 가장 위대한 이 사람이 생명의 진리를 가르치는 선생으로서 생애를 시작할 때를 기다리기 위해서—산다고. 그 여자는 대중을 위해 수고하는 파란 많은 몇 년을 통해서 헌신하여 그를 따랐으며, 그가 예루살렘으로 승리에 넘쳐 나귀 타고 들어간 그 날, 자리에 있었고 (예수의 눈에 뜨이지는 않았다), 사람의 아들이 십자가에 달렸던 그 비극과 운명의 날 오후에, 마리아의 옆에서 "다른 여자들 속에" 서 있었다. 이 사람의 아들은 하늘에 있는 수많은 세계 뿐 아니라, 그 여자에게도 "몹시 사랑스럽고, 만인 가운데 가장 위대한 자"였다.

6. 그가 스무 살 되던 해 (서기 14년)

레베카가 예수를 사랑했다는 이야기는 나사렛 근처에서, 나중에는 가버나움에서 수군거리게 되었다. 그래서, 그 뒤 몇 년 동안, 남자들이 그를 아낀 것처럼 많은 여자가 예수를 사랑했지만, 두 번 다시, 또 다른 착한 여인이 몸소 헌신하는 제안을 물리치지 않아도 되었다. 이 때부터 계속, 예수에 대한 인간의 사랑은 존경과 찬미로 보는 성질을 띠게 되었다. 남자와 여자들이 다 그를 헌신적으로 사랑했고, 자아를 만족시키거나 애정으로 소유하려는 욕망의 빛을 띤 것이 아니라 그의 됨됨이 때문이었다. 그러나 여러 해 동안, 예수의 인품에 대하여 이야기가 나왔을 때는 언제나, 레베카의 헌신적 사랑이 다시 입에 오르내렸다.

미리암은 레베카의 사건을 잘 알고, 어떻게 오빠가 아름다운 여인의 사랑조차 버렸는가 알고서 (앞날의 생애, 운명의 생애의 요인을 깨닫지 못하고), 예수를 이상으로 여기고, 오빠 뿐 아니라 한 가장(家長)으로서, 감동적인 깊은 애정을 가지고 그를 아끼게 되었다.

돈을 쓸 수 있는 형편이 못 되었지만, 예수는 유월절을 지내려고 예루살렘으로 올라가고 싶은 야릇한 욕망이 생겼다. 레베카와 최근에 만난 경험을 알고서, 어머니는 지혜롭게 길을 떠나라고 재촉하였다. 뚜렷하게 의식하지 않았지만, 그가 가장 바란 것은 나사로와 이야기하고 마르다·마리아와 이야기할 기회였다. 자기 가족 다음으로, 이 세 사람을 누구보다도 가장 사랑했다.

예루살렘으로 이 여행을 떠나면서, 메기도·안티파트리스·리다의 길로 갔고, 부모가 에집트에서 나사렛으로 그를 데리고 돌아오는 길에 지났던 똑같은 길을 일부 거쳤다. 유월절에 가는 데 나흘을 썼고, 팔레스타인의 국제 전쟁터인 메기도와 그 주위에서 벌어졌던 지난 사건들에 대하여 많이 생각했다.

예수는 예루살렘을 통해서 계속 갔고, 성전과 모여드는 방문자들의 무리를 바라보려고 잠시 멈췄다. 헤롯이 지은 이 성전(聖殿)과 정치적으로 임명된 이 사제직에 대해서 이상하고도 커지는 싫증을 느꼈다. 무엇보다도 나사로·마르다·마리아를 보고 싶었다. 나사로는 예수와 같은 나이였고, 이제는 집의 가장이었다. 이번 방문할 때가 되어서는, 나사로의 어머니도 또한 무덤에 묻혔다. 마르다는 예수보다 한 살 남짓 나이가 위였고, 마리아는 두 살 아래였다. 예수는 세 사람 모두에게 우상이 되어 버린 이상(理想)이었다.

이번 방문에, 전통에 대하여 때때로 일어나는 반항심이 갑자기 한 번 치솟았다—예수가 판단하건대, 하늘에 계신 아버지를 그릇 대표하는 의식(儀式) 풍습에 대한 분개심의 표현이었다. 예수가 오는 것을 몰랐기 때문에, 나사로는 예리고 길에 인접한 마을에서 친구들과 유월절을 축하하려고 주선해 놓았다. 이제 예수는 그들이 있는 곳, 나사로의 집에서, 축제(祝祭)를 지내자고 제안했다. 나사로가 말했다. "하지만 우리는 희생 양이 하나도 없다네." 그리고 나서 그는 하늘에 계신 아버지는 그러한 유치하고 의미 없는 의식에 참으로 아랑곳하지 않는다는 뜻으로, 장황하고 납득이 가는 논설을 시작했다. 엄숙하고 뜨겁게 기도를 드린 뒤에, 그들이 일어섰고 예수는 말했다. "내 민족의 유치하고 어두운 지성들은 모세가 지시한 대로 저희의 하나님을 섬길지어다. 저희가 그리하는 것이 낫지만, 생명의 빛을 본 우리는, 이제 더 죽음의 어두운 길로 우리 아버지께 다가가지 맙시다. 우리의 아버지가 영원히 사랑하신다는 진리를 알고서 자유롭게 됩시다."

그 날 저녁 땅거미가 질 무렵에, 네 사람은 앉아서, 처음으로 희생 양이 없이 경건한 유대인들이 축하한 유월절 축제를 지냈다. 부풀리지 않은 빵과 포도주가 이 유월절을 지내려고 준비되었으며, 예수는 "생명의 빵"과 "생명의 물"이라 이름지은 이 상징적 음식을 친구들에게 덜어 주었고, 막 나누어 준 가르침을 엄숙히 좇아서 먹었다. 나중에 베다니를 찾았을 때는 언제나, 이 성스러운 의식을 거행하는 것이 그의 버릇이 되었다. 집으로 돌아왔을 때, 어머니에게 이 모든 것을 이야기했다. 어머니는 처음에 깜짝 놀랐지만, 차츰 그의 생각을 알아듣기 시작했다. 그런데도, 이 새로운 유월절 아이디어를 집안에 들여올 생각이 없다고 안심시켰을 때, 어머니는 크게 안도의 숨을 내쉬었다. 아이들과 함께 집에서는, 해마다 "모세의 율법에 따라서" 계속 유월절을 지냈다.

결혼에 대하여 마리아가 예수와 오랜 이야기를 나눈 것은 이 해 동안이었다. 어머니는 그가 가족에 대한 책임에서 풀려난다면 결혼할 것인가 터놓고 물었다. 눈앞에 닥친 의무가 결혼을 막았기 때문에 그 문제를 거의 생각해 본 적이 없다고 어머니에게 설명했다. 언제라도 결혼 생활에 들어갈 것인가 의심이 든다고 표현했다. 모든 그러한 일은 "나의 때", 즉 "내 아버지의 일이 시작되어야 할" 때를 기다려야 한다고 말했다. 육신으로 아이들의 아버지가 되어서는 안 된다는 것을 머리 속에서 이미 작정했기 때문에, 인간적인 결혼 문제를 전혀 거들떠보지 않았다.

이 해에 그는 필사 성품과 신다운 성품을 간단하고 효과적인 한 인간 개성으로 더욱 짜 맞추는 과제를 새로이 시작했다. 도덕적 지위와 영적 이해가 계속 자랐다.

(집을 제외하고) 나사렛 재산이 다 사라졌지만, 이 해에 가버나움에 있던 한 부동산의 지분(持分)을 팔아서 조금 재정의 도움을 받았다. 이것은 요셉의 전 재산의 마지막이었다. 이 가버나움 부동산은 세베대라 이름하는 배 만드는 사람과 함께 처분했다.

요셉은 이 해에 회당 학교를 마쳤고, 집에 있는 목수 작업장에서 작은 벤치에서 일을 시작하려고 준비했다. 아버지의 재산은 바닥이 났지만, 세 사람이 이제 정규적으로 일하고 있으니 가난을 물리치는 데 성공하리라는 전망이 보였다.

예수는 빨리 남자, 그냥 젊은이가 아니라 어른이 되고 있다. 책임지는 것을 잘 배웠다. 실망(失望)에 부딪쳤을 때 어떻게 일을 해 나가는가 안다. 계획이 꺾이고 목적이 일시 실패했을 때 용감히 견딘다. 불공평과 마주쳤을 때에도 공정하고 정당하기를 배웠다. 영적 생활에 대한 이상을 땅에서 존재하는 실용적 요구에 어떻게 조절하는가를 배우고 있다. 좀더 가깝고 눈앞에 닥친 필요한 목적(目的)을 이루려고 열심히 수고하면서, 더 높고 먼 이상주의 목표를 성취하기 위하여 어떻게 계획하는가 배우고 있다. 큰 뜻을 인간 상황의 평범한 요구에 적응하는 기술을 꾸준히 쌓고 있다. 물질적으로 성취하는 기계 작용을 움직이기 위해서 영적 추진 에너지를 이용하는 기술을 아주 거의 통달했다. 땅의 존재를 계속하면서, 어떻게 하늘의 삶을 사는가 천천히 배우고 있다. 한편으로 땅에 있는 가족의 아이들을 안내하고 지도하는 아버지 노릇을 맡으면서, 갈수록 더 하늘 아버지가 궁극에 인도하시는 데 의존한다. 패배에 빠지려 하는 바로 그 문턱에서 솜씨 있게 승리를 움켜쥐는 데 숙달되고 있다. 시간 속에서 닥치는 어려움을 어떻게 영원한 승리로 바꾸는가 배우고 있다.

그래서 해가 지남에 따라서, 시공 세계에서 필사 육체의 생명이 사는 것처럼, 이 나사렛 젊은이는 계속 생명을 체험한다. 유란시아에서 충분하고 대표적이고 충만한 삶을 산다. 그가 만든 생물의 첫 생애, 즉 육체를 입고 사는 생애의 짧고 벅찬 여러 해 동안에 그들이 거치는 체험을 겪으면서, 성숙해서 이 세상을 떠났다. 이 인간 체험 모두가 우주 군주의 영원한 재산이다. 그는 우리를 이해하는 형이요, 공감하는 친구이며, 경험이 많은 군주요, 자비로운 아버지이다.

아이로서 광대한 양의 지식을 쌓았고, 소년으로서 이 정보를 가려 내고 분류하고 연결지었으며, 이제 그 땅에서 어른으로서, 이 정신 재산을 비로소 정리한다. 이것은 이 세상을 비롯하여, 온 네바돈 우주에 두루, 사람이 사는 모든 다른 구체에 있는 동포 필사자들을 대신하여, 나중에 그의 가르침·헌신·봉사에서 이용되도록 준비된다.

그는 이 땅의 아기로서 세상에 태어나서 어린 시절을 보냈고, 연달아 소년기와 청년기 단계를 거쳤다. 이제 성년기의 문턱에 서 있고, 인간 생활의 체험을 풍부히 겪었다. 인간 성품을 충만히 이해하며, 인간 성품이 약한 것에 동정심이 가득하다. 어떤 나이나 어느 단계에 있는 필사 인간에게도, 파라다이스 아버지를 계시하는 신다운 기술에 숙달되고 있다.

이제 완전히 자란 남자—그 땅에 어른—으로서, 하나님을 사람들에게 계시하고, 사람들을 하나님께로 이끄는 최고의 사명을 계속하려고 준비한다.

제 128 편

예수의 어른 시절 초기

어른 생활의 초기에 들어가면서, 나사렛 예수는 땅에서 정상이며 보통 인간 생활을 했고, 그런 생활을 계속했다. 예수는 다른 아이들이 온 것과 똑같이 이 세상에 왔고, 부모(父母)를 선택하는 데 전혀 상관하지 않았다. 일곱째이자 마지막 자신 수여, 즉 필사 육체의 모습을 입고서 육신화를 실행할 혹성으로서 이 특별한 세계를 선택하기는 했다. 그러나 이밖에는 세상에 자연스러운 방법으로 나타났고, 다른 사람들이 이 세계에서, 또 비슷한 세계들에서 하는 것과 마찬가지로, 이 땅의 아이로서 자라고 환경의 변천과 씨름하였다.

미가엘의 유란시아 수여의 두 가지 목적을 반드시 염두에 두어라:

1. 필사 육체를 입고서 인간의 일생을 전부 사는 체험을 통달하는 것, 네바돈에서 통치권을 완수하는 것.

2. 우주의 아버지를 시공 세계의 필사 거주자들에게 계시하는 것, 바로 이 필사자들이 우주의 아버지를 더욱 이해하도록 더 효과 있게 이끄는 것.

모든 다른 생물의 이익과 우주의 이점은 우연히 생기는 것이요, 필사자로 자신을 수여하는 이 주요 목적에 2차적으로 생긴다.

1. 스물 하나 되던 해 (서기 15년)

성년에 이르면서, 예수는 가장 낮은 형태의 지적(知的) 생물의 일생에 관하여 지식을 통달하는 체험을 마치고, 그로서 자신이 창조한 우주를 제한 없이 다스리는 권한을 마침내, 완전히 얻는 과제를 열심히, 충분히 자각하면서 시작하였다. 그는 자기의 2중 성품을 충분히 깨닫고서 이 엄청난 일에 들어갔다. 그러나 이미 이 두 성품을 하나로—나사렛 예수로—효과적으로 통합하였다.

요수아 벤 요셉은 그가 여자에게서 태어난 사람, 필사 인간임을 잘 알고 있다. 이것은 첫 칭호, 사람의 아들을 고른 데서 나타난다. 참으로 살과 피를 함께 가진 자였으니, 지금도 통치 권한을 가지고 한 우주의 운명을 주관하면서, 수고를 톡톡히 해서 얻은 수많은 칭호 가운데 사람의 아들이라는 칭호를 아직도 지닌다. 우주의 아버지의 창조적인 말씀—아들 창조자—가 "육체가 되어 유란시아에서 이 땅의 사람으로서 거했다"는 것은 글자 그대로 참말이다. 그는 수고하고 지쳤으며, 쉬고 잠을 잤다. 배고픔을 느꼈고, 그런 욕망을 먹을 것으로 채웠다. 목이 말랐고, 목마름을 물로 가라앉혔다. 인간의 느낌과 감정의 분야 전체를 거쳤다. "모든 일에 너희처럼 시험을 받았으며," 고통을 받다가 죽었다.

이 땅의 다른 필사자들과 똑같이, 지식을 획득하고 경험을 얻었고, 이 두 가지를 통합하여 지혜로 만들었다. 세례를 받기까지, 아무런 초자연의 힘을 이용하지 않았다. 요셉과 마리아의 아들로서, 인간 재산의 일부가 아닌 어떤 능력도 쓰지 않았다.

인간 이전 존재로서 가졌던 속성에 대하여 말하면, 그는 자신을 비웠다. 대중을 위한 일을 시작하기 전에, 사람과 사건들에 대하여 가졌던 지식은 전적으로 스스로 제한되었다. 사람들 사이에 있던 참 사람이었다.

언제까지나, 영화롭게 이것은 참말이다. "그는 우리의 연약함에 동정심으로 움직일 수 있는 높은 통치자이라. 우리처럼 모든 점에서 단련되고 시험받았으되 죄가 없는 군주를 우리가 가졌느니라." 자신이 고통을 받고, 시험받고 단련되었기 때문에, 혼동과 곤궁에 빠진 자들을 넘치게 이해하고 보살필 수 있다.

나사렛 목수는 자기 앞에 놓여진 일을 충분히 이해했지만, 인간 생애가 자연히 흘러가는 경로를 따라서 살기를 택하였다. 이 가운데 어떤 문제에서는, 이처럼 기록되었다시피, 그는 필사 인간에게 정말로 본보기였다: "이 정신이 그리스도 예수 안에 있었던 것 같이, 너희 속에 있도록 하라. 하나님의 성품으로 이루어졌은즉 그는 하나님과 동등함을 이상히 여기지 아니하였더라. 그러나 자기를 조금도 중요하게 여기지 아니하고 피조물의 형태를 취하고, 인간의 모습을 입고서 태어나셨느니라. 이렇게 사람으로서 모습을 입었으므로, 자기를 낮추어서 죽기까지, 아니 십자가에서 죽기까지도 복종하였느니라."

인간 가족의 모든 다른 사람이 인생을 사는 것과 마찬가지로, 필사 생명을 살았고, "그는 육체로 있던 시절에 무척 자주, 모든 악으로부터 구원할 수 있는 분에게, 강한 느낌과 눈물로도 기도와 간구를 드렸느니라. 믿었은즉 그의 기도가 효력이 있었느니라." 따라서 형제들에게 자비롭고 이해심 있는 통치자가 되도록, 모든 면에서 그들과 같이 지음받는 것이 필요하다.

자기의 인간 성품에 관하여 그는 결코 의심하지 않았다. 그 성품은 자명(自明)하고, 언제나 의식 속에 있었다. 그러나 신다움 성품에 대해서, 언제나 의심과 추측의 여지가 있었고, 적어도 세례 받는 사건 바로 전까지, 이것이 참말이었다. 신성(神性)의 자각은 느렸고, 인간의 관점에서 보면, 자연스러운 진화적 계시였다. 신성의 이러한 계시와 자각(自覺)은 예루살렘에서, 열 세 살이 채 못되었을 때, 그의 인간 존재에서 처음 초자연적이었던 일과 함께 시작되었다. 신다운 성품을 스스로 깨닫게 하는 이 체험은, 육체로 있는 동안 두 번째 초자연적 체험이, 즉 요단강에서 요한에게 세례를 받은 데 따른 에피소드가 있을 때 완성되었고, 이 사건은 봉사하고 가르치는 공생애(公生涯)의 시작을 표시했다.

한 번은 열세 살 때, 한 번은 세례 받을 때, 이렇게 두 번 하늘에서 방문이 있던 사이에 육신화된 이 아들 창조자의 생활에서 아무런 초자연이나 초인간의 일이 일어나지 않았다. 이런 일이 있었는데도, 베들레헴의 아기요, 나사렛의 소년이요, 젊은이이자 사람은 실제로 육신화된, 한 우주의 창조자였다. 그러나 한 번도 이 힘을 조금도 쓴 적이 없고, 요한에게 세례 받은 날까지 인생을 살면서, 수호 세라핌의 안내를 제외하고, 하늘 성격자들의 안내도 이용하지 않았다. 이처럼 증언하는 우리는 무엇에 관하여 말하는가 사정을 알고 있다.

그래도 육체를 입은 생애의 이 여러 해 동안, 그는 참으로 신다웠다. 실제로 파라다이스 아버지의 한 아들 창조자였다. 통치권을 획득하는, 순전한 필사자 체험을 절차에 따라 마치고 난 뒤에, 일단 공생애를 채택했을 때, 그는 하나님의 아들이라는 것을 대중 앞에서 서슴지 않고 인정했다. "나는 알파요 오메가라, 시작이요 끝이며, 처음이요 마지막이라"고 서슴지 않고 선언했다. 영광의 주, 우주의 통치자,

3. 스물 셋 되던 해 (서기 17년)

이 해에, 네 사람이 일하고 있었기 때문에 재정 압박이 조금 덜해졌다. 미리암은 젖과 버터를 팔아서 어지간히 벌었고, 마르다는 천 짜는 데 솜씨 있는 사람이 되었다. 수선 작업장의 구입 가격은 3분의 1이 넘게 지불되었다. 형편이 좋아서 유월절을 위하여, 시몬을 예루살렘으로 데려가려고 예수는 3주 동안 일을 쉴 정도였다. 이것은 아버지가 돌아가시고 나서 나날의 노동으로부터 그가 가장 길게 쉬었던 기간이었다.

데카폴리스의 길로, 펠라·게라사·필라델피아·헤스본·예리고를 지나서, 예루살렘으로 여행했다. 바닷가 길로, 리다·요파·케자리아를 스치고, 다음에 갈멜 산을 돌아서, 프톨레마이스와 나사렛으로 돌아왔다. 이 여행은 예수로 하여금, 예루살렘 구역에서 북부 팔레스타인 전체를 낯익게 만들었다.

필라델피아에서 예수와 시몬은 다마스커스에서 온 한 상인(商人)을 알게 되었는데, 그는 나사렛 형제를 크게 좋아하게 되었고, 그래서 함께 그의 예루살렘 본부에서 멈추자고 고집하였다. 시몬이 성전에 참석한 동안에, 예수는 잘 교육받고 많이 여행한 사람, 세상일에 훤한 이 사람과 이야기하느라고 많은 시간을 보냈다. 이 상인은 카라반 낙타를 4천 마리 넘게 소유했고, 로마 세계 전역에 걸쳐 사업을 가지고 있었는데, 지금 로마로 가는 길이었다. 예수에게 다마스커스로 와서 동양 수입(輸入) 사업을 시작하라고 제안했다. 그러나 마침 그 때 자기 가족을 그렇게 멀리 떠나는 것이 정당하다 느끼지 않는다고 그는 설명했다. 그러나 집으로 돌아오는 길에, 이 아득히 먼 도시들과 극서(極西)와 극동의 더욱 먼 나라들에 대해서 많이 생각했는데, 이 나라들에 대해서 카라반 승객과 안내자들이 말하는 것을 귀가 닳도록 들어 왔다.

시몬은 예루살렘 방문을 대단히 즐거워했다. 새 계명의 아들들이 유월절에 성화를 받을 때, 정식으로 이스라엘 연방에 가입되었다. 시몬이 유월절 예식에 간 동안에, 예수는 방문자들 무리와 섞였고, 수많은 개종한 이방인들과 함께 흥미 있는 회담을 개인적으로 많이 가졌다.

아마도 이 모든 접촉 가운데 가장 주목할 것은 스테반이라는 이름의 젊은 헬라주의자와 가진 것이었다. 이 젊은이는 예루살렘을 처음 방문하는 길이었고, 유월절 주간 목요일 오후에 어쩌다가 예수를 만났다. 둘이서 아스모니아 궁전을 구경하며 거니는 동안, 예수는 내키는 대로 이야기를 시작했다. 이로서 그들은 서로에게 관심을 가지게 되었고, 이것은 생명의 길과 참 하나님과 그를 예배하는 것에 관하여 네 시간의 토론으로 이어졌다. 스테반은 예수가 말씀한 것에 엄청나게 감명을 받았고, 결코 그 말씀을 잊지 않았다.

이 사람이 나중에 예수의 가르침을 믿는 자가 된 바로 그 스테반이었고, 이 초기의 복음(福音)을 전파하는 데 그가 보인 대담성은 성난 유대인들에게 돌로 쳐죽임을 당하는 결과를 낳았다. 새 복음에 대하여 스테반이 견해를 선포하면서 보인 특별한 대담성의 얼마큼은, 전에 예수와 가졌던 이 회견의 직접 결과였다. 그러나 스테반은 15년쯤 앞서 이야기를 나누었던 그 갈릴리 사람이, 나중에 세상의 구원자라고 자기가 선포했던 바로 그 사람이었다는 것을 결코 어렴풋이도 짐작하지 못했다. 스테반은 그를 위해서 오래지 않아 죽게 될 운명이었고, 이처럼 새로 생성되는 그리스도교 신앙에서 첫 순교자(殉敎者)가 되었다. 유대인의 성전과 그 전통의 관습을 공격한 값으로 목숨을 바쳤을 때, 타르수스 시민, 사울이라는 이름을 가진 사람이 서 있었다. 어떻게 이 그리스인이 신앙을 위하여 죽을 수 있는가 보았을 때, 사울의 가슴 속에 어떤 감정이 울컥 솟아올랐고, 마침내 그로 하여금 스테반이 목숨을 바친 그 운동을 지지하도록 이끌었다. 후일에 그는 적극적이고 꺾일 줄 모르는 바울, 유일하게 기초를 세운 사람은 아니라도, 그리스도교의 철학자가 되었다.

유월절 주간이 지나고 첫 일요일에, 시몬과 예수는 나사렛으로 돌아가려고 길을 떠났다. 예수가 이 여행에서 가르친 것을 시몬은 결코 잊지 않았다. 예수를 언제나 사랑했지만, 이제 그는 가장인 형을 비로소 이해한다는 느낌이 들었다. 시골길을 통해서 여행하고 길가에서 식사를 준비하면서, 가슴을 털어놓는 이야기를 많이 나누었다. 목요일 한낮에 집에 다다랐고, 시몬은 겪은 경험을 이야기하느라고 그 날 밤, 가족을 늦게까지 붙들어 두었다.

예루살렘에 있을 때 "낯선 자들, 특히 먼 나라에서 온 자들과 이야기하면서" 예수가 대부분의 시간을 보냈다고 시몬이 보고한 것에 마리아는 상당히 마음이 언짢았다. 예수가 사람들에게 큰 관심을 가진 것, 함께 이야기하고, 그 생활 방식에 대하여 듣고, 그들이 무슨 생각을 하고 있는가 발견하고 싶어하는 것을 가족은 결코 이해할 수 없었다.

갈수록 더 나사렛 가족은 눈앞에 닥친 인간적 문제들에 정신을 빼앗겼다. 예수의 앞날의 사명을 언급하는 일이 뜸하였고, 그 자신 앞날의 생애에 대하여 입을 여는 일이 아주 드물었다. 어머니는 그가 약속의 아이라는 것을 생각하는 일이 드물었다. 땅에서 예수가 어떤 신성한 사명을 이루리라는 생각을 어머니는 천천히 버리고 있었다. 그래도 아이가 태어나기 전에 가브리엘이 방문한 것을 멈추어 돌이켜볼 때, 어머니의 믿음은 이따금 되살아났다.

4. 다마스커스 에피소드

예루살렘으로 가는 길에 필라델피아에서 처음 만났던 상인의 손님으로서 예수는 다마스커스에서 이 해의 마지막 넉 달을 보냈다. 나사렛을 지나면서 이 상인의 대표 하나가 예수를 수소문하였고, 다마스커스까지 그를 동반하였다. 일부 유대인의 피를 받은 이 상인은 다마스커스에 종교 철학을 가르치는 학교를 하나 세우는 데 엄청난 금액(金額)을 바치겠다고 제안했다. 그는 알렉산드리아를 능가할 학문의 중심을 세울 것을 계획했다. 이 새 사업에 우두머리가 될 준비로서 세계의 여러 교육 중심을 둘러보는 오랜 여행을 예수가 당장 시작해야 한다고 제안했다. 이것은 순전히 인간적 생애의 과정에서 예수가 일찍이 마주친 가장 큰 유혹 가운데 하나였다.

대번에 이 상인은 새로 계획된 이 학교를 지원하기로 찬성한 열두 상인 및 은행가들의 무리를 예수 앞으로 데려왔다. 예수는 학교 제안에 깊은 관심을 나타내고, 그 조직을 위하여 계획을 도왔지만, 언제나 다른 의무, 말하지 못한 이전의 의무가, 그렇게 야심에 찬 사업의 지도(指導)를 받아들이지 못하게 하리라 생각한다고 표현했다. 그를 후원하겠다는 사람은 집요했고, 집에서 예수를 얼마큼 번역하는 일에 유익하게 고용하였다. 한편 그와 아내, 아들과 딸들은 그들이 떠민 명예를 예수가 받아들이게 만들려고 애썼다. 그러나 그는 찬성하려 하지 않았다. 땅에서 그의 사명이 교육 기관에게 지원받으면 안 되는 것을 잘 알았고, 아무리 좋은 뜻을 가졌더라도, 조금이라도 "사람의 조언"에 지시를 받도록 자신이 의무를 져서는 안 된다는 것을 알았다.

예루살렘의 종교 지도자들은 그가 지도력을 보인 뒤에도 물리쳤지만, 그는 다마스커스의 사업가와 은행가들에게 대선생으로 인정과 환호를 받았으며, 이름 없고 알려지지 않은 나사렛 목수였을 때 이 모든 일이 일어났다.

그는 가족에게 이 제안에 대하여 한 번도 입을 열지 않았다. 이 해가 저물 때, 마치 다마스커스 친구들의 칭찬하는 제안에 전혀 유혹받은 일이 없었던 것 같이,

나사렛에서 나날의 책임을 돌보았다. 이 다마스커스 사람들도, 후일에 모든 유대인 사회를 뒤집어엎은 가버나움 시민과, 그들의 총 재산이 샀을지도 몰랐던 명예를 감히 물리친 옛 나사렛 목수를 연결짓지 않았다.

예수는 아주 교묘하게, 의도하여 생애의 여러 에피소드를 분리시키려고 머리를 썼고, 그래서 세상의 눈에는, 이것들이 단 한 사람의 일로서 연결되지 않았다. 알렉산드리아와 경쟁할 학교를 다마스커스에 창립(創立)하는 기회를 물리친, 바로 이 이상한 갈릴리 사람의 이야기가 되풀이되는 것을 그는 후일에 여러 번 들었다.

땅에서 얻는 체험의 어떤 모습들을 분리하려고 애썼을 때 염두에 두었던 한 가지 목적은, 후일의 세대로 하여금 그가 실천하고 가르친 진리에 복종하는 대신에, 그 선생을 숭배하게 만들 그러한 다능하고 눈부신 경력의 축적을 방지하려는 것이었다. 예수는 가르침으로부터 한눈팔게 할 그러한 성취로 인간적 기록을 쌓고 싶어하지 않았다. 추종자들이 그에 관한 종교를 형성하도록 유혹을 받으리라는 것, 그것이 세상에 선포하려 의도한 하늘나라 복음과 경쟁자가 될지 모른다는 것을 아주 일찍부터 깨달았다. 따라서, 가르침을 선포(宣布)하는 대신에, 가르치는 그 선생을 높이는, 자연스러운 이 인간 성향에 이용될지 모른다고 생각한 모든 것을 파란 많은 그의 생애에서 억제하려고 한결같이 애썼다.

바로 이 동기(動機)가 또한 땅에서 다채로운 일생의 여러 기간에 어째서 그가 다른 칭호로 알려지도록 버려 두었는가 설명한다. 게다가 가족이나 다른 사람들에게 그들의 정직한 확신을 버리고 그를 믿도록 이끌 어떤 부당한 영향도 미치고 싶어하지 않았다. 인간의 지성을 부당하거나 불공평하게 이용하기를 언제나 물리쳤다. 그의 가르침에 드러나는 영적 실체에 사람들이 마음 속에 반응하지 않으면, 자기를 믿기를 바라지 않았다.

이 해가 저물 때가 되어서, 나사렛 가정은 제법 순조롭게 움직이고 있었다. 아이들은 성숙해지고, 마리아는 예수가 집을 떠나 있는 것에 익숙해지고 있었다. 그는 가족을 지원하기 위해서, 번 돈을 계속 야고보에게 넘겨 주었고, 아주 작은 금액만 직접 쓸 개인 비용으로 남겨 두었다.

세월이 지남에 따라서, 이 사람이 땅에서 하나님의 아들이라는 것을 알아보기가 더욱 어렵게 되었다. 이 땅의 사람, 사람들 사이에, 그저 평범한 사람과 아주 비슷하게 된 듯하였다. 그 수여(授與)가 바로 이 방법으로 펼쳐지도록 하늘에 계신 아버지가 예정하셨다.

5. 스물넷 되던 해 (서기 18년)

이 때가 가족에 대한 책임으로부터 예수가 비교적 자유를 얻은 첫해였다. 야고보는 상담과 재정(財政) 면에 예수의 도움을 얻어서, 집을 관리하는 데 대단히 성공했다.

이 해의 유월절 다음 주에, 알렉산드리아에서 온 한 젊은이가, 이 해 얼마 뒤에 팔레스타인의 바닷가의 어떤 지점에서 예수와 알렉산드리아 유대인들의 무리와 만나는 것을 주선하려고 나사렛으로 왔다. 이 회담은 6월 중순으로 정해졌고, 예수는 알렉산드리아의 저명한 유대인 다섯을 만나려고 케자리아로 갔다. 그들은 자기네 도시에서 한 종교 스승으로서 자리를 잡으라고 간청했고, 시작하는 권유로서 주요 회당에서 하잔에게 조수(助手)가 되는 자리를 내밀었다.

이 위원회의 대변자들은 알렉산드리아가 전 세계를 위하여 유대인 문화의 본부(本部)가 될 운명을 가졌다, 유대 민족의 일에 헬레니즘 경향은 바빌로니아 사상의 학파를 실질적으로 훨씬 앞섰다고 예수에게 설명했다. 예루살렘에서, 팔레스타인 전역에 걸쳐 반란이 있으리라는 불길한 소문을 예수에게 상기시키고, 팔레스타인의 유대인이 어떤 폭동을 일으키더라도 민족의 자살(自殺) 행위와 다름없으리라, 로마의 철권은 석 달 안에 반란을 쳐부수리라, 돌 위에 돌 하나도 남지 않으리라고 그에게 장담했다.

그들이 해야 했던 말을 전부 듣고서, 예수는 자기를 신뢰한 데 대하여 감사를 표하고, 알렉산드리아로 가기를 물리치면서, "나의 때가 아직 오지 않았다"는 내용으로 말했다. 제공하려고 애썼던 명예에 그가 무관심한 듯한 것에 그들은 어리둥절했다. 예수를 떠나기 전에, 알렉산드리아 친구들의 존경심을 표하기 위해서, 그들과 회담하려고 케자리아로 온 시간과 경비를 보상(報償)하려고 돈 봉투를 그에게 내밀었다. 그러나 마찬가지로 돈을 물리치며, 말했다. "요셉의 집은 자선금을 받은 적이 없소. 내 팔이 건강하고, 동생들이 일할 수 있는 한, 우리는 다른 사람의 빵을 먹을 수 없소."

에집트에서 온 친구들은 집을 향해 돛을 달았고, 후일에, 팔레스타인에서 그렇게 큰 소동을 벌인 사람, 배 만드는 가버나움 사람의 소문을 들었을 때, 그가 장성한 베들레헴 아기요, 알렉산드리아에서 큰 선생이 되라는 초청을 아주 소문도 없이 물리친, 행동이 이상한 바로 그 갈릴리 사람이었음을 거의 아무도 짐작하지 못했다.

예수는 나사렛으로 돌아왔다. 이 해의 나머지는 전 생애에서 가장 사건이 없었던 반년이었다. 그는 해결해야 할 문제들과 극복해야 할 어려움이 가득한 보통 계획으로부터 잠시 이 휴식(休息)을 즐겼다. 하늘에 계신 아버지와 많이 교통을 가졌고, 인간 지성을 통달하는 데 엄청나게 진전을 보았다.

그러나 시공 세계에서 사람의 일은 오랫동안 순조롭게 진행되지 않는다. 12월에 야고보는 예수와 사사롭게 이야기를 나누면서, 나사렛의 젊은 여인 에스타와 깊이 사랑에 빠졌다, 주선될 수 있다면 언젠가 결혼하고 싶다고 설명했다. 그는 요셉이 곧 열여덟이 될 터이고, 가족의 임시 가장으로서 봉사하는 기회를 가지는 것이 좋으리라는 사실에 주의를 불러일으켰다. 예수는 야고보가 결혼하기 전에, 요셉이 집안 일의 지도를 책임지도록 적절히 훈련시킨다는 조건으로, 2년 뒤에 야고보가 결혼하는 데 찬성하였다.

이제 일이 터지기 시작했다—결혼 이야기가 퍼졌다. 야고보가 결혼 일로 예수의 승낙을 얻는 데 성공한 것은 미리암으로 하여금 자기 계획을 가지고 용감히 오빠인 가장(家長)에게 다가가게 만들었다. 젊은 석공 야곱은 한때 예수의 보호자로 자처하였고 지금은 야고보와 요셉의 사업 동료이며, 오랫동안 미리암과 결혼하려고 애썼다. 예수 앞에 미리암이 계획을 내놓았을 때, 그는 야곱이 찾아와서 여동생을 얻으려고 정식으로 요청해야 한다고 지시하고, 마르다가 가장 위의 딸로서 임무를 맡을 능력이 있다고 느끼는 때가 오자마자, 미리암이 결혼하도록 축복하겠다고 약속했다.

집에 있을 때, 그는 한 주에 세 번 저녁 학교에서 줄곧 가르쳤다. 안식일에 회당에서 자주 성서를 낭독하고, 어머니와 이야기하고, 아이들을 가르쳤고, 대체로 이스라엘 연방에서 자격 있고 존경받는 나사렛 시민으로서 처신하였다.

6. 스물 다섯 되던 해 (서기 19년)

이 해는 나사렛 가족이 모두 건강한 가운데 시작되었고, 마르다가 룻을 위해서 해야 되는 어떤 일을 제외하고, 아이들이 모두 정규 학교를 마치는 것을 구경했다.

예수는 아담 시절 이후에, 땅에서 나타난 가장 튼튼하고 세련된 남성(**男性**) 표본의 하나였다. 몸은 훌륭하게 성장했다. 머리는 활발하고, 날카롭고, 사물을 꿰뚫어보았다—같은 시대 사람들의 평균 정신(**精神**) 상태와 비교해서, 엄청나게 성장했고—그의 정신은 정말로 인간으로서 신다웠다.

요셉의 재산이 사라진 이후로, 가족의 재정은 최상으로 조건이 좋았다. 카라반 수선 작업장에 마지막 지불금을 치렀고, 아무에게도 빚지지 않고, 몇 년 동안 처음으로 얼마큼의 기금(**基金**)이 남았다. 이것이 참말이고, 다른 동생들을 예루살렘으로 첫 유월절 예식을 위하여 데리고 간 일이 있었으니까, 예수는 (회당 학교에서 막 졸업한) 유다가 처음으로 성전을 방문하는 데 따라가기로 했다.

예루살렘으로 올라갔다가, 사마리아를 통해서 동생을 데리고 가면 문제가 생길까 두려워했기 때문에, 요단 강 유역으로, 같은 길로 돌아왔다. 급한 기질과 함께 강한 애국심 때문에, 유다는 이미 나사렛에서 몇 번이나 하찮은 문제에 말려들었다.

시간이 되자 예루살렘에 도착했고, 성전을 처음으로 방문하러 갔다. 성전의 바로 그 광경은 혼의 아주 깊숙한 곳까지 유다를 휘젓고 짜릿하게 만들었는데, 이 때 베다니의 나사로를 어쩌다가 만났다. 예수가 나사로와 이야기하고, 합동으로 유월절을 지내려고 주선하려 애쓰는 동안, 유다는 모두에게 진짜 문제를 일으키고 있었다. 가까이에 로마인 경비병 하나가 서 있었는데, 지나가는 어느 유대인 여자에게 예의(**禮儀**)에 벗어나는 말을 몇 마디 던졌다. 유다는 불 같이 분개하여 얼굴이 달아올랐고, 그 군인에게 직접 들을 만한 거리 안에서, 예절 없음에 참지 못하고 분통을 터뜨렸다. 그런데 로마 군인들은 유대인의 공손치 못한 행위와 비슷한 무엇에도 무척 민감했다. 그래서 경비병은 당장에 유다를 체포했다. 이것은 젊은 애국자에게 너무 지나쳤고, 예수가 경계하는 눈으로 주의(**注意**)를 주기 전에, 이제까지 참았던 반(**反**)로마 감정을 담은 거침없는 비난을 퍼부었고, 이 모두가 일을 더욱 악화시켰을 뿐이다. 예수를 옆에 두고, 유다는 당장에 군대의 감옥으로 옮겨졌다.

예수는 유다를 위해서 즉석 재판이나, 아니면 그 날 저녁 유월절 축하에 때를 맞추어 석방(**釋放**)을 얻어 내려고 애썼지만, 뜻을 이루지 못했다. 이튿날이 예루살렘에서 "거룩한 집회"였기 때문에, 로마인들도 감히 한 유대인에 대한 고발을 심의하려 하지 않았다. 따라서 유다는 체포된 뒤에 둘째 날 아침까지 갇혀 있었고, 예수는 함께 감옥에서 지냈다. 그들은 계명의 아들들을 이스라엘의 완전한 시민으로 받아들이는 예식이 있을 때 성전에 있지 않았다. 다음에 유월절에, 열심당을 위한 선전(**宣傳**) 활동과 관련하여 예루살렘으로 왔을 때까지, 유다는 이 정식 예식을 몇 년 동안 거치지 않았다. 그가 속한 열심당은 애국 조직이었고, 그는 그 당에서 크게 활약했다.

감옥에서 보낸 둘째 날이 지나고 아침이 되어 예수는 유다를 위해서 군대의 판사(**判事**) 앞에 섰다. 예수는 동생이 나이 어린 것을 사과하고, 이어진 설명이지만 동생의 체포로 이끈 이 에피소드의 도발적 성질에 관하여 분별 있는 말을 해서 그 경우를 다루었기 때문에, 재판관은 그 유대인 젊은이가 사납게 분을 터뜨린 데 아마도 어떤 이유가 있었을지 모른다는 의견을 표현했다. 그러한 경솔한 죄를 다시 저지르지 말라고 유다에게 경고한 뒤에, 내보내면서 예수에게 말했다. "당신은 그 소년을 지켜보는 것이 좋겠소. 당신들 모두에게 걸핏하면 많은 문제를 일으킬 것이오." 그 로마인 판사는 진실을 말했다. 유다는 예수에게 상당한 문제를 일으켰고, 언제나 그 문제는 바로 이런 성질을 가졌다—생각 없고 지혜롭지 못한 애국심의 폭발 때문에 국가(國家) 당국과 충돌하는 것이었다.

그 날 밤을 지내려고 예수와 유다는 베다니로 걸어갔고, 어째서 유월절 저녁 약속을 지킬 수 없었는가 설명하고, 이튿날 나사렛을 향하여 출발했다. 예수는 가족에게 어린 동생이 예루살렘에서 체포된 것에 대하여 언급을 피했지만, 돌아온 뒤 3주쯤 되어, 이 에피소드에 관하여 유다와 길게 이야기했다. 예수와 이 말을 나눈 뒤에, 유다 스스로 가족에게 이야기했다. 그는 이 고달픈 체험 전부를 통해서 가장인 형이 나타낸 참을성과 관용을 결코 잊지 않았다.

이것은 자기 가족의 어느 식구와 함께 예수가 마지막으로 참석한 유월절이었다. 점점 더 사람의 아들은 자신의 살과 피와 가까운 관계로부터 떨어질 것이었다.

이 해에 깊이 명상하는 시간은 룻과 그 놀이 친구들 때문에 가끔 중단되었다. 이 꼬마들의 어린애 같은 기쁨과 즐거움을 같이 나누려고, 예수는 언제라도 세상과 우주를 위하여 미래 일의 숙고를 다음으로 미룰 준비가 되어 있었고, 이들은 예수가 여러 번 예루살렘으로 여행간 체험담을 듣는 데 지칠 줄 몰랐다. 또한 동물과 자연에 대하여 그가 들려 주는 이야기를 크게 즐거워했다.

수선 작업장에서는 아이들을 언제나 반갑게 맞아 주었다. 예수는 모래와 나무토막과 돌을 작업장 옆에 마련해 놓았고, 아이들이 떼지어 재미를 보려고 모여들었다. 놀다가 지치면, 대담한 아이들은 작업장을 들여다보았고, 주인이 바쁘지 않으면, 용감히 들어가서 말하곤 했다, "요수아 아저씨, 나와서 우리에게 신나는 이야기를 해 주세요." 그리고 나서 아이들은 손을 잡아끌면서 바깥으로 이끌곤 했고, 작업장의 구석 옆, 가장 좋아하는 바위 위에 예수가 앉고, 아이들은 예수 앞에 반원(半圓)을 만들어 땅 바닥에 앉았다. 작은 꼬마들이 얼마나 요수아 아저씨를 좋아했는지! 꼬마들은 웃는 것, 마음껏 웃는 것을 배우고 있었다. 제일 작은 꼬마들 가운데 하나나 둘이 그의 무릎에 기어오르고 거기 앉아서, 이야기를 하는 동안에, 표현하는 모습을 놀라서 올려다보는 것이 버릇이었다. 아이들은 예수를 사랑했고, 예수는 아이들을 사랑했다.

정치나 철학이나 종교에 관한 깊은 토론으로부터, 다섯 살에서 열 살에 이르는 이 꼬마들과 명랑하고 즐겁게 장난하는 기분으로 어떻게 그가 그렇게 갑자기, 아주 완전히 획 옮겨 가는가, 친구들은 그의 지적(知的) 활동의 범위를 이해하기 어려웠다. 동생(同生)들이 자라고, 여가를 더 얻게 됨에 따라서, 조카들이 생기기 전에, 그는 이 꼬마들에게 크게 주의를 기울였다. 하지만 조카들을 많이 즐길 만큼 땅에서 오래 살지는 않았다.

7. 스물 여섯 되던 해 (서기 20년)

이 해가 시작되자, 나사렛 예수는 그가 폭 넓은 잠재 능력을 소유한다는 것을 강하게 의식하게 되었다. 그러나 적어도 때가 올 때까지는, 이 힘을 사람의 아들로서 그의 인격이 이용해서는 안 된다고 마찬가지로 충분히 확신하였다.

이 때 자신과 하늘에 계신 아버지의 관계에 대하여, 많이 생각했어도 거의 입을 열지 않았다. 이 모든 생각의 결론이 언덕 꼭대기에서 드린 기도에 한 번 나타났는데, 그 때 이렇게 말했다. "내가 누구이든, 내가 무슨 능력을 행사하든 하지 않든 상관 없이, 나는 언제나 파라다이스 아버지의 뜻에 복종해 왔고, 언제나 복종하겠나이다." 그래도 이 사람이 나사렛 근처에서 일터로 오갈 때, "그분 안에 지혜와 지식의 모든 보물이 감춰져 있도다"하는 것이—광대한 한 우주가 관계되다시피—글자 그대로 참말이었다.

이 해 내내, 가족의 일은 유다를 제쳐 놓고, 순조롭게 진행되었다. 몇 년 동안, 야고보는 막내 동생의 문제로 걱정했는데, 그는 정착해서 일하고 싶어하지 않았고, 집 경비에서 제 몫 내기를 기대할 수도 없었다. 그는 집에서 살려고 했지만, 가족 유지비에서 자기 몫을 버는 데 성실하지 않았다.

예수는 평화로운 사람이었고, 이따금 유다의 호전적 행위와 수많은 애국심의 폭발 때문에 당황했다. 야고보와 요셉은 그를 쫓아내는 데 찬성했지만, 예수는 찬성하려 하지 않았다. 참을성이 몹시 시험될 때, 예수는 오직 이렇게 조언하곤 했다, "참아라. 어린 동생이 먼저 더 좋은 길을 찾고, 그 안에서 자제하여 따르도록, 조언을 지혜롭게 하고, 너희의 삶으로 웅변하여라." 예수가 지혜롭게, 사랑으로 하는 조언(助言)은 가족의 분열을 막았고, 그들은 함께 남아 있었다. 그러나 결혼할 때까지, 유다는 정신을 차리지 못했다.

마리아는 예수의 앞날의 사명에 대하여 입을 여는 일이 드물었다. 이 주제가 나올 때마다, 예수는 다만 이렇게 대답했다, "나의 때가 아직 오지 않았나이다." 가족이 예수가 가까이 있는 데 의존하는 성향에서 벗어나게 만드는 어려운 과제를 예수는 거의 마쳤다. 사람들을 위한 진정한 봉사로 이끄는 더 활발한 서곡(序曲)을 개시하려고, 일관성 있게 이 나사렛 집을 떠날 수 있는 날을 위하여 빨리 준비하고 있었다.

예수의 일곱 번째 수여에서 첫째 가는 사명은 피조물의 체험을 얻는 것, 네바돈 통치권의 획득이라는 사실을 간과하지 말라. 바로 이 경험을 쌓으면서, 그는 유란시아와 지역 우주 전체에게 파라다이스 아버지를 최상으로 계시하였다. 이 목적에 우연히 부수되는 것으로, 이 혹성의 복잡한 사무가 루시퍼 반란에 관련되었다시피, 또한 이를 해결하는 데 착수했다.

이 해에 예수는 여느 때보다 더 여가를 누렸고, 수선(修繕) 작업장의 경영에 야고보를, 그리고 집안 일을 지도하도록 요셉을 훈련시키는 데 많은 시간을 썼다. 마리아는 그가 떠나려고 준비하고 있음을 눈치챘다. 그들을 두고 어디로 가려고? 무엇을 하려고? 어머니는 예수가 메시아라는 생각을 거의 버리다시피 하였다. 그를 이해할 수 없었다. 어머니는 단지 맏아들의 속을 헤아릴 수 없었다.

예수는 이 해에 가족의 개별 식구들과 함께 상당한 시간을 보냈다. 산으로 오르는 길에, 시골 길을 통해서, 긴 산보(散步)에 그들을 자주 데리고 가곤 하였다. 추수하기 전에, 유다를 나사렛 남쪽에 사는 농부인 삼촌에게 데리고 갔지만, 유다는 추수가 끝난 뒤에 오래 머무르지 않았다. 그는 달아났고, 나중에 시몬은 호수에서 그가 어부들과 함께 있음을 발견했다. 시몬이 그를 집으로 데리고 돌아왔을 때, 예수는 달아난 소년과 이야기를 나누었고, 그가 어부가 되기를 바랐기 때문에, 함께 막달라로 가서, 어부(漁夫)인 어느 친척의 보호 밑에 그를 맡겼다. 유다는 그 때부터 계속, 결혼할 때까지, 꽤 무던하게 정규적으로 일했고, 결혼한 뒤에 어부로서 계속 일했다.

마침내 예수의 남동생들이 다 일생의 직업을 고르고, 자리를 잡은 날이 왔다. 예수가 집을 떠나는 것을 위해서 무대가 준비되고 있었다.

11월에 두 쌍의 결혼이 있었다. 야고보와 에스타, 미리암과 야곱이 결혼했다. 이 때는 참으로 기쁜 때였다. 마리아조차 다시 한 번 행복했지만, 이따금 예수가 떠날 준비를 하고 있음을 깨달았다. 어머니는 큰 불안의 짐을 지고 고통을 받았다. 예수가 소년이었을 때 했던 것처럼, 앉아서 어머니와 자유롭게 이야기하면 좋으련만, 그는 한결같이 의사(意思) 표시를 하지 않았고, 앞날에 대해서 도무지 입을 열지 않았다.

야고보와 신부 에스타는 마을 서쪽 편에 작고 아담한 집으로 이사했고, 이 집은 장인(丈人)의 선물이었다. 야고보가 어머니의 집을 계속 지원했지만, 결혼했기 때문에 그의 몫은 반으로 줄어들었고, 예수는 요셉을 가장(家長)으로 정식으로 임명하였다. 유다는 이제, 달마다 아주 충실하게 자기 몫의 돈을 집으로 보내고 있었다. 야고보와 미리암의 결혼은 유다에게 대단히 유익한 영향을 미쳤고, 쌍 결혼이 있은 다음 날, 고기잡이 터로 떠날 때, 그는 “내 임무를 충실히 하고, 필요하다면 더 할 것”을 믿어도 좋다고 요셉을 안심시켰다. 그는 약속을 지켰다.

아버지 야곱이 선조(先祖)들과 함께 묻혔으므로, 미리암은 야곱의 집에서, 마리아의 이웃에서 살았다. 마르다는 집에서 미리암의 자리를 차지했고, 새로운 조직은 이 해가 저물기 전에 순조롭게 움직이고 있었다.

이 두 쌍의 결혼이 있은 다음 날, 예수는 야고보와 중요한 회의를 가졌다. 그가 집을 떠나려고 준비하고 있다고 야고보에게 비밀로 말했다. 야고보에게 수선 작업장의 완전한 권리를 주었고, 정식으로 엄숙하게 요셉 가문(家門)의 가장인 것을 포기하였으며, 무척 감동적으로 동생 야고보를 “내 아버지 집의 가장이자 보호자”로 세웠다. 비밀 서약을 작성하고 그들 둘이 서명했는데, 수선 작업장을 선물(膳物)로 주는 대신에, 이제부터 야고보가 가족을 위해서 완전히 재정 책임을 맡으며, 이렇게 이 문제에 관해서 더 이상의 모든 책임으로부터 예수를 면제하라고 명기(明記)하였다. 계약서에 서명한 뒤에, 예수가 아무런 기여를 하지 않아도 가족의 실제 비용을 치르도록 예산을 맞춘 뒤에, 예수는 야고보에게 말했다. “그러나, 얘야, 내 때가 올 때까지, 달마다 너에게 무언가 계속 보내겠다. 그러나 내가 보내는 것은, 경우가 닿는 대로 써야 하느니라. 내가 보내는 돈은, 좋게 여기는 대로, 가족의 필수품이나 즐거움을 위해 쓰거라. 병이 있을 때 쓰거나, 가족의 어느 개별 식구에게 생길지 모르는 뜻하지 않은 긴급시를 대처하기 위하여 쓰도록 하여라.”

이렇게, 아버지의 일을 공식으로 시작하기 전에, 예수는 성인(成人) 생애에서 집을 떠난, 둘째 국면에 들어가려고 준비했다.

제 129 편

예수의 어른 시절 후기

예수는 나사렛 가족의 집안 일을 관리하고 식구들을 직접 지도하는 것으로부터 완전히, 마침내 손을 떼었다. 세례 받은 사건이 일어나기 바로 전까지, 가족의 재정에 줄곧 돈을 부었고, 동생들 하나하나의 영적 복지(福祉)에 몸소 깊은 관심을 가졌다. 과부가 된 어머니의 편안과 행복을 위하여, 인간으로서 가능한 모든 것을 할 준비가 언제나 되어 있었다.

사람의 아들은 이제 나사렛 집에서부터 영구하게 떨어져 나가려고 모든 준비를 마쳤는데, 이것은 그에게 쉬운 일이 아니었다. 예수는 자연히 민족을 사랑하고 가족을 사랑했으며, 자연스러운 이 애정(愛情)은 그들에게 쏟은 특별한 헌신 때문에 엄청나게 커졌다. 동료에게 충분히 우리가 헌신하면 할수록, 그들을 더욱 사랑하게 된다. 예수는 가족에게 아주 충분히 헌신했기 때문에, 크고 뜨거운 애정으로 가족을 사랑했다.

예수가 떠날 준비를 하고 있다는 것을 온 집안이 천천히 깨달았다. 기대하던 이별의 슬픔은, 오로지 예수가 의도한 출발의 발표를 위하여 그들을 이렇게 차츰 준비시켰기 때문에 겨우 줄어들었다. 그들은 그가 궁극에 이렇게 이별(離別)을 준비하고 있다는 것을 4년이 넘도록 알아차렸다.

1. 스물 일곱 되던 해 (서기 21년)

이 해, 서기 21년 1월, 어느 비오는 일요일 아침에, 예수는 아무런 예식 없이 가족을 떠났고, 단지 티베리아스에 가서, 다음에 갈릴리 바다 근처의 다른 도시들을 방문하러 간다고 설명했다. 이렇게 떠났고, 결코 다시는 그 집의 정규 식구가 되지 않았다.

티베리아스에서 한 주를 보냈는데, 여기는 갈릴리의 서울인 세포리스를 곧 이어받을 새 도시였다. 흥미를 끄는 것을 별로 발견하지 못하자, 잇달아 막달라와 벳세다를 거쳐서 가버나움으로 갔고, 거기서 멈춰서 아버지의 친구 세베대를 찾아보았다. 세베대의 아들들은 어부였고, 그 자신은 배 만드는 사람이었다. 나사렛 예수는 설계와 건축에 전문가였고, 나무를 가지고 하는 일에 대가(大家)였다. 세베대는 나사렛 장인(匠人)의 솜씨를 오랫동안 듣고 있던 터였다. 오랫동안 세베대는 개량된 배를 만들 생각을 하고 있었다. 이제 예수 앞에 계획을 내밀고, 찾아온 목수에게 사업을 함께 하자고 제의했고, 예수는 대뜸 찬성하였다.

예수는 겨우 1년 남짓하게 세베대와 함께 일했지만, 그 동안에 새로운 스타일의 배를 창조했고, 전혀 새로운 배 건조법을 창안(創案)하였다. 우수한 기술과 판자를 수증기로 쪼이는 크게 개량된 방법으로, 예수와 세베대는 아주 우수한 종류의 배를 만들기 시작했는데, 이 배는 옛날 종류보다 호수(湖水)에서 돛을 달고 가기에 훨씬 더 안전했다. 몇 년 동안 세베대는 작은 작업장이 감당할 수 있는 것보다 일이 더 많았고, 이 새로운 스타일의 배를 만들어 내고 있었다. 5년 안에, 호수에 있는 거의 모든 배가 가버나움에 있는 세베대의 작업장에서 건조되었다. 예수는 이 새로운 배의 설계자로서 갈릴리의 어부들에게 잘 알려지게 되었다.

세베대는 보통으로 살림이 넉넉한 사람이었고, 조선(造船) 작업장은 가버나움 남쪽, 호수에 있었으며, 집은 벳세다의 고기잡이 본부 가까이, 호숫가에 자리잡고 있었다. 예수는 그 해 동안 세베대의 집에서 살았고, 가버나움에서 더 오래 머물렀다. 세상에서 오랫동안 혼자, 다시 말해서 아버지 없이 일했고, 아버지의 동업자와 일하는 이 기간을 매우 즐겁게 보냈다.

세베대의 부인 살로메는 안나스의 친척(親戚)이었고, 안나스는 한때 예루살렘에서 대사제였는데, 아직도 사두개 집단에서 가장 영향력이 있었고 8년 전에야 자리에서 해임되었다. 살로메는 예수를 크게 존경하는 사람이 되었다. 자기의 아들들, 야고보와 요한과 다윗처럼 그를 사랑했고, 한편 딸 넷은 예수를 오빠로 대접했다. 예수는 가끔 야고보·요한·다윗과 함께 고기를 잡으러 나갔고, 예수가 숙달된 조선공(造船工)일 뿐 아니라, 숙련된 어부인 것을 발견했다.

이 해에 계속, 예수는 달마다 야고보에게 돈을 보냈다. 10월에 마르다의 결혼에 참석하려고 나사렛으로 돌아왔고, 시몬과 유다의 쌍 결혼식을 올리기 바로 전에 돌아오기까지, 2년이 넘도록 다시 나사렛에 있지 않았다.

이 해 내내 예수는 배를 만들었고, 사람들이 어떻게 땅에서 사는가 줄곧 지켜보았다. 자주 카라반 정거장에 방문하러 가곤 하였고, 가버나움은 다마스커스로부터 남쪽으로 가는 직통 여행 길에 있었다. 가버나움은 로마의 견고한 군사 기지였고, 수비대의 지휘관은 야웨를 믿는 이방인(異邦人), "경건한 자"였는데, 유대인들은 개종한 사람들을 그렇게 부르는 것이 습관이었다. 이 장교는 부유한 로마인 가족에 속했는데, 가버나움에 아름다운 회당(會堂) 짓는 일을 자진하여 떠맡았다. 예수가 세베대와 함께 살려고 오기 얼마 전에, 이 회당은 유대인들에게 기증되었다. 예수는 이 해의 절반이 넘도록 이 새 회당에서 예배를 인도했고, 어쩌다가 예배에 참석한 카라반 사람들 가운데 더러는 그가 나사렛에서 온 목수임을 기억했다.

세금을 물 경우에, 예수는 자신이 "가버나움의 숙련 기술자"라고 등록하였다. 이 날부터 계속 땅에서 일생이 끝날 때까지, 가버나움의 거주자로 알려졌다. 결코 어떤 다른 법적 주거를 주장하지 않았다. 하지만 여러 가지 이유로, 다른 사람들이 그의 거주지를 다마스커스, 베다니, 나사렛, 그리고 알렉산드리아라고까지 처리하도록 버려 두었다.

가버나움 회당에서, 그는 도서관 서고(書庫)에서 많은 새 책을 발견했고, 한 주에 다섯 번 저녁을 열심히 공부하는 데 보냈다. 하루 저녁은 나이 든 사람들과 교제하는 데 쓰고, 하루 저녁은 젊은이들과 보냈다. 예수의 성격에는 품위 있고 영감을 주는 무엇이 있었고, 변함없이 젊은 사람들을 끌었다. 언제나 사람들이 그 앞에서 편안하게 느끼도록 해 주었다. 좋은 대인(對人) 관계를 유지하는 데 아마도 큰 비결(秘訣)은 그가 사람들이 무슨 일을 하는가 언제나 관심을 가졌고, 묻지 않으면 사람들에게 충고하는 일이 드물었다는 이 두 가지 사실에 있었다.

세베대 가족은 예수를 거의 숭배하다시피 했고, 그가 회당에 공부하러 떠나기 전, 저녁을 먹고 나서 저녁마다 진행한 질문과 답변이 있는 회의에 거르지 않고 참석했다. 젊은 이웃 사람들도 이 저녁 식사 후 회의(會議)에 참석하려고 자주 들어왔다. 이 작은 모임에서 예수는 그들이 알아들을 수 있을 만큼, 다채로운 상급 과정을 가르쳤다. 이들과 함께 아주 거리낌없이 이야기했고, 정치·사회학·과학·철학에 대해서 생각과 이상을 표현했다. 그러나 종교—사람과 하나님의 관계—에 대하여 토론할 때를 제외하고, 감히 최종의 권한을 가지고 말하지 않았다.

한 주에 한 번 예수는 집, 작업장, 호숫가의 조수(助手)들 전체와 회의를 가졌는데, 세베대가 일꾼들을 많이 거느렸기 때문이었다. 바로 이 일꾼들 사이에서 예수를 처음으로 "주"라고 일컬었다. 그들은 모두 그를 사랑했다. 그는 가버나움에서 세베대와 함께 즐겁게 일했지만, 나사렛 목수 작업장 옆에서 놀던 아이들을 그리워했다.

세베대의 아들들 가운데, 야고보는 선생이자 철학가인 예수에게 가장 흥미를 가졌다. 요한은 종교적 가르침과 의견에 가장 관심이 있었다. 다윗은 그를 기술공으로서 존경했지만, 종교적 견해와 철학적 가르침은 거의 믿지 않았다.

유다는 안식일에 예수가 회당에서 말씀하는 것을 들으려고 자주 건너왔고, 함께 이야기하려고 남곤 했다. 맏형을 보면 볼수록, 유다는 예수가 참으로 위대한 사람이라고 더욱 확신하게 되었다.

이 해에 예수는 인간 지성을 더욱 통달하는 데 크게 발전했고, 깃드는 생각 조절자와 의식하여 접촉하는 데, 새로운 높은 수준에 이르렀다.

이 해는 안정된 생활을 하던 마지막 해였다. 두 번 다시, 그는 한 곳이나 한 가지 일에 한 해를 모두 보내지 않았다. 땅에서 순례하는 날이 빨리 다가오고 있었다. 맹렬하게 활동하는 기간이 장래에 멀지 않았다. 그러나 지난날에 단순했지만 맹렬하게 활동하던 생애와 더욱 격렬하고 벅찬 대중(大衆) 봉사 사이에, 널리 여행하고 어지간히 다양한 개인 활동이 있는 몇 해가 이제 사이에 끼려고 한다. 유란시아 수여에서, 인간 이후의 신다운 단계에서, 완전하게 된 하나님이자 인간으로서 가르치고 전도(傳道)하는 생애에 들어갈 수 있기 전에, 이 땅의 사람으로서 훈련이 끝나야 했다.

2. 스물여덟 되던 해 (서기 22년)

서기 22년 3월, 예수는 세베대와 가버나움을 떠났다. 예루살렘으로 가는 경비를 치르려고 돈을 조금 요구했다. 세베대와 일하면서 돈을 조금만 인출(引出)해서, 달마다 나사렛에 있는 가족에게 보내곤 했다. 한 달은 요셉이 돈을 받으려고 가버나움으로 왔고, 다음 달에는 유다가 가버나움으로 와서, 예수로부터 돈을 받아서 나사렛으로 가지고 가곤 했다. 유다의 고기잡이 본부는 가버나움 남쪽에서 몇 킬로미터밖에 되지 않았다.

세베대의 가족을 떠났을 때, 예수는 유월절 때까지 예루살렘에 남기로 찬성했고, 모두가 그 행사(行事)에 참석하기로 약속했다. 유월절 저녁 식사를 같이 축하하도록 주선까지 하였다. 예수가 떠났을 때 모두가, 특히 세베대의 딸들이 슬퍼했다.

가버나움을 떠나기 전에, 예수는 새로 찾아낸 친구이자 가까운 동료, 요한 세베대와 긴 이야기를 나누었다. "나의 때가 올 때"까지 널리 여행할 것을 생각하고 있다고 요한에게 일러 주고, 받을 돈이 없어질 때까지 달마다 나사렛에 있는 가족에게 얼마큼 돈 보내는 일을 대신 해 달라고 부탁했다. 요한은 약속했다. "내 선생이여, 일을 돌보시고, 세상에서 당신의 일을 하소서. 이 일이나 어느 다른 일에도 당신을 위하여 행동하리이다. 내가 내 어머니를 보살피고, 형제 자매를 돌보는 것 같이 당신의 가족을 보살피리이다. 아버지가 쥐고 있는 당신의 기금(基金)을 지시한 대로, 필요한 대로, 보내겠나이다. 당신의 돈이 떨어지고 나서, 당신한테서 돈을 더 받지 않으면, 그리고 당신의 어머니가 형편이 어렵다면, 내가 번 돈을 당신 어머니와 나누리이다. 평안히 갈 길을 가소서. 이 모든 일에 나는 당신 대신에 행동하리이다."

따라서, 예수가 예루살렘을 향하여 떠난 뒤에, 요한은 아버지 세베대와 함께 예수가 받을 돈에 대하여 의논했고, 그것이 그렇게 큰 돈이어서 놀랐다. 예수가 이 문제를 송두리째 그들의 손에 맡겼기 때문에, 이 기금을 부동산에 투자해서, 그 소득을 나사렛 가족을 돕는 데 쓰는 것이 상책(上策)일 것이라 의견을 모았다. 저당잡혀 있고 팔려고 내놓은, 가버나움에 있는 한 작은 집을 세베대가 알고 있었기 때문에, 세베대는 예수의 돈으로 이 집을 사서, 친구를 위하여 집의 권리를 맡아서 가지고 있으라고 요한에게 지시했다. 요한은 아버지가 조언한 대로 했다. 2년 동안 이 집세는 저당금을 무는데 쓰였고, 이것은 예수가 가족이 필요한 대로 쓰라고 요한에게 당장 보낸 어떤 큰 금액과 합쳐서, 이 부채 금액과 거의 맞먹었다. 세베대는 그 차액을 냈고, 그래서 요한은 저당금 잔액(殘額)을 물 때가 되었을 때 물었고, 이렇게 해서 이 두 칸 방 집에 대하여 완전한 권리를 확보하였다. 이 방법으로 예수는 가버나움에서 한 집의 소유자가 되었지만, 이에 대하여 통지를 받지 않았다.

나사렛 가족이 예수가 가버나움을 떠났다는 소식을 들었을 때, 요한과 이 재정에 관하여 주선한 것을 몰랐으니까, 이제 더 예수의 도움이 없이 지내야 할 때가 왔다고 믿었다. 야고보는 예수와 한 계약을 기억했고, 동생들의 도움을 얻어서, 당장에 가족을 돌보는 총 책임을 맡았다.

그러나 거슬러 올라가서, 예루살렘에 있는 예수를 구경하자. 그는 거의 두 달 동안 시간의 절반이 넘게 성전의 토론(討論)을 듣고, 랍비들이 있는 여러 학교를 가끔 찾아보는 데 썼다. 안식일 낮의 대부분을 베다니에서 보냈다.

예수는 세베대의 부인 살로메의 편지를 예루살렘으로 가지고 갔는데, 이것은 전직(前職) 대사제 안나스에게 "내 아들과 같은 사람"이라고 그를 소개했다. 안나스는 함께 많은 시간을 보냈고, 예루살렘의 종교 선생들이 있는 여러 학원을 방문하려고 친히 그를 데리고 갔다. 예수는 이 학교들을 샅샅이 들여다보고 그들이 가르치는 방법을 조심스럽게 관찰했지만, 대중 앞에서 한 마디도 묻지 않았다. 안나스는 예수를 위대한 사람으로 여겼어도, 어떻게 조언(助言)해야 하는가 어리둥절했다. 학생으로서 예루살렘의 어느 학교에라도 들어가라 제안하는 것이 어리석음을 깨달았지만, 예수가 이 학교들에서 훈련받은 적이 없었으니까, 예수에게 결코 정규 선생의 지위가 주어지지 않을 것을 잘 알았다.

곧 유월절이 가까이 다가왔고, 온 사방에서 군중과 함께, 가버나움으로부터 세베대와 가족이 모두 예루살렘에 도착했다. 그들은 모두 안나스의 너른 집에 멈추었고, 거기서 하나의 행복한 가족으로서 유월절을 지냈다.

이 유월절 주가 끝나기 전에, 겉보기에는 우연히, 예수는 부유한 어느 여행자와 그 아들, 열 일곱쯤 된 젊은이를 만났다. 이 여행자들은 인도에서 왔는데, 로마와 지중해의 여러 다른 도시(都市)에 들리는 길이었기 때문에, 유월절 동안에 예루살렘에 도착하도록 주선하고, 그들 둘에게 통역하는 사람으로서, 그리고 아들에게 가정 교사(敎師)로서 일할 수 있는 사람을 찾기를 희망했다. 그 아버지는 예수가 함께 여행하는 데 찬성하기를 고집하였다. 예수는 가족에 대해서, 또 거의 2년 동안 떠나 있는 것이 도저히 공평하지 않고, 그 동안에 가족이 빈궁하게 될지 모른다고 말했다. 그러자 동양에서 온 이 여행자는, 예수에게 1년 동안의 임금(賃金)을 선불하겠다고, 그러면 가족이 빈궁하지 않게 보호하기 위하여 예수가 그러한 기금을 친구들에게 맡길 수 있다고 제안해 왔다. 예수는 그 여행을 하기로 찬성했다.

예수는 이 큰 돈을 세베대의 아들 요한에게 넘겼다. 너희는 요한이 가버나움 재산에 대한 저당금을 청산하는 데 이 돈을 어떻게 사용했는가 이야기를 들었다. 이 지중해(地中海) 여행에 관하여 예수는 세베대에게 완전히 속을 털어놓았지만, 아무에게도, 자신의 피와 살을 나눈 가족에게도, 말하지 말라고 요한에게 타일렀고, 세베대는 거의 2년의 긴 세월 동안에 예수가 어디 있는지 안다고 결코 밝히지 않았다. 이 여행에서 예수가 돌아오기 전에, 나사렛 가족은 그가 죽은 것으로 거의 포기하다시피 하였다. 여러 기회에 아들 요한과 나사렛까지 간 세베대가 안심시킨 말이 겨우, 마리아의 가슴 속에서 계속 희망이 살아 있게 하였다.

이 기간에 나사렛 가족은 무척 잘 어울렸다. 유다는 자기의 몫을 상당히 늘였고, 결혼할 때까지 이 여분(餘分)의 몫을 계속 냈다. 거의 도움이 필요 없는데도, 예수가 지시한대로, 달마다 마리아와 룻에게 선물을 가지고 가는 것이 요한 세베대의 관습이었다.

3. 스물 아홉 되던 해 (서기 23년)

예수가 스물 아홉 되던 해 전체가 지중해 세계의 여행을 마치는 데 쓰였다. 이 체험담을 밝히도록 우리가 허락을 받은 한, 주요한 사건들은 이 글을 바로 뒤잇는 이야기들의 주제가 된다.

로마 세계를 보는 이번 여행 동안 내내, 여러 가지 이유로, 예수는 다마스커스 서기관으로 알려졌다. 하지만 돌아오는 여행 길에 고린도와 다른 여러 정박지에서 유대인 가정 교사로 알려졌다.

이 때는 예수의 일생에서 파란 많은 기간이었다. 이 여행을 하면서 동포 인간들과 많이 접촉했지만, 이 체험은 가족 누구에게도, 사도들 중 아무에게도 결코 밝히지 않은, 일생의 한 단계였다. 이렇게 널리 여행했다는 것을 아무도 (벳세다의 세베대를 제외하고) 알지 못한 채, 예수는 육체를 입고 일생을 살다가 이 세상을 떠났다. 친구들 가운데 더러는 그가 다마스커스로 돌아갔다고 생각했고, 더러는 그가 인도로 갔다고 생각했다. 가족은 그가 알렉산드리아에 있었다고 믿고 싶어했는데, 그가 조(助)하잔이 될 목적으로 거기에 가도록 한 번 초대받은 적이 있음을 알았기 때문이다.

팔레스타인으로 돌아왔을 때, 예수는 그가 예루살렘에서 알렉산드리아로 갔다고 믿는 가족의 의견을 조금도 바꾸려 하지 않았다. 팔레스타인에서 자리를 비운 동안 내내, 그 학문과 문화의 도시에서 보냈다고 가족이 계속 믿도록 버려 두었다. 오로지 벳세다의 조선공(造船工) 세베대만 이 문제에 관하여 사실을 알았지만, 세베대는 아무에게도 말하지 않았다.

유란시아에서 예수가 사신 일생의 뜻을 해독(解讀)하려고 온갖 노력을 기울이면서, 너희는 미가엘이 자신을 수여한 동기를 염두에 두어야 한다. 이상하게 보이는 여러 행적(行蹟)의 의미를 이해하려면, 너희 세계에서 머무른 그 목적을 헤아려야 한다. 그는 지나치게 흥미를 자아내고 사람들의 눈을 끄는 개인 생애를 살지 않도록 한결같이 조심했다. 동포 인간들에게 특별하거나 압도하는 호소를 조금도 바라지 않았다. 하늘에 계신 아버지를 동료 필사자들에게 드러내는 일에 몸을 바쳤고, 동시에 바로 그 파라다이스 아버지의 뜻에 계속 지배되면서, 땅에서 필사 생애를 사는 숭고한 일에 헌신하였다.

이 신성한 수여를 연구하는 모든 필사 학자가, 유란시아에서 육신화한 이 일생을 살기는 했어도 예수가 자기 우주 전체(全體)를 위하여 살았음을 기억한다면 땅에서 사신 일생을 이해하는 데 또한 반드시 유익할 것이다. 온 네바돈 우주에 두루, 사람이 사는 모든 개별 세계를 위하여, 필사 성품을 가진 육체를 입고서 사신 일생과 관련되어 특별하고 영감(靈感)을 주는 무엇이 있었다. 유란시아에서 머물렀던 파란 많았던 시절 이후로, 사람이 살 수 있게 된 모든 세계에 관하여, 이것이 또한 참말이다. 마찬가지로, 이 지역 우주의 모든 미래 역사에서 의지(意志) 생물이 살게 될지 모르는 모든 세계에 대해서도 똑같이 참말이다.

사람의 아들은 로마 세계를 이번에 여행한 동안에, 그 체험을 통해서, 그 시대와 세대에 세상에서 살았던 다채로운 민족들과 접촉하는, 교육적인 훈련을 실지로 마쳤다. 나사렛으로 돌아올 때가 되어서, 이 여행하는 훈련의 매체를 통해서, 유란시아에서 사람이 어떻게 살고 생계를 이어가는가 거의 배웠다.

지중해 분지(盆地) 주위에서 여행한 참 목적은 사람을 알려는 것이었다. 이 여행에서 인류의 수백 명과 무척 가까워졌다. 부자(富者)와 가난한 자, 지위가 높은 자와 낮은 자, 흑인과 백인, 교육받은 자와 받지 못한 자, 교양 있는 자와 없는 자, 동물 같은 자와 영적인 자, 종교적인 자와 비종교적인 자, 도덕적인 자와 부도덕한 자, 이렇게 온갖 종류의 사람들을 만나고 사랑했다.

이 지중해 여행에서, 예수는 물질적 필사 지성을 통달하는 인간 과제에서 크게 진전을 보았고, 깃드는 조절자는 바로 이 인간 지능의 상승과 영적 정복에서 크게 발전했다. 이 여행이 끝날 때가 되어서—인간적으로 아주 확실히—예수는 그가 하나님의 아들, 우주의 아버지의 아들 창조자인 것을 실질적으로 알았다. 조절자는 그가 이 네바돈 지역 우주를 조직하고 관리하러 오기 전에, 신성한 아버지와 관련하여 파라다이스에서 가졌던 체험의 그림자 같은 기억(記憶)을 점점 더 사람의 아들의 머리 속에 불러일으킬 수 있었다. 그 조절자는 거의 영원한 과거의 여러 시기에, 예전에 신다운 존재였던 그 필요한 기억을 조금씩, 예수의 인간 의식(意識)으로 가져왔다. 조절자가 가져와야 할, 사람이 되기 전의 체험에서 마지막 에피소드는, 유란시아 육신화를 개시하려고, 의식하는 성격을 내어주기 바로 전에 작별하면서 구원자별의 이마누엘과 가졌던 회의였다. 사람이 되기 전 존재에 대한 이 마지막 기억의 그림은, 요단 강에서 요한에게서 세례 받던 바로 그 날, 예수의 의식 속에서 뚜렷해졌다.

4. 사람인 예수

구경하는 지역 우주의 하늘 지성 존재들에게는, 이 지중해 여행이 예수가 땅에서 겪은 온갖 체험에서, 적어도 전 생애에서, 십자가에 처형되고 사람으로 죽음을 겪은 사건 바로 전까지, 가장 황홀한 것이었다. 이 때는 곧 뒤따르는 대중 봉사 시대와 대조해서, 개인으로 봉사하는 매혹적인 기간이었다. 이 독특한 에피소드는 더군다나 마음을 빼앗는 것이었는데, 이 때 아직도 나사렛의 목수요, 가버나움의 조선 기술자요, 다마스커스의 서기관(書記官)이었기 때문이다. 그는 아직도 사람의 아들이었다. 아직까지 인간 지성을 완전히 통달하지 못했다. 그 조절자는 필사의 신분을 통달하고, 상당하는 부본(副本)을 만들지 못했다. 그는 아직도 사람들 가운데 있는 사람이었다.

사람의 아들의 순전히 인간다운 종교적 체험—개인의 영적 성장—은 스물 아홉되던 이 해에, 도달할 정점(頂點)에 거의 이르렀다. 영적으로 발전하는 이 체험은 생각 조절자가 도착한 순간부터, 사람의 물질 지성과 영(靈)의 지성 재산 사이에 자연스럽고 정상적인 인간 관계가 완성되고 확인되는 날까지, 한결같이 차츰 일어난 성장이었다—이 두 지성을 하나로 만드는 현상은, 이 땅에서 육신화한 사람으로서, 요단 강에서 세례 받은 날, 사람의 아들이 완벽하게, 최종으로 이룩한 체험이었다.

하늘에 계신 아버지와 공식으로 교통하는 많은 시간을 가진 듯 보이지 않았지만, 이 시절 내내, 그는 파라다이스 아버지의 깃드는 영 계심과 몸소 친교하는 점점 더 효과 있는 방법을 통달하였다. 그는 육체를 입고서 진정한 인생, 충만한 인생, 참으로 정상이고 자연스럽고 평범(平凡)한 인생을 살았다. 시간과 공간의 물질 세계들에서 인간의 삶을 사는 총 합계와 알맹이의 사실성에 해당하는 것을 피부로 겪어서 안다.

사람의 아들은 숭고한 기쁨으로부터 깊은 슬픔까지, 넓은 범위의 인간 감정을 맛보았다. 그는 기쁨이 넘치는 아이였고, 보기 드물게 좋은 유머를 가진 존재였다. 마찬가지로 "슬픈 사람이요 비애에 낯설지 않았다." 영적 의미에서, 밑바닥에서부터 꼭대기까지, 처음부터 끝까지, 필사자의 생명을 견디었다. 물질적 관점에서 볼 때, 인간의 존재에서 사회의 두 극단(極端)을 거치며 사는 체험을 피한 듯 보일지 모르지만, 인류의 온전한 체험 전부에 지적으로 온통 익숙하게 되었다.

예수는 날 때부터 죽을 때까지, 여러 영역에서 진화하고 승천하는 사람들의 생각과 느낌, 욕구와 충동을 알고 있다. 신체적·지적·영적 자아의 시초로부터 유아기, 아동기, 소년기, 성년기까지—인간의 죽음을 체험하기까지—인생을 살았다. 지적·영적으로 진보하는 기간, 사람의 보통이며 낯익은 기간들을 거쳤을 뿐 아니라, 유란시아 필사자들 가운데 거의 아무도 도달하지 못하는 국면, 인간과 조절자의 화해(和解)가 이루어지는 더 높고 진보된 국면도 또한 충분히 겪었다. 이렇게 해서, 너희 세계에서 사는 그대로일 뿐 아니라, 시간과 공간에 있는 모든 다른 진화 세계에서, 아니 빛과 생명에서 안주(安住)하는 모든 세계 중에 가장 높고 진보한 세계들에서 사는, 그러한 필사 인간의 온전한 생활을 체험했다.

필사 육체의 모습을 입고 살았던 이 완전(完全)한 인생을 동료 필사자들, 즉 땅에서 어쩌다가 같은 시대에 살게 된 자들이 조건 없이 보편적으로 받아들이지 않았지만, 육체를 입고 유란시아에서 나사렛 예수가 산 일생은, 그래도 동시에, 동일한 성격 생명 안에서, 필사 인간에게 영원한 하나님을 충분히 계시하고, 무한한 창조자가 만족하기까지 완전해진 인격을 제시한 것으로서, 우주의 아버지로부터 완벽하고 조건 없는 승인을 받았다.

이것이 참된 최고의 목표(目標)였다. 그가 살던 시대나 다른 시대에, 어느 아이나 어른, 어느 남자나 여자를 위하여 완전하고 자세한 모범으로서 유란시아에 살려고 내려오지 않았다. 정말로, 충만하고 풍부하고 아름답고 고귀한 일생에서 더할 나위 없는 모범이 되고 신성하게 영감을 주는 많은 것을 우리 모두가 발견할까 싶은 것이 참말이지만, 이것은 그가 참되고 진정하게 인간다운 삶을 살았기 때문이다. 예수는 모든 다른 인간이 모방하라고 본보기를 보여 주기 위해서 땅에서 일생을 살지 않았다. 너희 모두가 땅에서 인생을 살 수 있도록 그는 똑같은 자비를 베풂으로 육체를 입고 이 인생을 살았다. 그 시절에, 그의 신분대로 필사 생애를 산 것 같이, 그는 이로서 이 시대에 또 우리 신분대로 일생을 살도록 우리 모두를 위하여 모범이 되었다. 너희는 그의 일생을 살려는 꿈을 가져서는 안 되지만, 그가 일생을 산 것 같이, 똑같은 수단으로, 너희는 일생을 살려고 결심할 수 있다. 예수는 이 지역 우주의 모든 세상에서 온 세월에 걸쳐서, 모든 필사자에게 엄밀하고 자세한 본보기가 아닐지 모르지만, 초기의 승천 세계들로부터, 온 우주를 거쳐서, 하보나를 통하고 계속 파라다이스에 이르기까지, 모든 파라다이스 순례자에게 언제까지나 영감(**靈感**)을 주고 안내하는 분이다. 예수는 사람으로부터 하나님까지, 부분적인 것으로부터 완전한 것으로, 땅에 있는 것으로부터 하늘에 있는 것으로, 시간으로부터 영원에 이르는 새로운, 생명의 길이다.

스물 아홉 살 되던 해가 저물 때까지, 나사렛 예수는 육체를 입은 체류자로서 필사자들에게 요구되는 인생을 살기를 거의 마쳤다. 그는 사람에게 명백히 나타날 충만한 하나님으로서 땅에 오셨다. 이제 하나님에게 명백하게 나타날 기회를 기다리는 거의 완전한 사람이 되었다. 그리고 서른 살이 되기 전에 이 모두를 이루었다.

제 130 편

로마로 가는 길

로마 세계의 여행은 예수가 땅에서 사신 일생에서 스물 여덟 살 되던 해의 대부분과 스물 아홉 되던 해 전부를 써 버렸다. 예수와 인도(印度)에서 온 두 원주민—고노드와 아들 가니드—는 서기 22년 4월 26일, 일요일 아침에 예루살렘을 떠났다. 그들은 일정대로 여행했고, 예수는 페르시아 만에서 이듬해, 서기 23년, 12월 10일, 카락스 시(市)에서 그 아버지와 아들과 작별했다.

그들은 예루살렘으로부터 요파의 길을 따라 케자리아로 갔다. 케자리아에서 알렉산드리아로 향하는 배를 탔다. 알렉산드리아로부터 크레테의 라시아를 향하여 돛을 달았다. 크레테에서부터 키레네를 스쳐서, 카르타고를 향해서 항해하였다. 카르타고에서 나폴리로 가는 배를 탔고, 말타·시라큐스·메시나에서 멈추었다. 나폴리에서부터 카푸아로 갔고, 거기서부터 아피아 길을 따라서 로마로 여행하였다.

로마에서 머무른 뒤에, 육로(陸路)로 타렌툼까지 갔고, 거기서 그리스의 아테네를 향하여 돛을 달았으며, 니코폴리스와 고린도에서 멈추었다. 아테네에서부터 트로아 길을 따라서 에베소로 갔다. 에베소에서부터 키프러스로 항해했고, 가는 길에 로드에 들렀다. 키프러스에서 방문하고 쉬느라고 상당한 시간을 보냈고, 다음에 시리아의 안티옥을 향해 돛을 달았다. 안티옥에서부터 남쪽으로 시돈으로 갔고, 다음에 다마스커스로 건너갔다. 거기서부터 카라반을 이용하여 메소포타미아로 여행했으며, 탑사쿠스와 라리사를 지나쳤다. 바빌론에서 얼마 동안 지내고, 우르와 다른 곳들을 찾아보았고, 다음에 수사로 갔다. 수사에서부터 카락스로 여행했고, 그 장소로부터 고노드와 가니드는 인도를 향해서 출발했다.

다마스커스에서 넉 달 일하는 동안, 예수는 고노드와 가니드가 사용하는 언어의 기본을 깨우쳤다. 거기서 그는 그리스어를 어느 인도 언어로 번역하는 데 대부분의 시간을 보냈고, 고노드의 고향(故鄕) 지역에서 온 본토인의 도움을 받았다.

이 지중해 여행에서, 예수는 가니드를 가르치고 고노드의 사업(事業) 회의와 사교 접촉에서 통역자로 활동하면서 하루의 반을 보냈다. 날마다 나머지 시간은 자유롭게 써도 되었고, 동료 인간들과 몸소 가깝게 접촉하는 데 썼다. 이 땅의 필사자들과 가졌던 이 친밀한 관계가 대중(大衆)에게 봉사하기 바로 전에 있었던 이 시절에 그의 활동의 특징을 나타냈다.

눈으로 직접 관찰하고 실제로 접촉함으로 예수는 서양과 레반트의 상급 물질적·지적 문명을 알게 되었다. 고노드와 똑똑한 그의 아들로부터 인도·중국의 문명과 문화에 대해서 많이 배웠는데, 고노드 자신이 인도의 시민이요, 황인종의 제국을 세 번 널리 여행했기 때문이다.

젊은이 가니드는 가까이 접촉하는 이 오랜 기간에 예수로부터 많은 것을 배웠다. 그들은 서로에게 깊이 정이 들었고, 소년의 아버지는 함께 인도로 돌아가자고 여러 번 예수를 설득하려 애썼지만, 예수는 언제나 팔레스타인에 있는 가족에게 돌아가야 하는 필요성을 이유로 들어 사양하였다.

1. 요파에서—요나에 대한 강연

요파에서 머무르는 동안, 예수는 가디아를 만났는데, 이 사람은 어느 시몬이라는 무두장이를 위해서 일하는 필리스티아인 통역이었다. 메소포타미아에 있는 고노드의 대리인들은 이 시몬과 거래가 많이 있었다. 그래서 고노드와 아들은 케자리아로 가는 길에 그를 방문하고 싶어했다. 요파에서 묵는 동안, 예수와 가디아는 따듯한 친구가 되었다. 이 젊은 필리스티아인은 진리(眞理)를 찾는 사람이었다. 예수는 진리를 주는 사람이었고, 유란시아에서 그 세대에게 진리였다. 위대한 진리 탐구자와 위대한 진리 수여자가 만날 때, 그 결과로 새 진리를 체험함으로부터 사람을 해방하는 큰 깨우침이 생겨난다.

어느 날 저녁을 먹고 난 뒤에, 예수와 젊은 필리스티아인은 바닷가를 걸었는데, 가디아는 이 "다마스커스 서기관"이 히브리 전통에 무척 조예(造詣)가 깊은 줄 모르고, 예수에게 요나가 타르쉬시까지 불운의 항해를 떠났다고 소문난 부두(埠頭)를 손가락으로 가리켰다. 논평을 마치고 나서, 예수에게 이렇게 물었다. "그러나 당신은 큰 물고기가 정말로 요나를 삼켰다고 생각하시나이까?" 예수는 이 젊은이의 생애가 이 전통에 엄청나게 영향을 받았고, 그것을 깊이 생각해 본 결과로 의무를 회피하려고 애쓰는 어리석음을 통감(痛感)했다는 것을 파악했다. 따라서 예수는 실용적으로 살려 하는 가디아가 현재 가진 동기의 기초를 갑자기 무너뜨릴 만한 것은 한 마디도 하지 않았다. 이 물음에 대한 대답으로 예수는 말했다. "친구여, 우리는 모두 하나님의 뜻에 따라서 인생을 살아야 할 요나이라. 멀리서 유혹하는 것들이 있는 곳으로 달아남으로 생활의 현재 의무를 피하려고 할 때 항상, 그렇게 함으로써 진리의 힘과 올바름의 세력이 지휘하지 않는 영향이 직접 통제하는 곳으로 우리를 밀어 넣느니라. 의무(義務)를 회피하는 것은 진리를 희생하는 것이라. 빛과 생명의 봉사를 회피하는 것은, 오로지 다루기 힘든 고래 같은 이기심과 괴로운 갈등이 생기게 할 수 있느니라. 하나님을 저버리는 그런 요나들이, 절망의 아주 깊은 곳에 있을 때에도, 하나님과 그의 선하심을 찾으려고 마음을 돌이키지 않으면, 궁극에는 이 이기심이 어두움과 죽음으로 이끄느니라. 그러한 낙심한 혼들이 진지하게 하나님을 찾을 때—진리를 갈망하고 올바름을 목마르게 찾을 때—아무 것도 저희를 계속 포로로 붙잡아 둘 수 없느니라. 아무리 깊이 저희가 빠졌을지라도, 마음을 다하여 저희가 빛을 구하면, 하늘에 계신 주 하나님의 영이 포로 생활로부터 저희를 구제하리라. 생활의 나쁜 형편은 새롭게 된 봉사와 더 지혜롭게 살 새 기회가 있는 마른 땅으로 저희를 뱉어내리라."

가디아는 예수의 가르침에 힘차게 마음이 움직였다. 그들은 바닷가에서 밤늦게 이야기했고, 숙박소로 가기 전에, 함께 서로를 위하여 기도했다. 이 사람은 나중에 베드로의 설교를 듣고서, 나사렛 예수를 깊이 믿었고, 도르가의 집에서 어느 날 저녁에 베드로와 잊을 수 없는 논쟁을 했던, 바로 그 가디아였다. 가디아는 부유한 가죽 상인(商人) 시몬이 그리스도교를 받아들이려고 마지막으로 결심한 것과 많은 상관이 있었다.

(이 지중해 여행에서 예수가 동료 필사자들과 함께 개인적으로 하신 일에 관한 이 이야기에서, 받은 허락에 따라서, 이 발표 당시에 유란시아에서 쓰이는 현대의 표현으로 우리는 그의 말씀을 자유롭게 번역할 것이다.)

예수가 가디아와 마지막으로 가졌던 담화는 선과 악에 대한 토론이었다. 이 젊은 필리스티아인은 세상에 선과 악이 나란히 존재하기 때문에 부당하다는 느낌으로 마음이 많이 산란하였고, 이렇게 말했다. "하나님이 무한히 선하시면, 어찌하여 우리가 악의 슬픔을 당하도록 버려 둘 수 있나이까, 결국 누가 악을 창조하나이까?" 그 시절에는 아직도 많은 사람이 하나님이 선과 악을 다 창조한다고 믿었다. 그러나 예수는 결코 그런 잘못을 가르치지 않았다. 이 물음에 대답하여 예수는 말했다. "아우여, 하나님은 사랑이라. 그런즉 선하심이 틀림없도다. 그의 선하심이 너무나 크고 현실이기 때문에, 작고 비현실적인 악한 것들을 품을 수 없느니라. 하나님은 아주 분명히 선하시므로, 부정적인 악이 절대로 그분 속에 들어설 자리가 없느니라. 선에 저항하고 아름다움을 물리치고 진리에 불충한 자들이, 미숙하게 선택하고 생각 없이 발을 헛디디는 것이 악이라. 악(惡)은 다만 미숙하게 적응하지 못하는 것, 또는 무지가 낳는 뒤집고 왜곡하는 영향이라. 악은 현명하지 못하게 빛을 물리치는 발꿈치를 따르는 불가피한 어두움이라. 악은 어둡고 참이 아닌 어떤 것이요, 알면서 품에 안고 의지(意志)하여 지지했을 때, 그 악이 죄가 되느니라.

"하늘에 계신 아버지는 진리와 잘못 사이에 선택하는 힘을 너에게 부여하심으로, 빛과 생명의 긍정적 길에서 부정(不正)의 잠재성을 창조하셨느니라. 그러나 총명한 생물이 생명의 길을 잘못 택하여 그러한 악한 잘못의 존재를 의지할 때까지, 잘못은 정말로 존재하지 않느니라. 그러한 악은 나중에 그러한 고의적이고 반항하는 생물이 알면서 계획하여 선택함으로 죄로 올라가느니라. 이것이, 수확할 때까지 자연이 밀과 독보리가 나란히 자라도록 버려 두는 것 같이, 생명이 끝날 때까지 하늘에 계신 우리 아버지가 선과 악이 함께 가도록 버려 두는 까닭이라." 그들이 나중에 가진 토론이 머리 속에서 이 중대한 말씀의 참 의미를 뚜렷하게 설명해 준 뒤에, 가디아는 그의 질문에 대한 예수의 대답에 충분히 만족해 하였다.

2. 케자리아에서

그들이 타려고 생각했던 배에 방향을 잡는 거대한 노 하나가 갈라질 위험이 있는 것이 발견되었기 때문에, 예수와 그의 친구들은 기대했던 시간을 지나서 케자리아에 머물렀다. 선장(船長)은 새 노가 만들어지고 있는 동안, 항구에서 남아 있기로 결정했다. 이 일에 숙련된 나무 세공인(細工人)들이 부족했고, 그래서 예수는 돕겠다고 자청하였다. 저녁에 예수와 친구들은 항구 둘레에서 산책하는 길로 쓰이는 아름다운 담 위에서 걸었다. 도시의 수도(水道) 체계, 도시의 길거리와 하수도를 씻어내는 데 파도를 이용하는 기법을 예수가 설명하는 것을 가니드는 크게 좋아했다. 인도에서 온 이 젊은이는 아우구스투스의 성전에 크게 감명을 받았는데, 이것은 고지에 자리를 잡았고, 그 위에는 로마 황제의 거대한 조각(彫刻)이 세워져 있었다. 그들이 묵던 둘째 날 오후에, 세 사람은 2만 명을 앉힐 수 있는 거대한 원형(圓形) 극장에서 벌어지는 공연에 참석했고, 그 날 밤 극장으로 그리스 연극을 보러 갔다. 이것은 가니드가 일찍이 구경한 바 이런 종류의 첫 전시였고, 그는 예수에게 그 연극에 대하여 많이 물었다. 셋째 날 아침에, 총독의 궁전을 공식으로 방문했는데, 케자리아는 팔레스타인의 서울이었고, 로마의 행정 장관의 거처였기 때문이다.

여인숙에는 몽골리아에서 온 한 상인이 또한 묵고 있었다. 극동에서 온 이 사람이 그리스어를 썩 잘 했기 때문에, 예수는 몇 차례나 긴 이야기를 나누었다. 이 사람은 예수의 생활 철학에 많이 감명을 받았고, "하늘에 계신 아버지의 뜻에 날마다 복종하는 수단으로, 땅에 있는 동안 하늘의 삶을 사는 것"에 관한 지혜로운 말씀을 결코 잊지 않았다. 이 상인은 도교(道敎) 신자였는데, 이 가르침 때문에 우주의 신이 있다는 교리를 굳게 믿는 사람이 되었다. 몽골리아로 돌아갔을 때, 이 상급 진리를 이웃과 사업 친구들에게 가르치기 시작했고, 그러한 활동이 낳은 직접 결과로서, 맏아들은 도교의 사제가 되기로 결심했다. 이 젊은이는 일생을 통해서, 상급의 진리를 위하여 큰 영향력을 미쳤고, 그의 아들과 손자는 그를 이어받아, 마찬가지로 하나의 신—하늘의 최고 통치자—의 교리에 뜨겁게 충성하였다.

초대 그리스도교 교회의 동부 지파는 필라델피아에 본부가 있었기 때문에, 예루살렘 형제들보다 예수의 가르침을 더 충실하게 지켰다. 한편, 베드로와 같은 사람이 아무도 중국(中國)에 가거나, 바울과 같은 사람이 아무도 인도(印度)에 들어가지 않았다는 것은 유감이었다. 거기에는 그 때 하늘나라의 새 복음의 씨를 심기에 영적 토양이 아주 유리했다. 필라델피아 사람들이 지니고 있었던 바와 같이, 바로 이 예수의 가르침은, 베드로와 바울의 설교가 서양(西洋)에서 했던 것처럼, 영적으로 갈급한 아시아 민족들의 지성에 바로, 즉시, 효과 있게 호소했을 것이다.

어느 날 방향 젓는 노에서 예수와 같이 일하던 젊은이들 가운데 하나가, 조선소에서 수고하는 동안 예수가 시간마다 들려 준 말씀에 무척 관심을 갖게 되었다. 하늘에 계신 아버지가 땅에 있는 아이들의 복지에 관심을 가진다고 예수가 넌지시 비쳤을 때, 이 젊은 그리스인 아낙산드는 말했다. "만약에 하나님들이 내게 관심을 가지고 있다면, 어째서 이 작업장에 있는 모질고 부당한 반장(班長)을 없애 버리지 않나이까?" 그는 예수의 대답에 놀랐다. "네가 친절의 길을 알고 정의(正義)를 존중하니까, 잘못하는 이 사람을 더 좋은 이 길로 이끌도록 아마도 하나님들이 가까이 데리고 오신 듯하구나. 아마 너는 이 형제를 모든 다른 사람에게 더 싹싹하게 만들 소금인가 하니라. 다시 말해서, 네가 맛을 잃지 않았다면 그렇도다. 현재 상태로, 그의 악한 길이 너에게 불리하게 영향을 미치므로, 그는 네 주인이라. 선의 힘을 입어 악을 다스리기를 주장하고, 그래서 너희 두 사람 사이의 모든 관계에서 주인이 되는 것이 어떻겠느냐? 네가 이 일에 공평하고 자연스러운 기회를 준다면, 내가 예측하건대, 네 안에 있는 선이 그 사람 안에 있는 악을 이길 수 있느니라. 필사자로 살아가는 과정에서, 잘못과 악을 이기는 투쟁에서, 영적 에너지와 신성한 진리로 물질 생활의 파트너가 되는 흥분을 즐기는 것보다 더 황홀한 모험이 없느니라. 영적 어둠 속에 앉아 있는 사람에게 영적 빛의 길, 생명(生命)의 길이 되는 것은 놀랍고도 변화를 일으키는 체험이라. 네가 이 사람보다 진리를 더 축복받았으면, 그의 곤궁이 너에게 도전해야 하느니라. 분명컨대 너는 바닷가에서 기다리면서 헤엄칠 수 없는 동료 인간이 죽는 것을 구경할 겁쟁이는 아니라! 물 속에 빠져 죽는 몸과 비교해서, 어둠 속에서 발버둥치는 이 사람의 혼은 얼마나 더 가치 있느냐!"

아낙산드는 예수의 말씀에 힘차게 마음이 움직였다. 당장에 그는 예수가 무슨 말씀을 했는가 상관에게 이야기했고, 그 날 밤, 둘이 혼의 행복에 관하여 예수의 조언을 구하였다. 나중에, 그리스도교의 소식이 케자리아에 선포된 뒤에, 이 두 사람은, 하나는 그리스인이요 다른 하나는 로마인이었는데, 빌립이 전파한 것을 믿었고, 그가 세운 교회에서 뛰어난 신자들이 되었다. 나중에 이 젊은 그리스인은 로마인 백부장 코넬리우스의 집사로 임명되었고, 코넬리우스는 베드로의 봉사를 통해서 신자가 되었다. 바울이 케자리아에서 감옥에 갇히는 그 날까지, 아낙산드는 어둠 속에 앉아 있는 자들에게 계속 빛을 비쳐 주었고, 그 때 고통받고 죽어 가는 자들을 돌보는 동안, 아낙산드는 2만 유대인의 대학살이 있을 때 사고로 죽었다.

가니드는 이 무렵에 가정 교사가 동료 인간들에게 이렇게 특별히 친히 봉사하는 데 여가를 어떻게 쓰는가 비로소 알게 되었고, 이 젊은 인도인은 그침 없이 이렇게 활동하는 동기가 무엇인가 찾아내기로 결심하고, 물었다. "어째서 당신은 이 낯선 사람들과 그렇게 계속 이야기하는 데 몰두하시나이까?" 예수는 대답했다. "가니드야, 하나님을 아는 사람에게는 아무도 낯선 자가 아니라. 하늘에 계신 아버지를 찾아내는 체험에서, 너는 모든 사람이 형제임을 발견하느니라. 새로 발견한 형제를 만나는 유쾌함을 즐거워하는 것이 이상하게 보이느냐? 사람의 형제·자매와 알게 되고, 저희의 문제를 알고, 저희를 사랑하기를 배우는 것이 인생에서 최고의 체험이라."

이것은 밤늦게 이어진 회담이었고, 이 과정에서 젊은이는 하나님의 뜻과, 또한 의지라고 부르는, 인간 지성의 선택하는 행위, 이 둘의 차이점을 일러 달라고 예수에게 부탁했다. 예수는 다음의 내용으로 말했다: 하나님의 뜻은 하나님의 길이요, 어떤 잠재하는 대안(代案)에 부닥쳐서도, 하나님의 선택과 협동하는 자가 되는 것이다. 따라서 하나님의 뜻을 행하는 것은, 더욱 하나님처럼 되는 진취적 체험이요, 하나님은 선하고 아름답고 참된 모든 것의 근원이요 운명이다. 사람의 뜻은 사람의 길이며, 필사자가 무엇이 되고 무엇을 행하려고 하는 그 목표의 총합이요 알맹이이다. 의지(意志)는 스스로 의식하는 존재가 알면서 선택하는 것이요, 총명한 반성에 근거를 두고, 결정과 행위로 이끈다.

그 날 오후에, 예수와 가니드는 아주 영리한 양 치는 개와 즐겁게 놀았는데, 가니드는 개가 혼(魂)이 있는지, 개가 의지를 가졌는지, 알고 싶어했고, 그 물음에 응답하여, 예수는 말했다. "개는 물질 인간, 주인을 알 수 있는 머리가 있으나, 영이신 하나님을 알 수 없느니라. 그러므로 개는 영적 성품을 소유하지 않고, 영적 체험을 누릴 수 없느니라. 성품으로부터 유래하고 훈련으로 커진 의지를 개가 가졌을까 싶지만, 그러한 지성의 힘은 영적 세력이 아니요, 돌이켜보지 않는 한, 인간의 의지와 비교할 수도 없느니라—그것은 상급의 도덕적 의미를 구별하거나, 영적이며 영원한 가치를 선택함으로 생기는 결과가 아니라. 영적으로 분별하고 진리를 택하는 그러한 능력의 소유가 필사 인간을 도덕적 존재, 즉 영적 책임의 속성과 영원히 살아남는 잠재성(潛在性)을 부여받은 생물로 만드느니라." 예수는 이어서, 동물 세계가 시간이 되어 언어를 개발하거나, 영원 속에서 성격이 살아남는 것에 해당하는 무엇이라도 체험하기를 영원히 불가능하게 만드는 것은 동물에 그러한 정신 능력이 없기 때문이라고 설명했다. 이 날 가르침을 받은 결과로서, 가니드는 사람의 혼이 동물의 몸 속으로 건너간다는 관념에 다시는 거들떠보지 않았다.

다음 날 가니드는 이 모두를 아버지와 함께 이야기했고, 고노드의 물음에 대답하여 예수는 설명했다. "동물로 존재하는 물질적 문제들과 상관 있는 현세의 결정을 내리는 데 완전히 몰두한 인간 의지는, 때가 되면 멸망할 운명을 가졌소. 진심으로 도덕적인 결정을 내리고 영적인 것을 무조건 선택하는 자들은, 이처럼 깃드는 신다운 영과 점진적으로 동일시하고, 이로서 영원히 살아남는 가치로 점점 더 변하는 것이오—신성한 봉사로 끝없이 진보하는 것이오."

바로 이 날 우리는 그 중대한 진리를 처음으로 들었는데, 현대의 말투로 말한다면, 다음을 의미할 것이다: "의지는 주관적 의식으로 하여금 그 자체를 객관적으로 표현하고 하나님처럼 되기를 열망하는 현상을 체험하게 만드는 인간의 지성이 명백히 나타나는 것이다." 바로 이 의미에서, 돌이켜보고 영적인 생각을 가진 모든 인간이 창조성을 가지게 될 수 있다.

3. 알렉산드리아에서

케자리아 방문에서는 파란이 많았고, 배가 준비되었을 때, 예수와 두 친구는 어느 날 한낮에 에집트의 알렉산드리아를 향하여 떠났다.

세 사람은 알렉산드리아까지 아주 유쾌한 여행을 즐겼다. 가니드는 그 항해를 기뻐했고, 예수는 질문에 대답하느라고 바빴다. 그 도시의 항구에 다가가자, 젊은이는 파로스의 큰 등대를 보고 기쁨에 떨었다. 이 등대는 알렉산더가 터널 굴착기로 육지까지 연결했던 섬에 자리잡고 있는데, 알렉산더는 이렇게 훌륭한 두 항구를 지었고, 이로서 알렉산드리아를 아프리카·아시아·유럽의 해상(海上) 무역의 십자로로 만들었다. 이 큰 등대는 세계의 7대 경이(驚異)의 하나였고, 그 뒤의 모든 등대의 효시(嚆矢)가 되었다. 이들은 사람이 만든 이 눈부신 생명 구조 장치를 구경하려고 아침 일찍 일어났다. 가니드가 탄성을 지르는 가운데, 예수는 말했다: "자, 아이야, 인도로 돌아갈 때, 아니 아버지가 돌아가신 뒤에도, 너는 이 등대처럼 되리라. 어둠 속에서 주위에 앉아 있는 자들에게 생명의 빛처럼 되리니, 그렇게 바라는 모든 사람에게 안전히 구원의 항구로 이르는 길을 보여 주리라." 예수의 손을 꽉 잡으면서, 가니드는 말했다, "그렇게 하겠나이다."

그리스도교의 초기 선생들이 아주 순전히 로마 세계의 서양 문명에만 눈을 돌렸을 때, 큰 잘못을 저질렀다는 것을 우리는 다시 지적한다. 예수의 가르침은, 1세기에 메소포타미아의 신자들이 간주한 바와 같이, 여러 집단의 아시아 종교가들이 쉽사리 받아들였을 것이다.

상륙한 지 세 시간이 지나서, 그들은 길고도 넓은 시가의 동쪽 끝 가까이에 정착했는데, 이 거리는 넓이가 30미터요 길이가 8킬로미터였으며, 1백만 인구를 가진 이 도시의 서쪽 경계까지 뻗어 있었다. 그 도시의 주요한 인기물—대학 (박물관), 도서관, 알렉산더의 왕립 대무덤, 궁전, 넵튠 신전, 극장, 체육관—을 처음 살펴본 뒤에, 고노드는 사업을 돌보았고, 한편 예수와 가니드는 도서관으로 갔는데, 이것은 세상에서 가장 컸다. 여기에 모든 문명화된 세계, 그리스·로마·팔레스타인·파샤·인도·중국, 그리고 일본(日本)으로부터도, 거의 1백만의 원고가 수집되어 있었다. 이 도서관에서 가니드는 온 세계에서 인도 문학의 가장 큰 수집을 보았다. 알렉산드리아에서 머무르는 동안 내내, 그들은 날마다 여기서 얼마큼 시간을 보냈다. 예수는 이 장소에서 히브리 성서(聖書)가 그리스어로 번역된 것에 관하여 가니드에게 일러 주었다. 세계의 모든 종교에 관해서 이야기를 거듭했고, 예수는 각 종교에 담긴 진리를 이 젊은 지성에게 지적하려고 애쓰면서, 늘 덧붙여 말했다. "그러나 야웨는 멜기세덱의 계시와 아브라함의 약속(約束)으로부터 발전된 하나님이라. 유대인들은 아브라함의 자손이요, 멜기세덱이 살고 가르치던 바로 그 땅을 나중에 차지했고, 거기서부터 멜기세덱은 온 세계에 선생들을 보냈느니라. 다른 어느 세계 종교보다, 저희의 종교는 궁극에 이스라엘의 주 하나님을 하늘에 계신 우주의 아버지로서 더 뚜렷이 인식했음을 보여 주었느니라."

예수의 지도를 받으며 가니드는, 비록 하위의 신들을 다소 인정하더라도 우주의 신을 인정하는, 세상의 모든 종교의 가르침을 수집하였다. 많은 토론이 있은 뒤에 예수와 가니드는 로마인들이 종교 안에 참된 하나님을 가지지 않았다고, 그 종교는 도저히 황제 숭배를 넘지 않는다고 결정했다. 그리스인들은 철학은 가졌어도, 성격을 가진 하나님이 있는 종교가 도저히 있다 할 수 없다고 결론을 내렸다. 신비 종파들은 버렸는데, 중복되는 혼란 때문이었고, 그 다양한 신 개념들이 다른 더 오래된 종교들로부터 유래하는 듯했기 때문이다.

이 여러 번역이 알렉산드리아에서 만들어졌지만, 로마에서 체류가 끝날 때가 가까워서야, 가니드는 선택한 것들을 마침내 정리하고 자신의 개인적 결론을 덧붙였다. 세계의 신성한 문헌의 가장 훌륭한 저자(著者)들이 모두 영원한 하나님이 존재한다는 것을 얼마큼 뚜렷이 인정했고, 하나님의 특성 및 필사 인간과 가지는 관계에 대하여 상당히 일치하는 것을 발견하고 가니드는 많이 놀랐다.

예수와 가니드는 알렉산드리아에서 머무르는 동안에 박물관에서 많은 시간을 보냈다. 이 박물관은 보기 드문 물건들의 수집이 아니라, 오히려 미술·과학·문학의 대학(大學)이었다. 학식 있는 교수들이 여기서 날마다 강의했고, 그 시절에 여기는 서양 세계의 지적 중심이었다. 하루하루 예수는 여러 강의를 가니드에게 통역해 주었다. 둘째 주의 어느 날, 젊은이는 소리를 질렀다. "요수아 선생이여, 당신은 이 교수(教授)들보다 더 아시나이다. 당신은 일어서서, 내게 말해 준 큰 일을 저희에게 일러 주어야 하나이다. 생각을 너무 많이 해서 저희는 안개에 쌓여 있나이다. 아버지께 말씀드려 그렇게 주선하도록 하리이다." 예수는 빙그레 웃으면서 말했다. "너는 선생을 칭찬하는 생도로구나. 하지만 이 선생들은 너와 내가 저희를 가르쳐야 한다고 생각지 않느니라. 영적으로 변화되지 않은 배움에서 생기는 자만(自慢)은 인간의 체험에서 믿을 수 없는 것이라. 참된 선생은 늘 배우는 자로 남아 있음으로 지적 성실성을 유지하느니라."

알렉산드리아는 서양의 뒤섞인 문화를 가진 도시였고, 로마 다음으로 세계에서 제일 크고 웅장했다. 여기에 세계에서 제일 큰 유대인 회당이 자리를 잡았는데, 알렉산드리아 산헤드린, 즉 다스리는 70 장로의 행정부였다.

고노드가 사업에서 거래하는 숱한 사람 가운데 어떤 유대인 은행가 알렉산더가 있었는데, 그의 형제 필로는 당시에 이름난 종교 철학가였다. 필로는, 칭찬할 만하지만 지나치게 어려운 일, 그리스 철학과 히브리 신학(神學)을 조화시키는 일에 종사하고 있었다. 가니드와 예수는 필로의 가르침에 대하여 많이 이야기하였고, 그의 강의를 더러 참석하기를 기대했지만 알렉산드리아에서 머무르는 동안 내내, 헬라화된 이 이름난 유대인은 아파서 드러누워 있었다.

예수는 가니드에게 그리스의 철학과 금욕주의 학파(學派)의 많은 것을 칭찬하였다. 그러나 자신의 민족에서 어떤 사람들의 분명치 않은 가르침처럼, 사람이 하나님을 발견하고 영원자를 아는 가운데 생생한 체험을 즐기도록 이끈다는 의미에서만, 이 신앙 체계들이 종교라는 진실을 젊은이에게 인식시켰다.

4. 실체에 대한 강론

알렉산드리아를 떠나기 전날 밤, 가니드와 예수는 플라톤의 가르침에 관하여 대학에서 강의하던, 정부(政府) 교수들 가운데 한 사람과 오랜 이야기를 나누었다. 예수는 학식 있는 그리스인 선생을 위하여 통역해 주었지만, 그리스 철학을 반박하느라고 자신의 가르침을 주입하지 않았다. 고노드는 그 날 저녁에 볼일이 있어 떠나 있었다. 그래서 그 교수가 떠난 뒤에, 선생과 생도는 플라톤의 신조에 관하여, 오랫동안 가슴을 털어놓는 이야기를 나누었다. 세상의 물질인 것들은 눈에 보이지 않아도 더 실질적인 영적 실체들의 그림자 같은 반영(反映)이라는 이론과 상관 있는 그리스인의 어떤 가르침을 조건을 달아서 인정하였지만, 젊은이가 생각하도록 더 믿을 만한 기초를 놓으려고 애썼다. 그래서 우주에 있는 실체(實體)의 성질에 관하여 긴 논설을 시작하였다. 내용으로 보아서, 현대의 표현법을 빌리면, 예수는 가니드에게 이렇게 말했다:

우주 실체의 근원은 무한자이다. 유한한 창조에서 물질적 사물은 파라다이스 원형(原形), 영원한 하나님의 우주 지성, 이 두 가지가 시간과 공간에서 일으키는 반향이다. 물리적 세계에서 원인, 지적 세계에서 자의식, 영 세계에서 진보하는 자아는—우주의 규모로 투영되고, 영원한 관계를 가진 가운데 통합되고, 완전한 품질과 신다운 가치를 겪은 이 실체들은—최상위의 실체를 구성한다. 그러나 늘 변하는 우주에서 원인, 지능, 영 체험인 최초의 성격자는 변함이 없고 절대적이다. 절대자들, 그리고 절대적인 물리적 상태, 지적 인정(認定), 또는 영적 신분에 이른 것을 제쳐 놓고, 만물은 한없는 가치와 신성한 품질을 지닌 영원한 우주에서도 변할 수 있으며, 가끔 변하기도 한다.

유한한 생물이 진보할 수 있는 가장 높은 수준은 우주의 아버지를 인식하는 것이요, 최상위를 아는 것이다. 그 때에도 최종 운명을 가진 그런 존재들은 물리적 세계의 운동 속에서, 그 물질 현상 속에서, 줄곧 변화를 겪는다. 마찬가지로, 그들은 영적 우주를 계속 올라가면서 자아가 진보함을 알고 있으며, 지적 우주에 대하여 이해가 깊어지는 가운데, 그에 반응하여, 성장하는 의식을 계속해서 알고 있다. 오로지 의지(意志)의 완전·조화·일치 속에서, 피조물은 창조자와 하나가 될 수 있다. 피조물이 오로지 유한한 개인 의지를 창조자의 신성한 뜻에 한결같이 맞추어서 시간과 영원 속에서 계속 살아감으로, 그러한 신성(神性)의 상태에 도달하고 그를 유지한다. 아버지의 뜻을 행하려는 욕구가 하늘 가는 하나님 아들의 혼 속에서 언제나 가장 높아야 하며, 그 지성을 지배해야 한다.

눈이 하나인 사람은 결코 원근(遠近)의 깊이를 선하게 보기를 희망할 수 없다. 한 눈으로 보는 물질 과학자나, 한 눈으로 보는 영적 신비주의자와 우화(寓話) 작가들은 우주 실체의 참 깊이를 정확하게, 눈에 선하게 보고 적절히 이해할 수 없다. 생물의 체험에서 모든 참다운 가치는 인식의 깊은 곳에 감추어져 있다.

지성이 없는 원인은, 투박하고 간단한 것으로부터 세련되고 복잡한 것을 진화시킬 수 없고, 영이 없는 체험은 시간 속에 사는 필사자들의 물질 지성으로부터 영원히 살아남는 신다운 인품(人品)을 진화시킬 수 없다. 무한한 신의 특징을 순전히 나타내는, 우주의 한 가지 속성은 점진적으로 신에 도달하여 살아남을 수 있는 성격을 이처럼 끝없이 창조적으로 수여하는 것이다.

성격(性格)은 우주 재산이요, 우주 실체의 한 단계이니, 이것은 한없는 변화와 공존할 수 있고 동시에 모든 그러한 변화가 있는 바로 그 와중(渦中)에서, 그 뒤에 언제까지나, 신분을 지닌다.

생명(生命)은 우주 상황에서 생기는 요구와 가능성에 최초의 우주 원인이 적응하는 것이며, 우주 지성의 행위로 말미암아, 영이신 하나님의 영(靈) 불꽃을 당김으로써 생명이 존재하게 된다. 생명의 의미는 그 적응 능력에 있고, 생명의 가치는—하나님을 의식하는 높이까지도 이르는—그 진보 능력에 있다.

자의식(自意識)을 가진 생명이 우주에 잘못 적응하면 우주의 불화(不和)를 일으킨다. 우주의 경향으로부터 성격 의지가 마침내 벗어나는 것은 지적 고립, 성격의 분리로 끝난다. 깃드는 영 안내자를 잃어버리면 존재가 영적으로 중지되는 일이 따른다. 그러면 총명하고 진보하는 생명은, 그 자체로서 저절로, 신성한 창조자의 뜻을 표현하는 우주, 목적 있는 우주가 존재한다는 논쟁의 여지가 없는 증명이다. 이 생명은, 전체로서, 더 높은 가치를 향하여 투쟁하며, 그 마지막 목표는 우주의 아버지이다.

지능의 상급 보살핌, 준(準)영적 보살핌을 제쳐 놓고, 사람은 기껏해야 정도 면에서 동물 수준을 넘는 지성을 소유한다. 따라서 (예배하는 정신과 지혜가 없는) 동물은 상의식(上意識), 가장 높은 의식을 체험할 수 없다. 동물의 지성은 기껏해야 객관적 우주를 의식한다.

지식은 물질적 지성, 즉 사실을 분별하는 지성의 분야이다. 진리는 하나님을 아는 것을 의식하는, 영적으로 부여된 지능의 영토이다. 지식은 보여 줄 수 있는 것이요, 진리는 체험하는 것이다. 지식은 지성의 소유물이요, 진리는 혼, 진보하는 자아의 체험이다. 지식은 비영(非靈) 수준의 작용이며, 진리는 우주들의 지성 영수준의 한 단계이다. 물질 지성의 눈은 사실적 지식의 세계를 파악하지만, 영적으로 변화된 지능의 눈은 참다운 가치가 있는 세계를 헤아린다. 이 두 견해는, 동시화되고 조화되어서, 실체의 세계를 드러내며, 그 안에서 지혜는 우주의 현상을 진보하는 개인 체험을 통해서 풀이한다.

잘못(악)은 불완전에 대한 벌이다. 불완전한 질이나 잘못 적응하는 사실은 물질 수준에서 비평적 관찰과 과학적 분석에 따라서, 도덕 수준에서는 인간의 체험에 따라서, 드러난다. 악이 존재함은 지성이 정확하지 않고 진화하는 자아가 미숙하다는 증명이다. 따라서, 악은 또한 우주 해석이 불완전함을 재는 척도이다. 잘못할 가능성은 지혜를 얻는 과정에서, 즉 부분적이며 현세적인 것으로부터 온전하고 영원한 것으로, 상대적이며 불완전한 것으로부터 최종이며 완전한 것으로, 나아가는 계획에 본래부터 생긴다. 잘못은 사람이 파라다이스의 완전함까지 올라가는 우주의 길에서 반드시 마주쳐야 하는 상대적 불완전의 그림자이다. 잘못(악)은 실제로 우주의 품질은 아니다. 단지 불완전한 유한자(有限者)의 불완전성이 최상위 및 궁극위의 올라가는 수준과 가지는 관계에서 상대성이 관찰되는 것이다.

예수가 비록 이 모두를 가니드가 알아듣기에 가장 적당한 말로 소년에게 이야기했지만, 이야기 끝에 가니드는 눈꺼풀이 무거워졌고, 곧 잠에 빠졌다. 이튿날 아침 크레테 섬의 라시아를 향하는 배를 타려고 일찍 일어났다. 그러나 출발하기 전에, 소년은 악에 대하여 아직도 질문이 더 있었고, 이에 대하여 예수는 대답했다:

악은 상대성 개념이다. 사물과 존재들로 이루어진 유한한 우주가 무한한 하나의 영원한 실체들이 우주에 표현하는 생명의 빛을 가림에 따라서, 그러한 우주가 던지는 그림자에서 나타나는 결점을 관찰함으로부터 악이 생겨난다.

잠재 악은 무한과 영원이 시간과 공간에 제한되어 표현된 것으로서, 하나님의 계시(啓示)의 필요한 불완전성에 본래부터 있다. 완벽한 것이 있는 가운데 부분적인 것이 있다는 사실은 실체의 상대성이며, 총명하게 선택할 필요를 만들어 내고, 영이 인식하고 반응하는 여러 가치 수준을 세운다. 현세의 제한된 피조물 지성이 지니는 개념, 무한한 자에 대한 불완전하고 유한한 개념은 그 자체로서 저절로 잠재 악이다. 하지만 최초에 본래부터 있던 이 지적 부조화(不調和)와 영적 부족함을 이치에 맞게 영적으로 수정하면서 정당화되지 않은 결함을 확대하는 잘못은 실제 악을 실현하는 것에 해당한다.

정적(靜的)인 죽은 개념은 다 잠재 악이다. 상대적이고 살아 있는 진리의 유한한 그림자는 계속 움직인다. 정적 개념은 변함없이 과학·정치·사회·종교를 늦추게 한다. 정적 개념은 어떤 지식을 대표할지 모르지만, 지혜가 모자라고 진리가 결여되어 있다. 그러나 우주 지성의 인도 밑에서 우주가 조정되고, 최상위의 영과 에너지로 말미암아 우주가 안정되게 통제되는 것을 깨닫지 못할 정도로 상대성의 개념이 너를 잘못 인도하지 못하게 하라.

5. 크레테 섬에서

그 여행자들은 크레테에 가는 목적이 꼭 하나 있었는데, 놀고, 섬에서 주위를 걸어 다니고, 산에 올라가는 것이었다. 그 시절의 크레테인들은 둘러싼 민족들 사이에서 부러워할 만한 명성을 누리지 않았다. 그런데도 예수와 가니드는 많은 사람을 상급 수준의 생각과 생활로 이끌었고, 예루살렘으로부터 첫 전도자(傳道者)들이 도착했을 때, 후일에 복음의 가르침을 빨리 받아들이도록 기초를 닦았다. 예수는 이 크레테인들을 사랑했다. 하지만 나중에 그 섬에 교회를 다시 조직하려고 타이투스를 보냈을 때 바울은 이들에 관하여 지나친 말을 하였다.

크레테의 산허리에서, 예수는 종교에 관하여 고노드와 처음으로 길게 이야기를 나누었다. 아버지는 크게 감명을 받고서 말했다, "당신이 일러 주는 모든 것을 소년이 믿다니 놀라운 일이 아니요, 하지만 다마스커스는커녕, 예루살렘에도 사람들이 그런 종교를 가지고 있다는 것을 나는 도무지 몰랐소." 바로 이 섬에서 머무르는 동안에 고노드는 처음으로 예수에게 함께 인도로 돌아가자고 제안하였고, 가니드는 예수가 그러한 주선에 아마 찬성할지 모른다는 생각으로 기뻐하였다.

어느 날 가니드가 예수가 어째서 대중 교육자의 일에 헌신하지 않았는가 물었을 때, 이렇게 말했다. "아이야, 모든 일은 때가 오기를 기다려야 하느니라. 너는 세상에 태어났지만, 아무리 걱정하고, 아무리 급한 성미를 나타내도, 네가 성장하는데 도움이 되지 못하리라. 모든 그러한 문제에서, 때를 기다려야 하느니라. 오직 시간이 나무에 달린 푸른 과일을 익게 하리라. 시간이 지나야 계절이 바뀌고, 해가 뜬 뒤에 해가 지느니라. 나는 지금 너와 네 아버지와 함께 로마로 가는 길이고, 오늘은 그것으로 충분하니라. 내 앞날은 송두리째 하늘에 계신 아버지의 손에 달려 있느니라." 그리고 나서, 모세에 관하여, 경계하면서 기다리고 계속 준비하던 40년의 이야기를 가니드에게 일러 주었다.

좋은 항구를 방문하던 길에 가니드가 결코 잊지 못한 사건이 일어났는데, 이 에피소드의 기억은 그가 태어난 인도의 카스트 제도를 바꾸려고 무슨 일을 할 수 있을까 언제나 바라게 만들었다. 어느 술 취한 타락한 사람이 공공(公共) 도로에서 한 여자 노예에게 달려들고 있었다. 그 소녀의 곤경을 보았을 때, 예수는 앞으로 달려가서, 미친 사람의 공격을 받던 소녀를 구출하였다. 놀란 아이가 그에게 달라붙어 있는 동안에, 딱한 그 사람이 화가 나서 주먹으로 허공을 치느라고 지칠 때까지, 그는 힘차게 내민 바른 팔로 성난 사람을 안전한 거리에 붙들어 두었다. 가니드는 예수가 그 일을 처리하는 것을 돕고 싶은 충동을 울컥 느꼈지만, 아버지가 제지하였다. 그들이 그 소녀의 언어로 말하지 못했어도, 그 여자는 자비로운 행동을 이해할 수 있었고, 모두 세 사람이 집까지 바래다주었을 때, 그 여자는 진심으로 고마움을 표시하였다. 이것은 예수가 육체로 있던 일생을 통해서 동포들과 가진 가운데 아마도 가장 개인적인 충돌에 가까웠다. 하지만 그 날 저녁에 가니드에게 어째서 술 취한 사람을 세게 주먹으로 치지 않았는가 설명하는 데 곤란을 겪었다. 가니드는 적어도 이 사람이 그 소녀를 때린 것만큼이나 두들겨 맞아야 한다고 생각했다.

6. 두려움을 가진 젊은이

산에 올라가 있는 동안, 예수는 두려움이 많고 풀이 죽은 한 젊은 남자와 길게 이야기를 나누었다. 동료들과 사귐으로 위로와 용기를 얻지 못하고, 이 젊은이는 산에서 고독을 찾고 있었는데, 그는 무력하고 열등하다는 느낌을 가지고 자랐다. 이 타고난 경향은 자라면서 그 소년이 부딪쳤던 수많은 어려운 상황 때문에 커졌는데, 주목할 것은 열두 살이었을 때 아버지를 잃은 것이다. 그들이 만났을 때, 예수는 말했다: "여보게, 친구여! 이렇게 좋은 날에 어찌하여 그리 풀이 죽어 있는가? 무언가 너를 슬프게 하는 일이 일어났다면, 아마 내가 어떤 방법으로 도울 수 있느니라. 어쨌든, 도움을 제공하면 참으로 마음이 기쁘니라."

젊은이는 입을 열고 싶어하지 않았다. 그래서 예수는 그 사람에게 다시 접근하며 말했다. "네가 사람들을 피하려고 이 산에 올라온 줄 내가 아노라. 그래서 물론, 나와 이야기하고 싶지 않지만, 네가 이 산에 익숙한지 알고 싶노라. 산길의 방향을 아느냐? 혹시, 피닉스로 가려면 어느 길이 제일 좋은가 내게 일러 줄 수 있느냐?" 자, 이 소년은 이 산에 아주 익숙했고, 정말로 예수에게 피닉스로 가는 길을 일러 주는 데 무척 흥미가 생겼다. 너무 흥미를 느껴서, 땅에 모든 산길을 표시하고 모든 세부를 넉넉히 설명하였다. 그러나 잘 가라 하고 예수가 마치 떠나려는 것처럼 하다가 갑자기 돌아서서 말했을 때, 그는 깜짝 놀랐고, 호기심이 생겼다. "네가 쓸쓸한 가운데 혼자 있고 싶어하는 것을 내가 잘 아노라. 하지만 피닉스로 가는 길을 어떻게 최선으로 찾는가 너에게 그렇게 관대하게 도움받고 나서, 산허리에서 네가 여기 머무르는 동안, 마음 속에서 찾는 운명의 목표까지 가는 최선의 길에 관하여 도움과 안내를 네가 호소하는데, 그에 응답하려고 조금도 애쓰지 않고, 생각없이 떠나는 것은 친절하지도 공평하지도 않으니라. 여러 번 거쳐 가서 네가 피닉스로 가는 산길을 잘 아는 것처럼, 소망이 실망으로 변하고 포부가 좌절된 도시로 가는 길을 내가 잘 아노라. 게다가 나에게 도움을 요청하였으니, 실망을 주지 아니하리라." 소년은 거의 압도되었지만, 그럭저럭 더듬거렸다. "하지만—당신께 아무것도 부탁하지 아니하였나이다—" 그의 어깨에 부드럽게 손을 얹으면서 예수는 말했다. "아니라, 아이야, 말로는 아니라도, 몹시 바라는 눈으로 내 마음에 호소하였느니라. 아이야, 동료를 사랑하는 자에게는, 낙심과 절망에 가득 찬 네 얼굴에, 도움을 하소연하는 웅변이 있느니라. 여기 앉아라. 그러면 자아의 슬픔으로부터, 사람의 형제 정신과 하늘에 계신 하나님께 봉사하는 가운데, 사랑의 활동을 하는 기쁨으로 이끄는 길, 봉사의 산길과 행복의 큰길에 관하여 너에게 이르리라."

이 때가 되어서, 젊은이는 예수와 몹시 말하고 싶어했다. 무릎을 꿇고서, 도와달라고, 개인적 슬픔과 패배의 세계로부터 달아날 길을 보여 달라고, 예수에게 간청했다. 예수가 말했다. "친구여, 일어나라! 대장부처럼 서라! 조그만 적들에게 둘러싸이고, 숱한 장애물 때문에 처졌는지 모르지만, 이 세상과 우주의 큰 일과 진정한 일이 네 편을 드느니라. 땅에서 가장 권세 있고 번영하는 사람에게 하는 것과 똑같이, 태양은 아침마다 너에게 인사하느니라. 보아라—너는 튼튼한 몸과 힘센 근육을 가졌고, 육체적 장비는 보통을 넘는구나. 물론, 여기 산허리에 앉아서, 진정한 불운과 상상하는 불운(不運)을 슬퍼하는 동안에 네 몸은 거의 쓸모가 없느니라. 하지만 큰 일이 처리되기를 기다리고 있는 곳으로 서둘러 간다면, 몸을 가지고 큰 일을 할 수 있느니라. 불행한 자아로부터 달아나려 하지만, 그렇게 할 수 없느니라. 너와 너의 생활 문제들은 현실이요, 사는 동안 문제들을 피할 수 없느니라. 하지만 다시 볼지니, 네 머리는 맑고 능력이 있느니라. 튼튼한 몸은 지휘할 총명한 머리를 가졌느니라. 가진 문제를 풀도록 머리를 일하는 데 쏟고, 지능이 너를 위하여 일하도록 가르치고, 이제는 그만 생각이 모자라는 동물처럼 겁에 눌리지 말라. 지금까지 해 왔던 것처럼 두려움에 비천한 노예가 되고 우울과 패배의 종이 되기보다, 머리는 일생의 문제들을 푸는 데 용감한 연합군이 되어야 하느니라. 그러나 무엇보다도 귀중하게, 진정한 업적을 이룰 잠재성(潛在性)은 네 안에 살고 있는 영이라. 두려움의 사슬로부터 몸을 해방하고, 이처럼 영적 성품으로 하여금 살아 있는 믿음의 힘찬 존재로 말미암아 비로소 너를 무위(無爲)의 악으로부터 구원하게 만든다면, 그 영은 머리가 스스로 통제하도록 자극하고 영감을 주며, 몸을 움직이게 하리라. 다음에, 당장에, 새롭고 모든 것을 지배하는, 동료를 사랑하는 마음이 꽉 붙들고 있으므로, 이 믿음은 사람에 대한 두려움을 이기리라. 이 사랑은 곧 너의 혼을 넘치게 채우리니, 네가 하나님의 아이라는 의식이 네 가슴 속에 태어났음이라.

"오늘, 아이야, 하나님을 위하여, 믿음과 용기를 가지고 사람에게 몸 바쳐 봉사하는 사람으로서 다시 태어나고 다시 세움받아야 하느니라. 네 몸 안에서 인생에 다시 적응되었을 때, 마찬가지로 너는 우주에 다시 적응되느니라. 다시 태어났으니—영에게서 태어났으니—이제부터 전 생애가 승리하여 성취하는 일생이 되리라. 어려움은 활력을 주고, 실망은 너를 솟구치게 하리라. 어려움이 도전(挑戰)하고 장애물이 너를 자극하리라. 일어나라, 젊은이여! 사람을 졸아들게 하는 두려움과 도망치는 비겁에 싸인 생활에 작별을 알리라. 하나님의 아들로서, 땅에서 사람에게 고귀하게 봉사(奉仕)하는 데 헌신하고, 영원 속에서 하나님께 훌륭하고 영원한 봉사를 하도록 예정된 필사자로서, 서둘러 임무로 돌아가서 육체를 입은 인생을 살라."

이 젊은이 포춘은 나중에 크레테에서 그리스도교 신자들의 지도자가 되었고, 타이투스가 크레테 신자들을 향상시키려고 수고할 때 가까운 동료가 되었다.

참으로 푹 쉬고 기분이 상쾌해진 어느 날 한낮 무렵에, 나그네들은 북 아프리카의 카르타고로 돛을 달려고 준비했고, 키레네에서 이틀 동안 멈추었다. 여기서 예수와 가니드는 루푸스라는 한 소년을 응급 치료했는데, 그는 짐을 싫은 송아지 수레가 무너져서 다쳤다. 집으로 그를 어머니한테로 데려갔는데, 아버지 시몬은 나중에 한 로마 군인의 명령을 받아서 어느 사람의 십자가를 지었고, 그 사람이 한때 아들을 보살핀 낯선 사람이었다는 것을 꿈에도 생각지 못했다.

7. 카르타고에서—시간과 공간에 대한 강론

카르타고로 가는 길의 대부분에, 예수는 사회·정치·상업에 관하여 동료 여행자들과 이야기를 나누었다. 거의 한 마디도 종교에 대하여 이야기가 나오지 않았다. 처음으로 고노드와 가니드는 예수가 훌륭한 이야기꾼임을 발견했고, 갈릴리에서 어린 시절 이야기를 하도록 그를 바쁘게 만들었다. 그들은 또한 그가 예루살렘이나 다마스커스가 아니라, 갈릴리에서 자랐음을 알게 되었다.

어쩌다 만난 사람들의 대다수가 예수에게 이끌리는 것을 눈여겨보았기 때문에, 가니드는 사람이 친구를 얻기 위하여 무엇을 할 수 있는가 물었다. 그 때 선생은 말했다. "동료들에게 관심을 가지라. 어떻게 사랑하는가 배우고, 저희가 바란다고 네가 확신하는 무슨 일을 저희에게 할 기회를 살펴보라." 그리고 나서 유대인의 옛 속담을 인용하였다—"친구를 가지고자 하는 자는 스스로 친절을 보여야 한다."

카르타고에서 예수는 한 미트라교 사제와 함께 불멸에 대하여, 시간과 영원에 대하여, 길고 기억에 남을 이야기를 나누었다. 이 페르시아인은 알렉산드리아에서 교육을 받았고, 정말로 예수한테서 배우고 싶어했다. 그가 던진 여러 질문에 답하여, 오늘날의 말로 표현하면, 예수는 다음 내용으로 이야기했다:

시간은 생물의 의식이 파악하는, 현세의 사건들이 흐르는 시냇물이다. 시간은 연속된 배열에 주어지는 이름이고, 이 배열에 따라서 사건들이 인식되고 분리된다. 공간의 우주는 고정된 파라다이스 거처의 바깥에서, 어떤 내부 위치에서도 보이는, 시간에 관계된 현상이다. 시간의 움직임은 오직, 시간 현상으로서 공간에서 움직이지 않는 어떤 것에 대한 관계에서만 나타난다. 온 우주에서 파라다이스와 그 신들은 시간과 공간, 이 둘을 초월한다. 사람이 사는 세계들에서, (파라다이스 아버지의 영이 깃들고 인도하는) 인격은 현세의 사건들의 물질적 순서를 뛰어넘을 수 있는 실체, 물리적으로 연결된 유일한 실체이다.

동물은 사람처럼 시간을 느끼지 않는다. 사람에게도, 구분되고 제한된 관점 때문에, 시간은 사건들의 연속으로 보인다. 그러나 사람이 올라감에 따라서, 사람이 안으로 진보함에 따라서, 이 사건 행렬의 커지는 시야(視野)는, 전체의 모습이 점점 더 식별되는 그러한 것이다. 예전에 사건의 연속으로 보이던 것이, 전체로서, 완전하게 관계된 주기(週期)로 보일 것이다. 이 방법으로 둥그런 동시성은 직선으로 연속된 사건들로 보던 옛날의 의식(意識)을 점점 더 갈아치울 것이다.

시간에 제약을 받는 대로, 일곱 가지 다른 공간 개념이 있다. 공간은 시간으로 측정되며, 시간을 공간으로 측정하지는 않는다. 과학자의 혼동은 공간의 실체를 인식하지 못하는 데서 생겨난다. 공간(空間)은 겨우 우주 물체들의 관계가 변동하는 것에 대한 지적 개념이 아니다. 공간은 비어 있지 않으며, 사람이 알건대 어느 정도라도 공간을 초월할 수 있는 유일한 것은 지성이다. 지성(知性)은 물체들의 공간 관계의 개념과 따로 활동할 수 있다. 공간은 생물의 지위를 가진 모든 존재에게 상대적으로, 비교적 유한하다. 의식이 일곱 가지 우주 차원을 자각함에 가까이 갈수록, 잠재 공간의 개념은 궁극성에 더욱 가까이 간다. 하지만 공간 잠재성은 오직 절대 수준에서만 참으로 궁극적이다.

우주의 승천하고 완전하게 되는 수준에서 우주 실체는, 커지고 언제나 상대적인 의미를 가졌음이 명백하다. 궁극에는, 살아남는 필사자들이 일곱 차원의 우주에서 신분을 얻는다.

물질 기원을 가진 지성의 시공(時空) 개념은, 의식하고 상상하는 성격자가 우주들의 여러 수준으로 올라감에 따라서, 연달아 확대되도록 정해져 있다. 사람이 존재의 물질 평면과 영적 평면 사이에 개재하는 지성에 이를 때, 시공 관념은 파악하는 질과 체험의 양에서 엄청나게 확대될 것이다. 진보하는 영(靈) 성격자의 커지는 우주 개념은 통찰력의 깊이와 의식의 규모, 이 두 가지가 확대되기 때문이다. 성격이 위로, 안으로 계속, 신을 닮는 초월 수준까지 지나감에 따라서, 시공 개념은 절대자들의 개념, 시간이 없고 공간이 없는 개념에 점점 더 가까워질 것이다. 상대적으로, 초월적 달성에 따라서, 궁극의 운명을 가진 아이들이 이 절대 수준의 개념을 상상하게 될 것이다.

8. 나폴리와 로마로 가는 길에서

이탈리아로 가는 길에 처음으로 멈춘 곳은 말타 섬이었다. 여기서 예수는 클라우두스라 이름하는, 풀이 죽고 낙심한 젊은이와 긴 이야기를 나누었다. 이 친구는 자살(自殺)할 생각을 하고 있었다. 그러나 다마스커스 서기관과 이야기를 마치자, 말했다. "나는 대장부처럼 인생에 부딪치리이다. 겁쟁이 노릇은 끝났나이다. 내 친족에게 돌아가서 모두 다시 시작하리이다." 얼마 안 되어 그는 견유학파의 열심 있는 전도자가 되었고, 다음에는 로마와 나폴리에서 그리스도교를 선포하는 일에 베드로와 함께 손을 잡았다. 베드로가 죽은 뒤에, 그는 계속 스페인까지 가서 복음을 전도했다. 그러나 말타에서 그를 북돋아 준 사람이, 그가 나중에 세상의 구원자라고 선포한 예수였다는 것을 결코 알지 못했다.

시라큐스에서 한 주를 꼬박 보냈다. 여기에 멈춘 동안에 주목할 사건은, 타락한 유대인 에즈라를 돌이킨 것이었다. 그는 예수와 그 동반자들이 묵은 여인숙을 경영했다. 에즈라는 예수의 접근에 마음이 끌렸고, 이스라엘의 신앙으로 돌아오도록 도와 달라고 예수에게 부탁했다. "나는 아브라함의 참된 아들이 되기를 원하지만, 하나님을 찾아낼 수 없나이다"하고 말하면서 절망을 하소연했다. 예수는 대답했다. "참으로 하나님을 찾아내고 싶다면, 그 소망 자체가, 네가 이미 그를 찾아냈다는 증거이라. 너의 어려움은 하나님을 찾아내지 못하는 데 있는 것이 아니니, 아버지가 이미 너를 찾아냈음이라. 너의 어려움은 단지 하나님을 모르는 데 있느니라. 예레미야기에서 이렇게 말함을 읽지 못하였느냐? '너희는 나를 찾겠고, 마음을 다하여 나를 찾을 때, 나를 발견하리라' 또 한편, 바로 이 선지자가 이렇게 말하지 않느냐? '나는 내가 주인 것을, 나를 아는 마음을 너희에게 주리라. 너희는 내 백성에 속하겠고 나는 너희의 하나님이 되리라.' 너는 성서(聖書)[1]에서 또한 이런 말씀을 읽지 못하였느냐? 거기에는 이렇게 기록되었으되, '그는 사람을 내려다보며, 누구라도, 나는 죄를 범하고 옳은 것을 곡해하였고, 그것이 내게 유익하지 못했도다 하면, 그 때 하나님이 그 사람의 혼을 어두움에서 구하시겠고, 그는 빛을 보리라.'" 에즈라는 하나님을 혼에 넘치도록 발견했다. 나중에 이 유대인은 부유하고 개종한 어느 그리스인과 제휴하여, 시라큐스에서 첫 그리스도 교회를 세웠다.

메시나에서 하루만 멈췄지만 과일 행상을 하는 어린 소년의 일생을 바꾸기에는 길고도 남았다. 예수는 과일을 샀고, 한편 그에게 생명의 빵을 먹였다. 소년은 예수의 말씀과 친절한 눈빛을 결코 잊지 않았다. 소년의 어깨에 손을 얹으면서, 예수는 말했다. "부디 잘 가라, 아이야, 어른으로 자라기까지 용기를 가져라, 몸을 키운 다음에, 또한 어떻게 혼을 키우는가 배우라. 하늘의 내 아버지가 함께 계시고, 네 앞에 가리라." 이 소년은 미트라교의 신자가 되었고, 나중에는 그리스도교로 바꾸었다.

마침내 그들은 나폴리에 이르렀고, 목적지 로마로부터 그다지 멀리 있지 않다고 느꼈다. 고노드는 나폴리에서 사업 거래가 많이 있었고, 예수가 통역자로서 요구되는 시간을 제외하고, 그와 가니드는 여가를 도시를 찾아보고 뒤지는 데 보냈다. 가니드는 곤경에 빠진 듯한 사람들을 찾아내는 데 재빨라졌다. 이 도시에서 많은 빈곤을 보았고, 자선금을 많이 나누어 주었다. 그러나 거리의 거지에게 동전을 주고 나서, 예수가 멈춰 그 사람에게 위로하는 말을 하려 하지 않았을 때, 예수가 하신 말씀의 뜻을 그는 결코 이해하지 못했다. 예수는 말했다. "네 말의 뜻을 파악할 수 없는 자에게 어찌하여 말을 낭비하느냐? 아버지의 영은 아들 될 능력을 가지지 않은 자를 가르치고 구할 수 없느니라." 예수가 말한 것은 그 사람이 정상의 정신을 가지지 않았다는 것, 영적 인도에 반응할 능력이 모자란다는 뜻이었다.

나폴리에서는 아무런 뚜렷한 경험이 없었다. 예수와 그 젊은이는 도시를 샅샅이 뒤지면서 수백 명의 어른과 아이들에게 많이 빙그레 웃어서 명랑한 기분을 퍼뜨렸다.

여기서부터 카푸아를 거쳐서 로마로 갔고, 카푸아에서 사흘 동안 머물렀다. 아피아 길을 따라서, 짐을 실은 짐승들 곁에서, 로마를 향하여 계속 여행했고, 세 사람 모두가 제국의 애인(愛人), 전 세계에서 최대의 도시를 구경하려고 조바심이 났다.

주: 1. 여기서 성서는 구약을 말한다.

제 131 편

세계의 종교

알렉산드리아에서 예수와 고노드와 가니드가 머무르는 동안에, 하나님에 관하여, 하나님과 필사 인간의 관계에 대하여 세계 종교들의 가르침을 수집하느라고, 이 젊은이는 많은 시간과 아버지의 돈을 적지 않게 썼다. 신들에 관하여 세상의 종교 교리들의 이 요약을 작성하면서, 가니드는 학식 있는 통역자들을 60명이 넘게 고용하였다. 일신교를 묘사하는 이 모든 가르침은 대체로, 직접 또는 간접으로, 마키벤타 멜기세덱의 선교사들의 전도로부터 유래되었다는 것을 분명히 밝혀야 하며, 이 선교사들은 한 분의 하나님—최고자—의 교리를 땅 끝까지 퍼뜨리려고 살렘 본부를 떠나갔다.

여기에 가니드가 작성한 원고(原稿)의 요점이 발표된다. 알렉산드리아와 로마에서 준비했는데, 이것은 그가 죽은 뒤에 몇백 년 동안 인도에서 보존되었다. 이 자료를 열 가지 제목 밑에 다음과 같이 수집했다:

1. 견유주의

멜기세덱 제자들의 남아 있는 가르침은, 유대교에서 지속한 것을 제쳐 놓고, 견유학파의 교리에 가장 잘 보존되어 있다. 가니드가 고른 것은 다음을 포함한다:

"하나님은 최상이요, 하늘과 땅의 최고자이로다. 하나님은 완전하게 된 영원의 동그라미요, 온 우주를 다스리도다. 그는 하늘과 땅을 혼자 만드신 분이라. 그가 한 사물을 선포하면, 그것이 존재하느니라. 우리의 하나님은 유일한 하나님이요, 동정심이 있고 자비롭도다. 높고 거룩하고 참되고 아름다운 것은 무엇이나 우리 하나님과 같도다. 최고자는 하늘과 땅의 빛이요, 동서남북의 하나님이라.

"땅이 사라진다 하더라도, 최상위의 눈부신 얼굴은 장려함과 영광 속에 거하리라. 최고자는 처음이자 마지막이요, 만물의 시작이요 끝이라. 오직 한 분, 이 하나님이 계시니, 그 이름은 진리이라. 하나님은 스스로 존재하시고, 아무런 분노와 적개심이 없으며, 불멸(不滅)하고 무한하시도다. 우리의 하나님은 전능하고 풍부하시도다. 여러 모양으로 명시되시나, 우리는 오로지 하나님 자신을 예배하노라. 하나님은 만물—우리의 비밀과 선언—을 아시니라. 또한 우리 각자가 무엇을 받아 마땅한지 아시니라. 그의 힘은 만물과 균형을 이루시니라.

"하나님은 평화를 주시는 분이요, 그를 두려워하고 믿는 모든 사람에게 믿을 만한 보호자이라. 섬기는 모든 사람에게 구원을 주시도다. 모든 창조는 최고자의 권능 안에 존재하느니라. 신다운 사랑은 그 권능의 신성(神聖)함으로부터 튀어나오며, 애정은 그의 위대한 힘으로부터 생겨나느니라. 최고자는 육체와 혼의 연합을 선포하였고, 사람에게 자신의 영을 부여하였도다. 사람이 하는 일은 끝에 이르러야 하나, 창조자가 하시는 일은 언제까지나 이어지도다. 우리는 사람의 경험으로부터 지식을 얻으나, 최고자를 숙고함으로부터 지혜를 캐내느니라.

"하나님은 땅에 비를 퍼붓고 싹트는 곡식 위에 해가 빛나게 하시며, 이 생애에서 좋은 것들을 풍성하게 수확하게 하며, 다가오는 세계에서 영원한 구원(救援)을 우리에게 주시느니라. 우리의 하나님은 큰 권한을 즐기시며, 그 이름은 탁월이요, 그 성품은 깊이를 잴 수 없도다. 아플 때 너희를 고치시는 분은 최고자이라. 하나님은 모든 사람에게 선을 가득히 품으시며, 최고자와 같은 친구가 없도다. 그의 자비는 모든 곳을 채우며, 그의 선하심은 모든 혼을 둘러싸도다. 최고자는 변함이 없고, 곤경에 빠질 때마다 우리를 돕는 분이라. 기도하려고 너희가 어디로 돌아서든지 최고자의 얼굴이 있고, 우리 하나님의 귀가 열려 있도다. 너는 사람으로부터 숨어도 좋지만, 하나님으로부터 숨어서는 안 되느니라. 하나님은 우리에게서 먼 곳에 계시지 않고, 두루 계시니라. 하나님은 모든 곳을 채우며, 거룩한 이름을 두려워하는 사람의 가슴 속에 사시니라. 창조는 창조자 안에 있고, 창조자는 창조 안에 계시니라. 우리는 최고자를 찾다가, 마음 속에 계심을 발견하느니라. 귀한 친구를 찾으러 나가지만, 네 혼 속에서 그를 발견하느니라.

"하나님을 아는 사람은 모든 사람을 평등하게 바라보며, 저희는 형제이라. 이기심이 있는 자들, 육체를 입은 형제를 업신여기는 자들은 오직 지루함을 상으로 받느니라. 동포를 사랑하는 자들과 마음이 깨끗한 자들은 하나님을 보리라. 하나님은 결코 성실을 잊지 아니하시니라. 마음이 정직한 자를 진리로 인도하시리니, 하나님이 진리인 까닭이라.

"일생에 생명의 진리를 사랑함으로써, 잘못을 뒤집어엎고 악을 이기라. 사람들과 가지는 모든 관계에서 악 대신에 선(善)을 행하라. 주 하나님은 자비롭고 애정이 깊고, 용서하시니라. 하나님을 사랑하자, 그가 먼저 우리를 사랑했음이라. 하나님의 사랑으로써, 그의 자비를 통하여, 우리가 구원을 받으리라. 가난한 자와 부유한 자는 형제이라. 하나님은 저희의 아버지이라. 너희가 당하고 싶지 않는 악을 남에게 행하지 말라.

"항상 그의 이름을 부르라. 그리하면 그 이름을 믿는 만큼, 네 기도가 응답을 받으리라. 최고자를 예배하는 것은 얼마나 큰 명예인가! 모든 세상과 우주가 최고자를 예배하도다. 모든 기도로 감사를 드리라—예배(禮拜)의 높이까지 올라가라. 기도로 가득 찬 예배는 악을 피하고 죄를 막느니라. 항상 최고자의 이름을 찬양하자. 최고자에게서 피난처를 찾는 사람은 허물을 우주로부터 숨기느니라. 깨끗한 마음을 가지고 하나님 앞에 설 때, 온 창조를 두려워하지 않게 되느니라. 최고자는 애정이 깊은 아버지와 어머니 같으니, 우리를, 땅에 있는 자녀를 정말로 사랑하시니라. 우리 하나님은 우리를 용서하고 구원의 길로 발걸음을 인도하리라. 우리 손을 잡고 그에게로 인도하시리라. 하나님은 믿는 자를 구원하고, 사람으로 하여금 그의 이름을 섬기라고 강요하지 않는도다.

"최고자의 믿음이 가슴 속에 들어갔으면, 일생토록 날마다 두려움 없이 거하리라. 불경(不敬)한 자가 번영한다고 안달하지 말고, 악행하려고 계획하는 자를 두려워하지 말라. 혼으로 하여금 죄로부터 돌아서게 하며, 온 믿음을 구원의 하나님께 맡기라. 방랑하는 필사자의 지친 혼은 최고자의 팔 속에서 영원한 안식을 찾느니라. 지혜로운 사람은 신의 품에 안기기를 그리워하며, 땅에서 사는 아이는 우주의 아버지의 팔에 안전히 안기기를 몹시 바라느니라. 고귀한 사람은 필사자의 혼이 최상위의 영과 섞이는, 높은 땅을 추구하느니라. 하나님은 공정하시니, 이 세상에서 심고서 받지 못하는 것을 다음 세상에서 받을지니라."

2. 유대교

팔레스타인의 켄 사람들은 멜기세덱의 가르침을 많이 건졌고, 유대인들이 보존하고 수정한 대로, 이 기록들로부터, 예수와 가니드는 다음을 선택하였다:

"태초에 하나님이 천지(天地)와 그 안에 있는 모든 것을 지으셨더라. 보라, 창조하신 만물이 아주 좋았더라. 주, 그는 하나님이라. 위로 하늘이나 아래로 땅에서도 견줄 이가 없느니라. 그러므로 너희는 마음을 다하고, 혼을 다하고, 힘을 다하여 주 너희 하나님을 사랑할지어다. 물이 바다를 덮는 것 같이, 땅은 주의 지식으로 가득하리라. 하늘이 하나님의 영광을 선포하며, 창공이 그의 솜씨를 보이느니라. 날마다 낮이 입을 열고, 밤마다 밤이 지식을 보여 주느니라. 어느 나라 말이나 언어에도 저희의 목소리가 반드시 들리느니라. 주가 하시는 일은 위대하며, 주는 지혜롭게 만물을 지으셨도다. 그 위대하심은 헤아릴 수 없도다. 별들의 수를 아시며, 이름으로 별들을 부르시도다.

"주의 권능은 크고, 그 이해력은 무한하니라. 주가 이르시되, '하늘이 땅보다 높은 것 같이, 나의 길은 너희의 길보다 높으며, 나의 생각은 너희 생각보다 높으니라.' 하나님은 깊고 비밀스러운 것들을 드러내시니, 빛이 함께 거하심이라. 주는 자비롭고 인자하시며, 오래 참고 선과 진리가 가득하도다. 주는 선하고 올바르며, 온순한 자를 심판 속에서 인도하시리라. 주의 선하심을 맛보고 눈으로 볼지어다! 하나님을 믿는 자는 복이 있도다. 하나님은 우리의 피난처요 힘이니, 곤경에 빠졌을 때 분명히 있는 도움이로다.

"주의 자비는 그를 경외하는 자에게 영원토록 있고, 그의 올바르심은 우리 자손에게도 대대로 미치느니라. 주는 인자하시고 동정심이 가득하시니라. 주는 모든 사람에게 선하시며, 부드러운 자비는 모든 창조를 덮도다. 마음이 상한 자를 고치며, 저희의 상처를 동여매시니라. 하나님의 영으로부터 내가 어디로 갈까? 신성한 계심을 피하여 내가 어디로 달아날까? 영원에 거하시는 높고 거룩한 분이 말씀하시니 그 이름은 거룩이로다. '나는 높고 거룩한 곳에서 거하나니, 뉘우치는 마음과 겸손한 영을 가진 자도 함께 있도다!' 아무도 우리 하나님을 피하여 숨을 수 없으니, 주가 하늘과 땅을 채우심이라. 하늘이여 기뻐하고, 땅이여 즐거워하라. 열강이여 외치라. '주가 군림하시도다! 하나님께 감사를 드리라, 그의 자비가 언제까지나 지속됨이로다.'

"하늘이 하나님의 올바름을 선포하며, 온 민족이 그의 영광을 보았도다. 우리를 만드신 분은 하나님이요, 우리가 우리를 만들지 않았도다. 우리는 그의 백성이요, 그 목초지의 양이로다. 그의 자비는 언제까지나 이어지고, 진리는 모든 세대까지 지속하도다. 우리 하나님은 나라들 사이에 통치자이라. 땅은 그의 영광으로 가득할지어다! 아, 그가 선하시고 사람의 자녀들에게 놀라운 선물을 주신 까닭에 사람이 주를 찬양하면 좋으리라!

"하나님은 사람을 신다운 것보다 조금 못하게 만들었고, 사랑과 자비를 머리 위에 씌웠도다. 주는 올바른 자의 길을 알아도, 불경한 자의 길은 멸망할지니라. 주를 경외함이 지혜의 시작이로다. 최상위를 아는 것이 이해력이라. 전능한 하나님이 말씀하시되, '내 앞에서 걷고 완전하라.' 자만이 패망을 앞서고, 오만한 정신이 몰락을 앞서 가느니라. 자기의 영을 다스리는 자는 한 도시를 점령하는 자보다 강하니라. 주 하나님, 거룩하신 분이 말씀하시도다. '영적 안식(安息)으로 돌아갈 때 네가 구원받으며, 고요하고 확신을 가진 가운데 너의 힘이 있을지니라.' 주를 기다리는 자들은 힘을 되찾고, 독수리 같이 날아 올라가리라. 저희가 달려도 지치지 아니하며, 걸어도 쓰러지지 아니하리라. 두려움으로부터 주가 너에게 휴식을 주리라. 주가 말씀하시니, '두려워 말라, 내가 함께 있음이라. 절망하지 말지니, 내가 너의 하나님인 까닭이라. 너에게 힘을 주고, 너를 도우리라. 옳도다, 내 정의(正義)의 바른 손으로 너를 지키리라.'

"하나님은 우리의 아버지요, 주는 구원자이라. 하나님이 우주의 무리들을 지으셨고, 모두 보존하시니라. 그의 올바름은 산 같고 그의 판단은 대양과 같도다. 우리로 하여금 기쁨의 강물을 마시게 하며, 우리가 그의 빛 가운데서 빛을 보리라. 주께 감사를 드리고, 최고자에게 찬송을 부르며, 아침에는 인자를 베풀고, 밤마다 신다운 충실함을 보이는 것이 좋으니라. 하나님의 나라는 영원한 나라요, 그 영토는 온 세대를 통하여 지속되도다. 주는 나의 목자요, 내게 부족함이 없으리로다. 그는 나를 푸른 풀밭에 눕게 하시며, 잔잔한 물가로 나를 이끄시도다. 그는 내 혼을 회복하시도다. 나를 올바름의 길로 이끄시도다. 옳도다, 내가 죽음의 그늘진 골짜기를 거닐지라도, 악을 전혀 겁내지 아니하리니, 하나님이 함께 계심이로다. 확실히 선과 자비가 일생토록 나를 따르겠고, 내가 주의 집에서 영원히 거하리라.

"야웨는 내게 구원의 하나님이라, 그러므로 나의 신뢰를 신의 이름에 맡기리라. 나는 마음을 다하여 주를 신뢰하겠고, 내 자신이 이해하는 것에 기대지 아니하리라. 모든 방법에서 그를 인정하겠고, 그는 나의 길을 인도하리라. 주는 충실하시며, 그를 섬기는 자들과 하신 약속을 지키시니, 올바른 자는 믿음으로 살지라. 네가 성공하지 못하면, 죄가 문에서 기다리고 있는 까닭이라. 사람들은 저희가 일군 악과 저희가 뿌린 죄를 거두느니라. 악행하는 자들 때문에 안달하지 말라. 가슴 속에 불의를 품으면 주는 귀를 기울이지 아니하리라. 하나님께 죄를 지으면, 또한 자신의 혼에게 잘못하느니라. 하나님은 누구든지 행한 대로, 모든 비밀과 함께, 선하든 악하든, 재판하시니라. 사람이 마음 속에 어떻게 생각하면, 그 됨됨이도 마찬가지라.

"주는 성실하고 진실하게 주께 부탁하는 모든 사람에게 가까이 계시니라. 울음이 밤새 지속될까 싶어도, 아침에는 기쁨이 오느니라. 즐거운 마음은 약처럼 몸에 좋으니라. 하나님은 올바르게 행하는 자들에게 좋은 것을 하나도 아끼지 아니하시리라. 하나님을 경외하고 그 계명을 지킬지니, 그것이 사람이 할 일의 전부임이라. 하늘을 만드시고 땅을 빚으신 주가 이처럼 말씀하시니라. '나 외에 아무 하나님, 공의로운 하나님과 구원자가 없느니라. 땅의 모든 끝이여, 나를 바라보고 구원을 받으라. 나를 구하고, 마음을 다하여 나를 찾으면, 나를 찾아낼지니라.' 온유한 자는 땅을 물려받겠고, 평화가 풍성한 가운데 기뻐할지니라. 불법을 뿌리는 자는 재난을 거두리라, 바람의 씨를 뿌리는 자들은 회오리바람을 거두리라.

"'이제 오라, 함께 논하자'하고 주가 말씀하시니라. '너희 죄가 주홍 같을지라도, 눈 같이 희게 되리라. 죄가 핏빛처럼 붉을지라도, 양털 같이 되리라.' 그러나 사악한 자에게는 아무 평화가 없느니라. 좋은 것들을 네가 가지지 못하게 막은 것은 너 자신이 지은 죄이라. 하나님은 나의 얼굴빛에 좋으며, 내 혼에 기쁨이로다. 영원하신 하나님은 나의 힘이라. 우리의 거처이니 그 밑에 영원하신 팔이 있도다. 주는 마음이 상한 자들에게 가까이 계시며, 어린아이와 같은 영을 가진 자들을 다 구원하시니라. 올바른 사람에게 고난이 많으나, 주는 모든 고난에서 그를 구원하시니라. 주에게 너의 길을 맡기고—믿을지니—그가 이루시리라. 최고자의 비밀한 곳에 사는 자는 전능자의 그늘 아래 거하리라.

"이웃을 네 몸과 같이 사랑하라. 아무에게도 불평을 품지 말라. 네가 싫어하는 것은 무엇이든지 남에게 하지 말라. 형제를 사랑하라. '내 아이들을 아낌없이 내가 사랑하리라' 주가 말씀하셨음이라. 공정한 자의 길은 반짝이는 빛과 같으니, 맑은 날까지 더욱 빛나리라. 지혜로운 자들은 하늘이 밝은 것처럼 빛나겠고, 많은 사람을 올바름으로 돌이키는 자는 별처럼 영원토록 빛나리라. 사악한 자는 악한 길을 버리고, 불의한 자는 반역하는 생각을 버릴지어다. 주가 말씀하시니라, '저희로 하여금 내게로 돌아오게 하라, 그리하면 내가 자비를 베풀리라. 내가 넘치게 용서하리라.'

"하늘과 땅을 지으신 이, 하나님이 말씀하시되 '내 율법을 사랑하는 자들은 큰 평화를 가지니라. 내 계명(誡命)은 이것이라. 마음을 다하여 나를 사랑할지니라. 내 앞에 다른 신들을 두지 말라. 내 이름을 헛되이 부르지 말라. 안식일을 거룩하게 지키기를 기억하라. 네 아버지와 어머니를 공경하라. 살인하지 말라. 간음하지 말라. 도둑질하지 말라. 거짓 증거하지 말라. 탐하지 말라.'

"주를 최상으로 사랑하고 이웃을 제 몸처럼 사랑하는 모든 사람에게, 하늘의 하나님이 말씀하시되, '나는 무덤에서 너를 되찾으리라. 너를 죽음에서 구제하리라. 나는 네 아이들에게 공정할 뿐 아니라 자비를 베풀리라. 땅에 사는 나의 생물에게, 너희는 살아 있는 하나님의 아들이라 내가 말하지 않더냐? 내가 너희를 영원한 애정으로 사랑하지 않더냐? 나와 같이 되고, 파라다이스에서 나와 함께 영원히 거하자고 너희를 부르지 아니하더냐?'"

3. 불교

하나님이 없이, 성격을 가진 우주의 신이 없이, 불교가 위대하고 아름다운 종교가 되기에 얼마큼 가까웠는가를 발견하고 가니드는 충격을 받았다. 그러나 그는 어떤 초기 신앙의 어떤 기록을 찾아냈고, 이것은 부다의 시절에도 인도에서 계속해서 일하던 멜기세덱 선교사들의 가르침의 영향을 얼마큼 반영하였다. 예수와 가니드는 불교 문헌으로부터 다음의 말씀을 수집했다:

"깨끗한 마음으로부터 기쁨이 무한자에게 솟아나느니라. 나의 존재 전체가 인간을 초월하는 이 기쁨을 평화롭게 받아들이리라. 내 혼은 만족으로 채워졌고, 가슴은 평화롭게 신뢰하는 지극한 행복으로 넘쳐흐르도다. 나는 아무 두려움이 없고, 걱정에 매이지 않노라. 나는 안전 속에 거하며, 적들이 나를 놀라게 할 수 없도다. 자신감에서 생긴 열매로 나는 만족하노라. 나는 불멸자에게 다가가는 것이 쉬움을 발견했노라. 긴 나그네 길에 나를 유지할 믿음을 얻으려 기도하노라. 저승으로부터 온 믿음이 나를 실망케 하지 않음을 아노라. 불멸자의 믿음, 겸손·정직·지혜·용기·지식·인내를 만들어 내는 믿음이라도, 동포가 그런 믿음에 젖어 있으면, 번영할 것을 아노라. 슬픔을 버리고 두려움을 던져 버리자. 믿음으로 참된 올바름과 진정한 남자다움을 지니자. 정의(正義)와 자비에 관하여 명상하기를 배우자. 믿음은 사람의 참 재산이니, 미덕과 영광의 자질이라.

"불의는 경멸할 것, 죄는 멸시할 것이라. 생각으로 가지든, 행위로 실천하든, 악은 사람을 낮게 만드느니라. 먼지가 바람을 따르는 것 같이, 악한 길에는 아픔과 슬픔이 따르느니라. 그림자가 물질 사물의 알맹이를 따르는 것 같이, 행복과 마음의 평화는 깨끗한 생각과 고결(高潔)한 생활을 따르느니라. 악은 잘못 지향된 생각의 열매이라. 죄가 없는 데서 죄를 보는 것과, 죄가 있는 데서 죄를 보지 못하는 것은 악하니라. 악은 거짓된 교리의 길이라. 사물을 그대로 봄으로써 악을 피하는 자들은 이처럼 진리를 품어서 기쁨을 얻느니라. 죄를 싫어함으로 너의 불쌍함을 그칠지어다. 고귀한 분을 바라볼 때, 온전한 마음으로 죄로부터 돌이키라. 악행에 핑계를 대지 말며, 죄지은 것을 변명하지 말라. 지난 죄를 고치려고 노력함으로 너는 앞날에 죄로 기우는 성향에 저항할 힘을 얻느니라. 자제는 뉘우침에서 태어나느니라. 고귀한 분에게 남김없이 잘못을 고백하라.

"명랑함과 즐거움은 잘 한 일에 대한 보상이며, 불멸자에게 영광이라. 아무도 네 지성의 자유를 빼앗을 수 없느니라. 네 종교의 신앙이 마음을 해방시켰을 때, 머리 속이 산처럼 안정되고 꿈쩍하지 않을 때, 혼의 평화가 강물처럼 고요히 흐르리라. 구원의 확신이 있는 자들은 영원히 육욕·질투·미움에서, 재산의 망상(妄想)에서 벗어나느니라. 믿음이 더 낳은 생활을 하는 에너지이나, 그런데도 너는 인내함으로 자신의 구원(救援)을 해결해야 하느니라. 마침내 구원받는 것을 확신하려면, 모든 올바름을 성취하려고 성실하게 애쓰기를 꼭 다짐하여라. 안에서 솟아 나오는 마음의 확신을 기르고, 이처럼 와서 영원히 구원받는 큰 기쁨을 즐기라.

"어떤 종교가도 태만하고 게으르며, 허약하고 빈둥거리며, 부끄러움을 모르고 이기적 태도를 고집하면, 불멸의 지혜를 깨우치기를 바라지 못하느니라. 누구나 생각이 깊고 신중하고, 반성하며, 뜨겁고, 열심이 있으면—아직 땅에서 살고 있는 동안에도—신의 지혜에서 나오는 평화와 해방을 얻는 최고의 깨우침에 이를 수도 있느니라. 모든 행위에 보상이 따른다는 것을 기억하라. 악은 슬픔을 낳고, 죄는 아픔으로 끝나느니라. 기쁨과 행복은 착한 생활의 결과이라. 악을 행하는 자조차 악행(惡行)이 무르익기 전에 유예 기간을 즐기지만, 악행의 열매를 충분히 거두는 일이 불가피하게 틀림없이 다가오느니라. 아무도 마음 속에 '악행에 대한 벌이 가까이 오지 않으리라" 하면서, 죄를 가볍게 여기지 말라. 지혜로운 심판이 있을 때, 네가 행한 것은 그대로 너에게 행해질지니라. 동료들에게 불공정하게 행한 것은 너에게 돌아올지니라. 생물은 자기 행위의 운명을 벗어날 수 없느니라.

"바보가 마음 속에 '악이 나를 따라잡지 못할지라' 하였더라. 그러나 오로지 혼이 책망을 몹시 바라고 정신이 지혜를 구할 때 안전을 얻느니라. 지혜로운 사람은 고귀한 혼이니, 적들 한가운데서도 친절하고, 난폭한 자들 가운데 차분하며, 탐욕스러운 자들 사이에서 너그러우니라. 자신을 사랑함은 좋은 밭에 잡초와 같으니라. 이기심(利己心)은 슬픔을 낳고, 끊임없는 걱정은 사람을 죽이느니라. 잘 가꾼 지성은 행복을 낳느니라. 자신을 이기고 복종시키는 자는 가장 큰 용사이라. 모든 일에 삼가는 것이 좋으니라. 미덕을 귀중히 여기고 의무를 실행하는 자가 홀로 뛰어난 사람이라. 분노와 미움에 지배되지 말라. 어떤 사람에 대해서도 모질게 말하지 말라. 만족(滿足)이 가장 큰 재산이라. 지혜롭게 준 것은 잘 저축한 것이라. 너에게 행해지기 바라지 않는 것을 남에게 행하지 말라. 선으로 악을 갚으라. 착한 것으로 악을 이기라.

"의로운 혼은 온 땅을 다스리는 통치권보다 더 바람직하니라. 불멸은 성실의 목적지요, 죽음은 경솔히 사는 결과이라. 열심 있는 자는 죽지 않으나, 경솔한 자는 이미 죽었느니라. 죽음이 없는 지경을 꿰뚫어보는 자는 복이 있도다. 산 자를 괴롭히는 자들은 죽은 뒤에 도저히 복을 얻지 못하리라. 이기심 없는 자는 하늘로 가며, 거기서 무한히 자유로운 행복을 즐기고, 고귀한 너그러움이 계속 커지느니라. 올바르게 생각하며, 고귀하게 말하고, 사심 없이 행하는 인간마다, 여기서 이 짧은 일생 동안 덕을 누릴 뿐 아니라, 몸이 분해된 뒤에도 계속 하늘의 기쁨을 누리리라."

4. 힌두교

멜기세덱의 선교사들은 어디로 여행하든지 유일신의 가르침을 가지고 갔다. 이 일신교 교리에서 많은 것은, 다른 이전의 개념들과 함께, 힌두교의 후일의 가르침에 구체화되었다. 예수와 가니드는 다음을 추려 냈다:

"그는 크신 하나님이요 모든 면에서 최상이라. 그는 만물을 둘러싸는 주요. 온 우주를 창조하고 통제하는 분이라. 하나님은 유일한 분이요, 홀로, 혼자서 계시며, 오직 한 분이라. 이 하나님은 우리의 조물주요, 혼의 마지막 운명이라. 최상자는 말할 수 없이 빛나며, 빛 중의 빛이라. 이 신성한 빛이 모든 마음과 세계를 빛으로 비추도다. 하나님은 우리의 보호자요—피조물 곁에 계시며—그를 알려고 배우는 자는 불멸하게 되느니라. 하나님은 큰 에너지 근원이요, 큰 혼이라. 만물 위에 보편적 지배권을 행사하시니라. 이 유일한 하나님은 사랑이 깊고, 영화롭고, 찬송받을 만하니라. 우리 하나님은 최상의 권능을 가졌고, 가장 높은 거처에 계시니라. 이 참된 분은 영원하고 신성하니, 하늘의 첫째 가는 주이라. 모든 선지자가 갈채하여 그를 맞이하였고, 그는 자신을 우리에게 드러냈도다. 우리는 그를 예배하나이다. 아, 최상의 성격이여, 존재들의 근원, 창조의 주, 우주의 통치자여, 어디에나 계시는 능력을 당신의 피조물, 우리에게 드러내소서! 하나님은 해와 별을 만드셨고, 밝고 깨끗하며 스스로 계시니라. 그의 영원한 지식은 신성하게 지혜로운 것이라. 영원자는 악에 물들지 않았도다. 우주가 하나님으로부터 솟아 났은즉, 그가 우주를 다스리는 것이 알맞도다. 그는 창조의 원인이요, 따라서 만물이 그분 안에 자리를 잡도다.

"하나님은 모든 착한 사람에게 곤궁할 때 확실한 피난처이라, 불멸자는 모든 인류를 돌보시니라. 하나님의 구원은 힘차고 그는 품위 있게 친절을 베풀도다. 그는 사랑이 많은 보호자요, 복된 방어자이로다. 주가 말씀하시되, '나는 저희의 혼 속에, 지혜의 등불로서 거하노라. 눈부신 것의 광채이며, 선한 것 가운데 선한 것이라. 두세 사람이 모인 곳에 내가 또한 있느니라.' 피조물은 창조자가 계신 앞에서 달아날 수 없느니라. 주는 모든 필사자가 끊임없이 눈을 깜빡하는 것까지 세며, 우리는 이 신다운 존재, 떨어질 수 없는 동반자를 예배하노라. 그는 만물에 스며들고, 풍부하고 두루 계시며, 무한히 친절하시니라. 주는 우리의 통치자·피난처요, 최고의 통제자이니, 그 시원(始原)의 영이 필사자 혼 속에 거하도다. 악과 미덕을 보시는 영원한 증인은 사람의 마음 속에 거하시니라. 찬미할 만하고 신다운 생명 수여자를 오랫동안 묵상하자. 그의 영으로 하여금 우리의 생각을 완전히 지도하게 할지어다. 이 비현실 세계로부터 현실 세계로 우리를 이끄소서! 어둠에서 빛으로 우리를 이끄소서! 죽음에서 불멸로 우리를 안내하소서!

"마음 속에 모든 미움을 없애 버리고, 영원자를 경배하자! 우리의 하나님은 기도의 주이니, 자녀들의 외치는 소리를 들으시느니라. 모든 백성이 뜻을 그에게, 의지가 굳센 분에게 바칠지어다. 기도의 주가 관대하심에 기뻐하자. 기도를 가장 가까운 친구로 삼고, 예배가 네 혼의 기둥이 되게 하여라. 영원자가 말씀하시되, '너희가 오직 사랑으로 나를 경배하면, 나에게 도달할 지혜를 너희에게 주리라, 나를 경배하는 것이 모든 생물에게 공통된 미덕임이라.' 하나님은 어두운 것을 밝게 하시는 분이요, 힘없는 자에게 힘이라. 하나님이 우리의 강한 친구이니 우리에게 두려움이 사라졌도다. 진 적이 없는 정복자의 이름을 우리가 찬송하노라. 우리가 그를 경배하는 것은 그가 사람에게 충실하고 영원히 도우시는 분인 까닭이라. 하나님은 우리의 확실한 지도자요 어김없는 안내자이라. 하늘과 땅의 위대한 부모요, 한없는 에너지와 무한한 지혜(知慧)를 가지셨느니라. 그 광채는 숭고하고 아름다움은 신성하니라. 그는 우주에서 최상의 피난처요, 영구한 법칙을 변함없이 수호하는 분이라. 우리의 하나님은 생명의 주요, 모든 사람에게 위로자이라. 인류를 사랑하는 분이요, 곤경에 빠진 자를 돕는 분이라. 우리에게 생명을 주시는 분이요, 인간 무리에게 선한 목자이라. 하나님은 우리의 아버지요, 형이요, 친구이라. 내면 생활에서 이 하나님을 우리가 몹시 알고 싶노라.

"가슴 속에 동경(憧憬)함으로 우리는 믿음 얻기를 배웠도다. 감각을 자제함으로 지혜를 얻었고, 지혜로 최상위 안에서 평화를 얻었도다. 믿음이 가득한 자는 속 사람이 하나님에 몰두할 때 참으로 예배하느니라. 우리 하나님은 하늘을 외투로 입으시고, 또한 널리 펼쳐지는 다른 여섯 우주에 거하시니라. 그는 만물 위에, 만물 안에서, 최상이로다. 우리는 동료들에게 지은 모든 죄에 대하여 주께 용서받기를 몹시 바라며, 친구가 우리에게 행한 잘못을 용서하고자 하나이다. 우리의 영은 모든 악을 싫어하오니, 그러므로, 아 주여, 죄의 온갖 얼룩으로부터 우리를 벗어나게 하소서. 위로자·보호자·구원자—우리를 사랑하는 분—이신 하나님께 우리가 기도하나이다.

"우주 관리자의 영은 단순한 생물의 혼에 들어가느니라. 유일한 하나님을 경배하는 사람은 지혜로우니라. 완전을 얻으려고 애쓰는 자들은 정말로 최상의 주를 알아야 하느니라. 최상위의 지극히 복된 안전을 아는 자는 결코 두려워 아니하니, 최상위가 섬기는 자들에게 이렇게 말씀하심이라: '두려워 말라, 내가 너희와 함께 있음이라.' 섭리의 하나님은 우리의 아버지로다. 하나님은 진리이라. 생물이 그를 이해하기를—진리를 충분히 알게 되기를—하나님이 소망하시니라. 진리는 영원하고 우주를 지탱하느니라. 우리의 최고의 소망은 최상위와 연합하는 것이라. 위대한 통제자는 만물을 생성케 하는 분이요—모든 것이 그로부터 진화하느니라. 이것이 의무의 전부이라: 아무도 자기가 싫어하는 것을 남에게 하지 말라. 악의(惡意)를 품지 말고, 너를 치는 자를 치지 말지며, 자비로 분노를 이기고, 너그러움으로 미움을 극복하라. 우리가 이 모든 것을 해야 하는 것은 하나님이 친절한 친구요, 우리가 땅에서 행하는 모든 불법을 용서하는 인자하신 아버지인 까닭이라.

"하나님은 우리의 아버지요, 땅은 어머니요, 우주는 우리의 출생지이라. 하나님 없이 혼은 죄수요, 하나님을 아는 것이 혼을 해방하느니라. 하나님을 명상함으로, 그와 연합함으로, 악의 망상으로부터 구원을 얻고, 모든 물질의 사슬로부터 궁극의 구원을 얻느니라. 사람이 한 조각 가죽처럼 공간을 말아 올릴 때 악이 끝나리니, 사람이 하나님을 찾아냈음이라. 아, 하나님, 지옥의 세 가지 패망—육욕·분노·탐욕—으로부터 우리를 살려 주소서! 아, 혼이여, 불멸의 영적 투쟁을 위하여 허리를 졸라매라! 필사 생명의 끝이 올 때, 더 알맞고 아름다운 모습을 입고 최상위와 불멸자의 나라에서 깨어나려고 이 몸을 망설이지 말고 버릴지니, 거기에는 두려움도, 슬픔도, 배고픔도, 목마름도, 죽음도 없도다. 하나님을 아는 것은 죽음의 끈을 잘라 버리는 것이라. 우유 위에 크림이 나타나듯, 하나님을 아는 자는 우주에서 올라서느니라. 우리는 하나님, 모든 일을 하시는 분, 위대한 혼을 예배하며, 그는 언제나 피조물의 마음 속에 늘 앉아 계시니라. 하나님이 인간의 마음 속 보좌에 앉아 계심을 아는 자들은 그와 같이—불멸하게—될 운명을 가졌느니라. 악은 이 세상에 남는 것이 틀림없으나, 미덕은 하늘까지 혼을 따라가느니라.

"'우주는 진리도 통치자도 없고, 오로지 우리의 육욕을 위하여 고안되었다' 하는 것은 오직 사악한 자 뿐이라. 그러한 혼들은 지능이 왜소하여 속느니라. 그래서 저희는 육욕을 즐기는 데 투신하며, 자기 혼에게서 미덕의 기쁨과 올바름의 즐거움을 빼앗느니라. 죄에서 구원을 받는 것보다 무엇이 더 클 수 있으랴? 최상위를 만나 본 자는 불멸하느니라. 육체로 사람의 친구인 자들은 죽음을 이기고 살아남을 수 없으며, 사람이 즐겁고 햇빛 비치는 파라다이스의 들을 향하여 늘 여행하는 동안, 오로지 미덕이 곁에서 동행하느니라."

5. 조로아스터교

조로아스터 자신은 초기 멜기세덱 선교사들의 후손들과 직접 연락이 있었고, 그 유일신 교리는 그가 페르시아에서 창시한 종교에서 핵심적인 가르침이 되었다. 유대교를 제쳐 놓고, 그 시절의 어떤 종교도 이 살렘의 가르침을 더 많이 담지 못했다. 이 종교의 문서로부터 가니드는 다음을 추려 냈다:

"만물이 유일한 하나님으로부터 생기고 그에게 속하나니—그는 전적으로 지혜롭고, 선하고, 올바르고, 거룩하고, 눈부시고 영화롭도다. 우리의 이 하나님은 모든 빛의 근원이로다. 창조자요, 온갖 좋은 목적의 하나님이요, 우주 정의의 수호자이라. 일생에서 현명한 길은 진리의 영과 어울려 행동하는 것이라. 하나님은 만물을 보시고, 사악한 자의 악행과 올바른 자의 착한 일을 보시며, 우리의 하나님은 번쩍이는 눈으로 만물을 지켜보시니라. 그의 손길은 치유하는 손길이라. 주는 전능한 후원자이라. 하나님은 인자한 손을 올바른 자와 사악한 자, 모두에게 뻗으시느니라. 하나님은 세계를 세우고, 선과 악을 위하여 보상을 예비하셨느니라. 전적으로 지혜로운 하나님은 생각이 깨끗하고 행동이 올바른 경건한 혼들에게 불멸을 약속하셨느니라. 네가 지극하게 바라는 그대로 될지니라. 우주에서 하나님이 계심을 헤아리는 자들에게 햇빛은 지혜와 같으니라.

"지혜자가 기뻐하는 것을 추구함으로 하나님을 찬양하라. 그가 계시한 종교로 예비된 길에서 즐겁게 걸으면서 빛의 하나님께 경배하라. 오직 한 분, 최상의 하나님, 빛의 주가 계시니라. 물, 식물과 동물, 땅과 하늘을 만드신 분을 우리가 경배하나이다. 우리의 하나님은 가장 인자하신 주로다. 우리는 가장 아름답고 풍부한 불멸자, 영원한 빛을 가진 분을 숭배하나이다. 하나님은 우리에게서 아주 멀리 계시며, 동시에 우리 혼 안에 거하시니 우리에게 아주 가까이 계시니라. 우리의 하나님은 신답고 가장 거룩한 파라다이스 영이요, 그래도 모든 생물 가운데 가장 친절한 자보다 사람에게 더 친절하시니라. 모든 사업 중에 가장 큰 일, 하나님을 아는 일에, 그는 우리에게 가장 도움이 되도다. 우리에게 하나님은 가장 찬미할 만하고 올바른 친구이라. 그는 우리의 지혜요, 생명이요, 혼과 몸의 활기이라. 우리의 착한 생각을 통해서 지혜로운 창조자는 우리가 그의 뜻을 실행하게 하실 것이요, 그로서 신성하게 완전한 모든 것을 이루리라.

"주여, 영의 다음 생명을 위하여 준비하는 동안, 육체를 입은 이 일생을 어떻게 사는가 우리에게 가르치소서. 주여, 우리에게 이르소서, 그리하면 당신이 명하시는 대로 하리이다. 착한 길을 가르치소서, 그리하면 바른 길로 가리이다. 우리가 당신과 한데 뭉치기를 허락하소서. 올바름과 연합하도록 이끄는 종교가 옳은 줄 우리가 아나이다. 하나님은 우리의 지혜로운 성품, 가장 좋은 생각이요, 올바른 행위이로다. 하나님이 신다운 영과 자신 안에 있는 불멸을 우리에게 허락하시기를!

"지혜자의 이 종교는 믿는 자에게서 악한 생각과 죄 많은 행위를 모조리 깨끗이 없애시느니라. 생각이나 말이나 행동으로—의도했거나 의도하지 않고서— 잘못하였는지 뉘우치면서 나는 하늘 하나님 앞에 엎드리며, 자비를 얻으려고 기도를 드리고, 용서를 얻으려고 찬미를 드리나이다. 죄를 고백할 때, 악한 일을 다시 하지 않으려고 뜻하면, 그 죄가 내 혼에서 없어질 것을 아나이다. 용서가 죄의 사슬을 거두어 감을 아나이다. 악행하는 자들은 벌을 받으려니와 진리를 따르는 자들은 영원히 구원받는 행복을 누리리라. 은혜를 통해서 우리를 붙잡고, 우리 혼에게 구제하는 힘을 베푸소서. 완전에 도달하기를 몹시 바라는 까닭에 우리가 자비를 요청하나이다. 우리는 하나님처럼 되고 싶나이다."

6. 수두안교 (자이나교)

인도(印度)에서 유일신의 교리—멜기세덱의 가르침의 잔재—를 간직한 셋째 집단의 종교 신자들은 그 시절에 수두안 교인으로 알려져 있었다. 나중에 이 신자들은 자이나교의 추종자로 알려졌다. 이렇게 가르쳤다:

"하늘의 주는 최상이라. 죄를 저지르는 자는 하늘에 올라가지 못하나, 올바른 길을 걷는 자는 하늘에서 자리를 얻으리라. 우리가 진리를 알면, 다음 세상에서 생명을 보장받느니라. 사람의 혼은 가장 높은 하늘까지 올라갈 수 있고, 거기서 참다운 영적 성품을 기르고 완전에 이르느니라. 하늘의 재산은 사람을 죄의 사슬에서 구원하고, 최후의 아름다움으로 들어서게 하느니라. 올바른 사람은 이미 죄와 그에 관련된 모든 고난의 종말을 체험하였느니라. 자아는 사람이 이길 수 없는 적이요, 사람의 네 가지 큰 정열로 나타나나니, 분노·자만·기만·욕심이라. 사람의 가장 큰 승리는 자신을 정복함에 있느니라. 사람이 용서를 얻으려고 하나님을 찾을 때, 그러한 해방을 얻으려고 감히 나설 때, 그로서 두려움에서 구원을 받느니라. 사람은 대접받고 싶은 대로, 동료 생물을 대하면서 일생을 통해서 여행해야 하느니라."

7. 신도

겨우 최근에 이 극동(極東) 종교의 원고들이 알렉산드리아 도서관에 맡겨졌다. 신도(神道)는 가니드가 들어 본 적이 없는 세계 종교였다. 다음 요약에서 보다시피, 이 신앙도 초기 멜기세덱의 가르침의 잔재를 담고 있다:

"주가 말씀하시니라. '너희는 모두 나의 신성한 권능을 받은 자이니라. 모든 사람은 내가 베푸는 자비를 맛보느니라. 땅에 두루, 올바른 사람이 늘어나는 것을 내가 크게 기뻐하노라. 자연의 아름다움과 사람의 미덕에서 하늘의 임금은 스스로를 드러내고, 그의 올바른 성품을 보이기를 구하시니라. 옛 사람들이 내 이름을 몰랐으므로, 눈에 보이는 존재로 태어나서 내가 스스로를 드러냈고, 사람이 내 이름을 잊지 않기까지 굴욕을 견디었노라. 내가 하늘과 땅을 만들었고 해와 달과 모든 별이 내 뜻에 복종하느니라. 나는 육지와 사해(四海)에 있는 모든 생물의 통치자이라. 비록 내가 크고 아주 높아도, 아주 가난한 사람의 기도에 귀를 기울이노라. 어느 생물이라도 나를 예배하고자 하면, 그의 기도를 듣고 가슴 속에 바라는 것을 허락하리라.'

"'사람이 걱정에 굴복할 때마다, 마음의 영이 인도하는 것으로부터 한 걸음 멀어지느니라.' 자만이 하나님을 가리느니라. 하늘의 도움을 받고자 하면, 자만을 버리라. 자만의 털마다, 말하자면 큰 구름처럼 구제하는 빛을 가리느니라. 마음 속에 네가 옳지 않으면, 바깥에 있는 것을 얻으려고 비는 것이 쓸모 없느니라. '내가 너희의 기도를 듣는다면, 네가 깨끗한 마음으로, 거짓과 위선이 없이, 거울처럼 진리를 비치는 혼을 가지고 내 앞에 오기 때문이라. 불멸을 얻고 싶으면, 세상을 버리고 내게로 오라.'"

8. 도교

멜기세덱의 사자들은 중국으로 멀리 침투하였고, 유일한 하나님의 교리는 몇몇 중국 종교에서 초기 가르침의 일부가 되었다. 가장 오랫동안 버티고 일신교의 진리를 가장 많이 지닌 것은 도교(道敎)였는데, 가니드는 그 창시자의 가르침으로부터 다음을 수집하였다:

"최상위는 얼마나 순수하고 조용한지, 그래도 얼마나 힘있고 막강한지, 얼마나 깊고 헤아릴 수 없는지! 하늘에 계신 이 하나님은 만물의 명예로운 조상이로다. 영원자를 알면, 너는 깨우쳤고 지혜로우니라. 영원자를 모르면, 무지는 악으로서 스스로를 드러내나니, 이렇게 죄를 지을 정열(情熱)이 일어나느니라. 이 놀라운 존재는 하늘과 땅이 있기 전에 계셨느니라. 참으로 영적이고, 홀로 계시며 변치 않느니라. 그는 정말로 세상의 어머니요, 모든 창조가 그의 둘레에서 움직이도다. 이 위대한 분은 사람에게 자신을 나누어 주시며, 그로서 저희를 탁월하게 만들고 살아남게 하시느니라. 아는 것이 적더라도 사람은 최상위의 길을 걷고, 하늘의 뜻을 따를 수 있느니라.

"참되게 봉사하는 모든 선행(善行)은 최상위로부터 나오느니라. 만물이 살려고 위대한 근원에 기대느니라. 위대한 최상위는 그의 수여에 대하여 조금도 공로를 찾지 않느니라. 그의 권력은 최상이나 우리 눈에 보이지 않게 가려져 있도다. 피조물을 완전하게 만들면서, 끊임없이 그는 자기의 속성을 변화시키느니라. 하늘의 이치는 느리고 참을성 있게 계획해도, 그 성취는 확실하도다. 최상위는 우주를 펼치고 그 모든 것을 떠받들도다. 그의 넘쳐흐르는 영향과 당기는 힘은 얼마나 크고 막강한지! 참된 선(善)은 물과 같으니, 만물에게 복을 주되 아무 것도 해치지 않느니라. 물처럼, 참된 선은 가장 낮은 곳, 아니 남들이 피하는 바닥까지도 찾으니, 최상위와 비슷하기 때문이라. 최상위는 만물을 창조하시고, 사실상 저희를 기르고, 영적으로 저희를 완전케 하느니라. 최상위가 강요하지 않고서 생물을 기르고, 보호하고, 완전하게 만드는 방법은 신비(神秘)로다. 그는 자기 주장 없이 안내하고 지도하시며, 지배하지 않고서 진보를 돌보시느니라.

"현명한 사람은 마음을 보편화하느니라. 어설프게 아는 것이 위험하니라. 큰 뜻을 품은 자는 자기를 낮추기를 배워야 하느니라. 창조할 때 최상위는 세계의 어머니가 되었도다. 사람이 어머니를 아는 것은 제가 아들임을 깨닫는 것이라. 전체의 관점에서 모든 부분을 보는 자는 지혜로운 사람이라. 누구에게나, 네가 그의 처지에 있는 것처럼 말하라. 모욕을 친절로 갚으라. 사람들을 사랑하면, 저희가 네 가까이 오리니—저희를 설득하기에 아무 어려움이 없으리라.

"위대한 최상위는 만물을 침투하며, 왼편과 바른편에 있도다. 모든 창조를 지원하고 모든 참다운 존재 안에 깃들도다. 너희는 최상위가 어디 계신가 발견할 수 없고, 계시지 않은 곳에도 갈 수 없느니라. 사람이 자기의 길이 악함을 깨닫고, 진심(眞心)으로 죄를 뉘우치면, 용서를 구해도 좋으니라. 그는 벌을 피할 수도 있고, 재난을 복으로 바꿀 수도 있느니라. 최상위는 모든 창조에게 안전한 피난처요, 인류의 수호자요 구원자이라. 날마다 그를 찾으면, 찾아내리라. 그가 죄를 용서할 수 있은즉, 그는 정말로 모든 사람에게 아주 귀중하니라. 하나님은 행위가 아니라 사람의 됨됨이를 보고 상(賞) 주심을 늘 기억하라. 그런즉 보상(報償)을 생각지 말고 동료에게 도움을 주어야 하느니라. 자기의 이익을 생각지 말고 좋은 일을 하라.

"영원자의 율법을 아는 자는 지혜로우니라. 신의 율법을 모르는 것은 고난이요 재난이라. 하나님의 율법을 아는 자는 생각이 자유로우니라. 네가 영원자를 알면, 몸이 죽더라도 혼이 살아남아서 영으로 봉사하리라. 너의 하찮음을 깨달으면, 참으로 지혜로우니라. 네가 영원자의 빛에 거하면, 최상위의 깨우침을 맛보리라. 최상위에게 봉사하는 데 헌신하는 자들은 이렇게 기쁘게 영원자를 추구하느니라. 사람이 죽으면, 먼 귀향 길에 그 영이 긴 비행(飛行)을 시작하느니라."

9. 유교

세계의 큰 종교들 가운데 가장 적게 하나님을 인정하는 종교조차도 멜기세덱 선교사들과 끈질긴 후계자들의 일신교를 인정했다. 가니드가 이렇게 유교(儒教)를 요약하였다:

"하늘이 예정하는 것은 틀림이 없도다. 진리는 참이며 신성하니라. 만물이 하늘에서 비롯되며 큰 하늘은 실수가 없느니라. 하늘은 열등한 생물을 교육하고 개선하는 일을 돕는 부하를 많이 임명하였느니라. 하늘 높이서 사람을 다스리는 유일한 하나님은 크시고 크시도다. 하나님의 권능은 대단하고 그 판단은 무섭도다. 그러나 이 큰 하나님은 많은 열등한 민족에게도 도덕 감각을 주었느니라. 하늘의 은혜는 결코 그치지 않느니라. 자비심은 하늘이 사람에게 주는 최고의 선물이라. 하늘은 사람의 혼에게 기품을 주었고, 사람의 미덕은 하늘의 기품을 이렇게 부여함으로 생긴 열매이라. 큰 하늘은 만물을 헤아리고, 사람이 행하는 모든 일에 동행하시니라. 큰 하늘을 우리 아버지, 우리 어머니라 부르는 것이 좋으니라. 이렇게 우리가 신성한 조상들의 종이면, 신뢰하고 하늘에게 기도해도 좋으니라. 항상, 무슨 일에나 하늘의 위엄을 경외하자. 아 하나님, 최고자, 통치하는 주권자여, 심판이 주께 달려 있고, 모든 자비가 신의 마음으로부터 진행하는 것을 우리가 인정하나이다.

"하나님이 우리와 함께 계시니, 그런즉 우리 마음 속에 아무 두려움이 없도다. 나에게 어떤 미덕이라도 발견되면, 나와 함께 거하는 하늘이 명시(明示)되는 것이라. 그러나 내 안에 있는 이 하늘은 가끔 내 신앙에 어려운 요청을 하도다. 하나님이 함께 계시면, 나는 마음 속에 아무 의심을 갖지 않기로 결심하였노라. 믿음은 사물의 진실에 아주 가까이 있음이 틀림없고, 이 좋은 믿음 없이 사람이 어찌 살 수 있을까 나는 알지 못하노라. 선과 악은 까닭 없이 사람에게 닥치지 아니하느니라. 하늘은 사람의 혼이 목적하는 바에 따라서 그 혼을 다루시니라. 네가 잘못했음을 깨달을 때, 망설이지 말고 네 잘못을 고백하고 빨리 배상(賠償)하라.

"지혜로운 자는 진리 탐구에 몰두하며, 살아갈 방도만을 겨우 추구하지 않느니라. 하늘의 완전함에 이르는 것이 사람의 목적이라. 우수한 사람은 자아 조절에 마음을 쓰며, 걱정과 두려움에 매이지 않느니라. 하나님이 너와 함께 계시니, 가슴 속에 의심을 품지 말라. 모든 착한 행실은 보상을 받느니라. 대인(大人)은 하늘에 투덜거리지 않으며, 사람에게 불평을 품지도 않느니라. 너 자신이 받아서 싫어할 일을 남에게 행하지 말라. 어떤 벌에도 동정심을 섞고, 어떻게 해서든지 징벌이 축복(祝福)이 되도록 노력하라. 큰 하늘의 길이 이러하니라. 모든 피조물이 죽어서 흙으로 돌아가야 하나, 귀인(貴人)의 영은 떠나가서 하늘에서 전시되며, 마지막에 밝게 빛나는 영화로운 빛에 이르기까지 올라가느니라."

10. "우리의 종교"

파라다이스 아버지에 관한 세계 종교들의 가르침을 이처럼 수집하느라고 힘들여 수고한 뒤에, 가니드는 예수가 가르친 결과로서 하나님에 관하여 얻은, 신앙의 요약이라고 판단한 것을 작성하는 일에 착수했다. 이 젊은이는 그러한 믿음을 "우리의 종교"로 언급하는 버릇이 있었다. 그는 이렇게 기록했다:

"우리의 주 하나님은 유일한 주이며, 머리와 마음을 다하여 그를 사랑하고, 한편 네가 자신을 사랑하는 것처럼 너는 하나님의 모든 자녀를 사랑하려고 최선을 다해야 한다. 이 하나님은 우리의 하늘 아버지요, 그분 안에 만물이 존재를 가지며, 그 영으로 말미암아 그는 모든 성실한 인간 혼 안에 거하신다. 우리는 하나님의 자녀요, 충실한 창조자에게 하듯 어떻게 우리 혼을 맡기는가를 배워야 한다. 우리 하늘 아버지께는 모든 일이 가능하다. 그는 창조자요 만물과 모든 존재를 창조하셨으니, 그렇지 않을 수 없다. 볼 수는 없더라도, 우리는 하나님을 알 수 있다. 하늘에 계신 아버지의 뜻을 날마다 실천하면서, 우리는 하나님을 동료 인간들에게 드러낼 수 있다.

"하나님 성격의 신성한 재산은 무한히 깊고 영원히 지혜롭다. 지식(知識)으로는 하나님을 찾을 수 없지만, 가슴 속에서 몸소 체험함으로 그를 알 수 있다. 그의 응보를 우리가 찾아낼 수 없을까 싶지만, 땅에서 가장 비천한 존재도 그의 자비를 받을지 모른다. 아버지는 우주를 채우시지만, 또한 우리 마음 속에서도 사신다. 사람의 지성은 인간답고 반드시 죽지만, 사람의 영은 신성하고 불멸한다. 하나님은 전능하실 뿐 아니라 또한 전적으로 지혜롭다. 땅에서 우리 부모가, 악한 성향이 있어도 자식들을 사랑하고 좋은 선물을 줄 줄 안다면, 하늘의 선한 아버지는 땅에 있는 자녀들을 어떻게 지혜롭게 사랑하는가, 알맞는 축복을 내리는가 얼마나 더 잘 아시겠는가.

"한 아이가 아버지를 발견하기를 바라고 참으로 그와 같기를 동경하면 하늘 아버지는 그가 땅에서 죽도록 버려 두지 않으실 것이다. 우리 아버지는 악한 자를 사랑하기까지 하며 고마움을 모르는 자에게 언제나 친절하시다. 하나님의 선하심을 더 많은 인간이 알 수만 있다면, 저희가 악한 길을 뉘우치고 모든 알려진 죄를 버리도록 분명히 인도를 받을 것이다. 모든 좋은 것은 빛의 아버지로부터 내려오며, 그분 안에는 아무 변동이 없고 변화의 그림자도 없다. 참 하나님의 영은 사람의 가슴 속에 계신다. 그는 모든 사람이 형제가 되기를 뜻하신다. 사람들이 비로소 하나님을 더듬어 찾으면, 그것은 하나님이 저희를 찾아냈고, 저희가 그에 대한 지식을 찾는다는 증거이다. 우리는 하나님 안에서 살며, 하나님은 우리 안에 거하신다.

"나는 하나님이 내 민족 전체의 아버지임을 믿는 것으로 이제 더 만족하지 못하겠다. 이제부터 또한 <u>내</u> 아버지임을 믿겠다. 진리의 영의 도움을 얻어서 하나님을 예배하려 언제나 애쓰겠는데, 그 영은 내가 정말로 하나님을 알게 된 때 나를 돕는 분이다. 그러나 무엇보다 먼저, 땅에서 하나님의 뜻을 어떻게 행하는가를 배워서 나는 하나님 예배하기를 연습하려 한다. 즉, 하나님이 내 동료 필사자 각자가 대접받기 바라는 대로, 저희를 대하도록 최선을 다하려 한다. 육신을 입고 이 종류의 일생을 살면, 우리는 하나님께 많은 것을 청구해도 좋으며, 그는 동료들에게 봉사하는 데 더 낫게 준비되도록 우리의 마음이 바라는 것을 주실 것이다. 하나님의 자녀가 사랑으로 베푸는 이 봉사는 모두, 하늘의 기쁨, 즉 하늘의 영이 베푸는 봉사로 높은 기쁨을 우리가 받고 체험할 능력을 키워 준다.

"나는 이루 말할 수 없는 선물 때문에 날마다 하나님께 감사하겠다. 사람의 아이들에게 행하신 놀라운 일로 그를 찬미하겠다. 그는 나에게 전능자·창조자요, 권능과 자비이지만, 무엇보다도 내게 영 아버지이다. 땅에 있는 자식으로서, 나는 언젠가 그를 보러 떠나겠다. 하나님을 찾음으로 그와 같이 되리라고 내 가정 교사가 말했다. 하나님을 믿음으로 나는 그와 평화를 얻었다. 우리의 이 새 종교는 기쁨으로 아주 가득하며, 오래 가는 행복을 낳는다. 죽기까지도 내가 충실하고 분명히 영생의 화관(花冠)을 받으리라 나는 확신한다.

"나는 만물을 증명하는 것과 선한 것에 집착하기를 배운다. 사람들이 내게 해주기를 바라는 것은 무엇이나 동료들에게 행하겠다. 이 새로운 믿음으로 사람이 하나님의 아들이 될 수 있음을 내가 안다. 그러나 멈추어서 내가 모든 사람이 내 형제임을 생각하면 때때로 무서워지지만, 이것은 참말임이 틀림없다. 사람이 형제임을 받아들이려 하지 않으면서 어떻게 하나님이 아버지임을 내가 기뻐할 수 있는지 나는 모른다. 주의 이름을 부르는 자마다 구원을 얻을 것이다. 이것이 참이라면, 모든 사람이 내 형제임이 틀림없다.

"이제부터 선행(善行)을 남 모르게 하겠다. 또한 홀로 있을 때 기도를 가장 많이 하겠다. 동료들에게 불공평하지 않도록 판단하지 않겠다. 내 적을 사랑하기를 배우겠다. 하나님과 같이 되는 이 연습을 나는 아직 참으로 통달하지 못했다. 다른 이 여러 종교에서 하나님을 보아도, 나는 '우리의 종교'에서 하나님이 더 아름답고 사랑이 있으며, 자비롭고 몸소 대하시며, 긍정적임을 발견한다. 그러나 무엇보다도, 크고 영화로운 이 존재는 내게 영적 아버지요, 나는 자식이다. 그와 같이 되려는 나의 정직한 소망 외에 어떤 방법으로도, 나는 궁극에 그를 발견하고 영원히 그에게 봉사하지 못할 것이다. 마침내 나는 하나님, 놀라운 하나님이 있는 종교를 가졌으니, 그는 영원한 구원을 주는 하나님이다."

제 132 편

로마에서 머무를 때

고노드가 인도의 영주들로부터 인사장을 로마의 통치자 티베리우스에게로 가지고 갔기 때문에, 로마에 도착한 뒤 사흘째, 두 인도인과 예수는 그 앞에 나타났다. 시무룩하던 황제는 이 날 특별히 명랑했고, 세 사람과 오랫동안 잡담하였다. 앞에서 그들이 사라졌을 때, 황제는 예수를 언급하면서 바른 쪽에 서 있던 보좌관에게 한 마디 던졌다: “저 친구의 임금다운 태도와 품위 있는 예절을 가졌다면, 내가 진짜 황제가 될 터인데, 응?”

로마에 있으면서, 가니드는 공부하고 도시 근처에 흥미 있는 장소들을 찾아보는 데 정기적으로 시간을 보냈다. 아버지는 처리할 업무가 많았고, 아들이 자라서 광대한 상업 이권(利權)을 관리하는 데 마땅한 후계자가 되기를 바랐기 때문에, 소년을 사업 세계에 입문시킬 때가 왔다고 생각했다. 로마에는 인도 시민이 많이 있었고, 가끔 고노드 자신의 고용자들 가운데 하나가 통역자로서 따라가곤 해서, 예수는 하루 전체를 혼자서 보내곤 하였다. 이것은 2백만 주민을 가진 이 도시를 샅샅이 눈에 익힐 시간을 주었다. 그는 포럼에서 자주 눈에 띄게 되었는데, 여기는 정치와 법률과 사업 생활의 중심이었다. 가끔 카피톨리움으로 올라갔고, 주피터·주노·미네르바에게 바쳐진 이 웅장한 신전(神殿)을 바라보는 동안, 이 로마인들이 무지의 사슬에 붙들려 있는 것을 곰곰이 생각해 보았다. 또한 팔라틴 언덕에서 시간을 많이 보냈는데, 거기에는 황제의 저택, 아폴로 신전과 그리스 및 라틴 도서관들이 있었다.

이 때에 로마 제국은 유럽 남부, 소 아시아, 시리아, 에집트, 북서 아프리카를 모두 포함했다. 그 거주민은 동반구의 모든 국가(國家)의 시민을 포함했다. 유란시아 필사자들의 이 국제적 집합에 대하여 공부하고 함께 어울리려는 소망이 예수가 이 여행을 하기로 찬성한 주요한 이유였다.

로마에 있는 동안 예수는 사람들에 관하여 많이 배웠지만, 그 도시에서 여섯 달 머무르는 동안에 얻은 다양한 모든 체험 가운데 가장 귀중한 것은 제국의 서울에 있던 종교 지도자들과 접촉하고 영향을 준 것이었다. 로마에서 첫 주말이 되기 전에, 예수는 견유학파, 금욕주의파, 신비 종파, 특히 미트라 집단에서, 쓸 만한 지도자들을 수소문하고 얼굴을 익혔다. 유대인들이 그의 사명을 거부(拒否)하리라는 것이 명백했든 그렇지 않았든, 하늘나라를 선포하려고 사자(使者)들이 곧 로마로 올 것을 예수는 아주 확실히 내다보았다. 따라서 가장 놀라운 방법으로, 그 메시지가 더 낫게, 더 확실하게 받아들여지도록 길을 예비하는 데 착수했다. 그는 으뜸가는 금욕주의자 다섯 명, 견유학파 열한 명, 신비 종파 지도자 열 여섯을 골랐고,

거의 여섯 달 동안 남는 시간의 많은 부분을 이 종교 선생들과 밀접히 관계를 가지며 지냈다. 그는 이렇게 가르쳤다: 한 번도 그들의 잘못을 공격하거나, 가르침에 있는 결점(缺點)을 언급하지도 않았다. 경우마다 그들이 가르친 것 속에 있는 진리를 고르고, 나아가서 그들의 머리 속에서 이 진리를 돋보이게 하고 비추어서, 아주 짧은 동안에 그 진리의 향상은 관계된 잘못을 실질적으로 밀어내었다. 예수가 가르친 이 남녀들은 이렇게 초기 그리스도교 선교사(宣敎師)들의 가르침에서 추가되는 비슷한 진리를 후일에 깨닫도록 준비되었다. 복음 전도자(傳道者)들의 가르침을 바로 이렇게 일찍 받아들인 것은 로마에서, 거기서부터, 제국 전역에 걸쳐 그리스도교가 급히 퍼지는 데 힘차게 기동력을 주었다.

로마에서 예수가 가르친 이 집단의 종교 선생 32명 가운데 겨우 두 사람이 열매를 맺지 못했다는 것을 기록할 때, 이 놀라운 행적의 중요성을 더 잘 이해할 수 있다. 이 30인은 로마에서 그리스도교를 세우는 데 주축(主軸)을 이루는 사람들이 되었고, 더러는 또한 제일 가는 미트라 성전을 그 도시의 첫 그리스도 교회로 바꾸는 데 협조하였다. 장면 뒤에서, 1천9백 년의 세월에 비추어 인간의 활동을 바라보는 우리가 인식하건대, 유럽에 두루 그리스도교가 급속히 전파되기 위한 무대의 초기 배경에서, 최고의 가치를 가진 꼭 세 가지 요인이 있으니, 다음과 같다:

1. 시몬 베드로를 사도로 고르고 유지한 것.
2. 예루살렘에서 스테반과 이야기한 것. 그의 죽음은 타르수스의 사울을 얻도록 이끌었다.
3. 로마에서, 제국 전역에서, 후일에 새로운 종교를 주도하도록 이 로마인 30명을 미리 준비한 것.

스테반이나 선택된 30인도, 모든 체험을 통해서, 그 사람과 한 번 이야기했고, 그의 이름이 그들의 종교적 가르침의 주제가 되었다는 것을 결코 깨닫지 못했다. 최초의 32인을 위하여 예수가 일한 것은 온전히 개인적이었다. 이 사람들을 위하여 수고하면서 다마스커스 서기관(書記官)은 한꺼번에 세 명을 넘게 만나지 않았고, 두 명을 넘게 만나는 일이 드물었으며, 한편 이들을 하나씩 가르친 적이 가장 많았다. 이 남녀들이 전통에 묶이지 않았기 때문에 종교 훈련을 시키는 이 큰 업적을 이룰 수 있었다. 이들은 모든 앞날의 종교 발전에 관하여 굳어진 선입견에 희생된 사람들이 아니었다.

곧 뒤잇는 여러 해 동안, 베드로와 바울, 로마에 있던 다른 그리스도교 선생들은 이 다마스커스 서기관에 관하여 여러 번 소문을 들었는데, 그는 그들보다 앞섰고 (그들이 알아채지 못하고 상상한 바와 같이) 그들이 새 복음을 가지고 오는 것을 위하여 길을 준비한 것이 아주 분명했다. 바울은 결코 이 다마스커스 서기관의 신분을 정말로 추측하지 못했지만 죽기 전에, 인물(人物) 묘사가 비슷했기 때문에, "안티옥의 천막 만드는 자"는 또한 "다마스커스의 서기관"이라고 결론을 내렸다. 어느 때 한 번, 로마에서 설교하는 동안, 시몬 베드로는 다마스커스 서기관의 인물 묘사를 들으면서, 이 사람이 예수였을까 싶다고 추측했지만, 주가 로마에 계신 적이 없었음을 잘 알았으니까 (그렇게 생각했다), 재빨리 그 생각을 떨쳐 버렸다.

1. 참된 가치

로마에서 머무르던 기간의 초기에, 예수는 금욕주의파의 지도자 앙가몬과 함께, 밤이 새도록 이야기했다. 이 사람은 나중에 바울의 가까운 친구가 되었고, 로마에서 그리스도교 교회를 강력하게 지지한 사람들 중에 하나가 되었다. 현대의 말투로 다시 표현하면, 예수가 앙가몬에게 가르친 것의 내용은 이렇다:

참된 가치(價値)의 기준은 영적 세계에서, 영원한 실체의 신성한 수준에서 찾아야 한다. 올라가는 필사자에게 그보다 낮은 모든 물질적 기준은 일시적·부분적이며 열등하다는 것을 인식해야 한다. 과학자는 그런 자격으로, 물질적 사실들이 관계됨을 발견하는 데 국한된다. 엄밀하게 말하면, 과학자는 자기가 물질주의자나 이상주의자라고 주장할 아무 권리가 없으니, 모든 그러한 태도를 주장하는 것이 철학의 바로 그 핵심이니까, 그렇게 하면서 참된 과학자의 태도를 버리기로 가정했기 때문이다.

사람의 통찰력과 인류의 영적 달성이 비례해서 커지지 않으면, 순전히 물질적인 문화의 한없는 진보는 궁극에 문명에 위협이 된다. 순전히 물질적인 과학은 그 안에 모든 과학적 노력을 파괴하는 잠재(潛在) 씨앗을 품고 있으니, 바로 이 태도는 도덕적 가치의 감각을 포기하고 그 영적 달성 목표를 배척한 문명이 궁극에 붕괴한다는 것을 예시(豫示)한다.

물질주의 과학자와 극단적인 이상주의자는 언제나 다투게 되어 있다. 이것은 높은 도덕 가치와 영적 시험 수준에서, 공통된 기준을 소유한 과학자와 이상주의자에게는 참말이 아니다. 각 시대에 과학자와 종교가들은 인간의 필요라는 심판대 앞에서 재판(裁判)을 받고 있음을 깨달아야 한다. 인간의 진보에 봉사하는 데 더 낫게 헌신함으로 계속된 생존을 정당화하려고 용감하게 싸우는 한편, 자기들 사이에 모든 투쟁(鬪爭)을 피해야 한다. 어느 시대에도 이른바 과학이나 종교가 거짓되다면, 그들은 활동을 깨끗하게 하든지, 아니면 더 참되고 더 가치 있는 체제의 물질 과학이나 영적 종교가 탄생하기 전에, 사라져야 한다.

2. 선과 악

마르두스는 로마에서 견유학파의 인정받은 지도자였고, 다마스커스 서기관과 좋은 친구가 되었다. 날마다 예수와 이야기를 나누었고, 밤마다 예수의 고귀한 가르침에 귀를 기울였다. 마르두스와 가진 비교적 중요한 토론 가운데, 선과 악에 관하여 이 진지한 견유학자의 질문에 대답하려고 고안된 것이 하나 있다. 내용으로 보아서, 20세기의 표현으로 하면 예수는 이렇게 말했다:

아우여, 선과 악은 다만 관측할 수 있는 우주를 인간이 이해하는 상대적 수준을 상징하는 말일 뿐이다. 네가 윤리적으로 게으르고 사회적으로 무관심하면, 통용되는 사회 관습을 네 선(善)의 기준으로 받아들일 수 있다. 영적으로 게으르고 도덕적으로 진취성이 없으면, 같은 시대에 사는 사람들의 종교적 관습과 전통을 네 선의 기준으로 가질까 싶다. 시간을 견디고 영원 속으로 태어나는 혼은, 사람의 마음 속에서 살라고 하늘에 계신 아버지가 보내신 신다운 영이 세운 영적 기준의 참된 가치에 따라 결정되는 대로, 선과 악 사이에 활기 있게, 개인적으로 선택해야 한다. 사람에게 깃드는 이 영이 성격이 살아남는가를 정하는 기준이다.

진리와 마찬가지로, 선은 언제나 상대적이고 어김없이 악과 대조(對照)가 된다. 선과 진리의 이 성질을 파악하는 것이 사람들의 진화하는 혼으로 하여금 영원히 살아남는 데 필수인 결정, 개인적으로 선택하는 결정을 내리게 한다.

과학적 명령, 사회적 관습, 종교적 독단(獨斷)을 논리적으로 따르는, 영적으로 눈이 먼 사람은 도덕적 자유를 희생하고 영적 해방을 잃어버릴 심각한 위험과 마주친다. 그러한 혼은 지적(知的) 앵무새, 사회적 자동 인형이, 종교 권한에 노예가 되도록 운명이 정해져 있다.

자아를 도덕적으로 실현하고 영적 인격을 달성하는—깃드는 조절자를 발견하고 그와 동일시하는—더 자유롭게 되는 새 수준을 향하여, 선은 언제나 자라고 있다. 아름다움을 이해하는 정신을 높이고, 도덕적 의지를 키우고, 진리를 헤아리는 눈을 높이고, 동료들을 사랑하고 섬길 능력을 키우고, 영적 이상(理想)을 높이고, 시간 속에서 최고의 인간다운 동기(動機)를 깃드는 조절자의 영원한 계획과 하나가 되게 할 때, 경험은 선하다. 이 모든 것은 아버지의 뜻을 실행하려는 소망이 커지도록 직접 인도하고, 이로서 하나님을 찾아내고 더욱 그와 같이 되려는 신성한 열정을 길러 준다.

생물이 발달하는 우주의 눈금을 올라감에 따라서, 선을 체험하고 진리를 헤아리는 능력에 완전히 맞게, 너는 선이 커지고 악이 줄어드는 것을 발견할 것이다. 잘못을 마음에 품거나 악을 체험하는 능력은 하늘 가는 인간 혼이 마지막으로 영 수준에 이르기까지, 완전히 사라지지 않을 것이다.

선(善)은 살아 있고 상대적이고 언제나 진보하고, 변함없이 몸소 겪는 체험이며, 진리와 아름다움을 헤아리는 것과 영구하게 서로 연결된다. 선은 영적 수준에서 긍정적 진리·가치를 인식하는 데서 발견되며, 이것은 인간의 체험에서, 그 부정적 해당물—잠재 악의 그림자—와 대조되어야 한다.

파라다이스 수준에 이를 때까지, 선은 언제나 소유물이라기보다 정복하는 것이요, 달성하는 체험이라기보다 하나의 목표(目標)일 것이다. 그러나 올바름을 간절히, 목마르게 찾더라도, 너는 선을 부분적으로 달성하면서 갈수록 더 만족을 느낀다. 세상에 선과 악이 있는 것은, 그 자체로서 사람의 도덕적 의지, 즉 성격이 존재하고 실재한다는 분명한 증명이며, 성격은 이처럼 이 여러 가치를 확인하고 또한 그 여러 가치 사이에서 선택할 수 있다.

파라다이스에 이를 때가 되어서는, 하늘 가는 필사자가 자신을 참된 영 가치와 동일시(同一視)하는 능력이 아주 커져서 생명의 빛을 완전히 소유하는 결과를 낳는다. 완전해진 그러한 영 성격은 선·아름다움·진리와 같은 긍정적인 최상의 품질과 아주 온전하게, 신성하게, 영적으로 하나가 되어서, 무한한 파라다이스 통치자들의 신성한 빛의 날카로운 광채(光彩)에 노출되었을 때, 그러한 올바른 영이 잠재 악을 지닌 어떤 부정적인 그림자를 던질 가능성은 조금도 남지 않는다. 모든 그러한 영 성격 안에서 선은 이제 더, 부분적이고 대조(對照)가 되고 상대적인 것이 되지 않는다. 선은 신성하게 완성되었고 영적으로 충만하다. 선은 최상위의 순수함과 완전에 가까이 간다.

악의 가능성은 도덕적 선택에 필요하지만, 악의 사실성(事實性)은 필요하지 않다. 그림자는 오직 상대적으로 실재한다. 실제의 악은 개인적으로 체험할 필요가 없다. 잠재 악은 낮은 수준의 영적 발전에서, 도덕적 진보의 영역에서 결정을 내리는 자극으로서 똑같이 효력이 있다. 악은 오로지 한 필사 지성이 악을 선택할 때 개인적으로 체험하는 실체가 된다.

3. 진리와 믿음

나본은 그리스계 유대인이요, 로마에서 주요한 신비 종파, 미트라교의 지도자들 가운데 으뜸이었다. 미트라교의 이 대사제는 다마스커스 서기관과 많은 회담을 가졌지만, 어느 날 저녁에 진리(眞理)와 믿음에 관하여 가졌던 토론에 아주 영구하게 영향을 받았다. 나본은 예수를 개종시킬 생각을 가졌고, 그에게 미트라 선생으로서 팔레스타인으로 돌아가라고 제안하기까지 하였다. 하늘나라 복음으로 초기에 개종(改宗)한 자들 가운데 하나가 되도록 예수가 그를 준비시키고 있음을 조금도 깨닫지 못했다. 현대의 말투를 빌려서 다시 말하면, 예수의 가르침의 내용은 다음과 같다:

진리는 말이 아니라, 오직 실천(實踐)으로 규명될 수 있다. 진리는 반드시 지식보다 더 크다. 지식은 지켜본 사물에 관한 것이지만, 진리가 지혜와 사귀고, 인간의 체험, 아니 영적이고 살아 있는 실체들과 같은, 저울로 잴 수 없는 것을 담기 때문에, 그렇게 순전한 물질 수준을 뛰어넘는다. 지식은 과학에서, 지혜는 참된 철학에서, 진리는 영답게 사는 종교적 체험에서 비롯한다. 지식은 사실을 다루고, 지혜는 관계를, 진리는 실체 가치를 다룬다.

사람이 진보적 생활 투쟁에 적응하는 데 정신적으로 게으르고 한편 미지의 것을 또한 끔찍하게 두려워하기 때문에, 사람은 과학을 구체화(具體化)하고, 철학을 형성하고, 진리를 교리화하는 경향이 있다. 자연인(自然人)은 생각하는 버릇과 생활 기법에서, 변화를 시작하는 데 느리다.

계시된 진리, 몸소 발견한 진리는, 인간의 혼이 얻는 최고의 기쁨이다. 물질 지성과 깃드는 영이 합동으로 지어 낸 것이다. 진리를 분별하고 아름다움을 사랑하는 혼이 얻는 영원한 구원은 선을 간절히 바라고 목마르게 찾음으로 보장되며, 이것은 아버지의 뜻을 행하고, 하나님을 찾아내고, 하나님과 같이 되려는 오직 한 가지 목적을 개발하도록 이 필사자를 인도한다. 참된 지식과 진리 사이에는 결코 갈등이 없다. 지식과 인간적 관념 사이에는 갈등이 있을까 하며, 이것은 편견으로 물들고, 두려움으로 왜곡되고, 물질적 발견이나 영적 진보와 같은 새로운 사실에 부딪치는 것을 두려워하는 관념이다.

그러나 믿음을 연습하지 않고서 진리는 결코 사람의 소유물이 될 수 없다. 이것이 참말이니, 사람의 생각·지혜·윤리·이상은 그의 믿음, 숭고한 소망보다 결코 더 높이 올라갈 수 없을 것이기 때문이다. 모든 그러한 참된 믿음은 깊은 반성(反省), 진지한 자기 비평, 굽히지 않는 도덕 의식에 근거를 두고 있다. 믿음은 영이 된 창조적 상상력이 주는 영감이다.

믿음은 신성한 불꽃, 불멸하는 씨눈의 초인간적 활동을 해방하도록 작용하며, 그 씨눈은 사람의 지성 안에서 살고, 영원히 살아남을 잠재성이다. 식물과 동물은 한 세대로부터 다른 세대로, 자체의 동일한 입자(粒子)들을 전해 주는 기법으로 시간 속에서 살아남는다. 사람의 혼(성격)은 신성이 깃드는 이 불꽃과 함께 신분을 결합함으로써 필사자의 죽음을 견디고 살아남으며, 그 불꽃은 불멸하고, 연속되는 더 높은 수준의 진취적 우주 존재에서 인간의 성격을 영속(永續)시키도록 작용한다. 인간의 혼에 감추어진 씨앗은 불멸하는 영이다. 혼의 둘째 세대는 영적이고 진보하는 존재들이 가지는 일련의 성격 명시(明示)의 처음이요, 이것은 오직 이 신다운 통일체가 그 존재의 근원, 모든 존재의 성격 근원인 하나님, 우주의 아버지께 이르렀을 때에야 끝난다.

인간의 생명은 이어진다—살아남는다. 우주 활동을, 하나님을 찾아내는 과제를 가졌기 때문이다. 믿음으로 활성화된 사람의 혼은 이 운명의 목표에 도달하기 전에 멈출 수 없다. 이 신성한 목표를 일단 이룩하면, 결코 그칠 수 없으니, 그 혼이 하나님처럼—영원히—되었기 때문이다.

영적 진화는 선을 점점 더, 자진해서 선택하는 체험이며, 여기에는 똑같이 악할 가능성의 점진적 감소(減少)가 뒤따른다. 선을 택하는 결의, 진리를 이해하는 완성된 능력을 얻음과 함께, 완전한 아름다움과 거룩함이 생기게 되며, 여기서 생기는 올바름은 잠재 악의 개념이 생길 가능성조차 영원히 억제한다. 하나님을 아는 그러한 혼은 신다운 선의 그러한 높은 영 수준에서 활동할 때, 의심하는 악의 그림자를 조금도 던지지 않는다.

사람의 머리 속에 파라다이스 영이 계심은, 우주의 아버지의 불멸하는 이 깃드는 영 분신(分身)과 동일성을 얻으려고 애쓰는 모든 혼에게, 신답게 진보하는 영원한 존재를 계시하는 약속이요, 믿음의 서약이다.

우주의 진보는 성격의 자유가 확대되는 특징이 있는데, 그 진보가 점점 더 높아지는 수준의 자아 이해와 그에 따라 자발적 자제(自制)를 점진적으로 얻는 것과 연결되기 때문이다. 완전한 영적 자제에 이르는 것은 우주에서 자유와 성격의 해방을 성취하는 것과 같다. 믿음은 그러한 광대한 우주에서 사람이 초기에 적응하는 혼란의 와중에서, 사람의 혼을 육성(育成)하고 유지한다. 한편 기도(祈禱)는 창조적 상상력에서 생기는 다채로운 영감, 그리고 깃드는 관련된 신성한 계심의 영적 이상과 동일시하려고 애쓰는 혼의 신앙 욕구, 이 두 가지를 잘 통일하는 약이 된다.

예수와 이야기할 때마다 그런 것처럼, 나본은 이 말씀에 크게 감명을 받았다. 이 진리는 가슴 속에서 줄곧 타올랐고, 그는 예수의 복음을 가지고 나중에 도착한 전도자들에게 큰 도움이 되었다.

4. 개인적 봉사

예수는 로마에서 있는 동안, 다가오는 하늘나라에서 앞날에 제자들이 되도록 남녀들을 준비시키는 이 일에만 여가(餘暇)를 전부 쓰지는 않았다. 세계에서 가장 크고 국제적인 이 도시에서 사는 온갖 종족과 계급의 사람들에 관하여 깊은 지식을 얻는 데 많은 시간을 보냈다. 이 수많은 인간과 접촉할 때마다 예수는 두 가지 목적이 있었다: 육체를 입고 사는 생명에 대하여 사람들이 어떻게 반응하는가 배우고 싶어했고, 그 생명을 더욱 풍부하고 가치 있게 만들려고 무언가 말씀하거나 행할 생각을 가졌다. 이 몇 주 동안 종교적 가르침은 열두 사람의 선생(先生)으로서, 군중에게 설교자로서, 그의 후기 생애의 특징을 나타낸 가르침과 조금도 다르지 않았다.

언제나 그가 전하는 요점(要點)은, 하늘 아버지의 사랑이 사실이요 그의 자비가 진리라는 것이었고, 아울러 사람은 바로 이 사랑의 하나님에게 믿음의 아들이라는 좋은 소식이었다. 예수가 사교(社交) 접촉에서 쓰는 보통 기법은 사람들에게 질문을 던짐으로, 그들을 끌어 내고 함께 이야기하도록 이끄는 것이었다. 그 회견은 보통 그가 질문을 던져 시작하고 그들이 그에게 질문함으로 끝나곤 했다. 그는 묻거나 질문에 대답함으로 가르치는 데 똑같이 솜씨가 있었다. 대체로, 가장 많이 가르친 자들에게, 말을 가장 적게 하였다. 몸소 베푸는 봉사로부터 가장 많이 이익을 얻은 자들은 무거운 짐을 지고, 걱정하고, 풀이 죽은 사람들이었고, 그들이 큰 위안을 얻은 것은 동정심과 이해심을 가지고 말을 들어 주는 사람에게 혼의 짐을 내려놓을 기회를 가졌기 때문에, 그가 그런 사람이요, 그보다 더했기 때문이었다. 사회에 잘 적응하지 못한 이 인간들이 예수에게 어려움을 이야기했을 때, 언제나 그들의 진정한 어려움을 시정하는 방향으로 실용적이고 즉시 도움되는 충고를 줄 수 있었다. 하지만 예수는 당장 위로가 되고 즉시 위안(慰安)이 되는 말씀을 소홀히 하지 않았다. 어김없이, 곤궁에 빠진 이 필사자들에게 하나님의 사랑에 대하여 일러 주고, 다채롭고 잡다한 방법으로, 그들이 하늘에 계신 이 사랑의 아버지의 자녀라는 소식을 나누어 주곤 했다.

이 방법으로, 로마에 머무르는 동안, 예수는 이 땅에서 5백 명쯤 되는 사람과 애정이 넘치고 기운을 북돋아 주는 접촉을 친히 가지게 되었다. 이렇게 인류의 다른 종족들에 대한 지식, 예루살렘에서는 결코, 알렉산드리아에서도 도저히 얻을 수 없었던 지식을 얻었다. 그는 땅에서 산 어떤 비슷한 기간보다도, 언제나 이 여섯 달을 가장 값지고 가장 교육이 되는 기간의 하나로 여겼다.

아마도 기대할까 싶은데, 그렇게 다능하고 적극적인 사람은 세계의 대도시에서 수많은 사람의 접근(接近)을 받지 않고 6개월이나 이렇게 활동할 수 없다. 이들은 어떤 사업에 연관되거나, 그보다 더 흔히 어떤 교육, 사회 개혁, 또는 종교 운동 계획을 위하여 그의 봉사를 확보하고 싶어했다. 그러한 제안들이 열두 번도 더 있었는데, 적절한 말씀이나 어떤 정중한 봉사를 베풀어서, 각 제안을 영적으로 고귀한 어떤 생각을 나누어 주는 기회로 이용했다. 예수는 온갖 종류의 사람들을 위하여, 일하는 것을—작은 일까지도—무척 좋아하였다.

그는 정치와 정치 정신에 대하여 로마의 어느 상원(上院) 의원과 이야기를 나누었는데, 예수와 한 번 접촉한 것은 이 입법가(入法家)에게 무척 감명을 주었고, 그래서 그는 정부가 사람들을 지원하고 부양하는 관념으로부터 사람들이 정부를 지원하는 관념으로 통치 정책의 과정을 바꾸기 위하여, 동료들을 유도하려고 헛되이 애쓰면서 여생을 보냈다. 예수는 하루 저녁을 부유한 노예 소유자와 함께 보냈고, 사람이 하나님의 아들인 것에 대하여 말씀했는데, 이튿날 이 사람, 클라우디우스는 노예 117명에게 자유를 주었다. 정찬에 어느 그리스인 의사(醫師)와 환담하였고, 환자들은 육체뿐 아니라 지성과 혼을 가졌다고 일러 주었고, 이렇게 이 유능한 의사가 동료 인간들에게 더욱 멀리 미치는 봉사를 베풀려고 애쓰도록 이끌었다. 그는 인생의 모든 직업에 있는 온갖 종류의 사람들과 이야기했다. 로마에서 찾아보지 않은 유일한 장소는 공동 목욕탕이었다. 거기서 유행하던 난잡한 성(性) 관습 때문에 그는 목욕탕에 친구들을 따라가기를 거절했다.

티버 강을 따라 걸으면서, 어느 로마 군인에게 말했다: "손뿐 아니라 마음도 용감할지어다. 감히 정의(正義)를 행하고, 자비를 보일 만큼 큰 인품을 가질지어다. 네가 상관들에게 복종하는 것 같이, 너의 낮은 성품이 더 높은 성품에 복종하도록 강요하여라. 선을 존경하고 진리를 높이어라. 더러운 것 대신에 아름다운 것을 선택하여라. 동료들을 사랑하고, 마음을 다하여 하나님을 향하여 손을 뻗을지니, 이는 하나님이 하늘에 계신 너의 아버지임이라."

공개 토론회에서 연사(演士)에게 말했다: "네 웅변은 마음을 즐겁게 하고 논리(論理)는 칭찬할 만하고 목소리는 듣기가 좋구나. 그러나 너의 가르침은 도저히 진리가 아니라. 하나님이 너의 영적 아버지임을 아는, 힘이 솟는 만족감을 네가 즐길 수만 있다면, 어둠의 사슬로부터, 무지의 노예 상태로부터, 동료들을 해방하기 위해서 네 말솜씨를 사용하면 좋으리라." 이 사람은 로마에서 베드로의 설교를 듣고 후계자가 된 마커스였다. 사람들이 시몬 베드로를 십자가에 못박았을 때, 바로 이 사람이 로마의 박해자들에게 항거하고 용감하게 새 복음을 계속 전도하였다.

억울하게 고발당한 어느 가난한 사람을 만나서, 예수는 함께 판사 앞으로 갔는데, 그를 위하여 변론하도록 특별 허락을 얻고서 훌륭하게 연설했으며, 그 과정에서 예수는 이렇게 말했다: "정의(正義)는 나라를 위대하게 만들며, 나라가 위대할수록, 가장 비천한 시민도 부당한 판결을 받지 않도록 처리하려고 더욱 애쓰리라. 어떤 나라라도 오직 돈과 권력이 있는 자가 법정 앞에서 신속하게 정의를 얻을 수 있으면 화가 있을진저! 죄 있는 자를 벌하는 것뿐 아니라, 무죄한 자를 놓아 주는 것이 판사의 신성한 임무이라. 나라의 존속(存續)은 법정이 치우치지 않고 공평하고 건전함에 달려 있느니라. 참된 종교가 자비에 기초를 두는 것 같이, 국가의 정부는 정의에 기초를 두느니라." 그 판사는 소송 사례(事例)를 다시 열고, 증거를 샅샅이 조사한 뒤에, 죄수를 풀어 주었다. 개인적으로 봉사하는 이 기간에 예수가 한 모든 활동 가운데, 이것은 대중 앞에 나타난 것에 가장 가까웠다.

5. 부자에게 조언을 주다

로마 시민이요 금욕주의자인 어떤 부자가, 앙가몬의 소개를 받고서, 예수의 가르침에 크게 흥미를 갖게 되었다. 여러 번 친밀한 회담을 가진 뒤에, 이 부유한 시민은 예수가 재산을 가졌다면 무슨 일을 하겠는가 물었고, 예수는 대답했다: "지적 생활을 풍성하게 만들고, 사회 생활을 고귀하게 하고, 영적 생활의 진보를 위하여 내가 지식과 지혜와 영적 봉사를 베풀려 하는 것 같이, 나는 물질 생활의 향상을 위하여 물질 재산을 사용하리라. 한 세대의 자원을 지혜롭고 효과 있게 관리하는 자로서, 다음 세대와 뒤잇는 세대의 이익과 고귀함을 위하여 물질 재산을 관리하겠노라."

그러나 그 부자(富者)는 예수의 대답에 마음이 흡족하지 않았다. 다시 대담하게 물었다: "그러나 내 위치에 있는 사람이 자기 재산을 가지고 무엇을 해야 한다고 생각하시나이까? 재산을 간직하리이까, 아니면 남에게 주어야 하리이까?" 하나님께 충성하는 것과 사람에 대한 의무에 관하여 진리를 정말로 더욱 알고 싶어하는 것을 파악했을 때, 예수는 이어서 대답했다: "착한 친구여, 네가 진지하게 지혜를 찾고, 정직하게 진리를 사랑하는 자임을 내가 알아보노라. 그러므로 재산을 책임지는 데 상관되는 네 문제의 해결에 대하여 내 소견을 펼칠 생각이 있노라. 내가 이렇게 하는 것은 네가 나의 조언을 요청했기 때문이라. 이 충고를 너에게 주면서, 어느 다른 부자의 재산에 아랑곳하지 않노라. 오직 너에게, 너 개인을 안내하기 위하여 내가 조언을 하노라. 네 재산을 신탁(信託)으로 여기기를 정직하게 바라고, 쌓은 재산을 지혜롭고 유능하게 관리하는 자가 되기를 정말로 원한다면, 재산의 근원에 대하여 다음과 같이 분석하도록 너에게 조언하고자 하노라. 어디로부터 이 재산이 왔는가 스스로 물어 보고, 정직한 대답을 찾도록 최선을 다하라. 너의 큰 행운의 근원을 연구하는 데 도움으로서, 나는 물질 재산을 쌓는 다음 열 가지 다른 방법을 기억하라고 제안하리라:

"1. 물려받은 재산—부모와 다른 조상으로부터 얻은 재산.

"2. 발견된 재산—대지(大地)의 개발되지 않은 자원으로부터 얻은 재산.

"3. 상업 재산—물질 상품의 교환과 물물 교역에서 정당한 이익으로 얻은 재산.

"4. 부당한 재산—사람의 동료들을 부당하게 착취하거나 노예로 만들어서 얻은 재산.

"5. 이자(利子) 재산—투자한 자본의 공평하고 정당한 소득 가능성으로부터 얻은 소득.

"6. 천재(天才) 재산—인간 지성의 창조하고 발명하는 자질에 대한 보상으로부터 생기는 재산.

"7. 우연히 얻은 재산—동료의 관대함에서 생기거나, 생활 형편에 기원이 있는 재산.

"8. 훔친 재산—불공평, 부정직, 도둑질 또는 사기(詐欺)로부터 확보한 재산.

"9. 신탁(信託) 기금—현재나 미래에 어떤 특정한 용도를 위하여, 동료들이 네 손에 맡긴 재산.

"10. 번 재산—스스로 몸소 수고하여 직접 얻은 재산, 너 자신의 지성과 몸이 나날이 노력함으로 얻는 공평하고 마땅한 보상.

"그래서, 친구여, 하나님 앞에서, 또 사람들에게 봉사를 베풀면서, 너의 큰 재산을 충실하고 정당하게 관리하는 사람이 되려거든, 재산(財産)을 이 열 가지 큰 부문으로 대강 나누고, 나아가서 정당하고 공평하고 공정하고 참으로 효율적인 율법을 지혜롭고 정직하게 해석하고, 그에 따라 재산의 각 부분을 관리해야 하느니라. 그러나 필사 인생의 불행한 상황에서 고생하는 희생자들의 곤경을 자비롭게, 사심 없이 배려하는 가운데, 판단하기 어려운 상황에서, 이따금 실수한다면, 하늘의 하나님이 정죄하지 않으리라. 물질적 상황이 공평하고 정의로운가 솔직하게 의심이 들 때, 곤궁한 자들에게 유리(有利)하게, 부당한 시련으로 불행을 당한 자들에게 유리하게 결정을 내리라."

몇 시간 동안 이 문제들을 토론한 뒤에, 이어서 더욱 자세한 지침(指針)을 달라는 부자의 요청에 응답하여, 예수는 계속하여 상세히 조언하였고, 그 말씀의 내용은 이렇다: "재산에 대한 태도에 관하여 더 제안하기는 하지만, 오직 너에게 주는 것으로서, 너를 친히 안내하기 위하여, 내 조언을 받아들이라고 훈계하고자 하노라. 오직 내 생각을, 질문하는 친구인 너에게 이르노라. 다른 부자들이 자기 재산을 어떻게 여겨야 하는가에 대하여, 간섭하는 자가 되지 말라고 부탁하노라. 나는 이렇게 너에게 조언하리라:

"1. 너는 물려받은 재산의 관리자로서, 그 근원을 고려해야 하느니라. 지금 세대의 이익을 위하여 공평한 보수를 뺀 뒤에, 정당한 재산을 뒤잇는 세대들에게 정직하게 전달할 때, 너는 지난 세대를 대표할 도덕적 책임이 있느니라. 그러나 너는 선조들이 부당하게 재산을 모으면서 저지른 어떤 불성실이나 부정을 계속할 의무가 없느니라. 네가 물려받은 바, 사기(詐欺)나 불공평을 통해서 얻은 것으로 판명된 재산이 있으면, 그 부분을 정의·관대·배상에 대한 확신에 따라서, 지불해도 좋으니라. 한 세대의 관리자로서, 물려받은 정당한 나머지 재산은 공평하게 쓰고, 다른 세대를 위하여 안전히 전달해도 좋으니라. 재산을 후계자들에게 물려주는 결정을 내릴 때 지혜로운 분별과 건전한 판단이 너를 지배해야 하느니라.

"2. 발견의 결과로서 부(富)를 누리는 자마다, 사람은 땅에서 잠시만 살 수 있음을 기억해야 하고, 따라서 가능한 최대의 수에 달하는 동료 인간들에게 도움되는 방법으로 이 발견을 나누기 위하여 적절히 준비해야 하느니라. 발견한 자는 그 노력에 대하여 보상을 모두 빼앗겨서는 안 되지만, 자연이 쌓아 둔 자원들을 뒤져서 얻을 모든 이익과 축복을 주제넘게 이기적(利己的)으로 주장해서도 안 되느니라.

"3. 사람들이 상업과 물물 교환으로 세상의 사업을 경영하기를 선택하는 한, 저희는 공평하고 정당한 이익을 받을 자격이 있느니라. 장사하는 사람마다 제공한 서비스에 대하여 임금을 받아 마땅하고, 상인(商人)은 급료를 받을 자격이 있느니라. 세상의 조직된 사업에서, 상업의 공평과 동료들에 대한 정직한 대우는 많은 다른 종류의 이익 재산을 창조하며, 이 모든 재산 근원은 가장 높은 정의·정직·공평 원칙에 따라서 판정되어야 하느니라. 정직한 장사꾼은 비슷한 거래에서 동료 장사꾼에게 그가 기꺼이 지불할 것과 똑같은 이익(利益)을 남기기를 망설여서는 안 되느니라. 이 종류의 재산은, 장사 거래가 큰 규모로 운영되었을 때, 개인으로서 번 소득과 동일하지 않지만, 동시에 정직하게 쌓은 그러한 재산은, 그 후에 분배할 때 발언에 관해서는 상당한 권리를 그 소유자에게 부여하느니라.

"4. 하나님을 알고 신의 뜻을 행하기를 구하는 필사자는 누구나 부의 압력을 행사하려고 품위를 떨어뜨릴 수 없느니라. 고귀한 사람은 아무도 육체를 입은 형제들을 노예로 만들거나 부당하게 착취함으로 재산을 축적하고 부력(富力)을 쌓으려고 애쓰지 아니하리라. 억압받는 필사 인간의 땀으로부터 얻었을 때, 재산은 도덕적 저주(詛呪)요 영적 낙인이라. 모든 그러한 재산은 이렇게 빼앗긴 자들에게, 아니면 저희의 자식과 그 자손들에게 돌려주어야 하느니라. 지속하는 문명은 노동자한테서 임금(賃金)을 속여 빼앗는 관습 위에 세워질 수 없느니라.

"5. 정직한 재산은 이자(利子)를 받아 마땅하니라. 사람들이 빌리고 빌려 주는 한, 빌려 준 자본(資本)이 정당한 재산이라면, 정당한 이자인 부분을 거두어도 좋으니라. 이자를 청구(請求)하기 전에, 먼저 너의 자본을 깨끗이 하여라. 품위를 떨어뜨려 고리로 빌려 주는 관습에 빠질 정도까지, 너무 인색하고 탐욕스러운 사람이 되지 말지니라. 허덕이는 동료들에게 부당한 이점을 얻으려고 금력을 이용할 정도까지 자신이 너무 이기심에 빠지도록 버려 두지 말라. 재정적 곤경에 처한 형제로부터 고리(高利)를 받아 낼 유혹에 빠지지 말라.

"6. 천재(天才)의 번득임으로 어쩌다가 재산을 확보하고, 너의 재산이 발명하는 자질의 보상에서 유래한다면, 그러한 보상에서 부당한 몫을 주장하지 말라. 천재는 조상(祖上)과 후손에게 무언가 빚지고 있느니라. 마찬가지로 민족과 나라에, 발명품을 발견한 상황에, 채무를 지고 있느니라. 또한 사람들 사이에서 사람으로서, 노동하고 발명품을 만들어 냈음을 기억해야 하느니라. 재산 증가분 전부를 천재로부터 빼앗는 것은 똑같이 부당하리라. 재산을 공평하게 분배하는 이 모든 문제에 똑같이 적용할 수 있는 원칙과 규칙을 사람들이 정하는 것은 언제라도 불가능하리라. 먼저 사람이 형제임을 깨닫고, 너에게 해 주었으면 하고 바라는 그대로 네가 형제에게 해 주기를 정직하게 바라면, 평범한 정의·정직·공평의 명령은 모든 되풀이되는 경제적 보상과 사회 정의(正義)의 문제를 정당하고 치우치지 않게 푸는 방향으로 너를 안내하리라.

"7. 관리하면서 번 정당하고 합법적인 보수를 제외하고, 누구도 시간과 우연이 손에 떨어지게 만든 재산을 개인적으로 주장해서는 안 되느니라. 우연히 생긴 재산은 사람의 사회 집단이나 경제 집단의 이익을 위해서 쓰여야 할 신탁(信託)에 얼마큼 비추어서 보아야 하느니라. 그런 재산의 소유자는 벌어들이지 않은 그러한 자원을 지혜롭게 효과적으로 분배하는 것을 결정하는 데 큰 발언권이 주어져야 하느니라. 문명화된 사람은 그가 관리하는 모든 것을 반드시 개인적인 사유(私有) 재산으로 보지 아니하리라.

"8. 재산의 어느 부분이라도 알면서 사기(詐欺) 행위로부터 얻었다면, 재산의 어떤 부분이라도 정직하지 않은 관습이나 불공평한 방법으로 쌓아 왔다면, 재산이 동료들과 부당하게 거래한 결과라면, 그릇되게 얻은 이 모든 이익을 정당한 주인에게 서둘러 돌려주어라. 충분히 손해를 배상하고 이처럼 네 재산에서 정직하지 않은 모든 부(富)를 깨끗이 없앨지어다.

"9. 한 사람의 재산을 다른 사람들의 이익을 위하여 관리하는 것은 엄숙하고 신성한 책임이라. 그러한 신탁(信託)을 위험에 빠지게 하거나 위태롭게 하지 말라. 어떤 신탁에서도 모든 정직한 사람이 허락할 것만 자신을 위하여 가지라.

"10. 너의 재산에서 자기의 정신과 육체 노력의 소득을 대표하는 부분은—네 일이 공평하고 공정하게 실행되었다면—참으로 네 것이라. 아무도 그러한 재산을 네가 소유하고, 좋게 여기는 대로 처분할 권리를 부인할 수 없느니라. 하지만 이 권리의 행사(行使)는 동료들에게 해를 미치지 않아야 하느니라."

예수가 상담을 마쳤을 때, 이 부유한 로마인은 소파에서 일어났고, 그 날 밤 작별 인사를 하면서 이렇게 약속하였다: "좋은 친구여, 당신은 큰 지혜와 선을 가진 사람인 것을 내가 깨닫나이다. 내일 당신이 조언한 대로 모든 재산의 관리를 시작하리이다."

6. 사회 봉사

여기 로마에서 우주의 창조자가 길 잃은 아이를 초조해하는 어머니에게 되찾아 주느라고 몇 시간을 보낸, 감동적인 사건이 또한 일어났다. 이 어린 소년은 집을 떠나서 헤매었고, 슬피 울고 있는 것을 예수가 발견했다. 도서관으로 가는 길이었지만, 그들은 아이를 집으로 돌려보내는 일에 몰두했다. 가니드는 예수의 논평을 결코 잊지 않았다: "너도 알다시피, 가니드야, 대부분의 인간들은 길을 잃은 아이와 같으니라. 저희는 두려움 속에서 울고 슬픔 속에서 고통받느라고 많은 시간을 보내느니라. 그런데 이 아이가 집으로부터 조금만 떨어져 있었던 것 같이, 진실로 저희는 안전(安全)과 안정으로부터 얼마 떨어져 있지 않느니라. 진리의 길을 알고 하나님을 아는 확신을 지니는 자들은 모두, 생활의 만족을 찾으려고 노력할 때 동료들에게 안내를 제공하는 것을 의무로 생각지 말고 특권(特權)으로 여겨야 하느니라. 아이를 어머니에게 돌려주는 이 봉사를 우리가 더할 나위 없이 즐기지 아니하였느냐? 마찬가지로 사람들을 하나님에게 인도하는 자들은 인간에게 봉사하는 최상의 만족을 맛보느니라." 그 날 이후로, 사는 날까지, 가니드는 집을 찾아 줄까 하여 길 잃은 아이들을 줄곧 주의하여 보았다.

다섯 아이를 가진 과부가 있었는데, 남편(男便)은 전에 사고로 죽었다. 예수는 가니드에게 자기 아버지를 사고로 잃은 것에 대하여 이야기했다. 그들은 이 어머니와 아이들을 위로하려고 여러 번 갔고, 한편 가니드는 먹을 것과 옷가지를 마련하려고 아버지로부터 돈을 구하였다. 맏아들에게 일자리를 찾아 주어서 가족을 보살피는 일을 도울 수 있을 때까지 노력을 그치지 않았다.

그 날 밤 고노드는 이 경험담을 들으면서 예수에게 마음씨 좋게 말했다: "나는 아들을 학자(學者)나 사업가로 만들기를 제안하는데, 이제 당신은 그를 철학자나 박애가로 만들기 시작하는구려." 예수는 빙그레 웃으며 대답했다: "아마도 우리는 그를 네 인물 모두를 만들지요. 그러면 인간의 멜로디를 알아듣는 귀가 한 음정이 아니라 네 음정을 들을 수 있으리니, 가니드가 인생에서 네 배나 만족할 수 있으리이다." 그리고 나서 고노드가 말했다: "당신이 정말로 철학자인 줄 내가 깨닫소.

당신은 미래 세대를 위하여 책을 써야 하오." 예수는 대답했다: "책이 아니라—내 사명은 이 세대(世代)에, 모든 세대를 위하여 일생을 사는 것이오. 나는—" 그러나 멈추어서 가니드에게 일렀다, "아이야, 잘 때가 되었구나."

7. 로마 근처에서 한 여행

예수와 고노드와 가니드는 로마를 벗어나, 근처의 지역에서 흥미 있는 장소들로 다섯 번 여행했다. 북부 이탈리아의 호수들을 찾아보는 길에, 사람이 하나님을 알고 싶어하지 않으면 하나님에 대하여 사람을 가르치기 불가능하다고, 예수는 가니드와 길게 이야기를 나누었다. 호수로 여행하는 길에 지각(知覺) 없는 한 이방인을 어쩌다가 만났고, 예수가 영적 질문을 토론하도록 자연히 이끄는 대화로 사람을 끌어 내는 평상시의 버릇을 따르지 않아서 가니드는 놀랐다. 어째서 선생이 이 이방인에게 조금도 흥미를 나타내지 않는가 가니드가 물었을 때, 예수는 대답했다:

"가니드야, 그 사람은 진리에 갈급하지 않았고, 자신에게 불만이 없었느니라. 도움을 요청할 준비가 되지 않았고, 지성의 눈은 혼을 위하여 빛을 받으려고 열려 있지 않았느니라. 그 사람은 구원의 수확을 거두기 위하여 준비가 되지 않았느니라. 생활의 시련(試錬)과 곤경이 그가 지혜와 상급의 배움을 받아들이도록 준비하려면 시간을 더 주어야 하느니라. 아니면, 우리와 함께 살도록 만들 수 있다면, 우리의 생활로 하늘에 계신 아버지를 그에게 보여 줄까 싶고, 이처럼 하나님의 아들로 사는 우리의 삶에 무척 이끌려서 어쩔 수 없이, 우리 아버지에 대하여 묻게 되리라. 하나님을 찾지 않는 자에게 하나님을 드러낼 수 없느니라. 마음에 내켜 하지 않는 혼들을 구원의 기쁨으로 이끌 수 없느니라. 사는 체험을 겪은 결과로서 사람은 진리에 갈급해야 하느니라. 아니면 다른 사람이 그러한 동료 필사자를 하늘에 계신 아버지께로 인도하는 수단이 되기 보다는, 차라리 신성한 아버지를 알고 지내는 사람들의 생활을 봄으로써, 그가 하나님을 알고 싶은 소망을 가져야 하느니라. 우리가 하나님을 알면, 땅에서 우리의 진정한 할 일은 생활 속에서 아버지가 드러나도록 사는 것이라. 하나님을 찾는 모든 사람이 이렇게 아버지를 보고서, 우리 생활 속에서 이 방법으로 표현하시는 하나님에 관하여 더 많은 것을 알려고 우리에게 도움을 부탁하리라."

스위스를 방문하는 길에, 산 속에서, 예수는 하루 종일 불교(佛教)에 대하여 그 부자(父子)와 함께 이야기했다. 여러 번 가니드는 예수에게 부다에 대하여 직접 물었지만, 언제나 다소 회피하는 대답을 받았다. 이제, 아들 앞에서, 아버지는 부다에 관하여 직접 물었고, 솔직한 대답을 얻었다. 고노드가 말했다: "나는 당신이 부다를 어떻게 생각하는지 정말로 알고 싶소." 예수는 이렇게 대답했다:

"당신의 부다는 불교보다 훨씬 나았소. 부다는 위대한 사람이었고, 그 민족에게 선지자이기까지 했지만, 고아(孤兒) 선지자였소. 그 말은 정말로, 영적 아버지, 하늘에 계신 아버지를 일찍부터 보지 못하였다는 뜻이오. 그의 체험은 비극이었소. 하나님의 사자로서 살고 가르치려고 애썼지만, 하나님이 없이 그렇게 했소. 부다는 안전한 항구 바로 앞까지, 사람의 구원이 있는 피난처의 입구(入口) 바로 앞까지 구원의 배를 안내하였고, 거기서 잘못된 해도(海圖) 때문에, 좋은 배가 땅으로 올라가 버렸소. 거기서 배는 이 여러 세대 동안, 움직이지 않고, 거의 희망 없이 버려졌소. 배 위에 당신 민족의 많은 사람이 여태까지 남아 있었소. 휴식이 있는 안전한 바다에서 소리칠 만큼 가까이 살지만, 선한 부다의 고귀한 배가 항구(港口) 바로 바깥에서 좌초(坐礁)하는 불행을 만났기 때문에 저희는 들어가기 싫어하는 것이오. 불교를 믿는 민족들은 그 선지자가 만든 철학의 배를 버리고 그의 고귀한 정신을 붙잡지 않으면, 이 항구에 결코 들어가지 못하리이다. 당신의 민족이 부다의 정신에 충실한 채로 있었다면, 당신은 영적 고요함, 혼의 휴식, 구원의 확신이 있는 피난처로 들어간 지 오래 되었으리이다.

"보시오, 고노드씨, 부다는 정신적으로 하나님을 알았지만, 머리로는 하나님을 뚜렷하게 발견하지 못했소. 유대인들은 머리로 하나님을 발견했지만, 정신적으로 대체로 알지 못했소. 오늘날, 불교도는 하나님 없이 철학 속에서 발버둥치고, 한편 내 민족은 생명과 해방의 철학, 유익한 철학(哲學)이 없이, 불쌍하게도 하나님을 두려워하는 노예가 되었소. 당신들은 하나님이 없는 철학을 가졌고, 유대인들은 하나님을 가졌지만, 대체로 관계된 생활 철학이 없소. 하나님이 영이고 아버지인 것을 상상하지 못했기 때문에, 종교가 한 민족을 변화시키고 한 나라를 높이기 위해서 가져야 할 도덕적 에너지와 영적 추진력(推進力)을 부다는 가르침 속에서 마련해 주지 못했소."

그리고 나서 가니드가 외쳤다: "선생이여, 당신과 내가 새 종교를, 인도(印度)를 위해서 충분히 좋고, 로마를 위해서 충분히 큰 종교를 만듭시다. 아마도 우리가 그 종교를 야웨 대신에 유대인들에게 팔 수 있겠지요." 예수는 대답했다. "가니드야, 종교는 만들어지지 않느니라. 사람의 종교는 오랜 세월 동안 성장하고, 한편 하나님을 동료에게 드러내는 사람들의 생활 속에서, 하나님의 계시(啓示)는 땅에 번쩍 나타나느니라." 그러나 그들은 이 예언하는 말씀의 뜻을 알아듣지 못했다.

그 날 밤, 그들이 잠자리에 들어간 뒤에, 가니드는 잠을 이룰 수 없었다. 아버지와 함께 오랫동안 이야기했고, 마침내 말했다, "아세요, 아버지, 나는 때때로 요수아가 선지자라고 생각해요." 아버지는 잠이 오는 목소리로 겨우 대답했다: "아들아, 다른 이도 있단다—"

이 날부터, 나머지 수명(壽命)이 다하기까지, 가니드는 자신의 종교를 계속 발전시켰다. 머리 속에서 그는 예수의 넓은 마음, 공평함과 관대함에 힘차게 감동을 받았다. 철학과 종교에 관하여 가졌던 모든 토론에서, 이 소년은 결코 분개하는 느낌이나 적대하는 반응을 체험하지 않았다.

천상(天上)의 지성 존재들이 얼마나 큰 장면을 바라보는가. 인도인 소년이 한 우주의 창조자에게, 새 종교를 만들자고 제안하는 이 광경을! 비록 그 젊은이는 알지 못했어도, 바로 그 때 거기서 새롭고 영구한 종교—구원의 길, 예수를 통하여, 예수 안에서, 하나님을 사람에게 드러내는 이 새 길—을 만들고 있었다. 그 소년은 가장 하고 싶었던 일을 의식하지 못하면서, 실제로 하고 있었다. 지난날에 늘 이와 같았고, 지금도 그렇다. 영적 가르침과 인도함을 받은 상상력, 깨우치고 반성하는 인간의 상상력이 진심으로, 사심 없이, 하고 싶은 것과 되고 싶은 것은 측량할 수 있게 창조성을 가지게 되며, 그것은 아버지의 뜻을 신성하게 행하려는 필사자의 헌신하는 정도에 비례한다. 사람이 하나님과 동행할 때, 큰 일이 일어날까 싶고, 또 일어난다.

제 133 편

로마에서 돌아오는 길

로마를 떠나려고 준비할 때, 예수는 친구들 가운데 아무에게도 작별 인사를 하지 않았다. 다마스커스 서기관은 아무 발표 없이 로마에 나타났고, 같은 방법으로 사라졌다. 만 1년이 지나서야 그를 알고 사랑하던 자들이, 다시 그를 만날 희망을 버렸다. 둘째 해가 저물기 전에, 그를 알았던 자들의 작은 무리가, 그의 가르침에 공통으로 관심을 가졌기 때문에, 더불어 즐거운 시간을 가졌던 서로의 기억을 통해서, 함께 이끌림을 발견하였다. 스토아 학파, 견유학파, 신비 종파들로 이루어진 이 작은 집단은 그리스도교의 첫 전도자(傳道者)들이 로마에 나타나기 바로 전까지, 불규칙하게 이 비공식 회의를 계속 열었다.

고노드와 가니드는 알렉산드리아와 로마에서 물건을 무척 많이 샀기 때문에, 소유물을 모두 타렌툼으로 짐 꾸러미 행렬을 통해서 미리 보냈고, 한편 세 나그네는 이름난 아피아 길로 이탈리아를 가로질러서 한가하게 걸었다. 이 여행에서 온갖 종류의 인간들과 마주쳤다. 고귀한 로마 시민과 그리스인 거류민이 숱하게 이 길을 따라서 살았지만, 이미 큰 무리의 열등(劣等)한 노예들의 자손이 나타나기 시작했다.

타렌툼까지 가는 중간쯤에서 어느 날 점심을 먹으면서 쉬는 동안, 가니드는 인도의 카스트 제도를 예수가 어떻게 생각하는가 솔직하게 물었다. 예수는 말했다: "비록 인간들이, 한 사람이 다른 사람과 여러 면에서 다르더라도, 하나님 앞에서 또 영적 세계에서 모든 필사자는 평등한 자리에 서 있느니라. 하나님이 보시기에는 오직 두 무리의 필사자가 있을 뿐이라. 그의 뜻을 행하기를 바라는 자와 그렇지 않은 자이라. 우주가 사람 사는 세계를 바라볼 때, 우주는 마찬가지로 두 계급을 헤아리니, 하나님을 아는 자와 그렇지 않은 자이라. 하나님을 알 수 없는 자들은 어느 주어진 영역의 동물과 함께 간주되느니라. 인류(人類)는 다른 자격에 따라서, 신체, 정신, 사회, 직업, 또는 도덕 면에서 저희를 보는 대로, 여러 계급으로 적절히 분류될 수 있지만, 이 다른 등급의 필사자들은 하나님의 심판석 앞에 나타날 때, 평등(平等)한 자리에 서느니라. 하나님은 참으로 사람들을 차별하지 않느니라. 비록 너는 지적·사회적·도덕적 문제에서 구별되는 인간의 능력과 자질을 인정하지 않을 수 없더라도, 하나님이 계신 앞에서 예배하려고 모였을 때, 사람의 영적 모임에서 전혀 그러한 차별을 해서는 안 되느니라."

1. 자비와 응보

타렌툼에 가까이 갔을 때 길가에서 어느 날 오후에 아주 흥미 있는 사건이 일어났다. 거칠고 약자를 괴롭히는 한 소년이 그보다 작은 소년을 사정없이 공격하는 것을 보았다. 예수는 공격받는 소년을 서둘러 도왔고, 그 아이를 구조했을 때, 작은 소년이 달아날 때까지 공격하는 소년을 단단히 붙들었다. 예수가 작은 건달을 놓아 준 순간, 가니드는 소년에게 달려들어 흠씬 두들겨 패기 시작했고, 가니드는 예수가 재빨리 간섭하는 바람에 깜짝 놀랐다. 그가 가니드를 제지하고 놀란 소년이 달아나게 만든 뒤에, 젊은이는 숨을 돌리자마자, 흥분해서 소리쳤다: "선생이여, 나는 당신을 이해할 수 없나이다. 자비가 당신에게 작은 소년을 구하라고 요구한다면, 응보는 몸집이 더 큰 공격하는 젊은이를 벌주라고 요구하지 않나이까?" 예수는 대답하여 말했다:

"가니드야, 네가 알아듣지 못하는 게 참말이라. 자비를 베푸는 것은 반드시 개인의 일이지만, 응보(應報)의 벌은 사회나 정부나 우주 행정 집단의 활동이라. 한 개인으로서, 나는 자비를 보여야 하느니라. 나는 공격받은 소년을 구하러 가야 하고, 공격한 자를 말리려고 충분한 힘을 써도 전혀 모순이 없느니라. 바로 그것이 내가 한 일이라. 나는 공격받은 소년을 구했고, 그것이 자비를 베푸는 목적이었느니라. 그리고 나서 싸움에서 약한 쪽이 달아나게 할 만큼 충분히 오랫동안 공격자를 강제로 붙들어 두었고, 그 뒤에 그 일로부터 물러났노라. 더 나아가서 공격한 사람을 심판하고 그렇게 그의 동기를 판단하고—동료를 공격하게 만든 모든 것을 심의하고—다음에 그의 악행에 맞는 공정한 벌에 관하여 내 지성이 지시하는 벌을 집행하려 들지 않았느니라. 가니드야, 자비는 아낌없어도 좋지만, 응보는 엄밀한 것이라. 응보의 요구를 만족시킬 벌에 대하여 두 사람이 찬성할 듯하지 않다는 것을 깨달을 수 없느냐? 한 사람은 채찍질 40번을 내리고 싶어하고, 한 사람은 스무 번, 또 한 사람은 독방에 가두는 것이 정당한 벌이라 조언하리라. 이 세상에서 그러한 책임은 집단에게 맡겨지거나, 그 집단이 선택한 대표자들이 시행하는 것이 더 좋다는 것을 헤아릴 수 없느냐? 우주에서 심판은 동기뿐 아니라 모든 잘못의 내력(來歷)을 넉넉히 아는 자들에게 맡겨지느니라. 문명화된 사회에서, 조직된 우주에서, 응보의 시행은 공평한 재판의 결과로서 공정한 선고(宣告)를 내릴 것을 미리 가정(假定)하며, 그러한 특권은 세계들의 재판하는 집단과 모든 창조의 상급 우주들을 담당하는 전지한 행정자들에게 맡겨지느니라."

그들은 여러 날 동안 자비를 보이고 응보를 시행하는 이 문제에 대하여 이야기했다. 가니드는, 적어도 어느 정도까지, 어째서 예수가 몸으로 싸움에 말려들려고 하지 않는가 이해했다. 그러나 가니드는 마지막으로 한 마디 물었고, 결코 충분히 만족스러운 대답을 얻지 못했다. 그 질문은 이러했다: "그러나 선생이여, 더 힘세고 성질 나쁜 놈이 당신을 공격하고, 죽이려고 위협한다면, 당신은 어찌하겠나이까? 자신을 방어하려고 아무 노력을 하지 않겠나이까?" 구경하는 우주에게 파라다이스 아버지의 사랑의 모범으로서 그(예수)가 땅에서 살고 있다고, 가니드에게 기꺼이 밝히고 싶지 않았기 때문에, 예수는 비록 소년의 물음에 충분하고 만족스럽게 대답할 수 없었지만, 이만큼 말하였다:

"가니드야, 이 문제들 가운데 더러는 너를 얼마나 어리둥절하게 만드는지 내가 잘 알 수 있고, 나는 네 물음에 답하려고 애써 보리라. 첫째로, 내 몸에 무슨 공격을 받더라도 나는 공격자가 하나님의 아들—육체를 입은 내 형제—인가 아닌가 결정하고, 그러한 사람이 도덕적 판단과 영적 논리가 없다는 생각이 들면, 공격자에게 무슨 결과가 생기든지, 서슴지 않고 저항할 수 있는 데까지 나를 방어하리라. 그러나 자기 방어(防禦)의 경우에도, 나는 아들 지위를 가진 동료 인간을 그렇게 공격하지 아니하리라. 다시 말해서, 나를 공격한 것 때문에 재판도 받기 전에, 그를 벌주지 아니하리라. 모든 가능한 방법을 동원하여, 그렇게 공격하는 것을 미리 막고, 그렇게 하지 않도록 설득하며, 그만두게 하지 못할 경우에는 완화시키려고 애쓰리라. 가니드야, 내 하늘 아버지가 위에서 돌보심을 나는 절대로 확신하노라.

나는 하늘에 계신 내 아버지의 뜻을 행하는 데 몸을 바쳤노라. 나는 진정한 해악이 내게 쏟아질 수 있다고 믿지 않고, 적들이 나에게 무슨 해를 끼치고 싶어 하더라도 그 때문에, 일생의 일이 정말로 위태로울 수 있다고 믿지 않으며, 분명히 친구들로부터는 폭력(暴力)을 두려워할 일이 전혀 없느니라. 나는 우주 전체가 나에게 친절하다고 절대로 확신하노라—겉모습이 모두 반대로 보인다 하더라도, 진심으로 신뢰하면서 나는 이 전능한 진리를 믿기를 주장하노라."

그러나 가니드는 완전히 만족해하지 않았다. 여러 번 이 일에 대하여 이야기를 나누었고, 예수는 어린 시절의 체험을 얼마큼, 또한 석공의 아들 야곱에 대하여, 이야기하였다. 어떻게 야곱이 예수를 방어하는 일을 스스로 맡았는가 듣고 나서 가니드는 말했다: "아하, 비로소 알겠나이다! 첫째로, 어떤 정상 인간이 당신처럼 그렇게 친절한 사람을 공격하고 싶어하는 일은 극히 드물고, 생각이 아주 모자라서 누가 그런 일을 하더라도, 곤경에 빠진 사람을 보면 당신이 언제나 구조하러 가는 것 같이, 당신을 도우려고 급히 달려올 다른 사람이 가까이 있을 것이 아주 확실하나이다. 마음 속으로, 선생이여, 나는 찬성하나이다. 그러나 머리 속에는 아직도, 내가 야곱이었더라면, 단지 당신이 자신을 방어하려 하지 않는다는 생각 때문에 당신을 주제넘게 공격하려는 버릇없는 친구들을 즐겁게 벌주었으리라 생각하나이다. 당신이 다른 사람들을 도와 주고 곤경(困境)에 빠진 동료들을 보살피는 데 시간을 많이 쓰시므로, 일생을 통해서 나그네 길에 당신은 꽤 안전하다 짐작이 드나이다—참, 언제나 당신을 방어할 누군가가 가까이 있으리라 생각되나이다." 예수는 대답하였다: "그 시험은 아직까지 오지 않았느니라, 가니드야. 시험이 다가올 때, 우리는 아버지의 뜻을 지켜야 하리라." 자기 방어와 무저항을 다루는 이 어려운 주제에 대하여 소년은 선생에게서 더 이상 얻을 수 없었다. 또 다른 기회에 그는 예수에게서, 조직된 사회는 자체의 정당한 명령을 집행하는 데 무력(武力)을 사용할 모든 권한이 있다는 의견을 유도해 냈다.

2. 타렌툼에서 배를 타다

배가 상륙하는 곳에서 머무르며 배가 짐 내리기를 기다리면서, 그 나그네들은 제 아내를 학대하는 어떤 사람을 보았다. 예수는 버릇대로 공격받는 사람을 위해서 간섭했다. 성난 남편 뒤에 걸어가서, 어깨를 부드럽게 툭툭 두드리고 말했다: "친구여, 잠깐 따로 이야기해도 좋으냐?" 성난 사람은 그런 접근에 어리둥절했고, 부끄럽게 망설이던 한 순간이 지나자 더듬거렸다—"어— 어째서요— 좋소, 나한테서 무엇을 원하시오?" 예수가 그를 한쪽으로 끌고 가서 말했다: "친구여, 보아하니 무언가 끔찍한 일이 너에게 일어났음이 틀림없도다. 그렇게 힘센 남자로 하여금 아내, 아이들의 어머니를, 그것도 모든 사람이 보는 앞에서, 바로 여기서 때리게 만들도록 무슨 일이 일어날 수 있는가, 내게 일러 주기를 무척 바라노라. 내가 확신하건대, 이렇게 때리기에는 어떤 좋은 이유가 있다고 느낌이 틀림없도다. 남편으로부터 그러한 대접을 받아 마땅할 만큼 아내가 무슨 일을 저질렀느냐? 보아하니, 네 얼굴에는 자비를 베풀 소망은 아니더라도, 정의(正義)를 사랑함이 있음을 내가 헤아린다는 생각이 드노라. 감히 말하건대, 길 옆에서 내가 강도들에게 공격받은 것을 발견했다면, 네가 구하려고 서슴지 않고 달려왔으리라. 네 일생의 과정에서 그런 용감한 일을 많이 했다고 나는 감히 말하노라. 이제, 친구여, 무슨 일인가 내게 이르라. 여자가 무슨 그릇된 일을 했느냐, 아니면 어리석게 정신을 잃고 생각 없이 아내를 때렸느냐?" 이 사람의 가슴을 움직인 것은 말씀보다는, 예수가 말을 마쳤을 때 그를 내려다 본 친절한 모습과 인자한 미소였다. 그 사람은 말했다: "당신이 견유학파의 사제인 줄 깨닫나이다. 당신이 나를 말리셨으니 고맙소이다. 내 아내는 아무런 큰 잘못이 없고, 아내는 착한 여자이나이다. 하지만 사람들 앞에서 헐뜯는 태도로 나를 성나게 만들어서 내가 침착을 잃소이다. 삼가지 못해서 죄송하오이다. 여러 해 전에 더 나은 길을 가르쳐 준 당신의 형제들 가운데 하나에게 예전에 약속한 것에 부끄럽지 않게 살도록 애쓸 것을 약속하나이다. 서약하나이다."

그리고 나서, 작별을 알리면서, 예수는 말했다: "여보게, 여자가 기꺼이 자원해서 권한을 주지 않으면, 남자는 여자에 대하여 아무런 정당한 권한이 없음을 늘 기억하여라. 네 아내는 함께 일생(一生)을 지내고, 그 투쟁을 하도록 도우며, 아이들을 낳고 기르는 짐에서 훨씬 큰 몫을 맡는 일에 종사하였느니라. 이러한 특별히 봉사한 값으로, 여자가 아이들을 잉태하고, 낳고, 길러야 하는 파트너로서, 남자가 여자에게 줄 수 있는 특별한 보호를 너에게서 받는 것이 가까스로 공평할 따름이라. 아내와 아이들에게 남자가 기꺼이 주는, 사랑의 보살핌과 배려는 남자가 창조적·영적 자의식의 상급 수준에 이른 것을 재는 척도이라. 남자와 여자는, 자라서 불멸하는 혼 잠재성을 소유할 존재를 만들려고 협동한다는 의미에서, 하나님과 파트너인 것을 모르느냐? 하늘에 계신 아버지는 우주의 아이들의 영 어머니를 자신과 동등한 이로서 대우하느니라. 아이들의 생명 속에서 번식(繁殖)하는 신성한 체험을 충분히 너와 함께 나누는 어머니 파트너와 똑같은 조건으로, 네 일생과 그에 관계된 모든 것을 나누는 것이 하나님다우니라. 하나님이 너를 사랑하듯, 네가 아이들을 사랑할 수만 있다면, 하늘에 계신 아버지가 무한한 영, 광대한 우주의 모든 영 자식의 어머니에게 영예를 돌리고 그를 높이는 것 같이, 네가 아내를 사랑하고 소중히 여기리라."

배에 올랐을 때, 그들은 눈물을 글썽이는 부부가 고요히 부둥켜안고 서 있는 장면을 되돌아보았다. 예수가 그 사람에게 준 말씀의 후반(後半)을 귀담아들었기 때문에, 고노드는 하루 종일 명상에 잠겼고, 인도로 돌아갔을 때 가정을 다시 조직하기로 결심하였다.

니코폴리스로 가는 여행은 즐거웠지만, 바람이 유리하게 불지 않아서 느렸다. 세 사람은 로마에서 가졌던 체험을 여러 시간 동안 낱낱이 이야기하고, 예루살렘에서 처음 만난 뒤로 일어난 모든 것에 관하여 회상하였다. 가니드는 개인적으로 봉사하는 정신에 젖게 되었다. 배에서 관리하는 일을 시작했지만, 둘째 날에 종교적으로 깊은 바다에 빠졌을 때 요수아에게 도와 달라고 부탁했다.

니코폴리스에서 며칠을 보냈는데, 아우구스투스가 악티움 전투를 기념하려고 "승리의 도시"로 50여년 전에 이 도시를 세웠고, 그 자리는 전투하기 전에 그의 군대와 함께 텐트를 쳤던 땅이었다. 어느 예라미라는 사람의 집에서 묵었는데, 그는 유대 신앙으로 개종한 그리스인이었고, 갑판에서 그를 만났다. 사도 바울은 세 번째 선교(宣教) 여행 길에서, 바로 그 집에서 예라미의 아들과 온 겨울을 보냈다. 니코폴리스로부터 같은 배로 고린도를 향하여 돛을 달았는데, 여기는 로마의 아카이아 지방의 서울이었다.

3. 고린도에서

고린도에 다다를 때가 되어서, 가니드는 유대 종교에 무척 관심이 생겼고, 그래서 어느 날 회당(會堂)을 지나칠 때 사람들이 들어가는 것을 보고서, 예수에게 예배에 데려가 달라고 부탁한 것은 당연했다. 그 날은 학식 있는 어느 랍비가 "이스라엘의 운명"에 관하여 강론(講論)하는 것을 들었고, 예배가 끝난 뒤에 어떤 그리스보라는 사람을 만났는데, 그는 이 회당에서 주 회당장이었다. 여러 번 그들은 예배하러 회당에 돌아갔지만, 주로 그리스보를 만나려는 것이었다. 가니드는 그리스보와 그 아내, 아이들이 다섯인 그 가족을 매우 좋아하게 되었다. 어떻게 유대인이 가족 생활을 해 나가는가 지켜보기를 무척 즐거워하였다.

가니드가 가족 생활을 연구하는 동안, 예수는 종교 생활에서 더 나은 길을 그리스보에게 가르치고 있었다. 예수는 미래를 내다보는 이 유대인과 스무 번이 넘게 회담을 가졌다. 여러 해 뒤에, 바울은 바로 이 회당에서 설교했는데, 유대인들은 그 메시지를 물리치고 회당에서 그가 계속 설교하는 것을 금하기로 투표했다. 그리고 나서 이방인들에게 갔을 때, 그리스보는 가족 전부와 함께 새 종교를 받아들이고, 바울이 나중에 고린도에서 조직한 그리스도교 교회에서 주요한 지지자가 된 것은 놀라운 일이 아니다.

고린도에서 전도한 18개월 동안, 바울은 "어느 인도인 상인 아들의 유대인 가정교사"에게 가르침을 받은 다른 사람들을 많이 만났다. 나중에 실라스와 디모데가 바울과 합세하였다.

고린도에서는 세 대륙으로부터 온 모든 종족의 사람들을 만났다. 알렉산드리아와 로마 다음으로, 고린도는 지중해의 제국에서 가장 국제적인 도시였다. 이 도시에는 사람의 눈을 끄는 것이 많이 있었다. 가니드는 요새를 방문하는 데 지칠 줄 몰랐고, 이것은 바다에서 거의 600미터나 솟아 있었다. 또한 여가의 상당히 큰 부분을 회당 근처에서, 또 그리스보의 집에서 보냈다. 유대인 집에서 여자의 지위에 대하여 처음에는 충격을 받았고, 나중에는 매력을 느꼈다. 이 젊은 인도인에게는 예상치 못했던 일이었다.

예수와 가니드는 또 다른 유대인, 유스도의 집에서 가끔 손님이 되었는데, 그는 회당 옆에서 살던 경건한 상인이었다. 여러 번 나중에, 사도 바울이 이 집에 머물렀을 때, 인도인 젊은이와 유대인 가정 교사가 이렇게 방문한 것에 관하여 이야기하는 것을 들었고, 한편 바울과 유스도는 그렇게 지혜롭고 눈부신 히브리인 선생이 어떻게 되었는가 궁금해하였다.

로마에 있을 때, 가니드는 예수가 공동 목욕탕으로 따라가려 하지 않는 것을 관찰하였다. 몇 번이나 나중에 젊은이는 남녀 관계에 관하여 예수가 더 의견을 표현하도록 유인하려고 애썼다. 젊은이의 물음에 대꾸하려고 했어도, 결코 이 주제를 길게 논하고 싶어하지 않는 듯했다. 어느 날 저녁, 요새의 담이 바다로 이끄는 곳 가까이서 걷고 있을 때, 두 매춘부가 인사를 건네었다. 가니드는 예수가 높은 이상을 가진 사람이요, 더러운 티가 나거나 악의 냄새가 나는 것을 모두 싫어한다는 생각에 젖어 있었고, 그는 또한 옳았다. 따라서 이 여자들에게 톡 쏘아붙였고, 무례하게 손짓해서 보냈다. 이것을 보자 예수는 가니드에게 일렀다: "너는 좋은 의도를 가졌지만, 하나님의 자녀에게, 비록 어쩌다가 저희가 잘못하는 자녀일지라도, 그렇게 주제넘게 말해서는 안 되느니라. 우리가 무엇이기에, 이 여자들을 판단하느냐? 생계를 잇는 그러한 방법에 의존하도록 이끈 모든 상황을 혹시 아느냐? 우리가 이 문제들을 논하는 동안, 여기서 멈추어라." 그 말씀에 창부들은 가니드보다 더욱 놀랐다.

달빛 아래서 거기 서 있는 동안, 예수는 말씀을 이었다: "모든 인간 지성 안에는 신다운 영이 살고 있으니, 하늘에 계신 아버지의 선물(膳物)이라. 이 착한 영은 늘 우리를 하나님께로 이끌고, 하나님을 찾아내고 하나님을 알도록 도우려고 애쓰느니라. 그러나 필사자 안에는 또한 자연스러운 육체적 성향이 많이 있고, 이것을 창조자는 개인과 종족의 복지(福祉)에 쓰이도록 집어넣었느니라. 자, 때때로, 남자와 여자는 자신들을 이해하는 노력과, 대체로 이기심과 죄에 지배된 세상에서, 생계를 잇는 잡다한 어려움과 맞붙어 싸우는 노력에서 헛갈리게 되느니라. 가니드야,

보아하니 이 여자들 가운데 아무도 의지하여 악하지 않으니라. 얼굴을 보니, 저희가 슬픔을 많이 겪었음을 알 수 있노라. 겉보기에 잔인한 운명의 손에 저희가 많이 고생하였고, 의도하여 이 종류의 생활을 택하지 않았느니라. 절망하다시피 낙심하는 가운데 저희는 닥친 때의 압력에 굴복하였고, 희망(希望) 없어 보이는 상황에서 벗어나는 최선의 길로서, 생계를 잇는 이 불쾌한 수단을 받아들였느니라. 가니드야, 어떤 사람들은 마음이 정말로 사악하며 못된 일을 일부러 선택하느니라. 그러나 지금 눈물로 얼룩진 이 얼굴을 들여다볼 때, 너는 나쁘거나 사악한 무엇을 보느냐?" 예수가 대답을 들으려고 멈추자, 가니드는 더듬으며 목이 메었다: "아니, 주여, 보지 못하나이다. 저희에게 내가 무례한 것을 사과하나이다—나는 저희의 용서를 간절히 바라나이다." 그리고 나서 예수는 말했다: "하늘에 계신 내 아버지가 저희를 용서했음을 내가 아버지 대신 말하는 것 같이, 저희가 너를 용서한 것을 저희를 대신하여 말하노라. 이제 모두 나와 함께 어느 친구의 집으로 가자. 거기서 음식을 구하고, 새롭고 더 좋은 앞날의 생활을 위하여 계획하리라." 이 때까지 깜짝 놀란 여인들은 한 마디도 입을 열지 않았다. 서로를 보고, 남자들이 길을 이끄는 대로 조용히 따라갔다.

유스도의 아내가 놀란 것을 상상해 보라. 이 늦은 시간에 예수가 가니드와 낯선 두 사람을 데리고 나타나서 말했다: "이 시간에 우리가 온 것을 용서하겠지만, 가니드와 나는 조금 먹고 싶고, 새로 발견한 이 친구들과 더불어, 나누어 먹고자 하니, 이들도 또한 영양이 필요하니라. 이 모든 것 외에도, 이 여인들이 인생을 새로 출발(出發)하기 위하여 무엇이 최선인가 함께 의논하는 데 관심이 있으리라는 생각으로 우리가 오노라. 저희는 사정(事情)을 이야기를 해 줄 수 있으나, 추측컨대 저희는 많은 곤경을 겪었고, 이 집에 여기 와 있는 바로 그것이, 착한 사람들을 얼마나 진지하게 알고 싶어하는가, 얼마나 기쁘게 온 세계에—하늘의 천사들에게도—저희가 얼마나 용감하고 고귀한 여자가 될 수 있는가 보여 줄 기회를 잡으려 하는가 증언하느니라."

유스도의 아내, 마르다가 먹을 것을 식탁 위에 펼쳐 놓았을 때, 예수는 뜻밖에 떠나면서 말했다: "때가 늦었고, 젊은이의 아버지가 기다리고 있을 터이니, 너희—세 여인—최고자의 사랑하는 자녀들을 함께 여기 두고 떠남을 용서하기 바라노라. 땅에서 새롭고 더 좋은 생활과 큰 저 세상에서 영생(永生)을 계획하는 동안 너희가 영적 안내를 받도록 기도하리라."

이렇게 예수와 가니드는 여인들을 떠났다. 이제까지 두 창녀(娼女)는 아무 말도 하지 않았다. 마찬가지로 가니드도 말이 없었다. 몇 순간 동안 마르다도 그랬지만, 당장에 그 형편에 부닥쳤고, 이 낯선 사람들을 위해서 예수가 희망했던 대로 모두 처리하였다. 둘 중에 나이 든 여인은 그 뒤에 얼마 있다가 영생(永生)을 얻으리라는 밝은 희망을 가지고 죽었고, 나이 어린 여자는 유스도의 사업 장소에서 일하다가, 나중에는 고린도에서 첫 그리스도교 교회에서 일생토록 회원(會員)이 되었다.

몇 차례 그리스보의 집에서, 예수와 가니드는 어느 가이우스라는 사람을 만났는데, 그는 나중에 바울을 충실히 지지하는 사람이 되었다. 고린도에서 이 두 달 동안에 몇십 명의 쓸 만한 사람들과 밀접한 이야기를 가졌고, 겉보기에 우연한 이 모든 접촉의 결과로서, 이렇게 영향을 받은 사람들 가운데 절반이 넘게 나중에 그리스도교 공동체의 회원이 되었다.

처음에 고린도에 갔을 때, 바울은 오랫동안 머무를 생각이 없었다. 그러나 유대인 가정 교사가 그가 수고하도록 얼마나 길을 잘 예비했는지 알지 못했다. 게다가, 아퀼라와 프리실라 때문에 이미 큰 관심이 생겼다는 것을 발견했는데, 아퀼라는 로마에 있을 때 예수가 접촉하게 된 견유(犬儒) 학파의 한 사람이었다. 이 부부는 로마에서 온 유대인 피난민이었고, 재빨리 바울의 가르침을 받아들였다. 바울은 그들과 함께 살고 일했는데, 그들이 또한 천막 만드는 사람이었기 때문이다. 이 상황 때문에 바울은 고린도에서 체류를 연장하였다.

4. 고린도에서 개인적으로 한 일

예수와 가니드는 고린도에서 더 흥미 있는 체험을 많이 겪었다. 큰 무리의 사람들과 친밀하게 이야기를 나누었고, 이들은 예수로부터 받은 가르침 때문에 큰 소득을 얻었다.

방앗간 주인에게, 신다운 생활에서 알아듣기 어려운 것들을 동료 필사자 가운데 약하고 가냘픈 자도 쉽게 받아들일 수 있게 하려고 진리의 알곡을, 사는 체험의 방아 속에서 가루로 만드는 것에 관하여 가르쳤다. 예수는 말했다: "영적(靈的)으로 이해하는 면에서 젖먹이인 자들에게 진리의 젖을 주라. 생생하게 사랑으로 베푸는 봉사 속에서, 영적 음식을 맛있는 모양으로, 네게 묻는 자들 하나하나의 받아들일 능력에 맞게 준비하여라."

로마의 백부장에게 말했다: "케자의 것은 케자에게, 하나님의 것은 하나님께 돌리라. 신이 홀로 주장할 수 있는 존경을 케자가 제 것으로 주제넘게 가지지 않는 한, 하나님께 성실히 봉사하는 것과 케자를 충실히 섬기는 것은 서로 충돌하지 않느니라. 하나님께 드리는 충성은, 그를 알게 된다면, 자격 있는 황제에게 헌신하는 일에 너를 더욱 충성하고 충실하게 만들 것이라."

미트라교의 열심 있는 지도자에게 말했다: "영원한 구원의 종교를 찾으니 너는 잘하는구나. 하지만 사람이 만든 신비와 인간 철학 사이에서 그러한 영화로운 진리를 추구하는 것은 잘못이니라. 영원한 구원의 신비(神秘)는 네 자신의 혼 안에 거함을 알지 못하느냐? 하늘의 하나님은 그의 영을 네 안에 살라고 보내셨고, 이 영은 진리를 사랑하고 하나님께 봉사하는 모든 사람을 이 생명으로부터, 죽음의 입구를 거쳐서, 하나님이 자녀들을 받으려고 기다리는, 영원한 빛의 높이까지 인도할 것을 알지 못하느냐? 결코 잊지 말라. 하나님을 아는 너희는, 그와 같이 되기를 참으로 동경하면, 하나님의 아들이라."

쾌락주의 학파의 선생에게 말했다: "너는 최선을 고르고 좋은 것을 존중하니 잘하지만, 인간의 마음 속에서 하나님의 계심을 깨달음으로 얻어지고 영의 분야에서 구현된 것, 인생에서 더 큰 일을 헤아리지 못하니 네가 지혜로우냐? 인간의 모든 체험 속에서 큰 일은 하나님을 아는 것을 깨달음이요, 그의 영은 네 안에서 살면서, 우리의 공통된 아버지, 즉 모든 창조의 하나님이요 우주들의 주가 친히 계신 앞에 이르는 길, 길고도 거의 끝없는 나그네 길에서, 너를 인도하려 하시니라."

그리스인 계약자요 건축가에게 이렇게 말했다: "친구여, 사람들의 물질적 건물을 짓는 동안, 혼 안에서 신성한 영의 모습을 좇아서 영적 인품을 기르라. 이 세상에서 건축가로서 세우는 업적이 하늘나라의 영적 아들로서 세울 업적을 앞서지 못하게 하라. 다른 사람을 위하여 시간 속에 저택을 짓는 동안, 네 몸을 위하여 영원한 저택에서 살 권리를 얻기를 소홀히 하지 말라. 한 도시가 있음을 늘 기억할지니, 그 기초는 의로움과 진리요, 건축하고 지으신 분은 하나님이라."

로마인 재판관에게 말했다: "네가 사람들을 재판하는 것 같이, 네 자신이 언젠가 우주의 통치자들의 법정 앞에 재판받으러 올 것을 기억하라. 네가 언젠가 이렇게 최상 중재자의 손에서 자비로운 배려를 몹시 바라리니, 올바르게, 아니 자비롭게 판단하라. 이렇게 글자 그대로 뿐 아니라, 법률 정신에 안내를 받아, 비슷한 형편에서 네가 재판받고 싶은 대로 재판하라. 앞에 끌려 온 사람들의 필요에 비추어 공평 정신에 지배된 응보를 네가 내리는 것 같이, 네가 언젠가 온 땅의 재판관 앞에 설 때, 자비로 부드러워진 응보를 기대할 권리가 있으리라."

그리스 여인숙의 안 주인에게 이렇게 말했다. "최고자의 아이들을 대접하는 자로서 친절을 베풀라. 사람들의 가슴 속에서 살려고 내려온 그의 영의 수단으로 깃드는 사람들 속에 계신 하나님께 네가 봉사함을 더욱 깨닫고서, 날마다 하는 너의 고된 일을 예술의 높은 경지까지 올리라. 이로서 저희의 정신을 변화시키고 혼을 인도하여, 신성한 영이 주신 이 모든 선물의 파라다이스 아버지를 알게 하라."

예수는 어느 중국인 상인(商人)과 여러 번 이야기를 나누었다. 작별 인사를 하면서, 예수는 훈계하였다: "오직 하나님을 예배할지니, 그는 참된 영 조상이라. 아버지의 영이 네 안에 늘 살고, 언제나 네 혼을 하늘 방향으로 가리킨다는 것을 기억하라. 이 불멸하는 영은 의식하지 못하게 인도하시며, 이를 따르면, 하나님을 발견하는 높은 길을 네가 분명히 계속 가느니라. 하늘에 계신 아버지께 다다를 때, 그것은 그를 추구함으로써 네가 점점 더 그와 같이 되었기 때문이리라. 자 장씨여, 잘 있거라. 하지만 오직 한 계절 동안이니, 영혼의 아버지가 파라다이스를 향하는 자를 위하여 즐거운 정거장을 많이 마련해 놓은 빛의 세계들에서, 우리가 다시 만날 것임이라."

브리튼에서 온 나그네에게 말했다: "형제여, 네가 진리를 찾고 있음을 깨닫고, 모든 진리의 아버지 영이 어쩌면 네 안에 거할까 싶다고 제시하노라. 자기 혼의 영과 이야기하려고 너는 언제라도 진지하게 애쓰느냐? 그러한 일은 정말로 어렵고, 성공했다는 느낌을 주는 일이 드무니라. 모든 그러한 멋진 인간 체험의 대다수가 하나님을 아는 그러한 필사자의 혼 속에, 상의식(上意識)에 등록된 채로 오래 남아 있어야 하느니라. 그런데도 물질 지성이 그 깃드는 영과 교통하려고 하는 모든 정직한 시도는 분명히 성공하느니라."

집을 뛰쳐나온 소년에게 예수는 일렀다: "네가 달아날 수 없는 것—하나님과 네 자신—이 두 가지가 있음을 기억하라. 어디로 가든지, 너는 네 몸, 네 마음 속에서 사는 하늘 아버지의 영, 이 둘을 가지고 가느니라. 아이야, 자신 속이는 일을 그만 두어라. 인생의 사실에 부딪치는 용감한 습관을 차분히 가져라. 내가 가르친 대로, 하나님의 아들인 것과 영생이 분명하다는 확신을 굳게 가져라. 오늘부터 계속, 진정한 대장부, 삶을 용감하고 총명하게 부딪칠 각오를 가진 대장부가 될 뜻을 가져라."

선고받은 죄수에게 마지막 시간에 말했다: "형제여, 너는 불운을 당하였구나. 길을 잃어버렸고, 범죄의 그물 속에 걸려들었구나. 너와 말한 것으로 보아, 현세의 목숨을 바야흐로 잃게 할 일을 계획하지 않은 줄 내가 잘 아노라. 그러나 너는 이 해악을 저질렀고, 친구들은 네가 죄 있다고 판결하였고 죽어야 하리라고 판결하였구나. 너나 나는 국가(國家)가 선택하는 방법에 따라서, 이 자기 방어 권리를 부인해서는 안 되느니라. 네 잘못에 대한 벌을 인간적으로 피할 길이 전혀 없는 듯하구나. 동료들은 네가 저지른 죄에 따라서 너를 판단해야 하지만, 용서를 얻으려고 상소해도 좋은 재판관이 있으니, 그는 너의 진정한 동기와 더 좋은 의도(意圖)에 따라서 너를 판단하리라. 너의 뉘우침이 진정하고 믿음이 성실하면, 너는 하나님의 심판 받기를 두려워할 필요가 없느니라. 너의 실수에 사람이 지워 주는 사형(死刑)의 벌이 따른다는 사실은, 하늘 법정 앞에서 네 혼이 응보를 받고 자비를 얻을 기회를 해치지 않느니라."

예수는 진리에 갈급한 큰 무리의 사람들과 친밀한 이야기를 많이 가졌고, 이 기록에서 자리를 할애하기에는 너무나 많다. 세 나그네는 고린도에서 체류를 즐겁게 지냈다. 교육의 중심으로 더 이름난 아테네를 제쳐 놓고, 고린도는 이 로마 시대에 그리스에서 가장 중요한 도시였다. 번성하는 이 상업 중심에서 두 달 동안 머무른 것은 세 사람에게 값진 체험을 많이 얻을 기회를 주었다. 이 도시에서 체류는 로마로부터 돌아가는 길에 멈춘 중에서 가장 흥미 있는 체재(滯在) 중에 하나였다.

고노드는 고린도에서 많은 관심거리가 있었지만, 마침내 사업을 마쳤고 아테네를 향하여 출범하려고 준비했다. 작은 배를 타고 여행했는데, 그 배는 고린도의 항구들 중 하나에서 다른 데로, 16킬로미터 떨어진 거리에, 육지의 길로 내륙으로 운반될 수 있었다.

5. 아테네에서—과학에 대한 말씀

그들은 그리스의 과학과 배움의 옛 중심에 곧 다다랐고, 가니드는 아테네에, 한때 알렉산더 제국(帝國) 문화의 중심이었던 그리스에 있다는 생각으로 기쁨에 떨었는데, 그 제국의 경계는 자기 나라 인도에까지도 뻗었다. 거래할 일이 거의 없어서, 고노드는 대부분의 시간을 예수와 가니드와 함께 보냈고, 흥미 있는 여러 장소를 찾아보고, 젊은이와 다능한 선생의 흥미 있는 토론에 귀를 기울였다.

한 큰 대학(大學)이 아직도 아테네에서 번성하였고, 세 사람은 거기 있는 배움의 학당을 자주 방문했다. 알렉산드리아의 박물관(博物館)에서 열렸던 여러 강의에 참석했을 때, 예수와 가니드는 플라톤의 가르침을 샅샅이 토론한 적이 있었다. 모두 그리스의 예술을 즐겼고, 그 본보기는 아직도 여기저기 도시 근방에서 찾을 수 있었다.

아버지와 아들 모두가 어느 날 저녁에 여인숙에서 예수가 어느 그리스 철학자와 과학에 대하여 가졌던 토론을 즐겁게 들었다. 이 학자가 거의 세 시간 동안 이야기한 뒤에, 강연을 마쳤을 때, 예수는, 현대의 생각으로 보면, 이렇게 말했다:

과학자는 언젠가 인력(引力)·빛·전기(電氣)의 에너지 명시, 즉 물력의 명시를 측량할지 모른다. 그러나 바로 이 과학자들은 결코 (과학적으로) 이 우주 현상이 <u>무엇인가</u> 말해 줄 수 없다. 과학은 물리적 에너지 활동을 다루고, 종교는 영원한 가치를 다룬다. 참된 철학은 지혜로부터 생기며, 이 양적·질적 관찰 대상을 서로 관련지으려고 최선을 다한다. 순전한 자연 과학자는, 영적으로 눈먼 것은 말할 것도 없고, 수학적 자만(自慢)과 통계적 자기 본위의 병을 앓을 위험이 언제나 존재한다.

논리는 물질 세계에서 타당하고, 수학(數學)은 물리적 사물에 적용하는 데 국한될 때 믿을 만하다. 하지만 생명의 문제들에 적용되었을 때, 둘 중에 어느 것도 완전히 믿을 만하거나 오류가 없다고 간주해서는 안 된다. 생명은 온전히 물질이 아닌 현상을 포함한다. 한 사람이 10분에 양 한 마리의 털을 깎는다면, 수학은 10 사람이 그 양을 1분에 깎을 수 있다고 한다. 건전한 수학이지만, 참말이 아니니, 왜냐하면 10사람이 그렇게 할 수 없기 때문이다. 서로 아주 끔찍하게 방해가 되어서 일은 크게 지연될 것이다.

한 사람이 어떤 지적·도덕적 가치의 한 단위를 대표한다면, 10 사람이 이 가치의 10배를 대표할 것이라고 수학은 주장한다. 그러나 인격을 다룰 때, 그러한 성격의 결합은 단순한 산술 합계보다는, 관계된 등식(等式)에서 사람들의 수를 제곱한 것과 같은 양이라 말하는 것이 진실에 더 가깝겠다. 조정되어 일하는 조화 속에서 한 사회 집단의 인간들은 그 부분의 단순(單純) 합계보다 훨씬 더 큰 세력을 대표한다.

수량은 한 사실로서 확인될 수 있고, 이로서 과학적 일관성이 된다. 질(質)은 지성이 풀이하는 문제이니까, 가치의 어림 값을 대표하며, 따라서 개인의 체험으로 남아야 한다. 과학과 종교 모두가 독단이 줄고 비평을 더 잘 견딜 때, 철학은 우주를 지적으로 이해하는 면에서 비로소 통일을 이룩할 것이다.

네가 우주의 실제 작용을 헤아려 볼 수만 있다면, 우주에는 통일성이 있다. 실재하는 우주는 영원한 하나님의 모든 자녀에게 친절하다. 진정한 문제는, 사람의 유한한 지성이 어떻게 논리적이고 참되고 일치하는 사고(思考)의 통일을 얻을 수 있는가 하는 것이다. 지성이 우주를 아는 이 상태는 오로지, 양적(量的) 사실과 질적(質的) 가치가 파라다이스 아버지 안에서 공통의 원인을 가진다는 것을 깨달음으로 얻을 수 있다. 그러한 실체의 개념은 우주 현상에서 목적 있는 통일성을 보는 좀더 넓은 통찰력을 낳고, 성격이 진취적으로 성취하는 영적 목표까지도 드러낸다. 이것은 계속 변하는 비성격 관계와 진화하는 성격 관계가 있는 살아 있는 우주의 변치 않는 배경을 감지할 수 있는 통일성 개념이다.

물질과 영(靈), 그리고 이 둘 사이에 개재하는 상태는, 실재하는 우주가 참으로 통일되는 수준, 서로 관계되고 서로 결합된 세 수준이다. 사실과 가치가 담긴 우주 현상이 얼마나 분산되어 보이는가에 상관 없이, 이것들은 결국 최상위 안에서 하나가 된다.

물질 존재의 실체는 눈에 보이는 물질뿐 아니라 인식되지 않는 에너지에도 달라붙는다. 우주의 에너지가 아주 늦추어져서 필요한 정도의 운동을 얻을 때, 그 때 적당한 조건 밑에서 바로 이 에너지는 질량이 된다. 명백한 실체들이 있음을 혼자 파악할 수 있는 지성, 그 자체가 또한 실체임을 잊지 말라. 이 에너지와 질량, 지성, 영으로 이루어진 이 우주의 근본 원인(原因)은 영원하다—우주의 아버지와 그의 절대 동등자들의 성품 및 반응 안에서 존재하고, 또 그들 안에 있다.

예수의 말씀에 그들은 모두 깜짝 놀라고도 남았다. 그리스인이 그들을 떠나면서 말했다: "민족 우수성 외에 다른 것을 생각하고 종교 외에 무언가 이야기하는 유대인을 마침내 만나게 되었소이다." 그들은 잠자려고 물러갔다.

아테네에서 체류한 것은 즐겁고 유익했지만, 인간과 접촉하는 데서는 특별히 성과(成果)가 좋지는 않았다. 그 시절에는 허다한 아테네 사람이, 지난 시절의 명성에 관하여 지적으로 자만심을 가졌든지, 아니면 정신적으로 어리석고 무지했으며, 그들은 그리스에 영화(榮華)가 있고 그 민족의 지성에 지혜가 있던 초기 시절의 열등한 노예들의 자손이었다. 당시에도 아테네 시민들 가운데 아직도 날카로운 지성이 많이 있었다.

6. 에베소에서—혼에 대한 강론

아테네를 떠나면서, 그 나그네들은 트로아스 길로 로마의 아시아 지방의 서울, 에베소로 갔다. 에베소 사람들의 이름난 아르테미스 신전(神殿)까지 여러 번 찾아갔는데, 여기는 그 도시로부터 3.2킬로미터쯤 떨어져 있었다. 아르테미스는 온 소

아시아에서 가장 이름난 여신(女神)이었고, 더 오래 전에, 고대 아나톨리아 시절의 어머니 여신이 지속된 것이다. 그 여신 숭배에 바쳐진 엄청난 신전에 나타난 투박한 우상은 하늘에서부터 떨어졌다는 소문이 있었다. 신성(神性)의 상징으로서 우상을 존중하는 훈련, 가니드가 일찍부터 받은 훈련이 모두 사라지지는 않았고, 그는 소 아시아의 이 다산(多産)의 신을 기념하는 작은 은(銀) 제단을 사는 것이 아주 좋겠다고 생각했다. 그 날 밤 인간의 손으로 만든 것을 숭배하는 것에 관하여 길게 이야기했다.

머무르던 사흘째에 그들은 항구 입구의 바닥을 훑어내는 것을 구경하려고 강가를 내려갔다. 한낮에 어느 젊은 페니키아인과 이야기했는데, 그는 고향을 그리워하며 많이 풀이 죽어 있었다. 그러나 무엇보다도, 그를 제쳐 놓고 진급한 어떤 젊은이를 질투하였다. 예수는 위로하는 말씀을 주고, 옛 히브리 속담을 인용하였다: "사람의 재능은 자리를 만들어 주고, 그를 위대한 인물 앞으로 데려간다."

이 지중해 여행에서 방문한 모든 큰 도시 가운데, 그들이 여기서 이룬 성과는 나중에 그리스도교 선교사들의 일에 가장 쓸모가 적었다. 그리스도교가 에베소에서 뿌리를 내린 것은 대체로 바울의 노력을 통한 것이었다. 바울은 여기서 2년이 넘도록 살았고, 생계를 위하여 텐트를 만들면서, 티라누스의 학교 주요 강당(講堂)에서 밤마다 종교와 철학에 대하여 강의하였다.

이 지역의 철학 학교와 관련된 어느 진취적인 사상가가 있었는데, 예수는 그와 더불어 몇 차례 유익한 시간을 가졌다. 이 담화를 가지는 과정에 예수는 되풀이하여 "혼"이라는 말을 썼다. 이 학식 있는 그리스인은 마침내 "혼"이 무엇을 뜻하는가 물었고, 대답은 이러했다:

"혼(魂)은 사람이 자아를 비추어 보고, 진리를 헤아리고 영을 파악하는 그 부분이며, 언제까지나 인간을 동물 세계 수준 위로 높이 올려놓느니라. 자의식은 그 자체로서 저절로 혼은 아니라. 도덕적 자의식이 인간의 참된 자아 실현이요, 인간의 혼의 기초를 이루느니라. 혼은 인간의 체험에서 살아남는 잠재 가치를 대표하는, 사람의 그 부분이라. 도덕적 선택과 영적 달성, 하나님을 알고 그와 같이 되려는 충동은 혼의 특징이라. 사람의 혼은 도덕적 생각과 영적 활동과 따로 존재할 수 없느니라. 침체한 혼은 죽어 가는 혼이라. 하지만 사람의 혼은 그 지성에 거하는 신다운 영과 뚜렷이 다르니라. 신다운 영(靈)은 인간 지성의 첫 도덕적 활동이 일어남과 동시에 도착하며, 그 때가 혼이 태어나는 계제이라.

"혼을 구하거나 잃어버리는 것은 도덕적 의식이 그에 결합된 불멸하는 영적 자질과 영원히 연합함으로 살아남는 지위를 얻는가, 그렇지 않은가에 상관이 있느니라. 구원은 도덕적 의식의 자각(自覺)이 영답게 변화되는 것이요, 이로서 살아남는 가치를 가지게 되느니라. 모든 형태의 혼의 갈등은 도덕적 또는 영적 자의식과 순전한 지적(知的) 자의식 사이에 조화가 모자라서 생기느니라.

"성숙하고 고귀하게 되고 영답게 변화되었을 때, 인간의 혼은, 물질인 것과 영적인 것, 물질 자아와 신다운 영 사이에 개재하는 통일체에 가까워진다는 뜻에서, 하늘의 지위에 다가가느니라. 물질적으로 조사하거나 영적 증명 방법으로 발견할 수 없기 때문에, 인간의 진화하는 혼은 묘사하기 힘들고 보여 주기는 더욱 어려우니라. 물질 과학은 혼이 존재함을 보여 줄 수 없고, 순전한 영적 시험도 그럴 수 없느니라. 물질 과학과 영적 기준이 인간의 혼이 존재함을 발견하지 못하는데도,

도덕 의식을 가진 모든 필사자는 실재하는 체험, 실제로 몸소 겪는 체험으로서, 자신의 혼이 존재함을 아느니라."

7. 키프러스에서 머무름—지성에 대한 말씀

얼마 안 있어 나그네들은 키프러스를 향해 돛을 달았고, 로드에서 멈추었다. 긴 항해는 즐거웠고, 몸을 푹 쉬고 맑은 정신 상태로 섬 목적지에 다다랐다.

지중해 여행 길의 끝이 가까워지고 있으니까, 이번 키프러스 방문에 정말로 쉬고 노는 시간을 가지려고 계획했다. 바보스에 상륙해서 가까이 있는 산에 몇 주 동안 머물려고 당장에 양식을 모으기 시작했다. 도착한 뒤 사흘째에 짐을 단단히 실은 짐승들과 함께 산을 향하여 떠났다.

두 주 동안 세 사람은 무척 즐겁게 지냈는데, 그리고 나서 아무 예고 없이 젊은 가니드가 갑자기 몹시 아팠다. 두 주 동안 끓어오르는 열병을 앓았고, 때때로 헛소리를 했다. 예수와 고노드는 아픈 소년을 보살피느라고 바빴다. 예수는 익숙하고 부드럽게 소년을 돌보았고, 아버지는 아픈 젊은이를 보살피는 모든 정성에서 나타난 예수의 부드러움과 재빠름에 놀랐다. 사람이 사는 곳으로부터 멀리 떨어져 있었고, 소년이 너무 아파서 옮길 수 없었다. 그래서 거기 산 속에서 건강을 찾을 때까지, 그를 돌보려고 가능한 최선으로 준비하였다.

가니드가 건강을 회복하는 3주 동안, 예수는 그에게 자연과 그 여러 변화에 대하여 재미있는 이야기를 많이 해 주었다. 그들이 산을 거닐면서, 소년은 묻고 예수는 대답하고, 아버지는 그 연출 전체에 감탄하면서, 얼마나 재미있게 시간을 보냈는지.

산에서 머무르던 마지막 주에, 예수와 가니드는 인간 지성의 작용에 대하여 길게 이야기를 나누었다. 몇 시간 동안 토론한 뒤에, 소년은 이렇게 물었다: "그러나 선생이여, 고등 생물보다 사람이 더 높은 형태의 자의식을 체험한다고 하시니, 무슨 뜻으로 말씀하나이까?" 현대의 말투를 빌려서 다시 표현하면, 예수는 이렇게 대답하였다:

아이야, 사람의 지성과 그 안에 사는 신다운 영에 관하여 이미 너에게 누차 일러 주었다. 그러나 이제 자의식이 하나의 실체임을 강조해야겠다. 어느 동물이 자의식을 가질 때, 그는 원시인이 된다. 그러한 달성은 비성격 에너지, 그리고 영을 파악하는 지성, 이 둘 사이에 활동을 조정함으로부터 생긴다. 인간 성격을 위하여 한 절대 초점(焦點), 즉 하늘에 계신 아버지의 영을 수여할 근거가 되는 것은 이 현상이다.

아이디어는 그저 감각을 기록한 것이 아니다. 아이디어는 감각에 성격 자아의 반성하는 해석을 더한 것이다. 자아는 사람이 가진 감각의 합보다 더 크다. 진화하는 자아 속에서 통일성에 접근하는 무엇이 비로소 생기는데, 그 통일성은 절대 통일성의 일부분이 깃들어 계심으로부터 파생되며, 그러한 자의식하는 지성, 동물 기원을 가진 지성을 영적으로 활성화시킨다.

어떤 단순한 동물도 시간적 자의식을 소유할 수 없다. 동물은 감각 및 인식의 결합과 그 기억을 생리적으로 조정하지만, 지적이고 돌이켜보는 인간 해석의 결론에서 나타나는 것처럼, 어떤 동물도 감각의 의미 있는 인식(認識)을 체험하거나, 이 통합된 육체적 체험을 목적에 맞게 연결짓는 성향을 드러내지 않는다. 이 자의식을 가지고 존재한다는 사실은, 나중에 영적 체험의 실체와 결합하여, 사람을 우주의 잠재적인 아들로 만들고, 궁극에 사람이 우주의 최상 통일에 도달한다는 것을 미리 예시한다.

인간의 자아는 겨우 연속된 의식 상태의 총합도 아니다. 의식 분류 인자(因子)와 결합 인자가 효율적으로 작용하지 않으면, 한 자아(自我)라는 명칭을 정당화할 충분한 통일성이 존재하지 않는다. 통일되지 않은 그러한 지성은 인간의 지위를 가진 의식 수준에 도저히 이를 수 없다. 의식의 결합이 그저 우연(偶然)으로 생긴 것이라면, 모든 사람의 지성은 정신적으로 미친 어떤 단계들이 통제되지 않고 닥치는 대로 결합된 것임을 드러낼 것이다.

오로지 육체의 감각을 의식함으로부터 빚어진 인간 지성은, 결코 영적 수준에 이를 수 없다. 이 종류의 물질 지성은 도덕적 가치의 감각(感覺)이 전혀 모자라고, 영적으로 지배하는 안내 감각이 없을 터인데, 이것은 시간 속에서 조화되는 성격의 통일을 얻는 데 필수이며, 영원 속에서 살아남는 성격으로부터 분리할 수 없다.

인간의 지성은 일찍부터 초물질 성질을 나타내기 시작한다. 참으로 돌이켜보는 인간 지능은 전적으로 시간의 한계에 묶이지는 않는다. 개인들이 일생에 이룩한 성취가 무척 다르다는 것은 서로 다른 유전(遺傳) 자질과 상이한 환경의 영향뿐 아니라, 자아가 성취한 바 아버지의 깃드는 영과 통일된 정도를 가리키며, 이것은 하나가 다른 하나와 동일시됨을 재는 척도이다.

인간의 지성은 2중으로 충성하는 갈등을 잘 견디지 못한다. 선과 악, 이 두 가지를 섬기는 노력을 체험하는 것은 그 혼에게 벅찬 부담이 된다. 최상으로 행복하고 효과 있게 통일된 지성은 하늘에 계신 아버지의 뜻을 실천하는 데 전적으로 몸을 바친 지성이다. 해결되지 않은 갈등은 통일을 해치며, 지성의 분열로 끝날지 모른다. 그러나 혼의 살아남는 인품은, 어떤 값을 치르든 지성의 평화를 얻으려고 애쓴다고 해서, 고귀한 포부를 내던진다고 해서, 영적 이상(理想)을 타협한다고 해서, 길러지지 않는다. 오히려 그러한 평화는 참된 것이 승리하기를 꿋꿋하게 주장함으로 얻어진다. 이 승리는 선의 강한 힘으로 악을 이기는 데서 이루어진다.

이튿날 살라미스를 향해서 떠났고, 거기서 시리아의 바닷가에 있는 안티옥을 향하여 출발했다.

8. 안티옥에서

안티옥은 로마의 시리아 지방의 서울이었고, 제국의 총독은 여기에 거처를 두었다. 안티옥은 50만의 주민을 가졌는데, 크기로는 제국에서 셋째 도시요, 사악하고 지독하게 부도덕한 면에서는 첫째였다. 고노드는 처리할 업무가 어지간히 있었다. 그래서 예수와 가니드는 혼자 있는 일이 많았다. 다프니의 숲을 제외하고, 여러 나라 말을 쓰는 이 도시 근처를 모조리 찾아다녔다. 고노드와 가니드는 악명 높은 이 치욕의 성지를 찾아갔지만, 예수는 따라가기를 거절했다. 그러한 장면은 인도인에게 그다지 충격이 아니었지만, 이상주의적인 히브리인에게는 불쾌했다.

예수는 팔레스타인에 다가가고 여행의 끝이 가까워짐에 따라서, 정신이 들고 회상(回想)하는 기분에 젖었다. 안티옥에서는 사람들을 거의 만나지 않았고, 도시에서 돌아다니는 일이 드물었다. 안티옥에 관하여 선생이 어째서 거의 흥미를 나타내지 않는가 여러 번 물은 뒤에, 가니드는 예수가 마침내 입을 열게 하였다: "이 도시는 팔레스타인에서 그다지 멀지 않으니라. 아마도 나는 언젠가 여기에 돌아올 것이라."

가니드는 안티옥에서 무척 흥미 있는 체험을 겪었다. 이 젊은이는 자신이 영리한 생도임을 증명했고, 예수의 가르침을 얼마큼 이미 실천하기 시작했다. 안티옥에는 아버지의 사업과 관련된 어떤 인도인이 살았는데, 아주 불쾌하고 불평이 많아서, 그를 해고하는 것이 고려되었다. 가니드가 이 말을 듣자, 아버지의 사업 장소로 가서 동포와 함께 길게 의논했다. 이 사람은 자기가 적당하지 않는 자리에 배치되었다고 느꼈다. 가니드는 하늘에 계신 아버지에 관하여 일러 주었고, 여러 방법으로 종교적 관점을 넓혀 주었다. 그러나 가니드가 말한 것 중에서, 히브리 속담을 인용한 것이 가장 효력이 있었고, 그 지혜의 말씀은 이러했다: "네 손에 무슨 일이 맡겨지든지, 힘을 다하여 일하라."

낙타 카라반을 위하여 짐을 준비한 뒤에 시돈으로, 거기서부터 다마스커스로 계속 내려갔고, 사흘 뒤에 사막의 모래를 횡단하는 먼 길을 위하여 준비하였다.

9. 메소포타미아에서

사막(沙漠)을 횡단하는 카라반 여행은, 여행에 이력이 난 이 사람들에게 새로운 경험이 아니었다. 선생이 낙타 스무 마리에 짐 싣는 일을 돕고, 동물을 몰려고 자원하는 것을 지켜본 뒤에, 가니드는 외쳤다: "선생이여, 당신이 할 수 없는 일도 있나이까?" "부지런한 생도가 보기에는 분명히, 선생이 명예가 없지 않구나" 하면서, 예수는 빙그레 웃을 뿐이었다. 이렇게 옛 도시 우르를 향하여 길을 떠났다.

예수는 우르의 초기 역사(歷史)에 무척 관심이 있었고, 여기는 아브라함의 출생지였다. 수사의 옛터와 전통에 똑같이 마음이 끌렸다. 너무 그래서, 예수에게 조사(調査)할 시간을 더 주고, 또한 함께 인도로 돌아가자고 설득하기에 더 좋은 기회를 잡으려고, 고노드와 가니드는 이 지역에서 체류를 3주 동안 연장했다.

가니드는 우르에서 지식, 지혜, 진리의 차이에 관하여 예수와 길게 이야기를 나누었다. 그는 히브리 현자의 말에 크게 반하였다: "지혜가 첫째 가는 것이라. 그러므로 지혜를 얻으라. 지식을 얻으려고 추구하면서, 이해를 얻으라. 지혜를 높이라, 그리하면 지혜가 너를 높이리라. 오로지 지혜를 품고자 하면 지혜가 너를 명예롭게 하리라."

마침내 이별의 날이 왔다. 모두가, 특히 소년이, 용감했지만, 그것은 어려운 시련이었다. 그들은 눈물을 글썽였어도 용감했다. 선생에게 작별을 알리면서, 가니드는 말했다: "잘 가소서, 선생이여, 하지만 영원히 가는 것은 아니요. 다마스커스로 다시 돌아올 때, 당신을 찾아보리이다. 내가 당신을 사랑하는 것은 하늘에 계신 아버지가 틀림없이 무언가 당신과 같으리라 생각하기 때문이나이다. 적어도 아버지에 관하여 당신이 내게 일러 준 것과 당신이 무척 비슷한 줄을 내가 아나이다. 나는 당신의 가르침을 기억하겠지만, 무엇보다도, 당신을 결코 잊지 않으리이다." 아버지는 말했다: "위대한 선생이여, 우리를 더 좋은 사람으로 만들고 하나님을 알도록 도와 주신 분에게, 작별(作別)이오." 예수는 대답했다. "당신에게 평화가 있고, 하늘에 계신 아버지의 축복이 늘 당신과 함께 있기를." 작은 배가 그들을 정박한 배까지 바깥으로 나르는 동안 예수는 바닷가에 서서 구경했다. 이렇게 주는 인도에서 온 친구들을 카락스에서 떠나보냈고, 세상에서 다시는 그들을 보지 못했다. 이 세상에서, 그들도 나중에 나사렛 예수로서 나타난 그 사람이 막 떠나보낸 바로 이 친구—그들의 선생 요수아—인 줄 결코 알지 못했다.

인도에서 가니드는 자라서 영향력이 있는 사람, 탁월한 아버지의 마땅한 후계자가 되었고, 사랑하는 선생 예수에게서 배운 고귀한 많은 진리를 바깥에 퍼뜨렸다.

가니드는 십자가에서 생애를 마친, 이상한 선생이 팔레스타인에 있었다는 이야기를 만년(晩年)에 들었을 때, 이 사람의 아들이 전한 복음과 유대인 가정 교사의 가르침 사이에 비슷한 점을 깨닫기는 했어도, 이 둘이 실제로 같은 사람이라는 것이 결코 머리에 떠오르지 않았다.

이렇게 사람의 아들의 일생에서 요수아 선생의 사명이라고 부를까 싶은 장(章)이 끝났다.

제 134 편

과도기

지중해를 여행하는 동안에 예수는 만난 사람과 거쳐 간 나라들을 신중하게 연구했고, 이 무렵에 땅에서 여생(餘生)에 관하여 마지막 결정에 이르렀다. 팔레스타인에서 유대인 부모에게서 태어나도록 마련한 계획을 충분히 고려한 적이 있었고, 이제 마침내 승인하였으며, 따라서 대중(大衆)에게 진리를 가르치는 선생으로서 일생의 일이 시작되기를 기다리려고, 생각 끝에 갈릴리로 돌아갔다. 아버지 요셉의 민족의 땅에서 공생애(公生涯)를 위하여 비로소 계획을 세웠고, 자신의 자유 의지로 이렇게 하였다.

예수는 몸소 겪는 인간 체험을 통해서, 온 로마 세계에서 팔레스타인이 땅에서 생애의 마지막 장(章)을 꾸미고, 마지막 장면을 연출하기에 가장 좋은 장소임을 발견했다. 그가 태어난 팔레스타인의 유대인과 이방인들 사이에서, 그의 참된 성품을 숨김없이 나타내고 신다운 신분을 드러내는 계획에 처음으로 충분히 만족(滿足)하게 되었다. 땅에서 일생을 마치고, 어쩔 수 없는 아기로서 인간의 체험에 들어간 바로 그 땅에서 필사자로 존재하는 생애를 마치기로, 분명히 결심하였다. 그의 유란시아 생애는 팔레스타인에서, 유대인 사이에서 비롯하였고, 그는 일생을 팔레스타인에서, 유대인 사이에서 마치기로 하였다.

1. 서른 살 되던 해 (서기 24년)

카락스에서 (서기 23년 12월) 고노드와 가니드와 작별한 뒤에, 예수는 우르의 길로 바빌로니아로 돌아갔고, 거기서 다마스커스로 가는 길에 있는, 어느 사막 카라반과 합세하였다. 다마스커스에서부터 나사렛으로 갔고, 가버나움에서 겨우 몇 시간 멈추었으며, 거기서 세베대의 가족을 찾아보느라고 한숨 돌렸다. 거기서 동생 야고보를 만났는데, 그는 얼마 전에 세베대의 배 작업장에서 예수를 대신하여 일하러 왔다. 야고보와 (또한 가버나움에 어쩌다 들린) 유다와 이야기하고 나서, 요한 세베대가 그럭저럭 샀던 작은 집을 아우 야고보한테 넘겨 준 뒤에, 예수는 계속하여 나사렛으로 갔다.

지중해 여행이 끝났을 때, 예수는 대중 봉사를 시작할 때가 거의 되기까지 생활비용을 치르기에 넉넉한 돈을 받았다. 그러나 가버나움의 세베대와 이 특별한 여행에서 만났던 사람들을 제쳐 놓고, 세상은 그가 이렇게 여행한 것을 결코 알지 못했다. 가족은 그가 이 시간을 알렉산드리아에서 공부하면서 보냈다고 언제나 믿었다. 예수는 이 생각이 결코 옳다 하지 않았고, 그러한 오해를 드러내 놓고 부인하지도 않았다.

나사렛에서 몇 주 머무르는 동안, 예수는 가족과 친구들과 이야기하고, 아우 요셉과 함께 수선소에서 얼마큼 시간을 보냈지만, 배려의 대부분을 마리아와 룻에게 쏟았다. 룻은 그 때 거의 열 다섯 살이었고, 이 기회에 룻이 젊은 여인이 된 뒤에 처음으로 누이와 길게 이야기하였다.

시몬과 유다는 얼마 동안 결혼하고 싶었지만, 예수의 찬성이 없이 그렇게 하기 싫어했다. 따라서 이 일을 미루었고, 맏형이 돌아오기를 바라고 있었다. 비록 모두가 대부분의 일에 야고보를 가장(家長)으로 여겼어도, 결혼에 관한 문제에서는 예수의 축복을 바랐다. 그래서 시몬과 유다는 이 해, 서기 24년, 3월초에 쌍 결혼식을 올렸다. 나이 든 아이들은 이제 다 결혼했고, 오직 막내 룻이 집에서 마리아와 함께 남았다.

예수는 가족의 개별 구성원들을 아주 정상으로 자연스럽게 찾아보았지만, 모두 함께 모였을 때, 너무 할 말이 없었고, 그래서 그들은 자기들끼리 그것에 대하여 한 마디 하였다. 마리아는 맏아들의 특별히 이상한 이 행동에 특별히 불안해하였다.

예수가 나사렛을 떠나려고 준비하고 있을 무렵에, 그 도시를 지나치고 있던 어느 큰 카라반의 안내자가 극심하게 앓게 되었는데, 예수는 언어에 능통한 사람이었기 때문에 자리를 대신하겠다고 자청했다. 이 여행이 1년 동안 자리를 비우는 것을 필요하게 만들 것이고, 형제들이 모두 결혼했고 어머니가 집에서 룻과 함께 살고 있었으니까, 예수는 가족 회의를 열고, 그 자리에서 바로 얼마 전에 야고보에게 준 집에서 살도록 어머니와 룻이 가버나움으로 갈 것을 제안하였다. 따라서, 예수가 카라반과 함께 떠난 며칠 뒤에, 마리아와 룻은 가버나움으로 옮겨 갔고, 거기서 예수가 마련해 준 집에서 마리아의 여생 동안 살았다. 요셉과 그 가족은 옛 나사렛 집으로 이사했다.

이 해는 사람의 아들의 마음 속 체험에서 특별한 몇 해 중에 하나였다. 인간 지성과 깃드는 조절자 사이에 기초적 조화(調和)를 이룩하는 데 큰 진전이 있었다. 조절자는 당시로부터 멀지 않은 앞날에 있을 큰 일을 위하여 생각을 정리하고 머리를 연습시키는 일에 활발하게 들어갔다. 예수의 인격은 세계를 향한 그의 태도에서 큰 변화가 생기는 것을 위하여 준비하고 있었다. 이 때는 막간의 시절이었고, 사람으로 보이는 하나님으로서 일생(一生)을 시작하고, 하나님으로 보이는 사람으로서 땅에서 생애를 마치려고 이제 준비하는 그런 과도기였다.

2. 카스피까지 간 카라반 여행

카스피 바다 지역까지 카라반 여행 길에 예수가 나사렛을 떠난 것은 서기 24년 4월 1일이었다. 예수가 안내자로서 합세했던 카라반은 예루살렘에서 다마스커스와 우르미아 호수(湖水)의 길로, 아씨리아와 메디아와 파샤를 거쳐서, 카스피 바다의 남동 지역까지 가고 있었다. 이 여행에서 돌아오는 데는 만 1년이 걸렸다.

예수에게 이 카라반 여행은 탐험하고 개인적으로 봉사하는 또 다른 모험이었다. 카라반 일행(一行)—승객, 보초, 낙타 운전자들—과 그는 흥미 있는 체험을 겪었다. 카라반이 지나간 길을 따라서, 수십 명의 어른과 아이들이 예수와 접촉한 결과로서 더욱 값진 인생을 살았고, 이들에게 그는 평범한 카라반의 비범(非凡)한 안내자였다. 친히 봉사한 이 기회를 즐긴 사람들 모두가 이로서 이익을 얻지는 않았지만, 그를 만나고 그와 이야기를 나눈 자들의 대다수는 자연스러운 여생(餘生)에 더 좋은 사람이 되었다.

모든 세상 여행 가운데 이 카스피 바다 여행은 예수를 동양(東洋)에 가장 가깝게 데려갔고, 극동 민족들에 대한 이해를 높여 주었다. 그는 홍인종을 제외하고,

유란시아의 남아 있는 종족들 하나하나와 가깝게, 친히 접촉했다. 이 다른 종족과 섞인 민족들 각자에게 몸소 베푼 봉사는 똑같이 즐거웠고, 이들은 모두 그가 가져온 생동하는 진리를 쉽게 받아들였다. 극서(極西)로부터 온 유럽 사람과 극동에서 온 아시아 사람들은 똑같이, 희망과 영생(永生)을 전하는 그의 말씀에 주의를 기울였고, 그들 가운데 무척 인자하게 실천한, 사랑으로 섬기고 영적 봉사를 베푸는 생활에 똑같이 영향을 받았다.

모든 면에서 그 카라반 여행은 성공이었고, 예수의 인간 생활에서 아주 흥미 있는 에피소드였는데, 그는 이 해에 집행(執行) 자격으로 활동했고, 그에게 맡겨진 물질에 대하여, 그리고 카라반 일행을 구성하는 여행자들의 안전한 행위를 책임졌다. 매우 충실하게, 능률 있게, 지혜롭게, 여러 가지 임무를 처리하였다.

카스피 지방으로부터 돌아오는 길에 예수는 우르미아 호수에서 카라반의 지휘를 그만두었고, 거기서 2주 조금 넘게 머물렀다. 나중에 가는 카라반과 함께 승객으로서 다마스커스로 돌아갔는데, 거기서 낙타의 주인들은 그에게 남아서 계속 봉사하라고 청하였다. 이 제안을 물리치고, 카라반 행렬(行列)과 함께 가버나움까지 줄곧 여행했고, 서기 25년 4월 1일에 도착했다. 그는 이제 더 나사렛을 집으로 여기지 않았다. 가버나움이 예수·야고보·마리아·룻의 집이 되었다. 그러나 예수는 결코 다시 가족과 함께 살지 않았다. 가버나움에 있을 때 세베대와 함께 거처(居處)를 정하였다.

3. 우르미아 강의

카스피 바다로 가는 길에, 예수는 우르미아 호수의 서쪽 물가에 있는 옛 페르시아 도시 우르미아에서, 쉬고 기운을 회복하려고 며칠 동안 멈추었다. 우르미아 가까이 호숫가에서 조금 떨어진 곳에 있는 한 집단의 섬들 가운데, 가장 큰 섬에는 큰 건물—강의용 원형 극장—이 자리잡았고, 이것은 "종교의 정신"에 바쳐졌다. 이 건물은 정말로 종교 철학의 전당(殿堂)이었다.

우르미아의 시민인 어느 부유한 상인(商人)과 세 아들이 이 종교의 전당을 세웠다. 이 사람은 심보이톤이었고, 그 선조들 가운데는 많은 다른 민족이 있었다.

이 종교 학교에서 강의와 토론은 주중에 아침마다 10시에 시작되었다. 오후 수업 시간은 3시에 시작했고, 저녁 토론은 8시에 열렸다. 심보이톤이나 세 아들 중의 하나가 이 강의·논의·토론 시간에 언제나 사회(司會)를 보았다. 독특한 이 종교 학교의 창시자는 자신의 종교 관념을 밝히지 않고서 살다가 죽었다.

여러 기회에 예수는 이 논의에 참가했고, 우르미아를 떠나기 전에, 심보이톤은 예수가 돌아오는 여행 길에, 그들과 함께 2주 동안 머무르고, "사람의 형제 정신"에 대하여 스물 네 번 강의하고, 특히 그 강의에 대하여, 그리고 일반적으로 사람의 형제 정신에 대하여, 질문하고 토의하고 논쟁하는 저녁 시간을 열두 차례 인도하도록 주선했다.

이 주선에 따라서, 예수는 돌아오는 여행 길에 멈추어서 이 여러 강연을 베풀었다. 이것은 유란시아에서 주의 모든 가르침 가운데 가장 체계 있고 공식적인 것이었다. 사람의 형제 정신에 대한 이 강의와 토론에 담겨 있는 것만큼, 이보다 앞이나 뒤에 결코 한 주제에 대하여 그렇게 많이 말씀하지 않았다. 실제로 이 여러 강연은 "하나님의 나라"와 "사람의 나라"에 대한 것이었다.

이 종교 철학 전당의 교사진에는 서른이 넘는 종교와 종파들이 대표되었다. 각 종교 집단이 이 선생들을 선택하고 지원하고 충분히 인가하였다. 이 시절에 그 교직원에는 선생들이 75명쯤 있었고, 오두막에서 살았으며, 이것은 각각 약 열두 사람에게 숙소를 제공하였다. 초생달이 뜰 때마다 이 무리들은 제비를 뽑아서 교체되었다. 불관용이나 싸우기 좋아하는 정신이나, 또는 공동체의 순조로운 운영에 간섭하는 어떤 다른 경향도 위반하는 선생을 재빠르게, 즉결로 해임(解任)하는 일을 초래하곤 하였다. 그는 예식도 없이 쫓겨나고, 교대하려고 기다리는 사람이 바로 그 자리에 임명되곤 하였다.

여러 종교를 대표하는 이 선생들은 이 생명과 다음 생명의 근본적인 것들에 관하여 그들의 종교가 얼마나 비슷한가를 보여 주려고 크게 노력했다. 이 교사진에 자리를 얻기 위하여 오직 한 가지 신조(信條)를 인정해야 했는데, 즉 모든 선생은 하나님—어떤 종류의 최고의 신—을 인정하는 한 종교를 대표해야 했다. 직원 가운데 어떤 조직된 종교도 대표하지 않는 독립된 선생들이 다섯 명 있었고, 그러한 독립된 선생으로서 예수는 그들 앞에 나타났다.

[우리 중도자들이 우르미아에서 예수의 가르침의 요약을 처음에 준비했을 때, 이 가르침을 유란시아 계시에 넣는 것이 지혜로운가, 이에 대하여 교회의 세라핌과 진보(進步)의 세라핌들 사이에 의견 차이가 생겼다. 20세기에 종교와 인간의 정부에서 지배하는 조건은 예수의 시절에 지배하던 조건과 너무 달라서, 우르미아에서 주가 가르친 것을 하나님의 나라와 사람의 나라들의 문제들에, 세상의 이 여러 기능이 20세기에 존재하는 그대로, 적응하기가 정말 힘들었다. 이 혹성 정부 세라핌의 두 집단이 흡족하기까지 우리는 결코 주의 가르침의 진술문을 작성할 수 없었다. 마침내, 유란시아에서 20세기 종교 및 정치 조건에 적응되는 대로, 주의 우르미아 가르침에 대하여 우리의 견해를 준비하라고 계시 위원회의 멜기세덱 의장이 우리 가운데 세 명으로 된 위원회를 임명했다. 따라서 우리 2차 중도자(中道者) 셋은 예수의 가르침을 그렇게 적응하는 일을 마쳤고, 오늘날의 세계 조건에 우리가 적용하고 싶은 대로 그가 선언하신 것을 다시 진술하고, 계시 위원회의 멜기세덱 의장이 편집한 뒤에, 그대로 이제 우리는 이 진술문을 발표한다.]

4. 통치권—신과 인간의 통치권

사람의 형제 정신은 하나님이 아버지인 것에 기초를 둔다. 하나님의 가족은 하나님의 사랑으로부터 얻어진다—하나님은 사랑이다. 아버지 하나님은 신답게 자녀들 모두를 사랑한다.

하늘나라, 신의 정부(政府)는, 신이 통치권을 가진 사실에 기초를 둔다—하나님은 영이다. 하나님이 영이니까, 이 나라는 영적인 나라이다. 하늘나라는 물질이 아니요, 단지 지적인 것도 아니다. 하늘나라는 하나님과 사람 사이의 영적 관계이다.

다른 종교들이 아버지 하나님의 영 통치권을 인식하면, 모든 그러한 종교는 평화롭게 남아 있을 것이다. 한 종교가 그것이 어떤 면에서 모든 다른 것보다 우수하며 다른 종교들에 대하여 배타적인 권한을 소유한다고 가정할 때에만, 그러한 종교는 주제넘게 다른 종교들에게 관대(寬大)하지 않거나, 감히 다른 종교의 신자들을 박해(迫害)할 것이다.

모든 종교가 기꺼이 모든 교회 권한을 온전히 벗어 버리고, 모든 영적 통치권 개념을 완전히 포기(抛棄)하지 않는 한, 종교적 평화—형제 정신—은 결코 존재할 수 없다. 하나님 홀로 영 통치자이다.

모든 종교가 모든 종교적 통치권을 어떤 초인간 수준에, 하나님 자신에게 넘겨 주는 데 찬성하지 않는 한, 종교 전쟁을 치르지 않고서 종교들 사이에 평등을 (종교적 자유를) 얻을 수 없다.

사람들의 가슴 속에 있는 하늘나라는 (반드시 균일성이 아니라) 종교적 단결을 창조할 터인데, 그러한 종교 신자들로 이루어진 모든 종교 집단이 온갖 개념의 교회 권한—종교적 통치권—에 매이지 않을 것이기 때문이다.

하나님은 영이요, 하나님은 사람의 마음 속에 거주하라고 그의 영 자아의 분신(分身)을 주신다. 영적으로, 만민은 평등하다. 하늘나라는 카스트와 계급, 사회 수준과 경제 집단들이 전혀 없다. 너희는 모두 동포이다.

그러나 아버지 하나님의 영 통치권을 너희가 간과(看過)하는 순간에, 어느 한 종교가 그것이 다른 종교보다 더 우수하다고 주장하기 시작할 것이다. 그리고 나서 땅에서 평화와 사람들 사이에 선의(善意)가 있는 대신에, 의견 차이와 반박, 아니 종교 전쟁까지도, 적어도 종교가들 사이에 전쟁이 시작될 것이다.

스스로를 동등하게 여기는 자유 의지 존재들은, 어떤 초월적 통치권, 그들 위에 있는 어떤 권한에 지배를 받는다고 서로 인정하지 않는 한, 머지 않아 다른 개인과 집단에 대한 권력과 권한을 얻으려고 자기 능력을 시험해 볼 유혹을 받는다. 초월 통치권이 위에서 통제하는 어떤 영향력을 공동으로 인정할 경우를 제외하고, 평등(平等) 개념은 결코 평화를 가져오지 않는다.

우르미아 종교가들은 비교적 평화와 고요함 속에서 함께 살았는데, 종교적 통치권에 대한 온갖 개념을 완전히 내던졌기 때문이다. 영적으로, 모두가 군주 하나님을 믿었다. 사회적으로, 충분하고 도전받지 않는 권한은 주관하는 우두머리—심보이톤—에게 있었다. 어떤 선생이 동료 선생들에게 거만하게 굴려고 가정하더라도 그에게 무슨 일이 일어날 줄 그들은 잘 알았다. 모든 종교 집단이 신의 은총, 선택된 민족, 종교적 통치권에 관한 개념을 모두 아낌없이 던져 버리기까지, 유란시아에서 오래 가는 종교적 평화(平和)는 전혀 있을 수 없다. 오로지 아버지 하나님이 최고가 될 때, 사람들은 종교적 형제가 되고, 땅에서 종교적 평화를 누리는 가운데 함께 살 것이다.

5. 정치적 주권

[하나님의 주권에 관한 주의 가르침이 진리이지만—세계 종교들 사이에서 그에 관한 종교가 나중에 나타남으로 단지 까다롭게만 되었는데—정치적 주권에 관한 그의 발표는 지난 1천9백여 년 동안에 국가 생활의 정치적 진화로 말미암아 크게 복잡하게 되었다. 예수의 시절에는 세계적 강대국이 오로지 둘—서양에 로마 제국과 동양에 한(漢) 제국—이 있었다. 이 나라들은 파사 왕국, 그리고 중간에 있는 카스피와 투르키스탄 지역의 다른 국가들 때문에 널리 떨어져 있었다. 따라서 우리는 다음 발표에서 정치적 주권에 관하여 우르미아에서 주가 가르친 내용으로부터 더욱 널리 벗어나며, 동시에 그러한 가르침이 그리스도 뒤 20세기에서 정치적 주권이 진화하는 특별히 중대한 단계에 적용되는 대로, 그 가르침의 중요성을 그리려고 시도한다.]

국가가 무제한 주권(主權)을 가졌다는 허망한 개념에 국가들이 집착하는 한, 유란시아에서 전쟁은 결코 그치지 않을 것이다. 사람이 사는 세계에는 오직 두 수준의 상대적 주권이 있는데, 즉 개별 필사자의 영적 자유 의지, 그리고 인류 전체의 집합적 주권이다. 개별 인간의 수준과 총 인류 수준 사이에, 모든 집합과 결합은 상대적이고 일시적인 것이요, 개인과 혹성의 대합계—사람과 온 인류—의 행복과 복지와 진보를 높이는 한에서, 가치가 있다.

종교 선생들은 하나님의 영적 통치권이, 사이에 끼고 중간에 있는 모든 영적 충성 행위에 우선한다는 것을 늘 기억해야 한다. 언젠가 국가 통치자들은 **최고자**들이 사람의 나라에서 다스림을 깨달을 것이다.

사람의 나라에서 **최고자**들이 이렇게 다스리는 것은 특별히 혜택을 받는 어느 필사자 집단의 특별 이익을 위한 것이 아니다. "선택된 민족"과 같은 것은 전혀 없다. **최고자**들, 즉 정치적 진화를 위에서 다스리는 자들의 통치는 모든 사람 가운데서 최다수(**最多數**)에게, 최장(**最長**) 기간에, 최대의 이익을 촉진하도록 고안된 통치이다.

주권은 힘이요, 조직함으로 자란다. 정치 권력을 가진 조직이 이렇게 성장하는 것은 좋고 적당하며, 그런 조직이 총 인류의 늘 확대되는 부분들을 둘러싸는 경향이 있기 때문이다. 바로 이 정치 조직의 성장은 정치 권력의 자연스러운 초기 조직—가족—그리고 정치적 성장의 마지막 성취—인류의, 인류가 다스리는, 인류를 위한 정부—사이에 끼는 모든 단계에서 문제를 만들어 낸다.

가족 집단에서 부모의 권력으로부터 비롯하여, 가족들이 같은 피를 가진 씨족으로 겹쳐짐에 따라서, 정치적 주권은 조직으로 말미암아 진화하며, 이 씨족들은 여러 가지 이유로 부족 단위로—핏줄을 뛰어넘은 정치 집단으로—뭉치게 된다. 다음에 무역·상업·정복을 통해서 부족들은 한 나라로서 연합되며, 한편 때때로 제국이 여러 나라를 통일한다.

작은 집단으로부터 더 큰 집단으로 주권이 넘어감에 따라서, 전쟁이 줄어든다. 다시 말해서, 작은 나라들 사이에 사소한 전쟁이 줄어든다. 그러나 주권을 행사하는 나라들이 자꾸 커지면 커질수록, 더 큰 전쟁이 일어날 잠재성이 커진다. 당장에, 온 세계를 탐험하고 차지했을 때, 나라들의 수가 적고 힘세고 강력할 때, 주권을 가졌다고 생각되는 이 큰 나라들이 경계선에 닿게 될 때, 대양(**大洋**)이 겨우 나라들을 분리할 때, 무대는 대전쟁, 세계 전투를 위하여 준비될 것이다. 싸움을 일으키고 궁극에 전쟁하지 않고는, 이른바 주권을 가진 나라들이 사귈 수 없다.

가족으로부터 인류에 이르기까지, 정치적 주권의 진화에서 생기는 어려움은 사이에 개재하는 모든 수준에서 나타나는 관성(**慣性**)과 저항에 있다. 때때로 가족들은 씨족에 항거했고, 한편 씨족과 부족들은 가끔 그 영토에 있는 국가의 주권을 뒤엎으려 하였다. 정치적 주권에서 새롭고 앞으로 나아가는 진화마다, 정치 조직에서 이전에 개발된 "발판 단계"로 말미암아 당황하고 방해를 받는다 (그리고 언제나 그래 왔다). 그리고 이것이 참말이니, 일단 동원되면, 인간의 충성심은 바꾸기 힘들기 때문이다. 부족의 진화를 가능하게 하는 바로 그 충성심은 초월 부족—영토를 가진 국가—의 형성을 어렵게 만든다. 영토를 가진 국가의 진화를 가능하게 하는 바로 그 충성심(애국심)은 인류의 정부가 진화로 발전되는 것을 엄청나게 까다롭게 만든다.

정치적 주권은, 처음에는 가족 안에서 개인이, 다음에는 부족 및 더 큰 집합과 가지는 관계에서 가족과 씨족들이, 자결주의를 버림으로부터 만들어진다. 작은 데서부터 항상 더 큰 정치 조직으로 자결(**自決**)을 이렇게 진취적으로 이양(**移讓**)하는 것은 명(**明**) 나라와 모굴 왕조가 세워진 뒤로, 동양에서는 대체로 줄어들지 않고 진행되었다. 서양에서 그것은 1천 년이 넘도록, 바로 세계 대전(大戰)이 끝날 때까지 진행되었고, 이 때 유럽에서 수많은 작은 집단이 사라졌던 정치적 주권을 다시 확립함으로써 불행한 역행(逆行) 운동이 이 정상(正常)의 경향을 일시 거꾸로 돌이켰다.

이른바 주권 국가들이 그 주권의 힘을 사람의 형제 정신—인류의 정부—의 손에 총명하게, 완전히 내어주기까지, 유란시아는 오래 가는 평화를 누리지 못할 것이다. 국제주의—국제 연맹—은 결코 인류에게 영구한 평화를 가져올 수 없다. 나라들의 세계적 연방들이 작은 전쟁을 효과적으로 막고 작은 나라들을 만족스럽게 통제할 것이다. 그러나 그 연방들은 세계 전쟁을 방지하거나, 가장 강력한 정부 서넛이나 다섯을 통제하지는 않을 것이다. 진정한 충돌에 직면하여, 이 강대국들 가운데 하나가 연맹으로부터 탈퇴하고 전쟁을 선포할 것이다. 국가가 주권을 가진다고 망상(妄想)하는 바이러스에 전염되어 있는 한, 나라들이 전쟁터에 가는 것을 막을 수 없다. 국제주의는 올바른 방향으로 한 걸음 내디딘 것이다. 국제 경찰력은 많은 작은 전쟁을 방지하겠지만, 대전쟁을, 땅에서 큰 군사 정부들 사이에 생기는 충돌을 방지하는 데는 효력이 없을 것이다.

참으로 주권을 가진 국가(강대국)의 수가 줄어드는 데 따라서, 인류 정부의 기회와 필요가 늘어난다. 정말로 주권을 가진 (큰) 강국들이 겨우 몇 있을 때, 민족(제국) 우위성을 얻으려고 생사를 건 싸움을 시작하든지, 아니면, 주권의 특권을 더러 자진해서 포기함으로써, 인류의 참된 주권의 시작으로서 쓰일 초국가 권력의 필수 핵심(核心)을 만들어야 한다.

이른바 주권 국가가 모두 전쟁을 수행할 권력을 인류의 대표 정부에게 양보할 때까지, 평화는 유란시아에 오지 않을 것이다. 정치적 주권은 세계의 여러 민족에게 타고난 것이다. 유란시아의 모든 민족이 한 세계 정부를 창조할 때, 그들은 그러한 정부를 주권자로 만들 권한과 힘이 있다. 그러한 대표적 또는 민주적 세계 권력이 지구에서 세계의 육군·해군·공군을 통제할 때, 땅에 평화가 있고 사람들 사이에서 선의(善意)가 지배할 것이다—그러나 그 때까지는 그렇게 안 된다.

19세기 및 20세기의 중요한 예를 들자: 아메리카 연방의 48주는 오랫동안 평화를 누려왔다. 자기들끼리 이제 더 전쟁을 하지 않는다. 주권을 연방 정부에게 넘겨주었고, 전쟁의 중재를 통해서, 자결의 망상에 대한 모든 주장을 버렸다. 각 주가 그 내부(內部) 사무를 규제하지만, 외교 관계, 관세, 이민, 군사(軍事) 또는 주 사이의 상업에는 아랑곳하지 않는다. 개별 주(州)도 시민권의 문제에 관여하지 않는다. 48주는 오직 연방 정부의 주권이 어떤 면에서 위협을 받을 때에야 전쟁의 상처를 입는다.

이 48주는 주권과 자결(自決)의 두 가지 궤변을 버렸고, 주 사이에 평화와 평온을 누린다. 마찬가지로 유란시아의 나라들은 각자의 주권을 세계 정부—사람의 형제 정신의 주권—에 자유롭게 양보할 때 비로소 평화를 누릴 것이다. 인구가 많은 뉴욕주나 큰 텍사스주와 똑같이, 작은 로드 아이랜드 주가 미국 국회에 상원(上院) 의원 두 명을 가진 것처럼, 이 세계 국가에서 작은 나라들은 큰 나라만큼 강력해질 것이다.

이 48주(州)의 제한된 (州) 주권은 사람들이, 사람들을 위하여 만들었다. 아메리카 연방이 가진, 주를 초월하는 (국가) 주권은 이 여러 주 가운데 최초의 13주가 자체의 이익을 위하여, 사람들의 이익을 위하여 창조하였다. 언젠가 인류의 혹성 정부의 초국가 주권을 여러 나라가 비슷하게, 자체의 이익을 위하여, 모든 사람의 이익을 위하여 창조할 것이다.

시민들은 정부의 이익을 위하여 태어나지 않는다. 정부가 사람들의 이익을 위하여 창조되고 고안된다. 모든 사람의 주권을 대표하는 정부가 나타나지 못하면, 정치적 주권의 진화에 끝이 있을 수 없다. 모든 다른 주권의 가치는 상대적이요, 그 의미는 중간이며, 그 지위는 하위이다.

과학의 진보와 함께, 거의 종족 자살(自殺)이 될 때까지 전쟁은 갈수록 더 끔찍하게 되고 있다. 사람들이 인류의 정부를 기꺼이 세우고, 영구한 평화의 복을 비로소 누리고, 사람들 사이에 선의—세계적 선의—에서 생기는 평안 속에서 번성하기까지, 몇 차례나 세계 전쟁을 치러야 하고, 얼마나 많은 국가 연맹이 실패해야 하는가?

6. 법과 자유와 주권

한 사람이 자유—해방—을 몹시 바라면, 다른 사람들이 모두 똑같은 자유를 동경한다는 것을 기억해야 한다. 자유를 사랑하는 그러한 사람들의 집단은, 각 사람에게 같은 정도의 자유를 주며, 한편 동시에 모든 동료 필사자를 위하여 똑같은 정도의 자유를 보호할 그러한 법·규칙·규제에 복종하지 않고서는 평화 속에서 함께 살 수 없다. 한 사람이 절대로 자유롭게 되려면, 또 한 사람이 절대로 노예가 되어야 한다. 자유의 상대적 성질은 사회·경제·정치적으로 참되다. 자유는 법의 집행이 가능하게 만드는, 문명의 선물이다.

종교는 사람의 형제 정신의 실현을 영적으로 가능하게 하지만, 인류 정부(政府)로 하여금 그러한 목표, 인간의 행복 및 효율성이라는 목표와 연결된 사회·경제·정치 문제를 규제하기를 요구할 것이다.

세계의 정치적 주권을 한 집단의 민족 국가들이 나누고 부당하게 차지하는 한, 전쟁이 있고, 전쟁의 소문이 있을 것이다—나라와 나라가 대항하여 일어날 것이다. 잉글랜드·스콧트랜드·웨일즈는 각자의 주권을 버리고, 연합 왕국에 둘 때까지, 언제나 서로 싸우고 있었다.

또 하나의 세계 전쟁은 이른바 주권 국가들에게 어떤 종류의 연방을 형성하고, 이처럼 작은 전쟁, 작은 나라들 사이에 전쟁을 막는 장치를 창조하는 것을 가르칠 것이다. 그러나 인류의 정부가 창조되기까지 세계 전쟁은 계속될 것이다. 세계적 주권이 세계 전쟁을 막을 것이다—그 외에 아무 것도 그렇게 할 수 없다.

아메리카의 48주는 평화 속에서 함께 산다. 유럽의 늘 전쟁하는 나라들에서 사는 여러 국민과 종족 모두가 이 48주의 시민들 사이에 끼어 있다. 이 미국(美國) 사람들은 거의 모든 종교와 교파, 넓은 전 세계의 종파(宗派)들을 대표하며, 그래도 여기 북 아메리카에서 평화 속에서 함께 산다. 이 48주가 주권을 포기하고 자결하는 권리라고 생각된 모든 개념을 버렸기 때문에 이 모두가 가능하게 되었다.

무장이나 비무장(非武裝)의 문제가 아니다. 징병 또는 자원 군대 복무를 채택할 것인가 하는 문제도 세계 평화를 유지하는 이 문제와 상관이 없다. 모든 형태의 현대의 기계적 무기(武器)와 모든 종류의 폭발물을 강한 나라들로부터 빼앗는다면, 국가의 주권을 신(神)이 준 권리라는 망상에 달라붙는 한, 주먹과 돌과 곤봉을 가지고 싸울 것이다.

전쟁은 사람의 크고 끔직한 병이 아니다. 전쟁은 증상이요 결과이다. 진짜 병은 국가의 주권이라는 바이러스이다.

유란시아 나라들은 진정한 주권을 소유한 적이 없다. 결코 세계 전쟁의 참화와 황폐로부터 보호할 수 있는 주권(主權)을 가진 적이 없다. 세계적인 인류 정부를 창조하면서, 국가들은 주권을 버린다고 하기보다, 진짜이고, 진정하고, 오래 가는 세계 주권을 실제로 창조하는 것이며, 그 때부터 그들을 모든 전쟁으로부터 충분히 보호할 수 있다. 지역 사무는 지역 정부가, 나라의 사무는 국가(國家) 정부가, 국제 사무는 세계 정부가 관리할 수 있다.

세계의 평화는 조약(條約), 외교, 대외 정책, 연합군, 힘의 균형을 이용하여, 또는 민족주의를 부르짖는 주권들을 어떤 다른 종류의 임시 편법으로 손재주를 피움으로 유지될 수 없다. 세계 법이 생기고, 그것을 세계 정부가—온 인류의 주권이—집행해야 한다.

세계 정부 밑에서 개인은 훨씬 더 많은 자유를 누릴 것이다. 오늘날 강대국의 시민들은 거의 강제로 세금(稅金)을 물고, 규제를 받고, 통제된다. 국제 사무에 관한 주권을 세계 정부의 손에 기꺼이 넘길 때, 개인의 자유에 대한 현재의 많은 이러한 간섭이 사라질 것이다.

세계 정부 밑에서 국가 집단들은 진정한 민주주의의 개인적 자유를 실현하고 누릴 진정한 기회를 얻을 것이다. 자결(自決)의 허위는 그칠 것이다. 돈과 무역을 세계적으로 규제함과 더불어, 새로운 세계적 평화 시대가 다가올 것이다. 곧 세계적 언어가 진화될지 모르고, 적어도 세계적 종교를—아니면 세계적 관점을 가진 종교들을—언젠가 가질 희망이 얼마큼 생길 것이다.

집단의 안전은 그 집단성이 온 인류를 포함할 때까지, 결코 평화를 가질 수 없을 것이다.

대표하는 인류 정부(政府)의 정치적 주권은 땅에서 오래 가는 평화를 가져 오고, 사람의 영적 형제 정신은 언제까지나 모든 사람 사이에 선의를 보장할 것이다. 땅에서 평화와 사람들 사이에 선의가 실현될 수 있는 다른 방법은 하나도 없다.

***

심보이톤이 죽은 뒤에, 그 아들들은 평화로운 교사진을 유지하는 데 큰 어려움에 부딪쳤다. 우르미아 교사진에 들어간 후일의 그리스도교 선생들이 좀더 지혜를 보이고 더 관대했더라면, 예수의 가르침의 반향은 훨씬 더 컸을 것이다.

심보이톤의 맏아들은 필라델피아에 있던 아브너에게 도움을 요청했지만, 아브너가 선택한 선생들은 무척 운이 나빴는데, 완고하고 타협하지 않는다는 것이 판명되었기 때문이다. 이 선생들은 그들의 종교를 다른 신앙을 지배하게 만들려고 애썼다. 자주 입에 오르내리던, 카라반 안내자의 강의(講義)를 예수 자신이 했다는 것을 결코 추측하지 못했다.

교사진에서 혼란이 커지자, 세 형제는 재정 지원을 그만두었고, 5년 뒤에 학교는 문을 닫았다. 나중에 그 학교는 미트라 신전(神殿)으로서 다시 열렸고, 결국에는 그들의 질탕한 잔치의 하나와 연관하여 불에 타 버렸다.

7. 서른하나 되던 해 (서기 25년)

카스피 바다로 가는 여행으로부터 돌아왔을 때, 예수는 세계 여행이 거의 끝났음을 알았다. 팔레스타인 바깥으로 겨우 한 번 더 여행했는데, 시리아 여행이었다. 가버나움에 잠깐 들린 뒤에 나사렛으로 가서, 며칠 동안 방문하려고 멈추었다. 4월 중순에 나사렛을 떠나서 티레를 향하였다. 거기서부터 계속 북쪽으로 여행하고 며칠 동안 시돈에서 묵었지만, 목적지는 안티옥이었다.

이 해는 예수가 팔레스타인과 시리아를 통하여 혼자서 헤매 다니던 해였다. 여행하던 이 해 내내, 나라의 다른 구석에서, 나사렛 목수, 가버나움의 배 건축자, 다마스커스 서기관, 알렉산드리아의 선생, 이렇게 여러 이름으로 알려졌다.

안티옥에서 사람의 아들은 일하고, 관찰하고, 공부하고, 방문하고, 봉사하면서 두 달이 넘도록 살았고, 그 동안 계속, 사람이 어떻게 살고, 어떻게 생각하고 느끼며, 인간 존재의 환경에 반응하는가를 배웠다. 이 기간에서 3주 동안, 그는 텐트 만드는 사람으로서 일했다. 이 여행에서 방문한 어느 다른 곳보다, 안티옥에서 더 오래 남아 있었다. 10년 뒤에, 사도 바울이 안티옥에서 전도하면서, 추종자들이 다마스커스 서기관의 신조에 관하여 말하는 것을 들었을 때, 생도들이 바로 주의 목소리를 듣고 그 가르침을 귀담아들었음을 조금도 몰랐다.

안티옥에서부터 예수는 남쪽으로 바닷가를 따라서 케자리아로 갔고, 거기서 몇 주 동안 묵었으며, 계속해서 바닷가를 따라 요파로 내려갔다. 요파로부터 내륙으로 잠니아·아쉬돗·가자까지 여행하였다. 가자로부터 내륙의 길을 타고, 비엘세바까지 가서, 거기서 한 주 동안 남아 있었다.

그리고 나서 개인으로서, 예수는 마지막 여행을 떠났고, 팔레스타인의 심장부를 거쳐서, 남쪽에 비엘세바로부터 북쪽으로 단까지 갔다. 북쪽으로 가는 이 여행에서 헤브론·베들레헴 (여기서 그가 태어난 곳을 보았다), 예루살렘 (베다니에 들리지 않았다), 비어롯·레보나·시카·세켐·사마리아·게바·엔가님·엔도르·마돈에서 멈추었다. 막달라와 가버나움을 거쳐서, 북쪽으로 줄곧 여행했다. 메롬의 물 동쪽을 지나서, 가라타의 길로 단, 곧 케자리아 빌립비로 갔다.

깃드는 생각 조절자는 이제 사람들의 거처를 버리고, 인간 지성을 통달하는 일을 끝내고, 땅에서 남은 사명에 충만히 헌신하는 과제를 마치도록 헤르몬 산으로 가라고 이끌었다.

이 때는 유란시아에서 주가 땅에서 지낸 일생에서 드물고 특별한 기간이었다. 또 다른 아주 비슷한 기간은 세례를 받고 난 바로 뒤에, 펠라 가까이 작은 산에서 혼자 있을 때 거친 체험이었다. 헤르몬 산에서 혼자 있던 이 기간은 순전히 인간적 생애가 마치는 것, 다시 말해서, 사람으로 자신을 수여하는 것이 절차상으로 종결됨을 표시하며, 한편 후일에 혼자 지낸 것은 자신 수여의 더욱 신다운 단계가 시작됨을 표시했다. 예수는 헤르몬 산의 비탈에서 여섯 주 동안 하나님과 함께 혼자서 살았다.

8. 헤르몬 산에서 머무름

케자리아 빌립비 근처에서 얼마 동안 보낸 뒤에, 예수는 식량을 준비하였고, 짐 나르는 짐승과 티글라스라는 이름의 소년을 확보하고 나서, 다마스커스 길을 따라서, 헤르몬 산기슭의 언덕에, 언젠가 베이트젠이라고 알려진 마을로 나아갔다. 여기서, 그는 서기 25년 8월 중순 가까이, 본부를 정했고, 식량을 티글라스에게 맡기고 나서, 외로운 산비탈을 올라갔다. 티글라스는 산을 향하여, 이 첫날에 해수면 위로 1800미터쯤에 지정된 곳까지 예수를 따라서 올라갔는데, 거기서 그들은 돌로 된 상자를 지었고, 그 속에 티글라스는 한 주에 두 번, 먹을 것을 집어넣어야 했다.

티글라스를 떠난 뒤에, 첫째 날에 예수는 산을 조금만 올라갔고, 기도하려고 멈추었다. 다른 일 가운데 아버지에게 수호 세라핌을 "티글라스와 함께 있도록" 돌려보내기를 요청하였다. 인간 존재로 있는 현실과 싸우는 마지막 투쟁까지 그가 혼자 진행하도록 허락해 주기를 청하였다. 이 요청은 허락되었다. 그를 안내하고 지탱할 깃드는 조절자만 함께 하고, 그는 큰 시험에 들어갔다.

예수는 산에 있는 동안 아껴서 먹었다. 한 번에 하루나 이틀 동안만 먹을 것을 전혀 들지 않았다. 이 산에서 그와 부딪친 초인간 존재들, 정신적으로 씨름하고 능력으로 물리친 자들은 실재했다. 그들은 사타니아 체계에서 큰 적이었다. 현실과 병든 지성의 환상(幻想)을 구별할 수 없고, 허약해지고 굶주린 필사자의 지적 변덕으로부터 생겨난, 상상의 착각이 아니었다.

예수는 8월의 마지막 3주와 9월의 처음 3주를 헤르몬 산에서 보냈다. 이 몇 주 동안, 지성을 이해하고 성격을 통제하는 여러 수준에서 필사자의 과제를 마쳤다. 하늘 아버지와 교통하는 이 기간 내내, 깃드는 조절자도 또한 배치받은 근무를 마쳤다. 이 지상(地上) 피조물의 인간 목표는 거기서 도달되었다. 오로지 지성과 조절자가 조율하는 마지막 단계를 완성하는 일이 남았다.

5주가 넘도록 파라다이스 아버지와 끊임없이 친교가 있은 뒤에, 예수는 그의 성품을, 그리고 성격이 시공에서 나타나는 물질 수준을 확실히 극복했다는 것을, 절대로 확신하게 되었다. 신다운 성품이 인간 성품을 지배하는 것을 충분히 믿고, 서슴지 않고 주장하였다.

산에서 체류가 끝날 때가 가까이 되어, 예수는 사람의 아들로서, 요수아 벤 요셉으로서, 사타니아에 있는 적들과 회담을 가지도록 허락될 것인가 아버지께 물었다. 이 요구는 허락되었다. 헤르몬 산에서 마지막 주에, 큰 유혹, 우주의 재판이 일어났다. (루시퍼를 대표하는) 사탄과 반역한 혹성 영주, 칼리가스티아가 예수와 함께 자리에 있었고, 그의 눈에 완전히 보이게 나타났다. 이 "유혹," 모반한 성격자들의 곡해를 직면하여 인간적 충성심을 재는 이 마지막 시련은, 먹을 것이나 성전 뾰족탑이나, 주제넘은 행위(行爲)와 아무런 상관이 없다. 이 세상의 나라들이 아니라, 막강하고 영화로운 우주의 통치권과 상관이 있다. 너희 기록에 나타나는 상징은 세상이 유치한 생각을 가졌던, 뒤떨어진 시대를 위하여 의도한 것이었다. 후일의 세대들은 헤르몬 산에서 그 중대한 날에 사람의 아들이 얼마나 큰 투쟁을 겪었는가를 이해해야 한다.

루시퍼의 밀사들이 내민 여러 제안과 반대(反對) 제안에 대하여, 예수는 이렇게만 대답하였다: "나의 파라다이스 아버지의 뜻이 이루어지이다. 그리고 너, 반역한 아들아, 옛적부터 늘 계신 이들이 너를 신답게 재판하기를! 나는 너의 창조자인 아버지이라. 나는 너를 도저히 공정하게 판단할 수 없고, 너는 내 자비를 이미 걷어찼느니라. 나는 너를 더 큰 우주의 재판관들의 판결에 맡기노라."

루시퍼가 제시한 모든 절충안과 임시 편법에 대하여, 육신화로 자신을 수여함에 관하여 내놓은 모든 그러한 허울 좋은 제안에 대하여, 예수는 오직 이렇게 대답했다, "파라다이스에 계신 내 아버지의 뜻이 이루어지이다." 벅찬 시련이 끝났을 때, 떨어져 있던 수호 세라핌이 예수의 옆으로 돌아와서 그를 보살폈다.

늦은 여름 어느 날 오후, 나무들 사이에서, 자연이 고요한 가운데, 네바돈의 미가엘은 그의 우주를 다스리는, 도전받지 않은 통치권을 얻었다. 그 날에 시공의 진화 세계에서 필사 육체의 모습을 입고 육신화된 생명을 한껏 살라고 아들 창조자들을 위하여 마련된 과제를 마쳤다. 몇 달 뒤에 세례를 받는 날까지, 이 중대한 성취에 관하여 우주 발표(發表)가 있지 않았지만, 모두가 그 날 산에서 정말로 일어났다. 헤르몬 산에서 머무르다가 내려왔을 때, 사타니아에서 루시퍼 반란과 유란시아에서 칼리가스티아 탈퇴는 실질적으로 해결되었다. 그의 우주 통치권을 얻는 데 요구되는 마지막 값을 예수는 치렀고, 그 통치권은 그 자체로서 모든 반역자의 지위를 규제하고, 앞날의 모든 그러한 봉기가 (언제라도 일어난다면) 단숨에 효과적으로 처리되어도 좋다고 확정한다. 따라서, 이른바 예수의 "큰 시험"은 세례 받기 얼마 전에 일어났고, 그 사건 바로 뒤가 아니었음을 알 수 있다.

산에서 이 체류가 끝나고, 산을 내려가는 동안에 예수는 먹을 것을 가지고 만날 장소로 올라오는 티글라스와 마주쳤다. 그를 돌려보내며 예수는 다만 이렇게 말했다: "쉬는 시간이 지났느니라. 나는 아버지의 일로 돌아가야 하노라." 단으로 돌아가는 동안 말이 없었고, 그는 많이 변화된 사람이었다. 단에서 예수는 소년을 보내고, 당나귀를 주었다. 그리고 나서 그가 온 똑같은 길로, 남쪽으로, 가버나움까지 나아갔다.

9. 기다리는 시간

이제 여름의 끝이 가까웠고, 속죄의 날과 초막(草幕) 축제가 있을 무렵이었다. 예수는 가버나움에서 안식일 동안에 가족 회의를 열었고, 다음 날 세베대의 아들 요한과 함께 예루살렘을 향하여 떠났고, 호수의 동쪽으로 가며, 게라사를 지나서, 요단 강 유역으로 내려갔다. 가는 길에 동반자와 얼마큼 이야기하는 동안, 요한은 예수에게 큰 변화가 일어난 것을 눈치챘다.

예수와 요한은 베다니에서 나사로와 그 자매들과 함께 그 날 밤에 묵었고, 이튿날 아침 일찍 예루살렘으로 갔다. 그 도시 안과 주위에서 거의 3주를 보냈다, 적어도 요한은 그랬다. 여러 날 동안 요한은 예루살렘으로 혼자 갔고, 한편 예수는 근처에 있는 언덕 위를 걸어다니고, 하늘에 계신 아버지와 영적으로 친교하는 시간을 여러 번 가졌다.

두 사람은 속죄의 날의 엄숙한 예배에 참석했는데, 요한은 유대인의 종교 의식에서 모든 날 가운데 이 날의 의식(意識)에 크게 감명을 받았지만, 예수는 생각에 잠겼고 말이 없는 구경꾼이었다. 사람의 아들에게 이 연출은 불쌍하고 보기에 딱했다. 모두가 하늘에 계신 아버지의 성품과 속성을 잘못 나타낸다고 보았다. 이 날의 행사는 신이 응보하는 사실과 무한한 자비(慈悲)의 진리를 엉터리로 시늉한 것으로 보았다. 우주에서 아버지의 사랑하는 성품과 자비로운 행위에 관하여, 진정한 진리의 선언을 입밖에 내고 싶어 속이 탔지만, 충실한 감시자는 때가 아직 오지 않았다고 타일렀다. 그러나 그 날 밤, 베다니에서, 예수는 수많은 논평을 하였고, 이것은 요한의 마음을 크게 뒤흔들었다. 요한은 그 날 저녁에 그들이 듣는 데서 예수가 하신 말씀의 참 중요성을 결코 충분히 이해하지 못했다.

예수는 요한과 함께 초막 축제가 있던 주간 내내 남아 있으려고 계획하였다. 이 축제는 온 팔레스타인에서 해마다 있는 휴일이었고, 유대인의 휴가철이었다. 비록 예수는 그 절기(節氣)의 떠들썩함에 끼지 않았어도, 젊은이와 늙은이들이 태평하고 기쁘게 마음껏 노는 것을 구경하는 동안, 기뻐하고 만족해하는 것이 분명하였다.

축하하는 주간 한가운데, 축제 행사(行事)가 끝나기 전에, 예수는 파라다이스 아버지와 교통하기에 더 좋을 듯한 산으로 가서 쉬고 싶다고 말하고 요한을 떠났다. 요한은 함께 갔을 터이지만, 예수는 그가 축제 행사 끝까지 남아 있기를 고집하며 말했다: "네가 사람의 아들의 짐을 지는 것이 요구되지 않느니라. 도시가 평화롭게 자는 동안 파수꾼만 밤새 지켜야 하느니라." 예수는 예루살렘으로 돌아가지 않았다. 베다니 가까이, 산에서 거의 한 주 동안 혼자 지낸 뒤에, 가버나움을 향하여 떠났다. 집으로 가는 길에 길보아의 비탈에서 하루 낮과 밤을 혼자 보냈고, 거기는 사울 왕이 목숨을 끊은 곳에서 가까웠다. 가버나움에 도착했을 때는 예루살렘에서 요한을 떠났을 때보다 더욱 명랑한 듯하였다.

다음 날 아침 예수는 소지품이 들어 있는 상자(箱子)가 있는 곳으로 갔고, 이것은 세베대의 작업장에 남아 있었다. 앞치마를 두르고 일하러 나서면서 말했다. "때가 오기를 기다리는 동안, 바쁘게 일하는 것이 내게 마땅하니라." 이듬해 1월까지, 배 작업장에서, 아우 야고보 옆에서, 여러 달 동안 일했다. 예수와 함께 일하는 이 기간이 지난 뒤에, 사람의 아들이 일생의 과업에 대하여 이해하기 힘들게 만드는 무슨 의심이 떠오르든지 상관 없이, 야고보는 예수의 사명에 대한 믿음을 다시는 정말로, 그리고 송두리째 버리지는 않았다.

배 작업장에서 일하던 이 마지막 기간에, 예수는 몇몇 큰 배의 내부 끝손질을 하는 데 대부분의 시간을 보냈다. 손으로 하는 모든 일에 수고를 아끼지 않았고, 칭찬할 만한 작품을 마쳤을 때 인간다운 성취에 만족감을 느끼는 듯하였다. 비록 하찮은 일에는 거의 시간을 버리지 않았어도, 어떤 주어진 과업에 필수인 것들이 닥칠 경우에, 깔끔하게 일하는 노동자였다.

시간이 지나자, 요단 강에서 회개하는 자들에게 세례를 주면서 설교하는 어떤 요한이라는 사람의 소문이 가버나움에 도착했는데, 요한은 이렇게 설교하였다: "하늘나라가 가까웠도다. 뉘우치고 세례를 받으라." 예루살렘에서 가장 가까운, 강의 여울에서 요한이 요단 강 유역을 거슬러 천천히 올라가는 동안, 예수는 이 여러 보고에 귀를 기울였다. 그러나 다음 해, 서기 26년 1월에 펠라에 가까운 점까지 요한이 강을 거슬러 올라올 때까지, 예수는 배 만드는 일을 계속하였고, 이 때 연장을 내려놓고 외쳤다, "때가 왔도다." 당장에 그는 세례를 받으려고 요한 앞에 나섰다.

그러나 예수에게는 큰 변화가 다가오고 있었다. 그 땅에서 이리저리 다니는 동안 그의 방문과 보살핌을 누렸던 사람들 중에 거의 아무도, 후일에 대중을 가르치는 그 선생이 예전에 한 사사로운 개인으로서 알고 사랑했던 바로 그 사람이었다는 것을 알아보지 못했다. 일찍이 덕을 입은 자들이 그가 나중에 대중을 가르치는 권위 있는 선생 역할로 나타난 그를 이렇게 알아보지 못한 데는 까닭이 있었다. 오랫동안, 이 정신과 영(靈)의 변화가 진행되고 있었고, 그것은 헤르몬 산에서 그 중대한 체류 동안에 끝났다.

제 135 편

세례자 요한

세례자 요한은 기원전 7년 3월 25일에, 그 전 해 6월에 가브리엘이 엘리자벳에게 한 약속에 따라서 태어났다. 다섯 달 동안 엘리자벳은 가브리엘이 찾아온 것을 비밀로 지켰다. 엘리자벳이 이야기했을 때, 남편 사가리아는 크게 불안해하였고, 요한이 태어나기 약 6주 전에 특별한 꿈을 꾸고 난 뒤에야 아내의 이야기를 충분히 믿었다. 가브리엘이 엘리자벳을 방문한 것과 사가리아의 꿈을 제쳐 놓고, 세례자 요한의 출생에 연결되어 아무런 특별하거나 초자연적인 일이 없었다.

여드렛날에 유대인의 풍습에 따라서 요한은 할례를 받았다. 예루살렘에서 6.4킬로미터쯤 서쪽에, 그 시절에 유다 시로 알려진 작은 마을에서, 날마다, 해마다, 보통 아이로서 자랐다.

요한의 어린 시절 초기에 있었던 가장 중대한 일은, 부모를 동반해서, 예수와 나사렛 가족을 찾아본 것이었다. 이 방문은 기원전 1년 6월에 일어났고, 이 때 여섯 살이 조금 넘었다.

나사렛에서 돌아온 뒤에, 요한의 부모는 소년을 체계적으로 교육하기 시작했다. 이 작은 마을에는 아무런 회당 학교가 없었다. 그러나 사가리아는 사제였기 때문에 교육을 썩 잘 받았고, 엘리자벳은 보통 유대 여인보다 훨씬 낫게 교육을 받았다. "아론의 딸들"의 후손이었기 때문에, 그 여자 또한 사제 집안이었다. 요한이 외아들이어서, 그들은 정신 및 영적 훈련에 상당한 시간을 보냈다. 사가리아는 예루살렘에 있는 성전에서 잠깐만 근무했고, 그래서 아들을 가르치는 데 시간을 많이 들였다.

사가리아와 엘리자벳은 작은 농장이 있었고, 거기서 양을 길렀다. 이 토지에서 도저히 생계를 이을 수 없었지만, 사가리아는 사제에 바쳐진 성전 기금(基金)으로부터 정기 수당을 받았다.

1. 요한이 나지르인이 되다

요한은 열 네 살에 졸업하는 학교에 다니지 않았지만, 부모는 이 해가 정식으로 나지르인의 서약을 하기에 적당한 해라고 정했다. 따라서 사가리아와 엘리자벳은 아들을 아래로, 사해(死海) 가장자리에 엥게디로 데려갔다. 여기는 나지르인 단체의 남쪽 본부였고, 거기서 그 아이는 일생토록 이 계급으로, 공식으로 엄숙하게 가입하였다. 이 예식이 있고 나서, 또 모든 취하는 음료를 삼가고, 머리를 기르고, 죽은 자 만지기를 삼가겠다는 서약이 있은 뒤에, 그 가족은 예루살렘으로 진행했고, 거기서 성전 앞에서 요한은 나지르인 서약을 하는 자들에게 요구되는 헌물 바치는 일을 마쳤다.

요한은 눈부신 선구자들, 삼손과 선지자 사무엘에게 행해졌던, 바로 그 일생의 서약을 하였다. 종신(終身) 나지르인은 성스럽게 바치고 거룩한 인물이라고 간주되었다. 유대인들은 대사제와 거의 가깝게 존경심과 숭배를 가지고 나지르인을 보았으며, 이것은 이상하지 않았는데, 일생토록 몸을 바친 나지르인들이, 대사제들을 제외하고, 성전에서 지성소(至聖所)에 들어가도록 유일하게 허락받은 사람들이었기 때문이다.

요한은 예루살렘에서 집으로 돌아와서 아버지의 양을 쳤고, 자라서 고귀한 인격을 가진 강한 사람이 되었다.

열 여섯 살이 되었을 때, 엘리야에 관하여 글을 읽은 결과로, 요한은 갈멜 산의 선지자에게 크게 감명(感銘)을 받았고, 그 옷 스타일을 채택하기로 결심하였다. 그 날부터 요한은 언제나 가죽 허리띠를 띠고 털 있는 옷을 입었다. 열 여섯에 키가 1.8미터 넘었고 거의 완전히 자랐다. 흘러내리는 머리카락과 특이한 옷 모습 때문에, 정말로 그림 같은 소년이었다. 그 부모는 이 외아들, 약속의 아이이자 일생의 나지르인한테서 큰 일을 기대했다.

2. 사가리아의 죽음

몇 달 동안 앓고 난 뒤에, 사가리아는 서기(西紀) 12년 6월에 죽었고, 이 때 요한은 열 여덟이 갓 넘었다. 나지르인 서약이 자신의 집안에서도 죽은 자와 접촉하는 것을 금했기 때문에, 크게 난처한 때였다. 비록 죽은 자 때문에 몸을 더럽히는 것에 관하여 서약(誓約)했던 제한을 따르려고 애쓰기는 했어도, 요한은 나지르인 계급의 요구 사항에 전적으로 복종했는가 의심이 들었다. 따라서, 아버지가 묻힌 뒤에, 예루살렘으로 가서, 거기서 여인들 마당의 나지르인 구석에서 정화(淨化)에 요구된 희생물을 바쳤다.

이 해 9월에 엘리자벳과 요한은 마리아와 예수를 찾아보려고 나사렛으로 여행하였다. 요한은 일생의 일을 시작하려고 거의 작정하다시피 했다. 그러나 예수의 말뿐 아니라 모범 때문에, 요한은 집으로 돌아가서 어머니를 돌보고, "아버지의 때가 오기"를 기다리도록 훈계를 받았다. 이 즐거운 방문이 끝났을 때, 예수와 마리아에게 작별을 알린 뒤, 요단 강에서 예수에게 세례 주는 사건이 있기까지, 요한은 예수를 다시 보지 못했다.

요한과 엘리자벳은 집으로 돌아가서 앞날을 위하여 비로소 계획을 세웠다. 성전 기금으로부터 받을 사제의 수당(手當)을 요한이 받기를 거절했으니까, 2년이 지날 무렵에, 집을 거의 잃다시피 했다. 그래서 양 떼와 함께 남쪽으로 내려가기로 작정하였다. 따라서, 요한은 스무 살이 되던 해 여름에, 헤브론으로 옮겨 갔다. 이른바 "유대의 황무지"에서, 엥게디에서 사해(死海)로 들어가는 큰 물줄기의 가지에, 어느 시냇물을 따라서, 요한은 양을 쳤다. 엥게디 촌은 종신(終身) 및 시한부로 헌신하는 나지르인뿐 아니라, 수많은 금욕하는 다른 목축자들을 포함했는데, 이들은 이 지역에서 가축 떼와 함께 모여서 나지르인 단체와 사귀었다. 그들은 양을 길러서, 또 부유한 유대인들이 그 계급에게 준 선물로, 먹고 살았다.

시간이 지나자, 요한은 헤브론으로 돌아가는 일이 뜸해졌고, 한편 엥게디로 빈번하게 찾아갔다. 그는 대다수의 나지르인과 너무 온통 달랐기 때문에, 그 단체와 완전히 사귀기가 어려움을 발견하였다. 그러나 엥게디 촌이 인정하는 지도자요 우두머리인 아브너를 무척 좋아했다.

3. 목자의 생활

이 작은 시냇물의 골짜기를 따라서 요한은 돌 오두막과 밤을 위한 울타리를 열둘 이상 지었고, 이것은 쌓아 놓은 돌로 이루어졌다. 그 안에서 양과 염소 떼를 지키고 보호할 수 있었다. 목동으로 지내는 요한의 생활은 생각할 시간을 상당히 주었다. 그는 베스주르의 고아(孤兒) 소년 에즈다와 많이 이야기했다. 어떤 면에서 이 아이를 양자(養子)로 삼았고, 안식일 예배를 위하여 엥게디로 내려갔을 때 뿐 아니라, 어머니를 만나고 양을 팔려고 헤브론으로 여행 갔을 때, 에즈다는 양 떼를 돌보았다. 요한과 그 소년은 무척 검소하게 살았고, 양고기, 염소 젖, 야생 꿀, 그 지역의 먹는 메뚜기 따위를 먹고 살았다. 이 정규 식사는 때때로 헤브론과 엥게디에서 가져온 식량으로 보충되었다.

엘리자벳은 요한에게 팔레스타인과 세상일에 대하여 소식을 알려 주었으며, 옛 체제가 막을 내리는 때가 급히 다가오고 있다, 그가 새 시대, "하늘나라"가 가까이 다가옴을 알리는 사자가 되리라는 확신은 자꾸 더 깊어졌다. 이 거친 목자는 다니엘 선지(先知)가 쓴 글을 무척 좋아했다. 다니엘이 큰 우상을 묘사한 것을 1천 번 읽었는데, 사가리아는 이것이 바빌론으로부터 시작하여, 페르시아, 그리스, 마침내 로마까지, 세계의 열강들의 역사를 대표한다고 일러 주었다. 로마가 다국어를 쓰는 그런 민족과 종족들로 구성되어서, 요한은 로마가 결코 강하게 결속되고 굳게 단결된 제국이 될 수 없다는 것을 이미 깨달았다. 그 시절에도 사람들은 로마가 시리아, 에집트, 팔레스타인, 기타 여러 지방으로 나누어졌다고 믿었다. 그는 더 읽었다: "이 왕들이 있는 시절에 하늘의 하나님이 결코 멸망하지 아니할 나라를 세우리라. 이 나라는 다른 민족에게 맡겨지지 않겠으나, 이 모든 나라를 산산조각 부수고 삼켜 버릴지며, 그 나라는 영원토록 서리라," "그에게 영토와 영화(榮華)와 나라를 주어서, 모든 민족과 나라와 언어가 그를 섬길지니라. 그의 영토는 영원한 영토요, 사라지지 아니하며 그 나라는 결코 망하지 아니하리라." "나라와 영토, 온 하늘 밑에 있는 나라의 위세를 최고자의 성자(聖者)들의 민족에게 주리니, 그의 나라는 영원한 나라요, 모든 영토가 섬기고 복종할지니라."

요한은 예수에 관하여 부모한테서 들은 것과 성서(聖書)에서 읽은 이 구절들이 일으킨 혼란에서 결코 완전히 벗어날 수 없었다. 다니엘에서 읽었다: "내가 밤에 환상을 보았으니, 보라, 사람의 아들과 같은 자가 하늘의 구름을 타고 왔고, 그에게 통치권과 영화와 나라가 주어졌느니라." 그러나 선지자의 이 말씀은 부모가 가르쳐 준 것과 조화되지 않았다. 열여덟 살에 방문했을 때, 예수와 나눈 이야기도 성서의 이 말씀과 맞지 않았다. 이런 혼란이 있었는데도, 온갖 혼란을 통해서 내내, 먼 사촌 나사렛 예수가 참 메시아라는 것, 다윗의 왕좌에 앉으려고 왔다는 것, 자기(요한)는 그가 미리 보낸 사자(使者)요 으뜸가는 지지자가 되리라고 어머니는 확신을 주었다.

로마의 악덕 및 사악함, 제국의 방탕과 도덕적 빈곤에 대하여 들은 모든 것으로부터, 헤롯 안티파스와 유대 총독(總督)들의 악행에 관하여 아는 것으로부터, 요한은 시대의 끝이 다가오고 있다고 믿을 생각이 있었다. 거칠고 고귀한 이 자연의 아이에게는, 사람의 시대(時代)가 끝나고 새롭고 신성한 시대—하늘나라—가 밝아오는 것을 위하여 세상이 무르익은 듯하였다. 자기가 옛 선지자들의 마지막이요, 새 선지자들의 처음이 되리라는 느낌이 요한의 가슴 속에서 자랐다. 박차고 나가서 모든 사람에게 이렇게 외치고 싶은, 끓어오르는 충동으로 무척 마음이 설렜다. "회개하라! 하나님께 바르게 행하라! 종말을 위하여 준비하라. 세상일의 새롭고 영원한 질서, 하늘나라의 도래를 위하여 너희 스스로 준비하라."

4. 엘리자벳의 죽음

서기 22년 8월 17일, 요한이 스물 여덟이었을 때, 어머니가 갑자기 돌아가셨다. 엘리자벳의 친구들은, 자기 가족 안에서도 죽은 사람과 접촉하는 것에 관한 나지르인의 제한을 알고서, 요한을 부르기 전에 엘리자벳의 장례를 위하여 모든 주선을 하였다. 어머니가 돌아가셨다는 말을 들었을 때, 그는 에즈다에게 양 떼를 엥게디로 몰라 지시하고 헤브론을 향하였다.

어머니의 장례식을 지내고 엥게디로 돌아와서, 양 떼를 그 단체에게 내어주고, 굶고 기도하는 동안에, 바깥 세계로부터 한동안 떨어져 있었다. 요한은 신성에 접근하는 옛 방법들만 알았다. 오직 엘리야·사무엘·다니엘과 같은 기록들만 알고 있었다. 엘리야는 선지자의 이상(理想)이었다. 엘리야는 선지자로 여겨지게 된 이스라엘 선생들 중에 처음이었고, 요한은 자기가 길고도 눈부신 하늘 사자들의 이 계열에서 마지막이 되리라고 참으로 믿었다.

2년 반 동안 요한은 엥게디에서 살았다. "시대의 끝이 가까웠다," "하늘나라가 바야흐로 나타나려 한다"고 단체의 대부분을 설득하였다. 그의 초기 가르침은 모두, 메시아가 유대 나라를 이방(異邦) 통치자들의 지배로부터 구원하도록 약속된 자라는 당대의 유대인 관념과 개념에 바탕을 두었다.

이 기간 내내, 요한은 나지르인들의 엥게디 집에서 발견한 신성한 기록들을 많이 읽었다. 특히 이사야, 그 시대에 이르기까지 마지막 선지자인 말라기를 읽고 감명을 받았다. 이사야의 마지막 5장을 읽고 또 읽었고, 이 예언들을 믿었다. 다음에 말라기를 읽곤 하였다: "보아라, 주의 크고 무서운 날이 오기 전에, 너희에게 선지자 엘리야를 보내리라. 내가 와서 저주로 땅을 칠까 하여, 그는 아버지의 마음을 아이들에게 돌이키게 하고 아이들의 마음을 저희 아버지에게 돌이키게 하리라." 엘리야가 돌아오리라는 이 말라기의 약속이 겨우, 요한이 나가서 하늘나라가 다가오는 것에 대하여 전도하고 동료 유대인들에게 다가올 진노를 피하라고 훈계하는 것을 막았다. 요한은 다가오는 하늘나라의 메시지를 선포하기에 준비가 되고도 남았지만, 엘리야가 오리라는 이 기대(企待)는 2년이 넘도록 그를 붙들어 두었다. 자기가 엘리야가 아님을 알았다. 말라기가 무엇을 뜻하였는가? 그 예언(豫言)이 글자 그대로인가, 아니면 상징인가? 어떻게 진실을 알 수가 있을까? 마침내, 첫 선지자가 엘리야라는 이름이었으니까, 마지막도 궁극에는 똑같은 이름으로 알려져야 한다고 감히 생각했다. 그런데도 의심이 들었고, 이 의심은 언제라도 자신을 엘리야라고 부르는 것을 막기에 충분했다.

엘리야의 영향력은 요한으로 하여금 같은 시대에 살던 사람들의 죄와 악덕을 직접 통명스럽게 공격하는 방법을 채택하게 만들었다. 엘리야처럼 옷을 입고 엘리야처럼 말하려고 애썼다. 겉으로 나타나는 모습은 옛 선지자(先知者)와 꼭 같았다. 바로 그렇게 튼튼하고 그림 같은 자연의 사람이요, 바로 그러한 겁 없고 담대한, 정의(正義)의 설교자였다. 요한은 글을 모르지 않았고, 유대인의 성스러운 기록들을 익히 알았지만, 교양이 있다고 하기는 어렵다. 맑게 생각하는 사람이요, 힘차게 외치는 연설가요, 불 같이 비난하는 자였다. 도저히 그 시대에 본보기라 할 수 없었지만, 거침없이 꾸짖는 채찍이었다.

마침내 새 시대, 하나님의 나라를 선포하는 방법을 생각해 냈다. 메시아의 사자가 되리라고 작정했다. 서기 25년 3월 어느 날, 모든 의심을 떨쳐 버리고 엥게디를 떠나서, 대중 전도자(傳道者)로서 짧기는 했지만 눈부신 생애를 시작했다.

5. 하나님의 나라

요한의 메시지를 이해하기 위해서는, 그가 활동 무대에 나타났던 당시에 유대 민족의 상태를 고려해야 한다. 거의 1백 년 동안, 온 이스라엘은 곤경에 빠져 있었다. 이방의 군주들에게 그들이 줄곧 예속된 것을 설명하기가 난처했다. 모세는 의로움이 언제나 번영과 권력으로 보상을 받는다고 가르치지 않았는가? 하나님이 택한 백성이 아니었는가? 어째서 다윗의 왕좌(王座)가 황폐하고 비어 있는가? 모세의 신조와 선지자들의 훈계에 비추어서, 유대인들은 나라의 황폐가 오래 계속되는 것을 설명하기 어려움을 발견했다.

예수와 요한의 시절보다 1백 년쯤 앞서, 팔레스타인에서 새로운 학파의 종교 선생, 종말론자(終末論者)들이 일어났다. 이 새 선생들은 유대인들이 민족의 죄 때문에 벌을 받고 있다는 이유로, 유대인들이 당하는 고통과 치욕을 설명하는 한 신앙 체계를 개발했다. 그들은 예전에 바빌로니아와 기타 포로 생활을 설명하는 데 쓰여진 잘 알려진 여러 가지 이유에 의존했다. 하지만 종말론자들은 이렇게 가르쳤다: 이스라엘은 기운을 내야 한다, 고통받는 날이 거의 끝났다, 하나님이 택한 백성의 단련이 거의 끝났다, 하나님은 이방인(異邦人)에 대하여 참을성이 거의 없어졌다. 로마 통치의 끝은 그 시대의 끝, 어떤 의미에서는, 세계의 종말과 비슷한 말이었다. 이 새 선생들은 다니엘의 예언에 무척 의존하였고, 창조는 마지막 단계에 막 들어가려 한다, 이 세상의 나라들은 바야흐로 하나님의 나라가 되려 한다고 한결같이 가르쳤다. 그 시절에 유대인의 머리에는, 이것이 요한과 예수의 가르침에 두루 이어지는 구절—하늘나라—의 뜻이었다. 팔레스타인의 유대인들에게, "하늘나라"라는 구절은 오직 한 가지 의미(意味)가 있었다. 하나님이 하늘에서 다스리는 것처럼—"주의 뜻이 하늘에서 이루어진 것 같이 땅에서도 이루어지이다"—하나님이 (메시아가) 완전한 권력을 가지고 땅의 나라들을 다스리는, 절대로 올바른 상태를 의미했다.

요한의 시절에 모든 유대인이 기대하며 물었다, "얼마나 빨리 그 나라가 올 것인가?" 이방 국가들의 통치의 종말이 가까웠다는 느낌이 일반이었다. 온 유대인 사회에서 오랜 시대에 걸쳐 품었던 소망의 성취가 그 세대가 살아 있는 동안에 일어나리라는 팔팔한 희망과 강렬한 기대가 있었다.

다가오는 나라의 본질(本質)을 짐작하는 데는 크게 의견이 달랐어도, 유대인들은 그 사건이 가까이, 아니 문 앞에까지도 다가왔다는 믿음을 똑같이 가졌다. 구약을 읽는 많은 사람이 기대하는 눈으로, 팔레스타인에서 새 임금을, 적들의 손에서 구원받고 다윗 왕의 후계자인 메시아가 주관하는, 다시 태어난 유대 국가를 글자 그대로 기대하고 있었고, 메시아는 온 세계의 마땅하고 올바른 통치자로서 빨리 인정될 것이었다. 그보다 작지만 또 다른 집단의 경건한 유대인들은 이 하나님의 나라에 대하여 엄청나게 다른 견해를 가졌다. 다가오는 나라는 이 세상의 것이 아니다, 세상은 확실한 종말(終末)에 가까워지고 있으며, "새 하늘과 새 땅"이 하나님 나라가 서는 것을 안내하리라, 이 나라는 영원한 주권이 되리라, 죄는 그치게 되리라, 새 나라의 시민들은 이 끝없는 행복을 누리며 불멸하게 되리라고 가르쳤다.

깨끗이 하거나 정화(淨化)하는 어떤 철저한 훈련이 땅에서 새 나라의 확립을 반드시 앞서리라고 모두가 의견을 모았다. 글자대로 풀이하는 자들은 세계적인 전쟁이 따를 것이요, 모든 불신자(不信者)를 죽이고, 한편 충실한 자들은 보편적이고 영원한 승리로 몰고 가리라고 가르쳤다. 영적으로 해석하는 자들은 하나님의 큰 심판이 그 나라를 안내하리라, 이것은 불의한 자들을 벌주고 최종으로 소멸하는 마땅한 심판(審判)으로 넘길 것이라, 동시에 선택된 백성 가운데 믿는 성자(聖者)들을 사람의 아들과 함께 높은 영예와 권한의 자리로 높일 것이요, 이 사람의 아들은 회복한 나라들을 하나님의 이름으로 다스릴 것이라고 가르쳤다. 이 후자 집단은 많은 경건한 이방인이 새 나라의 친교에 들어오도록 허락되리라 믿기까지 하였다.

유대인들 가운데 더러는 하나님이 어쩌면 직접 신의 간섭으로 이 새 나라를 세울지 모른다는 의견을 지녔지만, 대다수는 하나님이 어떤 대표하는 중재자, 메시아를 사이에 두리라고 믿었다. 이것이 예수와 요한의 세대에 살던 유대인들의 머리 속에 메시아라는 낱말이 가질 수 있었던, 유일하게 가능한 의미였다. 메시아는 도저히, 그저 하나님의 뜻을 가르치거나 올바른 삶의 필요성을 외치는 자를 언급할 수 없었다. 그러한 모든 거룩한 사람에게 유대인들은 선지자라는 칭호를 주었다. 메시아는 선지자보다 더 위대해야 했다. 메시아는 새 나라, 하나님의 나라의 확립을 가져올 것이었다. 이렇게 하지 못하는 사람은 아무도, 전통적 유대인 의미에서 메시아일 수 없었다.

누가 이 메시아일까? 또 다시 유대의 선생들은 의견이 달랐다. 옛 선생들은 다윗의 아들이라는 신조(信條)에 집착했다. 새 선생들은, 새 나라가 하늘나라이니까, 새 통치자는 또한 신다운 인물, 하늘에서 하나님의 바른 편에서 오래 앉아 있던 분일까 싶다고 가르쳤다. 이상하게 들릴지 모르지만, 새 나라의 통치자를 이렇게 상상한 자들은, 그는 인간다운 메시아가 아니라, 단순한 사람이 아니라, "사람의 아들"—하나님의 아들—로서 새롭게 된 땅의 통치를 이렇게 맡으려고 오랫동안 기다린, 하늘의 왕자로 보았다. "뉘우치라, 하늘나라가 가까웠음이라!"하고 요한이 외치면서 떠나갔을 때, 유대인 세계의 종교적 배경이 이러했다.

그러니까 다가오는 나라를 요한이 선포한 것은 정열적인 설교에 귀를 기울인 사람들의 머리 속에서, 적어도 여섯 가지 다른 뜻이 있었음이 분명하다. 그러나 요한이 사용한 구절에 그들이 어떤 의미(意味)를 부여했든지 상관 없이, 이 유대 왕국을 기다리는 여러 집단은 각자, 성실하고, 열심이 있고, 올바름과 뉘우침을 부르짖는 이 투박한 설교자의 외침에 흥미를 느꼈고, 그는 청중에게 "다가올 진노로부터 달아나라"하고 매우 엄숙하게 훈계하였다.

6. 요한이 설교를 시작하다

서기 25년 3월에 일찍, 요한은 사해(死海)의 서쪽 해안을 둘러 가며, 요단 강을 거슬러 예리고의 맞은 편으로 여행했는데, 요수아와 이스라엘의 자손이 약속된 땅으로 처음 들어갔을 때 이 고대의 여울을 건너갔다. 강 저편으로 건너서, 여울의 입구 가까이에 자리잡고, 강을 건너 오가는 길에 있는 사람, 지나가는 사람들에게 전도하기 시작했다. 여기는 요단 강을 건너는 모든 길목 가운데 가장 흔히 다니는 곳이었다.

말씀을 들은 모든 사람에게, 요한은 설교자보다 더한 사람임이 분명했다. 유대의 황야로부터 올라온 이 낯선 사람에게 귀를 기울인 사람들의 대다수(大多數)는 선지자의 목소리를 들었다고 믿으며 떠나갔다. 지치고 고대하던 이 유대인들의 혼이 그런 현상에 깊이 마음이 흔들린 것은 당연하다. 온 유대 역사에서 아브라함의 경건한 자손들이 "이스라엘이 위로받기"를 그렇게 고대(苦待)하거나 더 열심히 "나라가 회복되기"를 기대한 적이 없었다. 유대인 역사 전체에서 "하늘나라가 가까웠다"는 요한의 메시지가 요단 강의 이 남쪽 길목의 둑에서 그렇게 신비롭게 나타난 바로 그 때처럼, 그렇게 깊고 널리 호소한 적도 없었다.

그는 아모스처럼 가축을 기르는 사람의 출신이었다. 옛날의 엘리야처럼 옷차림을 했고, "엘리야의 영과 권능"을 입고 우렁차게 훈계하고, 경고(警告)를 퍼부었다. 여행자들이 요단 강 가를 따라서 그가 전도한다는 소식을 널리 퍼뜨리자, 온 팔레스타인에 두루, 이 이상한 전도자가 힘차게 소동을 일으킨 것은 놀라운 일이 아니다.

이 나지르인 설교자가 하는 일에는 아직도 또 다른 새로운 모습이 있었다. 요단 강에서 "죄를 용서하기 위하여" 신자들에게 모조리 세례를 주었다. 비록 세례가 유대인 사이에 새로운 예식은 아니었어도, 그들은 지금 요한이 사용하는 것처럼 세례가 쓰이는 것을 본 적이 없었다. 성전 바깥 마당에서 친교하도록 개종한 이방인들에게 이렇게 세례(洗禮) 주는 것이 오랫동안 관례였지만, 유대인 자신들은 회개의 세례를 받으라고 요구된 적이 없었다. 요한이 전도하고 세례를 주기 시작한 때부터 헤롯 안티파스의 선동을 받아서 체포되고 갇힐 때까지 겨우 열 다섯 달이 끼었지만, 이 짧은 기간에 10만이 훨씬 넘는 회개자들에게 세례를 주었다.

요단 강을 거슬러 북쪽으로 떠나기 전에, 요한은 베다니 여울에서 넉 달 동안 전도했다. 수만 명의 청중, 더러는 호기심이 있었지만 열심이 있고 심각한 많은 사람이, 유대·페레아·사마리아의 모든 지방으로부터 말씀을 들으려고 왔다. 몇 사람이 갈릴리에서 오기도 했다.

이 해 5월에, 아직도 베다니 여울에 남아 있을 때, 사제와 레위인들은 그가 메시아임을 주장하는가, 누구의 권한으로 설교하는가 요한에게 물으려고 대표단을 보냈다. 요한은 묻는 사람들에게 이렇게 대답했다: "가서 너희 주인들에게 '황야에서 외치는 자의 소리'를 들었다고 이르라. 선지자가 이렇게 말씀한 바와 같으니라: '주의 길을 예비하라, 우리 하나님을 위하여 큰길을 곧게 하라. 골짜기마다 채워지겠고 산마다 언덕마다 낮아지리라. 반반하지 않은 땅이 평지가 되고, 거친 곳이 매끄러운 골이 되리라. 모든 육체가 하나님의 구원을 보리라.'"

용감하기는 했어도 요한은 재치 없는 설교자였다. 어느 날 요단 강 서쪽 둑에서 설교하며 세례를 주고 있을 때, 바리새인 한 무리와 사두개인 여럿이 앞으로 나와 세례를 받으려고 나섰다. 물 속으로 이끌기 전에, 요한은 그 무리에게 일렀다: "불 앞에 독사들처럼, 누가 너희에게 다가올 진노를 피하라고 경고하더냐? 나는 너희에게 세례를 주겠거니와, 너희 죄를 용서받고 싶으면 진지한 회개에 마땅한 열매를 맺으라 경고하노라. 아브라함이 너희 선조라 내게 이르지 말라. 내가 선언하노니, 하나님은 여기 너희 앞에 있는 돌 열두 개를 아브라함에게 합당한 아이들로 세울 수 있느니라. 지금도 도끼가 나무의 바로 그 뿌리에 놓여 있느니라. 좋은 열매를 맺지 않는 나무마다 베이고 불에 던져지도록 정해졌느니라." (언급된 돌 열두 개는 "열두 부족"이 약속된 땅에 처음 들어갔을 때, 바로 이 자리에서 건너간 것을 기념하려고 요수아가 세운 이름난 기념비였다.)

요한은 제자들을 위하여 학급(學級)을 인도했고, 그 과정에서 새로운 생활의 세부를 가르치고 질문에 대답하려고 애썼다. 율법의 글자 뿐 아니라 정신(精神)을 가르치라고 선생들에게 충고하였다. 부유한 자에게 가난한 자를 먹이라고 가르쳤고, 세금 걷는 자들에게 일렀다: "너희에게 배당된 것보다 더 빼앗지 말라." 군인들에

게 일렀다: "폭력을 쓰지 말고 그릇되게 아무 것도 빼앗지 말라—봉급에 만족하라." 한편 모든 사람에게 충고하였다: "시대의 끝을 위하여 준비하라—하늘나라가 가까왔느니라."

7. 요한이 북으로 가다

요한은 다가오는 나라와 그 임금에 대하여 아직도 뒤범벅이 된 생각을 가지고 있었다. 오래 전도할수록 더욱 헛갈렸지만, 다가오는 나라의 성질에 관한 이 지적(知的) 불확실성은 그 나라가 즉시 분명히 나타나리라는 확신(確信)을 조금도 줄이지 않았다. 머리 속에서 요한은 그랬을지 모르지만, 정신적으로는 결코 헛갈리지 않았다. 다가오는 나라에 관하여 조금도 의심하지 않았지만, 예수가 그 나라의 통치자가 될 것인가 아닌가, 도저히 확신이 없었다. 요한이 다윗의 왕좌가 회복되리라는 관념에 매달리는 한, 다윗의 도시에서 태어난 예수가 오래 기대하던 구원자라는 부모의 가르침은 일관성(一貫性) 있는 듯하였다. 그러나 영적 국가, 땅에서 현세의 시대가 끝난다는 교리 쪽으로 마음이 더 기울었을 때, 그러한 사건에서 예수가 무슨 역할을 할 것인가 못 견디게 의심이 들었다. 어떤 때는 모든 것을 의심했으나 오래 가지는 않았다. 이 모든 것에 대하여 사촌(四寸)과 이야기할까 정말로 바랐지만, 그들이 표현한 협정에 어긋났다.

북으로 여행하면서 요한은 예수에 대하여 많이 생각했다. 요단 강을 거슬러 여행하면서 멈춘 데는 열두 곳이 넘었다. 아담에서, 제자들이 "당신이 메시아니이까?" 다짜고짜 물은 데 답하여, "내 뒤에 오실 다른 분"이라고 처음으로 언급했다. 그는 덧붙여 말했다: "나보다 더 큰 분이 내 뒤에 오시리라, 나는 몸을 굽혀 그의 신 끈을 풀 만한 자격이 없노라. 나는 너희에게 물로 세례를 주거니와 그는 너희에게 성령으로 세례를 주리라. 도리깨질하는 마당을 샅샅이 깨끗이 하려고, 그의 손에 삽이 있느니라. 그는 곡창으로 밀을 모으겠으나 쭉정이는 심판(審判)의 불에 태우리라."

제자들의 물음에 답하여 요한은 가르침을 계속 확대하였고, "뉘우치고 세례를 받으라"는 수수께끼 같은 초기 메시지와 비교해서 유익하고 위로하는 말씀을 나날이 더하였다. 이 때가 되어서는, 갈릴리와 데카폴리스로부터 군중이 도착하고 있었다. 열심 있는 신자들 몇십 명이 날마다, 찬미받는 선생과 함께 남아 있었다.

8. 예수와 요한이 만나다

서기 25년 12월이 되어서, 요단 강을 거슬러 올라가면서 펠라 근처에 이르렀을 때, 요한의 이름은 온 팔레스타인에 두루 퍼졌고, 그의 일은 갈릴리 호수 둘레의 모든 마을에서 대화에 주요한 이야기 거리가 되었다. 예수는 요한의 메시지에 대하여 좋게 말했고, 이것은 가버나움으로부터 많은 사람이 회개하고 세례 받는 요한의 종파에 합세하게 만들었다. 세베대의 아들, 어부 야고보와 요한은, 요한이 펠라 가까이 전도할 자리를 잡은 뒤에 곧, 12월에 내려갔고, 세례를 받으러 나섰다. 한 주에 한 번 요한을 보러 가서, 그 복음 전도자(傳道者)가 하는 일에 관하여 새롭고 직접 얻은 보고를 예수에게 가지고 돌아왔다.

예수의 동생, 야고보와 유다는 세례를 받으러 요한에게 내려가는 것에 대하여 논의했다. 유다가 안식일 예배를 보려고 가버나움에 건너 왔기 때문에, 그와 야고보는 회당에서 예수의 강론을 들은 뒤에, 그 계획에 대하여 함께 의논하기로 작정하였다. 때는 서기 26년 1월 12일, 토요일 밤이었는데, 예수는 이튿날까지 토론을 미룰 것을 요청했고, 그 때 그들에게 대답을 줄 것이었다. 그 날 밤에 잠을 거의 이루지 못했고, 하늘에 계신 아버지와 가까이 교통하고 있었다. 동생들과 한낮에 점심을 먹고 요한에게 세례 받는 것에 관하여 조언하도록 주선하였다. 그 일요일 아침에 예수는 여느 때처럼 배 작업장에서 일하고 있었다. 야고보와 유다는 점심을 가지고 도착했는데, 아직 정오의 쉬는 시간이 되지 않았고, 예수가 그런 일에 무척 규칙적인 것을 알고 있었기 때문에, 목재실에서 기다리고 있었다.

정오에 쉬기 바로 전에, 예수는 연장을 내려놓고, 작업용 앞치마를 벗고, 함께 방에 있던 세 일꾼에게 그저 발표했다, "내 때가 왔도다." 나가서 동생 야고보와 유다에게 되풀이해서 말했다. "내 때가 왔도다—요한한테로 가자." 바로 펠라를 향해서 떠났고, 여행하면서 점심을 먹었다. 때는 1월 13일, 일요일이었다. 요단 강 유역에서 밤을 지냈고, 다음 날 한낮 무렵에 요한이 세례(洗禮)를 주는 장면에 다다랐다.

요한은 그 날 후보자들에게 막 세례를 주기 시작했다. 회개자 몇십 명이 줄서서 차례를 기다리고 있었는데, 그 때 예수와 두 동생이 열심 있는 남녀들의 줄에서 자리를 잡았고, 이들은 다가오는 나라에 관한 요한의 설교를 믿게 된 사람들이었다. 요한은 세베대의 아들들에게 예수의 소식을 묻고 있었다. 자기의 가르침에 대하여 예수가 논평한 것을 들었고, 요한은 날마다 그가 그 장면에 도착하는 것을 보기를 기대했지만, 예수가 세례 받는 후보자들의 줄에서 인사하리라고 기대하지는 않았다.

그렇게 큰 무리의 전향자들에게 빨리 세례를 주는 세부(細部)에 열중해서, 요한은 바로 앞에 사람의 아들이 설 때까지 예수를 올려다보지 못했다. 요한이 예수를 알아보았을 때, 예식(禮式)은 잠시 중지되었고, 그 동안에 육체의 사촌에게 인사하며 물었다. "어째서 당신은 내게 인사하려고 물 속으로 내려오시나이까?" 예수는 대답했다. "너에게 세례를 받기 위함이라." 요한이 응답했다: "그러나 내가 당신에게 세례를 받아야 하나이다. 어째서 당신이 내게 오시니이까?" 예수는 요한에게 속삭였다. "이제 참고 내 말을 들으라. 나와 함께 여기 서 있는 동생들에게 이 모범을 보이는 것이 어울리고, 사람들이 내 때가 왔음을 알게 하려 함이라."

예수의 목소리에는 단호하고 권위 있는 빛이 서려 있었다. 서기 26년 1월 14일, 월요일 한낮에, 요단 강에서 나사렛 예수에게 세례를 주려고 준비하면서 요한은 감동으로 부르르 떨었다. 이처럼 요한은 예수와 두 동생, 야고보와 유다에게 세례를 주었다. 세 사람에게 세례를 주고 나서, 요한은 다른 사람들을 그 날 해산하고 다음 날 정오에 다시 세례를 시작하겠다고 발표하였다. 사람들이 떠나는 동안, 네 사람은 아직도 물 속에 서서 이상한 소리를 들었는데, 당장에 예수의 머리 바로 위에 한 순간 환영(幻影)이 나타났고, 한 목소리가 말하는 것을 들었다. "이는 나의 사랑스러운 아들이요, 내가 아주 기뻐하는 자라." 큰 변화가 예수의 얼굴에 왔고, 물 속에서 나오자, 그는 말없이 떠나서, 동쪽으로 산을 향하여 갔다. 아무도 예수를 40일 동안 다시 보지 못했다.

요한은 어머니의 입으로부터 여러 번 들은 바와 같이, 둘 중에 어느 쪽도 태어나기 전에, 가브리엘이 예수의 어머니를 방문했다는 이야기를 일러 주려고 멀찌감치 떨어져 따라갔다. "이제 나는 당신이 구원자임을 확실히 아나이다" 하고 말한 뒤에, 예수가 길을 계속 가게 하였다. 그러나 예수는 아무 대답이 없었다.

9. 사십일 동안의 전도

요한이 제자들한테로 돌아갔을 때 (이제 함께 항상 거하는 사람이 스물 다섯이나 서른 명 정도 있었다), 예수의 세례와 연관하여 무슨 일이 막 일어났는가 토론하면서, 그들이 열심히 의논하는 것을 발견했다. 예수가 태어나기 전에 가브리엘이 마리아를 방문했다는 이야기, 또한 그가 이 사실을 일러 준 뒤에도 예수가 아무 말도 하지 않았다는 것을 요한이 이제 알려 주었을 때, 그들은 더군다나 놀라워했다. 그 날 저녁에 아무 비가 내리지 않았고, 30명 남짓한 이 무리는 별이 빛나는 밤에 늦게까지 이야기하였다. 예수가 어디로 갔는가, 언제 그를 다시 볼 것인가 궁금해 하였다.

이 날의 체험이 있은 뒤로 요한의 설교는 다가오는 나라와 기대된 메시아에 관하여 선포하는, 새롭고 확실한 말투가 되었다. 예수가 돌아오기를 기다리면서, 머무르던 이 40일 동안은 긴장된 때였다. 그러나 요한은 큰 힘을 가지고 계속 전도했고, 제자들은 요단 강에서 요한의 주위에 모인 넘쳐흐르는 군중에게 이 무렵에 전도하기 시작했다.

이 40일 동안 기다리는 과정에, 많은 소문이 시골에, 티베리아스와 예루살렘까지도 퍼졌다. 수천 명이 요한의 야영지에서 새 구경거리, 소문난 메시아를 보려고 왔지만, 예수는 눈에 띄지 않게 되어 있었다. 요한의 제자들이 그 이상한, 하나님의 사람이 산으로 가 버렸다고 주장했을 때, 많은 사람이 그 이야기 전체를 의심했다.

예수가 떠난 지 3주쯤 되었을 때, 예루살렘에서 사제(司祭)와 바리새인들로부터 새 대표단이 펠라에, 그 장면에 도착했다. 요한에게 다짜고짜 그가 엘리야인가, 아니면 모세가 약속한 선지자인가 물었다. 요한이 "나는 아니라"하고 말했을 때, 그들은 감히 물었다 "네가 메시아이냐?" 요한은 "나는 아니라" 대답했다. 그러자 예루살렘에서 온 이 사람들은 말했다. "네가 엘리야가 아니요, 선지자도 메시아도 아니라면, 어찌하여 너는 사람들에게 세례를 주고 이 모든 소란을 피우느냐?" 요한은 대답하였다: "내 말을 듣고 나의 세례를 받은 자들이 내가 누구인가 말해야 할 것이나, 너희에게 선언하노니, 나는 물로 세례를 주거니와 돌아와서 너희에게 성령으로 세례를 줄 사람이 우리 가운데 있었느니라."

이 40일은 요한과 그 제자들에게 어려운 기간이었다. 요한과 예수의 관계는 무엇이 될까? 토론할 사항이 1백 가지나 생겼다. 정치와 이기적 우선권이 비로소 모습을 나타냈다. 메시아에 관한 여러 가지 아이디어와 개념(概念)에 대하여 맹렬한 토론이 벌어졌다. 그는 군사 지도자와 다윗 같은 왕이 될 것인가? 요수아가 가나안 사람들을 친 것 같이, 로마 군대를 칠 것인가? 아니면 영적인 나라를 세우러 올 것인가? 하늘나라를 세우는 이 사명(使命) 안에 도대체 무엇이 들어갈 것인가, 비록 머리 속에서 아주 뚜렷하지 않았어도, 요한은 차라리 소수파와 함께, 예수가 하늘나라를 세우러 왔다고 결정했다.

이 때는 요한의 경험에서 어려운 시절이었고, 예수가 돌아오기를 기도했다. 요한의 어떤 제자들은 예수를 찾으러 가려고 수색대(搜索隊)를 조직했지만, 요한은 막으며 말했다: "우리의 때는 하늘의 하나님 손에 있으니, 그가 택한 아들을 인도하시리라."

2월 23일, 토요일 아침 일찍, 요한의 일행이 아침 식사를 들며 북쪽을 향하여 올려보다가 예수가 오는 것을 보았다. 가까이 오자, 요한은 큰 바위 위에 올라서

서, 우렁차게 목소리를 높여 말했다: "하나님의 아들, 세상의 구원자를 보라! 이 사람에 대하여 내가 말하였으되, '내 뒤에 나보다 더 나은 자가 오리니, 그가 나보다 먼저 있었음이라.' 이 때문에, 내가 광야에서 나와서 회개(悔改)를 외치고 물로 세례를 주었고, 하늘나라가 가까웠다고 선포하였노라. 이제 너희에게 성령으로 세례 줄 이가 오느니라. 이 사람 위에 신의 영(靈)이 내려옴을 내가 보았고, '이 사람은 나의 사랑스러운 아들이요 내가 아주 기뻐하는 자라' 하고 하나님의 목소리가 외침을 내가 들었노라."

예수는 그들에게 식사를 계속하라고 말하고, 한편 동생 야고보와 유다가 가버나움으로 돌아갔기 때문에, 요한과 함께 먹으려고 앉았다.

이튿날 아침 일찍 요한과 그 제자들을 떠나서 갈릴리로 돌아갔다. 언제 다시 그를 볼 것인가 아무 말도 일러 주지 않았다. 자신의 전도(傳道)와 사명에 대하여 요한이 묻자, 예수는 이렇게 말했을 뿐이다: "내 아버지가 지난날에 하신 것 같이, 이제와 앞날에도 너를 안내하시리라." 위대한 이 두 사람은 그 날 아침, 요단 강둑에서 헤어졌고, 육체를 입고 다시는 서로 인사하지 못하게 되었다.

10. 요한이 남쪽으로 가다

예수가 북쪽으로 갈릴리로 갔으므로, 요한은 왔던 길로 남쪽으로 되돌아가도록 마음이 이끌렸다. 따라서, 3월 3일, 일요일 아침에, 요한과 남은 제자들은 남쪽으로 여행 길을 떠났다. 요한의 가까운 추종자들 가운데 4분의 1쯤이 그 동안에 예수를 찾아서 갈릴리를 향하여 떠났다. 요한에게는 혼란에 빠진 슬픈 빛이 보였다. 결코 예수에게 세례 주기 전에 했던 것처럼, 다시 전도하지 못했다. 어떻게든 다가오는 나라에 대한 책임이 자기 어깨에 더 지워지지 않았다고 느꼈다. 할 일이 거의 끝났다고 느꼈다. 쓸쓸하고 외로웠다. 그러나 전도하고, 세례를 주고, 남쪽으로 계속 여행하였다.

아담이라는 마을 가까이, 요한은 몇 주 동안 머물렀고, 여기서 헤롯 안티파스가 다른 남자의 아내를 불법으로 빼앗은 것 때문에, 기억에 남을 공격을 그에게 퍼부었다. 이 해 (서기 26년) 6월이 되어서, 요한은 요단 강의 베다니 여울로 돌아갔고, 거기서 1년도 더 전에, 다가오는 나라에 대하여 전도(傳道)를 시작했다. 예수가 세례 받은 뒤에 몇 주 동안, 요한의 설교의 특징은 차츰 서민들에게 자비를 선포하는 것으로 바뀌었고, 한편 되살아난 열정으로 썩은 정치 지도자와 종교 지도자들을 비난하였다.

요한은 헤롯 안티파스의 영토에서 전도하고 있었는데, 안티파스는 요한과 그 제자들이 반란을 일으키지 않을까 놀라게 되었다. 헤롯은 또한 요한이 자기 집안 일을 드러내 놓고 비난하는 것을 분개하였다. 이 모든 것에 비추어, 헤롯은 요한을 잡아 가두기로 작정하였다. 따라서, 6월 12일 아침 아주 일찍, 군중이 설교를 듣고 세례 주는 것을 구경하러 도착하기 전에, 헤롯의 대리자들이 요한을 체포했다. 몇 주가 지나도 석방되지 않자, 제자들은 온 팔레스타인에 흩어졌고, 그 중에 많은 사람이 예수의 추종자들과 합세하려고 갈릴리로 갔다.

11. 요한이 갇히다

요한은 감옥에서 외롭고 얼마큼 쓰라린 체험을 가졌다. 추종자들 가운데 거의 아무도 그를 면회하는 것이 허락되지 않았다. 예수를 보고 싶어했지만, 추종자들 가운데 사람의 아들을 믿게 된 자들을 통해서 그가 하는 일의 소식을 듣는 것으로 만족해야 했다. 가끔 예수와 그의 신성한 사명을 의심할 유혹(誘惑)을 받았다. 예수가 메시아라면, 어째서 참을 수 없는 이 감옥 생활에서 그를 구원하려고 아무 일도 하지 않는가? 1년 반이 넘도록 우락부락하고 광야에서 살던 이 하나님의 사람은 경멸할 감옥에서 시들었다. 이 체험은 그가 예수를 믿고 그에게 충성하는가 크게 시험하였다. 여러 번 그는 자신의 사명과 체험이 진정했는가 의심할 유혹까지 받았다.

몇 달 동안 감옥에 갇힌 뒤에, 제자들의 한 무리가 그에게 와서, 예수의 대중 활동에 관하여 보고한 뒤에 말했다: "선생이여, 이런즉 요단 강 상류에서 당신과 함께 있던 자는 번영하고 그에게 오는 자를 모두 받나이다. 세리와 죄인들과 잔치까지 하나이다. 당신은 그를 용감하게 증언했는데, 그래도 그는 당신을 구원하려고 아무 일도 하지 않나이다." 그러나 요한은 친구들에게 말했다. "이 사람은 하늘에 계신 그의 아버지가 주시지 않으면 아무 것도 할 수 없느니라. '나는 메시아가 아니라, 그러나 그를 위하여 길을 예비하려고 앞에 파송된 자라' 내가 말한 것을 너희가 기억하느니라. 그리고 그 일을 내가 하였노라. 신부(新婦)를 가진 자는 신랑이지만, 가까이 서서 그의 목소리를 듣는 신랑 친구는 신랑의 목소리 때문에 크게 기뻐하느니라. 그러므로 나의 이 기쁨이 이루어졌도다. 그는 번창해야 하지만 나는 쇠퇴해야 하느니라. 나는 이 땅에서 왔고 내 메시지를 선포하였노라. 나사렛 예수는 하늘에서 땅으로 내려왔고, 우리 모두 위에 계시느니라. 사람의 아들은 하나님으로부터 내려왔고, 하나님의 말씀을 너희에게 외치리라. 하늘에 계신 아버지는 그 아들에게 분량을 재지 않고 영을 주기 때문이라. 아버지는 그 아들을 사랑하사, 당장에 이 아들의 손에 모든 것을 맡기시리라. 그 아들을 믿는 자는 영생을 가지느니라. 내가 말하는 이 말씀은 참이요 지속하느니라."

이 제자들은 요한의 선언에 놀랐고, 너무 놀라서 말없이 떠났다. 요한도 또한 마음이 많이 착잡해졌는데, 예언을 입밖에 냈음을 깨달았기 때문이다. 다시는 예수의 사명과 신성에 대하여 송두리째 의심하지 않았다. 그러나 예수가 그에게 아무 말도 전하지 않은 것, 자기를 보러 오지 않은 것, 자기를 감옥에서 구원하려고 큰 권능을 하나도 쓰지 않은 것이, 요한에게는 마음 아프게 실망이 되었다. 그러나 예수는 이것을 모두 알았다. 요한을 크게 사랑했지만, 자기의 신다운 성품을 이제 깨달았고, 요한이 이 세상을 떠날 때 그를 위하여 큰 일이 준비되어 있음을 충분히 알고, 또한 땅에서 요한의 일이 끝났음을 알기 때문에, 위대한 전도자이자 선지자의 생애가 자연스럽게 풀려나가는 데 간섭하지 않으려고 자제하였다.

감옥에서 오랫동안 겪은 이 불안감은 인간으로서 견딜 수 없었다. 죽기 겨우 며칠 전에 요한은 신뢰하는 사자들을 다시 예수에게 보내어 물었다: "나의 일이 끝났나이까? 어째서 나는 감옥에서 시드나이까? 당신은 참으로 메시아니이까, 아니면 우리가 다른 사람을 찾아야 하리이까?" 이 두 제자가 이 메시지를 예수에게 주었을 때, 사람의 아들은 대답했다: "요한에게 돌아가서, 내가 잊지 않았으나, 내게 또한 이것을 용납하라고 이를지니, 우리가 올바름을 전부 성취하는 것이 어울림이라. 너희가 보고 들은 것을 요한에게 전하라—가난한 자들이 좋은 소식을 듣느니라—그리고 마지막으로, 땅에서 내 사명을 전한 사랑하는 사자에게, 의심하고 나 때문에 넘어지지 않으면, 다가올 시대에 넘치게 복을 받으리라 전하라." 이것이 예수로부터 요한이 받은 마지막 말씀이었다. 이 메시지는 그를 크게 위로하고 믿음을 안정시켰고, 육체를 입은 생애의 비극적인 끝을 준비하는 데 크게 도움이 되었으며, 그 죽음은 기억할 만한 이 사건의 끝에 금방 다가왔다.

12. 세례자 요한의 죽음

붙잡혔을 때 남부 페레아에서 일하고 있었기 때문에, 요한은 즉시 마캐루스 요새의 감옥으로 끌려갔고, 거기서 집행될 때까지 갇혀 있었다. 헤롯은 갈릴리 뿐 아니라 페레아도 다스렸고, 이 때 페레아의 줄리아스와 마캐루스, 두 곳에서 거주를 유지했다. 갈릴리에서 관저는 세포리스로부터 티베리아스에 새 서울로 이전에 옮겼다.

헤롯은 요한이 반란을 일으킬까 저어하여 그를 석방하기를 두려워했다. 수천 명의 페레아 사람들이 요한이 거룩한 사람, 선지자라고 믿었기 때문에, 서울에서 군중이 폭동을 일으킬까 저어하여 헤롯은 그를 죽이기가 두려웠다. 그래서 헤롯은 나지르 전도자를 감옥에 가두었고, 달리 어떻게 할 줄 몰랐다. 몇 번 요한은 헤롯 앞에 섰지만, 풀려난다면, 헤롯의 영토를 떠나거나 모든 대중 활동을 삼가겠다고 결코 동의하려 하지 않았다. 나사렛 예수에 관한 이 새 소동이 꾸준히 커지고 있었는데, 이것은 헤롯에게 요한을 석방할 때가 아니라고 훈계하였다. 게다가 요한은 헤롯이 불법으로 가진 아내 헤로디아스를 맹렬하고 극심하게 미워했다.

여러 차례 헤롯은 하늘나라에 대하여 요한과 이야기했고, 때때로 그의 메시지에 심각하게 감명을 받기는 했어도, 요한을 감옥에서 석방하기가 두려웠다.

티베리아스에서 많은 건축 공사가 아직도 진행되고 있기 때문에, 헤롯은 페레아 저택에서 상당한 시간을 보냈고, 마캐루스 요새를 무척 좋아했다. 티베리아스에 있는 모든 공공 건물과 관저가 완성되기까지는 몇 년이 걸렸다.

생일(生日)을 축하하느라고 헤롯은 마캐루스 궁정에서, 갈릴리와 페레아의 정부 의회에서 주요 관리들과 기타 고위층을 위하여, 큰 잔치를 베풀었다. 헤로디아스가 헤롯에게 직접 호소하여 요한을 죽게 만드는 데 실패했기 때문에, 이제 교활한 계획으로 요한을 죽이는 일에 착수했다.

그 날 저녁에 잔치하고 접대하는 과정에서, 헤로디아스는 딸을 잔치의 손님들 앞에 춤을 추도록 내놓았다. 헤롯은 계집아이의 연기를 매우 기뻐하였고, 딸을 앞으로 부르면서 말했다. "너는 매력이 있구나. 썩 마음에 드는구나. 내 생일에 무엇을 바라든지 요구하렴. 그러면 그것을, 아니 내 나라의 절반까지라도 주겠노라." 헤롯은 포도주를 많이 마신 기운에 이 모든 일을 저질렀다. 소녀는 옆으로 가서 어머니에게 자기가 무엇을 요구해야 할까 물었다. 헤로디아스는 말했다. "헤롯한테 가서 세례자 요한의 머리를 요구하렴." 소녀는, 잔치의 식탁으로 돌아오면서, 헤롯에게 말했다. "당장에 세례자 요한의 머리를 쟁반 위에 담아 주시기를 요청하나이다."

헤롯은 두려움과 슬픔에 휩싸였지만, 그 서약(誓約)과 같이 회식하던 모든 사람 때문에, 요구를 물리치려 하지 않았다. 헤롯 안티파스는 군병(軍兵) 하나를 보내서, 요한의 머리를 가져오라 명했다. 이렇게 요한은 그 날 밤에 감옥에서 목이 잘렸고, 그 군인은 선지자의 머리를 쟁반 위에 가지고 와서, 연회실의 뒷줄에 있는 그 소녀에게 내밀었다. 계집아이는 쟁반을 어머니에게 올렸다. 요한의 제자들이 이 소식을 듣고서, 요한의 시체를 얻으려고 감옥으로 갔고, 무덤에 시체를 묻은 뒤에 예수에게 가서 소식을 전했다.

제 136 편

세례와 사십일

요한의 전도에 관하여 대중의 관심이 절정(絶頂)에 이르렀을 때, 팔레스타인의 유대 민족이 메시아가 나타나기를 열심히 찾고 있을 때, 예수는 대중 활동을 시작했다. 요한과 예수는 크게 대조가 되었다. 요한은 열심이 있고 진지한 일꾼이었지만, 예수는 차분하고 행복한 노동자였다. 일생동안 겨우 몇 번 서두른 일이 있었다. 예수는 세상에게 따듯한 위안이요, 얼마큼 모범이었고, 요한은 도저히 위로가 되거나 모범은 아니었다. 하늘나라를 전파했지만, 도저히 그 행복을 맛보았다고 할 수 없다. 비록 예수가 옛 서열의 선지자들 가운데 요한이 가장 크다고 했어도, 또한 새 길의 큰 빛을 보고, 이렇게 하늘나라로 들어간 자들 중에 가장 적은 사람도 요한보다 정말로 크다고 말했다.

요한이 다가오는 나라를 전파했을 때, 그 메시지의 요점은, 회개(悔改)하라! 다가올 진노를 피하라 하는 것이었다. 예수가 전도하기 시작했을 때, 회개하라는 훈계가 남아 있었지만, 그런 메시지에는 언제나 복음, 새 나라의 기쁨·자유라는 기쁜 소식이 뒤따랐다.

1. 기대하던 메시아에 관한 개념

유대인들은 기대하던 구원자에 대하여 많은 아이디어를 가졌고, 메시아를 가르치는 이 다른 학파들은 각자 히브리 성서(聖書)의 여러 구절이 그 주장을 증명하는 것이라고 지적할 수 있었다. 대체로 유대인들은 그 민족의 역사가 아브라함과 함께 시작되고, 메시아와 하나님의 나라가 서는 새 시대에 절정에 이른다고 보았다. 초기에는 이 구원자를 "주의 종"이라, 다음에는 "사람의 아들"이라고 상상했고, 한편 나중에 더러는 메시아를 "하나님의 아들"이라고 언급하기에 이르렀다. 그러나 "아브라함의 씨"나 "다윗의 아들"이라 부르든 상관 없이, 모두가 그는 메시아, "기름부음을 받은 자"가 되리라고 의견을 모았다. 이렇게 그 개념은 "주의 종"으로부터 "다윗의 아들," "사람의 아들," "하나님의 아들"에 이르기까지 발전하였다.

요한과 예수가 살던 시절에, 학식 있는 유대인들은 오실 메시아가 완전하게 된 대표적 이스라엘 사람이라는 관념을 개발했는데, 그 인물 속에 선지자·사제·임금, 이 세 가지 직분을 "주의 종"으로 통합한 것이다.

모세가 놀라운 기적으로 선조(先祖)를 에집트의 속박으로부터 구원한 것 같이, 오시는 메시아는 더 큰 강력한 기적과 민족을 승리로 이끄는 이적(異蹟)으로 유대 민족을 로마의 지배로부터 구원하리라고 유대인들은 진지하게 믿었다. 랍비들은 성서로부터 거의 5백 구절을 한데 모았고, 명백히 모순이 있는데도, 이 구절들이 오시는 메시아를 예언한다고 단언했다. 시간과 기법과 직분에 관한 이 모든 세부 가운데, 그들은 약속된 메시아의 인격을 거의 통째로 보지 못했다. 세상의 구원보다 유대 민족의 영광(榮光)이 회복되기를—이스라엘을 이 세상에서 높이기를—기대하고 있었다. 따라서, 나사렛 예수가 유대인의 지성이 품었던 이 물질적 메시아 개념을 결코 만족시킬 수 없다는 것이 명백해진다. 소문난 많은 메시아 예언은, 그들이 이 예언의 말씀을 다른 빛에 비춰보기만 했다면, 예수가 한 시대의 종결자요, 모든 나라에게 자비와 구원을 베푸는 새롭고 더 좋은 섭리 시대를 개시하는 분임을 인식하도록 생각을 아주 자연스럽게 준비했을 것이다.

유대인은 후광(後光)[1]의 신조를 믿도록 교육을 받고 자랐다. 그러나 신의 계심의 이름난 이 상징은 성전에서 보이지 않게 되었다. 메시아가 오시면 그 상징을 회복하리라고 믿었다. 그들은 종족의 죄, 악하다고 생각된 사람의 성품에 대하여 뒤범벅이 된 생각을 가졌다. 더러는 아담의 죄가 인류를 저주(詛呪)했다, 메시아는 이 저주를 없애고, 사람이 신의 은총을 다시 받게 하리라고 가르쳤다. 더러는 하나님이 사람을 창조하면서, 좋은 성품과 나쁜 성품을 모두 그 존재 속에 넣었다, 이런 주선이 진행되는 것을 지켜보았을 때, 하나님은 크게 실망했다, "그는 이렇게 사람을 지은 것을 뉘우쳤다"고 가르쳤다. 이렇게 가르친 자들은 메시아가 본래부터 악한 이 성품으로부터 사람을 구출하려고 오시기로 예정되었다고 믿었다.

유대인들의 대다수는, 민족의 죄 때문에, 개종한 이방인들의 불성실(不誠實) 때문에, 로마의 통치 밑에서 계속 시든다고 믿었다. 유대 민족은 진심으로 뉘우치지 않았다, 따라서 메시아는 오시기를 지체한다. 회개(悔改)에 대하여 많은 이야기가 오갔다. 그래서 "뉘우치고 세례를 받으라, 하늘나라가 가까웠음이라"하는 요한의 설교가 힘차고 즉시 호소력이 있었다. 하늘나라는 어떤 경건한 유대인에게도 오직 한 가지를 뜻하였으니, 메시아의 오심이었다.

미가엘의 자신 수여에는 유대인의 메시아 개념에 도무지 낯선 한 가지 모습이 있었으니, 인간답고 신다운 두 성품의 연합이었다. 유대인들은 여러 가지로 메시아를 완전하게 된 인간이라, 초인간이라, 아니 신다운 자라고 상상하기도 했지만, 결코 인간다운 것과 신다운 것의 연합이라는 개념을 도무지 생각해 보지 못했다. 이것이 예수의 초기 제자들에게 큰 장애물이었다. 이전에 있었던 선지자들이 발표한 바와 같이, 메시아가 다윗의 아들이라는 인간적 개념, 사람의 아들이라는, 다니엘과 어떤 후일의 선지자들의 초인간(超人間) 관념을 파악했고, 에녹서의 저자(著者) 및 같은 시대에 살던 어떤 사람들이 묘사한 바와 같이, 하나님의 아들이라고까지 파악하였다. 그러나 한 순간이라도, 인간다운 것과 신다운 것, 이 두 성품을 땅에서 하나의 인물 안에 뭉치는 참 개념이 떠오르지 않았다. 창조자가 피조물의 모습을 입고 육신(肉身)이 되는 것은 이전에 계시된 적이 없었다. 오로지 예수 안에서 계시되었고, 아들 창조자가 육체가 되어서, 이 땅의 필사자들 가운데서 거하기까지, 세상은 그런 일을 까맣게 몰랐다.

2. 예수가 받은 세례

요한의 메시지—"하나님의 나라가 가까웠다는 메시지—가 주는 기대감으로 팔레스타인이 불이 붙었을 때, 온 유대 사회가 심각하고 엄숙하게 자기 반성(反省)에 들어갔을 때, 요한의 전도가 바로 절정에 이른 때에, 예수는 세례를 받았다. 유대인의 민족 단결 감각은 대단히 깊었다. 유대인은 아버지의 죄가 아이들을 괴롭힌다는 것을 믿었을 뿐만 아니라, 한 개인의 죄가 나라를 저주할지 모른다고 굳게 믿었다. 따라서 요한의 세례에 응한 자들이 모두, 요한이 비난한 특정한 죄를 자신이 저질렀다고 생각하지는 않았다. 많은 경건한 사람이 이스라엘의 이익을 위하여, 요한에게 세례를 받았다. 그들 편에서 모르고 지은 어떤 죄가 메시아의 오심을 늦추지 않을까 두려워했다. 죄가 있고 죄로 저주받은 나라에 자신들이 속한다고 느꼈고, 세례를 받아서 민족 회개의 열매를 나타낼까 싶어, 세례를 받으러 나섰다. 따라서 어떤 의미에서도, 회개하는 의식(儀式)이나, 또는 죄를 용서받으려고 예수가 요한의 세례를 받지 않았다는 것이 명백하다. 요한의 손에서 세례를 받으면서 예수는 다만 많은 경건한 이스라엘 사람의 모범을 따른 것이다.

요단 강으로 세례 받으려고 내려갔을 때, 나사렛 예수는 지성을 정복하고 자아를 영과 동일시하는 데 관계된 모든 문제에서, 인간이 진화로 승천하는 절정에 도달한, 그 영역의 필사자였다. 그 날 시공(時空)의 진화 세계에서 완전하게 된 한 필사자를 요단 강에서 세워 놓았다. 완전한 동시성과 충만한 교통이 예수의 필사 지성과 깃드는 영 조절자, 즉 파라다이스에 계신 아버지의 신성한 선물, 사이에 이루어졌다. 미가엘이 우주 지휘권으로 올라간 뒤에, 바로 그러한 조절자가 유란시아에서 사는 모든 정상(正常) 존재에게 깃든다. 다만 예수의 조절자는 필사 육체의 모습을 입고 육신화하여, 다른 초인간, 마키벤타 멜기세덱에게 비슷하게 깃들어서, 이 특별 사명을 위하여 전에 준비되었을 뿐이다.

보통은, 세상의 한 필사자가 그런 높은 수준의 인격을 완성할 때, 영적으로 높아지는 예비 현상(現象)이 일어나고, 이것은 그 사람의 성숙한 혼이 관계된 신다운 조절자와 궁극에 융합함으로 종결된다. 그런 변화는 예수가 요한에게 세례를 받으려고 두 동생과 함께 요단 강으로 내려간 바로 그 날, 나사렛 예수 인격의 체험에서 일어나기로 예정되었던 듯하다. 이 예식은 유란시아에서 순전히 인간다운 생명에서 마지막 행위였고, 많은 초인간 관찰자는 조절자가 그 깃든 지성과 융합(融合)하는 것을 구경할까 기대했지만, 모두 실망하도록 정해졌다. 무언가 새롭고 더 놀라운 일이 일어났다. 요한이 예수에게 세례를 주려고 손을 얹었을 때, 깃들던 조절자는 요수아 벤 요셉의 완전하게 된 인간 혼(魂)을 마지막으로 떠났다. 몇 순간이 지나자 이 신성한 통일체는 신별로부터 한 성격화된 조절자요, 네바돈 지역 우주 전역에 걸쳐서 그 종류의 우두머리로서 돌아왔다. 이렇게 예수는 자신이 전에 지녔던 그 신성한 영이 돌아올 때, 성격화된 모습을 입고 내려오는 것을 지켜보았다. 파라다이스 기원을 가진 바로 그 영이 이제 말씀하는 것을 들었다: "이는 나의 사랑스러운 아들이요, 내가 아주 기뻐하는 자라." 또한 요한도 예수의 두 동생과 함께, 이 말씀을 들었다. 요한의 제자들은 물가에서 서 있었기 때문에 이 말씀을 듣지 못했고, 성격화된 조절자의 환영(幻影)도 보지 못했다. 오직 예수의 눈이 성격화된 조절자를 보았다.

돌아와서 이제 신분이 높아진 성격화된 조절자가 이렇게 말씀했을 때, 모두가 말이 없었다. 네 사람이 물 속에서 기다리는 동안, 예수는 가까이 있는 조절자를 우러러보면서 기도했다: "하늘에서 군림하시는 내 아버지여, 주의 이름이 거룩하옵소서. 주의 나라가 오소서! 주의 뜻이 하늘에서 이루어진 것 같이 땅에서도 이루어지이다." 기도하고 나자 "하늘이 열렸고," 이제 성격화된 조절자가 제시한 환상을 사람의 아들이 보았는데, 필사 육체의 모습을 입고 땅으로 내려오기 전의 신분대로, 육신화된 생명이 끝났을 때 그가 될, 하나님의 아들인 자신의 환상(幻想)이었다. 이 하늘의 환상은 예수의 눈에만 보였다.

요한과 예수가 들은 것은 우주의 아버지를 대신하여 말씀하신 성격화된 조절자의 목소리였고, 이는 조절자가 파라다이스 아버지로부터, 아버지로서 왔기 때문이다. 예수가 땅에서 살던 여생 동안 내내, 이 성격화된 조절자는 모든 수고에서 그와 관계되었다. 예수는 신분이 높아진 이 조절자와 항상 교통하고 있었다.

세례를 받았을 때, 예수는 아무런 잘못을 뉘우치지 않았고, 아무 죄를 고백하지 않았다. 그것은 하늘 아버지의 뜻을 행하는 데 거룩하게 바친 세례였다. 세례를 받을 때 아버지의 분명한 부르심, 아버지의 일을 돌보라는 마지막 호출을 들었고, 이 여러 문제를 생각해 보려고 40일 동안 개인적으로 은둔하려고 떠나갔다. 땅에 있는 동료들과 활발하게 인격 접촉을 하지 않고, 한동안 이렇게 물러나면서, 예수는 한 승천하는 필사자가, 마음 속에 우주의 아버지의 계심과 융합할 때는 언제나 상물질 세계에서 생기는 바로 그 과정을, 그 신분 그대로, 유란시아에서 밟고 있었다.

세례 받은 이 날은 예수의 순전히 인간다운 인생을 끝마쳤다. 신다운 아들은 아버지를 발견했고, 우주의 아버지는 육신화한 아들을 발견했으며, 서로 말을 건다.

(세례 받을 때, 예수는 거의 서른 한 살 반이었다. 누가는 예수가 티베리우스 케자가 통치하던 15년째 해에 세례 받았다고 말한다. 아우구스투스가 서기 14년에 죽었으니까, 이 해는 서기 29년일 것이다. 티베리우스는 아우구스투스가 죽기 전에, 아우구스투스와 함께 2년 반 동안 공동으로 황제(皇帝)였고, 후자를 기념하려고 서기 11년 10월에 주화(鑄貨)를 찍었다는 것을 기억해야 한다. 따라서 실제로 통치하던 15년째는, 바로 서기 26년, 예수가 세례를 받은 해이다. 이 해는 또한 폰티오 빌라도가 유대 총독으로 통치를 시작한 해였다.)

3. 사십일

여섯 주 동안 헤르몬 산의 이슬에 젖어 있을 때, 예수는 세례 받기 전에 필사자로 수여하는 생애에서 큰 시험을 견디었다. 거기 헤르몬 산에서, 이 땅에서 도움받지 않은 필사자로서, 유란시아의 허세부리는 자, 칼리가스티아, 곧 이 세상의 임금을 만나서 물리쳤다. 그 중대한 날에, 우주의 기록에는, 나사렛 예수가 유란시아의 혹성 영주가 되었다. 이 유란시아의 영주는, 금방 네바돈의 최고 군주로 선포될 예정이었고, 이제 사람들의 가슴 속에서 하나님의 새 나라를 선포하는 계획을 세우고 그 방법을 결정하려고 40일 동안 은둔에 들어갔다.

세례를 받은 뒤에, 조절자가 성격화됨으로 말미암아 달라진 세상 및 우주 관계에 40일 동안 자신을 적응(適應)하는 일을 시작하였다. 페레아 언덕에서 혼자 있던 이 기간에, 바야흐로 개시하려 하는 지상(地上) 생활의 새롭고 변화된 국면에서 추구할 정책과 사용할 방법을 결정했다.

예수는 금식(禁食)할 목적으로, 혼에 고통을 주려고 은둔에 들어가지 않았다. 그는 금욕주의자가 아니었고, 하나님께 접근하는 데 관한 모든 그러한 개념을 영원히 깨뜨리려고 왔다. 이렇게 은둔하기를 구하는 이유는 모세와 엘리야, 아니 세례자 요한을 자극한 이유들과 전혀 달랐다. 예수는 그의 우주에 대하여, 또한 온 우주와 그의 관계를 온통 자의식하고 있었고, 파라다이스 아버지, 하늘에 계신 아버지의 감독을 받았다. 유란시아 육신화(肉身化)에 들어가기 전에, 형 이마누엘이 시행한 수여 임무와 그 지침을 이제 충분히 기억했다. 이제 방대(尨大)한 이 모든 관계를 뚜렷하고 완전하게 이해했고, 이 세상과 지역 우주에 있는 모든 다른 세계를 위하여, 대중 임무를 실행하는 계획을 생각해 보고 그 과정을 결정할 수 있도록, 한동안 조용히 명상하려고 떠나 있기를 바랐다.

산에서 적당한 피난처를 찾아서 헤매 다니면서, 예수는 그의 우주의 최고 집행자, 네바돈의 밝은 새벽별, 곧 가브리엘을 만났다. 가브리엘은 이제 우주의 아들 창조자와 개인적으로 교통하는 경로를 다시 열었다. 유란시아 수여에 들어가는 준비로 에덴시아에 갔을 때 미가엘이 구원자별에서 동료들을 떠난 뒤에 처음으로, 직접 만났다. 이마누엘의 지시에 따라서, 유버르사의 옛적부터 늘 계신 이들의 권한을 받고서, 가브리엘은 이제, 그의 우주에 대하여 완전하게 된 통치권의 획득, 그리고 루시퍼 반란의 종결, 이 두 가지와 관련된 한도에서, 유란시아에서 예수의 자신 수여 체험이 실지로 종결되었음을 가리키는 정보를 예수 앞에 제시하였다. 전자(前者)는 세례 받는 날에 이루어졌는데, 그 때 조절자가 성격화된 것은 필사 육체의 모습을 입고서 행한 자신 수여(授與)가 완전하고 완수되었음을 보여 주었고, 후자는 기다리는 소년 티글라스와 함께 하려고 헤르몬 산에서 내려왔을 때, 역사적 사실이 되어 버렸다. 지역 우주와 초우주의 가장 높은 권한을 근거로 하여, 통치권과 반란의 관계에서 개인 지위에 영향을 주는 한도에서, 수여 과업은 끝났다고 예수는 이제 통지를 받았다. 세례 받으면서 본 환상 속에서, 또 깃드는 생각 조절자가 성격화한 현상에서, 이미 이 확신을 파라다이스로부터 직접 받았다.

가브리엘과 이야기를 나누면서 산에서 머무르는 동안, 에덴시아의 별자리 아버지가 예수와 가브리엘에게 친히 나타나서 말했다: "기록은 완결되었나이다. 미가엘 611,211번이 네바돈 우주를 다스릴 통치권은 우주의 아버지의 바른 편에 완결된 상태로 쉬나이다. 나는 유란시아에서 육신화하는 일에, 당신의 후원자이자 형 이마누엘이 수여에서 해방한다는 지침을 가져오나이다. 지금이나 나중에 어느 때라도 자신이 택하는 방법으로, 육신화 수여를 끝내고, 아버지의 바른 편으로 올라가서 통치권을 받고, 땀흘려 얻은 권리, 온 네바돈의 무조건 통치권을 자유롭게 맡아도 좋사옵나이다. 또한 옛적부터 늘 계신 이들의 권한에 따라서, 당신의 우주에서 모든 죄와 반란을 종결하는 데 상관되는 기록, 앞날에 어떤 그러한 가능한 반란이 일어나더라도 그를 처리할 무제한 전권(全權)을 당신에게 부여하는 초우주의 기록이 완성되었다는 것을 또한 증언하나이다. 절차로 볼 때, 유란시아에서, 필사 인간의 육체를 입고 당신이 하시는 일은 끝났사옵나이다. 이제부터 당신이 걷는 길은 자신이 택하는 문제이나이다."

에덴시아의 최고 아버지가 떠났을 때, 예수는 우주 복지(福祉)에 대하여 가브리엘과 오랜 이야기를 나누었고, 이마누엘에게 안부를 전하면서, 유란시아에서 바야흐로 착수하려는 과제에서, 구원자별에서 자신 수여 이전에 행해진 책임 부여와 관련하여 받았던 충고(忠告)를 늘 염두에 두겠다고 확언을 주었다.

혼자 있던 이 40일 동안 내내, 세베대의 두 아들, 야고보와 요한은, 예수를 찾는 일에 열중했다. 여러 번 그가 거하는 장소에서 멀지 않은 곳까지 왔지만, 결코 발견하지 못했다.

4. 대중 사업을 위한 계획

날마다 산에서, 예수는 유란시아 수여에서 여생(餘生)을 위하여 계획을 세웠다. 먼저 요한과 같은 시기에 가르치지 않기로 작정하였다. 요한의 일이 목적을 이룰 때까지, 아니면 갑자기 갇혀서 요한이 멈추기까지, 비교적 은둔 상태에 남아 있기로 계획하였다. 예수는 요한의 두려움 없고 요령(要領) 없는 전도가 곧 집권자들의 두려움과 적의를 일으킬 것을 잘 알았다. 요한의 불안한 상황에 비추어서, 예수는 민족과 세계의 이익을 위하여, 그의 광대한 우주에 두루, 사람 사는 모든 세계를 위하여, 대중 임무 계획을 분명히 세우기 시작했다. 사람으로 미가엘의 자신 수여는 유란시아에서 있었지만, 네바돈의 모든 세계를 위한 것이었다.

자기의 프로그람을 요한의 운동과 조정하는 대강 계획을 살펴본 뒤에, 예수가 먼저 한 일은 머리 속에서 이마누엘의 지시(指示)를 검토하는 것이었다. 수고하는 방법에 관하여 받은 충고, 혹성(惑星)에 아무런 영구 기록을 남겨서는 안 된다는 것을 조심스럽게 생각해 보았다. 모래를 빼고, 예수는 결코 다시 어떤 것에도 글을 쓰지 않았다. 다음에 나사렛을 방문할 때, 동생 요셉이 아주 서운해하였지만, 예수는 목수 작업장 근처의 판자들에 보존되어 있고, 옛 집의 벽에 걸려 있던 기록을 모조리 없애 버렸다. 그가 발견한 세상에 대한 경제·사회·정치적 태도에 관하여 이마누엘이 준 충고(忠告)를 곰곰이 생각하였다.

예수는 혼자 있는 이 40일 동안에 금식하지 않았다. 먹을 것이 없이 지낸 가장 오랜 기간은 산 속에서 처음 이틀이었고, 그 때 생각에 너무 골똘하여 먹는 것을 모두 잊어 버렸다. 그러나 사흘째에 먹을 것을 찾아서 갔다. 이 기간에 이 세상에서 주둔하거나 어느 다른 세상에서 온, 어떤 악한 영이나 반란 성격자들에게 시험받지도 않았다.

이 40일은 인간 지성과 신(神)의 지성 사이에 마지막 회의가 있은 기회, 아니 오히려 이 두 지성이 이제 하나가 되어 처음으로 정말로 활동하는 때였다. 이 중대한 명상의 시간으로부터 생긴 결과는, 신의 지성이 인간의 지능을 이기고 영적으로 지배했음을 확고히 보여 주었다. 이 때부터 계속, 사람의 지성은 하나님의 지성이 되었고, 비록 사람 지성의 자아(自我)가 늘 자리에 있었어도, 영적으로 변화된 이 인간 지성은 언제나 말한다. "내 뜻이 아니라 당신의 뜻이 이루어지이다."

이 중대한 시간에 일어난 거래는 굶고 허약해진 지성이 황홀한 환상을 본 것이 아니고, "황야에서 받은 예수의 시험"이라고 나중에 기록에 남은, 뒤범벅이 된 유치한 상징(象徵)도 아니었다. 오히려 이 기간은 유란시아 수여에서 중대하고 다채로운 생애 전체에 대하여 생각하고, 한편 또한 반란으로 고립된 모든 다른 구체를 개선하는 데 무언가 이바지하면서, 이 세상에 최선(最善)으로 쓰이도록 계속 봉사하는 계획을 조심스럽게 세우기 위한 것이었다. 안돈과 폰타의 시절부터, 아담의 실수를 거쳐서, 또 살렘에 있던 멜기세덱의 봉사에 이르기까지, 예수는 유란시아에서 인간 생활의 폭 전체를 생각해 보았다.

한동안 유란시아에 머무르기로 할 경우에, 자신을 세상에 나타낼 수 있는 방법이 두 가지 있다고 가브리엘은 예수에게 상기시켰다. 이 문제에서 그의 선택은 우주 통치권이나 루시퍼 반란의 종결과 아무 상관이 없으리라는 것이 예수에게 뚜렷이 전달되었다. 세계에 봉사하는 두 가지 길은 다음과 같다:

1. 자기의 길—이 세상의 직접적 요구와 자신의 우주를 현재, 교육하는 관점에서 가장 쾌적하고 유익하게 보일까 싶은 길.

2. 아버지의 길—온 우주의 파라다이스 행정을 맡은 높은 성격자들이 상상하는 바 피조물 생명의 이상, 멀리 내다보는 이상을 모범으로 보이는 것.

땅에서 여생(餘生)을 정리할 수 있는 두 가지 길이 이처럼 예수에게 뚜렷해졌다. 이 길들은 각기, 눈앞의 상황에 비추어서 볼 때, 좋다고 볼 수 있는 무엇이 있었다. 이 두 가지 행동 방법 사이의 선택은 우주 통치권을 받는 것과 아무 상관이 없으리라는 것이 사람의 아들에게 분명해졌다. 그것은 이미 결정되었고 온 우주의 기록에서 봉인(封印)된 문제요, 친히 청구하기만을 기다렸다. 그러나 예수가 언제나 아버지의 뜻에 복종하여 그렇게 고귀하게 시작한 것처럼, 땅에서 육신화하는 생애를 마치는 것을 좋게 본다면, 파라다이스 형 이마누엘에게 큰 만족감을 주리라는 것이 지적되었다. 이렇게 혼자 있는 가운데 사흘째, 예수는 땅에서 생애를 마치려고 세상으로 돌아가겠다고, 두 가지 길이 있는 상황에서 언제나 아버지의 뜻을 택하리라고 다짐하였다. 그 결심에 언제나 충실하게, 땅에서 여생을 끝까지 살았다. 쓰디쓴 끝날까지 군주의 뜻을 하늘 아버지의 뜻에 변함없이 복종시켰다.

산의 불모지에서 40일 동안은, 큰 시험을 받는 기간이 아니라, 오히려 주가 큰 결정을 내린 기간이었다. 자신과 혼자서, 아버지의 가까운 계심과—성격화된 조절자와—교통하던 이 기간에 (개인 수호 천사가 이제 더 없었다) 하나씩 큰 결정에 도달했고, 이것은 땅에서 여생 동안 그의 정책과 행위를 통제하게 되었다. 큰 시험이 있었다는 전통(傳統)이 나중에, 이 고립된 기간에 달라붙게 되었는데, 이는 헤르몬 산에서 있었던 투쟁에 관한 이야기 조각들과 뒤섞여, 더 나아가서 금식하고 기도했다고 생각된 이 기간을 거침으로써, 모든 위대한 선지자와 인간 지도자가 공생애(公生涯)를 시작하게 만드는 것이 관습이었기 때문이었다. 새롭거나 심각한 어떤 결정에 부닥쳤을 때, 하나님의 뜻을 알기를 추구하려고, 자신의 영과 교통하려고 은둔하는 것이 언제나 예수의 관습이었다.

땅에서 여생의 이 모든 계획에서, 예수는 두 가지 상반되는 행동 과정 때문에 인간 마음이 언제나 갈등이 있었다:

1. 민족—그리고 전 세계—가 그를 믿고 영적인 새 하늘나라를 받아들이도록 설득하려는 강력한 소망을 품었다. 오시는 메시아에 관하여 그들이 가진 생각을 잘 알고 있었다.

2. 아버지가 승인하리라고 생각한 대로 살고 일하며, 곤경에 빠진 다른 세계들의 이익을 위하여 일을 처리하고, 하늘나라를 세우는 일에 계속 아버지를 드러내고, 아버지의 신성한 사랑하는 성품을 보여 주는 것.

이 중대한 기간 내내, 예수는 고대(古代)의 바위 동굴 안에서 살았고, 여기는 바이트 아디스라고 언젠가 부른 마을 가까이, 산 옆에 있는 피난처였다. 그는 이 바위 피난처 가까이 있는 산 옆에서 나온 작은 샘물로부터 물을 마셨다.

5. 처음 내린 큰 결정

자신과 성격화된 조절자와 함께 이 회의를 시작한 지 사흘째에, 집합한 네바돈 하늘 집단의 환상(幻想)이 예수에게 제시되었는데, 그 지휘자들이 사랑하는 군주의 뜻을 보살피라고 이들을 파송하였다. 이 막강한 무리는 12 군단의 세라핌, 또 모든 계급의 우주 지성 존재가 비례해서 섞인 집단을 포함하였다. 예수가 고립되어 있는 동안에 내린 첫 큰 결정은, 뒤이어 유란시아에서 대중 사업을 벌이는 계획과 연결하여, 이 막강한 성격자들을 이용할 것인가 아닌가 하는 것과 상관이 있었다.

그는 아버지의 뜻이라는 것이 명백해지지 않는 한, 이 광대한 집합 가운데 한 성격자도 이용하지 않겠다고 결심했다. 이 일반 결정(決定)을 내렸는데도, 이 광대한 무리는 땅에서 여생 동안 내내, 함께 남아 있었고, 군주의 뜻이 실오라기만큼 표현되어도 언제나 복종할 준비가 되어 있었다. 예수는 따라다니는 이 성격자들을 인간의 눈으로 항상 보지는 않았어도, 관계된 성격화된 조절자는 항상 보았고, 모두와 교통할 수 있었다.

산에서 40일 동안 은둔하다가 내려오기 전에, 예수는 이 시중드는 집단의 우주 성격자들의 통솔권을 최근에 성격화(性格化)된 조절자에게 주었고, 우주 지성 존재의 모든 부서로부터 뽑힌 이 성격자들은 유란시아 시간으로 4년이 넘는 동안, 높고 노련하고 성격화된 이 신비의 감시자의 지혜로운 인도를 받으며, 온순하고 공손하게 활동하였다. 이 강력한 집합의 지휘를 맡으면서, 조절자는 한때 파라다이스 아버지의 일부였고 본질(本質)이었으니까, 아버지가 간섭을 뜻하는 일이 생기지 않으면, 어떤 경우에도 이 초인간 대리자(代理者)들이 땅에서 그의 생애와 연결하여, 또는 그 생애를 위하여 봉사하거나 자신들을 드러내도록 허락하지 않겠다고 예수에게 보장하였다. 이렇게 한 가지 큰 결정으로, 아들이 땅에서 수고하면서 아버지가 어떤 분명한 행위나 에피소드에 따로 참여하기를 선택하지 않으면, 필사 여생과 상관되는 모든 문제에서 모든 초인간적 협동을 예수는 자진해서 박탈하였다.

그리스도 미가엘에게 시중드는 우주 집단의 지휘권을 받아들이면서, 성격화된 조절자는 그러한 집합(集合)의 우주 생물은 창조자가 이양한 권한으로 말미암아 공간 활동이 제한될 수 있지만, 시간 속에서 그 활동과 연관하여 그런 제한은 듣지 않는다고 힘들여 지적하였다. 이 제한은, 일단 성격화되었을 때, 조절자가 비시간(非時間) 존재라는 사실에 달려 있었다. 따라서 지휘받는 살아 있는 우주 지성들을 조절자가 통제하는 것은, 공간을 다루는 모든 문제에 관해서 완벽하고 완전하겠지만, 시간에 관하여 부과된 그런 완전한 제한은 있을 수 없다고 예수는 훈계를 받았다. 조절자는 말했다: "너의 지상(地上) 생애와 관련하여 어떤 면에서도, 네가 지시한 대로, 시중드는 이 집단의 우주 지성들이 이용되는 것을 내가 금하겠노라. 그러나 네가 택한 바 파라다이스 아버지가 신성한 뜻이 성취되도록 그런 대리자들을 해방하라고 지시(指示)하는 경우에, 그리고 오직 시간에 관하여 자연스러운 땅의 질서로부터 벗어날 선택, 너의 신 및 인간 의지가 내리는 어떤 결정이나 행위에 네가 관계할 수 있는 경우는 예외이라. 모든 그러한 경우에 나는 무력(無力)하고, 완전하게, 통일된 권력 밑에 여기 모인 너의 생물은 마찬가지로 무력하니라. 너의 연합된 두 성품이 일단 그러한 소망을 품는다면, 선택한 이 명령들은 대번에 집행될 것이라. 모든 그러한 문제에서 너의 소망은 시간의 단축이겠고, 투영된 물건은 존재하느니라. 나의 지휘 밑에서 이것은 너의 잠재(潛在) 통치권에 부과될 수 있는 가능한 최대의 제한이라. 내 자의식(自意識) 안에서 시간은 존재하지 않으며, 따라서 시간에 관련된 어떤 일에도 나는 너의 피조물을 제한할 수 없노라."

사람들 사이에서 한 사람으로서 계속 살겠다는 결정이 해결되어 가는 것에 대하여 예수는 이렇게 통지를 받았다. 오직 시간에 관련된 그런 문제들을 제쳐 놓고, 한 가지 결정으로, 시중드는 모든 우주 집단의 다채로운 지성 존재들이 뒤따르는 대중(大衆) 봉사에 참여하지 못하게 막았다. 따라서 하늘에 계신 아버지가 특별히 달리 판결하지 않으면, 예수가 펼치는 봉사에서 어떤 가능한 초자연적이거나, 짐작컨대 초인간적으로 뒤따라 생기는 일은 온통 시간(時間)의 제거에 관계된다는 것이 분명해진다. 이렇게 분명히 말한 시간 문제의 경우를 제외하고, 예수가 땅에서 할 남은 수고와 관련하여 일어나는 어떤 기적이나 자비로운 봉사, 또는 어떤 다른 가능한 사건도, 유란시아에서 사는 동안, 인간사에서 확립되고 정상으로 작용하는 자연 법칙을 초월하는 행위의 성질이나 특징을 도무지 가질 수 없다. 물론, "아버지의 뜻"이 나타나는 데는 아무런 한계(限界)를 지울 수 없다. 한 우주의 이 잠재 군주(君主)가 분명히 나타낸 소망과 관련하여, 시간의 제거는 이 하나님인 사람의 뜻을 직접, 분명히 표현한 행위로만 회피할 수 있고, 이것은 문제가 된 행위나 사건에 관계되는 대로, 시간이 단축되거나 제거되어서는 안 된다는 효과를 가진다. 명백한 시간 기적이 나타나는 것을 방지하기 위해서, 예수는 항상 시간 의식(意識)을 유지하는 것이 필요했다. 분명한 소망을 품는 것과 관련하여, 그의 편에서 어떤 시간 의식의 착오(錯誤)가 생기면, 이 아들 창조자의 지성 안에서 상상된 일이 집행되고, 게다가 시간의 간섭이 없이 그렇게 되는 것과 마찬가지였다.

관계된 성격화된 조절자의 감독하는 통제를 통해서, 미가엘은 공간에 관하여, 땅에서 친히 하는 활동을 완전히 제한하는 것이 가능했다. 그러나 시간에 관해서는, 네바돈의 잠재 군주로서, 사람의 아들이 땅에서 그의 새로운 지위를 이렇게 제한하기는 불가능했다. 나사렛 예수가 유란시아에서 대중에게 봉사를 시작하려고 나섰을 때, 이것이 그의 실제 지위였다.

6. 둘째 결정

새로운 신성(神性) 지위에 본래 있는 잠재성에 비추어서 결정될 수 있는 한, 창조된 지성들의 모든 등급, 모든 성격자에 관하여 정책을 결정하고 나서, 예수는 이제 생각을 자신에게 돌렸다. 이 우주에 있는 모든 사물과 존재를 창조한 자, 이제 충분히 자의식하는 그가 사람들 사이에서 일을 다시 시작하려고 갈릴리로 돌아갔을 때 즉시 부닥칠, 되풀이되는 생활 형편에서, 이 창조자 특권(特權)을 가지고 무슨 일을 할 것인가? 사실은, 이미 이 외로운 산 속에, 있는 자리에서, 먹을 것을 얻는 일에 이 문제는 어쩔 수 없이 나타났다. 혼자 명상(瞑想)에 잠긴 사흘째가 되어서, 인간의 몸은 배가 고파졌다. 어떤 보통 사람이 하는 것처럼, 먹을 것을 찾아서 나설 것인가, 아니면 그냥 정상의 창조 능력을 써서, 적당한 육체의 영양을 손 닿는 곳에 창조할 것인가? 주의 이 큰 결심을 하나의 시험으로서—가상(假想)하는 적들이 "이 돌로 하여금 빵 덩어리가 되라 명령하라고" 도전했다고—너희에게 발표되었다.

이렇게 예수는 땅에서 수고하는 여생을 위하여, 또 하나의 일관성 있는 정책에 이르렀다. 개인의 필요가 관련된 한, 대체로 다른 인물과 가지는 관계에서도, 이제 땅에서 정상으로 존재하는 길을 추구하기로 신중하게 선택하였다. 자신이 확립한 자연(自然) 법칙을 뛰어넘거나 위반하거나 짓밟을 정책을 쓰지 않기로 분명히 작정하였다. 그러나 성격화된 조절자에게 이미 경고를 받은 바와 같이, 어떤 상상할 수 있는 상황에서, 이 자연 법칙이 크게 가속될 수 없다고 스스로 다짐할 수 없었다. 원칙으로 보면, 예수는 일생의 일이 자연 법칙에 따라서, 기존의 사회 조직과 조화되게 구성되고 실행되어야 한다고 결정했다. 이로서 주는 기적과 이적을 행하지 않겠다는 결정에 상당하는 생활 계획을 선택하였다. 다시 "아버지의 뜻"에 찬성하는 쪽으로 결정했다. 다시 만사(萬事)를 파라다이스 아버지의 손에 맡기었다.

예수의 인간 성품은 첫째 의무가 자아 보존이라고 명령했다. 그것이 시간과 공간의 세계들에서 사는 자연인(自然人)의 정상 태도요, 따라서 유란시아 필사자의 정당한 반응이다. 그러나 예수는 이 세상과 거기 있는 생물에만 관여하는 것이 아니라, 방대한 우주의 다양한 피조물을 가르치고 영감을 주도록 고안된 인생을 살고 있었다.

세례로 깨우침을 받기 전에는, 하늘 아버지의 뜻과 인도하심에 완전히 복종하면서 살았다. 아버지의 뜻에 그렇게 사람으로서 절대로 의존하는 태도를 계속하겠다고 힘차게 결정하였다. 부자연스러운 과정을 밟으리라 의지(意志)하였다—자아 보존을 구하지 않기로 작정했다. 자신을 방어하지 않는 정책을 계속 추구하기로 했다. 그의 인간 머리에 익숙한 성서(聖書)의 말씀에서 결론을 내렸다. "사람은 빵으로만 살 것이 아니라, 하나님의 입에서 나오는 모든 말씀으로 살지니라." 배고픔에서 표현되는 바와 같이, 육체의 성질을 가진 식욕(食慾)에 관하여 이렇게 결론을 내리면서, 사람의 아들은 육체의 모든 다른 욕구, 인간의 성질을 가진 자연스러운 충동에 관하여, 마지막으로 선언하였다.

초인간 능력을 남을 위해서 아마 쓸지 모르지만, 자신을 위해서는 결코 그렇지 않았다. "저가 남은 구하였으되, 스스로를 구할 수 없도다"하고 사람들이 놀리는 말을 했을 때—그가 그렇게 하려 하지 않았기 때문에—종말까지 이 정책을 한결같이 따랐다.

유대인들은 모세보다 더욱 큰 이적을 행할 메시아를 기다리고 있었고, 모세는 사막에서 바위로부터 물이 솟게 하고 황무지에서 만나로 조상(祖上)을 먹였다고 소문이 나 있었다. 예수는 동포가 어떤 종류의 메시아를 기대하는가 알았고, 가장 낙천적인 기대에 맞게 적응할 모든 능력과 특권이 있었지만, 그러한 능력과 영광을 보이는 멋진 계획에 반대하여 결정하였다. 예수는 사람들이 기대하는 기적을 행하는 그러한 과정은, 야만인 주술사들이 무지한 마술을 쓰고 퇴화된 관습을 가졌던 옛 시절로 되돌아가는 것이라고 보았다. 아마도, 피조물을 구원하기 위하여 자연 법칙을 가속할지 몰랐지만, 자기 이익을 위해서나 동료 인간들을 위압(威壓)하기 위해서나, 자신의 법칙을 뛰어넘는 일은 하려 하지 않았다. 주의 결정은 최종이었다.

예수는 민족을 위하여 슬퍼했다. 오시는 메시아를 기대하도록 어떻게 유도되었는가 잘 알았다. 그 때 "땅이 열매를 1만 배 맺고, 한 포도나무에는 1천 가지가 생길 것이요, 가지마다 1천 송이를 생산하고, 송이마다 포도 알 1천 개를 맺으며, 포도 알마다 포도주 1갤론을 생산하리라." 유대인들은 메시아가 기적 같이 풍성한 시대를 개시할 것이라 믿었다. 히브리인들은 기적의 전통과 이적(異蹟)의 전설 위에서 오랫동안 젖어 있었다.

그는 빵과 포도주를 불리려고 오는 메시아가 아니었다. 기껏해야 이 세상의 필요를 보살피려고 오지 않았다. 땅에 있는 자녀들에게 하늘에 계신 아버지를 드러내려고 왔고, 한편 하늘에 계신 아버지의 뜻을 행하며 살려는 진지한 노력(努力)에 그와 함께 하라고 땅에 있는 아이들을 이끌려고 애썼다.

이 결정에서 개인의 세력을 확대하기 위해서나, 순전히 이기적 이익과 영광을 얻기 위하여, 신성한 재능과 하나님이 주신 능력을 팔아 넘기는 것이 어리석고 죄 있다는 것을 나사렛 예수는 구경하는 우주에게 보여 주었다. 바로 그것이 루시퍼와 칼리가스티아의 죄였다.

예수의 이 큰 결정은 이기적 만족감과 감각의 충족만으로는, 저절로, 진화하는 인간들에게 행복을 줄 수 없다는 진리를 눈부시게 보여 준다. 필사 존재에는 더 높은 가치—지적(知的) 통달과 영적(靈的) 성취—가 있고, 이것은 사람의 순전히 육체적 욕구와 충동의 충족, 필요한 충족을 훨씬 초월한다. 사람이 천성으로 부여받은 재능과 능력은 더 높은 지성 및 영 능력을 개발하고 높이는 데 주로 바쳐야 한다.

이렇게 예수는 새롭고 더 나은 길의 기법, 생활의 더 높은 도덕적 가치, 공간 세계에서 진화(進化)로 인간이 존재하는 더 깊은 영적 만족을 우주 생물에게 드러냈다.

7. 셋째 결정

먹을 것과 물질인 몸의 필요를 육체적으로 보살피는 것, 자기와 동료들의 건강을 돌보는 일과 같은 문제에 관하여 결정을 내리고 나서, 해결해야 할 다른 문제들이 아직도 남아 있었다. 신변(身邊)의 위험에 부닥쳤을 때 어떤 태도를 가질 것인가? 인간적 안전에 대하여 정상으로 경계하고, 육체를 입은 생애가 때 이르게 끝나지 않도록 분별 있게 조심하지만, 육체를 입은 일생에 위기가 닥칠 경우에, 그는 모든 초인간적 간섭을 삼가기로 결심하였다. 이 결정에 도달하고 있을 때, 예수는 앞에, 바로 거기에, 벼랑과 함께 툭 튀어나온 바위 선반 위에 있는 나무 그늘 아래에 앉아 있었다. 그 선반에서 훌쩍 몸을 던져서 공중으로 나갈 수 있고, 유란시아에서 일생의 일을 집행하는 데 하늘 지성 존재들이 개입하라고 부르지 않겠다는 처음 큰 결정을 취소하고, 자아 보존(保存) 태도에 관계되는 둘째 결정을 돌이킨다면, 몸을 다치는 어떤 일도 일어날 수 없다는 것을 잘 깨달았다.

예수는 동포가 자연 법칙을 초월할 메시아를 기대하고 있음을 알았다. 이 성구(聖句)를 무척 잘 배웠다: "아무런 악도 너에게 닥치지 아니하리라, 아무 전염병이 네 거처에 가까이 오지 아니하리라. 그는 너의 모든 길에서 지키라고, 천사들이 너를 책임지게 할 것임이라. 네 발이 돌에 부딪치지 않도록 손 안에 너를 붙들리라." 이 따위의 주제넘은 태도, 아버지의 인력(引力) 법칙을 이렇게 무시하는 것이, 가능한 해악으로부터 자신을 보호하려고, 아니면 혹시나 잘못 가르침받고 헛갈린 민족의 신임을 얻기 위하여, 정당화(正當化)될 수 있는가? 그러나 그런 과정은, 표징(標徵)을 구하는 유대인들에게 아무리 흡족하더라도, 아버지를 계시하는 것이 아니라, 온 우주의 확립된 법칙을 집적거리는 의심스러운 일이리라.

이 모두를 이해하고서, 개인 행동이 관계된 한, 주가 확정된 자연 법칙을 무시(無視)해서 일하기를 물리쳤음을 아니까, 결코 물 위로 걷거나 세계를 관리하는 물질 질서를 짓밟는 어떤 다른 일도 하지 않았음을 너희가 분명히 안다. 물론, 성격화된 조절자의 관할에 맡겨진 문제와 관련하여, 시간 요소(要素)에 대한 통제력의 부족으로부터 그를 온전히 구할 수 있는 방법이 아직까지 전혀 발견되지 않았음을 언제나 기억하여야 한다.

땅에서 전 생애를 통하여, 예수는 이 결정에 한결같이 충성했다. 바리새인들이 표징(標徵)을 얻으려고 비웃든지, 아니면 갈보리에서 구경꾼들이 십자가에서 내려오라고 대들든지, 그는 산허리에서 이 때 내린 결정을 변치않고 고수하였다.

8. 넷째 결정

이 하나님인 사람이 씨름하고, 하늘에 계신 아버지의 뜻에 따라서 당장 결정한 다음으로 큰 문제는, 동료 인간들의 눈길을 끌고 지지를 얻을 목적으로 초인간 능력 중에 무엇이라도 사용해야 할 것인가, 아닌가 하는 문제에 관련되었다. 굉장하고 놀라운 것을 몹시 바라는 유대인들의 갈망(渴望)을 충족시키는 데 우주 권능을 어떤 방법으로든 써야 할 것인가? 그래서는 안 된다고 결심하였다. 사람들이 그의 사명을 주목하게 만드는 방법과 같은, 모든 그러한 버릇을 없애는 정책 과정을 결정하였다. 그는 이 큰 결정에 한결같이 충실히 살았다. 시간을 절약하는, 수많은 자비 행위가 나타나는 것을 허락했을 때에도, 치료의 보살핌을 받은 자들에게, 받은 이익에 대하여 아무에게도 말하지 말라고 거의 변함없이 타일렀다. 신성을 증명하고 전시하면서 "우리에게 징조(徵兆)를 보이라" 적들이 비웃으며 도전하는 것을 언제나 물리쳤다.

그는 기적을 행하고 놀라운 일을 하는 것은 물질 지성을 위압해서 기껏해야 겉으로 나타나는 충성을 요구하리라는 것을 아주 지혜롭게 내다보았다. 그런 연출은 하나님을 계시하지도, 사람을 구하지도 않는다. 그는 단순히 이적(異蹟)을 행하는 자가 되지 않으려 하였다. 오직 한 가지 일에—하늘나라를 세우는 데—몰두하기로 결의하였다.

예수가 자신과 교통하는 이 중대한 대화(對話) 전체를 통해서, 질문하고 거의 의심하는 인간적 요소가 있었는데, 이는 예수가 하나님일 뿐 아니라 사람이었기 때문이다. 기적을 행하지 않는다면 결코 유대인들이 그를 메시아로서 받아들이지 않으리라는 것이 뻔했다. 게다가 꼭 한 가지 초자연적인 일을 하기로 찬성한다면, 인간 지성은 그것이 참으로 신의 지성에 복종해서 된 것임을 확실히 알 것이다. 인간 지성의 의심하는 성질에게 신의 지성이 이렇게 양보하는 것이 "아버지의 뜻"과 일치될 것인가? 그렇지 않을 것이라고 결정했고, 성격화된 조절자의 계심을, 신성이 인류와 협동 관계에 있다는 충분한 증거로 제시하였다.

예수는 발이 닳도록 여행하였다. 로마·알렉산드리아·다마스커스를 회상하였다. 세상의 방법—정치와 상업에서 사람들이 타협과 외교(外交)로 어떻게 목적을 이루는가—알았다. 땅에서 사명을 촉진하는 데 이 지식을 이용할 것인가? 아니라! 마찬가지로, 하늘나라를 세우는 데 세상의 지혜(知慧)와 어떤 타협도 반대하고, 부(富)의 영향을 받지 않기로 결심하였다. 다시 아버지의 뜻에 순전히 의존하기로 작정하였다.

예수는 한 가지 능력에 이르는 지름길을 충분히 알았다. 나라와 온 세상의 눈길이 자신에게 즉시 집중될 수 있는 여러 방법을 알았다. 얼마 안 있어 예루살렘에서 유월절의 축하가 있을 터이고, 도시는 방문자들로 들끓을 것이었다. 그는 성전의 꼭대기에서 내려와서, 놀란 군중 앞에서 공중에서 걸을 수 있었다. 이것이 그들이 찾고 있던 종류의 메시아였다. 그러나 다윗의 왕좌를 다시 세우려고 오지 않았으니까, 나중에 실망을 줄 것이었다. 신의 목적을 이루는 길, 자연스럽고 느리고 확실한 길보다 더 앞서 가려고 애쓰는, 칼리가스티아의 방법이 쓸모 없음을 알았다. 다시 사람의 아들은 아버지의 길, 아버지의 뜻에 온순하게 머리를 숙였다.

예수는 자연스럽고 평범하고 어렵고 벅찬 방법으로, 인류의 가슴 속에서 하늘나라를 세우기를 택했고, 이것이 하늘나라를 확대하고 그 세력을 키우는 과제에서, 땅에 있는 자녀들이 따르는 바로 그런 과정이었다. "숱한 시련을 통해서 대대로 많은 자손이 하늘나라로 들어가리라"는 것을 사람의 아들이 잘 알았기 때문이다. 예수는 문명화된 사람의 가장 큰 시험, 권력을 순전히 이기적이거나 개인적인 목적에 쓰기를 굳건하게 물리치는 시험을 지금 거치고 있었다.

사람의 아들의 일생과 체험을 고려할 때, 하나님의 아들은 20세기나 다른 세기에 살던 필사자의 지성이 아니라, 1세기 인간의 지성 속에서 육신화되었다는 것을 늘 기억해야 한다. 이렇게 말하는 것은 예수의 인간 자질은 자연스럽게 얻었다는 생각을 전하려는 것이다. 그는 그 시대의 유전(遺傳) 및 환경 요소, 받은 훈련과 교육 영향의 산물이었다. 그의 인간성은 진정하고 자연스러웠고, 그 시절과 세대의 실제 지적(知的) 상태와 사회·경제 조건에 선행하는 것들로부터 얻어졌고, 그로 말미암아 육성되었다. 이 하나님인 사람의 체험 속에서 신(神)의 지성이 인간의 지능을 초월하리라는 가능성이 언제나 있었지만, 그런데도, 인간 지성이 활동할 때, 그렇게 하는 동안, 신의 지성은 그 시절의 인간 환경의 조건 밑에서, 참된 필사 지성이 하는 것처럼 행동했다.

예수는 멋대로 권한을 보여 줄 목적으로 인위적(人爲的) 상황을 만들어 내거나, 도덕적 가치를 향상시키든지 영적 진보를 가속하려는 목적으로 특별한 권능에 탐닉하는 것이 어리석음을 광대한 우주의 모든 세계에 보여 주었다. 땅에서 이룰 사명을 마카비 통치가 안겨 준 실망을 되풀이하는 데 쓰지 않으리라 결심하였다. 땀 흘려 벌지 않은 인기(人氣)를 얻으려는 목적이나, 정치적 위신을 얻으려고 신의 속성을 팔아 버리기를 물리쳤다. 신의 창조적 에너지를 국가 권력이나 국제적 위신으로 변질시키는 것을 묵인하려 하지 않았다. 나사렛 예수는, 죄와 함께 어울리기는커녕, 악과 타협하기를 거절하였다. 승리감에 넘쳐, 주는 아버지의 뜻에 충성하는 것을 땅에서 현세에 고려할 모든 다른 것 위에 올려놓았다.

9. 다섯째 결정

자연 법칙 및 영적 능력과 그의 개인적 관계에 대하여 그런 정책 문제를 해결하고 나서, 그는 하나님의 나라를 선포하고 세우는 데 쓰일 방법의 선택에 눈을 돌렸다. 요한은 이미 이 일을 시작했다. 어떻게 그가 이 메시지를 계속할 수 있을까? 어떻게 요한의 사명을 이어받아야 하는가? 효과적인 노력과 지적 협조(協助)를 얻기 위하여 추종자들을 어떻게 조직해야 하는가? 예수는 더 이상 자신을 유대인의 메시아로, 적어도 그 시절에 대중이 메시아를 상상한 대로, 보는 것을 금할 최종의 결정에 지금 이르고 있었다.

기적 같은 능력을 입고 와서 이스라엘의 적들을 동댕이치고, 빈궁과 억압이 없이 유대인을 세계 통치자로서 세울 구원자를 유대인들은 마음 속에 상상하고 있었다. 하늘나라는 사람들의 마음 속에서 악을 뒤집어엎는 것과 상관이 있고, 순전히 영적 관심거리의 문제임을 알았다. 눈부시게 번쩍 권력을 전시함으로 영적인 나라를 개시하는 것이 현명한가 생각해 보았지만—그러한 과정은 허락될 수 있었고, 온전히 미가엘의 관할 안에 있었다—그러한 계획을 반대하기로 완전히 결심하였다. 칼리가스티아의 혁명(革命) 기법과 타협하려 하지 않았다. 아버지의 뜻에 복종함으로 잠재적으로 세상을 얻었고, 그가 시작한 것과 마찬가지로, 사람의 아들로서, 할 일을 마치기로 계획하였다.

이제 하늘과 땅에 있는 모든 권력을 잠재적으로 소유하면서, 하나님인 이 사람이 통치권의 깃발을 펄럭이기로, 기적을 행하는 대군(大軍)을 전투 대열로 정렬하기로 일단 결심하면, 유란시아에서 무슨 일이 일어났을 것인가 너희는 도저히 상상할 수 없다! 하지만 그는 타협(妥協)하려 들지 않았다. 추측컨대, 하나님의 숭배를 그로부터 얻는다 하더라도, 그러한 악을 섬기려 하지 않았다. 아버지의 뜻을 지키려 하였다. "너희는 주 너희 하나님을 예배하고 오로지 그를 섬길지니라"하고 바라보는 우주에게 선포할 생각이었다.

여러 날이 지나가자, 점점 더 또렷하게 예수는 어떤 종류의 진리 계시자가 될 것인가 깨달았다. 하나님의 길이 쉬운 길이 되지 않으리라는 것을 헤아렸다. 남은 인간 체험의 잔이 아마 씁쓸할지 모른다는 것을 비로소 깨달았지만, 들이키기로 결심했다.

그의 인간 지성조차 다윗의 왕좌(王座)에 작별을 알리고 있다. 한 걸음 한 걸음 이 인간 지성은 신의 지성의 길을 따라간다. 인간 지성은 아직도 질문하지만, 아버지의 영원하고 신성한 뜻을 행하는 데 무조건 항상 복종하면서, 세상에서 사람으로 사는 이 통합된 일생 동안에, 신이 준 대답을 마지막 판결로서 어김없이 받아들인다.

로마는 서양 세계의 여왕이었다. 혼자 있는 가운데 이 중대한 여러 결정에 이르렀으니까, 지금은 하늘 무리들을 지휘하에 거느리고서, 사람의 아들은 유대인들이 세계 정복(征服)을 성취할 마지막 기회였다. 그러나 땅에서 태어난 이 유대인은, 그렇게 엄청난 지혜와 권력을 소유했는데, 자아를 확대하거나 민족을 왕좌에 올려놓기 위하여 그의 우주 재산을 쓰기를 거부하였다. 말하자면 "이 세상의 나라들"을 보았고, 점령할 능력을 소유했다. 에덴시아의 최고자들은 이 모든 권력을 손에 맡기었지만, 그는 원하지 않았다. 땅의 나라들은 한 우주의 창조자인 통치자의 흥미를 끌기에 하찮은 것이었다. 오직 한 가지 목적이 있었으니, 즉 하나님을 더욱 사람에게 드러내는 것, 하늘나라의 확립, 인류의 마음 속에서 하늘 아버지가 다스리는 것이었다.

전투·싸움·학살의 관념은 예수에게 달갑지 않았다. 그것을 거들떠보려 하지 않았다. 그는 사랑의 하나님을 드러내는 평화의 왕으로서 땅에서 나타나고 싶었다. 세례 받기 전에, 로마의 억압자들에 항거하는 반란에서 열심당원들을 이끌라는 제안을 다시 물리친 적이 있었다. "주가 내게 말씀하셨으니, '너는 내 아들이라. 오늘날 내가 너를 낳았도다. 내게 구하면, 너의 유산으로서 이교도를, 땅의 가장 먼 나라들을 네 소유물로 주리라. 너는 쇠막대기로 저희를 부숴 버리고, 도공(陶工)의 그릇처럼 산산조각 부술지니라'" 이렇게 어머니가 가르쳐 준 그 성서 구절에 관하여 최종 결정을 내렸다.

나사렛 예수는 그러한 발언은 그를 언급하는 말이 아니라는 결론에 이르렀다. 마지막으로, 드디어 사람의 아들의 인간 지성은 이 모든 메시아의 어려움과 모순—

히브리 성서, 부모의 훈련, 하잔의 가르침, 유대인의 기대, 인간다운 포부로 동경하는 마음—을 싹 쓸어 버렸다. 이것을 마지막으로 갈 길을 결정했다. 갈릴리로 돌아가서 하늘나라의 선포를 조용히 시작하고, 날마다 과정의 세부를 해결해 나가도록 그의 아버지(성격화된 조절자)를 신뢰하려 하였다.

이 여러 결정으로, 예수가 영적 문제를 증명하려고 물질적으로 시험하기를 거절했을 때, 자연 법칙을 주제넘게 무시하기를 거절했을 때, 그는 광대한 우주에 두루, 모든 세계에 사는 모든 성격자에게 값진 본보기를 보였다. 영적 영광의 전주곡(前奏曲)으로서 이 세상의 권력 붙잡기를 마다했을 때, 우주에 충성하고 도덕적으로 고귀한 모범, 영감을 불러일으키는 모범을 보였다.

세례를 받은 뒤에 산으로 올라갔을 때, 사람의 아들이 자기의 사명(使命)과 그 성질에 대하여 어떤 의심이라도 있었다면, 혼자 있으면서 결정하던 40일 뒤에 동료들에게 돌아왔을 때는 전혀 의심이 없었다.

아버지의 나라를 세우기 위하여 예수는 한 계획을 세웠다. 사람들에게 육체적 만족을 제공하려 하지 않을 것이다. 로마에서 아주 최근에 행해지는 것을 본 것처럼 군중에게 빵을 나누어 주지 않을 것이다. 비록 유대인들이 바로 그런 종류의 구원자를 기대하고 있더라도, 이적을 행함으로 자신에게 눈을 끌지 않을 것이다. 정치적 권한이나 현세의 권능을 보임으로, 세상이 영적 메시지를 받아들이기를 추구하지 않을 것이다.

기대하는 유대인들의 눈에, 다가오는 나라를 돋보이게 하는 이 여러 방법을 물리치면서, 예수는 바로 이 유대인들이 분명히, 마침내, 권한과 신성(神性)에 대한 그의 모든 주장을 물리치리라는 것을 확인하였다. 이 모두를 알았기 때문에, 예수는 초기에 추종자들이 그를 메시아로 언급하는 것을 막으려고 오랫동안 애썼다.

대중에게 봉사하는 동안 내내, 항상 되풀이해서 일어나는 세 가지 상황을 처리할 필요성에 부딪쳤는데, 즉 먹여 달라 소리치는 것, 기적을 고집하는 것, 추종자들이 그를 임금으로 추대함을 허락하라는 마지막 요구였다. 그러나 예수는 페레아 산 속에서 혼자 지내던 이 여러 날 동안 내린 결정으로부터, 결코 벗어나지 않았다.

10. 여섯째 결정

혼자 있던, 기억에 남을 이 기간의 마지막 날에, 요한과 그 제자들과 합세하려고 산을 내려가기 전에, 사람의 아들은 마지막 결정(決定)을 내렸다. 이 결정을 이 말씀으로 성격화된 조절자에게 교통하였다: "그리고 모든 다른 문제에서, 이제 이 여러 결정·기록과 같이, 아버지의 뜻에 복종하겠다고 나는 당신께 서약하나이다." 이렇게 말하고 나서, 산을 내려갔다. 얼굴은 영적 승리를 얻고 도덕적으로 성취한 영광으로 빛났다.

주: 1. Shekinah는 신의 자리에 나타나는 야웨의 모습 또는 후광.

제 137 편

갈릴리에서 기다리는 때

서기 26년 2월 23일, 토요일 아침 일찍, 예수는 산에서 내려와서, 펠라에서 야영하던 요한의 일행과 다시 합세하였다. 그 날 하루 종일 예수는 군중 속에 섞였다. 굴러 떨어져서 몸을 다친 한 소년을 보살폈고, 안전하게 부모의 품에 데려다 주려고 가까운 펠라 마을까지 여행하였다.

1. 처음 네 사도를 고르다

이 안식일에 요한의 수제자(首弟子) 둘이 예수와 함께 많은 시간을 보냈다. 요한의 모든 제자 가운데 안드레라 이름하는 사람이 예수에게 가장 깊게 감명을 받았다. 그는 다친 소년과 함께 펠라로 여행갈 때 예수를 따라갔다. 요한의 회합 장소로 돌아가는 길에 예수에게 많은 질문을 던졌고, 목적지에 이르기 바로 전에, 둘이 잠깐 이야기하려고 멈추었는데, 그 동안에 안드레가 말했다: "당신이 가버나움에 온 뒤에, 당신을 지켜보았나이다. 당신이 새 선생이라 믿고, 비록 당신의 가르침을 내가 다 이해하지는 못해도, 당신을 따르려고 완전히 결심하였나이다. 당신 밑에서 새 나라에 대한 진리를 모두 배우고자 하나이다." 예수는 진심으로 확신을 주며 사도들 중에 첫 사도(使徒)를 반기었고, 이 열두 명의 무리는 사람들의 가슴 속에서 하나님의 새 나라를 세우는 일에 함께 수고할 것이었다.

안드레는 요한의 일을 말없이 지켜보고 진지하게 믿은 사람이었다. 아주 유능하고 열심 있는, 시몬이라는 이름의 동생이 있었는데, 그는 요한의 으뜸가는 제자들 중의 하나였다. 시몬이 요한의 주요한 지지자 가운데 하나였다고 말해도 괜찮을 것이다.

예수와 안드레가 캠프로 돌아온 뒤에 곧, 안드레는 아우 시몬을 찾아다녔고, 옆으로 그를 불러서, 자기 생각에 예수가 위대한 선생이라고 결정했다, 자신을 제자로서 서약했다고 알려 주었다. 더 나아가서 자기가 섬기겠다는 제안을 예수가 받아들였다고 말하고, (시몬이) 마찬가지로 예수한테 가서, 새 나라에 봉사하는 친교에 자청해서 들어가라고 제안하였다. 시몬이 말했다: "이 사람이 세베대의 작업장에서 일하러 온 뒤로, 하나님이 그를 보내셨다고 믿었지만, 요한을 어떻게 할까? 우리가 그를 버려야 하느냐? 그것이 옳은 일이냐?" 그리고 나서 당장에 요한에게 의논하러 가기로 하였다. 유능한 조언자요, 가장 장래(將來)가 촉망되는 제자들 가운데 둘이나 잃는다는 생각에 요한은 슬퍼졌지만, 용감하게 물음에 대답했다: "이것은 겨우 시작이라. 당장에 내 일은 끝날 터이고, 우리 모두가 그의 제자가 될 것이라." 그리고 나서 안드레는 예수에게 옆으로 오라고 손짓하였고, 한편 아우가 새 나라에 봉사하는 데 가입하기를 바란다고 선언하였다. 시몬을 둘째 사도로 반기면서, 예수는 말했다: "시몬아, 너의 열심은 칭찬할 만해도, 하늘나라의 일에는 위험하니라.

말할 때 더욱 조심하라 너를 훈계하노라. 나는 네 이름을 베드로로 바꾸고자 하노라."

다친 소년의 부모는 펠라에서 살았는데, 예수가 함께 그 날 밤을 지내라고, 자기 집을 거처로 쓰라고 간청했고, 예수는 그렇게 약속했다. 안드레와 그 동생을 떠나 보내기 전에, 예수는 말했다: "아침 일찍, 우리는 갈릴리로 갈 것이라."

예수가 밤을 지내려고 펠라로 돌아온 뒤에, 안드레와 시몬이 다가오는 하늘나라를 세우는 데 그들이 봉사할 일의 성질에 대하여 아직 의논하고 있는 동안에, 세베대의 아들, 야고보와 요한이, 산에서 예수를 오랫동안 헛되이 찾다가 막 돌아와서 그 장면에 도착하였다. 시몬 베드로가 어떻게 자기와 형 안드레가 새 나라에서 처음으로 받아들인 조언자(助言者)가 되었는가, 그리고 아침에 그들이 새 주(主)와 함께 갈릴리를 향하여 떠나기로 예정되었다고 하는 이야기를 듣자, 야고보와 요한 두 사람은 슬펐다. 예수를 얼마 동안 알고 있었고, 예수를 아끼었으며, 산에서 여러 날 동안 그를 찾아다녔는데, 이제 돌아와서 남들이 우대받는다는 소리를 들었다. 그들은 예수가 어디로 갔는가 묻고 서둘러 찾으러 갔다.

그의 거처에 다다랐을 때 예수는 잠들어 있었지만, 예수를 깨우고 말했다: "그토록 오래 같이 살던 우리가 산에서 당신을 찾는 동안에, 우리보다 먼저 남들을 우대하여, 새 나라에서 첫 동료로서 안드레와 시몬을 고르시다니, 어찌 된 일이니이까?" 예수는 대답했다: "마음을 가라앉히고, '사람의 아들이 아버지의 일을 돌볼 때, 그를 찾아야 한다고 누가 지시하였는가' 스스로 물어 보라." 산에서 오랫동안 찾던 이야기를 자세히 늘어놓은 뒤에, 예수는 더 가르쳤다: "산이 아니라 너희 가슴 속에서, 새 나라의 비밀 찾기를 배워야 하느니라. 찾고 있던 것은 이미 너희 혼속에 있었느니라. 너희는 정말로 내 형제이라—너희를 받아들일 필요가 없느니라—이미 너희는 그 나라 출신이고, 명랑해야 하며, 또한 내일 갈릴리로 함께 갈 준비를 하여라." 그러자 요한은 감히 물었다. "하지만 주여, 안드레와 시몬처럼, 야고보와 나도 새 나라에서 당신과 동료가 되겠나이까?" 각자의 어깨에 손을 얹으면서 예수는 말했다: "내 형제여, 이 다른 사람들이 받아 달라고 청하기도 전에, 너희는 하늘나라 정신 속에 이미 나와 함께 있었느니라. 내 형제인 너희는 하늘나라로 들어가게 해 달라고 청할 필요가 없느니라. 처음부터 그 나라에서 나와 함께 있었느니라. 사람들 앞에서는 남들이 너희 앞에 먼저 갈지 모르지만, 너희가 청할 생각을 가지기도 전에, 내 마음 속에서 너희를 하늘나라 회의에 또한 셈해 두었느니라. 그래도, 좋은 뜻을 가지기는 했어도, 잃어버리지 않은 자를 찾으려고 스스로 나선 일에 탐닉하지 않았더라면, 사람 앞에서도 너희가 처음이 되었을까 하니라. 다가오는 나라에서, 걱정을 불리는 일에 머리를 쓰지 말고, 오히려 하늘에 계신 아버지의 뜻을 행하는 데만 항상 아랑곳할지니라."

야고보와 요한은 꾸지람을 달게 받아들였다. 다시는 안드레와 시몬을 질투하지 않았다. 두 동료 사도와 함께, 다음 날 아침에 갈릴리로 떠나려고 준비하였다. 이 날부터 계속, 예수의 선택된 조언자 일행과, 나중에 그를 따른 광대한 무리의 믿는 제자들을 구별하려고, 사도(使徒)라는 칭호가 쓰였다.

그 날 밤 늦게, 야고보·요한·안드레·시몬은 세례자 요한과 함께 이야기를 나누었고, 눈물을 글썽였지만 차분한 목소리로 강직한 유대인 선지자는 수제자들 가운데 둘이나 다가오는 하늘나라에서 갈릴리 영주의 사도가 되도록 내놓았다.

2. 빌립과 나다니엘을 고르다

서기 26년 2월 24일, 일요일 아침, 예수는 펠라 가까이 강가에서, 세례자 요한과 헤어졌고, 육체를 입고 결코 다시 보지 못하게 되었다.

그 날, 예수와 네 제자 사도(使徒)가 갈릴리를 향하여 떠나자, 요한을 따르던 사람들의 캠프에서 큰 소동이 일어났다. 처음으로 큰 분열이 막 일어나고 있었다. 그 전날, 요한은 예수가 구원자라고 안드레와 에즈라에게 분명히 선언하였다. 안드레는 예수를 따르기로 결심했지만, 에즈라는 태도가 부드러운 나사렛 목수를 물리쳤고, 동료들에게 외쳤다: "다니엘 선지(先知)는 사람의 아들이 권력과 큰 영광 속에서 하늘의 구름을 타고 오리라 선언하느니라. 이 갈릴리 목수, 가버나움에서 배를 만들던 이 사람은 구원자일 수 없느니라. 그런 하나님의 선물이 나사렛으로부터 나올 수 있느냐? 이 예수는 요한의 친척이요, 우리 선생은 마음이 몹시 착하여 속았도다. 우리는 이 거짓 메시아를 가까이 하지 말자." 이 발언 때문에 요한이 꾸짖자, 에즈라는 많은 제자를 이끌고 남쪽으로 서둘러 갔다. 이 무리는 요한의 이름으로 계속 세례를 주었고, 요한을 믿었지만 예수를 받아들이려 하지 않은 자들의 종파를 결국 세웠다. 이 무리의 잔재가 오늘날까지도 메소포타미아에서 남아 있다.

요한의 추종자들 사이에서 이 소동이 끓고 있는 동안, 예수와 네 제자 사도는 갈릴리를 향하여 저만큼 가고 있었다. 나인의 길로 나사렛으로 가려고 요단 강을 건너기 전에, 예수는 앞으로 길을 올려다보면서, 벳세다의 어느 빌립이라는 사람이 한 친구와 함께 그들을 향해 오는 것을 보았다. 예수는 예전에 빌립을 알았고, 그는 또한 새 사도 네 사람 모두에게 잘 알려져 있었다. 그는 보도된 바 다가오는 하나님의 나라에 대하여 더 배우기 위해서, 펠라에 있는 요한을 찾아보려고 친구 나다니엘과 함께 길을 가고 있었는데, 예수를 만나게 되어 기뻤다. 예수가 처음 가버나움에 온 뒤로, 그는 예수를 칭찬하는 사람이었다. 그러나 나다니엘은 갈릴리의 가나에서 살았고, 예수를 알지 못했다. 나다니엘이 길 옆에, 나무 그늘 밑에서 쉬는 동안 빌립은 앞으로 나서서 친구들과 인사를 나누었다.

베드로는 빌립을 한쪽으로 데리고 가서 자기와 안드레·야고보·요한을 언급하며 모두가 새 나라에서 예수의 동료가 되었고, 빌립에게 봉사를 자청하라고 세게 재촉하였다. 빌립은 난처했다. 어떻게 해야 하나? 여기, 한 순간의 경고도 없이—요단강 가까이 길 옆에서—일생의 가장 중대한 문제가 즉시 결정하라고 닥쳤다. 이 때가 되어, 그는 베드로·안드레·요한과 진지하게 이야기하고 있었고, 한편 예수는 갈릴리를 거쳐 계속 가버나움까지 가는 여행의 대강을 야고보에게 그려 주었다. 마침내, 안드레는 빌립에게 제안했다. "선생한테 물어 보는 것이 어떠냐?"

갑자기 빌립에게 예수는 정말로 위대한 사람, 아마도 메시아라는 생각이 떠올랐고, 이 문제에서 예수의 결정(決定)을 따르기로 결심하였다. 곧장 예수에게로 가서 물었다: "선생이여, 내가 요한에게로 가리이까, 아니면 당신을 따르는 친구들과 함께 하리이까?" 예수는 대답했다. "나를 따르라." 빌립은 구원자를 찾았다는 확신에 마음이 떨렸다.

빌립은 그 일행에게 그 자리에 남아 있으라고 이제 손짓하였고, 한편 그가 결정을 내렸다는 소식을 알리려고 친구 나다니엘에게 서둘러 갔다. 나다니엘은 뽕나무 밑에서 아직도 뒤에 처져 있었고, 세례자 요한, 다가오는 나라, 기대된 메시아에 관하여 들은 많은 것을 머리 속에서 이리저리 뜯어보고 있었다. 이 명상을 깨뜨리고 빌립이 외쳤다, "구원자를 찾았다네. 모세와 선지자들이 기록하고, 요한이 선포한 사람이라." 나다니엘은 올려다보면서 물었다. "어디서부터 이 선생이 오느냐?" 빌립은 대답했다. "그는 나사렛 예수요, 요셉의 아들이요, 목수이라, 요즈음에는 가버나움에 거하니라." 그러자 얼마큼 충격을 받고 나다니엘은 물었다, "나사렛에서 어떤 그러한 좋은 일이 생길 수 있느냐?" 하지만 빌립은 팔을 붙잡고 말했다, "와서 보라."

빌립은 나다니엘을 예수에게로 데리고 갔고, 그는 진지하게 의심하는 사람의 얼굴을 인자하게 들여다보면서 말했다. "참 이스라엘 사람을 보라, 속에 아무 거짓이 없도다. 나를 따르라." 나다니엘은 빌립에게 몸을 돌이켜 말했다. "네 말이 맞도다. 그는 정말로 사람들의 선생이라. 자격이 있다면, 나도 따르겠노라." 예수는 나다니엘에게 머리를 끄덕이며 다시 말했다, "나를 따르라."

예수는 이제 미래에 친근한 동료 무리의 절반을 모았는데, 다섯은 얼마 동안 그를 알았고, 하나는 낯선 사람 나다니엘이었다. 더 꾸물거리지 않고 요단 강을 건넜고, 나인 마을 옆을 지나며, 그 날 저녁 늦게 나사렛에 다다랐다.

예수가 소년 시절에 있던 집에서, 모두가 요셉과 함께 그 날 밤을 묵었다. 예수의 동료들은 새로 발견한 선생이 어째서 십계명(十誡命)과 기타 여러 금언과 말씀 형태로 집 근처에 남아 있던 기록의 흔적을 샅샅이 없애는 데 그렇게 관심을 쏟는가 조금도 이해하지 못했다. 그러나 이 절차는—흙 위나 모래에 쓴 것을 빼놓고—나중에 그가 글쓰는 것을 결코 보지 못한 것과 함께, 그들의 머리 속에 깊은 인상을 남기었다.

3. 가버나움 방문

그들 모두가 마을의 유명한 젊은 여인의 결혼식에 초대받았기 때문에, 이튿날 예수는 사도들을 가나로 먼저 보냈다. 한편 가버나움에 계신 어머니를 서둘러 찾아보려고 준비했고, 막달라에서 동생 유다를 보려고 멈추었다.

나사렛을 떠나기 전에, 예수의 새 동료들은 그 때로 보아서 최근에 일어났던 놀라운 사건들에 대하여 요셉에게, 또 예수 집안의 다른 식구들에게, 이야기하였고, 예수가 오래 기대하던 구원자라는 신념(信念)을 아낌없이 표현하였다. 예수의 이 집안 식구들은 이 모든 것에 관하여 이야기를 나누었고, 요셉은 말했다: "어쩌면, 결국은 어머니가 옳았는가보다—아마도 이상한 형님이, 오실 임금인가 보다."

유다는 예수가 세례 받을 때 자리에 있었고, 형 야고보와 함께, 땅에서 예수의 사명을 굳게 믿는 사람이 되었다. 야고보와 유다는 비록 형의 사명(使命)의 성질에 관하여 갈피를 잡지 못했지만, 어머니는 예수가 메시아요, 다윗의 아들이라는 옛 희망을 모두 다시 살려 냈고, 형이 이스라엘의 구원자라는 믿음을 가지도록 아들들을 북돋았다.

예수는 월요일 밤 가버나움에 도착했지만, 야고보와 어머니가 사는 자기 집으로 가지 않고, 바로 세베대의 집으로 갔다. 가버나움에 있는 친구들 모두가 그에게서 크고 즐거운 변화를 보았다. 다시 한 번 그는 비교적 명랑했고, 나사렛에서 어렸던 시절에 그랬던 것처럼, 더욱 제 모습으로 돌아간 듯하였다. 세례 받기 전 여러 해 동안, 그리고 바로 전에 혼자 있던 기간과 그 직후에, 갈수록 더 심각해졌고 말이 없었다. 이제 이들 모두에게, 그는 옛 모습과 아주 비슷한 듯 보였다. 그의 주위에는 무언가 기품 있는 의미와 고상한 모습이 있었지만, 다시 한 번 마음 가벼웠고 기쁨에 넘쳤다.

마리아는 기대에 부풀어 마음이 떨렸다. 가브리엘의 약속이 이루어질 때가 가까웠다고 예상하였다. 아들이 유대인의 초자연적 임금이라는 기적 같은 계시(啓示)에 온 팔레스타인이 얼마 안 있어, 소스라치고 깜짝 놀랄 것이라고 기대하였다. 그러나 어머니와 야고보·유다·세베대가 묻는 모든 질문에, 예수는 빙그레 웃으며 대답할 뿐이었다: "내가 여기서 얼마 동안 머무르는 것이 좋으니라. 나는 하늘에 계신 내 아버지의 뜻을 행해야 하느니라."

이튿날, 화요일에, 모두 나오미의 결혼식 때문에 가나로 여행했고, 결혼식은 다음 날에 있기로 예정되었다. "아버지의 때가 올 때까지" 아무에게도 그에 관하여 말하지 말라고 예수가 거듭 경고했는데도, 그들은 고집하여 구원자를 찾았다는 소식을 조용히 퍼뜨렸다. 가나에서 다가오는 결혼식에서 예수가 메시아의 권한을 맡는 일을 시작하리라, 큰 능력과 숭고한 위엄을 갖추고 그렇게 하리라, 각자 자신있게 기대를 걸었다. 그들은 세례에 뒤따라 일어난 현상(現象)에 대하여 들은 것을 기억하였고, 땅에서 그의 앞길은 초자연적인 놀라운 일과 기적 같은 전시가 더욱 나타나서 두드러질 것이라 믿었다. 따라서, 시골 전체가 나오미와 요압, 즉 나단의 아들의 결혼 잔치를 위하여 가나에서 함께 모이려고 준비하고 있었다.

마리아는 몇 년 동안 이렇게 즐거운 적이 없었다. 아들의 즉위식을 구경하려고 행차하는 황태후의 기분으로 가나로 여행하였다. 열세 살이 된 뒤로, 예수의 가족과 친구들은 그가 그렇게 태평하고 행복하며, 동료들의 소원과 소망을 그렇게 헤아리고 이해하며, 그렇게 감동이 되도록 이해심을 가진 것을 본 적이 없었다. 그래서 자기들끼리, 작은 무리를 지어 모두 속삭이면서, 무슨 일이 일어날까 궁금해하였다. 이 이상한 사람이 다음에 무슨 일을 할 것인가? 어떻게 그가 다가오는 나라의 영광을 열어 보일 것인가? 이스라엘의 하나님의 힘과 권능이 드러나는 것을 보려고 자리에 있게 되리라는 생각에 모두가 마음이 떨렸다.

4. 가나에서 있은 결혼

수요일 한낮이 되어서, 거의 1천 명의 손님들이 가나에 도착했는데, 결혼 잔치에 부른 수의 4배가 넘었다. 수요일에 결혼식을 축하하는 것이 유대인의 풍습이었고, 결혼식을 위하여 초청장이 한 달 전에 나갔다. 오전과 오후 일찍, 형편은 결혼식이기보다 예수를 위한 공식(公式) 접대처럼 보였다. 거의 유명한 이 갈릴리 사람에게 누구나 인사하기를 바랐고, 그는 젊은이와 늙은이, 유대인과 이방인, 모두에게 아주 정중하였다. 예수가 예비 결혼 행렬을 이끌겠다고 찬성했을 때 모두가 기뻐했다.

예수는 이제 그의 인간 존재, 신으로서 선재(先在)했던 것, 인간과 신이 통합된, 그의 융합된 성품의 상태를 속속들이 자각(自覺)하고 있었다. 완전한 몸가짐을 가지고, 한 순간에 사람의 노릇을 해내거나, 즉시 신다운 성품을 가진 성격 특권을 떠맡을 수 있었다.

시간이 지나자, 예수는 사람들이 그가 무슨 놀라운 일을 할까 기대하고 있음을 갈수록 더 의식하게 되었다. 특히, 가족과 제자인 사도 여섯이 어떤 놀랍고 초자연적인 명시로, 다가오는 하늘나라를 적절히 선포(宣布)하기를 찾고 있다는 것을 깨달았다.

오후 일찍, 마리아는 야고보를 불러 냈고 그들은 함께, 결혼 예식(禮式)과 관련하여, 어느 때 어느 장소에서, "초자연적인 자"로서 자신을 드러내려고 계획했는가 그들을 믿고 비밀을 알려 주겠는가 물으려고, 함께 예수에게 감히 다가왔다. 이 문제에 대하여 예수에게 말문을 떼자마자, 그의 특징인 분개심을 일으켰다는 것을 깨달았다. 그는 이렇게만 말했다: "당신들이 나를 사랑한다면, 하늘에 계신 아버지의 뜻을 내가 지켜볼 때까지, 기꺼이 함께 기다리라." 그러나 꾸짖는 그 웅변은 얼굴빛에 나타나 있었다.

어머니의 행동은 인간 예수에게 큰 실망이었고, 그의 신성(神性)을 얼마큼 겉으로 나타내는 즐거움에 빠지라는 어머니의 은근한 제안에 자신이 반응한 것을 깨닫고 정신이 번쩍 들었다. 그것은 바로 얼마 전에 산 속에서 혼자 있을 때, 하지 않겠다고 결심했던 바로 그런 일 중에 하나였다. 몇 시간 동안 마리아는 많이 우울하였다. 어머니는 야고보에게 말했다: "나는 그를 이해할 수 없노라. 모두 무슨 뜻일 수 있느냐? 그의 이상한 행동은 언제 끝나느냐?" 야고보와 유다는 어머니를 위로하려고 애썼고, 한편 예수는 한 시간 동안 혼자 지내려고 물러났다. 그러나 모임에 돌아왔고, 다시 한 번 명랑하고 즐거워하였다.

기대에 차서 숨을 죽이고 결혼식이 진행되었지만, 예식 전부가 끝났고, 귀빈은 아무 행동도, 말 한 마디도 하지 않았다. 그리고 나서 요한이 "구원자"라고 선포한 그 목수(木手)이자 배 건축자가 저녁 잔치에, 아마도 결혼식 잔치에 솜씨를 보일 것이라고 사람들이 수군거렸다. 그러나 결혼 저녁 식사가 있기 바로 전, 제자 사도 여섯을 불러모으고, 그가 아주 진지한 목소리로 말했을 때, 그러한 전시를 바라는 모든 기대가 그들의 머리에서 싹 사라졌다. "호기심이 있는 자를 충족시키거나 의심하는 자들에게 확신을 주기 위해서 무슨 놀라운 일을 하려고 내가 여기 왔다 생각지 말라. 오히려 우리는 하늘에 계신 우리 아버지의 뜻을 지켜보려고 여기 있느니라." 그러나 동료들과 의논하는 것을 보았을 때, 마리아와 다른 사람들은 무슨 특별한 일이 바야흐로 일어나리라고 머리 속에서 충분히 납득하였다. 결혼식 저녁 식사와 잔치 기분으로 친교하는 저녁을 즐겁게 보내려고 모두 앉았다.

신부의 아버지는 결혼 잔치에 초청한 모든 손님을 위하여 포도주를 넘치게 마련했지만, 아들의 결혼식이, 예수가 메시아인 구원자라는 것을 기대한 대로 전시하는 것과 아주 가까이 연결된 사건이 될 줄 어떻게 알겠는가? 그는 이름난 갈릴리 사람을 손님으로 대접하는 명예를 얻어서 기뻐했다. 그러나 결혼 저녁 식사가 끝나기 전에, 포도주가 동이 나고 있다는 불안한 소식을 하인들이 가져왔다. 정식 저녁 식사가 끝나고 손님들이 뜰에서 이리저리 거닐고 있을 때가 되어서, 신부(新婦)의 어머니는 포도주가 떨어졌다고 마리아에게 털어놓았다. 마리아는 자신 있게 말했다: "아무 걱정 마시오—우리 아들에게 이르겠소. 그가 우리를 도울 것이라." 겨우 몇 시간 전에 꾸지람을 들었는데도, 이렇게 어머니는 주제넘게 말했다.

여러 해 동안 내내, 마리아는 나사렛에서 가정 생활의 위기(危機)가 닥칠 때마다 도움을 얻으려고 예수에게 호소했고, 그래서 이 때 그를 생각하는 것은 자연스러웠다. 그러나 포부가 큰 어머니는 이 기회에 맏아들에게 하소연할 또 다른 동기가 있었다. 예수가 뜰 한 구석에서 혼자 서 있는데, 어머니가 다가와서 말했다: "아들아, 저희는 포도주가 떨어졌느니라." 예수는 대답했다: "착한 여인이여, 그것이 나와 무슨 상관이 있나이까?" 마리아가 말했다. "그러나 나는 때가 왔다고 믿느니라. 네가 우리를 도와 줄 수 없느냐?" 예수는 대답했다: "내가 이런 식으로 일하러 오지 않았다고 다시 선언하나이다. 이 문제로 어찌하여 어머니는 나를 다시 괴롭히나이까?" 그리고 나서 눈물에 싸여 쓰러지면서, 마리아는 탄원하였다: "하지만 아들아, 네가 우리를 도와 줄 것이라고 저희에게 약속했느니라. 제발 나를 위해서 무언가 하지 않겠느냐?" 그러자 예수는 말했다: "여인이여, 어머니가 무슨 상관이 있어 그렇게 약속하였나이까? 다시는 그렇게 하지 않도록 하소서. 모든 일에 우리는 하늘에 계신 아버지의 뜻을 지켜보아야 하나이다."

예수의 어머니 마리아는 풀이 꺾였다. 소스라치게 놀랐다! 눈물이 얼굴에서 주르르 흘러내리면서, 어머니가 거기 앞에 꼼짝 않고 서 있자, 예수의 인간 가슴은 육체로 그를 낳은 여인에 대한 동정심이 북받쳐 올랐다. 앞으로 몸을 굽히면서, 어머니의 머리에 손을 부드럽게 얹으며 말했다. "자, 자, 어머니 마리아여, 겉보기에 냉정한 내 말에 슬퍼하지 마소서. 오로지 하늘 아버지의 뜻을 행하러 왔다고 어머니에게 내가 여러 번 이르지 아니하더이까? 아버지의 뜻의 일부라면, 어머니가 내게 부탁하는 것을 아주 기쁘게 하겠는데—" 예수는 말을 잇지 못하고 망설였다. 마리아는 무슨 일이 일어나고 있음을 알아챈 듯하였다. 벌떡 뛰어오르면서 마리아는 예수의 목에 팔을 감고, 그에게 입맞추고, 하인들 구역으로 쏜살같이 달려가서 말했다. "내 아들이 무엇을 말하든지, 그대로 행하라." 그러나 예수는 아무 말도 하지 않았다. 이미 말을 너무 많이 했다—아니 차라리 바라는 마음으로 생각했다—는 것을 이제 깨달았다.

마리아는 기뻐서 춤추고 있었다. 어떻게 포도주가 만들어질까 알지 못했지만, 그의 권한을 주장하라고, 감히 앞으로 나서서, 자기 자리를 요구하고 메시아 권력을 드러내라고, 마침내 맏아들을 설득했다고 자신 있게 믿었다. 거기 있던 모든 사람이 전혀 인식하지 못한 어떤 우주 권능과 성격자들의 존재와 결합 때문에, 그 여자는 실망하지 않도록 되어 있었다. 마리아가 바라고, 하나님인 사람 예수가 인간적으로 동정심으로 바랐던 포도주가 막 생기고 있었다.

물로 채워진, 여섯 돌 항아리가 가까이 있었고, 하나에 20갤론쯤 들어 있었다. 이 물은 결혼식의 마지막 정화(淨化) 예식에 나중에 쓰려던 것이었다. 이 거대한 돌 그릇 둘레에서, 어머니가 바쁘게 지휘하는 가운데 하인들의 시끌벅적한 소리가 예수의 눈길을 끌었고, 거기로 가면서, 사람들이 포도주를 항아리에서 주전자에 가득 쏟아 붓는 것을 그는 지켜보았다.

무슨 일이 일어났는가 차츰 예수에게 생각이 떠올랐다. 가나의 결혼 잔치에 온 모든 사람 가운데, 가장 놀란 사람은 예수였다. 다른 사람들은 그가 놀라운 일을 하기를 기대하였지만, 그것은 바로 그가 하지 않으려고 뜻한 것이었다. 그리고 나서 사람의 아들은 산에서 성격화된 조절자가 훈계한 것을 기억하였다. 어떤 능력이나 권한도 시간에 구애받지 않는 창조자 특권을 그에게서 빼앗을 수 없다고 조절자가 어떻게 경고했는가 회상했다. 이 경우에는 동력 변화자, 중도자, 모든 다른 필요한 성격자가 물과 기타 필요한 요소(要素) 가까이에 모여 있었고, 우주 창조자 군주가 표현한 소망 앞에서, <u>포도주</u>가 순간에 나타나는 것을 피할 길이 없었다. 성격화된 조절자가 아들의 소망을 집행하는 것이 어떤 면에서도 아버지의 뜻에 어긋나지 않는다는 뜻을 알렸기 때문에, 이 일은 2중으로 확실해졌다.

그러나 어떤 의미에서도 기적은 아니었다. 아무런 자연 법칙을 수정하거나, 취소하거나, 초월하지도 않았다. 포도주를 공들여 만드는 데 필요한 화학 요소들을 하늘이 조립함과 관련하여 <u>시간</u>이 제거된 외에, 아무 일도 일어나지 않았다. 가나에서 이 기회에 창조자의 대리자들은, 필요한 화학(化學) 구성 분자들을 공간에서 조립하는 문제에서, 시간에 구애받지 않고, 초인간 대리자들이 개입하여 이 일을 했다는 것 <u>외에</u> 보통 자연 과정에 따라서, 사람들이 하는 그대로 포도주를 만들었다.

게다가 이른바 이 기적을 행하는 것은 파라다이스 아버지의 뜻을 거역하지 않았음이 분명했다. 그렇지 않다면, 모든 일에서 아버지의 뜻에 예수가 이미 복종했으니까, 그 일이 벌어지지 않았을 것이다.

하인들이 이 새 포도주를 부어서 신랑 들러리, 즉 "잔치의 사회자"에게 들고 갔을 때, 포도주를 맛본 뒤에, 그는 신랑을 부르며 말했다: "처음에는 좋은 포도주를 내놓고, 손님들이 잔뜩 취한 뒤에는 포도나무의 못한 열매를 가져오는 것이 풍습이거늘, 그대는 잔치의 마지막까지 가장 좋은 포도주를 남겨 두었도다."

마리아와 예수의 제자들은 기적이라고 생각된 일이 일어나서 크게 기뻐했고, 예수가 의도해서 그렇게 연출했다고 생각하였다. 하지만 예수는 뜰의 아늑한 구석으로 물러가서 짧은 몇 순간 심각하게 생각에 잠겼다. 그 상황 아래에서 이 에피소드는 그가 친히 통제할 수 없었다, 아버지의 뜻에 반대되지 않았은즉 불가피했다고 마침내 결정하였다. 사람들에게 돌아왔을 때, 그들은 그를 두렵게 여겼다. 그가 메시아라고 모두가 믿었다. 그러나 예수는 몹시 당황하였고, 오직 뜻하지 않게 막 구경한 특별한 일 때문에, 그들이 그를 믿는 줄 알았다. 이 모두를 돌이켜볼까 하여 예수는 다시 한동안 집 꼭대기로 물러갔다.

동정심과 불쌍히 여기는 느낌에 빠지는 것이 이 종류의 에피소드를 거듭 낳지 않도록 항상 경계해야 한다는 것을 예수는 충분히 이해했다. 그런데도 사람의 아들이 육체로서, 그의 필사 생명을 마지막으로 떠나기 전에, 많은 비슷한 사건이 일어났다.

5. 가버나움으로 돌아와서

많은 손님이 결혼 잔치하는 한 주 동안 남아 있었지만, 예수는 새로 뽑은 제자 사도들—야고보·요한·안드레·베드로·빌립·나다니엘—과 함께, 이튿날 아침 아주 일찍 가버나움을 향하여 출발했고, 아무에게도 작별을 알리지 않고 떠났다. 예수의 가족과 가나에 있는 친구들 모두가, 그가 그렇게 갑자기 떠나서 아주 슬펐다. 예수의 막내 동생 유다는 그를 찾아서 나섰다. 예수와 사도들은 벳세다에, 세베대의 집으로 바로 갔다. 이 여행에서 예수는 새로 뽑은 동료들과 함께 다가오는 하늘나라에 중요한 많은 일에 관하여 이야기했고, 물을 포도주로 만든 것을 입밖에 내지 말라고 특별히 타일렀다. 또한 그들이 앞날에 일할 때 세포리스와 티베리아스 도시들을 피하라고 조언하였다.

그 날 저녁에 식사가 끝난 뒤에, 세베대와 살로메의 이 집에서, 예수의 지상 생애 전체에서 가장 중요한 회의(會議) 가운데 하나가 열렸다. 오직 여섯 사도가 이 모임에 참석하였다. 막 헤어지려 할 때 유다가 도착했다. 선택된 이 여섯 사람은 가나에서 벳세다까지 예수와 함께, 말하자면 공중에 붕 떠서 걸으면서, 여행했다. 기대하는 마음으로 팔팔 살아 있었고, 사람의 아들의 가까운 동료로서 선택되었다는 생각으로 짜릿하였다. 그러나 그가 누구이고, 무엇이 땅에서 그의 사명이 될 것인가, 아마 어떻게 그 사명(使命)이 끝날 것인가, 예수가 분명히 말하기 시작했을 때, 그들은 소스라치게 놀랐다. 예수가 일러 주는 말씀을 알아들을 수 없었다. 그들은 말이 없었다. 베드로도 말할 수 없이 움츠러들었다. 깊이 생각하는 안드레만 예수의 조언하는 말씀에 감히 대답했다. 그들이 그의 메시지를 이해하지 못함을 예수가 깨달았을 때, 유대인 메시아에 대하여 생각이 너무나 완전히 구체화되었음을 보았을 때, 그들을 쉬라고 보냈고, 한편 아우 유다와 함께 걸으면서 이야기했다.

예수를 떠나기 전에, 유다는 감동하여 말했다: "내 가장인 형이여, 나는 형을 이해한 적이 없나이다. 나는 형이 어머니가 우리에게 가르친 그런 사람인 줄 분명히 모르고, 다가오는 나라를 충분히 이해하지 못하지만, 형이 하나님의 힘있는 사람인 줄 아나이다. 나는 요단 강에서 그 목소리를 들었고, 형이 어떤 분이든지, 형을 믿는 사람이나이다." 말하고 나서, 그는 떠났고 막달라에 있는 자기 집으로 갔다.

그 날 밤 예수는 잠을 이루지 못했다. 저녁에 두르는 천을 몸에 걸치고서, 생각에 잠겨, 이튿날 새벽까지 생각에 잠겨, 호숫가에 앉아 있었다. 그 날 밤에 오래 명상하는 동안, 결코 추종자들이 그를 오랫동안 기다리던 메시아가 아닌 어떤 다른 각도(角度)에서 보도록 만들 수 없으리라는 것을 뚜렷이 이해하게 되었다. 요한의 예언을 성취하는 것으로서, 유대인들이 찾고 있는 자가 아니고는, 하늘나라 메시지를 전할 방법이 도무지 없다는 것을 마침내 깨달았다. 비록 다윗 종류의 메시아는 아니었어도, 결국, 그는 옛 예언자(豫言者)들 가운데 좀더 영적 생각을 가진 사람들의 예언이 참으로 성취된 사람이었다. 결코 다시는 자기가 메시아라는 것을 온통 부인하지는 않았다. 이 까다로운 형편을 아버지의 뜻이 풀려나가는 대로 맡기기로 결심하였다.

이튿날 아침 예수는 아침 식사에 친구들과 함께 하였지만, 그들은 김 빠진 무리였다. 함께 이야기하고, 식사가 끝났을 때, 그는 주위에 그들을 모아놓고 말했다: "한동안 이 근처에 우리가 묵는 것이 내 아버지의 뜻이라. 요한이 그가 하늘나라의 길을 예비하러 왔다고 이르는 것을 너희가 들었느니라. 따라서 요한의 전도가 끝나기를 우리가 기다리는 것이 마땅하니라. 사람의 아들의 선구자가 자기 일을 마쳤을 때, 우리가 비로소 하늘나라의 좋은 소식을 선포하리라." 그는 사도들에게 그물 던지는 일로 돌아가라고 지시하였고, 한편 배 작업장으로 세베대와 함께 가려고 준비하고, 다음 날 회당에서 그들을 만나기로 약속하였다. 거기서 설교하기로 예정되었고, 그들과 안식일 오후에 회의(會議)를 가지기로 약속하였다.

6. 안식일의 사건

세례를 받은 뒤에 예수가 처음으로 대중 앞에 나타난 것은 서기 26년 3월 2일, 토요일에 가버나움 회당에서였다. 회당에는 사람들이 넘쳐흐르게 몰렸다. 요단 강에서 세례 받았다는 이야기는, 이제 가나로부터 도착한 소식, 물과 포도주에 관한 새로운 소식으로 불어났다. 예수는 여섯 사도를 귀빈석에 앉히었고, 육체로 동생들, 야고보와 유다가 함께 앉았다. 어머니는 전날 저녁에 야고보와 함께 가버나움으로 돌아왔기 때문에 또한 참석하였고, 회당의 여인들 구역에서 자리에 앉았다. 청중 모두가 바짝 긴장하였다. 그 날 말씀하기로 된 사람의 성품과 권한에 걸맞는 증언이 될, 초자연적 능력이 더러 특별히 나타나는 것을 구경하리라 기대했다. 그러나 그들은 실망하도록 정해졌다.

예수가 일어섰을 때, 회당장은 그에게 성서 두루말이를 건네 주었고, 그는 선지자 이사야로부터 읽었다: "이처럼 주가 말씀하시되 '하늘은 나의 보좌요, 땅은 나의 발판이라. 너희가 나를 위하여 지은 집이 어디 있느냐? 그리고 내가 거할 장소가 어디 있느냐? 이 모두를 내 손이 지었도다' 하시니라. '그러나 가난하고, 뉘우치는 정신이 있고, 내 말에 떠는 이 사람을 내가 보살피리라.' 떨고 두려워하는 너희는 주의 말씀을 들으라: '너희의 형제는 너를 미워하였고, 내 이름 때문에 너희를 내쫓았도다.' 그러나 주가 영광을 받을지어다. 그는 기쁨 속에서 너희에게 나타나겠고, 모든 다른 자가 부끄럽게 될지니라. 도시로부터 들리는 목소리, 성전에서 오는 목소리, 주로부터 오는 목소리가 말하느니라. '그 여자가 산고에 시달리기 전에 낳았도다. 아픔이 오기 전에, 사내아이를 낳았도다.' 누가 그런 일을 들은 적이 있느냐? 땅이 하루에 열매를 맺도록 만들어지겠느냐? 아니면 한 민족이 당장에 태어날 수 있느냐? 그러나 이렇게 주가 말씀하시니라 '보라, 내가 평화를 강물처럼 뻗게 하겠고, 이방인들의 영광도 흐르는 냇물과 같을지니라. 어머니가 위로하는 자처럼, 나도 너희를 위로하리라. 너희는 예루살렘에서도 위로를 받을지니라. 너희가 이것들을 볼 때, 너희의 가슴이 기뻐할지니라.'"

이 낭독을 마치고 나서, 예수는 두루마리를 관리자에게 돌려주었다. 앉기 전에 다만 이렇게 말했다: "참으라, 그리하면 너희는 아버지의 영광을 볼지니라. 나와 함께 머물며, 하늘에 계신 내 아버지의 뜻을 행하기를 이처럼 배우는 자에게도 그렇게 될지니라." 사람들은 이 모든 말씀이 무슨 뜻인가 궁금해하면서, 집으로 돌아갔다.

그 날 오후에 예수와 사도들은, 야고보와 유다와 함께, 배를 타고 물가를 따라 얼마큼 내려갔다. 거기서 닻을 내리고, 한편 그는 다가오는 나라에 대하여 이야기했다. 그들은 목요일 밤보다 말씀을 더 많이 알아들었다.

예수는 "하늘나라의 때가 올 때"까지 정규 임무에 몰두하라고 지시하였다. 그들을 권장하려고, 배 작업장에서 일하려고 정규적으로 돌아감으로 모범을 보였다. 앞날의 일을 위한 공부와 준비로 저녁마다 세 시간을 보내야 한다고 설명하면서, 예수는 덧붙였다: "너희를 부르라고 아버지가 명하실 때까지 우리 모두가 이 근처에서 남아 있으리라. 마치 아무 일도 없었던 것처럼, 너희는 각자가 익숙한 일로 이제 돌아가야 하느니라. 아무에게도 나에 대하여 이야기하지 말라. 내 나라는 시끄럽고 화려하게 오지 않을 것이요, 오히려 너희의 가슴 속에서, 하늘나라 회의에 너희와 함께 하라고 부름받을 자들의 가슴 속에서 내 아버지가 이루실 큰 변화를 통해서, 그 나라가 와야 함을 기억하여라. 너희는 이제 나의 친구요, 나는 너희를 믿고 사랑하노라. 너희는 얼마 안 있어 나의 가까운 동료가 되리라. 참고 친절하라. 늘 아버지의 뜻에 복종하라. 하늘나라의 부름을 위하여 스스로 준비하라. 내 아버지를 섬기면서 너희가 큰 기쁨을 얻겠으나, 또한 어려움에 대비해야 하느니라. 너희에게 훈계하노니, 많은 시련을 겪어야 많은 사람이 하늘나라에 들어갈 것임이라. 그러나 하늘나라를 찾은 자들에게는, 기쁨이 가득하겠고 저희는 온 땅에서 복받은 자라 일컬음을 받으리라. 그러나 거짓된 희망을 품지 말라. 세상은 내 말에 걸려 넘어지리라. 너희, 내 친구들도, 혼잡한 머리에 내가 펼쳐 주는 것을 넉넉히 깨닫지 못하느니라. 틀림이 없나니, 우리는 표징(**標徵**)을 구하는 세대를 위하여 수고하러 나가느니라. 저희는 내 아버지가 나를 보내셨다는 증거로서 이적 행하기를 요구하리라. 내 아버지의 <u>사랑</u>이 계시되는 속에서 저희는 내 사명의 신임장을 알아보는데 더디리라."

그 날 밤, 육지(**陸地**)로 돌아갔을 때, 그들이 길을 떠나기 전에, 예수는 물가에서 서서 기도하였다: "내 아버지여, 이 작은 사람들을 주시니 감사하나이다. 저희는 의심이 있는데도, 이제 믿나이다. 저희를 위하여, 나는 아버지의 뜻을 행하도록 내 몸을 구별하였나이다. 우리가 하나인 것 같이, 이제 저희가 하나 되기를 배우기를."

7. 넉 달 동안의 훈련

넉 달 동안—3월·4월·5월·6월—오래 기다리는 이 시간이 계속되었다. 예수는 이 여섯 동료와 아우 야고보와 함께, 1백 번이 넘게, 명랑하고 즐거웠지만 길고도 진지했던 수업을 가졌다. 집안에 질병이 있어서, 유다는 이 수업에 다닐 수 있는 적이 드물었다. 예수의 아우 야고보는 믿음을 잃지 않았지만, 지연되고 가만히 있는 이 몇 달 동안, 마리아는 아들을 거의 단념하였다. 어머니의 믿음은 가나에서 그렇게 높은 곳으로 올라갔다가, 이제 새로 낮은 수준으로 가라앉았다. 어머니는 너무나 자주 되풀이한 탄성(歎聲)으로 되돌아갈 수밖에 없었다. "그를 이해할 수 없구나. 이 모두가 무엇을 뜻하는지 알아차릴 수 없구나." 그러나 야고보의 아내는 마리아의 용기를 북돋아 주느라고 많이 애썼다.

이 넉 달 동안 내내, 이 일곱 신자는, 예수와 함께 서로 알게 되었고, 그 중에 하나는 육체로 아우였다. 이 하나님인 사람과 함께 산다는 생각에 익숙해지고 있었다. 비록 그를 랍비라고 부르기는 했어도, 두려워하지 않는 것을 배우고 있었다. 예수는 비할 데 없이 품위 있는 성격을 소유했고, 이것은 그들이 그의 신성에 기가 죽게 만들지 않고서 그가 그들 사이에 살 수 있게 만들었다. 그들은 하나님, 필사 육체의 모습을 입고 육신화한 이 "하나님의 친구"가 되는 것이 정말로 쉬움을 알아차렸다. 기다리는 이 시간은 신자 무리 전체를 몹시 시험했다. 기적 같은 일은 아무 것도, 절대로 아무 것도 일어나지 않았다. 나날이 보통 일을 하였고, 밤마다 예수 밑에서 배웠다. 견줄 데 없는 그의 성격이, 저녁마다 그가 주신 인자한 말씀이 그들을 함께 뭉쳤다.

기다리고 가르치던 이 기간은 특히 시몬 베드로에게 힘들었다. 요한이 유대에서 계속 전도하는 동안, 갈릴리에서 하늘나라의 전도를 시작하라고 예수를 설득하려고 거듭 애썼다. 그러나 베드로에게 예수가 대답한 말은 늘 같았다: "참아라, 시몬아. 진전을 보여라. 아버지가 부르실 때 우리는 조금도 지나치게 준비되어 있지 않으리라." 노련하고 철학이 담긴 조언(助言)으로, 안드레는 베드로를 이따금 가라앉히곤 했다. 안드레는 예수의 인간적인 자연스러움에 엄청나게 감명을 받았다. 그는 하나님과 그렇게 가까이 살 수 있는 사람이 어떻게 그렇게 친근하고 사람들의 마음을 헤아릴 수 있는가 하는 생각에 결코 싫증나지 않았다.

이 기간 전체를 통해서, 예수는 회당에서 겨우 두 번 말씀하였다. 기다리던 이 여러 주가 끝날 때가 되어서, 세례와 가나의 포도주에 대한 보고(報告)가 비로소 조용해졌다. 예수는 명백한 기적들이 이 기간에 더 일어나지 않도록 처리하였다. 그러나 벳세다에서 그렇게 조용히 살았어도, 예수의 이상한 행동에 대한 보고가 헤롯 안티파스에게 전해졌고, 다음에 그는 예수가 무슨 일을 하려는가 확인하려고 첩자들을 보냈다. 그러나 헤롯은 요한의 전도(傳道)에 더 관심을 기울였다. 예수를 괴롭히지 않기로 작정했고, 예수의 일은 가버나움에서 아주 조용히 계속되었다.

기다리는 이 시간에, 예수는 동료들에게 여러 종교 집단과 팔레스타인의 정당에 대하여 어떤 태도를 가져야 하는가 가르치려고 애썼다. 예수의 말씀은 언제나 같았다: "우리는 저희 모두를 설득하려고 애써도, 저희 가운데 누구에게도 속하지 않느니라."

서기관과 랍비들을 한데 모아서, 바리새인이라 불렀다. 그들은 자기네끼리 "동료"라고 언급했다. 여러 면에서 유대인들 사이에서 진취적인 무리였고, 히브리 성서(聖書)에 뚜렷하게 발견되지 않는 많은 가르침을 채택했는데, 죽은 자의 부활을 믿는 관념과 같은 것이요, 오직 후기 선지자 다니엘이 언급한 교리였다.

사두개인들은 사제(司祭) 계급과 어떤 부유한 유대인들로 구성되었다. 율법 시행의 세부를 까다롭게 따지는 자들이 아니었다. 바리새인과 사두개인들은 정말로 종파라기보다 종교 정당(政黨)이었다.

에센인들은 참으로 종파였고 마카비 봉기 동안에 시작되었는데, 그 요구 사항은 어떤 면에서 바리새인들보다 더 힘들었다. 페르시아인의 많은 관념과 관습을 받아들였으며, 수도원에서 단체를 이루어 살고, 결혼을 삼가고, 모든 물건을 공동으로 가졌다. 천사(天使)들에 대한 가르침을 전문으로 다루었다.

열심당원들은 맹렬한 유대인 애국자의 집단이었다. 그들은 로마의 압제의 사슬로부터 벗어나는 투쟁에는 어떤 방법도 정당화된다고 주장하였다.

헤롯당원들은 순전히 정당(政黨)이었고, 헤롯 왕조를 회복함으로 로마의 직접 통치에서 해방될 것을 주장하였다.

팔레스타인 한가운데에는 사마리아인들이 살았고, 유대인의 가르침과 비슷한 많은 관점을 가졌는데도, 이들과 "유대인은 아무 상관을 하지 않았다."

이보다 작은 나지르인 단체를 포함하여, 이 정당 및 종파들은 모두, 메시아가 언젠가 오신다고 믿었다. 이들 모두가 민족의 구원자를 찾고 있었다. 그러나 예수는 그와 제자들이 이 사상(思想)이나 관습을 가진 학파들 중에서 어느 쪽과도 연합하지 않으리라고 아주 단호하게 밝혀 주었다. 사람의 아들은 나지르인도 에센인도 되지 않을 것이었다.

요한이 한 것처럼, 복음을 전파하고 신자들을 가르치면서 사도들이 떠나가야 한다고 나중에 지시하였지만, 예수는 "하늘나라의 좋은 소식"을 선포하는 데 중점을 두었다. 동료들에게 "사랑과 불쌍히 여기는 마음과 동정심을 보여야" 한다는 것을 어김없이 인식시켰다. 하늘나라가 사람의 마음 속에서 하나님이 보좌에 앉으심과 상관되는 영적 체험이라고 추종자들에게 일찍부터 가르쳤다.

활발하게 대중 전도(傳道)에 들어가기 전에 이렇게 머무르는 동안, 예수와 일곱 사람은 히브리 성서를 공부하는 데 회당에서 한 주에 이틀 저녁을 보냈다. 열심으로 대중 활동을 하던 시절이 지난 뒤 후일에, 사도들은 주와 가졌던 모든 관계 중에서 이 넉 달이 가장 값지고 유익했다고 회상했다. 예수는 소화(消化)할 수 있는 모든 것을 이 사람들에게 가르쳤다. 그는 지나치게 가르치는 잘못을 저지르지 않았다. 그들이 이해할 능력을 너무 뛰어넘어 진리를 제시함으로 혼란을 일으키지 않았다.

8. 하늘나라에 대한 설교

6월 22일 안식일에, 첫 전도 여행을 나가기 얼마 전에, 요한이 갇힌 뒤 열흘쯤 되어서, 예수는 사도들을 가버나움으로 데려온 뒤에 두 번째로, 회당의 설교단을 차지하였다.

"하늘나라"에 대하여 이 설교를 하기 며칠 전에, 예수가 배 작업장에서 일하고 있을 때, 베드로는 요한이 잡혔다는 소식을 가져왔다. 예수는 연장을 다시 한 번 내려놓고, 앞치마를 걷어치우고 베드로에게 말했다: "아버지의 때가 왔도다. 하늘나라의 복음을 선포하려고 준비하자."

예수는 서기 26년 6월 18일, 이 화요일에 목수 벤치에서 마지막으로 일했다. 베드로는 작업장 바깥으로 달려나가서, 오후 중반이 되어서 동료들을 모두 몰아왔고, 물가의 숲에 그들을 두고서, 예수를 찾으러 갔다. 그러나 예수를 찾아낼 수 없었는데, 주가 다른 숲으로 기도하러 가 버렸기 때문이다. 그리고 그가 그 날 저녁 늦게 세베대의 집으로 돌아와서 먹을 것을 청할 때까지, 그들은 예수를 보지 못했다. 다음 날 다가오는 안식일에 회당에서 설교할 기회를 부탁하려고 동생 야고보를 보냈다. 회당장은 예수가 다시 예배를 기꺼이 인도한다는 것에 크게 기뻐하였다.

하나님의 나라에 대하여 기억에 남을 이 설교를, 공생애(公生涯)에 처음으로 당당해 보이는 노력을 기울이기 전에, 예수는 성서로부터 이 몇 구절을 읽었다: "너희는 나에게 사제들의 나라, 거룩한 민족이 될지니라. 야웨는 우리의 심판이요, 야웨는 우리에게 율법을 주는 분이요, 야웨는 우리의 임금이라, 그가 우리를 구하리라. 야웨는 나의 임금, 나의 하나님이라. 온 땅 위에 큰 임금이라. 자애(慈愛)가 이 나라 안에, 이스라엘에게 다가오도다. 그는 우리의 임금이니 주의 영광은 복되도다."

읽기를 마치고 나서, 예수는 말씀하였다:

"나는 아버지의 나라가 세워짐을 선포하려고 왔노라. 이 나라는 유대인과 이방인, 부자와 가난한 자, 자유로운 자와 묶인 자들의 예배하는 혼을 포함하리니, 내 아버지가 사람을 차별하는 분이 아닌 까닭이라. 그의 사랑과 자비는 만민에게 베풀어지느니라.

"하늘에 계신 아버지는 사람들의 지성 속에 깃들도록 그의 영을 보내시며, 땅에서 내가 일을 마치고 나서, 마찬가지로 진리의 영이 모든 육체에 부어지리라. 내 아버지의 영과 진리의 영은 다가오는 하늘나라, 영적 이해와 신의 올바름이 있는 나라에서 너희를 세우리라. 내 나라는 이 세상의 것이 아니니라. 사람의 아들은 권력의 보좌나 현세에 영화로운 나라를 세우기 위하여, 전투에서 군대를 이끌지 아니하리라. 내 나라가 도래하면, 사람의 아들이 평화의 왕이요, 영원한 아버지의 계시인 것을 너희가 알지니라. 이 세상 사람들은 세상의 나라들을 세우고 크게 만들려고 다투거니와, 내 제자들은 도덕적 결정과 영적 승리로 말미암아 하늘나라로 들어가리라. 일단 거기에 들어가고 나서, 저희가 기쁨과 올바름과 영생(永生)을 얻으리라.

"먼저 하늘나라에 들어가고자 하며, 이처럼 내 아버지와 같이 고귀한 인격을 얻으려고 비로소 애쓰는 자들은, 필요한 모든 다른 것을 얼마 안 있어 소유하리라. 그러나 진지하게 너희에게 이르노니, 어린아이의 믿음과 신뢰하는 마음으로 하늘나라에 들어가기를 구하지 않으면, 너희는 도무지 들어가지 못할지니라.

"여기 하늘나라가 있다, 저기 하늘나라가 있다 하고 와서 이르는 자들에게 속지 말지니, 내 아버지의 나라는 눈에 보이는 물질적인 것에 아랑곳하지 않음이라. 그리고 이 나라는 이제도 너희 사이에 있으니, 하나님의 영이 사람의 혼을 가르치고 인도하는 곳에 실제로 하늘나라가 있는 까닭이라. 이 하나님의 나라는 성령 안에 있는 올바름과 평화와 기쁨이라.

"요한은 회개(悔改)하는 표시로, 너희의 죄를 용서하려고 정말로 세례를 주었거니와 하늘나라에 들어갈 때, 너희는 성령으로 세례를 받으리라.

"내 아버지의 나라에는 유대인도 이방인도 없고, 오직 봉사를 통해서 완전하기를 구하는 자들만 있을지니, 내가 선언하노니, 내 아버지의 나라에서 크고자 하는 자는 먼저 모든 사람을 섬기는 자가 되어야 함이라. 피조물과 비슷한 모습으로 섬김으로써 내가 아버지와 함께 그의 나라에서 곧 앉으리니, 그처럼 너희가 동료들을 기꺼이 섬기면, 나와 함께 내 나라에서 앉을지니라.

"이 새 나라는 밭에 좋은 흙 속에 자라는 씨앗과 같으니라. 씨앗은 익은 열매를 하루 아침에 맺지 않느니라. 사람의 혼 속에서 하늘나라가 서고 나서 그 나라가 영구한 올바름과 영원한 구원의 충실한 열매로 익기까지는 시간이 걸리느니라.

"그리고 내가 너희에게 선언하는 이 나라는 권력과 풍요가 다스리는 나라가 아니라. 하늘나라는 먹고 마시는 문제가 아니라, 오히려 하늘에 계신 내 아버지께 완전하게 섬기는 가운데 점진적으로 올바르게 되고 기쁨이 늘어나는 생활이라. 아버지가 세상의 자녀들에 관하여 말씀하지 아니하더냐? '내가 완전한 것 같이, 저희가 궁극에 완전하게 되는 것이 나의 뜻이라.'

"나는 하늘나라의 좋은 소식을 전파하려고 왔노라. 이 나라에 들어가고자 하는 자들의 무거운 짐을 더 무겁게 만들려고 오지 않았노라. 새로운 더 좋은 길을 선포하노니, 다가오는 나라에 들어갈 수 있는 자들은 신성한 휴식을 즐기리라. 세상의 물건으로 비용(費用)이 얼마큼 들든지, 하늘나라에 들어가려고 무슨 값을 치르든지, 너희는 이 세상에서 기쁨과 영적 진보를 여러 배나 받고, 다가오는 시대에는 영생을 받을지니라.

"아버지의 나라에 들어가는 것은 군대의 행진도, 이 세상의 나라가 뒤엎어지는 것도, 포로의 멍에를 부수는 것도 기다리지 않느니라. 하늘나라가 가까웠으니, 거기로 들어가는 자는 모두 풍부한 자유와 기쁨에 넘치는 구원을 얻으리라.

"이 나라는 영구한 영토이라. 그 나라에 들어가는 자들은 내 아버지께로 올라갈지며, 파라다이스에서 그의 영광 바른 편에 확실히 이르리라. 하늘나라에 들어가는 자는 모두 하나님의 아들이 되겠고, 다가오는 시대에 아버지께로 그렇게 올라가리라. 의로운 체하는 자가 아니라, 죄인(罪人), 신답게 완전한 올바름을 간절히 바라고 목마르게 찾는 모든 사람을 부르려고 내가 왔노라.

"요한은 와서 너희가 하늘나라에 들어가도록 준비시키려고 회개(悔改)를 부르짖었느니라. 나는 이제 와서 믿음, 하나님의 선물이, 하늘나라로 들어가는 데 치르는 값이라 선포하노라. 무한하신 사랑으로 내 아버지가 너희를 사랑하심을 믿기만 한다면, 너희는 하나님의 나라에 있느니라."

이렇게 말씀하고 나서 앉았다. 듣고 있던 사람들은 모두 말씀에 놀랐다. 제자들은 감탄했다. 그러나 사람들은 이 하나님인 사람의 입으로부터 좋은 소식을 받아들일 준비가 되지 않았다. 말씀을 들은 자의 약 3분의 1은 충분히 알아듣지 못했어도 그 메시지를 믿었다. 약 3분의 1은 기대된 나라에 대하여 그렇게 순전히 영적인 개념을 거부하려고 마음 속에서 준비가 되었다. 한편 나머지 3분의 1은 그 가르침을 깨달을 수 없었고, 많은 사람은 그가 "돌았다"고 참으로 믿었다.

제 138 편

하늘나라 사자의 훈련

"하늘나라"를 주제로 설교한 뒤에, 예수는 그 날 오후에 여섯 사도를 불러모으고, 갈릴리 바다 둘레와 그 근처의 도시들을 방문하려는 계획을 비로소 알려 주었다. 동생들, 야고보와 유다는, 이 회의에 부름받지 않아서 몹시 마음이 상하였다. 이 때까지 그들은 예수의 핵심 동료의 모임에 자신들이 속한다고 여겼다. 그러나 예수는 하늘나라의 이 사도 지도자 집단의 구성원으로서 가까운 친척을 아무도 넣지 않으려고 계획하였다. 선택된 몇 사람 사이에 야고보와 유다를 이렇게 넣지 못한 것은, 가나의 체험 뒤로, 어머니를 멀리하는 듯한 태도와 함께, 예수와 그 집안 사이에 항상 벌어지는 틈의 시초가 되었다. 이 상황은 대중(大衆) 봉사를 통해서 내내 계속되었고—그들은 아주 그를 물리치다시피 하였다—이 거리는 그가 죽고 다시 살아나기까지 완전히 없어지지 않았다. 어머니는 오르내리는 믿음과 희망, 더욱 커지는 실망·창피·절망의 감정 사이에 항상 이리저리 흔들렸다. 오로지 막내 룻이 가장인 오라버니에게 흔들리지 않고 충성한 채로 남아 있었다.

부활이 있을 때까지, 예수의 가족 모두가 그의 봉사와 거의 아무 상관이 없었다. 선지자가 자기 나라를 제외하고 다른 곳에서는 존경받는다면, 자기 가족을 제쳐 놓고, 바깥에서는 그를 고맙게 여기었다.

1. 마지막 지시

이튿날, 서기(西紀) 26년 6월 23일, 일요일에 예수는 마지막 지침을 여섯에게 주었다. 둘씩 나가서 하늘나라의 좋은 소식을 가르치라고 지시했다. 세례 주는 것을 막았고, 대중 전도를 하지 말라고 충고했다. 나중에 대중 앞에서 전도(傳道)하라고 허락하겠지만, 한동안, 여러 가지 이유로, 동포를 몸소 상대하는 실용적 체험을 얻기 바란다고 이어서 설명하였다. 예수는 첫 여행을 온전히 개인적으로 일하는 여행으로 만들 생각을 품었다. 비록 이 발표가 사도들에게 얼마큼 실망이 되었지만, 그래도, 적어도 어느 정도, 그들은 예수가 하늘나라의 선포를 이렇게 시작하는 이유를 깨달았고, 좋은 마음으로 대담한 열심을 가지고 일을 시작했다. 이들을 둘씩 보냈는데, 야고보와 요한은 게레사로, 안드레와 베드로는 가버나움으로, 한편 빌립과 나다니엘은 타리케아로 갔다.

이 처음 2주 동안 봉사를 시작하기 전에, 예수는 그가 떠난 뒤에 하늘나라 일을 계속하도록 열두 사도를 세우기 바란다고 발표했고, 각자가 계획한 사도 단체에 회원 자격을 얻기 위하여 일찍 전향(轉向)한 자들 가운데서 한 사람을 선택하는 권한을 주었다. 요한이 입을 열어 물었다. "하지만 주여, 이 여섯 사람이 우리 사이에 들어와서 함께 모든 것을 똑같이 나눌 것이니이까? 우리는 요단 강의 일이 있은 뒤로 당신과 함께 있어 왔고, 이 수고, 하늘나라를 위한 우리의 첫 수고를 하는 준비로서 당신의 모든 가르침을 들었나이다." 예수는 대답하였다 "그렇다, 요한아. 너희가 고르는 사람들은 우리와 하나가 되겠고, 내가 너희를 가르친 것 같이, 너희는 하늘나라에 관계되는 모든 것을 저희에게 가르치리라." 이렇게 말한 뒤에, 예수는 떠났다.

각자 새 사도를 골라야 한다는 예수의 지시를 논의하면서 많은 의견을 교환했을 때까지 그들은 일하러 가려고 흩어지지 않았다. 안드레의 조언(助言)이 마침내 지지를 얻었고, 그들은 일하러 떠나갔다. 안드레는 이런 내용으로 말했다. "주가 옳도다. 우리는 이 일을 성취하기에 수가 너무 적으니라. 더 많은 선생이 필요하고, 새로운 이 여섯 사도를 선택하는 일을 우리에게 맡겼으니, 주는 우리를 크게 신뢰함을 보이셨느니라." 이 날 아침, 흩어져서 일을 하러 갈 때, 각자의 가슴 속에는 얼마큼 침울한 느낌이 감추어져 있었다. 그들은 예수가 없어 서운하리라는 것을 알았고, 두렵고 겁이 난 외에도, 이런 식으로 하늘나라가 시작되는 것이라고 상상하지 않았다.

여섯 명이 2주 동안 수고하도록 예정되었고, 그 뒤에 회의하려고 세베대의 집으로 돌아오기로 되어 있었다. 예수는 그 동안에 요셉과 시몬, 그리고 근처에 사는 다른 식구들과 이야기하려고 나사렛으로 갔다. 가족의 신임과 애정을 유지하려고, 예수는 아버지의 뜻을 행하는 데 헌신하는 것과 일치되게, 인간으로서 가능한 모든 것을 했다. 이 문제에서 책임을 다하고도 남았다.

사도들이 이 임무로 떠난 동안, 예수는 지금 감옥(監獄)에 있는 요한에 대하여 많이 생각했다. 요한을 석방하려고 그의 잠재 권력을 쓰는 것은 큰 유혹이었지만, 다시 한 번 "아버지의 뜻을 기다리는 데" 몸을 맡겼다.

2. 여섯을 고르다

여섯의 이 첫 선교(宣敎) 여행은 뛰어난 성공이었다. 모두가 사람과 직접, 개인적으로 접촉하는 것이 크게 가치 있음을 발견했다. 종교가 결국 순전히, 전적으로, <u>개인이 체험하는</u> 문제임을 더욱 충만히 깨닫고 예수에게 돌아왔다. 서민들이 얼마나 종교적으로 위로가 되고 영적으로 격려하는 말씀을 듣고 싶어하는가 비로소 알아차렸다. 예수의 주위에 모였을 때, 모두 한꺼번에 이야기하고 싶어했지만, 안드레가 지휘를 맡았고, 한사람씩 부르자 주께 정식(正式) 보고를 드렸고, 새로 여섯 사도가 될 사람을 지명하였다.

각 사람이 새 사도가 되도록 선택한 자를 제시한 뒤에, 예수는 다른 모든 사람에게 지명(指名)에 대하여 투표하라고 요청했다. 그래서 새 사도 여섯 모두가 고참(古參)인 여섯 명 모두에게 정식으로 승인(承認)을 받았다. 다음에 예수는 그들이 다 이 후보자들을 만나보고 봉사를 요청할 것이라 발표했다.

새로 뽑힌 사도들은 다음과 같았다:

1. <u>마태 레위</u>는 가버나움의 세리요, 도시의 바로 동쪽에, 바타니아 경계 가까이에 사무소가 있었다. 안드레가 선택했다.

2. <u>토마스 디디머스</u>는 타리케아의 어부요, 가다라에서 한때 목수이며 석공이었다. 빌립이 선택했다.

3. <u>야고보 알패오</u>는 게레사의 어부(漁夫)이자 농부였고, 야고보 세베대가 선택했다.

4. <u>유다 알패오</u>는 야고보 알패오의 쌍둥이 형제요, 또한 어부이며, 요한 세베대가 선택했다.

5. 열심당원 시몬은 열심당(熱心黨)이라는 애국 조직에서 높은 관리였고, 예수의 사도들과 함께 하려고 이 직위를 버렸다. 열심당에 들어가기 전에, 시몬은 상인이었다. 베드로가 선택했다.

6. 가룟 유다는 예리고에서 사는 어느 부유한 유대인 부모의 외아들이었다. 그는 세례자 요한을 따라다니게 되었고, 사두개인 부모는 인연(因緣)을 끊었다. 예수의 사도들이 그를 발견했을 때, 그는 이 지역에서 일자리를 찾고 있었고, 주로 재무(財務)에 경험이 있었기 때문에, 나다니엘은 그들의 대열에 끼라고 그를 초청하였다. 가룟 유다는 열두 사도 가운데 유일한 유대 지방 사람이었다.

예수는 여섯 사도의 물음에 대답하고, 드린 보고의 세부(細部)를 들으면서, 함께 꼭 하루를 썼는데, 그들이 이야기하고 싶은 흥미 있고 유익한 체험이 많았기 때문이다. 그들은 더 당당해 보이는 대중(大衆) 사업을 벌이기 전에, 조용하고 개인적인 방법으로 수고하라고 내보낸 주의 계획이 지혜로웠음을 이제 깨달았다.

3. 마태와 시몬을 부름

이튿날 예수와 여섯 사람은 세리 마태를 찾아보러 갔다. 마태는 장부(帳簿)를 맞추어 놓고 사무소의 일을 형제에게 넘길 준비를 해놓고 나서, 기다리고 있었다. 세금 징수소에 가까이 가자, 안드레가 예수와 함께 앞으로 나섰다. 예수는 마태의 얼굴을 들여다보고 말했다, "나를 따르라." 그는 일어서서, 예수와 사도들과 함께 자기 집으로 갔다.

마태는 그 날 저녁을 위하여 마련한 잔치에 관하여 예수에게 말씀드렸다. 예수가 귀빈으로 참석하는 데 동의하고 찬성한다면, 가족과 친구들에게 그런 만찬을 차리기 바란다는 것까지는 적어도 말했다. 예수는 찬성한다고 머리를 끄덕였다. 그리고 나서 베드로는 마태를 옆으로 데리고 가서, 그가 어떤 시몬이라는 사람을 사도들 틈에 끼라고 초청했다고 설명하고, 시몬이 이 만찬(晩餐)에 또한 초청을 받도록 승인을 얻었다.

마태의 집에서 한낮에 점심을 먹은 뒤에, 모두 베드로와 함께 열심당원 시몬을 찾아보러 갔다. 시몬이 전에 사업하던 장소에서 그를 찾았고, 그 사업은 이제 조카가 운영하고 있었다. 베드로가 예수를 시몬에게로 모시고 갔을 때, 주는 그 불 같은 애국자에게 인사를 건네고, "나를 따르라"고 말했을 뿐이다.

모두 마태의 집으로 돌아갔고, 거기서 저녁 식사 때까지 정치(政治)와 종교에 대하여 많이 이야기했다. 레위 집안은 오랫동안 사업과 세금 걷는 일에 종사하였다. 따라서 바리새인들은 이 만찬에 마태한테 초대받은 많은 손님을 "세리와 죄인들"이라고 불렀을 것이다.

그 시절에, 유명한 사람을 위하여 이런 종류의 환영회나 만찬이 열렸을 때, 손님들이 음식을 먹고 귀빈들이 말씀하고 연설하는 것을 들으려고 관심 있는 모든 사람이 연회실에서 남아 있는 것이 관습이었다. 따라서 가버나움 바리새인의 대부분이 이 보기 드문 사교(社交) 모임에서 예수의 행동을 관찰하려고 이 기회에 와 있었다.

저녁 식사가 진행되자, 저녁 먹는 사람들의 흥겨움이 썩 좋은 정도로 무르익었고, 사람마다 무척 멋진 시간을 가졌고, 그래서 그렇게 분위기가 명랑하고 태평한 행사에 예수가 참석한 것 때문에, 구경하는 바리새인들은 마음 속에서 그를 헐뜯기 시작했다. 저녁이 얼마큼 지나서 사람들이 연설하고 있을 때, 심술궂은 바리새인들

중에 한 사람이 베드로에게 예수의 행동을 비난하기에 이르렀고, 이렇게 말했다 "어찌 감히 너는 이 사람이 의롭다고 가르치느냐? 그는 세리(稅吏)와 죄인들과 함께 먹고, 이처럼 경솔하게 기분 내는 장면에 얼굴을 보이는도다." 예수가 모인 사람들에게 작별하는 축복(祝福)의 말씀을 하기 전에, 베드로는 이런 비판을 예수에게 속삭여 일러 주었다. 예수는 비로소 입을 열고 이렇게 말씀하였다: "마태와 시몬을 우리와 친교하도록 환영하려고 오늘 밤 여기에 왔더니, 너희가 명랑하고 흥겨워하는 것을 보니 내가 기쁘도다. 그러나 너희 가운데 많은 사람이 다가오는 영(靈)의 나라에 들어가리니, 더욱 기뻐해야 하느니라. 거기서 하늘나라의 좋은 것을 더 풍성하게 즐기리라. 이 친구들과 즐거이 지내려고 내가 여기 왔다고 해서, 둘러서서 마음 속에 나를 비난하는 너희에게 이르노니, 사회에서 천대받는 자에게 기쁨과, 도덕적으로 포로가 된 자에게 영적 해방을 선포하려고 내가 왔노라. 건강한 사람이 아니라 오히려 병든 사람이 의사(醫師)가 필요함을 너희에게 상기시킬 필요가 있느냐? 의인(義人)이 아니라, 죄인을 부르려고 내가 왔노라."

참으로 이것은 온 유대 민족이 보기에 이상한 광경이었다. 올바른 인격과 고귀한 감정을 가진 사람이 서민(庶民)들, 아니 종교심이 없고 쾌락을 찾는 무리, 세리와 소문난 죄인의 무리와 함께, 자유롭고 즐겁게 어울리는 것을 보다니! 마태의 집에서 있었던 이 모임에 열심당원 시몬도 한 바탕 연설하고 싶어했지만, 다가오는 하늘나라가 열심당의 운동과 혼동되는 것을 예수가 원하지 않음을 알았기 때문에, 안드레는 어떤 공식 논평을 하지 말라고 말렸다.

예수와 사도들은 그 날 밤에 마태의 집에서 묵었고, 사람들이 집으로 돌아가자, 예수의 선함과 친절, 오직 이에 대하여 이야기했다.

4. 쌍둥이를 부르다

이튿날 아침, 아홉 사람 모두가 다음 두 사도, 야고보와 유다, 즉 알패오의 쌍둥이 아들들을 정식으로 부르려고 배를 타고 게레사로 갔는데, 야고보 세베대와 요한 세베대가 이들을 지명하였다. 고기잡이 쌍둥이는 예수와 사도들을 기대하였고, 따라서 호숫가에서 기다리고 있었다. 야고보 세베대는 주를 게레사 어부들에게 보였고, 예수는 물끄러미 보고 머리를 끄덕이며 말했다, "나를 따르라."

함께 지낸 그 날 오후에, 잔치하는 모임에 참석하는 것에 관하여 그들에게 충분히 가르치고, 예수는 이렇게 논평을 맺었다: "모든 사람이 내 형제이라. 하늘에 계신 내 아버지는 우리가 만든 어떤 생물도 업신여기지 않느니라. 하늘나라는 모든 남녀에게 열려 있느니라. 그곳에 들어가기를 구할까 싶은 어떤 갈급한 혼 앞에서 아무도 자비(慈悲)의 문을 닫아서는 안 되느니라. 우리는 하늘나라에 관하여 듣고자 하는 모든 사람과 함께 식탁에 앉으리라. 하늘에 계신 우리 아버지가 사람들을 내려다보실 때, 저희는 모두 비슷하니라. 그러므로 바리새인이나 죄인, 사두개인이나 세리, 로마인이나 유대인, 부자(富者)나 가난한 자, 자유로운 자나 매인 자, 이들과 함께 먹기를 거절하지 말라. 하늘나라의 문은 진리를 알고 하나님을 찾아내기를 원하는 모든 사람에게 활짝 열려 있느니라."

그 날 밤, 알패오의 집에서 간단히 저녁을 먹을 때, 쌍둥이 형제는 사도의 일행에 가입했다. 저녁에 얼마 있다가 예수는 깨끗하지 않은 영들의 기원·성질·운명을 다루는 첫 수업을 가르쳤지만, 사도들은 그가 일러 준 말씀의 중요성을 깨달을 수 없었다. 예수를 사랑하고 찬미하기는 매우 쉬웠지만, 그의 가르침 가운데 많은 것이 알아듣기가 아주 어려움을 발견했다.

밤에 쉬고 난 뒤에, 이제 열한 명이 된 일행 전체는 배를 타고 타리케아로 건너갔다.

5. 토마스와 유다를 부름

어부 토마스와 방랑자 유다는 타리케아에서 고기잡이 배를 대는 곳에서 예수와 사도들을 만났고, 토마스는 일행을 근처에 자기 집으로 인도하였다. 빌립은 토마스를 이제 사도로 지명한 사람이라고 보였고 나다니엘은 유대 출신 가룟 유다를 비슷한 명예로 소개하였다. 예수는 토마스를 보고 말했다: "토마스야, 너는 믿음이 부족하구나. 그런데도 너를 받노라. 나를 따르라." 가룟 유다에게 주는 말했다: "유다야, 우리는 모두 한 몸에서 태어났느니라. 내가 너를 우리 가운데 받아들이는 것 같이, 네 갈릴리 형제들에게 언제나 충성하기를 내가 기도하노라. 나를 따르라."

기운을 차리고 나서, 예수는 그들을 따로 데리고 가서, 함께 기도하고 성령의 성품과 하시는 일을 가르쳤지만, 가르치려고 애쓴 그 놀라운 진리의 의미를 그들은 또 대체로 알아듣지 못했다. 한 사람이 한 가지를 알아듣고, 다른 사람이 다른 것을 알아듣곤 했지만, 아무도 가르친 것을 전부(全部) 알아들을 수는 없었다. 예수의 새 복음(福音)을 옛 형태의 종교 관념에 끼워 맞추려고 애쓰는 잘못을 저지르곤 했다. 구원을 주는 새 복음을 선포하고 하나님을 찾아내는 새 길을 확립하려고 예수가 왔다는 관념을 알아들을 수 없었고, 그가 하늘에 계신 아버지의 새로운 계시임을 깨닫지 못했다.

이튿날 예수는 열두 제자를 그들끼리 있게 두었다. 그들이 얼굴 익히기를 원했고, 가르친 것에 관하여 이야기하라고 그들끼리만 있기를 바랐다. 주는 저녁 식사에 돌아왔고, 저녁 후 시간에 세라핌이 베푸는 봉사(奉仕)에 관하여 일러 주었는데, 사도들 가운데 몇은 가르침을 알아들었다. 밤에 쉬고, 이튿날 배로 가버나움을 향하여 떠났다.

세베대와 살로메는 아들 다윗과 함께 살려고 가 버렸고, 그래서 큰 집을 예수와 열두 사도에게 넘겨 줄 수 있었다. 여기서 예수는 선택한 사자들과 함께 조용한 안식일을 보냈다. 하늘나라를 선포하는 계획의 윤곽을 주의 깊게 그렸고, "집권자들을 꾸짖어야 한다면, 내게 맡기라. 케자나 그 신하들을 너희가 아예 비난하지 않도록 처리하여라"하고 말해서, 정부(政府) 당국과 어떤 충돌이라도 피하는 것이 중요함을 충분히 설명했다. 바로 이 날 저녁에 가룟 유다는 예수를 옆으로 이끌고 어째서 요한을 감옥에서 구출하려고 아무 일도 하지 않았는가 물었다. 유다는 예수의 태도에 완전히 만족하지는 않았다.

6. 맹렬히 훈련받는 주간

다음 주간(週間)은 맹렬히 훈련받는 계획에 시간을 보냈다. 하늘나라의 일을 위한 준비로, 배우고 체험한 모든 것을 샅샅이 복습하려고, 날마다 새 사도 여섯이 각자 지명한 자의 손에 맡겨졌다. 먼저 된 사도들은 새 여섯 사도의 이익을 위하여, 그 때까지 받은 예수의 가르침을 주의 깊게 복습하였다. 저녁에 예수의 가르침을 받으려고 모두 세베대의 뜰에 모였다.

바로 이 때에 예수는 휴식과 오락을 위하여 주중에 노는 날을 정했다. 예수의 육체적 여생 동안 내내, 주마다 하루 동안 쉬는 이 계획을 좇았다. 일반적으로, 수요일에는 결코 정규 활동을 집행하지 않았다. 주마다 이 휴일에, 예수는 보통 그들을 떠나면서 이렇게 말했다. "아이들아, 하루 동안 놀러 나가라. 하늘나라의 벅찬 수고를 그만두고 휴식을 취하고, 예전에 하던 직업으로 돌아가든지, 아니면 새 종류의 오락(娛樂) 활동을 발견하여 새로운 기분을 즐기라." 땅에서 산 이 기간에, 예수는 이 노는 날이 실제로 필요하지 않았지만, 인간 동료들에게 최선임을 알았기 때문에 그는 이 계획을 좇았다. 예수는 선생—주—였고, 동료들은 생도—제자—였다.

예수는 가르침 및 그들 가운데서 산 생활, 그리고 나중에 그에 관하여 생겨날지 모르는 가르침, 이 둘의 차이를 사도들에게 분명히 밝히려고 애썼다. 예수는 말했다: "내 나라와 그에 관계된 복음은 너희 메시지의 요점(要點)이 될지니라. 나에 관하여, 내 가르침에 관하여 전도하는 옆길로 빠지지 말라. 하늘나라의 복음을 선포하고 하늘 아버지를 내가 계시한 것을 보여 주라. 그러나 나의 믿음과 가르침에 관한 믿음과 가르침에 상관되는 전설을 만들고 종파(宗派)를 세우는 샛길로 잘못 빠지지 말라." 그러나 또 다시 그들은 왜 그렇게 말하는지 알아듣지 못했고, 아무도 왜 그렇게 가르치는가 감히 묻지 않았다.

이 초기의 가르침에서, 하늘에 계신 아버지에 대한 그릇된 개념에 관계되는 것을 제외하고, 예수는 가능한 한 사도들과 논쟁(論爭)을 피하려고 애썼다. 모든 그러한 문제에서 그릇된 관념을 고쳐 주기를 결코 망설이지 않았다. 유란시아에서 세례 받은 이후에 예수의 생활에서 꼭 한 가지 동기가 있었으니, 파라다이스 아버지를 더 낫게 더 참되게 드러내는 것이었다. 그는 하나님에게 이르는 새롭고 더 좋은 길, 믿음과 사랑의 길을 개척하는 자였다. 이것이 사도들에게 늘 준 훈계였다, "가서 죄인들을 찾으라. 낙심한 자를 찾고 근심하는 자를 위로하라."

예수는 상황을 완전히 파악했다. 사명을 촉진하는 데 이용될 수 있는 한없는 능력을 소유했지만, 대부분의 사람들이 부적당하다고 여기고 중요치 않다고 보았을 수단과 인물에 온전히 만족하였다. 엄청난 극적(劇的) 가능성을 가진 사명에 종사하고 있었지만, 가장 조용하고 평범한 방법으로 아버지의 일을 해 나가기를 고집했다. 그는 어떤 권력을 전시하는 것도 피하려고 애썼다. 이제, 적어도 몇 달 동안, 갈릴리 바다 근처에서 둘러싼 열두 사도와 함께, 조용하게 일하려고 계획을 세웠다.

7. 또 한 번 실망하다

예수는 다섯 달 동안 개인적으로 일하는 조용한 선교(宣教) 운동을 계획하였다. 이것이 얼마나 오래 갈지 사도들에게 일러 주지 않았다. 그들은 한 주 한 주 일했다. 그 주간의 이 첫째 날, 일찍부터, 이것을 열두 사도에게 막 발표하려 했을 때, 시몬 베드로, 야고보 세베대, 가룟 유다가 함께 개인적으로 대화하려고 왔다. 예수를 옆으로 이끌고 베드로는 감히 말했다: "주여, 하늘나라에 들어갈 때가 이제 무르익지 않았는가 물어 보라고, 동료(同僚)들이 부추겨서 우리가 오나이다. 당신은 가버나움에서 하늘나라를 선포할 것이니이까, 아니면 우리가 계속 예루살렘으로 옮길 것이니이까? 하늘나라를 세우는 데 우리 각자가 당신과 함께 무슨 자리를 차지할 것인가 우리가 언제 알게 되리이까—" 베드로는 계속 더 물으려 했겠지만, 예수는 꾸짖는 손을 올려 그를 막았다. 가까이 대기하던 다른 사도)들에게 한데 모이라고 손짓하면서 예수는 말했다: "어린것들아, 얼마나 오랫동안 너희를 참으랴! 내 나라가 이 세상의 것이 아니라고 분명히 이르지 않았더냐? 내가 다윗의 왕좌에 앉으려고 오지 않았다고 여러 번 일렀는데, 아버지의 나라에서 각자 무슨 자리를 차지할까 묻다니, 이제 어인 일이냐? 영적 왕국의 대사(大使)로서 너희를 부른 것을 깨달을 수 없느냐? 내가 하늘에 계신 아버지를 지금 대표하는 것 같이, 곧, 오래지 않아 세상에서, 하늘나라를 선포하는 일에 너희가 나를 대표할 것을 알아듣지 못하느냐? 내가 너희를 선택하고 하늘나라의 사자(使者)로서 너희를 가르쳤어도, 사람들의 마음 속에서 신이 높이 계시는, 다가오는 이 하늘나라의 성질과 중요성을 아직도 이해하지 못하다니, 이런 일이 있을 수 있느냐? 친구들아, 한 번 더 내 말을 들거라. 내 나라가 권력으로 다스리거나 영광스러운 통치라는 이 생각을 머리에서 싹 없애 버리라. 정말로, 하늘과 땅에 있는 모든 권력이 곧 내 손에 쥐어질 터이나, 이 시대에 신이 준 이 재산을 우리 자신을 영화롭게 하는 데 쓰는 것이 아버지의 뜻이 아니니라. 다른 시대에 너희는 정말로 권력과 영광(榮光) 속에 나와 함께 앉으려니와 우리가 이제 아버지의 뜻에 복종하고, 땅에서 그가 명하는 일을 집행하도록 겸손히 복종하여 떠나가는 것이 마땅하니라."

다시 한 번 동료들은 충격을 받고 소스라치게 놀랐다. 예수는 둘씩 기도하러 보냈고, 정오에 돌아오라고 하였다. 이 중대한 아침 나절에, 각자 하나님을 찾으려고 애썼고, 서로 다른 사람을 격려하고 힘을 주려고 수고하였으며, 지시한 대로 예수에게 돌아왔다.

예수는 이제 그들을 위하여, 요한이 온 것, 요단 강에서 세례 받은 것, 가나에서 있었던 결혼 잔치, 여섯 사람을 최근에 선택한 것, 육체로 자신의 형제들이 물러난 것을 이야기했고, 하늘나라의 적(敵)은 또한 그들을 빼앗아 가려고 애쓰리라고 경고했다. 짧지만 진지했던 이 말씀이 있은 뒤에, 사도들은 모두 일어나서, 베드로의 지휘 밑에서, 토마스가 표현한 바와 같이, "다가오는 이 하늘나라에, 그것이 무엇이든지, 내가 충분히 이해하지 못하더라도," 주께 변치 않고 헌신할 것을 선언하고, 흔들리지 않고 하늘나라에 충성을 바칠 것을 서약했다. 비록 예수의 가르침을 충분히 알아듣지 못했어도, 모두가 참으로 예수를 믿었다.

예수는 이제 돈이 얼마나 수중(手中)에 있는가 물었다. 또한 그들의 가족을 위하여 무슨 생활 대책(對策)이 마련되었는가 물었다. 2주 동안 먹고 지내는 데 도저히 충분하지 않은 기금이 있다는 것이 밝혀졌을 때, 말했다: "이런 식으로 일을 시작하는 것이 내 아버지의 뜻이 아니니라. 여기 바닷가에서 2주 동안 남아서 물고기를 잡든지, 아니면 손이 닿는 대로 무슨 일이라도 하리라. 그러는 동안에, 처음 뽑힌 사도 안드레의 지도 밑에서, 현재 개인적 봉사를 위하여, 복음을 전파하고 믿는 자들을 가르치려고 나중에 너희를 세울 때를 위하여, 너희 앞날의 일에 무엇이 필요하든지 마련하도록 너희 스스로를 조직하여라." 모두가 이 말씀에 크게 기운을 얻었다. 이것이 예수가 나중에 더 적극적이고 당당해 보이는 대중 사업(事業)에 들어가려고 계획한다는 것을 처음으로 뚜렷하고 분명하게 알려 준 것이었다.

모두가 고기잡이에 전념하기로 결심했기 때문에, 사도들은 조직을 마무리하고, 이튿날 고기잡이를 시작하려고 배와 그물의 준비를 끝내면서 그 날의 나머지를 보냈다. 예수가 경험 있는 뱃사람이요 어부인 것처럼, 대부분은 어부였다. 다음 몇 년 동안 그들이 이용한 많은 배가 예수 자신의 손으로 만들어졌다. 그 배들은 좋고 튼튼했다.

예수는 2주 동안 고기잡이에 전념하라고 타이르며, 덧붙였다: "그리고 나서 너희는 사람을 낚는 어부가 되려고 떠나리라." 세 무리를 지어서 고기를 잡았고, 예수는 밤마다 다른 무리와 함께 나갔다. 그들은 모두 예수와 함께 있는 것을 무척 즐거워하였다! 그는 솜씨 있는 어부요, 명랑한 동반자요, 영감을 주는 친구였다. 함께 일하면 할수록, 그들은 예수를 더욱 사랑했다. 마태는 어느 날 말했다: "어떤 사람들을 우리가 알면 알수록 덜 찬미하게 되지만, 이 사람의 경우에, 그를 이해하기가 점점 더 어려운데도, 나는 더욱 그를 사랑하노라."

2주 동안 고기를 잡고, 2주 동안 하늘나라를 위하여 개인적으로 일하러 나가는 이 계획은 다섯 달이 넘도록, 아니 이 해 서기 26년 말까지, 요한이 감옥에 갇히고 나서 그 제자들에 대한 특별한 박해가 그칠 때까지 계속되었다.

8. 열두 제자의 처음 활동

2주 동안 물고기 잡은 것을 처분한 뒤에, 가롯 유다, 열두 사람의 회계(會計)로 일하기로 선택된 사람은, 딸린 가족들을 돌볼 기금이 이미 마련되었기 때문에, 사도의 기금(基金)을 여섯 등분으로 나누었다. 그리고 나서 서기 26년 8월 중순 가까이, 안드레에게 배치를 받아서 일터로 둘씩 떠나갔다. 처음 2주 동안 예수는 안드레와 베드로와 함께, 다음 2주 동안은 야고보와 요한, 이런 식으로 그들이 선택한 순서대로 다른 쌍과 함께 나갔다. 이런 방법으로 대중 봉사를 시작하려고 제자들을 한데 부르기 전에, 예수는 각 쌍과 함께 적어도 한 번 나갈 수 있었다.

예수는 그들에게 고행(苦行)하거나 희생물을 바치지 않고, 하나님을 믿음을 통해서 죄를 용서받는다는 것, 하늘에 계신 아버지는 똑같은 영원한 사랑으로 자녀들 모두를 사랑한다는 것을 전파하라고 가르쳤다. 다음을 삼가 논의하지 말라고 사도들에게 타일렀다:

1. 세례자 요한이 한 일과 그가 감옥에 갇힌 것.

2. 세례 받을 때 들린 목소리. 예수는 말했다: "오직 그 목소리를 들은 자가 언급해도 좋으니라. 나한테서 들은 것만 말하라. 소문(所聞)을 말하지 말라."

3. 가나에서 물을 포도주로 바꾼 것. "아무에게도 물과 포도주에 대하여 이야기하지 말라" 하면서, 예수는 심각하게 당부하였다.

이 대여섯 달 동안 내내 신나는 시간을 가졌고, 그 동안에 두 주 번갈아 어부로서 일했으며, 이렇게 해서 하늘나라를 위해 선교(宣敎)하는 다음 두 주 동안에 일터에서 자신들을 부양하기에 넉넉한 돈을 벌었다.

서민들은 예수와 사도들의 가르침과 봉사에 놀라워했다. 랍비들은 무지한 자는 경건하거나 올바를 수 없다고 유대인들에게 오랫동안 가르쳤다. 그러나 예수의 사도들은 경건하고 올바른 사람들이었는데, 그래도, 랍비의 지식과 세상 지혜를 많이 몰랐어도 즐거웠다.

예수는 유대인들이 가르쳤던, 세속적 선행의 회개, 그리고 믿음으로 얻는 정신의 변화—새로 태어나는 것—이 둘의 차이를 분명히 말했고, 새로 태어나는 것을 하늘나라에 들어가는 값으로 요구하였다. 예수는 믿음이 아버지의 나라에 들어가는 데 유일한 필요 조건이라고 사도들에게 가르쳤다. 요한은 그들에게 "회개(悔改)—다가올 진노를 피해 달아날 것"을 가르쳤다. 예수는 "믿음이 오늘 하나님의 완전하고 영원한 사랑을 획득하는 데 쓰이는 열린 문이라"고 가르쳤다. 예수는 하나님의 말씀을 선포하러 오는 선지자처럼 말하지 않았다. 자신을 권위 있는 자로서 언급하는 듯하였다. 예수는 기적을 추구(追求)하는 습관으로부터, 사랑과 유익한 은총의 영, 하나님의 영이 안에 깃들어서 얻는 만족감과 깃든다는 확신을 개인적으로 얻는 진정한 체험을 발견하도록 그들의 생각을 돌리려고 애썼다.

주는 만난 인간 하나하나를 깊이 존경하고 이해한다는 것을 제자들은 일찍부터 배웠고, 이렇게 한결같이, 변함없이 온갖 종류의 어른과 아이들을 아주 일관성 있게 배려하시는 데 엄청나게 감동을 받았다. 길에 나가서, 몸과 혼의 짐을 무겁게 지고 지나가는 여인(女人)에게 격려의 말을 일러 주려고, 심오(深奧)한 강연 한가운데서 멈추곤 했다. 사이에 뛰어드는 아이와 사귀려고 사도들과 심각한 회의를 중단하곤 했다. 예수에게는 항상 눈앞에 어쩌다가 나타난 개인이 무엇보다도 더 중요한 듯이 보였다. 선생이요 교육자였지만, 그보다 더한 분이었다—또한 친구요 이웃이요, 이해하는 벗이었다.

대중에게 주신 가르침은 주로 비유(比喩)와 짧은 강론으로 이루어졌어도, 예수는 질문과 대답으로 변함없이 사도들을 가르쳤다. 후일에는 대중 강연에서 진지한 물음에 대답하려고 언제나 멈추곤 하였다.

사도들은 예수가 여자들을 다루는 태도에 처음에는 깜짝 놀랐지만, 일찍부터 익숙해졌다. 하늘나라에서 남자와 여자에게 똑같은 권리를 주리라는 것을 아주 분명히 밝혔다.

9. 다섯 달 동안의 시험

번갈아 고기잡이하고 개인적으로 일하는 기간, 얼마큼 단조로웠던 이 기간은 열두 사도에게 몹시 지치는 체험이었지만, 그 시험을 견디었다. 모든 불평과 의심과 일시적 불만과 함께, 주께 헌신하고 충성하겠다는 서약에 충실했다. 시험하는 이 여러 달 동안 예수와 개인적으로 가졌던 관계가 사도들로 하여금 그를 소중히 여기게 만들었고, 그래서 재판받고 십자가에 못박히는 캄캄한 시간에도 모두 (가룟 유다를 빼고) 충성하고 진실했다. 사람다운 사람들은 예수처럼 그렇게 가까이 살고, 그렇게 그들에게 헌신한, 존경할 선생을 실제로 버릴 수 없었다. 주가 돌아가시던 어두운 시간을 통해서, 이 사도들은 가슴 속에서, 꼭 하나의 특별한 인간 감정—우정 및 충성(忠誠)과 같은 최고의 감정—을 좇아서, 모든 이유와 판단과 논리(論理)를 제쳐 놓았다. 예수와 일하던 이 다섯 달은, 이 사도들 하나하나에게, 그를 세상에서 가졌던 가장 좋은 친구로 여기게 만들었다. 훌륭한 가르침이나 놀라운 행적이 아니라, 이 인간다운 감정이, 부활하고 하늘나라 복음의 선포를 새롭게 할 때까지, 그들을 한데 붙들어 두었다.

조용히 일하던 이 여러 달이 사도들에게 큰 시험, 견디고 이긴 시험이었을 뿐 아니라, 대중(大衆) 활동이 없던 이 기간은 예수의 가족에게도 큰 시련이었다. 대중 사업을 개시할 준비가 되었을 때가 되어서는, 집안 전부가 (룻을 빼고) 예수를 실질적으로 저버렸다. 겨우 몇 번 기회가 닿았을 때 나중에 접촉하려고 했고, 그것도 함께 집으로 돌아오라고 설득하려는 것이었는데, 예수가 미쳤다고 거의 믿었기 때문이었다. 그들은 단지 그의 철학을 헤아리거나 가르침을 알아들을 수 없었다. 자신의 살과 피를 나눈 자들에게는 너무 높았다.

사도들은 가버나움, 벳세다-줄리아스, 코라진, 게라사, 히포, 막달라, 가나, 갈릴리의 베들레헴, 요타파타, 라마, 사펫, 기샬라, 가다라, 아빌라에서 개인을 상대로 일을 계속 해 나갔다. 이 여러 도시(都市) 외에도, 시골 뿐 아니라 여러 마을에서 수고했다. 이 기간의 끝이 되어서, 열둘은 각자의 가족을 돌보는, 썩 만족스러운 계획을 세웠다. 대부분의 사도들은 결혼했고, 더러는 아이가 여럿 있었지만, 집안 식구를 부양하도록 주선하였고, 그래서 사도들의 기금에서 얼마큼 조금 도움을 받아, 가족의 재정적 복지를 걱정할 필요 없이, 에너지를 다 선생의 일에 바칠 수 있었다.

10. 열두 사도의 조직

사도들은 일찍부터 다음 방법으로 자체를 조직했다:

1. 안드레, 처음 선택된 사도는, 열둘의 의장(議長)이요 총재였다.

2. 베드로·야고보·요한은 예수의 개인 동반자로 임명되었다. 밤낮 그에게 시중들고, 육체적 필요 및 잡다한 필요를 보살피며, 밤을 새며 기도할 때, 하늘에 계신 아버지와 신비스러운 교통을 가질 때, 따라가야 했다.

3. 빌립은 그 집단의 식량(食糧) 조달자가 되었다. 먹을 것을 마련하고, 방문자들이, 때때로 말씀 들으러 온 군중까지도, 먹을 것이 있도록 처리하는 것이 임무였다.

4. 나다니엘은 열두 사도의 가족들의 필요를 돌보았다. 각 사도 집안의 필요에 대하여 정규적으로 보고를 받았고, 회계인 유다에게 청구하고, 필요한 자들에게 주마다 돈을 보내곤 했다.

5. 마태는 사도단의 재무(財務) 담당자였다. 예산을 맞추고 금고가 채워지도록 처리하는 것이 의무였다. 공동으로 지원할 기금이 들어오지 않고, 일행을 유지하기에 충분한 기부금(寄附金)이 들어오지 않으면, 마태는 열두 사도가 한동안 고기 그물로 돌아가라고 명령할 권한을 가졌다. 그러나 대중 사업을 시작한 뒤로, 결코 그렇게 할 필요가 없었다. 그들의 활동에 돈을 대도록 충분한 기금이 회계의 손에 늘 있었다.

6. 토마스는 여행 일정(日程)을 관리했다. 숙소를 주선하고, 가르치고 전도할 장소를 대체로 고르고, 이렇게 순조롭고 신속한 여행 계획을 보장하는 일이 그에게 돌아갔다.

7. 알패오의 쌍둥이 두 아들, 야고보와 유다는 군중(群衆) 관리에 배치되었다. 충분한 수의 보조 안내원들을 임명하는 것이 과제였고, 이것은 안내원들로 하여금 설교 동안에 군중 사이에 질서를 유지할 수 있게 만들었다.

8. 열심당원 시몬은 오락(娛樂)과 놀이의 책임을 맡았다. 수요일 프로그람을 담당했고, 또한 날마다 몇 시간 동안 휴식과 기분 전환을 마련하려고 애썼다.

9. 가룟 유다는 회계(會計)로 임명되었다. 돈 자루를 들고 다녔다. 모든 비용을 지출하고 장부를 적었다. 마태를 위해서 한 주 한 주, 예산을 어림하고 또한 안드레에게 주마다 보고했다. 유다는 안드레의 인가를 받아서 돈을 지출했다.

초기에 조직할 때부터, 배반자 유다가 이탈하여 다시 조직할 필요가 있을 때까지 열둘은 이 방법으로 활동했다. 주와 제자인 사도들은 서기 27년 1월 12일, 일요일까지 간단한 이 방법으로 계속했고, 그 날 예수는 한데 불러서 하늘나라의 대사로서, 즐거운 소식을 전파하는 자로서, 정식으로 세웠다. 그 뒤에 곧, 처음으로 대중 전도 여행을 가려고, 예루살렘과 유대 땅을 향하여 떠나려고 준비하였다.

제 139 편
열두 사도

비록 예수가 거듭 사도들의 희망을 산산이 깨뜨리고, 개인적으로 높아지려는 포부를 모조리 갈기갈기 찢었어도 한 사람만 예수를 저버렸다는 것은 예수가 땅에서 산 생애의 매력(魅力)과 올바름을 웅변으로 증언한다.

사도들은 예수에게서 하늘나라에 관하여 배웠고, 예수는 그들로부터 사람의 나라에 대하여, 유란시아에서, 시공(時空)의 다른 세계들에 사는 인간의 성품에 대하여 많은 것을 배웠다. 이 열두 사람은 많은 다른 종류의 인간 기질(氣質)을 대표했고, 교육으로 비슷하게 만들어지지 않았다. 1백 년 전에 갈릴리의 이방 인구를 강제로 개종시킨 결과로서, 이 갈릴리 어부들의 다수가 이방인의 핏줄을 상당히 지녔다.

사도들이 도무지 무지(無知)하고 배우지 못했다고 여기는 잘못을 저지르지 말라. 알패오 쌍둥이를 제외하고, 이들은 모두 회당 학교의 졸업생이었고, 히브리 성서와 그 시절에 통용되던 많은 지식을 철저히 훈련받았다. 일곱 사람이 가버나움 회당 학교의 졸업생이었고, 온 갈릴리에 그보다 더 좋은 유대인 학교가 없었다.

이 하늘나라 사자들이 "무지하고 배우지 못했다"고 너희의 기록들이 언급할 때, 그들이 평범(平凡)한 사람이라, 랍비들의 학문을 배우지 않고, 랍비의 성서 해석 방법으로 훈련받지 않았다는 생각을 전하려 한 것이었다. 이른 바 대학 교육이 모자랐다. 현대의 기준으로는, 분명히 교육받지 못했고, 어떤 사회 집단에서는 교양이 없다고까지 생각될 것이다. 한 가지는 분명하다. 모두가 똑같이 경직되고 판에 박힌 교육 과정을 거치지 않았다. 사춘기부터 계속 그들은 어떻게 사는가를 배우는 체험을 따로 가졌다.

1. 안드레, 처음 선택된 자

하늘나라 사도단의 의장 안드레는 가버나움에서 태어났다. 식구가 다섯—자신, 아우 시몬, 세 누이—인 집안에서 맏아들이었다. 지금은 돌아가신, 아버지는 가버나움의 고기잡이 항구 벳세다에서, 물고기를 말리는 사업에서 세베대와 함께 동업자였다. 사도가 되었을 때 안드레는 미혼(未婚)이었지만, 결혼한 아우 시몬 베드로와 함께 거처를 정했다. 두 사람이 어부였고, 세베대의 아들들, 야고보와 요한의 동업자였다.

서기 26년, 사도로 뽑힌 해에 안드레는 33살이었고, 예수보다 만 1살이 많았으며 사도들 가운데 가장 나이가 들었다. 뛰어난 혈통의 선조들로부터 내려왔고 열둘 가운데 가장 유능한 사람이었다. 웅변을 제외하고, 상상할 수 있는 거의 모든 능력에서 동료들에 필적(匹敵)하였다. 예수는 안드레에게 별명, 친근한 호칭을 결코 주지 않았다. 그러나 사도들이 금방 예수를 주라 부른 것처럼, 또한 우두머리에 해당하는 명칭으로 안드레를 불렀다.

안드레는 유능한 조직자였지만, 그보다 더 나은 행정자였다. 네 사도로 이루어진 핵심 집단의 한 사람이었지만, 예수가 그를 사도 집단의 우두머리로 세운 것은 형제들과 함께 근무에 남아 있는 것이 필요하게 만들었고, 한편 나머지 셋은 주와 아주 가깝게 사귀었다. 바로 마지막까지 안드레는 사도단의 원로로 남아 있었다.

결코 효과 있는 설교자는 아니었어도, 안드레는 개인을 다루는 유능한 일꾼이었으며, 먼저 선택된 사도로서 즉시 아우 시몬을 예수에게 데려왔으니까, 하늘나라의 개척 선교사였고, 시몬은 나중에 가장 위대한 하늘나라 전도자의 하나가 되었다. 안드레는 하늘나라의 사자로서 열둘을 훈련시키는 수단으로, 개인을 상대로 일하는 계획을 이용하는 예수의 정책에 주요한 지지자였다.

예수가 사도들을 개인적으로 가르치든 군중에게 설교하든, 안드레는 무슨 일이 돌아가는가 보통 알고 있었다. 이해심 있는 집행자요 유능한 행정가였다. 눈앞에 닥친 모든 문제에서 재빨리 결정을 내렸고, 권한 분야 바깥의 문제라고 판단될 경우에는 곧장 예수에게로 가져가곤 하였다.

안드레와 베드로는 인품과 기질(氣質)이 무척 달랐지만, 더할 나위 없이 사이가 좋았다는 것은 영원히 그들의 명예로 기록되어야 한다. 안드레는 베드로의 웅변 능력을 질투한 적이 없었다. 안드레 부류의 나이 든 사람이 자기보다 어리고 재주 있는 동생에게 그렇게 깊은 영향을 미치는 것을 관찰하기는 흔하지 않을 것이다. 안드레와 베드로는 서로의 능력이나 업적을 조금이라도 시샘하는 듯하지 않았다. 오순절 날 저녁 늦게, 힘차고 영감(靈感)을 불러 일으키는 베드로의 설교를 주로 통해서, 2천 명의 혼이 하늘나라에 더해졌을 때, 안드레는 아우에게 말했다. "나는 그렇게 할 수 없지만 그럴 수 있는 동생을 가져서 마음이 기쁘구나." 이에 베드로는 대답했다: "하지만 형이 나를 주께 데리고 가서 끈질기게 나를 붙들어두지 않았더라면, 내가 이런 일을 하려고 여기에 있지 않았겠지." 안드레와 베드로는 원칙에 예외(例外)였고, 형제들도 평화롭게 살고 효과적으로 함께 일할 수 있다는 것을 증명한다.

오순절 뒤에 베드로는 이름이 났다. 그러나 "시몬 베드로의 형"이라고 소개를 받으며 여생을 보내는 것은 결코 나이가 위인 안드레를 언짢게 만들지 않았다.

모든 사도 가운데, 안드레는 사람을 판단하는 데 가장 뛰어났다. 아무도 회계(會計)에게 무언가 문제가 있다고 의심하지 않았을 때에도, 그는 가룟 유다의 마음속에서 문제가 일고 있음을 알았다. 그러나 아무한테도 두려워하는 것을 일러 주지 않았다. 하늘나라에 안드레가 크게 봉사한 것은 복음을 선포하려고 파송된 첫 선교사(宣教師)들의 선택에 관하여 베드로·야고보·요한을 조언하고, 하늘나라 행정 사무를 조직하는 것에 관하여 이 초기 지도자들을 상담한 것이다. 안드레는 젊은 사람들의 감춰진 자원과 잠자는 재능을 발견하는 큰 재주를 가졌다.

예수가 하늘에 올라간 뒤에 곧, 안드레는 떠나신 주의 말씀과 하신 일 가운데 많은 것을 손수 기록하기 시작했다. 안드레가 죽은 뒤에 이 개인 기록의 다른 복사판들이 만들어지고 그리스도교 교회의 초기 선생들 사이에서 자유로이 돌았다. 안드레의 이 비공식 노트는 땅에서 주의 일생의 제법 연속된 이야기를 이룰 때까지, 나중에 편집되고 수정되고 바뀌고 다른 것이 추가되었다. 변개되고 고쳐진 이 마지막 몇 복사판은, 열두 사도 가운데 처음 선택된 사람이 원본을 기록한 지 1백 년쯤 되어 알렉산드리아에서 불에 타 버렸다.

안드레는 맑은 통찰력, 논리적 생각, 굳은 각오를 가진 사람이었고, 인격의 큰 장점은 훌륭한 안정감에 있었다. 기질의 장애물은 열심(熱心)이 모자라는 것이었다. 여러 번 분별 있게 칭찬함으로 동료들을 북돋아 주지 못했다. 친구들의 보람있는 업적을 칭찬(稱讚)하는 말이 빠진 것은 아첨과 불성실을 싫어해서 생겨났다. 안드레는 무던하고 차분하고, 스스로 일어서고 그만그만한 일에 성공한 사람들 가운데 하나였다.

사도들은 모두 예수를 사랑했지만, 개별 사도에게 특별히 마음을 끄는 어떤 몇 가지 성격 특성 때문에 열둘은 각자 예수에게 이끌렸다. 안드레가 예수를 찬미한 것은 한결같은 진실성, 변치 않는 위엄 때문이었다. 사람들이 일단 예수를 알면, 친구들에게 알리고 싶은 충동에 빠진다. 사람들은 정말로 온 세상이 그를 알기를 바랐다.

후일(後日)의 박해가 마침내 사도들을 예루살렘에서 흩어 버렸을 때, 안드레는 아르메니아, 소아시아, 마케도니아를 거쳐서 여행했고, 수천 명을 하늘나라로 인도한 뒤에, 마침내 붙잡혀서 아카이아의 파트라에에서 십자가에 못박혔다. 이 튼튼한 사람이 십자가에서 숨이 끊어지기까지 꼭 이틀이 걸렸고, 이 비극의 시간 내내 하늘나라의 구원을 알리는 기쁜 소식을 계속해서 효과 있게 선포했다.

2. 시몬 베드로

사도들과 합세했을 때, 시몬은 서른 살이었다. 결혼했고, 아이가 셋 있었는데, 가버나움 가까이 벳세다에서 살았다. 형 안드레와 장모(丈母)가 함께 살았다. 베드로와 안드레, 이 두 사람은 세베대의 아들들과 함께 고기잡이하는 동업자였다.

주는 안드레가 시몬을 둘째 사도로서 소개하기 전에 얼마 동안 그를 알았다. 예수가 시몬에게 베드로라는 이름을 주었을 때, 빙그레 웃으며 그렇게 했고, 그것은 일종의 별명(別名)이 될 것이었다. 시몬은 모든 친구에게 변덕스럽고 충동에 움직이는 사람으로서 잘 알려져 있었다. 나중에 가볍게 준 이 별명에 새롭고 중요한 뜻을 예수가 붙인 것은 참말이다.

시몬 베드로는 불끈하는 사람이요, 낙천가였다. 격한 감정에 마음대로 빠지도록 버려 두면서 자랐다. 생각하지 않고 말을 계속 뱉었기 때문에, 끊임없이 곤경에 빠졌다. 이 종류의 무분별은 모든 친구와 동료에게 끊임없는 어려움을 안겨 주었고, 주로부터 여러 번 가볍게 꾸지람을 받은 원인이었다. 베드로가 생각 없이 말해서 더 곤란에 빠지지 않은 유일한 이유는, 과감히 공식(公式) 제안을 내놓기 전에, 많은 계획과 설계에 대하여 아주 일찍부터 형 안드레와 상의하기를 배웠기 때문이다.

베드로는 말에 힘이 있었고 눈부시고 유창한 연설가였다. 또한 사람들에게 자연스럽고 영감을 주는 지도자요, 재빨리 생각하는 사람이요, 깊이 따지는 사람이 아니었다. 질문이 많았고, 모든 사도를 합친 것보다 더 많이 물었다. 이 질문의 대다수는 좋고 상황에 적절했지만, 허다(許多)한 질문이 생각 없고 어리석었다. 베드로는 깊이 따지는 머리를 가지지 않았지만, 자기의 머리를 무척 잘 알았다. 따라서 재빨리 결심하고 갑자기 행동하는 사람이었다. 남들은 해변가에서 예수를 보고 놀라서 떠들었지만, 베드로는 물 속에 첨벙 뛰어들어 주를 맞이하러 물가로 헤엄쳤다.

베드로가 가장 찬미한 예수의 한 가지 특성은 더할 나위 없는 부드러움이었다. 베드로는 예수의 참을성을 생각해 보는 데 지치지 않았다. 잘못하는 자를 겨우 일곱 번이 아니라, 일흔일곱 번 용서하는 것에 관한 교훈(敎訓)을 결코 잊지 않았다. 대사제의 안뜰에서 생각 없이, 뜻하지 않게 예수를 부인한 직후에, 캄캄하고 절망스러운 며칠 동안, 주의 용서하는 인격에 대하여 받은 이 인상(印象)을 많이 생각해 보았다.

시몬 베드로는 비참하게 이리저리 마음이 흔들렸다. 갑자기 한 극단(極端)에서 다른 쪽으로 휙 쏠리곤 했다. 처음에 예수가 발 씻는 것을 물리쳤고, 다음에 주의 대답을 듣고 나서, 온 몸을 씻어 달라고 빌었다. 그러나 결국 예수는 베드로의 결점이 머리에 있고, 마음에 있지 않음을 알았다. 땅에서 일찍이 살았던 사람들 가운데서 용기와 비겁이 아주 설명하기 힘들게 섞인 사람이었다. 그 인품의 큰 장점은 충성과 우정이었다. 베드로는 정말로, 참으로 예수를 사랑했다. 헌신하는 힘이 하늘을 찌를 듯해도, 아주 불안했고 차분함이 없어서, 주(主), 선생을 부인하기까지 여종이 놀려 대도록 버려 두었다. 베드로는 박해와 어떤 다른 형태의 정면(正面) 공격도 견딜 수 있었지만, 비웃음 앞에서 시들고 오므라들었다. 정면 공격에 부딪쳤을 때 용감한 군인이었지만, 뒤에서 공격받아 놀랐을 때는 두려워서 움츠러드는 겁쟁이였다.

베드로는 빌립이 사마리아 사람들 사이에서, 바울이 이방인들 사이에서 하는 일을 예수의 사도들 가운데 처음으로 앞에 나서서 변호하였다. 그래도 나중에 안티옥에서 비웃는 유대주의자들과 마주쳤을 때, 그는 태도를 바꾸고, 일시 이방인들로부터 물러났고, 이것은 바울의 두려움 없는 비난을 자초(自招)하였다.

사도들 가운데 예수의 통합된 인성(人性)과 신성(神性)을 진심으로 처음으로 고백하였고 또 예수를 처음으로—유다를 빼고—부인한 자였다. 그다지 몽상가는 아니었지만, 베드로는 환희의 구름과 극적으로 탐닉하는 열심으로부터 평범하고 사무적인 현실 세계로 내려오기 싫어했다.

예수를 따르면서, 글자 그대로, 상징적으로, 행렬을 이끌든지 아니면 뒤에서 처졌다—"멀찌감치 뒤에서 따랐다." 그러나 열둘 가운데서 뛰어난 전도사였다. 하늘나라를 세우고 사자들을 한 세대 안에 사방(四方)의 땅으로 보내기 위해서, 바울을 제쳐 놓고, 다른 어느 한 사람보다도 더 공헌이 많았다.

경솔하게 주를 부인한 뒤에 그는 자아를 발견했고, 안드레의 동정하고 이해심 있는 안내를 받아서 다시 고기잡이 그물로 돌아갔으며, 한편 사도들은 십자가 처형이 있은 뒤에 무슨 일이 일어날 것인가 발견하려고 기다렸다. 예수가 용서했다는 것을 넉넉히 확신했을 때, 주의 양 떼 속에 다시 받아들여졌다는 것을 알았을 때, 하늘나라의 불꽃은 그의 혼 안에서 아주 밝게 타올라서, 그는 어둠 속에 앉아 있던 수천 명에게 구제하는 큰 빛이 되었다.

예루살렘을 떠난 뒤에, 바울이 이방 그리스도 교회 사이에서 지도적인 인물이 되기 전에, 베드로는 두루 여행하면서 바빌론으로부터 고린도까지 모든 교회를 찾아보았다. 바울이 세운 많은 교회를 찾아보고 돌보기까지 하였다. 베드로와 바울은 성질과 교육, 신학조차 많이 달랐지만, 나이가 지긋했을 때 교회를 강화(强化)하기 위하여 잘 어울려 일했다.

베드로의 말투와 가르침의 얼마큼은 누가가 부분적으로 기록한 설교와 마가 복음에서 나타난다. 그의 힘찬 말투는 베드로 전서(前書)라고 알려진 서한에서 더 잘 나타나며, 그 편지를 나중에 바울의 제자가 고치기 전까지, 적어도 이것이 참말이었다.

그러나 베드로는 결국 정말로, 예수가 참으로 유대인 메시아라는 것을 유대인들에게 확신시키려고 애쓰는 잘못을 계속하였다. 바로 죽는 날까지, 시몬 베드로는 머리 속에서 예수가 유대인의 메시아라는 개념, 그리스도가 세상의 구원자라는 개념, 사람의 아들이 하나님, 즉 온 인류를 사랑하는 아버지의 계시라는 개념, 이 세 가지 사이에서 줄곧 갈팡질팡하였다.

베드로의 아내는 대단히 유능한 여인이었다. 몇 년 동안 그 여자는 여인단의 회원으로서 쓸모 있게 수고했고, 베드로가 예루살렘에서 추방되었을 때, 베드로의 모든 선교 여행 뿐 아니라 여러 교회로 가는 모든 여행에 그를 따라다녔다. 뛰어난 남편이 목숨을 바친 날, 로마의 경기장에서 사나운 짐승들에게 던져졌다.

이렇게 예수와 가까운 자, 핵심 집단의 하나인 이 사람 베드로는 직무가 충만하게 성취될 때까지, 힘과 영광을 가지고 하늘나라의 기쁜 소식을 외치면서 예루살렘을 떠나갔다. 주가 돌아가신 것처럼—십자가에서—죽어야 한다고 그를 체포한 자들이 그에게 귀띔해 주었을 때, 자신을 높은 명예를 받은 자라고 여겼다. 이렇게 시몬 베드로는 로마에서 십자가에 못박혔다.

3. 야고보 세베대

세베대의 두 아들인 사도들을 예수는 "우뢰의 아들"이라 별명을 지었고, 둘 가운데 위인 야고보는 사도가 되었을 때 서른이었다. 결혼하고 아이가 셋 있었고, 가버나움의 교외, 벳세다에서 부모 집 가까이 살았다. 어부였고, 아우 요한과 일행이 되어, 안드레와 시몬과 손잡고, 직분에 힘썼다. 야고보와 아우 요한은 사도들 가운데 누구보다도 예수를 더 오래 알았던 장점이 있었다.

이 유능한 사도의 기질은 모순 덩어리였다. 정말로 두 가지 성품을 가진 듯하였고, 그 둘이 격한 감정으로 두드러졌다. 분개심을 일단 충분히 건드렸을 때, 특히 격렬했다. 일단 적당히 도발되었을 때, 불 같은 성미(性味)를 가졌고, 폭풍이 가신 뒤에 그는 전적으로 올바른 분개심의 표현이었다는 구실로 성낸 것을 언제나 정당화하고 변명하는 것이 버릇이었다. 이렇게 정기적으로 분노를 터뜨리는 것을 제쳐놓고, 야고보의 성격은 안드레의 성격과 무척 비슷했다. 안드레의 신중함이나 인간 성품을 꿰뚫어보는 통찰력이 없었지만, 훨씬 낳은 대중 연설가였다. 베드로 다음으로, 마태가 아니라면, 야고보가 열둘 가운데 가장 뛰어난 연설가였다.

야고보는 어떤 의미에서도 변덕스럽지 않았어도, 하루는 조용하고 말이 없다가 다음 날에는 아주 훌륭한 연사요 이야기꾼이었다. 보통 예수와 함께 거리낌없이 이야기했지만, 열둘 가운데, 한 번에 며칠씩 말이 없는 사람이었다. 한 가지 큰 약점은 설명할 수 없이 조용한 이 시기가 가끔 찾아오는 것이었다.

야고보의 성격에서 뛰어난 모습은 한 가지 제안(提案)의 모든 면을 볼 수 있는 능력이었다. 모두 열둘 가운데서 예수의 가르침의 참 뜻과 중요성을 가장 가깝게 깨달았다. 처음에는 그도 주의 뜻을 알아차리는 데 느렸지만, 훈련을 마치기 전에, 예수가 준 메시지의 우수한 개념을 알아들었다. 야고보는 광범위한 인간 성품을 이해할 수 있었다. 다능한 안드레와 성급한 베드로, 말이 적은 아우 요한과 잘 어울렸다.

비록 야고보와 요한이 함께 일하려고 애쓰면서 어려움을 겪기는 했지만, 그들이 얼마나 잘 어울렸는가 지켜보면, 감동을 준다. 안드레와 베드로처럼 아주 잘 하지는 못했어도, 두 형제한테서, 특히 그렇게 고집 세고 단호한 형제한테서 보통 기대하는 것보다 훨씬 낫게 어울렸다. 그러나 이상하게 보일 듯하지만, 세베대의 이 두 아들은 낯선 사람들을 대하는 것보다, 서로에게 훨씬 더 관대했다. 서로에게 무척 정다웠고, 언제나 행복한 놀이 동무였다. 주께 주제넘게 무례한 태도를 보였던 사마리아인들을 죽이라고 하늘에서 불을 불러 내리고 싶어한 것은 이 "우뢰의 아들들"들이었다. 그러나 야고보가 때 이르게 죽은 것은 동생 요한의 맹렬한 성질을 크게 고쳤다.

예수의 성격에서 야고보가 가장 감탄한 것은 주의 공감하는 사랑이었다. 예수가 작은 자와 큰 자, 부자와 가난한 자에게 이해하는 관심을 보인 것은 마음에 크게 호소하였다.

야고보 세베대는 균형이 잘 잡힌, 생각하고 계획하는 사람이었다. 안드레와 함께, 사도단에서 냉정한 축에 들었다. 활기 있는 사람이었지만, 결코 서두르지 않았다. 그는 베드로에게 뛰어난 안정시키는 세력이었다.

겸손하고 눈부시지 않았고, 나날이 섬기는 자요, 허세부리지 않는 일꾼이었으며, 하늘나라의 참 뜻에 관하여 무언가 일단 깨닫자, 아무런 특별한 보상을 찾지 않았다. 야고보와 요한의 어머니에 관한 이야기에서도, 그 여자는 자기 아들들에게 예수의 바른 편과 오른 편 자리를 허락해 달라고 요구했는데, 이렇게 요청한 사람은 어머니였음을 기억해야 한다. 그러한 책임을 맡을 준비가 되어 있음을 알렸을 때, 로마의 권력에 대하여 주가 항거한다고 추측했고, 그에 따르는 위험을 알고 있었으며, 또한 그 값을 기꺼이 치르려 했음을 인식해야 한다. 그 잔을 마실 준비가 되어 있는가 예수가 물었을 때, 그렇다고 대답했다. 야고보에 관해서는, 그것은 글자 그대로 참말이었다—주와 함께 그 잔을 마셨고, 순교를 체험하는 첫 사도가 되도록 처신하였으며, 헤롯 아그립바의 칼에 일찍 이슬로 사라졌다. 이렇게 야고보는 열둘 가운데서 맨 처음으로 하늘나라의 새 싸움터에서 목숨을 바쳤다. 헤롯 아그립바는 모든 다른 사도보다 야고보를 두려워했다. 정말로 흔히 조용하고 말이 없었지만, 그의 확신을 누가 건드리고 도전했을 때, 용감하고 각오가 굳었다.

야고보는 일생을 충만히 살았고, 종말이 다가왔을 때, 얼마나 은혜롭고 꿋꿋하게 견디었는지, 그를 고발하고 밀고한 자가 재판과 집행에 참석했는데 그 사람조차 너무 감동을 받아서, 야고보가 사형받는 장소로부터 뛰쳐나가서 자신이 예수의 제자들과 합세하였다.

4. 요한 세베대

사도가 되었을 때 요한은 스물 네 살이었고, 열둘 가운데 가장 나이가 어렸다. 미혼(未婚)이었고, 부모와 함께 벳세다에서 살았다. 어부였고, 안드레와 베드로와 동업하여, 형 야고보와 함께 일했다. 사도가 되기 전과 후에 요한은 주의 가족을 상대하는 일에 예수의 개인 대리자로서 활동했고, 예수의 어머니 마리아가 살아 있는 한, 이 책임을 계속해서 맡았다.

요한이 열둘 가운데 가장 나이가 어렸고, 예수의 집안 일에서 그와 가까이 연결되었기 때문에, 주께 무척 소중했지만, 그가 "예수가 사랑한 제자"였다고 진실로 말할 수는 없다. 예수처럼 그러한 관대한 인물이 사도들 가운데 하나를 남보다 더 사랑해서, 편애를 보인 죄가 있다고 너희는 도저히 의심하지 않을 것이다. 형 야고보와 함께, 남보다 예수를 더 오래 알았음은 말할 것도 없고, 요한이 예수의 개인 조수(助手) 세 사람 가운데 하나였다는 사실은 이 그릇된 생각을 더욱 그럴듯하게 만들었다.

베드로와 야고보와 요한은 사도가 된 뒤에 곧, 예수에게 개인 조수로서 배치되었다. 열둘이 선택된 뒤에 얼마 안 있어, 안드레를 그 집단의 지도자로 행동하라고 임명했을 때, 예수는 그에게 말했다: "나와 함께 있고 내 옆에 남아 있고, 나를 위로하고 날마다 나의 필요를 보살피기 위하여, 네가 동료들 가운데 두셋을 배치하기를 이제 내가 바라노라." 안드레는 처음에 뽑힌 다음 세 사도를 이 특별 임무를 위하여 고르는 것이 최선이라 생각했다. 그러한 행복한 근무에 자신이 자원하고 싶어 했을 터이지만, 주는 이미 그에게 임무를 주었다. 그래서 베드로와 야고보와 요한이 예수에게 붙어 다니라고 즉시 지시했다.

요한 세베대는 사랑스러운 인격 특성을 많이 가졌지만, 그리 사랑스럽지 못한 점은, 지나치지만 보통은 잘 감추어진 자만심(自慢心)이었다. 예수와 오래 가진 교제는 그의 인격에서 크고 많은 변화를 가져왔다. 이 자만심은 크게 줄어들었지만, 늙고 얼마큼 아이 같아진 뒤에, 이 자존심은 어느 정도 다시 나타났고, 그래서 지금 그의 이름을 지닌 복음을 기록하는 작업에서 나단을 지시하는 일에 들어갔을 때, 나이 지긋한 사도는 서슴지 않고 자신을 "예수가 사랑한 제자"라고 거듭 언급했다. 땅에서 다른 어느 필사자보다 요한이 예수의 단짝이 되기에 더 가까웠고, 하도 많은 문제에서 예수가 선택한 개인 대표자라는 사실에 비추어서, 자기가 "예수가 사랑한 제자"라고 여기게 되었다는 것이 이상하지는 않으니, 예수가 아주 빈번히 신뢰한 제자였음을 아주 확실히 알았기 때문이다.

요한의 인격에서 가장 좋은 특징은 신뢰성이었다. 재빠르고 용감하고, 충실하고 헌신적이었다. 가장 큰 약점(弱點)은, 특징을 나타내는 이 자만심이었다. 아버지의 가족에서 가장 나이가 어린 사람이요, 사도단에서 가장 나이가 어렸다. 아마도 그저 조금 버릇이 없었을 뿐이다. 어쩌면 조금 지나치게 얼러서 길렀는지 모른다. 그러나 늙었을 때 요한은, 스물네 살이 되었을 때 예수의 사도들 축에 끼어, 자기 자랑을 늘어놓고 멋대로 행하던 젊은이와 무척 다른 종류의 사람이었다.

요한이 가장 이해한 예수의 특징은 주의 사랑, 이기심이 없는 태도였다. 이 특성은 그에게 무척 감명을 주었고, 그래서 그 뒤에 그의 인생 전체가 사랑과 형제다운 헌신의 감정으로 휩쓸렸다. 사랑에 대하여 이야기하고 사랑에 대하여 글을 썼다. 이 "우뢰의 아들"은 "사랑의 사도"가 되었다. 에베소에서 그 늙은 주교가 강단에 서서 설교할 수 없어 그를 의자에 앉혀 교회로 날라야 했을 때, 예배가 끝나서 신자들에게 몇 마디 말씀하라고 부탁받았을 때, 몇 년 동안 오직 이렇게 말했다: "아이들아, 서로 사랑하라."

요한은 성미를 건드렸을 때를 제외하고, 말이 많지 않았다. 생각이 많았어도 말이 적었다. 늙어 감에 따라서 성질은 더욱 누그러졌고 더 잘 통제되었지만, 입을 열기 싫어하는 성향을 결코 극복하지 못했다. 말이 없는 이 성질을 결코 충분히 이겨 내지 못했다. 그러나 놀랍고 창조적인 상상력의 재질을 지녔다.

요한에게는 조용하고 내성적인 이 부류에서 기대하지 못할 또 다른 면이 있었다. 얼마큼 편협하고 지나치게 참을성이 없었다. 이 점에서 그와 야고보는 무척 비슷했다—둘이 무례한 사마리아인들의 머리 위에 하늘에서 불을 불러 내리고 싶어했다. 예수의 이름으로 가르치는 어떤 낯선 사람들을 요한이 만났을 때, 당장 하지 말라고 제지하였다. 그러나 그는 열둘 가운데서 이 종류의 자만심과 우월 의식으로 물든 유일한 사람은 아니었다.

예수가 얼마나 충실하게 어머니와 가족을 돌보기 위해서 준비했는가 알았기 때문에, 예수가 집 없이 지내는 것을 보고서 요한의 생애는 엄청나게 영향을 받았다. 요한은 또한 예수의 가족이 그를 이해하지 못한 것 때문에 깊이 공감하였고, 그들이 그로부터 차츰 물러나고 있음을 알았다. 예수가 아주 조그만 소망까지도 늘 하늘에 계신 아버지의 뜻에 맡기는 것, 절대로 신뢰하는 나날의 생활과 함께, 이 상황 전체가 요한에게 아주 깊은 인상을 심어 주었고, 그래서 그의 인격에 두드러지고 영구한 변화를 일으켰는데, 이 변화는 그 뒤에 여생 전체에 걸쳐서 나타났다.

요한은 다른 사도들 가운데 거의 아무도 갖지 않은 차분하고 대담한 용기(勇氣)를 가졌다. 예수가 붙잡힌 날 밤에 쉬지 않고 따라갔고, 감히 바로 죽음의 문턱까지 주를 동반한 유일한 사도였다. 땅에서 바로 그 마지막 시간까지 그는 자리에, 가까이 있었으며, 예수의 어머니에 관해서 맡겨진 일을 수행하고 있는 것이 눈에 띄었고, 주가 사람으로 존재하는 마지막 순간에 줄까 싶은 그러한 추가 지시(指示)를 받을 준비가 되어 있었다. 한 가지는 분명한데, 요한은 철저히 믿을 만했다. 열둘이 식사할 때 요한은 보통 예수의 바른 편에 앉았다. 열둘 가운데서 처음으로, 정말로, 충분히 부활을 믿은 자였고, 주가 다시 살아나신 뒤에, 바닷가에서 그들에게 왔을 때, 먼저 그를 알아본 사람이었다.

세베대의 이 아들은 그리스도교 운동의 초기 활동에서 베드로와 아주 밀접히 관계되었고, 예루살렘 교회의 주요한 지지자들 중에 하나가 되었다. 오순절 날에 베드로의 바른 팔이 되어 지지한 사람이었다.

야고보가 순교한 뒤 몇 년이 지나자, 요한은 형의 부인(婦人)과 결혼했다. 여생에 마지막 20년 동안 사랑스러운 손녀의 보살핌을 받았다.

요한은 몇 차례 감옥에 갇혔고, 다른 황제가 로마에서 권력을 잡을 때까지 4년 동안 팟모 섬으로 추방되었다. 요한이 눈치와 지혜가 없었더라면, 말을 거침없이 뱉는 형 야고보처럼, 의심할 여지 없이 죽음을 당했을 것이다. 세월이 지나자, 주의 동생 야고보와 함께 민사(民事) 재판관들 앞에 나타났을 때, 요한은 지혜롭게 사람들을 어루만지기를 배웠다. 그들은 "부드러운 대답이 노여움을 거둔다"는 것을 발견하였다. 또한 교회가 "하늘나라"이기보다, 차라리 "인류에게 사회적으로 봉사하는 데 바쳐진 영적 모임"이라고 설명하기를 배웠다. 통치하는 권력—나라와 임금—보다 사랑으로 봉사하는 것을 가르쳤다.

팟모에서 일시 추방되었을 때, 요한은 계시록을 썼고, 너희는 그것을 이제 크게 단축되고 왜곡한 형태로 가졌다. 이 계시록은 큰 계시의 남은 조각들을 담고 있는데, 요한이 쓴 뒤에, 큰 부분들은 없어졌고, 다른 부분들은 제거되었다. 기껏해야 조각나고 불순물이 섞인 형태로만 간직되었다.

요한은 많이 여행하고 끊임없이 수고했으며, 아시아 교회들의 주교(主敎)가 된 뒤에, 에베소에서 주저앉았다. 99살이었을 때 에베소에서 이른바 "요한에 따른 복음"을 쓰는 일에 동료 나단을 지도했다. 모두 열두 사도 가운데, 요한 세베대는 결국 뛰어난 신학자가 되었다. 에베소에서 서기 103년에 자연사했고, 그 때 나이는 101살이었다.

5. 호기심 많은 빌립

빌립은 다섯째로 뽑힌 사도였고, 예수와 처음 네 사도가 요단 강에 있던 요한의 회합 장소로부터 갈릴리의 가나로 가는 길에 부름을 받았다. 벳세다에서 살았으니까, 빌립은 한동안 예수를 알고 있었지만, 요단 강 유역에서 예수가 "나를 따르라" 하고 이른 그 날까지, 예수가 정말로 위대한 사람이었다는 것이 머리에 떠오르지 않았다. 빌립은 또한 안드레·베드로·야고보·요한이 예수를 구원자로 받아들였다는 사실에 얼마큼 영향을 받았다.

빌립은 사도들과 합세했을 때 27살이었다. 최근에 결혼했지만, 이 때 아이가 하나도 없었다. 사도들이 그에게 준 별명은 "호기심"을 가리켰다. 빌립은 언제나 눈으로 보기를 바랐다. 결코 어떤 제안(提案)이라도 그리 깊숙이 들여다보지 못하는 듯했다. 꼭 둔하다는 것은 아니지만, 상상력이 모자랐다. 이 상상력의 부족은 그의 인격에 큰 약점이었다. 그는 보통이고 사무적인 사람이었다.

사도들이 봉사하려고 조직되었을 때, 빌립은 식량 조달자가 되었다. 항상 식량이 공급되도록 처리하는 것이 임무였다. 그리고 훌륭한 조달자였다. 가장 좋은 특징은 방법의 철저함이었다. 수학(數學) 머리와 체계가 있었다.

빌립은 세 소년과 네 소녀, 이렇게 일곱으로 된 가족의 출신이었다. 위에서 둘째로 나이가 많았고, 주가 부활하신 뒤에, 가족 전체를 하늘나라에 들어가도록 세례를 주었다. 빌립의 친척들은 어부였다. 아버지는 대단히 유능한 사람, 깊이 생각하는 사람이었지만, 어머니는 아주 평범한 가족 출신이었다. 빌립은 큰 일 하기를 기대할 수 있는 사람이 아니었으나, 작은 일을 큰 방식으로, 잘하고 쓸 만하게 해낼 수 있는 사람이었다. 4년 동안 오직 몇 번, 모든 사람의 필요를 충족시키기 위해 먹을 것을 마련하지 못했다. 그들의 일생에 따르는 많은 긴급시의 필요에도 그가 준비되지 않은 적이 드물었다. 사도 일행의 식당 부서는 총명하게, 효과 있게 관리되었다.

빌립의 장점은 조직적 확실성이었다. 체질(體質)에서 약점은 상상력이 온통 모자란 것, 둘에 둘을 더해서 넷을 얻는 능력이 없는 것이었다. 추상 면에서는 수학적이었어도 건설적 상상력이 없었다. 어떤 종류의 상상력이 거의 통째로 모자랐다. 그는 날마다 보는 평범한 보통 사람의 전형(典型)이었다. 예수가 가르치고 설교하는 것을 들으려고 온 군중에는 그러한 남녀가 허다하게 있었고, 그들은 주의 자문(諮問) 위원회에 자기들과 같은 사람이 명예로운 자리에 올라 있는 것을 관찰하고 큰 위로를 얻었다. 자신들과 같은 자가 이미 하늘나라 사무에서 높은 자리를 찾았다는 사실로부터 용기를 얻었다. 빌립의 어리석은 물음을 아주 참을성 있게 듣고, 그렇게 여러 번 식량 조달자가 "보여 달라"는 요청을 따르면서, 예수는 어떤 인간 지성들이 작용하는 방식에 대하여 많이 배웠다.

예수에 대해서 빌립이 그렇게 끊임없이 찬미한 한 가지 성질은 한없는 너그러움이었다. 빌립은 예수에게서 잘아 보이거나 아까워하거나 구두쇠 같은 아무 것도 찾을 수 없었고, 항상 보이는 분명한 이 아낌없는 태도를 존경했다.

빌립의 성격에는 인상적인 것이 거의 없었다. 때때로 "안드레와 베드로가 사는 마을 벳세다의 빌립"으로 언급되었다. 그는 헤아리는 상상력이 거의 없었다. 주어진 상황의 눈부신 가능성을 깨달을 수 없었다. 비관적인 사람은 아니었고, 다만 평범했다. 또한 영적 통찰력이 크게 모자랐다. 주의 가장 심오한 어느 강론 한가운데서 어리석게 보이는 질문을 하려고, 서슴지 않고 예수를 멈추게 하곤 했다. 그러나 그렇게 생각이 모자라는 것 때문에 예수는 한 번도 그를 나무라지 않았다. 예수는 참을성을 보였고, 가르침의 더 깊은 의미(意味)를 깨닫는 능력이 없음을 헤아렸다. 이런 답답한 질문을 하는 것 때문에 한 번 꾸짖으면, 이 정직한 혼을 다칠 뿐 아니라, 그러한 꾸지람은 빌립의 마음을 너무 상하게 하여 다시는 자유롭게 물어 볼 느낌을 갖지 않을 것을 예수는 잘 알았다. 공간에 있는 그의 세계들에는 더디게 생각하는 비슷한 필사자들이 셀 수도 없이 많이 있음을 예수는 알았고, 모두가 그에게 눈을 돌리고, 질문과 문제들을 가지고 언제나 자유로운 느낌으로 오도록 그들을 격려하기 원했다. 결국, 예수는 전하는 설교(說教)보다 빌립의 어리석은 질문에 정말로 더욱 흥미를 느꼈다. 예수는 사람들에게, 온갖 종류의 사람들에게 최고로 관심을 가졌다.

식량을 조달하는 이 사도는 훌륭한 대중 연설가가 아니었지만, 개인을 상대로 매우 설득력이 있고 성공적인 일꾼이었다. 그는 쉽게 낙심하지 않았다. 꾸준히 일하는 사람이었고, 어떤 일에 손을 대도 아주 끈질겼다. "오라"하고 말하는 크고도 드문 재주를 가졌다. 그가 처음으로 전향시킨 나다니엘이 예수와 나사렛의 장단점에 대해서 따지고 싶어했을 때, 빌립의 효과적인 대답은 "와서 보라"는 것이었다. 말씀을 듣는 자들에게 "가라"—이렇게 하고 저렇게 하라—하고 훈계하는 독단적인 설교자가 아니었다. 그가 하는 일에, "오라"—"나를 따라 오라. 내가 길을 보여 주리라" 하면서 모든 상황이 일어나는 대로 부딪쳤다. 그것이 모든 형태와 단계의 가르침에서 언제나 효과 있는 기법이다. 부모들도 아이들에게 "가서 이것을 하고, 가서 저것을 하라"하지 않고, "우리를 따라 오라, 그 동안에 우리가 더 좋은 방법을 너희에게 보여 주고 함께 일러 주리라" 말하는 것을 빌립으로부터 배워도 좋다.

빌립이 새로운 형편에 적응하는 능력이 없는 것은 그리스인들이 예루살렘에서 그에게 왔을 때 잘 나타났는데, 그들은 이렇게 말했다: "선생이여 우리는 예수를 만나고 싶나이다." 자, 빌립은 어떤 유대인이 그러한 질문을 하더라도, "오라"하고 말했을 것이다. 그러나 이들은 외국인이었고, 그런 문제에 관하여 윗사람들로부터 아무런 지시를 받은 기억이 없었다. 그래서 그가 생각할 수 있는 유일한 할 일은 우두머리 안드레에게 의논하는 것이었고, 두 사람은 수소문하는 그리스인들을 예수에게 데리고 갔다. 마찬가지로, 믿는 자들에게 설교하고 세례를 주면서 사마리아로 들어갔을 때, 주한테서 지시를 받은 대로, 그들이 진리의 영을 받았다는 표시로 개종한 자들에게 손 얹기를 삼갔다. 베드로와 요한이 이 일을 했고, 이들은 예루살렘으로부터 어머니 교회를 위하여 그가 하는 일을 구경하려고 당장 내려왔다.

주가 돌아가신 어려운 시절을 거쳐서 빌립은 계속 버티었고, 열둘을 다시 조직하는 데 참여하고, 유대인 직계 계열 바깥에서 하늘나라를 위하여 사람들을 설득하려고 처음으로 떠나갔으며, 사마리아인들을 위하여 한 일에서, 복음을 위하여 나중에 한 모든 수고에서 아주 성공했다.

빌립의 아내는 여인단(女人團)의 유능한 회원이었고, 그들이 예루살렘의 박해를 피하여 급히 달아난 뒤에, 남편의 복음 사업에서 그와 활발하게 관련이 있었다. 빌립의 아내는 담대한 여자였다. 그 여자는 빌립의 십자가 밑에 서서 그를 죽이는 자들에게까지도 좋은 소식을 선포하라고 그를 북돋아 주었고, 그의 기운이 다했을 때, 예수를 믿음으로 구원받는 이야기를 늘어놓기 시작했는데, 성난 유대인들이 그 여자에게 달려가서 돌로 쳐죽였을 때에야 조용해졌다. 맏딸 레아는 일을 계속했고, 나중에는 히에라폴리스의 이름난 선지자가 되었다.

한 때 열두 사도의 식량 조달자였던 빌립은 하늘나라에서 강력한 사람이었고, 어디에 가든지 영혼을 구했다. 믿음 때문에 마침내 십자가에 못박혔고 히에라폴리스에서 묻혔다.

6. 정직한 나다니엘

친구 빌립이 주가 스스로 고른 여섯째이자 마지막 사도 나다니엘을 예수에게 데리고 갔다. 그는 빌립과 몇 가지 사업에 관련되었고, 그들이 예수와 마주쳤을 때, 빌립과 함께 세례자 요한을 보려고 내려가는 길이었다.

나다니엘은 사도들 틈에 끼었을 때 24살이었고, 그 무리에서 둘째로 나이가 어렸다. 식구가 일곱인 집안에서 가장 어리고 미혼(未婚)이었는데, 늙고 허약한 부모의 유일한 기둥이었고 부모와 함께 가나에서 살았다. 형제와 누이들은 결혼했거나 죽었고, 아무도 거기서 살지 않았다. 열둘 가운데 나다니엘과 가룟 유다가 가장 교육을 잘 받은 사람이었다. 나다니엘은 전에 상인이 되려고 생각했다.

예수 자신은 나다니엘에게 별명을 주지 않았으나, 열둘은 곧 정직과 성실을 나타내는 명칭으로 그를 언급하기 시작했다. 그는 "교활하지 않았다." 이것은 그의 큰 미덕이었고, 그는 정직하고도 성실했다. 그 인격의 약점은 자부심이었다. 그의 집안, 그가 살던 도시, 그의 명성, 민족을 아주 자랑스러워하였고, 너무 지나치지 않으면 이 모두가 칭찬할 것이었다. 그러나 나다니엘은 개인적 편견에서 극단으로 치우치는 경향이 있었다. 자신의 개인 의견에 따라서 사람들을 미리 판단하는 성향이 있었다. 예수를 만나기도 전에, "어떤 좋은 것이 나사렛으로부터 나올 수 있느냐?"하고 서슴지 않고 물었다. 그러나 나다니엘은 자만심이 있어도 완고하지는 않았다. 일단 예수의 얼굴을 보자 얼른 생각을 바꾸었다.

여러 면에서 나다니엘은 열둘 가운데 이상한 천재였다. 사도인 철학자요 몽상가였지만, 무척 실용적인 종류의 몽상가였다. 깊이 철학에 잠기는 시간과 드물고 익살맞은 유머가 있는 기간 사이에 이리저리 오고갔다. 적당한 기분에 있을 때, 아마도 열둘 가운데 최고의 이야기꾼이었다. 예수는 심각한 것과 쓸데없는 것들에 대하여 나다니엘이 강론(講論)하는 것을 듣기를 크게 좋아했다. 나다니엘은 점진적으로 예수와 하늘나라를 더욱 심각하게 받아들였지만, 결코 자신을 심각하게 생각하지는 않았다.

사도들은 모두 나다니엘을 사랑하고 존경했고, 그는 가룟 유다를 제외하고 그들과 멋지게 어울렸다. 유다는 나다니엘이 사도 직분을 충분히 심각하게 여기지 않는다고 생각했고, 한 번은 몰래 예수한테 가서 그에 대하여 불평(不平)하는 무분별을 보였다. 예수는 말했다: "유다야, 네 걸음을 조심하여라, 네 직무를 과장하지 말라. 우리 가운데 누가 형제를 판단할 능력이 있느냐? 자녀들이 인생의 심각한 일만 나누는 것이 아버지의 뜻이 아니라. 내가 되풀이하마. 육체를 입은 내 동포가 기쁨과 즐거움과 생명을 더욱 풍성하게 가지도록 내가 왔노라. 그러면 유다야, 가서 너에게 맡겨진 일을 잘 하고, 형제 나다니엘이 하나님께 자신을 변명하도록 버려 두라." 이 기억이, 많은 비슷한 체험의 기억과 함께, 자신을 속이는 가룟 유다의 가슴 속에 오래 남아 있었다.

여러 번, 예수가 떠나서 베드로·야고보·요한과 함께 산에서 있고 사도들 사이에서 상황이 긴장되고 얽혔을 때, 안드레조차 슬픔에 잠긴 형제들에게 무슨 말을 할까 의심하고 있을 때, 나다니엘은 얼마큼의 철학(哲學)이나 번쩍이는 유머, 그것도 좋은 유머를 가지고, 긴장을 풀어 주곤 했다.

나다니엘의 의무는 열두 사도의 가족을 돌보는 일이었다. 때때로 사도 회의에서 자리를 비웠는데, 병이나 보통 아닌 어떤 일이 그가 책임 맡은 한 사람에게 일어났다는 말을 들었을 때, 한시 바삐 그 집으로 갔기 때문이다. 열두 제자는 자기 집안의 복지가 나다니엘의 손에 안전함을 알고서 안심하고 쉬었다.

나다니엘은 예수의 관대함 때문에 그를 아주 존경했다. 사람의 아들이 마음 넓고 너그럽게 동정심을 가진 것을 명상하는 데 지치지 않았다.

나다니엘의 아버지(바돌로뮤)는 오순절 뒤에 곧 돌아가셨고, 그 뒤에 이 사도는 메소포타미아와 인도(印度)로 가서 하늘나라의 기쁜 소식을 외치고 신자들에게 세례를 주었다. 그의 형제들은 한때 그들의 철학자요, 시인(詩人)이요, 익살꾼이 어떻게 되었는가 결코 알지 못했다. 그러나 비록 나중에 그리스도교 교회를 조직하는 데 끼지 않았어도, 그는 또한 하늘나라에서 위대한 사람이었고, 주의 가르침을 퍼뜨리느라고 많은 공헌을 세웠다. 나다니엘은 인도에서 죽었다.

7. 마태 레위

안드레가 일곱째 사도 마태를 뽑았다. 마태는 징세원, 즉 세리의 가족에 속했지만, 자신은 그가 살던 가버나움에서 세금 걷는 사람이었다. 서른 한 살이었고, 결혼하고 네 아이가 있었다. 어느 정도 재물이 있는 사람이었고, 사도단에 속하면서 얼마큼이라도 재산(財産)이 있는 유일한 사도였다. 훌륭한 사업가요, 사회적으로 잘 어울리는 사람이었고, 친구를 만들고 크게 다양한 사람들과 잘 어울리는 재주를 가졌다.

안드레는 마태를 사도들의 재무 대표로 세웠다. 어떤 면에서 그는 사도 조직을 위한 회계 대리자요 홍보(弘報) 대변인이었다. 인간의 성품을 날카롭게 판단했고, 무척 유능한 선전꾼이었다. 그 성격은 상상하기 힘든 성격이지만, 매우 진지한 제자요, 예수의 사명과 하늘나라의 확실성을 갈수록 더 믿은 사람이었다. 예수는 결코 레위에게 별명을 주지 않았지만, 동료 사도들은 보통 "돈줄"이라 불렀다.

레위의 장점은 마음을 다하여 그 운동에 헌신한 것이다. 세리인 그를 예수와 사도들이 받아들였다는 것은 지난날에 세리(稅吏)였던 사람 편에서 넘치게 감사할 원인이었다. 그러나 나머지 사도들이, 특히 열심당원 시몬과 가룟 유다가, 그들 중에 세리가 있음을 납득하는 데는 얼마큼 시간이 조금 걸렸다. 마태의 약점은 인생을 근시안으로, 물질적으로 보는 관점이었다. 그러나 이 모든 문제에서 여러 달이 지나면서 크게 나아졌다. 물론, 금고를 채우는 것이 임무였으니까, 가장 값진 교육 기간을 많이 빠져야 했다.

마태가 가장 고맙게 여긴 것은 주의 용서하는 성품이었다. 하나님을 발견하는 사업에서 오직 믿음이 필요하다는 것을 지치지 않고 되풀이하곤 했다. 언제나 하늘나라를 "하나님을 발견하는 사업"이라 말하기를 좋아했다.

마태는 비록 과거를 가진 사람이었어도 훌륭하게 처신했고, 시간이 지나자 동료들은 세리의 성과를 자랑스럽게 여기게 되었다. 그는 예수의 말씀에 대하여 광범위하게 노트를 적은 사도들 중의 하나였고, 이 노트는 나중에 예수의 말씀과 행적을 적은 이사돌의 이야기에 기초로서 쓰였는데, 이것은 마태에 따른 복음이라 알려지게 되었다.

가버나움의 실업가요 세리였던 마태의 위대하고 유익한 생애는 다음 시대를 통해서, 수천의 다른 실업가·관리·정치가들도 "나를 따르라" 이르는 주의 매력 있는 목소리를 듣도록 인도하는 수단이 되었다. 마태는 정말로 날카로운 정치가였지만, 예수에게 뜨겁게 충성했고, 다가오는 하늘나라의 사자들이 적절히 자금을 조달되도록 처리하는 일에 더할 나위 없이 헌신했다.

마태가 열두 사도 가운데 있는 것은, 자신이 종교적 위안을 받지 못하는 처지에 있은 지 오래다고 여긴, 낙심하고 버림받은 큰 무리의 혼들에게, 하늘나라의 문을 활짝 열어놓는 수단이었다. 버림받고 절망하는 남녀들이 예수의 말씀을 들으려고 모였고, 그는 결코 한 사람도 돌려보내지 않았다.

마태는 믿는 제자들과 주의 가르침을 직접 듣는 자들로부터 자유롭게 내는 헌금을 받았지만, 결코 공개적으로 군중에게 돈을 요청하지 않았다. 조용하고 개인적인 방법으로 모든 재정(財政) 사무를 돌보았고, 관심 있는 신자들 가운데 재력이 있는 계급 사이에서 대부분의 돈을 걷었다. 그리 많지 않은 자기 재산의 거의 전부를 주와 사도들의 일에 바쳤지만, 이것을 전부 알고 있던 예수를 제외하고 그들은 이렇게 돈 낸 것을 눈치채지 못했다. 예수와 동료들이 그의 돈을 더럽게 여길까 두려워서 마태는 공개적으로 사도의 기금에 기부(寄附)하기를 망설였다. 그래서 다른 신자들의 이름으로 많이 냈다. 초기에 몇 달 동안, 그들 사이에 그가 있는 것이 얼마큼 시련이었음을 알았을 때, 마태는 그의 기금이 때때로 날마다 빵을 그들에게 공급했다는 것을 알려 주고 싶은 유혹을 크게 받았지만, 항복하지 않았다. 세리를 멸시하는 증거가 나타났을 때, 레위는 그들에게 그가 기부한 것을 드러내고 싶어 속이 끓어올랐지만, 언제나 그럭저럭 잠자코 견디었다.

한 주의 기금이 추정한 필요보다 모자랐을 때, 레위는 자주 자기 개인 재산에 많이 의존하곤 하였다. 때때로 예수의 가르침에 크게 흥미를 느끼게 되었을 때, 필요한 기금을 간청하지 못한 것 때문에 몸소 충당(充當)해야 하는 것을 알았어도, 남아서 가르침 듣기를 선택하였다. 그러나 레위는 많은 돈이 그의 주머니로부터 나왔다는 것을 예수가 알았으면 하고 얼마나 바랐는지! 주가 그것을 다 알고 있음을 전혀 깨닫지 못했다. 모든 사도가, 박해가 시작된 뒤에 하늘나라 복음을 선포하러 떠났을 때, 실질적으로 무일푼이 될 정도까지 마태가 그들에게 기부한 사람이었음을 모르고 죽었다.

이 박해가 신자들이 예루살렘을 버리게 만들었을 때, 마태는 북쪽으로 여행했고, 하늘나라의 복음을 전도하며 신자들에게 세례를 주었다. 옛 사도 동료들에게 그는 소식이 끊어졌지만, 시리아·카파도치아·갈라시아·비티니아·트레스를 거쳐서, 전도하고 세례를 주면서 계속 갔다. 트레스의 리시마키아에서, 어떤 믿지 않는 유대인들이 로마 군인들과 짜고 그를 죽음으로 몰았다. 얼마 전에 주가 땅에 머무른 동안에 그의 가르침으로부터 아주 확실히 배운 구원을 믿으면서, 다시 태어난 이 세리는 승리를 거두고 죽었다.

8. 토마스 디디머스

토마스는 여덟째 사도였고, 빌립이 그를 선택하였다. 후일에 그는 "의심하는 토마스"로 알려지게 되었지만, 도저히 동료 사도들이 고질적으로 의심하는 사람으로 보았다고 할 수 없다. 그의 지성은 논리적이고 회의하는 종류였던 것이 참말이지만, 그는 일종의 용감한 충성심을 가졌고, 이것은 친밀하게 아는 사람들이 그를 하찮은 회의론자로 여기지 못하게 만들었다.

토마스가 사도들과 합세했을 때 29살이었고, 결혼했고 네 아이가 있었다. 전에는 목수요 석공(石工)이었지만, 나중에 어부가 되었고 타리케아에서 거주했는데, 그 마을은 요단 강이 갈릴리 바다로부터 흘러나오는 강 서쪽 둑에 자리잡았으며, 그는 이 작은 마을에서 유지(有志)로 인정받았다. 교육을 거의 받지 못했지만 날카롭고 추리하는 지성을 가졌고, 뛰어난 부모의 아들이었으며, 부모는 티베리아스에서 살았다. 토마스는 열둘 가운데 참으로 분석(分析)하는 머리를 가진 사람이었다. 사도 집단에서 진짜 과학자였다.

토마스의 초기 가정 생활은 불행했다. 부모는 결혼 생활에서 온통 행복하지는 않았고, 이것은 토마스의 어른 시절 체험에서 나타났다. 자라서 무척 불쾌하고 다투기 좋아하는 성질을 가졌다. 아내조차도 그가 사도들과 합세하는 것을 보고 반가워했다. 비관적인 남편이 대체로 집을 떠나 있으리라는 생각에 그 여자는 마음이 놓였다. 토마스는 또한 의심하는 버릇을 가졌고, 이것은 그와 평화롭게 지내기를 매우 어렵게 만들었다. 베드로는 처음에 토마스 때문에 아주 속이 뒤집혔고, 토마스가 "모질고, 못생겼고 언제나 의심한다"고 형 안드레에게 불평을 털어 놓았다. 그러나 토마스를 알면 알수록, 동료들은 그를 더욱 좋아했다. 그들은 그가 더할 나위 없이 정직(正直)하고 주저 없이 충성함을 발견했다. 완전히 성실하고 의심할 수 없이 진실했지만, 날 때부터 헐뜯는 자였고, 자라서 진짜 비관론자가 되었다. 분석적인 머리는 의심에 시달렸다. 열둘과 관련을 가졌을 때, 그는 동료 인간에 대한 믿음을 빨리 잃고 있었고, 이처럼 예수의 고귀한 인격과 접촉하게 되었다. 주와 이렇게 관계를 가진 것은 당장에 토마스의 성향 전체를 바꾸기 시작했고, 동료 인간들에 대한 정신 반응에서 큰 변화를 일으켰다.

토마스의 큰 장점은—그가 일단 마음을 먹었을 때—움츠러들지 않는 용기와 함께, 뛰어난 분석하는 머리였다. 큰 약점은 의심하는 성향이었고, 육체를 입은 전 생애에서 이것을 완전히 이기지 못했다.

열둘의 조직에서 토마스는 여행 일정(日程)을 주선하고 관리하도록 배치되었고, 사도단의 일과 움직임을 유능하게 지도하는 자였다. 훌륭한 집행자요, 뛰어난 사업가였지만, 무척 변덕스러워서 장애를 받았다. 하루는 어떤 사람이고 다음 날에는 또 다른 사람이었다. 사도들 틈에 들어갔을 때, 우울한 생각에 잠기는 성향으로 기울었지만, 예수와 사도들과 접촉한 것이 이 더러운 내향성을 대체로 고쳐 주었다.

예수는 토마스를 매우 좋아했고, 함께 여러 번 길게 개인적인 이야기를 나누었다. 사도들 가운데 그가 있다는 것은 정직하게 의심하는 모든 사람에게 큰 위안이 되었는데, 불안한 많은 지성이 예수의 가르침의 영적 및 철학적 단계에 대하여 모든 것을 온전히 알아듣지 못했어도, 그들을 하늘나라로 들어가도록 북돋아 주었다. 열둘 가운데 토마스가 낀 것은 예수가 정직하게 의심하는 자들도 사랑했다는 변치 않는 선언이었다.

다른 사도들은 예수의 넘치는 인격에서 어떤 특별하고 뛰어난 특성 때문에 예수를 존경의 눈으로 보았지만, 토마스는 예수가 더할 나위 없이 안정된 인품(人品)을 가졌기 때문에 주를 존경했다. 아주 사랑에 넘치게 자비로워도 전혀 굽힘 없이 정당(正當)하고 공평하며, 태도가 무척 굳지만 결코 완고하지 않으며, 아주 차분해도 결코 무관심하지 않으며, 무척 도움이 되고 동정심이 있어도 결코 간섭하거나 독재하지 않으며, 아주 강해도 동시에 무척 부드러우며, 아주 분명하지만 결코 거칠거나 무례하지 않으며, 매우 부드러워도 결코 흔들리지 않으며, 아주 순수하고 티 없어도 동시에 남자답고 적극적이고 힘차며, 아주 참으로 용감하지만 결코 성급하거나 무턱대고 덤비지 않으며, 자연을 그렇게 사랑하는 사람이어도 자연을 숭배하는 성향에 도무지 매이지 않고, 무척 유머와 익살이 있어도 들뜨거나 경박하지 않은 사람을 토마스는 갈수록 더 찬미하고 존경했다. 이렇게 비할 수 없이 안정된 성격은 토마스의 마음을 무척 끌었다. 아마도 그는 열둘 가운데 누구보다도, 예수를 가장 높이 지적으로 이해하고 그의 성격을 파악했다.

열두 사도의 자문 회의에서 토마스는 언제나 조심스러웠고 안전 제일 정책을 주장했지만, 그의 보수주의가 투표에서 지거나 퇴짜를 맞았을 때, 결정된 계획의 집행에 언제나 먼저 두려움 없이 나섰다. 거듭해서 그는 어떤 계획이 어리석고 주제넘다고 반대하고 나서곤 했다. 막판까지 논쟁하곤 했지만, 안드레가 그 제안을 투표에 붙이고, 그가 무척 애써서 반대한 것을 열둘이 하기로 정한 뒤에, 토마스는 "합시다!"하고 먼저 말했다. 그는 지는 것을 잘 견디는 사람이었다. 투덜거리거나 상한 감정을 품지 않았다. 거듭해서 예수가 위험에 노출되는 것에 반대했지만, 주가 그런 위험을 택하기로 결정하려 했을 때, "친구들아, 움직여라. 같이 가서 함께 죽자꾸나!"하는 용감한 말로 사도들을 일깨웠다.

토마스는 어떤 점에서 빌립과 같았다. 그도 또한 "보여 주기"를 바랐지만, 겉으로 나타나는 의심하는 표현은 도무지 다른 지적 작용에 근거를 두었다. 토마스는 분석하는 성질이었고, 단순히 회의(懷疑)하지는 않았다. 개인의 육체적 용기에 관한 한, 열둘 가운데 가장 용감한 축에 속했다.

토마스는 아주 운이 나쁜 날이 더러 있었고, 때때로 우울하고 시무룩했다. 아홉 살 때 쌍둥이 누이를 잃은 것이 어릴 때 서러움을 많이 주었고, 만년에 그의 성질 문제를 악화시켰다. 토마스가 맥이 빠졌을 때, 회복하도록 도와 준 사람은 때때로 나다니엘이었고, 때로는 베드로였으며, 알패오 쌍둥이 중 하나도 뜸하지 않았다. 아주 침울해졌을 때, 불행하게도 예수와 직접 만나기를 언제나 피했다. 그러나 주는 이것을 모두 알았고, 그가 이렇게 우울증으로 시달리고 의심으로 고생할 때 그의 사도를 이해하는 마음을 가졌다.

때때로 토마스는 혼자 하루나 이틀 떠나가도록 안드레에게 허락받곤 했다. 그러나 그러한 길이 지혜롭지 않음을 곧 깨달았다. 풀이 죽었을 때, 그의 일에 아주 충실하고 동료들 가까이 남아 있는 것이 최선임을 일찍 발견했다. 감정 생활에서 무엇이 일어나든 상관 없이, 계속 사도로 남아 있었다. 앞으로 나갈 때가 실제로 다가왔을 때, "갑시다!"하고 말한 것은 언제나 토마스였다.

토마스는 의심을 품고 부닥치고 이기는 인간의 위대한 본보기이다. 그는 위대한 지성을 가졌고, 헐뜯는 비평가는 아니었다. 논리적으로 생각하는 사람이었고, 예수와 동료 사도들에게 산성(酸性) 시험이었다. 예수와 그의 일이 진정하지 않았더라면, 토마스와 같은 사람을 처음부터 끝까지 붙들어 둘 수 없었다. 그는 사실에 대하여 날카롭고 확실한 감각을 가졌다. 사기(詐欺)나 속임수가 처음 나타나는 순간에 토마스는 그들 모두를 버렸을 것이다. 과학자들은 예수와 그가 땅에서 한 일에 관하여 모든 것을 이해하지 못할까 싶지만, 주와 그 인간 동료들과 함께 한 사람이 살고 일했는데, 그의 머리는 참된 과학자—토마스 디디머스—의 머리였고, 그는 나사렛 예수를 믿었다.

토마스는 재판과 십자가 처형이 있던 시절에 시련을 견디었다. 한동안 절망의 늪에 빠졌지만, 용기를 불러일으키고 사도들에게 충실했고, 갈릴리 바다에서 예수를 환영하려고 함께 있었다. 한동안 의심하는 우울증에 굴복했지만, 결국 믿음과 용기를 불러일으켰다. 오순절 뒤에 사도들에게 지혜롭게 조언하였고, 박해가 신자들을 흩어 버렸을 때, 키프러스, 크레테, 북 아프리카 해안, 시실리로 가서, 하늘나라의 기쁜 소식을 전도하고 신자들에게 세례를 주었다. 로마 정부의 관리들에게 체포되고 말타에서 처형될 때까지, 토마스는 줄곧 전도하고 세례를 주었다. 죽기 바로 몇 주 전에, 예수의 일생과 가르침에 관하여 기록을 시작하였다.

9 - 10. 야고보와 유다 알패오

알패오의 두 아들, 야고보와 유다는 케레사 가까이서 살던 쌍둥이 어부였고, 아홉째와 열째 사도였으며, 야고보와 요한 세베대가 이들을 선택하였다. 이들은 26살이었고 결혼했으며, 야고보는 아이가 셋, 유다는 둘이 있었다.

이 평범한 두 어부에 대하여 할 말이 별로 없다. 그들은 주를 사랑했고, 예수는 그들을 사랑했지만, 그들은 한 번도 질문으로 예수의 강연을 멈추지 않았다. 동료 사도들의 철학 토론이나 신학(神學) 논쟁을 아주 거의 알아듣지 못했지만, 그러한 무리의 막강한 사람들 사이에 자기들이 낀 것을 알고 기뻐했다. 이 두 사람은 용모, 정신의 특성, 영적 이해의 범위가 거의 동일했다. 한 사람에 관하여 말해도 좋은 것을 다른 사람에 관하여도 적어야 한다.

안드레는 군중을 정리하는 일에 이들을 배치했다. 그들은 설교 시간에 주요 안내자였고, 사실은 열둘에게 일반 하인이요 심부름꾼이었다. 소모품 다루는 일에 빌립을 도왔고, 나다니엘을 위하여 돈을 가족들에게 전해 주었으며, 언제나 사도들 가운데 누구에게도 도움의 손길을 뻗을 준비가 되어 있었다.

서민(庶民)들의 무리는 자기들과 같은 두 사람이 사도들 틈에 자리를 얻어 존경받는 것을 알고 크게 용기를 얻었다. 그들을 사도로 받아들였다는 바로 그 사실 때문에 이 평범한 쌍둥이는 소심(小心)한 신자들의 무리를 하늘나라로 데려오는 수단이었다. 서민들도 자기들과 무척 비슷한 공식 안내원들이 그들을 인도하고 관리한다는 생각을 더 친절하게 받아들였다.

야고보와 유다는 또한 타대오와 레베오라고도 불렀고, 장점(長點)도 단점도 없었다. 사도들이 준 별명은 평범(平凡)을 너그럽게 나타내는 호칭들이었다. 그들은 "모든 사도 가운데 가장 작은 자"들이었다. 그것을 알고 기쁘게 느꼈다.

야고보 알패오는 주가 단순하기 때문에 예수를 특별히 사랑했다. 이 쌍둥이는 예수의 지성을 이해할 수 없었지만, 자기들과 주의 마음 사이에 동정의 끈이 있음을 깨달았다. 그들의 머리는 높은 수준이 아니었다. 공경(恭敬)하는 뜻으로 우둔하다고 할까 싶지만, 영적 성품에서 진정한 체험을 겪었다. 그들은 예수를 믿었다. 하나님의 아들이었고, 하늘나라의 동료였다.

유다 알패오는 주가 티 내지 않은 겸손 때문에 예수에게 마음이 이끌렸다. 그러한 성격 위엄과 연결된 그런 겸손이 유다의 마음을 크게 끌었다. 언제나 예수가 그의 특별한 행위에 관하여 침묵을 지키라고 분부한 것은 이 단순한 자연의 아들에게 큰 감명을 주었다.

쌍둥이는 성품이 좋고, 생각이 단순한 집안 일꾼이었고, 누구나 그들을 좋아했다. 예수는 한 가지 재능을 가진 이 젊은이들을 하늘나라에서 그의 개인 참모진에서 영예의 자리로 환영했는데, 공간의 세계들에 셀 수 없이 많은 다른 혼, 그렇게 단순하고 두려워하는 혼이 있으며, 마찬가지로 자신과 함께, 그가 쏟아 부은 진리의 영과 함께, 적극적이고 믿는 친교로 이들을 환영하기를 바라기 때문이다. 예수는 작은 것을 업신여기지 않고, 오직 죄와 악을 업신여긴다. 야고보와 유다는 작았지만 또한 충실했다. 단순하고 무지했어도 또한 마음이 넓었고 친절하고 너그러웠다.

어떤 부자(富者)가 소유물을 팔아치우고 가난한 자들을 돕지 않으면, 전도사로서 주가 받아들이지 않겠다고 거절한 그 날, 이 겸손한 사람들은 얼마나 고마운 마음으로 자랑스러워했는가! 사람들이 이 이야기를 듣고 그 쌍둥이가 조언자들 사이에 있음을 보았을 때, 예수가 사람을 차별하지 않는 분임을 분명히 알았다. 그러나 오직 신(神)의 제도—하늘나라—가 그러한 평범한 인간 기초 위에 언제라도 세워질 수 있다.

예수와 가졌던 모든 관계에서 한두 번 쌍둥이는 대중 앞에서 감히 물었다. 주가 터놓고 자신을 세상에 드러내는 것에 관하여 이야기했을 때 유다는 예수에게 묻도록 한 번 흥미를 가졌다. 열둘 사이에 아무런 비밀이 이제 더 없으리라는 것에 조금 실망을 느끼고, 감히 물었다: "그러나 주여, 이렇게 당신이 세상에 자신을 선포하시면, 어떻게 당신의 선함을 특별히 나타내시어 우리를 우대하시겠나이까?"

쌍둥이는 끝까지, 심판(審判)과 십자가 처형과 절망이 있던 그 어두운 시간까지 충실하게 섬겼다. 예수를 믿는 마음을 결코 잃지 않았고, (요한을 빼고) 그의 부활을 처음으로 믿은 자들이었다. 그러나 하늘나라가 서는 것을 이해할 수 없었다. 주가 십자가에 못박힌 뒤에 곧, 가족에게, 그물로 돌아갔고, 그들의 일은 끝났다. 하늘나라의 더욱 까다로운 전투에서 버틸 능력이 없었다. 그러나 한 우주를 통치하는 조물주, 하나님의 아들과 4년 동안 가깝고 개인적인 관계를 가지는 영예와 복을 받았음을 의식하면서 살다가 죽었다.

11. 열심당원 시몬

시몬 베드로가 열한째 사도, 열심당원 시몬을 선택하였다. 그는 좋은 가문을 가진 유능한 사람이었고 가족과 함께 가버나움에서 살았다. 사도들 틈에 끼었을 때, 28살이었다. 불 같은 선동자요, 또한 생각지 않고 떠벌리는 사람이었다. 열심당이라는 애국 조직에 심혈을 기울이기 전에, 가버나움에서 상인(商人)이었다.

열심당원 시몬에게는 사도 무리의 오락과 휴식을 맡는 책임이 주어졌고, 열둘의 노는 일과 오락 활동을 매우 효과 있게 조직한 사람이었다.

시몬의 장점은 영감을 일으키는 충성심이었다. 하늘나라로 들어가는 일에 결심하지 못하고 갈팡질팡하는 남자나 여자를 사도들이 발견했을 때, 시몬을 찾으러 보냈다. 하나님을 믿음을 통해서 구원을 부르짖는 이 열심 있는 사람이, 모든 의심을 치워 버리고 망설임을 싹 없애고, "믿음의 자유와 구원의 기쁨" 속으로 새 영혼이 태어나는 것을 보는 데는 보통 기껏해야 15분쯤 걸렸다.

시몬의 큰 약점은 물질적인 마음가짐이었다. 유대 민족주의자로부터 영적 생각을 가진 국제주의자로 빨리 바뀔 수 없었다. 그러한 지능 및 감정의 변화를 이룩하는 데 4년은 너무 짧았지만, 예수는 언제나 그에게 참을성을 보였다.

시몬이 예수에 대하여 무척 찬미한 한 가지는 주의 침착성, 확신, 침착, 설명할 수 없는 평온(平穩)함이었다.

시몬은 과격한 혁명가요 두려움 없이 선동하는 횃불이었어도, "땅에는 평화요 사람들 사이에 선의"를 강력하고 효과 있게 전도하는 사람이 되기까지, 불 같은 성품을 차츰 다졌다. 시몬은 토론에 뛰어난 사람이었고, 논쟁하기를 좋아했다. 교육받은 유대인들 가운데, 율법을 따지는 지성이나 그리스인들의 지적 논쟁을 다루는 일에는, 과제가 언제나 시몬에게 배당되었다.

그는 성품으로 보면 반항아였고, 훈련으로 따지면 전통을 깨뜨리는 자였지만, 예수는 하늘나라라는 상급 개념을 받아들이도록 시몬을 설득했다. 언제나 저항하는 당의 편이 되었지만, 이제 진보, 즉 영과 진리의 한없고 영원한 진보를 부르짖는 당에 들어갔다. 시몬은 맹렬한 충성심을 가졌고 따듯하게 몸소 헌신하는 사람이었으며, 예수를 깊이 사랑했다.

예수는 사업가와 노동자, 낙천가와 비관론자, 철학자와 회의론자, 세리, 정치가, 애국자와 동일시하기를 두려워하지 않았다.

주는 시몬과 많이 이야기를 나누었지만, 그는 이 열렬한 유대 민족주의자를 국제주의자로 만드는 데 결코 완전히 성공하지 못했다. 예수는 사회·경제·정치 질서의 개선을 보기를 바라는 것이 마땅하다고 시몬에게 자주 이야기했지만, 예수는 늘 이렇게 덧붙이곤 했다: "그것은 하늘나라의 사업이 아니라. 우리는 아버지의 뜻을 행하는 데 몸을 바쳐야 하느니라. 우리의 할일은 하늘에 있는 영적 정부(政府)의 대사가 되는 것이요, 신성한 아버지의 뜻과 성품을 대표하는 외에 아무 것에도, 우리가 당장 관여해서는 안 되느니라. 아버지는 우리가 신임장을 지닌 그 정부의 머리에 계시느니라." 시몬이 알아듣기에는 전부 어려웠지만, 차츰 그는 주의 가르침의 뜻에서 무언가 깨닫기 시작했다.

예루살렘의 박해 때문에 흩어진 뒤에, 시몬은 일시 은둔에 들어갔다. 글자 그대로 마음이 짓밟혔다. 민족주의 애국자로서, 예수의 가르침을 좇아 항복했지만, 이제는 모두가 사라졌다. 그는 절망에 빠졌지만, 몇 년 안에 희망을 불러일으켰고, 하늘나라의 복음을 선포하러 떠나갔다.

그는 알렉산드리아로 갔고, 나일 강에서 일한 뒤에, 아프리카의 심장부(心臟部)로 파고 들어갔으며, 어디서나 예수의 복음을 전도하고 신자들에게 세례를 주었다. 이렇게 늙고 허약해지기까지 수고했다. 그리고 죽었고, 아프리카의 심장부에서 묻혔다.

12. 가룟 유다

나다니엘이 열두째 사도, 가룟 유다를 골랐다. 그는 남부 유대 땅의 작은 마을 케리옷에서 태어났다. 소년이었을 때, 부모는 예리고로 이사했고, 거기서 살면서 세례자 요한의 설교와 일에 관심을 가지게 될 때까지, 아버지의 여러 사업에서 고용되었다. 유다의 부모는 사두개인이었고, 아들이 요한의 제자들에 가입했을 때, 그와 인연을 끊었다.

나다니엘이 타리케아에서 유다를 만났을 때, 그는 갈릴리 바다의 남쪽 끝에서 물고기 말리는 사업에서 일자리를 찾고 있었다. 사도들과 합세했을 때, 서른이었고 미혼이었다. 열둘 가운데 아마도 교육을 가장 많이 받았고, 주의 사도 집단에서 유일하게 유대 지방 사람이었다. 유다는 성격의 장점을 나타내는 아무런 뛰어난 특징이 없었다. 하지만 겉으로 나타나게 교양(敎養) 있는 특성과 훈련받은 버릇을 가졌다. 머리가 잘 도는 사람이었지만, 반드시 참으로 정직하게 생각하는 사람은 아니었다. 유다는 정말로 자신을 이해하지 못했다. 자신을 다루는 데 정말로 성실하지 않았다.

안드레는 유다를 열두 사도의 회계(會計)로 임명했고, 이것은 그가 맡기에 뛰어나게 적당한 직책이었다. 주를 배신하기 직전까지, 그는 정직하고, 충실하고, 아주 유능하게 맡은 책임을 수행했다.

대체로 매력 있고 지극하게 마음을 끄는 주의 인격 외에, 예수에 대하여 유다가 찬미한 아무런 특별한 특징이 없었다. 유다는 갈릴리 동료들을 차별하는 유대 지방 편견을 결코 버릴 수 없었다. 머리 속에서 예수에 대해서 많은 것을 비평까지 하곤 하였다. 열한 사도가 완전한 사람, "전적으로 사랑스럽고 1만 인 가운데 가장 으뜸가는 분"으로 우러러본 그 사람을, 자신에 만족한 이 유대 지방 사람은 마음 속에서 자주 감히 비평했다. 그는 예수가 두려움이 많고 자신의 권력과 권한을 주장하기를 두려워한다는 생각을 정말로 품었다.

유다는 유능한 사업가(事業家)였다. 어떤 사도들이 허둥지둥 사무를 처리하는 방법과 씨름하는 것을 언급하지 않더라도, 예수와 같은 이상주의자의 재무를 관리하기에는, 뼈를 깎는 헌신 뿐 아니라, 재치와 능력과 참을성이 요구되었다. 유다는 정말로 뛰어난 집행자요, 멀리 내다보는 유능한 금융가였다. 그리고 조직에 까다로운 사람이었다. 열둘 가운데 아무도 유다를 비판한 적이 없다. 그들이 보기에, 가룟 유다는 비할 데 없는 회계요, 배운 사람이요, (때때로 비판적이긴 했어도) 충성스러운 사도였고, 어떤 뜻으로 보아도 큰 성공이었다. 사도들은 유다를 아꼈고, 그는 정말로 그들 가운데 하나였다. 그는 예수를 믿었음이 틀림없지만, 우리는 그가 정말로 진심으로 주를 사랑했는지 의심이 든다. 유다의 경우는 이 속담의 진실을 보여 준다: "사람에게 옳게 보이는 듯해도 그 마지막은 죽음으로 이끄는 길이 있다." 죄와 죽음의 길로 즐겁게 적응하는 평화로운 속임수에 희생되는 것이 전혀 가능하다. 유다는 주와 동료 사도들에게 언제나 재무 면에서 충실했다는 것에 안심하여라. 돈은 결코 주를 저버린 동기가 될 수 없었다.

유다는 지혜롭지 못한 부모의 외아들이었다. 아주 어렸을 때, 부모가 애지중지해서 길렀고, 귀여워했다. 그는 버릇없는 아이였다. 자라는 동안에 자신의 중요성에 대해 지나친 생각을 가졌다. 지는 것을 못 견디는 사람이었다. 공평(公平)에 대하여 느슨하고 비뚤어진 생각을 가졌고 미움과 의심에 빠졌다. 친구들의 말과 행동을 오해하는 재주가 있었다. 전 생애를 통해서, 그를 잘못 대접했다고 생각한 사람들에게 앙갚음하는 버릇을 길렀다. 가치와 충성의 감각에 결함이 있었다.

예수에게, 유다는 믿음의 모험이었다. 처음부터 주는 이 사도의 약점(弱點)을 넉넉히 이해했고, 그를 친교에 포함하는 위험을 잘 알았다. 그러나 모든 창조된 존재에게 구원받고 살아남도록 충분하고 똑같은 기회를 주는 것이 하나님의 아들들의 성품이다. 예수는 한 피조물이 하늘나라에 성실하고 마음을 다하여 헌신하는 것에 관하여 의심이 존재할 때, 사람의 재판관들이 의심스러운 후보자를 완전히 받아들이는 것이 변치 않는 관습이라는 것을, 이 세상의 필사자들 뿐 아니라 수없이 많은 다른 세계의 구경꾼들도 알기를 바랐다. 영생의 문은 모두에게 활짝 열려 있다; "오고 싶어하는 자는 누구나 와도 좋다." 오는 사람의 믿음 외에 아무런 제한이나 자격 조건이 없다.

이것이 어째서 예수가 유다로 하여금 맨 끝까지 계속하도록 버려 두고, 약하고 혼란에 빠진 이 사도를 변화시키고 구원하려고 모든 가능한 일을 항상 했는가 하는 바로 그 이유(理由)이다. 그러나 빛을 정직하게 받아들이고 그에 충실하게 살지 않을 때, 빛은 그 혼 안에서 어두움이 되는 경향이 있다. 예수의 하늘나라 가르침에 대하여 유다는 지적으로 자랐지만, 다른 사도들처럼 영적 인격을 얻는 데 앞으로 나아가지 않았다. 영적 체험에서 개인적으로 만족하게 진보하지 못했다.

유다는 개인적 실망에 갈수록 더 속을 끓이는 사람이 되었고, 드디어 분개심에 희생자가 되었다. 기분을 여러 번 상했고, 가장 좋은 친구들, 아니 주까지도 비정상으로 의심하게 되었다. 얼마 안 되어, 복수하려고 무엇이든지, 그렇다, 동료들과 주를 저버리기까지, 앙갚음하려는 생각에서 헤어나지 못했다.

그러나 사악하고 위험한 이 생각들은 어느 고마워하는 여인이 비싼 향료(香料) 상자를 예수의 발 앞에서 깨뜨린 그 날까지 분명한 모습을 갖추지 않았다. 유다에게 이것은 낭비인 듯하였고, 그의 공개적 항의(抗議)가 모든 사람이 듣는 가운데 바로 거기서, 예수에게 싹 묵살되었을 때, 그것은 너무했다. 그 사건은 쌓이고 쌓였던 모든 미움, 상처, 악의, 편견, 질투, 그리고 일생 최대의 복수(復讐)를 동원하도록 결정하였고, 누구에게 해야 할까 몰랐지만 앙갚음하기로 작정하였다. 그러나 그 사건에서 어쩌다 예수가 주요한 배우였다는 바로 그 이유 때문에, 그의 불행한 생애의 모든 더러운 연극에서 무죄한 한 사람에게 자기 성품에 있는 모든 악을 뚜렷하게 구체화하였고, 그 사건은 진보하는 빛의 나라로부터 스스로 택한 어두움의 땅으로 그가 지나간 것을 표시하였다.

여러 번 주는 개인적으로, 또 대중 앞에서, 그가 실수(失手)한다고 유다에게 경고했지만, 신의 경고는 보통 마음이 쓰린 인간 성품을 다루는 데 쓸모가 없다. 예수는 사람의 도덕적 자유에 어긋나지 않으면서 유다가 나쁜 길로 가려 하는 것을 막으려고 가능한 모든 것을 했다. 분개의 아들은 실패했고, 지나치게 자기를 중요시하는 지성, 거만하고 앙갚음하는 정신의 뒤틀린 더러운 명령에 굴복했고, 혼란과 절망과 타락으로 재빨리 굴러 떨어졌다.

그리고 나서 유다는 그의 주, 선생을 배반하는, 천하고 치욕스러운 음모(陰謀)에 들어갔고, 극악한 계획을 재빨리 행동으로 옮겼다. 분노로 잉태된 배반 계획을 수행하는 동안, 뉘우침과 부끄러움을 느끼는 몇 순간을 겪었고, 정신이 맑은 이 기간에, 마음이 약해져서, 자신의 머리 속에 변명으로서, 예수가 아마도 권능을 행사하여 마지막 순간에 자신을 구할지 모른다는 생각을 품었다.

비열하고 죄 많은 일이 모두 끝났을 때, 오래 품었던 복수심을 채우려고 은화(銀貨) 서른 잎에 친구 팔기를 가벼이 여긴 이 변절한 필사자는, 달려나가서 필사 존재의 현실을 도피하는 연극에서 마지막 행위를 저질렀다—목숨을 끊었다.

열한 사도는 두려움에 빠졌고 소스라치게 놀랐다. 예수는 배반자를 불쌍히 여길 뿐이었다. 세계들은 유다를 용서하기 어려움을 깨달았고, 방대(尨大)한 우주에서 두루 그의 이름을 피하게 되었다.

제 140 편

열두 사도를 세움

서기 27년, 1월 12일, 일요일 정오 바로 전에, 예수는 하늘나라 복음을 전하는 대중 설교자로 세우려고 사도들을 불러모았다. 열두 사도는 이제나 저제나 하고 부름받기를 기대하고 있었다. 그래서 이 날 아침에 고기를 잡으러 물가에서 그리 멀리 나가지 않았다. 몇몇은 그물을 고치고 고기잡이 도구를 이리저리 만지작거리며 물가 가까이서 남아 있었다.

사도들을 부르려고 바닷가로 떠나면서, 예수는 먼저 안드레와 베드로를 소리쳐 불렀는데, 이들은 물가 가까이에서 고기를 잡고 있었다. 다음에 야고보와 요한에게 손짓했는데, 이들은 가까이 배 안에 있었고, 아버지 세베대와 이야기하며 그물을 깁고 있었다. 예수는 둘씩 다른 사도들을 모았고, 모두 열둘을 모으고 나서, 함께 가버나움 북쪽의 고지로 여행했다. 거기서 정식 임명을 준비하려고 가르치기 시작했다.

한 번 모두 열두 사도가 조용했다. 베드로조차도 회상(回想)하는 기분에 젖어 있었다. 마침내 고대(苦待)하던 때가 다가왔다! 아버지의 나라가 다가왔음을 선포하면서 주를 대표하는 신성한 일에, 개인적으로 성화(聖化)하고 집단으로 헌신하는, 일종의 엄숙한 예식에 참여하려고 주와 개별적으로 가는 것이다.

1. 예비 교육

정식 임명(任命) 예배가 있기 전에, 주위에 자리에 앉는 동안 예수는 말했다. "형제들아, 이 하늘나라의 때가 왔느니라. 하늘나라의 대사(大使)로서 아버지께 너희를 내보이려고 따로 여기에 데리고 왔노라. 너희 가운데 더러는 처음에 부름받았을 때, 회당에서 내가 이 나라에 대하여 이야기하는 것을 들었느니라. 갈릴리 바다 근처의 여러 도시에서 나와 함께 일하였으매, 너희 각자가 아버지의 나라에 대하여 더 배웠느니라. 그러나 이제 이 하늘나라에 관하여 너희에게 무언가 더 가르치고자 하노라.

"내 아버지가 땅에서 사는 자녀들의 마음 속에서 바야흐로 세우려 하는 새 나라는 영구한 나라이라. 신성한 뜻을 행하기를 원하는 자들의 마음 속에서 내 아버지의 통치는 그치지 아니하리라. 너희에게 선언하노니, 내 아버지는 유대인이나 이방인의 하나님이 아니라. 허다한 사람이 동에서 서(西)에서 와서 아버지의 나라에서 우리와 함께 자리에 앉겠고, 많은 아브라함 자손이 사람들의 가슴 속에서 아버지 영(靈)이 다스리는 이 새 형제(兄弟) 단체에 들어가려 하지 않으리라.

"이 나라의 권력은, 군대의 세력이나 재산의 힘에 있는 것이 아니라, 오히려 이 하늘나라의 다시 태어난 시민, 하나님 아들들의 지성을 가르치고 마음을 다스릴 신성한 영의 영광에 있으리라. 이것은 사랑의 단체요, 그 안에는 정의가 다스리며,

그 투쟁 구호는 이러하리니, 땅에서는 평화요 모든 사람에게 선의(善意)이라. 너희가 이 나라를 선포하러 곧 떠나가리니, 오랜 세월에 걸쳐 착한 사람들이 바라던 것이요, 온 땅의 희망, 모든 선지자의 지혜로운 약속이 이루어진 것이라.

"그러나 아이들아, 너희를 위하여, 이 나라로 너희를 따라오고자 하는 모든 다른 사람을 위하여, 극심한 시험이 준비되어 있느니라. 믿음만이 너희를 입구(入口)를 지나게 하겠으나, 신과 친교하는 진취적 생애에서 계속 올라가고자 하면, 내 아버지 영(靈)의 열매를 맺어야 하느니라. 진실로, 진실로, 너희에게 이르노니, '주여, 주여' 하는 자가 다 하늘나라로 들어가지는 못하려니와 오히려 하늘에 계신 내 아버지의 뜻을 행하는 자가 들어갈지니라.

"너희는 이 소식을 세상에 전하라: 먼저 하나님의 나라와 그의 올바름을 찾으라. 이를 찾아내면 영원한 생존에 필수인 모든 다른 것이 함께 보장되리라. 내 아버지의 나라는 권력을 겉으로 나타내거나 추하게 전시(展示)하여 오지 않을 것을 이제 분명히 이르고자 하노라. '여기 있다' '저기 있다' 하면서 하늘나라를 선포하며 떠나가지 말지니, 너희가 전도하는 이 나라가 너희 안에 있는 하나님인 까닭이라.

"내 아버지의 나라에서 크게 되고자 하는 자는 누구든지 모든 사람을 섬기는 자가 될지니라. 너희 중에 첫째가 되고자 하는 자는 누구나 형제에게 시중드는 자가 될지니라. 그러나 일단 하늘나라에서 시민으로 받아들이면, 이제 더 종이 아니라, 아들, 곧 살아 계신 하나님의 아들이라. 이 나라가 모든 장벽을 허물고 모든 사람에게 내 아버지를 알게 하고, 내가 선포하려고 온 구원의 진리를 믿게 만들 때까지, 그 나라는 이렇게 세상에서 진보하리라.

"너희 눈이 보는 이것, 보통 사람 열둘이 작게 시작한 것이, 궁극에 온 땅이 내 아버지를 찬미하는 노래로 가득할 때까지 커지고 성장하리라. 너희의 말보다 삶 때문에, 너희가 나와 함께 있었고 그 나라의 실체들을 배웠음을 사람들이 알리라. 너희 정신에 무거운 짐을 얹지는 않겠거니와 육체를 입고 사는 이 생명에서 내가 지금 아버지를 대표하는 것 같이, 곧 너희를 떠날 때 세상에서 나를 대표하는 엄숙한 책임을 너희 혼에게 바야흐로 지워 주려 하노라." 이렇게 말씀을 마치고 나서 일어섰다.

2. 성직 임명

하늘나라에 관하여 선포(宣布)를 막 들은 열두 사람에게, 예수는 이제 둘레에 동그라미를 지어 무릎을 꿇으라고 지시했다. 다음에 주는 가룟 유다로부터 안드레까지, 각 사도의 머리 위에 손을 얹었다. 축복(祝福)하고 나서, 손을 뻗어 기도했다:

"아버지여, 이제 나는 이 사람들, 내 사자들을 데려오나이다. 아버지를 대표하려고 내가 온 것 같이, 땅에서 사는 자녀들 가운데서 나를 대표하려고 떠나갈 이 열두 사람을 선택하였나이다. 아버지가 나를 사랑하고 함께 계셔 온 것 같이, 저희를 사랑하고 함께 하소서. 이제, 내 아버지여, 다가오는 하늘나라의 모든 일을 저희 손에 맡기오니, 지혜(知慧)를 주소서. 아버지의 뜻이라면, 저희가 하늘나라를 위하여 수고할 때, 저희를 도우려고 땅에서 한동안 머무르고자 하나이다. 다시, 내 아버지여, 이 사람들을 주시어 감사하나이다. 아버지가 주신 일을 마치려고 계속하는 동안, 저희를 아버지의 보호 속에 맡기나이다."

기도를 마쳤을 때, 사도들은 저마다 자리에서 고개를 숙인 채로 남아 있었다. 베드로조차 감히 눈을 들어 주를 바라보기까지 몇 분이 흘렀다. 하나씩 예수를 끌어안았지만, 아무도 말이 없었다. 한 무리의 하늘 존재들이 엄숙하고 신성한 이 장면—우주 창조자가 사람의 신성한 단체의 일을 인간 지성의 지휘에 맡기는 것—을 내려다보는 동안, 큰 고요가 그 장소를 덮었다.

3. 임명 설교

다음에 예수는 말씀하셨다: "너희가 내 아버지 나라의 대사(大使)이니, 이로서 땅에 있는 모든 다른 사람과 따로, 다른 계급의 사람이 되었느니라. 너희는 이제 사람들 사이에 있는 사람이 아니라, 이 어두운 세계의 무지한 생물 가운데서 또 다른 나라, 하늘나라의 깨우친 시민으로 있느니라. 이 시간 이전에 하던 대로 사는 것이 충분하지 않으니라. 그러나 더 나은 생활의 영광을 맛보고, 새롭고 더 나은 세계를 다스리는 군주의 대사로서 땅에 파송된 자들처럼 이제부터 살아야 하느니라. 선생에게는 생도(生徒)보다 더 많이 기대하느니라. 종보다 주인에게 더 많이 얻어내느니라. 땅의 통치를 받는 시민보다 하늘나라의 시민한테서 더 많이 요구하느니라. 너희에게 이르고자 하는 것 가운데 더러는 어렵게 보일지 모르지만, 내가 이제 아버지를 대표하는 것 같이, 너희는 세상에서 나를 대표하기를 택하였느니라. 땅에서 내 대리자로서, 공간 세계들에서 필사자 생활에 대한 나의 이상(理想)을 반영하고, 하늘에 계신 아버지를 드러내는 내 지상(地上) 생애에서 내가 본보기를 보이는 가르침과 관습을 지켜야 할 의무가 있으리라.

"영적으로 포로 된 자에게 해방을, 두려움의 사슬에 묶인 자에게 기쁨을 선포하고, 하늘에 계신 아버지의 뜻을 좇아서 병든 자를 고치라고 너희를 보내노라. 슬픔에 잠긴 내 아이들을 발견할 때, 저희를 북돋우며 이렇게 말하라:

"마음이 낮아져 있는 자, 겸손한 자는 복이 있나니, 하늘나라의 보물이 저희 것임이라.

"올바름을 간절히 바라고 목마르게 찾는 자는 복이 있나니, 저희가 채워질 것임이라.

"온유한 자는 복이 있나니, 저희가 땅을 물려받을 것임이라.

"마음이 깨끗한 자는 복이 있나니, 저희가 하나님을 볼 것임이라.

"그렇다 해도 영적으로 위로하고 약속하는 이 말씀을 내 아이들에게 더 일러 주어라:

"슬퍼하는 자는 복이 있나니, 저희가 위로받을 것임이라. 눈물을 흘리는 자는 복이 있나니, 저희가 기뻐하는 영(靈)을 받을 것임이라.

"자비로운 자는 복이 있나니, 저희가 자비(慈悲)를 얻을 것임이라.

"화평(和平)하게 하는 자는 복이 있나니, 저희가 하나님의 아들이라 일컬음을 받을 것임이라.

"올바름을 위하여 박해받는 자는 복이 있나니, 하늘나라가 저희 것임이라. 사람들이 너희를 욕하고 박해하며, 너희를 대적하여 온갖 모습의 악한 것을 거짓되게 말할 때, 너희는 복이 있느니라. 기뻐하고 크게 즐거워할지니, 하늘에서 너희의 상이 큼이라.

"형제들이여, 내가 너희를 보내다시피, 너희는 땅의 소금, 맛을 내는 소금이라. 그러나 이 소금이 맛을 잃으면, 무엇으로 소금을 짜게 하리요? 이제부터 아무 데도 쓸모 없고, 버려지고 사람들의 발에 짓밟힐 뿐이라.

"너희는 세상의 빛이라. 산 위에 세운 도시(都市)를 감출 수 없느니라. 사람들이 촛불을 켜서 됫박 밑에 두지도 않고 촛대 위에 두느니라. 촛불이 집안에 있는 모든 사람에게 빛을 비추느니라. 너희의 빛이 사람들 앞에 아주 빛나서, 너희의 착한 일을 보고, 하늘에 계신 너희 아버지께 영광을 돌릴 마음이 생기도록 이끌라.

"나를 대표하고 아버지 나라의 대사(大使)로서 행하라고 너희를 세상으로 보내노라. 기쁜 소식을 선포하러 떠날 때, 아버지를 신뢰하라, 너희는 그의 사자이라. 불법에 대하여 우격다짐으로 저항하지 말라. 육체의 힘을 신뢰하지 말라. 이웃이 바른 뺨을 치면, 다른 쪽도 내밀라. 너희 가운데서 율법대로 처리하기보다, 공평치 않은 처사(處事)를 기꺼이 견디라. 슬퍼하고 곤궁한 자들 모두에게 친절과 자비로 베풀라.

"너희에게 이르노니, 원수를 사랑하고, 너희를 미워하는 자에게 선을 행하며, 저주하는 자를 축복하고, 심술궂게 이용하는 자를 위하여 기도하라. 내가 사람들에게 하리라 믿는 것은 무엇이나 또한 저희에게 행하라.

"하늘에 계신 너희 아버지는 착한 자 뿐 아니라 악한 자에게도 태양을 빛나게 하시며, 마찬가지로 옳은 자와 그른 자에게 비를 내리시니라. 너희는 하나님의 아들들이요, 한층 더하여, 이제 아버지 나라의 대사들이라. 하나님이 자비로운 것 같이, 자비로우라. 너희의 하늘 아버지가 완전한 것 같이, 그 나라의 영원한 앞날에 너희가 완전할지니라.

"너희는 사람을 판단하라고 임명된 것이 아니라 구하라고 임명받느니라. 땅에서 일생의 끝에, 너희는 모두 자비(慈悲)를 기대하리라. 그러므로 일생 동안 육체를 입은 모든 형제에게 자비를 보이라고 너희에게 요구하노라. 너희 눈에 대들보가 있으면서, 형제의 눈에서 티를 뽑아내려 애쓰는 잘못을 저지르지 말라. 너희 눈에서 먼저 대들보를 뽑고 나서, 형제의 눈에서 티를 뽑아 내도록 더욱 잘 볼 수 있으리라.

"진리를 맑게 헤아리라. 올바른 삶을 두려움 없이 살라. 그렇게 너희는 내 사도, 내 아버지의 대사가 될지니라. '소경이 소경을 이끌면, 모두가 구렁에 빠지리라' 하는 말을 너희가 들었느니라. 다른 사람들을 하늘나라로 인도하고자 하면, 살아 있는 진리의 맑은 빛 속에서 스스로 걸어야 하느니라. 하늘나라의 모든 사업에서 너희가 올바른 판단과 날카로운 지혜를 보이라고 훈계하노라. 거룩한 것을 개들에게 내밀지 말고, 진주를 돼지들에게 던지지 말지니, 저희가 보물을 발로 짓밟고, 돌이켜 너희를 찢을까 두려우니라.

"거짓 선지자들에 대하여 내가 경고하노니, 저희가 속으로는 굶주린 늑대 같으면서 양의 옷을 입고 너희에게 오리라. 너희는 그 열매를 보고 저희를 알지니라. 사람들이 가시나무에서 포도나 엉겅퀴에서 무화과를 거두더냐? 그렇다 하더라도, 좋은 나무마다 좋은 열매를 맺고, 썩은 나무는 나쁜 열매를 맺느니라. 좋은 나무는 나쁜 열매를 맺을 수 없고, 썩은 나무가 좋은 열매를 생산할 수도 없느니라. 좋은 열매를 얻지 않는 나무마다 얼마 안 있어, 찍혀 불 속에 던져지리라. 하늘나라로 들어갈 권리를 얻는 데는 동기가 중요하니라. 내 아버지는 사람들의 마음 속을 꿰뚫어보시며, 저희 마음 속 소망과 저희의 진지한 의도로 판단하시니라.

"하늘나라 심판이 있는 큰 날에 많은 사람이 내게 말하리라, '우리가 당신의 이름으로 예언하고 당신의 이름을 힘입어 놀라운 일을 많이 하지 아니하였나이까?' 그러나 '나는 너희를 도무지 모르노라. 거짓 선생인 너희는 내게서 떠나라' 내가 이를 수밖에 없으리라. 그러나 내가 너희에게 아버지를 대표한 것 같이, 이 부탁을 듣고 사람들 앞에서 나를 대표하는 임무를 성실히 수행하는 자마다, 나의 봉사하는 길로, 하늘 아버지의 나라로, 풍족히 들어가리라."

사도들은 한 번도 이전에 예수가 이처럼 말씀하심을 들은 적이 없었는데, 그가 최고의 권한을 가진 자로서 말했기 때문이다. 해질 무렵에 산에서 내려왔으나 아무도 예수에게 무엇을 묻지 않았다.

4. 너희는 땅의 소금이라

이른바 "산상(山上) 설교"는 예수의 복음이 아니다. 유익한 가르침을 많이 담고 있기는 하지만, 열두 사도를 임명하는 훈시였다. 예수가 그렇게 웅변으로 완전히 아버지를 대표한 것처럼, 사람들의 세계에서 줄곧 복음을 전파하고 그를 대표할 뜻을 품을 자들에게 주가 친히 임무를 지우는 것이었다.

"너희는 땅의 소금, 맛을 내는 소금이라. 그러나 이 소금이 맛을 잃으면, 무엇으로 소금을 짜게 하리요? 이제부터 아무 데도 쓸모 없고, 버려지고 사람들의 발에 짓밟힐 뿐이라."

예수의 시절에 소금은 값진 것이었다. 돈으로도 쓰였다. 현대의 말 "샐러리"는 소금으로부터 유래한다. 먹을 것을 맛있게 만들 뿐 아니라 보존제이다. 소금은 다른 것들을 더욱 맛있게 만들며, 이처럼 소모됨으로 일한다.

"너희는 세상의 빛이라. 산 위에 세운 도시는 감출 수 없느니라. 사람들이 촛불을 켜서 됫박 밑에 두지도 않고, 촛대 위에 두느니라. 촛불이 집안에 있는 모든 사람에게 빛을 주느니라. 너희의 빛이 사람들 앞에 아주 빛나서, 너희의 착한 일을 보고 하늘에 계신 너희 아버지께 영광을 돌릴 마음이 생기도록 이끌라.

빛은 어두움을 떨쳐 버리지만, 빛이 "눈이 멀도록 밝아서" 사람을 혼동에 빠뜨리고 좌절시킬 수도 있다. 향상된 생활을 하는 새롭고 거룩한 길로 이끌리도록 빛을 밝히라고 우리는 훈계를 받는다. 우리의 빛은 자신에게 주의(注意)를 끌지 않도록 밝아야 한다. 사람의 직업조차 이 생명의 빛을 퍼뜨리기 위하여 효과적인 "반사경"으로서 이용될 수 있다.

튼튼한 인격은 그릇된 일을 하지 않는 것이 아니라, 실제로 옳은 일을 함으로부터 얻는다. 이기심이 없음은 인간의 위대함의 표시이다. 가장 높은 수준의 자아 실현은 예배와 봉사로 이루어진다. 행복하고 유능한 사람은 잘못할까 두려워서가 아니라 옳은 것을 사랑함으로 마음이 움직인다.

"너희는 그 열매를 보고 저희를 알지니라." 성격은 기본적으로 변하지 않는다. 변하는—자라는—것은 도덕적 인격이다. 현대 종교의 큰 잘못은 소극주의이다. 아무 열매를 맺지 않는 나무는 "찍히고 불 속에 던져지리라." 도덕적 가치는 단순한 억압으로—"하지 말라"는 금지령에 복종하여—얻어질 수 없다. 두려움과 부끄러움은 종교 생활에 가치 없는 동기이다. 오직 하나님이 아버지임을 드러내고 사람의 형제 정신을 향상할 때에야 종교가 타당하다.

효과적인 생활 철학은 우주 통찰력과 사회·경제 환경에 대하여 사람의 총 감정 반응을 조합함으로써 형성된다. 기억하여라: 타고난 욕구는 근본적으로 수정될 수 없지만, 그러한 욕구에 대한 감정적 반응은 변화될 수 있다. 따라서 도덕적 성품은 수정될 수 있고, 인품은 개선될 수 있다. 튼튼한 인품 안에서 여러 감정 반응은 통합되고 조정되며, 이처럼 통일된 성격이 만들어진다. 통일성이 부족하면 도덕적 성품을 약화시키고 불행을 일으킨다.

가치 있는 목표 없이, 일생은 목적이 없고 무익하며, 많은 불행을 초래한다. 열두 제자를 세울 때 하신 강론은 탁월한 생활 철학이다. 예수는 추종자들에게 체험적인 믿음을 연습하라고 훈계하였다. 단순한 지적(知的) 찬성, 쉽사리 믿는 것, 확립된 권한에 의존하지 말라고 타일렀다.

교육은 자연스럽고 물려받은 욕구를 채우는 더 좋은 방법을 배우는 (발견하는) 기술이 되어야 하며, 행복은 감정을 만족시키는 이 향상된 기술의 결과로 생기는 총합이다. 행복은 환경과 거의 상관이 없다. 하지만 쾌적한 환경은 행복에 크게 이바지할 수도 있다.

필사자마다 완성된 인간이 되기를, 하늘에 계신 아버지가 완전한 것 같이 완전하기를, 정말로 몹시 바란다. 결국, "우주는 참으로 아버지답기" 때문에 그러한 달성이 가능하다.

5. 아버지 사랑과 형제 사랑

산상(山上) 설교로부터 마지막 만찬의 강론까지, 예수는 추종자들에게 형제 사랑보다 아버지 사랑을 나타내라고 가르쳤다. 형제 사랑은 네가 자신을 사랑하는 것 같이 네 이웃을 사랑할 것이다. "황금률"을 적절히 지키는 것이겠다. 그러나 아버지의 사랑은 예수가 너를 사랑하는 것 같이, 동료 인간들을 사랑해야 한다고 요구할 것이다.

예수는 인류를 두 가지 애정으로 사랑한다. 땅에서 두 성격으로서—인간과 신으로서—살았다. 하나님의 아들로서 아버지다운 사랑으로 사람을 사랑한다—그는 사람의 창조자요, 사람의 우주 아버지이다. 사람의 아들로서, 예수는 형제로서 사람들을 사랑한다—참으로 사람들 사이에 있던 사람이었다.

예수는 추종자들에게 형제 사랑을 불가능한 수준에서 명시하기를 기대하지 않았다. 그러나 하나님이 피조물을 바라보는 것처럼 사람을 바라보고, 따라서 하나님이 사람을 사랑하는 것 같이 사람을 사랑하기 시작할 수 있도록—아버지 사랑의 첫걸음을 보여 주도록—예수는 추종자들이 하나님을 닮으려고—하늘에 계신 아버지가 완전한 것 같이 완전하려고—애쓰기를 기대하였다. 열두 사도에게 이렇게 훈계하는 과정에서, 아버지 사랑의 개념이 수많은 사회적 환경에 조정하는 데 관여된 어떤 감정적 태도에 관계되다시피, 이 새로운 개념을 드러내려고 애썼다.

주는 단순한 형제 사랑의 한계와 대조해서, 아버지 사랑의 네 가지 초월적 최상의 반응을 나중에 묘사했으며, 이것의 전주곡(前奏曲)으로서, 네 가지 신앙 태도에 주의를 불러일으켜, 이 중대한 강론을 소개하였다.

먼저, 마음이 낮아져 있는 자, 올바름을 갈급히 찾고, 온유함을 견디고, 마음이 깨끗한 자들을 언급하였다. 영(靈)을 헤아리는 그러한 필사자들은 아버지 사랑을 놀랍게 연습하도록 신성한 무욕(無慾) 수준에 도달하기를 기대할 수 있다. 그래서 통곡하는 사람이라도, 자비를 보이고, 평화를 촉진하고, 박해를 견디고, 이 쓰라린 상황이 계속되는 동안 언제나, 사랑스럽지 못한 인류조차도 아버지 사랑으로 사랑할 힘을 얻을 것이다. 아버지의 사랑은 형제 사랑을 측량할 수 없이 뛰어넘는 헌신 수준에 이를 수 있다.

이 지극한 축복에 나타난 믿음과 사랑은 도덕적 인격을 강화(强化)하고 행복을 창조한다. 공포와 진노는 인격을 약화시키고 행복을 파괴한다. 이 중대한 설교는 행복한 음정(音程)으로 시작되었다.

1. "마음이 낮아져 있는 자—겸손한 자—는 복이 있도다." 어린아이에게 행복은 당장에 쾌락의 욕구를 채우는 것이다. 어른은 나중에 늘어난 행복을 거두려고 자기를 부인하는 씨를 기꺼이 뿌린다. 예수의 시절과 그 이후로, 행복은 재산 소유 관념과 너무 흔히 연결되어 왔다. 성전에서 기도하는 바리새인과 세리들의 이야기에서, 하나는 마음이 높아져 있었고—자기 중심이었고—다른 하나는 "마음이 낮아져 있었다"—겸손했다. 하나는 거만하고, 하나는 가르침을 받을 수 있고 진리를 찾았

다. 마음이 낮아져 있는 자는 영적 재산이라는 목표—하나님—을 추구한다. 진리를 찾는 그런 사람들은 먼 앞날에 보상을 기다릴 필요가 없다. 지금 보상을 받는다. 자신의 마음 속에서 하늘나라를 발견하며, 그런 행복을 지금 체험한다.

2. "올바름을 간절히 바라고 목마르게 찾는 자는 복이 있나니, 저희가 채워질 것임이라." 마음이 낮아져 있는 자라야 언제라도 올바름을 간절히 찾을 것이다. 오직 겸손한 사람이 신의 힘을 찾고 영적 권능을 가지고 싶어한다. 그러나 영적 재산에 대한 욕구를 개선하려고 영적 금식(禁食)에 일부러 빠지는 것은 아주 위험하다. 육체의 금식은 나흘이나 닷새 뒤에 위험해진다. 모든 식욕을 잃어버리기 쉽다. 지속된 금식은, 육체적이든 영적이든, 배고픔을 없애는 경향이 있다.

체험으로 얻는 올바름은 기쁨이요 의무가 아니다. 예수의 올바름은 힘찬 사랑이다—아버지와 형제의 사랑이다. 소극적이거나, 어찌하지 말라 하는 종류의 올바름이 아니다. 어떻게 사람이 언제라도 소극적인 것—무언가 "하지 않기"를 간절히 찾을 수 있는가?

어린아이의 머리에 이 지극한 축복(祝福)의 처음 두 가지를 가르치기는 그리 쉽지 않지만, 성숙한 지성은 그 중요성을 파악해야 한다.

3. "온유한 자는 복이 있나니, 저희가 땅을 물려받을 것임이라." 진정한 온유함은 두려움과 아무 관계가 없다. 오히려 하나님과 협동하는 사람의 태도이다—"하나님의 뜻이 이루어지이다." 이것은 참을성과 인내심을 담으며, 법을 지키고 친절한 우주를 믿는, 흔들리지 않는 믿음에 자극을 받는다. 온유함은 신의 이끄심에 반항하려는 모든 유혹을 이긴다. 예수는 유란시아에서 이상적인 온유한 사람이었고, 광대한 우주를 물려받았다.

4. "마음이 깨끗한 자는 복이 있나니, 저희가 하나님을 볼 것임이라." 영적 순수성은 의심과 복수심이 빠져 있다는 것을 제쳐 놓고, 부정적인 성질이 아니다. 순수성을 논할 때, 예수는 인간의 성(性)에 대한 태도를 전적으로 다룰 의도는 없었다. 그보다 사람이 동료 인간에 대하여 가져야 할 믿음, 부모가 어린아이에게 가지는 믿음, 아버지가 사랑하는 것 같이 동료들을 사랑할 수 있게 하는 믿음을 언급하였다. 아버지의 사랑은 응석을 받아 줄 필요가 없고 악을 묵인(默認)하지 않지만, 비웃는 일이 절대로 없다. 아버지의 사랑은 한 가지 목적을 가졌고, 반드시 사람한테서 최선을 찾는다. 그것이 참 부모의 태도이다.

하나님을—믿음으로—보는 것은 참된 영적 통찰력을 얻음을 의미한다. 영적 통찰력은 조절자의 인도하심을 향상하며, 결국에는 하나님 의식을 키워 준다. 너희가 아버지를 알 때, 너희가 신의 아들이라는 보장이 확인되고, 육체를 입은 형제들을 하나하나, 형제로서—형제 사랑으로—사랑할 뿐 아니라, 또한 아버지로서—아버지의 사랑으로—더욱 사랑할 수 있다.

이러한 훈계는 어린아이에게도 가르치기 쉽다. 아이들은 자연히 사람을 쉽게 믿으며, 부모는 아이들이 단순한 믿음을 잃지 않도록 처신해야 한다. 아이들을 다룰 때, 모든 속임수를 멀리하고 의심을 넌지시 비추기를 삼가라. 자기의 영웅을 선택하고 자기 일생에 할 일을 고르도록 지혜롭게 도와 주라.

다음에 예수는 더 나아가서, 인간의 모든 투쟁의 주요한 목적—완전—의 실현을, 심지어 신성에 이르는 것까지도, 추종자들에게 가르쳤다. 언제나 예수는 타일렀다: "하늘에 계신 너희 아버지가 완전한 것 같이 너희도 완전하라." 자신을 사랑하는 것 같이 열둘에게 이웃을 사랑하라고 훈계하지 않았다. 그것은 쓸모 있는 성취였을 터이고, 형제 사랑의 성취를 가리켰을 것이다. 오히려 그가 그들을 사랑한 것 같이, 사도들에게 사람들을 사랑하라고—형제의 애정 뿐 아니라 아버지의 애정

으로—사랑하라고 타일렀다. 아버지다운 사랑의 네 가지 최고의 반응을 지적함으로 이를 보여 주었다:

1. "슬퍼하는 자는 복이 있나니, 저희가 위로받을 것임이라." 이른바 상식이나 최선의 논리는 슬퍼함으로 행복을 얻을 수 있다고 제시하지 않을 것이다. 그러나 예수는 겉으로 또는 허세로 슬퍼함을 말하지 않았다. 마음이 부드러운, 감정적 태도를 가리켰다. 부드러움을 보이거나, 아니면 감정이나 육체적 고통을 표현하는 것이 남자답지 않다고 소년과 젊은이들에게 가르치는 것은 큰 잘못이다. 동정심은 여자 뿐 아니라 남자의 귀중한 속성이다. 남자답기 위하여 무정(無情)할 필요는 없다. 이것은 용감한 사람을 만드는 잘못된 방법이다. 세상의 위대한 사람들은 슬퍼하기를 두려워하지 않았다. 슬퍼하던 모세는 삼손이나 골리앗보다 더 위대한 사람이었다. 모세는 훌륭한 지도자였지만 또한 온유한 사람이었다. 인간의 필요를 헤아리고 그에 민감한 것은 진정하고 오래 가는 행복을 창조하며, 한편 그런 친절한 태도는 노여움·미움·의심의 파괴적 영향으로부터 혼을 보호한다.

2. "자비로운 자는 복이 있나니 저희가 자비를 얻을 것임이라." 여기서 자비는 가장 참된 우정—자애로움—의 높이와 깊이와 폭을 가리킨다. 자비는 때때로 수동적일까 하지만, 여기서 자비는 능동적이고 힘차다—지극하게 아버지답다. 사랑이 있는 부모는 아이를 용서하는 데, 여러 번이라도, 조금도 어려움을 느끼지 않는다. 버릇이 나쁘지 않은 아이의 경우에 고통을 해소하려는 욕구는 자연스럽다. 실제 형편을 이해할 만큼 나이가 들 때, 아이들은 보통 친절하고 동정심이 있다.

3. "화평하게 하는 자는 복이 있나니, 저희가 하나님의 아들이라 일컬음을 받을 것임이라." 청중은, 화해시키는 자가 아니라 군사적 구원을 바라고 있었다. 그러나 예수의 평화는 유순하고 소극적 종류가 아니다. 시련과 박해와 마주쳐서 말했다. "나의 평화를 너희에게 두고 가노라." "너희는 마음에 걱정하거나 두려워하지도 말라." 이것은 파괴하는 투쟁을 막는 평화이다. 개인의 평화는 인격을 통합한다. 사회의 평화는 두려움·욕심·분노를 막는다. 정치적 평화는 종족의 적대 감정, 국가의 의심, 전쟁을 방지한다. 화평케 하는 것은 불신과 의심을 고치는 약이다.

아이들은 화해시키는 자로 활동하라고 가르치기 쉽다. 집단 활동을 즐기며 함께 놀기를 좋아한다. 또 다른 때에 주는 말했다: "자기 목숨을 구하고자 하는 자마다 목숨을 잃으려니와 자기 목숨을 버리려 하는 자마다 목숨을 찾으리라."

4. "올바름을 위하여 박해받는 자는 복이 있나니, 하늘나라가 저희 것임이라. 사람들이 너희를 욕하고 박해하며, 너희를 대적하여 온갖 모습의 악한 것을 거짓되게 말할 때 너희는 복이 있느니라. 기뻐하고 크게 즐거워할지니 하늘에서 너희의 상이 큼이라."

평화 후에 흔히 박해가 따른다. 그러나 젊은이와 용감한 어른들은 결코 어려움이나 위험을 피해서는 안 된다. "사람에게는 친구를 위하여 목숨을 버리는 것보다 더 큰 사랑이 없느니라." 아버지다운 사랑은 이 모두를—형제 사랑이 도저히 해낼 수 없는 것을—아낌없이 할 수 있다. 진보는 언제나 박해의 마지막 수확이었다.

아이들은 용기를 도전받을 때 반드시 반응한다. 젊은이는 언제라도 기꺼이 "용감하게 도전한다." 아이들은 모두 일찍부터 희생하는 것을 배워야 한다.

그래서 산상 설교의 지극한 축복은 믿음과 사랑에 기초를 두었고, 율법에—윤리와 의무에—두지 않았음이 드러난다.

아버지다운 사랑은 악을 선으로—불의를 선행으로—갚기를 기뻐한다.

6. 임명식이 있던 저녁

일요일 저녁에, 가버나움의 북쪽 산지로부터 세베대의 집에 도착한 뒤에, 예수와 열두 제자는 조촐한 저녁을 들었다. 그 뒤에, 예수가 물가를 따라 걸으려고 나간 동안, 열둘은 자기들끼리 이야기했다. 짧은 회의가 있은 뒤에, 쌍둥이가 몸을 따듯하게 하고 빛을 밝히려고 모닥불을 지피는 동안, 안드레는 예수를 찾으러 나갔고, 따라잡았을 때 말했다: "주여, 내 형제들은 하늘나라에 대한 말씀을 알아들을 수 없나이다. 더 가르치기까지, 우리는 이 일을 시작할 수 있다는 느낌이 들지 않나이다. 뜰에서 우리와 함께 하시고, 하신 말씀의 뜻을 이해하도록 도와 달라고 부탁하러 왔나이다." 예수는 사도들을 만나려고 안드레와 함께 갔다.

뜰로 들어갔을 때 예수는 사도들을 둘레에 모으고 이렇게 말하며 더 가르쳤다: "너희는 오래 된 가르침 바로 위에 새 가르침을 세우려 하므로, 내 메시지를 받기가 어려움을 발견하나, 내가 선언하노니 너희는 다시 태어나야 하느니라. 어린아이처럼 새로 시작하고 기꺼이 내 가르침을 신뢰하고 하나님을 믿어야 하느니라. 하늘나라의 새 복음을 현재 있는 것에 순응하게 만들 수 없느니라. 너희는 사람의 아들과 그 지상(地上) 사명에 관하여 그릇된 생각을 가졌느니라. 그러나 내가 율법과 선지자를 제쳐 놓으려고 왔다고 잘못 생각하지 말라. 없애는 것이 아니라 이루고 확대하고 비추려고 내가 왔노라. 율법을 어김이 아니라, 이 새 계명을 너희 마음 속 서판에 써 주려고 내가 왔노라.

"자선하고 기도하고 금식하여 아버지의 은혜를 얻고자 하는 자들을 초월할 올바름을 너희에게 요구하노라. 하늘나라에 들어가고 싶거든, 사랑·자비·진리로 이루어진 올바름—하늘에 계신 내 아버지의 뜻을 행하기를 진지하게 바라는 마음—을 가져야 하느니라."

그러자 시몬 베드로가 말했다: "주여, 당신이 새로운 계명을 가졌으면, 듣고 싶나이다. 새 길을 우리에게 보이소서." 예수가 베드로에게 대답하였다. "너희는 율법을 가르치는 자들이 '살인하지 말라. 살인하는 자는 누구든지 심판을 받을지니라'함을 들었느니라. 그러나 나는 동기를 밝히려고 행위를 넘어서 보노라. 너희에게 선언하노니, 형제에게 성내는 자마다 죄 있다고 판결받을 위험이 있느니라. 마음 속에 미움을 품고 머리 속에 복수하려 계획하는 자마다 심판을 받을 위험이 있도다. 너희는 행위로 동료들을 판단해야 하지만, 하늘에 계신 아버지는 심중(心中)을 보고 판단하시느니라.

"'간음하지 말라' 율법 선생들이 이르는 것을 너희가 들었느니라. 그러나 너희에게 이르노니, 음란한 생각으로 여자를 바라보는 남자마다 이미, 여자와 마음 속에서 간음하였느니라. 너희는 사람들을 오직 행위로 판단할 수 있으나, 내 아버지는 자녀들의 마음 속을 들여다보고, 그 의도(意圖)와 진정한 욕구에 따라서 자비롭게 판단하시니라.

예수는 다른 계명들을 계속 논의할 생각이 있었지만 이 때 야고보 세베대가 끼어들어 물었다: "주여, 이혼(離婚)에 관하여 사람들에게 무엇을 가르쳐야 하리이까? 모세가 지시한 대로 남자가 아내와 이혼하도록 버려 두어야 하리이까?" 이 질문을 듣자 예수는 말했다: "나는 율법을 세우려 온 것이 아니라 사람을 깨우쳐 주러 왔노라. 이 세상의 나라들을 개혁하러 온 것이 아니요, 오히려 하늘나라를 세우려 왔노라. 정부나 무역이나 사회 행동 규칙(規則)을 너희에게 가르칠 유혹에 굴복하는 것이 아버지의 뜻이 아니니, 이것들은 오늘날 좋을지 모르나, 다른 시대의 사회에 도무지 맞지 아니하리라. 나는 오로지 정신을 위로하고, 영들을 해방하고, 사람들의 혼을 구원하러 이 땅에 왔노라. 그러나 이 이혼 문제에 관하여 내가 이르리니, 모세는 그러한 일을 승인했어도 아담의 시절에, 동산에서는 그렇지 않았느니라."

사도들끼리 한동안 이야기한 뒤에, 예수는 말씀을 이었다: "사람의 모든 행위의 두 가지 관점—인간다운 것과 신다운 것, 육체의 길과 영의 길, 시간의 추정치와 영원의 관점—을 언제나 인식해야 하느니라." 비록 열둘은 그 가르침을 전부 알아듣지는 못했어도, 이 가르침은 참으로 유익했다.

다음에 예수는 말했다: "그러나 너희는 내 메시지를 버릇처럼 글자 그대로 풀이하므로 내 가르침에 걸려 넘어지며, 가르침의 정신을 더디게 깨닫는도다. 너희는 내 사자임을 또 다시 기억해야 하고, 내가 영적으로 내 삶을 살아온 것 같이, 너희 생애를 살아야 하느니라. 너희는 나의 개인 대표이나, 모든 사람이 세세(細細)히 너희가 하는 대로 살기를 잘못 기대하지 말라. 나는 이 무리에 속하지 않는 양들을 가졌고, 필사 성품으로 일생을 살면서 하나님의 뜻을 행하는 모범을 마련하도록 내가 저희에게도 의무가 있다는 것을 너희가 또한 기억해야 하느니라."

그러자 나다니엘이 물었다: "주여, 우리는 응보를 인정하지 말아야 하나이까? '눈에는 눈으로, 이에는 이로 갚으라' 모세의 율법이 이르나이다. 우리는 무어라고 말하리이까?" 대답은 이러했다: "너희는 악을 선으로 갚을지니라. 내 사자(使者)들은 사람들과 다투지 말고, 누구에게든지 부드러워야 하느니라. 치수대로 갚는 것이 너희의 규칙이 되게 하지 말라. 사람들의 통치자는 그러한 율법을 가질지 몰라도 하늘나라에서는 그렇지 않으니라. 언제나 자비가 너희의 판단을, 사랑이 행위를 결정할지니라. 이 말이 알아듣기 어려우면, 너희는 이제라도 돌아갈 수 있느니라. 사도직의 요구 조건이 너무 어렵거든, 덜 힘든 제자의 길로 돌아가도 좋으니라."

깜짝 놀랄 이 말씀을 듣고 나서 사도들끼리 한동안 물러났지만, 곧 돌아와서 베드로가 말했다: "주여, 우리는 당신과 함께 계속하려 하나이다. 우리 가운데 아무도 돌아가려 하지 않나이다. 덤을 치를 준비가 충분히 되어 있고, 그 잔을 마시겠나이다. 단지 제자가 아니라 사도가 되려 하나이다."

이 말을 듣자 예수는 말했다: "그러면 기꺼이 너희의 책임을 지고 나를 따르라. 착한 일을 몰래 하며, 자선금 낼 때 바른 손이 무엇을 하는지 왼 손이 모르게 하라. 기도할 때, 너희끼리 따로 가라, 말을 헛되이 되풀이하거나 뜻 없는 구절을 쓰지 말라. 아버지는 구하기도 전에 너희가 무엇이 필요한 줄 아심을 언제나 기억하라. 사람들에게 보이려고 슬픈 얼굴로 금식(禁食)하는 데 빠지지 말라. 하늘나라의 봉사를 위하여 이제 따로 구별하여 내가 택한 사도로서, 자신을 위하여 땅에서 보물을 쌓지 말고, 사심 없이 봉사하여 하늘에 보물을 쌓을지니, 보물 있는 곳에, 너희의 마음도 또한 있음이라.

"육체의 등불은 눈이라. 그런즉 너그럽게 헤아리는 눈이 있으면 온 몸이 빛으로 가득 차리라. 그러나 욕심(慾心)에 눈이 어두우면, 온 몸이 어두움에 싸이리라. 네 안에 있는 바로 그 빛이 어두워지면 그 어두움이 오죽하겠느냐!"

그리고 나서 토마스는 "모든 것을 공동으로 계속 가져야" 하는가 물었고, 주의 대답은 이러했다: "옳도다, 형제들아, 내가 바라건대, 공감하는 한 가족으로서 우리가 함께 살아야 하느니라. 너희에게 큰 일이 맡겨졌고, 한눈팔지 않고 봉사하기를 몹시 바라노라. '아무도 두 주인을 섬길 수 없다'는 좋은 말씀을 너희가 아느니라. 너희는 하나님을 성실하게 예배하고, 동시에 진심으로 재물을 섬길 수 없느니라. 이제 하늘나라 일을 하려고 아낌없이 지원하였은즉, 생활을 걱정하지 말라. 너희가 무엇을 먹을까 무엇을 마실까, 너희 몸을 위해서도 무슨 옷을 입을까 더군다나 걱정하지 말라. 기쁘게 일하는 손과 진지한 마음은 배고프게 지내지 않을 것을 너희가 이미 배웠느니라. 이제, 너희가 온 에너지를 하늘나라 일에 바치려고 준비할 때, 아버지가 너희의 필요를 모른 체하지 않으실 것을 확실히 믿으라. 먼저 하나님의 나라를 찾으라. 너희가 거기에 들어가는 문을 찾고 나서, 모든 필요한 것이 너희에게 더해지리라. 그러므로 앞날을 지나치게 걱정하지 말라. 그 날의 어려움은 그 날로 충분하니라."

밤새도록 질문하면서 늦게 있고 싶어하는 것을 보고 예수는 말했다: "형제들아, 너희는 토기(土器)이라. 내일 일을 준비하도록 잠자러 가는 것이 최선이라." 그러나 그들의 눈에서 이미 잠이 달아났다. 베드로는 나서서 주에게 요청했다: "나는 당신과 개인적으로 그냥 조금 의논할 것이 있나이다. 형제들과 따로 무슨 비밀을 가지려는 것이 아니라, 마음이 괴롭고, 혹시라도 주로부터 꾸지람을 받아야 한다면, 당신하고만 따로 더 견디기 쉽겠나이다." 집으로 길을 인도하며, 예수는 말했다 "베드로야, 따라 오라." 주가 계신 곳으로부터 베드로가 무척 명랑해지고 크게 격려받고 돌아왔을 때, 야고보는 예수와 함께 이야기하러 가려고 마음먹었다. 이런 식으로 날이 샐 때까지, 다른 사도들은 하나씩 주와 함께 이야기하러 갔다. 잠든 쌍둥이를 제쳐 놓고, 모두가 예수와 개인적으로 상담했을 때, 안드레는 예수가 계신 데로 들어가서 말했다: "주여, 쌍둥이는 뜰에서 불 옆에 잠들었나이다. 당신과 또한 이야기하고 싶은지 저희를 깨워서 물어 보리이까?" 예수는 빙그레 웃으며 안드레에게 말했다. "저희는 잘 하느니라—그냥 두어라." 이제 밤이 지나갔고, 새 날의 빛이 밝아오고 있었다.

7. 임명식 다음 주

몇 시간 동안 잠자고 난 뒤에, 열둘이 함께 늦은 아침을 먹으려고 모였을 때, 예수는 말했다: "이제 너희는 기쁜 소식을 전파하고 신자들을 가르치는 일을 시작해야 하느니라. 예루살렘으로 갈 준비를 하여라." 예수가 말한 뒤에, 토마스는 용기를 불러일으키고 말했다: "주여 그 일에 들어가려고 우리가 준비되어야 함을 내가 아나이다. 하지만 우리가 아직 이 큰 사업을 이룰 수 없다는 생각이 드나이다. 우리가 하늘나라 일을 시작하기에 앞서, 며칠만 더 이 근처에 우리가 남아 있는 데 찬성하시겠나이까?" 사도들이 모두 똑같은 두려움에 빠져 있음을 보고서 예수는 말했다: "너희가 요청한 대로 될지니라. 우리가 안식일 동안 여기에 남아 있으리라."

몇 주 동안, 진지하게 진리를 추구하는 자들의 작은 무리가 호기심에 이끌린 구경꾼들과 함께, 예수를 보려고 벳세다로 오고 있었다. 이미 그에 관한 소식이 시골에 퍼졌다. 티레·시돈·다마스커스·케자리아·예루살렘과 같이 먼 도시로부터 수소문하는 무리가 왔다. 여태까지 예수는 이 사람들에게 인사를 건네고 하늘나라에 관하여 가르쳤지만, 이제 이 일을 열둘에게 넘겼다. 안드레는 사도들 가운데 하나를 선택하여 한 집단의 방문자들에게 배치했고, 때로는 열둘이 다 그렇게 바빴다.

낮에는 가르치고 밤이 늦도록 사사로운 모임을 가지면서, 이틀 동안 일했다. 사흘째에, "고기를 잡으러 가거나, 홀가분하게 변화를 찾거나, 아니면 혹시 너희 가족을 찾아보라"하고 사도들을 보낸 동안, 예수는 세베대와 살로메와 친교하였다. 사흘 동안 더 가르치려고 그들은 목요일에 돌아왔다.

연습하는 이 주간에, 예수는 세례 받은 뒤에 땅에서 이루어야 할 사명의 두 가지 큰 동기(動機)를 여러 번 사도들에게 되풀이하여 말했다:

1. 아버지를 사람에게 드러내는 것.
2. 사람들이 아들 의식을 갖도록—최고자의 자녀인 것을 믿음으로 깨닫도록—이끄는 것.

한 주 동안 이 다양한 체험은 열둘에게 크게 도움이 되었다. 더러는 지나치게 자신감이 생기기도 하였다. 마지막 회의에서, 안식일이 끝난 그 날 밤에, 베드로와 야고보가 예수에게 와서 말했다, "우리는 준비가 되었나이다—이제 하늘나라를 치러 갑시다." 이에 예수는 대답하였다. "너희의 지혜가 열심을 필적하고, 용기가 무지(無知)를 보상하기를—."

비록 가르침을 많이 알아듣지 못했어도, 사도들은 예수가 함께 지낸 기막히게 아름다운 삶의 중요성을 놓치지 않고 깨달았다.

8. 호수에서 목요일 오후에

예수는 사도들이 가르침을 완전히 새겨듣지 못했음을 잘 알았다. 베드로·야고보·요한에게 얼마큼 특별 교육을 주기로 작정하였고, 그들이 동료들에게 그 아이디어를 분명히 밝힐 수 있기를 바랐다. 열둘이 영적 하늘나라 관념의 어떤 모습을 파악하고 있었지만, 다윗의 왕좌(王座)를 회복하고 땅에서 현세의 권력으로서 이스라엘을 다시 세운다는, 글자 그대로 하늘나라 개념, 오래 되고 뿌리 깊은 개념 바로 위에, 끈질기게 이 새 가르침을 붙이려고 고집하는 것을 보았다. 따라서 목요일 오후에, 하늘나라의 일을 의논하려고 예수는 베드로·야고보·요한과 함께 배를 타고 물가를 떠나갔다. 이것은 네 시간 동안 가르치는 회의여서 수십 가지 질문과 대답을 포함했고, 시몬 베드로가 형 안드레에게 다음 날 아침에 준 대로, 이 중요한 오후의 요약(要約)을 다시 정리해서 이 기록에 넣는 것이 가장 유익할까 한다:

1. <u>아버지의 뜻을 행하는 것</u>. 하늘 아버지가 전반적으로 돌보심을 신뢰하라는 예수의 가르침은 맹목적이고 수동적인 운명론(運命論)이 아니었다. 이 날 오후에 어느 옛 히브리 속담을 인정하여 인용했다: "일하려 하지 않는 자는 먹지 말지니라." 가르침에 대한 충분한 논평으로서 자신의 체험을 가리켰다. 아버지를 신뢰함에 대한 교훈은 현대나 어느 다른 시대의 사회 또는 경제 조건에 비추어 판단해서는 안 된다. 그의 가르침은 어느 시대나 어느 세계에도, 하나님과 가까이 사는 이상적 원칙을 포함한다.

예수는 사도(使徒)와 제자가 되는 요건의 차이를 세 사람에게 분명히 밝혔다. 그리고 나서도 열두 사도에게 신중함과 예견하는 것을 금하지 않았다. 선견(先見)을 반대하는 것이 아니라 근심·걱정을 하지 말라고 설교하였다. 하나님의 뜻에 적극적으로, 정신차리고 복종하기를 가르쳤다. 검소와 절약에 관한 많은 질문에 답하여, 다만 목수와 배 건축자와 어부로서 살았던 생활, 그리고 열둘을 신중하게 조직한 것을 주목하라고 했다. 세상을 적(敵)으로 간주해서는 안 된다, 생활 환경은 하나님의 자녀들과 나란히 작용하는 신의 섭리의 일부라는 것을 분명히 밝히려고 애썼다.

개인적으로 무저항(無抵抗)을 실천한 것을 이해시키는 데 예수는 큰 어려움을 겪었다. 그는 아예 자신을 방어하려 하지 않았고, 사도들의 눈에는 그들이 똑같은 정책을 추구한다면 주가 기뻐할 듯이 보였다. 악에 대항하지 말라고, 불법이나 권리 침해에 맞서 싸우지 말라고 가르쳤지만, 악행을 수동적으로 묵인(默認)하기를 가르치지는 않았다. 행악자와 범죄자들을 사회가 처벌하는 것을 승인한다, 사회 질서를 유지하기 위하여, 법을 집행하는 데 국가 정부가 때때로 무력(武力)을 사용해야 한다는 것을 이 날 오후에 예수는 분명히 밝혔다.

예수는 <u>앙갚음</u>하는 악습이 나쁘다고 제자들에게 그침 없이 경고하였다. 그는 복수, 앙갚음하는 관념을 조금도 허락하지 않았다. 불평 품는 것을 딱하게 여겼다.

눈에는 눈으로, 이에는 이로 갚는 관념을 인정하지 않았다. 개인으로서, 몸소 앙갚음하는 개념 전체를 찬성하지 않았고, 이 문제를 한편으로 국가 정부에, 한편으로는 하나님의 심판에 맡겼다. 그의 가르침은 국가가 아니라, 개인에게 적용된다는 것을 세 사람에게 뚜렷하게 말했다. 그는 이 문제에 대하여 그 때까지 가르친 것을 다음과 같이 요약했다:

너희의 적을 사랑하라—인간이 형제라는 도덕적 주장을 기억하라.

악(惡)은 무익하다: 한 가지 악은 복수(復讐)로 고쳐지지 않는다. 악 자체의 무기(武器)로 악에 대항하여 싸우는 잘못을 저지르지 말라.

믿음—신의 정의(正義)와 영원한 선이 궁극에 이긴다는 확신—을 가지라.

2. 정치적 태도. 당시에 유대 민족과 로마 정부 사이에 존재하던 긴장된 관계에 대한 논평을 조심하라고 사도들에게 주의를 주었다. 어떤 면에서도 그들이 이 난국에 말려드는 것을 금했다. 그는 적들이 놓은 정치적 덫을 피하려고 언제나 조심스러웠고, "케자의 물건을 케자에게 돌리고, 하나님의 물건을 하나님께 돌리라"고 늘 대답했다. 구원받는 새 길을 확립하는 사명으로부터 주의(注意)를 빼앗기지 않으려 하였다. 자신이 어떤 다른 것에 관여하도록 버려 두지 않았다. 사생활에서 언제나 모든 국가의 법과 규칙을 마땅히 준수했다. 모든 대중 교육에서 시민, 사회, 경제 분야를 무시(無視)했다. 오직 사람의 속, 개인의 영적 생활의 원칙에만 관심을 가진다고 세 사도에게 일러 주었다.

따라서 예수는 정치적 개혁가가 아니었다. 세상을 다시 조직하려고 오지 않았다. 이렇게 했다 하더라도, 그것은 그 시대와 세대에만 적용되었을 것이다. 그런데도 최선으로 사는 길을 사람에게 보여 주었으며, 어떤 세대(世代)에도 어떻게 자체의 문제에 예수의 생애를 최선으로 적용하는가 발견하는 수고가 면제되지 않는다. 그러나 예수의 가르침을 어떤 정치 이론이나 경제 이론, 어떤 사회 체제나 산업 체제와 동일시하는 잘못을 결코 저지르지 말라.

3. 사회적 태도. 유대인 랍비들은 이 문제를 오랫동안 논의해 왔다: 누가 나의 이웃인가? 예수는 와서, 적극적이고 저절로 우러나오는 친절 관념을 제시하였다. 동포에 대한 사랑이 너무나 진지해서, 그 사랑이 전 세계를 포함하고, 그래서 모든 사람을 자기 이웃으로 만들기까지, 이웃을 확대했다. 그러나 이 모두와 함께, 예수는 대중이 아니라 오직 개인에 관심을 가졌다. 예수는 사회학자가 아니었지만, 온갖 형태의 이기적 고립을 깨뜨리려고 수고했다. 순전한 동정심, 불쌍히 여기는 마음을 가르쳤다. 네바돈의 미가엘은 자비에 지배를 받는 아들이다. 동정심은 바로 그의 성품이다.

주는 사람들이 결코 친구에게 식사를 대접해서는 안 된다고 말하지 않았지만 추종자들이 가난한 자와 불행한 자를 위하여 잔치를 베풀어야 한다고 말했다. 예수는 확고한 응보 감각을 가졌지만, 그것은 반드시 자비로 말미암아 부드럽게 되었다. 예수는 사도들에게 사회의 기생충이나 전문(專門)으로 자선을 바라는 자들에게 이용당하라고 가르치지 않았다. 사회적 선언을 하기에 아주 접근한 것은 "판단을 받지 않도록 사람을 판단하지 말라" 한 것이다.

그는 무차별한 친절이 여러 가지 사회악에 책임이 있을지 모른다고 분명히 말했다. 다음 날, 그가 요청하거나, 두 사도가 공동으로 간청할 때를 제쳐 놓고, 사도의 기금을 하나도 자선금으로 주어서는 안 된다고 유다에게 분명히 지시했다. 이 모든 문제에서 "뱀 같이 지혜로우나 비둘기 같이 순결하라"는 말하는 것이 예수의 버릇이었다. 모든 사회 상황에서 참을성·관용·용서를 가르치는 것이 목적인 듯하였다.

가족은—여기서, 그리고 다음 세상에서—예수의 생활 철학의 바로 그 핵심을 차지했다. 하나님에 관한 가르침을 가족에 기초를 두었고, 한편 조상을 지나치게 존경하는 유대인의 성향을 고치려고 애썼다. 가족 생활을 가장 높은 인간의 임무로서 높였지만, 가족 관계가 종교적 의무에 간섭해서는 안 된다는 것을 분명히 밝혔다. 가족이 이 세상의 제도요, 죽음 뒤에 살아남지 않는다는 사실에 주의를 불러일으켰다. 가족이 아버지의 뜻에 충돌했을 때 예수는 가족을 서슴지 않고 버렸다. 사람의 새롭고 더 큰 형제 정신—하나님의 아들이라는 것—을 가르쳤다. 예수의 시절에 팔레스타인에서, 로마 제국 전역에 걸쳐, 이혼 관습은 흐리멍덩했다. 결혼과 이혼에 관하여 율법 세우기를 거듭 물리쳤지만, 초기에 예수를 따르던 많은 사람은 이혼에 관하여 뚜렷한 의견을 가졌고, 그런 의견을 서슴지 않고 예수의 탓으로 돌렸다. 요한 마가를 빼고, 신약(新約)의 저자들은 모두 결혼에 대하여 좀더 엄격하고 진보된 이 관념을 지켰다.

4. 경제적 태도. 예수는 그가 발견한 세상에서 일하고, 살고, 물건을 교환했다. 경제 개혁가가 아니었지만, 재산의 불평등한 분배가 부당한 것에 빈번히 주의를 불러일으켰다. 그러나 치유하는 방법으로 아무런 대안(代案)을 내놓지 않았다. 사도들이 재산을 지녀서는 안 되지만, 부와 재산을 거부하는 것이 아니라, 다만 재산이 불평등하고 불공정하게 분배되는 것이 그릇되다고 설교한다고 세 사람에게 분명히 일러 주었다. 사회 정의(正義)와 산업의 공정이 필요함을 인정했지만, 이를 달성하기 위하여 아무런 원칙을 내놓지 않았다.

결코 추종자들에게 세상의 소유물을 피하라고 가르치지 않았고, 다만 열두 사도에게 그렇게 했다. 의사(醫師)인 누가는 사회의 평등을 뚜렷이 믿는 사람이었고, 그의 개인적 관점과 조화되게 예수의 말씀을 풀이하려고 많이 애썼다. 예수는 추종자들에게 공동체 형태의 생활을 채택하라고 친히 지시한 적이 없었고, 그러한 문제에 관하여 어떤 종류의 선언도 하지 않았다.

예수는 말씀을 듣는 자들에게 탐욕에 대하여 자주 경고했고, "사람의 행복은 물질 재산의 풍부함에 있지 않느니라" 선언하였다. 항상 되풀이했다: "사람이 온 세상을 얻고도 제 혼을 잃으면 무슨 이득이 있으리요?" 재산 소유를 직접 공격하지 않았지만, 영적 가치의 우선(于先)이 영원히 필수라고 주장했다. 후기의 가르침에서, 대중에게 봉사하는 과정에서 그가 제시한 수많은 비유를 이야기함으로 유란시아의 그릇된 여러 생활 관점을 고치려고 애썼다. 예수는 결코 경제 이론을 만들려고 의도하지 않았다. 각 시대는 기존하는 문제들에 대하여 자체의 처방을 진화시켜야 한다는 것을 잘 알았다. 예수가 오늘날 육체를 입고 살면서 땅에 계시다면, 대다수의 착한 남녀의 기대에 크게 어긋날 터인데, 오늘날의 정치나 사회나 경제 논쟁(論爭)에서 편을 들지 않으리라는 간단한 이유 때문이다. 순전히 인간적인 너희 문제들을 풀려고 도전하는 데 너희를 몇 배나 더 유능하게 만들도록, 마음의 영적 생활을 어떻게 완전하게 만드는가 가르치면서, 숭고하게 초연(超然)할 것이다.

예수는 모든 사람을 하나님처럼 만들고, 다음에 이 하나님의 아들들이 자신의 정치·사회·경제 문제들을 해결하는 동안, 이해심을 가지고 기다리려 할 것이다. 그가 비난한 것은 재산이 아니라, 재산에 굴종하는 대다수의 사람에게 재산이 미치는 영향이었다. 이 목요일 오후에 예수는 "주는 것이 받는 것보다 복이 있다"고 처음으로 동료들에게 말했다.

5. 개인적 종교. 너희는 예수의 사도들처럼, 예수의 생애를 보고 그 가르침을 더 잘 이해해야 한다. 그는 완전하게 된 일생을 유란시아에서 살았고, 독특한 가르

침은 오직 그 일생을 닥친 그 배경에서 상상할 때 겨우 이해할 수 있다. 아버지의 신성한 성품과 사랑하는 성격을 드러내는 데 가장 도움이 될 것은 그의 일생이지, 열둘에게 준 가르침이나 군중에게 한 설교가 아니다.

예수는 히브리 선지자나 그리스 도덕가들의 가르침을 공격하지 않았다. 주는 이 위대한 선생들이 대표하는 많은 좋은 것을 인식했지만, 무언가 더 큰 것, "사람의 뜻을 하나님의 뜻에 자진해서 순종(順從)하기"를 가르치려고 땅에 내려왔다. 예수는 다만 종교인, 종교적 느낌으로 온통 싸여 있고 오직 영적 충동에 따라서 움직이는 사람을 만들기를 원하지 않았다. 너희가 한 번 얼핏 볼 수 있었다면, 예수가 이 세상일에 큰 경험을 가진 실재한 사람이었음을 알았을 것이다. 이 점에서 예수의 가르침은 그리스도교 시대의 여러 세기를 통해서 계속, 터무니없이 왜곡되고 많이 와전(訛傳)되었다. 너희는 또한 주의 온유와 겸손에 대하여 비뚤어진 생각을 지녀왔다. 그의 일생의 목표는 최상의 자존심이었던 듯하다. 사람이 참으로 높아질 수 있도록 오직 스스로 겸손하라고 충고했다. 그가 정말로 의도한 것은 하나님을 향한 참된 겸손이었다. 그는 성실함—깨끗한 마음—을 높이 평가했다. 인격의 평가에서, 충실은 으뜸가는 미덕이었고, 한편 용기는 그의 가르침의 바로 그 핵심이었다. "두려워 말라"가 표어요, 참고 견딤은 인격의 강건함에 대한 이상(理想)이었다. 예수의 가르침은 용감·용기·영웅심의 종교를 이룬다. 이것이 바로 어째서 보통 사람 열두 명을 개인 대표로서 골랐는가 하는 이유이며, 이들의 대다수는 거칠고 튼튼하고 남자다운 어부였다.

예수는 그 시대의 사회악에 대하여 할 말이 거의 없었다. 도덕적 방탕을 언급하는 일이 드물었다. 그는 참된 미덕을 긍정적으로 가르치는 선생이었다. 가르침을 나누어 주는 부정적 방법을 세심하게 피했고, 악을 선전하려 하지 않았다. 도덕을 개혁하는 자가 아니었다. 인류의 육욕(肉慾)은 종교적 꾸지람이나 율법으로 금지함으로 억누를 수 없음을 잘 알았고, 그렇게 사도들에게 가르쳤다. 얼마 안 되는 비난은 대체로 자만·잔인·억압·위선을 향한 것이었다.

예수는 요한이 한 것처럼, 바리새인들조차 맹렬히 비난하지 않았다. 많은 서기관과 바리새인이 마음에는 정직(正直)함을 알았고, 종교적 전통에 노예처럼 매여 있다는 것을 이해했다. 예수는 "먼저 나무를 좋게 만드는 일"을 크게 강조했다. 어떤 몇 가지 특별한 미덕이 아니라, 생애 전체를 평가한다는 것을 세 사람에게 강조하였다.

요한이 이 날의 가르침으로부터 한 가지 얻은 것은 예수가 가진 종교의 핵심은 하늘에 계신 아버지의 뜻을 행하도록 자극받은 성격과 함께 자비로운 인품을 얻는 데 있다는 것이었다.

베드로는 그들이 바야흐로 선포하려는 복음은 온 인류를 위하여 정말로 새로운 시작이라는 생각을 깨달았다. 그는 이 인상을 나중에 바울에게 전했고, 바울은 이로부터 그리스도가 "둘째 아담"이라는 신조를 지어 냈다.

야고보는 땅에서 자녀들이 마치 완성된 하늘나라 시민이 이미 된 것처럼 살기를 예수가 바란다는 감격스러운 진리를 깨달았다.

예수는 사람들이 다른 것을 알았고, 사도들에게 다르게 가르쳤다. 제자와 신자들을 어떤 정해진 형식에 맞추어 형식화하려고 애쓰기를 삼가라고 사도들을 항상 훈계하였다. 각 사람이 자기 방식대로, 하나님 앞에서 완전하게 되는 독립된 개인을 개발하도록 버려 두려고 애썼다. 베드로의 여러 질문 중 하나에 대답하여, 주는

말씀했다: "새롭고 더 나은 생활에 어린아이로서 새로 시작할 수 있도록 사람들을 해방하기를 내가 원하노라." 예수는 참된 선함은 의식(意識)하지 않고 행하는 것이어야 한다고, 자선을 베풀 때 바른 손이 무엇을 하는지 왼손이 모르게 하기를 언제나 주장하였다.

주의 종교가 영적 자기 반성에 대하여 아무 규정이 없음을 깨닫고 세 사도는 이날 오후에 놀랐다. 예수의 시절 이전과 이후에 있던 모든 종교는, 그리스도교조차, 양심적인 자아 검토를 조심스럽게 마련한다. 그러나 나사렛 예수의 종교는 그렇지 않았다. 예수의 생활 철학은 종교적 내성(內省)이 없다. 목수의 아들은 결코 인격을 형성하라고 가르치지 않았다. 인격의 성장을 가르쳤고, 하늘나라는 겨자씨와 같다고 외쳤다. 그러나 예수는 거만한 자기 본위를 방지하는 수단으로 자아의 분석을 금지할 말씀은 하나도 하지 않았다.

하늘나라에 들어갈 권리는 신앙, 몸소 믿는 데 달려 있다. 하늘나라로 진보하여 계속 올라가는 길에 치르는 비용은, 사람이 가진 것을 모두 팔아서 얻고자 하는 값비싼 진주와 같다.

예수의 가르침은, 약자(弱者)와 노예들 뿐 아니라, 모든 사람을 위한 종교이다. 그의 종교는 (그 시대에) 결코 신조(信條)와 신학 법칙으로 구체화되지 않았다. 그는 한 줄의 글도 뒤에 남기지 않았다. 그의 일생과 가르침은 어느 시대나, 어느 세계에도, 영적 안내와 도덕적인 가르침에 적당한 유산(遺産), 영감을 주는 이상적 유산으로서 우주에 남겨 주었다. 오늘날도, 예수의 가르침은 모든 종교와 따로 구별된다. 하지만 그것만으로 그 가르침은 각 종교에게 살아 있는 희망이다.

예수는 종교가 땅에서 사람의 유일한 추구 대상이라고 사도들에게 가르치지 않았다. 그것은 하나님을 섬기는 것에 관한 유대인 관념이었다. 그러나 종교가 열두 사도가 전념할 일이라고 주장했다. 신자들의 진정한 교양의 추구를 막으려고 예수가 가르친 것은 하나도 없다. 다만 그는 전통에 묶인 예루살렘의 종교 학당들을 깎아내렸다. 그는 아낌없이 주었고, 마음이 넓고, 널리 알고, 너그러웠다. 자의식하는 경건은 올바르게 사는 그의 철학에서 아무런 자리를 차지하지 못했다.

주는 그 시대나 후일 어느 시대의 비종교 문제들을 위하여, 아무런 해결책을 내놓지 않았다. 예수는 영원한 실체들을 꿰뚫어보는 영적 통찰력을 개발하고 생활의 독창성에서 주도권 쥐는 것을 자극하기 바랐다. 그는 인류의 기초에 있는 영구한 영적 필요에만 순전히 관심을 가졌고, 하나님과 동등한 선(善)을 드러냈다. 사랑—진리·아름다움·선—을 신다운 이상과 영원한 실체로서 높이었다.

주는 사람 속에서 새로운 정신, 새로운 의지를 창조하려고—진리를 알고, 동정심을 체험하고 선을 택하는 새 능력을 나눠 주려고—오셨으니, 그 뜻은 하늘에 계신 아버지가 완전한 것 같이 완전하게 되려는 영원한 욕구와 아울러, 하나님의 뜻과 조화되려 하는 의지이다.

9. 성스럽게 헌신하는 날

다음 안식일을 예수는 사도들에게 쏟았고, 사도들을 세운 산지로 돌아갔다. 길고도 아름답게 감동적인 격려의 말씀을 친히 하신 뒤에, 열둘을 성화(聖化)하는 엄숙한 행위에 들어갔다. 이 안식일 오후에 예수는 산허리에서 둘레에 사도들을 모으고, 세상에 그들만 두고 떠나야 하는 날을 준비하여, 하늘에 계신 아버지의 손에 그들을 맡기었다. 이 계제에 아무런 새로운 가르침이 없었고, 다만 이야기와 친교에 시간을 보냈다.

예수는 바로 이 자리에서 하셨던 임명 설교의 여러 모습을 돌아보았고, 다음에 하나씩 앞으로 부르고, 그의 대표로서 세상으로 떠나가도록 임명했다. 주의 성화(聖化) 명령은 이것이었다, "온 세계로 가서 하늘나라의 기쁜 소식을 전파하라. 영적으로 포로 된 자들을 해방하고 억압받는 자를 위로하며, 고통받는 자를 돌보라. 너희가 거저 받았으니 거저 주라."

예수는 돈이나 여벌 옷을 가지지 말라 타이르며 말했다 "일꾼은 임금을 받는 것이 마땅하니라." 마침내 그는 말했다. "보라 내가 이리들 한가운데 양처럼 너희를 보내노라. 그런즉 너희는 뱀과 같이 지혜롭고 비둘기처럼 순결하라. 그러나 살필지니, 너희의 적이 너희를 공회(公會)로 끌고 갈 것이요, 회당에서 너희를 징계할 것임이라. 이 복음을 믿는다고 해서 너희는 총독과 통치자들 앞에 넘겨지겠고, 너희의 바로 그 간증이 저희에게 나를 위한 증언이 될지니라. 그리고 너희를 재판으로 이끌 때, 무엇을 말할까 걱정하지 말라. 내 아버지의 영이 너희 안에 깃들고 그런 때에 너희를 통해서 말씀하시리라. 너희 중에 더러는 죽음을 당하겠고, 땅에서 하늘나라를 세우기 전에 이 복음 때문에 숱한 민족에게 미움을 받으리라. 그러나 두려워 말라. 내가 너희와 함께 하겠고, 내 영을 온 세계로 너희 앞에 보내리라. 그리고 너희가 먼저 유대인에게, 다음에 이방인에게 가는 동안, 내 아버지가 너희와 함께 계시리라."

그리고 산에서 내려와서 그들은 세베대의 집에 있는 거처로 돌아갔다.

10. 성화가 있은 날 저녁

비가 오기 시작했으므로, 그 날 저녁에 집에서 가르치는 동안 예수는 길게 말씀했고, 그들이 무엇을 해야 하는가가 아니라 어떤 사람이 되어야 하는가 열둘에게 보여 주려 했다. 그들은 올바름—구원—에 이르는 수단으로서 어떤 일을 하라고 짐을 지우는 종교만 알았다. 그러나 예수는 되풀이하곤 했다. "하늘나라에서, 일하기 위하여 너희는 바르게 살아야 하느니라." 여러 번 되풀이했다. "그런즉 하늘에 계신 너희 아버지가 완전하신 것 같이 너희도 완전하라." 그가 세상에 구원을 가져오려고 왔고, 오직 믿음으로, 단순하고 성실하게 믿음으로 구원을 얻으리라고 그 동안 내내, 주는 놀란 사도들에게 설명하고 있었다. 예수는 말했다: "요한은 옛 생활 방식을 회개하고 슬퍼하는 세례를 외쳤느니라. 너희는 하나님과 친교하는 세례를 선포해야 하느니라. 회개의 가르침이 필요한 자들에게 회개를 외치라. 그러나 하늘나라로 들어가기를 이미 진지하게 찾는 자들에게는, 문을 활짝 열고 하나님의 아들들의 즐거운 친교로 들어오라 청하라." 그러나 이 갈릴리 어부들에게, 하늘나라에서 믿음으로 올바르게 되는 것이 땅에서 사람들이 나날의 생활에서 올바른 일 행하는 것에 앞서야 한다고 설득하기는 어려운 일이었다.

열둘을 가르치는 이 일에 또 다른 큰 장애물은, 종교적 진리를 담은 상당히 이상적이고 영적인 원칙을 개인의 행동에서 지킬 구체적 규칙으로 다시 만드는 경향이었다. 예수는 혼의 태도에 담긴 아름다운 정신을 제시하곤 했지만, 그들은 그러한 가르침을 개인의 행동 규칙으로 풀이하기를 고집했다. 주의 말씀을 분명히 기억했을 때, 그들은 예수가 무슨 말씀을 하지 않았는가 거의 확실히 잊어버린 적이 여러 번 있었다. 그러나 예수는 그가 가르친 모든 것의 실현이었기 때문에, 그들은 천천히 그 가르침을 소화했다. 말씀으로 가르쳐서 얻을 수 없는 것은 그와 함께 살면서 차츰차츰 얻었다.

주가 방대한 우주의 모든 세계에서, 노소(老少)를 불문하고 모든 사람에게, 영감을 주는 인생을 사는 데 전념했다는 것이 사도들에게는 명백하지 않았다. 이따금 예수가 무슨 말씀을 했는데도, 사도들은 그가 이 세상에서, 그러나 광대한 창조에 있는 모든 다른 세상을 위하여 일한다는 생각을 깨닫지 못했다. 예수는 이 세상의 남녀를 위하여 개인적으로 사람으로 사는 모범이 되려는 것이 아니라, 오히려 모든 세계에 사는 모든 필사 존재를 위하여 영적이며 영감을 주는 높은 이상을 창조하려고, 유란시아에서 이 세상의 삶을 살았다.

바로 이 날 저녁 토마스는 예수께 물었다: "주여, 아버지의 나라에 들어갈 수 있기 전에, 우리가 어린아이와 같이 되어야 한다고 당신이 말씀하셨사온데, 그래도 거짓 선지자들에게 속지도 말고 진주를 돼지들 앞에 던지는 잘못을 저지르지 말라 당신이 경고하였나이다. 이제, 솔직하게 말해서, 나는 어리둥절하나이다. 당신의 가르침을 알아들을 수 없나이다." 예수는 토마스에게 대답했다: "얼마나 오랫동안 너희를 참으리요! 너희는 나의 모든 가르침을 늘 글자 그대로 고집하는도다. 하늘나라에 들어가는 값으로서 어린아이 같이 되라 요구했을 때, 쉽게 속거나, 단지 기꺼이 믿으라거나, 호감(好感)이 가는 낯선 사람을 얼른 신뢰함을 말하는 것이 아니었느니라. 내가 바라건대, 그 예로부터 너희가 얻어야 할 것은 아이와 아버지의 관계였느니라. 너희는 어린아이이요, 너희가 들어가고자 하는 것은 너희 아버지의 나라이라. 모든 정상의 아이와 아버지 사이에는 자연스러운 애정이 있으니, 그것은 이해하고 사랑하는 관계를 보장하며, 아버지의 사랑과 자비를 얻으려고 협상하는 모든 성향을 언제까지나 막느니라. 너희가 나가서 전도하려는 그 복음은 바로 이 영원한 아이-아버지 관계를 믿음으로 깨달아서 생기는 구원과 상관이 있느니라."

예수의 가르침의 한 가지 특징은 그 철학에 담긴 도덕성이 개인이 하나님과 가지는 개별 관계에서—바로 이 아이-아버지 관계에서—생겨난다는 것이다. 예수는 종족이나 나라가 아니라, 개인에 중점을 두었다. 저녁을 들면서 예수는 마태와 이야기했고, 그 말씀 가운데 어떤 행동이라도 그 도덕성은 개인의 동기에 따라 좌우된다고 설명하였다. 예수의 도덕성은 언제나 긍정적이었다. 예수가 다시 진술한 황금률은 적극적인 사회 접촉을 요구한다. 오래 된 부정적인 규칙은 격리되어 지킬 수 있다. 예수는 도덕으로부터 모든 법칙과 예식을 벗겨 버리고, 도덕을 영적으로 생각하고 참으로 올바르게 사는, 기품 있는 수준으로 높이 올려 놓았다.

예수의 이 새 종교는 실용적 함축성이 없지 않았지만, 그 가르침에서 실용적인 정치, 사회, 또는 경제적 가치를 가진 무엇이 발견되든지, 개인적으로 진정한 종교 체험을 겪으면서 날마다 자연스럽게 베푸는 봉사에서 영의 열매를 나타내는, 그 혼이 내부에서 얻는 이 체험이 자연히 풀려나가는 작용이다.

예수와 마태가 이야기를 마친 뒤에, 열심당원 시몬이 물었다. "그러나 주여, 모든 사람이 하나님의 아들이니이까?" 예수는 대답했다: "옳도다, 시몬아, 모든 사람이 하나님의 아들이요, 그것이 너희가 선포할 좋은 소식이라." 그러나 사도들은 그러한 교리를 깨달을 수 없었다. 새롭고 이상하고 깜짝 놀랄 발언이었다. 이 진리를 강조하려는 소망 때문에, 그는 추종자들에게 모든 사람을 형제로 대우하라고 가르쳤다.

안드레가 묻는 데 답하여, 그의 가르침의 도덕성은 그가 실천하는 종교와 불가분하다고 분명히 일러 주었다. 사람의 성품으로부터가 아니라, 사람과 하나님의 관계로부터 도덕성을 가르쳤다.

요한이 예수에게 물었다: "주여, 하늘나라는 무엇이나이까?" 예수는 대답했다. "하늘나라는 이 세 가지 요건으로 이루어지느니라. 첫째는 하나님의 통치권이 사실임을 인정하는 것이요, 둘째는 하나님의 아들이라는 진리를 믿는 것이요, 셋째는 하나님의 뜻을 행하려는—하나님과 같이 되려는—인간 최고의 소망이 효과 있음을 믿는 것이라. 믿음으로 모든 사람이, 구원의 이 모든 요건을 갖출 수 있다는 것, 이것이 복음이 주는 좋은 소식이라."

그리고 이제 기다리는 주간이 지났고, 이튿날 예루살렘을 향하여 떠나려고 준비하였다.

제 141 편

대중 전도의 시작

서기 27년 1월 19일, 그 주 첫째 날에, 예수와 열두 사도는 벳세다에 있는 본부를 떠나려고 준비했다. 4월에 유월절 축제에 참석하려고 예루살렘으로 간다는 것, 요단 강 유역의 길로 여행할 생각이라는 것을 제외하고, 열두 사도는 주의 계획에 대하여 전혀 몰랐다. 사도들의 가족들과 다른 제자들이 잘 가라 인사하고, 바야흐로 시작하려는 새 사업에 성공을 빌려고 왔기 때문에, 한낮 가까이 되기까지, 세베대의 집을 벗어나지 못했다.

떠나기 바로 전에, 사도들은 주를 보지 못했고 안드레가 찾으러 나갔다. 잠깐 찾다가 안드레는 물가에서 예수가 배에 앉아 계시고 눈물을 흘리고 있음을 발견하였다. 열둘은 주가 슬퍼하는 듯한 때를 자주 보았고, 짧은 동안 심각하게 어디에 몰두한 것을 보았지만, 아무도 주가 눈물을 흘리는 것을 본 적이 없었다. 안드레는 예루살렘을 향하여 떠나기 바로 전에 주가 이렇게 감동하신 것을 보고 얼마큼 놀랐고, 감히 다가가서 물었다: "이렇게 좋은 날에, 주여, 아버지의 나라를 선포하려고 예루살렘을 향하여 떠나야 하는데, 눈물을 흘리시니 어인 일이니이까? 우리 가운데 누가 당신께 무례하였나이까?" 안드레와 함께 열둘과 합세하려고 가면서 예수는 대답했다. "너희 가운데 아무도 나를 슬프게 하지 않았느니라. 내가 슬퍼하는 것은, 내 아버지 요셉의 집안에서 아무도 기억해서 성공을 빌려고 오지 않았기 때문이라." 이 때 룻은 나사렛에 있는 오빠 요셉을 방문하고 있었다. 가족의 다른 사람들은 기분이 상한 결과로 자만심, 실망, 오해, 사소한 분개심에 빠져, 그를 멀리하였다.

1. 갈릴리를 떠나다

가버나움은 티베리아스에서 멀지 않았고, 예수의 명성(名聲)은 온 갈릴리에, 거기를 지나서 여러 군데에도 쫙 퍼지기 시작했다. 헤롯이 그가 하는 일을 곧 주목할 것을 예수는 알았다. 그래서 남쪽으로, 유대 땅으로 사도들과 함께 여행하는 것이 최선이라 생각했다. 1백 명이 넘는 신자들 일행이 함께 가고 싶어했지만, 예수는 그들에게 말씀하며, 요단 강으로 내려가는 길에 사도 무리를 따라오지 말라고 부탁했다. 뒤에 남아 있기로 찬성했어도, 그들 가운데 여럿이 며칠 안에 뒤를 따라 갔다.

첫날에 예수와 사도들은 겨우 타리케아까지 여행했고, 거기서 그 날 밤 쉬었다. 이튿날 펠라 가까이 요단 강의 한 지점, 요한이 1년 전쯤에 전도하고 예수가 세례를 받은 곳까지 여행했다. 여기서 가르치고 전도하면서, 2주가 넘도록 머물렀다. 첫째 주말이 되어서 사람 몇백 명이 예수와 열두 사도가 거하는 곳 가까이 야영지에 모여들었고, 갈릴리·페니키아·시리아·데카폴리스·페레아·유대에서도 왔다.

예수는 아무런 대중 설교를 하지 않았다. 안드레는 군중을 나누고 오전과 오후 집회를 위하여 설교자를 배치했다. 저녁 식사 뒤에 예수는 열둘과 함께 이야기하였다. 아무런 새 가르침을 주지 않았지만, 앞서 가르친 것을 다시 검토하고 질문에 답하였다. 이렇게 하던 어느 날 저녁, 이 장소 가까이, 산에서 40일 보낸 것에 대하여 열둘에게 무언가 일러 주었다.

페레아와 유대에서 온 많은 사람이 요한에게 세례를 받았고 예수의 가르침에 관하여 더 알아보는 데 관심이 있었다. 사도들은 요한의 설교를 어떤 면에서도 깎아내리지 않았고, 이 때 새 제자들에게 세례도 주지 않았기 때문에, 요한의 제자들을 가르치는 데 많이 진전을 보았다. 요한이 예수에 대하여 선포한 모든 것이 사실이라면, 예수가 그를 감옥(監獄)에서 구해 내려고 아무 일도 하지 않았다는 것이 요한의 추종자들에게 언제나 걸림돌이었다. 요한의 제자들은 어째서 사랑하는 지도자가 모진 죽음을 당하는 것을 방지하려고 예수가 손을 쓰지 않았는가 결코 이해할 수 없었다.

밤마다 안드레는 세례자 요한의 추종자들과 화목(和睦)하게 어울리는 일, 까다롭고 어려운 일을 동료 사도들에게 조심스럽게 가르쳤다. 예수가 대중에게 봉사하던 첫해 동안, 추종자의 4분의 3이 넘는 수가 이전에 요한을 따랐고 세례를 받은 적이 있었다. 이해, 서기 27년 전체가 페레아와 유대에서 요한이 하던 일을 조용히 이어받는 데 쓰였다.

2. 하나님의 율법과 아버지의 뜻

펠라를 떠나기 전날 밤에 예수는 새 나라에 관하여 얼마큼 더 가르쳤다. 주는 말했다: “너희는 하나님의 나라가 다가오는 것을 기대하라고 가르침 받았으며, 이제 오래 기대하던 이 나라가 가까이 왔고, 이미 여기에 우리 한가운데 있음을 선포하러 내가 오노라. 어느 나라에나 그 보좌에 앉아서 나라의 율법을 선포하는 임금이 있어야 하느니라. 그래서 유대 민족이 땅의 온 민족들을 영화롭게 다스리고, 메시아가 다윗의 보좌에 앉아서, 이 기적 같은 권능의 자리로부터 온 세상의 율법을 선포한다는 하늘나라 개념을 너희가 개발하였느니라. 그러나 아이들아, 너희는 믿음의 눈으로 보지 못하고, 영적(靈的) 이해력이 없이 듣느니라. 내가 선포하노니, 하늘나라는 사람들의 마음 속에서 하나님이 다스림을 깨닫고 인정하는 것이라. 참으로, 이 나라에는 임금이 있고, 그 임금은 내 아버지요 너희 아버지이라. 정말로 우리는 충성하는 백성이지만, 그 사실을 훨씬 초월하는 것은 우리가 그의 <u>아들</u>이라는 진리, 사람을 변화시키는 진리이라. 내 일생에서 이 진리가 모든 사람에게 나타나게 되리라. 우리 아버지는 또한 보좌에 앉으시나, 손으로 만든 보좌가 아니라. 무한자의 보좌는 가장 높은 하늘에서 아버지가 거하시는 영원한 자리이라. 그는 만물을 채우시고 율법을 온 우주에 선포하시니라. 아버지는 필사 인간의 혼 속에서 살라고 보내신 영으로 말미암아, 땅에서 사는 자녀들의 마음 속에서 또한 다스리시니라.

“너희가 이 나라의 백성일 때, 정말로 우주 통치자의 율법을 듣게 되느니라. 그러나 내가 하늘나라 복음을 선포하러 왔더니, 그 복음 때문에 너희가 아들임을 믿음으로 발견할 때, 너희는 이제부터 전능한 왕의 율법 밑에 있는 백성이 아니라, 사랑이 많은 신성한 아버지의 아들, 특권을 가진 아들로서 자신을 바라보느니라. 진실로, 진실로 너희에게 이르노니, 아버지의 뜻이 너희의 <u>율법</u>이 될 때, 너희는 도저히 하늘나라에 있다 할 수 없느니라. 그러나 아버지의 뜻이 참으로 너희의 뜻이 될 때, 너희는 하늘나라에서 바로 그 진리 안에 있으니, 하늘나라가 이로서 너희 안에서 확고한 체험이 되었음이라. 하나님의 뜻이 너희의 율법이 될 때, 너희는 고귀한 노예 백성이라. 그러나 신의 아들이라는 이 새 복음을 믿을 때, 내 아버지의 뜻은 너희의 뜻이 되겠고, 너희는 하나님의 자유로운 아이, 하늘나라의 해방된 아들의 높은 자리로 올라가느니라."

어떤 사도들은 이 가르침에서 무언가 깨달았지만, 혹시 야고보 세베대를 제외하고, 아무도 이 엄청난 선언의 중요성을 완전히 알아듣지 못했다. 그러나 이 말씀은 마음 속에 가라앉았고, 봉사하는 후일에 떠올라서 그들의 직분을 기쁘게 해 주었다.

3. 아마투스에서 머무르다

주와 사도들은 거의 3주 동안 아마투스 가까이 남아 있었다. 사도들은 날마다 두 차례 군중에게 계속 설교했고, 예수는 토요일 오후마다 설교했다. 수요일의 노는 시간을 계속하기가 불가능하게 되었다. 그래서 안드레는 한 주 6일의 각 요일마다 두 사도가 쉬어야 한다고 정했고, 한편 모두가 토요일 예배에 근무했다.

베드로와 야고보와 요한이 대중 설교의 대부분을 맡았다. 빌립과 나다니엘과 토마스와 시몬은 개인적으로 상당히 일했고, 특별한 집단의 질문자들을 위하여 학급을 운영했다. 쌍둥이는 일반 치안 감독을 계속했고, 한편 안드레와 마태와 유다는 세 사람으로 구성된 일반 관리 위원회로 발전했다. 하지만 이 셋은 또한 각자 종교적인 일을 상당히 했다.

안드레는 요한의 제자들과 예수의 새 제자들 사이에, 항상 되풀이해서 생기는 오해와 의견 차이를 좁히는 일에 많이 분주했다. 며칠마다 심각한 상황이 터지곤 했지만, 동료 사도들의 도움을 받아서 안드레는 다투는 편들을 그럭저럭, 적어도 일시나마, 어떤 종류의 협정에 이르도록 유도했다. 예수는 이 회담 중 어디에도 참여하려 하지 않았다. 이 난관을 적절히 조정하는 데 아무 조언도 주려 하지 않았고, 한 번도 사도들이 이 난처한 문제들을 어떻게 해결해야 하는가 제안하지도 않았다. 안드레가 이 문제들을 가지고 왔을 때, 예수는 언제나 이렇게 말하곤 했다. "주인이 손님의 집안 문제에 끼어 드는 것이 지혜롭지 않으니라. 슬기로운 부모는 아이들의 사소한 싸움에서 결코 편을 들지 않느니라."

주는 사도들과 모든 제자를 다루는 온갖 일에 큰 지혜를 보이고 완전히 공평함을 보였다. 예수는 참으로 사람들을 통달했고, 성격의 통합된 매력과 힘 때문에 동료 인간들에게 큰 영향을 미쳤다. 거칠고 방랑하며 집 없이 사는 생활에는 미묘하게 위엄 있는 힘이 있었다. 권위 있는 교육 방법, 맑은 논리, 추리력, 지혜로운 통찰력, 총명한 지성, 비할 데 없이 차분한 태도, 더할 나위 없는 관용(寬容)에는 지적 매력과 영적 인력(引力)이 있었다. 그는 단순하고, 남자답고 정직하며, 두려움이 없었다. 주의 풍채에 나타난 이 모든 신체적·지적 영향과 함께, 인격과 관련하여, 존재의 모든 영적 매력이 있었다—참을성 있고 싹싹하고, 온유하고 부드럽고 겸허했다.

나사렛 예수는 정말로 튼튼하고 힘찬 성격이었다. 지적인 힘이요 영적 요새였다. 그의 인격은 추종들 가운데 영적 생각을 가진 여자들 뿐 아니라, 교육받고 지적인 니고데모, 강건한 로마인 군인에게도 매력이 있었으니, 십자가에서 머무르면서 지키던 지휘관은 주가 돌아가시는 것을 끝까지 보고 나서 말했다, "참으로 이 사람은 하나님의 아들이었도다." 원기 있고 거친 갈릴리 어부들은 그를 주라고 불렀다.

예수의 초상화들은 아주 보기 민망했다. 이 그리스도의 그림들은 청년들에게 해로운 영향을 미쳐 왔다. 그가 너희 미술가들이 보통 묘사한 그런 사람이었다면, 성전(聖殿) 상인들은 예수 앞에서 도저히 도망(逃亡)치지 않았을 것이다. 그는 위엄 있는 어른이었고, 선했어도 자연스러웠다. 예수는 연약하고 다정하고 부드럽고 친절한 신비주의자의 태도가 없었다. 그의 가르침은 가슴이 떨리도록 힘에 넘쳤다. 그는 좋은 의도를 가졌을 뿐 아니라, 실제로 착한 일을 하며 다녔다.

주는 결코 "게으르고 꿈꾸는 너희는 다 내게로 오라" 말씀하지 않았다. 그러나 여러 번 일렀다: "수고하는 너희는 다 내게로 오라, 그리하면 너희에게 휴식—영적 힘—을 주리라." 주의 멍에는 정말로 가볍지만, 그렇다 해도 결코 그 멍에를 강제하지 않는다. 사람마다 자기의 자유 의지대로 이 멍에를 메어야 한다.

예수는 희생으로, 즉 자만과 이기심을 희생하여, 승리함을 보여 주었다. 자비를 보여서 모든 불만·불평·노여움, 이기적인 권력과 복수를 몹시 찾는 태도로부터 영적으로 구원받음을 보여 주려고 뜻하였다. "악에 저항하지 말라" 하였을 때, 죄를 묵인(默認)하거나 불의와 사귀라고 조언함을 의미하지 않는다고 나중에 설명했다. 용서를 더욱 가르치고, "사람의 인격을 악하게 대우하는 데, 인격의 위엄에 대하여 가진 느낌을 악한 방법으로 상처 입히는 데 저항하지 말라는" 뜻이었다.

4. 아버지에 대한 가르침

아마투스에 머무르는 동안, 예수는 사도들에게 새로운 하나님 개념을 가르치면서 함께 많은 시간을 보냈다. 하나님은 아버지요, 땅에서 살며 잘못하는 아이들에게 손해 되는 기록, 나중에 온 창조의 공정한 재판관으로서 판결을 내릴 때 불리하게 쓰일 죄악의 기록을 적는 일로 대체로 바쁜, 크고 높은 회계원(會計員)이 아니라고 사도들에게 거듭 강조했다. 유대인들은 오랫동안 하나님을 만민 위에 있는 임금으로, 아니 민족의 아버지라고까지 상상했지만, 전에는 큰 집단의 필사 인간들이 하나님이 개인에게 사랑의 아버지라는 생각을 품은 적이 없었다.

"하늘나라의 이 하나님은 누구시나이까?" 하는 토마스의 물음에, 예수는 대답했다. "하나님은 너의 아버지요, 종교—내 가르침—은 네가 그의 아들이라는 진리를 믿고 인정(認定)하는 것, 이보다 더하지도 덜하지도 않으니라. 내 일생과 가르침에서 이 두 아이디어를 밝히려고, 내가 육체를 입고 너희 가운데 있느니라."

예수는 또한 종교적 의무로서 동물 잡아 바치는 관념으로부터 사도들의 생각을 해방시키려고 애썼다. 그러나 날마다 희생물을 바치는 종교에서 훈련받은 이 사람들은 그가 무슨 말씀을 하는가 더디게 이해했다. 그런데도 주는 가르치는 데 지치지 않았다. 한 가지 예를 써서 모든 사도의 생각에 미치지 못할 때, 메시지를 다시 말씀하고, 해명할 목적으로 또 다른 종류의 비유를 이용하곤 했다.

이 때 예수는 "고통받는 자를 위로하고 아픈 자를 돌보는" 임무에 관하여 더 자세히 열둘에게 가르치기 시작했다. 주는 온전한 인간—남자나 여자 개인을 이루는 육체·지성·영의 연합—에 대하여 많이 가르쳤다. 예수는 그들이 마주칠 세 가지 형태의 고통에 대하여 이야기했고, 더 나아가서 인간의 질병에서 생기는 슬픔을 겪는

모든 사람을 어떻게 보살펴야 하는가 설명했다. 다음을 헤아리라고 가르쳤다:

1. 육체의 병—몸의 병으로 보통 간주하는 고통.
2. 불안한 지성—후일에 감정·정신의 어려움과 장애로 여긴 비육체적 질병.
3. 악한 귀신에 들린 것.

예수는 그 시절에 흔히 더러운 귀신이라고 부른 이 악한 영들의 성질, 그리고 그 기원에 관하여 무엇인가를 몇 경우에 사도들에게 설명했다. 주는 악한 귀신에 들린 것과 미친 것의 차이를 잘 알았지만, 사도들은 그렇지 않았다. 유란시아의 초기 역사에 관하여 그들이 가진 제한된 지식에 비추어 볼 때, 예수가 이 문제를 그들이 충분히 알아듣도록 시도하는 것도 불가능했다. 그러나 이 악한 영들을 언급하면서, 여러 번 이렇게 말했다: "내가 하늘에 계신 아버지께 올라갈 때, 하늘나라가 큰 권능과 영적 영화로움 속에 오는 그 시절에, 모든 육체에게 내 영을 퍼부어 준 뒤에, 저희가 사람들을 더 괴롭히지 아니하리라."

주마다 달마다, 이 해 내내, 사도들은 아픈 자들을 치료하는 봉사에 갈수록 더 주의를 쏟았다.

5. 영적으로 하나 됨

아마투스에서 모든 저녁 회의에서 가장 중대한 회의는 영적 통일(統一)의 토론과 관계되었다. 야고보 세베대가 물었다, "주여, 어떻게 우리가 사물을 똑같이 보기를 배우고, 그렇게 하여 우리들끼리 더 조화가 되겠나이까?" 예수는 이 질문을 듣고, 정신이 아주 동요되었고, 너무 그래서 대답했다. "야고보야, 야고보야, 너희가 모두 사물을 똑같이 보아야 한다고 언제 너희에게 가르치더냐? 필사자들이 하나님 앞에서 독창성 있고 자유로운 개별 일생을 살 수 있게 할 목적으로, 영적 해방을 선포하려고 내가 세상으로 왔노라. 자유로운 성격과 영적 독창성을 희생해서 사회의 조화(調和)와 형제의 평화를 사들이기를 내가 바라지 않노라. 너희, 내 사도들에게 요구하는 것은 <u>영적으로 하나 되는 것</u>이라—하늘에 계신 내 아버지의 뜻을 진심으로 행하려고 너희가 뭉쳐 헌신하는 기쁨 속에서 너희가 그것을 체험할 수 있느니라. 영적으로 <u>같기 위해서</u> 사물을 똑같이 보거나, 같이 느낄 필요가 없고, 같이 생각할 필요도 없느니라. 영적 통일은 너희 각자가 하늘 아버지의 영 선물의 깃드심을 받고, 그에 점점 더 지배된다는 의식으로부터 얻느니라. 너희 사도들의 조화는 각자가 가진 영적 희망의 기원·성품·운명이 동일(同一)하다는 사실로부터 생겨나야 하느니라.

"이 방법으로 완전히 하나된 영의 목적과 이해를 너희가 체험할까 하나니, 그것은 너희에게 깃드는 파라다이스 영들 각자의 신분을 서로 의식함으로부터 생겨나느니라. 지적 사고(思考), 기질적 느낌, 사회 행동을 나타내는 개별적 태도가 최대한으로 다양한 마당에, 너희가 이 심오한 영적 통일을 전부 누릴까 싶으니라. 너희의 성격은 신선하게 다채롭고 뚜렷이 다를지 모르지만, 한편 신을 예배하고 형제끼리 사랑하는 영적 성품과 열매가 아주 통일되어서, 너희의 생애를 바라보는 모든 사람이 이 영(靈) 신분과 혼(魂)의 통일성을 분명히 인식하리라. 너희가 나와 함께 있었고, 이로서 하늘에 계신 아버지의 뜻을 어떻게 적절히 행하는가 배웠다는 것을 저희가 인식하리라. 너희 자신의 독창적 지성·육체·혼 자질의 기법에 따라서 그런 봉사를 베푸는 동안에도, 너희는 하나님께 봉사하는 데 하나됨을 이룩할 수 있느니라.

"너희의 영이 하나 됨은 두 가지를 암시하고, 개별 신자의 생활에서 두 가지가 조화됨이 언제나 발견되리라. 첫째로, 너희는 일생의 봉사를 위하여 공통된 동기를 가지느니라. 무엇보다도 하늘에 계신 아버지의 뜻 행하기를 너희 모두가 바라느니라. 둘째로, 모두 공통된 존재 목표를 가지느니라. 너희는 모두 하늘에 계신 아버지를 찾으려 하고, 그로서 너희가 그와 같이 되었음을 우주에게 증명하느니라."

예수는 열둘을 훈련하는 동안 여러 번 이 주제로 돌아갔다. 심지어 착한 사람들의 경우에도, 종교적 해석에 따라서 그를 믿는 사람들이 독단적이 되고 표준화되기를 원하지 않는다고 거듭하여 말했다. 하늘나라 복음을 믿는 사람들을 안내하고 통제하는 수단으로서, 그는 신조(信條)를 작성하고 전통 세우는 것을 막으려고 사도들에게 여러 번 경고하였다.

6. 아마투스에서 마지막 주

아마투스에서 마지막 주말이 가까워 오자 열심당원 시몬은 예수에게 어느 테헤르마라는 사람을 데려왔는데, 그는 다마스커스에서 사업하는 페르시아인이었다. 테헤르마는 예수의 소문을 들은 적이 있고 만나려고 가버나움으로 왔는데, 거기서 예수가 사도들과 함께 예루살렘으로 가는 길에 요단 강으로 가셨다는 말을 듣고 예수를 찾으러 나섰다. 안드레는 테헤르마를 시몬에게 교육을 받도록 보냈다. 불은 눈에 보이는 바 순전한 성자의 유일한 상징이라고 테헤르마가 힘들여 설명했지만, 시몬은 그 페르시아인을 "배화자(拜火者)"로 보았다. 예수와 이야기한 뒤에, 페르시아인은 가르침을 듣고 설교를 들으려고 며칠 남아 있겠다는 뜻을 표시했다.

열심당원 시몬과 예수만 따로 있을 때, 시몬은 주에게 물었다: "어째서 나는 그를 설득할 수 없었나이까? 어째서 그는 나에게 그토록 저항하고 당신의 말씀은 그토록 쉽게 들었나이까?" 예수는 대답했다: "시몬아, 시몬아, 구원을 찾는 자들의 마음<u>에서</u> 무엇을 제거(除去)하려는 모든 노력을 삼가라고, 몇 번이나 가르쳤느냐? 다만 배고픈 이 혼들 <u>속으로</u> 무언가 주입(注入)하려고 수고하라, 얼마나 자주 일렀느냐? 사람들을 하늘나라로 인도하라. 그러면 하늘나라의 큰 생생한 진리가 금방 모든 심각한 잘못을 몰아내리라. 너희가 필사 인간에게 하나님이 아버지라는 좋은 소식을 제시했을 때, 그가 실제로 하나님의 아들이라는 것을 더욱 쉽게 납득시킬 수 있느니라. 그렇게 하고 나서, 어둠 속에 앉아 있는 자에게 너희는 구원의 빛을 가져왔느니라. 시몬아, 사람의 아들이 처음에 너희에게 왔을 때, 모세와 선지자들을 비난(非難)하고 새롭고 더 좋은 생명의 길을 선포하더냐? 아니라. 너희가 선조로부터 물려받은 것을 빼앗으려는 것이 아니요, 너희 조상이 겨우 일부만 본 것의 완전하게 된 모습을 보여 주려고 내가 왔노라. 그러니 시몬아, 가서 하늘나라를 가르치고 전도하여라. 네가 하늘나라 안에 한 사람을 안전하고 확실하게 들여보냈을 때, 그런 사람이 질문을 가지고 오면, 그 때가 신성한 하늘나라 안에서 그 혼의 점진적 발전과 상관 있는 가르침을 나누어 줄 때이니라."

이 말씀에 깜짝 놀랐지만, 시몬은 예수가 가르친 대로 하였고, 페르시아인 테헤르마는 하늘나라에 들어간 자들의 무리 가운데 끼었다.

그 날 밤, 예수는 하늘나라의 새 생활에 관하여 사도들에게 강론하였다. 그 일부에서 이렇게 말했다: "하늘나라에 들어갈 때, 너희는 다시 태어나느니라. 오직 육체로부터 난 자들에게 영의 깊은 일을 가르칠 수 없느니라. 영의 높은 길을 사람들에게 가르치려고 애쓰기 전에, 먼저 저희가 영에게서 태어났는가 보라. 너희가 먼저 성전으로 사람들을 데려가기까지, 성전의 아름다움을 보여 주는 일에 손대지 말라. 하나님이 아버지이고 사람이 아들이라는 교리를 너희가 강론하기에 앞서, 사람들을 하나님께, 그리고 하나님의 아들로서 소개하라. 사람들과 다투지 말라—언제나 참으라. 그것은 너희의 나라가 아니요, 너희는 대사일 뿐이라. 다만 가서 외치라: 이것이 하늘나라이니—하나님은 너희 아버지요, 너희는 그의 아들이라, 너희가 이것을 진심으로 믿으면, 이 좋은 소식이 너희의 영원한 구원이라."

사도들은 아마투스에서 머무르는 동안 크게 발전했다. 그러나 요한의 제자들을 다루는 것에 대하여 예수가 아무 제안도 하려 하지 않아서 무척 실망했다. 중요한 세례 문제에서도 예수는 겨우 이렇게 말했을 뿐이다: "요한은 정말로 물로 세례를 주었거니와 하늘나라로 들어갈 때 너희는 영으로 세례를 받으리라."

7. 요단 강 건너 베다니에서

2월 26일에, 예수와 사도들, 그리고 따르는 큰 무리가 페레아 지방에서 베다니에 가까운 여울까지 요단 강으로 내려왔는데, 여기는 요한이 처음으로 다가오는 하늘나라를 선포한 장소이다. 예루살렘으로 올라가기 전에 4주 동안, 예수는 사도들과 함께 여기에 남아서 가르치고 전도하였다.

요단 강 건너, 베다니에서 머무르던 둘째 주에, 예수는 사흘 동안 쉬려고 베드로와 야고보와 요한을 강 건너 산에, 또 예리고 남쪽으로 데리고 갔다. 주는 하늘나라에 대하여 많은 새로운 상급 진리를 이 세 사람에게 가르쳤다. 여기에 기록할 목적으로 우리는 다음과 같이 이 가르침을 다시 정리하고 분류하겠다:

제자들이 하늘나라의 좋은 영 실체들을 맛보았은즉, 사람들이 그들의 생애를 봄으로써, 하늘나라를 의식하게 되고, 따라서 신자들에게 하늘나라의 길에 관하여 물을 생각이 나도록 그들이 세상에서 살기를 바란다는 것을 예수는 분명히 밝히려고 애썼다. 진리를 진지하게 찾는 모든 그러한 사람은, 믿음 선물이 담긴 기쁜 소식을 언제나 반갑게 들으며, 그 선물은 영원하고 신성한 영 실체들이 있는 하늘나라로 들어가기를 보장한다.

하늘나라 복음을 가르치는 모든 선생의 유일한 일거리는 개별 인간에게 하나님이 아버지임을 드러내는 것—이 개별 인간이 아들임을 의식하도록 인도하는 것, 다음에 바로 그 사람을 하나님께 믿음의 아들로서 내놓는 것임을 인식시키려고 애썼다. 이 두 가지 필수 계시(啓示)는 예수 안에서 이루어졌다. 그는 정말로 "길이요, 진리요, 생명"이 되었다. 예수의 종교는 땅에서 자신 수여 생명을 사는 데 전적으로 바탕을 두었다. 예수는 이 세상을 떠났을 때, 개인의 종교 생활에 영향을 미치는, 아무런 책이나 율법이나, 기타 형태의 인간 조직을 남겨놓지 않았다.

예수는 그가 사람들과 개인적이고 영원한 관계를 세우려고 왔고, 이것이 언제까지나 모든 기타 인간 관계에 우선해야 한다고 분명히 설명했다. 가까운 이 영적 친교는 모든 민족 사이에서, 노소(老少)와 사회 조건을 불문(不問)하고, 모든 사람에게 베풀어질 것이라고 강조했다. 아이들에게 약속한 유일한 상은, 이 세상에서—영적 기쁨과 신(神)과 가지는 교통이요, 다음 세상에서—파라다이스 아버지의 신성한 영 실체들의 진보 속에서 얻는 영생(永生)이었다.

하늘나라를 가르치는 데 제일 중요한 두 가지 진리라 부른 것을 크게 강조했는데, 믿음으로, 믿음만으로 구원을 얻는 것이요, 아울러 진리를 진지하게 인식함으로 인간의 해방을 얻는다, "너희가 진리를 알지니, 진리가 너희를 자유롭게 하리라" 하는 혁신적 가르침이었다. 예수는 육체를 입고 나타난 그 진리였고, 하늘에 계신 아버지께로 돌아간 뒤에 자녀들 모두의 가슴 속에 진리의 영을 보내리라 약속했다.

주는 땅에서 한 시대 전체를 위하여 진리의 본질을 이 사도들에게 가르치고 있었다. 그들은 가르침을 귀담아들었지만, 흔히 그 말씀은 실제로 다른 세계들에 영감을 주고 교화시키려고 의도(意圖)한 것이었다. 그는 인생을 사는 새롭고 독창적인 계획을 본보기로 보였다. 인간의 관점에서 볼 때, 정말로 유대인이었지만, 이 땅의 한 필사자로서 모든 세계를 위하여 일생을 살았다.

하늘나라의 계획이 펼쳐질 때 아버지가 인식되는 것을 보장하려고 예수는 "지상의 위대한 사람들"을 일부러 무시(無視)했다고 설명했다. 가난한 자들과 함께 일을 시작했고, 이들은 이전 시대에 대부분의 진화 종교가 아주 소홀히 했던 바로 그 계급이었다. 그는 아무도 업신여기지 않았다. 그의 계획은 세계적이었고, 아니 우주 규모이기까지 했다. 이런 선언에서 아주 대담하고 힘들여 말했기 때문에, 베드로와 야고보와 요한조차 예수가 아마도 제 정신이 아니라 생각할 유혹을 받았다.

땅에 있는 몇 사람을 위하여 모범을 보이는 것이 아니라, 그의 우주 전체에 두루, 모든 세계에, 모든 민족을 위하여 인생의 표준을 세우고 보이려고 이 수여 사명을 띠고 왔다는 진실을 이 사도들에게 가볍게 전하려 하였다. 이 표준은 가장 높은 완전에, 아니 우주의 아버지의 최종 선(善)에 이르기까지 접근하였다. 그러나 사도들은 그의 말씀의 뜻을 알아차릴 수 없었다.

그는 선생, 곧 영적 진리를 물질 지성에게 제시하려고 하늘에서 파송된 선생으로 활동하려고 왔다고 선언했다. 엄밀히 말해서, 그렇게 했다. 그는 선생(先生)이요, 설교자가 아니었다. 인간의 눈으로 볼 때, 베드로는 예수보다 훨씬 더 효과적인 설교자였다. 예수의 설교는 마음을 끄는 웅변이나 감정에 호소하는 것이 아니라, 독특한 성격 때문에 무척 힘이 있었다. 예수는 사람의 혼에게 직접 말씀하였다. 사람의 영을 가르치는 선생이었지만, 지성을 통해서 그러했다. 그는 사람들과 더불어 살았다.

이 기회에 예수는 베드로와 야고보와 요한에게 땅에서 그가 하는 일은 어떤 면에서 "하늘에 있는 동료"가 부과한 명령에 제한을 받는다고 털어놓았는데, 이것은 자신 수여에 앞서 파라다이스 형 이마누엘이 준 지침을 언급한다. 아버지의 뜻, 오직 아버지의 뜻을 행하려고 왔다고 일러 주었다. 진심으로 한 가지 목적에 이렇게 자극을 받았기 때문에, 세상에 있는 악이 그를 언짢게 만들지 않았다.

사도들은 예수의 꾸밈없는 친절을 비로소 깨닫고 있었다. 비록 가까이하기 쉬운 분이었어도, 주는 언제나 모든 인간 존재에 기대지 않고, 인간 존재를 초월하여 살았다. 한 순간이라도 결코 어떤 순전히 인간적 영향에 지배를 받거나, 허약한 인간 판단에 지배되지 않았다. 대중의 의견(意見)을 거들떠보지 않았고 칭찬에 영향을 받지 않았다. 멈추어서 오해를 밝히거나 왜곡을 분개하는 일이 드물었다. 결코 아무에게도 조언을 요구하지 않았고, 기도를 부탁하지도 않았다.

예수가 시작부터 끝을 보는 듯한 것에 야고보는 놀랐다. 주는 놀란 듯이 보이는 적이 드물었다. 결코 흥분하거나 답답해하거나 당황하지 않았다. 결코 아무에게도 사과하지 않았다. 때때로 슬퍼했지만, 결코 낙심하지 않았다.

모든 신다운 자질을 가졌는데도, 결국은 그가 사람이라는 것을 요한은 더욱 뚜렷이 인식했다. 예수는 사람들 사이에 한 사람으로서 살았고, 사람들을 이해하고 사랑하고, 다룰 줄 알았다. 사생활에서 아주 인간다웠고, 그래도 아무 잘못이 없었다. 언제나 이기심이 없었다.

베드로와 야고보와 요한은 비록 예수가 이 기회에 하신 말씀을 별로 많이 이해할 수 없었지만 그 품위 있는 말씀은 가슴 속에 남아 있었고, 십자가 처형과 부활이 있은 뒤에 솟아 나와서, 후일에 베푼 봉사를 부유하고 기쁘게 하였다. 이 사도들이 주의 말씀을 완전히 알아듣지 못한 것은 놀라운 일이 아니니, 그가 새 시대의 계획을 그들에게 예측하고 있었기 때문이다.

8. 예리고에서 일하다

요단 강 건너 베다니에서 4주 머무르는 동안 계속, 주마다 몇 번 안드레는 사도 쌍들이 하루나 이틀 동안 예리고로 올라가라고 배치하곤 하였다. 요한은 예리고에 많은 신자를 거느리고 있었고, 그 대다수가 예수와 사도들의 더 진보된 가르침을 환영하였다. 이번 예리고 방문에서, 사도들은 아픈 자들을 보살피라는 예수의 지시를 비로소 더 구체적으로 따랐다. 그 도시에서 집집마다 찾아보았고, 고통받는 사람들을 모두 위로하려고 애썼다.

사도들은 예리고에서 대중을 상대로 얼마큼 일했지만, 노력은 주로 좀더 조용하고 개인적인 성질의 것이었다. 하늘나라의 좋은 소식은 아픈 사람들에게 매우 위로가 된다, 메시지가 고통받는 자들에게 치유(治癒)하는 힘을 지녔다는 것을 발견했다. 예리고에서 열두 사도에게 하늘나라의 기쁜 소식을 전파하고 고통받는 자들을 보살피라는 예수의 명령이 처음으로 충만하게 수행되었다.

예루살렘으로 가는 길에 예리고에서 멈추었고, 예수와 회담하려고 메소포타미아로부터 온 대표단이 그들을 따라잡았다. 사도들은 여기서 하루만 보내려고 계획했지만, 동부에서 진리를 찾는 이 사람들이 도착했을 때, 예수는 그들과 함께 사흘을 보냈고, 그들은 하늘나라의 새 진리를 알고서, 흐뭇한 마음으로 유프라테스 강을 따라서 사방에 집으로 돌아갔다.

9. 예루살렘을 향하여 떠나다

3월의 마지막 날, 월요일에, 예수와 사도들은 예루살렘을 향하여 가파른 여행길에 올랐다. 베다니의 나사로는 예수를 만나려고 요단 강에 두 번 내려온 적이 있었고, 예루살렘에서 머무르기를 바라는 한, 나사로와 그 누이들과 함께, 베다니에서 주와 사도들이 본부를 차리도록 만사가 준비가 되어 있었다.

요한의 제자들은 요단 강 건너 베다니에 남아서 군중을 가르치고 세례를 주었기 때문에, 예수가 나사로의 집에 다다랐을 때 오직 열두 사도가 그를 동반하였다. 여기서 예수와 사도들은 닷새 동안 머물렀고, 유월절을 지내려고 예루살렘으로 올라가기 전에 쉬고 원기를 회복했다. 마르다와 마리아의 생애에서, 주와 사도들을 나사로의 집에 모시는 것은 큰 사건이었고, 두 여인은 이들의 시중을 들 수 있었다.

4월 6일, 일요일 아침에, 예수와 사도들은 예루살렘으로 내려갔는데, 이번에 처음으로 주와 열두 사도 모두가 함께 거기에 있었다.

제 142 편

예루살렘에서 유월절을 보내다

4월에 예수와 사도들은 예루살렘에서 일했고, 저녁마다 도시 바깥으로 나가서 베다니에서 밤을 지냈다. 예수 자신은 예루살렘에 플라비우스의 집에서 주마다 하루나 이틀 밤을 보냈는데, 그는 그리스 식을 따르는 유대인이었고, 그 집으로 많은 탁월한 유대인이 몰래 예수와 회견하러 왔다.

예루살렘에서 첫째 날에 예수는 옛날 그의 친구 안나스를 찾아보았는데, 그는 한때 대사제였고, 세베대의 부인 살로메의 친척이었다. 안나스는 예수와 그의 가르침에 대하여 소문을 듣던 터였고, 예수가 대사제의 집을 찾았을 때 안나스는 크게 거리끼며 접대했다. 안나스가 냉담함을 알아차렸을 때, 예수는 즉시 떠났고, 가면서 말했다: "두려움은 사람을 노예로 만드는 것 중에 으뜸이요, 자만은 사람의 큰 약점이라. 당신은 기쁨과 자유를 깨뜨리는 이 두 가지에 매여서 자신을 배반하려는가?" 그러나 안나스는 아무 대답도 하지 않았다. 안나스가 사위와 함께 사람의 아들을 재판하는 자리에 앉을 때까지, 주는 다시 그를 만나지 않았다.

1. 성전에서 가르치다

이 달 내내 예수나 사도들 가운데 하나가 성전(聖殿)에서 날마다 가르쳤다. 유월절 군중이 너무 많아서 성전에서 행해지는 교육에 들어갈 수 없을 때, 사도들은 신성한 구역 바깥에서 가르치는 여러 집단을 운영했다. 전한 메시지의 요점은 이와 같았다:

1. 하늘나라가 가까이 왔다.

2. 하나님이 아버지임을 믿음으로 너희는 하늘나라에 들어가도 좋으며, 이렇게 하나님의 아들이 된다.

3. 하늘나라 안에서는 사랑이 생활 규칙이다—하나님께 더할 나위 없이 헌신하고, 한편 이웃을 네 몸과 같이 사랑하는 것.

4. 아버지의 뜻에 복종하는 것, 사람의 사생활에서 영의 열매를 맺는 것이 하늘나라 율법이다.

유월절을 축하하려고 온 군중은 예수의 이 가르침을 들었고, 수백 명이 좋은 소식을 듣고 기뻐하였다. 대사제와 유대인 통치자들은 예수와 사도들에 대하여 많이 염려하고 이들을 어떻게 할 것인가 자기들끼리 의논했다.

성전 안과 그 근처에서 가르치는 것 외에, 사도와 기타 신자들은 유월절 군중 사이에서 개인적으로 많은 일을 하는 데 바빴다. 관심을 가진 이 남녀들은 이 유월절 경축 행사(行事)로부터 예수가 준 메시지의 소식을 로마 제국의 가장 먼 곳까지, 또한 동부까지 가지고 갔다. 이 때부터 하늘나라의 복음이 바깥 세계에 비로소 퍼졌다. 예수의 일은 이제 더 팔레스타인에 국한될 것이 아니었다.

2. 하나님의 진노

예루살렘에는 유월절 축제에 어떤 야곱이라는 사람이 와 있었는데, 크레테에서 온 부유한 유대인 상인이었고, 안드레한테 가서 예수를 사사롭게 만나기를 요청했다. 안드레는 이튿날 저녁에 플라비우스의 집에서 예수와 이 비밀 회담을 마련했다. 이 사람은 주의 가르침을 알아들을 수 없었고, 그가 온 것은 하나님의 나라에 대하여 더욱 자세히 묻기를 바랐기 때문이었다. 야곱이 예수에게 말했다: "그러나 랍비여, 모세와 옛 선지자들은 야웨가 질투하는 하나님, 크게 노여워하고 불 같이 성내는 하나님이라고 우리에게 이르나이다. 선지자들은 야웨가 행악자들을 미워하고 그의 율법을 지키지 않는 자들에게 복수한다고 말씀하나이다. 당신과 제자들은 하나님이 친절하고 동정심 있는 아버지요, 모든 사람을 무척 사랑하사, 아주 가까이 왔다고 당신이 선포하는 이 새 하늘나라로 저희를 반가이 맞이하리라 우리에게 가르치나이다."

야곱이 말을 마쳤을 때, 예수는 대답했다: "야곱아, 너는 옛 선지자들의 가르침을 잘도 진술하였도다. 저희는 그 시절의 빛에 따라서 저희 세대의 아이들을 가르쳤느니라. 파라다이스에 계신 우리 아버지는 변함이 없느니라. 그러나 그의 성품에 대한 개념은 모세의 시절부터 아모스의 시절을 거쳐, 선지자 이사야의 세대에 이르기까지도, 확대되고 성장하였느니라. 이제, 새 영광 속에서 아버지를 드러내고, 그의 사랑과 자비를 모든 세계에, 만민에게 보이려고 내가 육체를 입고 왔노라. 이 하늘나라 복음이 모든 사람에게 활기와 선의(善意)를 주는 메시지와 함께 세상에 퍼짐에 따라서, 모든 국가 집단 사이에 개선되고 개량된 관계가 생기리라. 시간이 지남에 따라서, 아버지와 아이들은 더욱 서로 사랑하고, 이처럼 하늘에 계신 아버지가 땅에서 사는 자녀들을 사랑하심을 더욱 낫게 이해하게 되리라. 야곱아, 착하고 참된 아버지는 집안 전체를—한 가족으로서—사랑할 뿐 아니라, 또한 각 <u>개별</u> 구성원을 참으로 사랑하고 애정으로 보살피시느니라."

하늘 아버지의 성품에 대하여 상당히 토론이 있은 뒤에, 예수는 멈추어 말했다: "야곱아, 너는 여러 아이의 아버지인즉, 내 말이 진실함을 잘 아느니라." 야곱이 말했다: "하지만, 주여, 내가 여섯 아이의 아버지라고 누가 당신께 일렀나이까? 나에 관하여 이것을 어찌 아셨나이까?" 주는 대답했다. "아버지와 아들은 만사를 안다 하면 충분하니, 정말로 저희가 만물을 보는 까닭이라. 땅에서 아버지로서 네 아이들을 사랑하므로, 하늘 아버지가 <u>너를</u> 사랑함을—아브라함의 모든 자손 뿐 아니라, 너를, 너 개인의 혼을 사랑하심을 이제 너는 현실로 받아들여야 하느니라."

예수는 말씀을 이었다: "네 아이들이 아주 어리고 미숙할 때, 아이들을 꾸짖어야 할 때, 아이들은 아버지가 성이 나 있고 격노(激怒)하고 있다고 돌이켜볼지 모르느니라. 아이들이 미숙하여, 멀리 내다보고 바로잡는 아버지의 사랑을 헤아리도록 그 벌을 넘어서 앞을 볼 수 없으나, 바로 이 아이들이 성장한 남녀가 될 때, 아버지에 대하여 옛날에 가졌던 그릇된 개념에 집착하는 것이 어리석지 않겠느냐? 어른으로서 저희는 옛날에 받은 이 모든 징계에서 아버지의 사랑을 이제 헤아려야 하지 않느냐? 여러 세기가 지남에 따라서, 하늘에 계신 아버지의 참된 성품과 사랑하는 성품을 인류가 더 낫게 이해해야 하지 않느냐? 너희가 모세와 선지자들이 본 대로 하나님을 보기를 고집한다면, 영적으로 깨우치는 연속된 세대들로부터 너희가 무슨 이득을 얻느냐? 너에게 이르노니, 야곱아, 너는 이 시간의 밝은 빛 아래서, 앞에 간 자들이 본 것과 전혀 다르게 아버지를 보아야 하며, 이렇게 아버지를 보는

즉, 그러한 자비로운 아버지가 다스리는 하늘나라로 들어감을 기뻐하고, 아버지 사랑의 뜻이 이제부터 너의 일생을 지배하기를 구해야 하느니라."

야곱은 대답했다: "랍비여, 내가 믿나이다. 나를 아버지의 나라로 인도하시기를 바라나이다."

3. 하나님에 대한 개념

사도들의 대부분이 하나님의 성품에 대한 이 논의를 귀담아 들었는데, 열두 사도는 그 날 밤에 하늘에 계신 아버지에 대하여 예수에게 많이 물었다. 이 여러 가지 물음에 대한 주의 대답은 현대의 말투로 하면, 다음의 요약으로 최선으로 제시할 수 있다:

예수는 열둘을 가볍게 꾸짖었고, 그 말씀의 내용은 이렇다: 야웨 아이디어의 성장에 관계되는 이스라엘의 전통을 알지 못하고, 하나님 이론에 관한 성서의 가르침을 모르는가? 다음에 주는 더 나아가서, 유대 민족의 발전 과정에 걸쳐서 신 개념의 진화에 관하여 사도들에게 가르쳤다. 하나님 아이디어가 성장한 다음 단계에 주의를 불러일으켰다:

1. <u>야웨</u>—시나이 씨족의 신. 원시 개념의 신이었고, 모세가 더 높이, 이스라엘의 주 하나님의 수준으로 올려 놓았다. 하늘에 계신 아버지는, 신 개념이 아무리 투박하든지, 또는 무슨 이름으로 그 신다운 성품을 상징하든지 상관 없이, 땅에 있는 아이들의 진정한 예배를 반드시 받아들인다.

2. <u>최고자</u>. 하늘에 계신 아버지에 대한 이 개념을 멜기세덱이 아브라함에게 선포했고, 커지고 확대된 이 신 관념을 나중에 믿은 사람들이 이것을 살렘으로부터 멀리 옮겼다. 태양 숭배가 확고해졌기 때문에, 아브라함과 그 동생은 우르를 떠났으며, 멜기세덱이 가르친 엘 엘리욘—최고의 하나님—을 믿는 사람이 되었다. 이들이 가진 것은 복합된 하나님 개념이었고, 옛 메소포타미아 관념들과 최고자 교리의 혼합으로 이루어졌다.

3. <u>엘 샤다이</u>. 이 초기 시절에 많은 히브리인이 엘 샤다이를 숭배했다. 에집트인이 가졌던 하늘의 하나님 개념이며, 나일 강의 땅에서 포로 생활을 하는 동안에 이것을 배웠다. 멜기세덱의 시절이 오래 지난 뒤에, 이 세 가지 하나님 개념은 모두 한데 합쳐서 창조자인 신, 즉 이스라엘의 주 하나님 교리를 형성했다.

4. <u>엘로힘</u>. 아담의 시절부터 파라다이스 삼위 일체에 대한 가르침이 지속되었다. "태초에 하나님들이 하늘과 땅을 지으시니라" 주장함으로 성서가 어떻게 시작하는가 생각나지 않느냐? 이는 그 기록이 만들어졌을 때 한 분 속에 계신 세 하나님이라는 삼위 일체 개념이 우리 선조의 종교에 투입되었음을 가리킨다.

5. <u>최고의 야웨</u>. 이사야의 때가 되어서 하나님에 대한 이 관념들은, 전능하고 동시에 온통 자비로운 우주의 아버지 개념으로 확대되었다. 진화하고 확대되는 이 하나님 개념은 우리 선조의 종교에서 모든 이전의 신 아이디어를 거의 갈아치웠다.

6. <u>하늘에 계신 아버지</u>. 이제 우리는 하나님이 하늘에 계신 아버지임을 안다. 우리의 가르침이 마련해 주는 종교 안에서, 믿는 사람은 하나님의 <u>아들이다</u>. 이것이 하늘나라 복음(福音)의 좋은 소식이다. 아들과 영이 아버지와 함께 공존하며,

이 파라다이스 신들의 성품과 봉사의 계시(啓示)는 하나님의 올라가는 아들들이 영원히 영적으로 진보하는 끝없는 시대를 통해서, 줄곧 확대되고 밝아질 것이다. 항상, 어느 시대에도, 어떤 인간이 참된 예배를 드리더라도—개인의 영적 진보에 관계되는 대로—그에 깃드는 영이 하늘에 계신 아버지께 드리는 경배로서 인식된다.

사도들은 이전 세대의 유대인 지성에서 하나님의 개념(概念)의 성장을 이렇게 짚어 보는 말씀을 듣고서 받은 것보다 더 충격을 받은 적이 없었다. 너무 어리둥절해서 말문도 열 수 없었다. 예수 앞에서 말없이 앉아 있는 동안, 주는 말씀을 이었다: "너희가 성서를 읽었다면 이 진리를 알았으리라. '그리고 주의 노여움이 이스라엘에 대적하여 불이 붙었고, 너무 심해서, 가서 이스라엘과 유다의 인구(人口)를 세라 이르면서, 다윗이 저희를 대적하도록 움직였더라' 하고 기록된 것을 사무엘에서 너희는 읽지 아니하였느냐? 이것은 이상하지 않았으니, 사무엘의 시절에 아브라함의 자손은 야웨가 선과 악을 모두 지어냈다고 정말로 믿었음이니라. 그러나 하나님의 성품에 대한 유대인 개념이 확대된 뒤에, 후일에 어느 기록자가 이 사건들을 이야기했을 때 감히 악을 야웨의 탓으로 돌리지 못하였고, 그러므로 '그리고 사탄이 이스라엘에 대적하여 일어나서 다윗을 움직여 이스라엘의 인구를 세게 하였더라'하고 말하였느니라. 너희는 성서(聖書)에 그러한 기록들이, 하나님의 성품에 대한 개념이 어떻게 한 세대에서 다음 세대로 계속 성장했는가 뚜렷이 보임을 헤아릴 수 없느냐?

"이 확대되는 신성(神性) 개념들과 완전히 발걸음을 맞추어 신의 율법에 대한 이해가 성장한 것을 또 헤아렸어야 하느니라. 확대된 야웨의 계시가 있기 전 시절에 이스라엘의 자손이 에집트에서 나왔을 때, 십계명을 가졌고, 이것은 바로 시나이 산 앞에서 야영하던 시절 바로 전까지 저희의 율법으로 쓰였느니라. 이 십계명은 다음과 같았는지라:

"1. 주는 질투하는 하나님이니, 너희는 아무런 다른 신을 섬기지 말라.
"2. 녹여 부은 신들을 만들지 말라.
"3. 효소 없는 빵의 축제 지키기를 소홀히 하지 말라.
"4. 사람이나 가축의 모든 수컷 가운데 처음 난 것은 내 것이라, 주가 말씀하시니라.
"5. 엿새 동안 일해도 좋으나, 이렛날에 쉴지니라.
"6. 첫 열매의 축제와 연말에 거두는 축제 지키기를 거르지 말라.
"7. 효소 넣은 빵과 함께 어떤 희생물의 피라도 드리지 말라.
"8. 유월절 축제에 바친 희생물을 아침까지 남겨놓지 말라.
"9. 땅에서 첫 열매의 처음을 주 너희 하나님의 집으로 가져올지니라.
"10. 새끼를 어미의 젖 속에 삶지 말라.

"그리고 나서 시나이 산의 천둥과 번개 사이에서, 모세는 저희에게 새 십계명을 주었고, 너희는 모두 이것이, 확대되는 야웨라는 신 개념에 어울리게 더 가치 있는 말씀이라 인정하리라. 너희는 이 계명(誡命)들이 성서에 두 번 기록된 것을 한 번도 눈여겨보지 아니하였느냐? 처음 경우에는 에집트로부터 구원받은 것이 안식일을 지키는 까닭이라고 지정되었고, 한편 나중의 기록에서 우리 선조의 진보하는 종교 관념은 창조의 사실이 안식일을 지키는 이유라 인정하는 것이라고 이것을 시정하기를 요구하였느니라.

"그리고 나서—이사야의 시절에 더 큰 영적 깨우침을 받아—이 부정적 십계명이 크고 긍정적인 사랑의 율법으로, 하나님을 더할 나위 없이 사랑하고 이웃을 네 몸과 같이 사랑하라는 명령으로 바뀌었음을 너희가 다시 한 번 기억하리라. 나도 또한 너희에게 선언하노니, 하나님과 사람을 사랑하는 이 최상의 율법이 사람의 총의무이니라.”

말씀을 마쳤을 때, 아무도 질문하지 않았다. 저마다 잠자러 갔다.

4. 플라비우스와 그리스 문화

플라비우스는 그리스 식 유대인이요, 율법을 지킬 필요가 없이 개종된 자였고, 할례도 세례도 받지 않았다. 미술과 조각에서 아름다운 것을 크게 사랑하는 사람이었기 때문에, 예루살렘에 머무를 때, 그가 차지한 집은 아름다운 건물이었다. 이 집은 세계 여행할 때 여기저기 수집한 귀중한 보물(寶物)로 절묘하게 꾸며져 있었다. 처음에 예수를 집으로 초대하려고 생각했을 때, 이른바 이 우상들을 보고 주가 언짢아할까 두려웠다. 하지만 예수가 집에 들어섰을 때, 집 여기저기에 우상(偶像)이라고 생각되는 물건들을 흩어놓은 것 때문에 꾸짖는 대신에, 예수는 수집 전체에 크게 흥미를 나타냈고, 플라비우스가 이 방 저 방 예수를 안내하고, 가장 좋아하는 조각들을 모두 보여 드리는 동안, 예수가 각 물건에 대하여 식견이 있는 질문을 많이 던져서 놀랍고 기뻤다.

주는 호감(好感)을 가지고 예술을 대하는 태도에 주인이 어리둥절한 것을 알아차렸다. 그러므로 수집 전부를 둘러보기를 마치고 나서, 예수는 말했다: “내 아버지가 지으신 것과 사람의 예술적인 손으로 빚은 것의 아름다움을 네가 이해한다고 해서, 어찌하여 너는 훈계받기를 기대하느냐? 모세가 한때 우상과 거짓 신 섬기는 것을 퇴치하려고 애썼다고 해서, 어찌하여 품위 있고 아름다운 작품에 모두 눈살을 찌푸려야 하느냐? 너 플라비우스에게 이르노니, 모세의 자손들은 그를 오해하였고, 이제는 하늘과 땅에 있는 것들의 우상과 모양에 대한 그 금지조차 저희가 거짓 신으로 섬기느니라. 그러나 그 시절 어두운 지성들에게 모세가 그러한 제한을 가르쳤다 하더라도, 하늘에 계신 아버지가 만물 위에 우주의 영 통치자로서 드러나는 오늘날과 무슨 상관이 있느냐? 플라비우스야, 내가 선언하노니, 다가오는 하늘나라에서는 사람들이 ‘이를 섬기지 말라, 저를 섬기지 말라’ 더 이상 가르치지 아니하리라. 이것을 삼가고 저것을 하지 않도록 조심하라는 명령에, 사람들이 이제 더 관심을 쏟지 못하리라. 그보다 모두가 한 가지 최고의 임무에 마음을 쓰리라. 사람의 이 임무는 두 가지 큰 특권에 나타나 있으니, 무한한 창조자, 파라다이스 아버지를 진지하게 섬기는 것과 동료 인간들에게 사랑으로 봉사를 베푸는 것이라. 네 몸을 사랑하는 것 같이 네가 이웃을 사랑하면, 너는 정말로 네가 하나님의 아들임을 아느니라.

“내 아버지를 잘 이해하지 못하던 시대에, 모세가 우상을 물리치려 했던 시도는 정당화되었거니와 다가오는 시대에 아버지는 아들의 생애에서 드러나리라. 하나님의 이 새로운 계시는 영원히 창조자 아버지를 돌로 만든 우상이나 금은으로 만든 형상(形象)과 언제까지나 혼동할 필요가 없게 하리라. 이제부터, 총명한 사람들은 아름다움을 그렇게 물질적으로 이해하는 것과 파라다이스에 계신 아버지, 곧 만물과 모든 존재의 하나님을 섬기고 하나님께 봉사하는 것을 혼동하지 않고서 소중한 예술품을 즐겨도 좋으니라.”

플라비우스는 예수가 가르친 것을 다 믿었다. 이튿날 요단 강 건너에 베다니로 가서, 요한의 제자들에게 세례를 받았다. 이렇게 한 것은 예수의 사도들이 믿는 사람들에게 아직 세례를 주지 않았기 때문이다. 예루살렘으로 돌아왔을 때, 플라비우스는 예수를 위하여 큰 잔치를 베풀었고, 친구 60명을 불렀다. 이 손님들 가운데 다수가 다가오는 하늘나라의 메시지를 믿는 사람이 되었다.

5. 확신에 대한 강연

이 유월절 주간에 성전에서 예수가 하신 큰 설교 중의 하나는 말씀을 듣던 사람, 다마스커스에서 온 한 남자의 물음에 대답한 것이다. 이 사람은 예수에게 물었다: "하지만 랍비여, 하나님이 당신을 보냈는지, 당신과 당신의 제자들이 하늘나라가 가까이 왔다고 외치는데 거기로 우리가 참으로 들어갈 수 있는지, 우리가 어떻게 확실히 알리이까?" 그리고 예수는 대답했다:

"내 메시지와 내 제자들의 가르침에 관하여 말하면, 너희는 그 열매로 판단해야 하느니라. 우리가 영의 진리를 너희에게 선포하면, 그 영은 가슴 속에서 우리의 메시지가 진정함을 증언하리라. 하늘나라, 그리고 하늘의 아버지가 받아들임을 어떻게 네가 확신하는가에 관하여 말하면, 내가 묻건대, 너희 가운데 훌륭하고 마음이 친절한 어떤 아버지가, 집안에서 아들의 지위에 관하여, 또는 아버지의 마음 속에 안전히 사랑받는 위치에 있는가 아들이 걱정하게 만들거나 불안(不安)하게 두겠느냐? 땅에서 아버지인 너희가, 인간의 마음 속에서 자식들이 변치 않는 사랑을 받는 자리에 있는가 불안하도록 아이들 괴롭히기를 즐거워하느냐? 하늘에 계신 너희 아버지도 믿는 아이, 영의 아이들이 하늘나라에서 저희의 위치를 의심하는 불안 속에 버려 두지 않느니라. 너희가 하나님을 아버지로 받아들이면, 정말로 또 진실로, 너희는 하나님의 아들이라. 너희가 아들일지언정, 영원하고 신다운 아들 신분에 관계되는 모든 일에 너희의 위치와 신분이 안전하니라. 너희가 내 말을 믿으면, 그로서 나를 보내신 이를 믿는 것이요, 이렇게 아버지를 믿음으로 하늘 시민 지위를 확실하게 하였느니라. 너희가 하늘에 계신 아버지의 뜻을 행하면, 신의 나라에서 진보(進步)하는 영생을 얻는 데 결코 실패하지 아니하리라.

"최상의 영은 너희가 참으로 하나님의 자손임을 너희 영에게 증언하리라. 너희가 하나님의 아들이면, 하나님의 영한테서 태어났느니라. 영한테서 태어난 자는 누구나 몸 안에 모든 의심을 이길 힘을 가졌고, 이것이 모든 불확실성, 아니 너희의 믿음조차 이기는 승리이라.

"선지자 이사야가 이 시절을 이렇게 언급하였더라: '영이 하늘로부터 우리에게 쏟아질 때, 올바른 일이 언제까지나 평화와 고요와 확신이 되리라. 이 복음을 참으로 믿는 모든 사람을 위하여, 내 아버지 나라의 영원한 자비와 영생으로 저희를 받아들인다고 내가 보증하리라. 그러면 이 메시지를 듣고 이 하늘나라 복음을 믿는 너희는 하나님의 아들이요, 영생을 가졌느니라. 너희가 영에게서 태어났음을 온 세계에 증명하는 것은 너희가 성실하게 서로 사랑하는 것이라."

듣고 있던 군중은 오랜 시간 예수와 함께 남아 있었고, 말씀을 묻고 위로를 주는 대답을 주의 깊게 들었다. 예수의 가르침으로 말미암아 사도들도 용감해져서 더 큰 힘과 확신을 가지고 하늘나라 복음을 전파하였다. 예루살렘에서 이 체험은 열두 사도에게 큰 영감을 주었다. 이번에 그렇게 엄청난 군중과 처음 접촉했고 많은 귀중한 교훈을 배웠으며, 이것이 후일에 일하는 데 크게 도움되었음이 드러났다.

6. 니고데모와 이야기하다

플라비우스의 집에서 어느 날 저녁, 니고데모라 하는 사람이 예수를 만나러 왔는데, 그는 유대인 산헤드린의 회원(會員), 부유하고 나이가 지긋한 회원이었다.

이 갈릴리 사람의 가르침에 관하여 많은 소문을 들었고, 그래서 어느 날 오후 예수가 성전 마당에서 가르치는 동안 말씀을 들으러 갔다. 예수가 가르치는 것을 들으러 자주 갔겠지만, 가르침에 참석한 사람들의 눈에 뜨일까 두려워했는데, 유대인 통치자들이 예수와 너무나 사이가 틀어져 있어서, 어떤 산헤드린 회원도 공개적으로 한편이 되고 싶어하지 않았기 때문이다. 따라서 니고데모는 바로 이 날 저녁에 은밀하게, 밤이 된 뒤에 예수와 만나려고 안드레와 주선하였다. 회견이 시작되었을 때, 베드로와 야고보와 요한은 플라비우스의 집 뜰에 있었지만, 나중에 모두 집으로 들어갔고 거기서 담화가 계속되었다.

니고데모를 접대하면서 예수는 아무런 특별한 경의를 표하지 않았다. 함께 이야기하면서, 아무런 타협이나 지나친 설득이 없었다. 남몰래 찾아온 사람을 내쫓으려 하지 않았고 빈정거리지도 않았다. 탁월한 방문자를 다루는 모든 일에 예수는 차분하고 진지하고 위엄이 있었다. 니고데모는 산헤드린의 공식(公式) 대표단이 아니었다. 예수를 만나려고 온 것은 전적으로 주의 가르침에 개인적으로 진지하게 관심을 가졌기 때문이었다.

플라비우스가 인사를 시키고 나자, 니고데모는 말했다: "랍비여, 당신은 하나님이 보내신 선생인 줄을 우리가 아오니, 하나님이 함께 하시지 않으면 어떤 보통 사람도 그렇게 가르칠 수 없기 때문이니이다. 나는 다가오는 나라에 관하여 당신의 가르침을 더욱 알고 싶나이다."

예수는 니고데모에게 대답했다. "진실로, 진실로, 내가 너에게 이르노니, 니고데모야, 사람이 하늘로부터 태어나지 않으면 하나님의 나라를 볼 수 없느니라." 그러자 니고데모가 대답했다: "그러나 사람이 늙으면 어찌 다시 날 수 있나이까? 사람은 태어나려고 다시 어머니 자궁 속으로 들어갈 수 없나이다."

예수는 말했다: "그런데도 내가 선언하노니, 사람이 영에게서 태어나지 않고는 하나님의 나라로 들어갈 수 없느니라. 육체에게서 태어난 것은 육체요, 영에게서 태어난 것은 영이라. 그러나 네가 하늘로부터 나야 한다고 내가 말한 것에 놀라지 않아야 하느니라. 바람이 불 때, 나뭇잎이 바스락거리는 소리를 듣지만—어디서 와서 어디로 가는지—바람을 보지 못하며, 영에게서 태어난 자마다 또한 그러하니라. 육체의 눈으로 사람은 영의 표현을 볼 수 있어도 그 영을 실제로 헤아려 볼 수 없느니라."

니고데모는 대답했다: "그러나 나는 이해하지 못하나이다—어찌 그럴 수 있나이까?" 예수가 말했다: "네가 이스라엘에서 선생이면서도 이 모든 것을 모르다니 그럴 수 있느냐? 그러면 오직 물질 세계의 명시(明示)를 알아보는 자들에게 이를 드러내는 것이 영의 실체들을 아는 자들의 의무가 되니라. 그러나 우리가 하늘의 진리를 너에게 이르면 네가 우리를 믿겠느냐? 니고데모야, 하늘로부터 내려온 자를, 아니 사람의 아들까지도, 네가 믿을 용기가 있느냐?"

니고데모는 말했다: "그러나 하늘나라로 들어가는 준비로서 나를 다시 만들 영을 어떻게 내가 미처 붙잡을 수 있나이까?" 예수가 대답했다: "하늘에 계신 아버지의 영이 이미 네 안에 깃드시니라. 네가 위로부터 온 이 영의 인도하심을 받고자 하면, 오래지 않아 너는 영의 눈으로 보기 시작하겠고, 다음에 네가 사는 유일한 목적이 하늘에 계신 아버지의 뜻을 행하는 것이리니, 영의 안내를 받은 진지한 선택으로 말미암아 네가 영에게서 태어나리라. 네 몸이 영에게서, 하나님의 나라에서, 행복하게 태어났음을 그렇게 발견하고 나서, 일상 생활에서 너는 영의 풍부한 열매를 비로소 맺으리라."

니고데모는 속속들이 진지했다. 깊이 감명을 받았지만 어리둥절해서 가 버렸다. 니고데모는 자아의 개발과 자제에서, 높은 도덕 성품 면에서도 완숙했다. 세련되었고, 자기 본위요, 이타심이 있었다. 그러나 어린아이가 지혜롭고 사랑이 많은, 세상의 아버지의 안내와 인도함에 기꺼이 복종하는 것 같이, 어떻게 그의 뜻을 신성한 아버지의 뜻에 복종시키는가, 그로서 실제로 하나님의 아들, 영원한 나라의 진보하는 상속자가 되는가, 알지 못했다.

그러나 니고데모는 하늘나라를 붙잡기에 충분한 믿음을 불러일으켰다. 산헤드린 동료들이 심문하지도 않고 예수를 정죄하려 했을 때 그는 미약하게 항의(抗議)했고, 나중에 대부분의 제자들이 주가 마지막으로 고통받고 죽는 장면으로부터 무서워 달아났을 때에도, 아리마대 요셉과 함께, 신앙을 용감하게 인정하고 예수의 시체를 요청했다.

7. 가족에 대한 교훈

예루살렘에서 유월절 주간에 가르치고 개인적으로 일하던 바쁜 기간이 지난 뒤에, 예수는 다음 수요일을 베다니에서 사도들과 함께 쉬면서 지냈다. 그 날 오후에 토마스는 한 말씀을 물었고, 이것은 길고도 교육적인 대답을 유도했다. 토마스가 말했다: "주여, 우리가 하늘나라의 대사로서 따로 세움받은 날에, 당신은 우리에게 많은 것을 이르시고, 우리의 개인 생활 형태에 관하여 가르쳤나이다. 그러나 우리가 군중에게 무엇을 가르쳐야 하리이까? 하늘나라가 더 충만히 온 뒤에 이 사람들은 어떻게 살아야 하나이까? 당신의 제자들은 노예를 가져야 하리이까? 당신을 믿는 자들이 가난과 벗하고 재산을 피해야 하리이까? 우리에게 아무 율법과 응보가 없도록 자비만 있어야 하리이까?" 예수와 열두 사도는 토마스의 질문을 논의하면서 오후 내내, 또 식사가 있은 뒤에 그 날 저녁을 전부 보냈다. 여기에 기록할 목적으로 우리는 주의 가르침의 다음 요약(要約)을 제시한다:

예수는 사도들에게 먼저 다음을 분명히 일러 주려고 애썼다. 자신은 땅에서 육체를 입고 독특한 생명을 살고 있다, 열두 사람은 사람의 아들의 수여 체험에 참여하도록 부름받았다, 그렇게 같이 일하는 사람으로 그들도 수여 체험 전체에서 많은 특별 제한과 의무를 분담해야 한다고. 사람의 아들이 하나님의 깊은 중심과 사람의 혼의 가장 깊은 곳을 동시에 들여다볼 수 있는 사람, 땅에서 일찍이 산 유일한 사람이라고 어렴풋이 비치는 말씀이 있었다.

예수는 하늘나라가 여기 땅에서 시작하여, 연달아 생명 정거장을 거쳐 파라다이스까지 나아가는 진화적 체험이라고 아주 뚜렷이 설명했다. 저녁이 지나는 과정에서, 하늘나라가 발전하는 어떤 미래 단계에, 그가 영적 권력과 신다운 영광을 입고서 이 세계를 다시 찾아보리라고 분명히 말했다.

다음에 "하늘나라 관념"은 사람과 하나님의 관계를 보이는 가장 좋은 방법이 아니다, 그런 비유법을 쓴 것은 유대 민족이 하늘나라를 기대했고, 요한이 다가오는 나라라는 표현으로 전도(傳道)했기 때문이라고 설명했다. 예수는 말했다: "또 다른 시대의 사람들은 하늘나라 복음이 가족 관계를 나타내는 표현으로 제시되었을 때—종교는 하나님이 아버지이고 사람들이 형제라, 하나님의 아들이라는 가르침이라고 사람이 이해할 때—그 복음을 더욱 잘 알아들으리라." 다음에 주는 땅의 가족에 관하여, 하늘 가족을 보여 주는 예로서 얼마큼 길게 강론(講論)했으며, 두 가지 근본 생활 법칙을 다시 표현하였다: 아버지, 곧 집안의 우두머리를 사랑하는 첫째 계명, 그리고 아이들끼리 서로 사랑하라, 형제를 네 몸과 같이 사랑하라는 둘째 계명이다.

이 뒤에, 가족 생활의 근본적 특징, 하나님과 사람 사이에 존재하는 관계에 이것을 적용하는 데 대하여, 잊지 못할 토론이 뒤따랐다. 예수는 참된 가족이 다음

일곱 가지 사실에 바탕을 둔다고 말했다:

1. 존재의 사실. 성품의 관계, 사람이 서로 비슷한 현상은 가족 안에 단단히 묶여 있다: 아이들은 부모의 어떤 특성을 물려받는다. 아이들은 부모 안에서 뿌리를 가진다. 성격 존재는 부모의 행위에 달려 있다. 아버지와 아이의 관계는 모든 자연에 본래부터 있고 모든 살아 있는 존재에 퍼져 있다.

2. 안전과 쾌락. 참된 아버지는 아이들이 필요한 것을 마련해 주기를 크게 기뻐한다. 숱한 아버지가 아이들의 단순한 필요만 충족시키는 데 만족하지 않으며, 쾌락도 즐겁게 마련해 준다.

3. 교육과 훈련. 지혜로운 아버지는 아들딸의 교육과 적당한 훈련을 주의 깊게 계획한다. 어릴 때 아이들은 후일의 생애에 더 큰 책임을 받으려고 준비된다.

4. 규율과 자제. 멀리 내다보는 아버지는 또한 어리고 미숙한 자식의 필요한 징계, 안내, 교정, 때로는 자제를 위하여 준비한다.

5. 교제와 충성. 애정 있는 아버지는 아이들과 가깝고 사랑하는 관계를 유지한다. 언제나 귀는 간청을 들으려고 열려 있으며, 그들의 어려움을 나누고 어려운 문제에서 늘 도울 준비가 되어 있다. 아버지는 자식의 진보하는 복지에 더할 나위 없이 흥미를 가진다.

6. 사랑과 자비. 동정심 있는 아버지는 아낌없이 용서하며, 아버지는 아이들에게 복수하려는 기억을 간직하지 않는다. 아버지는 재판관이나 적이나 채권자와 같지 않다. 진정한 가족은 너그러움·참을성·용서의 기초 위에 세워진다.

7. 미래를 위한 준비. 현세의 아버지는 자식들에게 유산(遺産) 남겨 주기를 좋아한다. 가족은 한 세대에서 다음 세대로 이어진다. 죽음은 오직 한 세대를 끝내고 다른 세대가 시작됨을 표시한다. 죽음은 개인의 생명을 그치게 하지만, 반드시 가족도 그렇게 만들지는 않는다.

몇 시간 동안 주는 가족 생활의 이 모습이 지상의 아이인 사람과 파라다이스 아버지인 하나님의 관계에 적용되는 것을 논의했다. 이것이 결론이었다: "아들이 아버지와 가지는 모든 관계를 내가 완벽하게 아노니, 영원한 미래에 너희가 아들로서 도달해야 하는 모든 것을 내가 지금 이미 도달하였음이라. 사람의 아들은 아버지의 바른 편으로 올라갈 준비가 되어 있고, 그래서 하늘에 계신 너희 아버지가 완전한 것 같이 너희가 완전하게 되는 영화로운 진보를 마치기 전에, 너희 모두가 하나님을 보라고 내 안에 길이 더욱 활짝 열려 있느니라."

이 놀라운 말씀을 들었을 때, 사도들은 예수가 세례 받을 때 요한이 한 선언을 상기했고, 또한 주가 돌아가시고 부활하신 뒤에 그들이 전도하고 가르친 것과 연관하여, 이 체험을 또한 눈에 선하게 기억했다.

예수는 신다운 아들, 우주의 아버지가 완전히 신뢰하는 분이다. 아버지와 함께 계셨고 아버지를 완전히 이해한다. 이제 아버지의 마음에 흡족하기까지 땅에서 일생을 살았고, 육체를 입은 이 육신화는 사람을 충분히 이해하게 만들었다. 예수는 완전한 사람이었다. 모든 참 신자가 그 안에서, 그를 통하여, 달성할 운명을 가진 바로 그러한 완전을 이룩했다. 예수는 완전한 하나님을 사람에게 계시하였고, 자신의 몸 속에 이 땅에서 완전하게 된 아들을 하나님께 내놓았다.

예수는 몇 시간 동안 말씀했지만, 토마스는 아직 만족해하지 않았는데, 이렇게 말했기 때문이다: "그러나 주여, 우리는 하늘에 계신 아버지가 우리를 언제나 친절하고 자비롭게 다루심을 발견하지 못하나이다. 여러 번 우리는 땅에서 가혹하게 고생하고, 우리의 기도는 반드시 응답받지는 못하나이다. 당신의 가르침의 뜻을 어느 부분에서 우리가 깨닫지 못하나이까?"

예수는 대답하였다: "토마스야, 토마스야, 얼마나 있어야 네가 영의 귀로 듣는 능력을 얻겠느냐? 이 나라는 영적인 나라요, 내 아버지 또한 영적 존재인 것을 헤아리기까지 얼마나 오래 걸리겠느냐? 하늘의 영 가족 안에서 너희를 영적 자식으로서 내가 가르침을 깨닫지 못하느냐? 내 가르침을 글자 그대로 물질적 일에 적용하지 않고서 내가 땅의 가족을 신성한 관계의 예로 쓰는 것을 너희가 막겠느냐? 머리 속에서 하늘나라의 영적 실체들과 당대의 물질·사회·경제·정치 문제를 분리할 수 없느냐? 내가 영의 언어(言語)를 말할 때, 예를 들 목적으로 평범하고 글자 그대로인 관계를 감히 쓴다고 해서, 내가 의미한 것을 육체의 언어로 풀이하기를 고집하느냐? 아이들아, 부탁하노니, 너희는 영적 나라의 가르침을 노예 제도, 빈곤, 집, 토지와 같은 추한 일에, 인간의 공평과 응보라는 물질적 문제에 그만 적용하여라. 이 현세의 문제들은 이 세상 사람들이 관여할 것이요, 어떤 면에서 그 문제들이 모든 사람에게 영향을 미치기는 해도, 너희는 내가 내 아버지를 대표하는 것 같이 세상에서 나를 대표하라고 부름받았느니라. 너희는 영의 나라를 대표하는 영적인 대사(大使)요, 영 아버지의 특별한 대표이라. 이 때가 되어서, 영의 나라에서 충분히 자란 어른으로서 너희를 가르치는 것이 가능해야 하리라. 너희를 겨우 어린아이로서 늘 대접해야 하느냐? 너희의 영적 이해가 결코 자라지 않겠느냐? 그렇다 해도, 육체를 입고서 우리가 가진 관계가 끝나는 바로 그 날까지도, 나는 너희를 사랑하고 너희를 참으리라. 그 때에도 내 영이 너희보다 먼저, 온 세상으로 가리라."

8. 남쪽 유대 땅에서

4월 말이 되어 바리새인과 사두개인들 사이에서 예수에 대한 반대가 너무 현저해져서 주와 사도들은 한동안 예루살렘을 떠나기로 작정했고, 베들레헴과 헤브론에서 일하려고 남쪽으로 갔다. 5월 한 달 모두가 이 두 도시에서, 그리고 둘러싼 마을의 사람들 사이에서, 개인을 상대로 하는 일에 쓰였다. 이 여행에는 아무런 대중 전도가 없었고, 다만 집집마다 방문이 있었다. 얼마 동안, 사도들이 복음을 가르치고 병자들을 보살폈지만, 예수와 아브너는 엥게디에서 지냈고, 나지르인 거주지를 찾아보았다. 세례자 요한은 이 자리에서 길을 나섰고, 아브너는 이 무리의 우두머리였다. 나지르인 단체의 여러 사람이 예수를 믿는 사람이 되었지만, 고행(苦行)하며 특이한 이 사람들의 대다수는 예수를 하늘이 보낸 선생으로 받아들이려고 하지 않았는데, 그가 금식 및 다른 형태의 극기(克己)를 가르치지 않았기 때문이다.

이 지역에 사는 사람들은 예수가 베들레헴에서 태어난 것을 몰랐다. 대다수의 제자들과 마찬가지로, 언제나 주가 나사렛에서 태어났으리라 짐작했지만, 열둘은 사실을 알았다.

유대의 남부에서 이렇게 머무른 동안은 편안하고 수고의 열매가 풍부히 열린 때였다. 하늘나라에 많은 사람이 늘어났다. 6월초가 되어서, 예루살렘에서 예수를 반대하는 소동이 조용해졌고, 그래서 주와 사도들은 신자들을 가르치고 위로하는 일로 돌아갔다.

예수와 사도들이 6월 내내 예루살렘 안이나 근처에서 보냈어도, 이 기간에 조금도 대중을 가르치지 않았다. 대체로 텐트 안에서 살았고, 그 시절에 겟세마네라고 알려진 그늘진 공원(**公園**), 즉 동산에 텐트를 세웠다. 이 공원은 올리브 산의 서쪽 비탈에 있었고, 기드론 시내에서 그리 멀지 않았다. 안식일 주말에 보통 베다니에서 나사로와 그 자매들과 함께 보냈다. 예수는 겨우 몇 번 예루살렘의 담 안으로 들어갔지만, 관심이 있어 묻는 자들의 큰 무리가 그와 이야기하려고 겟세마네로 나왔다. 어느 금요일 저녁 니고데모와 어떤 아리마대 요셉이라는 사람이 큰 마음을 먹고 예수를 보러 왔지만, 주의 텐트 입구 앞에서 서 있기까지 했는데, 그 뒤에 두려워서 돌아갔다. 물론, 그들은 예수가 그들이 무엇을 했는가 모두 알고 있음을 알아차리지 못했다.

유대인 통치자들이 예수가 예루살렘으로 돌아왔음을 알았을 때, 예수를 붙잡으려고 준비했지만, 대중을 가르치지 않는 것을 지켜보고, 그들이 이전에 소동을 벌인 것에 겁을 먹었다고 결론을 내렸고, 그를 더 다치지 않고 이렇게 사사로운 방법으로 계속 가르치는 것을 버려 두기로 결정하였다. 이처럼 6월 마지막 날까지 일은 조용히 움직였다. 이 때 어떤 시몬이라는 산헤드린 회원이 유대인 통치자들 앞에서 선언한 뒤에, 예수의 가르침을 공개적으로 지지했다. 당장에 예수를 체포하려는 새로운 소란이 벌어졌고, 너무나 시끄러워서 주는 사마리아와 데카폴리스의 여러 도시로 물러가기로 결정했다.

제 143 편

사마리아를 거쳐서

서기 27년, 6월말에, 유대인 종교 지도자들의 반대가 커졌기 때문에, 예수와 열두 사도는 텐트와 자질구레한 개인 용품을 베다니의 나사로 집에 저장하도록 미리 보낸 뒤에, 예루살렘을 떠났다. 북쪽으로 사마리아로 가면서, 안식일 동안 베델에서 머물렀다. 여기서 고프나와 에브라임에서 온 사람들에게 며칠 동안 전도했다. 아리마대와 탐나에서 온 한 시민 집단은 자기네 마을을 방문하라고 예수를 초청하려고 왔다. 주와 사도들은 이 지역에서 유대인과 사마리아인들을 가르치면서 2주가 넘게 보냈다. 여러 사람이 하늘나라의 좋은 소식을 들으려고, 안티파트리스만큼 먼 곳에서 왔다.

남부 사마리아 사람들은 예수의 말씀을 기쁘게 들었고, 가룟 유다를 제외하고, 사도들은 사마리아인에 대하여 많은 편견(偏見)을 극복하는 데 성공했다. 유다가 이 사마리아인들을 사랑하기는 무척 어려웠다. 7월 마지막 주에 예수와 동료들은 요단 강 가까이, 새 그리스 도시 파사엘리스와 아켈라이스를 향하여 떠나려고 준비했다.

1. 아켈라이스에서 전도하다

8월의 처음 절반 동안 사도 일행은 그리스인 도시 아켈라이스와 파사엘리스에서 본부를 차렸다. 거기서 거의 순전히 이방인—그리스인·로마인·시리아인—모임에게 전도하는 첫 경험을 얻었는데, 거의 아무 유대인도 이 두 그리스인 마을에서 살지 않았기 때문이다. 이 로마 시민들과 접촉하면서 사도들은 다가오는 하늘나라 메시지를 선포하는 데 새로운 어려움에 직면(直面)하고 예수의 가르침에 대하여 새로운 반대에 부닥쳤다. 사도들과 가진 여러 저녁 회의 중 하나에서, 열두 사도가 개인적으로 수고하여 얻은 사람들과 겪은 체험을 되풀이하는 동안, 예수는 하늘나라 복음에 반대하는 이유를 주의 깊게 들었다.

빌립이 내놓은 질문은 그들이 겪는 어려움의 대표적인 것이었다. 빌립은 말했다: "주여, 이 그리스인과 로마인들은 우리의 메시지를 가벼이 여기고, 그러한 가르침은 오직 약자와 노예들에게 어울린다 하나이다. 이방인의 종교는 힘세고 튼튼하고 공격적인 인격을 얻으라고 북돋아 주므로, 우리의 가르침보다 우수하다고 주장하나이다. 우리가 모든 사람을 수동적인 무저항자, 허약해진 종자로 바꾸려 하고, 이들은 지상에서 곧 멸망하리라 주장하나이다. 주여, 저희는 당신을 좋아하고, 당신의 가르침이 하늘 같고 이상적이라고 아낌없이 인정하지만, 우리를 진지하게 다루려 하지 않나이다. 당신의 종교는 이 세상에 맞지 않고, 사람들은 당신이 가르치는 대로 살 수 없다고 주장하나이다. 이제, 주여, 이 이방인들에게 우리가 무어라고 이르리이까?"

토마스, 나다니엘, 열심당원 시몬, 마태가 내놓은 이유, 하늘나라 복음에 대하여 비슷한 반대 이유를 듣고 난 뒤에, 예수는 열둘에게 말했다:

"내 아버지의 뜻을 행하고 그의 사랑하는 성품을 온 인류에게 드러내려고 내가 이 세상으로 왔노라. 형제들아, 그것이 내 사명이라. 오늘날이나 또 다른 세대의 유대인이나 이방인(異邦人)이 내 가르침을 오해함에 상관 없이, 나는 이것 하나를 해내리라. 그러나 신의 사랑조차 심한 징계가 있다는 사실을 지나쳐서 안 되느니라. 아버지가 아들을 사랑하는 것은 때때로 아버지로 하여금 생각이 모자라는 자식의 지혜롭지 못한 행위를 삼가도록 재촉하느니라. 아이는 아버지의 제지하는 징계에서 지혜로운 사랑의 동기를 반드시 이해하지는 못하느니라. 그러나 너희에게 선언하노니, 파라다이스에 계시는 내 아버지는 사랑의 꽉 붙드는 힘으로 온 우주를 다스리느니라. 사랑은 모든 영 실체 가운데 가장 큰 것이요, 진리는 해방을 주는 계시이지만, 사랑은 최상의 관계이라. 오늘날의 세계를 관리하는 일에 너희 동료 인간들이 어떤 잘못을 저지르더라도, 앞으로 다가오는 시대에는 내가 너희에게 선언하는 복음이 바로 이 세상을 다스릴 것이라. 인간이 진보하는 궁극의 목표는 하나님이 아버지임을 경건하게 인식하는 것과 사람의 형제 정신을 사랑으로 실현하는 것이라.

"그러나 내 복음이 겨우 노예나 약자(弱者)에게 주려고 의도한 것이라고 누가 너희에게 일렀느냐? 너희, 내가 뽑은 사도들이 약자를 닮았느냐? 요한이 약자 같더냐? 내가 두려움에 노예가 된 것을 너희가 보느냐? 이 세대의 가난하고 억압받는 자들이 복음을 전도받은 것이 참말이라. 이 세상의 종교들은 가난한 자를 소홀히 여겼으나, 내 아버지는 사람을 차별하는 분이 아니라. 게다가, 오늘날의 가난한 자는 뉘우치고 아들임을 받아들이라는 부름을 먼저 주목하는 자니라. 하늘나라의 복음은 모든 사람—유대인과 이방인, 그리스인과 로마인, 자유로운 자와 매인 자—에게, 젊은이와 늙은이, 남자와 여자에게, 똑같이 전파되어야 하느니라.

"내 아버지가 사랑의 하나님이요 자비 베풀기를 기뻐한다고 해서, 하늘나라의 봉사가 지루하게 편한 일이라는 생각에 젖지 말라. 파라다이스로 올라가는 것은 모든 시대에 걸쳐서 최고의 모험이요, 영원을 향한 험난한 성취이라. 땅에서 하늘나라에 봉사하는 것은 너희, 그리고 너희와 함께 일하는 자들이 불러일으킬 수 있는 용감한 남성(男性) 자질을 모두 요구하리라. 너희 가운데 여럿은 이 하늘나라 복음에 충성한 것 때문에 죽음에 빠지리라. 함께 싸우는 친구들이 있어서 너희의 용기가 강화될 때 육체의 싸움터에서 죽기는 쉽거니와, 네 필사의 가슴 속에 소중히 여기는 진리를 사랑하기 때문에, 차분하게, 온전히 혼자서 목숨 버리는 데는 더 높고 깊은 형태의 인간다운 용기와 헌신을 요구되느니라.

"오늘, 믿지 않는 자들은 무저항의 복음을 전도하고, 폭력을 쓰지 않고 생활하는 너희를 비웃을까 싶으나, 너희는 이 나라의 복음을 진지하게 믿는 자들의 긴 대열에서 먼저 나선 자요, 이 가르침에 영웅답게 헌신하여 모든 인류를 놀라게 하리라. 너희와 충성스러운 후계자들은 좋은 소식—하나님이 아버지요 사람들이 형제라는 것—을 외치며 온 세계로 떠나가리니, 저희가 장래 보일 것보다 세계의 어느 군대도 더 큰 용기와 용감을 보인 적이 없느니라. 육체의 용기는 가장 비천한 형태의 용감이라. 지성의 용감은 더 높은 종류의 인간다운 용기이나, 가장 높고 지극한 것은 깊은 영적 실체들을 깨우친 확신에 굳게 충성하는 것이라. 그러한 용기가 하나님을 아는 사람의 영웅심이라. 너희는 다 하나님을 아는 사람이요, 진실로 사람의 아들의 개인적인 동료이라."

이것은 그 기회에 예수가 하신 말씀의 전부가 아니라 연설의 서론이었고, 예수는 이 선언을 확대하고 예를 들면서 아주 길게 말씀을 이었다. 이것은 예수가 일찍이 열두 사도에게 가장 열심히 연설한 것 가운데 하나였다. 주는 확고한 느낌이 눈에 띄게 사도들에게 말씀한 일이 드물었지만, 이것은 뚜렷한 감정과 더불어, 열심을 나타내며 말씀하신 드문 기회의 하나였다.

사도들이 대중에게 전도하고 개인을 상대로 봉사한 결과는 곧 나타났다. 바로 그 날부터 그들의 메시지는 용기가 백배한 새로운 빛을 띠었다. 열둘은 하늘나라의 새 복음을 전하는 일에 적극적으로 투쟁하는 정신을 계속 얻었다. 이 날 이후로 그들은 다채로운 주의 가르침의 부정적 효력과 수동적(受動的) 명령을 설교하는 일에 그다지 정신을 빼앗기지 않았다.

2. 자제에 대한 교훈

주는 인간의 자제(自制)의 표본, 완전하게 된 표본이었다. 욕설을 듣고 욕하지 않았다. 고통받을 때, 괴롭히는 자에게 위협하는 말을 전혀 뱉지 않았다. 적들에게 비난받았을 때, 다만 하늘에 계신 아버지의 올바른 판단에 자신을 맡겼다.

어느 날 저녁 회의에서, 안드레는 예수께 물었다: "주여, 요한이 우리에게 가르친 것처럼 우리가 극기(克己)를 실천해야 하나이까, 아니면 당신이 가르치는 자제(自制)를 얻고자 애써야 하리이까? 당신의 가르침과 요한의 가르침이 어떤 점에서 다르니이까?" 예수는 대답했다: "요한은 정말로 조상들의 빛과 율법에 따라서 올바른 길을 너희에게 가르쳤고, 그것은 자기 반성과 극기의 종교였느니라. 그러나 나는 자기를 잊고 자제하라는 새로운 메시지를 가지고 오노라. 하늘에 계신 내 아버지가 내게 드러내신 생명의 길을 너희에게 보이노라.

"진실로, 진실로 내가 너희에게 이르노니, 자아를 다스리는 자는 한 도시를 점령하는 자보다 크니라. 자아의 통달(通達)은 사람의 도덕적 성품을 재는 척도요, 영적 발전을 가리키는 지표이라. 옛 체제 밑에서 너희는 굶고 기도하였느니라. 영에게서 다시 태어난 새 피조물로서, 너희는 믿고 기뻐하라는 가르침을 받느니라. 아버지의 나라에서 너희는 새 피조물이 되어야 하며, 옛 것은 사라져야 하느니라. 보라, 어떻게 모든 것이 새롭게 되는가 내가 보여 주노라. 너희가 서로 사랑함으로 속박으로부터 해방으로, 죽음으로부터 영생(永生)으로 건너갔다는 확신을 너희가 세상에 주어야 하느니라.

"옛 길을 따라서, 너희는 참고 복종하고 생활 규칙에 순응하려고 애쓰느니라. 새 길을 따라서, 너희는 먼저 진리의 영으로 말미암아 변화되고, 이로서 네 정신을 항상 영적으로 새롭게 함으로 네 마음 속 혼이 강하게 되며, 그렇게 하나님의 인자하고 적절하고 완전한 뜻을 확실하고 기쁘게 행하는 힘을 부여받느니라. 잊지 말라—하나님의 지극히 크고 값진 약속을 몸소 믿는 것이 네가 신다운 성품을 받는 자가 되도록 보장하느니라. 이처럼 너희의 믿음으로, 영이 변화됨으로, 너희는 실제로 하나님의 성전이 되고, 그의 영이 사실로 네 안에 거하느니라. 그런즉 그 영이 네 안에 거하면, 너희는 이제 더 육체에 매인 노예가 아니라, 자유롭고 해방된 영의 아들이라. 자아를 구속하는 두려움과 극기에 노예가 되기를 가르치는 옛 율법 대신에, 영의 새로운 율법은 자아를 통달하는 해방을 너희에게 부여하느니라.

"너희가 악을 행했을 때, 여러 번, 너희 행위를 악마의 영향으로 돌리려고 생각했으나, 실제는 자신의 자연스러운 성향(性向)에 따라서 그릇된 길에 빠졌을 뿐이라. 선지자 예레미야가 오래 전에 사람의 마음은 무엇보다도 속이는 성향이 있고, 때로는 지독하게 사악(邪惡)하기까지 하다고 너희에게 이르지 않더냐? 너희가 스스로 속고, 그로서 어리석은 두려움, 몇 가지 탐욕, 사람을 노예로 만드는 쾌락, 악의, 질투, 아니 복수하는 미움에 빠지기가 얼마나 쉬우냐!

"육체의 독선적 행동이 아니라, 영이 다시 태어남으로써 구원을 얻느니라. 너희는 믿음으로 정당하게 되고, 두려움과 육체의 극기가 아니라 은혜로 말미암아 친교를 얻느니라. 하지만 영에게서 태어난 아버지의 아이들은 늘, 언제나 자아, 육체의 욕구에 관계되는 모든 것의 주인이라. 믿음으로 구원받는다는 것을 알 때, 너희는 하나님과 더불어 진정한 평화를 가지며, 이 하늘의 평화가 있는 길을 따르는 자는 모두, 영원한 하나님의 늘 진보하는 아들들은 영원한 봉사에 거룩히 바치도록 예정되느니라. 이제부터, 하나님의 사랑 속에서 너희가 완전을 추구하는 동안, 스스로 정신과 육체에서 모든 악을 깨끗이 없애는 것은 의무가 아니라, 오히려 상급 특권이라.

"너희의 아들 신분은 믿음에 바탕을 두며, 너희는 계속 두려움에 마음이 흔들리지 말아야 하니라. 너희의 기쁨은 신의 말씀을 신뢰함에서 생기며, 따라서 아버지의 사랑과 자비가 현실임을 의심할 유혹을 받지 말지니라. 하나님의 바로 그 선이 사람들을 참되고 진정한 뉘우침으로 인도하며, 자아를 통달하는 비밀은 깃드는 영을 너희가 믿는 것과 밀접히 관계되고 그 영은 늘 사랑으로 일하시니라. 구원하는 이 믿음조차 너희는 저절로 갖지 아니하니, 그것도 하나님의 선물이라. 너희가 이 살아 있는 믿음의 아이라면, 이제 더 자아의 노예가 아니라 오히려 자아를 다스리는 승리한 주인이요, 하나님의 해방된 아들이라.

"그러면, 아이들아, 너희가 영에게서 태어났다면, 극기하고 육체의 욕구를 경계하는 생활의 속박, 자의식(自意識)하는 속박으로부터 언제까지나 구원받으며, 즐거운 영의 나라로 옮겨지고, 거기서부터 일상 생활에서 영의 열매를 저절로 맺느니라. 영의 열매는 즐겁고 사람을 고상하게 만드는 자제, 아니 땅에서 필사자가 도달하는—참된 자아 통달의—높이까지 이르는, 가장 높은 종류의 자제의 본질이라."

3. 오락과 휴식

이 무렵에 크게 신경이 곤두서고 감정이 팽팽해진 상태가 사도들과 그 직계 제자 동료들 사이에서 일어났다. 그들은 함께 살고 일하는 데 도저히 익숙하다 할 수 없었다. 요한의 제자들과 순탄한 관계를 유지하는 데 골칫거리가 늘어나고 있었다. 이방인과 사마리아인들과 접촉하는 것은 이 유대인들에게 큰 시련이었다. 이 모든 것 외에도, 예수가 요즘에 하신 말씀은 정신 상태를 더욱 불안하게 하였다. 안드레는 거의 정신이 나간 상태였다. 다음에 무엇을 해야 할까 몰랐고, 그래서 문제와 답답한 것들을 가지고 주에게 갔다. 사도의 우두머리가 걱정거리를 설명하는 것을 듣고 나서 예수는 말했다: "안드레야, 사람들이 그렇게 몰두한 단계에 이를 때, 그렇게 많은 사람이 격한 감정을 가지고 관여할 때, 그 곤경에서 사람들을 구할 수 없느니라. 네 요청을 들어 줄 수 없노라—나는 개인의 사회적 문제에 끼어 들지 아니하리라—그러나 사흘 동안 쉬고 긴장을 풀려고 너희와 함께 즐기리라. 너희 형제들에게 가서, 모두가 나와 함께 사르타바 산으로 올라가야 한다고 알리라, 거기서 내가 하루나 이틀 동안 쉬고 싶노라.

"이제 열한 형제 각자에게 가서, 개인적으로 이렇게 말해야 하느니라: '주가 한동안 쉬고 긴장을 풀려고, 따로 우리가 함께 가기를 바라시느니라. 우리 모두가 정신적으로 많이 시달리고 정신의 긴장을 요즈음에 겪었으니, 이 휴일 동안에 우리의 시련과 곤경에 대하여 입을 열지 말라고 내가 제안하노라. 이 문제에서 네가 협조할 것을 내가 기대할 수 있느냐?' 이 방법으로 형제 각자에게 사사롭게 직접 접근하여라." 안드레는 지시받은 대로 하였다.

이것은 각자의 체험에서 놀라운 기회였고, 그들은 산에 올라갔던 그날을 결코 잊지 않았다. 그 여행 동안 내내, 그들의 문제에 대하여 거의 한 마디 말도 나오지 않았다. 산 꼭대기에 다다르자, 예수는 주위에 그들을 앉히면서 말했다: "내 형제여, 너희는 모두 휴식의 가치와 긴장 해소의 효능을 배워야 하느니라. 어떤 얽힌 문제를 해결하는 최선의 방법은 한동안 버려 두는 것임을 깨달아야 하느니라. 그리고 나서 너희가 휴식이나 예배를 마치고 새롭게 돌아갈 때, 더욱 굳은 각오는 말할 것도 없고, 더 맑은 정신과 더 미더운 손으로 너희 문제와 씨름할 수 있느니라. 게다가, 정신과 육체가 쉬는 동안, 문제의 크기와 비중(比重)이 줄어든 것이 누차 발견되느니라."

이튿날 예수는 열두 사도에게 각가 토론할 주제를 나누어 주었다. 그 날 전부가 회상하고 종교적인 일과 관계 없는 문제를 논하는 데 소비되었다. 한낮 점심으로 빵을 먹을 때, 예수가 감사를—입으로—드리는 것조차 소홀히 했을 때, 그들은 한순간 충격을 받았다. 이 때에 주가 그런 형식을 소홀히 함을 처음 보았다.

산으로 올라갔을 때, 안드레의 머리는 문제들로 꽉 차 있었다. 요한은 마음 속에서 극심한 혼란에 빠져 있었다. 야고보의 혼은 슬픔에 잠겨 있었다. 이방인들 사이에 머무르고 있었기 때문에, 마태는 기금이 모자라 가슴을 태우고 있었다. 베드로는 과로했고, 최근에는 여느 때보다 더 변덕을 부렸다. 유다는 정기적으로 찾아오는 과민과 이기심에 시달렸다. 시몬은 애국심과 형제 정신의 사랑을 절충하려는 노력으로 특별히 마음이 산란하였다. 빌립은 일이 되어 가는 형편 때문에 갈수록 어리둥절했다. 이방(異邦) 인구와 접촉한 뒤로 나다니엘은 유머가 줄어들었고, 토마스는 심한 우울증을 한창 겪고 있었다. 오직 쌍둥이가 정상이었고 동요되지 않았다. 요한의 제자들과 어떻게 평안히 어울리는가, 모두가 갈피를 잡지 못했다.

사흘째에 산 밑으로, 야영지로 돌아가기 시작했을 때, 그들에게 큰 변화가 일어났다. 인간의 숱한 골칫거리는 실제로 존재하지 않는다, 급박한 문제들은 과장된 두려움의 산물이요 불안이 확대되어 생긴 소산(所産)이라는 중요한 발견을 했다. 그러한 골칫거리는 모두 버려 두는 것이 가장 좋다는 것을 발견했다. 그들은 훌쩍 떠나 버림으로 그런 문제들이 저절로 풀리도록 버려 두었다.

이 휴일을 마치고 돌아온 것은 요한의 추종자들과 관계가 크게 개선된 기간이 시작되었음을 표시한다. 생활의 일상적인 임무에서 떠나 사흘 동안 휴가를 보낸 결과로, 모든 사람의 정신 상태가 변화된 것을 눈치채고, 그들에게 생겼던 신경 과민에서 벗어나는 것을 관찰했을 때, 다수가 정말로 즐거움에 빠졌다. 인간의 접촉에서 단조움은 골칫거리를 크게 불리고 문제를 확대할 위험이 언제나 있다.

두 그리스인 도시, 아켈라이스와 파사엘리스에서, 많지 않은 이방인이 복음을 믿었지만, 열두 사도는 순전히 이방인 인구와 처음으로 이렇게 널리 일하면서 값진 체험을 얻었다. 그 달 중순쯤, 어느 월요일 아침에, 예수는 안드레에게 말했다: "사마리아로 들어가자." 야곱의 우물 가까이 있는 시카 시(市)를 향하여 당장에 길을 떠났다.

4. 유대인과 사마리아인

6백 년이 넘도록 유대 지방의 유대인, 그리고 나중에는 갈릴리에 있는 유대인도, 사마리아인과 적대 관계에 있었다. 유대인과 사마리아인 사이에 이 싫은 감정은 이런 식으로 생겼다: 기원전 7백 년 무렵에, 아씨리아의 임금 사르곤은 팔레스타인 중부에서 일어난 폭동을 진압하면서, 북쪽 이스라엘 왕국의 유대인을 25만 명이 넘게 데려다가 포로로 만들었고, 그 자리에 거의 같은 수의 쿳인·세파르브인·하마트인의 후손들을 정착하게 하였다. 나중에 아슈바니팔은 또 다른 여러 이민단을 사마리아에 거하라고 보냈다.

유대인과 사마리아인 사이의 종교적 적대 관계는 바빌로니아 포로 생활로부터 유대인이 귀향할 때로 거슬러 올라가는데 그 때 사마리아인들은 예루살렘의 재건을 방해하였다. 그들은 나중에 알렉산더의 군대를 친절히 도와 줌으로 유대인들의 기분을 건드렸다. 그 친절에 대한 보답으로 알렉산더는 사마리아인들이 게리짐 산에 성전 건축을 허락했는데, 거기서 야웨 및 부족 신들을 섬기고, 예루살렘의 성전 예배 순서를 비슷하게 좇아서 희생물을 바쳤다. 적어도 마카비의 시절까지 이 숭배를 계속했고, 그 때 요한 히르카누스는 게리짐 산에 있는 성전을 파괴했다. 예수가 돌아가신 뒤에, 사마리아인들을 위하여 수고하면서 사도 빌립은 이 옛 사마리아 성전 터에서 많은 모임을 가졌다.

유대인과 사마리아인의 적대 관계는 전통이 오래고 역사(歷史)가 깊다. 알렉산더 시절 이후로, 그들은 갈수록 더 서로 상관이 없었다. 열두 사도는 데카폴리스와 시리아의 그리스인 및 기타 이방 도시들에서 전도하기를 싫어하지 않았지만, "사마리아로 가자" 예수가 말했을 때, 그것은 주에게 바치는 충성심을 재는 어려운 시험이었다. 그러나 예수와 함께 했던 한 해 남짓한 동안에, 그들은 일종의 개인적 충성심을 길렀고, 이것은 그의 가르침을 믿는 신앙과 사마리아인에 대한 편견도 뛰어넘었다.

5. 시카의 여인

주와 열두 사도가 야곱의 우물에 다다랐을 때, 여행에 지쳤기 때문에 예수는 우물가에서 머물렀고, 그 동안에 빌립은 시카에서 먹을 것과 텐트 가져오는 것을 도우려고 사도들을 데리고 갔는데, 한동안 이 근처에서 머무를 생각이 있었기 때문이다. 베드로와 세베대의 아들들은 예수와 함께 남아 있었을 터이지만, 예수는 형제들과 함께 가라고 부탁하며 말했다: "나를 조금도 걱정하지 말라, 이 사마리아인들은 친절하리라. 오직 우리 형제인 유대인들이, 우리를 해치려 하느니라." 예수가 우물가에서 사도들이 돌아오기를 기다리며 앉았을 때는 이 여름 날 저녁, 거의 6시가 되었다.

야곱의 우물 물은 시카의 우물 물보다 광물(鑛物)이 적었고, 따라서 마실 물로 훨씬 높게 쳤다. 예수는 목이 말랐지만, 우물에서 물을 길을 방도(方道)가 없었다. 그래서 시카의 어느 여인이 물그릇을 가지고 와서 우물에서 물을 길으려고 준비했을 때, 예수는 말했다. "내게 물을 다오." 이 사마리아 여인은 모습과 옷차림으로 예수가 유대인인 줄 알았고, 사투리로 보아 갈릴리 유대인이라 짐작했다. 그 여자의 이름은 날다였고, 잘생긴 인물이었다. 유대인 남자가 이렇게 우물가에서 말을 걸고 물을 달라 하는 것에 많이 놀랐는데, 자존심 있는 남자가 버젓이 여자에게 말거는 것, 더군다나 유대인이 사마리아인과 이야기하는 것을 그 시절에 괜찮게 여기지 않았기 때문이다. 그래서 날다는 예수께 물었다: "당신은 유대인이면서, 사마리아 여자인 나에게 마실 물을 달라 하시니 어인 일이니이까?" 예수는 대답했다: "내가 정말로 너에게 마실 물을 달라 하였으나, 네가 알 수만 있다면, 생명의 물 한 모금을 달라 내게 청하리라." 그러자 날다가 말했다: "하지만 주여, 당신은 물을 길을 그릇이 없고, 그 우물은 깊나이다. 그러니 어디에 이 생명(生命)의 물을 가지셨나이까? 우리 조상 야곱보다 당신은 더 위대하시나이까? 그는 우리에게 이 우물을 주었고 자기와 아들들과 가축도 거기서 마셨나이다."

예수는 대답했다: "이 물을 마시는 자마다 목이 다시 마르려니와 살아 있는 영(靈)의 물을 마시는 자는 누구나 결코 목마르지 아니하리라. 이 생명의 물은 그 사람 속에서, 바로 영생(永生)에 이르기까지 솟아오르는 시원한 샘물이 되리라." 그러자 날다가 말했다. "내게 이 물을 주시사 나로 하여금 목마르지도 않고 물 길으러 여기까지 멀리 오지도 않게 하소서. 게다가 사마리아 여인이 그런 훌륭한 유대인에게 받을 수 있는 것은 무엇이든지 기쁨이 되리이다."

날다는 예수가 기꺼이 자기와 이야기하는 것을 어떻게 받아들여야 할지 몰랐다. 그 여자는 주의 얼굴에서 올바르고 거룩한 사람의 빛을 보았지만, 친절을 보통 친숙함으로 잘못 생각했고, 그 비유를 자기에게 추파(秋波)를 던지는 방법으로 잘못 해석했다. 품행이 단정치 않은 여인이었으니까, 드러내 놓고 희롱할 생각이 있었는데, 그 여자의 눈을 똑바로 보면서, 예수는 명령하는 목소리로 말했다: "여자여, 가서 네 남편을 여기로 데려오라." 이 명령은 날다가 정신을 차리게 했다. 주의 친절함을 그릇 판단했음을 깨달았고, 자기가 말투를 잘못 판단했음을 알아차렸다. 놀라서 자기가 특별한 사람 앞에 서 있음을 비로소 깨닫고, 머리 속에서 적당한 대답을 더듬으며, 크게 산만하여 말했다. "그러나 주여, 남편을 부를 수 없사오니, 남편이 없음이니이다." 그러자 예수는 말했다: "네가 진실을 말하였으니, 네가 한때는 남편이 있었는가 싶으나, 네가 이제 같이 살고 있는 사람은 네 남편이 아님이라. 내 말을 가지고 장난하지 말고 내가 오늘 너에게 내민 생명의 물을 구하는 것이 더 좋으리라."

이 때가 되어서 날다는 정신이 퍼뜩 들었고, 선한 자아(自我)가 깨어났다. 전적으로 선택해서 부도덕한 여자는 아니었다. 남편에게 무자비하게 부당하게 버림받고, 막다른 골목에서 어떤 그리스인의 아내로서, 하지만 결혼도 하지 않고 같이 살기로 동의했다. 날다는 이제 예수에게 생각 없이 말한 것을 크게 부끄럽게 느꼈고, 몹시 뉘우치는 마음으로 주를 향하여 말했다: "내 주여, 당신께 버릇없이 말씀드린 것을 뉘우치오니, 당신은 거룩한 사람이든지, 아마도 선지자인 것을 깨닫기 때문이니이다." 주께 바로 개인적인 도움을 막 구하려고 할 때, 그 여자는 허다한 사람이 그 전에도 그 후에도 한 일을 했다—신학과 철학 토론에 주의를 돌림으로 개인이 구원받는 문제를 피한 것이다. 재빨리 자신의 필요로부터 신학(神學) 논쟁으로 말머리를 돌렸다. 게리짐 산을 가리키면서 말을 이었다: "우리의 조상은 이 산에서 예배하였는데, 그래도 당신은 예루살렘이 사람들이 예배해야 할 곳이라고 말씀하리이다. 그렇다면 어디가 하나님을 예배할 바른 장소이니이까?"

예수는 그 여자의 혼이 조물주와 직접 탐구하는 접촉을 피하려 애쓰는 것을 알아챘지만, 또한 더 좋은 생명의 길을 알려는 소망이 그 혼 속에 있음을 보았다. 결국, 날다의 가슴 속에 생명의 물을 바라는 참된 목마름이 있었다. 그래서 참을성 있게 다루며 말했다: "여자여, 네게 이르노니, 이 산에서도 예루살렘에서도 너희가 아버지를 예배하지 않을 날이 곧 다가오리라. 그러나 네가 알지 못하는 것을 지금 예배하니, 여러 이교도 신(神)들의 종교와 이방의 철학이 섞인 것이라. 유대인들은 적어도 누구를 예배하는지 알고, 예배를 한 분의 하나님, 야웨에 집중하여 모든 혼란을 없애 버렸느니라. 그러나 모든 진지한 예배자가 영으로, 진실로 아버지를 예배할 때가 곧 오리라—지금도 그런 때이라—내가 말할 때 나를 믿어야 하나니, 이는 바로 그러한 예배자들을 아버지가 찾으심이라. 하나님은 영이요, 그를 예배하는 자는 정신적으로, 진실하게 예배해야 하느니라. 다른 사람들이 어떻게 또는 어디서 예배해야 하는가를 알아서가 아니라, 내가 너에게 지금도 내미는 이 생명의 물을 네 마음 속에 받아들임으로 너의 구원이 오느니라."

그러나 날다는 땅에서 자기의 개인 생활과 하나님 앞에서 자기 혼의 지위에 관하여 거북한 질문을 논하기를 피하려고 다시 한 번 애썼다. 한 번 더 일반 종교적 질문을 택하고 말했다: "예, 주여, 요한은 교화자(敎化者)가 오시는 것에 대하여 전했는데, 그를 구원자라 부를 것이요, 그가 오실 때 우리에게 모든 것을 선언할 줄을 내가 아나이다"—날다의 말을 막으며, 예수는 놀라운 확신을 가지고 말했다, "너에게 말하는 내가 그니라."

이것은 예수가 땅에서 신의 성품과 아들임을 처음으로 바로, 분명하게, 감추지 않고 선언한 것이었다. 그것도 한 여자에게, 사마리아 여인에게, 이 순간까지 남자들 눈에 의심스러운 인격을 가진 여자에게 선언하였다. 그러나 신의 눈은, 자신이 원해서 죄를 짓기보다 남이 그 여자에게 죄를 저질렀다고, 그 여자는 <u>지금</u> 성실하게, 마음을 다하여, 구원을 바라는 인간 혼이라고 보았고, 그것으로 충분했다.

날다가 개선하고 더 고귀한 생활 방법을 찾으려는 진정한 개인 소망을 막 표현하려 했을 때, 마음 속의 진정한 소망을 말할 준비가 되었을 때, 열두 사도가 시카로 돌아왔고, 예수가 이 여자와 함께—이 사마리아 여자와, 그것도 혼자서—아주 친밀하게 이야기하는 장면에 들이닥쳤을 때, 그들은 더할 나위 없이 놀랐다. 소모품을 재빨리 저장하고 옆으로 비켰고, 아무도 감히 잔소리를 하지 않았으며, 한편 예수는 날다에게 말했다: "여자여, 길을 가라. 하나님이 너를 용서하였느니라. 이제부터 너는 새로운 삶을 살리라. 생명의 물을 받았으니, 새로운 기쁨이 네 혼 속에서 솟아나겠고, 너는 최고자의 딸이 될지니라." 그 여자는, 사도들이 싫어하는 눈치를 채고서, 물동이를 버려 두고 도시로 달아났다.

도시로 들어가면서, 만난 모든 사람에게 외쳤다: "야곱의 우물로 가라, 빨리 가라, 왜냐하면 거기서 내가 일찍이 한 일을 모두 내게 일러 준 사람을 너희가 볼 것이기 때문이라. 이 사람이 교화자(敎化者)일 수 있느냐?" 해가 지기 전에, 큰 무리가 야곱의 우물에서 예수의 말씀을 들으려고 모였다. 주는 생명의 물, 깃드는 영의 선물에 대하여 그들에게 더 말씀했다.

사도들은 예수가 여자, 그것도 의심스러운 인격을 가진 여자, 아니 부도덕한 여자하고도 기꺼이 말씀하시는 것을 보고서 받은 충격을 결코 떨쳐 버리지 못했다. 여자, 아니 소위 부도덕한 여자도, 하나님을 아버지로 택할 수 있는 혼을 가졌고, 이로서 하나님의 딸이요, 영생(永生)의 후보자가 된다는 것을 사도들에게 가르치기가 무척 어려웠다. 19세기가 지난 뒤에도 많은 사람이 주의 가르침을 붙들기를 꺼려하는 똑같은 태도를 보인다. 그리스도교조차 그리스도의 일생의 진리가 아니라, 그가 죽은 사실을 중심으로 끈질기게 쌓아 올렸다. 세상은 예수의 비극적이고 슬픈 죽음보다 행복하고 하나님을 드러내는 그의 삶에 더욱 관심을 가져야 한다.

날다는 이튿날 이 이야기를 전부 사도 요한에게 일러 주었지만, 그는 결코 다른 사도들에게 전부 밝히지 않았고, 예수는 열두 사도에게 자세한 말씀을 하지 않았다.

날다는 예수가 "내가 일찍이 행한 모든 것"을 자기에게 일러 주었다고 요한에게 말했다. 요한은 날다와 이 이야기를 예수께 여러 번 묻고 싶었지만, 한 번도 묻지 않았다. 예수는 그 여자에 관하여 오직 한 가지를 일렀지만, 눈을 들여다보고 그 여자를 다룬 태도는, 한 순간에 날다의 머리 속에 얼룩진 생활 전부를 파노라마처럼 다시 보게 만들었기 때문에, 그 여자는 과거의 생활을 이렇게 자신이 드러낸 것을 모두 주의 눈길과 말씀과 연결하였다. 예수는 그 여자가 다섯 남편이 있다고 이르지 않았다. 그 여자는 남편에게 버림받은 뒤에 다른 네 남자와 살았는데, 이것은 모든 과거와 함께, 예수가 하나님의 사람이었음을 깨달은 순간, 머리 속에 아주 선하게 살아났고, 그래서 예수가 자신에 관한 모든 것을 정말로 자기에게 일러 주었다고 나중에 요한에게 되풀이하였다.

6. 사마리아의 부흥

날다가 시카에서 예수를 보라고 군중을 이끌어 낸 날 저녁에, 열두 사도는 먹을 것을 가지고 막 돌아왔고, 사람들에게 이야기하지 말고 예수에게 함께 드시라고 청했는데, 하루 종일 끼니를 걸러서 배가 고팠기 때문이다. 그러나 예수는 어둠이 곧 다가올 것을 알았고, 그래서 사람들을 돌려보내기 전에 말씀할 결심을 버리지 않았다. 군중에게 말씀하기 전에 예수에게 한 입 잡수시라고 안드레가 설득하려고 했을 때, 예수는 말했다 "나는 너희가 모르는 먹을 고기가 있노라." 이 말을 듣자 사도들끼리 말했다: "누군가 그에게 무슨 잡수실 것을 가져왔느냐? 도대체 그 여자가 예수께 마실 것 뿐 아니라 잡수실 것도 드렸을 수 있느냐?" 자기들끼리 이야기하는 것을 듣자, 사람들에게 말씀하기 전에, 예수는 옆으로 머리를 돌려 열둘에게 말했다: "나의 고기는 나를 보내신 이의 뜻을 행하고 그의 일을 이루는 것이라. 너희는 이제 더 추수할 때까지 시간이 어느 만큼 있다고 하지 말아야 하느니라. 사마리아 도시에서 이 사람들이 우리의 말씀을 들으려고 나오는 것을 보라. 내가 너희에게 이르노니, 들판이 추수하도록 이미 희니라. 거두는 자는 삯을 받고 영생에 이르는 이 열매를 거두느니라. 그 결과로 씨 뿌리는 자와 거두는 자가 함께 즐거워하느니라. 이는 '한 사람이 씨 뿌리고 다른 사람이 거둔다'하는 말씀이 여기서 참인 까닭이라. 너희가 수고하지 않은 곳에서 거두라고 이제 내가 너희를 보내노라. 남들은 수고하였고, 너희는 그 수고를 막 시작하려 하느니라." 이 말씀은 세례자 요한의 전도를 언급한 것이다.

예수와 사도들은 시카로 들어가서, 게리짐 산에서 캠프를 세우기 전에 이틀 동안 전도했다. 시카에서 많은 주민이 복음을 믿고 세례 받기를 청했지만, 예수의 사도들은 아직 세례를 주지 않았다.

게리짐 산에서 야영하던 첫날 밤에 사도들은 야곱의 우물에서 그 여자에게 보인 태도 때문에 예수가 꾸짖으리라 기대했지만, 그 문제에 대하여 말이 없었다. 그 대신에 "하나님의 나라에서 중심인 실체들"에 관하여 기억에 남는 이야기를 그들에게 해 주었다. 어떤 종교에서도 가치가 균형을 잃도록 버려 두고, 인간의 신학에서 사실이 진리의 자리를 차지하도록 버려 두기가 너무나 쉽다. 십자가(十字架)의 사실은 후일에 그리스도교의 핵심이 되었지만, 그것은 나사렛 예수의 일생과 가르침으로부터 얻을 수 있는, 종교의 핵심 진리가 아니다.

게리짐 산에서 예수의 가르침의 주제는, 그가 (예수가) 형제요 친구인 것 같이, 모든 사람이 하나님을 아버지인 친구로서 보기를 바란다는 것이었다. 진리가 이 신성한 관계를 관찰한 것 중에 가장 큰 선언인 것처럼, 사랑은 세상에서—우주에서—가장 큰 관계라는 것을 거듭 강조했다.

예수 자신이 사마리아인들에게 아주 충만히 선언한 것은 안전하게 그렇게 할 수 있었고, 하늘나라 복음을 전도하려고 사마리아의 심장부로 다시 찾아오지 않을 것을 알았기 때문이었다.

예수와 열둘은 8월말까지 게리짐 산에서 야영했다. 여러 도시에서 낮에는 사마리아인들에게 하늘나라의 좋은 소식—하나님이 아버지임—을 전도하고, 밤에는 야영지에서 지냈다. 사마리아의 이 여러 도시에서 예수와 열두 사도가 한 일은 하늘나라를 위하여 많은 혼을 얻었고, 예수가 돌아가시고 부활하신 뒤에, 예루살렘에서 신자들의 모진 박해로 말미암아 사도들이 땅 끝까지 흩어지고 난 뒤에, 이 지역에서 빌립의 놀라운 일을 위하여 길을 예비하는데 크게 기여했다.

7. 기도와 예배에 대한 가르침

게리짐 산에서 저녁 회의가 있을 때, 예수는 큰 진리를 많이 가르쳤고, 특히 다음을 강조했다:

참된 종교는 창조자와 자의식하는 관계에서 개별 혼이 하는 행위이다. 조직된 종교는 사람이 개별 신자들의 예배를 사회화하려는 시도이다.

예배—영적인 숙고—는 봉사, 즉 물질적 실체와 접촉하는 일과 번갈아 있어야 한다. 일은 놀이와 교체되어야 하며, 종교는 유머로 균형을 얻어야 한다. 깊은 철학은 리듬 있는 시(詩)로 긴장을 풀어야 한다. 생활의 긴장—인격이 시간 속에 받는 긴장—은 예배가 주는 휴식으로 해소해야 한다. 우주에서 인격이 고립되는 두려움에서 생기는 불안한 느낌은 아버지를 믿고 숙고함으로, 또 최상위를 깨달으려고 애씀으로 그 해독을 풀어야 한다.

기도는 사람에게 생각을 적게 하게 만들지만, 깨우침을 더하도록 고안되어 있다. 기도는 지식을 늘이는 것이 아니라, 오히려 통찰력을 키우도록 고안되어 있다.

예배는 앞으로 개선된 생활을 기대하고, 다음에 이 새로운 영적 의미를 지금 있는 생활로 돌이켜 반영하려고 뜻하는 것이다. 기도는 영적 자양분을 주지만, 예배는 신성하게 창조하는 성질이 있다.

예배는 여러 사람에게 봉사하는 영감을 얻으려고 하나를 바라보는 기술이다. 예배는 혼이 물질 우주로부터 떨어져 있는 범위, 또 혼이 동시에 모든 창조의 영적 실체들에 안전히 붙어 있는 범위를 재는 척도이다.

기도는 자아를 상기시킨다—숭고한 사고(思考)이다. 예배는 자아를 잊는 것이다—초월 사고이다. 예배는 힘 안드는 집중이요, 혼이 참되게 이상적으로 쉬는 것, 일종의 편안한 영적 노력이다.

예배는 한 부분이 전체와, 유한자가 무한자와, 아들이 아버지와 일체가 되는 행위요, 시간이 영원과 발걸음을 맞추는 행위이다. 예배는 아들이 신성한 아버지와 몸소 친교하는 행위요, 인간의 혼이 신선하고 창조적인 태도, 친근하고 열렬한 태도를 가지는 것이다.

사도들은 야영지에서 그의 가르침 가운데 몇 가지만 깨달았어도 다른 세상들은 그 가르침을 깨달았고, 땅에서 다른 세대들도 그럴 것이다.

제 144 편

길보아와 데카폴리스에서

9월과 10월은 길보아 산의 비탈에 자리잡은 한적한 캠프에서 은둔한 가운데 보냈다. 9월 한 달을 예수는 여기서 사도들하고만 지냈고, 하늘나라의 진리를 가르치고 교육했다.

사마리아와 데카폴리스의 경계에서 이 때 예수와 사도들이 은둔한 데에는 여러 가지 이유가 있었다. 예루살렘의 종교 지도자들은 무척 반감(反感)을 가지고 있었다. 헤롯 안티파스는 아직도 요한을 감옥에 가두어 놓고, 석방하거나 처형하기를 두려워했고, 한편 요한과 예수가 어떤 면에서 관련되었다는 의심을 품었다. 이러한 조건 때문에 유대나 갈릴리에서 적극적 활동을 계획하는 것이 현명하지 않았다. 셋째 이유가 있었는데, 요한의 제자들과 예수의 사도들, 이 두 집단의 지도자들 사이에 서서히 긴장(緊張)이 고조되고 있었고, 이것은 신자들의 무리가 늘어나면서 악화되었다.

예수는 가르치고 전도하는 예비 작업 시절이 거의 끝났으며, 다음 움직임은 땅에서 일생에 심혈을 기울인 마지막 노력의 시작과 관련된다는 것을 알았다. 이 사업의 시작이 어떤 면에서도 세례자 요한을 시련을 주거나 난처하게 만들지 않기를 바랐다. 따라서 예수는 사도들을 연습시키면서 은둔하여 얼마 동안 시간을 보내고, 다음에 요한이 집행되든지, 아니면 석방되어서 연합된 노력에 합세할 때까지, 데카폴리스의 여러 도시에서 조용한 일을 얼마큼 하기로 결심하였다.

1. 길보아에서 야영하다

시간이 지남에 따라서, 열두 사도는 예수에게 더욱 헌신하고, 하늘나라 일에 더욱 몰두하게 되었다. 그들의 헌신은 대체로 개인적 충성의 문제였다. 그들은 다면적인 가르침을 깨닫지 못했다. 예수의 성품이나, 땅에서 그 수여의 중요성을 넉넉히 이해하지 못했다.

세 가지 이유로 은둔하고 있다고 예수는 사도들에게 분명히 설명했다:

1. 하늘나라의 복음을 그들이 이해하고 믿는 것을 확인하려고.

2. 유대와 갈릴리에서 그들이 하는 일에 대한 반대가 가라앉게 하려고.

3. 세례자 요한의 운명을 기다리려고.

길보아 산에서 머무르면서, 예수는 그의 초기 생활과 헤르몬 산에서 겪은 체험에 대하여 많은 것을 열두 사도에게 일러 주었다. 또한 세례를 받은 바로 뒤 40일 동안에 산에서 일어난 것에 관하여 얼마큼을 또한 밝혔다. 그가 아버지한테로 돌아가기까지 이 여러 체험에 대하여 아무에게도 말하지 말라고 직접 당부했다.

그들은 이 9월 몇 주 동안 쉬었고, 예수가 봉사로 처음 부른 뒤에 겪은 체험을 이야기하고 되새겼으며, 주가 이 때까지 가르친 것을 조정하려는 진지한 노력에 몰두했다. 어느 정도 모두가 이것이 길게 쉬는 마지막 기회일 것이라 느꼈다. 유대나 갈릴리에서 다음에 대중에게 쏟을 노력은 다가오는 나라의 마지막 선포가 시작됨을 표시하리라는 것을 깨달았지만, 하늘나라가 다가왔을 때 그것이 무엇일까에 대하여 거의 또는 아무런 정해진 관념(觀念)이 없었다. 요한과 안드레는 하늘나라가 이미 왔다고 생각했고, 베드로와 야고보는 하늘나라가 아직도 오지 않았다고 믿었다. 나다니엘과 토마스는 영문을 모른다고 솔직히 고백했다. 마태와 빌립과 열심당원 시몬은 확실치 않았고 갈피를 잡지 못했다. 쌍둥이는 다행히도 그 논쟁을 눈치채지 못했고, 가룟 유다는 말이 없고 의견을 말하지 않았다.

이 때에 예수는 야영지 가까이, 산에서 혼자 지내는 일이 많았다. 때때로 베드로나 야고보나 요한을 데리고 갔지만, 기도하거나 혼자서 교통하느라고 훌쩍 떠나는 일이 더 흔했다. 예수가 세례 받고 페레아 산에서 40일 보낸 뒤에, 아버지와 이 때 교통한 시간을 기도라고 하기는 도저히 적당하지 않으며, 예수가 예배했다고 말하는 것도 조리가 없지만, 이 기간을 아버지와 개인적으로 교통한 시간이라 하는 것이 아주 정확하다.

9월 한달 내내 토론의 중심 주제는 기도와 예배였다. 며칠 동안 예배에 대하여 논의한 뒤에, "주여, 우리에게 어떻게 기도하는가 가르쳐 주소서"하고 토마스가 요청한 데 답하여, 예수는 마침내 기억에 남을 말씀을 하였다.

요한은 제자들에게 기도를 가르쳤는데, 다가오는 나라에서 구원을 얻기 위한 기도였다. 예수는 추종자들에게 요한의 기도 형식을 쓰지 말라고 금하지 않았지만, 판에 박힌 형식의 기도문을 외우는 관습을 충분히 승인하지 않음을 사도들은 아주 일찍 알아차렸다. 그런데도, 신자들은 어떻게 기도하는가 가르쳐 달라고 항상 요청하였다. 열두 사도는 예수가 어떤 형태의 간구를 승인할 것인가 몹시 알고 싶어했다. 주로, 서민들을 위하여 어떤 간단한 기도가 이렇게 필요했기 때문에, 예수는 이 때 토마스의 요청에 답하여, 제시하는 형태의 기도를 가르치겠다고 찬성하였다. 길보아 산에서 머무르던 셋째 주, 어느 날 오후에 예수는 이 교훈을 주었다.

2. 기도에 대한 강연

"요한은 정말로 너희에게 간단한 형태의 기도를 가르쳤느니라: '아 아버지여, 죄로부터 우리를 씻어 주시고, 아버지의 영광을 우리에게 보이시고 사랑을 드러내시며, 아버지의 영이 우리의 마음을 영원히 거룩하게 하소서, 아멘!' 그는 너희가 군중에게 무언가 가르칠 것이 있도록 이 기도를 가르쳤느니라. 기도할 때 혼의 표현으로, 너희가 그런 판에 박힌 형식적 간청을 사용해야 한다고 의도하지 않았느니라.

"기도는 영을 향하여 혼의 태도가 보이는 표현, 온전히 개인적이고 저절로 나오는 표현이라. 기도는 아들의 교통이요 친교의 표현이어야 하느니라. 영이 기도를 지었을 때, 기도는 협동하는 영적 진보로 인도하느니라. 이상적인 기도는 지적 예배로 이끄는 영적 교통의 한 형태요, 참되게 기도하는 것은 너희의 이상을 이루려고 하늘을 향하여 손을 뻗는 성실한 태도이라.

"기도는 혼의 호흡이요, 아버지의 뜻을 확인하려는 끈질긴 시도로 이끌어야 하느니라. 너희 가운데 누가 이웃이 있어, 한밤에 가서 '친구여, 빵 세 덩이를 꾸어 달라, 여행하는 내 친구가 나를 보러 왔는데, 그 앞에 내놓을 것이 하나도 없노라' 말하고, 네 이웃이 대답하되 '나를 귀찮게 하지 말라, 이제 문이 닫혔고 아이들과 나는 잠자리에 들었으니, 일어나서 빵을 줄 수 없노라'하면, 너는 친구가 배고프다, 그에게 먹을 것을 하나도 줄 수 없다고 설명하며 고집하리라. 너희에게 이르노니, 네 친구라고 해서 이웃이 일어나서 빵을 주지는 않겠거니와 그래도 끈질기게 조르는 까닭에, 일어나서 필요한 대로 너에게 빵을 주리라. 그래서 끈질긴 요청이 인간에게서도 특혜(特惠)를 얻는다면, 너희가 영적으로 끈질기게 구하면 하늘에 계신 아버지의 마음 내키는 손에서 생명의 빵을 얼마나 더 얻겠느냐. 다시 너희에게 이르노니: 구하라, 그리하면 주시리라, 찾으라, 그리하면 찾아내리라, 두드리라, 그리하면 문이 열리리라. 구하는 자마다 받으며, 찾는 자는 찾아내며, 구원의 문을 두드리는 자에게는 문이 열리리라.

"너희 가운데 어떤 아버지가 아들이 지혜롭지 못하게 간청하면, 아들이 잘못 간구하는 그대로가 아니라 부모의 지혜에 따라 주기를 망설이겠느냐? 빵이 필요하면, 아이가 지혜롭지 못하게 돌을 달라 한다고 해서 아이에게 돌을 주겠느냐? 네 아들이 물고기가 필요하면, 그물 속에 물뱀이 어쩌다가 물고기와 함께 올라오고 단지 아이가 어리석게 뱀을 달라 요구한다고 해서, 그에게 물뱀을 주겠느냐? 그러면 죽을 수 밖에 없고 유한한 너희가 기도(祈禱)에 응답하고 아이들에게 좋고 적당한 선물을 줄 줄 알거든, 하물며 너희 하늘 아버지는 구하는 자들에게 영을 비롯하여 많은 다른 복을 얼마나 더 부어 주시겠느냐? 사람들은 항상 기도하고 낙심하지 말아야 하느니라.

"어느 사악한 도시에 살았던 어떤 재판관의 이야기를 들어 보라. 이 재판관은 하나님을 두려워하지도 사람을 존경하지도 않았느니라. 자, 그 도시에 어떤 빈궁한 과부가 있었는데, 이 부당한 판사에게 거듭 찾아와서 '내 원수로부터 나를 보호해 주소서' 말하였는지라. 얼마 동안 말을 들으려 하지 않았으나, 곧 그가 혼잣말을 하되, '내가 하나님을 두려워 아니하고 사람을 존중하지도 않아도, 이 과부가 나를 때 없이 번거롭게 하니, 계속 찾아와서 나를 지치게 하지 않도록 그 여자를 변호하리라.' 너희가 집요하게 기도하라 격려하려고 이 이야기를 하는 것이요, 너희의 간구가 하늘에 계신 공평하고 올바른 아버지의 마음을 바꾸리라는 것을 비추려 함이 아니라. 그러나 너희의 집요(執拗)함은 하나님에게 은혜를 얻으려는 것이 아니라, 땅에서 너희 태도를 바꾸고 혼의 영적 감수 능력을 키우기 위한 것이라.

"그러나 기도할 때 너희는 너무 믿음이 작으니라. 진정한 믿음은 혼이 성장하고 영적으로 진보하는 길에 어쩌다 놓인 산더미 같은 물질적 어려움을 없애리라."

3. 믿는 자의 기도

그러나 사도들은 아직 마음이 흡족하지 않았다. 새 제자들에게 가르칠 수 있는 모범 기도를 예수가 주시기를 바랐다. 기도에 대한 이 강론(講論)을 들은 뒤, 야고보 세베대가 말했다: "아주 좋소이다, 주여, 그러나 우리를 위해서가 아니라, '하늘에 계신 아버지께 어떻게 적절하게 기도하는가 우리에게 가르치소서'하고 우리에게 무척 자주 부탁하는 새 신자들을 위하여, 기도하는 형식을 원하나이다."

야고보가 말을 마치자 예수는 말했다: "그래, 너희가 아직도 그런 기도를 바란다면, 내 아우와 누이들에게 나사렛에서 가르친 것을 하나 제시하고자 하노라.":

하늘에 계신 우리 아버지여,
이름이 거룩하옵소서.
아버지의 나라가 오소서
아버지의 뜻이 하늘에서 이루어진 것 같이, 땅에서도 이루어지이다.
내일을 위하여 오늘 우리에게 빵을 주시고
생명의 물로 우리의 혼을 새롭게 하소서.
우리가 우리에게 빚진 자를 용서해 준 것 같이
또한 우리의 빚을 모두 용서하소서.
시험 속에서 우리를 구하시고, 악으로부터 우리를 구원하시며,
아버지처럼 더욱 우리를 완전하게 만드소서.

사도들이 신자들을 위하여 예수가 모범 기도를 가르쳐 주기를 바란 것은 이상한 일이 아니다. 세례자 요한은 추종자들에게 몇 가지 기도를 가르쳤다. 위대한 선생들은 모두 생도들을 위하여 기도를 지었다. 유대인의 종교 선생들은 스물다섯이나 서른 정도, 지정(指定)된 기도가 있었고, 회당에서, 길거리 구석에서도 외웠다. 예수는 대중 앞에서 기도하기를 특별히 꺼렸다. 이 때까지, 열두 사도는 그가 기도하는 것을 겨우 몇 번 들었다. 예수가 밤새도록 기도하거나 예배하는 것을 지켜보았고, 그가 간청하는 방식이나 형식을 매우 알고 싶어했다. 요한이 제자들에게 가르친 것처럼, 어떻게 기도하는가 가르쳐 달라고 요청을 받았을 때, 대중에게 무어라고 대답할지 몰라서 정말로 궁지에 빠졌다.

예수는 열두 사도에게 언제나 남모르게 기도하라, 기도에 들어갈 때, 훌쩍 떠나 자기들끼리 조용한 자연 환경 가운데로 가거나, 자기 방으로 들어가서 문을 닫으라고 가르쳤다.

예수가 돌아가시고 아버지께로 올라간 뒤에, 많은 신자가 "주 예수 그리스도의 이름으로"를 덧붙여, 이른바 이 주기도문(主祈禱文)을 끝내는 것이 관습이 되었다. 그 뒤에, 두 줄이 베끼다가 없어졌고, 이 기도에 "나라와 권세와 영광이 영원히 아버지의 것임이니이다" 하는 여분의 구절이 더해졌다.

예수는 나사렛 집에서 식구들이 기도한 그대로, 공동(共同) 형태의 기도를 사도들에게 주었다. 결코 형식적인 개인 기도를 가르치지 않았고, 오직 집단, 가족 또는 사회적 간청을 가르쳤다. 예수는 결코 그렇게 하겠다고 자청(自請)하지 않았다.

예수는 효과 있는 기도는 다음과 같아야 한다고 가르쳤다:

1. 이기심 없이—자기만을 위한 것이 아니다.
2. 믿으면서—믿음에 따라서.
3. 성실하게—마음이 정직하게.
4. 총명하게—빛에 따라서.
5. 신뢰하면서—아버지의 전적으로 지혜로운 뜻에 복종해서.

예수가 기도하느라고 산에서 밤새도록 있을 때, 그것은 주로 제자들, 특히 열두 사도를 위한 것이었다. 주는 자신을 위하여 거의 기도하지 않았다. 하지만 파라다이스 아버지와 함께 이해하며 교통하는 성질의 예배에 많이 잠겨 있었다.

4. 기도에 대하여 더 하신 말씀

기도에 대한 강론이 있은 뒤에 며칠 동안, 사도들은 온통 중요하고 경건한 이 습관에 대하여 주께 계속 물었다. 이 며칠 동안 사도들에게 예수가 기도와 예배에 관하여 교육한 것은, 다음과 같이 현대의 말투로 요약하고 다시 정리해도 좋다:

어떤 간구를 진지하게 간절히 되풀이하는 것은, 그런 기도가 하나님의 자녀의 진지한 표현이고 믿음에서 튀어나왔을 때, 직접 응답하는 것이 아무리 현명치 못하고 불가능하더라도, 그 혼의 영적 감수(感受) 능력을 어김없이 키워 준다.

모든 기도에서, 아들 신분이 선물임을 기억하라. 어떤 아이도 아들이나 딸의 신분을 얻는 것과 아무 상관이 없다. 땅에 있는 아이는 부모의 뜻에 따라서 생겨나게 된다. 과연 그러하니, 하나님의 아이는 하늘에 계신 아버지의 뜻에 따라서 영(靈)의 은총과 새 생명으로 들어온다. 따라서 하늘나라—신의 아들 신분—을 어린아이처럼 받아들여야 한다. 너희는 올바름—진보적 인격 성장—을 노력으로 얻지만, 은총으로 말미암아, 믿음을 통해서 아들 신분을 받는다.

기도는 예수의 혼이 온 우주의 최상 통치자들과 초월적 교통을 가지는 곳까지 이끌었다. 기도는 땅의 필사자들을 참된 예배로 교통하는 경지까지 이끌 것이다. 혼의 영적 감수 능력은 하늘이 내리는 축복의 양(量)을 좌우하며, 이 축복은 기도에 대한 응답으로서, 개인적으로 쓰이고, 의식하면서 실현될 수 있다.

기도와 그에 결부된 예배는 생활의 일상적인 것으로부터, 물질 존재의 단조로운 고역(苦役)으로부터, 초연해지는 기법이다. 기도는 영적으로 변화된 자아 실현, 그리고 지적·종교적으로 달성하는 개성에 가까이 가는 길이다.

기도는 해로운 내성(內省)의 해독제이다. 적어도, 주가 가르친 것과 같은 기도는 혼에 몹시 유익한 보살핌이다. 예수는 사람이 동료들을 위하여 드리는 기도의 유익한 영향력을 한결같이 이용했다. 주는 단수(單數)가 아니라, 복수(複數)의 표현으로 보통 때 기도했다. 오직 땅에서 보낸 일생의 큰 위기에 부딪쳤을 때 예수는 자신을 위하여 기도했다.

기도는 인류의 여러 종족의 물질 문명 한가운데서 영적 생명이 숨쉬는 것이다. 예배는 쾌락을 추구하는 필사자 세대에게 주는 구원이다.

기도를 혼의 영적 전지(電池)를 다시 충전하는 것과 비유해도 좋은 것 같이, 예배는 혼을 우주의 아버지의 무한하신 영이 보내는 우주 방송을 잡으려고 혼을 조절하는 행위와 비교해도 좋다.

기도는 아이가 영 아버지를 진지하고 갈급하게 바라보는 것이요, 기도는 인간의 뜻을 신의 뜻과 교환하는 심리학 과정이다. 기도는 이제 있는 것을, 앞으로 되어야 하는 것으로 개조(改造)하는 신의 계획의 일부이다.

예수가 오래 밤늦게 깨어 있을 때 베드로와 야고보와 요한이 무척 자주 동반했는데, 이들이 예수의 기도를 듣지 못한 이유 가운데 하나는, 주가 소리나게 기도를 입밖에 낸 적이 아주 드물었기 때문이다. 거의 모든 기도는 정신적으로, 마음 속에서—말없이—하셨다.

모든 사도 가운데, 베드로와 야고보가 기도와 예배에 대한 주의 가르침을 가장 가깝게 알아들었다.

5. 다른 형태의 기도

땅에서 머무르던 나머지 기간에, 때때로 예수는 사도들에게 몇 가지 추가 기도 형태를 주목하게 했지만, 다만 다른 문제들을 설명하면서 그렇게 했으며, 이 여러 "비유 기도"를 군중에게 가르쳐서는 안 된다고 타일렀다. 이 기도문 가운데 여럿은 사람 사는 다른 혹성들에서 온 것이지만, 이 사실을 예수는 열둘에게 밝히지 않았다. 이 기도들 가운데 다음이 있었다:

우주 영토가 우리 아버지 안에 계시니
그 이름과 온통 영화로운 그 성품이 높임을 받으소서.
아버지의 계심은 우리를 둘러싸고, 그 영광은 하늘에서 완전히
보이는 것 같이 우리를 통해서 불완전하게 나타나나이다.
오늘날 우리에게 활기 있게 하는 빛의 힘을 주시고,
상상하는 악한 옆길로 우리가 빠지지 말게 하소서.
아버지의 깃드심은 영화로운 계심, 영구한 힘이요,
아들의 무한한 사랑이 우리에게 영원한 선물인 까닭이니이다.
바로 그러하니, 언제까지나 참이니이다.

***

우주의 중심에 계시고 창조하시는 우리 아버지여
우리에게 아버지의 성품을 주시고 그 됨됨이를 주소서.
은총으로 우리를 아들딸로 만드시고,
우리의 영원한 성취를 통해서 그 이름을 영화롭게 하소서.
천사들이 빛 속에서 아버지의 명령을 듣는 것 같이
우리가 이 구체에서 아버지의 뜻을 행하도록,
조절하고 고삐 쥐는 영을 우리 안에 살고 거하도록 주소서.
오늘날 진리의 길을 따라 나아가는 가운데 우리를 버티게 하시고
타성과 악과 모든 악한 죄짓는 행위로부터 우리를 구원하소서.
우리가 동료에게 친절을 보이는 것 같이 우리를 참으소서.
자비의 영을 우리 인간 마음 속에 널리 펼치소서.
생명의 불확실한 미로를 통해서 걸음걸음 아버지의 손으로 우리를 이끄시고
우리의 끝날이 다가올 때, 우리의 충실한 영을 아버지 품 안에 받으소서.
그렇다 해도, 우리의 소망이 아니라 아버지의 뜻이 이루어지이다.

***

완전하고 올바른 우리 하늘 아버지여,
오늘날 우리의 여행을 안내하고 지도하소서.
우리의 발걸음을 거룩히 하고 우리의 생각을 조절하소서.
영원히 진보하는 길에서 우리를 늘 이끄소서.
권능이 충만하기까지 우리를 지혜로 채우시고
무한한 에너지로 활력을 주소서.
천사 무리의 계심과 안내를 신성하게 의식함으로 우리를 북돋우소서.
빛의 길에서 위를 향하여 항상 안내하소서.
큰 심판의 날에 우리를 충분히 정당하게 만드소서.
영원한 영광 속에서 우리를 아버지처럼 만드시고
하늘에서 끝없이 봉사하는 길로 우리를 받으소서.

***

신비 속에 계신 우리 아버지여,
그 거룩한 성품을 우리에게 나타내소서.
땅에 있는 아이들에게, 오늘을 주시사 길과 빛과 진리를 보게 하소서.
영원히 나아가는 길을 우리에게 보여 주시고 그 안에서 걸을 의지를 주소서.
우리 안에서 아버지의 신성한 왕권을 세우시고
그로서 우리가 자아를 완전히 통달하게 하소서.
어둠과 죽음의 길로 빗나가지 않게 하시고
생명의 물가로 영원히 우리를 이끄소서.
아버지 자신을 위하여 우리의 기도를 들으소서.
우리를 더욱 아버지처럼 만들기를 기뻐하소서.

끝에는 신다운 아들을 위하여, 영원한 팔 속으로 우리를 받으소서.
그렇다 해도, 우리의 뜻이 아니라 아버지의 뜻이 이루어지이다.

***

한 부모로 통합된 영화로운 아버지와 어머니여
그 신다운 성품에 우리가 충성하리이다.
신성한 영의 선물과 수여로 말미암아
주가 우리 안에, 우리를 통해 다시 사시도록
주가 하늘에서 완전하고 당당하게 보이는 것 같이
이 구체에서 이렇게 주를 불완전하게 재생하나이다.
날마다 형제 되어 달갑게 봉사할 일을 주시고
순간마다 사랑으로 봉사하는 길에서 우리를 이끄소서.
주의 참을성을 우리가 아이들에게 보이는 것 같이
늘 어김없이 우리를 참으소서.
모든 일을 잘 하는 신의 지혜와
모든 생물에게 자비로운 그 무한한 사랑을 우리에게 주소서.
우리의 자선이 이 땅의 약한 자를 품어 안도록
주의 참을성과 인자함을 우리에게 수여하소서.
우리의 생애가 끝날 때, 그것이 주의 이름에 명예요,
주의 착한 영에게 기쁨이요, 우리 혼의 조수에게 만족이 되게 하소서.
사랑하는 우리 아버지여, 우리가 바라는 대로가 아니라,
필사 자녀들에게 영원히 좋은 것을 주가 바라시는 것 같이
바로 그렇게 되어지이다.

***

온통 충실한 우리의 근원, 전능한 중심이여,
온통 인자한 아들의 이름을 경건하고 거룩하게 하옵소서.
아버지의 은혜와 복이 우리에게 내려와서
아버지의 뜻을 행하고 그 명령을 집행하도록 우리에게 힘 주나이다.
순간마다 생명 나무의 자양분을 우리에게 주시고,
날마다 그 안에 있는 생명의 강물로 우리를 새롭게 하소서.
한 걸음 한 걸음 어둠에서 신성한 빛으로 우리를 이끄시고
깃드는 영이 변화시킴으로 우리의 지성을 새롭게 하소서.
마침내 죽는 날이 우리에게 닥칠 때
아버지의 몸에 우리를 받으시고 영원으로 보내소서.
결실이 많게 봉사하는 하늘 왕관을 우리에게 얹으소서,
바로 그러하니, 끝없는 우주 전역에 걸쳐서
우리가 아버지와 아들과 거룩한 영향을 영화롭게 하리이다.

***

우주의 은밀한 곳에 거하시는 우리 아버지여
그 이름이 영예롭고, 자비가 존경받고, 판단이 존중받으옵소서.
올바름의 태양이 한낮에 우리를 비추게 하소서
한편 땅거미 질 때 우리가 멋대로 걷는 걸음을 안내하시기 바라나이다.
아버지가 택하는 길에서 우리를 손잡아 이끄시고
길이 어렵고 때가 어두울 때 우리를 버리지 마소서.
우리가 아버지를 무척 자주 소홀히 하고 잊는 것 같이 우리를 잊지 마시고
우리가 아버지를 사랑하고 싶어하는 것 같이 자비롭고 우리를 사랑하소서.
우리를 괴롭히고 해치는 자를 우리가 공평하게 용서하는 것 같이
친절히 우리를 내려다보시고 자비 속에 우리를 용서하소서.

훌륭한 아들의 사랑과 헌신과 수여가
아버지의 끝없는 자비와 사랑과 더불어 영생이 소용되기를.
우주의 하나님이 그 영을 충분히 우리에게 내려 주시기를.
우리에게 이 영의 인도하심에 굴복할 은혜를 내리소서.
헌신하는 천사 무리가 사랑으로 베푸는 봉사로 말미암아
아들이 시대의 끝까지 우리를 안내하고 인도하기를.
갈수록 더 우리를 늘 아버지처럼 만드시고
우리의 마지막 날에 영원한 파라다이스 품으로 우리를 받으소서.
바로 그러하니, 수여 아들의 이름으로
또 최상의 아버지의 영예와 영광을 위하여.

사도들은 대중을 교육할 때 이 기도 교훈을 발표할 자유가 없었지만, 이 모든 계시로부터 개인의 종교적 체험에서 많은 소득을 얻었다. 예수는 열두 사도를 친밀하게 교육하는 것과 연관하여 이것과 기타 기도 모형(模型)을 본보기로 이용했으며, 이 일곱 표본 기도를 이 기록에 옮기도록 특별 허가가 내렸다.

6. 요한의 사도들과 가진 회의

10월 초하루 무렵에 빌립과 동료 사도들 중에서 몇 사람이 가까운 마을에서 먹을 것을 사고 있었는데, 그 때 세례자 요한의 어떤 사도들을 만났다. 시장에서 우연히 이렇게 만난 결과로서, 길보아 야영지에서 예수의 사도와 요한의 사도들 사이에 3주 동안의 회의가 열리게 되었는데, 예수의 선례를 따라서, 요한이 유력(有力)한 제자들 가운데 열둘을 사도가 되도록 최근에 임명했기 때문이다. 요한은 충성스러운 지지자들의 우두머리 아브너가 재촉을 받아서 이렇게 했다. 이 합동 회의의 첫째 주간 내내, 예수는 길보아 야영지에 있었지만, 마지막 두 주 동안 자리를 비웠다.

이 달의 둘째 주가 시작되자, 아브너는 동료들을 모두 길보아 야영지에 모았고, 예수의 사도들과 함께 회의에 들어갈 준비가 되었다. 3주 동안 이 스물네 사람은 하루에 세 번, 한 주에 6일 동안 회의를 가졌다. 첫째 주에 예수는 오전·오후·저녁 회의 사이에 그들과 함께 섞였다. 그들은 주가 함께 회견하고 합동 회의를 주관하기를 바랐지만, 그는 토론에 참여하기를 굳게 물리쳤다. 하지만 세 번 그들에게 말씀하기로 했다. 예수가 스물네 사람에게 한 이 연설은 동정·협동·관용에 대한 것이었다.

안드레와 아브너는 두 사도 집단의 이 합동 회의를 번갈아 주관하였다. 이 사람들은 토론할 어려운 일이 많았고, 수많은 문제를 풀어야 했다. 거듭하여 문제를 예수에게 가져가곤 했지만, 오직 이런 말씀을 들었다: "나는 오직 너희의 개인적이고 순전히 종교적 문제에만 아랑곳하노라. 나는 개인에게 아버지의 대표요, 집단에게는 아니라. 너희가 하나님과 가지는 관계에서 개인적인 어려움에 빠져 있다면, 내게로 오라. 그러면 너희 말에 귀를 기울이고, 너희 문제를 푸는 데 조언하리라. 그러나 너희가 종교 문제에서 갈라진 인간적 해석을 조정하고 종교를 사회화(社會化)하는 일에 들어갈 때, 너희는 자신의 결정에 따라서 모든 그러한 문제를 해결하도록 운명이 정해졌느니라. 그래도 나는 늘 공감하고 언제나 관심을 가지며, 너희가 다 찬성한다면, 비영적 중요성을 가진 이 문제들을 다루는 결론에 이를 때, 완전히 승인하고 한껏 협동할 것을 미리 내가 서약하노라. 그리고 이제, 너희의 심의에 방해가 되지 않도록, 나는 2주 동안 떠나리라. 내 걱정을 하지 말지니, 내가 돌아올 것임이라. 아버지의 일을 돌보고 있으리니, 우리가 여기 외에 다른 나라들을 가지고 있음이라."

이렇게 말한 뒤에, 예수는 산허리로 내려갔고, 그들은 꼭 2주 동안 더 보지 못했다. 그가 어디로 갔는지, 이 동안에 무엇을 했는지 결코 알지 못했다. 스물네 사람이 그들의 문제를 심각하게 고려하면서 결론을 내릴 수 있기까지 얼마큼 시간이 지났고, 주가 자리에 계시지 않아서 아주 쓸쓸했다. 그러나 한 주 안에 다시 토론의 핵심(核心)에 들어갔고, 도움을 청하러 예수에게 갈 수 없었다.

그 집단이 찬성한 첫째 항목은 예수가 아주 최근에 가르친 기도를 채택한 것이다. 두 집단의 사도가 신자들에게 가르칠 기도로서 이 기도를 받아들이기로 만장일치로 투표(投票)하였다.

다음에, 요한이 살아 있는 한, 감옥에 있든 바깥에 있든, 두 집단의 사도들이 할 일을 계속할 것, 때때로 합의(合意)할 장소에서 석 달마다 한 주 동안 합동 회의를 열기로 결정했다.

그러나 모든 어려움 가운데 가장 심각한 것은 세례 문제였다. 예수가 그 주제에 대하여 아무 발언도 하기를 거절했기 때문에, 어려움은 더군다나 악화되었다. 요한이 살아 있는 한, 아니면 이 결정을 합동으로 수정할 때까지, 오직 요한의 사도들이 신자들에게 세례를 주고, 오직 예수의 사도들이 마지막으로 새 제자들을 가르치기로 마침내 찬성했다. 따라서 그 때부터 요한이 죽기까지, 요한의 두 사도가 신자들에게 세례를 주려고 예수와 그의 사도들을 따라다녔는데, 이는 세례가 하늘나라 일과 외관상으로 동맹하는 데 첫 걸음이 되기로 합동 회의가 만장(滿場) 일치로 가결했기 때문이다.

다음에, 요한이 죽을 경우에, 요한의 사도들은 예수 앞에 나타나서 지시에 복종하고, 예수나 그의 사도들이 인가하지 않는 한, 더 세례를 주지 않기로 합의를 보았다.

다음에 요한이 죽을 경우에, 예수의 사도들은 신성한 영이 세례를 주는 상징으로, 비로소 물로 세례를 주기로 가결했다. 세례를 외치는 데 회개가 붙어야 하는가 아닌가는 선택이 되도록 두었고, 집단을 제한하는 아무 결정도 내리지 않았다. 요한의 사도들은 "회개하고 세례를 받으라"하고 전도했고, 예수의 사도들은 "믿고 세례를 받으라"하고 외쳤다.

이것이 예수의 추종자들이 다양한 노력을 조정하고, 의견 차이를 조절하고, 집단의 사업을 체계화하고, 외관상 관습을 정하고, 개인의 종교적 관행을 사회화하려고 처음으로 시도한 것에 관한 이야기이다.

다른 사소한 문제들이 많이 고려되었고 그 해결은 만장 일치로 합의를 보았다. 예수가 없이, 문제들에 부딪치고 어려움을 타개(打開)하도록 강요되었을 때, 이 스물네 사람은 이 2주 동안 참으로 놀라운 체험을 가졌다. 그들은 의견을 달리하고, 토론하고, 다투고, 기도하고, 타협하기를 배웠고, 그 동안 내내 다른 사람의 관점에 동정하며, 적어도 정직한 의견에 어느 정도 관용을 지키기를 배웠다.

재정 문제를 마지막으로 토론하던 날 오후에 예수가 돌아왔고, 심의한 결과를 듣고 결정에 귀를 기울이고 나서 말했다: "그러면 이렇게 너희가 결정하였구나. 합동 결정의 정신을 각자 수행하도록 내가 너희를 도우리라."

이 때부터 2달 반이 지나서 요한은 처형되었고, 이 기간 내내 요한의 사도들은 예수와 열두 사도와 함께 남아 있었다. 데카폴리스의 여러 도시에서 수고하는 이 기간에, 다 함께 일하고 신자들에게 세례를 주었다. 길보아 야영은 서기 27년 11월 2일에 걷어치웠다.

7. 데카폴리스의 여러 도시에서

11월과 12월 두 달 내내, 예수와 스물네 사람은 데카폴리스의 여러 그리스인 도시에서, 주로 스키토폴리스·게라사·아빌라·가다라에서, 조용히 일했다. 이 때는 정말로 요한의 일과 조직을 이어받는 예비 기간의 끝이었다. 새로운 계시를 가르치는 사회화된 종교는 구제하려는 기존 종교의 확립된 형태 및 관습과 절충(折衷)하는 값을 반드시 치른다. 세례(洗禮)는 예수를 따르는 자들이 하나의 사회화된 종교 집단으로서 세례자 요한의 추종자들을 흡수하려고 치른 값이었다. 요한의 추종자들은 예수의 추종자들과 합세하면서, 물 세례 외에 거의 모든 것을 포기하였다.

데카폴리스의 여러 도시로 가는 이 사명에서 예수는 대중에게 설교를 거의 하지 않았다. 스물네 사람을 가르치는 데 어지간히 시간을 썼고, 요한의 열두 사도와 함께 많은 특별 회의를 가졌다. 시간이 지나자 그들은 예수가 어째서 감옥에 있는 요한을 찾아보러 가지 않는가, 어째서 석방을 얻으려고 예수가 아무 노력을 하지 않는가 더욱 이해하게 되었다. 그러나 어째서 예수가 아무런 놀라운 일을 하지 않는가, 어째서 신성한 권한을 바깥에 나타내는 표징(標徵)을 내보이려 하지 않는가 결코 이해할 수 없었다. 그들은 길보아 야영지에 오기 전에, 대체로 요한의 증언 때문에 예수를 믿었지만, 주와 그 가르침을 접촉한 결과로서 곧 믿기 시작했다.

이 두 달 동안 그 집단은 대체로 쌍으로 일했고, 예수의 사도들 가운데 하나가 요한의 사도 하나와 함께 나갔다. 요한의 사도들은 세례를 주고 예수의 사도들은 가르쳤으며, 한편 이해한 대로 모두가 하늘나라의 복음을 전파했다. 이 이방인들과 신앙을 버린 유대인들 사이에서 많은 사람을 설득했다.

요한의 사도들 중에 우두머리 아브너는 예수를 열심히 믿는 사람이 되었고, 나중에는 복음을 전파하라고 주가 임명한 70인 선생의 집단에서 우두머리로 임명되었다.

8. 펠라 가까이 캠프에서

12월 후반에 모두 펠라 가까이 요단 강 근처로 갔고, 거기서 다시 가르치고 전도하기 시작했다. 유대인과 이방인들은 복음을 들으려고 이 캠프로 왔다. 예수가 어느 날 오후 군중을 가르치고 있는 동안, 요한의 특별한 친구들 중에 몇이 세례자로부터 마지막 소식을 가져왔다.

요한은 이제 1년 반 동안 감옥에 있었고, 이 동안 대체로 예수는 아주 조용히 수고했으며, 그래서 요한이 하늘나라에 대하여 궁금히 여기게 된 것은 이상하지 않다. 요한의 친구들은 예수의 가르침을 중단하고 말했다. "당신이 참으로 구원자인가, 아니면 우리가 다른 이를 찾아야 하는가—세례자 요한이 물어 보라고 우리를 보냈나이다."

예수는 멈추고 요한의 친구들에게 말했다: "돌아가서 요한에게 그가 잊혀지지 않았다고 이르라. 너희가 보고 들은 것, 가난한 자에게 좋은 소식이 전파된다고 이르라." 요한의 사자들에게 더 말씀하고 나서, 예수는 다시 군중을 향하여 말했다: "요한이 하늘나라의 복음을 의심한다고 생각하지 말라. 오로지 내 제자이기도 한 그의 제자들에게 확신을 주려고 묻느니라. 요한은 약자가 아니라. 내가 묻노니, 헤롯이 감옥에 가두기 전에 요한이 설교한 것을 누가 들었느냐. 요한에게서 너희가 무엇을 보았느냐—바람에 흔들린 갈대이더냐? 기분이 변덕스럽고 부드러운 옷을 입은 사람이더냐? 무릇 화려하게 옷을 입고 세련되게 사는 자들은 임금의 궁정과 부자들의 저택에 있느니라. 그러나 너희가 요한을 바라보았을 때 무엇을 보았더냐? 선지자냐? 옳도다, 너희에게 이르노니, 선지자보다 훨씬 더한 이라. 요한에 관하여 기록되었으되, '보라, 네 얼굴 앞에 내가 사자를 보내리니, 그가 네 앞에 길을 예비하리라' 하였느니라.

"진실로, 진실로 내가 너희에게 이르노니, 여자에게서 태어난 사람들 가운데 세례자 요한보다 더 큰 이가 일어나지 않았느니라. 그래도 하늘나라에서는 작은 사람도 그보다 더 크나니, 그가 영에게서 태어났고 하나님의 아들이 되었음을 아는 까닭이라."

그 날 예수의 말씀을 들은 많은 사람이 요한의 세례를 받으려고 나아왔고, 이로서 하늘나라로 들어간다는 것을 대중 앞에서 공언했다. 요한의 사도들은 그 날 이후로 예수에게 단단히 결속되었다. 이 일은 요한과 예수의 추종자들이 정말로 뭉쳤음을 표시했다.

사자들이 아브너와 이야기를 나눈 뒤에, 이 모든 것을 요한에게 전하려고 마캐루스를 향하여 떠났다. 그는 크게 위로를 받았고, 그의 믿음은 예수의 말씀과 아브너가 준 메시지에 힘을 얻었다.

이 날 오후에 예수는 이렇게 말하며 계속 가르쳤다: "그러나 이 세대를 내가 무엇에 견주랴? 너희 중 많은 사람이 요한의 메시지도 내 가르침도 받아들이지 아니하리라. 너희는 장터에서 노는 어린아이들 같으니, 동무들을 불러 이르되 '우리가 너희를 위하여 피리를 불어도 너희는 춤추지 않았고, 소리쳐 울어도 슬퍼하지 않았더라.' 너희 가운데 더러도 마찬가지이라. 요한이 와서 먹지도 마시지도 않더니, 저희는 그가 악마에 들렸다 하였더라. 사람의 아들이 와서 먹고 마시니, 바로 이 사람들이 말하되 '보라 게걸스레 먹는 사람이요 술꾼이로다, 세리와 죄인들의 친구이라!' 참으로 지혜의 자손이 지혜를 정당하게 만드느니라.

"하늘에 계신 아버지가 지혜롭고 거만한 자로부터 이 진리 중에 더러를 감추고, 아기들에게는 드러낸 듯하리라. 그러나 아버지는 모든 일을 잘 하시니라. 아버지는 스스로 택하신 방법으로 우주에게 자신을 드러내시니라. 그러므로, 수고하고 무거운 짐 진 자는 다 오라, 그리하면 너희 혼을 위하여 휴식을 주리라. 신이 준 멍에를 너희가 지라, 그리하면 도무지 이해할 수 없는 하나님의 평안을 너희가 맛보리라."

9. 세례자 요한의 죽음

세례자 요한은 서기 28년 1월 10일 저녁에, 헤롯 안티파스의 명령에 따라 처형되었다. 이튿날 마캐루스에 갔던 요한의 제자들 몇이 그가 집행되었다는 말을 듣고, 헤롯에게 가서 시체를 요구했으며, 무덤에 두었다가, 나중에 세바스티에서, 아브너의 집에서 장례를 치렀다. 이튿날 1월 12일, 북쪽으로, 펠라 가까이, 요한과 예수의 사도들의 캠프로 떠났고, 예수에게 요한의 죽음에 관하여 일러 주었다. 그 보고를 듣자, 예수는 군중을 해산하고, 스물네 사람을 함께 불러서 말했다: "요한이 죽었도다. 헤롯이 그의 목을 베었는지라. 오늘밤 합동 회의를 열고, 그에 따라 너희의 일을 정리하여라. 더 지체하지 말라. 하늘나라를 드러내 놓고 힘차게 선포할 때가 왔느니라. 내일 우리는 갈릴리로 떠나리라."

따라서, 서기 28년 1월 13일 아침 일찍, 예수와 사도들은, 25명쯤 되는 제자들을 동반하여, 가버나움으로 진행했고, 그 날 밤 세베대의 집에서 묵었다.

제 145 편

사건이 많았던 나흘을 가버나움에서

예수와 사도들은 1월 13일, 화요일 저녁에 가버나움에 다다랐다. 여느 때처럼 벳세다에, 세베대의 집에서 본부를 차렸다. 세례자 요한이 처형되었으니까, 예수는 처음으로 갈릴리에서 공개적인 대중 전도 여행을 개시하려고 준비했다. 예수가 돌아왔다는 소식이 도시에 두루 빨리 퍼졌고, 이튿날 일찍 예수의 어머니 마리아는 서둘러서 나사렛으로 아들 요셉을 찾아보러 떠났다.

광범위한 첫 대중 전도 여행의 준비로, 예수는 수요일, 목요일, 금요일을 세베대의 집에서 사도들을 가르치면서 보냈다. 또한 진지하게 묻는 많은 사람을 하나씩, 그리고 집단으로, 받아들이고 가르쳤다. 안드레를 통해서 다가오는 안식일에 회당에서 연설하도록 주선하였다.

금요일 저녁 늦게, 예수의 막내 누이 룻이 몰래 그를 찾아왔다. 그들은 물가에서 조금 떨어진 곳에 정박한 배 안에서, 함께 거의 한 시간을 보냈다. 요한 세베대를 제외하고, 아무도 이 방문을 알지 못했고, 그는 아무에게도 말하지 말라고 부탁을 받았다. 룻은 아주 일찍 영적 의식이 든 때부터, 예수의 집안에서, 파란 많은 봉사, 죽음, 부활, 승천을 거치기까지, 땅에서 그의 사명의 신성함을 한결같이, 흔들리지 않고 믿은 유일한 사람이었고, 가장인 오라버니가 육체를 입고 가졌던 사명의 초자연적 성격을 결코 의심하지 않고 마침내 저 세상으로 갔다. 땅에 있던 그의 가족에 대하여 말하면, 그가 재판받고 버림받고 십자가에 못박히는 벅찬 시련을 통해서 내내, 막내 룻은 예수에게 주요한 위안이 되었다.

1. 물고기를 들어올림

바로 이 주, 금요일 아침에, 예수가 바닷가에서 가르치고 있을 때, 사람들이 물가에 너무 가까이 그를 밀어붙여서, 가까이 있는 배에 타고 있던 어떤 어부들에게 구조(救助)하러 오라고 손짓했다. 배에 들어서서, 모인 군중에게 두 시간이 넘도록 줄곧 가르쳤다. 이 배는 "시몬"이라는 이름을 가졌다. 시몬 베드로가 예전에 고기잡이하던 배였고, 예수가 손수 만들었다. 이 특별한 날 아침에 다윗 세베대와 두 동료가 그 배를 쓰고 있었고, 호수에서 고기잡이하느라고 헛되이 밤을 새다가, 물가 가까이로 막 들어왔다. 예수가 도움을 청했을 때, 그들은 그물을 청소하고 수선하고 있었다.

사람들에게 가르치기를 마친 뒤에 예수는 다윗에게 말했다: "나를 도우려고 와서 너희가 지체되었으니, 내가 너희와 함께 일할까. 고기를 잡으러 가자. 저쪽 깊은 데로 배를 띄워, 그물을 내려서 한 번 끌어당기라." 그러나 다윗의 조수들 중의 한 사람, 시몬이 대답했다: "주여, 소용 없나이다. 우리가 밤새도록 수고했고 아무것도 잡지 못하였나이다. 그러나 당신이 명령하시니, 우리가 배를 띄워 그물을 내리리이다." 시몬은 주인 다윗이 손짓했기 때문에 예수의 지시를 따랐다. 예수가 가리킨 곳으로 가서 그물을 내렸고, 물고기가 너무 많이 잡혀서 그물이 찢어질까 두려웠다. 하도 많아서 물가에 있는 동료들에게 도와 달라고 손짓했다. 배 세 척 모두를 거의 가라앉도록, 물고기로 채웠을 때, 이 시몬은 예수의 무릎 아래 엎드려서 말했다. "나를 떠나소서, 주여, 내가 죄 많은 사람인 까닭이니이다." 시몬과 이 에피소드에 관계된 모든 사람이, 얼마나 많이 물고기를 잡았는가 놀랐다. 그 날부터 다윗 세베대와 이 시몬과 그 동료들은 그물을 버리고 예수를 따랐다.

그러나 이것은 어떤 의미에서도 기적으로 물고기를 들어올린 것이 아니다. 예수는 자연을 자세히 보는 연구자였다. 노련한 어부였고, 갈릴리 바다 물고기의 습성을 알았다. 이 경우에 다만 하루 중 이 때에 물고기가 보통 발견되는 곳으로 이 사람들에게 가라고 지시했을 뿐이다. 그러나 예수를 따르는 자들은 언제나 이것을 기적으로 여겼다.

2. 오후에 회당에서

다음 안식일, 회당에서 오후 예배 때, 예수는 "하늘에 계신 아버지의 뜻"에 관하여 설교했다. 아침에 시몬 베드로는 "하늘나라"에 대하여 설교했다. 그 전에 회당의 목요일 저녁 모임에서 안드레가 가르쳤고, 그의 주제는 "새 길"이었다. 이 특별한 시기에, 땅에서 다른 어느 도시보다 가버나움에서 더 많은 사람이 예수를 믿었다.

이 안식일 오후에 회당에서 가르치면서, 예수는 관습을 따라서 처음 구절을 율법에서 골라, 출국기(出國記)로부터 읽었다: "너는 주 너희 하나님을 섬기라, 그리하면 그가 너희의 빵과 물에 복을 내리겠고, 모든 병이 너희에게서 제거되리라." 예언서에서 둘째 구절을 골라서, 이사야에서부터 읽었다: "일어나서 빛을 내라, 이는 네 빛이 다가왔고, 주의 영광이 네 위에 올라왔음이라. 어둠이 땅을 덮고 큰 어둠이 사람들을 덮을지 모르나, 주의 영이 네 위에 올라오겠고, 신의 영광이 너와 함께 계심이 보이리라. 이방인들조차 이 빛으로 다가오고, 많은 위대한 사람이 이 빛의 밝음에 항복할지니라."

이 설교는 예수 편에서 종교가 <u>개인적 체험</u>이라는 사실을 분명히 밝히려는 노력이었다. 다른 여러 가지 가운데 주는 말씀했다:

"너희가 잘 알다시피, 친절한 마음을 가진 아버지는 가족 전체를 사랑하지만, 그 가족의 개별 구성원을 깊이 사랑하는 까닭에, 그들을 한 무리로서 그렇게 여기시느니라. 너희는 이제 더 이스라엘의 자녀가 아니라, <u>하나님의 자녀</u>로서 하늘에 계신 아버지께 접근해야 하느니라. 한 무리로서, 너희는 정말로 이스라엘의 자손이지만, 개인으로서 너희 하나하나가 하나님의 자식이라. 아버지를 이스라엘의 자손에게 드러내려는 것이 아니라, 오히려 하나님을 아는 이 지식과 그의 사랑과 자비의 계시를 진정한 개인 체험으로서 개별 신자에게 가져오려고 내가 왔노라. 야웨가 그의 민족을 보살피고, 하나님이 이스라엘을 사랑한다고 선지자들이 다 너희를 가르쳤느니라. 그러나 더욱 큰 진리를 선포하려고 내가 너희 가운데 왔노니, 하나님이 너를—너희 하나하나를—개인으로서 사랑한다는 이 진리를 많은 후기 선지자가 또한 깨달았느니라. 이 모든 세대에 걸쳐 너희는 민족이나 종족의 종교가 있었으나, 이제 너희에게 개인의 종교를 주려고 내가 왔노라.

"그러나 이것조차도 새로운 생각이 아니니라. 선지자들 중에 더러가 그렇게 너희에게 가르쳤은즉, 너희 사이에 영적 생각을 가진 많은 사람이 이 진리를 알았느니라. 성서에서 선지자 예레미야가 이렇게 말하는 것을 너희가 읽지 아니하였느냐? '그 시절에 저희는, 아버지가 신 포도를 먹었으되 아이들의 이가 시다 하고 사람들이 더 말하지 않으리라. 사람마다 자신의 불의(不義) 때문에 죽으리라. 신 포도를 먹는 자마다 이가 시리라. 보라, 내가 에집트 땅으로부터 그 조상을 데리고 나올 때 저희와 한 약속에 따라서가 아니라, 새 방법으로, 내가 내 민족과 새 언약을 맺는 날이 이르리라. 나는 내 율법을 저희의 가슴 속에 쓰기까지 하리라. 나는 저희의 하나님이 되겠고 저희는 내 민족이 될지니라. 그 날에 한 사람이 이웃에게, 네가 주를 아느냐? 말하지 않으리라. 아니라! 이는 가장 작은 자로부터 가장 큰 자에 이르기까지, 저희가 모두 나를 개인적으로 알게 될 것임이라.'

"이 약속을 너희가 읽지 아니하였더냐? 너희는 성서(聖書)를 믿지 아니하느냐? 선지자의 말씀이 바로 오늘날 너희가 바라보는 것에서 이루어짐을 알아듣지 못하느냐? 종교를 마음의 일로 만들고, 너희 자신이 하나님께 개인으로서 이야기하라고 예레미야가 너희에게 훈계하지 않더냐? 하늘의 하나님은 너희 개인의 가슴을 훑어보리라고 그 선지가 너희에게 이르지 아니하더냐? 자연스러운 인간의 마음은 무엇보다도 속이는 성향이 있고, 때로는 절망적으로 사악하다고 너희가 경고를 받지 아니하였느냐?

"종교가 너희 개인의 체험에서 현실이 되어야 한다고 에스겔이 바로 너희 조상에게 가르친 곳을 또한 읽지 아니하였느냐? '아버지가 신 포도를 먹더니 아이들의 이가 시더라'하는 속담을 너희가 이제 더 쓰지 아니하리라. 주 하나님이 말씀하시되, '내가 살아 있는 것처럼 확실히, 보라 모든 혼이 내 것이로다, 아버지의 혼처럼 아들의 혼도 마찬가지라. 오로지 죄짓는 혼이 죽을지니라.' 그리고 나서 에스겔은 오늘날까지도 미리 보았으니, 그가 하나님을 지지하여 말했더라: '내가 또한 새로운 마음을 너희에게 줄 것이요, 새 영을 너희 안에 두리라.'

"한 개인이 지은 죄 때문에 하나님이 한 민족을 벌하리라고 두려워해서는 안 되느니라. 하늘에 계신 아버지는 한 민족이 지은 죄 때문에 믿는 자녀들 가운데 하나를 벌하지도 아니하리라. 하지만 어떤 가족의 개별 구성원도 가족의 잘못과 집단의 위반(違反)에서 생기는 물질적 결과를 흔히 겪느니라. 더 좋은 나라—즉 더 좋은 세계—의 희망이 개인의 진보와 각성과 분리할 수 없음을 깨닫지 못하느냐?"

다음에, 주는 사람이 이 영적 자유를 헤아린 뒤에, 하늘에 계신 하나님은 땅에 있는 자녀들이 파라다이스 생애에서 영원한 상승을 시작하기를 뜻하시며, 그 생애는 창조자를 발견하고, 하나님을 알고, 그와 같이 되려고 애쓰라는 재촉, 깃드는 영의 신성한 재촉에 생물이 의식하여 반응하는 것이라고 묘사했다.

사도들에게 이 설교는 크게 도움이 되었다. 모두가 하늘나라의 복음이 민족이 아니라 개인을 향한 메시지임을 아주 충분히 깨달았다.

가버나움 사람들은 예수의 가르침에 익숙하기는 했어도, 이 안식일에 하신 설교를 듣고 놀라워했다. 그는 정말로, 서기관이 아니라, 권한을 가진 자로서 가르쳤다.

예수가 말씀을 막 마쳤을 때, 회중 가운데 말씀에 아주 흥분한 어느 젊은이가 사나운 간질의 발작에 빠져서 크게 소리쳤다. 발작이 끝났을 때, 정신을 차리면서, 꿈 같은 상태에서 말했다: "나사렛 예수여, 우리가 당신과 무슨 상관이 있나이까? 당신은 하나님의 거룩한 자요, 당신은 우리를 죽이러 왔나이까?" 예수는 사람들에게 조용히 하라 명하고, 젊은이의 손을 잡고 말했다, "거기서 나오라"—그는 즉시 깨어났다.

이 젊은이는 더러운 영이나 악마에 들려 있지 않았다. 평범한 간질로 고생한 사람이었다. 그러나 자기의 질병이 악한 귀신에 들렸기 때문이라고 가르침을 받았다. 그는 이 가르침을 믿었고, 자기 병에 관하여 생각하고 말한 모든 면에서 그에 따라서 행동하였다. 사람들은 그런 현상의 직접 원인은 더러운 영들의 존재라고 모두 믿었다. 따라서 예수가 이 사람한테서 악마를 내쫓았다고 믿었다. 그러나 이 때 예수는 그 간질을 고치지 않았다. 그 날 더 있다가 해가 지기까지, 이 사람은 정말로 고침을 받지 않았다. 오순절(五旬節) 날이 오래 지난 뒤에, 예수의 행적을 마지막으로 기록한 사도 요한은 이른 바 "악마를 내쫓는" 이 행위에 대한 언급을 모두 피했고, 악마에 들린 그런 경우가 오순절 뒤에 한 번도 일어나지 않은 사실에 비추어 그렇게 했다.

이 평범한 사건의 결과로, 예수가 한 사람에게서 악마를 쫓아냈고 오후 설교를 마칠 때 회당에서 기적으로 그 사람을 고쳤다는 보고(報告)가 가버나움을 통해서 빨리 퍼졌다. 안식일은 깜짝 놀랄 그런 헛소문이 빠르고 효과적으로 퍼지기에 꼭 맞는 때였다. 이 보고는 또한 가버나움 둘레의 모든 작은 촌락까지 전해졌고, 많은 사람이 믿었다.

세베대의 큰 집에서 예수와 열두 사도가 본부를 차렸는데, 거기서 요리와 집안일은 대체로 시몬 베드로의 아내와 장모가 맡았다. 베드로의 집은 세베대의 집 가까이 있었고, 예수와 친구들은 회당에서 돌아오는 길에 거기에 들렀는데, 베드로의 장모가 몸이 떨리고 열이 나서 며칠 동안 아팠기 때문이었다. 예수가 서서 이 아픈 여인을 내려다보고, 손을 만지고 이마를 쓰다듬으며, 위로하고 힘주는 말씀을 할 무렵에, 어쩌다가 그 열이 떠났다. 예수는 아무 기적(奇蹟)이 회당에서 일어나지 않았다고 사도들에게 설명할 겨를이 아직 없었다. 이 사건이 머리 속에 아주 새롭고 눈에 선하였고, 가나에서 있었던 물과 포도주를 상기하면서, 그들은 이 우연을 또 하나의 기적이라고 잡아챘고, 더러는 달려나가서 도시 전역에서 널리 그 소식을 퍼뜨렸다.

베드로의 장모 아마타는 말라리아 열병을 앓고 있었다. 이 때 기적으로 예수에게 치유받지 않았다. 세베대의 집 앞뜰에서 일어난 특별한 사건과 연결하여, 그 여자가 치유된 것은 해가 진 뒤, 몇 시간 더 지난 뒤였다.

이 사례(事例)들은, 이적(異蹟)을 찾는 세대와 기적을 기대하는 사람들이 모든 그런 우연의 일치를 예수가 또 하나의 기적을 행했다고 선포하는 핑계로서 어김없이 이용하는 전형적 방식이다.

3. 해 질 때 병 고침

예수와 사도들이 사건이 많았던 이 안식일이 저물 무렵에, 저녁을 먹으려고 준비할 때가 되자, 온 가버나움과 그 주위는 병을 고친 이 소문난 기적에 시끌벅적했다. 해가 지자마자, 아프거나 고통을 당하는 자들이 예수에게 가거나, 친구들에게 몸을 실어 나르게 하려고 준비를 시작했다. 유대인의 가르침에 따르면, 안식일의 거룩한 시간에는 병의 치유을 추구하는 것조차 허락되지 않았다.

따라서 해가 지평선 밑으로 가라앉자마자, 병든 남녀와 아이들 수십 명이 벳세다의 세베대 집을 향하여 길을 떠나기 시작했다. 어떤 사람은 해가 이웃 집 뒤로 지자마자, 중풍이 든 딸과 함께 길을 떠났다.

하루 전체의 사건들이 이 놀라운 해질녘 장면을 위하여 무대를 준비했다. 오후 설교를 위하여 예수가 이용한 구절조차 질병(疾病)이 사라져야 한다는 것을 암시했다. 그는 그러한 전례 없는 힘과 권한을 가지고 말씀했다! 그의 말씀은 사람을 꼭 붙들었다! 인간의 권한에 아무런 호소를 하지 않았어도, 사람들의 양심과 혼에 직접 말했다. 논리나 율법의 말씨름이나 재치 있는 말에 의존하지 않았어도, 청중의 마음 속에 힘차게 직접, 뚜렷하게, 개인적으로 호소했다.

그 안식일은 예수가 땅에서 산 생애에서, 옳거니, 한 우주의 생애에서, 큰 날이었다. 모든 지역 우주의 의도(意圖)와 목적에서 볼 때, 작은 유대 도시 가버나움은 네바돈의 참 서울이었다. 가버나움 회당에서 손으로 꼽을 몇 유대인만 "미움은 두려움의 그림자요, 복수는 비겁의 가면이라"는 말씀, 예수의 설교에서 중대한 끝맺는 말씀을 듣는 존재는 아니었다. "사람은 하나님의 아들이요, 악마의 자녀가 아니라"고 선언하는 복된 말씀을 청중이 잊을 수도 없었다.

해가 진 뒤에 곧, 예수와 사도들이 아직 저녁상 근처에 남아 있는데, 베드로의 아내가 앞뜰에서 웅성웅성하는 소리를 들었고, 문으로 가면서 큰 무리의 아픈 사람들이 모여드는 것, 가버나움으로부터 도로(道路)가 예수의 손에서 병 고침을 받으려고 오는 있는 자들로 가득 찼음을 보았다. 이 광경을 보고 나서, 그 여자는 대번에 남편에게 가서 일렀고, 그는 예수에게 알렸다.

세베대의 집 앞문에서 한 발 내디디었을 때, 주는 줄지어 선 인류, 병들고 고통받는 인류를 보았다. 아프고 앓는 인간, 거의 1천 명을 바라보았다. 적어도 그만큼 사람들이 앞에 모여들었다. 거기 있던 자들이 모두 아프지는 않았다. 더러는 병 고침을 받으려는 노력으로, 사랑하는 자를 돕느라고 왔다.

대체로, 자신이 신뢰했던, 우주 행정을 맡은 아들들의 잘못과 그릇된 행동의 결과로서 고통받는 이 사람들, 어른과 아이들의 모습은, 특별히 예수의 인간 마음을 움직였고, 이 인자한 아들 창조자의 신다운 자비로움에 도전했다. 하지만 예수는 순전히 물질적 기적(奇蹟)의 기초 위에 오래 가는 영적 운동을 결코 세울 수 없음을 잘 알았다. 창조자 특권의 전시(展示)를 삼가는 것이 그의 일관적인 정책이었다. 가나 이후에 초자연이나 기적 같은 것이 그의 가르침을 따르지 않았다. 그래도 고통받는 이 군중은 그의 동정심을 움직였고, 이해심을 가진 그의 사랑에 힘차게 호소했다.

앞뜰에서 한 사람이 외쳤다: "주여, 말씀을 하시고, 우리의 건강을 회복하소서, 우리 병을 고치고, 우리의 혼을 구원하소서!" 이 말이 떨어지자마자, 육신이 된 이 우주 창조자를 항상 따라다니던 세라핌, 물리 통제자, 생명 운반자, 중도자들로 이루어진 광대한 수행원이, 군주가 신호(信號)를 내릴 경우에 창조 권능을 가지고 행동하려고 준비했다. 예수의 지상 생애에서, 신의 지혜와 인간의 동정심이 사람의 아들의 판단 속에서 서로 얽혀서, 아버지의 뜻에 호소함으로 피난처를 찾은 순간이었다.

도와 달라 외치는 소리에 귀를 기울이라고 베드로가 주께 애원했을 때, 예수는 병든 무리를 내려다보고 대답했다. "나는 아버지를 드러내고 그의 나라를 세우려고 세상에 왔고, 이 목적을 위하여 내가 이 시간까지 생애를 살았느니라. 그러므로 나를 보내신 이의 뜻이라면, 하늘나라 복음을 선포하는 데 헌신하는 것과 어긋나지 않는다면, 내 아이들이 온전하게 된 것을 보고 싶노라— 그리고—" 그러나 더 하신 말씀은 떠들썩한 가운데 파묻혔다.

예수는 병 고치는 이 결정의 책임을 아버지의 판결에 넘겼다. 분명하건대, 아버지의 뜻은 아무런 반대를 내세우지 않았으니, 주의 말씀이 떨어지기가 무섭게, 예수의 성격화된 생각 조절자의 지휘 밑에 일하는 하늘 성격자들의 집합이 힘차게 술렁거렸기 때문이다. 병자들이 뒤섞인 이 무리 한가운데로 광대한 수행원들이 내려왔고, 어른과 아이들 683명이 한 순간에 온전하게 되었으며, 모든 육체의 병과 기타 물질적 질환(疾患)을 완전히 고침받았다. 그 날 이전이나 이후에, 결코 그런 장면을 땅에서 구경하지 못했다. 병 고치는 이 창조적 물결을 구경하려고 거기에 있던 우리에게, 이것은 정말로 가슴 떨리는 광경이었다.

그러나 갑작스럽고 기대하지 않던 초자연적 치유가 이렇게 일어난 데 놀란 모든 존재 가운데, 예수가 가장 놀랐다. 인간적 관심과 동정심이 앞에 펼쳐진 고통과 질병의 장면에 집중되었을 때, 어떤 조건과 어떤 상황 아래서, 아들 창조자가 가진 창조 특권의 시간 요소를 제한하기가 불가능함에 대하여, 성격화된 조절자가 타이르던 경고를 인간 지성은 미처 기억하지 못했다. 예수는 아버지의 뜻을 이로서 어기지 않는다면, 이 고통받는 사람들이 온전히 되는 것을 보고 싶었다. 예수의 성격화된 조절자는 그런 창조 에너지 행위는 그 때 파라다이스 아버지의 뜻을 어기지 않으리라고 순식간에 판결했고, 그런 결정에 따라서—병 고치려는 소망을 예수가 앞서 표현한 데 비추어—그 창조 행위는 <u>이미 지난 일이었다</u>. <u>아들 창조자</u>가 바라고 아버지가 <u>뜻하시는</u> 것은 존재한다. 그 뒤에 예수가 땅에서 산 여생 전체에서 그렇게 집단으로 사람들의 육체를 치유한 일은 다시 있지 않았다.

너희가 혹시 기대할까 싶은데, 가버나움의 벳세다에서 해 질 때 사람들을 고쳤다는 이 소문은 온 갈릴리와 유대에 두루, 또 그 지역을 지나서 퍼졌다. 다시 한번 헤롯은 두려워졌고, 예수의 행적과 가르침을 보고하고 그가 이전의 나사렛 목수인가, 아니면 죽은 자 가운데서 살아난 세례자 요한인가 확인하라고 감시자들을 보냈다.

육체의 치유를 뜻하지 않게 이렇게 나타내 보였기 때문에 주로, 이 때부터 땅에서 여생 동안 내내, 예수는 설교자일 뿐 아니라 의사가 되었다. 계속 가르친 것이 참말이지만, 몸소 한 일은 대체로 병자와 괴로운 자를 보살피는 것이었고, 한편 사도들은 대중에게 설교하고 신자들에게 세례 주는 일을 했다.

그러나 해질녘에 신의 에너지가 전시되었을 때 초자연적으로, 또는 창조적으로 육체의 병을 치유받은 자들의 대다수는, 이 특별한 자비의 명시(明示)에 영구하게 영적 소득을 얻지 않았다. 얼마 안 되는 사람들은 이 육체적 보살핌으로부터 참으로 훈육을 받았지만, 시간 들이지 않고 창조적인 치유가 이렇게 놀랍게 일어난 것 때문에, 영적인 나라가 사람들의 가슴 속에서 진전되지는 않았다.

땅에서 예수의 사명에 이따금 따랐던 병 고치는 이적(異蹟)들은 하늘나라를 선포하려는 계획의 일부가 아니었다. 이 이적들은 신의 자비와 인간의 동정심을 전례 없이 합치는 것과 관련하여, 거의 한없는 창조자 특권을 가진 신다운 존재를 땅에 계시게 하는 데 본래부터 우연히 따르는 것이었다. 그러나 편견을 갖게 하는 명성을 안겨주고 찾지 않던 나쁜 평판을 많이 주었다는 점에서, 이른바 그러한 기적들은 예수에게 많은 문제를 안겨 주었다.

4. 그 뒤 저녁

병의 치유가 이렇게 크게 터지고 나서 저녁 내내, 기뻐하고 행복한 군중은 세베대의 집에 밀어닥쳤고, 예수의 사도들은 감정의 흥분이 절정에 이르렀다. 인간의 관점에서, 이 날은 아마도 예수와 관련을 가졌던 모든 큰 날 중에서도 가장 큰 날이었다. 그 이전이나 이후 어느 때에도 사도들의 희망은 자신 있게 기대하는 그런 경지(境地)까지 솟아오르지 않았다. 바로 며칠 전에, 아직 사마리아 경계 안에 있을 때, 하늘나라가 권능으로 선포될 때가 다가왔다고 예수가 그들에게 일렀고, 그들의 생각에 그 약속이 성취되는 것을 이제 눈으로 보았다. 치유하는 힘이 이렇게 놀랍게 나타나는 것이 시작에 불과하다면, 앞으로 무엇이 다가올 것인가 하는 환상으로 몸이 부르르 떨렸다. 예수의 신성에 대하여 남았던 의심은 사라졌다. 어리둥절 황홀한 기쁨에 글자 그대로 취했다.

그러나 예수를 찾았을 때, 그는 눈에 띄지 않았다. 주는 벌어진 일 때문에 마음이 많이 언짢았다. 여러 가지 병을 고침받은 이 어른과 아이들은 저녁까지 늦게 남아 있었고, 감사의 말씀을 드릴까 하여 예수가 돌아오기를 바랐다. 시간이 지나고 예수가 은둔해 있자, 사도들은 주의 행동을 이해할 수 없었다. 그가 계속 자리를 비우지만 않았다면 그들의 기쁨은 충만하고 완벽했으리라. 예수가 돌아왔을 때, 시간이 늦었고, 병 고치는 에피소드로 혜택받은 거의 모든 사람이 집으로 돌아가 버렸다. 예수는 열두 사도와 그에게 인사하려고 남아 있던 다른 사람들의 축하와 찬미를 물리치고, 오직 말했다: "내 아버지가 육체를 고칠 힘이 있는 것보다 오히려 혼을 구원할 힘이 있음을 기뻐하여라. 쉬러 가자, 내일 우리는 아버지의 일을 보살펴야 함이라."

또 다시, 실망하고 어리둥절하고 슬픈 열두 사람은 쉬러 갔다. 쌍둥이를 빼고, 거의 아무도 그 날 밤에 별로 눈을 붙이지 못했다. 주가 사도들의 기운을 북돋우고 마음을 기쁘게 하는 무슨 일을 하자마자, 즉시 희망을 박살내고 용기와 열심의 근거를 샅샅이 파괴하는 듯하였다. 어리둥절한 이 어부들이 서로 눈을 들여다보았을 때, 오직 한 가지 생각 뿐이었다: "그를 이해할 수 없구나. 이 모두가 무엇을 의미하는가?"

5. 일요일 이른 아침에

예수도 그 토요일 밤에 잠을 많이 자지 못했다. 세상이 육체적 고통으로 가득 차 있고, 물질적 어려움으로 들끓음을 깨달았다. 사람들의 마음 속에 영적 나라를 세우는 사명이, 육체적인 것을 보살피는 데 방해받거나, 아니면 적어도 예속되도록 병자와 고통받는 자를 돌보는 일에 시간을 아주 많이 할애하도록 강요(强要)되는 큰 위험을 숙고해 보았다. 그 날 밤에 예수의 필사 지성을 차지한 이 생각, 그리고 비슷한 생각들 때문에, 그는 날이 새기 오래 전, 일요일 아침에 일어나서, 아버지와 교통하는 데 가장 좋아하는 한 장소로 혼자서 갔다. 이 이른 아침에 예수가 기도한 주제(主題)는, 필사자의 고통을 직면하여, 영적인 것을 소홀히 하면서 육체적으로 봉사하는 일이 시간을 모두 차지하기까지 신다운 자비와 함께 인간적 동정심에 그렇게 빠지지 않도록 하려고 지혜와 판단을 얻으려는 것이었다. 비록 병자 돌보는 일을 완전히 피하기를 원하지 않았어도, 또한 영적 가르침과 종교 훈련과 같은 더 중요한 일을 해야 한다는 것을 알았다.

개인적으로 예배하기에 적당한 혼자 쓸 방이 없었기 때문에, 예수는 아주 여러 번 산으로 기도하러 갔다.

베드로는 그 날 밤에 잠을 이룰 수 없었다. 그래서 예수가 기도하러 나간 뒤에 즉시, 야고보와 요한을 깨웠고, 세 사람은 주를 찾으러 갔다. 한 시간이 넘도록 찾다가 예수를 찾아냈고, 그가 이상하게 행동하는 까닭을 설명해 달라고 청하였다. 모든 사람이 기쁨에 넘쳐 있고 사도들이 대단히 기뻐하는데, 치유하는 영이 힘차게 퍼부어지는 것이 어째서 그를 불편하게 만든 듯이 보이는가 알고 싶어했다.

네 시간이 넘도록 예수는 무슨 일이 일어났는가 세 사도에게 설명하려고 애썼다. 무슨 일이 벌어졌는가 가르치고 그렇게 전시하는 위험을 설명했다. 기도하러 나온 까닭을 털어놓았다. 어째서 아버지의 나라가 이적을 행하고 육체를 치유하는 위에 세워질 수 없는가 하는 참 이유를 개인 동료들에게 분명히 밝히려고 애썼다.

그 동안, 일요일 아침 일찍, 병을 앓는 다른 사람들의 무리와 호기심으로 찾아오는 많은 사람이 세베대의 집 근처에 모여 들기 시작했다. 그들은 예수를 만나려고 떠들썩했다. 안드레와 사도들은 너무 당황해서, 열심당원 시몬이 모인 사람들에게 이야기하는 동안, 안드레는 몇몇 동료와 함께, 예수를 찾으러 갔다. 세 사람과 함께 있는 예수를 찾아냈을 때, 안드레는 말했다: "주여, 당신은 어째서 우리만 군중과 함께 버려 두시나이까? 보소서, 모든 사람이 당신을 찾나이다. 그렇게 많은 사람이 당신의 가르침을 찾은 적이 전에는 없나이다. 지금도 당신이 하신 막강한 일 때문에, 가까이서 멀리서 온 사람들로 집이 둘러싸였나이다. 우리와 함께 저희를 보살피러 돌아가지 않겠나이까?"

이 말을 듣자 예수는 대답했다: "안드레야, 땅에서 내 사명은 아버지를 드러내는 것이요, 내 메시지는 하늘나라를 선포하는 것이라고 너와 이 다른 사람들에게 내가 가르치지 않더냐? 그렇다면, 호기심 있는 자를 충족시키려고, 또 징조(徵兆)와 이적 찾는 자들을 만족시키려고 네가 나로 하여금 내 일을 제쳐 놓게 하고 싶어하다니 어인 일이냐? 여태까지 이 사람들 사이에 우리가 있지 않았더냐, 하늘나라의 좋은 소식을 들으려고 저희가 무리를 지어 모였느냐? 어찌하여 저희가 와서 지금 우리를 둘러쌌느냐? 저희가 혼의 구원을 받으려고 영적 진리를 받아들인 결과라기보다, 육체의 치유 때문이 아니냐? 특별한 전시 때문에 사람들이 우리에게 끌릴 때, 저희 가운데 많은 사람은 진리와 구원을 찾으러 오는 것이 아니요, 오히려 육체의 병을 고침받고 물질적 문제로부터 구원을 얻어내려고 오는 것이라.

"여태까지 내가 가버나움에 있었고, 회당에서, 바닷가에서, 들을 귀가 있고 진리 받을 마음이 있는 모든 사람에게 하늘나라의 좋은 소식을 선포하였노라. 호기심 있는 이 사람들을 만족시키고, 영적인 것을 제쳐 놓고 육체적인 일을 보살피는 데 바빠지려고 너와 함께 돌아가는 것이 내 아버지의 뜻이 아니니라. 복음을 전도하고 아픈 자를 보살피라고 내가 너희를 세웠으나, 내 가르침을 제쳐 놓고 병 고치는 일에 내가 파묻혀서는 안 되느니라. 안드레야, 아니라, 나는 너와 함께 돌아가지 아니하리라. 사람들에게 가서, 우리가 저희에게 가르친 것을 믿고, 하나님의 아들이 되는 자유를 기뻐하라고 이르라. 갈릴리의 다른 여러 도시를 향하여 우리가 떠날 준비를 하여라. 거기에는 하늘나라의 좋은 소식을 전파하기 위하여 길이 준비되어 있느니라. 이 목적을 위하여 내가 아버지로부터 왔노라. 그러면 가서, 네가 돌아오기를 내가 여기서 기다리는 동안, 즉시 떠날 준비를 하여라.”

예수가 말씀하시고 나자, 안드레와 동료 사도들은 슬픔에 잠겨 세베대의 집으로 돌아가서 모인 군중을 해산(解散)하였고, 예수가 지시한 대로 여행을 위하여 재빨리 준비했다. 그래서, 서기 28년 1월 18일, 일요일 오후에, 예수와 사도들은 갈릴리의 여러 도시에서 처음으로 정말로 공개적인 대중 전도 여행을 떠났다. 이 첫째 여행에서 여러 도시에서 하늘나라의 복음을 전도했지만, 나사렛에 들리지는 않았다.

그 일요일 오후에, 예수와 사도들이 림몬을 향하여 떠난 뒤에 조금 있다가, 아우 야고보와 유다가 그를 만나러 와서, 세베대의 집에 들렸다. 그 날 한낮 무렵에 유다는 형 야고보를 찾아다녔고, 둘이 예수한테로 가자고 고집했다. 야고보가 유다와 함께 가기로 찬성했을 때가 되어서, 예수는 이미 떠나 버렸다.

사도들은 가버나움에서 크게 관심을 휘저어 놓고 떠나기가 싫었다. 베드로는 1천 명 이상의 신자들이 세례를 받아 하늘나라로 들어갈 수 있었다고 계산했다. 예수는 참을성 있게 말에 귀를 기울였지만, 돌아가는 데 찬성하지 않았다. 한동안 침묵이 흘렀고, 그리고 나서 토마스가 동료 사도들에게 말했다. “가자! 주가 말씀하셨느니라. 하늘나라의 신비(神秘)를 우리가 충분히 이해할 수 없어도 상관 없으니, 우리가 한 가지는 확실하니라. 우리는 자신을 위하여 아무 영광을 찾지 않는 선생을 따르노라.” 마지못해서 그들은 갈릴리의 여러 도시에서 좋은 소식을 전도하려고 떠났다.

제 146 편

갈릴리에서 첫 전도 여행

갈릴리에서 첫 대중 전도 여행은 서기 28년 1월 18일, 일요일에 시작되어 약 두 달 동안 이어졌고, 3월 17일에 가버나움으로 돌아와서 끝을 맺었다. 이 여행에서 예수와 열두 사도는, 요한의 옛 사도들의 도움을 받아서, 림몬, 요타파타, 라마, 스불론, 이론, 기스칼라, 코라진, 마돈, 가나, 나인, 엔도르에서 복음을 전하고, 신자들에게 세례를 주었다. 이 여러 도시에서 묵고 가르쳤으며, 한편 많은 다른 작은 마을에서, 지나가면서 하늘나라 복음을 선포하였다.

이번에 처음으로 예수는 동료들에게 제한 없이 전도하라고 허락하였다. 이 여행에서 오직 세 가지 경우에만 주의를 주었다. 나사렛으로부터 멀리 떨어져 있고, 가버나움과 티베리아스를 지날 때 조심하라고 타일렀다. 마침내 아무 제한 없이 전도하고 가르치는 데 자유롭다고 느낀 것은 사도들에게 큰 만족의 근원이었다. 그들은 복음 전하는 일에 투신했고, 큰 열심과 기쁨을 가지고, 아픈 자들을 보살피고 믿는 자들에게 세례를 주었다.

1. 림몬에서 전도하다

작은 도시 림몬은 한때 바빌로니아의 공기(空氣)의 신 람만을 모시는 데 바쳐졌다. 옛 바빌로니아와 후일 조로아스터의 가르침 가운데 많은 것이 아직도 림몬 사람들의 관념에 담겨 있었다. 따라서 예수와 스물네 사람은 이 옛 신앙과 하늘나라의 새 복음의 차이를 설명하는 과제에 시간을 많이 썼다. "아론과 금 송아지"에 대하여, 베드로는 초기 생애에서 가장 큰 설교 가운데 하나를 여기서 했다.

림몬의 많은 시민은 예수의 가르침을 믿는 사람이 되었지만, 후일에 동포들에게 큰 문제를 일으켰다. 자연 숭배자들을 영적 이상을 찬미하는 단체로 한 생애의 짧은 기간에 완전히 바꾸기는 어렵다.

바빌로니아와 페르시아에 있던 빛과 어둠, 선과 악, 시간과 영원에 관한 많은 상급 관념은, 나중에 소위 그리스도교의 교리 안에 합병되었고, 이를 포함한 것은 근동(近東) 민족들에게 그리스도교의 가르침을 더 쉽사리 받아들이게 만들었다. 마찬가지 방법으로, 나중에 필로가 히브리 신학에 적응한 바와 같이, 이상적 정신, 즉 눈에 보이는 물질적인 만물의 보이지 않는 원형(原形)에 관한 플라톤의 여러 이론(理論)을 포함한 것은 바울의 그리스도교 가르침을 서부 그리스인들이 더 받아들이기 쉽게 만들었다.

림몬에서 토단이 처음으로 하늘나라의 복음을 들었고, 그는 나중에 메소포타미아로, 또 거기를 훨씬 지나서 이 메시지를 가져갔다. 그는 유프라테스를 지나서 사는 자들에게 좋은 소식을 처음으로 전도한 사람들에 속했다.

2. 요타파타에서

요타파타의 서민들은 예수와 사도들의 말씀을 기쁘게 들었고 많은 사람이 하늘나라의 복음을 받아들이기는 했지만, 요타파타 임무를 구별하는 것은 이 작은 마을에서 머무른 둘째 날 저녁에, 예수가 스물네 사람에게 하신 강론이다. 나다니엘은 머리 속에서, 기도, 감사, 예배에 관한 주의 가르침에 머리가 헛갈렸고, 그의 물음에 대답하여 예수는 가르침의 연장된 설명으로 길게 말씀하였다. 현대의 말투로 줄이면, 이 강론은 다음 몇 가지를 강조하는 것으로 발표해도 좋다:

1. 사람의 마음 속에서 의식하면서 불의(不義)를 끈질기게 생각하는 것은 사람과 조물주 사이에, 인간의 혼이 영 통신 회로와 기도(祈禱)로 연결하는 줄을 끊어 버린다. 하나님은 자연히 자식의 간청을 듣지만, 인간의 마음이 일부러 끈질기게 불의의 개념을 품고 있을 때, 땅에 있는 아이와 하늘 아버지 사이에 개인적 교통이 차츰차츰 없어진다.

2. 알려지고 확정된 하나님의 법칙과 모순되는 기도는 파라다이스 신들에게 지긋지긋한 것이다. 하나님들이 영·지성·물질의 여러 법칙대로 만든 창조에게 말씀하실 때, 사람이 그 말씀에 귀를 기울이려 하지 않으면, 피조물이 그렇게 일부러 의식하여 멸시하는 바로 그 행위는, 다루기 힘들고 복종하지 않는 그런 사람들이 몸소 드리는 간청을 영 성격자들이 듣지 않고 멀리하게 만든다. 예수는 선지자 스가랴를 사도들에게 인용했다. "저희가 듣기 싫어하여 등을 돌리고, 듣지 않도록 귀를 막았더라. 옳도다, 선지자들을 통하여 내 영이 보낸 내 율법과 말씀을 들을까 두려워, 저희는 돌처럼 마음을 굳게 하였더라. 그러므로 악한 생각의 결과가 저희의 죄지은 머리 위에 큰 진노로 내렸더라. 그래서 저희가 자비를 외쳤어도 들을 귀가 하나도 없게 되었더라." 그리고 나서 예수는 이렇게 말한 현자의 잠언을 인용했다: "신의 율법을 듣지 않으려고 귀를 돌리는 자에게는, 그 기도조차 지긋지긋한 것이 될지니라."

3. 하나님과 사람의 교통 경로에서 인간 쪽을 열어 놓음으로, 필사자들은 여러 세계의 피조물에게 베푸는, 항상 흐르는 신의 봉사의 물결을 즉시 이용할 수 있다. 인간의 마음 속에서 하나님의 영이 말씀하심을 들을 때, 그런 체험에는 하나님이 동시에 그 사람의 기도를 듣는다는 사실이 저절로 생긴다. 죄의 용서조차도 어김없이 바로 이 모습으로 작용한다. 하늘에 계신 아버지는 네가 구하려고 생각하기도 전에 너를 용서했다. 그러나 동료 인간을 용서할 때까지, 그런 용서는 너 개인의 종교 체험에서 소용되지 않는다. <u>사실은</u> 하나님의 용서(容恕)는 네가 동료를 용서하는 데 달려 있지 않지만, <u>체험 속에서</u> 그렇게 그대로 조건을 받는다. 신과 인간의 용서가 동시에 생긴다는 이 사실은 예수가 사도들에게 가르친 기도에서, 그렇게 인식되고 서로 연결된다.

4. 우주에는 응보라는 기본 법칙이 있는데, 자비는 이것을 피해 갈 힘이 없다. 시공 영역에서 철저히 이기적인 생물은 파라다이스의 사심(私心) 없는 영광을 받아들이는 것이 불가능하다. 하나님의 무한한 사랑조차, 살아남기를 선택하지 않는 어떤 필사 인간에게도 영원히 살아남는 구원을 강제로 줄 수 없다. 자비를 베푸는 큰

허용 범위가 있으나, 결국 자비와 뭉쳐진 사랑조차 실질로 취소할 수 없는 응보의 명령이 있다. 다시 예수는 히브리 성서를 인용했다: "내가 불러도 너희는 듣기 싫어하였고, 내가 손을 뻗었어도 거들떠보는 자가 없었도다. 너희는 나의 모든 조언을 무시하고 내 책망을 물리쳤으며, 이 모반하는 태도로 말미암아 너희가 나를 불러도 불가피하게 대답을 얻지 못하였느니라. 생명의 길을 물리쳤으매, 너희가 고통받을 때 나를 부지런히 찾을까 싶으나, 나를 찾아내지 못하리라."

5. 자비를 받고자 하는 자는 자비를 보여야 한다. 판단을 받지 않도록 사람을 판단하지 말라. 다른 사람을 판단하는 그 정신으로 너희가 또한 판단을 받을지니라. 자비는 우주의 공평(公平)을 완전히 지워 버리지 않는다. 이것이 마지막에는 참인 것이 판명되리라, "가난한 자가 외치는 소리에 귀를 막는 자는 누구나, 또한 언젠가 도움을 외치겠으나 아무도 귀를 기울이지 아니하리라." 진지한 기도는 하나님이 들으심을 보장한다. 어떤 간구라도 그 영적 지혜와 우주 일관성은 대답의 시간·방법·정도를 결정하는 요인이다. 지혜로운 아버지는 무지하고 경험 없는 아이들의 어리석은 기도를 <u>글자 그대로</u> 들어 주지 않는다. 하지만 그러한 터무니없는 간청으로부터 아이들은 많은 기쁨과 혼의 진정한 만족을 얻을지 모른다.

6. 하늘에 계신 아버지의 뜻을 행하는 데 완전히 몸을 바쳤을 때, 너희의 모든 간구에 응답이 앞으로 다가오리니, 너희의 기도가 아버지의 뜻을 완전히 따르고, 아버지의 뜻은 광대한 우주에 두루, 항상 나타날 것이기 때문이다. 참된 아들이 바라고 무한한 아버지가 뜻하는 것은 존재한다. 그런 기도는 응답받지 않을 수 없고, 다른 어떤 종류의 간구도 도저히 충분히 응답받을 수 없다.

7. 올바른 자의 외침은 하나님의 자녀의 믿음의 행위요, 선·진리·자비로 가득찬 아버지의 창고 문을 열며, 이 좋은 선물은 아들이 다가와서 손수 쓰라고 오랫동안 기다리고 있다. 기도는 사람을 향한 신의 태도를 바꾸지 않지만, 변함없는 아버지를 향하여 사람의 태도를 바꾼다. 기도하는 사람의 사회나 경제 지위, 또는 외관상의 종교적 지위가 아니라, 기도의 <u>동기</u>가 신의 귀에 미치는 통행권을 준다.

8. 시간의 지연을 피하거나 공간의 장애를 뛰어넘으려고 기도해서는 안 된다. 기도는 자신을 확대하거나 동료보다 부당한 이점(利點)을 얻기 위한 기법으로 고안되어 있지 않다. 철저히 이기적인 혼은, 참 뜻으로 볼 때, 기도할 수 없다. 예수는 말했다: "너의 최고의 기쁨이 하나님의 성품에 있게 하여라. 그리하면 네 마음이 진지하게 바라는 것을 분명히 주시리라." "너의 길을 주께 맡기라. 그를 신뢰하라. 그리하면 그가 행하리라." "주가 빈궁한 자의 외침을 듣고, 빈곤한 자의 기도를 돌아볼 것임이라."

9. "나는 아버지로부터 왔노라. 그러므로 너희가 아버지께 무엇을 구할까 언제라도 의심이 들면, 내 이름으로 구하라. 그리하면 너의 진정한 필요와 소망에 따라서, 또 내 아버지의 뜻에 따라서, 내가 너의 간구(懇求)를 내놓으리라." 기도하는 가운데, 자기 중심이 되는 큰 위험을 조심하라. 자신을 위하여 많이 기도하기를 피하라. 너희 동포의 영적 진보를 위하여 더욱 기도하라. 물질적인 기도를 피하라. 정신이 살아서 기도하고, 영의 선물이 풍부하기를 기도하라.

10. 너희가 아픈 자와 병자를 위하여 기도할 때, 너희의 간구(懇求)가 이 고통받는 자들의 필요에 따라 사랑으로 총명하게 보살피는 일을 대신하기를 기대하지 말라. 너희의 가족과 친구와 동료의 복지를 위하여 기도하라. 그러나 너희를 저주하

는 자를 위하여 특별히 기도하고, 박해하는 자들을 위하여 사랑으로 간구를 드리라. "그러나 언제 기도할까 나는 이르지 아니하리라. 오직 너희 안에 깃드는 영이, 영들의 아버지와 너희가 속에서 가지는 관계를 나타내는 간구를 드리도록 너희에게 감동을 줄까 싶으니라."

11. 많은 사람이 어려움에 빠졌을 때에야 기도에 매달린다. 그런 관습은 경솔하며 잘못으로 이끈다. 괴로울 때 기도가 상책인 것이 참말이지만, 만사가 네 혼에 순조롭게 돌아갈 때도, 아버지에게 아들로서 말하도록 머리를 써야 한다. 진정한 간구를 언제나 남모르게 하라. 사람들이 네가 개인적으로 드리는 기도를 듣지 못하게 하라. 감사하는 기도는 예배하는 자들의 무리에게 적절하지만, 혼의 기도는 개인의 문제이다. 하나님의 자녀들 모두에게 적절한 오직 한 가지 형태의 기도가 있으니, 이와 같다: "그런데도 아버지의 뜻이 이루어지이다."

12. 이 복음을 믿는 사람은 모두 하늘나라가 확장되기를 진지하게 기도해야 한다. 히브리 성서의 모든 기도 가운데, 시편(詩篇) 작가의 간구를 가장 만족해서 논평했다. "내 안에서 마음을 깨끗하게 만드소서, 아 하나님, 내 안에서 옳은 영을 새롭게 하소서. 비밀스러운 죄를 내게서 없이하고, 거만한 죄를 저지르지 않도록 이 종을 붙드소서." 기도와 경솔하고 귀에 거슬리는 말의 관계에 대하여 예수는 길게 논평하며, 이렇게 인용하였다: "아 주여, 내 입에 파수를 두소서. 내 입술의 문을 지키소서." 예수는 말했다: "인간의 혀는 거의 아무도 길들일 수 없는 부분이나, 마음 속에 있는 영은 다스리기 힘든 이 부분을 친절한 관용의 목소리로, 영감을 주는 자비로운 봉사자로 변화시킬 수 있느니라."

13. 인생의 길에서 신의 안내하심을 얻으려는 기도는 아버지의 뜻을 알려고 구하는 기도 다음으로 중요하다. 실제로 이것은 신의 지혜를 얻으려는 기도를 뜻한다. 예수는 결코 기도로 인간의 지식과 특별한 기술을 얻을 수 있다고 가르치지 않았다. 그러나 사람이 신다운 영의 계심을 받아들이는 능력을 키우는 데 기도가 한 요인이라고 가르쳤다. 예수가 동료들에게 정신적으로, 진리 속에서 기도하라고 가르쳤을 때, 성실하게, 사람의 깨우침에 따라서 기도하는 것, 진심으로 또 총명하게, 열심히 또 꾸준히 기도함을 언급했다고 설명하였다.

14. 화려한 되풀이, 웅변하는 문구, 금식(禁食), 고행 또는 희생물을 바침으로 기도가 더욱 효력 있게 되리라는 생각을 품지 말라고 추종자들에게 경고했다. 그러나 감사를 통하여 참된 예배에 이르는 수단으로서, 기도를 이용하라고 신자들에게 타일렀다. 추종자들의 기도와 예배에 감사 정신이 너무 적게 보여서 한탄했다. 이 계제에 성서로부터 이렇게 인용하였다. "주께 감사를 드리고 최고자의 이름에 찬미를 드리며, 아침마다 그의 인자함과 밤마다 그의 충실함을 인정하는 것은 좋은 일이니, 그가 하신 일을 통하여 하나님이 나를 기쁘게 하였음이라. 모든 일에 나는 하나님의 뜻을 따라서 감사를 드리리라."

15. 다음에 예수는 말했다: "너희의 평범한 필요에 대하여 항상 지나치게 걱정하지 말라. 땅에서 너희 존재에서 생기는 문제들에 관하여 불안해하지 말 것이나, 이 모든 일에 기도와 간구로, 성실하게 감사드리는 정신으로, 하늘에 계신 아버지 앞에 너희의 필요를 펼쳐 놓으라." 그리고 나서 성서로부터 인용했다: "나는 하나님의 이름을 찬송하겠고, 감사로 그의 이름을 높이리라. 이것이 뿔과 발굽 있는 수소나 송아지를 바치는 것보다 주를 더 기쁘게 하리라."

16. 아버지께 기도드리고 나서, 깃드는 영이 경청하는 혼에게 말할 좋은 기회를 주도록 고요히 받는 자세로 한동안 남아 있어야 한다고 추종자들에게 가르쳤다. 아버지의 영은 인간의 지성이 참으로 예배하는 태도를 가질 때, 사람에게 말하기가 가장 좋다. 깃드는 아버지 영의 도움을 얻어서, 진리의 보살핌을 통하여 인간의 지성을 비춤으로 우리는 하나님을 예배한다. 예배는 사람으로 하여금 예배받는 존재와 점점 더 같게 만든다고 예수는 가르쳤다. 예배는 유한자가 무한자의 계심 앞에 차츰 가까이 가고, 궁극에 그에 이르게 하는 체험, 사람을 변화시키는 체험이다.

예수는 사람이 하나님과 교통하는 데 대하여 많은 다른 진리를 사도들에게 일러 주었지만, 많지 않은 사람이 그의 가르침을 넉넉히 깨우칠 수 있었다.

3. 라마에서 멈추다

라마에서 예수는 나이 든 그리스인 철학자와 기억에 남을 토론을 가졌는데, 이 사람은 과학과 철학이 인간 체험의 필요를 채우는 데 충분하다고 가르쳤다. 인내와 동정심으로 예수는 이 그리스인 선생의 말에 귀를 기울였고, 그가 말한 많은 것이 진리임을 인정했지만, 말을 마쳤을 때, 그가 인간 존재에 대하여 토론할 때 "어디로부터 와서, 어째서, 어디로 가는가"를 그가 설명하지 못했다고 지적하면서 덧붙였다. "네가 그만둔 곳에서 우리가 시작하느니라. 종교는 사람의 혼에게 주는 계시(啓示)요, 이것은 지성만으로 결코 발견하거나 충분히 잴 수 없는 영적 실체들을 다루느니라. 지적 노력은 생명의 사실을 드러낼지 모르나, 하늘나라 복음은 존재의 진리를 펼쳐 보이니라. 너는 진리의 물질적 그림자를 논의했는데, 영원한 영적 실체들에 관하여 이르는 동안 너는 듣겠느냐? 그것은 필사 존재의 물질적 사실의 그림자, 일시적인 이 시간 그림자를 던지느니라." 한 시간이 넘도록 예수는 하늘나라 복음의 유익한 진리를 이 그리스인에게 가르쳤다. 늙은 철학자는 주의 접근 방법에 민감했고, 마음이 진지하게 정직했기 때문에, 이 구원의 복음을 재빨리 믿었다.

사도들은 그리스인의 여러 명제(命題)에 예수가 동의하는, 개방된 태도에 얼마큼 당황했지만, 나중에 예수는 개인적으로 말했다: "아이들아, 내가 그 그리스인의 철학에 관대했다고 해서 놀라지 말라. 안에서 참되고 진정한 확신은 바깥에서 분석하는 것을 조금도 두려워 아니하고, 진리는 정직한 비판을 분개하지도 않느니라. 불관용은 사람의 믿음이 참된가에 대하여 비밀스러운 의심을 품는 것을 덮는 가면임을 결코 잊지 말아야 하느니라. 진심으로 믿는 것이 진리라고 완전히 확신할 때, 사람은 어느 때라도 이웃의 태도에 마음이 흔들리지 않느니라. 용기는 사람이 믿는다고 공언하는 것들에 대하여 철저히 정직함을 확신하는 것이라. 성실한 사람들은 자기의 참된 확신과 고귀한 이상을 비판적인 눈으로 검토하기를 두려워 아니하느니라."

라마에서 둘째 날 저녁에, 토마스는 예수에게 이렇게 물었다: "주여, 당신의 가르침을 새로 믿는 자가, 이 하늘나라 복음이 진리인가 어떻게 정말로 알고, 정말로 확신할 수 있나이까?"

예수는 토마스에게 말했다: "너희가 아버지의 하늘나라 집안으로 들어갔고, 너희가 하늘나라의 자녀들과 함께 영원히 살아남으리라는 확신은 전적으로 개인적 체험—진리의 말씀을 믿는 신앙—의 문제이라. 영적 확신은 신성한 진리를 담은 영원한 실체들을 너희가 몸소 종교적으로 체험하는 것에 해당하며, 달리 말하면 진리 실체들을 총명하게 이해하는 것에, 영적 믿음을 더하고, 정직하게 의심하는 것들을 뺀 것과 같으니라.

"아들은 아버지의 생명을 자연히 부여받느니라. 아버지의 살아 있는 영을 받았은즉, 따라서 너희는 하나님의 아들이라. 아버지의 살아 있는 영, 곧 영생하는 선물과 동일시되기 때문에, 너희는 육체의 물질 세계에서 인생을 살고 살아남느니라. 정말로 내가 아버지로부터 오기 전에, 많은 사람이 이 생명을 가졌고, 더욱 많은 사람이 내 말을 믿었으므로 이 영을 받았느니라. 그러나 내가 선언하노니, 내가 아버지께로 돌아갈 때, 아버지는 그의 영을 모든 사람의 마음 속으로 보내리라.

"너희는 머리 속에서 신의 영이 일하는 것을 지켜볼 수 없으나, 혼의 능력의 통제를 하늘 아버지의 영, 깃드는 이 영의 가르침과 안내에 맡긴 정도를 발견하는 실용적 방법이 있으니, 즉 너희가 동료 인간을 사랑하는 정도이라. 아버지의 이 영은 아버지의 사랑을 함께 가지며, 사람을 지배함에 따라서, 신을 예배하고 친구들을 사랑으로 여기는 방향으로 어김없이 인도하느니라. 처음에는 너희가 하나님의 아들임을 믿으니, 나의 가르침이 우리 아버지의 깃드는 계심이 마음 속에서 인도하심을 너희가 더욱 의식하도록 만든 까닭이라. 그러나 얼마 안 있어 진리의 영이 모든 육체에게 퍼부어지겠고, 내가 지금 너희 가운데 살고 진리의 말씀을 일러 주는 것 같이, 이 영은 사람들 사이에 살고 모든 사람을 가르치리라. 이 진리의 영은 혼의 영적 자질을 변호하면서, 너희가 하나님의 아들임을 알도록 도우리라. 아버지의 깃드는 계심을 어김없이 증언하겠고, 너희의 영은, 몇 사람 안에 지금 거하는 것 같이, 모든 사람 안에 거하면서 너희가 실제로 하나님의 아들이라고 일러 주느니라.

"이 영의 인도하심을 따르는, 땅에 사는 자녀마다 궁극에는 하나님의 뜻을 알며, 내 아버지의 뜻에 굴복하는 자는 언제까지나 살리라. 지상(地上) 생명으로부터 영원의 영토로 가는 길은 너희에게 쉽게 설명되지 않았으나, 한 길이 있고, 언제나 있었느니라. 그것을 새 생명의 길로 만들려고 내가 왔노라. 하늘나라에 들어가는 자는 이미 영생(永生)을 가졌느니라—결코 죽지 아니하리라. 그러나 내가 아버지께로 돌아가고 나서, 이 말씀 중에 많은 것을 너희가 더욱 잘 알아듣겠고, 현재 체험을 돌이켜볼 수 있으리라."

이 복된 말씀을 들은 사람들은 모두 크게 즐거워하였다. 유대인의 가르침은 의로운 자가 살아남는 것에 관하여 혼잡하고 확실치 않았는데, 모든 참된 신자(信者)가 영원히 살아남는 것에 관하여 아주 뚜렷하고, 확신을 주는 분명한 말씀을 들은 것은 예수의 추종자들에게 기운을 주고 영감을 주었다.

사도들은 계속 전도하고 믿는 사람들에게 세례를 주었고, 한편 가정을 방문하는 관습을 계속 지키며, 낙심한 자를 위로하고 환자와 병자들을 보살피었다. 예수의 사도들 각자가 이제 요한의 사도 하나를 동료로서 가진 점에서, 사도의 조직은 확대되었다. 아브너는 안드레의 동료였고, 이 계획은 다음 유월절을 지내려고 예루살렘으로 내려갈 때까지 지속되었다.

스불론에서 머무르는 동안 예수의 특별 교육은 하늘나라의 공동 의무에 관하여 연장된 토론과 대체로 상관이 있었고, 개인의 종교적 체험, 사회적 종교 의무를 가진 친교, 이 둘의 차이를 밝히려고 고안된 가르침이 담겨 있었다. 이것은 종교의 사회적 모습에 대하여 주가 일찍이 말씀하신 몇 번 안 되는 기회 중의 하나였다.

땅에서 산 생애 전체를 통하여 예수는 종교의 사회화(社會化)에 대하여 추종자들에게 가르침을 거의 주지 않았다.

스불론 사람들은 혼합된 종족이었고, 도저히 유대인이나 이방인이라 할 수 없었는데, 가버나움에서 병자들을 고쳤다는 말을 들었는데도, 거의 아무도 정말로 예수를 믿지 않았다.

4. 이론에서 복음 전파

갈릴리와 유대 지방에서 작은 축에 속하는 여러 도시에서도 그렇다시피 이론에는 회당이 하나 있었는데, 예수가 봉사하던 초기 시절에, 안식일에 이 여러 회당에서 말씀하는 것이 버릇이었다. 어떤 때 그가 아침 예배에 말씀하고, 베드로나 다른 사도들 가운데 하나가 오후 시간에 설교하곤 하였다. 예수와 사도들은 또한 아주 흔히, 회당에서 주중에 저녁 집회에서 가르치고 설교하곤 하였다. 예루살렘에서 종교 지도자들이 예수를 갈수록 더 적대시(敵對視)하게 되었지만, 도시 바깥에 있는 회당들에 대하여 직접 아무런 통제권을 행사하지 않았다. 예수의 대중 봉사 후기까지, 그가 가르치지 못하게 거의 보편적으로 회당(會堂) 문을 닫도록 널리 그에 대하여 적대감을 일으킬 수 없었다. 이 때 갈릴리와 유대의 모든 회당은 그에게 문을 열었다.

그 시절에 이론은 광범위한 광산들이 있던 장소였고, 광부(鑛夫)의 생애를 함께 한 적이 없었기 때문에, 예수는 이론에 머무르는 동안 광산에서 대부분의 시간을 보냈다. 사도들이 집을 방문하고 공공 장소에서 전도하는 동안, 예수는 이 지하 노동자들과 함께 광산에서 일했다. 병 고치는 사람으로서 예수의 이름이 이 구석진 마을까지도 퍼졌고, 많은 병자와 고통받는 자들이 도움을 구했으며, 많은 사람이 병 고치는 봉사로부터 크게 소득을 얻었다. 그러나 어떤 경우에도, 문둥병자의 경우를 제쳐 놓고, 주는 이른바 병 고치는 기적을 행하지 않았다.

이론에서 사흘째 오후 늦게, 광산에서 돌아오면서, 예수는 투숙하는 장소로 가는 길에 어쩌다가 좁은 샛길을 지나가게 되었다. 문둥병 걸린 어떤 남자의 더러운 헛간 가까이 다가갔을 때, 치유자라는 명성을 들었은즉, 그 병자는 예수가 문 앞을 지나갈 때, 그 앞에 무릎을 꿇고, 대담하게 인사를 드리며 말했다. "주여, 당신이 원하시기만 하면, 나를 깨끗하게 하실 수 있나이다. 당신이 거느리는 선생들의 메시지를 내가 들었고, 깨끗하게 될 수 있다면 나는 하늘나라에 들어가고 싶나이다." 그 문둥병자가 이렇게 말한 것은 유대인들 사이에서 문둥병자는 회당에 가거나, 달리 대중 예배에 참석하는 것조차 금지되었기 때문이다. 이 사람은 문둥병을 치유받지 못하면 다가오는 하늘나라에서 그를 받아들일 수 없다고 정말로 믿었다. 그가 질병이 걸렸음을 보고, 꽉 매달리는 믿음의 말을 들었을 때, 예수의 사람 마음은 감동했고 신의 마음은 동정으로 움직였다. 예수가 바라보자, 그 사람은 엎드려서 경배하였다. 그러자 주는 손을 뻗어 그를 어루만지며 말했다: "내가 바라노니—깨끗하여라." 그는 즉시 고침을 받았다. 문둥병이 이제 더 괴롭히지 않았다.

발 앞에 꿇어 엎드린 사람을 일으켰을 때, 예수는 당부했다: "아무에게도 네가 병 고침받은 것을 말하지 말고, 오히려 조용히 네 일을 보도록 처리하여라. 사제에게 몸을 보이고, 네가 깨끗하게 되었다는 증언으로 모세가 명한 희생물을 바치어라." 그러나 이 사람은 예수가 지시한 대로 하지 않았다. 그 대신에, 마을에 두루, 예수가 그의 문둥병을 고쳤다고 떠들고 다니기 시작했다. 온 마을에서 알려져 있으므로, 그가 병이 깨끗이 나았음을 사람들은 뻔히 볼 수 있었다. 그는 예수가 타이른 대로 사제들에게 가지 않았다. 예수가 병을 고쳐 주었다는 소식을 그가 널리 퍼뜨린 결과로서, 주는 병자들에게 너무나 둘러싸였고, 그래서 이튿날 아침 일찍 일어나서 마을을 떠날 수밖에 없었다. 다시 마을에 들어가지 않았어도, 예수는 광산 가까운 교외에서 이틀 동안 남아 있었고, 하늘나라 복음에 관하여 믿는 광부들에게 계속하여 더 가르쳤다.

문둥병자를 이렇게 고친 것은 이 때까지 예수가 마음먹고 계획하여 행한, 이른바 첫 기적이었다. 이것은 진짜 문둥병의 경우였다.

이론으로부터 기스칼라로 가서 이틀 동안 복음을 선포하며 지냈고, 다음에 코라진을 향하여 떠났는데, 거기서 좋은 소식을 전도하면서 거의 한 주를 보냈다. 그러나 코라진에서는 하늘나라로 신자를 많이 얻을 수 없었다. 예수가 가르친 어느 곳에서도, 메시지를 그렇게 일반적으로 물리치는 일에 부닥친 적이 없었다. 코라진에서 머문 것은 대부분의 사도들에게 아주 침울했고, 안드레와 아브너는 동료들의 용기를 지탱하는 데 많은 어려움을 겪었다. 그래서 가버나움을 조용히 지나치면서, 줄곧 마돈 마을로 갔는데, 거기서 운이 조금도 낫지 않았다. 아주 최근에 방문한 이 여러 마을에서 성공하지 못한 것은, 가르치고 전도하면서 예수가 병 고치는 자라는 언급을 삼가라고 예수가 고집했기 때문이라는 생각이 대부분 사도들의 머리 속에 자리잡았다. 예수가 또 다른 문둥병자를 고치든지, 아니면 어떤 다른 방법으로 권능을 드러내서 사람들의 눈을 끌기를 얼마나 바랐는지! 그러나 주는 그들이 열심히 재촉하는 데 꼼짝하지 않았다.

5. 가나로 돌아와서

"내일 우리는 가나로 가리라" 예수가 발표했을 때, 사도 일행은 크게 기운이 났다. 가나에서 공감하는 청중(聽衆)을 가지리라는 것을 알았으니, 예수가 거기에서 아주 유명했기 때문이었다. 사람들을 하늘나라로 데려오는 일을 잘 해 나가고 있었는데, 사흘째에 가버나움의 어떤 특출한 시민, 타이투스가 가나에 도착했다. 그는 얼마큼 믿는 사람이었고, 그 아들이 위독했다. 예수가 가나에 계시다는 말을 들었고, 그래서 서둘러 예수를 만나러 갔다. 가버나움에 있는 신자들은 예수가 어떤 병도 고칠 수 있다고 생각했다.

가나에서 예수를 찾아냈을 때, 이 귀인(貴人)은 예수에게 가버나움으로 서둘러 가서 앓는 아들을 고쳐 달라고 간청했다. 사도들이 숨을 죽이고 기대하며 서 있는 동안, 예수는 아픈 소년의 아버지를 바라보며 말했다: "내가 너희를 얼마나 오래 참으랴? 하나님의 권능이 너희 사이에 있거늘 너희가 징조(徵兆)를 보고 이적을 구경하지 않으면, 믿으려 하지 않는도다." 그러나 그 귀인은 예수에게 간청하며 말했다: "내 주여, 나는 믿나이다. 그러나 내 아이가 죽기 전에 오소서. 내가 떠날 때도 그가 죽을 지경에 있었던 까닭이나이다." 예수가 머리를 한 순간 숙이고 명상에 잠겼다가 갑자기 말했다: "네 집으로 돌아가라, 네 아들이 살리라." 타이투스는 예수의 말씀을 믿었고, 가버나움으로 서둘러 갔다. 돌아가는 동안에, 종들이 만나려고 나와서 말했다: "기뻐하소서, 당신의 아들이 낫고 있음이니이다—그가 살았나이다." 그러자 타이투스는 어느 시간에 그 소년이 낫기 시작했는가 물었고, "어제 오후 1시쯤에 아이가 열이 내렸더이다" 종들이 대답했을 때, 그 때가 "네 아들이 살리라"하고 예수가 말씀하신 그 시간쯤이었다는 것을 기억했다. 타이투스는 이 때부터 마음을 다하여 믿었고, 또한 온 집안이 믿었다. 이 아들은 하늘나라의 힘찬 봉사자가 되었고, 나중에 로마에서 고통받은 자들과 함께 목숨을 바쳤다. 타이투스의 집안 전체와 그 친구들, 그리고 사도들까지 이 에피소드를 기적이라고 여겼어도,

기적은 아니었다. 적어도 육체의 병을 고치는 기적은 아니었다. 다만 자연 법칙의 과정에 관하여 선견(先見)을 가진 사례(事例)였을 뿐이고, 세례 받은 뒤에 예수가 자주 이용한 것과 같은 그런 지식이었다.

이 마을에서 베푼 봉사에 뒤따라 이런 종류의 둘째 사건으로 지나치게 눈을 끌었기 때문에, 예수는 다시 가나로부터 서둘러 떠날 수밖에 없었다. 마을 사람들은 물과 포도주를 기억하였고, 아주 먼 거리에서 귀인의 아들을 고쳤다고 생각되었으니까, 사람들은 병자와 고통받는 자들만 데려오는 것이 아니라, 고생하는 자들을 먼 거리에서 고치라고 요청하는 사자들을 보냈다. 온 시골이 떠들썩함을 보자, 예수는 말했다, "나인으로 가자."

6. 나인과 과부의 아들

이 사람들은 징조(徵兆)를 믿었고, 이적을 구하는 세대였다. 이 때가 되어서 갈릴리 중부 및 남부의 사람들은 예수와 개인적 봉사를 베푸신 것에 관하여 기적에 정신이 쏠려 있었다. 순전한 신경(神經) 질환으로 고생하고 감정의 장애로 고통받는 몇십, 몇백의 정직한 사람들이 예수 앞으로 왔고, 그리고 나서 친구들한테 예수가 그들을 고쳤다고 외치면서 집으로 돌아갔다. 무지하고 생각이 단순한 이 사람들은 정신적으로 치유된 그런 사례를 육체적 치유, 기적의 고침으로 여겼다.

예수가 가나를 떠나서 나인으로 가려 했을 때, 큰 무리의 신자들과 호기심 있는 많은 사람이 따랐다. 기적과 이적을 구경하려고 단단히 별렀고, 실망하지 않게 되어 있었다. 예수와 사도들이 도시의 대문 가까이 다가가자, 근처의 공동 묘지로 가는 장례 행렬을 만났는데, 나인에서 과부가 된 어머니의 외아들을 나르고 있었다. 이 여인은 많이 존경받는 사람이었고, 마을의 절반이 죽었다고 생각된 이 소년의 관(棺)을 나르는 자들을 따라갔다. 장례 행렬이 예수와 추종자들에게 다가왔을 때, 과부와 그 친구들은 주를 알아보고, 아들을 살려 달라고 간청했다. 기적을 바라는 기대가 얼마나 높이 솟았는지, 예수가 어떤 인간의 병도 고칠 수 있고, 그런 치유자가 죽은 자를 살리기까지 할 수 없는가 생각했다. 이렇게 성가시게 졸라대는 것을 들으면서, 예수는 앞으로 나서서, 관의 뚜껑을 열고, 소년을 들여다보았다. 젊은이가 정말로 죽지 않았음을 발견하고, 그가 그 자리에 계신 것이 비극을 막을 수 있음을 알아차렸다. 그래서 그 어머니에게 돌아서서 말했다: "울지 말라. 네 아들이 죽지 않았고 잠자느니라. 네 품에 그를 돌려 받으리라." 다음에 소년의 손을 잡고 말했다, "깨어서 일어나라." 죽었다고 생각된 소년이 당장에 일어나 앉아서 말하기 시작했고, 예수는 그들을 집으로 보냈다.

예수는 군중을 가라앉히려고 노력했고, 아이가 정말로 죽지 않았다, 자기가 그를 무덤에서 살려보낸 것이 아니라 설명하려고 헛되이 애썼지만, 소용이 없었다. 따라오던 군중, 또 나인 마을 전체가, 열광의 극치(極致)에 이르기까지 자극받았다. 두려움이 많은 사람을 휩쓸었고 더러는 공포에 사로잡혔으며, 더러는 털썩 주저앉아 기도하고 그들의 죄 때문에 슬피 울었다. 밤이 다가오고 오래 지나서야 시끄럽던 군중이 흩어질 수 있었다. 물론, 소년이 죽지 않았다고 예수가 말했는데도, 사람마다 기적이 일어났다, 죽은 자조차 살렸다고 주장하였다. 소년이 다만 깊이 잠들어 있었다고 예수가 일렀어도, 그들은 그것이 예수의 말버릇이라고 설명했고, 예수가 언제나 아주 겸손하게 기적들을 감추려 하였다는 사실에 주의를 불러일으켰다.

그래서 갈릴리에 두루, 또 유대까지, 예수가 과부의 아들을 죽은 자 가운데서 살렸다는 말이 퍼졌고, 이 보고를 들은 많은 사람이 믿었다. 예수가 과부의 아들에게 깨어서 일어나라고 명했을 때, 소년이 정말로 죽지 않았다는 것을 예수는 모든 사도에게도 결코 충분히 납득시킬 수 없었다. 그러나 누가의 기록을 제쳐 놓고, 후일의 모든 기록에 들어가지 않을 만큼 예수는 충분히 강조했다. 누가는 이 에피소드를 전해 받은 그대로 이야기를 기록했다. 또 다시 예수는 의사(醫師)로서 너무 사람들에게 에워싸여서, 이튿날 일찍 엔도르를 향하여 떠났다.

7. 엔도르에서

엔도르에서 예수는 육체의 병 고침을 얻으려고 아우성치는 군중으로부터 며칠 동안 피하였다. 이곳에서 머무르는 동안, 예수는 사도들을 가르치려고 사울 임금과 엔도르의 마녀 이야기를 해 주었다. 죽은 자의 영이라고 생각된 것을 때때로 흉내 내던, 그릇된 길에 빠지고 모반한 중도자들이 곧 통제될 것이다, 그래서 이런 이상한 짓을 계속할 수 없으리라고 예수는 사도들에게 알기 쉽게 일러 주었다. 예수는 추종자들에게, 그가 아버지께로 돌아간 뒤에, 두 분이 영들을 모든 육체에게 퍼부어 준 뒤에, 그러한 준영(準靈) 존재—이른바 더러운 귀신—들이 사람들 중에 무르고 악한 정신을 가진 자들에게 더 들어갈 수 없으리라고 일러 주었다.

예수는 더 나아가서, 떠난 인간들의 영은 살아 있는 친구들과 교통하려고 기원이 있던 세계로 돌아오지 않는다고 사도들에게 더 설명했다. 오직 한 섭리 시대가 지난 뒤에야 필사 인간의 진급하는 영이, 그것도 특별한 경우에, 그 혹성의 영적 행정의 일부로서, 땅으로 돌아오는 것이 가능할 것이다.

이틀 동안 쉬고 나자, 예수는 사도들에게 말했다: “시골이 조용해지는 동안, 내일 아침에 가버나움으로 돌아가서 머무르고 가르치자. 집에서 이 때가 되어서는 사람들이 이 종류의 흥분으로부터 얼마큼 회복되었으리라.”

제 147 편

막간의 예루살렘 방문

예수와 사도들은 3월 17일, 수요일에 가버나움에 이르렀고 예루살렘을 향해서 떠나기 전에 벳세다 본부에서 2주를 보냈다. 이 2주 동안 사도들은 바닷가에서 사람들을 가르쳤고, 한편 예수는 산에서 혼자 아버지의 일로 많은 시간을 보냈다. 이 기간에, 야고보와 요한 세베대를 동반하고 예수는 두 차례 티베리아스로 몰래 여행했는데, 거기서 신자들을 만나고 하늘나라의 복음을 가르쳤다.

헤롯 집안의 여러 사람이 예수를 믿었고, 이 모임에 참석했다. 헤롯의 정식 가족 가운데서 이 신자(信者)들의 영향이 예수에 대한 통치자의 적대감을 줄이도록 도왔다. 티베리아스에 있는 이 신자들은 예수가 선포한 그 "나라"는 영적 성질을 가졌고 정치적 모험이 아니라고 충분히 헤롯에게 설명했다. 헤롯은 자기 집안에 있는 이 사람들을 오히려 믿었고, 따라서 예수의 가르침과 병 고침에 관한 여러 보고가 널리 퍼지는 것에 지나치게 놀라지 않았다. 예수가 병 고치는 자나 종교 선생으로서 일하는 것에 아무런 반대가 없었다. 헤롯의 많은 조언자, 헤롯 자신조차 호의적 태도를 가졌는데도, 한 무리의 부하들이 존재했는데, 이들은 예루살렘의 종교 지도자들에게 매우 영향을 받아서 예수와 사도들에게 모질고 위협적인 적으로 남았고, 후일에 대중 활동을 많이 방해했다. 예수에게 가장 큰 위험은 예루살렘의 종교 지도자들에게 있었고 헤롯에게 있지 않았다. 바로 이 때문에 예수와 사도들은 예루살렘과 유대보다, 갈릴리에서 무척 많은 시간을 보내고 대중 전도의 대부분을 수행하였다.

1. 백부장의 종

유월절 축제를 위하여 예루살렘에 가려고 준비하기 전날, 가버나움에 주둔하던 로마 수비대의 백부장(百夫長), 즉 지휘관 망구스가 회당장들에게 가서 말했다: "나의 충실한 전령이 아프고 죽을 지경에 있나이다. 그러므로 당신이 나를 대변하여 예수에게 가서 내 종을 고쳐달라고 부탁드리겠나이까?" 로마인 지휘관이 이렇게 한 것은 유대인 지도자들이 예수에게 더 영향력이 있으리라 생각했기 때문이었다. 그래서 장로들이 예수를 만나러 갔고, 그 대변자가 말했다: "선생이여, 당신이 가버나움으로 가서 로마인 백부장이 아끼는 종을 구해 주시기를 진지하게 부탁드리나이다. 당신이 눈여겨볼 자격이 있는 것은 그가 우리 민족을 사랑하고, 당신이 회당에서 여러 번 말씀하셨는데, 바로 그 회당을 우리에게 지어주기까지 하였음이니이다."

그 말을 듣고 나서 예수가 말했다: "내가 너희와 함께 가겠노라." 그들과 함께 백부장의 집으로 갔고, 그 집 뜰로 들어가기 전에, 로마 군인은 예수를 맞이하러 친구들을 보내서, "주여, 내 집으로 들어오려고 수고하지 마소서, 당신이 내 지붕 밑으로 들어오실 만큼 자격이 없음이니이다. 당신에게 가도록 자격이 있다 생각지도 않나이다. 그러므로 당신 민족의 장로들을 보냈나이다. 그러나 당신이 서신 자리에서 말씀할 수 있고, 그러면 내 종이 나을 것을 아나이다. 이는 내가 다른 사람의 명령 밑에 있고, 내 아래에 군인들이 있으며, 이 사람에게 가라 하면 가고 다른 사람에게 오라 하면 오며, 내 종들에게 이리 하라, 저리 하라 하면 저희가 그대로 하나이다."

예수가 이 말을 들었을 때, 돌이켜 사도들, 또 함께 있는 자들에게 말했다: "그 이방인(異邦人)의 믿음이 놀랍도다. 진실로, 진실로, 내가 너희에게 이르노니, 나는 그렇게 큰 믿음을 보지 못하였노라, 아니라, 이스라엘에서는 아니라." 돌아서면서 예수는 말했다. "여기서부터 가자." 백부장의 친구들이 그 집으로 들어가서 예수가 말씀한 것을 망구스에게 일렀다. 그 시간부터 그 종은 낫기 시작했고, 결국은 정상 건강과 쓸모를 회복하였다.

그러나 이 경우에 도대체 무슨 일이 일어났는지 우리는 결코 몰랐다. 단지 이것이 기록이요, 눈에 보이지 않는 존재들이 백부장의 종에게 병을 고쳐 주었는지 그렇지 않은지, 예수를 동반했던 자들에게 드러나지 않았다. 우리는 오직 그 종이 완전히 회복했다는 사실을 들어서 알 뿐이다.

2. 예루살렘으로 여행하다

3월 30일, 화요일 아침 일찍, 예수와 사도 일행은 유월절을 지내려고 예루살렘으로 길을 떠났고, 요단 강 유역의 길로 갔다. 4월 2일 금요일 오후에 도착했고, 여느 때처럼 베다니에서 본부를 차렸다. 예리고를 통과하면서 쉬려고 멈추었는데, 그 동안에 유다는 가족의 한 친구가 경영하는 은행에 공동 기금(基金)의 얼마를 저축했다. 이 때 처음으로 유다는 여분의 돈을 지녔고, 이 저축은 예수가 재판받고 죽기 바로 전에, 예루살렘으로 가는 마지막 중대한 여행에서, 예리고를 다시 지날 때까지 다치지 않고 두었다.

그 일행에게 예루살렘까지 아무 일이 닥치지 않았지만, 베다니에서 자리를 잡자마자, 가까이서 멀리서, 육체의 병을 고치고 시달린 정신에 위로를 얻고 혼이 구원받기를 찾는 자들이 모여들기 시작했는데, 너무 모여서 예수는 쉴 겨를이 거의 없었다. 따라서 겟세마네에서 텐트를 치고, 항상 그에게 몰려드는 군중을 피하려고, 주는 베다니로부터 겟세마네까지 오가곤 하였다. 사도의 일행은 예루살렘에서 거의 3주 동안 지냈지만, 예수는 아무런 대중 전도를 하지 말고, 오직 개인적으로 가르치고 개인을 상대로 일하라고 타일렀다.

베다니에서 조용히 유월절을 축하하였다. 이 때 처음으로 예수와 열두 사도 모두가 피 없는 유월절 잔치를 함께 먹었다. 요한의 사도들은 예수와 그의 사도들과 함께 유월절 음식을 같이 먹지 않았다. 그들은 아브너, 또 요한의 설교를 초기에 믿은 여러 사람과 함께, 축제를 보냈다. 이것은 예수가 예루살렘에서 사도들과 함께 두 번째로 지킨 유월절이었다.

예수와 열두 사도가 가버나움을 향하여 떠났을 때, 요한의 사도들은 함께 돌아오지 않았다. 아브너의 지휘 밑에서 예루살렘과 그 주위의 시골에 남아서, 하늘나라를 널리 펴려고 조용히 수고했고, 그 동안에 예수와 열두 사도는 갈릴리에서 일하려고 돌아갔다. 전도사 70인을 임명하고 내보내기 얼마 전까지, 스물네 사람 모두가 다시 함께 모이지 않았다. 그러나 두 집단은 협동했고, 의견을 달리 했는데도, 가장 좋은 감정을 서로 유지했다.

3. 벳세다 물웅덩이에서

예루살렘에서 둘째 안식일 오후에, 주와 사도들이 성전 예배에 참석하려 할 때 요한이 예수에게 말했다. "나와 함께 오소서. 당신에게 무엇인가 보여드리고자 하나이다." 요한은 예루살렘의 한 성문을 거쳐서 밖으로, 벳세다라고 부르는 물 웅덩이로 안내했다. 이 웅덩이 둘레에는 다섯 현관으로 된 구조가 있고, 그 밑에 병을 고치려고 큰 무리의 병자들이 얼씬거렸다. 이것은 온천이었고 붉은 빛이 도는 물이 웅덩이 밑, 바위 동굴에서 가스가 모이기 때문에 불규칙한 간격을 두고 끓어올랐다. 따듯한 물이 정기적으로 이렇게 끓어오르는 것을 많은 사람이 초자연의 영향 때문이라 믿었고, 그렇게 부글거린 뒤에 그 물에 처음으로 들어가는 사람은 무슨 병을 가졌든지 고침을 받으리라는 믿음이 유행하였다.

사도들은 예수가 부과한 제한(制限) 밑에서 얼마큼 들떠 있었고, 열둘 가운데 가장 어린 요한은 이 조건 밑에서 특별히 차분하지 못하였다. 모여든 병자들의 광경이 주의 동정심에 크게 호소해서 병 고치는 기적을 행하도록 마음이 움직이리라, 그로서 온 예루살렘이 깜짝 놀라고 당장에 하늘나라 복음을 믿도록 설득되리라 생각하면서 예수를 웅덩이로 모시고 왔다. 요한이 예수에게 말했다: "주여, 이 고통받는 자들을 다 보소서, 우리가 저희를 위하여 할 수 있는 것이 하나도 없나이까?" 예수는 대답했다: "요한아, 내가 택한 길로부터 돌이키라고 어찌하여 나를 유혹하느냐? 영원한 진리의 복음을 선포하는 대신에 이적을 행하고 병자를 고치기를 어찌하여 네가 계속 바라느냐? 이 사람아, 네가 원하는 것을 내가 하지 않을까 싶지만, 이 병자와 고통받는 자들에게 힘을 주고 영원히 위로하는 말을 하도록 저희를 함께 모으라."

모인 사람들에게 예수는 말했다: "오랫동안 그릇되게 살았기 때문에, 너희 가운데 다수가 아프고 병들어 여기에 왔느니라. 더러는 뜻밖의 사고로, 더러는 조상이 잘못한 결과로 고생하며, 한편 더러는 현세에 존재하는 불완전한 조건의 장애 밑에서 허덕이느니라. 그러나 땅에서 너희 상태를 개선하려고, 하지만 특히 영원한 신분을 보장하려고 내 아버지가 일하시며, 나도 일하려 하노라. 하늘에 계신 아버지가 어떻게 뜻하시는가 발견하지 않으면, 우리 중에 아무도 생활의 곤경(困境)을 바꾸려고 많이 일할 수 없느니라. 결국 우리는 모두 영원자의 뜻을 행하도록 은혜를 입었도다. 육체의 질병을 다 고침받을 수 있다면, 너희가 정말로 놀라리라. 그러나 모든 영적 병이 깨끗해지고, 모든 도덕적 허약을 고침받는 것이 더욱 큰 일이라. 너희는 모두 하나님의 자녀요, 하늘 아버지의 아들이라. 시간의 쇠사슬은 너희를 괴롭히는 듯하나, 영원의 하나님은 너희를 사랑하시니라. 심판의 때가 다가올 때, 두려워 말라, 너희 모두가 응보 뿐 아니라, 넘치는 자비를 발견할지니라. 진실로, 진실로, 내가 너희에게 이르노니, 하늘나라 복음을 듣고 하나님의 아들이 되는 이 가르침을 믿는 자는 영생(永生)을 받느니라. 그러한 신자들은 이미 심판과 죽음으로부터 빛과 생명이 있는 곳으로 가고 있느니라. 무덤에 있는 사람들조차 부활의 목소리를 들을 때가 다가오는도다."

말씀을 들은 많은 사람이 하늘나라의 복음을 믿었다. 병든 자들 가운데 더러는 무척 감명을 받고 영적으로 다시 생기를 얻어서, 육체의 병을 고침받았다고 선포하며 다녔다.

혼란한 정신 질환 때문에 수년간 풀이 죽고 심하게 앓던 어느 사람이 예수의 말씀을 듣고 기뻐하였고, 그 날이 안식일인데도 제 자리를 들고 집으로 가 버렸다.

고통받던 이 남자는 누군가가 그를 도와 주기를 여태까지 기다렸다. 자신의 무력한 느낌에 희생자였기 때문에, 결코 한 번도 자신을 도울 생각을 품은 적이 없었고, 회복하기 위해서는 그것이 해야했던 유일한 것—자리를 들고 걷는 것—임이 드러났다.

다음에 예수는 요한에게 말했다: "대사제(大司祭)와 서기관들이 들이닥쳐 이 병자들에게 우리가 생명의 말씀을 들려 준 것에 성내기 전에 떠나자." 친구들과 합치려고 성전으로 돌아갔고, 당장에 모두 베다니에서 밤을 지내려고 떠났다. 그러나 요한은 다른 사도들에게 이 안식일 오후에 벳세다의 웅덩이까지 자신과 예수가 이렇게 방문한 것을 결코 일러 주지 않았다.

4. 생활 원칙

바로 이 안식일 저녁에 베다니에서, 예수와 열둘, 한 무리의 신자들이 나사로의 집 뜰에서 불 옆에 모여 있는 동안에, 나다니엘은 예수에게 물었다: "주여, 남들이 우리에게 해 주기를 바라는 것 같이 우리가 저희에게 해야 한다는 지침을 주시며 옛 생활 원칙의 긍정 형식을 당신이 가르쳤어도, 나는 어떻게 그런 명령을 언제나 지킬 수 있는가 충분히 헤아리지 못하나이다. 마음에 있는 배우자를 이처럼 죄 속에서 사악하게 바라보는 음탕한 사람의 예를 들어서, 내 주장을 들어 보소서. 남들이 자기에게 하기 바라는 대로, 나쁜 생각을 품은 사람이 저희에게 해야 한다고 어찌 우리가 가르칠 수 있나이까?"

나다니엘의 물음을 듣자, 예수는 벌떡 일어나서 손가락으로 그 사도를 지적하며 말했다: "나다니엘아, 나다니엘아! 너는 마음 속에 무슨 생각을 하느냐? 영에게서 태어난 자로서 내 가르침을 받지 않느냐? 지혜롭고 영적 이해를 가진 사람으로서 진리를 듣지 않느냐? 남들이 너희에게 해 주기 바라는 대로 저희에게 행하라 훈계했을 때, 나는 높은 이상을 가진 사람들에게 이른 것이요, 악행을 조장하기 위해서 가르침을 방종으로 왜곡하려고 유혹받을 자들에게 이르지 아니하였노라."

말씀을 마치자, 나다니엘이 일어나서 말했다: "하지만 주여, 당신의 가르침의 그런 해석을 내가 승인하리라 생각하시면 안 되나이다. 허다한 사람이 그렇게 당신의 훈계를 잘못 판단하리라 추측하고, 이 문제에 대하여 우리에게 더 가르치시리라 희망한 까닭에 물었나이다." 그리고 나서 나다니엘이 앉자 예수는 말씀을 이었다: "나다니엘아, 네 머리 속에서 그렇게 악한 생각을 승인하지 않음을 잘 아노라. 그러나 너희 모두가 너무나 자주 평범한 가르침에 진정한 영적 해석을 내리지 못하여 내가 실망하노니, 그 가르침은 인간의 언어로, 사람들이 말해야 하는 그대로, 너희에게 주어야 하느니라. '남들이 너희에게 해 주기 바라는 대로 저희에게 하라,' 이 생활 원칙, 이 훈계의 해석에 붙는 의미의 다른 수준에 관하여 너희를 가르치리라:

"1. 육체의 수준. 순전히 이기적이고 음탕한 그런 해석은 네 질문이 가정한 것이 잘 예를 보여주리라.

"2. 느낌의 수준. 이 수준은 육체의 수준보다 한 단계 높으며, 동정심과 불쌍히 여기는 마음은 이 생활 원칙의 해석을 높일 것이라 의미하느니라.

"3. 지성의 수준. 이제 지성의 논리와 체험의 지능이 활동하게 되느니라. 그런 생활 원칙이 깊은 자존심의 고귀함에 담겨 있는 최고의 이상주의에 어울리게 해석되어야 한다고 바른 판단이 명령하느니라.

"4. 형제 사랑의 수준. 한층 높은 경지에서 동료의 복지에 사심 없이 헌신하는 수준을 발견하느니라. 더 높은 이 수준, 하나님이 아버지임을 의식하고 그 결과로 사람이 형제임을 인식함으로부터 생겨나는 봉사, 진심으로 사회에 봉사하는 수준에서, 이 기본 생활 원칙의 새롭고 훨씬 더 아름다운 해석이 있느니라.

"5. 도덕의 수준. 다음에, 참된 철학 수준의 해석에 다다를 때, 사물의 옳고 그름에 대하여 진정한 통찰력을 가질 때, 너희가 인간 관계의 영원한 건강을 깨달을 때, 생활 형편에 적응하는 개인 문제에 적용되는 대로, 고상하게 생각하고, 이상적이고, 지혜롭고, 치우치지 않은 제삼자가 그런 명령을 보고 해석하리라 생각되는 대로, 너희가 그런 해석 문제를 비로소 보게 되리라.

"6. 영적 수준. 다음에 마지막이지만 가장 중대한 수준, 영적 통찰력과 영적 해석의 수준에 다다르는데, 이것은 하나님이 모든 사람을 어떻게 대우하리라 생각되는 대로 저희를 대우하라는 신의 명령을 이 생활 원칙에서 인식하라고 우리에게 강요하느니라. 이것이 인간 관계의 우주 이상(理想)이라. 너희 최고의 소망이 언제라도 아버지의 뜻을 행하는 것일 때, 이것이 모든 그런 문제에 대하여 취할 태도이라. 그러므로 비슷한 상황에서, 모든 사람에게 내가 하고자 하리라 생각되는 대로 너희가 저희에게 행하기를 바라노라."

이 때까지 사도들에게 말씀하신 중에 이보다 더 놀라운 것이 없었다. 그들은 주가 물러나신 뒤에 오랫동안 그 말씀을 토론했다. 나다니엘은 질문의 정신을 예수가 오해했다는 생각에서 회복하는 데 더디었지만, 다른 사람들은 철학적인 동료 사도가, 사람에게 생각하게 만드는 그런 질문을 던질 용기를 보인 것을 고맙게 여기고도 남았다.

5. 바리새인 시몬을 찾아보다

시몬은 유대인 산헤드린의 회원이 아니었어도, 예루살렘에서 영향력 있는 바리새인이었다. 건성으로 믿는 사람이었는데, 심하게 비난을 받을까 싶은데도, 예수와 개인 동료들, 베드로·야고보·요한을 집으로 저녁 식사 모임에 감히 초대하였다. 시몬은 주를 오랫동안 지켜보았고, 그 가르침에, 그리고 그 인격에 더욱 깊이 감명을 받았다.

부유한 바리새인들은 자선에 전념하였고, 박애(博愛) 정신의 선전을 피하지 않았다. 때때로 어떤 거지에게 자선(慈善)을 베풀려 할 때 나팔까지 불곤 하였다. 이 바리새인들은 탁월한 손님을 위하여 잔치를 베풀 때, 대문을 열어놓는 것이 관습이었고, 그래서 길거리의 거지들도 들어와서, 저녁 먹는 사람들의 소파 뒤로, 벽을 둘러싸고 서서, 잔치하는 사람들이 던질까 싶은 음식을 받을 자리에 있을 수 있었다.

시몬의 집에서 이 특별한 계제에, 길거리에서 들어온 사람들 가운데 평판 좋지 않은 여인이 있었는데, 최근에 하늘나라 복음의 좋은 소식을 믿는 사람이 되었다. 이 여인은 이방인의 성전 마당 바로 옆에 자리잡은 이른바 고급 창녀 집 중에 하나를 예전에 운영하던 사람으로 온 예루살렘에 두루 잘 알려져 있었다. 예수의 가르침을 받아들이고 난 뒤에, 못된 장사 자리를 걷어치웠고, 관련을 가졌던 대다수의 여자들이 복음을 받아들이고 생활 형태를 바꾸도록 유도했다. 이렇게 했는데도, 아직도 바리새인들에게 크게 업신여김을 받았고—매춘의 표시로—머리털을 내리도록 강요되었다. 이름 없는 이 여자는 향기로운 로션이 든 큰 병을 가져왔고, 예수가 음식을 들며 기대고 있는 동안, 뒤에 서서 그의 발에 기름을 바르기 시작했는데, 그러면서 또한 감사의 눈물로 그의 발을 적시고, 머리털로 발을 닦고 있었다. 이렇게 바르기를 마치고 나서, 줄곧 눈물을 흘리며 그의 발에 입을 맞추었다.

이 모든 것을 보자 시몬은 마음 속으로 중얼거렸다. "이 사람이 선지자라면, 이렇게 그를 만지는 이 사람이 누구이고 어떤 종류의 여자인가, 악명 높은 죄인임을 알아차렸으리라." 시몬의 머리 속에서 무슨 생각이 돌아가는지 아시기 때문에, 예수는 입을 열어 말씀했다. "시몬아, 너에게 이르고 싶은 것이 있노라." 시몬이 대답했다, "주여, 말씀을 계속하소서." 그러자 예수가 말했다: "돈 빌려 주는 어떤 부자에게 빚진 자가 둘 있었는지라. 하나는 그에게 5백 데나리온을 빚졌고, 다른 하나는 오십을 졌더라. 자, 둘 가운데 아무도 갚을 돈이 없어서, 두 사람을 용서해 주었더라. 시몬아, 네 생각에는 둘 가운데 누가 그를 더 사랑하겠느냐?" 시몬이 대답했다. "제 생각에는 빚을 더 많이 용서해 준 자니이다." 그리고 예수는 말했다: "네가 옳게 판단하였도다." 여인을 가리키면서, 예수는 말을 이었다: "시몬아, 이 여인을 잘 들여다보라. 초청받은 손님으로 내가 집에 들어왔는데, 그래도 너는 내게 발 씻을 물을 주지 않았고, 감사하게 여기는 이 여인은 눈물로 내 발을 씻고 머리털로 내 발을 닦았느니라. 너는 친절한 인사로 내게 입맞추지 않았으되, 이 여인은 들어온 뒤로 죽, 내 발에 입맞추기를 그치지 아니하였느니라. 너는 내 머리에 기름 붓기를 소홀히 하였으되, 그 여인은 비싼 로션을 내 발에 부었느니라. 이 모든 것이 무엇을 의미하느냐? 다만, 이 여인은 많은 죄를 용서받았고, 이것이 그 여자로 하여금 많이 사랑하게 하였느니라. 그러나 조금만 용서받은 자는 때때로 조금만 사랑하느니라." 그 여인을 돌아보시고, 여인의 손을 잡아 일으키면서 말했다: "너는 정말로 네 죄를 뉘우쳤고, 용서함을 받았느니라. 동포의 생각 없고 불친절한 태도에 낙심하지 말라. 하늘나라의 기쁨과 자유 속에 계속하여라."

이 말씀을 들었을 때, 시몬, 그리고 함께 저녁을 먹던 친구들은 더욱 놀랐고, 자기들끼리 속삭이기 시작했다. "감히 죄도 용서하다니, 이 사람이 누구이냐?" 이렇게 중얼거리는 소리를 들었을 때, 예수는 돌이켜서 여자를 보내며 말했다: "여자여, 평안히 가라, 네 믿음이 너를 구원하였느니라."

친구들과 함께 떠나려고 일어나면서, 예수는 시몬을 돌아보고 말했다: "시몬아, 네가 믿음과 의심 사이에 얼마나 갈팡질팡하는가, 얼마나 두려움 때문에 난처하고 자존심 때문에 괴로운가, 네 마음을 아노라. 그러나 네가 빛에 굴복하도록 너를 위하여 내가 기도하고, 청하지 않고 반기지 않은 손님의 마음 속에서 하늘나라 복음이 이미 일으킨 엄청난 변화와 비교할 만하게, 바로 그런 지성과 영의 힘찬 변화를 인생의 네 위치에서 맛보도록 너를 위하여 기도하노라. 너희 모두에게 선언하노니, 믿음을 가진 모든 사람에게 들어오라고 아버지가 하늘나라 문을 열어 놓았고, 땅에서 가장 비천한 혼이나 가장 극악하다 생각되는 죄인조차도 진지하게 들어가기를 구하면, 그러한 자들에게 어떤 사람이나 집단도 문을 닫을 수 없느니라." 베드로·야고보·요한과 함께 예수는 청한 주인에게 작별을 알리고, 겟세마네 동산의 야영지에 있는 나머지 사도들과 합치려고 떠났다.

바로 그 날 저녁에 예수는 하나님에 대한 신분(身分)의 상대적 가치, 그리고 파라다이스로 영원히 올라가는 도중의 진보에 관하여 사도들에게 오래 기억에 남을 연설을 하였다. 예수는 말했다: "아이들아, 아이와 아버지 사이에 참되고 살아 있는 연결이 존재한다면, 아이는 아버지의 이상을 향하여 계속 나아갈 것이 확실하니라. 아이가 처음에는 느리게 나아갈까 싶은 것이 참말이나, 그래도 진보는 확실하니라. 중요한 것은 나아가는 속도(速度)가 아니라, 오히려 확실성이라. 너희가 실제로 거둔 성과는 너희의 방향이 하나님을 향하는 사실처럼 중요하지 않으니라. 날마다 너희가 무엇이 되고 있는가, 이것은 오늘 너희가 무엇인가보다 무한히 중요하니라.

"너희 중에 몇이 오늘 시몬의 집에서 본 이 변화된 여자는 이 순간에, 시몬, 그리고 선의를 가진 그 친구들의 수준보다 엄청나게 아래에서 살고 있느니라. 그러나 이 바리새인들은 의미 없는 예식으로 예배하는 수준, 사람을 속이는 수준을 거친다는 망상으로 거짓 진보(進步)에 골몰하지만, 이 여자는 하나님을 향하여 길고도 파란 많은 탐험에서 아주 열심히 출발했고, 하늘을 향한 그 여자의 길은 영적 자만과 도덕적 자기 만족으로 꽉 막혀 있지 않느니라. 인간적으로 말하면, 이 여자는 시몬보다 하나님에게서 훨씬 멀리 떨어져 있지만, 그 혼은 앞으로 나아가고 있느니라. 이 여자에게 장래에 엄청난 영적 가능성이 있느니라. 너희 가운데 더러는 영과 혼의 실제 수준에서 높이 서 있지 않을지 모르지만, 너희는 믿음을 통하여 하나님에게 이르기까지 열려 있는 생명의 길에서 날마다 나아가고 있느니라. 너희 각자에게 미래에 엄청난 가능성이 있으며, 세상의 지혜와 영적 불신(不信)이 죽어 저장된 큰 지능을 소유하는 것보다, 작더라도 살아 있고 성장하는 믿음을 가지는 것이 훨씬 좋으니라."

그러나 아버지의 사랑을 주제넘게 가정하는 하나님의 자녀의 어리석음에 대하여 예수는 사도들에게 진지하게 경고했다. 하늘 아버지가 늘 쉽게 죄를 묵인(默認)하고 무자비함을 용서하는 부모, 물렁하거나 느슨하거나 어리석게 눈감아 주는 부모가 아니라고 선언했다. 땅의 어리석은 자와 짜고서 생각이 모자라는 아이들의 도덕적 몰락을 초래하고, 이로서 자식이 비행(非行)을 저지르고 일찍부터 타락에 빠지게 만드는 데 확실하게 직접 기여하는 부모, 지나치게 응석을 받아 주고 지혜롭지 못한 어떤 부모처럼 하나님이 보이게 만들기까지 아버지와 아들의 예를 그릇 적용하지 말라고 듣는 사람들에게 경고하였다. 예수는 말했다: "내 아버지는 아이들의 모든 도덕적 성장과 영적 진보에서 자폭·자살하는 행위와 관습을 응석 받듯 묵인하지 않느니라. 그러한 죄 많은 관습은 하나님 보시기에 더러운 것이라."

예수와 사도들이 드디어 가버나움을 향해 떠나기 전에, 예수는 예루살렘의 높고 낮은 자, 부자와 가난한 자들과 함께, 반쯤 사사로운 다른 여러 모임과 잔치에 참석했다. 많은 사람이 정말로 하늘나라 복음의 신자가 되었고, 나중에 아브너와 그 동료들에게 세례를 받았는데, 이들은 예루살렘과 근처에서 하늘나라의 이익을 키우려고 뒤에 남았다.

6. 가버나움으로 돌아가다

4월의 마지막 주에, 예수와 열둘은 예루살렘 가까이 있는 베다니 본부를 떠났고, 예리고와 요단 강의 길을 거쳐, 가버나움으로 돌아가는 여행 길을 떠났다.

유대인의 대사제와 종교 지도자들은 예수를 어떻게 다룰 것인가 결정을 내릴 목적으로 많은 비밀 회의를 열었다. 모두가 예수의 가르침을 중지하려고 무엇인가 해야 한다고 찬성했지만, 방법에 동의할 수 없었다. 헤롯이 요한을 끝장낸 것 같이, 전에 국가 당국이 그를 처분하기 바랐지만, 예수가 로마의 관리들이 전도(傳道)에 그다지 놀라지 않도록 일을 처리하는 것을 알아차렸다. 따라서 예수가 가버나움을 향해서 떠나기 전날 열린 회의에서, 예수가 종교적 죄목으로 체포되고 산헤드린에게 재판받아야 하리라고 결정이 내렸다. 따라서 비밀 첩자(諜者) 6인 위원회가 예수의 언행을 지켜보려고 따라다니라고 임명되었고, 이들은 율법을 어기고 신성을 모독하는 충분한 증거를 쌓았을 때 보고서를 가지고 예루살렘으로 돌아와야 했다. 이 여섯 유대인은 약 30명에 이르는 사도의 일행을 예리고에서 따라잡았고, 제자가 되기를 바란다는 핑계로, 예수의 추종자 일행에 따라붙었는데, 이들은 갈릴리에서 둘째 전도 여행이 시작될 때까지 그 무리와 함께 남아 있었다. 그리고 나서 그들 가운데 셋은 예루살렘으로 돌아가서, 대사제들과 산헤드린에게 보고하였다.

베드로는 요단 강 건널목에서 모인 군중에게 설교했고, 이튿날 아침 그들은 아마투스 쪽으로 강을 따라 올라갔다. 가버나움까지 곧바로 진행하기를 바랐지만, 어찌나 큰 무리가 여기에 모였는지 여기서 전도하고 가르치고 세례를 주면서 사흘을 묵었다. 5월 초하루, 안식일 이른 아침까지 집을 향하여 움직이지 않았다. 안식일에 예수가 주제넘게 여행을 떠나려 했으니, 예루살렘 첩자들은 예수에 대하여 처음 죄목—안식일을 어겼다는 죄목—을 이제 확보하리라 확신했다. 그러나 실망하도록 예정되었는데, 떠나기 바로 전에, 예수가 안드레를 앞으로 불러서, 모두 앞에서 안드레에게 오직 9백 미터까지만 진행하라 지시했기 때문이고, 이것이 유대인이 합법적으로 안식일에 여행하는 거리였다.

그러나 첩자들은 예수와 동료들이 안식일을 어겼다고 고발할 기회를 오래 기다리지 않았다. 일행이 좁은 길을 따라서 지나가는 동안, 그 때 막 익고 있던 밀, 바람에 넘실거리는 밀이, 길 어느 편에도 가까이 있었고, 사도들 가운데 더러는 배가 고파서, 익은 이삭을 따서 먹었다. 나그네들이 길을 지나면서 이삭 따먹는 것이 관습이었고, 따라서 그런 행위가 잘못이라고 생각되지 않았다. 그러나 첩자들은 예수를 공격하기 위한 핑계로서 이것을 붙잡았다. 안드레가 이삭을 손에 비비는 것을 보았을 때, 다가가서 말했다: "안식일에 이삭을 따서 비비는 것이 율법에 어긋남을 너는 모르느냐?" 안드레가 대답했다. "그러나 우리는 배가 고프고, 겨우 필요에 충분할 만큼만 비비노라. 그리고 언제부터 안식일에 이삭 먹는 것이 죄가 되었느냐?" 그러나 바리새인들은 대답했다: "먹는 것은 아무 잘못이 없지만, 이삭을 따서 두 손 사이에 비비면서 너는 율법(律法)을 어기느니라. 분명히 너의 주는 그런 행위를 승인하지 않을 것이라." 그리고 나서 안드레가 말했다: "그러나 이삭 먹는 것이 잘못이 아니라면, 분명컨대 우리 손에서 비비는 것은 네가 허락하는 이삭 씹기보다 도저히 더 큰 일이 아니라. 어째서 그런 사소한 일로 트집잡느냐?" 안드레가 그들이 트집꾼이라고 넌지시 비추자, 그들은 분개했고, 예수가 마태에게 말씀하시면서 따라 걷는 데로 달려가서, 항의(抗議)하며 말했다: "보소서, 선생이여, 당신의 사도들이 안식일에 율법에 어긋나는 일을 하나이다. 저희가 이삭을 따서 비벼 먹나이다. 우리는 당신이 저희에게 그만두라고 명하시리라 확신하나이다." 그러자 예수는 고발하는 자들에게 말했다: "너희는 정말로 율법에 열심이로다. 너희가 안식일을 거룩히 지키기를 잘도 기억하였구나. 그러나 너희는 성서에서 읽지 못하였느냐? 어느 날 다윗이 배가 고파서, 다윗과 그와 함께 있던 자들이 하나님의 집으로 들어가서 제사 빵을 먹었는데, 사제들을 제외하고 누구라도 그것을 먹는 것이 율법에 어긋나느니라. 게다가 다윗은 그와 함께 있던 자들에게 또한 이 빵을 주었느니라. 안식일에 많은 필요한 일을 하는 것이 합당함을 우리 율법에서 읽지 아니하였느냐? 날이 끝나기 전에, 오늘의 필요를 위하여 가져온 것을 너희가 먹는 것을 내가 보지 아니하겠느냐? 착한 사람들아, 안식일을 위하여 열심을 가진 것이 잘하는 일이나, 동료의 건강과 복지를 지키는 것이 더욱 좋으리라. 내가 선언하노니, 안식일이 사람을 위하여 만들어졌고, 사람이 안식일(安息日)을 위하여 만들어지지 않았느니라. 너희가 내 말을 감시하려고 우리와 함께 있다면, 나는 드러내 놓고 선언하리니, 사람의 아들은 안식일에도 주인이라."

바리새인들은 분별 있고 지혜로운 말씀에 깜짝 놀라고 당황했다. 남은 그 날 동안 자기들끼리 있었고, 감히 아무 질문도 더 하지 않았다.

유대 전통과 노예처럼 치르는 예식에 대한 예수의 반대는 언제나 긍정적이었다. 그의 반대는 그가 행한 것에, 그가 확신한 것에 있었다. 주는 부정적으로 비난하는데 시간을 거의 쓰지 않았다. 하나님을 아는 사람들은 죄 짓는 방종으로 자신을 속이지 않고 사는 자유를 즐길 수 있다고 가르쳤다. 예수는 사도들에게 말했다: "사람들아, 너희가 진리로 깨우침을 받고, 무엇을 하는지 정말로 안다면, 너희는 복되니라. 그러나 신의 길을 모른다면, 불행하고 이미 율법을 어기는 자이라."

7. 가버나움에 돌아와서

예수와 열둘이 타리케아에서 배를 타고 벳세다로 온 것은 5월 3일, 월요일 한낮 무렵이었다. 함께 여행하던 자들을 피하려고, 배를 타고 여행했다. 그러나 이튿날이 되어서, 예루살렘으로부터 온 공식(公式) 첩자들을 포함하여, 다른 사람들은 다시 예수를 찾아냈다.

화요일 저녁에 묻고 대답하는 관례적 수업 가운데 하나를 예수가 진행하고 있을 때, 여섯 첩자의 두목이 말했다: "나는 여기 당신의 가르침에 참석하고 있는 요한의 사도들 중 하나와 이야기하고 있었나이다. 우리 바리새인들이 금식하고 요한이 그 추종자들에게 명하는 것처럼, 어찌하여 당신은 한 번도 제자들에게 금식하고 기도하라 명하지 않는가 우리는 도대체 이해할 수 없나이다." 예수는 요한이 한 말을 언급하면서 이 질문자에게 대답했다: "신랑이 함께 있는 동안, 신부 방에 있는 친구들이 금식하느냐? 신랑이 함께 있는 한, 저희는 도저히 굶을 수 없느니라. 그러나 신랑을 빼앗길 날이 오리니, 그 때 신부 방의 아이들이 물론 금식하고 기도하리라. 기도하는 것은 빛의 아이들에게 자연스러우나, 금식하는 것은 하늘나라 복음의 일부가 아니니라. 지혜로운 재단사(裁斷師)는 줄어들지 않은 새 천 조각을 헌 옷에 깁지 않음을 기억하라, 젖었을 때 줄어들어 더 나쁘게 찢어질까 두려움이라. 사람이 새 포도주를 헌 가죽 부대에 넣지도 않으니, 새 포도주가 가죽을 터뜨려 포도주와 가죽이 다 못 쓰게 될까 두려움이라. 지혜로운 사람은 새 포도주를 새 가죽 부대에 넣느니라. 그런즉 내 제자들이 옛 체제를 지나치게 하늘나라 복음의 새 가르침으로 집어 넣지 아니하매, 저희가 지혜를 보이니라. 선생을 잃은 너희는 한동안 금식(禁食)함이 명분 있을까 하니라. 금식은 모세 율법에서 적당한 부분일지 모르나, 다가오는 하늘나라에는 하나님의 아들들이 두려움에서 자유를 얻고 신성한 영 안에서 기쁨을 누리리라." 이 말씀을 들었을 때, 요한의 제자들은 위로를 받았고,

한편 바리새인들은 더욱 어리둥절하였다.

다음에 주는 더 나아가서, 모든 옛 가르침이 전부 새 교리로 바뀌어야 한다는 생각을 품지 않도록, 청중에게 경고했다. 예수는 말했다: "오래 되고 또한 참된 것은 지속되어야 하며, 마찬가지로, 새로워도 거짓인 것은 물리쳐야 하느니라. 그러나 새롭고도 참된 것을 받아들일 믿음과 용기를 가지라. 이렇게 기록된 것을 기억하라: '오래 된 친구를 버리지 말지니, 새 친구가 저와 견줄 만하지 못함이라. 새 친구는 새 포도주와 같으니, 포도주가 오래 되면, 너희가 즐겁게 마시리라.'"

8. 영적 선의 잔치

그 날 밤에, 보통 청중이 물러간 뒤에 오랫동안, 예수는 사도들을 계속 가르쳤다. 선지자 이사야를 인용하면서 이 특별 강의를 시작했다:

"'너희가 어째서 금식하였느냐? 너희가 남을 압박하는 기쁨을 계속 맛보고 불법을 기뻐하면서, 무슨 까닭으로 너희 혼을 괴롭히느냐? 보라, 너희는 싸우고 다투고, 사악한 주먹으로 사람을 치려고 금식하는구나. 그러나 너희 목소리가 하늘에 들리게 하려면 이런 식으로 금식하지 말라.

"'그것이 내가 택한 금식(禁食)이냐—사람이 제 혼을 괴롭게 하는 날이냐? 갈대같이 머리를 수그리는 것, 베옷과 재 속에서 기는 것이겠느냐? 너희가 감히 이것을 금식이라 부르고, 주가 보시기에 마음에 드는 날이라 하겠느냐? 내가 선택할 금식은 사악의 쇠사슬을 풀어 주고, 무거운 짐의 매듭을 풀어 주며, 억압받는 자를 풀어 주고, 멍에를 모조리 꺾는 것이 아니겠느냐? 내 빵을 배고픈 자들과 나누고 집없고 가난한 자들을 내 집으로 데려오는 것이 아니냐? 헐벗은 자를 보면, 내가 저희를 입히리라.

"'그리하면 네 빛이 아침처럼 쏟아질 것이요, 한편 네 건강이 빨리 좋아지리라. 너의 올바름이 네 앞에 가며, 주의 영광이 네 뒤를 지키리라. 그리하면 네가 주를 부르겠고 그가 대답하리라. 네가 부르짖을 때—내가 여기 있다—그가 말하리라. 네가 억압과 정죄와 허영을 삼가면 그가 이 모든 것을 행하리라. 네가 가장 귀중한 것을 배고픈 자에게 내어 주며, 고통받는 사람들을 보살피기를 아버지가 오히려 바라시느니라. 그리하면 네 빛이 컴컴한 데서 빛나며, 너의 어둠조차 대낮처럼 밝으리라. 그리하면 주가 너를 줄곧 안내하며, 너의 혼을 채워 주고 네 힘을 새롭게 하리라. 너는 물을 준 동산 같이, 그치지 않은 샘 같이 되리라. 이 일을 하는 자들은 황폐한 영광을 회복하리라. 저희는 여러 세대의 기초를 세우겠고, 저희를 무너진 담을 새로 세운 자라, 거할 안전한 길을 회복한 자라 부르리라.'"

그리고 나서 밤이 늦도록, 현재와 미래의 하늘나라에서 그들을 안전하게 만드는 것은 믿음이요, 혼을 괴롭히거나 육체로 굶는 것이 아니라는 진리를 예수는 사도들에게 제시했다. 적어도 옛 선지자의 관념에 부끄럽지 않게 살도록 사도들을 타일렀고, 이사야와 옛 선지자들의 이상도 훨씬 뛰어넘어 그들이 진보하리라는 희망을 표현했다. 그 날 밤에 마지막 말씀은 이것이었다: "너희가 하나님의 아들이요, 한편 동시에 모든 사람을 형제로서 인정하는 사실을 깨닫는 생생한 믿음의 수단으로, 은혜 속에서 성장하여라."

새벽 2시가 지나서야 예수는 말씀을 그쳤고, 사람마다 잠자러 자리에 들어갔다.

제 148 편

전도사 훈련을 벳세다에서

서기 28년, 5월 3일부터 10월 3일까지, 예수와 사도 일행은 벳세다에서 세베대의 집에 거하고 있었다. 이 건조기의 다섯 달 동안 계속, 세베대의 주택 가까이 바닷가에서 거대한 캠프가 유지되었고, 예수의 늘어나는 일행에게 잠자리를 마련해주려고 크게 확장되었다. 이 바닷가 캠프는 진리 추구자, 병 고침을 받으려 하는 자, 호기심 있는 신자들의 항상 변동하는 인구가 차지했고, 이들은 5백에서 1천5백명에 이르렀다. 이 텐트 도시는 다윗 세베대의 일반 감독 밑에 있었고, 알패오 쌍둥이의 도움을 받았다. 야영지는 일반 행정 뿐 아니라, 질서와 위생에서도 본보기였다. 서로 다른 종류의 병자들은 분리되었고, 신자인 어느 의사, 엘만이라 이름하는 시리아인의 감독을 받았다.

이 기간을 통하여 내내, 사도들은 한 주에 적어도 하루는 고기 잡으러 가곤 했고, 잡은 것을 바닷가 야영지에서 소비하도록 다윗에게 팔았다. 이렇게 받은 돈은 집단 금고에 넘겨졌다. 열두 사도는 달마다 한 주, 가족이나 친구들과 함께 보내도록 허락되었다.

안드레는 사도 활동의 일반 책임을 계속 맡았고, 베드로는 전도사 학교를 완전히 책임졌다. 사도들은 모두 오전마다 전도사 무리를 가르치는 일을 나누었고, 선생과 생도들이 모두 오후에 사람들을 가르쳤다. 저녁 식사 뒤, 한 주에 닷새 저녁에, 사도들은 전도사들의 이익을 위하여 질문하는 학급을 운영했다. 한 주에 한 번 예수는 이 질문 시간을 주관하였고, 이전 수업에서 넘어온 질문에 대답했다.

다섯 달 동안 수천 명이 이 야영지를 다녀갔다. 로마 제국의 곳곳으로부터, 유프라테스 강 동쪽 지역으로부터, 관심을 가진 사람들이 흔히 참석했다. 이것은 주가 가르친 가운데 가장 오래 정착되고 잘 조직된 기간이었다. 예수의 직계 가족은 이 시간의 대부분을 나사렛이나 가나에서 보냈다.

야영지는 사도 일행처럼, 공동의 관심거리를 가진 공동체로서 운영되지 않았다. 누구도 거절해서 돌려보내지 않았는데도, 다윗 세베대는 자급하는 기업(企業)이 되도록 이 큰 텐트 도시를 운영했다. 항상 변동하는 이 캠프는 베드로의 전도사 훈련 학교의 빼놓을 수 없는 특징이었다.

1. 새 선지자 학교

베드로와 야고보와 안드레는 전도사 학교에 입학하려는 신청자들을 판결하라고 예수가 임명한 위원회였다. 로마 세계, 그리고 멀리 인도까지, 동부의 모든 종족과 국민이 이 새 선지자 학교의 학생들 가운데서 대표되었다. 이 학교는 배우고 실천하는 계획에 바탕을 두고 운영되었다. 학생들이 아침 시간에 배운 것을 오후에 바닷가에서 회중(會衆)에게 가르쳤다. 저녁을 먹은 뒤에, 오전에 배운 것과 오후에 가르친 것을 다 비공식으로 토론했다.

사도인 선생들은 각자 하늘나라 복음에 대하여 자기 견해를 가르쳤다. 똑같이 가르치려고 아무 노력도 하지 않았다. 신학 교리를 표준화하거나 신조로 형식화한 것이 없었다. 비록 모두 같은 진리를 가르쳤어도, 각 사도는 주의 가르침에 대하여 자기 개인의 해석을 제시하였다. 예수는 하늘나라의 일을 하는 데 다양한 개인 체험을 이렇게 발표하는 것을 지지했고, 주마다 있는 질문 시간에 복음에 대하여 많고 다채로운 이 여러 관점을 어김없이 조화하고 조정하였다. 가르치는 문제에서 이렇게 크게 개인적 자유가 있었는데도, 시몬 베드로는 전도사 학교의 신학을 압도하는 경향이 있었다. 베드로 다음에는, 야고보 세베대가 가장 크게 개인적으로 영향을 미쳤다.

바닷가에서 이 다섯 달 동안 훈련받은, 1백 명이 넘는 전도사들이 바탕이 되어, 거기서부터 (아브너를 비롯한 요한의 사도들을 제쳐 놓고) 나중에 70인의 복음 선생과 설교자가 뽑혔다. 전도사 학교는 열두 사도처럼 같은 정도로 모든 것을 공동으로 소유하지 않았다.

이 전도사들은 복음을 가르치고 전도했어도, 하늘나라의 70사자로서 나중에 예수에게 세움받고 임명받을 때까지, 신자들에게 세례를 주지 않았다. 해 지는 장면에서 병 고침 받은 큰 무리 가운데 오직 일곱이 이 학생 전도사들 사이에서 눈에 띄게 되었다. 가버나움 귀인(貴人)의 아들은 베드로의 학교에서 복음의 봉사를 위하여 훈련받은 자들 중의 하나였다.

2. 벳세다 병원

바닷가 야영지와 연결하여, 시리아인 의사 엘만은 젊은 여자 25명과 남자 12명으로 된 집단의 도움을 얻어서, 하늘나라의 첫 병원이라고 여겨야 할 것을 조직하고 넉 달 동안 운영했다. 주요 텐트 도시 남쪽에서 짧은 거리에 자리잡은 이 병원에서, 기도하고 믿음으로 격려하는 영적 관습 뿐 아니라, 모든 알려진 물질적 방법으로 병자들을 치료했다. 예수는 한 주에 적어도 세 번, 이 야영지의 병자들을 찾아보고, 각 병자와 친히 접촉했다. 우리가 아는 한, 좋아지거나 치료되어서 이 병원을 떠난, 고통받고 앓던 사람 1천 명 가운데, 이른바 초자연적으로 치유된 기적은 하나도 일어나지 않았다. 그러나 덕을 본 사람들의 대다수가 예수가 고쳤다고 그침 없이 선포하였다.

엘만의 환자들을 위하여 봉사한 것과 관련하여 예수가 시행한 많은 치유는 정말로 기적의 작용과 비슷한 듯했다. 그러나 그 병 고침은 기대하고 믿음에 지배된 사람들의 체험에서 일어날 수 있는, 지성과 영의 변화일 뿐이라고 우리는 가르침을 받았으며, 그들은 힘차고 적극적이고 인자한 인격자의 직접적이고 영감을 주는 영향을 받았고, 그런 인격자의 보살핌은 두려움과 걱정을 없앤다.

엘만과 그 동료들은 "악령에 들리는 것"에 관하여 이 환자들에게 진리를 가르치려고 애썼지만, 조금도 성공하지 못했다. 육체의 병과 정신의 혼란이 환자의 머리나 몸에, 이른바 더러운 귀신이 거함으로 생길 수 있다는 관념은 거의 보편적이었다.

병자와 고통받는 자와 가진 모든 접촉에서, 치료 기법의 문제나 병의 알려지지 않은 원인을 밝히는 문제에 부닥쳤을 때, 예수는 유란시아 육신화의 모험을 시작하기 전에 파라다이스 형 이마누엘이 준 지침을 무시하지 않았다. 이런데도, 병자들을 보살핀 사람들은 예수가 아프고 고통받는 자의 믿음과 확신을 불러일으키는 방법을 지켜보고서 많은 유익한 교훈을 얻었다.

말라리아가 늘어나는 철이 다가오기 얼마 전에 그 야영지는 해산되었다.

3. 아버지의 일

이 기간을 통하여 예수는 열두 번이 안 되게 야영지에서 대중 예배를 인도했고, 새로 훈련받은 전도사들과 함께 갈릴리로 두 번째 전도 여행을 떠나기 전 둘째 안식일에, 가버나움 회당에서 오직 한 번 말씀했다.

세례 받은 뒤로, 주는 벳세다에서 전도사들을 훈련하는 이 야영 기간처럼 많이 혼자 지낸 적이 없었다. 사도들 가운데 누구라도 예수에게 어째서 그들 사이에서 그렇게 많이 자리를 비우는가 감히 물을 때마다, "아버지의 일을 보살피고" 있다고 변함없이 대답하곤 하였다.

자리를 비운 이 기간에, 예수는 오직 두 사도를 동반하였다. 베드로와 야고보와 요한도 1백 명이 넘는 새 전도사 후보자들을 훈련하는 일에 참석할 수 있도록, 개인 동반자 임무로부터 일시 풀어 주었다. 아버지의 일에 관련하여 산으로 가고 싶었을 때, 시간이 있을까 싶은 사도들 가운데 어떤 두 사람이라도 따라오도록 불러내곤 했다. 이 방법으로 열두 사람은 각자, 예수와 가까운 관계를 가지고 친밀하게 접촉할 기회를 누렸다.

이 기록의 목적으로 우리에게 계시되지 않았지만, 산에서 혼자 있는 이 여러 기간에, 우리는 주가 우주 사무를 담당한 주요 지도자들과 직접, 집행 관계에 있었다고 짐작하게 되었다. 세례 받은 무렵 이후로 내내, 우리 우주의 육신화된 이 군주는 우주 행정의 어떤 국면을 지휘하는 데 점점 더, 의식하면서 활동적이 되었다. 가까운 동료들에게 드러나지 않은 어떤 방법으로, 지상의 사무에 참여하는 일이 줄어든 이 몇 주 동안, 광대한 우주의 운영 책임을 맡은 높은 영 지성 존재들을 지휘하는 데 몰두했고, 인간 예수는 그런 활동을 그의 편에서 "아버지의 일을 보살핀다"고 말하기로 작정하였다는 의견을 우리는 언제나 유지해 왔다.

여러 번, 예수가 몇 시간 동안 혼자 계실 때, 그러나 사도들 가운데 둘이 가까이 있을 때, 예수가 아무 말씀을 하시는 것을 보지 못했어도, 그들은 예수의 모습이 빠르고 다채로운 변화를 겪는 것을 지켜보았다. 그들은 주와 교통하고 있었을까 싶은 하늘 존재들이 눈에 보이게 나타나는 것도 도무지 관찰하지 못했고, 그들 중에 더러는 나중 기회에 구경했다.

4. 악과 죄와 불법

한 주에 이틀 저녁은 세베대 집 뜰에, 떨어지고 아늑한 어느 구석에서 함께 이야기하고 싶어하는 개인들과 특별 담화를 가지는 것이 예수의 버릇이었다. 이 저녁

대화 중 하나에서 토마스가 개인적으로 이렇게 물었다: "하늘나라에 들어가기 위해서 어째서 사람들이 영에게서 태어나야 하나이까? 다시 태어나는 것이 악마의 손아귀를 벗어나는 데 필요하나이까? 주여, 무엇이 악이나이까?" 이 물음을 듣자, 예수는 토마스에게 말했다:

"악, 그리고 악마, 더 정확하게 말하면 불의한 자, 이 두 가지를 혼동하지 말라. 네가 악마라고 부르는 자는 이기심의 아들이요, 내 아버지와 충성하는 아들들의 통치에 대항하여, 일부러 계획하여 반란을 일으킨 높은 행정자이라. 그러나 나는 이 죄 많은 반역자들을 이미 정복하였노라. 아버지와 우주에 대하여 다른 이 여러 가지 태도를 네 머리 속에서 분명히 해 두어라. 아버지의 뜻에 관계되는 이 법칙을 결코 잊지 말라:

"악(惡)은 신의 율법, 즉 아버지의 뜻을 의식하지 못하고 또는 뜻하지 않게 어기는 것이라. 마찬가지로 악은 아버지의 뜻에 불완전하게 복종하는 것을 재는 척도이라.

"죄(罪)는 신의 율법, 아버지의 뜻을 의식하고 알면서 일부러 어기는 것이라. 죄는 신의 이끄심을 받고 영적으로 지도받기를 꺼려하는 정도를 재는 척도이라.

"불의(不義)는 의지하여, 굳게 결의하고, 끈질기게 신의 율법, 아버지의 뜻을 어기는 것이라. 불의는 성격자를 살아남게 하는 아버지의 사랑하는 계획, 그리고 아들들이 자비롭게 구원 베푸는 것을 계속 물리침을 재는 척도이라.

"영이 다시 태어나기 전에 필사 인간은 본래의 악한 성향에 자연히 지배되지만, 그러한 자연스러운 행동의 불완전은 죄도 불의도 아니니라. 사람은 파라다이스에 계신 아버지의 완전함에 이르는 긴 오르막길을 막 내딛고 있느니라. 자연스러운 자질이 불완전하고 부분적인 것은 죄가 없느니라. 사람은 정말로 악에 지배되지만, 죄의 길과 불의한 생활을 알면서 일부러 택하지 않으면, 어떤 의미에서도 악마의 자식이 아니니라. 악은 이 세상의 자연 질서 안에 본래부터 있지만, 죄는 영적 빛으로부터 짙은 어둠 속으로 빠진 자들이 이 세상으로 가져온 태도, 의식하여 반역하는 태도이라.

"토마스야, 너는 그리스인들의 교리와 페르시아인들의 잘못 때문에 갈피를 잡지 못하느니라. 인류(人類)가 완전한 아담과 함께 땅에서 시작하여, 죄를 통해서 사람의 불쌍한 현재 처지로 빨리 타락했다고 보기 때문에, 악과 죄의 관계를 이해하지 못하느니라. 어떻게 아담의 아들 가인이 놋의 땅으로 건너가서 아내를 얻었는가 드러내는 기록의 의미를 어찌하여 너는 이해하려 하지 않느냐? 어찌하여 너는 사람의 딸들 사이에서 하나님의 아들들이 아내를 찾음을 묘사하는 기록의 의미를 풀이하려 하지 않느냐?

"사람은 정말로 자연히 악하지만, 반드시 죄가 있지는 않으니라. 새로 태어나는 것—영의 세례를 받는 것—은 악에서 구원받는 데 필수이고 하늘나라로 들어가는 데 필요하지만, 이 중에 아무 것도 사람이 하나님의 아들이라는 사실의 값을 떨어뜨리지 않느니라. 잠재 악이 이렇게 본래 있는 것은, 사람이 어떤 신비한 방법으로 하늘에 계신 아버지로부터 멀어져서, 외래인이나 외국인이나 의붓아들로서 어떤 방법으로 아버지의 합법적인 양아들이 되기를 추구해야 한다는 것을 뜻하지도 않느니라. 모든 그러한 개념은 첫째로, 네가 아버지를 오해한 데서, 둘째로 사람의 기원, 성품, 운명을 몰라서 생기느니라.

"그리스인 및 다른 사람들은 사람이 신 같은 완전함으로부터 망각이나 파멸로 꾸준히 떨어지고 있다고 가르쳤느니라. 하늘나라로 들어감으로써 사람이 하나님과 신의 완전함에 이르기까지, 확실하고 분명하게 올라가고 있다는 것을 보여 주려고 내가 왔노라. 어떤 면에서도 영원한 아버지 뜻의 신성하고 영적인 이상에 모자라는 존재는 누구나 악할 잠재성이 있지만, 그러한 존재는 어떤 면에서도 불의하기는커녕, 죄도 없느니라.

"토마스야, 이것을 성서에서 읽지 않았느냐, 거기에 쓰여 있으되, '너희는 주 너희 하나님의 자녀이라.' '나는 그의 아버지가 되겠고, 그는 내 아들이 될지니라.' '내 아들이 되라고 내가 그를 선택하였도다—나는 그의 아버지가 되리라.' '내 아들들을 멀리서, 내 딸들을 땅 끝으로부터 데려 오라. 내 이름으로 일컫는 자마다 데려올지니, 내 영광을 위하여 내가 저희를 지었음이라.' '너희는 살아 있는 하나님의 아들이라.' '하나님의 영을 가진 자들은 정말로 하나님의 아들이라.' 친자식 안에는 인간 아버지의 물질 부분이 있으나, 하늘나라에는 모든 믿음의 아들에게 하늘 아버지의 영적 부분이 있느니라."

이 모든 것, 더 많은 것을 예수는 토마스에게 말했고, 그 사도는 많이 알아들었다. 하지만 "내가 아버지께로 돌아갈 때까지 이 문제에 관하여 다른 사람들에게 말하지 말라" 하고 예수는 당부했다. 주가 이 세상을 떠나신 뒤까지 토마스는 이 회견을 언급하지 않았다.

5. 질병의 의미

뜰에서 다른 개인적 회견이 있었는데 나다니엘이 예수에게 물었다: "주여, 당신이 어째서 치유(治癒)를 무차별로 베풀려 하지 않는가 비로소 이해가 가지만, 하늘에 계신 사랑의 아버지가 어째서 땅에서 허다한 자녀들이 그렇게 많은 병을 앓도록 두는가 아직도 알 수 없나이다." 주는 나다니엘에게 대답하여 말했다:

"나다니엘아, 너와 많은 다른 사람이 그렇게 어리둥절한 것은, 아버지의 뜻에 배반한 어떤 반역자들이 죄 많은 모험을 했기 때문에, 어떻게 이 세상의 자연 질서가 여러 번 뒤집혔는가 네가 이해하지 못하는 까닭이라. 이것들을 비로소 정리하려고 내가 왔노라. 그러나 우주의 이 부분을 옛 길로 돌이키고, 그렇게 여분의 죄와 반란의 짐으로부터 사람의 아이들을 해방하는 데는 오랜 세월이 걸리리라. 악의 존재만 해도 사람의 승천(昇天)에 충분한 시험이라—죄는 살아남는 데 필수인 것이 아니라.

"그러나 이 사람아, 너는 아버지가 일부러 아이들을 괴롭히지 않는다는 것을 알아야 하느니라. 사람은 신의 뜻을 따르는 더 좋은 길을 걷지 않으려고 끈질기게 거절하는 결과로 필요 없는 고통을 뒤집어쓰며, 고통은 악할 잠재성이 있지만, 악의 상당 부분은 죄와 불의 때문에 생겼느니라. 많은 특별한 사건이 이 세상에서 벌어졌고, 모든 생각하는 사람이 구경하는 괴로움과 고통의 장면을 보고 당황하는 것이 이상하지 않지만, 너는 한 가지를 확신해도 좋으니라: 아버지는 잘못한 것에 임의로 주는 벌로서 질병을 보내시지 않느니라. 악의 불완전과 장애는 본래부터 있는 것이요, 죄에 대한 벌은 불가피하고, 불의(不義)의 파괴적 결과는 냉혹하니라. 사람이 택하는 생애에서 자연스러운 결과로 얻는 질병 때문에 하나님을 탓해서는 안되며, 이 세상에서 사는 것과 같은 생활의 일부인 체험을 불평해서도 안 되느니라. 땅에서 지위의 개선을 향하여, 끈질기게, 한결같이 필사 인간이 일해야 하는 것이 아버지의 뜻이라. 머리를 총명하게 쓰면 사람이 땅에서 겪는 많은 불행을 이길 수 있게 하리라.

"나다니엘아, 사람들이 자기의 다채로운 물질 문제를 부지런히 푸는 데 더 잘 준비되고 영감을 받도록, 저희의 영적 문제를 해결하는 것을 돕고 이 방법으로 머리를 자극하는 것이 우리의 사명이라. 네가 성서를 읽으면서 겪은 혼란에 관하여 내가 아노라. 무지한 사람이 이해하지 못하는 모든 것에 대하여 하나님께 책임을 돌리는 경향이 너무나 흔히 지배하였느니라. 네가 이해하지 못하는 모든 것에 대하여 아버지는 몸소 책임이 없느니라. 그가 예비하신 어떤 바르고 지혜로운 법칙이, 네가 순진하게 또는 일부러 그러한 신의 법령을 어겼기 때문에 너를 어쩌다가 괴롭힌다 해서, 아버지의 사랑을 의심하지 말라.

"그러나 나다니엘아, 네가 헤아리면서 읽기만 했다면 성서에 많은 것이 너를 가르쳤으리라. 이렇게 기록된 것을 기억하지 못하느냐: '내 아들아, 주의 징벌을 가벼이 여기지 말라. 그 징계를 싫어하지도 말라, 이는 아버지가 기뻐하는 아들을 꾸짖는 것 같이, 주가 사랑하는 자를 꾸짖음이라.' '주는 괴롭히기를 달가워하지 않느니라.' '고통을 받기 전에 내가 길을 잃었으나, 이제 내가 율법을 지키노라. 고통이 내게 약이 되었으니, 그로서 내가 신의 계명을 배울까 함이라.' '나는 너희의 슬픔을 아노라. 영원한 하나님은 너의 피난처요, 그 밑에 영원한 팔이 있느니라.' '주는 또한 억눌린 자에게 피난처요, 어려운 시절에 쉬는 항구이라.' '주는 병상에 누워 있는 자에게 힘을 주실 것이요, 주는 병자를 잊지 아니하리라.' '아버지가 아이들에게 동정심을 보이는 것 같이, 주는 그를 두려워하는 자를 동정하시니라. 그는 너의 몸을 알고, 네가 티끌임을 기억하시니라.' '그는 마음이 상한 자를 고치며, 저희의 상처를 동여매시니라.' '그는 가난한 자의 소망이요, 슬픔 속에서 곤궁한 자의 힘이요, 폭풍으로부터 피난처요, 불 같은 더위로부터 피신하는 그늘이라.' '그는 기력 없는 자에게 능력을 주시고, 힘이 없는 자들에게 힘을 키워 주시니라.' '그는 상한 갈대를 꺾지 아니하겠고, 꺼져 가는 등불을 끄지 아니하리라.' '고통의 물결을 지나갈 때, 내가 너와 함께 하겠고, 역경의 강물이 넘쳐 너를 덮을 때, 내가 너를 버리지 아니하리라.' '마음이 상한 자를 싸매고, 포로들에게 해방을 선포하며, 통곡하는 모든 사람을 위로하라고 그가 나를 보내셨도다.' '고통 속에 꾸지람이 있고, 질병은 티끌에서 솟아나지 않느니라.'"

6. 고통에 대한 오해—욥에 대한 강론

바로 이 날 저녁에 벳세다에서 요한이 또한 예수에게 어째서 겉보기에 결백한 허다한 사람이 많은 병으로 고생하고 그렇게 많이 고통을 겪는가 물었다. 요한의 물음에 대답하면서, 다른 여러 가지 가운데, 주는 말했다:

"이 사람아, 너는 역경의 뜻이나 고통의 사명을 이해하지 못하는도다. 너는 셈족 문학의 걸작—성서에 욥이 고통받는 이야기—를 읽지 아니하였느냐? 이 놀라운 비유가 주의 종의 물질적 번영을 늘어놓고서 시작하는 것을 기억하지 않느냐? 욥은 자식, 재산, 위엄, 지위, 건강, 또 이 현세의 생활에서 사람이 높이 치는 모든 다른 것으로 복을 받았음을 네가 잘 기억하느니라. 아브라함 자손의 전통 있는 가르침에 따르면, 그러한 물질적 번영은 신의 은총을 받았다는 온통 충분한 증거였도다. 그러나 그러한 물질 재산과 현세의 번영은 하나님의 은혜를 가리키지 않느니라. 하늘에 계시는 내 아버지는 부자와 똑같이 가난한 자를 사랑하시니, 그가 사람을 차별하시는 분이 아님이라.

"신의 율법을 어기면 머지 않아 벌을 거두는 일이 따르고, 분명히 사람들은 궁극에 저희가 뿌린 것을 거두느니라. 그래도 인간의 고통은 반드시 앞서 저지른 죄에 대한 벌이 아님을 알아야 하니라. 욥과 그의 친구들은 저희의 난처한 상황에 대하여 참된 답을 찾아내지 못하였더라. 네가 지금 지니는 빛을 가지고서 너는 이 독특한 비유에서 사탄이나 하나님이 맡는 노릇을 저희에게 도저히 맡기지 아니하리라. 고통을 통해서 욥은 지적(知的) 문제의 결말이나 철학적 어려움의 해답을 찾지 못했어도, 큰 승리를 거두었느니라. 신학적 방어가 무너지는 바로 그 마당에서도 진지하게 '나는 나를 몹시 싫어하노라' 말할 수 있는 그런 영적 높이까지 올라갔고, 그리고 나서 하나님의 환상을 보는 구원이 그에게 허락되었느니라. 그래서 오해했던 고통을 통해서도, 욥은 도덕적으로 이해하고 영적 통찰력을 얻는 초인간 수준에 올라갔느니라. 고통받는 종이 하나님의 환상을 볼 때, 인간의 모든 이해를 뛰어넘는 혼의 평화가 따르느니라.

"욥의 첫째 친구 엘리바스는, 그 고통받는 자가 번영하던 시절에 다른 사람들에게 처방해 준 것과 똑같은 인내를 욥이 고난 속에서 보이라고 훈계하였더라. 이 거짓 위로자가 가로되, '욥아, 네 종교를 신뢰하라. 고통받는 것은 사악한 자요 올바른 자가 아님을 기억하라. 너는 이 벌을 받아 마땅함이 틀림없으니, 그렇지 않으면 네가 고통받지 아니하리라. 아무도 하나님 보시기에 올바를 수 없음을 네가 잘 아는도다. 사악한 자가 결코 정말로 번영하지 않음을 네가 아는지라. 어쨌든 사람은 고생하라고 미리 운명을 타고난 듯하고, 아마도 주는 너에게 좋으라고 너를 꾸짖을 뿐이라.' 불쌍한 욥이 인간이 고통받는 문제를 그렇게 해석해서 큰 위로를 얻지 못한 것은 놀라운 일이 아니라.

"그러나 둘째 친구 빌닷의 충고는, 그 때 인정된 신학(神學) 관점에서 볼 때 건전했어도 마음을 더욱 답답하게 하였더라. 빌닷이 말하되, '하나님은 부당하실 수 없도다. 네 아이들이 멸망하였은즉 저희가 죄인임이 틀림없도다. 네가 잘못했음이 틀림없으니, 그렇지 않으면 네가 그리 고통받지 아니하리라. 네가 정말로 올바르면, 하나님이 확실히 너를 고통으로부터 구원하리라. 하나님이 사람과 상대한 역사로부터, 너는 전능자가 오직 사악한 자를 멸망시킴을 배워야 하느니라.'

"다음에 어떻게 욥이 친구들에게 말했는가 네가 기억하느니라: '하나님은 내가 도와 달라고 외치는 소리를 듣지 아니하심을 내가 잘 아노라. 어찌 하나님이 옳으시면서 동시에 나의 결백함을 철저히 무시하실 수 있느냐? 전능자에게 호소해서 내가 아무 만족을 얻을 수 없음을 깨닫노라. 선한 자가 사악한 자에게 박해받는 것을 하나님이 참으심을 너는 깨달을 수 없느냐? 그리고 사람이 아주 약한즉, 전능한 하나님 손에서 사람이 무슨 배려를 받을 수 있느냐? 하나님은 내 지금 모습대로 나를 지으셨고, 이렇게 나를 치실 때, 방어할 수 없노라. 도대체 어째서 하나님이 이 비참한 모양으로 그저 고통을 받으라고 나를 지으셨느냐?'

"친구들의 조언과 머리 속에 꽉 찼던 하나님에 관한 그릇된 관념에 비추어 볼 때, 누가 욥의 태도에 도전할 수 있느냐? 욥이 인간다운 하나님을 몹시 바란 것, 사람의 죽어야 할 지위를 알고, 파라다이스로 올라가는 긴 여행에 이 첫 생명의 일부로서, 결백한 가운데 올바른 자가 때때로 고통받아야 함을 이해하는 그런 신다운 존재와 교통하려고 욥이 갈급히 찾은 것을 깨닫지 못하느냐? 그런즉 이제부터 욥이 견딘 고통을 견디라고 요청받을 모든 사람을 위로하고 구원할 수 있도록 사람의 아들이 육체를 입고 인생을 살려고 아버지로부터 왔느니라.

"그리고 나서 욥의 셋째 친구 소팔이 더군다나 위로가 되지 않는 말을 이렇게 뱉었더라: '네가 이렇게 고통을 받는 것을 보아하니, 올바르다고 주장하는 네가 어리석도다. 그러나 하나님의 길을 이해하기 불가능하다는 것을 내가 인정하노라. 아마도 너의 모든 불쌍한 처지에 어떤 감추어진 목적이 있는가 보다.' 모두 세 친구의 말을 듣고 나서, '여자에게서 태어난 사람은 목숨이 길지 않고 어려움이 가득하다'는 사실을 내세우면서, 욥은 도와 달라고 바로 하나님께 호소하였더라.

"다음에 친구들과 둘째 회견이 시작되었더니, 엘리바스는 더욱 준엄해지고 비난하며 빈정거렸더라. 빌닷은 욥이 친구들을 경멸하는 것에 분개하게 되었고, 소팔은 우울한 조언을 되풀이하였더라. 이 때가 되어서 욥은 친구들에게 진절머리가 나서 다시 하나님께 호소하였고, 친구들의 철학(哲學)에 모습이 나타나고 자신의 종교적 태도에서도 소중히 간직되었던 불공평한 하나님에 맞서서, 공정한 하나님에게 이제 하소연하였더라. 다음에 욥은 필사 존재에서 생기는 불평등이 좀더 공정하게 시정될까 싶은 미래 생명의 위안 속으로 피난하였더라. 사람한테서 도움 받지 못하자 욥은 하나님께로 향하느니라. 그리고 나서 마음 속에서 믿음과 의심의 큰 싸움이 따르느니라. 마침내, 고통받는 인간이 비로소 생명의 빛을 보고, 시달린 혼(魂)이 희망과 용기의 새로운 경지에까지 올라가느니라. 계속 고생하고, 아니 죽을지 몰라도, 깨우침 받은 혼은 이제 승리의 탄성을 부르짖느니라, '내 옹호자가 살아 계시구나!'

"하나님이 부모를 벌하려고 아이들을 괴롭힌다는 신조(信條)에 도전했을 때 욥은 아주 옳았느니라. 언제라도 하나님이 올바름을 쉽사리 인정했지만, 욥은 영원자 자신의 성품에 대하여 혼을 적셔 주는 어떤 계시를 몹시 바랐더라. 이것이 땅에서 우리의 사명이라. 고통받는 필사자에게 이제는, 하나님의 사랑을 알고 하늘 아버지의 자비를 이해하여 얻는 위로를 더 부인하지 못하리라. 회오리바람에서 나온 하나님의 말씀은 그 말씀이 있던 시절에 훌륭한 개념이었으나, 아버지는 그렇게 자신을 드러내지 아니하며, '이것이 길이라, 그 안에서 걸으라'하고 조용히 작은 목소리로서 인간의 마음 속에서 이르심을 너는 이미 배웠느니라. 하나님이 네 안에 거하시고, 너를 그의 신분으로 만들도록 그가 네 신분이 되었음을 너는 알아듣지 못하느냐!"

그리고 나서 끝으로 이렇게 말씀했다: "하늘에 계신 아버지는 사람의 아이들 괴롭히기를 기뻐하지 않으시니라. 사람은 첫째로 뜻밖의 사고(事故)로, 또 미숙한 육체적 존재의 악에서 생기는 불완전으로부터 고통을 받으며, 다음에 사람은 죄—빛과 생명의 법을 어김—이 낳는 냉혹한 결과로 괴로움을 받느니라. 마지막으로, 사람은 땅에서 하늘의 올바른 통치에 맞서 불의한 저항을 계속함으로부터 수확을 거두느니라. 그러나 사람의 곤경(困境)은 신의 심판이 개인에게 찾아오는 것이 아니라. 사람은 현세에 겪는 고통을 줄이려고 많이 일할 수 있고, 그렇게 하리라. 그러나 이번을 마지막으로, 악마가 부추기는 바람에 하나님이 사람을 괴롭힌다는 미신에서 벗어나라. 욥기를 공부하고서, 착한 사람들조차 하나님에 대하여 얼마나 많이 그릇된 생각을 솔직히 품을 수 있는가, 바로 이것을 발견하라. 다음에 쓰라리게 고통받던 욥조차, 그런 그릇된 가르침을 받았는데도, 위로하고 구원하는 하나님을 어떻게 찾아냈는가 주목하라. 마침내 그의 믿음은 고통의 구름을 꿰뚫었고, 아버지로부터 쏟아지는 생명의 빛이 치유하는 자비요 영원한 올바름인 것을 헤아렸더라."

요한은 여러 날 동안 마음 속에서 이 말씀을 숙고하였다. 뜰에서 주와 이렇게 대화를 나눈 결과로, 그 후 요한의 전 생애가 뚜렷하게 바뀌었고, 후일에, 인간의 평범한 고통의 근원·성질·목적에 관하여 다른 사도들의 관점을 바꾸려고 많이 애썼다. 그러나 요한은 주가 떠나실 때까지, 이 회견에 대하여 입을 열지 않았다.

7. 손이 마른 사람

사도들과 새 전도단이 두 번째 갈릴리 전도 여행을 떠나기 전 둘째 안식일에,

예수는 가버나움 회당에서 "올바른 삶의 기쁨"에 대하여 말씀했다. 예수가 말씀을 마치자, 큰 무리의 불구자, 절름발이, 병자, 고통받는 자들이 둘레에 몰려들어서 병 고침을 받으려 하였다. 또한 이 무리에는 사도들과 많은 새 전도사, 그리고 예루살렘에서 온 바리새인 첩자들이 있었다. 예수가 가신 데는 어디나 (아버지의 일에 몰두하느라고 산에 있을 때를 제쳐 놓고) 예루살렘 첩자 여섯 명이 꼭 따라왔다.

정탐하는 바리새인들의 두목은, 예수가 서서 사람들에게 이야기하는 동안, 마른 손을 가진 사람에게, 예수에게 다가가서 안식일에 고침받는 것이 합당할 것인가, 아니면 다른 날 도움을 구해야 할까 물으라고 유도했다. 그 사람을 보고 할 말을 듣고 나서, 바리새인들이 보냈음을 알아차리고, 예수는 말했다: "너에게 한 마디 묻는 동안 앞으로 나아오라. 너에게 양 한 마리가 있어, 양이 안식일에 구덩이에 빠진다면, 손을 뻗어서 양을 붙잡아서 들어올리겠느냐? 안식일에 그런 일을 하는 것이 합당하냐?" 그 사람은 대답했다: "예, 주여, 안식일에 그처럼 좋은 일 하는 것이 합당하리이다." 그러자 예수가 모두에게 말했다. "무엇 때문에 너희가 이 사람을 내 앞으로 보냈는가 내가 아노라. 내가 안식일에 자비를 보이도록 유혹할 수 있으면, 너희는 내게서 안식일을 어긴 근거를 찾으리라. 안식일에도 불행한 양을 구덩이에서 들어올리는 것이 합당하다고, 너희는 모두 말없이 찬성하였느니라. 안식일에 동물 뿐 아니라, 사람에게도 인자함을 나타내는 것이 합당함을 너희가 증거하라고 내가 요구하노라. 사람은 양보다 얼마나 더 값이 있느냐! 내가 선포하노니, 안식일에 사람들에게 좋은 일 하는 것이 옳으니라." 그 앞에서 다 조용히 서 있자, 예수는 손이 마른 남자에게 일렀다. "모두가 너를 보도록 여기 내 옆에 일어서라. 그리고 이제 안식일에 좋은 일 하는 것이 아버지의 뜻인 줄 너희가 알까 하니, 네가 고침을 받을 믿음이 있으면, 너에게 명하노니 손을 펴라."

이 사람이 마른 손을 폈을 때, 손이 온전하게 되었다. 사람들은 바리새인들에게 달려들 생각이 있었지만, 예수는 차분히 있으라 명하며 말했다: "안식일에 착한 일 하는 것, 생명을 구하는 것이 합당(合當)하다고 너희에게 막 일렀으나, 남을 해치라고, 죽이고 싶은 욕심에 굴복하라고 너희에게 가르치지 아니하였도다." 성난 바리새인들은 사라졌고, 안식일이었는데도, 당장에 허둥지둥 티베리아스로 가서 헤롯과 의논했으며, 헤롯당원들을 예수에 반대하는 연합군으로 확보하기 위해서 헤롯의 편견을 갖게 하려고 힘이 자라는 데까지 무엇이든지 했다. 그러나 헤롯은 예수에게 적대해서 행동하려 하지 않았고, 불평(不平)을 예루살렘으로 가져가라고 조언하였다.

이것은 적들의 도전에 반응하여 처음으로 기적을 일으킨 사례이다. 병 고치는 능력을 보이려는 것이 아니라, 안식일의 종교적 휴식을 온 인류에게 의미 없이 제한하는 진정한 속박으로 만드는 데 대한 실질적 항의로서, 소위 이 기적을 행하였다. 이 사람은 석공으로서 자기 일로 돌아갔고, 병 고침을 받고 나서 감사하고 올바르게 산 사람이었음이 판명되었다.

8. 벳세다에서 마지막 주

벳세다에서 머무르던 마지막 주에, 예루살렘 첩자(諜者)들은 예수와 그 가르침에 대하여 의견이 분분(紛紛)했다. 이 바리새인들 가운데 세 사람은 듣고 본 것에 엄청나게 감명을 받았다. 한편, 예루살렘에서, 산헤드린의 젊고 영향력 있는 회원 아브라함은 예수의 가르침을 드러내 놓고 지지하였고, 실로암 못에서 아브너에게 세례를 받았다. 온 예루살렘이 이 사건을 놓고 떠들썩하였고, 바리새인 첩자 여섯 명을 부르려고 사자들이 벳세다로 즉시 파견되었다.

이전의 갈릴리 여행에서 하늘나라를 믿도록 설득된 그리스인 철학자가 알렉산드리아의 어떤 부자 유대인과 함께 돌아왔는데, 병자를 위한 병원 뿐 아니라, 철학과 종교를 합동으로 가르치는 학교를 세울 목적으로 자기네 도시로 오라고 한 번 더 예수를 초청했다. 그러나 예수는 정중하게 초청을 물리쳤다.

이 무렵에 벳세다 야영지에 박다드에서부터 어떤 키르메스라 하는, 최면술 쓰는 선지자가 도착했다. 선지자라고 생각되던 이 사람은 최면 상태에 있을 때 특이한 환상을 보았고, 잠이 방해를 받았을 때 환상적인 꿈을 꾸었다. 캠프에서 어지간히 소동을 일으켰는데, 열심당원 시몬은 스스로 속는 그 사칭자를 오히려 거칠게 다루자고 했지만, 예수가 간섭하였고 며칠 동안 완전한 행동 자유를 주었다. 그의 설교를 들은 자는 모두, 하늘나라 복음으로 판단하건대, 그 가르침이 건전하지 않음을 금방 깨달았다. 얼마 있다가 박다드로 돌아갔고, 불안정하고 이상한 사람 여섯 명만 데리고 갔다. 그러나 박다드 선지자를 위하여 예수가 탄원하기 전에, 다윗 세베대는 스스로 임명한 위원회의 도움을 받아서, 키르메스를 호수로 데리고 가서, 물속에 연거푸 처박은 뒤에, 거기서 떠나라—자기 캠프를 조직하고 세우라—고 조언했다.

바로 그 날, 어느 페니키아 여인, 베스마리온이 너무 미쳐서 정신이 나갔고, 물위에서 걸으려고 애쓰다가 거의 물에 빠져 죽게 된 뒤에, 친구들이 그 여자를 돌려보냈다.

예루살렘에서 온, 새로 전향한 바리새인 아브라함은 이 세상에서 가진 재산 모두를 사도의 금고에 기부했고, 이 기부금은 새로 훈련받은 전도사 1백 명을 즉시 보낼 수 있게 만드는 데 크게 기여했다. 안드레는 야영지를 걷어치울 것을 이미 발표했고, 모두가 집으로 가든지 아니면 전도사들을 따라서 갈릴리로 가려고 준비했다.

9. 중풍병자를 고치다

10월 1일, 금요일 오후에, 세베대의 집에, 널찍하고 확장한 앞쪽에 있는 방에서 예수가 사도와 전도사들, 흩어지는 야영지의 다른 지도자들, 그리고 이 모임의 앞줄에 앉아 있던, 예루살렘에서 온 여섯 바리새인과 마지막 회의를 하고 있을 때, 예수가 땅에서 사신 전 생애에서 가장 이상하고 독특한 여러 에피소드 중의 하나가 벌어졌다. 이 때에 주는 이 큰 방에서 서서 말씀하고 있었고, 이 방은 비오는 철 동안, 이 모임에 편리를 주려고 지었다. 그 집은 예수의 강론에서 얼마큼 얻어들으려고 귀를 쫑긋하고 있는 광대한 집합의 사람들로 온통 둘러싸여 있었다.

집이 이렇게 사람들로 들끓고, 열심 있는 청중에게 온통 둘러싸여 있는 동안, 중풍으로 오래 앓고 있던 어떤 사람이 가버나움에서 친구들에게 작은 침상에 들려 내려왔다. 이 중풍병자는 예수가 벳세다를 막 떠나려한다는 말을 들었고, 아주 최근에 몸이 온전하게 된 석공 아론과 이야기를 나누었으므로, 병 고침을 얻을 수 있도록 예수 앞으로 들려 가겠다고 단단히 결심했다. 친구들이 앞문과 뒷문으로 세베대의 집으로 들어가려고 애썼지만, 너무나 많은 사람이 싸여 있었다. 하지만 그 중풍병자는 패배를 받아들이려 하지 않았다. 친구들에게 사다리를 얻어 오라고 지시했고, 그것으로 친구들이 예수가 말씀하고 있는 방의 지붕으로 올라갔다. 타일을 벗겨 놓은 뒤에, 아픈 사람이 바로 주 앞에 마루에 놓일 때까지 밧줄로 침상에 들린 병자를 대담하게 내려보냈다. 그들이 한 일을 보자, 예수는 말씀을 그쳤고, 한편 방에 함께 있던 사람들은 아픈 사람과 그 친구들의 집요함에 감탄했다. 중풍병자가 말했다: "주여, 나는 당신의 가르침을 훼방하고 싶지 않나이다. 그러나 나는 온전히 되려고 결심하였나이다. 나는 고침을 받는 즉시 당신의 가르침을 잊어버린 자들과 같지 않나이다. 하늘나라에서 봉사할 수 있도록 나는 온전히 되고자 하나이다." 자, 스스로 생애를 잘못 보내서 이 사람의 병이 닥쳤는데도, 예수는 믿음을 보고, 중풍병자에게 말했다: "아들아, 무서워 말라, 너의 죄가 용서함을 받았느니라. 너의 믿음이 너를 구원할지니라."

예루살렘으로부터 온 바리새인들이, 같이 앉았던 다른 서기관과 율법사들과 더불어, 이렇게 선언하신 것을 들었을 때, 속으로 비로소 혼잣말을 했다: "이 사람이 어찌 감히 이렇게 말하느냐? 그런 말이 신성 모독임을 저가 알지 못하느냐? 하나님 말고 누가 죄를 용서할 수 있느냐?" 이렇게 머리 속에서, 자기들끼리 따지는 것을 정신으로 알아차리고, 주는 말씀했다: "어찌하여 너희가 마음 속에서 그리 따지느냐? 나를 판단하다니 너희는 누구이냐? 이 중풍병자에게, 너의 죄가 용서함을 받았다, 아니면 일어나서 네 침구(寢具)를 들고 걸으라 하고 말하든 무슨 차이가 있느냐? 그러나 이 모든 것을 목격하는 너희가 사람의 아들이 땅에서 죄를 용서할 권한과 능력이 있음을 마침내 알도록, 이 병자에게 이르리라. 일어나서 네 침구를 들고, 집으로 가라." 예수가 이렇게 말씀하시자 중풍병자는 일어났고, 길을 비키는 대로, 모두 앞에서 걸어 나갔다. 구경한 사람들은 놀랐다. 베드로는 집회를 해산했고, 한편 많은 사람이 기도하고 하나님께 영광을 돌렸으며, 그렇게 이상한 일을 한 번도 전에는 본 적이 없다고 고백하였다.

이 무렵에 산헤드린의 사자들이 여섯 첩자에게 예루살렘으로 돌아오라 명령하려고 도착했다. 이 소식을 듣자, 자기들끼리 진지하게 토론에 빠졌다. 의논을 마치고 난 뒤에, 두목과 두 동료가 사자들과 함께 예루살렘으로 돌아갔으며, 한편 정탐하던 세 바리새인은 예수를 믿는다고 고백하였고, 바로 호수(湖水)로 가서, 베드로에게 세례 받고, 하늘나라의 자녀가 되어 사도들과 사귀었다.

제 149 편

두 번째 전도 여행

갈릴리에서 두 번째 대중 전도 여행은 서기 28년 10월 3일, 일요일에 시작되었고, 거의 석 달 동안 계속되어, 12월 30일에 끝났다. 이 노력에는 예수와 열두 사도가 참여했고, 새로 모집한 전도사 117명의 집단, 그리고 관심 있는 수많은 다른 사람의 도움을 받았다. 이 여행에서 가다라·프톨레마이스·야피아·다바리타·메기도·예즈릴·스키토폴리스·타리케아·히포·가말라·벳세다 줄리아스, 그리고 기타 여러 도시와 마을을 방문했다.

이 일요일 아침에 떠나기 전에, 안드레와 베드로는 예수에게 새 전도사들에게 마지막 책임을 지우는 말씀을 부탁했지만, 예수는 남들이 쓸 만하게 수행할 수 있는 일을 하는 것은 그의 직분이 아니라 하면서 물리쳤다. 마땅히 검토를 거친 뒤에, 야고보 세배대가 책임 지우는 선서를 시행하기로 결정이 내렸다. 야고보의 논평이 끝났을 때 예수는 전도사들에게 말했다: "너희가 책임을 받은 대로 일하도록 이제 떠나라, 나중에 너희가 능력과 충성심이 있음을 보였을 때, 하늘나라의 복음을 전도하도록 너희를 세우리라."

이 여행에서 오직 야고보와 요한이 예수와 함께 길을 떠났다. 베드로와 다른 사도들은 저마다 전도사(傳道師)를 열두 명쯤 데리고 갔는데, 전도하고 가르치는 일을 해 나가는 동안 그들과 가까운 접촉을 유지했다. 신자들이 하늘나라에 들어갈 준비가 되자마자, 사도들이 세례를 주곤 하였다. 예수와 두 동반자는 이 석 달 동안 널리 여행했는데, 전도사들의 일을 지켜보고 하늘나라를 세우려는 노력을 격려하느라고 때때로 하루에 두 도시를 방문했다. 이 둘째 전도 여행 전부가 주로, 새로 훈련받은 이 전도사 117명의 무리를 위하여 실용적 경험을 마련해 주려는 노력이었다.

이 기간 내내, 또 그 뒤에, 예수와 열둘이 예루살렘을 향하여 마침내 떠날 때까지, 다윗 세베대는 벳세다에 아버지 집에서, 하늘나라 사무를 위하여 영구(永久) 본부를 유지했다. 여기가 땅에서 예수의 일을 위한 정보 교환소였고, 팔레스타인의 여러 곳과 인접 지역에 있는 일꾼들 사이에, 다윗이 수행한 사자(使者) 서비스의 연결 역(驛)이었다. 그는 이것을 모두 솔선해서, 그러나 안드레의 승인을 얻어서 했다. 다윗은 급히 확대되고 뻗어나가는 하늘나라 사무의 정보 분과에서 40에서 50명의 사자를 고용했다. 이렇게 고용된 동안, 얼마큼 시간을 옛날 고기잡이 일에 써서 어느 정도 자신을 부양했다.

1. 널리 알려진 예수의 이름

벳세다 캠프가 해산할 때가 되어서, 예수의 이름은, 특히 병 고치는 자로서, 팔레스타인의 모든 구석, 시리아와 그 주위의 시골 전체를 통해서 알려졌다. 그들이 벳세다를 떠난 뒤에 몇 주 동안, 병자들이 계속 도착했고, 주를 발견하지 못했을 때, 다윗으로부터 그가 어디 계신가 소식을 듣고서, 예수를 찾아서 가곤 하였다. 이 여행에서 예수는 병 고치는 기적이라 부르는 어떤 일도 계획하여 행하지 않았다. 그런데도, 병자 몇십 명이 병 고침을 찾을 수밖에 없게 한 맹렬한 믿음의 회복하는 힘의 결과로 건강과 행복을 되찾았다.

이 사명을 수행하던 무렵에—그리고 땅에서 예수의 여생 동안 내내—특이하고 설명되지 않은 일련의 치유 현상이 나타나기 시작했다. 이 석 달 동안의 여행 과정에서 유대·이두미아·갈릴리·시리아·티레·시돈으로부터, 또 요단 강 건너로부터 1백 명이 넘는 어른과 아이들이 예수가 이렇게 의식하지 않고 고치는 혜택을 받은 사람들이었고, 그들은 집으로 돌아가면서 예수의 이름을 더욱 퍼뜨렸다. 뜻밖에 고침받는 이 사례들의 하나를 지켜볼 때마다, 예수가 "아무에게 말하지 말라"고 수혜자들에게 직접 당부하곤 했는데도, 그렇게 했다.

뜻밖에, 곧 무의식으로 고치는 이 여러 사례에서 도대체 무슨 일이 일어났는가 우리는 계시받은 적이 없다. 몇몇 경우에 단지 "권능이 내게서 나갔음을 내가 깨닫노라" 말한 것 외에, 주는 사도들에게 어떻게 이 치유가 일어났는가 설명하지 않았다. 어떤 경우에 어느 아픈 아이가 그를 만졌을 때, 한 마디 던졌다: "생명이 내게서 나갔음을 내가 깨닫노라."

뜻밖에 순간적으로 치유하는 이 사례들의 성질에 관하여 주로부터 직접 말씀이 없는 마당에, 우리 편에서 어떻게 이 일이 이루어지는가 설명을 시도하는 것은 주제넘겠지만, 모든 그런 치유 현상에 대하여 우리의 의견을 기록하는 것은 괜찮을 것이다. 병 고치는 기적으로 보이는 이 일들은, 땅에서 예수가 봉사를 베푸는 과정에서 일어난 바와 같이, 강력하고, 유효하고, 관련된 다음 세 가지 영향이 공존하는 결과라고 우리는 믿는다:

1. 집요하게 치유받기를 추구하는 인간의 마음 속에, 강하고 지배적이고 살아 있는 믿음이 있는 것. 아울러 순전히 육체의 회복보다 오히려 그 영적 이익 때문에 그러한 치유가 바람직하다는 사실.

2. 그러한 인간의 믿음과 동시에, 육신화되고 자비에 지배된, 하나님의 아들 창조자의 큰 동정심과 불쌍히 여기는 마음이 존재하는 것. 그는 몸 안에 거의 한없고 시간을 초월하는 창조적 치유 권능과 특권을 실제로 소유했다.

3. 피조물의 믿음과 창조자의 생명과 함께, 하나님인 이 사람이 아버지의 뜻이 성격으로 표현된 것임을 또한 주목해야 한다. 인간의 필요와 그것을 채우는 신의 권능이 접촉할 때 아버지가 달리 뜻하지 않으면, 그 둘이 하나가 되고, 인간 예수가 의식하지 않고서 치유가 일어나지만, 즉시 신다운 성품이 인식한다. 그러면 병을 고친 이 많은 사례(事例)의 설명은 우리에게 오랫동안 알려진 큰 법칙에서 찾아야 하는데, 이렇다: 아들 창조자가 바라고 영원한 아버지가 뜻하시는 것은 동시에 존재한다.

그러면 예수가 친히 계신 앞에서, 어떤 형태의 심오한 인간의 믿음은, 우주의 어떤 창조 세력, 그리고 당시에 사람의 아들과 아주 밀접히 연결된 성격자들로 말미암아 치유가 나타날 때, 글자 그대로, 참으로 막을 수 없다는 것이 우리의 의견이다. 따라서 예수는 그가 계신 앞에서 사람들이 힘찬 개인적 믿음으로 스스로 고치도록 자주 버려 두었다는 것이 기록된 사실이 된다.

다른 여러 사람이 완전히 이기적 목적으로 치유받기를 추구했다. 티레의 어느 부유한 과부는 수행원들과 함께, 질병을 치유받으려고 왔다. 갈릴리를 통해서 여기저기 따라다니는 동안, 마치 하나님의 권능이 돈을 가장 많이 내는 사람이 살 수 있는 물건인 듯, 점점 더 많은 돈을 계속 내밀었다. 그러나 하늘나라의 복음에 한 번도 아랑곳하려 하지 않았다. 얻고자 한 것은 오직 육체의 병의 치유였다.

2. 사람들의 태도

예수는 사람들의 지성을 이해했다. 사람의 마음 속에 무엇이 있는가 알았고, 그의 가르침이 그가 제시한 그대로 간직되었더라면, 그에 대한 유일한 주석(註釋)이 땅에서 사신 생애를 영감을 받아 해석한 것이니까, 세상의 모든 민족과 종교가 빨리 하늘나라 복음을 받아들였을 것이다. 초기 추종자들이 그의 가르침을 특정한 민족, 종족, 종교가 더욱 받아들이게 만들려고 기울인 노력은, 의도는 좋았지만, 다만 그러한 가르침을 모든 다른 민족, 종족, 종교가 더욱 받아들이기 어렵게 만드는 결과를 낳았다.

사도 바울은 당대에 예수의 가르침을 특정한 집단들이 호감을 가지고 주목하도록 만들려는 노력으로, 교육하고 훈계하는 편지를 많이 썼다. 예수의 복음을 가르치는 다른 선생들도 똑같이 그랬지만, 아무도 이 기록들 중에 더러를 예수의 가르침을 구체화한 것으로서 진술하려는 자들이 후일에 한데 모으리라는 것을 깨닫지 못했다. 그래서 이른바 그리스도교가 다른 어떤 종교보다 주의 복음을 더 담고 있기는 하지만, 거기에는 또한 예수가 가르치지 않은 것이 허다하다. 페르시아의 신비교로부터 온 많은 가르침과 그리스 철학의 많은 것을 그리스도교로 끌어들인 것을 제쳐 놓고도, 두 가지 큰 잘못을 저질렀다:

1. 그리스도교의 속죄(贖罪) 교리—예수가 아버지의 엄격한 정의(正義)를 만족시키고 신의 진노를 달래려고 하는, 희생된 아들이라는 가르침—이 보여 주다시피, 복음의 가르침을 유대인 신학(神學)과 바로 연결하려는 노력. 이 가르침은 믿지 않는 유대인들이 하늘나라 복음을 받아들이기 더 쉽게 만들려 하는 칭찬할 만한 노력에서 생겼다. 유대인들을 설득하는 데 관련된 한, 이 노력은 실패했어도, 모든 이후 세대에서 많은 정직한 혼을 헛갈리게 하고 떠나게 만드는 데 실패하지 않았다.

2. 주의 초기 추종자들이 저지른 둘째로 큰 잘못, 모든 후일의 세대가 영구하게 지속한 큰 잘못은, 그리스도교의 가르침을 아주 온통 예수라는 인물에 관하여 체계화한 것이다. 그리스도교 신학에서 예수의 인격을 이렇게 지나치게 강조한 것은 그의 가르침을 가리도록 작용했고, 이 모두가 유대인·모하메트교인·힌두교인, 기타 동방(東方)의 종교인들이 예수의 가르침을 더욱 받아들이기 어렵게 만들었다. 예수의 이름을 지닐까 싶은 종교에서 예수 본인이 차지하는 자리를 깎아내리고 싶지 않지만, 우리는 그러한 고려가 영감을 불러일으키는 그의 생애가 빛을 잃게 만들거나 유익한 메시지—하나님이 아버지요 사람이 형제임—을 대신하도록 버려 두고 싶지 않다.

예수의 종교를 가르치는 선생들은, 공통으로 지니는 진리를 인정하고서 (이 중에 많은 것이 직접, 간접으로 예수의 메시지로부터 오는데) 다른 종교들에 접근해야 하고, 한편 지나치게 차이를 강조하는 일을 삼가야 한다.

바로 그 시절에, 예수의 이름은 주로 치유자로서 얻은 평판(評判)에 달려 있었지만, 계속 그랬다고 할 수는 없다. 시간이 지나자, 갈수록 더 사람들이 영적 도움을 받으려고 찾았다. 그러나 서민들에게 아주 직접, 즉시 호소한 것은 육체의 치유였다. 도덕적 종살이와 정신적 고통의 희생자들이 예수를 더욱 찾았고, 그는 변함없이 구원의 길을 가르쳤다. 아버지들은 아들을 다루는 것에 관하여 조언(助言)을 구했고, 어머니들은 딸을 안내하는 데 도움을 얻으려고 왔다. 어둠 속에 앉았던 자들이 찾아 왔고, 그는 생명의 빛을 드러냈다. 귀는 언제라도 인류의 슬픔을 들으려고 열려 있었고, 언제나 보살핌을 찾는 사람들을 도와 주었다.

창조자 자신이 필사 육체의 모습을 입고 육신화하여 땅에 계실 때, 어떤 특별한 일이 일어나는 것은 피할 수 없었다. 그러나 너희는 결코 이른바 이 기적이 일어난 것을 통해서 예수를 접근해서는 안 된다. 예수를 통해서 기적(奇蹟)에 접근하기를 배우고, 기적을 통해서 예수한테 다가가는 잘못을 저지르지 말라. 나사렛 예수가 땅에서 초물질 행위를 연출한, 유일한 종교 창시자인데도, 이 훈계는 틀림없다.

땅에서 미가엘의 사명에서 가장 놀랍고 혁신적인 특징은 여자들에 대한 태도였다. 공공(公共) 장소에서 남자가 자기 아내에게조차 인사하지 않기로 되어 있던 시절과 세대에, 예수는 셋째 갈릴리 여행과 관련하여, 감히 여자들을 복음 선생으로서 거느리고 갔다. "율법의 말씀을 여자에게 전하는 것보다 불에 태우는 것이 더 낫다"하고 선포했던 율법학자들의 가르침을 당면하여 이렇게 하는 최고의 용기를 가졌다.

오랜 세월에 걸쳐 무시되어 잊혀지고 노예 같이 지겨운 일을 하는 상태로부터, 한 세대 안에 예수는 여자들을 구조했다. 후일에 여자에 대한 태도에서 이 고귀한 모범을 따를 도덕적 용기가 모자란 것은 예수의 이름을 주제넘게 가져간 종교에 한 가지 부끄러운 일이다.

예수가 사람들과 섞이는 동안, 사람들은 예수가 도무지 그 시절의 미신에 매어 있지 않음을 발견했다. 그는 종교적 편견이 조금도 없었고, 결코 관대함이 모자라지 않았다. 사회적 적대감과 비슷한 아무 것도 마음 속에 지니지 않았다. 조상의 종교에서 좋은 것에 순응했지만, 미신과 속박과 같은, 사람이 만든 전통을 서슴지 않고 무시했다. 자연의 재난, 뜻밖의 사고, 기타 재앙은 신의 심판이 찾아오거나 섭리의 신비로운 작용이 아니라고 감히 가르쳤다. 의미 없는 예식에 노예처럼 헌신하는 것을 비난했고, 물질적 예배의 오류를 파헤쳤다. 대담하게 사람의 영적 자유를 선포했고, 육체를 가진 필사자들이 정말로, 진실로, 살아 계신 하나님의 아들이라고 감히 가르쳤다.

깨끗한 손 대신에 깨끗한 마음을 참된 종교의 표시(表示)로 갈아치웠을 때, 예수는 조상의 모든 가르침을 초월했다. 전통의 자리에 현실을 두었고, 허영과 위선의 모든 허식을 쓸어 버렸다. 그래도 두려움 없는 이 하나님의 사람은 파괴적인 비난을 퍼붓거나, 그 시대의 종교·사회·경제·정치 관습을 모조리 무시(無視)하는 태도를 보이지 않았다. 그는 싸우기 좋아하는 혁명가는 아니었다. 점진적 진화론자였다. 있어야 할 우수한 것을 동시에 제공할 때에야 이미 있는 것을 없애는 일에 들어갔다.

예수는 추종자들로부터 강요하지 않고서 복종을 얻었다. 그가 친히 부른 자들 중에서 세 사람만 제자가 되라는 초청을 받아들이지 않았다. 그는 사람들에게 특별히 마음을 끄는 힘을 행사했지만, 독재자가 아니었다. 자신(自信)에 넘쳐 있었고, 아무도 명령에 분개하지 않았다. 제자들에 대하여 절대 권한을 가졌지만, 결코 아무도 항의하지 않았다. 추종자들이 주라고 부르도록 허락했다.

뿌리 깊은 종교적 편견을 품은 자나 그의 가르침에서 정치적으로 위험한 낌새를 차렸다고 생각한 자들을 제쳐 놓고, 그를 만난 모든 사람이 주를 찬미하였다. 사람들은 그의 가르침의 독창성과 권위에 놀랐다. 처지고 성가시게 구는 질문자들을 다루면서 보인 참을성에 사람들은 감탄했다. 그의 봉사 밑에 들어온 모든 사람의 마음 속에 희망과 자신감을 불러일으켰다. 오직 그를 만나 본 적이 없는 자들이 그를 두려워했고, 어떤 값을 치르더라도 마음 속에서 붙들고 있으려고 결심했던 악과 잘못을 뒤집어엎을 운명을 가진 진리를 예수가 옹호한다고 간주한 자들만 그를 미워했다.

그는 친구와 적, 모두에게 강하고 특이하게 환상적인 영향력을 미쳤다. 군중은 그저 품위 있는 말씀을 듣고 소박한 생활을 구경하려고 몇 주 동안 따라다니곤 하였다. 헌신하는 남녀들이 거의 초인간적 애정으로 예수를 사랑했다. 그를 잘 알면 알수록, 예수를 더욱 사랑했다. 이 모두가 아직도 참말이다. 오늘날도, 또 모든 미래 시대에, 하나님인 이 사람을 알면 알수록, 사람은 더욱 사랑하고 예수의 뒤를 따를 것이다.

3. 종교 지도자들의 적개심

예수와 그의 가르침을 서민들이 호의로 받아들였는데도, 예루살렘의 종교 지도자들은 더욱 놀라고 적개심을 품게 되었다. 바리새인들은 체계 있고 독단적인 신학을 형성하였다. 예수는 경우가 닿는 대로 가르친 선생이었다. 체계 있는 선생이 아니었다. 예수는 율법보다 생활에서, 비유를 들어 가르쳤다. (그의 메시지를 보여주려고 비유를 썼을 때, 그 목적을 위하여 이야기의 꼭 한 모습을 이용하려고 고안하였다. 예수의 가르침에 관하여 많은 그릇된 아이디어가 그의 비유로부터 우화를 지어내려고 애씀으로 말미암아 생길까 싶다.)

예루살렘의 종교 지도자들은 젊은 아브라함이 최근에 전향한 결과로서, 또 베드로에게 세례 받은 세 첩자가 버리고 도망한 것 때문에 거의 미칠 지경이 되었는데, 이들은 이제 이 둘째 갈릴리 전도(傳道) 여행에서 전도사들과 함께 나다녔다. 유대인 지도자들은 두려움과 편견에 더욱 눈이 멀었고, 한편 하늘나라 복음의 매력 있는 진리를 계속 물리침으로 마음이 굳어졌다. 사람들이 깃드는 영의 호소에 귀를 막을 때, 그 태도를 고치기 위해서 할 수 있는 일은 거의 없다.

예수가 벳세다 캠프에서 전도사들을 처음 만났을 때, 연설을 마치면서 말했다: "너희는 몸과 머리 속에서—감정으로—사람들이 개별적으로 반응한다는 것을 기억해야 하느니라. 사람들에게 한 가지 한결같은 것은 깃드는 그 영이라. 신다운 영들이 얼마큼 성질과 그 체험 범위가 다를지라도, 저희는 모든 영적 호소에 한결같이 반응하느니라. 오직 이 영을 통해서, 그 영에게 호소함으로, 인류는 언제라도 통일과 형제 정신을 이룩할 수 있느니라." 그러나 유대인의 많은 지도자가 복음의 영적 호소에 마음 문을 닫았다. 이 날부터 계속, 주의 파멸을 계획하고 모의(謀議)하기를 그치지 않았다. 종교범으로서, 유대인의 신성한 율법의 으뜸 가는 가르침을 어긴 자로서, 예수를 잡아들이고 선고(宣告)하고 처형해야 한다고 확신했다.

4. 전도 여행의 진행

이 전도 여행에서 예수는 대중 활동을 거의 하지 않았지만, 야고보와 요한과 함께 어쩌다가 머무른 대부분의 도시와 마을에서, 신자들과 함께 저녁 수업을 많이 운영하였다. 이 저녁 시간 중 하나에서 새로 된 어느 전도사가 예수에게 성내는 것에 대하여 물었고, 주는 다른 말씀 중에도 이렇게 대답하였다:

"성내는 것은 무릇, 영적 성품이 지성과 육체의 두 성품을 제어하지 못한 척도를 가리키는 물질적 현상이라. 성내는 것은 너그러운 형제 사랑이 모자라고 자존심과 자제가 모자람을 가리키느니라. 성내는 것은 건강을 소모하고, 지성을 낮추며, 인간 혼을 가르치는 영 선생에게 장애가 되느니라. '진노(震怒)가 어리석은 사람을 죽이니라,' 사람은 '성이 나서 스스로를 상하느니라' 함을 너희가 성서에서 읽지 아니하였느냐? '성내는 데 더딘 자는 큰 이해심을 가졌고' 한편 '급히 성내는 자는 어리석음을 찬양하느니라' 하는 것을? '부드러운 대답이 진노를 거두느니라,' 그리고 어떻게 '모진 말이 진노를 건드리는가,' '신중함은 진노를 늦추며,' 한편 '자신을 제어할 줄 모르는 자는 담이 없고 방어할 수 없는 도시와 같다' 함을 너희가 아느니라. '진노는 잔인하며 성내는 것은 무례하니라.' '성난 사람들은 싸움을 부채질하고, 격노한 자는 계율을 많이 어기느니라.' '정신이 서둘지 말지니, 진노가 바보들의 가슴 속에서 쉬는 까닭이라.'" 말씀을 그치기 전에, 예수는 이어서 말했다: "신의 아들 지위와 어울리지 않게 동물처럼 진노를 터뜨리는 경향으로부터 영 안내자가 너희를 구원하는 데 아무 문제가 없도록, 사랑이 너희 마음을 지배하게 하여라."

바로 이 기회에 주는 그 무리에게 잘 균형된 인격을 소유하는 것이 바람직한 것에 대하여 말씀하였다. 대부분의 사람은 어떤 직업을 통달하는 데 헌신하는 것이 필요하다고 예수는 인정했다. 하지만 지나친 전문화를 향하고, 인생의 활동에서 편협하고 제한되는 쪽으로 가는 모든 경향을 한탄했다. 어떤 미덕(美德)도 실천이 지나치면, 악덕(惡德)이 될 수 있다는 사실에 주의를 불러일으켰다. 예수는 늘 절제를 외치고 일관성—생활 문제를 균형 있게 조정하는 것—을 가르쳤다. 지나친 동정심과 불쌍히 여기는 태도는 심각한 감정의 불안정으로 퇴화할 수 있다, 열심은 계속하여 광신(狂信)으로 갈 수 있다는 것을 지적하였다. 예수는 옛 동료들 중 하나에 관하여 논의했는데, 그의 상상력은 환상적이고 쓸모 없는 사업으로 이끌었다. 동시에 예수는 지나치게 보수적인 평범(平凡)의 단조로움이 주는 위험을 경고하였다.

그리고 나서 예수는 용기와 믿음의 위험에 대하여, 어떻게 때때로 이것들이 생각이 모자라는 사람들을 무모(無謀)하고 주제넘게 만드는가 강론하였다. 또한 어떻게 조심과 신중(愼重)이 너무 지나치면 비겁과 실패로 이끄는가 보여 주었다. 말씀 듣는 자들에게 비정상으로 가는 모든 성향을 피하면서, 독창성을 얻으려 애쓰라고 훈계하였다. 감상적이 되지 않고 동정심을 보이며, 신성한 체하지 않으면서 경건하라고 타일렀다. 두려움과 미신에 매이지 않는 경외(敬畏)를 가르쳤다.

동료들에게 감명을 준 것은 예수가 균형된 인격에 대하여 가르친 것이라기보다 자신의 일생이 가르침을 웅변으로 말하는 본보기였다는 사실이었다. 긴장과 폭풍 한가운데서 살았지만, 결코 흔들리지 않았다. 적들은 계속 덫을 놓았지만, 결코 그를 옭아매지 못했다. 지혜롭고 학식 있는 자들이 그를 걸려 넘어지게 하려고 애썼지만, 넘어지지 않았다. 그를 토론에 말려들게 하려 했지만, 그의 대답은 언제나 사람을 깨우치고, 위엄이 있고 단호하였다. 강론하다가 가지가지의 물음으로 중단되었을 때, 그의 대답은 언제나 의미가 깊었고 최종이었다. 적들의 계속된 압력에 맞서면서, 한 번도 비열한 술수에 기대지 않았고, 그들은 서슴지 않고 온갖 종류의 거짓되고 부당하고 옳지 않은 형태로 공격을 퍼부었다.

많은 남녀가 생계를 잇는 직업, 어떤 분명한 업무에 부지런히 힘쓰는 것이 참말이지만, 그런데도 땅에서 사는 대로, 인생에 대하여 두루 문화적 지식을 개발하는 것이 온통 바람직하다. 참으로 교육받은 사람들은 동료의 생활과 행적에 무지한 채로 있는 데 만족하지 않는다.

5. 만족에 관한 교훈

열심당원 시몬의 감독 밑에서 일하는 전도사 무리를 예수가 찾아보았을 때, 저녁 회의에서 시몬이 주께 물었다: "어째서 어떤 사람들은 남보다 훨씬 더 행복하고 만족하나이까? 만족은 종교적 체험의 문제이나이까?" 다른 것들 가운데, 시몬의 물음에 대답하여 예수는 이렇게 말했다:

"시몬아, 어떤 사람들은 남보다 자연히 더 행복하니라. 많은 것, 허다한 것이 사람이 자기 안에 사는 아버지의 영에게 기꺼이 인도(引導)와 지도를 받으려 함에 달려 있느니라. 성서에서 너는 현자의 말씀을 읽지 아니하였느냐?, '사람의 영은 주의 촛불이니, 마음 속의 모든 부분을 훑어보느니라.' 또한 영의 인도하심을 받는 사람들이 말하느니라. '경계선이 내가 기뻐하는 곳에 떨어졌구나. 옳거니, 나는 값진 유산을 물려받았구나.' '올바른 자의 작은 재산이 악한 자 여럿의 재산보다 나으니,' 왜냐하면 '착한 사람은 자신 속에서 만족할 것임이라.' '즐거운 마음은 밝은 얼굴빛이요 계속되는 잔치이라. 주를 경외하고 조금 가진 것이 큰 보물과 아울러 골칫거리를 가진 것보다 좋으니라. 사랑이 있는 곳에서 쓴 나물로 먹는 저녁밥이 미움 속에 살찐 송아지보다 낫도다. 올바르게 조금 가진 것이 바르지 않게 큰 소득을 얻는 것보다 낫도다.' '즐거운 마음은 약처럼 좋으니라.' '평온하게 한 줌 가진 것은 영이 슬프고 괴로우면서 넘치게 풍부한 것보다 나으니라.'

"사람의 많은 슬픔은 포부에서 생기는 실망, 또 자존심의 손상(損傷)으로부터 생기느니라. 땅에서 일생을 최선으로 이용하는 것이 자신에게 의무일지라도, 이렇게 성실하게 힘쓴 뒤에, 사람은 즐겁게 제 운명을 받아들이고 저희 손에 굴러 떨어진 것을 최선으로 이용하는 머리를 써야 하느니라. 사람의 허다한 문제가 자신의 타고난 마음 속에, 두려움의 흙에서 생기느니라. '사악한 자는 아무도 쫓아오지 않는데 달아나느니라.' '사악한 자는 사나운 바다와 같으니, 바다가 쉴 수 없으나 그 물이 흙탕물과 오물을 던져 올림이라. 하나님이 말씀하시되, 사악한 자에게는 평화가 없느니라.'

"그러면 거짓된 평화와 일시의 기쁨을 찾지 말고, 오히려 믿음의 확신과 신의 아들이라는 보장을 찾을지니, 이것들은 영 속에서 침착과 만족과 더할 나위 없는 기쁨을 낳느니라."

예수는 도저히 이 세상을 "눈물의 골짜기"로 여겼다고 할 수 없다. 그는 이 세상이 오히려 파라다이스로 올라가는, 영원한 불멸의 영들이 태어나는 구체, "혼을 만드는 골짜기"라고 보았다.

6. "주를 두려워하는 것"

가말라에서 저녁 회의 동안에, 빌립이 말했다: "주여, 어째서 성서는 우리에게 '주를 두려워하라' 가르치며, 한편 당신은 두려움 없이 우리가 하늘에 계신 아버지를 보기를 원하시나이까? 우리가 어떻게 이 두 가르침을 조화시켜야 하리이까?" 예수는 빌립에게 대답했다:

"아이들아, 그렇게 묻는 데 나는 놀라지 아니하노라. 시초에는 오직 두려움을 통해서 사람이 존경을 배울 수 있었느니라. 그러나 아버지의 깊고 완전한 사랑을 애정으로 인식하고 보답하는 아들의 그림 때문에, 너희가 영원자를 예배하려고 마음이 끌리도록 내가 아버지의 사랑을 드러내려고 왔노라. 노예 같이 두려워함으로 질투하고 진노하는 임금 하나님을 지겹게 섬기도록 너희를 족치는 속박으로부터 너희를 구원하고자 하노라. 애정을 가지고 공정하고 자비로운 아버지 하나님을 숭고하게, 더할 나위 없이 자유롭게 예배하는 길로 즐겁게 마음이 끌리도록, 하나님과 사람 사이에 아버지-아들 관계를 너희에게 가르치고자 하노라.

"'주를 두려워하는 것'은 두려움으로부터, 고민과 불안을 거쳐서, 경외와 존경까지 올라오면서, 연속된 여러 시대에 다른 뜻을 가졌느니라. 이제 존경으로부터, 인식(認識)과 깨달음과 감사를 거쳐서, <u>사랑에</u> 이르기까지 너희를 이끌고자 하노라. 하나님이 하시는 일만 인식할 때, 사람은 최상위를 두려워하게 되느니라. 그러나 살아 계신 하나님의 성격과 성품을 비로소 이해하고 체험할 때, 사람은 그렇게 좋고 완전한 우주의 영원한 아버지를 더욱 사랑하도록 마음이 끌리느니라. 바로 사람과 하나님의 관계를 이렇게 변화시키는 것이 땅에서 사람의 아들이 이룰 사명이니라.

"총명한 아이들은 아버지의 손에서 좋은 선물을 받으려고 아버지를 두려워하지 않느니라. 그러나 아들딸에게 아버지 애정이 명령하는 좋은 것들을 이미 풍부히 받았으므로, 사랑을 많이 받은 아이들은 그런 아낌없는 은혜를 민감하게 인식하고 이해심으로 아버지를 사랑하도록 마음이 끌리느니라. 하나님의 선하심은 뉘우침으로, 하나님의 은혜는 봉사로, 하나님의 자비는 구원으로 인도하며, 한편 하나님의 사랑은 총명한 예배, 자유로운 마음으로 드리는 예배로 인도하느니라.

"너희의 선조(先祖)는 하나님을 두려워하였으니, 그가 막강하고 신비스러웠음이라. 너희는 그를 찬미할지니, 그 사랑이 견줄 데 없고 자비가 풍부하며, 진리가 영화로움이라. 하나님의 권능은 사람의 마음 속에서 두려움을 일으키나, 그 성격의 고귀함과 올바름은 존경과 사랑과 즐거이 드리는 예배를 낳느니라. 충실하고 애정을 가진 아들은 막강하고 고귀한 아버지라도 두려워하거나 무서워하지 않느니라. 내가 온 것은 두려움의 자리에 사랑을, 슬픔의 자리에 기쁨을, 불안의 자리에 확신을, 노예 같은 속박과 의미 없는 예식의 자리에 사랑의 봉사와 감사하는 예배를 두려함이라. 그러나 어둠 속에 앉아 있는 자들에게는 '주를 두려워하는 것이 지혜의 시작이라' 하는 것이 아직도 참말이라. 그러나 빛이 더욱 충만히 왔을 때, 하나님의 아들들은 무한자가 <u>하시는 일</u> 때문에 두려워하기보다 그 <u>성품</u> 때문에 찬미하려고 마음이 이끌리느니라.

"아이들이 어리고 생각이 없을 때, 부모를 존경하라고 반드시 훈계를 받아야 하거니와 아이들이 나이가 들고 부모의 보살핌과 보호의 유익함을 얼마큼 더 이해하게 될 때, 저희는 공감하는 존경심과 늘어나는 애정을 통해서, 부모가 한 일보다 부모인 것 때문에, 부모를 실제로 사랑하는 체험 수준까지 올라가도록 인도되느니라. 아버지는 자연히 자식을 사랑하지만, 아이는 아버지가 할 수 있는 것에 대한 두려움으로부터, 경외, 불안, 의존, 존경을 거쳐서, 사랑을 이해하고 깊이 존경하기까지, 아버지를 사랑하는 마음을 길러야 하느니라.

"'하나님을 두려워하고 그의 계명을 지킬지니, 그것이 사람의 온전한 의무임이라' 하고 너희는 가르침을 받았도다. 그러나 너희에게 새롭고 더 높은 계명을 주려고 왔으니, 이렇게 너희에게 가르치고자 하노라, '하나님을 사랑하고 그의 뜻을 행하기를 배울지니, 이는 그것이 하나님의 해방된 아들들의 최고 특권인 까닭이라.' 너희의 조상은 '하나님—전능한 임금—을 두려워하라' 고 가르침을 받았으며, 나는 너희에게 가르치노니, '하나님—온통 자비로운 아버지—를 사랑하라.'

"나는 하늘나라를 선포하러 왔고, 거기에는 높고 강력한 아무 임금이 없느니라. 이 나라는 신의 집안이라. 지적(知的) 존재들의 단체, 방대한 이 단체에서 보편적으로 인정되고 아낌없이 섬김 받는 중심이자 우두머리는 내 아버지요 너희 아버지라. 나는 그의 아들이요, 너희도 또한 아들이라. 그러므로 하늘의 지위에서 너희와 내가 형제인 것이 영원히 진리요, 땅에서 사는 인생에서 육체를 입고 우리가 형제가 되었으매 더욱 그러하니라. 그러면 하나님을 임금으로 두려워하거나 주인으로 섬기지 말라. 창조자로 존경하기를 배우며, 너희 젊은 영의 아버지로 공경하며, 자비로운 변호자로 그를 사랑하라. 궁극에는 너희가 더 성숙하게 영적으로 깨닫고 감사드리는 아버지, 사랑이 깊고 전적으로 지혜로운 아버지로서 예배하라.

"하늘에 계신 아버지에 대한 너희의 그릇된 개념들로부터, 그릇된 겸손 관념이 자라고 많은 위선(僞善)이 솟아나느니라. 사람은 성품과 기원이 흙 속의 벌레일까 싶지만, 내 아버지의 영이 깃들 때, 그 사람은 운명이 신성하게 되느니라. 내 아버지가 수여하는 영은 분명히 그 신성한 근원으로, 기원이 있던 우주 수준으로 돌아가겠고, 필사자의 인간 혼은, 이 깃드는 영의 다시 태어난 아이가 되어 버릴 것이요, 그 혼은 신다운 영과 더불어, 영원한 아버지가 계신 바로 그 앞까지 확실히 올라가리라.

"하늘에 계신 아버지로부터 이 모든 선물을 받는 사람에게 겸손이 정말로 어울리느니라. 하지만 하늘나라로 영원히 올라갈 모든 그러한 믿음의 후보자에게 신다운 위엄이 붙느니라. 겉으로 드러내는 거짓된 겸손을 의미 없게 비천하게 지키는 것은 구원의 근원을 이해하고 영에게서 태어난 너희 혼의 운명을 인식하는 것과 모순되며, 하나님 앞에 겸손함은 마음 속 깊은 데서 아주 적절하니라. 사람들 앞에서 온유한 것은 칭찬할 만해도, 자의식하고 눈을 끌고 싶어하는 겸손의 위선(僞善)은 유치하며, 하늘나라의 깨우친 아들들에게 어울리지 않느니라.

"너희는 하나님 앞에서 온유하고 사람들 앞에서 자제하는 것이 좋으니라. 그러나 온유함이 영적 기원을 갖게 하고, 독선적(獨善的) 우월감을 자각하는, 스스로 속이는 전시(展示)가 되게 하지 말라. 선지자가 '하나님과 함께 겸손히 걸으라' 했을 때 지혜롭게 말하였으니, 하늘에 계신 아버지가 무한자요 영원자이기는 해도, 또한 '뉘우치는 지성과 겸손한 영과 더불어' 거하심이라. 내 아버지는 자만을 가벼이 여기고, 위선(僞善)을 몹시 싫어하며, 불의를 언짢아하시니라. 성실의 가치를 강조하고, 하늘 아버지가 사랑으로 지원하고 충실히 안내함을 완전히 신뢰함이 가치 있음을 강조하려고, 지성의 태도와 영의 반응을 보여 주는 예로서 어린아이를 내가 무척 자주 언급하였으니, 그런 태도와 반응이 필사 인간이 하늘나라의 영적 실체들로 들어가는 데 아주 필요하니라.

"'너희가 입으로는 하나님께 가까이 있어도, 마음 속에서는 멀도다' 선지자 예레미야가 말했을 때 순한 사람을 잘도 묘사하였느니라. '거기 있는 사제들은 돈을 받고 가르치며, 거기 있는 선지자(先知者)들은 돈을 받고 점을 치는도다. 동시에 저희는 경건함을 고백하고, 주가 저희와 함께 있다고 선포하는도다' 하고 이른 선지자의 끔찍한 경고를 너희는 또한 읽지 아니하였느냐. '마음 속에 해악이 있으면서 이웃에게 평화를 말하는' 자들, '입으로는 칭찬하나 마음에 두 생각을 품는' 자들에 대하여 너희는 좋이 경고를 받지 아니하였느냐? 신뢰하는 사람의 모든 슬픔 가운데, '신뢰하는 친구의 집에서 상처를 받는' 것만큼 끔찍한 일이 없느니라."

7. 벳세다로 돌아가다

시몬 베드로와 상의하고 예수의 승인을 얻어서, 안드레는 벳세다에 있는 다윗에게, 여행을 마치고 12월 30일 목요일 아무 때나 벳세다로 돌아오라는 지시를 주어 사자들을 여러 전도 집단에게 보내라고 지시했다. 비오는 그 날 저녁때가 되자, 사도 일행과 가르치는 전도사들은 모두 세베대의 집에 도착했다.

그 일행은 안식일에 함께 남아 있었고, 벳세다의 여러 집과 근처 가버나움에서 묵었으며, 그 뒤에 일행 전부가 집으로 가족들에게 돌아가거나, 친구들을 찾아보거나, 물고기를 잡으러 가도록 2주 동안 휴가를 얻었다. 함께 벳세다에서 지낸 이삼일은 정말로 상쾌하고 기운을 북돋아 주었다. 고참(古參) 선생들조차 새 전도사들이 자기 체험을 이야기할 때 교훈을 얻었다.

이 둘째 갈릴리 전도 여행에 참여한 전도사 117명 가운데, 겨우 약 75명이 실제로 체험하는 시험을 견디었고, 2주 동안의 휴가 끝에 봉사에 배치되도록 준비되어 있었다. 안드레·베드로·야고보·요한과 함께, 예수는 세베대의 집에 남아 있었고, 하늘나라의 복지와 확장에 관하여 회의하느라고 많은 시간을 보냈다.

제 150 편

세 번째 전도 여행

서기 29년 1월 16일, 일요일에, 아브너는 요한의 사도들과 함께 벳세다에 이르렀고, 이튿날 안드레와 예수의 사도들과 함께 합동 회의에 들어갔다. 아브너와 그 동료들은 본부를 헤브론에 두었고, 이 회의를 하려고 정기적으로 벳세다로 올라오는 버릇이 있었다.

이 합동 회의에서 여러 문제 가운데, 병 고치기 위한 기도와 관련하여 어떤 형태의 기름을 병자들에게 붓는 관습을 고려하였다. 다시 예수는 토론에 참여하거나 결론에 관하여 자기 의사(意思)를 밝히려 하지 않았다. 요한의 사도들은 병자와 고통받는 자를 보살피면서 바르는 기름을 썼고, 이것을 두 집단에게 통일된 관습으로 만들려고 했지만, 예수의 사도들은 그러한 규칙에 묶이려 하지 않았다.

1월 18일, 화요일에, 세 번째 갈릴리 전도 여행에 파송되기 위한 준비로, 벳세다의 세베대 집에서 스물네 사람과 단련된 전도사 약 75명이 합세하였다. 이 셋째 사명은 7주 동안 이어졌다.

전도사들은 다섯 명씩 무리를 지어 파송되었고, 한편 예수와 열두 사도는 시간의 대부분에 함께 여행했는데, 사도들은 경우가 닿는 대로 둘씩 짝지어 나가서 신자들에게 세례를 주었다. 거의 3주 동안 아브너와 그 동료들도 또한 전도사 집단과 함께 일했고, 그들에게 조언하고 신자들에게 세례를 주었다. 그들은 막달라·티베리아스·나사렛, 그리고 갈릴리 중부와 남부의 모든 주요한 도시와 마을, 즉 이전에 방문했던 모든 곳과 다른 여러 군데를 찾아보았다. 이것은 북쪽 부분을 빼고, 갈릴리에 마지막 메시지를 준 것이었다.

1. 여전도단

땅에서 산 생애와 관련하여 예수가 한 대담한 모든 일 가운데, 1월 16일 저녁에 갑작스러운 선언이 가장 놀라운 일이었다: "내일 우리는 하늘나라에 봉사하는 일을 위하여 여자 열 명을 따로 세우리라." 사도와 전도사들이 휴가를 얻어 벳세다에서 자리를 비울 2주 기간이 시작되자, 예수는 다윗에게 그의 부모를 집으로 부르고, 이전에 야영지(野營地)와 텐트 병원에서 행정 사무에 봉사했던 경건한 여인 10명을 벳세다로 부르려고 사자들을 보내라고 요청했다. 이 여인들은 모두 젊은 전도사들에게 준 가르침을 들었지만, 그들이나 그 선생들에게나, 예수가 하늘나라 복음을 가르치고 아픈 자들을 보살피라고 감히 여자들을 세우리라는 생각이 결코 머리에 떠오르지 않았다. 예수가 선택하고 임명한 이 여자 10명은 다음과 같다: 수잔나는 나사렛 회당의 옛 하잔의 딸이요, 요안나는 헤롯 안티파스의 집사 추자의 아내요, 엘리자벳은 티베리아스와 세포리스의 어느 부유한 유대인의 딸이며, 마르다는 안드레와 베드로의 누님이요, 라헬은 육체로 주의 아우 유다의 처제요, 나산타는 시리아인 의사 엘만의 딸이요, 밀가는 사도 토마스의 사촌이요, 룻은 마태 레위의 맏딸이며, 켈타는 로마인 백부장의 딸이요, 아가만은 다마스커스의 과부였다. 나중에 예수는 이 무리에 다른 두 여자—막달라 마리아, 그리고 아리마대 요셉의 딸 레베카—를 더했다.

예수는 이 여인들에게 자체를 조직하라고 인가하고서, 장비와 짐 싣는 짐승을 살 돈을 마련해 주라고 유다에게 지시했다. 열 사람은 수잔나를 단장(團長)으로, 요안나를 회계로 뽑았다. 이 때부터 계속 자기들의 기금을 마련하였고, 결코 다시 지원을 받으려고 유다에게 의존하지 않았다.

여자들이 (여인의 회랑에 국한되었다) 회당 1층에도 허락되지 않던 그 시절에, 하늘나라의 새 복음을 가르치도록 허가받은 선생으로 인정됨을 보는 것은 무척 놀라운 일이었다. 예수가 열 여인을 복음을 가르치고 봉사하라고 따로 구별했을 때, 그가 이 여자들에게 책임 선서(宣誓)를 시킨 것은 모든 여자를, 앞으로 영원히 자유롭게 만든 해방 선언이었다. 남자는 이제 더, 여자를 영적으로 열등한 사람으로 바라보아서는 안 되었다. 이것은 열두 사도에게도 명백히 충격이었다. "하늘나라에는 부자도 가난한 자도 없고, 자유로운 자도 매인 자도 없고, 남자와 여자도 없고, 모두가 똑같이 하나님의 아들딸이라" 주가 말씀하는 것을 여러 번 들었는데도, 예수가 이 열 여인을 종교 선생으로 임명하고, 그들과 함께 심지어 여기저기 여행하라고 허락할 것을 정식(正式)으로 제안했을 때, 그들은 글자 그대로 깜짝 놀랐다. 전국이 이 조치에 떠들썩하였고, 예수의 적들은 이 움직임을 크게 이용했지만, 새소식을 믿는 여자들은 어디서나 선택된 누이들을 굳게 지지했고, 종교적인 일에 여자의 자리를 이렇게 늦게나마 인정한 것에 대하여 분명한 지지(支持)를 표현했다. 사도들은 여자를 마땅히 인정하면서 이렇게 여자를 해방시키는 것을 주가 떠난 바로 뒤에는 계속하였다. 하지만 그 뒤 세대에 사람들은 옛 관습으로 돌아갔다. 그리스도교 교회의 초기를 통해서 내내, 여자 선생과 봉사자들을 여집사로 불렀고 이들은 널리 인정을 받았다. 그러나 바울이 이론(理論)으로는 이 모두를 인정한 것이 사실인데도, 결코 자기 태도에 적용하지 않았고, 실천하기가 어려움을 몸소 발견했다.

2. 막달라에서 멈추어

사도 일행이 벳세다로부터 길을 떠나자, 여자들은 뒤에서 여행했다. 회의 시간에 언제나 앞자리에, 연사(演士)의 바른쪽에 무리를 지어 앉았다. 여자들이 더욱 하늘나라 복음을 믿는 사람이 되었다. 예수나 사도들 중 하나와 개인적으로 담화하기를 바랐을 때, 이것은 많은 어려움의 근원이었고 난처한 일이 그치지 않았다. 이제 이 모두가 달라졌다. 여신도 가운데 누구라도 주를 만나거나 사도들과 의논하고 싶었을 때 수잔나에게로 갔고, 열두 여전도사 가운데 한 사람의 동반을 받아서, 당장에 주나 사도들 중 한 사람 앞으로 가곤 하였다.

막달라에서 여자들이 처음으로 쓸모 있음을 보여 주었고, 그들을 택한 것이 지혜로웠음을 입증했다. 안드레는 여자들, 특히 의심스러운 인격을 가진 자들과, 개인적으로 일하는 것에 대하여 동료들에게 오히려 엄격한 규칙을 전에 부과했다. 그 일행이 막달라에 들어갔을 때, 이 여전도사 열 명은 악덕(惡德)의 유흥지로 마음대로 들어가서 기쁜 소식을 모든 동료에게 직접 전파했다. 병자를 찾아볼 때, 이 여자들은 병든 형제들에게 봉사를 베풀면서 아주 가까이 다가갈 수 있었다. 이 곳에서 이 여인 열 명이 봉사를 베푼 결과로서, 막달라 마리아가 하늘나라에 들어오도록 설득되었다. (이들은 나중에 열두 여자로 알려졌다.) 연속해서 불행이 겹치고, 그렇게 판단을 잘못 내린 여자들에 대하여 존경받는 사회가 취한 태도의 결과로서, 이 여자는 막달라의 못된 유흥지 가운데 하나에 굴러 떨어졌다. 마르다와 라헬이 마리아에게, 그 여자 같은 사람에게도 하늘나라의 문이 열려 있다고 설명했다. 마리아는 좋은 소식을 믿었고 이튿날 베드로에게 세례를 받았다.

막달라 마리아는 이 열두 전도사 무리에서 가장 유능한 복음 선생이 되었다. 새로 전향하고 나서 약 4주 뒤에 요타파타에서 레베카와 함께, 그런 봉사를 위하여 따로 구별되었다. 마리아와 레베카는, 이 집단의 다른 사람들과 함께, 예수가 땅에서 사신 여생을 통해서 일을 계속했고, 짓밟힌 형제들을 깨우치고 정신을 높여 주기 위하여 충실하고 유능하게 수고했다. 예수 일생의 드라마에서 마지막으로 비극의 에피소드가 연출되었을 때, 사도들이 하나만 제외하고 모두 달아났는데도, 이 여인들은 모두 자리에 있었고, 한 사람도 부인(否認)하거나 저버리지 않았다.

3. 티베리아스에서 지낸 안식일

사도 일행의 안식일 예배는, 예수한테서 지시받고 나서, 안드레가 여자들의 손에 맡겼다. 물론, 이것은 예배가 새 회당에서 진행될 수 없음을 의미했다. 여자들은 이 행사의 책임을 맡으라고 요안나를 뽑았고, 그 모임은 헤롯의 새 궁전 연회실에서 열렸는데, 헤롯은 페레아의 줄리아에서 거주하면서 떠나 있었다. 요안나는 이스라엘의 종교 생활에서 여자의 일에 관하여 성서를 읽었고, 미리암·데보라·에스터, 그리고 다른 사람들을 언급했다.

그 날 저녁 늦게 예수는 통합된 집단에게 "마술과 미신"에 관하여 기억에 남는 말씀을 하였다. 그 시절에, 새롭다고 생각되는 밝은 별이 나타나는 것은 위대한 사람이 땅에 태어났음을 가리키는 징조로 여겼다. 그러한 별이 그 때 최근에 관측되었기 때문에, 안드레는 예수에게 이러한 믿음에 근거가 있는가 물었다. 안드레의 물음에 길게 대답하면서, 주는 인간의 미신(迷信)에 관한 주제 전체에 관하여 철저한 논의에 들어갔다. 이 때 예수가 하신 말씀은 다음과 같이 현대의 말투로 간추려도 좋다:

1. 하늘에서 별들의 행로는 땅에서 인간 생활의 사건과 아무 관계가 없다. 천문학은 과학에서 적절한 추구이지만, 점성술은 하늘나라 복음에서 아무 자리를 차지하지 못하는, 미신 같은 오류(誤謬)의 덩어리이다.

2. 갓 죽인 동물의 내장(內臟)을 살피는 것은 날씨나, 앞날의 사건이나, 인간사의 결과에 관하여 아무 것도 드러내지 않는다.

3. 죽은 자의 영은 살아 있는 자들 사이에, 가족이나 한때 친구였던 자들과 교통하려고 돌아오지 않는다.

4. 부적과 유물(遺物)은 병을 고치거나, 재난을 막거나, 악령들에게 영향을 미치는 데 효력이 없다. 영적 세계에 영향을 미치는 모든 그러한 물질 수단을 믿는 것은 터무니없는 미신일 뿐이다.

5. 제비 뽑는 것은 많은 사소한 문제를 해결하는 편리한 방법일지 모르지만, 신의 뜻을 드러내도록 고안된 방법은 아니다. 그러한 결과는 순전히 물질적 우연의 문제이다. 영적 세계와 교통하는 유일한 수단은, 아들이 쏟아 부은 영과 무한한 영의 두루 계시는 영향과 더불어, 인류의 영 재산, 즉 아버지의 깃드는 영(靈) 속에 담겨 있다.

6. 점치기와 요술과 마법은, 마술의 미혹과 마찬가지로, 무지한 지성들이 믿는 미신이다. 마술 숫자, 행운의 전조(前兆), 불운의 전령을 믿는 관념은 순전하고 근거 없는 미신이다.

7. 꿈의 풀이는 대체로 미신이며, 근거 없는 체계의 무지하고 환상적인 추측이다. 하늘나라의 복음은 원시 종교의 점치는 사제들과 아무 공통점이 없다.

8. 착한 영이나 악한 영들은 진흙이나 나무나 금속으로 만든 물질적 상징 안에 거할 수 없다. 우상은 그것이 만들어진 물질에 지나지 않는다.

9. 주문 외는 자, 요술사, 마술사, 마법사의 관습은 에집트인·아씨리아인·바빌로니아인, 고대 가나안 사람들의 미신으로부터 유래한다. 부적과 온갖 종류의 주문(呪文)은 착한 영들의 보호를 얻거나 악한 영이라고 생각된 것들을 쫓는 데 쓸모가 없다.

10. 그는 주문, 단련, 마술 걸기, 저주하기, 상징, 만드레이크[1], 매듭진 끈, 그리고 무지하고 사람을 노예로 만드는 온갖 다른 형태의 미신을 믿는 신앙을 폭로하고 비난했다.

4. 사도들을 둘씩 보내다

다음 날 저녁, 열두 사도, 요한의 사도들, 그리고 새로 임명한 여인들의 집단을 한데 모으고 나서, 예수는 말했다: "수확이 풍부하나 일꾼이 적은 것을 너희가 보느니라. 그러므로 수확하시는 주께 들로 더욱 많은 일꾼을 보내달라고 우리 모두 기도하자. 내가 남아서 새로 된 선생들을 위로하고 가르치는 동안, 아직 형편이 좋고 평화로운 동안에, 하늘나라 복음을 전도하면서 온 갈릴리를 빨리 지나가도록, 먼저 된 자들을 둘씩 보내고자 하노라." 그리고 나서 그가 떠나보내기 원하신 대로 사도들의 쌍을 정해 주었는데, 다음과 같다: 안드레와 베드로, 야고보와 요한 세베대, 빌립과 나다니엘, 토마스와 마태, 야고보와 유다 알패오, 열심당원 시몬과 가롯 유다였다.

예수는 나사렛에서 열두 사도를 만나는 날을 정했고, 떠나면서 말했다: "이 임무에는 어떤 이방인 도시에도 가지 말고, 사마리아에도 가지 말라. 그러나 대신에 이스라엘 집에서 길 잃은 양들에게 가라. 하늘나라 복음을 전도하고, 사람이 하나님의 아들이라는 유익한 진리를 선포하라. 제자는 도저히 선생보다 낫지 않고, 종이 주인보다 크지 않음을 기억하라. 제자가 선생과 대등하고 종이 주인과 같이 되는 것으로 넉넉하니라. 어떤 사람들이 집주인을 비엘세붑의 동료라고 감히 불렀다면, 그 집안 사람들을 얼마나 더욱 그렇게 여기겠느냐! 그러나 너희는 이 믿지 않는 적들을 두려워 말라. 내가 너희에게 선언하노니, 앞으로 드러내지 않으려고 감춘 것이 하나도 없고, 알리지 않으려고 숨긴 것이 하나도 없느니라. 내가 너희에게 몸소 가르친 것을 터놓고 지혜롭게 전도하라. 내실(內室)에서 너희에게 드러낸 것을, 때가 되면 너희가 집 꼭대기에서 선포해야 하느니라. 친구와 제자들아, 너희에게 이르노니, 몸을 죽일 수 있어도 혼을 죽일 수 없는 자들을 두려워 말라. 차라리 몸을 지탱하고 혼을 구할 수 있는 분을 너희가 신뢰하라.

"참새 두 마리가 한 페니에 팔리지 아니하느냐? 그래도 내가 선언하노니, 참새 한 마리도 하나님의 눈앞에서 잊혀지지 않느니라. 너희 머리에 바로 그 털조차 계산되었음을 모르느냐? 그러므로 두려워 말라, 너희는 허다한 참새보다 더 귀중하니라. 내 가르침을 부끄럽게 여기지 말라. 가서 평화와 선의를 선포하라, 그러나 속지 말라—평화가 반드시 너희의 전도(傳道)를 따르지는 아니하리라. 나는 땅에 평화를 주려고 왔으나, 사람들이 내 선물을 물리칠 때, 분열과 소동이 따르느니라. 한 집안 모두가 하늘나라 복음을 받아들일 때, 참으로 평화가 그 집에 머무르나, 집안에서 더러는 하늘나라에 들어가고 더러는 복음을 물리칠 때, 그러한 분열은 슬픔과 불행만 낳을 수 있느니라. 사람의 적이 집안에 있는 사람들이 되지 않도록 집안 전체를 구하려고 열심히 수고하라. 그러나 각 집안의 모두를 위하여 최선을 다하고 나서, 너희에게 선포하노니, 이 복음보다 아버지나 어머니를 더 사랑하는 자는 하늘나라에 들어갈 자격이 없느니라."

열두 사도는 이 말씀을 듣고 나서 떠나려고 준비했다. 주가 주선한 대로 예수와 다른 제자들과 만나려고 나사렛에서 모일 때까지, 다시 함께 모이지 않았다.

5. 구원을 받으려고 무엇을 해야 하나이까?

슈넴에서 어느 날 저녁, 요한의 사도들이 헤브론으로 돌아간 뒤, 예수의 사도들이 둘씩 파송된 뒤에, 주가 야곱의 지휘 밑에서 수고하고 있던 새 전도사 열두 명의 무리를 가르치느라고 몰두해 있을 때, 라헬은 열두 여인과 함께, 예수에게 이렇게 물었다: "주여, '구원을 받으려면 내가 무엇을 해야 하리이까' 하고 여자들이 물으면 우리가 어떻게 대답하리이까?" 이 물음을 듣자, 예수는 대답했다:

"남자와 여자들이 구원받기 위하여 우리가 무엇을 할까 물을 때, 너희는 대답하라. 이 하늘나라 복음을 믿고, 신이 용서함을 받아들이라. 하나님의 영이 깃드심을 믿음으로 인정할지니, 그 영을 받아들이는 것이 너를 하나님의 아들로 만드느니라. 너희는 성서(聖書)를 읽지 아니하였느냐. 거기에는 쓰였으되, '주 안에서 내가 올바름과 힘을 가지고 있노라.' 거기에 또한 아버지가 이르시되 '나의 올바름이 가까웠도다, 나의 구원이 나갔고 내 팔이 내 민족을 감싸리라.' '내 혼이 하나님의 사랑 속에서 기뻐하리니, 그가 구원의 옷으로 나를 입히고, 올바름의 예복으로 나를 덮으셨음이라.' 너희는 또한 아버지에 대하여, 그의 이름을 '우리의 올바른 주라 부를지니라,' '독선(獨善)의 더러운 걸레를 버리고 신다운 올바름과 영원한 구원의 예복으로 내 아들을 입히라'한 것을 읽지 아니하였느냐. 이것이 언제까지나 참이라, '옳은 자는 믿음으로 살리라.' 아버지의 나라에로 들어가는 것은 모두 거저이나, 그 안에서 계속하는 데는 진보—은혜 속에서 성장하는 것—이 필수이라.

"구원(救援)은 아버지의 선물이요, 아들들이 구원을 드러내느니라. 너희 편에서 믿음으로 받아들임은 너희를 신다운 성품을 같이 하는 자, 하나님의 아들이나 딸로 만드느니라. 너희는 믿음으로 옳게 되며, 믿음으로 구원받고, 바로 이 믿음으로 진취적이고 신성하게 완전한 길에서 영원히 올라가느니라. 믿음으로 아브라함은 옳게 여김을 받았고, 멜기세덱의 가르침으로 구원받았음을 깨달았더라. 모든 세월을 통해서, 바로 이 믿음이 사람의 아들들을 구하였으나 구원을 더욱 생생하고 받아들일 수 있게 하려고 이제 아들이 아버지로부터 왔느니라."

예수가 말씀을 멈추었을 때, 은혜로운 이 말씀을 들은 자들은 크게 기뻐했고, 뒤이은 여러 날 동안 모두 새 힘과 되찾은 에너지와 열심을 가지고 하늘나라 복음을 줄곧 선포하였다. 여자들은 땅에서 하늘나라를 세우는 이 계획에 그들이 포함되어 있음을 알고 더군다나 기뻐했다.

마지막 말씀을 간추려서 예수는 말했다: "너희는 구원을 돈으로 살 수 없느니라. 올바름을 벌어들일 수 없느니라. 구원은 하나님의 선물이요, 올바름은 하늘나라에서 아들 신분이 가진 생명, 영에게서 태어난 생명이 맺는 자연스러운 열매이라. 너희가 올바른 삶을 산다고 해서 구원이 예정된 것이 아니라. 오히려 이미 구원을 받았기 때문에, 아들 됨을 하나님의 선물로, 하늘나라에서 봉사함을 땅에서 일생에 최고의 기쁨으로 여겼으므로, 너희가 올바른 삶을 사느니라. 사람들이 하나님의 선하심을 드러내는 이 복음을 믿을 때, 저희는 알려진 모든 죄를 스스로 뉘우치도록 인도되리라. 아들임을 깨닫는 것은 죄를 저지르려는 욕구와 모순되며, 하늘나라를 믿는 자들은 올바름을 간절히 바라고 신다운 완전함을 목마르게 찾느니라."

6. 저녁 수업

저녁 토론 시간에 예수는 많은 주제에 대하여 이야기했다. 남은 이 여행 동안에—모두 나사렛에서 다시 합치기 전에—"하나님의 사랑," "꿈과 환상," "악의," "겸손과 온유," "용기와 충성," "음악과 예배," "봉사와 복종," "자만과 주제넘음," "용서와 뉘우침의 관계," "평화와 완전," "악하게 말하기와 질투," "악과 죄와 유혹," "의심과 불신," "지혜와 예배"에 대하여 이야기하였다. 고참 사도들이 자리에 없었기 때문에, 이 젊은 남녀들의 무리는 주와 함께 더욱 거리낌없이 이 토론에 들어갔다.

열두 전도사 한 무리와 이삼일 보낸 뒤에 예수는 자리를 떠서 또 다른 무리에 합세하곤 하였고, 다윗의 사자들로부터 이 모든 일꾼이 있는 곳과 그 움직임에 대하여 통지를 받았다. 이것이 처음 여행이었으니까, 여자들은 대부분의 시간을 예수와 함께 남아 있었다. 사자 서비스를 통해서 이 집단들은 저마다 여행의 진전에 관하여 충분히 통지받았고, 다른 집단으로부터 소식 받는 것은 흩어지고 따로 떨어진 이 일꾼들에게 언제나 용기를 북돋아 주는 근원이었다.

흩어지기 전에, 열두 사도는 전도사들과 여인단과 더불어, 3월 4일, 금요일에 주를 만나려고 나사렛에서 모이기로 미리 주선이 되어 있었다. 따라서 이 무렵에, 중부 및 남부 갈릴리의 모든 지방으로부터 이 여러 집단의 사도와 전도사들이 나사렛을 향하여 움직이기 시작했다. 오후 중반이 되어서, 마지막으로 온 안드레와 베드로는 일찍 도착한 자들이 준비하고, 그 도시의 북쪽, 고지(高地)에 자리잡은 야영지에 이르렀다. 대중 봉사를 시작한 뒤로 이번에 처음으로 예수는 나사렛을 방문했다.

7. 나사렛에서 머무르다

이 금요일 오후에 예수는 사람들 눈에 아주 띄지 않고 전혀 알아보지 못하게 나사렛 주위를 걸어다녔다. 어릴 때 살던 집과 목수 작업장을 지나쳤고, 소년이었을 때 무척 즐기던 언덕에서 반시간을 보냈다. 요단 강에서 요한에게 세례 받은 날 이후로, 사람의 아들은 혼 속에서 그러한 인간다운 감정의 큰 물결이 이는 것을 느끼지 못했다. 산에서 내려오면서, 나사렛에서 자라는 소년이었을 때 아주 여러 번 들은 것과 똑같이, 해가 지는 것을 알리는 트럼펫을 불어대는 소리, 귀에 익은 소리를 들었다. 야영지로 돌아가기 전에, 공부하러 다니던 회당 옆으로 걸어서 내려갔고, 머리 속에서 소년 시절의 여러 가지를 회상하는 데 빠졌다. 그 날 일찍, 안식일 아침 예배에 설교하도록 회당장과 주선하라고 토마스를 미리 보냈다.

나사렛 사람들은 경건함과 올바른 생활로 소문난 적이 없었다. 세월이 지나자, 이 마을은 근처 세포리스의 낮은 도덕 기준에 더욱 오염되었다. 예수의 어릴 때와 젊은 청년기를 통해서, 나사렛에서는 그에 관하여 의견이 갈라져 있었다. 가버나움으로 이사갔을 때, 사람들은 무척 분개했다. 나사렛의 주민들은 옛 목수가 한 일에 대하여 익히 소문을 듣기는 했어도, 초기 전도 여행 중에 어디에도 잔뼈가 굵은 마을을 넣지 않은 것에 비위(脾胃)가 거슬렸다. 정말로 예수의 명성을 들었지만, 대다수의 시민은 그가 어릴 때 자란 도시에서 큰 일을 하나도 하지 않았기 때문에 화가 나 있었다. 여러 달 동안 나사렛 사람들은 예수에 대하여 많이 떠들었지만, 그에 대한 의견은 대체로 좋지 않았다.

이렇게 반가이 맞는 귀향(歸鄕)이 아니라 뚜렷이 적대시하고 지나치게 비판하는 분위기 한가운데에 주는 자신이 있음을 발견했다. 그러나 이것이 전부가 아니었다. 나사렛에서 이 안식일을 보내리라는 것을 알고, 회당에서 그가 말씀하리라는 것을 짐작하고서, 적들은 그를 성가시게 하고 가능한 모든 면에서 소동을 일으키려고 거칠고 천한 수많은 사람을 고용했다.

예수의 옛 친구들의 대부분은, 어릴 때 그에게 쏙 빠졌던 하잔 선생을 포함하여, 죽었거나 이미 나사렛을 떠났고, 젊은 세대는 심한 질투로 그의 명성을 분개하는 경향이 있었다. 그가 아버지의 가족에게 예전에 헌신했던 것을 기억하지 못했고, 나사렛에서 살고 있는 동생과 시집간 누이들을 찾아보기를 소홀히 한 것을 지독하게 비난하였다. 예수의 집안이 그에 대하여 가진 태도도 또한 시민들의 불친절한 느낌을 키우는 경향이 있었다. 유대인들 가운데 정통파의 사람들은 예수가 이 안식일 아침에 회당으로 가는 길에 너무 빨리 걸었다고 해서 주제넘게 헐뜯기까지 했다.

8. 안식일 예배

이 안식일은 화창(和暢)한 날이었고, 온 나사렛, 친구와 적들이 마을의 이 옛 시민이 회당에서 말씀하는 것을 들으려고 모여들었다. 사도 수행원들 가운데 여럿이 회당 바깥에 남아 있어야 했다. 말씀을 들으려고 온 모든 사람을 위해서 자리가 없었다. 젊은이로서 예수는 이 예배 장소에서 가끔 말씀하였고, 이 날 아침에 회당장이 성서 교훈을 읽을 신성한 기록의 두루마리를 넘겨 주었을 때, 이것이 이 회당에 그가 드린 바로 그 사본(寫本)이라는 것을 거기 있는 사람들 중 아무도 기억하지 못하는 듯하였다.

이 날의 예배는 예수가 소년으로서 참석했을 때와 똑같이 진행되었다. 그는 회당장과 함께 연단에 올라갔고, 예배는 두 기도문을 낭독함으로 시작되었다: "주는 복되시니, 그는 세상의 임금이요, 빛을 짓고 어둠을 창조하시며, 평화를 주고 만물을 지으시도다. 그는 자비로움 속에서 땅과 거기에 사는 자들에게 빛을 주시며, 선하신 가운데 하루하루, 날마다 창조의 작품을 새롭게 하시도다. 그의 솜씨의 영화로움 때문에, 그리고 그를 찬미(讚美)하라고 만드신 빛, 밝게 비치는 그 빛 때문에 주, 우리의 하나님은 복되도다. 셀라. 주, 우리 하나님은 복되시니, 빛을 지으셨도다."

한 순간 멈춘 뒤에, 그들은 다시 기도했다: "큰 사랑으로 주 우리 하나님은 우리를 사랑하셨고, 우리 아버지, 우리 임금이여, 그를 신뢰한 우리 조상을 위하여, 넘쳐흐르는 동정으로 우리를 불쌍히 여기셨도다. 주는 저희에게 생명의 규율을 가르치셨으며, 우리에게 자비를 베풀고 우리를 가르치소서. 율법 속에서 우리의 눈을 밝히소서. 우리의 마음이 주의 계명에 충실하게 하소서. 주의 이름을 사랑하고 두려워하도록 우리의 마음을 하나로 만드소서. 그리하면 영원토록 우리가 부끄럽게 되지 아니하리이다. 주는 구원을 준비하시는 하나님이요, 모든 민족과 언어 가운데서 우리를 고르셨고, 주가 하나임을 우리가 사랑으로 찬미하도록, 진실하게 주의 크신 이름—셀라—가까이에 우리를 데려 오셨나이다. 주는 복되시며, 사랑으로 그의 민족 이스라엘을 택하셨도다."

그리고 나서 회중은 쉬마, 즉 유대인의 신조를 낭독했다. 이 의식은 율법에서 수많은 구절을 되풀이하는 것이요, 예배하는 사람들이 하늘나라의 멍에, 또한 낮과 밤에 적용되는 여러 계명의 멍에를 스스로 지는 것을 가리켰다.

다음에 셋째 기도가 이어졌다: "주는 야웨, 우리의 하나님이요 조상의 하나님인 것이 참이니이다. 우리의 임금, 우리 조상의 임금이며, 우리의 구원자, 우리 조상의 구원자요, 우리의 창조자, 우리를 구원하는 바위요, 우리의 도움, 우리의 구원자이로다. 주의 이름은 영원부터 계시고, 주 외에 다른 하나님이 없도다. 구원받은 자들이 새 노래를 바닷가에서 주의 이름에 맞춰 노래하나이다. 모두가 함께 찬미하고 주를 임금으로 인정하며 말하도다, 야웨가 영원토록 군림하리라. 이스라엘을 구하시는 주는 복되도다."

그리고 나서 회당장은 신성한 책들이 들은 궤, 즉 상자 앞에 자리를 차지했고, 열 아홉 가지 기도하는 찬미, 즉 축도를 낭독하기 시작했다. 그러나 이 경우에 귀빈이 강론할 시간을 더 가지도록 예배를 짧게 하는 것이 바람직했다. 따라서, 축복의 처음과 마지막만 낭독하였다. 이것이 처음이었다: "주 우리의 하나님이여, 우리 조상의 하나님, 아브라함·이삭·야곱의 하나님은 복되도다. 크고 막강하고 무서운 하나님, 자비와 친절을 보이고 만물을 지으시며, 조상에게 하신 은혜로운 약속을 기억하고, 자신의 이름을 위하여 사랑으로 저희 후손의 후손에게 구원자를 데려오시도다. 아 임금, 도와 주는 이, 구원자여, 방패여! 아, 주 야웨여, 아브라함의 방패는 복되도다!"

다음에 마지막 축복이 따랐다. "주는 임금이요 모든 평화의 주인이니, 아 그 민족 이스라엘에게 큰 평화를 언제까지나 내리소서. 항상 어느 때라도 이스라엘에게 평화로 복을 주심이 주의 눈에 보기 좋사옵나이다. 주 야웨는 복되시니, 그의 민족 이스라엘에게 평화로 복을 주시나이다." 회당장이 축도를 낭독할 때 회중은 그를 바라보지 않았다. 축도가 끝난 뒤에 그 경우에 적당한 비공식 기도를 드렸고, 이것이 끝났을 때, 모든 회중이 합쳐서 아멘 하였다.

그리고 나서 하잔은 궤로 다가가서 한 두루마리를 꺼냈고, 성서 교훈을 읽으라고 예수에게 내밀었다. 일곱 사람을 불러서 율법(律法)에서 적어도 세 구절을 읽히는 것이 관습이었지만, 방문객이 선택한 교훈을 읽도록 이 경우에 이 관습이 보류되었다. 예수는 두루마리를 받고서, 일어서서 신명기에서 읽기 시작했다: "오늘날 내가 너희에게 주는 이 계명은 너희로부터 감추어지지 않았고, 멀리 있지도 않음이

라. 그것이 하늘에 있어, 우리가 그 말씀을 듣고 행하도록 누가 우리를 위하여 하늘로 올라가서 가져올까? 하고 너희가 말하지 못하느니라. 그것이 바다 건너에 있어, 우리가 그 말씀을 듣고 행하도록 누가 우리를 위하여 바다를 건너서 그 계명을 가져올까? 하고 너희가 말하지도 못하느니라. 아니라, 네가 그것을 알고 그에 복종하도록 생명의 말씀은 너에게 무척 가까이, 아니 네가 있는 자리와 네 마음 속에도 있느니라."

그리고 율법에서 읽기를 그쳤을 때, 이사야로 눈을 돌려 읽기 시작했다: "주의 영이 내게 가까이 오시니, 가난한 자에게 좋은 소식을 전하라고 내게 기름을 부으셨음이라. 잡힌 자에게 해방과, 눈먼 자에게 눈이 다시 보임을 선포하며, 다친 자를 놓아 주고, 주의 마음에 드실 해를 선포하라고 나를 보내셨도다."

책을 덮고, 회당장에게 책을 넘겨 준 뒤에, 예수는 앉아서 사람들에게 말씀을 시작했다. 이렇게 시작했다: "오늘 이 성서가 이루어졌도다." 그리고 나서 예수는 거의 15분 동안 "하나님의 아들딸"에 대하여 말씀하였다. 많은 사람이 그 말씀을 기뻐했고, 그의 품위와 지혜에 감탄했다.

정식 예배가 끝난 뒤에, 관심이 있을까 싶은 사람들이 질문할 수 있도록 연사가 남아 있는 것이 회당에서 관습이었다. 따라서 이 안식일 아침에 예수는 질문하려고 앞으로 밀어닥치는 군중 속으로 걸어 내려왔다. 이 무리에는 해치려고 굳게 작정한 사나운 사람들이 많이 있었고, 한편 이 군중의 가장자리 근처에는 예수에게 문제를 일으키려고 고용된 저질(低質)의 사람들이 서성거리고 있었다. 바깥에서 남아 있던 많은 제자와 전도사가 이제 회당으로 밀고 들어갔고, 문제가 터지려 하는 것을 눈치채기에 느리지 않았다. 주를 멀리 이끌려 했지만, 함께 가려 하지 않았다.

9. 나사렛의 거부

예수는 회당에서 적들의 큰 군집과 드문드문 자기 추종자들에게 자신이 둘러싸여 있음을 알아차렸고, 무례한 물음과 심술궂은 농담에 응답하여 반은 유머로 대답했다: "옳도다, 나는 요셉의 아들이라. 나는 목수요, 너희가 나로 하여금 '의사여, 자신을 고치라' 하는 속담을 생각나게 하느니라. 너희가 들은 바 내가 가버나움에서 했다는 것을 나사렛에서 하라고 도전하는 데 놀라지 않거니와, '선지자는 제 나라와 자신의 민족 바깥에서, 명예가 없지 않도다' 성서도 선언하는 것을 너희가 증언하라고 요청하노라."

그러나 그들은 예수를 떠밀고, 비난하는 손가락으로 그를 가리키면서 말했다: "너는 나사렛의 사람들보다 네가 더 낫다고 생각하느니라. 우리를 떠났지만, 네 동생은 평범한 일꾼이요, 네 누이들은 아직도 우리와 함께 사느니라. 우리는 네 어머니 마리아를 아노라. 오늘날 저희가 어디 있느냐? 너에 관하여 우리는 큰 소문을 들으나, 우리가 눈여겨보니, 네가 돌아와서 아무 기적도 행하지 않느니라." 예수는 대답했다: "내가 자란 도시에서 사는 사람들을 내가 사랑하고, 너희가 모두 하늘나라로 들어가는 것 보기를 내가 기뻐하겠지만, 하나님의 일을 하는 것은 내가 결정할 일이 아니라. 은혜로 생기는 변화는 받는 자들의 살아 있는 믿음에 반응하여 일어나느니라."

자신의 사도들 중 하나, 열심당원 시몬이 술책의 실수를 저지르지 않았더라면, 예수는 군중을 좋은 성품으로 다루고 사나운 적들도 효과적으로 가라앉혔을 것이다. 시몬은 새로 된 전도사들 가운데 하나, 나홀의 도움을 얻어서, 군중 가운데서 예수의 친구들 한 집단을 그 동안에 모았고, 호전적 태도를 취하면서 적들에게 떠나라고 주의를 주었다. 부드러운 대답이 진노를 거둔다는 것을 예수가 사도들에게 오래 가르쳤지만, 추종자들은 사랑하는 선생, 마음에 우러나서 주라고 부르는 분이, 그렇게 무례하고 멸시하는 대접을 받는 것을 차마 볼 수 없었다. 이것은 너무 지나쳤다. 그들은 격하고 맹렬한 분개심을 나타내게 되었고, 이 모두가 사악하고 천한 회중 가운데서 폭도 정신을 건드리는 방향으로 가기만 했다. 그래서, 돈 받은 건달들의 지휘 아래서, 이 깡패들은 예수를 붙잡고 회당 바깥으로, 근처의 가파른 산 벼랑까지 몰아세웠고, 거기서 가장자리를 넘어서 밑으로 떨어져 죽으라고 밀어 버릴 생각이었다. 그러나 벼랑 가장자리로 바야흐로 밀려고 했을 때, 예수는 붙잡은 자들에게 갑자기 돌아서서, 마주보고, 조용히 팔짱을 끼었다. 아무 말도 하지 않았지만, 앞으로 걷기 시작하자, 폭도는 갈라졌고 건드리지 않고 지나가도록 버려두었을 때, 친구들은 놀라움을 금치 못했다.

제자들의 수행을 받으며 예수는 야영지로 진행했고, 거기서 사람들이 이 모든 일에 대하여 이야기했다. 예수가 지시한 대로, 이튿날 일찍 가버나움으로 돌아가려고 그 날 저녁에 준비했다. 셋째 대중 전도가 이렇게 시끄럽게 끝난 것은 예수의 모든 추종자에게 정신이 번쩍 들게 하는 효과를 가졌다. 주의 어떤 가르침의 의미를 비로소 깨닫고 있었다. 많은 슬픔과 쓰라린 실망을 통해서야 하늘나라가 오리라는 사실에 눈을 뜨고 있었다.

이 일요일 아침에 나사렛을 떠났고, 다른 길로 여행하면서, 3월 10일 목요일 한낮이 되어서, 모두가 마침내 벳세다에 모였다. 열심이 있고 만사를 정복하는 한 떼의 승리한 십자군이 아니라, 정신이 들고 심각해진 무리, 꿈에서 깨어난 진리 복음 전도사로서, 함께 왔다.

주: 1. 뿌리가 인체의 모습을 연상케 하여 미신의 대상이 된 가지과 식물.

제 151 편

바닷가에서 머무르며 가르치다

3월 10일이 되기까지, 전도하고 가르치는 모든 집단이 벳세다에 모여들었다. 목요일 밤과 금요일에, 그들 중에 여럿이 물고기를 잡으러 나갔고, 한편 안식일에 다마스커스의 어느 나이 든 유대인이 조상 아브라함의 영광에 대하여 강연하는 것을 들으러 회당에 참석했다. 예수는 이 안식일의 대부분을 혼자서 산에서 지냈다. 그 토요일 밤에 주는 모여든 무리에게 "역경의 사명과 실망의 영적 가치"에 대하여 한 시간이 넘도록 이야기했다. 이것은 기억할 만한 행사였고, 말씀을 들은 자들은 나누어 준 교훈을 결코 잊지 않았다.

예수는 나사렛에서 최근에 거절당한 슬픔에서 온전히 회복하지 못했다. 사도들은 여느 때처럼 즐거운 태도에 섞인 특이한 슬픔을 알아차렸다. 야고보와 요한은 상당히 오랫동안 함께 있었고, 베드로는 새 전도단의 복지와 지도에 관계되는 여러 책임에 눈코 뜰 새가 없었다. 예루살렘에서 유월절을 지내려고 떠나기 전에 이 기다리는 동안에, 여자들은 집집마다 찾아다니며, 가버나움과 그 주위의 여러 도시와 마을에 아픈 사람들을 돌보면서 보냈다.

1. 씨 뿌리는 자의 비유

이 무렵에 예수는 주위에 무척 자주 모여든 군중을 가르치는 비유 방법을 처음으로 쓰기 시작했다. 사도 및 다른 사람들과 함께 밤이 늦도록 이야기했기 때문에, 이 일요일 아침에 거의 아무도 아침을 먹으려고 일어나지 않았다. 그래서 바닷가로 나가서, 안드레와 베드로의 옛 고기잡이 배, 언제나 예수가 뜻대로 쓰도록 둔 배 안에서 혼자 앉아 있었고, 하늘나라를 펼치는 일에서 취해야 할 다음 행동에 관하여 명상했다. 그러나 주는 오래도록 혼자 있게 되지 않았다. 금방 사람들이 가버나움과 이웃의 여러 마을에서 도착하기 시작했고, 아침 10시가 되어서는, 거의 1천 명이 물가에, 예수의 배 가까이 모여들었고, 주의를 끌려고 아우성쳤다. 베드로는 이제 일어나서, 배 있는 데로 가면서, 말했다. "주여, 내가 저희에게 이야기하리이까?" 그러나 예수가 대답했다, "아니라, 베드로야, 내가 저희에게 이야기를 해 주리라." 그리고 나서 예수는 씨 뿌리는 자의 비유를 비로소 이야기했고, 이것은 따라다닌 군중에게 가르친 긴 시리즈의 그런 첫 비유 중에 하나였다. 이 배는 높이 세워진 자리가 있었고, 물가에 모인 군중에게 이야기하는 동안 (가르칠 때 앉는 것이 버릇이었으니까) 예수는 거기에 앉았다. 베드로가 몇 마디 한 뒤에, 예수는 입을 열었다:

"어느 씨 뿌리는 자가 뿌리러 나갔다가 씨를 뿌리자, 더러는 길가에 떨어져 발에 짓밟히고 하늘의 새들이 삼켰는지라. 다른 씨는 흙이 거의 없는 돌밭에 떨어졌고, 흙이 깊지 않으므로 즉시 싹이 났으나, 해가 비치자마자, 물기를 빨아들일 뿌리가 없어 말라 버렸더라. 다른 씨는 가시나무 사이에 떨어져서 가시나무가 자라자 그 씨가 숨이 막혀 결실하지 못하였더라. 또 다른 씨는 좋은 땅에 떨어져서 자라서 30배, 60배, 100배 정도 결실하였더라." 이 비유 말씀을 마치고 나서, 군중에게 말했다. "들을 귀가 있는 자는 들을지어다."

사도들, 그리고 함께 있던 자들은, 예수가 이 방법으로 사람들을 가르치는 것을 듣고서 크게 어리둥절하였다: 자기들끼리 많이 이야기를 나눈 뒤에, 그 날 저녁 세베대의 집 뜰에서 마태가 말했다: "주여, 군중에게 당신이 제시하는 아리송한 말씀의 뜻이 무엇이나이까? 진리를 찾는 자들에게 어찌하여 당신은 비유로 말씀하시나이까?" 예수는 대답했다:

"내가 참고서 이제까지 너희를 가르쳤노라. 너희에게는 하늘나라의 신비를 아는 것이 허락되었으나, 깨닫지 못하는 군중과 우리의 멸망을 추구하는 자들에게는 이제부터, 하늘나라의 신비를 비유로 제시하리라. 우리가 이렇게 하리니, 정말로 하늘나라에 들어가기를 바라는 자들은 그 가르침의 뜻을 헤아리고, 따라서 구원을 얻으며, 한편 오직 우리를 옭아매려고 우리 말에 귀를 기울이는 자들은 보아도 보지 못하고 들어도 듣지 못하는 까닭에 저희가 더욱 어리둥절하게 될까 함이라. 아이들아, 너희는 영의 법칙을 깨닫지 못하느냐. 가진 자는 풍부하게 가지도록 받겠거니와 없는 자는 그가 가진 것조차도 빼앗기리라, 그 법칙이 선포하느니라. 그러므로 이제부터 많은 것을 사람들에게 비유로 말하리니, 우리의 친구들과 진리를 알고 싶어하는 자들은 찾는 것을 발견하려니와 우리의 적들과 진리를 사랑하지 않는 자들은 들어도 알아듣지 못하게 하기 위함이라. 이 사람들 가운데 여럿이 진리의 길을 따르지 않느니라. 선지자가 '이 민족의 마음은 살졌고 귀는 어두워 듣지 못하며, 진리를 헤아리고 마음 속에서 이해할까 두려워 눈을 가렸음이라' 하였을 때, 정말로 그렇게 깨닫지 못하는 모든 사람을 묘사하였느니라."

사도들은 주의 말씀의 중요성을 넉넉히 알아듣지 못했다. 안드레와 토마스가 예수와 함께 더 이야기하는 동안, 베드로와 다른 사도들은 뜰의 다른 구석으로 물러가서, 거기서 진지하게 길어진 토론에 들어갔다.

2. 비유의 풀이

베드로와 그 주위에 있던 무리는 씨 뿌리는 자의 비유가 우화(寓話)이다, 각 모습에 어떤 감추어진 의미가 있다는 결론에 이르렀고, 그래서 예수에게 가서 설명해 달라고 청하려고 작정하였다. 따라서 베드로는 주께 다가가서 말했다. "우리는 이 비유의 뜻을 깨우칠 수 없고, 하늘나라의 비밀을 아는 것이 우리에게 허락되었다고 말씀하시니, 우리에게 풀이해 주시기를 바라나이다." 이 말을 듣고, 예수는 베드로에게 말했다: "이 사람아, 나는 너희에게 주지 않고 보류하고 싶은 것이 하나도 없지만, 먼저 너희가 무엇에 관하여 이야기하고 있었는가 내게 이르면 어떠하겠느냐, 그 비유를 너는 어떻게 풀이하느냐?"

한 순간 침묵이 흐른 뒤에 베드로는 말했다: "주여, 우리는 그 비유에 대하여 많이 이야기했고, 이것이 내가 결정한 풀이이나이다. 씨 뿌리는 자는 복음을 전도하는 자요, 씨앗은 하나님의 말씀이나이다. 길 옆에 떨어진 씨앗은 복음의 가르침을 알아듣지 못하는 자들을 가리키나이다. 굳은 땅에 떨어진 씨앗을 빼앗아 간 새들은 사탄, 즉 악마를 대표하고, 이 무지(無知)한 사람들의 가슴 속에 뿌려진 것을 훔쳐 가나이다. 돌밭에 떨어졌다가 아주 갑자기 튀어나온 씨앗은 겉치레하고 생각이 모자라는 자들을 대표하니, 저희가 기쁜 소식을 들었을 때 기쁨으로 메시지를 받아들이지만, 깊이 이해하기까지 진리가 아무런 진짜 뿌리를 내리지 못하기 때문에 저희의 헌신은 시련(試鍊)과 박해에 부딪쳐서 잠시 있다 없어지나이다. 시련이 닥쳐올 때 이 신자들은 넘어지고, 유혹받을 때 저버리나이다. 가시나무 사이에 떨어진 씨앗은 말씀을 기꺼이 받아들이지만 세상의 걱정거리와 속이는 재산으로 하여금 진리의 말씀에 숨통을 막아서 열매 맺지 못하도록 버려 두는 자를 가리키나이다. 자, 좋은 땅에 떨어지고 싹이 나서, 30배, 60배, 100배 정도 열매 맺은 씨앗은, 진리를 들었을 때—저희의 다른 지적(知的) 자질 때문에—다른 정도로 이해하며 진리를 받아들이고, 따라서 다른 정도의 이 종교적 체험을 나타내는 자들을 대표하나이다."

베드로가 비유를 풀이한 것을 들은 뒤에, 예수는 다른 사도들에게 제안이 없는가 물었다. 이 초청에 오직 나다니엘이 응답하여 말했다: "주여, 시몬 베드로가 그 비유를 풀이한 것에 많은 좋은 것을 인정하지만, 그와 의견이 완전히 같지는 않나이다. 이 비유에 대하여 내가 가진 생각은 이러하나이다: 씨앗은 하늘나라의 복음을 대표하며, 씨 뿌리는 자는 하늘나라의 사자들을 나타내나이다. 길가에 굳은 땅에 떨어진 씨앗은, 그 메시지에 관심 없는 자와 마음이 굳어진 자들과 더불어, 복음을 조금만 들은 자를 대표하나이다. 길가에 떨어진 씨앗을 채어 간 하늘의 새들은 사람의 생활 버릇, 악의 유혹, 육체의 욕구를 나타내나이다. 돌 틈에 떨어진 씨앗은 새로운 가르침을 재빨리 받고, 이 진리에 부끄럽지 않게 사는 데 생기는 어려움과 현실에 부딪쳤을 때, 진리를 마찬가지로 재빨리 포기하는 감정적인 혼들을 나타내고, 저희는 영적 이해가 모자라나이다. 가시나무 사이에 떨어진 씨앗은 복음의 진리에 마음이 끌리는 자를 대표하는데, 가르침을 따를 생각이 있어도, 인생의 자부심, 질투, 시샘, 그리고 인간 존재에서 생기는 걱정으로 방해를 받나이다. 좋은 땅에 떨어지고, 싹이 나서, 30배, 60배, 100배 정도 열매 맺는 씨앗은 다른 자질의 영적 빛을 소유한 남녀들이 진리를 알아듣고 그 영적 가르침에 반응하는 능력, 자연스럽고 정도가 다른 능력을 대표하나이다."

나다니엘이 말을 마치자, 사도들과 그 동료들은 심각한 토론에 빠졌고 진지하게 논쟁에 들어갔는데, 더러는 베드로의 해석이 옳다고 우기고, 한편 거의 같은 수는 나다니엘의 해석을 변호하려 했다. 그 동안에 베드로와 나다니엘은 집으로 물러갔고, 거기서 한 사람이 다른 사람을 확신시키고 생각을 바꾸게 하려고 힘차고 굳세게 노력했다.

주는 이 혼란에서 가장 맹렬한 표현이 튀어나오는 때가 지나도록 버려 두었고, 그리고 나서 손바닥을 치고 그들을 주위에 불렀다. 모두 다시 한 번 주위에 모이자 말했다: "내가 이 비유에 대하여 너희에게 이르기 전에, 누구라도 할 말이 있느냐?" 한 순간 침묵이 흐른 뒤에, 토마스가 입을 열었다: "예, 주여, 내가 몇 마디 하고자 하나이다. 한 번 당신이 바로 이것을 조심하라고 우리에게 이르신 것을 나는 기억하나이다. 우리가 설교하려고 예를 들 때, 우리는 우화(寓話)가 아니라, 참

이야기를 써야 하며, 사람들에게 가르치기를 바라는 핵심적이고 아주 중요한 한 가지 진리를 보여 주기에 가장 적당한 이야기를 골라야 한다는 것, 그 이야기를 그렇게 이용하고 나서, 그 이야기에 들어간 모든 자질구레한 세부를 영적으로 적용하려고 애써서는 안 된다고 가르치셨나이다. 내가 보기에는, 이 비유를 풀이하려는 시도에서 베드로와 나다니엘은 모두 틀렸나이다. 이렇게 하는 저희의 능력을 내가 칭찬하지만, 자연 비유가 그 모든 세부(細部)에서 영적으로 비슷한 것을 낳게 하려는 모든 그러한 시도는, 혼란을 일으키고 그런 비유의 참 목적을 심각하게 오해하게 만들 수 있을 뿐이라고 나는 똑같이 확신하나이다. 한 시간 전에 우리 모두가 한 생각이었지만, 이제는 우리가 따로 두 집단으로 나누어진 사실이 내가 옳음을 넉넉히 증명하나이다. 두 집단이 이 비유에 관하여 다른 의견을 가졌고, 너무나 열심히 그런 의견을 가져서, 그것이 내 생각에는, 당신이 이 비유를 군중에게 발표할 때, 또 나중에 우리에게 논평하라고 요청했을 때, 당신이 의도했던 큰 진리를 우리가 충분히 깨닫는 능력에 방해가 되나이다."

토마스가 한 말은 모두에게 찬물 끼얹는 효과를 가졌다. 예수가 이전에 여러 번 가르친 것을 생각나게 했고, 예수가 다시 말씀을 시작하기 전에, 안드레가 일어나서 말했다: "내 생각에는 토마스가 옳다고 보나이다. 씨 뿌리는 자의 비유에 그가 무슨 의미를 붙이는지 그가 일러 주기를 바라나이다." 예수가 토마스에게 말하라고 손짓한 뒤에, 그는 말했다: "형제들아, 나는 이 토론을 길게 끌기를 바라지 않지만, 너희가 바란다면 말하리니, 내 생각에는 한 가지 큰 진리를 우리에게 가르치려고 주가 이 비유를 말씀하셨는지라. 우리가 아무리 충실하고 효과적으로 신성한 임무를 집행한다고 해도, 하늘나라 복음을 가르치는 데에는 다른 정도의 성공이 따르리라는 것, 모든 그런 결과의 차이는 직접적으로, 베푸는 봉사의 상황에 본래부터 있는 조건 때문이요, 그러한 조건을 거의 또는 도무지 통제할 수 없느니라."

토마스가 말을 마치고 나서, 동료 설교자들의 대다수는 쉽게 동의하려 했고, 베드로와 나다니엘조차도 그와 말하려고 가고 있었는데, 그 때 예수가 일어나서 말했다: "잘했도다, 토마스야, 너는 비유의 참 의미를 헤아렸도다. 그러나 베드로와 나다니엘이 내 비유로부터 우화를 만들려고 시도하는 위험을 아주 넉넉히 보여 주었으니, 저희는 똑같이 잘했느니라. 마음 속에서 때때로 너희가 그렇게 추측하는 상상의 날개를 펼치는 것이 유익할까 하지만, 대중을 가르치는 일의 일부로서 그런 결론을 제공하려고 애쓸 때 너희는 잘못하느니라."

긴장이 풀렸기 때문에, 베드로와 나다니엘은 서로의 해석을 축하했고, 알패오 쌍둥이를 빼고, 사도들은 각자 그 날 밤에 잠자리에 들기 전에 씨 뿌리는 자의 비유를 과감하게 풀이해 보려고 했다. 가룟 유다조차도 매우 그럴듯한 해석을 내놓았다. 열둘은 때때로, 자기들끼리, 우화를 풀이하듯, 주가 말씀하신 여러 비유를 이해하려고 애쓰곤 했지만, 다시는 결코 그런 추측을 심각하게 여기지 않았다. 이것은 사도들과 그 동료들에게 매우 유익한 시간이었고, 이 때부터 계속 대중을 가르치는 것과 연결하여, 예수가 비유를 점점 더 이용했기 때문에 더군다나 그랬다.

3. 비유에 대하여 더 말씀하심

사도들의 머리는 비유에 파묻혀 있었고, 너무 그래서 다음 날 저녁 전부가 비유를 더 토론하는 데 쓰였다. 예수는 저녁 회의를 이 말씀으로 서두(序頭)를 꺼냈다:

"사랑하는 자들아, 진리를 발표하는 것은 너희 앞에 있는 지성과 마음에 맞도록 반드시 가르침을 다르게 만들어야 하느니라. 다른 지능과 성질을 가진 대중 앞에 설 때, 각 등급의 듣는 사람들을 위하여 다른 말씀을 할 수 없지만, 가르침을 전하는 한 이야기를 할 수 있느니라. 각 무리, 아니 각 개인조차, 자신의 지적·영적 자질에 따라서 너희의 비유를 제 나름대로 풀이할 수 있느니라. 너희의 빛이 빛나게 해야 하지만 지혜롭고 신중하게 그렇게 하여라. 아무도 등불을 켤 때, 그릇으로 덮거나 침대 밑에 두지 않고 등불을 받침 위에 두나니, 거기서 모두가 그 빛을 볼 수 있느니라. 너희에게 이르노니, 하늘나라에서는 분명히 밝혀지지 않아야 할 것은 하나도 감춰지지 않았고, 궁극에 알려져서는 안 될 비밀이 하나도 없느니라. 궁극에는 이 모든 것이 빛에 드러나리라. 군중, 그리고 군중이 어떻게 진리를 듣는가 하는 것만 생각하지 말고, 또한 너희가 어떻게 듣는가 자신에게 눈을 돌리라. 내가 여러 번 너희에게 말했음을 기억하라: 가진 자는 더욱 받겠고, 가지지 않은 자는 그가 가졌다고 생각하는 것마저 빼앗기리라."

비유에 대한 이어진 토론, 그 해석에 관한 계속된 가르침은 현대의 말투로 다음과 같이 간추리고 표현해도 좋다:

1. 예수는 복음의 진리를 가르치는 데 꾸며낸 이야기나 우화(寓話)를 쓰지 말라고 조언하였다. 그는 비유, 특히 자연 비유를, 아낌없이 쓰기를 추천했다. 진리를 가르치는 수단으로서, 자연 세계와 영적 세계 사이에 존재하는 <u>유사성</u>을 이용하는 것이 가치 있다고 강조했다. 자연스러운 것이 "영 실체들의 비현실적이고 휙 지나가는 그림자"라고 자주 언급했다.

2. 예수는 히브리 성서로부터 서너 가지 비유를 말씀했고, 이 교육 방법이 온통 새롭지는 않다는 사실에 주의를 불러일으켰다. 그러나 이때부터 이용한 바와 같이, 비유는 거의 새로운 교육 방법이 되었다.

3. 사도들에게 비유의 가치를 가르치면서, 예수는 다음 몇 가지에 주의를 불러일으켰다:

비유는 광대하게 다른 수준의 지성과 영에게 동시에 호소하는 힘을 마련해 준다. 비유는 상상력을 자극하고 분별에 도전하며, 비판하는 생각을 촉진한다. 비유는 적대 감정을 일으키지 않으면서 동정심을 조장한다.

비유는 알려진 것으로부터 알려지지 않은 것을 깨우치는 곳까지 진행한다. 비유는 영적이고 초물질인 것을 소개하는 수단으로서, 물질적이고 자연스러운 것을 이용한다.

비유는 치우치지 않은 도덕적 결정을 쉽게 만든다. 비유는 많은 편견을 피하고 새로운 진리를 머리 속에 품위 있게 넣으며, 개인적 분개로 생기는 자기 방어를 최소로 자극하면서 이 모든 것을 이룬다.

비유의 유사성(類似性)에 담긴 진리를 물리치는 것은 의식하는 지적 활동을 요구하며, 사람의 정직한 판단과 정당한 결정을 직접 무시한다. 비유는 듣는 감각을 통해서, 생각을 강요하도록 기여한다.

비유 형태의 가르침을 쓰는 것은 그 선생으로 하여금 새로운, 아니 놀랍기도 한 진리를 내놓게 만들며, 한편 동시에 모든 논쟁을, 전통과 확립된 권한과 겉으로 부딪치는 일을 대체로 피한다.

비유는 또한 나중에 똑같은 익숙한 장면과 마주칠 때, 가르친 진리의 기억을 자극하는 이점을 가진다.

이 방법으로 예수는 대중을 가르칠 때, 따르는 사람들이 점점 더 그가 비유를 쓰는 버릇의 근본적 이유를 많이 알게 하려고 애썼다.

저녁 수업이 끝날 무렵에, 예수는 씨 뿌리는 자의 비유에 대하여 처음으로 논평했다. 그 비유가 두 가지를 언급한다고 했다: 첫째로, 그 때까지 자신이 봉사한 것의 평가였고, 땅에서 여생 동안에 자기 앞에 놓인 것의 예측이었다. 둘째로, 또한 시간이 지남에 따라서 사도들과 다른 하늘나라 사자들이 대대로 봉사하면서 기대할까 싶은 것에 관한 힌트였다.

예수는 또한 그가 한 일이 모두 악령과 악마 임금의 도움을 얻어서 이루어졌다고 가르치는, 예루살렘의 종교 지도자들의 세심한 노력에 대하여 가능한 최선의 반박으로서, 비유를 쓰는 데 의존했다. 그 시절의 사람들이 모든 자연 현상을 영적 존재들과 초자연 물력이 직접 행위하여 생긴 산물이라고 보았으니까, 자연에 호소하는 것은 그러한 가르침에 대한 반박이었다. 또한 이 교육 방법을 택한 것은 그로 하여금 더 나은 길을 알고 싶어하는 자들에게 중대한 진리를 선포하게 하였고, 동시에 적들이 기분 상하고 그를 고발할 구실을 찾을 기회를 적게 주기 때문이었다.

밤 동안에 그 무리를 해산하기 전에, 예수는 말했다: "이제 내가 씨 뿌리는 자의 비유의 마지막을 너희에게 이르리라. 너희가 어떻게 받아들일까 알려고 너희를 시험하고 싶노라: 하늘나라는 또한 땅에 좋은 씨앗을 던지는 사람과 같으니라. 밤에는 자고 낮에는 일에 몰두하는 동안, 그 씨가 싹트고 자랐고, 비록 어찌 그렇게 되었는지 알지 못했으나, 그 식물이 열매를 맺게 되었더라. 처음에 잎이 나고, 다음에 이삭이, 다음에 이삭에서 제대로 알곡이 생겼더라. 그리고 나서 곡식이 익었을 때, 낫을 휘둘렀고 추수가 끝났느니라. 들을 귀가 있는 자는 들을지어다."

여러 번 사도들은 머리 속에서 이 말씀을 숙고해 보았지만, 주는 씨 뿌리는 자의 비유에 덧붙인 이 말씀을 다시 언급하지 않았다.

4. 바닷가에서 말씀한 다른 여러 비유

이튿날 예수는 다시 배에서 사람들을 가르치며 말했다: "하늘나라는 밭에 좋은 씨앗을 뿌린 사람과 같으니라. 그러나 그가 자는 동안, 적이 와서 밀 사이에 잡초를 뿌리고 서둘러 사라졌고, 그래서 어린 잎이 솟아나고 나중에 열매를 맺으려 했을 때 잡초들도 또한 생겼더라. 그러자 이 주인의 종들이 와서 말하되, '주여, 밭에 당신이 좋은 씨앗을 뿌리지 아니하였나이까? 그러면 어디서부터 이 잡초들이 오나이까?' 그가 종들에게 대답하되, '적이 이 일을 하였도다.' 그러자 종들이 주인에게 묻되, '우리가 나가서 이 잡초들을 뽑아 버리기를 원하시나이까?' 그러나 그가 대답하였더라. '아니라, 잡초들을 모으면서 너희가 밀까지 뿌리를 뽑을까 두려우니라. 차라리 거둘 때까지 모두 자라게 버려 두라. 그 때 거두는 자들에게 이르리니, 가서 먼저 잡초들을 모으고, 다발로 묶어 불태우고, 그리고 나서 밀을 거두어 내 창고에 저장하라.'"

사람들이 몇 마디 묻고 난 뒤에 예수는 또 다른 비유를 말했다: "하늘나라는 사람이 자기 밭에 뿌린 겨자 씨앗 같으니라. 자, 겨자씨는 씨들 가운데 가장 적으나,

제대로 자라면, 모든 풀 가운데 가장 크게 되고, 나무 같아서 하늘의 새들이 와서 그 가지에서 쉴 수 있느니라."

"하늘나라는 또한 누룩과 같으니, 한 여인이 누룩을 가져다가 가루로 세 그릇에 감추어 두었고, 이 방법으로 가루 전부가 부풀려졌느니라."

"하늘나라는 또한 밭에 감추어진 보물과 같으니라. 한 사람이 보물을 발견하였더니, 기뻐하면서 밭 살 돈을 마련하려고 전 재산을 팔러 갔더라."

"하늘나라는 또한 참한 진주를 찾고 있는 상인과 같으니, 큰 값어치가 있는 진주를 찾고 나서, 특별한 그 진주를 살 수 있도록 가진 것을 모두 팔려고 나갔더라."

"또, 하늘나라는 바다 속에 던진 후릿그물 같으니, 온갖 종류의 물고기를 거두었더라. 이제, 그물이 찼을 때, 어부들이 바닷가에 당겨 놓고, 거기에 앉아서 물고기를 추려 내며, 좋은 것은 그릇에 모으고, 나쁜 것은 던져 버렸더라."

예수는 많은 다른 비유를 군중에게 이야기하였다. 사실은, 이 때 이후로, 이 수단 외에 대중을 가르치는 일이 드물었다. 비유로 공석에서 청중에게 말씀한 뒤에, 저녁 수업 동안에, 사도와 전도사들에게 가르침을 더욱 자세하고 분명하게 풀이했다.

5. 케레사를 방문하다

군중이 그 주 내내 계속 불어났다. 안식일에 예수는 서둘러 산으로 갔지만, 일요일 아침이 다가왔을 때, 군중이 돌아왔다. 베드로가 설교한 뒤에, 예수는 오후에 일찍 말씀했고, 말씀을 마치자 사도들에게 말했다: "내가 군중에 지쳤으니, 우리가 하루를 쉬도록 저편으로 건너가자."

호수를 건너가는 길에 사납고 갑작스러운 폭풍을 하나 만났는데, 이것은 특히 해마다 이 계절에 갈릴리 바다의 특징이었다. 이 수역(水域)은 해면 밑으로 거의 210미터이고, 특히 서쪽에 높은 둑으로 둘러싸여 있다. 호수로부터 산으로 이끄는 가파른 골짜기들이 있었고, 낮 동안에 호수 위에서 수직(垂直) 기류로 뜨거워진 공기가 올라옴에 따라서, 해가 진 뒤에 골짜기의 식는 공기가 호수로 급히 쏟아져 내려오는 경향이 있다. 이 강풍은 재빨리 오고, 때로는 똑같이 갑자기 사라진다.

바로 그러한 저녁 강풍이 이 일요일 저녁에 예수를 맞은편으로 실어 나르는 배를 낚아채었다. 새로 된 전도사들을 더러 실은 다른 배 세 척이 뒤에서 쫓아오고 있었다. 서쪽 물가에는 폭풍의 증거가 도무지 없었고, 호수의 이 지역에 국한되었는데도 이 폭풍우는 심했다. 바람이 너무 세서 물결이 배 위를 넘실거리기 시작했다. 사도들이 돛을 말 수 있기 전에, 센 바람이 돛을 찢어 버렸고, 2.4킬로미터가 조금 넘게 떨어진 해안으로 힘들여 저어 가는 동안, 이제 노에만 전적으로 매달렸다.

그 동안에 예수는 머리 위의 작은 해 가리개 밑에서, 배의 고물에서 잠이 들었다. 벳세다를 떠났을 때 주는 지쳐 있었고, 휴식을 얻으려고 그들에게 배를 띄워 건너편으로 그를 싣고 가라고 지시하였다. 이 왕년의 어부들은 힘세고 노를 젓는데 노련했지만, 이것은 그들이 일찍이 만난 가장 사나운 강풍의 하나였다. 바람과 물결이 배를 마치 장난감 배처럼 이리저리 던졌어도, 예수는 꼼짝 않고 계속 자고 있었다. 베드로는 고물 가까이 바른편 노를 저었다. 배가 비로소 물로 차자, 베드로는 노를 놓고 예수에게 달려가서, 깨우려고 사납게 흔들었고, 깨어나자 베드로가 말했다: "주여, 우리가 사나운 폭풍 속에 있는 줄 모르시나이까? 우리를 구하지 않으면, 우리가 모두 죽으리이다."

비오는 속으로 나왔을 때, 예수는 먼저 베드로를 보았고, 다음에 애써서 노 젓는 사람들을 어둠 속으로 들여다보면서, 달아올라서 아직 자기 노로 돌아가지 않은 시몬 베드로를 얼른 돌아보고 예수는 말했다: "어찌하여 모두가 두려움에 가득 차 있느냐? 너희의 믿음이 어디 있느냐? 조용히. 조용히 하라." 베드로와 다른 사도들에게 예수의 이 꾸지람이 떨어지기가 무섭게, 베드로에게 어수선한 혼을 가라앉히려고 평안을 찾으라고 명령하자마자, 그 때 휘저어진 공기가 균형을 찾았으므로, 가라앉아서 크게 고요해졌다. 성난 물결은 거의 즉시 가라앉았고, 검은 구름은 짧은 소나기에 힘을 썼으므로 사라졌으며, 하늘의 별들이 머리 위로 빛났다. 우리가 판단할 수 있는 한, 이 모두가 순전히 우연히 일어났다. 그러나 사도들, 더군다나 베드로는, 결코 이 사건을 자연의 기적으로 여기기를 그치지 않았다. 모든 자연 현상이 영 세력과 초자연 존재들에게 직접 지배받는다고 그 시절의 사람들이 굳게 믿었으니까, 자연의 기적을 믿기가 특별히 쉬웠다.

예수는 그들의 불안한 정신을 향하여 말했고, 두려움에 질린 정신에게 이야기했다, 자연에게 말에 복종하라 명하지 않았다고 열두 사도에게 분명히 설명했지만, 아무 쓸모가 없었다. 주를 따르는 자들은 모든 그러한 우연한 일에 자기 해석을 붙이기를 언제나 고집했다. 이 날부터 계속, 고집하여 주가 자연력에 대하여 절대 권력을 가졌다고 간주하였다. 베드로는 어떻게 "바람과 물결조차 그에게 복종하는가" 이야기를 늘어놓는 데 결코 지치지 않았다.

예수와 동료들이 해안에 닿았을 때는 저녁이 늦은 때였다. 고요하고 아름다운 밤이었기 때문에, 모두 배에서 쉬었고, 이튿날 아침 해가 뜨고 조금 있을 때까지 해안으로 가지 않았다. 함께, 거의 40명이 모였을 때, 예수는 말했다: "아버지 나라의 문제들을 우리가 숙고하는 동안, 저쪽 산으로 올라가서, 며칠 동안 머무르자."

6. 케레사의 미치광이

호수의 가까운 동쪽 해안의 대부분이 건너의 산지까지 밋밋하게 기울었어도, 이 특별한 장소에는 가파른 산허리가 있었고, 해안은 어떤 곳에서 호수로 깎아질러 내려갔다. 근처의 산허리를 가리키면서 예수는 말했다: "아침을 먹으러 이 산허리로 올라가서, 어느 아늑한 곳에서 쉬고 이야기하자."

이 산허리 전부가 동굴로 덮였고, 이것은 바위로부터 파여진 곳이었다. 이 많은 구멍이 고대의 무덤이었다. 산허리까지 중간쯤 되어, 비교적 평평한 곳에 작은 마을 케레사의 공동 묘지가 있었다. 예수와 동료들이 이 무덤 터 가까이 지나가는 동안에, 이 산허리의 동굴에서 살고 있던 어느 미치광이가 그들에게 달려왔다. 머리가 돈 이 사람은 이 근방에서 잘 알려져 있었고, 한때 쇠사슬과 쇠고랑에 묶여서 석굴 중 하나에 갇혀 있었다. 쇠고랑을 부순 지 오래 되었고, 이제 무덤과 버려진 묘 사이에서 멋대로 돌아다녔다.

이 사람은 이름이 아모스였는데, 정기적으로 미치는 증세가 있었다. 옷을 더러 찾아 입고 동료들 가운데서 제법 처신을 잘하는 어지간히 긴 기간이 있었다. 생각이 멀쩡한 이 여러 막간 중 하나에 그는 벳세다로 갔고, 거기서 예수와 사도들의 설교를 들었는데, 그 때 하늘나라 복음을 반쯤 믿는 사람이 되었다. 그러나 곧 병의 사나운 국면이 나타났고 무덤으로 달아났다. 거기서 신음하고 크게 울부짖었고, 그래서 어쩌다 만난 사람들을 다 두려움에 질리게 만들도록 행동했다.

예수를 알아보았을 때, 아모스는 펄썩 주저앉아서 외쳤다: "나는 당신, 예수를 알지만, 나는 여러 귀신이 들렸고 당신이 나를 괴롭히지 말기를 부탁하나이다." 정기적으로 겪는 정신적 고통은, 그런 때에, 악하거나 더러운 귀신들이 그에게 들어가서 머리와 몸을 지배하는 사실 때문이라고 이 사람은 참으로 믿었다. 그의 문제는 대체로 감정의 문제였다—머리는 크게 병들지 않았다.

동물처럼 그의 발 밑에 웅크리고 있는 그 사람을 내려다보면서, 예수는 손을 뻗어서, 손을 잡아 그를 일으켜 세우고 말했다: "아모스야, 너는 악귀가 들리지 아니하였고, 네가 하나님의 아들이라는 좋은 소식을 이미 들었느니라. 내가 너에게 명하노니, 이 발작에서 깨어나라." 예수가 이렇게 말씀하심을 들었을 때, 아모스의 지능에서 큰 변화가 일어나서, 금방 제 정신이 들고 정상으로 감정을 통제했다. 이 때가 되어서, 근처의 마을로부터 어지간히 큰 군중이 모여들었고, 위의 산지로부터 온 돼지 치는 자들 때문에 수가 불어난 이 사람들은, 그 미치광이가 예수와 그 추종자들과 함께 앉아서, 멀쩡한 정신을 가지고 자유롭게 함께 이야기하고 있음을 보고 깜짝 놀랐다.

미치광이를 길들였다는 소식을 퍼뜨리려고 그 돼지 치는 사람들이 마을로 부리나케 달려가자, 개들이 서른 마리쯤 되는, 아무도 돌보지 않는 작은 돼지 떼에 돌진하여, 벼랑을 넘어 바다로 대부분의 돼지를 몰았다. 이 우연한 일이, 예수가 계신 것과 그 미치광이가 기적으로 고침을 받았다고 생각된 것과 연관하여, 아모스로부터 한 군대의 악귀들을 몰아내서 예수가 그의 병을 고쳤고, 이 악귀들이 돼지 떼에 들어가서 돼지들이 당장 밑에 있는 바다로 곤두박질쳐서 죽게 만들었다는 전설을 낳았다. 그 날이 저물기 전에, 돼지 치는 자들이 이 사건을 널리 퍼뜨렸고, 그 마을 전체가 그 말을 믿었다. 아모스는 아주 확실하게 이 이야기를 믿었다. 불안한 정신이 가라앉은 뒤에 곧, 언덕의 벼랑 가를 넘어 돼지들이 굴러 떨어지는 것을 보았고, 그렇게 오랫동안 그를 괴롭히고 아프게 한 바로 그 악령들을 돼지들이 가지고 갔다고 언제나 믿었다. 그리고 이것은 그의 병이 영구히 나은 것과 크게 상관이 있었다. (토마스를 제쳐 놓고) 예수의 사도들 모두가, 그 돼지 사건이 아모스의 병이 고쳐진 것과 직접 연결되었다고 믿은 것이 똑같이 참말이다.

예수는 찾고 있던 휴식을 얻지 못했다. 그 날의 대부분, 아모스가 병 고침을 받았다는 말을 듣고 온 사람들, 악귀들이 미치광이한테서 나와서 돼지 떼에게 들어갔다는 이야기에 이끌린 사람들에게 둘러싸였다. 그래서 겨우 하루 밤 쉬고 난 뒤에, 화요일 아침 일찍, 예수와 친구들은 돼지를 기르는 이 이방인들의 대표단 때문에 잠이 깨었는데, 이들은 예수가 그들 가운데서 떠나라고 요구하러 왔다. 그 대변인이 베드로와 안드레에게 말했다: "갈릴리의 어부들이여, 우리들한테서 떠나시고 당신의 선지자를 모시고 가소서. 우리는 그가 거룩한 분인 줄 알지만, 우리 시골의 신들은 그를 모르고, 우리는 많은 돼지를 잃을 위험에 처해 있나이다. 당신을 두려워하는 마음이 우리에게 닥쳤고, 그래서 당신이 여기를 떠나가시기를 비나이다." 예수가 이들의 말을 듣고 나서 안드레에게 말했다. "우리 장소로 돌아가자."

막 떠나려 하는데, 아모스가 예수에게 그가 그들과 함께 돌아가도록 허락받기를 구했지만, 주는 찬성하려 하지 않았다. 예수는 아모스에게 말했다: "네가 하나님의 아들임을 잊지 말라. 친족에게 돌아가서 하나님이 너를 위하여 얼마나 큰 일을 하셨는가 보이라." 아모스는 예수가 그의 불안한 혼으로부터 악귀들의 군대를 몰아냈다, 이 악령들이 돼지 떼에 들어가서, 돼지들을 빨리 죽게 만들었다고 말을 퍼뜨리고 다녔다. 데카폴리스의 모든 도시로 갔을 때까지, 예수가 그를 위하여 얼마나 큰 일을 했는가 외치기를 멈추지 않았다.

제 152 편

가버나움 위기까지 이끈 사건들

케레사의 미치광이 아모스가 고침을 받았다는 이야기는 이미 벳세다와 가버나움에 다다랐고, 그래서 그 화요일 아침 나절에 예수의 배가 상륙했을 때, 큰 무리가 기다리고 있었다. 이 군중 사이에는 예루살렘 산헤드린으로부터 온 새 감시인들이 있었고, 그들은 주를 체포하고 유죄 판결을 내릴 구실을 찾으려고 가버나움으로 왔다. 그를 맞이하려고 모인 사람들에게 예수가 말씀하는 동안, 회당장들 가운데 하나인 야이루스가 군중을 헤치고 다가와서 예수의 발 아래에 엎드리면서 그의 손을 잡고, 함께 예수가 서둘러 가기를 청하며 말했다: "주여, 내 어린 딸, 외동딸이 죽을 지경이 되어 집에 누워 있나이다. 내가 비오니, 오셔서 딸을 고쳐 주옵소서." 이 아버지의 요청을 듣자, 예수는 말했다: "너와 함께 가리라."

예수가 야이루스와 함께 가자, 아버지의 요청을 들은 큰 무리가 무슨 일이 일어날까 보려고 따라왔다. 회당장의 집에 이르기 얼마 전에, 좁은 길을 통해서 서둘러 가는데, 군중이 밀치자 예수는 갑자기 멈추어 외쳤다: "누군가가 나를 만졌도다." 그에게 가까이 있던 자들이 예수를 만지지 않았다고 부인했을 때, 베드로가 입을 열었다: "주여, 이 군중이 당신을 밀고, 우리를 깔아뭉개려고 위협하는 것을 보실 수 있사온데, 그래도 당신은 '누군가가 나를 만졌도다' 말씀하시나이다. 무슨 말씀이나이까?" 그러자 예수가 말했다: "누가 나를 만졌는가 물었으니, 생명의 에너지가 내게서 나갔음을 내가 깨달았음이라." 예수가 두리번거리며 휘둘러보자, 그의 눈은 가까이 있는 어느 여자에게 미쳤고, 그 여자는 앞으로 다가오면서, 그의 발아래 무릎 꿇고 말했다: "여러 해 동안 나는 몹시 괴로운 출혈 때문에 앓고 있었나이다. 여러 의사에게서 많은 것을 겪었고, 내 물질을 다 써 버렸지만, 아무도 나를 고칠 수 없었나이다. 그러자 당신의 소문을 들었고, 그 옷자락만이라도 만질 수 있다면 확실히 내가 온전히 되리라 생각이 들었나이다. 그래서 당신 가까이 설 때까지 군중이 움직이는 데 따라서 군중과 함께 헤치고 나갔나이다. 주여, 당신의 옷자락을 만졌더니, 온전하게 되었고, 내 병이 고쳐졌음을 아나이다."

이 말을 들었을 때, 예수는 여자의 손을 붙들어 일으켜 세우며 말했다: "딸아, 네 믿음이 너를 온전하게 하였으니, 평안히 가라." 그 여자를 낫게 만든 것은 그 믿음이요, 만진 것이 아니었다. 이 사례는 예수가 땅에서 산 생애에 따른, 겉보기에 기적 같으나 어떤 의미에서도 예수가 의식하여 뜻하지 않고서 일어난 많은 치유의 좋은 본보기이다. 시간의 경과는 이 여자가 정말로 그 병이 나았음을 보여 주었다. 그 여자의 믿음은 주의 몸에 거하는 창조적인 힘을 직접 붙잡은 그러한 종류였다. 그 믿음으로는, 오직 주의 몸에 가까이 가는 것이 필요했다. 옷을 만지는 것은 도무지 필요하지 않았고, 그것은 단지 그 여자의 믿음에서 미신 같은 부분이었다. 그 여자의 머리 속에 남아 있거나 이 병 고침을 구경한 자들의 머리 속에서 지속했을까 싶은 두 가지 잘못을 시정하려고 예수는 이 여인, 케자리아 빌립비의 베로니카를 앞으로 불러들였다. 치유를 훔치려는 시도에서 그 여자의 두려움이 존중되었다거나, 아니면 옷을 만진 것을 병 고침과 연결시키는 미신(迷信)이 효과가 있었다고 생각하면서 베로니카가 가 버리기를 예수는 바라지 않았다. 병을 낫게 한 것은 그 여자의 순수하고 살아 있는 믿음이었다는 것을 모두가 알기를 원했다.

1. 야이루스의 집에서

물론, 야이루스는 집에 도착하는 데 이렇게 늦어져서 무척 초조했다. 그래서 그들은 이제 종종걸음으로 서둘러 갔다. 회당장의 뜰로 미처 들어가기도 전에, 종들 가운데 하나가 나와서 말했다: "주를 수고스럽게 하지 마소서, 당신의 딸이 죽었나이다." 그러나 예수는 그 종의 말을 들은 척하지 않았으니, 베드로와 야고보와 요한을 데리고 가면서, 예수가 돌이켜 슬픔에 휩쓸린 아버지에게 "두려워 말라, 믿기만 하라" 하고 말했기 때문이다. 그 집에 들어갔을 때, 예수는 피리 부는 자들이 이미 거기에 애도하는 자들과 함께 있음을 발견했는데, 이들은 보기 딱하게 떠들썩했고, 친척들은 이미 눈물을 흘리고 소리쳐 울고 있었다. 예수가 애도하는 사람들을 다 방 바깥으로 내보내고 나서, 아버지와 어머니, 그리고 세 사도와 함께 들어갔다. 애도하는 자들에게 그 처녀가 죽지 않았다고 그전에 말했지만 그들은 코웃음쳤다. 예수는 이제 어머니에게 돌이켜 말했다: "네 딸이 죽지 않았고, 잠자고 있을 뿐이라." 집이 조용해지자, 예수는 아이가 누워 있는 곳으로 가서, 아이의 손을 잡고 말했다. "딸아, 내가 너에게 이르노니, 깨어서 일어나라!" 이 말씀을 들었을 때, 그 여자아이는 즉시 일어나서 방을 가로질러 걸어갔다. 당장, 멍한 상태에서 아이가 정신이 든 뒤에, 아이가 오랫동안 먹지 않고 지냈으니까, 예수는 아이에게 무언가 먹을 것을 주라고 지시하였다.

가버나움에서는 그를 적대하여 많이 시끌벅적했기 때문에, 예수는 그 가족을 불러모으고, 소녀가 오랫동안 열병을 앓고 나서 혼수 상태에 있었다, 그는 아이를 깨웠을 뿐이라, 아이를 죽음에서 살려 내지 않았다고 설명했다. 마찬가지로 그는 이렇게 다 사도들에게 설명했지만, 쓸모가 없었다. 그들은 다 예수가 여자아이를 죽음에서 살렸다고 믿었다. 기적으로 보이는 이 많은 일을 설명하려고 예수가 말한 것은 추종자들에게 조금도 효과가 없었다. 그들은 기적을 기대하고 있었고, 또 하나의 이적을 예수에게 돌릴 기회를 놓치지 않았다. 모두에게 아무에게도 말하지 말라고 특별히 타이른 뒤에, 예수와 사도들은 벳세다로 돌아왔다.

야이루스의 집에서 나올 때, 귀머거리 소년이 이끄는 두 소경이 그를 따라와서 고쳐 달라고 소리쳤다. 이 무렵에 병 고치는 자로서 예수의 이름은 절정에 있었다. 어디로 가든지 아픈 자와 병든 자들이 그를 기다리고 있었다. 주는 이제 무척 고달파 보였고, 그가 실제로 쓰러지기까지 가르치고 병 고치는 일을 계속할까 친구들 모두가 걱정스러웠다.

서민들은 말할 것도 없고, 예수의 사도들은 이 하나님인 사람의 성품과 속성을 이해할 수 없었다. 나중에 어느 세대도 땅에서 나사렛 예수의 인격에 무슨 일이 일어났는가 평가할 수 없었다. 그러한 특별한 상황이 다시 일어날 수 없다는 단순한 이유 때문에, 과학이나 종교가 이 놀라운 사건들을 훑어볼 기회가 결코 생길 수 없다. 이 우주 전체의 어느 세계에서도 필사 육체의 모습을 입고서, 동시에 시간과 대부분의 다른 물질적 한계를 초월하는 영적 자질과 함께 창조 에너지의 모든 속성을 구현하는 한 존재가 다시 나타나지 않을 것이다.

예수가 땅에서 계시기 전에, 또 그 뒤에, 필사의 남녀들의 힘차고 생생한 믿음에 따르는 결과를 그렇게 직접, 그림으로 보듯 확보하는 것이 결코 가능하지 않았다. 이 현상을 되풀이하려면, 창조자 미가엘이 바로 계신 앞까지 우리가 가서, 그 시절에 신분—사람의 아들—그대로 그를 발견해야 할 것이다. 마찬가지로, 오늘날, 그가 자리에 계시지 않은 것은 그러한 물질적 명시가 일어나는 것을 막지만, 너희는 그의 영적 능력의 가능한 전시에 어떤 종류의 제한이라도 부과하기를 삼가야 한다. 한 물질 존재로서 계시지 않더라도, 주는 사람들의 마음 속에 한 영적 영향으로서 계신다. 세상을 떠나심으로, 예수는 모든 인류의 지성에 깃드는 아버지의 영과 나란히, 그의 영이 사는 것을 가능하게 만들었다.

2. 5천 명을 먹이다

예수는 계속해서 낮에는 사람들을 가르치고 밤에는 사도와 전도사들을 교육했다. 유월절을 지내기 위하여 예루살렘으로 올라갈 준비를 하기 전에, 추종자들이 모두 며칠 동안 집이나 친구들에게 가라고 금요일에 한 주 동안 휴가를 선언했다. 그러나 제자들의 과반수가 떠나려 하지 않았고, 군중은 나날이 불어나고 있었다. 너무나 불어나서 다윗 세베대는 새 야영지를 세우고 싶었지만, 예수는 찬성하지 않았다. 안식일 동안에 거의 쉬지 못해서, 3월 27일, 일요일 아침에 사람들을 떠나려고 애썼다. 전도사들이 더러 대중에게 이야기하도록 두고, 한편 예수와 열둘은 들키지 않고, 호수의 맞은 편 물가로 달아나려고 계획했는데, 거기서 그들은 벳세다 줄리아스 남쪽의 아름다운 공원에서 많이 필요했던 휴식을 가지려고 계획했다. 이 지역은 가버나움 사람들이 제일 좋아하는 휴양지였다. 그들 모두가 동쪽 해안에 있는 이 여러 공원에 익숙하였다.

그러나 사람들은 그렇게 버려 두려 하지 않았다. 예수의 배가 가는 방향을 보았고, 닥치는 대로 배를 모조리 고용하고서, 추적하기 시작했다. 배를 구할 수 없는 사람들은 호수의 위쪽 끝을 둘러서, 걸어서 길을 재촉하였다.

오후 느지막하게 되자, 1천 명이 넘는 사람들이 어느 공원에 계신 주를 찾아냈는데, 그는 잠깐 말씀하였고 베드로가 뒤를 이었다. 이 사람들 가운데 다수는 먹을 것을 가져왔는데, 저녁을 먹은 뒤에 작은 무리를 지어 여기저기 모였고, 예수의 사도와 제자들이 가르쳤다.

월요일 오후에 군중은 3천 명이 넘게 늘어났다. 아직도—저녁이 훨씬 지나서—온갖 종류의 병자들을 데리고, 사람들이 계속 꾸역꾸역 모여들었다. 관심 있는 사람 수백 명이 유월절에 가는 길에 가버나움에 멈추어서 예수를 보고 말씀을 들으려고 계획을 세웠고, 단지 단념하려 하지 않았다. 수요일 한낮이 되기까지, 어른과 아이가 거의 5천 명이, 벳세다 줄리아스 남쪽, 여기 이 공원에 모였다. 이 지역에서 비오는 철의 끝이 가까웠으니까, 날씨는 좋았다.

예수와 열둘을 위하여 빌립은 사흘 어치의 먹을 것을 마련했는데, 소년 마가가 관리하라고 맡았고, 마가는 모든 자질구레한 일을 맡은 소년이었다. 이 셋째 날 한낮이 되어서는, 이 군중의 거의 절반이 가져온 음식이 거의 떨어졌다. 다윗 세베대는 군중을 먹이고 재울 만한 텐트를 친 도시가 여기에 없었다. 빌립은 그런 군중을 위해서 식량을 미리 준비하지도 않았다. 그러나 배가 고팠어도, 사람들은 떠나려 하지 않았다. 헤롯을 비롯하여 예루살렘 지도자들과 충돌을 피하고 싶어서, 임금으로 즉위할 적당한 장소로서 모든 적의 관할 바깥에 있는 이 조용한 장소를 예수가 선택했다고 사람들이 조용히 속삭였다. 열심은 시간마다 높아지고 있었다. 아무도 예수에게 한 마디 말씀을 드리지 않았다. 하지만 물론, 그는 되어 가는 모든 일을 알고 있었다. 열두 사도조차, 특히 새로 된 전도사들이, 아직도 그런 생각으로 물들어 있었다. 예수를 임금으로 선포하려는 이 시도에 찬성한 사도들은 베드로와 요한, 열심당원 시몬과 가롯 유다였다. 그 계획에 반대한 사람들은 안드레·야고보·나다니엘·토마스였다. 마태와 빌립과 알패오 쌍둥이는 편들지 않았다. 예수를 임금으로 만들려는 이 계획의 주모자는 새로 된 전도사 중의 한 사람, 요압이었다.

이것이 수요일 오후, 5시쯤에 무대 배경이었고, 이 때 예수는 야고보 알패오에게 안드레와 빌립을 부르라고 부탁했다. 예수는 말했다: "우리가 군중을 위하여 무엇을 하리요? 저희가 이제 사흘 동안 우리와 함께 있었고, 저희 가운데 많은 사람이 배가 고픈데, 먹을 것이 없느니라." 빌립과 안드레는 서로 얼굴을 쳐다보았고, 그리고 나서, 빌립이 대답했다: "주여, 당신은 근처 마을로 가서 먹을 것을 사도록 이 사람들을 보내야 하나이다." 안드레는 임금 계획이 실현될까 두려워서, 재빨리 빌립과 합세하여 말했다: "예, 주여, 당신이 얼마큼 쉬는 동안 군중이 떠나서 먹을 것을 사도록 해산하는 것이 가장 좋다고 생각하나이다." 이 때가 되어서 열둘 가운데 다른 사람들도 그 의논에 끼어 들었다. 그리고 나서 예수가 말했다: "그러나 나는 저희를 배고픈 채로 보내고 싶지 않노라. 너희는 저희를 먹일 수 없느냐?" 이 말씀은 지나쳤고, 빌립은 이내 입을 열었다: "주여, 이 촌구석에 어디서 이 군중을 위하여 우리가 빵을 살 수 있나이까? 2백 데나리온 어치가 점심 먹기에도 넉넉하지 않으리이다."

사도들이 한 마디씩 할 기회를 가지기 전에 예수는 안드레와 빌립을 향하여 말했다: "이 사람들을 보내고 싶지 않노라. 저희는 목자 없는 양 같이 있느니라. 저희를 먹이고 싶도다. 무슨 먹을 것이 있느냐?" 빌립이 마태와 유다와 함께 이야기하는 동안, 안드레는 식량 저장이 얼마큼 남았는가 확인하려고 마가를 찾았다. 그는 예수에게 돌아와서 말했다: "이 소년이 겨우 보리 빵 다섯 덩이와 말린 물고기 두 마리가 있나이다"—베드로는 재빨리 덧붙였다, "우리는 아직 오늘 저녁도 먹어야 하나이다."

한동안 예수는 말없이 서 있었다. 그의 눈에는 아득히 멀리 바라보는 눈빛이 있었다. 사도들은 아무 말도 하지 않았다. 예수는 안드레에게 갑자기 돌이켜 말했다. "빵과 물고기를 가져오너라." 안드레가 광주리를 예수에게 가져오자, 주는 말했다: "네가 전도사들을 모두 우리한테로 여기에 데려오는 동안, 사람들에게 1백 명씩 무리를 지어 풀 위에 앉고, 각 무리마다 한 지도자를 세우라 지시하여라."

빵 덩이들을 손에 쥐고, 감사(感謝) 기도를 드린 뒤에, 예수는 빵을 떼어서 사도들에게 주었고, 사도들은 빵을 동료들에게 넘겨 주었고, 이들은 다시 빵을 군중에게 날랐다. 마찬가지 방법으로 예수는 물고기를 떼어서 나눠 주었다. 이 군중은 먹고 배가 불렀다. 먹기를 마치자, 예수는 제자들에게 말했다: "아무 것도 없어지지 않도록 남은 조각들을 모으라." 빵 조각 거두기를 마치고 나서, 열두 바구니를 채웠다. 이 특별 잔치에 먹은 사람들은 어른과 아이가 약 5천 명이었다.

이것은 의식하여 미리 계획한 결과로서 예수가 행한, 처음이자 유일한 자연의 기적이다. 제자들이 기적 아닌 많은 것을 기적이라 부르고 싶어한 것이 참말이지만, 이것은 진정하게 초자연적으로 베푼 일이었다. 이 경우에, 시간 요소와 눈에 보이는 생명 경로를 제거한 것을 빼고, 늘 하시다시피, 미가엘은 식량 원소(元素)를 늘였다고 우리는 가르침을 받았다.

3. 임금을 만드는 사건

5천 명을 초자연의 에너지로 먹인 것은 인간의 동정심에 창조 능력을 더한 결과가, 바로 그 일어난 일이 되어 버린 또 하나의 경우였다. 군중을 배가 부르도록 먹였기 때문에, 또 예수의 명성(名聲)이 그 때 거기서 이 엄청난 이적으로 말미암아 커졌으니까, 주를 붙들어 임금으로 선포하는 계획은 더 개인의 지휘가 필요 없었다. 이 생각은 군중을 통해서 유행병처럼 퍼지는 듯했다. 신체적 욕구를 이렇게 갑자기 눈부시게 채운 데 대하여, 군중의 반응은 깊고 압도적이었다. 다윗의 아들, 메시아가 올 때, 땅이 다시금 젖과 꿀로 흐르게 만들리라고, 마치 만나가 광야에서 하늘로부터 조상에게 떨어졌다고 생각되었다시피, 생명의 빵이 수여되리라고 오랫동안 유대인들은 가르침을 받아 왔다. 이 기대가 모두, 바로 눈앞에서 이제 이루어지지 않았는가? 배고프고 영양이 모자라는 이 군중이 이 놀라운 먹을 것으로 배를 채우고 나서, 오직 한 가지 만장 일치의 반응이 있었다: "여기에 우리 임금이 있구나." 기적을 행하는 이스라엘의 구원자가 오셨다. 생각이 단순한 이 사람들이 보기에, 먹이는 권능에는 다스리는 권리가 따랐다. 그러면 군중이 실컷 먹기를 마치고 나서, 한 사람처럼 일어나서 "그를 임금으로 만들자!" 외친 것은 당연하다.

이 우렁찬 외침은 베드로, 또 사도들 가운데 예수가 다스릴 권리를 주장하는 것을 보려는 희망을 아직도 품은 자들의 열심을 불러일으켰다. 그러나 이 거짓된 희망은 오래 가지 못하게 되어 있었다. 군중의 이 우렁찬 외침이 근처의 바위에서 메아리치기가 무섭게, 예수가 큰 바위에 올라서서, 바른 손을 들어올리고 주의를 모으고 말했다: "아이들아, 좋은 뜻을 가졌으나, 너희는 근시안이요 물질에 머리를 쓰느니라." 잠깐 멈추었고, 이 튼튼한 갈릴리 사람은 동쪽의 황혼이 황홀하게 타오르는 속에 거기에 당당하게 몸을 가다듬었다. 숨을 죽인 이 군중에게 계속 말씀하시는 동안, 그는 어디를 보아도 임금으로 보였다: "너희의 혼이 위대한 진리로 빛을 받아서가 아니라, 배가 빵으로 채워졌다고 해서 너희가 나를 임금으로 만들고 싶어하는도다. 내 나라는 이 세상에 속하지 않는다고 몇 번이나 너희에게 일렀더냐? 우리가 선포하는 이 하늘나라는 영적 단체요, 물질적 보좌에 앉아서 아무도 나라를 다스리지 않느니라. 하늘에 계신 내 아버지는 땅에서 하나님의 아들들의 이 영적 단체를 다스리는, 온통 지혜롭고 전능한 통치자이라. 육체를 입은 아들을 너희가 임금으로 만들고 싶어하기까지, 너희에게 영들의 아버지를 드러내는 일에 내가 그렇게 실패하였느냐! 이제 모두 자기 집으로 돌아가라. 너희가 임금을 가져야 한다면, 빛의 아버지로 하여금 너희 각자의 마음 속에서 만물의 영 통치자로서 보좌에 앉으시게 하여라."

예수의 이 말씀은 군중을 깜짝 놀라고 서글프게 만들어서 보냈다. 그를 믿었던 많은 사람이 돌아섰고 그 날부터 더 따르지 않았다. 사도들은 할 말이 없었다. 말없이 먹다 남은 부스러기 열두 광주리 둘레에 모였다. 오로지 잡일하는 소년 마가가 말했다, "그리고 그는 우리 임금이 되기를 물리쳤더라." 혼자서 산에 있으려고 훌쩍 떠나기 전에, 예수는 안드레를 향하여 말했다: "너희 형제들을 세베대의 집으로 데리고 가서 함께, 특히 네 아우 시몬 베드로를 위하여 기도하라."

4. 시몬 베드로가 밤에 본 환상

주를 동반하지 않고—자기들끼리 보냈으니까—사도들은 배에 타고 말없이 호수의 서쪽 가에 벳세다를 향하여 배를 젓기 시작했다. 열둘 가운데 아무도 시몬 베드로처럼 오그라들고 풀이 죽지 않았다. 거의 한 마디 말도 없었다. 모두 산에서 혼자 계신 주를 생각하고 있었다. 그들을 버렸는가? 전에는 그들을 모두 떠나보내고 함께 가기를 마다하신 적이 없었다. 이 모두가 도대체 무엇을 의미하는가?

어둠이 그들에게 덮쳤는데, 센 역풍(逆風)이 일어나서 앞으로 나아가기가 거의 불가능하게 되었기 때문이다. 어둡고 힘들게 노 젓는 시간이 지나자, 베드로는 지쳤고, 피곤해서 깊은 잠에 빠졌다. 안드레와 야고보는 그를 배의 고물에, 방석 있는 자리에 쉬게 두었다. 다른 사도들이 바람과 물결과 싸우는 동안, 베드로는 꿈을 꾸었다. 바다에서 예수가 그들에게 걸어오는 환상을 보았다. 배 옆으로 주가 계속 걸어가는 듯했을 때, 베드로는 소리를 질렀다, "우리를 구하소서, 주여, 우리를 구하소서." 배의 뒤쪽에 있던 자들은 그가 이렇게 말하는 것을 얼마큼 들었다. 밤에 나타난 이 유령이 베드로의 머리 속에서 계속하는 동안, 꿈 속에서 그는 예수가 이렇게 말하는 것을 들었다: "기운을 내어라, 내니라, 두려워 말라." 이것은 베드로의 불안정한 혼에 길르앗의 발삼[1]과 같았다. 이것은 그의 불안한 정신을 어루만져 주었고, 그래서 (꿈 속에서) 주께 소리를 질렀다: "주여, 정말로 당신이면, 와서 당신과 함께 물 위에서 걸으라 내게 명하소서." 베드로가 물 위에서 걷기 시작했을 때, 철썩거리는 물결이 그를 놀라게 하였고, 막 가라앉으려 하자 소리를 질렀다, "주여, 나를 구하소서!" 열둘 가운데 여럿이 이렇게 외침을 들었다. 그리고 나서, 베드로는 예수가 구하러 와서 손을 뻗어서, 그를 붙잡아 들어올리며, "아, 믿음이 적은 자여, 어찌하여 네가 의심하였느냐?"하고 말하는 꿈을 꾸었다.

꿈의 끝 부분과 연결하여, 베드로는 자던 자리에서 일어나, 배 바깥으로 물 속으로 실제로 발을 내디디었다. 안드레와 야고보와 요한이 손을 뻗어서 바다에서 그를 끌어 내자, 그는 꿈에서 깨어났다.

베드로에게 이 체험은 언제나 현실이었다. 예수가 그 날 밤에 그들에게 왔다고 진지하게 믿었다. 그는 요한 마가를 겨우 어느 정도 확신시켰고, 이것이 어째서 기록에서 그 이야기의 어느 부분을 빼놓았는가 설명한다. 의사인 누가는 이 문제를 샅샅이 조사하고 그 에피소드가 베드로의 환상이었다고 결론을 내렸고, 따라서 기록을 준비하면서 이 이야기에 자리를 할애하려 하지 않았다.

5. 벳세다에 돌아가서

목요일 아침, 날이 새기 전에, 세베대의 집 가까이 앞바다에서 닻을 내리고, 한낮 무렵까지 잠을 청했다. 안드레가 먼저 일어났고, 바닷가에 걸으러 갔다가, 잡일하는 소년과 더불어, 물가에서 돌 위에 앉아 계신 예수를 찾아냈다. 군중 가운데 여러 사람과 젊은 전도사들이 밤새, 이튿날의 상당 부분을 동쪽 산 근처에서 예수를 찾는 데 썼는데, 하여튼 한밤이 지난 뒤 얼마 안 되어, 예수와 소년 마가는 호수 주위로 강을 건너서, 벳세다로 돌아가려고 걷기 시작했다.

기적으로 먹을 것을 얻어먹고, 배가 차고 마음이 텅 비어 있을 때 그를 임금으로 만들려 했던 5천 명 가운데, 겨우 약 5백 명이 끈덕지게 따르고 있었다. 그러나 그가 벳세다로 돌아왔다는 말을 이들이 받기 전에, 예수는 열두 사도, 그리고 여자들까지 포함해서, 동료들을 모으라고 안드레에게 부탁하며 말했다: "나는 저희와 말하기를 바라노라." 모두가 준비되었을 때, 예수는 말했다:

"얼마나 오래 내가 너희를 참으랴? 너희는 다 영적 이해가 느리고 살아 있는 믿음이 모자라느냐? 여태까지 하늘나라의 진리를 가르쳤는데, 그래도 너희는 영적 배려보다는 물질적 동기에 지배를 받고 있느니라. '두려워 말라, 가만히 서서 주의 구원을 보라' 말하며 모세가 믿지 않는 이스라엘 자손을 훈계하는 대목을 너희는 성서에서 읽지도 못하였느냐? 그 찬미자가 말하되, '너희의 믿음을 주 안에 두라.' '참으라, 주를 기다리고 용기를 내라. 그가 너희의 마음을 튼튼하게 만들리라.' '너희의 짐을 주께 던지라, 그리하면 너희를 받쳐 주리라. 항상 그를 신뢰하고, 너희의 마음을 그에게 쏟으라, 이는 하나님이 너의 안식처임이라.' '최고자의 비밀한 곳에 거하는 자는 전능자의 그늘 아래 살리라.' '인간 왕들을 신임하는 것보다 주를 믿는 것이 나으니라.'

"그리고 기적을 행하고 물질적 이적을 연출하는 것이 영적인 나라에 들어가라고 사람들을 설득하지 못할 것을 다 이제 깨닫느냐? 우리는 군중을 먹였으나, 그것이 이들로 하여금 생명의 빵을 갈급히 찾거나 영적 올바름의 물을 목마르게 찾도록 인도하지 아니하였도다. 배를 채웠을 때, 저희는 하늘나라로 들어가기를 찾지 아니하였으나, 다만 수고할 필요 없이 계속 빵을 먹을까 하여, 오히려 이 세상 임금들의 모양을 좇아서 사람의 아들을 임금으로 선포하려 애썼느니라. 이 모든 것에 너희 가운데 여럿이 얼마큼 참여하였는데, 그것은 하늘의 하나님을 드러내거나 땅에서 그의 나라를 진전시키는 데 아무 효과가 없느니라. 또한 집권자들에게 찬물 끼얹을 듯한 일을 하지 않고도, 우리는 나라의 종교 지도자들 사이에 적들이 충분히 있지 아니하냐? 내가 가르친 복음을 너희가 충분히 믿게 하려는 목적으로, 너희가 보도록 아버지가 눈에 기름을 바르고, 듣도록 귀를 열어 주시기를 내가 기도하노라."

그리고 나서, 예수는 유월절을 지내려 예루살렘으로 올라갈 준비를 하기 전에 사도들과 함께 며칠 동안 쉬려고 물러나기 바란다고 발표했다. 어떤 제자나 군중도 따라오지 말라고 명하였다. 따라서, 그들은 이삼일 쉬고 잠자려고 게네사렛 지역으로 배를 타고 갔다. 예수는 땅에서 일생의 큰 위기를 위하여 준비하고 있었고, 따라서 하늘에 계신 아버지와 교통하느라고 많은 시간을 보냈다.

5천 명을 먹였다는 소식과 예수를 임금으로 만들려 한 시도는 널리 호기심을 일으켰고, 온 갈릴리와 유대에 두루, 종교 지도자와 집권자들의 두려움을 불러일으켰다. 이 기적은 물질에 머리를 쓰고 건성으로 믿는 자들의 혼 속에서 하늘나라 복음을 진전시키는 데 아무 효과가 없었지만, 예수의 직계 일행, 즉 사도와 가까운 제자들이 가졌던 성향, 기적을 추구하고 임금을 몹시 바라는 성향을 막바지로 이끄는 효과를 낳았다. 이 볼 만한 에피소드는 가르치고 훈련하고 치유하는 초기 시대의 막을 내렸고, 그로서 하늘나라의 새 복음—신의 아들임, 영적 해방, 영원한 구원—의 단계, 상급이고 더 영적인 단계를 선포하는 이 마지막 해를 개시하기 위하여 길을 예비하였다.

6. 게네사렛에서

게네사렛 지역에, 어느 부유한 신자의 집에서 쉬면서, 예수는 열두 사도와 함께 오후마다 비공식 회의를 가졌다. 하늘나라의 대사들은 심각하고, 정신이 들고, 꾸지람을 받은, 환상에서 깨어난 무리의 사람들이었다. 그러나 여태까지 일어난 모든 일 뒤에도, 또 나중의 사건들이 드러낸 바와 같이, 이 열두 사람은 유대인 메시아가 오시는 것에 대한 개념, 날 때부터, 오래 간직했던 개념으로부터 아직도 완전히 벗어나지 않았다. 지난 몇 주 동안의 사건들은 너무나 빠르게 움직여서, 놀란 이 어부들이 충분한 중요성을 깨달을 수 없었다. 남자와 여자들이 사회적 행위, 철학적 태도, 종교적 확신에서 기초와 근본 되는 개념들을 철저하게 널리 바꾸는 데는 시간이 걸린다.

예수와 열둘이 게네사렛에서 쉬는 동안, 군중은 흩어졌고, 더러는 집으로, 더러는 유월절을 지내려고 예루살렘으로 갔다. 열심히 드러내 놓고 예수를 따르던 자들은 갈릴리에서만 5천 명이 넘었는데, 한 달이 채 안 되는 동안에, 5백 명도 안 되게 줄어들었다. 예수는 사도들에게 대중(大衆)의 환호가 변덕스럽다는 그런 체험을 맛보게 해서, 그들끼리 하늘나라 일을 하도록 버려 두고 그가 떠난 뒤에, 그들이 잠시 그러한 종교적 히스테리가 나타나는 것에 의존할 유혹을 받지 않기 바랐지만, 이 노력에 어느 정도만 성공했다.

게네사렛에서 머무르던 둘째 날 밤에, 주는 다시 사도들에게 씨 뿌리는 자의 비유를 일러 주고, 이 말씀을 덧붙였다: "아이들아, 보라, 인간의 느낌에 호소하는 것은 잠시 뿐이요, 철저하게 실망이 되며, 순전히 인간 지능에 호소하는 것도 마찬가지로 속이 비고 보람이 없느니라. 오직 인간 지성 속에 사는 영에게 호소함으로, 오래 가는 성공을 얻고, 인품의 놀라운 변화를 이룩하기를 바랄 수 있으며, 그 변화는 영이 믿음의 빛 속으로—하늘나라로—태어남으로, 의심의 어두움에서 이처럼 구원받는 모든 사람의 일상 생활에서 영의 진정한 열매를 풍부하게 맺음으로, 당장 나타나느니라."

예수는 지능의 주의(注意)를 끌고 집중하는 기법으로서 감정에 호소하라고 가르쳤다. 이처럼 자극받고 민감해진 지성을 혼에 이르는 통로라 불렀는데, 그 혼 속에는 영적 성품이 거하며, 이것은 참된 인격이 변화되는 영구한 결과를 낳기 위해서, 진리를 인식하고 복음의 영적 매력에 반응해야 한다.

이렇게 예수는 사도들을 다가오는 충격에 대비시키느라고 애썼다—그에 대한 대중의 태도에서 다가올 위기는 겨우 며칠이 남았을 뿐이다. 예루살렘의 종교 통치자들이 그들을 멸망시키려고 헤롯 안티파스와 공모할 것이라고 열둘에게 설명했다. 열두 사도는 예수가 다윗의 왕좌에 앉지 않으리라는 것을 (최종으로 그렇지는 않았어도) 더욱 잘 깨닫기 시작했다. 영적 진리는 물질의 기적으로 말미암아 진전되지 않으리라는 것을 더욱 잘 깨달았다. 5천 명을 먹인 것과 예수를 임금으로 만들려는 대중의 움직임은 사람들이 기적을 찾고 이적 행하기를 기대하는 태도의 절정이요, 대중이 예수를 환호하는 절정(絶頂)이었다는 것을 비로소 깨달았다. 영적 시련과 쓰라린 역경의 시간이 다가옴을 어렴풋이 깨닫고 희미하게 내다보았다. 이 열두 사람은 하늘나라의 대사로서 맡은 과제의 참 성질을 천천히 깨닫게 되었고, 땅에서 주가 봉사하신 마지막 해의 벅차고 시험하는 시련을 위하여 비로소 단단히 몸을 가다듬었다.

게네사렛을 떠나기 전에, 예수는 5천 명을 기적으로 먹인 것에 관하여 가르쳤고, 어째서 그가 창조 능력을 이렇게 특별히 나타냈는가 일러 주고, 또한 "아버지의 뜻에 따른" 것임을 확인할 때까지, 군중을 향한 동정심에 그렇게 굴복하지 않았다고 그들을 안심시켰다.

7. 예루살렘에서

4월 3일, 일요일에 예수는 오직 열두 사도의 동반을 받고서, 벳세다로부터 예루살렘으로 여행 길을 떠났다. 군중을 피하고, 될 수 있는 대로 사람들의 눈을 적게 끌려고, 게라사와 필라델피아의 길로 여행했다. 이 여행에서 아무 대중 교육도 하지 말라고 명하였다. 예루살렘에서 머무르는 동안 그들이 가르치거나 전도하는 것도 허락하지 않았다. 4월 6일, 수요일 저녁 늦게, 예루살렘 가까이 베다니에 도착했다. 이 하루 밤을 나사로·마르다·마리아의 집에서 멈추었지만, 이튿날 흩어졌다. 예수는 요한과 함께, 베다니의 나사로 집 가까이, 시몬이라 이름하는 어느 신자의 집에서 묵었다. 가룟 유다와 열심당원 시몬은 예루살렘에서 친구들과 함께 묵었고, 한편 나머지 사도들은 둘씩 다른 집에서 머물렀다.

예수는 이 유월절 동안에 겨우 한 번 예루살렘에 들어갔고, 축제의 큰 날에 그렇게 했다. 아브너가 예수를 베다니에서 만나려고 예루살렘의 많은 신자를 데리고 나왔다. 예루살렘에서 이번에 머무르는 동안, 열두 사람은 주에 대한 감정이 얼마나 지독하게 나빠지고 있는가 알게 되었다. 모두 위기(危機)가 다가온다고 믿으면서 예루살렘을 떠났다.

4월 24일, 일요일에, 예수와 사도들은 예루살렘을 떠나서 벳세다를 향했고, 해안 도시 요파·케자리아·프톨레마이스를 거쳐서 갔다. 거기서부터 육로로 라마와 코라진을 지나서 벳세다로 갔고, 4월 29일 금요일에 도착하였다. 집에 다다르자 즉시, 예수는 이튿날, 그 날이 안식일이었기 때문에, 오후 예배에 말씀하도록 회당장에게 허락을 요청하라고 안드레를 보냈다. 가버나움 회당에서 이번이 설교하라고 허락될 마지막 기회가 되리라는 것을 예수는 잘 알았다.

제 153 편

가버나움에서 위기가

벳세다에 도착한 날, 금요일 저녁에, 그리고 안식일 아침에, 사도들은 예수가 어떤 중대한 문제에 심각하게 골똘해 있음을 눈치챘고, 주가 어떤 중요한 문제에 특별히 머리를 쓰고 있음을 알았다. 아침을 전혀 들지 않았고, 점심때도 거의 잡숫지 않았다. 안식일 아침 내내, 또 전날 저녁에, 열두 사람과 그 동료들은 작은 무리를 지어 집 근처에, 뜰에, 바닷가를 따라서, 모여 있었다. 어찌될까 하는 긴장감과 불안(不安)이 모두를 덮쳤다. 예루살렘을 떠난 뒤로 예수는 그들에게 거의 말씀하지 않았다.

몇 달 동안, 주가 그렇게 골똘히 생각에 빠져 있고 의사(意思)를 표현하지 않음을 본 적이 없었다. 시몬 베드로조차 풀이 죽지는 않았어도, 우울했다. 안드레는 기운 빠진 동료들을 위하여 무엇을 할까 어리둥절하였다. 나다니엘은 "폭풍 전의 고요" 한가운데에 있다고 말했다. 토마스는 "보통 아닌 무슨 일이 바야흐로 일어나려 한다"는 의견을 표현했다. 빌립은 다윗 세베대에게 "주가 무슨 생각을 하고 있는지 알기까지, 군중을 먹이고 재우는 계획을 잊어버리라"고 조언했다. 마태는 금고를 채우려고 다시 새롭게 노력했다. 야고보와 요한은 회당에서 있을 설교에 대하여 이야기했고, 설교의 가능한 성질과 규모를 놓고 많이 예측해 보았다. 열심당원 시몬은 "하늘에 계신 아버지가 아들이 옳음을 입증하고 지지하려고 어떤 예상하지 않은 방법으로 개입하려 할지 모른다"는 생각, 실제로는 희망을, 입밖에 냈고, 한편 가룟 유다는 "예수가 5천 명이 그를 유대인의 왕으로 선포하도록 허락할 만큼 용기가 없었고 대담하지 못했다"고 뉘우치기 때문에 아마 낙심하리라는 생각을 주제넘게 하였다.

날씨가 아름다운 이 안식일 오후에, 그런 우울하고 슬픈 추종자들의 무리 사이에서 예수는 가버나움 회당에서 획기적인 설교를 하려고 떠났다. 직계 추종자들 가운데서 영문 모르는 알패오 쌍둥이 중 하나가 유일하게 즐거운 인사, 즉 행운을 비는 말을 하였다. 그는 예수가 회당으로 가려고 집을 떠날 때, 명랑하게 인사하며 말했다: "아버지가 당신을 돕고, 언제보다 더욱 큰 군중이 오기를 우리가 기도하나이다."

1. 무대의 준비

더할 나위 없이 날씨 좋은 이 안식일 오후, 3시에 새 가버나움 회당에서, 탁월한 회중이 예수를 맞이했다. 야이루스가 사회를 보았고 예수에게 읽으라고 성서를 건네주었다. 그 전날에, 바리새인과 사두개인 53명이 예루살렘으로부터 도착하였다. 이웃 여러 회당에서 유지(有志)와 회당장들이 30명이 넘게 또한 참석했다. 이 유대인 종교 지도자들은 예루살렘의 산헤드린으로부터 내려온 명령을 받고서 직접 행동했고, 예수와 제자들에 대하여 공개적인 투쟁을 개시하려고 온 정통파의 선봉이었다. 이 유대인 유지들 옆에, 회당의 명예로운 자리에는 헤롯 안티파스의 공식 감시인들이 앉아 있었는데, 건너 그 형제 빌립의 영토에서 대중이 예수를 유대인의 왕으로 선포하려는 시도가 있었다는 불안한 보고에 관하여 진상(眞相)을 확인하라는 지시를 받았다.

예수는 수가 늘어나는 적들이 공언하던 공개 투쟁이 즉시 선포되는 것을 직면하고 있음을 깨달았고, 대담하게 공격 자세를 택했다. 그는 5천 명을 먹일 때, 물질적 메시아 관념에 도전했다. 이제 다시 유대인 구원자 개념을 드러내 놓고 공격하기로 했다. 5천 명을 먹인 것과 함께 시작되고 이 안식일 오후 설교와 함께 끝난 이 위기는, 군중 사이에서 명성과 갈채의 파도를 겉보기에 돌이킨 것이었다. 이제부터 하늘나라의 일은, 인류의 참 종교적 형제 정신을 위하여, 오래 가는 영적 전향자(轉向者)들을 설득하는 더 중요한 일에 더욱 관계되었다. 이 설교는 토론과 논쟁과 결심의 기간으로부터, 공개적으로 투쟁하고 마침내 용납되거나 거부되는 기간으로 넘어가는, 과도기의 위기(危機)를 표시한다.

주는 많은 추종자가 느리지만 확실하게, 드디어 그를 버리려고 생각을 준비하고 있음을 잘 알았다. 마찬가지로, 많은 제자가 느리지만 확실하게 어떤 지성 훈련과 혼의 단련을 거치고 있음을 알았으며, 이것은 그들로 하여금 의심을 이기고 하늘나라 복음을 믿는, 완전히 성장한 신앙을 용감하게 주장하게 만들 것이었다. 거듭 일어나는 선악의 상황을 반복해서 선택하는 느린 과정으로 말미암아, 위기 속의 결정과 용감히 선택하는 갑작스러운 행위를 연출하려고 사람들이 어떻게 준비하는가 예수는 충분히 알았다. 택한 사자들에게 거듭 실망을 연습시켰고, 영적 시련에 부딪치는 올바른 길과 그릇된 길 사이에서 택하는, 빈번한 시험 기회를 마련해 주었다. 추종자들이 최종 시험에 부딪쳤을 때, 이전에 버릇이 된된 정신 태도와 영적 반응에 따라서 중대한 결정을 내릴 것이라 신뢰할 수 있음을 알았다.

땅에서 예수가 산 일생에서 이 위기는 5천 명을 먹임으로 시작되고 회당에서 이 설교와 함께 끝났다. 사도들의 생활에서 위기(危機)는 회당에서 이 설교와 함께 비롯하고 온전히 한 해 동안 계속되었고, 주가 재판받고 십자가에 못박힘으로 겨우 끝났다.

예수가 말씀을 시작하기 전에, 그 날 오후에 회당에 앉아 있는 동안, 모든 사람의 머리 속에는, 꼭 한 가지 큰 신비, 꼭 한 가지 최고의 물음이 있었다. 친구와 적 모두가, 꼭 한 가지 생각을 숙고했다: "어째서 대중의 열광하는 파도를 그가 그렇게 계획적으로, 실질적으로 저지하였는가?" 이 설교의 바로 전과 바로 후에, 투덜거리는 지지자들의 의심과 실망은 무의식의 반대로 커지고, 궁극에는 실제로 미움으로 바뀌었다. 가롯 유다가 처음으로 의식해서 저버릴 생각을 품은 것은 회당에서 이 설교가 있은 뒤였다. 그러나 그는 한동안, 모든 그러한 경향에 효과적으로 고삐를 쥐었다.

누구나 다 어리둥절한 상태에 있었다. 예수는 그들을 어이없게 하고 혼란에 빠뜨렸다. 생애 전체의 특징을 가리키는 초자연적 능력을 최대로 나타내는 일에 요즈음 바빴다. 5천 명을 먹인 것은 일생에서, 유대인이 기대하던 메시아 개념에 가장 크게 호소한 사건이었다. 그러나 이 놀라운 이점(利點)은 즉시, 아무 설명도 없이, 그가 재빠르고 뚜렷하게, 왕이 되기를 거절한 것 때문에 사라졌다.

금요일 저녁에, 또 안식일 아침에 다시, 예수가 회당에서 말씀하지 못하게 하려고 예루살렘 지도자들은 오랫동안 열심히 야이루스를 설득하려고 애썼지만, 아무 소용이 없었다. 이 모든 간청에 야이루스는 한 마디로 잘라 말했다. "나는 이 요청을 허락했고, 내 말을 어기지 않겠소."

2. 획기적인 설교

신명기(申命記)에서 보는 대로, 율법에서부터 읽으면서 예수는 이 설교의 서두를 꺼냈다: "그러나 이 민족이 하나님의 목소리에 귀를 기울이지 않으려 하면, 죄지음으로 얻는 저주가 확실히 저희를 따라잡으리라. 주는 너희가 적들에게 얻어맞게 만들겠고, 너희는 땅에 있는 모든 나라로 옮겨질지니라. 주는 너희, 그리고 너희 위에 세운 왕을 이상한 민족의 손에 넘기리라. 너희는 모든 나라 사이에서 놀라운 일, 속담, 웃음거리가 될지니라. 너희의 아들딸은 포로 생활을 할지니라. 너희가 아주 낮아져도, 너희 중에 낯선 사람들이 높은 권한에 오를지니라. 이런 일이 너희와 너희 자손에게 영원히 다가오리니, 너희가 주의 말씀에 귀를 기울이려 하지 않음이라. 그러므로 너희를 대항하여 올 적들을 너희가 섬길지니라. 너희는 배고픔과 목마름을 견디고, 외국인의 이 쇠 멍에를 질지니라. 주는 멀리서, 땅 끝으로부터, 너희를 대적하여 한 민족을 데려오리니, 너희는 그 민족의 말을 알지 못하며, 저희는 사나운 얼굴을 한 민족이요 너희를 하찮게 여길 민족이라. 너희가 신뢰하던 높은 강화(强化)된 담이 무너질 때까지 저희가 모든 마을에서 너희를 둘러싸겠고, 온 땅이 저희의 손에 넘어 가리라. 이렇게 포위된 시절에, 적들이 철저하게 너희를 압박하기 때문에, 너희가 너희 몸의 열매, 너희 아들딸의 고기를 먹는 일이 생기리라."

예수가 이렇게 읽기를 마쳤을 때, 예언서로 옮겨서 예레미야로부터 읽었다: "'내 종, 내가 너희에게 보낸 선지자들의 말에 귀를 기울이지 않으려 하면, 나는 이 집을 실로처럼 만들겠고, 이 도시를 땅의 온 민족에게 저주가 되게 만들리라.' 사제와 선생들이 예레미야가 주의 집에서 이렇게 말씀하심을 들었느니라. 주가 모든 사람에게 이르라고 명령하신 모든 것을 예레미야가 말하기를 그쳤을 때, 사제와 선생들이 그를 붙잡고 '네가 반드시 죽을지니라' 하였더라. 모든 사람이 주의 집에서 예레미야를 둘러쌌더라. 유다의 제후들이 이 말을 들었을 때, 저희는 예레미야를 재판하였더라. 그리고 나서 사제와 선생들이 제후들과 모든 사람에게 이르되 '이 사람은 죽어 마땅하니, 우리 도시에 못되게 예언하였고, 그가 말한 것을 여러분이 자신의 귀로 들었나이다.' 다음에 예레미야가 모든 제후와 모든 사람에게 말하였더라, '이 집에 적대하여, 이 도시에 적대하여 너희가 들은 모든 말로 예언하라고 주가 나를 보냈도다. 그런즉 너희에게 선포된 악을 너희가 피하도록, 자 너희의 길을 고치고 너희가 하는 일을 개혁하며, 주 너희 하나님의 목소리에 복종하라. 나에 대해서는, 보라 내가 너희 손 안에 있느니라. 너희 소견에 좋게, 옳게 보이는 대로 나를 처분하라. 그러나 분명히 알라, 너희가 나를 죽이면, 죄 없는 피를 너희 몸에, 이 민족에게 퍼부으리니, 이는 참으로 주가 이 모든 말씀을 너희 귀에 이르라고 나를 보내셨음이라.'

"그 시절의 사제와 선생들이 예레미야를 죽이려고 애썼으나, 판관(判官)들이 찬성하려 하지 않았는지라. 그래도 그가 경고한 말씀 때문에, 더러운 지하 감옥에서 예레미야가 겨드랑이까지 진창에 빠지도록 밧줄로 저희가 그를 내려보냈더라. 예레미야 선지자가 다가오는 정치적 몰락(沒落)에 관하여 동포에게 경고하라는 주의 명령에 복종했을 때, 이 사람들이 그에게 이렇게 하였더라. 오늘날, 너희에게 묻고자 하니, 이 민족이 영적으로 멸망하는 날을 감히 경고하는 사람을 그 대사제와 종교 지도자들이 어찌하겠느냐? 주의 말씀을 감히 선포하며, 하늘나라의 입구로 이끄는 빛의 길에서 너희가 어떤 방법으로 걷기를 물리치는가 겁 없이 지적하는 선생을 너희도 또한 죽이려 애쓰려느냐?

"땅에서 내 사명의 증거로서 너희가 무엇을 찾느냐? 가난하고 버림받은 자들에게 기쁜 소식을 전하는 동안, 우리는 영향력과 권력의 자리에 있는 너희를 다치지 않고 두었느니라. 너희가 존중하는 것에 대하여 조금도 공격하지 않았으나 오히려 겁에 질린 사람 혼에게 새 자유를 선포하였느니라. 나는 내 아버지를 드러내고, 하나님의 아들들의 영적 형제 정신, 즉 하늘나라를 땅에서 세우려고 세상으로 왔노라. 내 나라가 이 세상에 속하지 않는다고 누차 너희에게 상기시켰는데도, 그래도 더욱 뚜렷하게 증거하는 영적 변화와 개심(改心)에 덧붙여, 너희에게 물질 이적의 많은 명시를 내 아버지가 허락하였느니라.

"너희가 내 손에서 무슨 새 표징(標徵)을 구하느냐? 내가 선언하노니, 결정을 내리도록 너희가 이미 넉넉한 증거를 가졌도다. 진실로, 진실로, 오늘 내 앞에 앉은 여러 사람에게 이르노니, 너희는 어느 길로 갈 것인가 택할 필요에 부닥쳤느니라. 요수아가 너희 선조에게 이른 것 같이, 너희에게 이르노니, '너희가 누구를 섬길까 오늘 택하라.' 오늘, 너희 가운데 많은 사람이 갈림길에 서 있도다.

"건너편에서 군중이 배불리 먹고 난 뒤에 나를 찾을 수 없었을 때, 너희 중에 더러는 나를 추적하려고, 한 주 전 폭풍우가 있던 동안에 근처에서 대피하던 티베리아스 고기잡이 배들을 고용하였으니, 무엇 때문이냐? 진리와 올바름을 찾거나, 동료 인간들을 어떻게 섬기고 보살피는가 더 잘 알까 싶어서가 아니라! 아니라, 너희가 수고하지 않고 얻은 빵을 더 많이 가지기 위함이라. 생명의 말씀으로 혼을 채우려함이 아니요, 오직 쉽게 얻은 빵으로 너희 배를 채울까 하였음이라. 메시아가 온다면, 택한 백성 모두를 위하여 생활을 즐겁고 안일하게 만들 이적을 행하리라고 너희가 오랫동안 배웠느니라. 그러면 이렇게 배운 너희가 빵과 물고기를 몹시 바라는 것이 이상하지 않도다. 그러나 너희에게 선언하노니, 그런 것은 사람의 아들의 사명이 아니라. 영적 자유를 선포하고, 영원한 진리를 가르치고, 살아 있는 믿음을 길러 주려고 내가 왔노라.

"형제들아, 썩어 버리는 고기를 그리워하지 말고, 차라리 영생(永生)에 이르기까지 영양을 주는 영적 음식을 찾으라. 이것이 받아서 먹고자 하는 모든 사람에게 아들이 주는 생명의 빵이니, 아버지가 이 생명을 한없이 아들에게 주셨음이라. '하나님의 일을 행하기 위하여 우리가 무엇을 해야 하나이까' 너희가 물었을 때, 나는 알기 쉽게 일렀노라: '하나님이 보낸 자를 너희가 믿는 것, 이것이 하나님의 일이라.'"

그리고 나서, 이 새 회당의 상인방(上引枋)을 장식하고 포도송이로 치장된 만나한 단지의 무늬를 가리키면서 예수는 말했다: "너희 선조가 광야에서 만나—하늘의 빵—을 먹었다고 너희가 생각했으나, 너희에게 이르노니, 이것은 땅의 빵이었도다. 모세는 너희 조상에게 하늘에서 온 빵을 주지 않았으나, 이제 내 아버지는 너희에게 참 생명의 빵을 주려고 준비가 되었느니라. 하늘의 빵은 하나님으로부터 내려오는 빵이요, 세상 사람들에게 영원한 생명을 주느니라. 우리에게 이 생명의 빵을 달라 하고 너희가 말하면, 나는 대답하리라: 내가 이 생명의 빵이라. 내게로 오는 자는 배고프지 않겠고, 나를 믿는 자는 결코 목마르지 아니하리라. 너희는 나를 보고 나와 함께 살며 내가 한 일을 보았거늘, 아직도 내가 아버지로부터 온 것을 믿지 않느니라. 그러나 믿는 자들에게는—두려워 말라. 아버지의 인도하심을 받는 자는 다 내게로 오겠고, 내게로 오는 자는 결코 쫓겨나지 아니하리라.

"이제, 이번을 끝으로, 너희에게 선언하고자 하니, 내가 땅에 내려온 것은 내 자신의 뜻이 아니라, 나를 보내신 이의 뜻을 행하려 함이라. 그가 나에게 주신 모든 사람 가운데 하나도 잃지 않는 것, 이것이 나를 보내신 이의 마지막 뜻이라. 그리고 이것이 아버지의 뜻이라: 아들을 보고 믿는 자는 누구나 영생을 얻으리라. 어제야 내가 너희 몸을 위하여 너희를 빵으로 먹였고, 오늘 나는 너희의 주린 혼을 위하여 너희에게 생명의 빵을 내미노라. 너희가 그 때 이 세상의 빵을 그렇게 달게 먹었던 것 같이, 이제 너희는 영의 빵을 쥐겠느냐?"

회중을 돌아보려고 예수가 한 순간 멈추자, 예루살렘으로부터 온 한 선생(산헤드린의 회원)이 일어나서 물었다: "네가 하늘에서 내려온 빵이요, 모세가 광야에서 우리 조상에게 준 만나는 그렇지 않다 하니, 내가 너의 말을 이해하느냐?" 그리고 예수는 그 바리새인에게 대답했다: "네가 똑바로 알아들었느니라." 그러자 바리새인이 말했다: "그러나 너는 나사렛 예수, 목수 요셉의 아들이 아니냐? 네 남동생과 누이들 뿐 아니라 네 아비와 어미도 우리 중 여럿에게 잘 알려져 있지 않느냐? 그러면 어째서 네가 여기 하나님의 집에 나타나서, 네가 하늘에서 내려왔다고 선언하느냐?"

이 때가 되어서 회당에는 사람들이 많이 수군거렸고, 큰 시끄러움이 일어날 듯하여, 예수는 일어나서 말했다: "우리가 참자, 정직하게 살펴보아도 진리는 결코 상하지 않는도다. 나는 너희가 말하는 그 모든 것이나 그보다 더하니라. 아버지와 나는 하나요, 아들은 오직 아버지가 그에게 가르치는 것을 행하며, 아버지가 아들에게 주시는 모든 사람을 아들은 자기 것으로 받아들이느니라. '너희는 모두 하나님에게 가르침을 받을지니라,' 그리고 '아버지가 가르치는 자들은 또한 아들의 말을 들으리라' 하고 예언서에 쓰인 것을 너희가 읽었느니라. 깃드는 아버지 영의 가르침에 무릎을 꿇는 자마다 궁극에는 내게로 오리라. 누구라도 아버지를 보았기 때문이 아니라, 아버지의 영이 사람 안에 사는 까닭이라. 하늘에서 내려온 아들은, 분명히 아버지를 보았느니라. 이 아들을 참으로 믿는 자들은 이미 영생을 얻었느니라.

"내가 이 생명의 빵이라. 너희 조상은 광야에서 만나를 먹고 죽었도다. 그러나 하나님으로부터 오는 이 빵은, 사람이 먹으면, 그 영이 결코 죽지 아니하리라. 내가 되풀이하노니, 내가 이 생명의 빵이요, 하나님과 사람의 이 뭉친 성품을 깨닫는 혼마다 언제까지나 살리라. 받고자 하는 모든 사람에게 주는 이 생명의 빵은 내 자신의 살아 있는 통합된 성품이라. 아들 속에 계신 아버지, 아버지와 하나가 된 아들—이것이 세상에게 생명을 주는 나의 계시요, 모든 나라에게 내가 주는 구원의 선물이라."

예수가 말씀을 마치자, 회당장이 회중을 해산했지만, 떠나려 하지 않았다. 예수 둘레에 밀어닥쳐 더 물으려 하였고, 한편 다른 사람들은 중얼거리고 자기들끼리 다투었다. 이 상태가 세 시간이 넘어 계속되었다. 청중이 마침내 흩어지기까지는 7시가 훨씬 넘었다.

3. 예배 뒤 모임

이 예배 뒤 모임에서 예수에게 많은 질문이 쏟아졌다. 더러는 어리둥절한 제자들이 물은 것이었으나, 트집잡는 불신자들이 더욱 많이 물었고, 오로지 예수를 난처하게 만들고 옭아매려고 했다.

방문하는 바리새인들 가운데 하나가 등불 받침에 올라서면서 이렇게 소리쳐 물었다: "네가 생명의 빵이라고 네가 우리에게 이르는구나. 어찌 네가 우리에게 네 살을 먹으라거나 피를 마시라고 줄 수 있느냐? 너의 가르침이 실행될 수 없다면 무슨 소용이 있느냐?" 예수는 이 질문에 대답하여 말했다: "내 살이 생명의 빵이라거나 내 피가 생명의 물이라고 내가 너희에게 가르치지 아니하였거니와, 육체를 입은 내 생명이 하늘 빵을 주시는 것이라 말하였노라. 육체에 수여된 하나님의 말씀의 사실, 그리고 하나님의 뜻에 복종하는 사람의 아들의 현상은 신이 영양을 공급하는 것과 대등한 체험의 실체를 이루느니라. 너희는 내 살을 먹거나 내 피를 마실 수 없거니와 내가 아버지와 영적으로 하나인 것 같이, 너희는 영적으로 나와 하나가 될 수 있도다. 너희는 하나님의 영원한 말씀으로 영양을 받을 수 있으니, 그 말씀은 정말로 생명의 빵이요, 필사 육체의 모습을 입고 수여되었느니라. 신다운 영은 너희 혼에게 물을 줄 수 있고, 그 영은 참으로 생명의 물이라. 아버지가 어떻게 모든 사람에게 깃들고 지도하기를 바라는가 보여 주려고 나를 세상으로 보내셨고, 모든 사람이 마찬가지로, 깃드는 하늘 아버지를 알고 그 뜻을 행하기를 늘 구하도록 격려하려고 육체를 입은 이 생명을 내가 살았노라."

그리고 나서 예수와 사도들을 지켜보고 있던 예루살렘 첩자들 가운데 하나가 말했다: "우리가 보아하니, 빵을 먹기 전에 당신이나 사도들이 적절히 손을 씻지 아니하나이다. 더럽고 씻지 않은 손으로 먹는 그런 관습은 장로들의 율법을 어기는 것인 줄 잘 아심이 틀림없나이다. 마시는 잔과 먹는 그릇도 당신은 제대로 씻지 않나이다. 어째서 조상의 전통과 장로들의 율법을 그렇게 경멸함을 보이시나이까?" 그의 말을 듣자, 예수는 대답했다: "어찌하여 전통의 율법에 따라서 하나님의 계명을 너희가 어기느냐? 계명은 이르되, '네 아버지와 어머니를 공경하라,' 그리고 필요하면 너희 물질을 부모와 나누라고 지시하느니라. 그러나 너희는 전통의 율법을 세우니, 이것이 의무를 지키지 않는 아이들로 하여금 부모를 도왔을까 싶은 돈이 '하나님께 바쳐졌다' 말하도록 허락하느니라. 아이들이 나중에 모든 그런 돈을 자기의 안락을 위하여 쓰는데도, 이처럼 장로들의 율법은 그러한 교활한 아이들로부터 책임을 덜어 주느니라. 무슨 까닭에, 전통에 따라서 너희가 이 방법으로 계명을 무효로 만드느냐? 이사야가 너희 위선자들을 잘도 예언하며 말하였더라: '이 사람들이 입술로는 나를 존경하나 마음은 내게서 멀도다. 헛되이 저희가 나를 섬기고, 사람들의 교훈을 저희의 교리로 가르치는도다.'

"어떻게 너희가 사람들의 전통을 굳게 붙들고 계명을 버리는가 너희가 잘 알 수 있느니라. 자신의 전통을 유지하면서, 너희는 하나님의 말씀을 아주 즐거이 물리치는도다. 많은 다른 방법으로 너희는 감히 너희의 가르침을 율법과 선지자 위에 올려놓느니라."

그리고 나서 예수는 거기 있는 모든 사람을 향하여 논평하며, 말했다: "그러나 너희는 다 내 말을 귀담아들으라. 사람을 영적으로 더럽히는 것은 입으로 들어가는 것이 아니라, 오히려 입에서, 마음으로부터 나오는 것이라." 그러나 사도들조차도 그 말씀의 뜻을 충분히 깨닫지 못했으니, 시몬 베드로도 또한 물었기 때문이다: "당신의 말씀을 듣는 자들 가운데 더러가 필요 없이 기분 상하지 않도록, 당신이 이 말씀의 뜻을 우리에게 설명해 주시겠나이까?" 그리고 나서 예수는 베드로에게

말했다: "너도 알아듣기가 어려우냐? 하늘에 계신 내 아버지가 심지 않은 식물마다 뿌리 뽑힐 것을 네가 모르느냐? 진리를 알고자 하는 자들에게 이제 눈길을 돌리라. 사람들에게 진리를 사랑하라고 강제할 수 없느니라. 이 선생들 가운데 다수가 눈먼 안내자이라. 소경이 소경을 이끌면, 둘이서 구렁에 빠질 것을 너희가 아느니라. 도덕적으로 사람을 더럽히고 영적으로 오염시키는 것들에 관하여 너희에게 진리를 일러 주는 동안, 귀담아들으라. 내가 선언하노니, 사람을 더럽히는 것은, 입으로 몸에 들어가거나, 눈과 귀를 통해서 지성에 접근하는 것이 아니라. 마음 속에서 생길까 싶은 악과, 그렇게 거룩하지 않은 사람들의 언행에서 표현되는 그 악으로 말미암아, 사람이 겨우 더러워지느니라. 질투, 자만심, 진노, 복수, 욕설, 거짓 증거와 함께, 악한 생각, 살인·도둑질·간음과 같은 사악한 계획이 마음 속에서 솟아나오는 것을 너희가 알지 못하느냐? 사람을 더럽히는 것은 바로 그러한 것들이요, 저희가 예식 면에서 더러운 손으로 빵 먹는 것이 아니라."

예루살렘 산헤드린의 바리새인 위원들은 신성 모독(冒瀆)의 죄목이나 유대인의 신성한 율법을 우롱한 죄목으로 예수를 체포해야 한다고 이제 거의 확신했다. 그러므로 장로들의 전통, 즉 민족의 소위 구전(口傳) 율법을 더러 토론하고, 가능하면 공격하도록 그를 말려들게 하려고 노력한 것이다. 물이 아무리 귀하더라도, 전통에 노예가 된 이 유대인들은 식사하기 전에 예식으로 요구된 손 씻기를 결코 거르려 하지 않았다. "장로들의 계명을 어기는 것보다 죽는 것이 낫다"는 것이 그들의 관념이었다. 첩자들이 이렇게 물은 것은 예수가 "구원은 깨끗한 손이 아니라 깨끗한 마음의 문제이라"고 말했다는 보고가 있었기 때문이다. 그러나 그런 관념은 일단 사람의 종교의 일부가 되었을 때, 벗어나기 어렵다. 이 날 이후에 여러 해가 지났어도, 사도 베드로는 깨끗한 것과 더러운 것에 대한 이 전통을 아직도 두려워하는 압박감에 빠져 있었고, 특별하고 눈에 선한 꿈을 꾼 뒤에야 마침내 구제되었다. 이 유대인들은 손 씻지 않고 먹는 것을 창녀와 거래하는 것과 같은 각도에서 보았고, 두 가지 다 똑같이 추방당하는 벌을 받을 수 있었다는 것을 기억할 때, 이 모든 것을 더 잘 이해할 수 있다.

주는 이처럼 구전 율법—장로들의 전통—이 대표하는 랍비 체계의 규칙·규제 전체의 어리석음을 논의하고 폭로하기를 택하였고, 이것들은 모두, 성서의 가르침보다 유대인들에게 더 거룩하고 더 속박하는 것으로 간주되었다. 이 종교 지도자들과 더 이상 공공연하게 관계가 악화되는 것을 막을 수 없는 때가 왔음을 알았기 때문에, 예수는 거리낌없이 말했다.

4. 회당에서 하신 마지막 말씀

이 예배 뒤의 모임에서 한창 토론하는 가운데, 예루살렘에서 온 한 바리새인이, 다루기 힘들고 모반한 귀신에 들린 한 미친 소년을 예수께 데리고 왔다. 이 미쳐버린 아이를 예수 앞으로 이끌면서 그는 말했다: "이와 같은 병에는 당신은 무엇을 할 수 있나이까? 당신은 악귀들을 내쫓을 수 있나이까?" 소년을 보았을 때, 주는 가엾이 여기는 마음이 들었고, 소년에게 오라고 손짓하면서, 손을 잡고 말했다: "너는 내가 누구인지 알고 있으니, 그에게서 나오라. 네가 돌아오지 않도록 하라고 너의 충실한 동료들 중의 하나에게 내가 명하노라." 즉시 그 소년은 정상이 되고 제 정신이 들었다. 이것은 예수가 인간에게서 처음으로 "악령"을 정말로 쫓아낸 경우이다. 모든 이전의 경우는 다만 악귀에 들렸다고 생각된 경우였지만, 이것은 그 시절에, 오순절 직전까지 때때로 일어난 것과 같이, 정말로 악마에 들린 경우였다. 오순절에 주의 영(靈)이 모든 육체 위에 부어졌고, 이 몇몇 하늘 반역자들이 어떤 불안정한 부류의 인간들을 속여 이용하는 것을 언제까지나 불가능하게 만들었다.

사람들이 놀라워하자, 바리새인들 가운데 하나가 일어서서, 악마들과 결탁하고 있기 때문에 예수가 이런 일을 할 수 있다, 이 악마를 내쫓으면서 사용한 표현으로 그들이 서로 아는 처지임을 예수가 인정했다고 덮어씌웠다. 더 나아가서, 예수가 비엘세붑, 즉 악마의 영주의 권능을 입어서 이른바 그의 모든 기적을 일으켰다고 예루살렘의 종교 선생과 지도자들이 결정했다고 말했다. 그 바리새인은 말했다: "이 사람과 상관하지 말라. 그는 사탄과 동업자이라."

그리고 나서 예수가 말했다: "어찌 사탄이 사탄을 내쫓느냐? 자기끼리 갈라져 싸우는 나라는 설 수 없느니라. 한 집에서 갈라져 서로 싸우면, 곧 황폐해지느니라. 뭉치지 않으면 한 도시가 포위를 견딜 수 있느냐? 사탄이 사탄을 내쫓으면, 자신에 대항하여 싸우느니라. 그러면 어찌 그 나라가 서겠느냐? 그러나 너희가 모두 알아야 할지니, 아무도 힘센 사람의 집으로 들어가서, 먼저 그 사람을 이기고 묶어 놓지 않으면, 물건을 빼앗을 수 없느니라. 그래서 내가 비엘세붑의 힘을 입어 악마들을 내쫓으면, 너희의 아들들은 누구의 힘으로 악마들을 내쫓느냐? 그러므로 저희가 너희의 판관이 될지니라. 그러나 하나님의 영으로 내가 악마들을 내쫓으면, 하나님의 나라가 참으로 너희에게 다가왔느니라. 너희가 편견에 눈이 멀고 두려움과 자만으로 잘못 인도되지 않으면, 악마들보다 더 큰 사람이 너희 가운데 서 있음을 쉽게 깨달으리라. 나와 함께 있지 않은 자는 나를 적대하는 자요, 나와 함께 모이지 않는 자는 흩어진다고 내가 선포할 수밖에 없게 만드느니라. 너희에게 내가 엄숙한 경고를 내리마, 너희는 눈을 뜨고 미리 계획하여 악의(惡意)를 가지고, 알면서 하나님의 일을 악마의 일로 주제넘게 돌리려 하는구나! 진실로, 진실로, 내가 너희에게 이르노니, 너희의 모든 죄, 아니 너희의 모든 신성 모독조차 용서를 받으리라. 그러나 깊이 생각한 끝에 사악한 뜻을 가지고 하나님을 거슬러 신성을 모독하는 자는 누구든지 결코 용서를 얻지 못하리라. 그렇게 끈질긴 불의의 일꾼들은 결코 용서를 구하지도 받지도 않으리니, 저희는 신의 용서함을 영원히 물리치는 죄가 있느니라.

"너희 가운데 여럿이 오늘 갈림길에 다다랐고, 아버지의 뜻과 자신이 선택한 어둠의 길 사이에 불가피한 선택의 시초에 너희가 이르렀느니라. 이제 택하는 그대로, 너희가 궁극에 그렇게 될지니라. 너희는 나무를 좋게 만들고 그 열매를 좋게 만들어야 하나니, 그렇지 않으면 나무가 썩고 그 열매가 썩으리라. 내가 선언하노니, 내 아버지의 영원한 나라에서는 열매로 그 나무를 알아보느니라. 그러나 너희 가운데 더러는 독사와 같고, 이미 악을 택하였으니, 어찌 좋은 열매를 맺을 수 있느냐? 결국에는, 너희 마음 속에 가득한 악을, 입으로 뱉아내느니라."

그리고 나서 또 다른 바리새인이 일어나서 말했다: "선생이여, 당신이 가르칠 권한과 권리를 확립하는 것이라고 우리가 찬성할 표징, 미리 정해진 표징(標徵)을 우리에게 주시기를 바라나이다. 당신이 그러한 주선에 찬성하시겠나이까?" 그리고 이 말을 듣자, 예수는 말했다: "믿음이 없고 표징을 찾는 이 세대가 표시를 찾는도다. 그러나 너희가 이미 받은 것, 그리고 너희 가운데서 사람의 아들이 떠날 때 너희가 볼 것 외에, 아무런 다른 표징을 너희에게 주지 아니하리라."

말씀을 마치고 나서 사도들은 그를 둘러쌌고, 회당 바깥으로 인도했다. 말없이 그들은 벳세다까지 함께 집으로 길을 떠났다. 모두 놀랐고, 주의 가르치는 전술이 갑자기 바뀐 것에 얼마큼 두려워졌다. 그들은 주가 그렇게 호전적(好戰的) 태도로 행동하는 것을 보는 데 도무지 익숙하지 않았다.

5. 토요일 저녁

여러 번 예수는 사도들의 희망을 산산조각 냈고, 가장 좋아하는 기대를 거듭하여 짓밟았다. 그러나 어떤 실망의 시간이나 슬픈 기간도 지금 그들을 휩쓴 것과 맞먹지 않았다. 게다가 이제는, 신변의 안전에 대한 진짜 두려움이 우울한 느낌과 함께 섞였다. 민중(民衆)이 갑자기, 철저히 그들을 저버린 것에 모두가 너무나 소스라치게 놀랐다. 예루살렘에서 온 바리새인들이 뜻밖에 대담해지고 단호한 결의를 나타낸 것에 또한 얼마큼 놀라고 당황했다. 그러나 무엇보다도 예수가 갑자기 전술을 바꾼 것에 어리둥절했다. 보통 상황에서는 이렇게 더 호전적인 태도가 나타난 것을 반가워했을 터이지만, 실제로 일어난 바와 같이, 기대하지 않았던 아주 많은 것과 함께, 이들을 놀라게 하였다.

이제, 이 모든 걱정 위에, 그들이 집에 도착했을 때, 예수는 잡수려 하지 않았다. 그는 몇 시간 동안 한 2층 방에서 혼자 계셨다. 거의 한밤이 되어서야, 전도사들의 지도자 요압이 돌아와서, 동료들 가운데 약 3분의 1이 그 운동을 버리고 갔다고 보고했다. 저녁 내내 충성스러운 제자들이 오갔고, 주에 대한 감정이 돌변하여 가버나움에 널리 퍼졌다고 보고했다. 예루살렘에서 온 지도자들은 재빨리 이 불만의 감정에 부채질하고, 모든 가능한 방법으로 예수와 그의 가르침을 멀리하는 운동을 조장하려 했다. 이 시련의 시간에, 열두 여인은 베드로의 집에서 회의를 열었다. 대단히 마음이 언짢았지만, 아무도 버리고 떠나지 않았다.

자정이 조금 지났을 때 예수가 2층 방에서 내려와서 열둘과 그 동료들 가운데 섰는데, 모두 30명쯤 되었다. 그는 말했다: "하늘나라가 이렇게 사람들을 체질해서 가려 내는 것이 너희를 슬프게 만드는 것을 헤아리나, 피할 수 없느니라. 아직도, 모든 훈련을 받은 뒤에도, 너희가 내 말에 갈팡질팡할 무슨 좋은 까닭이 있었느냐? 하늘나라가 이 미지근한 군중과 건성으로 믿는 제자들을 떨어 버린 것을 보고서, 어찌하여 두려움과 경악으로 가득 찼느냐? 하늘나라의 영적 가르침이 새 영광 속에 빛나려고 새 날이 밝아오는 데, 어찌하여 너희는 슬퍼하느냐? 이 시험을 견디기 어렵다면, 사람의 아들이 아버지께로 돌아가야 할 때, 너희가 무슨 일을 하겠느냐? 내가 이 세상으로 오기 전에 있던 곳으로 올라갈 때를 위하여, 너희가 언제, 어찌 준비하겠느냐?

"사랑하는 자들아, 활기를 얻는 것은 영(靈)임을 너희가 기억해야 하고, 살과 그에 관계된 모든 것은 전혀 유익하지 않으니라. 내가 너희에게 준 말씀은 영이요 생명이라. 기운을 내라! 나는 너희를 버리지 않았노라. 많은 사람이 이 며칠 동안 솔직히 한 말에 기분을 상하리라. 내 제자들 가운데 여럿이 돌아갔다는 말을 너희가 이미 들었고, 저희는 이제 나와 함께 동행하지 않느니라. 건성으로 믿는 이 사람들이 길가에서 떨어져 나가리라는 것을 처음부터 알았노라. 내가 너희 열두 사람을 골라서 하늘나라의 대사로서 따로 세우지 아니하였느냐? 이제 이와 같은 때에 너희도 또한 저버리려 하느냐? 너희 하나하나가 자기 믿음을 들여다볼지니, 너희 가운데 하나가 크게 위험한 까닭이라." 예수가 말씀을 마치고 나서, 시몬 베드로가 말했다: "예, 주여, 우리는 슬프고 어리둥절하지만, 당신을 결코 버리지 아니하리이다. 당신은 우리에게 영생(永生)의 말씀을 가르쳤나이다. 우리는 당신을 믿어 왔고, 지금까지 당신을 따라왔나이다. 우리는 돌아가지 아니하겠사오니, 하나님이 당신을 보내셨음을 우리가 알기 때문이니이다." 베드로가 말을 마치자, 모두 충성의 서약을 인정한다는 뜻으로 하나같이 고개를 끄덕였다.

그리고 나서 예수가 말했다: "너희는 가서 쉬어라, 바쁜 때가 우리에게 다가왔음이라. 바삐 활동할 시절이 바로 앞에 다가왔느니라."

제 154 편

가버나움에서 마지막 며칠

4월 30일, 중대한 그 토요일 밤에, 풀이 죽고 어리둥절한 제자들에게 예수가 위로하고 용기를 북돋는 말씀을 하는 동안, 티베리아스에서는 헤롯 안티파스, 그리고 예루살렘 산헤드린을 대표하는 특별 위원들의 무리 사이에 회의가 열리고 있었다. 이 서기관과 바리새인들은 헤롯에게 예수를 체포하라고 재촉했고, 예수가 민중에게 불화(不和)를, 아니 반란까지도 선동하고 있다고 확신을 주려고 최선을 다했다. 그러나 헤롯은 예수를 정치범으로 다루어 행동을 취하기를 거절하였다. 사람들이 예수를 임금으로 선포하려고 했을 때, 호수 건너편에서 일어난 에피소드와 어떻게 그가 그 제안을 물리쳤는가 헤롯의 조언자들이 정확하게 보고했다.

헤롯의 정식 가족의 한 사람인 추자의 아내는 여인 봉사 집단에 속했는데, 추자는 예수가 세상을 통치하는 일에 간섭하기를 제안하지 않았다, 오직 신자(信者)들의 영적 형제 정신을 확립하는 데만 아랑곳한다, 그 정신을 하늘나라라 부른다는 것을 헤롯에게 알려 주었다. 헤롯은 추자의 보고를 신뢰했고, 너무 믿어서 예수의 활동에 간섭하려 하지 않았다. 또한 이 때, 예수에 대한 헤롯의 태도는 세례자 요한을 미신처럼 두려워한 것에 영향을 받았다. 헤롯은 아무 것도 믿지 않아도 만사를 두려워한 변절한 유대인이었다. 요한을 죽게 만든 것 때문에 양심이 거리꼈고, 예수를 해치려는 이 음모에 말려들고 싶지 않았다. 예수가 치유한 듯이 보이는 많은 병의 사례를 알고 있었고, 예수를 선지자, 아니면 비교적 해롭지 않은 광신자로 여겼다.

반역하는 시민을 그가 보호한다고 케자에게 보고하겠다고 유대인들이 위협했을 때, 헤롯은 회의실에서 그들은 쫓아내라 명령했다. 이처럼 문제는 한 주 동안 잠잠했고, 그 동안에 예수는 임박한 분산에 대하여 추종자들을 준비시켰다.

1. 한 주 동안의 회의

5월 1일부터 5월 7일까지 세베대의 집에서 추종자들과 함께 예수는 사사로운 회의를 가졌다. 오직 단련받고 신뢰하는 제자들만 이 회의에 입장이 허락되었다. 이 때 바리새인들의 반대를 무릅쓰고 예수를 지지한다고 드러내 놓고 선언할 도덕적 용기를 가진 제자들이 겨우 약 1백 명 있었다. 이 무리와 함께 그는 아침, 오후, 저녁에 회의를 열었다. 작은 일행의 질문자들이 오후마다 바닷가에서 모였고, 여기서 전도사나 사도들이 더러 강론하였다. 이 무리는 50명이 넘는 적이 드물었다.

이 주 금요일에 가버나움 회당장들이 하나님의 집을 예수와 모든 추종자에게 닫는다고 공식(公式) 결정을 내렸다. 이 결정은 예루살렘 바리새인들의 선동을 받아서 취해졌다. 야이루스는 회당장 우두머리 자리에서 물러났고, 드러내 놓고 예수와 한 편이 되었다.

마지막 바닷가 회의는 5월 7일 안식일 오후에 열렸다. 예수는 그 때 모인, 150명이 채 안 되는 무리에게 말씀했다. 이 토요일 밤은 예수와 그의 가르침의 인기(人氣)의 물결이 가장 낮게 내려간 때였다. 그 때부터 계속, 좋게 생각하는 감정이 꾸준하고 느려도, 더 건전하고 믿을 만하게 성장했다. 새 추종자들이 영적 믿음과 참된 종교적 체험의 더 튼튼한 기초 위에 강화되었다. 주를 따르던 사람들이 지녔던 물질적 하늘나라 개념, 그리고 그보다 더 이상주의이고 영적인 개념, 즉 예수가 가르친 개념, 이 둘 사이에 얼마큼 섞이고 절충하는 과도기(過渡期) 단계가 이제 분명히 끝났다. 이제부터 계속, 규모가 더욱 크게, 두루 미치는 영적 함축성을 가지고, 하늘나라 복음을 더욱 당당하게 선포하게 되었다.

2. 한 주의 휴식

서기 29년, 5월 8일, 일요일, 예루살렘에서 산헤드린은 팔레스타인의 모든 회당을 예수와 그 추종자들에게 닫는다는 법령을 통과했다. 이것은 예루살렘의 산헤드린이 새로이 전례 없이 권한을 침해한 것이다. 이 때까지 각 회당은 예배자들의 독립된 회중으로서 존재하고 활동했으며, 자체 이사회의 지배와 지도 밑에 있었다. 오직 예루살렘의 회당들이 산헤드린의 권한에 지배를 받고 있었다. 산헤드린의 이 즉결(卽決) 행위에 뒤이어, 회원 다섯 명이 사퇴했다. 사자 1백 명이 이 선포를 전하고 집행하려고 즉시 파송되었다. 2주의 짧은 기간에, 헤브론의 회당을 제외하고, 팔레스타인의 모든 회당(會堂)이 이 산헤드린 성명서에 순응했다. 헤브론 회당장들은 그들의 집회에 대하여 산헤드린이 그런 관할권을 행사하는 권리를 인정하려 들지 않았다. 예루살렘 선포에 이렇게 찬성하지 않은 것은 예수의 운동에 동정하기보다는 회중(會衆)이 자치한다는 주장에 근거를 두었다. 그 뒤에 얼마 있다가 헤브론 회당은 불에 타 버렸다.

바로 이 일요일 아침에 예수는 한 주 동안 쉬라고 선언했고, 제자들 모두가 시달린 혼을 쉬고, 사랑하는 사람들을 격려하러 집이나 친구들에게 가라고 재촉했다. 그는 말했다: "너희가 하늘나라가 펼쳐지기를 기도하면서, 놀거나 고기를 잡으러 사방으로 가라."

쉬는 이 한 주는 예수에게 바닷가 근처에 있는 여러 가족과 무리를 찾아볼 수 있게 하였다. 또한 다윗 세베대와 함께 몇 번 물고기를 잡으러 갔고, 그 동안 대체로 혼자서 다녔지만, 다윗이 가장 신뢰하는 사자(使者) 두셋이 언제나 근처에서 얼씬거리고 있었고, 이들은 예수의 신변 보호에 관하여 그 우두머리로부터 아리송한 명령을 받지는 않았다. 쉬는 이 한 주 동안 어떤 종류의 대중 전도(傳道)도 없었다.

이 주에 나다니엘과 야고보 세베대가 사소하지 않은 병을 앓았다. 사흘 낮과 밤 동안 고통스러운 소화병으로 격심하게 앓았다. 셋째 날 밤에 예수는 야고보의 어머니 살로메를 쉬라고 보냈고, 한편 앓고 있는 사도들을 보살폈다. 물론, 예수는 한 순간에 이 두 사람을 고칠 수 있었지만, 그것은 시공(時空)의 진화 세계들에서 사람의 아이들이 겪는 이런 보통 곤경과 질병을 다루는 데 아들이나 아버지가 쓰는 방법이 아니다. 한 번도, 육체를 입고 지낸 파란 많은 일생을 통해서 내내, 예수는 땅에 있는 가족의 어떤 식구에게나 직계 추종자들 중에 누구를 위해서도, 어떤 종류의 초자연적 보살핌을 베풀지 않았다.

필사 인간의 진화하는 혼의 성장과 발전, 점진적 완전을 얻기 위하여 마련된 체험 훈련의 일부로서, 우주의 어려움에 당면해야 하고 혹성의 장애물에 부닥쳐야 한다. 인간의 혼을 영답게 변화시키는 것은 광범위한 실제의 우주 문제를 교육적으로 해결하는 일을 피부에 닿게 체험하기를 요구한다. 동물의 성질과 하등 형태의 의지(意志) 생물은 환경이 편안하면 유리하게 진보하지 않는다. 힘든 일의 자극과 함께, 문제가 되는 상황은, 필사자가 진보하는 귀중한 목표를 성취하는 데, 그리고 상급 수준의 영적 운명을 달성하는 데, 힘차게 이바지하는 그 지성·혼·영의 활동을 함께 낳는다.

3. 둘째 티베리아스 회의

5월 16일에 티베리아스에서 예루살렘 당국과 헤롯 안티파스 사이에 2차 회의가 열렸다. 예루살렘에서 온 종교 지도자와 정치 지도자들이 참석했다. 유대인 지도자들은 갈릴리와 유대에 있는 거의 모든 회당이 예수의 가르침에 사용하지 못하게 문을 닫았다고 헤롯에게 보고할 수 있었다. 헤롯으로 하여금 예수를 체포하게 하려고 새로운 노력이 있었지만, 그는 요청을 거절하였다. 그러나 5월 18일에 헤롯은, 유대의 로마 통치자가 동의한다는 조건으로, 산헤드린 당국이 예수를 체포하고 종교적 죄목으로 재판을 받도록 예루살렘으로 데려가는 것을 허락하는 계획에 찬성했다. 그 동안에 예수의 적들은, 헤롯이 예수를 적대하게 되었다고, 그의 가르침을 믿는 모든 사람을 근절할 생각이 있다고, 갈릴리에 두루 뜬소문을 부지런히 퍼뜨리고 있었다.

5월 21일 토요일 밤에, 유대 민족의 신성한 율법을 조롱한다는 죄목으로 산헤드린 앞에서 재판을 받도록, 예수를 체포해서 예루살렘으로 이송(移送)해야 한다는 협정, 헤롯과 바리새인들이 맺은 협정에 예루살렘에서 민정 당국이 전혀 반대하지 않는다는 소식이 티베리아스에 이르렀다. 따라서, 이 날 자정이 되기 바로 전에, 헤롯은 한 포고문에 서명했는데, 이것은 산헤드린의 관리들이 헤롯의 영토 안에서 예수를 체포하고, 재판하기 위하여 강제로 예루살렘으로 데리고 가는 것을 허가했다. 헤롯이 이렇게 허가하는 데 찬성하기 전에, 여러 편에서 센 압력이 헤롯에게 쏟아졌고, 그는 예루살렘에서 예수가 잔인한 적들 앞에서 공정한 재판을 기대할 수 없다는 것을 잘 알았다.

4. 토요일 밤에 가버나움에서

바로 이 토요일 밤에, 가버나움에서 유지(有志) 시민 50명의 무리가 회당에서 "우리가 예수를 어떻게 할 것인가?"하는 중대한 문제를 토론하려고 만났다. 자정이 지나기까지 이야기하고 토론했지만, 의견을 모을 아무런 공통된 근거를 발견하지 못했다. 예수가 메시아, 적어도 거룩한 사람, 아니면 아마 선지자일지 모른다고 믿는 쪽으로 기우는 몇 사람을 제쳐 놓고, 그 회의는 거의 대등한 네 집단으로 갈라졌는데, 각자 예수를 다음 견지에서 보았다:

1. 망상에 빠진, 해롭지 않은 광신자이다.

2. 반란을 일으킬지 모르는, 위험하고 음모를 꾸미는 선동자이다.

3. 악마들과 연맹을 맺고 있다, 심지어 악마들의 군주일지도 모른다.

4. 제 정신이 아니다, 미쳤다, 정신의 균형을 잃었다.

서민들을 어수선하게 하는 교리를 예수가 전파하는 데 대하여 말이 많았다. 그 가르침은 실용적이 아니다, 그 아이디어에 따라서 살려고 사람마다 정직하게 노력한다면, 모든 것이 박살이 나리라고 적들은 주장했다. 그 뒤에 여러 세대의 사람들은 똑같이 말했다. 이 계시를 받는 좀더 깨우친 시대에도, 총명하고 좋은 뜻을 가진 많은 사람이, 현대 문명은 예수의 가르침 위에 세워질 수 없었다고 주장한다— 이들은 어느 정도 옳다. 그러나 그런 의혹을 품는 사람들은 모두 훨씬 더 좋은 문명이 그의 가르침 위에 세워질 수 있었고, 언젠가 그렇게 되리라는 것을 잊어 버린다. 이른바 그리스도교의 교리를 따르려는, 마음 내키지 않는 시도가 가끔 있었는데도, 이 세상은 결코 예수의 가르침을 대규모로 실행하려고 심각하게 애써 본 적이 없다.

5. 중대한 일요일 아침

5월 22일은 예수의 일생에서 중대한 날이었다. 이 일요일 아침에, 동이 트기 전에, 다윗의 사자들 가운데 하나가 티베리아스로부터 허겁지겁 도착했는데, 산헤드린의 관리들이 예수의 체포를 헤롯이 이미 허락했든지, 아니면 막 허가하려 한다는 소식을 가져왔다. 다가오는 이 위험의 소식을 받은 것은 다윗 세베대로 하여금 사자(使者)들을 깨워서, 그 날 아침 7시에 비상 회의를 위하여 호출하려고 모든 지역 집단의 제자들에게 보내게 하였다. 깜짝 놀랄 이 보고를 들었을 때, 유다(예수의 아우)의 처제는 근처에 살던 예수의 가족 모두에게 당장에 세베대의 집에서 모이라고 호출하는 말을 황급히 전했다. 이렇게 급한 호출에 반응하여, 당장에 마리아·야고보·요셉·유다·룻이 모였다.

이 이른 아침 회의에서 예수는 모인 제자들에게 작별의 지시를 내렸다. 다시 말해서, 가버나움에서 곧 흩어질 것을 잘 아니까, 당분간 그들에게 작별을 알렸다. 하나님에게 인도하심을 모두가 간구하고, 결과에 상관 없이 하늘나라 일을 해 나가라고 지시했다. 전도사들은 부름 받을 때까지, 그들 생각에 좋은 대로 수고해야 했다. 그는 전도사들 가운데 따라오라고 열둘을 택했다. 무슨 일이 일어나든지, 열두 사도에게 함께 남아 있으라고 지시했다. 열두 여인에게는 오라고 부를 때까지, 세베대의 집과 베드로의 집에 남아 있으라고 지시를 내렸다.

예수는 다윗 세베대가 전국에 보내는 사자 서비스를 계속하는 데 찬성했고, 금방 주께 작별을 알리면서 다윗은 말했다: "주여, 당신의 일을 하러 떠나소서. 그 편협한 자들이 당신을 붙잡지 못하게 하시고, 사자들이 당신의 뒤를 따를 것을 결코 의심하지 마소서. 내 일꾼들은 결코 당신과 접촉을 잃지 않겠고, 저희를 통해서 당신은 다른 지방에서 하늘나라 일에 관하여 알고, 저희로 말미암아 우리 모두가 당신에 관하여 소식을 들으리이다. 내게 무슨 일이 일어나도 이 서비스를 방해하지 않으리니, 내가 첫째와 둘째 지도자를, 아니 셋째까지도 세웠음이니이다. 나는 선생도 전도자도 아니지만, 내 마음 속에 이 일을 꼭 하고 싶으니, 아무도 나를 그만두게 할 수 없나이다."

이 날 아침 7시 반쯤에, 예수는 말씀을 들으려고 집안으로 밀어닥친 신자들, 거의 1백 명에게 작별의 말씀을 시작했다. 자리에 있던 모든 사람에게 엄숙한 때였지만, 예수는 특별히 명랑하게 보였다. 다시 한 번 자신의 정상 모습으로 돌아간 듯했다. 심각했던 몇 주가 지나갔고, 그는 믿음과 희망과 용기의 말씀으로 모두를 북돋아 주었다.

6. 예수의 가족이 도착하다

유다의 처제(妻弟)가 급히 호출한 데 반응하여 땅에서 예수 집안의 다섯 식구가 그 장면에 도착한 것은 이 일요일 아침 8시쯤이었다. 육체의 가족 전체에서, 오직 한 사람, 룻이 땅에서 그의 사명이 신성함을 진심으로, 또 계속 믿었다. 유다와 야고보, 그리고 요셉조차도 예수에 대한 믿음을 아직도 많이 유지했지만, 자만 때문에 좋은 판단과 진정한 영적 성향이 방해를 받았다. 마찬가지로, 마리아는 사랑과 두려움 사이에, 어머니 사랑과 가족의 긍지 사이에, 오락가락하였다. 의심에 시달리기는 했어도, 예수가 태어나기 전에 가브리엘이 방문한 것을 결코 아주 잊어버릴 수 없었다. 예수가 제 정신이 아니라, 미쳤다고, 바리새인들은 마리아를 설득하려고 수고하고 있었다. 그 여자에게 아들과 함께 가서, 대중을 가르치는 계속된 노력을 말리려고 애쓰라고 재촉했다. 곧 예수의 건강이 나빠질 것이다, 계속하도록 내버려 두면, 그 결과로 오직 불명예와 창피가 온 가족에게 쏟아질 수 있을 뿐이라고 마리아에게 장담했다. 그래서 유다의 처제한테서 소식이 왔을 때, 다섯 사람 모두가, 마리아의 집에 있었고, 거기서 그 전날 저녁에 바리새인들을 만났기 때문에, 즉시 세베대의 집을 향하여 떠났다. 예루살렘 지도자들과 밤이 늦도록 이야기했고, 예수가 이상하게 행동하고 있다고, 얼마 동안 이상하게 행동하고 있었다고 모두가 얼마큼 확신했다. 룻은 그의 행동을 다 설명할 수는 없지만, 그가 언제나 가족을 공정하게 다루었다고 주장하고, 일을 그만두라고 그를 설득하려고 하는 계획에 찬성하려 하지 않았다.

세베대의 집으로 가는 길에 이 일에 대해 논의하고, 함께 집으로 오라고 예수를 설득하려고 노력하기로 자기들끼리 찬성했는데, 마리아가 이렇게 말했기 때문이다: "그가 집으로 와서 내 말에 귀를 기울이기만 하면, 아들에게 영향을 줄 수 있는 줄 내가 아노라." 야고보와 유다는 예수를 체포해서 재판받도록 예루살렘으로 데리고 가는 계획에 관하여 소문을 듣고 있었다. 그들은 또한 자신의 안전을 두려워했다. 대중의 눈에 예수가 인기 있는 인물인 동안에는, 가족은 문제를 구경만 하고 있었지만, 가버나움 사람들과 예루살렘의 지도자들이 갑자기 그에게 반감을 가지게 되었기 때문에, 곤란한 처지에서 상상했던 치욕의 압박감을 비로소 따갑게 느꼈다.

그들은 예수를 만나고 옆으로 데리고 가서, 함께 집으로 가자고 예수를 재촉할 것을 기대했다. 자신에게 문제을 일으키고 가족에게 불명예밖에 가져올 수 없는 새 종교를 전파하려고 애쓰는 어리석은 짓을 그만두기만 하겠다면, 예수가 자기들을 박대한 것을 잊어버리겠다—용서하고 잊겠다—고 그를 안심시키려고 생각했다. 이 모든 것에 대하여 룻은 다만 이렇게 말하곤 했다: "나는 오빠에게 이렇게 말하리라. 나는 그가 하나님의 사람이라 생각하고, 이 사악한 바리새인들이 전도를 멈추게 하기 전에 기꺼이 죽을 생각이 있기를 바란다고." 요셉은 다른 사람들이 예수를 설득하려고 노력하는 동안, 룻의 입을 막겠다고 약속했다.

그들이 세베대의 집에 이르렀을 때, 예수는 제자들에게 한창 작별(作別) 연설을 하는 중이었다. 집으로 들어가려고 애썼으나, 집에는 군중이 넘쳐흘렀다. 그들은 마침내 뒷문 현관에서 자리를 잡고, 입에서 입으로, 말을 예수에게 전했고, 그래서 마침내 시몬 베드로가 그에게 귓속말로 속삭여 전했는데, 베드로는 그 때문에 예수의 말씀을 가로막고 말했다: "보소서, 당신의 어머니와 아우들이 바깥에 있고, 저희가 몹시 당신과 이야기하고 싶어하나이다." 자, 어머니는 이 작별의 말씀이 추종자들에게 얼마나 중요한가 하는 생각이 머리에 떠오르지 않았고, 그를 체포할 사람들이 도착해서 어느 때라도 연설이 중단될 것 같은가 알지 못했다. 겉보기에 그리 오래 멀어진 뒤에, 어머니와 예수의 아우들이 실제로 그를 보려고 오기까지 아량을 보인 사실에 비추어서, 그들이 기다리고 있다는 말을 듣는 순간, 예수가 말씀을 중단하고 오리라고 어머니는 정말로 생각했다.

이것은 다만, 땅에 있는 가족이 예수가 아버지의 일을 돌보아야 한다는 것을 깨달을 수 없던 경우였다. 그래서 메시지를 받으려고 연설을 잠깐 멈추었는데도, 마리아와 예수의 아우들은 몹시 마음이 상했는데, 그 때 그들에게 인사하려고 달려나오는 대신에, 노래처럼 아름다운 목소리가 더 크게 말하는 것을 들었다: "내 어머니와 아우들에게, 나 때문에 아무 걱정을 하지 말라 이르라. 세상으로 나를 보내신 아버지는 나를 버리지 아니할 것이요, 아무런 해도 내 가족에게 닥치지 아니하리라. 저희에게 용기를 내고 하늘나라의 아버지를 신뢰하라고 이르라. 그러나 결국은, 누가 내 어머니요 누가 내 아우들이냐?" 방에 모인 모든 제자에게 손을 쭉 뻗으면서 말했다: "나는 어머니가 없고, 아우가 없노라. 내 어머니와 내 형제들을 보라! 하늘에 계신 내 아버지의 뜻을 행하는 자는 누구나 내 어머니요, 아우요, 누이임이라."

이 말씀을 들었을 때, 마리아는 유다의 팔에 픽 쓰러졌다. 예수가 작별 메시지의 끝맺는 말씀을 하는 동안, 그들은 마리아를 정신 차리게 하려고 뜰로 날랐다. 그때 그는 어머니와 아우들과 함께 의논하러 나갔을 터이나, 한 사자가 티베리아스로부터 급히 도착했고, 산헤드린의 관리들이 예수를 체포해서 예루살렘으로 끌고 갈 권한을 가지고 오는 길이라는 소식을 가져왔다. 안드레는 이 메시지를 받고서, 예수의 말씀을 중단하고 소식을 알렸다.

다윗이 25명쯤 되는 파수들을 세베대의 집 근처에 세워 놓은 것, 아무도 갑작스레 들이닥칠 수 없다는 것을 안드레는 상기하지 못했다. 그래서 어떻게 해야 하는가 예수에게 물었다. "나는 어머니가 없노라" 하는 말을 듣고 나서 어머니가 뜰에서 충격으로부터 회복하고 있는 동안, 주는 말없이 거기 서 있었다. 바로 이 때, 방에서 한 여자가 일어서서 외쳤다: "당신을 밴 자궁이 복이 있고, 당신을 젖먹인 가슴이 복이 있도다." 안드레와 이야기하다가 이 여자에게 대답하려고 잠깐 돌이켜서 말했다: "아니라, 하나님의 말씀을 듣고 그에 감히 복종하는 자가 오히려 복이 있도다."

마리아와 예수의 아우들은, 예수가 그들을 이해하지 못했다, 그들에게 관심을 잃었다고 생각했고, 바로 그들이 예수를 이해하지 못했다는 것을 조금도 깨닫지 못했다. 사람들이 자기의 과거를 벗어나는 것이 얼마나 어려운지 예수는 충분히 이해했다. 인간들이 어떻게 설교자의 웅변에 좌우되고, 지성이 논리와 이성에 반응하듯, 양심이 어떻게 감정의 호소에 반응하는가 알았다. 그러나 또한 사람들로 하여금 과거를 부인하라고 설득하기가 얼마나 훨씬 더 어려운가를 알았다.

오해받거나 자기를 알아주지 않는다고 생각할까 싶은 모든 사람이 예수 안에 동정심 있는 친구요 공감하는 조언자를 가졌다는 것이 언제까지나 참말이다. 사람의 적은 제 집안에 있는 사람들일 수 있다고 사도들에게 전에 경고(警告)했지만, 이 예언이 자신의 체험에 얼마나 가깝게 적용될 뻔했는가 도저히 깨닫지 못했다. 예수는 아버지의 일을 돌보느라고 땅에 있는 가족을 버리지 않았다—가족이 그를 버렸다. 나중에, 주가 죽고 부활하신 뒤에, 야고보가 초기 그리스도교 운동에 연결되었을 때, 그는 예수와 그 제자들과 함께 더 일찍 교제를 가지지 못한 결과로서, 말할 수 없이 고생했다.

이 사건들을 겪으면서, 예수는 인간 지성의 제한된 지식에 안내받기를 선택하였다. 단순한 사람으로서 동료들과 체험을 겪기를 바랐다. 떠나기 전에 가족을 볼 생각이 예수의 인간 머리 속에 있었다. 그는 강론 한가운데서 멈추고, 그렇게 오랫동안 떨어져 있은 뒤에 처음 만나는 것을 그런 공식(公式) 행사로 만들고 싶지 않았다. 연설을 마치고, 그리고 나서 떠나기 전에 가족들과 이야기하려고 의도했지만, 즉시 뒤따라 생긴 사건들이 한꺼번에 어울려 이 계획은 물거품이 되었다.

세베대의 집 뒷문에서 다윗의 사자 일행이 도착함으로 그들은 더욱 황급히 달아나게 되었다. 이 사람들이 일으킨 소동(騷動)은 사도들을 놀라게 해서, 새로 도착한 이 사람들이 체포하려는 사람들일지 모른다고 생각하게 만들었고, 당장 잡히는 것이 두려워, 그들은 앞문을 통해서 대기하고 있던 배로 서둘러 나갔다. 이 모두가 어째서 예수가 뒤쪽 현관에서 기다리던 가족을 보지 못했는가 설명한다.

그러나 황급히 달아나서 배를 탈 때, 다윗 세베대에게 말했다: "내 어머니와 아우들에게, 저희가 온 것을 내가 고맙게 여긴다고, 또 저희를 만나려고 했다고 이르라. 나에게 기분 상하지 말고, 오히려 하나님의 뜻을 아는 것과, 그 뜻을 행할 은혜와 용기를 구하라고 저희에게 타이르라."

7. 서두른 탈출

그래서 서기 29년, 5월 22일, 이 일요일 아침에, 예수는 이렇게 열두 사도와 열두 전도사와 함께, 산헤드린 관리를 피해서 서둘러 달아났는데, 그 관리들은 신성 모독의 죄목으로, 또 유대인의 다른 신성한 율법을 어긴 것 때문에 재판을 하려고, 헤롯 안티파스로부터 예수를 체포해서 예루살렘으로 끌고 갈 권한을 가지고 벳세다로 오는 도중이었다. 날씨가 아름다운 이 날 아침, 거의 8시 반에, 이 일행 스물다섯 명은 노에 사람을 배치하고 갈릴리 바다 동쪽 해안을 향하여 배를 저었다.

주의 배 뒤에 다른 더 작은 배가 따랐고, 다윗의 사자 여섯 명을 태웠는데, 이들은 예수와 그 동료들과 접촉을 유지하고, 그들의 거처와 안전에 관한 정보가 정기적으로 벳세다에 있는 세베대의 집으로 전달되도록 처리하라고 지시를 받았으며, 그 집은 한동안 하늘나라 일을 위한 본부로서 쓰였다. 그러나 예수는 다시 세베대의 집에서 편안히 지내게 되지 못했다. 이제부터 계속, 땅에서 여생(餘生)을 통해서, 주는 참으로 "머리를 둘 데가 없었다." 정착된 거처 비슷한 것조차 이제 더 없었다.

그들은 게레사 마을 가까이까지 저어 갔고, 친구들이 관리하라고 배를 두었다. 땅에서 주의 일생의 파란 많은 이 마지막 해 동안에 떠돌이가 시작되었다. 그들은 한동안 빌립의 영토에 남아 있었고, 게레사로부터 케자리아 빌립비까지 올라가서, 거기서부터 페니키아의 바닷가로 나아갔다.

세베대의 집 근처에는 군중이 남아 있었고 이 배 두 척이 동쪽 해안을 향하여 호수를 건너가는 것을 구경했는데, 예루살렘 관리들이 서둘러 와서 예수를 수색하기 시작했을 때 그들은 한창 떠난 뒤였다. 이들은 예수가 이미 그들을 피해서 달아났다는 것을 믿으려 하지 않았고, 예수와 일행이 바타니아를 거쳐서 북쪽으로 여행하는 동안, 바리새인들과 그 조수들은 가버나움 이웃에서 헛되이 그를 수색하느라고 거의 한 주를 꼬박 보냈다.

예수의 가족은 가버나움에 있는 집으로 돌아갔고, 거의 한 주 동안 이야기하고 토론하고 기도하면서 보냈다. 그들은 혼란과 놀라움으로 가득 찼다. 목요일 오후에, 룻이 세베대의 집을 방문하고 돌아올 때까지, 조금도 마음이 평안하지 못했는데, 거기서 룻은 가장인 오빠가 안전하고 건강히 있으며, 페니키아 해안을 향하여 가고 있다는 소식을 다윗으로부터 들었다.

제 155 편

갈릴리 북부를 거쳐서 달아나다

파란 많았던 이 일요일에 게레사 근처에 배를 댄 뒤에 곧, 예수와 스물네 사람은 북쪽으로 얼마큼 갔고, 거기서 벳세다 줄리아스 남쪽에, 어느 아름다운 공원에서 밤을 지냈다. 지난 시절에 거기서 멈춘 적이 있으니까, 이 야영지에 익숙했다. 밤에 잠자리에 들기 전에, 주는 추종자들을 둘레에 부르고, 바타니아와 갈릴리 북부를 거쳐서 페니키아 해안까지 가려고 예정한 여행을 위하여 계획을 함께 의논했다.

1. 어째서 이교도가 격분하느냐?

예수가 말했다: "시편의 저자(著者)가 이 시절에 대하여 어떻게 말했는가 너희는 모두 상기해야 하느니라, '어째서 이교도가 격분하고 민족들이 헛되이 음모를 꾸미는가? 자비의 사슬을 잘라 버리고, 사랑의 끈을 던져 버리자 말하면서, 땅의 임금들이 주와 그가 기름 부은 자에 대항하며, 사람의 통치자들이 함께 의논하는도다.'

"오늘날 너희는 이것이 너희 눈앞에서 이루어짐을 보느니라. 그러나 시편 저자의 나머지 예언이 이루어짐을 보지 못하리니, 그가 사람의 아들과 땅에서 이룰 사명에 대하여 잘못된 생각을 품었음이라. 내 나라는 사랑에 기초를 두고, 자비 속에서 선포되며, 사심(私心) 없는 봉사로 세워지느니라. 내 아버지는 이교도를 비웃으면서 하늘에 앉아 계시지 않으며, 크게 불쾌하여 진노하시지 않느니라. 소위 이 이교도(실제는 무지하고 가르침 받지 못한 형제)를 아들이 유산으로 받으리라는 약속(約束)은 참말이요, 나는 활짝 편 자비와 사랑의 팔로 이 이방인들을 받아들이리라. 승리한 아들이 '저희를 쇠막대기로 부수고 도공의 그릇처럼 산산조각 내리라' 고 암시하는 기록이 유감스럽게 선언했는데도, 이 모든 친절이 이른바 이교도에게 베풀어지리라. 시편의 저자는 '두려움으로 주를 섬기라'고 너희에게 훈계하였느니라—나는 너희가 믿음으로 신의 아들이 되는 높은 특권을 받으라 말하노라. 그는 너희가 떨면서 기뻐하라고 명령하거니와, 나는 너희가 확신을 가지고 기뻐하라 명하노라. 그는 말하되 '아들이 성내지 않도록 그에게 입맞추라, 그의 진노가 불이 붙으면 너희가 멸망할까 하니라.' 그러나 너희는 나와 함께 살아 왔은즉, 진노와 격노가 사람의 마음 속에서 하늘나라 세우는 것과 아무 상관이 없음을 잘 아느니라. 그러나 이 훈계를 마치면서, '이 아들을 신뢰하는 자들은 복이 있도다' 말했을 때, 그 시편 저자는 참 빛을 조금 보았느니라."

예수는 스물네 사람에게 계속 가르치며 말했다: "이교도가 우리에게 격분할 때 저희는 구실이 없지 않으니라. 저희는 시야(視野)가 작고 좁으므로 에너지를 열심히 집중할 수 있느니라. 저희의 목표는 가깝고 얼마큼 눈에 보이는 것이니, 그러므로 용감하고 유능하게 집행하여 노력하느니라. 하늘나라로 들어간다고 고백한 너희는 가르치는 행동은 너무나 오락가락하며 정처가 없구나. 이교도는 저희의 목표를 얻으려고 정면으로 공격하지만, 너희는 너무 오랫동안 동경하는 죄가 있도다. 너희가 하늘나라에 들어가고 싶으면, 이교도가 포위한 도시를 점령하는 것 같이, 어찌하여 영적 공격으로 하늘나라를 차지하지 않느냐? 너희의 봉사가 대체로 지난날을 뉘우치고, 오늘을 불평하며, 헛되이 앞날을 희망하는 태도로 이루어질 때, 너희는 도저히 하늘나라에 들어갈 자격이 없느니라. 어째서 이교도가 격분하느냐? 저희가 진리를 모르는 까닭이라. 어찌하여 너희는 쓸데없이 동경하며 시드느냐? 너희가 진리에 복종하지 않는 까닭이라. 쓸데없이 동경하지 말고, 앞으로 나아가서 하늘나라를 세우는 데 관계되는 일을 용감히 하라.

"너희가 하는 모든 일에, 한쪽으로 치우치지 말고 지나치게 전문화하지 말라. 우리의 멸망을 추구하는 바리새인들은 하나님 섬기는 일을 한다고 진실로 생각하며, 전통 때문에 아주 좁아져서, 편견으로 눈이 멀고 두려움으로 마음이 굳어졌느니라. 그리스인들을 생각해 보라, 저희는 종교가 없이 과학을 가졌으나, 유대인들은 과학 없이 종교를 가졌도다. 이처럼 좁고 혼잡스럽게 분해된 진리를 받아들이도록 잘못 인도될 때, 사람들이 구원받을 유일한 희망은 진리에 조정되는 것—개심하는 것이라.

"이 영원한 진리를 강조하자: 진리로 조정함으로, 너희 생애에서 올바름의 이 아름다운 순수성을 모범으로 보이기를 배우면 동료들이 너희를 찾으리니, 너희가 그렇게 얻은 것을 저희가 얻을까 함이라. 진리를 추구하는 자들이 너희에게 마음이 끌리는 그 정도는 너희가 진리 재산, 올바름을 얼마나 가졌는가 가리키느니라. 너희가 메시지를 가지고 사람들에게 가야 하는 그 거리는, 어떤 면에서 온전한 생애, 올바른 생애, 진리에 조정된 생애를 너희가 살지 못함을 재는 척도이라."

사도와 전도사들이 밤 인사를 드리고 베개 위에 잠을 청하기 전에, 주는 다른 여러 가지를 가르쳤다.

2. 전도사들이 코라진에서

5월 23일, 월요일 아침에, 예수는 베드로에게 열두 전도사와 함께 코라진으로 가라 지시했고, 그 동안에 열한 사도와 함께, 케자리아 빌립비를 향하여 떠났다. 요단 강 길을 거쳐 다마스커스-가버나움 길로 가고, 거기서부터 북동쪽으로, 케자리아 빌립비에 이르는 길과 만나는 점까지, 그리고 나서 그 도시로 들어갔고, 거기서 2주 동안 머무르고 가르쳤다. 5월 24일, 화요일 오후에 도착했다.

베드로와 전도사들은 코라진에서 2주 동안 머물렀고, 작지만 열심 있는 집단의 신자들에게 하늘나라 복음을 전도했다. 그러나 새로운 전향자를 많이 얻을 수 없었다. 하늘나라를 위하여 온 갈릴리의 어느 도시에서도 코라진만큼 사람들을 적게 설득한 곳이 없었다. 베드로의 지시에 따라서, 열두 전도사는 치유—육체적인 것—에 대하여 할 말이 적었고, 한편 하늘나라의 영적 진리를 더욱 활기 있게 전도하고 가르쳤다. 코라진에서 보낸 이 2주는, 여태까지 생애에서 가장 어렵고 비생산적인 기간이었다는 점에서, 열두 전도사에게 진정한 역경(逆境)의 세례였다. 하늘나라로 사람들을 들어가라고 설득하는 만족감을 이렇게 빼앗겼기 때문에, 각자 자신의 혼, 그리고 새 생활을 하는 영적 길에서 혼이 이룩한 진보를 더욱 진지하게, 정직하게 돌이켜보았다.

아무도 더 하늘나라에 들어갈 생각이 없는 듯 보였을 때, 6월 7일 화요일에, 베드로는 동료들을 한데 부르고, 예수와 사도들과 합세하려고 케자리아 빌립비를 향하여 떠났다. 수요일 한낮 무렵에 도착하였고, 코라진의 불신자(不信者)들 가운데서 겪은 체험을 저녁 내내 되돌아보면서 보냈다. 이 날 저녁 토론하는 동안에 예수는 씨 뿌리는 자의 비유를 더 언급했고, 일생의 사업에서 실패로 보이는 것의 의미에 대하여 많이 가르쳤다.

3. 케자리아 빌립비에서

케자리아 빌립비 가까이에서 이렇게 2주 머무르는 동안에 예수가 대중을 위해서 일하지 않았어도, 사도들은 그 도시에서 조용한 저녁 모임을 수없이 열었고, 많은 신자가 주와 이야기하려고 야영지로 나왔다. 이 방문의 결과로서, 신자들의 무리는 거의 늘어나지 않았다. 예수는 사도들과 날마다 이야기했고, 그들은 하늘나라를 전파하는 일의 새 국면이 이제 시작되고 있음을 더욱 뚜렷이 깨달았다. "하늘나라는 먹고 마시는 것이 아니라, 신의 아들임을 받아들이는 영적 기쁨을 깨닫는 것"임을 알아듣기 시작했다.

케자리아 빌립비에서 머무른 것은 열한 사도에게 진정한 시험이었고, 견디기 어려운 2주였다. 거의 우울증에 빠졌고, 열심인 베드로의 인격이 정기적으로 주는 자극이 없어서 서운했다. 이 시절에 예수를 믿고 따라서 떠나가는 것은 참으로 크고 벅찬 모험이었다. 이 2주 동안 전향자를 거의 얻지 못했어도, 주와 날마다 가진 회의로부터 무척 유익한 것을 많이 배웠다.

진리를 신조(信條)로 구체화했기 때문에, 유대인들이 영적으로 침체되고 죽어가고 있다, 진리가 영적 안내와 진보의 길 표시로 쓰이는 대신에 배타적 독선의 경계선으로 형성될 때, 그런 가르침은 창조력과 생명력을 잃고, 궁극에는 단지 보존제가 되고 화석화(化石化)하는 성향이 있다는 것을 사도들은 깨달았다.

그들은 시간과 영원 속에서, 가능성의 면에서 인간 성격을 바라보는 것을 예수에게서 더욱 배웠다. 눈으로 볼 수 있는 형제를 사랑하기를 먼저 배움으로, 눈에 보이지 않는 하나님을 사랑하도록 많은 사람을 최선(最善)으로 인도할 수 있다는 것을 배웠다. 바로 이러한 맥락에서, 동료들에게 사심 없이 봉사하는 것에 관하여, "내 형제 가운데 가장 작은 자 하나에게 행한 만큼 너희는 그렇게 나에게 행하였느니라" 하는 주의 선언에 새로운 의미가 붙게 되었다.

케자리아에서 이번에 머무른 동안에 얻은 가장 큰 교훈의 하나는 종교적 전통의 기원에, 즉 신성하지 않은 것들, 보통 생각이나 일상적인 사건에 신성한 느낌이 붙도록 버려 두는 심각한 위험에, 관계되었다. 한 회의에서, 참된 종교는 사람이 가장 높고 참된 확신에, 진심으로 충성하는 것이라는 가르침을 얻었다.

종교적 열망(熱望)이 기껏해야 물질적이면, 늘어나는 과학 지식은, 사물의 초자연적 기원이라고 생각되는 것을 점진적으로 갈아치움으로써, 궁극에는 하나님을 믿는 신앙을 빼앗으리라, 하지만 종교가 영적이라면, 자연 과학의 진보는 영원한 실체와 신다운 가치들에 대한 신앙을 결코 흔들 수 없다고 예수는 신자들에게 경고하였다.

종교의 동기가 온전히 영적일 때, 종교는 모든 생명을 갈수록 더 가치 있게 만들며, 생명을 높은 목적으로 채우고, 초월적 가치로 생명에 위엄을 주며, 훌륭한 동기로 생명을 북돋우고, 그렇게 하면서 인간의 혼을 숭고하고 떠받쳐 주는 희망으로 위로한다는 것을 배웠다. 참된 종교는 생존의 긴장을 줄이도록 고안되어 있으며, 나날의 생활과 사심 없는 봉사를 위하여 믿음과 용기를 방출한다. 믿음은 영적 활력과 올바른 결실을 촉진한다.

어떤 문명도 종교의 최선을 잃고는 오래 지속할 수 없다고 예수는 거듭해서 사도들에게 가르쳤다. 종교적 체험 대신에 종교적 상징과 예식을 받아들이는 큰 위험을 지칠 줄 모르고 열둘에게 지적했다. 얼어붙은 형태의 종교를 녹여서, 깨우친 아들의 자유, 물처럼 흐르는 자유로 만드는 사명에, 땅에서 전 생애를 한결같이 바쳤다.

4. 페니키아로 가는 길

6월 9일, 목요일 아침에, 벳세다에서 다윗의 사자들이 가져온 소식, 하늘나라의 진전(進展) 소식을 받은 뒤에, 진리를 가르치는 이 스물다섯 선생의 무리는 케자리아 빌립비를 떠나서 페니키아 해안을 향하여 여행을 시작했다. 늪 지대를 돌아서, 룻츠의 길로 지나갔고, 막달라에서 레바논 산에 이르는 오솔길과 만나는 교차점까지, 거기서부터 시돈으로 이어지는 길과 만나는 점까지 갔으며, 금요일 오후에 시돈에 다다랐다.

룻츠 가까이서, 툭 튀어나온 바위 선반 그림자 밑에서 점심을 먹으려고 멈추는 동안, 예수는 그와 관련을 가졌던 여러 해를 통하여, 사도들이 들은 중에 가장 놀라운 말씀을 하였다. 빵을 나누려고 자리를 잡자마자, 시몬 베드로가 예수에게 물었다: "주여, 하늘에 계신 아버지가 만사(萬事)를 아시고, 그의 영이 땅에서 하늘나라를 세우는 일에 우리의 기둥인데, 어째서 우리가 적들의 위협을 받고 도망치나이까? 어째서 진리의 적들과 대결하려 하지 않나이까?" 그러나 베드로의 물음에 예수가 미처 대답하기도 전에, 토마스가 끼어들어 물었다: "주여, 예루살렘에 있는 우리 적들의 종교에 도대체 무슨 잘못이 있는가 나는 정말로 알고 싶나이다. 저희의 종교와 우리 종교 사이에 무엇이 정말 다르니이까? 우리 모두가 같은 하나님을 믿는다고 고백하면서 어째서 우리는 믿음이 그렇게 다양하니이까?" 토마스가 말을 마치고 나서, 예수는 말했다: "베드로의 물음을 내가 무시하고 싶지 않지만, 바로 이 때에 유대인 통치자들과 드러내 놓고 충돌하기를 내가 피하는 까닭을 오해하기가 얼마나 쉬울 것인가 잘 아는즉, 차라리 토마스의 물음에 대답하기를 택한다면, 그래도 너희 모두에게 더욱 유리하리라. 너희가 점심을 마치고 나서 대답을 계속하겠노라."

5. 참 종교에 대한 말씀

종교에 대한 이 잊지 못할 강론은 현대의 말투로 간추리고 다시 진술하면, 다음의 진리를 표현하였다:

세계의 종교들은 2중 기원—자연 기원과 계시적 기원—이 있지만, 어느 시대, 어떤 한 민족 사이에서도, 세 가지 분명히 다른 형태의 종교적 헌신이 발견되도록 정해졌다. 종교적 욕구의 세 가지 명시는 다음과 같다:

1. <u>원시 종교</u>. 신비스러운 에너지를 두려워하고 우수한 물력을 섬기려는 반 자연스럽고 본능적인 욕구, 주로 물리적 자연을 믿는 종교, 두려움의 종교.

2. <u>문명의 종교</u>. 진보하는 종교적 개념과 문명화하는 민족들의 관습—지성의 종교—확립된 종교적 전통의 권위를 가진 지적(知的) 신학.

3. <u>참된 종교—계시 종교</u>. 초자연적 가치를 가진 계시, 영원한 실체들을 꿰뚫어 보는 부분적 통찰력, 하늘에 계신 아버지의 무한한 성품의 선함과 아름다움을 얼핏 보는 것—인간 체험에서 나타나는 것과 같은 영의 종교.

주는 육체적 감각의 종교와 자연인의 미신 같은 두려움을 비난하려 하지 않았다. 하지만 이 원시 형태 예배의 허다한 것이, 인류에서 총명한 축에 속하는 종족들의 종교 형태에서 지속한다는 사실을 한탄하였다. 지성의 종교와 영의 종교 사이의 큰 차이점은, 전자(前者)가 교회의 권위로 지탱하는 데 반하여, 후자는 완전히 인간 체험에 바탕을 두는 것이다.

그리고 나서, 가르치는 시간에, 주는 이어서 이 진리를 뚜렷하게 설명했다:

민족들이 상당히 머리가 총명하고 충분히 문명화될 때까지, 유치하고 미신 같은 많은 예식이 지속할 것이고, 이것은 원시적이고 뒤떨어진 민족들의 진화적 종교 관습의 특징을 잘 나타낸다. 인류가 영적 체험의 실체들을 더 높이, 더 널리 인정하는 수준으로 나아갈 때까지, 큰 무리의 남녀가 지적 동의(同意)만 요구하는, 권위의 종교를 개인적으로 더 좋아하는 성향을 계속 보일 것이다. 이와 대조해서 영의 종교에는 진취적 인간 체험의 냉혹한 실체들과 씨름하는 신앙의 모험 속에서, 지성과 혼의 적극적 참여가 따른다.

전통적인 권위의 종교를 받아들이는 것은 사람의 영적 성품의 간절한 소망을 충족시키려는 충동에 대하여 쉬운 해결책을 제시한다. 정착되고 구체화되고 확립된, 권위의 종교는, 두려움에 시달리고 불확실성으로 말미암아 고통받을 때, 어지럽고 산란한 사람의 혼이 도망칠 수 있는 준비된 피난처를 마련해 준다. 그런 종교는 만족과 확신을 얻는 데 치를 값으로서, 신자들에게 기껏해야 수동적이고 순전히 지적(知的)인 동의만 요구한다.

이렇게 종교적 위로를 얻기를 더 좋아할 사람들, 겁먹고 두려워하고 망설이는 사람들이 땅에서 오랫동안 살 것이다. 권위의 종교와 그렇게 운명을 같이 함으로써, 그들은 성격의 주권을 더럽히고, 자존심의 위엄을 떨어뜨리고, 가능한 모든 인간 체험 가운데 가장 짜릿하고 영감을 주는 다음의 체험에 참여하는 권리를 모조리 내버린다 하더라도 그럴 것이다: 즉 진리를 직접 추구하는 것, 지적 발견의 위험에 부딪치는 흥분, 개인의 종교적 체험의 실체들을 탐구하려는 결심, 인간 존재 최대의 모험—사람이 혼자 힘으로, 또 자신으로서 하나님을 추구하고 발견하는 모험—에서 정직하게 얻는 승리, 영적 믿음이 지적 의심을 실제로 이기는 개인적 승리를 맛보는 최고의 만족 같은 체험이다.

영의 종교는 노력, 투쟁, 싸움, 신앙, 결심, 사랑, 충성심, 진보를 의미한다. 지성의 종교—권위의 신학(神學)—은 형식적인 신자들에게 이렇게 힘쓰기를 거의 또는 조금도 요구하지 않는다. 두려움이 많고 건성으로 믿는 혼에게 전통은 안전한 피난처요 쉬운 길이다. 진취적인 인간 지성이 찾아내고 진화하는 인간 혼이 체험할지 모르는 영적 실체들이 있는 더 먼 바닷가를 찾아서, 탐구되지 않은 진리의 거센 파도에 위험을 무릅쓰고 모험하는 믿음의 항해와 연관되어 겪는, 그러한 영의 투쟁과 정신적 불안을 본능적으로 피한다.

예수는 말씀을 이었다: “예루살렘에서 종교 지도자들은 전통적인 선생들과 지난 시대 선지자들의 여러 신조를 확립된 지적 관념 체계, 즉 권위(權威)의 종교로 만들었느니라. 모든 그러한 종교는 대체로 지성에 호소하느니라. 우리가 얼마 안 있어 새 종교를 비로소 용감하게 선언할 것이므로, 이제 우리는 그러한 종교와 목숨을 건 싸움에 바야흐로 들어가려 하느니라—그 종교는 그 말이 오늘날 가진 뜻으로 종교가 아니라, 사람의 지성에 거하는 내 아버지의 신성한 영에게 주로 호소하는 종교이라. 그 종교는 그것을 받아들여서 생기는 열매로부터 권위를 얻어내리니, 그 열매는 이렇게 좀더 높은 영적 교통이 있는 진리 속에서, 정말로 참으로 신자가 되는 모든 사람이 몸소 겪는 체험에서 아주 확실히 나타날 것이라."

스물네 사람을 하나하나 지적하고 이름을 부르면서 예수는 말했다: "그리고 자, 하늘나라의 영원한 진리와 최고의 화려함 속에서, 생생하고 몸소 체험하는 실체들의 아름다움을 혼자 힘으로 발견하는 만족감을 맛보면서, 사람들을 구원하는 더 좋은 길을 선포하는 사명에 따르는 어려움과 박해를 견디는 것보다, 예루살렘에 있는 바리새인들이 방어하다시피, 확립되고 화석(化石)이 된 종교에 순응하는 이 쉬운 길을 택하기를 너희 중에 누가 더 좋아하느냐? 너희는 두려움이 많고, 연약하고, 편안을 찾느냐? 너희는 앞날을 진리의 하나님 손에 맡기기가 두려우냐, 너희는 누구의 아들이냐? 너희는 아들이거늘 아버지를 믿지 못하느냐? 너희는 전통적 권위의 종교가 제시하는 확실하고 지적으로 안정된 쉬운 길로 돌아가려느냐, 아니면 몸을 가다듬고서, 영의 종교의 새로운 진리, 사람들 마음 속에 하늘나라를 선포하는 불확실하고 어지러운 미래로, 나와 함께 가겠느냐?"

말씀을 듣던 스물네 사람이 모두 벌떡 일어나서, 예수가 일찍이 하신 몇 번 안 되는 이 감정적 호소 중 하나에, 뭉쳐서 충성한다는 반응을 표시하려고 했다. 그러나 예수는 손을 올려서 그들을 멈추고 말했다: "이제 너희는 따로 가라, 각 사람이 혼자서 하나님과 함께, 거기서 내 질문에 냉철한 대답을 찾아내고, 그러한 참되고 진지한 혼의 태도를 찾고 나서, 그 대답을 내 아버지요 너희 아버지께 거리낌없이 용감히 대답하라. 사랑으로 가득 찬 그의 무한한 생명은 우리가 선포하는 종교의 바로 그 정신이라."

전도사와 사도들은 잠시 동안 자기들끼리 따로 갔다. 그들의 영은 격려를 얻었고, 지성은 영감을 받았으며, 감정은 예수의 말씀에 힘차게 움직였다. 그러나 안드레가 그들을 함께 불러모았을 때, 주는 이렇게 말했을 뿐이다: "여행을 다시 떠나자. 우리는 페니키아로 가서 한동안 머무르리라. 너희는 모두 너희 지성과 육체의 감정을 지성의 더 높은 충성으로, 더욱 만족스러운 영의 체험으로, 변화시키기 위하여 아버지께 기도해야 하느니라."

길을 따라 여행하면서 스물네 사람은 말이 없었지만, 금방 서로 이야기하기 시작했고 그 날 오후 세 시가 되자 더 나아갈 수 없었다. 그들은 멈추었고 베드로는 예수에게 가서 말했다: "주여, 당신은 우리에게 생명과 진리의 말씀을 주셨나이다. 우리는 더 듣고 싶나이다. 이 문제에 관하여 더 말씀해 주시기를 간청하나이다."

6. 종교에 대한 둘째 강론

그래서, 산허리의 그늘에서 멈춘 동안, 예수는 영의 종교에 관하여 계속 가르쳤는데, 이런 내용으로 말씀하였다:

너희는 지성의 종교에 만족한 채로 있기를 택하는 너희 동료들 사이에서 뛰쳐나왔고, 저희는 안전(安全)을 몹시 바라고 전통에 순응하기를 더 좋아하느니라. 모험을 좋아하고 진취적인 신앙을 주는 영의 확신을 얻으려고, 너희는 권위적 확실성이 주는 느낌을 버리기로 작정하였도다. 너희는 제도적 종교의 속박, 사람을 지치게 하는 속박에 감히 저항하고, 지금 하나님의 말씀이라고 여겨지는, 기록된 전통의 권위를 물리쳤느니라. 우리의 아버지는 정말로, 모세·엘리야·아모스·호세아를 통하여 말씀하였으나, 이 옛 선지자들이 말씀을 그친 가운데, 세상에 진리의 말씀 베풀기를 그치지 아니하였는지라. 내 아버지는 진리의 말씀을 한 시대에 허락하고 다른 시대에는 허락하지 않는다는 뜻으로, 민족이나 세대를 차별하시는 분이 아니라. 온전히 인간다운 것을 신답다고 부르는 어리석은 일을 저지르지 말며, 영감을 받았다고 생각되는 전통적 신탁(神託)을 통하지 않고서 오는 진리의 말씀을 헤아리는 데 실패하지 말라.

나는 너희에게, 다시 태어나라, 영에게서 태어나라고 요구하였노라. 나는 권위의 어두움과 전통의 무기력으로부터 너희를 끌어 내어, 인간의 혼이 할 수 있는 가장 큰 발견—혼자 힘으로, 자신 안에서, 저절로 하나님을 찾아내며, 자기 개인 체험에서 하나의 사실로서 이 모두를 행하는 더할 나위 없는 체험—을 혼자 힘으로 하는 가능성을 실현하는 초월적 빛 속으로 인도하였노라. 그렇게 너희가 죽음으로부터 생명으로, 전통의 권위로부터 하나님을 아는 체험으로 건너가기 위한 것이라. 이처럼 너희는 어둠 속에서 빛으로, 물려받은 민족 신앙으로부터 실제 체험을 겪어 얻은 개인적 신앙으로, 옮겨 갈 것이요, 그로서 너희는 조상으로부터 물려받은 지성의 신학으로부터, 영원한 자질로서 너희 혼 안에서 세워질, 참된 영의 종교에 이르기까지 진보하리라.

너희의 종교는, 전통적 권위를 믿는 단순한 지적 관념으로부터, 하나님의 실체, 아버지의 영에 관계되는 모든 것을 붙잡을 수 있는 산 믿음을 실제로 체험하는 것으로 바뀌리라. 지성의 종교는 너희를 희망 없이 지난날에 묶어놓으나, 영의 종교는 진보하는 계시요, 영적 이상과 영원한 실체들을 더욱 높고 거룩하게 성취하는 방향으로 가도록 계속, 항상 너희에게 손짓하느니라.

권위의 종교는 현재 정착되었다는 안전감(安全感)을 줄지 모르지만, 그러한 일시적 만족을 위하여 너희는 영적 자유와 종교적 해방을 잃음으로 대가(代價)를 치르느니라. 하늘나라에 들어가는 대가로, 내 아버지는 영적으로 비위에 거슬리고, 거룩하지 않고, 진실하지 않은 것들을 믿는 신앙을 지지하라 자신에게 강요해야 한다고 너희에게 요구하지 않느니라. 낡아빠진 체계의 종교적 형태와 예식에 굴복함으로, 자신의 자비·정의·진리의 감각을 짓밟으라고 너희에게 요구하지 않느니라. 영의 종교는 영의 인도하심이 어디로 데려가든지, 언제까지나 진리를 따르도록 너희를 자유롭게 두느니라. 누가 판단할 수 있느냐?—아마도 이 영은 다른 세대가 듣기 싫어한 무엇인가를 이 세대에게 나누어 줄까 하니라.

거짓 종교 선생들에게 치욕이 있을진저! 저희는 갈급한 혼들을 어둡침침하고 먼 과거로 도로 끌어다가, 거기에 버려 두려 하는도다. 마찬가지로 불행한 이 사람들은 새로운 발견이 있을 때마다 깜짝 놀랄 운명을 가졌고, 한편 진리가 새롭게 계시될 때마다 저희는 당황하느니라. "생각이 하나님께 머물러 있는 자는 완전한 평화 속에 있으리라"고 말한 선지자는 단지 권위의 신학을 지적으로 믿는 자가 아니었도다. 진리를 아는 이 인간은 하나님을 찾아냈고, 하나님에 대하여 입만 뻥긋하는 것이 아니라.

너희에게 훈계하노니, 항상 옛 선지자들을 인용하고 이스라엘의 영웅들을 찬양하는 관습을 버리라, 그 대신에 최고자의 살아 있는 선지자가 되고 다가오는 하늘나라의 영적 영웅이 될 포부를 가지라. 지난날에 하나님을 아는 지도자들에게 명예를 돌리는 것이 정말로 가치 있을지 모르지만, 그렇게 하면서 어찌하여 인간 존재 최대의 체험을, 하나님을 너희 혼자서 찾아내고 자신의 혼 속에서 하나님을 아는 체험을 너희가 희생해야 하느냐?

인류의 종족마다 인간 존재에 대하여 자체의 정신적 견해를 가지며, 따라서 지성의 종교는 이 여러 가지 종족 관점에 늘 충실해야 하느니라. 권위의 종교들은 결코 통일될 수 없고, 인간이 하나 되고 필사자가 형제 되는 것은 오로지, 영의 종교를 위에서 부여함으로써, 그를 통해서, 이루어질 수 있느니라. 종족의 지성은 서로 다를지 모르나 모든 인류에게 똑같이 신성하고 영원한 영이 깃드느니라. 서로 다른 지성의 권위적 종교들 속에, 통일하고 사람을 고귀하게 만드는 영의 종교—개인이 영적으로 체험하는 종교—가 침투하고 압도할 때에야, 또 그렇게 됨에 따라서, 인간이 형제 되는 희망이 이루어질 수 있도다.

권위의 종교들은 오직 사람들을 갈라놓고 양심의 대열에서 서로 대립하게 하며, 영의 종교는 점진적으로 사람들을 함께 당기고, 서로 처지를 아는 공감(共感)을 갖게 하느니라. 권위의 종교는 사람들에게 신앙의 획일성을 요구하지만, 세계의 현재 상태에서 실현이 불가능하니라. 영의 종교는 오직 체험이 하나임을—운명의 균일성을—요구하고, 신앙의 다채로움을 충분히 허락하며, 영의 종교는 관점과 견지의 균일성이 아니라 오직 통찰력의 균일성을 요구하느니라. 영의 종교는 지적 관점의 획일성을 요구하지 않고, 오직 영의 느낌이 하나이기를 요구하느니라. 권위의 종교는 생명 없는 신조들로 굳어지며, 한편 영의 종교는 성장해서, 사랑으로 봉사하고 자비롭게 베푸는 고귀한 행위로 인도하는, 확대되는 기쁨과 자유가 되느니라.

그러나 너희 중 아무도 아브라함의 자손이 전통적으로 불모였던 이 나쁜 시절을 만났다고 해서 저희를 가벼이 여기지 않도록 경계하라. 우리의 조상은 하나님을 집요하게 열심히 찾느라고 헌신했고, 아담 시절 이후로 어떤 다른 온 민족의 사람들도 저희가 발견한 것처럼 하나님을 알지 못하였으나, 아담은 자신이 하나님의 아들이었으므로 이것을 많이 알았느니라. 내 아버지는 모세의 시절 이후로, 하나님을 발견하고 하나님을 알려 하는 투쟁, 길고도 지칠 줄 모르는 이스라엘의 투쟁을 놓치지 않고 주목하였느니라. 지친 여러 세대 동안에, 유대인들은 그칠 줄 모르고 수고하고 땀 흘리고 신음하고 진통을 겪었고, 오해받고 경시(輕視)당한 민족의 고통을 견디고 슬픔을 겪었으며, 이 모두가 하나님에 관한 진리를 발견하는 데 조금 더 가까이 가기 위한 것이었느니라. 이스라엘이 온갖 실패와 실수를 겪었는데도, 점진적으로 모세로부터 아모스·호세아 시절까지, 우리의 조상은 온 세계에 영원한 점점 더 하나님의 그림, 늘 더 맑고 참된 그림을 드러냈고, 그래서 아버지의 더 큰 계시를 위하여 길이 준비되었으며, 너희가 그 계시를 나누라고 부름받았느니라.

살아 계신 하나님의 뜻을 발견하려고 애쓰는 것보다 더 만족스럽고 짜릿한 모험이 오직 하나 있음을 잊지 말지니, 신의 뜻을 행하려고 정직하게 애쓰는 최상의 체험이라. 땅에서 어떤 직업에서도, 하나님의 뜻을 이룰 수 있다는 것을 반드시 기억하여라. 어떤 직업은 거룩하지 않고 어떤 것은 세속적이라. 영에게 인도받는 자, 다시 말해서, 진리에 복종하고, 사랑으로 고귀하게 되며, 자비에 지배되고, 공정—정의—로 몸을 삼가는 자들의 생활에서는 모든 것이 신성하니라. 내 아버지와 내가 세상으로 보낼 영은 진리의 영일 뿐 아니라, 또한 이상주의적 아름다움을 가진 영이라.

신학적으로 권위 있는, 오래 된 기록의 페이지에서만 하나님의 말씀 찾기를 너희는 그쳐야 하느니라. 하나님의 영에게서 태어난 자들은, 어디에 기원이 있는 듯 보이는가에 상관 없이, 이제부터 하나님의 말씀을 헤아릴지니라. 말씀을 주신 경로가 겉보기에 인간적이라고 해서 그 신성한 진리를 깎아 내려서는 안 되느니라. 너희의 많은 형제는 하나님의 이론(理論)을 받아들이는 지성을 가졌어도, 영적으로 하나님의 계심을 깨닫지 못하는도다. 이것이 바로, 진지한 어린아이의 영적 태도를 얻음으로 하늘나라를 실현하는 것이 최선이라고 너희에게 자주 가르친 까닭이라. 너희에게 추천하는 것은 어린아이의 정신적 미숙(未熟)이 아니라, 오히려 쉽게 믿고 완전히 믿는 그러한 어린아이의 영적 단순성이라. 하나님의 사실에 관하여 너희가 알아야 한다는 것은 하나님의 계심을 느끼는 능력이 더욱 자라야 한다는 것만큼 중요하지 않으니라.

일단 혼 속에서 하나님을 발견하기 시작하면, 너는 당장에 하나님을 다른 사람들의 혼에서 발견하기 시작하고, 궁극에는 막대한 우주의 모든 생물과 창조에서 발견하리라. 그러나 최상의 충성과 신다운 이상의 하나님으로서, 그런 영원한 실체를 깊이 생각하는 데 거의 또는 도무지 시간을 쓰지 않는 사람들의 혼 속에서 아버지가 나타날 무슨 가망이 있겠느냐? 지성은 영적 성품이 거할 자리는 안 되어도, 지성은 정말로 거기에 이르는 출입구이라.

그러나 너희가 하나님을 찾아냈다고 다른 사람들에게 증명하려 애쓰는 잘못을 저지르지 말라. 너희는 의식해서 그런 정당한 증명을 내놓을 수 없느니라. 하지만 너희가 하나님을 알고 있다는 사실을 분명하고 힘차게 보여 주는 두 가지 증거가 있으니 다음과 같으니라:

1. 날마다 너의 일상 생활에서 나타나는, 하나님 영(靈)의 열매.

2. 영원한 하나님을 발견하는 희망을 추구하면서, 죽은 뒤에 살아남는 모험에 너의 모든 것, 네가 가진 모든 것을 아낌없이 걸었다는 분명한 증명을 너의 전 생애 계획이 마련해 준다는 사실. 그 하나님의 계심을 시간 속에서 너는 미리 맛보았느니라.

자, 틀림없이, 내 아버지는 아주 가냘픈 믿음이 꺼질 듯 가물거려도 언제라도 반응하시리라. 원시인의 육체적이고 미신(迷信) 같은 감정도 주목하시니라. 믿음이 아주 가냘파서 권위의 종교에 피동적으로 찬성하는 태도에 지적으로 순응하는 것에 불과한 그러한 믿음을 가진 자, 정직해도 두려움이 많은 자들의 경우에, 아버지를 향하여 손을 뻗으려는 모든 그러한 가냘픈 시도조차도 허락하고 길러 주려고 아버지는 늘 깨어 계시니라. 그러나 어둠에서 빛으로 부름 받은 너희에게는 마음을 다하여 믿는 것이 기대되느니라. 너희의 믿음이 육체와 지성과 영, 이 셋의 통합된 태도를 지배하리라.

너희는 내 사도요, 너희에게 종교는, 영적 진보와 이상주의적 모험의 사나운 실체들과 마주칠까 두려워 너희가 달아날까 싶은 그러한 신학적 피난처가 되지 말지니라. 그러나 차라리 너희의 종교는 진정한 체험의 사실이 될지니, 그것이 하나님이 너희를 발견하고, 이상으로 만들고, 고귀하게 하고, 영답게 변화시켰으며, 이렇게 너희를 발견하고 아들 삼은 하나님을 발견하는 영원한 모험에 너희가 지원했음을 증거하느니라.

말씀을 마치고 나서, 예수는 안드레에게 손짓하고, 페니키아를 향하여 서쪽을 가리키면서 말했다: "갈 길을 재촉하자."

제 156 편

티레와 시돈에서 머무르다

6월 10일, 금요일 오후에, 예수와 동료들은 시돈의 근방에 다다랐고, 거기서 어느 부유한 여인의 집에서 멈추었는데, 그 여자는 예수가 인기의 절정에 있던 시절에, 벳세다 병원에서 환자였다. 전도사와 사도들은 바로 이웃에서, 그 여자의 친구들 집에 투숙했고, 그들은 이 상쾌한 환경 가운데서 안식일 동안 쉬었다. 북쪽으로 해안가 도시들을 방문하려고 준비하기 전에, 시돈과 근처에서 거의 2주 반을 지냈다.

이 6월의 안식일은 대단히 조용한 날이었다. 전도사와 사도들은 시돈으로 가는 길에 들은 강론, 종교에 대한 주의 강론에 관하여 명상하는 데 아주 몰두해 있었다. 모두 예수가 일러 준 것을 얼마큼 알아들을 수 있었지만, 아무도 그 가르침의 중요성을 충분히 깨닫지 못했다.

1. 시리아 여인

주가 묵고 있던, 카루스카의 집 근처에, 한 시리아 여인이 살았는데, 예수가 큰 치유자요 선생이라는 소문을 많이 들었고, 이 안식일 오후에 어린 딸을 데리고 왔다. 열두 살쯤 된 이 아이는 발작과 기타 비참한 증세의 특징을 가진 심한 신경 질환(疾患)으로 고생하고 있었다.

예수는 쉬기 원한다고 설명하면서, 동료들에게 카루스카의 집에 있다는 것을 아무에게도 이르지 말라고 미리 타일렀다. 그들은 주의 명령에 복종했지만, 카루스카의 종은 이 시리아 여인 노라나의 집으로 가서, 예수가 자기 여주인의 집에 묵고 있다고 알려 주었고, 안달하는 이 어머니가 병든 딸을 데려와서 치료받으라고 재촉했다. 말할 것도 없이, 이 어머니는 딸이 악마, 더러운 귀신에 들렸다고 믿었다.

노라나가 딸과 도착했을 때, 알패오 쌍둥이는 한 통역을 통해서, 주가 쉬고 있으며 방해할 수 없다고 설명했다. 그러자 노라나는 주가 휴식을 마칠 때까지 아이와 함께 바로 거기서 남아 있겠다고 대답했다. 베드로도 알아듣도록 설명하고 집으로 가라고 설복하려고 애썼다. 많이 가르치고 병 고친 것 때문에 예수가 지쳤다고, 한동안 조용히 있고 쉬려고 페니키아로 왔다고 설명했다. 그러나 쓸데없었다. 노라나는 떠나려 하지 않았다. 베드로의 간청에 그 여자는 이렇게 대답할 뿐이었다: "당신의 주를 만날 때까지 떠나지 않겠나이다. 그가 내 아이에게서 악귀를 내쫓을 수 있음을 알고, 치유자가 내 딸을 보기까지 가지 않겠나이다."

다음에 토마스가 그 여자를 보내려고 애썼지만 실패에 부딪쳤을 뿐이다. 토마스에게 그 여자는 말했다: "내 아이를 괴롭히는 이 악귀를 당신의 주가 내쫓을 수 있다고 믿나이다. 그가 갈릴리에서 위대한 일을 하셨다고 소문을 들어 왔고, 나는 그를 믿나이다. 제자인 당신한테 무슨 일이 생겼기에, 당신 선생의 도움을 구하려고 오는 자들을 당신이 돌려보내려 하나이까?" 그 여자가 이렇게 말하고 나서 토마스는 물러났다.

그리고 나서 노라나를 타이르려고 열심당원 시몬이 앞으로 나섰다. "여자여, 너는 그리스어를 하는 이방인이라. 주가 은혜 받은 집의 아이들에게 주려고 뜻한 빵을 가져다 개들에게 던지기를 기대하는 것은 옳지 않으니라." 그러나 시몬의 공격에 노라나는 기분 상하려 하지 않았다. 이렇게 대답할 뿐이었다: "예, 선생이여, 당신의 말씀을 알아듣나이다. 유대인들의 눈에 나는 개일 뿐이지만, 당신의 주에 관해서 말하면, 나는 믿는 개니이다. 그가 내 딸을 보도록 하겠다고 결심했으니, 내 딸을 보시기만 하면, 딸을 고치리라고 내가 믿음이니이다. 당신조차도, 착한 사람이여, 아이들의 식탁에서 어쩌다 떨어지는 부스러기를 얻는 특권을 개들한테서 감히 빼앗으려 하지 않으리이다."

바로 이 때 그 어린 여자아이는 모두 앞에서 사나운 경련을 일으켰고, 그 어머니는 외쳤다: "저런, 당신은 내 아이가 악귀에 들린 것을 볼 수 있나이다. 우리의 필요가 당신에게 감명을 주지 않으면 당신의 주께는 호소하리이다. 그는 모든 사람을 사랑하고, 이방인들조차도 믿을 때 감히 고친다는 말을 내가 들었나이다. 당신들은 그의 제자가 될 자격이 없나이다. 내 아이가 고침을 받기까지 가지 않겠나이다."

열린 창문을 통해서 이 대화(對話)를 모두 들은 예수는, 깜짝 놀라게, 이제 바깥으로 나와서 말했다: "아 여자여, 네 믿음이 크니라. 너무 커서 네가 바라는 것을 주지 않을 수 없도다. 평안히 네 길을 가라. 너의 딸은 이미 온전하게 되었느니라." 이 어린 여자아이는 그 시각부터 나았다. 노라나와 아이가 떠나자, 예수는 이 일을 아무에게도 말하지 말라고 부탁했다. 동료들은 이 요청을 따르기는 했지만, 그 어머니와 아이는 온 시골에, 또 시돈에서도, 어린 여자아이가 병이 나은 사실을 그치지 않고 외쳤다. 너무 지나쳐서 예수는 며칠 안에 숙소를 바꾸는 것이 상책임을 발견했다.

이튿날, 사도들을 가르칠 때, 예수가 시리아 여인의 딸의 병을 고친 것을 논평하면서 말했다: "그리고 여태까지 계속 그래 왔느니라. 이방인들이 하늘나라 복음의 가르침에 담긴 유익한 믿음을 어떻게 쓸 수 있는가 너희 스스로 보느니라. 진실로, 진실로 내가 이르노니, 아브라함의 자손이 들어가기에 충분한 믿음을 보일 생각이 없으면, 이방인들이 아버지의 나라를 차지하리라."

2. 시돈에서 가르치다

시돈으로 들어가면서, 예수와 동료들은 다리를 건너갔는데, 그들 중 여럿이 처음 본 다리였다. 이 다리 위를 걸으면서, 예수는 다른 것 중에도 이렇게 말했다: "이 세상은 겨우 다리일 뿐이라. 너희는 다리를 지나가도 좋지만 그 위에 거처를 지을 생각을 해서는 안 되느니라."

스물네 사람이 시돈에서 수고를 시작하자, 예수는 도시의 바로 북쪽, 어느 집, 주스타와 그 어머니 버니스의 집에 묵으려고 갔다. 아침마다 주스타의 집에서 예수는 스물네 사람을 가르쳤고, 그들은 오후와 저녁에 시돈에서 가르치고 전도하러 바깥으로 나갔다.

사도와 전도사들은 시돈의 이방인들이 메시지를 받아들이는 태도에 크게 기운을 얻었다. 짧게 머무르는 동안, 많은 사람이 하늘나라에 더해졌다. 페니키아에서 약

6주의 이 기간은 사람들을 설득하는 일에 대단히 수확이 많았지만, 후일에 복음서를 기록한 유대인 저자들은, 예수 자신의 민족 가운데 그렇게 큰 무리가 적대하는 대열에 선 바로 그 때, 이 이방인들이 그의 가르침을 이렇게 따듯하게 받아들인 것을 가볍게 지나치는 버릇이 있었다.

여러 면에서 이 이방인 신자들은 유대인들보다 예수의 가르침을 더 잘 알아들었다. 그리스어를 하는 많은 이 시리아·페니키아인들은 예수가 하나님 같을 뿐 아니라 또한 하나님이 예수 같음을 알게 되었다. 이 소위 이교도(異教徒)는 이 세상과 전체 우주의 법칙이 한결같다는 주의 가르침을 잘 알아들었다. 하나님은 사람이나 민족이나 나라를 차별하는 분이 아니다, 우주의 아버지는 조금도 편애하지 않는다, 우주는 전적으로 항상 법을 지키고 어김없이 믿을 만하다는 가르침을 깨달았다. 이 이방인들은 예수를 두려워하지 않았고, 메시지를 감히 받아들였다. 오랜 세월을 통해서 계속, 사람들은 예수를 이해할 수 없었던 것이 아니라, 이해하기를 두려워했다.

예수는 적과 대결할 용기가 모자라서 갈릴리에서 달아나지 않았다는 것을 스물네 사람에게 분명히 설명했다. 확립된 종교와 드러내 놓고 충돌할 준비가 아직 되어 있지 않다, 순교자가 되기를 추구하지 않는다는 것을 그들은 이해했다. 주스타의 집에 있었던 이 회의 중 하나에서, “하늘과 땅이 사라질지라도, 내 진리의 말은 사라지지 아니하리라” 하고 주가 제자들에게 처음으로 말했다.

시돈에서 머무르는 동안 가르침의 주제는 영적 진보였다. 그들이 가만히 서 있을 수 없다, 의로운 가운데 전진하든지, 악과 죄 속으로 후퇴하든지 해야 한다고 말했다. “지난날에 파묻힌 것들을 잊어버리고, 한편 너희는 하늘나라의 더 큰 실체들을 붙잡으러 앞으로 나가라”고 훈계했다. 복음에서 어린 시절에 만족하지 말고, 영의 교통이 있는 가운데, 신자들과 친교하는 가운데, 신의 아들이 되는 어른 키에 도달하기까지 애쓰라고 타일렀다.

예수는 말했다: “내 제자들은 악행하기를 그칠 뿐 아니라, 좋은 일 행하기를 배워야 하느니라. 의식해서 저지르는 모든 죄로부터 깨끗하게 될 뿐 아니라, 죄를 지었다는 느낌조차 마음에 품지 말아야 하느니라. 죄를 고백하면, 그 죄가 용서되나니, 그런즉 너희는 죄짓지 않는 양심을 지켜야 하느니라.”

예수는 이 이방인들이 나타낸 날카로운 유머 감각을 크게 기뻐했다. 시리아 여인 노라나의 크고 집요한 믿음 뿐 아니라, 그 여자가 드러낸 유머 감각이 주의 마음을 움직이고 그의 자비에 호소했다. 그의 민족—유대인들—이 유머가 아주 모자라서 크게 서운해하였다. 한때 토마스에게 말했다: “내 민족은 자신을 너무 심각하게 생각하고, 유머를 거의 알아듣지 못하느니라. 바리새인들의 짐스러운 종교는 유머 감각을 가진 민족 사이에서 생길 수 없느니라. 저희는 또한 일관성이 모자라니, 하루살이는 걸러내고 낙타는 삼키는도다.”

3. 해안을 거슬러 올라가는 여행

6월 28일, 화요일에 주와 동료들은 시돈을 떠나서 포르피리온과 헬두아까지 해안을 올라갔다. 이방인들은 그들을 좋게 받아들였고, 가르치고 전도하는 이 주간에 많은 사람이 하늘나라에 더해졌다. 사도들은 포르피리온에서 전도하고 전도사들은 헬두아에서 가르쳤다. 스물네 사람이 이렇게 일에 분주한 동안, 예수는 사나흘 동안 그들을 두고 떠나서 해안 도시 베이룻을 방문했고, 거기서 말가라는 이름을 가진 시리아인과 이야기했는데, 그는 믿는 사람이었고, 지난해에 벳세다에 있었다.

7월 6일 수요일에, 모두 시돈으로 돌아왔고, 일요일 아침까지 주스타의 집에서 머물렀으며, 이 때 티레를 향하여 떠나서, 사렙타의 길로 해안을 따라서 남으로 내려갔고, 7월 11일, 월요일에 티레에 도착했다. 이 때가 되어서 사도와 전도사들은 이른바 이 이방인(異邦人) 사이에서 일하는 데 익숙해지고 있었다. 이들은 실제로, 더 거슬러 올라가 셈 기원을 가졌던 초기 가나안 부족들로부터 주로 내려왔다. 이 민족들은 모두 그리스어를 썼다. 이 이방인들이 복음을 열심히 듣는 것을 지켜보고, 다수가 쉽게 믿음을 주목한 것은 사도와 전도사(傳道師)들에게 크게 놀라운 일이었다.

4. 티레에서

7월 11일부터 7월 24일까지 티레에서 가르쳤다. 사도들은 각자 전도사 하나를 데리고 갔고, 이렇게 둘씩 티레의 온 구석과 그 주위에서 가르치고 전도했다. 바쁜 이 항구 도시에서 다국어(多國語)를 쓰는 인구는 말씀을 기쁘게 들었고, 많은 사람이 하늘나라의 외향 친교에 들어가려고 세례를 받았다. 예수는 요셉이라는 유대인 집에서 본부를 유지했다. 이 신자는 티레에서 남쪽에 5, 6킬로미터 떨어진 곳에 살고 있었고, 거기는 다윗과 솔로몬의 시절에, 도시 국가 티레의 임금이었던 히람의 무덤에서 그리 멀지 않았다.

이 2주 동안, 날마다 사도와 전도사들은 조그만 모임을 열기 위하여 알렉산더의 인공(人工) 항구의 길을 거쳐 티레로 들어갔고, 밤마다 대부분은 도시의 남쪽, 요셉의 집에 있는 야영지로 돌아오곤 했다. 날마다 신자들이 예수가 쉬는 곳에서 그와 이야기를 나누려고 도시에서 나왔다. 주는 겨우 한 번 티레에서 7월 20일 오후에 말씀했고, 그 때 온 인류에 대한 아버지의 사랑에 관하여, 또 모든 종족의 사람들에게 아버지를 드러내는 아들의 사명에 대하여 가르쳤다. 이 이방인들 사이에서 하늘나라 복음에 너무 관심이 많아서, 멜카트 성전의 문이 그에게 개방되었다. 이 고대의 성전이 있던 바로 그 자리에 그리스도교 교회 하나가 후일에 세워졌음을 기록하는 것이 흥미 있다.

티레의 자주 제조업의 많은 유지(有志)가 하늘나라를 믿었는데, 자주는 티레와 시돈을 세계에서 유명하게 만들고 그들의 세계적인 상업과 그에 따른 부강에 아주 크게 이바지한 물감이었다. 그 뒤에 얼마 안 있어, 이 물감의 근원이었던 바다 동물의 공급이 줄어들기 시작했을 때, 물감 만드는 이 사람들은 이 조개의 새로운 서식처를 찾아서 떠났다. 이처럼 땅 끝까지 옮겨 다니면서, 하나님은 아버지요 사람은 형제라는 메시지—하늘나라의 복음—을 가지고 갔다.

5. 티레에서 예수가 가르침

이 수요일 오후에 연설하는 과정에서, 예수는 처음으로 따르는 자들에게 백합 이야기를 했는데, 백합(百合)은 밑에 있는 검은 흙 속에 끈끈이와 거름 속에 뿌리를 내리지만, 순수하고 눈 같이 흰 꽃 송이를 햇빛 속에 높이 드러낸다. 그는 말했

다: "마찬가지로, 필사자는 인간 성품의 동물성 흙 속에 기원과 존재의 뿌리가 있지만, 믿음으로 영적 성품을 위로 하늘 진리가 담긴 햇빛 속으로 올리고, 실제로 영의 고귀한 열매를 맺을 수 있느니라."

바로 이 설교를 하는 동안, 예수는 자기 직업—목수일—과 상관 있는 처음이자 마지막 비유를 썼다. "영적 자질을 가진 고귀한 인격의 성장을 위하여 기초를 튼튼히 세우라"고 훈계하는 과정에서 말했다: "영의 열매를 맺기 위하여, 너희는 영에게서 태어나야 하느니라. 친구들 사이에서 영으로 채워진 삶을 살고자 하면, 영에게 가르침을 받고 영의 인도하심을 받아야 하느니라. 그러나 어리석은 목수의 잘못을 저지르지 말라. 벌레 먹고 안으로 썩는 재목을 반듯하게 만들고, 재고, 반들반들하게 손질하느라고 귀중한 시간을 허비하고 나서, 튼튼하지 않은 들보에 이처럼 모든 수고를 퍼붓고 나서, 시간과 폭풍우를 견디기 위하여 지을 건물의 기초(基礎)로 쓰기에 적당하지 않다고 그것을 퇴짜놓아야 하느니라. 인격의 지적·도덕적 기초가, 확대되고 고상한 영적 성품을 가진 상부(上部) 구조를 적절히 떠받치는가 사람마다 확인하여라. 영적 성품은 이처럼 필사 지성을 변화시키고, 다시 만들어진 그 지성과 결합하여, 불멸의 운명을 가진 혼을 생성케 하리라. 영적 성품—합동으로 창조된 혼—은 살아 있는 성장물이지만, 개인의 지성과 도덕률은 토양이요, 거기서부터 인간의 발전과 신의 운명을 가진, 이 상급 명시가 솟아나야 하느니라. 진화하는 혼을 키우는 그 토양은 인간답고 물질이지만, 지성과 영을 통합한 이 생물의 운명은 영답고 신다운 것이라."

바로 이 날 저녁에 나다니엘은 예수에게 물었다: "주여, 어찌하여 하나님이 우리를 시험으로 이끌지 말라고 우리가 기도하나이까? 우리는 당신이 아버지를 계시한 것을 보고서 아버지가 그런 일을 결코 하지 않는 줄 잘 아나이다." 예수는 나다니엘에게 대답했다:

"초기에 히브리 선지자들이 아버지를 아주 어둡게 본 것과 달리, 내가 아버지를 아는 것과 같이 네가 비로소 아버지를 아는 것을 보니, 그렇게 묻는 것이 이상하지 않도다. 지금까지 일어났던 거의 모든 일 중에 우리 조상이 어떻게 하나님을 보고 싶어했는가 너희가 잘 아느니라. 우리 조상은 모든 자연 현상에서, 또 인간 체험의 모든 특별한 사건에 하나님의 손길이 있는가 찾았고, 하나님을 선과 악, 양쪽에 연결지었느니라. 하나님이 모세의 마음을 부드럽게 하고 파라오의 마음을 굳어지게 했다고 생각하였는지라. 사람이 좋든 나쁘든, 무슨 일을 몹시 하고 싶은 욕구를 가졌을 때, '주가 이리저리 하라, 아니면 어디어디로 가라 내게 말씀하였도다' 하고 논평하면서 이 특별한 감정을 설명하는 버릇이 있었느니라. 따라서 사람들이 아주 빈번히, 아주 맹렬히, 유혹에 빠졌으므로, 우리 조상은 하나님이 시험하거나 벌주거나 힘을 주려고 하나님이 그쪽으로 이끈다고 믿는 것이 버릇이 되었으나, 정말로 이제 너희가 더 잘 아느니라. 자기 이기심의 재촉에 따라서, 동물 성질의 충동에 따라서, 사람들이 너무나 자주 유혹에 빠짐을 너희가 아느니라. 이런 방법으로 유혹받을 때, 내가 너희에게 훈계하노니, 그 유혹(誘惑)이 도대체 무엇인가 정직하게 진지하게 인식하는 한편, 표현(表現)의 출구를 찾고 있는 영·지성·육체의 에너지를, 한층 더 높은 경로로, 더 이상적인 목표로 총명하게 다시 방향을 돌리라. 이 방법으로 동물 성품과 영 성품 사이에 낭비적이고 약화시키는 투쟁을 거의 완전히 피하면서, 유혹을 가장 높은 종류의 봉사, 사람을 격려하는 도덕적 봉사로 변화시킬까 싶으니라.

"그러나 다만 인간 의지의 힘을 통해서, 한 가지 욕구를 더 우수하다고 생각되는 다른 욕구로 대체하고 노력함으로 유혹을 이겨내려고 시도하는 어리석음에 대하여 너희에게 경고하노라. 못하고 낮은 성품의 유혹을 참으로 이기고 싶으면, 너희가 유혹이라고 인식하는 행동, 낮고 이상적이지 못한 이 행동 버릇을 높고 더 이상적인 행위로 너희 지성이 갈아치우고 싶어하는데, 이런 행위에 실제로 관심을 개발하고 사랑하게 된 장소, 영적으로 유리(有利)한 장소로 너희가 와야 하느니라. 사람의 욕구를 속이며 억압하는 짐에 너희가 더욱 눌리기보다, 너희는 오히려 이 방법으로 영적 변화를 통해서 구원을 받으리라. 낡고 열등한 것은 새롭고 우수한 것을 사랑하면서 잊혀지리라. 진리를 사랑함으로 빛을 받는 모든 사람의 가슴 속에서, 아름다움은 언제나 더러움을 이기느니라. 새롭고 진지한 영적 애정의 몰아내는 에너지에는 막대한 힘이 있느니라. 다시 너희에게 이르노니, 악에 지지 말라. 그러나 오히려 선으로 악을 이기라."

밤이 늦도록 사도와 전도사들은 계속 질문했고, 여러 대답으로부터 우리는, 현대의 표현법으로 다시 말하여, 다음 여러 생각을 제시하려 한다:

힘찬 포부, 총명한 판단, 경험을 쌓은 지혜는 물질적 성공에 필수이다. 지도력은 천부(天賦)의 능력, 신중, 의지력, 결심에 달려 있다. 영적 운명은 믿음, 사랑, 진리에 바치는 헌신에—올바름을 갈급하게 목마르게 찾는 데—하나님을 찾아내고 그와 같이 되려 하는 마음을 다한 소망에 달려 있다.

너희가 인간이라는 것을 발견하고 낙심하지 말라. 인간 성품은 악으로 향할지 모르지만, 본래부터 죄로 차 있지 않다. 유감스러운 체험을 더러 잊으려는 데 온전히 실패한다고 해서 낙심하지 말라. 시간 속에서 네가 잊지 못하는 잘못은 영원 속에서 잊혀지리라. 네 운명, 즉 네 생애를 우주로 확장하는 것에 관하여 멀리 내다보는 관점을 얻음으로, 네 혼의 짐을 가볍게 하여라.

지성의 불완전이나 육체의 욕구에 따라서 혼의 가치를 평가하는 잘못을 저지르지 말라. 단 하나의 불행한 인간 에피소드의 기준으로 혼을 판단하거나 그 운명을 평가하지 말라. 영적 운명은 네가 영적으로 동경(憧憬)하는 것과 그 목적에 따라서 조건을 받는다.

종교는 하나님을 아는 사람의 진화하는 불멸의 혼이 겪는 순전히 영적 체험이지만, 도덕적 힘과 영적 에너지는 어려운 사회 상황에 내처하고, 까다로운 경제 문제를 해결하는 데 이용될 수 있는 힘찬 세력이다. 이 도덕적·영적 자질은 모든 수준의 인간 생활을 더욱 부유하고 의미 있게 만든다.

너희를 사랑하는 자들만 사랑하기를 네가 배우면, 너희는 옹졸하고 초라한 삶을 살도록 운명이 정해져 있다. 인간의 사랑은 정말로 교환하는 것일까 싶지만, 신의 사랑은 만족을 추구하는 모든 면에서 외향적(外向的)이다. 어떤 생물의 성품에 사랑이 적으면 적을수록, 사랑의 필요는 더욱 커지고, 신의 사랑은 점점 더 그러한 필요를 채우려고 애쓴다. 사랑은 결코 자아를 찾지 않으며, 자신에게 줄 수 없다. 신의 사랑은 스스로 충분할 수 없으며, 그 사랑은 사심(私心) 없이 남에게 주어야 한다.

하늘나라를 믿는 자들은 올바름이 확실히 승리한다는 절대적 믿음, 혼을 다하는 믿음을 가져야 한다. 하늘나라를 세우는 자들은 영원한 구원의 복음이 진리임을 의심해서는 안 된다. 신자들은 혼을 새롭게 하고, 지성을 북돋아 주고, 경건한 교통을 가짐으로 영을 새롭게 하면서, 생활의 급류(急流)로부터 어떻게 훌쩍 물러나는가—물질 존재에서 사람을 성가시게 하는 것들로부터 달아나는가—를 더욱 배워야 한다.

하나님을 아는 사람들은 불행에 닥쳐 낙심하거나 실망 때문에 기가 꺾이지 않는다. 믿는 자들은 순전히 물질적 격변의 결과로서 생기는 우울증에 걸리지 않는다.

영적인 삶을 사는 자들은 물질 세계의 사건에 마음이 동요되지 않는다. 영생(永生) 후보자들은 사람의 생활에서 온갖 변천과 골칫거리에 부딪치는 기법, 활기를 주는 건설적 기법을 실천하는 자들이다. 참 신자로 살면, 날마다 바른 일 하기가 더욱 수월해짐을 발견한다.

영적 생활은 참된 자존심을 힘차게 키운다. 그러나 자존심은 자아를 찬미하는 것이 아니다. 자존심은 사람의 동료들을 사랑하고 섬기는 것과 언제나 나란히 있다. 이웃을 사랑하는 것보다 더 네 몸을 존중하는 것이 가능하지 않다. 하나가 다른 하나를 받을 능력을 측정한다.

세월이 지남에 따라서, 모든 참된 신자는 동료들이 영원한 진리를 사랑하도록 유혹하는 데 더욱 솜씨가 늘어난다. 너는 어제보다 오늘 인류에게 선(善)을 드러내는 일에 더 주변이 좋은가? 너는 지난해보다 올해에 올바름을 권장하는 데 더 나아지고 있는가? 갈급한 혼들을 영의 나라로 인도하는 너의 기법이 갈수록 더 예술적이 되는가?

필사 동료들과 제휴해서 땅에서 너를 쓸모 있는 시민으로 활동하도록 너의 생각은 실용적이고, 한편 영원한 구원을 보장하도록 너의 이상(理想)은 충분히 높은가? 정신적으로 너희의 시민권은 하늘에 있지만, 육체를 입고서 너희는 아직도 땅의 나라의 시민이다. 물질인 것을 케자에게 돌리고, 영적인 것을 하나님께 돌리라.

진화하는 혼의 영적 능력을 재는 척도는, 진리를 믿는 너의 믿음과 사람에게 주는 너의 사랑이지만, 인격의 인간적 힘을 재는 척도는 불평 품기를 저항하는 능력이요, 깊은 슬픔을 직면하여 속을 끓이지 않고 견디는 능력이다. 패배는 너의 진정한 자아를 정직하게 볼 수 있는 참된 거울이다.

하늘나라 일에서 너희가 더 나이 들고 숙련됨에 따라서, 너희는 문제 있는 필사자들을 다루는 데 더 요령이 생기고, 완고한 동료들과 함께 사는 데 더욱 관대해지는가? 요령(要領)은 사회의 지렛대에 받침이요, 관용(寬容)은 위대한 혼을 가리키는 표시이다. 드물고 매력 있는 이 두 선물을 가지면, 세월이 지남에 따라서, 모든 필요 없는 사회적 오해를 피하려는 귀중한 노력을 기울이면서 너희는 더욱 민첩하고 노련해질 것이다. 그러한 지혜로운 혼들은 많은 어려움을 피할 수 있고, 감정 조절이 모자라는 자, 성장하기 싫어하는 자, 품위 있게 늙기 싫어하는 자들은 모두 분명히 그런 어려움을 한 몫 차지할 것이다.

진리를 전파하고 복음을 선포하려고 너희가 온갖 노력을 기울일 때, 거짓과 불공정을 피하라. 땀 흘리지 않고 인정받으려 하지 말고, 마땅치 않은 동정을 바라지 말라. 사랑하라, 너희의 공적(功績)에 상관 없이 신과 인간의 자원으로부터 거리낌없이 받고, 그 보답으로 아낌없이 사랑하라. 그러나 명예와 지나친 칭찬에 관계된 모든 다른 일에, 정직하게 너희에게 속하는 것만 구하라.

하나님을 의식하는 필사자는 구원받는 것이 확실하다. 삶을 두려워하지 않으며, 정직하고 한결같다. 피할 수 없는 괴로움을 어떻게 용감히 견디는가 알고, 어쩔 수 없는 어려움에 닥칠 때 투덜거리지 않는다.

참된 신자는 길이 막힌다고 해서 좋은 일 하는 데 지치지 않는다. 어려움은 진리를 사랑하는 자의 열심을 돋구며, 한편 장애물은 겁 없는 하늘나라 건축자들이 노력하도록 자극할 뿐이다.

그리고 티레를 떠나려고 준비하기 전에 예수는 다른 여러 가지를 가르쳤다.

갈릴리 바다 지역으로 돌아오려고 티레를 떠나기 전날에, 예수는 동료들을 불러 모으고, 그와 열두 사도가 가기로 된 길과 다른 길로 돌아가라고 열두 전도사에게 지시했다. 여기서 예수를 떠난 뒤에, 전도사들은 다시 그렇게 가까이 주와 친교하지 못했다.

6. 페니키아에서 돌아오다

7월 24일, 일요일 정오 무렵에 예수와 열둘은 티레의 남쪽, 요셉의 집을 떠나서, 해안가를 따라 프톨레마이스로 내려갔다. 여기서 하루 묵었고, 거기에 사는 신자들 일행에게 위로하는 말씀을 주었다. 베드로는 7월 25일 저녁에 그들에게 설교했다.

화요일에 프톨레마이스를 떠나서, 티베리아스 길을 경유하여 요타파타 가까운 곳까지 내륙으로, 동쪽으로 갔다. 수요일에 요타파타에서 멈추었고, 신자들에게 하늘나라 일에 대하여 더 가르쳤다. 목요일에 요타파타를 떠나서, 나사렛-레바논 산을 잇는 길에서 북쪽으로, 라마의 길로 스불론 마을까지 갔다. 금요일에 라마에서 모임을 가졌고, 안식일 동안 남아 있었다. 31일, 일요일에 스불론에 이르렀고, 그날 저녁에 모임을 열었으며, 이튿날 아침에 떠났다.

스불론을 떠나면서, 기스칼라 가까이, 막달라-시돈 길과 만나는 교차점까지 여행했고, 거기서부터 갈릴리 호수의 서쪽 해안, 가버나움 남쪽에 있는 게네사렛으로 갔다. 거기서 다윗 세베대와 만나기로 전에 약속했는데, 거기서 하늘나라의 복음을 전파하는 과제에서 취해야 할 다음 조치에 관하여 의논할 생각이었다.

다윗과 잠깐 회의하는 동안에, 케레사 가까이 호수의 맞은 편에 그 때 많은 유지(有志)가 함께 모였다는 말을 들었고, 따라서, 바로 그 날 저녁에, 배 한 척이 그들을 가로질러 날랐다. 하루 동안 산에서 조용히 쉬었고, 이튿날 가까운 공원으로 갔는데, 여기는 주가 한때 5천 명을 먹인 곳이다. 여기서 사흘 동안 쉬고, 날마다 회의를 열었으며, 여기에 남녀가 약 50명 참석했다. 이들은 가버나움과 그 부근에서 살던, 한때 허다했던 신자 무리의 나머지였다.

예수가 가버나움과 갈릴리에서 자리를 비운 동안, 페니키아에서 머무른 기간에, 적들은 그 운동 전체가 소탕되었다고 보았고, 예수가 급히 물러난 것은 그가 너무 소스라치게 놀라서 언제라도 돌아와서 그들을 성가시게 굴 듯하지 않다고 결론을 내렸다. 그의 가르침에 대한 모든 적극적 반대가 거의 가라앉았다. 신자들은 다시 한 번 공개 모임을 열기 시작했고, 신자들이 막 거친 큰 시련을 통해서, 단련받고 정말로 견딘 자들 사이에서 차츰차츰, 그러나 효과적 단결이 생기고 있었다.

헤롯의 형제 빌립은 건성으로 예수를 믿는 자가 되었고, 주가 그의 영토 안에서 자유롭게 살고 일해도 된다는 말을 보내 왔다.

예수와 모든 추종자가 가르침을 전하지 못하도록 온 유대 민족의 회당 문을 닫으라는 명령은 서기관과 바리새인들에게 불리하게 작용했다. 논쟁의 대상인 예수가 스스로 자리를 비우고 나서 즉시, 유대 민족 전체에서 반작용이 일어났다. 바리새인과 예루살렘의 산헤드린 지도자들에 대하여 분개심이 널리 퍼졌다. 많은 회당장이 아브너와 그 동료들에게 몰래 회당(會堂)을 열기 시작했고, 이 선생들은 요한의 추종자요 예수의 제자가 아니라고 주장했다.

헤롯 안티파스조차 마음이 움직였고, 예수가 그의 형제 빌립의 영토에, 호수 건너편에서 체류한다는 소식을 듣고서, 그가 갈릴리에서 예수를 붙잡을 영장(令狀)에

서명했지만, 페레아에서 그를 잡으라고 그렇게 허가하지는 않았다는 말을 보내 왔으며, 이렇게 갈릴리 바깥에 남아 있으면 예수를 괴롭히지 않으리라는 것을 가리켰다. 그는 즉시 이 판결(判決)을 예루살렘에 있는 유대인들에게 알렸다.

이것이 서기 29년 8월 1일 무렵의 형편이었고, 이 때 주는 페니키아 임무로부터 돌아와서, 땅에서 그의 사명에서 마지막이고 파란 많았던 이 한 해 동안에, 흩어지고 시험받고 고갈된 전도단을 다시 조직하기 시작했다.

주와 동료들이 새 종교를 비로소 선포하려고 준비함에 따라서, 투쟁의 논점에 뚜렷하게 선이 그어졌으며, 이 종교는 사람들의 지성 속에 거하는 살아 계신 하나님의 영을 가르치는 종교였다.

제 157 편

케자리아 빌립비에서

케자리아 빌립비 근처에서 잠시 머무르려고 열둘을 데리고 가기 전에, 예수는 다윗의 사자들을 통해서 8월 7일, 일요일에 가족을 만나려는 목적으로, 가버나움으로 가려고 주선했다. 미리 한 약속에 따라서 이 방문은 세베대의 배 작업장에서 있기로 되어 있었다. 다윗 세베대는 나사렛 가족 전부—마리아, 그리고 예수의 남동생과 누이들 모두—가 오도록 동생 유다와 약속했고, 이 약속을 지키려고 예수는 안드레와 베드로와 함께 갔다. 마리아와 아이들은 이 약속을 분명히 지킬 의도가 있었지만, 바리새인 한 집단이 예수가 빌립의 영토에, 호수 맞은 편에 있음을 알고서, 예수가 계신 곳에 관하여 가능한 알아내려고 어쩌다가 마리아를 방문하기로 결정하였다. 이 예루살렘 밀사들이 도착한 것은 마리아를 크게 언짢게 만들었고, 그들은 가족 전체의 긴장과 불안을 눈치채고서 예수가 그들을 찾아오리라 기대하고 있음이 틀림없다고 결론을 내렸다. 따라서 밀사들은 마리아의 집에서 진을 치고, 증원 부대를 부른 뒤에, 예수가 도착하기를 참을성 있게 기다렸다. 말할 것도 없이, 이것은 실질적으로 가족 중에 누구도 예수와 약속을 지키려고 시도하지 못하게 만들었다. 몇 번이나 낮에 유다와 룻은 예수에게 소식을 전하려는 노력으로, 바리새인들의 경계를 피하려고 애썼지만, 아무 쓸모가 없었다.

오후에 일찍, 다윗의 사자들은 바리새인들이 어머니 집 문 앞 계단에서 야영하고 있다는 말을 가져왔고, 따라서 예수는 가족을 찾아보려고 애쓰지 않았다. 그래서 또 다시, 어느 누구의 잘못도 없이, 예수와 땅에 있는 가족은 접촉을 가지지 못했다.

1. 성전의 세리

안드레와 베드로와 더불어, 예수가 배 작업장 가까이 호숫가에서 머무르는 동안, 성전의 세리가 와서 예수를 알아보고서, 베드로를 옆으로 끌고 가서 말했다: "너의 주는 성전 세금을 물지 않느냐?" 적이라 선언한 자들의 종교 활동을 유지하는 데 예수가 기부하기를 기대한다는 제안에, 베드로는 분통을 터뜨리고 싶었지만, 세리(稅吏)의 얼굴에서 야릇한 표정을 살폈고, 예루살렘의 성전 예배를 지원하는데, 관례대로 반 세겔 내는 것을 거절하는 행위로 그들을 옭아매는 것이 목적임을 똑바로 눈치챘다. 따라서 베드로는 대답했다: "뭐라고, 물론 주는 성전 세금을 내시느니라. 너는 문 옆에서 기다리라. 그러면 세금을 가지고 당장 돌아오겠노라."

자, 베드로는 말을 서둘러 뱉어 버렸다. 유다가 기금(基金)을 가지고 다녔고, 그는 호수 건너편에 있었다. 베드로나 형이나 예수도 돈 한 푼을 가져오지 않았다.

바리새인들이 찾고 있음을 아니까, 돈을 얻으러 벳세다로 쉽게 갈 수 없었다. 세리에 관하여, 그리고 그에게 자기가 돈을 내기로 약속했다고 베드로가 예수께 말씀드리자, 예수는 말했다: "약속했으면, 돈을 내야 하느니라. 그러나 네가 무엇으로 약속을 지키겠느냐? 약속을 지키려고 다시 어부가 되려느냐? 그런데도 베드로야, 우리가 세금 내는 것이 그 상황에 좋으니라. 이 사람들이 우리 태도에 성낼 핑계를 하나도 주지 말자. 우리는 여기서 기다릴 터이니, 그 동안에 너는 배를 타고 가서 그물을 던져 물고기를 잡으라. 물고기를 저 건너 시장에 팔고 나서, 우리 셋 모두를 위하여 세리에게 돈을 내라."

가까이 서 있던 다윗의 비밀 사자가 이 모든 것을 엿들었고, 다음에 물가에서 고기잡고 있던 한 동료에게 빨리 오라고 손짓했다. 베드로가 배를 타고 고기를 잡으려고 준비했을 때, 이 사자(使者)와 어부(漁夫) 친구는 물고기가 든 큰 광주리 몇 개를 내밀었고, 물고기를 근처의 생선 장수에게 나르는 일에 베드로를 도왔다. 그 상인은 잡은 물고기를 샀고, 다윗의 사자가 보탠 것과 함께, 세 사람의 성전 세금을 물기에 넉넉할 만큼 돈을 치렀다. 세리는 세금을 받았고, 그들이 얼마 동안 갈릴리에서 자리를 비웠기 때문에, 늦게 냈다고 해서 벌금을 받지는 않았다.

베드로가 입에 한 세겔을 물고 있는 물고기를 잡았다는 기록을 너희가 가진 것은 이상하지 않다. 그 시절에 물고기 입에서 보물을 발견했다는 이야기가 많이 떠돌았다. 거의 기적 같은 그런 이야기는 보통이었다. 그래서, 베드로가 배를 향하여 떠나자, 예수는 반 유머로 한 마디 던졌다: "임금의 아들들이 세금을 내야 하다니 이상한 일이라. 보통은 궁정을 유지하려고 낯선 자가 세금을 물거늘, 우리가 당국에게 아무런 장애물을 주지 않는 것이 마땅하니라. 떠나라! 아마도 세겔을 입에 문 물고기를 네가 잡으리라." 예수가 이렇게 말하고 나서 베드로가 어느 틈에 세금을 가지고 나타났으니까, 마태 복음 저자가 기록한 바와 같이, 이 에피소드가 나중에 하나의 기적으로 불어난 것이 놀라운 일이 아니다.

안드레와 베드로와 함께, 예수는 거의 해 질 때까지 바닷가에서 기다렸다. 사자들은 마리아의 집이 아직도 감시받고 있다는 말을 가져왔다. 따라서 어두워지자, 기다리던 세 사람은 배를 타고 천천히 갈릴리 바다의 동쪽 해안을 향하여 저어갔다.

2. 벳세다 줄리아스에서

8월 8일 월요일에, 예수와 열두 사도가 벳세다 줄리아스 가까이 마가단 공원에서 야영(野營)하는 동안에, 하늘나라를 세우는 데 관심을 가진, 1백 명이 넘는 신자와 전도사들, 여인단, 그리고 다른 사람들이 가버나움에서 회의에 다니러 왔다. 예수가 여기에 계시다는 말을 듣고 또한 많은 바리새인이 왔다. 이 때가 되어서, 사두개인들 가운데 더러는 바리새인들과 연합하여 예수를 옭아매려고 노력했다. 신자들과 비공개 회의에 들어가기 전에, 예수는 공개 회의를 열었다. 거기에는 바리새인들도 있었는데, 주에게 빈정대는 말을 던지고, 그밖에 그 모임을 방해하려고 애썼다. 방해꾼들의 우두머리가 말했다: "선생이여, 당신이 가르칠 권한이 있다는 표징을 우리에게 주시기 바라나이다. 그리고 나서 그 표징이 일어나면, 하나님이 당신을 보내신 줄 모든 사람이 알겠나이다." 예수는 대답했다: "저녁에는 하늘이 붉으니 날씨가 좋으리라 하고, 아침에는 하늘이 붉고 찌푸리므로 날씨가 나쁘리라 너희가 말하느니라. 서쪽에서 구름이 올라옴을 볼 때, 너희는 소나기가 쏟아지리라, 바람이 남쪽에서 불 때, 너희는 타는 듯한 더위가 오리라 말하느니라. 하늘의 표정을 살필 줄 그리 잘 아는 너희가 어찌하여 세월의 징조(徵兆)를 도무지 헤아릴 수 없느냐? 진리를 알고자 하는 자들에게는 표징을 이미 주었느니라. 그러나 악한 생각을 가진 위선(僞善)의 세대는 아무 표징을 받지 못하리라."

이렇게 말씀하시고 나서, 예수는 물러가서 추종자들과 함께 저녁 회의를 준비했다. 이 모임에서는, 그들이 제안한 케자리아 빌립비 방문을 예수와 열두 사도가 마치고 돌아오자마자, 데카폴리스의 모든 도시와 마을에 두루, 연합 임무를 개시하기로 결정이 내렸다. 주는 데카폴리스 임무를 계획하는 데 참여했고, 그 무리를 해산하면서 말했다: "내가 너희에게 이르노니, 바리새인과 사두개인들의 누룩을 조심하라. 저희가 많이 배웠음을 나타내는 데, 저희가 종교 형식에 깊이 충성하는 데 속지 말라. 살아 있는 진리의 영, 참된 종교의 힘에만 아랑곳하여라. 죽은 종교가 주는 두려움이 아니라, 오히려 하늘나라의 영적 실체들을 맛보는 산 체험을 믿는 것이 너희를 구하리라. 너희 자신이 편견에 눈이 멀고 두려움으로 몸이 마비되도록 버려 두지 말라. 전통의 존중이 너희를 곡해하여, 너희의 눈이 보지 못하고 귀가 듣지 못하게 만들지 말라. 참된 종교의 목적은 단지 평화를 가져오는 것이 아니요, 오히려 진보를 보장하는 것이라. 너희가 마음을 다하여 진리를, 영원한 실체들의 이상(理想)을 사랑하는 데 빠지지 아니하면, 마음 속에 아무런 평화도, 지성 속에 아무 진보도 없으리라. 삶과 죽음의 문제가—시간 속에 죄 많은 쾌락이 영원의 올바른 실체들과 대조하여—너희 앞에 놓여 있느니라. 믿음과 희망을 가진 새 생명에 들어가면서, 지금도 너희는 두려움과 의심의 사슬로부터 비로소 구원을 얻어야 하느니라. 동료 인간들을 위하여 봉사할 느낌이 혼 속에서 일어날 때, 그 숨통을 막지 말라. 이웃을 사랑하는 감정이 마음 속에서 솟구칠 때, 그러한 애정의 욕구를 동료들의 진정한 필요에 총명하게 봉사함으로 표현하라."

3. 베드로의 고백

화요일 아침 일찍 예수와 열두 사도는 마가단 공원을 떠나서 케자리아 빌립비를 향했는데, 그 도시는 4분(分) 영주 빌립의 영토의 서울이었다. 케자리아 빌립비는 놀랍게 아름다운 지역에 있었다. 요단 강이 지하 동굴로부터 솟아 나오는 경치 좋은 언덕 사이에 있는 황홀한 골짜기에 자리잡았다. 헤르몬 산 꼭대기가 북쪽으로 완전히 모습이 드러났고, 한편 언덕으로부터 바로 남쪽으로 요단 강 상류와 갈릴리 바다의 멋진 경치가 보였다.

하늘나라의 일을 초기에 경험하면서 예수는 헤르몬 산으로 간 적이 있었고, 그의 사명의 마지막 시기에 들어가고 있었기 때문에, 시련과 승리가 있던 이 산으로 돌아가고 싶었다. 거기서 사도들이 책임에 관하여 새로운 환상을 얻고 바로 눈앞에 닥친 시련의 때를 위하여 새 힘을 얻기를 희망했다. 길을 따라 여행하는 동안, 메롬의 물 남쪽을 지나칠 무렵에, 사도들은 페니키아와 다른 곳에서 요즈음에 겪은 체험에 대하여, 그들의 메시지를 사람들이 어떻게 받아들이는가, 그리고 다른 민족들이 주를 어떻게 여기는가 자기들끼리 이야기하게 되었다.

점심을 먹으려고 멈추었을 때, 예수는 갑자기 열둘에게 자신에 관하여, 그들에게 한 번도 물어본 적이 없는 질문을 처음으로 던졌다. 이 놀라운 질문은 이러했다: "사람들은 내가 누구라고 하느냐?"

하늘나라의 성질과 특징에 관하여 이 사도들을 훈련시키느라고 예수는 여러 달을 보냈고, 그 자신의 성품, 하늘나라와 그의 개인적 관계에 대하여 더 가르치기 시작할 때가 왔음을 잘 알았다. 그리고 이제, 뽕나무 밑에 앉아 있는 동안, 주는 선택된 사도들과 오랫동안 관계를 가졌던 중에서 아주 중대한 모임을 가지려고 준비했다.

사도들의 과반수가 예수의 물음에 대답하는 데 거들었다. 예수를 아는 모든 사람이 그를 선지자로, 또는 특별한 사람으로 여긴다, 예수가 악마들의 군주와 연합하고 있다는 고발로 그의 권능을 설명하면서, 적들조차 그를 크게 두려워한다고 그들은 말했다. 유대와 사마리아에서 그를 친히 만나 보지 않은 어떤 사람들은 그가 죽은 자들 가운데서 살아난 세례자 요한이라 믿는다고 예수에게 말했다. 여러 번, 그리고 각색의 사람들이 예수를 모세·엘리야·이사야·예레미야와 비교했다고 베드로는 설명했다. 이 보고를 경청하고 나서, 예수는 똑바로 일어 서서, 둘레에 반원을 이루어 앉아 있는 열두 사도를 내려다보면서, 깜짝 놀라게 힘을 주어, 손을 한 번 휘둘러 그들을 가리키며 물었다: "그러나 너희는 내가 누구라 하느냐?" 긴장하고 고요한 순간이 있었다. 열둘은 주에게서 눈을 떼지 않았고, 그리고 나서 시몬 베드로가 벌떡 일어나서 소리쳤다: "당신은 구원자요, 살아 계신 하나님의 아들이나이다." 그리고 앉아 있던 열한 사도가 하나같이 일어나서, 이로서 베드로가 모두가 같은 생각을 가졌다는 것을 가리켰다.

다시 앉으라고 손짓하고 나서, 아직 그들 앞에 서서, 예수는 말했다: "내 아버지가 이것을 너희에게 드러냈느니라. 나에 관하여 너희가 진리를 알아야 할 때가 왔도다. 그러나 너희가 아무에게도 말하지 말라고 한동안 부탁하노라. 길을 떠나자."

그래서 케자리아 빌립비로 걸음을 다시 재촉했고, 그 날 저녁 늦게 도착해서, 그들을 기대하고 있던 셀수스의 집에서 멈추었다. 사도들은 그 날 밤에 거의 잠을 이루지 못했다. 그들의 생애에서, 하늘나라 일에서, 큰 사건이 벌어졌다는 것을 느끼는 듯했다.

4. 하늘나라에 대한 이야기

예수가 요한에게 세례를 받고, 가나에서 물이 포도주로 바뀐 계제 이후로, 여러 차례 사도들은 실질적으로 그를 메시아로 받아들였다. 짧은 기간에, 그들 중에 더러는 예수가 기대하던 메시아라고 참으로 믿었다. 그러나 그러한 희망이 가슴 속에서 솟아나자마자, 타격을 입히는 어떤 말씀이나 실망을 안겨 주는 행위로 주는 그 희망을 산산조각 냈다. 머리 속에 지녔던 기대하는 메시아의 개념, 그리고 가슴 속에 지녔던 바 이 특별한 사람과 각별한 관계를 가졌던 체험, 이 둘 사이의 갈등 때문에, 그들은 오랫동안 혼란 상태에 있었다.

사도들이 셀수스의 집 뜰에서 점심 식사를 하려고 모인 것은 이 수요일 늦은 아침이었다. 밤 동안 대체로, 또 그 날 아침에 일어난 뒤로, 시몬 베드로와 열심당원 시몬은 겨우 메시아가 아니라, 또한 살아 계신 하나님의 신다운 아들로서 진심으로 주를 받아들이는 수준까지 형제들 모두가 도달하게 하려고, 그들과 함께 열심히 수고하고 있었다. 두 시몬은 예수를 평가하는 데 의견이 거의 같았고, 그들의 관점을 형제들이 완전히 받아들이게 만드느라고 부지런히 수고하였다. 안드레는 사도단의 단장으로 계속 일했지만, 동생 시몬 베드로가, 갈수록 더, 공동의 지지를 받아서, 열둘의 대변인이 되고 있었다.

거의 한낮 무렵에 주가 나타났을 때, 모두가 뜰에서 앉아 있었다. 품위 있는 엄숙한 표정을 지었는데, 예수가 다가가자 모두 일어섰다. 추종자들이 자신이나 그들에게 관계된 무슨 일을 너무 심각하게 생각할 때, 예수는 그의 특징을 나타낸 친근하고 친숙한 빙그레 웃음으로 긴장을 풀어 주었다. 위엄 있는 손짓으로 그들에게 앉으라고 하였다. 열두 사도는 주가 그들 앞에 왔을 때, 결코 다시는 일어서서 인사를 드리지 않았다. 그렇게 겉으로 존경을 보이는 것을 그가 허락하지 않음을 깨달았다.

그들이 식사를 마치고, 다가오는 데카폴리스 여행을 위한 계획을 의논하기 시작한 뒤에, 예수는 갑자기 그들의 얼굴을 쳐다보고 말했다. "사람의 아들의 신분에 관하여 시몬 베드로가 선언한 것에 너희가 찬성한 지 꼭 하루가 지났으니, 아직도 너희의 결심을 고수하려는가 내가 묻고자 하노라." 이 말을 듣자, 열두 사도는 일어섰고, 시몬 베드로는 예수를 향하여 몇 발자국 나서서 말했다: "예, 주여, 그러하나이다. 당신이 살아 계신 하나님의 아들임을 우리가 믿나이다." 그리고 베드로는 형제들과 함께 앉았다.

그리고 나서, 아직도 서서 예수는 열둘에게 말했다: "너희는 내가 선택한 대사이지만, 이 상황에 그냥 인간 지식의 결과로서 너희가 이 믿음을 품을 수 없음을 내가 아노라. 이것은 내 아버지의 영이 너희 혼 아주 깊숙이 주신 계시이라. 그런즉 너희 안에 거하는 내 아버지 영의 통찰력으로 이렇게 고백할 때, 이 기초 위에 하늘나라의 형제 정신을 세우리라 내가 선언할 생각이 드노라. 이 영적 실체의 반석 위에, 내 아버지 나라의 영원한 실체 가운데서 영적으로 친교하는 살아 있는 성전(聖殿)을 세우리라. 모든 악한 세력과 죄의 무리가, 신성한 영의 이 인간적 교제에 대항하여 이기지 못하리라. 내 아버지의 영은 이 영적 친교로 유대 관계에 들어가는 모든 사람에게 신성한 안내자요 스승이 되려니와, 너희와 너희 후계자들에게는, 겉에서 보이는 하늘나라의 열쇠—현세의 것들에 대한 권력—을 주리니, 그것이 하늘나라의 동료로서 남녀의 집단들이 가지는 사회·경제적 특징이라." 다시, 그는 자기가 하나님의 아들임을 한동안 아무에게도 이야기하지 말라고 당부했다.

예수는 사도들의 충성과 인품을 비로소 신뢰하게 되었다. 그가 선택한 대표들이 최근에 겪은 것을 견딜 수 있는 믿음은 의심할 여지 없이, 바로 눈앞에 닥친 불 같은 시련을 견디리라는 것, 그리고 모든 희망이 명백히 사라진 뒤에 그 믿음이 새 섭리 시대의 새 빛 속으로 솟아나고, 그로서 어둠 속에 앉아 있는 세상을 깨우치려고 앞으로 나아갈 수 있으리라는 것을 주는 깨달았다. 이 날 주는, 한 사람을 빼고, 사도들이 가진 신앙을 비로소 믿었다.

그 이후로, 바로 이 예수는 신성한 아들이라는 바로 그 영원한 기초 위에 살아 있는 성전을 짓고 있었고, 그로서 자의식하는 하나님의 아들이 되는 자들은 인간 돌이요, 이 돌들은 영들의 영원한 아버지의 지혜와 사랑의 영광과 명예를 위하여 세우는, 아들들의 살아 있는 이 성전을 구성한다.

이렇게 말씀하고 나서, 예수는 열두 사도에게 저녁 식사 때까지, 지혜와 힘과 영적 안내를 구하기 위하여 산으로 자기들끼리 따로 가라고 지시했다. 그들은 주가 훈계한 대로 했다.

5. 새로운 개념

베드로의 고백의 새롭고 중대한 특징은 예수가 하나님의 아들이라는 것, 의심할 수 없는 그의 신성(神性)을, 뚜렷이 인식한 것이다. 그가 세례를 받고 가나에서 결혼식이 있은 뒤로, 이 사도들은 서로 다르게 그를 메시아로 여겼지만, 신다워야 한다는 것은 그 민족의 구원자에 관한 유대인 개념의 일부가 아니었다. 유대인들은 메시아가 신성으로부터 솟아 나오리라고 가르치지 않았다. 그는 "기름 부은 자"로 예정되었지만 그들은 메시아가 "하나님의 아들"이라고 조금도 생각하지 않았다. 두 번째 고백에서는 통합된 성품, 사람의 아들이자 하나님의 아들이라는 더할 나위 없는 사실이 더욱 강조되었다. 인간 성품과 신다운 성품이 뭉쳐진 이 위대한 진리 위에 예수는 하늘나라를 세우겠다고 선언했다.

예수는 사람의 아들로서 땅에서 일생을 살고 수여 임무를 마치려고 애썼다. 그를 따르던 자들은 그를 기대하던 메시아라 여기고 싶어했다. 그들이 메시아에게 걸었던 기대를 결코 채워 줄 수 없음을 알았기 때문에, 그 기대를 어느 정도 채워 줄 수 있도록 그들의 메시아 개념을 수정하려고 애썼다. 그러나 그러한 계획의 실행은 도저히 성공할 수 없으리라는 것을 이제 깨달았다. 따라서 대담하게 셋째 계획을 드러내기로 했다—그의 신성을 드러내 놓고 선포하고, 베드로의 고백이 진실함을 인정하고, 열둘에게 그가 하나님의 아들임을 직접 선포하기로 작정했다.

3년 동안 예수는 그가 "사람의 아들"이라 선포하고 있었고, 바로 이 3년 동안 사도들은 그가 기대하던 유대인의 메시아라고 더욱 고집하였다. 그는 이제 자신이 하나님의 아들임을 드러냈고, 사람의 아들과 하나님의 아들의 통합된 성품 개념 위에 하늘나라를 세우기로 작정했다. 메시아가 아니라고 그들을 확신시키려는 노력을 이제 삼가기로 마음먹었다. 그는 이제 그가 누구인가 대담하게 드러내고, 다음에 그를 메시아라 여기려고 고집하는 그들의 결심을 무시하기로 했다.

6. 이튿날 오후

예수와 사도들은 셀수스의 집에서 하루 더 남아 있었고, 다윗 세베대로부터 사자들이 자금을 가지고 도착하기를 기다렸다. 예수가 대중에게 인기가 폭삭 떨어지고 나서 소득이 크게 줄었다. 케자리아 빌립비에 이르렀을 때, 금고는 텅 비었다. 마태는 그런 때에 예수와 형제들을 두고 떠나기가 아주 싫었고, 과거에 아주 여러 번 그랬던 것처럼, 유다에게 건네 줄 자신의 기금이 수중에 없었다. 그러나 다윗 세베대는 수입(收入)이 아마 이렇게 줄어들 것이라고 미리 내다보았고, 따라서 사자들이 유대·사마리아·갈릴리를 거쳐 가는 동안, 추방된 사도들과 주에게 전해 줄 돈을 거두는 사람으로 행동해야 한다고 그들에게 지시했다. 그래서 이 날 저녁이 되어서, 이 사자들이 자금을 가지고 벳세다로부터 돌아왔는데, 사도들이 데카폴리스 여행을 개시하려고 돌아올 때까지 그들을 부양하기에 넉넉했다. 마태는 그 때까지 가버나움에 있는 그의 마지막 부동산을 처분해서 돈을 손에 쥐기를 기대했고, 이 자금이 무명(無名)으로 유다에게 넘겨지도록 주선했다.

베드로나 다른 사도들도 예수의 신성(神性)에 대하여 아주 적당한 개념을 가지지는 않았다. 이 때가 땅에서 주의 생애에서 새 시대의 시작이라는 것을 조금도 깨닫지 못했고, 이것은 선생이요 병 고치는 자가 새롭게 이해된 메시아—하나님의 아들—이 되는 때였다. 이 때부터 계속, 주의 메시지에는 새로운 음정이 나타났다. 이 때부터 그의 생활에서 한 가지 이상은 아버지를 드러내는 것이요, 한편 가르침에서 한 아이디어는 살아 보아야 깨달을 수 있는 그 최고의 지혜의 인격화된 모습을 그의 우주에게 제시하는 것이었다. 우리가 생명을 가지고, 생명을 더욱 풍성하게 가지도록 그가 오셨다.

예수는 이제 육체를 입은 인간 생활에서 넷째이자 마지막 단계에 들어갔다. 첫째 단계는 어린 시절, 한 인간 존재로서 그의 기원·성품·운명을 겨우 어렴풋이 의식한 시절의 단계이다. 둘째 단계는 소년 및 접어드는 청년기에 더욱 자의식하는 시절이었고, 이 때 그는 자기의 신다운 성품과 인간 사명을 더욱 뚜렷하게 깨닫게 되었다. 이 둘째 단계는 세례와 관련된 체험 및 계시와 함께 끝났다. 주가 땅에서 겪은 체험의 셋째 단계는, 세례 받은 때부터 선생이자 병 고치는 자로서 봉사하던 시절을 거쳐, 케자리아 빌립비에서 베드로가 고백하던 이 중대한 시간까지 이어졌다. 지상 생애에서 셋째 기간은 사도와 직계 추종자들이 그가 사람의 아들이라는 것을 알고, 그를 메시아로 여긴 때를 포함했다. 지상 생애에서 넷째이자 마지막 기간은 여기 케자리아 빌립비에서 비롯되어 십자가 처형까지 이어졌다. 그의 봉사에서 이 단계의 특징은 신성을 인정한 것이고, 육체를 입고 산 마지막 해의 수고를 포함했다. 넷째 기간에, 추종자들의 대다수는 아직도 그를 메시아로 여겼지만, 그는 하나님의 아들로서 사도들에게 알려지게 되었다. 베드로의 고백은 유란시아에서, 전체 우주를 위하여 수여 아들로서, 그가 최상으로 봉사하는 그 진리를 더욱 철저히 실현하는 새 기간이 시작된 것, 선택된 대사(大使)들이 적어도 어렴풋이나마, 그 사실을 인식한 것을 표시했다.

예수는 생생하게 진보하는 기법으로 영적 성품이 성장함을 가르쳤고, 이처럼 그의 종교에서 가르친 것을 생애에서 모범으로 보였다. 후일에 추종자들이 한 것처럼, 혼과 육체 사이의 끊임없는 투쟁을 강조하지 않았다. 오히려 영이 이 두 가지를 쉽게 이기며, 지적·본능적인 이 투쟁의 상당 부분을 유익하게 타협하는 데 유능하다고 가르쳤다.

이 때부터 계속, 예수의 모든 가르침에는 새로운 중요성이 붙는다. 케자리아 빌립비 이전에 그는 하늘나라의 대선생으로서 하늘나라 복음을 제시했다. 케자리아 빌립비 뒤에 그는 선생일 뿐 아니라, 이 영적인 나라의 중심이자 테두리인 영원한 아버지의 신성한 대표로서 나타났고, 한 인간, 사람의 아들로서, 이 모두를 하는 것이 요구되었다.

예수는 한 선생으로서, 다음에는 선생이자 병 고치는 자로서, 추종자들을 영적인 나라로 진지하게 이끌려고 애썼지만, 그들은 그렇게 받아들이려 하지 않았다. 땅에서 그의 사명은 유대 민족이 메시아에 대하여 건 기대를 도저히 채워줄 수 없으리라는 것을 그는 잘 알았다. 결코 옛 선지자들이 묘사한 메시아가 될 수 없었다. 사람의 아들로서 아버지의 나라를 세우기를 추구했지만, 추종자들은 그 모험에서 앞으로 나아가려 하지 않았다. 이것을 보았기 때문에, 다음에 예수는 신자들과 중간에서 타협하기로 했고, 그렇게 하면서 하나님의 수여 아들의 역할을 드러내 놓고 맡으려고 준비했다.

따라서, 뜰에서 이 날 예수가 이야기하는 동안에, 그들은 많은 새로운 말씀을 들었다. 그리고 이 선언 가운데 더러는 그들에게도 이상하게 들렸다. 깜짝 놀라게 하는 다른 선언 가운데, 다음과 같은 말씀을 들었다:

"이 때부터 계속, 어떤 사람이라도 우리와 친교하려 하거든, 아들의 책임을 맡고 나를 따를지어다. 내가 너희와 함께 더 있지 않을 때, 세상이 너희의 주를 대한 것보다 너희를 더 낫게 대접하리라 생각지 말라. 나를 사랑하면, 너희가 최상으로 기꺼이 희생함으로 이 애정을 증명하기 위하여 준비하여라."

"내 말을 잘 표해 놓으라. 올바른 자가 아니라 죄인을 부르려 내가 왔노라. 사람의 아들은 시중을 받으려고 온 것이 아니라, 봉사를 베풀고, 모든 사람에게 주는 선물로서 생명을 수여하려고 왔도다. 내가 너희에게 선언하노니, 잃어버린 자를 찾고 구원하려고 내가 왔노라."

"아버지로부터 나온 아들 외에, 이 세상에서 아무도 지금 아버지를 보지 못하느니라. 그러나 들어올림을 받으면, 아들은 모든 사람을 끌어당길 것이요, 아들이 통합된 성품이라는 이 진리를 믿는 자는 누구나 오랜 세월 지속하는 것보다 더 긴 생명을 받으리라."

"사람의 아들이 하나님의 아들이라는 것을 우리가 아직도 드러내 놓고 선포해서는 안 되거나 너희에게는 계시되었느니라. 그런즉 이 신비에 관하여 너희에게 내가 담대히 말하노라. 이 육체적 모습을 입고 너희 앞에 서 있을지라도, 나는 아버지 하나님으로부터 왔노라. 아브라함이 나기 전에 내가 있었노라. 너희가 나를 이해한 바와 같이, 나는 아버지로부터 이 세상으로 왔고, 너희에게 선언하노니, 얼마 안 있어 이 세상을 떠나서 아버지의 일로 돌아가야 하노라."

"너희 조상이 메시아를 상상한 대로 사람의 아들이 기대를 채우지 못하리라는 내 경고를 받고서, 이 선언의 진실을 너희의 신앙이 이제 이해할 수 있느냐? 내 나라는 이 세상에 속하지 않느니라. 여우는 구멍이 있고 하늘의 새도 보금자리가 있어도, 나는 머리 둘 곳이 없다는 사실에 부닥쳐, 너희가 나에 관한 진실을 믿을 수 있느냐?"

"그런데도, 내가 너희에게 이르노니, 아버지와 나는 하나이라. 나를 본 자는 아버지를 보았느니라. 이 모든 일에 내 아버지는 나와 함께 일하시며 아버지는 내 사명에 나를 혼자 버려 두지 아니하시리라. 마찬가지로 너희가 세상에 두루 이 복음을 선포하려고 곧 떠나갈 때, 나는 결코 너희를 버리지 아니하리라.

"너희를 이런 삶으로 불렀으니, 그 삶의 영광을 이해하고 그 장엄함을 깨닫도록, 내가 너희를 따로, 너희들만 잠깐 동안 데려왔노라: 즉 인류의 가슴 속에서 내 아버지의 나라를 세우는 모험, 이 복음을 믿는 모든 사람의 혼과 생생한 관련을 가지는, 내 친교 관계를 세우는 믿음의 모험이라."

사도들은 대담하고 놀라운 이 말씀을 조용히 들었고, 깜짝 놀랐다. 주의 말씀을 토론하고 생각해 보려고 작은 무리를 지어 흩어졌다. 그가 하나님의 아들이라고 전에 고백했지만, 그들이 하라고 인도받은 것의 완전한 의미를 깨달을 수 없었다.

7. 안드레의 회의

그 날 저녁에 안드레는 형제들 각자와 개인적이며 탐구하는 회의(**會議**)를 가지는 일을 떠맡았고, 가룟 유다를 빼고, 동료들 모두와 유익하고 기운을 북돋아 주는 이야기를 나누었다. 안드레는 다른 사도들과 한 것처럼, 유다와 그런 가깝고 개인적인 관계를 가진 적이 없었고, 따라서 유다가 사도단의 우두머리에게 결코 자유롭게 속을 터놓고 이야기한 적이 없었던 것을 심각한 일로 생각하지 않았다. 그러나 안드레는 이제 유다의 태도에 너무 걱정이 되어서, 그 날 밤 늦게, 모든 사도가 잠에 곯아떨어진 뒤에, 예수를 찾았고, 걱정의 원인을 주께 말씀드렸다. 예수는 말했다: "네가 이 문제로 내게 온 것은 잘못이 아니라, 안드레야, 그러나 우리가 더 할 수 있는 일이 아무 것도 없느니라. 계속하여 이 사도를 최고로 신뢰하기만 하여라. 형제들에게 나와 이렇게 이야기를 나눈 것에 관하여 아무 말도 하지 말라."

안드레는 이것밖에 아무 것도 예수로부터 얻어낼 수 없었다. 언제나 이 유대 사람과 갈릴리 형제들 사이에는 얼마큼 서먹함이 있었다. 유다는 세례자 요한의 죽음에 충격을 받은 적이 있었고, 몇몇 경우에 주의 꾸지람에 몹시 마음이 상했고, 예수가 임금이 되기를 마다했을 때 실망했으며, 바리새인들을 피해 도망했을 때 창피를 느꼈고, 표징(標徵)을 달라는 바리새인들의 도전을 받아들이려 하지 않았을 때 분하게 여겼고, 주가 권능을 전시하려 하지 않는 데 어리둥절했고, 이제 요즈음에 텅 빈 금고 때문에 우울하고 때때로 낙심하였다. 그리고 유다는 군중의 자극이 없어 서운했다.

다른 사도들은 각자, 얼마큼 다른 정도로, 마찬가지로, 바로 이 시험과 시련에 영향을 받았지만, 예수를 사랑했다. 적어도 유다보다 더 주를 사랑했음이 틀림없으니, 쓰라린 종말까지 함께 견디었기 때문이다.

유대 출신이었기 때문에, 유다는 사도들에게 "바리새인들의 누룩을 주의하라"고 최근에 예수가 경고한 것을 개인적으로 불쾌하게 여겼다. 이 말을 빗대어 그를 가리킨 말로 여기고 싶어했다. 그러나 유다의 큰 잘못은 이것이었다: 여러 번 예수가 사도들이 혼자서 기도하라고 떠나보냈을 때, 우주의 영적 세력과 진지한 교통에 잠겨 있는 대신에, 유다는 인간적으로 두려워하는 생각에 빠졌고, 한편 앙갚음할 느낌을 품는 불행한 성향에 굴복할 뿐 아니라, 예수의 사명에 대하여 미묘한 의심을 계속 품었다.

이제 예수는 헤르몬 산으로 사도들을 데려가려고 했고, 거기서 하나님의 아들로서 땅에서 베푸는 그의 봉사의 넷째 단계를 시작할 예정이었다. 그들 가운데 몇은 그가 요단 강에서 세례 받을 때 자리에 있었고, 사람의 아들로서 그의 생애가 시작되는 것을 구경한 적이 있었다. 그는 하나님의 아들의 새로운 공적(公的) 역할을 맡을 그의 권한에 관하여 듣도록 그들 중에서 몇 사람이 또한 자리에 있기를 바랐다. 따라서 8월 12일, 금요일 아침에, 예수는 열둘에게 말했다: "건너의 산으로 여행하기 위하여 식량을 저장하고 너희가 준비하라. 거기서 땅에서 내 일을 마치도록 자질을 받으라고 영이 나에게 명하느니라. 이 체험을 통하여 나와 함께 가는 벅찬 시절 동안 힘을 얻도록 내 형제들을 또한 내가 데리고 가고자 하노라."

제 158 편

변모의 산

서기 29년, 8월 12일, 금요일 오후, 거의 해질녘이 되어, 예수와 동료들은 헤르몬 산의 기슭에 이르렀고, 여기는 유란시아의 영적 운명을 결정하고 루시퍼 반란을 절차에 맞게 마무리하느라고 주가 혼자 산으로 올라간 동안에 소년 티글라스가 한때 기다렸던 바로 그 자리에서 가까웠다. 여기서 오래지 않아 닥칠 사건들을 위하여 영적 준비를 갖추면서, 이틀 동안 머물렀다.

대체로 예수는 산에서 무슨 일이 벌어질 것인가 미리 알았고, 사도들 모두가 이 체험을 나누기를 몹시 바랐다. 자신을 이렇게 계시하기 위하여 그들을 준비시키려고 산기슭에서 함께 머물렀다. 그러나 그들은 땅에 머지 않아 나타나기로 된 하늘 존재들의 방문을 완전히 체험하는 것을 정당화시킬 만한 영적(靈的) 수준에 도달할 수 없었다. 동료들을 모두 거느리고 갈 수 없었기 때문에, 예수는 그러한 특별한 철야(徹夜)에 동반하는 버릇이 든 세 사람만 데리고 가기로 작정하였다. 따라서, 오직 베드로와 야고보와 요한이 주와 함께 이 독특한 체험의 일부만이라도 함께 나누었다.

1. 모습의 변화

8월 15일, 월요일 아침 일찍, 예수와 세 사도는 헤르몬 산을 오르기 시작했고, 이 때는 뽕나무 밑에 길가에서 베드로가 대낮에 기억에 남을 고백을 한 지 6일이 되었다.

육체를 입고 자신을 수여하는 체험이 자신이 창조한 우주에 관계되는 바와 같이, 수여의 진전에 상관 있는 중요한 문제들을 처리하기 위하여, 예수는 산으로 혼자 올라가라고 부름받았다. 예수와 사도들이 이방인의 땅에 있는 동안, 이 특별한 사건이 일어나도록 시간이 정해졌다는 것, 그것이 이방인의 산에서 실제로 벌어졌다는 것이 의미가 있다.

한낮이 되기 얼마 전에, 그들은 산 위로 중턱쯤에, 목적지까지 이르렀고, 점심을 먹는 동안, 예수는 세례 받고 얼마 뒤에 요단 강 동쪽에 있는 산에서 겪은 체험을 얼마큼, 그리고 이 쓸쓸한 피서지를 그가 예전에 방문한 것과 연관하여, 헤르몬 산에서 겪은 체험을 얼마큼 더 이야기했다.

소년이었을 때, 예수는 집 가까이 있는 산으로 올라가서, 에스드랠론 평야에서 제국(帝國)들의 군대가 벌였던 전투를 꿈꾸곤 하였다. 유란시아에서 자신 수여 연극의 마지막 장면을 연출하기 위해서 요단 평야로 내려가도록 그를 준비해 줄 자질을 받으려고, 이제 헤르몬 산으로 올라갔다. 주는 이 날 헤르몬 산에서 투쟁을 그만두고 우주 영토를 통치하는 일로 돌아갈 수 있었다. 그러나 파라다이스에 계신 영원한 아들의 명령에 담겨 있는 신다운 아들 계급의 필요 조건을 충족하기를 택했을 뿐 아니라, 또한 파라다이스 아버지의 현재의 뜻을 마지막으로 충분하게 만족시키기를 선택하였다. 8월의 이 날, 세 사도는 그가 충만한 우주 권한의 부여를 물리치는 것을 보았다. 하늘 사자들이 사람의 아들과 하나님의 아들로서 땅에서 그가 생애를 혼자서 마치도록 버려 두고 떠나는 동안에, 그들은 놀라서 구경하고 있었다.

사도들의 믿음은 5천 명을 먹일 때 꼭대기에 올라갔고, 그리고 나서 거의 영점(零點)까지 빨리 내려갔다. 이제, 주가 그의 신성(神性)을 인정한 결과로서, 열두 사도의 처지는 믿음이 다음 몇 주 동안 가장 높은 음까지 올라갔고, 다만 점진적인 하강을 거치게 될 것이었다. 믿음의 세 번째 부흥은 주가 부활하기까지 일어나지 않았다.

날씨가 아름다운 이 날 오후, 3시쯤에, 예수는 세 사도를 떠나며 말했다: "아버지와 그의 사자들과 한동안 교통하려고 나는 혼자서 따로 가노라. 내가 이르노니, 너희는 여기서 머무르고, 내가 돌아오기를 기다리면서, 사람의 아들의 계속된 수여 임무와 관련하여 너희가 겪는 모든 체험에서 아버지의 뜻이 이루어지기를 기도하여라." 이렇게 말한 뒤에, 예수는 가브리엘과 아버지 멜기세덱과 함께 오랫동안 회의하려고 물러났고, 6시쯤까지 돌아오지 않았다. 그가 오랫동안 자리를 비워서 그들이 걱정함을 보았을 때 예수는 말했다: "어찌하여 너희가 두려워하였느냐? 내가 아버지 일을 돌보아야 함을 너희가 잘 아느니라. 내가 너희와 함께 있지 않을 때 무엇 때문에 의심하느냐? 이제 내가 선언하노니, 사람의 아들이 너희 한가운데서, 너희 중 하나로서, 충분한 생애를 끝까지 거치기로 하였느니라. 기운을 내어라. 내 일이 끝나기까지 나는 너희를 떠나지 아니하리라."

조촐한 저녁 식사를 함께 하는 동안에, 베드로는 주에게 물었다. "이 산에서 형제들과 떨어져서 우리가 얼마나 오래 남아 있나이까?" 예수는 대답했다. "너희가 사람의 아들의 영광을 보고, 내가 너희에게 선언한 것은 무엇이나 참이라는 것을 너희가 알 때까지라." 그들은 피운 불의 이글거리는 남은 불빛 둘레에 앉아 있으면서, 루시퍼 반란 사건에 대해서 이야기했고, 이것은 어둠이 다가오고 사도들의 눈꺼풀이 무거워지기까지 계속되었는데, 그들이 그 날 아침 아주 일찍 여행을 떠났기 때문이다.

세 사람은 거의 반시간 동안 잠에 곯아떨어지고 나서, 가까이 불 튀는 소리에 갑자기 깨어났고, 너무 놀라고 어리둥절하게도, 주위를 이리저리 살피다가, 예수가 하늘 세계의 빛나는 옷을 걸친, 눈부신 존재 두 명과 깊은 이야기를 나누고 있음을 보았다. 예수의 얼굴과 모습은 하늘 빛으로 밝게 빛났다. 이 셋은 낯선 말로 이야기했지만, 그들이 말한 어떤 것을 듣고 베드로는 예수와 함께 있는 존재들이 모세와 엘리야라고 잘못 짐작했다. 실제로 그들은 가브리엘과 아버지 멜기세덱이었다. 물리 통제자들은 예수의 요청 때문에 사도들이 이 장면을 구경하도록 미리 주선하였다.

세 사도는 너무 지나치게 놀라서 정신을 차리는 데 느렸지만, 눈부신 환상이 그들 앞에서 흐려지고 예수가 혼자 서 있는 것을 보자, 먼저 정신이 든 베드로가 말했다: "예수여, 주여, 여기에 와 본 것이 좋사옵고, 이 영광을 보아서 우리가 기쁘나이다. 우리는 영화롭지 않은 세상으로 돌아가기가 싫소이다. 당신이 기꺼이 바라신다면, 우리가 여기서 삽시다. 그러면 우리가 텐트 셋을 세우리니, 하나는 당신을 위하여, 하나는 모세를 위하여, 하나는 엘리야를 위하여 하리이다." 베드로는 이렇게 말한 것은 머리가 헛갈렸기 때문에, 그리고 바로 그 순간에, 아무런 다른 생각이 머리에 떠오르지 않았기 때문이다.

베드로가 아직 말하는 동안, 은빛 구름이 가까이 와서 그들 넷을 가렸다. 사도들은 이제 크게 놀랐고, 예배하려고 엎드리자, 한 목소리를 들었는데, 예수가 세례 받을 때 말했던 바로 그 목소리가 말했다: "이는 내 사랑하는 아들이라, 그의 말에 귀를 기울이라." 구름이 사라지자, 다시 예수는 셋하고만 자리에 있었는데, 이들에게 손을 뻗어 어루만지며 말했다: "일어나라, 두려워 말라. 너희는 이것보다 더 큰 것들을 보리라." 그러나 사도들은 참으로 두려움이 생겼다. 자정 조금 전에 산을 내려가려고 준비하는 동안, 그들 세 사람은 은 말이 없고 생각이 깊었다.

2. 산에서 내려오다

산을 반쯤 내려가는 동안 한 마디 말도 떨어지지 않았다. 그리고 나서 예수는 대화를 시작하며 이렇게 말했다: "너희가 아무에게도, 너희 형제들에게도, 사람의 아들이 죽은 자 가운데서 살아나기까지, 이 산에서 너희가 보고 들은 것을 말하지 않도록 하여라." 세 사도는 "사람의 아들이 죽은 자 가운데서 살아나기까지"라는 주의 말씀에 충격을 받고 어리둥절했다. 예수가 구원자요, 하나님의 아들이라고 그들의 믿음을 아주 최근에 다시 다짐했고, 바로 눈앞에서 영화롭게 그의 모습이 바뀐 것을 막 보았는데, 이제 그가 "죽은 자 가운데서 살아나는" 것에 대하여 이야기를 꺼내다니!

베드로는 주가 죽는다는 생각에 몸서리쳤고—생각해 보기에 너무나 언짢았다—야고보나 요한이 이 말씀에 관계해서 무슨 말씀이라도 물을까 두려워, 다른 데로 돌리는 대화(對話)를 시작하는 것이 최선이라 생각했고, 무슨 다른 말을 할까 몰랐기 때문에, 머리 속에 처음 떠오르는 생각을 이렇게 표현했다: "주여, 어째서 메시아가 나타나기 전에 엘리야가 먼저 와야 하리라 서기관들이 말하나이까?" 예수는 베드로가 그의 죽음과 부활에 대하여 언급을 피하려는 것을 알고서 대답했다: "엘리야는 정말로 사람의 아들을 위하여 길을 예비하려고 먼저 오고, 사람의 아들은 많이 고통받고 마침내 거절당해야 하느니라. 그러나 내가 너희에게 이르노니, 엘리야가 이미 왔고, 저희는 그를 받아들이지 않았으나 하고 싶은 대로 무엇이나 그에게 행하였도다." 그리고 나서 세 사도는 예수가 세례자 요한을 엘리야로 언급한 것을 깨달았다. 그들이 예수를 메시아로 여기기를 고집하면, 요한은 예언에 나오는 엘리야임이 틀림없다는 것을 예수는 알았다.

예수는 그가 부활한 뒤에 누릴 영광을 미리 맛본 것에 대하여 침묵을 지키라고 명령했는데, 이것은 이제 그들이 그를 메시아로 받아들였으니까, 그가 이적을 행하는 구원자라는 그릇된 개념을 조금이라도 충족시키리라는 생각을 키워 주고 싶어하지 않았기 때문이다. 베드로와 야고보와 요한은 이 모든 것을 머리 속에서 곰곰이 생각해 보았지만, 주가 부활할 때까지 아무에게도 이에 대하여 입을 열지 않았다.

그들이 산을 계속 내려가는 동안 예수는 말했다: "너희는 나를 사람의 아들로 받아들이려 하지 않는도다. 그러므로 너희의 굳은 결심에 따라서 나를 받아들이는데 내가 찬성하였노라. 그러나 잘못 생각하지 말지니, 내 아버지의 뜻이 이겨야 하리라. 이처럼 자기 뜻의 경향을 따르기로 하면, 너희는 많은 실망을 견디고 많은 시련을 겪을 준비를 해야 하느니라. 그러나 내가 너희에게 준 훈련은 스스로 택한 이 슬픔조차 거치고 너희를 승리로 이끌기에 충분하리라."

베드로와 야곱과 요한이, 일어난 것을 구경하기에 다른 사도들보다 어떤 의미에서도 준비가 더 잘 되었거나, 그런 보기 드문 특권을 누리기에 영적으로 더 적합했기 때문에 예수가 이들을 변모(變貌)산으로 함께 데려가지는 않았다. 조금도 그렇지 않다. 이 체험을 하기에 열둘 가운데 아무도 영적으로 자격이 없음을 잘 알았기 때문에, 홀로 교통하려고 혼자 있기 바랐을 때 그를 따라가라고 배치된 세 사도만 함께 데리고 가셨다.

3. 변모의 의미

변모산에서 베드로와 야고보와 요한이 구경한 것은 그 중대한 날에 헤르몬 산에서 벌어졌던 하늘 구경거리를 얼핏 본 것이었다. 그 변모는 다음의 계제였다:

1. 유란시아에서 미가엘이 육신화되어 사는 수여 생애가 충만했음을 파라다이스의 영원한 어머니-아들이 받아들인 것. 영원한 아들의 요구 조건이 관계된 한, 예수는 이제 조건을 만족시켰다는 확언을 이미 받았다. 가브리엘이 예수에게 그 확언을 가져왔다.

2. 필사 육체의 모습을 입고 있었던 유란시아 수여가 충만한 것에 대하여 무한한 영이 만족해하신다는 증언. 무한한 영의 우주 대표, 즉 구원자별에 있는 미가엘의 가까운 동료요, 항상 계시며 함께 일하는 분이, 이 경우에 아버지 멜기세덱을 통해서 말했다.

영원한 아들과 무한한 영의 사자들이 땅에서 그의 사명이 성공인 것에 대하여 제시한 이 증언을 반갑게 받아들였지만, 예수는 아버지가 유란시아 수여가 끝났다고 지적하지 않은 것을 주목했다. "이는 나의 사랑하는 아들이라, 그의 말에 귀를 기울이라" 말함으로, 예수의 성격화된 조절자를 통하여, 아버지의 보이지 않는 계심이 증거하였다. 이것은 세 사도에게도 들리게 말씀하였다.

하늘에서 이 방문이 있은 뒤에 예수는 아버지의 뜻을 알려고 애썼고, 자연스럽게 끝나기까지 사람으로 수여하는 생애를 추구하기로 마음먹었다. 이것이 변모가 예수에 대하여 가지는 중요성이었다. 세 사도에게, 그것은 하나님의 아들과 사람의 아들로서 땅에서 주가 생애의 마지막 단계에 들어갔음을 표시하는 사건이었다.

가브리엘과 아버지 멜기세덱의 공식 방문이 있은 뒤에, 예수는 이들, 봉사하는 그의 아들들과 비공식 대담을 가졌고, 함께 우주 사무에 대하여 교통했다.

4. 간질병 있는 소년

예수와 동반자들이 사도의 야영지에 다다른 것은 이 화요일 아침, 아침 식사 조금 전이었다. 가까이 오자, 그들은 사도들 주위에 상당한 군중이 모여 있음을 헤아렸고, 곧 약 50명으로 된 이 무리가 다투고 논쟁하는 큰 소리를 비로소 들었다. 이들은 아홉 사도와 한 무리를 포함했는데, 이 무리는 마가단으로부터 여행하는 길에 예수와 그 동료들을 추적하던 예루살렘 서기관들과 믿는 제자들로 반씩 갈라져 있었다.

군중은 수많은 논쟁에 빠져 있었지만, 으뜸가는 논쟁은 예수를 찾아서 그 전 날에 도착한, 어떤 티베리아스 시민에 관한 것이었다. 사펫에서 온 이 사람 야고보는 14살쯤 되는 아들, 외아들이 있었는데, 간질로 몹시 앓고 있었다. 이 신경 질환에 더하여, 이 소년에게는 그 때 땅에서 살고 감독받지 않던 한 중도자, 방랑하고 짓궂은, 반란에 참여했던 중도자가 들어가 있었고, 그래서 그 소년은 간질병자인데다 악귀에 들렸다.

안달하는 이 아버지는 헤롯 안티파스의 하급 관리였고, 예수에게 이 병든 아들을 고쳐 달라고 부탁할까 싶어, 예수를 찾아서 빌립의 영토 서쪽 경계지를 거쳐서 거의 2주 동안 이리저리 헤매 다녔다. 이 날 정오 무렵까지 그는 사도 일행을 따라잡지 못했고, 그 때 예수는 세 사도와 함께 산에 있었다.

이 사람이 예수를 찾고 있던 다른 사람들을 거의 40명 동반하고서, 갑자기 들이닥쳤을 때, 아홉 사도는 많이 놀랐고 상당히 동요되었다. 이 무리가 도착했을 때, 아홉 사도는, 적어도 그들 가운데 대다수는, 오래 된 유혹—다가오는 하늘나라에서 누가 가장 높을 것인가 논의하는 유혹—에 굴복하였다. 그들은 개별 사도들에게 배치될 그럴 듯한 자리에 관하여 다투느라고 바빴다. 오래 간직했던, 물질적 사명을 가진 메시아 관념에서 그들은 온전히 벗어날 수 없었다. 예수 자신이 그가 구원자라는 그들의 고백을 받아들였으니까—적어도 그의 신성(神性)이 사실임을 인정했으니까—주로부터 떨어져 있는 이 기간에, 마음 속에 가장 높은 희망과 포부에 관하여 떠드는 일에 탐닉하는 것보다 무엇이 더 자연스러운가. 예수를 찾는 사펫의 야고보와 그 동료 수색자들이 들이닥쳤을 때 그들은 이런 토론에 바빴다.

안드레는 이 아버지와 아들에게 인사하려고 다가가서 말했다: "너희가 누구를 찾느냐?" 야고보가 말했다: "착한 사람이여, 나는 당신의 주를 찾나이다. 병든 내 아들이 고침받기를 구하나이다. 내 아이에게 들린 이 악마를 예수가 쫓아내 주시기를 바라나이다." 그리고 나서 그 아버지는 아들이 너무 병들어서, 여러 번 이 악성 발작의 결과로서, 거의 목숨을 잃을 뻔했다고 사도들에게 계속하여 이야기했다.

사도들이 듣고 있는 동안, 열심당원 시몬과 가룟 유다가 그 아버지 앞으로 걸어가서 말했다: "우리는 그를 고칠 수 있고, 당신은 주가 돌아오기를 기다릴 필요가 없느니라. 우리는 하늘나라의 대사요, 이런 일을 더 비밀로 하지 않느니라. 예수는 구원자요, 하늘나라 열쇠가 우리에게 전해졌느니라." 이 때가 되어서 안드레와 토마스는 한쪽에서 의논하고 있었다. 나다니엘과 다른 사람들은 놀라서, 구경하고 있었다. 그들은 모두 시몬과 유다가, 주제넘지는 않더라도, 갑자기 대담해진 것에, 소스라치게 놀랐다. 그러자 아버지가 말했다: "이런 일을 하는 권한을 당신이 받았으면, 당신이 내 아이를 이 사슬로부터 구원할 말씀을 주시기를 비나이다." 그리고 나서 시몬은 앞으로 나서서, 손을 아이 머리 위에 얹고, 눈을 똑바로 들여다보며 명령했다: "그에게서 나오라, 너 더러운 귀신아. 예수의 이름으로 내 말에 복종하라." 그러나 소년은 더욱 사나운 발작을 일으켰고, 한편 서기관들은 사도들을 비웃음으로 조롱하였고, 실망한 신자들은 이 불친절한 비평가들의 놀림감이 되었다.

안드레는 이 분별 없는 노력과 그것이 비참하게 실패한 것에 마음이 몹시 분했다. 회의하고 기도하려고 그는 사도들을 옆으로 불렀다. 이 명상의 시간이 지난 뒤에, 그들의 실패의 따가움을 통렬하게 느끼고, 모두에게 덮친 부끄러움을 감지하면서, 안드레는 두 번째 시도에서 그 악귀를 내쫓으려고 했지만, 그 노력에 오직 실패가 쏟아질 뿐이었다. 안드레는 솔직하게 패배를 인정하고, 그 아버지가 밤 동안 아니면 예수가 돌아오기까지 함께 남아 있기를 청하며 말했다: "아마도 이 종류는 주가 몸소 명령하지 않으면 나가지 않는 듯하니라."

그래서 기운이 넘쳐흐르고 날 듯한 베드로, 야고보, 요한과 함께, 예수가 산을 내려오는 동안, 아홉 형제는 혼란에 빠지고 풀이 꺾여 부끄러운 가운데, 마찬가지로 잠을 이루지 못했다. 그들은 기가 죽고 수그러진 무리였다. 그러나 사펫의 야고보는 단념하려 하지 않았다. 언제 예수가 돌아올지 그들이 조금도 일러 줄 수 없었지만, 주가 돌아올 때까지 계속 머무르기로 작정하였다.

5. 예수가 소년을 고치다

예수가 가까이 오자, 아홉 사도는 마음이 푹 놓여서 그를 환영하였고, 베드로와 야고보와 요한의 얼굴에 나타난 명랑한 빛과 드문 열심을 보고 크게 기운을 얻었다. 모두 앞으로 달려나가서 예수와 세 형제를 맞이했다. 인사를 나누는 동안에, 군중이 다가왔고 예수는 물었다: "우리가 가까이 오는 동안 너희가 무엇을 가지고 다투었느냐?" 그러나 불안하고 창피를 겪은 사도들이 주의 물음에 미처 대답도 하기 전에, 병든 소년의 안달하는 아버지가 앞으로 나서서 예수의 발 밑에 엎드려 말했다: "주여, 저는 아들, 외아들이 있사온데, 악귀에 들렸나이다. 무서워서 소리지를 뿐 아니라 입에 거품을 물고, 발작할 때는 죽은 사람처럼 쓰러지나이다. 그러나 그에게 들어간 악귀가 때때로 발작할 때 그를 찢고, 때로는 물 속으로, 그리고 불 속에도 던졌나이다. 이를 많이 갈고, 타박상을 많이 입은 결과로, 내 아이가 시들며, 그가 사는 것은 죽기보다도 못하나이다. 아이 어머니와 나는 마음이 슬프고 낙심이 되나이다. 어제 한낮 무렵에, 당신을 찾아다니다가 당신의 제자들을 따라잡았고, 우리가 기다리는 동안 당신의 사도들이 이 악마를 쫓으려고 애썼으나, 저희가 할 수 없었나이다. 그리고 이제, 주여, 우리를 위하여 이 일을 하시겠나이까, 당신이 내 아들을 고쳐 주시겠나이까?"

이 이야기를 듣고 나서, 예수는 무릎 꿇고 있는 아버지를 만지고 일어나라고 명했고, 한편 가까이 있는 사도들을 훑어보았다. 그리고 나서 예수는 그 앞에 서 있던 모든 사람에게 말했다: "아, 믿음이 없고 타락한 세대여, 얼마나 오래 너희를 참으랴? 얼마나 오래 내가 너희와 함께 있으랴? 믿음의 효과는 의심하면서 내리는 명령에 반응하여 나타나지 않는 다는 것을 배우는 데 얼마나 오래 걸리겠느냐?" 그리고 나서, 어리둥절한 아버지를 가리키며, 예수는 말했다: "여기로 아들을 데려오라." 그리고 야고보가 소년을 예수 앞으로 데려오자 물었다, "얼마나 오래 소년이 이렇게 앓아 왔느냐?" 아버지는 대답했다, "아주 어렸을 때부터이나이다." 그들이 이야기하는 동안, 그 소년은 사나운 발작이 일어나서 그들 한가운데 쓰러졌고, 이를 갈고 입에 거품을 물었다. 사나운 발작이 한 바탕 연속된 뒤에 죽은 사람처럼 그들 앞에 누웠다. 이제 아버지는 다시 예수의 발 앞에 엎드려서, 주께 애원하며 말했다: "탄원하오니, 당신이 고칠 수 있으면, 우리에게 동정을 보이사, 우리를 이 고통에서 구원하소서." 이 말을 들었을 때, 예수는 그 아버지의 걱정스러운 얼굴을 내려다보며 말했다: "내 아버지의 사랑의 힘이 아니라, 오직 네 믿음의 진실함과 그 한계를 의심하라. 정말로 믿는 자에게는 모든 것이 가능하니라." 그리고 나서 사펫의 야고보는 믿음과 의심이 섞인, 오래 기억에 남을 말을 남겼다, "주여, 나는 믿나이다. 내가 믿지 못함을 도와 주시기를 비나이다."

이 말을 들었을 때, 예수는 앞으로 걸어가서 그 소년의 손을 잡고 말했다: "내 아버지의 뜻에 따라서, 살아 있는 믿음에 명예를 돌리려고, 내가 이 일을 하노라. 얘야, 일어나라! 복종하지 않는 영아, 그에게서 나오고, 다시 들어가지 말라." 소년의 손을 아버지의 손에 쥐어 주며, 예수는 말했다: "네 갈 길을 가라. 아버지가 네 혼의 소망을 허락하셨느니라." 거기 있던 모든 사람은, 아니 예수의 적들조차, 그 광경을 보고 깜짝 놀랐다.

동료 사도들이 실패하고 좌절된 이 장면으로 그렇게 곧 돌아온 것은, 아주 최근에 변모의 장면과 체험의 영적 환희를 맛본 세 사도에게는 정말로 환멸이었다. 그러나 하늘나라의 이 열두 대사에게는 늘 이러했다. 생활 체험에서, 환희와 창피 사이에 그칠 줄 모르고 오락가락했다.

이것은 두 가지 병, 육체의 질병과 영의 병을 참으로 고친 것이다. 소년은 그 시각부터 영구하게 고침을 받았다. 야고보가 회복한 아들을 데리고 떠나고 나서, 예수는 말했다: "우리는 이제 케자리아 빌립비로 가리라. 당장에 준비하여라." 남쪽으로 여행하고 한편 군중이 뒤에서 따라가는 동안에, 그들은 말이 없는 무리였다.

6. 셀수스의 집 뜰에서

그들은 셀수스와 함께 밤을 지냈는데, 그 날 저녁에 뜰에서, 저녁을 먹고 휴식을 가진 뒤에, 열둘이 예수의 둘레에 모이자 토마스가 말했다: "주여, 뒤에 남아 있던 우리는 산에서 무슨 일이 일어났는지 아직도 모르고, 그 때문에 당신과 함께 있던 우리 형제들은 크게 기운을 얻었지만, 산에서 일어난 것들을 이 때 밝힐 수 없음을 아는 까닭에, 당신이 우리의 실패에 관하여 함께 이야기하고 이 문제에 관하여 가르치시기를 원하나이다."

예수는 토마스에게 대답하여 말했다: "너희 형제들이 산에서 들은 것은 모두, 때가 되면 너희에게 드러나게 될지니라. 그러나 아주 지혜롭지 못하게 시도한 것에 너희가 왜 실패하였는가 이제 너희에게 보여 주리라. 너희의 주와 동반자들, 곧 너희 형제들이 아버지의 뜻에 대하여 더 큰 지식을 구하려고, 신의 뜻을 효과적으로 행할 지혜를 더 풍부히 받으려고 건너 편 산으로 어제 올라간 동안에, 여기 남아서 지키던 너희는 영적 통찰력을 가진 지성을 얻으려 애쓰고, 아버지의 뜻을 더욱 충만히 계시받기 위하여 우리와 함께 기도하라는 지시를 받았는데, 신앙을 뜻대로 연습하지 못하였도다. 그러나 그 대신, 유혹에 무릎을 꿇고, 자신을 위하여 하늘나라에서 좋은 자리—너희가 고집해서 생각하는 물질적인 현세의 나라—를 찾는 악한 옛 경향에 빠졌느니라. 내 나라는 이 세상에 속하지 않는다고 내가 거듭 선언했는데도, 너희는 이 그릇된 개념에 매달리는도다.

"너희의 믿음이 사람의 아들의 신분을 파악하기가 무섭게, 현세의 높은 자리를 바라는 이기적 욕심이 살금살금 돌아와서, 하늘나라에서 누가 가장 클 것인가 너희끼리 논의에 빠지는구나. 너희가 생각하기를 고집하는 그러한 나라는 없고, 언제라도 존재하지 아니하리라. 내 아버지의 영적 형제들의 나라에서 제일 크게 되고자 하는 자는 자신의 눈에 작게 되어야 하고, 그처럼 형제들을 섬기는 자가 되어야 한다고 내가 너희에게 이르지 아니하더냐? 영적 위대함은 하나님 같은, 이해하는 사랑에 있고, 자기를 높이려고 물질적 힘을 쓰기를 즐기는 데 있지 않느니라. 너희가 시도한 것에 너희는 철저히 실패했으며, 그 목적이 순수하지 않았느니라. 동기는 신성하지 않았고, 이상(理想)은 영적이지 않았으며, 포부에 이타심이 없었느니라. 너희의 과정은 사랑에 바탕을 두지 않았고, 달성하려는 그 목적은 하늘에 계신 아버지의 뜻이 아니었도다.

"확립된 자연 현상의 과정에서 시간을 단축하는 것은, 아버지의 뜻을 따를 때를 제외하고, 가능하지 않음을 너희가 깨닫는 데 얼마나 오래 걸리리요? 영적 능력이 없는 가운데 너희는 영적 일을 할 수도 없느니라. 그 잠재성이 있을 때에도, 셋째이자 필수인 그 인간 요소, 즉 살아 있는 믿음을 가지는 개인적 체험이 존재하지 않고는 이 중에 어느 것도 할 수 없느니라. 너희는 하늘나라의 영적 실체들을 얻기 위한 유혹물로서 물질적 명시가 반드시 있어야 하느냐? 특별한 일이 눈에 보이게 전시되지 않고서, 너희는 내 사명의 영적 중요성을 깨달을 수 없느냐? 모든 물질적 명시가 겉으로 나타나는 데 상관 없이, 너희가 하늘나라의 좀더 높은 영적 실체들을 집착하기를 언제 내가 기대할 수 있느냐?"

예수는 이렇게 열둘에게 말씀하고 나서, 덧붙였다: "그리고 이제 너희는 가서 쉬라, 내일 우리는 마가단으로 돌아가서, 데카폴리스의 여러 도시와 마을에 대한 사명에 관하여 의논할 것임이라. 오늘 얻은 체험의 결론으로, 내가 너희 형제들에게 산에서 말한 것을 너희 하나하나에게 선언하노니, 이 말씀을 가슴 속 깊이 간직하도록 하여라: 사람의 아들은 이제 수여의 마지막 단계에 들어가느니라. 우리가 바야흐로 어떤 수고를 시작하려 하나니, 나를 죽이려 애쓰는 자들의 손에 내가 넘겨질 때, 이 수고가 너희의 믿음과 헌신의 큰 마지막 시험으로 곧 이끌리라. 내가 너희에게 이르는 것을 기억하라: 사람의 아들은 죽음에 던져지겠으나, 다시 살아나리라."

그들은 그 날 밤, 슬프게 물러났다. 어리둥절했고 이 말씀을 알아들을 수 없었다. 그의 말씀에 관하여 아무 것도 묻기가 두려웠지만, 그가 부활하신 뒤에 이 모두를 상기했다.

7. 베드로의 항의

이 수요일 아침 일찍, 예수와 열둘은 케자리아 빌립비를 떠나서 벳세다 줄리아스 가까이 마가단 공원을 향했다. 사도들은 그 날 밤에 거의 잠을 이루지 못했고, 그래서 일찍 일어나서 갈 준비가 되어 있었다. 무딘 알패오 쌍둥이조차 예수의 죽음에 관한 이 말씀에 충격을 받았다. 메롬의 물 바로 건너서, 남쪽으로 내려가자 다마스커스 길에 이르렀다. 예수는 서기관과 다른 사람들이 뒤에 금방 따라올 것을 알았고, 피하고 싶었기 때문에, 갈릴리를 거치는 다마스커스 길로 가버나움까지 계속 가라고 지시했다. 예수가 이렇게 한 것은 예수와 사도들이 헤롯 안티파스의 영토를 지나기를 두려워할 것이라고 뒤를 따라오는 자들이 생각하니까 그들이 요단강 동쪽으로 가리라는 것을 알았기 때문이었다. 예수는 이날 사도들하고만 있을까 하여 따라오는 비평자들과 군중을 피하려고 애썼다.

그들은 점심 먹을 때가 훨씬 지나기까지 갈릴리를 통하여 계속 여행했고, 점심때 기운을 차리려고 그늘에서 멈추었다. 음식을 먹고 난 뒤에, 안드레는 예수에게 말했다: "주여, 내 형제들은 당신의 깊은 말씀을 알아듣지 못하나이다. 당신이 하나님의 아들임을 완전히 믿게 되었는데, 이제 우리를 떠나는 것, 죽는 것에 대하여 이렇게 이상한 말씀을 하시는 것을 듣나이다. 우리는 당신의 가르침을 알아들을 수 없나이다. 당신은 비유로 우리에게 말씀하시니이까? 당신이 우리에게 직접, 가장되지 않은 형태로 말씀하시기를 우리가 비나이다."

안드레의 말에 대답해서 예수는 말했다: "형제들아, 내가 하나님의 아들이라고 너희가 고백한 까닭에, 땅에서 사람의 아들의 수여의 마지막에 관한 진리를 너희에게 비로소 펼쳐 보일 수밖에 없느니라. 너희는 내가 메시아라는 믿음에 집착하기를 고집하고, 메시아가 예루살렘에서 보좌에 앉아야 한다는 생각을 버리려 하지 않는도다. 그러므로 내가 고집하여 이르노니, 사람의 아들이 얼마 안 있어 예루살렘으로 가서, 많은 고난을 견디고, 서기관과 장로와 대사제들에게 거절당하며, 이 모든 일이 있은 뒤에 죽음을 당하고, 죽은 자 가운데서 살아나리라. 나는 너희에게 비유를 말하지 않노라. 저희가 우리에게 갑자기 닥칠 때 이 사건들을 위하여 너희가 준비될까 하여, 내가 너희에게 진리를 말하노라." 그가 아직도 말씀하는 동안, 시몬 베드로가 성급하게 다가와서, 손을 주의 어깨에 얹고 말했다: "주여, 우리가 당신과 다투지 않게 하소서, 그러나 내가 선언하오니, 이런 일이 결코 우리에게 일어나지 아니하리이다."

베드로는 예수를 사랑했기 때문에 이렇게 말했다. 그러나 주의 인간 성품은 좋은 뜻을 가진 이 사랑의 말 속에서, 파라다이스 아버지의 뜻에 따라서 땅에서 수여 생애를 끝까지 추구하는 정책을 바꾸라는 유혹이 미묘하게 제안되었음을 깨달았다. 사랑하고 충성스러운 친구들이지만 그를 말리려는 제안을 허락하는 위험을 알아차렸기 때문에, 베드로와 다른 사도들에게 돌아서서 말했다: "너는 내 뒤로 물러가라. 너는 적, 유혹자 영의 느낌이 드는구나. 이런 식으로 말할 때, 너는 내 편이 아니라 오히려 적의 편에 있도다. 이런 식으로 네가 나를 사랑하는 것은 내가 아버지의 뜻을 행하는 데 장애물이 되게 하느니라. 사람의 길이 아니라, 오히려 하나님의 뜻을 살피어라."

예수의 따끔한 꾸지람을 받고 처음 충격에서 정신을 차리고 난 뒤에, 그들이 여행을 다시 시작하기 전에, 주는 더 말씀했다: "누구라도 내 뒤를 좇으려거든, 자기를 돌보지 말고, 날마다 자기 책임을 지고 내 뒤를 따르지어다. 누구든지 이기심으로 자기 목숨을 구하려는 자는 목숨을 잃으려니와 누구든지 나를 위하여, 또 복음을 위하여 자기 목숨을 잃는 자는 구하리라. 사람이 온 세상을 얻고 자기 혼을 잃으면 무슨 이득이 있느냐? 영생을 얻기 위하여 사람이 무엇을 대신 바치리요? 이 죄 많은 위선의 세대에 나와 내 말씀을 부끄럽게 여기지 말라. 마찬가지로, 내가 모든 하늘 무리가 있는 가운데 내 아버지 앞에 영화롭게 나타날 때, 내가 너희를 인정하기를 부끄러워하지 않으리라. 그런데도, 이제 내 앞에 서 있는 너희 중에 여럿은 이 하나님의 나라가 권능으로 오는 것을 보기까지 죽음을 맛보지 아니하리라."

예수는 그를 따르려면 걸어야 할 고통스럽고 충돌하는 길을 이렇게 열둘에게 분명히 밝혔다. 이 말씀은 자신들이 명예의 자리에 오르는 세상의 나라를 꿈꾸기를 고집하던 이 갈릴리 어부들에게 얼마나 충격이었는지! 그러나 충성스러운 마음은 이 용감한 호소에 움직였고, 하나도 그를 버리려고 생각하지 않았다. 예수는 그들을 싸움터로 혼자 보내는 것이 아니라, 이끌고 있었다. 그는 오직 용감히 따르기를 요구했다.

열두 사도는 예수가 죽는 가능성에 대하여 그들에게 무언가 일러 주고 있다는 생각을 천천히 깨닫고 있었다. 그의 죽음에 대하여 말한 것을 겨우 어렴풋이 알아들었고, 한편 죽은 자 가운데서 살아나는 것에 관한 말씀은 도무지 머리 속에 기록되지 않았다. 세월이 지나자, 베드로와 야고보와 요한은 변모산에서 겪은 체험을 돌이켜보고 이 문제들 중 어떤 것에 대하여 더 잘 이해하게 되었다.

주와 가진 모든 관계에서, 열둘은 겨우 몇 번만, 그 번득이는 눈을 보았고, 이 경우에 베드로와 나머지에게 쏟아진 것처럼, 금방 꾸지람을 들었다. 예수는 언제나 인간적으로 부족한 것에 참을성을 보였지만, 땅에서 그의 여생(餘生)에 대하여 아버지의 뜻을 말없이 수행하는 계획에 반대되는 절박한 위협에 부딪쳤을 때는, 그렇지 않았다. 사도들은 글자 그대로 깜짝 놀랐다. 놀라고 무서워졌다. 슬픔을 표현할 말을 찾을 수 없었다. 주가 무엇을 견디어야 하는가, 그들이 함께 이 체험을 거쳐야 한다는 것을 천천히 깨닫기 시작했으나, 그의 마지막 시절에 임박한 비극에 대하여 초기에 이 힌트가 있고서 시간이 많이 흘렀을 때까지 그들은 다가오는 이 사건들의 현실을 깨닫지 못했다.

말없이 예수와 열둘은 마가단 공원에 있는 야영지를 향하여 떠났고, 가버나움 길로 갔다. 오후가 얼마 지나자, 예수와 이야기하지 않았어도, 자기들끼리 많이 이야기를 나누었고 한편 안드레는 주와 함께 이야기했다.

8. 베드로의 집에서

땅거미가 질 때 가버나움으로 들어가면서, 저녁을 먹으려고, 시몬 베드로의 집으로 바로 통하는, 잘 다니지 않는 통로로 갔다. 다윗 세베대가 그들을 호수 건너편으로 나르려고 준비하는 동안에 그들은 시몬의 집에서 서성거리고 있었고, 예수는 베드로와 다른 사도들을 바라보면서 물었다: "너희가 오늘 오후에 함께 가면서, 너희끼리 무엇을 그렇게 열심히 이야기하였느냐?" 사도들은 입을 다물었는데, 그들 가운데 여럿이, 다가오는 나라에서 무슨 자리를 그들이 차지할 것인가, 누가 가장 클 것인가 따위에 관하여, 헤르몬 산에서 시작한 토론을 계속했기 때문이다. 예수는 그 날 무엇이 그들의 생각을 차지했는가 알았기 때문에, 베드로의 어린아이들 가운데 하나를 손짓하여 부르고, 그 아이를 그들 사이에 앉히고 말했다: "진실로, 진실로 내가 너희에게 이르노니, 너희가 돌이켜서 이 아이와 더욱 같아지지 아니하면, 하늘나라에서 조금도 진보하지 못하리라. 자기를 낮추고 이 어린아이와 같이 되는 자는 누구나, 하늘나라에서 가장 큰 자가 되리라. 그런 어린아이를 받아들이는 사람은 누구나 나를 받아들이며, 나를 받아들이는 사람은 나를 보내신 이를 또한 받아들이느니라. 너희가 하늘나라에서 첫째가 되고자 하면, 이 좋은 진리를 육체를 입은 형제들에게 베풀기를 구하라. 그러나 이 어린아이를 하나라도 넘어지게 하는 자는 누구나, 맷돌이 목에 달려 바다에 던져지는 것이 더 좋으리라. 손으로 행하는 일이나 눈으로 보는 물건이 하늘나라의 진보에서 죄를 짓게 하면, 간직한 이 우상들을 희생할지니, 인생에서 사랑하는 많은 것을 버리고 하늘나라에 들어가는 것이, 이 우상들에 집착하고 하늘나라 문이 막혀 들어가지 못하는 것보다 좋으니라. 그러나 무엇보다도, 너희가 이 어린이들 가운데 하나도 가벼이 여기지 아니하도록 처리할지니, 저희의 천사들이 언제나 하늘 무리의 얼굴을 바라보는 까닭이라."

예수가 말씀을 마치고 나서, 그들은 배에 들어가서 마가단으로 저어갔다.

제 159 편

데카폴리스 여행

예수와 열둘이 마가단 공원에 도착했을 때, 여인단까지 넣어서, 거의 1백 명의 전도사와 제자의 무리가 기다리고 있음을 발견했는데, 그들은 데카폴리스의 여러 도시에서 교육 전도(傳道) 여행을 시작하려고 즉시 준비가 되었다.

8월 18일, 이 목요일 아침에, 주는 추종자들을 한데 불러모으고, 사도들은 각자 열두 전도사 가운데 하나와 함께 관련을 가져야 한다, 나머지 전도사들과 함께 열두 무리를 지어, 나가서 데카폴리스의 여러 도시와 마을에서 수고해야 한다고 지시했다. 여인단과 다른 제자들은 그와 함께 남아 있으라고 지시했다. 예수는 이 여행에 4주를 배당했고, 추종자들에게 마가단으로 9월 16일, 금요일을 넘기지 않고 돌아오라고 지시했다. 그는 이 기간에 그들을 자주 방문하기로 약속했다. 이 달이 지나는 동안에 이 열두 무리는 게라사·가말라·히포·자폰·가다라·아빌라·에드레이·필라델피아·헤스본·디움·스키토폴리스, 그리고 많은 다른 도시에서 수고했다. 이 여행을 통해서 내내, 병 고치는 기적이나 다른 특별한 사건이 전혀 일어나지 않았다.

1. 용서에 관한 설교

히포에서, 어느 날 저녁, 한 제자의 물음에 대답하여 예수는 용서에 관하여 교훈을 가르쳤다. 주는 말했다:

"마음이 친절한 사람이 양 1백 마리가 있고, 그 중에 하나가 길을 잃으면, 즉시 아흔 아홉 마리를 두고 길 잃은 양을 찾아서 나가지 않느냐? 그가 착한 목자이면, 잃은 양을 찾아낼 때까지 계속 수색(搜索)하지 않겠느냐? 그리고 나서 목자가 잃은 양을 찾아내면, 그 양을 어깨에 메고, 기뻐하면서 집으로 가서 친구와 이웃들에게 소리치리라, '함께 기뻐하자, 내가 잃어버린 내 양을 찾아냈음이라.' 내가 선언하노니, 회개할 필요 없는 올바른 아흔 아홉 사람보다 회개(悔改)하는 죄인 하나에 대하여 하늘에서 더욱 크게 기뻐하는도다. 그렇다 해도, 이 어린아이들 가운데 하나라도, 죽기는커녕 길을 잃는 것이 내 아버지의 뜻이 아니라. 너희 종교에서는 하나님이 회개하는 죄인들을 받아들일지 모르지만, 하늘나라의 복음에서 아버지는 저희가 회개하기를 심각하게 생각하기도 전에 저희를 찾으러 나가시느니라.

"하늘에 계신 아버지는 그의 자녀들을 사랑하시며, 따라서 너희는 서로 사랑하기를 배워야 하느니라. 하늘에 계신 아버지는 너희의 죄를 용서하시며, 따라서 너희는 서로 용서하기를 배워야 하느니라. 형제가 너에게 죄를 짓거든, 그에게 가서 요령 있고 참을성 있게 잘못을 보여 주라. 그리고 이 모든 것을 너와 그, 둘이서만 하라. 그가 네 말을 들으면, 너는 형제를 설득하였느니라. 그러나 형제가 네 말을 들으려 하지 않거든, 그가 자기 길의 잘못을 고집하거든, 그에게 다시 가라. 서로 친구인 사람 한두 명을 데리고 가서, 이처럼 둘, 아니 세 증인이라도 너의 증언을 확인하고, 죄를 저지르는 형제를 네가 공정하고 자비롭게 다루었다는 사실을 증거하라. 이제 그가 형제들의 말을 들으려 하지 않거든, 너는 회중에게 모든 것을 이야기해도 좋고, 다음에 그가 단체의 말을 들으려 하지 않거든, 저희가 현명하다고 판단하는 행동을 택하게 하라. 다루기 힘든 그런 회원이 하늘나라에서 추방자가 되게 하라. 너희는 동료 혼을 심판하는 것처럼 행동할 수 없고, 너희가 죄를 용서해 주거나, 기타 방법으로 하늘 무리 감독자들의 특권을 주제넘게 빼앗을 수 없지만, 동시에 세상의 나라에서 현세 질서의 유지가 너희 손에 맡겨졌느니라. 영생에 관한 신의 포고에 너희가 간섭해서는 안 되거니와 땅에서 형제들이 현세에 누리는 복지에 관계되는 대로 행동 문제들을 너희가 결정할지니라. 그래서 형제들을 훈련시키는 데 관련된 이 모든 문제에서, 땅에서 너희가 무엇을 선포하든지 하늘에서 인정되리라. 비록 너희가 개인의 영원한 운명을 결정할 수 없더라도, 집단 행위에 관하여 너희는 법을 제정해도 좋으니, 이는 이 일 중에 어떤 것에 관해서도 너희 가운데 두셋이 찬성하고 내게 요청하고, 그 간청이 하늘에 계신 내 아버지의 뜻에 어긋나지 않으면, 너희에게 이루어지리라. 이 모든 것이 언제라도 참말이니, 믿는 사람 두셋이 함께 모인 곳에, 나도 그 가운데 있느니라."

시몬 베드로는 히포에 있는 일꾼들을 책임진 사도였고, 예수가 이렇게 말씀하는 것을 듣자 말했다: "주여, 얼마나 자주 내 형제가 내게 죄짓는 것을 용서하리이까? 일곱 번까지이나이까?" 예수는 베드로에게 대답했다: "일곱 번 뿐 아니라, 일흔일곱 번까지라도 용서하여라. 그러므로 하늘나라는 집사들과 함께 회계(會計)를 명한 어떤 임금과 견주어도 좋으니라. 저희가 이 장부(帳簿) 검사를 시작하고 나서, 우두머리 고용자들 가운데 하나가 앞에 끌려 와서, 그가 임금에게 1만 달란트를 빚졌다고 고백하였더라. 임금의 궁정에 있는 이 관리는 어려운 시절이 그에게 닥쳤고, 이 빚을 갚을 물건이 없다고 간청하였더라. 그래서 그 임금은 재산을 몰수하고, 그 빚을 갚도록 아이들을 팔라고 명령하였는지라. 이 우두머리 집사가 이 엄한 선포를 듣자, 임금 앞에서 무릎을 꿇고 쓰러져서 자비를 베풀고 시간을 더 달라고 탄원하며 말하였더라, '주여, 나를 조금 더 참아 주소서, 그리하면 내가 모두 갚으리이다.' 이 나태한 종과 가족을 바라보았을 때, 임금은 동정으로 마음이 움직였더라. 임금은 그를 풀어 주라, 빚을 몽땅 용서하라 명령하였더라.

"이 우두머리 집사가 이렇게 임금 손에서 자비와 용서를 받고 나서 일에 골몰하였는데, 그의 하급 집사(執事)들 가운데 하나가 그에게 겨우 1백 데나리온 빚진 것을 발견하고서, 붙잡아 멱살을 잡고 말하였더라, '네가 빚진 것을 모두 내라.' 그리고 나서 이 동료 집사는 우두머리 집사 앞에 쓰러져서 탄원하며 말하였더라, '나를 참아 주소서. 그렇게만 하시면 내가 곧 당신께 갚을 수 있으리이다.' 그러나 우두머리 집사는 동료 집사에게 자비를 보이려 하지 않았고, 오히려 빚을 갚을 때까지 그를 감옥에 던졌더라. 무슨 일이 일어났는가 보았을 때, 동료 종들은 아주 마음이 아파서 저희의 주, 상전인 임금에게 가서 말하였는지라. 우두머리 집사가 한 일을 들었을 때, 그 임금은 고마움을 모르고 용서 없는 사람을 앞에 부르고 일렀더라: '너는 악하고 자격 없는 집사이라. 네가 동정을 구했을 때, 나는 너의 빚을 다 아낌없이 용서했노라. 내가 너에게 자비를 보인 것 같이, 어찌하여 너도 동료 집사에게 자비를 보이지 아니하였느냐?' 그 임금은 아주 몹시 성이 나서, 고마움을 모르는 우두머리 집사가 빚진 것을 모두 갚을 때까지 붙들어 두도록 간수에게 그를 넘겨 주었더라. 그렇다 해도 동료에게 자비를 아낌없이 보이는 자들에게 하늘에 계신 내 아버지는 더욱 풍부하게 자비를 보이리라. 똑같은 이 인간의 약점을 가진 죄 때문에 너희가 형제를 꾸짖는 버릇이 있을 때, 어찌 너희의 부족한 것을 배려해 달라고 하나님께 올 수 있느냐? 내가 너희 모두에게 이르노니, 하늘나라의 좋은 것들을 너희가 거저 받았으니, 땅에 있는 동료들에게 거저 주라."

이렇게 예수는 사람이 동료를 개인적으로 판단하는 것이 위험하다는 것을 가르치고 그 불공평함을 보여 주었다. 훈련이 유지되고 응보가 베풀어져야 하지만, 이 모든 문제에서 형제 정신의 지혜가 앞서야 한다. 예수는 입법과 사법 권한을 개인이 아니라 <u>집단</u>에게 맡겼다. 이렇게 권한을 집단에 투입하는 것조차 개인의 권한으로서 행사해서는 안 된다. 한 개인의 판결이 편견 때문에 치우치고, 정열 때문에 왜곡될 위험이 언제나 있다. 집단의 판결은 개인 편견의 위험을 없애고 불공평을 제거할 가능성이 더 많다. 예수는 언제나 불공평, 앙갚음, 복수(復讐)의 요소를 최소화하려고 애썼다.

[자비와 참을성의 본보기로 일흔일곱이라는 표현을 사용한 것은 라멕이 몹시 기뻐함을 언급하는 성서 구절로부터 유래한다. 아들 두발 가인의 금속 무기 때문에, 라멕은 적들의 무기(武器)와 이 우수한 도구를 비교하면서 "아무 무기도 손에 들지 않고 가인이 일곱 배 원수를 갚았으면, 나는 이제 일흔일곱 배 원수를 갚으리라"하고 외쳤다.]

2. 이상한 설교자

예수는 가말라로, 거기서 요한과 그와 함께 일하던 자들을 찾아보러 갔다. 그 날 저녁에, 질문하고 대답하는 시간이 있은 뒤에, 요한은 예수에게 말했다: "주여, 나는 어제 아스타롯에 가서, 당신의 이름으로 가르치고, 심지어 귀신들을 내쫓을 수 있다고 주장하는 사람을 보았나이다. 자, 이 친구는 우리와 한 번도 함께 있은 적이 없었고, 우리를 따르지도 않나이다. 그래서 나는 그러한 일을 하지 말라 명하였나이다." 그러자 예수가 대답했다: "그를 막지 말라. 이 하늘나라 복음이 곧 온 세상에 선포될 것을 너는 깨닫지 못하느냐? 복음을 믿을 모든 사람이 어떻게 너의 지시에 복종하리라 기대할 수 있느냐? 우리의 가르침이 이미 우리의 개인적 영향의 테두리를 넘어서 나타나기 시작한 것을 기뻐하라. 요한아, 내 이름으로 큰 일을 한다고 고백하는 자들이 궁극에는 우리 운동을 지지해야 하는 것을 깨닫지 못하느냐? 분명히 저희는 서둘러서 나를 나쁘게 평하지 않으리라. 이 사람아, 이 종류의 문제에서 우리를 반대하지 않는 자는 우리를 지지(支持)한다고 여기는 것이 더 나으리라. 후세에는 온전히 자격 있지 않은 자들이 내 이름으로 많은 이상한 일을 하겠으나, 나는 저희를 막지 아니하리라. 내가 네게 이르노니, 찬 물 한 잔을 목마른 사람에게 주었을 때에도, 아버지의 사자들은 그런 사랑의 봉사를 늘 기록하리라."

이 지시는 요한을 크게 어리둥절하게 만들었다. "나와 함께 있지 않은 자는 나를 반대하는 자라"하는 주의 말씀을 그가 듣지 않았는가? 이 경우에는 사람이 하늘나라의 영적 가르침에 대한 개인적 관계를 언급했고, 한편 다른 경우에는 행정적 통제의 문제, 그리고 한 집단의 신자들이, 앞으로 다가오는 세계적 형제 단체를 궁극에 구성하는 다른 집단들의 일을 관할하는 권리에 관하여, 겉으로 나타나고 전반적인, 신자들의 사회 관계를 언급했음을 요한은 깨닫지 못했다.

그러나 하늘나라를 위하여 그가 나중에 수고한 것과 연관하여, 요한은 때때로 이 체험을 돌이켜보았다. 그런데도 사도들은 감히 주의 이름으로 가르친 자들에게 여러 번 화를 냈다. 예수 밑에서 배운 적이 없는 자들이 감히 그의 이름으로 가르친다는 것은 언제나 그들에게 마땅치 않아 보였다.

예수의 이름으로 가르치고 일하지 말라고 요한이 막은 이 사람은 사도의 명령을 거들떠보지 않았다. 그는 노력을 계속하였고, 메소포타미아로 계속 가기 전에 카나타에서 상당한 무리의 일행을 모았다. 이 사람 아덴은 케레사 가까이에서 예수가 고쳐 준 미친 사람의 증언을 통해서 예수를 믿게 되었고, 이 사람은 주가 그에게서 내쫓았다고 생각된 악령들이 돼지 떼에 들어가서, 돼지들을 몰아 벼랑을 넘어 거꾸로 처박혀 죽게 만들었다고 아주 확신한 사람이었다.

3. 선생과 신자를 위한 가르침

토마스와 그 동료들은 에드레이에서 수고했고, 거기서 예수는 한 나절과 밤을 보냈는데, 저녁 토론 과정에서, 진리 전도자들을 안내하고 하늘나라 복음을 가르치는 모든 사람을 활성화해야 할 원칙을 표현했다. 현대의 말투로 간추리고 다시 진술하면, 예수는 이렇게 가르쳤다:

언제나 사람의 인격을 존중하라. 올바른 운동을 결코 무력(武力)으로 권장해서는 안 된다. 영적 승리는 오직 영적 힘으로 얻을 수 있다. 물질적 영향을 이용하지 말라는 이 명령은 물리적 힘 뿐 아니라 정신의 힘도 언급한다. 압도하는 논리와 정신적 우수성이 남녀들을 하늘나라로 몰아붙이는 데 이용되어서는 안 된다. 사람의 지성을 단순히 논리(論理)의 무게로 짓밟거나, 재빠른 웅변으로 위압해서는 안 된다. 인간이 결정을 내리는 데 한 요소(要素)로서 감정을 전부 없앨 수 없지만, 하늘나라의 운동을 진전시키려 하는 자들을 가르칠 때, 감정에 직접 호소해서는 안 된다. 두려움이나 불쌍히 여기는 마음이나 단순한 감상(感傷)에 호소하지 말라. 사람들에게 호소할 때, 공정하여라. 자제하고 마땅한 절제를 보이라. 생도들의 인격에 대하여 알맞는 존경을 보이라. 내가 이렇게 이른 것을 기억하라, "보라, 내가 문 앞에 서서 두드리며, 누구든지 문을 열면 내가 들어가리라."

사람들을 하늘나라로 데려오면서 자존심을 상하거나 꺾지 말라. 지나친 자존심은 적절한 겸손에 해가 되며 자만과 우쭐함과 거만(倨慢)에 이를지 모르지만, 자존심을 잃는 것은 때때로 의지(意志)를 마비시키기에 이른다. 자존심을 잃은 자들에게 자존심을 회복하고, 가진 자에게는 삼가게 하는 것이 이 복음의 목적이다. 너희 생도들의 생활에서 오직 실수만 꾸짖는 잘못을 저지르지 말라. 그들의 생활에서 가장 칭찬할 만한 것들을 너그럽게 인정하기를 또한 기억하라. 자존심을 잃고 정말로 다시 찾고 싶어하는 자들에게 자존심을 회복하기 위하여 나는 어떤 일도 서슴지 아니할 것을 잊지 말라.

겁 많고 두려움이 가득한 사람들의 자존심을 너희가 다치지 않도록 조심하라. 생각이 단순한 내 형제들을 희생하면서 빈정거리는 일에 탐닉하지 말라. 두려움에 빠진 내 자녀들을 비웃지 말라. 게으름은 자존심을 파괴한다. 따라서 너희 형제들이 자기가 택한 일을 하는 데 늘 바쁘게 지내도록 타이르고, 직업을 찾지 못한 자들을 위하여 일자리를 확보하려고 온갖 노력을 기울이라.

사람들을 겁을 주어 하늘나라로 몰려고 애쓰는 것처럼 비열한 술책을 쓰는 죄를 저지르지 말라. 애정을 가진 아버지는 정당한 요구에 복종하도록 아이들을 겁에 질리게 만들지 않는다.

감정의 맹렬한 느낌은 신다운 영의 인도하심과 대등하지 않음을 하늘나라의 자녀들은 언젠가 깨달을 것이다. 어떤 일을 하거나 어떤 곳으로 가도록 깊게, 이상하게 감명을 받는 것은 안에 깃드는 영이 그런 충동을 이끈다는 것을 반드시 의미하지는 않는다.

육체를 입고 사는 생활로부터 영을 입고 사는 상급 생활로 지나가는 모든 사람이 거쳐야 하는 갈등의 범위에 관하여, 모든 믿는 사람에게 미리 경고하라. 아주 전적으로 어느 한쪽 영토 안에서 사는 자들에게는 거의 갈등이나 혼란이 없지만, 모든 사람이 생활의 두 수준 사이의 과도기에, 얼마큼 불안을 겪도록 운명이 정해져 있다. 하늘나라로 들어가면서, 너희는 그 책임으로부터 달아나거나 그 의무를 피할 수 없지만, 기억하라: 복음의 멍에는 쉽고 진리의 짐은 가볍다.

세상은 생명의 빵을 바로 눈앞에 두고 굶어 죽는 배고픈 혼들로 가득 차 있다. 사람들은 그들 안에 사는, 바로 그 하나님을 찾다가 죽는다. 하늘나라의 보물이 모두 팔팔한 믿음이 바로 닿는 거리에 있는데, 사람들은 동경(憧憬)하는 가슴과 지친 발로 보물을 추구한다. 믿음과 종교의 관계는 돛과 배의 관계와 같다. 믿음은 능력이 더하는 것이요, 생명의 짐이 무거워지는 것이 아니다. 하늘나라로 들어가는 자에게는 오직 하나의 투쟁이 있으니, 즉 신앙의 싸움을 잘 싸우는 것이다. 믿는 사람은 오직 한 가지 투쟁이 있으니, 즉 의심—불신—의 극복이다.

하늘나라 복음을 전파하면서, 너희는 다만 하나님과 친구임을 가르치는 것이다. 이 친교는 남자와 여자 모두에게 똑같이 호소할 터인데, 남녀가 그들의 특징인 열망과 이상을 아주 참되게 채워 주는 무엇을 발견할 것이기 때문이다. 내 아이들에게 일러 주어라. 나는 그들의 느낌을 조심스럽게 대하고 약점(弱點)에 대하여 참을성이 있을 뿐 아니라, 또한 죄에 대하여 무자비하고 불의를 참지 못한다. 나는 아버지가 계신 앞에서 정말로 온유하고 겸손하지만, 하늘에 계신 아버지의 뜻을 거슬러 일부러 저지르는 악행과 죄 많은 반란의 와중에서 나는 똑같이, 무자비하게 용서가 없다.

너희의 선생을 슬픔의 사람으로 묘사하지 말라. 앞날의 세대는 또한 우리의 기쁨의 찬란함, 선의(善意)의 떠오르는 힘, 좋은 유머가 주는 영감을 알리라. 우리는 좋은 소식이 담긴 메시지를 선포하고, 사람을 변화시키는 그 소식의 힘은 널리 번진다. 우리의 종교는 새 생명과 새 의미로 고동친다. 이 가르침을 받아들이는 자들은 기쁨으로 가득 차 있고, 가슴 속에서 항상 더욱 기뻐할 수밖에 없다. 늘어나는 행복은 하나님을 확신하는 모든 사람이 반드시 겪는 체험이다.

거짓 동정심의 불안정한 기둥에 기대지 말라고 모든 신자에게 가르치라. 너희는 자신을 불쌍히 여기는 버릇에 빠져서는 튼튼한 인품을 기를 수 없다. 함께 불쌍한 처지에서 가지는 단순한 친교의 미혹하는 영향을 피하려고 정직하게 애쓰라. 생활의 시련 앞에서 겨우 건성으로 버티는 비겁한 혼들에게 지나친 동정을 삼가며, 용감하고 용기 있는 자들에게 동정(同情)을 베풀라. 싸워 보지도 않고 자기 문제 앞에서 드러눕는 자들을 위로하지 말라. 단지 보답으로 너희가 동정을 받을까 하여 동료들을 동정하지 말라.

내 자녀들이 일단 신이 앞에 계시다는 확신을 자의식하게 될 때, 그러한 믿음은 지성을 키워 주고, 혼을 고귀하게 만들고, 인격을 강화하며, 행복을 확대하고, 영적 이해를 깊게 하고, 사랑하고 사랑받는 능력을 키워 준다.

하늘나라에 들어가는 자들은 그로서 시간의 우연(偶然)이나 자연의 보통 재앙으로부터 면제되지 않는다는 것을 모든 신자에게 가르치라. 복음을 믿는 것은 곤경(困境)에 빠지는 것을 막지 않을 터이나, 고난이 너희에게 덮칠 때 너희가 두려워하지 않을 것을 보장하리라. 너희가 감히 나를 믿고 마음을 다하여 나를 따르려고 나서면, 그렇게 함으로써 분명한 고난(苦難)의 길로 아주 확실히 들어설 것이다. 나는 역경(逆境)의 바다에서 너희를 구하리라 약속하지 않지만, 그 모든 역경을 통해서 너희와 함께 가기를 약속한다.

그리고 이 무리의 신자들이 밤에 자려고 준비하기 전에 예수는 그들에게 훨씬 더 가르쳤다. 그리고 이 말씀을 들은 자들은 마음 속에 간직했고, 이 말씀이 있을 때 자리에 없던 사도와 제자들의 수련을 위하여 이 말씀을 자주 되풀이했다.

4. 나다니엘과 한 이야기

그리고 나서 예수는 나다니엘과 그 동료들이 수고하는 아빌라로 갔다. 인정된 히브리 성서(聖書)의 권한을 떨어뜨리는 것처럼 보이는 예수의 어떤 발표에 나다니엘은 마음이 많이 꺼림칙했다. 따라서 이 날 밤에, 여느 때처럼 질문하고 대답하는 시간이 지난 뒤에, 나다니엘은 다른 사람들이 없는 데로 예수를 모시고 가서 물었다: "주여, 성서에 관하여 진실을 내가 안다는 것을 당신이 믿을 수 있나이까? 내가 지켜보기에, 당신은 우리에게 신성한 기록의 일부만—내가 보건대 최선—을 가르치고, 아브라함과 모세의 시절 이전에도 하늘에서 하나님과 함께 계셨으므로, 당신은 내가 추측하기에, 율법의 말씀이 바로 하나님의 말씀이라는 취지(趣旨)로 랍비들이 가르치는 것을 물리치나이다. 성서에 관하여 무엇이 진실이나이까?" 어리둥절한 사도의 물음을 듣고서 예수는 대답했다:

"나다니엘아, 네가 옳게 판단하였으니, 나는 랍비들처럼 성서를 여기지 않노라. 이 가르침을 받을 준비가 모두 되어 있지 않은 형제들에게 이 일을 말하지 않는다는 조건으로, 이 문제에 대하여 너와 함께 이야기하리라. 모세의 율법의 말씀과 성서의 가르침은 아브라함 전에 존재하지 않았고, 겨우 최근에야 성서가 우리가 가진 대로 수집되었느니라. 유대 민족의 상급 사고(思考)와 소망 중에 최선을 담고 있지만, 하늘에 계신 아버지의 성품과 가르침을 대표하기에는 아득한 것들을 또한 많이 담고 있느니라. 그런즉 나는 상급 가르침 사이에서 하늘나라 복음을 위하여 추려야 할 진리를 선택해야 하노라.

"이 여러 기록은 사람들의 작품이요, 저희 가운데 더러는 거룩한 사람이었고, 더러는 그다지 거룩하지 않았느니라. 이 책들의 가르침은 그 기원이 있던 시절의 관점과 그 깨우침의 범위를 대표하느니라. 진리의 계시(啓示)로서, 마지막에 있는 가르침은 처음 것보다 더 믿을 만하니라. 성서는 결함이 있고 기원이 전적으로 인간에 있지만, 그릇 생각하지 말라, 성서는 이 때에 온 세상에서 발견되는 종교적 지혜와 영적 진리 가운데 최선의 수집(收集)이라.

"이 책들 가운데 여럿은 그 책들이 지닌 이름의 사람들이 쓰지 않았으나, 그 책들에 담긴 진리의 가치(價值)를 조금도 떨어뜨리지 않느니라. 요나의 이야기가 사실이 아니라도, 요나가 결코 세상을 산 적이 없다 하더라도, 이 이야기의 깊은 진리, 곧 하나님이 니느베와 이른바 이방인들을 사랑하시는 것은, 그래도 역시 동료 인간들을 사랑하는 모든 사람의 눈에 여전히 귀중하니라. 성서가 신성한 것은 성서가 하나님을 찾고 있는 사람들의 생각과 행위를 제시하는 까닭이요, 저희는 이 여러 글에서 올바름과 진리와 거룩함에 대하여 최고의 개념을 기록으로 남겼느니라. 성서는 참인 것을 많이, 허다하게 담고 있으나, 너희의 현재 가르침에 비추어 볼 때, 이 기록들이 하늘에 계신 아버지를 그릇 대표하는 많은 것을 또한 담고 있음을 네가 알며, 나는 그 사랑의 하나님을 온 세상에 드러내려고 왔노라.

"나다니엘아, 사랑의 하나님이 너의 조상에게 싸움터에 나가서, 적을 모두—어른과 아이들을—도륙하라 지시했다고 이르는 성서의 기록을 한 순간이라도 믿으려 하지 말라. 그러한 기록은 사람들, 그다지 거룩하지 않은 사람들이 한 말이요, 하나님의 말씀이 아니라. 성서는 성서를 지은 사람들의 지적·도덕적·영적 상태를 언제나 비쳐 왔고, 언제나 그러하리라. 선지자들이 사무엘부터 이사야까지 기록을 만드는 동안, 야웨 개념의 아름다움과 영광이 성장하는 것을 너는 눈치채지 못하였느냐? 그리고 성서의 의도(意圖)는 종교적 교육과 영적 안내를 위한 것임을 기억해야 하느니라. 성서는 역사가나 철학자들의 작품이 아니니라.

"가장 한탄할 것은 다만 성서 기록이 절대 완전하고 그 가르침에 오류가 없다는 이 그릇된 아이디어 뿐 아니라, 오히려 예루살렘에서 전통에 노예가 된 서기관과 바리새인들이 이 신성한 기록을 혼동해서 그릇되게 해석하는 것이라. 저희가 하늘나라 복음의 새로운 이 가르침에 저항하려고 굳게 각오하고, 이제 성서가 영감을 받았다는 교리와 그에 관한 저희의 그릇된 해석을 이용하리라. 나다니엘아, 결코 잊지 말라, 아버지는 진리의 계시를 어느 한 세대나, 어느 한 민족에게 국한시키지 않느니라. 많은 진리 추구자가, 성서가 완벽하다는 이 교리(教理)에 정신이 헛갈리고 낙심해 왔고, 앞으로도 계속 그러하리라.

"진리의 권위는 진리가 생생하게 명시되는 데 깃드는 바로 그 정신이요, 다른 세대에 깨우침이 덜하고 영감을 받았다고 생각되는 사람들의 죽은 말이 아니라. 거룩한 이 옛 사람들이 영감을 받고 영으로 가득 찬 인생을 살았다 하더라도, 저희의 <u>말씀</u>이 마찬가지로 영감을 받았음을 의미하지 않느니라. 내가 떠나 버리고 나서, 내 가르침을 다채롭게 해석하는 결과로서, 너희가 진리를 놓고 다투는 자들의 잡다한 집단으로 급속히 갈라질까 저어하여, 오늘날 이 하늘나라 복음의 가르침을 우리가 하나도 기록하지 않느니라. 이 세대를 위해서는, 기록 만들기를 피하면서 우리가 이 진리를 <u>행하는</u> 것이 최선이라.

"내 말을 잘 표시해 두어라, 나다니엘아, 사람의 성품이 만진 것은 무엇이나 오류가 없다고 여길 수 없느니라. 사람의 지성을 통해서 신다운 진리는 정말로 빛을 낼까 싶으나, 언제나 그것은 상대적으로 순수하고 부분적으로 신다운 진리이라. 생물은 오류가 없기를 몹시 바랄까 하여도 오직 창조자들이 무류성(無謬性)을 가지느니라.

"그러나 성서에 관한 가르침에서 가장 큰 착오는 성서(聖書)가 오로지 그 민족의 지혜로운 지성만 감히 풀이하는 봉인된 책, 신비와 지혜가 담긴 책이라는 교리이라. 신성한 진리의 계시는 인간의 무지, 편견, 생각 좁은 불관용 때문이 아니면 봉인되지 않느니라. 성서의 빛은 오직 편견으로 어두워지고 미신으로 침침해질 뿐이라. 신성한 것에 대한 거짓된 두려움은 종교가 상식(常識)에 보호받지 못하게 막았느니라. 지난날의 신성한 기록의 권한을 두려워하는 것은 오늘날 정직한 혼들이 복음의 새로운 빛을 받아들이지 못하게 실질적으로 훼방하며, 그 빛을 지난 세대에, 하나님을 아는 바로 이 사람들이 지극히 보고 싶어하였느니라.

"그러나 모든 것 가운데 가장 슬픈 특징은 이 전통주의의 신성함을 가르치는 선생들이 더러는 바로 이 진리를 안다는 사실이라. 저희는 성서의 이 한계를 다소 충분히 알지만, 도덕적으로 겁쟁이요, 지적으로 정직하지 않으니라. 저희는 신성한 기록에 관한 진리를 알아도, 사람들에게 그런 불안한 사실을 삼가 주지 않기를 더 좋아하느니라. 이렇게 저희는 성서를 일그러뜨리고 왜곡하며, 다른 세대에 하나님을 아는 사람들의 도덕적 지혜, 종교적 영감, 영적 가르침의 저장소로서 신성한 기록에 호소하는 대신에, 성서를 일상 생활의 깨알 같은 세부를 담은 안내서(案內書)요, 비영적인 것들에 대한 권위로 만드느니라."

나다니엘은 주의 선언에 깨우침과 충격을 받았다. 혼 깊숙이 이 이야기를 오랫동안 곰곰이 생각했지만, 예수가 승천하기까지 이 회담에 관하여 아무에게도 말하지 않았고, 그 때도 주가 가르친 이야기를 전부 털어놓기를 두려워했다.

5. 예수의 종교의 적극적 성질

야고보는 필라델피아에서 일하고 있었고, 여기서 예수는 하늘나라 복음의 적극적 성질에 관하여 제자들을 가르쳤다. 논평을 하는 과정에서, 성서의 어떤 부분이 다른 부분보다 진리를 더 담고 있음을 넌지시 비추고, 청중에게 영적 양식 가운데 가장 좋은 것을 자기 혼에게 먹이라고 훈계했을 때, 야고보는 주의 말씀을 가로막고 물었다: "주여, 우리 개인의 수양을 위하여 성서로부터 좀더 나은 구절을 우리가 어떻게 선택하는가, 당신이 친절을 베풀어 우리에게 제안하시겠나이까?" 예수는 대답했다: "그렇다, 야고보야, 너희가 성서를 읽을 때, 다음과 같이 영원히 참되고 신성하게 아름다운 가르침을 찾아보라:

"아 주여, 내 안에 깨끗한 마음이 생기게 하옵소서."

"주는 나의 목자요, 내게 부족함이 없으리로다."

"너희는 이웃을 네 몸과 같이 사랑해야 하느니라."

"나, 주 너희 하나님이, 너의 바른 팔을 붙들고, 두려워 말라, 내가 너를 도우리라 이를 것임이라."

"민족들이 이제 더 전쟁을 배우지 아니하리라."

이것은 예수가 어떻게 날마다 히브리 성서의 최선(最善)을 추종자들을 가르치기 위하여, 그리고 하늘나라의 새 복음의 가르침에 넣으려고 이용했는가 예를 든 것이다. 다른 종교들은 하나님이 사람에게 가까이 있다는 생각을 제시한 적이 있지만, 예수는 하나님이 사람을 보살피는 것을 사랑하는 아버지가 의존하는 아이들의 복지를 위하여 걱정하는 것으로 비유했고, 다음에 이 가르침을 그의 종교의 주춧돌로 만들었다. 이처럼 하나님이 아버지라는 교리는 사람이 형제 정신을 실습하라고 명령한다. 하나님을 섬기고 사람에게 봉사하는 것은 그의 종교의 총합이요 알맹이가 되었다. 예수는 유대 종교의 최선을 가져다가 하늘나라 복음의 새 가르침에서 쓸만한 배경으로 바꿔 놓았다.

예수는 유대 종교의 소극적 교리 속에 적극적 행동 정신을 집어넣었다. 예식의 요구 사항에 부정적으로 순응하는 대신에, 예수는 새 종교를 받아들이는 사람들에게 새 종교가 요구하는 것을 적극적으로 행하라고 명령했다. 예수의 종교는 그 복음이 요구한 것들을 단순히 <u>믿는 데</u> 있는 것이 아니라 실제로 <u>행하는 데</u> 있다. 그의 종교의 핵심이 사회 봉사에 있다는 것이 아니라, 오히려 사회 봉사는 참된 종교 정신을 소유했음을 나타내는 한 가지 확실한 효과라고 가르쳤다.

예수는 서슴지 않고 성서에서 더 좋은 반쪽을 이용했고, 한편 못한 부분을 거부했다. "네 이웃을 네 몸과 같이 사랑하라"는 큰 훈계는 "너희는 네 민족의 아이들에게 원수를 갚지 말고, 네 이웃을 네 몸처럼 사랑할지니라"하고 기록한 성서로부터 골라서 가졌다. 예수는 부정적인 부분을 거부하면서 이 성서의 적극적 부분을 이용했다. 부정적이거나 순전히 수동적인 무저항(**無抵抗**)도 반대하였다. 그는 말했다: "적이 네 한쪽 빰을 치거든, 멍하니 수동적으로 서 있지 말고, 적극적 태도로 다른 빰을 돌려 대라. 다시 말해서, 잘못에 빠진 네 형제를 악의 길로부터 올바르게 사는 더 나은 길로 이끌도록 가능한 최선의 일을 적극적으로 하라." 예수는 추종자들에게 모든 생활 상황에 긍정·적극적으로 반응하기를 요구했다. 다른 빰을 돌리는 것, 또는 그것이 무슨 행위를 나타내든지, 주도권을 요구하고, 그 신자의 인격이 활기 있고 능동적이고 용기 있는 표현을 필요하게 만든다.

예수는 악에 대하여 무저항을 실천하는 자들을 일부러 악용하기를 추구할까 싶은 자들의 무례함에 부정적으로 굴복하는 관습이 아니라, 오히려 추종자들이 선으로 악을 실질적으로 이기게 하려는 목적으로, 악에 대하여 선으로 빠르게 긍정적으로 반응함으로써 지혜롭고 민첩해야 한다고 주장했다. 참된 선은 가장 지독한 악보다 변함없이 훨씬 더 강력함을 잊지 말라. 주는 올바름의 적극적 표준을 가르쳤다: "내 제자가 되기를 원하는 자는 누구나 자신을 거들떠보지 말고 나를 따르기 위하여 날마다 책임을 넉넉히 지라." 그리고 "그가 착한 일을 열심히 하며 다녔다"는 점에서 자신이 그렇게 살았다. 복음의 이 모습은 나중에 추종자들에게 말씀한 여러 비유에서 잘 나타났다. 결코 추종자들에게 자기 의무를 참을성 있게 지라고 훈계하지 않았다. 오히려 하나님의 나라에서 인간적 책임과 신성한 특권의 충분한 양을 채우기까지 살도록, 에너지와 열심을 가지고 의무를 지라는 것이다.

사람이 겉옷을 부당하게 빼앗을 때, 다른 옷도 내밀어야 한다고 제자들에게 가르쳤을 때, 예수는 글자 그대로 또 다른 겉옷보다, 앙갚음하라는 옛 충고—"눈에는 눈으로" 따위—대신에, 행악자를 구원하려고 적극적인 무엇을 행하는 생각을 언급하였다. 예수는 복수하거나 단순히 불공평을 수동적으로 참거나 그에 희생자가 되는 관념을 몹시 싫어했다. 이 경우에 그는 악에 맞서 싸우고 저항하는 세 가지 방법을 가르쳤다:

1. 악을 악으로 갚는 것—적극적이지만 올바르지 않은 방법.
2. 불평 없이 저항하지 않고 악을 견디는 것—순전히 부정적인 방법.
3. 악을 선으로 갚는 것, 그 상황의 주인이 되도록 의지(**意志**)를 주장하는 것, 선으로 악을 이기는 것—적극적이고 올바른 방법.

사도들 가운데 하나가 한때 물었다: "주여, 어느 낯선 자가 짐을 지고 5리를 가라 강제하면 어떻게 해야 하리이까?" 예수는 대답하였다: "소리를 죽이고 그 낯선 자를 헐뜯으면서, 앉아서 구원을 기다리며 한숨짓지 말라. 올바름은 그러한 수동적 태도로부터 나오지 않느니라. 더 효과 있게 적극적인 일을 전혀 생각할 수 없거든, 적어도 그 짐을 5리 더 나를 수 있느니라. 그 의지는 올바르지 않고 거룩하지 않은 낯선 사람에게 분명히 도전하리라."

유대인들은 뉘우치는 죄인들을 용서하고 그릇된 행위를 잊으려고 애쓰는 하나님에 관하여 들은 적이 있었지만, 예수가 오기 전까지, 사람들은 길 잃은 양을 찾아 나서고, 죄인을 찾는 일에 먼저 손을 쓰며, 그들이 아버지의 집으로 기꺼이 돌아오려 함을 발견했을 때 기뻐하시는 하나님에 대하여 듣지 못했다. 종교에서 이 적극적인 음정을 예수는 기도(祈禱)에도 연장하였다. 부정적인 황금률을 인간이 공정해야 한다는 적극적 훈계로 바꾸었다.

모든 가르침에서 예수는 정신을 산란하게 하는 세부를 어김없이 피했다. 화려한 언어를 피하고 말장난하는 단순한 시적(詩的) 묘사를 피했다. 큰 의미를 작은 표현 속에 넣는 버릇이 있었다. 예를 드는 목적으로, 소금·누룩·고기잡이·어린아이와 같은 여러 낱말의 현재 통용되는 뜻을 뒤집었다. 정반대를 무척 효과 있게 이용했고, 티끌 같은 것을 무한한 것, 그런 따위와 비교했다. "소경이 소경을 이끈다"하는 것처럼 그의 그림은 놀라웠다. 그러나 예를 드는 가르침에서 발견되는 가장 큰 힘은 그 자연스러움이다. 예수는 종교의 철학을 하늘로부터 땅으로 가져왔다. 새로운 통찰력을 가지고, 사랑을 새로이 줌으로, 혼의 근원적 필요를 묘사했다.

6. 마가단으로 돌아오다

데카폴리스에서 4주 동안의 임무는 웬만하게 성공했다. 수백 명의 사람들을 하늘나라에 받아들였고, 사도와 전도사들은 예수가 친히 가까이 계시지 않고서도 할 일을 수행하는 값진 체험을 가졌다.

9월 16일, 금요일에, 일꾼들의 일행 전부가 마가단 공원에서 미리 주선하여 모였다. 안식일에 1백 명이 넘는 신자들로 이루어진 회의가 열렸고, 거기서 하늘나라의 일을 확장하기 위하여 앞날의 계획이 충분히 고려되었다. 다윗의 사자들이 자리에 있었고, 유대·사마리아·갈릴리, 그리고 인접한 구역들 전역에 걸쳐서 신자들의 복지에 관하여 보고했다.

이 때 예수의 추종자들 가운데 거의 아무도 사자단이 베푸는 봉사의 큰 가치를 이해하지 못했다. 사자(使者)들은 팔레스타인에 두루, 신자들끼리 서로, 그리고 예수와 사도들과 연락을 유지했을 뿐 아니라, 이 어두운 시절에 또한 자금을 모으는 자로서, 예수와 그 동료들을 부양할 뿐 아니라, 또한 열두 사도와 열두 전도사의 가족들을 원조하기 위해서 일했다.

이 무렵에 아브너는 사업 기지(基地)를 헤브론에서 베들레헴으로 옮겼는데, 여기는 또한 유대에서 다윗의 사자들의 본부였다. 다윗은 예루살렘과 벳세다 사이에 밤 동안에 이어달리기로 사자 봉사를 유지했다. 이 주자(走者)들은 저녁마다 예루살렘을 떠나서, 시카와 스키토폴리스에서 교체되었고, 이튿날 아침 식사 때에 벳세다에 도착했다.

예수와 동료들은 이제 하늘나라를 위하여 수고하는 마지막 시기를 개시하려고 준비하기 전에, 한 주 동안 휴식을 가지려고 준비했다. 이것은 마지막 휴식이었는데, 페레아 사명이 전도하고 가르치는 운동으로 발전되었기 때문이고, 이 운동은 예루살렘에 도착하고, 예수가 땅에서 보낸 생애의 마지막 사건들을 연출하는 때까지 바로 이어졌다.

제 160 편

알렉산드리아의 로단

9월 18일, 일요일 아침에, 안드레는 다음 주에 아무 일도 계획하지 않으리라고 발표했다. 나다니엘과 토마스를 제쳐 놓고, 사도들은 다 가족을 찾아보거나 친구들과 함께 머물려고 고향으로 갔다. 이 주에 예수는 거의 완벽한 휴식을 누렸지만, 나다니엘과 토마스는 알렉산드리아에서 온 로단이라는 어떤 그리스인 철학자와 토론하느라고 무척 바빴다. 이 그리스인은 알렉산드리아에서 임무를 수행하던 아브너의 동료 중 한 사람의 가르침을 통해서, 요즘에 예수의 제자가 되었다. 로단은 이제 자기의 생활 철학과 예수의 새로운 종교적 가르침을 조화시키는 일에 진지하게 몰두해 있었고, 주가 이 문제들을 함께 이야기하기를 희망하면서 마가단으로 왔다. 또한 예수나 사도들 가운데 하나로부터 직접 들은, 복음의 권위 있는 해석을 손에 쥐기를 바랐다. 로단과 그런 회담에 들어가기를 거절했어도, 예수는 그를 품위 있게 받아들였고, 나다니엘과 토마스에게 그가 하고 싶어했던 말을 모두 듣고, 그 대가로 복음에 관하여 일러 주라고 즉시 지시했다.

1. 로단의 그리스 철학

월요일 아침 일찍, 로단은 나다니엘과 토마스, 그리고 어쩌다가 마가단에 들렀던 스무 명 남짓한 신자들의 집단에게 연속된 10 강연을 시작했다. 현대의 말투로 응축하고 통합하고 다시 표현하면, 이 여러 연설은 고려하기 위하여 다음 생각을 제시한다:

인간의 생활은 세 가지 큰 욕구—충동, 욕망, 유혹물—에 담겨 있다. 강인한 인격, 위엄 있는 인격은 오직 생명의 자연스러운 충동을 사회적인 살아가는 지혜로 바꿈으로써, 현재 욕망을 오래 지속되는 성취가 가능한 상급 욕망으로 변화시킴으로 얻어지며, 한편 존재에 있는 평범한 유혹물은 사람의 전통적이고 확립된 관념으로부터, 아직 탐구되지 않은 관념과 발견되지 않은 이상(理想)의 분야, 더 높은 분야로 옮겨져야 한다.

문명이 복잡하게 되면 될수록, 살아가는 지혜는 더욱 어렵게 될 것이다. 사회의 관습에서 변화가 빠르면 빠를수록, 인격을 개발하는 과제는 더욱 까다로워질 것이다. 진보가 계속되려면, 열 세대마다 인류는 살아가는 지혜를 새로 배워야 한다. 사람이 아주 재능이 있어서 더욱 빨리 사회를 복잡하게 만들면, 살아가는 지혜는 더 짧은 시간 안에, 아마도 한 세대마다, 다시 통달할 필요가 있겠다. 살아가는 지혜의 진화가 존재하는 기술과 발걸음을 맞추지 못하면, 인류는 인생의 단순한 충동—현재 욕망의 만족—으로 재빨리 돌아갈 것이다. 따라서 인류는 미숙한 채로 남아 있고, 사회는 성숙하기까지 자라지 못할 것이다.

사회적 성숙은, 사람이 단지 일시적인 현재 욕망을 더 우수한 열망을 품기 위하여 기꺼이 포기하는 그 정도와 대등하며, 그런 열망을 이루려는 노력은 영구한 목표를 향하여 점진적으로 나아가는 더욱 풍부한 만족을 마련해 준다. 그러나 사회의 성숙함을 가리키는 참된 표시는, 이상주의의 영적 실체들의 목표, 아직 발견되지 않은 목표를 달성하는 탐구되지 않은 가능성을 추구하면서, 불안하고 에너지를 소모하는 유혹물을 얻기 위하여, 기존 관념과 전통적 아이디어로 된 유혹물의 기준, 편안을 권장하는 기준 아래서 한 민족이 평화롭게 만족해서 사는 권리를 기꺼이 내던지는 것이다.

동물은 생명의 충동에 훌륭하게 반응하지만, 오직 사람이 살아가는 지혜를 달성할 수 있다. 하지만 인류의 대다수는 기껏해야, 살려는 동물 같은 충동만 느낀다. 동물은 오직 맹목적이고 본능인 이 충동을 알며, 사람은 자연스럽게 작동하는 이 충동을 극복할 능력이 있다. 사람은 지적 예술의 높은 수준에서, 아니 하늘의 기쁨과 영적 환희가 있는 수준에서 살기를 택해도 좋다. 동물은 사는 목적을 찾으려고 묻지 않는다. 따라서 결코 걱정하지 않으며, 자살하지도 않는다. 사람들 사이에서 자살(自殺)이 있는 것은 그러한 존재들이 순전히 동물 단계의 존재에서 솟아 나왔고, 더 나아가서 그러한 인간들의 탐구 노력이 사람으로 체험하는 예술적 수준에 다다르지 못했다는 사실을 증언한다. 동물은 생활의 의미를 모른다. 사람은 가치를 인식하고 의미를 이해하는 능력을 소유할 뿐 아니라, 또한 의미 중의 의미를 깨닫는다—통찰력을 자의식한다.

사람들이 모험적인 예술과 불확실한 논리로 이루어진 인생을 얻으려고 자연스럽게 갈망하는 인생을 감히 버릴 때, 적어도 어느 정도 지능과 감정이 성숙할 때까지, 그 결과로 감정적 피해—갈등, 불행, 불확실성—을 겪을 위험에 부딪칠 것을 기대해야 한다. 낙심·걱정·게으름은 도덕적으로 미숙하다는 분명한 증거이다. 인간 사회는 개인의 성숙에 이르고 종족의 성숙에 이르는 것, 이 두 가지 문제에 부닥친다. 성숙한 인간은 부드러운 느낌과 너그러운 감정으로 모든 다른 필사자를 곧 바라보기 시작한다. 성숙한 인간들은 부모가 자식들에게 가지는 사랑과 생각으로 미숙한 사람들을 바라본다.

성공적인 삶은 보통 문제를 해결하는 믿을 만한 기술을 통달하는 예술에 지나지 않는다. 어떤 문제라도 그 해결의 첫 걸음은 어려움을 찾아내고, 그 문제를 분리하고, 솔직하게 그 성질과 중대성을 인식하는 것이다. 큰 잘못은, 생활 문제가 우리의 깊은 두려움을 건드릴 때, 인정하려 하지 않는 데 있다. 마찬가지로, 우리의 어려움을 인정하는 것이 오래 간직한 자만심을 줄이거나, 질투를 인정하거나, 뿌리 깊은 편견 버리기를 수반할 때, 보통 사람들은 안전한 옛 망상(妄想), 그리고 오래도록 간직했던 안전하다는 거짓 느낌에 달라붙기를 더 좋아한다. 오직 용감한 사람이, 성실하고 논리적인 머리가 발견하는 것을 기꺼이 솔직하게 인정하고 두려움 없이 그에 부닥친다.

어떤 문제라도 지혜롭고 효과적인 해결은, 해결하도록 저절로 나타나는 문제의 구성에 들어가는 실제 요인(要因)을 냉정하게 조사하는 것을 방해할지 모르는 편견과 정열, 그리고 순전히 개인적인 모든 다른 선입관에 지성이 매이지 않기를 요구한다. 생활 문제의 해결은 용기와 성실성을 요구한다. 오직 정직하고 용감한 사람들이 어지럽고 혼란한 생활의 미로(迷路)를 거쳐서, 두려움 없는 지성의 논리가 이끌지 모르는 곳까지 용감하게 따라갈 수 있다. 이렇게 지성과 혼을 해방하는 것은, 종교적 정열에 가까이 가는 총명한 열심의 추진력이 없이 결코 이루어질 수 없다. 어려운 물질적 문제와 다양한 지적(知的) 위험이 가득한 목표를 추구하도록 사람을 움직이는 데는 위대한 이상의 매력이 필요하다.

너희가 삶의 어려운 상황에 대처하려고 실질적으로 준비되었다 하더라도, 너희로 하여금 동료들로부터 진심으로 지지와 협동을 얻게 만들 그 지성의 지혜와 인격의 매력을 갖추지 않으면, 도저히 성공을 기대할 수 없다. 어떻게 동료들을 설득하는가, 사람들을 설복하는가 너희가 배울 수 없으면, 세속이나 종교적 일에서 너희는 크게 성공하기를 바랄 수 없다. 너희는 다만 요령(要領)과 관대함을 지녀야 한다.

그러나 문제를 해결하는 모든 방법 가운데 가장 큰 것을 나는 너희의 주, 예수로부터 배웠다. 그가 아주 한결같이 실천하는 것, 아주 충실하게 너희에게 가르친 것, 예배하는 정신으로 명상(瞑想)에 잠겨 혼자 있는 것을 언급한다. 예수가 하늘에 계신 아버지와 교통하려고 아주 빈번하게 혼자 훌쩍 떠나가는 이 버릇에서, 생활의 보통 갈등을 다룰 힘과 지혜를 모으는 기술 뿐 아니라, 또한 도덕적·영적 성질을 가진 상급 문제의 해결을 위하여 에너지를 이용하는 기술이 발견될 것이다. 그러나 문제를 해결하는 올바른 방법조차도 인격의 타고난 결함을 보상하거나, 참된 올바름을 간절히 바라고 목마르게 찾는 정신이 결여된 것을 보상하지 못할 것이다.

예수가 혼자서 따로 가는 관습에 나는 깊이 감명을 받는다. 이것은 사는 문제를 고독하게 살펴보는 이 시간을 가지려는 것이요, 사회에 봉사하는 다채로운 요구를 충족하기 위하여, 지혜와 에너지의 새로운 저장을 찾으려는 것이다. 신성(神性)에 스치는 의식에 총 인격을 실제로 맡김으로 최고의 사는 목적을 자극하고 깊게 하려는 것이요, 살아 있는 존재의 늘 변하는 상황에 자신을 적응하는 새롭고 좀더 나은 방법을 움켜쥐려는 것이다. 사람의 개인적 태도의 중대한 재구성과 재조정을 성취하려는 것이요, 그런 태도는 가치 있고 실재하는 만물을 꿰뚫어보는 향상된 통찰력을 가지는 데 아주 필수이다. 한눈 팔지 않고 하나님의 영광을 위하여 이 모든 것을 하려는 것—"내 뜻이 아니라 아버지의 뜻이 이루어지이다" 하고 너희의 선생이 가장 좋아하는 기도를 진지하게 드리기 위한 것이다.

너희 선생이 예배에 잠기는 이 관습은 정신을 새롭게 하는 휴식을 가져온다. 사람에게 영감을 불러일으키는 빛, 사람으로 하여금 자기 문제에 용감하게 부딪치게 하는 용기, 무력(無力)하게 만드는 두려움을 말소하는 자아 이해, 사람으로 하여금 감히 하나님과 같이 되게 만드는 확신을 사람에게 주는, 신성과 연합하는 그 의식을 가져온다. 주가 실천하다시피, 예배에서 얻는 휴식, 곧 영적 교통은 긴장을 해소하고 갈등을 없애며, 인격의 총 자원을 힘차게 늘인다. 이 모든 철학에 하늘나라 복음을 더한 것은, 내가 알기에, 새 종교를 구성한다.

편견(偏見)은 혼이 진리를 인식하지 못하도록 눈이 멀게 하며, 오직 사람의 동포를 모두 둘러싸고 모두 포함하는 원인을 찬미하는 데 혼을 진지하게 바쳐야 편견을 없앨 수 있다. 편견은 이기심과 분리할 수 없이 연결되어 있다. 오직 자아의 추구를 버림으로써, 그 자리에 자아보다 더 클 뿐 아니라 모든 인류보다도 훨씬 더 큰 운동에 봉사하는 만족의 추구를—하나님 추구, 신성의 달성을—갈아치워야 편견을 없앨 수 있다. 인격이 성숙하다는 증거는, 가장 높고 가장 신성하게 실재하는 가치의 실현을 항상 추구하도록 인간의 소망을 변화시키는 데 있다.

계속해서 변하는 세상에서, 진화하는 사회 체제의 와중에서 운명의 안정되고 확립된 목표를 유지하기는 불가능하다. 인격의 안정은 오로지, 무한히 달성할 영원한 목표로서, 살아 계시는 하나님을 발견하고 받아들인 자들이 얻을 수 있다. 이처럼 사람의 목표를 시간으로부터 영원으로, 땅에서부터 파라다이스로, 인간다운 것으로부터 신다운 것으로 옮기는 것은, 사람이 재생하고 변화되고 다시 태어날 것, 신다운 영이 다시 창조한 아이가 될 것, 사람이 하늘나라의 형제 정신에 들어갈 것을 요구한다. 이 이상(**理想**)에 미치지 못하는 모든 철학과 종교는 미숙하다. 내가 가르치는 철학은 너희가 전파하는 복음과 연결되어 있고, 성숙한 새 종교, 모든 미래 세대의 이상을 대표한다. 또 이것이 참말이니, 우리의 이상은 최종이요, 틀릴 수 없고 영원하며, 보편·절대적이고 무한하기 때문이다.

나의 철학(**哲學**)은 나에게 참으로 달성할 실체들, 성숙의 목표를 추구하라는 충동을 주었다. 그러나 나의 충동은 무력하고, 나의 탐구는 추진력이 모자란다. 나의 추구는 지향할 확실성이 없어 타격을 받았다. 예수의 이 새 복음이, 통찰력을 향상하고 이상을 높이고 목표를 안정시킴과 함께, 이 결점을 풍성하게 메워 주었다. 의심과 불안감 없이, 나는 이제 진심으로 영원한 모험에 들어갈 수 있다.

2. 살아가는 지혜

사람들은 꼭 두 가지 방법으로 함께 살아도 좋은데, 물질의 길, 즉 동물의 길과 영적 길, 즉 인간다운 길이다. 신호(**信號**)와 소리를 써서 동물은 제한된 방법으로 서로 교통할 수 있다. 그러나 그런 형태의 교통은 의미나 가치나 아이디어를 전하지 못한다. 사람과 동물 사이의 한 차이점은 사람이 <u>상징</u>의 수단을 써서 동료들과 의사를 소통할 수 있는 것이며, 상징은 의미와 가치와 아이디어, 아니 이상까지도 아주 확실히 지정하고 확인한다.

서로 아이디어를 전달할 수 없으니까, 동물은 성격을 개발할 수 없다. 사람은 아이디어와 이상에 관하여, 이렇게 동료들과 교통할 수 있기 때문에 성격을 개발한다.

인간의 문화를 구성하고, 사람에게 사회 관계를 통하여 문명을 세우게 하는 것은 의미를 전달하고 나누는 이 능력이다. 지식과 지혜가 쌓이는 것은 사람이 이 재산을 뒤잇는 세대들에게 전달할 수 있는 능력 때문이다. 이로서 종족의 문화 활동, 즉 예술·과학·종교·철학이 일어난다.

인간들 사이에 상징으로 교통하는 것은 사회 집단이 생성되는 것을 예정한다. 모든 사회 집단 가운데 가장 효과적인 것은 가족, 더 자세히 말하면 <u>부모</u>이다. 개인적 애정은 이 물질적 관계를 함께 붙들어 두는 정신적 유대(**紐帶**)이다. 그러한 효과적 관계는 또한, 진정한 우정의 헌신에서 아주 풍부하게 나타나다시피, 동성(**同性**)의 두 사람 사이에도 가능하다.

우정의 결합과 서로 사랑하는 이 관계는 사람을 사회화하고 훌륭하게 만들며, 이는 그것들이 살아가는 지혜의 상급 수준에서, 다음의 필수 요소를 권장하고 수월하게 만들기 때문이다:

1. <u>서로 주고받는 자아 표현과 자아 이해</u>. 많은 훌륭한 인간 충동은 그 표현을 들어 줄 사람이 아무도 없기 때문에 죽어 버린다. 참으로, 사람이 혼자 있는 것은 좋지 않다. 어느 정도 인정받고 얼마큼 평가를 받는 것은 사람의 인품이 성장하는데 필수이다. 가정을 진정으로 사랑하지 않고는, 어떤 아이도 정상 인품을 제대로

기를 수 없다. 인품은 단순한 지성과 도덕률보다 더 큰 무엇이다. 인품을 길러 준다고 생각된 모든 사회 관계 가운데, 가장 효율적이고 이상적인 것은 총명한 결혼 생활에서 서로의 품속에서 남녀가 사랑하고 이해하는 우정(友情)이다. 결혼은 그 다양한 관계와 함께, 튼튼한 인품을 기르는 데 불가결한 값진 충동과 상급 동기를 이끌어 내도록 최선으로 고안되어 있다. 이처럼 나는 서슴지 않고 가족 생활을 찬미하는데, 너희의 선생이 아버지-아들 관계를 이 새로운 하늘나라 복음의 바로 그 주춧돌로 지혜롭게 골랐기 때문이다. 그러한 견줄 데 없는 관계 공동체, 시간 속에서 가장 높은 이상, 즉 남녀가 다정한 품에 안겨 있는 것은, 아주 값지고 흐뭇한 체험이니까, 그것을 얻기 위해 필요한 어떤 값, 어떤 희생이라도 치를 가치가 있다.

2. <u>혼의 연합—지혜의 동원</u>. 모든 인간은 얼마 있으면 이 세상에 대하여 어떤 개념, 또 다음 세상에 대하여 어떤 환상을 얻는다. 인격 관계를 통해서, 현세의 존재와 영원한 전망, 이 두 관점을 통일하는 것이 이제 가능하다. 이처럼 한 사람의 지성은 다른 사람의 통찰력을 많이 얻음으로 그 영적 가치를 크게 만든다. 이 방법으로 사람들은 각자의 영적 재산을 한데 합침으로 그 혼을 살찌게 만든다. 마찬가지로, 바로 이 방법으로 사람은 왜곡된 시력(視力), 치우친 관점, 좁은 판단에 희생자가 되는, 상존하는 그 성향을 피할 수 있게 된다. 두려움, 질투, 자만은 오로지 다른 지성들과 가까이 접촉함으로 막을 수 있다. 하늘나라를 확장하기 위하여 수고하라고 주가 결코 너희를 혼자 내보내지 않는 사실에 나는 너희의 주의를 불러일으킨다. 그는 언제나 너희를 둘씩 내보낸다. 지혜는 초월 지식이니까, 지혜를 연합할 때, 사회 집단은 작건 크건, 서로 모든 지식을 나누어 가진다.

3. <u>살려는 열심</u>. 고립은 혼의 에너지 전하(電荷)를 소모하는 경향이 있다. 사람이 친구들과 관계를 가지는 것은 살려는 열심을 새롭게 하는 데 필수이며, 인간 생활의 상급 수준으로 올라가는 결과로서 생기는 투쟁을 위한 용기를 유지하는 데 불가결하다. 우정은 기쁨을 더하고 삶의 승리를 영화롭게 한다. 사랑하고 가까운 인간 관계는 인생의 슬픔과 어려움의 고통에서 쓰라린 맛을 많이 가시게 한다. 친구가 곁에 있으면 모든 아름다움이 돋보이고 모든 선이 높아진다. 영리하게 상징을 씀으로 사람은 친구들의 이해하는 능력을 자극하고 키워 준다. 인간 우정의 더없는 영광의 하나는 서로 상상력을 자극하는 이 힘과 가능성이다. 큰 영적 힘은 공통되는 명분에 진심으로 헌신하는 것, 우주의 신에게 공동으로 충성하는 것을 의식하는 데 본래부터 생긴다.

4. <u>모든 악에 대한 강화된 방어</u>. 인격 관계와 서로 사랑함은 악을 막는 효과적인 보장이다. 어려움·슬픔·실망·실패는 혼자 겪을 때 더 고통스럽고 마음 아프다. 관련을 가지는 것은 악을 올바름으로 변화시키지 않지만, 쏘는 아픔을 크게 더는 데 도움이 된다. 너희의 선생은 말했다: "슬퍼하는 자는 복이 있도다"—친구가 위로하려고 가까이 있으면 그렇다. 너희가 다른 사람들의 복지(福祉)를 위하여 산다는 것, 그리고 다른 이 사람들이 마찬가지로 너희의 복지와 향상을 위하여 산다는 것을 아는 데 긍정적인 힘이 있다. 사람은 고립된 가운데 시든다. 시간의 일시적 거래만 볼 때, 인간들은 어김없이 낙심하게 된다. 지난날과 앞날로부터 떨어진 오늘은, 분통이 터지도록 하찮다. 오직 영원의 동그라미를 얼핏 보는 것이 사람으로 하여금 최선을 다하도록 북돋아 주며, 사람 속에 있는 최선으로 하여금 최대로 일

하라고 도전할 수 있다. 이렇게 최선을 다할 때, 사람은 다른 사람들, 시간과 영원 속에서 동료 거주자들의 이익을 위하여 가장 사심 없이 산다.

되풀이하건대, 영감을 주고 사람을 고귀하게 만드는 그러한 관련은 인간의 결혼 관계에서 그 이상적 가능성을 발견한다. 결혼 바깥에서 많은 것이 성취되고, 허다한 결혼이 이 도덕적·영적 열매를 도무지 맺지 못하는 것이 참말이다. 너무나 자주, 인간을 성숙하게 만드는 이 우수한 성취보다 낮은 다른 가치를 추구하는 자들이 결혼에 들어간다. 이상적인 결혼은 감정의 변동과 단순한 성적 매력의 변덕스러움보다 더 안정된 무엇에 기초를 두어야 한다. 그러한 결혼은 진정하고 서로 몸소 헌신하는 데 바탕을 두어야 한다. 그래서 그렇게 믿을 만하고 효과적인, 인간 관계의 작은 단위들을 너희가 세울 수 있다면, 이 단위들이 총체에서 모였을 때, 세계는 크고 영화롭게 된 사회 구조, 도덕적으로 성숙한 문명(文明)을 바라볼 것이다. 그러한 종족은 너희 선생의 이상, 즉 "땅에는 평화요, 사람들 사이에 선의"와 비슷한 무엇을 비로소 실현할까 싶다. 그러한 사회가 완전하거나 악이 전혀 없지는 않겠지만, 적어도 성숙의 안정에 가까이 갈 것이다.

3. 성숙의 자극제

성숙을 향한 노력은 일을 필요하게 만들며, 일은 에너지를 요구한다. 어디서부터 이 모든 것을 성취할 힘이 나오는가? 물리적인 것들은 당연한 것으로 여길 수 있지만, 주가 좋은 말씀을 하셨으니, "사람은 빵으로만 살 수 없도다." 정상의 몸과 썩 좋은 건강을 소유했다 하더라도, 다음에 우리는 사람의 잠자는 영적 힘을 불러일으킬 자극제로서 작용할 유혹물을 찾아야 한다. 하나님이 사람 안에 산다고 예수는 우리에게 가르쳤다. 그러면 혼 속에 묶인 이 신성(神性)과 무한의 힘을 방출하기 위하여 사람을 어떻게 유인할 수 있는가? 바깥을 향하여 이동하는 동안 우리 자신의 혼을 새롭게 하려고 하나님이 솟아 나와서, 셀 수 없이 많은 다른 혼을 깨우치고 향상(向上)하고 복을 주는 목적에 쓰이도록, 하나님을 해방하기 위하여 어떻게 사람들을 유인할 것인가? 너희 혼 속에 잠자는 이 잠재 능력을 내가 어떻게 최선으로 영원히 일깨울 수 있는가? 내가 확신하는 한 가지는 이것이다: 감정의 흥분은 이상적인 영적 자극이 아니다. 흥분은 에너지를 확대하지 않는다. 흥분은 오히려 머리와 몸의 힘을 써 버린다. 그러면 어디로부터 이 큰 일을 할 에너지가 오는가? 너희의 선생에게 눈을 돌리라. 우리가 여기서 에너지를 쓰는 동안에, 지금도 그는 산에서 힘을 받아들이고 있다. 이 모든 문제의 신비는 영적 교통에, 예배에 감추어져 있다. 인간의 관점에서 볼 때, 그것은 명상과 휴식이 통합된 문제이다. 명상은 지성이 영과 접촉하게 만든다. 휴식은 영적 감수(感受) 능력을 결정한다. 그리고 약점 대신에 힘, 두려움 대신에 용기, 자아의 지성 대신에 하나님의 뜻으로, 이렇게 교환하는 것이 예배를 이룬다. 적어도, 이것이 철학자가 그 교환을 보는 방법이다.

이 여러 체험이 자주 되풀이될 때, 체험은 버릇으로, 힘을 주는 경건한 버릇으로 굳어지며, 그러한 버릇은 궁극에 자체를 영적 인품으로 형성하고 그러한 인품은 마침내 사람의 동료들에게 성숙한 인격으로 인식된다. 이 관습은 처음에 어렵고 시간이 걸리지만, 버릇이 되면 한꺼번에 휴식을 주고 시간을 절약한다. 사회가 더욱 복잡하게 되고 문명의 자극제가 증가할수록, 하나님을 아는 사람들이 자기의 영적 에너지를 보존하고 증대하기 위하여 고안된 관습, 그러한 보호하는 버릇된 관습을 기를 필요성이 더욱 급해진다.

성숙에 이르는 데 또 다른 요건은 늘 변화하는 환경에 사회 집단들이 협동으로 적응하는 것이다. 미숙(未熟)한 사람은 동료들의 반감을 일으킨다. 성숙한 사람은 동료들한테서 마음에서 우러난 협동을 얻으며, 그로서 일생의 노력에서 얻는 열매를 여러 배로 늘인다.

필요하다면, 옳다고 생각되는 것을 방어하기 위하여 내가 싸워야 할 때가 있다고 나의 철학은 내게 이른다. 그러나 더 성숙한 종류의 성격을 가진 주는, 우수하고 매력 있는 기술, 수완과 관용(寬容)의 기술로 똑같은 승리를 쉽고도 품위 있게 얻을 것을 나는 의심하지 않는다. 너무나 자주, 우리가 권리를 위하여 투쟁할 때, 승자와 패자(敗者), 모두가 진 것이 판명된다. "잠긴 문을 통해서 들어가려고 할 때, 지혜로운 사람은 문을 부수기보다 오히려 문의 열쇠를 찾으려 하리라" 하는 주의 말씀을 바로 어제 들었다. 단지 우리가 두려워하지 않는다고 우리 스스로 확신을 가지려고 싸움에 빠지는 일이 너무 흔하다.

새로운 이 하늘나라 복음은, 상급 생활을 위하여 새롭고 더 값진 동기를 준다는 점에서, 살아가는 지혜에 크게 쓸모가 있다. 그 복음은 새롭고 높은 운명의 목표, 최상의 사는 목적을 제시한다. 이 새로운 개념, 존재의 영원하고 신성한 목표는, 그 자체로 초월 자극이요, 사람의 상급 성품에 거하는 최선이 반응하기를 요구한다. 지적(知的) 생각의 산봉우리마다 지성을 위한 휴식, 혼을 위한 힘, 영을 위한 교통이 발견될 것이다. 높게 사는 그러한 유리한 지점으로부터, 사람은 더 낮은 수준의 생각—걱정·질투·시샘·앙갚음, 그리고 미숙한 성격의 자만심—의 물질적 염증을 초월할 수 있다. 높이 올라가는 이 혼들은 인생의 하찮은 것들에서 생기는 역행(逆行)하는 수많은 갈등으로부터 자신을 구원할 수 있고, 이로서 영 개념과 하늘 교통이 있는 더 높은 흐름을 의식하려고 자유롭게 된다. 그러나 쉽고 일시적인 달성을 추구하려는 유혹으로부터 인생의 목적을 부지런히 보호해야 한다. 마찬가지로 인생의 목적은 광신주의의 비참한 위협에 면역이 되도록 육성되어야 한다.

4. 성숙의 균형

영원한 실체들의 달성에 한 마음을 기울이면서, 너희는 또한 현세 생활의 필요를 위하여 준비해야 한다. 영은 우리의 목표이지만, 육체는 사실이다. 때때로 생활에 필요한 것들이 우연히 손에 굴러 떨어질지 모르지만, 무릇 우리는 필요한 것들을 얻으려고 영리하게 일해야 한다. 인생의 두 가지 주요한 문제는, 현세의 생활을 꾸려 나가고 영원히 살아남기를 성취하는 것이다. 그리고 생계를 잇는 문제조차도 그 이상적 해결에는 종교가 필요하다. 이 두 가지 다 상당히 개인적인 문제이다. 참된 종교는 사실, 개인과 따로 떨어져서 작용하지 않는다.

현세의 생활에 필수인 것들은, 내가 보건대, 다음과 같다:

1. 좋은 신체적 건강.
2. 맑고 깨끗한 생각.
3. 능력과 기술.
4. 재산—생활의 물건.
5. 실패를 견디는 능력.
6. 문화—교육과 지혜

몸의 건강과 능률에 관계되는 신체적 문제조차도, 주의 가르침의 종교적 관점에서 볼 때 최선으로 해결된다: 사람의 육체와 지성은 하나님들의 선물이 거하는 자리요, 하나님의 영이 사람의 영이 된다. 이처럼 사람의 지성은 물질적인 것과 영적 실체들 사이에 중재자가 된다.

사람이 인생에서 바람직한 것들을 한 몫 확보하는 데는 지능이 필요하다. 사람이 날마다 할 일에 충실하면 재산으로 보상받기를 보장하리라는 생각은 완전히 그릇되다. 때때로, 어쩌다가 생기는 재산이 아니면, 현세의 생활의 물질적 보상은 잘 조직된 어떤 경로에서 흐르는 것이 발견되며, 오직 이 경로에 가까이 가는 자들이 현세에 기울인 노력에 대하여 좋게 보상을 받으리라 기대해도 좋다. 가난은 언제나, 고립된 개별 경로(經路)에서 부를 추구하는 모든 사람의 운명임이 틀림없다. 그러므로 지혜로운 계획은 이 세상에서 번영하는 데 필수인 한 가지이다. 성공은 자기 일에 헌신할 뿐 아니라, 또한 사람이 물질적 부(富)가 있는 어떤 한 경로의 일부로서 활동하기를 요구한다. 사람이 지혜롭지 못하면, 물질적 보상이 없이 자기 세대에 바친 삶을 살 수 있다. 사람이 어쩌다가 재산의 흐름을 받는 자가 되면, 동료 인간들을 위하여 가치 있는 일을 전혀 하지 않았더라도 사치(奢侈) 속에 딩굴지 모른다.

능력은 사람이 물려받는 것이요, 기술은 얻는 것이다. 인생은 어느 한 가지 일을 잘, 솜씨 있게 할 수 없는 자에게는 현실이 아니다. 기술은 생활의 만족을 가져오는 진정한 근원의 하나이다. 능력은 선견(先見), 멀리 내다보는 눈을 선물로 받았음을 뜻한다. 정직하지 않은 성취의 유혹하는 보상에 속지 말라. 정직한 노력에 본래부터 있는, 후일의 보상을 위하여 기꺼이 수고하라. 지혜로운 사람은 수단과 목적을 구별할 수 있다. 그렇지 않으면 앞날을 위하여 지나치게 계획하는 것은 때때로 그 자체의 높은 목적을 망친다. 쾌락을 찾는 자로서, 사람은 소비자일 뿐 아니라 생산자가 되려고 언제나 노력해야 한다.

인생에서 힘을 주고 가치 있는 사건들을 신성하게 간직하기 위하여 기억(記憶)을 훈련하라. 그런 것을 너희는 기쁨과 수련을 위하여 뜻대로 회상할 수 있다. 이처럼 아름답고 선하고 예술적으로 장려한 예비 미술관을 자신을 위하여, 네 몸 속에 지어라. 그러나 모든 기억 가운데 가장 고귀한 것은 훌륭한 우정을 나누는 위대한 순간을 소중히 회상하는 것이다. 그리고 영적 예배의 해방하는 손길 밑에서, 보물 같은 이 모든 기억은 가장 귀중하고 정신을 높여 주는 영향력을 방출한다.

그러나 사람이 실패할 때 품위를 지키기를 배우지 않으면, 생명은 존재에서 짐이 될 것이다. 실패에는 훌륭한 사람들이 반드시 얻는 한 예술이 있다. 사람은 즐겁게 지는 방법을 배워야 한다. 사람은 실망을 두려워해서는 안 된다. 실패를 인정하기를 결코 망설이지 말라. 속이는 웃음과 활짝 웃는 낙관주의 밑에서 실패를 감추려 하지 말라. 성공했다고 우기는 것은 언제나 듣기 좋지만, 마지막 결과는 끔찍하다. 그러한 기술은 비현실의 세계를 지어내고, 궁극에는 미몽(迷夢)에서 깨어나는 불가피한 파멸로 바로 이끈다.

성공은 용기를 일으키고 자신감을 촉진할지 모르지만, 지혜는 오직 사람이 실패한 결과에 적응하는 체험으로부터 생긴다. 낙관적 망상(妄想)을 현실보다 더 좋아하는 사람들은 결코 지혜롭게 될 수 없다. 오직 사실에 부딪치고 사실을 이상에 조절하는 자들이 지혜를 얻을 수 있다. 지혜는 사실과 이상, 이 두 가지를 품으며, 따라서 그 신봉자들을 철학에서 불모의 두 극단으로부터 구원한다—하나는 사실을 제쳐 놓는 이상주의를 가진 사람이요, 다른 하나는 영적 안목(眼目)이 결여된 물질주의자이다. 성공한다는 계속된 거짓 망상의 도움으로 인생의 투쟁을 겨우 유지할 수 있는 비겁한 사람들은, 궁극에 자신들이 상상하는 꿈 세계로부터 깨어날 때, 실패를 겪고 패배를 맛보도록 운명이 정해져 있다.

실패와 마주치고 패배에 적응하는 이 일에, 종교의 멀리 미치는 환상이 최고의 영향을 미친다. 우주를 탐험하는 영원한 모험을 시작한 사람, 하나님을 추구하는 사람의 체험에서, 실패는 다만 교육적 에피소드이다—지혜를 얻는 데 교양이 되는 실험이다. 그러한 사람들에게 실패는 다만 더 높은 수준의 우주 실체를 성취하는 데 쓰이는 새 연장일 뿐이다.

비록 현세의 인생 사업 전체가 사람을 압도하는 실패로 보인다 하더라도, 인생의 실패 하나하나가 지혜로운 교양과 영적 성취를 낳는다면, 하나님을 추구하는 사람의 생애는 영원의 빛에서 볼 때 큰 성공임이 드러날지 모른다. 지식, 교양, 지혜를 혼동하는 잘못을 저지르지 말라. 이것들은 생활에서 관계되지만, 광대하게 다른 영적 가치를 대표한다. 지혜는 언제라도 지식을 이기고, 언제나 교양을 영화롭게 한다.

5. 이상을 담은 종교

너희 선생이 진정한 인간 종교를 개인이 영적 실체들을 체험하는 것으로 간주한다고 너희가 내게 일렀다. 종교는 사람이 온 인류의 경의(敬意)와 헌신을 받을 만하다고 여기는 어떤 것에 반응하는, 인간 체험이라고 나는 간주해 왔다. 이런 뜻에서 종교는, 실체의 이상에 대한 우리의 가장 높은 개념, 영적으로 달성하는 영원한 가능성을 향하여 우리의 지성이 미치는 가장 먼 한계, 이 둘을 대표하는 것에 우리가 최고로 헌신함을 상징한다.

부족, 민족, 또는 종족 의미에서 사람들이 종교에 반응하는 것은 그들이 자기 집단 바깥에 있는 자들을 참으로 인간이 아니라고 바라보기 때문이다. 우리는 언제나 우리의 종교적 충성의 대상(對象)이 모든 사람의 존경을 받아 마땅하다고 본다. 종교는 결코 단순한 지적 관념이나 철학 논리의 문제일 수 없다. 종교는 언제나, 언제까지나, 생활 상황에 반응하는 형태요, 종교는 일종의 행위이다. 종교는 보편적으로 찬미를 받아 마땅하다고 우리가 판단하는 어떤 실체를 향하여 경건하게 생각하고, 느끼고, 행동하는 것을 포함한다.

무엇이 너의 체험에서 종교가 되었으면, 너는 이미 그 종교의 활발한 전도사가 된 것이 자명하니, 이는 네 종교 최고의 개념이 온 인류, 모든 우주의 지성 존재들의 예배를 받아 마땅하다고 네가 간주하기 때문이다. 네가 네 종교를 퍼뜨리고 적극적으로 선교(宣敎)하는 전도사가 아니라면, 네가 종교라고 부르는 것은 기껏해야 전통의 관념이나 단순히 지적 철학 체계이니까, 너는 스스로 속는다. 너의 종교가 영적 체험이라면, 너의 예배 대상은 보편적 영 실체요, 영적으로 변화된 너의 모든 개념의 이상(理想)이어야 한다. 두려움·감정·전통·철학에 근거를 둔 모든 종교를 나는 지적 종교라고 부르고, 한편 참된 영 체험에 기초를 둔 것들을 참된 종교라 부르겠다. 종교적 헌신의 대상은 물질이거나 영적이거나, 거짓되거나 참되거나, 현실이거나 비현실이거나, 인간답거나 신성할지 모른다. 따라서 종교들은 선하거나 악할 수 있다.

도덕성과 종교는 반드시 같지는 않다. 한 도덕률의 체계는 예배 대상(對象)을 붙잡음으로 종교가 될지도 모른다. 한 종교는 충성과 최고의 헌신을 요구하는 보편적 호소력을 잃어버림으로, 철학 체계나 도덕률의 법전(法典)으로 진화할 수도 있다. 종교적 충성을 받을 최고의 이상을 구성하고, 섬기는 자들의 종교적 헌신을 받는 이것, 이분, 상태 또는 존재의 서열, 또는 달성 가능성이 하나님이다. 영 실체의 이 이상에 적용되는 이름에 상관 없이, 그것은 하나님이다.

참된 종교의 사회적 특징은 그것이 변함없이 개인의 생각을 바꾸고 세계를 변화시키기를 추구한다는 사실에 있다. 종교는 발견되지 않은 이상이 존재함을 암시하며, 이것은 문명에서 가장 성숙한 제도의 가장 높은 사회 관습에도 담겨 있는, 그런 윤리와 도덕성의 알려진 표준을 훨씬 뛰어넘는다. 종교는 발견되지 않은 이상, 탐구되지 않은 실체, 초인간적 가치, 신다운 지혜, 참된 영적 달성을 향하여 손을 뻗는다. 참된 종교는 이 모든 것을 실행하며, 모든 다른 신앙은 그 이름의 가치가 없다. 영원한 하나님이라는 최고의 숭고한 이상(理想) 없이, 사람은 진정한 영적 종교를 가질 수 없다. 이 하나님 없는 종교는 사람의 발명품이요, 생명 없는 지적 관념과 의미 없는 감정적 예식으로 이루어진 인간 제도이다. 종교는 그 헌신의 대상으로서 큰 이상을 주장할지 모른다. 그러나 그러한 비현실적 이상은 이루어질 수 없다. 그러한 개념은 착각이다. 인간의 달성이 가능한 유일한 이상은 영원한 하나님이 계신 영적 사실에 거하는, 무한히 가치 있는 신성한 실체들이다.

하나님이라는 낱말, 하나님이라는 <u>이상</u>과 대조해서 하나님 <u>관념</u>은 어느 종교가 어쩌다가 아무리 유치하고 거짓되더라도, 그 종교의 일부가 될 수 있다. 이 하나님 관념은 그것을 품는 자들이 만들려고 선택하는 어떤 것이라도 될 수 있다. 하등 종교는 인간의 마음의 자연 상태를 충족하려고, 그 자체의 하나님 관념을 형성한다. 상급 종교는 참된 종교의 이상이 요구하는 것을 채우려고 인간의 마음이 변할 것을 요구한다.

예수의 종교는 우리가 예배에 대하여 예전에 가졌던 모든 개념(概念)을 초월하는데, 이는 예수가 그의 아버지를 무한한 실체의 이상으로 묘사할 뿐 아니라, 땅에서 하늘나라에 들어가기를 택하고 그로서 하나님의 아들이요 사람과 형제임을 받아들인다고 인정하는 모든 필사 인간이, 가치의 이 신다운 근원과 우주의 영원한 중심에 참으로 몸소 도달할 수 있다고 확고하게 선언하기 때문이다. 내가 말하건대, 이것은 세상이 일찍이 본 가운데 가장 높은 종교 개념이다. 내가 선언하건대, 이 복음이 무한한 실체들, 신성한 가치, 영원한 보편적 달성을 포함하니까, 이보다 더 높은 개념이 결코 있을 수 없다. 그러한 개념은 최상(最上)이고 궁극인 것의 이상적 모습을 체험하는 것이다.

나는 너희 선생이 가진 이 종교의 더할 나위 없는 이상에 흥미가 생길 뿐 아니라, 또한 영적 실체의 이 이상(理想)을 사람이 달성할 수 있다는 그의 선언을 믿는다, 파라다이스의 현관에 우리가 궁극에 확실히 도달한다는 그의 보장을 받아들이고 너와 내가 길고 영원한 이 모험에 들어갈 수 있다, 이렇게 고백하도록 나는 힘차게 마음이 움직인다. 형제들아, 나는 믿는 사람이요, 배를 타 버렸다. 이 영원한 모험으로 너희와 함께 가는 길이다. 주는 그가 아버지로부터 왔고, 그가 우리에게 길을 보이리라 하신다. 그가 진리를 말한다고 나는 넉넉히 확신한다. 영원한 우주의 아버지와 동떨어져서는, 달성할 수 있는 실체의 이상이나 완전한 가치가 하나도 없다고 나는 마침내 확신한다.

그러면 단지 존재의 하나님이 아니라, 모든 미래 존재 가능성의 하나님을 예배하려고 내가 온다. 그러므로 최고의 이상이 실재한다면, 그 이상에 바치는 너희의 헌신은 사물과 존재들이 거하는 과거·현재·미래 우주의 이 하나님께 바치는 헌신임이 틀림없다. 아무런 다른 하나님이 없으니, 도저히 어떤 다른 하나님이 있을 수 없기 때문이다. 모든 다른 신은 상상의 산물(産物)이요, 필사 지성의 환상이요, 거짓된 논리의 왜곡(歪曲)이요, 그것을 빚어낸 자들의 우상(偶像), 스스로 속이는 우상이다. 그렇다, 사람은 이 하나님 없이 종교를 가질 수 있지만, 그것은 아무런 의

미가 없다. 살아 계신 하나님의 이 이상의 실체 대신에 하나님이라는 낱말을 갈아 끼우고자 하면, 너는 이상, 즉 신다운 실체의 자리에 한 아이디어를 집어넣음으로 오직 자신을 속였을 뿐이다. 그런 관념은 몹시 바라는 공상(空想)의 종교에 지나지 않는다.

예수의 가르침에서 나는 최선에 이른 종교를 본다. 이 복음은 우리로 하여금 참된 하나님을 찾고 하나님을 찾아내게 만든다. 그러나 하늘나라로 이렇게 들어가는 값을 우리가 기꺼이 치르겠는가? 우리는 기꺼이 다시 태어나고, 다시 지음받을 생각이 있는가? 자기를 죽이고 혼을 다시 짓는 끔찍하고 벅찬 이 과정을 우리가 기꺼이 거치겠는가? 주가 말씀하지 않았느냐?: "자기 목숨을 구하고자 하는 자는 누구나 목숨을 잃어야 하느니라. 평화를 가져오려고 내가 왔다고 생각하지 말라, 오히려 혼의 투쟁을 주려는 것이라." 아버지의 뜻에 헌신하는 값을 치른 뒤에, 거룩히 헌신하여 사는 이 영적 길에서 줄곧 걷는다면, 우리가 큰 평화를 맛본다는 것이 참말이다.

신성한 실체가 담긴 상급 이상주의의 영 세계들에서, 모험하는 미래 생활의 존재에서, 알지 못하고 탐구되지 않은 서열의 유혹물을 찾아서 아낌없이 우리가 추구하는 것에 몸을 바치는 한편, 이제 우리는 알려진 존재 서열의 유혹물을 참으로 동댕이치고 있다. 우리는 예수의 종교가 담은 이상주의적 실체의 이 개념들을 동료 인간들에게 전하는 데 쓸, 의미의 상징을 찾고 있다. 온 인류가 이 최고의 진리를 담은 공동체의 환상에 기쁨으로 떨 날이 오기까지, 우리는 그치지 않고 기도할 것이다. 바로 이제, 초점을 맞춘 우리의 하나님 개념은, 우리 마음 속에 간직되었다시피 하나님은 영이요, 우리 동료들에게 전한 바와 같이 하나님은 사랑이라는 것이다.

예수의 종교는 생생한 영적 체험을 요구한다. 다른 종교들은 전통적 관념, 감정의 느낌, 철학적 의식에 있고, 이 모든 것일지 모르지만, 주의 가르침은 진정하게 영이 진보하는 실제 수준에 이르기를 요구한다.

하나님처럼 되려는 충동을 의식하는 것은 참 종교가 아니다. 하나님을 예배하려는 감정을 느끼는 것은 참 종교가 아니다. 자아를 버리고 하나님을 예배하려는 확신을 아는 것은 참 종교가 아니다. 이 종교가 모든 것 가운데 최선이라고 조리 있게 따지는 지혜는, 몸소 겪는 영적 체험인 종교는 아니다. 참된 종교는 진심으로 믿음으로 받아들인 것의 실체와 이상의 모습에 대해서 뿐 아니라, 달성할 운명 및 실체와 관계가 있다. 진리의 영의 계시(啓示)로 말미암아 이 모두가 우리에게 개인적인 것이 되어야 한다.

이처럼 그리스인 철학자, 그의 종족에서 가장 위대한 자들 가운데 한 사람의 논설이 끝났고, 그는 예수의 복음을 믿는 사람이 되었다.

제 161 편

로단과 계속한 토론

서기 29년 9월 25일 일요일에, 사도와 전도사들은 마가단에 모였다. 그 날 저녁에 동료들과 함께 오랜 회의가 있은 뒤에, 예수는 이튿날 아침 일찍, 그와 열두 사도가 천막 축제에 참석하려고 예루살렘으로 떠나겠다는 발표로 모두를 놀라게 했다. 전도사들에게 갈릴리에 있는 신자들을 찾아보고, 여인단은 한동안 벳세다로 돌아가라고 지시했다.

예루살렘을 향하여 떠날 시각이 되었을 때, 나다니엘과 토마스는 아직도 알렉산드리아의 로단과 한창 토론 중이었고, 며칠 동안 마가단에 남아 있도록 주로부터 허락을 얻었다. 그래서 예수와 열 사도가 예루살렘으로 길을 떠난 동안, 나다니엘과 토마스는 로단과 진지한 토론에 들어갔다. 그 전 주에, 로단은 그의 철학을 해설했고, 토마스와 나다니엘은 하늘나라 복음을 그리스인 철학자에게 번갈아서 발표했다. 로단은 예전에 세례자 요한의 옛 사도들 중 한 사람으로부터 예수의 가르침에 관하여 자신이 잘 교육받았다는 것을 발견했는데, 이 사람은 알렉산드리아에서 그의 선생이었다.

1. 하나님의 성격

로단과 두 사도가 다르게 보는 한 가지 문제가 있었는데, 즉 하나님의 성격이었다. 로단은 하나님의 속성에 관하여 그에게 제시된 모든 것을 쉽사리 받아들였지만, 하늘에 계신 아버지는 사람이 성격을 상상하는 것과 같은 성격자가 아니고 그럴 수 없다고 주장했다. 사도들은 하나님이 성격자임을 증명하려고 애쓰면서 자신들이 어려움에 빠진 것을 발견했고, 한편 로단은 하나님이 성격자가 아님을 증명하기가 그래도 더욱 어려움을 발견하였다.

성격의 사실은 동등한 존재들, 공감하고 이해할 능력이 있는 존재들 사이에, 충분하고 서로 교통하는, 공존하는 사실에 있다고 로단은 주장했다. 로단이 말했다: "성격자가 되기 위해서, 하나님은 그와 접촉하는 자들이 그를 충분히 이해할 수 있게 하는, 영 교통의 상징을 가져야 하오. 그러나 하나님은 무한·영원하며, 모든 다른 존재의 창조자이니까, 따라서 동등한 존재들에 관하여 말하면, 하나님은 우주에서 혼자이라. 그와 동등한 자가 아무도 없고, 동등한 자로서 그가 교통할 분이 하나도 없소. 하나님은 정말로 모든 성격의 근원일지 모르지만, 그 자체로서, 창조자가 피조물 위에 있고 피조물을 지나서 계시는 것 같이, 하나님은 성격을 초월하오."

이 주장은 토마스와 나다니엘을 크게 난처하게 만들었고, 그들은 예수에게 구조하러 오시라고 요청한 적이 있었지만, 주는 그 토론에 끼어 들려 하지 않았다. 그는 토마스에게 귀띔해 주었다: "너희가 아버지의 무한하고 영원한 성품의 이상에 관하여 영적으로 알고 있는 한, 아버지에 대하여 너희가 무슨 아이디어를 품는가는 전혀 문제가 되지 않느니라."

하나님은 사람과 교통하며, 따라서 로단의 정의(定義)를 쓰더라도 아버지는 성격자라고 토마스는 주장했다. 이것을 그리스인 철학자는 하나님이 자신을 친히 드러내지 않는다, 그는 아직도 신비라는 이유로 물리쳤다. 그리고 나서 나다니엘은 자기가 개인적으로 하나님을 체험한 것을 예를 들어 호소했고, 로단은 그가 요즈음에 비슷한 체험을 가진 적이 있다고 증언하면서 그것을 인정했지만, 이런 체험들은 기껏해야 하나님이 <u>실체</u>임을 증명할 뿐이고 <u>성격</u>임을 증명하지 않는다고 주장하였다.

월요일 밤이 되자 토마스는 두 손을 들었다. 그러나 화요일 밤이 되어서, 나다니엘은 로단이 아버지가 성격자임을 믿도록 설득했고, 다음 단계의 논리로 그리스인의 관점을 바꾸게 했다:

1. 파라다이스에 계신 아버지는 적어도 다른 두 존재와 동등한 교통을 가지며, 이들—영원한 아들과 무한한 영—은 자신과 완전히 대등하고 자신과 온전히 비슷하다. 삼위 일체 교리에 비추어서, 그리스인은 우주의 아버지가 성격이라는 가능성을 인정할 수밖에 없었다. (이 토론을 후일에 고려한 것은 열두 사도의 머리 속에 확대된, 삼위 일체 개념으로 이끌었다. 말할 것도 없이, 예수가 영원한 아들이라는 것이 일반적 믿음이었다).

2. 예수가 아버지와 대등하니까, 그리고 이 아들이 땅에 있는 그의 자녀들의 성격을 나타내는 일을 해냈으니까, 그러한 현상은 세 신격(神格)이 모두 성격을 소유한다는 사실과 그 가능성을 보여 주는 증명이 되며, 하나님이 사람과 교통할 수 있는 능력, 그리고 사람이 하나님과 교통하는 가능성에 관한 물음을 영원히 해결한다.

3. 예수가 사람과 서로 교제하고 완전히 교통하는 조건에 있다, 예수가 하나님의 아들이라는 것. 아들과 아버지의 관계는 대등하게 교통하고 서로 공감하는 이해를 전제(前提)로 한다, 예수와 아버지는 하나라는 것. 예수는 한꺼번에 하나님과 사람과 이해하면서 교통을 유지한다, 그리고 하나님과 사람 모두가 예수가 교통하는 상징의 뜻을 이해하니까, 서로 교통하는 능력이 있어야 한다는 필요 조건이 관계되는 한, 하나님과 사람이 모두 성격의 속성을 소유한다는 것. 예수의 성격은 하나님의 성격을 보여 주며, 한편 사람 속에 하나님이 계심을 확고하게 증명한다는 것. 똑같은 것에 관련된 두 가지는 서로 관계된다는 것.

4. 성격은 인간 실체와 신다운 가치에 대하여 사람의 최고 개념을 대표한다, 하나님은 또한 신다운 실체와 무한한 가치에 대하여 사람이 가진 가장 높은 개념을 나타낸다. 그러므로 하나님은 신답고 무한한 성격이다, 실제로 비록 사람의 성격 개념 및 정의(定義)를 무한히 영원히 뛰어넘는 성격이지만, 그런데도, 언제나, 보편적으로 성격임이 틀림없다는 것.

5. 하나님이 모든 성격의 창조자요 모든 성격의 운명이니까, 하나님은 성격임이 틀림없다는 것. "따라서 하늘에 계신 너희 아버지가 완전한 것 같이, 너희도 완전하라"하는 예수의 가르침에 로단은 전에 엄청나게 영향을 받았다.

이 여러 논점을 듣자, 로단이 말했다: "확신이 드오. 초인간, 초월, 최상, 무한, 영원, 최종, 보편성과 같은 한 집단의 연장된 가치를 성격 의미에 붙여서, 그런 믿음에 대하여 내 고백을 제한해도 된다면, 하나님이 성격자임을 나는 고백하오. 하나님이 성격보다는 무한히 크심이 틀림없지만, 성격보다 작을 수 없다는 것을 이제 확신하오. 논쟁을 그만두고, 예수가 아버지를 몸소 계시한 것이요, 예수가 논리, 이성, 철학에서 만족되지 않은 모든 요소를 만족시킨다는 것을 받아들이는데 나는 만족하오."

2. 예수의 신다운 성품

로단이 하늘나라 복음에 대하여 가진 견해를 나다니엘과 토마스가 아주 충분히 인정했으니까, 더 고려할 것이 오직 하나 남았는데, 즉 예수의 신다운 성품을 다루는 가르침, 겨우 최근에야 터놓고 선언한 교리이다. 나다니엘과 토마스는 주의 신다운 성품에 관하여 견해를 공동으로 발표했고, 다음 이야기는 그들의 가르침을 요약하고 다시 정리하고 다시 적어 발표하는 것이다:

1. 예수는 그의 신성(神性)을 이미 인정했고, 우리는 그를 믿는다. 사람의 아들일 뿐 아니라 하나님의 아들이라는 것을 믿어야만 우리가 이해할 수 있는 많은 일이 그의 봉사와 관련하여 일어났다.

2. 그가 우리와 함께 가진 일생의 관계는 인간 우정의 이상(理想)을 본보기로 보여 준다. 오직 신다운 존재가 아마 그러한 인간 친구일 수 있다. 그는 우리가 일찍이 본 가운데 참으로 가장 이기심 없는 사람이다. 죄인들에게도 친구이고, 감히 적들을 사랑한다. 그는 우리에게 무척 충실하다. 서슴지 않고 우리를 꾸짖지만, 그가 우리를 참으로 사랑하는 것이 모두에게 명백하다. 사람이 그를 잘 알면 알수록, 더욱 그를 사랑할 것이다. 사람들은 흔들리지 않는 그의 헌신에 마음이 끌릴 것이다. 우리가 그의 사명을 이해하지 못했던 이 여러 해 동안 언제나, 그는 충실한 친구였다. 비위 맞추는 말을 전혀 쓰지 않지만, 우리 모두를 똑같이 친절하게 다루며, 변함없이 부드럽고 동정심이 있다. 그는 인생과 모든 다른 것을 우리와 함께 나누었다. 우리는 행복한 공동체요 모든 것을 공동으로 나누어 쓴다. 우리는 그렇게 벅찬 상황 밑에서 한낱 인간이 그런 티없는 삶을 살 수 있다고 믿지 않는다.

3. 예수가 결코 그릇된 일을 하지 않기 때문에 우리는 그가 신성하다고 생각한다. 아무 잘못을 저지르지 않는다. 그의 지혜는 놀랍고, 경건함은 더할 나위 없다. 날마다 아버지의 뜻에 완전히 맞추어 산다. 아버지의 율법을 하나도 어기지 않으니까 결코 한 일을 뉘우치지 않는다. 우리를 위하여 우리와 함께 기도하지만, 결코 우리에게 그를 위하여 기도하라고 요청하지 않는다. 그는 한결같이 죄가 없다고 우리는 믿는다. 겨우 인간인 자가 일찍이 그러한 삶을 살려고 공언했다고 생각하지 않는다. 그는 완전한 삶을 산다고 주장하고, 우리는 그가 그렇게 한다고 인정한다. 우리의 경건함은 회개(悔改)로부터 생기지만 그의 경건함은 의로움으로부터 솟아나온다. 그는 죄를 용서한다고까지 공언하며, 병을 고친다. 한낱 인간이 멀쩡한 정신에 죄를 용서한다고 공언하지 않을 것이다. 그것은 신의 특권이다. 우리가 그와 처음 접촉했을 때부터 그는 올바름 속에 이렇게 완전한 듯하였다. 우리는 은혜 속에서, 또 진리의 지식 속에서 자라지만, 우리 주는 시작할 때부터 성숙한 올바름을 나타낸다. 모든 착한 사람과 악한 사람이 예수 안에서 이 선한 요소들을 알아본다. 그래도 그의 경건함은 결코 눈에 거슬리거나 티가 나지 않는다. 그는 온유하고도 두려움이 없다. 우리가 그의 신성을 믿는 것을 승인하는 듯하다. 그는 그가 공언하는 대로 그런 분이든지, 아니면 세상에 일찍이 알려진 가운데 최대의 위선자요 사기꾼이다. 그는 자기가 주장하는 바로 그런 분이라고 우리는 확신한다.

4. 그의 성품이 독특하고 감정을 완전히 통제하는 것은 그가 인간과 신성(神性)의 조합이라는 확신을 우리에게 준다. 그는 인간적 필요가 있는 장면에 어김없이

반응하며, 사람의 고통이 그의 마음에 호소하지 않는 적이 없다. 그의 동정심은 육체의 고통, 정신의 고뇌, 또는 영적 슬픔에 똑같이 움직인다. 동료 인간들 안에서 믿음의 존재나 어떤 다른 장점을 재빨리 알아보고 너그럽게 인정한다. 아주 공정하고 공평하며, 동시에 무척 자비롭고 사려가 깊다. 사람들의 영적 완고함을 슬퍼하고, 그들이 동의하고 진리의 빛을 볼 때 기뻐한다.

5. 그는 사람들의 머리 속에 있는 생각을 알고 마음 속의 소망을 이해하는 듯하다. 그리고 우리의 영이 불안할 때 반드시 공감한다. 우리 인간의 감정을 모두 가진 듯하지만, 그 감정은 훌륭하게 영화롭게 되었다. 선을 뚜렷이 사랑하고 악을 똑같이 미워한다. 신이 앞에 계심을 초인간적으로 의식하고 있다. 사람처럼 기도하지만 하나님처럼 행동한다. 사물을 미리 아는 듯하다. 지금도 감히 그의 죽음에 대하여 말하고, 앞날에 그가 영화롭게 되는 것에 대하여 어떤 신비스러운 말씀을 한다. 친절하지만, 또한 용기 있고 용감하다. 의무를 다하는 데 결코 실수하지 않는다.

6. 우리는 그가 초인간적 지식을 가진 현상에 항상 감명을 받는다. 미처 하루가 지나기 전에, 바로 그가 계신 데서 떨어진 곳에, 무슨 일이 일어나는가 주가 아신다는 것을 나타내는 무슨 일이 벌어진다. 동료들의 생각을 또한 아는 듯하다. 의심할 여지 없이, 그는 하늘 성격자들과 교통하며, 질문의 여지 없이 나머지 우리보다 훨씬 위에 영적 수준에서 산다. 독특하게 알아보는 그의 눈앞에 모든 것이 펼쳐진 듯하다. 그는 우리와 대화하려고 묻는 것이지, 정보를 캐내려고 묻지 않는다.

7. 요즘에 주는 자기의 초인간성을 서슴지 않고 주장한다. 우리가 사도로서 세움받은 날부터 바로 최근에 이르기까지, 결코 위에서 하나님으로부터 왔음을 부인한 적이 없다. 그는 신다운 선생의 권위를 가지고 말씀한다. 주는 서슴지 않고 오늘날 종교 선생들의 종교적 가르침을 논박하고, 분명한 권위를 가지고 새 복음을 선포한다. 주장을 내세우며, 적극적이고 권위가 있다. 세례자 요한조차도, 예수의 말씀을 들었을 때, 그가 하나님의 아들이라고 선언했다. 그는 자신 안에서 아주 충분한 듯하다. 군중의 지지(支持)를 갈망하지 않는다. 사람들의 의견에 아랑곳하지 않는다. 용감해도 도무지 자만이 없다.

8. 행하는 모든 일에, 그는 하나님에 대하여 늘 계시는 동료로서 항상 이야기한다. 좋은 일 하는 데 몰두하며, 하나님이 안에 계신 듯하기 때문이다. 자신에 대하여, 또 땅에서 그의 사명에 대하여 가장 놀라운 주장을 하며, 그 말씀은 그가 신이 아니라면 터무니없다. 그는 한때 선언했다, "아브라함이 있기 전에, 내가 있었노라." 분명히 신성을 주장했고, 하나님과 동업자라고 공언한다. 하늘 아버지와 가까운 관계를 가졌다는 주장을 되풀이하는 데 언어의 가능성을 거의 다 써버린다. 자기와 아버지는 하나라고 감히 주장하기까지 한다. 누구라도 그를 본 자는 아버지를 보았다고 말한다. 아이처럼 자연스럽게 이 엄청난 일을 모두 말하고 행한다. 우리와 가진 관계를 언급하는 바로 그런 방식으로 아버지와 가진 관계를 비쳐 말한다. 그는 하나님에 대하여 아주 확실한 듯하고, 그런 사무적인 방법으로 이 관계들에 대하여 말한다.

9. 기도(祈禱) 생활에서 그는 아버지와 바로 교통하는 듯하다. 우리는 그가 드리는 기도를 몇 가지밖에 듣지 못했지만, 이 몇 가지는, 말하자면, 그가 얼굴을 맞대고 하나님과 이야기함을 가리킬 것이다. 지난날 뿐 아니라 앞날을 아는 듯하다. 그가 인간을 넘는 무엇이 아니라면, 그는 단지 이 모든 것일 수 없고 이 모든 놀라

운 일을 할 수 없다. 우리는 그가 사람임을 알고, 그렇다고 확신하지만, 또한 신이라고 거의 똑같이 확신한다. 우리는 그가 신이라고 믿는다. 그가 사람의 아들이요 하나님의 아들이라고 확신한다.

로단과 회의를 마치고 나서, 나다니엘과 토마스는 동료 사도들과 합치려고 예루살렘을 향하여 서둘러 갔고, 그 주 금요일에 도착했다. 이 세 신자 모두의 생애에서 이것은 큰 체험이었고, 다른 사도들은 나다니엘과 토마스가 겪은 이 체험을 돌이켜보고 많은 것을 배웠다.

로단은 알렉산드리아로 돌아갔고, 거기서 오랫동안 메간타 학교에서 그의 철학을 가르쳤다. 그는 하늘나라의 후기 업무에서 막강한 사람이 되었다. 땅에서 마지막 날까지 충실한 신자였고, 박해가 절정에 이르렀을 때 다른 사람들과 함께 그리스에서 목숨을 바쳤다.

3. 예수의 인간 지성과 신 지성

신성(神性)을 의식하는 것은 예수가 세례 받은 계제까지 머리 속에서 차츰차츰 자랐다. 신다운 성품, 인간 이전의 존재, 우주의 특권을 넉넉히 자의식하게 된 뒤에, 그는 자신의 신성을 인간으로서 의식하는 것을 여러 가지로 제한하는 능력을 가졌던 듯하다. 우리에게는, 그가 세례 받은 때부터 십자가에 처형되기까지 오직 인간 지성에만 의존하든지, 아니면 인간 및 신의 지성, 이 둘의 지식을 이용하든지, 전적으로 예수에게 선택이었던 것으로 보인다. 때때로 그는 오직 인간 지능에 거하는 정보를 이용하는 듯했다. 다른 경우에 오직 신다운 의식의 초인간적 내용을 이용해야만 얻을 수 있는 그러한 충만한 지식과 지혜를 가지고 그가 행동하는 듯했다.

오로지 그가 신이라는 의식을 스스로, 뜻대로 제한할 수 있다는 이론을 받아들여야 우리는 그의 독특한 행동을 이해할 수 있다. 사건들에 대한 선견(先見)을 동료들에게 주지 않는 일이 빈번했고, 그들의 생각과 계획의 성질을 그가 알고 있었다는 것을 우리는 충분히 인식한다. 우리가 이해하건대, 그가 그들의 생각을 헤아리고 계획을 꿰뚫어볼 수 있다는 것을 추종자들이 너무 잘 알기를 그는 원하지 않았다. 그는 사도와 제자들이 머리 속에 지녔던, 인간적 개념을 너무 멀리 초월하기를 바라지 않았다.

신으로서 그가 가진 의식(意識)을 스스로 제한하는 버릇, 그리고 인간 동료들로부터 선견을 감추고 생각을 헤아리는 기술, 이 둘의 차이를 우리는 도무지 구별하지 못한다. 그가 이 두 가지 기술을 쓴다고 확신하지만, 어느 주어진 경우에, 그가 어느 방법을 이용했을까 우리는 반드시 꼬집어 낼 수 없다. 우리는 인간적 의식의 내용만 가지고 그가 행동하는 것을 자주 관찰했으며, 우주의 하늘 집단의 지도자들과 그가 회의하는 것을 보고, 의심할 여지 없이 신다운 지성이 활동함을 헤아리곤 했다. 그리고 나서 거의 수없이 많은 경우에, 인간 및 신의 지성이 겉보기에 완전히 합쳐서 활성화된 대로, 사람과 하나님의 통합된 이 성격이 일하는 것을 우리는 구경했다. 이것이 그러한 현상에 대하여 우리가 가진 지식의 한계이다. 우리는 정말로 이 신비에 대하여 완전한 진실을 실제로 알지 못한다.

제 162 편

천막 축제에서

열 사도와 함께 예루살렘을 향하여 길을 떠났을 때, 예수는 사마리아를 거쳐서 가기로 계획했으며, 그것이 더 지름길이었다. 따라서 그들은 호수의 동쪽 해안으로 내려갔고, 스키토폴리스를 거쳐서 사마리아의 경계지에 들어섰다. 밤이 가까워 오자, 예수는 일행을 위해서 투숙할 곳을 잡으려고 길보아 산 동쪽 비탈에 있는 마을로 빌립과 마태를 보냈다. 어쩌다가, 이 마을 사람들은 유대인들에 대해서 크게 반감(反感)을 가지고 있었고, 보통 사마리아인보다 더욱 그랬는데, 아주 많은 사람이 천막 축제에 가는 길에 있었기 때문에, 특히 이 시기에 이 감정이 악화되었다. 이 사람들은 예수에 대하여 거의 아무 것도 몰랐고, 그와 동료들이 유대인이었기 때문에 예수에게 숙박 장소를 거절하였다. 마태와 빌립이 분개하는 태도를 보이고 이 사마리아인들에게 그들이 이스라엘의 거룩한 자를 접대하기를 거부하고 있다고 알려 주자, 머리끝까지 화가 난 마을 사람들은 막대기와 돌을 가지고 작은 마을 바깥으로 그들을 쫓아냈다.

빌립과 마태가 동료들에게 돌아와서 어떻게 그들이 마을 바깥으로 쫓겨났는가 보고한 뒤에, 야고보와 요한은 예수에게 걸어가서 말했다: "주여, 게으르고 뉘우치지 않는 이 사마리아인들을 삼키라고 하늘에서 불이 내려오라 명하도록 우리에게 허락하시기를 비나이다." 그러나 앙갚음하려는 이 말을 듣자, 예수는 세베대의 아들들에게 돌이켜서 따끔하게 꾸짖었다: "너희의 태도가 어떻게 보이는가 너희가 모르는도다. 복수(復讐)는 하늘나라를 바라보는 느낌이 들게 하지 않느니라. 다투기보다, 요단 강 여울목 옆에 작은 마을까지 가자." 종파적 편견 때문에, 이처럼 이 사마리아인들은 한 우주의 아들 창조자를 친절히 대접하는 영광스러운 기회를 놓쳐 버렸다.

예수와 열 사람은 요단 강 여울목에서 가까운 마을에서 그 날 밤을 지내려고 멈추었다. 이튿날 일찍 그들은 강을 건넜고, 요단 강 동쪽의 대로를 거쳐서 예루살렘으로 계속 가서, 수요일 저녁 늦게 베다니에 다다랐다. 토마스와 나다니엘은 금요일에 도착했고, 로단과 가진 회의 때문에 늦어졌다.

다음 달 (10월) 끝까지, 약 4주 반 동안, 예수와 열두 사도는 예루살렘 근처에서 남아 있었다. 예수 자신은 겨우 몇 번 그 도시로 들어갔고, 천막 축제의 며칠 동안에 이런 짧은 방문이 있었다. 그는 베들레헴에서 아브너와 그 동료들과 함께 10월의 상당한 부분을 지냈다.

1. 예루살렘 방문의 위험

갈릴리에서 달아나기 오래 전에, 추종자들은 예수에게 그의 메시지가 유대인의 문화와 학문(學文)의 중심에서 전파되었다는 평판을 가지도록 하늘나라 복음을 선포하려고 예루살렘으로 올라가자고 애원했다. 그러나 이제 가르치려고 그가 예루살렘으로 실제로 오자, 그들은 그가 목숨을 잃을까 두려워했다. 재판을 위하여 예수를 산헤드린이 예루살렘으로 잡아오려고 했다는 것을 알고, 주가 사형당해야 한다는 선언을 최근에 되풀이한 것을 상기하면서, 그가 천막 축제에 참석하겠다는 갑작스러운 결정에 사도들은 글자 그대로 깜짝 놀랐다. 예루살렘으로 가라고 그들이 이전에 드린 모든 부탁에, 그는 전에 이렇게 대답했다, "때가 아직 오지 않았도다." 이제, 두려워서 그들이 항의하는 데 이렇게 대답할 뿐이었다: "하지만 때가 왔느니라."

천막 축제 동안에 예수는 몇 번이나 예루살렘으로 대담하게 들어갔고, 성전에서 대중 앞에서 가르쳤다. 사도들이 말리려고 노력했는데도 그는 이렇게 했다. 비록 그들이 메시지를 예루살렘에서 선포하라고 오랫동안 그를 재촉했어도, 서기관과 바리새인들이 그를 죽게 만들려고 단단히 결심한 것을 잘 알고 있었기 때문에, 이제 그들은 이 때 예수가 도시에 들어가는 것을 보기가 두려웠다.

예수가 예루살렘에 대담하게 나타난 것은 더욱 추종자들을 어리둥절하게 만들었다. 많은 제자가, 또 가룟 유다조차, 유대인 지도자들과 헤롯 안티파스가 두려워서 예수가 페니키아로 전에 황급히 달아났다고 감히 생각했다. 그들은 주가 움직인 뜻을 이해하지 못했다. 추종자들의 반대하는 충고를 무릅쓰면서 그가 천막 축제 동안에 예루살렘에 계신 것은, 그가 겁이 있고 비겁하다는 온갖 수군거림을 그치게 하기에 언제까지나 충분했다.

천막 축제 동안에, 로마 제국의 모든 지방에서 온 수많은 신자들은 예수를 보고 그가 가르치는 것을 들었으며, 그들의 고향 지역에서 하늘나라의 진전에 관하여 그와 회담하려고 많은 사람이 베다니로 여행하기까지 했다.

축제의 여러 날을 통해서 내내, 성전 마당에서 예수가 대중 앞에서 전도할 수 있은 데에는 여러 이유가 있었고, 이 중에 주요한 것은 자체의 계층에서 은밀하게 의견이 서로 달라진 생긴 결과로서, 산헤드린의 관리들에게 두려움이 덮친 것이다. 산헤드린의 많은 회원이 몰래 예수를 믿거나, 아니면 그렇게 큰 집단의 사람들이 예루살렘에 있는 축제 동안에 예수를 체포하는 것을 확실히 싫어한 것이 사실이었고, 그 무리 가운데 많은 사람은 예수를 믿거나, 적어도 그가 후원하는 영적 운동에 호감을 가졌다.

아브너와 그 동료들이 유대에 두루 펼친 노력은 또한 하늘나라에 대하여 더욱 호감을 갖게 하는 데 크게 기여했고, 그래서 예수의 적들은 감히 반대를 크게 내세우지 못했다. 이것이 어째서 예수가 예루살렘을 버젓이 방문하고 살아서 돌아갈 수 있었는가 하는 이유의 하나였다. 이보다 한두 달 전에, 그는 분명히 죽음을 당했을 것이다.

그러나 예루살렘에 예수가 대중 앞에 나타나면서 보인 그 대담한 용기는 적들의 간을 서늘하게 했다. 그들은 그러한 대담한 도전에 대하여 준비가 되지 않았다. 여러 번 이 달에 산헤드린은 주를 체포하려고 미약하게 시도했지만, 이 노력으로부터 아무 일도 생기지 않았다. 적들은 예수가 뜻하지 않게 예루살렘에 대중 앞에서 나타난 것 때문에 흠칫 놀라서, 예수가 로마 당국의 보호를 약속받은 것이 틀림없다고 추측했다. 빌립이 (헤롯 안티파스의 형제) 거의 예수의 추종자임을 알았으니까, 빌립이 예수의 적들로부터 보호한다는 약속을 예수를 위하여 얻었다고 산헤드린 회원들은 짐작했다. 예수가 갑자기 대담하게 예루살렘에 나타난 것은 로마인 관리들과 비밀 협정이 있었기 때문이라고 그들이 잘못 믿었다는 것을 깨닫기 전에, 예수는 그들의 관할 구역을 떠나 버렸다.

그들이 마가단을 떠났을 때, 열두 사도만 예수가 천막 축제에 참석하려는 생각이 있었음을 알았다. 다른 추종자들은 주가 성전 안마당에 나타나서 대중 앞에서 가르칠 때 크게 놀랐고, 유대인 당국은 그가 성전에서 가르치고 있다는 보고를 받았을 때, 말할 수 없이 놀랐다.

제자들은 예수가 축제에 참석하기를 기대하지 않았어도, 예수의 이름을 듣고서 멀리서 온 순례자들의 대다수는 예루살렘에서 예수를 볼지 모른다는 희망을 품었다. 그리고 그들은 실망하지 않았는데, 몇 차례 그는 솔로몬 현관에서, 그리고 성전 안마당의 다른 곳에서 가르쳤다. 이 가르침은 유대 민족과 온 세계에 예수의 신성을 공식(公式)으로, 즉 정식으로 선언한 것이다.

주의 가르침에 귀를 기울인 군중은 의견이 갈라졌다. 더러는 그가 좋은 사람이라, 더러는 선지자이라, 더러는 그가 참으로 메시아라고 했다. 더러는 그가 짓궂은 장난꾼이라, 이상한 교리로 사람들을 그릇된 길로 미혹(迷惑)한다고 말했다. 적들은 그를 편드는 신자들이 두려워서 드러내 놓고 예수를 비난하기를 망설였고, 한편 친구들은 산헤드린이 그를 사형(死刑)에 처하려고 결심한 것을 알고서, 유대인 지도자들이 두려워서 드러내 놓고 예수를 인정하기를 두려워했다. 그러나 예수가 랍비 학교에서 교육받은 적이 없음을 알았기 때문에, 적들도 그의 가르침에 놀라워하였다.

예수가 예루살렘으로 갈 때마다, 사도들은 공포에 휩싸였다. 땅에서 그의 사명의 성질에 관하여 예수가 갈수록 더 대담하게 선언하는 것을 들으면서, 하루하루, 더욱 두려워졌다. 친구들 사이에서 전도할 때조차도, 예수가 그렇게 적극적으로 주장하고 놀랍게 주창하는 것을 듣는 데 그들은 익숙하지 않았다.

2. 성전에서 처음 하신 말씀

예수가 성전에서 가르친 첫날 오후에, 상당히 큰 일행이 새 복음의 자유와 좋은 소식을 믿는 자들의 기쁨을 묘사하는 말씀에 귀를 기울이며 앉아 있었다. 그 때 호기심 있게 듣던 한 사람이 예수의 말을 막고 물었다: "선생이여, 당신은 랍비의 학문을 배우지 않았다는 소문을 제가 듣자온데, 어찌하여 당신은 성서를 인용하고 아주 거침없이 사람들을 가르치시나이까?" 예수가 대답했다: "내가 너희에게 선언하는 진리를 아무도 나에게 가르치지 않았느니라. 이 가르침은 내 것이 아니요, 나를 보내신 이의 것이라. 누구라도 정말로 내 아버지의 뜻을 행하기 바라면, 내 가르침에 대하여, 하나님의 것인지, 아니면 내가 나 자신을 위하여 말하는지, 분명히 알리라. 자기를 위하여 말하는 자는 자기의 영광을 구하거니와 내가 아버지의 말씀을 선언할 때, 나는 이로서 나를 보내신 이의 영광을 찾노라. 그러나 너희가 새 빛으로 들어가려 애쓰기 전에, 오히려 너희가 이미 가진 빛을 따라야 하지 않느냐? 모세는 너희에게 율법을 주었으나, 그래도 너희 가운데 얼마나 많은 사람이 그 요구대로 정직하게 행하고자 하느냐? 이 율법에 '너희는 사람을 죽이지 말라' 하고 모세가 너희에게 명령하느니라. 이 명령이 있는데도, 너희 가운데 더러는 사람의 아들을 죽이려 하느니라."

이 말을 듣자, 군중은 자기네끼리 말다툼에 빠졌다. 더러는 그가 미쳤다, 더러는 그가 악마에 들렸다고 말했다. 더러는 이 사람이 정말로 서기관과 바리새인들이 오랫동안 죽이려고 한, 갈릴리 선지자라 했다. 더러는 종교 당국이 그를 다치기를 두려워한다 했고, 더러는 그들이 예수를 믿는 자가 되었기 때문에 그에게 손대지 않는다고 생각했다. 어지간히 논쟁(論爭)이 있은 뒤에, 군중 속에서 한 사람이 앞으로 걸어나와서 예수에게 물었다: "어찌하여 통치자들이 당신을 죽이려고 하나이까?" 그는 대답했다: "하늘나라의 좋은 소식에 대한 내 가르침을 분개하는 까닭에, 통치자들이 나를 죽이려고 하느니라. 이 복음은 이 선생들이 어떤 값을 치르더라도 유지하려고 각오한, 형식을 찾는 예식을 중시하는 종교의 무거운 전통으로부터 사람들을 해방하는 복음이라. 저희는 안식일에 율법에 따라서 할례를 받으나, 질병의 고통 속에 묶여 있던 어떤 사람을 한때 내가 안식일에 해방했다고 해서, 나를 죽이려 하느니라. 저희는 나를 감시하려고 안식일(安息日)에 나를 따라다니나, 또 다른 기회에, 몹시 앓는 사람을 내가 안식일에 완전히 낫게 만들었다고 해서 나를 죽이려 하느니라. 너희가 내 가르침을 정직하게 믿고 감히 받아들이면, 전통적 종교 체계가 뒤집어지고 언제까지나 붕괴될 것을 잘 아는 까닭에 저희가 나를 죽이려고 하느니라. 하나님 나라의 새롭고 더욱 영화로운 이 복음을 받아들이지 않으려고 저희가 집요하게 물리치매, 일생을 바쳐 얻은 권한을 저희가 이처럼 빼앗기리라. 그리고 이제 나는 너희 각 사람에게 호소하노니, 겉으로 나타나는 것에 따라서 판단하지 말고, 오히려 이 가르침의 참된 정신에 따라 판단하라. 올바르게 판단하라."

다음에 다른 사람이 물었다: "옳소이다, 선생이여, 우리는 메시아를 찾고 있으나, 그가 오실 때, 그 모습이 신비 속에 가려 있을 줄 아나이다. 우리는 당신이 어디로부터 왔는지 아나이다. 당신은 처음부터 당신의 형제들 사이에 있었나이다. 구원자는 다윗 왕국의 보좌를 회복하려고 권능을 입고 오시리이다. 당신은 정말로 메시아라고 주장하나이까?" 그리고 예수는 대답했다: "너는 나를 알고 내가 어디로부터 왔는지 안다고 주장하는구나. 너의 주장이 참이기를 내가 원하노니, 그렇다면 정말로 그것을 앎으로 말미암아 네가 풍부한 생명을 발견할 것임이라. 그러나 내가 선언하노니, 나는 나를 위하여 너희에게 오지 아니하였노라. 아버지가 나를 보내셨고, 나를 보내신 이는 참되고 충실하시니라. 내 말을 듣지 않으려 함으로 너희는 나를 보내시는 이를 받아들이지 않으려 하는도다. 이 복음을 받아들이고자 하면, 너희는 나를 보내신 이를 알게 되리라. 나는 아버지를 아노니, 아버지를 너희에게 선언하고 드러내려고 내가 아버지로부터 왔음이라."

서기관들의 관리들이 예수를 체포하고 싶어했지만, 군중을 두려워했으니, 많은 사람이 그를 믿었기 때문이다. 세례를 받은 뒤에 예수가 한 일은 온 유대인에게 잘 알려졌고, 이들 가운데 많은 사람이 이 일을 다시 이야기하면서 자기들끼리 말했다: "비록 이 선생이 갈릴리에서 왔어도, 비록 메시아에 대한 우리의 기대를 모두 채우지 못하더라도, 우리는 구원자가 올 때, 이 나사렛 예수가 이미 행한 것보다 더 놀라운 일을 할 것인가 궁금하도다."

사람들이 이런 식으로 말하는 것을 듣자, 바리새인들과 그 관리들은 자기 지도자들과 함께 의논했고, 성전 안마당에서 예수가 이렇게 대중 앞에 나타나는 것을 멈추게 하려고 당장에 무슨 조치를 취해야 한다고 결정했다. 유대인 지도자들은 대체로, 로마 당국이 예수에게 특권을 약속했다고 믿고서, 예수와 충돌을 피하고 싶어했다. 그렇지 않다면 그가 이 때 예루살렘으로 대담하게 온 것을 설명할 수 없었다. 그러나 산헤드린의 관리들은 이 소문을 전적으로 믿지는 않았다. 로마의 통치자들이 몰래, 유대 민족의 가장 높은 통치 기구에 알리지 않고 그런 일을 하지 않으리라고 추리했다.

따라서, 산헤드린의 담당 관리 이버가 두 조수와 함께, 예수를 잡으려고 파송되었다. 이버가 예수를 향하여 다가가자, 주는 말했다: "나에게 가까이 오기를 두려워 말라. 내 가르침을 들으면서 가까이 오라. 나를 잡으라고 너희가 파송된 줄을 내가 아노라. 그러나 때가 오기까지는 아무 일도 사람의 아들에게 닥칠 수 없음을 너희가 알아야 하느니라. 너희는 나를 적대하여 여기에 서 있지 않느니라. 단지 주인의 명령을 행하려고 너희가 올 뿐이요, 이 유대인 통치자들조차도, 남몰래 나를 죽이려고 할 때, 저희가 하나님 섬기는 일을 하고 있다고 진실로 생각하느니라.

"나는 너희 가운데 누구에게도 악의를 품지 않노라. 아버지는 너희를 사랑하고, 따라서 편견의 사슬과 전통의 어두움에서 너희가 구원받기를 내가 몹시 바라노라. 나는 너희에게 생명의 자유와 구원의 기쁨을 내밀고, 새로운 길, 생명의 길, 악에서 구원하고 죄의 사슬을 깨 버릴 것을 선포하노라. 너희가 생명을 가지도록, 영원히 가지도록 내가 왔노라. 너희는 나, 그리고 너희를 불안하게 만드는 내 가르침을 없애려고 애쓰느니라. 내가 잠시 동안만 너희와 함께 있으리라는 것을 너희가 깨달을 수만 있다면! 조금만 있으면, 나를 이 세상으로 보내신 이에게로 내가 가리라. 그리고 나서 너희 중 여럿이 나를 부지런히 찾겠으나 너희는 내 모습을 찾지 못하리니, 내가 가려 하는 곳에 너희가 올 수 없음이라. 그러나 나를 찾으려고 참으로 애쓰는 자는 모두 내 아버지가 계신 곳으로 인도하는 생명을 언젠가 얻으리라."

비웃는 자들 몇이 자기들끼리 말했다: "우리가 발견하지 못하도록 이 사람이 가면 어디로 가겠느냐? 그가 그리스인들 가운데 살려고 가겠느냐? 그가 스스로 죽겠느냐? 곧 그가 우리를 떠나고, 그가 가는 곳으로 우리가 갈 수 없다고 선언하니, 무엇을 뜻하느냐?"

이버와 조수들은 예수를 체포하려 하지 않았다. 그를 대동하지 않고 그들이 만나는 장소로 돌아갔다. 그래서 대사제와 바리새인들이 이버와 그 조수들이 예수를 잡아오지 않았다고 해서 힐책하자, 이버는 이렇게 대답할 뿐이었다: "많은 사람이 그를 믿기 때문에, 우리는 군중 한가운데서 그를 체포하기가 두려웠나이다. 게다가, 우리는 이 사람처럼 말하는 사람을 한 번도 보지 못했나이다. 이 선생에 대하여 특별한 무엇이 있나이다. 여러분은 모두 그의 말을 들으러 가 보는 것이 좋으리이다." 이 말을 들었을 때, 주통치자들은 놀랐고 이버에게 조롱하며 말했다: "너도 타락하였느냐? 너는 이 사기꾼을 믿으려 하느냐? 우리 학식 있는 사람들 가운데 누구라도, 아니면 통치자들 가운데 누구라도 그를 믿었다는 말을 네가 들은 적이 있느냐? 서기관이나 바리새인들 가운데 누구라도 그의 영리한 가르침에 속았느냐? 율법도 선지자도 모르는 이 무지(無知)한 군중의 행동에 네가 영향을 받다니 어찌 된 일이냐? 교육받지 못한 그런 사람들은 저주받은 줄 네가 모르느냐?" 그리고 나서 이버가 대답했다: "그렇다 해도, 내 주인들이여, 하지만 이 사람은 군중에게 자비와 희망에 넘친 말씀을 하나이다. 그는 풀이 죽은 자들을 격려하며, 그의 말씀은 우리 혼에게도 위로가 되나이다. 그가 비록 성서의 메시아가 아닐지라도 이 가르침에 무슨 잘못이 있을 수 있나이까? 그리고 그 때에도 우리의 율법은 공평(公平)을 요구하지 않나이까? 우리는 사람의 변론을 듣기도 전에 사람을 정죄하나이까?" 산헤드린의 우두머리는 이버에게 화가 머리끝까지 치밀어, 그에게 대들어 말했다: "너는 미쳤느냐? 너도 혹시 갈릴리 출신이냐? 성서(聖書)를 훑어보라, 그러면 갈릴리에서 메시아는커녕, 아무 선지자가 나오지 않음을 네가 발견하리라."

산헤드린은 혼란 속에 해산되었고, 예수는 그 날 밤을 지내려고 베다니로 물러갔다.

3. 간통 중에 잡힌 여자

이번 예루살렘 방문 중에, 예수는 평판이 나쁜 어떤 여자를 다루었는데, 고발하는 사람들과 적들이 그 여자를 앞으로 데리고 왔다. 이 에피소드에 대하여 너희가 가진 왜곡된 기록은 서기관과 바리새인들이 이 여자를 예수 앞으로 끌고 와서, 이 유대인 종교 지도자들 자신이 부도덕한 죄가 있을지 모른다는 것을 가리키도록 예수가 그들을 다루었다고 암시할 것이다. 이 서기관과 바리새인들이 전통에 충성해서 영적으로 눈이 멀고 지적으로 편견을 가졌지만, 그 시대와 세대에 가장 철저히 도덕적인 사람들로 간주되어야 함을 예수는 잘 알았다.

바로 이 일이 정말로 일어났다: 축제의 셋째 날 아침 일찍, 성전에 가까이 가자 예수는 산헤드린이 고용한 관리들의 무리를 만났는데, 그들은 한 여자를 끌고 가는 길이었다. 그들이 가까이 오자, 그 대변인이 말했다: "주여, 이 여자가 간통하다가—바로 그 현장에서—잡혔나이다. 자, 우리가 그런 여자를 돌로 쳐죽여야 한다고 모세의 율법이 명하나이다. 당신은 이 여자를 어떻게 처치해야 한다고 말씀하시나이까?"

자백한 범법자를 돌로 쳐죽여야 한다고 요구하는 모세의 율법을 예수가 지지한다면, 그를 로마 통치자들과 그 문제로 시비에 말려들게 하려는 것이 예수의 적들의 계획이었고, 로마 통치자들은 유대인이 로마 법정의 승인 없이 사형(死刑)에 처하는 권한을 부인했다. 예수가 그 여자를 돌로 치지 말라고 하면, 자신을 모세와 유대인의 율법 위에 올려 놓는다고 산헤드린 앞에서 예수를 고발할 생각이었다. 그가 말이 없으면, 그들은 예수가 비겁하다고 비난할 것이었다. 그러나 주는 그 음모 전체가 그 자체의 더러운 짐에 깔려서 분쇄되도록 그 상황을 다루었다.

한때는 아름다웠던 이 여인은 나사렛의 열등한 시민, 예수의 소년 시절 내내, 예수에게 성가시게 굴던 사람의 아내였다. 이 사람은 이 여자와 결혼하고 나서, 그 여자가 몸을 팔아서 생계를 벌라고 아주 부끄럽게 강요했다. 아내가 재정적 이득을 보려고 이렇게 육체의 매력을 팔 수 있을까 하여 그는 예루살렘에서 벌어지는 축제에 올라왔다. 그는 유대인 통치자들이 고용한 사람들과 계약을 맺었고, 상업화된 악행에 자기 아내를 이렇게 팔아 버렸다. 그래서 예수가 잡힐 경우에 예수로 하여금 그에게 불리하게 이용될 수 있는 어떤 진술을 하도록 그를 옭아매는 목적으로, 그들은 그 여자, 그리고 함께 죄지은 동반자를 끌고 왔다.

예수는 군중을 돌아보고, 다른 사람들 뒤에 서 있는 그 여자의 남편을 보았다. 예수는 그가 어떤 종류의 사람인 줄 알았고, 그가 멸시할 거래의 당사자임을 깨달았다. 예수는 먼저, 이 타락한 남편이 서 있는 곳 가까이로 돌아서 걸어가, 모래 위에 몇 마디를 적었고, 이것은 그로 하여금 황급히 자리를 뜨게 만들었다. 그리고 나서 그 여자 앞으로 돌아와서, 그 여자를 고발하려는 사람들이 보라고, 땅 위에 다시 썼다. 그리고 그 말씀을 읽자, 그들도 하나씩 떠나 버렸다. 그리고 주가 모래에 세 번째 썼을 때, 악한 일에 그 여자와 함께 한 사람이 떠났고, 그래서 이 글을 쓰고 나서 주가 몸을 일으켰을 때, 그는 앞에 혼자 서 있는 여자를 바라보았다. 예수는 말했다: "여자여, 너를 고발하는 자가 어디 있느냐? 너를 돌로 치려고 아무도 남지 아니하였느냐?" 그리고 그 여자는, 눈을 들어 대답했다: "주여, 아무도 없나이다." 그리고 나서 예수는 말했다: "나는 너에 관하여 알고, 나도 너를 책망하지 않노라. 평안히 네 길을 가라." 그리고 이 여자, 힐다나는 사악한 남편을 버리고, 하늘나라의 제자들 속에 가입하였다.

4. 천막 축제

스페인으로부터 인도까지, 알려진 모든 세계로부터 온 사람들이 참석해서 천막 축제를 예수가 그의 복음 전부를 처음으로 예루살렘에서 대중 앞에 선언하는 이상적인 기회로 만들었다. 이 축제에서 사람들은 대체로 노천에서, 잎이 많은 초막에서 살았다. 이것은 곡식을 거두는 축제였고, 실제로 그렇다시피, 축제가 가을철에 서늘할 때 다가왔기 때문에, 겨울이 끝날 때 유월절이나 여름이 시작될 때 오순절보다, 세계의 유대인들이 더 널리 참석했다. 사도들은 말하자면, 온 세상이 보는 앞에서, 주가 땅에서 그의 사명을 대담하게 선언하는 것을 마침내 구경했다.

다른 축제에 드리지 않은 희생물을 이 때 바칠 수 있었기 때문에, 이것은 축제 중의 축제였다. 이 때는 성전 헌물을 받는 때였다. 이것은 휴가의 즐거움과 경건하게 예배하는 엄숙한 예식이 합쳐진 것이었다. 여기에 민족이 즐거워하는 때가 있었고, 이것은 희생물과 레위의 노래, 그리고 사제들의 은빛 나는 트럼펫을 엄숙히 부는 행사와 섞였다. 밤에는 성전과 그 순례자 무리의 인상적인 광경이, 성전 안마당 근처에 세워진 수십 횃불의 번뜩이는 빛 뿐 아니라, 여인들의 마당에서 밝게 타오르는 큰 촛불로 눈부시게 비춰졌다. 차갑게 대조가 되어, 축제 기분이 드는 이 경건한 장면을 내려다보는 로마인의 안토니아 성(城)을 제쳐 놓고, 온 도시가 명랑하게 꾸며졌다. 그리고 늘 버티고서 로마의 지배를 생각케 하는 이 성을 유대인들이 얼마나 미워했는지!

황소 70마리가 축제 동안에 희생되었는데, 이것은 이교도의 70 국가를 상징했다. 물을 쏟아 붓는 예식은 신의 영이 쏟아 부어짐을 상징했다. 이 물 예식은 해뜰 때 사제와 레위들의 행진 뒤에 있었다. 예배하는 사람들은 이스라엘의 마당에서 여인들의 마당으로 이끄는 계단을 지나서 내려갔고, 한편 사람들이 은빛 나는 트럼펫을 연속으로 불었다. 그리고 나서 충실한 신자들은 아름다운 문을 향하여 줄곧 행진했고, 이 문은 이방인들의 마당 쪽으로 열려 있었다. 여기서 그들은 서쪽을 향해서 돌았고, 찬송을 되풀이하고, 상징의 물을 향하여 행진을 계속했다.

축제의 마지막 날에, 거의 450명의 사제와 그에 상당하는 수의 레위가 행사를 주관했다. 해 뜰 때 순례자들은 도시의 모든 구석으로부터 모였고, 각자 바른손에 도금양, 버드나무, 종려 가지 한 다발을 쥐고, 왼손에는 사람마다 천국 사과—시트론, 즉 "금지된 열매"—를 쥐었다. 이 순례자들은 이 이른 아침 예식을 위해서 세 무리로 갈라졌다. 한 무리는 아침 희생에 참석하려고 성전에 남았고, 또 다른 무리는 희생 제단을 장식하기 위해서 버드나무 가지를 자르려고 마자 가까이, 예루살렘 밑으로 행진해서 내려갔으며, 한편 셋째 무리는 물 사제 뒤에 성전으로부터 행진할 행렬을 이루었다. 물 사제는 은빛 트럼펫 소리에 맞추어, 상징의 물을 담을 금 주전자를 지고서, 오펠을 통해서 나가서 실로암 가까이 갔고, 거기에는 샘물 문이 있었다. 금 주전자가 실로암의 샘에서 가득 채워진 뒤에, 그 행렬은 성전으로 되돌아갔고, 물 문을 거쳐서, 바로 사제들의 마당으로 갔는데, 거기서 물 주전자를 진 사제는 마시는 헌물을 위하여 포도주를 들고 있는 사제와 합쳤다. 그리고 나서 이 두 사제(司祭)는, 제단의 바닥으로 이끄는 은 깔때기들 있는 곳까지 서둘러 가서, 그 속에 주전자들 안에 있는 것을 쏟아 부었다. 포도주와 물을 붓는 이 의식(儀式)이 집행되면 모여든 순례자들이 시편 113편부터 118편 끝까지, 레위들과 번갈아서 노래를 시작하라는 신호였다. 이 여러 구절을 되풀이하는 동안 그들은 가진 다발을 제단에서 흔들곤 했다. 그리고 나서, 그 날의 시편(詩篇)을 되풀이하는 것과 관련하여 그 날의 희생물이 따랐고, 축제의 마지막 날의 시편은 82편이고, 5절부터 시작되었다.

5. 세상의 빛에 관한 설교

축제가 끝나기 전날 저녁에, 그 장면이 큰 촛대와 횃불들의 빛으로 밝게 비춰졌을 때, 예수는 모인 군중 한가운데서 일어서서 말했다:

"나는 세상의 빛이라. 나를 따르는 자는 어둠 속에 걷지 않고 생명의 빛을 얻으리라. 주제넘게 나를 재판에 넘기고 나의 재판관이 되려고 가정하면서, 너희는 내가 자신에 대하여 증언하면 내 증언이 참일 수 없다고 선언하는도다. 그러나 피조물은 결코 창조자를 재판할 수 없느니라. 나 자신에 대하여 증언하더라도, 내 증언은 언제까지나 참이니, 내가 어디서 왔는지, 누구인지, 어디로 가는지 내가 아는 까닭이라. 너희는 사람의 아들을 죽이려 하면서, 내가 어디서 왔는지, 누구인지, 또는 어디로 가는지 알지 못하며, 너희는 오직 육체의 모습으로 판단하고, 영의 실체들을 깨닫지 못하느니라. 나는 아무도, 아니 나의 큰 적조차 판단하지 않노라. 그러나 내가 판단하기를 택한다면, 나의 판단은 참되고 올바르리니, 나는 혼자서가 아니라 내 아버지와 손잡고 판단할 것임이라. 아버지는 나를 세상으로 보냈고, 모든 참된 판단의 근원이라. 너희는 심지어 믿을 만한 두 사람의 증언은 받아도 좋다고 허락하는도다—자, 그러면, 나는 이 진리를 증언하며, 하늘에 계신 내 아버지도 또한 그렇게 하시니라. 내가 이것을 어제 너희에게 일렀을 때, 너희의 어둠 가운데서 '어디에 너의 아버지가 계시냐?' 너희가 내게 물었도다. 참으로 너희는 나도 내 아버지도 모르니, 나를 알았다면, 너희는 또한 아버지를 알았을 것임이라.

"내가 떠난다, 너희가 나를 찾아도 나를 찾아내지 못하리니, 내가 가는 곳에 너희가 올 수 없는 까닭이라, 나는 이미 너희에게 일렀노라. 이 빛을 물리치려 하는 너희는 밑에서 왔거니와 나는 위에서 왔노라. 어둠 속에 앉아 있기를 더 좋아하는 너희는 이 세상에 속하며, 나는 이 세상에 속하지 않고, 빛의 아버지의 영원한 빛 속에 사노라. 너희는 모두 내가 누구인지 알 기회를 넉넉히 가졌거니와 사람의 아들 신분을 확인하는 또 다른 증거를 너희가 받으리라. 나는 생명의 빛이요, 알고서 또 이해하면서 이 구원하는 빛을 물리치는 자마다 자기 죄 속에서 죽으리라. 내가 너희에게 이를 것이 많으나, 너희는 내 말을 받아들일 수 없느니라. 그러나 나를 보내신 이는 참되고 충실하며, 내 아버지는 잘못하는 아이들조차 사랑하시니라. 그리고 내 아버지가 말씀하신 모든 것을 나도 또한 세상에 선포하노라.

"사람의 아들이 들려 올라갈 때, 그 때 너희는 모두 내가 그인 것과 나는 스스로 아무 것도 하지 않았으나 오직 아버지가 내게 가르친 그대로 했음을 너희 모두가 알리라. 나는 이 말씀을 너희와 너희 자손에게 하노라. 나를 보내신 이는 이제도 나와 함께 계시니라. 그는 나를 혼자 버려 두지 않았으니, 그의 눈에 보기 좋은 것을 내가 언제나 행하는 까닭이라."

예수가 이렇게 성전 안마당에서 순례자들을 가르쳤을 때, 많은 사람이 믿었다. 그리고 아무도 감히 그를 붙잡으려 하지 않았다.

6. 생명의 물에 대한 강론

마지막 날, 축제의 큰 날에, 실로암 못으로부터 행렬이 성전 마당을 통해서 지나가는 동안, 사제들이 물과 포도주를 제단 위에 붓고 난 직후에, 예수는 순례자들 사이에 서서 말했다: "누구든지 목이 마르면, 내게로 와서 마실지어다. 하늘에 계신 아버지로부터 나는 이 세상에 생명의 물을 가져오노라. 나를 믿는 자는 이 물이 대표하는 영으로 가득 채워지리니, '그로부터 생명의 강물이 흐르리라' 성서도 말하였음이라. 사람의 아들이 땅에서 일을 마치고 나서, 모든 육체 위에 살아 있는 진리의 영이 부어지리라. 이 영을 받는 자는 결코 영적으로 목마른 줄 모르리라."

예수는 이 말씀을 하려고 예배를 중단하지 않았다. 할렐의 찬송이 있은 뒤 즉시 예배자들에게 연설했는데, 할렐은 시편을 화답하여 읽는 것이며 그 뒤에 제단 앞에서 나무 가지들을 흔드는 일이 뒤따른다. 희생물이 준비되는 동안, 바로 여기서 휴식이 있었고, 순례자들이 그가 영적으로 목말라 하는 모든 혼에게 생명의 물을 주는 이라고 주가 선언하는 황홀한 목소리를 들은 것은 이 때였다.

이 이른 아침 예배의 끝에 예수는 군중을 계속 가르쳤고, 이렇게 말했다: "너희는 성서에서 읽지 아니하였느냐? '보라, 마른 땅에 물이 쏟아지고 바짝 탄 흙 위에 흩어지는 것 같이, 너희 자손의 자손들에게까지 축복이 되기 위하여 너희의 자손에게 쏟아 붓도록 너희에게 거룩한 영을 주리라.' 예식 서비스에 깨진 주전자로부터 쏟아 부어서, 사람들의 전통으로 혼에 물 주기를 구하는 동안에, 어찌하여 너희가 영의 봉사를 목마르게 찾겠느냐? 너희가 보는 바 이 성전에서 행해지는 것은 믿음의 자녀들에게 신의 영이 수여됨을 상징하려고 너희 조상이 추구한 방법이라. 그리고 너희는 이 상징을 오늘날까지도 지속한 것이 좋았도다. 그러나 이제 아들의 수여를 통해서, 영들의 아버지의 계시가 이 세대에 다가왔고, 이 모든 것 뒤에는 사람의 자손에게 아버지와 아들의 영 수여(授與)가 분명히 따르리라. 믿음을 가진 모든 사람에게 이 영 수여는 영원한 생명으로, 땅에 있는 하늘나라에서, 또 저 건너 아버지의 파라다이스에서, 참된 생명의 물로 인도하는 길을 가르치는 참 선생이 되리라."

예수는 군중과 바리새인들의 질문에 계속 대답했다. 더러는 그가 선지자라 생각했고, 더러는 그가 메시아라고 믿었다. 다른 사람들은 그가 갈릴리로부터 왔고, 메시아가 다윗의 보좌를 회복해야 한다고 생각하면서, 예수가 그리스도일 수 없다고 말했다.

7. 영적 자유에 대한 강론

축제의 마지막 날 오후에, 사도들이 예수에게 예루살렘에서 달아나라고 설득하려는 노력에 실패한 뒤에, 예수는 다시 성전으로 가르치려고 갔다. 큰 무리의 신자들이 솔로몬 현관에 모인 것을 보고서, 그들에게 말했다:

"내 말이 너희 속에 거하고 너희가 내 아버지의 뜻을 행할 생각이 있으면, 너희는 참으로 내 제자들이라. 너희는 진리를 알게 되겠고, 진리가 너희를 자유롭게 하리라. 너희가 나에게 어떻게 대답할까 내가 아노라: 우리는 아브라함의 자손이요, 우리는 아무에게도 매여 있지 않노라. 그러면 어찌 우리가 자유롭게 되겠느냐? 그렇다 해도, 나는 겉으로 보아서 다른 사람의 통치에 지배됨을 언급하는 것이 아니라. 혼이 해방되는 것을 말하노라. 진실로, 진실로, 내가 너희에게 이르노니, 죄를 짓는 자마다 죄의 종이라. 너희는 종이 언제까지나 주인의 집에서 머무를 듯하지 않다는 것을 알며, 아들은 제 아버지의 집에 남아 있는 것을 또한 아느니라. 그러므로 아들이 너희를 해방하고, 너희를 아들로 삼으면, 너희가 정말로 자유로울지니라.

"너희가 아브라함의 씨인 것을 내가 아는데, 그래도 너희 지도자들의 마음 속에서 내 말의 변화시키는 영향을 받으려고 하지 않았기 때문에 저희가 나를 죽이려 하느니라. 저희의 혼은 편견(偏見)으로 닫혀 있고, 복수하는 자만심으로 눈이 멀었도다. 영원한 아버지가 내게 보여 준 진리를 너희에게 선언하노니, 현혹(眩惑)된 이 선생들은 오직 현세에 조상한테서 배운 것만 행하려고 하느니라. 아브라함이 너희 조상이라고 대답할 때, 너희가 아브라함의 자손이라면, 내가 너희에게 이르노니, 너희가 아브라함의 일을 하리라. 너희 가운데 더러는 내 가르침을 믿으나, 더러는 내가 하나님으로부터 받은 진리를 너희에게 일렀기 때문에 나를 죽이려고 하는도다. 그러나 아브라함은 하나님의 진리를 그렇게 대접하지 않았느니라. 너희 가운데 더러는 악마의 일을 하려고 굳게 마음먹은 것을 내가 깨닫노라. 하나님이 너희의 아버지라면, 너희는 나를 알고 내가 드러내는 진리를 사랑하리라. 너희는 내가 아버지로부터 왔고, 하나님이 나를 보냈으며, 내가 이 일을 혼자만 하지 않음을 깨닫지 못하겠느냐? 어찌하여 너희는 내 말을 알아듣지 못하느냐? 너희가 악의 자식이 되기로 작정한 까닭이냐? 너희가 어둠의 자식이라면, 내가 드러내는 진리의 빛 가운데서 좀처럼 걷지 아니하리라. 악의 자식들은 저희 조상의 길을 따를 뿐이니, 그는 속이는 자였고, 그 안에 아무 진리가 없게 되었으매, 진리를 대표하지 않았더라. 그러나 이제 진리를 말하고 실천하는 사람의 아들이 오거늘 너희 가운데 많은 자가 믿으려 하지 않는도다.

"너희 가운데 누가 나를 죄 있다 하느냐? 그래서 아버지가 내게 보여 준 진리를 내가 선포하고 실천하면, 어찌하여 너희가 나를 믿지 않느냐? 하나님으로부터 온 자는 하나님의 말씀을 기쁘게 듣느니라. 이 때문에 너희 중 많은 사람이 내 말을 듣지 않으니, 너희가 하나님으로부터 오지 않았음이라. 너희 선생들은 악마의 왕의 힘을 입어 내가 일을 한다고 주제넘게 말하기까지 하였도다. 가까이 있는 한 사람이 내가 악마를 가졌다, 내가 악마의 자식이라고, 금방 말하였도다. 그러나 너희 가운데 자신의 혼을 정직하게 대하는 자는 모두, 내가 악마가 아님을 잘 아느니라. 너희가 나를 모욕하려 하는 동안에도 나는 아버지께 명예를 돌림을 너희가 아느니라. 나는 자신의 영광이 아니라, 오로지 파라다이스 아버지의 영광을 찾노라. 그리고 나는 너희를 심판하지 않으니, 나를 위하여 심판하는 이가 계심이라.

"진실로, 진실로, 복음을 믿는 너희에게 이르노니, 사람이 이 진리의 말씀을 마음 속에 살려 두면, 결코 죽음을 맛보지 아니하리라. 이제 바로 내 곁에 서기관이, 아브라함이 죽었고, 선지자들도 또한 그러함을 알고서, 이 말씀이 내 안에 악마가 있음을 증명한다 말하는구나. 그가 묻되, '너는 아브라함과 선지자들보다 훨씬 더 위대해서, 네가 여기 서서, 네 말을 지키는 자는 누구나 죽음을 맛보지 아니하리라 감히 말하느냐? 신성을 모독하는 그런 말을 네가 감히 배앝으니 너는 누구라 주장하느냐?' 내가 자신을 영화롭게 하면, 나의 영화가 헛것과 같다고 모든 그러한 말에 대답하노라. 그러나 나를 영화롭게 하실 이는 아버지이라, 아니 너희가 하나님이라 부르는 바로 그 아버지이라. 그러나 이 너희 하나님인 내 아버지를 너희는 알지 못하였고, 너희를 한데 모으려고, 어떻게 참으로 하나님의 아들들이 되는가 보여 주려고 내가 왔노라. 비록 너희가 아버지를 알지 못해도, 나는 참으로 아노라. 아브라함조차 내 시절 보기를 기뻐하였고, 믿음으로 이것을 보고 즐거워하였더라."

이 때가 되어 근처에 모여든 믿지 않는 유대인과 산헤드린의 관리들이 이 말을 듣자, 소동을 일으키며 소리를 질렀다: "너는 오십이 되지 않았는데, 그래도 아브라함을 만나 보았다고 말하는구나. 너는 악마의 자식이라.!" 예수는 강론을 계속할 수 없었다. 떠나면서 겨우 말했다: "진실로, 진실로, 내가 너희에게 이르노니, 아브라함이 나기 전부터 내가 있었노라." 믿지 않는 많은 사람이 그를 치려고 돌을 찾아 달려나갔고, 산헤드린의 관리들이 그를 체포하려 했지만, 주는 재빨리 성전 복도를 통해서 빠져 나가서, 베다니 가까이에 비밀 회합 장소로 피했는데, 거기에는 마르다와 마리아와 나사로가 기다리고 있었다.

8. 마르다와 마리아와 가진 담화

예수는 나사로와 그 누이들과 함께 어느 친구의 집에서 투숙하도록 주선이 되었고, 한편 사도들은 작은 무리를 지어 여기저기 흩어졌는데, 유대 당국이 다시 예수를 잡으려는 계획을 수행하는 데 대담해졌기 때문에 이러한 경계 조치를 취했다.

몇 년 동안 예수가 어쩌다가 찾아올 때마다, 이 세 사람은 만사를 제쳐 놓고 예수의 가르침을 듣는 것이 관례였다. 부모를 잃고 나서, 마르다는 집안 살림의 책임을 맡았고, 그래서 이 기회에, 나사로와 마리아가 예수 밑에서 신선한 가르침에 흠뻑 젖어 있는 동안에, 마르다는 저녁 식사를 대접하려고 준비했다. 마르다는 수많은 쓸데없는 일에 필요 없이 마음이 산란하였고, 많은 하찮은 걱정거리에 싸여 있었다는 것을 설명해야 한다. 그것이 그 여자의 성향이었다.

마르다는 의무라고 생각된 이 모든 일을 처리하느라고 바쁜 동안, 마리아가 아무 일도 도와 주지 않아서 마음이 동요되었다. 그래서 마르다는 예수에게 가서 말씀드렸다: "주여, 내 동생이 나 혼자 접대하는 일을 모두 하라고 둔 것을 당신은 살피지 아니하나이까? 가서 나를 도우라고 동생에게 명하시지 않겠나이까?" 예수는 대답했다: "마르다야, 마르다야, 너는 어찌하여 그렇게 많은 일을 걱정하고, 그렇게 많은 하찮은 일에 초조해하느냐? 오직 한 가지가 정말로 가치가 있고, 마리아가 이미 이 좋은 필요한 부분을 택하였으니, 내가 그것을 빼앗지 아니하리라. 그러나 내가 너희에게 가르친 대로 살기를, 둘이 협조하여 섬기고 한 목소리로 너희 혼을 새롭게 하는 것을 너희 둘이 언제 배우려느냐? 모든 것에 때가 있는 것—하늘 나라의 중요한 일 앞에, 인생에서 사소한 일은 길을 양보해야 하는 것—을 네가 깨달을 수 없느냐?"

9. 베들레헴에서 아브너와

천막 축제를 뒤이은 주간 내내, 신자들 수십 명이 베다니에 모여서, 열두 사도로부터 교육을 받았다. 예수가 자리에 없었기 때문에, 산헤드린은 이 모임을 방해하려고 아무 노력을 하지 않았다. 그는 이 기간 내내, 아브너와 그 동료들과 함께 베들레헴에서 일하고 있었다. 축제가 끝난 다음 날, 예수는 베다니를 향하여 떠났고, 예루살렘에 이번에 방문하는 동안 다시 성전에서 가르치지 않았다.

이 때 아브너는 베들레헴에서 본부를 두고 있었고, 그 중심으로부터 유대, 사마리아 남부, 또 알렉산드리아에도 많은 일꾼이 파송되었다. 그가 도착하고 며칠 안에, 예수와 아브너는 두 사도 집단의 일을 통합하기 위해서 준비를 마쳤다.

천막 축제를 방문한 기간 내내, 예수는 베다니와 베들레헴에 시간을 거의 똑같이 나누었다. 베다니에서 상당한 시간을 그의 사도들과 함께 보냈고, 베들레헴에서 아브너, 그리고 요한의 다른 옛 사도들을 많이 가르쳤다. 그리고 이 친밀한 접촉이 마침내 그들로 하여금 예수를 믿도록 이끌었다. 세례자 요한의 이 옛 사도들은 베들레헴에서 그가 사적(私的)으로 가르친 데서 얻은 공감하는 이해심 뿐 아니라, 예루살렘에서 대중을 가르치면서 그가 용기를 나타낸 것에 영향을 받았다. 이 영향은 마침내, 충분히, 아브너의 동료들 하나하나가 하늘나라, 그리고 그러한 걸음이 의미하는 모든 것을, 진심으로 받아들이도록 설득했다.

베들레헴을 마지막으로 떠나기 전에, 주는 육체를 입고 땅에서 사는 생애가 끝나기 전에 있어야 할 연합된 노력에 그들 모두가 함께 하도록 주선했다. 아브너와 그 동료들은 마가단 공원에서 가까운 장래에 예수와 열두 사도와 합세하기로 합의를 보았다.

이 협정에 따라서, 11월초에, 아브너와 열한 친구는 예수 및 열두 사도와 운명을 같이 했고, 십자가 처형이 있기 직전까지 하나의 조직으로서 함께 수고했다.

10월 후반에 예수와 열두 사도는 예루살렘 근처에서 물러갔다. 10월 30일, 일요일에, 예수와 동료들은 에브라임 도시를 떠났는데, 여기서 그는 며칠 동안 은둔하면서 쉬고 있었다. 그리고 서향 요단 강 도로로 바로 마가단 공원까지 가서, 11월 2일 수요일 오후에 늦게 도착했다.

사도들은 우방(友邦)의 땅으로 주가 돌아와서 크게 마음이 놓였다. 하늘나라 복음을 선포하기 위하여 예수에게 예루살렘으로 가시라고 더 재촉하지 않았다.

제 163 편

마가단에서 칠십인을 세우다

예루살렘에서 예수와 열둘이 마가단으로 돌아오고 나서 며칠 뒤에, 아브너와 50명쯤 되는 제자들 무리가 베들레헴으로부터 도착했다. 이 때 마가단 캠프에는 또한 전도단, 여인단, 그리고 팔레스타인의 여러 지방으로부터 온, 진실하고 단련된 다른 제자들이 150명쯤 있었다. 캠프를 방문하고 다시 조직하는 데 며칠을 보낸 뒤에, 예수와 열둘은 이 특별 집단의 신자들을 위하여 집중된 훈련 과정을 시작했고, 잘 훈련받고 경험 있는 이 집합의 제자들로부터 주는 나중에 70명의 선생을 골라서, 하늘나라 복음을 선포하라고 내보냈다. 이 정규 교육은 11월 4일, 금요일에 시작되었고, 11월 19일, 안식일까지 계속되었다.

예수는 이 일행에게 아침마다 말씀하셨다. 베드로는 대중 설교 방법을 가르쳤다. 나다니엘은 가르치는 기술을 가르쳤다. 토마스는 질문에 어떻게 대답하는가 설명했고, 한편 마태는 그들의 집단 재정을 조직하는 것을 지도했다. 다른 사도들도 특별한 체험과 타고난 재능에 따라서 이 훈련에 참석했다.

1. 칠십인을 세움

마가단 캠프에서, 11월 19일, 안식일 오후에 예수는 70인을 세웠고, 아브너는 이 복음 전도자와 선생들의 우두머리가 되었다. 이 70명의 무리는 아브너, 그리고 요한의 옛 사도 10명, 초기의 전도사 가운데 51명, 그리고 하늘나라의 봉사에서 이름을 떨친 다른 제자 8명으로 이루어졌다.

이 안식일 오후에, 2시쯤, 소나기가 그친 사이에, 다윗과 사자단(使者團)의 대다수가 도착하여 수가 늘어나서, 4백 명이 넘는 신자들의 무리가 70명이 임명받는 것을 구경하려고 갈릴리 호숫가에 모였다.

복음의 사자로서 70명을 따로 구별하려고 머리 위에 손을 얹기 전에 예수는 그들에게 말씀했다: "수확은 정말로 풍성하나, 일꾼이 적으니라. 그런즉 너희 모두에게 훈계하노니, 추수할 주가 이 추수(秋收)에 또 다른 일꾼들을 보내 주시기를 기도하라. 나는 너희를 하늘나라의 사자로서 구별하려 하며, 유대인과 이방인에게, 늑대 사이에 양처럼 너희를 보내려 하노라. 둘씩 길을 가는 동안, 돈주머니나 여분의 옷을 가지고 다니지 말라 명하노니, 너희가 이 처음 사명에 잠깐 동안만 떠나감이라. 길에서 아무에게도 인사를 건네지 말며, 오직 할 일을 보살피라. 너희가 한 집에 묵으러 갈 때마다, 먼저 말하라: 평안(平安)이 이 집에 있을지어다. 평화를 사랑하는 자들이 거기에 살면, 너희는 거기에 묵고, 그렇지 않으면 떠날지니라. 이 집을 택하고 나서, 네 앞에 차려진 아무 것이나 먹고 마시며, 그 도시에서 너희가 묵는 동안 거기에 남아 있으라. 그리고 너희가 이렇게 하는 것은 일꾼이 자기 먹을 것을 받아 마땅함이라. 더 좋은 잠자리를 누가 제공한다고 해서 이 집 저 집 옮겨 다니지 말라. 떠나가서 땅에서 평화와 사람들 사이에 선의를 선포할 때, 너희는 모질고 자신을 속이는 적들과 다투어야 함을 기억하라. 그런즉 너희는 비둘기 같이 순진하고 뱀 같이 지혜로우라.

"너희가 어디로 가든지, '하늘나라가 가까웠도다'하고 전도하고, 정신이나 몸이 아픈 모든 사람을 보살피라. 하늘나라의 좋은 것들을 너희가 거저 받았으니, 거저 주라. 어느 도시에서라도 사람들이 너희를 받아들이면, 저희는 아버지의 나라로 풍성히 들어감을 발견하리라. 그러나 어느 도시에서도 사람들이 이 복음을 받아들이기 싫어하면, 그래도 믿지 않는 그 공동체를 떠나면서, 너희의 소식을 선포할지니라. 너희의 가르침을 물리치는 자들에게 떠나면서 말하라, '너희가 진리를 물리치는데도, 여전히 하나님의 나라가 너희에게 가까이 왔느니라.' 너희의 말을 듣는 자는 내 말을 들으며, 내 말을 듣는 자는 나를 보내신 이의 말을 듣는 것이라. 너희의 복음 소식을 물리치는 자는 나를 물리치는 것이요, 나를 물리치는 자는 나를 보내신 이를 물리치는 것이라."

이렇게 70인에게 말씀하고 나서, 그들이 둘레에 동그라미를 지어 무릎을 꿇자, 예수는 아브너로부터 시작해서, 각 사람 머리 위에 손을 얹었다.

이튿날 아침 일찍, 아브너는 70명의 사자를 갈릴리와 사마리아와 유대의 모든 도시로 보냈다. 이 35쌍은 약 6주 동안 떠나가서 전도하고 가르쳤으며, 모두 12월 30일 금요일에, 페레아의 펠라 가까이, 새 캠프로 돌아왔다.

2. 부유한 젊은이, 그리고 다른 사람들

70인 가운데 한 사람으로 세움 받고 임명받기를 구한 50명이 넘는 제자들은, 이 후보자들을 뽑으라고 예수가 임명한 위원회에게 퇴짜맞았다. 이 위원회는 안드레와 아브너, 그리고 전도단의 임시 우두머리로 구성되었다. 이 3인 위원회가 만장 일치로 찬성하지 않는 모든 경우에, 그들은 후보자를 예수에게 데리고 갔고, 예수는 복음의 사자로서 임명받기를 몹시 바란 사람을 하나도 물리치지 않았지만, 열둘이 넘는 사람들이 예수와 말씀을 나누고 나서, 더 복음 사자가 되고 싶어하지 않았다.

열심 있는 한 제자가 예수에게 와서 말했다: "주여, 나는 당신의 새 사도들 가운데 하나가 되고 싶지만, 내 아버지가 무척 나이 들었고 돌아가실 때가 가까웠나이다. 그를 장사(葬事) 지내려고 집으로 돌아가는 것이 허락될 수 있나이까?" 이 사람에게 예수는 말했다: "이 사람아, 여우들은 구멍이 있고 하늘의 새들은 보금자리가 있으되 사람의 아들은 머리를 둘 데가 없느니라. 너는 충실한 제자요, 네가 사랑하던 자들을 보살피러 집으로 돌아가고 제자로 남아 있을 수 있으나, 내 복음 사자들은 그럴 수 없느니라. 저희는 나를 따르고 하늘나라를 선포하려고 모든 것을 버렸느니라. 네가 세움 받은 선생이 되고자 하면, 좋은 소식을 널리 알리러 나간 동안 다른 자들로 하여금 죽은 자를 묻게 해야 하느니라." 이 사람은 크게 실망하여 떠나갔다.

또 다른 제자가 주께 와서 말했다: "나는 세움 받은 사자가 되고 싶지만, 내 가족을 위로하러 잠깐 동안 집으로 돌아가고 싶나이다." 예수는 대답했다: "세움을 받으려거든, 너는 기꺼이 모든 것을 버려야 하느니라. 복음(福音) 사자들은 두 군데 마음을 빼앗길 수 없느니라. 아무도 손에 쟁기를 잡고 나서, 뒤로 돌이키면 하늘나라 사자가 되기에 마땅치 않으니라."

다음에 안드레는 예수에게 어떤 부유한 젊은이를 데리고 왔는데, 그는 경건한 신자이고 세움 받기를 희망하였다. 이 젊은이 마타돌무스는 예루살렘 산헤드린의 회원이었다. 예수가 가르치는 것을 듣고 나서, 그 후에 베드로와 다른 사도들에게 하늘나라 복음을 가르침 받은 적이 있었다. 예수는 임명받는 요건(要件)에 관하여 마타돌무스와 이야기하고, 그 문제에 관하여 더 자세히 생각해 볼 때까지 결정을 미루라고 요구했다. 이튿날 아침 일찍, 예수가 산책하러 가는 동안에, 이 젊은이는 예수에게 인사하며 말했다: "주여, 나는 당신으로부터 영생(永生)의 보장에 대하여 알고 싶나이다. 어릴 때부터 모든 계명을 지켜 왔음을 아는 까닭에, 영생을 얻기 위하여 내가 무엇을 더 해야 하는가 알고 싶나이다." 이 물음에 대답해서 예수는 말했다: "간통하지 말라, 사람을 죽이지 말라, 훔치지 말라, 거짓 증언하지 말라, 속이지 말라, 네 부모를 공경하라—네가 이 모든 계명을 지키면, 너는 잘 하느니라. 그러나 구원은 믿음에 대한 보상이요, 단지 공적에 대한 보상이 아니라. 너는 이 하늘나라 복음을 믿느냐?" 마타돌무스는 대답했다: "예, 주여, 당신과 당신의 사도들이 내게 가르친 것을 나는 믿나이다." 예수는 말했다. "그러면 너는 정말로 내 제자요, 하늘나라의 아이니라."

그리고 나서 그 젊은이는 말했다: "그러나 주여, 나는 당신의 제자가 되는 것에 만족하지 않나이다. 나는 당신의 새 사자들 가운데 하나가 되고자 하나이다." 이 말을 듣자, 예수는 그 젊은이를 큰 사랑으로 내려다보고 말했다: "네가 기꺼이 값을 치르겠다면, 네가 모자라는 한 가지를 내겠다면, 내 사자들 가운데 하나가 되게 하리라." 마타돌무스는 대답했다: "주여, 내가 당신을 따르도록 허락을 받는다면 무엇이든지 하겠나이다." 예수는 무릎 꿇은 젊은이의 이마에 입맞추며 말했다: "내 사자가 되고자 하면, 가서 네가 가진 모든 것을 팔라, 그리고 네가 그 돈을 가난한 자와 너희 형제들에게 주고 나서, 와서 나를 따르라. 그리하면 너는 하늘나라에서 보물을 받으리라."

마타돌무스는 이 말씀을 듣자, 얼굴이 흙빛이 되었다. 일어서서 슬프게 떠나갔는데 큰 재산을 가졌기 때문이었다. 부유한 이 젊은 바리새인은 재산이 하나님의 은총의 표시라고 믿도록 양육받았다. 예수는 그가 제 몸과 재산을 사랑하는 데 매인 것을 알았다. 주는 반드시 재산으로부터가 아니라, 재산 사랑으로부터 그를 구원하기를 바랐다. 예수의 제자들은 그들이 가진 모든 속세의 물건과 헤어지지 않았지만, 사도들과 70인은 그렇게 했다. 마타돌무스는 새 사자 70인 가운데 하나가 되기를 바랐고, 그것이 예수가 그에게 속세의 재산을 모두 버리라고 요구한 까닭이었다.

거의 모든 인간은 아끼는 해악(害惡)으로서 붙들고 있는 어떤 한 물건이 있고, 하늘나라로 들어가는 것은 입장하는 값의 일부분으로 그것을 요구한다. 마타돌무스가 재산을 내어놓았다면, 아마도 70인의 회계로서 관리하라고 바로 그의 손에 넘겨졌을 것이다. 왜냐하면 나중에, 예루살렘에서 교회가 세워진 뒤에, 그는 주의 명령에 복종했기 때문이다. 하지만 그 때 70인의 회원 자격을 누리기에는 때가 너무 늦었고, 그는 예루살렘 교회의 회계가 되었는데, 육체로 주의 아우인 야고보가 그 교회의 우두머리였다.

그래서 언제나 이와 같았고, 언제까지나 그럴 것이다: 사람들은 자신의 결정을 내려야 한다. 사람들이 행사해도 좋은 선택의 자유에는 어떤 테두리가 있다. 영적 세계의 세력은 사람을 강요하지 않을 것이다. 사람이 스스로 선택하는 길을 가라고 버려 둔다.

마타돌무스가 재산을 가지고는, 복음을 위하여 모든 것을 버린 사람들에게, 세움 받은 동료가 도저히 될 수 없다는 것을 예수는 내다보았고, 동시에, 재산이 없으면, 그가 전체에서 궁극의 지도자가 되리라는 것을 알았다. 그러나 예수 자신의 형제들처럼, 그는 하늘나라에서 결코 크게 되지 못했는데, 주와 더불어 가깝고도 개인적으로 사귀는 바로 그 기회를 빼앗겼기 때문이며, 그 사귐은 예수가 요구한 바로 그것을 이 때 기꺼이 했더라면 그의 체험이 되었을지 몰랐는데, 몇 년이 지나서 그는 실제로 그대로 했다.

재산은 하늘나라로 들어가는 것과 직접 아무 상관이 없지만, 재산 사랑은 상관이 있다. 하늘나라에 영적으로 충성하는 것은 물질적 부(富)에 굴종하는 것과 양립할 수 없다. 사람은 영적 이상과 물질에 헌신하는 데 최고의 충성심을 갈라서 바쳐서는 안 된다.

예수는 결코 재산 소유(所有)가 그릇되다고 가르치지 않았다. 오직 열두 사도와 70인에게 속세의 재산을 모두 공동 목적에 바치기를 요구했다. 그리고 나서도, 사도 마태의 경우처럼, 그들의 재산을 유익하게 처분하도록 마련했다. 예수는 살림이 넉넉한 제자들에게 로마의 부자(富者)를 가르친 것처럼 여러 번 조언했다. 주는 여분의 소득을 지혜롭게 투자하는 것을 앞날의 피할 수 없는 역경(逆境)에 대비한 정당한 형태의 보험으로 여겼다. 사도의 금고가 넘쳐흐를 때, 유다는 수입이 줄어들어서 그들이 크게 고생할 때 나중에 쓰려고 자금을 저축해 놓았다. 유다는 안드레와 의논한 뒤에 이렇게 했다. 예수는 자선금을 지출할 때를 빼고, 결코 사도의 재정과 조금도 친히 상관하지 않았다. 그러나 그가 여러 번 비난한 경제적 악습이 하나 있었는데, 즉 약하고 배우지 못하고 운이 나쁜 사람들을 힘세고 날카롭고 더 총명한 동료들이 부당하게 착취하는 것이었다. 어른과 아이들을 그렇게 인간답지 않게 대우하는 것은 하늘나라 형제 정신의 이상과 맞지 않는다고 예수는 선언했다.

3. 재산에 관한 토론

예수가 마타돌무스와 이야기를 마칠 때가 되어서, 베드로와 여러 사도는 둘레에 모여 있었고, 부유한 그 젊은이가 떠나자 예수는 사도들을 마주보려고 몸을 돌이켜 말했다: "재산을 가진 자들이 하나님의 나라에 제대로 들어가기가 얼마나 어려운가 너희가 보는도다! 영적 예배는 물질에 헌신하는 마음과 함께 할 수 없으며, 아무도 두 주인을 섬길 수 없느니라. '이교도가 영생을 물려받기보다 낙타가 바늘 구멍을 지나가기가 더 쉽다'하는 속담이 너희에게 있느니라. 내가 선언하노니, 낙타가 바늘 구멍을 지나가는 것이 스스로 만족한 이 부자들이 하늘나라에 들어가는 것만큼 쉬우니라."

베드로와 사도들이 이 말씀을 들었을 때 대단히 놀랐고, 너무 놀라서 베드로가 말했다: "그러면 주여, 누가 구원을 받을 수 있나이까? 재산을 가진 자들이 다 하늘나라에 들어가지 못하나이까?" 예수는 대답했다: "아니라, 베드로야, 그러나 재산을 신뢰하는 자는 모두 영원한 진보로 인도하는 영적 생활에 도저히 들어가지 못하리라. 그러나 그 경우에도 사람에게 불가능한 많은 것이 하늘에 계신 아버지의 한계를 넘지 않으며, 오히려 하나님에게 모든 것이 가능함을 우리가 깨달아야 하느니라."

그들이 자기들끼리 가 버리자, 예수는 마타돌무스가 그들과 함께 남아 있지 않아서 슬퍼했는데, 예수가 그를 크게 사랑했기 때문이다. 그들은 호숫가로 걸어 내려가서, 거기서 물가에 앉았고, 베드로는 (이 때가 되어서 거기에 다 있던) 열두 사도를 대신하여 말했다: "그 부유한 젊은이에게 당신이 하신 말씀에 우리는 걱정이 되나이다. 당신을 따르려 하는 자들에게 속세(俗世)의 물건을 다 버리라고 우리가 요구하리이까?" 예수는 말했다: "아니라, 베드로야, 오직 사도가 되려는 자와, 너희가 하듯이 한 가족으로서 나와 함께 살기를 바라는 자들 뿐이라. 그러나 아버지는 아이들의 애정이 순수하고 갈라지지 않기를 요구하며, 너희와 하늘나라 진리를 사랑하는 것 사이에 끼는 어떤 물건이나 사람도 내던져야 하느니라. 사람의 재산이 혼의 구역을 침범하지 않으면, 하늘나라에 들어가고자 하는 자들의 영적 생활에 아무 영향이 없느니라."

그리고 나서 베드로가 말했다, "그러나, 주여, 우리는 당신을 따르려고 모든 것을 버렸나이다. 그러면 우리가 무엇을 가지리이까?" 예수는 열둘 모두에게 말했다: "진실로, 진실로 내가 너희에게 이르노니, 나를 위하여, 또 하늘나라를 위하여 재산이나, 집이나, 아내나, 형제나, 부모나, 아이들을 버리고서, 아마도 얼마큼 박해와 함께 이 세상에서 몇 배나 받고, 다가올 세상에서 영생을 받지 아니할 사람이 없느니라. 그러나 먼저인 많은 사람이 마지막이 되겠고, 마지막인 자가 흔히 처음이 되리라. 아버지는 피조물의 필요에 따라서, 우주의 복지를 자비롭게 사랑으로 고려하는 공정한 율법에 복종하여, 피조물을 다루시느니라."

"하늘나라는 사람들을 많이 고용한 집주인과 같으니, 자기 포도원에서 일할 일꾼들을 사려고 아침 일찍 나갔는지라. 일꾼들에게 하루에 한 데나리온을 내기로 약속하고 나서, 저희를 포도원으로 보냈더라. 그리고 나서 9시쯤에 나가서, 더러가 시장에서 빈둥거림을 보고, 저희에게 말했더라: '너희도 가서 내 포도원에서 일하라, 그리하면 무엇이든지 마땅한 대로 너희에게 삯을 주리라.' 저희는 대번에 일하러 갔더라. 다시 그는 12시쯤에, 또 3시쯤에 나갔고, 마찬가지로 하였더라. 그리고 오후 5시쯤에 시장에 나가서, 아직도 더러가 빈둥거리고 서 있음을 발견하고, 저희에게 물었더라. '어찌하여 너희는 여기서 하루 종일 빈둥거리고 서 있느냐?' 그리고 사람들이 대답하되 '아무도 우리에게 일자리를 주지 않은 까닭이니이다.' 그러자 그 집주인이 말하되, '너희도 가서 내 포도원에서 일하라, 그리하면 무엇이든지 마땅한 대로 내가 너희에게 치르리라.'

"저녁이 와서, 이 포도원 주인이 집사에게 말하되, '일꾼들을 불러서, 저희에게, 마지막에 고용한 자들로부터 시작해서 먼저 온 자들까지, 저희의 삯을 주라.' 5시쯤에 고용된 자들이 왔을 때, 한 데나리온씩 받았고, 다른 일꾼들도 각각 그러하였더라. 그 날 아침에 고용된 사람들이 나중에 온 자들이 얼마나 받았는가 보았을 때, 정한 금액보다 더 받을 줄 기대하였으나, 다른 자들과 마찬가지로, 사람마다 오직 한 데나리온을 받았더라. 그리고 각자가 제 삯을 받고 나서, 저희가 집주인에게 불평하되, '마지막에 고용된 이 사람들은 겨우 한 시간 일하였고, 그래도 타는 볕에서 하루의 짐을 진 우리와 똑같이 당신은 저희에게 돈을 주었나이다.'

"그러자 그 집주인이 일렀더라: '친구들이여, 나는 너희에게 아무 잘못이 없노라. 너희 각자가 하루 한 데나리온에 일하기로 찬성하지 않았느냐? 이제 네 것을 가지고 길을 가라, 너희에게 준 것만큼 마지막에 온 자들에게 주는 것을 내가 바라기 때문이라. 내 것을 가지고 내 뜻대로 하는 것이 법에 어긋나느냐? 아니면 내가 선하고 자비를 보이기를 원한다고 해서, 너희가 나의 관대함에 불평을 품느냐?'"

4. 칠십인에게 작별하다

70인이 첫 임무를 띠고 떠나간 날은 마가단 캠프 근처에서 가슴 설레는 때였다. 그 날 아침 일찍, 70인과 마지막 말씀을 하며, 예수는 다음을 강조했다:

1. 하늘나라 복음은 온 세상에, 유대인 뿐 아니라 이방인에게도 선포되어야 한다.

2. 병자들을 보살피면서, 기적을 기대하는 가르침을 삼가라.

3. 속세의 권력과 물질적 영화가 있는 나라, 겉으로 나타나는 나라가 아니라, 하나님의 아들들의 영적 형제 정신을 선포하라.

4. 지나친 사교적 방문과 다른 사소한 일로 시간 낭비를 피하라, 이것이 복음을 전파하는 데 마음을 다하여 헌신하는 것으로부터 한눈팔게 할까 하니라.

5. 본부로 선택할 첫 집이 마땅한 가정임이 판명되면, 그 도시에서 머무르는 동안 내내 거기서 지내라.

6. 예루살렘의 유대인 종교 지도자들과 드러내 놓고 갈라질 때가 이제 왔음을 충실한 모든 신자에게 뚜렷이 말하라.

7. 사람의 온전한 의무는 이 한 계명에 요약되었음을 가르치라: 머리와 혼을 다 쏟아서 너희 주 하나님을 사랑하고, 이웃을 네 몸과 같이 사랑하라. (이것을 바리새인들이 설명한 613개 생활 규칙 대신에 사람의 온전한 임무라고 그들이 가르쳐야 했다.)

사도와 제자들이 모두 있는 가운데 예수가 이렇게 70인에게 말씀하고 나서, 시몬 베드로는 이들을 따로 데리고 가서 임명 설교를 했고, 이것은 예수가 그들에게 손을 얹고 하늘나라의 사자로서 구별할 때 예수가 주신 명령을 공들여 다듬은 것이다. 베드로는 70인에게 그들의 체험에서 다음의 미덕을 간직하라고 타일렀다:

1. <u>거룩하게 헌신함</u>. 복음의 수확을 거두는 일에 더 많은 일꾼이 파송되기를 언제나 기도할 것. 사람이 그렇게 기도할 때, "여기 내가 있나이다, 나를 보내소서" 하고 말하기가 더 쉬우리라고 설명했다. 날마다 예배를 게을리 하지 말라고 타일렀다.

2. <u>참된 용기</u>. 그들이 적대 행위에 부딪치고 분명히 박해를 만나리라고 그는 경고했다. 베드로는 그들의 사명은 겁쟁이가 맡을 사업이 아니라고 일러 주었고, 시작하기 전에, 두려운 사람들은 자리를 떠나라고 충고했다. 그러나 아무도 물러서지 않았다.

3. <u>믿음과 신뢰</u>. 그들은 이 짧은 임무에 전혀 지원받지 않고 떠나야 한다. 먹을 것과 잠자리와 모든 다른 필요한 것을 아버지에게 의존해야 한다.

4. <u>열심과 창의력</u>. 그들은 열의와 총명한 열심을 가져야 한다. 엄밀하게 주의 일을 보살펴야 한다. 동양식의 인사는 길고 공들인 예식이다. 그러므로 "길에서 아무에게도 인사하지 말라"고 지시를 전에 받았는데, 이것은 시간을 허비하지 말고 사람이 제 일에 몰두하라고 보통 훈계하는 방법이었다. 친절하게 인사하는 문제와 아무 상관이 없다.

5. <u>친절과 예의</u>. 주는 그들에게 사회적 예식에 필요 없는 시간 낭비를 피하라고 지시했지만, 그들이 접촉하게 되는 모든 사람에게 예의바를 것을 명령했다. 그들을 집으로 접대할까 싶은 자들에게 모든 친절을 보여야 했다. 더 편안하거나 영향력 있는 자의 집에서 접대받으려고 소박한 집을 떠나지 말라고 엄하게 경고를 받았다.

6. <u>아픈 자를 보살피기</u>. 70인은 정신과 몸이 병든 자들을 찾아내고, 질병을 덜거나 고치려고 그들이 능력이 닿는 데까지 모든 것을 하라고 베드로가 당부하였다.

그리고 이렇게 명령과 지시를 받고 나서, 그들은 갈릴리와 사마리아와 유대에서 사명을 다하려고 둘씩 떠나갔다.

이교도 국가들의 수가 70이라는 것을 때때로 생각하면서 유대인들은 70이라는 수를 특별하게 여겼고, 비록 이 사자(使者) 70인이 복음을 가지고 모든 민족에게 가기로 정해지기는 했어도, 우리가 헤아리는 한, 이 무리가 어쩌다가 꼭 70인이었다는 것은 단지 우연일 뿐이다. 여섯 이상의 다른 사람들을 예수가 받아들였을 것이 분명했지만, 그들은 재산과 가족을 버리라는 값을 기꺼이 치르지 않았다.

5. 캠프를 펠라로 옮기다

예수와 열두 사도는 이제 마지막 본부를 펠라 가까이, 페레아에서 세우려고 준비했는데, 펠라에서는 주가 요단 강에서 세례를 받았다. 11월의 마지막 열흘은 마가단에서 회의하느라고 보냈고, 12월 6일 화요일에 거의 3백 명 되는 일행 전부가, 그 날 밤 펠라 가까이 강가에서 묵으려고 소지품을 모두 가지고 새벽에 떠났다. 여기는 샘물 가에, 세례자 요한이 몇 년 전에 그의 캠프와 함께 차지했던 바로 그 자리였다.

마가단 캠프가 해산(解散)된 뒤에, 다윗 세베대는 벳세다로 돌아가서 사자 봉사를 즉시 단축하기 시작했다. 하늘나라는 새로운 국면에 접어들고 있었다. 팔레스타인의 모든 구역으로부터, 아니 로마 제국의 먼 지역들에서도 순례자들이 왔다. 신자들은 때때로 메소포타미아에서, 또 티그리스 동쪽 땅으로부터 왔다. 따라서 12월 18일 일요일에, 다윗은 사자단의 도움을 얻어서, 캠프 장비를 짐 싣는 짐승들 위에 실었고, 그리고 나서 아버지의 집에 저장했는데, 이것을 가지고 그는 예전에 호숫가에서 벳세다 캠프를 운영했다. 벳세다를 한동안 작별하고, 그는 호숫가에 밑으로 요단 강을 따라서, 사도의 캠프에서 8백 미터쯤 북쪽 지점(地點)까지 나아갔다. 그리고 한 주 안에 순례하는 방문자들을 거의 1천5백 명 접대할 준비가 되었다. 사도의 캠프는 거의 5백 명에게 잠자리를 제공할 수 있었다. 이 때는 팔레스타인에서 비오는 철이었고, 이 숙박 시설은 항상 수가 늘어나는 질문자, 예수를 보고 가르침을 들으려고 페레아로 온, 대부분 열심 있는 사람들을 보살피는 데 필요했다.

다윗은 이 모든 것을 솔선해서 했다. 하지만 마가단에서 그는 빌립과 마태와 의논했다. 예전에 사자단의 과반수를 이 캠프를 운영하는 데 조수로서 고용했다. 이제 정규적인 사자 임무에 고용한 사람은 20명이 채 안 되었다. 12월 말 가까이, 그리고 70인이 돌아오기 전에, 거의 8백 명의 방문자가 주의 둘레에 모여들었고, 다윗의 캠프에서 잠자리를 얻었다.

6. 칠십인이 돌아오다

12월 30일, 금요일에, 예수가 베드로와 야고보와 요한과 함께 근처의 산으로 간 동안, 70인의 사자들은 둘씩, 수많은 신자를 동반하고 펠라 본부에 도착하고 있었다. 예수가 캠프로 돌아왔을 때, 5시쯤에, 가르치는 장소에서 70인이 모두 모였다. 하늘나라 복음에 열심인 이 사람들이 자기의 체험을 이야기하는 동안 저녁 식사는 한 시간이 넘게 늦어졌다. 다윗의 사자들이 지난 몇 주 동안 사도들에게 이 소식의 상당 부분을 가져왔지만, 새로 세움받은 이 복음 선생들이 갈급한 유대인과 이방인들이 그들의 메시지를 어떻게 받아들였는가 이야기하는 것을 듣는 것은 참으로 영감을 불러일으켰다. 마침내 예수는 그가 몸소 있지 않아도 사람들이 좋은 소식을 퍼뜨리러 나가는 것을 상상할 수 있었다. 이제 주는 하늘나라의 진보를 심각하게 방해하지 않고 이 세상을 떠날 수 있다는 것을 알았다.

70인이 어떻게 그들에게 "악귀들조차 굴복하는가" 이야기했을 때, 그들은 신경 질환으로 고생하는 자들의 경우에 놀랍게 병 고친 것을 언급하였다. 그런데도, 이 봉사자들이 구제한 사례, 정말로 귀신 들린 몇 사례가 있었고, 이것들을 언급하며 예수는 말했다: "사탄이 하늘에서 번개처럼 떨어짐을 본 것을 생각하니, 복종하지 않는 이 작은 영들이 너희에게 굴복한 것이 이상한 일이 아니라. 그러나 이것으로 지나치게 기뻐하지 말라, 너희에게 선언하노니, 내가 아버지께로 돌아가자마자, 길 잃은 이 몇 귀신이 불행한 필사자들의 지성 속에 더 들어 갈 수 없도록 우리의 영을 사람들의 바로 그 지성 속에 보낼 것임이라. 너희가 사람들에 대하여 능력을 가진 것에 너희와 함께 내가 기뻐하나, 이 체험 때문에 용기를 얻지 말고, 오히려 너희의 이름이 하늘의 두루마리에 쓰여진 것, 또 너희가 영적으로 정복하는 끝없는 생애에서 이처럼 앞으로 나가리라는 것을 기뻐하라."

바로 이 때, 저녁 식사를 나누기 바로 전에, 추종자들이 때때로 목격한 바, 예수는 감정의 환희를 맛보는 보기 드문 순간을 체험했다. 그는 말했다: "내 아버지여, 하늘과 땅의 주여, 감사를 드리오니, 이 놀라운 복음이 지혜롭고 스스로 옳게 여기는 자들에게 감추어졌어도, 영은 이 영적 영광을 이 하늘나라 아이들에게 드러냈나이다. 옳소이다, 아버지여, 이렇게 하는 것이 아버지 보시기에 기뻤음이 틀림 없나이다. 내가 아버지께, 그리고 내게 행하라고 주신 일로 돌아간 뒤에도, 좋은 소식이 온 세상에 퍼질 것을 알고 나는 기뻐하나이다. 아버지가 내 손에 모든 권한을 주려 하심을 깨닫고, 또한 내가 누구인 줄 오직 아버지가 정말로 아시며, 내가 저희에게 아버지를 드러냈으므로, 오직 나와 저희가 아버지를 정말로 안다는 것을 깨달으니, 힘차게 감동이 되나이다. 그리고 육체를 입은 내 형제들에게 이 계시를 마치고 나서, 나는 하늘에 있는 생물에게 계시를 계속하리이다."

이렇게 아버지께 말씀드리고 나서, 예수는 몸을 돌이켜 사도와 봉사자들에게 말했다: "이 일을 보는 눈과 듣는 귀는 복이 있도다. 내가 너희에게 이르노니, 지난 시대의 숱한 선지자와 많은 위대한 사람이 너희가 지금 보는 것을 보고 싶어했으나, 저희에게 허락되지 아니하였느니라. 앞으로 올 빛의 아이들의 많은 세대가 이 소식을 들을 때, 이를 듣고 본 너희를 부러워하리라."

그리고 나서, 모든 사도에게 말했다: "너희는 얼마나 많은 도시와 마을이 하늘나라의 복음을 받아들였는가, 어떻게 유대인과 이방인들이 내 봉사자와 선생들을 받아들였는가 들었느니라. 하늘나라의 복음을 믿기로 작정한 이 공동체들은 정말로 복이 있도다. 그러나 코라진과 벳세다 줄리아스와 가버나움, 이 사자들을 잘 받아들이지 않은 도시에서 빛을 물리치는 주민들에게 화가 있을진저. 내가 선언하노니, 이 여러 곳에서 행해진 막강한 일을 티레와 시돈에서 일어났더라면, 이른바 이 이교도(異敎徒) 도시의 사람들은 삼베와 재 속에서 뉘우친 지 오래되었으리라. 심판의 날에 티레와 시돈이 정말로 더 견딜 만하리라."

다음 날이 안식일이었기 때문에, 예수는 70인과 따로 가서 그들에게 말했다: "갈릴리와 사마리아와 유대에 두루 흩어진 허다한 사람들이 하늘나라 복음을 받아들인다는 좋은 소식을 가지고 돌아왔을 때 나는 정말로 너희와 함께 기뻐하였노라. 그러나 어째서 너희는 그렇게 놀랍게 기운을 얻었느냐? 너희의 메시지가 전달될 때 그것이 힘을 나타내리라고 너희가 기대하지 않았더냐? 이 복음을 거의 믿지 않고 떠나갔다가 너희가 그 효력에 놀라서 돌아왔느냐? 그리고 이제, 너희의 기뻐하는 정신에 물을 끼얹지 않겠으나, 미묘한 자만, 영적 자만에 대하여 너희에게 엄하게 경고하고자 하노라. 루시퍼, 불의한 자의 몰락을 이해할 수 있다면, 너희는 온갖 형태의 영적 자만심을 엄숙하게 피하리라.

"너희는 필사 인간에게 그가 하나님의 아들임을 가르치는 이 큰 일을 시작하였도다. 나는 너희에게 길을 보여 주었으니, 가서 너희 사명을 다하고, 잘 행하는 데 지치지 말라. 너희에게, 그리고 오랜 세월을 통해서 너희의 걸음을 따를 모든 사람에게 내가 이르노라: 내가 언제나 가까이 서 있고, 나의 초청하는 부름은 이것이요 언제나 그러하리니, 수고하고 무거운 짐 진 자들은 다 내게로 오라, 그리하면 내가 너희에게 휴식을 주리라. 내 멍에를 너희가 지고 나한테서 배우라, 이는 내가 참되고 충성하며, 너희의 혼을 위하여 너희가 영적 휴식을 얻을 것임이라."

예수의 약속을 시험해 보았을 때, 그들은 주의 말씀이 참말인 것을 발견했다. 그리고 그 날 이후로, 셀 수없이 많은 사람이 또한 바로 이 약속을 시험해 보았고 그 약속이 확실함을 증명했다.

7. 마지막 임무를 위한 준비

다음 며칠은 펠라 캠프에서 바쁜 나날이었다. 페레아 임무를 위한 준비가 끝나고 있었다. 예수와 그 동료들은 마지막 임무, 온 페레아에 석 달 여행을 막 시작하려 했고, 이것은 땅에서 마지막 수고를 위하여 주가 예루살렘으로 들어가고 나서야 끝났다. 이 기간 내내, 예수와 열두 사도의 본부는 여기 펠라 캠프에서 유지되었다.

이제는 더 사람들을 가르치려고 예수가 외국으로 갈 필요가 없었다. 주마다, 모든 지방으로부터, 팔레스타인 뿐 아니라, 온 로마 세계와 근동(近東)으로부터, 그에게 오는 사람들의 수가 더욱 늘어났다. 비록 페레아 여행에 70명과 함께 참여했어도, 주는 많은 시간을 펠라 캠프에서 보냈고, 군중을 가르치고 열두 사도를 교육했다. 이 석 달 동안 내내, 적어도 열 사도가 예수와 함께 남아 있었다.

70인이 페레아의 큰 도시들에서 수고하는 동안, 여인단도 둘씩 나가려고 준비했다. 열두 여인으로 이루어진 이 최초의 집단은 가정을 방문하는 일과 병자와 고통받는 자들을 돌보는 기술을 여인 50명으로 된 더 큰 집단에게 최근에 훈련시켰다. 시몬 베드로의 아내, 퍼페투아가 여인단의 이 새 부서에 회원이 되었고 아브너 밑에서 확대된 여인들의 일의 지도를 맡았다. 오순절 뒤에 그 여자는 뛰어난 남편과 함께 남았고, 모든 선교 여행에 남편을 따라다녔다. 베드로가 로마에서 십자가에 못박힌 날, 그 여자는 경기장에서 사나운 짐승들에게 먹혔다. 이 새 여인단에는 또한 빌립과 마태의 아내들과, 야고보와 요한의 어머니가 회원이었다.

하늘나라의 일은 이제 예수가 친히 지휘하는 밑에서 최종 단계에 들어가려고 준비했다. 그리고 이 현재 단계는, 갈릴리에서 인기가 있던 옛 시절에 주를 따라다니던 군중, 기적을 기대하고 이적을 찾던 군중과 대조가 되어, 영적 깊이가 있는 단계였다. 그러나 물질적 생각을 가지고, 하늘나라는 하나님이 우주의 아버지라는 영원한 사실에 기초를 둔, 사람의 영적 형제 단체라는 진리를 깨닫지 못한 추종자들이 아직도 얼마든지 있었다.

제 164 편

헌당 축제에서

펠라에서 캠프가 세워지고 있기 때문에, 예수는 나다니엘과 토마스를 데리고서 헌당 축제에 참석하려고 예루살렘으로 몰래 올라갔다. 베다니 여울목에서 요단 강을 건널 때까지, 두 사도는 주가 예루살렘으로 계속 가고 있음을 눈치채지 못했다. 그가 정말로 헌당 축제에 갈 뜻이 있음을 깨달았을 때, 그들은 무척 열심히 항의하고, 온갖 종류의 논리를 써서 예수를 말리려고 애썼다. 그러나 그들의 노력은 아무 소용이 없었다. 예수는 예루살렘을 방문하기로 각오가 굳어 있었다. 자신을 산헤드린의 손아귀에 던지는 어리석음과 위험을 강조하면서 그들이 드린 온갖 간청과 경고에, 그는 오직 이렇게 대답하였다, "내 때가 오기 전에, 나는 이스라엘의 이 선생들에게 빛을 볼 기회를 또 한 번 주고자 하노라."

그들은 예루살렘을 향하여 계속 갔고, 두 사도는 두려운 느낌을 표현하고, 대담해 보이는 그러한 시도가 지혜로운가 의심한다고 투덜거리기를 그치지 않았다. 그들은 예리고에 4시 반쯤에 이르렀고, 거기서 밤 동안 투숙하려고 준비했다.

1. 착한 사마리아인의 이야기

그 날 저녁에 상당히 큰 일행이 예수와 두 사도에게 말씀을 물으려고 모였는데, 그 중 많은 것을 사도들이 대답하였고, 나머지는 주가 논의하였다. 저녁이 지나는 동안, 어떤 율법사가 체신을 떨어뜨리는 논쟁에 예수를 옭아 넣을 방법을 찾으면서 말했다: "선생이여, 영생(永生)을 물려받기 위하여 내가 도대체 무엇을 하여야 하는가 당신께 묻고자 하나이다." 예수는 대답했다: "율법과 선지자에 무엇이 쓰여 있고, 네가 보기에 성서는 어떻게 씌어 있느냐?" 예수와 바리새인들의 가르침을 아니까, 율법사는 대답했다: "주 하나님을 너의 마음과 혼과 정신과 힘을 다 기울여 사랑하고, 네 이웃을 네 몸처럼 사랑하는 것이니이다." 그리고 나서 예수는 말했다: "네가 옳게 대답하였도다. 네가 정말로 행하면, 이것이 영생으로 이끌리라."

그러나 이렇게 물으면서 율법사는 온전히 성실하지 않았고, 자기를 정당화하기를 바라고 또한 예수를 난처하게 만들기를 희망하면서 무릅쓰고 또 다른 질문을 던졌다. 주께 조금 더 가까이 다가가서 말했다. "그러나 선생이여, 도대체 누가 내 이웃인지 당신이 나에게 일러 주셨으면 하나이다." 그 율법사는 예수가 사람의 이웃을 "자기 민족의 아이들"로 규정한 유대인의 율법을 거역할 어떤 진술을 하도록 예수를 덫에 걸리게 만들기를 희망하면서 이렇게 물었다. 유대인들은 모든 다른 사람을 "이방의 개"로 여겼다. 이 율법사는 예수의 가르침에 얼마큼 익숙했고, 따라서 주가 다르게 생각했음을 잘 알고 있었다. 그래서 신성한 율법에 대한 공격으로 해석될 수 있는 무슨 말씀을 예수가 하도록 유도(誘導)하기를 바랐다.

그러나 예수는 그 율법사의 동기를 헤아렸고, 덫에 빠지는 대신에, 나아가서 청중에게 한 이야기를 해 주었는데, 예리고의 어떤 청중(聽衆)도 넉넉히 알아들을 이야기였다. 예수가 말했다: "어떤 사람이 예루살렘에서 예리고로 가다가 사나운 산적들의 손에 빠졌더니, 저희가 그의 물건을 약탈하고 옷을 벗기고 그를 매질하여, 반 죽은 채로 버리고 떠났는지라. 금방 어떤 사제(司祭)가 어쩌다가 그 길을 내려가다가, 다친 사람에게 다가가서 그 불쌍한 모습을 보고서, 길 건너편으로 지나갔는지라. 그리고 한 레위인도 왔다가 그 사람을 보고, 같은 방법으로 건너편으로 지나갔더라. 자, 이 무렵에 어떤 사마리아인이 예리고로 길을 가다가, 이 다친 사람과 마주쳤는데, 그 사람이 어떻게 강도에게 빼앗기고 얻어맞았는가 보고서 불쌍한 느낌이 들었고, 그에게 다가가서, 상처를 싸매고, 기름과 포도주를 붓고, 그 사람을 자기 짐승에 태우고, 여기서 여인숙으로 데리고 가서 그를 돌보았더라. 이튿날 아침에, 그가 돈을 얼마큼 꺼내어 주인에게 주면서 말하되, '내 친구를 잘 보살피라, 비용이 더 들면, 내가 다시 돌아올 때, 갚으리라' 하였더라. 자 이제 내가 너에게 묻노니, 이 세 사람 가운데 누가 강도를 만난 자의 이웃인 것이 드러났느냐?" 그 율법사는 그가 제 덫에 빠졌음을 깨달았을 때 대답했다, "그에게 자비를 베푼 자니이다." 그리고 예수는 말했다, "가서 이와 같이 하라."

그 율법사는 싫은 말, 사마리아인을 입에 올리는 것조차 삼갈까 하여 "자비를 베푼 자"라고 대답했다. "누가 내 이웃인가?" 하는 질문에 예수가 받고 싶은 바로 그 대답을 하도록 율법사는 강요되었고, 만일 예수가 그렇게 말했다면, 그를 이단(異端) 죄목에 직접 말려들게 했을 것이다. 예수는 정직하지 않은 그 율법사를 쩔쩔매게 했을 뿐 아니라, 청중에게 한 이야기를 해 주었고, 그것은 동시에 모든 추종자에게 아름다운 훈계요, 사마리아인들에 대한 태도에 관하여 모든 유대인에게 깜짝 놀라게 하는 꾸지람이었다. 이 이야기는 그 후에 예수의 복음을 믿은 모든 사람 사이에서 형제 사랑을 계속 촉진했다.

2. 예루살렘에서

예수는 제국의 모든 지역에서 온 순례자들에게 복음을 선포할까 싶어 천막 축제에 참석했다. 이제 그는 꼭 한 가지 목적으로 헌당 축제에 올라갔는데, 즉 산헤드린과 유대 지도자들에게 다시 한 번 빛을 볼 기회를 주는 것이었다. 예루살렘에서 이 며칠 동안의 주요한 사건은 니고데모의 집에서 금요일 밤에 일어났다. 예수의 가르침을 믿은 유대 지도자들이 25명 정도 함께 여기에 모였다. 이 무리 가운데는 당시에, 아니면 최근에 산헤드린 회원이었던 사람들이 열네 명 있었다. 이 모임에는 이버와 마타돌무스와 아리마대 요셉이 참석했다.

이 기회에 예수의 말씀을 들은 사람들은 모두 학식 있는 사람이었고, 이들과 두 사도는 이 탁월한 집단에게 주가 하신 논평의 범위와 깊이에 놀랐다. 예수가 알렉산드리아와 로마에서, 그리고 지중해 섬들에서 가르친 시절 뒤로, 그러한 학식이 있음을 나타내고, 세속인과 종교인을 막론하고, 사람들의 일을 그렇게 이해함을 보인 적이 없었다.

이 작은 모임이 해산되었을 때, 모두가 주의 성격에 신비를 느끼고, 품위 있는 예절에 매혹되고, 그 인품에 반하여 돌아갔다. 산헤드린의 나머지 회원들을 설득하려는 소망에 관하여 그들은 예수에게 조언하려고 애썼다. 주의 깊게, 그러나 말없이, 주는 모든 제안(提案)을 들었다. 그들의 계획 중에 아무 것도 성공하지 못하리라는 것을 잘 알았다. 유대 지도자들의 대다수가 하늘나라 복음을 결코 받아들이지 않으리라고 추측했다. 그런데도, 그들 모두에게 이번에 선택할 기회를 다시 한 번 주었다. 그러나 나다니엘과 토마스와 함께 올리브 산에서 묵으려고 그 날 밤에 나갔을 때, 한 번 더 산헤드린이 그의 일을 주목하게 만드는 데 추구할 방법을 아직 결정하지 않았다.

그 날 밤에 나다니엘과 토마스는 거의 잠을 이루지 못했다. 니고데모의 집에서 들은 것에 너무 많이 놀랐다. 그와 함께 70인 앞으로 가자고 하는 산헤드린의 과거 및 현직 회원들의 제안에 대하여 예수가 마지막으로 논평하신 것을 많이 생각해 보았다. 주는 말했다: "아니라, 형제들아, 아무 소용이 없느니라. 너희 머리 위에 쏟아질 진노를 너희가 더할 뿐이나, 저희가 나에 대하여 품고 있는 미움을 조금도 줄이지 못하리라. 내 아버지가 지시하는 방법으로 다시 한 번 하늘나라를 저희가 주목하게 하는 동안, 너희는 각자 가서 영이 인도하시는 대로 아버지의 일에 몰두하여라."

3. 눈먼 거지를 고치다

이튿날 아침 세 사람은 아침을 먹으러 베다니에 마르다의 집으로 갔고, 그리고 나서 즉시 예루살렘으로 들어갔다. 이 안식일 아침에, 예수와 두 사도가 성전에 가까이 다가가자, 잘 알려진 한 거지와 마주쳤는데, 날 때부터 눈먼 이 사람은 늘 있던 장소에 앉아 있었다. 이 거지들은 안식일에 구걸하거나 자선금을 받지 않았어도, 이렇게 자기의 보통 장소에서 앉아 있는 것이 허락되었다. 예수는 멈추어서 그 거지를 바라보았다. 날 때부터 눈먼 이 사람을 물끄러미 바라보자, 어떻게 한 번 더 땅에서 그의 사명을 산헤드린과 기타 유대 지도자와 종교 선생들이 주목하게 할 것인가 하는 생각이 머리에 떠올랐다.

눈먼 사람 앞에서 주가 깊이 생각에 빠져 서 있는 동안, 이 사람이 눈이 멀게 된 가능한 원인을 생각하며 나다니엘이 물었다: "주여, 그가 날 때부터 눈이 멀다니 누가, 이 사람이나 그 부모가, 죄를 지었나이까?"

랍비들은 날 때부터 소경인 모든 그러한 경우는 죄 때문에 생겼다고 가르쳤다. 아이들이 죄 속에서 잉태되고 태어날 뿐 아니라, 아이는 아버지가 저지른 어떤 특정한 죄에 대한 벌로서 소경으로 태어날 수 있었다. 그들은 아이 자체가 세상에 태어나기 전에 죄를 지을 수 있다고까지 가르쳤다. 또한 그러한 결점은 그 아이를 밴 동안에 어머니의 어떤 죄나 다른 방탕 때문에 생길 수 있다고 가르쳤다.

이 모든 지역에 두루, 윤회(輪廻)를 믿는 신앙이 남아 있었다. 플라톤과 필로와 많은 에센인들과 함께, 옛 유대인 선생들은 사람들이 하나의 육신화에서 그들이 이전의 존재에서 씨 뿌린 것을 거둘지 모른다는 이론을 용납했다. 이처럼 한 생명에서, 전생(前生)에서 지은 죄를 보상하고 있다고 믿었다. 주는 사람들로 하여금 그들의 혼이 이전에 존재한 적이 없다고 믿게 만들기가 어려움을 발견했다.

그러나 모순처럼 보이지만, 그런 소경은 죄의 결과로 생각되었어도 이 눈먼 거지들에게 자선금을 주는 것은 높이 칭찬할 만한 일이라고 유대인들은 주장했다. 이 눈먼 사람들이 "아, 마음이 부드러운 이여, 소경을 도우사 공을 쌓으소서"하고 지나가는 사람들에게 항상 노래하는 것이 관습이었다.

예수는 나다니엘과 토마스와 함께 이 사례(事例)의 토론에 들어갔다. 그 날 한 번 더 뚜렷하게 유대 지도자들이 그의 사명을 주목(注目)하게 하는 수단으로, 이 눈먼 사람을 쓰기로 이미 마음먹었기 때문만이 아니라, 또한 자연 현상이나 영적 현상이나, 모든 현상의 참된 원인을 사도들이 추구하도록 언제나 격려했기 때문이었다. 보통 있는 물리적 사건을 영적 원인의 탓으로 돌리는 흔한 경향을 피하라고 예수는 자주 전에 그들에게 경고했다.

예수는 그 날의 일을 위한 계획에 이 거지를 쓰기로 작정했지만, 이름이 요시아인 그 소경을 위하여 무슨 일이라도 미처 하기 전에, 나다니엘의 물음에 대답하기 시작했다. 주는 말했다: "하나님의 일이 이 사람 안에서 나타나도록 그도 부모도 죄를 짓지 아니하였느니라. 이렇게 눈먼 것은 자연스러운 사건의 과정으로 그에게 일어났으나, 아직 낮인 동안에 나를 보내신 이의 일을 이제 해야 하나니, 밤이 확실히 올 것임이라. 그 때에는 우리가 하려 하는 일을 하기가 불가능하리라. 내가 세상에 있을 때, 나는 세상의 빛이지만, 조금만 있으면, 내가 너희와 함께 있지 아니하리라."

말씀을 마치고 나서 예수는 나다니엘과 토마스에게 일렀다: "서기관과 바리새인들이 사람의 아들을 고발하려고 찾고 있는 충분한 기회를 주도록 이 안식일에 이 소경의 시력(視力)을 찾아 주자." 그리고 나서 몸을 굽히면서 땅에 침을 뱉고 진흙을 침과 섞었다. 그리고 소경이 들을 수 있게 이 모든 것을 말하면서, 요시아에게 다가가서, 보지 못하는 눈 위에 진흙을 얹고 말했다: "이 사람아, 가서 이 진흙을 실로암 못에서 씻어 버리라, 그리하면 네가 즉시 네 시력을 찾으리라." 그리고 실로암의 못에서 그대로 씻고 나자, 요시아는 눈이 보이게 되었고 친구들과 가족한테로 돌아갔다.

언제나 거지였으니까, 그 외에 아무 것도 몰랐다. 그래서 시력을 얻어서 처음 흥분이 지났을 때, 자선(慈善)을 구하던 여느 때 장소로 돌아갔다. 친구와 이웃들, 그리고 그를 전에 알았던 모든 사람이, 그가 눈이 멀쩡함을 지켜보았을 때 모두 말했다: "이 사람이 눈먼 거지 요시아가 아니냐?" 더러는 그라고 하고, 더러는 말했다, "아니라, 그와 비슷한 자이나 이 사람은 볼 수 있구나." 그러나 그들이 본인에게 물었을 때, 그는 대답했다, "내가 그 사람이요."

어떻게 그가 볼 수 있는가 그들이 비로소 묻자, 그는 대답했다: "예수라 하는 사람이 이 길로 와서, 친구들과 함께 내 이야기를 하면서, 침으로 진흙을 만들어 내 눈에 바르고, 내가 가서 실로암 못에서 씻어야 한다고 지시하였나이다. 나는 이 사람이 내게 이른 대로 했고, 즉시 내 눈이 보게 되었나이다. 그리고 이것은 겨우 몇 시간 전에 일어났나이다. 나는 아직도 내가 보는 많은 것이 무엇을 의미(意味)하는가 모르나이다." 주위에 모이기 시작한 사람들이, 그를 고쳐 준 이상한 사람을 어디서 찾을 수 있는가 물었을 때, 요시아는 모른다고 대답할 수밖에 없었다.

이것은 주가 행한 모든 기적(奇蹟) 가운데 아주 이상한 일이다. 이 사람은 고쳐 달라고 부탁하지 않았다. 그에게 실로암에서 씻으라고 지시하고 그에게 시력을 약속한 그 예수가 천막 축제 동안에 예루살렘에서 설교했던 갈릴리 선지자라는 것을 몰랐다. 이 사람은 그가 시력을 받으리라고 거의 믿지 않았지만, 그 시절의 사람들은 위대하거나 거룩한 사람의 침이 효력이 있다고 굳게 믿었다. 그리고 나다니엘과 토마스가 예수와 나눈 말씀으로 미루어 보건대, 요시아는 자칭한 은인(恩人)이 위대한 사람이나 학식 있는 선생이나 거룩한 선지자라고 결론을 내렸다. 따라서 예수가 지시한 대로 했다.

다음 세 가지 이유 때문에, 예수는 진흙과 침을 썼고, 그에게 상징적인 실로암 못에서 씻으라고 지시했다:

1. 이것은 개인의 믿음에 대한 기적의 반응이 아니었다. 자신의 목적을 위하여 예수가 행하기로 한 이적이었지만, 그는 이로서 이 사람이 오래 가는 혜택을 받도록 주선하였다.

2. 그 소경이 고쳐 달라 부탁하지 않았고 그의 믿음이 하찮았기 때문에, 이 물질적 행위는 그를 격려하려는 목적으로 제안되었다. 그는 침이 효력이 있다는 미신을 믿었고, 실로암의 못이 반 거룩한 장소임을 알았다. 그러나 그에게 발라 준 진흙을 씻는 것이 필요하지 않았더라면 그는 도저히 거기로 가지 않았을 것이다. 그 거래에는 그를 움직이도록 유인하기에 가까스로 넉넉한 절차가 있었다.

3. 그러나 이 독특한 거래와 관련하여 예수는 이 물질적 수단에 의존한 셋째 이유가 있었다. 이것은 순전히 자신의 선택에 따라서 일으킨 기적이었고, 그로서 그 시절과 이후 시대에 계속, 추종자들이 병자들을 고치는 일에 물질적 수단을 가벼이 보거나 소홀히 하지 않도록 가르치기를 바랐다. 기적이 인간의 병을 고치는 유일한 방법이라는 생각을 그만두어야 한다는 것을 그들에게 가르치고 싶었다.

예수는 이 안식일 아침에, 성전에서 가까이 예루살렘에서, 기적의 작용으로 이 사람의 눈이 보이게 만들었고, 이 행위를 산헤드린과 유대 선생과 종교 지도자들 모두에게 공개(公開) 도전으로 만드는 것이 주요한 목적이었다. 이것은 그가 바리새인들과 드러내 놓고 갈라짐을 선언하는 방법이었다. 행하신 모든 일에 그는 언제나 적극적이었다. 산헤드린 앞으로 이 문제를 제기할 목적으로, 이 안식일 오후에 일찍 예수는 두 사도를 이 사람에게 데리고 와서 토론을 일부러 도발했고, 이것은 바리새인들이 어쩔 수 없이 그 기적을 주목하게 만들었다.

4. 산헤드린 앞에 선 요시아

오후 중반이 되어, 요시아를 낫게 한 것이 성전 주위에서 얼마나 큰 토론을 일으켰는지, 산헤드린의 지도자들은 보통 때 성전(聖殿) 회의 장소에서 회의를 열기로 결정하였다. 그들은 안식일에 산헤드린의 집회를 금하는 오랜 규칙을 어기고 이렇게 했다. 예수는 마지막 시험이 다가왔을 때, 안식일 어기는 것이 그를 고발하는 주요한 죄목의 하나일 것을 알았고, 안식일에 눈먼 사람을 고쳤다는 죄목으로 판결받기 위하여 산헤드린 앞으로 끌려가기를 바랐으며, 이 자비 행위 때문에 그를 재판하는 높은 유대 법정(法廷)의 바로 그 회의가 안식일에, 스스로 부과한 율법을 직접 어기고 이 문제를 심의할 것이었다.

그러나 그들은 예수를 앞으로 부르지 않았고, 그렇게 하기가 두려웠다. 그 대신에 당장에 요시아를 부르러 보냈다. 얼마큼 예비 질문이 있은 뒤에, (약 50 회원이 자리에 있었는데) 산헤드린의 대변인이 요시아에게 그에게 무슨 일이 일어났는가 이르라고 지시했다. 그 날 아침에 고침을 받은 뒤에, 요시아는 토마스와 나다니엘과 다른 사람들로부터, 바리새인들이 그가 안식일에 치유받은 것에 성이 났다는 것, 그리고 관계된 모든 사람에게 그들이 문제를 일으킬 것 같다는 말을 들었다. 그러나 예수가 사람들이 구원자라고 부르는 바로 그 사람임을 요시아는 아직도 깨닫지 못했다. 그래서 바리새인들이 물었을 때 말했다: "이 사람이 나타나서, 내 눈에 진흙을 얹고, 가서 실로암에서 씻으라고 내게 일렀는데, 이제 내가 보나이다."

나이 든 바리새인들 가운데 하나가, 길게 연설한 뒤에 말했다: "이 사람은 하나님으로부터 왔을 수 없으니, 너희가 보다시피 그가 안식일을 지키지 않음이라. 첫째로, 진흙을 만들고, 다음에 이 거지를 안식일에 실로암에서 씻으라고 보내면서, 그가 율법을 어기는지라. 그러한 사람은 하나님이 보내신 선생일 수 없도다."

그러자 예수를 몰래 믿던 젊은 사람들 가운데 하나가 말했다: "이 사람을 하나님이 보내지 않았으면, 어찌 그가 이런 일을 할 수 있느냐? 우리가 알기에는, 보통 죄인인 사람은 그런 기적을 행할 수 없느니라. 우리는 다 이 거지를 알고, 그가 날 때부터 눈이 멀었음을 아는데, 이제 그가 보는도다. 너희는 이 선지자가 악마의 왕의 힘으로 이 모든 기적을 행한다고 아직도 말하겠느냐?" 바리새인 하나가 예수를 감히 고발하고 비난하면, 또 한 사람이 일어나서 얽히고 설키게 만들고 사람을 부끄럽게 만드는 질문을 던지곤 하였고, 그래서 심각한 분열이 그들 사이에 일어났다. 주관하는 관리(官吏)는 그들이 어느 쪽으로 흘러가는가 보았고, 토론을 가라앉히려고, 자신이 그 사람을 더 심문하려고 준비했다. 요시아에게 몸을 돌이켜 그는 말했다: "너는 이 사람, 네가 주장하건대 네 눈을 뜨게 한 이 예수에 대하여 무슨 할 말이 있느냐?" 그리고 요시아는 대답했다. "나는 그가 선지자라 생각하나이다."

지도자들은 크게 난처했고, 달리 어떻게 할 줄 몰라서, 요시아가 실제로 날 때부터 눈이 멀었는가 알려고 요시아의 부모를 찾으러 사람을 보내기로 결정했다. 그들은 거지가 치유받은 것을 믿기가 몹시 싫었다.

예수는 모든 회당에 들어가는 것이 금지되었을 뿐 아니라, 그의 가르침을 믿는 자들도 다 마찬가지로 회당에서 쫓겨났다, 이스라엘의 회중에서 추방되었다는 것이 예루살렘 근처에서 잘 알려졌다. 그리고 이것은 생활 필수품을 사는 권리 외에는 모든 권리와 온갖 종류의 특권이 부인된다는 것을 뜻했다.

그래서 가난하고 겁에 질린 요시아의 부모가 존엄한 산헤드린 앞에 나타났을 때, 그들은 자유로이 말하기가 무서웠다. 법정 대변인이 말했다: "이 사람이 네 아들이냐? 그가 소경으로 태어났다고 우리가 알고 있는데 사실이냐? 이것이 정말이면, 어째서 그가 이제 볼 수 있느냐?" 그리고 나서 요시아의 아버지가 대답하였고 어머니도 찬성했다: "우리는 이 사람이 우리 아들이고 그가 소경으로 태어난 것을 알지만, 그가 어떻게 보게 되었는지, 또는 누가 그의 눈을 뜨게 하였는지 모르나이다. 그에게 물으소서. 그가 나이를 먹었으니, 자신이 변호하게 하소서."

그들은 이제 요시아를 두 번째로 불러들였다. 정식 재판을 여는 계획을 순조로이 진행하지 못했고, 더러는 안식일에 이렇게 하는 데 대하여 비로소 이상한 느낌이 들었다. 따라서 요시아를 불렀을 때, 그들은 다른 공격 방법으로 그를 옭아매려고 시도했다. 법정의 관리는 예전에 눈이 멀었던 사람에게 말했다: "어찌하여 너는 이 때문에 하나님께 영광을 돌리지 않느냐? 너는 무엇이 일어났는가 진실을 전부 우리에게 이르지 않느냐? 이 사람이 죄인(罪人)인 줄 우리 모두가 아노라. 어째서 너는 진리를 깨달으려 하지 않느냐? 너와 이 사람은 안식일 어기는 것 때문에 정죄받음을 네가 아느니라. 오늘 네가 눈을 떴다고 아직도 주장한다면, 하나님이 너를 고친 분이라고 인정함으로 네 죄를 대속(代贖)하지 않겠느냐?"

그러나 요시아는 어리석지도 유머가 모자라지도 않았다. 그래서 법정 관리에게 대답했다: "이 사람이 죄인인지, 나는 모르나이다. 그러나 한 가지 내가 아는 것은—나는 전에 눈이 멀었지만, 이제 내가 보나이다." 요시아를 덫에 걸리게 만들 수 없었기 때문에, 그들은 그에게 더 물어 보려고 애썼다: "도대체 어떻게 그가 네 눈을 뜨게 하였느냐? 그가 실제로 너에게 무슨 일을 하였느냐? 그가 무어라고 너에게 이르더냐? 그가 너에게 그를 믿으라고 요구하더냐?"

요시아는 얼마큼 짜증내며 대답했다: "어떻게 모든 것이 일어났는지 그대로 나는 여러분에게 일렀는데 내 증언을 믿지 않았다면, 왜 다시 들으려 하나이까? 혹시 여러분이 그의 제자가 되고 싶나이까?" 이렇게 요시아가 말하자, 산헤드린은 혼란 속에 거의 과격하게 해산되었는데, 지도자들이 요시아 앞에 달려와서 성나서 소리쳤기 때문이다: "너는 이 사람의 제자가 되는 것에 관하여 떠들어도 좋지만, 우리는 모세의 제자요, 하나님의 율법을 가르치는 선생이라. 하나님이 모세를 통해서 말씀하신 줄 알지만, 이 사람 예수에 대해서는, 그가 어디서 왔는지 모르노라."

그러자 의자 위에 올라서서 요시아는 들을 수 있는 모든 사람에게 널리 외쳤다: "들으시오, 온 이스라엘의 선생이라 주장하는 여러분이여, 내가 선언하노니, 여러

분은 이 사람이 어디서 왔는지 모른다고 고백하면서, 그래도 여러분이 들은 증언으로부터 그가 내 눈을 뜨게 한 것을 여러분이 확실히 아시니, 여기에 큰 놀라운 일이 있나이다. 하나님은 거룩하지 않은 자를 위하여 그런 일을 행하지 않는다는 것, 하나님은 오직 참된 예배자—거룩하고 올바른 사람—의 요청을 받고서야 그런 일을 하리라는 것을 우리 모두가 아나이다. 여러분이 알다시피, 세상이 비롯된 뒤로, 날 때부터 눈먼 자의 눈을 뜨게 했다는 소리를 여러분이 들어 본 적이 없나이다. 그러면, 여러분 모두가 나를 보시고, 예루살렘에서 오늘 무슨 일이 일어났는가 깨달으시오! 내가 여러분께 말씀드리니, 이 사람이 하나님으로부터 오지 않았다면, 이 일을 할 수 없나이다." 그리고 산헤드린 회원들은 진노하였고 뒤죽박죽이 되어 떠나면서, 그에게 소리질렀다: "너는 전적으로 죄 속에 태어났는데, 네가 주제넘게 우리를 가르치느냐? 어쩌면 너는 날 때부터 소경이 아니었는가 보다. 그리고 네 눈을 이 안식일에 뜨게 되었어도, 이것은 악마의 왕의 힘으로 되었느니라." 그들은 요시아를 추방하려고 당장에 회당으로 갔다.

요시아는 예수와 치유의 성질에 대하여 어렴풋한 생각을 가지고 이 재판에 들어갔다. 온 이스라엘의 이 최고 법정 앞에서 그가 아주 영리하고 용감하게 한 대담한 증언의 대부분은, 재판이 그렇게 불공정하고 부당한 길로 진행됨에 따라서, 그의 머리 속에서 발전되었다.

5. 솔로몬의 현관에서 가르치다

안식일을 어기는 산헤드린의 이 회의가 성전의 한 방에서 진행되는 동안 내내, 예수는 가까이서 걷고 있었고 솔로몬의 현관에서 사람들을 가르치고 있었다. 그는 산헤드린 앞으로 출두하라고 호출(呼出)받아서, 거기서 하나님의 나라에서 신의 아들이 되는 자유와 기쁨에 대하여 좋은 소식을 그들에게 일러 줄 수 있기를 희망했다. 그러나 그들은 예수를 부르러 사람을 보내기가 두려웠다. 예루살렘에서 예수가 갑자기 대중 앞에 나타나시면 언제나 마음이 편치 않았다. 무척 열심히 찾던 바로 그 기회를 예수가 이제 주었지만, 산헤드린 앞으로 증인으로도 그를 불러 오기를 두려워했고, 체포하기를 더군다나 두려워했다.

이 때는 예루살렘에서 한겨울이었고, 사람들은 솔로몬의 현관에서 부분적 피난처를 찾았다. 예수가 남아 있는 동안에, 군중은 그에게 많은 질문을 던졌고, 그는 두 시간이 넘도록 이들을 가르쳤다. 유대 선생들 가운데 더러는 대중 앞에서 그에게 질문하여 함정에 빠뜨리려 했다: "얼마나 오랫동안 당신은 우리를 궁금한 채로 두려 하나이까? 당신이 메시아이면, 어째서 우리에게 분명하게 이르지 아니하나이까?" 예수는 말했다: "나 자신과 내 아버지에 대하여 여러 번 너희에게 일렀으나, 너희는 나를 믿으려 하지 않는도다. 내 아버지의 이름으로 내가 하는 일이 나를 위하여 증언함을 깨달을 수 없느냐? 너희 중에 많은 사람이 나를 믿지 않는 것은 너희가 내 양 떼에 속하지 않는 까닭이라. 진리를 가르치는 선생은 오직 진리를 간절히 찾고 올바름을 목마르게 찾는 자들만 끌어당기느니라. 내 양은 내 목소리를 듣고, 나는 저희를 알며 저희는 나를 따르느니라. 내 가르침을 따르는 모든 사람에게 나는 영생을 주노라. 저희는 결코 멸망하지 않고 아무도 저희를 내 손에서 획 잡아채지 못하리라. 이 아이들을 내게 주신 아버지는 모든 사람보다 크시고, 그래서 아무도 저희를 내 아버지의 손에서 뽑아 낼 수 없느니라. 아버지와 나는 하나이라." 믿지 않는 유대인들이 더러 예수에게 던질 돌을 주우려고 성전을 아직 짓고 있는 데로 달려나왔지만, 믿는 자들이 막았다.

예수는 가르침을 계속했다: "아버지로부터 나는 많은 사랑의 일을 너희에게 보여 주었더니, 그래서 이 좋은 일 가운데 어느 것 때문에 너희가 나를 돌로 치려 생각하는가 묻고자 하노라." 그리고 나서 바리새인들 가운데 하나가 대답했다: "아무런 착한 일 때문이 아니라, 네가 사람이면서 감히 너 자신을 하나님과 같게 만드는 까닭에, 신성 모독으로 우리가 너를 돌로 치려 하노라." 그리고 예수는 대답했다:

"하나님이 나를 보냈다고 내가 너희에게 선언할 때 너희가 나를 믿지 않으려 한 까닭에, 너희가 사람의 아들을 신성 모독 죄로 고발하느니라. 내가 하나님의 일을 하지 않으면, 나를 믿지 말라. 그러나 내가 하나님의 일을 하면, 너희가 나를 믿지 않더라도, 너희는 그 일을 믿으리라 생각하노라. 그러나 내가 선포하는 것을 너희가 확신하도록, 내가 다시 주장하노니, 아버지는 내 안에, 나는 아버지 안에 있고, 아버지가 내 안에 거하시는 것 같이, 이 복음을 믿는 모든 사람 안에 나도 마찬가지로 거하리라." 사람들이 이 말씀을 듣자, 그들 중 여럿이 그에게 던지려고 돌을 쥐러 달려나왔지만, 예수는 성전 구역을 통해서 나갔다. 산헤드린 회의에 참석했던 나다니엘과 토마스를 만나고서, 요시아가 회의실로부터 나올 때까지 그는 성전 가까이에서 그들과 함께 기다렸다.

예수와 두 사도는 요시아가 회당에서 추방되었다는 말을 듣기까지 집으로 요시아를 찾으러 가지 않았다. 그들이 이 집으로 왔을 때, 토마스는 뜰에서 그를 불러냈고, 예수는 그에게 말했다: "요시아야, 너는 하나님의 아들을 믿느냐?" 요시아는 대답했다, "내가 그를 믿을 수 있도록 그가 누구인지 내게 이르소서." 그리고 예수는 말했다: "너는 그를 보았고 그의 말도 들었으며, 그는 이제 너에게 말하는 자이라." 요시아가 말했다, "주여, 내가 믿나이다." 그리고 엎드리며 요시아는 경배했다.

요시아는 그가 회당에서 추방되었다는 말을 들었을 때, 처음에 크게 낙심했지만, 펠라의 캠프로 그들과 함께 가려고 즉시 준비해야 한다고 예수가 지시했을 때 크게 기운을 얻었다. 생각이 단순한 이 예루살렘 사람은 정말로 유대인 회당에서 추방되었지만, 그 시절과 세대의 영적 귀족들과 사귀도록 한 우주의 창조자가 그를 인도하심을 보아라.

이제 예수는 예루살렘을 떠났고, 이 세상을 떠나려고 준비할 때가 가깝기까지 다시 돌아오지 않게 되었다. 두 사도와 요시아와 함께, 주는 펠라로 돌아갔다. 요시아는 주가 베푸신 기적의 봉사를 받고서 열매를 많이 맺게 된 사람들 가운데 하나인 것이 판명되었는데, 왜냐하면 하늘나라 복음을 일생토록 전파한 사람이 되었기 때문이다.

제 165 편

페레아 선교가 시작되다

세례자 요한은 나지르인이요 한때 엥게디에서 나지르인 학교의 우두머리였는데, 그의 열두 사도 중에서 아브너는 전에 우두머리였고, 지금은 하늘나라의 70인 사자의 우두머리였으며, 서기 30년 1월 3일 화요일에 동료들을 불러모으고, 페레아의 모든 도시와 마을로 선교 사명으로 보내기 전에 마지막 지침을 주었다. 이 페레아 선교는 거의 석 달 동안 이어졌고 주의 마지막 봉사였다. 이 일을 하시다가 예수는 바로 예루살렘으로 가서, 육체를 입고서 마지막 체험을 거쳤다. 70인은 예수와 열두 사도의 정기적 수고로 지원을 받으며, 다음의 도시와 마을에서, 또 그 밖에 다른 50 남짓한 마을에서 일했다: 자폰, 가다라, 마캇, 아르벨라, 라마트, 에드레이, 보소라, 카스핀, 미스페, 게라사, 라가바, 수콧, 아마투스, 아담, 페누엘, 카피톨리아, 디온, 하티타, 가다, 필라델피아, 욕베하, 길르앗, 베드님라, 티루스, 엘레알라, 리비아스, 헤스본, 칼릴호, 베스포, 시팀, 시브마, 메데바, 베스메온, 아레오폴리스, 아로르.

이 페레아 여행을 통해서 계속, 이제 62명이 되는 여인단은 병자(病者)들에게 봉사하는 일의 대부분을 인계받았다. 이 때는 하늘나라 복음에서 상급의 영적 모습이 발달하는 마지막 기간이었고, 따라서 기적을 행하는 일이 없었다. 팔레스타인의 다른 어느 부분에도 예수의 사도와 제자들이 이렇게 철저히 일하지 않았고, 어느 다른 지역에서도 상류 시민 계급이 이렇게 널리 주의 가르침을 받아들이지 않았다.

이 시절에 페레아는 이방인과 유대인이 거의 똑같이 반반이었고, 유대인들은 유다 마카비 시절에 이 지역으로부터 대체로 이주했다. 페레아는 온 팔레스타인에서 가장 아름답고 그림 같은 지방이었다. 유대인들은 여기를 일반적으로 “요단 강 건너 땅”이라 언급하였다.

이 기간 내내, 예수는 펠라의 캠프에, 그리고 70인이 가르치고 전도한 여러 도시에서 그들을 도우려고 열둘과 같이 여행하는 데, 시간을 나누어 썼다. 예수가 그렇게 명령하지 않았지만, 아브너의 지휘 밑에서, 70인은 모든 신자에게 세례를 주었다.

1. 펠라 캠프에서

1월 중순이 되어서, 1천 2백 명이 넘는 사람들이 펠라에 모였는데, 예수는 그 캠프에 거하는 동안 하루에 적어도 한 번 이 군중을 가르쳤고, 비 때문에 방해받지 않으면 보통 아침 9시에 말씀했다. 베드로와 다른 사도들은 오후마다 가르쳤다. 예수는 열두 사도와 다른 상급 제자들과 함께, 질문하고 응답하는 보통 시간을 위하여 저녁때를 남겨 놓았다. 저녁 집단은 평균 50명쯤 되었다.

3월 중순에 예수는 예루살렘을 향하여 여행을 시작했고, 이 때가 되어 4천 명이 넘는 사람들이, 아침마다 예수나 베드로의 설교를 듣는 큰 청중을 이루었다. 주는 그의 메시지에 대한 관심이 절정에 이르렀을 때 땅에서 일을 마치기로 작정했고, 가장 높은 절정은 하늘나라의 진보에서 이 둘째 단계, 곧 기적이 없는 단계에서 도달되었다. 군중의 4분의 3은 진리 추구자들이었지만, 의심하고 헐뜯는 많은 사람과 함께, 예루살렘과 다른 곳에서부터 온 큰 무리의 바리새인들이 또한 자리에 있었다.

예수와 열두 사도는 펠라 캠프에 모인 군중에게 시간을 많이 썼다. 열둘은 현장 일에 거의, 또는 아예 눈을 돌리지 않았고, 때때로 아브너의 동료들을 찾아보려고 예수와 함께 나갔을 뿐이다. 아브너는 페레아 구역에 아주 익숙했는데, 여기가 그의 옛 선생, 세례자 요한이 한 일의 대부분을 했던 현장이었다. 페레아 선교가 시작된 뒤에, 아브너와 70인은 결코 펠라 캠프로 돌아오지 않았다.

2. 착한 목자에 대한 설교

헌당 축제 끝에 유대인 통치자들의 관할 구역에서 예수가 서둘러 떠났을 때, 3백 명이 넘는 예루살렘 사람, 바리새인, 그리고 다른 사람들의 일행이 북쪽에 펠라로 예수를 따라갔다. 열두 사도가 들을 뿐 아니라 이 유대 선생과 지도자들이 있는 앞에서, 예수는 "착한 목자"에 대하여 설교했다. 반시간 동안 비공식 토론이 있은 뒤에, 1백 명쯤 되는 무리에게 예수는 말했다:

"오늘밤에 너희에게 이를 것이 많도다. 너희 가운데 여럿이 내 제자요, 더러는 앙심을 품은 적인 까닭에, 너희가 각자 마음 속에 들어오는 것을 스스로 가지도록 내가 비유로 가르치리라.

"오늘 밤 여기 내 앞에는, 나를 위하여 또 이 하늘나라 복음을 위하여 기꺼이 죽을 사람들이 있고, 이들 가운데 더러는 다가오는 앞날에 그렇게 몸을 바치리라. 또 여기에는 또한 너희 중에 더러, 전통의 노예가 있으니, 예루살렘에서부터 나를 따라와서, 어둡고 망상에 빠진 너희 지도자들과 함께 사람의 아들을 죽이려 하는도다. 육체를 입고 내가 지금 사는 생명은, 너희 모두, 참된 목자와 거짓 목자들을 심판하리라. 거짓 목자가 눈이 멀었으면 아무 죄가 없으려니와 너희는 본다고 우기느니라. 너희는 이스라엘에서 선생이라고 고백하니, 그런즉 너희 죄가 너희에게 남느니라.

"참 목자는 위험할 때 양 떼를 밤에 우리 안으로 모으느니라. 아침이 왔을 때 문으로 우리 속에 들어가며, 그가 부를 때, 양들은 그 목소리를 알아듣느니라. 문이 아니라 다른 수단으로 양 우리에 들어가는 목자(牧者)는 모두 도둑이요 강도이라. 참 목자는 문지기가 문을 열어 준 뒤에 우리로 들어가며, 양들이 그 목소리를 알아보므로 그의 말을 따라 나오느니라. 양들이 이렇게 나왔을 때, 참 목자는 양들 앞에 가며, 그는 길을 인도하고 양들은 따르느니라. 양들이 따르는 것은 그 목소리를 아는 까닭이요, 낯선 자를 따르지 아니하리라. 양들은 낯선 자를 피하여 달아나리니, 그 목소리를 알지 못함이라. 여기 우리 둘레에 모인 이 군중은 목자 없는 양 같으나, 우리가 저희에게 말할 때, 저희는 목자의 목소리를 알고, 우리 뒤를 따라오며, 적어도 진리를 간절히 찾고 올바름을 목마르게 찾는 자들은 그렇게 하느니라. 너희 가운데 더러는 내 양 떼에 속하지 않으니, 너희는 내 목소리를 알지 못하고 나를 따르지 않느니라. 너희가 거짓 목자이매, 양들이 너희 목소리를 알지 못하고 너희를 따르지 아니하리라."

예수가 이 비유를 마쳤을 때, 아무도 그에게 묻지 않았다. 얼마 시간이 지난 뒤에, 그는 다시 말씀을 시작하고 그 비유를 논하기 시작했다:

"내 아버지의 양 떼에게 조수(助手) 목자가 되고자 하는 너희는 마땅한 지도자이어야 할 뿐 아니라, 또한 양 떼를 좋은 먹이로 먹여야 하느니라. 양 떼를 푸른 풀밭으로, 고요한 물가로 이끌지 아니하면 너희는 참 목자가 아니니라.

"이제, 너희 중에 더러 이 비유를 너무 쉽게 알아들을까 저어하여 내가 선언하리니, 나는 아버지의 우리까지 이끄는 문이요, 동시에 아버지의 양 떼에게 참 목자이라. 내가 없이 우리로 들어가려 하는 목자마다 실패하겠고, 양들은 그의 목소리를 듣지 아니하리라. 나와 봉사하는 자들과 함께, 나는 문이라. 내가 짓고 예비한 수단으로 영원한 길에 들어가는 사람마다 구원받고, 계속해서 파라다이스의 영원한 풀밭에 이를 수 있으리라.

"그러나 나는 또한 양들을 위하여 기꺼이 목숨을 버리기까지 하는 참 목자이라. 도둑은 오로지 훔치고 죽이고 파괴하려고 우리로 침입하지만, 내가 온 것은 너희가 모두 생명을 얻고 생명을 더욱 풍성하게 얻게 하려 함이라. 삯꾼은 위험이 생길 때 달아나고, 양들이 흩어지고 죽게 버려 두지만, 참 목자는 늑대가 올 때 달아나지 아니하리라. 참 목자는 제 양 떼를 지키고, 필요하다면, 양들을 위하여 목숨을 버리느니라. 진실로, 진실로 내가 너희에게, 친구와 적들에게 이르노니, 나는 참 목자요, 내 양들을 알고 내 양들은 나를 알며, 위험에 부닥쳐서 나는 달아나지 아니하리라. 내 아버지의 뜻을 이루는 이 봉사를 내가 마치겠고, 아버지가 내게 지키라고 맡긴 양 떼를 나는 버리지 아니하리라.

"그러나 내게는 이 우리에 속하지 않은 많은 다른 양이 있나니, 이 말씀은 이 세상에서만 참인 것은 아니라. 이 다른 양들도 내 목소리를 듣고 알고, 저희가 모두 한 우리로, 하나님의 아들들의 한 형제 정신으로 모이리라고 나는 아버지께 약속하였노라. 그리고 나서 너희 모두가 한 목자, 참 목자의 목소리를 알고, 모두가 하나님이 아버지임을 인정하게 될지니라.

"그래서 어찌하여 아버지가 나를 사랑하고 양 떼를 모두 이 땅에서 내 손에 지키라고 맡기셨는지 너희가 알지니라. 내가 양의 우리를 지키는 데 그르치지 않고, 내 양들을 버리지 않고, 필요하다면 다양한 양 떼에 봉사하는 데 목숨을 서슴지 않고 버릴 것을 아버지가 아시는 까닭이라. 그러나 잘 들거라, 내가 목숨을 버리면, 다시 목숨을 찾으리라. 어떤 사람이나 어떤 다른 피조물도 내 목숨을 가져갈 수 없느니라. 나는 내 목숨을 버릴 권리와 능력이 있고, 다시 찾을 능력과 권리가 있노라. 너희는 이것을 알 수 없으나 이 세상이 있기도 전에, 나는 아버지로부터 그런 권한을 받았느니라."

이 말씀을 들었을 때 예수의 사도들은 헛갈리고 제자들은 놀랐으며, 한편 예루살렘과 그 근처에서 온 바리새인들은 밤에 나가서 말했다. "그는 미쳤든지 아니면 악마가 들렸구나." 그러나 어떤 예루살렘 선생들조차 말했다: "그는 권한을 가진 사람처럼 말씀하시니라. 게다가 소경으로 태어난 사람의 눈을 뜨게 하고, 이 사람이 한 놀라운 일을 모두 하고서 악마에 들린 자를 누가 언제라도 보았더냐?"

이튿날 아침에 이 유대 선생들 가운데 반쯤은 예수를 믿는다고 고백했고, 나머지 반은 절망 속에 예루살렘과 집으로 돌아갔다.

3. 펠라에서 한 안식일 설교

1월말이 되어서, 안식일 오후의 군중은 거의 3천 명을 헤아렸다. 1월 28일 토요일에, "신뢰와 영적 준비"에 대하여 예수는 기억에 남을 설교를 했다. 시몬 베드로가 예비 논평을 마친 뒤에, 주는 말씀했다:

"여러 번 내 사도와 제자들에게 이른 것을 이제 이 군중에게 선언하노라. 바리새인들의 누룩을 조심할지니, 그 누룩은 위선이요, 편견 속에 태어나고, 전통의 사슬 속에서 자랐느니라. 하지만 이 바리새인들 가운데 많은 사람은 마음이 정직하고, 저희 가운데 더러는 내 제자들처럼 여기에 거하느니라. 얼마 안 있어 너희 모두가 내 가르침을 알아들으리니, 드러내지 말아야 할 것이 하나도 이제 없는 까닭이라. 너희에게 이제 감추어진 것은 사람의 아들이 땅에서 육체를 입은 사명을 마쳤을 때, 다 알려지리라.

"우리의 적들이 이제 몰래 어둠 속에서 계획하는 것들이 곧, 금방, 빛 속에 드러나고, 집 꼭대기에서 선포되리라. 그러나 내가 너희에게 이르노니, 친구들이여, 저희가 사람의 아들을 죽이려고 애쓸 때, 저희를 두려워 말라. 비록 몸을 죽일 수 있더라도 그 뒤에 너희에게 아무 힘을 쓰지 못하는 자들을 두려워 말라. 내가 너희에게 타이르노니, 하늘에서나 땅에서나 아무도 두려워 말고, 모든 불의(不義)로부터 너희를 구원하고 한 우주의 심판석 앞에 너를 티없이 내놓을 힘을 가진 그분을 아는 것을 기뻐하라.

"참새 다섯 마리가 두 페니에 팔리지 아니하느냐? 그래도 먹이를 찾아 이리저리 훨훨 날 때 그 새들 가운데 하나도 모든 생명의 근원인 아버지가 모르고서 존재하지 않느니라. 수호 천사들은 너희 머리털도 다 세었느니라. 이 모두가 참말이면, 어찌하여 너희가 일상 생활에서 생기는 많은 하찮은 일을 두려워하며 살아야 하느냐? 내가 너희에게 이르노니, 두려워 말라, 너희는 참새 여럿보다 훨씬 더 값이 있느니라.

"사람들 앞에서 내 복음을 믿는다고 고백할 용기를 가졌던 너희 모두를 머지 않아 내가 하늘의 천사들 앞에서 인정하리라. 그러나 사람들 앞에서 내 가르침의 진리를 알면서 부인하는 자는 하늘의 천사들 앞에 서기도 전에, 운명의 천사들이 부인하리라.

"사람의 아들에 대하여 너희가 하고 싶은 말을 하면, 용서받으리라. 그러나 하나님을 거슬러 주제넘게 모독하는 자는 도저히 용서받지 못하리라. 사람들이 하나님이 하시는 일을 알면서 악의 힘으로 돌리는 데까지 갈 때, 그러한 계획한 모반자들은 도저히 죄를 용서받지 못하리라.

"우리의 적들이 여러 회당장과 다른 높은 권한 앞에 너희를 끌고 올 때 무엇을 말할까 염려하지 말고, 저희의 물음에 어떻게 응답할까 걱정하지 말지니, 너희 안에 거하는 영이 하늘나라 복음의 명예를 위하여 무엇을 말해야 할까 바로 그 시각에 너희를 분명히 가르치리라.

"너희가 결심의 골짜기에서 얼마나 오래 머무르겠느냐? 너희가 어찌하여 두 의견 사이에 멈추느냐? 어찌하여 유대인이나 이방인이 그가 영원한 하나님의 아들이라는 좋은 소식 받아들이기를 망설여야 하느냐? 우리가 너희의 영적 유산을 기쁘게 받아들이라고 너희를 설득하는 데 얼마나 오래 걸리겠느냐? 아버지를 너희에게 드러내고 너희를 아버지께 인도하려고 내가 이 세상으로 왔노라. 처음 것을 내가 하였으나, 나중 것은 너희의 찬성 없이 하지 않으리라. 아버지는 아무도 하늘나라로 들어가라 강요하지 않느니라. 초청은 늘 이러했고, 언제나 그러하리라: 누구든지 바라는 자는 와서 생명의 물을 아낌없이 마시라."

예수가 말씀을 마쳤을 때, 많은 사람이 요단 강에서 사도들에게 세례를 받으려고 나섰고, 그 동안에 예수는 남아 있는 사람들의 질문에 귀를 기울였다.

4. 유산을 나누기

사도들이 신자들에게 세례를 주는 동안에, 주는 남아 있는 사람들과 이야기했다. 어떤 젊은이가 말했다: "주여, 내 아버지는 많은 재산을 나와 내 형제에게 남겨 놓고 죽었지만, 내 형제는 내 몫을 주려 하지 않나이다. 그러면 당신이 내 형제에게 이 유산(遺產)을 나와 함께 나누라고 명하시겠나이까?" 물질에 정신을 쏟는 이 젊은이가 그러한 사무에 관한 문제를 논의하려고 가져온 것을 주는 얼마큼 분개했지만, 나아가서 연장된 가르침을 나누어 주려고 그 기회를 이용했다. 예수는 말했다: "이 사람아, 누가 나를 너희에게 재산 분배하는 자로 만들었느냐? 이 세상의 물질적 일에 내가 관심을 가진다는 생각을 네가 어디서 얻었느냐?" 그리고 나서 주위에 있는 모든 사람에게 돌이켜 말했다: "조심하여 너희가 탐욕에 매이지 말라. 사람의 생명은 가진 소유물의 풍부함으로 이루어지지 않느니라. 행복은 재력에서 나오는 것이 아니요, 기쁨은 부(富)에서 솟아나지 않느니라. 재산 자체는 저주가 아니나 재산을 사랑하는 마음은 흔히 이 세상 물건에 그토록 헌신하도록 이끌며, 그래서 땅에서 하나님 나라의 영적 실체들의 아름다운 매력, 그리고 하늘에서 영생의 기쁨을 보지 못하게 만드느니라.

"소산이 풍성한 땅을 가진 어떤 부자(富者)의 이야기를 너희에게 일러 주마. 그가 대단히 부유하게 되고 나서, 스스로 비로소 따지며 말하였더라: '내가 모든 재산으로 무엇을 할꼬? 이제 나는 너무 많이 가져서 재산을 쌓아 둘 곳이 없구나.' 이 문제를 깊이 생각하고 나서, 그가 말하되 '내가 이렇게 하리라. 내 창고들을 허물고, 더 큰 것들을 지으리라. 그러면 나는 이렇게 내 과일과 물건을 쌓을 자리가 풍부히 있으리라. 그리고 나서 내 혼에게 말할 수 있노라, 혼이여, 너는 여러 해 동안 많은 재산을 쌓았구나. 이제 편안히 쉬라, 먹고 마시고 즐기라. 네가 부자요 물건이 많아졌음이라.'

"그러나 이 부자는 또한 어리석었으니, 그의 지성과 몸의 물질적 필요를 마련하면서, 영이 만족하게, 혼이 구원받기 위하여 하늘에 보물을 쌓지 못하였는지라. 그리고 나서도 쌓아 놓은 재산을 써 보는 기쁨을 누리지 못하게 되었으니, 바로 그날 밤에 그의 혼이 불려 갔음이라. 그 날 밤에 집으로 그를 죽이러 강도들이 들었고, 저희가 창고를 노략하고 나서, 남은 것을 불태웠는지라. 그리고 강도들이 놓친 재산을 놓고 상속자들끼리 싸움에 빠졌더라. 이 사람은 땅에서 자신을 위하여 보물을 쌓았으나 하나님에게는 부자가 아니었도다."

이렇게 예수는 그 젊은이와 상속 문제를 다루었는데, 예수는 그 젊은이의 문제가 탐욕임을 알았기 때문이었다. 그런 경우가 아니었다 하더라도, 주는 간섭하지 않았을 터이니, 제자들은커녕 사도들의 세상 문제에도 결코 간섭하지 않았기 때문이다.

예수가 이 이야기를 마치자, 다른 사람이 일어서서 물었다: "주여, 제가 알기에, 당신의 사도들은 당신을 따르려고 땅에서 재산을 모두 팔았고, 저희는 에센인들처럼 모든 것을 공동(共同)으로 가지나이다. 그러나 당신은 제자들인 우리 모두에게 마찬가지로 하게 만들고자 하시나이까? 정직한 재산을 소유하는 것이 죄니이까?" 예수는 이 물음에 대답했다: "친구여, 명예로운 재산을 가지는 것은 죄가 아니라. 그러나 물질적으로 소유한 재산이 <u>소중한 것</u>이 되게 하면 죄이니, 그것이 너희의 마음을 빼앗고 하늘나라의 영적 추구에 헌신(獻身)하지 못하게 애정을 다른 데로 돌리느니라. 너희의 <u>소중한 것</u>이 하늘에 있다면, 땅에서 정직한 재산을 가져도 아무 죄가 없으니, 소중한 것이 있는 곳에 너희 마음도 있을 것임이라. 탐욕과 이기심으로 이끄는 재산, 그리고 이 세상의 재물을 풍부히 소유하면서, 하늘나라 일에 온 정성을 바치는 자들을 지원하는 데 아주 풍성하게 기부하는 자들이 관리자 정신(精神)으로 지키고 처분하는 재산, 이 둘 사이에는 큰 차이가 있느니라. 너희 가운데 여기서 돈 없이 지내는 많은 사람이 저 건너 텐트 도시에서 먹고 투숙하나니, 이는 재산 있는 관대한 남녀들이 너희의 주인 다윗 세베대에게 그런 목적으로 자금을 주었기 때문이라.

"그러나 결국은 재산이 오래 가지 않음을 결코 잊지 말라. 부를 사랑하는 마음은 영적 시력(視力)을 흐리게 만들고, 잃기도 하는 일이 너무 흔하나라. 재산이 너희의 종이 아니라 주인이 되는 위험을 간과하지 말라."

예수는 낭비나 게으름이나, 또는 사람의 가족에게 물리적 필수품을 마련하는 데 무관심하거나 자선금에 의존하라고 가르치거나 용납하지 않았다. 그러나 물질적인 속세의 일은 혼의 복지와 하늘나라에서 영적 성품의 진보에 복종해야 한다고 가르쳤다.

그리고 나서 세례 주는 것을 구경하려고 사람들이 강가로 내려가는 동안에, 처음에 질문한 사람이 예수가 거칠게 다루었다고 생각했기 때문에, 그의 유산에 대하여 물으려고 예수에게 개인적으로 왔다. 다시 그의 말을 듣고 나서 주는 대답했다: "이 사람아, 너의 탐욕적 성향에 빠지려고, 어찌하여 오늘 같은 날에 생명의 빵을 먹을 기회를 놓치느냐? 네가 불평을 가지고 회당의 법정으로 가면 유대인의 상속법이 공정하게 시행될 것을 모르느냐? 내가 할 일은 너의 하늘 유산에 대하여 네가 꼭 알도록 하는 것과 상관 있음을 깨달을 수 없느냐? 너는 성서에서 읽지 못하였느냐? '걱정하고 많이 아낌으로 부유하게 된 자가 있나니, 이것이 그가 보상받는 몫이라: 내가 휴식을 찾았고 이제 내 물건을 계속 먹을 수 있으리라 하고 말하되, 그래도 그는 시간이 지나면 무슨 일이 닥칠지, 또한 그가 죽을 때 이 모든 것을 남에게 두고 가야 하는 것을 알지 못하더라.' 너는 계명을 읽지 아니하였느냐: '너희는 탐내지 말라.' 또 '저희가 먹고 배를 채우고 살이 쪘으며, 그리고 나서 저희가 다른 신들에게로 돌이켰더라.' 시편(詩篇)에서 '주는 탐욕 있는 자를 싫어하느니라,' 그리고 '올바른 사람이 가진 작은 소유물이 많은 악한 자의 큰 재산보다 나으니라' 하는 것을 너는 읽지 아니하였느냐? '재산이 늘어나면, 거기에 너희 마음을 돌리지 말라.' '부자가 제 재산을 자랑하지 말지니라' 예레미야가 말한 곳을 읽었느냐? 그리고 '입으로 저희는 사랑을 표시해도, 자신의 이익에 마음이 가 있느니라' 했을 때 에스겔은 진리를 말하였도다."

예수는 그 젊은이를 떠나보내면서 말했다: "이 사람아, 네가 온 세상을 얻고 자신의 혼을 잃으면 너에게 무슨 소득이 되겠느냐?"

가까이 서 있던 다른 사람이 부자가 심판의 날에 어떻게 견딜까 묻자, 예수는 대답했다: "나는 부자나 가난한 자를 재판하러 오지 않았으나, 사람들이 사는 인생이 모든 것을 판결하리라. 심판할 때 다른 무엇이 부자와 관계되든지, 큰 재산을 얻는 사람은 모두, 적어도 세 가지 물음에 대답하여야 하나니, 이러하니라:

"1. 얼마나 많은 재산을 쌓았느냐?

"2. 이 재산을 어떻게 얻었느냐?

"3. 네 재산을 어떻게 썼느냐?

그리고 나서 예수는 저녁 식사 전에 한동안 쉬려고 텐트로 들어갔다. 사도들이 세례 주기를 마쳤을 때, 그들도 왔고, 땅에 있는 재산과 하늘에 있는 보물에 관하여 함께 이야기하고 싶었지만, 예수는 잠들어 있었다.

5. 재산에 관하여 사도들에게 하신 말씀

그 날 저녁 식사 뒤에, 예수와 열둘이 날마다 있는 회의를 하려고 모였을 때 안드레가 물었다: "주여, 우리가 신자들에게 세례 주는 동안에, 남아 있는 군중에게 여러 말씀을 하셨고 우리는 듣지 못했나이다. 우리의 이익을 위하여 같은 말씀을 기꺼이 되풀이하시겠나이까?" 안드레의 요청에 따라 예수는 말했다:

"그래, 안드레야, 재산과 자기를 부양하는 이 문제에 관하여 너희에게 말하겠으나, 너희 사도들에게 하는 말은 제자들과 군중에게 주는 말과 얼마큼 달라야 하니, 나를 따르기 위해서 뿐 아니라, 하늘나라 대사로서 세움 받으려고 너희가 모든 것을 버렸음이라. 이미 너희는 몇 년의 체험을 가졌고, 아버지가 너희를 버리지 않을 것을 알며, 너희는 그의 나라를 선포하느니라. 너희는 하늘나라에 봉사하는 데 일생을 바쳤느니라. 그러므로 현세에 생활에 쓰이는 물건에 대하여 무엇을 먹을까, 너희 몸을 위해서도 무엇을 입을까 안달하거나 걱정하지 말라. 혼의 복지는 먹고 마시는 것보다 더 귀중하며, 영의 진보는 옷의 필요보다 훨씬 중요하니라. 너희의 먹을 것이 확실히 있는가 의심이 들 때, 까마귀를 생각하라. 까마귀는 씨 뿌리지도 거두지도 않고 창고나 헛간도 없거늘, 그래도 먹이를 구하는 까마귀마다 아버지가 먹이를 마련해 주시느니라. 너희는 허다한 새보다 얼마나 더 귀중하냐! 게다가, 너희가 아무리 걱정하고 근심해도 물질적 필요를 채우는 데 전혀 도움이 되지 않느니라. 너희 가운데 누가 걱정한다고 해서 키를 한 뼘이라도 더하거나 목숨에 하루를 더할 수 있느냐? 그러한 문제들은 너희 손에 달려 있지 않은즉, 어찌하여 너희가 이런 문제들을 걱정하느냐?

"백합이 어떻게 자라는가 생각해 보라. 백합은 수고하지 않고 실을 잣지도 않느니라. 그래도 내가 너희에게 이르노니, 모든 영화(榮華) 속에 쌓인 솔로몬조차 이 꽃들 가운데 하나처럼 입지 못하였도다. 오늘 살아 있어도 내일 꺾여 불 속에 던져질 들풀을 하나님이 그렇게 입히시거든, 하물며 하늘나라 대사(大使)인 너희를 얼마나 더욱 잘 입히시겠느냐. 아, 믿음이 적은 자들아! 마음을 다하여 하늘나라 복음을 선포하는 데 너희 몸을 바칠 때, 자신을 부양하거나 너희가 버린 가족들에 관하여 의심하는 생각을 품어서는 안 되느니라. 너희가 복음에 참으로 생명(生命)을 바치면, 너희는 복음에 따라 살지니라. 너희가 기껏해야 믿는 제자라면, 너희는 먹을 것을 벌며, 가르치고 전도하고 병 고치는 모든 사람을 부양하는 데 기여해야 하느니라. 먹을 것과 마실 것에 대하여 걱정이 들면, 너희는 그러한 필수품을 아주 부지런히 찾는 세상의 민족들과 어디가 다르냐? 이 모든 것이 필요한 줄을 아버지와 내가 아는 것을 믿으면서, 너희 일에 전념하라. 이번을 마지막으로 내가 분명히 말하노니, 너희가 하늘나라 일에 일생을 바치면, 너희의 모든 참 필요가 다 채워지리라. 더 큰 것을 구하라. 그리하면 그보다 작은 것들이 그 속에 있음을 발견하리라. 하늘의 것을 구하라. 그러면 땅의 것이 그 안에 들어 있으리라. 그림자는 분명히 알맹이를 따르느니라.

"너희는 작은 무리일 뿐이나, 믿음을 가지면, 두려움에 빠져 실수하지 않으면, 내가 선언하노니, 너희에게 이 하늘나라를 주는 것이 내 아버지가 기뻐하시는 일이라. 너희는 돈 주머니가 낡아지지 않는 곳, 아무 도둑이 들 수 없는 곳, 아무 좀이 먹을 수 없는 곳에 너희의 소중한 것을 쌓았느니라. 내가 사람들에게 이른 것 같이, 너희의 소중한 것이 있는 곳에 너희의 마음도 있으리라.

"그러나 너희 바로 앞에 놓인 일, 그리고 내가 아버지께 간 뒤에 너희에게 남아 있는 일을 하면서, 너희는 뼈아프게 시련을 받으리라. 너희는 다 두려움과 의심을 경계해야 하느니라. 너희 하나하나가, 정신 속에서 허리를 졸라매고 등불을 계속 밝히라. 너희는 결혼 잔치로부터 주인이 돌아오기를 지키는 사람들처럼 지키라. 그래서 주인이 와서 문을 두드리면, 그에게 빨리 문을 열 수 있으리라. 정신차리고 지키는 그러한 종들을 그렇게 중대한 순간에 충성하는 것을 알고 주인이 축복하느니라. 그리고 나서 주인 자신이 종들에게 시중드는 동안, 주인은 저희를 앉게 하리라. 진실로, 진실로 내가 너희에게 이르노니, 너희의 일생에서 위기가 바로 눈앞에 닥쳤고, 경계하고 준비하는 것이 너희에게 마땅하니라.

"도둑이 언제 올 지 안다면 아무도 누가 제 집에 침입하도록 버려 두지 않을 것을 너희가 잘 아느니라. 너희는 또한 자신을 위하여 지키라. 너희가 가장 의심하지 않는 시간에, 생각지 않는 방법으로 사람의 아들이 떠날 것임이라."

몇 분 동안 열두 사도는 말없이 앉아 있었다. 이 경고 가운데 더러는 전에 들은 적이 있지만, 이 때 그들에게 제시된 배경에서 듣지는 않았다.

6. 베드로의 물음에 대한 대답

그들이 앉아서 생각에 잠긴 동안, 시몬 베드로가 물었다: "당신은 이 비유를 우리에게, 당신의 사도들에게 하시나이까? 아니면 모든 제자를 위한 것이니이까?" 예수는 대답했다:

"시험이 있을 때, 사람의 혼이 드러나는도다. 시련은 정말로 가슴 속에 있는 것을 드러내느니라. 종이 시험받고 충실함이 입증되었을 때, 집주인은 그러한 종으로 하여금 집을 감독하라고 세우고, 이 충실한 집사가 그의 자녀들을 먹이고 양육하도록 일을 처리할 것을 안심하고 믿느니라. 마찬가지로, 내가 아버지께로 돌아갔을 때 누가 내 아이들의 복지를 책임질 수 있는가 내가 곧 알게 되리라. 집의 주인이 참되고 단련받은 종으로 하여금 집안 사무를 감독하게 하는 것 같이, 나도 내 나라의 사무에서 이 시간의 시련을 견디는 자들을 높이 세우리라.

"그러나 종이 게으르고, 마음 속에서 '내 주가 오기에 더디구나' 비로소 말하고, 동료 종들을 잘못 다루고 술 취한 자들과 함께 먹고 마시기 시작하면, 종이 그 주인을 기대하지 않는 시간에 주인이 와서 그가 충실하지 않음을 보고, 부끄럽게 내쫓으리라. 그런즉 갑자기, 뜻하지 않게 방문이 있을 그 날을 위하여 너희가 준비하는 것이 좋으니라. 너희에게 많은 것을 주었음을 기억하라. 그런즉 많은 것이 요구되리라. 불 같은 시련이 너희에게 가까이 다가오느니라. 나는 받아야 할 세례가 있고, 이것이 이루어질 때까지 나는 경계하노라. 너희는 땅에서 평화를 외치나, 나의 사명은 사람의 물질적인 일에—적어도 한동안—평화를 가져오지 아니하리라. 한 집안에서 두 사람이 나를 믿고 세 사람이 이 복음을 저버리는 곳에, 오직 분열이 생길 뿐이라. 친구와 친척과 사랑하는 자들이 너희가 외치는 복음 때문에 서로 대적할 운명을 가졌느니라. 이 신자들 하나하나가 마음 속에 크고 오래 가는 평화를 가질 것이 참말이나, 모두가 기꺼이 믿고 하나님의 아들이 되는 영화로운 유산을 받을 때까지, 땅에서 평화는 오지 아니하리라. 그런데도, 온 세상으로 가서, 모든 민족에게, 어른과 아이에게, 이 복음을 선포하라."

이것이 충만하고 바쁜 안식일의 끝이었다. 이튿날 아침, 예수와 열두 사도는 70인을 찾아보려고 북부 페레아의 여러 도시로 들어갔는데, 이들은 아브너의 감독 밑에서 이 지역에서 일하고 있었다.

제 166 편

마지막 북 페레아 방문

2월 11일부터 20일까지, 예수와 열두 사도는 북 페레아의 모든 도시와 마을을 둘러보았는데, 거기에는 아브너의 동료들과 여인단 회원들이 일하고 있었다. 그들은 이 복음 사자들이 성공하는 것을 발견했고, 예수는 기적과 이적이 따르지 않고 하늘나라의 복음이 퍼질 수 있다는 사실에 거듭 사도들의 주의를 불러일으켰다.

페레아에서 석 달 동안의 이 임무 전부가 열두 사도로부터 거의 도움을 받지 않고 진행되었고, 이 때부터 계속, 복음은 예수의 인격보다 가르침을 반영하였다. 그러나 추종자들은 그의 지침을 오래 따르지 않았는데, 예수가 죽고 부활하신 뒤에 곧 그의 가르침에서 벗어났고, 예수의 신 및 인간 성격에 대한 기적(奇蹟)의 개념과 영화롭게 된 기억을 중심으로 초대(初代) 교회를 세우기 시작했기 때문이다.

1. 라가바의 바리새인들

2월 18일, 토요일에 예수는 라가바에 있었고, 거기에는 나다니엘이라는 부유한 바리새인이 살았다. 친구 바리새인들의 상당한 수가 예수와 열두 사도를 전국에서 따르고 있었기 때문에, 그는 안식일 아침에 그들 모두, 약 20명을 위하여 아침 식사를 차렸고 예수를 귀빈(貴賓)으로 초청했다.

예수가 이 아침 식사에 도착했을 때가 되어서, 두세 율법사와 함께 대부분의 바리새인들은 이미 거기 있었고, 식탁에 앉았다. 주는 손을 씻으러 물 대야에 가지 않고, 즉시 나다니엘의 왼쪽에 자리에 앉았다. 많은 바리새인, 특히 예수의 가르침을 좋게 생각하는 사람들은, 그가 오직 깨끗이 할 목적으로 손을 씻으며, 순전히 예식인 이 행위를 몹시 싫어한다는 것을 알았다. 그래서 손을 두 번 씻지 않고 그가 식탁으로 바로 온 것에 그들은 놀라지 않았다. 그러나 나다니엘은 바리새인 관습의 엄격한 요건을 주가 따르지 않은 것에 충격을 받았다. 예수는 바리새인들처럼, 음식의 각 과정 뒤에나 식사가 끝난 뒤에도, 손을 씻지 않았다.

나다니엘과 그의 바른 쪽에 앉은 쌀쌀한 바리새인 사이에 상당히 수군거림이 있은 뒤, 그리고 주의 맞은 편에 앉은 사람들이 여러 번 눈썹을 치켜올리고 비웃는 입을 삐죽거리고 난 뒤에, 예수는 마침내 말했다: "너희와 함께 빵을 나누고 아마도 하나님 나라의 새 복음을 선포하는 것에 관하여 물으려고 너희가 나를 이 집으로 초대했다고 생각하였노라. 그러나 너희의 독선(獨善)을 좇아서 예식에 따라 헌신함을 나타내는 것을 구경하라고 나를 여기에 불렀음을 내가 깨닫노니, 그 수고를 너희가 이제 내게 하였느니라. 이 기회에 너희의 손님으로서 다음에 나에게 무엇으로 경의를 표하려느냐?"

주가 이렇게 말씀을 마치자, 그들은 식탁에 눈을 내려 깔고 말없이 있었다. 그리고 아무도 입을 열지 않았기 때문에, 예수는 말씀을 이었다: "너희 바리새인의 다수가 친구로서 나와 함께 여기 있고, 더러는 내 제자이기도 하지만, 바리새인의 대다수는 큰 권능 속에 복음의 일이 눈앞에 닥쳤어도, 빛을 보고 진리를 인정하기를 집요하게 거절하는도다. 영적 음식을 담은 그릇이 지저분하고 더러운데, 얼마나 면밀하게 너희가 컵과 접시의 겉을 씻느냐! 너희는 꼭 경건하고 거룩한 모습을 사람들에게 보이지만, 마음 속의 혼은 독선과 탐욕과 착취, 그리고 온갖 모양의 영적 사악함이 가득하니라. 너희의 지도자들은 감히 사람의 아들을 죽이려고 모의(謀議)하고 계획까지 하느니라. 너희 어리석은 사람들은 하늘에 계신 하나님이 겉치레 허식(虛飾)과 경건한 고백 뿐 아니라, 마음 속에 혼의 동기를 보시는 것을 깨닫지 못하느냐? 자선하고 십일조 내는 것이 너희의 불의를 씻어 주고, 모든 사람의 재판관이 계신 앞에 너희가 깨끗하게 서게 만들리라 생각지 말라. 생명의 빛을 집요하게 물리친 너희 바리새인들에게 화가 있을진저! 어김없이 십일조(十一租)를 내고 티를 내며 자선해도, 너희는 알면서 하나님의 심판을 비웃고 사랑의 계시를 저버리느니라. 너희가 이 하찮은 의무를 주의하는 것이 괜찮아도, 더 중대한 이 요구 조건을 행하지 않은 채로 버려 두지 않았어야 하느니라. 정의를 피하고, 자비를 가벼이 여기고, 진리를 저버리는 모든 사람에게 화가 있을진저! 아버지의 계시를 깔보면서 회당에서 높은 자리를 찾고 시장에서 아첨하는 인사를 몹시 바라는 모든 사람에게 화가 있을진저!"

예수가 일어나서 떠나려 했을 때, 식탁에 앉았던 율법사들 가운데 하나가 예수에게 말했다: "그러나 주여, 당신의 말씀 가운데 더러는 우리도 꾸짖나이다. 서기관이나 바리새인이나 율법사에게는 좋은 것이 하나도 없나이까?" 예수는 서서 그 율법사에게 대답했다: "너희는 바리새인들처럼, 무거운 짐, 지기에 괴로운 짐을 사람의 어깨에 지우면서, 잔치에서 상석(上席)에 앉는 것과 긴 옷 입기를 좋아하느니라. 사람들의 혼이 이 무거운 짐 밑에서 비틀거릴 때, 너희는 손가락 하나도 까딱하려 하지 않느니라. 조상(祖上)이 죽인 선지자들을 위하여 무덤 짓기를 크게 기뻐하는 너희에게 화가 있을진저! 그리고 조상이 한 일에 너희가 찬성하는 것은, 선지자들이 저희 시절에 한 일—하나님의 올바름을 선포하고 하늘 아버지의 자비로움을 드러내는 일—을 오늘날에 와서 하는 자들을 이제 너희가 죽이려 계획할 때 분명히 나타나느니라. 그러나 지난 모든 세대 가운데서, 선지자와 사도들의 피를 비뚤어지고 독선적인 이 세대에게 요구하리라. 서민들로부터 지식의 열쇠를 빼앗은 너희 율법사 모두에게 화가 있을진저! 너희 자신이 진리의 길에 들어가기 싫어하면서, 동시에 너희는 거기로 들어가기를 구하는 모든 다른 사람을 방해하려 하는도다. 그러나 너희는 이렇게 하늘나라의 문을 닫을 수 없느니라. 들어갈 믿음을 가진 모든 사람에게 우리는 이 문을 열었고, 이 자비의 입구는 거짓 선생과 참되지 않은 목자들의 편견과 거만 때문에 닫히지 않으리니, 저희는 흰 칠한 무덤 같아서, 겉으로는 아름답게 보여도, 속에는 죽은 사람의 뼈와 온갖 모양의 영적 더러움이 가득하니라."

나다니엘의 식탁에서 말씀을 마쳤을 때, 예수는 음식을 들지 않고 집 바깥으로 나갔다. 그리고 이 말씀을 들은 바리새인들 가운데 더러는 그의 가르침을 믿고 하늘나라에 가입했지만, 더 많은 수는 어둠의 길에서 버티었고, 예루살렘에서 산헤드린 앞에 그가 재판받고 판결받는 데 쓰일 수 있는 말씀을 얼마큼 주울까 하여, 그를 두고 보려고 더욱 굳게 마음먹었다.

바리새인들이 각별히 주의한 것이 꼭 세 가지가 있었다:

1. 십일조를 바치는 엄격한 관습.
2. 정화(淨化) 율법을 빈틈없이 지키는 것.
3. 바리새인이 아닌 모든 사람과 관계를 피하는 것.

이 때 예수는 처음 두 관습이 영적으로 쓸모 없음을 밝히려고 애썼고, 한편 그가 나중에 바로 이 사람들 중 여럿과 다시 정찬(正餐)을 드는 또 다른 기회를 위하여, 바리새인들이 바리새인 아닌 자들과 사회적으로 교제하지 않으려 하는 태도를 꾸짖으려고 고안된 논평을 하지 않고 남겨 두었다.

2. 열 명의 문둥병자

이튿날 예수는 열둘과 사마리아의 경계 가까이 아마투스로 갔는데, 그 도시에 가까이 가자 이 장소 가까이 머무르던 문둥병자 열 명의 무리와 마주쳤다. 이 무리 가운데 아홉은 유대인이요, 하나는 사마리아인이었다. 대체로 이 유대인들은 이 사마리아인과 모든 관계나 접촉을 삼갔을 터이지만, 같은 병을 앓는 것은 모든 종교적 편견을 극복하기에 넉넉하고도 남았다. 그들은 예수와 전에 병을 고친 기적에 대하여 익히 들어 왔던 터였고, 이 여행에 열두 사도와 함께 주가 나들이할 때 예수가 도착하기로 예정된 시간을 70인이 발표하는 것이 관습이었기 때문에, 문둥병자 열 명은 이 무렵에 이 근처에서 예수가 나타나기로 기대된 것을 알게 되었다. 따라서 그들은 여기, 도시의 교외에서 지키고 있었고, 거기서 예수의 눈을 끌고 고쳐 달라고 부탁하기를 희망했다. 예수가 그들에게 가까이 오시는 것을 보았을 때, 문둥병자들은 감히 그에게 다가가지 못하고, 멀찌감치 떨어진 곳에 서서 그에게 소리쳤다: "주여, 우리에게 자비를 보이소서, 우리의 병을 깨끗하게 하소서. 당신이 다른 사람들을 고친 것 같이 우리를 고치소서."

예수는 어째서 페레아의 이방인들이, 정통성이 적은 유대인들과 함께, 정통이고 전통에 묶인 유대 지방의 유대인들보다, 70인이 전파한 복음을 더 기꺼이 믿는가, 열두 사도에게 막 설명하고 있었다. 마찬가지로 갈릴리 사람들이, 그리고 사마리아인들도, 그들의 메시지를 더욱 쉽사리 받아들였다는 사실에 예수는 주의를 불러일으켰다. 그러나 열두 사도는 오랫동안 업신여기던 사마리아인들에 대하여 아직도 좀처럼 친근한 느낌을 기꺼이 품지 않았다.

따라서, 열심당원 시몬이 문둥병자들 가운데서 사마리아인을 지켜보았을 때, 그는 이들에게 인사하려고 머뭇거리지도 말고 지나쳐서 도시로 들어가도록 주를 유인하려고 애썼다. 예수가 시몬에게 말했다: "그러나 사마리아인이 유대인처럼 하나님을 사랑하면 어찌하겠느냐? 동료 인간들을 우리가 판단해야 하느냐? 누가 알 수 있느냐? 우리가 이 열 사람을 온전히 만들면, 아마도 사마리아인이 참말로 유대인들보다 더욱 고마워하는 것이 드러나리라. 시몬아, 네 의견이 확실하다고 느끼느냐?" 시몬은 재빨리 대답했다: "당신이 저희를 깨끗케 하시면, 곧 발견하시리이다." 그리고 예수는 대답했다: "그렇게 될지어다, 시몬아, 그리고 네가 사람들의 고마워하는 태도와 하나님이 사랑으로 베푸는 자비에 관하여 진실을 곧 알리라."

문둥병자들에게 가까이 가면서 예수가 말했다: "너희가 온전히 되고 싶으면, 당장에 가서 모세의 율법이 요구하는 대로 사제들에게 너희 몸을 보이라." 가는 동안에 그들은 온전하게 되었다. 그러나 자기가 치유되고 있음을 알아차렸을 때, 사마리아인은 돌아와서, 예수를 찾으러 가면서, 큰 소리로 하나님께 영광을 돌리기 시작했다. 주를 발견했을 때, 그는 예수의 발 앞에 엎드려서 그를 깨끗하게 해 준 것에 감사를 드렸다. 다른 아홉 유대인도 그들이 치유되었음을 발견했고, 그들이 깨끗하게 된 것을 고맙게 여겼어도, 사제들에게 몸을 보이려고 계속해서 길을 갔다.

사마리아인이 예수의 발 앞에 엎드린 채로 있으므로, 주는 열둘을 돌아보고, 특히 열심당원 시몬을 보고 말했다: "열 명이 깨끗하게 되지 아니하였느냐? 그러면 다른 아홉, 유대인들은 어디 있느냐? 오직 한 사람, 이 외국인이, 하나님께 영광을 돌리려고 돌아왔느니라." 그리고 나서 사마리아인에게 말했다. "일어나서 네 길을 가라. 너의 믿음이 너를 온전히 만들었느니라."

낯선 사람이 떠나자 예수는 다시 사도들을 바라보았다. 눈을 땅에 떨군 열심당원 시몬을 제쳐 놓고, 사도들은 모두 예수를 바라보았다. 열둘은 한 마디도 하지 않았다. 예수도 말하지 않았다. 말할 필요가 없었다.

비록 이 열 사람 모두가 그들이 문둥병이 있다고 정말로 믿었어도, 오직 네 사람만 그렇게 병을 앓았다. 나머지 여섯은 문둥병으로 오해한 피부병을 치료받았다. 그러나 사마리아인은 정말로 문둥병이 있었다.

예수는 열둘에게 문둥병자들을 깨끗하게 한 것에 대하여 아무 말도 하지 말라고 명했고, 그들이 아마투스로 들어가는 동안에 논평했다: "집의 아이들은 아버지의 뜻에 복종하지 않을 때에도, 어째서 저희가 받는 축복을 당연하게 여기는가 너희가 보는도다. 아버지가 저희의 병을 고쳐 줄 때, 감사드리기를 게을리 하는 것을 저희는 하찮은 일로 여기느니라. 그러나 낯선 자들은 집주인한테서 선물을 받을 때, 놀라움으로 가득 차고, 저희에게 준 좋은 것들을 알아보고 감사드릴 수밖에 없느니라." 아직도 사도들은 주의 말씀에 대꾸하여 아무 말도 하지 않았다.

3. 게라사에서 하신 설교

예수와 열둘이 게라사에서 하늘나라 사자들과 이야기하는 동안에, 믿는 바리새인들 가운데 하나가 이렇게 물었다: "주여, 적은 사람이, 아니면 많은 사람이 정말로 구원을 받으리이까?" 예수는 대답했다:

"너희는 오직 아브라함의 자손이 구원받으리라, 오직 입양된 이방인들이 구원을 얻을 희망이 있다고 가르침을 받았느니라. 에집트를 떠난 모든 무리 가운데서 오직 갈렙과 요수아가 약속된 땅에 들어가기까지 살았다고 성서가 기록하므로, 너희 중에 더러는, 하늘나라를 추구하는 자들 가운데 비교적 적은 수만 거기로 들어가는 문을 찾으리라 추리하였느니라.

"또한 너희 사이에 다른 속담이 있으니, 이것은 많은 진리를 담고 있느니라: 영생으로 인도하는 길은 곧고 좁으며, 거기로 인도하는 문은 마찬가지로 좁아서, 구원을 찾는 자들 가운데 거의 아무도 이 문을 통해서 들어갈 수 없도다. 너희는 또한, 멸망으로 인도하는 길은 넓고, 거기로 들어가는 문은 너르며, 이 길을 가기를 택하는 사람이 많다 하는 가르침이 있거늘, 이 속담은 의미가 없지 않느니라. 그러나 내가 선언하노니, 구원은 먼저 너희 개인이 선택하는 문제이라. 생명으로 인도하는 문이 좁더라도, 들어가기를 진심으로 구하는 모든 사람을 받아들이기에 넉넉히 넓으니, 내가 그 문임이라. 아들을 통해서 믿음으로 아버지를 찾으려 애쓰는 아이, 우주의 어떤 아이가 들어오는 것도 아들은 결코 막지 아니하리라.

"그러나 줄곧 미숙한 쾌락을 추구하고 이기적 만족에 빠지면서 하늘나라로 들어가기를 미루려 하는 모든 사람에게 여기에 위험이 있느니라: 영적 체험인 하늘나라에 들어가기를 거절하였으므로, 저희는 다가올 시대에 더 나은 길의 영광이 드러날 때, 나중에 거기로 들어가기를 찾을까 싶으니라. 그런즉 인간의 모습을 입고 내가 왔을 때 하늘나라를 비웃던 자들이 신성의 모습을 입고 입구(入口)가 드러났을 때 들어가기를 구하면, 그 때 그러한 이기적인 모든 사람에게 내가 이르리라: 나는 너희가 어디로부터 왔는지 모르노라. 이 하늘 시민권을 위하여 준비할 기회가 있었어도 너희는 모든 그러한 자비로운 제안을 물리쳤고, 문이 열린 동안에 오라는 온갖 초청을 물리쳤느니라. 이제, 구원을 거절한 너희에게, 문이 닫혔도다. 이기적 영광을 위하여 하늘나라로 들어가려 하는 자들에게 이 문은 열려 있지 않느니라. 구원은 내 아버지의 뜻을 행하는 데 마음을 다하여 헌신하는 값을 기꺼이 치르지 않는 자들을 위한 것이 아니라. 정신과 혼 속에서 너희가 아버지의 나라에 등을 돌렸을 때, '주여, 우리에게 문을 여소서, 우리도 하늘나라에서 크게 되고자 하나이다' 하며 이 문 앞에 서서 두드리는 것은 지성과 몸에 소용이 없느니라. 그러면 내가 선언하리니, 너희는 내 양 떼에 속하지 않느니라. 훌륭한 믿음의 싸움을 싸우고 땅에 있는 하늘나라에서 사심(私心) 없이 봉사한 보상을 따낸 자들 사이에 끼도록 너희를 받아들이지 않으리라. '우리가 당신과 어울려 먹고 마시지 아니하였나이까, 그리고 당신은 우리 거리에서 가르치지 아니하였나이까?' 하고 너희가 말할 때, 나는 다시 선언하리니, 영적으로 너희는 낯선 자들이라, 땅에서 아버지의 자비를 베푸는 봉사에서 우리는 동료 종이 아니었도다, 나는 너희를 모르노라. 그리고 온 땅의 재판관이 너희에게 이르리라: '불의의 일을 기뻐한 너희는 모두 우리를 떠나라.'

"그러나 두려워 말라. 하나님의 나라에 들어감으로 영생(永生)을 찾기를 성실하게 바라는 자마다 분명히 그런 영원한 구원을 얻으리라. 그러나 이 구원을 물리치는 너희는 영화롭게 된 이 나라에서 생명의 빵을 먹고 그 물로 원기를 찾으려고, 아브라함 자손의 선지자들이 이방(異邦) 나라의 신자들과 함께 앉아 있는 것을 언젠가 보리라. 이처럼 영적 권능 속에서, 살아 있는 신앙의 집요한 공격으로, 하늘나라를 차지할 자들은 남에서 북에서, 동에서 서에서 오리라. 그리고 보라, 첫째인 많은 사람이 마지막이 되겠고, 마지막인 자가 여러 번 첫째가 되리라."

이것은 오래 되고 귀에 익은, 곧고 좁은 길의 속담을 정말로 이상하게 새로 해석한 것이었다.

사도들과 많은 제자가 예수가 초기에 선언하신 말씀의 뜻을 천천히 깨닫고 있었다: "너희가 다시 태어나지 않고 영에게서 태어나지 않으면, 하나님의 나라로 들어갈 수 없느니라." 그런데도 마음이 정직(正直)하고 성실하게 믿는 사람들 모두에게 이것이 영원히 참말이다: "보라, 사람들의 마음 문 앞에 서서 내가 두드리니, 누구든지 문을 열면, 내가 들어가서 함께 저녁을 같이 들고 그를 생명의 빵으로 먹이리라. 우리는 정신과 목적(目的)에서 하나가 되겠고, 마찬가지로 파라다이스 아버지를 찾는, 길고도 열매가 풍성한 봉사에 늘 형제가 되리라." 그래서 적은 사람이, 아니면 많은 사람이 구원받는가 하는 것은 적은 사람이, 아니면 많은 사람이 이 초청을 거들떠보는가에 전적으로 달려 있다: "나는 문이요 새로운, 생명의 길이니, 누구든지 뜻하는 자는 영생을 찾아서 끝없는 진리의 탐구를 시작해도 좋으니라."

영적 세력은 모든 물질적 저항을 깨뜨리는 목적으로, 하나님의 해방된 아들로서, 정신적으로 새 생명의 온통 중요한 영적 가치를 붙잡는 길에 어쩌다 방해되는, 땅의 모든 장애물을 극복하기 위하여 필요한데, 사도들조차도 이 필요성에 관한 가르침을 충분히 알아들을 수 없었다.

4. 사고에 대한 가르침

대부분의 팔레스타인 사람이 하루에 두 끼만 먹었지만, 여행할 때 쉬고 기운을 차리려고 한낮에 멈추는 것이 예수와 사도들의 버릇이었다. 필라델피아로 가는 길에 그렇게 정오에 멈추었을 때, 토마스가 예수에게 물었다: "주여, 오늘 아침에 우리가 여행하는 동안에, 당신이 하신 논평으로부터, 나는 영적 존재들이 물질 세계에서 이상하고 특별한 사건을 일으키는 데 관여하는가 묻고, 천사와 다른 영 존재들이 사고(事故)를 막을 수 있는지 묻고 싶나이다."

토마스의 물음에 답하여 예수는 말했다: "내가 너와 함께 무척 오래 있었는데 그래도 내게 그런 질문을 계속하느냐? 사람의 아들이 어떻게 너희와 하나가 되어 사는가, 몸에 자양분을 주려고 하늘의 세력을 쓰기를 한결같이 물리치는 것을 너희는 지켜보지 못하였느냐? 모든 사람이 존재하는 바로 그 수단으로 우리 모두가 살지 아니하느냐? 아버지를 계시하는 것과 고통받는 자녀들을 언젠가 고친 것을 제쳐놓고, 너희는 이 세상의 물질 생활에서 영적 세계의 힘이 나타난 것을 보느냐?

"번영은 신이 인정(認定)하는 표시이라, 역경은 하나님이 언짢아하심을 증명하는 것이라고 너무 오랫동안 너희 조상들이 믿어 왔느니라. 내가 선언하노니, 그러한 관념은 미신이라. 훨씬 많은 가난한 자가 기쁘게 복음을 받아들이고 즉시 하늘나라에 들어감을 너희가 지켜보지 아니하느냐? 재산이 신의 은혜를 증거한다면, 어찌하여 부자(富者)들이 하늘로부터 온 이 좋은 소식 믿기를 여러 번 물리치느냐?

"아버지는 공정한 자와 부당한 자에게 비를 내리시며, 마찬가지로 해는 의로운 자와 불의한 자에게 비추느니라. 너희는 갈릴리인들에 대하여 알고 빌라도가 그 갈릴리인들의 피를 제물과 섞었지만, 내가 너희에게 이르노니, 이런 일이 저희에게 일어났다고 해서, 이 갈릴리인들이 어떤 면에서도 저희의 모든 동료보다 더한 죄인이 아니었느니라. 너희는 또한 실로암의 탑이 무너져서 열여덟 사람을 죽인 것에 관하여 아느니라. 이렇게 죽음을 당한 이 사람들이 예루살렘에 있는 모든 형제보다 더한 범법자라고 생각하지 말라. 이 사람들은 다만 우연한 사고(事故)에서 죄 없는 희생자가 되었느니라.

"너희 생활에서 일어날까 싶은 세 집단의 사건이 있느니라:

"1. 너희는 땅의 표면에서 너희와 친구들이 사는 생활의 일부로서 정상의 사고들을 나누어 가질지 모르느니라.

"2. 너희는 자연의 사고에, 사람들이 겪는 불운의 하나에 어쩌다가 희생자가 될지 모르며, 그러한 일은 어떤 면에서도 미리 정해지거나, 이 땅의 영적 세력이 일으키지 않음을 잘 아느니라.

"3. 세상을 지배하는 자연 법칙에 순응하려고 너희가 직접 기울인 노력에서 수확을 너희가 거둘지 모르느니라.

"어떤 사람이 있어 뜰에 무화과나무를 심었더니, 나무에서 열매를 여러 번 찾았으나 하나도 발견하지 못하자, 포도원 일꾼들을 앞에 불러서 일렀더라: '이 무화과나무에서 열매를 찾느라고 내가 여기에 3년 동안 왔으나 하나도 발견하지 못하였도다. 열매 없는 이 나무를 자르라. 어찌 그것이 땅을 번거롭게 해야 하느냐?' 그러나 우두머리 정원사가 주인에게 대답하였더라: '한 해를 더 버려 두소서. 내가 그 둘레를 파고 거름을 줄까 하나이다. 그리고 나서 이듬해에, 아무 열매도 맺지 않으면, 자르겠나이다.' 저희가 이렇게 열매 맺는 법칙을 따랐을 때, 그 나무가 살아 있고 좋았으므로, 풍부한 소산(所産)으로 보상을 받았더라."

"질병과 건강의 문제에서, 이 육체의 상태는 물질적 원인에서 생긴 결과임을 너희가 알아야 하느니라. 건강은 하늘이 빙긋 웃는 것이 아니요, 질병도 하나님이 이맛살 찌푸리는 것이 아니라.

"아버지의 인간 자손은 물질적 축복을 받는 능력을 똑같이 가졌느니라. 그러므로 그는 차별하지 않고 사람의 아이들에게 물질인 물건을 주시느니라. 영적 선물을 수여하는 문제에서, 신이 준 이 재산을 사람이 받아들이는 능력에 따라 아버지는 제한을 받느니라. 비록 아버지가 사람을 차별하지 않아도, 영적 선물을 수여할 때, 그는 사람의 믿음에, 사람이 언제나 기꺼이 아버지의 뜻에 따라 행동하는 마음에, 제한을 받느니라."

그들이 필라델피아를 향해서 여행하는 동안, 예수는 계속해서 가르쳤고 사고·질병·기적에 상관되는 여러 물음에 대답했지만, 그들은 이 가르침을 넉넉히 알아들을 수 없었다. 한 시간의 가르침은 일생토록 지녔던 관념을 통째로 바꾸지 못할 것이다. 그래서 예수는 메시지를 되풀이하는 것, 그들이 이해하기를 바라는 것을 여러 번 이야기하는 것이 필요함을 깨달았고, 그리고 나서도 예수가 죽고 부활하신 뒤까지 그들은 땅에서 그의 사명의 의미를 깨닫지 못했다.

5. 필라델피아의 회중

예수와 열두 사도는 아브너와 그 동료들을 찾아보러 가는 길이었고, 이들은 필라델피아에서 전도하고 가르치고 있었다. 페레아에 있는 모든 도시 가운데, 필라델피아에서 유대인과 이방인, 부자와 가난한 자, 배운 자와 배우지 못한 자의 큰 무리가 70인의 가르침을 받아들였고, 이로서 하늘나라에 들어갔다. 필라델피아 회당은 예루살렘에 있는 산헤드린 감독 밑에 있은 적이 없고, 따라서 예수와 그 동료들이 가르침을 전하지 못하도록 문을 닫은 적이 없었다. 바로 이 때, 아브너는 필라델피아 회당에서 하루에 세 번 가르치고 있었다.

바로 이 회당은, 나중에 그리스도교의 교회가 되었고 그 지역을 통해서 동쪽으로 복음을 퍼뜨리기 위한 선교 본부였다. 오랫동안 주의 가르침의 요새(要塞)였고, 이 지역에서 몇 세기 동안 그리스도교의 배움의 중심으로서 혼자 우뚝 서 있었다.

예루살렘의 유대인들은 언제나 필라델피아의 유대인들과 다투고 있었다. 예수가 죽고 부활하신 뒤에, 주의 동생 야고보가 우두머리였던 그 예루살렘 교회는 필라델피아 신자들의 회중과 심각한 불화(不和)가 생기기 시작했다. 아브너는 필라델피아 교회의 우두머리가 되었고, 죽을 때까지 그런 자격으로 계속했다. 예루살렘과 이렇게 거리가 멀어진 것은 어째서 아브너와 그의 일에 대하여 신약(新約)의 복음서 기록에 아무 언급이 없었는가 설명한다. 예루살렘과 필라델피아 사이에 있던 이 다툼은 야고보와 아브너의 일생을 통해서 지속되었고, 예루살렘이 파괴된 뒤에 얼마 동안 이어졌다. 안티옥이 북쪽과 서쪽에서 그랬던 것처럼, 필라델피아는 남쪽과 동쪽에서 정말로 초대 교회의 본부였다.

초대 그리스도교 교회의 모든 지도자와 사이가 틀어진 것은 아브너의 불운으로 보였다. 그는 예루살렘 교회의 행정과 관할권에 대한 문제에서, 베드로와 야고보(예수의 아우)와 사이가 틀어졌다. 철학과 신학(神學)의 차이 때문에 바울과 갈라졌다. 아브너는 철학 면에서 헬라파보다는 바빌로니아파였고, 먼저 유대인들에게,

그리고 나서 신비교들을 믿는 그리스·로마 신자들이 싫어하는 것을 덜 제시하려고, 예수의 가르침을 다시 만들려는 바울의 온갖 시도를 끈질기게 저항했다.

이처럼 아브너는 고립된 삶을 살 수밖에 없었다. 그는 예루살렘에서 지위를 인정하지 않는 한 교회의 우두머리였다. 주의 아우 야고보에게 감히 도전했고, 야고보는 나중에 베드로의 지지를 받았다. 그런 행위는 모든 옛 동료로부터 그를 실질적으로 고립시켰다. 그리고 나서 그는 감히 바울에게 대항했다. 비록 이방인들에 대한 사명에서 바울을 전적으로 동정했어도, 바울이 전도하기로 선택한, 예수의 가르침의 해석에 통렬하게 반대했다. 마지막 몇 해에, 아브너는 바울이 "살아 계신 하나님의 아들, 나사렛 예수 일생의 가르침을 약게 부패시킨 자" 라고 비난했다.

아브너의 나이가 지긋했을 때, 그리고 그 뒤 얼마 동안, 필라델피아의 신자들은 예수의 종교를, 예수가 살고 가르친 그대로, 땅에서 어느 다른 집단보다도, 더 엄격하게 고수했다.

아브너는 89세가 되도록 살았고, 필라델피아에서 서기 74년, 11월 21일에 죽었다. 죽는 바로 그 날까지, 그는 하늘나라 복음을 충실히 믿는 신자요 그 복음을 가르친 선생이었다.

제 167 편

필라델피아 방문

이 페레아 임무 기간을 통해서 내내, 70인이 일하고 있던 여러 지역을 방문하는 예수와 사도들을 언급할 때, 대체로 열 명만 그와 함께 있었다는 것을 상기해야 한다. 군중을 가르치기 위하여 펠라에 적어도 두 사도를 남겨 두는 것이 관습이었기 때문이다. 예수가 필라델피아로 계속 가려고 준비하자, 시몬 베드로와 형 안드레는 펠라 야영지로, 거기에 모인 군중을 가르치려고 돌아왔다. 주가 페레아 근처를 찾아보려고 펠라에 있는 캠프를 떠났을 때, 3백에서 5백 명의 야영자들이 따라가는 일이 드물지 않았다. 필라델피아에 다다랐을 때, 6백 명이 넘는 추종자들이 그를 따라갔다.

데카폴리스를 거쳐 간 최근의 전도 여행에 아무런 기적이 따르지 않았고, 문둥병자 열 명을 깨끗하게 한 것을 제처 놓고, 이 때까지 이 페레아 임무에 아무런 기적이 없었다. 이 때는 기적 없이, 대부분의 시간에 예수나 사도들조차 친히 자리에 없는 가운데, 복음이 힘있게 선포된 기간이었다.

예수와 열 사도는 2월 22일, 수요일에 필라델피아에 도착했고, 최근의 여행과 노동으로부터 쉬면서 목요일과 금요일을 보냈다. 그 금요일 밤에 야고보는 회당에서 말씀했고, 이튿날 저녁에 일반 회의가 소집되었다. 그들은 필라델피아에서, 또 근처의 여러 마을에서, 복음이 진전한 것에 무척 기뻐했다. 다윗의 사자들은 알렉산드리아와 다마스커스로부터 좋은 소식 뿐 아니라, 팔레스타인 전역에 걸쳐 하늘나라가 더욱 진척된다는 소식을 또한 가져왔다.

1. 바리새인들과 아침을 먹다

필라델피아에는 아주 부유하고 영향력 있는 바리새인이 살았는데, 그는 전에 아브너의 가르침을 받아들였고, 안식일 아침에 식사를 대접하려고 예수를 집으로 초청했다. 이 때에 예수가 필라델피아로 오심을 기대한다는 소문이 퍼졌다. 그래서 많은 바리새인도 사이에 섞여 큰 무리의 방문자들이, 예루살렘에서, 또 다른 곳으로부터 와 있었다. 따라서 이 유지(有志)들 약 40명과 율법사 몇 명이 이 아침 식사에 초대받았고, 아침 식사는 주께 명예를 돌리기 위하여 미리 주선되었다.

아브너와 이야기하면서 예수가 문 가에서 남아 있는 동안, 주인이 자리에 앉은 뒤에, 예루살렘의 유지 바리새인들 가운데 한 사람이 방으로 들어왔는데, 산헤드린의 회원이었고, 버릇대로 주인의 왼편, 명예의 자리를 향하여 곧장 갔다. 그러나 이 자리가 주를 위하여, 그리고 바른 쪽 자리는 아브너를 위하여 미리 예정되었기 때문에, 주인은 예루살렘 바리새인에게 네 자리 왼쪽으로 앉으라고 손짓했고, 이 고관(高官)은 명예의 자리를 받지 않았다고 해서 무척 기분이 나빴다.

곧 그들은 모두 자리에 앉았고, 자리에 참석한 대다수가 예수의 제자들이거나 아니면 복음을 좋게 여겼기 때문에, 자기들끼리 이야기를 즐기고 있었다. 오직 예수의 적들이 그가 잡수시려고 앉기 전에 예식으로 손 씻기를 지키지 않았다는 사실을 눈여겨보았다. 아브너는 식사가 시작될 때 손을 씻었지만, 음식 시중이 있는 동안에는 씻지 않았다.

식사의 끝 가까이, 고질병으로 오래 앓다가 이제는 수종(水腫)의 증세가 있는 사람이 거리에서 들어왔다. 이 사람은 신자였고, 아브너의 동료들에게 최근에 세례를 받았다. 예수에게 고쳐 달라고 아무런 요청을 하지 않았지만, 이 병자가 예수를 에워싼 군중을 피하기 바라면서, 그래서 예수의 눈길을 더 끌 것 같아서 이 아침 식사에 왔다는 것을 주는 잘 알았다. 이 사람은 그 때 주가 거의 기적을 행하지 않는다는 것을 알았지만, 그의 불쌍한 처지가 아마도 주의 동정심에 호소할까 싶다고 마음 속에서 궁리하였다. 그리고 그는 틀리지 않았는데, 그가 방에 들어갔을 때, 예수와 예루살렘에서 온 독선적인 바리새인이 그를 주목했기 때문이다. 그 바리새인은 그런 사람이 방으로 들어오라고 허락한 것을 분개하는 말을 재빨리 뱉었다. 그러나 예수는 그 아픈 사람을 바라보고 무척 인자하게 빙그레 웃었기 때문에, 그는 가까이 다가와서 바닥에 털썩 주저앉았다. 식사가 끝나고 있었기 때문에, 주는 동료 손님들을 둘러보았고, 다음에 수종 걸린 사람을 뜻있게 들여다본 뒤에, 말했다: "친구들이여, 이스라엘의 선생과 학식 있는 율법사들이여, 나는 너희에게 하나 묻고자 하노라. 아프고 병든 자를 안식일에 고치는 것이 율법에 합당하냐, 아니면 어긋나느냐?" 그러나 거기 있던 자들은 예수를 너무나 잘 알았다. 잠자코 있었고, 그의 물음에 대답하지 않았다.

그리고 나서 예수는 병자가 앉은 데로 가서, 손을 붙들고 말했다: "일어나서 네 길을 가라. 너는 고쳐 달라 부탁하지 않았으나, 나는 네 마음 속의 소망과 네 혼의 믿음을 아노라." 그 사람이 방을 떠나기 전에, 예수는 자리에 돌아가서, 식탁에 앉은 자들을 향하여 말했다: "너희를 하늘나라로 유혹하려는 것이 아니라 하늘나라에 이미 들어간 자들에게 자신을 드러내려고 내 아버지가 그러한 일을 하시니라. 바로 그런 일을 하는 것이 아버지 같으리라는 것을 너희가 깨달을 수 있느니라. 왜냐하면, 너희 가운데 누가, 안식일에 가장 좋아하는 동물이 우물에 빠졌는데, 즉시 나가서 그를 끌어당기지 아니하겠느냐?" 아무도 그에게 대답하지 않으려 했고, 주인이 일이 되어 가는 것을 승인하는 것이 분명했기 때문에, 예수는 일어서서 자리에 있는 모든 사람에게 말했다: "친구들이여, 너희가 결혼 잔치에 부름받을 때, 상석(上席)에 앉지 말라. 혹시나 너보다 더 명예로운 사람이 초대받고 주인이 너에게 와서 네 자리를 다른 귀빈에게 주라 요청할까 두려우니라. 이 경우에 부끄럽게 네가 식탁에서 더 낮은 자리를 차지하는 것이 요구되리라. 너희가 잔치에 부름 받을 때, 잔치 식탁에 도착하여 가장 낮은 자리를 찾고 거기에 네 자리를 잡는 것이 조그만 지혜이리라. 그래서 주인이 손님들을 둘러보고, 너에게 이를까 하니라: '친구여, 어찌하여 가장 낮은 자리에 앉느냐? 더 높이 올라오라.' 이렇게 그런 사람이 동료 손님들이 있는 가운데 영광을 가지리라. 잊지 말라, 자기를 높이는 자마다 낮아지겠고, 참으로 자기를 낮추는 자는 높아지리라. 그러므로 너희가 정찬을 베풀거나 저녁을 대접할 때, 언제나 너희 친구나 형제나 친척이나 부유한 이웃만 초대하지 말라. 저희가 보답하여 잔치 때 너희를 부르고, 그렇게 너희가 보상을 받을까 하니라. 너희가 축연을 베풀 때, 때때로 가난한 자와 불구(不具)인 자와 눈먼 자를 청하라. 이 방법으로 너희는 마음 속에서 복을 받을지니, 절름발이와 저는 자는 너희가 사랑으로 베푼 것을 갚을 수 없음을 너희가 잘 아는 까닭이라."

2. 큰 만찬의 비유

예수가 바리새인의 아침 식탁에서 말씀을 마치자, 자리에 있던 율법사들 가운데 하나가, 침묵을 깨뜨리기 바라며 생각 없이 말했다: "하나님의 나라에서 빵을 먹을 자들은 복이 있도다"—이것은 그 시절에 보통 하는 말이었다. 그러자 예수는 한 비유를 말씀했고, 친절한 주인도 이것을 가슴 속에 새길 수밖에 없었다. 예수는 말했다:

"어떤 통치자가 큰 만찬을 베풀었더니, 많은 손님을 불렀으매 저녁 때, 초대받은 자들에게 가서 '오소서, 모든 것이 이제 준비되었나이다' 말하라고 종들을 보냈더라. 그리고 저희는 다 한 목소리로 변명을 늘어 놓기 시작했는지라. 첫 사람이 말하되, '나는 막 농장(農場)을 샀고, 나는 어떻게든 그것을 증명하러 가야 하겠으니, 나를 용서하기를 비노라.' 또 한 사람이 말하되, '나는 황소 다섯 겨리를 샀는데, 소들을 받으러 가야 하니, 나를 용서하기를 비노라,' 또 하나가, '나는 막 장가를 들었고, 따라서 갈 수 없노라' 하는지라. 그래서 종들이 돌아가서 주인에게 보고하였더라. 이 말을 듣자 집주인은 대단히 성이 났고, 종들에게 돌이켜 말하였더라: '나는 이 결혼 잔치를 준비하였노라. 살진 소를 잡고, 손님들을 위하여 모든 것이 준비되었으나, 저희가 내 초청을 가벼이 여겼도다. 저희가 각자 자기 땅과 물건을 좇아갔고, 내 잔치에 오라 저희를 부르는 내 종들에게 무례하게 굴기까지 하는도다. 그러므로 결혼 잔치에 손님이 차도록, 빨리 도시의 거리와 골목 길, 대로(大路)와 샛길로 가서, 가난한 자와 쫓겨난 자, 눈먼 자와 저는 자들을 여기로 데려오라.' 종들이 주인이 명령한 대로 하였는데, 그리고 나서도 더 많은 손님을 위하여 자리가 있었더라. 그 때 주인이 종들에게 말하되 '내 집이 차도록, 이제 길과 시골로 가서, 거기 있는 자들을 강제하여 불러 오라. 내가 선언하노니, 먼저 부름받은 자들은 하나도 내 저녁을 맛보지 못할지니라.' 종들은 주인이 명한 그대로 했고, 그 집이 찼더라."

이 말씀을 듣고서 그들은 떠났다. 각자 자기의 곳으로 갔다. 적어도 그 날 아침에 자리에 있어 비웃던 바리새인들 가운데 하나는 이 비유의 뜻을 알아들었으니, 그가 그 날로 세례를 받고, 하늘나라의 복음을 믿는다고 대중(大衆) 앞에서 고백했기 때문이다. 아브너는 그 날 밤에 신자들의 일반 회의에서 이 비유를 설교했다.

이튿날 모든 사도는 이 큰 만찬의 비유의 의미를 풀이하려 애쓰는 철학 연습에 몰두했다. 예수는 서로 다른 이 해석을 모두 관심을 가지고 듣기는 했어도, 그들이 그 비유를 이해하는 데 더 돕기를 완강하게 거절하였다. 다만 이렇게 말했을 뿐이다. "각자 혼자서, 자기 혼 속에서, 그 의미를 찾을지어다."

3. 허약한 정신을 가진 여자

아브너는 이 안식일에 회당에서 주가 가르치도록 미리 주선했는데, 이번이 모든 회당이 산헤드린의 명령에 따라서 그의 가르침을 금지한 뒤로, 주가 회당에 처음으로 나타난 때였다. 예배가 끝났을 때, 예수는 그 앞에 풀이 죽은 얼굴을 하고 몸이 몹시 굽은 한 늙은 여인을 내려다보았다. 이 여자는 오랫동안 겁에 질려 있었고, 모든 기쁨이 생애에서 사라졌다. 단상(壇上)에서 걸어 내려오자, 예수는 그 여자에게 가서, 굽은 모습을 한 그 여자의 어깨를 만지며 말했다: "여자여, 네가 오직 믿고자 하면, 허약한 정신에서 온전히 풀려날 수 있느니라." 그리고 18년이 넘도록 몸을 굽히고 두려워하는 우울증에 빠져 있던 이 여자는 주의 말씀을 믿었고 믿음으로 즉시 몸을 곧게 세웠다. 자기가 곧게 되었음을 보았을 때, 그 여인은 소리 높여 하나님을 찬양했다.

이 여자의 병은 전적으로 정신에 있었는데도, 그 여자의 굽은 형태는 우울한 정신의 결과였기 때문에 사람들은 예수가 진정한 신체의 병을 고쳤다고 생각했다. 필라델피아 회당의 회중이 예수의 가르침에 호의(好意)를 가졌어도, 그 으뜸 회당장은 쌀쌀한 바리새인이었다. 예수가 신체의 병을 고쳤다는 회중의 의견을 함께 하면서, 예수가 안식일에 그러한 일을 주제넘게 했다고 분개했기 때문에, 회중(會衆) 앞에 일어서서 말했다: "사람들이 자기의 모든 일을 할 날이 엿새가 있지 아니하냐? 그러므로 이 일하는 날에 와서 고침을 받으라, 그러나 안식일에는 그러지 말라."

쌀쌀한 그 회당장이 이렇게 말을 마치자, 예수는 연사(演士)의 단상으로 돌아가서 말했다: "어찌하여 위선자 노릇을 하느냐? 너희 가운데 누구나 안식일에 마구간에서 황소를 풀고 물을 마시게 하려고 소를 끌어 내지 아니하느냐? 그러한 봉사가 안식일에 괜찮다면, 이 여인, 이 18년 동안 악에 묶여 있던 아브라함의 딸이, 이 안식일에도 이 사슬에서 풀려나고 해방과 생명의 물을 마시도록 앞으로 인도해야 하지 않느냐?" 그 여인이 하나님을 계속 찬양하는 동안, 비평한 사람은 창피를 당했고, 그 회중은 그 여인이 고침받은 것을 함께 기뻐했다.

이 안식일에 예수를 대중(大衆) 앞에서 비평한 결과로, 그 으뜸 회당장은 쫓겨났고, 예수의 한 추종자가 그 자리에 앉았다.

예수는 그런 두려움의 희생자들을 허약한 정신으로부터, 정신의 우울증으로부터, 두려움의 사슬로부터 구원했다. 그러나 사람들은 모든 그러한 질병이 신체의 질병이든지, 아니면 악령에 들린 것이라고 생각했다.

예수는 일요일에 다시 회당에서 가르쳤고, 많은 사람이 그 날 정오에 아브너에게 강에서 세례를 받았으며, 이 강은 도시의 남쪽으로 흘렀다. 이튿날 예수와 열 사도는 다윗의 한 사자가 도착하지 않았더라면, 펠라 야영지로 돌아가려고 떠났을 것이다. 그는 예루살렘 가까이 베다니에 있는 친구들로부터 예수에게 급한 소식을 가져왔다.

4. 베다니에서 온 소식

2월 26일, 일요일 밤 아주 늦게, 베다니로부터 달려온 사람이 필라델피아에 도착했고, 마르다와 마리아로부터 "주여, 당신이 사랑하는 자가 아주 아프나이다" 하는 소식을 가져왔다. 이 소식은 저녁 회의가 끝날 때, 밤 동안 사도들을 막 떠나고 있을 때 예수에게 도착했다. 처음에 예수는 아무 대답이 없었다. 이상한 막간극 중의 하나가 일어났는데, 이것은 그가 몸 바깥에, 건너에 있는 무엇과 교통하는 듯한 때였다. 그리고 나서, 위를 우러러보면서, 사도들이 듣는 거리에서 그 사자에게 말했다: "이 병은 정말로 죽음에 이르지 않느니라. 이것이 하나님을 찬양하고 아들을 높이는 데 쓰일 것을 의심하지 말라."

예수는 마르다와 마리아와 그 오라비 나사로를 아주 좋아했다. 이들을 뜨겁게 사랑했다. 처음에 가졌던 인간적인 생각은 당장에 그들을 도우러 가는 것이었지만, 다른 생각이 그의 통합된 지성에 떠올랐다. 예루살렘에 있는 유대 지도자들이 언제라도 하늘나라를 받아들일 것이라는 희망을 거의 버렸지만, 아직도 민족을 사랑했고, 예루살렘에 있는 서기관과 바리새인들이 그의 가르침을 받아들일 기회를 한 번 더 줄 수 있는 계획이 이제 머리에 떠올랐다. 아버지가 원하시면, 그는 예루살렘에게 주는 이 마지막 호소를 땅에서, 생애 전체에서 가장 깊고 엄청난, 외관으로 나타나는 일로 만들려고 결심하였다. 유대인들은 이적을 행하는 구원자 관념에 매달렸다. 물질적 이적을 행하거나 정치적 힘을 현세에 나타내는 행위를 하기까지 품위 떨어뜨리기를 물리쳤어도, 여태까지 드러나지 않은, 삶과 죽음을 주관하는 힘을 나타내려고 이제 그는 아버지의 동의(同意)를 구했다.

유대인들은 죽은 자들을 죽은 그 날에 묻는 관습이 있었다. 이것은 그렇게 따듯한 기후에서 필요한 관습이었다. 그들이 단지 혼수 상태에 있는 자를 무덤에 넣어서, 둘째, 아니 셋째 날에도 그런 사람이 무덤으로부터 나오곤 하는 일이 때때로 생겼다. 그러나 영이나 혼이 이삼일 동안 몸 가까이 얼찡거릴지 모르지만, 셋째 날 뒤에는 결코 남아 있지 않는다, 넷째 날이 되어서는 부패가 한창 진행된다, 그러한 기간이 지난 뒤에 아무도 무덤에서 돌아오지 않는다는 것이 유대인들의 관념이었다. 이러한 이유 때문에 예수는 베다니를 향해서 떠나려고 준비하기 전에 필라델피아에서 아직도 꼬박 이틀을 머물렀다.

따라서 수요일 아침 일찍 그는 사도들에게 말했다: "당장에 다시 유대 땅으로 갈 준비를 하자." 주가 이렇게 말하는 것을 듣자, 사도들은 한동안 서로 의논하려고 자기들끼리 물러났다. 야고보는 그 회의의 지도를 맡았고, 그들은 예수를 다시 유대 땅으로 가도록 허락하는 것은 어리석은 일일 뿐이라 모두가 의견을 모았고, 하나같이 와서 그렇게 예수께 말씀드렸다. 야고보가 말했다: "주여, 당신은 몇 주 전에 예루살렘에 계셨고, 지도자들은 당신을 죽이려고 하였으며, 한편 사람들은 당신을 돌로 칠 생각이 있었나이다. 그 때 당신은 이 사람들에게 진리를 받을 기회를 주었고, 우리는 당신이 유대로 다시 가도록 허락하지 못하겠나이다."

그러자 예수가 말했다: "그러나 일을 안전히 해도 좋은 때가 하루에 열두 시간 있음을 너희가 깨닫지 못하느냐? 사람이 낮에 걸으면, 빛이 있으매 넘어지지 않느니라. 사람이 밤에 걸으면, 빛이 없으매 넘어지기 쉬우니라. 내 날이 지속하는 한, 나는 유대에 들어가기가 두렵지 않고, 이 유대인들을 위하여 한 번 더 힘찬 일을 하고자 하노라. 나는 저희의 조건—겉으로 영광이 드러나고 아버지의 힘과 아들의 사랑을 눈에 보이게 나타내라는 조건—을 따라서라도 저희에게 한 번 더 믿을 기회를 주고자 하노라. 게다가 너희는 우리의 친구 나사로가 잠든 것을 깨닫지 못하느냐. 나는 그를 이 잠에서 깨우려고 가려 하노라!"

그리고 나서 사도들 가운데 하나가 말했다: "주여, 나사로가 잠이 들었으면, 더욱 확실히 회복하리이다." 이 시절에 죽음을 일종의 잠으로 말하는 것이 유대인의 관습이었지만, 나사로가 이 세상을 떠났음을 예수가 의미함을 사도들이 알아듣지 못했기 때문에, 이제 분명히 말했다: "나사로가 죽었느니라. 다른 자들이 이로서 구원받지 않더라도, 너희가 나를 믿을 새로운 이유를 가질까 하여, 내가 거기 있지 않은 것을 너희를 위하여 기뻐하노라. 그리고 너희가 목격할 것 때문에, 내가 너희를 떠나고 아버지께로 가는 날을 위하여 준비하면서, 너희 모두가 힘을 얻어야 하느니라."

예수가 유대로 가는 것을 삼가라고 설득할 수 없었을 때, 그리고 사도들 중 더러가 그를 따라가는 것조차 싫어했을 때, 토마스는 동료들에게 이렇게 말했다: "우리는 주께 우리의 두려움을 말씀드렸으나, 주는 베다니로 가기로 마음이 굳어졌느니라. 나는 그것이 끝장을 의미하는 것으로 만족하고, 저희는 분명히 그를 죽이겠지만, 그것이 주의 선택이라면, 용감한 사나이답게 행동하자. 그와 함께 죽으러 우리도 가자." 그리고 언제나 이랬다. 신중하고 지속되는 용기(勇氣)를 요구하는 문제에서, 토마스는 언제나 열두 사도의 기둥이었다.

5. 베다니로 가는 길

유대 땅으로 가는 길에, 예수에게는 거의 50명이 되는 친구와 적들이 따랐다. 수요일 한낮, 점심 시간에, 그는 사도들과 이 무리의 추종자들에게 "구원의 조건"에 관하여 말씀했고, 이 수업의 끝에 바리새인과 세리(세금 걷는 자)의 비유를 이야기했다. 예수는 말했다: "그러면 너희가 보나니, 아버지는 사람의 아이들에게 구원을 주시며, 이 구원은 신의 가족에서 아들 신분을 받을 믿음을 가진 모든 사람에게 거저 주는 선물이라. 이 구원을 벌어들이기 위하여 사람은 아무 일도 할 수 없도다. 자신을 옳게 여기며 하는 일은 하나님의 은혜를 살 수 없고, 대중 앞에서 많이 기도해도 가슴 속에 살아 있는 믿음이 부족함을 메울 수 없느니라. 겉으로 드러나는 봉사로 너희는 사람들을 속일지 모르나, 하나님은 너희 혼을 꿰뚫어보시느니라. 기도하러 성전에 간 두 사람이 내가 너희에게 이르는 것을 잘 보여 주나니, 하나는 바리새인이요 하나는 세리이라. 바리새인은 일어서서 속으로 기도하되, '아 하나님, 나는 나머지 사람들, 착취하는 자나 배우지 못한 자, 부당한 자나 간음하는 자와 같지 않고, 이 세리와도 같지 않음을 당신께 감사드리나이다. 나는 한 주에 두 번 금식하며, 내가 버는 모든 것의 십일조를 드리나이다.' 그러나 세리는 멀찌감치 떨어져 서서, 눈을 하늘로 올리지도 못하고 가슴을 치며 말하였더라. '하나님이여, 죄인인 나에게 자비를 베푸소서.' 내가 너희에게 이르노니, 바리새인보다 세리가 하나님의 인정을 받고 집에 돌아갔으니, 자신을 높이는 자는 낮아지겠거니와 자신을 낮추는 자는 높여질 것임이라."

그 날 밤에, 예리고에서, 적대하는 바리새인들이, 한때 그 동료들이 갈릴리에서 했던 것처럼, 결혼과 이혼에 관하여 주가 논하도록 유인해서 주를 덫에 걸리게 하려고 애썼지만, 주는 그에게 이혼에 관한 율법과 충돌하게 만들려는 그들의 노력을 솜씨 있게 피했다. 세리와 바리새인이 좋은 종교와 나쁜 종교를 실례로 보여 주다시피, 그들의 이혼 관습은 유대 율법의 좋은 결혼법, 그리고 모세의 이 이혼(離婚) 조항을 창피할 정도로 느슨하게 바리새인이 해석한 것을 대조하는 데 소용된다. 바리새인은 가장 낮은 기준으로 자신을 판단했고, 세리는 가장 높은 이상에 따라 자신이 청산(淸算)했다. 바리새인에게 예배는 독선적 비활동을 유인하는 수단이요, 거짓된 영적 안전의 보장이었다. 세리에게 예배는 회개와 고백, 그리고 믿음으로 자비로운 용서를 받아들일 필요를 깨닫도록 자기 혼을 불러일으키는 수단이었다. 바리새인은 응보를 구하고, 세리는 자비를 구했다. 우주의 법칙은 이것이다: 구하라, 그리하면 받으리라, 찾으라, 그리하면 너희가 찾아내리라.

비록 이혼에 관하여 바리새인들과 논쟁(論爭)에 말려들기를 거절했어도, 예수는 결혼에 관하여 가장 높은 이상(理想)을 담은 긍정적 가르침을 선포했다. 결혼을 모든 인간 관계에서 가장 이상적이고 가장 높은 것으로 올려놓았다. 마찬가지로, 예루살렘 유대인들의 절제 없고 불공평한 이혼 관습을 뚜렷하게 반대함을 비쳤다. 이 유대인들은 그 시절에, 솜씨 없는 요리사, 알뜰하지 못한 살림꾼과 같이 아주 하찮은 이유로, 아니면 더 예쁜 여자를 사랑하게 되었다는 것보다 더 낫지 않은 이유 때문에, 남자가 아내와 이혼하는 것을 허락했다.

바리새인들은 이렇게 쉬운 종류의 이혼은 유대 민족, 특히 바리새인들에게 주어진 특별한 섭리라고 가르치는 지경에까지 이르렀다. 그래서 결혼과 이혼을 다루는 발표를 하지 않으려 했어도, 그는 결혼 관계의 이 부끄러운 모욕을 아주 따끔하게 비난했고, 그것이 여자와 아이들에게 부당함을 지적했다. 여자에 대하여 남자에게 무슨 이점이라도 주는 어떤 이혼 관습도 결코 인가하지 않았다. 주는 오로지 여자에게 남자와 동등한 자격을 부여하는 가르침만 지지했다.

비록 결혼과 이혼을 다스리는 새 지침을 제공하지 않았어도, 예수는 유대인들에게 그들 자신의 율법과 상급의 가르침에 부끄럽지 않게 살기를 촉구했다. 이 사회적 노선(路線)에 따라서 관습을 개선하려는 노력에서, 항상 기록된 성서에 호소했다. 높고 이상적인 결혼 개념을 이렇게 지지하면서, 예수는 문서화된 율법이나 그들이 소중하게 간직한 이혼 특권이 대표하는 사회 관습에 대하여 질문하는 자들과 충돌하기를 솜씨 있게 피했다.

사도들은 과학·사회·경제·정치 문제에 관계하여 주가 분명한 발언을 꺼려하는 것을 아주 이해하기 어려웠다. 땅에서 예수의 사명이 영적·종교적 진리를 계시하는 데 순전히 관계된다는 것을 충분히 깨닫지 못했다.

예수가 결혼과 이혼에 대하여 이야기를 마치고 나서, 그 날 저녁에 시간이 더 지난 뒤에 사도들이 많은 추가되는 질문을 개인적으로 던졌고, 이 여러 물음에 대한 대답은 여러 가지로 오해했던 그들의 정신을 안심시켰다. 이 회의의 끝에 예수는 말했다: "결혼은 명예롭고, 모든 사람이 소망할 대상이라. 사람의 아들이 땅에서 사명을 혼자서 추구한다는 사실은 어떤 면에서도 결혼이 바람직한가를 반영하지 않느니라. 내가 그렇게 일해야 하는 것은 아버지의 뜻이나, 바로 이 아버지는 남자와 여자의 창조를 지시했으며, 아이들을 받아들이고 훈련시키기 위하여 남녀가 가장 높은 봉사를 발견하고 그 결과로 가정을 세우는 데서 기쁨을 발견하는 것이 신의 뜻이라. 이 자녀들을 창조하는 일에 이 부모는 하늘과 땅의 창조자와 더불어 협동자가 되느니라. 이 때문에 남자는 아버지와 어머니를 떠나서 아내와 결합하며, 저희 둘이 하나와 같이 될지니라."

이 방법으로 예수는 결혼에 관하여 사도들의 머리에서 많은 걱정을 덜어주었고, 이혼에 관한 여러 가지 오해를 없애 주었다. 동시에 사회적 연합에 대한 그들의 이상을 높이고 여자와 아이들, 그리고 가정에 대하여 그들의 존중심을 높이려고 많이 기여했다.

6. 어린아이들을 축복하심

그 날 저녁에 결혼과 아이들이 복된 것에 관한 예수의 메시지는 온 예리고에 퍼졌고, 그래서 이튿날 아침, 예수와 사도들이 떠나려고 준비하기 오래 전에, 아침 먹을 때가 되기도 전에, 어머니들 수십 명이 아이들을 팔에 안고, 아이들을 손에 이끌고, 예수가 투숙(投宿)하는 곳으로 와서 주가 어린것들을 축복해 주기를 바랐다. 어머니들이 아이들과 함께 이렇게 군집한 것을 보려고 나갔을 때, 사도들은 이들을 돌려보내려고 애썼다. 하지만 이 여자들은 주가 아이들에게 손을 얹고 축복하기까지 떠나려 하지 않았다. 사도들이 큰 소리로 이 어머니들을 나무라자, 예수는 그 떠들썩한 소리를 듣고 나와서, 분개하여 사도들을 꾸짖어 말했다: "어린아이들이 내게 오도록 버려 두라. 저희를 금하지 말지니, 하늘나라가 그러한 자들에게 속함이라. 진실로, 진실로 내가 너희에게 이르노니, 어린아이처럼 하나님의 나라를 받아들이지 않는 자는 누구나 도저히 거기에 들어가서 영적 어른의 큰 키까지 자라지 아니하리라."

사도들에게 이렇게 말하고 나서, 주는 아이들을 다 받았으며 아이들의 머리에 손을 얹었고, 그 동안에 어머니들에게 용기와 희망을 주는 말씀을 하였다.

예수는 자주 사도들에게 하늘의 저택에 대해서 이야기하였고, 마치 아이들이 육체적으로 이 세상에서 자라는 것처럼, 하나님의 진급하는 자녀들은 거기서 영적으로 자라야 한다고 가르쳤다. 그래서 네바돈의 구경하는 지성 존재들이 한 우주의 창조자와 함께 놀고 있는 예리고의 아이들을 바라보는 것을 이 날 이 아이들과 그 어머니들이 조금도 깨닫지 못한 것 같이, 성스러운 것은 때때로 평범(平凡)한 듯이 보인다.

팔레스타인에서 여자의 지위는 예수의 가르침 때문에 많이 나아졌다. 그의 추종자들이 예수가 힘들여서 가르친 것으로부터 그다지 멀리 벗어나지 않았던들, 여자의 지위는 온 세상에 두루 그렇게 나아졌을 것이다.

또한 예리고에서, 예수는 신을 예배하는 버릇을 아이들에게 가르치는 초기의 종교적 훈련의 토론과 연관하여, 예배하고 싶은 충동으로 이끄는 영향으로서, 특히 아이들의 경우에, 아름다움이 크게 가치 있음을 사도들에게 강조했다. 주는 교훈과 모범으로, 창조의 자연스러운 배경 한가운데서 창조자를 예배하는 것이 가치 있음을 가르쳤다. 나무들 사이에서, 자연 세계의 비천한 생물 한가운데서, 하늘의 아버지와 교통하기를 더 좋아했다. 별들이 반짝이는 아들 창조자들 영역의 광경, 영감을 불러일으키는 광경을 통해서, 아버지를 생각해 보기를 즐거워했다.

자연의 예배처에서 하나님을 예배하는 것이 가능하지 않을 때, 하나님과 영적으로 교통하는 지적 접근법과 관련하여, 인간의 가장 높은 감정이 일어나도록 사람들은 아름다운 집, 마음을 끄는 간단하고 예술적으로 꾸민 성소(聖所)를 마련하려고 최선을 다해야 한다. 진리·아름다움·거룩함은 참된 예배를 힘있고 효과 있게 돕는다. 그러나 사람의 공들이고 허세부리는 예술을 가지고 단지 거대하게 치장하고 지나치게 장식함으로 영의 교통을 조장할 수는 없다. 아름다움은 아주 단순하고 자연스러울 때 가장 종교성을 가진다. 아름다운 매력이 아주 결여되고, 명랑한 기분과 영감(靈感)을 주는 성스러움을 연상시키는 것이 도무지 없는 차갑고 메마른 방에서 어린아이들이 대중 예배 개념에 처음 입문(入門)하는 것은 얼마나 딱한 일인가! 아이는 자연이 있는 바깥에서 처음으로 예배에 들어가고, 나중에는 적어도 날마다 거하는 집만큼 물질 면에서 매력 있고 예술적으로 아름다운 건물, 종교 집회가 있는 공공 건물로 부모를 따라가야 한다.

7. 천사들에 대한 이야기

그들이 예리고로부터 베다니로 오르막길로 여행하는 동안, 나다니엘은 그 길의 대부분에서 예수 곁에서 걸었고, 하늘나라와 관련하여 아이들에 대한 토론은 간접으로 천사들의 봉사를 고려하는 것으로 이어졌다. 마침내 나다니엘은 주께 이렇게 물었다: "대사제가 사두개인임을 아는 까닭에, 또 사두개인들이 천사들을 믿지 않으므로, 하늘 봉사자들에 관하여 우리가 사람들에게 무엇을 가르치리이까?" 그러자 다른 것 가운데 예수는 이렇게 말했다:

“천사 무리는 따로 된 계급의 창조된 존재들이라. 저희는 물질 서열의 필사 인간과 전혀 다르며, 뚜렷이 다른 무리의 우주 지성 존재로서 활동하느니라. 천사들은 성서에서 ‘하나님의 아들들’이라 부르는 생물 집단에 속하지 않으며, 하늘의 저택들을 통해서 계속하여 진보한, 필사 인간들의 영화롭게 된 영도 아니라. 천사들은 직접 창조되고, 새끼를 낳지 않으며, 천사 무리는 인류와 오직 영적 친척 관계가 있느니라. 파라다이스에 계신 아버지께로 여행하며 올라가는 동안, 사람은 한때 천사들의 상태와 비슷한 존재 상태를 거치지만, 사람은 결코 천사가 되지 않느니라.

“천사들은 결코 사람이 죽는 것처럼 죽지 않으며, 루시퍼의 속임수에 말려든 어떤 천사들처럼 어쩌다가 죄에 말려들지 않으면, 천사들은 불멸하느니라. 천사들은 하늘에서 종인 영이요, 저희는 전적으로 지혜롭지도 전능하지도 않으나, 충성스러운 천사들은 모두 참으로 깨끗하고 거룩하니라.

“너희 영적 눈이 기름 부음을 받으면, 너희가 하늘이 열리고 하나님의 천사들이 오르내리는 것을 보리라고 내가 한 번 전에 이른 것을 기억하지 않느냐? 천사들이 베푸는 봉사로 말미암아 한 세계는 다른 세계들과 연결이 유지되나니, 왜냐하면 이 양 떼에 속하지 않는 다른 양들이 내게 있다고 내가 너희에게 거듭 이르지 아니하더냐? 이 천사들은 너희를 감시하고 나서, 가서 네 마음 속의 생각을 아버지께 일러바치고 육체가 행한 일을 보고하는, 영 세계의 첩자(諜者)가 아니라. 아버지는 자신의 영이 너희 안에 사시므로 그런 봉사가 필요 없느니라. 그러나 이 천사 영들은 하늘 창조의 한 부분에게 우주의 다른 먼 구석에서 일어나는 일에 관하여 통지해 주려고 활동하느니라. 아버지의 정부와 아들들의 우주에서 활동하면서, 많은 천사가 인류에게 베푸는 봉사에 배치되며, 이들 가운데 많은 세라핌이 봉사하는 영이라고 너희에게 가르쳤을 때 나는 비유하는 말이나 시(詩) 같은 선율로 말하지 않았노라. 그러한 일을 너희가 알아듣기 어려운 것과 상관 없이, 이 모두가 참이라.

“이 천사들 가운데 다수는 사람들을 구하는 일에 바쁘니, 왜냐하면 한 사람이 죄를 버리고 하나님을 비로소 추구할 때 천사가 기뻐하는 것에 관하여 너희에게 이르지 아니하더냐? 뉘우치는 한 죄인을 놓고 하늘의 천사들 앞에서 기쁨이 있음을 내가 너희에게 이르기까지 하였고, 이로서 사람의 영적 복지(福祉)와 신성한 진보에 마찬가지로 관심을 가지는, 다른 더 높은 계급의 하늘 존재들이 있음을 가리켰노라.

“또한 이 천사들은 사람의 영이 육체의 거처로부터 풀려나고 혼이 하늘에 있는 저택까지 호송되는 그 수단에 무척 관심을 가지느니라. 천사들은 육체가 죽고 영의 거처에서 새로이 사는 사이에 끼는, 지도에 그려지지 않고 정해지지 않은 기간에, 사람의 혼에게 확실한 하늘 안내자이라.”

그는 천사들이 베푸는 봉사에 관하여 나다니엘과 더욱 말씀했을 터이지만 마르다가 가까이 와서 그만두었는데, 그 여자는 동쪽으로 예수가 올라오는 것을 지켜본 친구들한테서 주가 베다니에 가까이 다가오고 있다고 통지를 받았다. 그 여자는 이제 서둘러 예수에게 인사를 드렸다.

제 168 편

나사로의 부활

예수가 베다니 가까이 언덕의 벼랑가로 오는 동안, 마르다가 그를 만나려고 떠난 것은 한낮이 조금 지나서였다. 동생 나사로는 죽은 지 나흘 되었고, 일요일 오후 늦게, 동산의 먼 끝에 있는 사립(私立) 무덤에 안치되어 있었다. 무덤 입구에 있는 돌은 이 날, 목요일 아침에 굴려서 제 자리에 놓여 있었다.

마르다와 마리아가 나사로의 병에 관하여 예수에게 말씀을 보냈을 때, 그들은 주가 그것에 대하여 무슨 일인가 하리라고 확신했다. 나사로가 가망(可望) 없이 아픈 줄 알았고, 비록 예수가 가르치고 전도하는 일을 제쳐 놓고 그들을 도우러 오리라고 감히 꿈도 꾸지 않았어도, 그들은 예수가 병을 고칠 힘이 있다는 데 너무 확신을 가져서, 예수가 그냥 고치라 말씀하시면, 나사로는 즉시 온전히 되리라고 생각했다. 사자가 필라델피아를 향하여 베다니를 떠나고 몇 시간 뒤에 나사로가 죽었을 때, 그들은 너무 늦을 때까지, 이미 나사로가 죽은 지 몇 시간 되었을 때까지, 나사로가 아픈 것을 주가 몰랐기 때문이라고 판단했다.

그러나 달리는 사람이 베다니에 이르렀을 때, 화요일 오전에 그가 가지고 온 소식에, 그들은 믿는 친구들 모두와 함께, 크게 어리둥절했다. 그 사자는 "...이 병은 정말로 죽음에 이르지 않느니라"하고 예수가 말씀하심을 들었다고 주장했다. 그들은 어째서 예수가 아무 말도 전하지 않고, 달리 도움을 제안하지 않았는지도 이해할 수 없었다.

근처의 여러 촌락에서 온 많은 친구와 예루살렘에서 온 다른 사람들은 슬픔에 빠진 자매를 위로하려고 왔다. 나사로와 그 자매는, 작은 마을 베다니에서 유지였던, 살림이 넉넉하고 존경받을 유대인의 자녀들이었다. 그리고 모두 세 사람이 오랫동안 예수를 열심히 따른 사람이었는데도, 그들을 아는 모든 사람에게 높이 존경받았다. 그들은 이 근처에서 광범위한 포도원과 올리브 밭들을 물려받았고, 그들이 부유했다는 것은 자기네 터에 사립 무덤을 마련할 수 있다는 사실에서 더욱 증명된다. 부모 두 분이 이미 이 무덤에 안치되어 있었다.

마리아는 예수가 오리라는 생각을 이미 버렸고 슬픔에 잠겨 있었지만, 바로 그날 아침 무덤 앞에 그들이 돌을 굴려서 입구를 틀어막기 바로 전까지도, 마르다는 예수가 오리라는 희망(希望)에 달라붙었다. 그리고 나서도 마르다는 어느 이웃 소년에게 베다니 동쪽에 언덕 벼랑가로부터 예리고 길 아래로 망을 보라고 지시했다. 바로 이 소년이 예수와 그 친구들이 다가오고 있다는 기쁜 소식을 마르다에게 가져왔다.

예수를 만나자 마르다는 그의 발 앞에 털썩 쓰러지면서 외쳤다. "주여, 당신이 여기 계셨더라면, 내 오라비가 죽지 아니하였으리이다!" 여러 가지 걱정이 머리 속을 지나가고 있었지만, 마르다는 아무런 의심을 비치지 않았고, 나사로의 죽음과 관련하여 주의 행위를 비난하거나 따지려고 나서지도 않았다. 그 말이 끝나자, 예수는 손을 뻗어, 여자를 일으켜 세우고 말했다: "오직 믿음을 가지라 마르다야, 그리하면 네 오라비가 다시 살아나리라." 그러자 마르다가 말했다: "마지막 날 부활할 때 그가 다시 살아날 줄을 내가 아나이다. 그리고 이제도 당신이 하나님께 무엇을 청하든지, 우리 아버지가 당신에게 주실 줄 믿나이다."

그리고 나서 예수는 마르다의 눈을 똑바로 들여다보며 말했다: "나는 부활이요 생명이라. 나를 믿는 자는 죽더라도 살지니라. 참으로, 살아서 나를 믿는 자는 누구나 결코 정말로 죽지 아니하리라. 마르다야, 네가 이것을 믿느냐?" 마르다는 주께 대답했다: "예, 나는 당신이 구원자요, 살아 계신 하나님의 아들이요, 아니 이 세상에 오시는 분인 것까지도, 내가 믿은 지 오래 되나이다."

마리아를 보려고 예수가 물었기 때문에, 마르다는 바로 집으로 들어가서, 동생에게 속삭이며 말했다: "주가 여기 계시고, 너를 찾았느니라." 마리아가 이 말을 들었을 때, 그 여자는 벌떡 일어나서 서둘러 예수를 만나려고 나갔다. 예수는 집에서 좀 떨어져, 마르다가 처음에 그를 만난 곳에 아직 머물러 있었다. 마리아를 위로하려 애쓰면서 같이 있던 친구들은, 그 여자가 벌떡 일어나서 나가는 것을 보자, 울려고 무덤에 간다고 생각하면서 따라갔다.

그 자리에 있던 많은 사람이 예수의 지독한 적들이었다. 이것이 어째서 마르다가 그를 혼자서 만나려고 나왔는가, 또한 예수가 찾고 있다고 마리아에게 알려 주려고 마르다가 몰래 나갔는가 하는 까닭이었다. 예수를 몹시 보고 싶었지만, 마르다는 예수가 큰 무리의 예루살렘 적들 한가운데로 갑자기 들어옴으로써 일어날까 싶은 어떤 가능한 불쾌한 일이라도 피하기를 바랐다. 마리아가 예수를 맞이하러 나간 동안, 친구들과 함께 집에 남아 있으려는 것이 마르다의 속셈이었지만, 그 여자는 실패했는데, 모두 마리아를 따라가서, 이렇게 주 앞에 그들이 뜻하지 않게 들이닥친 것을 깨달았다.

마르다는 마리아를 예수께로 이끌었고, 예수를 보자 마리아는 그의 발 앞에 쓰러지며 외쳤다. "당신이 여기 계시기만 했더라면, 내 오라버니가 죽지 아니하였으리이다!" 그들이 나사로의 죽음을 얼마나 슬퍼하는가 보았을 때, 예수의 혼은 동정심으로 움직였다.

마리아가 예수를 맞이하려고 나간 것을 보고서, 애도하는 사람들은 조금 떨어진 곳으로 물러났고, 그 동안에 마르다와 마리아는 주와 이야기하고, 아버지를 굳게 믿는 믿음과 신의 뜻에 완전히 맡기는 태도를 유지하려고 주시는 위로와 훈계의 말씀을 더 들었다.

예수의 인간 정신은 나사로와 그를 잃은 자매에 대한 사랑, 그리고 믿지 않고 사람을 죽이려고 생각하는 이 유대인들 중에 몇 사람이 겉으로 나타낸 애정 표현에 대한 경멸과 경시(輕視), 이 둘 사이의 갈등에 힘차게 움직였다. 그러한 거짓된 슬픔이 그들의 가슴 속에 자신에 대한 아주 사무친 미움과 연결되었기 때문에, 친구라고 자칭하는 이들 중에 더러가 억지로, 겉으로 애도(哀悼)를 보이는 것을 예수는 몹시 분개하였다. 그러나 이 유대인들 가운데 몇몇은 진지하게 애도했으니, 그들이 그 가족의 참 친구였기 때문이다.

1. 나사로의 무덤에서

애도하는 자들로부터 떨어져서, 마르다와 마리아를 위로하면서 몇 순간을 보낸 뒤에, 예수는 그들에게 물었다: "어디에 그를 놓아 두었느냐?" 그러자 마르다가 대답했다, "와서 보소서." 슬퍼하는 자매를 말없이 따라가면서, 그는 눈물을 흘렸다.

뒤따라간 친절한 유대인들이 그의 눈물을 보자 하나가 말했다: "그가 얼마나 나사로를 사랑하였는가 보라. 소경의 눈을 뜨게 한 이가 이 사람을 죽지 않게 할 수 없었더냐?" 이 때가 되어서, 그들은 가족 무덤 앞에 서 있었고, 이것은 동산 터의 먼 끝에 9미터쯤 우뚝 솟은 바위 선반에 있는 작은 천연 동굴, 즉 내리막 경사(傾斜)였다.

도대체 어째서 예수가 눈물을 흘렸는가 인간 지성에게 설명하기는 어렵다. 인간의 감정, 성격화된 조절자의 지성에 기록된 신다운 생각, 이 두 가지의 통합된 기록을 이용할 수 있지만, 우리는 이 감정(感情)이 나타난 진정한 원인에 대하여 아주 확실하지 않다. 이 때 그의 머리 속을 거쳐 가고 있던 다음의 몇 가지 생각과 느낌 때문에 예수가 눈물을 흘렸다고 우리는 믿고 싶다:

1. 그는 마르다와 마리아에게 진정하고 슬프게 동정심을 느꼈다. 오라비를 잃은 이 자매에게 진정하고 깊은, 인간 애정을 느꼈다.

2. 애도하는 군중, 더러는 진지하고 더러는 다만 애도하는 체하는 자들이 자리에 있어서 머리가 언짢았다. 겉으로 애도하는 이런 표시를 그는 언제나 분개했다. 그 자매가 오라비를 사랑했고, 신자들이 살아난다는 믿음을 가진 것을 알았다. 이 감정의 갈등이 아마도, 그들이 무덤에 가까이 가는 동안 어째서 그가 신음했는가 설명할지 모른다.

3. 그는 나사로를 인생으로 돌아오게 하는 것에 관하여 참으로 망설였다. 자매는 정말로 그가 필요했지만, 예수는 모진 박해를 받도록 친구를 불러 내야 했던 것을 뉘우쳤고, 사람의 아들의 신성한 능력의 가장 큰 전시(展示)에 주체가 되는 결과로서, 나사로가 이 박해를 견뎌야 하리라는 것을 잘 알았다.

이제 우리는 흥미 있고 교훈이 되는 한 사실을 이야기해도 좋다: 이 이야기는 인간사에서 겉보기에 자연스럽고 정상인 사건으로 펼쳐져도, 이것은 측면에서 매우 흥미 있는 빛을 던진다. 일요일에 사자(使者)가 예수에게 가서, 나사로의 병을 말씀드렸고, 예수는 그것이 "죽음에 이르지 않는다"는 말을 보냈어도, 동시에 베다니로 몸소 가서 그 자매에게 "그를 어디에 두었느냐?"하고 묻기까지 했다. 이 모두가 이 생명의 방식을 좇아서, 인간 지성의 제한된 지식에 따라서, 주가 진행하고 있음을 가리키는 듯한데, 그런데도 나사로가 죽은 뒤에 나사로의 생각 조절자가 무기한으로 붙들려 있도록 예수의 성격화된 조절자가 명령을 내렸고, 이 명령은 나사로가 마지막 숨을 몰아 쉬기 꼭 15분 전에 기록되었다는 것을 우주의 기록이 드러낸다.

나사로가 미처 죽기도 전에, 그가 나사로를 죽은 자 가운데서 일으키리라는 것을 예수의 신성한 지성이 알았는가? 우리는 모른다. 다만 여기에 우리가 기록하는 것을 알 따름이다.

예수의 적들 가운데 다수는 그의 애정 표시를 비웃고 싶어졌고, 자기들끼리 수군거렸다: "그가 이 사람을 그리 소중히 여겼다면, 베다니로 오기 전에 어찌하여 그렇게 오래 머물렀는가? 그가 사람들이 주장하는 그런 인물이라면, 어찌하여 아까운 친구를 구하지 않았던가? 사랑하는 자들을 구할 수 없다면, 갈릴리에서 낯선 자들을 고치는 것이 무슨 쓸모가 있는가?" 많은 다른 방법으로 그들은 예수의 가르침과 하신 일을 빈정거리고 비웃었다.

그래서 이 목요일 오후, 2시 반쯤에, 네바돈의 미가엘이 땅에서 베푼 봉사와 연결된 모든 일 중에 가장 큰 일을 연출하려고, 이 조그만 베다니 마을에서 무대가 모두 마련되었고, 필사 거처(居處)의 사슬로부터 그가 해방된 뒤에 자신의 부활이 일어났으니까, 이것은 육체를 입고 육신화한 동안에 신의 능력을 가장 크게 나타낸 것이었다.

나사로의 무덤 앞에 모인 그 작은 무리는, 가브리엘의 지휘 밑에서 온갖 계급의 하늘 존재들의 광대한 집합이 가까이 옆에 있고, 예수의 성격화된 조절자의 지휘에 따라서, 기대에 부르르 떨면서 사랑하는 군주의 명령을 집행하려고 준비된 채로 지금 기다리고 있음을 전혀 깨닫지 못했다.

예수가 "그 돌을 치우라"는 명령을 내렸을 때, 모인 하늘 무리들은 필사 육체의 모습대로 나사로를 부활시키는 드라마를 연출하려고 준비했다. 그러한 형태의 부활을 집행하는 데는 어려움이 따르며, 이것은 상물질 형태로 필사 인간을 다시 살리는 보통 기법을 훨씬 뛰어넘고, 훨씬 더 많은 하늘 성격자와 훨씬 더 큰 조직의 우주 시설이 필요하다.

마르다와 마리아가 무덤 앞에 있는 돌을 굴려서 치우라고 예수가 지시하는 이 명령을 들었을 때, 그들은 상반(相反)되는 감정에 젖어 있었다. 마리아는 나사로가 죽은 자 가운데서 살아나기를 희망했지만, 마르다는 동생의 믿음을 어느 정도까지 같이 가졌어도, 나사로가 예수와 사도들과 그 친구들 앞에 나설 수 없는 모습일까 하는 두려움 때문에 더 걱정이 되었다. 마르다가 말했다: "우리가 돌을 굴려 치워야 하나이까? 내 오라비는 이제 죽은 지 나흘이 되었고, 그래서 이 때가 되어 몸이 썩기 시작하였나이다." 마르다는 어째서 주가 돌을 옮기라고 요청했는가 확신이 없었기 때문에 또한 이렇게 말했고, 아마도 예수가 다만 나사로를 마지막으로 한 번 보기를 바랐다고 생각했다. 그 여자는 태도가 차분하거나 평온하지 않았다. 그들이 돌을 굴려 움직이기를 망설이자 예수는 말했다: "처음에 이 병이 죽음에 이르지 않는다고 너희에게 이르지 않았느냐? 약속을 이루려고 내가 오지 않았느냐? 그리고 내가 너희에게 온 뒤로, 오직 믿기만 하면, 너희가 하나님의 영광을 보리라고 내가 이르지 않았느냐? 어찌하여 너희는 의심하느냐? 너희가 믿고 복종하기까지 얼마나 오래 걸리겠느냐?"

예수가 말씀을 마치고 나서, 기꺼이 일하는 이웃들의 도움을 얻어, 사도들은 돌을 붙들고 무덤의 입구로부터 굴려서 치웠다.

죽음의 천사의 칼 끝에서 쓸개 즙의 방울이 셋째 날 끝이 되어야 비로소 작용하고, 그래서 넷째 날에 충분히 효력(效力)이 생긴다는 것이 유대인들 공통의 믿음이었다. 그들은 사흘째 끝까지 사람의 혼이 무덤 근처에서 얼쩡거리며, 죽은 몸을 다시 살리려 애쓴다는 것을 인정했다. 그러나 그러한 혼이 넷째 날이 동트기 전에, 떠난 영들의 거처로 가 버린다고 굳게 믿었다.

죽은 자, 그리고 죽은 자의 영이 떠나는 것에 관한 이 관념과 견해는, 이제 나사로의 무덤에 있던 모든 사람의 머리 속에, 그리고 바야흐로 벌어지려고 하는 일에 관하여 소문을 들을까 싶은 모든 사람에게 후일에, 이것은 자기가 "부활이요 생명"이라고 선언한 이가 친히 일함으로, 정말로, 참으로, 죽은 자를 일으킨 사례임을 확인하는 데 소용이 된다.

2. 나사로의 부활

45명쯤 되는 이 사람들의 일행(一行)이 무덤 앞에 서 있는 동안, 그들은 리넨 붕대에 쌓여서 무덤 동굴의 바른쪽 아래 틈에 쉬고 있는 나사로의 형태를 어렴풋이 볼 수 있었다. 땅의 이 여러 생물이 거기서 거의 숨을 죽이고 말없이 서 있는 동안, 광대한 무리의 하늘 존재들은, 사령관 가브리엘이 행동하라는 신호(信號)를 줄 때 응답하려는 준비로 자기 자리를 획 찾아갔다.

예수는 눈을 들어 말했다: "아버지여, 나의 청을 듣고 허락하시니 감사하나이다. 아버지가 언제나 내 말을 들으시는 줄 알지만, 여기 나와 함께 서 있는 자들 때문에, 아버지가 세상으로 나를 보내셨음을 저희가 믿고, 우리가 바야흐로 하려는 일에 아버지가 나와 함께 일하심을 저희가 알까 싶어, 내가 이렇게 아버지와 말씀하나이다." 기도(祈禱)를 마치고서, 그는 큰 소리로 외쳤다. "나사로야, 앞으로 나오라."

이 인간 구경꾼들은 꼼짝하지 않고 있었어도, 광대한 하늘 무리는 모두 창조자의 말씀에 복종하여 하나같은 행동으로 술렁거렸다. 땅의 시간으로 꼭 12초 안에, 여태까지 핏기가 없던 나사로의 모습은 비로소 움직였고, 누워 있던 돌 선반의 모서리에 당장 몸을 일으켜 앉았다. 그의 몸은 무덤 옷으로 둘둘 말려 있었고, 얼굴은 수건으로 덮여 있었다. 그들 앞에—살아서—그가 일어서자 예수는 말했다. "그를 풀어 주어 가게 하라."

마르다와 마리아와 사도들을 제외하고, 모두가 집으로 달아났다. 그들은 두려움에 질려 얼굴이 하얗게 되었고 소스라치게 놀랐다. 더러는 기다렸지만, 많은 사람은 황급히 자기 집으로 갔다.

나사로는 예수와 사도들에게 인사했고, 무덤 옷이 웬일인가, 어째서 그가 동산에서 깨어났는가 물었다. 예수와 사도들은 옆으로 옮겨 갔고, 한편 마르다는 나사로에게 그가 죽어서 묻혔다가 부활했다고 일러 주었다. 잠들어 죽은 뒤로 시간 의식이 없었으니까, 그가 일요일에 죽었다가 이제 목요일에 살아 왔다고 마르다는 나사로에게 설명해야 했다.

나사로가 무덤에서 나오자, 이제 이 지역 우주에서 자기 부류의 우두머리가 된, 예수의 성격화된 조절자는 이제 기다리고 있는 나사로의 옛 조절자에게 다시 살아난 그 사람의 지성과 혼 속에서 다시 거주를 시작하라고 명령했다.

그리고 나서 나사로는 예수에게로 다가가서, 자매와 함께, 주의 발 아래에 무릎을 꿇고 감사를 드리고 하나님께 찬양을 드렸다. 예수는 나사로의 손을 잡아 일으키면서 말했다: "이 사람아, 너에게 일어난 것을 이 복음을 믿는 모든 사람이 또한 겪을 것이요, 다만 저희는 더 영화로운 형태로 부활하리라. 너는 내가 말하는—내가 부활이요 생명이라는—진리의 산 증인이 될지니라. 그러나 이제 모두 집으로 들어가서 이 육체들을 위하여 음식을 먹자."

그들이 집을 향하여 걸어가자, 가브리엘은 모인 하늘 무리의 여분의 집단을 해산했고, 한편 한 필사 인간이 죽은 육체의 모습을 입고 부활한, 유란시아에서 처음이자 마지막 사례를 기록했다.

나사로는 무슨 일이 일어났는지 도저히 이해할 수 없었다. 대단히 아팠던 것을 알았지만, 겨우 잠들었다가 다시 깨어난 것만 기억할 수 있었다. 온전히 의식이 없었기 때문에, 무덤에서 지낸 이 나흘 동안에 대하여 그는 아무 것도 결코 이야기해 줄 수 없었다. 죽음의 잠을 자는 자들에게 시간은 존재하지 않는다.

이 막대한 일의 결과로서 많은 사람이 예수를 믿었어도, 나머지는 그를 거부하는 마음이 더욱 굳어졌을 뿐이다. 이튿날 한낮이 되어서, 이 이야기는 온 예루살렘에 퍼졌다. 수십 명의 남녀가 나사로를 보고 그와 이야기하려고 베다니로 갔고, 깜짝 놀라고 뒤숭숭해진 바리새인들은 이 새로운 사태에 관하여 무슨 조치가 있어야 하는가 결정할까 하여 서둘러 산헤드린 회의를 소집했다.

3. 산헤드린 회의

죽은 자 가운데서 살아난 이 사람의 증언이 하늘나라 복음을 믿는 대중(大衆)의 믿음을 확고하게 하는 데 많이 기여했어도, 예루살렘에 있는 종교 지도자와 통치자들의 태도에는 거의 또는 아무 영향을 미치지 않았고, 예수를 죽이고 그의 일을 멈추게 하려는 그들의 결심을 재촉했을 뿐이다.

이튿날, 금요일 1시에, "나사렛 예수를 우리가 어떻게 할까?"하는 문제에 대하여 더 심의하려고 산헤드린이 회의를 열었다. 두 시간이 넘도록 논의하고 신랄한 토론이 있은 뒤에, 어떤 바리새인이 예수를 즉시 사형할 것을 요구하는 결의안을 내놓았는데, 이것은 예수가 온 이스라엘에 위협이라고 선포하고, 재판 없이, 모든 선례(先例)를 무시하고, 정식으로 산헤드린이 사형을 결정하도록 태도를 밝히는 것이었다.

존귀한 이 유대 지도자 단체는 신성을 모독했다는 죄목으로, 또 유대인의 신성한 율법을 조롱했다는 수많은 다른 비난으로, 예수를 체포해서 재판하라고 때때로 선포했다. 그들은 전에 그가 죽어야 한다고 한 번 선언하는 지경까지 간 적이 있었지만, 이번에 처음으로 재판하기 전에 예수의 죽음을 선포하기를 원한 것으로 산헤드린은 기록했다. 그러나 이 결의안은 표결에 붙여지지 않았는데, 들어 본 적이 없는 그런 행동이 제안되었을 때 산헤드린 회원 14명이 무더기로 사퇴했기 때문이다. 이 사퇴에 대하여 거의 2주 동안 아무런 공식 조치가 없었어도, 이 14명의 무리는 그 날부터 산헤드린에서 물러났고, 다시는 회의석에 앉지 않았다. 나중에 이 사퇴를 받아들였을 때, 다른 다섯 명이 쫓겨났는데, 이들이 예수에 대하여 친근한 느낌을 품었다고 동료들이 믿었기 때문이었다. 이 19명이 빠진 뒤에, 산헤드린은 만장일치에 가깝게 단결하여 예수를 재판하고 정죄할 위치에 있었다.

다음 주에 나사로와 그 자매는 산헤드린 앞에 나타나라고 호출을 받았다. 그들의 증언이 청취되고 나서, 나사로가 죽은 자 가운데서 살아난 것에 대하여 아무런 의심이 있을 수 없었다. 산헤드린의 처리는 나사로가 부활한 것을 실질적으로 인정했어도, 그 기록은 이 일과 예수가 행한 모든 다른 이적을 악마의 왕의 힘으로 돌리고, 예수가 그와 결탁하고 있다고 선포하는 결의안을 포함했다.

이적(異蹟)을 행하는 그의 힘의 근원이 무엇이든지 상관 없이, 이 유대인 지도자들은 예수를 즉시 멈추게 하지 않으면, 오래지 않아 서민들이 다 그를 믿을 것이라, 그리고 그를 믿은 허다한 사람이 그를 메시아, 이스라엘의 구원자로 여겼기 때문에, 로마 당국과 심각한, 까다로운 문제들이 일어날 것이라고 확신했다.

바로 이 산헤드린 회의에서 대사제 가야바는 유대인의 옛 격언을 처음으로 표현했고, 이것을 아주 여러 번 되풀이했다: "공동체가 멸망하는 것보다 한 사람이 죽는 것이 나으니라."

예수는 이 어두운 금요일 오후에 산헤드린이 한 일에 관하여 경고를 받았어도 조금도 마음이 동요되지 않았고, 베다니에서 가까운 마을 벳바게에서 친구들과 함께 안식일 동안 계속 쉬었다. 미리 약정하여, 예수와 사도들은 나사로의 집에서 일요일 아침에 일찍 모였고, 베다니 가족에게 작별을 알리고, 펠라 야영지로 돌아가는 여행 길을 재촉하였다.

4. 기도에 대한 응답

베다니로부터 펠라로 가는 길에 사도들은 예수에게 여러 말씀을 물었고, 주는 죽은 자를 살리는 세부에 관계되는 것들을 제외하고, 이 모든 것을 서슴지 않고 대답하였다. 그런 문제들은 사도들의 이해하는 능력을 벗어났고, 따라서 이런 질문에 대하여 논의하기를 거절했다. 그들이 베다니에서 몰래 떠났으니까, 그들끼리만 자리에 있었다. 따라서 예수는 열 사도에게 여러 가지를 일러 줄 기회를 가졌고, 이것이 바로 눈앞에 닥친 벅찬 나날을 위하여 그들을 준비시킬 것이라 생각했다.

사도들은 정신(精神)이 많이 들떠 있었고, 최근에 겪은 체험이 기도와 그 응답에 관계되었기 때문에, 그 체험을 논의하느라고 상당한 시간을 보냈다. 모두가 필라델피아에서 베다니 사자에게 예수가 하신 말씀을 상기했고, 그 때 그는 분명히 말했다, "이 병은 정말로 죽음에 이르지 않느니라." 그래도, 이 약속이 있었는데도, 나사로는 실제로 죽었다. 하루 내내, 그들은 기도에 대한 응답에 관한 이 문제를 토론하는 일로 여러 번 되돌아갔다.

여러 질문에 대하여 예수가 대답하신 것을 다음과 같이 간추려도 좋다:

1. 기도는 무한자에게 다가가려는 노력으로 유한한 지성이 표현하는 것이다. 그러므로 기도를 드리는 것은 유한한 자의 지식·지혜·속성에 제한을 받는다. 마찬가지로 그 응답은 무한자의 선견·목표·이상·특권에 조건을 받는다. 기도하는 것과 그에 대한 충분한 영적 응답을 받는 것 사이에, 물질 현상의 이어지는 연속성은 결코 관찰될 수 없다.

2. 한 기도에 대하여 응답이 없는 듯이 보일 때, 그 지연은 가끔, 더 나은 대답을 가리킨다. 하지만 어떤 좋은 까닭이 있어서 크게 늦어지는 응답이다. 나사로의 병이 정말로 죽음에 이르지 않는다고 예수가 말했을 때, 그는 이미 죽은 지 11시간이 되었다. 영적 세계의 우수한 관점이 더 나은 응답을 고안했을 때를 제외하고, 어떤 진지한 기도도 응답을 못 받지 않으며, 그것은 사람의 단순한 지성이 하는 기도와 대조하여, 사람의 영이 드리는 간구(懇求)를 들어 주는 응답이다.

3. 영이 짓고 믿음 속에 표현되었을 때, 시간 속에서 드리는 기도는 흔히 너무나 광대하고 모든 것을 에워싸서 오직 영원 속에서만 응답을 받을 수 있다. 유한한 간구는 때때로 무한자의 이해를 너무 내포하기 때문에, 그 응답은 받아들일 적절한 능력이 창조되기를 기다리기까지 오래 미루어야 한다. 믿음으로 하는 기도는 오직 파라다이스에서 그 응답을 받을 수 있도록 너무나 모든 것을 에워쌀지 모른다.

4. 필사자의 지성이 드리는 기도에 대한 응답은 바로 그 기도하는 지성이 불멸의 상태에 다다른 뒤에야 받아들이고 인식할 수 있는 그러한 성질인 경우가 자주 있다. 물질 존재의 기도는 흔히 그런 개인이 영 수준으로 나아갔을 때에야 응답이 있을 수 있다.

5. 하나님을 아는 개인의 기도는 무지로 말미암아 너무 왜곡되고 미신(迷信)으로 일그러져서, 그에 응답하는 것은 대단히 바람직하지 못하다. 그러면 사이에 있는 영 존재들이 그런 기도를 다르게 번역해서, 그 응답이 올 때, 간구하던 사람은 그것이 기도에 응답이라는 것을 까맣게 깨닫지 못한다.

6. 참된 기도는 모두 영적 존재들에게 드리는 것이요, 그런 간구는 다 영적 방법으로 응답이 있어야 하고, 그러한 응답은 다 영적 실체로 이루어진다. 물질 존재

들이 드리는 영적 간구에도 영 존재들은 물질적 대답을 줄 수 없다. 물질 존재들은 "영적으로 기도할" 때에야 효과 있게 기도할 수 있다.

7. 어떤 기도도 영에게서 태어나고 믿음이 그 기도를 육성하지 않으면 응답을 바랄 수 없다. 너의 믿음은 최고의 지혜와 신다운 사랑이 너의 기도를 받는 존재들을 언제나 움직인다고 묘사하며, 너의 진지한 믿음은 그런 지혜와 사랑에 따라서, 네 간구에 응답할 완전한 권한을 기도를 듣는 이들에게 네가 미리 실질적으로 허락했음을 가리킨다.

8. 아이가 감히 부모에게 간청을 드릴 때, 아이는 언제나 그럴 권리가 있다. 그리고 아이의 기도에 대한 응답을 영적으로 올라가는 다른 단계까지 늦추거나 수정하거나 분리하거나 초월하거나 미루기를 부모의 뛰어난 지혜가 명령할 때, 부모는 미숙한 아이에 대하여 언제나 부모로서 그렇게 할 책임이 있다.

9. 영적으로 갈망하는 기도를 망설이지 말라. 네 간구에 응답을 받을 것을 의심하지 말라. 이 응답은 이 세계 아니면 다른 세계들에서, 실제로 우주에서 달성하는 미래의 영적 수준에 네가 도달하기를 기다리면서 저장되어 있을 것이며, 거기서 네가 예전에 했지만 때 이르게 간청한 것들에 대하여, 오래 기다렸던 응답을 네가 인식하고 이용하기가 가능할 것이다.

10. 영에게서 태어난 모든 진정한 간구는 분명히 응답을 받는다. 구하라, 그리하면 받으리라. 그러나 너희는 시간과 공간에서 진보하는 생물임을 기억해야 한다. 그러므로 너희의 다채로운 기도와 간구에 대한 충분한 응답을 몸소 받는 체험 속에서, 너희는 항상 시공 요인을 염두에 두어야 한다.

5. 나사로는 어떻게 되었는가

나사로는 베다니 집에 남아 있었고, 예수가 십자가에 못박히는 주간에 산헤드린이 자기의 죽음을 선포했다는 경고를 받았으며, 그 주간까지 진정한 많은 신자와 호기심 있는 수많은 사람에게 큰 관심의 초점이었다. 유대인 통치자들은 예수의 가르침이 더 퍼지는 것을 중지하기로 결의했고, 예수의 기적 행위의 바로 그 절정을 대표하는 나사로를 살려 두고, 예수가 그를 죽은 자 가운데서 살려 냈다는 사실을 증언하라고 버려 둔다면, 예수를 사형에 처하는 것이 쓸모 없으리라고 똑바로 판단했다. 이미 나사로는 그들로부터 모진 박해를 받았다.

그래서 나사로는 자매를 베다니에 두고 서둘러 떠났고, 예리고를 거쳐 달아나서 요단 강을 건넜으며, 필라델피아에 이를 때까지 다시는 길게 쉬지 않았다. 나사로는 아브너를 잘 알았고, 여기서 그는 사악한 산헤드린의 살인 음모(陰謀)로부터 안전하다고 느꼈다.

이 뒤에 곧, 마르다와 마리아는 베다니에 있던 토지를 처분해 버리고 페레아에서 나사로와 합세했다. 그 동안에 나사로는 필라델피아 교회에서 회계(會計)가 되었다. 나사로는 아브너가 바울과 예루살렘 교회와 논쟁할 때 그를 굳게 지지하는 사람이 되었고, 결국은 67세가 되었을 때, 베다니에서 젊은이였을 때 그를 죽게 했던 똑같은 병으로 죽었다.

제 169 편

펠라에서 있은 마지막 가르침

3월 6일, 월요일 저녁 늦게, 예수와 열 사도는 펠라 캠프에 다다랐다. 이 때는 거기서 예수가 머무르는 마지막 주간이었고, 그는 대중을 가르치고 사도들을 교육하는 데 매우 분주했다. 군중에게 오후마다 설교했고, 밤마다 사도들, 그리고 캠프에서 거하는 어떤 상급 제자들을 위하여 질문에 대답했다.

주가 도착하기 이틀 전에 나사로의 부활에 관한 소문이 야영지에 이르렀고, 집회 전체가 흥분에 들떠 있었다. 5천 명을 먹인 이후로, 사람들의 상상력을 이렇게 자극한 일이 하나도 일어난 적이 없었다. 그래서 하늘나라의 대중 봉사에서 둘째 단계의 바로 그 절정에, 예수는 짧은 이 한 주 동안 펠라에서 가르치고, 다음에 페레아 남부 여행을 시작하기로 계획했으며, 이것은 예루살렘에서 마지막 주에 최후의 비극(悲劇)의 체험까지 바로 이끌었다.

바리새인과 대사제들은 여러 죄목을 작성하고 고발 사항을 구체화하는 일을 이미 시작했다. 그들은 다음 이유로 주의 가르침을 반대하였다:

1. 그는 세리와 죄인들의 친구이다. 불경한 자들을 받아들이고, 심지어 함께 먹기도 한다.

2. 그는 신성을 모독하는 자요, 하나님이 그의 아버지라고 말하고 그가 하나님과 대등하다고 생각한다.

3. 그는 율법을 어기는 자이다. 안식일에 병을 고치고 다른 여러 방법으로 이스라엘의 신성한 율법을 우롱한다.

4. 그는 악마들과 결탁하고 있다. 악마의 왕, 비엘세붑의 힘으로 이적을 행하고 그럴듯한 기적을 행한다.

1. 잃어버린 아들의 비유

목요일 오후에 예수는 "구원의 은혜"에 대하여 대중에게 말씀했다. 이 설교 과정에서 잃어버린 양과 잃어버린 동전 이야기를 다시 했고, 그리고 나서 그가 가장 좋아하는 비유, 방탕한 아들의 비유를 덧붙였다. 예수는 말했다:

"사무엘로부터 요한에 이르기까지 선지자들에게 너희는 하나님을 찾아야 한다고—진리를 추구하라고—훈계를 받았느니라. 언제나 저희는 말하되 '찾아낼 수 있는 동안 주를 찾으라' 하였고, 모든 그러한 가르침은 마음 속에 간직해야 하느니라. 그러나 너희가 하나님을 찾으려 하는 동안에, 하나님도 마찬가지로 너희를 찾고 있음을 보이려고 내가 왔노라. 우리에 양 아흔 아홉 마리를 두고서, 잃어버린 양 하나를 찾으러 떠난 착한 목자, 그리고 길 잃은 양을 발견하고 나서, 그가 어떻게 그 양을 어깨에 메고 부드럽게 우리로 지고 갔는가 하는 이야기를 내가 너희에게 여러 번 일렀도다. 그리고 길 잃은 양이 우리에 되돌려진 뒤에 착한 목자가 친구들을 부르고 잃어버린 양을 찾아낸 것에 대하여 그와 함께 기뻐하기를 청했음을 너희가 기억하느니라. 다시 내가 말하노니, 뉘우침이 필요 없는 올바른 사람 아흔 아홉보다 뉘우치는 죄인 하나를 놓고 하늘에서 더 크게 기뻐하느니라. 혼들이 길을 잃었다는 사실은 하늘 아버지의 관심을 더욱 돋울 뿐이라. 나는 내 아버지의 명령을 행하려고 이 세상에 왔고, 사람의 아들이 세리와 죄인들의 친구라고 사람들이 언급한 것이 참말이라.

"너희가 뉘우친 뒤에, 너희가 희생물을 바치고 회개하는 모든 일의 결과로서, 신이 너희를 받아들인다고 너희가 가르침을 받았거니와, 내가 너희에게 보장하노니, 아버지는 너희가 미처 뉘우치기도 전에 너희를 받아들이며, 너희를 찾아내고, 다시 우리로, 아들이 되고 영적으로 진보하는 하늘나라로, 기뻐하며 너희를 데려오라고, 아들과 그 동료들을 보내시느니라.

"한 여인이 은 열 조각을 장식 목거리로 만들고서 한 조각을 잃어 버렸다가, 어떻게 등불을 켜고 그 집을 샅샅이 쓸고, 잃어버린 은 조각을 찾아낼 때까지 계속 탐색하였는가 하는 이야기를 너희는 또한 기억해야 하느니라. 잃어버린 동전을 찾아내자마자, 그 여자는 친구와 이웃들을 함께 부르고 말하였더라, '나와 함께 기뻐하라. 내가 잃어버린 조각을 찾아냈음이라.' 다시 내가 이르노니, 뉘우치고 아버지의 우리로 돌아오는 죄인을 놓고 하늘의 천사들 앞에서 언제나 기쁨이 있느니라. 아버지와 아들은 잃어버린 자들을 찾으러 나간다는 것을 너희에게 강조하려고 내가 이 이야기를 하노라. 이 탐색에서 길을 잃은 자들, 구원이 필요한 자들을 찾아내려고 우리가 부지런히 노력할 때, 도움이 될 수 있는 모든 영향력을 이용하느니라. 그래서 사람의 아들은 길 잃은 양을 찾으러 황무지로 나가나, 또한 집에서 잃어버린 동전을 뒤지느니라. 양은 뜻하지 않게 길을 헤매며, 동전은 시간이 지나면서 먼지에 덮이고 사람들의 물건이 쌓여서 감춰지느니라.

"그리고 이제 살림이 넉넉한 어느 농부의 아들, 생각이 모자라는 아들의 이야기를 너희에게 하리니, 그는 깊이 생각한 끝에 아버지의 집을 떠나서 낯선 땅으로 가 버렸고, 거기서 많은 시련(試鍊)에 빠졌더라. 너희는 뜻하지 않게 양이 길 잃은 것을 상기하지만, 이 젊은이는 깊이 생각하고서 집을 떠났더라. 그 이야기는 이러하니라:

"어떤 사람에게 두 아들이 있었더니, 나이 어린 아들은 명랑하고 구김이 없고, 언제나 즐거운 시간을 찾고 책임을 피하였으며, 한편 그 형은 심각하고 침착하고, 열심히 일하며 기꺼이 책임을 졌더라. 자, 이 두 형제는 서로 잘 어울리지 않았고, 언제나 다투고 헐뜯었는지라. 어린 소년은 밝고 활발하였으나, 게으르고 믿음직하지 않았으며, 나이 든 형은 꾸준하고 부지런하며, 동시에 자기 중심이고 무뚝뚝하고 자만심이 있었더라. 동생은 놀기를 즐겼으나 일을 피하였고, 형은 일에 몰두하였으나 노는 일이 드물었더라. 이 관계가 아주 불쾌해져서 동생은 아버지께 가서 말하였더라: '아버지여, 아버지 재산 가운데, 3분의 1, 내게 돌아올 몫을 주시고, 나로 하여금 출세 길을 찾으려고 세상으로 나가게 하소서.' 아버지가 이 요청을 들었을 때, 그 젊은이가 얼마나 집에서, 그리고 형과 지내기가 얼마나 불행한가 알았은즉, 재산을 나누어서 젊은이에게 그의 몫을 주었더라.

"몇 주 안에 그 젊은이는 자금을 모두 모아서 먼 나라로 여행을 떠났고, 즐겁고도 이익 되는 일을 아무 것도 발견하지 못하였으므로, 곧 유산(遺産)을 모두 방탕한 생활에 낭비하였더라. 재산을 다 써 버리고 나서, 그 나라에 오래 이어진 기근이 생겼고, 그는 궁핍에 빠졌는지라. 그래서 배가 고프고 고난이 컸을 때, 그 나라의 한 시민에게서 일자리를 얻었고, 이 사람은 돼지를 먹이라고 그를 들로 보냈더라. 그 젊은이가 돼지가 먹는 겨로 기꺼이 배를 채우려 하였으나, 누구 하나 그에게 무엇을 주려 하지 않았더라.

"어느 날, 몹시 배가 고팠을 때, 그가 제 정신이 들어 말하되, '내 아버지에게는 얼마나 많은 품꾼이 고용되어 충분하고도 남을 만큼 빵을 가졌는가, 그런데 나는 여기 낯선 나라에서, 돼지를 먹이며 배가 고파서 죽는구나! 일어서서 아버지께로 가서, 내가 아버지께 이르리라: 아버지여, 내가 하늘과 아버지께 죄를 지었나이다. 이제는 더 내가 아버지의 아들이라 부름 받기에 마땅치 아니하나이다. 다만 기꺼이 나를 아버지의 품꾼의 하나로 만들어 주소서.' 이 결심에 이르자, 젊은이는 일어서서 아버지의 집을 향하여 떠났더라.

"자, 이 아버지는 아들 때문에 크게 슬퍼하였는데, 생각은 없어도 명랑한 젊은이가 보고 싶었는지라. 이 아버지는 이 아들을 사랑하였고, 그가 돌아올까 늘 지키고 있었는데, 그래서 그가 자기 집으로 가까이 오는 날, 그가 아직 멀리 떨어져 있는 동안에도, 아버지는 그를 보고, 사랑하는 동정심에 움직여, 달려나가서 맞이하였고, 반가운 인사로 아들을 끌어안고 입을 맞추었더라. 그리고 이렇게 저희가 만난 뒤에, 아들이 아버지의 눈물 어린 얼굴을 올려다보고 말하되, '아버지여, 나는 하늘에, 또 아버지 보시기에 죄를 지었나이다. 나는 이제 아들이라고 부름 받을 자격이 없나이다'—그러나 그 젊은이는 고백을 마칠 겨를을 얻지 못하였으니, 기뻐 날뛰는 아버지가 이 때가 되어 달려오는 종들에게 이렇게 말했음이라: '그의 가장 좋은 옷, 내가 간직했던 옷을 얼른 가져와서 그에게 입히고, 아들의 반지를 손에 끼우고, 발에 신기게 샌달을 가져오라.'

"그리고 나서, 기뻐하는 그 아버지가 발 아프고 지친 젊은이를 집으로 데리고 온 뒤에, 종들을 불렀더라: '살진 송아지를 가져다 잡으라. 먹고 즐기자. 이 내 아들이 죽었다가 다시 살았음이라. 그를 잃었다가 다시 찾아냈느니라.' 저희가 다 아버지 둘레에 모여서, 아들을 다시 찾은 것 때문에 그와 함께 기뻐하였더라.

"이 무렵에, 저희가 축하하고 있는 동안 맏아들이 들에서 하루 일을 마치고 들어왔고, 집으로 가까이 오는 동안 음악(音樂)과 춤추는 소리를 들었는지라. 뒷문으로 다가와서 종들 가운데 하나를 불러 내어 이 모든 잔치가 무슨 영문인가 물었더라. 그러자 그 종이 말하되, '오랫동안 잃어 버렸던 당신의 아우가 돌아왔고, 당신의 아버지가 아들이 무사히 돌아온 것을 기뻐하려고 살진 송아지를 잡았나이다. 들어와서 당신도 또한 아우를 맞이하고 당신 아버지의 집으로 그를 받아들이소서.'

"그러나 이 말을 들었을 때, 맏아들은 아주 마음이 상하고 성이 나서, 집으로 들어가려 하지 않았더라. 맏아들이 제 아우 환영식을 분개한다는 말을 아버지가 듣고 그에게 간청하러 나왔으나, 맏아들은 아버지의 설득에 굽히려 하지 않았고, 아버지께 이렇게 대답하였더라: '여기서 이 여러 해 동안 나는 아버지를 섬기었고, 아버지의 계명 중 가장 작은 것조차 한 번도 어기지 아니하였는데, 그래도 아버지는 내 친구들과 함께 즐기라고 새끼 염소 한 마리도 내게 주지 아니하셨나이다. 이 여러 해 동안 아버지를 보살피려고 여기 남아 있었어도, 아버지는 나의 충실한 봉사를 기뻐하지 않으셨으나, 이 아들이 아버지의 재산을 창녀들과 탕진하고 돌아왔는데, 아버지는 살진 송아지를 서둘러 잡고 그 때문에 기뻐하시나이다.'

"두 아들을 참으로 사랑하였으므로, 이 아버지는 이 맏아들을 설득하려고 애썼느니라: '그러나, 아들아, 너는 나와 함께 죽 있었고, 내가 가진 이 모든 것이 네 것이라. 네가 함께 즐겁게 지내려고 친구들을 만들었다면 어느 때라도 네가 새끼 염소를 잡을 수 있었느니라. 그러나 네 아우가 돌아왔으니, 이제 네가 나와 함께 기뻐하고 즐기는 것이 마땅할 뿐이라. 아들아, 생각해 보라, 네 아우를 잃었다가 찾았고, 그가 살아서 우리에게 돌아왔느니라!"

이것은 청중에게 아버지가 하늘나라로 들어가기를 구하는 모든 사람을 기꺼이 받아들임을 강조하려고 예수가 일찍이 발표한 비유, 가장 감동적이고 효과적인 모든 비유 가운데 하나였다.

예수는 이 세 이야기를 동시에 하기를 무척 좋아했다. 길 잃은 양의 이야기를 들려 준 것은, 사람들이 뜻하지 않게 생명의 길로부터 벗어났을 때, 아버지가 그러한 길 잃은 사람들을 염려하고, 양 떼의 참 목자인 아들들과 함께, 잃어버린 양을 찾으러 나간다는 것을 보여 주려는 것이었다. 그리고 나서, 물질적인 걱정과 생활에서 쌓인 것 때문에 혼동하거나 어리둥절하거나, 아니면 영적으로 눈먼 모든 사람을 얼마나 샅샅이 신이 찾고 있는가 보여 주려고, 집에서 잃어버린 동전 이야기를 들려 주었다. 그리고 나서 잃어버린 아들이 아버지의 집과 마음 속에 얼마나 완벽하게 회복되는가 보여 주려고, 이 잃어버린 아들의 비유, 돌아오는 탕자(蕩子)를 받아들이는 이야기를 시작하곤 했다.

아주 여러 번, 가르치던 여러 해 동안, 예수는 이 방탕한 아들의 이야기를 되풀이하였다. 이 비유와 착한 사마리아인 이야기는 아버지의 사랑과 사람의 이웃 정신을 가르치는 데 쓰인 가장 좋아한 수단이었다.

2. 재빠른 집사의 비유

어느 날 저녁 열심당원 시몬은 예수의 말씀 중 하나에 논평하며 말했다: "주여, 세상의 아이들 가운데 다수가 불의의 재물과 친구가 되는 데 솜씨 있으므로 저희가 그 세대에서 하늘나라 자녀들보다 더 지혜롭다고 당신이 오늘 말씀하셨사오니, 무슨 의미로 말씀하시나이까?" 예수는 대답했다:

"너희 가운데 더러는 하늘나라에 들어가기 전에, 무척 기민하게 사업 동료들을 다루었느니라. 너희가 부당하고 때때로 불공평하다면, 그렇다 해도 너희가 오늘의 이익과 앞날의 안전에 열중하여 너희의 사업을 처리하므로, 너희는 신중하고 멀리 내다보는 눈이 있느니라. 마찬가지로 너희 현재의 즐거움을 마련하고, 한편 또한 하늘에 쌓은 보물을 너희가 앞날에 즐기는 것을 다짐하도록, 너희는 이제 하늘나라 안에서 인생을 정리해야 하느니라. 자신을 위하여 일할 때 자기 이익을 얻는 일에 너희가 아주 부지런하였거든, 너희가 이제 사람의 형제 정신의 일꾼이요 하나님의 집사이므로, 어찌하여 하늘나라를 위하여 사람들을 설득하는 데 너희가 덜 부지런해야 하느냐?

"재빠르지만 불의(不義)한 집사를 둔 어떤 부자의 이야기에서 너희는 모두 교훈을 얻을까 하노라. 이 집사는 이기심으로 자기 이익을 위하여 주인의 손님들을 억압했을 뿐 아니라, 또한 주인의 자금도 직접 낭비하고 탕진하였더라. 이 모두가 마침내 주인의 귀에 들어갔을 때, 그는 그 집사(執事)를 앞에 부르고 이 소문이 무슨 의미인가 물으며, 당장에 그 집사 직분에 관하여 보고하고 주인의 사무를 다른 자에게 넘겨 줄 준비를 하라고 요구하였더라.

"이제 불충한 이 집사가 비로소 혼잣말을 하되, '내가 이 집사 자리를 잃으려하니, 어떻게 할까? 나는 땅을 팔 힘도 없고, 구걸하기는 부끄럽구나. 이 집사 자리에서 쫓겨났을 때, 내 주인(主人)과 거래하는 모든 사람의 집에서 내가 분명히 환영받도록 무슨 일을 할 것인가 아노라.' 그리고 나서, 주인에게 빚진 자들을 하나씩 부르면서, 첫 사람에게 묻되, '네가 내 주인에게 얼마나 빚졌느냐?' 하니 그가 대답하되 '기름 1백 되라' 하였더라. 그리고 나서 그 집사가 이르되, '너의 밀랍판 증서를 가지고, 빨리 앉아서 50이라 고치라.' 그리고 나서 또 다른 빚진 자에게 '네가 얼마나 빚졌느냐?' 물으니, 그가 대답하되 '밀 1백 되라' 하였고, 다음에 그 집사가 말하되 '네 계약서를 가지고 80이라 적으라' 하였으며, 수많은 다른 채무자(債務者)에게 이렇게 하였더라. 그래서 정직하지 않은 이 집사는 제 직분(職分)에서 쫓겨난 뒤에 자신을 위하여 친구들을 만들려고 애썼더라. 그의 주, 주인조차, 나중에 이것을 발견한 뒤에, 앞날의 궁핍과 역경에 대비하여 마련하려고 쓴 방법으로 그 불충한 집사가 적어도 현명함을 보였다고 인정하지 않을 수 없었느니라.

"그리고 이런 방법으로 이 세상의 아들들은 빛의 아이들보다 앞날을 위한 준비에 더 지혜를 보이느니라. 하늘의 보물을 얻고 있다고 공언하는 너희에게 내가 이르노라: 불의의 재물과 사귀는 자들에게서 교훈을 얻고, 마찬가지로 너희 인생에 처신하여, 땅의 일이 모두 실패할 때, 너희가 영원한 거처에서 기쁘게 환영받도록 올바른 세력과 영원한 우정(友情)을 맺으라.

"내가 단언하노니, 작은 일에 충실한 자는 큰 일에도 충실하며, 한편 작은 일에 불의한 자는 또한 큰 일에도 불의하리라. 너희가 이 세상일에서 선견과 인품을 보이지 않았으면, 너희에게 하늘나라의 참된 재산의 관리가 맡겨졌을 때 어떻게 너희가 충실하고 신중하기를 바랄 수 있느냐? 너희가 착한 집사와 충실한 은행가가 아니고, 너희가 다른 사람의 재산에 충실하지 않았다면, 누가 어리석게 너희 이름으로 너희에게 큰 보물을 주겠느냐?

"그리고 다시 내가 주장하노니, 아무도 두 주인을 섬기지 못하느니라. 사람이 하나를 미워하고 다른 하나를 사랑하든지, 아니면 하나에 매달리면서 다른 하나를 경멸하리라. 너희는 하나님과 재물을 함께 섬길 수 없느니라."

자리에 있던 바리새인들이 이 말을 들었을 때, 그들은 재산 획득에 탐닉하고 있었기 때문에, 비웃고 코웃음치기 시작했다. 적의(敵意) 있는 이 사람들은 예수를 무익한 논쟁에 말려들게 하려고 애썼지만, 그는 적들과 토론하려 하지 않았다. 바리새인들끼리 말다툼에 빠졌을 때, 그 시끄러운 말소리가 근처에서 야영하는 큰 군중의 눈을 끌었고, 그들이 서로 다투기 시작했을 때, 예수는 물러나서, 밤을 지내려고 자기 텐트로 갔다.

3. 부자와 거지

모임이 너무 시끄러워졌을 때, 시몬 베드로가 일어나서 지휘하며 말했다: "여러분과 형제들아, 이렇게 너희 사이에 다투는 것이 보기가 딱하구나. 주가 말씀을 마쳤고, 너희는 그의 말씀을 숙고하는 것이 좋으니라. 이것은 주가 너희에게 새로 선포한 교리가 아니라. 부자와 거지에 관한 나지르인의 우화(寓話)를 너희가 또한 들은 적이 없느냐? 우리 가운데 더러는 재물을 사랑하고 부당한 재산을 탐내는 자들에게 경고하는 이 비유를 세례자 요한이 천둥처럼 외치는 것을 들었느니라. 이 옛 비유(比喩)가 우리가 설파하는 복음을 따르지 않아도, 하늘나라의 새 빛을 이해하는 때가 오기까지, 너희는 다 그 교훈을 주목하는 것이 좋으리라. 요한이 일러 준 이야기는 다음과 같으니라:

"디베스라는 이름의 어떤 부자(富者)가 있었는데, 자주 옷과 고운 리넨을 입고 나날이 명랑하고 찬란하게 살았는지라. 그리고 나사로라 이름하는 어떤 거지가 있었더니, 그는 헌데가 가득한 채로 이 부자 집 대문에 누워서, 부자의 식탁에서 떨어지는 부스러기 먹기를 바랐더라. 그렇다, 심지어 개들도 와서 그의 헌데를 핥았는데, 그러다가 거지는 죽어서 천사들에게 들려 아브라함의 품에 쉬게 되었더라. 그리고 나서, 얼마 안 있어 이 부자도 죽고, 크게 화려하고 임금처럼 찬란하게 매장되었느니라. 이 세상을 떠나자, 그 부자는 지옥에서 깨어났고, 자신이 고통스러움을 발견하고서 눈을 들어 멀리 아브라함과 그의 품에 안긴 나사로를 보았는지라. 그러자 디베스가 큰 소리로 외쳐 가로되, '아버지 아브라함이여, 내게 자비를 베푸시고, 나사로를 이리로 보내사 손가락 끝을 물에 담가 내 혀를 축이게 하소서, 내 벌 때문에 내가 크게 괴로움이니이다.' 그리고 나서 아브라함이 대답하되, '이 사람아, 너는 일생 동안 좋은 것들을 누렸고, 나사로는 마찬가지로 악을 견디었음을 네가 기억해야 하느니라. 그러나 나사로는 위로를 받는데 네가 고통받는 것을 보니, 이제 이 모두가 바뀌었구나. 게다가 우리와 너 사이에 큰 심해(深海)가 있어, 우리가 너한테 갈 수 없고, 너도 우리에게 건너올 수 없느니라.' 그리고 나서 디베스가 아브라함에게 말하였더라, '내게 다섯 형제가 있으니, 내 형제들이 고통스러운 자리로 오는 것을 막으려고 나사로가 저희에게 증언하도록 나사로를 내 아버지의 집으로 돌려보내시기를 내가 비나이다.' 그러나 아브라함이 가로되, '이 사람아, 저희에게 모세와 선지자들이 있으니, 저희의 말을 듣게 하여라.' 그리고 나서 디베스가 대답하되, '아니, 아니, 아버지 아브라함이여! 그러나 한 사람이 죽은 자들 가운데서 살아서 저희에게 가면, 저희가 뉘우치리이다.' 그리고 나서 아브라함이 말하였더라, '저희가 모세와 선지자들의 말을 듣지 아니하면, 한 사람이 죽은 자들 가운데서 살아날지언정 저희가 알아듣지 못하리라.'"

베드로가 나지르인 단체의 이 옛 비유를 이야기한 뒤에, 또 군중이 조용해졌기 때문에, 안드레가 일어나서 밤에 자라고 해산했다. 사도와 제자들이 예수에게 디베스와 나사로의 비유에 대하여 자꾸 물었어도, 예수는 거기에 아무런 논평을 하려 하지 않았다.

4. 아버지와 그의 나라

사도들이 하나님의 나라가 세워짐을 선포하였지만, 하늘에 계신 아버지는 임금이 아니라는 것을 그들에게 설명하려고 애쓰면서 예수는 언제나 어려움을 겪었다. 예수가 땅에서 살고 육체를 입고 가르쳤을 때, 유란시아의 사람들은 대체로 여러 나라 정부에 있는 임금과 황제들에 대하여 알았고, 유대인들은 하나님의 나라가 오는 것을 오랫동안 생각해 보았다. 이것과 기타 이유 때문에, 주는 사람의 영적 단체를 하늘나라라고, 이 단체의 영적 우두머리를 하늘에 계신 아버지라고 부르는 것이 최선이라고 생각했다. 예수는 결코 아버지를 임금으로 언급하지 않았다. 사도들과 친밀하게 나눈 이야기에서 그는 언제나 자신을 사람의 아들로서, 그들의 형으로, 언급했다. 그를 따르는 모든 사람을 인류의 하인으로, 하늘나라 복음의 사자로 묘사했다.

예수는 하늘에 계신 아버지의 성격과 속성에 관하여 사도들에게 체계적인 수업을 주지 않았다. 그는 결코 사람들에게 아버지를 믿으라고 요구하지 않았고, 그들이 믿는 것을 당연하게 생각했다. 예수는 아버지의 실체를 증명하는 논리를 내놓음으로 품위(品位)를 떨어뜨리지 않았다. 아버지에 관한 그의 가르침은 모두, 그와 아버지는 하나이다, 아들을 본 자는 아버지를 보았다, 아버지는 아들과 마찬가지로 모든 것을 안다, 오로지 아들, 그리고 아들한테서 아버지를 계시받을 자가 정말로 아버지를 안다, 아들을 아는 자는 또한 아버지를 안다, 그리고 그들의 통합 성격을 드러내고 그들이 합동으로 하는 일을 보이려고 아버지가 그를 세상으로 보냈다는 선언에 집중된다. 야곱의 우물에서 사마리아 여인에게 "하나님은 영이라"고 선포했을 때를 제쳐 놓고, 아버지에 대하여, 주는 다르게 선언한 적이 없다.

예수의 가르침에 의존하는 것이 아니라, 그의 일생의 신성함을 관찰함으로 너희는 그로부터 하나님에 관하여 배울 수 있다. 주의 일생으로부터 너희는 각자, 영적이고 신성한 실체들, 실재하는 영원한 진리를 깨닫는 너희 능력의 정도를 나타내는 그 하나님 개념을 소화할지 모른다. 무한자가 나사렛 예수의 인간 생애가 겪은 유한한 체험에 나타난 시공 성격 안에 집중되었다시피, 이 경우를 제외하고 유한한 자는 결코 무한자를 이해하기를 바랄 수 없다.

오직 체험의 실체를 통해서 하나님을 알 수 있다는 것, 단지 지성을 가르쳐서는 결코 하나님을 이해할 수 없다는 것을 예수는 잘 알았다. 사도들이 결코 하나님을 충분히 이해할 수 없어도, 그들이 사람의 아들을 안 것 같이, 아주 확실히 하나님을 알 수 있다고 예수는 사도들을 가르쳤다. 예수가 말씀한 것을 알아듣는 것이 아니라, 예수가 어떤 분이었는가를 앎으로써, 너희는 하나님을 알 수 있다. 예수는 하나님의 계시였다.

히브리 성서를 인용(引用)할 때를 제외하고, 예수는 하나님과 아버지, 오직 이 두 이름으로 신을 언급했다. 그의 아버지가 하나님이라고 주가 언급했을 때, 유대인의 부족 하나님의 진취적 개념을 대표한 야웨라는 낱말이 아니라, 여럿인 하나님(삼위 일체)을 가리키는 히브리 단어를 보통 썼다.

예수는 결코 아버지를 임금이라 부르지 않았고, 회복된 왕국을 유대인들이 희망하고 다가오는 왕국을 요한이 선포했기 때문에, 그가 제안한 영적 형제 정신을 하늘나라로 부를 필요가 생긴 것을 무척 유감으로 생각했다. 한 가지 예외—"하나님은 영이라"는 선언—을 제외하고, 예수는 결코 파라다이스의 첫째 근원 중심과 자신의 개인적 관계를 설명하는 조건이 아닌 어떤 다른 방법으로 신을 언급하지 않았다.

예수는 신 아이디어를 가리키려고 하나님이라는 낱말을 쓰고, 하나님을 아는 체험을 가리키려고 아버지라는 말을 썼다. 아버지라는 말이 하나님을 가리키는 데 쓰일 때, 가능한 가장 큰 뜻으로 알아들어야 한다. 하나님이라는 말은 규명될 수 없고, 따라서 아버지의 무한한 개념을 대표하며, 한편 아버지라는 용어는 부분적 정의(定義)가 가능하니까, 필사자로 존재하는 과정에서 사람과 결합되는 바와 같이, 신다운 아버지에 대하여 인간이 가진 개념을 대표하는 데 쓰여도 좋다.

유대인들에게 엘로힘은 신 중의 신이었고, 한편 야웨는 이스라엘의 하나님이었다. 예수는 엘로힘 개념을 받아들였고, 이 최고 집단의 존재들을 하나님이라고 불렀다. 종족의 신 야웨 개념 대신에, 하나님이 아버지요 사람은 세계적으로 형제라는 개념을 소개했다. 그는 신화(神化)된, 종족의 아버지 야웨 개념을 사람의 모든 자손의 아버지라는 관념으로 높였다. 그리고 더 나아가서, 우주의 이 하나님과 모든 사람의 이 아버지는 하나요, 동일한 파라다이스 신이라고 가르쳤다.

예수는 결코 그가 엘로힘(하나님)이 육체를 입고 현시(顯示)된 것이라 주장하지 않았다. 그가 여러 세상에 대하여 엘로힘(하나님)의 계시라고 결코 선언하지 않았다. 그를 본 자가 엘로힘(하나님)을 보았다고 결코 가르치지 않았다. 그러나 그는 자신이 아버지가 육체의 모습으로 계시(啓示)된 것이라고 선언했고, 그를 본 자는 누구나 아버지를 본 것이라고 말했다. 신다운 아들로서 그는 오로지 아버지를 대표한다고 주장했다.

정말로 주는 엘로힘 하나님의 아들이기도 하였다. 그러나 필사 육체의 모습을 입고서, 하나님의 인간 아들들에게, 그러한 계시를 필사인이 이해할 수 있는 한, 일생의 계시를 아버지 성품을 묘사하는 데 국한하기로 하였다. 파라다이스 삼위 일체의 다른 성격자들의 성품에 관하여, 우리는 그들이 전적으로 아버지와 같다는 가르침에 만족해야 할 것이고, 아버지는 육신화한 아들, 나사렛 예수의 일생에서 몸소 묘사한 속에 드러났다.

땅에서 산 일생에서 하늘 아버지의 참 성품을 드러내기는 했어도, 예수는 아버지에 대하여 거의 가르치지 않았다. 사실, 그는 오직 두 가지만 가르쳤다: 하나님 자신은 영이며, 피조물과 가지는 관계에서 생기는 모든 문제에서 아버지라는 것이다. 이 날 저녁에 "나는 아버지로부터 왔고 나는 이 세상으로 왔노라. 또 나는 세상을 떠나서 아버지께로 가리라" 선언했을 때, 예수는 하나님과 가진 관계에 대하여 최종 선언을 하신 것이다.

그러나 너희는 잘 들어라! 예수는 결코 "내 말을 들은 자는 하나님의 말씀을 들었다"하고 말하지 않았다. 그러나 "나를 <u>본</u> 자는 아버지를 보았다"고 하였다. 예수의 가르침을 듣는 것은 하나님을 아는 것과 대등하지 않지만, 예수를 <u>보는</u> 것은 그 자체로서 아버지를 혼에게 계시하는 그런 체험이다. 우주들의 하나님은 방대한 창조를 다스려도, 자기의 영을 너희 지성 안에 거하라고 보내시는 분은 하늘에 계신 그 아버지이다.

예수는 인간 모습을 가진 영적 렌즈요, 이것은 눈에 보이지 않는 그분을 물질 생물이 보게 만든다. 그는 너희의 형이요, 육체를 입고서, 하늘의 무리들조차도 감히 넉넉히 이해할 수 없는 무한한 속성을 가진 한 존재를 너희가 <u>알게</u> 만든다. 그러나 이 모든 것은 <u>개별 신자</u>가 몸소 겪는 체험에 있음이 틀림없다. 오직 영적 체험을 겪어야 영이신 하나님을 알 수 있게 된다. 영적 영역을 다스리는 신다운 아들들은 하나님을 오직 <u>아버지</u>로서 물질 세계의 유한한 아들들에게 드러낼 수 있다. 너희는 아버지인 영원자를 알 수 있고, 그를 우주의 하나님, 모든 존재의 무한한 창조자로 예배할 수 있다.

제 170 편

하늘나라

3월 11일, 토요일 오후에, 예수는 펠라에서 마지막으로 설교하였다. 이것은 그의 대중 봉사에서 주목할 연설에 속하며, 하늘나라에 대하여 충분하고 완벽한 토론을 담고 있다. 그는 "하늘나라"와 "하나님의 나라"라는 용어들의 뜻과 중요성에 관하여, 사도와 제자들의 머리 속에 혼란이 존재한다는 것을 알았고, 이 두 가지를 자신 수여 사명에서 서로 바꿀 수 있는 낱말로 사용하였다. 하늘의 나라라는 바로 그 용어는 그것이 대표하는 것을 땅의 나라 및 현세의 정부들과 가진 모든 관련으로부터 분리하기에 충분해야 했지만, 충분하지 못했다. 단 한 세대 안에 없애기에는 현세의 임금 관념이 유대인 머리 속에 너무 깊이 뿌리박고 있었다. 그러므로 오래 간직했던 이 하늘나라 개념을 예수는 처음에 드러내 놓고 반대하지 않았다.

이 안식일 오후에 주는 하늘나라에 관한 가르침을 분명히 밝히려고 애썼다. 그 주제를 모든 관점에서 논의하고, 그 용어가 어떤 많은 다른 의미에서 쓰였는가 밝히려고 애썼다. 이 이야기에서 우리는 이전 경우에 예수가 하신 수많은 말씀을 덧붙이고, 바로 이 날 저녁 토론 시간에 사도들에게만 하신 논평을 더러 넣어서 그 연설을 확대하겠다. 우리는 또한 하늘나라 아이디어가 후일에 그리스도 교회에 관계되는 대로, 나중에 해결되어 간 것을 다루는 논평을 더러 하겠다.

1. 하늘나라 개념

예수의 설교를 이렇게 상술하는 것과 관련하여, 히브리 성서(聖書) 전체에 걸쳐서 하늘나라에 관하여 두 가지 개념이 있었다는 것을 주목해야 한다. 선지자들은 하나님의 나라를 다음과 같이 주장하였다:

1. 오늘의 현실로서, 그리고

2. 앞날에—메시아가 출현하고 나서 하늘나라가 충만하게 실현될 때—희망으로서. 이것이 세례자 요한이 가르쳤던 하늘나라 개념이었다.

맨 처음부터 예수와 사도들은 이 두 개념을 다 가르쳤다. 머리 속에 간직해야 할 두 가지 다른 하늘나라 이념이 있었다.

3. 후일에 유대인들의 개념, 곧 초자연적 기원을 가지고 기적으로 개시되는 세계적인 초월 국가 개념.

4. 세상이 끝날 때 선이 악에 승리를 거둠으로 신의 나라가 확립됨을 그리는 페르시아인의 가르침.

예수가 땅에 오시기 바로 전에, 유대인들은 이 모든 하늘나라 이념을 유대인이 승리하는 시대를 확립하려고 메시아가 온다는 묵시적 개념으로 통합하고 뒤섞었다.

이 시대는 땅에서, 새 세상에서, 하나님이 최고로 다스리는 영원한 시대, 온 인류가 야웨를 예배할 시대였다. 이 하늘나라 개념을 쓰기로 하면서 예수는 유대 및 페르시아 종교의 가장 중요하고 절정에 이르는 유산(遺産)을 이용하기로 작정했다.

그리스도교 시대의 여러 세기를 통하여 이해되고 오해되었다시피, 하늘나라는 네 가지 뚜렷이 다른 집단의 아이디어를 담는다:

1. 유대인의 개념.

2. 페르시아인의 개념.

3. 몸소 체험한다는 예수의 개념—"너희 안에 있는 하늘나라."

4. 그리스도교의 창시자와 선포자들이 세상에 대하여 강조하려고 애쓴 복합되고 혼동된 개념들.

다른 때, 다른 상황에서, 예수는 대중을 가르칠 때 수많은 "하늘나라" 개념을 제시한 듯하지만, 사도들에게 언제나 하늘나라는 땅에 있는 동료들, 그리고 하늘에 계신 아버지와 가지는 관계에서 사람이 몸소 겪는 체험을 포함하는 것이라 가르쳤다. 하늘나라에 관하여, 그의 마지막 말씀은 언제나 "너희 안에 있는 나라"였다.

"하늘나라"라는 용어의 뜻에 관하여 여러 세기에 걸쳐 있던 혼동은 다음 세 가지 요인 때문이다:

1. 예수와 사도들이 그것을 다시 진술하는 여러 진보 단계를 거침에 따라서 "하늘나라" 아이디어를 관찰함으로 생긴 혼동.

2. 유대에서 이방의 땅으로 초대(初代) 그리스도교를 옮겨 심는 것과 불가피하게 연결된 혼동.

3. 그리스도교가 핵심 아이디어인 예수의 인물에 관하여 조직된 종교가 되었다는 사실에 본래 있는 혼동. 하늘나라 복음은 갈수록 더 그에 <u>관한</u> 종교가 되었다.

2. 예수의 하늘나라 개념

하늘나라는 하나님이 아버지라는 진리와 그에 관계되어 사람이 형제라는 사실, 이 두 가지 개념으로 시작되고 거기에 집중되어야 한다는 것을 주는 분명히 밝혔다. 그러한 가르침을 받아들이는 것은 오랜 세월에 걸친 동물적 공포로부터 사람을 해방하고, 동시에 영적 자유를 가진 새 삶이 부여하는 다음의 재산으로, 인간 생활을 풍성하게 하리라고 예수는 선언했다:

1. 새로운 용기와 늘어난 영적 힘을 소유하는 것. 하늘나라 복음은 사람을 해방하고 그가 영생(永生)을 감히 바라도록 격려할 것이다.

2. 그 복음은 모든 사람을 위하여, 가난한 자들에게도, 새로운 확신과 참된 위로의 말씀을 담았다.

3. 복음 자체가 도덕적 가치의 새 표준이요, 인간 행위를 재는 새 윤리(倫理)의 자였다. 그것은 그 결과로 생기는 새 체제의 인간 사회의 이상을 묘사했다.

4. 그 복음은 물질적인 것과 비교해서 영적인 것이 상위(上位)에 있다고 가르쳤다. 영적 실체들을 영화롭게 하고 초인간적 이상을 찬미했다.

5. 이 새 복음은 영적 달성을 삶의 참된 목표로서 높이 올렸다. 인간의 생명은 도덕적 가치와 신다운 위엄을 가진 새 자질을 받았다.

6. 영원한 실체들은 땅에서 올바르게 애쓴 결과(보상)라고 예수는 가르쳤다. 사람이 땅에서 사람으로 머무르는 것은, 고귀한 운명을 깨닫는 결과로서, 새로운 의미를 얻었다.

7. 인간의 구원은 하나님의 구원받은 아들들이 끝없이 봉사하는 미래 운명에서 완성되고 실현될 목적, 멀리 미치는 신의 목적을 계시한 것임을 새 복음이 확인했다.

이 여러 가르침은 예수가 가르쳤던 확대된 하늘나라 이념을 담는다. 이 위대한 개념은 세례자 요한의 기초적이고 뒤범벅이 된 하늘나라 가르침에 거의 담겨 있지 않다.

사도들은 하늘나라에 관하여 주가 하신 발언의 참 뜻을 깨우칠 수 없었다. 신약(新約)에 기록된 바와 같이, 예수의 가르침이 나중에 왜곡된 것은 복음서 기록자들의 개념이 예수가 그 때 세상에서 잠시 동안만 자리를 비우고, 권능과 영광 속에서 하늘나라를 세우려고 곧 돌아오리라는 관념에—그가 그들과 함께 육체를 입고 있는 동안 그들이 지녔던 것과 같은 바로 그런 아이디어에—영향을 받았기 때문이다. "새 시대"가 나타나는 아무런 징조가 없이 여러 세기가 지났다는 것은 예수의 가르침과 조금도 어긋나지 않는다.

이 설교에 담겨 있는 큰 노력은 하늘나라 개념을 하나님의 뜻을 행하는 관념의 이상(理想)으로 풀이하려는 시도였다. 오랫동안 주는 추종자들에게 이렇게 기도하기를 가르쳤다: "아버지의 나라가 오소서, 아버지의 뜻이 이루어지이다." 이 때 그는 더 실용적으로 해당되는 말, 하나님의 뜻을 사용하고, 하나님의 나라라는 말을 그들이 사용하지 않도록 유인하려고 진지하게 애썼다. 그러나 성공하지 못했다.

예수는 하늘나라·임금·백성 관념 대신에, 동료 인간을 위하여 기쁘게 자청해서 봉사하며 아버지 하나님을 숭고하고 총명하게 섬기는 데 몰두하는 하늘 가족, 하늘 아버지, 하나님의 해방된 아들들, 이 세 개념으로 갈아치우기를 바랐다.

이 때까지 사도들은 하늘나라에 대하여 두 가지 관점을 습득했고, 다음과 같이 보았다:

1. 그 당시에 참 신자들의 마음 속에서 몸소 체험하는 문제, 그리고

2. 종족이나 세계 현상의 문제. 하늘나라가 미래에 있다는 것, 기대할 어떤 것.

사도들은 사람들의 마음 속에서 하늘나라가 오는 것을, 마치 반죽 속에 있는 누룩처럼, 또는 겨자씨가 자라는 것처럼, 차츰차츰 생기는 일로 보았다. 종족의 의미나 세계적 의미에서 하늘나라가 오는 것이 갑작스럽고도 볼 만하리라고 믿었다. 예수는 하늘나라가 상급의 영적 생활을 이룩하는 그들의 개인적 체험이라고, 영이 체험하는 이 실체들은 신성하게 확실하고 영원히 장대한 새로운 상급 수준으로 점진적으로 옮겨진다는 것을, 지칠 줄 모르고 그들에게 일러 주었다.

이 날 오후에 다음 두 단계를 묘사했다는 점에서, 주는 하늘나라의 2중 성질에 관한 새로운 개념을 뚜렷하게 가르쳤다:

"첫째. 이 세상에 있는 하나님의 나라. 하나님의 뜻을 행하려는 최고의 소망. 윤리적이고 도덕적인 개선(改善)된 행위, 즉 좋은 열매를 맺는 사람의 사심없는 사랑.

"둘째. 하늘에 있는 하나님의 나라, 필사 신자들의 목표. 하나님을 사랑함이 완전하게 되고, 하나님의 뜻이 더욱 신성하게 이루어지는 상태."

예수는 신자들이 믿음으로 하늘나라에 지금 들어간다고 가르쳤다. 여러 강론에서 두 가지가 믿음으로 하늘나라에 들어가는 데 필수라고 가르쳤다:

1. 믿음, 성실성. 어린아이처럼 와서, 아들 신분의 수여를 선물로서 받는 것. 묻지 않고, 아버지의 지혜를 완전히 믿고 진정하게 신뢰함으로 아버지의 뜻을 행하는 데 복종하는 것. 편견과 선입관(先入觀) 없이 하늘나라로 가는 것. 버릇이 나빠지지 않은 어린이처럼, 편견 없이 배울 수 있는 상태에 있는 것.

2. 진리를 간절히 찾음. 올바름을 목마르게 찾는 것. 생각의 변화, 하나님과 같이 되고 하나님을 찾으려는 동기를 얻는 것.

죄는 결함이 있는 성품의 산물이 아니라, 오히려 복종하지 않는 의지에 지배된, 물정(物情)을 아는 지성의 소산이라고 예수는 가르쳤다. 죄에 관하여, 하나님은 용서하셨다, 우리는 동료들을 용서하는 행위로 말미암아 그러한 용서를 개인적으로 소용되게 만든다고 가르쳤다. 육체를 입은 네 형제를 용서할 때, 그로서 자신의 혼 속에서 너는 하나님이 너의 잘못을 용서하는 것이 현실임을 받아들이는 능력을 창조한다.

사도 요한이 예수의 일생과 가르침에 관한 이야기를 비로소 기록할 무렵에, 초대 그리스도 교인들은 박해의 근원인 하나님의 나라 관념에 너무 곤경(困境)을 겪어서, 대체로 그 용어(用語)의 사용을 포기하였다. 요한은 "영생"에 대하여 많이 이야기했다. 예수는 그것을 또한 "생명의 나라"로 이야기했다. 또한 "너희 안에 있는 하나님의 나라"로 자주 언급했다. 한때 그러한 체험을 "아버지 하나님과 가지는 가족의 친교"라고 말했다. 예수는 많은 용어를 하늘나라 대신에 쓰려고 애썼지만, 언제나 성공하지 못했다. 다른 것 가운데, 다음을 썼다: 하나님의 가족, 아버지의 뜻, 하나님의 친구들, 신자들의 친교, 사람의 형제 정신, 아버지의 양 떼, 하나님의 자녀, 충실한 자들의 친교, 아버지의 봉사, 하나님의 해방된 자녀.

그러나 그는 하늘나라 관념의 사용을 피할 수 없었다. 50년도 더 지난 뒤에 로마 군대가 예루살렘을 파괴한 뒤까지, 이 하늘나라 개념은 영생(永生)의 종파로 바뀌기 시작하지 않았고, 그 동안에 그 사회 및 제도적 모습은, 재빨리 커지고 구체화되는 그리스도 교회에게 점령되었다.

3. 올바름에 대한 관계

어떤 서기관과 바리새인들이 세상이 보는 앞에서 아주 허세부리며 과시한, 노예 같은 행위의 올바름을 뛰어넘음을 올바름을 사도와 제자들이 신앙으로 얻어야 한다고 예수는 강조하려고 언제나 애썼다.

믿음, 어린애 같이 단순한 믿음이, 하늘나라 문의 열쇠라고 가르쳤지만, 예수는 또한 문으로 들어간 뒤에, 하나님의 건장한 아들들의 제 키까지 자라기 위하여, 모든 믿는 어린아이가 올라가야 하는 올바름의 점진적 단계가 있다고 가르쳤다.

하나님의 용서를 받아들이는 기법(技法)을 고려할 때 하늘나라의 올바름에 도달하는 과정이 드러난다. 믿음은 하나님의 가족에 들어가는 데 너희가 치르는 값이다. 그러나 용서(容恕)는 너희의 믿음을 입장료로 받는 하나님의 행위이다. 하늘나라를 믿는 자가 하나님의 용서를 받아들이는 것은 분명한 실제 체험을 끌어들이며, 다음 네 단계로, 마음 속의 올바름에 이르는 하늘나라 단계로 이루어진다:

1. 하나님의 용서는 사람이 동료들을 용서하는 만큼만 실제로 소용되고 몸소 체험한다.

2. 사람은 동료들을 자신처럼 사랑하지 않으면 참으로 그들을 용서하지 않을 것이다.

3. 이처럼 이웃을 네 몸처럼 사랑하는 것은 가장 높은 윤리이다.

4. 그렇다면 도덕적 행위, 참된 올바름은 그러한 사랑의 자연스러운 결과이다.

그러니까 하늘나라의 참된 종교, 마음 속의 종교는 어김없이, 더욱, 사회에 봉사하는 실용적인 길에서 명시(明示)되는 경향이 있음이 분명하다. 예수는 신자들이 사랑으로 봉사하는 데 어쩔 수 없이 빠지게 하는 그러한 산 종교를 가르쳤다. 그러나 예수는 윤리를 종교의 자리에 놓지 않았다. 종교는 원인이요 윤리는 결과라고 가르쳤다.

어떤 행위도 그 올바름은 동기(動機)에 따라서 재야 한다. 따라서 가장 높은 형태의 선은 의식되지 않는다. 예수는 도덕률이나 윤리 그 자체에 결코 관여하지 않았다. 예수는 아버지 하나님과 가지는 마음 속의 영적 친교에만 온통 관심을 가졌고, 이것은 사람을 위하여 겉으로, 사랑으로 베푸는 봉사로서 아주 확실히 직접 나타난다. 하늘나라의 종교는 아무도 몸 안에 가둘 수 없는 몸소 겪는 진정한 체험이라는 것, 신자들 가족의 한 사람임을 의식(意識)하는 것은 불가피하게 가족 행위의 교훈을 실천하도록, 형제 정신을 높이고 크게 만들려는 노력으로, 형제와 자매들에게 봉사하도록 인도한다는 것을 가르쳤다.

하늘나라의 종교는 개인적·개별적 종교이다. 그 열매, 그 결과는 가족과 사회에 나타난다. 예수는 공동체와 대조해서, 개인의 신성함을 높이기를 소홀히 하지 않았다. 그러나 사람은 사심(私心) 없는 봉사로 인품을 기른다는 것, 사람은 동료들을 사랑하는 관계에서 도덕적 성품을 펼친다는 것을 그는 또한 인식했다.

하늘나라가 마음 속에 있다고 가르치고, 개인을 높임으로, 참된 사회의 올바름이 있는 새 섭리 시대를 열었다는 점에서, 예수는 옛 사회에 치명적 타격을 입혔다. 세상이 이 새 체제(體制)의 사회를 거의 알지 못한 것은 세상이 하늘나라 복음의 원칙을 실행하려 하지 않았기 때문이다. 영적으로 뛰어난 이 하늘나라가 땅에 다가올 때, 겨우 개량된 사회 및 물질적 조건에서 나타나는 것이 아니라, 오히려 향상되고 강화된 영적 가치를 지닌 영화로움에서 나타날 것이요, 그러한 가치는 개선된 인간 관계와 진보하는 영적 성취가 있는, 다가오는 시대의 특징을 나타낸다.

4. 하늘나라에 대한 예수의 가르침

예수는 하늘나라를 엄밀하게 정의하지 않았다. 한때 하늘나라의 한 국면에 대하여 강론하고, 다른 때에 사람들의 마음 속에서 하나님이 다스리는 그런 형제 정신의 다른 모습을 이야기하곤 했다. 이 안식일 오후에 설교하는 과정에서, 예수는 적어도 하늘나라의 다섯 단계나 시대를 주목하였으니, 다음과 같다:

1. 개별 신자가 아버지 하나님과 친교하는 영적 생활을 개인적으로 마음 속에서 겪는 체험.

2. 복음을 믿는 자들의 확대되는 형제 정신, 개별 신자의 가슴 속에서 하나님의 영이 다스리는 결과로 생기는, 향상된 도덕률과 활기를 띤 윤리의 사회적 모습.

3. 땅과 하늘에서 지배하는, 눈에 보이지 않는 영적 존재들의 필사자를 초월하는 형제 정신. 초인간적인 하나님의 나라.

4. 하나님의 뜻이 더욱 완벽하게 이루어지는 전망, 개선된 영적 생활과 관련하여 새 사회 체제—사람의 다음 시대—의 여명(黎明)을 향하는 진보.

5. 성숙한 하늘나라, 땅에서 미래의 영적 시대, 빛과 생명의 시대.

그러니까 주가 하늘나라라는 용어를 쓸 때, 이 다섯 단계 가운데 어느 것을 언급하는가 확인하기 위해서 우리는 반드시 주의 가르침을 검토해야 한다. 사람의 뜻을 차츰차츰 바꾸는 이 과정으로, 이렇게 인간의 결정에 영향을 미침으로, 미가엘과 그 동료들은 마찬가지로, 사회적 및 기타 인간 진화 과정 전체를 차츰차츰, 하지만 확실하게 바꾸고 있다.

이 기회에 주는 하늘나라 복음의 가장 중요한 모습을 대표하는 다음 다섯 항목을 강조했다:

1. 개인이 첫째임.
2. 사람의 체험에서 결정 요소인 의지.
3. 아버지 하나님과 가지는 영적 친교.
4. 사람에게 사랑으로 봉사함으로 얻는 최고의 만족.
5. 인간의 성격에서 영적인 것이 물질인 것을 초월한다.

이 세상은 예수의 하늘나라 교리의 힘찬 관념과 신성한 이상을 한 번도 심각하게, 진지하게, 또는 정직하게 시험해 본 적이 없다. 그러나 너희는 유란시아에서 하늘나라 아이디어가 겉보기에 느리게 진보하는 것에 낙심해서는 안 된다. 진취적 진화(進化)의 순서는 물질 세계와 영적 세계에서 갑작스럽게 기대하지 않고서, 주기적으로 변화를 거친다는 것을 기억하여라. 육신화된 아들로서 예수가 자신을 수여한 것은 세상의 영적 생활에서 바로 그러한 이상하고 기대치 않았던 사건이었다. 하늘나라의 시대적 명시를 찾으면서, 자신의 혼 속에서 하늘나라를 세우지 못하는 치명적 잘못을 저지르지도 말라.

예수가 하늘나라의 한 단계를 미래로 언급하고, 수많은 경우에, 그러한 사건이 세계적 위기의 한 부분으로서 보일지 모른다고 넌지시 비쳤어도, 그리고 마찬가지로 그가 아주 확실히, 몇 번 기회에, 유란시아로 언젠가 돌아올 것을 확실히 약속했더라도, 이 두 개념을 결코 분명히 한데 연결하지 않았다는 것을 적어야 한다. 그는 땅에서, 어느 미래에 하늘나라의 새로운 계시를 약속했다. 또한 언젠가 이 세상으로 친히 돌아오리라고 약속했다. 그러나 이 두 사건이 같은 의미를 가진 것으로 말하지 않았다. 우리가 아는 한계에서 보건대, 이 두 약속은 같은 사건을 언급할지도, 그렇지 않을지도 모른다.

사도와 제자들은 이 두 가르침을 함께 연결지은 것이 아주 확실하다. 하늘나라가 그들이 기대한 대로 이루어지지 않았을 때, 앞날의 나라에 관한 주의 가르침을 상기하고 그가 다시 오리라는 약속을 기억하면서, 그들은 이 두 약속이 동일(同一) 사건을 언급한다고 서둘러 단정(斷定)하였다. 따라서 하늘나라를 완벽하게, 권능과 영광으로, 하늘나라를 세우려고 예수가 즉시 다시 오시기를 희망하면서 살았다. 그래서 뒤이은 믿는 세대들은, 영감을 주기는 해도, 바로 그 헛된 희망을 품고서 땅에서 계속 살았다.

5. 하늘나라에 대한 후일의 관념

하늘나라에 대한 예수의 가르침을 요약했으니까, 우리는 하늘나라 관념에 붙게 된 어떤 후일의 관념에 대하여 이야기하고, 하늘나라가 미래(未來) 시대에 진화할까 싶은 대로, 하늘나라의 예언적 예측을 하도록 허락받았다.

그리스도교가 전파되는 처음 몇 세기를 통해서 내내, 하늘나라 관념은 그 때 재빨리 퍼지는 그리스인의 이상주의 개념, 자연의 것은 영적인 것의 그림자—현세의 것은 영원한 것이 시간에 나타나는 그림자—라는 아이디어에 엄청나게 영향을 받았다.

그러나 유대인의 흙에서 이방인의 흙으로 예수의 가르침을 이식(移植)하는 것을 표시한 큰 걸음은 하늘나라의 메시아가 교회에서 구원자가 되었을 때였는데, 교회는 바울과 그 후계자들의 활동으로부터 생겨나고 예수의 가르침에 근거를 둔 종교적·사회적 조직이었으며, 그 가르침은 빌로의 아이디어와 페르시아인의 선악 교리로 보충되었다.

하늘나라 복음의 가르침에 구체화된 예수의 아이디어와 이상은 추종자들이 그의 선언(宣言)을 점진적으로 왜곡함에 따라서 거의 실현되지 못할 뻔했다. 주의 하늘나라 개념은 두 가지 큰 경향 때문에 눈에 띄게 수정되었다:

1. 유대인 신자들은 계속 예수를 메시아로 여겼다. 예수가 세계적이고 얼마큼 물질적인 나라를 세우려고 오래지 않아 실제로 돌아오리라고 믿었다.

2. 이방(異邦) 그리스도 교인들은 아주 일찍부터 바울의 교리를 받아들이기 시작하였고, 이것은 예수가 교회 신자들의 구원자[1]라는 일반적 관념으로 더욱 이끌었는데, 구원자는 하늘나라의 순전한 영적 형제 정신을 담은 초기 개념의 새로운 제도적 후계자였다.

하늘나라의 사회적 결과로서 생긴 교회는 온전히 자연스럽고 바람직하기까지 했을 것이다. 교회의 악은 교회의 존재에 있는 것이 아니라, 오히려 교회가 예수의 하늘나라 개념을 거의 완벽하게 갈아치웠다는 것이다. 바울의 제도화된 교회는 예수가 선포했던 하늘나라의 실질적 대용품이 되었다.

그러나 의심하지 말라. 주가 가르친 바로 이 하늘나라는 신자의 가슴 속에서 존재하며, 땅에서 모든 다른 종교, 종족, 나라에게—아니 만민에게—선포되는 것처럼, 아직도 이 그리스도 교회에 선포될 것이다.

예수가 가르친 하늘나라, 개인의 올바름을 찾는 영적 이상과 사람이 하나님과 신성한 친교를 가진다는 개념은, 예수의 인격이 구원자·창조자요, 사회화된 종교 공동체의 영적 우두머리라는 신비의 개념 속으로 차츰 가라앉게 되었다. 이 방법으로 형식적이고 제도화된 교회는 개인별로 영에게 인도받는 하늘나라 형제 정신의 대용품이 되었다.

교회(教會)는 예수의 일생과 가르침에서 생긴 불가피하고 유익한 사회적 결과였다. 하늘나라의 가르침에 대한 이 사회적 반응이, 예수가 가르치고 실천했던 진정한 하늘나라의 영적 개념을 아주 완전히 갈아치웠다는 사실에 비극이 있다.

유대인들에게 하늘나라는 이스라엘 사람의 공동체였고, 이방인들에게 하늘나라는 그리스도 교회가 되었다. 예수에게 하늘나라는 하나님이 아버지라는 믿음을 고백하고, 이로서 하나님의 뜻을 행하는 데 마음을 다하여 헌신한다고 선언하고, 이렇게 사람의 영적 형제 단체의 회원이 되는 개인들의 집합이었다.

주는 하늘나라 복음이 퍼지는 결과로서 어떤 사회적 결과가 세상에서 나타나리라는 것을 충분히 깨달았다. 그러나 모든 그러한 바람직한 사회적 명시(明示)는 개별 신자들이 마음 속에서 겪는 이 개인적 체험, 모든 그러한 신자에게 깃들고 그들을 움직이는 신다운 영과 가지는 순전히 영적인 이 친교와 교통이 낳는, 무의식이고 불가피한 결과로서, 즉 자연히 생기는 열매로서 나타나는 것이 그의 의도였다.

예수는 한 사회 조직, 곧 교회가 참된 영적 국가(國家)의 진보를 따를 것을 미리 예측하였고, 이것이 어째서 사도들이 요한의 세례 의식을 행하는 것을 결코 반대하지 않았는가 하는 까닭이다. 그는 진리를 사랑하는 혼, 올바름, 하나님을 간절히 바라고 목마르게 찾는 사람은, 믿음으로 영적 하늘나라에 허락된다고 가르쳤다. 동시에 사도들은 그러한 신자는 겉으로 세례 의식(儀式)으로 제자들의 사회 조직에 가입이 허락된다고 가르쳤다.

영이 개별 신자를 지배하고 안내함으로 사람들의 마음 속에서 하늘나라를 세우는 예수의 이상을 실현하는 데 어느 정도 실패했다는 것을 깨달았을 때, 예수의 직계 추종자들은 주의 하늘나라 이상 대신에, 눈에 보이는 사회 조직, 그리스도교 교회를 차츰 창조함으로써 예수의 가르침이 완전히 잊혀지지 않도록 구조(救助)하기 시작했다. 그리고 이렇게 대체하는 계획을 성취하고 나서, 일관성을 유지하고 하늘나라의 사실에 관한 주의 가르침을 인정하려고, 더 나아가서 하늘나라를 미래로 던져 버렸다. 지위가 안정되자마자 교회는, 그리스도교 시대가 절정에 이를 때, 그리스도가 다시 오실 때, 하늘나라가 실제로 나타날 것이라고 가르치기 시작했다.

이 방법으로 하늘나라는 한 시대의 개념, 미래에 찾아온다는 아이디어요, 최고자의 성자(聖者)들이 마지막으로 구제된다는 이상이 되었다. 초대 그리스도 교인들(그리고 후일에 허다한 교인들)은 예수의 하늘나라 가르침에 담겨 있는 아버지-아들 아이디어를 대체로 간과(看過)했으며, 한편 그 자리에 교회의 잘 조직된 사회적 교제로 바꿔치웠다. 이처럼 교회는 크게 보아서 사회적 형제 단체가 되었고, 이것은 예수의 영적 형제 단체 개념과 이상을 실질적으로 갈아치웠다.

예수의 이상적 개념은 대체로 실패했지만, 주의 개인적 생애와 가르침의 기초 위에 바울은 나서서 유란시아에서 일찍이 존재한 바, 가장 진취적인 인간 사회의 하나를 세웠으며, 이것은 그리스인과 페르시아인의 영생 개념으로 보충되고, 영적인 것과 대조해서 빌로의 현세적 교리로 말미암아 확대되었다.

예수의 개념은 세계의 진보된 종교들에 아직도 살아 있다. 바울의 그리스도 교회는 예수가 의도했던 하늘나라 상태—그리고 아주 확실히 교회가 다다를 그 미래 상태—의 사회화되고 인간화된 그림자이다. 바울과 그 후계자들은 영생의 문제를 개인으로부터 교회로 어느 정도 옮겨 버렸다. 그리스도는 이처럼 아버지의 하늘나라 가족에서 개별 신자 하나하나에게 형이 되기보다, 교회의 우두머리가 되었다. 바울, 그리고 동시대(同時代)의 사람들은, 예수가 자신과 개별 신자에 관하여 영적으로 암시한 모든 것을 신자 무리인 교회에 적용했다. 이렇게 함으로써, 그들은 예수의 개념, 개별 신자의 가슴 속에 있는 신의 나라 개념에 치명적인 타격을 입혔다.

그래서, 여러 세기 동안 그리스도 교회는 큰 창피를 겪으며 수고했는데, 왜냐하면 교회가 하늘나라의 신비스러운 권능과 특권, 오직 예수와 영적 신자인 그 형제들 사이에만 행사하고 체험할 수 있는 권능과 특권을 감히 주장했기 때문이다. 이처럼 교회의 회원 자격은 반드시 하늘나라에서 친교함을 뜻하지 않는다는 것이 분명하게 된다. 하나는 영적인 것이요, 다른 하나는 주로 사회적이다.

머지 않아 "하나님의 나라가 가까웠도다"하고 외치는 다른 더 큰 세례자 요한이 나타나게 되어 있고—이것은 하늘나라가 신자의 마음 속에서 하늘 아버지의 뜻이 지배하고 초월한다고 선포한 예수의 높은 영적 개념으로 복귀함을 뜻한다—땅에서 눈에 보이는 교회나 기대된 그리스도의 재림(再臨)을 어떤 방법으로도 언급하지 않고서 이 모두를 이룰 것이다. 예수의 실제 가르침의 부흥이 있어야 하며, 그러한 재진술(再陳述)은 미가엘이 땅에서 머무른 사실에 관하여 사회 철학적 관념 체계를 만드는 데 몰두했던 초기 추종자들이 한 일을 원래대로 돌이킬 것이다. 짧은 시간에 예수에 관한 이 이야기의 가르침은 예수의 하늘나라 복음의 설교를 거의 대체해 버렸다. 이 방법으로 역사적인 종교가 예수의 가르침을 바꿔치웠는데, 그 가르침에서 예수는 사람의 가장 높은 도덕적 아이디어와 영적 이상을 미래에 대한 사람의 가장 숭고한 희망—영생—과 섞었다. 그것이 하늘나라 복음이었다.

예수의 복음이 아주 여러 모습을 가졌다는 바로 그 이유로, 몇 세기 안에 그의 가르침을 기록한 연구자들은 그렇게 많은 종파와 분파로 갈라지게 되었다. 그리스도교 신자들의 이러한 딱한 분열은 주의 다채로운 가르침 속에서, 비할 데 없는 그의 일생이 신과 하나가 되었음을 헤아리지 못함으로 생겨난다. 그러나 언젠가 예수를 참되게 믿는 자들은 불신자(不信者)들 앞에서 태도가 이처럼 영적으로 분열되지 않을 것이다. 언제나 우리는 지적 이해와 해석에 다양성이, 아니 다른 정도의 사회화조차, 있어도 좋지만, 영적 형제 정신의 부족(不足)은 용서할 수 없고 꾸짖어 마땅하다.

오해하지 말라! 예수의 가르침 속에는 생각하는 사람들의 마음 속에서 언제까지나 열매 맺지 않은 채로 가만 두지 않을 영원한 성질이 있다. 예수가 상상했던 하늘나라는 대체로 땅에서 실패했고, 한동안, 겉으로 나타나는 교회가 그 자리를 차지했다. 그러나 이 교회는 다만 좌절된 영적 하늘나라의 애벌레 단계요, 이 물질 시대를 통해서 그 나라를 날라서 좀더 영적인 섭리 시대로 넘기겠고, 거기서 주의 가르침은 성장할 기회를 더 충만히 누릴지 모른다. 이처럼 이른바 그리스도 교회는 고치가 되며, 그 속에서 예수가 가졌던 하늘나라 개념이 지금 잠을 잔다. 신성한 형제 정신의 하늘나라는 아직도 살아 있으며, 모습을 바꾸어 성장하는, 매력이 못한 생물이 아름답게 펼쳐져 궁극에 나비가 솟아나는 것과 똑같이 확실하게, 궁극에, 확실하게, 이 오랜 침체로부터 솟아날 것이다.

주: 1. 보상을 치르고 죄에서 구원하는 자.

제 171 편

예루살렘으로 가는 길

"하늘나라"에 대하여 잊지 못할 설교를 하신 다음 날, 예수는 그 이튿날 그와 사도들이, 예루살렘에서 유월절을 지내려고 떠나리라, 가는 길에 페레아 남부의 수많은 도시를 찾아보리라고 발표했다.

하늘나라에 대한 연설과 그가 유월절에 가려 한다는 발표는, 모든 추종자에게 유대인이 최고가 되는 현세의 나라를 개시하려고 그가 예루살렘에 간다고 생각하게 만들었다. 하늘나라의 비물질적 성질에 관하여 무슨 말씀을 하든지, 예수는 말씀을 듣는 유대인들의 머리 속에서, 메시아가 예루살렘에 본부를 가진 어떤 종류의 민족 정부(政府)를 세우리라는 관념을 완전히 지워 버릴 수 없었다.

안식일 설교에서 예수가 하신 말씀은 기껏해야 추종자의 대다수를 어리둥절하게 만들었을 뿐이고, 거의 아무도 주의 강론에 깨우침을 받지 못했다. 주요 선생들은 마음 속의 하늘나라, "너희 안에 있는 하늘나라"에 관하여 예수가 가르친 것을 얼마큼 알아들었지만, 그들은 또한 예수가 또 다른 미래 나라에 대하여 전에 말씀한 것을 알았고, 바로 이 나라를 세우려고 그가 이제 예루살렘으로 가고 있다고 믿었다. 이 기대(企待)를 가졌다가 실망했을 때, 유대인들이 그를 저버렸을 때, 나중에 예루살렘이 글자 그대로 파괴되었을 때, 그들은 아직도 이 희망에 매달렸고, 주가 큰 권능과 장대한 영화로움 속에서 약속된 나라를 세우려고 세상으로 곧 돌아오리라고 진지하게 믿었다.

이 일요일 오후에 야고보와 요한 세베대의 어머니 살로메는 사도인 두 아들과 함께 예수에게 와서, 동양(東洋)의 군주를 접근하는 방식으로, 그 여자가 무엇을 요청하든지 예수가 미리 허락할 것을 약속하게 만들려고 애썼다. 그러나 주는 약속하려 하지 않았고, 그 대신에 그 여자에게 물었다. "내가 너를 위하여 무엇을 하기를 바라느냐?" 그러자 살로메가 대답했다: "주여, 당신이 예루살렘으로 하늘나라를 세우러 가시오니, 이 내 아들들이 당신과 함께 영예를 얻기를, 당신의 나라에서 하나는 당신 바른편에 앉고 하나는 왼편에 앉게 할 것을 당신이 내게 미리 약속하시기를 구하려 하나이다."

살로메의 요청을 듣자 예수는 말했다: "여자여, 네가 무엇을 요구하는지 알지 못하는도다." 그리고 나서, 영예를 추구하는 두 사도의 눈을 똑바로 보면서 그는 말했다: "내가 오랫동안 너희를 알고 사랑했기 때문에, 내가 네 어머니 집에서 살기까지 했기 때문에, 그래서 너희 어머니가 몰래 와서 이렇게 품위 없는 요청을 하도록 너희가 버려 두는도다. 그러나 내가 너희에게 묻노니, 내가 마시려 하는 잔을 너희가 마실 수 있느냐?" 생각할 겨를도 없이, 야고보와 요한은 대답했다. "예, 주여, 우리는 할 수 있나이다." 예수가 말했다: "어째서 우리가 예루살렘으로 올라가는지 너희가 모르니 내가 슬프고, 내 나라의 성질을 너희가 알지 못하니 서글프도다. 내게 이렇게 요청하라고 너희 어머니를 불러 왔으니 내가 실망이 되거니와 너희가 마음 속에는 나를 사랑함을 내가 아노라. 그런즉 내가 선언하노니, 너희는 정말로 나의 쓴 잔을 마시고 나의 치욕을 함께 하리라만, 내 바른편과 내 왼편에 앉는 것은 내가 줄 것이 아니라. 그러한 영예는 내 아버지가 지명하신 자들을 위하여 예비되었느니라."

이 때가 되어서 어떤 사람이 이 회담에 대한 말을 베드로를 비롯하여 다른 사도들에게 전했고, 그들은 야고보와 요한이 그들보다 더 좋게 대우받기를 구하려 한 것과 둘이 몰래 어머니와 함께 가서 그런 요청을 드리려 한 것에 크게 분개하였다. 그들끼리 다툼에 빠지자, 예수는 모두를 한데 불러모으고 말했다: "너희는 이방인의 통치자들이 저희 백성을 부리고 위대한 자들이 어떻게 권한을 행사하는가 잘 아느니라. 그러나 하늘나라에서는 그렇지 아니하리라. 너희 가운데 크고자 하는 자는 누구나 먼저 너희의 종이 될지어다. 하늘나라에서 첫째가 되고자 하는 자는 너희에게 봉사하는 자가 될지어다. 내가 너희에게 선언하노니, 사람의 아들은 봉사를 받으려는 것이 아니라 봉사를 베풀려고 왔느니라. 이제 나는 아버지의 뜻을 행하는 일에, 그리고 내 형제들에게 봉사하는 일에 내 목숨을 버리려고 예루살렘으로 올라가노라." 이 말씀을 듣자 사도들은 자기들끼리 기도하러 물러났다. 그 날 저녁에, 베드로가 수고한 데 응답하여, 야고보와 요한은 열 사도에게 적절히 사과했고, 형제들의 호의를 되찾았다.

예루살렘에서 예수의 바른 편과 왼 편 자리를 요구하면서, 세베대의 아들들은 한 달이 채 못 되어, 사랑하는 선생이 한 편에는 죽어 가는 도둑과 다른 편에는 또 다른 범죄자와 아울러, 로마인의 십자가에 달리리라는 것을 조금도 깨닫지 못했다. 그들의 어머니는 십자가 처형 때 자리에 있었고, 펠라에서 예수에게 사도인 아들들을 위하여, 아주 지혜롭지 못하게 추구한 명예에 관해서 어리석은 부탁을 드린 것을 잘 기억했다.

1. 펠라를 떠나다

3월 13일, 월요일 아침 나절에, 예수와 열두 사도는 드디어 펠라 야영지를 떠났고, 아브너의 동료들이 일하고 있는 페레아 남부의 도시들을 둘러보려고 남쪽으로 여행을 떠났다. 70인 사이에 방문하면서 2주가 넘도록 보냈고, 그리고 나서 유월절을 지내려고 바로 예루살렘으로 갔다.

주가 펠라를 떠났을 때, 제자들은 사도들과 함께 야영했고, 약 1천 명이 주를 뒤따라갔다. 예수가 헤스본으로 가고 있다는 말을 들었을 때, 그리고 그가 "비용 계산"에 대하여 설교한 뒤에, 이 무리의 약 절반이 예리고로 가는 길에, 요단 강 여울에서 그를 떠나보냈다. 그들은 예루살렘까지 줄곧 올라갔고, 한편 나머지 반은 2주 동안 예수를 따라서 페레아 남부에서 여러 마을을 방문했다.

펠라의 캠프를 걷어치웠다는 것을 예수의 직계 추종자들의 대부분은 대체로 이해했지만, 이것이 주가 드디어 예루살렘으로 가서 다윗의 왕좌를 주장할 뜻이 있음을 가리킨다고 정말로 생각했다. 추종자들의 대다수는 어떤 다른 하늘나라 개념도 결코 깨우칠 수 없었다. 예수가 무엇을 가르치든지, 그들은 이 유대인의 하늘나라 개념을 버리려 하지 않았다.

사도 안드레의 지시에 따라서, 다윗 세베대는 3월 15일 수요일에, 펠라에 있던 방문자 캠프를 걷어치웠다. 이 때 거의 4천 명의 방문자가 거주하고 있었고, 이것은 선생들의 캠프라고 알려진 곳에서 사도들과 함께 머무르고, 예수와 열두 사도와 더불어 남쪽으로 간 1천 명이 넘는 사람들을 넣지 않는다. 무척 하기 싫었어도, 다윗은 수많은 구매자에게 장비 전체를 팔아치우고 예루살렘으로 자금을 가지고 갔고, 나중에 그 돈을 가룟 유다에게 넘겨 주었다.

비극의 마지막 주에 다윗은 예루살렘에 있었고, 십자가 처형이 있은 뒤에 어머니를 벳세다로 모시고 갔다. 예수와 사도들을 기다리면서, 다윗은 베다니에 나사로의 집에서 멈추었고, 그가 부활한 뒤로 바리새인들이 그를 박해하고 괴롭히는 수법에 몹시 흥분하였다. 안드레는 다윗에게 사자(使者) 서비스를 중단하라고 전에 지시했는데, 이것은 예루살렘에서 하늘나라가 일찍 세워짐을 가리키는 것이라고 모두가 풀이했다. 다윗은 할 일이 없음을 발견했고, 자청해서 나사로의 방어자가 되려고 거의 마음먹었는데, 그가 분개한 걱정거리의 대상(對象)이 당장에 서둘러 필라델피아로 달아났다. 따라서, 부활이 있은 뒤, 또한 어머니가 돌아가시고 난 뒤에 얼마 있다가, 먼저 마르다와 마리아가 그들의 부동산을 처분하는 것을 돕고 나서, 다윗은 필라델피아로 옮겨 갔다. 그리고 거기서 아브너와 나사로와 관계를 가지면서 여생을 보냈고, 아브너의 일생 동안에 필라델피아에 집중되었던 하늘나라의 모든 큰 거점의 재정 감독자가 되었다.

예루살렘이 파괴된 뒤에 얼마 안 되어 안티옥이 <u>바울파 그리스도교</u>의 본부가 되었고, 한편 필라델피아는 <u>아브너파 하늘나라</u>의 중심으로 남았다. 안티옥으로부터 예수의 가르침과 예수에 관한 가르침의 바울 판(版)이 온 서양 세계로 퍼졌다. 필라델피아로부터 아브너 판의 하늘나라를 외치는 선교사들이 메소포타미아와 아라비아에 두루 퍼졌고, 이것은 예수의 가르침을 외치는, 타협하지 않는 이 밀사(密使)들이, 이슬람이 갑자기 흥성함으로 말미암아 압도될 때까지 계속되었다.

2. 비용 계산에 대하여

예수와 거의 1천 명의 추종자 일행이, 때때로 베다바라로 부르는 요단 강의 베다니 여울목에 다다랐을 때, 제자들은 그가 예루살렘으로 바로 가지 않는 것을 비로소 눈치챘다. 그들이 망설이고 자기들끼리 토론하는 동안에, 예수는 큰 바위 위로 올라가서 강론하였고, 이것은 "비용 계산"이라고 알려지게 되었다. 주는 말씀했다:

"이 때부터 계속 나를 따르고자 하는 너희는, 내 아버지의 뜻을 행하는 데 마음을 다하여 헌신하는 값을 기꺼이 치러야 하느니라. 너희가 내 제자가 되고자 하면, 아버지와 어머니, 아내와 아이들, 형제와 자매를 기꺼이 버려야 하느니라. 너희 가운데 누구라도 이제 내 제자가 되고자 하면, 사람의 아들이 땅에서 육체를 입고 아버지의 뜻을 행하는 사명을 마치기 위하여 목숨을 바야흐로 내놓으려 하는 것과 똑같이 너희 목숨조차도 기꺼이 버려야 하느니라.

"충분한 값을 기꺼이 치르고 싶지 않으면, 너희는 도저히 내 제자일 수 없도다. 더 나아가기 전에, 너희는 각자 앉아서 내 제자가 되는 비용을 계산(計算)해야 하느니라. 먼저 망루를 완성할 돈이 충분히 있는가 보려고 앉아서 비용을 계산하지 않고서, 너희 중에 누가 땅에서 망대 짓는 데 손을 대겠느냐? 이렇게 비용을 계산하지 않고 기초(基礎)를 놓은 뒤에, 시작한 것을 마칠 수 없음을 너희가 발견할지 모르느니라. 그런즉 이웃이 다 너희를 비웃으리라, '보라, 이 사람이 건물을 짓기 시작했으나 하던 일을 마칠 수 없는지라.' 다시 이르노니, 어느 임금이 다른 임금과 전쟁하려고 준비할 때, 병사(兵士) 1만을 가지고서 그를 대적하여 병사 2만을 거느리고 오는 자를 대항할 수 있는가 먼저 앉아서 의논하지 않겠느냐? 준비되지 않아서 적을 대항할 여유가 없으면, 그 임금은 이 다른 임금에게, 아직도 아주 멀리 떨어져 있을 때, 사절단을 보내어 평화 조건을 묻느니라.

"자, 그러면 이제 너희는 각자 앉아서, 내 제자가 되는 비용을 계산해야 하느니라. 이제부터 계속 너희는 우리 뒤를 따르고, 가르침을 듣고, 하는 일을 구경할 수 없으리라. 너희는 모진 박해에 부닥치는 것이 요구되고, 억누르는 실망을 직면하여 이 복음을 증언하는 것이 요구되리라. 기꺼이 네 신분을 모두 버리고 가진 모든 것을 바칠 뜻이 없으면, 너는 내 제자가 될 자격이 없느니라. 마음 속에서 네 자신을 이미 정복했거든, 사람의 아들이 대사제와 사두개인들에게 거절당하고 비웃는 불신자(不信者)들의 손에 넘겨질 때, 너는 당장에 틀림없이 얻는 외관상의 승리를 조금도 두려워할 필요가 없느니라.

"이제 너는 스스로를 살펴서, 내 제자가 되는 동기를 찾아내야 하느니라. 너희가 명예와 영광을 추구하고, 세상에 생각이 있으면, 너희는 맛을 잃은 소금과 같으니라. 그리고 짠맛 때문에 소중히 여기는 것이 그 맛을 잃으면, 무엇으로 그것이 맛을 내리요? 그러한 양념은 쓸모가 없고, 오직 쓰레기 사이에 던지기에 적당하니라. 준비되고 있는 잔을 나와 함께 기꺼이 마시지 않으려거든, 너희 집으로 평안히 돌아가라, 이제 내가 너희에게 경고하였노라. 내 나라가 이 세상에 속하지 않는다고 너희에게 거듭하여 일렀거늘 너희가 나를 믿으려 하지 않는도다. 들을 귀가 있는 자는 내가 이르는 것을 들으라."

이 말씀을 하시고 나서 바로, 예수는 열둘을 이끌고, 헤스본으로 길을 떠났고, 약 5백 사람이 뒤를 따랐다. 잠깐 동안 지체한 뒤에, 군중의 나머지 반은 예루살렘으로 올라갔다. 사도들은 주요한 제자들과 함께, 이 말씀에 대하여 많이 생각했지만, 이 역경과 시련의 짧은 기간 뒤에, 오래 간직했던 희망에 얼마큼 따라서 하늘나라가 확실히 세워지리라는 관념에 여전히 매달렸다.

3. 페레아 여행

2주가 넘도록 예수와 열둘은, 뒤따르는 수백 제자의 군중과 더불어, 페레아 남부에서 이리 저리 여행했고, 70인이 수고하던 모든 마을을 찾아보았다. 많은 이방인이 이 지역에서 살았고, 예루살렘의 유월절 축제에 가는 사람이 거의 없었기 때문에, 하늘나라 사자들은 가르치고 전도하는 일을 바로 계속했다.

예수는 헤스본에서 아브너를 만났고, 안드레는 70인의 수고가 유월절 축제로 중단되지 말아야 한다고 지시했다. 예루살렘에서 무슨 일이 일어나든지 완전히 무시(無視)하고 사자들이 할 일을 진행해야 한다고 예수는 조언했다. 또한 아브너가 여인단이, 적어도 원하는 사람들이, 유월절을 지내려고 예루살렘으로 가도록 허락하라고 조언하였다. 이 때가 아브너가 육체를 입은 예수를 마지막으로 본 때였다. 이렇게 아브너에게 그는 작별의 말씀을 하였다: "이 사람아, 네가 하늘나라에 충실할 것을 내가 알고, 형제들을 사랑하고 이해하도록 너에게 지혜 주시기를 내가 아버지께 기도하노라."

이 도시 저 도시로 다니는 동안, 그들을 따르는 자들 가운데 큰 무리가 버리고 예루살렘으로 줄곧 갔고, 그래서 예수가 유월절을 지내려고 떠날 때가 되어서, 주를 함께 따라온 자들의 수는 날마다 줄어들어 2백 명이 채 되지 않았다.

사도들은 예수가 유월절을 지내려고 예루살렘에 간다고 알아들었다. 그들은 예수가 사형 선고를 받았고, 그의 행방을 아는 사람은 누구나 산헤드린에게 통지해야 한다는 메시지를 산헤드린이 온 이스라엘에 퍼뜨린 것을 알았다. 그래도 이 모든 일이 있었는데도, 그들은 필라델피아에서 그가 나사로를 보려고 베다니로 간다고 발표했을 때만큼 그렇게 놀라지 않았다. 몹시 두려워하는 태도로부터 쉬쉬하며 기대하는 상태로 태도가 이렇게 바뀐 것은 대체로 나사로의 부활(復活) 때문이었다. 그들은 비상시에, 예수가 신의 권능을 주장하고 적들에게 창피를 줄지 모른다는 결론에 이르렀다. 이 희망은 주가 영적 지배권을 가졌다는 더 깊은 성숙한 믿음과 아울러 직계 추종자들이 겉으로 나타낸 용기를 설명하며, 이들은 그가 죽어야 한다는 산헤드린의 공개 선포가 있는 바로 그 마당에, 이제 예루살렘으로 그를 따라가려고 준비했다.

사도들의 대다수와 여러 핵심 제자들은 예수가 죽는 것이 가능하다고 믿지 않았다. 그가 "부활이요 생명"임을 믿었으니까, 그들은 예수가 불사(不死)이며 이미 죽음을 이겼다고 보았다.

4. 리비아에서 가르침

3월 29일 수요일 저녁에, 예수와 추종자들은 페레아 남부 여러 도시의 여행을 마친 뒤에, 예루살렘으로 가는 길에 리비아에서 야영했다. 열심당원 시몬과 시몬 베드로는 1백 자루가 넘는 검(劍)이 이 자리에서 그들 손에 배달되도록 함께 계획을 꾸몄기 때문에, 이 날 밤에 리비아에서 이 무기들을 받았고, 칼을 받고 외투 속에 감추어 칼을 차려는 모든 사람에게 나누어 주었다. 시몬 베드로는 뜰에서 주를 저버리는 날 밤에 아직도 칼을 차고 있었다.

목요일 아침 일찍, 다른 사람들이 깨어나기 전에, 예수는 안드레를 불러서 말했다: "네 형제들을 깨우라! 내가 저희에게 할 말이 있느니라." 예수는 검에 대하여, 또 사도들 가운데 누가 이 무기를 받고 휴대하고 있는가 알았지만, 그런 일을 안다는 것을 그들에게 결코 밝히지 않았다. 안드레가 동료들을 일으키고 그들끼리 모였을 때, 예수는 말했다: "아이들아, 너희는 나와 함께 오랫동안 지냈고, 이 때를 위하여 필요한 것을 많이 너희에게 가르쳤느니라. 그러나 이제 너희에게 경고하노니, 육체의 불확실한 것이나 너희 앞에 놓인 시련과 시험에 대하여 인간의 허약한 방비를 신뢰하지 말라. 우리가 예루살렘으로 가고 있음을 한 번 더 분명히 이르려고 내가 따로 너희끼리만 불러모았으니, 예루살렘에서 사람의 아들이 이미 사형 선고를 받았음을 너희가 아느니라. 다시 너희에게 이르노니, 사람의 아들이 대사제와 종교 지도자들의 손에 넘겨지겠고, 저희가 그를 정죄하고 다음에 이방인들의 손에 넘겨주리라. 그래서 저희가 사람의 아들을 조롱하고, 심지어 그에게 침 뱉고 때리기까지 하겠고, 그를 죽음으로 인도하리라. 그리고 저희가 사람의 아들을 죽일 때, 절망하지 말라. 내가 선언하노니, 사흘째에 그가 살아날 것임이라. 너희끼리 조심하고 내가 너희에게 미리 경고한 것을 기억하라."

또 다시, 사도들은 놀라고 충격을 받았다. 그러나 그의 말씀을 글자 그대로 받아들이도록 정신을 가다듬을 수 없었다. 주가 말씀하신 바로 그대로 의도(意圖)했다는 것을 이해할 수 없었다. 예루살렘에 본부를 둔, 땅에 있는 현세(現世)의 나라를 믿는 집요한 믿음에 너무 눈이 멀어서, 단지 예수의 말씀을 글자 그대로 받아들일 수 없었다—받아들이려 하지 않았다. 그런 이상한 발표로 주가 무엇을 의도할 수 있는가 그들은 하루 종일 곰곰이 생각했다. 그러나 이 말씀에 대하여 아무도 감히 그에게 물으려 하지 않았다. 주가 돌아가시기 전까지 어리둥절한 이 사도들은 그가 십자가에 못박혀 죽을 것을 예상하고서 주가 그들에게 분명히, 직접 말씀했음을 깨달았다.

여기 리비아에서, 아침 식사 바로 뒤에, 어떤 친절한 바리새인들이 예수에게 와서 말했다: "이 지역에서 황급히 달아나소서, 요한을 추적한 것과 마찬가지로 헤롯이 당신을 죽이려고 찾음이니이다. 그는 사람들이 폭동을 일으킬까 두려워하고 당신을 죽이기로 작정하였나이다. 당신이 피하시도록 우리가 당신에게 이 경고를 알려드리나이다."

이것은 어느 정도 참말이었다. 나사로의 부활은 헤롯을 두렵고 놀라게 했고, 재판이 있기도 전에 산헤드린이 감히 예수를 정죄(定罪)한 것을 알았기 때문에, 헤롯은 예수를 죽이든지 아니면 자기 영토 바깥으로 몰아내기로 작정하였다. 그는 정말로 후자를 바랐는데, 헤롯이 예수를 너무나 두려워해서, 그가 어쩔 수 없이 예수를 처형하게 되지 않기를 바랐기 때문이다.

바리새인들의 할 말을 듣고서 예수는 대답했다: "헤롯에 대하여, 또 그가 이 하늘나라 복음을 두려워하는 것을 내가 잘 아노라. 그러나 잘못 생각지 말라, 그는 사람의 아들이 예루살렘으로 올라가서 대사제들의 손에 고통받고 죽기를 더욱 좋아하리라. 제 손을 요한의 피로 더럽혔으므로, 사람의 아들의 죽음을 책임지고 싶어 안달하지 않느니라. 너희는 가서 그 여우에게 이르라. 사람의 아들이 페레아에서 오늘 전도하고, 내일은 유대로 가고, 며칠 지난 뒤에, 땅에서 사명을 마치고 아버지에게로 올라가려고 준비되리라."

그리고 나서 사도들을 향하여 예수는 말했다: "옛적부터 선지자들은 예루살렘에서 이슬로 사라졌고, 사람의 아들이 아버지의 집이 있는 도시로 올라가서 인간의 편협에 대한 값으로, 종교적 편견과 영적 무분별의 결과로, 희생되는 것이 어울릴 따름이라. 아 예루살렘아, 예루살렘아, 너는 선지자들을 죽이고 진리의 선생들을 돌로 치는구나! 암탉이 병아리를 날개 밑에 모으는 것 같이, 얼마나 자주 내가 네 자손을 모으려 하였느냐, 그러나 너는 내가 그렇게 하라고 가만 두지 않는구나! 보라 네 집은 바야흐로 황폐한 채로 너에게 맡겨지려 하는구나! 너는 여러 번 나를 보고 싶어하겠으나 보지 못할지니라! 그 때 네가 나를 찾아도 찾아내지 못할지니라!" 말씀을 마치고 나서, 둘레에 있는 사람들을 향하여 말하였다: "그런데도, 유월절에 참석하기 위하여, 그리고 하늘에 계신 아버지의 뜻을 이루는 데 우리에게 어울리는 일을 하러 예루살렘으로 올라가자."

이 날 예리고로 예수를 따라간 사람들은 혼동하고 어리둥절한 무리의 신자들이었다. 사도들은 하늘나라에 관하여 예수가 하신 선언에서 어떤 마지막 승리의 음정(音程)만 헤아릴 수 있었다. 다가오는 좌절(挫折)에 관한 경고를 기꺼이 파악하는 자리까지 다가갈 수 없었다. 예수가 "사흘째에 일어난다"고 말했을 때, 그들은 이 말씀을 유대 종교 지도자들과 불쾌한 예비 충돌이 있은 직후에, 하늘나라가 분명히 승리하는 것을 의미한다고 받아들였다. "사흘째"는 "당장에" 아니면 "얼마 있다가"를 뜻하는 표현, 유대인이 보통 쓰는 표현이었다. 예수가 "일어나는 것"에 관하여 말했을 때, 그가 "하늘나라가 일어남"을 언급한다고 생각했다.

이 신자들은 예수를 메시아로 받아들였고, 유대인들은 고통받는 메시아에 대하여 거의, 또는 전혀 몰랐다. 예수가 살아서 결코 성취할 수 없던 많은 것을 죽어서 이루리라는 것을 알아듣지 못했다. 사도들로 하여금 예루살렘으로 들어가도록 용기를 준 것은 나사로의 부활이었지만, 주의 수여 생애에서 이 벅찬 기간에 주를 버티게 한 것은 변모산(變貌山)의 기억이었다.

5. 예리고에 있던 소경

3월 30일, 목요일 오후 늦게, 예수와 사도들은, 약 2백 명이 되는 추종자 일행에 앞서서, 예리고의 담으로 다가갔다. 도시의 대문에 가까이 가자, 그들은 한 떼의 거지들과 마주쳤다. 그 중에 바티메우스라는 사람이 있었는데, 어려서부터 눈먼 늙은이였다. 이 눈먼 거지는 예수에 대하여 소문을 많이 들었고, 예루살렘에서 그가 소경 요시아를 고친 것에 대하여 모두 알았다. 베다니로 갔을 때까지, 그는 예수가 예리고를 요즘에 방문한 것을 몰랐다. 바티메우스는 예수가 예리고를 방문하기만 하면 시력(視力)을 되찾게 해 달라고 예수에게 꼭 호소해야 되겠다고 단단히 벼르고 있었다.

예수가 다가온다는 소식이 이미 예리고에 두루 알려졌고, 거민들 수백 명이 그를 만나려고 꾸역꾸역 모여들었다. 이 큰 무리가 주를 도시(都市) 안으로 호송해서 돌아왔을 때, 군중이 시끄럽게 쿵쾅거리는 발자국 소리를 듣고서, 바티메우스는 무언가 특별한 일이 일어나고 있음을 알아차렸고, 그래서 옆에 서 있는 사람들에게 무슨 일이 있는가 물었다. 거지들 가운데 하나가 대답했다. "나사렛 예수가 지나간다네." 예수가 가까이 있다는 말을 듣자, 바티메우스는 목청을 높여서 비로소 크게 외쳤다: "예수여, 예수여, 내게 자비를 베푸소서!" 그가 계속 더욱 크게 소리치자, 예수에게 가까이 있던 사람들 중에서 몇 사람이 그에게 다가가서 꾸짖으며, 조용히 하라고 요구했다. 그러나 아무 쓸모가 없었다. 그는 더욱, 더 큰 소리로, 외칠 뿐이었다.

그 소경이 소리치는 것을 들었을 때, 예수는 가만히 서 있었다. 그를 보았을 때, 예수는 친구들에게 말했다, "그 사람을 내게로 데려오라." 그리고 나서 그들이 바티메우스에게 가서 말했다: "기운을 차리라, 우리와 함께 오라. 주가 너를 부르심이라." 이 말씀을 듣자 바티메우스는 외투를 옆에 던져 버리고, 길 가운데를 향하여 뛰쳐나갔고, 한편 가까이 있던 자들이 그를 예수에게로 안내했다. 바티메우스를 향하여 예수가 말했다: "무엇을 해 주기 원하느냐?" 그리고 나서 눈먼 사람이 대답했다. "내 시력을 되찾고 싶나이다." 이 요청을 듣고 그의 믿음을 보았을 때, 예수는 말했다: "네가 시력을 받으리라. 길을 가거라. 네 믿음이 너를 낫게 하였느니라." 즉시 그는 시력을 찾았고, 주가 이튿날 예루살렘을 향하여 떠날 때까지 예수 가까이 남아서 하나님을 찬양하였고, 그리고 나서 대중 앞으로 가서 예리고에서 어떻게 그가 다시 보게 되었는가 모든 사람에게 외쳤다.

6. 삭개오를 찾아보다

주의 행렬이 예리고로 들어갔을 때는 해질 무렵이었고, 그는 거기서 밤을 지낼 생각이 들었다. 예수가 세관을 지나갔을 때, 세무장, 다시 말해서 세리(稅吏) 삭개오가 어쩌다가 자리에 있었는데, 예수를 몹시 보고 싶어했다. 이 세무장은 아주 부자였고 이 갈릴리 선지자에 대하여 익히 듣고 있던 터였다. 다음에 예수가 어쩌다 예리고를 찾을 때는 예수가 어떤 종류의 사람인가 보아야 하겠다고 전에 결심하였다. 따라서 삭개오는 군중(群衆) 속을 밀고 나가려 했지만, 군중이 너무 모였고, 키가 작아서 군중의 머리 위로 볼 수 없었다. 그래서 세무장은 도시의 중심 가까이, 그가 사는 데서 멀지 않은 곳에 올 때까지 군중과 함께 계속 따라갔다. 군중을 뚫고 들어갈 수 없으리라는 것을 깨달았을 때, 예수가 멈추지 않고 도시를 바로 통과할지 모른다는 생각이 들어, 앞으로 계속 달려가서 어느 무화과나무로 기어 올라갔는데, 그 나무의 퍼진 가지들은 길 쪽으로 늘어져 있었다. 이 방법으로 그는 주가 지나가실 때 주를 잘 볼 수 있음을 알았다. 그리고 그는 실망하지 않았으니, 왜냐하면 예수가 지나갈 때, 멈추어서 삭개오를 올려보고 말했기 때문이다: "삭개오야 빨리 내려오라, 오늘 밤 내가 너의 집에서 묵어야 하니라." 이 놀라운 말씀을 들었을 때, 허겁지겁 내려오면서 삭개오는 나무에서 하마터면 떨어질 뻔하였고, 예수에게로 가면서, 주가 그의 집에서 기꺼이 머무르겠다는 것에 크게 기쁨을 표현하였다.

그들은 당장에 삭개오의 집으로 갔고, 예리고에서 살던 사람들은 예수가 세무장과 함께 묵기로 하겠다는 데 많이 놀랐다. 주와 사도들이 집 문 앞에서 삭개오와 함께 서성거리는 동안에도 가까이 서 있던 예리고의 바리새인들 가운데 하나가 말했다: "어떻게 이 사람이 죄인, 제 민족을 강탈하는 자이자 강도(强盜), 아브라함의 배신(背信)한 아들의 집에 묵으려고 갔는가 너희가 보느니라." 이 말을 들었을 때, 예수는 삭개오를 내려다보며 빙긋 웃었다. 그러자 삭개오는 의자 위에 올라서서 말했다: "예리고의 사람들아, 내 말을 들으시오! 내가 세리요 죄인일지 모르나, 큰 선생이 내 집에 머무르려고 오셨는지라. 그가 안으로 들어가시기 전에, 여러분에게 이르오니, 내가 온 재산의 절반을 가난한 자에게 주겠고, 내일부터 시작하여, 누구에게도 내가 무엇이든지 그릇되게 빼앗았으면, 4배로 갚으리이다. 나는 마음을 다하여 구원을 찾고 하나님 보시기에 올바른 일 행하기를 배우고자 하나이다."

삭개오가 말을 마치자 예수가 말했다: "오늘 구원이 이 집에 이르렀고, 너는 정말로 아브라함의 아들이 되었도다." 주위에 모인 군중을 향하여 예수는 말했다: "내가 한 말에 놀라지 말고, 우리가 하는 일에 성내지도 말지니, 사람의 아들은 잃어버린 자를 찾고 구원하러 왔다고 내가 지금까지 선언하였음이라."

그들은 그 날 밤 삭개오와 함께 머물렀다. 이튿날 아침 일어나서 예루살렘에서 유월절을 지내려고 가는 길에, 베다니까지 "강도의 길"을 올라갔다.

7. "예수가 지나가는 동안"

예수는 어디를 가든지 즐거운 기분을 퍼뜨렸다. 그는 품위와 진리가 가득하였다. 동료들은 그의 입에서 나오는 품위 있는 말씀에 끊임없이 놀랐다. 너희는 품위를 기를 수 있지만, 고상함은 사랑에 흠뻑 젖은 혼에서 우러나오는 친절의 향기이다.

선은 반드시, 어쩔 수 없이 존경심을 일으키지만, 선에 품위가 결여되면 사랑을 밀어내는 일이 흔하다. 선은 오직 품위 있을 때 보편적으로 마음을 끈다. 선은 오직 마음을 끌 때 효과가 있다.

예수는 정말로 사람들을 이해하였다. 그래서 진정한 동정심을 보이고 진지한 인정(人情)을 보일 수 있었다. 그러나 그는 가엾이 여기는 느낌에 깊이 빠지는 일이 드물었다. 이해심은 한이 없었지만, 동정심은 실용적, 개인적, 건설적이었다. 고통에 익숙한 것은 결코 무관심을 낳지 않았고, 비탄에 빠진 사람들에게 자신을 불쌍하게 여기는 느낌을 더하지 않으면서 봉사를 베풀 수 있었다.

예수가 사람들을 무척 크게 도울 수 있었던 것은 그가 사람을 아주 성실하게 사랑했기 때문이다. 참으로 남자와 여자와 아이 하나하나를 사랑했다. 놀라운 통찰력 때문에 그토록 참된 친구가 될 수 있었다—그는 사람의 마음 속에, 머리 속에 무엇이 있는가 아주 충분히 알았다. 그는 관심이 있고 날카롭게 관찰하는 사람이었다. 인간의 필요를 이해하는 데 통달한 사람이었고, 인간의 소망을 탐지하는 데 기민했다.

예수는 결코 서두르지 않았다. "지나시는 동안"에 동료 인간들을 위로할 시간을 가졌다. 언제나 친구들을 편안한 마음을 가지게 해 주었다. 남의 말을 들어 주는, 매력 있는 사람이었다. 동료들의 혼(魂)을 자세히 캐묻는 일이 결코 없었다. 갈급한 지성을 위로하고 목마른 혼들에게 봉사를 베푸는 동안, 그의 자비를 받은 사람들은 그에게 고백한다기보다 그와 함께 의논한다고 느꼈다. 그가 그들을 아주 깊이 신임하는 것 보았기 때문에, 그들은 그를 한없이 신뢰했다.

그는 결코 사람들을 꼬치꼬치 알고 싶어하는 듯하지 않았고, 사람들을 지시하거나 관리하거나 추적하고 싶어함을 나타내지 않았다. 그와 관계를 가진 모든 사람에게서 깊은 자신감과 든든한 용기를 불러일으켰다. 그가 사람에게 빙그레 웃을 때, 그 사람은 다양한 문제들을 해결하는 능력이 커졌음을 체험했다.

예수는 사람들을 아주 많이, 무척 지혜롭게 사랑했기 때문에, 경우가 단련을 요구할 때 그는 서슴지 않고 심하게 대하였다. 흔히, 도움을 요청하는 방법으로 사람을 돕는 데 착수했다. 이 방법으로 그는 흥미를 불러일으켰고, 인간의 상급 성품에 호소했다.

그의 옷자락을 만져서 치유받기를 구한 여인의 무지한 미신(迷信) 속에서 그는 유익한 믿음을 헤아릴 수 있었다. 언제나 설교를 멈추거나 군중을 기다리게 할 자세가 되었고, 기꺼이 그렇게 했으며, 한편 한 사람, 아니 어린아이의 경우에도 그 필요를 돌보았다. 사람들이 예수를 믿었을 뿐 아니라, 또한 예수가 그들을 아주 많이 신뢰했기 때문에 큰 일들이 일어났다.

예수가 말씀하거나 실행한 정말로 중요한 일의 대부분은 생각지 않게 "그가 지나가는 동안에" 일어나는 듯했다. 땅에서 주가 베푼 봉사에는 전문적이거나 잘 계획하거나 미리 계획한 것이 거의 없었다. 일생을 통해서 여행하는 동안, 그는 자연스럽고 품위 있게 건강을 나누어 주고 행복을 뿌렸다. "그는 선한 일을 하며 다녔다"는 것은 글자 그대로 참말이다.

모든 세월을 통하여 주의 추종자들이 "지나가는 동안에" 봉사하기를 배우는 것—나날의 임무에 몰두하는 동안 사심 없이 좋은 일 하는 것—이 마땅하다.

8. 파운드의 비유

그 전날 밤에 예수가 삭개오와 그 가족에게 하늘나라 복음을 가르치는 동안 늦게 남아 있었기 때문에, 그들은 거의 한낮까지 예리고를 떠나지 못했다. 베다니로 올라가는 길에 중턱 부근에서, 그 일행은 점심을 먹으려고 멈추었고, 한편 군중은 예수와 사도들이 그 날 밤에 올리브 산에서 묵으리라는 것을 알지 못했기 때문에, 줄곧 예루살렘으로 갔다.

파운드의 비유는, 모든 제자에게 주려고 뜻한 달란트 비유와 달리, 각별히 사도들에게 말씀한 것이고, 아켈라우스의 체험과 유대 왕국의 통치권을 얻으려 했던 그의 무익(無益)한 시도에 대체로 근거를 둔다. 이것은 실제로 역사적 인물에 근거를 둔, 몇 안 되는 주의 비유 가운데 하나이다. 예리고에서 삭개오의 집이 아켈라우스의 화려한 궁전에 아주 가까이 있고, 그의 수로(水路)가 예리고를 떠나면서 걸었던 길을 따라서 이어졌으니까, 그들이 아켈라우스를 염두에 두었다는 것이 이상한 일은 아니었다.

예수는 말했다: "너희는 사람의 아들이 한 나라를 받으려고 예루살렘으로 간다고 생각하지만 내가 선언하노니, 너희는 실망할 운명을 가졌도다. 너희는 어떤 임금에 대한 이야기를 기억하지 못하느냐. 혼자서 한 나라를 받으려고 먼 나라로 갔으나, 그가 미처 돌아올 수 있기도 전에, 그 영토의 시민들이 마음 속에서 이미 그를 저버렸으므로 그의 뒤를 좇아 사신(使臣)을 보내어 말하였더라. '우리는 이 사람이 우리를 다스리지 못하게 하겠노라.' 이 임금이 현세의 통치에서 거절당한 것같이, 마찬가지로 사람의 아들도 영적 통치에서 거절당하리라. 다시 내가 선언하노니, 내 나라는 이 세상에 속하지 않느니라. 그러나 사람의 아들에게 그의 백성을

영적으로 통치하는 권리가 주어졌다면, 그러한 인간 혼의 나라를 받고 그러한 인간의 마음의 영토에서 군림하였으리라. 내가 영적으로 다스리는 것을 저희가 물리쳐도, 지금 내게 거절한 그러한 영의 나라를 다른 자들로부터 받으러 내가 다시 오리라. 사람의 아들을 이제 물리치는 것을 너희가 볼 터이나, 다른 시대에는 아브라함의 자손이 지금 거절하는 것을 받아들이고 높이리라.

"그리고 이제, 이 비유에서 거절당한 귀족으로서, 내 앞에 열두 종, 특별 집사들을 부르고, 너희의 손 하나하나에 금액 한 파운드를 주면서, 내 지시(指示)를 잘 주목하라고 각자에게 훈계하고자 하노라. 즉 내가 돌아올 때, 너희에게 계산이 요구될 때, 그 자금으로 너희의 집사 노릇을 정당화하도록, 내가 떠나 있는 동안 너희에게 맡긴 자금(資金)으로 부지런히 장사하라.

"그리고 거절당한 이 아들이 돌아오지 않더라도, 또 다른 아들이 이 나라를 받으려고 파송되리니, 이 아들은 그 때 너희의 관리 보고를 받고 너희의 이익을 기뻐하려고 너희 모두를 부르러 사람을 보내리라.

"이 집사들이 나중에 회계하려고 한데 부름 받았을 때, 첫째 사람이 앞으로 나와서, '주여, 당신의 파운드로 나는 열 파운드를 더 만들었나이다' 하였더라. 그리고 주인이 그에게 이르되: '잘 하였도다. 너는 착한 종이요, 네가 이 문제에 충실하였음이 입증되었으매, 너에게 열 도시를 다스릴 권한을 주리라' 하였더라. 둘째 사람이 와서 '주여, 당신이 내게 맡긴 파운드가 다섯 파운드를 벌었나이다' 하였는지라. 주가 가로되 '따라서 내가 너를 다섯 도시의 통치자로 만들리라' 하였더라. 그리고 이렇게 다른 사람들을 거쳐서 마지막 종까지 내려갔더니, 그는 설명하라고 부름받자 이렇게 보고하였더라: '주여, 보소서, 여기 당신의 파운드가 있나이다. 이 수건에 싸서 안전히 두었나이다. 내가 이렇게 한 것은 당신이 두려웠음이니이다. 당신은 두지 않은 데서 가져가고, 씨 뿌리지 않은 데서 거두려 하는 것을 보았으므로, 나는 당신이 부당하다고 믿었나이다.' 그리고 나서 주인이 말하였더라: '너 게으르고 불충한 종아, 네 입에서 나오는 말로 내가 너를 판단하리라. 겉보기에 내가 씨 뿌리지 않은 데서 거둠을 네가 아느니라. 그러므로 이 계산을 하라고 요구될 것을 네가 알았느니라. 알았은즉, 내가 올 때 본전과 적당한 이자(利子)를 받도록 적어도 내 돈을 은행에 주었어야 하느니라.'

"그리고 나서 이 통치자는 대기하던 자들에게 말하였더라: '이 게으른 종에게서 돈을 가져다가 열 파운드 가진 자에게 주라.' 그런 사람이 이미 열 파운드를 가졌다고 저희가 주에게 상기시키자, 그가 말하였더라: '가진 자마다 더 받겠거니와 가지지 못한 자는 가진 것조차 빼앗기리라.'"

그리고 나서 사도들은 이 비유의 뜻과 앞서 달란트 비유의 뜻의 차이를 알려고 했으나, 예수는 여러 질문에 대답하여 다만 이렇게 말하곤 했다: "너희 각자가 그 참 뜻을 찾아내면서, 마음 속에서 이 말씀을 잘 생각해 보라."

후일에 이 두 비유의 뜻을 아주 잘 가르친 것은 나다니엘이었고, 그는 다음 결론에서 그의 가르침을 간추렸다:

1. 능력은 일생의 기회를 재는 실용적 척도이다. 너희는 능력 바깥에 있는 것을 성취하는 책임을 결코 지게 되지 않을 것이다.

2. 충실함은 인간의 신뢰성을 재는 어김없는 척도이다. 작은 일에 충실한 자는 또한 그의 자질에 맞는 모든 일에 충실함을 나타내기 쉽다.

3. 비슷한 기회가 있을 때, 주는 적게 충실한 것에 적게 보상을 내린다.

4. 기회가 적을 때, 충실한 만큼 그에 따라 보상을 내린다.

그들이 점심을 마쳤을 때, 그리고 따르던 군중이 예루살렘을 향하여 계속 간 뒤에, 예수는 길가에 툭 튀어나온 바위의 그늘에서 사도들 앞에 서서, 명랑하고 위엄 있고 고상한 품위를 가지고, 손가락으로 서쪽을 가리키며 말했다: "오라, 형제들아, 예루살렘으로 가서, 우리를 기다리는 것을 받으러 가자. 이처럼 모든 일에 하늘 아버지의 뜻을 우리가 이루리라."

그래서 예수와 사도들은, 인간 육체의 모습을 입고서 주의 이 마지막 예루살렘 여행에서 걸음을 다시 재촉했다.

제 172 편

예루살렘으로 들어가다

예수와 사도들은 서기 30년 3월 31일, 금요일 오후에 4시가 조금 지나서 베다니에 다다랐다. 나사로와 그 자매들과 친구들은 그들을 기대하고 있었다. 너무 많은 사람이 날마다 나사로가 부활한 것에 대하여 이야기를 나누려고 왔기 때문에, 예수는 이웃에 어느 시몬이라는 신자의 집에 머무르도록 주선이 되었다는 통지를 받았는데, 이 사람은 나사로의 아버지가 돌아가신 뒤로 그 작은 마을의 유지(有志)였다.

그 날 저녁에, 예수는 많은 방문자를 받았고, 베다니와 벳바게의 보통 사람들은 그를 환영하는 느낌이 들게 하려고 최선을 다했다. 산헤드린의 사형 선포를 철저히 무시하고, 자신이 유대인의 임금이라 선포하려고 예수가 이제 예루살렘으로 간다고 숱한 사람이 생각했어도, 베다니 가족은—나사로와 마르다와 마리아는—주가 그런 종류의 임금이 아니라는 것을 더 잘 깨달았다. 그들은 이것이 그가 예루살렘과 베다니를 마지막으로 찾아보는 것일지 모른다고 어렴풋이 느꼈다.

대사제들은 예수가 베다니에서 묵는다는 통지를 받았지만, 친구들 사이에서 체포하려 시도하지 않는 것이 최선이라 생각했다. 그들은 예수가 계속하여 예루살렘으로 오기를 기다리기로 작정했다. 예수는 이 모든 것을 알았지만 당당하게 차분한 태도를 가졌다. 친구들은 그가 이보다 더 침착하고 명랑함을 본 적이 없었다. 산헤드린이 온 유대인에게 그를 수중에 넘기라고 요구했을 때, 사도들조차 그가 그리 아랑곳하지 않은 것에 놀랐다. 주가 그 날 밤에 주무시는 동안, 사도들은 둘씩 그를 지켰고, 여럿이 칼을 차고 있었다. 그들은 이튿날 아침 일찍 수백 명의 순례자 때문에 잠이 깨었는데, 순례자들은 안식일에도 예수와 그가 죽은 자들 가운데서 일으킨 나사로를 보려고 예루살렘에서 나왔다.

1. 베다니에서 안식일을

유대 당국 뿐 아니라 유대 바깥에서 온 순례자들은 모두 이렇게 물었다: "너는 어찌 생각하느냐? 예수가 축제에 오겠느냐?" 그러므로 예수가 베다니에 있다는 말을 들었을 때 사람들은 기뻐했지만, 대사제와 바리새인들은 얼마큼 어리둥절했다. 그들은 예수를 관할 밑에 두어서 기뻤지만, 예수의 대담성에 조금 불안해졌다. 그가 이전에 베다니를 방문했을 때 나사로가 죽은 자들 가운데서 살아났던 것, 또 나사로가 예수의 적들에게 큰 문제가 되고 있음을 기억했다.

유월절 엿새 전, 안식일 다음 날 저녁에, 온 베다니와 벳바게는 시몬의 집에서 공개 연회(宴會)로 예수의 도착을 축하하는 데 참석하였다. 이 만찬은 예수와 나사로 두 사람에게 영예를 돌리려는 것이었고, 산헤드린을 무시하고 베풀어졌다. 마르다는 식사 대접을 지시했고, 동생 마리아는 여자가 공개 연회에 앉는 것이 유대인 관습에 어긋났기 때문에 여자 구경꾼들 사이에 있었다. 산헤드린의 관리들이 자리에 있었지만 예수의 친구들 한가운데서 그를 체포하기를 두려워했다.

예수의 이름은 옛날의 여호수아를 따서 지었는데, 그는 이 여호수아에 대하여 시몬과 이야기를 나누었고, 어떻게 여호수아와 이스라엘 사람들이 예리고를 통해서 예루살렘으로 올라갔는가 이야기했다. 예리고의 담이 무너지는 전설(傳說)에 대하여 논평하면서 예수는 말했다: "나는 벽돌과 돌로 만든 그러한 담에 관심이 없으나, 모든 사람에게 쏟는 아버지의 사랑이 이렇게 전파되는 앞에서, 편견·독선·미움의 담이 무너지게 만들고자 하노라."

사도들이 모두 드물게 차분한 것을 빼고, 연회는 아주 명랑하고 정상으로 무르익었다. 예수는 특별히 명랑했고, 식탁에 올 때까지 아이들과 함께 놀고 있었다.

보통 아닌 아무 일도 일어나지 않았고, 잔치가 끝날 때가 가까이 되자 나사로의 누이 마리아가 여자 구경꾼들 무리 가운데서 앞으로 걸어나와서, 귀빈(貴賓)인 예수가 기댄 곳까지 가서, 다음에 아주 드물고 비싼 기름이 든, 큰 알라배스터 항아리를 열었다. 주의 머리에 기름을 바른 뒤에, 마리아는 머리털을 풀어 헤치고 머리털로 예수의 발을 문지르면서 그 발에 향유를 붓기 시작했다. 온 집이 그 향유 냄새로 가득하였고, 자리에 있던 모든 사람이 마리아가 한 일에 놀랐다. 나사로는 아무 말도 하지 않았다. 그러나 어떤 사람들이 중얼거리고, 그렇게 비싼 향유를 이렇게 사용한다고 분개하는 빛을 보이자, 가룟 유다는 안드레가 기대는 곳으로 걸어와서 말했다: "어째서 이 향유를 팔고, 돈이 가난한 자들을 먹이는 데 기부되지 않았느냐? 주가 그러한 낭비를 꾸짖으라고 너는 주께 말씀드려야 하느니라."

그들이 무슨 생각을 하는가 알고 무어라고 말했는가 들었기 때문에, 마리아가 곁에서 무릎을 꿇은 동안 예수는 마리아의 머리에 손을 얹고, 얼굴에 친절한 빛을 띠고 말했다: "너희는 모두, 그 여자를 가만 두라. 그 여자가 마음 속에 좋은 일을 한 줄 알면서, 어찌 이 일로 그 여자를 괴롭히느냐? 투덜거리며 이 향유를 팔아서 돈을 가난한 자에게 주었어야 한다 하는 너희에게 내가 이르노라. 너희에게 언제나 가난한 자들이 있으니, 너희가 좋게 여기는 대로 아무 때나 저희에게 봉사를 베풀어도 되느니라. 그러나 나는 너희와 함께 항상 있지 아니하리니, 내가 곧 아버지께로 감이라. 이 여인은 장례할 때 내 몸을 위하여 이 향유를 오랫동안 저축하였고, 내 죽음을 예상하여 이렇게 기름 붓는 것을 좋게 여겼으므로, 그 여자에게 그러한 만족을 부인하지 못할지니라. 이 일을 하면서, 내가 죽는 것과 하늘에 계신 내 아버지께로 올라가는 것에 대하여 내가 이른 것을 믿음을 마리아가 이 행동으로 나타냈으매 그 여자는 너희 모두를 꾸짖었도다. 오늘 밤에 한 일로 이 여인을 꾸짖지 말지니라. 오히려 내가 너희에게 이르노니, 다가오는 시대에, 온 세상에 두루 이 복음이 전도되는 곳은 어디서나 그 여자가 행한 일을 말하여 그 여자를 기억하리라."

가룟 유다는 이것을 친히 책망을 받았다고 생각했고, 이 책망 때문에, 상한 느낌을 앙갚음하려고 마침내 작정하였다. 여러 번 그러한 생각을 전에 무의식 중에 품었지만, 이제 활짝 열리고 의식하는 머리 속에서 감히 그런 사악한 생각을 품었다. 이 향유 값이 한 사람이 1년 동안 버는 것에 해당하는 금액이었기 때문에—5천 명에게 빵을 마련하기에 넉넉했으니까—많은 다른 사람이 그가 이런 태도를 가지도록 북돋았다. 그러나 마리아는 예수를 사랑했고, 죽고 나서 그의 몸을 보존하려고 이 비싼 향유를 전에 마련했는데, 이는 그가 죽어야 한다고 그들에게 미리 경고했을 때 그 말씀을 믿었기 때문이다. 그리고 생각이 달라져서, 아직 살아 계실 때 주께 이 헌물을 드리기로 했다면, 그 여자에게 그렇게 하지 못하게 막아서는 안 된다.

나사로와 마르다는 마리아가 백송향(甘松香)이 담긴 이 항아리를 사려고 돈을 오랫동안 저축한 것을 알았고, 그런 문제에서 마음에 원하는 대로, 그 여자가 하는 것을 진심으로 인정했으며, 그들은 살림이 넉넉했고, 그런 헌물을 쉽사리 장만할 수 있었기 때문이다.

대사제들이 예수와 나사로를 위하여 베다니에서 이 만찬(晩餐)을 베풀었다는 소식을 들었을 때, 그들은 나사로를 어떻게 할까 자기들끼리 의논하기 시작했다. 그리고 대번에 나사로도 또한 죽어야 한다고 결정했다. 예수가 죽은 자들 가운데서 살려 낸 나사로를 살려 둔다면, 예수를 사형에 처하는 것이 아무 소용이 없으리라고 똑바로 결론을 내렸다.

2. 일요일 아침 사도들과 함께

이 일요일 아침에, 시몬의 집 아름다운 정원에서, 주는 열두 사도를 주위에 부르고, 예루살렘에 들어가는 준비로서 마지막 지시를 내렸다. 아버지께 돌아가기 전에 그가 아마도 많은 연설을 하고 많은 교훈을 가르치리라고 일렀지만, 예루살렘에서 이 유월절에 머무르는 동안 대중(大衆)을 상대로 어떤 일도 삼가라고 사도들에게 훈시했다. 가까이 남아 있고 "경계하고 기도하라"고 지시했다. 사도와 직계 추종자들의 다수가 그 때도 몸에 칼을 지니고 다니는 것을 알았지만, 이 사실에 대하여 아무 말을 비추지 않았다.

이 날 아침의 가르침은 가버나움 근처에서 세움 받은 날부터 예루살렘으로 들어가려고 준비하는 이 날까지 그들이 베푼 봉사에 대한 짧은 검토를 포함했다. 사도들은 잠자코 귀를 기울였고, 아무 말도 묻지 않았다.

그 날 아침 일찍, 다윗 세베대는 펠라 야영지의 장비를 팔아서 얻은 자금을 유다에게 넘겨 주었고, 유다는 다시 이 돈의 큰 부분을 예루살렘으로 들어가는 비상시를 예상하여 보관하려고 그들을 청한 주인 시몬의 손에 맡겼다.

사도들과 회의를 가진 뒤에 예수는 나사로와 이야기를 나누었고, 그에게 산헤드린의 복수심에 목숨 희생하는 일을 피하라고 지시했다. 이 훈계에 복종하여, 며칠 뒤에 나사로는 필라델피아로 피신하였는데, 그 때 산헤드린의 관리들이 그를 잡으려고 사람들을 보냈다.

어떤 면에서, 예수의 추종자들은 모두 다가오는 위기를 느꼈지만, 주가 드물게 명랑했고 뛰어나게 좋은 유머를 보였기 때문에 그 심각성을 충분히 깨닫지 못하게 되었다.

3. 예루살렘을 향하여 떠나다

베다니는 성전으로부터 약 3.2킬로미터 되었고, 예수가 예루살렘을 향하여 떠나려고 준비가 된 것은 그 일요일 오후 1시 반이었다. 그는 베다니와 거기 있는 순진한 사람들을 깊이 사랑하는 느낌을 간직했다. 나사렛과 가버나움과 예루살렘은 그를 물리쳤지만, 베다니는 그를 받아들이고 믿었다. 그리고 이 작은 마을에는 거의 모든 어른과 아이가 믿는 사람이었고, 그는 땅에서 자신 수여에서 가장 막강한 일, 나사로를 살리는 일을 여기서 행하기를 택했다. 나사로를 살린 것은 마을 사람들이 믿을까 싶어서가 아니라, 오히려 그들이 이미 믿었기 때문이다.

아침 내내 예수는 예루살렘으로 들어가는 것에 대하여 생각했다. 그가 메시아라는 대중의 모든 주장을 지금까지 억제하려고 언제나 애써 왔지만, 이제는 사정이 달랐다. 그는 육체를 입은 생애의 끝에 다가가고 있었고, 산헤드린은 이미 그의 죽음을 선포했다. 제자들이 느낌을 자유롭게 표현하도록 놓아 둔다고 해서 아무런 해로운 일이 생길 수 없었고, 그가 정식으로, 대중 앞에서 떳떳이 도시로 들어가기를 택한다면 바로 그런 일이 일어날까 싶었다.

그는 사람들의 인기를 얻으려는 마지막 노력으로서, 또는 권력의 마지막 쟁취로서 예루살렘으로 대중이 보는 가운데 들어가려고 결심하지는 않았다. 제자와 사도들의 인간다운 열망을 채우려고 전적으로 그렇게 하지도 않았다. 환상에 빠진 몽상가의 헛된 꿈을 예수는 하나도 품지 않았다. 이 방문의 결과가 무엇이리라는 것을 잘 알았다.

예루살렘으로 대중이 보는 가운데 들어가기로 작정하고 나서, 주는 그러한 결심을 실행할 적당한 방법을 선택할 필요성에 부딪쳤다. 얼마큼 모순되는 숱한 예언, 이른바 메시아 예언을 모두 생각해 보았지만, 그가 따르기가 조금이라도 적당한 것이 꼭 하나 있는 듯했다. 이 예언 말씀의 대부분은 임금, 다윗의 아들이자 후계자, 온 이스라엘을 외국 지배의 멍에로부터 현세에 구원할 용감하고 공격적인 사람을 묘사했다. 그러나 그의 사명의 영적 개념을 더 가깝게 고수(固守)하는 자들이 메시아와 때때로 연결했던 성서 구절이 있었는데, 예수는 예루살렘으로 들어가는 계획을 위한 지침으로 일관성 있게 사용할 수 있다는 생각이 들었다. 이 구절은 스가랴에서 발견되는데 이렇게 적혀 있다: "크게 기뻐하라, 아 시온의 딸아. 외치라, 아 예루살렘의 딸아. 보라, 네 임금이 너에게 오도다. 그는 공정하고 구원을 가져오도다. 비천한 자로서 나귀를 타고 오시니, 새끼, 곧 나귀의 새끼라."

전쟁하는 임금은 반드시 말을 타고 도시에 들어갔다. 평화와 우정(友情)의 사명을 가진 임금은 반드시 나귀를 타고 들어갔다. 예수는 말 탄 사람으로 예루살렘에 들어가려 하지 않았지만, 나귀를 탄 사람의 아들로서 평화롭게, 좋은 뜻을 가지고 기꺼이 들어갈 생각이 있었다.

예수는 그의 나라가 이 세상에 속하지 않고, 그 나라는 순수하게 영적 문제라고, 직접 가르쳐서 사도들에게 강조하려고 오랫동안 애썼지만, 이 노력에 성공하지 못했다. 쉽게 친히 가르쳐서 실패한 것을 이제 상징(象徵)에 호소하여 성취를 시도하고 싶어한다. 따라서, 점심 식사 바로 뒤에, 예수는 베드로와 요한을 불렀고, 큰길에서 조금 떨어져 있고 베다니의 북서쪽으로 짧은 거리에 있는 이웃 마을 벳바게로 가라고 지시한 뒤에, 말씀을 이었다: "벳바게로 가서, 십자로에 이르면, 너희는 거기 묶여 있는 나귀 새끼를 발견하리라. 그 나귀를 풀어서 이리로 가져오라. 어째서 너희가 이렇게 하느냐 누구라도 묻거든, 다만 '주께서 나귀가 필요하니라' 말하라." 주가 지시한 대로 두 사도가 벳바게로 갔을 때, 그들은 트인 거리에, 구석에 있는 어느 집 근처에, 어미 가까이 매여 있는 나귀 새끼를 발견했다. 베드로가 그 나귀 새끼를 풀기 시작하자, 주인이 다가와서 어째서 그가 이렇게 하는가 물었고, 예수가 지시한 대로 베드로가 대답하자 그 사람은 말했다: "너희의 주가 갈릴리에서 온 예수라면, 그에게 나귀 새끼를 가지고 가라." 그래서 그들은 나귀 새끼를 끌고 돌아왔다.

이 때가 되어서 순례자 수백 명이 예수와 사도들의 둘레에 모였다. 아침 중반부터 유월절에 가는 길에 지나는 방문자들이 머물렀다. 그 동안에, 다윗 세베대와 옛 사자였던 동료들 가운데 몇 사람은 자청하여 예루살렘으로 서둘러 갔고, 거기서 나사렛 예수가 도시로 승리하여 입성(入城)한다는 보고를 성전 주위에 있던 방문하는 순례자 무리 사이에서 효과 있게 퍼뜨렸다. 따라서 이 방문자들 수천 명이, 입에 오르내리던 이 선지자요 이적을 행하는 이, 더러는 메시아라고 믿은 사람을 맞이하려고 꾸역꾸역 모여들었다. 이 군중은 예루살렘에서 나왔기 때문에, 도시로 들어가는 예수와 군중이 올리브 산 벼랑 가를 지나고 도시로 내려가기 시작한 바로 뒤에 그들을 만났다.

그 행렬이 베다니를 출발하자, 축제에 온 제자(弟子), 신자, 방문하는 순례자들로 이루어진 군중이 크게 흥분했는데, 순례자들 가운데 다수가 갈릴리와 페레아에서 왔다. 그들이 출발하기 바로 전에, 최초의 여인단의 열두 여자가 동료들을 얼마큼 데리고 그 장면에 이르렀고, 그 독특한 행렬이 도시를 향하여 기뻐서 계속 움직이자 거기에 합세했다.

출발하기 전에, 알패오 쌍둥이는 그들의 외투를 나귀 위에 펼쳐 놓고 주가 올라타는 동안 나귀를 붙들었다. 그 행렬이 올리브 산 꼭대기를 향하여 움직이자, 임금의 아들, 약속된 메시아를 태운 나귀를 위하여 영예의 카펫을 만들려고, 축제 기분에 싸인 군중이 땅에 옷을 벗어 던지고 가까이 있는 나무에서 가지들을 꺾어 왔다. 즐거운 군중이 예루살렘을 향하여 계속 움직이는 동안, 그들은 시편을 노래하기 시작했다, 아니 차라리 한 목소리로 외치기 시작했다, “다윗의 아들에게 호산나, 주의 이름으로 오는 자는 복이 있도다. 가장 높은 곳에서 호산나. 하늘에서 내려오는 나라는 복이 있을 지어다.”

그들이 따라 움직이자 예수는 명랑하고 즐거웠으며, 올리브 산 벼랑 가에 이르자, 거기서 도시와 성전의 탑들이 한 눈에 들어왔다. 거기서 주는 행렬을 멈추었고, 그들이 예수가 눈물 흘리는 것을 보는 동안, 큰 침묵이 모두를 덮었다. 도시에서 그를 환영하려고 쏟아져 나오는 광대한 군중을 내려다보며, 주는 크게 감동하고 눈물겨운 목소리로 말했다: “아 예루살렘아, 너 조차도, 적어도 이 시절에, 네 평화에 속하는 것과 아주 거저 가질 수 있는 것들을 네가 알기만 했더라면! 그러나 이제 이 영광이 바야흐로 네 눈이 보지 못하게 감춰지려 하는구나. 너는 이제 평화의 아들을 물리치고 구원의 복음에 등을 돌리려 하는구나. 네 둘레에 도랑을 파고 사방(四方)에서 너를 포위할 시절이 곧 네게 닥치리라. 돌 위에 돌 하나도 남지 않기까지 저희가 너를 남김없이 파괴할지니라. 신이 방문하는 때를 네가 알지 못하였으니 이 모든 것이 너에게 닥칠지니라. 너는 바야흐로 하나님의 선물을 물리치려 하고, 만민(萬民)이 너를 물리치리라.”

그가 말씀을 마치고 나자, 그들은 올리브 산을 내려가기 시작했다. 종려 가지를 흔들고, 호산나를 외치며, 다른 방법으로 기뻐 날뛰며 즐겁게 사귀는 기분에 빠진 무리, 예루살렘에서 나온 방문자들의 무리와 금방 합세하였다. 주는 이 군중이 예루살렘으로부터 나와서 그들을 맞이해야 한다고 계획하지 않았는데, 이것은 남들이 한 일이었다. 극적인 아무 일도 그는 결코 미리 계획하지 않았다.

주를 환영하려고 쏟아져 나온 군중과 아울러, 또한 숱한 바리새인과 다른 적들이 왔다. 민중의 환호(歡呼)가 갑자기 생각지 않게 터진 것에 너무나 불안해져서, 그들은 체포 행위가 민중의 거침없는 폭동(暴動)을 터뜨리게 하지 않을까 저어하여 예수를 체포하기가 두려웠다. 그들은 큰 무리의 방문자들의 태도를 크게 두려워했는데, 이 방문자들은 예수에 대하여 많이 소문을 들은 적이 있었고, 이들 가운데 다수가 예수를 믿었다.

그들이 예루살렘에 가까이 이르자, 군중은 점점 더 시위하는 모습이었고, 너무 지나쳐서 바리새인들 가운데 더러는 예수 옆에 다가와서 말했다, “선생이여, 당신은 제자들을 꾸짖고 저희에게 더 점잖게 행동하라고 타일러야 하나이다.” 예수는 대답했다: “대사제들이 거절한 평화의 아들을 이 아이들이 환영하는 것이 마땅할 따름이라. 길가에 있는 이 돌들이 저희 대신에 외치지 않을까 하나니, 저희를 멈추는 것이 소용 없으리라.”

바리새인들은 황급히 행렬 앞으로 가서 산헤드린에 다시 참여했다. 산헤드린은 그 때 성전에서 심의하는 중이었고, 그들은 동료들에게 보고했다: “보라, 우리가 하는 일은 모두 아무 소용이 없느니라. 우리는 이 갈릴리 사람 때문에 엉망진창이 되었도다. 사람들은 그에게 미쳤는지라. 우리가 이 무지한 자들을 멈추지 아니하면, 온 세상이 그를 뒤쫓아가리라.”

민중의 정열(情熱)이 이렇게 겉으로 저절로 터진 것에 붙여야 할 아무런 깊은 의미가 정말로 없었다. 이 환영은 비록 즐겁고 진지하기는 했어도, 흥겨운 이 군중의 마음 속에서 진정하거나 뿌리 깊은 어떤 확신이 있음을 가리키지 않았다. 바로 이 군중은 이 주의 후반(後半)에, 산헤드린이 일단 예수에 대하여 굳고 단호한 태도를 취하자, 그리고 그들이 환상에서 깨어났을 때—오래 간직했던 기대에 맞게 예수가 하늘나라를 세우려 하지 않는다는 것을 깨달았을 때—똑같이 기쁘게 예수를 재빨리 거부했다.

그러나 온 도시가 힘차게 술렁거렸고, 그래서 사람마다 한 목소리로 물었다, "이 사람은 누구뇨?" 군중은 응답했다, "갈릴리의 선지자, 나사렛 예수라."

4. 성전 둘레를 방문하다

알패오 쌍둥이가 나귀를 주인에게 돌려주는 동안에, 예수와 열 사도는 가까운 동료들로부터 따로 떨어져, 성전 둘레를 어슬렁거리며, 유월절을 위한 준비를 구경하였다. 산헤드린이 사람들을 크게 두려워했기 때문에, 예수에게 손대려는 아무 시도도 있지 않았고, 그것이 결국은 예수가 군중으로 하여금 이렇게 그를 환호하도록 버려 둔 이유 중에 하나였다. 이것이 도시에 들어가고 나서 예수가 즉시 붙잡히는 것을 막는 데 효과적일 수 있던 유일한 인간적 과정이었음을 사도들은 조금도 깨닫지 못했다. 주는 수만의 유월절 방문자 뿐 아니라, 예루살렘의 높고 낮은 주민에게, 그들이 원한다면, 복음을 듣고 평화의 아들을 받아드릴 이 마지막 기회를 한 번 더 주고 싶었다.

이제, 저녁이 다가오자, 군중은 영양분을 찾으러 갔고, 예수와 직계 추종자들만 남았다. 얼마나 이상한 날이었는가! 사도들은 생각이 깊었지만 말이 없었다. 예수와 관련을 가진 여러 해 동안, 그런 날을 구경한 적이 없었다. 한 순간 그들은 금고 옆에 앉아서, 사람들이 헌금을 떨어뜨리는 것을 구경했다: 부자들은 돈 받는 상자 속에 많이 넣었고, 모두가 가진 재산의 한도에 따라서 무엇인가 냈다. 마침내, 제대로 옷을 걸치지 못한 어느 가난한 과부가 왔고, 그 여자가 (작은 동전) 두 잎을 나팔 속으로 넣는 것을 지켜보았다. 그리고 나서 사도들이 과부를 주목하게 하며 예수는 말했다: "너희가 방금 본 것을 잘 주목하여라. 이 가난한 과부는 모든 다른 사람보다 더 많이 던졌으니, 이 모든 다른 사람은 남는 데서 하찮은 것을 얼마큼 헌금으로 던졌거니와, 가난한 이 여인은 비록 빈궁한데도, 가진 것을 모두, 아니 생활에 쓸 것까지도 내놓았느니라."

저녁이 가까워지자, 그들은 말없이 성전 마당 근처에 이리저리 거닐었고, 이 낯익은 장면들을 다시 한 번 둘러본 뒤에, 더 일찍 있었던 방문도 빼지 않고 이전의 여러 방문과 관련된 느낌을 회상하며, 예수는 말했다: "우리가 쉬도록 베다니로 올라가자." 베드로와 요한과 함께, 예수는 시몬의 집으로 갔고, 한편 다른 사도들은 베다니와 벳바게에서 친구들 사이에서 묵었다.

5. 사도들의 태도

이 일요일 저녁에, 그들이 베다니로 돌아가는 동안 예수는 사도들 앞에서 걸었다. 그들이 시몬의 집에 이른 뒤에 헤어질 때까지, 말 한 마디도 떨어지지 않았다. 어떤 열두 사람도, 이 하늘나라 대사(大使)들의 정신과 혼을 통하여 지금 솟구치고 있는 것처럼 다채롭고 설명할 수 없는 감정을 일찍이 느낀 적이 없다. 이 억센 갈릴리 사람들은 어리둥절하고 불안했다. 다음에 무엇을 기대할 것인가 몰랐다. 너무 놀라서 그다지 두려운 느낌이 들지 않았다. 주의 다음 날 계획에 대하여 아무 것도 몰랐고 아무 것도 묻지 않았다. 그들은 숙소로 돌아갔지만, 쌍둥이를 제외하고, 잠을 많이 자지 못하였다. 그러나 시몬의 집에서, 무기(武器)를 가지고 예수를 지키지는 않았다.

안드레는 속속들이 어리둥절했고 거의 혼란에 빠졌다. 그는 대중의 환호가 터진 것을 심각하게 평가하려고 애쓰지 않은 유일한 사도였다. 사도단의 우두머리로서 자기 책임을 생각하는 데 너무 몰두해서, 군중이 크게 호산나를 외친 것에 무슨 의미나 중요성이 있는가 심각하게 생각할 수 없었다. 안드레는 동료들 가운데 몇 사람을 지키느라고 바빴고, 그들이, 특히 베드로와 야고보와 요한과 열심당원 시몬이, 흥분하는 동안 감정에 치우칠까 두려워했다. 이 날 하루 종일, 그리고 뒤이은 며칠 동안, 안드레는 심각한 의심이 들어 괴로왔지만, 사도 동료들에게 이러한 걱정거리를 하나도 털어놓지 않았다. 그가 알기로 열둘 가운데 칼로 무장한 몇 사람의 태도에 걱정이 되었지만, 바로 아우 베드로가 그런 무기를 지니고 있는 것을 몰랐다. 그래서 예루살렘으로 들어간 행렬은 비교적 안드레에게 깊지 않은 인상을 주었다. 자기의 책임에 너무 바빠서, 그는 달리 영향을 받을 수 없었다.

시몬 베드로는 민중이 이처럼 열광을 나타낸 것에 처음에는 온 몸이 붕 떠 있다시피 했지만, 그들이 그 날 밤, 베다니로 돌아올 때가 되어서, 그는 어지간히 정신이 들었다. 베드로는 단지 주가 무슨 일을 하려 하는지 알아차릴 수 없었다. 민중의 열광하는 파도를 타는 김에, 예수가 이어서 어떤 종류의 발표를 하지 않아서 몹시 실망했다. 베드로는 그들이 성전에 도착했을 때, 어째서 예수가 군중에게 말씀하지 않았는지, 아니면 적어도 사도들 중 한 사람에게 군중에게 연설하라고 허락하지 않았는지 알 수 없었다. 베드로는 위대한 설교자였고, 그렇게 술술 받아들이고 열광하는 큰 청중을 헛되이 보내는 것을 보고 아까워했다. 군중에게 성전에서, 바로 그 자리에서, 하늘나라 복음을 무척 전도하고 싶어했을 것이다. 그러나 주는 이 유월절 주간에 예루살렘에 있는 동안 아무런 가르침을 주거나 전도(傳道)해서는 안된다고 그들에게 특별히 당부했다. 도시 안으로 들어가는 이 볼 만한 행렬로부터 나온 반응은 시몬 베드로에게 비참했다. 밤이 되자 그는 제 정신이 들었고 말할 수 없이 슬펐다.

야고보 세베대에게, 이 일요일은 어리둥절하고 깊은 혼란에 빠진 날이었다. 그는 진행되는 일이 무엇을 의미하는가 알아차릴 수 없었다. 사람들이 이렇게 사납게 환호하도록 버려 두고 나서, 그들이 성전에 도착했을 때 주가 사람들에게 한 마디도 하지 않으려 한 목적을 이해할 수 없었다. 그 행렬이 예루살렘을 향하여 올리브 산을 내려가는 동안에, 특히 그들이 주를 환영하려고 쏟아져 나온 수천의 순례자와 마주쳤을 때, 야고보는 구경한 것에 대하여 가슴 뿌듯함과 만족감이 엇갈리는 감정, 그리고 그들이 성전에 다다랐을 때 무슨 일이 일어날까 하는 깊은 두려운 느낌 때문에, 마음이 몹시 산란하였다. 그리고 나서 예수가 나귀에서 내려서, 느긋하게 성전 마당 둘레를 계속 거닐었을 때, 그는 풀이 죽었고 실망으로 가득 찼다. 하늘나라를 선포할 그러한 찬란한 기회를 던져 버리는 이유를 야고보는 이해할 수 없었다. 밤이 되어서, 슬프고 무서운 불안의 손아귀에 정신이 꽉 잡혀 있었다.

요한 세베대는 어째서 예수가 이렇게 했는가 얼마큼 가깝게 이해하는 지경에 이르렀다. 적어도 이렇게 이른바 승리의 예루살렘 입성의 영적 중요성을 어느 정도 깨달았다. 군중이 성전을 향하여 움직임에 따라서, 그리고 주가 나귀 새끼에 걸터앉아 있음을 보는 동안에, 요한은 예수가 한때 성서의 구절, 스가랴의 말씀을 인용한 것을 기억했는데, 이것은 메시아가 평화의 사람으로 오고, 나귀를 타고 예루살렘으로 들어가는 것을 묘사했다. 이 구절을 머리 속에서 이모저모 따져보자, 요한은 이 일요일 오후 구경거리가 상징하는 의미를 비로소 알아차렸다. 적어도 그는 이 구절의 뜻을 넉넉히 깨달았고, 이것은 그로 하여금 그 에피소드를 얼마큼 즐기고, 겉보기에 목적 없이 승리의 행진이 끝난 것에 지나치게 우울해지지 않게 하였다. 요한은 상징으로 생각하고 느끼는 자연스러운 성향이 있는 종류의 지성을 가졌다.

빌립은 그 소동이 갑작스럽게 저절로 터져서 온통 들떠 있었다. 올리브 산으로 내려가는 길에 생긴 이 모든 시위가 도대체 무슨 일인가, 어떤 정돈된 개념에 이를 만큼 충분히 생각을 가다듬을 수 없었다. 주가 영예를 받았기 때문에, 어떤 면에서 그 연출을 기쁘게 보았다. 그들이 성전에 이를 때가 되어서, 그는 예수가 아마도 그에게 군중을 먹이라고 요청할까 하는 생각에 움찔했고, 그래서 군중으로부터 여유 있게 돌아서는 예수의 행동이 대다수의 사도들에게 그토록 쓰라린 실망을 주었지만, 빌립에게는 크게 안심이 되었다. 군중은 때때로 열둘의 집사에게는 큰 시련이었다. 군중의 물질적 필요에 관하여 이 개인적 걱정을 덜고 난 뒤에, 빌립은 군중을 가르치려고 아무 것도 하지 않았다는 실망을 베드로와 함께 표현했다. 그 날 밤에 빌립은 이 체험에 대하여 생각하게 되었고, 하늘나라 아이디어 전부를 의심하는 유혹이 들었다. 이 모든 일이 도대체 무엇을 의미하는가 솔직하게 궁금하였지만, 의심을 아무에게도 나타내지 않았는데, 예수를 너무나 사랑했기 때문이다. 그는 개인적으로 주를 크게 신뢰하였다.

상징적이고 예언 같은 모습을 제쳐 놓고, 나다니엘은 주가 유월절의 순례자로부터 일반적 지지를 얻은 이유를 가장 가깝게 이해하였다. 그들이 성전에 이르기 전에, 예루살렘으로 그렇게 시위(示威)하며 들어가지 않고는 주제넘게 도시로 들어가려는 순간, 예수가 산헤드린의 관리들에게 체포되어 감옥에 던져지리라는 것을 생각해서 알아 냈다. 그러므로 예수가 도시의 담 안으로 일단 들어가고, 유대 지도자들이 예수를 즉시 체포하는 일을 삼가도록 이렇게 그들에게 설득력 있게 감명을 주고 나서, 주가 즐거워하는 군중을 더 이상 이용하지 않은 것에 나다니엘은 조금도 놀라지 않았다. 이런 방법으로 주가 도시에 들어간 참 이유를 알았기 때문에, 나다니엘은 더 차분하게 자연스럽게 따라갔고, 다른 사도들보다 예수의 나중 행동에 마음이 덜 흔들리고 실망을 적게 느꼈다. 나다니엘은 까다로운 상황을 다루는 데 예수가 지혜롭고 영리할 뿐 아니라 사람들을 이해하는 것을 크게 신뢰했다.

마태는 처음에 이 구경거리 연출에 어쩔 줄을 몰랐다. 예루살렘의 임금이 와서 구원을 가져오고 나귀 새끼를 타고 왔기 때문에 예루살렘이 기뻐하는 것을 선지자가 언급하는 스가랴의 구절을 또한 상기할 때까지, 그는 눈앞에서 벌어지는 일의 의미를 깨닫지 못했다. 그 행렬이 도시 방향으로 움직이고, 그리고 나서 성전에 가까워지자, 마태는 환희에 빠졌다. 소리지르는 이 군중의 선두에서 주가 성전에 도착했을 때, 무슨 놀라운 일이 일어나리라고 확신했다. 바리새인들 가운데 하나가, "모두 보라, 누가 여기에 오는가, 유대인의 임금이 나귀를 탔구나!"하며 예수를 비웃었을 때, 마태는 겨우 크게 자제함으로 가까스로 그에게 손을 대지 않았다. 그 날 저녁에 베다니로 가는 길에 열두 사도 중에서 아무도 그보다 더 우울하지 않았다. 시몬 베드로와 열심당원 시몬 다음으로, 그는 가장 날카롭게 신경이 곤두섰고, 밤이 되자 지친 상태에 빠졌다. 그러나 아침이 되자 마태는 훨씬 즐거워졌다. 결국 그는 지고도 즐거울 줄 아는 사람이었다.

토마스는 모두 열둘 가운데서 가장 어리둥절하고 당황했다. 대부분의 시간에 그냥 따라다녔고, 그 광경을 보면서 주가 그러한 특이한 시위에 참가한 동기가 도대체 무엇일까 정직하게 의문을 품었다. 가슴 속 깊이 그 연출 전체가, 명백히 어리석지는 않더라도, 조금 유치하다고 여겼다. 이와 같은 어떤 일도 예수가 하는 것을 본 적이 없고, 이 일요일 오후에 예수의 이상한 행동을 설명하지 못해서 어리둥절했다. 그들이 성전에 이를 때가 되어서, 토마스는 이 민중 시위의 목적은 산헤드린을 깜짝 놀라게 해서, 그들이 감히 주를 즉시 체포하려 하지 않도록 하는 것임을 추측했다. 베다니로 돌아가는 길에, 토마스는 생각이 많았으나 아무 말도 하지 않았다. 잠잘 때가 되어 예루살렘으로 시끌벅적한 입성을 연출한 예수의 영리함이 얼마큼 유머 있게 호소하기 시작했고, 그는 이 반응 때문에 기분이 많이 좋아졌다.

열심당원 시몬에게 이 일요일은 큰 날로 시작되었다. 다음 며칠 동안 예루살렘에서 놀라운 일이 일어나는 환상을 보았고, 그 점에서 그는 옳았다. 그러나 시몬은 예수가 다윗의 왕좌에 앉고, 유대인들의 새 국가 통치가 확립되는 것을 꿈꾸었다. 하늘나라가 선포되자마자 민족주의자들이 행동에 나서고, 그 자신은 새 나라의 군집하는 군대의 최고 지휘를 맡는 것을 보았다. 올리브 산으로 내려가는 길에, 그 날 해지기 전에 산헤드린과 그 동조자들이 다 죽는 것을 환상으로 보기까지 했다. 정말로 무슨 큰 일이 일어나려 한다고 믿었다. 그는 군중 전체에서 가장 시끄러운 자였다. 그 날 오후 다섯 시가 되자, 그는 말이 없고 움츠러들고 환상에서 깨어난 사도였다. 적어도 주가 부활하고 시간이 오래 지나기까지, 그는 이 날 충격을 받은 결과로서 그에게 덮친 우울함으로부터 결코 완전히 벗어나지 못했다.

알패오 쌍둥이에게 이 날은 완벽한 날이었다. 끝까지 하루를 정말로 즐겼고, 성전 근처에서 조용히 방문하는 동안에 자리에 없었기 때문에, 민중 봉기의 시시한 끝을 상당히 피했다. 그 날 저녁에 베다니로 돌아왔을 때, 사도들의 풀이 죽은 행동을 그들은 도저히 이해할 수 없었다. 쌍둥이가 기억하기로, 이 날이 언제나 땅에서 하늘에 가장 가까운 날이었다. 이 날은 사도로서 그들의 생애 전체에서 흐뭇한 절정이었다. 이 일요일 오후의 가슴 뿌듯함은 파란 많은 이 주간의 비극 모두를 치르고, 십자가 처형의 바로 그 시간까지 그들을 버티게 했다. 그것은 쌍둥이가 상상할 수 있는 바, 가장 어울리는, 임금의 입성(入城)이었고, 그들은 구경거리 전부를 순간마다 즐겼다. 그들이 본 모든 것을 완전히 좋게 여겼고, 오랫동안 그 기억을 간직했다.

모든 사도 가운데, 가룟 유다는 예루살렘으로 이 행렬이 입성한 것에 가장 나쁘게 영향을 받았다. 시몬의 집에서 잔치할 때 마리아가 향유를 부은 것과 관련하여 그 전날 주의 꾸지람을 받은 것 때문에, 그의 머리는 불만(不滿)으로 부글부글 끓고 있었다. 유다는 그 광경 전부에 속이 메스꺼웠다. 그에게 이것은, 정말로 우스꽝스럽지는 않더라도, 유치하게 보였다. 복수심에 찬 이 사도가 이 일요일 오후의 행렬을 보았을 때, 그에게 예수는 임금보다는 어릿광대와 비슷하게 보였다. 그는 마음 속에서 그 연출 전체를 분개하였다. 그는 그리스인과 로마인들의 관점을 가졌고, 이들은 나귀나 나귀 새끼를 탈 사람은 누구든지 깔보았다. 승리의 행렬이 도시로 들어갔을 무렵에, 유다는 그러한 하늘나라 아이디어 전부를 버리기로 거의 작정하였다. 하늘나라를 세우려는 모든 그러한 어리석은 시도를 버리기로 거의 결심하였다. 그리고 나서 나사로의 부활과 많은 다른 일을 생각했고, 적어도 하루 더, 열둘과 함께 계속 남아 있기로 마음먹었다. 게다가 그는 돈 가방을 지녔고 사도의 자금(資金)을 몸에 지니고서, 버리고 달아나려 하지 않았다. 그 날 밤에 베다니로 돌아가는 길에 그의 행동은 이상하게 보이지 않았는데, 사도들이 다 똑같이 풀이 죽었고 말이 없었기 때문이다.

유다는 사두개인 친구들의 조롱에 엄청나게 영향을 받았다. 예수가 도시의 대문에 막 이르자 일어난 어떤 에피소드만큼, 어떤 한 가지 다른 이유도 그에게 그렇게 강한 영향을 미치지 않았다: 어떤 저명한 사두개인이 (유다 집안의 한 친구) 즐겁게 비웃는 기분으로 그에게 달려가서 등을 툭툭 두드리며 말했다: "내 친구여, 어째서 얼굴에 그리 근심하는 빛이 있느냐. 이 나사렛 예수가 나귀를 타고 예루살렘의 여러 대문을 지날 때, 그가 유대인의 임금이라 우리가 갈채하는 동안, 기운을 내고 우리 모두와 합세하라." 유다는 박해로부터 움츠러든 적이 없었지만, 이 따위의 비웃음은 견딜 수 없었다. 오래 간직했던 복수(復讐)의 감정과 함께, 조롱받는다는 이 치명적 두려움, 주와 동료 사도들을 부끄럽게 생각하는 이 끔찍하고 두려운 느낌이 이제 섞였다. 마음 속에서, 세움 받은 이 하늘나라 대사는 이미 도망자였다. 주와 드러내 놓고 갈라지는 어떤 그럴듯한 핑계를 찾는 일이 남았을 뿐이다.

제 173 편

월요일에 예루살렘에서

이 월요일 아침 일찍, 미리 주선하여, 예수와 사도들은 베다니에서 시몬의 집에 모였고, 간략한 회의를 가진 뒤에, 예루살렘을 향하여 떠났다. 성전을 향하여 길을 가는 동안 열두 사도는 이상하게 말이 없었고, 전날에 겪은 체험으로부터 아직 회복하지 못했다. 그들은 기대에 차 있고 두려웠으며, 이 유월절 주간 내내, 아무 대중 교육도 시작해서는 안 된다는 지시와 함께, 주가 갑작스럽게 전술을 바꿔서 생긴 느낌, 어떤 고립된 느낌에 깊이 영향을 받았다.

이 무리가 올리브 산을 내려가는 동안, 예수는 앞에서 걸었고 사도들은 생각에 잠겨 말없이 바짝 붙어 따라갔다. 가룟 유다를 제외하고, 모든 사람의 머리 속에서 맨 먼저 떠오르는 생각이 꼭 하나 있었으니, 바로 이것이었다: 오늘 주가 무슨 일을 하실까? 유다가 열중한 한 가지 생각은 이것이었다: 내가 어찌할까? 내가 예수와 동료들과 함께 갈까, 아니면 물러날까? 그리고 내가 그만두려 한다면, 어떻게 사이를 끊을까?

이 사람들이 성전에 도착했을 때는 날씨 좋은 이 날 아침, 9시쯤이었다. 그들은 대번에 예수가 아주 흔히 가르치던 큰 마당으로 갔고, 그를 기다리고 있는 신자들에게 인사를 건넨 뒤에, 예수는 가르치는 연단(演壇) 가운데 하나를 세워 놓고, 모여드는 군중에게 연설하기 시작했다. 사도들은 좀 떨어진 곳으로 물러나서 형편이 어떻게 되어 가는가 보려고 기다렸다.

1. 성전을 깨끗이 치우다

성전에서 드리는 예배와 예식과 관련하여 거대한 상업이 발달했다. 여러 가지 희생을 바치는 데 적당한 동물을 마련해 주는 장사가 있었다. 예배하는 사람이 자신의 희생물을 마련하는 것이 허락되었어도, 레위 율법의 뜻으로 보아서, 그리고 성전의 공식 검열자들이 해석하는 대로, 온갖 "흠"이 없어야 한다는 사실이 여전히 남아 있었다. 완전하다고 생각된 자기 동물을 성전 검사원들에게 퇴짜맞는 창피를 많은 예배자가 겪었다. 따라서 희생 동물을 성전에서 사는 것이 더 널리 퍼진 관습이 되었다. 가까운 올리브 산에서 희생물을 살 수 있는 곳이 몇 군데 있었지만, 이 짐승들을 성전의 우리에서 직접 사는 것이 유행이 되었다. 성전 마당에서 온갖 종류의 희생 동물을 파는 이 관습이 차츰 생겨났다. 엄청난 이익을 남기는 광범위한 장사가 이렇게 생겨나게 되었다. 이 이익의 일부는 성전 금고(金庫)를 위하여 예정되었지만, 반이 넘는 부분이 다스리는 대사제 가족의 손에 간접으로 넘어갔다.

성전에서 이렇게 동물 파는 일이 번영했는데, 이는 예배자가 그러한 동물을 샀을 때, 값이 얼마큼 높을지 몰라도, 더 이상 요금을 내지 않아도 되었고, 의도한 희생물이 진짜 흠이나 율법상 흠이 있다는 이유로 퇴짜맞지 않을 것을 확신할 수 있었다. 언젠가, 특히 나라의 큰 축제 동안에, 서민들에게 지나친 값을 요구하는 제도가 실행되었다. 한때 탐욕스러운 사제들은 가난한 사람에게 몇 페니에 팔았어야 할 비둘기 한 쌍을 한 주 동안의 노임(勞賃)에 해당하는 값을 요구하는 지경에 이르렀다. "안나스의 아들들"은 성전 구역 안에서 그들의 바자를 이미 차리기 시작했고, 바로 이 상품 시장은 성전 자체가 멸망하기 3년 전에, 폭도(暴徒)가 마지막으로 뒤집어엎을 때까지 지속하였다.

그러나 희생 제물과 잡동사니 상품의 거래만이 성전 마당을 더럽히지는 않았다. 이 시절에 바로 성전 구역 안에서 행해진 광범위한 체계의 금융과 상업 거래가 조장되었다. 이것은 모두 다음 방법으로 생겼다. 아스모니아 왕조 동안에 유대인들은 자체의 은화(銀貨)를 찍었고, 이 유대의 은전으로 반 세겔의 성전 세금과 모든 기타 성전 요금을 내라고 요구하는 것이 관습이 되었다. 이 규정은 환전상들이 팔레스타인과 로마 제국의 다른 지방에서 두루 유통되는 많은 종류의 화폐를 유대인이 찍은 이 정통 세겔로 바꾸도록 허가받는 것을 필요하게 만들었다. 여자와 노예와 미성년을 제외하고 모두가 내야 하는 성전 인두세(人頭稅)는 반 세겔이었고, 다임[1]과 같은 크기였지만, 두께가 두 배나 되었다. 예수의 시절이 되어서, 사제들은 또한 성전 세금을 내는 것이 면제되었다. 따라서, 유월절 전달 15일부터 25일까지, 유대인들이 예루살렘에 도착한 뒤에 그들에게 성전 세금을 물 적당한 돈을 마련해 주는 목적으로, 인가받은 환전상들이 팔레스타인의 주요 도시에서 노점(露店)을 세웠다. 이 열흘 기간이 지난 뒤에, 이 환전상들은 예루살렘으로 계속 옮겨 갔고, 다음에는 성전 안마당에서 환전해 주는 탁자를 세웠다. 그들은 10전의 가치가 있는 은전을 바꾸는 데, 3전에서 4전에 해당하는 수수료를 받는 것이 허락되었고, 더 큰 가치가 있는 은화를 바꾸려고 내놓을 경우에, 두 배를 걷는 것이 허락되었다. 마찬가지로 이 성전 은행가들은 희생 동물을 사고, 서약(誓約)에 대한 지불과 헌물 바치기 위한 모든 돈을 바꿔 주면서 이익을 챙겼다.

성전의 이 환전상들은 방문하는 순례자들이 정기적으로 예루살렘으로 가져오는 스무 종류가 넘는 돈을 교환하면서 이익을 얻으려고 정규 은행 사업을 운영했을 뿐 아니라, 또한 은행 사업에 관계된 모든 다른 종류의 거래에 종사했다. 성전의 금고와 성전 통치자들이 이 상업 활동으로부터 엄청나게 이익을 남겼다. 서민들이 가난에 시들고 이 부당한 세금을 계속 내는 동안, 성전 금고가 1천만 달라쯤을 보유하는 일이 드물지 않았다.

이 시끄러운 환전상, 장사꾼, 가축 상인들이 군집한 와중(渦中)에서, 이 월요일 아침에 예수는 하늘나라의 복음을 가르치려고 시도했다. 이러한 성전 모독에 예수 혼자서 분개하지는 않았다. 서민들, 특히 외국 지방에서 온 유대인 방문자들도, 이렇게 폭리를 남기면서 민족의 예배 장소를 훼손하는 것을 진심으로 분개하였다. 이때 산헤드린 자체는 장사하고 물물 교환하는 이 모든 소란과 혼란에 둘러싸인 어느 방에서 정기(定期) 회의를 열었다.

예수가 막 연설을 시작하려 하자, 어쩌다가 두 가지가 눈길을 끌었다. 가까이 있던 환전상(換錢商)의 돈 바꾸는 탁자에서, 알렉산드리아에서 온 어느 유대인에게 바가지를 씌웠다는 주장에 대하여 사납고 맹렬한 싸움이 일어났고, 한편 동시에 동물을 가둔 우리의 한 구역으로부터 다른 구역으로 몰려가는 1백여 마리 황소 떼의 울부짖는 소리가 하늘을 찔렀다. 잠시 멈춰서 말은 없어도, 상업을 하고 혼란에 빠진 이 장면을 깊이 생각하는 동안에, 예수는 가까이서 순진한 갈릴리 사람, 한때 이론에서 함께 이야기한 적이 있는 사람이, 거드름피고 잘난 체하는 유대 지방 사람들에게 웃음거리가 되고 이리저리 떠밀리는 것을 보았다. 그리고 이 모든 것이 한데 모여 예수의 혼 속에서 이상하게 이따금 끓어오르는 분한 감정을 한 번 북받치게 하였다.

가까이 서 있던 사도들은 금방 뒤따라 생긴 일에 참여하기를 삼갔고, 이들이 놀란 가운데 예수는 가르치는 연단에서 걸어 내려가서, 마당을 통해서 가축을 몰고 가던 젊은이에게로 가서, 노끈으로 된 채찍을 빼앗아 재빨리 짐승들을 성전으로부터 몰아냈다. 그러나 이것이 전부가 아니었다. 그는 성전 마당에 모인 수천 명이 놀라서 구경하는 앞에서, 가장 먼 가축 우리까지 당당하게 걸어가서, 다음에 외양간마다 문을 열고 갇혀 있는 짐승들을 몰아냈다. 이 때가 되어, 모인 순례자들은 충격에 부르르 떨었다. 아우성치면서 그들은 바자를 향하여 움직였고, 환전상들의 탁자를 뒤집어엎기 시작했다. 5분 안에 모든 장사가 성전으로부터 싹 쓸려 버렸다. 이 때가 되어, 가까이 있던 로마 호위병들이 그 장면에 나타났고, 모두가 조용해졌고, 군중은 질서를 찾았다. 예수는 연단으로 돌아와서 군중에게 말씀했다: "오늘 너희는 성서에 기록된 것을 목격하였느니라: '내 집은 모든 민족이 기도하는 집이라 부를지니라. 그러나 너희가 강도들의 굴로 만들었느니라.'"

그러나 그가 다른 말을 입밖에 내기도 전에, 큰 회중이 찬송하는 호산나를 터뜨렸고, 당장에 젊은이들의 무리가 군중으로부터 걸어나와서, 신성을 모독하고 폭리를 취하는 상인들이 신성한 성전으로부터 쫓겨난 것을 고맙게 여기는 감사 찬송을 불렀다. 이 때가 되어 어떤 사제들이 그 장면에 나타났고, 그들 가운데 하나가 예수에게 말했다: "너는 레위의 아이들이 말하는 것을 듣지 않느냐?" 주는 대답했다: "'아기와 젖먹이들의 입으로부터 찬송이 완전하게 되었도다' 함을 너는 읽어 본 적이 없느냐?" 예수가 가르치는 동안, 나머지 하루 내내, 사람들이 세운 파수들이 아치 길마다 망을 보았고, 누가 빈 그릇을 들고 성전 마당을 가로질러 가는 것조차 허락하려 하지 않았다.

이 일에 관하여 소식을 들었을 때, 대사제와 서기관들은 어이가 없었다. 더군다나 그들은 주를 두려워했고, 더군다나 주를 죽이려고 결의(決意)가 굳었다. 그러나 그들은 어쩔 줄을 몰랐다. 어떻게 그를 죽게 만들까 알지 못했으니, 군중을 크게 두려워했기 때문이고, 이들은 주가 신성을 모독하는 모리배들을 타도한 것을 이제 거리낌없이 지지했다. 그리고 이 날 내내, 성전 마당에서 조용하고 평화로운 날에, 사람들은 예수의 가르침을 듣고, 글자 그대로 말씀에 매달렸다.

사도들은 예수의 이 놀라운 행위를 도저히 이해할 수 없었다. 갑작스럽고 뜻하지 않은 주의 이 행동에 너무 놀라서, 그 사건 전체를 통해서 그들은 연사(演士)의 강단 가까이 떼를 지어 모여 있었다. 그들은 결코 이 성전 치우는 일을 도우려고 손을 까딱하지 않았다. 이 볼 만한 사건이 그 전날, 군중이 큰 소리로 즐겁게 소리지르는 동안 내내, 도시의 대문을 거쳐서 떠들썩한 그의 행렬이 끝날 때, 예수가 성전에 승리하여 도착했을 때 일어났더라면, 그 사건을 위하여 준비되었을 터이지만, 일이 벌어진 바와 같이, 그들은 전혀 참여할 준비가 되지 않았다.

성전을 이렇게 깨끗이 치운 것은 가난한 자와 배우지 못한 자들을 희생하고 생기는 온갖 형태의 불공평과 폭리 얻는 것을 그가 싫어한 것 뿐 아니라, 종교 관습의 상업화에 대한 주의 태도를 드러낸다. 이 에피소드는 또한 정치, 재정, 또는 교회의 권력 뒤에 자리를 굳힐 수 있는 부당한 소수의 불공평하고 노예화하는 관습에 대항해서, 어떤 주어진 인간 집단의 대다수를 보호하기 위하여 무력(武力)을 쓰기 싫어하는 것을 예수가 찬성하는 눈으로 보지 않음을 또한 보여 준다. 자기 보호를 위해서나 칭찬할 만한 일생의 계획을 촉진하기 위해서, 이상주의 때문에 무력에 의존하기 싫어하는 자들을 착취하고 억누르려고, 눈치 빠르고 사악하고 술책을 꾸미는 사람들이 자체를 조직하도록 버려 두어서는 안 된다.

2. 주의 권한에 대한 도전

일요일에 예루살렘으로 승리하여 입성(入城)한 것은 유대 지도자들을 너무나 두렵게 만들었고, 그래서 그들은 삼가 예수를 체포하지 않았다. 오늘, 이 볼 만한 성전 치우기는 마찬가지로 주의 체포를 미루는 효과를 가졌다. 날마다 유대인 통치자들은 그를 죽이려고 점점 더 결심이 굳어졌지만, 두 가지 두려움 때문에 난처했고, 그 두려움은 공격 시간을 늦추도록 만들었다. 대사제와 서기관들은 군중이 분개하여 날뛰면서 그들을 공격할까 두려워서 대중 앞에서 예수를 체포하기를 망설였다. 그들은 또한 로마 파수병들이 민중의 봉기(蜂起)를 진압하려고 소집되는 가능성을 두려워했다.

산헤드린의 정오 회의에서, 주의 친구들이 하나도 이 모임에 참석하지 않았기 때문에, 예수를 빨리 해치워야 한다고 만장 일치로 가결되었다. 그러나 언제 어떻게 그를 잡아 가두어야 하는가 그들은 찬성할 수 없었다. 마침내 다섯 무리를 임명하는 데 찬성했는데, 이들은 사람들 사이로 나가서, 예수의 가르침에서 그를 옭아매거나, 아니면 그의 가르침을 듣는 자들이 보는 앞에서 체면을 깎아내리기를 추구하려는 것이었다. 따라서, 두 시쯤에, 예수가 "아들의 자유"에 대하여 말씀을 막 시작하자, 이 이스라엘 장로들의 한 무리가 헤치고 예수에게 가까이 가서, 보통 관습대로 말씀을 가로막고 이렇게 물었다: "어떤 권한으로 네가 이런 일을 하느냐? 누가 너에게 이 권한을 주었느냐?"

예수의 특징이었던 특별한 방법으로, 특히 성전에서 모든 상업(商業)을 치워 버리는 데 최근에 보인 행동에 관련된 바와 같이, 감히 가르치고 행동하는 어떤 사람에게나 성전장과 유대인 산헤드린의 관리들이 이렇게 묻는 것은 아주 당연했다. 이 장사꾼과 환전상들은 모두 최고 책임자들로부터 직접 면허를 얻어서 운영했고, 그들이 얻는 이익의 일부가 성전 금고로 곧장 들어가기로 되어 있었다. <u>권한</u>이 온 유대인의 금언(金言)이었다는 것을 잊지 말라. 선지자들은 언제나 문제를 일으켰는데, 이는 그들이 권한이 없이, 랍비 학원에서 정식으로 가르침을 받고 나중에 산헤드린에게 공식으로 임명받지 않고서 아주 용감하게 주제넘게 가르쳤기 때문이었다. 버젓이 대중을 가르치는 데 이 권한이 없는 것은 무식하게 주제넘거나 드러내놓고 반항함을 가리키는 것으로 간주되었다. 이 시절에 오직 산헤드린이 장로(長老)나 선생을 세울 수 있었고, 그런 예식은 이전에 그렇게 세움받은 자들이 적어도 세 사람이 있는 자리에서 행해져야 했다. 그러한 임명은 그 선생에게 "랍비"라는 칭호를 수여했고, 또한 그에게 "판결을 위하여 그 앞에 가져올지 모르는 그런 문제들을 맺고 푸는" 재판관으로 행위할 자격을 주었다.

성전장들은 이 날 오후 시간에 예수 앞에 와서, 그의 가르침 뿐 아니라 행위에 도전하였다. 예수는 바로 이 사람들이 그의 가르치는 권한은 사탄의 것이요, 그의 모든 대단한 이적(異蹟)은 악마 임금의 권한으로 행해졌다고 오랫동안 공개적으로 가르친 것을 알고도 남았다. 따라서 반대(反對) 질문을 던져서 그들의 질문에 비로소 대답했다. 예수는 말했다: "나도 너희에게 한 가지 묻고자 하니, 너희가 내게 대답하겠다면, 나도 마찬가지로 무슨 권한으로 내가 이런 일을 하는가 너희에게 이르리라. 요한의 세례가, 어디에서 왔느냐? 요한이 그의 권한을 하늘로부터 받았느냐, 아니면 사람들로부터 받았느냐?"

그에게 질문한 사람들이 이 말을 듣자, 어떻게 대답할까 의논하려고 자기들끼리 한쪽으로 물러갔다. 군중 앞에서 예수에게 창피를 주려고 생각했지만, 그 때 성전 마당에서 모인 모든 사람 앞에서 그들은 이제 자신들이 큰 혼란 속에 빠졌음을 알아차렸다. 예수에게 돌아와서 "요한의 세례에 관하여, 우리는 대답할 수 없노라, 우리는 모르노라" 말했을 때, 그들의 패배는 더군다나 겉으로 나타났다. 그들이 주께 그렇게 대답한 것은 이렇게 자기들끼리 이치를 따졌기 때문이다: 우리가 그것이 하늘로부터라고 말하면, 그가 말하리라. 어째서 너희가 그를 믿지 아니하느냐, 아마도 그가 권한을 요한으로부터 받았다고 덧붙이리라. 그리고 우리가 그것이 사람들로부터 왔다 하면, 군중(群衆)이 우리에게 대들까 싶으니, 저희의 대부분이 요한이 선지자였다 여김이라. 그래서 그들은 할 수 없이 예수와 사람들 앞으로 와서 그들이, 이스라엘의 종교 선생과 지도자들이, 요한의 사명에 대하여 의견을 밝힐 수 없다고 (아니면 밝히지 않겠다고) 고백했다. 그들이 말을 마치자, 예수는 그들을 내려다보며, 말했다: "나도 무슨 권한으로 이런 일을 하는지 너희에게 이르지 아니하리라."

예수는 결코 그의 권한을 요한에게 호소하려 뜻하지 않았다. 요한은 산헤드린에게 세움 받은 적이 없었다. 예수의 권한은 그 자신과 아버지의 영원한 지고(至高)함에 있었다.

적들을 이런 방법으로 다루면서 예수는 질문을 피할 생각이 아니었다. 언뜻 보면 그가 교묘하게 회피한 죄가 있다고 보일 듯하지만, 그렇지 않았다. 예수는 결코 적들이라도 부당하게 이용하고 싶어하지 않았다. 이렇게 회피하는 듯 보이면서, 그의 사명을 뒷받침하는 권한에 관하여 바리새인들의 질문에 대한 대답을 모든 청중에게 정말로 주었다. 그들은 악마 임금의 권한으로 그가 행동한다고 주장했다. 예수는 모든 그의 가르침과 행적은 하늘에 계신 아버지의 힘과 권한에 따라 한 것이라고 거듭하여 주장했다. 이것을 유대 지도자들은 받아들이려 하지 않았고, 그가 산헤드린에게 한 번도 인가(認可)를 받은 적이 없으니까, 그가 비공식 선생이라는 것을 인정하라고 그를 궁지에 몰려고 애썼다. 그가 실제로 한 바와 같이 그들에게 대답하고, 한편 요한으로부터 권한을 받았다고 주장하지 않으면서, 적들이 그를 옭아매려는 노력이 그들 자신에게 작용하고, 자리에 있던 모든 사람이 보기에 그들의 체신이 많이 떨어졌다는 추측으로 사람들을 아주 만족스럽게 해 주었다.

주가 적들을 다루는 이 재능은 그들로 하여금 주를 그토록 두려워하게 만들었다. 그들은 그 날 아무 것도 더 물으려 하지 않았고, 자기들끼리 더 의논하려고 물러났다. 그러나 사람들은 유대 통치자들이 던진 이 물음에 담긴 정직하지 못하고 불성실한 태도를 헤아리는 데 더디지 않았다. 보통 사람들도 주의 도덕적 당당함과 술수를 쓰는 적들의 위선(僞善)의 차이를 놓칠 수 없었다. 그러나 성전을 깨끗이 치운 일은 예수를 죽이려는 계획을 완성하는 일에 사두개인들을 바리새인들 편으로 몰았다. 그리고 지금 사두개인들은 산헤드린의 대다수를 대표했다.

3. 두 아들의 비유

트집 잡는 바리새인들이 그 앞에서 말없이 서 있는 동안, 예수는 그들을 내려다보며 말했다: "너희가 요한의 사명에 관하여 의심을 가졌고, 사람의 아들의 가르침과 행적에 적대하여 줄을 섰으니, 귀를 기울이라, 내가 너희에게 한 비유를 이르리라: 위대하고 존경받는 어떤 지주(地主)에게 두 아들이 있었더니, 큰 재산을 관리하는 데 아들들의 도움을 바라면서, 그가 한 아들에게 와서 일렀더라. '아들아, 내 포도원으로 가서 오늘 일하라.' 생각이 모자라는 이 아들은 아버지께 대답하여 말하되, '나는 가지 못하겠나이다.' 그러나 나중에 뉘우치고서 갔더라. 아버지가 맏아들을 발견하자, 마찬가지로 그에게 일렀더라. '아들아, 내 포도원에 가서 일하라.' 그리고 위선적이고 성실하지 않은 이 아들이 대답하되, '예, 아버지, 가겠나이다' 하였더라. 그러나 아버지가 떠나자, 가지 않았더라. 내가 너희에게 묻건대, 이 두 아들 가운데 누가 정말로 아버지의 뜻대로 하였느냐?"

사람들이 한 목소리로 말했다. "첫 번째 아들이니이다." 그리고 나서 예수가 말했다: "바로 그러하니라. 이제 내가 선언하노니, 세리와 창녀들은, 저희가 뉘우치라는 부름을 마다하는 듯하여도, 자기들이 가는 길이 잘못됨을 보고, 계속하여 너희보다 앞서 하나님의 나라로 들어가리라. 너희는 아버지의 일을 행하려 하지 않으면서 하늘에 계신 아버지를 섬기는 티를 크게 내느니라. 요한을 믿은 것은, 너희 바리새인과 사두개인이 아니라, 오히려 세리와 죄인이었도다. 너희도 내 가르침을 믿지 않거니와 서민들은 내 말을 기쁘게 듣느니라."

예수는 개인적으로 바리새인과 사두개인들을 경멸하지 않았다. 그가 깎아내리려 한 것은 그들의 교육 및 관습의 체계였다. 그는 아무에게도 적의를 가지지 않았지만, 여기에 새롭고 살아 있는 영의 종교, 그리고 예식·전통·권한에 바탕을 둔 더 오래 된 종교 사이에 피할 수 없는 충돌이 일어나고 있었다.

여태까지 열두 사도는 주께 가까이 서 있었지만, 그들은 어떤 방법으로도 이 진행에 끼어 들지 않았다. 육체를 입고 예수가 봉사하는 이 마지막 며칠 동안의 사건에 열두 사람은 저마다 자신의 특이한 방법으로 반응하고 있었고, 각자 마찬가지로 이 유월절 주간(週間)에 모든 대중 교육과 전도를 삼가라는 주의 명령에 계속 복종했다.

4. 부재한 지주의 비유

질문으로 예수를 옭아매려고 했던 우두머리 바리새인과 서기관들이 두 아들의 이야기를 듣고 나자 더 의논하려고 물러났고, 주는 귀를 기울이는 군중에게 눈길을 돌리면서 또 다른 비유를 말씀했다:

"어떤 착한 사람이 있었는데, 집주인이었고 포도원에 나무를 심었더라. 그가 그 둘레에 울타리를 두르고, 포도즙 짜는 틀을 위하여 구덩이를 파고, 파수꾼들을 위하여 망대를 지었고, 그리고 나서 다른 나라로 멀리 길을 떠난 동안, 소작인들에게 이 포도원을 빌려 주었더라. 열매가 열리는 계절이 가까워지자, 그는 소작인들에게 임대료를 받으려고 종들을 보냈는지라. 그러나 저희는 자기들끼리 의논하고 주인이 받아야 할 열매들을 이 종들에게 주려 하지 않았고, 대신에 그 종들에게 달려들어, 하나는 때리고, 하나는 돌로 치고, 나머지 사람들을 빈손으로 보냈더라. 그리고 집주인이 이 모든 것에 관하여 소식을 듣고서, 이 사악한 소작인(小作人)들을 다루라고 다른 더 신뢰하는 종들을 보냈더니, 저희가 이 종들에게 상처를 입히고 또한 창피하게 다루었더라. 그리고 나서 그 집주인이 가장 아끼는 종, 그의 집사를 보냈더니, 저희가 그를 죽였는지라. 그래도 참을성과 인내를 가지고, 많은 다른 종을 파송하였는데, 저희는 아무도 받아들이려 하지 않았더라. 저희가 더러는 때리고 더러는 죽였고, 집주인이 이렇게 대접을 받고 나서, '저희가 내 종들을 푸대접할지 몰라도 나의 사랑하는 아들에게는 분명히 존경심을 보이리라' 혼잣말을 하며, 은혜를 모르는 이 소작인들을 다루려고 제 아들을 보내기로 마음먹었더라. 그러나 뉘우치지 않는 사악한 소작인들이 그 아들을 보았을 때, 저희끼리 판단하되, '이 사람은 상속자라. 와서 그를 죽이자. 그러면 그 유산(遺産)이 우리 것이 되리라' 하였더라. 그래서 저희가 그를 붙잡아서, 포도원에서 쫓아낸 뒤에 그를 죽였는지라. 그 포도원의 주인이 저희가 제 아들을 어떻게 물리치고 죽였는가 소식을 들을 때, 은혜를 모르는 이 사악한 소작인들에게 그가 어떻게 하겠느냐?"

사람들이 이 비유, 그리고 예수가 한 질문을 들었을 때, 그들은 대답했다: "그가 이 불쌍한 사람들을 죽이고, 제 철에 과일들을 그에게 바칠 농부, 다른 정직한 농부들에게 포도원을 빌려 주겠나이다." 그들 중에 이 말을 들은 몇 사람이 이 비유(比喩)가 유대 민족, 그 민족이 선지자들을 대접한 것, 예수와 하늘나라의 복음을 앞으로 거절할 것을 언급함을 알아차렸을 때, 그들은 슬픔에 잠겨 말했다: "우리가 계속 이렇게 하지 못하도록 하나님이 막으소서."

군중을 헤치고 한 무리의 사두개인과 바리새인들이 다가오는 것을 보고서 예수는 잠깐 멈추었고, 그들이 가까이 오자 말했다: "너희의 조상이 어떻게 선지자들을 거부하였는가 너희가 알며, 사람의 아들을 거절하려고 너희가 작정했음을 너희가 잘 아느니라." 그리고 나서, 가까이 서 있는 사제와 장로들을 꿰뚫는 눈으로 보면서, 예수는 말했다: "건축자들이 버린 돌에 관하여 너희는 성서에서 읽은 적이 없느냐? 사람들이 발견하고 나서 그것을 주춧돌로 만들었느니라. 그래서 한 번 더 내가 너희에게 경고하노니, 너희가 이 복음을 계속 물리치면, 머지 않아 하나님의 나라를 너희에게서 빼앗아, 기꺼이 좋은 소식을 받아들이고 영의 열매를 맺는 사람들에게 주리라. 그리고 이 돌에 대하여 신비가 있으니, 누가 그 돌에 떨어지든지 그로서 조각이 나더라도 구원을 받으리라. 그러나 이 돌이 누구에게 떨어지든지, 그는 가루가 되고, 그 재는 사방으로 흩어지리라."

이 말을 듣자, 바리새인들은 예수가 자기들과 기타 유대 지도자들을 언급한다는 것을 알았다. 그들은 그 때 거기서 그를 몹시 붙잡고 싶었지만, 군중을 두려워하였다. 그러나 주의 말씀에 아주 성이 나서, 자기들끼리 물러나서 어떻게 그를 죽게 할까 더 의논했다. 그리고 그 날 밤, 사두개인과 바리새인들은 이튿날 그를 옭아매는 계획에 합세하였다.

5. 결혼 잔치의 비유

서기관과 성전장들이 물러간 뒤에, 예수는 모인 군중에게 다시 연설했고, 결혼 잔치의 비유를 말씀했다. 그는 말했다:

"하늘나라는 어떤 임금에 비유해도 좋으니, 그가 아들을 위하여 결혼 잔치를 베풀고, 잔치에 오라고 앞서 초청한 자들에게 '임금의 궁전(宮殿)에서 결혼 잔치를 위하여 모든 것이 준비되었나이다' 말하라고 사자들을 보내었더라. 자, 오겠다고 한때 약속했던 많은 사람이 이 때에 오려 하지 않았는지라. 그 임금이 초청이 거절되었다는 말을 듣자 다른 종과 사자들을 보내면서 말하였더라, '부름 받은 모든 사람에게 오라고 이르라, 보라 내 만찬이 준비되었음이라. 황소와 살찐 송아지들을 잡았고, 내 아들의 다가오는 결혼을 축하하기 위하여 만사가 준비되었도다.' 그러나 생각이 모자라는 자들은 다시 저희 임금의 부름을 가벼이 여겼고, 하나는 밭으로, 하나는 도자기를 만들러, 더러는 상업으로, 저희가 갈 길을 갔는지라. 더러는 이렇게 그 임금의 초청을 가벼이 여기는 것으로 만족하지 않고, 드러내 놓고 반항하여 저희가 임금의 사자들을 붙잡아서 모욕을 주었고, 그 중에 몇 사람을 죽이기까지 하였더라. 그리고 그가 택한 손님들, 예비 초청을 받아들이고 결혼 잔치에 오겠다고 약속한 자들까지도 초청을 마침내 물리치고, 반항하여 그가 택한 사자들을 공격하고 죽인 것을 깨달았을 때, 그는 몹시 성이 났는지라. 그리고 나서 모욕받은 이 임금은 자기 군대와 연합군의 군대를 내보내고, 이 모반하는 살인자들을 죽이고 저희의 도시를 불태우라고 지시하였더라.

"그의 초청에 코웃음치던 자들을 벌하고 나서, 그는 결혼 잔치를 하려고 또 다른 날을 잡아서 사자들에게 말하였더라: '처음에 결혼식에 부름받은 자들은 자격이 없도다. 그러니 이제 갈림길로, 큰길로, 도시의 경계를 넘어서도 가라, 그리고 너희가 찾아낼 수 있는 만큼, 이 낯선 자들까지도 와서 이 결혼 잔치에 참석하라고 청하라.' 그리고 나서 이 종들은 큰길과 외딴 곳으로 갔고, 찾아낼 수 있는 만큼, 착한 자와 악한 자, 부자와 가난한 자를 모았고, 그래서 마침내 결혼식장이 기쁘게 온 손님들로 가득 찼더라. 모든 것이 준비되었을 때, 임금이 손님들을 보려고 나왔더니, 놀랍게도 거기에 결혼 예복을 입지 않은 사람을 보았는지라. 그가 모든 손님에게 결혼 예복을 거저 주었으므로, 임금이 이 사람에게 말하되, '친구여, 결혼 예복(**禮服**)을 입지 않고 이 계제에 내 접대실로 들어오다니 어인 일이냐?' 준비되지 않은 이 사람은 말이 없었더니, 다음에 임금이 종들에게 일렀더라: '내 친절을 가벼이 여기고 내 초청을 물리친 모든 다른 사람과 운명을 함께 하도록, 지각없는 이 손님을 내 집에서 쫓아내라. 내 초청을 기쁘게 받아들이고 모든 사람에게 거저 마련해 준 손님 예복을 입어, 내게 예를 표하는 자들 외에 아무도 여기에 있게 하지 않으리라.'"

이 비유를 말씀한 뒤에, 예수는 대중을 막 해산하려 했는데, 그 때 공감(**共感**)하는 어느 신자가 그를 향하여 군중을 헤치고 와서 물었다: "그러나 주여, 우리가 이런 일을 어찌 알리이까? 어떻게 임금의 초청을 위하여 우리가 준비하리이까? 당신이 무슨 표징(**標徵**)을 우리에게 주시어, 우리가 그것으로 당신이 하나님의 아들인 줄 알리이까?" 이 말을 듣자, 주는 말했다. "오직 한 표징을 너희에게 주리라." 그리고 나서 자기 몸을 가리키며, 말을 이었다. "이 성전을 부수라, 그리하면 사흘 안에 내가 다시 일으키리라." 그러나 그들은 그의 말씀을 알아듣지 못했고, 흩어지면서 자기들끼리 말했다. "거의 50년 동안 이 성전을 짓고 있었거늘, 그래도 그가 성전을 헐고 사흘 안에 다시 일으키리라 말하는도다." 사도들조차 이 말씀의 뜻을 알아듣지 못했지만, 나중에 그가 부활한 뒤에, 그의 말씀을 회상했다.

이 날 오후 4시쯤에, 예수는 사도들에게 손짓하여, 그가 성전을 떠나서 저녁 식사를 하고 하루 밤 쉬려고, 베다니로 가기를 바란다는 뜻을 표시하였다. 올리브 산으로 올라가는 길에, 예수는 안드레·빌립·토마스에게 다음 날, 유월절 주간의 나머지 동안 그들이 차지할 수 있는 캠프를 도시에 더 가까운 곳에 세우라고 지시했다. 이 지시에 따라서 이튿날 아침 그들은 겟세마네의 야영 공원을 내려다보는 언덕 옆 골짜기에서, 베다니의 시몬에 속하는 땅뙈기에 텐트를 쳤다.

또 이 월요일 밤에, 말없는 유대인 일행이 올리브 산의 서쪽 비탈로 길을 올라갔다. 이 열두 사람은, 전과 달리, 비극적인 무슨 일이 바야흐로 일어나려 하는 것을 비로소 감지(感知)하고 있었다. 이른 아침에 성전을 눈부시게 깨끗이 치운 것은 주가 자신을 주장하고 막강한 힘을 나타내는 것을 보리라는 희망을 불러일으켰으나, 오후 전체의 사건들이 모두 유대인 당국이 예수의 가르침을 확실히 거부할 것을 가리켰기 때문에, 씁쓸한 실망으로 작용했을 뿐이다. 사도들은 긴장에 휩싸여 있었고, 끔찍한 불안의 손아귀에 꽉 잡혀 있었다. 막 지나간 그 날의 사건들과 다가오는 파멸의 충격 사이에, 짧게 겨우 며칠이 끼어 있을 수 있다는 것을 깨달았다. 모두가 엄청난 무슨 일이 바야흐로 일어나리라는 느낌이 들었지만, 무엇을 기대할지 몰랐다. 그들은 여러 군데로 쉬러 갔어도 거의 눈을 붙이지 못했다. 알패오 쌍둥이조차 마침내 흥분하였고, 주의 일생의 사건들이 마지막 절정(絶頂)을 향하여 바람 같이 움직이고 있음을 깨달았다.

주: 1. 다임은 10센트 미국 주화.

제 174 편

화요일 아침 성전에서

이 화요일 아침 7시쯤에, 예수는 사도들, 여인단, 그리고 스무 명 남짓한 다른 특출한 제자들을 시몬의 집에서 만났다. 이 모임에서 주는 나사로에게 작별을 알렸으며, 그에게 준 지시는 나사로로 하여금 페레아의 필라델피아로 대번에 피신하게 만들었고, 거기서 그는 나중에 그 도시에 본부를 가진 선교 운동과 연결되었다. 예수는 또한 나이 든 시몬에게 작별하고 여인단에게 떠나는 충고의 말씀을 주었고, 다시는 공식으로 그들에게 말씀하지 않았다.

이 날 아침에 그는 열두 사도 각자에게 친히 인사했다. 안드레에게 말했다: "바로 앞에 다가오는 사건들에 절망하지 말라. 너희 형제들을 꼭 붙들고, 네가 낙심하는 것을 저희가 보지 않도록 처리하여라." 베드로에게 그는 말했다: "육체의 무기나 철로 만든 무기(武器)를 신뢰하지 말라. 네 몸을 영원한 바위의 영적 기초 위에 세우라." 야고보에게 말했다: "겉에서 보이는 모습 때문에 비틀거리지 말라. 너의 믿음을 굳게 지키라. 그리하면 네가 믿는 것의 실체를 곧 알게 될지니라." 요한에게 말했다: "부드러운 태도를 가져라. 네 적들조차 사랑하고, 너그럽게 되어라. 그리고 내가 너에게 많은 일을 맡겼음을 기억하라." 나다니엘에게 말했다: "겉모습으로 판단하지 말고, 모든 것이 사라지는 듯이 보일 때 너의 믿음을 굳게 지키라. 하늘나라의 대사(大使)로서 네 직책에 충실하라." 빌립에게 말했다: "이제 다가오는 사건들에 마음이 흔들리지 말라. 네가 길을 볼 수 없을 때에도, 동요(動搖)하지 말라. 성스럽게 바친 네 서약에 충성하라." 마태에게 말했다: "너를 하늘나라로 받아들인 자비를 잊지 말라. 아무도 너의 영원한 보상을 속여서 빼앗지 못하게 하라. 필사 성품의 성향을 네가 견딘 것 같이, 기꺼이 버티라." 토마스에게 말했다: "아무리 어려울지언정, 바로 지금, 보는 것이 아니라 믿음으로 네가 걸어야 하느니라. 내가 시작한 일을 내가 마칠 수 있고, 궁극에는 저 건너 나라에서 내가 충실한 대사들을 모두 볼 것을 의심하지 말라." 알패오 쌍둥이에게 말했다: "너희가 이해하지 못하는 것에 기가 꺾이지 말라. 가슴 속의 애정에 충실하고, 너희는 위대한 사람들, 또는 민중의 변하는 태도를 신뢰하지 말라. 너희 형제들을 지원하라." 그리고 열심당원 시몬에게 말했다: "시몬아, 너는 실망에 짓밟힐지 모르지만, 너의 영은 너에게 닥칠 모든 것을 이겨 내리라. 네가 나에게 배우지 못한 것을 내 영이 가르치리라. 영의 참다운 실체들을 추구하고, 비현실이고 물질적인 그림자에 이제 더 유혹받지 말라." 그리고 가룟 유다에게 말했다: "유다야, 내가 너를 사랑했고, 네가 형제들을 사랑하도록 내가 기도하였노라. 일을 잘 처리하는 데 지치지 말라. 내가 너에게 경고하고자 하니, 아첨의 미끄러운 길과 비웃는 독화살을 조심하라."

이 인사를 마치고 나서, 그는 안드레·베드로·야고보·요한과 함께 예루살렘을 향하여 떠났다. 그 동안에 다른 사도들이 겟세마네 캠프를 세우는 일에 착수했고, 거기로 그들은 그 날 밤에 가기로 되었는데, 거기서 육체를 입은 주의 여생(餘生) 동안 본부를 만들었다. 올리브 산의 비탈을 반쯤 내려가서, 예수는 멈추어서 네 사도와 함께 한 시간이 넘도록 이야기했다.

1. 신의 용서

며칠 동안 베드로와 야고보는 죄의 용서(容恕)에 관한 주의 가르침에 대하여 그들의 견해 차이를 논하는 데 들어갔다. 그들은 그 문제를 예수 앞에 펼쳐 놓기로 하였고, 베드로는 주의 조언을 확보하는 적당한 기회로 이 때를 붙잡았다. 따라서 시몬 베드로는 찬송과 예배의 차이를 다루는 대화에 뛰어들어 물었다: "주여, 야고보와 나는 죄의 용서에 상관 있는 당신의 가르침에 대하여 의견이 같지 않나이다. 우리가 구하기도 전에 아버지가 우리를 용서하신다 당신이 가르친다고 야고보가 주장하며, 나는 뉘우침과 고백이 용서에 앞서야 한다고 주장하나이다. 우리 가운데 누가 옳으니이까? 당신은 무어라 말씀하시나이까?"

잠깐 침묵이 흐른 뒤에, 예수는 네 사람 모두를 의미 있게 바라보고 대답했다: "형제들아, 너희의 의견이 잘못되었으니, 이는 피조물과 창조자 사이에, 사람과 하나님 사이에 가깝고 사랑하는 관계의 성질을 너희가 헤아리지 못하는 까닭이라. 지혜로운 부모가 미숙하고 때때로 잘못하는 아이에 대하여 품는 헤아리는 동정심을 너희가 깨닫지 못하느니라. 총명하고 애정이 있는 부모가 언제라도 보통이고 정상인 아이를 용서하라고 부탁을 받는가 정말로 의심스러우니라. 사랑의 태도와 연결된 이해하는 관계는 어떤 서먹함도 실질적으로 막고, 서먹한 관계는 나중에 아이의 뉘우침을 부모의 용서와 다시 조정하는 것을 필요하게 만드느니라.

"어떤 아버지라도 그의 일부가 아이 속에 살며, 부모-자식 사이에 관련된 모든 문제에서, 아버지는 우선권과 우수한 이해력을 가지느니라. 부모는 좀더 진보된 어버이의 성숙함, 나이 든 편의 노련한 경험에 비추어 아이의 미숙함을 볼 수 있느니라. 땅에 있는 아이와 하늘 아버지의 경우에, 신성한 어버이는 무한하고 신다운 동정심, 그리고 사랑으로 헤아리는 능력을 소유하시니라. 신의 용서하심은 불가피하고, 하나님의 무한한 이해 속에서, 또 아이의 그릇된 판단과 잘못된 선택에 관계되는 모든 것을 완전히 아는 가운데, 용서는 본래부터 있고 사람에게서 빼앗을 수 없는 것이라. 신의 정의(正義)는 아주 영원히 공평하므로 헤아리는 자비를 어김없이 포함하니라.

"지혜로운 사람은 동료들의 마음 속 충동을 이해할 때, 저희를 사랑하리라. 형제를 사랑할 때, 너희는 이미 그를 용서하였느니라. 사람의 성품을 이해하고 사람의 명백한 잘못을 용서하는 능력은 하나님다운 것이라. 너희가 지혜로운 부모이어든, 이 방법으로 너희가 아이들을 사랑하고 이해하며, 일시적인 오해가 너희를 갈라 놓은 듯 보일 때 저희를 용서하기조차 하느니라. 아이는 미숙하고, 아버지-아이 관계의 깊이를 헤아림이 모자라매, 아버지의 충분한 승인을 받지 못하고 죄를 지어 떨어졌다는 느낌을 자주 느끼거니와 참된 아버지는 결코 그러한 거리를 조금도 의식하지 못하느니라. 죄는 피조물이 의식하는 체험이요, 하나님의 의식(意識)의 일부가 아니라.

"동료들을 용서할 수 없거나 기쁘게 용서하지 못하는 것은 너희의 미숙함, 너희가 어른의 동정심과 이해와 사랑에 이르지 못함을 재는 척도이라. 너희의 자식과 동료 존재들의 마음 속 성품과 참된 소망을 알지 못하는 데 정비례하여, 너희는 불만을 품고 앙갚음할 생각을 품느니라. 사랑은, 신성하고 속에 있는 생명의 충동이 풀려나가는 것이라. 사랑은 사심 없는 봉사로 젖을 먹고, 지혜 속에서 완전하게 된 이해심에 기초를 두느니라."

2. 유대인 통치자들이 던진 질문

월요일 저녁에 산헤드린과 서기관, 바리새인, 사두개인들로부터 뽑은 50명쯤 되는 추가된 지도자들 사이에 회의가 열렸다. 예수가 서민들의 사랑을 듬뿍 받고 있으니까, 그를 대중 앞에서 체포하는 것은 위험하리라는 것이 이 모임의 일치된 의견이었다. 그를 붙잡아서 재판에 넘기기 전에, 군중이 보는 앞에서 그의 체면을 깎아내리는 확고한 노력이 있어야 한다는 것이 또한 대다수의 의견이었다. 따라서 어려운 질문으로 그를 옭아매는 일에 착수하고, 다른 방법으로 사람들 앞에서 그에게 창피 주기를 추구하려고 이튿날 아침 성전에서 몇 집단의 학식 있는 사람들이 대기하라고 지정되었다. 마침내, 바리새인과 사두개인들, 그리고 헤롯 당원들까지도 유월절 군중이 보는 앞에서 예수의 체면을 깎아내리는 이 노력에 모두 함께 뭉쳤다.

화요일 아침, 예수가 성전 마당에 도착하고 가르치기 시작했을 때, 겨우 몇 마디 말씀하자, 여러 학원으로부터 한 무리의 젊은 학생들이 앞으로 왔고, 이들은 이 목적을 위하여 미리 연습했는데, 그 대변인이 예수에게 말했다: "주여, 우리는 당신이 올바른 선생인 줄 알며, 당신이 진리의 길을 선포하시고, 아무 사람을 두려워 아니하므로 당신이 오직 하나님을 섬기며, 사람을 차별하지 않는 것을 우리가 아나이다. 우리는 학생일 뿐이요, 우리가 고민하는 문제에 관하여 진리를 알고자 하나이다. 우리의 문제는 이것이나이다: 우리가 세금을 케자에게 바치는 것이 옳으니이까? 우리가 세금을 바쳐야 하리이까, 아니면 바치지 말아야 하리이까?" 예수는 그들의 위선(僞善)과 교묘함을 알아차리고 그들에게 말했다: "어찌하여 너희가 이렇게 나를 시험하려고 오느냐? 세금 내는 돈을 내게 보이라. 그리하면 내가 대답하리라." 그들이 그에게 한 데나리온을 내밀었을 때, 그것을 보고서 물었다. "이 은전(銀錢)에 누구의 모습과 새긴 글이 있느냐?" 그리고 "케자의 것이니이다"하고 그들이 대답하자, 예수는 말했다: "케자의 것은 케자에게, 하나님의 것은 하나님께 바치라."

그가 이처럼 이 젊은 서기관들과 그 헤롯당의 공모자들에게 대답하고 나서, 그들은 앞에서 물러났고, 사람들, 아니 사두개인들까지 그들의 패배를 고소해하였다. 그를 옭아매려고 애썼던 젊은이들까지 주의 대답이 뜻밖에 슬기로운 것에 크게 감탄하였다.

전날에 통치자들은 교회 권한의 문제로 군중 앞에서 그를 실수하게 만들려 했고, 실패하고 나서 이제 국가 권한에 관하여 해로운 토론에 그를 말려들게 하려 했다. 빌라도와 헤롯은 이 때 예루살렘에 있었고, 그가 감히 케자에게 세금 내는 것에 반대하여 조언한다면, 예수의 적들은 당장에 로마 당국 앞으로 가서 그를 선동죄로 고발할 수 있다고 추측했다. 또 한편, 그가 여러 말로 세금 내라고 조언한다면, 그러한 발언(發言)이 말씀을 듣던 유대인들의 민족 자존심에 크게 상처를 입히고, 이로서 군중의 호의와 사랑을 멀리하리라 그들은 옳게 계산했다.

이 모든 일에 예수의 적들이 패배했는데, 이는 "돈을 찍는 권한에는 세금을 부과하는 권한이 따른다"는 것이 이방 국가들 사이에 흩어진 유대인들을 안내하려고 산헤드린이 내린, 잘 알려진 판결이었기 때문이다. 이 방법으로 예수는 그들의 올가미를 피했다. 그들의 물음에 "아니라"는 대답은 반란을 선동(煽動)하는 것과 같았고, "옳다"고 대답하는 것은 그 시절에 뿌리 깊은 민족주의 감정에 충격을 주었을 것이다. 주는 그 질문을 피하지 않았고, 다만 2중으로 대답하는 지혜를 이용했을 뿐이다. 예수는 결코 회피하지 않았으나, 그를 괴롭히고 죽이려 하는 자들을 언제나 슬기롭게 다루었다.

3. 사두개인과 부활

예수가 가르침을 시작할 수 있기 전에, 또 다른 무리가 그에게 질문하러 앞으로 나왔는데, 이번에는 학식 있고 교활한 사두개인들의 일행이었다. 그들의 대변인이 그에게 다가오면서 말했다: "주여, 결혼한 남자가 아이 없이 죽는다면, 그의 형제가 그 아내를 데려가고 죽은 형제를 위하여 씨를 길러야 한다고 모세가 일렀나이다. 자, 어떤 사람이 여섯 형제가 있었는데 아이가 없이 죽은 일이 생겼나이다. 다음 동생이 그의 아내를 데려갔지만 아이가 없이 또한 곧 죽었나이다. 마찬가지로 둘째 아우가 그 아내를 데려갔으나, 그도 또한 자손을 남기지 않고 죽었나이다. 그리고 이런 식으로 모두 여섯 형제가 그 여자를 데려갔다가 모두 여섯이 아이를 남기지 않고 세상을 떠날 때까지 계속되었나이다. 그리고 나서, 모두를 따라서, 그 여인도 죽었나이다. 이제, 당신에게 이것을 묻고 싶나이다: 이 일곱 형제 모두가 그 여자를 데려갔으니, 부활하면 그 여인이 뉘 아내가 되리이까?"

이렇게 물을 때 이 사두개인들이 진지하지 않음을 예수가 알았고 사람들도 알았으니, 그런 일이 정말로 일어날 것 같지 않았기 때문이고, 게다가 죽은 남자의 형제들이 그를 위하여 자식을 낳아 주려 하는 이 관습은 이 시절에 유대인 사이에 실질적으로 사문(死文)이 되었기 때문이다. 그런데도 예수는 그들의 짓궂은 질문에 지체를 낮추어 대답하였다. 그는 말했다: "너희가 성서도, 하나님의 살아 계신 권능도 알지 못하매, 너희가 다 그렇게 묻는 잘못을 저지르는도다. 이 세상의 아들들은 장가들고 시집갈 수 있음을 너희가 알거니와 다가오는 세상에 도달할 자격이 있다고 생각되는 자들은 올바른 자의 부활을 통해서, 장가도 시집도 가지 아니하느니라. 죽은 자들 가운데서 부활을 겪는 자들은 하늘의 천사들과 더 비슷하니, 저희는 결코 죽지 아니하며, 이 부활한 자들은 영원히 하나님의 아들이라. 저희는 영생의 진보하는 길로 부활한, 빛의 아이들이라. 너희 조상(祖上) 모세조차도 이것을 알았으니, 떨기나무에서 그가 겪은 체험과 연관하여, 아버지가 '나는 아브라함의 하나님, 이삭의 하나님, 야곱의 <u>하나님이라</u>' 말씀하심을 들었느니라. 그래서 모세를 따라서 내가 선언하노니, 내 아버지는 죽은 자의 하나님이 아니라, 산 자의 하나님이라. 하나님 안에서 너희 모두가 살고, 자식을 낳고, 너희의 필사 존재를 가지느니라."

예수가 이 질문에 대답을 마치고 나서 사두개인들은 물러났고, "옳소이다, 옳소이다, 주여, 당신은 믿지 않는 이 사두개인들에게 잘도 대답하셨나이다" 하고 외치기까지 어떤 바리새인들은 까맣게 자기를 잊어 버렸다. 사두개인들은 그에게 아무 질문도 더 하지 않았고, 서민들은 그의 가르침이 지혜로운 데 감탄하였다.

사두개인들과 대결했을 때 예수는 모세만 언급하였는데, 이 종교적 당파는 오직 이른바 모세의 책 다섯 권이 정당하다고 인정했기 때문이고, 선지자들의 가르침은 교리(教理)의 근거로서 받아들일 수 있다고 인정하지 않았다. 그의 대답에서, 주는 필사 인간이 부활의 기법으로 살아남는다는 사실을 분명히 긍정했어도, 어떤 의미에서도 글자 그대로 인간의 몸이 부활한다는 바리새인의 관념을 인정하여 말하지는 않았다. 예수가 강조하고 싶어한 점은 이것이었다: 아버지가 "나는 아브라함과 이삭과 야곱의 하나님<u>이라</u>" 말씀했고, 내가 그들의 하나님<u>이었다</u> 하지 않았다는 것이다.

사람들이 보는 앞에서 박해하는 것은 아주 확실하게 대중의 머리 속에서 더욱 그에 대한 동정심을 일으킬 것을 잘 알았기 때문에, 사두개인들은 예수를 <u>조롱</u>으로 기를 꺾게 만들려고 생각했다.

4. 큰 계명

또 다른 무리의 사두개인들이 천사들에 관하여 덫에 걸리게 만드는 질문을 예수에게 하라고 지시를 받았지만, 부활에 관한 질문으로 그를 옭아매려 했던 동료들의 운명을 보자, 아주 현명하게 잠자코 있기로 작정했고, 묻지 않고 물러났다. 옭아매는 이 여러 질문으로 하루를 전부 채우고, 이로서 사람들 앞에서 예수의 체면을 깎아내리고 동시에 민심을 어지럽히는 가르침을 그가 선포할 겨를이 없도록 효과적으로 막는 것이 연합한 바리새인, 서기관, 사두개인, 헤롯당원들이 미리 작정한 계획이었다.

그리고 나서 바리새인들 무리 가운데 하나가 성가신 질문을 하려고 앞으로 나왔는데, 그 대변인은 예수에게 신호를 주면서 말했다: "주여, 나는 율법사요, 당신의 의견에 무엇이 가장 큰 계명(誡命)인가 당신께 묻고 싶나이다." 예수가 대답했다: "오직 한 계명이 있나니, 그것이 모든 것 가운데 가장 큰 계명이요, 그 계명은 이러하니라: '아 이스라엘아 들으라, 주 우리의 하나님, 주는 한 분이요, 너희는 마음을 다하여, 혼을 다하여, 정신을 다하여, 힘을 다하여, 주 너희 하나님을 사랑할지니라.' 이것이 첫째요, 큰 계명이라. 그리고 둘째 계명은 이 첫째와 같고, 정말로 거기서 바로 솟아나오니, 이것이라: '너희는 이웃을 네 몸과 같이 사랑할지니라.' 이것들보다 더 큰 다른 계명이 없느니라. 모든 율법과 선지자가 이 두 계명에 매달리느니라."

예수가 유대교의 가장 높은 개념에 맞게 대답했을 뿐 아니라, 또한 모인 군중이 보는 앞에서 지혜롭게 대답했음을 알아차렸을 때, 그 율법사는 주의 대답을 드러내놓고 칭찬하는 것이 훌륭한 용기를 보이는 것이라고 생각했다. 따라서 그는 말했다: "주여, 진리에 관하여, 하나님이 한 분이요, 그 외에 아무도 없으며, 마음과 이해와 힘을 다하여 그를 사랑하고, 또한 이웃을 제 몸처럼 사랑하는 것이 첫째이며 큰 계명이라고 말씀을 잘 하셨나이다. 그리고 이 큰 계명을 모든 태운 제물과 희생물보다 훨씬 더 중요하게 여겨야 하리라 우리는 찬성하나이다." 그 율법사가 이렇게 신중하게 대답했을 때, 예수는 그를 내려다보며 말했다, "친구여, 보아하니, 네가 하나님의 나라에서 멀리 않도다."

이 율법사가 "나라에서 멀리 않도다"하고 언급했을 때 예수는 진실을 말했는데, 바로 그 날 밤에 그는 겟세마네 가까이 주의 캠프로 가서, 하늘나라 복음을 믿는다고 고백하였고, 아브너의 제자들 중 하나인 요시아에게 세례를 받았기 때문이다.

다른 두세 집단의 서기관과 바리새인들이 자리에 있었고 질문할 생각이 있었지만 그들은 그 율법사에게 예수가 대답한 것에 마음이 풀어졌든지, 아니면 그를 덫에 걸리게 하려고 시도했던 자들의 패배를 보고서, 단념하였다. 이 뒤에 아무도 대중 앞에서 그에게 감히 또 다른 질문을 던지지 않았다.

아무런 질문이 더 나오지 않고, 정오(正午)가 가까웠기 때문에, 예수는 가르침을 다시 시작하지 않고 바리새인들과 그 동료들에게 한 마디 묻는 것으로 만족했다. 예수는 말했다: "너희가 아무 질문을 더 하지 않으니, 너희에게 하나 묻고자 하노라. 너희는 구원자를 어떻게 생각하느냐? 다시 말해서 그는 누구의 아들이냐?" 잠깐 멈춘 뒤에, 서기관들 가운데 하나가 대답하였다. "메시아는 다윗의 아들이니이다." 그리고 자기 제자들 사이에서도, 그가 다윗의 아들인가 아닌가에 많은 논쟁이 있은 줄 알았기 때문에, 예수는 이어서 이렇게 물었다: "구원자가 정말로 다윗의 아들이라면, 너희가 다윗이 지었다고 인정하는 시편(詩篇)에, 어찌하여 다윗 자신이 영으로 '주가 내 주에게 이르시되, 내가 너의 적들을 네 발판으로 만들 때까지 내 바른 편에 앉으라' 말하였느냐. 다윗이 그를 주라고 부른다면, 어찌 그가 다윗의 아들일 수 있느냐?" 통치자와 서기관과 대사제들이 이 물음에 아무 대답을 하지 않았어도, 그들은 마찬가지로 그를 옭아매려는 노력으로 더 질문하기를 삼갔다. 그들은 예수가 그들에게 제시한 물음에 결코 대답하지 않았지만, 주가 돌아가신 뒤에, 그것이 메시아가 아니라 아브라함을 언급하도록 이 시편의 해석을 바꿈으로써 그 곤경을 피하려고 했다. 더러는 다윗이 이른바 이 메시아 시편의 저자라는 것을 부인함으로 그 곤경(困境)을 벗어나려 했다.

얼마 전에 바리새인들은 사두개인들이 주 때문에 말문이 막혔던 그 형편을 고소해하였고, 이제 사두개인들은 바리새인들이 패배한 것을 기뻐하였지만, 그런 경쟁심은 잠시였을 뿐이다. 그들은 예수의 가르침과 일을 그만 두게 하려는 뭉친 노력으로 그들이 오랫동안 간직했던 견해 차이를 재빨리 잊어 버렸다. 그러나 이 모든 체험을 통해서 내내, 서민들은 예수의 말씀을 즐겁게 들었다.

5. 수소문하는 그리스인들

정오 무렵에, 빌립이 그 날 겟세마네 가까이에 세워지고 있는 새 캠프를 위하여 소모품을 사는 동안, 낯선 사람들, 알렉산드리아, 아데네, 로마에서 온 그리스인 신자들의 무리가 그에게 인사를 건넸고, 이들의 대변인은 그 사도에게 말했다: "당신을 아는 사람들이 우리에게 당신을 지적하였나이다. 그래서 선생이여, 우리는 당신의 주, 예수를 만나려는 요청을 가지고 당신께 오나이다." 수소문하는 이 탁월한 그리스 이방인들을 이렇게 시장에서 만나서 그는 움찔 놀랐고, 유월절 주간에 대중을 가르치는 어떤 일에도 말려들지 말라고 예수가 열두 사도 모두에게 아주 분명히 부탁했기 때문에, 이 문제를 다루는 바른 방법에 대하여 조금 당황했다. 이 사람들이 외국의 이방인이었기 때문에 그는 또한 쩔쩔맸다. 그들이 유대인이나 근처의 익숙한 이방인이었다면, 그렇게 표가 나게 망설이지 않았을 것이다. 그는 이렇게 했다: 이 그리스인들에게 바로 그 자리에 남아 있으라고 부탁했다. 그가 서둘러 가자, 그들은 그가 예수를 찾으러 갔다고 상상했지만, 실제로 요셉의 집으로 황급히 갔고, 거기서 안드레와 다른 사도들이 점심을 먹고 있음을 알았다. 안드레를 불러내서 그가 온 목적을 설명했고, 다음에 안드레를 데리고, 그는 기다리던 그리스인들에게 돌아갔다.

빌립이 소모품 구매를 거의 마쳤기 때문에, 그와 안드레는 그리스인들과 함께 요셉의 집으로 돌아갔고, 거기서 예수는 그들을 받아들였다. 이 점심에 모인 사도들과 한 무리의 주요 제자들에게 그가 말씀하는 동안, 그들은 가까이 앉아 있었다. 예수가 말했다:

"내 아버지가 그의 자애심을 사람의 아이들에게 드러내라고 이 세상으로 나를 보내셨거늘 내가 먼저 찾아간 자들은 나를 받아들이기를 거절하였도다. 정말로, 너희 가운데 많은 사람이 내 복음을 혼자 힘으로 믿은 것이 참말이나, 아브라함의 자손과 저희의 지도자들은 나를 물리치려 하고, 그렇게 함으로써 나를 보내신 이를 물리치느니라. 나는 구원의 복음을 이 민족에게 아낌없이 선포했고, 영적으로 기쁨과 해방과 생명을 더욱 풍부하게 가지는 아들 신분에 대하여 저희에게 일렀느니라. 두려움을 가진 이 사람의 아들들 사이에서 내 아버지는 놀라운 일을 많이 하셨으나, '주여, 누가 우리의 가르침을 믿었나이까? 그리고 주가 누구에게 드러나셨나이까?' 하고 적었을 때 선지자 이사야는 참으로 이 민족을 언급하였느니라. 참으로 내 민족의 지도자들은 보지 않으려고 일부러 저희 눈을 가렸고, 믿고 구원을 받을까 저어하여 저희 마음을 굳게 다졌느니라. 여태까지 저희가 아버지의 영원한 구원을 받는 자가 될까 하여 나는 저희의 불신을 고치려 하였노라. 모두가 나를 저버리지는 않은 줄 내가 알고, 너희 중에 더러는 정말로 내 메시지를 믿었느니라. 한때 산헤드린의 회원이었거나 나라의 회의에서 높은 자리에 있던 사람이 이 방에 지금 꼭 스물이 있도다. 하지만 너희 가운데 더러도 회당에서 너희를 쫓아낼까 저어하여 아직도 진실을 드러내 놓고 고백하지 못하고 움츠러드느니라. 너희 가운데 더러는 하나님의 영광보다도 사람들의 영광을 사랑하는 유혹을 받는도다. 그러나 아주 오랫동안 내 가까이 있고, 내 옆에서 아주 가까이 살던 자들 가운데 몇 사람이라도 그 안전과 충성을 다칠까 걱정되므로, 내가 용서할 수밖에 없도다.

"내가 보니, 이 연회실에 거의 같은 수의 유대인과 이방인이 모였는데, 내가 아버지께로 가기 전에, 내가 하늘나라의 일을 가르치도록 그러한 집단의 처음이자 마지막인 너희에게 말하고자 하노라."

이 그리스인들은 성전에서 예수가 가르칠 때 충실하게 참석하고 있었다. 지난 월요일 저녁에 그들은 니고데모의 집에서 회의를 열었는데, 이것은 날이 새기까지 계속되었고, 그들 가운데 서른 명이 하늘나라에 들어가기로 하였다.

예수가 이 때 그들 앞에 서 있는 동안, 그는 한 섭리 시대가 끝나고 다른 섭리 시대가 비롯됨을 깨달았다. 그리스인들에게 주의를 돌리면서, 주는 말했다:

"이 복음을 믿는 자는, 나 뿐 아니라 나를 보내신 이를 믿느니라. 나를 바라볼 때, 너희는 사람의 아들 뿐 아니라 또한 나를 보내신 이를 보느니라. 나는 세상의 빛이요, 내 가르침을 믿으려 하는 자마다, 이제 더 어둠 속에서 거하지 않으리라. 너희 이방인들이 내 말을 들으면, 너희는 생명의 말씀을 받고, 하나님의 아들이 되는 진리로 즐거운 해방을 당장에 얻으리라. 내 동포 유대인들이 나를 버리고 내 가르침을 물리치기를 택하면, 나는 저희를 판단하지 않으리니, 이는 내가 세상을 심판하러 온 것이 아니라 세상에 구원을 주려고 왔음이라. 그런데도 나를 거부하고 내 가르침 받기를 거절하는 자들은 때가 되면, 내 아버지에게, 그리고 자비의 선물과 구원의 진리를 물리친 것을 심판하라고 그가 임명한 자들에게 심판을 받을지니라. 너희는 모두 기억하라, 내가 스스로 말하는 것이 아니라, 나는 사람의 아이들에게 드러내라고 아버지가 명령하신 것을 너희에게 충실하게 선언하였노라. 아버지가 세상에 주라고 지시하신 이 말씀은 신성한 진리, 영구한 자비, 영원한 생명의 말씀이라.

"그러나 유대인과 이방인 모두에게 선언하노니, 사람의 아들이 영화로움을 받을 때가 거의 다가왔도다. 밀 알 하나가 땅에 떨어져 죽지 아니하면, 그것이 혼자 있음을 너희가 잘 알거니와, 그 밀 알이 좋은 땅에서 죽으면 다시 생명으로 솟아나서 많은 열매를 맺느니라. 제 목숨을 이기심으로 사랑하는 자는 잃을 위험이 있거니와 나와 복음을 위하여 목숨을 기꺼이 버리는 자는 땅에서, 그리고 하늘에서 더욱 풍부한 존재를, 영생(永生)을 누리리라. 내가 아버지께로 돌아간 뒤에도 너희가 참으로 나를 따르고자 하면, 너희는 내 제자가 되고, 동료 필사자들에게 성실한 종이 될지니라.

"내 때가 가까이 오고 있음을 내가 알고, 마음이 답답하니라. 내 민족은 하늘나라를 걷어차기로 뜻이 굳은 줄을 깨달으나, 빛의 길을 찾아 물으며 오늘 여기 온 이방인, 진리를 찾는 이 이방인(異邦人)들을 받아서 내가 기쁘도다. 그런데도, 내 민족을 위하여 내 가슴이 에이는 듯 아프고, 바로 앞에 닥친 것 때문에 내 혼이 괴로우니라. 내가 앞을 보고, 내게 막 쏟아지려 하는 것을 헤아리면서 무엇을 말하랴? 이 끔찍한 때를 벗어나게 해 달라고 아버지께 말하랴? 아니라! 바로 이 목적으로 내가 세상으로, 아니 이 시간까지도 왔느니라. 오히려 이렇게 말하고 너희가 나와 함께 하기를 기도하리라: 아버지여, 그 이름을 영화롭게 하옵소서, 아버지의 뜻이 이루어지이다."

예수가 이렇게 말씀을 마치자, 세례 받기 전 시절에 그에게 깃들던 성격화된 조절자가 그 앞에 나타났고, 그가 눈에 띄게 멈추자, 아버지를 대표하는, 이제는 막강한 이 영이 나사렛 예수에게 말했다: "너의 수여 생애에서 여러 번 나는 내 이름을 영화롭게 하였고, 한 번 더 내가 그 이름을 영화롭게 하리라."

여기 모인 유대인과 이방인들은 아무 목소리도 못 들었지만, 어떤 초인간 근원으로부터 그에게 메시지가 오는 동안에 주가 말씀을 멈춘 것을 눈치채지 않을 수 없었다. 그들은 모두, 각자 옆에 있는 사람에게 말했다. "천사가 그에게 말하였구나."

그리고 나서 예수는 말씀을 이었다: "이 모두가 나를 위해서가 아니라 너희를 위하여 일어났느니라. 아버지가 나를 받아들이고 너희를 위하여 내 사명을 받아들일 줄 내가 확실히 알지만, 너희가 격려를 얻고, 바로 앞에 놓인 불 같은 시련을 위하여 준비되는 것이 필요하니라. 너희에게 보장하노니, 세상을 깨우치고 인류를 해방하려는 우리의 뭉친 노력은 궁극에 승리로 보답을 얻으리라. 옛 체제는 재판을 받으러 다가오며, 내가 이 세상의 임금을 동댕이쳤노라. 내가 하늘에 계신 아버지께로 올라간 뒤에, 내가 모든 육체에 퍼부을 영의 빛으로 말미암아 모든 사람이 자유롭게 되리라.

"그리고 이제 너희에게 선언하노니, 내가 땅에서, 너희의 생활에서 높이 올려지면, 내가 모든 사람을 내게로, 내 아버지의 친교로 끌어당기리라. 구원자가 언제까지나 땅에서 거하리라고 너희가 믿어 왔으나, 내가 선언하노니, 사람의 아들이 사람들에게 거절당하고 아버지께로 돌아가리라. 잠시만 내가 너희와 함께 있고, 잠시만 살아 있는 빛이 이 어두운 세대 사이에 있으리라. 다가오는 어둠과 혼란이 너희를 따라잡기 전에, 이 빛이 있는 동안 너희가 걸으라. 어둠 속에서 걷는 자는 어디로 가는지 알지 못하느니라. 그러나 너희가 빛 속에서 걷기를 택하면, 너희는 모두 정말로 하나님의 해방된 아들이 될지니라. 그리고 이제 너희는 다 나와 함께 오라. 한편 우리는 성전으로 돌아가서, 대사제와 서기관과 바리새인, 사두개인과 헤롯당원, 그리고 이스라엘의 미개한 통치자들에게 작별을 알리리라."

이렇게 말하고 나서, 예수는 예루살렘의 좁은 거리를 지나 성전으로 돌아가는 길을 인도하였다. 이것이 성전에서 작별 강론이 되리라고 주가 말씀하는 것을 막 들었고, 그들은 말없이 깊이 생각에 잠겨 그를 따라갔다.

제 175 편

마지막 성전 강연

이 화요일에 오후 2시가 조금 지나서, 예수는 열한 사도, 아리마대 요셉, 그리스인 30명, 그리고 어떤 다른 제자들을 데리고 성전에 도착했고, 신성한 건축의 마당 안에서 마지막 연설을 시작했다. 이 강연은 유대 민족에게 그의 마지막 호소요, 혹독한 적과 그를 죽이려 하는 자들—서기관·바리새인·사두개인, 이스라엘의 주통치자들—에게 마지막 고발이 되도록 의도한 것이다. 아침 나절 내내, 여러 집단이 예수에게 질문할 기회를 가졌고, 이 날 오후에는 아무도 그에게 묻지 않았다.

주가 말씀을 시작하자, 성전 마당은 조용하고 질서가 있었다. 환전상과 상인들은 예수와 흥분한 군중이 그 전날에 그들을 몰아냈기 때문에, 감히 다시 성전에 들어오려고 하지 않았다. 강연을 시작하기 전에, 예수는 부드러운 눈길로 이 청중을 내려다보았는데, 이들은 유대인의 거짓 선생과 편협한 통치자들을 그가 마지막으로 비난한 것과 더불어, 인류에게 작별의 대중 연설, 자비의 연설을 곧 들을 것이었다.

1. 강연

"아버지가 사람의 아이들을 사랑한다고 선포하면서, 나라에서 여기저기 다니며 이렇게 오랫동안 내가 너희와 함께 있었고, 많은 사람은 빛을 보고 믿음으로 하늘나라에 들어갔느니라. 이 가르침과 전도와 연관하여, 아버지는 많은 놀라운 일을 하셨고, 죽은 자를 살리기까지 하였으며, 아프고 병든 많은 사람이 믿었기 때문에 온전하게 되었느니라. 그러나 이 모든 진리를 선포하고 병을 고친 것은, 빛을 보려고 하지 않는 자들, 이 하늘나라 복음을 거부하기로 작정한 자들의 눈을 열지 못하였도다.

"내 아버지의 뜻을 행하는 것과 일치되는 모든 방법으로, 나와 내 사도들은 우리 동포와 평화롭게 살려고, 모세의 율법과 이스라엘의 전통의 온당한 요구 조건을 따르려고 최선을 다하였느니라. 우리는 끈질기게 평화를 찾았어도 이스라엘의 지도자들은 평화를 받아들이려 하지 않으며, 하나님의 진리와 하늘의 빛을 물리침으로, 저희는 잘못과 어두움 편에서 줄을 서느니라. 빛과 어두움 사이, 생명과 죽음 사이, 진리와 잘못 사이에는 평화가 있을 수 없도다.

"너희 가운데 여럿이 감히 내 가르침을 믿고 하나님의 아들임을 의식하는 기쁨과 해방을 이미 얻었느니라. 그리고 바로 이 하나님의 아들이 되는 자격을 온 유대 민족에게, 아니 이제 나의 멸망을 추구하는 바로 이 사람들에게도, 내밀었음을 너희가 증언하리라. 지금도, 이 눈먼 선생과 이 위선적인 지도자들이 그에게 돌아와서 그의 자비를 받으려 하기만 한다면, 그는 저희를 받아들이려 하시느니라. 이 민족이 하늘의 말씀을 받고 사람의 아들을 환영하는 것이 지금도 너무 늦지 아니하니라.

“내 아버지는 오랫동안 이 민족을 자비롭게 대하셨도다. 대대로 우리는 저희를 가르치고 경고하라고 선지자들을 보내었거늘, 대대로 저희는 하늘이 보낸 이 선생들을 죽였느니라. 그리고 이제 외고집인 너희의 높은 사제(司祭)와 완고한 통치자들이 바로 이 일을 계속 하느니라. 헤롯이 요한을 죽게 한 것처럼, 마찬가지로 너희는 이제 사람의 아들을 죽이려고 준비하는도다.

“유대인들이 내 아버지께로 돌이켜서 구원을 추구할 기회가 있는 한, 아브라함과 이삭과 야곱의 하나님은 너희를 향하여 자비의 손을 뻗은 채로 계시리라. 그러나 뉘우치지 않는 너희의 잔을 일단 채웠을 때, 그리고 한 번 너희가 마침내 내 아버지의 자비를 물리치고 나서, 이 나라는 스스로 의논하도록 버려지겠고, 이 나라는 급속히 치욕스러운 종말에 이르리라. 이 민족은 세상의 빛이 되라고, 하나님을 아는 종족의 영적 영광을 나타내라고 부름 받았으나, 너희는 신성한 특권의 실현에서 너무 벗어나서, 너희 지도자들이 온 인류에게, 모든 시대에게 주는 하나님의 선물을—하늘에 계신 아버지가 땅에 있는 모든 피조물을 사랑한다는 계시를—마침내 물리칠 지경에 있으매, 저희는 모든 세월을 통하여 최상으로 어리석은 짓을 바야흐로 저지르려 하느니라.

“하나님이 사람에게 주는 이 계시를 일단 물리치고 나서, 하늘나라는 다른 민족들에게, 계시를 기뻐하고 즐거워하며 받을 사람들에게 주어질 것이라. 나를 보내신 아버지의 이름으로 내가 엄숙히 너희에게 경고하노니, 영원한 진리의 깃대를 쥐는 자, 신의 율법을 맡은 자로서, 너희는 세상에서 너희의 자리를 막 잃으려 하느니라. 앞으로 나와서 뉘우치고, 너희 마음을 다하여 하나님을 찾고, 어린아이들처럼, 성실한 믿음으로, 하늘나라의 안전과 구원으로 들어가려는 뜻을 알릴 마지막 기회를 내가 이제 막 너희에게 내미노라.

“내 아버지는 너희를 구원하기 위하여 오랫동안 일하셨고, 너희 사이에 살고 몸소 너희에게 길을 보이려고 내가 내려왔노라. 많은 유대인과 사마리아인, 아니 이방인들까지도 하늘나라 복음을 믿었으되, 먼저 앞으로 나서서 하늘의 빛을 받아야 할 자들은 하나님의 진리의 계시를—사람 속에 드러난 하나님과 하나님께로 들어올려진 사람을—완고하게도 믿으려 하지 않았도다.

“오늘 오후에는 내 사도들이 여기 너희 앞에 말없이 서 있으나, 구원으로 부르고 살아 계신 하나님의 아들로서 하늘나라와 연합하라고 재촉하는, 사도들의 울려 퍼지는 목소리를 너희가 곧 들을지니라. 그리고 내가 한 번 더 이스라엘과 그 통치자들에게 구출과 구원을 내밀었다는 것을 증언하라고, 이들, 내 제자들과 하늘나라 복음을 믿는 사람들, 그리고 저희 옆에 보이지 않는 사자(使者)들을 내가 이제 부르노라. 그러나 저희가 어떻게 아버지의 자비를 소홀히 하고, 어떻게 진리의 사자들을 물리치는가 너희 모두가 보느니라. 그런데도 내가 너희에게 타이르노니, 이 서기관과 바리새인들이 아직도 모세의 자리에 앉아 있으며, 따라서 사람들의 나라에서 다스리는 최고자들이 마침내 이 나라를 뒤집어엎고 이 통치자들의 자리를 파괴할 때까지, 너희가 이스라엘에서 이 장로들과 협조하라고 내가 명하노라. 너희는 사람의 아들을 죽이려는 저희의 계획에 함께 단결하라고 요구되지는 않으나, 이스라엘의 평화와 관계된 모든 일에 너희는 저희에게 복종해야 하느니라. 이 모든 일에 저희가 너희에게 무엇을 명하든지 행하고 율법의 기본을 지키되, 저희의 악한 일을 본따지 말라. 이것이 이 통치자들의 죄임을 기억하라: 저희는 좋은 것을 말해도 행하지는 않느니라. 이 지도자들이 무거운 짐, 지기에 괴로운 짐을 너희 어깨에 지우며, 너희가 이 무거운 짐 지는 것을 도우려고 손가락 하나도 까딱하려 하지 않음을 너희가 잘 아는도다. 저희는 예식으로 너희를 억압하였고, 전통으로 너희를 종으로 만들었도다.

"그 위에, 자기 중심인 이 통치자들은 사람들 눈에 보이도록 착한 일 하기를 기뻐하며, 저희는 성구함(聖句函)을 넓게 만들고 공식 예복의 옷자락을 크게 만드느니라. 저희는 잔치에서 상석에 앉기를 몹시 좋아하고 회당에서 좋은 자리를 요구하며, 시장(市場)에서 칭찬하는 인사를 탐내고 모든 사람이 저희를 랍비라 부르기를 원하느니라. 사람들로부터 이 모든 존경을 받으려고 하면서, 저희는 몰래 과부의 집들을 붙잡고, 신성한 성전의 예배로부터 이득을 챙기느니라. 이 위선자들은 대중 앞에서 겉치레로 길게 기도하고, 제 동료들의 눈을 끌려고 자선금을 내는도다.

"너희의 통치자들을 공경하고 너희 선생들을 존경해야 하되, 영적 의미에서 너희는 아무 사람도 아버지라 부르지 말지니, 너희의 아버지인 이, 아니 하나님이 계심이라. 하늘나라에서는 너희가 동포를 부리려고 해서도 안 되느니라. 너희 가운데서 가장 크고자 하는 자는 모든 사람을 섬기는 자가 되어야 한다고 내가 너희를 가르쳤음을 기억하라. 주제넘게 하나님 앞에서 자신을 높이면 너희가 분명히 낮아지려니와, 참으로 자기를 낮추는 자는 누구나 분명히 높임을 받으리라. 날마다 너희 생활에서, 자기의 영광이 아니라 하나님의 영광을 구하라. 총명하게 너희의 뜻을 하늘에 계신 아버지의 뜻에 복종시키라.

"내 말을 오해하지 말라. 지금도 나를 죽이기를 구하는 이 대사제와 통치자들에게 나는 아무런 악의(惡意)를 품지 아니하고, 내 가르침을 거절하는 이 서기관과 바리새인들에 대하여 아무런 악의를 품지 않노라. 너희 가운데 많은 사람이 몰래 믿음을 내가 알고, 내 때가 올 때 하늘나라에 충성함을 너희가 드러내 놓고 고백할 줄을 아노라. 그러나 너희의 랍비들이 하나님과 이야기한다고 공언하면서, 아버지를 세상에 드러내려고 오는 자를 주제넘게 물리치고 죽이려 하거늘, 어찌 저희가 자신을 정당화하리요?

"너희 서기관과 바리새인들, 위선자들에게 화가 있을진저! 성실한 사람들이 어쩌다 너희가 가르치는 길에서 학문을 배우지 않았다고 해서 저희에게 하늘나라의 문을 닫으려 하는도다. 너희는 하늘나라에 들어가지 않으려 하고, 동시에 모든 다른 사람도 들어가지 못하게 막으려고 너희는 있는 힘을 다하는구나. 너희는 구원의 문 앞에 등지고 서서, 안으로 들어가려는 모든 사람과 싸우느니라.

"서기관과 바리새인들에게 화 있을진저, 너희는 위선자로다! 전향자 하나를 얻으려고 너희는 정말로 땅과 바다를 둘러싸면서, 성공하고 나서, 그가 이방인의 자식으로 있던 형편보다 두 배나 나빠지게 만들 때까지 너희가 만족하지 않음이라."

"너희 대사제와 통치자들에게 화가 있을진저! 너희는 가난한 자들의 재산을 붙잡고, 하나님을 섬기려는 자들에게 모세가 예정했다고 생각하는 대로 무거운 세금을 요구하는도다. 자비를 베풀려 하지 않으면서 너희가 다가오는 세상에서 자비를 바랄 수 있느냐?

"너희의 거짓 선생, 눈먼 안내자들에게 화가 있을진저! 소경이 소경을 이끌 때 한 나라에게 무엇을 기대할 수 있느냐? 저희 둘이 파멸의 구덩이로 빠지리라.

"서약할 때 모른 체하는 너희에게 화가 있을진저! 성전으로 서약하면 그 서약을 깨도 좋거니와 성전에 있는 금(金)으로 서약하는 자는 누구나 묶인 채로 남아야 한다고 가르치니 너희는 사기꾼이라. 너희는 모두 바보요 소경이라. 정직하지 못한데 너희는 일관성도 없으니, 왜냐하면 금과 그 금을 성스럽게 만들었다고 생각되는 성전, 이 둘 사이에 어느 것이 더 크냐? 사람이 제단으로 맹세하면 아무 것도 아니라 하나, 사람이 제단에 놓여 있는 헌물로 맹세하면 빚진 자로 붙잡을지라 너희가 또한 가르치는구나. 다시 너희는 눈이 멀어 진리를 보지 못하니, 헌물과 그 헌물을 성스럽게 만든 제단, 이 둘 사이에 어느 것이 더 크냐? 하늘에 계신 하나님이 보시는 가운데 너희가 어찌 그런 위선과 부정직을 정당화할 수 있느냐?

"너희 서기관과 바리새인들, 그리고 모든 다른 위선자에게 화가 있을진저! 저희는 박하와 아니스와 쿠민을 십일조로 드리면서, 율법에서 더 무거운 문제들—믿음과 자비와 심판—을 무시하는도다. 도리(道理)에 맞게 너희는 하나를 해야 하고 다른 하나를 하지 않은 채로 두어서는 안 되느니라. 너희는 참으로 눈먼 안내자요 벙어리 선생이라. 하루살이를 걸러 내고 낙타를 삼키는도다.

"너희 서기관과 바리새인과 위선자들에게 화가 있을진저! 너희는 잔과 큰 접시의 겉을 빈틈없이 깨끗이 하되, 속에는 강탈하고 낭비하고 속이는 더러움이 남아 있음이라. 너희는 영적으로 눈이 멀었구나. 먼저 잔 속을 깨끗이 하고, 다음에 넘치는 것이 저절로 겉을 깨끗이 하리니, 이것이 얼마나 더 좋은가 너희는 깨닫지 못하느냐? 버림받은 너희 사악한 자들아! 너희의 혼은 불의(不義)에 깊이 젖어 있고 살인으로 가득하면서, 모세의 율법을 너희가 풀이하여 글자대로 따르려고 너희의 종교를 바깥으로 연출하느니라.

"진리를 물리치고 자비를 걷어차는 너희 모두에게 화가 있을진저! 너희 가운데 많은 사람이 흰 칠한 무덤과 같으니, 겉으로 아름답게 보이나 속은 죽은 사람의 뼈와 온갖 더러움이 가득하니라. 과연 그러하니, 하나님의 충고를 알면서 물리치는 너희가 바깥으로 사람들에게 거룩하고 올바르게 보이되, 속으로 너희 마음은 위선과 불의로 가득하니라.

"나라의 거짓 안내자인 너희에게 화가 있을진저! 너희는 옛날에 순교한 선지자들에게 저 건너 기념비를 세웠고, 한편 저희가 언급한 자를 죽이려고 음모를 꾸미는도다. 너희는 올바른 자의 무덤을 꾸미고, 너희가 조상(祖上) 시절에 살았던들, 너희가 그 선지자들을 죽이지 아니하였으리라 자찬(自讚)하는구나. 그리고 나서 그렇게 독선적으로 생각하는 가운데 너희는 그 선지자들이 언급한 자, 사람의 아들을 죽이려 준비하는도다. 이런 일을 하는 까닭에, 너희는 선지자들을 죽인 자의 사악한 아들임을 자신에게 증언하느니라. 그러면 가서 너희 비난의 잔을 가득 채우라!

"악의 자손들아, 너희에게 화가 있을진저! 요한은 참으로 너희를 독사(毒蛇)의 자식이라 불렀고, 내가 묻노니, 요한이 너희에게 내린 심판을 너희가 어찌 피할 수 있느냐?

"그러나 지금도 나는 아버지의 이름으로 너희에게 자비와 용서를 내밀며, 지금도 영원히 친교하는 사랑의 손을 내미노라. 내 아버지는 너희에게 지혜로운 사람과 선지자들을 보내셨더니, 너희가 더러는 박해하고 더러는 죽였느니라. 그리고 나서 요한이 사람의 아들이 올 것을 선포하며 나타났고, 많은 사람이 그의 가르침을 믿은 뒤에 너희는 그를 죽였도다. 이제 너희는 무죄한 피를 더 흘리려 준비하느니라. 청산(淸算)하는 무서운 날이 올 것을 너희는 알아보지 못하느냐? 그 날에 온 땅의 재판관이 이 민족에게 저희가 어떻게 이 하늘 사자(使者)들을 물리치고 박해하고 죽였는가 설명하라고 요구하리라. 죽음을 당한 첫 선지자로부터 성소(聖所)와 제단 사이에서 죽음을 당한 스가랴의 시절까지, 이 모든 올바른 피를 책임져야 하는 것을 너희가 이해하지 못하느냐? 너희가 악한 길을 계속하면, 이 책임이 바로 이 세대에게 요구될까 하니라.

"아 예루살렘과 아브라함의 자손이여, 너희에게 보낸 선지자들을 너희가 돌로 치고 선생들을 죽였도다. 암탉이 날개 밑에 병아리를 모으듯 지금도 내가 너희의 자녀들을 모으려 하거늘, 너희는 말을 듣지 않는도다!

"이제 내가 너희를 떠나노라. 너희는 내 메시지를 들었고 너희는 결심하였으며, 내 복음을 믿은 자들은 이제도 하나님의 나라 안에서 안전하니라. 하나님의 선물을 물리치기로 작정한 너희에게 이르노니, 너희는 내가 성전에서 가르침을 이제 더 보지 못하리라. 너희를 위하여 내가 할 일은 끝났도다. 보라, 나는 이제 내 아이들과 함께 가고, 너희 집은 황폐한 채로 너희에게 맡겨졌도다!"

그리고 나서 주는 추종자들에게 성전을 떠나라고 손짓했다.

2. 개별 유대인의 지위

유대 민족의 영적 지도자와 종교 선생들이 한때 예수의 가르침을 물리치고 그가 모진 죽음을 당하도록 공모(共謀)했다는 사실은, 하나님 앞에 설 때 어떤 개별 유대인의 지위에 어떤 면에서도 영향을 미치지 않는다. 그 사실이 그리스도의 추종자라고 공언하는 사람들이 동료 유대인을 적대하는 편견을 가지게 해서는 안 된다. 한 민족으로서, 하나의 사회·정치 집단으로서, 유대인들은 평화의 왕을 물리친 끔찍한 값을 충분히 치렀다. 그들은 인류의 여러 종족에게 신성한 진리의 영적 횃불을 쥔 자가 되기를 그만둔 지 오래지만, 이것은 이 옛적 유대인들의 개별 후손이, 나사렛 예수를 따른다고 고백하는, 참을성 없고 자격 없고 편협한 사람들이 퍼부었던 박해를 받아야 할 정당한 이유는 되지 않으며, 예수 자신은 출생으로 따지면 유대인이었다.

이처럼 여러 차례 불합리하고 그리스도답지 않게 현대 유대인들을 미워하고 박해한 것은 죄 없고 예의 바른 어떤 개별 유대인의 고통과 죽음을 초래했으며, 그들의 바로 그 조상은 예수의 시절에 진심으로 그의 복음을 받아들이고, 얼마 있다가 마음을 다하여 믿었던 진리를 위하여, 물러서지 않고 죽었다. 예수를 따른다고 공언(公言)하는 자들이, 하늘나라 복음의 처음 순교자로서 그렇게 영화롭게 목숨을 바친, 베드로와 빌립과 마태, 기타 팔레스타인 유대인들의 후일의 자손을 박해하고 괴롭히고, 심지어 죽이는 데 탐닉하는 것을 볼 때, 구경하는 하늘 존재들이 얼마나 무섭게 몸서리를 치는가!

죄 없는 아이들이 선조의 죄, 그들이 도무지 알지 못하고 어떤 면에서도 도저히 책임질 수 없는 그릇된 행위 때문에 고통받으라고 강요하는 것은 얼마나 잔인하고 불합리한가! 그리고 적까지도 사랑하라고 제자들에게 가르친 이의 이름으로 그러한 사악한 행동을 하다니! 예수의 일생을 이처럼 이야기하면서, 어떤 동료 유대인들이 어떤 방법으로 그를 물리치고 수치스럽게 죽게 만들려고 공모했는가 묘사하는 것이 필요하게 되었다. 그러나 이 이야기를 읽는 모든 사람에게 우리가 경고하고자 하니, 그러한 역사적인 이야기를 발표하는 것은 어떤 면에서도 부당한 미움을 정당화하지 않고 불공평한 지성의 태도를 묵인하지도 않으며, 그리스도 교인이라고 공언한 아주 많은 사람이 여러 세기 동안 개별 유대인에 대하여 그런 미움과 태도를 지녀 왔다. 하늘나라를 믿는 사람, 예수의 가르침을 따르는 사람들은 개별 유대인을 예수를 물리치고 십자가에 못박은 죄인으로 잘못 대우하기를 그쳐야 한다. 아버지와 그의 아들 창조자는 유대인을 그치지 않고 사랑해 왔다. 하나님은 사람을 차별하시는 분이 아니요, 구원은 이방인 뿐 아니라 유대인도 위한 것이다.

3. 운명의 산헤드린 회의

이 화요일 저녁 8시에 운명의 산헤드린 회의가 시작되었다. 앞서 여러 번 유대 민족의 이 최고 법정은 비공식으로 예수의 죽음을 선포했다. 여러 번 이 존엄한 통치 단체는 그의 일을 멈추게 하기로 결의했지만, 전에는 한 번도 어떤 값을 치르더라도 그를 체포하고 죽게 만들려고 결의한 적이 없었다. 그 때 구성된 바와 같이 산헤드린이 공식으로, 만장 일치로, 예수와 나사로에게 사형 선고를 내리기로 투표한 것은 서기 30년 4월 4일, 이 화요일에 자정이 되기 바로 전이었다. 이것은 성전에서 겨우 몇 시간 앞서 유대인 통치자들에게 주가 마지막으로 호소한 데 대한 대답이었고, 그것은 바로 이 대사제들과 뉘우치지 않는 사두개인·바리새인들을 예수가 마지막으로 힘차게 고발한 데 대하여 그들이 지독하게 분개하는 반응을 표시하였다. 사람의 아들에게 (재판도 받기 전에) 사형 선고를 내린 것은 그런 상태의 유대 민족에게 일찍이 내민 하늘의 마지막 자비에 대한 산헤드린의 대답이었다.

이 때부터 계속, 유란시아의 여러 나라 사이에서, 유대인들은 순전히 그들의 인간적 지위에만 따라서, 덧없고 짧은 기간의 민족 생명을 마치도록 버려졌다. 이스라엘은 아브라함과 약속했던 하나님의 아들을 배척했고, 아브라함의 자손을 세상에 대하여 진리의 빛을 쥔 자로 만들려는 계획은 물거품이 되었다. 신의 약속이 거두어졌고, 히브리 나라의 종말이 빨리 다가왔다.

이튿날 아침 일찍 산헤드린의 관리들은 예수를 잡아들이라는 명령을 받았지만, 거기에는 그를 대중 앞에서 체포해서는 안 된다는 지시(指示)가 곁들였다. 그들은 몰래, 기왕이면 갑자기, 밤에 그를 붙잡기를 계획하라고 지시받았다. 그 날 (수요일에) 성전에서 가르치러 돌아오지 않을 수도 있음을 알았기 때문에, 그들은 "목요일 자정 얼마 전에 유대인의 고등 법정 앞으로 그를 데려 오라"고 이 산헤드린 관리들에게 지시했다.

4. 예루살렘의 상황

성전에서 예수의 마지막 강연이 끝났을 때, 사도들은 한 번 더 어리둥절하고 깜짝 놀랐다. 주가 유대인 통치자들에게 이 끔찍한 비난을 퍼붓기 시작하기 전에 유다가 성전으로 돌아왔고, 그래서 열두 사도 모두가 성전에서 예수의 마지막 강연의 이 후반을 들었다. 가롯 유다가 이 작별 연설에서 자비를 내미는 처음 절반을 들을 수 없었다는 것은 유감이다. 그는 이 작별 연설에서 유대 통치자들에게 이렇게 마지막으로 자비를 내미는 그 절반을 듣지 못했는데, 함께 점심을 같이 먹던 어떤 무리의 사두개인 친척과 친구들과 아직도 의논하고 있었기 때문이었고, 그는 예수와 그 동료 사도들로부터 떨어져 나가는 최적(最適) 방법에 관하여 이들과 함께 의논하고 있었다. 유대 지도자와 통치자들을 주가 마지막으로 고발하는 것을 듣는 동안에, 유다는 복음 운동을 버리고 그 기획 전체에서 손을 떼려고 마침내, 완전히 작정하였다. 그런데도 그는 열둘의 일행 속에 끼어 성전으로 돌아왔고, 그들과 함께 올리브 산으로 갔다. 거기서 그는 동료 사도들과 함께, 예루살렘의 멸망과 유대 나라의 끝에 대하여 그 운명의 강연을 들었고, 그들과 함께 그 화요일 밤에 겟세마네 가까이 새 캠프에 남아 있었다.

유대인 지도자들에게 자비롭게 호소하다가, 무자비한 비난에 가깝도록 갑작스럽고 통렬한 꾸짖는 길로 예수가 태도를 확 바꾼 것을 들은 군중은 소스라치게 놀라고 어리둥절했다. 그 날 밤에, 산헤드린이 예수에게 사형 재판을 진행하는 동안, 그리고 주가 유대 나라의 패망을 예언하면서, 바깥에 올리브 산에서 사도와 어떤 제자들과 함께 앉아 있는 동안, 온 예루살렘은 꼭 한 가지 질문을 심각하게 쉬쉬하며 논의하는 데 빠졌다: "저희가 예수를 어떻게 할까?"

하늘나라를 몰래 믿던 저명한 유대인이 30명 넘게 니고데모의 집에서 만났고, 산헤드린과 드러내 놓고 관계를 끊는 일이 생길 경우에 그들이 무슨 과정을 밟을 것인가 토론했다. 자리에 있던 모든 사람이 예수가 붙잡혔다는 소식을 듣는 바로 그 시각에, 그들이 주께 충성한다는 것을 드러내 놓고 인정하겠다고 합의를 보았다. 그들은 바로 그대로 했다.

이제 산헤드린을 통제하고 지배하는 사두개인들은 다음 이유로 예수를 없애기를 바랐다:

1. 그의 인기(人氣)가 군중 사이에서 늘어난 것은 로마 당국을 아마 개입하게 만듦으로 유대 국가의 존재를 위태롭게 할 우려가 있다고 두려워했다.

2. 성전을 개혁하려는 그의 열심은 바로 그들의 수입(收入)에 타격을 주었다. 성전을 깨끗이 한 것은 그들의 주머니 사정에 영향을 미쳤다.

3. 그들은 사회 질서를 보존하는 책임이 있다고 느꼈고, 사람의 형제 정신을 가르치는 낯설고 새로운 예수의 교리가 더욱 퍼져서 생기는 결과를 두려워했다.

바리새인들은 예수가 사형(死刑)되기를 보고 싶어하는 다른 동기가 있었다. 다음 이유로 그를 두려워했다:

1. 그는 사람들에 대하여 바리새인들이 가졌던 전통적 위력에 맞서 반항하라고 말하는 태도를 취했다. 바리새인들은 지나치게 보수적이었고, 종교 선생인 그들에게 주어진 권위에 대하여 급진적이라 생각되는 이 공격을 뼈에 사무치게 분개했다.

2. 예수는 율법을 어기는 자요, 안식일과 수많은 다른 율법 및 예식의 요구 사항을 철저히 무시하는 태도를 보였다고 그들은 주장했다.

3. 그가 하나님이 자기의 아버지라고 언급했기 때문에 그들은 신성 모독 죄로 몰았다.

4. 작별 연설의 결론 부분으로서, 성전에서 이 날 했던, 지독한 비난이 담긴 마지막 강연 때문에, 이제 그들은 머리끝까지 화가 났다.

예수의 죽음을 공식으로 선포하고 그를 체포하라는 명령을 내렸기 때문에, 예수가 재판받아야 할 죄목을 작성할 목적으로 대사제 가야바의 집에서 이튿날 아침 10시에 모이기로 결정한 뒤에, 산헤드린은 이 화요일에 거의 자정(子正)이 가까워 폐회했다.

사두개인들의 작은 집단이 예수를 암살해서 없애 버리기를 실제로 제안했지만, 바리새인들은 그런 과정을 전혀 묵인하려 하지 않았다.

이것이 이 파란 많은 날에 예루살렘에서, 그리고 사람들 사이에 상황이었고, 한편 광대한 집합의 하늘 존재들이 땅에서 이 중대한 장면 위에 떠돌고 있었다. 사랑하는 군주를 돕기 위해서 무슨 일인가 하려고 초조했지만, 지휘하는 상관들이 실질적으로 제어했기 때문에, 그들은 행동할 힘이 없었다.

제 176 편

화요일 저녁 올리브 산에서

이 화요일 오후에, 예수와 사도들이 겟세마네 캠프까지 가는 길에 성전 바깥으로 나가면서, 마태는 성전의 건축에 주의를 끌면서 말했다: "주여, 이것들이 어떤 모양의 건물인가 지켜보소서. 육중한 돌과 아름다운 장식(裝飾)을 보소서. 도대체 이 건물들이 파괴되는 일이 있을 수 있나이까?" 그들이 올리브 산을 향하여 줄곧 가는 동안, 예수는 말했다: "너희가 이 돌과 이 육중한 성전을 보는구나. 진실로, 진실로 내가 너희에게 이르노니, 돌 위에 돌 하나도 남지 않을 날이 곧 닥치리라. 사람들이 이 돌들을 모두 던져 버리리라." 신성한 성전의 파괴를 묘사하는 이 논평은 주의 뒤를 따라 걷는 동안, 사도들의 호기심을 일으켰다.

겟세마네를 향하여 기드론 골짜기를 따라서 지나가는 군중을 피하려고 예수와 동료들은 가까운 거리에 올리브 산 서쪽 비탈을 기어오르고, 다음에 공공 캠프장 위로 조금 떨어져, 겟세마네 가까이 그들의 사립 캠프까지 오솔길을 따라갈 생각이 있었다. 베다니로 계속 이끄는 길을 등지고 돌아서자, 그들은 지는 태양의 햇살로 영화롭게 된 성전을 지켜보았다. 산에서 머무르는 동안에, 그들은 도시의 불빛이 나타나는 것을 보고, 불이 비추어진 성전의 아름다움을 바라보았다. 거기서 부드러운 보름달 빛 아래서, 예수와 열두 사도는 앉았다. 주는 그들과 이야기를 나누었고, 당장에 나다니엘이 이렇게 물었다: "주여, 말씀하소서. 언제 이 사건들이 일어나려 하는지 우리가 어떻게 알 수 있나이까?"

1. 예루살렘의 멸망

나다니엘의 물음에 답하여 예수는 말했다: "그렇게 하마, 이 민족이 불법(不法)의 잔을 가득 채웠을 때, 응보가 우리 조상의 이 도시에 급속히 내려올 때에 관하여, 너희에게 일러 주리라. 나는 바야흐로 너희를 떠나려 하고, 아버지께로 가노라. 내가 너희를 떠난 뒤에, 아무도 너희를 속이지 않도록 조심하라, 많은 사람이 구원자로 와서 많은 사람이 길을 잃게 할 것임이라. 너희가 전쟁과 전쟁 소문을 들을 때 상관하지 말지니, 비록 이 모든 것이 일어나더라도, 예루살렘의 종말이 아직 가깝지 아니한 때문이라. 너희는 기근(饑饉)이나 지진(地震)에 마음이 흔들리지 말며, 너희가 국가 당국에 끌려가고 복음을 위하여 박해받을 때 근심해서도 안 되느니라. 너희는 나 때문에 회당에서 쫓겨나고 감옥에 갇히겠고, 너희 가운데 더러는 죽음을 당하리라. 너희가 총독과 통치자들 앞에 끌려갈 때, 그것은 너희 믿음을 간증하기 위한 것이요, 하늘나라 복음을 너희가 끈질기게 믿음을 보이기 위한 것이라. 너희가 재판관 앞에 설 때, 무엇을 말해야 할까 미리 초조해하지 말지니, 바로 그 시간에 영(靈)이 너희가 너희 적들에게 무슨 대답을 해야 할까 너희를 가르칠 것임이라. 진통이 있는 이 날에 너희 친척들조차, 사람의 아들을 거절한 자들의 지휘 밑에서 너희를 감옥과 죽음으로 인도하리라. 한동안 너희는 나 때문에 모든 사람의 미움을 받을까 싶으나, 이 박해 속에서도 나는 너희를 버리지 아니하겠고, 내 영이 너희를 저버리지 아니하리라. 참으라! 이 하늘나라 복음이 모든 적을 이기고, 궁극에 모든 민족에게 선포될 것을 의심하지 말라."

예수는 도시를 내려다보면서 멈추었다. 메시아의 영적 개념을 부인하는 것, 기대된 구원자의 물질적 사명에 집요하게, 맹목(盲目)으로 집착하려는 결의는 얼마 안 있어 유대인들을 강력한 로마 군대와 직접 충돌하게 하리라는 것, 그러한 투쟁은 오로지 유대 나라의 마지막 완벽한 파멸을 가져올 수 있을 뿐이라는 것을 주는 깨달았다. 그의 민족이 그의 영적 수여(授與)를 거절하고 아주 자비롭게 비치는 하늘의 빛을 받아들이려 하지 않았을 때, 그렇게 함으로써 땅에서 영적 사명을 가진 독립된 민족으로서 그들은 자체의 멸망을 굳혔다. 궁극에 그들의 멸망을 가져온 소란으로 직접 이끈 것은 이 현세의 메시아 아이디어였다는 것을 유대 지도자들도 나중에 인정했다.

예루살렘이 초기 복음 운동의 요람(搖籃)이 되도록 예정되었기 때문에, 예수는 예루살렘의 파멸과 연관하여 유대 민족이 끔찍하게 멸망할 때 복음 선생과 전도자들이 죽기를 원하지 않았고, 따라서 추종자들에게 이 가르침을 주었다. 예수는 제자들 중에 더러 곧 다가오는 이 항쟁에 말려들어 예루살렘이 멸망할 때 그렇게 죽지 않을까 많이 걱정했다.

그리고 나서 안드레가 물었다: "그러나 주여, 거룩한 도시와 성전이 멸망하게 되면, 그리고 당신이 우리를 지도하려고 여기 계시지 않으면, 언제 우리가 예루살렘을 버려야 하나이까?" 예수가 말했다: "너희는 내가 떠난 뒤에, 아니 진통과 모진 박해가 있을 이 시절을 통해서 여기 남아 있어도 좋으나, 거짓 선지자들의 폭동이 있은 뒤에 너희가 예루살렘이 마침내 로마 군대(軍隊)에 에워싸이는 것을 보거든, 그 때 예루살렘의 황폐가 가까웠음을 너희가 알리라. 그 때 너희는 산으로 달아나야 하느니라. 도시 안에, 또 그 근처에 있는 자는 누구나 아무 것도 구제하려고 머무르지 말고, 바깥에 있는 자들도 그 안으로 감히 들어가지 말지니라. 큰 시련이 있으리니, 이 때는 이방인이 복수하는 시절이 될 것임이라. 너희가 그 도시를 버린 뒤에, 순종하지 않는 이 민족은 칼날에 사라지고 모든 나라에 포로로 잡혀가겠고, 그렇게 예루살렘이 이방인들에게 짓밟히리라. 그 동안에, 내가 너희에게 경고하노니, 속지 말라. 누구라도 너희에게 와서, '보라, 여기 구원자가 있다' 아니면 '보라, 저기 그가 있다' 하면 믿지 말지니, 많은 거짓 선생이 일어나고 숱한 사람이 길을 잃을 것임이라. 그러나 너희는 속지 말아야 하나니, 내가 이것을 모두 미리 너희에게 일렀음이라."

주의 이 놀라운 예언들이 어리둥절한 머리 속에 가라앉는 동안, 사도들은 상당히 오랫동안 달빛 속에서 말없이 앉아 있었다. 바로 이 경고(警告)에 순응하여, 로마 군대가 처음 나타나자, 신자와 제자들 무리 거의 전부가 예루살렘으로부터 달아났고, 북쪽에 펠라에서 안전한 피난처를 발견했다.

이 뚜렷한 경고가 있은 뒤에도 예수의 많은 추종자는 이 예언이, 메시아가 다시 나타나심이 새 예루살렘의 확립을 초래하고, 세계의 서울이 되도록 도시의 확장을 초래할 때 예루살렘에서 분명히 일어날 변화를 언급하는 것이라고 해석하였다. 머리 속에서 이 유대인들은 성전의 멸망을 "세상의 종말(終末)"과 연결하려고 각오가 굳었다. 그들은 이 새 예루살렘이 온 팔레스타인을 채우리라, 세상의 종말이 온 뒤에 "새 하늘과 새 땅"이 즉시 나타나는 일이 따를 것이라고 믿었다. 그래서 베드로가 "주여, 새 하늘과 새 땅이 나타날 때 모든 것이 없어질 것을 우리가 아나이다. 그러나 당신이 이 모든 것을 일으키려고 언제 돌아오실까 우리가 어떻게 알겠나이까?"하고 말한 것이 이상하지 않았다.

이 말을 듣자, 예수는 얼마 동안 생각에 잠겼고, 그리고 나서 말했다: "너희가 늘 잘못하는 것은 새 가르침을 옛 가르침에 붙이려고 언제나 애쓰는 까닭이라. 너희의 굳어진 관념에 따라서 복음을 해석하기를 너희가 고집하느니라. 그런데도 내가 너희를 깨우치려고 애쓰리라."

2. 주의 재림

예수는 몇 차례에 걸쳐 말씀하였는데, 이것은 말씀을 듣는 자들로 하여금, 그가 얼마 안 있어 이 세상을 떠날 뜻이 있지만 그가 하늘나라의 일을 마치려고 아주 확실히 돌아오리라 추측하도록 이끌었다. 그가 그들을 떠나리라는 확신이 추종자들 사이에 커짐에 따라서, 그리고 그가 이 세상을 떠난 뒤에, 그가 돌아온다는 이 약속을 모든 신자가 단단히 붙들고 있는 것은 자연스러웠을 따름이다. 그리스도가 다시 오신다는 교리는 이처럼 그리스도 교인들의 가르침 속에 일찍 합병되었으며, 거의 모든 후세의 제자들이 경건하게 이 진리를 믿어 왔고, 그가 언젠가 오시기를 확신을 가지고 기대해 왔다.

그들이 주, 선생과 갈라져야 한다면, 돌아오리라는 이 약속을 얼마나 더 굳세게 이 초기의 제자와 사도들이 붙잡았는가. 그리고 그들은 조금도 지체하지 않고 예루살렘이 멸망한다는 예언을 다시 오신다는 이 약속과 연결시켰다. 올리브 산에서 가르친 이 날 저녁 내내, 주가 바로 그런 잘못을 막으려고 특별히 고심(苦心)했는데도, 그들은 그의 말씀을 줄곧 이렇게 풀이했다.

베드로의 물음에 예수는 대답을 이었다: "어찌하여 너희는 아직도 사람의 아들이 다윗의 보좌에 앉기를 찾고, 유대인의 물질적인 꿈이 성취되리라 기대하느냐? 내 나라가 이 세상에 속하지 않는다고 여태까지 너희에게 이르지 아니하였느냐? 너희가 이제 내려다보는 것들은 이제 종말(終末)에 이르고 있으되, 이것은 새 시작이 될 것이요, 거기로부터 하늘나라 복음이 온 세상으로 가고 이 구원이 모든 민족에게 전파되리라. 어둠의 왕이 되어 버린 자, 다음에 아담, 그를 뒤따라 멜기세덱, 그리고 오늘날 사람의 아들을 이 세상에 이미 수여하신 것 같이, 하늘나라가 완전히 결실(結實)할 때, 하늘에 계신 아버지가 어김없이 진리를 더 크게 드러내고 올바름을 더 높이 나타내시리라는 것을 확신하라. 그래서 내 아버지는 어둡고 악한 이 세상에도, 계속하여 자비를 나타내고 사랑을 보이시리라. 내 아버지가 내게 모든 능력과 권한을 투입하신 뒤에, 나도 또한 그렇게 너희의 운명을 계속 따르고, 내 영이 함께 함으로 하늘나라의 일을 안내하겠고, 그 영을 머지 않아 모든 육체에 부으리라. 비록 내가 이처럼 너희와 함께 정신적으로 있을지언정, 또한 약속하노니, 내가 이 세상으로 언젠가 다시 돌아오리라. 거기서 내가 육체를 입은 이 생명을 살았고, 하나님을 사람에게 드러내고, 아울러 사람을 하나님께로 인도하는 체험을 얻었노라. 아주 곧 나는 너희를 떠나고 아버지가 내 손에 맡기신 일을 맡아야 하나, 기운을 내라, 언젠가 내가 돌아올 것임이라. 그 동안에 한 우주에서 내 진리의 영이 너희를 위로하고 안내하리라.

"약하고 육체를 입은 나를 너희가 지금 보아도, 돌아올 때 나는 권능을 가지고 영으로 오리라. 육체의 눈은 육체를 입은 사람의 아들을 바라보거니와 오직 영의 눈이 아버지가 영화롭게 하고 그의 이름으로 땅에 나타나는 사람의 아들을 바라보리라.

"그러나 사람의 아들이 다시 나타날 그 때는 오직 파라다이스 회의에서만 알고 있고, 하늘의 천사들조차 이 일이 언제 일어날까 모르느니라. 그러나 이것을 너희가 이해해야 하나니, 모든 민족의 구원을 위하여 이 하늘나라 복음이 온 세상에 선포되었을 때, 그리고 시대가 충만하게 무르익었을 때, 아버지는 너희에게 또 다른 섭리(攝理) 시대를 수여하거나, 아니면 사람의 아들이 시대를 판결하러 돌아오리라.

"그리고 이제 예루살렘의 진통에 관해서 이르면, 이에 대하여 내가 너희에게 말했고, 내 말이 이루어지기까지 이 세대조차 사라지지 아니하겠으나, 사람의 아들이 다시 오는 때에 관하여 말하면, 하늘이나 땅에서 아무도 주제넘게 입을 열어서는 안 되느니라. 그러나 너희는 시대가 무르익는 것에 관하여 지혜로워야 하고, 시대의 징조(徵兆)를 헤아리는 데 정신차려야 하느니라. 무화과 나뭇가지가 부드러운 가지를 보이고 그 이파리를 낼 때 여름이 가까운 줄 너희가 아는도다. 마찬가지로, 세상이 물질에 머리를 쓰는 긴 겨울을 보내고 나서, 영적으로 새 섭리 시대의 봄철이 오는 것을 너희가 헤아릴 때, 너희는 새로 찾아오는 여름철이 가까이 옴을 알아야 하느니라.

"그러나 하나님의 아들들이 오는 것과 상관되는 이 가르침의 중요성이 무엇이냐? 너희 각자가 일생의 투쟁을 그만두고 죽음의 문을 지나가라고 부름받을 때, 너희는 즉시 심판을 직면하고, 무한한 아버지의 영원한 계획에서 봉사하는 새 섭리 시대의 사실과 얼굴을 마주치는 것을 너희는 깨닫지 못하느냐? 자연 생명의 끝에 이르고, 이로서 더 나아가 아버지 나라의 영원히 진보하는 길에서 다음 계시에 본래부터 있는 조건과 요구(要求)에 부딪칠 때, 너희는 한 시대의 끝에, 글자 그대로의 사실로서 온 세상이 부닥쳐야 할 것을, 개인으로서, 몸소 겪는 체험으로서 각자가 아주 확실히 부닥쳐야 하느니라."

주가 사도들에게 하신 모든 강연 가운데 아무 것도, 예루살렘의 멸망과 그 자신이 다시 오신다는 이 두 가지 주제에 관하여 올리브 산에서 이 화요일 저녁에 하신 이 강연만큼 그들의 머리 속에서 그렇게 뒤죽박죽이 되지 않았다. 그러므로 이 특별한 기회에 주가 하신 말씀의 기억에 근거를 두고 후일에 쓰인 기록들 사이에 일치되는 것이 거의 없었다. 그 결과로, 그 화요일 저녁에 말씀한 많은 것에 관하여 기록을 비워두었을 때, 많은 전통이 생겨났다. 그리고 2세기 아주 일찍, 칼리굴라 황제의 궁정에 부속되었던, 어떤 셀타라 하는 사람이 쓴, 메시아에 관한 어느 유대인 묵시록이 마태 복음 속에 통째로 복사되었고, 나중에 (일부가) 마가와 누가의 기록에 첨가되었다. 셀타의 이 기록에서, 열 처녀의 비유가 나타났다. 복음의 어느 부분도 일찍이 이 날 저녁의 가르침처럼 혼동되어 잘못 해석되지는 않았다. 그러나 사도 요한은 결코 그렇게 헛갈리지 않았다.

이 열 세 사람이 캠프를 향하여 여행 길을 다시 떠났을 때, 그들은 말이 없었고, 크게 감정이 긴장되었다. 유다는 동료들을 버리려는 결정을 마침내 확인했다. 다윗 세베대, 요한 마가, 그리고 한 무리의 주요 제자들이 예수와 열둘을 새 캠프로 환영한 것은 늦은 시간이었지만, 사도들은 잠자고 싶어하지 않았다. 그들은 예루살렘의 멸망, 주가 떠나시는 것, 그리고 세상의 종말에 관하여 더 알고 싶어했다.

3. 캠프에서 나중에 있은 토론

그들이 스무 명쯤, 모닥불 근처에 모여 있는 동안, 토마스가 물었다: "당신이 하늘나라의 일을 마치려고 돌아와야 하시오니, 아버지의 일로 당신이 떠나 계시는 동안 우리가 무슨 태도를 가져야 하나이까?" 예수는 불빛으로 그들을 바라보며 대답했다:

"그리고 토마스야, 너까지 내가 말하고 있던 것을 알아듣지 못하는구나. 너희가 하늘나라와 가지는 연결은 영적이고 개인적인 것이요, 너희가 하나님의 아들임을 믿고 깨달음으로 말미암아 정신적으로 얻는 개인적 체험의 문제라고, 내가 여태까지 내내 너희에게 가르치지 아니하더냐? 내가 무엇을 더 말하랴? 나라들의 멸망, 제국들의 붕괴, 믿지 않는 유대인들의 멸망, 한 시대의 종말, 아니 세상의 종말까지도, 이것들이 이 복음을 믿는 자, 또 영원한 나라에 대한 확신 속에 자기 생명을 감추어 둔 자와 무슨 상관이 있느냐? 하나님을 알고 복음을 믿는 너희는 이미 영생을 보장받았느니라. 너희가 영적으로, 아버지를 위하여 인생을 살았으매, 아무 것도 너희에게 심각한 관심거리가 될 수 없느니라. 하늘나라를 세우는 자들, 하늘 세계들의 인가받은 시민들은, 현세의 격변에 흔들리거나 땅에서 생기는 대변동에 마음이 불안해서는 안 되느니라. 너희의 생명은 아들의 선물이요, 그것이 아버지 안에 영원히 안전함을 너희가 아는즉, 나라들이 전복되거나, 시대가 끝나거나, 눈에 보이는 모든 것이 와르르 무너지면, 이 하늘나라 복음을 믿는 너희에게 무슨 문제이냐? 믿음으로 현세의 생명을 살고 나서, 동료를 위하여 사랑으로 봉사하는 올바름으로 영(靈)의 열매를 맺고 나서, 하나님의 아들이 되어 처음에, 땅에서 겪는 모험을 통해서 너희를 지탱했던 바로 그 살아남는 믿음으로, 너희는 영원한 생애에서 자신 있게 다음 걸음을 기대할 수 있느니라.

"불가피하고 항상 다가오는 자연사(自然死)에 비추어, 각 개별 신자가 일생의 일을 추진하는 것과 꼭 같이, 각 세대의 신자들은 사람의 아들이 돌아올 가능성에 비추어 자기의 일을 계속 수행해야 하느니라. 너희가 일단 믿음으로 자신을 하나님의 아들로 세우고 나서, 살아남는 보장에 관하여 다른 아무 것도 문제가 되지 않느니라. 그러나 틀림이 없도다! 살아남는 이 믿음은 산 믿음이요, 인간의 가슴 속에서 처음으로 영감을 불러일으킨 그 신성한 영의 열매를 더욱 나타내느니라. 하늘나라에서 아들임을 너희가 일단 받아들인 것은, 육체를 입은 하나님 아들들의 진취적 영적 열매를 맺는 것과 상관되는 진리를 일부러 집요하게 거절하는 마당에 너희를 구원하지 않으리라. 땅에서 아버지의 일에 나와 함께 하던 너희는, 인류를 위하여 아버지께 봉사하는 길을 너희가 기뻐하지 않는다는 것을 발견하면, 이제도 하늘나라를 저버릴 수 있느니라.

"개인으로서, 또 신자들의 세대로서, 내가 비유(比喩)를 말하는 동안 내 말을 들으라: 어떤 위대한 사람이 있었더니, 다른 나라로 먼 길을 떠나기 전에, 신뢰하는 종들을 모두 앞에 부르고 저희 손에 그의 재물을 모두 맡겼더라. 한 사람에게 다섯 달란트를 주었고, 한 사람에게 두 달란트, 또 한 사람에게는 한 달란트를 주었더라. 이렇게 영예로운 집사(執事)들의 무리 전체를 거쳐 내려가면서, 각자에게 저희의 몇 가지 능력에 따라서 그의 재물을 맡겼고, 그리고 나서 길을 떠났더라. 주인이 떠나 버렸을 때, 종들은 저희에게 맡긴 재물로부터 이익을 얻으려고 열심히 일에 달라붙었는지라. 다섯 달란트를 받은 자는 즉시 그것으로 장사하여, 금방 다섯 달란트의 이익을 얻었고, 마찬가지로 두 달란트 받은 자도 곧 두 달란트를 더 벌었더라. 그래서 이 종들이 모두 저희의 주를 위하여 이익을 얻었는데, 한 달란트만 받은 자는 그렇지 않았더라. 그는 혼자 가서 땅에 구덩이를 파고 주인의 돈을 감추었는지라. 이 종들의 주인이 얼마 안 있어 뜻하지 않게 돌아와서 계산하려고 집사들을 불렀는데, 주인 앞에 모두 부름받았을 때, 다섯 달란트 받은 자는 그에게 맡긴 돈을 가져왔고, 다섯 달란트를 더 가져와서 말하였더라. '주여, 당신이 투자하라고 내게 다섯 달란트를 주셨고, 내 이익으로 다섯 달란트를 더 내놓게 되어 기쁘나이다.' 그리고 나서 주인이 그에게 이르되, '잘하였도다, 착하고 충성스러운 종아, 너는 몇 가지 일에 충성하였고, 이제 너를 여러 사람 위에 집사로 세우리라. 네 주인의 즐거움에 당장 참여하라.' 그리고 나서 두 달란트 받은 자가 앞으로 나와서 말하였느니라: '주여, 당신은 내 손에 두 달란트를 주셨나이다. 보소서, 나는 다른 이 두 달란트를 벌었나이다.' 그리고 나서 주인이 그에게 이르되 '잘하였도다, 착하고 충성스러운 종아, 너도 몇 가지 일에 충성하였으니, 내가 이제 너를 여러 사람 위에 세우리라. 네 주인의 기쁨에 참여하라.' 그리고 나서 한 달란트를 받았던 자를 계산하게 되었더니, 이 종이 앞으로 나와서 말하되, '주여, 내가 당신을 알고, 당신이 몸소 수고하지 않은 데서 이익을 기대하시니 당신이 날카로운 사람인 줄 깨달았나이다. 그러므로 당신이 내게 맡긴 아무 것도 위태롭게 하기가 두려웠나이다. 나는 당신의 달란트를 땅 속에 안전히 감추었나이다. 여기 있나이다. 당신에게 속한 것을 이제 당신이 받으셨나이다.' 그러나 주인이 대답하되, '너는 게으르고 빈둥거리는 집사이라. 네 말대로, 오늘 너의 부지런한 동료 종들이 갚은 것 같이, 너에게서 합당한 이익으로 계산하기를 내가 요구할 것을 알았다고 네가 고백하였느니라. 이것을 알았은즉, 따라서 내가 돌아올 때 내 돈과 이자(利子)를 받도록 적어도 내 돈을 은행가의 손에 맡겨야 했으리라.' 그리고 나서 우두머리 집사에게 이 주인이 말하되, '이 한 달란트를 이롭지 않은 이 집사에게서 빼앗아 열 달란트를 가진 자에게 주어라' 하였더라.

"누구든지 가진 자는 더 받을 것이요, 풍성하게 가지려니와 없는 자는 가진 것마저 빼앗기리라. 너희는 영원한 나라의 사무(事務)에서 가만히 서 있을 수 없느니라. 내 아버지는 자녀들 모두가 은혜 안에서, 진리의 지식 안에서 자라기를 요구하시니라. 이 진리를 아는 너희는 영의 열매를 더 맺고, 동료 종들에게 사심 없이 봉사하는 데 더욱 헌신함을 나타내야 하느니라. 내 동포(同胞) 가운데 가장 적은 자 하나에게 너희가 봉사를 베푸는 만큼, 너희가 이 봉사를 내게 한 것임을 기억하라.

"이제, 또 앞으로, 아니 언제까지나, 너희가 아버지의 일에 몰두해야 하느니라. 내가 올 때까지 계속하여라. 너희에게 맡겨진 일을 충실히 행하라, 그리하면 이로서 너희는 죽어서 청산하는 부름에 준비가 되리라. 이렇게 아버지의 영광을 위하여, 아들이 만족하기까지 살고 나서, 즐겁게, 대단히 큰 기쁨을 가지고, 영구한 나라에서 영원히 봉사하는 일에 너희가 들어갈지니라."

진리는 실천하는 것이다. 진리의 영은 영적 실체가 있고 신성하게 봉사하는 새 영역으로 빛의 아이들을 늘 이끌고 있다. 안정되고 안전하고 영예로운 형태로 구체화하라고 너희에게 진리를 주는 것이 아니다. 새로운 아름다움과 실제로 얻는 영적 이득(利得)이 너희의 영적 열매를 구경하는 모든 사람에게 드러나고, 그 결과로서 하늘에 계신 아버지를 영화롭게 하는 데 마음이 이끌리도록, 진리를 너희가 계시하는 것은 너희 개인 체험을 겪음으로 향상되어야 한다. 오로지 진리를 아는 지식 속에서 이렇게 자라는 충성스러운 종들과, 그로서 영적 실체들을 신성하게 이해하는 능력을 기르는 자가 "저희 주의 기쁨에 충분히 참여하기"를 언제라도 바랄 수 있다. 예수를 따른다고 공언(公言)하는 자들의 연이은 세대가, 신성한 진리를 보관하는 직분에 관하여 이렇게 말하면 얼마나 딱한 모습인가: "주여, 1백 년이나 1천 년 전에 당신이 우리에게 맡긴 진리가 여기 있나이다. 우리는 하나도 잃지 않았고, 당신이 우리에게 주신 모든 것을 우리가 충실히 간직하였나이다. 당신이 우리에게 가르친 것에 아무런 변화가 생기지 못하게 하였고, 당신이 우리에게 준 진리가 여기 있나이다." 그러나 영적 게으름에 관하여 그러한 탄원은 주가 계신 앞에서 열매를 못 맺는, 진리의 집사를 정당하게 만들지 않을 것이다. 너희 손에 맡겨진 진리에 따라서, 진리의 주(主)는 계산을 요구할 것이다.

이 세상에서 받은 자질과 관리 직책에 대하여, 다음 세계에 너희는 맡은 책임에 대하여 설명하라고 요구될 것이다. 타고난 재능이 많든 적든, 정당하고 자비로운 계산을 직면(直面)해야 한다. 자질이 오로지 이기적 추구에만 쓰였고, 항상 늘어나는, 사람들에게 베푸는 봉사와 하나님을 예배하는 데서 나타나다시피, 영의 열매를 늘려서 거두는 상급 의무에 아무 생각을 쏟지 않는다면, 그러한 이기적인 집사는 그들의 신중한 선택에서 생긴 결과를 받아들여야 한다.

자기의 게으름을 직접 주인의 탓으로 돌린 점에서, 모든 이기적인 사람은 한 달란트를 받은 이 불충한 종과 얼마나 비슷한가. 자초(自招)하여 얻은 실패에 부닺쳤을 때, 다른 사람의 탓으로, 때때로 나무람을 받는 것이 가장 타당하지 않은 자의 탓으로 돌리기가 얼마나 쉬운가!

그 날 밤 그들이 쉬러 갈 때 예수는 말했다: "너희는 거저 받았도다. 그런즉 너희가 거저 하늘의 진리를 주어야 하느니라. 남에게 줌으로써 이 진리가 늘어나고, 너희가 진리를 베푸는 동안에도, 유익한 은총의 커지는 빛이 더욱 빛나리라."

4. 미가엘의 돌아오심

주의 모든 가르침 가운데 어떤 국면도 이 세상에 언젠가 그가 친히 돌아온다는 약속처럼 그렇게 오해를 받지는 않았다. 일곱째이자 마지막 자신 수여를 그 영역의 한 사람으로서 체험한 혹성으로 언젠가 돌아오는 데 미가엘이 흥미를 가지는 것은 이상한 일이 아니다. 지금은 광대한 우주의 군주 통치자인 나사렛 예수가, 그렇게 독특한 삶을 살고, 아버지가 제한 없이 수여한 우주 권능과 권한을 혼자서 마침내 얻어낸 세상으로, 한 번이 아니라 여러 번이라도, 돌아오는 데 흥미를 가지리라 믿는 것이 당연할 따름이다. 영원히 유란시아는 우주 통치권을 얻는 일에 미가엘이 태어난 일곱 구체(球體) 가운데 하나가 될 것이다.

수많은 기회에, 많은 사람에게, 예수는 그가 이 세상으로 돌아오리라는 뜻을 밝혔다. 추종자들이 주가 현세의 구원자로서 활동하지 않으리라는 사실에 눈을 뜨고, 예루살렘이 전복되고 유대 나라가 멸망하리라는 그의 예언에 귀를 기울이는 동안, 그들은 그가 돌아오리라는 약속을 이 대격변의 사건들과 아주 자연스럽게 연결시키기 시작했다. 그러나 로마 군대가 예루살렘의 담을 뭉개 버리고, 성전을 무너뜨리고, 유대 땅의 유대인들을 흩어놓고, 여전히 주가 권능과 영광 속에서 자신을 드러내지 않았을 때, 추종자들은 그리스도가 다시 오시는 것을 그 시대의 끝, 아니 결국에는 세상의 종말과 연결시킨 관념을 형성하기 시작했다.

예수는 아버지께로 올라가신 뒤에, 하늘과 땅에서 모든 권능이 그의 손에 맡겨진 뒤에, 두 가지 일을 하기로 약속했다. 첫째로, 그는 세상으로 자기 대신에 다른 선생, 진리의 영을 보낼 것을 약속했다. 둘째로, 그는 언젠가 이 세상으로 친히 돌아오리라고 추종자들에게 아주 확실히 약속했다. 그러나 육체를 입고 자신 수여 체험을 가졌던 이 혹성을 어떻게, 어디서 또는 언제 다시 찾아볼 것인가 말하지 않았다. 그가 육체를 입고 살았을 때 육체의 눈은 그를 보았어도, 그가 돌아올 때 (적어도 가능한 여러 방문 중 하나에서) 오로지 영적 믿음의 눈으로만 그를 알아볼 수 있으리라고 그는 한 계제에 암시하였다.

앞으로 다가올 시대에 예수가 유란시아로 여러 번 돌아오리라고 우리 가운데 다수가 믿고 싶어한다. 그가 이렇게 여러 번 방문한다는 특별한 약속을 우리가 가지지 않았지만, 우주 칭호들 가운데 유란시아의 혹성 영주 칭호를 지닌 분이, 이 세상의 정복이 그러한 독특한 칭호를 그에게 수여하였으니까, 그 세상을 여러 번 찾아보리라는 것이 아주 가능성 있게 보인다.

우리는 미가엘이 유란시아로 친히 다시 오실 것을 아주 분명히 믿지만, 언제 또는 어떤 방식으로 그가 오기를 택할 것인가 털끝만큼도 짐작할 수 없다. 땅에 그가 두 번째로 오심이, 관련된 아들 행정관의 출현과 함께, 아니면 따로, 이 현재 시대의 마지막 심판과 연결하여, 때를 맞추어 일어날 것인가? 후일의 어떤 유란시아 시대의 종결과 연결하여 오실까? 아무 발표 없이, 그리고 독립된 사건으로서 오실까? 우리는 모른다. 오직 한 가지에 대하여 우리가 확신하는데, 즉 그가 돌아올 때, 아마도 온 세상이 알 듯하다는 것이니, 이는 그가 베들레헴의 이름 없는 아기가 아니라, 한 우주의 최고 통치자로서 와야 하기 때문이다. 그러나 모든 눈이 그를 바라보아야 한다면, 그리고 오직 영적 눈이 그의 계심을 헤아릴 것이라면, 그의 오심은 오랫동안 뒤로 미루어져야 한다.

그러므로 너희는 주가 친히 땅에 다시 오시는 것을 어떤 고정된 사건이나 안정된 시대와 분리하는 것이 좋겠다. 우리는 오직 하나, 그가 돌아오기로 약속했다는 것을 확신한다. 그가 언제 또는 어떤 연관에서 이 약속을 지킬 것인지 우리는 조금도 짐작이 가지 않는다. 우리가 아는 한, 그는 땅에 언제라도 나타날지 모르며, 여러 시대가 지나고 그 시대들이 그와 관계된 파라다이스 군단의 아들들에게 정식으로 판결 받을 때까지 오시지 않을지 모른다.

땅에 미가엘이 두 번째로 오시는 것은 중도자(中道者)와 인간 모두에게 엄청나게 감상적인 사건이다. 그러나 그밖에 그것은 중도자들에게 아무런 직접 의미가 없고, 자연사의 보통 사건보다 인간들에게 실용적으로 아무 중요성이 더 없다. 자연사는 아주 갑자기 필사 인간을 바로 이 예수, 우리 우주의 군주 통치자가 계신 앞으로 직접 인도하는 연속된 우주 사건들을 즉시 파악하도록 뒤흔든다. 빛의 아이들은 모두 그를 볼 운명을 가졌고, 우리가 그에게 가거나 아니면 그가 어쩌다가 먼저 우리에게로 오시든지, 조금도 심각하게 아랑곳할 것이 아니다. 그러므로 그가 하늘에서 너희를 반길 준비가 되어 있는 것 같이, 너희는 언제나 땅에서 그를 반길 준비를 하여라. 우리는 그가 영화롭게 나타나시는 것, 아니 거듭 오시는 것까지도 자신 있게 기대하지만, 어떻게, 언제, 아니면 어떤 연관에서 그가 나타나기로 정해졌는가 우리는 까맣게 모른다.

제 177 편

수요일, 쉬는 날

사람들을 가르치는 일로 시달리지 않을 때, 예수와 사도들은 수요일마다 수고하던 일을 그만두고 쉬는 것이 관습이었다. 그들은 특별한 이 번 수요일에 여느 때보다 얼마큼 늦게 아침을 먹었고, 캠프는 불길한 고요함으로 가득 찼다. 이 아침 식사의 처음 절반 동안 거의 아무 말이 없었다. 마침내 예수가 말했다: "너희가 오늘 쉬기를 내가 원하노라. 우리가 예루살렘으로 온 뒤에 일어난 모든 일을 천천히 생각해 보고, 바로 앞에 놓여 있는 것을 명상해 보라, 그것에 대하여 내가 너희에게 분명히 일렀노라. 진리가 너희 생활에 거하고 너희가 은총 속에 나날이 자라도록 하여라."

아침을 먹은 뒤에, 주는 그 날 하루 자리를 비울 생각이 있다고 안드레에게 알렸고, 어떤 경우에도 그들이 예루살렘 문 안으로 들어가서는 안 된다는 것을 빼고, 사도들이 각자가 택하는 대로 시간을 보내도록 허락하라고 제안했다.

예수가 산으로 혼자 가려고 준비했을 때, 다윗 세베대는 그에게 인사하며 말했다: "주여, 바리새인과 통치자들이 당신을 죽이려 하는 줄 당신이 잘 아시며, 그래도 당신은 산으로 혼자 가려고 준비하시나이다. 이렇게 하는 것은 어리석은 일이요, 그러하니 아무런 해가 당신에게 닥치지 않도록 처리하려고 잘 준비된 세 사람을 당신과 함께 보내리이다." 예수는 잘 무장(武裝)하고 튼튼한 세 갈릴리 사람을 훑어보고 다윗에게 말했다: "너는 좋은 뜻을 가졌으나, 사람의 아들은 자기를 방어할 사람이 하나도 필요하지 않음을 이해하지 못하니, 네가 잘못하는도다. 내 아버지의 뜻에 순응하여 내 목숨을 버릴 준비가 될 그 때까지, 아무도 내게 손대지 아니하리라. 이 사람들이 나를 따라와서는 안 되느니라. 아버지와 교통할 수 있도록 나는 혼자 가기를 바라노라."

이 말씀을 듣자, 다윗과 무장한 파수(把守)들은 물러났다. 그러나 예수가 혼자서 떠나자, 요한 마가가 먹을 것과 물을 담은 작은 바구니를 가지고 앞으로 나섰고, 그가 하루 종일 떠나 있을 생각이라면, 배가 고프게 될지 모른다고 넌지시 비추었다. 주는 요한에게 빙그레 웃으며, 바구니를 쥐려고 손을 뻗었다.

1. 하루를 혼자 하나님과

예수가 요한의 손에서 점심 바구니를 쥐려 하자, 그 젊은이는 나서서 말했다. "그러나 주여, 몸을 돌이켜 기도하고 바구니 없이 계속하시는 동안, 당신은 바구니를 내려놓아도 되나이다. 게다가, 점심을 들고 내가 따라간다면, 당신은 예배하기에 더욱 홀가분할 터이고, 분명히 나는 조용하겠나이다. 당신에게 아무 것도 묻지 않고, 당신 혼자서 기도하러 따로 가실 때, 바구니 옆에 머무르리이다."

그 깜찍함은 가까이서 듣던 자들 가운데 더러를 놀라게 했는데, 이렇게 말하는 동안 요한은 대담하게 그 바구니를 붙들고 있었다. 요한과 예수 둘이서 그 바구니를 붙들고 거기에 서 있었다. 당장에 주는 손을 놓고, 소년을 내려다보며 말했다.

“네가 마음을 다하여 나와 함께 몹시 가고 싶어하니, 너에게 거절하지 못하리라. 우리끼리 떠나가서, 잘 다녀오리라. 마음 속에서 일어나는 어떤 질문이라도 내게 물어도 좋고, 우리는 서로 위로하고 위안할 것이라. 너는 점심을 가지고 떠나도 좋으니라. 그리고 네가 지칠 때, 내가 너를 도우리라. 나를 계속 따라오라.”

예수는 해가 진 뒤까지 그 날 저녁에 캠프로 돌아오지 않았다. 진리에 갈급한 이 젊은이와 이야기하고, 파라다이스 아버지와 이야기하면서 주는 땅에서 마지막으로 조용한 이 날을 지냈다. 이 사건은 하늘에서 “한 젊은이가 산에서 하나님과 함께 지낸 날”로 알려지게 되었다. 이 경우는 언제까지나 창조자가 피조물과 기꺼이 친교하는 태도를 본보기로 보여 준다. 소년조차도, 마음의 소망이 정말로 지극할 때, 한 우주의 하나님의 눈길을 끌고 사랑으로 동반하심을 누리며, 산에서 하나님과 혼자 지내는 잊을 수 없는 환희를, 하루 종일, 실제로 누릴 수 있다. 이 수요일에 유대 땅의 산에서 요한 마가가 겪은 독특한 체험이 그러했다.

예수는 요한과 많이 이야기를 나누고 이 세상과 다음 세상의 일에 대하여 거리낌없이 이야기했다. 요한은 그가 사도들 가운데 하나가 될 만큼 나이 먹지 않아서 얼마나 서운했는가 예수에게 말했고, 페니키아로 간 여행을 제외하고, 예리고 가까이 요단 강 여울에서 그들이 처음 전도할 때부터 줄곧 따라다니도록 허락받은 것을 그가 대단히 감사하게 여긴다는 뜻을 표현했다. 예수는 소년이 다가오는 사건들에 낙심하지 말라는 경고(警告)를 주고, 그가 살아서 하늘나라의 막강한 사자가 되리라고 그에게 확신을 주었다.

요한 마가는 산에서 이 날 예수와 함께 지냈던 기억으로 기쁨에 떨었지만, 마가는 그들이 겟세마네 캠프로 막 돌아오려 할 때 주가 말씀한 마지막 훈계를 결코 잊지 않았다. 이 때 주는 말했다: “자, 요한아, 정말로 쉬는 날에, 우리는 구경을 잘 했구나. 그러나 내가 너에게 이른 것들을 아무에게도 이야기하지 않도록 하여라.” 요한 마가는 그가 산에서 예수와 함께 지낸 이 날 벌어진 어떤 일도 결코 밝히지 않았다.

예수가 땅에서 보낸 생애의 남은 몇 시간을 통해서, 요한 마가는 주가 눈앞에서 오래 사라지도록 버려 두지 않았다. 언제나 가까이서 그 소년은 숨어 있었고, 예수가 잘 때만 눈을 붙였다.

2. 어릴 때 가정 생활

요한 마가와 이 날 이야기하는 과정에서, 예수는 그들의 어린 시절과 나중의 소년기 체험을 비교하느라고 어지간히 시간을 보냈다. 요한의 부모가 예수의 부모보다 이 세상의 재물을 더 많이 소유했어도, 그들의 소년기에서 아주 비슷한 체험이 많이 있었다. 예수는 요한으로 하여금 부모와 다른 식구(食口)들을 더 잘 이해하도록 도운 여러 가지를 말씀했다. 그가 “하늘나라의 막강한 사자”가 결국 되리라는 것을 주가 어떻게 알 수 있는가 소년이 물었을 때, 예수는 말했다:

“네가 하늘나라 복음에 충성함이 입증될 것을 내가 아노니, 너의 현재 믿음과 사랑이 집에서 네 몫대로 받은 것과 같은 초기 훈련에 바탕을 두었을 때, 내가 그러한 성품에 의존할 수 있기 때문이라. 너는 부모가 서로 진지한 애정을 품는 집에서 생긴 소산이며, 따라서 자신을 중요시하는 개념을 해롭게 높일 정도로 지나치게 사랑을 받지 않았느니라. 너의 자신감과 충성이 서로 충돌하도록 너희 부모가 애정이 없이 조종한 결과로서 네 성격이 비뚤어지지도 않았느니라. 칭찬할 만한 자신감을 보장하고 정상적 안전감을 촉진하는 부모의 사랑을 네가 누려 왔느니라. 그러나 네 부모가 사랑 뿐 아니라 지혜를 가졌으므로 너는 또한 운이 좋았구나. 돈으로 살 수 있는 대부분의 형태의 방종(放縱)과 많은 사치품을 허락하지 않도록 지혜가 부모를 인도하였고, 한편 네 부모는 이웃 놀이 친구들과 함께 너를 회당 학교로 보냈으며, 또한 네가 고유한 체험을 가지도록 허락함으로써 이 세상에서 어떻게 사는가 배우라고 너를 북돋았느니라. 너는 요단 강으로 왔고, 거기서 젊은 네 친구 아모스와 함께, 우리는 전도하고 요한의 제자들이 세례를 주었느니라. 너희 둘이 우리와 함께 가기를 바랐는데, 네가 예루살렘으로 돌아갔을 때, 네 부모는 찬성하고 아모스의 부모는 반대하였느니라. 저희는 아들을 너무나 사랑해서, 네가 가졌던 복된 체험을, 아니 오늘 네가 맛보는 그런 체험조차 그가 못 가지게 하였느니라. 집에서 도망치면 아모스는 우리와 함께 할 수 있었지만, 그렇게 했다면 그는 애정에 상처를 입히고 충성심을 희생하였으리라. 그러한 과정이 지혜롭다 하더라도, 체험과 독립과 자유를 위하여 끔찍한 값을 치르는 것이었으리라. 너희 부모처럼 지혜로운 부모는 아이들이 네 나이까지 자랐을 때 독립심을 기르고 기운 차리게 하는 자유를 누리기 위하여 애정에 상처를 입거나 충성심을 억압할 필요가 없도록 처리하느니라.

"요한아, 전적으로 지혜로운 존재가 사랑을 주었을 때 그 사랑은 우주에서 최상의 실체이지만, 필사 부모들의 체험에서 나타나다시피, 사랑은 위험하고 때때로 반(半)이기심이라. 네가 장가들고 네 아이들을 기를 때, 너의 사랑이 지혜의 훈계를 받고 지성의 안내를 받도록 하여라.

"젊은 네 친구 아모스는 꼭 너만큼 이 하늘나라 복음을 믿지만, 나는 그에게 완전히 의지할 수 없고, 앞날에 그가 무슨 일을 할지 나는 확신이 없노라. 어릴 때 그의 가정 생활은 온전히 믿을 만한 사람을 낳을 만한 것이 아니었느니라. 아모스는 사도들 가운데 정상적으로, 사랑으로, 지혜롭게 가정 훈련을 받지 못한 한 사도와 많이 비슷하니라. 네가 처음 8년을 정상이고 규율이 잘 선 집에서 보냈으므로, 너의 여생(餘生) 전체는 더욱 행복하고 믿을 만하리라. 사랑이 우선하고 지혜가 다스리는 집에서 자랐기 때문에 너는 튼튼하고 건전한 인품을 가졌느니라. 그러한 소년기 훈련이 낳는 충성심은, 네가 시작한 과정을 마칠 것이라고 내게 확신을 주느니라."

한 시간이 넘도록 예수와 요한은 가정 생활에 대하여 이 토론을 계속하였다. 어떻게 어린아이가 모든 지적·사회적·도덕적인 것, 심지어 영적인 것에 대해서도 모든 초기의 개념을 부모에게, 그리고 관련된 가정 생활에 의존하는가, 주는 계속 요한에게 설명했다. 이것은 가족이 인간이나 신의 관계에 대하여 처음에 알 수 있는 모든 것을 어린아이에게 대표하기 때문이다. 아이는 어머니의 보살핌으로부터 우주에 대하여 첫 인상(印象)을 얻어야 한다. 아이는 하늘 아버지에 대한 그의 첫 아이디어를 땅에 있는 아버지에게 전적으로 의존한다. 그 뒤에 어린아이의 생활은, 가정의 이 사회 및 영적 관계에 조건을 받고, 어릴 때 정신 및 감정 생활에 따라서, 행복하거나 불행하게, 쉽거나 어렵게 된다. 한 인간의 여생 전부가 처음 몇 년 존재하는 동안에 일어나는 것에 엄청나게 영향을 받는다.

아버지-아이 관계에 바탕을 둔, 예수가 가르친 복음은, 현대의 문명화된 민족들의 가정 생활이 사랑과 지혜를 더 품을 때까지, 도저히 세계적으로 널리 받아들여질 수 없다고 우리는 진지하게 믿는다. 20세기의 부모는 가정을 개선하고 가정 생활을 고상(高尚)하게 만들기 위하여 많은 지식과 늘어난 진리를 소유하는데도, 갈릴리에서 예수의 가정과 유대에서 요한 마가의 집만큼, 소년과 소녀를 기르기에 좋은 장소인 현대 가정이 극히 드물다는 것이 아직도 사실이다. 하지만 예수의 복음을 받아들이는 것은 즉시 가정 생활의 개선을 가져올 것이다. 지혜로운 가정의 애정 생활, 그리고 참된 종교에 충성으로 헌신하는 것은 서로, 심오한 영향을 미친다. 그러한 가정 생활은 종교를 높이고, 진정한 종교는 반드시 가정을 영화롭게 한다.

이 옛 유대인 가정에서 발육을 저해(沮害)하는 불쾌한 영향과 다른 속박하는 특징이 좀더 낫게 규율이 선 많은 현대 가정에서 거의 없어진 것이 참말이다. 저절로 생기는 자유가 있고 훨씬 더 많은 개인적 자유가 정말로 있지만, 이 자유는 사랑으로 억제되거나 충성심에 동기를 받지 않고, 지혜의 총명한 훈련에 지도를 받지도 않는다. "하늘에 계신 우리 아버지"하고 어린아이에게 기도하기를 가르치는 한, 아버지라는 낱말이 성장하는 모든 어린아이의 머리와 가슴 속에서 값지게 간직되도록, 살고 집을 관리할 엄청난 책임이 땅에 있는 모든 아버지에게 지워진다.

3. 캠프에서 하루

사도들은 올리브 산에서 이리저리 걷고, 같이 야영한 제자들과 이야기를 나누면서 이 날의 대부분을 보냈다. 그러나 그들은 오후에 일찍 예수가 돌아오는 것을 무척 보고 싶어졌다. 시간이 지남에 따라서, 더욱 그의 안전을 걱정하게 되었다. 그들은 예수가 계시지 않아서 말할 수 없이 외롭게 느꼈다. 주가 산에서, 심부름하는 소년 하나만 데리고, 혼자 훌쩍 떠나게 버려 두었어야 하는가, 하루 내내 많은 논란이 있었다. 비록 아무도 솔직하게 제 생각을 표현하지 않았어도, 가룟 유다를 빼고, 자기가 요한 마가의 처지에 있었으면 하고 바라지 않은 사람이 하나도 없었다.

거의 오후 중반에 나다니엘은 "최고의 소망"에 대하여 여섯 명쯤 되는 사도들과 그만큼 되는 제자들에게 연설했는데, 그 연설의 끝은 이러했다: "우리 대부분에게 잘못된 점은 우리가 건성일 뿐이라는 것이라. 주가 우리를 사랑하는 것 같이 우리는 주를 사랑하지 않느니라. 요한 마가가 한 것만큼 우리 모두가 함께 가기를 바랐더라면, 주는 분명히 우리 모두를 데리고 갔으리라. 우리가 구경하는 동안, 그 소년은 주께 다가가서 광주리를 내밀었지만, 주가 쥐었을 때 그 소년은 놓으려 하지 않았는지라. 그래서 주는 우리를 여기 두고, 바구니랑 소년이랑, 모두 함께 산으로 훌쩍 떠나가셨느니라."

4시쯤에, 주자(走者)들이 다윗 세베대에게, 벳세다에 있는 그의 어머니로부터, 또 예수의 어머니로부터 소식을 가지고 왔다. 며칠 전에 다윗은, 대사제와 통치자들이 예수를 죽이려 한다는 결론을 내렸다. 그들이 주를 죽이기로 작정한 것을 다윗은 알았고, 예수가 자신을 구하려고 신성한 힘을 쓰거나 추종자들이 그를 방어하려고 무력(武力)을 쓰는 것을 허락하지 않으리라고 거의 확신했다. 이 결론에 이르고 나서, 그는 때를 놓치지 않고 사자 하나를 어머니에게 보내서, 어머니가 당장에 예루살렘으로 오고 예수의 어머니 마리아와 그 집안의 모든 식구를 데려오라고 재촉했다.

다윗의 어머니는 아들이 요청한 대로 했고, 이제 달리는 사람들이 그의 어머니와 예수의 가족 전부가 예루살렘으로 가는 길에 있으며, 이튿날 언젠가 늦게, 아니면 그 다음 날 아침 아주 일찍 도착하리라는 말을 가지고 다윗에게 돌아왔다. 다윗이 자진해서 이렇게 했기 때문에, 그는 그 문제를 혼자 비밀에 붙이는 것이 지혜롭다고 생각했다. 그래서 예수의 가족이 예루살렘으로 가는 길에 있다는 것을 아무에게도 알리지 않았다.

정오가 조금 지난 뒤에, 아리마대 요셉의 집에서 예수와 열두 사도와 만난 적이 있는 그리스인들이 스무 명 넘게 캠프에 도착했고, 베드로와 요한은 몇 시간을 그들과 회담하느라고 보냈다. 이 그리스인들, 적어도 그들 가운데 더러는, 알렉산드리아에서 로단에게 교육을 받아 왔기 때문에, 하늘나라의 지식에 상당히 진보되어 있었다.

그 날 저녁에, 캠프로 돌아온 뒤에, 예수는 그리스인들과 이야기를 나누었고, 그러한 과정이 사도들과 많은 주요 제자를 크게 어지럽게 했으리라는 사실이 아니었다면, 칠십인을 세운 것처럼, 이 그리스인 스무 명을 임명했을 것이다.

이 모든 것이 캠프에서 일어나고 있는 동안에, 예루살렘에서 대사제(大司祭)와 장로들은 예수가 군중에게 연설하려고 돌아오지 않은 것에 놀랐다. 그 전날, 그가 성전을 떠날 때, "내가 너희 집을 황폐한 채로 버려 두노라" 말한 것이 참말이었다. 그러나 군중의 우호적인 태도에서 그가 쌓아 왔던 크게 유리한 위치를 어째서 기꺼이 버리는가 그들은 알 수 없었다. 그들은 사람들 사이에서 그가 소동(騷動)을 일으킬까 두려웠는데, 군중에게 주가 마지막으로 하신 말씀은 모든 타당한 방법으로 "모세의 자리에 앉은" 자들의 권한에 순응하라는 훈계였다. 그러나 그들이 유월절을 준비하고 동시에 예수를 죽이려는 계획을 완성하는 동안, 그 도시에서는 바쁜 날이었다.

많은 사람이 캠프로 오지 않았는데, 그 캠프를 세운 것은, 밤마다 베다니로 나가는 대신에 거기서 예수가 머물기를 기대한다는 것을 안 사람들이 모두 잘 지킨 비밀이었기 때문이다.

4. 유다와 대사제들

예수와 요한 마가가 캠프를 떠난 뒤에 얼마 있다가, 가룟 유다는 형제들 사이에서 사라졌고, 오후 늦게까지 돌아오지 않았다. 혼란에 빠지고 불평을 품은 이 사도는, 예루살렘으로 들어가기를 삼가라고 주가 특별히 요청했는데도, 대사제 가야바의 집에서 예수의 적들과 약속을 지키려고 서둘러 갔다. 이것은 산헤드린의 비공식 회의였고, 그 날 아침에 10시 조금 지나서 시간이 지정되었다. 예수를 고발하는 데 쓰일 죄목들의 성질을 의논하고, 그들이 예수에게 이미 내린 사형 선고에 필요한 민사(民事) 확인을 확보하려는 목적으로, 로마 당국 앞에 예수를 끌고 오는 데 어떤 과정을 이용할 것인가 결정하려고 이 회의가 소집되었다.

전날에 유다는 친척들 중 몇 사람에게, 그리고 아버지 가족에서 어떤 사두개인 친구들에게, 예수가 좋은 의도를 가진 몽상가(夢想家)요 이상주의자이기는 해도, 이스라엘이 기대하던 구원자가 아니라는 결론에 이르렀다고 털어놓았다. 유다는 그가 그 운동 전체에서 품위 있게 물러나는 어떤 길을 찾아내기를 몹시 바란다고 진술했다. 친구들은 그의 사퇴가 큰 사건으로서 유대 통치자들의 갈채를 받으리라, 그에게 아무 보상도 지나치지 않으리라고 알랑거리며 확신을 주었다. 그가 산헤드린으로부터 당장에 큰 영예를 받으리라, 마침내, 그가 뜻은 좋았어도, "배우지 못한 갈릴리 사람들과 불행하게 관계"를 가졌던 낙인(烙印)을 지워 버릴 처지에 있으리라고 그가 믿게끔 만들었다.

유다는 주의 막강한 일들이 악마의 왕의 힘으로 일어났다는 것을 진실로 믿을 수 없었지만, 이제 예수가 자신의 지위를 확대하려고 권능을 쓰지 않으리라고 충분히 확신했다. 예수가 자신이 유대 통치자들에게 죽음을 당하도록 버려 두리라고 마침내 확신하였고, 실패한 운동과 동일시된다는 창피스러운 생각을 견딜 수 없었다. 그는 외관상 실패했다는 생각을 받아들이려 하지 않았다. 그는 주의 튼튼한 인격과 당당하고 자비로운 그 지성의 날카로움을 속속들이 이해하였다. 그래도 예수가 좋은 뜻을 가진 광신자이기는 하지만, 아마도 정말로 멀쩡한 정신이 아니다, 언제나 이상하고 오해받은 사람으로 보였다고, 친척들 가운데 한 사람이 제안한 것을 얼마큼 생각해 보면서 유다는 마음이 기뻤다.

이제, 전과 달리, 유다는 예수가 그에게 더 큰 명예로운 자리를 한 번도 배정해 준 적이 없음을 이상하게 자신이 분개하게 되는 것을 알아차렸다. 여태까지 사도들의 회계(會計)라는 명예를 고맙게 여겼지만, 이제 그는 제대로 인정받지 못했다, 그의 능력을 인정받지 않았다고 비로소 느꼈다. 베드로·야고보·요한이 예수와 가까운 관계를 가지는 영예를 받은 것에 갑자기 분개심으로 부글부글 끓어올랐고, 이때 대사제의 집으로 가는 길에, 예수를 배반하려는 어떤 생각에 관심을 가지기보다 베드로·야고보·요한에게 앙갚음을 하려고 단단히 결심하였다. 그러나 무엇보다도, 바로 그 때, 새로운 압도하는 생각이, 의식하는 그의 머리 속에서 앞자리를 차지하기 시작했다: 그는 자신을 위하여 명예를 얻는 데 착수했고, 이것이 그의 생애에서 가장 큰 실망에 기여했던 자들에게 복수(復讐)하는 것과 동시에 이루어질 수 있다면, 더군다나 좋다. 그는 혼란과 자만심과 절망과 결심이 끔찍하게 한데 싸인 곳에서 헤어날 수 없었다. 그래서 그 때 유다는 예수를 배반하는 것을 주선하려고 가야바의 집으로 가는 길이었는데, 이는 돈 때문이 아니었다는 것을 분명히 밝혀야 한다.

가야바의 집으로 다가가면서, 유다는 예수와 동료 사도들을 저버리겠다는 마지막 결정에 이르렀다. 이렇게 하늘나라 운동을 저버리기로 작정하고 나서, 그가 처음에 예수와 하늘나라의 새 복음의 편을 들었을 때, 언젠가 자기가 누리리라고 생각했던 명예와 영광을 될 수 있는 대로 많이, 자신을 위하여 확보하려고 굳게 결심했다. 사도들이 모두 한때 유다와 함께 이 포부를 가졌지만, 시간이 지나자 그들은 진리를 찬미하고, 적어도 유다보다 더, 예수를 사랑하기를 배웠다.

그의 사촌이 배반자를 가야바와 유대 통치자들에게 인사시켰고, 사촌은 유다가 예수의 미묘한 가르침에 스스로 미혹된 잘못을 발견했으므로, 그가 그 갈릴리 사람과 가졌던 관계를 대중 앞에서 정식으로 부인(否認)하기를 바라고, 동시에 유대 형제들의 신뢰와 친교가 회복되기를 요청하려고 그 장소에 도착했다고 설명했다. 유다의 이 대변인은 이어서 설명했다: 예수가 감금된다면 이스라엘의 평화를 위하여 최선일 것이다, 그리고 그러한 그릇된 운동에 참여해 온 것을 후회한다는 증거로서, 또 이제 모세의 가르침으로 진지하게 돌아오려 한다는 증명으로서, 예수를 조용히 감금하고, 그래서 민중을 소란하게 만드는 어떤 위험이나, 또는 유월절이 지나기까지 그의 체포를 연기할 필요성이 없도록, 예수를 체포하라는 명령을 받은 지휘관과 주선할 수 있는 자로서, 산헤드린으로 그가 자청하려고 왔다.

사촌(四寸)이 말을 마치자, 그는 유다를 인사시켰고, 유다는 앞으로 대사제 가까이 걸어가서 말했다: "내 사촌이 약속한 모든 것을 내가 하겠나이다. 그러나 이 서비스의 대가로 나에게 무엇을 기꺼이 주시겠나이까?" 유다는 마음이 굳어지고 자만심이 대단한 가야바의 얼굴에 비쳤던, 경멸하고, 심지어 메스꺼워하는 그 얼굴

빛을 헤아리지 못하는 듯했다. 그의 마음은 자기 영광에, 또 자찬(自讚)의 만족감을 몹시 바라는 생각에, 너무나 굳어졌다.

그러자 가야바는 배반자를 내려다보면서 말했다: "유다야, 너는 경비대의 지휘관에게 가서, 네 주를 우리에게 오늘 밤이나 내일 밤에 데려오도록 그 장교와 주선하여라. 네가 그를 우리 손에 넘기고 나서, 너는 이 서비스에 대하여 보상을 받을 지니라." 이 말을 듣자, 유다는 대사제와 통치자들이 있는 앞에서 나가서, 예수를 체포할 방법에 관하여 성전 경비병의 지휘관과 의논했다. 유다는 예수가 그 때 캠프에서 자리를 비웠음을 알았고 그 날 저녁에 언제 그가 돌아올지 도무지 짐작이 가지 않았다. 그래서 그들은 다음 날 (목요일) 저녁에, 예루살렘의 사람들과 방문하는 순례자들이 모두 밤 동안에 물러간 뒤에 예수를 체포하자고 자기들끼리 협의했다.

유다는 여러 날 동안 가져보지 못한 위풍과 영광을 받을 생각에 황홀해져서 캠프에 있는 동료들에게 돌아왔다. 그는 언젠가 새 나라에서 위대한 사람이 되기를 바라며 예수 편에 뛰어들었다. 그는 예상했던 것과 같은 새 왕국이 없으리라는 것을 마침내 깨달았다. 그러나 예상했던 새 나라에서 영광을 얻지 못한 실망을 옛 체제에서 명예와 보상을 즉시 얻는 것과 대체하도록 그렇게 현명했던 것이 기뻤다. 그는 이제 이 옛 체제가 살아남으리라고 믿었고, 이것이 예수와 그가 대표하는 모든 것을 파괴할 것이라고 확신했다. 의식(意識)하면서 의도한 마지막 동기를 볼 때, 유다가 예수를 저버린 것은 이기적인 도망자의 비겁한 행위였고, 그가 오로지 생각한 것은, 그의 행위가 주와 옛 동료들에게 무슨 결과를 가져오든 상관 없이, 자신의 안전과 영광을 받는 것이었다.

그러나 항상 바로 그런 식이었다. 유다는 머리 속에서 점진적으로 쌓이는, 고의적이고 끈질기고, 이기적이고, 복수심에 불타는 이 의식에 오랫동안 빠져 있었고, 가슴 속에 복수하고 불충하려는, 증오에 차고 악한 이 욕망을 품고 있었다. 다른 사도들을 사랑하고 믿은 것 같이, 예수는 유다를 사랑하고 믿었다. 그러나 유다는 그에 보답하여 충성스러운 신뢰를 기르고 마음을 다한 사랑을 체험하지 못했다. 그리고 포부가 일단 자아(自我) 추구에 온통 집착하고, 무뚝뚝하고 오랫동안 억눌렸던 복수심에 극도로 자극받았을 때, 포부는 얼마나 위험하게 될 수 있는가! 어리석은 사람들의 생활에서 실망은 얼마나 사람을 짓밟는 것인가! 이들은 시간 속에서 그림자 같고 덧없는 유혹물에 눈독을 들이면서, 신성한 가치와 참된 영적 실체들이 있는 영원한 세계들에서 영구한 업적을 얻는, 더 높고 참다운 성취를 눈이 멀어 보지 못한다. 유다는 머리 속에서 세상의 영예를 몹시 바랐고, 진심으로 이 욕구를 사랑하게 되었다. 다른 사도들도 머리 속에서 마찬가지로 바로 이 세상의 명예를 몹시 바랐지만, 마음으로 예수를 사랑했고, 그가 그들에게 가르친 진리를 사랑하기를 배우려고 최선을 다하고 있었다.

이 때 유다는 깨닫지 못했지만, 헤롯이 세례자 요한의 목을 벤 뒤로 늘, 그는 잠재 의식에서 예수를 비평하는 사람이 되었다. 가슴 속 깊숙이, 유다는 예수가 요한을 구하지 않았다는 사실을 늘 분하게 여겼다. 예수를 따르는 사람이 되기 전에 유다가 요한의 제자(弟子)였다는 것을 잊어서는 안 된다. 그리고 미움의 옷을 입혀서 자기 혼 속에 유다가 간직했던 인간적 분개심과 가슴 아픈 실망이 쌓이고 쌓여서, 이제 잠재 의식의 지성 속에서 자리를 잘 잡았으며, 이것은 그가 형제들의 지지하는 영향을 일단 감히 벗어나고, 또한 동시에 예수의 적들이 영리하게 빗대어 하는 말과 미묘한 비웃음에 노출되었을 때, 솟아 나와서 그를 삼킬 준비가 되어 있었다. 유다가 하늘 높이 희망을 띄우고 예수가 그것을 산산조각 내는 무슨 일을 하거나 말을 할 때마다, 유다의 마음 속에는 쓰라리게 분개하는 상처가 언제나 남아 있었다. 이 상처들이 늘어나자, 너무나 뻰질나게 상처 입은 그 마음은, 좋은 뜻을 가졌어도 비겁하고 자기 중심인 성격에게 이 씁쓸한 체험을 안겨 준 사람에 대하여 모든 참 애정을 금방 잃어 버렸다. 유다는 깨닫지 못했어도, 그는 비겁한 자였다. 따라서, 권력이나 영광이 쉽게 손 닿는 곳에 있는 듯 보였을 때, 비겁함이 아주 흔히 그것을 붙잡기를 물리치게 만든 동기였다고 유다는 언제나 예수를 탓하고 싶어 했다. 한때는 진정했던 사랑조차, 실망과 질투와 오래 계속된 분개심을 통해서, 어떻게 결국 실제의 미움으로 바뀌는가 모든 사람이 잘 안다.

마침내 대사제와 장로들은 몇 시간 동안 편안히 숨을 쉴 수 있었다. 예수를 대중 앞에서 잡아들여야 하지 않았고, 배신한 연합군으로 유다를 확보한 것은 과거에 아주 여러 번 했던 것처럼 예수가 그들의 관할 구역에서 달아나지 않으리라는 것을 보장했다.

5. 마지막 친교 시간

수요일이었으니까 캠프에서 이 날 저녁은 친교 시간이었다. 주는 풀이 죽은 사도들을 북돋아 주려고 애썼지만, 거의 불가능했다. 모두가 뒤숭숭하고 압도하는 사건들이 다가오고 있음을 비로소 깨달았다. 주가 그들의 파란 많고 사랑으로 결속한 여러 해를 열거했을 때에도 명랑해질 수 없었다. 예수는 모든 사도의 가족에 대하여 조심스럽게 물었고, 다윗 세베대를 향하여 둘러보며, 누가 자기 어머니나 막내 누이나 또는 자기 집안의 다른 식구로부터 요즈음에 소식을 들었는가 물었다. 다윗은 고개를 떨구고 자기 발을 내려다보았다. 대답하기가 두려웠다.

이 때는 예수가 추종자들에게 군중의 지지(支持)를 조심하라고 경고하는 계제였다. 여러 번 큰 무리의 사람들이 열심히 그들을 따라다니다가, 다음에 똑같이 열심히 그들에게 등을 돌리고 자기들이 예전에 믿고 생활하던 길로 돌아갔을 때 갈릴리에서 겪었던 체험을 주는 다시 이야기했다. 그리고 나서 말했다: "그래서 너희는 성전에서 우리의 말을 듣고 우리의 가르침을 믿는 듯이 보이던 큰 군중에게 너희가 속도록 버려 두어서는 안 되느니라. 이 군중은 진리를 듣고 머리로 얄팍하게 믿지만, 거의 아무도 진리의 말씀이 살아 있는 뿌리로 가슴 속에 파고들게 하지 않느니라. 오직 머리로만 복음을 알고, 마음 속에서 복음을 맛보지 않은 자들은 정말 어려움이 닥칠 때 지지하리라 의존할 수 없느니라. 유대인 통치자들이 사람의 아들을 죽이려고 합의를 보았을 때, 그들이 한 마음으로 공격할 때, 너희는 군중이 절망에 빠져 달아나든지, 아니면 미치고 눈먼 이 통치자들이 복음의 진리를 가르치는 선생들을 죽음으로 이끄는 동안 말없이 놀라서 구경만 하는 것을 너희가 보리라. 그리고 나서 역경과 박해(迫害)가 너희에게 덮칠 때, 진리를 사랑한다고 너희가 생각하는 또 다른 사람들은 흩어지고, 더러는 복음을 부인하고 너희를 저버릴 것이라. 우리와 아주 가까웠던 어떤 사람들은 이미 저버리기로 작정하였느니라. 우리에게 이제 닥친 시절을 위한 준비로 너희는 오늘 쉬었느니라. 그러므로 바로 앞에 닥친 시절을 위하여 너희가 힘을 얻도록 내일은 경계하고 기도하라."

캠프의 분위기는 설명할 수 없는 긴장의 빛이 가득했다. 조용한 사자들이 오고 갔고, 오직 다윗 세베대와 의사(意思)를 소통했다. 그 날 저녁이 지나기 전에, 더러는 나사로가 황급히 베다니에서 자리를 뜬 것을 알았다. 캠프로 돌아온 뒤에, 주의 곁에서 하루 종일 보냈는데도, 요한 마가는 불길하게 말이 없었다. 그가 말하게

끔 설득하려고 온갖 노력을 기울인 것은 예수가 그에게 입을 다물라고 일렀다는 것을 분명히 가리켰다.

명랑하고 보기 드물게 친근한 주의 태도도 그들을 놀라게 만들었다. 끔찍한 고립이 분명히 다가오고 있음을 모두가 느꼈고, 이것이 갑자기 와르르하며 피할 수 없이 무섭게 쏟아지려 하는 것을 깨달았다. 무엇인가 다가옴을 어렴풋이 느꼈지만, 아무도 그 시험에 부닥칠 준비가 되었다고 느끼지 않았다. 주는 하루 내내 떠나 있었고, 그들은 주가 계시지 않아 엄청나게 서운했다.

이 수요일 저녁은 주가 돌아가시는 바로 그 실제 시간까지 그들의 영적 지위에서 밑바닥을 기록했다. 비록 이튿날은 비극의 금요일에 하루가 더 가깝기는 했어도, 그래도 주는 그들과 함께 있었고, 그들은 가슴 졸이는 시간을 더 품위 있게 견디었다.

바로 한밤이 되기 전에, 땅에서 그가 택한 가족과 푹 잠잘 마지막 밤이 되리라는 것을 알았기 때문에, 밤 동안 그들을 해산하면서 그는 말했다: “형제들아, 잠자러 가라, 그리고 내일 우리가 일어날 때까지 평안할지어다. 아버지의 뜻을 행하고 우리가 아들인 것을 아는 기쁨을 맛볼 날이 하루 더 있느니라.”

제 178 편

캠프에서 마지막 날

예수는 이 목요일, 육체를 입고 육신화한 신의 아들로서 땅에서 그가 자유로운 마지막 날을 사도들과, 충성하고 헌신적인 몇 제자들과 함께 보내려고 계획했다. 이 아름다운 날 아침에 식사 때가 지난 뒤에 곧, 주는 캠프 위에, 조금 떨어진 곳에 한적한 장소로 그들을 데리고 갔고, 거기서 많은 새 진리를 가르쳤다. 예수가 그 날 초저녁에 사도들에게 다른 강연을 했어도, 이 목요일 아침의 말씀은, 유대인과 이방인을 포함하여, 캠프에 있는 사도와 선택된 제자들의 통합된 집단에게 주신 작별 연설이었다. 열두 사도는 유다를 제외하고, 모두 그 자리에 있었다. 베드로와 몇 사도는 유다가 자리에 없다고 한 마디 했고, 더러는 예수가 어떤 문제를 돌보라고, 아마도 다가오는 유월절 축하의 세부를 주선하려고, 그를 도시로 보냈다고 생각했다. 유다는 오후 중반까지, 예수가 마지막 만찬을 나누려고 열둘을 예루살렘으로 이끌고 가기 조금 전까지, 캠프로 돌아오지 않았다.

1. 아들 신분과 시민권에 대한 강연

거의 두 시간 동안 예수는 신뢰하는 추종자들 약 50명에게 말씀하였고, 하늘나라와 이 세상 나라들의 관계에 대하여, 하나님의 아들 신분과 땅의 정부(政府)에 있는 시민 자격의 관계에 관하여, 스무 가지 질문에 대답했다. 질문에 대한 대답과 함께 이 강연은 현대의 말투로 다음과 같이 간추리고 다시 표현해도 좋다:

이 세상의 나라는 물질적이니까, 그 율법을 집행하는 데, 또 질서를 유지하기 위하여, 무력을 쓰는 것이 필요함을 가끔 발견할지 모른다. 하늘나라에서 참 신자들은 무력(武力)을 쓰는 데 의존하지 않을 것이다. 영에게서 태어난 하나님 아들들의 영적 단체이니까, 하늘나라는 오직 영의 힘으로 선포되어도 좋다. 이 과정의 차이는 신자들의 나라와 현세의 정부를 가진 국가들의 관계를 언급하며, 신자들의 사회 집단이 그들의 계층에서 질서를 유지하고, 다루기 힘들고 자격 없는 구성원들을 징계(懲戒)하는 권리를 취소하지 않는다.

영적 하늘나라에서 아들이 되는 것과 현세의 정부, 즉 국가 정부에서 시민이 되는 것 사이에는 아무 모순이 없다. 케자의 것을 케자에게 돌리고, 하나님의 것을 하나님께 드리는 것이 신자(信者)의 의무이다. 어느 케자가 주제넘게 하나님의 특권을 빼앗고 영적 존경과 최고의 숭배를 바치라고 요구하는 일이 생기지 않으면, 하나는 물질적이고 다른 하나는 영적이니까, 이 두 가지 조건 사이에 어떤 충돌이 있을 수 없다. 그러한 경우에 너희는 그러한 잘못 인도된, 땅의 통치자들을 깨우치기를 구하고 이 방법으로 그들이 또한 하늘에 계신 아버지를 인식하도록 인도하면서 오직 하나님을 섬겨야 한다. 땅의 통치자들에게 영적(靈的) 예배를 바치지 말고, 땅에 있는 정부의 무력을 이용하지도 말아야 하며, 그 통치자들은 영적 나라의 사명을 촉진하는 일에 언젠가 신자가 될지 모른다.

진보하는 문명의 관점에서 볼 때, 하늘나라에서 아들 신분은 이 세상의 나라에서 이상적 시민이 되도록 너희를 도와야 하는데, 이는 형제 정신과 봉사가 하늘나라 복음의 주춧돌인 까닭이다. 영적 하늘나라에서 사랑의 부름은 땅의 나라에서, 믿지 않고 전쟁에 머리를 쓰는 시민들의 미워하는 충동을 효과적으로 없애는 약이라는 것이 판명될 것이다. 그러나 어둠 속에서 물질에 머리를 쓰는 이 아들들은 사심(私心) 없는 사회 봉사를 베풀면서 너희가 그들에게 아주 가까이 가지 않는 한, 결코 너희의 영적 진리의 빛을 알지 못할 것이며, 그러한 사회 봉사는 개별 신자 각자의 생활 체험에서 영의 열매를 맺는 데서 생기는 자연스러운 결과이다.

물질적인 필사 인간으로서 너희는 정말로 땅의 나라의 시민이요, 너희는 좋은 시민, 하늘나라의 다시 태어난 영(靈) 아들이 되었으니까, 더군다나 좋은 시민이 되어야 한다. 믿음으로 깨우치고 영이 해방한 하늘나라 아들로서, 너희는 사람에 대한 의무와 하나님에 대한 의무를 행하는 2중의 책임을 직면하며, 한편 너희는 셋째이자 신성한 의무, 즉 하나님을 아는 신자들의 형제 단체에 봉사하는 일을 자청하여 맡는 것이다.

너희는 현세의 통치자들을 숭배해서는 안 되고, 영적 나라를 촉진하는 일에 세상의 권력을 써서는 안 되지만, 신자와 불신자들에게 똑같이 사랑의 봉사를 올바르게 베풀어야 한다. 하늘나라 복음(福音)에는 힘찬 진리의 영이 거하며, 얼마 안 있어 나는 바로 이 영을 모든 육체에 퍼부을 것이다. 영의 열매, 너희가 성실하게 사랑으로 베푸는 봉사는 어둠의 종족들을 들어올리는 강력한 사회적 지레요, 이 진리의 영은 힘을 증대하는 너의 지레 받침이 될 것이다.

너희가 믿지 않는 국가 통치자들을 다룰 때 지혜를 나타내고 슬기로움을 보여라. 신중함으로 작은 의견 차이를 없애고 하찮은 오해(誤解)를 조정하는 데 솜씨가 있음을 스스로 보이라. 모든 가능한 방법으로—우주 통치자들에게 너희가 영적으로 헌신하지 않는 모든 일에—모든 사람과 평화롭게 살려고 힘쓰라. 너희는 언제나 뱀처럼 지혜로워도 비둘기처럼 순결하라.

하늘나라의 깨우친 아들이 되는 결과로서 너희는 속세의 정부에서 더욱 훌륭한 시민이 되어야 하며, 땅에 있는 정부의 통치자들도 이 하늘나라 복음을 믿는 결과로서 국가(國家) 사무에서 더욱 훌륭한 통치자가 되어야 한다. 사람에게 사심 없이 봉사하는 태도와 하나님을 총명하게 예배하는 것은 모든 하늘나라 신자를 더욱 훌륭한 세계 시민으로 만들어야 하며, 한편 정직한 시민의 태도와 사람이 현세의 사명에 성실하게 헌신함은 하늘나라에서 아들이 되라는 영의 요청이 그러한 시민에게 더 쉽게 미치는 데 도움이 되어야 한다.

땅에 있는 정부의 통치자들이 종교적 독재자의 권한을 행사하기를 추구하는 한, 이 복음을 믿는 너희는 오로지 어려움과 박해, 심지어 죽음까지도 기대할 수 있다. 그러나 너희가 세상에 전하는 바로 그 빛, 너희가 이 하늘나라 복음을 위하여 고통받고 죽는 바로 그 자세(姿勢)까지도, 그 자체로서 궁극에는 온 세상을 깨우치고, 정치와 종교를 차츰 분리시키는 결과를 낳을 것이다. 이 하늘나라 복음을 집요하게 전파하는 것은 언젠가 새롭고 믿을 수 없이 놀라운 해방, 지적(知的) 자유, 종교적 해방을 모든 나라에 가져올 것이다.

기쁨과 해방을 담은 이 복음을 미워하는 자들의 박해, 얼마 안 있어 다가오는 박해 밑에서 너희는 번성하고 하늘나라는 번영할 것이다. 그러나 대부분의 사람이 하늘나라 신자들을 좋게 이야기하고, 높은 자리에 있는 많은 사람이 이름으로만 하늘나라 복음을 받아들이는 후세에 너희는 심각한 위험에 빠질 것이다. 평화롭고 번영하는 시절에도 하늘나라에 충성하기를 배우라. 안일(安逸)에 빠져 떠내려가는 너희 혼을 구하려고 고안된 사랑의 징계로서, 거친 길로 인도하도록 너희를 감시하는 천사들을 시험하지 말라.

이 하늘나라 복음—하나님의 아들임을 믿음으로 깨닫는 최상의 기쁨과 함께, 아버지의 뜻을 행하려는 최고의 소망—을 전파하라고 너희가 임명받았음을 기억하라. 아무 것도 이 한 가지 의무에 대한 너희의 헌신을 다른 데로 돌리도록 허락해서는 안 된다. 사랑이 가득한 너희의 영적 봉사, 깨우침을 주는 지적 친교, 사람을 고결하게 하는 사회 봉사가 넘쳐흘러서 온 인류가 이익을 얻게 하라. 그러나 이 인도적 수고 가운데 아무 것도, 그러한 모든 수고도, 복음의 선포(宣布)를 대신하도록 허락해서는 안 된다. 이 힘찬 봉사는 하늘나라를 믿는 신자들의 가슴 속에서 일으키는, 더욱 힘차고 숭고한 봉사와 변화의 사회적 결과요, 살아 있는 진리의 영의 힘으로, 그리고 영에게서 태어난 사람의 믿음이 영원한 하나님과 생생한 친교를 가진다는 확신을 부여하는 것을 몸소 깨달음으로써, 그러한 봉사와 변화가 일어난다.

너희는 국가 정부의 힘으로, 또는 속세의 법률을 제정함으로, 진리를 선포하거나 정의(正義)의 확립을 추구해서는 안 된다. 너희는 언제나 사람들의 생각을 설득하려고 수고해도 좋지만, 결코 감히 저희를 강제해서는 안 된다. 내가 긍정의 형태로서 너희에게 가르친 위대한 인간 공평(公平)의 법칙을 잊지 말아야 한다: 사람들이 너에게 해야 한다고 네가 무엇을 바라든지, 그들에게 바로 그대로 하여라.

하늘나라를 믿는 사람이 국가 정부에서 일하라고 요청받을 때, 그러한 정부에서 현세의 시민으로서 그렇게 봉사할지어다. 하지만 그러한 신자는 국가에 봉사하면서, 필사 인간의 지성과 영원한 하나님의 깃드는 영의 결합, 고결한 결합이 주는 영적 깨우침으로 향상된 특성, 시민의 모든 그러한 보통 특성을 다 나타내야 한다. 불신자가 우수(優秀)한 공무원으로 자격을 갖출 수 있다면, 영적 교통과 사회 봉사를 통틀어, 생명의 물이 모자라서 네 마음 속에 진리의 뿌리가 죽지 않았는가 너희는 심각하게 물어야 한다. 하나님의 아들이라는 의식은 인간 성격에 본래부터 있는 모든 능력에 대한 그러한 힘찬 자극(刺戟)을 소유하게 된 모든 어른과 아이가 베푸는 일생의 봉사 전체에 활기를 불어넣어야 한다.

너희는 수동적인 신비주의자나 빛깔 없는 금욕주의자가 되서는 안 되며, 허구의 섭리가 생활 필수품마저 마련해 주기를 반듯이 누워서 기대하는 몽상가와 방랑자가 되지 말아야 한다. 잘못하는 사람들과 거래할 때 정말로 부드럽고, 무지한 사람들과 교제할 때 참을성을 보이고, 도발이 있을 때 인내(忍耐)해야 한다. 그러나 너희는 또한 공정(公正)을 방어하는 데 용감해야 하고, 진리를 선포하는 데 힘이 있어야 하며, 땅 끝까지라도 이 하늘나라 복음을 전도하는 데 적극성이 있어야 한다.

이 하늘나라 복음은 살아 있는 진리이다. 그 복음은 반죽에 있는 누룩과 같고, 겨자의 씨앗과 같다고 너희에게 일렀으며, 이제 내가 선언하건대, 그 복음은 살아 있는 존재의 씨앗과 같으니, 대대로, 바로 그 살아 있는 씨앗으로 남아 있으면서, 새로운 명시(明示)에서 어김없이 자신을 펼치고, 뒤잇는 각 세대의 특이한 필요와 조건에 새롭게 적응하는 경로에서 쓸 만하게 자란다. 내가 너희에게 계시한 것은 <u>살아 있는 계시</u>요, 그 계시(啓示)가 각 사람 안에서, 각 세대에서, 영적 성장과 증가와 적응 발전의 법칙에 따라서, 적당한 열매를 맺기를 나는 바란다. 대대로 이 복음은 활력이 늘어남을 보이고, 더욱 깊은 영적 권능을 나타내야 한다. 그 복음을 기껏해야 신성한 기억, 나에 대하여, 우리가 지금 사는 시절에 대하여, 단순한 전통이 되도록 버려 두어서는 안 된다.

그리고 잊지 말라: 우리는 모세의 자리에 앉는 자들의 인격이나 권한을 조금도 직접 공격하지 않았다. 우리는 다만 그들에게 새 빛을 내밀었고, 그들은 아주 힘차게 물리쳤다. 우리는 오직 그들이 가르치고 보호한다고 공언(公言)하는 바로 그 진리에 그들이 영적으로 충성하지 않는다고 비난하여 그들을 공격했다. 우리는 자리가 잡힌 이 지도자와 인정받는 통치자들이 하늘나라 복음을 사람의 아들들에게 전파하는 것을 저희가 직접 투신하여 방해할 때에야 그들과 충돌한다. 지금도 우리가 그들을 공격하는 것이 아니라 그들이 우리를 죽이려 한다. 너희는 오로지 좋은 소식을 전하러 떠나라고 임명되었음을 잊지 말라. 너희는 옛길을 공격하지 말고, 너희는 옛 관념 한가운데에 새 진리의 누룩을 솜씨 있게 심어야 한다. 진리의 영이 일을 하게 하라. 진리를 가벼이 여기는 자가 너희에게 강제할 때에만 논쟁이 생기게 하라. 그러나 외고집인 불신자가 너희를 공격할 때, 너희를 구원하고 거룩하게 만든 진리를 서슴지 말고 힘차게 방어하라.

인생의 파란을 통하여 계속, 언제나 서로 사랑하기를 기억하라. 사람들과, 아니 불신자와도, 다투지 말라. 심술궂게 너희를 악용하는 자들에게도 자비를 보이라. 아버지 나라의 형제 단체에서 너희 스스로가 충성스러운 시민이요, 마음 곧은 예술가, 칭찬할 만한 이웃, 헌신하는 친척, 이해하는 부모, 성실한 신자임을 보이라. 그리고 내 영이 너희에게 이제 다가오고, 세상 끝까지도 미치리라.

예수가 가르침을 마쳤을 때, 거의 1시가 되었고, 그들은 즉시 캠프로 돌아갔는데, 거기서 다윗과 그 동료들은 그들을 위하여 점심을 준비해 두었다.

2. 점심 뒤에

주의 말씀을 들은 자들 가운데 많지 않은 사람이 아침 연설(演說)의 일부라도 알아들을 수 있었다. 말씀을 들은 모든 사람 가운데, 그리스인들이 가장 많이 알아들었다. 열한 사도조차도 그가 미래의 정치적인 국가, 그리고 하늘나라 신자들의 연속된 세대를 암시하는 데 어리둥절했다. 예수에게 가장 헌신하는 추종자들은 땅에서 그의 봉사의 끝이 다가오는 것과 복음 활동의 연장된 미래를 이렇게 언급하는 것을 조화시킬 수 없었다. 이 유대인 신자들 가운데 더러는 땅에서 가장 큰 비극이 바야흐로 일어나려 하는 것을 비로소 감지했지만, 그러한 다가오는 재난을 즐겁게 개의하지 않는 주의 개인적 태도나 아침 강연과 조화시킬 수 없었고, 그 강연에서 그는 광대한 기간에 걸치고 땅에서 현세의 뒤잇는 여러 나라와 가지는 관계들을 포함하는 거래, 미래의 하늘나라 거래를 거듭하여 언급했다.

이 날 정오가 되어서, 나사로가 황급히 베다니를 떠났다는 소식을 모든 사도와 제자가 들었다. 그들은 유대 통치자들이 예수와 그의 가르침을 말소하려는 소름끼치는 결의를 비로소 느꼈다.

다윗 세베대는 예루살렘에 있는 비밀 첩보원들의 일을 통해서, 예수를 붙잡아 죽이려는 계획의 진전에 관하여 충분히 정보를 받고 있었다. 이 음모(陰謀)에서 유다의 역할에 대하여 모두 알았지만, 결코 이 지식을 다른 사도나 어느 제자에게도 털어놓지 않았다. 점심 뒤에 얼마 있다가 그는 예수를 옆으로 이끌고, 대담하게 그가 알고 있는가 물었다—그러나 결코 물음을 더 잇지 못했다. 손을 붙들고 주는 그를 막고 말했다: “그래, 다윗아, 나는 그것에 대하여 모두 알고, 네가 안다는 것도 알지만, 네가 아무에게도 말하지 않도록 하여라. 오직 네 마음 속에서 하나님의 뜻이 끝에는 지배하리라는 것을 의심하지 말라.”

다윗과 가진 이 대화는 필라델피아로부터 사자가 도착해서 중단되었는데, 그는 예수를 죽이려는 음모를 아브너가 들었고 그가 예루살렘을 향해 떠날 것인가 묻는 말을 가지고 왔다. 이 주자(走者)는 아브너에게 주는 이 말을 가지고 필라델피아를 향하여 서둘러 갔다: “네 일을 계속하라. 육체를 입고서 내가 너를 떠나면, 그것은 오직 내가 영으로 돌아오기 위한 것이라. 나는 너를 버리지 아니하리라. 나는 끝까지 너와 함께 하리라.”

이 때쯤에 빌립이 주에게 다가와서 물었다: “주여, 유월절 시간이 가까워 옴을 아시니, 어디서 그 저녁을 먹으려고 우리가 준비하기를 바라시나이까?” 빌립의 물음을 듣자 예수는 대답했다: “가서 베드로와 요한을 데리고 오라. 그리하면 우리가 오늘 밤에 저녁 먹을 것에 관하여 너에게 지시하리라. 유월절에 관하여 말하면, 우리가 먼저 이 일을 마친 뒤에 네가 생각해야 하리라.”

주가 빌립과 이 문제에 대하여 말씀하는 것을 들었을 때, 유다는 그 대화(對話)를 엿들을까 싶어 더 가까이 다가갔다. 그러나 가까이 서 있던 다윗 세베대는 걸어가서 유다를 대화에 끌어들였고, 한편 빌립과 베드로와 요한은 한쪽으로 가서 주와 이야기하였다.

예수는 세 사람에게 말했다: “곧 예루살렘으로 들어가라. 문으로 들어가는 동안에 너희는 물그릇을 가진 사람을 만나리라. 그가 너희에게 말을 걸겠고, 그리하면 그를 따라갈지니라. 그가 너희를 어떤 집으로 이끌 때, 그를 따라 들어가서 그 집의 착한 주인에게 물으라, ‘주가 사도들과 저녁 먹을 손님 방이 어디 있나이까?’ 너희가 이렇게 묻고 나서, 이 집주인은 우리를 위하여 다 꾸며지고 준비된 큰 2층 방을 너희에게 보이리라.”

사도들이 도시에 이르렀을 때, 문 가까이서 물그릇을 든 사람을 만나서 그를 따라 계속 요한 마가의 집으로 갔고, 거기서 소년의 아버지가 그들을 만나고, 만찬을 위하여 준비된 2층 방을 보여 주었다.

그 전날 오후에 주와 요한 마가가 산에서 둘이서만 있을 때, 그들 사이에 합의한 결과로 이 모두가 이루어지게 되었다. 예수는 사도들과 방해받지 않고, 이 마지막 식사를 한번 꼭 나누기를 바랐고, 그들이 만나는 장소를 유다가 미리 안다면 유다가 적들과 그를 붙잡으려고 주선할지 모른다고 믿었기 때문에, 요한 마가와 몰래 이렇게 주선하였다. 이 방법으로 나중에 예수와 다른 사도들과 함께 일행이 되어 거기에 다다를 때까지, 유다는 그들이 만나는 장소를 알지 못하게 되었다.

다윗 세베대는 유다와 처리할 일이 많아서, 유다가 몹시 바란 대로 베드로와 요한과 빌립을 따라가는 것이 쉽게 방지되었다. 유다가 다윗에게 식량을 위하여 얼마큼 돈을 주었을 때, 다윗은 말했다: “유다야, 이런 상황에, 내게 실제로 필요가 생기기 전에, 돈을 조금 내게 마련해 주는 것이 좋지 않겠느냐?” 잠깐 생각한 뒤에, 유다는 대답했다: “그렇구나, 다윗아, 그것이 현명하리라 생각이 드는구나. 사실은, 뒤숭숭한 예루살렘의 상황에 비추어서, 내가 돈을 모두 너에게 넘기는 것이 최선이라 생각이 드는구나. 저희가 주를 적대하여 음모를 꾸미고, 내게 무슨 일이라도 생길 경우에, 너는 방해를 받지 않을 것이라.”

그래서 다윗은 사도의 현금 모두와 저축한 모든 돈의 영수증들을 받았다. 다음 날 저녁이 되기까지, 사도들은 이 거래에 대하여 소식을 듣지 못했다.

4시 반쯤 되어 세 사도가 돌아와서, 예수에게 만찬을 위하여 모든 것이 준비되었다고 알렸다. 즉시 산길을 넘어 베다니 길까지, 그리고 계속 예루살렘으로, 주는 열두 사도를 이끌려고 준비하였다. 이것이 모두 열둘과 함께 그가 마지막으로 한 여행이었다.

3. 저녁 식사를 하러 가는 길에

겟세마네 공원과 예루살렘 사이에 기드론 골짜기를 거쳐 오가는 군중을 다시 피하려 하면서, 예수와 열둘은 베다니로부터 도시로 이어지는 길을 만나려고 올리브산 서쪽 벼랑을 넘어서 걸었다. 예루살렘의 멸망에 대하여 말씀하려고 예수가 전날 저녁에 머물렀던 곳에 가까이 오자, 서서 말없이 도시를 내려다보면서 그들은 무의식중에 멈추었다. 그들이 조금 일렀고, 해가 진 뒤까지 도시를 지나치기를 바라지 않았기 때문에, 예수는 동료들에게 말했다:

"앉아서 쉬라, 그 동안에 무슨 일이 얼마 안 있어 일어날 것인가 너희와 이야기하리라. 여태까지 나는 형제처럼 너희와 함께 살았고, 하늘나라에 관한 진리를 가르치고 그 비밀을 너희에게 드러내었노라. 아버지는 정말로 땅에서 내 사명과 연관하여 많은 놀라운 일을 하셨느니라. 너희는 이 모든 것에 증인이요, 하나님과 함께 수고하는 자가 되는 체험을 나누었느니라. 그리고 아버지가 내게 하라고 주신 일로 내가 머지 않아 돌아가야 한다고, 한동안 너희에게 경고한 것에 너희가 증인이 되리라. 하늘나라 일을 계속 수행하려고 너희를 세상에 두고 내가 떠나야 한다고 너희에게 분명히 일렀노라. 이 목적 때문에, 가버나움의 산에서 너희를 따로 세웠고, 너희가 나와 함께 가졌던 체험을, 이제 너희는 남들과 나누려고 준비해야 하느니라. 아버지가 나를 이 세상으로 보낸 것 같이, 마찬가지로 나를 대신하고 내가 시작한 일을 마치라고 너희를 떠나보내고자 하노라.

"너희는 슬피 저 건너 도시를 내려다보나니, 너희가 예루살렘의 종말을 이르는 내 말을 들었음이라. 그 멸망 속에 너희가 죽고, 그래서 하늘나라 복음의 선포를 늦출까 저어하여 내가 너희에게 미리 경고하였노라. 마찬가지로 저희가 사람의 아들을 붙잡으러 올 때, 너희가 쓸데없이 스스로 위험에 빠질까 저어하여 너희에게 조심하라 경고하노라. 나는 가야 하지만, 나사로가 살아서 하나님의 영광을 알릴 수 있도록 사람의 진노를 피해 달아나라고 내가 지시한 것 같이, 내가 떠난 뒤에 이 복음을 증거하려고 너희는 남아야 하느니라. 내가 떠나는 것이 아버지의 뜻이라면, 너희가 무슨 일을 하든지 신의 계획을 꺾을 수 없느니라. 저희가 또한 너희도 죽이지 않도록 몸조심하라. 영의 힘으로 복음을 방어하는 데 너희 혼이 용감할지니라. 그러나 그릇 인도를 받아 사람의 아들을 방어하려고 어떤 어리석은 짓도 하지 말라. 나는 사람의 손으로는 어떤 방어도 필요 없고, 하늘의 군대가 지금도 가까이 있거니와 나는 하늘에 계신 아버지의 뜻을 행하려고 결심하였고, 따라서 우리에게 아주 곧 닥칠 것에 우리가 복종해야 하느니라.

"이 도시가 파괴되는 것을 너희가 볼 때, 언제나 나아가는 하늘나라에서, 아니 가장 높은 하늘에서, 끝없이 봉사하는 영생에 너희가 이미 들어갔음을 잊지 말라. 내 아버지의 우주와 내 우주 안에 많은 거처가 있고, 하나님이 지으신 도시들, 그리고 진리 속에서 공정과 기쁨을 일생의 버릇으로 삼는 그러한 세계들을 나타내는 계시가 빛의 아이들을 기다리고 있다는 것을 너희가 알아야 하느니라. 나는 하늘나라를 여기 땅에 있는 너희에게 가져왔으나, 내가 선언하노니, 믿음으로 하늘나라에 들어가고 진리의 생생한 봉사로 말미암아 거기에 남아 있는 너희 모두가 하늘에 있는 세계들로 분명히 올라가서 우리 아버지의 영 나라에서 나와 함께 앉으리라. 그러나 너희는 먼저 몸을 가다듬고, 나와 함께 시작한 일을 마쳐야 하느니라. 너희는 먼저 많은 시련을 거치고 많은 슬픔을 견디어야 하며—이 시련이 이제도 우리에게 닥쳤도다—땅에서 내가 아버지의 일을 마쳤고 바야흐로 그의 품에 돌아가려는 것 같이, 너희가 땅에서 너희 일을 마치고 나서, 나의 기쁨에 참여할지니라."

말씀을 마치고 나서 주는 일어섰고, 모두 그를 따라 올리브 산을 내려가서 도시로 들어갔다. 다가오는 어둠 속에서 좁은 거리를 따라 길을 가는 동안, 세 사람을 제외하고, 사도들 중에 아무도 그들이 어디로 가는지 몰랐다. 군중이 그들을 밀쳤지만, 아무도 그들을 알아보지도 못했고, 그가 택한 하늘나라 대사들과 함께, 사람으로 마지막 모임으로 가는 길에 사람의 아들이 지나치고 있음을 알지도 못했다. 사도들도 일행(一行)의 하나가 주를 적들의 손에 넘기려고 배반하는 음모에 이미 가담한 것을 알지 못했다.

요한 마가는 그들을 도시 안까지 계속 따라갔고, 그들이 문에 들어선 뒤에, 다른 길로 급히 달려가서, 그들이 도착했을 때 아버지의 집에서 그들을 반기려고 기다리고 있었다.

제 179 편

마지막 만찬

이 목요일 오후에, 빌립이 주께 다가오는 유월절을 상기시키고 축하할 계획에 관하여 물었을 때, 그는 이튿날, 금요일 저녁에 먹기로 되어 있는 유월절(逾越節) 저녁을 생각하고 있었다. 유월절 축하를 위한 준비를 전날 정오보다 늦지 않게 시작하는 것이 관습이었다. 유대인들이 해 질 때 하루가 시작된다고 계산했으니까, 이것은 토요일 유월절 저녁을 금요일 밤에, 자정이 되기 전 언젠가 먹으리라는 것을 의미했다.

그래서 사도들은 그들이 하루 일찍 유월절을 축하할 것이라는 주의 발표를 이해하지 못하고 온통 어리둥절했다. 그들은, 적어도 그들 가운데 더러는, 그가 금요일 밤에 유월절 저녁을 먹을 때가 되기 전에 자신이 체포될 것을 아시고, 따라서 이 목요일 저녁에 특별한 만찬(晩餐)을 하시려고 그들을 한데 부른다고 생각했다. 더러는 이것이 단지 정식 유월절 축하에 앞서 있을 특별한 경우라고 생각했다.

사도들은 예수가 양이 없이 다른 해의 유월절을 지낸 것을 알았고, 그가 유대 체계의 희생물을 바치는 어떤 예배에도 몸소 참석하지 않은 것을 알았다. 그는 여러 번 유월절 양고기를 손님으로서 먹은 적이 있었지만, 그가 주인일 때는 언제나, 아무 양고기도 대접하지 않았다. 유월절 밤에도 양고기가 빠진 것을 보았어도 사도들에게는 큰 일이 아니었을 터이고, 이 만찬을 하루 일찍 베풀었으니까, 그들은 양고기가 없는 것을 아무렇지 않게 생각했다.

요한 마가의 아버지와 어머니의 환영 인사를 받은 뒤에, 사도들은 즉시 2층 방으로 올라갔고, 그 동안에 예수는 뒤에 남아서 마가의 가족과 이야기했다.

주가 이 계제를 열두 사도하고만 축하하기로 된 것에 대하여 미리 양해를 구했고, 따라서 그들에게 시중들라고 아무 종도 마련되지 않았다.

1. 우대를 받으려는 욕망

요한 마가가 위층으로 안내했을 때, 사도들은 크고 널찍한 방을 보았는데, 이 방은 만찬을 위해 완벽하게 꾸며졌다. 그들은 식탁 한쪽 끝에, 빵·포도주·물·약초가 모두 준비되어 있음을 지켜보았다. 빵과 포도주가 놓인 끝을 빼고, 이 긴 식탁은 열세 개의 눕는 소파에 둘러싸여 있었고, 바로 그러한 것이 살림이 넉넉한 유대인 집에서 유월절을 축하하는 데 마련되었을 것이다.

열둘이 이 2층 방으로 들어가자, 그들은 바로 문 안에, 먼지 묻은 발을 씻기 위한 물그릇·대야·수건들을 주목하였다. 그리고 아무 종도 이 시중을 들려고 준비되지 않았기 때문에, 요한이 떠나자마자 사도들은 서로를 쳐다보기 시작했고, 저마다 마음 속에서 생각하기 시작했다: 누가 우리의 발을 씻을 것인가? 그리고 각자 마찬가지로, 자기는 다른 사람들의 종으로서 이렇게 행동할 사람으로 보이지 않는다고 생각했다.

마음 속에서 따지면서 거기 서 있는 동안, 그들은 식탁의 자리 배열을 둘러보았고, 주인이 앉는 좀더 높은 소파, 그 바른 쪽에 소파 하나, 그리고 주인의 바른 쪽에 둘째로 명예로운 이 자리의 맞은 편까지, 식탁 둘레에 정돈된 소파 열 하나를 주목하였다.

언제라도 주가 도착하기를 기대했지만, 그들은 자리에 앉아야 할지, 아니면 주가 와서 자리를 정해 줄 때까지 기다려야 할지 어찌할 줄을 몰랐다. 그들이 망설이는 동안, 유다는 명예의 자리, 즉 주인의 왼편으로 걸어갔고, 거기서 우대받은 손님으로서 기댈 뜻을 표시하였다. 유다가 이렇게 행동한 것은 즉시 다른 사도들 사이에 열띤 논쟁(論爭)을 일으켰다. 유다가 명예의 자리를 덮치자마자, 요한 세베대가 다음으로 좋은 자리, 주인의 바른쪽 자리를 차지했다. 시몬 베드로는 유다와 요한이 좋은 자리들을 이렇게 맡아 놓은 것에 너무 화가 치밀어서, 다른 성난 사도들이 멍하니 구경하는 동안, 식탁을 피해 돌아서 행진하듯 걸어, 가장 낮은 소파에, 자리 순서의 끝, 곧 요한 세베대가 선택한 자리의 바로 맞은 편에, 자리를 차지했다. 다른 사람들이 높은 자리들을 차지했으니까, 베드로는 가장 낮은 자리를 택하려고 생각했다. 형제들의 보기 딱한 거만(倨慢)한 태도에 항의할 뿐 아니라, 예수가 와서 가장 낮은 자리에 그가 있음을 보았을 때, 더 높은 자리로 부르리라, 이렇게 주제넘게 자신에게 명예를 돌리는 자를 몰아낼 것이라는 희망을 가지고 그렇게 했다.

이렇게 가장 높은 자리와 낮은 자리가 차자, 나머지 사도들은 자리를 골랐고, 모두가 자리를 잡을 때까지, 더러는 유다에 가까이, 더러는 베드로에 가까이 앉았다. 이들은 U자 모양의 식탁 둘레에 다음 순서로 이 기대는 소파에 자리를 잡았다: 주의 바른 편에 요한, 왼쪽에는 유다, 열심당원 시몬, 마태, 야고보 세베대, 안드레, 알패오 쌍둥이, 빌립, 나다니엘, 토마스, 시몬 베드로.

이들은 한 관습을 축하하려고, 적어도 정신적으로 그렇게 하려고 함께 모였는데, 그 관습은 모세 이전에 시작되었고, 조상(祖上)이 에집트에서 노예였던 시절과 관계되었다. 이 만찬은 예수와 그들의 마지막 모임이요, 그러한 엄숙한 배경에서도, 유다의 지휘 밑에서, 명예와 우대, 개인의 찬양을 구하는 옛 성향에 그들은 다시 한 번 무릎을 꿇게 되었다.

주가 복도에 나타났을 때, 그들은 성이 나서 아직도 비난을 퍼붓기에 바빴고, 실망의 빛이 얼굴에 서서히 떠오르는 동안, 주는 복도에서 잠깐 멈추었다. 아무 말 없이 주는 자기 자리로 갔고, 그들의 자리 순서를 다치지 않았다.

발을 아직 씻지 않은 것을 제외하고, 그들은 이제 만찬을 시작할 준비가 되었는데, 도저히 즐거운 기분이 들지 않았다. 주가 도착했을 때, 충분히 감정을 자제하여 자기 느낌을 사람 앞에서 표현하지 않았던 몇 사람이 속에 품었던 생각은 말할 것도 없고, 그들은 아직도 서로에게 가시 돋힌 논평을 하기에 바빴다.

2. 만찬을 시작하다

주가 그의 자리로 간 뒤에 몇 순간 동안, 아무도 말이 없었다. 예수는 그들을 모두 돌아보고, 빙긋 웃고 긴장을 풀며 말했다: "나는 너희와 이 유월절 저녁을 먹기를 몹시 바랐노라. 내가 고통을 받기 전에, 한 번 더 너희와 함께 식사하기를 바랐고, 내 때가 온 줄을 깨닫고, 너희와 오늘 밤에 이 저녁을 먹으려고 주선하였으니, 내일에 관해서 말하면, 우리가 모두 아버지의 손에 있는 까닭이요, 나는 아버지의 뜻을 집행하려고 왔노라. 이 세상으로 나를 보내며 하라 하신 일을 내가 마치고 나서, 아버지가 내게 주실 나라에서 너희가 나와 함께 앉을 때까지, 나는 너희와 함께 다시 먹지 아니하리라."

포도주와 물을 섞은 뒤에, 그들은 잔을 예수에게 가져왔고, 그는 잔을 타대오의 손에서 받고서, 감사를 드리는 동안 붙들고 있었다. 그리고 감사 기도를 마치고 나서 말했다: "이 잔을 가져다가 너희끼리 나누라. 너희가 잔을 같이 할 때, 이것이 우리의 마지막 저녁이므로, 내가 포도나무의 열매를 너희와 함께 다시 마시지 아니할 것을 깨달으라. 우리가 이런 식으로 다시 앉을 때, 그것은 다가오는 하늘나라에서 있으리라."

예수는 이렇게 사도들에게 이야기하기 시작했는데, 때가 왔음을 알았기 때문이다. 그가 아버지께로 돌아가야 할 때가 왔고, 땅에서 할 일이 거의 끝났음을 이해했다. 그가 아버지의 사랑을 땅에서 드러냈고, 자비를 인류에게 보였으며, 그가 세상으로 온 그 목적을, 아니 하늘과 땅에 있는 모든 권능과 권한을 받는 것까지도 이루었음을 주는 알았다. 마찬가지로, 그 날 밤에 적들의 손에 그를 넘겨 주려고 가룟 유다가 완전히 작정한 것을 알았다. 이 배반 행위는 유다가 한 일이었지만, 또한 루시퍼와 사탄, 그리고 어둠의 왕 칼리가스티아를 기쁘게 했다는 것을 충분히 깨달았다. 자기를 육체적으로 죽게 하려고 애쓴 자들이 두렵지 않았고, 마찬가지로 영적으로 그를 전복시키려던 자들도 두렵지 않았다. 주에게는 오직 한 가지 걱정이 있었는데, 즉 그가 택한 추종자들의 안전과 구원이었다. 그래서 아버지가 모든 일을 그의 권한 밑에 두었다는 것을 충분히 알고서, 주는 이제 형제 사랑의 비유를 연출하려고 준비했다.

3. 사도들의 발을 씻다

유월절의 첫 잔을 마신 뒤에, 주인이 식탁에서 일어나서 손 씻는 것이 유대인의 관습이었다. 식사하다가 나중에, 그리고 둘째 잔 뒤에, 마찬가지로 모든 손님이 일어나서 손을 씻었다. 주가 손씻는 예식의 절차를 한 번도 지킨 적이 없음을 사도들이 알았기 때문에, 그들이 이 첫잔을 마신 뒤에, 그가 식탁에서 일어나서 말없이 물그릇과 대야와 수건이 놓여 있는 문 가까이 걸어갔을 때, 주가 무엇을 하실 생각인지 그들은 알고 싶어 궁금해졌다. 주가 겉옷을 벗고 타올을 가지고 몸을 가다듬고, 발 씻는 대야에 비로소 물을 붓는 것을 보자, 호기심은 경악으로 바뀌었다. 바로 얼마 전에 서로 발 씻어 주기를 거절하고, 식탁에서 명예의 자리를 놓고 그렇게 보기 딱하게 다투었던 이 열두 사람이 놀란 것을 상상해 보라. 그 때 주가 사람이 앉지 않은 식탁 끝을 돌아서 그 잔치의 가장 낮은 자리, 시몬 베드로가 기대고 있던 자리까지 가서, 하인의 태도로서 무릎을 꿇고, 시몬의 발을 씻으려고 준비한 것을 보았다. 주가 무릎을 꿇자, 열두 사람이 모두 하나 같이 벌떡 일어났다. 배반한 유다조차 한 순간 수치(羞恥)를 까맣게 잊어버리고, 동료 사도들과 함께 일어나서 경악과 존경과 순전한 놀라움을 이렇게 표현하였다.

시몬 베드로는 서서, 위로 올려다보는 주의 얼굴을 내려다보았다. 예수는 아무 말도 하지 않았고, 말할 필요가 없었다. 그의 태도는 시몬 베드로의 발을 씻을 생각이라는 것을 뚜렷이 나타냈다. 육체는 약했어도 베드로는 주를 사랑했다. 이 갈릴리 어부는 예수의 신성(神性)을 진심으로 믿고, 더군다나 그 믿음을 온전히 사람들이 보는 앞에서 처음으로 고백한 인간이었다. 그 뒤로 베드로는 주의 신다운 성품을 정말로 의심한 적이 없었다. 베드로가 마음 속에서 예수를 너무나 숭배하고 존중했으므로, 주가 거기에 무릎을 꿇고 자기 앞에서 비천한 하인의 태도를 취하고, 하인이 하듯 그의 발을 씻겠다고 제안한다는 생각에 그의 혼이 의분을 느낀 것은 이상한 일이 아니다. 이윽고 주에게 말을 건넬 만큼 충분히 정신을 가다듬었을 때, 베드로는 동료 사도 모두가 가슴 속에 느끼고 있는 것을 말했다.

이렇게 크게 당황한 몇 순간이 지난 뒤에 베드로는 말했다: "주여, 당신은 정말로 내 발을 씻으실 생각이나이까?" 그리고 나서 베드로의 얼굴을 올려다보며, 예수는 말했다: "내가 하려 하는 것을 네가 충분히 이해하지 못하는가 싶지만, 이제부터 이 모든 것의 의미(意味)를 네가 알게 되리라." 그리고 나서 길게 숨을 들이쉬며 시몬 베드로는 말했다: "주여, 당신은 결단코 내 발을 씻지 못하나이다!" 그리고 예수가 이렇게 그들 앞에서 자신을 낮추도록 허락하지 않겠다고 베드로가 굳게 선언하는 것을 동의한다는 뜻으로 사도들은 저마다 고개를 끄덕였다.

이 특별한 장면의 눈부신 호소력에 처음에는 가롯 유다조차도 마음이 움직였다. 그러나 허영심이 강한 그의 지능이 그 광경을 판단했을 때, 그는 이 겸손의 몸짓이 예수가 결코 이스라엘의 구원자로서 자격을 갖추지 못하리라는 것, 주의 운동을 그가 저버리려고 결정한 데 아무 잘못이 없다는 것을 최종으로 증명하는 또 하나의 사건에 지나지 않는다고 결론을 내렸다.

그들이 모두 숨을 죽이고 놀라서 거기 서 있자, 예수는 말했다: "베드로야, 내가 선언하노니, 내가 네 발을 씻지 아니하면, 내가 행하려 하는 일에 네가 나와 아무 상관이 없으리라." 이 선언을 들었을 때, 예수가 계속해서 그의 발 앞에 무릎을 꿇고 있다는 사실과 함께, 베드로는 그가 존경하고 사랑했던 분이 바라는 것에 눈감고 말없이 순응하려고 결심했다. 주가 제안한 이 서비스의 연출에는 사람이 주의 일과 미래에 연결되는 것을 좌우하는 어떤 중요성이 따라붙는다는 생각이 비로소 떠오르자, 시몬 베드로는 예수가 그의 발을 씻는다는 생각을 받아들였을 뿐 아니라, 그의 특징대로 성급하게 말했다: "그렇다면, 주여, 내 발뿐 아니라 내 손과 머리도 씻어 주소서."

베드로의 발을 비로소 씻으려고 준비하면서, 주는 말했다: "이미 깨끗한 자는 발을 씻는 것만 필요하니라. 오늘 밤에 나와 함께 앉는 너희는 깨끗하지만—다는 아니라. 그러나 나와 함께 먹으려고 앉기 전에 너희는 발의 먼지를 씻었어야 하느니라. 게다가, 당장에 내가 너희에게 줄 새 계명의 의미를 보여 주려고, 비유로서 너희를 위하여 이 서비스를 행하려 하노라."

같은 방법으로 주는 식탁을 돌아 가며, 말없이, 유다도 빼지 않고, 열두 사도의 발을 씻었다. 열둘의 발 씻기를 마치고 나서, 예수는 외투를 걸치고, 주인의 자리로 돌아갔고, 어리둥절한 사도들을 돌아본 뒤에 말했다:

"내가 너희에게 행한 것을 정말로 이해하느냐? 너희는 나를 주라 부르고, 내가 그러한즉, 너희가 그리 말하는 것이 잘하는 일이라. 그렇다면, 주가 너희의 발을 씻었다면, 어찌하여 너희는 서로 발 씻어 주기를 꺼려하느냐? 형제가 서로에게 해 주기를 꺼려하는 그 서비스를 주가 아주 기꺼이 베푸는 이 비유에서 너희는 무슨 교훈(教訓)을 받아야 하느냐? 진실로, 진실로 내가 너희에게 이르노라: 하인은 그 주인보다 크지 않으며, 보냄을 받은 자는 그를 보낸 자보다 크지도 않느니라. 너희 가운데서 내가 지낸 생활에서 너희는 봉사하는 길을 보았고, 그렇게 섬기려는 품위 있는 용기를 가질 너희는 복이 있도다. 그러나 영적인 나라에서 위대하게 되는 비밀은 물질 세계에서 권력을 얻는 방법과 같지 않다는 것을 너희는 어째서 그렇게 느리게 깨닫느냐?

"내가 오늘 밤 이 방으로 왔을 때, 너희는 거만하여 서로 발 씻어 주려 하지 않는 것으로 만족하지 않았으나 또한 누가 내 식탁에서 영예의 자리를 차지할까 너희끼리 싸움에 빠져야 하는구나. 그러한 영예는 바리새인들과 이 세상의 자녀들이 찾는 것이거늘, 하늘나라 대사들 사이에서 그렇게 해서는 안 되느니라. 내 식탁에는 우대받는 자리가 있을 수 없음을 너희가 모르느냐? 내가 남들을 사랑하는 것 같이 내가 너희 하나하나를 사랑함을 이해하지 못하느냐? 나에게 가장 가까운 자리는, 사람들이 그런 영예를 간주하는 것처럼 하늘나라에서 너희의 지위에 관하여 아무 의미가 있을 수 없다는 것을 모르느냐? 이방인들의 임금은 그 백성 위에 군림하며, 한편 이 권한을 행사하는 자들을 때때로 후원자라고 부르는 것을 너희가 아느니라. 그러나 하늘나라에서는 그렇지 않을지니라. 너희 가운데 크고자 하는 자는 아래 사람이 될지니라. 우두머리가 되려 하는 자는, 시중드는 자처럼 될지니라. 누가 더 크냐, 식탁에 앉는 자이냐, 아니면 시중드는 자이냐? 식탁에 앉는 자를 보통 더 크게 여기지 아니하느냐? 그러나 내가 시중드는 자로서 너희 사이에 있음을 너희가 지켜보리라. 아버지의 뜻을 행하는 데 너희가 나와 함께 기꺼이 동료 하인이 되면, 미래의 영광 속에서 아버지의 뜻을 여전히 행하면서, 너희는 다가오는 하늘나라에서 권력을 가지고 나와 함께 앉을지니라."

예수가 말씀을 마쳤을 때, 알패오 쌍둥이는 마지막 만찬의 다음 과정을 위하여, 쓴 나물과 마른 과일 반죽과 함께, 빵과 포도주를 가져왔다.

4. 배반자에게 하신 마지막 말씀

몇 분 동안 사도들은 말없이 먹었지만, 주의 명랑한 몸가짐에 영향을 받아서 곧 대화에 끌려들었고, 오래지 않아서 이 특별한 계제에 즐거운 기분과 사회적 화목을 망칠 아무런 별난 일이 일어나지 않은 것처럼 식사가 진행되었다. 얼마큼 시간이 지난 뒤, 식사의 이 둘째 과정의 중간쯤에, 예수는 그들을 둘러보며 말했다: "내가 너희와 함께 이 저녁 먹기를 얼마나 바랐는가 너희에게 일렀고, 어둠의 악한 세력이 사람의 아들이 죽게 만들려고 모의(謀議)한 것을 아는즉, 이 은밀한 방에서, 유월절 하루 전에, 너희와 함께 이 저녁을 먹으려고 결심하였으니, 내일 밤 이때쯤이 되어서는 내가 너희와 함께 있지 아니할 것임이라. 내가 아버지께로 돌아가야 한다고 너희에게 되풀이하여 일렀노라. 이제 내 때가 다가왔으나, 너희 중에 하나가 나를 저버리고 적들의 손에 넘길 필요가 없었느니라."

열두 사도가 이 말씀을 들었을 때, 발 씻는 비유와 그 다음에 주의 강연 때문에, 자기 주장과 자신감을 이미 많이 잃어버렸기 때문에, 당황한 목소리로 망설이며 "내니이까?" 물으면서 비로소 서로를 바라보았다. 모두가 이렇게 묻고 나서, 예수는 말했다: "내가 아버지께 가는 것이 필요하나, 아버지의 뜻을 이루기 위하여 너희 가운데 하나가 배반자가 되는 것이 요구되지 않았느니라. 이것은 혼을 다하여 진리를 사랑하지 못한 자의 가슴 속에 감추어진 악이 열매를 얻게 되는 것이라. 영적 패망을 앞서는 지적 자만(自慢)은 얼마나 거짓이 가득하냐! 여러 해 동안 같이 하던 내 친구가, 지금도 나와 함께 접시에 손을 담그다시피, 지금 내 빵을 먹는 자가 기꺼이 나를 저버릴 것이라."

예수가 이렇게 말씀하시자, 모두 다시 묻기 시작했다: "내니이까?" 그리고 주의 왼편에 앉아서 유다가 다시 "내니이까?" 묻자, 나물 담긴 접시에 빵을 찍어서 유다에게 주며 예수는 말했다: "네가 말했도다." 그러나 남들은 예수가 유다에게 이르는 것을 듣지 못했다. 예수의 바른 편에서 의지하던 요한이 주에게 기대며 물었다: "누구이나이까? 맡긴 책임에 충실치 않은 것이 드러난 자가 누구인지 우리가 알아야 하나이다." 예수는 대답했다: "이미 내가 너희에게 일렀으니, 적신 빵을 내가 그에게도 주었노라." 그러나 주인이 옆에, 왼쪽에 앉은 자에게 적신 빵을 주는 것이 너무 자연스러운 일이어서, 주가 아주 분명히 말했어도, 아무도 이것을 눈치채지 못했다. 그러나 유다는 그의 행동과 관련하여, 주가 하신 말씀의 의미를 따끔하게 의식했고, 형제들이 그가 배반자임을 이제 마찬가지로 알고 있는가 두려워졌다.

베드로는 사람들이 말한 것에 크게 흥분했고, 식탁 위로 몸을 기울이며, 요한에게 물었다. "그가 누구인가 주께 물으라, 또는 주가 네게 일렀으면, 누가 배반자인가 내게 이르라."

예수는 속삭임을 그치게 하면서 말했다: "이 악이 일어났으니 내가 슬프고, 이 시간까지도 진리의 힘이 악의 속임을 이길까 희망하였으나, 진리를 성실하게 사랑하는 믿음이 없이는 그런 승리를 얻지 못하느니라. 이번 우리의 마지막 만찬에 이런 일을 너희에게 이르지 않았을 터이나, 나는 이 슬픈 일에 대하여 너희에게 경고하고, 그래서 우리에게 이제 닥친 것에 대하여 너희를 준비시키기를 바라노라. 내가 너희에게 이렇게 이른 것은 내가 떠난 뒤에, 이 모든 악한 음모(陰謀)에 대하여 내가 알고 있었고, 나를 배반하는 것에 대하여 너희에게 미리 경고했음을 너희가 상기하기를 바라는 까닭이라. 그리고 내가 이렇게 하는 것은 오직 바로 앞에 놓인 유혹과 시련(試鍊)에 대비하여 너희가 힘을 얻기 위함이라."

이렇게 말씀하고 나서, 예수는 유다를 향하여 몸을 기울여 말했다: "네가 하려고 마음먹은 것을 빨리 행하라." 이 말씀을 듣자, 유다는 식탁에서 일어나서 황급히 방을 떠났고, 그가 계획했던 것을 해치우려고 어둠 속으로 나갔다. 예수가 그에게 말씀한 뒤에 유다가 서둘러 떠나는 것을 다른 사도들이 보았을 때, 그가 아직도 돈 가방을 가졌다고 생각했기 때문에, 그들은 유다가 저녁을 위하여 무언가 더 사거나, 주를 위하여 어떤 다른 심부름을 하러 갔다고 생각했다.

이제 예수는 유다가 배반자가 되는 것을 막으려고 아무 일도 할 수 없음을 알았다. 열둘을 가지고 시작했는데—이제 열 하나가 남았다. 예수는 이 사도들 가운데 여섯을 골랐다. 그가 처음에 선택한 사도들이 지명한 사람들 가운데 유다가 있었는데, 그래도 주는 그를 받아들였고, 다른 사람들의 평화와 구원을 위하여 일한 것같이, 바로 이 시간까지, 그를 깨끗하게 하고 구원하려고 할 수 있는 대로 모든 일을 했다.

이 저녁 식사를 통해서 그 미묘한 사건들과 위로하는 손길과 함께, 저버리는 유다에게 예수가 마지막으로 호소(呼訴)했지만, 아무 소용이 없었다. 가장 세련된 방법으로 주고 가장 친절한 정신으로 전했을 때도, 경고는 무릇, 일단 사랑이 정말로 죽었을 때, 오직 미움을 더하고 사람의 이기적 계획을 끝까지 수행하려는 악한 결심에 불을 붙일 뿐이다.

5. 주를 기념하는 만찬의 확립

그들이 예수에게 셋째 포도주 잔, "축복의 잔"을 가져오자, 그는 소파로부터 일어나서, 손에 잔을 쥐고, 이 말씀으로 축복하였다: "너희는 모두 이 잔을 들고 마시라. 이것이 나를 기념하는 잔이 될지니라. 은총과 진리의 새 섭리 시대를 축복하는 잔이라. 이것은 너희에게 신다운 진리의 영이 수여되고 봉사하는 상징이 될지니라. 아버지의 영원한 나라에서 새 몸을 입고서 너희와 함께 마실 때까지, 나는 너희와 함께 이 잔을 다시 마시지 아니하리라."

깊은 경외감을 가지고 지극히 고요한 가운데 이 축복의 잔을 마셨을 때, 사도들은 모두 무엇인가 보통 아닌 일이 벌어지고 있다는 것을 느꼈다. 옛 유월절은 조상이 민족의 노예 상태로부터 벗어나서 개인의 자유를 얻은 것을 기념했다. 새 섭리 시대의 상징으로서, 이제 주는 새로운 기념 만찬을 제정하고 있었는데, 이 섭리 시대에는 노예가 된 개인이 예식과 이기심의 사슬로부터 벗어나, 살아 계신 하나님의 아들들, 해방된 믿음의 아들들이 형제가 되고 친교하는 영적 기쁨으로 솟아난다.

그들이 기념하는 이 새 잔을 마시고 나서, 주는 빵을 들어, 감사를 드린 뒤에 떼어서, 그들에게 돌리라고 지시하며 말했다: "이 기념하는 빵을 가져다 먹으라. 내가 생명의 빵이라고 내가 너희에게 일렀노라. 그리고 이 생명의 빵은 한 선물 안에 아버지와 아들의 생명이 뭉쳐진 것이라. 아들 안에서 드러난 것 같이, 아버지의 말씀은 정말로 생명의 빵이라." 기념하는 빵, 즉 필사 육체의 모습을 입고 육신화된, 살아 있는 진리의 말씀의 상징을 먹고 나서, 그들은 모두 자리에 앉았다.

이 기념 만찬을 제정할 때, 언제나 버릇이었다시피 주는 비유와 상징에 의존했다. 그가 상징을 이용한 것은 후계자들이 그의 말씀에 정밀한 해석과 분명한 의미를 붙이기 어렵게 만드는 그런 방법으로, 어떤 큰 영적 진리를 가르치기를 바랐기 때문이다. 이 방법으로 그는 뒤잇는 세대들이 그의 가르침을 구체화하고, 전통과 독단의 죽은 사슬로 영적 의미를 묶는 것을 막으려고 했다. 예수는 그의 전 생애의 사명과 관련된 유일한 예식, 즉 성찬(**聖餐**)을 제정하면서, 몸소 정밀하게 정의하기보다 오히려 의미(**意味**)를 제시하려고 고심하였다. 정밀한 공식(**公式**)을 만듦으로써, 신과 교통한다는 개인의 개념을 없애기를 원하지 않았으며, 형식으로 그 개념을 단단히 조임으로써 신자의 영적 상상력을 제한하기를 바라지도 않았다. 오히려 그는 새롭고 생생한 영적 자유를 주는 즐거운 날개 위에 사람의 다시 태어난 혼을 해방시키려고 애썼다.

이 새로운 기념 성찬을 이처럼 제정했는데도, 지나온 여러 세기 동안 그를 뒤따른 자들은, 육체를 입었던 그 마지막 날 밤에 그의 간단한 영적 상징(**象徵**)이 엄밀한 해석이 되어버리고 거의 수학처럼 세밀하게 굳어진 공식에 지배되었기 때문에, 그의 뚜렷한 소망이 실질적으로 좌절되도록 처리하였다. 예수의 모든 가르침 가운데, 아무 것도 이보다 더 전통으로 표준화되지는 않았다.

이 기념 만찬은, 아들을 믿고 하나님을 아는 사람들이 먹을 때, 신이 자리에 계시다는 의미에 관하여 사람이 어떤 유치(**幼稚**)한 오해를 하더라도 만찬의 상징과 관련지을 필요가 없으니, 이는 모든 그러한 경우에 주가 정말로 자리에 계시기 때문이다. 기념하는 만찬은 신자가 미가엘과 상징적으로 만나는 것이다. 너희가 이렇게 영을 의식할 때, 아들은 실제로 자리에 계시며, 그의 영은 아버지의 깃드는 분신(**分身**)과 사귄다.

그들이 몇 순간 명상에 잠긴 뒤에, 예수는 말씀을 이었다: "너희가 이것을 행할 때, 땅에서 너희 사이에 내가 살았던 삶을 회상하고, 내가 너희와 함께 계속 땅에서 살고, 너희를 통해서 봉사하리라는 것을 기뻐하라. 개인으로서 누가 가장 클 것인가 너희끼리 다투지 말라. 너희는 다 형제 같이 되라. 하늘나라가 큰 무리의 신자들을 에워싸도록 커질 때, 마찬가지로 위대하게 되려고 다투거나, 그러한 집단들 사이에 우선권 찾기를 삼가야 하느니라."

그리고 이 대단한 행사는 한 친구의 2층 방에서 일어났다. 그 만찬이나 건물에 대하여 아무런 신성한 모습이나 예식으로 성스럽게 만든 것이 없었다. 기념 만찬은 교회의 인가(認可)가 없이 제정되었다.

이렇게 기념 만찬을 제정하고 나서, 예수는 사도들에게 말했다: "그리고 너희가 이 만찬을 가질 때마다, 나를 기념하여 먹으라. 너희가 나를 기억할 때, 먼저 육체를 입고 산 내 일생을 돌이켜보고, 내가 한때 너희와 함께 있었음을 상기하라. 그리고 나서 믿음으로, 아버지의 영원한 나라에서 언젠가 너희 모두가 나와 함께 저녁을 먹으리라는 것을 헤아리라. 이것은 내가 너희에게 두고 가는 새 유월절, 아니 내 수여 생명, 영원한 진리의 말씀을 기억하는 것이라. 그리고 너희에게 주는 나의 사랑, 모든 육체에 내 진리의 영을 퍼부어 준 것을 기억하는 것이라."

그들은 모두 함께 시편 118편을 불러서, 새로운 기념 만찬을 창시하는 것과 연결하여, 오래 되었지만 피 없는 이 유월절 축하를 마쳤다.

제 180 편

작별의 말씀

마지막 만찬 끝에 시편을 노래한 뒤에, 사도들은 예수가 즉시 캠프로 돌아가려 한다고 생각했지만, 그는 사도들에게 앉으라고 손짓했다. 주는 말했다:

"돈주머니나 지갑이 없이 너희를 보냈을 때를, 또 너희가 아무 여벌 옷을 가지고 가지 말라 충고까지 한 것을 너희가 잘 기억하느니라. 그리고 아무 것도 부족하지 않았음을 너희가 모두 회상하리라. 그러나 너희는 이제 어려운 시절에 부닥쳤고, 이제는 더 군중의 호의(好意)에 기댈 수 없느니라. 이제부터, 돈주머니를 가진 자는 가지고 가라. 너희가 이 복음을 선포하러 세상으로 나갈 때, 최선으로 생각되는 대로 너희를 부양하기 위하여 그런 식량을 준비하라. 나는 평화를 주려고 왔으나, 평화는 한동안 나타나지 아니하리라.

"이제 사람의 아들이 영화롭게 될 때가 왔고, 아버지는 내 안에서 영화롭게 되리라. 친구들아, 나는 조금만 더 너희와 함께 있으리라. 곧 너희가 나를 찾겠으나 나를 찾아내지 못하리니, 너희가 이 때 갈 수 없는 곳으로 내가 감이라. 그러나 내가 지금 내 일을 마친 것 같이, 너희가 너희 일을 땅에서 마치고 나서, 내가 지금 아버지께로 가려고 준비하는 것 같이, 너희가 그 때 내게로 올지니라. 조금만 있으면 내가 너희를 떠나려 하고, 너희는 땅에서 나를 더 보지 못하겠으나, 아버지가 내게 주신 나라로 너희가 올라갈 때, 다가올 시대에 너희가 다 나를 보리라."

1. 새 계명

딱딱하지 않은 대화가 몇 순간 있은 뒤에, 예수는 일어나서 말했다: "너희가 서로를 위하여 어떻게 기꺼이 섬겨야 하는가 가리키는 비유를 너희에게 연출했을 때, 내가 너희에게 새 계명(誡命)을 주기를 바란다고 일렀으니, 내가 너희를 떠나려 하므로 이제 이것을 하고자 하노라. 너희가 서로 사랑하라, 이웃을 네 몸처럼 사랑하라 지시하는 계명을 너희가 잘 아느니라. 그러나 내 아이들 편에서 성실히 헌신하는 것에도 나는 온전히 만족하지 않노라. 너희가 믿는 형제 단체의 나라에서 더욱 큰 사랑의 행위를 연출하기를 내가 원하노라. 그래서 너희에게 이 새 계명을 주노니, 내가 너희를 사랑한 것 같이 너희가 서로 사랑하라. 이것으로, 너희가 이렇게 서로 사랑하면 모든 사람이 너희가 내 제자인 줄 알리라.

"내가 이 새 계명을 줄 때, 너희 혼에 어떤 새로운 짐도 지우지 아니하노라. 오히려 나는 너희에게 새 기쁨을 가져오고, 동료 인간들에게 마음의 애정(愛情)을 주는 기쁨을 아는 데서 너희가 새 즐거움을 맛볼 수 있게 하노라. 너희와 동료 필사자들에게 내 애정을 주면서, 비록 겉으로는 슬픔을 견딜지라도 나는 바야흐로 최상의 기쁨을 맛보려 하노라.

"내가 너희를 사랑한 것 같이 너희가 서로 사랑하기를 부탁할 때, 너희 앞에 참된 애정의 최고 분량(分量)을 제시하노니, 아무도 이보다, 제 친구를 위하여 목숨을 버리는 것보다, 더 큰 사랑을 가질 수 없느니라. 너희는 내 친구요, 너희에게 가르친 것을 너희가 기꺼이 행하기만 하면, 너희는 계속 내 친구가 되리라. 너희는 나를 주라 불렀어도 나는 너희를 종이라 부르지 아니하노라. 내가 너희를 사랑하는 것 같이 너희가 오직 서로 사랑하려 하면, 너희는 내 친구가 되겠고 아버지가 내게 드러낸 것에 관하여 늘 너희에게 이르리라.

"너희가 나를 택했을 뿐 아니라, 나도 또한 너희를 택했고, 내가 너희 가운데 살고 너희에게 아버지를 드러낸 것 같이, 너희 동료들에게 사랑으로 봉사하는 열매를 맺기 위하여 세상으로 나가라고 너희를 세웠노라. 아버지와 내가 모두 너희를 위하여 일하겠고, 내가 너희를 사랑한 것 같이, 너희가 서로 사랑하라는 내 명령에 복종하기만 하면, 신성하게 충만한 기쁨을 너희가 맛볼지니라."

너희가 주의 기쁨을 같이 나누고자 하면, 너희는 그의 사랑을 같이 나누어야 한다. 그의 사랑을 나눈다는 것은 너희가 그의 봉사를 함께 나누었음을 의미한다. 그러한 사랑의 체험은 이 세상의 문제들로부터 너희를 구원하지 않는다. 새 세상을 만들어 내지 않지만, 아주 확실히 옛 세상을 새롭게 만든다.

기억하여라: 예수가 요구하는 것은 희생이 아니라 충성(忠誠)이다. 희생함을 의식하는 것은 그러한 사랑의 봉사를 최고의 기쁨으로 만들었을 애정, 마음을 다한 그 애정이 없음을 뜻한다. 의무라는 관념은 너희가 종의 생각을 가졌고, 따라서 친구로서 친구를 위하여 너희가 봉사하는 힘찬 떨리는 기쁨이 빠졌음을 가리킨다. 우정의 충동은 의무에 관한 모든 확신을 뛰어넘으며, 친구를 위하여 친구가 베푸는 봉사는 결코 희생이라 부를 수 없다. 주는 사도들에게 그들이 하나님의 아들임을 가르쳤다. 이들을 형제라 불렀고, 이제 떠나기 전에, 친구라고 부른다.

2. 포도나무와 가지

그리고 나서 예수는 다시 일어나서 사도들을 계속 가르쳤다: "나는 참 포도나무요 내 아버지는 농부이라. 나는 포도나무요 너희는 가지이며, 아버지는 너희가 오직 많이 열매 맺기를 내게 요구하시니라. 오직 가지의 열매를 늘이려고 포도나무의 가지를 치느니라. 내게서 나오고 아무 열매를 맺지 않는 가지마다 아버지가 잘라 버리리라. 열매를 맺는 가지마다 아버지는 더 열매 맺게 하려고 깨끗하게 하시리라. 내가 이른 말씀을 통해서 이미 너희는 깨끗하지만 너희는 계속해서 깨끗해야 하느니라. 너희는 내 안에, 나는 너희 안에 거해야 하나니, 가지가 포도나무에서 떨어져 나오면 죽으리라. 가지가 포도나무에 붙어 있지 않으면 열매를 맺을 수 없는 것 같이, 너희가 내 안에 거하지 않으면 사랑의 봉사에서 너희가 열매를 맺을 수 없느니라. 기억하라, 나는 참 포도나무요, 너희는 살아 있는 가지이라. 내 안에 살고 내가 안에 거하는 그런 사람은 영의 열매를 많이 맺고 이 영적 결과를 거두는 최고의 기쁨을 맛보리라. 나와 이렇게 생생한 영적 연결을 유지하면, 너희가 풍성한 열매를 맺으리라. 너희가 내 안에 거하고 내 말씀이 너희 안에 살면, 너희는 나와 자유롭게 교통할 수 있으리라. 그리고 나서 내 영이 뜻하는 무엇이나 너희가 요구하고, 아버지가 우리의 간구(懇求)를 들어 주리라는 확신을 가지고 이 모든 것을 하도록, 살아 있는 내 영이 너희에게 열기를 불어넣을 수 있느니라. 아버지는 이렇게 영화롭게 되나니, 즉 포도나무에 살아 있는 가지가 많이 있고, 가지마다 많은 열매를 맺는 것이라. 세상이 열매 맺는 이 가지—내가 저희를 사랑한 것 같이 서로 사랑하는 내 친구—들을 볼 때, 모든 사람이 너희가 참으로 내 제자인 줄 알리라.

"아버지가 나를 사랑한 것 같이, 나는 너희를 사랑하였노라. 내가 아버지의 사랑 속에 사는 것 같이, 내 사랑 속에서 살라. 내가 가르친 대로 행하면, 내가 아버지의 말씀을 지키고 언제까지나 그의 사랑 속에 거한 것 같이, 너희는 내 사랑 속에 거할지니라."

메시아는 "다윗"의 조상의 "가지에서 솟아나는 줄기"일 것이라 유대인들은 오래 가르쳤고, 이 옛 가르침을 기념하는 뜻에서 포도와 그에 붙은 덩굴의 큰 상징이 헤롯의 성전 입구를 장식했다. 주가 이 날 밤, 2층 방에서 그들에게 말씀하시는 동안 사도들은 모두 이것들을 기억했다.

그러나 기도에 관하여 주의 추측을 잘못 풀이한 뒤에 크게 슬픈 일이 나중에 따랐다. 정확한 말씀을 기억하고 후일에 충실하게 기록했더라면, 이 가르침에 대하여 거의 문제가 없었을 것이다. 그러나 기록이 만들어짐에 따라서, 신자들이 궁극에는 예수의 이름으로 기도하는 것을 일종의 최고의 마술(魔術)로 여기게 되었고, 그들이 구하는 것은 무엇이나 아버지로부터 받으리라 생각했다. 여러 세기 동안, 정직한 사람들이 이 걸림돌에 부딪쳐, 믿음이 물거품처럼 사라졌다. 기도(祈禱)는 너희의 뜻을 이루는 과정이 아니라, 오히려 하나님의 뜻을 받아들이는 순서, 어떻게 아버지의 뜻을 헤아리고 행하는가를 배우는 체험이라는 것을 신자(信者)들의 세계가 깨닫는 데 얼마나 오래 걸릴 것인가? 너희의 뜻이 참으로 그의 뜻과 줄이 맞을 때, 그 뜻의 연합에 따라서 무엇을 상상하든지 너희가 요청할 수 있고, 그것은 허락되리라는 것이 온통 참말이다. 포도나무의 생명이 살아 있는 가지로, 그 가지를 통해서 흐르는 것 같이, 그러한 뜻의 연합은 예수로 말미암아, 또 그를 통해서, 이루어진다.

신(神)과 인류 사이에 이 살아 있는 연결이 존재할 때, 인류가 이기적 편안과 허영심에 찬 성취를 위하여, 지각없이, 무지하게 기도한다면, 오직 한 가지 신의 응답이 있을 수 있다: 살아 있는 가지의 줄기에서 영의 열매들이 더 많이, 더욱 열린다. 포도나무의 가지가 살아 있을 때, 그 모든 간청에 오직 하나의 대답이 있을 수 있으니, 포도를 더 맺는 것이다. 사실은, 가지는 오로지 열매 맺는 것, 포도를 맺기 위하여 존재하며, 그밖에 아무 것도 할 수 없다. 마찬가지로 참된 신자는 오직 영의 열매를 맺는 목적으로 존재한다: 자신이 하나님에게 사랑받은 것 같이, 사람을 사랑하는 것이다—예수가 우리를 사랑한 것 같이, 우리가 서로 사랑해야 한다.

아버지의 단련하는 손을 포도나무에 댈 때, 가지들이 많은 열매를 얻기 위하여, 사랑으로 손을 댄다. 지혜로운 농부는 죽고 열매 맺지 않는 가지만 쳐 버린다.

기도는 영이 지배하는 나라에서 영에게서 태어난 신자들이 하는 활동이라는 것을 사도들이 깨닫도록 이끄는 데도 예수는 큰 어려움을 겪었다.

3. 세상이 적대함

열한 사도가 포도나무와 가지에 관한 말씀의 토론을 그치자마자, 주는 더 말씀하고 싶다는 것을 가리키며, 시간이 얼마 남지 않았음을 아니까 말씀하였다: "내가 너희를 떠났을 때, 세상이 적대하는 것에 낙심(落心)하지 말라. 마음이 약한 신자들이 너희를 적대하고 하늘나라의 적들과 손을 잡을 때에도 풀이 죽지 말라. 세상이 너희를 미워한다면, 세상이 미처 너희를 미워하기도 전에 나를 미워했음을 너희가 회상해야 하느니라. 너희가 이 세상에 속한다면, 세상이 자체에 속한 것을 사랑할 터이나, 너희가 그렇지 않으므로 세상이 너희를 사랑하려 하지 않느니라. 너희는 이 세상에 있으나, 너희 생활은 세상(世上)과 같지 않아야 하느니라. 또 다른 세계의 영을, 바로 너희가 선택된 이 세상에 대하여 대표하라고 내가 너희를 세상에서 택하였노라. 그러나 내가 너희에게 이른 말을 반드시 기억하라: 종이 주인보다 크지 아니하니, 저희가 감히 나를 박해하면, 또한 너희를 박해하리라. 내 말이 불신자들을 성나게 하면, 또한 너희의 말도 불신자들을 성나게 하리라. 저희가 나도, 나를 보내신 이도 믿지 아니하매, 저희가 이 모든 것을 너희에게 하리라. 마찬가지로 내 복음을 위하여 너희가 많은 일을 당하리라. 그러나 너희가 이 시련을 견딜 때, 이 하늘나라 복음을 위하여 너희보다 앞서 내가 또한 고통받았음을 회상해야 하느니라.

"너희를 공격할 많은 사람이 하늘의 빛을 도무지 모르거니와 이제 우리를 박해하는 자들 가운데 더러는 그렇지 않으니라. 우리가 저희에게 진리를 가르치지 않았다면, 정죄받지 않고서 저희가 많은 이상한 일을 할까 싶어도, 저희가 빛을 알고도 주제넘게 물리쳤으매, 이제 저희는 그런 태도에 아무런 할 말이 없느니라. 나를 미워하는 자는 내 아버지를 미워하며, 다른 길이 없느니라. 받아들이면 너희를 구할 빛은, 알면서 물리쳤을 때 너희를 정죄(定罪)할 수밖에 없느니라. 그렇게 끔찍하게 나를 미워하다니 내가 저희에게 무슨 일을 하였느냐? 땅에서 친교하는 것과 하늘에서 구원받는 것을 저희에게 제시한 것 외에 아무 것도 없느니라. 그러나 너희가 성서에서 읽지 못하였느냐?: '그리고 저희가 까닭 없이 나를 미워하였도다.'

"그러나 나는 너희만 세상에 두고 떠나지 아니하리라. 내가 떠난 뒤에 금방, 너희에게 돕는 영을 보내리라. 너희 가운데서 내 자리를 차지할 자, 너희에게 진리의 길을 계속 가르칠 자, 아니 너희를 위로할 자를 너희가 받으리라.

"너희는 근심하지 말라. 너희는 하나님을 믿으며, 또한 계속하여 나를 믿으라. 비록 내가 너희를 떠나야 하더라도, 나는 너희에게서 멀리 떨어져 있지 아니하리라. 내 아버지의 우주에는 머무를 장소가 많이 있다고 너희에게 이미 일렀고, 이것이 참말이 아니라면, 너희에게 그 장소에 대하여 거듭 이르지 아니하였으리라. 이 빛의 세계들로, 아버지의 하늘에 있는 여러 정거장으로 내가 돌아가리니, 너희가 그리로 언젠가 올라가리라. 이 여러 곳으로부터 내가 이 세상으로 왔고, 하늘에 있는 구체들에서 내가 아버지의 일로 돌아가야 할 때가 가까웠느니라.

"내가 이처럼 너희보다 먼저 아버지의 하늘나라로 가면, 이 세상이 있기 전에 하나님의 필사 아들들을 위하여 준비된 곳에서 너희가 나와 함께 있도록, 내가 확실히 너희를 부르러 보내리라. 비록 내가 너희를 두고 떠나야 하더라도 나는 정신적으로 너희와 함께 있고, 더 큰 우주에 계신 내 아버지께로 내가 막 올라가려 하는 것 같이, 내 우주에서 너희가 내게로 올라왔을 때 궁극에는 너희가 나와 함께 몸소 있게 될지니라. 너희가 충분히 알아듣지 못할지라도, 내가 너희에게 이른 것은 참이고 영원하니라. 나는 아버지께로 가고, 비록 너희가 이제 나를 따를 수 없을지언정, 너희는 다가오는 시대에 나를 분명히 따를지니라."

예수가 앉았을 때, 토마스가 일어나서 말했다: "주여, 우리는 당신이 어디로 가시는지 모르고, 그래서 물론 우리가 그 길을 알지 못하나이다. 그러나 당신이 그 길을 우리에게 보여 주신다면, 우리는 바로 오늘 밤에 당신을 따르리이다."

토마스의 말을 들었을 때, 예수는 대답했다: "토마스야, 나는 길이요 진리요 생명이라. 나를 거치지 않고 어떤 사람도 아버지께로 가지 못하느니라. 아버지를 발견하는 자는 누구든지 먼저 나를 발견하며, 너희가 나를 알면, 아버지께로 가는 길을 아느니라. 그리고 너희가 나를 아나니, 너희가 나와 함께 살아 왔고 너희가 이제 나를 보는 까닭이라."

그러나 이 가르침은 많은 사도에게, 특히 빌립에게 너무나 깊었다. 나다니엘과 몇 마디 말한 뒤에, 빌립이 일어나서 말했다: "주여, 우리에게 아버지를 보여 주소서, 그리하면 당신이 말씀한 모든 것이 훤하리이다."

빌립이 말을 마치자 예수가 말했다: "빌립아, 내가 너와 함께 그리 오래 있었거늘 그래도 지금도 네가 나를 모르느냐? 다시 내가 선언하노라: 나를 본 자는 아버지를 보았느니라. 그러면 어찌하여 네가 아버지를 우리에게 보이소서 하고 말할 수 있느냐? 내가 아버지 안에 있고, 아버지가 내 안에 계심을 네가 믿지 아니하느냐? 내가 주는 말씀은 내 말이 아니라, 아버지의 말씀이라고 내가 너희에게 가르치지 않았느냐? 나는 아버지를 대신하여 말하고, 스스로 말하지 않노라. 아버지의 뜻을 행하려고 내가 이 세상으로 왔고, 내가 그렇게 하였도다. 아버지는 내 안에 거하시고 나를 통해서 일하시니라. 아버지가 내 안에 계시고, 나는 아버지 안에 있다고 할 때, 나를 믿으라. 아니면 내가 산 바로 그 일생을 보고—행한 일을 보고—나를 믿으라."

기운을 차리려고 물을 마시러 주가 옆으로 가자, 열한 사도는 이 가르침을 놓고 열띤 토론에 들어갔고, 예수가 돌아와서 그들에게 앉으라고 손짓했을 때, 베드로 자신은 긴 연설을 시작하고 있었다.

4. 약속된 돕는 자

예수는 이렇게 계속 가르쳤다: "내가 아버지께로 가고 나서, 아버지가 땅에서 내가 너희를 위하여 한 일을 충분히 승인한 뒤에, 내 영토의 마지막 통치권을 받은 뒤에, 아버지께 말씀드리리라: 땅에 내 아이들끼리만 두고 떠났으므로, 다른 선생을 보내는 것이 내 약속에 합당하니이다. 그리고 아버지가 승인하실 때, 내가 모든 육체에 진리의 영을 퍼부으리라. 이미 내 아버지의 영이 너희 마음 속에 있고, 이 날이 다가올 때, 너희가 지금 아버지를 가진 것 같이 또한 나를 지니리라. 이 새 선물은 살아 있는 진리의 영이라. 불신자들이 처음에는 이 영의 가르침에 귀를 기울이지 아니하겠으나 빛의 아들들은 다 기쁘게, 진심으로 그를 받아들이리라. 너희가 나를 안 것 같이 이 영이 올 때 너희가 그를 알겠고, 너희는 마음 속에 이 선물을 받고 그는 너희와 함께 거하리라. 도움과 안내 없이 내가 너희를 두고 떠나려 하지 않음을 너희가 이처럼 깨닫느니라. 나는 너희를 외롭게 두고 떠나지 아니하리라. 오늘 나는 너희와 함께 몸으로만 있을 수 있노라. 다가오는 시절에는 너희가 어디 있더라도, 또 너희 각자와 동시에, 내가 너희와 함께, 내가 있기를 바라는 모든 다른 사람과 함께, 있으리라. 내가 떠나는 것이 더 좋으니, 너희와 함께 더욱 좋게, 더욱 충만히 영으로 있도록 내가 육체를 입은 너희를 떠나는 것을 깨닫지 못하느냐?

"꼭 몇 시간 있으면 세상은 나를 더 보지 못하려니와 너희에게 이 새 선생을 보낼 때까지도 너희는 가슴 속에서 계속 나를 알리라. 내가 몸으로 너희와 함께 살아온 것 같이, 그 때 나는 너희 안에서 살리라. 나는 영 나라에서 너희의 개인 체험과 하나가 되리라. 그리고 이 일이 일어났을 때, 내가 아버지 안에 있고, 내 안에 계신 아버지와 함께 너희 생명이 감추어 있으나, 내가 또한 너희 안에 있음을 너희가 분명히 알리라. 나는 아버지를 사랑하고 그의 말씀을 지켰고, 너희는 나를 사랑했고 내 말을 지키리라. 내 아버지가 그의 영을 내게 준 것 같이, 마찬가지로 내가 내 영을 너희에게 주리라. 그리고 내가 너희에게 줄 이 진리의 영은 너희를 안내하고 위로하며, 궁극에는 너희를 모든 진리로 이끌리라.

"지금도 우리에게 눈앞에 닥친 시험을 견디기에 너희가 더 낫게 준비될까 하여, 아직 너희와 함께 있는 동안에 이런 일을 너희에게 이르노라. 이 새 날이 올 때, 아버지 뿐 아니라 아들이 너희에게 깃들리라. 아버지와 내가 땅에서, 바로 너희가 보는 앞에서 한 성격, 곧 사람의 아들로서 일해 온 것 같이, 이 하늘의 선물들은 늘 하나가 다른 하나와 함께 일하리라. 이 영(靈) 친구는 내가 너희에게 가르친 모든 것을 너희가 기억하게 하리라."

주가 잠시 멈추자, 유다 알패오는 대중 앞에서 그나 그의 형제가 일찍이 물은 몇 안 되는 질문 가운데 하나를 대담하게 던졌다. 유다가 말했다: "주여, 당신은 친구로서 언제나 우리 사이에 사셨나이다. 이 영으로 드러내는 외에, 당신이 자신을 이제 더 드러내지 않을 때, 우리가 당신을 어떻게 알아보리이까? 세상이 당신을 보지 않으면, 우리가 어떻게 당신에 관하여 확신하리이까? 당신이 어떻게 자신을 우리에게 보이시려 하나이까?"

예수는 모두를 내려다보고 빙그레 웃으며 말했다: "귀여운 아이들아, 나는 떠나고 내 아버지께로 돌아가노라. 조금 있으면 너희가 여기처럼 살과 피로 된 나를 보지 못하리라. 얼마 안 있으면, 이 물질인 몸을 빼고, 나와 꼭 같은 내 영을 너희에게 보내리라. 이 새 선생은 너희 각자와 함께, 너희 마음 속에서 살 진리의 영이요, 그렇게 빛의 아이들이 모두 하나가 되어, 서로에게 이끌릴 것이라. 바로 이 방법으로 아버지와 나는 너희 각자의 혼 속에서 살 수 있으며, 우리를 사랑하고 내가 이제 너희를 사랑하는 것 같이 서로 사랑함으로 체험에서 그 사랑을 현실이 되게 하는 모든 다른 사람의 마음 속에서 또한 살 수 있느니라."

유다 알패오는 주가 무슨 말씀을 했는가 충분히 알아듣지 못했지만, 새 선생을 약속한 것을 깨달았고, 안드레의 얼굴 표정으로부터 자기의 물음에 흡족한 대답을 받았음을 깨달았다.

5. 진리의 영

신자들의 마음 속으로 예수가 보내겠다고, 모든 육체에게 퍼붓겠다고 약속한 새로운 조력자(助力者)는 진리의 영이다. 신이 주시는 이 자질은 진리의 글이나 율법이 아니요, 진리의 형태나 표현으로서 작용해야 하는 것도 아니다. 새 선생은 진리의 확신이요, 진정한 영 수준에서 참된 뜻을 의식하고 확신하는 것이다. 이 새 선생은 살아 있고 성장하는 진리, 커지고 펼쳐지며 적응하는 진리의 영이다.

신성한 진리는 영이 헤아리는 살아 있는 실체이다. 진리는 신성을 깨닫고 하나님과 교통함을 의식하는 높은 영적 수준에서만 존재한다. 너희는 진리를 알 수 있고, 진리를 실천할 수 있다. 너희는 혼 속에서 진리가 자라는 것을 체험하고, 지성 속에서 그 깨우침이 주는 자유를 누릴 수 있지만, 진리를 인간 행동의 공식, 법전, 신조, 또는 지적 형태 속에 가두어 둘 수 없다. 신이 준 진리를 인간적 형식에 담으려고 나설 때, 그 진리는 빨리 죽어 버린다. 갇혀 있는 진리를 죽은 뒤에 구제하는 것은, 궁극에는 기껏해야, 지적으로 분석한 영화롭게 된 지혜를 특이한 형태로 실현하는 것이 될 수 있을 뿐이다. 가만히 있는 진리는 죽은 진리요, 오직 죽은 진리만, 한 이론으로서 붙잡혀 있을 수 있다. 살아 있는 진리는 힘차고, 인간의 지성 속에서 오직 체험적 존재를 누릴 수 있다.

지능(知能)은 우주 지성의 계심으로 말미암아 빛을 받는 물질 존재로부터 생겨난다. 지혜는 지식을 의식함으로 이루어지며, 새 수준의 의미로 높아지고 지혜 보조자의 우주 자질이 자리에 있음으로 활성화된다. 진리는 영을 받은 존재들만 맛보는 영적 실체 가치이며, 그런 존재들은 우주 의식의 초물질 수준에서 활동하고, 진리를 깨달은 뒤에, 자기 혼 안에서 활성화하는 그 영이 살고 군림하도록 허락한다.

우주 통찰력을 가진 참된 사람은 모든 지혜로운 말씀 안에 살아 있는 진리의 영을 찾는다. 하나님을 아는 사람은 신에 도달하는 살아 있는 진리 수준까지 항상 지혜를 높인다. 영적으로 전진하지 않는 혼은 그 동안 내내, 살아 있는 진리를 죽은 수준의 지혜로, 기껏해야 고귀한 지식의 영토(領土)로 질질 끌고 내려간다.

진리의 영의 초인간적 통찰력을 벗어 버렸을 때, 황금률(黃金律)은 높은 윤리적 행위 규칙에 지나지 않는다. 글자 그대로 풀이했을 때, 황금률은 사람의 동료를 크게 성나게 만드는 수단이 될 수 있다. 지혜의 황금률을 영적으로 헤아리지 않으면, 모든 사람이 머리 속에 있는 상세하고 솔직한 진실을 너희에게 털어놓기를 너희가 바라니까, 따라서 너희의 머리 속에 있는 생각을 자세히, 솔직하게, 너희 동료 존재들에게 털어놓아야 하리라고 너희가 추리할지 모른다. 황금률의 그러한 비영적(非靈的) 해석은 말할 수 없는 불행과 끝없는 슬픔을 가져올지 모른다.

어떤 사람들은 황금률이 인간의 동포애를 순전히 지적으로 확인하는 것이라고 헤아리고 해석한다. 다른 사람들은 인간 성격이 가진 부드러운 느낌을 감정적으로 만족시킨 것으로서, 인간 관계의 이 표현을 체험한다. 또 다른 필사자는 바로 이 황금률을 모든 사회 관계를 재는 자, 사회적 행위의 기준(基準)이라고 인식한다. 또 다른 사람들은 황금률이 모든 친교 관계에 대해서, 최고의 도덕적 의무 개념을 이 진술에서 구현한 선생, 위대한 도덕적 선생이 내리는 적극적 명령이라고 본다. 그러한 도덕적 존재들의 생활에서 황금률은 모든 철학의 지혜로운 핵심이요 한계가 된다.

하나님을 알고 진리를 사랑하는 신자(信者) 단체의 나라에서, 이 황금률은 더 높은 수준에서 해석할 때 영적으로 실현하는 살아 있는 성질을 띠며, 그런 해석은 하나님의 필사 아들들로 하여금 주의 이 명령이, 신자가 그들과 접촉하는 결과로서 동료들이 가능한 최고의 이익을 얻도록 동료들과 어울리기를 요구한다고 보게 만든다. 네 몸과 같이 이웃을 사랑하는 것, 이것이 참된 종교의 본질이다.

황금률의 가장 높은 실천과 가장 참된 해석은 그러한 신성한 선언의 실체, 오래 가는 생생한 실체에 담긴 진리의 정신을 의식하는 데 있다. 보편적 관계에 관한 이 규칙의 참된 우주 의미(意味)는 오로지 그 영적 실현에서, 아들의 영이 필사 인간 혼에 깃드는 아버지의 영에게 행동 법칙을 풀이하는 데서 드러난다. 영에게 인도받는 그러한 필사자들은 이 황금률의 참된 의미를 깨달을 때, 친근한 우주에서 시민이라는 확신을 넘치도록 얻는다. 영 실체에 관한 그들의 이상(理想)은, 예수가 우리 모두를 사랑한 것 같이 동료들을 사랑할 때에야 만족되며, 그것이 하나님의 사랑을 실현하는 실체이다.

악에 저항하지 말라는 주의 가르침과 관습을 너희가 적절히 이해하기를 바랄 수 있기 전에, 신성한 진리가 하나님의 모든 아들의 개별 요건과 능력에 맞게 생생하게 신축성 있고 우주적으로 적응하는 성질을 가진, 바로 이 철학(哲學)을 파악해야 한다. 주의 가르침은 기본적으로 영적 선언이다. 그의 철학의 물질적 함축조차 그 영적 상관 관계와 분리되어서는 유익하게 고려할 수 없다. 주의 명령에 담긴 정신은 우주에 대하여 온갖 이기적(利己的) 반응으로 저항하지 않는 데 있고, 아울러 참된 영적 가치, 곧 신성한 아름다움, 무한한 선, 영원한 진리의 수준—하나님을 알고 갈수록 더 그와 같이 되는—올바른 수준에 적극적·점진적으로 도달하는 것이다.

사랑, 사심(私心)없는 마음은, 진리의 영의 인도함에 따라서, 여러 관계를 항상 생생하게 다시 적응하는 해석을 거쳐야 한다. 그로서 사랑은 사랑받는 개인의 가장 높은 우주 이익에 관하여 항상 변하고 확대되는 개념을 파악해야 한다. 그리고 나서 사랑은 더 나아가서, 영의 인도를 받는 한 필사자가 우주의 다른 시민들을 사랑하는 관계, 성장하는 생생한 관계에 혹시 영향받을 수 있는 모든 다른 사람에 관하여, 바로 이 태도를 가진다. 현재의 악한 환경, 그리고 신성한 운명인 완전에 이르는 영원한 목표, 이 두 가지에 비추어서, 사랑의 이 생생한 적응이 전부 이루어져야 한다.

그래서 황금률이나 무저항의 가르침도 결코 독단(獨斷)이나 교훈으로서는 적절히 이해될 수 없다는 것을 우리는 뚜렷이 인식해야 한다. 이것들은 오직 실천함으로, 진리의 영의 생생한 해석에서 그 의미를 깨달음으로 이해할 수 있으며, 그 영은 한 인간과 다른 인간 사이에 사랑의 접촉을 지시한다.

이 모두가 옛 종교와 새 종교의 차이를 뚜렷이 가리킨다. 옛 종교는 자아의 희생을 가르쳤고, 새 종교는 오로지 사회 봉사와 우주에 대한 이해가 합쳐진 속에서, 자기를 잊어버리는 것, 향상된 자아 실현을 가르친다. 옛 종교는 두려움을 의식함으로 자극을 받았고, 하늘나라의 새 복음은 진리의 확신, 영원하고 보편적인 진리의 정신에 지배된다. 그리고 경건(敬虔)이나 교리적 충성이 아무리 크더라도, 하늘나라 신자들의 생활 체험 속에서, 살아 계신 하나님의 아들들, 영에게서 태어난 아들들의 특징을 나타내는, 자발적이고 너그럽고 진지한 바로 그 친절이 빠진 것을 보상할 수 없다. 전통이나 또는 형식으로 예배하는 예식(禮式) 체계도, 사람이 동료에 대하여 진정한 동정심이 모자라는 것을 메울 수 없다.

6. 떠나야 할 필요

베드로와 야고보와 요한과 마태가 주께 수많은 질문을 던진 뒤에, 주는 작별 강연을 계속하여 말씀했다: "너희에게 닥치고 있는 것을 위하여 잘 준비되어 너희가 심각한 잘못에 빠지지 않도록, 너희를 떠나기 전에 이 모든 것에 관하여 너희에게 이르노라. 당국(當局)은 그냥 너희를 회당에서 내쫓는 것으로 만족하지 않으리라. 내가 너희에게 경고하노니, 너희를 죽이는 자가 하나님께 봉사한다고 생각할 때가 가까워 오느니라. 이 모든 것을 저희가 너희에게, 너희가 하늘나라로 인도하는 자들에게 행하리니, 저희가 아버지를 모르는 까닭이라. 저희는 나를 받아들이기를 거절함으로, 아버지를 알려고 하지 않았느니라. 내가 너희를 사랑한 것 같이 너희가 서로 사랑하라는 나의 새 계명을 너희가 지켜 왔다면, 너희를 물리칠 때 저희는 나를 받아들이기를 거절하느니라. 내가 모든 것을 알았다는 것을 알고서, 나를 위하여 또 복음을 위하여 너희가 모든 고통을 겪는 가운데 내 영이 너희와 함께 하리라는 것을 알고서, 내 때가 지금 온 것 같이 너희 때가 올 때 너희가 힘을 얻도록 내가 이런 일에 관하여 너희에게 미리 이르노라. 이 목적을 위하여, 맨 처음부터 내가 너희에게 아주 분명히 일렀노라. 사람의 적은 집 안에 있는 적일지 모른다고 너희에게 경고까지 하였노라. 비록 개별 신자의 혼에 어김없이 큰 평화를 주었을지라도, 이 하늘나라 복음은 사람이 기꺼이 내 가르침을 진심으로 믿고, 아버지의 뜻을 행하는 버릇을 필사 생명의 주요한 목적으로 정할 때까지, 땅에서 평화(平和)를 가져오지 아니하리라.

"내가 아버지께로 가려 할 때가 온 것을 알고서, 내가 너희를 떠나매, 너희 가운데 아무도 어찌하여 우리를 떠나시나이까? 하고 묻지 않아서 내가 놀라노라. 그런데도 너희가 마음 속에서 그렇게 묻는 것을 내가 아노라. 친구로서 친구에게, 내가 너희에게 분명히 말하리라. 내가 떠나는 것이 너희에게 정말로 유익하니라. 내가 떠나지 않으면, 새 선생이 너희 마음 속에 올 수 없느니라. 너희 혼 안에서 살고 너희 영을 진리로 이끌 이 영(靈) 선생을 보낼 수 있기 전에, 나는 이 필사의 몸을 벗고 하늘에서 내 자리로 회복되어야 하느니라. 그리고 내 영이 너희에게 깃들려고 올 때, 그는 죄와 올바름의 차이를 비추고, 이것들에 관하여 너희가 마음 속에서 지혜롭게 판단할 수 있게 하리라.

"나는 너희에게 아직도 할 말이 많으나, 바로 지금 너희는 더 견딜 수 없느니라. 하지만 그가, 진리의 영이 올 때, 너희가 내 아버지의 우주에서 여러 거처를 지나가는 동안, 궁극에는 너희를 모든 진리로 안내하리라.

"이 영은 자신에 관하여 말하지 않을 터이나 아버지가 아들에게 드러낸 것을 너희에게 선언하고, 다가올 것들을 너희에게 보이기까지 하리라. 내가 아버지를 영화롭게 한 것 같이 그가 나를 영화롭게 하리라. 이 영은 나에게서 솟아나고, 나의 진리를 너희에게 드러내리라. 아버지가 이 영토에서 가진 모든 것이 이제 내 것이요, 그런즉 이 새 선생이 내 것을 취하여 너희에게 드러내리라 내가 일렀노라.

"조금만 있으면 내가 잠시 너희를 떠나리라. 그 뒤에, 너희가 다시 나를 볼 때, 나는 이미 아버지께로 가는 길에 있겠고, 그래서 그 때에도 너희가 나를 보는 것은 오랫동안이 아니리라."

그가 한 순간 멈춘 동안, 사도들은 서로 이야기하기 시작했다: "그가 우리에게 이르는 이 말씀이 무엇이냐? '조금만 있으면 내가 너희를 떠나리라' 그리고 '너희가 나를 다시 볼 때, 그것은 오랫동안이 아니리니, 내가 아버지께로 가는 길에 있을 것임이라.' '조금 있으면'과 '오랫동안이 아니라'는 말로 그가 도대체 무엇을 의미하느냐? 그가 우리에게 이르는 것을 우리는 알 수 없구나."

그들이 이렇게 물은 것을 알았기 때문에 예수는 말했다: "조금 있으면 내가 너희와 함께 있지 아니하리라, 그리고 너희가 나를 다시 볼 때, 내가 아버지께로 가는 길에 있으리라 하였을 때 내가 무엇을 의미하였는가 너희끼리 묻느냐? 사람의 아들이 죽어야 하나, 다시 살아나리라고 내가 너희에게 분명히 일렀노라. 그러면 내 말의 뜻을 너희가 헤아릴 수 없느냐? 너희는 처음에 슬프게 되겠으나, 나중에 이 일이 일어난 뒤에 이것을 이해하는 많은 사람과 함께 너희가 기뻐하리라. 여자는 산고(産苦)를 겪는 시간에 정말로 슬퍼해도 일단 아이를 낳으면, 사람이 세상에 태어난 것을 아는 기쁨 속에 자기의 고통을 즉시 잊어 버리느니라. 마찬가지로 내가 떠나는 것을 너희가 슬퍼하려 하나, 나는 곧 너희를 다시 보리라. 그 때 너희의 슬픔이 기쁨으로 바뀌겠고, 아무도 너희에게서 빼앗을 수 없는 하나님의 구원의 새 계시가 너희에게 오리라. 죽음을 이기는 바로 이 생명의 계시에서 온 세상이 복을 받으리라. 이제까지 너희는 내 아버지의 이름으로 온갖 요청을 하였느니라. 너희가 나를 다시 본 뒤에, 너희는 또한 내 이름으로 구하여도 좋고, 그리하면 내가 너희 말을 들으리라.

"여기 땅에서 나는 속담(俗談)으로 너희를 가르치고 비유로 너희에게 말하였노라. 내가 그렇게 한 것은 너희가 영적으로 겨우 어린아이인 까닭이라. 그러나 아버지와 그의 나라에 관하여 너희에게 분명히 말할 때가 오고 있느니라. 아버지 자신이 너희를 사랑하고 너희에게 더 충만히 계시되기를 바라시므로, 내가 이것을 하리라. 필사 인간은 영 아버지를 볼 수 없고, 따라서 아버지를 너희 피조물의 눈에 보여 주려고 내가 세상으로 왔노라. 그러나 너희의 영이 완전히 성장했을 때, 그 때 너희는 아버지 자신을 볼지니라."

주의 말씀을 듣고 나서, 열한 사도는 서로 말했다: "보라, 그가 우리에게 분명히 말하는도다. 분명히 주는 하나님으로부터 왔느니라. 그러나 어째서 그가 아버지께로 돌아가야 한다 하시느냐?" 그들이 아직까지도 그를 이해하지 못했음을 예수는 알았다. 이 열한 사람은 오래 간직했던 관념, 유대인 메시아의 개념을 벗어날 수 없었다. 그들이 예수가 메시아라고 충만하게 믿으면 믿을수록, 땅에 있는 하늘나라가 영화롭게 물질적으로 승리하는 것에 관한 뿌리 깊은 개념은 갈수록 더 문제가 되었다.

제 181 편

마지막 훈계와 경고

열한 사도에게 작별의 강연이 끝난 뒤에, 예수는 격식 차리지 않고 이야기를 나누고, 집단으로서 또 개인으로서 그들의 관심을 끄는 여러 체험을 다시 이야기했다. 친구인 선생이 그들을 떠나려 한다는 생각이 마침내 이 갈릴리 사람들의 머리에 비로소 떠올랐고, 그들은 조금 있으면 그가 다시 함께 있으리라는 약속을 기대하였다. 그러나 다시 오는 이 방문이 또한 잠시 동안이라는 것을 쉽게 잊어버렸다. 사도와 주요 제자들 가운데 많은 사람이 잠시 동안 (부활과 승천 사이의 짧은 동안) 돌아오리라는 이 약속이 예수가 아버지를 그저 잠깐 찾아보려고 훌쩍 떠나고, 그 뒤에는 하늘나라를 세우려고 돌아올 것을 가리킨다고 정말로 생각했다. 그의 가르침의 그러한 해석은 전에 가졌던 관념, 그리고 뜨거운 희망과도 일치했다. 그들이 일생동안 지녔던 관념, 그리고 욕구를 성취하려는 희망이 이렇게 들어맞았기 때문에, 주의 말씀에 대하여 뜨거운 열망(熱望)을 정당화할 해석을 찾는 것은 그다지 어렵지 않았다.

작별의 말씀을 토론하고 그것이 그들의 머리 속에서 비로소 가라앉은 뒤에, 예수는 사도들을 조용하게 하고 마지막 훈계와 경고를 말씀하기 시작했다.

1. 마지막 위안의 말씀

열한 사도가 제 자리에 앉고 나서, 예수는 일어나서 말했다: "내가 육체를 입고 너희와 함께 있는 한, 너희 가운데서나 온 세계에서 나는 겨우 한 개인일 수 있노라. 그러나 필사의 성질을 가진 이 옷으로부터 해방되었을 때, 나는 너희 각자에게, 또 이 하늘나라 복음을 믿는 모든 다른 사람 속에 영으로 깃드는 자로서 돌아올 수 있노라. 이 방법으로 사람의 아들은 모든 참된 신자의 혼 속에서 영적 육신화가 되리라.

"내가 너희 안에 살고 너희를 통하여 일하러 돌아왔을 때, 내가 이 생명을 통해서 계속 너희를 인도하고, 가장 높은 하늘에서 미래 생명의 여러 거처를 통하여 너희를 안내하는 일을 더욱 잘 할 수 있노라. 아버지의 영원한 창조에서, 생명은 끊임없이 게으르게 쉬고 이기적 편안(便安)을 즐기는 것이 아니요, 오히려 품위와 진리와 영광 속에서 끊임없이 진보하는 것이라. 아버지의 집에 많고 많은 정거장 하나하나가 멈추는 장소요, 앞에 있는 다음 생명을 위하여 너희를 준비시키려고 고안된 생명이라. 그래서 빛의 아이들은, 아버지가 모든 일에 완전한 것 같이 저희가 영적으로 완전하게 되는 신성한 상태에 이를 때까지, 영광에서 영광으로 줄곧 가느니라.

"내가 너희를 떠날 때 너희가 나를 따르고자 하면, 내 가르침의 정신과 내 일생의 이상에 따라서 살려고 아주 진지한 노력을 기울이라. 이것을 행하고, 내가 어쩌다가 이 세상에서 살도록 요구된 것처럼 육체를 입은 내 평생을 모방(模倣)하려고 애쓰지 말라.

"아버지는 나를 이 세상으로 보냈거니와 너희 가운데 겨우 몇이 나를 받아들이려고 완전히 선택하였느니라. 나는 모든 육체에게 내 영을 쏟아 붓겠으나, 모든 사람이 이 새 선생을 혼의 안내자요 조언자로서 받아들이기를 택하지는 아니하리라. 그러나 그를 받아들이는 사람마다 깨우침을 받고 깨끗해지고 위로를 받으리라. 그리고 이 진리의 영이 저희 안에서 영생으로 솟아나는, 생명의 물이 흐르는 샘이 되리라.

"이제, 내가 너희를 떠나려 하므로, 위로의 말을 하고자 하노라. 나는 너희에게 평화를 두고 가고, 내 평화를 너희에게 주노라. 세상이 하는 것처럼—재서—내가 이 선물을 주지 않고, 너희가 받아들일 만큼 모두, 각자에게 주리라. 너희는 마음에 걱정하지 말고, 두려워하지도 말라. 내가 세상을 이겼고, 내 안에서 믿음을 통하여 너희가 다 이기리라. 사람의 아들이 죽음을 당하리라 너희에게 경고했으나 너희에게 보장하노니, 아버지께로 가기 전에, 잠깐이라도 내가 돌아오리라. 그리고 내가 아버지께로 올라간 뒤에, 너희와 함께 있고 바로 너희 마음 속에서 거할 새 선생을 내가 분명히 보내리라. 너희가 이 모든 일이 일어나는 것을 볼 때 절망하지 말라. 그러나 너희가 모든 것을 미리 알았은즉 오히려 믿으라. 내가 큰 애정으로 너희를 사랑했고, 나는 너희를 떠나고 싶지 아니하나, 그것이 아버지의 뜻이라. 내 때가 왔노라.

"너희가 박해로 말미암아 널리 흩어지고 많은 슬픔으로 낙심한 뒤에도 이 진리 가운데 어느 것도 의심하지 말라. 너희가 각자 제 자리로 흩어지고 사람의 아들을 적들의 손에 버려 둘 때 너희가 내 고독(孤獨)을 알겠고, 그와 같이 너희가 세상에서 혼자임을 느낄 때 내가 너희의 고독을 알리라. 그러나 나는 결코 혼자 있지 않고, 언제나 아버지가 나와 함께 계시니라. 그러한 때도 내가 너희를 위하여 기도하리라. 너희가 평화(平和)를 가지고, 평화를 더욱 풍부히 가지도록 이 모든 것을 내가 너희에게 일렀노라. 이 세상에서 너희가 시련을 겪겠으나, 기운을 내라. 내가 세상에서 승리하였고, 영원한 기쁨과 영구한 봉사로 이끄는 길을 너희에게 보였노라."

예수는 하나님의 뜻을 행하는 동료 일꾼들에게 평화를 주지만, 이 물질 세상에서 얻는 기쁨과 만족과 같은 서열의 평화가 아니었다. 믿지 않는 물질주의자와 운명론자들은 기껏해야 두 가지 평화와 혼의 위로(慰勞)를 얻기를 바랄 수 있다. 그들은 불가피한 것에 부닥치거나 최악을 견디겠다고 굳게 결의(決意)한 금욕주의자가 되든지, 아니면 낙관주의자가 되어서, 결코 정말로 다가오지 않는 평화를 헛되이 동경하면서, 인간의 가슴 속에서 영원히 솟아오르는 희망을 늘 품어야 한다.

땅에서 사는 데는 얼마큼의 금욕주의와 낙관주의가 쓸모 있지만, 둘 중에 어느 것도 하나님의 아들이 육체를 입은 형제들에게 주는 숭고한 평화와 아무 상관이 없다. 미가엘이 땅에 있는 아이들에게 주는 평화는, 자신이 육체를 입고 바로 이 세상에서 필사 생명을 살았을 때 자신의 혼을 채웠던 바로 그 평화이다. 예수의 평화는, 육체를 입고 필사 생명을 살면서 어떻게 하나님의 뜻을 행하는가 충분히 배우는 데 성공한 개인, 하나님을 아는 개인이 얻는 기쁨과 만족감이다. 예수의 지성이 지녔던 평화는 신성한 아버지의 슬기롭고 공감하는 보살핌이 사실임을 절대로 믿는 인간 신앙에 기초를 두었다. 예수는 땅에서 어려움을 겪었고, 사람들이 그를 그릇되게 "슬픔의 사람"이라고 일컫기까지 했지만, 이 모든 체험 속에서, 이를 통하여, 그는 아버지의 뜻을 이루고 있다는 완전한 확신 속에서, 일생의 목적을 가지고 나아가도록 늘 힘을 준 그러한 자신감으로 위로를 받았다.

예수는 각오가 굳었고 끈질겼으며, 그의 사명을 이룩하는 데 속속들이 헌신했지만, 감정이 없고 살갗이 굳어진 금욕주의자가 아니었다. 그는 일생의 체험에서 즐거운 모습을 늘 찾으려 했지만, 눈이 멀고 스스로 속는 낙관주의자가 아니었다. 주는 그에게 쏟아질 모든 것을 알았고, 두려워하지 않았다. 따르는 이 사람들 각자에게 평화를 준 뒤에, 일관성 있게 말할 수 있었다: “너희는 마음에 걱정하지 말고, 두려워하지도 말라.”

그러면 예수의 평화는, 시간과 영원 속에서 자기의 생애가, 전적으로 슬기롭고 만물을 사랑하는 전능하신 영 아버지의 보살핌과 보호 속에, 안전하고 온전히 있다는 것을 충분히 믿는 아들의 평화와 확신이다. 이것은 정말로, 필사 지성의 이해를 지나치는 평화이지만, 믿는 인간의 가슴이 충만하게 누릴 수 있는 평화이다.

2. 개인적으로 작별의 훈계를 주심

주는 사도들에게 한 집단으로서 작별의 가르침을 주고 마지막 훈계의 말씀을 마쳤다. 그리고 나서 그는 하나씩 작별 인사를 하고, 작별의 축복과 함께, 각자에게 개인적으로 조언하는 말씀을 주었다. 그들은 마지막 만찬을 먹으려고 처음에 앉았을 때 그대로 식탁 주위에 아직도 앉아 있었고, 주가 식탁을 돌아가면서 그들에게 이야기하는 동안, 예수가 이야기할 때 각 사람이 일어섰다.

요한에게 예수는 말했다: “요한아, 너는 형제들 가운데 가장 어리니라. 너는 나와 아주 가까이 있었고, 아버지가 아들들에게 주는 바로 그 사랑으로 내가 너희 모두를 사랑하지만, 나와 언제나 가까이 있어야 하는 세 사람 중의 하나로 안드레가 너를 지명하였느니라. 이밖에도, 너는 나를 대신하여 행동했고, 땅에서 내 가족에 관한 여러 문제에서 계속 그렇게 행동해야 하느니라. 그리고 요한아, 육체로서 내 집안 사람들을 네가 계속 보살피리라 충분히 확신을 가지고 나는 아버지께로 가노라. 내 사명에 대하여 저희가 현재 무슨 혼란을 가졌더라도, 내가 육체로 남아 있다면 내가 하리라 생각되는 대로, 네가 저희에게 계속하여 모든 동정과 조언과 도움 베풀도록 배려하여라. 저희가 모두 와서 빛을 보고 하늘나라로 온전히 들어가려 할 때, 너희 모두가 저희를 기쁘게 환영하겠으나, 요한아, 나를 위하여 네가 저희를 환영할 줄을 믿노라.

“이제, 땅에서 내 생애의 마지막 시간을 보내는 동안, 내 가족에 관하여 너에게 어떤 메시지라도 남길 수 있도록 옆에 가까이 남아 있으라. 아버지가 내 손에 맡긴 일에 관하여 말하면, 육체를 입고 죽는 것 외에 이제 끝났고, 나는 이 마지막 잔을 마실 준비가 되었노라. 땅에서 내 아버지 요셉이 내게 맡겨 준 책임에 관하여, 이 모든 문제에 네가 나 대신에 행동하기를 이제 내가 바라노라. 나를 위하여 이것을 하라고 너를 택하였으니, 네가 가장 나이 어리고, 따라서 이 다른 사도들보다 더 오래 살 것 같기 때문이라.

“한때 나는 너와 네 형을 우뢰의 아들이라 불렀노라. 너는 생각이 뚜렷하고 참을성 없이 우리와 함께 시작했으나 무지(無知)하고 경솔한 불신자들 머리 위에 내가 불을 퍼붓기를 네가 바란 이후로, 너는 많이 바뀌었고 아직도 더 바뀌어야 하느니라. 너는 내가 너희에게 오늘 밤에 준 새 계명의 사도가 되어야 하느니라. 내가 너희를 사랑한 것 같이, 형제들에게 어떻게 서로 사랑하는가 가르치는 데 일생을 바치라.”

눈물 방울이 주르르 뺨으로 굴러 떨어지며 2층 방에서 거기 서 있는 동안, 요한 세베대는 주의 얼굴을 들여다보며 말했다: “내 주여, 그렇게 하리이다. 그러나 어떻게 내 형제들을 더 사랑하기를 배울 수 있나이까?” 그리고 나서 예수가 대답했다: “네가 먼저 하늘에 계신 저희의 아버지를 더욱 사랑하기를 배울 때, 그리고 시간과 영원 속에서 저희의 복지에 네가 참으로 더욱 관심을 가지게 된 뒤에, 너는 형제들을 더욱 사랑하기를 배우리라. 살피는 동정심, 사심 없는 봉사, 아낌없는 용서가 그런 모든 인간적 관심을 촉진하느니라. 아무도 너의 젊음을 가벼이 여겨서는 안 되나, 나이가 때로는 경험을 대표하며 인간사에서 아무 것도 실제 체험을 대신할 수 없다는 사실을 마땅히 고려하라 언제나 너를 타이르노라. 모든 사람, 더군다나 하늘나라의 형제 단체의 네 친구들과 함께, 평화롭게 살려고 애쓰라. 요한아, 하늘나라를 위하여 네가 설득하고자 하는 사람들과 다투지 말라."

그리고 나서, 자기 자리를 돌아서 지나가면서, 주는 가룟 유다의 자리 옆에서 한 순간 멈추었다. 사도들은 유다가 이 일이 있기 전에 돌아오지 않은 것에 오히려 놀랐고, 예수가 그 배반자의 빈 자리 옆에 서 있는 동안, 예수의 슬픈 얼굴빛의 의미를 매우 알고 싶어했다. 그러나 아마 안드레를 빼고, 예수가 초저녁에, 또 저녁 식사 동안에 그들에게 비춘 바와 같이, 그들 가운데 아무도 회계(會計)가 주를 배반하려고 나간 것을 조금도 눈치채지 못했다. 너무나 많은 일이 벌어지고 있어서, 그들 중에 하나가 주를 저버릴 것이라는 주의 발표를 한동안 아주 잊어 버렸다.

예수는 이제 열심당원 시몬에게 건너갔고, 그는 일어서서 이 훈계에 귀를 기울였다: "너는 아브라함의 참 아들이지만, 너를 이 하늘나라의 아들로 만들려고 애쓰면서 내가 얼마나 애를 태웠는지. 내가 너를 사랑하고 네 형제 모두가 사랑하느니라. 시몬아, 네가 나를 사랑하고 네가 또한 하늘나라를 사랑함을 내가 알지만, 아직도 네 취향(趣向)에 따라서 이 하늘나라가 오게 만들려고 너는 아직도 마음이 굳었느니라. 네가 궁극에는 내 복음의 영적 성질과 의미를 깨닫고, 네가 복음을 선포하려고 용감한 일을 하리라는 것을 내가 잘 알지만, 내가 떠날 때 너에게 무슨 일이 일어날까 걱정이 되노라. 네가 넘어지지 않을 것을 알면 내가 기뻐하리라. 내가 아버지께로 간 뒤에, 네가 그치지 않고 내 사도가 되고, 하늘나라의 대사(大使)로서 네가 쓸 만하게 처신하리라는 것을 내가 알 수 있다면, 내가 기쁘게 되리라."

예수가 열심당원 시몬에게 말씀을 마치자마자, 불 같은 애국자는 젖은 눈을 닦으면서 대답했다: "주여, 내 충성심을 걱정하지 마소서. 땅에서 당신의 나라를 세우는 데 내 일생을 바치도록 내가 모든 것에 등을 돌렸고, 나는 넘어지지 아니하리이다. 나는 이제까지 모든 실망(失望)을 견디었고, 나는 당신을 버리지 아니하리이다."

그리고 나서 시몬의 어깨에 손을 얹으며 예수는 말했다: "특히 이와 같은 때, 네가 그렇게 말하는 것을 들으니 정말로 기분이 시원하구나. 그러나 착한 친구여, 네가 무엇을 말하는지 너는 아직도 모르느니라. 한 순간이라도 나는 너의 충성, 너의 헌신을 의심하고 싶지 않고, 이 모든 다른 사람처럼, 네가 서슴지 않고 싸움터에 나가서 나를 위하여 죽을 것을 내가 아노라" (그들은 모두 힘차게 고개를 끄덕였다). "그러나 그것이 너에게 요구되지 아니하리라. 내 나라가 이 세상에 속하지 않는다고, 내 제자들은 그 나라를 세우려고 싸우지 아니하리라고 내가 거듭 너희에게 일렀노라. 시몬아, 이것을 여러 번 너희에게 일렀거니와, 너희는 진리를 마주보려 하지 않느니라. 나에 대하여, 또 하늘나라에 대하여, 너의 충성심을 내가 걱정하는 것이 아니라, 내가 떠나고, 네가 내 가르침의 뜻을 헤아리지 못한 것과 하늘나라에서 또 다른 영적 체제의 일의 현실에 너의 그릇된 생각을 적응해야 하는 것을 네가 마침내 깨닫게 될 때 너는 어찌 하려느냐?"

시몬은 더 말하려고 했지만, 예수는 손을 들어 막고서, 말을 이었다: "내 사도들 가운데 아무도 마음 속에 너보다 더 성실하고 정직하지 않으나, 내가 떠난 뒤에 아무도 너보다 더 속을 끓이고 마음 아파하지 않으리라. 너의 모든 낙심 가운데 내 영이 너와 함께 거하겠고, 이들, 네 형제들은 너를 버리지 아니하리라. 땅에서 시민권과 아버지의 영적 나라에서 아들 신분, 이 둘의 관계에 대하여 너희에게 가르친 것을 잊지 말라. 케자의 것을 케자에게, 하나님의 것을 하나님께 돌리는 것에 관하여 내가 너희에게 이른 모든 것을 잘 생각해 보라. 시몬아, 국가 권력에 대한 현세의 의무, 그리고 하늘나라의 형제 정신에서 영적 봉사를 동시에 인식함에 관한 내 명령(命令)을 필사 인간이 어떻게 적절히 따를 수 있는가 보여 주는 데 너의 일생을 바치라. 네가 진리의 영에게 가르침을 받으면, 현세의 통치자들이 오직 하나님께 속하는 존경과 섬김을 주제넘게 너에게 요구하지 않는 한, 땅에서 시민이 되고 하늘에서 아들이 되는 요구 조건 사이에 결코 아무런 갈등이 없으리라.

"이제 시몬아, 네가 마침내 이 모든 것을 깨달을 때, 그리고 너의 우울함을 떨쳐 버리고 큰 힘으로 이 복음을 선포하면서 떠나간 뒤에, 네가 낙심하는 시절을 통해서도 내내, 내가 너와 함께 있었고, 최후까지 너와 함께 계속하리라는 것을 결코 잊지 말라. 너는 언제나 내 사도가 되겠고, 기꺼이 네가 영의 눈으로 보고 너의 뜻을 하늘에 계신 아버지의 뜻에 충만히 굴복하게 된 뒤에, 그 때 너는 내 대사로서 수고하러 돌아오리라. 내가 너에게 가르친 진리를 알아듣는 데 느리다고 해서, 너에게 수여한 권한을 아무도 너에게서 빼앗지 못할지니라. 그래서 시몬아, 한 번 더 너에게 경고하노니, 칼로 싸우는 자들은 칼로 망하지만, 영적으로 수고하는 자들은 지금 있는 하늘나라에서 기쁨과 평화를 가지고, 다가오는 하늘나라에서 영생을 성취하느니라. 네 손에 맡겨진 일이 땅에서 끝났을 때, 시몬아, 너는 거기 내 나라에서 나와 함께 앉을지니라. 몹시 바라던 하늘나라를 네가 정말로 보겠으나, 이 생명에서는 아니라. 계속해서 나를 믿고, 내가 너희에게 드러낸 것을 믿으라. 그리하면 너는 영생(永生)의 선물을 받으리라."

열심당원 시몬에게 말씀을 마치고 나서, 예수는 마태 레위에게 걸어가서 말했다: "사도 집단의 기금(基金)을 마련하는 일이 이제 더 네게 돌아가지 아니하리라. 금방, 아주 곧 너희는 모두 흩어지겠고, 너희 형제 가운데 겨우 하나하고도 위로하고 받들어 주는 관계를 즐기는 것이 허락되지 아니하리라. 이 하늘나라 복음을 너희가 전파하려고 앞으로 가는 동안에, 너희는 자신을 위하여 새 동료들을 찾아야 하리라. 너희가 훈련받는 동안에 나는 둘씩 너희를 보냈노라. 그러나 내가 너희를 두고 떠나므로, 너희가 충격을 받고 나서 정신을 차린 뒤에, 이 좋은 소식, 믿음으로 활력을 얻은 사람들이 하나님의 아들이라는 것을 선포하며, 너는 혼자 밖으로, 땅 끝까지라도 가리라."

그러자 마태가 말했다: "그러나 주여, 누가 우리를 보내고, 어디로 갈지 우리가 어찌 알리이까? 안드레가 우리의 길을 보일 것이니이까?" 예수는 대답했다: "아니라, 레위야, 복음을 선포하는 일에 안드레는 이제 더 너희를 지도하지 않으리라. 새 선생이 오는 그 날까지, 정말로 그는 너희의 친구요 조언자로서 계속하리라. 그리고 나서 진리의 영이 하늘나라를 확장하는 데 수고하라고 너희 하나하나를 외국으로 이끌리라. 세무소에서 처음에 나를 따르려고 나선 그 날 이후로, 많은 변화가 너에게 왔느니라. 그러나 친교(親交)하는 관계에서 이방인이 유대인과 나란히 앉는 형제 정신의 환상을 네가 볼 수 있기 전에, 많은 변화가 더 와야 하느니라. 그러나 네가 충분히 만족할 때까지, 네 유대인 형제들을 설득하려는 충동을 계속 따르라. 그리고 나서 힘차게 이방인(異邦人)들에게 돌리라. 레위야, 너는 한 가지를 분명히

믿어도 좋으니라: 너는 네 형제들의 신임과 애정을 얻었고, 저희가 다 너를 사랑하느니라." (그리고 모두 열 명이 주의 말씀에 말없이 승인한다는 표시를 하였다.)

"레위야, 금고를 채우느라고 네가 걱정과 희생과 수고를 바친 데 대하여, 네 형제들이 모르는 많은 것을 내가 아노라. 돈주머니를 가지고 다니는 자가 자리에 없어도, 하늘나라 사자들과 함께 내 작별 모임에 세리(稅吏)인 대사가 여기 있으매 내가 기쁘도다. 영(靈)의 눈으로 내 가르침의 뜻을 네가 헤아리도록 내가 기도하노라. 새 선생이 네 가슴 속에 올 때, 그가 너를 인도하는 대로 계속 따르라. 사람의 아들을 감히 따르고 하늘나라 복음을 믿은, 미움받던 세리에게 아버지가 무슨 일을 할 수 있는가, 네 형제들에게—아니 온 세상에—보이라. 바로 처음부터도, 레위야, 내가 이 다른 갈릴리 사람들을 사랑한 것 같이 너를 사랑하였노라. 그러면 아버지도 아들도 사람을 차별하지 않음을 잘 아는즉, 너의 봉사를 통해서 복음을 믿게 된 사람들 사이에서, 네가 그렇게 구별하지 않도록 하여라. 그래서 하나님이 아무도 차별하지 않는다는 것, 하나님 보시기에, 또 하늘나라의 친교에서, 누구에게나 모든 사람이 동등하고, 모든 신자가 하나님의 아들임을 보이는 데 너의 온 여생의 봉사를 바치라."

그리고 나서 예수는 야고보 세베대에게 걸어갔고, 주가 그에게 말씀하실 때 그는 말없이 서 있었다: "야고보야, 너와 네 아우가 언젠가 내게 와서, 하늘나라에서 특별한 명예를 구하였으며, 내가 그러한 영예는 아버지가 주시는 것이라 너희에게 일렀을 때, 나는 네가 내 잔을 마실 수 있는가 물었고, 너희 둘은 그렇다고 대답하였느니라. 그 때는 네가 할 수 없었더라도, 또 지금 네가 할 수 없다면, 네가 바야흐로 겪을 체험으로 말미암아 네가 그러한 봉사를 위하여 곧 준비되리라. 그런 행동으로 너희는 그 때 형제들을 성나게 하였느니라. 저희가 이미 너희를 충분히 용서하지 않았다면, 네가 내 잔을 마시는 것을 볼 때 저희가 용서하리라. 네 봉사가 길든 짧든, 네 혼을 참을성 있게 간직하라. 새 선생이 올 때, 나를 더할 나위 없이 믿고 아버지의 뜻에 완전히 복종하면서 생겨나는 동정의 자세와 공감하는 관용을 그 선생이 너에게 가르치게 하라. 하나님을 알고 아들을 믿는 제자의 인간적 애정과 함께 신다운 위엄을 보여 주는 데 네 일생을 바치라. 그렇게 사는 모든 사람은 죽음을 대하는 태도에서도 복음을 드러내리라. 너와 네 아우 요한은 다른 길로 가겠고, 너희 중 하나는 다른 자보다 훨씬 먼저 영원한 나라에서 나와 함께 앉을까 싶으니라. 참된 지혜는 용기 뿐 아니라 신중(愼重)을 품는다는 것을 네가 배우고자 하면 너에게 많이 도움이 되리라. 너의 공격적 태도에 어울리게 너는 지혜를 배워야 하느니라. 내 제자들이 이 복음을 위하여 서슴지 않고 목숨을 버릴 최고의 순간이 오리라. 그러나 모든 보통 형편에서, 네가 살아서 기쁜 소식을 계속 전파하도록 불신자들의 진노(震怒)를 달래는 것이 훨씬 더 좋으리라. 네 힘이 닿는 한, 여러 해 사는 것이 하늘나라에 들어가도록 설득한 혼으로 열매가 많이 열리도록, 땅에서 오래 살라."

야고보 세베대에게 말씀을 마치고 나서, 주는 돌아서 안드레가 앉은 식탁 끝까지 돌아 걸어가서, 충실하게 돕는 사람의 눈을 들여다보며 말했다: "안드레야, 너는 하늘나라 대사들의 임시 우두머리로서 나를 충실하게 대표하였느니라. 비록 네가 때때로 의심하고 어떤 때에는 아찔하게 겁을 나타냈으나, 그래도 네 동료들을 다루는 데 너는 언제나 성실하게 공정하고 뛰어나게 공평하였느니라. 너와 네 형제들을 하늘나라의 사자로서 세운 뒤로 계속, 너를 이 선택받은 자들의 임시 우두머리로 지명한 것을 제외하고, 너희는 모든 집단 행정 사무에서 자치(自治)해 왔고, 어떤 다른 현세의 문제에서도 나는 지휘하거나 네 결정에 영향을 미치려고 행동하지 않았노라. 나중에 너희의 모든 집단 결정을 지휘하는 데 지도력을 마련하기 위하여 내가 이렇게 하였노라. 내 우주에서, 또 아버지의 온 우주에서, 우리의 형제인 아들들은 모든 영적 관계에서 개인으로서 대접받지만, 모든 집단 관계에서 우리는 어김없이 분명한 지도력을 마련해 주노라. 우리 나라는 질서 있는 나라요, 둘 이상(以上)의 많은 의지 생물이 협동해서 활동하는 곳에 반드시 지도(指導) 권한이 마련되느니라.

"이제, 안드레아, 내가 임명한 권한에 따라 네가 형제들의 우두머리이고, 네가 이렇게 나의 개인 대표로서 봉사했으므로, 그리고 내가 바야흐로 너희를 떠나서 아버지께로 가려 하매, 이 현세의 행정 사무에 관하여 모든 책임에서 너를 해방하노라. 이제부터 영적 지도자로서 네 능력 안에서 네가 얻고, 따라서 네 형제들이 자유로이 인정하는 것을 제외하고, 형제들에게 아무 권한을 행사하면 안 되느니라. 내가 아버지께로 간 뒤에 저희가 분명한 법적 행위로 너에게 그러한 권한을 회복하지 않으면, 이 시간부터 너는 형제들에게 아무 권한을 행사해서는 안 되느니라. 이 집단의 행정 우두머리인 책임을 이렇게 풀어 주는 것은 다른 도덕적 책임(責任)을 어떤 면에서도 줄이지 않느니라. 육체를 입고서 내가 떠나는 것과 너희 가슴 속에서 살고 궁극에는 너희를 모든 진리로 이끌 그러한 새 선생이 파송되는 사이에 끼어야 하는, 바로 눈앞에 닥친 벅찬 시절에, 든든하고 사랑하는 손으로 네 형제들을 한데 붙들어 두도록 네 힘이 닿는 대로 무엇이든지 할 책임이 있느니라. 내가 너희를 떠나려고 준비하므로, 너희 가운데 있는 한 사람으로서, 내 면전에서 시작되고 권한을 가졌던 그 모든 행정 책임에서 너를 해방하고자 하노라. 이제부터 너희에 대하여, 너희 가운데서, 나는 오로지 영적 권한을 행사하리라.

"네 형제들이 너를 조언자로 계속 두기를 바라면, 내가 지시하노니, 현세의 모든 영적 일에 복음을 믿는 성실한 신자들의 여러 집단 사이에서 평화와 조화를 권장하려고 너는 최선을 다해야 하느니라. 너희 형제들 사이에서 형제 사랑의 실용적 모습을 촉진하는 데 너의 여생을 바치라. 육체를 입은 내 형제들이 이 복음을 충만히 믿으려고 올 때 저희에게 친절하라. 서쪽에 그리스인들과 동쪽에 아브너에게, 사랑하고 치우치지 않은 헌신을 나타내라. 이 내 사도들이, 땅에서 사방(四方)으로 흩어지고 거기서 하나님의 아들이 되어 구원받는 좋은 소식을 선포하더라도, 바로 앞에 닥친 벅찬 시절에 너는 저희를 한데 붙들어야 하느니라. 그 극심한 시련의 시절에, 너희는 새 선생, 진리의 영이 오기를 참을성 있게 기다리면서, 내가 몸소 있지 않아도 너희가 이 복음 믿기를 배워야 하느니라. 그래서 안드레아, 사람들이 보기에 큰 일을 행하는 것이 너에게 맡겨지지 않을까 싶어도 그러한 일을 하는 자들에게 선생과 조언자가 되는 데 만족하여라. 땅에서 끝까지 네 일을 계속하여라. 그리하면 영원한 나라에서 이 봉사를 네가 계속할지니, 왜냐하면 내가 이 무리에 속하지 않는 다른 양들이 있다고 여러 번 너희에게 이르지 아니하더냐?"

그리고 나서 예수는 알패오 쌍둥이에게 건너가서, 사이에 서서 말했다: "귀여운 아이들아, 너희는 나를 따르기로 작정한 세 무리 형제들의 하나로다. 너희 여섯이 다 자기 혈육과 함께 평화롭게 일을 잘 했으되, 아무도 너희보다 낫게 하지 않았느니라. 어려운 시절이 우리 앞에 닥쳤도다. 너희와 형제들에게 닥치는 모든 것을 너희가 이해하지 못할까 싶으나, 너희가 한때 하늘나라 일에 부름받았음을 결코 의심하지 말라. 한동안, 아무런 군중(群衆)을 다룰 일이 없을 터이나, 낙심하지 말라.

너희 일생의 일이 끝났을 때, 내가 하늘에서 너희를 받아들이겠고, 거기서 영화롭게 너희가 천사 무리와 하나님의 높은 아들들의 무리에게 너희가 구원받은 것을 일러 주리라. 평범한 수고를 향상하는 데 너희 일생을 바치라. 땅에 있는 모든 사람과 하늘의 천사들에게, 하나님을 특별히 섬기는 데 한동안 일하라고 부름 받은 뒤에, 얼마나 즐겁고 용감하게 필사 인간이 예전의 노동으로 돌아갈 수 있는가 보여 주어라. 한동안, 곁에서 나타나는 하늘나라 사무에서 너희의 일이 끝난다면, 하나님의 아들이 되는 체험을 새롭게 깨우침과 함께, 하나님을 아는 자에게는 보통 노동이나 세속(世俗)의 수고와 같은 것이 없다는 높은 깨달음을 가지고, 너희는 예전의 노동으로 돌아가야 하느니라. 나와 함께 일한 너희에게는 모든 일이 신성하게 되었고, 땅에서 하는 모든 노동이 아버지 하나님께 드린 봉사가 되기까지 하였느니라. 너희의 옛 사도 동료들이 하는 일에 관하여 소식을 들을 때, 저희와 함께 기뻐하고, 저희가 기다리는 동안에 하나님께 시중들고 섬기는 자로서 나날의 일을 계속하라. 너희는 나의 사도였고, 언제나 그러할지며, 다가오는 나라에서 내가 너희를 기억하리라."

그리고 나서 예수는 빌립에게 갔고, 그는 서서 주로부터 이 메시지를 받았다: "빌립아, 너는 나에게 어리석은 질문을 많이 했어도 모두 대답하려고 나는 최선을 다하였고, 이제 가장 정직하지만 비영적인 머리에서 일어난 그러한 너의 마지막 질문에 내가 대답하리라. 항상 나는 너희에게 돌아왔는데, '주가 떠나가고 세상에서 우리끼리만 남겨 놓으면 내가 무엇을 할까?' 너는 혼잣말을 하고 있었느니라. 아, 너는 믿음이 적구나! 그래도 너는 많은 형제가 가진 만큼 거의 가졌고, 빌립아, 너는 착한 집사였느니라. 너는 겨우 몇 번만 우리의 기대에 어긋났고, 그 실패 가운데 하나를 우리는 아버지의 영광을 나타내려고 이용했느니라. 너의 집사(執事) 직책은 거의 끝났고, 곧 네가 하라고 부름 받은 일—이 하늘나라 복음 전하는 일—을 네가 충만히 해야 하느니라. 빌립아, 너는 언제나 사람들이 네게 보여 주기를 바랐고, 오래지 않아 너는 큰 일을 보게 될지니라. 믿음으로 이 모든 것을 네가 보는 것이 훨씬 더 나으리라. 그러나 너의 물질 시력(視力)을 가지고도 네가 성실하였은즉, 너는 살아서 내 말이 이루어짐을 보리라. 그리고 나서 네가 영적 시력을 축복받았을 때, 네 할 일을 하러 떠나가서, 물질 지성의 눈이 아니라 영적 신앙의 눈을 가지고, 하나님을 찾고 영원한 실체들을 추구하도록 인류를 이끄는 운동에 네 목숨을 바치라. 빌립아, 네가 땅에서 큰 사명을 가졌음을 기억할지니, 세상이 네가 가진 경향과 똑같이 인생을 바라보는 자들로 가득 차 있음이라. 너는 큰 할 일이 있고, 믿음 속에서 그 일을 마쳤을 때, 너는 내 나라에서 내게로 올지니라. 눈이 보지 못하고 귀도 듣지 못하고 사람의 머리도 생각지 못한 것을 네게 보여 주기를 내가 크게 기뻐하리라. 그 동안에, 영의 나라에서 어린아이와 같이 되고, 새 선생의 영으로서, 내가 너를 영적인 나라에서 앞으로 인도하게 하여라. 내가 이 땅의 사람으로서 너와 함께 머물렀을 때 내가 이룰 수 없던 것을 이 방법으로 너를 위하여 많이 행할 수 있으리라. 그리고 빌립아, 언제나 기억하여라, 나를 본 자는 아버지를 보았느니라."

그리고 나서 주는 나다니엘에게 건너갔다. 나다니엘이 서자, 예수는 앉으라고 명하고, 옆에 앉으면서 말했다: "나다니엘아, 네가 내 사도가 된 뒤로, 너는 편견(偏見)을 이기고 살고 더욱 관대하게 되려고 연습하기를 배웠으나, 네가 배울 것이 훨씬 많이 있느니라. 네 동료들이 너의 한결같은 성실성에 언제나 훈계를 받았으므로, 너는 저희에게 축복이었도다. 내가 떠났을 때, 너의 솔직함은 네가 새 형제와 옛 형제들과 함께 어울리는 데 방해가 될지 모르느니라. 좋은 생각조차도 그 표현은 듣는 사람의 지적(知的) 상태와 영적 발육에 따라서 조절되어야 한다는 것을 네가 배워야 하느니라. 분별이 있을 때 성실은 하늘나라의 일에서 가장 쓸모가 있느니라.

"형제들과 일하기를 배우고자 하면, 네가 더욱 영구한 일을 성취할까 싶으니라. 그러나 너처럼 생각하는 자들을 찾아서 자신이 훌쩍 떠난 것을 발견하면, 그 경우에 하나님을 아는 제자(弟子)가 세상에서 혼자 있고 동료 신자들로부터 온통 고립되었을 때도 하늘나라를 세우는 자가 될 수 있다는 것을 입증하는 데 일생을 바치라. 나는 네가 끝까지 충실할 것을 알고, 하늘의 내 나라에서 더 크게 봉사하는 일에 언젠가 너를 환영하리라."

그리고 나서 나다니엘이 예수에게 이렇게 물었다: "당신이 처음에 이 하늘나라의 봉사로 나를 부르신 뒤로 계속, 당신의 가르침에 귀를 기울여 왔지만, 솔직하게 말해서, 당신이 우리에게 이르시는 모든 말씀의 의미를 충분히 알아들을 수 없나이다. 나는 다음에 무엇을 기대해야 할까 모르고, 내 형제의 대부분도 마찬가지로 어리둥절하지만, 혼란에 빠진 것을 고백하기를 망설이나이다. 당신은 나를 도와 주실 수 있나이까?" 예수는 손을 나다니엘의 어깨에 얹으면서 말했다: "친구여, 나의 영적 가르침의 뜻을 깨달으려고 애쓰면서 너희가 어리둥절하게 되는 것이 이상한 일이 아니니, 네가 유대 전통의 선입관 때문에 무척 장애를 받고, 서기관과 바리새인들의 가르침에 따라서 내 복음을 풀이하려는 끈질긴 성향 때문에 너무 혼란에 빠졌음이라.

"입으로 전하여 내가 너희에게 많이 가르쳤고, 내가 너희 가운데서 내 삶을 살아 왔노라. 너희의 머리를 깨우치고 너희 혼을 해방하려고 힘이 자라는 대로 내가 행하였고, 내 가르침과 일생으로부터 너희가 얻을 수 없는 것을 모든 선생의 대선생(大先生)—실제 체험—의 손에서 얻으려고 이제 너희가 준비해야 하느니라. 이제 너희를 기다리는 이 모든 새 체험 가운데, 나는 너희 앞에 가고, 진리의 영이 너희와 함께 할지니라. 두려워 말라. 너희가 이제 알아듣지 못하는 것을 새 선생이 올 때, 그가 땅에서 너희 여생을 통하여 내내, 또 영원한 시대에 너희의 훈련을 통하여, 계속 너희에게 드러내리라."

그리고 나서, 주는 모두를 향하여 말했다: "복음의 충분한 뜻을 너희가 깨닫지 못한 것에 절망하지 말라. 너희는 유한한 필사 인간일 뿐이요, 내가 너희에게 가르친 것은 무한하고 신성하고 영원하니라. 참을성을 가지고 기운을 내라. 파라다이스에 계신 너희 아버지가 완전한 것 같이, 완전하게 되는 체험을 너희가 점진적으로 계속 얻을 영원한 시대가 너희 앞에 있느니라."

그리고 나서 예수는 토마스에게로 갔고, 그는 서서 주의 말씀을 들었다: "토마스야, 너는 때때로 믿음이 모자랐지만, 의심이 드는 시절이 왔을 때, 용기가 모자란 적이 없었느니라. 거짓 선지자와 사이비(似而非) 선생들이 너를 속이지 못할 것을 내가 잘 아노라. 내가 떠난 뒤에, 네 형제들은 새로운 가르침을 보는 너의 비평(批評) 방법을 더욱 고맙게 여기리라. 다가올 시절에 너희가 모두 땅 끝까지 흩어질 때, 네가 아직도 나의 대사(大使)임을 기억하라. 생생한 진리는 자기 생애에서 영의 열매를 맺고, 내가 너희를 사랑한 것 같이 서로 사랑하는, 영에게서 태어난 남녀들의 체험 속에서 일하느니라. 그러한 진리의 명시가 펼쳐지는 것에 직면했을 때, 사람의 비평하는 물질 지성이 어떻게 지적 의심의 타성(惰性)을 이길 수 있는가 보여 주는 큰 일에 너의 일생을 바쳐라. 토마스야, 네가 우리와 함께 하여 나는 기쁘도다. 잠깐 어리둥절한 때가 지난 뒤에, 너는 하늘나라의 봉사를 계속하리라. 너의 의심은 형제들을 당황하게 했어도 나를 괴롭힌 적이 없느니라. 나는 너를 신임하고, 땅에서 가장 먼 구석까지도 네 앞에 가리라."

그리고 나서 주는 시몬 베드로에게 갔다. 예수가 말씀하는 동안에 그는 서 있었다: “베드로야, 네가 나를 사랑하고, 유대인과 이방인에게 이 하늘나라 복음을 드러내 놓고 선포하는 데 네 일생을 바칠 것을 아노라. 그러나 나와 함께 가까이 여러 해 동안 지냈어도, 말하기 전에 생각하도록 돕지 못해서 걱정이 되는구나. 조심(操心)해서 입 열기를 배우기 전에, 네가 무슨 체험을 거쳐야 하느냐? 네가 생각 없이 말해서, 너의 주제넘은 자신감 때문에, 네가 얼마나 많은 문제를 우리에게 일으켰는지! 그리고 너는 이 약점을 극복하지 않으면 너 자신에게 더욱 많은 문제를 일으킬 운명을 가졌느니라. 이 약점이 있는데도 형제들이 너를 사랑함을 네가 알고, 또한 이 결점이 너에게 주는 나의 애정을 조금도 다치지 않음을 이해해야 하지만, 그것은 너의 쓸모를 줄이고, 그침 없이 너에게 문제를 일으키느니라. 그러나 바로 오늘 밤에 겪을 체험으로부터, 의심할 여지 없이 너는 큰 도움을 받으리라. 시몬 베드로야, 내가 너에게 이제 이르는 것을 마찬가지로, 여기 모인 네 형제 모두에게 이르노라: 오늘 밤에 너희는 모두 나 때문에 실수하는 큰 위험에 빠지리라. 기록되었으되, ‘목자가 얻어맞고 양들이 널리 흩어지리라’한 것을 너희가 아느니라. 내가 없을 때, 나에게 닥치는 일 때문에 너희 가운데 더러는 의심에 굴복하고 넘어질 큰 위험이 있느니라. 그러나 내가 이제 너희에게 약속하노니, 잠시 동안 내가 너희에게 돌아오고, 그리고 나서 너희보다 먼저 갈릴리로 가리라.”

그 때 베드로가 손을 예수의 어깨에 얹고 말했다: “내 형제 모두가 당신 때문에 의심에 빠져도 상관 없이, 당신께 약속하오니, 당신이 무슨 일을 하더라도 그 때문에 내가 걸려 넘어지지 아니하리이다. 나는 당신과 함께 가겠고, 필요하다면 당신을 위하여 죽으리이다.”

베드로가 주 앞에 섰고, 모두가 뜨거운 감정과 그를 향한 진정한 사랑에 넘쳐서 부르르 떨자, 예수는 그의 젖은 눈을 똑바로 들여다보며 말했다: “베드로야, 진실로, 진실로 내가 네게 이르노니, 오늘 밤에 수탉이 울기 전에 네가 나를 서너 번 부인하리라. 이처럼 나와 평화로운 관계에서 배우지 못한 것을 너는 많은 시련과 슬픔을 통해서 배우리라. 네가 이 필요한 교훈을 정말로 배운 뒤에, 너는 형제들에게 힘을 주고, 이 복음을 전도하는 데 바치는 삶을 계속 살아야 하느니라. 하지만 너는 감옥에 갇히고, 아마도, 나를 따라서 아버지의 나라를 세우는 데 사랑으로 봉사하는 최상의 값을 치를까 싶으니라.

“그러나 내 약속을 기억하라: 내가 살아난 뒤에, 아버지께로 가기 전에 한동안 너희와 함께 머무르리라. 너희가 지금 곧 거쳐야 하는 것을 위하여, 오늘 밤에도 아버지가 너희 하나하나에게 힘을 주시기를 내가 간구하리라. 아버지가 나를 사랑하시는 그 사랑으로 내가 너희를 다 사랑하노라. 그러므로 내가 너희를 사랑한 것 같이, 이제부터 너희가 서로 사랑해야 하느니라.”

다음에 찬송을 하나 부르고 나서, 그들은 올리브 산에 있는 캠프를 향하여 떠났다.

제 182 편

겟세마네에서

엘리야와 마리아 마가의 집에서 겟세마네 캠프로 돌아가는 길에 예수가 열한 사도를 이끌고 갔을 때는 이 목요일 밤 10시쯤이었다. 산에서 그 날 이후로, 예수를 방심(放心)하지 않고 지키는 것을 요한 마가는 일로 삼았다. 요한은 잠이 모자라서, 주가 2층 방에서 사도들과 함께 있는 동안 몇 시간 휴식을 얻었다. 그러나 그들이 아래층으로 내려오는 소리를 듣자, 일어나서 재빨리 몸에 리넨 외투를 걸쳤고, 그들을 따라서 도시를 지나서 기드론 시내를 건너, 겟세마네 공원 옆에 그들의 사립 야영지로 갔다. 이 날 밤과 이튿날 내내, 요한 마가는 주에게 아주 가까이 남아 있었기 때문에, 이 때부터 계속, 십자가 처형 시간까지 모든 것을 구경하고 주가 말씀한 많은 것을 엿들었다.

예수와 열한 사도가 캠프로 돌아가는 동안, 사도들은 유다가 오래 동안 자리를 비운 것이 무엇을 의미하는가 비로소 궁금해졌고, 그들 가운데 하나가 예수를 저버릴 것이라는 주의 예언에 관하여 서로 말을 주고받았으며, 가룟 유다에게 만사가 순조롭지 않다는 것을 처음으로 의심했다. 그러나 캠프에 다다르고, 그가 그들을 맞이하려고 기다리며 거기 있지 않은 것을 볼 때까지, 그들은 드러내 놓고 논평하는 데 말려들지 않았다. 유다에게 무슨 일이 일어났는가 알려고 모두가 안드레를 에워쌌을 때, 그들의 우두머리는 이렇게 말했을 뿐이다, "나는 유다가 어디 있는지 모르지만, 그가 우리를 버렸다는 생각이 드노라."

1. 마지막 집단 기도

캠프에 도착하고 몇 순간 지난 뒤에 예수는 그들에게 말했다: "친구와 형제들아, 너희와 함께 지내는 시간이 이제 얼마 남지 않았느니라. 하늘에 계신 아버지의 이름으로 우리가 해야 하는 모든 일에 이 시간에, 또 이제부터 우리를 지탱할 힘을 얻기 위하여 우리가 아버지께 기도하는 동안, 우리끼리 따로 있기를 내가 바라노라."

이렇게 말씀하고 나서, 예수는 올리브 산에서 위쪽으로 짧은 거리에 길을 인도했고, 예루살렘이 전부 내려다보이는 가운데, 그들을 임명하는 날에 한 것처럼, 둘레에 동그라미를 지어, 납작한 큰 바위 위에 무릎을 꿇으라고 명했다. 그리고 나서, 거기에 부드러운 달빛 아래서 영화롭게 되어 그들 가운데 서서, 눈을 들어 하늘을 우러르고 기도했다:

"아버지여, 내 때가 왔사오니, 아들이 아버지를 영화롭게 하도록 이제 아들을 영화롭게 하소서. 내 영토의 모든 생물에 대하여 아버지가 전권(全權)을 내게 주신 줄 알고, 나는 하나님의 믿음의 아들이 될 모든 사람에게 영생을 주리이다. 내 생물이 아버지가 유일한 참 하나님이요 만물의 아버지임을 알고, 아버지가 세상으로 보낸 자를 저희가 믿는 것, 이것이 영생이나이다. 아버지여, 땅에서 나는 아버지를 높이었고 아버지가 내게 하라고 주신 일을 마쳤나이다. 우리의 창조에 있는 자녀들에게 수여하는 일생을 거의 마쳤고, 오직 육체를 입은 내 목숨을 버리는 일이 남았나이다. 이제, 아 아버지여, 이 세상이 있기 전에 아버지와 함께 가졌던 영광으로 나를 영화롭게 하시고 아버지의 바른 편에 한 번 더 나를 받으소서.

"아버지가 세상에서 선택하고 내게 주신 사람들에게 나는 아버지를 나타냈나이다. 저희는—모든 생명이 아버지 손에 있는 것 같이—아버지의 것이요, 아버지가 저희를 내게 주셨고, 나는 저희 가운데 살면서 생명의 길을 가르쳐 왔고 저희는 믿었나이다. 이 사람들은 나의 모든 것이 아버지로부터 왔고, 육체로 사는 내 삶은 아버지를 세상에 알리려는 것임을 배우나이다. 아버지가 주신 진리를 나는 저희에게 드러냈고, 이 내 친구와 대사(大使)들은 아버지의 말씀을 받으려고 진지한 뜻을 가졌나이다. 내가 아버지로부터 나왔고, 아버지가 나를 이 세상으로 보내셨고 내가 아버지께로 돌아가려 한다고 저희에게 일렀나이다. 아버지여, 택한 이 사람들을 위하여 기도하나이다. 저희를 위하여 기도함은 세상을 위하여 기도하고 싶은 대로 하는 것이 아니요, 육체로 머무른 동안 내가 이 세상에서 아버지를 대표한 것 같이, 내가 아버지의 일로 돌아간 뒤에 나를 세상에 대표하라고 세상에서 택한 자들을 위한 것이나이다. 이 사람들은 내 것이요 아버지가 저희를 내게 주셨으나, 나의 모든 것이 늘 아버지의 것이요, 아버지의 것이었던 모두를 아버지가 이제 내 것이 되게 하셨나이다. 아버지는 내 안에서 높임을 받았고 이제 이 사람들 안에서 내가 영예를 받기를 비나이다. 나는 이제 더 이 세상에 있을 수 없고, 아버지가 내게 하라고 주신 일로 돌아가려 하나이다. 나는 사람들 사이에서 우리와 우리 나라를 대표하라고 이 사람들을 두고 떠나야 하나이다. 아버지여, 육체로 목숨을 바치려고 내가 준비하는 동안 이 사람들이 충실하도록 지키소서. 우리가 하나인 것처럼, 이 내 친구들이 정신적으로 하나가 되게 도우소서. 저희와 함께 있을 수 있는 한, 내가 저희를 지키고 안내할 수 있었어도, 이제 떠나려 하나이다. 우리가 저희를 위로하고 힘줄 새 선생을 보낼 수 있을 때까지, 아버지여, 저희에게 가까이 계시옵소서.

"아버지는 내게 열두 사람을 주셨고 하나만 제외하고 저희를 모두 지켰지만, 복수(復讐)의 아들은 우리와 더 사귀려 하지 않나이다. 이 사람들은 연약하고 물러도 우리가 저희를 신뢰할 수 있음을 아나이다. 나는 저희를 증명했고, 저희가 아버지를 존경하는 것처럼 저희는 나를 사랑하나이다. 나를 위하여 저희가 많이 고통받아야 하지만 하늘나라에서 아들 되는 확신의 기쁨으로 저희가 또한 채워지기를 바라나이다. 나는 이 사람들에게 아버지의 말씀을 주었고 진리를 가르쳤으며, 나를 미워한 것처럼 세상이 저희를 미워할까 싶지만, 저희를 세상에서 데려가지 말고 세상에서 악으로부터 저희를 보호하기만 구하나이다. 저희를 진리 속에서 거룩하게 하소서, 아버지의 말씀이 진리니이다. 아버지가 나를 이 세상으로 보내신 것 같이, 바로 그렇게 이 사람들을 세상으로 보내려 하나이다. 저희에게 가르친 진리와 드러낸 사랑을 통하여 깨끗하게 되라 저희를 격려하려고, 저희를 위하여 내가 사람들 사이에서 살고 아버지를 섬기는 일에 일생을 거룩히 바쳤나이다. 아버지여, 내가 떠난 뒤에 아버지가 이 형제들을 돌보기를 아버지께 부탁할 필요가 없음을 잘 아나이다. 나처럼 아버지가 저희를 사랑함을 아오나, 아들처럼 아버지가 필사 인간을 사랑함을 저희가 더 잘 깨닫도록 내가 이렇게 하나이다.

"이제 아버지여, 이 열한 사람 뿐 아니라, 또한 이제 믿거나, 미래의 봉사에서 전한 말씀을 통하여 지금부터 하늘나라 복음을 믿을까 싶은 모든 다른 사람을 위하여 기도하고자 하나이다. 아버지와 내가 하나인 것 같이, 저희가 다 하나 되기를 원하나이다. 아버지는 내 안에 계시고 나는 아버지 안에 있으며, 이 신자들이 마찬가지로 우리 안에 있고, 우리의 영들이 저희에게 깃들기를 바라나이다. 우리가 하나인 것 같이 내 아이들이 하나이면, 또 내가 저희를 사랑한 것 같이 저희가 서로 사랑하면, 모든 사람이 내가 아버지께로부터 온 것을 믿고, 내가 계시한 진리와 영광을 기꺼이 받아들이리이다. 아버지가 내게 준 영화(榮華)를 나는 이 신자들에게 드러냈고, 아버지가 영으로 나와 함께 사신 것 같이, 나는 저희와 함께 육체를 입고 살았나이다. 아버지가 나와 하나였던 것 같이, 나는 저희와 하나가 되었고, 새 선생도 저희와 함께, 그리고 저희 안에서 늘 하나가 되리이다. 그리고 아들이 하는 것처럼 아버지가 저희를 사랑하며, 나를 사랑한 것 같이 아버지가 저희를 사랑하는 것을 육신으로 내 형제들이 알도록, 나는 이 모든 것을 행하였나이다. 아버지여, 저희가 머지 않아 와서 영광 속에서 나와 함께 있고, 나아가서 파라다이스 품에서 아버지와 함께 하도록 이 신자(信者)들을 구하기 위하여 나와 함께 일하소서. 필사 육체의 모습으로 시간 속에서 씨 뿌려 얻는 영원한 수확으로서, 아버지가 내 손에 주신 모든 것을 저희가 볼 수 있도록, 나와 함께 겸손히 섬기는 자들을 영광 속에서 나와 함께 두려 하나이다. 이 세상의 기초(基礎)를 놓기 전에 아버지와 함께 내가 가졌던 영화를 땅에 있는 내 형제들에게 보여 주기를 내가 몹시 바라나이다. 공정(公正)한 아버지여, 이 세상은 아버지를 거의 몰라도 나는 아버지를 알고 아버지를 이 신자들에게 알려 주었으며, 저희는 아버지의 이름을 다른 세대들에게 알려 주리이다. 아버지가 나와 함께 계셨던 것 같이—정말 그러하니—아버지가 세상에서 저희와 함께 계시리라 이제 내가 저희에게 약속하나이다."

열한 사도는 몇 분 동안 예수의 둘레에 이렇게 동그라미를 지어 무릎을 꿇고 남아 있다가, 일어나서 말없이 가까운 캠프로 돌아갔다.

예수는 추종자들 사이에서 통일이 있기를 기도했지만, 균일성을 바라지는 않았다. 죄는 죽은 수준에 있는 악한 타성(惰性)을 만들어 내지만, 올바름은 영원한 진리의 생생한 실체들 안에서, 아버지와 아들의 신다운 영들이 진취적으로 교통하는 가운데, 개인이 체험하는 창조 정신에 영양(營養)을 준다. 신자인 아들이 신성한 아버지와 가지는 영적 친교에는, 집단이 의식하는 교리적 최종 권한과 종파의 우수성이 결코 있을 수 없다.

사도들과 함께 이 마지막 기도를 드리는 과정에서, 주는 그가 아버지의 이름을 세상에 나타냈다는 사실을 암시하였다. 이것이 육체를 입은 완전하게 된 일생을 통해서 하나님을 드러냄으로써 참으로 그가 한 일이다. 하늘에 계신 아버지는 모세에게 자신을 나타내려고 했지만, "스스로 있는 이"라고 언급하게 만드는 것보다 더 나아갈 수 없었다. 자신을 더 드러내라고 재촉받았을 때, 오로지 "나는 스스로 있는 이"라고만 밝혔다. 그러나 예수가 땅에서 일생을 마치고 나서 아버지의 이 이름이 더욱 계시되었고, 그래서 주, 곧 육신화한 아버지는 참으로 이렇게 말할 수 있었다:

나는 생명의 빵이라.
나는 생명의 물이라.
나는 세상의 빛이라.
나는 모든 시대의 소망이라.
나는 영원한 구원에 이르는 열린 문이라.
나는 끝없는 생명의 실체이라.
나는 착한 목자이라.
나는 무한한 완전에 이르는 길이라.
나는 부활이요 생명이라.
나는 영생의 비밀이라.
나는 길이요, 진리요, 생명이라.
나는 유한한 내 자녀들의 무한한 아버지라.
나는 참 포도나무요, 너희는 가지이라.
나는 살아 있는 진리를 아는 모든 사람의 희망이라.
나는 한 세상으로부터 다음 세상으로 잇는 생명의 다리이라.
나는 시간과 영원을 잇는 생명의 고리이라.

이처럼 예수는 모든 세대에게 하나님 이름에 대한 생생한 계시(啓示)를 확대하였다. 신의 사랑이 하나님의 성질을 드러내는 것 같이, 영원한 진리는 항상 커지는 비율로 그의 이름을 드러낸다.

2. 배반이 있기 전 마지막 시간

캠프로 돌아와서 유다가 자리에 없음을 알았을 때 사도들은 크게 충격을 받았다. 열한 사람이 배반(背反)한 동료 사도에 관하여 열띤 토론에 말려든 동안, 다윗 세베대와 요한 마가는 예수를 한 옆으로 모시고 가서, 그들이 며칠 동안 유다를 감시하고 있었는데, 그가 주를 적들의 손에 팔아 넘기려고 의도(意圖)했다는 것을 안다고 털어놓았다. 예수는 그 말에 귀를 기울였으나 이렇게만 말했다: "친구들아, 하늘에 계신 아버지가 어떻게 뜻하시지 않으면 아무 일도 사람의 아들에게 일어날 수 없느니라. 너희는 마음에 걱정하지 말라. 모든 일이 하나님의 영광과 사람들의 구원을 위하여 함께 작용하리라."

예수의 명랑한 태도는 사라지고 있었다. 시간이 지나자, 그는 자꾸 심각해졌고 슬퍼지기까지 했다. 사도들은 많이 동요되었기 때문에 주가 친히 그렇게 하라고 요구했을 때조차 텐트로 돌아가기 싫어했다. 다윗과 요한과 이야기를 마치고 돌아오면서 그는 모두 열한 사도에게 마지막으로 말했다: "친구들아, 너희는 가서 쉬라. 내일의 일을 위하여 준비하라. 우리 모두가 하늘에 계시는 아버지의 뜻에 복종해야 함을 기억하라. 내 평화를 너희에게 두고 가노라." 이렇게 말하고 나서 그들에게 텐트로 가라고 손짓했지만, 그들이 갈 때 베드로와 야고보와 요한을 불러 말했다: "너희가 잠시 나와 함께 남아 있기를 바라노라."

사도들은 오직 글자 그대로 지쳤기 때문에, 잠에 곯아떨어졌다. 예루살렘에 온 이후로 잠이 모자라고 있었다. 그들이 따로 자기 잠자리로 가기 전에, 열심당원 시몬은 검과 다른 무기(武器)들이 저장되어 있는 자기 텐트로 모두를 이끌고 가서, 각자에게 이 싸우는 도구를 나누어 주었다. 나다니엘을 빼고, 모두가 이 무기를 받고 그것으로 무장하였다. 나다니엘은 무장(武裝)하기를 거절하며 말했다: "형제들아, 주는 그의 나라가 이 세상에 속하지 않는다고, 그 나라를 실현하려고 제자들이 칼로 싸워서는 안 된다고 우리에게 거듭 일렀느니라. 나는 이것을 믿으며, 주는 자기를 방어하느라고 우리에게 칼을 사용하게 하는 것이 필요 없다고 생각하노라. 우리는 모두 그의 막강한 힘을 보았고, 그가 적들에 대항하여 자신을 방어하기를 원한다면 그렇게 할 수 있음을 아노라. 그가 적들에 저항하려 하지 않으면, 그러한 과정은 아버지의 뜻을 이루려는 그의 시도를 나타냄이 틀림없도다. 나는 기도해도 칼을 휘두르지는 않겠노라." 나다니엘의 연설을 듣자, 안드레는 자기 칼을 열심당원 시몬에게 돌려주었다. 그래서 밤 동안 흩어질 때 그들 중에 아홉이 무장하였다.

유다가 배반자인 데 대한 분개심 때문에 한동안 사도들은 머리 속에서 아무 것도 생각할 수 없었다. 마지막 기도를 드리는 과정에서 유다에 관하여 주가 하신 논평이 그가 그들을 버렸다는 사실에 눈을 뜨게 했다.

여덟 사도가 마침내 자기 텐트로 돌아간 뒤에, 베드로와 야고보와 요한이 주의 명령을 받으려고 옆에 서 있는 동안, 주는 다윗 세베대를 소리쳐 불렀다: "가장 빠르고 믿을 만한 사자를 내게 보내라." 다윗이 한때 예루살렘과 벳세다 사이에 밤 동안 사자 봉사에서 주자(走者)였던 야곱이라는 사람을 주께 데려왔을 때, 예수는 그에게 말했다: "될 수 있는 대로 빨리 필라델피아에, 아브너에게 가서 말하라: '주가 너에게 평화의 문안(問安)을 보내며, 그가 자기 적들의 손에 넘겨질 때가 왔다, 저희가 그를 죽게 하겠으나, 그가 죽은 자 가운데서 살아나고, 아버지께로 가기 전에 너에게 얼마 안 있어 나타날 것이요, 그 때 새 선생이 너희 마음 속에 언제 살려고 오는가 너에게 지침을 주리라.'" 그리고 야곱이 주의 마음에 들게 이 메시지를 연습했을 때 예수는 그를 떠나 보내며 말했다: "어떤 사람이 너에게 무엇을 할까 두려워 말지니, 야곱아, 오늘 밤 보이지 않는 사자가 네 옆에서 달리리라."

그리고 나서 그들과 함께 야영하고 있던 방문하던 그리스인들의 우두머리를 향하여 말했다: "내 형제여, 내가 너에게 미리 경고하였은즉, 바야흐로 일어나려 하는 사건에 동요되지 말라. 사람의 아들이 적들, 유대인의 대사제와 통치자들의 선동(煽動)을 받아서 죽음을 당하리라. 그러나 아버지께로 가기 전에, 내가 살아나서 잠시 동안 너희와 함께 있으리라. 이 모든 것이 일어남을 네가 보고 나서, 하나님께 영광을 돌리고 네 형제들에게 힘을 주라."

보통 상황에서는 사도들이 주에게 직접 밤 인사를 드렸을 터이지만, 이 날 저녁에 그들은 유다가 탈퇴했음을 갑자기 깨닫고 나서 그에 골똘했고, 주의 작별 기도의 특별한 성질에 너무 감동을 받아서, 잘 가라는 인사를 듣고 말없이 떠났다.

예수는 안드레가 그 날 밤에 옆을 떠날 때 이렇게 말하기는 했다: "안드레야, 내가 이 잔을 마신 뒤에, 내가 너희에게 다시 올 때까지 네 형제들을 함께 붙들어 두도록 무엇이든지 하여라. 내가 이미 너희 모두에게 일러 준 것을 깨달았은즉 네 형제들에게 힘을 주라. 평화가 네게 있을지어다."

때가 이미 너무 늦었기 때문에, 사도들 가운데 아무도 그 날 밤에 보통 아닌 무슨 일이 일어나기를 기대하지 않았다. 아침에 일찍 일어나서 최악에 대비하도록 그들은 잠을 청했다. 유월절 준비일 정오 뒤에는 아무런 속세의 일을 행하지 않았기 때문에, 그들은 대사제들이 아침 일찍 주를 체포하려 하리라고 생각했다. 오직 다윗 세베대와 요한 마가가 바로 그 날 밤에 예수의 적들이 유다와 함께 오고 있음을 알았다.

다윗은 그 날 밤에 베다니-예루살렘 길로 연결하는 위쪽 산길에서 파수를 보려고 준비했고, 한편 요한 마가는 기드론을 거쳐 겟세마네로 올라오는 길을 따라서 경계하기로 되었다. 다윗이 스스로 짊어진 전초(前哨) 임무를 보려고 떠나기 전에 예수에게 작별을 알리며 말했다: "주여, 당신과 함께 봉사하면서 나는 큰 즐거움을 누렸나이다. 내 형제들은 당신의 사도이지만, 나는 그보다 작은 일을 마땅한 방법으로 처리하기를 기뻐하였나이다. 그리고 당신이 가실 때, 나는 마음에 사무치게 당신을 그리워하리이다." 그러자 예수가 다윗에게 말했다: "다윗아, 이 사람아, 남들은 하라고 시킨 일을 했거니와 이 봉사는 네가 마음에 우러나서 했고, 너의 헌신은 내 머리에서 떠나지 아니하였도다. 너도 언젠가 영원한 하늘나라에서 나와 함께 섬길지니라."

그리고 나서, 위쪽 산길 옆에서 망을 보려고 갈 준비를 하면서 다윗은 예수에게 말했다: "주여, 당신도 아시다시피, 나는 당신의 가족을 부르러 사람을 보냈고, 저희가 오늘 밤 예리고에 있다고 한 사자가 보낸 소식을 받았나이다. 밤에 끔찍한 길을 올라오는 것이 위험할 터이므로, 저희는 내일 아침 일찍 여기에 오리이다." 다윗을 내려다보며 예수는 다만 말했다: "그렇게 될지어다, 다윗아."

다윗이 올리브 산으로 올라가고 나서, 요한 마가는 시내를 따라서 예루살렘으로 내려가는 길 가까이서 불침번을 섰다. 예수에게 가까이 있고, 무슨 일이 돌아가는지 알고 싶은 큰 욕심이 아니었더라면, 요한은 이 자리에 남아 있었을 것이다. 다윗이 그를 떠난 뒤에 조금 있다가, 예수가 베드로·야고보·요한과 함께 가까운 골짜기로 물러남을 관찰했을 때, 요한 마가는 한데 엉킨 헌신과 호기심을 이기지 못해서, 파수 자리를 버리고 그들을 뒤따라가서, 수풀 속에 숨었다. 그 자리에서 그는 동산에서 마지막 순간에, 유다와 무장한 호위병들이 예수를 잡으려고 나타나기 바로 전에 벌어진 모든 것을 보고 엿들었다.

이 모든 것이 주의 캠프에서 진행되고 있는 동안에, 가룟 유다는 성전 경비병의 지휘관과 의논하고 있었는데, 그 지휘관은 배반자의 지휘를 받고 예수를 체포하기 위해서 떠나려고 준비하며 부하들을 소집했다.

3. 겟세마네에서 혼자서

캠프 둘레에서 모든 것이 가라앉고 조용해진 뒤에, 예수는 베드로·야고보·요한을 데리고 가까운 골짜기에서 조금 위로, 전에 기도하고 교통하려고 자주 갔던 곳으로 갔다. 세 사도는 그가 몹시 침울함을 눈치채지 않을 수 없었고, 주가 그렇게 마음이 무겁고 슬픔에 잠긴 것을 전에는 지켜본 적이 없었다. 그들이 그의 예배 장소에 다다랐을 때 그는 세 사람에게 앉아서 함께 지키라고 명했고, 한편 그는 돌 던지면 닿을 곳에 기도하러 가 버렸다. 엎어져 얼굴을 땅에 대고 나서 그는 기도했다: "아버지여, 나는 아버지의 뜻을 행하려고 이 세상에 왔고 그렇게 하였나이다. 내가 육체로 이 목숨을 버릴 때가 왔음을 알고, 그로부터 움츠러들지 않지만, 내가 이 잔을 마시는 것이 아버지의 뜻인가 알고 싶나이다. 내가 살아서 아버지를 기쁘게 한 것 같이, 죽어서도 아버지를 기쁘게 하리라는 확신을 내게 보내소서."

주는 몇 순간 동안 기도(祈禱)에 잠긴 태도로 남아 있었고, 그리고 나서 세 사도에게 가서, 이들이 잠에 곯아떨어졌음을 발견했는데, 눈꺼풀이 무겁고 깨어 있을 수 없었기 때문이었다. 그들을 깨우면서 예수는 말했다: "저런! 너희는 한 시간도 나와 함께 지킬 수 없느냐? 내 혼이 죽기까지 지극히 슬프고, 내가 너희의 동반을 무척 바라는 것을 너희가 깨달을 수 없느냐?" 세 사람이 잠에서 깨어난 뒤에, 주는 다시 혼자서 따로 갔고, 땅에 엎드려 다시 기도했다: "아버지여, 이 잔을 피할 수 있음을 내가 아나이다—모든 것이 아버지께 가능하나이다—그러나 나는 아버지의 뜻을 행하려고 왔고, 이것이 쓴 잔이기는 해도, 아버지의 뜻이라면 마시고자 하나이다." 그가 이렇게 기도를 마치자, 막강한 천사가 옆에 내려와서, 그에게 말하고 그를 어루만지며 힘을 주었다.

세 사도와 말하려고 돌아왔을 때, 예수는 이들이 잠에 빠졌음을 다시 발견했다. 이들을 깨우며 말했다: "너희가 깨어서 나와 함께 기도해야 할 그러한 시간에—너희가 시험에 빠지지 않도록 더욱 기도할 필요가 있는데—내가 너희를 떠날 때 어찌하여 잠에 빠지느냐?"

그리고 나서, 세 번째로 주는 물러가서 기도했다: "아버지여, 잠자는 내 사도들을 보시오니, 저희에게 자비를 보이소서. 정신(精神)은 정말로 간절해도 육신이 약하나이다. 이제, 아 아버지여, 이 잔을 지나쳐서는 안 된다면, 마시고자 하나이다. 내 뜻이 아니라, 아버지의 뜻이 이루어지이다." 기도를 마치고 나서, 그는 땅에서 엎드린 채로 한 순간 있었다. 일어서서 사도들에게 돌아갔을 때, 그는 다시 한 번 이들이 잠들었음을 발견했다. 이들을 둘러보고, 동정심 어린 손짓을 하며 부드럽게 말했다: "이제는 계속 자고 쉬어라. 결정의 시간이 지났느니라. 사람의 아들이 적들의 손에 팔려 넘어갈 시간이 우리에게 닥쳤느니라." 깨울까 하여 그들의 몸을 흔들려고 손을 뻗으면서 말했다: "일어나라, 캠프로 돌아가자. 보라 나를 저버리는 자가 가까이 있고, 내 양 떼가 흩어질 때가 왔음이라. 그러나 이런 일에 관하여 내가 이미 너희에게 일렀노라."

예수가 추종자들 사이에서 살던 여러 해 동안, 그들은 정말로 그의 신다운 성품에 관하여 많은 증명이 있었지만, 바로 지금 그가 인간이라는 새 증거를 바야흐로 구경하게 되었다. 그의 신성(神性)을 보이는 모든 계시 가운데 가장 큰 계시, 부활이 있기 바로 전에, 그의 필사 성품의 가장 큰 증명, 즉 굴욕과 십자가 처형이 있어야 한다.

동산에서 기도할 때마다, 그의 인간성은 그의 신성을 더 단단하게 믿음으로 붙들었다. 인간 의지는 아버지의 신다운 뜻과 더 완벽하게 하나가 되었다. 막강한 천사가 그에게 일러 준 다른 여러 말씀 가운데, 모든 필사 인간이 시간의 존재로부터 영원한 진보로 지나가는 데 물질의 분해(分解)를 거쳐야 하는 것과 똑같이, 아들이 피조물의 죽는 체험을 거쳐서 땅에서 수여 생애를 마치기를 아버지가 바란다는 메시지가 있었다.

초저녁에는 그 잔을 마시기가 그다지 어려운 듯 보이지 않았지만, 인간 예수가 사도들에게 작별을 알리고 쉬라고 보내자, 그 시련은 더욱 끔찍해졌다. 예수는 모든 인간 체험에서 흔히 있는, 감정의 자연스러운 높낮이를 겪었다. 바로 지금 그는 일 때문에 지쳤고, 오랜 시간 벅차게 수고하고 사도들의 안전에 관하여 가슴 아프게 걱정해서 지쳐 버렸다. 어느 누구도 이와 같은 때에 육신화한 하나님의 아들의 생각과 느낌을 주제넘게 이해할 수 없지만, 뚝뚝 방울지어 땀이 얼굴에서 굴러 떨어졌기 때문에, 우리는 그가 큰 고뇌를 겪고 말할 수 없는 슬픔을 견디었다는 것을 안다. 자연스러운 사건이 흘러가는 대로 버려 두기를 아버지가 뜻하셨다고 그는 드디어 확신했다. 자신을 구하려고, 한 우주의 최고 우두머리로서 그의 통치권을 전혀 쓰지 않기로 완전히 결심하였다.

광대한 창조에서 집합한 무리들은, 가브리엘과 예수의 성격화된 조절자, 이 둘의 임시 합동 지휘 밑에서, 이 장면 위에 이제 떠돌고 있었다. 이 하늘 군대의 분과 지휘자들은 예수 자신이 그들에게 개입하라고 명령하지 않으면, 땅에서 벌어지는 이 사건에 간섭하지 말라고 거듭하여 경고를 받았다.

사도들과 헤어지는 체험은 예수의 인간 가슴에 막중한 부담이었다. 사랑으로 인한 이 슬픔은 그를 내리눌렀고, 그가 잘 알다시피 그를 기다리던 죽음에 부닥치는 것을 더욱 어렵게 만들었다. 사도들이 얼마나 약하고 얼마나 무지한가 깨달았고, 이들을 두고 떠나기가 두려웠다. 떠날 때가 왔음을 잘 알았지만, 그의 인간 마음은 고통스럽고 슬픈 이 끔찍한 곤경을 피할 어떤 정당한 길이 아마도 있지 않을까 찾아내기를 몹시 바랐다. 이렇게 피할 길을 찾다가 찾아내지 못하자, 그 마음은 잔을 기꺼이 마실 생각이었다. 미가엘의 신다운 지성은 그가 열두 사도를 위하여 최선을 다했음을 알았다. 그러나 예수의 인간 마음은 세상에 이들만 버려 두고 가기 전에 그들을 위해서 무언가 더 할 수 있었기를 바랐다. 예수의 가슴은 에듯 아팠고, 그는 참으로 형제들을 사랑했다. 그는 육신(肉身)의 가족으로부터 떨어져 있었고, 그가 택한 동료들 가운데 하나는 그를 저버렸다. 아버지 요셉의 민족은 그를 거절하였고, 그로서 땅에서 특별 사명을 가진 민족으로서 그들의 멸망을 굳혔다. 그의 혼은 물거품이 된 사랑과 거절된 자비로 말미암아 고통을 받았다. 이 때는 바로, 모든 것이 짓밟는 잔인함과 끔찍한 고통으로 압도하는 듯이 보이는, 인간이 겪는 두려운 순간의 하나였다.

예수의 인간성은 남모르게 겪는 외로움, 대중(大衆) 앞에서 겪는 치욕, 그의 운동이 실패로 보이는 이 상황에 덤덤하지 않았다. 이 모든 감정은 말할 수 없는 무게로 그를 내리눌렀다. 이 큰 슬픔 가운데 그의 머리는 나사렛에서 어린 시절과 갈릴리에서 그가 초기에 하던 일로 돌아갔다. 이렇게 큰 시련의 시절에, 머리 속에서 초기에 봉사할 때 즐거웠던 많은 장면이 떠올랐다. 나사렛, 가버나움, 헤르몬 산, 그리고 반짝이는 갈릴리 바다에서 해가 뜨고 해가 지던 이 오래 된 기억으로부터 그의 인간 마음을 굳게 다지고, 오래지 않아 그를 저버릴 배반자와 마주치려고 준비하면서, 자신을 달랬다.

유다와 군인들이 도착하기 전에, 주는 평상시의 침착(沈着)을 넉넉히 다시 찾았다. 영이 육체를 이겼고, 믿음은 두려워하거나 의심을 품는 인간의 모든 경향을 이기고 스스로를 주장했다. 인간 성품의 충분한 실현을 재는 최고의 시험에 부닥쳤고 흡족하게 통과되었다. 한 필사 인간이 아버지의 뜻을 행하는 데 아낌없이 헌신함에 따라서, 차분하게, 그가 절대로 질 수 없음을 충분히 확신하면서, 한 번 더 사람의 아들은 적들과 마주칠 준비가 되었다.

제 183 편

배반, 그리고 예수가 잡히다

마침내 베드로와 야고보와 요한을 깨운 뒤에, 예수는 그들이 내일의 임무에 대비하여 자기 텐트로 돌아가서 잠을 청하라고 제안했다. 그러나 이 때가 되어서 세 사도는 잠이 확 깨었고, 잠깐 눈을 붙였기 때문에 기분이 새로워졌다. 게다가 그들은 흥분한 두 사자가 그 장면에 도착하자 정신이 번쩍 들었다. 이 사자들은 다윗에 관하여 물었고, 베드로가 그들에게 다윗이 망을 보는 곳을 가르쳐 주자, 재빨리 그를 찾아 갔다.

비록 사도들 가운데 여덟이 잠에 곯아떨어졌어도, 그들과 나란히 야영한 그리스인들은 문제가 일어날까 더 두려워했는데, 너무나 두려워서 위험이 일어날 경우에 경종(警鐘)을 울리라고 파수 하나를 세워 놓았다. 이 두 사자가 캠프로 서둘러 갔을 때, 그리스인 파수는 동포를 모두 깨우기 시작했고, 그들은 텐트로부터 완전히 옷을 차려 입고, 완전히 무장하고 줄지어 나왔다. 여덟 사도를 빼고 캠프 전체가 이제 잠에서 깨어났다. 베드로는 동료들을 부르고 싶었지만, 예수는 분명히 그를 막았다. 주는 그들에게 모두 자기 텐트로 돌아가라고 부드럽게 타일렀지만, 그들은 그 제안에 순응하기를 꺼려했다.

추종자들을 해산하지 못했기 때문에, 주는 그들을 버려 두고 겟세마네 공원 입구 가까이, 올리브 기름 짜는 틀을 향해서 걸어 내려갔다. 비록 세 사도와 그리스인들과 캠프에 있던 다른 사람들이 그를 바짝 따라가기를 주저했어도, 요한 마가는 올리브 나무들을 거쳐 서둘러 돌아서, 올리브 기름틀 가까이, 작은 오두막에 몰래 숨었다. 체포하는 사람들이 도착했을 때, 사도들을 방해하지 않고 그를 붙잡도록 예수는 캠프에서, 친구들로부터, 벗어났다. 유다가 그를 배반하는 광경이 사도들의 적개심을 너무 건드려서 군인(軍人)들에게 저항하고 그와 함께 감금될까 저어하여, 주는 체포될 때 사도들이 깨어나서 자리에 있게 만드는 것을 걱정하였다. 함께 붙잡힌다면, 그들도 함께 죽을까 걱정했다.

그를 죽이려는 계획이 유대인 통치자 회의에서 근원이 있었다는 것을 알았어도, 예수는 또한 모든 그런 사악(邪惡)한 계획이 루시퍼와 사탄과 칼리가스티아의 충분한 승인을 받았음을 알고 있었다. 그 영역에서 이 모반자들이 또한 사도들 모두가 그와 함께 죽는 것을 보고 싶어하리라는 것을 잘 알았다.

예수는 올리브 기름틀 위에 혼자 앉아서, 거기서 배반자가 오기를 기다렸는데, 이 때 오직 요한 마가와 셀 수 없이 많은 하늘 관찰자의 무리가 그를 보았다.

1. 아버지의 뜻

육체를 입고 주가 사신 생애의 종결과 연결된 수많은 말씀과 많은 사건의 의미를 오해할 큰 위험이 있다. 무지한 종과 무감각한 군인들에게 예수가 받은 잔인한 대우, 그 재판의 불공평한 운영, 종교 지도자라고 공언하는 자들의 무딘 태도는, 이 모든 고통과 치욕에 참을성 있게 복종하면서 예수가 파라다이스에 계시는 아버지의 뜻을 참으로 실행하고 있다는 사실과 혼동해서는 안 된다. 정말로, 진실로, 날 때부터 죽을 때까지, 아들이 필사 체험의 잔을 끝까지 들이키는 것이 아버지의 뜻이었다. 그러나 하늘에 계신 아버지는, 아주 짐승처럼 주를 고문(拷問)하고, 반항하지 않는 몸에 아주 끔찍하게 모욕을 연달아 퍼부은 인간, 문명화되었다고 생각되는 인간들의 미개(未開)한 행위를 부추기는 것과 아무 상관이 없었다. 예수가 필사 생명의 마지막 몇 시간에 견디도록 요구된 인간답지 않고 충격을 주는 이 체험들은 어떤 의미에서도, 아버지의 신성한 뜻과 상관이 없었다. 지친 사도들이 몸이 피곤해서 잠든 동안에, 공원(公園)에서 그가 드린 세 차례의 기도에서 나타난 바와 같이, 사람이 하나님께 마지막으로 굴복했을 때 그의 인간 성품은 승리에 넘쳐 아버지의 뜻을 수행하기를 서약했다.

하늘에 계신 아버지는, 모든 사람이 땅에서 육체를 입고 일생을 마쳐야 하는 것과 똑같이, 수여 아들이 땅에서 생애를 <u>자연스럽게</u> 마치기를 바라셨다. 보통 남녀는 땅에서 마지막 시간, 그리고 잇따라 생기는 죽음의 사건을 특별 섭리로 쉽게 만들기를 기대할 수 없다. 따라서, 예수는 자연스러운 사건들이 풀려나가는 것과 일치(一致)하는 방법으로 육체를 입은 목숨을 버리기를 택했고, 끔찍한 확실성을 가지고, 믿을 수 없는 굴욕과 치욕스러운 죽음을 향하여 휩쓸어 간 비인간적 사건들이 빚어낸 사악한 음모의 잔인한 발톱에서 집요하게 자신을 구출하기를 물리쳤다. 이 놀라운 증오(憎惡)의 표현과 전례 없는 잔인함의 전시(展示)는 모조리, 악한 사람과 고약한 사람들이 한 일이었다. 하늘에 계신 하나님은 그렇게 뜻하지 않았고, 예수의 대적들이 그렇게 명령하지도 않았다. 하지만 그들은 생각이 모자라는 악한 필사자들이 이렇게 수여 아들을 물리칠 것을 보장하려고 많이 애썼다. 죄의 아버지조차 십자가 처형(處刑) 장면의 몸부림치는 공포로부터 얼굴을 돌렸다.

2. 유다가 도시에서

마지막 만찬 중에 그렇게 갑자기 식탁을 떠난 뒤에, 유다는 바로 사촌(四寸) 집으로 갔고, 그리고 나서 두 사람은 성전 경비병의 지휘관에게 곧장 갔다. 유다는 그 지휘관에게 경비병들을 소집(召集)하라 요청하고, 자기가 이들을 예수에게로 이끌 준비가 되었다고 그에게 알렸다. 기대된 것보다 조금 일찍 그 장면에 유다가 나타났기 때문에, 마가의 집을 향하여 떠나는 데 얼마큼 지체되었고, 유다는 그 집에서 아직도 사도들과 이야기를 나누는 예수를 발견하기를 기대했다. 주와 열한 사도는 배반자와 경비병들이 도착하기 15분 너끈히 남겨 놓고 엘리야 마가의 집을 떠났다. 체포하는 자들이 마가의 집에 이르렀을 때가 되어, 예수와 열한 사람은 도시의 담 바깥으로 썩 나가서, 올리브 산 캠프로 가는 길에 있었다.

마가의 주택에서, 열한 사람의 일행 속에서, 예수를 이렇게 발견하지 못해서 유다는 마음이 많이 동요되었는데, 그 일행에서 오직 두 사람이 저항에 대비하여 무기를 지녔다. 오후에 그들이 캠프를 떠났을 때, 그는 어쩌다가 오직 시몬 베드로와 열심당원 시몬이 칼을 차고 있음을 알게 되었다. 유다는 도시(都市)가 조용할 때, 저항할 기회가 거의 없을 때 예수를 붙잡기를 희망했다. 그 배반자는 그들이 캠프로 돌아오기를 기다린다면, 60명이 넘는 충실한 제자들과 마주칠까 두려웠고, 그는 또한 열심당원 시몬이 수중(手中)에 무기를 수북하게 축적해 놓은 것을 알았다. 충성스러운 열한 사도가 그를 얼마나 미워할까 깊이 생각하자, 유다는 갈수록 더 조바심이 났고, 그들이 모두 그를 죽이려고 할까 두려웠다. 그는 불충했을 뿐 아니라 마음 속으로 정말 겁쟁이였다.

2층 방에서 그들이 예수를 찾지 못했을 때, 유다는 경비대의 지휘관에게 성전으로 돌아가라고 요청했다. 이 때가 되어 통치자들은, 그 배반자와 한 약속이 그 날 자정까지 예수를 붙잡기를 요구한다는 것을 알았기 때문에, 예수를 받아들이는 준비로, 대사제(大司祭)의 집에서 모이기 시작했다. 유다는 그의 동료들에게 그들이 마가의 집에서 예수를 놓쳤다, 그를 체포하러 겟세마네로 가는 것이 필요하리라고 설명했다. 그리고 나서 헌신적인 추종자들이 60명이 넘게 그와 함께 야영하고 있고 모두 단단히 무장(武裝)되었다고 배반자는 이어서 설명했다. 유대인 통치자들은 예수가 언제나 무저항을 가르쳤다고 유다에게 주의를 주었지만, 예수의 추종자들 모두가 그런 가르침에 복종하기를 기대할 수 없다고 유다는 대답했다. 그는 정말로 자기 몸을 걱정했고, 따라서 무장한 군인 40명의 무리를 대담하게 요구했다. 유대 당국은 그런 무장한 사람들의 군대가 관할 밑에 없었으니까, 대번에 안토니아 요새로 가서 로마 사령관에게 이 경비대를 달라고 요구했다. 그러나 그들이 예수를 체포할 생각이라는 것을 알아차렸을 때, 그는 요청을 들어 주기를 재빨리 거절하고, 그들을 그의 상관에게 보냈다. 무장한 로마 경비병들을 이용할 허락을 얻으려고 마침내 그들이 할 수 없이 빌라도 자신에게 갔을 때까지, 이 방법으로 한 부처에서 다른 부처(部處)로 가는 데 한 시간이 넘게 걸렸다. 빌라도의 집에 다다랐을 때는 밤이 늦었고, 그는 이미 아내와 함께 침실로 물러갔다. 그는 그 계획과 아무 상관도 하기를 꺼려했고, 아내가 그 요청을 허락하지 말라고 요구했기 때문에, 더군다나 그랬다. 그러나 유대인 산헤드린의 지휘하는 관리가 자리에 있고 이 도움을 친히 요청했기 때문에, 그들이 무슨 잘못을 저지르고 싶은 생각이 들더라도 그가 나중에 시정할 수 있으리라 생각하면서, 총독은 그 간청을 허락하는 것이 현명하다고 생각했다.

따라서, 가룟 유다가 11시 반쯤 되어 성전을 떠났을 때, 그에게는 60명이 넘는 사람—성전 경비병과 로마 군인들, 그리고 대사제와 통치자들의 호기심 있는 하인들—이 따라붙었다.

3. 주가 붙잡히다

횃불과 등불을 들고 이 무장한 군인과 경비병들의 일행(一行)이 동산에 접근했을 때, 예수의 신분을 재빨리 확인할 준비가 되도록, 그래서 예수의 동료들이 그를 방어하려고 집결하기 전에 체포하는 자들이 쉽사리 예수를 잡을 수 있게 하려고, 유다는 그 일당의 앞에서 썩 바깥으로 걸어나왔다. 유다가 주의 적들의 선두(先頭)에 있기를 선택한 데는 아직도 또 다른 이유가 있었다: 군인들보다 앞서 그가 그 장면에 도착한 것으로 보일 것이라, 그래서 사도들과 예수 주위에 모인 다른 사람들이 유다를 그의 뒤꿈치를 바짝 좇아오는 무장한 경비병들과 직접 연결시키지 않을지 모른다고 생각했다. 유다는 체포하는 자들이 오는 것을 그들에게 경고하려고 서둘러 온 것처럼 꾸미려는 생각까지 했지만, 예수가 배반자에게 망쳐 놓는 인사를 함으로 이 계획은 좌절되었다. 비록 유다에게 부드럽게 말했지만, 주는 유다를 배반자로서 맞이했다.

베드로와 야고보와 요한이 30명 남짓한 동료 야영자들과 함께, 횃불을 들고 무장한 무리가 산 벼랑을 휙 돌아 오는 것을 보자마자, 그들은 이 군인들이 예수를 붙잡으러 오고 있음을 알았고, 모두 올리브 기름틀 가까이 달려갔는데, 거기에는 주가 달빛이 비치는 가운데 혼자 앉아 있었다. 군인들의 일행이 한쪽으로 다가오자, 세 사도와 그 동료들은 다른 쪽으로 다가왔다. 유다가 주에게 인사하러 앞으로 걸어나오자, 주를 사이에 두고, 거기에 두 무리가 움직이지 않고 서 있었고, 유다는 그의 이마에 배반의 입맞춤을 하려고 준비하였다.

경비병들을 겟세마네로 이끈 뒤에, 단지 군인들에게 예수를 손가락으로 가리키거나, 아니면 기껏해야 입맞춤으로 그에게 인사한다는 약속을 이행하고, 그리고 나서 그 장면에서 재빨리 물러날 수 있기를 그 배반자는 희망하고 있었다. 유다는 사도들이 모두 자리에 있고, 그들의 사랑하는 선생을 감히 배반한 것을 징계하려고 공격을 그에게 집중하리라 크게 두려워했다. 그러나 주가 그를 배반자로 맞이했을 때, 그는 정신이 너무 혼란해서 달아나려고 애쓰지 않았다.

배반자가 다가올 수 있기 전에, 예수는 한 옆으로 걸어가서, 왼쪽 맨 앞에 있는 군인, 로마인들의 지휘관을 향하여, "너희가 누구를 찾느냐?"하고 말한 점에서, 실제로 그를 배반하는 일로부터 유다를 구제하려고 예수는 마지막으로 한 번 노력하였다. 그 지휘관은 대답했다, "나사렛 예수라." 그러자 예수는 그 장교 앞으로 즉시 걸어나가서, 이 모든 창조의 하나님의 차분한 위엄을 갖추고 거기 서서 말했다, "내가 그니라." 이 무장한 무리 중에서 여러 사람이 예수가 성전에서 가르치는 것을 들었고, 더러는 그의 막강한 일에 대하여 들은 적이 있었다. 그들이 그가 이렇게 대담하게 자기 신분을 선언하는 것을 들었을 때, 행렬 앞에 선 자들은 갑자기 뒤로 벌렁 자빠졌다. 그가 차분하고 품위 있게 신분을 밝히는 것을 듣고서 소스라치게 놀랐다. 따라서 유다는 배반하려던 계획을 밀고 나갈 필요가 없었다. 주는 대담하게 적들에게 자신을 드러냈고, 그들은 유다의 도움 없이 그를 붙잡을 수 있었다. 그러나 배반자는 이 무장한 무리와 함께 그가 거기 있음을 설명하려고 무엇인가 해야 했고, 게다가 예수를 그들의 손에 넘겨 주겠다는 약속에 대한 보상으로 그에게 수북히 쌓이리라고 믿었던 큰 상(賞)과 명예를 받을 자격을 갖추기 위하여, 유대인 통치자들과 했던 그 배반의 약속에서 자기의 역할을 수행했다는 것을 보여주고 싶었다.

예수의 모습에, 그의 특별한 목소리에, 처음에 비틀거렸다가 경비병들이 다시 모이자, 그리고 사도와 제자들이 더 가까이 오자, 유다는 예수에게 걸어나가서, 그의 이마에 입을 맞추고 말했다, "만세— 주여, 선생이여." 이렇게 유다가 주를 품에 안자, 예수는 말했다. "친구여, 이렇게 하는 것이 충분하지 않느냐! 너는 입맞춤으로 사람의 아들을 배반까지 하려느냐?"

사도와 제자들은 그 광경을 보고 글자 그대로 소스라치게 놀랐다. 한 순간 아무도 꼼짝하지 않았다. 그러자 예수는 유다의 배반하는 포옹으로부터 몸을 풀고, 경비병과 군인들에게 걸어나가서 다시 물었다: "너희가 누구를 찾느냐?" 다시 지휘관은 대답했다, "나사렛 예수라." 예수는 다시 대답했다: "내가 그라고 너희에게 일렀노라. 그러므로 너희가 나를 찾거든, 이 다른 사람들을 가도록 버려 두라. 나는 너희와 함께 갈 준비가 되었노라."

예수는 경비병들과 함께 예루살렘으로 돌아갈 준비가 되었고, 군인들의 지휘관은 세 사도와 그 동료들이 평안하게 제 갈 길을 가도록 아주 기꺼이 버려 두려 했다. 그러나 그들이 떠날 수 있기 전에, 예수가 지휘관의 명령을 기다리며 서 있는 동안, 대사제의 시리아인 경호원 말고가 예수 앞에 걸어나와 그의 손을 뒤로 묶으려고 준비했다. 하지만 로마인 지휘관은 예수를 이렇게 묶으라고 지시하지 않았다. 주가 이러한 굴욕을 당하는 것을 보았을 때, 베드로와 동료들은 이제 더 자제할 수 없었다. 베드로는 긴 칼을 뽑아 들었고, 다른 사람들과 함께 말고를 치려고 앞으로 후딱 나섰다. 그러나 미처 군인들이 대사제의 하인(下人)을 방어하려고 나올 수 있기 전에, 예수는 손을 들어 베드로를 막으며 엄하게 말했다: "베드로야, 네 칼을 거두라. 칼을 쥐는 자는 칼로 망할지니라. 내가 이 잔을 마시는 것이 아버지의 뜻임을 깨닫지 못하느냐? 더 나아가서, 이 몇 사람의 손에서 나를 구원하고 싶어하는 열두 군단(軍團)이 넘는 천사와 그 동료들을 지금도 내가 지휘할 수 있음을 네가 알지 못하느냐?"

예수가 추종자들이 신체적으로 저항하는 이 표시를 이렇게 실질적으로 그만두게 했어도, 이것은 경비대 지휘관의 두려움을 일으키기에 넉넉했다. 그는 이제 군인들의 도움을 얻어서 예수를 꽉 붙들고 재빨리 그를 묶었다. 그들이 그의 손을 굵은 노끈으로 묶는 동안에 예수는 그들에게 말했다: "어찌하여 너희가 강도를 붙잡듯이 칼과 막대기를 가지고 나를 대적하여 오느냐? 나는 날마다 성전에서 너희와 함께 있었고, 대중 앞에서 사람들을 가르쳤거늘, 너희는 나를 잡으려고 조금도 애쓰지 아니하였도다."

예수가 묶이고 나서, 지휘관은 주의 추종자들이 구조하려 애쓸까 두려워서, 그들을 붙잡으라고 명령을 내렸다. 그러나 그 군인들이 충분히 빠르지 못했는데, 지휘관이 체포하라는 명령을 흘려듣고 나서 예수의 추종자들이 황급히 골짜기로 달아났기 때문이다. 여태까지 요한 마가는 근처의 오두막에서 눈에 띄지 않게 있었다. 경비병들이 예수와 함께 예루살렘으로 떠나자, 요한 마가는 달아나는 사도와 제자들을 따라잡으려고 오두막에서 살그머니 나오려 했다. 그러나 막 그가 솟아 나올 때, 달아나는 제자들을 쫓다가 돌아오는 마지막 군인들 중 하나가 가까이 지나가고 있었고, 리넨 코트를 걸친 이 젊은이를 보고 쫓아가서, 거의 그를 따라잡았다. 사실은, 그 군인은 코트를 붙잡기에 넉넉히 요한에게 가까이 갔지만, 그 젊은이는 옷을 벗어 버리고 벌거벗은 채로 달아났고, 군인은 빈 코트를 손에 쥐었다. 요한 마가는 쏜살같이 위쪽 산길에, 다윗 세베대에게 갔다. 그가 다윗에게 무슨 일이 일어났는가 이야기하고 나서, 그들 둘은 잠자는 사도들의 텐트로 서둘러 돌아가서 주가 배반당하고 체포된 것을 모두 여덟 명에게 알려 주었다.

여덟 사도가 깨어날 무렵에, 골짜기로 위로 달아났던 사람들이 돌아오고 있었다. 어떻게 해야 하는가 토론하려고 그들은 모두 올리브 기름틀 가까이서 함께 모였다. 그 동안에, 올리브 나무들 사이에 숨어 있던 시몬 베드로와 요한 세베대는 군인과 경비병과 하인들의 패거리를 뒤쫓아 이미 가 버렸고, 이들은 이제 질망적인 죄인을 이끌 듯 예루살렘으로 예수를 이끌고 있었다. 요한은 그 패거리 뒤에 바짝 쫓아갔지만 베드로는 멀찌감치 따라갔다. 군인의 손아귀에서 달아난 뒤에, 요한 마가는 시몬 베드로와 요한 세베대의 텐트에서 찾아낸 외투를 주워 입었다. 그는 경비병들이 예수를 안나스, 은퇴한 대사제의 집으로 데려간다고 추측했다. 그래서 그는 올리브 농원(農園)을 통하여 길을 둘러 가서, 그 패거리보다 앞에 있었고, 대사제 저택의 대문 입구 가까이 숨었다.

4. 올리브 기름 집에서 있은 토론

야고보 세베대는 시몬 베드로와 자기 아우 요한에게서 떨어졌고, 그래서 그는 이제 올리브 기름틀이 있는 곳에서 다른 사도와 동료 야영자들과 한데 끼어서, 주가 붙잡힌 것에 비추어서 무엇을 해야 하는가 의논했다.

안드레는 동료 사도들을 집단으로 관리하는 모든 책임으로부터 이미 해방되었다. 따라서 그들의 일생에서 모든 위기 가운데 가장 큰 이 위기에, 그는 말이 없었다. 잠시 비공식 토론이 있은 뒤에, 열심당원 시몬은 올리브 기름틀의 돌담 위에 서서, 주와 하늘나라 운동에 충성할 것을 뜨겁게 탄원했고, 동료 사도와 다른 제자들에게 그 패거리 뒤를 쫓아가서 예수를 구출하라고 훈계했다. 나다니엘의 충고가 아니었더라면, 그 일행의 대다수는 그의 공격하는 지휘를 따를 생각이 있었다. 시몬이 말을 마친 순간에 나다니엘은 일어서서, 무저항(無抵抗)에 관하여 예수가 자주 되풀이하던 가르침에 주의를 불러일으켰다. 그는 더 나아가서, 하늘나라 복음의 좋은 소식을 선포하면서 세상으로 그들이 떠나가야 할 때를 위하여 그들이 목숨을 보존해야 한다고 예수가 바로 그 날 밤에 지시했음을 상기시켰다. 나다니엘의 이 주장을 야고보 세베대가 격려해 주었고, 야고보는 이제 어떻게 베드로와 다른 사람들이 주가 체포되는 것을 막으려고 칼을 뺐는가, 시몬 베드로와 동료 칼잡이들에게 칼을 칼집에 꽂으라고 예수가 명했다고 이제 일렀다. 마태와 빌립도 또한 연설했지만, 나사로가 죽음을 자초하지 말라고 예수가 조언했다는 사실에 토마스가 주의를 불러일으킬 때까지, 이 토론으로부터 아무런 뚜렷한 방도가 생기지 않았다. 토마스는 주가 친구들에게 그를 방어하도록 허락하기를 물리쳤으니까, 또 인간 적들을 방해하려고 신성한 능력을 쓰기를 계속 삼가니까, 주를 구하기 위하여 그들이 아무 일도 할 수 없다고 지적했다. 토마스는 그들에게 다윗 세베대가 그 집단을 위하여 정보(情報) 교환소와 사자 본부를 유지하려고 캠프에 남아 있다는 것을 양해하고, 각자 자신을 위하여 흩어지라고 설득했다. 그 날 새벽 2시 반이 되어서 사람들이 캠프를 버리고 떠났고, 오직 다윗이 사자 서넛과 함께 가까이 남아 있었으며, 다른 사람들은 예수가 어디로 끌려갔는가, 그에게 어떤 일이 일어날 것인가에 관하여 정보를 얻으려고 파송되었다.

나다니엘, 마태, 빌립, 그리고 쌍둥이, 이 다섯 사도는 벳바게와 베다니에서 숨었다. 토마스, 안드레, 야고보, 열심당원 시몬은 도시에서 숨어 있었다. 시몬 베드로와 요한 세베대는 안나스의 집으로 따라갔다.

동이 튼 뒤에 조금 있다가, 시몬 베드로는 겟세마네 캠프로 방황하면서 돌아갔고, 깊은 절망에 빠져 풀이 죽은 모습이었다. 다윗은 한 사자에게 책임을 지워서 그를 형 안드레와 합세하라고 보냈는데, 안드레는 예루살렘에서 니고데모의 집에 있었다.

십자가 처형이 끝날 때까지, 요한 세베대는 예수가 지시한 대로 남아 있었고, 언제나 가까이 있었다. 그가 다윗의 사자들에게 시간마다 정보를 주었고, 이것을 사자들은 동산 캠프에 다윗에게 전달했으며, 이것은 다음에 숨어 있는 사자들에게, 또 예수의 가족에게 전해졌다.

분명히, 목자(牧者)가 얻어맞았고 양들이 흩어졌다! 예수가 그들에게 바로 이 상황을 미리 경고했다는 것을 모두가 어렴풋이 깨달아도, 그들은 주가 갑자기 사라진 것에 너무나 호되게 충격을 받아서 머리를 정상으로 쓸 수 없다.

날이 밝은 뒤에 조금 있다가, 베드로가 형과 합치라고 파송된 바로 뒤에, 유다, 곧 육체로 예수의 아우가 숨이 차서, 예수의 나머지 가족보다 먼저, 캠프에 도착했지만, 주가 이미 체포되었다는 말을 들었을 뿐이다. 그는 이 정보를 어머니와 형제와 자매에게 전하려고 예리고 길을 서둘러서 돌아갔다. 다윗 세베대는 유다를 통해서, 예수의 가족에게 베다니에 있는 마르다와 마리아의 집에서 모이고, 거기서 그의 사자들이 정기적으로 그들에게 가져올 소식을 기다리라는 말을 보냈다.

사도와 주요 제자들과 땅에 있는 예수의 가족에 관하여 말하면, 이것이 목요일 밤 후반의 상황이었다. 이 집단과 개인들은 모두 사자(使者) 봉사로 서로 연결이 유지되었고, 다윗 세베대가 이 봉사를 겟세마네 캠프에 있는 그의 본부에서 계속 운영했다.

5. 대사제의 관저로 가는 길

동산에서 예수와 함께 길을 떠나기 전에, 성전 경비대의 유대인 지휘관과 군인 일행의 로마인 지휘관 사이에, 예수를 어디로 데려가야 하는가에 대하여 다툼이 일어났다. 성전 경비대의 지휘관은 예수를 대사제 대리(代理) 가야바의 집으로 끌고 가야한다고 명령을 내렸다. 로마 군인의 지휘관은 예수를 전직(前職) 대사제요 가야바의 장인 안나스의 관저로 데려가야 한다고 지시했다. 그가 이렇게 한 것은 유대 교회 율법의 집행에 상관되는 모든 문제에서 로마인들이 안나스와 직접 상대하는 버릇이 있었기 때문이다. 로마인 지휘관의 명령이 우세했고, 그들은 예비 심문을 받도록 예수를 안나스의 집으로 데려갔다.

유다는 지휘관들 가까이 따라서 행진하면서, 주고받는 말을 모두 들었지만, 그 논쟁에서 아무 노릇을 하지 않았는데, 유대인 지휘관이나 로마인 장교가 배반자에게 말도 걸고 싶어하지 않았기 때문이었다—그렇게 경멸했다.

이 무렵에 요한 세베대는, 언제나 가까이 남아 있으라고 주가 지시한 것을 기억했기 때문에, 두 지휘관 사이에 따라서 행진하면서, 예수 가까이 서둘러 갔다. 성전 경비대의 사령관은, 요한이 따라서 다가오는 것을 보고서, 조수(助手)에게 말했다: "이 사람을 잡아서 묶어라. 이 친구의 추종자들 가운데 하나이라." 그러나 로마인 지휘관이 이 말을 들었을 때, 두리번거리다가 요한을 보고서, 그 사도가 자기 옆에 와야 한다고, 아무도 그를 건드려서는 안 된다고 명령을 내렸다. 그리고 나서 로마인 지휘관은 유대인 지휘관에게 말했다: "이 사람은 배반자도 겁쟁이도 아니라. 나는 동산에서 그를 보았는데, 그는 우리에게 저항하려고 칼을 빼지 않았느니라. 그는 자기의 주인과 함께 있으려고 나설 만큼 용기를 가졌고, 아무도 그에게 손대지 말지니라. 로마의 율법(律法)은 어떤 죄수도, 재판석 앞에서 함께 서라고 적어도 친구 하나를 가져도 좋다고 허락하느니라. 이 사람이 주인(主人), 그 죄수 옆에 서는 것을 막지 말지니라." 이 말을 들었을 때, 유다는 너무나 부끄럽고 창피해서, 행진하는 사람들의 뒤로 물러가 버렸고, 안나스의 관저(官邸)에 혼자 다다랐다.

이것이 어째서 요한 세베대가 이 날 밤과 이튿날, 벅찬 체험을 통하여 끝까지 예수 곁에 남아 있도록 허락되었는가 설명한다. 요한이 유대 교회 법정의 처리를 지켜보는 사람으로서 행위하라고 지정된 로마인 상담자와 비슷한 지위를 가졌기 때문에, 유대인들은 요한에게 무슨 말을 하거나 그를 건드리기를 두려워했다. 안나스 관저의 대문에서 성전 경비대의 지휘관에게 예수를 넘겨 주면서, 그 로마인이 조수에게 이렇게 말했을 때, 특권을 가진 요한의 지위는 더욱 안전해졌다: "이 죄수를 따라가서 이 유대인들이 빌라도의 찬성이 없이 그를 죽이지 않도록 처리하라. 그들이 그를 암살하지 않도록 경계하고, 그의 친구 갈릴리 사람이 곁에 서서, 일의 진행을 모두 지켜보도록 처리하라." 다른 열 사도는 할 수 없이 숨어 있어야 했지만, 이렇게 요한은 예수가 십자가에서 죽을 바로 그 때까지, 줄곧 예수 가까이 있을 수 있었다. 요한은 로마의 보호 밑에서 행동했고, 유대인들은 주가 돌아가실 때까지 감히 그를 건드리지 않았다.

안나스의 관저로 가는 동안 내내, 예수는 입을 열지 않았다. 그가 체포된 때부터 안나스 앞에 나타날 때까지, 사람의 아들은 아무 말이 없었다.

제 184 편

산헤드린 법정 앞에서

안나스의 대표자들은 예수가 붙잡힌 뒤에 안나스의 관저로 그를 즉시 데려오라고 로마 군인들의 지휘관에게 몰래 미리 지시하였다. 전직 대사제는 유대인들의 주요 교회 권한으로서 그의 위신(威信)을 유지하기를 바랐다. 또한 예수를 그의 집에 몇 시간 동안 구류하는 데는 또 다른 목적이 있었는데, 즉 산헤드린의 법정을 합법적으로 소집하는 시간을 벌려는 것이었다. 성전에서 아침 희생물을 바치는 시간 이전에 산헤드린 법정을 여는 것은 율법에 어긋났고, 이 희생물은 새벽 3시쯤에 바쳤다.

산헤드린 회원의 법정이 사위 가야바의 관저에서 대기하고 있음을 안나스는 알았다. 산헤드린의 회원 약 30명은 예수가 그들 앞에 혹시 불려 왔을 때 예수를 재판하려고 준비되도록, 자정까지 대사제의 집에서 모여 있었다. 재판하는 법정을 구성하는 데는 23명만 요구되었으니까, 예수와 그의 가르침을 굳세게, 드러내 놓고 반대한 자들만 모여 있었다.

올리브 산에 있는 안나스의 관저에서, 예수는 세 시간쯤 보냈고, 여기는 그들이 그를 체포한 겟세마네 동산에서 그리 멀지 않았다. 요한은 안나스의 관저에서 자유롭고 안전했는데, 로마인 지휘관의 말 뿐 아니라, 또한 그와 형 야고보가 나이 든 하인들에게 잘 알려져 있었기 때문이었고, 그들은 전직(前職) 대사제가 어머니 살로메의 먼 친척이었기 때문에 관저에서 여러 번 손님이었다.

1. 안나스의 심문

성전의 소득으로 부유하게 되었고, 사위는 임시 대사제이고, 로마 당국과 관련을 가졌기 때문에, 안나스는 정말로 온 유대인 사회에서 가장 강력한 한 개인이었다. 그는 태도가 매끄럽고 교활한 모사(謀士), 계교를 꾸미는 사람이었다. 그는 예수를 처분하는 문제를 지휘하기를 바랐다. 퉁명스럽고 공격적인 사위에게 그렇게 중요한 과제를 전적으로 맡기기를 두려워했다. 안나스는 주의 재판이 꼭 사두개인들의 손에 맡겨지도록 처리하기를 바랐다. 예수의 운동을 지지한 산헤드린 회원들의 거의 전부가 바리새인인 것을 알았기 때문에, 바리새인들이 더러 동정하지 않을까 두려워했다.

주가 그의 집을 방문하고, 그가 주를 받아들이면서 차갑고 냉담한 것을 보고 나서 당장 떠난 뒤로, 안나스는 몇 년 동안 예수를 보지 못했다. 안나스는 일찍부터 이렇게 안면(顔面)이 있던 것을 이용하고, 이로서 예수가 그의 주장을 버리고 팔레스타인을 떠나라고 설득해 볼 생각이 있었다. 그는 착한 사람을 죽이는 데 끼어 드는 것을 꺼려했고, 예수가 죽음을 당하기보다 차라리 나라를 떠나기를 택할지 모른다고 추측했다. 그러나 튼튼하고 각오가 굳은 갈릴리 사람 앞에 섰을 때, 안나스는 그런 제안이 쓸데없으리라는 것을 대번에 알았다. 예수는 안나스가 기억했던 것보다 더욱 위엄 있고 매우 차분했다.

예수가 어렸을 때, 안나스는 그에게 큰 흥미를 느꼈지만, 환전상 및 다른 장사꾼들을 성전에서 몰아내느라고 예수가 최근에 행한 것 때문에 이제 그의 소득이 위협을 받았다. 이 행위는 예수의 가르침보다 전직 대사제의 반감(反感)을 훨씬 더 불러일으켰다.

안나스는 널찍한 접견실에 들어가서, 큰 의자에 앉고, 예수를 그 앞으로 끌고 오라고 명령했다. 말없이 주를 찬찬히 살펴보느라고 몇 순간이 지난 뒤에, 말했다: "네가 우리 나라의 평화와 질서를 깨뜨리는즉슨, 너의 가르침에 대하여 무슨 조처(措處)가 있어야 함을 네가 깨달으렷다." 안나스가 예수를 묻는 듯이 바라보자, 주는 그의 눈을 똑바로 보았지만 아무 대답도 하지 않았다. 다시 안나스가 말했다. "선동자인 열심당원 시몬 외에, 네 제자들의 이름이 무엇이냐?" 다시 예수는 그를 내려다보았지만 대답하지 않았다.

예수가 물음에 대답하지 않는 것에 안나스는 어지간히 언짢았고, 너무나 언짢아서 예수에게 말했다: "내가 너에게 친절하든지 말든지 너는 아랑곳하지 않느냐? 다가오는 너의 재판 문제를 결정하는 데 내가 가진 권력을 아무렇지 않게 여기느냐?" 이 말을 듣자 예수는 말했다: "안나스여, 내 아버지가 허락하지 않으면 네가 나에 대하여 아무 권력을 가질 수 없음을 네가 아는도다. 더러는 무지한 까닭에 사람의 아들을 죽이려 하고, 저희는 분별이 그보다 없거니와, 친구여 너는 네가 무엇을 하는지 아느니라. 그런즉 어찌하여 너는 하나님의 빛을 물리칠 수 있느냐?"

예수가 친절하게 말한 그 태도에 안나스는 어리둥절해졌다. 그러나 그는 머리 속에서 예수가 팔레스타인을 떠나든지 아니면 죽어야 한다고 이미 결정을 내렸다. 그래서 용기를 불러일으켜 물었다: "도대체 네가 무엇을 사람들에게 가르치려고 애쓰느냐? 너는 어떤 사람이라고 주장하느냐?" 예수는 말했다: "내가 세상에 드러내놓고 말했음을 네가 잘 아느니라. 나는 회당에서, 또 여러 번 성전에서 가르쳤고, 거기서 모든 유대인과 많은 이방인이 내 말을 들었느니라. 나는 몰래 아무 것도 말하지 않았거늘, 그러면 어찌하여 내 가르침에 대하여 네가 묻느냐? 어찌하여 너는 내 말을 들은 자들을 호출(呼出)하고 저희에게 묻지 아니하느냐? 보라, 네 스스로가 이 가르침을 들어 본 적이 없다 하더라도, 내가 말한 것을 온 예루살렘이 들었느니라." 그러나 안나스가 미처 대답하기도 전에, 가까이 서 있던, 관저의 우두머리 집사가 손으로 예수의 얼굴에 따귀를 갈기고 말했다: "어찌 네가 감히 그런 말로 대사제에게 대꾸하느냐?" 안나스는 그 집사를 꾸짖지 않았지만, 예수는 그에게 말했다: "친구여, 내가 악한 말을 하였으면, 그 악에 대하여 증언하라. 그러나 내가 진리를 말하였으면, 어찌하여 네가 나를 치느냐?"

안나스는 집사(執事)가 예수를 때린 것을 뉘우쳤어도, 그 문제를 거들떠보기에 너무나 거만했다. 혼란에 빠져 그는 다른 방으로 갔고, 집안의 시중드는 사람과 성전 경비병들과 함께 거의 한 시간 동안 예수를 버려 두었다.

그가 돌아 왔을 때, 주의 옆으로 가서 말했다: "너는 메시아, 이스라엘의 구원자라 주장하느냐?" 예수가 말했다: "안나스여, 너는 나를 어릴 때부터 알았느니라. 내 아버지가 지명하신 것을 제외하고 내가 누구라고 주장하지 않았고, 내가 모든 사람, 유대인 뿐 아니라 이방인에게 파송된 것을 네가 아느니라." 그러자 안나스가 말했다: "네가 메시아라고 주장했다는 소리를 내가 들었노라. 그것이 진실이냐?" 예수는 안나스를 바라보았지만 겨우 대답하였다. "네가 그렇게 말하였도다."

언제 예수가 산헤드린의 법정 앞에 끌려올 것인가 물으려고 이 때쯤 가야바의 관저로부터 사자들이 도착했고, 날이 밝을 때가 가까웠기 때문에, 안나스는 예수를 묶인 채로, 성전 경비병들이 호위하게 하여 가야바한테 보내는 것이 최선이라고 생각했다. 조금 있다가 그 자신 그들의 뒤를 따라 갔다.

2. 안뜰에서 베드로가

경비병과 군인의 일행이 안나스의 관저 입구에 다가가는 동안, 요한 세베대는 로마 군인의 지휘관 옆에서 행진하고 있었다. 유다는 얼마큼 뒤떨어졌고, 시몬 베드로는 멀찌감치 떨어져 따라갔다. 요한이 예수와 경비병들과 함께 관저의 안뜰로 들어간 뒤에, 유다는 대문으로 다가왔지만, 예수와 요한을 보고 나서, 가야바의 집으로 계속 갔고, 거기서 주의 진짜 재판이 나중에 열릴 것을 알았다. 유다가 떠난 뒤에 곧 시몬 베드로가 도착했고, 대문 앞에 서 있었는데, 그들이 예수를 관저 안으로 막 데려가려고 할 바로 그 때, 요한이 그를 보았다. 대문을 지키는 여자 문지기는 요한을 알았고, 그가 그 여자에게 베드로를 들여 보내라 요청하며 말을 붙였을 때, 그 여자는 즐겁게 찬성했다.

안뜰에 들어서자, 베드로는 석탄 불 있는 데로 가서 불을 쪼이려고 했는데, 밤이 으슬으슬 추웠기 때문이다. 그는 여기에 예수의 적들 사이에서 무척 자리에 어울리지 않는다고 느꼈고, 정말로 그는 자리에 어울리지 않았다. 주가 요한에게 타이른 것처럼 주는 그에게 가까이 있으라고 지시하지 않았다. 베드로는 다른 사도들에게 속했고, 그들은 주가 재판받고 십자가에 처형되는 시간에 목숨을 위태롭게 하지 말라고 특별히 경고를 받았다.

관저의 대문으로 다가오기 조금 전에 베드로는 긴 칼을 던져 버렸고, 그래서 안나스의 안뜰에 무장하지 않은 채로 들어갔다. 그의 머리는 혼란의 소용돌이 속에 있었고 그는 예수가 체포되었다는 것을 도저히 믿을 수 없었다. 그 상황의 현실—여기 안나스의 안뜰에서 대사제의 하인들 옆에서 불을 쬐고 있음—을 깨달을 수 없었다. 다른 사도들이 무엇을 하는가 궁금했고, 머리 속에서 어떻게 요한이 그 관저에 입장하게 되었는지 이리저리 뜯어보면서, 요한이 문지기에게 그를 들여보내라고 청했으니까, 그것은 요한이 하인들과 안면이 있었기 때문이라고 결론을 내렸다.

여자 문지기가 베드로를 들여보낸 뒤에 조금 있다가, 불 옆에서 몸을 따듯하게 하는 동안, 그 여자는 그에게 다가가서 짓궂게 말했다. "너도 이 사람의 제자 중 하나가 아니냐?" 자, 베드로는 이렇게 얼굴이 알려진 것에 놀라지 않았어야 했는데, 그 소녀에게 자기를 관저의 대문을 통과시키라고 요청한 것은 요한이었기 때문이다. 그러나 너무나 팽팽하게 긴장한 상태에 있어서, 이렇게 제자로 신분이 확인되자 그는 침착을 잃었고, 오로지 머리 속에서 제일 처음 떠오르는 생각으로—목숨을 가지고 달아날 생각으로—"나는 아니라"는 말로 하녀의 물음에 재빨리 대꾸했다.

금방 또 다른 하인이 베드로에게 다가와서 물었다: "저희가 이 친구를 붙잡을 때, 동산에서 내가 너를 보지 아니하였느냐? 너도 그의 추종자 가운데 하나가 아니냐?" 베드로는 이제 속속들이 놀랐다. 고발하는 이 사람들로부터 안전히 달아날 길을 전혀 보지 못했다. 그래서 예수와 전혀 관계가 없다고 맹렬히 부인하며 말했다: "나는 이 사람을 모르고, 추종자 가운데 하나도 아니라."

이 때쯤 대문(大門)의 여자 문지기가 베드로를 한쪽으로 끌고 가서 말했다: "네가 이 예수의 제자임이 확실하니라. 추종자들 중에 하나가 내게 너를 뜰 안으로 들여보내라 청했기 때문만이 아니라, 내 언니가 너를 이 사람과 함께 성전에 있는 것을 보았느니라. 어찌하여 네가 이것을 아니라 하느냐?" 그 하녀가 그를 고발하는 것을 들었을 때, 베드로는 잔뜩 욕을 퍼붓고 맹세하며 예수를 도무지 모른다고 부

인하며 다시 말했다: "나는 이 사람의 추종자가 아니라. 나는 그를 알지도 못하고, 전에 그의 이름을 들어 본 적도 없노라."

베드로는 안뜰을 이리저리 거닐며 한동안 불 곁을 떠났다. 달아나고 싶었지만, 자기한테 눈을 끌까 두려웠다. 추워져서, 그는 불 곁으로 돌아갔는데, 그에게 가까이 서 있던 사람들 가운데 하나가 말했다: "분명히 너는 이 사람의 제자들 가운데 하나이라. 이 예수는 갈릴리 사람이요, 네 사투리가 너를 드러내니, 네가 또한 갈릴리 사람처럼 말하느니라." 다시 베드로는 주와 전혀 관계가 없다고 부인했다.

베드로는 너무나 속이 뒤집혀서, 불에서 멀리 떨어져서 혼자 현관에 남아서 고발하는 자들과 접촉을 피하려고 했다. 이렇게 혼자 떨어져 한 시간 넘게 지낸 뒤에, 그 문지기와 그 언니가 어쩌다가 그를 만났고, 그들 둘이 다시 놀리면서 베드로가 예수의 추종자라고 비난했다. 다시 그는 그 고발을 부인했다. 그가 한 번 더 예수와 전혀 관계가 없다고 부인했을 때, 수탉이 울었고, 베드로는 바로 그 날 밤 일찍, 주가 그에게 하신 경고의 말씀이 생각났다. 마음이 무겁고 죄책감에 짓눌려 거기 서 있는데, 관저의 문이 열렸고, 가야바의 집으로 가는 길에 경비병들이 예수를 이끌고 지나갔다. 주가 베드로를 지나는 동안에, 주는 횃불의 빛으로, 예전에 자신 있고 겉으로 용감한 사도의 얼굴에서 절망의 빛을 보았고, 고개를 돌려 베드로를 바라보았다. 베드로는 살아 있는 한, 결코 그 얼굴빛을 잊지 못했다. 필사 인간이 주의 얼굴에서 한 번도 본 적이 없는, 동정과 사랑이 한데 섞인, 그렇게 언뜻 보는 눈길이었다.

예수와 경비병들이 관저의 대문 바깥으로 나간 뒤에, 베드로는 그들을 따라갔지만, 조금 뿐이었다. 더 멀리 갈 수 없었다. 길가에 주저앉아 슬피 울었다. 이 비통한 눈물을 흘리고 나서, 형 안드레를 찾기를 바라면서 캠프를 향하여 되돌아갔다. 캠프에 도착하고 나서 그는 겨우 다윗 세베대만 발견했는데, 다윗은 그의 형이 예루살렘에서 숨은 곳으로 그를 안내하라고 사자 하나를 보냈다.

베드로의 체험은 전부 올리브 산에 있는 안나스의 관저 안뜰에서 일어났다. 그는 대사제 가야바의 관저로 예수를 따라가지 않았다. 수탉이 울어서, 자기가 주를 거듭해서 부인했다는 것을 베드로가 깨달은 것은 이것이 모두 예루살렘 바깥에서 일어났음을 가리키는데, 도시 본토 안에서 가금(家禽)을 기르는 것이 법에 어긋났기 때문이다.

수탉의 울음이 베드로를 제 정신이 들게 할 때까지, 몸을 따듯이 하려고 현관을 오르락내리락 거닐 때, 그는 다만 얼마나 영리하게 하인들의 비난을 피했는가, 그가 예수의 편이라고 신분을 확인하려는 그들의 목적을 어떻게 망쳐 버렸는가 생각했다. 한동안, 그는 이 하인들이 이렇게 그를 심문할 아무런 도덕적 권한이나 법적 권한이 없다고만 생각했고, 그의 생각에 어떻게 신분이 확인되고, 아마도 붙잡히고 감옥에 들어갈 것을 피했는가 하고 정말로 자신을 칭찬했다. 수탉이 울 때까지, 자기가 주를 부인했다는 것이 베드로의 머리에 떠오르지 않았다. 예수가 그를 바라볼 때까지, 그는 하늘나라의 대사로서 그의 특권에 부끄럽지 않게 사는 데 실패했음을 깨닫지 못했다.

타협과 최소의 저항이 있는 길을 따라서 첫 걸음을 내디디었으니까, 결정한 행위의 과정을 계속 따르는 것밖에 아무 것도 베드로에게 명백하지 않았다. 잘못 시작하고 나서, 돌이켜 바로잡는 것은 위대하고 고귀한 인격을 요구한다. 너무나 흔히, 사람의 지성은, 일단 발길을 들여 놓고 나서, 그릇된 길을 계속하는 것을 정당화하려는 경향이 있다.

부활이 있은 뒤에 그가 주를 만나고, 주를 부인하던 이 비극의 밤의 체험을 겪기 전과 똑같이 그를 받아들인다는 것을 깨달을 때까지, 베드로는 그가 용서받을 수 있다고 완전히 믿지 않았다.

3. 산헤드린 회원의 법정 앞에서

이 금요일 새벽 3시 반쯤에, 대사제 가야바가 산헤드린의 심문(審問)하는 법정이 개회됨을 선언하고, 공식 재판을 받도록 예수를 그들 앞으로 데려오라고 요청했다. 세 차례에 걸쳐 이전에 산헤드린은 대다수의 투표로 예수의 사형을 선포했으며, 율법을 어기고, 신성을 모독하고, 이스라엘 조상의 전통을 모욕했다는 비공식 죄목으로 그가 죽어야 마땅하다고 결정을 내렸다.

이것은 정식으로 소집한 산헤드린 회의가 아니었고, 보통 장소, 즉 성전에 있는 깎은 돌로 지은 방에서 열리지 않았다. 이것은 산헤드린 의원들이 약 30명 모인 특별 재판 법정이었고 대사제의 관저에서 열렸다. 요한 세베대는 소위 이 재판을 통해서 내내, 예수와 함께 자리에 있었다.

이 대사제와 서기관과 사두개인들, 그리고 바리새인들 가운데 더러는 그 예수, 그들의 지위를 뒤흔든 자, 그들의 권한에 도전한 자가 이제 안전하게 손아귀에 있다고 얼마나 뻐기었는지! 복수에 불타는 그들의 손아귀를 그가 결코 살아서 달아나지 못하리라고 굳게 결심하였다.

보통은, 사형(死刑) 죄목으로 사람을 재판할 때 유대인들은 대단히 조심해서 진행하였고, 증인 선택과 재판의 전체 운영에 온갖 공평한 보호 조치를 마련했다. 그러나 이 경우에 가야바는 치우치지 않은 판사이기보다 검사(檢事)였다.

예수는 평상시의 옷을 입고 손이 뒤에 묶인 채로 이 법정 앞에 나타났다. 그의 위엄 있는 모습에 그 법정 전체가 놀라고 얼마큼 어리둥절했다. 그들은 그러한 죄인을 바라 본 적도 없고, 목숨 때문에 재판 받는 사람에게서 그러한 침착함을 구경한 적도 없었다.

유대 율법은 한 죄목을 죄수에게 씌울 수 있기 전에, 어떤 항목에도 적어도 증인 두 사람이 찬성해야 한다고 요구했다. 유대 율법이 배반자의 증언을 특별히 금했기 때문에, 유다는 증인으로 쓰일 수 없었다. 스무 명이 넘는 거짓 증인들이 예수에게 불리하게 증언하려고 준비되어 있었지만, 그들의 증언이 너무나 모순되고 너무나 명백히 날조(捏造)된 것이어서, 산헤드린 의원들 자체가 그 연출을 무척 부끄러워했다. 예수는 이 거짓 증인들을 인자하게 내려다보면서 거기 섰고, 바로 그의 얼굴빛이 거짓말하는 증인들을 쩔쩔매게 하였다. 이 모든 허위 증언이 있는 동안 내내, 주는 입을 열지 않았고, 그들의 많은 거짓 고발에 조금도 대꾸하지 않았다.

처음으로 그 증인들 가운데 어떤 두 사람이 의견의 일치 비슷한 것에라도 가까이 간 것은, 성전 강연의 한 과정에서, "손으로 만든 이 성전을 부수고, 손으로 만들지 않은 또 다른 성전을 사흘 안에 세우겠다"고 예수가 말하는 것을 들었다고 두 사람이 증언했을 때였다. 언급된 그 논평을 했을 때, 그가 자신의 몸을 가리켰다는 사실에 상관 없이, 그것은 예수가 말씀하신 꼭 그대로가 아니었다.

"이 죄목들 가운데 어느 것에도 너는 대답하지 않느냐?" 하고 대사제가 예수에게 소리를 질렀어도, 예수는 입을 열지 않았다. 이 모든 거짓 증인이 증언하는 동안에 그는 말없이 거기 서 있었다. 증오, 광신, 거리낌없는 과장(誇張)이 이 거짓 증인들이 하는 말의 특징이었기 때문에, 그들의 증언은 그 자체에 얽혀서 실패했다. 그들의 거짓 고발에 대한 최선의 반박(反駁)은 주의 차분하고 품위 있는 침묵이었다.

거짓 증인들의 증언이 시작된 뒤에 얼마 있다가, 안나스가 도착하고 가야바 옆자리에 앉았다. 안나스는 이제 일어서서, 성전을 부순다고 하는 예수의 이 위협이 그에 대하여 세 가지 죄목을 정당화하기에 충분하다고 주장했다:

1. 그는 민중을 우롱하는 위험한 자이다. 민중에게 불가능한 것들을 가르치고 그밖에 민중을 속였다.

2. 신성한 성전에 마구 손대기를 주장했으니까, 그는 미친 개혁자이다, 아니면 어떻게 그가 성전을 부술 수 있는가?

3. 그가 새 성전을 짓겠다, 그것도 손을 쓰지 않고 짓겠다고 약속했으니, 그가 마술을 가르쳤다.

예수가 유대 율법을 위반하여 죽어 마땅한 죄가 있다고 산헤드린 전체가 이미 찬성했지만, 그들은 이제 그의 행위와 가르침에 관하여 빌라도가 죄인들에게 사형 선고 내리는 것을 정당화할 죄목을 개발하는 데 관심을 기울였다. 그들은 예수를 합법적으로 사형에 처할 수 있기 전에, 로마 총독의 찬성을 얻어야 한다는 것을 알았다. 안나스는 예수가 사람들 사이에 풀어 놓기에 위험한 선생으로 보이도록 만드는 방향으로 진행할 생각이 있었다.

그러나 완전히 침착하게, 침묵을 깨뜨리지 않고 주가 거기 서 있는 모습을 가야바는 이제 더 견딜 수 없었다. 그 죄수가 말하도록 유인할까 싶은 방법을 적어도 하나 안다고 생각했다. 따라서, 예수의 옆으로 달려가서, 주의 얼굴에 고발하는 손가락을 흔들면서 말했다: "내가 명하노니, 살아 계신 하나님의 이름으로, 네가 구원자, 즉 하나님의 아들인가 우리에게 이르라." 예수는 가야바에게 대답했다: "내가 그니라. 곧 나는 아버지께로 가고, 얼마 안 있어 사람의 아들은 권능으로 옷을 입고 하늘 무리들 위에 다시 한 번 군림하리라."

예수가 이 말을 입밖에 내는 것을 들었을 때, 대사제는 몹시 성이 났고 겉옷을 와락 찢으며 외쳤다: "우리가 증인이 어찌 더 필요하리요? 보라, 이제 너희는 모두 이 사람이 신성 모독함을 들었도다. 너희는 법을 어기고 신성을 모독한 이 사람을 어찌해야 한다고 지금 생각하느뇨?" 그들은 모두 한 목소리로 대답했다: "죽어 마땅하도다. 그를 십자가에 못박으라."

자신 수여 임무에 관계된 한 가지 질문을 제외하고, 안나스나 산헤드린 의원들 앞에 있을 때 예수는 무엇을 그에게 묻더라도 아무 관심을 보이지 않았다. 그가 하나님의 아들인가 질문을 받았을 때, 그는 순간에, 뚜렷하게 그렇다고 대답했다.

안나스는 그 재판이 더 진행되고, 예수와 로마 율법 및 로마 제도의 관계에 대하여 나중에 빌라도에게 제출하기 위해서, 분명한 성질을 가진 죄목을 작성하기를 바랐다. 의원들은 이 문제를 빨리 매듭지으려고 초조했다. 이것은 그 날이 유월절을 준비하는 날이고 오후에는 아무런 세속의 일을 해서는 안 될 뿐 아니라, 또한 유월절 축하 기간에만 빌라도가 예루살렘에 있었으므로 그가 유대 땅에서 로마인의 수도 케자리아로 언제라도 돌아갈까 두려웠기 때문이었다.

그러나 안나스는 법정(法廷)의 질서를 지키는 데 성공하지 못했다. 아주 뜻하지 않게 예수가 가야바에게 대답한 뒤에, 대사제는 앞으로 걸어나와서 손으로 예수의 얼굴에 따귀를 올려붙였다. 법정의 다른 의원(議員)들이 그 방을 나가면서 예수의 얼굴에 침을 뱉고, 그들 가운데 여럿이 비웃으며 손바닥으로 예수를 찰싹 때리자,

안나스는 참으로 소스라치게 놀랐다. 이렇게 무질서하게, 들어 본 적이 없는 그런 혼란 속에, 산헤드린 의원들의 예수 재판에서 이 첫 회의가 4시 반에 끝났다.

편견을 가지고 전통에 눈이 먼 거짓 판사 30명은, 거짓 증인들과 함께, 한 우주의 올바른 창조자를 주제넘게 재판하고 있다. 이 열렬한 고발자들은 이 하나님인 사람의 품위 있는 침묵과 더할 나위 없는 태도에 분통이 터졌다. 그의 침묵은 견디기 두려웠고, 말투는 두려움 없이 도전하는 태도였다. 그는 이들의 위협에 끄떡하지 않았고 공격에 눈 하나 깜빡하지 않았다. 사람이 하나님을 재판하지만, 그런 때에도 그는 이들을 사랑하고, 할 수 있으면 구원하고자 한다.

4. 굴욕의 시간

사형(死刑) 선고를 내리는 문제에서, 유대 율법은 법정에서 두 번 심의가 있어야 한다고 규정했다. 이 두 번째 회의는 첫째 회의 다음 날에 열려야 했고, 그 사이의 시간은 법정의 의원들이 금식하고 애도하면서 보내야 했다. 그러나 이 사람들은 예수가 죽어야 한다는 결정을 확인하려고 다음 날까지 기다릴 수 없었다. 겨우 한 시간 기다렸다. 그 동안에 예수는 성전 경비대의 보호 밑에서 접견실에 남아 있었고, 이들은 대사제의 하인들과 함께, 온갖 종류의 모욕을 사람의 아들에게 퍼부으면서 즐거워했다. 그들은 비웃고, 침 뱉고, 그를 모질게 쳤다. 막대기로 그의 얼굴을 때리고, 그리고 나서 "너 구원자여, 너를 때린 자가 누군가 예언하라" 말했다. 이렇게 그들은 한 시간 꼭 채워 계속했고, 저항하지 않는 이 갈릴리 사람을 욕하고 학대(虐待)하였다.

무지하고 무딘 경비병과 하인들 앞에서 고통과 가짜 재판을 받던 이 비극의 시간에, 요한 세베대는 인접한 방에서 외롭게 공포 속에 기다렸다. 이 학대가 처음에 시작되었을 때, 예수는 요한에게, 머리를 끄덕여 그에게 물러나라고 표시했다. 그의 사도가 이 모욕을 구경하라고 방에 남게 둔다면, 아마도 저항해서 의분(義憤)을 터뜨릴 만큼 요한의 분노가 너무 끓어올랐을 터이고, 아마도 그의 죽음을 초래했으리라는 것을 주는 잘 알았다.

이 끔찍한 시간을 통해서 내내, 예수는 아무 말도 입밖에 내지 않았다. 이 온 우주의 하나님과 인격 관계 속에 결합된 혼(魂), 인류의 부드럽고 민감한 이 혼에게는, 무지하고 잔인한 이 경비병과 하인들의 자비에 맡겨진 이 끔직한 시간보다 그가 들이킨 치욕의 잔(盞)에서 더 쓴 부분이 없었다. 이들은 이른바 이 산헤드린 의원의 법정이 본보기를 보인 것에 자극을 받아서 그를 학대하였다.

죄로 어두워진 구체, 불행한 유란시아에서 무지하고 잘못 인도된 피조물의 뜻에 사랑하는 군주가 복종하는 이 광경을 하늘의 지자(知者)들이 구경하는 동안, 광대한 우주를 휩쓴 의분의 오싹함을 인간의 마음은 도저히 상상할 수 없다.

인간이 영적으로 도달하거나 지적으로 성취할 수 없는 것을 인간으로 하여금 모욕을 주고 육체적으로 공격하고 싶어하도록 이끄는 특성, 사람 안에 있는 이 동물 특성은 무엇인가? 반(半)문명화된 사람에게는 아직도 악한 잔인성이 숨어 있고, 지혜와 영적 달성에서 우수한 자들에게 감정을 터뜨리기를 추구한다. 문명화되었다고 생각되는 이 사람들이 저항하지 않는 사람의 아들에게 이렇게 육체적으로 공격해서 어떤 형태의 동물적 쾌락을 얻는 동안에, 그들의 악한 야비함과 짐승 같은 잔학성을 구경하여라. 이 모욕과 비웃음과 주먹이 예수에게 쏟아지는 동안, 그는 방어하지 않았지만, 방어할 수 없는 분이 아니었다. 예수는 지지 않았다. 단지 물질적 의미에서 다투지 않았을 뿐이다.

이 때는 광대하고 방대한 우주의 조물주, 지원자, 구원자로서 길고도 파란 많은 생애에서 주가 가장 큰 승리를 거둔 순간이었다. 하나님을 사람에게 드러내는 일생을 마음껏 살았으니까, 예수는 이제 사람을 하나님에게 새로이 전례 없이 드러내는 일에 들어갔다. 예수는 이제 피조물의 성격이 고립되는 모든 두려움에 대하여 최종의 승리를 세계들에 보여 주고 있었다. 사람의 아들은 마침내 하나님의 아들이라는 신분을 실현했다. 예수는 그가 하나님과 하나임을 서슴지 않고 주장한다. 최고의 더할 나위 없는 그 체험의 사실과 진리에 근거를 두고, 그와 아버지가 하나인 것 같이, 하늘나라를 믿는 모든 사람이 그와 하나가 되라고 훈계한다. 예수의 종교에서 산 체험은, 영적으로 고립되고 우주에서 외로운 지상(地上) 필사자들이 성격의 고립을, 그 모든 두려움의 결과 및 관련된 무력한 느낌과 함께, 이렇게 피할 수 있게 하는 분명하고 확실한 기법이 된다. 하늘나라의 친교하는 실체에서 하나님의 믿음의 아들들은 개인과 혹성 면에서, 자아의 고립으로부터 마지막 구원을 발견한다. 하나님을 아는 신자는 우주 규모에서 영적으로 친교하는—즉 완전을 달성하는 신성한 운명의 영원한 실현과 관련하여 하늘에서 시민권을 얻는—환희와 장려함을 더욱 맛본다.

5. 법정의 2차 회의

5시 반에 법정은 다시 열렸고, 예수는 요한이 기다리고 있는 인접한 방으로 끌려갔다. 여기서 로마 군인과 성전 경비병들은 예수를 감시했고, 한편 법정은 빌라도에게 제시할 죄목들을 비로소 작성했다. 안나스는 신성 모독(冒瀆)이라는 죄목은 빌라도에게 아무런 중요성이 없으리라고 동료들에게 분명히 말했다. 유다는 법정의 이 2차 회의 동안에 자리에 있었지만, 아무 증언을 하지 않았다.

법정의 이 회의는 겨우 반시간 걸렸고, 빌라도 앞으로 가려고 폐정했을 때, 그들은 예수가 사형을 받아 마땅하다는 기소장(起訴狀)을 세 항목 아래 작성했다:

1. 그는 유대 민족을 타락시키는 자요, 민중을 속이고 모반하도록 선동했다.

2. 케자에게 세금을 바치지 말라고 사람들에게 가르쳤다.

3. 새 종류의 나라의 임금이요 창시자라 주장함으로써, 황제에 대항하여 반역을 선동했다.

이 과정 전부가 변칙이요 전적으로 유대 율법에 어긋났다. 성전을 부수고 다시 사흘 안에 세우는 것에 대한 예수의 진술에 관하여 증언한 사람들을 제외하고, 어떤 문제에서도 어떤 두 증인이 찬성하지 않았다. 그리고 그 점에 관해서도, 어떤 증인도 피고(被告)를 변호하지 않았고, 예수는 그가 무슨 의미로 말했는가 설명하라고 요청받지도 않았다.

법정이 일관성 있게 그를 판단할 수 있었던 유일한 항목은 신성 모독 죄목이었고, 그것은 자신의 증언에 전적으로 의존했을 것이다. 신성 모독 죄에 관해서도, 그들은 사형 선고를 하려고 정식(正式) 투표에 붙이지 않았다.

빌라도 앞으로 가져가려고, 그들은 이제 주제넘게 세 가지 죄목을 작성했고, 거기에 대하여 아무 증언도 청취하지 않았으며, 고발당한 죄인이 자리에 없는 가운데 합의를 보았다. 이런 일이 벌어지자, 바리새인들 셋이 자리를 떠났다. 그들은 예수가 죽는 것을 보고 싶어했지만, 증인 없이, 그가 참석하지 않고서, 그에게 불리한 죄목을 작성하려 하지 않았다.

예수는 산헤드린의 법정 앞에 다시 나타나지 않았다. 죄 없는 생애를 심판하는 동안에 그들은 예수의 얼굴을 다시 보고 싶어하지 않았다. 예수는 빌라도가 낭독하는 것을 들을 때까지, 그들이 내놓은 공식 죄목을 (사람으로서) 알지 못했다.

예수가 요한과 경비병들과 함께 방에 있는 동안, 그리고 법정이 2차 회의에 들어간 동안, 대사제의 관저 근처에 있던 어떤 여인들이 그 친구들과 함께, 그 이상한 죄인을 보러 왔고, 그들 가운데 하나가 그에게 물었다: “네가 메시아, 하나님의 아들이냐?” 예수는 대답했다: “내가 너희에게 일러도, 너희가 나를 믿지 아니하겠고, 내가 물어도 너희가 대답하지 않으리라.”

그 날 아침 6시에 예수는 가야바의 집에서 빌라도 앞에 나타나려고 옮겨졌고, 이것은 이 산헤드린 법정이 아주 부당하게 변칙(變則)으로 선포한 사형 선고를 확인하기 위한 것이었다.

제 185 편

빌라도 앞에서 받은 재판

서기 30년, 4월 7일, 이 금요일 아침 6시가 조금 지난 뒤에, 예수는 로마인 집정관 빌라도 앞으로 끌려왔는데, 그는 시리아 총독의 직접 감독을 받으면서 유대와 사마리아와 이두미아를 다스렸다. 성전 경비병들이 묶인 주를 로마인 총독 앞으로 인도했고, 산헤드린 법정 (주로 사두개인들), 가룟 유다, 대사제 가야바를 포함하여 약 50명의 고발자들과 사도 요한이 그를 따랐다. 안나스는 빌라도 앞에 나타나지 않았다.

사람의 아들을 체포하는 데 로마 군인들을 동원하려고 전날 저녁에 허가(許可)를 얻은 사람들로부터 예수가 일찍 그 앞에 끌려오리라는 통지를 받았기 때문에, 빌라도는 일어나 있었고 이른 아침에 찾아온 이 무리를 받아들일 준비가 되었다. 이 재판은 집정관 관저 앞에서 진행되도록 주선되었는데, 이것은 안토니아 요새에 붙은 추가 건물이었고, 빌라도와 아내는 예루살렘에 들렀을 때 이 요새를 그들의 본부로 삼았다.

비록 빌라도는 예수를 심문하는 일의 상당 부분을 집정관 본부 안에서 했어도, 공개 재판은 바깥에서, 정문으로 이끄는 계단에서 열렸다. 이것은 유대인들에 대한 양보 조치였는데, 그들은 유월절을 위하여 준비하는 이 날, 누룩이 쓰일지 모르는 어떤 이방인 건물에도 들어가려 하지 않았다. 그러한 행위는 예식 면에서 그들을 더럽게 만들고, 그로서 오후에 감사 잔치에서 먹지 못하게 했을 뿐 아니라, 또한 해가 진 뒤에, 유월절 저녁을 먹을 자격을 받기 전에, 정화(淨化) 예식을 거치는 것이 필요하게 만들었을 것이다.

이 유대인들은 재판으로 예수를 죽이려고 계략을 꾸미는 동안, 양심에 조금도 거리끼지 않았는데, 그렇다 해도 예식에 따른 정결(淨潔)과 전통적 규칙을 지키는 이 모든 문제에서는 빈틈이 없었다. 시간과 영원 속에서 인간의 복지에 하찮은 것에 빈틈없이 주의를 기울이면서 신성한 성질을 가진 높고 거룩한 사명을 깨닫지 못한 사람들은 이 유대인들만이 아니었다.

1. 본디오 빌라도

본디오 빌라도가 작은 여러 지방을 다스리는 어지간히 훌륭한 총독이 아니었다면, 티베리우스는 도저히 그가 10년 동안 유대의 집정관(執政官)으로 남아 있게 하지 않았을 것이다. 상당히 훌륭한 행정가이기는 했어도, 그는 도덕적으로 비겁한 사람이었다. 유대인의 총독으로서 자기의 과제의 성질을 이해할 만한 큰 인물은 아니었다. 이 히브리인들이 진짜 종교, 기꺼이 목숨을 바칠 믿음을 가졌고, 제국 전역에 걸쳐 여기저기 흩어져 있는 수백만이 예루살렘을 신앙의 성지(聖地)로 우러러보며, 산헤드린을 땅에서 가장 높은 법정으로 존중한다는 사실을 깨닫지 못했다.

빌라도는 유대인들을 사랑하지 않았고, 이 뿌리 깊은 미움은 일찍부터 고개를 들기 시작했다. 로마의 모든 지방 가운데, 아무 데도 유대보다 더 다스리기 어렵지 않았다. 빌라도는 결코 유대인들을 다루는 데 얽힌 문제들을 정말로 이해하지 못했고, 따라서 총독으로서 겪은 체험에서 아주 일찍부터, 거의 치명적이고 자살 같은 일련의 실수를 저질렀다. 바로 이 실수들이 유대인들에게 그를 누를 힘을 주었다. 빌라도의 결정에 영향을 미치기를 원했을 때, 그들은 폭동이 일어나리라 위협하기만 하면 되었고, 그러면 빌라도는 재빨리 항복하곤 했다. 집정관이 이렇게 갈팡질팡하는 듯 보이는 것, 즉 도덕적 용기가 모자란 것은, 주로 유대인들과 몇 가지 논쟁을 가졌던 기억 때문이었고, 그럴 때마다 그들이 그를 눌러 버렸기 때문이다. 유대인들은 빌라도가 그들을 두려워하며, 그가 티베리우스 앞에서 자기 자리를 잃을까 두려워함을 알았고, 수많은 경우에 총독에게 크게 불리하게 이 지식을 이용했다.

유대인들에게 빌라도가 인기가 떨어진 것은 몇 가지 불행한 대결(對決)의 결과로서 생겨났다. 첫째로, 그는 우상 숭배의 상징인 모든 형상에 대한 그들의 뿌리 깊은 편견을 심각하게 받아들이지 못했다. 따라서 그의 전임자(前任者) 밑에서 로마 군인들의 관습이었던 것처럼, 자기 군인들이 군기(軍旗)에서 케자의 형상을 떼어 내지 않고서 예루살렘에 들어가도록 버려 두었다. 유대인의 큰 대표단이 군기에서 이 형상을 제거해 달라고 탄원하면서 닷새 동안 빌라도를 기다렸다. 그는 그들의 청원(請願)을 들어주기를 딱 잘라 물리치고, 즉시 죽인다고 그들을 위협했다. 빌라도는 자신이 회의론자였기 때문에, 강렬한 종교적 감정을 가진 사람들이 종교적 확신 때문에 서슴지 않고 죽으리라는 것을 이해하지 못했다. 그래서 이 유대인들이 그의 관저 앞에서, 반항하는 태도로 정렬하고, 땅바닥에 엎드리고, 죽을 준비가 되었다는 말을 보내 왔을 때, 그의 얼굴은 흙빛이 되었다. 그 때 빌라도는 그가 기꺼이 실천하지 않을 것을 하겠다고 위협했음을 깨달았다. 그는 굴복했고, 예루살렘에서 군인들의 군기에서 형상을 떼어 내라고 명령했다. 그는 그 날부터 계속 그가 대체로 유대인 지도자들의 변덕에 지배되었음을 발견했고, 이들은 이 방법으로, 실천하기 꺼려하는 것을 하겠다고 으름장 놓는 빌라도의 약점을 발견했다.

그 후에 빌라도는 땅에 떨어진 이 체신(體身)을 다시 회복하려고 마음을 단단히 먹었고, 따라서 케자 숭배에서 보통 쓰이는 것과 같은 황제의 방패들을 예루살렘에서 헤롯 궁전의 담에 걸어 놓았다. 유대인들이 항의했을 때, 끄떡하지 않았다. 그가 항의에 귀를 기울이지 않자, 그들은 즉시 로마에 상소했고, 그러기가 무섭게 황제는 거슬리는 그 방패들을 떼어 내라고 명령했다. 그리고 나서 빌라도는 전보다도 더욱 체신이 떨어졌다.

유대인들이 그를 크게 싫어하게 만든 또 다른 일은, 큰 종교적 축제가 있을 때 예루살렘으로 오는 수백만의 방문자들을 위하여 물의 공급을 늘이려고 새 수도교(水道橋)를 짓는 경비를 지불하는 데 성전 금고에서 감히 돈을 가져간 것이다. 오로지 산헤드린이 성전 자금을 지출할 수 있다고 유대인들은 주장했고, 이 주제넘은 결정 때문에 그들은 결코 빌라도를 규탄하기를 그치지 않았다. 이 결정의 결과로 스무 번 이상의 폭동이 있었고 많은 피를 흘렸다. 심각했던 폭동 가운데 마지막 것은 마침 큰 무리의 갈릴리 사람들이 제단에서 예배드리는 동안에 그들을 살인한 것과 상관이 있었다.

갈팡질팡하는 이 로마인 통치자가 유대인들에 대한 두려움에, 또 자기 개인의 지위를 보호하려고, 예수를 희생했지만 사마리아 사람들을 필요 없이 살육한 결과로서 그가 마침내 쫓겨났다는 것이 의미가 있다. 이것은 군대를 게리짐 산으로 이

끈 어느 거짓 메시아의 주장과 연결해서 일어났는데, 이 사람은 거기에 성전의 그릇들이 묻혀 있다고 주장했고, 성스러운 그릇들이 숨겨진 장소를 약속한 대로 드러내지 못하자, 사나운 폭동이 터졌다. 이 에피소드의 결과로서, 시리아 총독은 빌라도를 로마로 오라고 명하였다. 빌라도가 로마로 가는 길에 티베리우스가 죽었고, 그는 유대의 집정관으로 다시 임명되지 않았다. 예수를 십자가에 못박는 데 찬성한 유감스러운 유죄(有罪) 판결로부터 그는 결코 완전히 회복하지 못했다. 새 황제의 눈에 들지 않게 되자, 로잔 지방으로 은퇴했고, 거기서 나중에 목숨을 끊었다.

빌라도의 아내 클라우디아 프로큘라는 그 여자에게 시중드는 하녀의 말을 통해서 예수에 대하여 익히 들었고, 이 하녀는 하늘나라 복음을 믿는 페니키아인 신자였다. 빌라도가 죽은 뒤에, 클라우디아는 새 소식을 전파하는 데 특별히 관여했다.

이 모두가 이 비극의 금요일 오후에 벌어진 많은 것을 설명한다. 어째서 유대인들이 주제넘게 빌라도에게 명령하듯이 요구했는가—예수를 재판하라고 6시에 일어나게 했는가—또한 어째서 예수를 사형하라는 요구를 감히 거절하면 황제 앞에서 그를 반역죄로 고소하겠다고 그들이 서슴지 않고 위협했는가 이해하기가 쉽다.

유대인 통치자들과 불리한 관계에 말려들지 않은 자격 있는 로마인 총독은, 피에 굶주린 이 광신자들로 하여금 거짓된 죄목에 대하여 무죄하며 잘못이 없다고 자신이 선언한 그런 사람의 죽음을 초래하도록 결코 버려 두지 않았을 것이다. 팔레스타인을 다스리라고 2류인 빌라도를 보냈을 때, 로마는 큰 실수, 세상사에 두루 영향을 미치는 잘못을 저질렀다. 티베리우스가 제국에서 가장 훌륭한 지방 행정자를 유대인들에게 보냈더라면 더 좋았을 것이다.

2. 빌라도 앞에 예수가 나타나다

예수와 고발하는 사람들이 빌라도의 재판정 앞에서 모였을 때, 로마인 총독이 나와서 집결한 일행을 향하여 물었다. “너희가 이 사람에 대하여 무슨 죄목을 가져오느냐?” 예수를 해치우는 일을 떠맡은 사두개인과 의원(議員)들은 빌라도 앞에 가서, 분명한 죄목을 자진해서 말하지 않고서 예수에게 선언된 사형 선고의 확인을 요구하려고 전에 굳게 결의했다. 그래서 산헤드린 법정의 대변인은 빌라도에게 대답했다: “이 사람이 행악자가 아니라면, 우리가 그를 당신에게 넘기지 않았어야 하나이다.”

그들이 예수의 죄목을 말하기 꺼려함을 지켜보았을 때, 빌라도는 그의 죄에 관하여 그들이 밤새도록 심의하느라고 바빴던 것을 알았지만, 그들에게 대답했다: “너희가 어떤 분명한 죄목에도 합의를 보지 아니하였으니, 너희가 이 사람을 데려다가 너희 율법에 따라서 재판하면 어떠냐?”

그 때 산헤드린 법정의 서기(書記)가 빌라도에게 말했다: “우리가 어떤 사람이라도 사형에 처하는 것은 율법에 어긋나며, 우리 민족을 선동하는 이 자는 그가 말하고 행한 것 때문에 죽어 마땅하나이다. 그러므로 이 선포를 확인하려고 우리가 당신 앞으로 왔나이다.”

이처럼 피하려고 시도하면서 로마인 총독 앞에 온 것은 빌라도의 공정함, 명예, 위엄에 대하여 존경심이 모자랐을 뿐 아니라, 예수에 대하여 산헤드린 의원들이 악의(惡意)와 나쁜 감정을 가졌음을 드러낸다. 지배받는 이 시민들이 지방 총독 앞에 나타나서, 한 사람에게 공평한 재판을 허락하기 전에, 그에 대하여 분명한 죄목을 내밀지도 않고 그를 집행하라는 선포를 요구하는 것은 무슨 뻔뻔스러운 처사인가!

빌라도는 유대인들 사이에서 예수가 행한 일을 얼마큼 알았고, 그가 고소당할까 싶은 죄목들은 유대인 교회법의 침해와 상관이 되리라 짐작했다. 그래서 그 사례를 그들 자체의 법정으로 회부하려고 애썼다. 또 한편, 빌라도는 그들이 지독하게 시기(猜忌)하는 미움으로 경멸하게 된, 자기 민족의 사람에게도 사형 선고를 선언하고 집행하는 힘이 그들에게 없다고 대중 앞에서 고백하게 만든 것을 마음 속으로 고소해하였다.

빌라도가 아내 클라우디아로부터 예수와 그의 가르침에 관하여 좀더 들은 것은 몇 시간 전, 자정 조금 전에, 그리고 그가 예수를 몰래 체포하는 데 로마 군인들을 쓰도록 허가한 뒤였다. 클라우디아는 얼마큼 유대교를 믿는 사람이었고, 나중에는 예수의 복음을 믿는, 충분히 자격 있는 신자가 되었다.

빌라도는 이 청문회를 미루고 싶었지만, 유대인 지도자들이 그 소송 사건을 밀고 나가기로 굳게 각오한 것을 깨달았다. 그는 이 때가 유월절 준비일의 아침이었을 뿐 아니라, 이 날이 금요일이었으니까, 또한 쉬고 예배하는 유대인들이 안식일을 위하여 준비하는 날임을 알았다.

이 유대인들이 접근하는 불경한 태도에 무척 민감했기 때문에, 빌라도는 예수를 재판 없이 사형에 처하라는 그들의 요구에 기꺼이 따르려 하지 않았다. 그러므로 이들이 죄수에 대하여 죄명을 내놓도록 몇 순간 기다리고 나서, 그들을 향하여 말했다: "나는 이 사람에게 재판 없이 사형을 선고하지 않겠노라. 그에 대하여 죄명을 문서(文書)로 제시하기 전까지, 그를 심문하는 데 찬성하지 않겠노라."

빌라도가 이렇게 말하는 것을 들었을 때, 대사제와 다른 사람들은 법정의 서기(書記)에게 신호했고, 그리고 나서 그는 빌라도에게 예수에 대한 기록된 죄명을 넘겨 주었다. 이 죄목은 다음과 같았다:

"우리 산헤드린 의원의 법정은 이 사람이 다음의 죄로 인하여 그가 행악자요 우리 민족을 선동하는 자임을 발견함.

"1. 우리 국민을 타락하게 하고 우리 민족을 반란하도록 선동하는 것.

"2. 사람들이 케자에게 세금을 내지 말라고 금한 것.

"3. 자신이 유대인의 임금이라 부르고 새 나라 세우기를 가르친 것."

예수는 이 중에 어떤 죄목으로도 정식으로 재판을 받거나 법적으로 선고를 받지 않았다. 이 죄목들이 처음에 낭독되었을 때 듣지도 못했지만, 예수는 집정관 관저에서 경비병들의 보호 밑에 있었는데, 빌라도는 거기서 그를 데려오게 했고, 빌라도는 이 죄목들이 예수가 듣는 가운데 되풀이되기를 주장했다.

예수가 이 죄목들을 들었을 때, 그는 유대인 법정 앞에서 이 문제들에 관하여 그가 말할 기회를 가지지 못했음을 잘 알았고, 요한 세베대와 그 고발자들도 알았지만, 예수는 이 거짓 죄목들에 대하여 아무 대답도 하지 않았다. 빌라도가 그를 고발한 자들에게 답변하라고 명했을 때도, 입을 열지 않았다. 그 진행 전체가 불공평한 데 너무 놀라고, 예수의 잠잠하고 훌륭한 태도에 너무 감명을 받아서, 빌라도는 죄수를 본부 안으로 데리고 가서 친히 심문(審問)하기로 마음먹었다.

빌라도는 머리 속이 헛갈렸고, 마음 속에 유대인들을 두려워했으며, 피에 굶주린 고발자들 앞에서, 예수가 거기에 당당하게 서서, 말없이 경멸하는 것이 아니라, 진정한 동정과 슬픔에 찬 애정의 빛을 띠고 그들을 물끄러미 내려다보는 광경 때문에, 그의 정신은 힘차게 감동을 받았다.

3. 빌라도의 개인 심문

빌라도는 예수와 요한 세베대를 개인 전용 방으로 데려갔고, 경비병들을 바깥에 복도에 두었다. 죄수더러 앉으라고 청하면서 그는 예수 옆에 앉아서 몇 마디 물었다. 빌라도는 예수에 대한 첫째 죄목, 그가 국민을 타락하게 하는 자요 반란을 선동하는 자임을 믿지 않는다고 확언하면서 예수와 말을 시작했다. 그리고 나서 그는 물었다: "너는 케자에게 세금을 내지 말라고 가르친 적이 있느냐?" 예수는 요한을 가리키며 말했다: "저 사람이나 내 가르침을 들은 어느 다른 사람에게라도 물으라." 그리고 나서 빌라도는 요한에게 이 세금 문제에 대하여 물었고, 요한은 주의 가르침에 관하여 증언하고, 예수와 그의 사도들은 케자와 성전 양쪽에 세금을 물었다고 설명했다. 요한에게 묻고 나서, 빌라도는 말했다. "내가 너와 이야기한 것을 아무에게도 말하지 않도록 하라." 요한은 이 문제를 결코 밝히지 않았다.

그리고 나서 빌라도는 예수에게 더 물으려고 몸을 돌이켜 말했다: "그리고 이제 너에 대한 셋째 고발에 관하여 묻건대, 네가 유대인의 임금이냐?" 빌라도의 목소리에 아마 진정하게 묻는 빛이 있었기 때문에, 예수는 집정관에게 빙긋 웃으며 대답했다: "빌라도여, 네가 이것을 스스로 묻느냐, 아니면 이 다른 사람들, 나를 고발하는 자들로부터 이 질문을 받았느냐?" 그러자 얼마큼 분개하는 소리로, 총독은 대답했다: "내가 유대인이냐? 네 나라 사람과 대사제들이 너를 잡아 넘기고 너에게 사형을 선고하라 내게 요구하였느니라. 나는 저희가 가져온 죄목들이 정당한가 묻고, 네가 무슨 일을 했는가 나 혼자서 찾아내려고 애쓸 따름이라. 내게 말하라. 네가 유대인의 임금이라 말한 적이 있느냐, 그리고 네가 새 나라를 세우려고 애썼느냐?"

그러자 예수는 빌라도에게 대답했다: "내 나라가 이 세상에 속하지 않음을 네가 깨닫지 못하느냐? 내 나라가 이 세상에 속하였다면, 분명히 내 제자들이 싸워서 내가 유대인들의 손에 넘겨지지 못하게 하였으리라. 내가 네 앞에 이 끈에 묶여 있음은 내 나라가 영적 국가인 것, 아니 믿음을 통하여, 사랑으로 하나님의 아들이 된 사람들의 형제 단체임을 모든 사람에게 보이기에 충분하니라. 이 구원은 유대인 뿐 아니라 이방인도 위한 것이라."

"그러면 결국 네가 임금이냐?"하고 빌라도가 말했다. 예수가 대답했다: "옳도다, 내가 그런 임금이요, 내 나라는 하늘에 계신 아버지의 믿음의 아들들이 모인 가족이라. 이 목적을 위하여, 아버지를 모든 사람에게 보이고, 하나님의 진리를 증언까지 하려고 내가 이 세상에 태어났노라. 지금도 너에게 선언하노니, 진리를 사랑하는 자마다 내 목소리를 듣느니라."

그러자 빌라도가 반은 비웃으며 반은 진지하게 말했다. "진리, 무엇이 진리냐—누가 알소냐?"

빌라도는 예수의 말씀을 헤아릴 수 없었고, 그의 영적 나라의 성질을 알아들을 수도 없었지만, 그 죄수가 죽어 마땅한 일은 하지 않았다고 이제 확신했다. 얼굴을 맞대고 예수를 한 번 본 것은, 부드럽고 시달렸어도 당당하고 곧은 이 사람이 현세에 이스라엘의 보좌에 스스로 앉을 포부를 가진 사납고 위험한 혁명가가 아닌 것을 빌라도가 확신하기에도 넉넉했다. 자기를 임금이라고 불렀을 때 예수가 무슨 뜻으로 말했는가 빌라도는 얼마큼 알아들었다고 생각했는데, 그가 금욕주의자들의 가르침에 익숙했기 때문이고, 이들은 "지혜로운 사람은 임금이라"고 선언했다. 반란을 선동하는 위험한 인물이라기보다, 예수는 해롭지 않은 공상가, 결백(潔白)한 광신자에 지나지 않는다고 빌라도는 속속들이 확신했다.

주를 심문한 뒤에, 빌라도는 대사제들과 예수를 고소하는 자들에게 돌아가서 말했다: "나는 이 사람을 심문하였고, 그에게서 아무 잘못을 찾지 못하노라. 나는 너희가 고발한 죄가 그에게 있다고 생각지 않고, 그를 풀어 주어야 한다 생각하노라." 이 말을 들었을 때, 유대인들은 몹시 성이 났고, 너무 성이 나서 예수가 죽어야 한다고 사납게 소리를 질렀다. 산헤드린 의원들 가운데 하나가 대담하게 빌라도의 옆으로 걸어와서 말했다: "이 사람은 민중을 선동하고, 갈릴리에서 시작하여 온 유대 땅에 두루 계속하였나이다. 그는 해독을 끼치는 자요, 행악자이니, 당신이 이 사악한 사람을 풀어 주면 오랫동안 후회하리이다."

빌라도는 예수를 어찌할까 몰라서 난처했다. 그래서 예수가 일을 갈릴리에서 시작했다고 사람들이 말하는 것을 들었을 때, 그 때 유월절에 참석하려고 도시에 들린 헤롯 앞에 서도록 예수를 보냄으로써, 그 소송 사건을 결정하는 책임을 피하려고, 적어도 생각할 시간을 벌려고 생각했다. 또한 이런 표시가 관할권의 문제로 생긴 수많은 오해 때문에, 자신과 헤롯 사이에 얼마 동안 있었던 좋지 않은 감정을 얼마큼 푸는 데 도움이 되리라 생각했다.

경비병들을 부르면서 빌라도는 말했다: "이 사람은 갈릴리 사람이라. 당장에 헤롯에게 데려가라. 헤롯이 심문한 뒤에, 그가 발견한 것을 내게 보고하라." 그리고 그들은 예수를 헤롯에게 데리고 갔다.

4. 헤롯 앞에 선 예수

예루살렘에 들렀을 때, 헤롯 안티파스는 헤롯 대제의 옛 마카비 궁전에서 거주했는데, 이 옛 임금의 집으로 성전 경비병들이 예수를 끌고 갔고, 고발자들과 늘어나는 군중이 그를 뒤따라갔다. 헤롯은 예수에 관하여 오래 소문(所聞)을 들어 왔고, 예수에 관하여 무척 호기심이 있었다. 이 금요일 아침에 사람의 아들이 앞에 섰을 때, 이 사악한 이두미아인은 한 순간도, 세포리스에서 그 앞에 나타나서, 자기 아버지가 받아야 할 돈에 관하여 공정한 결정을 탄원했던, 옛 시절의 소년을 결코 회상하지 못했는데, 그의 아버지는 공공 건물 중 하나에서 일하다가 사고(事故)로 돌아가셨다. 헤롯이 아는 한, 그는 예수를 본 적이 없었다. 하지만 예수의 일이 갈릴리에 집중되었을 때 예수에 대하여 크게 걱정했다. 예수가 빌라도와 유대 지방 사람들의 보호 밑에 있었으니까, 앞으로 예수로부터 어떤 문제가 생겨도 안전하게 느꼈기 때문에, 헤롯은 그를 보고 싶어했다. 헤롯은 예수가 행한 기적들에 대하여 익히 들어 왔고, 예수가 무슨 이적(異蹟)을 행할까 보기를 정말로 희망하였다.

그들이 예수를 헤롯 앞으로 데려왔을 때, 사분(四分) 군주는 그의 우람찬 모습과 얼굴빛에 나타난 침착함에 깜짝 놀랐다. 15분쯤 헤롯은 예수에게 질문을 던졌지만, 주는 대꾸하려 하지 않았다. 헤롯은 비웃고 예수에게 기적을 행해 보라고 덤비었어도, 예수는 그의 질문에 대답하거나 비웃음에 대꾸하려 하지 않았다.

그리고 나서 헤롯은 대사제와 사두개인들을 향하고, 그들이 고발하는 말에 귀를 기울였고, 이들이 주장하는 바 사람의 아들의 여러 악행에 관하여 빌라도가 들은 것 모두, 그리고 더 많이 들었다. 예수가 입을 열지도 않고, 그를 위하여 이적을 행하지도 않으리라 확신했기 때문에, 한동안 그를 놀려 댄 뒤에, 마침내 헤롯은 그에게 자주빛, 임금의 헌 예복을 차려 입히고 도로 빌라도에게 보냈다. 헤롯은 그가 유대 지방에서 예수에 대하여 아무 관할권이 없음을 알았다. 마침내 예수를 갈릴리에서 몰아냈다고 믿게 되어 즐겁기는 했어도, 예수를 사형에 처하는 책임을 가진 것이 빌라도임을 고맙게 여겼다. 헤롯은 세례자 요한을 죽인 결과로 그를 괴롭히던 두려움에서 결코 충분히 회복하지 못했다. 헤롯은 어떤 때에는 예수가 죽은 자 가운데서 살아난 요한인가 두려워하기도 하였다. 이제 그는 그 두려움에서 해방되었다. 예수가 감히 그의 사생활을 들추어 내고 비난했던, 입이 거칠고 불 같은 선지자와 아주 다른 종류의 사람이라는 것을 지켜보았기 때문이다.

5. 예수가 빌라도에게 돌아오다

경비병들이 예수를 빌라도에게 도로 데리고 왔을 때, 그는 집정관 관저 앞 계단으로 나갔는데, 거기에는 재판석이 마련되어 있었다. 대사제와 산헤드린 의원들을 한데 부르고 이들에게 말했다: "너희는 이 사람이 민족을 타락하게 하고, 세금 내는 것을 금하며, 유대인의 임금이라 주장한다는 죄목으로 그를 내 앞에 데려왔느니라. 내가 그를 심문했는데, 이 죄목들에 대하여 그가 죄 있음을 발견하지 못하였노라. 사실은, 그에게서 아무 잘못을 찾지 못하노라. 그리고 나서 그를 헤롯에게 보냈는데, 헤롯이 우리에게 도로 돌려보냈으니, 사분(四分) 군주가 똑같은 결론을 내렸음이 틀림없도다. 이 사람이 죽어 마땅한 아무 일도 저지르지 않았음이 분명하니라. 너희가 아직도 그가 징벌을 받아야 한다고 생각하면, 풀어 주기 전에 그를 기꺼이 매질하겠노라."

예수를 석방하는 데 대하여 유대인들이 항의하는 소리를 막 지르려 할 바로 그때, 유월절 축제를 기념하여 한 죄수를 놓아 달라고 빌라도에게 요청할 목적으로 허다한 무리가 집정관 관저로 행진하여 다가왔다. 얼마 동안 로마 총독들이, 감옥에 갇힌 어떤 죄수나 사형수를 유월절에 사면(赦免)을 받도록 민중에게 선택하게 하는 것이 관습이었다. 이 군중이 한 죄수를 놓아 달라고 요청하려고 그 앞으로 왔고, 예수가 아주 최근에 군중에게 큰 인기가 있었고, 예수가 이제 그의 재판석 앞에 있는 죄인이니까, 유월절 선의(善意)의 표시로 이 갈릴리 사람을 그들에게 놓아 줄 것을 이 무리에게 제안함으로써 곤경에서 빠져 나올 수 있을지 모른다는 생각이 빌라도에게 떠올랐다.

군중이 건물의 계단으로 닥쳐 올라오자, 빌라도는 그들이 바라바라는 이름을 소리치는 것을 들었다. 바라바는 이름난 정치 선동자요, 살인한 강도, 어느 사제의 아들이었고, 최근에 예리고 길에서 강도와 살인 현장(現場)에서 붙잡혔다. 이 사람은 유월절 축제가 끝나자마자 사형되라고 선고를 받았다.

빌라도는 일어나서, 대사제들이 예수를 그에게 데려왔고, 대사제들은 어떤 죄목으로 예수를 사형에 처하기를 구한다는 것, 그는 그 사람이 죽어 마땅하다고 생각지 않는다고 군중에게 설명했다. 빌라도는 말했다: "그러므로, 내가 누구를 놓아 주기를 너희가 더 좋아하느냐, 이 살인자 바라바냐, 아니면 이 갈릴리 사람 예수이냐?" 빌라도가 이렇게 말하자, 대사제와 산헤드린 의원들은 목이 터져라 외쳤다: "바라바, 바라바!" 대사제들이 예수를 사형당하게 할 생각이 있음을 사람들이 보았을 때, 그들은 그를 죽이라는 아우성에 재빨리 합세했고, 한편 바라바를 놓아 달라고 크게 소리쳤다.

이보다 며칠 앞서 군중은 예수를 경외하는 눈으로 보았지만, 하나님의 아들임을 주장하고 나서, 이제 대사제와 통치자들에게 구류되어 있고 목숨 때문에 빌라도 앞에서 재판받고 있는 사람을 폭도(暴徒)는 우러러보지 않았다. 성전 바깥으로 환전상과 상인들을 몰아낼 때 예수는 민중의 눈에 영웅일 수 있었지만, 적들의 손에서, 목숨 때문에 재판받는, 저항하지 않는 죄수일 때는 그렇지 않았다.

대사제들이 예수의 피를 흘리려고 소리치면서, 악명 높은 살인자를 용서해 달라고 악쓰는 광경을 보고서 빌라도는 화가 치밀었다. 그들이 악의(惡意)가 있음을 보았고, 그들의 편견과 질투를 눈치챘다. 그래서 그들에게 말했다: "이 사람의 가장 나쁜 죄가 상징적으로 자신을 유대인의 임금이라고 부른 것인데, 너희는 어찌하여 이사람보다 살인자 살려 주기를 택할 수 있느냐?" 그러나 이것은 빌라도가 현명하게 한 말이 아니었다. 유대인들은 자부심을 가진 민족이었고, 지금 로마 정치의 지배를 받고 있지만, 권력과 영광을 크게 보이고 이방인의 사슬에서 그들을 구원할 메시아가 오기를 희망하였다. 이상한 교리를 가르치고, 이제 체포되어, 죽어 마땅한 죄로 고발된, 온순한 태도를 가진 이 선생이, "유대인의 임금"이라고 언급된다는 암시를 분개했고, 빌라도는 이것을 전혀 짐작할 수 없었다. 그들은 이러한 논평이 그들 민족의 존재에서 성스럽고 영예롭게 여긴 모든 것에 대한 모욕이라 여겼고, 따라서 바라바를 놓아 주고 예수를 죽이라고 한껏 목청이 터져라 힘차게 외쳤다.

예수가 고발당한 죄에 대하여 결백한 것을 빌라도는 알았고, 그가 공정하고 용기 있는 재판관이었다면 예수를 무죄라 선언하고 풀어 놓았을 것이다. 그러나 그는 성난 이 유대인들을 무시하기가 두려웠고, 자기 임무를 행하기를 망설이는 동안에, 한 사자(使者)가 다가와서 아내 클라우디아가 보낸 봉한 메시지를 그에게 내밀었다.

빌라도는 그 앞에 있는 문제를 더 진행하기 전에, 막 받은 통신문을 읽기를 바란다는 뜻을 앞에 모인 사람들에게 알렸다. 아내가 보낸 이 편지를 뜯자, 빌라도는 읽었다: "저희가 예수라고 부르는 결백하고 공정한 이 사람과 당신이 아무 상관도 하지 말기를 내가 비나이다. 그 사람 때문에 지난 밤 꿈 속에서 많이 고생하였나이다." 클라우디아로부터 온 이 쪽지는 빌라도를 크게 흥분하게 하고, 그로서 이 문제의 판결을 늦추었을 뿐 아니라, 불행하게도 유대 통치자들이 군중 사이에 마음대로 돌아다니며 사람들에게 바라바를 놓아 주기를 요구하고 예수를 십자가에 못박기를 아우성치라고 사람들을 재촉할 상당한 시간을 마련해 주었다.

마침내, 눈앞에 닥친 문제를 해결하는 데 다시 한 번 힘을 쏟으며, 빌라도는 유대 통치자들과 사면(赦免)을 구하는 군중의 혼합된 무리에게 물었다. "유대인의 임금이라고 부르는 사람을 내가 어찌하랴?" 그들은 모두 한 목소리로 소리쳤다, "그를 십자가에 못박아라! 십자가에 못박아라!" 혼합된 군중한테서 나온 이 만장 일치의 요구는, 부당하고 두려움에 질린 재판관 빌라도를 깜짝 놀라고 불안하게 만들었다.

그리고 나서 한 번 더 빌라도는 말했다: "너희가 어째서 이 사람을 못박으려 하느냐? 무슨 악행을 그가 저질렀느냐? 누가 앞으로 나와서 그를 적대하여 증언하겠느냐?" 그러나 빌라도가 예수를 두둔하여 말하자, 그들은 더욱 외치기만 했다. "그를 십자가에 못박아라! 십자가에 못박아라!"

그러자 빌라도는 유월절 죄수의 사면에 관하여 그들에게 다시 호소하며 말했다: "다시 한 번 너희에게 묻노니, 이 너희 유월절에 이 죄인들 가운데 누구를 너희에게 풀어 주랴?" 다시 군중은 외쳤다, "바라바요!"

그리고 나서 빌라도가 말했다: "내가 살인자 바라바를 풀어 주면, 예수를 어떻게 하랴?" 한 번 더 군중은 한 목소리로 외쳤다. "십자가에 못박아라! 십자가에 못박아라!"

빌라도는 대사제와 산헤드린 의원들이 직접 지도한 이 폭도의 끈질긴 아우성에 더럭 겁이 났다. 그런데도 군중을 달래고 예수를 구하려고 적어도 한 번 더 애쓰려고 마음먹었다.

6. 빌라도의 마지막 호소

이 금요일 아침 일찍, 빌라도 앞에서 벌어지고 있는 모든 일에는 오직 예수의 적들만 끼어 있었다. 그가 밤에 붙잡히고 이른 아침에 재판받는 것을 많은 친구가 모르고 있거나, 아니면 그들이 예수의 가르침을 믿는다고 해서 또한 붙잡혀서 죽어 마땅하다고 판결받을까 두려워서 숨고 있었다. 이제 주를 죽이라고 외치는 군중 속에는 오직 적이라고 맹세한 자들과 줏대 없고 지각이 없는 사람들만 있었다.

빌라도는 그들의 동정심에 마지막으로 한 번 호소하려 했다. 예수의 피를 흘리려고 외치는 이 그릇 인도된 폭도(暴徒)의 외침을 무시하기가 두려워서, 그는 유대 경비병과 로마 군인들에게 예수를 데려다가 채찍질하라고 명령했다. 이것은 그 자체로서 부당하고 불법인 과정이었는데, 로마의 법은 십자가에 못박혀 죽도록 선고받은 자들만 이렇게 채찍을 맞도록 규정했다. 이 시련을 주려고 경비병들은 예수를 관저에 딸린 지붕 없는 안뜰로 데리고 갔다. 그의 적들은 이 채찍질을 보지 않았어도, 빌라도는 구경했고, 그들이 이 고약한 학대를 마치기 전에, 그는 채찍질하는 자들에게 그만두라 지시하고 예수를 자기 앞으로 끌고 오라고 손짓했다. 예수가 채찍질하는 기둥에 묶여 있는 동안, 매질하는 자들이 그를 때리던 매듭진 채찍을 내려놓기 전에, 그들은 다시 그에게 자주빛 겉옷을 입히고, 가시관을 엮어서, 이마 위에 얹었다. 손에 가짜 홀(笏)로서 갈대를 쥐어 주고, 그들은 그의 앞에 무릎을 꿇고 놀리면서 말했다: "만세, 유대인의 임금이여!" 그들은 그에게 침을 뱉고, 손으로 따귀를 올려붙였다. 그들 가운데 하나는, 예수를 빌라도 앞에 돌려보내기 전에, 손에서 갈대를 빼앗아서 그의 머리를 쳤다.

그리고 나서 빌라도는 피 흘리고 살이 찢긴 이 죄수를 이끌고, 뒤섞인 군중 앞에 그를 내놓고 말했다: "이 사람을 보라! 다시 너희에게 선언하노니, 나는 그에게서 아무 죄를 찾지 못하노라. 그를 채찍질하였으니 그를 풀어 주려 하노라."

낡은 자주빛의 임금 옷을 걸치고, 인자한 이마를 찌르는 가시관을 쓰고서, 나사렛 예수가 서 있었다. 얼굴은 피로 얼룩지고, 자세는 괴로움과 슬픔으로 구부정했다. 그러나 아무 것도 맹렬한 미운 감정의 희생자요, 종교적 편견의 노예인 자들의 무딘 가슴에는 호소할 수 없었다. 이 광경은 광대한 우주 영역에 두루, 굉장히 몸서리치는 일이었지만, 그 오싹함은 예수를 죽이려고 결의한 자들의 가슴에 닿지 않았다.

주의 곤경을 보고서 처음 받은 충격에서 정신을 차리자, 그들은 더 크게, 더 길세 소리만 질렀다, "십자가에 못박아라, 못박아라, 못박아라!"

그들이 동정심을 가졌다고 생각했는데 이제 빌라도는 그런 느낌에 호소하는 것이 쓸모 없음을 깨달았다. 그는 앞으로 걸어나가서 말했다: "너희가 이 사람을 죽이겠다고 마음이 굳은 줄 내가 깨달으나 죽어 마땅하도록 그가 무슨 일을 하였느냐? 누가 그의 범죄를 선언하겠느냐?"

그러자 대사제 자신이 앞으로 걸어나와서, 빌라도에게 다가가면서, 성이 나서 선언했다: "우리에게는 신성한 법이 있고, 그 법에 따라서 이 사람은 죽어야 하나니, 그가 하나님의 아들인 체하였음이라." 이 말을 듣자, 빌라도는 유대인들이 더욱 무서웠을 뿐 아니라, 아내가 준 쪽지, 또 신들이 땅으로 내려온다는 그리스 신화를 회상하면서, 이제 그는 예수가 아마도 신다운 인물일 것이라는 생각에 부들부들 떨었다. 군중에게 조용히 하라고 손짓하고, 그 동안에 그를 더 조사할까 싶어 예수의 팔을 붙들고 다시 그를 건물 안으로 이끌고 갔다. 빌라도는 이제 두려움으로 갈피를 잡지 못했고, 미신 때문에 어리둥절하고, 그 폭도의 완고한 태도에 시달렸다.

7. 빌라도의 마지막 회견

두려운 감정으로 떨면서, 빌라도는 예수의 옆에 앉아서 물었다: "너는 어디에서 왔느냐? 정말로, 너는 누구냐? 네가 하나님의 아들이라고 저희가 말하는데, 이것이 무슨 소리냐?"

그러나 예수가 전혀 죄 없이 결백하다고 선언하고 나서도 정식으로 사형 선고를 받기 전에 그가 채찍질을 맞게 한 그렇게 부당한 재판관, 사람을 두려워하고 약하고 갈팡질팡하는 재판관이 물었을 때, 예수는 그런 물음에 도저히 대답할 수 없었다. 예수는 빌라도의 얼굴을 똑바로 보았지만, 대꾸하지 않았다. 그러자 빌라도가 말했다: "너는 내게 말하지 않으려 하느냐? 내가 아직도 너를 풀어 놓거나 십자가에 못박게 할 권력이 있음을 깨닫지 못하느냐?" 그러자 예수가 말했다: "하늘로부터 허락받지 않았다면, 네가 나에게 아무 권력을 행사할 수 없느니라. 하늘에 계신 아버지가 허락하지 않으면 사람의 아들에게 너는 아무 권한을 행사할 수 없느니라. 그러나 복음을 모르니, 너는 그다지 죄가 없도다. 나를 저버리고 나를 너에게 넘긴 자들, 저희에게 죄가 더 크니라."

예수와 마지막으로 가진 이 이야기는 빌라도를 속속들이 놀라게 했다. 도덕적으로 겁쟁이이자 약골인 이 법관은 이제 예수를 미신처럼 두려워하고 유대인 지도자들을 죽는 듯이 두려워하는 2중의 압박 밑에서 허덕였다.

다시 빌라도는 군중 앞에 나타나서 말했다: "나는 이 사람이 오직 종교적 위반자임을 확신하노라. 너희는 그를 데리고 가서 너희 법에 따라서 그를 재판해야 하느니라. 너희가 어째서 그가 너희 전통을 위반했다고 해서 그를 죽이는 데 내가 찬성하리라 기대하느냐?"

빌라도는 예수를 거의 풀어 주려 했는데, 그 때 대사제 가야바가 비겁한 로마인 재판관에게 다가와서, 빌라도의 얼굴에 징벌하듯 손가락을 흔들며 군중 전체가 들을 수 있게 성나서 말을 뱉었다: "이 사람을 풀어 주면, 당신은 케자의 친구가 아니요, 황제가 모든 것을 알도록 내가 처리하겠노라." 이 공개 위협은 빌라도에게 너무 지나쳤다. 자기 개인의 운명에 대한 두려움이 이제 모든 다른 고려 사항을 무색(無色)하게 만들었고, 겁쟁이 총독은 예수를 재판석 앞으로 끌고 나오라 명령했다. 주가 그들 앞에 거기 서 있는 동안, 그는 예수를 가리키며 놀리는 투로 말했다: "너희 임금을 보라." 유대인들이 대답했다: "그를 없이하라. 십자가에 못박아라!" 그러자 빌라도가 잔뜩 비꼬고 빈정대는 투로 말했다: "내가 너희 임금을 십자가에 못박으랴?" 유대인들이 대답했다, "옳소, 십자가에 못박아라! 우리에게는 케자 외에 아무 임금이 없소." 그러자 그가 유대인들을 무시하기를 꺼렸기 때문에, 빌라도는 예수를 구할 아무 희망이 없음을 깨달았다.

8. 빌라도의 비극의 굴복

여기 사람의 아들로서 육신화한 하나님의 아들이 섰다. 고발장 없이 붙잡혔고, 증거 없이 고발되었고, 증인 없이 재판을 받았고, 선고 없이 징벌을 받았으며, 그에게서 아무 잘못을 찾을 수 없다고 고백한 불공정한 재판관에게 사형 선고를 이제 곧 받게 되었다. 예수가 "유대인의 임금"이라 언급함으로 그들의 애국심에 호소하려고 생각했다면, 빌라도는 철저히 실패했다. 유대인들은 그러한 임금을 전혀 기대하지 않았다. 대사제와 사두개인들이 "우리에게는 케자 외에 아무 임금이 없소"하는 선언은 생각이 모자라는 민중에게도 충격이었지만, 그 폭도가 감히 주의 운동을 지지했다 하더라도 예수를 구하기에는 이제 너무 늦었다.

빌라도는 소동이나 폭동을 두려워했다. 그는 예루살렘에서 유월절 기간에 그런 소란의 위험을 감히 무릅쓰려 하지 않았다. 그는 케자로부터 최근에 질책을 받았고, 또 한 번 그러고 싶지 않았다. 그가 바라바를 풀어 주라고 명령했을 때 그 폭도는 갈채했다. 그리고 나서 그는 대야와 물 얼마큼을 달라 하고서, 거기서 군중 앞에서 손을 씻으며 말했다: "나는 이 사람의 피에 대하여 결백하노라. 너희는 그를 죽이려고 결심이 굳으나, 나는 그에게서 아무 죄를 찾지 못했노라. 너희가 그것을 유의하라. 군인들이 그를 인도하리라." 그리고 나서 폭도는 갈채하며 대답했다: "그의 피가 우리와 우리 자손에게 쏟아질지어다."

제 186 편

십자가에 못박히기 바로 전

예수와 고발자들이 헤롯을 보려고 떠났을 때, 주는 사도 요한을 향하여 말했다: "요한아, 너는 나를 위하여 아무 것도 더 할 수 없느니라. 내 어머니께로 가서, 내가 죽기 전에 나를 보도록 어머니를 모셔 오라." 요한이 주의 요청을 들었을 때, 비록 주를 적들 사이에 혼자 두고 떠나기 싫었어도, 베다니로 서둘러 갔는데, 거기에는 예수의 가족 전부가 마르다와 마리아의 집에서 모여서 기다리고 있었고, 이들은 예수가 죽은 자들 가운데서 살린 나사로의 자매였다.

아침 나절에 몇 번, 사자들이 마르다와 마리아에게 예수의 재판의 진행에 관하여 소식을 가져왔다. 그러나 예수가 사형되기 전에 어머니를 보려는 요청을 지니고 요한이 도착하기 꼭 몇 분 전까지, 예수의 가족은 베다니에 도착하지 않았다. 예수가 자정에 체포된 뒤로 일어난 모든 것을 요한 세베대가 그들에게 일러 준 뒤에, 어머니 마리아는 당장에 요한을 따라서 맏아들을 보러 갔다. 마리아와 요한이 도시에 도착할 때가 되어, 예수는 그를 십자가에 못박기로 된 로마 군인들을 동반하고 이미 골고다에 다다랐다.

예수의 어머니 마리아가 요한과 함께 아들에게 가려고 떠났을 때, 누이 룻은 나머지 가족과 함께 뒤에 남으려 하지 않았다. 룻이 어머니를 따라가려고 각오가 굳었기 때문에, 오빠 유다가 룻과 함께 갔다. 주의 나머지 가족은 야고보의 지도 밑에서 베다니에 남아 있었고, 거의 시간마다 다윗 세베대의 사자들이 그들에게 맏형 나사렛 예수를 사형에 처하는 그 끔찍한 일의 경과에 관하여 보고를 보내 왔다.

1. 가룟 유다의 마지막

이 금요일 아침 8시 반쯤에 빌라도 앞에서 예수의 청문회가 끝났고, 주는 그를 십자가에 못박기로 된 로마 군인들의 보호에 맡겨졌다. 로마인들이 예수를 맡자마자, 유대인 경비대의 지휘관은 부하들과 함께 성전 본부로 행진하여 돌아갔다. 대사제와 동료 산헤드린 의원들은 경비대의 뒤를 바짝 따라갔고, 성전에서 깎아 만든 돌로 된 너른 방에, 여느 때 회의하는 장소로 바로 갔다. 여기서 그들은 예수를 어떻게 처리했는가 알려고 기다리는 다른 산헤드린 의원들을 많이 발견했다. 예수의 재판과 사형 선고에 관하여 가야바가 산헤드린에 보고하느라고 바쁜 동안에, 유다는 주를 체포하고 사형 선고를 내리는 데 그가 한 역할에 대하여 보상(**報償**)을 요구하려고 그들 앞에 나타났다.

이 유대인들은 모두 유다를 몹시 싫어했다. 그들은 더할 나위 없는 경멸의 느낌만 가지고 그 배반자를 바라보았다. 가야바 앞에서 예수를 재판하는 동안 내내, 그리고 빌라도 앞에 나타난 동안 유다는 그의 배반 행위에 관하여 양심이 찔렸다. 그는 또한 예수를 배반한 자로서 베푼 봉사에 대한 대가로 그가 받기로 된 보상에 관하여 비로소 얼마큼 환멸을 느끼고 있었다. 유대 당국의 차갑고 쌀쌀한 태도가 마음에 들지 않았다. 그런데도 비겁한 행위에 대하여 그는 후하게 보상받기를 기대했다. 산헤드린의 전체 회의 앞에 부름 받고, 거기서 자신이 칭송받는 것을 들으며, 한편 그가 나라에 베풀었다고 자처했던 큰 봉사를 가리키는 표시로서 그들이 그에게 적당한 명예를 수여하기를 기대하였다. 그러니까 대사제의 하인(下人)이, 그의 어깨를 툭툭 치며, 바로 방 바깥으로 그를 불러 냈을 때, 자기 중심인 이 배반자가 크게 놀란 것을 상상해 보라. 그 하인이 말했다: “유다야, 예수를 배반한 것에 대하여 너에게 돈을 주라고 나는 지시를 받았노라. 여기 네 보상을 받아라.” 이렇게 말하면서, 가야바의 하인은 유다에게 은화(銀貨) 서른 닢을 담은 자루를 주었다—당시에 좋고 건강한 노예의 값이었다.

유다는 깜짝 놀랐고, 어리벙벙했다. 방으로 도로 들어가려고 달려갔지만, 문지기가 막았다. 산헤드린에게 상소(上訴)하기를 바랐지만 그들은 그를 들여 놓으려 하지 않았다. 이 유대인 통치자들이 그로 하여금 친구인 주를 배반하게 하고, 다음에 상금으로 그에게 은화 서른 닢을 주다니, 믿을 수 없는 일이었다. 그는 창피와 환멸을 느꼈고, 완전히 마음이 짓밟혔다. 말하자면, 넋을 잃은 듯이, 성전을 떠나서 걸어갔다. 저절로 돈 자루를 깊은 호주머니에 집어넣었고, 바로 그 호주머니에 그는 사도들의 자금을 담은 자루를 아주 오랫동안 가지고 다녔다. 그는 십자가 처형을 구경하러 가고 있던 군중의 뒤를 따라서 도시를 헤매 다녔다.

사람들이 예수를 못박은 채로 가로대를 올리는 것을 먼 거리에서 유다는 보았고, 이것을 보고 나서 성전으로 도로 달려갔다. 문지기를 지나 강제로 들어가서, 아직도 회의 중인 산헤드린 앞에 섰다. 그 배반자는 거의 숨을 쉬지 못했고, 어지간히 어지러웠지만, 그럭저럭 더듬거리며 이런 말을 뱉었다: “내가 죄 없는 피를 배반하였으니 나는 죄를 지었구나. 너희는 나를 모욕하였느니라. 내가 베푼 봉사에 대하여, 보상으로서 내게 돈—노예의 값—을 내밀었느니라. 내가 이렇게 한 것을 나는 뉘우치고, 여기 너희 돈이 있느니라. 나는 이 행위에 대한 죄책감에서 벗어나고 싶노라.”

유대인 통치자들이 유다의 말을 듣자, 그에게 코웃음을 쳤다. 그들 중에 유다가 서 있던 곳 가까이 앉아 있던 한 사람은 그에게 방에서 나가라고 손짓하며 말했다: “너의 주는 로마인들에게 이미 사형당했고, 네 죄책감에 대하여 말하자면, 그게 우리와 무슨 상관이냐? 네가 알아서 처리하여라—그리고 꺼져라!”

산헤드린의 방을 떠나면서, 유다는 돈 자루에서 은화 서른 닢을 꺼내서 성전 마루에 확 동댕이쳤다. 성전을 떠났을 때, 그 배반자는 거의 미쳐 버렸다. 유다는 죄의 참 성질을 깨닫는 체험을 이제 거치고 있었다. 악행의 모든 매력과 매혹과 취한 기분이 사라져 버렸다. 이제 그 행악자는 혼자 서서, 환멸에 빠지고 실망한 그의 혼을 판결하는 선고(宣告)와 얼굴을 마주했다. 죄는 저지를 때 매혹시키고 모험하는 맛이 나지만, 이제 벌거벗고 낭만적이 아닌 사실을 수확하는 것과 얼굴을 마주쳐야 했다.

한때 땅에서 하늘나라의 대사였던 이 사람은, 이제 버림받고 쓸쓸하게 예루살렘의 거리를 지나서 걸었다. 그의 절망(絶望)은 필사적이고 거의 절대적이었다. 계속 도시를 통해서, 담 바깥으로, 힌놈의 골짜기의 끔찍한 외로움 속으로 쏘다녔고, 거기서 가파른 바위로 기어 올라가서, 외투의 허리띠를 쥐고 한쪽 끝을 어느 작은 나무에 매고, 다른 끝을 목 둘레에 묶었고, 절벽 너머로 몸을 내던졌다. 죽기 전에, 불안한 그의 손이 묶었던 매듭이 풀어졌고, 배반자의 몸은 밑에 들쭉날쭉한 바위 위로 떨어지면서 박살이 났다.

2. 주의 태도

체포되었을 때, 예수는 필사 육체의 모습을 입고서 땅에서 할 일이 끝났음을 알았다. 자기가 어떻게 죽을 줄 충분히 알았고, 이른바 재판의 세부에 관하여 거의 아랑곳하지 않았다.

산헤드린 의원의 법정 앞에서, 그는 거짓 증인들의 증언에 대답하기를 거절했다. 친구가 묻든, 적이 묻든, 반드시 대답을 끌어 낼 오직 한 가지 물음이 있었는데, 즉 땅에서 그의 사명의 성질과 신성(神性)에 관한 물음이었다. 하나님의 아들인가 질문을 받았을 때, 그는 어김없이 대답했다. 호기심 있고 사악한 헤롯 앞에 있을 때, 완강하게 입을 열려 하지 않았다. 빌라도 앞에서, 그가 말한 것 때문에 빌라도나 어떤 다른 진지한 사람이 진리를 더 잘 아는 데 도움이 될까 생각했을 때에야 입을 열었다. 예수는 진주를 돼지 앞에 던지는 것이 쓸데없음을 사도들에게 가르쳤고, 그가 가르쳤던 것을 이제 감히 실천했다. 이 때 그의 행위는, 신다운 성품의 품위 있는 침묵과 엄숙한 기품과 함께, 인간 성품을 참을성 있게 복종시키는 것을 본보기로 보여 주었다. 그가 고발당한 정치적 죄목에 관계된 어떤 질문이라도—총독의 관할에 속한다고 인식한 어떤 문제라도—그는 빌라도와 함께 아주 기꺼이 토론했다.

모든 다른 필사 인간이 해야 하는 것과 꼭 마찬가지로, 인간사의 자연스럽고 평범한 과정에 복종하는 것이 아버지의 뜻이라고 예수는 확신했고, 따라서 사회적으로 근시안이고 영적으로 눈먼 동료 필사자들이 모략한 결과에 영향을 미치려고, 순전히 인간다운 능력, 설득하는 웅변 능력조차 그는 쓰기를 물리쳤다. 비록 예수가 유란시아에서 살다가 죽었어도, 그의 인생 전부는, 처음부터 마지막까지, 그가 창조하고 끊임없이 떠받드는 우주 전체에 영향을 미치고 우주 전체를 가르치려고 고안된 구경거리였다.

근시안인 이 유대인들은 보기 사납게 주를 죽이라고 아우성을 쳤고, 한편 그는 끔찍한 침묵 속에서 한 나라가—땅에서 아버지의 민족이—사멸(死滅)하는 장면을 바라보면서 거기에 서 있었다.

예수는 계속되고 필요 없는 모욕에 부닥쳐서 차분함을 유지하고 위엄을 주장할 수 있는 그런 종류의 인격을 얻었다. 그는 위협에 끄떡하지 않았다. 안나스의 하인에게 처음에 공격받았을 때, 그에게 불리하게 정식으로 증언할 수 있는 사람들을 요청하는 것이 적절하다고 제안했을 뿐이다.

처음부터 끝까지, 빌라도 앞에서 그가 이른바 재판을 받을 때, 구경하는 하늘의 무리들은 "예수 앞에서 빌라도가 심판받는" 장면의 그림을 우주에 방송하기를 자제할 수 없었다.

가야바 앞에 있을 때, 또 모든 거짓 증언이 밝혀지고 나서, 예수는 대사제의 물음에 서슴지 않고 대답했고, 이로서 그를 신성 모독으로 정죄하기 위한 근거로서 자신의 증언 속에서 그들이 원하던 것을 마련해 주었다.

의도는 좋아도 그를 석방하려고 건성으로 기울인 노력을 주는 거들떠보지도 않았다. 정말로 빌라도를 불쌍히 여겼고, 그의 어두워진 지성을 일깨워 주려고 진지하게 애썼다. 유대인들이 예수를 고발한 범죄의 죄목(罪目)을 취소하라고 로마인 총독이 유대인들에게 한 모든 호소에 그는 온통 수동적이었다. 슬픈 그 시련 전체를 통하여 내내, 소박한 품위와 허세부리지 않는 위엄을 가지고 처신했다. 그를 죽이려 하는 자들이 그가 "유대인의 임금"인가 물었을 때 불성실을 비난하려 하지도 않았다. 그들이 그를 거절하기를 택했어도, 제한하는 설명을 조금만 덧붙이고 그 칭호를 받아들였는데, 이는 그가 영적 의미에서도 그들에게 민족의 진정한 지도력을 마지막으로 제공한 사람이리라는 것을 알았기 때문이다.

이 재판 동안에 예수는 거의 입을 열지 않았지만, 하나님과 협동 관계에서 어떤 종류의 인품을 사람이 완성할 수 있는 가 모든 사람에게 보여 주기에 충분히 말씀하였고, 그러한 피조물이 참으로 아버지의 뜻을 행하기를 택하고 이렇게 살아 계신 하나님의 활동적인 아들이 될 때, 하나님이 그 피조물의 생애에서 어떤 방법으로 명백히 나타날 수 있는가 온 우주에 드러내기에 충분했다.

무지한 필사자들에 대한 그의 사랑은, 거친 군인과 지각없는 하인들의 놀림과 강타(强打)와 주먹질을 당하고서 그가 보인 참을성과 큰 침착함에서 넉넉히 드러난다. 그들이 그의 눈을 가리고, 놀리면서 "너를 친 자가 누군가 우리에게 예언하라" 외치며 얼굴을 쳤을 때, 그는 성을 내지도 않았다.

예수가 채찍질을 받은 뒤에, 빌라도가 군중 앞에 예수를 내세우고 "이 사람을 보라!" 외쳤을 때, 빌라도는 그가 생각한 것보다 더 참되게 말했다. 정말로, 두려움에 질린 로마인 총독은, 바로 그 순간에 우주가 귀를 기울이고 멈춰서, 그 우주의 사랑하는 군주가 눈이 멀고 타락한 필사 백성들의 놀림과 주먹질을 받으며 이렇게 굴욕을 당하는 이 독특한 장면을 바라보고 있다는 것을 조금도 꿈꾸지 못했다. 빌라도가 말하자, "하나님과 사람을 보라!"하는 소리가 온 네바돈에 두루 메아리쳤다. 한 우주에 두루, 셀 수 없이 많은 사람이 그 이후로, 그 사람을 계속 보았고, 한편 하보나의 하나님, 온 우주의 최고 통치자는 시공에서 이 지역 우주의 필사 인간의 이상(理想)을 성취한 것으로서 그 나사렛 사람을 받아들인다. 비할 데 없는 일생에서 그는 하나님을 사람에게 드러내지 못한 적이 없다. 이제, 필사 생애의 이 마지막 에피소드에서, 또 나중에 죽을 때, 그는 새롭게 감동적으로 사람을 하나님께 드러냈다.

3. 믿음직스러운 다윗 세베대

빌라도 앞에서 청문회가 끝나고 예수가 로마 군인들에게 넘겨진 뒤에 얼마 있다가, 성전 경비병들의 파견대가 주의 추종자들을 뿔뿔이 흩어지게 하거나 체포하려고 겟세마네로 서둘러 갔다. 그러나 이들이 도착하기 오래 전에 이 추종자들은 흩어졌다. 사도들은 지정된 숨는 장소로 물러갔고, 그리스인들은 따로 갈라져 예루살렘에 있는 여러 집으로 가 버렸으며, 다른 사도들도 마찬가지로 사라졌다. 다윗 세베대는 예수의 적들이 돌아오리라고 믿었다. 그래서 주가 무척 자주 기도하고 예배하려고 은거했던 곳 가까이, 골짜기 위로 대여섯 텐트를 일찍부터 이동하였다. 여기에 숨고, 동시에 사자(使者) 서비스를 위하여 한 중심, 조정하는 근거지를 유지하려고 생각했다. 다윗이 캠프를 떠나기가 무섭게 성전 경비병들이 도착했다. 거기서 아무도 발견하지 못하고 그들은 캠프를 불사르는 데 만족했고, 그리고 나서 성전으로 서둘러 돌아갔다. 그들의 보고를 받고 나서, 산헤드린은 예수의 추종자들이 그렇게 철저히 놀라고 정복되어서, 폭동이 일어날 위험이나 또는 예수를 집행자들의 손에서 구하려는 어떤 시도도 없으리라는 것에 만족했다. 그들은 마침내 숨을 편히 쉴 수 있었고, 그래서 폐회(閉會)하고, 저마다 유월절을 위하여 준비하려고 제 갈 길을 갔다.

십자가에 못박으라고 빌라도가 예수를 로마 군인들에게 넘기자마자, 한 사자가 다윗에게 알리려고 겟세마네로 서둘러 갔고, 5분 안에 주자(走者)들이 벳세다·펠라·필라델피아·시돈·세켐·헤브론·다마스커스·알렉산드리아로 달려갔다. 이 사자들은 유대인 통치자들의 끈질긴 요청을 받고서 로마인들이 막 예수를 십자가에 못박으려 한다는 소식을 가져갔다.

이 비극의 날 내내, 주가 무덤에 안치되었다는 소식이 마침내 나갈 때까지, 다윗은 사도와 그리스인들, 또 베다니에서 나사로의 집에 모여 있던, 예수의 세상 식구들에게, 사자들을 통해서 보고를 거의 반시간마다 보냈다. 예수가 무덤에 묻혔다는 소식을 가지고 사자들이 떠났을 때, 유월절 축하를 위하여, 또 다가오는 안식일의 휴식을 위하여, 다윗은 지역 주자들의 무리를 해산하고 그들에게 니고데모의 집에서 일요일 아침에 그에게 조용히 보고하라고 지시했는데, 거기서 그는 안드레와 시몬 베드로와 함께 며칠 동안 숨을 생각이었다.

머리가 특이한 이 다윗 세베대는 예수의 주요 제자들 가운데서, 그가 죽고 "사흘째에 다시 살아나리라"는 주의 주장을 글자 그대로, 쉽게 사무적으로 받아들이고 싶어한 유일한 사람이었다. 다윗은 한때 예수가 이렇게 예언하심을 들었고, 글자 그대로 믿는 성질을 가진 머리였기 때문에, 예수가 죽은 자들 가운데서 살아날 경우에 그 소식을 퍼뜨리려고 가까이 있도록, 니고데모의 집에서 일요일 아침 일찍 사자들을 모으려고 이제 일을 꾸몄다. 다윗은 예수의 추종자들 가운데 아무도 예수가 그렇게 빨리 무덤에서 돌아오기를 기대하지 않는다는 것을 곧 알아차렸다. 그래서 그는 자기의 믿음에 대하여 거의 입을 다물었고, 먼 도시와 신자 중심들로 금요일 아침에 파송된 주자들에게 일러 준 것을 빼고, 일요일 아침 일찍 그의 사자단(使者團)을 모두 동원하는 것에 대하여 아무 말도 비치지 않았다.

그래서 예수를 따르던 이 사람들은, 예루살렘 전역에 걸쳐, 또 그 둘레에 흩어져서, 그 날 밤 유월절을 지내고 이튿날을 숨어 있었다.

4. 십자가 처형을 위한 준비

빌라도는 단지 유대인 통치자들의 아우성에 저항하기를 무서워했기 때문에 결백한 사람을 십자가에 못박으라고 넘겨 준 죄책감을 이렇게 피하려 애쓰면서 군중 앞에서 손을 씻은 뒤에, 주를 로마 군인들에게 인도하라고 명령했고, 그들의 지휘관에게 주를 즉시 십자가에 못박아야 한다고 말했다. 예수를 떠맡은 뒤에, 군인들은 집정관 관저의 안뜰로 그를 도로 데려갔고, 헤롯이 그에게 입혔던 겉옷을 벗긴 뒤에 그들은 주를 자신의 옷으로 갈아 입혔다. 이 군인들은 그를 비웃고 조롱했지만, 더 이상 육체의 징벌을 가하지는 않았다. 예수는 이제 로마 군인들과 따로 있었다. 그의 친구들은 숨었고, 적들은 제 갈 길을 갔고, 요한 세베대조차 이제 더 옆에 있지 않았다.

빌라도가 예수를 군인들에게 넘긴 것은 8시가 조금 지난 뒤였고, 그들이 십자가에 못박는 장소를 향하여 떠난 것은 9시 조금 전이었다. 반시간이 넘는 이 동안에, 예수는 입을 열지 않았다. 큰 우주의 집행 사무는 실지로 정지되었다. 가브리엘과 네바돈의 으뜸 통치자들은 여기 유란시아에 모여 있든지, 아니면 유란시아에서 사람의 아들에게 무슨 일이 일어나는가에 대하여 정보를 받으려는 노력으로, 천사장들의 공간 보고서를 바짝 좇고 있었다.

군인들이 예수와 함께 골고다를 향하여 떠날 준비가 되었을 무렵에, 그들은 보기 드문 그의 침착성과 특별한 품위에, 불평하지 않고 침묵(沈默)을 지키는 데 비로소 감명을 받았다.

십자가에 처형하는 장소로 예수와 함께 떠나는 데 지체된 것은 대체로, 그 지휘관이 사형 선고를 받은 두 도둑을 함께 데리고 가려고 마지막 순간에 결정을 내렸기 때문이다. 예수가 그 날 아침에 십자가에 못박히기로 되었으니까, 로마인 지휘관은 이 두 사람이 유월절 축제 행사가 끝나기를 기다리기보다, 기왕이면 예수와 함께 죽어도 좋다고 생각했다.

도둑들은 준비되자마자 안뜰로 끌려 왔고, 거기서 예수를 바라보았다. 하나는 처음으로 보았지만, 다른 하나는 예수가 말씀하는 것을 성전에서, 또 펠라 캠프에서 여러 달 전에, 자주 들은 적이 있었다.

5. 예수의 죽음과 유월절의 관계

예수의 죽음과 유대인의 유월절 사이에는 아무런 직접 관계가 없다. 이 날, 유대인의 유월절 준비일에, 성전에서 유월절 양을 바칠 무렵에, 주가 육체를 입고서 목숨을 버린 것이 참말이다. 그러나 어쩌다 함께 일어난 이 사건은 어떤 면에서도 땅에서 사람의 아들의 죽음이 유대인의 희생 제도와 무슨 관계가 있다는 것을 가리키지 않는다. 예수는 유대인이었지만, 사람의 아들로서 그는 이 땅에서 한 필사자였다. 이미 열거한 사건과 얼마 있다가 주가 십자가에 못박히는 이 시간까지 인도하는 사건들은, 이 무렵에 그의 죽음이 순전히 자연스럽고 사람이 처리한 사건이었음을 가리키기에 넉넉하다.

십자가에서 예수가 죽도록 계획하고 사형을 집행한 것은 사람이요, 하나님이 아니었다. 유란시아에서 인간사(人間事)의 진행에 아버지가 간섭하기를 마다하신 것은 참말이지만, 파라다이스에 계신 아버지는 땅에서 행해진 그대로 아들의 죽음을 선포하거나 청구하거나 요구하지 않았다. 어떤 방법으로, 머지 않아, 예수가 필사의 몸을, 살을 입은 육신화를 벗어야 했으리라는 것은 사실이지만, 그는 두 도둑 사이에 십자가에서 죽지 않고서, 셀 수 없이 많은 방법으로 그런 일을 해낼 수 있었다. 이 모두가 사람이 한 일이요, 하나님이 하신 일이 아니다.

세례 받을 때, 주는 일곱째이자 마지막 우주 수여를 마치는 데 필요했던 체험, 땅에서 육체를 입고 맛보라고 요구된 체험의 기법을 이미 마쳤다. 바로 이 때, 땅에서 예수의 임무는 끝났다. 그 뒤에 산 모든 여생은, 그가 죽는 방법조차, 이 세상에서, 또 다른 세계들에서 필사 인간들의 복지와 향상을 위하여, 그의 편에서 순전히 개인적으로 베푼 봉사였다.

사람이 하나님의 아들이라는 것을 필사 인간이 신앙을 통해서 영적으로 의식할 수 있다는 좋은 소식을 알리는 복음은 예수의 죽음에 달려 있지 않다. 정말로, 이 하늘나라 복음 전체가 주의 죽음 때문에 엄청나게 빛을 받았다는 것이 참말이기는 하지만, 그의 생애로 말미암아 더욱 빛을 받았다.

땅에서 사람의 아들의 모든 언행(言行)은, 사람이 하나님의 아들이요 사람이 서로 형제라는 교리를 크게 치장했지만, 하나님과 사람의 이 기본 관계는 하나님이 피조물에게 주는 사랑과 신다운 아들들의 선천적 자비, 이 우주 사실에 본래부터 있다. 이 세상에서, 또 온 우주에 두루, 모든 다른 세상에서, 사람과 조물주 사이에 감동적이고 신성하게 아름다운 이 관계는 영원부터 존재해 왔다. 그리고 이 관계는 어떤 면에서도, 하나님의 아들 창조자들이 정기적으로 이렇게 자신을 수여하는 행위에 의존하지 않으며, 이들은 각자의 지역 우주에 대한 무제한(無制限) 통치권을 마지막으로 얻기 위하여, 치러야 할 값의 일부로서 그들이 창조한 지성 존재들의 성품과 모습을 이렇게 입는다.

하늘에 계신 아버지는, 사람과 하나님이 함께 협동하는 관계를 이렇게 초월적으로 나타낸 뒤와 마찬가지로, 유란시아에서 예수의 삶과 죽음이 있기 전에도, 땅에 있는 필사 인간을 사랑하셨다. 유란시아에서 한 사람으로서 네바돈의 하나님이 육신화한 이 막대한 거래는 영원하고 무한하고 우주적인 아버지의 속성을 크게 만들 수 없지만, 네바돈 우주의 모든 다른 행정자와 피조물을 풍성하게 만들고 일깨웠다. 하늘에 계신 아버지는 이렇게 미가엘이 수여되었다고 해서 우리를 더 사랑하지는 않아도, 모든 다른 하늘 지자(**知者**)는 그렇다. 이것은 예수가 하나님을 사람에게 드러냈을 뿐 아니라, 또한 마찬가지로 하나님들에게, 또 온 우주의 하늘 지자들에게, 사람을 새롭게 드러냈기 때문이다.

예수는 죄에 대한 희생물로서 죽으려 하는 것이 아니다. 그는 인류의 타고난 도덕적 죄를 대속(**代贖**)하려는 것이 아니다. 인류는 하나님 앞에 아무런 그러한 종족 죄책감이 없다. 죄책감은 순전히 개인적인 죄, 아버지의 뜻과 그 아들들의 행정에 대하여, 알면서 깊이 생각해서 반항하는 문제이다.

죄와 반란은 하나님의 파라다이스 아들들의 근본적 수여 계획과 아무 상관이 없다. 하지만 구제하는 계획은 우리가 보기에 수여 계획의 일시적인 모습인 듯하다.

유란시아의 필사자들에게 베푸는 하나님의 구원은, 예수가 무지한 필사자들의 잔인한 손에 죽지 않았더라도, 똑같이 효과 있고 어김없이 확실했을 것이다. 땅의 필사자들이 주를 좋게 받아들이고, 주가 육체를 입은 목숨을 자진하여 버림으로 유란시아를 떠났더라면, 하나님의 사랑과 아들의 자비, 이 사실—하나님의 아들이라는 사실—은 조금도 영향을 받지 않았을 것이다. 너희 필사자들은 하나님의 아들이다. 그리고 너의 개인 체험에서 그러한 진리를 사실로 만드는 데는 오직 한 가지가 요구되는데, 곧 영에게서 태어난 너의 믿음이다.

제 187 편

십자가에 못박힘

두 도적이 준비된 뒤에, 한 백부장의 지휘 아래 군인들은 십자가에 처형하는 장면을 향하여 떠났다. 이 군인 12명을 책임진 백부장(百夫長)은 겟세마네에서 예수를 붙잡으려고 전날 밤에 로마 군인들을 이끌었던 바로 그 지휘관이었다. 십자가에 못박힐 각 사람에게 군인 네 명을 배치하는 것이 로마인의 관습이었다. 두 도둑은 십자가에 못박히러 끌려가기 전에 적절히 채찍질을 맞았지만, 예수는 육체의 징벌을 더 받지 않았다. 의심할 여지 없이, 그 지휘관은 예수가 선고를 받기 전에 이미 채찍질을 충분히 받았다고 생각했다.

예수와 함께 못박힌 두 도둑은 바라바의 동료였고, 바라바가 빌라도의 유월절 사면(赦免)으로 풀려나지 않았더라면 그들의 지도자와 함께 처형되었을 것이다. 예수는 이처럼 바라바 대신에 십자가에 못박혔다.

예수는 그가 이제 바야흐로 하려는 일, 십자가에서 죽는 데 순응하는 것을, 자유 의지로 한다. 이 체험을 미리 내다보면서 그는 말했다: "내가 목숨을 기꺼이 버리는 까닭에 아버지는 나를 사랑하고 붙드시니라. 그러나 나는 내 목숨을 다시 찾겠고, 아무도 내 목숨을 내게서 빼앗지 못하느니라—내가 스스로 버리노라. 나는 목숨을 버릴 권한이 있고, 집을 권한이 있으며, 나는 아버지로부터 그런 명령을 받았노라."

이 날 아침 9시 바로 전에, 군인들은 예수를 집정관 관저에서 골고다로 이끌었다. 그들 뒤에는 예수를 남 모르게 동정하던 많은 사람이 따랐지만, 2백 명 또는 더 되는 이 무리의 대부분은 적이든지 아니면 호기심 있고 빈둥거리는 자들이었고, 이들은 다만 십자가 처형을 구경하는 충격을 즐기고 싶어했다. 유대인 지도자들 가운데 겨우 몇 사람이 예수가 십자가에서 죽는 것을 보려고 나갔다. 빌라도가 그를 로마 군인들에게 넘겼고, 그가 사형 선고를 받은 줄 알았으니까, 그들은 성전에서 회의하는 데 바빴고, 거기서 예수의 추종자들을 어떻게 처리할 것인가 토론했다.

1. 골고다로 가는 길

관저의 안뜰을 떠나기 전에, 군인들은 예수의 어깨에 가로대를 올려 놓았다. 선고받은 자들에게 십자가에 못박힐 장소까지 가로대를 나르도록 강요하는 것이 관습이었다. 그러한 선고받은 사람은 십자가 전체가 아니라, 이 짧은 재목만 날랐다. 세 십자가를 세우기 위한 더 길고 수직(垂直)으로 된 재목은 이미 골고다로 수송되었고, 군인들과 죄수들이 도착할 때가 되어서, 땅에 단단히 박혀 있었다.

관습에 따라서 지휘관은 행렬을 이끌었고, 작고 흰 판자들을 가지고 갔는데, 이 위에는 목탄으로 죄수들의 이름과 선고받은 죄목의 성질이 적혀 있었다. 두 도둑을 위해서 백부장은 그들의 이름이 적힌 쪽지를 가지고 있었고, 그 밑에는 "도적"이라는 한 마디가 적혀 있었다. 희생자가 가로대에 못박히고, 수직 재목에 제 자리로 들어올려진 뒤에, 선고받은 사람이 무슨 죄로 십자가에 못박히는가 모든 증인이 알 수 있도록, 이 쪽지를 십자가 꼭대기, 죄수의 머리 바로 위에 못박는 것이 관습이었다. 예수의 십자가에 붙여 놓으려고 백부장이 가지고 간 설명문은 빌라도 자신이 라틴어·그리스어·아람어로 썼는데, 이렇게 적혀 있었다: "나사렛 예수—유대인의 임금."

빌라도가 이 설명문을 썼을 때 아직 자리에 있던 유대 당국의 어떤 사람들은 예수를 "유대인의 임금"이라 부른 데 맹렬히 항의했다. 그러나 빌라도는 그러한 고발이 그가 사형 선고를 받게 만든 죄목의 일부였다고 그들에게 상기시켰다. 유대인들이 빌라도가 생각을 바꾸라고 싸워서 이길 수 없음을 깨달았을 때, 그들은 적어도 "그가 말하되, '나는 유대인의 임금이라'"고 고치라고 탄원했다. 그러나 빌라도는 완강했고, 글을 고치려 하지 않았다. 더 계속된 모든 간청에 그는 대답할 뿐이었다: "내가 썼으니, 엎질러진 물이라."

보통은, 큰 무리의 사람들이 선고받은 죄수(罪囚)를 구경하도록 가장 먼 길로 골고다까지 여행하는 것이 관습이었지만, 이 날 그들은 가장 가까운 길로 다마스커스 문까지 갔는데, 이 대문은 도시 바깥으로 북쪽으로 이끌었고, 이 길을 따라가서, 곧 골고다에 다다랐으며, 여기는 예루살렘에서 십자가에 처형하는 공식 장소였다. 골고다를 지나서 부자들의 별장이 있었고, 길 건너편에는 많은 부유한 유대인의 무덤이 있었다.

십자가에 못박는 것은 유대인의 처형(處刑) 방법이 아니었다. 그리스인과 로마인들은 이 집행 방법을 페니키아인들로부터 배웠다. 헤롯조차도, 온갖 잔인한 일을 했어도 십자가 처형에 의존하지는 않았다. 로마인들은 결코 로마 시민을 십자가에 못박지 않았고, 오직 노예들과 지배받는 민족들이 이 치욕스러운 방법으로 죽음을 당했다. 예루살렘이 포위된 동안, 예수가 십자가에 못박힌 뒤 꼭 40년이 되어, 온 골고다는 수천의 십자가로 덮였고, 그 십자가에 날이면 날마다 유대 민족의 청춘이 이슬로 사라졌다. 이 날 씨 뿌린 것으로부터, 정말로 끔찍한 수확이었다.

죽음의 행렬이 예루살렘의 좁은 거리를 따라서 지나는 동안, 다정한 많은 유대 여인이 예수가 그런 치욕스러운 죽음으로 끌려가는 것을 보고서 눈물을 감출 수 없었으니, 그들은 격려하고 동정하는 예수의 말씀을 들은 적이 있고, 사랑으로 봉사를 베푼 그의 일생을 안 사람들이었다. 그가 지나는 동안에, 이 숱한 여인들이 슬퍼하고 한탄하였다. 그들 가운데 더러가 그의 옆으로 감히 따라오려고 했을 때, 주는 그들에게 고개를 향하고 말했다: "예루살렘의 딸들아, 나를 위하여 울지 말고, 오히려 너희와 너희 자녀들을 위하여 울라. 내 일은 거의 끝났으나—나는 곧 아버지께로 가노라—예루살렘에 끔찍한 고통의 시절이 막 시작되느니라. 보라, 아이 없는 자와 어린것들에게 젖 먹인 적이 없는 가슴이 복이 있도다 하고 너희가 말할 날이 다가오느니라. 그 날에 너희가 끔찍한 고통에서 구원받도록 산에 있는 돌들에게 너희 위로 굴러 떨어지라 기도하리라."

십자가에 못박히려고 끌려가는 사람에게 친절한 느낌을 보이는 것이 엄격하게 법에 어긋났기 때문에, 이 예루살렘 여인들은 예수에게 동정심을 보이려고 정말로 용기를 보였다. 구경꾼들이 선고(宣告)받은 자를 놀리고 비웃고 조롱하는 것은 허락되었지만, 조금이라도 동정심을 표현하는 것은 허락되지 않았다. 친구들이 숨어 있는 이 어두운 시간에, 동정하는 표현을 고맙게 여기기는 했어도, 예수는 그에게 감히 동정심을 보여서 마음 착한 이 여인들이 당국의 비위를 건드리지 않기를 바랐다. 이와 같은 때에도 예수는 자신을 전혀 생각하지 않았고, 예루살렘과 온 유대 민족에게 닥쳐올 끔찍한 비극의 날만 생각했다.

십자가에 못박히려고 가는 도중에 터벅터벅 걷는 동안 주는 몹시 지쳤고, 기운이 거의 다하였다. 엘리야 마가의 집에서 마지막 만찬을 든 뒤로, 먹을 것도 물도 입에 대지 못했고, 한 순간 눈을 붙이는 것도 허락되지 않았다. 게다가 가혹한 채찍질과 그에 따른 육체적 고통과 피 흘림은 말할 것도 없고, 선고받는 시간까지 연달아 청문회(聽聞會)가 있었다. 이 모든 것에 극도의 정신적 고통, 날카로운 영적 긴장, 인간적으로 외로운 끔찍한 느낌이 겹쳐졌다.

도시 바깥으로 나가는 길에, 대문을 거친 뒤에 곧, 예수가 가로대를 지고 비틀거리자 육신의 힘이 잠시 빠졌고, 그는 무거운 짐 무게에 눌려 쓰러졌다. 군인들이 그에게 소리를 지르고 발로 걷어찼지만, 그는 일어날 수 없었다. 이것을 보았을 때, 예수가 무엇을 이미 견디었는가 알았기 때문에, 그 지휘관은 군인들에게 그만두라고 명령했다. 그리고 나서 지나가던 어떤 사람, 키레네에서 온 시몬이라는 사람에게, 예수의 어깨에서 가로대를 받아들라고 명령했고, 그에게 골고다까지 가는 남은 길에 가로대를 지고 가라고 강제했다.

시몬이라는 이 사람은 북 아프리카의 키레네에서 유월절에 참석하려고 먼 길을 왔다. 도시의 담 바로 바깥에서 다른 키레네 사람들과 함께 멈추었고, 로마인 지휘관이 그에게 예수의 가로대를 나르라고 명령했을 때, 도시에서 성전 예배에 가는 길이었다. 시몬은 십자가(十字架)에서 주가 돌아가시는 시간을 통해서 계속 남아 있었고, 주의 친구와 적들 중에 많은 사람과 함께 이야기를 나누었다. 부활이 있은 뒤에, 예루살렘을 떠나기 전에, 그는 하늘나라 복음을 믿는 용감한 신자가 되었고, 집으로 돌아갔을 때, 자기 가족을 하늘나라로 인도했다. 두 아들, 알렉산더와 루푸스는, 아프리카에서 새 복음을 가르치는 아주 유능한 선생들이 되었다. 그러나 시몬은 그가 대신 짐을 져 준 예수와 한때 다쳤던 그의 아들과 사귄 유대인 선생이 똑같은 사람이라는 것을 결코 알지 못했다.

이 죽음의 행렬이 골고다에 다다랐을 때는 9시가 조금 지났고, 로마 군인들은 두 도둑과 사람의 아들을 각자의 십자가에 못박는 일을 시작했다.

2. 십자가에 못박힘

군인들은 먼저 주의 팔을 노끈으로 가로대에 묶었고, 그리고 나서 두 손을 나무에 못박았다. 가로대를 기둥에 들어올렸을 때, 가로대를 십자가의 수직(垂直) 재목에 단단히 못박은 뒤에, 발을 나무에 묶고 못박았으며, 두 발을 꿰뚫도록 긴 못 하나를 썼다. 수직 재목은 적당한 높이에 끼운 큰 나무못이 있었고, 이 못은 몸무게를 떠받들기 위하여 일종의 안장으로 쓰였다. 십자가는 높지 않았고, 주의 발은 땅에서 겨우 90센티미터쯤 떨어져 있었다. 그러니까 그는 사람들이 비웃으며 그에게 한 말을 다 들을 수 있었고, 아주 생각 없이 그를 놀려 댄 모든 사람의 얼굴 표정을 뻔히 볼 수 있었다. 또한 거기 있던 사람들은 남은 고통을 겪고 서서히 죽어 가는 이 시간에, 예수가 하신 모든 말씀을 쉽게 들을 수 있었다.

십자가에 못박힐 사람들의 옷을 모두 벗기는 것이 관례였지만, 유대인들이 벌거벗은 인간의 모습을 대중 앞에 노출하는 것을 크게 반대했기 때문에 로마인들은 예루살렘에서 십자가에 못박힌 모든 사람을 위하여 적절한 허리감개를 반드시 마련해 주었다. 따라서, 예수의 옷이 벗겨진 뒤에, 십자가에 올려지기 전에 그는 이렇게 걸쳤다.

잔인하고 오래 끄는 징벌을 마련하기 위해서 십자가 처형(處刑)이 이용되었고, 희생자는 때때로 며칠 동안 죽지 않았다. 예루살렘에는 십자가 처형을 상당히 반대하는 느낌이 있었고, 유대 여인들의 사회가 존재했는데, 이들은 고통을 덜어 주기 위해서 희생자에게 약물 넣은 포도주를 제공할 목적으로 반드시 한 대표(代表)를 처형 장소에 보냈다. 그러나 마취제를 넣은 포도주를 맛보았을 때, 목이 마르기는 했어도, 예수는 마시려 하지 않았다. 주는 마지막 순간까지 인간 의식을 지니기를 택했다. 처참하고 초췌한 이 모습으로도, 죽음과 마주치고 충만한 인간 체험에 자진하여 복종함으로 죽음을 이기기를 바랐다.

예수가 십자가에 달리기 전에, 두 도둑은 이미 십자가에 올려졌고 그 동안 내내 집행자들에게 욕을 퍼붓고 침을 뱉었다. 그들이 그를 가로대에 못박는 동안에 예수는 오직 말했다, "아버지여, 저희를 용서하소서, 저희는 무엇을 하는지 모르나이다." 사랑으로 헌신하는 그런 생각이 사심 없이 봉사하는 전 생애에 주요한 동기가 아니었다면, 그토록 자비롭게, 사랑으로 집행자들을 위하여 탄원하지 않았을 것이다. 일생 동안의 관념, 동기, 열망은 위기(危機)에 처했을 때 훤히 드러난다.

주가 십자가에 들어올려진 뒤에, 지휘관은 죄목을 그의 머리 위에 못박았는데, 세 나라 말로 적혔다: "나사렛 예수—유대인의 임금." 유대인들은 이것을 모욕이라 믿었고 화가 머리끝까지 올랐다. 그러나 빌라도는 공손하지 않은 그들의 태도에 기분이 거슬렸다. 그는 위협과 모욕을 받았다고 느꼈고, 조그맣게 복수하는 이 방법을 이용했다. "모반자 예수"라고 쓸 수도 있었지만, 그는 이 예루살렘의 유대인들이 바로 나사렛이라는 이름을 얼마나 싫어하는가 잘 알았고, 이렇게 그들에게 모욕을 주려고 단단히 별렀다. 처형되는 이 갈릴리 사람을 "유대인의 임금"이라 부르는 것을 보면, 그들이 또한 몹시 아픈 곳을 찌르리라는 것을 알았다.

예수의 십자가에 이 비문(碑文)을 붙여 놓고 그들을 비웃으려 애쓴 것을 알았을 때, 유대인 지도자들 가운데 많은 사람이 골고다로 서둘러 갔지만, 로마 군인들이 서서 지키고 있었기 때문에, 그들은 감히 그것을 떼어 내려고 시도하지 않았다. 그 죄목을 제거할 수 없었기 때문에, 누구라도 그 비문을 심각하게 여길까 두려워, 이 지도자들은 군중과 함께 섞여 조롱과 비웃음을 선동하려고 있는 힘을 다했다.

예수가 십자가에서 제 자리에 들어올려진 바로 뒤에, 그리고 지휘관이 주의 머리 위에 죄목을 못박고 있는 동안에, 사도 요한이 예수의 어머니 마리아와 룻과 유다와 함께, 그 장면에 도착했다. 요한은 열한 사도 가운데 유일하게 십자가 처형을 구경한 사람이었고, 예수의 어머니를 그 장면에 모시고 온 뒤에 곧, 자기 어머니와 그 친구들을 데리러 예루살렘으로 달려갔기 때문에, 요한조차도 그 자리에 내내 있지는 않았다.

예수는 요한과 아우와 누이와 함께 어머니를 보았을 때 빙긋 웃었지만 입을 열지 않았다. 그 동안에 주의 십자가 처형에 배치된 군인 넷은, 관습대로, 그의 옷가지를 자기들끼리 나누었는데, 하나는 가죽 신, 하나는 터반, 하나는 허리띠, 넷째는 외투를 가졌다. 이것으로 튜닉, 다시 말해서 무릎 가까이 내려오는 솔기 없는 옷을 네 조각으로 자르는 일이 남았지만, 군인들이 얼마나 보기 드문 옷인가 보자, 그것을 가지려고 제비를 뽑기로 작정했다. 그들이 그의 옷가지를 나누고, 지각없는 군중이 그를 놀려 대는 동안에, 예수는 내려다보았다.

로마 군인들이 주의 옷을 가져간 것은 잘 된 일이었다. 그렇지 않고, 추종자들이 이 옷가지를 손에 넣었더라면, 그들은 미신 같은 유물(遺物) 숭배에 의존할 유혹에 빠졌을 것이다. 주는 추종자들이 땅에서 그의 일생과 연결할 어떤 물질적인 것도 가지지 않기를 바랐다. 그는 아버지의 뜻을 행하는 데 거룩하게 바친 높은 영적 이상에 헌신한 인생의 기억(記憶)만 인류에게 남겨 주기를 바랐다.

3. 십자가 처형을 구경한 사람들

이 금요일 아침 9시 반쯤에, 예수는 십자가에 달렸다. 11시가 되기 전까지, 약 1천 명의 사람들이 사람의 아들이 십자가에 못박힌 이 광경을 구경하려고 모여들었다. 주가 피조물의 죽음, 아니 선고받은 범죄자의 가장 치욕스러운 죽음을 겪는 동안에, 창조자의 이 특별한 현상을 물끄러미 바라보면서, 한 우주의 보이지 않는 무리가 이 끔직한 시간 내내, 말없이 서 있었다.

십자가에 못박힌 동안 어느 때인가, 마리아, 룻, 유다, 요한, 살로메 (요한의 어머니), 그리고 열심 있는 한 무리의 여인들이 가까이 서 있었고, 이 무리는 클로바의 아내이자 예수의 이모 마리아, 막달라 마리아, 그리고 한때 세포리스에서 살았던 레베카를 포함했다. 그의 큰 참을성과 인내를 구경하고 격심한 고난을 바라보는 동안, 이들과 예수의 다른 친구들은 잠자코 있었다.

지나가던 많은 사람이 머리를 흔들고 그에게 욕을 퍼부으며 말했다: "성전을 무너뜨리고 사흘 안에 다시 지으려는 하다니, 네 몸이나 구하거라. 네가 하나님의 아들이라면, 십자가에서 내려와 보려무나." 마찬가지 방법으로 유대인 통치자들 가운데 더러는 그를 비웃으며 말했다: "저가 남은 구하였으되 자신은 구할 수 없구나." 더러는 말했다: "네가 유대인의 임금이라면, 십자가에서 내려오라. 그러면 우리가 너를 믿겠노라." 나중에 그들은 그를 더욱 놀리며 말했다: "저는 하나님이 저를 구원하기를 믿었는지라. 저는 하나님의 아들이라 주장하기까지 하였더니—이제 저를 보라—두 도둑 사이에서 십자가에 못박혀 있구나." 두 도둑조차 또한 그에게 욕을 퍼붓고, 그를 꾸짖었다.

놀리는 말에 예수가 아무런 대꾸를 하려 하지 않았고, 이 특별한 준비일의 한낮이 가까웠기 때문에, 11시 반이 되어서 시시덕거리고 놀려 대던 군중은 제 갈 길을 가 버렸고, 그 장면에는 50명이 채 안 되는 사람들이 남아 있었다. 사형수(死刑囚)를 오랫동안 감시하려고 자리를 잡은 동안에, 군인들은 이제 점심을 먹고 신 싸구려 포도주를 마시려고 준비했다. 포도주를 마시는 동안에 놀리는 말투로 예수에게 축하의 잔을 올리며 말했다, "만세와 행운을! 유대인의 임금에게." 그들은 놀리고 비웃어도 주가 관대하게 여기는 것에 놀랐다.

그들이 먹고 마시는 것을 보았을 때, 예수는 내려다보며 말했다: "목이 마르다." 경비대의 지휘관이 예수가 "목이 마르다" 하는 것을 듣자, 병에서 포도주 얼마큼을 꺼내서 해면(海綿) 마개를 적시고, 창 끝에 꿰어, 타는 입술을 축일 수 있도록 예수에게 올려 주었다.

예수는 그의 초자연 권능에 의존하지 않고 살려고 의도했다. 마찬가지로 십자가에서 보통 사람으로서 죽기를 택했다. 사람으로서 살았고—아버지의 뜻을 행하면서—사람으로서 죽으려 했다.

4. 십자가에 달린 도둑

도둑 하나가 예수에게 욕설을 퍼부으며 말했다: "네가 하나님의 아들이어든, 어찌하여 네 몸과 우리를 구하지 않느냐?" 그러나 그가 예수를 꾸짖고 나자, 주의 가르침을 여러 번 들었던 다른 도둑이 말했다: "너는 하나님도 무섭지 않느냐? 우리가 저지른 일로 우리는 마땅히 고통받고 있지만, 이 사람은 부당하게 고생하는 것을 너는 깨닫지 못하느냐? 우리 죄를 용서받고 우리 혼을 위하여 구원을 청하는 것이 더 좋으니라." 이 도둑이 이렇게 말하는 것을 들었을 때, 예수는 그를 향하여 얼굴을 돌리고 맞다는 뜻으로 빙그레 웃었다. 그 악인이 예수의 얼굴이 그를 향한 것을 보았을 때, 용기(勇氣)를 불러일으키고, 까물거리는 믿음의 불꽃에 부채질하며 말했다: "주여, 당신의 나라로 가실 때 저를 기억하소서." 그러자 예수는 말했다. "진실로, 진실로, 내가 오늘 네게 이르노니, 네가 언젠가 나와 함께 파라다이스에 가리라."

필사자가 죽어 가는 아픔 한가운데서, 주는 믿는 산적(山賊)의 신앙 고백에 귀를 기울일 겨를이 있었다. 구원을 향해 손을 뻗었을 때, 이 도둑은 구원을 얻었다. 이보다 전에 여러 번 그는 예수를 믿을 수밖에 없었지만, 오직 의식이 있는 이 마지막 시간에야 주의 가르침을 향하여 진심으로 돌아섰다. 십자가에서 예수가 죽음을 대하는 그 태도를 보았을 때, 이 도둑은 이 사람의 아들이 정말로 하나님의 아들이라는 확신을 이제 더 떨쳐 버릴 수 없었다.

예수에게 도둑이 감화를 받고 하늘나라로 받아들여지는 이 사건이 벌어지는 동안에 사도 요한은 자리에 없었고, 십자가에 못박히는 장면으로 어머니와 그 친구들을 인도하려고 도시로 가 버렸다. 누가는 경비대의 개종한 로마인 지휘관으로부터 후일에 이 이야기를 들었다.

사건이 일어나고 1세기의 3분의 2가 지난 뒤에 그 사건을 기억한 대로, 사도 요한은 십자가 처형에 관하여 이야기했다. 다른 기록들은 근무 중이던 로마인 백부장이 한 이야기에 기초를 두었는데, 그는 보고 들은 것 때문에 후일에 예수를 믿었고, 땅에서 하늘나라의 완전한 친교에 가입하였다.

이 젊은이, 회개한 도둑은, 그러한 강도(强盜)의 생애가 정치적 압력과 사회의 불공정에 대하여 효과 있는 애국적 항거라고 높이 찬미한 자들 때문에, 폭력과 악행을 일삼는 생활로 끌려들었다. 이런 종류의 가르침과 모험하려는 충동은, 다른 면에서 좋은 의도를 가진 많은 젊은이를 이 대담한 강도질하는 여행에 지원하도록 이끌었다. 이 젊은이는 바라바를 영웅으로 우러러보았다. 이제 그는 자기가 잘못했음을 알았다. 그는 옆에 여기에 십자가에서 정말로 위대한 사람, 참된 영웅을 보았다. 그의 열심에 불을 붙이고, 도덕적 자존심에 대한 그의 가장 높은 아이디어를 북돋우고, 용기·남자다움·용감에 대한 그가 지녔던 모든 이상을 되살린 영웅이 여기에 있었다. 예수를 바라보면서 사랑, 충성심, 진정한 위대함이 넘쳐흐르는 느낌이 가슴 속에서 치솟았다.

놀려 대는 군중 속에 어떤 사람이라도 혼 속에 신앙이 태어남을 체험하고 예수의 자비에 호소했더라면, 믿는 산적에게 나타난 것과 똑같이, 사랑으로 배려를 받고 용납되었을 것이다.

회개(悔改)한 도둑이 그들이 파라다이스에서 언젠가 만나리라는 주의 약속을 듣고 난 바로 뒤에 요한이 도시에서 돌아왔고, 어머니와 거의 열두 여인 신도 일행을 데리고 왔다. 요한은 예수의 어머니 마리아 가까이 자리를 잡았고 그 여자를 부축하였다. 그 여자의 아들 유다는 다른 쪽에 섰다. 예수가 이 장면을 내려다볼 때는 한낮이었고, 어머니에게 말했다: "여자여, 어머니의 아들을 보소서!" 그리고 요한을 향하여 말했다: "이 사람아, 네 어머니를 보라!" 그리고 나서 두 사람에게 말했다: "나는 두 사람이 이 자리를 떠나기를 바라노라." 그래서 요한과 유다는 마리아를 모시고 골고다를 떠났다. 요한은 그가 예루살렘에서 묵던 곳으로 예수의 어머니를 모시고 갔고, 그리고 나서 십자가 처형의 장면으로 서둘러 돌아갔다. 유월절이 지난 뒤에 마리아는 벳세다로 돌아갔는데, 거기서 그 여자는 아무 사고 없이 여생을 요한의 집에서 살았다. 마리아는 예수가 죽은 뒤에 1년을 채 살지 못했다.

마리아가 떠난 뒤에, 다른 여인들은 조금 떨어져 물러났고, 예수가 십자가에서 숨이 끊어질 때까지 예수에게 시중들며 남아 있었으며, 장사 지내려고 주의 몸을 내려놓았을 때 아직도 대기(待機)하고 있었다.

5. 십자가에서 마지막 시간

그런 현상이 있기에는 아직 철이 일렀어도, 12시 조금 지나서, 공중에 미세한 모래 때문에 하늘이 어두워졌다. 예루살렘의 사람들은 이것을 보고 아라비아 사막으로부터 뜨거운 바람을 실은 모래 폭풍이 온다는 것을 알았다. 1시가 채 못 되어 하늘이 너무 어두워져서 해를 가렸고, 나머지 군중은 도시로 서둘러 돌아갔다. 그 후 조금 있다가 주가 목숨이 다했을 때, 30명이 안 되는 사람들, 겨우 로마 군인 13명과 신자가 약 15명이 자리에 있었다. 이 신자들은 두 사람, 예수의 아우 유다와 요한 세베대를 제외하고, 모두 여자였고, 요한은 주가 숨이 끊어지기 바로 전에 그 장면으로 돌아왔다.

1시 뒤에 얼마 있다가, 사나운 모래 폭풍으로 어둠이 점점 짙어지는 가운데 예수는 인간 의식을 잃기 시작했다. 그의 마지막 말씀, 자비와 용서와 훈계의 말씀은 이미 하셨다. 마지막 소망을—어머니를 돌보는 것에 관하여—이미 표현하였다. 죽음이 가까워 오는 이 시간에 예수의 인간 지성은 히브리 성서, 특히 시편(詩篇)의 여러 구절을 되풀이하는 데 의존했다. 인간 예수가 의식하는 마지막 생각은 이제 20편·21편·22편으로 알려진, 시편의 한 부분을 머리 속에서 되풀이하는 것과 관련되었다. 입술이 때때로 움직이곤 했어도, 너무나 잘 알던 구절들이 머리를 통해서 지나가는 동안에 그 구절대로 낱말들을 소리내서 말하기에는 너무나 약했다. 대기하던 자들이 겨우 몇 번 이와 같은 말소리를 들었다, "주가 기름 부은 자를 구하실 줄 내가 아나이다," "주의 손이 나의 모든 적을 발견하리이다" 그리고 "나의 하나님, 나의 하나님, 어찌하여 나를 버리셨나이까?" 예수는 한 순간이라도 아버지의 뜻에 따라서 살았다는 것을 티끌만큼도 의심하지 않았다. 아버지의 뜻에 따라서 육체를 입은 목숨을 이제 버린다는 것을 의심하지 않았다. 그는 아버지가 그를 버렸다고 느끼지 않았다. 다만 사라지는 의식 속에서 여러 성서 구절을 외우고 있었는데, 그 구절 가운데 이 시편 22편이 있었고, 이것은 "나의 하나님, 나의 하나님, 어찌하여 나를 버리셨나이까?"로 시작되었다. 이것은 어쩌다가 곁에 대기하던 자들에게 들리도록 충분히 뚜렷하게 말한 세 구절 중에 하나였다.

필사자 예수가 동료들에게 한 마지막 요청은 1시 반쯤에 있었고, 그 때 두 번째로 "목이 마르다"하고 말했는데, 경비대의 바로 그 지휘관이, 그 시절에 보통 식초라고 부른 신 포도주에 적신 똑같은 해면으로 입술을 다시 축여 주었다.

모래 폭풍(暴風)은 심해졌고 하늘은 점점 더 어두워졌다. 아직도 군인들과 작은 무리의 신자들이 대기하고 있었다. 군인들은 십자가 가까이서 웅크리고, 살을 에는 모래로부터 몸을 보호하려고 한데 웅크렸다. 요한의 어머니와 다른 사람들은 떨어진 곳에서 구경했고, 거기서 툭 튀어나온 바위 때문에 얼마큼 보호를 받았다. 주가 드디어 마지막 숨을 내몰았을 때, 그의 십자가 밑에는 요한 세베대와 아우 유다, 누이 룻, 막달라 마리아, 그리고 한때 세포리스에서 살던 레베카가 자리에 있었다.

3시 바로 전에 예수는 "끝났도다! 아버지여, 내 영을 아버지 손에 맡기나이다" 하고 큰 목소리로 외쳤다. 이렇게 말하고 나서, 고개를 숙였고, 몸부림을 그만두었다. 로마인 백부장이 어떻게 예수가 죽었는가 보았을 때, 그는 가슴을 치며 말했다: "이 사람은 정말로 올바른 사람이었도다. 참으로 그는 하나님의 아들이었음이 틀림없도다." 그리고 그 때부터 예수를 믿기 시작했다.

예수는—임금답게 산 것처럼—임금답게 죽었다. 그가 임금인 것을 거침없이 인정했고, 그 비극의 날 내내, 그 상황의 주인으로 대처하였다. 그가 택한 사도들의 안전을 보살핀 뒤에, 치욕스러운 죽음을 기꺼이 받아들였다. 말썽을 일으키는 베드로의 폭력에 지혜롭게 고삐를 잡았고, 필사 존재의 바로 끝까지 요한이 그에게 가까이 있도록 주선했다. 살인하려는 산헤드린에게 그의 참 성품을 드러냈고, 하나님의 아들로서 군주 권한의 근원을 빌라도에게 상기시켰다. 그는 자신의 가로대를 지고 골고다로 떠났고, 파라다이스 아버지께 사람으로서 얻은 그의 영을 넘겨 줌으로써 사랑의 자신 수여를 마쳤다. 그러한 일생 뒤에—그러한 죽음을 닥쳐서—"끝났도다"하고 주는 참으로 말할 수 있었다.

이 날이 유월절과 안식일 모두를 준비하는 날이었으므로, 유대인들은 이 시체들이 골고다에서 노출되는 것을 원하지 않았다. 따라서 그들은 빌라도 앞에 가서, 세 사람을 십자가에서 끌어내리고, 그래서 해지기 전에 범죄자들의 무덤 구덩이에 던질 수 있도록 다리를 부러뜨리고 그들이 처치되기를 요구했다. 이 요청을 들었을 때, 빌라도는 다리를 부러뜨리고 예수와 두 도둑을 처치하라고 당장에 군인 셋을 보냈다.

이 군인들이 골고다에 다다랐을 때, 그들은 두 도둑에게 시킨 대로 따라서 했지만, 놀랍게도 예수가 이미 죽었음을 발견했다. 그러나 그가 죽은 것을 확인하려고 군인들 가운데 하나가 옆구리를 창으로 찔렀다. 십자가에 처형된 자들이 십자가에서 이틀이나 사흘 동안 산 채로 버티는 것이 보통이었어도, 예수의 압도적인 감정의 괴로움과 격심한 영적 고통은 5시간 반이 조금 안 되어서, 육신을 입은 필사 생애를 그치게 했다.

6. 십자가 처형 뒤

모래 폭풍이 부는 어두움 한가운데서, 3시 반쯤에, 다윗 세베대는 주가 돌아가셨다는 소식을 나르는 마지막 사자들을 내보냈다. 마지막 주자(走者)들을 베다니에 있는 마르다와 마리아의 집으로 보냈고, 거기서 예수의 어머니가 나머지 가족과 함께 머물렀다고 생각했다.

주가 돌아가신 뒤에, 요한은 유다에게 책임을 지워, 여인들을 엘리야 마가의 집으로 보냈고, 거기서 그들은 안식일 동안 머물렀다. 요한 자신은 이 때가 되어 로마인 백부장에게 잘 알려졌기 때문에, 빌라도로부터 예수의 몸을 가져가도 된다고 허가하는 명령을 가지고 요셉과 니고데모가 그 장면에 나타날 때까지 골고다에 남아 있었다.

이렇게 광대한 한 우주의 비극(悲劇)과 슬픔의 날이 끝났다. 그 우주의 수많은 지자(知者)는 사랑하는 군주가, 인간으로 육신화한 모습이, 십자가에 못박힌 소스라칠 광경에 몸서리를 쳤다. 필사자의 무정(無情)함과 인간의 타락이 이렇게 나타난 것에 깜짝 놀랐다.

제 188 편

무덤에 있던 시간

예수의 필사 육체가 요셉의 무덤에 놓여 있던 하루 반, 십자가에서 죽었다가 부활한 사이의 기간은 미가엘이 땅에서 지낸 생애에서 우리에게 거의 알려지지 않은 장(章)이다. 우리는 사람의 아들이 무덤에 묻힌 것을 이야기하고 이 기록에 부활과 연결된 사건들을 적을 수 있지만, 금요일 오후 3시부터 일요일 새벽 3시까지, 약 36시간에 달하는 이 기간에 무슨 일이 정말로 벌어졌는가, 우리는 신빙성 있는 정보를 많이 제공할 수 없다. 주의 생애에서 이 기간은 로마 군인들이 그를 십자가에서 끌어 내기 조금 전에 시작되었다. 그는 죽은 뒤에 거의 1시간 동안 십자가에 달려 있었다. 두 도둑을 처치하는 데 지연되지 않았다면, 더 일찍 끌어내렸을 것이다.

유대인 통치자들은 도시 남쪽, 게헤나의 노천 무덤 구덩이에 예수의 시체를 던지게 하려고 계획했다. 십자가에 못박힌 희생자를 이렇게 처리하는 것이 관습이었다. 이 계획을 따랐더라면, 주의 몸은 사나운 짐승들에게 노출되었을 것이다.

그 동안에, 아리마대 요셉은 니고데모를 데리고 빌라도한테 가서, 적절히 장사지내려고 예수의 시체를 그들에게 넘겨 주기를 요청했다. 십자가에 못박힌 사람의 친구들이 그런 시체를 소유하는 특권을 얻으려고 로마 당국에게 뇌물(賂物)을 바치는 일이 드물지 않았다. 요셉은 사립 무덤에 예수의 시체를 옮길 허락을 얻는 데 돈이 필요하게 될 경우에 쓰려고, 큰 돈을 마련하여 빌라도 앞으로 갔다. 그러나 빌라도는 이것 때문에 돈을 받으려 하지 않았다. 그 요청을 듣자, 그는 요셉에게 골고다로 가서 주의 몸을 즉시 완전히 소유하도록 인가하는 명령서에 재빨리 서명했다. 그 동안에, 모래 폭풍이 어지간히 줄어들었기 때문에, 예수의 시체가 노천의 공동 무덤 구덩이까지 도둑들의 시체를 따랐는가 확인할 목적으로 산헤드린을 대표하는 유대인 무리가 골고다를 향해서 이미 떠났다.

1. 예수를 묻음

골고다에 다다랐을 때, 요셉과 니고데모는 군인들이 십자가에서 예수를 끌어내리고 있고, 예수의 추종자들 중에서 아무도 그의 시체가 범죄자들의 무덤 구덩이로 가는 것을 방해하지 않도록 처리하려고 산헤드린의 대표자들이 대기하고 있음을 발견했다. 요셉이 주의 시체를 가지려고 빌라도의 명령을 백부장(百夫長)에게 내밀었을 때, 유대인들은 그 시체를 소유하려고 소동을 피우고 아우성쳤다. 날뛰면서 그들은 시체를 가져가려고 사납게 애썼고, 그들이 이렇게 하자, 백부장은 군인 넷을 자기 옆에 불렀다. 시체가 땅에 놓인 대로, 그들은 칼을 뽑아 들고, 주의 몸 좌우에 버티고 섰다. 그들이 성이 머리끝까지 치민, 이 성난 유대인 폭도를 밀어내는 동안 백부장(百夫長)은 다른 군인들에게 두 도둑을 버려 두라고 명령했다. 질서를 다시 찾고 나서, 백부장은 빌라도로부터 받은 허가증을 유대인들에게 읽고, 옆으로 걸어 나와서 요셉에게 말했다: "이 시체는 네 것이니 좋은 대로 처리하라. 아무도 간섭하지 않도록 나와 내 군인들은 대기하겠노라."

십자가에 못박힌 사람은 유대인 공동 묘지에 묻힐 수 없었고, 그러한 과정을 금하는 엄격한 법이 있었다. 요셉과 니고데모는 이 법을 알았고, 골고다로 가는 길에 단단한 바위에서 깎아 새긴, 요셉의 새 가족 무덤에 예수를 묻기로 작정했고, 이것은 골고다의 북쪽에 짧은 거리에, 사마리아로 이어지는 길 건너에 있었다. 아무도 이 무덤에 묻힌 적이 없었고, 그들은 주가 여기에 쉬는 것이 적당하다고 생각했다. 요셉은 정말로 예수가 죽은 자 가운데서 살아나리라고 믿었지만, 니고데모는 몹시 의심했다. 산헤드린의 이 옛 회원들은 예수를 믿는 것을 얼마큼 비밀로 지켰다. 하지만 그들이 회의에서 사퇴하기 전에, 동료 산헤드린 의원들은 오랫동안 그들을 의심해 왔다. 이제부터 계속, 그들은 온 예루살렘에서 가장 과감하게 말하는 예수의 제자들이었다.

4시 반쯤에 나사렛 예수의 장사(葬事) 행렬이 골고다에서 길 건너 요셉의 무덤을 향하여 떠났다. 그 시체는 네 사람이 날랐다시피, 리넨 시트에 둘둘 싸였고, 갈릴리에서 온 충실한 여인 구경꾼들이 뒤따랐다. 무덤까지 예수의 물질 몸을 지고 간 사람들은 요셉, 니고데모, 요한, 로마인 백부장이었다.

그들은 시체를 무덤으로 날랐는데, 이것은 가로 세로가 약 3미터 되는 방이었고, 거기서 장사 지내려고 서둘러 시체를 준비했다. 유대인들은 죽은 사람을 정말로 묻지 않았고, 실제로 방부(防腐) 처리를 하였다. 요셉과 니고데모는 몰약(沒藥)과 앨로를 잔뜩 가져왔고, 이제 이 용액으로 적신 붕대로 시체를 감았다. 방부 처리가 끝났을 때, 얼굴 둘레를 냅킨으로 동였고, 시체를 리넨 시트로 둘둘 감고, 엄숙하게 시체를 무덤에 있는 선반에 두었다.

시체를 무덤에 둔 뒤에, 백부장은 군인들에게 돌 문을 무덤 입구 앞으로 굴리는 것을 도우라고 신호했다. 그리고 나서 군인들은 도둑들의 시체를 가지고 게헤나를 향하여 떠났고, 한편 다른 사람들은 모세의 율법에 따라서 유월절을 지키려고 슬피 예루살렘으로 돌아갔다.

이 날이 준비일이고 안식일(安息日)이 막 다가오고 있었기 때문에 예수의 장례는 어지간히 서두르고 성급하게 처리되었다. 남자들은 도시로 서둘러 돌아갔지만 여인들은 아주 어두울 때까지 무덤 가까이 남아 있었다.

이 모든 것이 진행되는 동안, 여인들은 가까이 숨어 있었고, 그래서 이를 모두 보고 주가 어디에 누웠는가 지켜보았다. 이처럼 몰래 온 것은 여인들이 그런 때에 남자들과 상관하는 것이 허락되지 않았기 때문이다. 이 여인들은 예수가 매장을 위해서 적절히 준비되었다고 생각하지 않았고, 요셉의 집으로 돌아가서, 안식일 동안 쉬었다가, 향료와 연고(軟膏)를 준비하고, 시체를 안치하기 위하여 주의 몸을 적절히 준비하려고 일요일 아침에 돌아오기로 자기들끼리 합의를 보았다. 이 금요일에 무덤 가에서 이렇게 머문 여인들은 막달라 마리아, 클로바의 아내 마리아, 예수의 또 다른 이모 마르다, 세포리스의 레베카였다.

다윗 세베대와 아리마대의 요셉을 제쳐 놓고, 예수의 제자들 가운데 거의 아무도 그가 사흘째에 무덤에서 일어나도록 예정되었다는 것을 정말로 믿거나 알아듣지 못했다.

2. 무덤을 지키기

예수의 추종자들이 사흘째에 무덤에서 일어나리라는 약속을 무심코 흘려들었다면, 적들은 그렇지 않았다. 대사제와 바리새인과 사두개인들은 그가 사흘째에 일어나리라는 그의 말에 관하여 보고받았음을 기억했다.

이 금요일 밤, 유월절 저녁 식사 뒤에, 자정쯤에 유대인 지도자들의 무리가 가야바의 집에 모였고, 사흘째에 죽은 자 가운데서 살아나리라는 주의 주장에 관하여 걱정되는 것을 의논했다. 예수의 친구들이 무덤에 손대지 못하도록 그의 무덤 앞에 로마인 경비원 한 명을 배치하라는 산헤드린의 공식 요청(要請)을 지니고, 이튿날 일찍 빌라도를 방문하기로 된 산헤드린 위원회를 지명하고서 이 모임이 끝났다. 이 위원회의 대변인은 빌라도에게 말했다: "주여, 이 사기꾼 나사렛 예수가 아직도 살아 있는 동안에 '내가 사흘 뒤에 다시 살아나리라' 하고 말한 것을 우리가 기억하나이다. 그러므로 적어도 사흘이 지난 뒤까지, 그 무덤을 그 추종자들이 가까이 못하도록 안전히 지키게 할 명령을 내려 달라 요청하려고 우리가 당신 앞에 왔나이다. 우리는 그의 제자들이 와서 밤에 그를 훔치고 나서, 그가 죽은 자 가운데서 살아났다고 사람들에게 선포하지 않을까 크게 걱정되나이다. 이런 일이 일어나도록 우리가 버려 둔다면, 이 잘못은 그를 살려 둔 것보다 훨씬 더 나쁘리이다."

산헤드린의 이 요청을 들었을 때 빌라도는 말했다: "너희에게 군인 10명의 경비대를 주겠노라. 너희는 가서 무덤을 안전하게 만들라." 그들은 성전으로 돌아갔고, 자체 경비대 가운데 10명을 확보하고 나서, 이 유대인 경비원 10명과 로마 군인 10명과 함께, 이 안식일 새벽에도 이들을 무덤 앞에서 보초(步哨)로 세워 놓으려고 요셉의 무덤으로 행진했다. 이 사람들은 무덤 앞에 또 다른 돌을 굴려 놓고서, 그들이 모르는 사이에 방해받을까 걱정하여, 빌라도의 봉인(封印)을 이 돌들 위에, 또 그 둘레에 눌러 놓았다. 이 스무 명은 부활의 시간까지 경계하며 남아 있었고, 유대인들은 그들에게 먹을 것과 마실 것을 날라다 주었다.

3. 안식일에

이 안식일 내내, 제자와 사도들은 숨어 있었고, 한편 온 예루살렘은 예수가 십자가에서 돌아가신 사건에 관하여 이야기했다. 이 때 로마 제국의 온 구석과 메소포타미아에서 거의 150만의 유대인이 예루살렘에 와 있었다. 이 때는 유월절 주간의 시작이었고, 이 모든 순례자가 예수가 부활했다는 말을 듣고 집으로 그 보고를 가지고 갈 것이었다.

토요일 밤 늦게, 요한 마가는 열한 사도를 몰래 아버지의 집으로 오라고 호출했는데, 그들은 거기서 자정 바로 전에, 모두 주와 함께 이틀 밤 전에 마지막 만찬을 들던 바로 그 위층 방에서 모였다.

예수의 어머니 마리아는 룻과 유다와 함께, 해가 지기 바로 전, 이 토요일 저녁에 가족과 합치려고 베다니로 돌아갔다. 다윗 세베대는 니고데모의 집에서 남아 있었고, 거기서 일요일 아침 일찍 그의 사자들이 모이도록 주선한 적이 있었다. 예수의 몸에 방부 처리를 계속하려고 향료(香料)를 준비했던 갈릴리 여인들은 아리마대 요셉의 집에서 머물렀다.

나사렛 예수가 요셉의 새 무덤에서 쉬고 있다고 생각된 이 하루 반의 기간에 도대체 그에게 무슨 일이 일어났는가 우리는 충분히 설명할 수 없다. 어떤 다른 사람이 같은 상황에서 죽는 것과 마찬가지로, 그는 십자가에서 똑같이 자연사한 듯하다. "아버지여, 내 영을 아버지 손에 맡기나이다"하고 말하는 것을 우리는 들었다. 그의 생각 조절자는 성격화된 지 오래 되었고, 예수의 필사의 몸과 따로 존재를 유지했으니까, 그러한 말씀이 무엇을 의미하는가 우리는 넉넉히 이해하지 못한다. 주의 성격화된 조절자는 어떤 의미에서도 그가 십자가에서 육체로 죽은 것에 영향을 받을 수 없다. 예수가 한동안 아버지의 손에 맡긴 것은, 인간 체험의 기록부를 저택 세계들로 옮기기 위하여 필사 지성을 영으로 만드는 과제에서, 조절자의 초기 행적의 영 사본(寫本)이었음에 틀림없다. 예수의 체험 속에는 구체(球體)들에서 믿음이 성장하는 필사자들의 영 본질, 즉 혼과 비슷한 어떤 영적 실체가 있었음이 틀림없다. 그러나 이것은 우리의 의견일 따름이다—우리는 예수가 아버지께 무엇을 맡겼는지 모른다.

우리는 주의 육체 형태가 일요일 새벽 3시쯤까지, 요셉의 무덤에 거기서 쉬었다는 것을 알지만, 이 36시간 동안 예수 인격(人格)의 지위에 관하여 전적으로 분명치 않다. 얼마큼 다음과 비슷하게, 때때로 이것들을 우리끼리 감히 설명하려 해 보았다:

1. 미가엘의 창조자 의식은 풀려난 채로 있고, 신체로 육신화한 데 들어 있던, 관계된 그 필사 지성으로부터 완전히 자유로웠음이 틀림없다.

2. 우리가 알건대 이 기간에 땅에 계셨고, 집합한 하늘 무리들을 몸소 지시했던, 예수의 예전 생각 조절자.

3. 처음에는 그의 생각 조절자가 직접 기울인 노력으로 말미암아, 그리고 끊임없이 아버지의 뜻을 그가 선택함으로 이루어진 것 같이, 나중에는 이상적인 필사 존재의 육체적 필요와 영적 요구 사이에 자신이 완전히 조절함으로써, 나사렛 사람이 육체를 입은 일생 동안에 쌓아 얻은 영 신분이, 파라다이스 아버지의 보호 속에 맡겨졌음이 틀림없다. 이 영 실체가 부활한 성격의 일부가 되려고 돌아왔는지 그렇지 않은지 모르지만, 우리는 그랬다고 믿는다. 그러나 외계 우주의 조직되지 않은 영역에서 아직 창조되지 않은 우주들과 연관하여, 밝혀지지 않은 운명 속에 네바돈 최후 군단을 지휘하기 위하여 나중에 해방되려고, 예수의 이 혼 신분(身分)이 "아버지의 품" 속에서 지금 쉬고 있다고 주장하는 자들이 우주에 있다.

4. 우리는 예수의 인간 의식, 즉 필사자로서 가졌던 의식은 이 36시간 동안 잠들어 있었다고 생각한다. 우리는 이 기간에 우주에서 무슨 일이 벌어졌는지 인간 예수가 하나도 몰랐다고 믿을 근거를 가졌다. 필사자의 의식이 깨닫기에는 아무런 시간의 경과가 없는 듯하다. 즉 생명(生命)의 부활은, 똑같은 순간에, 죽음의 잠을 따랐다.

이것이 무덤에서 이 기간에 예수의 지위에 관하여 우리가 기록할 수 있는 거의 전부이다. 우리가 암시할 수 있는 서로 관계된 여러 가지 사실이 있다. 하지만 우리는 도저히 이것들을 해석할 능력이 없다.

사타니아의 첫째 저택 세계의 부활실에 있는 광대한 안마당에는, "미가엘 기념관"이라고 알려졌고 지금은 가브리엘의 봉인을 지니고 있는, 훌륭한 물질 및 상물질로 이루어진 구조를 지금 볼 수 있다. 이 기념관은 미가엘이 이 세상을 떠난 뒤 얼마 있다가 지어졌는데, 이 비문을 지닌다: "유란시아에서 나사렛 예수가 사람으로서 이동한 것을 기념하여."

1백 명으로 이루어진 구원자별 최고 회의가 이 기간에, 유란시아에서 가브리엘의 사회(司會)를 보는 가운데 집행 회의를 열었다는 것을 보이는 기록들이 존재한다. 또한 유버르사의 옛적부터 늘 계신 이들이 이 시간에, 네바돈 우주의 지위에 관하여 미가엘과 교통했다는 것을 보이는 기록도 있다.

우리는 주의 몸이 무덤에 누워 있는 동안에, 미가엘과 구원자별에 계시는 이마누엘 사이에 적어도 한 통신문이 지나갔다는 것을 안다.

예수의 몸이 무덤에서 쉬는 동안에 열린 회의, 예루셈에서 있던 혹성 영주들의 체계 회의에서 어떤 성격자가 칼리가스티아의 자리에 앉았다는 것을 믿을 만한 좋은 이유가 있다.

에덴시아의 기록들은 놀라시아덱의 별자리 아버지가 유란시아에 있었고, 무덤에 있던 이 시간에 미가엘로부터 지침을 받았다는 것을 가리킨다.

그리고 겉보기에 육체적으로 죽은 이 시간에, 예수의 성격 전부가 잠들어 무의식에 있지 않았다는 것을 가리키는 많은 다른 증거가 있다.

4. 주가 십자가에서 돌아가신 의미

예수는 필사 인간이 지은, 종족의 죄책감을 대속하거나, 달리 기분을 상하고 용서 없는 하나님에게 일종의 효과적인 접근을 마련하려고 십자가에서 이렇게 죽지 않았다. 사람의 아들은 하나님의 분노를 가라앉히고 죄 많은 사람이 구원받는 길을 열어 놓으려고 희생물로서 자신을 내놓지 않았다. 대속(代贖)하고 신을 달랜다는 이 아이디어들이 그릇되기는 하지만, 그런데도 십자가에서 예수가 이렇게 돌아가신 데 부여된 중요성, 지나쳐서는 안 될 중요성이 있다. 유란시아가 사람이 사는 다른 이웃 혹성들 사이에서 "십자가의 세계"라고 알려지게 되었다는 것은 사실이다.

예수는 유란시아에서 육체를 입고 필사자의 일생을 한껏 살기를 바랐다. 죽음은 보통, 삶의 일부이다. 죽음은 필사자의 연극에서 마지막 막(幕)이다. 십자가에서 돌아가신 의미(意味)를 거짓되게 풀이하는 미신 같은 잘못을 피하려고 좋은 뜻으로 노력하면서, 너희는 주의 죽음의 참된 의미와 진정한 중요성을 깨닫지 못하는 큰 잘못을 저지르지 않도록 정신을 차려야 한다.

필사 인간은 결코 대사기꾼들의 소유물이 아니었다. 예수는 여러 구체(球體)의 배반한 통치자와 타락한 영주들의 손아귀에서 몸값을 치르고 사람을 되찾으려고 죽지 않았다. 하늘에 계신 아버지는 필사자의 혼을 그 조상의 잘못 때문에 벌하는 것처럼 상스러운 불법(不法)을 결코 생각해 내지 않았다. 주가 십자가에서 돌아가신 것은 인류가 하나님에게 지게 된 빚을 하나님께 갚으려는 노력으로 이루어진 희생물도 아니었다.

예수가 땅에서 살기 전에는, 너희가 그러한 하나님을 믿어도 아마도 정당화되었을지 모르지만, 주가 너희 동료 필사자들 사이에서 살다가 돌아가신 뒤에는 그렇지 않다. 모세는 창조자 하나님의 위엄과 응보를 가르쳤지만, 예수는 하늘 아버지의 사랑과 자비를 보여 주었다.

동물적 성질—악행을 향한 성향—은 물려받을지 모르지만, 죄는 부모로부터 아이에게 전달되지 않는다. 죄는 아버지의 뜻과 아들의 법을 거슬러서, 의지를 가진 개별 피조물이 의식하여, 깊이 생각한 끝에 반항하는 것이다.

예수는 꼭 이 한 세계의 종족들을 위해서가 아니라, 한 우주 전체를 위하여 살다가 돌아가셨다. 여러 영역의 필사자들은 예수가 유란시아에서 살다가 돌아가시기 전에도 구원을 가졌지만, 그런데도 이 세상에 그가 자신을 수여한 것은 구원의 길을 크게 비춘 것이 사실이다. 그의 죽음은, 육체를 입고 죽은 뒤에 필사자가 살아남는다는 확실성을 언제까지나 분명히 밝히는 데 크게 기여했다.

예수를 희생자, 대속자, 또는 구속자(救贖者)라고 하는 것은 도저히 적당하지 않아도, 구원자라고 언급하는 것은 전적으로 옳다. 그는 언제까지나 구원받는 (살아남는) 길을 더욱 뚜렷하고 확실하게 만들었다. 네바돈 우주의 모든 세상에서 모든 필사자를 위하여 구원의 길을 더욱 낫게, 더욱 확실하게 보여 주었다.

하나님이 참되신 사랑하는 아버지라는 관념, 예수가 일찍이 가르친 유일한 개념을 너희가 일단 깨달으면, 일관성을 찾기 위해서, 하나님이 기분을 상한 군주요, 첫째 가는 기쁨이 잘못하는 백성들을 찾아내고, 자신과 거의 비슷한 어떤 존재가 그들을 위해서 고통받고, 대체물로서, 그들 대신에 죽으려고 자청하지 않으면 그들이 알맞게 벌받도록 조치를 취하는 엄하고 전능한 통치자라는 모든 원시 개념을 너희는 당장에 완전히 버려야 한다. 몸값을 내고 대속한다는 관념 전체는, 나사렛 예수가 가르치고 본보기를 보인 그 하나님 개념과 양립할 수 없다. 하나님의 무한한 사랑은, 신다운 성품 가운데 어느 것보다 못하지 않다.

대속(代贖)하고 희생으로 구원을 받는다는 이 모든 개념은 이기심에 뿌리를 박고 근거를 두었다. 예수는 사람이 동료들에게 봉사를 베푸는 것이 영적 신자들의 형제 정신의 가장 높은 개념이라고 가르쳤다. 하나님이 아버지임을 믿는 자들은 구원을 당연하게 여겨야 한다. 신자(信者)의 으뜸가는 관심은 개인이 구원받으려는 이기적 소망이 아니라, 예수가 필사 인간들을 사랑하고 섬긴 것 같이, 사람의 동료들을 사랑하고, 따라서, 섬기려는 사심 없는 욕구이어야 한다.

진정한 신자들은 죄에 대하여 앞날에 벌받는 것을 그렇게 많이 걱정하지 않는다. 진정한 신자는 오늘 하나님으로부터 떨어져 있는 것에만 아랑곳한다. 지혜로운 아버지가 아들들을 꾸짖을 수 있다는 것이 참말이지만, 사랑으로, 고치는 목적으로, 이 모든 것을 행한다. 그들은 성이 나서 벌을 내리지 않으며, 징벌로 꾸짖지도 않는다.

하나님이 응보가 최고로 다스리는 우주에서 엄격하고 정당한 군주라 하더라도, 죄지은 위반자 대신에 결백한 희생자를 바꿔치는 어리석은 계획에 만족해하지 않을 것이 분명하다.

예수의 죽음에 관하여 큰 일은, 인간 체험을 부유하게 하고 구원의 길을 넓히는 데 관계되다시피, 그가 죽었다는 사실이 아니라, 오히려 그가 죽음을 대한 더할 나위 없는 태도와 견줄 데 없는 그 정신이다.

대속한다는 이 몸값 아이디어 전체가 구원을 비현실 수준에 놓으며, 그러한 개념은 순전히 철학적이다. 인간의 구원은 실재하며, 구원은 피조물의 믿음으로 붙잡고, 그로서 개별 인간의 체험 속으로 합병될 수 있는 두 가지 실체에 근거를 둔다. 즉 하나님이 아버지라는 사실, 그리고 그와 관계되어, 사람이 형제라는 진리이다. 결국은 "너희에게 빚진 자들을 너희가 용서하는 것 같이, 너희의 빚도 용서를 받으리라"는 것이 참말이다.

5. 십자가로부터 얻는 교훈

예수의 십자가는 참 목자가 그의 양 떼 가운데서 자격 없는 구성원에게도 최상으로 헌신함을 한껏 보여 준다. 그 십자가는 언제까지나 하나님과 사람 사이의 모든 관계를 가족의 기초 위에 둔다. 하나님은 아버지요 사람은 아들이다. 사랑, 즉 아버지가 아들을 위하는 그 사랑은, 창조자와 피조물의 우주 관계에서 핵심 진리가 된다—악을 행하는 백성이 고통을 받고 벌받는 데서 만족을 추구하는 임금이 내리는 응보는 그렇지 않다.

십자가는 죄인들을 향한 예수의 태도가 정죄(定罪)도 묵인도 아니지만, 오히려 영원하고 사랑하는 구원임을 언제까지나 보여 준다. 예수의 삶과 죽음이 사람들을 선하고 올바르게 살아남도록 설득한다는 의미에서, 그는 참으로 구원자이다. 예수는 사람들을 너무나 사랑해서 그의 사랑은 인간의 가슴 속에서 사랑의 반응을 일깨운다. 사랑은 참으로 전염성이 있고 영원히 창조성이 있다. 예수가 십자가에서 돌아가신 것은 죄를 용서하고 모든 악행을 삼킬 만큼, 충분히 힘찬 신성한 사랑을 본보기로 보여 준다. 예수는 이 세상에게 정의보다—단지 엄밀한 의미에서 옳고 그른 것보다—더 높은 품질의 올바름을 드러냈다. 신의 사랑은 다만 잘못을 용서하는 데 그치지 않고, 잘못을 흡수하고 실제로 없애 버린다. 사랑에서 나오는 용서는 자비로 베푸는 용서를 완전히 초월한다. 자비는 나쁜 일을 행한 죄를 한쪽으로 몰아놓지만, 사랑은 그로부터 생기는 죄와 모든 약점을 언제까지나 없애 버린다. 예수는 새로운 생활 방법을 유란시아에 가져왔다. 악에 저항하지 말고 그를 통해서 악을 효과적으로 없애 버리는 선을 찾으라고 우리에게 가르쳤다. 예수의 용서는 묵인이 아니라, 정죄로부터 구원받는 것이다. 구원은 잘못을 무시하지 않으며, 잘못된 것을 옳게 바꾼다. 참된 사랑은 미움과 타협하거나 미움을 묵인하는 것이 아니라, 미움을 없애 버린다. 예수의 사랑은 결코 그냥 용서하는 것만으로 만족해하지 않는다. 주의 사랑은 회복, 영원히 살아남는 것을 뜻한다. 너희가 이 영원한 회복을 의미한다면, 구원을 죄값 치르기로 언급하는 것이 전적으로 적절하다.

사람들을 몸소 사랑하는 힘으로, 예수는 죄와 악의 위력을 깨뜨릴 수 있었다. 이로서 더 나은 생활 방법을 선택하라고 사람들을 해방하였다. 예수는 과거로부터 구원받음을 묘사했고, 구원은 그 자체로 앞날의 승리를 약속했다. 용서는 이렇게 구원을 마련했다. 신의 사랑의 아름다움은, 일단 인간의 마음에 충분히 인정을 받으면, 언제까지나 죄의 매력과 악의 힘을 없애 버린다.

예수의 고통은 십자가에 못박히는 것에 그치지 않는다. 실제로 나사렛 예수는 정말로 맹렬하게 필사자로 존재하는 십자가에서 약 25년을 보냈다. 십자가의 참된 가치는 십자가가 그의 사랑의 최고이자 마지막 표현, 그의 자비의 완성된 계시라는 사실에 있다.

사람이 사는 수백만의 세계에서, 도덕적 투쟁을 그만두고 훌륭한 믿음의 싸움을 버리라고 유혹받았을지 모르는 수십조에 이르는 진화하는 피조물은, 십자가에 달린 예수를 다시 한 번 보고 나서, 다음에 하나님이 사심(私心) 없이 사람들에게 봉사하는 데 바쳐진 그의 육신화된 목숨을 버리는 광경을 보고서, 영감을 받고 착실히 전진하였다.

십자가 위에서 죽음이 가져온 승리는 예수를 공격한 사람들에 대한 그의 태도에 나타난 정신에 모두 요약된다. "아버지여, 저희를 용서하소서, 저희가 무슨 일을 하는지 모르나이다"하고 기도했을 때, 그는 십자가를 사랑이 미움을 이기고 진리가 악에 승리하는 영원한 상징으로 만들었다. 그 사랑의 헌신은 광대한 우주에 두루 전염되었다. 제자들은 주로부터 그 헌신을 전염받았다. 이 봉사에서 자기 목숨을 버리라고 요청받은, 주의 복음을 가르친 최초의 선생은, 사람들이 그를 돌로 쳐죽일 때 말했다, "이 죄를 저희들의 책임에 돌리지 마소서."

십자가가 사람의 가장 좋은 성품에 최대로 호소하는 것은 자기의 동료 인간에게 봉사하는 데 목숨을 기꺼이 버린 사람을 드러내기 때문이다. 친구들을 위하여 목숨을 기쁘게 버리려 하는 것, 사람은 이보다 더 큰 사랑을 가질 수 없다—예수는 적들을 위하여 목숨을 기쁘게 버리는 그런 사랑을 가졌고, 이것은 땅에서 그 때까지 알려진 어떤 것보다 더 큰 사랑이었다.

유란시아와 마찬가지로 다른 여러 세상에서, 골고다의 십자가 위에서 인간 예수가 죽는 이 숭고한 광경은 필사자들의 감정을 휘저었고, 한편 천사들의 가장 높은 헌신을 일깨웠다.

십자가는 신성한 봉사, 사람이 자기 동료들의 복지와 구원에 목숨을 바치는 것을 나타내는 높은 상징이다. 십자가는 죄지은 사람들 대신에, 기분을 상한 하나님의 진노를 달래기 위하여 결백한 하나님의 아들을 희생함을 상징하는 것이 아니라, 땅에서, 광대한 우주를 통해서 두루, 선한 자들이 자신을 악한 자들에게 수여하고, 그로서 바로 이 사랑의 헌신으로 말미암아 그들을 구원하는 신성한 상징으로서 언제까지나 서 있다. 십자가는 가장 높은 형태의 사심 없는 봉사를 나타내는 표시로서, 죽음, 십자가의 죽음 속에서도, 진심으로 베푸는 봉사에서 올바른 생명을 충분히 수여하는 최고의 헌신(獻身)을 나타내는 표시로서 서 있다. 예수의 수여 생명의 큰 상징이 된 바로 그 광경은, 우리 모두가 가서 마찬가지로 하고 싶어하도록 참으로 영감을 준다.

십자가에서 목숨을 바치는 예수를 바라볼 때, 생각 있는 남녀는 하찮은 골칫거리와 순전히 허구(虛構)인 많은 불만은커녕, 인생의 가장 혹독한 어려움에도 자신이 불평하도록 다시는 도저히 허락하지 않을 것이다. 그의 삶은 너무 영화롭고 죽음은 아주 승리에 넘쳐서, 우리 모두가 이 두 가지를 기꺼이 나누도록 마음이 이끌린다. 소년 시절부터, 십자가에서 죽는, 이루 말할 수 없는 이 광경에 이르기까지, 미가엘의 자신 수여 전체에는 마음을 끄는 참된 힘이 있다.

그러면 너희가 십자가를 하나님의 계시(啓示)로서 바라볼 때, 원시인의 눈으로나 후일의 야만인의 관점을 가지고 보지 않도록 하여라. 이들은 하나님을 엄격하게 응징하고 엄밀하게 법을 집행하는 무자비한 군주로 여겼다. 차라리 너희는 광대한 우주의 필사 종족들에게 수여하는 일생의 사명에 예수가 쏟은 사랑과 헌신의 마지막 명시를 십자가에서 꼭 보도록 하여라. 사람의 아들의 죽음 속에서, 필사자 구체들에 사는 아들들에게 쏟는 아버지의 신다운 사랑이 펼쳐지는 그 절정을 보아라. 이처럼 십자가는 그러한 선물과 헌신을 기쁘게 받는 자들에게 기꺼이 애정을 바치고 자진해서 구원을 주는 것을 묘사한다. 십자가에는 아버지가 요구한 것이 하나도 없었다—오로지 예수가 아주 기쁘게 준 것, 피하려 하지 않은 것만 있었다.

사람이 달리 예수를 고맙게 여기고 땅에서 그가 자신을 수여한 뜻을 이해할 수 없다면, 적어도 예수가 필사자로 고통을 같이 한 것을 이해할 수 있다. 사람이 현세에서 받는 고통의 성질이나 한계를 창조자가 모른다고 결코 아무도 걱정할 수 없다.

우리가 알건대, 십자가에서 죽음은 사람을 하나님과 화해시키려는 것이 아니라, 아버지의 영원한 사랑과 아들의 끝없는 자비를 사람이 깨닫도록 자극하고, 이 보편적 진리를 온 우주에 퍼뜨리기 위한 것이다.

제 189 편

부활

금요일 오후에 예수가 묻힌 뒤에 곧, 그 때 유란시아에 있던 네바돈 천사장들의 우두머리는, 의지(意志)를 가진 잠자는 생물의 부활을 담당한 회의를 소집했고, 예수를 회복하기 위하여 가능한 기법을 고려하기 시작했다. 집결한 이 지역 우주 아들들, 곧 미가엘의 피조물은, 자기들의 책임 하에 이렇게 했고, 가브리엘이 그들을 소집하지는 않았다. 한밤이 되어서 그들은 창조자의 부활을 쉽게 만들기 위해서 피조물은 아무 것도 할 수 없다는 결론에 이르렀다. 그들은 가브리엘의 충고를 받아들일 생각이 있었고, 그는 미가엘이 "자신의 자유 의지로 생명을 버렸으니까, 또한 자신의 결심에 따라서 생명을 다시 시작할 힘이 있다"고 그들에게 가르쳤다. 천사장과 생명 운반자들, 그리고 생물을 회복하고 상물질(上物質)을 창조하는 일에 종사하는 여러 동료로 구성된 회의가 끝난 뒤에 얼마 있다가, 그 때 유란시아에서 모인 하늘 집단들을 몸소 지휘한, 예수의 성격화된 조절자가 초조하게 기다리는 구경꾼들에게 이렇게 말했다:

"너희 가운데 아무도 너희의 창조자 아버지가 생명으로 돌아오는 일에 도우려고 아무 것도 할 수 없느니라. 그 영역의 한 사람으로서, 그는 사람의 죽음을 겪었고, 한 우주의 군주로서 아직도 살아 있느니라. 너희가 지켜보는 것은 나사렛 예수가 육체를 입은 생명으로부터 상물질 생명까지 사람으로서 이동하는 것이라. 이 예수 영(靈)의 이동은 내 자신이 그의 성격으로부터 분리되고 너희의 임시 지도자가 될 때 마쳤으며, 너희의 창조자 아버지는, 물질 세계에서 출생하는 것으로부터 자연사(自然死)와 상물질 세계에서 부활을 거쳐서 참된 영 존재의 지위에 이르기까지, 필사 인간 체험 전부를 거치기를 선택하였느니라. 이 체험의 어떤 단계를 너희가 바야흐로 지켜보려 하나 너희는 거기에 참여해서는 안 되며, 생물을 위하여 보통 하는 것을 너희는 창조자를 위하여 해서는 안 되느니라. 아들 창조자는 자신 안에 그가 창조한 아들들 가운데 누구의 모습을 입고도 자신을 수여할 힘을 가졌고, 관찰할 수 있는 그의 생명을 버리고 생명을 다시 시작할 힘이 자신 안에 있느니라. 그리고 그는 파라다이스 아버지의 직접 명령 때문에 이 힘을 가졌으며, 나는 무엇에 관하여 말하는지 사정(事情)을 아노라."

성격화된 조절자가 이렇게 말씀하는 것을 들었을 때, 가브리엘로부터 가장 비천한 케루빔에 이르기까지 모두가 초조하게 기대하는 태도를 가졌다. 그들은 무덤에서 예수의 필사 육체를 보았고, 사랑하는 군주의 우주 활동이 있다는 증거를 탐지했다. 그러한 현상을 이해하지 못했기 때문에, 그들은 일이 되어 가는 것을 보려고 참을성 있게 기다렸다.

1. 상물질계로 이동

일요일 새벽 2시 45분에, 신분이 알려지지 않은 파라다이스 성격자 일곱 명으로 이루어진 파라다이스 육신화 위원회가 그 장면에 나타났고, 즉시 무덤 근처에 자리를 잡았다. 3시 10분 전에, 물질 및 상물질 혼합 활동의 강렬한 진동이 요셉의 새 무덤에서 나오기 시작했고, 서기 30년 4월 9일, 이 일요일 새벽 3시 2분에 나사렛 예수의 부활한 상물질 모습과 성격이 무덤에서 나왔다.

부활한 예수가 무덤에서 솟아 나온 뒤에, 거의 36년 동안 땅에서 살고 일하던, 살로 이루어진 그 몸은 무덤의 벽감(壁龕)에, 다치지 않고 리넨 시트에 감긴 채로, 요셉과 그 동료들이 금요일 오후에 놓아 둔 바로 그대로, 거기에 아직도 누워 있었다. 무덤 입구 앞에 있던 돌도 조금도 건드리지 않은 채, 아직 빌라도의 봉인을 아무도 깨뜨리지 않은 채로 있고, 군인들이 아직도 지키고 있었다. 성전의 경비병들이 계속 근무하고 있었고, 로마 경비대는 자정(子正)에 갈렸다. 이 파수들 가운데 아무도 밤에 지키던 대상(對象)이 새로운 더 높은 형태의 존재로 살아났고, 그들이 지키고 있던 몸은 이제, 구원되고 부활한 예수의 상물질 성격과 더 아무 관계 없는, 버려진 껍데기라는 것을 의심하지 않았다.

개인적인 모든 면에서 물질은 상물질의 뼈대이며, 이 두 가지는 오래 가는 영 실체가 비친 그림자라는 것을 인류는 느리게 깨닫는다. 얼마나 있어야 너희가 시간은 움직이는 영원의 모습이요, 공간은 파라다이스 실체들의 휙 지나가는 그림자라고 여기겠는가?

우리가 판단할 수 있는 한, 이 우주의 어느 생물이나 다른 우주에서 온 어떤 성격자도 나사렛 예수가 이렇게 상물질로 부활한 것과 아무 상관이 없었다. 금요일에 그는 이 땅의 한 필사자로서 생명을 버렸고, 일요일 새벽에 놀라시아덱에서 사타니아 체계의 한 상물질 존재로서 생명을 다시 시작하였다. 예수의 부활에 관하여 우리가 이해하지 못하는 것이 많이 있다. 그러나 우리가 말한 그대로, 그리고 언제라고 가리킨 그 무렵에 부활이 일어났음을 우리는 안다. 우리는 이 필사자의 이동, 즉 상물질 부활과 관계된 모든 알려진 현상은 요셉의 새 무덤에서, 바로 거기서 일어났고, 거기서 예수의 필사 물질의 유물(遺物)은 시체를 싸는 천에 감겨서 누워 있었다고 또한 기록할 수 있다.

우리가 알건대, 지역 우주의 어떤 생물도 이렇게 상물질로 깨어나는 일에 참여하지 않았다. 우리는 파라다이스의 일곱 성격자가 무덤을 둘러싼 것을 깨달았지만, 주가 깨어나는 것과 관련해서 그들이 무슨 일을 하는 것도 보지 못했다. 예수가 가브리엘 옆에, 무덤 바로 위에 나타나자마자, 파라다이스에서 온 일곱 성격자는 유버르사로 즉시 떠나겠다는 뜻을 알렸다.

다음을 진술함으로 예수의 부활에 관한 개념을 언제까지나 분명히 해 두자:

1. 그의 물질 몸, 즉 육체의 몸은 부활한 성격의 일부가 아니었다. 예수가 무덤에서 나왔을 때, 살로 이루어진 그의 몸은 다치지 않은 채로 무덤에 남아 있었다. 그는 입구 앞에 있는 돌들을 움직이지 않고, 빌라도의 봉인을 다치지 않고, 무덤에서 솟아 나왔다.

2. 그는 영이나 네바돈의 미가엘로서 무덤에서 솟아 나오지 않았다. 그는 유란시아에서 필사 육체의 모습을 입고서 육신화되기 전에 가졌던 것처럼 창조자 군주의 모습으로 나타나지 않았다.

3. 부활한 상물질 승천 존재로서, 이 사타니아 지역 체계의 첫째 저택 세계 부활실에서 솟아 나오는 자들의 상물질 성격 그대로의 모습을 하고서 그는 이 요셉의

무덤에서 나왔다. 저택 나라 1번의 부활실에, 광대한 마당의 중앙에 미가엘 기념관이 있는 것은 우리로 하여금, 유란시아에서 주의 부활은 어떤 방법으로 이 첫째 체계 저택 세계들에서 촉진되었다고 짐작하게 한다.

무덤에서 일어나서 예수가 처음으로 한 행위는 가브리엘을 맞이하고, 그에게 이마누엘 밑에서 우주 사무를 집행하는 책임을 계속하라고 지시한 것이다. 그리고 나서 멜기세덱의 우두머리에게, 형제로서 보내는 인사를 이마누엘에게 전하라고 지시했다. 다음에 그는 에덴시아의 최고자에게 그가 필사자로 이동하는 것에 관하여 옛적부터 늘 계신 이들의 인가를 요청했다. 그리고 자기 계급의 생물인 창조자에게 인사하고 환영하려고 여기 함께 모인, 일곱 저택 세계의 상물질 무리들을 향하여, 예수는 죽은 이후 생애에서 처음으로 입을 열었다. 상물질의 예수는 말했다: “육체를 입고 내 생애를 마쳤으므로, 승천하는 내 생물의 생활을 더 잘 알고 파라다이스에 계신 내 아버지의 뜻을 더욱 드러내도록, 과도기 형태를 입고서 잠시 내가 여기에 머무르고자 하노라.”

말씀하신 뒤에, 예수는 성격화된 조절자에게 신호했고, 부활을 구경하려고 유란시아에 모였던 모든 우주 지성 존재는 각자의 우주 책임으로 즉시 파송되었다.

예수는 이제 상물질 수준에서 접촉을 시작했고, 한 생물로서 유란시아에서 잠시 동안 그가 살려고 택한 생애의 요구 조건의 입문(入門)에 들어갔다. 상물질 세계로 들어가는 이 입문 절차는 지구 시간으로 한 시간이 더 걸렸는데, 육체를 입은 옛 동료들이 예루살렘에서 나와서, 그가 부활했다는 증거라고 생각한 것을 발견하려고 빈 무덤을 놀라서 엿보는 동안에 그가 그들과 교통하기를 바랐기 때문에 두 번 중단되었다.

이제 예수가 필사자로서 이동하는 것—사람의 아들의 상물질 부활—은 마무리되었다. 물질적인 것과 영적인 것 중간에 있는 성격자로서 주의 일시적 체험이 시작되었다. 그리고 그는 몸 안에 본래부터 있는 힘을 통해서 이 모두를 해냈고, 어떤 성격자도 전혀 도움을 주지 않았다. 그는 이제 상물질의 예수로서 살고, 이 상물질 생활을 시작하는 동안 살로 이루어진 그의 물질 몸은 무덤에서 다치지 않은 채로 거기 누워 있다. 군인들은 아직도 지키고 있고, 바위 근처에 있는 총독의 봉인은 아직 다치지 않은 채로 있다.

2. 예수의 물질 몸

3시 10분에, 부활한 예수가 사타니아의 일곱 저택 세계로부터 모인 상물질 성격자들과 사귀는 동안에, 천사장—부활 천사—들의 우두머리는 가브리엘에게 다가가서 예수의 물질 몸을 요구했다. 천사장들의 우두머리는 말했다: “군주 미가엘의 수여 체험에서 우리가 상물질 부활에 참여해서는 안 되지만, 그의 인간 시체를 즉시 분해하도록 우리 책임에 맡겨 주시기를 바라나이다. 우리의 비물질화 기법을 쓰려고 제안하는 것이 아니요, 다만 시간을 가속하는 과정을 이용하고자 하나이다. 군주가 유란시아에서 살다가 돌아가심을 우리가 본 것으로 넉넉하나이다. 하늘의 무리들은 한 우주의 창조자요 지지자의 인간 모습이 천천히 썩는 모습을 차마 보지 못하겠나이다. 온 네바돈의 하늘 지성 존재들의 이름으로, 나사렛 예수의 필사 육체의 관리를 내게 맡기고 즉시 분해를 진행하도록 우리에게 권한을 주시기를 요청하나이다.”

가브리엘이 에덴시아의 선임 최고자와 의논하고 나서, 하늘 무리들의 천사장 대변인은 그가 결정하는 대로 예수의 물질 시체(屍體)를 그렇게 처분하라고 허락을 받았다.

이 요청을 허락받은 뒤에, 천사장들의 우두머리는 모든 계급의 하늘 성격자 대표들의 수많은 무리를 비롯하여 많은 동료의 도움을 요청했고, 그리고 나서 유란시아 중도자들의 도움을 얻어, 예수의 육체를 소유하러 나섰다. 이 죽은 몸은 순전히 물질로 지은 것이었고, 육체요 실질이었다. 그 몸은 부활한 상물질 형태가 봉인한 무덤에서 달아날 수 있었던 것처럼 무덤으로부터 옮겨질 수 없었다. 어떤 상물질계 보조 성격자들의 도움을 얻어서, 상물질 형태는 한때 영으로 이루어진 듯 만들어질 수 있고, 그래서 보통 물질과 상관 없이 될 수 있으며, 한편 다른 때에는 그 영역의 필사자와 같은 물질 존재들이 알아보고 접촉하게 될 수 있다.

거의 한 순간에 분해해서 위엄 있고 공손하게 시체를 처분하는 준비로서, 그들이 무덤에서 예수의 몸을 옮길 자세를 갖추는 동안에, 무덤 입구(入口)에서 돌을 굴려서 옮기는 일은 유란시아 2차 중도자들에게 맡겨졌다. 이 두 돌 가운데 큰 것은 맷돌과 아주 비슷하게 커다란 둥근 물건이었고, 바위로부터 깎아 낸 홈 안에서 움직였으며, 그래서 무덤을 열거나 닫으려고 그 돌을 좌우로 굴릴 수 있었다. 구경하던 유대인 경비병과 로마 군인들이, 새벽의 어슴푸레한 빛 속에서 이 커다란 돌이 무덤 입구로부터, 겉보기에는 저절로—그러한 움직임을 설명할 수단이 전혀 눈에 보이지 않는 가운데—굴러가기 시작하는 것을 보았을 때, 그들은 두려움과 공포에 질려 그 장면으로부터 황급히 달아났다. 유대인들은 집으로 달아났고, 나중에 이 일을 성전(聖殿)에 있는 지휘관에게 돌아가서 보고했다. 로마인들은 안토니아 요새까지 달아났고, 백부장이 임무를 맡고 도착하자마자, 자기들이 본 것을 그에게 보고했다.

유대인 지도자들은 배반자인 유다에게 뇌물을 제공함으로 예수를 제거한다고 생각된 더러운 일을 시작했는데, 이제 이 곤란한 상황에 부딪쳤을 때, 자리를 버리고 달아난 경비원들에게 벌줄 생각은 하지 않고, 이 경비원과 로마인 군인들에게 뇌물을 주는 데 의존했다. 그들은 이 스무 명 각자에게 얼마큼의 돈을 주었고, 모든 사람에게 이렇게 말하라고 지시했다: "우리가 밤에 자는 동안, 그의 제자들이 우리에게 들이닥쳐 시체를 가져갔더라." 그리고 유대인 지도자들은 군인들에게, 그들이 뇌물을 받았다는 것을 총독이 언제라도 알게 될 경우에는 빌라도 앞에서 그들을 변호하겠다고 엄숙하게 약속했다.

예수의 부활을 믿는 그리스도교의 믿음은 "빈 무덤"의 사실에 근거를 두었다. 무덤이 비었다는 것은 정말로 사실이었지만, 이것은 부활의 진실이 아니다. 첫 신자들이 도착했을 때 무덤은 참으로 비어 있었고, 이 사실은 주가 의심할 여지 없이 부활한 사실과 아울러, 참이 아닌 믿음, 곧 예수의 물질적인 필사 육체가 무덤에서 살아났다는 가르침을 만들어 내도록 이끌었다. 영적 실체들과 영원한 가치와 상관되는 진리는 명백한 여러 사실을 조합해서 반드시 만들 수 있지는 않다. 개별 사실이 물질적으로 참말이어도, 한 집단의 사실을 연결하는 것이 참된 영적 결론으로 반드시 인도한고 할 수 없다.

예수의 무덤은 비어 있었지만, 예수의 몸이 회복되거나 부활되었기 때문이 아니라, 그 시체를 특별히 독특하게 분해하겠다는 하늘 무리들의 요청이 허락되었기 때문이었고, 그런 분해는 시간 지연이 중간에 개재(介在)하지 않으며, 필사자가 썩고 물질이 부패하는, 평범하고 눈에 보이는 과정을 거치지 않고, "티끌에서 티끌로" 돌아가는 것이었다.

예수의 인간 시체는, 시간적으로 자연스러운 이 분해 형식이 크게 가속되고, 거의 한 순간에 일어나는 점까지 급히 이루어졌다는 것을 빼고, 땅에서 모든 인간 육체의 특징을 나타내는 것과 똑같이, 원소(元素)가 분해되는 자연스러운 과정을 겪었다.

미가엘이 부활한 참된 증거는 영적 성질을 띤다. 하지만 이 가르침은 부활한 상물질의 주를 만나고 알아보고 그와 교통한, 그 영역의 많은 필사자의 증언으로 말미암아 확증된다. 마지막으로 유란시아를 떠나기 전에, 거의 1천 인간이 개인적으로 주를 체험하였다.

3. 섭리 시대의 부활

이 일요일 새벽 4시 반이 조금 지난 뒤에, 가브리엘은 천사장들을 옆으로 호출하고 유란시아에서 아담 섭리 시대 끝의 일반 부활을 개시하려고 준비했다. 이 큰 사건과 관계된 광대한 무리의 세라핌과 케루빔이 적절한 진형(陣形)을 이루어 정렬되었을 때, 상물질 미가엘이 가브리엘 앞에 나타나서 말했다: "내 아버지가 몸 속에 생명을 가지신 것 같이, 그는 아들에게 몸 속에 지니라고 생명을 주셨느니라. 비록 내가 우주 관할권의 행사를 충분히 다시 시작하지는 않았어도, 스스로 짊어진 이 한계는 어떤 방법으로도 잠자는 내 아들들에게 생명을 수여하는 것을 제한하지 않느니라. 혹성 부활의 점호를 시작하여라."

천사장들의 회로는 유란시아에서 그 때 처음으로 가동했다. 가브리엘과 천사장 무리들은 혹성의 영적 극점이 있는 자리로 옮겨 갔고, 가브리엘이 신호를 내렸을 때, 첫째 체계의 저택 세계들로 가브리엘의 목소리가 번쩍 날아갔다: "미가엘의 명령에 따라서, 유란시아 섭리 시대의 죽은 자들은 일어날지어다!" 그러자 아담 시절 이후로 잠들었고 이미 심판받으러 가지 않은 유란시아 인류의 모든 생존자가, 상물질 의상(衣裳)을 받을 준비가 되어, 저택 나라의 여러 부활실에 나타났다. 그리고 한 순간에 세라핌과 그 동료들은 저택 세계들을 향해서 떠나려고 준비했다. 살아남는 이 필사자들을 집단으로 관리하는 데 한때 배치되었던 이 수호 세라핌들이 보통은 저택 나라의 부활실에서 그들이 깨어나는 순간에 자리에 있었을 터이지만, 예수의 상물질 부활과 연관하여 가브리엘이 여기에 있어야 할 필요 때문에, 이 때 바로 이 세상에 있었다.

개인 수호 천사를 가진 셀 수 없이 많은 사람과 영적으로 성격 진보에 필요한 달성을 마친 자들이 아담과 이브 시절 이후에 저택 나라로 가 버렸는데도, 또 비록 유란시아 아들들의 특별 부활과 천년(千年) 부활이 여러 번 있었어도, 이것은 혹성의 점호에서 셋째 부활, 곧 완벽한 섭리 시대 부활이었다. 첫째는 혹성 영주가 도착할 때, 둘째는 아담 시절에 일어났고, 이 셋째는 나사렛 예수의 상물질 부활, 곧 사람으로서 이동한 것을 신호했다.

천사장들의 우두머리가 혹성의 부활 신호를 받고 나서, 사람의 아들의 성격화된 조절자는 유란시아에 집합한 하늘 무리들에 대한 그의 권한을 양도했고, 지역 우주의 이 아들들 모두를 각자의 사령관 관할 밑으로 넘겼다. 이렇게 하고 나서, 그는 미가엘이 필사자로서 이동(移動)하는 일이 끝났음을 이마누엘에게 등록하려고 구원자별을 향해서 떠났다. 유란시아에서 근무하라고 요구되지 않은 모든 하늘 무리가 그의 뒤를 따랐다. 그러나 가브리엘은 상물질 예수와 함께 유란시아에 남았다.

이것이 예수가 부활한 사건을, 정말로 일어난 그대로, 부분적이고 제한된 인간 시력(視力)의 한계에 매이지 않고 구경한 자들이 본 그대로, 그 사건을 이야기한 것이다.

4. 빈 무덤의 발견

이 일요일 이른 새벽에 예수가 부활하던 때를 우리가 접근하면서, 열 사도가 엘리야와 마리아 마가의 집에서 묵고 있었음을 기억해야 한다. 거기서 주와 함께 마지막 만찬을 드는 동안에 기댔던 바로 그 소파들 위에서 쉬면서, 그들은 위층 방에서 잠자고 있었다. 이 일요일 아침에 토마스를 빼고, 모두가 거기에 모여 있었다. 처음에 모인 토요일 밤 늦게, 토마스는 그들과 함께 몇 분 동안 있었지만, 예수에게 무슨 일이 일어났는가 하는 생각과 함께, 사도들의 광경은 그에게 너무 지나쳤다. 그는 동료들을 훌쩍 보고 즉시 방을 떠났고, 벳바게에 있는 시몬의 집으로 갔는데, 거기서 외롭게 어려움을 삭이려고 생각했다. 사도들은 모두, 의심과 절망보다 두려움과 슬픔과 창피한 느낌으로 마음이 아팠다.

니고데모의 집에서, 다윗 세베대와 아리마대 요셉과 함께, 예루살렘에 있는 예수의 제자들 가운데 특출한 자들이 12에서 15명 정도 모였다. 아리마대 요셉의 집에는 주요 여신도(女信徒)들이 15에서 20명 정도 있었다. 오로지 이 여인들이 유셉의 집에서 거했는데, 안식일 동안과 안식일 다음 날 저녁에, 안에서 숨어 있었고, 그래서 무덤에서 지키고 있는 군인 경비대에 관하여 몰랐다. 둘째 돌이 무덤 앞에서 굴려 치워졌고, 이 두 개의 돌에 빌라도의 봉인(封印)이 찍혀 있었다는 것도 몰랐다.

이 일요일 새벽 3시 조금 전에, 날이 밝는 첫 표시가 동쪽에서 비로소 나타나자, 다섯 여인은 예수의 무덤을 향해서 떠났다. 특별한 방부(防腐) 처리 로션을 풍부하게 준비했고, 리넨 붕대를 많이 가지고 갔다. 예수의 몸에 더 철저하게 장례 기름 바르는 일을 마치고, 더 깔끔하게 시체를 새 붕대로 감으려는 것이 목적이었다.

예수의 몸에 기름 바르는 이 임무를 띠고 간 여인들은 막달라 마리아, 알패오 쌍둥이의 어머니 마리아, 세베대 형제의 어머니 살로메, 추자의 아내 요안나, 알렉산드리아의 에즈라의 딸 수잔나였다.

다섯 여인이, 연고를 지고서, 빈 무덤 앞에 다다른 것은 3시 반쯤이었다. 다마스커스 대문 바깥으로 나가면서, 얼마큼 공포에 질려서 도시(都市) 안으로 달아나는 한 무리의 군인들과 마주쳤고, 이것은 그들로 하여금 몇 분 동안 멈추게 만들었다. 그러나 아무 일도 더 일어나지 않자, 갈 길을 다시 재촉하였다.

나가는 길에 자기들끼리 "우리가 돌을 굴려 치우는 것을 누가 도와 줄까?"하고 말했기 때문에, 그들은 무덤의 입구(入口)에 돌이 굴려 치워진 것을 보고 크게 놀랐다. 짐을 내려놓고, 두려워서, 그리고 크게 놀라서 비로소 서로를 보았다. 그들이 두려움에 떨며 거기 서 있는 동안, 막달라 마리아가 무릅쓰고 둘 중에 작은 돌을 돌아서, 감히 열려 있는 무덤으로 들어갔다. 이 요셉의 무덤은 길의 동쪽 편, 언덕 위에 동산에 있었고, 또한 동쪽을 향하였다. 이 때가 되어서, 마리아가 주의 몸이 놓여 있던 자리를 돌아보고, 시체가 사라진 것을 겨우 알아보게 할 만큼 새 날의 빛이 있었다. 마리아는 사람들이 예수를 두었던, 돌의 우묵한 곳에, 접힌 냅킨과 그를 감았던 붕대가 예수의 머리가 놓여 있던 곳에 건드리지 않은 채로, 하늘 무리들이 시체를 옮기기 전에 돌에 놓였던 그대로 있는 것을 보았을 뿐이다. 덮는 시트는 무덤 벽감(壁龕)의 발치에 놓여 있었다.

몇 순간 무덤의 출입구에서 머무른 뒤에 (무덤으로 처음에 들어갔을 때는 뚜렷하게 보지 못했다), 마리아는 예수의 몸이 사라진 것과 그 자리에 시체를 싸는 이 천만 보았고, 놀라고 괴로워하는 비명을 질렀다. 여인들 모두가 몹시 불안해하였다. 도시의 대문(大門)에서 공포에 질린 군인들을 만난 뒤로 그들은 안절부절못했고, 마리아가 이 고통스러운 비명을 지르자, 공포에 질려서 황급히 달아났다. 그리고 다마스커스 대문까지 내리 달려갔을 때까지, 멈추지 않았다. 이 때가 되어서, 요안나는 그들이 마리아를 버린 것에 양심이 찔렸다. 그 여자는 동무들을 다시 집결했고 그들은 무덤을 향해 돌아갔다.

그들이 무덤에 가까이 가자, 무덤에서 나왔을 때 기다리는 자매들을 발견하지 못했을 때 놀란 막달라는 더군다나 무서웠는데, 이제 그들에게 달려가서 흥분해서 소리쳤다: "그는 거기 없느니라—저희가 그를 데려갔느니라!" 그 여자는 그들을 무덤으로 이끌었고, 모두 들어가서 무덤이 빈 것을 보았다.

그리고 나서 다섯 여인 모두가 입구 가까이, 돌 위에 앉아서 그 상황에 대해 이야기했다. 예수가 부활했다는 것이 아직 머리에 떠오르지 않았다. 그들은 안식일 동안 자기들끼리 있었고, 시체가 다른 안치할 장소에 옮겨졌다고 짐작했다. 그러나 그 곤경(困境)에 대하여 그러한 해결을 곰곰이 생각해 보았을 때, 시체를 쌌던 천이 가지런히 놓여 있는 것을 설명할 수 없어서 갈피를 잡지 못했다. 시체를 감았던 바로 그 붕대가 무덤 선반에, 제 자리에, 겉보기에는 손대지 않은 채로 남아 있으니, 어떻게 시체가 옮겨졌을 수 있는가?

이 여인들이 이 새 날, 새벽 이른 시간에 거기 앉아 있다가, 한쪽을 보았고, 말없이 꼼짝하지 않는 낯선 사람을 지켜보았다. 한 순간 그들은 다시 놀랐지만, 막달라 사람 마리아는 그에게 달려가서, 마치 동산 관리자인가 생각한 듯이 그를 향해 물었다: "당신이 주를 어디로 옮겨 갔나이까? 저희가 그를 어디에 두었나이까? 우리가 가서 그를 보도록 우리에게 이르소서." 그 낯선 사람이 마리아에게 대꾸하지 않자, 마리아는 울기 시작했다. 그러자 예수가 그들에게 말했다, "너희가 누구를 찾느냐?" 마리아가 말했다: "우리는 요셉의 무덤에 안치(安置)된 예수를 찾사오나, 그가 사라졌나이다. 당신은 저희가 그를 어디로 옮겨 갔는지 아시나이까?" 그러자 예수가 말했다: "이 예수가 갈릴리에 있을 때에도, 그가 죽을 터이나 다시 살아나리라고 너희에게 이르지 아니하더냐?" 이 말씀은 여인들을 깜짝 놀라게 했지만, 주는 모습이 너무 바뀌어서, 그들은 아직도 어둑어둑한 빛을 등지고 있는 그를 알아보지 못했다. 그들이 그의 말씀을 골똘히 생각하는 동안, 그는 막달라 사람을 향해 귀에 익은 목소리로 말했다: "마리아야." 귀에 익은, 동정심이 넘치고 다정하게 인사하는 말을 들었을 때, 그 여자는 주의 목소리인 줄 알았고, 달려가서 그의 발 앞에 무릎을 꿇으면서, 외쳤다: "내 주여, 내 선생이여!" 영화로운 모습을 입고 그들 앞에 선 이가 주인 것을 다른 여인들이 모두 알아보았고, 재빨리 그 앞에 무릎을 꿇었다.

이 인간들의 눈은 그 때 예수를 동반한 어떤 상물질 성격자들과 제휴하여 변압자와 중도자들의 특별한 봉사 때문에 예수의 상물질 모습을 볼 수 있게 되었다.

마리아가 그의 발을 품에 안으려고 하자, 예수는 말했다: "나를 만지지 말라, 마리아야, 나는 네가 알던, 육체를 입은 나와 같지 않으니라. 아버지께로 올라가기 전에, 이 모습을 입고, 한동안 내가 너희와 함께 머무르리라. 그러나 너희는 모두 이제 가서, 내 사도들—그리고 베드로—에게, 내가 살아났다고, 너희가 나와 함께 이야기를 주고받았다고 이르라."

놀라서 충격을 받았다가 정신을 차린 뒤에, 이 여인들은 서둘러 도시로, 엘리야 마가의 집으로 돌아갔고, 거기서 자기들에게 일어난 모든 것을 열 사도에게 이야기했다. 그러나 사도들은 믿고 싶어하지 않았다. 그들은 처음에 여인들이 환상(幻想)을 보았다고 생각했지만, 예수가 그들에게 하신 말씀을 막달라 마리아가 되풀이하고 베드로가 자기 이름을 들었을 때, 베드로는 무덤에 황급히 가서 이 일을 제 눈으로 확인하려고 위층 방에서 달려나갔고, 그 뒤에 요한이 바짝 쫓아갔다.

여인들은 예수와 말씀했다는 이야기를 다른 사도들에게 되풀이했지만, 그들은 믿으려 하지 않았고, 베드로와 요한처럼 스스로 가서 알아보려고 하지 않았다.

5. 무덤에 간 베드로와 요한

두 사도가 골고다와 요셉의 무덤을 향하여 뛰는 동안, 베드로의 생각은 두려움과 희망 사이에 오락가락했다. 그는 주를 만나기가 두려웠지만, 예수가 그에게 특별한 말씀을 보냈다는 이야기에 희망(希望)이 꿈틀했다. 예수가 정말로 살아 있다고 반은 설득이 되었고, 사흘째에 살아나리라는 약속을 회상했다. 이야기하기는 이상하지만, 십자가 처형이 있은 뒤로, 예루살렘을 통해서 북쪽으로 허둥지둥 가는 동안 이 순간까지, 이 약속은 그의 머리에 떠오르지 않았다. 요한이 도시 바깥으로 튀어나가는 동안, 기쁨과 희망의 이상한 환희가 그의 혼 속에서 샘처럼 솟아났다. 그는 여인들이 살아나신 주를 정말로 보았다고 절반은 확신했다.

요한은 베드로보다 젊었으니까, 그보다 빨리 달려서 먼저 무덤에 다다랐다. 요한이 문에서 머물러 무덤을 들여다보았고, 무덤은 마리아가 묘사한 바로 그대로였다. 금방 시몬 베드로가 달려왔고, 들어가서, 아주 특이하게 정돈된 시체 싸는 천이 있는 바로 그 빈 무덤을 보았다. 베드로가 나오자, 요한도 들어가서 스스로 모두 보았고, 그리고 나서 그들이 보고 들은 것이 무엇을 의미하는가 곰곰이 생각하느라고 돌 위에 앉았다. 거기 앉아 있으면서 그들은 예수에 관하여 들은 모든 것을 머리 속에서 이리저리 살폈지만, 무슨 일이 일어났는가 분명히 깨달을 수 없었다.

베드로는 누가 무덤을 뒤졌다, 적들이 시체를 훔쳤다, 아마도 경비원들에게 뇌물을 주었다고 처음에 상상했다. 그러나 요한은 시체가 도둑 맞았다면, 무덤은 도저히 그렇게 가지런히 남아 있을 수 없으리라고 추론했고, 또한 어떻게 붕대가 어쩌다 뒤에 남게 되고 그렇게 겉보기에 손대지 않은 채로 있는가 질문을 던졌다. 그리고 두 사람은 시체를 쌌던 천을 더 자세히 훑어보려고 무덤 속으로 다시 들어갔다. 두 번째로 무덤에서 나왔을 때, 그들은 막달라 마리아가 돌아와서 입구에서 눈물 흘리는 것을 보았다. 마리아는 예수가 무덤에서 살아났다고 믿으면서 사도들에게 갔지만, 모두 그 여자의 보고를 믿으려 하지 않자, 풀이 죽고 절망에 빠졌다. 그 여자는 무덤 가까이 돌아가기를 바랐고, 거기서 귀에 익은 예수의 목소리를 들었다고 생각했다.

베드로와 요한이 가 버린 뒤 마리아가 서성거리는 동안에, 주는 다시 그 여자 앞에 나타나서 말했다: "의심하지 말라. 네가 보고 들은 것을 믿을 용기를 가지라.

내 사도들에게 돌아가서, 내가 살아났다, 내가 저희에게 나타나리라, 그리고 약속한 대로, 저희보다 먼저 갈릴리로 가리라고 다시 이르라."

마리아는 마가의 집으로 서둘러 돌아갔고, 다시 예수와 함께 이야기했다고 사도들에게 말했지만, 그들은 마리아를 믿으려 하지 않았다. 그러나 베드로와 요한이 돌아왔을 때, 그들은 놀려 대기를 그쳤고, 두려움과 불안으로 가득 찼다.

제 190 편

예수가 상물질 모습으로 나타나심

부활한 예수는 그 영역에서 필사자의 승천하는 상물질 생애를 거칠 목적으로, 이제 유란시아에서 짧은 기간을 보내려고 준비한다. 상물질 생명으로 있는 이 시간을 사람으로 육신화한 세상에서 보내도록 되었어도, 이 기간은 예루셈의 일곱 저택 세계에서 진보하는 상물질 생명을 거치는 사타니아 필사자들의 체험과 모든 면에서 복사판이다.

예수 안에 본래부터 있고, 그에게 죽은 자들 가운데서 살아나게 만든 이 모든 힘—생명의 자질—은 그가 하늘나라를 믿는 신자들에게 수여하는 바로 그 영생의 선물이요, 지금도 자연사의 사슬로부터 그들이 부활하는 것을 확실하게 만든다.

이 영역의 필사자들은, 예수가 이 일요일 아침에 무덤에서 살아났을 때 가졌던 것과 똑같은 종류의 과도기 몸, 즉 상물질(上物質) 몸을 가지고 부활하는 아침에 살아날 것이다. 이 몸은 속에 도는 피가 없고, 그러한 존재들은 평범한 물질 식품을 먹지 않는다. 그런데도 이 상물질 형태는 실재한다. 예수가 부활한 뒤에 여러 신자(信者)들이 그를 보았을 때, 그들은 정말로 그를 보았고, 환상이나 환각에 스스로 속는 희생자가 아니었다.

예수의 부활을 변함없이 믿는 것은 초대 복음의 가르침의 모든 지파(支派)에서 신앙의 으뜸가는 특징이었다. 예루살렘·알렉산드리아·안티옥·필라델피아에서 복음 선생들은 모두 주가 부활한 것을 절대로 믿는 신앙으로 뭉쳤다.

주의 부활을 선포하는 데 막달라 마리아가 맡은 특출한 역할을 볼 때, 베드로가 사도들에게 대변자였던 것처럼, 마리아는 여인단(女人團)의 우두머리 대변자였다는 것을 적어야 한다. 마리아는 여인 일꾼들의 우두머리가 아니라, 그들의 우두머리 선생이요 대중에게 대변자였다. 마리아는 아주 신중한 여인이 되었고, 그래서 요셉의 동산에서, 관리인이라고 생각했던 남자에게 말을 거는 대담성은 다만 그 여자가 무덤이 빈 것을 발견하고 얼마나 소스라치게 놀랐는가를 가리킬 뿐이다. 유대 여인이 낯선 남자에게 가까이 가지 않는 전통적 자제(自制)를 한 순간 잊게 한 것은 그 여자의 사랑이 얼마나 깊고 고통스러웠는가, 헌신이 얼마나 충만했는가를 가리킨다.

1. 부활의 전령

사도들은 예수가 그들을 두고 떠나기를 바라지 않았다. 그래서 다시 살아난다는 약속(約束)과 함께, 죽음에 대한 그의 모든 말씀을 소홀히 여겼다. 그들은 부활이 다가온 그대로 부활을 기대하지 않았고, 비난할 수 없는 증거의 강제, 그리고 그들 자신의 체험으로 절대적 증명과 마주칠 때까지 믿으려 하지 않았다.

다섯 여인이 그들이 예수를 보았고 그와 함께 이야기했다고 묘사한 보고를 사도들이 믿으려 하지 않았을 때, 막달라 마리아는 무덤으로 돌아갔고 다른 사람들은 요셉의 집으로 돌아갔으며, 거기서 그들은 그의 딸과 다른 여인들에게 그들의 체험을 이야기했다. 6시가 지난 뒤에 얼마 있다가, 아리마대 요셉의 딸, 그리고 예수를 본 네 여인이 니고데모의 집으로 건너갔고, 거기서 이 모든 사건을 요셉, 니고데모, 다윗 세베대, 그리고 거기 모인 다른 사람들에게 늘어놓았다. 니고데모와 다른 사람들은 그 이야기를 의심했고, 예수가 죽은 자들 가운데서 살아났다는 것을 믿지 않았으며, 유대인들이 시체를 옮겼다고 추측했다. 요셉과 다윗은 그 보고를 믿고 싶어했는데, 너무 믿고 싶어서 무덤을 조사해 보려고 서둘러 나갔고, 모든 것이 여인들이 설명한 바로 그대로였다는 것을 발견했다. 그리고 그들은 무덤을 그렇게 마지막으로 본 사람들이었는데, 왜냐하면 대사제(大司祭)가 시체를 쌌던 천을 제거하라고 7시 반에 성전 경비대의 지휘관을 무덤으로 보냈기 때문이다. 그 지휘관은 리넨 시트 속에 모든 것을 둘둘 말아서, 근처의 벼랑 너머로 던져 버렸다.

무덤에서 다윗과 요셉은 즉시 엘리야 마가의 집으로 갔고, 거기서 그들은 위층 방에서 열 사도와 함께 회의를 열었다. 오직 요한 세베대만 예수가 죽은 자 가운데서 살아났다는 것을, 어렴풋이라도 믿고 싶은 생각이 있었다. 베드로는 처음에 믿었지만, 주를 찾지 못하자, 깊은 의심에 빠졌다. 그들은 다 유대인들이 시체를 옮겼다고 믿는 쪽으로 기울었다. 다윗은 이들과 다투려 하지 않았지만, 떠날 때 말했다: "너희는 사도요, 이 일을 이해해야 하느니라. 나는 너희와 다투지 않겠노라. 그렇다 해도, 나는 이제 니고데모의 집으로 돌아가는데, 거기서 오늘 아침에 모이자고 사자들과 약속하였노라. 그리고 저희가 모였을 때, 나는 저희의 마지막 임무로, 주가 부활하심을 알리는 전령으로서 저희를 보내겠노라. 주가 돌아가신 뒤에 사흘째에 살아나리라고 주가 말씀하심을 내가 들었고, 나는 그를 믿노라." 그리고 풀이 죽고 비참한 하늘나라 대사들에게 이렇게 말하면서, 자청해서 통신과 정보를 담당한 이 우두머리는 사도들을 두고 떠났다. 위층 방에서 나가는 길에, 그는 사도의 자금이 모두 들은 유다의 돈 자루를 마태 레위의 무릎에 내려놓았다.

다윗의 사자 26명 중에서 마지막 사람이 니고데모의 집에 다다른 것은 9시 반쯤이었다. 다윗은 재빨리 널찍한 안뜰에 그들을 모으고 연설했다:

"여러분, 그리고 형제들아, 나에게, 또 서로에게 한 서약에 따라서 지금까지 너희는 나를 섬겨 왔고, 내가 아직까지 너희 손에 거짓 정보를 한 번도 보낸 적이 없음을 증언하라 내가 요청하노라. 하늘나라의 자원(自願) 사자로서 너희의 마지막 사명으로 너희를 보내려 하노라. 그리고 그렇게 하면서 나는 너희가 한 선서로부터 해방하고, 이로서 사자단(使者團)을 해체하노라. 사람들아, 내가 너희에게 선언하노니, 우리는 할 일을 마쳤느니라. 주는 이제 더 필사 사자들이 필요 없고, 죽은 자 가운데서 살아나셨도다. 저희가 그를 체포하기 전에, 그가 죽었다가 사흘째에 다시 살아나리라고 우리에게 일렀느니라. 내가 그 무덤을 보았는데—무덤이 비어 있더라. 나는 막달라 마리아와 다른 네 여인과 함께 이야기했고, 저희는 예수와 이야기를 주고받았는지라. 이제 나는 너희를 해체하고, 너희에게 작별을 알리며, 각자의 임무로 너희를 보내노라. 그리고 믿는 사람들에게 너희가 가지고 갈 소식은 이것이라: '예수는 죽은 자 가운데서 살아나셨고, 그 무덤은 비었도다.'"

자리에 있던 사람들의 대다수는 다윗에게 이렇게 하지 말라 설득하려고 애썼다. 그러나 그를 설득할 수 없었다. 그리고 나서 사자들을 말리려고 애썼지만, 그들은 의심하는 말에 귀를 기울이고 싶어하지 않았다. 그래서 이 일요일 아침 10시 조금 전에, 이 주자(走者) 26명은 예수가 부활했다는 힘찬 진리와 사실을 전하는 첫 전령으로서 떠나갔다. 허다한 다른 경우에 했던 것처럼, 그들은 다윗 세베대와 서로에게 한 약속을 지키기 위하여 이 임무를 띠고 떠나갔다. 이 사람들은 다윗을 크게 신임했다. 예수를 본 사람들과 이야기하려고 머무르지도 않고서, 이 배치를 받고 떠났다. 대다수는 다윗이 일러 준 것을 믿었고, 얼마큼 의심한 자들도, 똑같이 확실하고 똑같이 빠르게 그 소식을 날랐다.

사도들, 하늘나라의 영적 단체는 이 날 위층 방에서 모여 있고, 거기서 두려워하고 의심을 표현했는데, 한편 사람의 형제 정신을 가르치는 주의 복음을 사회화(社會化)하는 첫 시도를 대표하는 이 평신도들은, 두려움 없는 유능한 지도자의 명령을 받고서 한 세상과 한 우주의 부활하신 구세주를 선포하려고 떠나간다. 그가 선택한 대표들은 그의 말씀을 기꺼이 믿거나 증인들의 증거를 받아들이기 전에, 이 중대한 봉사에 들어간다.

이 26명은 베다니에 있는 나사로의 집으로, 남쪽에 비엘세바로부터 북쪽에는 다마스커스와 시돈까지, 동쪽에 필라델피아로부터 서쪽에는 알렉산드리아까지, 신자들의 모든 중심으로 파송되었다.

동료들을 두고 떠났을 때, 다윗은 어머니를 보려고 요셉의 집으로 갔고, 다음에 그들은 기다리는 예수의 가족(家族)과 한데 합류하려고 베다니로 갔다. 마르다와 마리아가 땅에 있는 재산을 처분하기까지 다윗은 그들과 함께 베다니에서 거했고, 필라델피아에 있는 오라비 나사로와 합세하려고 가는 여행 길에 그들을 동반했다.

이 때부터 1주쯤 안에 요한 세베대는 예수의 어머니 마리아를 벳세다에 그의 집으로 모시고 갔다. 예수의 바로 밑 아우 야고보는 가족과 함께 예루살렘에 남아 있었다. 룻은 베다니에서 나사로의 자매들과 함께 남았다. 예수의 나머지 가족은 갈릴리로 돌아갔다. 다윗 세베대는 6월초에 예수의 막내 누이 룻과 결혼한 다음 날에, 마르다와 마리아와 함께, 필라델피아를 향하여 떠났다.

2. 베다니에 예수가 나타나다

상물질로 부활한 때부터 예수의 영이 하늘로 올라가는 시각까지, 그는 땅에서 신자들에게 눈에 보이는 형태로 따로 19번 나타났다. 적들이나 또는 눈에 보이는 형태로 그가 나타나는 것을 영적으로 이용할 수 없는 자들에게는 나타나지 않았다. 그는 무덤에서 다섯 여인에게 처음으로 나타났고, 두 번째도 또한 무덤에서 막달라 마리아에게 나타났다.

세 번째 출현은 베다니에서 이 일요일 정오쯤에 일어났다. 한낮 뒤에 조금 있다가, 예수의 바로 밑 아우 야고보는 마르다와 마리아의 부활한 오라비의 빈 무덤 앞에 서서, 나사로의 동산에서, 머리 속에서 다윗의 사자가 한 시간쯤 앞서 그들에게 가져온 뉴스를 곰곰이 뜯어보고 있었다. 야고보는 땅에서 맏형의 사명을 믿는 쪽으로 언제나 기울었지만, 예수의 일과 접촉을 잃은 지 오래 되었고, 예수가 메시아라고 사도들이 나중에 주장한 것에 관하여 깊이 의심하는 방향으로 흘러갔다. 온 가족이 그 사자가 가져온 뉴스에 깜짝 놀랐고 혼란에 빠지다시피 했다. 마침 야고보가 나사로의 빈 무덤 앞에 서 있는 동안에, 막달라 마리아가 그 장면에 나타났고,

요셉의 무덤에서 이른 새벽 시간에 겪은 체험을 가족에게 흥분해서 늘어놓았다. 그 여자가 말을 마치기 전에, 다윗 세베대와 그 어머니가 도착했다. 말할 것도 없이 룻은 그 보고를 믿었고, 다윗과 살로메와 이야기를 나눈 뒤에 유다도 믿었다.

그 동안에, 그들이 야고보를 찾았는데 미처 찾아내기 전에, 그가 무덤 근처의 동산에서 거기에 서 있는 동안, 야고보는 마치 누군가가 그의 어깨를 만진 것 같이, 근처에 누가 있음을 의식하게 되었고, 보려고 몸을 돌이켰을 때, 자기 옆에서 이상한 모습이 차츰 나타나는 것을 보았다. 너무나 놀라서 입을 열 수 없었고, 너무 무서워 달아날 수 없었다. 그리고 나서 그 이상한 모습은 말했다: "야고보야, 나는 하늘나라의 봉사에 너를 부르려고 왔노라. 네 형제들과 진지하게 손잡고 내 뒤를 따르라." 야고보는 자기 이름을 들었을 때, 그에게 말을 건 사람이 맏형 예수임을 알았다. 사람들은 모두 주의 상물질 모습을 알아보는 데 얼마큼 어려움을 겪었지만, 일단 그들과 교통을 시작했을 때 거의 아무도 그 목소리를 알아보거나, 아니면 매력 있는 인품을 확인하는 데 아무런 어려움이 없었다.

예수가 말을 건네고 있음을 깨달았을 때, 야고보는 "내 아버지여, 형이여" 하고 외치면서 예수의 발 앞에 비로소 쓰러졌다. 그러나 그와 이야기하면서 예수는 그에게 일어서라고 명했다. 그들은 거의 3분 동안 동산을 지나서 걷고 이야기했다. 옛 시절의 체험에 대하여 이야기하고, 가까운 앞날의 사건들을 예측했다. 그들이 집으로 가까이 가자, 예수는 말했다: "내가 너희 모두에게 함께 인사할 때까지, 야고보야, 잘 있거라."

바로 그들이 벳바게에서 그를 찾는 동안에, 야고보는 외치면서 집안으로 달려 들어갔다: "내가 이제 막 예수를 보았고 그와 이야기하고 말을 나누었노라. 그는 죽지 않았고, 살았느니라! '내가 너희 모두에게 함께 인사할 때까지, 잘 있거라' 하며 내 앞에서 사라졌느니라." 말을 마치자마자 유다가 돌아왔고, 그는 유다를 위하여 동산에서 예수를 만난 체험을 다시 이야기했다. 그리고 그들은 모두 비로소 예수가 부활하신 것을 믿었다. 야고보는 이제 갈릴리로 돌아가지 않겠다고 선언했고, 다윗은 외쳤다: "흥분한 여인들만 본 것이 아니라. 용감한 남자들도 그를 비로소 보았구나. 나도 직접 그를 만나기를 기대하노라."

다윗은 오래 기다리지 않았는데, 바로 이 마르다와 마리아의 집에서 2시 조금 전에 예수가 네 번째로 사람이 인식하도록 나타났기 때문이다. 그 때 그는 땅에 있는 가족과 친구들, 모두 합쳐서 스무 명 앞에 눈에 보이게 나타났다. 주는 열린 뒷문에 나타나서 말했다: "너희에게 평안이 있을지어다. 육체를 입었던 나에게 한때 가까웠던 사람들에게 안녕, 그리고 하늘나라에 있는 내 형제와 자매들에게 친교가 있기를. 너희가 어찌 의심할 수 있느냐? 마음을 다하여 진리의 빛을 따르기를 택하기 전에, 어찌하여 너희는 그렇게 오래 서성거렸느냐? 그런즉 너희는 모두 아버지의 나라에서 진리의 영의 친교 안으로 들어오라." 그들이 놀란 첫 충격으로부터 비로소 정신을 차리고, 마치 그를 품에 안듯이 그를 향하여 움직이자, 그는 눈앞에서 사라졌다.

그들은 모두 도시로 달려가서 의심하는 사도(使徒)들에게, 무슨 사건이 일어났는가 일러 주고 싶었지만, 야고보가 그들을 막았다. 오직 막달라 마리아만 요셉의 집으로 돌아가도록 허락을 받았다. 그들이 동산에서 이야기를 나누는 동안 예수가 그에게 말한 어떤 것들 때문에, 야고보는 이 상물질 모습으로 방문한 사실을 널리 퍼뜨리지 말라고 했다. 그러나 베다니의 나사로의 집에서 부활하신 주와 함께 이날 이야기 나눈 것을 야고보는 결코 더 이상 밝히지 않았다.

3. 요셉의 집에서

사람의 눈이 알아보도록 예수가 다섯 번째로 상물질로 나타난 것은 아리마대 요셉의 집에서 모인 25명쯤 되는 여신도들이 있는 가운데 바로 이 일요일 오후, 4시 15분쯤이었다. 막달라 마리아는 이 출현이 있기 바로 몇 분 전에 요셉의 집으로 돌아갔다. 예수의 아우 야고보는 베다니에서 주가 나타나신 것에 관하여 사도들에게 아무 말도 하지 말라고 전에 부탁했다. 그는 마리아에게 그 사건을 여신도들에게 삼가 보고하지 말라고 요청하지는 않았다. 따라서, 여인들이 다 비밀을 지키라고 서약하게 한 뒤에, 그 여자는 나서서 베다니에서 예수의 가족과 함께 있는 동안에 아주 최근에 일어난 일을 이야기했다. 그 여자가 가슴이 떨리는 이 이야기를 한창 하고 있는데, 갑작스럽고 엄숙한 침묵(沈默)이 그들을 덮었다. 바로 그들 한가운데 완전히 눈에 보이는 모습으로, 살아나신 예수를 그들은 바라보았다. 그는 그들에게 인사하며 말했다: “너희에게 평안이 있을지어다. 하늘나라의 친교에는 유대인이나 이방인(異邦人)도, 부자나 가난한 자도, 자유로운 자나 속박된 자도, 남자나 여자도 없을지니라. 너희는 또한 하늘나라에서 하나님의 아들이라는 복음을 통해서 인류가 해방을 얻는다는 좋은 소식을 널리 전파하라고 부름 받았느니라. 온 세상으로 가서, 이 복음을 선포하고 신자들이 복음 믿는 것을 확인하여라. 너희가 이렇게 하는 동안, 병자들에게 봉사를 베풀고, 마음이 약하고 두려움에 질린 자들에게 힘주기를 잊지 말라. 그리고 나는 언제나, 땅 끝까지도 너희와 함께 하리라.” 그는 이렇게 말하고 나서 그들의 눈앞에서 사라졌고, 한편 여인들은 엎어져서 말없이 예배했다.

이 때까지 예수가 상물질 모습으로 다섯 번 나타난 가운데, 막달라 마리아는 네 번 목격했다.

아침 늦게 사자들을 내보낸 결과로서, 그리고 요셉의 집에서 예수가 이렇게 출현한 것에 관한 암시(暗示)가 무의식으로 새어나가서, 예수가 살아났다, 많은 사람이 그를 보았다고 주장한다는 보고가 도시 근처에서 떠돈다는 말이 초저녁에 유대인 통치자들의 귀에 비로소 들어갔다. 산헤드린 의원들은 이 소문에 속속들이 흥분했다. 안나스와 급히 의논한 뒤에, 가야바는 그 날 저녁 8시에 열도록 산헤드린 회의를 소집했다. 이 모임에서 예수의 부활을 입밖에 내는 사람은 누구나 회당(會堂)에서 내쫓도록 조치를 취했다. 그를 보았다고 주장하는 사람은 누구나 사형에 처해야 한다는 제안까지 있었다. 그러나 실제로 공포에 가까운 혼란 속에서 그 회의가 해산되었기 때문에, 이 제안이 투표에 붙여지지는 않았다. 그들은 예수의 문제는 끝났다고 감히 생각했다. 나사렛 사람과 정말 골칫거리가 막 시작되었다는 것을 발견하게 되었다.

4. 그리스인들에게 나타나다

4시 반쯤에, 플라비우스라는 사람의 집에서, 주는 거기에 모인 그리스인 신자 약 40명에게 여섯 번째로 상물질 모습으로 나타났다. 그들이 주가 부활하셨다는 보고를 토론하는 데 몰두해 있는 동안에, 문들이 단단히 잠겨 있었는데도, 그는 그들 한가운데에 모습을 나타내고, 말했다: “너희에게 평화가 있을지어다. 사람의 아들이 땅에서 유대인들 사이에 나타났으나, 그는 모든 사람을 돌보려고 왔느니라. 내 아버지의 나라에는 유대인이나 이방인이 없을지니라, 너희는 모두 형제—하나님의 아들들—이 되리라. 그러므로 너희가 하늘나라의 대사들로부터 이 구원의 복음을 받은 것 같이, 너희는 온 세상으로 가서 그 복음을 선포하라. 그리하면 아버지의 아들들, 믿음과 진리의 아들들의 형제 단체 안에서 내가 너희와 사귀리라." 그리고 이렇게 책임을 지워 주고 나서 떠났고, 그들은 그를 더 보지 못했다. 그들은 저녁 내내 집안에 남아 있었고, 너무나 경외감과 두려움에 휩싸여, 위험을 무릅쓰고 나서지 못했다. 이 그리스인들 가운데 아무도 그 날 밤에 잠을 이루지 못했다. 그들은 이 일을 의논하고, 주가 그들을 다시 찾아올까 희망하며 깨어 있었다. 이 무리 가운데는, 군인들이 예수를 체포하고 유다가 입맞추어 그를 배반했을 때 겟세마네에 있었던 그리스인들이 여럿 있었다.

예수가 부활(復活)했다는 소문과 추종자들에게 여러 번 나타났다는 보고는 빨리 퍼지고 있고, 도시 전체가 흥분이 고조되어 들떠 있었다. 이미 주는 그의 가족에게, 여인들에게, 그리스인들에게 나타났고, 얼마 안 있어 사도들 한가운데 나타난다. 산헤드린은 유대인 통치자들에게 아주 갑자기 밀어닥친 이 새로운 문제들을 곧 고려하기 시작할 것이다. 예수는 사도들에 관하여 많이 생각하지만, 그들을 찾아보기 전에, 엄숙하게 돌이켜보고 깊이 생각하는 몇 시간 동안 더 그들을 버려 두기를 바란다.

5. 두 형제와 함께 걷다

예루살렘에서 11킬로미터쯤 서쪽에 엠마오에는 두 형제인 목자들이 살았는데, 이들은 제사, 예식, 축제에 참석하느라고 예루살렘에서 유월절을 보냈다. 나이가 위인 클레오파스는 예수를 얼마큼 믿는 사람이었다. 적어도 그는 회당에서 쫓겨났다. 그 아우 야곱은 신자가 아니었지만, 주의 가르침과 행하신 일에 관하여 들은 것에 많이 흥미를 느꼈다.

이 일요일 오후에, 예루살렘에서 5킬로미터쯤 떨어진 곳에, 5시 몇 분 전에, 이 두 형제가 엠마오로 가는 길을 따라서 터벅터벅 걷는 동안에, 그들은 예수와 그의 가르침과 행적에 관하여, 특히 그의 무덤이 비었고, 어떤 여인들이 그와 이야기했다는 소문에 관하여 아주 열심히 이야기를 주고받았다. 클레오파스는 이 보고들을 반은 믿을 생각이 있었지만, 야곱은 그 사건 전부가 아마도 사기(詐欺)라고 주장하였다. 집을 향하여 길을 가면서 이렇게 다투고 토론하는데, 그들이 계속 길을 가는 동안, 예수의 상물질 모습이 그들을 따라가면서 나타났고, 이것은 일곱째 출현이었다. 클레오파스는 예수가 가르치는 것을 자주 들었고, 예루살렘 신자들의 집에서 몇 번 함께 음식을 먹은 적도 있었다. 그러나 주가 그들과 함께 거리낌없이 이야기했을 때도, 그는 주를 알아보지 못했다.

얼마큼 그들과 함께 걸은 뒤에 예수는 말했다: "내가 너희에게 다가올 때 너희가 무엇을 그렇게 진지하게 이야기하였느냐?" 예수가 말씀을 마치자, 그들은 가만히 서서, 딱하게 놀라워하는 눈으로 그를 바라보았다. 클레오파스가 말했다: "당신은 예루살렘에 머물면서, 요즘에 일어난 일들을 모르다니, 그럴 수가 있느뇨?" 그리고 나서 주는 물었다. "무슨 일이냐?" 클레오파스가 대답했다: "이 일에 대하여 모르신다면, 예루살렘에서 나사렛 예수에 관한 이 소문을 듣지 못한 사람은 당신뿐이라. 그는 하나님과 모든 사람 앞에서 말씀과 행위가 힘있는 선지자였는지라. 대사제(大司祭)와 우리 통치자들이 그를 로마인들에게 넘기고 저희가 그를 십자가에 못박으라 요구하였더라. 자, 우리 가운데 많은 사람이 이방인들의 지배로부터 이스라엘을 구할 자가 그 사람이기를 바랐는지라. 그러나 그것이 전부가 아니라.

그가 십자가에 못박힌 지 이제 사흘째요, 어떤 여인들이 오늘 아침 아주 일찍 그의 무덤으로 갔다가 무덤이 빈 것을 발견했다고 선언하며, 우리를 오늘 놀라게 하였는지라. 그리고 바로 이 여인들은 저희가 이 사람과 이야기를 주고받았다고 우기며, 저희는 그가 죽은 자 가운데서 살아났다고 주장하는지라. 그 여인들이 이것을 남자들에게 보고했을 때, 사도 둘이 무덤으로 달려가서 마찬가지로 무덤이 빈 것을 발견하였더라"—그리고 여기서 "하지만 저희는 예수를 보지 못했는지라"하고 야곱은 형이 말하는 데 불쑥 끼어 들었다.

그들이 나란히 걷는 동안, 예수는 그들에게 말했다: "너희는 진리를 이해하는 데 정말로 느리구나! 너희가 토론하는 것이 이 사람의 가르침과 일에 대해서라고 내게 이르니, 내가 이 가르침에 대하여 익숙하고도 남으매 너희를 깨우쳐 줄까 하노라. 그의 하늘나라는 이 세상에 속하지 않으며, 모든 사람이 하나님의 아들인즉, 저희가 이 진리의 나라, 하늘 아버지의 사랑이 있는 이 새 나라에서, 사랑으로 봉사하는 형제로서 친교하는 영적 즐거움을 누리면서 해방과 자유를 찾으리라, 이렇게 이 예수가 늘 가르친 것을 너희는 기억하지 못하느냐? 이 사람의 아들이 어떻게 모든 사람에게 하나님의 구원을 선포했는가, 병자와 고통받는 자를 보살피고, 두려움에 빠지고 악에 노예가 된 자들을 해방하였는가 너희는 회상하지 못하느냐? 이 나사렛 사람이 예루살렘으로 가야 하고, 그를 사형에 처하려는 적들에게 넘겨지고, 사흘째에 살아나리라고 제자들에게 이른 것을 너희는 알지 못하느냐? 너희는 이 모든 것을 듣지 못하였느냐? 유대인과 이방인이 구원받는 이 날에 관하여 성서에서 읽은 적이 없느냐? 그 사람 안에서 땅에 있는 모든 가족이 복을 받으리라, 그는 빈곤한 자의 외침을 듣고, 그를 찾는 가난한 자의 혼을 구하리라, 모든 나라가 그를 복되다 하리라 거기에 적혀 있느니라. 그러한 구원자는 피곤한 땅에서 큰 바위의 그림자와 같으리라. 그는 팔에 양들을 모으고, 부드럽게 양들을 가슴에 안아 나르면서, 참 목자처럼 양 떼를 먹이리라. 영적으로 눈먼 자의 눈을 뜨게 하고 절망에 빠진 죄수들을 완전한 해방과 빛 속으로 끌어내리라. 어둠 속에 앉아 있는 모든 사람이 영원히 구원하는 큰 빛을 보리라. 마음 상한 자들을 동여매고, 죄에 포로 된 자들에게 해방을 신포하며, 두려움에 노예가 되고 악에 매여 있는 자들에게 감옥문을 열어 주리라. 슬피 우는 자들을 위로하고, 슬픔과 억압 대신에 구원의 기쁨을 저희에게 주리라. 그는 모든 나라의 소망이요, 올바름을 찾는 자들에게 영원한 기쁨이 되리라. 이 진리와 올바름의 아들은 병을 고치는 빛과 구원하는 힘으로 세상에서 일어나겠고, 심지어 그의 민족을 죄에서 구원하며, 잃어버린 자들을 정말로 찾고 구원하리라. 약한 자를 멸하지 않고, 올바름을 간절히 목마르게 찾는 모든 사람에게 구원을 베풀리라. 그를 믿는 자들에게 영생(永生)을 주리라. 그가 그의 영을 모든 육체에 퍼붓고, 이 진리의 영은 각 신자 안에서 영생으로 솟아오르는 샘물이 되리라, 이렇게 적혀 있느니라. 이 사람이 너희에게 가져다 준 하늘나라 복음이 얼마나 큰지 너희는 알아듣지 못하였느냐? 얼마나 큰 구원이 너희에게 다가왔는지 너희는 깨닫지 못하느냐?"

이 때가 되어서 그들은 이 형제들이 사는 마을에 가까이 왔다. 길을 따라 걷는 동안에 예수가 이 두 사람을 가르치기 시작한 뒤로 그들은 입을 열지 않았다. 곧 그들의 초라한 거처 앞에 멈추었고, 예수는 길을 내려가면서 막 떠나려 했지만, 그들은 예수에게 들어와서 함께 머물라고 강청(强請)하였다. 해질녘이 가까웠고, 주가 함께 머물라고 그들은 떼를 썼다. 마침내 예수는 그렇게 하겠다 했고, 집으로 들어가신 뒤에 금방, 그들은 먹으려고 앉았다. 그들은 예수에게 축복할 빵을 드렸고, 그가 빵을 뜯어서 비로소 그들에게 넘겨 주는 동안에, 그들의 눈이 열렸고, 큰

레오파스는 손님이 바로 주인 것을 알아보았다. 그가 "주로구나—"하고 말하자, 상물질 모습의 예수는 눈앞에서 사라졌다.

그리고 나서 그들은 서로 말했다, "우리가 길을 따라 걸으면서 그가 우리에게 말씀하시는 동안, 우리의 가슴이 뜨겁게 달아오른 것이 당연하니라! 그 동안에 그는 마음을 열고 우리가 성서의 가르침을 깨닫게 하였는지라!"

그들은 먹고 싶지 않았다. 그들은 상물질 모습의 주를 보았고, 집 밖으로 달려 나가서, 주가 살아나셨다는 좋은 소식을 퍼뜨리려고 예루살렘으로 서둘러 돌아갔다.

이 날 저녁 9시쯤에, 주가 열 사람에게 나타나기 바로 전에, 달아오른 이 두 형제는 위층 방에 있는 사도들에게 들이닥쳤으며, 그들이 예수를 보았고 그와 이야기를 주고받았다고 선언했다. 예수가 그들에게 일러 준 모든 것, 그리고 빵을 뜯을 때까지 그가 누구인지 어떻게 그들이 알아보지 못했는가 일러 주었다.

제 191 편

사도와 다른 지도자들에게 나타나심

부활이 있었던 일요일은 사도들의 생애에서 끔찍한 날이었고, 열 사람은 그 날의 대부분을 문에 빗장을 지르고 그 위층 방에서 보냈다. 그들은 예루살렘에서 달아날 수도 있었지만, 바깥에 나다니는 것이 발견되면 산헤드린 관리들에게 체포되는 것이 두려웠다. 토마스는 벳바게에서 혼자서 그의 곤경을 곰곰이 생각해 보고 있었다. 동료 사도들과 함께 남아 있었더라면 그는 더 잘 버티었을 터이고, 더 유익한 길을 따라서 그들의 토론을 이끄는 데 도움이 되었을 것이다.

하루 종일 요한은 예수가 죽은 자들 가운데서 살아났다는 생각을 뒷받침해 주었다. 그는 예수가 다시 살아나리라고 주가 확언한 것을 적어도 다섯 번, 사흘째를 언급한 것을 적어도 세 번 열거했다. 요한의 태도는 그들에게, 특히 형 야고보와 나다니엘에게 어지간히 영향을 주었다. 요한이 그 집단에서 가장 나이 어린 사람이 아니었다면 그들에게 더 영향을 미쳤을 것이다.

고립(孤立)된 처지는 그들의 어려움과 많이 상관이 있었다. 요한 마가는 그들이 성전 근처에서 되어 가는 일과 접촉을 유지하게 해 주었고, 도시에서 유력해지는 여러 소문에 관하여 그들에게 정보를 주었지만, 예수가 이미 나타났던 다른 무리의 신자들로부터 소식을 모으려는 생각은 머리에 떠오르지 않았다. 이것은 다윗의 사자들이 이제까지 베풀었던 종류의 봉사였지만, 그들은 모두 예루살렘에서 멀리 떨어져 사는 신자들의 무리에게 부활의 전령(傳令)으로서 마지막 임무를 띠고 자리를 비웠다. 이 여러 해 동안 처음으로 사도들은 하늘나라 일에 관하여 나날의 정보를 얻으려고 그들이 얼마나 다윗의 사자들에게 의존하였는가 깨달았다.

이 날 하루 종일, 베드로는 주가 부활한 것에 관하여 믿음과 의심 사이에 감정이 오락가락하였다. 베드로는 마치 예수의 몸이 안에서 막 증발한 것처럼, 무덤에서 시체를 쌌던 천이 거기에 놓인 광경을 떨쳐 버릴 수 없었다. 베드로는 궁리하였다. "그러나 그가 살아서 자신을 여인들에게 보일 수 있다면, 어째서 자신을 우리에게, 사도들에게 보이지 않는가?" 그가 그 날 밤 안나스의 안마당에서 예수를 부인했기 때문에, 아마도 자기가 사도들 가운데 있다는 이유로 예수가 그들에게 오지 않는다는 생각이 들었을 때, 베드로는 슬퍼지곤 했다. 그리고 나서 "내 사도들에게—그리고 베드로에게—가서 이르라" 하는 여인들이 가져온 말씀에 기운을 얻곤 했다. 그러나 이 소식을 듣고 격려를 받는다는 것은 여인들이 살아나신 주를 정말로 보았고 주의 말씀을 들었다는 것을 믿어야 함을 의미했다. 이처럼 베드로는 하루 종일 믿었다가 의심하며 갈팡질팡했고, 8시가 조금 지나서 안마당으로 나갔다. 베드로는 그가 주를 부인(否認)한 것 때문에 예수가 그들에게 오는 것을 방해하지 않도록, 사도들 사이에서 자리를 비우려고 생각했다.

처음에 야고보 세베대는 그들에게 모두 무덤으로 가자고 주장했다. 그는 신비의 진상을 알아보려고 무언가 하는 데 크게 찬성했다. 야고보의 재촉에 반응해서 그들이 대중(大衆) 앞에 나서는 것을 막은 사람은 나다니엘이었는데, 그는 이 때 목숨을 부당하게 위태롭게 하는 데 대하여 예수가 경고한 것을 그들에게 상기시킴으로 이렇게 했다. 한낮이 되어서 야고보는 다른 사람들과 함께 차분해져서 경계하며 기다렸다. 그는 말이 없었다. 예수가 그들 앞에 나타나지 않아서 엄청나게 실망했고, 다른 무리와 개인들에게 주가 여러 번 나타난 것을 몰랐다.

안드레는 이 날 다른 사람들의 말에 귀를 많이 기울였다. 그 상황에 몹시 어리둥절하였고, 자기 몫보다 더 많이 의심이 들었지만, 적어도 동료 사도들을 지도하는 책임으로부터 벗어난 어떤 홀가분한 느낌을 누렸다. 그들이 정신 헛갈리는 이 때를 닥치기 전에 주가 지도하는 짐에서 해방시켜 준 것을 그는 정말로 고맙게 여겼다.

이 비극(悲劇)의 날, 길고 피곤한 몇 시간 동안, 한 번이 넘게, 그 무리에서 유일하게 지탱하는 영향력은 나다니엘의 특징인 철학적 조언이 빈번하게 기여한 것이었다. 그는 하루 종일, 열 명 사이에서 정말로 고삐를 쥐는 세력이었다. 한 번도 그는 주가 부활하신 것을 믿거나 불신한다고 자기 생각을 말하지 않았다. 그러나 그 날이 지남에 따라서, 그는 예수가 다시 살아나리라는 약속을 지켰다고 믿는 방향으로 점점 더 기울었다.

열심당원 시몬은 너무나 움츠러들어서 그 토론에 끼지 못했다. 시간의 대부분을 그는 방 구석에서 벽을 바라보며 소파에 기대고 있었고, 하루 종일 여섯 번도 입을 열지 않았다. 그의 하늘나라 개념은 파괴되었고, 주의 부활이 그 상황을 실질적으로 바꿀 수 있다는 것을 헤아릴 수 없었다. 그의 실망(失望)은 무척 개인적이었고 너무나 가슴에 사무쳐서, 부활과 같은 엄청난 사실에 부딪쳐서도 갑자기 통지받고 회복하지 못했다.

적자니 이상하지만, 여느 때 말이 없던 빌립은 이 날 오후 내내, 말을 많이 하였다. 아침 나절에는 할 말이 거의 없었지만, 오후 내내 다른 사도들에 관하여 물었다. 베드로는 빌립의 질문에 자주 귀찮아했지만, 다른 사람들이 그의 물음을 마음씨 좋게 받아들였다. 빌립은 예수가 정말로 무덤에서 살아났다면, 그의 몸이 십자가에 못박힌 육체적 자국을 지닐 것인가 특별히 알고 싶어했다.

마태는 어지간히 정신이 헛갈렸고, 동료들의 토론(討論)에 귀를 기울였지만, 머리 속에서 앞으로 그들의 재정 문제를 곰곰이 살피면서 시간의 대부분을 보냈다. 예수가 부활했다고 생각된 것에 상관 없이, 유다는 사라졌다. 다윗은 격식 차리지 않고 자금을 그에게 넘겼고, 그들은 권위 있는 지도자가 없었다. 부활에 관한 그들의 논쟁을 마태가 깊이 고려하는 데 생각이 미치기 전에, 그는 이미 주와 얼굴을 마주하고 보았다.

알패오 쌍둥이는 이 심각한 토론에 거의 끼어 들지 않았고, 관습대로 시중을 드느라고 꽤 바빴다. 빌립이 물은 질문에 대답하여 그들 가운데 하나가 한 말은 그들의 태도를 표현했다: "우리는 부활을 이해하지 못하지만, 우리 어머니가 주와 함께 이야기했다고 말씀하시고, 우리는 어머니를 믿노라."

토마스는 그가 흔히 겪는 절망적으로 우울한 시기의 한가운데에 있었다. 그 날 얼마 동안 잠잤고, 나머지 시간에는 산 위로 걸어다녔다. 그는 동료 사도들과 다시 함께 있고 싶은 충동을 느꼈지만, 혼자서 있고 싶은 바람이 더 강했다.

주는 여러 가지 이유로, 사도들에게 처음으로 상물질(上物質)로 나타나는 것을 미루었다. 첫째로, 그들이 그가 부활했다는 말을 들은 뒤에, 육체를 입고 아직 그들과 함께 있을 때 그의 죽음과 부활에 관하여 그들에게 일러 준 것에 대하여 잘 생각해 볼 겨를을 가지기를 바랐다. 주는 그들 모두에게 모습을 나타내기 전에, 베드로가 특이한 어떤 문제와 씨름하기를 바랐다. 둘째로, 그가 처음으로 나타날 때 토마스가 그들과 함께 있기를 바랐다. 요한 마가는 이 일요일 아침 일찍, 벳바게에 있는 시몬의 집에서 토마스를 찾아냈고, 그렇다는 말을 사도들에게 11시쯤에 전해 왔다. 나다니엘이나 어떤 다른 두 사도(使徒)가 찾아갔다면, 그 날 어느 때라도 토마스는 사도들에게 돌아갔을 것이다. 그는 정말로 돌아가고 싶었지만, 전날 밤에 사실 그대로 떠났기 때문에, 너무 마음이 거만해서 그렇게 빨리 제 발로 돌아가지 못했다. 이튿날이 되어, 그는 너무나 우울해졌고, 그래서 그가 돌아갈 마음을 먹기까지 거의 한 주가 걸렸다. 사도들은 그를 기다렸고, 그는 형제들이 그를 찾고 그들에게 돌아오라고 요청하기를 기다렸다. 토마스는 이처럼 다음 토요일 저녁까지 동료들로부터 떨어져 있었고, 그 때 어둠이 찾아온 뒤에, 베드로와 요한은 벳바게로 가서 그를 데리고 돌아왔다. 그리고 이것이 또한 예수가 처음으로 그들에게 나타난 뒤에, 그들이 대번에 갈릴리로 가지 않았는가 하는 까닭이다. 그들은 토마스 없이 가려 하지 않았다.

1. 베드로에게 나타나심

예수가 마가의 집 뜰에서 시몬 베드로에게 나타난 것은 이 일요일 저녁에, 8시 반이 가까운 때였다. 이것은 여덟 번째로 상물질로 모습을 나타낸 것이다. 주를 부인한 이후로, 베드로는 의심(疑心)과 죄책감의 무거운 짐 밑에서 살았다. 토요일 내내, 또 이 일요일에, 그는 아마도 이제는 더 사도가 아닌가 하는 두려움과 싸웠다. 그는 유다의 운명에 소스라치게 놀랐고, 그도 주를 배반했다고까지 생각했다. 물론 주가 죽은 자들 가운데서 정말로 살아났다면, 예수가 그들에게 나타남을 막는 것은 그가 사도들과 함께 있기 때문일까 싶다고, 이 날 오후 내내 생각했다. 그리고 그러한 생각의 틀 속에서, 그러한 혼의 상태에서, 풀 죽은 사도가 꽃과 풀숲 사이로 거니는 동안에 예수는 베드로에게 나타났다.

안나스의 집 현관에서 주가 지나가면서 보낸 사랑에 넘친 눈길을 베드로가 생각했을 때, 빈 무덤에서 돌아온 여인들이 그 날 아침 일찍 그에게 가져온 소식, "내 사도들에게—그리고 베드로에게—가서 이르라"하는 그 놀라운 소식을 머리 속에서 살펴보는 동안, 이 자비(慈悲)의 표시를 생각하는 동안에, 믿음은 비로소 의심을 이겼고, 그는 가만히 서서 주먹을 불끈 쥐면서, 크게 말했다: "나는 그가 죽은 자 가운데서 살아났음을 믿노라. 가서 내 형제들에게 이르리라." 그리고 이렇게 말하자, 그 앞에서 사람의 모습이 갑자기 나타나서, 귀에 익은 목소리로 베드로에게 말했다: "베드로야, 적은 너를 갖고 싶어했어도 나는 너를 포기하려 하지 않았고, 네가 나를 부인한 것은 마음에서 우러난 것이 아님을 알았노라. 그런즉 네가 미처 부탁하기도 전에 너를 용서(容恕)하였노라. 그러나 너는 어둠 속에 앉아 있는 자들에게 복음(福音)의 좋은 소식을 전하도록 준비하면서, 이제 너 자신에 대하여, 그리고 그 때의 괴로움을 그만 생각하여야 하느니라. 이제는 더 하늘나라로부터 네가 무엇을 얻을까 아랑곳하지 말고, 오히려 비참한 영적 가난 속에 사는 자들에게 네가 무엇을 줄 수 있는가 걱정해야 하느니라. 시몬아, 새 날의 전투를 위하여, 사람의 자연스러운 지성 속에 있는 영적 어둠과 악한 의심과 투쟁하기 위하여, 자세를 갖추라."

베드로와 상물질 예수는 뜰을 지나서 걸었고, 과거·현재·미래의 일에 대하여 거의 5분 동안 이야기했다. 그리고 나서 그가 물끄러미 보는 가운데 주는 사라지며 말했다: "내가 너희 형제와 함께 너를 볼 때까지, 베드로야 잘 있거라."

한 순간, 베드로는 그가 부활하신 주와 함께 이야기했고, 아직도 하늘나라의 대사(大使)임을 확신할 수 있다는 깨달음에 휩싸였다. 그는 영화롭게 된 주가 복음을 계속 전파하라고 그에게 타이르심을 막 들었다. 그리고 가슴 속에서 이 모든 것이 넘쳐흐르자, 위층 방으로, 동료 사도들이 있는 곳으로 달려가서, 숨이 차게 흥분하여 외쳤다: "나는 주를 보았노라. 그가 뜰에 계셨는지라. 그와 이야기를 주고받았는데, 나를 용서하셨는지라."

베드로가 뜰에서 예수를 보았다는 선언은 동료 사도들에게 깊이 감명을 주었고 그들은 의심을 거의 버릴 준비가 되었는데, 그 때 안드레가 일어나서 동생의 보고(報告)에 지나치게 영향을 받지 말라고 경고했다. 베드로가 전에 진짜가 아닌 것을 본 적이 있다고 안드레는 넌지시 비추었다. 주가 그들에게 물 위에서 걸어오는 것을 베드로가 보았다고 주장한 환상(幻想), 갈릴리 바다에서 밤에 본 그 환상을 안드레가 직접 언급하지는 않았어도, 그는 이 사건을 염두에 두었다는 것을 자리에 있던 모든 사람에게 내비치기에 넉넉히 이야기했다. 형이 빗대어 한 말에 시몬 베드로는 무척 마음이 상했고, 즉시 고개를 푹 숙이고 침묵에 빠졌다. 쌍둥이는 베드로를 무척 딱하게 여겼고, 그에게 건너가서 동정심을 표현하고, 그를 믿는다고 말하고, 그들의 어머니도 또한 주를 보았다고 다시 주장했다.

2. 사도들에게 처음으로 나타나다

그 날 저녁 9시가 조금 지난 뒤에, 그리고 클레오파스와 야곱이 떠난 뒤에, 알패오 쌍둥이는 베드로를 위로했고 나다니엘은 안드레를 꾸짖었다. 열 사도가 붙잡힐까 두려워서 문을 다 빗장으로 잠그고서 위층 방에서 거기 모여 있는 동안, 상물질 모습으로 주는 그들 한가운데 갑자기 나타나서 말했다: "너희에게 평화가 있을지어다. 내가 나타날 때 어찌하여 너희는 마치 유령을 본 듯 그리 놀라느냐? 육체를 입고 너희와 함께 있을 때, 내가 이 일에 관하여 이르지 아니하더냐? 대사제와 통치자들이 내가 죽음을 당하도록 넘겨 주리라, 너희 무리 가운데 하나가 나를 저버릴 것이라, 사흘째에 내가 살아나리라고 너희에게 이르지 아니하더냐? 여인들, 클레오파스와 야곱, 하다 못해 베드로의 보고(報告)에 대하여 너희가 온갖 의심을 하고 이 모든 토론을 하다니 무엇 때문이냐? 얼마나 오랫동안 너희가 내 말을 의심하고 내 약속을 믿지 않겠느냐? 그리고 나를 보았으매 너희가 믿겠느냐? 이제도 너희 가운데 하나가 자리에 없느니라. 너희가 다시 한 번 모였을 때, 그리고 사람의 아들이 무덤에서 살아난 것을 너희 모두가 확실히 안 뒤에, 갈릴리로 떠나라. 하나님을 믿고, 서로를 믿으라. 그렇게 너희는 하늘나라의 새로운 봉사에 들어갈지니라. 너희가 갈릴리로 갈 준비가 되기까지, 내가 너희와 함께 예루살렘에 머물리라. 나의 평화를 너희에게 두고 떠나노라."

그들에게 말을 마치고 나서, 상물질(上物質) 예수는 눈앞에서 한 순간에 사라졌다. 모두 엎어져서, 하나님을 찬양하고 사라진 주를 경배했다. 이것은 주가 아홉 번째로 상물질로 나타난 것이다.

3. 상물질 생물과 함께

이튿날 월요일은 전부, 그 때 유란시아에 있던 여러 상물질 생물과 함께 있는 데 쓰였다. 주의 상물질 과도기 체험에 참여하는 자로서, 사타니아의 일곱 저택 세계로부터 여러 계급의 과도기 필사자들과 더불어, 1백만이 넘는 상물질 지휘자와 동료들이 유란시아로 왔다. 상물질 모습의 예수는 이 눈부신 지성 존재들과 함께 40일 동안 머물렀다. 그는 그들을 가르쳤고, 그 지도자들로부터, 사타니아의 사람 사는 세계들에서 온 사람들이 체계의 상물질 구체들을 통과하면서 거치는 상물질 과도기의 생명에 대하여 이야기를 들었다.

이 월요일 자정 무렵에 주의 상물질 모습은 상물질 진보에서 둘째 단계로 이동하기 위하여 조절되었다. 다음에 땅에서 필사 아이들에게 나타났을 때, 그는 둘째 단계의 상물질 존재였다. 상물질 생애에서 주가 나아가는 동안, 상물질 지성 존재와 변화시키는 그 동료들이, 주를 필사자의 물질 눈에 보이게 만들기가, 기술적으로 점점 더 어려워졌다.

예수는 4월 14일, 금요일에, 상물질의 셋째 단계로, 17일 월요일에 넷째 단계로, 22일 토요일에 다섯째 단계로, 27일 목요일에 여섯째 단계로, 5월 2일 화요일에 일곱째 단계로, 7일 일요일에 예루셈 시민으로 이동했다. 그리고 14일 일요일에 에덴시아의 최고자들의 품에 들어갔다.

이전의 여러 자신 수여(授與)와 연관하여, 그가 별자리 본부에서 거주한 것으로부터, 심지어 계속 초우주 본부 봉사에 이르기까지, 또 그것을 거쳐서, 시공의 승천하는 필사자들의 생애를 이미 충만히 체험했기 때문에, 이 방법으로 네바돈의 미가엘은 우주에서 체험하는 봉사를 마쳤다. 바로 이 상물질 체험으로 말미암아 네바돈의 아들 창조자는 일곱째이자 마지막 우주 수여를 정말로 마치고 만족스럽게 끝맺었다.

4. 열 번째 나타나심 (필라델피아에서)

필사자가 알아보게끔 예수가 상물질 모습으로 열 번째 나타난 것은 필라델피아에서 4월 11일, 화요일, 8시가 조금 지난 뒤에 있었고, 거기서 아브너와 나사로, 그리고 그 동료 150명쯤에게 나타났는데, 이들은 70인 전도단 가운데 50명이 넘는 사람들을 포함한다. 이 출현은 회당(會堂)에서 특별 회의가 열린 바로 뒤에 일어났으며, 예수가 십자가에 못박힌 것과 다윗의 사자가 가져온 최근의 부활 보고를 논의하려고 아브너가 이 회의를 소집하였다. 부활한 나사로가 이제 이 신자들 집단의 한 사람이었기 때문에, 예수가 죽은 자 가운데서 살아났다는 보고를 그들이 믿기는 어렵지 않았다.

회당에서 아브너와 나사로가 그 모임을 막 시작하였고, 이들이 강단에서 함께 서 있었는데, 그 때 주가 갑자기 나타나는 모습을 신자인 청중 전부가 보았다. 그는 아브너와 나사로 사이에 나타났던 곳에서 앞으로 걸어 나왔고, 둘 중에 아무도 그를 지켜보지 못했는데, 예수는 무리에게 인사하면서 말했다:

"너희에게 평화가 있을지어다. 우리가 하늘에 아버지 한 분이 계시고, 오직 하나의 하늘나라 복음—사람이 믿음으로 영생(永生)의 선물을 받는다는 좋은 소식—이 있음을 너희가 다 아는지라. 너희가 기쁨으로 복음에 충성하는 것 같이, 너희 가슴 속에서 형제들을 위하는 새롭고 더 큰 사랑을 바깥에 퍼뜨리도록 진리의 아버지께 기도하라. 내가 너희를 사랑한 것 같이 너희가 모든 사람을 사랑하고, 내가 너희에게 봉사한 것 같이 너희는 모든 사람에게 봉사해야 하느니라. 공감하는 동정심과 형제의 애정을 가지고, 저희가 유대인이든 이방인(異邦人)이든, 그리스인이든 로마인이든, 페르시아인이든 에티오피아인이든, 좋은 소식을 선포하는 데 몸을 바친 너희의 모든 형제와 사귀라. 요한은 하늘나라를 미리 선포했고, 너희는 권능으로 복음을 전도했으며, 그리스인들은 이미 좋은 소식을 가르치느니라. 그리고 나는 곧 진리의 영을 이 내 형제들 모두의 혼 속으로 보낼 것이요, 저희는 영적 어두움 속에 앉아 있는 동료들을 깨우치려고 일생을 아주 사심 없이 바쳤느니라. 너희는 모두 빛의 아이들이니, 그런즉 사람의 의심과 인간의 불관용에서 생기는 오해의 얽힘 속에 빠지지 말라. 너희가 믿음의 은혜로 말미암아 고상해져서 불신자(不信者)들을 사랑하면, 멀리 퍼지는 믿음의 집에서 동료 신자인 사람들을 너희가 또한 똑같이 사랑해야 하지 않느냐? 기억하라, 너희가 서로 사랑하는 대로, 모든 사람이 너희가 내 제자인 줄 알리라.

"그러면 온 세상으로 가서, 하나님이 아버지요 사람들이 형제라는 이 복음을 모든 나라와 민족에게 선포하라, 그리고 인류의 다른 종족과 부족들에게 좋은 소식을 제시하는 방법을 고를 때, 늘 지혜롭게 행하라. 너희는 이 하늘나라 복음을 거저 받았고, 좋은 소식을 모든 나라에 거저 주리라. 악의 저항을 두려워 말지니, 내가 너희와 함께 언제나, 아니 시대의 끝날까지 있음이로다. 그리고 내 평화를 너희에게 두고 떠나노라."

"내 평화를 너희에게 두고 떠나노라" 말했을 때, 그는 그들의 눈앞에서 사라졌다. 갈릴리에서 나타났을 때 한 번, 5백 명쯤의 신자들이 한꺼번에 그를 보았는데, 이것을 제외하면, 필라델피아에서 이 무리는 한 기회에, 그를 본 무리 중에서 가장 컸다.

이튿날 아침 일찍, 토마스의 기분이 회복되기를 기다리면서 사도들이 예루살렘에서 머무르는 동안에도, 필라델피아에 있는 이 신자들은 나사렛 예수가 죽은 자 가운데서 살아났다고 선포하며 다녔다.

다음날 수요일에 예수는 상물질계 동료들의 사회에서 간섭받지 않고 지냈으며, 오후 중간에 놀라시아덱 별자리 전역에 걸쳐, 사람 사는 구체들의 모든 지역 체계의 저택(邸宅) 세계로부터 방문하는 상물질계 대표단들을 받았다. 그리고 창조자가 우주 지성 존재에서 자기 계급의 하나임을 알고 그들은 모두 기뻐했다.

5. 사도들에게 두 번째 나타나다

토마스는 쓸쓸한 한 주간을 올리브 산 근처, 언덕 둘레에서 혼자서 보냈다. 이 동안에 그는 오직 시몬의 집에 있던 사람들과 요한 마가를 보았다. 두 사도가 그를 찾아내고, 마가의 집에 있는 회합(會合) 장소로 그를 데리고 간 것은 4월 15일, 토요일 9시쯤이었다. 이튿날 토마스는 주가 여러 번 나타났다는 이야기에 귀를 기울였지만, 완강하게 믿으려 하지 않았다. 그들이 주를 보았다고 생각하도록 베드로가 그들에게 열심을 불어넣었다고 주장했다. 나다니엘은 그와 이치(理致)를 따졌지만 아무 쓸모가 없었다. 그의 습관인 의심하는 성질과 관련하여 완고한 감정이 있었고, 이 정신 상태는 그들을 피하여 달아나서 그가 창피하게 느낀 것과 함께, 토마스 자신도 넉넉히 이해할 수 없는 고립된 상황을 만들어 내게 되었다. 그는 동료들을 떠나서 제 길을 갔는데, 지금 이들 사이에 돌아왔을 때도, 의식하지 못하면서 찬성하지 않는 태도를 가지는 경향이 있었다. 그는 항복하는 데 느렸고, 지기를 싫어했다. 뜻하지 않게, 그에게 집중된 눈길을 정말로 즐거워했다. 동료들 모두가 그에게 확신을 주고 태도를 바꾸게 하려고 노력을 기울인 것에 의식하지 않는 만족감을 얻었다. 그는 꼬박 한 주 동안 그들이 없어 서운했고, 그들이 끈질기게 주의를 기울여서 어지간히 기쁨을 얻었다.

6시가 조금 지난 뒤에 그들은 저녁을 먹고 있었고, 베드로는 토마스의 한쪽에 앉고 나다니엘은 다른 쪽에 앉아 있었는데, 그 때 의심하는 사도(使徒)가 말했다: "내 눈으로 주를 보고, 못 자국에 내 손가락을 넣기까지 나는 믿지 않겠노라." 그들이 이렇게 저녁상에 앉아 있는데, 또 문이 단단히 닫히고 잠긴 동안에, 상물질

모습의 주가 갑자기 식탁의 둥근 곳 안에 나타났고, 토마스 바로 앞에 서서 말했다:

"너희에게 평화가 있을지어다. 온 세상으로 가서 이 하늘나라 복음을 전도하라는 명령을 다시 한 번 듣도록 너희가 모두 자리에 있을 때 다시 나타날까 하여, 내가 한 주 내내 머물렀노라. 다시 너희에게 이르노니, 아버지가 나를 세상으로 보내신 것 같이, 나도 너희를 그렇게 보내노라. 내가 아버지를 드러낸 것 같이, 너희도 그렇게, 말만 하는 것이 아니라, 너희 나날의 생활 속에서, 신의 사랑을 드러낼지니라. 사람들의 혼을 사랑하는 것이 아니라, 오히려 사람을 사랑하라고 너희를 보내노라. 너희는 다만 하늘의 기쁨을 선포할 뿐 아니라, 또한 나날의 체험 속에서 신다운 삶의 이 영적 실체를 나타내야 하나니, 너희가 믿음을 통해서 하나님의 선물로서 이미 영생을 가졌음이라. 믿음을 가졌을 때, 하늘에서 권능이, 진리의 영이 다가왔을 때 너희는 문을 닫고 여기서 너희 빛을 감추지 아니하겠고, 하나님의 사랑과 자비를 온 인류에게 알리리라. 두려움 때문에 불쾌한 체험의 사실로부터 너희가 지금 달아나지만, 진리의 영으로 세례를 받고 나서, 하나님의 나라에서 영생을 얻는 좋은 소식을 선포하는 새로운 체험에 부닥치려고 너희는 용감하고 기쁘게 떠나가리라. 전통주의(傳統主義)의 권한이 주는 거짓 안전으로부터, 산 체험에서 얻는 최상의 실체들의 사실·진리·신앙에서 생기는 새 체제의 권한으로 넘어가는 과도기의 충격을 받고 회복하는 동안, 너희는 여기서, 그리고 갈릴리에서 잠시 머물러도 좋으니라. 세상에 대한 너희의 사명은 내가 너희 사이에서 하나님을 드러내는 일생을 살았다는 사실에, 너희와 모든 다른 사람이 하나님의 아들이라는 진리에 기초를 두느니라. 그리고 그 사명은 너희가 사람들 사이에서 살 그 일생으로—내가 너희를 사랑하고 너희에게 봉사한 것 같이, 사람들을 사랑하고 저희에게 봉사하는 실제의 산 체험으로—이루어질지니라. 믿음이 세상에게 너희의 빛을 드러나게 하라. 진리의 계시가 전통으로 먼 눈을 뜨게 하라. 너희가 사랑으로 베푸는 봉사가 무지로 생긴 편견(偏見)을 효과적으로 없애게 하라. 공감하는 동정심과 사심 없는 헌신으로 그렇게 동료 인간들에게 가까이 다가감으로써, 너희는 아버지 사랑의 유익한 지식으로 저희를 이끌리라. 유대인들은 선을 찬미하고, 그리스인들은 아름다움을 높였으며, 힌두인들은 헌신을 설교하였고, 먼 나라의 금욕주의자들은 존경을 가르치고 로마인들은 충성심을 요구하였느니라. 그러나 나는 제자들에게 일생을, 아니 육체를 입은 형제들에게 사랑으로 봉사하는 일생을 요구하노라."

이렇게 말씀하시고 나서, 주는 밑으로 토마스의 얼굴을 들여다보면서 말했다: "그리고 너 토마스야, 나를 보고 내 손의 못 자국에 손가락을 넣을 수 있지 않으면 믿지 않겠다고 말했거늘, 너는 이제 나를 보고 내 말을 귀로 들었느니라. 비록 네가 내 손에서 아무 못 자국을 보지 못해도, 이 세상을 떠날 때 네가 또한 입을 모습을 입고 내가 살아났으니, 네가 형제들에게 무어라고 말하겠느냐? 너는 진리를 인정하리니, 믿지 않음을 아주 굳세게 주장할 때에도, 이미 마음 속에서 네가 믿기 시작했음이라. 토마스야, 막 무너지려 할 바로 그 때, 네 의심은 반드시 아주 굳세게 주장하느니라. 토마스야, 너에게 명하노니, 불신(不信)하지 말고 믿음을 가지라—그리고 네가 마음을 다해서도, 믿을 줄을 내가 아노라."

이 말씀을 듣자, 토마스는 상물질 모습의 주 앞에서 무릎을 꿇고 외쳤다: "내가 믿나이다! 내 주여, 선생이여!" 그리고 나서 주는 토마스에게 말했다: "토마스야, 정말로 나를 보고 내 말을 들었은즉 네가 믿었느니라. 다가올 시대에 육체의 눈으로 보지 않고 인간의 귀로 듣지 않았어도 믿을 자들은 복되도다."

그리고 나서, 주의 모습이 식탁의 상석 가까이 움직이면서, 그는 모두에게 말했다: "그리고 이제 너희는 모두 갈릴리로 가라, 거기서 내가 얼마 안 있어 너희에게 나타나리라." 이 말씀을 하신 뒤에, 그들의 눈앞에서 사라졌다.

예수가 죽은 자들 가운데서 살아나신 것을 열한 사도는 이제 넉넉히 확신했고, 이튿날 아침 아주 일찍, 새벽이 밝기 전에, 갈릴리로 떠났다.

6. 알렉산드리아에서 나타나심

열한 사도가 갈릴리로 가는 길에, 4월 18일, 화요일 저녁, 8시 반쯤에 여행 목적지에 가까이 가는 동안에, 예수는 알렉산드리아에서 로단과 약 80명의 다른 신자들에게 나타났다. 이것은 주가 상물질 모습으로 열두 번째로 나타나신 것이다. 다윗의 사자가 십자가 처형에 관하여 보고를 끝냈을 때, 예수는 이 그리스인과 유대인들 앞에 나타났다. 예루살렘과 알렉산드리아 사이를 교대해서 달리는 사람들 가운데 다섯째인 이 사자(使者)는 그 날 오후 늦게 알렉산드리아에 도착했고, 그가 메시지를 로단에게 전하고 나서, 사자로부터 직접 이 비극의 말을 받으려고 신자들을 부르기로 결정이 내렸다. 8시쯤에, 그 사자, 부시리스의 나단은 이 무리 앞에 와서, 앞의 주자(走者)가 이른 모든 것을 낱낱이 그들에게 일러 주었다. 나단은 감동적인 이야기를 이 말로 끝맺었다: "그러나 이 말을 우리에게 보낸 다윗은, 주가 그의 죽음을 미리 예언하면서, 다시 살아나리라 선언했다고 전하니라." 마침 나단이 말하는 동안에, 상물질 모습의 예수가 거기서 모두가 환히 보도록 나타났다. 나단이 앉자, 예수는 말했다:

"너희에게 평화(平和)가 있을지어다. 내 아버지가 세상으로 나를 보내며 세우라고 한 것은 한 종족이나 한 나라, 어느 특별한 집단의 선생이나 설교자들에게 속하는 것이 아니라. 이 하늘나라 복음은 유대인과 이방인에게, 부자와 가난한 자에게, 자유로운 자와 매인 자, 남자와 여자, 아니 어린아이들에게도 속하느니라. 그리고 육체를 입고 사는 삶으로 너희는 다 이 사랑과 진리의 복음을 선포해야 하느니라. 내가 너희를 사랑한 것 같이, 너희는 새롭고 놀라운 사랑으로 서로 사랑할지니라. 내가 너희에게 봉사한 것 같이, 너희는 새롭고 놀랍게 헌신하는 마음으로 인류에게 봉사하리라. 사람들이 너희가 저희를 그렇게 사랑함을 볼 때, 그리고 얼마나 열심히 저희에게 봉사하는가 볼 때, 너희가 하늘나라의 믿음의 동료가 되었음을 저희가 깨달을 것이요, 영원한 구원(救援)을 찾기까지 너희의 삶에서 보는 진리의 영을 따르리라.

"아버지가 나를 이 세상으로 보내신 것 같이, 바로 그대로 이제 내가 너희를 보내노라. 어둠 속에 앉아 있는 자들에게 좋은 소식을 전하라고 너희 모두가 부름받았도다. 이 하늘나라 복음은 그것을 믿는 모든 사람에게 속하느니라. 그 복음을 겨우 사제(司祭)들이 보관하도록 맡기지 말라. 곧 진리의 영이 너희에게 다가오겠고, 너희를 모든 진리로 이끌리라. 그러므로 이 복음을 전하면서 너희는 온 세상으로 가라. 그리고 보라, 나는 언제나, 아니 시대의 끝까지도, 너희와 함께 있노라."

이렇게 말씀하시고 나서, 주는 그들의 눈앞에서 사라졌다. 밤새 이 신자들은 거기에 함께 남아서, 하늘나라를 믿는 자로서 그들의 체험을 되새기고, 로단과 그 동료들이 한 여러 말씀에 귀를 기울였다. 그들은 다 예수가 죽은 자 가운데서 살아났음을 믿었다. 이 뒤 둘째 날에 다윗의 부활의 전령이 도착했는데, 그의 발표에 답하여, "옳도다, 우리가 아노니, 우리가 그를 보았음이라. 그는 그저께 우리에게 나타나셨느니라"하고 그들이 말했을 때, 그 전령이 놀란 것을 상상해 보라.

제 192 편

갈릴리에서 나타나심

사도들이 갈릴리를 향하여 예루살렘을 떠날 때가 되어서, 유대인 지도자들은 어지간히 조용해졌다. 예수가 하늘나라 신자 집단에게만 나타났고, 사도들은 숨어 있고 아무런 대중 전도를 하지 않았기 때문에, 유대인 통치자들은 복음 운동이 결국, 효과적으로 분쇄되었다고 결론을 내렸다. 말할 것도 없이, 그들은 예수가 죽은 자 가운데서 살아났다는 소문(所聞)이 더욱 퍼지는 것에 불안했지만, 그 추종자들의 무리가 시체를 옮겼다는 이야기를 되풀이함으로써 뇌물 받은 경비원들이 모든 그러한 보고를 실질적으로 상쇄하는 데 의존하였다.

이 때부터 계속, 박해의 물결이 높아져서 사도들이 흩어지기까지, 베드로는 대체로 사도단(使徒團)의 우두머리로서 인정을 받았다. 예수는 결코 그러한 권한을 주지 않았고, 동료 사도들도 결코 정식으로 그를 그런 책임 있는 자리에 선출하지 않았다. 널리 찬성을 받아서, 또한 그들의 으뜸가는 설교자였기 때문에, 그는 자연스럽게 그 자리를 맡고 지켰다. 이제부터 계속 대중 전도(傳道)가 사도들의 주요한 일거리였다. 그들이 갈릴리에서 돌아온 뒤에, 유다의 자리를 차지하라고 뽑은 맛디아가 그들의 회계가 되었다.

그들이 예루살렘에서 머문 주간에, 예수의 어머니 마리아는 아리마대 요셉의 집에서 묵고 있던 여신도들과 함께 많은 시간을 보냈다.

이 월요일 아침 일찍, 사도들이 갈릴리를 향해 떠났을 때, 요한 마가가 따라갔다. 그는 도시 바깥으로 그들을 따라 나갔는데, 베다니를 썩 지나고 나서, 그들이 그를 돌려보내지 않으리라는 자신감이 생겨서, 대담하게 그들 사이에 다가갔다.

살아나신 주의 이야기를 하느라고 갈릴리로 가는 길에 사도들은 몇 번이나 멈추었고, 따라서 수요일 밤 아주 늦게까지 벳세다에 도착하지 못했다. 그들이 다 잠이 깨어 아침 먹을 준비가 되기 전에, 벌써 목요일 정오가 되었다.

1. 호숫가에서 나타나심

4월 21일, 금요일 아침 6시쯤에, 상물질 모습의 주는 열 사도의 배가 벳세다에서 여느 때 배를 대는 곳 가까이 해안에 접근하는 동안에, 열세 번째로, 갈릴리에서는 처음으로 나타났다.

사도들이 세베대의 집에서 기다리면서, 목요일 오후와 초저녁을 보낸 뒤에, 시몬 베드로는 그들에게 고기를 잡으러 가자고 제안했다. 베드로가 고기잡이 여행을 제안했을 때, 사도들은 모두 따라가기로 작정했다. 밤새 그들은 그물을 가지고 수고했지만 아무 고기도 잡지 못했다. 고기잡지 못한 것을 그다지 염려하지 않았는데, 그들이 이야기할 많은 흥미 있는 체험, 예루살렘에서 그들에게 아주 최근에 일어난 일들이 있었기 때문이다. 그러나 날이 밝자, 그들은 벳세다로 돌아가기로 마음먹었다. 물가로 가까이 가자, 그들은 누군가 호숫가에, 배를 대는 곳 가까이, 모닥불 옆에 서 있는 것을 보았다. 처음에 그들은 그가 물고기를 잡은 것을 환영하려고 내려온 요한 마가라고 생각했지만, 물가로 더 가까이 다가가자, 그들은 잘못 보았음을 알았다—그 사람은 너무 키가 커서 요한일 수 없었다. 물가에 있는 사람이 주라는 생각이 그들 가운데 아무에게도 떠오르지 않았다. 어째서 초기에 관계를 가졌던 장면 한가운데서, 또 자연과 접촉하는 탁 트인 곳에서, 두려움·배반·죽음과 비극적으로 연결된 예루살렘의 꽉 막힌 환경으로부터 멀리 떨어져서 예수가 그들을 만나고 싶어했는지 그들은 도무지 알 수 없었다. 그들이 갈릴리로 가면, 그가 거기서 그들을 만나리라고 일러 주었고, 그는 막 그 약속을 지키려 했다.

닻을 내리고, 물가로 가기 위해서 작은 배로 들어가려고 준비했을 때, 물가에 있던 사람은 소리쳐 불렀다, "아이들아, 너희는 무엇이라도 잡았느냐?" 그들이 "아니요"하고 대답했을 때, 그는 다시 말했다. "배의 바른 쪽에 그물을 던지라, 그리하면 너희가 물고기를 얻으리라." 지시한 사람이 예수인 줄 몰랐어도, 그들은 지시받은 대로 하나같이 그물을 던졌고, 즉시 그물이 가득 찼다. 너무나 가득해서 도저히 끌어당길 수 없었다. 자, 요한 세베대는 눈치가 빨랐고, 무겁게 실은 그물을 보았을 때, 말을 건넨 사람이 주인 줄 알아차렸다. 이 생각이 머리 속에 떠오르자, 몸을 기울여 베드로에게 속삭였다: "주이라." 베드로는 늘 생각 없이 행동하고 성급하게 헌신하는 사람이었다. 그래서 요한이 이렇게 귀에 대고 속삭이자, 그는 벌떡 일어나서 주의 옆으로 더 빨리 갈까 하여 물 속으로 첨벙 몸을 던졌다. 형제들이 그 뒤에 바짝 따라갔고, 작은 배를 타고 왔기 때문에, 그들 뒤에 물고기 그물을 끌고 갔다.

이 때가 되어 요한 마가는 일어났고, 무겁게 실은 그물을 가지고 사도들이 물가로 오는 것을 보고서, 맞이하려고 물가로 달려 내려갔다. 그리고 열 명이 아니라 열한 사람을 보았을 때, 그는 알아볼 수 없는 사람이 살아나신 예수라고 짐작했고, 놀란 열 사람이 말없이 곁에 서 있는 동안에, 소년은 주께 달려가서 발 앞에 무릎을 꿇고 말했다: "내 주여, 내 선생이여." 그리고 나서 예수는 "평화가 너희에게 있을지어다"하고 인사했을 때 예루살렘에서 한 것과 달리, 보통 목소리로 요한 마가를 향하여 말했다: "자, 요한아, 너를 다시, 걱정 없는 갈릴리에서 보니 반갑구나. 여기서 우리는 실컷 이야기할 수 있느니라. 요한아, 우리와 함께 머무르고 아침을 먹어라."

예수가 그 젊은이와 이야기하는 동안, 열 명은 너무나 충격을 받고 깜짝 놀라서, 물가로 물고기가 담긴 그물 당기기를 소홀히 했다. 이제 예수가 말했다: "너희가 잡은 물고기를 가져다가 얼마큼을 아침 식사를 준비하여라. 이미 우리는 모닥불과 많은 빵이 있느니라."

요한 마가가 주께 존경을 표하는 동안, 베드로는 한 순간 물가에, 거기서 숯불이 이글거리는 광경에 충격을 받았다. 그 장면은 주를 부인했던 안나스의 안뜰에서 자정에 숯불을 너무나 눈에 선하게 생각나게 했기 때문이었지만, 머리를 흔들고, 주의 발 앞에 무릎을 꿇고 외쳤다, "내 주여, 내 선생이여!"

그리고 나서 그들이 그물을 끌어당기는 동안에 베드로는 친구들과 합세했다. 그들이 물고기 잡은 것을 내려놓았을 때, 큰 것을 세었는데, 큰 물고기가 153마리가 되었다. 그리고 다시 이것을 또 하나의 기적으로 물고기를 잡았다고 하는 잘못이 일어났다. 이 에피소드에는 아무런 기적이 연결되지 않았다. 이것은 다만 주의 선견(先見)을 쓴 것에 지나지 않는다. 예수는 물고기가 거기 있음을 알았고, 따라서 사도들에게 어디에 그물을 던지라고 지시한 것이다.

예수는 그들에게 말했다: "이제 모두 아침 먹으러 오라. 내가 너희와 이야기하는 동안, 쌍둥이도 앉아야 하느니라. 요한 마가가 물고기를 다듬으리라." 요한 마가는 큼직한 물고기를 일곱 마리 가져왔고, 이것을 주가 불 위에 놓았는데, 물고기가 익자, 소년은 물고기를 열 사람에게 드렸다. 그리고 나서 예수는 빵을 떼고 요한에게 건네 주었고, 그는 다시 빵을 배고픈 사도들에게 주었다. 그들 모두가 먹을 것을 받고 나서, 예수는 요한 마가에게 앉으라 했고, 자신은 소년에게 물고기와 빵을 주었다. 그리고 그들이 먹는 동안에, 예수는 그들과 이야기를 나누고, 갈릴리에서, 바로 이 호숫가에서 겪은 여러 체험을 되새겼다.

이 때 한 집단으로서 사도들에게 예수는 세 번째로 나타났다. 예수가 처음에 그들을 향하여 무슨 물고기라도 잡았는가 물었을 때, 갈릴리 바다에서 어부들이 물가에 왔을 때, 이렇게 타리케아의 생선 장수들이 말을 거는 것이 이 어부들에게 흔한 체험이었기 때문에 그들은 그가 누군지 의심하지 않았고, 이 장사꾼들은 물고기 말리는 영업을 위하여 싱싱한 물고기를 사려고 보통 가까이 있었다.

예수는 한 시간이 넘게 열 사도와 요한 마가와 함께 이야기했고, 그리고 나서 물가를 왔다갔다 거닐며, 둘씩 이들과 이야기를 나누었다—그러나 그가 함께 가르치라고 처음에 보냈던 똑같은 쌍들이 아니었다. 전에 열한 사도가 모두 예루살렘에서 함께 왔지만, 갈릴리에 가까이 가면서 열심당원 시몬은 점점 더 낙심하였고, 그래서 그들이 벳세다에 이르자 형제들을 버리고 집으로 돌아가 버렸다.

이 날 아침에 떠나기 전에, 예수는 두 사도에게 자원하여 열심당원 시몬에게 가서, 바로 그 날 그를 데려오라고 지시했다. 베드로와 안드레가 그렇게 했다.

2. 사도들과 둘씩 이야기를 나눔

아침 식사를 마쳤을 때, 그리고 다른 사람들이 불 옆에서 앉아 있는 동안, 예수는 베드로에게, 또 요한에게, 와서 물가에서 함께 걷자고 손짓했다. 그들이 나란히 걷자, 예수는 요한에게 말했다. "요한아, 네가 나를 사랑하느냐?" 요한이 "예, 주여, 마음을 다하여"하고 대답하자, 주는 말했다: "그러면 요한아, 불관용을 버리고, 내가 너를 사랑한 것 같이 사람들을 사랑하기를 배우라. 사랑이 세상에서 가장 큰 것임을 증명하는 데 너의 일생을 바치라. 사람들로 하여금 구원을 찾도록 재촉하는 것은 하나님의 사랑이라. 사랑은 모든 영적 선(善)의 조상이요, 참되고 아름다운 것의 알맹이라."

다음에 예수는 베드로를 향하고 물었다, "베드로야, 네가 나를 사랑하느냐?" 베드로는 대답했다. "주여, 내가 혼을 다하여 당신을 사랑함을 아시나이다." 그러자 예수가 말했다. "베드로야, 네가 나를 사랑하면 내 양을 먹이라. 약한 자와 가난한 자와 어린 자 돌보기를 소홀히 말라. 두려움이나 편애가 없이 복음을 전하라. 하나님이 사람을 차별하지 않음을 늘 기억하라. 내가 너에게 봉사한 것 같이, 동료 사람들에게 봉사하며, 내가 너를 용서한 것 같이 동료 인간들을 용서하라. 경험을 통해서 명상의 가치와 총명한 반성(反省)의 힘을 네가 배우도록 하여라."

조금 더 걸은 뒤에, 주는 베드로에게 돌이켜 물었다. "베드로야, 너는 정말로 나를 사랑하느냐?" 그러자 시몬이 대답했다, "예, 주여, 내가 당신을 사랑함을 당신이 아시나이다." 다시 예수는 말했다: "그러면 내 양들을 잘 보살피어라. 양 떼에게 착하고 참된 목자(牧者)가 되어라. 너를 신뢰하는 저희를 저버리지 말라. 적의 손에 사로잡혀 놀라지 말라. 항상 경계하라—지키고 기도하라."

그들이 몇 걸음 더 갔을 때, 예수는 베드로를 향하여 세 번째로 물었다. "베드로야, 네가 참으로 나를 사랑하느냐?" 그러자 주가 그를 불신하는 듯한 데 조금 슬펴서, 베드로는 어지간히 감정을 내며 말했다: "주여, 당신은 모든 것을 아시고, 따라서 내가 정말로 참으로 당신을 사랑함을 아시나이다." 그러자 예수가 말했다: "내 양들을 먹이라. 양 떼를 버리지 말라. 모든 동료 목자에게 본보기와 영감이 되라. 내가 너를 사랑한 것 같이 양 떼를 사랑하고 내가 생명을 너희의 복지에 바친 것 같이 저희의 복지에 몸을 바치라. 그리고 끝까지라도 내 뒤를 따르라."

베드로는 이 마지막 말씀—그가 주의 뒤를 계속 따라야 한다는 것—을 글자 그대로 받아들였고, 예수를 향하여, 요한을 가리키며 말했다: "내가 당신의 뒤를 계속 따르면, 이 사람은 무엇을 하리이까?" 그러자 베드로가 말씀을 오해한 것을 깨닫고 예수는 말했다: "베드로야, 네 형제가 무엇을 할까 아랑곳하지 말라. 네가 떠난 뒤에, 아니 내가 다시 올 때까지 요한이 남기를 내가 뜻할지언정, 너에게 무슨 상관이냐? 오직 네가 꼭 나를 따르도록 하여라."

이 논평은 형제들 사이에 퍼졌고, 많은 사람이 생각하고 희망한 바와 같이, 권능과 영광 속에 하늘나라를 세우려고 주가 돌아오기까지 요한이 죽지 않으리라는 뜻으로 예수가 말씀하셨다고 사람들은 받아들였다. 예수의 말씀의 이러한 해석은 열심당원 시몬을 봉사로 돌아오게 하고 계속 일하게 만든 것과 많이 상관이 있다.

그들이 다른 사람들에게로 돌아가자, 예수는 안드레와 야고보와 함께 걷고 이야기하러 갔다. 조금 걷고 나서 예수는 안드레에게 말했다. "안드레야, 나를 신뢰하느냐?" 예수가 그렇게 묻는 것을 듣자, 사도들의 옛 우두머리는 가만히 서서 대답했다. "예, 주여, 분명히 당신을 신뢰하고, 내가 그런 줄 당신이 아시나이다." 그러자 예수는 말했다: "안드레야, 나를 신뢰하면, 너희 형제들을—베드로까지도—더욱 신뢰하라. 나는 한때 네 형제들의 지도를 너에게 맡겼노라. 내가 너를 떠나서 아버지께로 가는 것처럼, 이제 너는 다른 사람들을 신뢰해야 하느니라. 모진 박해 때문에 네 형제들이 비로소 널리 흩어질 때, 육체로 내 형제인 야고보가 경험으로 질 능력이 없는 무거운 짐을 저희가 지울 때, 야고보에게 생각 깊고 지혜로운 조언자가 되라. 그리고 나서 계속 신뢰할지니, 내가 너를 저버리지 않을 것임이라. 네가 땅에서 일을 마칠 때, 너는 내게로 올지니라."

다음에 예수는 야고보를 향하여 말했다: "야고보야, 너는 나를 신뢰하느냐?" 그리고 물론, 야고보는 대답했다: "예, 주여, 마음을 다하여 당신을 신뢰하나이다." 그러자 예수는 말했다: "야고보야, 나를 더욱 신뢰하면, 너는 형제들을 참지 못하는 일이 줄어들리라. 네가 나를 신뢰하겠다면, 신자들의 형제 단체에 친절히 하는 것이 너에게 도움이 되리라. 네 말과 행위로 생기는 결과의 무게를 재는 것을 배우라. 씨 뿌리는 데 따라서 거둠을 기억하라. 정신이 고요해지기를 기도하고 참을성을 기르라. 산 믿음과 함께, 이 기품은 희생의 잔을 마실 때가 올 때 너를 붙들리라. 그러나 결코 절망하지 말라. 네가 땅에서 일을 마칠 때, 너도 와서 나와 함께 지낼지니라."

다음에 예수는 토마스와 나다니엘과 함께 이야기를 나누었다. 토마스에게 말했다. "토마스야, 너는 나를 섬기느냐?" 토마스는 대답했다. "예, 주여, 나는 지금, 그리고 언제나 당신을 섬기나이다." 그러자 예수는 말했다: "나를 섬기고자 하면, 내가 너를 섬긴 것 같이, 육체를 입은 내 형제들을 섬기라. 그리고 이 선행(善行)에 지치지 말고, 이 사랑의 봉사를 위하여 하나님이 세운 자로서 견디라. 네가 땅에서 나와 함께 봉사를 마치고 나서, 영광 속에서 나와 함께 섬길지니라. 토마스야, 의심을 그만두어야 하고, 믿음과 진리의 지식이 자라야 하느니라. 어린아이처럼 하나님을 믿으라. 그러나 아주 어리게 행동하기를 그치라. 용기를 가지라. 굳센 믿음을 가지고 하나님의 나라에서 위대한 사람이 되라."

그리고 나서 주는 나다니엘에게 말했다. "나다니엘아, 너는 나를 섬기느냐?" 그 사도가 대답하였다. "예, 주여, 꾸준한 애정으로 그러하나이다." 그리고 나서 예수는 말했다: "그런즉 마음을 다하여 나를 섬긴다면, 지치지 않는 애정으로 땅에서 내 형제들의 복지에 꼭 헌신하도록 하여라. 너의 조언에 우정을 섞고, 철학에 사랑을 더하라. 내가 너를 섬긴 것 같이, 동료들을 섬기라. 내가 너를 보살핀 것 같이, 사람들에게 충실하라. 비평(**批評**)을 줄이라. 어떤 사람들에게는 적게 기대하고, 그로서 실망의 정도를 줄이라. 그리고 여기 아래에서 일이 끝났을 때 너는 높은 곳에서 나와 함께 섬길지니라."

이 뒤에 주는 마태와 빌립과 이야기했다. 빌립에게 그는 말했다: "빌립아, 너는 내게 복종하느냐?" 빌립은 대답했다, "예, 주여, 목숨을 가지고도 당신께 복종하리이다." 그러자 예수는 말했다: "네가 복종하고자 하면, 이방인들의 땅으로 가서 이 복음을 선포하라. 복종하는 것이 희생물을 바침보다 낫다고 선지자들이 너희에게 일렀느니라. 믿음으로 너희는 하나님을 아는 하늘나라 아들이 되었느니라. 오직 한 가지 복종할 율법이 있으니—하늘나라 복음을 선포하러 떠나라는 계명(**誡命**)이라. 사람들을 두려워하지 말라. 어둠 속에서 시들고 진리의 빛을 간절히 찾는 네 동료들에게 두려워 말고 영생의 좋은 소식을 전파하라. 빌립아, 이제는 더 돈과 물건에 바쁘지 말라. 이제 너는 형제들과 마찬가지로 좋은 소식을 전도하기에 자유로우니라. 그리고 나는 네 앞에 가고, 끝까지도 너와 함께 하리라."

다음에 주는 마태를 향해서 물었다: "마태야, 마음 속에 내게 복종할 생각이 있느냐?" 마태는 대답했다: "예, 주여, 나는 당신의 뜻을 행하기로 완전히 헌신하였나이다." 그러자 주는 말했다: "마태야, 내게 복종하고자 하면, 이 하늘나라 복음을 모든 민족(**民族**)에게 가르치기 위하여 떠나라. 이제는 더 네가 형제들에게 인생의 물질적인 것으로 시중들지 아니하리라. 이제부터 너는 또한 영적 구원을 얻는다는 좋은 소식을 선포해야 하느니라. 이제부터 계속, 오로지 아버지 나라의 이 복음을 전도하는 네 직책에 복종하는 데만 마음을 기울이라. 내가 아버지의 뜻을 땅에서 행한 것 같이, 마찬가지로 너는 신이 준 직책을 다할지니라. 유대인과 이방인이 네 형제임을 기억하라. 네가 하늘나라 복음의 유익한 진리를 선포할 때 아무도 두려워 말라. 그리고 내가 가는 곳으로, 네가 얼마 안 있어 올지니라."

그리고 나서 그는 알패오 쌍둥이, 야고보와 유다와 함께 걸으며 이야기했고, 둘에게 물었다: "야고보와 유다야, 너희는 나를 믿느냐?" 그리고 "예, 주여, 우리가 믿나이다"하고 둘이 대답하자, 그는 말했다: "나는 너희를 곧 떠나리라. 내가 이미 육체로 너희를 떠났음을 너희가 아느니라. 내가 아버지께로 가기 전에 이 모습으로 잠깐 동안만 머무르노라. 너희는 나를 믿고—너희는 내 사도요, 언제나 그러하리라. 내가 떠났을 때, 또 나와 함께 살려고 오기 전에 늘 하던 일로 너희가 아마 돌아간 뒤에, 나와 교제한 것을 계속 믿고 기억하라. 너희가 외관상으로 하는 일에 생기는 변화가 너희의 충성심에 영향을 미치지 않도록 하여라. 땅에서 너희 끝날까지 하나님을 믿으라. 너희가 하나님의 믿음의 아들일 때, 이 땅의 모든 올바른 일이 거룩함을 결코 잊지 말라. 하나님의 아들이 하는 어떤 일도 평범할 수 없느니라. 그런즉 이제부터 계속, 마치 하나님을 위하여 하듯 너희 일을 하라. 그리고 이 세상에서 너희가 일을 마쳤을 때, 마찬가지로 나를 위하여 일할 다른 더 좋은 세계들이 있느니라. 이 모든 일에, 이 세상에서, 그리고 다른 세상에서 나는 너희와 함께 일하겠고, 내 영이 너희 안에 거할지니라."

알패오 쌍둥이와 이야기를 나누고 돌아왔을 때는 거의 10시가 되었고, 예수는 사도들을 떠나면서 말했다: "내일 한낮에 너희를 세운 산에서 모두 만날 때까지,

잘 있거라!" 이렇게 말하고 나서, 그들의 눈앞에서 사라졌다.

3. 사도들을 세운 산에서

4월 22일 토요일 정오에, 열한 사도는 가버나움에서 가까운 산에서 약속대로 모였고, 예수는 그들 사이에 나타났다. 이 모임은 주가 그들을 사도로서, 땅에서 아버지 나라의 대사(大使)로서 그들을 구별했던 바로 그 산에서 있었다. 그리고 이것은 주가 열네 번째로 상물질 모습으로 나타난 것이다.

이 때 열한 사도는 주의 둘레에 동그라미를 지어 무릎을 꿇고서, 주가 책임지우는 말씀을 되풀이하심을 들었고, 그들이 하늘나라의 특별한 일을 위하여 처음에 구별되었을 때처럼, 주가 임명하는 장면을 다시 연출하는 것을 보았다. 그리고 주의 기도를 빼고, 이 모두가 그들에게는 아버지께 봉사하는 데 그들을 예전에 거룩히 헌신한 기억과 같았다. 주가—상물질 예수가—이제 기도했을 때, 그것은 사도들이 한 번도 전에 들어 본 적이 없는 당당한 목소리와 권능의 말씀이었다. 그들의 주는 자신의 우주에서, 손에 모든 권능과 권한을 넘겨받은 자로서 여러 우주의 통치자들과 함께 이제 말씀했다. 그리고 이 열한 사람은 예전에 대사가 되는 서약(誓約)에 상물질적으로 다시 헌신하는 이 체험을 결코 잊지 않았다. 주는 이 산에서 그의 대사들과 함께 꼭 한 시간을 보냈고, 그들에게 사랑 어린 작별을 알리고 나서, 눈앞에서 사라졌다.

그리고 꼭 한 주 동안 아무도 예수를 보지 못했다. 주가 아버지께로 가 버렸는지 알지 못했으니까, 사도들은 무슨 일을 할까 정말로 아무 생각이 들지 않았다. 불확실한 이 상태에서 그들은 벳세다에 머물렀다. 주가 찾아오고 그들이 주를 만나지 못할까 저어하여 그들은 고기 잡으러 가기를 두려워했다. 이 한 주 동안 내내, 예수는 땅에서 상물질 생물과 함께, 또 이 세상에서 겪고 있는 상물질 과도기의 일로 바빴다.

4. 호숫가에서 모임

예수가 나타났다는 말이 갈릴리에 두루 퍼지고 있었고, 주가 부활한 것에 관하여 묻고, 이 소문난 출현에 대하여 진실을 알아보려고 날마다 세베대의 집에 도착하는 신자(信者)들의 수가 늘어났다. 이번 주 초에 베드로는 다음 안식일, 오후 3시에 바닷가에서 대중의 모임이 열릴 것이라는 말을 퍼뜨렸다.

따라서, 4월 29일 토요일 3시에, 가버나움 근처에서 5백 명이 넘는 신자들이, 부활이 있은 뒤에 처음으로 베드로의 대중 설교를 들으려고 벳세다에 모였다. 그 사도는 최선을 다하였고, 호소력 있는 강연(講演)을 마친 뒤에, 그의 말씀을 들은 자들 가운데 거의 아무도 주가 죽은 자 가운데서 살아난 것을 의심하지 않았다.

베드로는 설교를 이렇게 마쳤다: "우리는 나사렛 예수가 죽지 않았음을 확인하노라. 그가 무덤에서 살아났음을 선언하노라. 우리는 그를 보았고 그와 이야기를 나누었음을 선포하노라." 이 믿음의 선언을 막 마치자, 그의 옆에, 이 모든 사람이 환히 보도록, 주는 상물질 모습으로 나타났고, 익숙한 억양으로 그들에게 말했다: "너희에게 평화가 있을지어다. 그리고 내 평화를 너희에게 두고 떠나노라." 이렇게 나타나고 그들에게 그렇게 말하고 나서, 그는 눈앞에서 사라졌다. 이것은 살아나신 예수가 열 다섯 번째로 상물질 모습으로 나타난 것이다.

그들이 임명받은 산에서 주와 함께 회의를 가지는 동안에 열한 사도에게 말한 어떤 것 때문에, 사도들은 주가 갈릴리 신자들의 무리 앞에서 얼마 있다가 주가 대중(大衆)이 보도록 나타나리라, 그리고 주가 그렇게 하신 뒤에, 그들은 예루살렘으로 돌아가야 한다는 인상을 받았다. 따라서 이튿날 4월 30일 일요일에 일찍, 열한 사람은 예루살렘을 향하여 벳세다를 떠났다. 그들은 요단 강으로 내려가는 길에 상당히 가르치고 전도했고, 그래서 5월 3일, 수요일 늦게까지 예루살렘에 있는 마가의 가족의 집에 도착하지 못했다.

이것은 요한 마가에게는 슬픈 귀가(歸家)였다. 그가 집에 도착하기 꼭 몇 시간 전에, 아버지, 엘리야 마가는 머리에 출혈이 생겨서 갑자기 돌아가셨다. 죽은 자의 부활이 확실하다는 생각이 슬퍼하는 사도들을 많이 위로했지만, 동시에 그들은 좋은 친구를 잃어서 참으로 슬퍼했고, 그는 큰 어려움과 실망이 닥쳤을 때에도 그들을 굳건하게 지지한 사람이었다. 요한 마가는 어머니를 위로하려고 할 수 있는 데까지 다했고, 어머니를 대신하여, 사도들이 그 집에서 자기 집처럼 계속 묵으라고 초청했다. 그리고 열한 사람은 이 위층 방을 오순절 날이 지나기까지 본부로 삼았다.

사도들은 계획하여 유대인 당국의 눈에 뜨이지 않도록 해가 떨어진 뒤에, 예루살렘으로 들어갔다. 그들은 엘리야 마가의 장례와 연결해서 대중 앞에 나타나지도 않았다. 이튿날 하루 종일 그들은 사건이 많았던 이 위층 방에서 조용히 은거하여 남아 있었다.

목요일 밤에 사도들은 이 위층 방에서 놀라운 모임을 가졌고, 토마스와 열심당원 시몬과 알패오 쌍둥이를 제외하고, 모두 주가 살아나셨다는 새 복음을 대중에게 전도하려고 떠날 것을 서약했다. 하늘나라 복음을—하나님의 아들인 것과 사람의 형제 정신을—예수가 부활했다는 선포(宣布)로 바꾸는 첫 걸음이 이미 시작되었다. 나다니엘은 대중에게 주는 메시지의 요점이 이렇게 바뀐 데 반대했지만, 그는 베드로의 열변을 견딜 수 없었고, 제자들, 특히 여신도(女信徒)들의 열심을 이길 수도 없었다.

그래서 베드로의 힘찬 지도 밑에서, 미처 주가 아버지께로 올라가기 전에, 좋은 뜻을 가진 그의 대표자들은 예수<u>의</u> 종교를 새롭고 수정된 형태로, 예수에 <u>관한</u> 종교로, 차츰차츰, 확실하게 갈아치우는 미묘한 과정을 시작하였다.

제 193 편

마지막 출현과 승천

예수가 열여섯 번째 상물질 모습으로 나타난 것은 5월 5일 금요일에 니고데모의 집 안뜰에서, 밤 9시쯤이었다. 이 날 저녁에 예루살렘 신자들은 부활이 있은 뒤에 한데 모이려고 처음으로 시도했다. 이 때 여기에 모인 사람들은 열한 사도, 여인단과 그 동료들, 그리고 주의 다른 주요 제자 약 50명이었는데, 이들은 그리스인 여러 명을 포함하였다. 이 일행의 신자들은 반시간이 넘도록 격식 차리지 않고 이야기를 주고받고 있었는데, 그 때 갑자기 상물질 모습의 예수가 환히 보이도록 나타나서, 즉시 그들을 가르치기 시작했다. 예수는 말했다:

“너희에게 평화가 있을지어다. 이것이 내가 육체로부터 구원된 이후로 내가 나타났던 가운데, 가장 대표적인 신자—사도와 제자들, 남자와 여자 모두—의 무리이라. 너희 가운데 나의 체류가 끝나야 한다고 미리 너희에게 일렀고, 내가 얼마 안 있어 아버지께로 돌아가야 한다고 너희에게 일렀음을 너희가 증언하기를 청하노라. 그리고 나서 어떻게 대사제와 유대인 통치자들이 나를 사형(死刑)에 처하도록 넘겨주었으며, 또 내가 무덤에서 살아나리라고 내가 너희에게 분명히 일렀노라. 그러면 이 일이 일어났을 때 어찌하여 이 모든 것에 너희가 그리 당황하게 되었느냐? 내가 사흘째에 무덤에서 살아났을 때 어찌하여 너희는 그리 놀랐느냐? 너희는 내 말의 뜻을 이해하지 못하고 들었으매, 나를 믿지 않았느니라.

“그리고 마음 속에서 뜻을 이해하지 못하면서 머리로 내 가르침을 듣는 잘못을 다시 저지르지 않도록, 이제 너희는 내 말에 귀를 기울여야 하느니라. 너희 가운데 하나로서 내가 머무르기 시작한 때부터, 나의 한 가지 목적은 하늘에 계신 내 아버지를 땅에 있는 자녀들에게 드러내는 것이라 너희에게 가르쳤노라. 너희가 하나님을 아는 생애를 체험하도록, 나는 하나님을 드러내는 수여 생애를 살았노라. 나는 하나님이 하늘에 계신 너희 아버지임을 드러냈고, 너희가 땅에서 하나님의 아들임을 드러냈노라. 하나님이 너희를, 아들들을 사랑하는 것은 사실이요, 내 말을 믿음으로 이 사실은 너희 가슴 속에서 영원하고 살아 있는 진리가 되느니라. 산 믿음으로 너희가 신성하게 하나님을 의식할 때, 그 때 너희는 빛과 생명의 자녀로서 영에게서 태어나나니, 그 영생을 가지고 너희는 온 우주를 올라가고 파라다이스에서 아버지 하나님을 찾는 체험에 얻을지니라.

“너희에게 훈계하노니, 사람들 사이에서 너희의 사명은 하늘나라 복음(福音)—하나님이 아버지라는 현실과 사람이 아들이라는 진리—를 선포하는 것임을 늘 기억하라. 유익한 복음의 일부만 아니라, 좋은 소식의 진리 전부를 선포하라. 너희의 메시지는 내 부활의 체험 때문에 바뀌지 않느니라. 믿음으로 하나님의 아들이 되는 것은 여전히 하늘나라 복음의 유익한 진리이라. 너희는 떠나가서 하나님의 사랑과 사람에게 봉사하기를 전파해야 하느니라. 세상이 가장 알아야 할 필요가 있는 것은, 사람은 하나님의 아들이요, 믿음을 통하여 저희가 사람을 고귀하게 만드는 이 진리를 실제로 깨닫고 나날이 체험할 수 있다는 것이라. 나의 수여는 모든 사람으로 하여금 저희가 하나님의 자식임을 알게 하는 데 도움이 될 터이나, 저희가 영원한 아버지의 살아 있는 영 아들이라는 유익한 진리를 믿음으로 몸소 붙잡지 못하면, 그러한 지식이 충분하지 않으니라. 하늘나라 복음은 아버지를 사랑하고 땅에서 그의 자녀들에게 봉사하는 데 관계되는 것이라.

"너희끼리 여기서, 내가 죽은 자들 가운데서 살아났다는 지식을 나누지만, 그것이 이상하지 않으니라. 나는 내 목숨을 버리고 목숨을 다시 시작할 힘이 있고, 아버지는 그러한 힘을 파라다이스 아들들에게 주시느니라. 내가 요셉의 무덤을 떠난 뒤에 곧, 한 시대의 죽은 자들이 영원한 승천에 들어갔다는 것을 앎으로써 너희는 오히려 마음 속에서 기운을 얻어야 하느니라. 너희를 사랑하고 섬김으로 내가 너희에게 하나님을 드러낸 것 같이, 너희가 어떻게 사랑의 봉사를 통해서 동료 인간들에게 하나님을 드러낼 수 있는가 보이려고 내가 육체를 입고 일생을 살았노라. 너희와 모든 다른 사람이, 너희가 다 정말로 하나님의 아들임을 알도록 나는 사람의 아들로서 너희 가운데서 살았노라. 그런즉 너희는 이제 온 세상으로 가서, 모든 사람에게 이 하늘나라 복음을 선포하라. 내가 너희를 사랑한 것 같이 모든 사람을 사랑하고, 내가 너희를 섬긴 것 같이 동료 필사자들을 섬기라. 너희가 거저 받았으니, 거저 주라. 내가 아버지께로 가는 동안, 그리고 내가 너희에게 진리의 영을 보낼 때까지, 여기 예루살렘에서 머무르기만 하라. 그는 더욱 큰 진리로 너희를 이끌겠고 나는 너희와 함께 온 세상으로 가리라. 나는 너희와 함께 늘 있고, 내 평화를 너희에게 두고 떠나노라."

말씀을 마치고 나서, 주는 그들의 눈앞에서 사라졌다. 이 신자들이 흩어지기 전에, 날이 거의 밝아 왔다. 밤새도록 그들은 함께 남아서, 주의 훈계를 열심히 토론하고, 그들에게 닥친 모든 일을 생각해 보았다. 야고보 세베대와 다른 사도들은 또한 갈릴리에서 상물질 모습의 주와 함께 겪은 체험에 대하여 그들에게 일러 주었고, 그가 어떻게 세 번 그들에게 나타났는가 이야기하였다.

1. 시카에서 나타나심

5월 13일 안식일 오후 4시쯤, 주는 시카에서 야곱의 우물 가까이, 날다와 사마리아 신자들 75명쯤에게 나타났다. 그 신자들은 생명(生命)의 물에 관하여 예수가 날다에게 말씀했던 곳 가까이, 이 장소에서 만나는 버릇이 있었다. 이 날 부활의 보고에 관하여 토론을 막 마치자, 예수는 갑자기 그들 앞에 나타나서 말씀했다:

"너희에게 평화가 있을지어다. 내가 부활이요 생명임을 알고 너희가 기뻐하여도, 이것은 너희가 영원한 영에게서 태어나고 그로서 믿음으로 영생의 선물을 소유하게 되지 못하면 너희에게 아무 소용이 없으리라. 너희가 내 아버지의 믿음의 아들이어든 너희는 결코 죽지 않고 썩지 아니할지니라. 하늘나라 복음(福音)은 모든 사람이 하나님의 아들이라고 너희에게 가르쳤고, 하늘 아버지가 땅에 있는 자녀들을 사랑하신다는 이 좋은 소식은 온 세상에 전해져야 하느니라. 게리짐이나 예루살렘이 아니라, 너희가 있는 곳에서, 너희 그대로, 정신적으로, 진리 속에서 하나님을 예배할 때가 왔느니라. 너희의 혼을 구하는 것은 너희의 믿음이요, 구원은 자기가 하나님의 아들임을 믿는 모든 사람에게 하나님이 주시는 선물이라. 그러나 속지 말지니, 구원은 하나님이 거저 주시는 선물이요, 이를 믿음으로 받아들이는 모든 사람에게 수여되지만, 육체를 입고 사는 것처럼 이 영(靈) 생명의 열매를 맺는 체험이 따르느니라. 하나님이 아버지라는 교리를 받아들이는 것은 너희가 또한 사람이 형제라는 관계된 진리를 자유롭게 받아들임을 뜻하느니라. 그리고 사람이 네 형제이어든 그는 네 이웃보다 더 크며, 아버지는 이웃을 네 몸처럼 사랑하라 요구하시니라. 네 형제는 네 가족에서 났으매 너는 가족 사랑으로 사랑할 뿐 아니라, 또한 네 몸을 보살피는 것 같이 보살피리라. 그리고 너희는 내 형제이매 이렇게 나의 사랑을 받고 보살핌을 받았은즉, 너희는 이처럼 너희 형제를 사랑하고 보살피리라. 그러면 온 세상으로 가서, 이 좋은 소식을 모든 종족과 부족과 나라의 모든 사람에게 이르라. 내 영이 너희 앞에 갈지니, 내가 언제나 함께 있으리라."

이 사마리아인들은 주가 이렇게 나타나신 데 크게 놀랐고, 이웃 촌락과 마을로 서둘러 가서, 거기서 그들이 예수를 보았고 그가 그들에게 말씀했다는 소식을 널리 퍼뜨렸다. 그리고 이 때 주는 상물질 모습으로 열 일곱 번째 나타나셨다.

2. 페니키아에서 나타나심

티레에서 5월 16일, 화요일, 저녁 9시 조금 전에 주는 열여덟 번째로 상물질 모습으로 나타났다. 다시 신자들 모임이 끝나고, 막 흩어지려 할 때, 나타나서 말씀했다:

"너희에게 평화가 있을지어다. 너희는 죽은 자 가운데서 사람의 아들이 살아난 것을 알고 기뻐하나니, 이로서 너희와 형제들이 또한 죽음을 거치고 살아날 줄을 너희가 아는 까닭이라. 그러나 그렇게 살아남는 것은 진리를 추구하고 하나님을 찾는 영에게서 너희가 이전에 태어난 데 달려 있느니라. 생명의 빵과 생명의 물은 오로지 진리를 간절히 찾고 의로움—하나님—을 목마르게 찾는 자들만 받느니라. 죽은 자가 살아난다는 사실은 하늘나라의 복음이 아니라. 이 큰 진리와 이 우주 사실이 모두 이 복음에 관계되나니, 그것들이 좋은 소식을 믿어서 생기는 결과의 일부요, 신앙으로 말미암아 행위로, 진실로, 영원한 하나님의 영원한 아들이 되는 자들이 나중에 겪는 체험 속에 담겨 있는 까닭이라. 내 아버지는 이 아들의 구원을 모든 사람에게 선포하라고 세상으로 나를 보내셨고, 나는 마찬가지로 아들이 되는 이 구원을 전파하라고 너희를 널리 보내노라. 구원은 하나님이 거저 주는 선물이거니와 영에게서 태어난 자들은 즉시 동료 생물에게 사랑으로 봉사를 베푸는 데서 영의 열매를 즉시 보이기 시작하리라. 그리고 영에게서 태어나고 하나님을 아는 사람들의 일생에서 열리는 신다운 영의 열매는, 사랑으로 베푸는 봉사, 사심 없는 헌신, 용감한 충성심, 성실하게 공정한 태도, 깨우친 정직함, 사라지지 않는 희망, 맡기는 신뢰, 자비로운 봉사, 어김없는 착함, 용서하는 인내심, 오래 가는 평화이라. 신자라고 공언(公言)하는 자들이 저희의 삶에서 이 신다운 영의 열매를 맺지 아니하면, 저희는 죽었고 진리의 영이 저희 안에 있지 아니하니라. 저희는 살아 있는 포도나무에 쓸모 없는 가지요, 저희는 곧 버림받으리라. 내 아버지는 믿음의 아이들에게 영의 열매를 많이 맺으라고 요구하시니라. 그런즉 너희가 열매를 맺지 아니하면, 너희 뿌리의 둘레를 파고, 열매 맺지 아니하는 가지를 쳐버리시리라. 너희가 하나님의 나라에서 하늘을 향하여 나아가는 동안, 영의 열매를 갈수록 더 맺어야 하느니라. 너희는 어린아이로서 하늘나라에 들어가도 좋지만, 아버지는 은총으로 말미암아 영적(靈的) 어른의 제 키대로 자라기를 요구하시니라. 그리고 이 복음의 좋은 소식을 모든 나라에 전하려고 너희가 바깥으로 갈 때, 나는 너희 앞에 가겠고, 내 진리의 영이 너희 마음 속에 거할지니라. 내 평화를 너희에게 두고 떠나노라."

그리고 나서 주는 그들의 눈앞에서 사라졌다. 이튿날 시돈, 그리고 안티옥과 다마스커스에도, 이 이야기를 가지고 간 자들이 티레로부터 떠나갔다. 예수가 육체를 입고 있을 때 이 신자들과 함께 있었고, 그들에게 가르치기 시작했을 때 그들은 재빨리 그를 알아보았다. 친구들은 그의 상물질 모습이 눈에 보이게 되었을 때 쉽게 알아볼 수 없었지만, 그들에게 말했을 때 결코 그의 인격을 알아보는 데 더디지 않았다.

3. 예루살렘에서 마지막으로 나타나심

5월 18일 목요일 아침 일찍, 예수는 상물질 성격자로서 땅에서 마지막으로 나타났다. 열한 사도가 마리아 마가의 집 위층 방에서 아침을 먹으려고 막 앉으려 할 때, 예수는 그들에게 나타나서 말했다:

“너희에게 평화가 있을지어다. 내가 아버지께로 올라갈 때까지, 아니 내가 진리의 영을 보낼 때까지, 나는 너희에게 여기 예루살렘에 머물라고 부탁하였노라. 진리의 영이 모든 육체에 곧 퍼부어지고, 그는 높은 곳으로부터 큰 권능을 너희에게 부어 주리라.” 열심당원 시몬은 예수를 가로막고 물었다: “그러면 주여, 당신은 하늘나라를 회복하시겠나이까, 하나님의 영광(榮光)이 땅에서 나타나는 것을 우리가 보리이까?” 시몬의 물음을 듣고 나서 예수는 대답했다: “시몬아, 너는 아직도 유대인 메시아와 물질적인 나라에 관한 옛 생각에 달라붙느니라. 그러나 영이 너희에게 내린 뒤에 너희는 영적 권능을 받을 것이요, 얼마 안 있어 온 세상으로 가서 이 하늘나라 복음을 전파하리라. 아버지가 나를 세상으로 보내신 것 같이, 나도 마찬가지로 너희를 보내노라. 그리고 너희가 서로 사랑하고 믿기를 바라노라. 유다는 사랑이 식었기 때문에, 그가 너희를, 충성(忠誠)하는 형제들을 믿으려 하지 않았기 때문에 이제는 더 함께 있지 않느니라. ‘사람이 혼자 있는 것이 좋지 않고, 아무도 자기만 위해서 살지 않느니라’ 이렇게 적힌 곳을 성서에서 너희는 읽지 아니하였느냐? 그리고 또한 쓰였으되: ‘친구를 가지고자 하는 자는 스스로 친절을 보여야 하느니라.’ 너희가 외롭게 되고 고립되는 재난과 불쌍한 처지에 빠지지 않도록 내가 너희를 가르치라고 둘씩 보내기까지 하지 않았더냐? 내가 육체를 입고 있을 때, 나 자신이 오랫동안 혼자 있도록 내가 버려 두지 않은 것을 너희가 또한 잘 아느니라. 우리가 사귀던 바로 그 시초부터, 내가 아버지와 교통할 때에도, 나는 언제나 너희 가운데 두셋을 항상 곁이나 아주 가까이에 두었노라. 그러므로 서로 신뢰하고 마음을 털어놓으라. 그리고 내가 너희를 세상에 외로이 두고 오늘 떠나려 하매, 이것이 더군다나 필요하니라. 때가 왔느니라. 나는 아버지께 가려 하노라.”

말씀을 마치고 나서, 그는 함께 오라고 손짓했고, 그들을 올리브 산으로 이끌고 나갔다. 거기서 유란시아를 떠나는 준비로서 그들에게 작별을 알렸다. 이것은 올리브 산까지 가는 엄숙한 여행이었다. 그들이 위층 방을 떠날 때부터 예수가 올리브 산에서 함께 멈추었을 때까지, 아무도 입을 열지 않았다.

4. 유다가 패망한 원인

주가 사도들에게 준 작별(作別) 메시지의 첫 부분에서, 유다를 잃은 것을 언급했고, 사회 및 친교에서 고립되는 위험에 대한 엄숙한 경고로서 배반한 동료 일꾼의 비극적 운명을 예로 들었다. 주의 논평에 비추어, 또 뒤이은 여러 세기에 쌓인 깨우침에 비추어, 유다가 패망한 원인을 간단히 다시 검토하는 것이 이 시대와 미래 시대에 신자들에게 도움이 될까 한다.

우리는 이 비극을 돌이켜보면서, 주로 유다가 아주 뚜렷하게 고립(孤立)된 성격, 보통의 사회적 접촉에서 마음 문을 닫고 멀리하는 성격이었기 때문에, 잘못에 빠졌다고 생각한다. 그는 동료 사도들에게 속을 털어놓거나 자유로이 사귀기를 끈질기게 거절하였다. 그러나 고립된 종류의 성격인 것은, 그 자체로서 저절로, 그가 또한 사랑이 커지고 영적 은혜 속에서 성장하지 못한 일이 아니었다면, 유다에게 그런 해를 끼치지 않았을 것이다. 그리고 나서 엎친 데 덮쳐서, 그는 끈덕지게 불평을 품었고, 모든 실망 때문에 복수심(復讐心), 누군가에게 "복수"하려고 일반적으로 몹시 바라는 마음과 같은, 정신적 적을 길렀다.

불행하게도 개인의 특성과 정신적 경향의 이러한 조합은 사랑·믿음·신뢰로 이 악을 굴복시키지 못한 사람, 선의를 가졌던 사람을 파멸하도록 겹쳤다. 유다가 잘못에 빠질 필요가 없었다는 것은 토마스와 나다니엘의 경우에 잘 증명되며, 이 두 사람은 바로 이 종류의 의심과 개별적 성향이 지나치게 발달되어 시달렸다. 안드레와 마태조차도 이러한 성향이 많이 있었다. 그러나 시간이 지남에 따라서, 이 사람들은 모두 예수와 동료 사도들을 덜 사랑하는 것이 아니라, 더욱 사랑하게 되었다. 그들은 은혜 속에서, 진리를 아는 가운데 자랐다. 형제들을 더욱 신뢰하게 되었고, 동료들에게 속을 털어놓는 능력을 천천히 개발했다. 유다는 끈덕지게 형제들에게 흉금을 털어놓으려 하지 않았다. 감정의 갈등이 쌓임으로 할 수 없이 자아 표현의 분출구를 찾았을 때, 변함없이 비영적(非靈的)인 친척들이나 어쩌다 알게 된 자들의 조언을 찾고 지혜롭지 못한 위로를 받았는데, 그들은 하늘나라의 영적 실체의 복지와 진보에 무관심하거나 실제로 적의를 가진 자들이었고, 그는 땅에서 거룩하게 헌신한 그 하늘나라의 열두 대사 가운데 하나였다.

다음의 성격 경향과 인격 약점(弱點)의 요인 때문에 유다는 땅에서 투쟁에 실패하였다:

1. 고립된 부류의 인간이었다. 상당히 개인주의적이었고, 자라서 "마음 문을 닫고" 사귈 수 없다고 확인된 종류의 사람이 되기를 선택했다.

2. 어릴 때, 인생이 너무나 쉽게 풀려 나갔다. 좌절(挫折)되는 것을 몹시 분개하였다.

3. 실망에 부닥치는 철학적 기법을 결코 얻지 못했다. 실망을 인간 존재에서 정상(正常)으로 흔히 일어나는 모습으로 받아들이는 대신에, 모든 개인적 어려움과 실망 때문에 특별히 어떤 사람이나 동료들을 한 집단으로서 탓하는 버릇을 어김없이 따랐다.

4. 불평 품기를 좋아했다. 언제나 복수(復讐)할 생각을 품고 있었다.

5. 솔직하게 사실에 부닥치기를 싫어했다. 삶의 상황에 대하여 취한 태도가 정직하지 않았다.

6. 가까운 동료들과 개인적인 문제를 의논하기 싫어했고, 진짜 친구들과 그를 참으로 사랑한 자들과 함께 자신의 문제를 이야기하려 하지 않았다. 그들과 관계를 가진 여러 해를 통틀어서, 결코 순전히 개인적인 문제로 주께 가지 않았다.

7. 고귀한 삶에 대한 진정한 보상은 결국 영적 상이라는 것을 결코 배우지 못했는데, 영적 상은 육체를 입은 이 짧은 일생 동안에 반드시 분배되지는 않는다.

끈덕지게 성격이 고립되는 결과로서, 비통이 증가하고 슬픔이 늘어났으며, 걱정이 커지고 절망은 거의 견딜 수 없게 깊어졌다.

자기 중심이고 극도로 개인주의인 이 사도가 많은 정신, 감정, 영적 문제가 있었지만, 다음이 주요한 문제였다: 성격이 고립되었다. 그의 지성은 의심하고 앙갚음하는 생각을 가지고 있었다. 기질은 무뚝뚝하고 원한을 품었다. 감정 면에서 사랑이 없고 용서가 없었다. 사회적으로 그는 마음을 털어놓지 않고 거의 온통 독립되었다. 정신적으로 거만하게 되었고 이기적인 포부를 가지게 되었다. 그는 살아서 그를 사랑한 자들을 무시(無視)하였고, 죽어서 친구가 없었다.

그러면 이러한 것이 지성 요소와 악의 영향이니, 한데 합쳐서, 어째서 선의를 가지고 다른 면에서는 한때 예수를 진지하게 믿었던 사람이, 사람을 변화시키는 예수의 인격과 가까운 관계를 가지고 몇 년을 지낸 뒤에도, 동료들을 버리고, 성스러운 운동을 거부하고, 그가 받은 거룩한 사명을 저버리고, 신다운 주를 저버렸는가 설명한다.

5. 주의 승천

5월 18일, 이 목요일 아침, 거의 7시 반이 되자, 예수는 말이 없고 얼마큼 어리둥절한 열한 사도와 함께 올리브 산 서쪽 비탈에 다다랐다. 이 위치에서, 산으로 올라가는 길 3분의 2쯤에, 그들은 예루살렘을 둘러보고 겟세마네를 내려다볼 수 있었다. 예수는 유란시아를 떠나기 전에, 이제 사도들에게 마지막으로 작별을 알리려고 준비했다. 그들 앞에 서자, 아무 지시도 없이 그들은 둘레에 동그라미를 지어 무릎을 꿇었고, 주는 말씀했다:

"높은 곳으로부터 너희가 권능을 부여받기까지 너희에게 예루살렘에서 머물라고 명하였고, 나는 이제 막 떠나려 하노라. 나는 내 아버지께로 올라가려 하고, 곧, 금방 우리는 내가 머물렀던 이 세상에 진리의 영을 보내리라. 그가 온 뒤에, 너희는 먼저 예루살렘에서, 다음에 세상의 가장 먼 구석까지, 하늘나라 복음의 새로운 선포(宣布)를 시작할지니라. 내가 너희를 사랑한 그 사랑을 가지고 사람들을 사랑하고, 내가 너희에게 봉사한 것 같이 동료 필사자들에게 봉사하라. 너희 삶에서 열리는 영의 열매로, 사람이 하나님의 아들이요, 모든 사람이 형제라는 진리를 사람들로 하여금 어쩔 수 없이 믿게 하여라. 너희에게 가르친 모든 것, 그리고 내가 너희 가운데서 산 삶을 기억하여라. 내 사랑이 너희를 덮고, 내 영이 너희와 함께 살리라, 내 평화가 너희에게 거하리라. 잘 있거라."

이렇게 말씀을 마치자, 상물질(上物質) 주는 눈앞에서 사라졌다. 이른바 예수의 이 승천은 유란시아에서 상물질 생애의 40일 동안에 사람이 보는 앞에서 사라진 다른 경우와 아무 차이가 없었다.

주는 예루셈을 거쳐 에덴시아로 갔고, 거기서 최고자들은 파라다이스 아들이 지켜보는 가운데 나사렛 예수를 상물질 상태에서 해방하고, 승천하는 영 경로를 거쳐서 파라다이스 아들 지위와 구원자별의 최고 통치권으로 돌려보냈다.

상물질 모습의 예수가, 완성된 네바돈 우주 통치권을 정식으로 확인받기 위하여 아버지의 바른 편으로 비로소 올라가려고, 열한 사도가 지켜보는 가운데서 사라진 것은 이 날 아침 7시 45분쯤이었다.

6. 베드로가 모임을 소집하다

베드로의 지시에 응하여, 요한 마가와 다른 사람들은 주요 제자들을 마리아 마가의 집으로 함께 부르려고 떠났다. 10시 30분이 되어서, 예루살렘에서 살고 있는,

예수의 으뜸가는 제자 120명이 주의 작별 메시지에 관한 보고와 승천(昇天) 소식을 들으려고 모였다. 이 무리 가운데는 예수의 어머니 마리아도 있었다. 사도들이 최근에 갈릴리에 머물렀다가 돌아올 때 그 여자는 요한 세베대와 함께 예루살렘으로 돌아왔다. 오순절이 지난 뒤에 곧, 벳세다에 있는 살로메의 집으로 돌아갔다. 예수의 아우 야고보도 또한 이 모임에 있었는데, 이것은 주의 혹성 생애가 끝난 뒤에 주의 제자들이 처음으로 소집한 회의(會議)였다.

시몬 베드로는 동료 사도들을 대변하는 일을 나서서 맡았고, 주와 열한 사도의 마지막 모임에 관하여 흥미 있게 보고하였고, 아주 감동적으로 주가 마지막으로 작별하고 승천하며 사라진 것을 묘사했다. 그와 같은 모임은 일찍이 이 세상에서 일어난 적이 없었다. 그 모임의 이 부분은 한 시간이 채 안 걸렸다. 그리고 나서 베드로는, 그들이 가룟 유다의 후계자를 고르기로 정했다, 이 자리에 제안된 두 사람, 맛디아와 유스도 사이에, 사도들이 결정하게 하려고 휴식이 있으리라고 설명했다.

그리고 나서 열한 사도는 아래층으로 내려갔고, 거기서 이 사람들 가운데 누가 유다 대신에 봉사할 사도가 될 것인가 결정하기 위하여 제비를 뽑기로 찬성했다. 제비는 맛디아에게 떨어졌고, 그가 새 사도라는 선언이 있었다. 그는 그 직책에 정식으로 취임했고, 다음에 회계(會計)로 임명되었다. 그러나 그 후 사도들의 활동에 맛디아는 거의 역할이 없었다.

오순절 뒤에 곧, 쌍둥이는 갈릴리에 있는 집으로 돌아갔다. 열심당원 시몬은 복음을 전도하러 떠나기 전에 얼마 동안 은둔했다. 토마스는 그보다 짧게 근심하다가 다시 가르치기 시작했다. 나다니엘은 예전의 하늘나라 복음을 선포하는 대신에 예수에 관하여 전도하는 것에 대하여, 베드로와 갈수록 더 의견을 달리 했다. 다음 달 중순이 되어 이 의견(意見) 차이는 너무나 날카롭게 되어서, 나다니엘은 물러났고, 아브너와 나사로를 찾아보려고 필라델피아로 갔다. 거기서 1년이 넘도록 머무른 뒤에, 메소포타미아 건너 땅으로 계속 가서, 그가 이해한 그대로 복음을 전도했다.

이것은 최초의 열두 명 가운데, 베드로·안드레·야고보·요한·빌립·마태, 이렇게 겨우 여섯 사도를 예루살렘에서 초기에 복음을 선포하는 무대에 배우(俳優)가 되도록 남겨 놓았다.

바로 정오 무렵에 사도들은 위층 방에 있는 형제들에게로 돌아갔고, 맛디아가 새 사도로 뽑혔다고 발표했다. 그리고 나서 베드로는 기도(祈禱)에, 주가 보내기로 약속하신 영의 선물을 받으려고 준비되도록, 기도에 들어가라고 모든 신자를 불렀다.

제 194 편

진리의 영을 수여함

1시쯤에 신자들 120명이 기도에 몰두하고 있는 동안, 모두가 이상한 존재가 방에 있음을 알아차리게 되었다. 동시에 이 제자들은 모두 새롭고 깊은 느낌, 곧 영적 기쁨, 안전, 자신감을 의식하게 되었다. 영적(靈的) 힘을 이렇게 새롭게 의식하는 데는, 나가서 하늘나라 복음과 예수가 죽은 자 가운데서 살아났다는 좋은 소식을 사람들 앞에서 퍼뜨리려는 강한 욕구가 뒤따랐다.

베드로가 일어나서, 주가 그들에게 약속했던 진리의 영(靈)이 오신 것이 틀림없다고 선언하고, 그들이 성전으로 가서 그들의 손에 맡겨진 좋은 소식의 선포를 시작하자고 제안했다. 그들은 베드로가 제안한 그대로 하였다.

이 사람들은 하나님이 아버지요 사람이 아들이라는 복음을 전파해야 한다고 훈련받고 가르침을 받았지만, 영적 환희와 개인적 승리를 느낀 바로 이 순간에, 이 사람들이 생각할 수 있는 가장 좋은 소식, 가장 큰 뉴스는 주가 부활했다는 사실이었다. 그래서 그들은 높은 곳에서 권능을 받고, 떠나가서 사람들에게 좋은 소식을—예수를 통한 구원까지도—전파했지만, 뜻하지 않게, 복음(福音) 메시지 그 자체를 복음과 연결된 얼마큼의 사실로 바꿔치우는 잘못에 빠졌다. 베드로는 생각지 않고 이 실수에 앞장섰고, 다른 사람들은 계속 바울에 이르기까지 그의 뒤를 따랐으며, 바울은 신판의 좋은 소식으로부터 새 종교를 만들어 냈다.

하늘나라의 복음은, 하나님이 아버지라는 사실, 그리고 이와 함께 그 결과로 사람들이 아들이요 형제라는 진리이다. 그 날부터 발달된 바와 같이 그리스도교는, 살아나고 영화롭게 된 그리스도와 함께 신자들이 친교하는 체험과 연결하여, 하나님이 주 예수 그리스도의 아버지라는 사실이다.

주를 죽이고 그의 가르침의 영향을 없애려고 애썼던 세력을 이겼다는 느낌을 표현하려고 영에 흠뻑 젖은 이 사람들이 이 기회를 낚아챈 것은 이상한 일이 아니다. 이와 같은 때에, 예수와 함께 개인적으로 가졌던 관계를 기억하고, 주가 아직도 살아 계시다, 그들의 우정(友情)은 끝나지 않았다, 주가 약속하신 대로 그 영이 정말로 그들에게 왔다는 확신을 가지고 기쁨에 떨기가 더 쉬웠다.

이 신자들은 갑자기 자신들이 다른 세상으로, 기쁨과 권능과 영광을 가진 새로운 존재로 옮겨 갔다고 느꼈다. 주는 그들에게 하늘나라가 권능(權能)을 가지고 오리라 일러 주었고, 더러는 그가 무슨 의미로 말씀했는가 비로소 깨닫는다고 생각했다.

이 모든 것을 고려했을 때, 어떻게 이 사람들이 하나님이 아버지요 사람이 형제라는 옛 메시지 대신에 예수에 관한 새 복음을 전파하게 되었는가 이해하기가 어렵지 않다.

1. 오순절 설교

사도들은 40일 동안 숨어 있었다. 이 날은 마침 유대인의 오순절(五旬節) 축제일이었고, 세계의 온 구석으로부터 온 수천의 방문자들이 예루살렘에 있었다. 많은 사람이 이 축제 때문에 도착했지만, 대다수는 유월절 뒤에 도시에서 머무르고 있었다. 두려움에 놀란 이 사도들이 이제 대담하게 성전에 나타나려고 몇 주 동안의 은둔 생활에서 솟아 나왔고, 거기서 메시아가 살아났다는 새로운 메시지를 전하기 시작했다. 그리고 모든 사도가 마찬가지로 얼마큼 새롭게 통찰력과 힘을 영적으로 받았다는 것을 의식했다.

2시쯤에, 베드로는 주가 이 성전(聖殿)에서 마지막으로 가르쳤던 바로 그 자리에서 일어서서 열렬하게 연설하였고, 그 결과로 2천 명이 넘게 사람들을 설득했다. 주는 가셨지만, 그들은 주에 관한 이 이야기가 사람들에게 큰 힘을 가졌음을 갑자기 발견했다. 그들이 전에 예수에게 헌신한 것이 옳았음을 입증하고, 동시에 사람들이 그를 믿을 수밖에 만든 이야기를 더욱 선포하도록 계속 유도된 것은 당연하다. 사도들 가운데 여섯 명, 베드로·안드레·야고보·요한·빌립·마태가 이 모임에 참석했다. 그들은 한 시간 반이 넘도록 이야기했고, 메시지를 그리스어·히브리어·아람어로 전했으며, 또한 말할 만큼 익숙한 다른 언어로도 몇 마디 하였다.

유대인 지도자들은 사도들의 대담성에 놀랐지만, 사도들의 이야기를 믿는 큰 무리 때문에 그들을 건드리기를 두려워했다.

4시 반이 되어서, 2천 명이 넘는 새 신자들이 사도들을 따라서 실로암의 못으로 내려갔고, 거기서 베드로·안드레·야고보·요한은 주의 이름으로 세례를 주었다. 어두웠을 때 이 군중에게 세례 주기를 마쳤다.

오순절은 세례 받는 큰 축제요, 대문에서 전향자(轉向者), 즉 야웨 섬기기를 소망하는 이방인들과 사귀는 때였다. 따라서 큰 무리의 유대인과 이방(異邦) 신자들이 이 날에 세례 받는 것이 더 수월했다. 이렇게 해서, 그들은 어떤 면에서도 유대 신앙으로부터 떨어져 나가지 않았다. 이 뒤에도 얼마 동안, 예수 믿는 자들은 유대교 안에 있는 한 종파였다. 사도들을 포함해서 그들 모두가 유대인 예식 체계의 기본 요건에 아직도 충성했다.

2. 오순절의 중요성

예수는 땅에서 살았고, 사람이 악마의 자식이라는 미신으로부터 사람을 되찾고 하나님의 아들, 믿음의 아들의 위엄으로 올려놓은 복음을 가르쳤다. 예수의 메시지는 당대에 그가 전도하고 실천한 바와 같이, 그것이 진술된 시절에 사람의 영적 문제에 효과적인 해결책이었다. 그리고 이제 몸으로 세상을 떠났으니까, 그는 자기 대신에 진리의 영을 보낸다. 이 영은 사람 속에서 살고, 새로운 각 세대를 위하여 예수의 메시지를 다시 진술(陳述)하도록 고안되어 있고, 그래서 땅 표면에서 나타날 새로운 집단의 필사자마다 최신판의 복음을 가지게 될 것이요, 바로 그러한 개인적 깨우침과 집단 지침은 사람의 늘 새롭고 다채로운 영적 문제에 효과적인 해결책이라는 것이 입증될 것이다.

말할 것도 없이, 이 영의 처음 사명(使命)은 진리를 육성하고 개인화하는 것이니, 이는 가장 높은 형태로 인간의 해방을 이룩하는 것은 진리의 이해이기 때문이다. 다음에 신자에게서 고아(孤兒)라는 느낌을 없애는 것이 이 영의 목적이다. 예수가 사람들 사이에 있었으니까, 진리의 영이 사람의 마음 속에서 거하려고 오지 않았다면, 모든 신자가 외로운 느낌을 맛볼 것이다.

아들의 영을 이렇게 수여한 것은 온 인류에게 나중에 아버지 영(조절자)이 보편적으로 수여되는 것을 위하여 모든 정상(正常) 인간의 지성을 효과적으로 준비시켰다. 어떤 의미에서, 이 진리의 영은 우주의 아버지와 아들 창조자, 이 두 분의 영이다.

퍼부어진 진리의 영을 강하게 지적(知的)으로 의식하게 되기를 기대하는 잘못을 저지르지 말라. 그 영은 결코 자신을 의식하게 만들지 않고, 오직 미가엘, 곧 아들을 의식하게 만든다. 처음부터 예수는 진리의 영이 스스로를 변호하지 않으리라 가르쳤다. 그러므로 네가 진리의 영과 친교한다는 증명은 이 영을 의식하는 것이 아니라, 오히려 미가엘과 향상된 친교(親交)를 네가 체험하는 데서 발견된다.

그 영은 또한 땅에서 사신 주의 삶을 비추고 다시 풀이할 뿐 아니라, 사람들로 하여금 주의 말씀을 회상하고 알아듣도록 도우려고 왔다.

다음에, 예수가 육체를 입고 실천한 바와 같이, 또 영으로 충만한 하나님의 아들들의 세대, 지나가는 각 세대의 개별 신자 속에서 지금 다시 새롭고 신선하게 실천하는 것처럼, 진리의 영은 신자가 예수의 가르침과 일생의 실체들을 증언하는 것을 도우려고 왔다.

그래서 진리의 영은 모든 신자를 전체 진리(眞理)로, 하나님의 영원한 승천 아들이라는 현실을 생생하게 점점 더 영적으로 의식하는 체험을 아는 확대된 지식으로 인도하려고 정말로 오는 듯이 보인다.

예수는, 누구라도 글자 그대로 따르려고 애쓸 본보기가 아니라, 아버지의 뜻에 복종한 사람을 드러내는 인생을 살았다. 육체로 산 이 일생은, 십자가에서 죽고 나중에 부활하신 것과 함께, 당장에 사람을 악마의 손아귀로부터—기분을 상한 하나님의 저주(詛呪)로부터—사람을 도로 사려고 이렇게 몸값을 치렀나는 새 복음이 되었다. 그런데도, 비록 그 복음이 크게 왜곡(歪曲)되었어도, 예수에 대한 이 새로운 메시지가 초기의 하늘나라 복음의 근본 진리와 가르침을 많이 지녔다는 것이 사실이다. 머지 않아, 하나님이 아버지이고 사람이 형제라는 이 감추어진 진리가 온 인류의 문명을 효과적으로 바꾸려고 솟아날 것이다.

그러나 지능의 이러한 잘못은 어떤 면에서도 정신적으로 신자(信者)의 성장에서 큰 진보를 방해하지 않았다. 진리의 영이 수여된 뒤 한 달이 채 안 되어, 주와 함께 개인적이고 사랑에 넘친 관계를 가졌던 거의 4년의 기간보다, 사도들은 개별적으로 영적으로 더 진보하였다. 하나님의 아들이라는 유익한 복음의 진리를 예수가 부활한 사실로 이렇게 갈아치운 것도, 그들의 가르침이 빠르게 전파되는 것을 조금도 방해하지 않았다. 도리어, 그의 인물과 부활에 관한 새로운 가르침 때문에 예수의 메시지가 빛을 잃은 것은 좋은 소식의 전파를 크게 용이하게 만든 듯하다.

"영의 세례"라는 용어(用語)는 이 무렵에 아주 널리 쓰이게 되었는데, 다만 진리의 영의 이 선물을 의식해서 받아들이고, 새로운 이 영적 능력이 하나님을 아는 사람들이 이전에 겪은 모든 영적 영향이 확대된 것임을 개인적으로 인정함을 의미한다.

진리의 영이 수여된 이후로 사람은, 아버지의 영, 즉 생각 조절자, 아들의 영,

즉 진리의 영, 영의 영, 즉 성령, 이렇게 세 가지 영 자질의 가르침과 안내에 지배된다.

어떤 면에서, 인류는 우주의 영(靈) 영향이 가진 일곱 가지 호소력의 2중 영향에 지배된다. 초기 진화 종족에서 필사자들은 지역 우주 어머니 영의 일곱 보조 지성 영이 점진적으로 접촉하는 영향 밑에 있었다. 지능과 영적 인식의 눈금에서 사람이 위로 올라감에 따라서, 궁극에는 일곱 가지 상급 영적 영향이 사람 위에 떠돌고, 사람 안에 거하게 된다. 그리고 진보하는 세계들의 이 일곱 영은 다음과 같다:

1. 우주의 아버지가 수여하신 영—생각 조절자.

2. 영원한 아들의 영적 계심—온 우주의 영 인력(引力), 모든 영 교통이 거치는 확실한 경로.

3. 무한한 영의 영적 계심—모든 창조의 보편적 영 지성, 모든 진보하는 지성 존재가 가진 지적(知的) 인척 관계의 영적 근원.

4. 우주의 아버지와 아들 창조자의 영—진리의 영, 대체로 우주 아들의 영으로 여긴다.

5. 무한한 영과 우주 어머니 영의 영—성령(聖靈), 대체로 우주 영의 영으로 간주된다.

6. 우주 어머니 영의 지성 영—지역 우주의 일곱 보조 지성 영(知性靈).

7. 아버지와 아들들과 영들의 영—영에게서 태어난 사람의 혼이 파라다이스 생각 조절자와 융합한 뒤에, 그리고 나중에 파라다이스 최후 군단의 신성하고 영화로운 지위에 이른 뒤에, 그 영역에서 승천하는 사람이 가지는 새로운 이름의 영.

그래서 진리의 영이 수여된 것은 세상에, 또 거기 있는 민족들에게, 하나님을 찾아서 승천하는 탐구를 도우려고 고안된 최종의 영 재산을 가져왔다.

3. 오순절에 무슨 일이 일어났는가

야릇하고 이상한 많은 가르침이 오순절 날에 대한 초기의 이야기와 관련을 가지게 되었다. 진리의 영, 즉 새 선생이 인류와 함께 거하려고 온 이 날에 일어난 사건들은 후세에, 마구 감정(感情)의 표현이 어리석게 돌발하는 것과 혼동되었다. 쏟아진 이 아버지와 아들 영의 주요한 사명은 아버지의 사랑과 아들의 자비로움에 관한 진리를 사람들에게 가르치는 것이다. 이것들은 신성한 모든 다른 성품의 특징보다 사람들이 더욱 잘 이해할 수 있는 신성(神性)의 진리이다. 진리의 영은 1차적으로 아버지의 영 성품과 아들의 도덕적 품위를 드러내는 데 관심을 가진다. 아들 창조자는 육체를 입고서 하나님을 사람들에게 드러냈다. 진리의 영은 마음 속에서 아들 창조자를 사람들에게 드러낸다. 일생에 "영의 열매"를 맺을 때, 사람은 다만 땅에서 산 자신의 일생에서 주가 나타낸 특성을 내보이는 것이다. 땅에 계실 때, 예수는 하나의 인격자로서—나사렛 예수로서—일생을 살았다. 사람에게 깃드는 "새 선생"의 영으로서, 오순절 뒤로, 주는 진리를 가르침 받은 모든 신자의 체험 속에서 일생을 새로이 살 수 있었다.

인간 생활의 과정에서 일어나는 많은 일이 이해하기 힘들고, 진리가 이기고 올바름이 승리하는 그러한 우주라는 관념과 조화시키기가 어렵다. 너무나 흔히 중상

(中傷), 거짓말, 부정직(不正直), 불의—죄—가 이기는 듯하다. 궁극에는 믿음이 악, 죄, 불법을 이기는가? 그렇다. 예수의 삶과 죽음은 영의 인도를 받는 피조물의 선함과 믿음의 진실성이 언제나 정당화되리라는 영원한 증명이다. "하나님이 와서 구원할 것인가 보자" 하면서 사람들은 십자가에 달린 예수를 조롱하였다. 십자가에 처형되는 그 날은 어둡게 보였지만, 부활의 아침에는 영화롭게 밝았다. 오순절 날에는 더욱 밝고 더욱 즐거웠다. 비관하는 절망(絶望)의 종교들은 인생의 짐에서 해방되기를 찾으며, 끝없는 잠과 휴식 속에서 절멸되기를 바란다. 이것들은 원시의 두려움과 공포에서 생긴 종교이다. 예수의 종교는 허덕이는 인류에게 선포해야 할 새로운, 믿음의 복음이다. 이 새 종교는 믿음, 희망, 사랑에 바탕을 둔다.

필사의 일생은 예수에게 가장 힘들고, 가장 모질고, 가장 쓰라린 주먹질을 했다. 이 사람은 믿음과 용기, 그리고 아버지의 뜻을 행하려는 흔들리지 않는 결심으로 이 절망스러운 직책에 부닥쳤다. 예수는 모든 끔찍한 현실 가운데서 삶에 부딪쳤고—죽음 속에서도—삶을 통달하였다. 생활의 도피(逃避)로서 종교를 쓰지 않았다. 예수의 종교는 또 다른 존재에서 기다리는 더없는 기쁨을 누리려고 이 생명을 도피하기를 추구하지 않는다. 예수의 종교는 사람들이 육체를 입고 지금 사는 인생을 높이고 고귀하게 하려고, 또 다른 영적 존재 상태의 기쁨과 평화를 마련해 준다.

종교가 사람들에게 아편이라면, 그것은 예수의 종교가 아니다. 그는 십자가에서 감각을 마비시키는 약을 마시기를 물리쳤고, 온 육체에 부어진 그의 영은 사람을 위로 이끌고 앞으로 재촉하는, 힘찬 세계적 영향이다. 앞으로 나아가려는 영적 욕구는 이 세상에 있는 가장 힘센 추진력이다. 진리를 배우는 신자는 땅에서 진취적이고 적극적인 혼이다.

오순절 날에 예수의 종교는 민족의 제한과 종족의 사슬을 모두 깨뜨렸다. 이것은 언제까지나 진리이다, "주의 영이 계신 곳에 해방이 있다." 이 날에 진리의 영은 주가 모든 필사자에게 친히 주신 선물이 되었다. 이 영은 하늘나라 복음을 더욱 효과 있게 전파하라고 신자들에게 자격을 주는 목적으로 수여되었지만, 그들은 퍼부어진 영을 받는 체험이, 그들의 무의식 중에 형성하는 새 복음의 일부라고 잘못 생각했다.

진리의 영이 모든 성실한 신자에게 수여되었다는 사실을 놓치지 말라. 이 영 선물은 사도들에게만 내린 것이 아니다. 위층 방에 모인 남녀 120명은 모두, 온 세상에 두루, 마음이 정직한 다른 모든 사람과 마찬가지로, 새 선생을 받았다. 이 새 선생은 인류에게 수여되었고, 진리를 사랑하는 마음과 영적 실체들을 깨닫고 이해하는 능력에 따라서, 모든 사람이 받았다. 마침내, 참 종교는 사제(司祭)들과 모든 신성한 계급이 관리하는 상태에서 구제되고, 사람들의 개별 혼 속에서 그 진정한 표현을 발견한다.

예수의 종교는 가장 높은 부류의 영적 성격을 만들어 내고 그 사람의 신성함을 선포한다는 점에서, 가장 높은 종류의 인간 문명을 육성한다.

오순절에 진리의 영이 오신 것은 과격하지도 보수적이지도 않은 종교를 가능하게 만들고, 그런 종교는 낡은 것도 새로운 것도 아니다. 늙은이나 젊은이에게 지배되어서도 안 된다. 예수가 땅에서 사셨다는 사실은 시간의 닻을 내리기 위하여 고정된 점을 마련해 주며, 한편 진리의 영은 그가 실천한 종교와 선포한 복음을 영구히 확장하고 끝없이 성장하게 만든다. 그 영은 모든 진리로 안내하며, 영은 끝없이 진보하고 신성하게 펼쳐지는 종교, 확대되고 늘 성장하는 종교의 선생이다. 이 새 선생은 진리를 찾는 신자에게 사람의 아들의 인격과 성품 안에 아주 신성하게 접혀 있던 것을 언제까지나 펼쳐 줄 것이다.

"새 선생"의 수여와 관련되어 나타난 현상, 그리고 예루살렘에서 함께 모였던 여러 종족과 민족의 사람들이 사도들의 전도를 받아들인 것은 예수의 종교가 보편성이 있음을 가리킨다. 하늘나라 복음은 아무런 특별한 민족이나 문화나 언어와 동일시(同一視)되어서는 안 된다. 이 오순절 날은 예수의 종교를 자체가 물려받은 유대인의 사슬에서 해방시키려고 영이 크게 노력했음을 입증했다. 모든 육체에 영이 쏟아지는 이 전시가 있은 뒤에도, 처음에 사도들은 개종한 사람들에게 유대교의 요구 조건을 부과하려고 애썼다. 바울조차도 이방인들을 이 유대 관습에 복종시키려 하지 않았기 때문에 예루살렘의 형제들과 다툼이 있었다. 어떤 계시(啓示) 종교도 어떤 민족 문화에 젖게 되거나, 아니면 확립된 종족, 사회, 또는 경제 관습과 연결되는 심각한 잘못을 저지를 때에는 온 세상에 퍼질 수 없다.

진리의 영의 수여는 어떤 형태와 예식과 신성한 장소에도, 그 명시(明示)를 충분히 받은 자들의 특별 행위에도 의존하지 않는다. 그 영이 위층 방에 모인 자들에게 닥쳤을 때, 그들은 말없이 기도에 막 들어갔으니까, 그저 거기에 앉아 있기만 했다. 그 영은 도시 뿐 아니라 시골에서도 수여되었다. 사도들이 그 영을 받기 위하여, 혼자서 명상하는 몇 년 동안, 외로운 곳으로 따로 가는 것이 필요 없었다. 언제까지나 오순절은 영적 체험의 관념을 특별히 유리한 환경에서 얻는다는 개념으로부터 독립시킨다.

오순절은, 그날 영적으로 부여된 것과 함께, 언제까지나 주의 종교를 물리적 세력에 전혀 의존하지 않게 해방하려고 고안되었다. 이 새 종교의 선생들은 이제 영적 무기를 갖추었다. 그들은 어김없는 용서, 견줄 데 없는 선의(善意), 풍부한 사랑을 가지고, 나가서 세상을 정복해야 한다. 그들은 선으로 악을 이기고, 사랑으로 미움을 정복하고, 진리 속에서 용감하고 팔팔한 믿음으로 두려움을 깨뜨리기 위하여 장비를 갖추었다. 예수는 그의 종교가 결코 소극적이 아니라고 추종자들에게 가르쳤다. 제자들은 봉사를 베푸는 데, 사랑을 드러내는 데, 언제나 활발하고 적극성이 있어야 했다. 이 신자들은 이제 더 야웨를 "만군의 주"로 바라보지 않았다. 이제 영원한 신을 "하나님이요 주 예수 그리스도의 아버지"로 여겼다. 하나님이 또한 모든 사람의 영적 아버지라는 진리를 충분히 깨닫는 데 어느 정도 실패했다 하더라도, 그들은 적어도 거기까지는 진보했다.

개인이 받은 상처를 용서하고, 가장 지독한 불법(不法) 한가운데서도 부드러움을 유지하며, 소름끼치는 위험을 아랑곳하지 않고 차분히 있으며, 두려움 없이 사랑과 인내의 행위로 미움과 진노의 악에 도전하는 힘을 오순절은 필사 인간에게 주었다. 유란시아는 그 역사(歷史) 속에서 크고 파괴하는 여러 전쟁의 상처를 겪었다. 이 끔찍한 투쟁에 참여한 모든 편이 패배했다. 승자(勝者)는 오직 하나 있었다. 향상된 명성을 가지고 이 모진 투쟁에서 벗어 나온 유일한 승자가 있었다—나사렛 예수요, 선으로 악을 이기는 그의 복음이었다. 더 좋은 문명을 세우는 비결은 인간이 형제라는 주의 가르침, 사랑하고 서로 신뢰하는 선의(善意) 속에 단단히 묶여 있다.

오순절까지, 종교는 하나님을 찾고 있는 사람을 드러냈을 뿐이다. 오순절 이후에 사람은 아직도 하나님을 찾고 있지만, 하나님이 사람을 또한 찾고, 하나님이 사람을 발견하고 나서 안에서 거하라고 그의 영을 보내는 광경이 온 세상에 비치고 있다.

오순절에서 절정에 이른 예수의 가르침이 있기 전에, 여자들은 오래 된 여러 종교의 교리에서 거의 또는 아무런 영적 지위가 없었다. 오순절 이후에, 하늘나라의 형제 단체에서 여자(女子)는 남자와 동등하게 하나님 앞에 선다. 이렇게 영의 특별한 방문을 받은 120명 가운데 많은 여제자가 있었고, 그들은 이 축복을 남자 신자들과 똑같이 나누어 가졌다. 종교적 봉사를 베푸는 일을 이제는 더 남자가 감히 독점할 수 없다. 바리새인은 "여자나 문둥병자나 이방인으로 태어나지 않은" 것을 하나님께 계속 감사드릴지 모르지만, 예수를 따르는 사람들 사이에서 여자는 성에 근거를 둔 온갖 종교적 차별에서 언제까지나 해방되었다. 오순절은 종족 구별, 문화의 차이, 사회 계급, 또는 성(性) 편견에 기초를 둔, 모든 종교적 차별을 없애 버렸다. 새 종교를 믿는 이 신자들이 "주의 영이 있는 곳에 해방이 있도다"하고 외치려 한 것이 당연하다.

예수의 어머니와 아우가 120명의 신자들 사이에 있었고, 이 보통 제자 집단의 한 사람으로서 또한 쏟아 부어진 영을 받았다. 동료들보다 좋은 선물을 더 많이 받지 않았다. 아무런 특별한 선물이 땅에서 예수의 집안 사람들에게 수여되지 않았다. 오순절은 특별한 사제(司祭) 계급과 신성한 가족들에 대한 온갖 관념의 종말을 표시했다.

오순절 이전에, 사도들은 예수를 위하여 많은 것을 버렸다. 집과 가족과 친구, 속세의 물건과 지위를 바쳤다. 그들은 오순절에 하나님께 헌신하였고, 아버지와 아들은 자신들을 사람에게 주심으로—사람 안에서 살라고 그들의 영을 보내서—반응했다. 자아(自我)를 잃고 영(靈)을 얻는 이 체험은 감정의 체험이 아니었다. 지적으로 자아를 항복하고, 아낌없이 거룩하게 바치는 행동이었다.

오순절은 복음을 믿는 사람들 사이에 영적으로 단결하라는 부름이었다. 그 영이 예루살렘에 있는 제자들에게 내려왔을 때, 똑같은 일이 필라델피아와 알렉산드리아에, 참 신자들이 사는 모든 다른 곳에서 일어났다. "신자들의 무리 가운데 오로지 한 마음과 혼이 있었다"는 것이 글자 그대로 참말이었다. 예수의 종교는 세상이 일찍이 본 가운데, 가장 강력한 통일하는 영향력이다.

오순절은 개인, 집단, 나라, 종족들의 자기 주장을 줄이려고 고안되었다. 긴장을 너무 고조(高調)되어 이따금 파괴하는 전쟁으로 터져 나오는 것은 이 자기 주장의 정신이다. 인류는 영적 접근으로만 통일될 수 있고, 진리의 영은 보편적인 세계 영향력이다.

진리의 영이 오신 것은 인간의 마음을 깨끗이 하고, 받는 자를 인도하여 오직 하나님의 뜻과 사람들의 복지에 심혈을 기울인 일생의 목적을 가지게 만든다. 이기심(利己心)이라는 물질적 정신은 자신을 생각지 않는 이 새 영적 수여에 휩싸여 사라졌다. 그 때에도 지금도, 오순절은 역사적인 예수가 생생하게 체험하는 신의 아들이 되었음을 가리킨다. 퍼부어진 이 영의 기쁨은 인간 생활에서 의식하며 겪었을 때, 건강에 좋은 강장제요, 지성에 자극이요, 혼에는 한없는 에너지이다.

기도가 오순절 날에 영이 내리게 만들지 않았지만, 개별 신자들의 특징을 나타내는 감수성 능력을 결정하는 데 많이 상관되었다. 기도는 아낌없이 수여하도록 신의 마음을 움직이지 않지만, 아주 흔히 더 크고 더 깊은 길을 파며, 그래서 그 길 안에서, 성실한 기도와 참된 예배를 통해서, 조물주와 끊임없는 교통을 유지하기를 기억하는 사람들의 가슴과 혼으로, 신이 수여하는 것들이 흘러갈까 싶다.

4. 그리스도 교회의 시작

예수가 아주 갑자기 적들에게 붙잡히고 그렇게 빨리 두 도둑 사이에서 십자가에 못박혔을 때, 사도와 제자들은 완전히 사기(士氣)가 꺾였다. 주가 체포되고 묶이고 채찍 맞고 십자가에 못박혔다는 생각은 사도들에게도 너무 지나쳤다. 그들은 그의 가르침과 경고를 잊어 버렸다. 그는 정말로 "하나님과 모든 사람 앞에서 행위와 말씀이 힘찬 선지자"였을지 모르지만, 그들이 희망했던 대로 이스라엘 왕국을 회복할 메시아는 도저히 될 수 없었다.

다음에 부활이 있고, 절망에서 다시 살아나고, 그들이 주의 신성을 믿는 신앙이 회복된다. 거듭해서 주를 만나고 주와 함께 이야기하며, 그는 그들을 올리브 산으로 데리고 나가서, 거기서 작별(作別)을 알리고 아버지께로 돌아간다고 일러 준다. 그들이 권능을 부여받을 때까지—진리의 영이 올 때까지—예루살렘에서 머물라고 이른다. 그리고 오순절 날에 이 새 선생이 오고, 그들은 당장에 새 힘을 얻어 복음을 전파하러 나간다. 패배한 죽은 지도자가 아니라, 살아 계신 주를 대담하고 용감하게 따르는 사람들이다. 주는 이 전도자들의 가슴 속에 살아 계신다. 하나님은 이들의 머리 속에 있는 교리가 아니다. 하나님은 그들의 혼 속에서 살아 있는 존재가 되었다.

"날마다 저희는 굳세게 한 생각으로 성전에서 계속하였고 집에서 빵을 나누었더라. 먹을 것을 기쁨으로, 한 마음으로 받았고, 하나님을 찬양하고 모든 사람에게 지지를 얻었더라. 모두 영으로 충만하였고, 하나님의 말씀을 담대하게 전했으며, 믿은 군중은 한 마음과 한 뜻을 가졌고, 저희 가운데 한 사람도 무슨 소유물이든지 제 것이라고 하지 않고 모든 것을 함께 썼더라."

하나님이 아버지이고 사람이 서로 형제라는 하늘나라 복음을 나가서 전도하라고 예수가 세운 이 사람들에게 무슨 일이 일어났는가? 그들은 새 복음을 가졌고, 새 체험으로 불이 붙었으며, 새로운 영적 에너지로 가득 찼다. 그들의 메시지는 살아나신 주를 선포하는 것으로 갑자기 바뀌었다: "나사렛 예수, 막강한 행적과 이적으로 하나님이 인정한 사람, 확정한 조언과 하나님의 선견으로 말미암아 태어난 주를 너희가 십자가에 못박고 죽였도다. 그는 모든 선지자의 입으로 하나님이 미리 알려 준 것들을 이처럼 이루셨느니라. 하나님이 이 예수를 살렸고, 하나님은 그를 주, 그리스도로 만들었느니라. 하나님의 바른 손으로 높임을 받고, 아버지로부터 영의 약속을 받았으므로, 그는 너희가 보고 듣는 이것을 퍼부었느니라. 너희의 죄가 지워지고, 아버지가 너희를 위하여 예비된 그리스도를 보내도록 뉘우치라. 모든 것이 회복되는 시절까지 하늘은 그 예수를 받아들여야 하느니라."

하늘나라 복음, 예수의 메시지는, 주 예수 그리스도의 복음으로 갑자기 변질되었다. 그들은 이제 예수가 살다가 죽고 부활한 사실을 선포했고, 그가 시작한 일을 마치려고 이 세상으로 빨리 돌아오리라는 희망을 전했다. 그래서 초기 신자들의 메시지는 그가 처음에 오신 사실에 관하여 전도(傳道)하고 다시 오신다는 희망을 가르치는 것과 상관되었고, 그들은 재림(再臨)이 아주 가까이 다가온 사건이라고 보았다.

그리스도는 급속히 형성되는 교회의 신조가 되려고 했다. 그는 살아 있고, 사람을 위해 죽었으며, 영을 주었고, 다시 오신다. 예수는 모든 생각을 채웠고, 하나님과 그밖에 모든 것에 대하여 모든 새로운 개념을 좌우했다. 그들은 "하나님은 모든 사람에게," 아니 한 사람 한 사람에게 "사랑하는 아버지이라"는 옛 메시지에 아랑곳하기에는 "하나님이 주 예수의 아버지"라는 새 교리에 너무 열중했다. 형제 사랑과 전례 없는 선의가 신자들의 이 초기 공동체에서 놀랍게 표현되었다는 것은 참말이다. 그러나 그것은 예수를 믿는 사람들의 친교였고, 하늘에 계신 아버지의 가족 국가에 속하는 형제들의 친교가 아니었다. 그들의 선의(善意)는 예수가 수여되었다는 개념에서 태어난 사랑으로부터 솟아났고, 필사 인간이 형제라는 인식으로부터 솟아나지 않았다. 그런데도 그들은 기쁨으로 충만하였고, 모든 사람이 예수에 관한 그들의 가르침에 이끌리는 그러한 새롭고 독특한 인생을 살았다. 하늘나라 복음 대신에, 그 복음에 관한 생생하고 해설적 논평을 사용하는 큰 잘못을 저질렀지만, 그것조차도 인류가 일찍이 알게 된 가장 위대한 종교였다.

새로운 친교가 세상에서 일어나고 있었던 것이 명백하다. "믿은 군중은 사도들의 가르침과 친교(親交)를 계속하고, 빵을 같이 먹고 기도하기를 꾸준히 계속하였더라." 그들은 서로 형제와 자매라고 불렀다. 서로 거룩한 입맞춤으로 인사했고, 가난한 자들을 보살폈다. 그것은 예배할 뿐 아니라 함께 생활하는 친교였다. 그들은 공동체였고, 법령 때문이 아니라, 재물을 동료 신자들과 함께 나누려는 소망 때문에 그랬다. 자기 세대 안에 아버지의 나라를 세우는 일을 마치려고 예수가 돌아오기를 자신 있게 기대했다. 땅에 있는 소유물을 자발적으로 이렇게 나누는 것은 예수의 가르침의 특징이 아니었다. 그의 일을 마치고 하늘나라를 완성하려고 그가 언제라도 돌아오리라고 이 남녀들이 아주 진지하고 자신 있게 믿었기 때문에, 그런 일이 일어났다. 그러나 생각이 모자라는 이 형제 사랑을 좋은 의도로 이렇게 실험한 마지막 결과는 비참했고 불행을 낳았다. 수천의 성실한 신자들이 재산을 팔고, 그들의 자본재(資本財)와 기타 생산적 자산을 처분해 버렸다. 시간이 지나자, 그리스도 교인들의 "함께 나누는" 재산은 줄어들어 종말에 이르렀다—그러나 세상의 종말은 오지 않았다. 얼마 안 되어, 안티옥의 신자들은 예루살렘의 동료 신자들이 굶어 죽지 않게 하려고 돈을 걷고 있었다.

이 시절에 그들은 주의 만찬(晩餐)을 그것이 확립된 방식에 따라서 축하했다. 다시 말해서, 사이 좋게 친교하는 회식(會食)을 위하여 모였고, 그 식사가 끝날 때 성찬을 들었다.

처음에 그들은 예수의 이름으로 세례를 주었고, 거의 20년이 지나서 "아버지와 아들과 성령의 이름으로" 비로소 세례를 주었다. 세례가 신자들의 친교에 가입하는데 유일한 조건이었다. 그들은 아직도 아무런 조직이 없었고, 단지 예수의 형제 단체였다.

이 예수 종파는 급속히 성장하고 있었고, 다시 한 번 사두개인들이 주목했다. 바리새인들은 그 가르침 가운데 아무 것도 전혀 유대 율법의 준수에 간섭하지 않는 것을 알고서, 그 상황을 꺼리지 않았다. 그러나 사두개인들은 예수 종파의 지도자들을 감옥에 넣기 시작했고, 이것은 주요한 랍비의 한 사람, 가말리엘의 조언을 받아들이려고 시인할 때까지 계속되었다. 가말리엘은 이들에게 조언하였다, "이 사람들을 멀리하고 버려 두라. 이 회의나 이 일이 사람에게서 생겨났다면 뒤집히려니와 하나님에게서 생겨났다면, 너희가 뒤집어엎을 수 없을 것임이라. 아마도 심지어 너희가 하나님을 대적하여 싸우는 것을 발견할까 두려우니라." 그들은 가말리엘의 조언을 따르기로 결정했고, 예루살렘에서 평화롭고 조용한 시간이 뒤따랐으며, 이 동안에 예수에 관한 새 종교는 빨리 퍼졌다.

그래서 알렉산드리아에서 그리스인들이 큰 무리를 지어 올 때까지, 예루살렘에서 만사가 순조로웠다. 로단의 생도 두 명이 예루살렘에 도착했고, 헬라파 사이에서 사람을 많이 개종(改宗)시켰다. 그들이 초기에 개종한 사람들 가운데 스테반과 바나바가 있었다. 이 유능한 그리스인들은 별로 유대인의 관점을 가지지 않았고, 유대인 형태의 예배와 다른 예식의 풍습을 잘 따르지 않았다. 이 그리스인 신자들의 행위 때문에, 예수 단체와 바리새인·사두개인들 사이에 평화로운 관계가 종결되었다. 스테반과 그리스인 동료들은 예수의 가르침에 더 가깝게 가르치기 시작했고, 이것은 그들로 하여금 유대인 통치자들과 직접 충돌하게 만들었다. 스테반의 대중 설교 가운데 하나에서, 강연(講演)에서 못마땅한 부분에 이르렀을 때, 그들은 모든 재판 형식을 걷어치우고, 나서서 그 자리에서 그를 돌로 쳐죽였다.

스테반은 예루살렘에서 예수를 믿는 자들 가운데 그리스 거류민의 지도자였고, 이렇게 새 신앙의 첫 순교자요, 초기 그리스도 교회를 정식으로 조직하는 특정한 원인이 되었다. 이 새로운 위기로 말미암아 신자들은 이제는 더 유대 신앙의 한 종파로서 계속할 수 없다는 인식(認識)을 가지게 되었다. 그들은 불신자들과 따로 독립해야 한다고 모두 찬성했다. 스테반이 죽은 지 한 달 안에, 예루살렘 교회는 베드로의 지도 밑에서 조직되었고, 예수의 아우 야고보가 그 교회에서 이름으로는 우두머리로 임명되었다.

그리고 나서 유대인들의 새롭고 무자비한 박해가 터졌으며, 예수에 관한 이 새 종교를 안티옥에서 나중에 그리스도교라고 불렀는데, 그래서 이 종교의 활발한 선생들은 예수를 선포하면서 제국의 끝까지 떠나갔다. 이 메시지를 가지고 가면서, 바울의 시절 이전에, 주도권(主導權)은 그리스인들의 손에 있었다. 이 첫 선교사들은 후일의 선교사들과 마찬가지로, 옛날에 알렉산더가 행진한 길을 따라서, 가자와 티레를 거쳐, 안티옥, 다음에 소 아시아를 지나서 마케도니아까지, 그런 뒤에 계속 로마와 제국의 가장 먼 구석까지 갔다.

제 195 편

오순절 뒤에

오순절에 베드로가 설교한 결과는, 하늘나라 복음을 선포하는 노력에서 사도들 대다수의 미래 정책(政策)을 결정하고 계획을 정하게 하는 것과 같았다. 베드로는 그리스도 교회의 진정한 창시자였다. 바울은 그리스도교의 메시지를 이방인들에게 가져갔고, 그리스인 신자들은 온 로마 제국으로 가져갔다.

전통에 묶여 있고 사제들에게 억눌려 있는 히브리인들은 한 민족으로서, 하나님은 아버지요 사람은 형제라는 예수의 복음이나, 또는 베드로와 바울이 그리스도의 부활과 승천을 선포한 것을 (나중에 그리스도교) 믿지 않았어도, 로마 제국의 나머지는 생성되는 그리스도교의 가르침을 좋게 받아들인다는 것이 판명되었다. 서양 문명은 이 시절에 지적(知的)인 것이었고, 전쟁에 지치고, 모든 기존 종교와 우주 철학에 대하여 철저하게 회의를 품었다. 그리스 문화의 수혜자인 서양 세계의 민족들은 위대한 과거의 전통을 우러러보았다. 그들은 철학·예술·문학에서, 정치의 발전에서, 큰 업적의 유산을 생각해 볼 수 있었다. 그러나 이 모든 업적과 함께, 혼을 흐뭇하게 채워 주는 종교가 하나도 없었다. 그들의 영적 소망은 채워지지 않은 채로 남아 있었다.

인간 사회의 그러한 무대에, 그리스도교의 메시지에 담겨 있는 예수의 가르침이 갑자기 밀어닥쳤다. 이처럼 새 체제의 생활이 이 서양 민족들의 간절한 마음에 제시되었다. 이 상황은 더 오래 된 종교 관습과 세상에 주는 예수의 가르침의 그리스도교 판(版), 이 둘 사이에 즉시 갈등이 생김을 의미했다. 그러한 갈등은 새 것이나 옛 것이 결정적으로 승리하든지, 아니면 어느 정도의 타협을 틀림없이 가져온다. 역사는 그 투쟁이 타협으로 끝났다는 것을 보여 준다. 그리스도교는 너무 많은 것을 주제넘게 담으려 했기 때문에 어느 민족이라도 한두 세대에 동화(同化)할 수 없었다. 그리스도교는 예수가 사람들의 혼에게 제시한 바와 같은, 단순한 영적 호소가 아니었다. 종교 예식, 교육, 마술, 의술, 예술, 문학, 법률, 정부, 도덕, 성(性) 규제, 일부 다처제, 그리고 어느 정도로 노예 제도에 대해서도, 일찍부터 분명한 태도를 가졌다. 그리스도교는 새 종교가—온 로마 제국과 동양 전체가 기다리고 있던 어떤 것이—아니라, 새 체제의 인간 사회로서 나타났다. 그러한 허세로서, 그리스도교는 오랜 세월에 걸친 사회적·도덕적 충돌을 급히 재촉하였다. 예수의 이상은, 그리스 철학이 다시 풀이하고 그리스도교 안에서 사회화된 바와 같이, 이제 서양 문명의 윤리·도덕·종교에 구현된 인류의 전통에 대담하게 도전하였다.

처음에, 그리스도교는 오직 낮은 사회 및 경제 계층만 개종시켰다. 그러나 2세기 초가 되어서, 그리스·로마 문화의 최선(最善) 부분은 이 새 체제의 그리스도교 신앙, 사는 목적과 존재 목표에 대한 이 새로운 개념을 향하여 갈수록 더 고개를 돌리고 있었다.

어떻게 유대인의 기원을 가진 이 새로운 메시지가, 태어난 땅에서 거의 실패했는데, 그렇게 빨리, 효과적으로 로마 제국의 일류(一流) 지성을 붙잡았는가? 그리스도교가 철학적 종교와 신비 종파들에게 승리한 것은 다음 이유 때문이었다:

1. 조직. 바울은 위대한 조직자였고 후계자들은 그가 시작한 속도를 유지했다.

2. 그리스도교는 철저히 그리스화되었다. 히브리 신학의 정수(精髓) 뿐 아니라 그리스 철학의 최선을 담았다.

3. 그러나 무엇보다도, 그리스도교는 새롭고 위대한 이상을 담았고, 이것은 예수의 생명 수여에서 생긴 메아리요, 온 인류에게 구원을 주는 메시지가 반영된 것이었다.

4. 그리스도교의 지도자들은 미트라교와 기꺼이 타협해서, 미트라교 추종자들 가운데 상급의 절반이 안티옥 종파에 설득되었다.

5. 마찬가지로, 다음 및 후세의 그리스도교 지도자들은 이교도(異教徒)와 그렇게 더 타협했고, 그래서 로마 황제 콘스탄틴까지도 새 종교에 설득되었다.

그러나 그리스도 교인들은 이교도 예식의 허례를 받아들이고, 한편 이교도가 바울 그리스도교의 그리스판을 받아들이도록 강제했다는 점에서, 이교도와 수지 맞는 거래를 했다. 미트라 종파와 거래한 것보다 이교도들과 더 이익이 남는 협상을 하였다. 그러나 초기의 타협에서, 그리스도 교인들은 페르시아 신비교의 상스러운 부도덕과 또한 비난할 수많은 다른 풍습을 제거하는 데 성공했다는 점에서, 정복자가 되고도 남았다.

지혜로웠든 그렇지 않았든, 그리스도교의 이 초기 지도자들은 예수의 많은 아이디어를 구하고 촉진하려는 노력으로 계획적으로 예수의 이상을 타협했고, 뛰어나게 성공했다. 그러나 오해하지 말라! 이렇게 타협된 주(主)의 이상은 아직도 복음 속에 잠자고 있으며, 궁극에는 세상에 온전한 권능을 주장할 것이다.

이렇게 이교화(異教化)됨으로써 옛 체제는 예식의 성질을 띤 많은 하찮은 승리를 거두었지만, 그리스도교는 다음 이유로 주도권을 얻었다:

1. 인간의 도덕에서 새롭고 엄청나게 높은 음(音)을 부르짖었다.

2. 새롭고 크게 확대된 하나님 개념을 세상에 주었다.

3. 불멸의 희망은 세상에 인정받는 종교가 주는 보장의 일부가 되었다.

4. 나사렛 예수를 사람의 갈급한 혼에게 주었다.

예수가 가르친 큰 진리 가운데 많은 것은 이 초기의 타협(妥協)에서 거의 분실되었지만, 이교화된 그리스도교의 이 종교 안에 아직도 잠자고 있으며, 그리스도교는 한편 사람의 아들의 일생과 가르침의 바울 판이었다. 그리고 미처 이교도처럼 변하기 전에도 그리스도교는 먼저 철저히 그리스화되었다. 그리스도교는 그리스인들에게 많이, 듬뿍 빚을 졌다. 에집트에서 온 그리스인이 니케아에서 아주 용감하게 일어서서, 아주 두려움 없이 이 집회에 도전했고, 그래서 그 집회는 예수의 수여에 관한 진정한 진리가 세상에 사라질 위험에 빠지도록 예수의 성품에 관한 개념을 감히 흐릿하게 만들지 못했다. 이 그리스인의 이름은 아다나시우스였고, 이 신자의 웅변과 논리가 아니었더라면, 아리우스의 설득이 승리했을 것이다.

1. 그리스인의 영향

그리스도교의 그리스화는 사도 바울이 아데네에서 아레오파구스의 의회(議會) 앞에 서서, 아데네 사람들에게 "알지 못하는 신"에 관하여 이야기한 그 중대한 날에 진지하게 시작되었다. 거기서 아크로폴리스의 그늘 아래서, 이 로마 시민은 유대 땅 갈릴리에서 기원을 가졌던 새 종교에 대하여 견해를 선포했다. 그리스 철학과 예수의 가르침 사이에는 이상하게 비슷한 무엇이 있었다. 그들은 공통된 목표가 있었다—이 두 가지가 개인의 뚜렷한 등장을 겨냥했다. 그리스인들은 사회·정치적 등장, 예수는 도덕 및 영적 등장이 목표였다. 그리스인은 정치적 자유로 이끄는 지적 자유주의를 가르쳤고, 예수는 종교적 해방으로 인도하는 영적 자유주의를 가르쳤다. 이 두 아이디어가 한데 모여 인간의 자유를 위한, 새롭고 강력한 헌장이 되었고, 사람의 사회·정치 및 영적 해방의 전조(前兆)가 되었다.

그리스도교는 주로 두 가지 때문에 존재하게 되고, 경쟁하는 모든 다른 종교를 이기게 되었다:

1. 그리스의 지성은 유대인들한테서도 새롭고 좋은 아이디어를 기꺼이 빌렸다.

2. 바울과 그 후계자들은 기꺼이, 하지만 날카롭고 현명하게, 타협하는 사람이었다. 신학(神學)을 파는 기민한 상인이었다.

아데네에서 바울이 일어나서 "그리스도요 십자가에 못박힌 분"을 전했을 때, 그리스인들은 영적으로 갈급했다. 궁금하여 묻고, 관심을 가졌고, 영적 진리를 실제로 찾고 있었다. 처음에는 로마인들이 그리스도교를 적대하여 싸웠고, 한편 그리스인들은 받아들였다는 것, 그리고 그리스 문화의 일부로서 그 때 수정된 이 새 종교를 받아들이도록 나중에 로마인들을 글자 그대로 강요한 것은 그리스인이었다는 것을 결코 잊지 말라.

그리스인은 아름다움, 유대인은 거룩함을 존경했지만, 두 민족이 진리를 사랑하였다. 여러 세기 동안 그리스인은 종교를 제외하고, 모든 인간 문제—사회·경제·정치·철학 문제—에 대하여 심각하게 생각하고 열심히 토론했다. 거의 아무 그리스인도 종교에 그다지 주의를 기울이지 않았고, 자기네 종교조차도 그렇게 심각하게 여기지 않았다. 여러 세기 동안 유대인들은 이 다른 분야의 사상을 소홀히 했고, 한편 머리를 종교에 쏟았다. 자기네 종교를 아주 심각하게, 너무 심각하게 여겼다. 예수의 메시지의 내용이 보여 주다시피, 여러 세기 동안 이 두 민족의 사상(思想)이 뭉쳐서 생긴 산물은 이제 새 체제의 인간 사회에, 어느 정도는 새 체제의 인간의 종교 관념과 관습에 추진력이 되었다.

알렉산더가 근동(近東) 세계에 고대 그리스 문명을 퍼뜨렸을 때, 그리스 문화의 영향은 이미 서부 지중해의 땅에 침투하였다. 그리스인들은 작은 도시 국가에서 사는 한, 종교와 정치를 잘 처리했지만, 마케도니아 왕이 아드리아 바다로부터 뻗어서 인더스 강까지 그리스를 감히 하나의 제국으로 키웠을 때, 문제가 시작되었다. 그리스의 예술과 철학은 제국을 확장하는 과제와 제대로 어깨를 겨루었지만, 정치 행정이나 종교는 그렇지 않았다. 그리스의 도시 국가들이 제국으로 커진 뒤에, 오히려 촌티 나는 신들은 조금 이상하게 보였다. 더 오래 된 유대 종교의 그리스도교화된 신판이 왔을 때, 그리스인들은 정말로 유일한 하나님, 더 위대하고 더 훌륭한 하나님을 찾고 있었다.

그리스 제국은 그런 상태로 오래 갈 수 없었다. 문화적 지배는 계속되었지만, 서방으로부터 제국의 행정을 위하여 로마의 정치적 수완을 얻은 뒤에, 그리고 동방으로부터 한 종교를 얻은 뒤에야 오래 견디었고, 그 종교의 유일한 하나님은 제국의 품위를 갖추었다.

그리스도 이후 1세기에, 고대(古代) 그리스 문화는 이미 절정에 이르렀고, 쇠퇴가 시작되었다. 학문이 진보되고 있었지만, 천재(天才)가 줄어들고 있었다. 바로 이 때, 예수의 아이디어와 이상이, 그리스도교에 어느 정도 구현되어, 그리스 문화와 학문을 구출하는 데 일익을 담당했다.

알렉산더는 그리스 문명의 문화적 선물을 가지고 동방으로 진격했다. 바울은 예수 복음의 그리스도교 판을 가지고 서방을 공략했다. 그리고 서방 전역에 걸쳐 그리스 문화가 우세한 곳에, 그리스화된 그리스도교가 뿌리를 내렸다.

예수의 메시지의 동방판은, 그의 가르침에 더 충실하게 남기는 했어도, 타협하지 않는 아브너의 태도를 계속 따랐다. 결코 그리스화된 판처럼 진보하지 못했고, 궁극에는 이슬람 운동 속에 파묻혀 사라져 버렸다.

2. 로마의 영향

로마인들은 그리스 문화를 통째로 이어받았고, 제비 뽑는 정부 대신에 대의 정치(代議政治)를 썼다. 그리고 로마가 이상한 언어와 민족에 대하여, 또 종교에 대해서도 새로운 관대한 태도를 온 서양 세계로 가져왔다는 점에서, 이 변화는 당장에 그리스도교를 유리하게 만들었다.

로마에서 초기에 그리스도교에 대한 박해 가운데 많은 것은 오로지 전도할 때 불행하게도 "나라"라는 용어를 썼기 때문이다. 로마인들은 어떤 종교에도 관대했지만, 정치적으로 경쟁하는 티가 나는 것은 무엇이나 대단히 분개했다. 그래서 대체로 오해 때문에 생긴 이 초기의 박해가 사라졌을 때, 종교 선전을 위하여 무대가 활짝 열렸다. 로마인은 정치 행정에 관심을 가졌고, 예술이나 종교에는 거의 아랑곳하지 않았어도 이 두 가지에 특별히 관대하였다.

동방(東方)의 율법은 엄격하고 원칙이 없었다. 그리스의 율법은 유연하고 예술적이었다. 로마의 법은 기품이 있고 존경심을 일으켰다. 로마의 교육은 전례 없는 무딘 충성심을 낳았다. 초기의 로마인들은 정치적으로 헌신하고 숭고하게 몸을 바친 사람들이었다. 정직(正直)하고 열심이 있고 이상에 헌신했지만, 그 이름에 마땅한 종교가 없었다. 그리스인 선생들이 그들에게 바울의 그리스도교를 받아들이도록 설득할 수 있었던 것은 크게 놀라운 일이 아니다.

이 로마인들은 위대한 민족이었다. 자신을 다스렸기 때문에 서양(西洋)을 다스릴 수 있었다. 그러한 견줄 데 없는 정직, 헌신, 굳센 자제는 그리스도교를 받아들이고 성장시키는 데 이상적인 흙이었다.

정치적으로 국가에 헌신한 것처럼, 이 그리스·로마인들이 제도화(制度化)된 교회에 똑같이 영적 헌신을 바치는 것은 수월했다. 로마인들은 교회가 국가의 경쟁자라고 두려워했을 때에만 교회에 대항하여 싸웠다. 민족의 철학이나 토착 문화가 거의 없었기 때문에, 로마는 그리스 문화를 제 것으로 이어받았고, 용감하게 그리스도를 그 도덕 철학으로 채용했다. 그리스도교는 로마의 도덕 문화가 되었지만, 그렇게 도매 방법으로 새 종교를 받아들인 사람들의 영적 성장에서 개인의 체험이 된다는 의미에서는 도저히 로마의 종교가 되었다고 할 수 없다. 정말로 많은 개인이 이 모든 국가 종교의 표면 밑으로 파고들었고, 혼의 영양(營養)을 얻기 위하여, 그리스화되고 이교화된 그리스도교에 잠재하는 진리 속에 숨어 있는 의미의 진정한 가치를 발견한 것은 참말이다.

금욕주의자와 "자연과 양심"에 대한 그들의 억센 호소는 로마 전체가 그리스도를 받아들이도록, 적어도 지적 의미에서, 더 낫게 준비시켰을 뿐이다. 로마인은 성질과 훈련으로 보면 법률가였고, 자연 법칙까지도 존경했다. 이제, 그리스도교 안에서, 자연 법칙에서 하나님의 율법을 헤아렸다. 시세로와 버질을 낳을 수 있는 민족은 바울의 그리스화된 그리스도교를 받아들이기에 무르익었다.

그래서 이 로마화된 그리스인들은 유대인과 그리스도 교인이 그들의 종교를 철학화하고, 그 관념을 조정하고 그 이상을 체계화하며, 종교 관습을 기존의 생명 흐름에 적응하기를 강요하였다. 이 모두가 히브리 성서가 그리스어로 번역되어, 또 나중에 신약이 그리스어로 기록되어, 엄청나게 도움을 받았다.

유대인들과 많은 다른 민족과 대조해서, 그리스인들은 오랫동안 잠정적으로 불멸(不滅)을, 죽은 뒤에 어떤 식으로 살아남는다는 것을 믿어 왔고, 이것이 예수의 가르침의 바로 그 핵심이었기 때문에 그리스도교가 강하게 호소하리라는 것이 확실했다.

그리스 문화와 로마의 정치적 승리가 연속된 것은 지중해의 땅을 한 언어(言語)와 한 문화(文化)를 가진 하나의 제국으로 통합하였고, 서양 세계가 유일한 하나님을 받아들이도록 준비시켰다. 유대교는 이 하나님을 마련해 주었지만, 유대교는 로마화된 이 그리스인들의 마음에 들지 않았다. 빌로는 반대를 줄이려고 얼마큼 도왔지만, 그리스도교는 그들에게 더 좋은 유일한 하나님 개념을 드러냈고, 그들은 쉽사리 받아들였다.

3. 로마 제국 밑에서

로마의 정치적 통치가 강화된 뒤에, 그리스도교가 널리 퍼진 뒤에, 그리스도 교인들은 자신들이 유일한 하나님, 위대한 종교 개념을 가졌지만 제국이 없음을 발견했다. 그리스·로마인은 자신들이 큰 제국을 가졌어도, 제국 숭배와 영적 통일에 걸맞는 종교 개념으로 쓰일 하나님이 없음을 발견했다. 교인(敎人)들은 제국을 받아들였고, 제국(帝國)은 그리스도교를 채택했다. 로마인은 정치적 통치의 단결, 그리스인은 문화와 학문의 통일, 그리스도교는 종교 사상과 관습의 통일을 마련해 주었다.

로마는 제국의 보편성 때문에 민족주의 전통을 이겨 냈고, 역사에서 처음으로 다른 종족과 나라들이 적어도 명칭으로는, 하나의 종교를 받아들이는 것을 가능하게 했다.

금욕주의자(禁慾主義者)들의 맹렬한 가르침과 신비(神秘) 종파들이 부르짖는 구원의 약속 사이에 큰 싸움이 있었을 때, 그리스도교는 로마에서 인기를 얻었다. 그리스도교는 신선하게 위로하는 말씀과 사람을 해방하는 힘을 가지고, "사심(私心) 없다"는 낱말이 없는 언어를 가진 민족, 영적으로 갈급한 민족에게 왔다.

신봉자들이 봉사하는 생애를 산 그 방법, 아니 맹렬히 박해하던 초기에 믿음을 위하여 죽은 그 방법조차, 그리스도교에게 아주 큰 힘을 주었다.

그리스도가 아이들을 사랑한 것에 관한 가르침은 아이들을 원하지 않을 때, 특히 여자(女子) 아기들을 내버려 죽게 하는, 널리 퍼졌던 관습을 곧 그치게 만들었다.

그리스도교 예배의 초기 방식은 대체로 유대인 회당에서 이어받고, 미트라교 의식(儀式)에 따라서 고쳐지고, 거기에 후일에 많은 이교도의 허식(虛飾)이 더해졌다. 초대 그리스도 교회의 뼈대는 유대교로 전향하고 그리스도 교인이 된 그리스인들이었다.

그리스도 이후 2세기는 전 세계 역사에서 좋은 종교가 서양 세계에서 진보하기에 가장 좋은 때였다. 1세기에 그리스도교는 투쟁과 타협으로, 뿌리를 내리고 빨리 퍼지려고 자체를 준비했다. 그리스도교는 황제를 받아들였고, 나중에 황제는 그리스도교를 채택했다. 이 때는 새 종교가 퍼지기에 좋은 시대였다. 종교의 자유가 있었고, 여행은 보편적이고, 사상(思想)은 쇠고랑에 묶이지 않았다.

그리스화된 그리스도교를 이름으로만 받아들여서 생긴 영적 추진력은 로마에 너무 늦게 왔고, 그래서 한창 시작된 도덕의 쇠퇴를 막거나, 이미 단단히 뿌리를 내리고 확대되는, 종족의 쇠퇴를 보상하지 못했다. 이 새 종교는 제국 로마에게 문화적 필수품이었고, 더 큰 의미에서 영적 구원을 얻는 수단이 되지 못한 것은 지극히 불행한 일이다.

정부의 일에 개인 참여의 부족이 가져오는 확실한 결과로부터, 지나친 온정주의(溫情主義), 무거운 세금과 극심한 징세의 폐해, 금(金)을 유출하게 만들고 적자(赤字)가 나게 레반트와 무역한 것, 유흥의 광란, 로마식 표준화, 여자의 지위 격하, 노예 제도와 종족의 타락, 육체적 전염병, 거의 영적 불모지인 곳까지 제도화된 국가 교회로부터는 좋은 종교조차 큰 제국을 구원할 수 없었다.

그러나 알렉산드리아에서는 조건이 그다지 나쁘지 않았다. 초기의 학교들은 절충되지 않은 예수의 가르침을 많이 계속 유지했다. 판타에누스는 클레멘트를 가르쳤고, 다음에 계속하여 인도에서 그리스도를 선포하는 나다니엘을 따랐다. 예수의 이상의 얼마큼은 그리스도교를 세우는 데 희생이 되었어도, 공정하게 말하면, 2세기 끝이 되어서 그리스·로마 세계의 거의 모든 위대한 지성(知性)은 그리스도 교인이 되었다는 것을 기록해야 한다. 승리는 완성에 가까이 다가가고 있었다.

제국이 무너진 뒤에도 그리스도교가 살아남는 것을 보장하도록 이 로마 제국은 충분히 오래 견디었다. 그러나 하늘나라 복음을 그리스인의 그리스도교 대신에 받아들였더라면, 로마에서, 그리고 세상에서 무슨 일이 일어났을까 우리는 때때로 추측해 보았다.

4. 유럽의 암흑 시대

교회는 사회의 부속물이요 정치의 연합군이니까, 이른바 유럽의 "암흑 시대"의 지적·영적 쇠퇴를 함께 나눌 운명을 가졌다. 이 시대에, 종교는 자꾸 수도원화되고, 금욕화(禁慾化)되고 합법적인 것이 되었다. 영적 의미에서 그리스도교는 겨울잠을 자고 있었다. 이 기간을 통해서 내내, 잠자고 세속화된 이 종교와 나란히, 신비주의의 연속되는 흐름이 있었고, 이것은 비현실에 가깝고 철학적으로 범신주의(汎神主義)와 비슷한, 광신의 영적 체험이었다.

어둡고 절망에 빠진 이 여러 세기 동안, 종교는 다시 실질적으로 한 다리 걸쳐서 겪는 것이 되었다. 개인은 교회의 압도하는 권한·전통·명령 앞에서 거의 길을 잃어버렸다. 신의 법정(法廷)에서 특별한 영향을 가졌다고 생각되고, 따라서 효력이 있게 하소연하면 신들 앞에서 사람을 위하여 중재할 "성자(聖者)"의 무리가 창조되어 새로운 영적 위험이 생겼다.

그러나 그리스도교는 충분히 사회화되고 이교화되어서, 다가오는 암흑 시대를 막을 힘이 없었지만, 도덕적으로 어둡고 영적으로 침체된 이 오랜 기간에 살아남기에 더 낫게 준비되었다. 서양 문명의 긴 밤을 통해서 줄곧 버티었고, 르네상스가 밝아왔을 때 아직도 도덕적 영향을 세상에서 미치고 있었다. 암흑(暗黑) 시대가 지난 뒤를 따라서, 그리스도교의 회복은 그 가르침의 수많은 종파를 낳았고, 이 여러 종파는 특별한 지성·감정·영적 부류의 인간 성격에 적당한 신앙이었다. 그리고 이 특별한 여러 그리스도교 집단, 다시 말해서 종교 집단들 중에서 다수가 이 발표를 작성할 때 아직도 지속한다.

그리스도교는 예수의 종교를 예수에 관한 종교로 뜻하지 않게 변질(變質)시킨 데서 생겨난 역사를 전시한다. 더 나아가서 그것은 그리스화, 이교화(異敎化), 세속화, 제도화, 지적 쇠퇴, 영적 타락, 도덕적 겨울잠, 절멸의 위협, 그 뒤에 회생(回生), 분열, 그리고 최근에 비교적 회복을 겪은 역사를 제시한다. 그러한 족보는 본래부터 활력이 있고 광대한 회복하는 자원을 소유함을 가리킨다. 바로 이 그리스도교가 문명화된 서양 민족 세계에 지금 존재하며 생존(生存) 투쟁에 부닥치고 있으며, 이 싸움은 지배권을 얻으려 했던 지난날의 투쟁의 특징을 나타냈던 그 중대한 여러 위기보다 훨씬 더 불길(不吉)하다.

종교는 과학적 지성과 물질주의 경향을 가진 새 시대의 도전과 이제 얼굴을 마주하고 있다. 세속적인 것과 영적인 것 사이에 벌어지는 이 거대한 싸움에서, 예수의 종교는 궁극에 승리할 것이다.

5. 현대의 문제

20세기는 그리스도교와 모든 다른 종교가 풀어야 할 새로운 문제를 가져왔다. 문명(文明)이 높이 올라가면 갈수록, 사회를 안정시키고 그 물질 문제를 쉽게 해결하려고 사람이 기울이는 모든 노력에서 "먼저 하늘의 실체들을 찾는" 의무가 더욱 필요하게 된다.

갈기갈기 찢고, 분리하고, 고립하고, 지나치게 분석했을 때, 진리는 때때로 사람을 헛갈리게 하고 잘못 인도하기까지 한다. 살아 있는 진리는, 물질 과학의 사실이나 중간에 개재하는 예술이 주는 영감(靈感)이 아니라, 온전히, 살아 있는 영적 실체로서, 품에 안았을 때에야 진리를 찾는 사람을 바르게 가르친다.

종교는 사람에게 그의 신성하고 영원한 운명에 대한 계시이다. 종교는 순전히 몸소 겪는 영적 체험이며, 다음과 같이, 사람이 가진 다른 높은 형태의 생각과 언제까지나 구별되어야 한다:

1. 물질적 실체인 사물에 대한 사람의 논리적 태도.

2. 더러움과 대조해서 사람이 아름다움을 미학적으로 이해하는 것.

3. 사람이 사회적 채무와 정치적 의무를 윤리적으로 인식하는 것.

4. 인간의 도덕성을 느끼는 사람의 감각조차, 그 자체로서 저절로 종교성은 없다.

종교는 우주에서 믿음·신뢰·확신을 요구하는 가치를 찾아내도록 고안되어 있고, 종교는 예배(禮拜)에서 절정에 이른다. 종교는 혼을 위해서, 지성이 발견한 상대적 가치와 대조가 되는 최고의 가치를 찾아낸다. 그러한 초인간적 통찰력은 오로지 진정한 종교적 체험을 통해서만 얻을 수 있다.

영적 실체에 의존하는 도덕성이 없이, 오래 가는 사회 체계는, 중력(重力) 없는 태양계처럼, 유지될 수 없다.

육체를 입고 사는 짧은 일생에, 호기심을 채우거나 혼 속에서 솟아오르는 모든 잠재하는 모험심을 만족시키려 시도하지 말라. 참아라! 값싸고 더러운 모험으로 멋대로 돌진하고 싶은 유혹에 빠지지 말라. 너의 에너지를 활용하고 정열(情熱)에 고삐를 쥐어라. 진보하는 모험과 가슴 떨리는 발견이 가득한 끝없는 생애가 멋지게 펼쳐지기를 기다리는 동안에 너희는 차분히 있어라.

사람의 기원(起源)에 관한 혼란 속에서, 사람의 영원한 운명을 보지 못하고 놓치지 말라. 예수가 어린아이들조차 사랑했다는 것, 언제까지나 인간 성격의 큰 가치를 분명히 밝혔다는 것을 잊지 말라.

세상을 볼 때, 너희가 보는 검은 악의 조각들은 궁극의 선(善)의 흰 바탕과 대조해서 보인다는 것을 기억하여라. 그저 악의 바탕에 초라하게 보이는, 선한 흰 조각들을 구경하는 것이 아니다.

널리 퍼뜨리고 선포할 좋은 진리가 아주 많이 있는데, 어째서 세상에 있는 악이 사실로 보인다고 해서 사람들은 악(惡)에 골몰해야 하는가? 진리가 가진 영적 가치의 아름다움은 악의 현상보다도 더욱 유쾌하고 사람의 정신을 높여 준다.

현대 과학이 실험 기술을 추구하는 것 같이, 종교에서 예수는 체험의 방법을 주장하고 따랐다. 우리는 영적 통찰력의 인도를 통해서 하나님을 발견하지만, 아름다운 것을 사랑하고, 진리를 추구하고, 의무에 충성하고, 신의 선함을 예배함으로써, 혼의 이 통찰력에 가까이 간다. 그러나 이 모든 가치 있는 것 중에서 사랑은 진정한 통찰력으로 인도하는 참된 안내자이다.

6. 유물론

과학자들은 뜻하지 않게 인류를 유물론(唯物論)의 공포로 몰아넣었다. 그들은 오래 된 도덕 은행(銀行)에서 경솔하게 지불 청구를 시작했지만, 이 인간 체험의 은행은 광대한 영적 자원을 가졌고, 내민 청구를 들어 줄 수 있다. 오로지 생각이 모자라는 사람들이 인류의 영적 자산이 충분히 있는가 두려움에 빠진다. 유물론과 비종교의 공포가 끝날 때, 예수의 종교는 파산(破産)되지 않은 것이 발견될 것이다. 하늘나라의 영적 은행은 "그의 이름으로" 인출(引出)하는 모든 사람에게 믿음과 희망과 도덕적 보증을 지불해 줄 것이다.

유물론과 예수의 가르침 사이에 어떤 명백한 갈등이 있든지 상관 없이, 너희는 다가오는 시대에, 주의 가르침이 완전히 승리하리라는 것을 확신할 수 있다. 실제로, 참 종교는 과학과 어떤 논쟁에도 말려들 수 없고, 어떤 면에서도 물질적인 일에 관여하지 않는다. 종교는 다만 과학에 개의하지 않지만 과학과 공감하며, 한편 그 과학자에게 최상으로 관심을 기울인다.

단순한 지식의 추구는, 그에 따른 지혜로운 해석과 종교적 체험을 보는 영적 통찰력이 없이, 궁극에는 비관주의와 인간의 절망으로 이끈다. 얄팍한 지식은 참으로 사람을 불안하게 한다.

이 책을 기록할 때, 유물론 시대의 최악(最惡)은 끝났다. 더 낫게 이해하는 시절이 이미 밝아오고 있다. 과학 세계의 상급 지성은 철학 면에서 이제는 더 송두리째 유물론을 지지하지는 않지만, 하층 계급의 사람들은 옛 가르침의 결과로서 아직도 그 방향으로 쏠린다. 그러나 이 물리적 현실주의 시대는 땅에서 사람의 생애에서 기껏해야 지나가는 사건일 따름이다. 현대 과학은 참 종교를—예수를 믿는 사람들의 인생에서 풀이된 예수의 가르침을—다치지 않고 두었다. 과학이 이룩한 업적은, 인생을 그릇되게 풀이한 유치한 환상을 깨뜨렸을 뿐이다.

땅에서 인간의 삶에 관계되다시피, 과학은 양적(量的) 체험이요, 종교는 질적(質的) 체험이다. 과학은 현상을, 종교는 기원·가치·목표를 다룬다. 물리적 현상의 한 설명으로서 원인을 어디에 돌리는 것은 궁극의 것들을 모른다고 고백하는 것이요, 끝에는 과학자를 시초의 큰 원인—파라다이스에 계신 우주의 아버지—까지 곧장 거꾸로 인도할 뿐이다.

기적의 시대로부터 기계 시대로 획 건너간 것은 사람을 아주 당황하게 만들었다는 것이 드러났다. 기계론이라는 거짓 철학의 영리함과 교묘함은 바로 그 기계론적 주장이 거짓임을 나타낸다. 한 유물론자의 지성이 보인 숙명론(宿命論)의 영리함은 우주가 눈이 멀고 목적이 없는 에너지 현상이라는 주장이 그릇되다는 것을 언제까지나 증명한다.

교육을 받았다고 생각되는 어떤 사람들의 기계론적 자연주의, 길거리에 있는 사람의 지각없는 비종교주의, 이 두 가지는 순전히 사물에 흥미를 가진다. 이것들은 믿음과 희망과 영원한 보장이 결여되어 있을 뿐 아니라, 영적 성질을 가진 모든 진정한 가치, 인정(認定), 만족감을 낳지 못한다. 현대 생활에서 큰 문제의 하나는 사람이 너무 바빠서 영적 명상(瞑想)과 종교적 예배를 위하여 틈을 낼 수 없다고 생각하는 것이다.

유물론은 사람을 혼이 없는 자동 인형(人形)으로 격하시키고, 단지 꿈이 없고 기계론적 우주의 수학 공식에서 무력한 자리를 찾는 산술 기호로 만든다. 그러나 큰 수학자가 없이 이 모든 광대한 수학적 우주가 어디로부터 오는가? 과학은 물질의 보존에 관하여 장황하게 말을 늘어놓을까 싶지만, 종교는 사람의 혼이 보존되는 것을 입증한다—종교는 사람이 영적 실체와 영원한 가치를 체험하는 데 관심을 가진다.

오늘날 유물론을 믿는 사회학자는 한 공동체를 조사하고, 보고서를 쓰고서, 발견한 그대로 사람들을 버려 둔다. 1천9백 년 전에, 학식 없는 갈릴리 사람들은 사람의 속 체험에 영적 기여로서 일생을 바친 예수를 훑어보았고, 다음에 나가서 로마 제국 전체를 뒤집어엎었다.

그러나 현대인에게 중세(中世)의 트럼펫 소리에 맞추어 영적 전투에 나서라 부르려고 애쓸 때, 종교 지도자들은 큰 잘못을 저지르고 있다. 종교는 새롭고 첨단을 달리는 표어(標語)를 마련해야 한다. 민주주의나 어떤 다른 정치적 만병 통치약도 영적 진보를 대신할 수 없다. 거짓 종교들은 현실의 도피를 대표할지 모르지만, 예수는 복음에서 영적으로 진보하는 영원한 현실의 바로 그 문 앞까지 필사 인간을 데려갔다.

지성이 물질로부터 "솟아났다"는 것은 아무 것도 설명하지 않는다. 우주가 기껏해야 기계 작용이고 지성(知性)이 물질과 따로 떨어져 있지 않다면, 우리는 어떤 관측된 현상에 대하여 결코 두 가지 다른 해석을 내리지 않을 것이다. 진리와 아름다움과 선(善)의 개념은 물리학이나 화학에 본래부터 있지 않다. 기계는 진리를 알고, 올바름을 간절히 찾고 선을 소중히 간직하기는커녕, 알 능력이 없다.

과학은 물리적일 수도 있지만, 진리를 헤아리는 과학자의 지성은 동시에 물질을 초월한다. 물질은 진리를 모르고, 물질은 자비를 사랑하거나 영적 실체를 기뻐할 수도 없다. 영적 깨우침에 기초를 두고 인간의 체험에 뿌리를 둔 도덕적 확신은 물리적 관측에 기초를 둔 수학적 추론처럼 똑같이 실재하고 확실하지만, 한층 높은 다른 수준에서 그렇다.

사람들이 기껏해야 기계라면, 물질 우주에 대하여 얼마큼 한결같이 반응할 것이다. 성격은커녕, 개성(個性)이 존재하지 못할 것이다.

온 우주의 중심에서 파라다이스의 절대적 기계 작용의 사실은, 둘째 근원 중심의 무조건적 의지가 있는 가운데, 결정자(決定者)들이 우주의 독점 법칙이 되지 않도록 영원히 처리한다. 물질 작용이 있기는 해도, 그것만 혼자 작용하지는 않는다. 기계 작용이 있지만 무조건 그렇지는 않다. 결정(決定)하는 작용이 있기는 해도, 그것 혼자만 있지는 않다.

지성과 영, 이 둘이 함께 존재하지 않는다면, 물질로 이루어진 유한한 우주는 궁극에는 한결같고 결정론(決定論)대로 될 것이다. 우주 지성의 영향은 물질 세계 속에도 항상 자발성을 주입한다.

존재의 어떤 영역에서도 자유나 독창성은 영적 영향과 우주 지성이 통제하는 정도, 다시 말해서, 인간의 체험에서 "아버지의 뜻"을 실제로 행하는 정도에 정비례한다. 그래서 너희가 하나님을 찾으려고 일단 길을 떠나면, 그것은 하나님이 너희를 이미 찾았다는 확고한 증명이다.

선·아름다움·진리를 진지하게 추구하는 것은 하나님에게로 이끈다. 모든 과학적 발견은 우주에서 자유(自由)와 획일성이 존재함을 보여 준다. 발견하는 사람은 발견할 자유가 있었다. 발견된 물건은 실재하고 겉보기에 한결같다. 그렇지 않다면, 하나의 사물로 규명될 수 없다.

7. 유물론의 취약성

물질적인 생각을 가진 사람이 기계론적 우주 이론과 같이 그렇게 허약한 이론에 참된 종교를 몸소 체험하는 광대한 영적 자원을 빼앗기도록 버려 두는 것은 얼마나 어리석은가. 사실은 결코 진정한 영적 믿음과 다투지 않지만, 이론은 그럴지 모른다. 과학은 종교적 신앙—영적 실체와 신성한 가치를 믿는 인간의 믿음—을 뒤엎으려고 애쓰기보다는, 미신(迷信)을 없애는 데 헌신하는 것이 좋다.

종교가 사람에게 영적 면에서 하는 일을, 과학은 사람에게 물질 면에서 해야 한다: 인생의 시야를 늘이고 인격을 키우는 일이다. 참된 과학은 참된 종교와 오래 다툴 수 없다. "과학적 방법"은 다만 물질적 모험과 물리적 성취를 재는 지적 척도일 뿐이다. 그러나 물질적이고 온통 지적 성질을 가졌으니까, 과학적 방법은 영적 실체와 종교적 체험을 평가하는 데 도무지 쓸모가 없다.

현대 기계론자의 모순은 이렇다: 이것이 기껏해야 물질 우주이고 사람이 겨우 기계라면, 그런 사람은 자신이 그러한 기계임을 도무지 알아볼 수 없고, 마찬가지로 그런 기계 인간은 그러한 물질 우주가 존재하는 사실을 도무지 의식(意識)하지 못할 것이다. 기계론적 과학이 낳는 유물론적 낙심과 절망은, 잘못되고 스스로 모순되는 유물론적 우주 개념들을 형성하는 과학자, 바로 그 초물질 통찰력을 가진 과학자의 지성에 영이 깃드는 사실을 인식하지 못했다.

진리·아름다움·선의 가치, 영원하고 무한한 파라다이스 가치는 시공 우주들에서 생기는 현상의 사실 안에 감추어져 있다. 그러나 이 영적 가치를 찾아내고 헤아리는 데는 영에게서 태어난 사람 안에 믿음의 눈을 요구한다.

영적 진보의 실체와 가치는 "심리적 투영"—물질 지성이 꿈꾸는 단순히 미화된 몽상—이 아니다. 그런 것들은 깃드는 조절자, 사람의 지성 속에 사는 하나님 영의 영적(靈的) 예측이다. 희미하게 힐끗 본 "상대성(相對性)"의 발견을 가지고 하는 장난 때문에 하나님의 영원·무한성에 대한 너희의 개념이 흔들리지 말라. 자아 표현의 필요성에 관하여 너희가 무슨 간청을 드리더라도, 조절자 표현, 진정하고 더 나은 자아를 표현하지 못하는 실수를 저지르지 말라.

이것이 겨우 물질적인 우주라면, 물질 인간은 그렇게 순전한 물질적 존재를 가지는 기계적 인격 개념에 도달할 수 없을 것이다. 우주에 대한 바로 이 기계적 개념은 그 자체로서 지성의 비물질 현상이며, 아무리 철저히 물질에 조건을 받고 기계적으로 통제받는 듯해도, 모든 지성은 비물질에 기원을 가진다.

필사 인간이 가진 부분적으로 진화된 정신 작용은 일관성이나 지혜(知慧)를 지나치게 부여받지 않는다. 사람의 자만은 가끔 이성(理性)을 뛰어넘고 자신의 논리를 벗어난다.

가장 비관적인 유물론자의 바로 그 비관주의는, 그 자체로서 저절로, 비관주의자가 보는 우주가 전적으로 물질이 아님을 충분히 증명한다. 낙관주의와 비관주의는 사실 뿐 아니라 가치를 의식하는 지성 속에 있는 개념적 반응이다. 우주가 참으로 유물론자가 보는 바와 같은 것이라면, 그 때 인간 기계인 사람은 바로 그 사실을 도무지 의식으로 깨닫지 못할 것이다. 영에게서 태어난 지성 안에서 가치의 개념을 의식하지 않고는, 우주 유물론(唯物論)의 사실과 우주가 작용하는 기계론적 현상은 사람에게 도무지 인식되지 않을 것이다. 하나의 기계는 다른 기계의 성질이나 가치를 의식할 수 없다.

생명과 우주에 대한 기계론적 철학이 과학적일 수 없다는 것은 과학이 오로지 물질과 사실을 인식하고 다루기 때문이다. 철학(哲學)은 불가피하게 과학을 초월한다. 사람은 자연의 물질적 사실이지만, 사람의 생명은 지성의 통제하는 속성과 영의 창조적 질을 나타낸다는 점에서 자연의 물질 수준을 뛰어넘는다.

사람이 기계론자가 되려고 진지하게 노력하는 것은 사람이 지성과 도덕 면에서 자살하려고 쓸데없이 노력하는 비극적 현상을 나타낸다. 그러나 사람은 그렇게 할 수 없다.

우주가 기껏해야 물질이고 사람이 겨우 기계라면, 이렇게 우주의 기계화를 가정하는 과학자를 격려할 아무런 과학(科學)이 없을 것이다. 기계들은 자체를 재거나 분류하거나 평가할 수 없다. 오로지 기계를 초월하는 지위를 가진 어떤 통일체가 그러한 과학적 작품을 만들 수 있다.

우주 실체가 겨우 하나의 광대한 기계라면, 그 때 사람은 그러한 사실을 인식하고 그런 평가로부터 얻는 통찰력을 의식하기 위해서, 우주 바깥에, 우주로부터 따로 떨어져 있어야 한다.

사람이 겨우 기계라면, 무슨 기법(技法)으로 이 사람이 그가 겨우 기계라는 것을 믿게 되거나 아니면 안다고 주장하는가? 사람의 자아를 스스로 의식하여 평가하는 체험은 결코 단순한 기계의 속성이 아니다. 자의식(自意識)하고 기계론자로 자처하는 사람은 기계론에 대하여 가능한 가장 좋은 대답이다. 유물론이 사실이라면, 스스로 의식하는 기계론자가 결코 있을 수 없다. 사람이 부도덕한 행위를 저지를 수 있기 전에, 먼저 도덕이 있는 성격자이어야 한다는 것이 또한 참말이다.

유물론의 바로 그 주장은 그러한 독단을 주제넘게 부르짖는 지성의 초물질 의식을 암시한다. 기계 작용은 나빠질지 모르지만, 결코 진보할 수 없다. 기계들은 생각하거나 창조하거나 꿈꾸거나, 뜻을 품거나 무엇을 이상으로 만들거나, 진리를 간절히 찾거나, 올바름을 목마르게 찾지 않는다. 기계들은 다른 기계들에게 봉사하고 영원히 진보할 목표로서 하나님을 찾고 그와 같이 되려고 애쓰는 숭고한 과제를 택할 정열로 자기의 일생을 자극하지 않는다. 기계들은 결코 지능이나 감정이나, 미학이나 윤리나, 도덕이나 영성(靈性)이 없다.

예술은 사람이 기계론적 존재가 아니라는 것을 증명하지만, 사람이 영적으로 불멸함을 증명하지는 않는다. 예술은 필사자의 상물질이요, 물질인 사람과 영적인 사람 사이에 개재하는 분야이다. 시(詩)는 물질적 실체로부터 영적 가치로 달아나려는 노력이다.

높은 문명에서 예술은 과학을 인간답게 만들고, 한편 다음에 참 종교는—영적 가치와 영원한 가치를 보는 통찰력은—예술을 영적으로 변하게 만든다. 예술은 실체에 대한 인간의 시공(時空) 평가를 그린다. 종교는 우주의 가치를 신성하게 품에 안는 것이요, 영적으로 올라가고 확대하는 데서 영원히 진보함을 의미한다. 오직 시간 속에 실체의 그림자로서 영원이 비쳐 주는 신성한 형태의 영(靈) 표준을 예술이 보지 못할 때에야 시간 속의 예술이 위험하다. 참된 예술은 인생에서 물질인 것들을 효과 있게 조종하는 것이다. 종교는 인생에서 물질적 사실을 고상하게 변화시키는 것이요, 예술에 대하여 끊임없이 영적 평가를 내린다.

자동 인형(人形)이 자동 기계론의 철학을 상상할 수 있다고 추정하는 것이 얼마나 어리석고, 다른 동료 자동 인형들에 대하여 그런 개념을 형성할 수 있다고 추정하는 것은 얼마나 어처구니없는가!

물질 우주에 대한 어떤 과학적 해석도, 과학자를 마땅히 인식하지 않으면 가치가 없다. 예술에 대한 어떤 이해도, 그 예술가를 인식하지 않으면 진정하지 않다. 도덕률에 대한 어떤 평가도 그 도덕가를 셈에 넣지 않으면 가치가 없다. 철학에 관한 어떤 인식도 그 철학자를 무시하면 교훈이 되지 않고, 종교는 그 종교가의 실재하는 체험이 없이 존재할 수 없으며, 그는 바로 이 체험 속에서, 그 체험을 통해서 하나님을 찾아내고 알려고 애쓴다. 마찬가지로, 온 우주는 스스로 계시는 이, 그 우주를 만들고 그칠 줄 모르고 관리하는 무한한 하나님과 동떨어져서는 의미가 없다.

기계론자—인본주의자—는 물질의 흐름에 따라서 떠내려가는 성향이 있다. 유심론자(唯心論者)와 심령주의자는 에너지 흐름에서 순전히 물질적 과정으로 보이는 것을 수정하려고 지능과 활력으로 감히 노를 젓는다.

과학은 지성의 수학을 이용하여 살며, 음악은 감정의 템포를 표현한다. 종교는 무한자의 영원한 상급 멜로디의 측정과 시공에서 조화를 이룬, 혼의 영적 리듬이다. 종교적 체험은 인생에서 참으로 수학을 초월하는 무엇이다.

언어에서, 하나의 알파벳은 유물론의 기계 장치를 대표하며, 한편 천 가지 생각, 위대한 아이디어, 그리고—사랑과 미움, 비겁과 용기에 관한—고귀한 이상의 의미를 표현하는 낱말들은, 물질 법칙과 영적 법칙에 따라서 정의되고, 성격 의지의 주장에 지휘를 받고, 본래부터 있는 상황의 재산에 제한받는 그런 규모 안에서 지성의 연출을 묘사한다.

우주는 과학자가 발견하고 과학으로 여기게 되는 그러한 법칙, 기계 작용, 불변성과 같은 것이 아니다. 오히려 우주는 이렇게 우주 현상을 지켜보고, 창조에서 물질 면의 기계적 단계에 본래부터 있는 수학적 사실을 분류하는 과학자(科學者), 호기심 있고 생각하고, 선택하고 창조적이며 통합하고 구별하는 과학자와 같다. 우주는 예술가의 예술과 같지도 않지만, 오히려 영적 목표에 이르려는 노력으로 물질적 사물의 세계를 초월하려 애쓰는 예술가, 힘을 기울이고, 꿈을 꾸고, 큰 뜻을 품고, 진보하는 예술가와 같다.

과학이 아니라 과학자가, 에너지와 물질로 이루어진 진화하고 진보하는 우주의 실체를 깨닫는다. 예술이 아니라 예술가(藝術家)가 물질 존재와 영적 해방 사이에 끼는 일시적 상물질 세계가 존재함을 보여 준다. 종교가 아니라 종교가(宗敎家)가 영원한 진보에서 마주치게 될 영 실체들과 신성한 가치가 존재함을 증명한다.

8. 비종교적 전체주의

그러나 사람이 유물론과 기계론을 얼마큼 정복한 뒤에도, 20세기 비종교주의[1]의 지독한 영향은 영문을 모르는 수많은 혼의 영적 체험을 아직도 망치게 할 것이다.

두 가지 세계적 영향이 현대의 비종교주의를 조장하였다. 비종교주의의 아버지는 19세기와 20세기에 이른바 과학—무신론적 과학—의 태도, 편협하고 신을 믿지 않는 태도였다. 현대 비종교주의의 어머니는 중세의 전체주의적 그리스도 교회였다. 비종교주의는 제도화된 그리스도 교회가 서양 문명을 거의 완전히 지배한 데 대하여 커지는 반항으로서 시작되었다.

이 계시(啓示)가 있을 때, 유럽과 아메리카의 생활에서 지배하는 지적·철학적 풍토는 명백히 비종교성을 가진다—인본주의이다. 3백 년 동안 서양(西洋)의 사상은 점진적으로 비종교화되었다. 종교는 갈수록 더 이름 뿐인 영향이 되었고, 대체로 예식을 치르는 행사였다. 서양 문명에서 그리스도 교인이라 고백한 사람들의 대다수는 눈치채지 못하면서 실제로 비종교주의자이다.

사람을 시들게 하는 전체주의 교회의 지배하는 손아귀로부터 서양 민족들의 생각과 생활을 해방하는 데는 큰 힘, 막강한 영향력이 필요했다. 비종교주의는 교회의 통제하는 사슬을 깨뜨려 버렸고, 다음에 이제는 현대인의 가슴과 머리에 대하여 새롭고 신을 모르는 종류의 지배력을 굳히려고 위협한다. 전제와 독재의 정치 상태는 과학적 유물론과 철학적 비종교주의의 직계 후손이다. 제도화된 교회의 압제로부터 사람을 해방하자마자, 비종교주의는 사람을 전체주의 국가에 노예처럼 사슬에 묶인 처지로 팔아 버린다. 비종교주의는 사람을 교회에 예속된 처지로부터 풀어 주고서, 정치·경제적 노예 상태의 압제로 팔아 넘길 뿐이다.

유물론은 하나님을 부인하고, 비종교주의는 아예 하나님을 무시(無視)한다. 적어도 이것이 초기의 태도였다. 최근에, 비종교주의는 더욱 호전적 태도를 갖추었고, 한때는 종교의 전체주의적 예속에 항거했는데, 그런 종교의 자리를 대신 차지한다. 20세기 비종교주의는 사람에게 하나님이 필요 없다고 주장하는 경향이 있다. 그러나 조심하라! 인간 사회에서 신을 모르는 이 철학은 오로지 불안, 적의(敵意), 불행, 전쟁, 세계적 재난으로만 이끈다.

비종교주의는 결코 인류에게 평화를 가져올 수 없다. 인간 사회에서 아무 것도 하나님의 자리를 차지할 수 없다. 그러나 너희는 귀담아 들어라! 교회의 전체주의에 대하여 비종교적 반항이 가져온 좋은 이익을 빨리 던져 버리지 말라. 서양 문명은 오늘날 세속적 항거의 결과로서 많은 자유와 만족을 누린다. 비종교주의의 큰 잘못은 이것이었다: 종교적 권한이 거의 통째로 생활을 통제하는 데 항거하면서, 그러한 교회의 학정(虐政)으로부터 해방을 얻은 뒤에, 비종교주의자들은 더 나아가서 하나님 자신에게, 때로는 말없이, 때로는 드러내 놓고, 반란을 시작했다.

너희가 아메리카의 산업주의의 놀라운 창조성과 서양 문명에서 전례 없는 물질적 진보를 얻은 것은 비종교주의의 반란(反亂) 덕분이다. 그리고 비종교주의의 반란이 너무 지나쳤고 하나님과 참 종교를 간과했기 때문에, 또한 찾고 않던 세계 전쟁과 국제적 불안의 결과가 뒤따랐다.

현대의 비종교주의 반란이 가져온 축복, 곧 관용(寬容), 사회 봉사, 민주 정치, 시민의 자유를 누리기 위하여 하나님을 믿는 신앙을 희생할 필요는 없다. 비종교주의자들은 과학을 촉진하고 교육을 향상하기 위해서 참 종교에 적대할 필요가 없었다.

그러나 비종교주의는 생활이 확대되면서 최근에 얻은 이 모든 이익을 낳은 유일한 부모는 아니다. 20세기에 얻은 이익 뒤에는 과학과 비종교주의 뿐 아니라, 또한 인식되지 않고 인정받지 않은, 나사렛 예수의 일생(一生)과 가르침의 영적 작용이 있다.

하나님 없이, 종교 없이, 과학적 비종교주의는 결코 그 세력을 조정하고, 서로 다르고 경쟁하는 이권(利權)과 종족과 민족주의를 조화시킬 수 없다. 이 비종교주의적 인간 사회는, 비할 데 없는 물질적 업적을 이루기는 했어도, 천천히 무너지고 있다. 적대감이 이렇게 무너지는 데 저항하는 주요한 응집 세력은 민족주의이다. 그리고 민족주의(民族主義)는 세계 평화에 으뜸가는 장벽이다.

비종교주의가 본래부터 가진 약점은 그것이 정치와 권력을 위하여 윤리와 종교를 버리는 것이다. 너희는 단지, 하나님이 아버지임을 무시하거나 부인하면서 사람들의 형제 정신을 이룩할 수 없다.

비종교적인 사회·정치적 낙관주의는 망상(妄想)이다. 하나님 없이는, 자유도 해방도, 재산과 재물도, 평화로 인도하지 않을 것이다.

과학, 교육, 산업, 사회를 완벽하게 비종교화하는 것은 오직 재난으로 이끌 수 있을 뿐이다. 20세기의 처음 3분의 1 동안에 유란시아인들은 그 때까지 그리스도 시대를 통틀어서 죽은 것보다 더 많은 인간을 죽였다. 이것은 겨우 유물론과 비종교주의로부터 얻는 끔찍한 수확의 시작일 뿐이다. 아직도 더 끔찍한 파괴가 다가올 것이다.

9. 그리스도교의 문제

너희의 영적 유산(遺産), 곧 여러 세기를 통해서, 유물론과 비종교 시대의 황폐한 시절에 이르기까지 흘러 내려온 진리의 강(江)의 가치를 간과하지 말라. 지난 시절의 미신 같은 교리들을 떨어 버리려고 온갖 값진 노력을 기울이면서, 너희는 영원한 진리를 꼭 붙들도록 하여라. 그러나 참을성을 가져라! 미신에 대한 현재의 반란이 끝났을 때, 예수의 복음에 담긴 진리는 새롭고 더 나은 길을 비추려고 영화롭게 지속할 것이다.

그러나 이교화되고 사회화된 그리스도교는 타협하지 않은 예수의 가르침과 새로이 접촉할 필요가 있다. 그것은 땅에서 사신 주의 일생을 보는 새로운 시각이 모자라서 시들고 있다. 예수의 종교가 주는 새롭고 더 충만한 계시는 유물론적 비종교주의의 제국을 정복하고, 기계론적 자연주의의 세계 지배를 뒤엎을 운명을 가지고 있다. 유란시아는 사회적 조정, 도덕적 각성, 영적 깨우침이 있는 가장 놀랍고 황홀한 한 시대에, 바로 그 고비에서 지금 부르르 떨고 있다.

예수의 가르침은, 크게 수정되기는 했어도, 태어날 때의 신비종파, 암흑 시대의 무지와 미신(迷信)을 견디었고, 지금도 20세기의 유물론, 기계론, 비종교주의를 천천히 이기고 있다. 큰 시험이 있고 패배의 위협이 있는 시절은 언제나 큰 계시가 내리는 시절이다.

종교는 새로운 지도자들, 오로지 예수와 그의 견줄 데 없는 가르침에만 감히 의존할 남녀가 필요하다. 그리스도교가 사회 및 물질 문제에 계속 바쁘면서 영적 사명을 지속하여 소홀히 하면, 영적(靈的) 르네상스는 사람들을 영적으로 회복시키는 데 순전히 몸을 바칠 선생들, 예수의 종교를 가르치는 새 선생들이 오기를 기다려야 한다. 그리고 나서 영에게서 태어난 이 사람들은 세계를 사회·도덕·경제·정치적으로 다시 조직하는 데 필요한 지도력과 영감을 재빨리 공급할 것이다.

사실과 모순되고, 진리·아름다움·선의 가장 높은 개념들과 어울리지 않는 종교를 현대는 받아들이려 하지 않을 것이다. 왜곡되고 절충된 현대 그리스도교의 참된 최초의 기초(基礎)—예수의 참 일생과 가르침—을 다시 발견할 때가 오고 있다.

원시인은 종교적 두려움에 미신처럼 매여 있는 인생을 살았다. 현대의 문명화된 사람들은 강한 종교적 확신에 지배를 당한다는 생각을 두려워한다. 생각하는 사람은 종교에 붙들려 있기를 언제나 두려워했다. 힘세고 감동시키는 종교가 지배하려고 위협할 때, 그는 변함없이 그것을 합리화·전통화·제도화하려고 시도하며, 그로서 통제하기를 바란다. 계시된 종교조차도 그러한 과정으로 말미암아 사람이 만든 것이 되고 사람이 지배하게 된다. 총명한 현대의 남녀는 예수의 종교가 그들에게—또 그들을 가지고—무엇을 할까 두려워서 피한다. 모든 그러한 두려움은 충분한 근거가 있다. 예수의 종교는, 참으로, 그 신자들을 지배하고 변화시키며, 사람들이 하늘에 계신 아버지의 뜻을 알려고 추구하는 데 일생(一生)을 바치라고 요청하고, 사는 에너지를 사람의 형제 정신에 사심 없이 봉사하는 데 거룩히 바치라고 요구한다.

이기적인 남녀는 사람에게 일찍이 제공된 가장 큰 영적 보물을 위해서도 단지 그런 값을 치르려 하지 않을 것이다. 어리석고 사람을 속이는 이기심(利己心)의 추구에 따르는 슬픈 실망에 사람이 환멸을 충분히 느꼈을 때, 형식화된 종교가 열매 없음을 발견하고 난 다음에야, 진심으로 하늘나라 복음, 나사렛 예수의 종교로 돌이킬 생각을 가질 것이다.

세상은 손을 거치지 않은 종교가 더욱 필요하다. 그리스도교조차—20세기 종교 가운데 가장 좋은 것인데도—예수에 관한 종교일 뿐 아니라, 사람이 한 다리 걸쳐서 맛보는 종교이다. 인정된 종교 선생들한테서 물려받은 그대로 그 종교를 통째로 삼킨다. 세상이 땅에서 정말로 산 그대로 예수를 보고, 생명을 주는 그의 가르침을, 한 다리 걸치지 않고 알 수만 있다면, 세상이 얼마나 큰 깨우침을 얻을 것인가! 아름다운 것을 묘사하는 말씀은, 구경하는 것처럼 기쁨에 떨게 할 수 없고, 교리(教理)의 말씀도 하나님이 앞에 계심을 아는 체험처럼 사람의 혼에 영감을 줄 수 없다. 그러나 기대하는 믿음은 저 건너 여러 세상에서 신성한 가치를 가진 영원한 영적 실체들까지 들어가기 위하여 사람의 혼 속에서 희망의 문을 늘 열어 놓을 것이다.

그리스도교는 인간의 욕심, 전쟁의 미친 짓, 권력을 얻으려는 욕심이 도전하는 앞에서 감히 이상(理想)을 낮춰 버렸다. 그러나 예수의 종교는 더럽혀지지 않고 초월적인 영적 호출로서 유효하며, 사람의 힘이 자라는 한, 동물로서 진화한 이 모든 유물을 딛고 일어서라고, 은혜로 말미암아, 참된 인간 운명의 도덕적 높이에 이르라고 소리친다.

그리스도교는 형식주의, 지나친 조직, 주지주의(主知主義), 다른 비영적 경향 때문에 천천히 죽을 위협을 받는다. 현대의 그리스도 교회는 예수가 인류의 연속된 세대를 계속 영적으로 변화시키라고 임명한 것과 같은, 그러한 박력 있는 신자들의 단체가 아니다.

이른바 그리스도교는 종교적 관념·관습 뿐 아니라 사회·문화적 운동이 되어 버렸다. 현대 그리스도교의 흐름은 많은 고대(古代) 이교도의 늪과 많은 야만 같은 수렁에서 물을 받고 있다. 순전히 그 근원이라고 생각되는 높은 갈릴리 고원(高原) 뿐 아니라 많은 옛 문화의 분수령이 이 현대 문화의 흐름 속으로 빠진다.

10. 앞날

그리스도교는 정말로 이 세상에 크게 봉사했지만, 이제 가장 필요한 것은 예수이다. 세상은 주를 모든 사람에게 효과적으로 드러내는 필사자, 영에게서 태어난 필사자들의 체험 속에서, 다시 땅에서 사는 예수를 보는 것이 필요하다. 원시 그리스도교의 부흥을 언급하는 것은 무익하다. 있는 자리에서 너희는 앞으로 나가야 한다. 현대 문화는 예수 일생의 새로운 계시(啓示)로 영적 세례를 받고, 영원한 구원을 주는 복음을 새로 이해함으로 빛을 받아야 한다. 이렇게 높이 들어올려질 때, 예수는 모든 사람을 끌어당길 것이다. 예수의 제자들은 정복자보다 더한 것, 아니 모든 사람에게 영감과 향상된 생활의 넘치는 근원까지도 되어야 한다. 몸소 체험하는 가운데 하나님이 계시는 현실을 발견함으로 신성하게 될 때까지, 종교는 향상된 인본주의(人本主義)일 뿐이다.

땅에서 예수가 산 일생의 아름다움과 숭고함, 그 인간성과 신성(神性), 단순함과 독특함은 사람을 구하고 하나님을 드러내는 놀랍고 호소하는 그림을 제시하며, 그래서 언제까지나 신학자와 철학자들이 사람 모습을 입은 하나님의 그러한 초월적 자신 수여로부터, 감히 영적으로 속박하는 신조(信條)를 형성하거나 신학 체계를 지어내지 못하게 효과적으로 제지해야 한다. 예수 안에서 우주는 한 필사 인간을 만들어 냈고, 그분 안에서 사랑의 정신은 시간의 물질적 장애를 이기고, 물리적 기원을 가진 사실을 극복했다.

항상 기억하라—하나님과 사람은 서로 필요하다. 우주 최종의 신성한 운명에서 영원한 성격 체험을 충만하게 마침내 이루는 데 하나님과 사람은 서로 필요하다.

"너희 안에 하나님의 나라가 있다"는 것은 아마도, 아버지가 살아 계신, 사랑의 영이라는 선언 다음으로 예수가 일찍이 하신 가장 위대한 선언(宣言)이었다.

주를 위하여 사람들을 설득할 때, 사람과 세상을 변화시키는 것은 강제나 의무나 관습으로 처음 5리를 가는 것이 아니라, 오히려 아낌없이 봉사하고 자유를 사랑하는 마음으로 헌신하면서 5리를 더 가는 것이며, 그것은 사랑으로 형제를 붙잡고 필사 존재에서 상급의 신성한 목표를 향하여 영적 안내를 받도록 형제를 줄기차게 몰려고 예수처럼 손 뻗는 것을 나타낸다. 그리스도교는 지금도 기꺼이 처음 5리를 가지만, 진정하게 5리를 더 가는 사람이 거의 없기 때문에 인류는 시들고 도덕의 어둠 속에서 넘어진다—예수를 따른다고 공언(公言)하는 사람들 가운데, 예수가 제자들에게 살고 사랑하고 봉사하라고 가르친 대로, 정말로 살고 사랑하는 사람이 아주 드물다.

예수의 하늘나라 형제 정신이 영적으로 다시 태어나는 수단을 이용하여 새롭고 변화된 인간 사회를 건설하는 모험으로 부름 받는 것은, 육체를 입은 예수의 친구로서 땅에서 이리저리 걷던 시절 이후로 사람들이 그렇게 자극을 받은 적이 없을 정도로, 그를 믿는 모든 사람을 기쁨에 떨게 할 것이다.

하나님의 실체를 부인(否認)하는 어떤 사회 체계나 정치 체제도, 인간 문명의 진보에 어떤 건설적이고 지속하는 방법으로 이바지할 수 없다. 그러나 오늘날 세분되고 세속화되었다시피, 그리스도교는 자체가 더욱 진보하는데 가장 큰 유일한 장애물이 된다. 특히 이것이 동양에 관해서 참말이다.

교회 중심주의는 하늘나라의 영적 교제에서 사람의 형제 단체에 속한 예수의 신앙 친구들이 가진 생생한 믿음, 성장하는 영, 피부로 겪는 체험과, 동시에, 언제까지나 양립할 수 없다. 지난날 업적의 전통을 간직하려는 칭찬할 만한 소망은 때때로, 낡은 예배 체계의 방어로 이끈다. 고대(古代)의 사상 체계를 육성하려는 좋은 뜻을 가진 소망은 현대인의 확대하고 진보하는 지성의 영적 갈망을 채우도록 고안된, 새롭고 적절한 수단과 방법의 후원을 효과적으로 막는다. 마찬가지로, 20세기의 그리스도 교회들은 진정한 복음—나사렛 예수의 가르침—을 즉시 진전시키는 데에 큰 장애, 하지만 완전히 의식하지 못한 장애가 된다.

복음이 전하는 그리스도에게 기쁘게 충성하려는 열심 있는 많은 사람은, 그의 일생과 가르침의 정신을 너무나 조금 나타내는 교회를 열심히 지지하기가 대단히 어려움을 발견하며, 그들은 그가 그런 교회를 세웠다고 그릇되게 가르침을 받아 왔다. 예수는 이른바 그리스도 교회를 세우지 않았지만, 그의 성품과 일치되는 모든 면에서, 땅에서 일생에 한 일의 대변자(代辯者), 존재하는 최선의 대변자로서 교회를 육성해 왔다.

그리스도 교회가 오직 주의 계획을 감히 지지하려고 한다면, 겉보기에 무관심한 수많은 젊은이들이 그러한 영적 사업에 참가하려고 앞으로 달려나오고, 이 큰 모험을 서슴지 않고 끝까지 견딜 것이다.

그리스도교는 자체의 표어(標語) 하나에 담겨 있는 운명과 심각하게 얼굴을 마주하고 있다: "갈라져 서로 싸우는 집은 설 수 없다." 비그리스도교 세계는 종파로 갈라진 그리스도 국가에 좀처럼 항복하지 않을 것이다. 살아 있는 예수는 그리스도교의 통일 가능성에 유일한 희망이다. 참된 교회—예수의 형제 정신—은 눈에 보이지 않고, 영적이며, 반드시 획일성이 아니라 통일성의 특징을 가졌다. 획일성은 기계 성질을 가진 물리적 세계의 표시이다. 영적 통일은 살아 있는 예수와 믿음으로 연합하여 생기는 열매이다. 눈에 보이는 교회는 하나님 나라의 눈에 보이지 않는 영적 형제 정신을 진전시키는 데 이제 더 장애물이 되지 말아야 한다. 이 형제 정신은 제도화된 사회 조직과 대조해서, 살아 있는 유기체가 될 운명을 가졌다. 그러한 사회 조직들을 잘 이용해도 좋지만, 그것들에게 밀려나서는 안 된다.

그러나 20세기의 그리스도교조차도 가벼이 여겨서는 안 된다. 그것은 오랜 시대에 많은 종족에서 하나님을 아는 사람들의 도덕적 천재가 통합되어 생긴 산물이요, 참으로 땅에서 선(善)을 위한 가장 큰 세력의 하나였고, 따라서 타고난 결함과 얻은 결함이 있어도, 아무도 가벼이 여겨서는 안 된다. 그리스도교는 힘찬 도덕적 감정을 가진 반성하는 사람들의 지성을 움직이려고 아직도 궁리한다.

그러나 교회가 상업(商業)과 정치에 말려드는 것에는 아무런 핑계가 없다. 그러한 거룩하지 않은 연합은 주를 지독하게 팔아 버리는 것이다. 진정으로 진리를 사랑하는 사람들은, 이 제도화된 강력한 교회가 새로 태어난 믿음의 숨통을 때때로 감히 틀어막고, 어쩌다 정통 아닌 옷을 걸친 듯한 진리의 사자(使者)들을 박해했음을 잊기가 어려울 것이다.

그런 스타일의 예배를 좋아한 사람들이 세상에 없었다면, 그러한 교회가 살아남지 않았으리라는 것은 너무나도 참말이다. 영적으로 게으른 많은 사람이 의식과 신성한 전통(傳統)으로 이루어진 고대의 권위적 종교를 몹시 바란다. 모든 사람으로 하여금 종교적 권위가 없이 지내게 만들기에는 인간의 진화와 영적 진보가 도저히 충분하지 않다. 하늘나라의 보이지 않는 형제 정신은, 여러 가지 사회 및 기질 등급으로 이루어진 이 가족 집단이 참으로 영에게 인도받는 하나님의 아들들이 기꺼이 되기만 한다면, 그들을 포함해도 괜찮다. 그러나 예수의 이 형제 정신에는 종파의 경쟁도 집단의 원한도, 도덕적 우수성과 영적으로 틀릴 수 없다는 주장(主張)도 설 자리가 없다.

이 여러 집합의 그리스도 교인들은 서양 문명의 여러 민족 사이에서 수많은 다른 종류의 신자(信者) 후보생을 받아들이는 데 소용될까 한다. 그러나 그리스도교 세계의 그러한 분할은 예수의 복음을 동양(東洋) 민족들에게 가지고 가려고 시도할 때, 심각한 약점을 제시한다. 이 민족들은 따로, 그리스도교와 얼마큼 떨어져서, 예수의 종교가 있다는 것을 아직까지 이해하지 못하며, 그리스도교는 갈수록 더 예수에 관한 종교가 되었다.

유란시아의 큰 희망은 예수의 유익한 메시지를 새로 확대해서 발표하여 예수를 새로이 드러내는 가능성에 있으며, 그 메시지는 사랑으로 봉사하는 가운데 오늘날에 예수를 따른다고 공언하는 자들의 수많은 집단을 영적으로 뭉칠 것이다.

세속의 교육조차도, 어떻게 인생의 계획과 인격의 발전을 시작하는가 젊은이를 가르치는 일에 더 주의를 기울이려 한다면, 이 큰 영적 르네상스에 도움이 될 수 있다. 모든 교육(教育)의 목적은 삶의 최대의 목적, 즉 훌륭하고 잘 균형된 인격의 발달을 촉진하고 육성하는 것이 되어야 한다. 너무 지나친 자아 만족 대신에 도덕적 훈련을 가르치는 것이 대단히 필요하다. 그러한 기초 위에 종교는 필사인의 생명을 확대하고 강화하는 데, 아니 영생(永生)을 보증하고 향상하는 데에도 영적 동기를 줄지 모른다.

그리스도교는 즉흥으로 만들어진 종교이며, 따라서 저속(低速) 기어에서 작용해야 한다. 고속 기어의 영적 성과는 예수의 참 종교가 새로 계시되고 더욱 널리 받아들여지기를 기다려야 한다. 그러나 십자가에 못박힌 목수의 평범한 제자들이, 3백 년 안에 로마 제국을 정복한 가르침을 시작했고, 다음에 계속해서, 로마를 뒤엎은 야만인들을 설득한 것을 보니, 그리스도교는 막강한 종교이다. 바로 이 그리스도교는 히브리 신학과 그리스 철학의 흐름 전체를 정복했다—흡수하고 향상시켰다. 다음에 신비주의와 이교(異教) 사상에 지나치게 젖은 결과로서, 1천 년이 넘도록 혼수 상태에 빠졌을 때, 이 그리스도교는 스스로 살아나서 서양 세계 전체를 실질적으로 다시 정복했다. 그리스도교는 자체를 불멸로 만들기에 충분하게 예수의 가르침을 담고 있다.

그리스도교가 예수의 가르침을 더 깨달을 수 있기만 하면, 현대인이 새롭고 더욱 까다로워지는 문제를 푸는 것을 돕는 데 훨씬 더 이바지할 수 있다.

그리스도교가 큰 장애물에 걸려 고생하는 것은 온 세상의 지성들이 보기에 서양 문명의 사회 체계, 산업 생활, 도덕 기준의 일부로서 동일시되었기 때문이다. 이처럼 그리스도교는 뜻하지 않게 이상주의가 없는 과학, 원칙 없는 정치, 일하지 않고 얻은 재산, 자제 없는 쾌락, 인격 없는 지식, 양심(良心) 없는 권력, 도덕성이 없는 산업을 묵인(默認)하는 죄책감 밑에서 비틀거리는 한 사회를 후원하는 듯했다.

현대 그리스도교의 희망은, 서양 문명의 사회 체계와 산업 정책을 후원하는 일을 그만두어야 하며, 한편 아주 용감히 찬양하는 그 십자가(十字架) 앞에서 겸손히 머리를 숙이고, 거기서 나사렛 예수로부터, 필사 인간이 일찍이 들을 수 있던 가장 큰 진리를—하나님은 아버지요 사람은 형제라는 산 복음을—다시 배우는 데 있다.

注: 1. 비종교주의 또는 세속주의는 종교에 의존하지 않고 인생·윤리·사물을 보자는 주의.

제 196 편

예수의 믿음

예수는 숭고한 믿음, 마음을 다하여 하나님을 믿는 신앙을 지녔다. 필사 존재의 보통 오르막과 내리막을 겪었지만, 하나님의 보살핌과 안내하심이 확실하다는 것을 결코 종교적으로 의심하지 않았다. 그의 믿음은 신성한 존재, 그에게 깃든 조절자의 활동에서 생겨난 통찰력의 결과였다. 그의 믿음은 전통적이거나 단순히 지적인 믿음이 아니었고, 온전히 개인적이고 순수하게 영적인 믿음이었다.

인간 예수는 하나님이 참되고 아름답고 선할 뿐 아니라, 거룩하고 공정(公正)하고 위대하다고 보았다. 신성의 이 모든 속성을 머리 속에서 "하늘에 계신 아버지의 뜻"으로 한데 집중하였다. 예수의 하나님은 "이스라엘의 거룩한 분"이요, 동시에 "하늘에 계신, 생명과 사랑의 아버지"였다. 하나님이 아버지라는 개념을 예수가 창시하지는 않았지만, 하나님을 새로이 계시(啓示)함으로, 모든 필사 인간이 이 사랑의 아버지의 자식이요 하나님의 아들이라 선포함으로, 그 생각을 숭고한 체험으로 높이고 들어올렸다.

예수는 허덕이는 사람이 우주와 전쟁하면서, 냉담하고 죄 많은 세상과 결사적으로 씨름하는 것처럼 하나님을 믿는 신앙에 매달리지는 않았다. 단지 어려움 한가운데서 위안으로서, 또는 절망의 위협 속에서 하나의 위로로서 믿음에 의존하지 않았다. 믿음은 그저 불쾌한 현실과 생활의 슬픔에 대한 허망한 보상(報償)이 아니었다. 필사 존재에서 생기는 모든 자연스러운 곤경과 현세의 모순과 마주쳐서, 최상으로, 절대로 하나님을 신뢰하는 차분함을 맛보고, 하늘 아버지의 바로 그 계심 가운데서, 신앙으로 엄청난 생활의 기쁨을 느꼈다. 이 승리한 믿음은 실제로 영에 도달한 산 체험이었다. 인간 체험의 가치에 예수가 크게 기여한 것은 하늘에 계신 아버지에 대하여 아주 많은 새 관념을 드러냈다는 것이 아니라, 오히려 <u>하나님을 믿는 살아 있는 신앙</u>, 새로운 상급 종류의 신앙을 아주 훌륭하게, 인간답게 보여 주었다는 것이다. 이 우주의 모든 세상에서, 어느 한 필사자의 일생에서, 나사렛 예수의 인간 체험의 경우처럼 하나님이 그렇게 <u>생동하는 실체</u>가 된 적이 없다.

유란시아에서 사신 주의 일생에서, 지역 우주의 이 세상과 모든 다른 세상은 새로운 상급 종류의 종교를 발견하는데, 이것은 우주의 아버지와 개인적으로 가진 영적 관계에 기초를 두고, 진정하게 몸소 겪은 체험의 최고 권한으로 말미암아 온통 정당화된 종교이다. 예수의 이 살아 있는 신앙은 지적(知的) 명상을 넘는 것이요, 신비스러운 명상이 아니었다.

신학(神學)은 신앙을 고정시키고 형성하고 정의하고 교리화할지 모르지만, 예수의 인생에서 신앙은 개인적이고, 살아 있고, 독창성 있고, 자연스럽고 순전히 영적인 것이었다. 이 믿음은 전통에 대한 존경심도, 신성한 신조로서 지녔던 한낱 지적인 관념도 아니었고, 오히려 숭고한 체험이요 <u>그를 단단히 붙든</u> 깊은 확신이었다. 그의 믿음은 너무나 참되고 모든 것을 둘러쌌기 때문에, 어떤 영적 의심도 절대로 쓸어 버리고, 상반되는 모든 소망을 실질적으로 없애 버렸다. 아무 것도 그를 뜨겁고 숭고한 믿음, 기가 꺾이지 않는 이 믿음의 영적 정박지로부터 몰아 낼 수 없었다. 명백한 패배와 마주치거나, 실망과 위협하는 절망에 한창 시달릴 때도, 두려움 없이, 영적 불굴(不屈)을 가득히 의식하면서 신이 계신 앞에서 차분하게 서 있었다. 예수는 확고한 믿음을 소유한다는, 힘찬 확신을 지녔고, 인생의 벅찬 상황을 만날 때마다 아버지의 뜻에 의심하지 않고 충성함을 어김없이 나타냈다. 더할 나위 없는 이 믿음은 치욕스럽게 죽는, 잔인하고 정신을 짓밟는 위협에도 움츠러들지 않았다.

종교적 천재(天才)의 경우에, 강한 영적 믿음은 아주 흔히 비참한 광신으로, 종교적 자아의 과장으로 이끌지만, 예수의 경우는 그렇지 않았다. 특별한 믿음과 영적 달성 때문에 실지 생활에서 불리하게 영향을 받지 않았는데, 왜냐하면 이러한 영적 진보는 하나님을 몸소 겪는 체험을 전혀 의식하지 않고 저절로 혼으로 표현한 것이었기 때문이다.

온 몸을 불태우며 굴복할 줄 모르는 예수의 영적 믿음은 결코 광신이 되지 않았고, 이것은 실지로, 보통 생기는 사회·경제·도덕적 생활 상황의 비례적 가치에 관하여 잘 균형 잡힌 지적 판단으로부터 믿음이 결코 벗어나려 애쓰지 않았기 때문이다. 사람의 아들은 눈부시게 통일된 인간 성격이었다. 완전하게 갖춘 신다운 존재였고, 또한 땅에서 하나의 성격으로서 활동하는 존재, 인간과 신이 통합된 존재로서 훌륭하게 조정되었다. 주는 언제나 혼의 믿음을 성숙한 경험으로 얻은 지혜의 평가와 조정했다. 모든 인간적 충성—개인의 명예, 가족 사랑, 종교적 의무, 사회적 임무, 경제적 필요성—의 현실과 그 신성함을 예민하게 깨닫는 것과 조화 있게 연결되어, 비할 데 없는 종교적 통일 속에서, 개인의 믿음, 영적 희망, 도덕적 헌신은 언제나 서로 관련되었다.

예수의 믿음은 모든 영(靈) 가치가 하나님의 나라에서 발견된다고 상상했고, 따라서 "먼저 하늘나라를 찾으라"고 하였다. 예수는 하늘나라의 진보된 이상적 친교 속에서 "하나님의 뜻"이 이루어지고 완성되는 것을 눈에 선하게 보았다. 제자들에게 가르친 기도의 바로 그 핵심(核心)은 이것이었다, "아버지의 나라가 오소서, 그 뜻이 이루어지이다." 이렇게 하늘나라가 하나님의 뜻을 구성한다고 상상했기 때문에, 놀랍게 자기를 잊고 한없는 열심으로 실현하는 운동에 몸을 바쳤다. 하지만 모든 강렬한 사명에서, 특별한 생애 전체를 통해서, 광신자의 격분이나 종교적으로 자기 본위인 사람의 얄팍한 천박성이 결코 나타나지 않았다.

주의 일생 전부가 이 살아 있는 믿음, 이 숭고한 종교적 체험에 따라 한결같이 조절되었다. 이 영적 태도가 완전히 그의 생각과 느낌, 믿음과 기도, 가르침과 전도(傳道)를 지배했다. 한 아들이 하늘 아버지가 안내하고 보호하신다는 확실성과 보장을 이렇게 개인적으로 믿는 것은 독특한 생애에 영적 실체의 심오한 재산을 나누어 주었다. 그래도, 신성과 가까운 관계를 이렇게 아주 깊이 의식했는데도, 이 갈릴리 사람, 하나님의 갈릴리 사람은, 누가 "선한 선생"이라 일컬었을 때, 순간적으로 대답했다 "어째서 나를 선하다고 하느냐?" 자아를 잊어버리는 그러한 찬란한 태도와 마주칠 때, 어떻게 우주의 아버지가 자신을 그에게 충만히 나타내고, 그를 통해서 그 영역의 필사자들에게 자신을 드러내는 것이 가능함을 발견했는가 우리는 비로소 이해하게 된다.

예수는 그 영역의 한 사람으로서 하나님께 모든 헌물 가운데 가장 큰 것을 가져왔으니, 즉 신(神)의 뜻을 행하는 훌륭한 봉사에 자신의 뜻을 거룩히 드리고 바치는 것이다. 예수는 언제나, 한결같이, 전적으로 아버지의 뜻을 보는 견지에서 종교를 풀이했다. 종교 생활에서 기도나 어떤 다른 모습에 관해서 주의 생애를 연구할 때, 무엇을 가르쳤는가가 아니라 무엇을 행했는가를 보라. 그에게 기도(祈禱)는 영적 태도의 성실한 표현이요, 혼의 충성을 선언한 것, 개인의 헌신을 낭독한 것, 감사의 표현, 감정의 긴장을 피하는 것이다. 갈등의 방지, 지적 사고(思考)를 승화한 것, 소망을 고귀하게 만드는 것이요, 도덕적 결심의 입증, 생각을 강화한 것, 상급 성향에 활력을 붓는 것, 충동을 거룩히 바치는 것이다. 관점의 해명, 믿음의 선언, 초월하여 의지를 항복하는 것, 확신을 숭고하게 주장하는 것이요, 용기의 계시, 발견의 선언, 최고의 헌신을 고백하는 것이다. 거룩한 헌신을 확인하는 것, 어려움을 조정하는 기법, 이기심·악·죄를 향한 모든 인간 성향을 물리치려고 혼의 총 능력을 힘차게 동원하는 것이다. 그는 아버지의 뜻을 행하는 데 신앙심으로 거룩히 바치는 바로 그러한 인생을 살았고, 바로 그러한 기도로 인생을 승리로 마쳤다. 견줄 데 없는 종교 생활의 비결은 하나님의 계심을 이렇게 의식하는 것이었다. 계몽이나 목소리나 환상이나 특별한 종교적 관습이 아니라, 총명한 기도와 성실한 예배로—하나님과 끊임없이 교통함으로—그 비결을 얻었다.

땅에서 사신 예수의 생애에서 종교는 생생한 체험, 즉 영적 경외감으로부터 실용적인 올바름으로 직접 몸소 넘어가는 것이었다. 예수의 믿음은 신다운 영의 초월적 열매를 맺었다. 그 믿음은 어린아이의 것처럼 미숙하고 쉽사리 믿는 것이 아니라, 여러 면에서 어린아이처럼 의심하지 않는 신뢰와 비슷하였다. 아이가 부모를 신뢰하는 것과 많이 비슷하게 예수는 하나님을 신뢰하였다. 우주를 깊이 신뢰했다—어린아이가 부모(父母)의 환경을 믿는 것 같이, 바로 그런 신뢰를 가졌다. 우주가 근본적으로 선함을 예수가 진심으로 믿는 것은 어린아이가 지상(地上) 환경이 안전함을 믿는 것과 대단히 비슷하였다. 어린아이가 땅에 있는 부모에게 기대듯 하늘 아버지에게 의존했고, 뜨거운 믿음은 결코 하늘 아버지의 보살핌이 확실함을 한 순간도 의심하지 않았다. 두려움이나 의심이나 회의(懷疑)에 심각하게 마음이 흔들리지 않았다. 불신(不信)은 그의 생애에서 자유롭고 독창적인 표현을 막지 않았다. 충분히 성장한 사람의 굳건하고 총명한 용기, 믿는 어린아이의 성실하고 신뢰하는 낙관주의를 한데 모았다. 그의 믿음은 도무지 두려움이 없는 그러한 신뢰의 경지에까지 다다랐다.

예수의 믿음은 어린아이의 신뢰처럼 순수했다. 그 믿음은 아주 절대적이고 의심이 없었고, 그래서 동료 존재들과 접촉하는 황홀함에, 또 우주의 경이에 반응했다. 신다운 것에 기대는 감각은 아주 완벽하고 아주 자신이 넘쳐서, 성격이 절대로 안전하다는 기쁨과 확신을 낳았다. 그의 종교적 체험에는 망설이는 티가 전혀 없었다. 충분히 성장한 사람의 이 거대한 지능 속에서 어린아이의 믿음이 종교적 의식(意識)에 관계되는 모든 문제를 최고로 다스렸다. "어린아이와 같이 되지 않고는, 너희가 하늘나라로 들어가지 못할지니라"하고 한때 말한 것은 당연하다. 예수의 믿음이 <u>어린아이 같았는데도</u>, 어떤 의미에서도 <u>유치하지는</u> 않았다.

예수는 제자들에게 그를 믿으라고 요구하는 것이 아니라, 오히려 그와 <u>함께</u> 믿으라, 하나님의 사랑이 현실임을 믿고, 충분한 확신 속에서 하늘 아버지의 아들이라는 확신이 안전함을 받아들이라고 요구한다. 주는 모든 추종자가 그의 초월적 믿음을 충분히 나눠 가지기를 바란다. 그가 <u>믿은 것</u>을 믿을 뿐 아니라, 또한 그가 믿은 것<u>처럼</u> 믿으라고, 예수는 아주 감동적으로 추종자들에게 도전했다. 이것이 "나를 따르라"하는 한 가지 최상의 요구 조건이 가진 충분한 의미이다.

땅에서 예수의 일생(一生)은 한 가지 큰 목적에 바쳐졌다—즉 아버지의 뜻을 행하는 것, 종교적으로, 신앙으로 인생을 사는 것이다. 예수의 믿음은 어린아이의 믿음처럼 신뢰하는 것이었지만, 전혀 주제넘지 않았다. 튼튼하고 당당하게 결정을 내렸고, 다양한 실망에 용감히 부딪쳤고, 특별한 어려움을 굳게 이겨냈으며, 의무의 엄격한 여러 요구 조건에 주춤하지 않고 부닥쳤다. 예수가 믿은 것을 그가 믿은 것처럼 믿는 데는 힘찬 의지와 틀림없는 확신이 필요했다.

1. 사람 예수

아버지의 뜻에, 그리고 사람에게 베푸는 봉사에, 예수가 헌신한 것은 사람의 결심과 인간적 결의보다 더 컸고, 그렇게 아낌없이 사랑을 수여하는 데 마음을 다하여 거룩히 몸을 바치는 것이었다. 미가엘이 군주라는 사실이 아무리 크더라도 상관없이, 사람들로부터 인간 예수를 빼앗아서는 안 된다. 주는 하나님일 뿐 아니라, 한 사람으로서 하늘로 올라갔다. 그는 사람들에게 속하고, 사람들은 그에게 속한다. 인간 예수를 허덕이는 필사자들로부터 빼앗도록 종교 자체가 잘못 풀이되는 것은 얼마나 딱한 일인가! 그리스도의 인간성이나 신성을 토론하더라도, 나사렛 예수가 신앙으로 하나님의 뜻을 알고 행하기를 성취한 종교적인 사람이었다는 유익한 진리를 가리게 하지 말라. 그는 유란시아에서 일찍이 살았던 가운데 참으로 가장 종교적인 사람이었다.

19세기의 신학 전통과 종교적 독단(獨斷) 한가운데서, 인간 예수가 묻힌 무덤으로부터 상징적 부활을 증언할 때가 무르익었다. 나사렛 예수는, 영화롭게 된 그리스도라는 눈부신 개념에도 이제 더 희생되어서는 안 된다. 이 계시를 통해서, 사람의 아들이 전통적 신학(神學)의 무덤으로부터 회복되고, 그 이름을 지니는 교회와 모든 다른 종교에게 살아 있는 예수로서 제시된다면, 얼마나 초월적 봉사일 것인가! 그리스도교에서 신자들의 교제는 아버지의 뜻을 행하는 데 종교적으로 헌신하고, 사람에게 사심 없이 봉사하는 데 거룩히 바친 진정한 일생을 보여 주면서, 그 교제가 주의 "뒤를 따를" 수 있도록, 분명히 서슴지 않고 그러한 믿음과 생활 관습을 조정할 것이다. 그리스도 교인이라고 공언(公言)한 자들은, 사회적으로 존경받고 이기적인 경제적으로 잘못 적응된 교제, 거만하고 거룩하게 헌신하지 않은 교제가 노출될까 두려워하는가? 갈릴리의 예수가 필사 인간들의 지성과 혼 속에서 개인의 종교 생활의 이상으로서 다시 자리를 찾는다면, 제도화된 그리스도교는 전통적 교회 권한의 가능한 위협을, 아니 교회 권한이 뒤엎어질까 두려워하는가? 정말로 예수의 살아 있는 종교가 예수에 관한 신학적 종교를 갑자기 갈아치운다면, 그리스도교 문명에서 사회의 재조정, 경제적 변화, 도덕적 원기 회복, 종교적 수정은 철저하고 혁신이 될 것이다.

"예수를 따르는" 것은 그의 종교적 믿음을 몸소 나누고, 사람에게 사심 없이 봉사한 주의 일생의 정신에 들어감을 의미한다. 인간 생활에서 가장 중요한 것 가운데 하나는 예수가 무엇을 믿었는가를 찾아내고, 그 이상(理想)을 발견하며, 그의 드높은 인생의 목적을 이루기 위하여 애쓰는 것이다. 인간의 모든 지식 가운데, 가장 값진 것은 예수의 종교적 일생과 그가 어떻게 일생(一生)을 살았는가를 아는 것이다.

서민들은 예수의 말씀을 기쁘게 들었고, 진리가 세상에 다시 선포된다면, 거룩히 바친 종교적 동기를 가진 그의 성실한 인생을 발표하는 것에 다시 반응할 것이다. 사람들이 그의 말씀을 기쁘게 들은 것은 그가 그들 가운데 하나요, 꾸밈없는 평범한 사람이었기 때문이다. 세상에서 가장 위대한 종교 스승은 정말로 보통 사람이었다.

육체를 입은 예수의 일생, 겉에서 보이는 일생을 글자 그대로 모방(模倣)하는 것이 아니라, 오히려 그의 믿음을 함께 나누는 것이 하늘나라를 믿는 사람들의 목표가 되어야 한다. 그가 하나님을 신뢰한 것 같이 하나님을 신뢰하고, 그가 사람들을 믿은 것 같이 사람들을 믿는 것이다. 예수는 하나님이 아버지인 것이나 사람들이 형제인 것에 관하여 한 번도 논쟁하지 않았다. 하나를 생생하게 보여 주었고, 다른 하나를 심오하게 전시하였다.

인간다운 것을 의식함으로부터 신다운 것을 깨닫기까지 사람들이 진보해야 하는 것과 마찬가지로, 예수는 사람의 성품으로부터 하나님의 성품을 의식하는 데까지 올라갔다. 주는 필사자 지능의 믿음과 깃드는 조절자의 행위가 합동으로 이룬 성취로 말미암아, 인간다운 것으로부터 신다운 것으로 이렇게 올라가는 일을 해냈다. (인간성의 현실을 내내 충분히 의식하면서) 신성(神性)의 총체를 얻었음을 사실로 깨닫는 데는 점진적으로 신이 되는 것을 믿음으로 의식하는 일곱 단계가 따랐다. 점진적으로 자아를 각성하는 이 여러 단계는 주가 자신을 수여하는 체험에서 다음의 특별한 사건들로 말미암아 구별된다:

1. 생각 조절자의 도착.
2. 열두 살쯤 되었을 때, 예루살렘에서 그에게 나타난 이마누엘의 사자.
3. 세례에 따른 여러 표시.
4. 변모산에서 겪은 체험.
5. 상물질 부활.
6. 영의 승천.
7. 마침내 파라다이스 아버지의 품에 안긴 것. 이것은 그의 우주에 대하여 무제한 통치권을 부여하였다.

2. 예수의 종교

언젠가 그리스도 교회의 개혁(改革)은 우리의 믿음의 창시자요 종결자인 예수의 가르침, 섞이지 않은 종교적 가르침으로 돌아가기에 충분히 깊게 침투할지 모른다. 너희는 예수에 <u>관한</u> 종교를 <u>전파</u>해도 좋지만, 필연적으로 너희는 예수<u>의</u> 종교를 <u>실천</u>해야 한다. 오순절의 열심 속에, 베드로는 뜻하지 않게 새 종교, 부활하고 영화롭게 된 그리스도를 가르치는 종교를 창시(創始)했다. 사도 바울은 나중에 이 새 복음을 그리스도교로 변화시켰는데, 자신의 신학 견해를 구현하고 다마스커스 길에서 예수를 자신이 <u>몸소 체험한 것</u>을 그리는 종교였다. 하늘나라 복음은 갈릴리의 예수가 친히 겪은 종교적 체험에 기초를 두었다. 그리스도교는 거의 순전히 사도 바울이 개인적으로 겪은 종교적 체험에 기초를 두었다. 신약(新約)의 거의 전부가, 의미 있고 영감을 불러일으키는 예수의 종교 생활을 그리는 것이 아니라, 바울의 종교적 체험을 토론하고 개인적인 종교적 확신을 그리는 데 바쳐진다. 마태·마가·누가의 어떤 부분은 별도로 하고, 이 진술에 주목할 예외는 히브리서와 야고보 서한 뿐이다. 베드로도 그가 쓴 글에서, 주의 개인적 종교 생활로 겨우 한 번 돌아갈 뿐이다. 신약은 훌륭한 그리스도교 문헌이지만, 빈약하게 예수다울 따름이다.

육체를 입은 예수의 일생은, 원시적 경외감과 인간적 존경심이 나타나는 초기의 관념으로부터, 몸소 영적으로 교통하는 여러 해를 거쳐서, 마침내 그가 아버지와 하나 됨을 의식하는 상급의 높은 지위에 이를 때까지, 탁월한 종교적 성장을 묘사한다. 짧은 일생 안에 예수는 이처럼 사람이 땅에서 비롯하고 파라다이스 이전 생애에, 연속된 수준의 영 훈련 학교들에서 오래 머무른 끝에야 보통 이룩하는, 종교면에서 영적으로 진보하는 체험을 거쳤다. 예수는 몸소 겪는 종교적 체험에서 얻는, 신앙의 확실한 것들을 순전히 인간적으로 의식(意識)함으로부터 신다운 성품을 분명히 깨닫는 숭고한 영적 높이까지, 한 우주의 경영에서 우주의 아버지와 그가 가까운 관계를 가졌음을 의식하기까지 나아갔다. 그를 선한 선생이라고 부른 사람에게 저절로 "어찌하여 나를 선하다고 하느냐? 하나님 외에 아무도 선하지 않으니라" 말하도록 자극한 상태, 사람으로서 의존하는 겸손한 상태로부터 나아갔고, 그로 하여금 "너희 가운데 누가 나를 정죄하느냐?" 외치도록 이끈, 신성(神性)을 성취했음을 숭고하게 의식하는 정도에까지 이르렀다. 인간다운 것으로부터 신다운 것에 이르기까지 이렇게 점진적으로 올라간 것은 순전히 사람의 성취였다. 이렇게 신성에 이르고 나서, 하나님의 아들일 뿐 아니라, 여전히 똑같은 인간 예수, 사람의 아들이었다.

마가·마태·누가는 신의 뜻을 확인하고 그 뜻을 행하려는 숭고한 투쟁에 몰두한 인간 예수의 그림을 얼마큼 간직한다. 요한은 신성을 완전히 의식하면서 땅에서 걷는 승리한 예수의 그림을 제시한다. 주의 일생을 연구한 자들이 저지른 큰 잘못은 더러는 그를 전적으로 인간이라 생각했고, 더러는 오직 신(神)이라 생각했다는 것이다. 그의 체험 전부를 통해서 내내, 아니 아직도 그렇다시피, 그는 참으로 인간이고 신이었다.

그러나 인간 예수가 종교를 가졌다고 인식했어도, 신다운 예수(그리스도)가 거의 하룻밤 사이에 종교가 되었다는 점에서, 가장 큰 잘못이 일어났다. 바울의 그리스도교는 신성한 그리스도를 꼭 찬미하도록 만들었지만, 갈릴리의 예수, 투쟁하는 용감한 인간 예수를 거의 전적으로 보지 못하고 놓쳤다. 인간 예수는 자신의 종교적 믿음의 용기와 그에 깃든 조절자의 영웅다운 자질로 말미암아, 인간의 낮은 수준으로부터 신성과 하나가 되기까지 올라갔으며, 이처럼 모든 필사자가 그렇게 인간으로부터 신성으로 올라갈 수 있는 새로운, 생명의 길이 되었다. 영성(靈性)의 모든 단계에서, 모든 세계에 있는 필사자들은, 예수 개인의 일생에서, 가장 낮은 영 수준으로부터 가장 높은 신성한 가치에 이르기까지, 몸소 겪는 모든 영적 체험의 시초부터 끝까지 올라가는 동안에, 힘을 주고 영감을 불러일으키는 무엇을 발견할지 모른다.

신약(新約)이 기록될 때, 그 저자(著者)들은 부활하신 그리스도의 신성을 아주 깊이 믿었을 뿐 아니라, 하늘나라를 완성하려고 그가 땅으로 즉시 돌아오리라고 열심히, 성실하게 믿었다. 주가 즉시 돌아오리라는 이 굳센 믿음은 주의 순전히 인간적인 체험과 속성을 그리는 언급을 기록으로부터 빼 버리는 경향에 많이 기여하였다. 그리스도교 운동 전체가 나사렛 예수의 인간다운 그림으로부터 멀리, 부활하신 그리스도, 영화롭게 되었고 곧 돌아오실 주 예수 그리스도를 높이는 방향으로 옮아가는 경향이 있었다.

예수는 하나님의 뜻을 행하고 인간 형제들에게 봉사하면서 몸소 겪은 체험의 종교를 세웠다. 바울은 영화롭게 된 예수가 예배의 대상(對象)이 되고, 그 형제 단체가 신다운 그리스도를 믿는 동료 신자들로 이루어진 그러한 종교를 세웠다. 예수의 수여(授與)에서 이 두 개념은 신이자 인간인 일생에 잠재했다. 주의 인간 성품과 신다운 성품이 땅에서 산 일생에서 뗄 수 없이 붙어 있고 최초의 하늘나라 복음에서 아주 영화롭게 설명된 바와 같이, 이 두 성품을 적절히 인정했을지도 모르는 통일된 종교를 추종자들이 만들어 내지 못한 것은 정말로 유감스럽다.

예수가 세상에서 아주 진심으로 헌신한 종교가였다는 것을 기억하기만 한다면, 너희는 그의 어떤 강경한 발언에 충격을 받거나 마음이 흔들리지 않을 것이다. 그는 아버지의 뜻을 행하는 데 아낌없이 몸을 바친, 온통 거룩하게 헌신한 사람이었다. 어렵게 보이는 말씀 가운데 많은 것은 추종자들에게 주는 명령이라기보다 믿음을 친히 고백한 것이요 헌신(獻身)의 서약이었다. 바로 이러한 한결같은 목적과 사심 없는 헌신이 그로 하여금 짧은 일생에서 인간 지성을 정복하는 데 그렇게 특별히 진보할 수 있게 하였다. 그의 선언 가운데 많은 것은 모든 추종자에게 요구한 것이라기보다, 오히려 자신에게 부과한 요구를 고백한 것이라 생각해야 한다. 하늘나라 운동에 헌신하면서, 예수는 지나간 다리를 모두 불살랐다. 아버지의 뜻을 행하는 데 있는 모든 장애물을 희생했다.

예수가 가난한 자들을 축복한 것은 그들이 보통 성실하고 경건했기 때문이다. 보통 바람을 피우고 종교성이 없기 때문에 부자(富者)들을 비난했다. 마찬가지로 그는 종교성이 없는 빈민을 비난하고, 거룩하게 헌신하고 종교적인 부자를 칭찬할 것이다.

예수는 세상에서 사람을 편안하게 느끼도록 이끌었다. 사람들을 금기(禁忌)에 노예가 된 상태로부터 구원했고, 세상이 근본적으로 악하지 않다고 가르쳤다. 땅의 생활로부터 도피하기를 동경(憧憬)하지 않았다. 육체를 입고 있는 동안 아버지의 뜻을 수긍할 만하게 행하는 기법을 통달했다. 현실적인 세상 바로 한가운데서 이상주의적 종교 생활에 도달하였다. 예수는 인류에 대하여 바울의 비관적 견해를 가지지 않았다. 주는 사람들을 하나님의 아들로 바라보았고, 살아남기를 택하는 자들에게 멋지고 영원한 앞날이 있음을 내다보았다. 도덕 면에서 회의론자가 아니었고, 부정적이 아니라 긍정적으로 사람을 보았다. 모든 사람이 사악하기보다 약하다고, 타락하기보다 갈팡질팡한다고 보았다. 그러나 그들의 상태가 어떻든지 상관 없이, 모두가 하나님의 자녀요 그의 형제였다.

그는 사람들에게 시간과 영원 속에서 자신을 높이 평가하라고 가르쳤다. 사람들을 높이 평가했기 때문에, 예수는 기꺼이 인류에게 끊임없이 봉사하는 데 몸을 바쳤다. 그의 종교에서 황금률을 필수 요인으로 만든 것은 바로 유한자(有限者)의 이 무한한 가치였다. 어떤 필사자가 예수가 그를 특별히 신뢰하는 데 격려를 받지 않을 수 있는가?

예수는 사회의 진전을 위하여 아무런 규칙을 제시하지 않았다. 그의 사명은 종교적인 것이었고, 종교는 순전히 개인의 체험이다. 사회의 가장 진보된 성취의 궁극의 목적은 결코 사람이 형제(兄弟)라는 예수의 가르침을 뛰어넘기를 바랄 수 없고, 그것은 하나님이 아버지라는 인식에 기초를 둔다. 모든 사회적 성취의 이상은 오직 이 신의 나라가 오면서 이루어질 수 있다.

3. 종교의 우위

개인의 영적 종교적 체험은 필사자가 겪는 대부분의 어려움에 효과적인 해결책이며, 인간의 모든 문제를 효과 있게 분류하고 평가하고 조정하는 약(藥)이다. 종교는 인간의 어려움을 제거하거나 없애버리지 않지만, 녹이고 흡수하고 밝게 비춰주고 초월한다. 참된 종교는 모든 필사자의 요구 조건에 효과적으로 조정하기 위하여 인격을 통일한다. 종교적 믿음—깃드는 신성한 계심이 분명히 이끄는 것—은 하나님을 아는 사람으로 하여금 우주의 첫째 근원을 그것으로 인식하는 지적 논리, 이 첫째 근원을 그분이라고 확언하는 혼의 분명한 주장, 이 둘 사이에 존재하는 간격을 어김없이 좁힐 수 있게 만들며, 그분은 예수의 복음에서 하늘 아버지요, 인간을 구원하는, 성격을 가진 하나님이다.

우주 실체에는 꼭 세 가지 원소(元素)가 있으니, 사실·아이디어·관계이다. 종교적 의식은 이 실체들을 과학·철학·진리로서 식별한다. 철학은 이 활동을 이성·지혜·믿음—물리적 실체, 지적 실체, 영적 실체—라고 보고 싶어한다. 우리는 이 실체들을 사물·의미·가치로 부르는 버릇이 있다.

실체의 점진적 이해는 하나님께 가까이 가는 것과 대등하다. 하나님을 찾아내는 것, 실체와 동일함을 의식하는 것은 자아의 완성(完成)—자아 전체성, 자아 총체성—을 체험하는 것과 맞먹는다. 총 실체를 체험하는 것은 하나님을 충만히 깨닫는 것이요, 하나님을 아는 체험의 최종이다.

인생의 종합은 사람이 사실에 따라 교육받고, 지혜로 고귀하게 되며, 종교적 믿음으로 구원된다—정당화된다—는 것을 아는 것이다.

물리적 확실성은 과학의 논리(論理)에 있고, 도덕적 확실성은 철학의 지혜에, 영적 확실성은 진정한 종교적 체험의 진실에 있다.

지성이 전적으로 물질인 것이 아니기 때문에, 사람의 지성이 높은 수준의 영적 통찰력과 그에 상당하는 신성한 가치 분야에 이를 수 있다. 사람의 지성에는 영 알맹이—신의 계심인 조절자—가 있다. 인간의 지성에 이 영(靈)이 깃든다는 세 가지 증거가 따로 있다:

1. 인도주의적 교제—사랑. 순전한 동물 지성은 자아를 보호하려고 군생할지 모르지만, 오직 영이 깃드는 지능이 사심 없이 이타적(利他的)이고 무조건 사랑하는 성질이 있다.

2. 우주의 해석—지혜. 오로지 영이 깃든 지성이 우주가 개인에게 친절하다는 것을 이해할 수 있다.

3. 삶의 영적 평가—예배. 오로지 영이 깃드는 사람이 신의 계심을 깨닫고, 이처럼 신성(神性)을 미리 맛보는 가운데, 그렇게 하면서 더욱 충만한 체험을 얻기를 추구할 수 있다.

인간의 지성은 진정한 가치를 창조하지 않으며, 인간의 체험은 우주를 보는 통찰력을 낳지 않는다. 통찰력, 곧 도덕적 가치를 인식하고 영적 의미를 헤아리는 것에 관하여 말하면, 인간의 지성이 할 수 있는 것은 발견하고 인식(認識)하고 해석하고 <u>선택하는</u> 것이 전부이다.

우주의 도덕적 가치는 필사 지성의 세 가지 기본 판단, 곧 선택을 행사함으로 지적 소유물이 된다:

1. 자아의 판단—도덕적 선택.
2. 사회적 판단—윤리적 선택.
3. 하나님 판단—종교적 선택.

따라서 인간의 모든 진보는 합동 <u>계시적 진화</u> 기법에 따라서 실현되는 듯하다.

사랑에 빠진 신성한 분이 사람 속에 살지 않으면, 사심 없이 영적으로 사랑할 수 없다. 해석(解釋)해 주는 분이 지성 안에 살지 않으면, 우주의 통일성을 참으로 깨달을 수 없다. 평가(評價)하는 분이 사람과 함께 거하지 않으면, 사람은 도저히 도덕적 가치를 평가하고 영적 의미를 헤아릴 수 없다. 사랑하는 이분은 무한한 사랑의 바로 그 근원으로부터 온다. 이 해석자는 우주의 통일의 일부이며, 이 평가자는 신성하고 영원한 실체에 담긴 모든 절대 가치의 중심 근원의 자식이다.

종교적 의미—영적 통찰력—이 담긴 도덕적 평가는 선과 악, 진리와 오류, 물질인 것과 영적인 것, 인간다운 것과 신다운 것, 시간과 영원 사이에 개인이 선택함을 뜻한다. 인간이 살아남는 것은 대체로 이 영 가치 분류자—깃드는 해석자이자 통일자—가 골라 놓은 가치를 선택하는 데 인간의 의지(意志)를 거룩하게 바침에 달려 있다. 개인의 종교적 체험은 두 단계로 이루어져 있는데, 하나는 인간 지성 속에서 발견하는 것이요, 하나는 깃드는 신다운 영이 계시하는 것이다. 지나치게 복잡하게 만들어서, 또는 종교가라고 공언하는 자들의 경건치 못한 행위의 결과로서, 한 사람 또는 한 세대의 사람들조차 안에 깃드는 하나님을 발견하려는 노력을 그만둘 수 있다. 신성한 계시(啓示) 속에서 진보하거나 그 계시를 달성하지 못할 수 있다. 그러나 영적으로 진보하지 않는 그러한 태도는 깃드는 생각 조절자의 계심과 영향 때문에 오랫동안 버틸 수 없다.

신성한 깃드심의 실체를 느끼는 이 심오한 체험은 언제까지나 자연 과학의 투박한 유물론 기법을 뛰어넘는다. 너희는 영적 기쁨을 현미경 밑에 놓을 수 없고, 사랑을 저울에 달 수 없고, 도덕적 가치를 자로 잴 수 없다. 영적 예배의 질(質)을 어림할 수도 없다.

히브리인들은 도덕 면에서 숭고한 종교를 가졌고, 그리스인들은 아름다움의 종교를 진화했으며, 바울과 그와 의논한 자들은 믿음·소망·자선의 종교를 창시했다. 예수는 사랑의 종교, 즉 아버지 사랑의 보장과 함께, 인간의 형제 정신에 봉사하면서 이 사랑을 나누는 결과로서 기쁨과 만족을 얻는 종교를 계시하고 본보기로 보였다.

골똘히 생각해서 도덕적인 선택을 할 때마다, 사람은 즉시 혼(魂)에 새로이 신(神)이 쳐들어옴을 체험한다. 도덕적 선택은 종교를 외부 조건에 대하여 안에서 반응하는 동기로 만든다. 그러나 그러한 진정한 종교는 순전히 주관적 체험은 아니다. 총 객관성—우주와 그 조물주—에 대하여 의미 있게, 총명하게 반응하는 개인의 주관성 전체를 의미한다.

사랑하고 사랑받는, 아름답고 초월적인 체험은 순전히 주관적이라고 해서 단순히 심리적 환상은 아니다. 필사 존재들과 결합된 참으로 신답고 객관적인 한 실체, 즉 생각 조절자는 인간이 관찰하기에 순전히 객관적 현상으로서 활동하는 것으로 보인다. 사람이 가장 높은 객관적 실체, 하나님과 접촉하는 것은 그를 알고, 예배하고, 그의 아들임을 깨닫는 순전히 주관적 체험을 통해서만 이루어진다.

참된 종교적 예배는 자아(自我)를 속이는 쓸데없는 혼잣말이 아니다. 예배는 신성하게 실재하는 것, 실체의 바로 그 근원인 것과 몸소 교통하는 것이다. 사람은 예배로 말미암아 더 나아질 생각을 품고, 그로서 궁극에는 최선에 이른다.

진리·아름다움·선을 이상(理想)으로 만들고 그에 봉사하려고 시도하는 것은 진정한 종교적 체험—영적 실체—의 대용물이 아니다. 심리학과 유심론(唯心論)은 종교적 실체와 대등하지 않다. 인간의 지능이 투영한 것들은 정말로 거짓 신—사람의 모습을 입은 신—들을 창시할지 모르지만, 참된 하나님 의식은 그런 기원을 가지지 않는다. 하나님 의식(意識)은 깃드는 영 안에 거한다. 사람이 만든 많은 종교 체계는 인간의 지능이 빚은 것으로부터 생겨나지만, 하나님 의식이 반드시, 괴상한 이 종교적 노예 체계의 일부는 아니다.

하나님은 단지 사람의 유심론(唯心論)이 발명한 물건이 아니라, 동물을 뛰어넘는 모든 그러한 통찰력과 가치의 바로 그 근원이다. 하나님은 진리·아름다움·선에 관한 인간의 개념을 통일하려고 지어 낸 가설(假說)이 아니다. 사랑의 성격자이며, 그로부터 이 모든 우주 명시가 파생된다. 사람의 세계에 있는 진리·아름다움·선은 파라다이스 실체들을 향하여 올라가는 필사자가 겪는 체험의 영적 성향이 증가됨으로 말미암아, 하나가 된다. 진리·아름다움·선의 통일은 오로지 하나님을 아는 성격의 영적 체험 안에서 이루어질 수 있다.

도덕성은 몸소 하나님을 의식하고, 조절자가 안에 계심을 몸소 깨닫는, 필수이고 선재(先在)하는 토양이지만, 그러한 도덕성은 종교적 체험의 근원과 그에 따라 생기는 영적 통찰력이 아니다. 도덕적 성품은 동물을 뛰어넘지만 영 밑에 있다. 도덕성은 의무를 인식하는 것, 옳은 것과 그른 것의 존재를 깨달음과 대등하다. 성격이 달성하는 물질 분야와 영적 분야 사이에서 상물질계가 활동하는 것처럼, 도덕의 구역은 동물과 인간 종류의 지성 사이에 개재한다.

진화된 지성(知性)은 법칙·도덕률·윤리를 발견할 수 있지만, 수여된 영, 깃드는 조절자는 진화하는 인간 지성에게 입법자를, 참되고 아름답고 선한 모든 것의 아버지 근원을 드러낸다. 그렇게 빛을 받은 사람은 종교가 있으며, 하나님을 찾는, 길고 모험이 가득한 탐색을 시작하기 위하여 영적 장비가 갖추어져 있다.

도덕성은 반드시 영적인 것이 아니지만, 전적으로, 순전히 인간다울지 모른다. 하지만 참된 종교는 모든 도덕적 가치를 높이고 더욱 뜻있게 만든다. 종교가 없는 도덕은 궁극의 선을 드러내지 못하며, 또한 그 자체의 도덕적 가치조차 살아남지 못하게 한다. 종교는 도덕이 인식하고 승인하는 모든 것을 향상하고 영화롭게 만들고, 그것이 살아남기를 보장한다.

종교는 과학, 예술, 철학, 윤리, 도덕률 위에 서지만, 이로부터 독립하지 않는다. 이것들은 모두 분리할 수 없게, 개인 및 사회적인 인간 체험 속에 서로 얽혀 있다. 종교는 필사 성품을 입고서 사람이 맛보는 최대의 체험이지만, 유한한 언어는 언제까지나 신학(神學)이 진정한 종교 체험을 언제라도 적절히 묘사하기를 불가능하게 만든다.

종교적 통찰력은 패배를 더 높은 소망과 새로운 결의로 바꾸는 힘을 소유한다. 사랑은 사람이 우주에서 올라가면서 이용해도 좋은 가장 높은 동기이다. 그러나 진리·아름다움·선을 벗어 버린 사랑은 기껏해야 감정, 철학적 왜곡, 심리적 환상, 영적 속임수일 뿐이다. 사랑은 반드시 상물질과 영이 진보하는 연속된 수준에서 다시 정의(定義)되어야 한다.

예술은 사람이 물질 환경에서 아름다움이 결여된 상태로부터 벗어나려고 애쓰는 결과로 생기며, 예술은 상물질 수준을 향한 손짓이다. 과학은 사람이 물질 우주에서 수수께끼로 보이는 것들을 풀려고 기울이는 노력이다. 철학은 사람이 인간의 체험을 통일하려는 시도이다. 종교는 사람의 최고의 손짓이요, 최종의 실체를 향하여 멋지게 손을 뻗는 것, 하나님을 찾아내고 그와 같이 되려는 결심이다.

종교적 체험 분야에서, 영적 가능성은 잠재(潛在)하는 실체이다. 앞을 향한 사람의 영적 욕구는 심리적 환상이 아니다. 사람은 우주에서 추구하는 모든 것이 사실이 아닐지 모르지만, 많은 것, 허다한 것이 진리이다.

어떤 사람들의 인생(人生)은 너무 위대하고 고귀해서, 단순히 성공적인 낮은 수준으로 내려올 수 없다. 동물은 환경에 적응해야 하지만, 종교적인 사람은 환경을 뛰어넘고, 이 방법으로 이 신다운 사랑의 통찰력을 통해서, 현재 물질 세계의 한계를 벗어난다. 이 사랑 개념(概念)은 사람의 혼 속에서 진리·아름다움·선을 발견하려는, 동물을 초월하는 노력을 일으킨다. 이것들을 찾아낼 때, 사람은 그 품에 안겨 영화롭게 된다. 사람은 이것들을 실천하고, 정의(正義)를 실행하려는 소망으로 불탄다.

그러나 낙심하지 말라. 인간의 진화는 아직도 진행하고 있고, 예수 안에서, 그를 통해서, 하나님이 세상에 주는 계시(啓示)는 실패하지 않을 것이다.

현대인에게 큰 도전은 인간의 지성 안에 거하는 신다운 감시자와 더욱 낫게 교통하는 것이다. 육체를 입고서 사람이 겪는 가장 큰 모험은 영 의식의 경계지에 이르려고—신성한 계심과 접촉하려고—마음을 다하여 기울이는 노력에서, 싹트는 혼 의식의 어두컴컴한 영역을 거쳐서, 자의식(自意識) 테두리를 바깥으로 내미는 노력, 균형 잡히고 정신차린 노력에 있다. 그러한 체험은 하나님 의식이요, 하나님을 아는 종교적 체험의 선재하는 진실을 힘차게 확인하는 체험이다. 그러한 영 의식은 하나님의 아들이라는 사실성을 아는 것에 해당한다. 그렇지 않으면, 아들이라는 확신은 믿음의 체험이다.

하나님 의식은 자아(自我)를 우주와 함께, 우주에서 영적 실체의 가장 높은 수준에서 통합하는 것과 대등하다. 어떤 가치에서도 오직 그 영(靈) 알맹이가 썩지 않는다. 참되고 아름답고 선한 것도 인간의 체험에서 썩지 않을지 모른다. 사람이 살아남기를 택하지 않는다면, 그 때 살아남는 조절자는 사랑 속에 태어나고 봉사 속에서 양육된 그 실체들을 보존한다. 이 모두가 우주의 아버지의 일부이다. 아버지는 살아 있는 사랑이요, 아버지의 이 생명(生命)은 그 아들들 안에 있으며, 아버지의 영은 아들들의 아들—사람—안에 계신다. 모든 것을 종합해 보건대, 아버지 관념은 아직도 인간이 가진 바, 가장 높은 하나님 개념이다.